राजपाल
हिन्दी शब्दकोश

राजपाल

हिन्दी शब्दकोश

डॉ. हरदेव बाहरी

पी.-एच.डी., डी.लिट., शास्त्री

राजपाल

डॉ. हरदेव बाहरी के अन्य शब्दकोश

- राजपाल बृहत् हिन्दी-अंग्रेज़ी शब्दकोश (दो भागों में)
- राजपाल बृहत् शिक्षार्थी अंग्रेज़ी-हिन्दी शब्दकोश
- राजपाल हिन्दी शब्दकोश
- राजपाल अंग्रेज़ी-हिन्दी शब्दकोश
- राजपाल हिन्दी-अंग्रेज़ी शब्दकोश
- राजपाल संक्षिप्त हिन्दी शब्दकोश
- राजपाल संक्षिप्त अंग्रेज़ी-हिन्दी शब्दकोश
- राजपाल संक्षिप्त हिन्दी-अंग्रेज़ी शब्दकोश
- राजपाल पॉकेट हिन्दी शब्दकोश
- राजपाल पॉकेट अंग्रेज़ी-हिन्दी शब्दकोश
- राजपाल पॉकेट हिन्दी-अंग्रेज़ी शब्दकोश

स्थापित 1912
100 वर्षों की
श्रेष्ठ प्रकाशन परम्परा
राजपाल

₹ 599

ISBN : 9788170280866

RAJPAL HINDI SHABDKOSH (Dictionary)

by Dr. Hardev Bahri

मुद्रक : वी.के. प्रिन्टर्स, दिल्ली

राजपाल एण्ड सन्ज़

1590, मदरसा रोड, कश्मीरी गेट, दिल्ली-110006

फोन : 011-23869812, 23865483, 23867791

website : www.rajpalpublishing.com

e-mail : sales@rajpalpublishing.com

www.facebook.com/rajpalandsons

आमुख

डिक्शनरी को हिन्दी में शब्दकोश कहा गय है। इससे लगता है कि ऐसे ग्रन्थ में शब्द-भंडार पर अधिक बल दिया जाता है। अंग्रेज़ी के 'डिक्शन' शब्द का अर्थ कुछ व्यापक है। 'डिक्शन' से तात्पर्य शब्दों के चयन के आधार पर उनका शैलीगत प्रयोग होता है। प्रयोग की शिक्षा व्याकरण देता है। किन्तु सबसे अधिक महत्त्व शैली में अर्थ का होता है। इस दृष्टि से डिक्शनरी केवल शब्दकोश नहीं है। शायद, ऐसे ग्रंथ को शब्दार्थ कोश कहना उचित जान पड़ता है। फिर भी, रूढ़ अर्थ में शब्दकोश के अन्तर्गत व्याकरण का संकेत और अर्थों की छटाएँ सम्मिलित हैं।

कोश में शब्दों का चयन एक महत्त्वपूर्ण समस्या है। हिन्दी में एक परम्परा चली हुई है कि शब्दकोश में सब तरह के शब्द, जो प्राप्त हैं, आ जाने चाहिये। हमारे कोश साहित्य में तीन बड़े कोश उदाहरण स्वरूप लिए जाएँ—हिन्दी शब्द-सागर, मानक हिन्दी कोश और बृहत् हिन्दी कोश। इन सब में हिन्दी की आधुनिक शब्दावली का संग्रह करने पर इतना ध्यान नहीं दिया गया जितना उपलब्ध कोशों में प्राप्त शब्द-भंडार पर। एक ओर तो ज्ञान-विज्ञान, दर्शन, मनोविज्ञान, भूगोल, आदि की शास्त्रीय शब्दावली का अभाव सा है और दूसरी ओर हिन्दी बोलियों के ठेठ शब्द सम्मिलित कर लिए गए हैं। यहाँ तक कि कबीर, सूर, तुलसी, बिहारी, आदि के काव्यों से ढेरों शब्द संग्रहीत करके दे दिए गए हैं। ऐसे शब्दों का प्रचलन बहुत सीमित है और मानक हिन्दी में इनका प्रयोग कतई नहीं होता है। बोलियों के शब्दकोशों का महत्त्व अवश्य है। कबीर, सूर, तुलसी, और बिहारी के काव्यों पर आधारित शब्दकोश प्राप्त हैं। अन्य कवियों या लेखकों की शब्दावली का संग्रह कर लेने की आवश्यकता से इनकार नहीं किया जा सकता। अंग्रेज़ी, रूसी, फ्रेंच, आदि यूरोप की भाषाओं में बोली के कोश अलग हैं और प्राचीन, मध्यकालीन और अर्वाचीन भाषा के कोश अलग हैं। अधिकतर प्रकाशन अर्वाचीन भाषाओं से संबंधित हैं, क्योंकि इस युग में अर्वाचीन भाषाओं का विस्तार अधिक होने के कारण उनकी उपयोगिता भी बहुत अधिक है। रेडियो, दूरदर्शन, पत्र-पत्रिकाओं और शिक्षा-दीक्षा के क्षेत्र में प्रचलित भाषा का ही व्यवहार होता है। प्रस्तुत कोश अर्वाचीन, प्रचलित और व्यापक हिन्दी भाषा का शब्दकोश है।

शब्द-चयन :– हिन्दी में छोटे-बड़े अनेक शब्दकोश प्राप्त हैं। उन्नीसवीं शताब्दी में जो कोश प्रकाशित हुए थे उनमें एक हज़ार से लेकर पाँच हज़ार तक शब्द थे। उनका उद्देश्य स्कूली पाठ्य-पुस्तकों से शब्द-संग्रह करके उन्हें मात्र छात्रोपयोगी बनाना था।

बीसवीं शताब्दी के पहले चरण में काशी नागरी प्रचारिणी सभा ने उस समय तक प्राप्त हिन्दी के सारे शब्द-भंडार की खोज करके हिन्दी शब्द-सागर का प्रकाशन कराया। सभा का उद्देश्य स्पष्ट था। इस दृष्टि से हिन्दी शब्द-सागर हमारे कोश सहित्य में मील के पत्थर के समान था। इससे नए युग का प्रवर्तन हुआ और बाद के हिन्दी शब्दकोश उसी शैली पर लिखे जाते रहे हैं। चिंता यह रही है कि शब्दसंख्या बढ़ायी जाये। बताया गया है कि शब्द सागर के पहले संस्करण में एक लाख शब्द थे और अब इनकी संख्या ढाई लाख हो गई है। इतनी संख्या बढ़ जाने पर भी आधुनिक ज्ञान-विज्ञान की शब्दावली बहुत कम आ पायी है। संख्या बढ़ी है हिन्दी शब्दों के बहुत से अमानक शब्दों के संग्रह से। अनेक बोलियों के शब्द-संग्रह प्रकाशित हुए हैं; उनसे भर लिया गया है। बहुत से नये-पुराने कवियों और लेखकों की शब्दावली भी प्रकाशन में आयी है। उसको भी स्थान दिया गया है। संस्कृत और उर्दू के शब्दकोशों से आमतौर पर शब्द-संग्रह कर लिया गया है। यहाँ तक कि कई ऐसे शब्द जिनका हिन्दी में कभी प्रयोग नहीं होता उनको भी ले लिया गया है। यही परम्परा बराबर चलती रही है। प्रस्तुत कोश में शब्दों के चयन का आधार भिन्न है।

प्रस्तुत कोश की कुछ सीमाएँ हैं जिनके कारण शब्द-चयन की प्रकृति निर्धारित की गई। यह कोश आधुनिक और परिनिष्ठित हिन्दी का है। हिन्दी में तत्सम, तद्‌भव, देशी और विदेशी जितने भी शब्दों का प्रयोग होता है उनका संग्रह कर लेने का भरसक प्रयत्न किया गया है। संस्कृत कोशों में हज़ारों ऐसे शब्द भरे पड़े हैं जिनका व्यवहार संस्कृत ग्रंथों में भी नहीं हुआ। विद्वानों ने इनको 'कोशगत शब्द' कहा है। परंतु, प्रायः हिन्दी कोशकारों ने ऐसे शब्दों को भी भर लिया है। वास्तव में संस्कृत की तत्सम शब्दावली का चयन हिन्दी भाषा के संदर्भ में होना चाहिए। हमने इस बात का ध्यान रखा है। विदेशी शब्दों के संग्रहण के बारे में भी लगभग ऐसी ही बात है। अरबी-फ़ारसी के हजारों शब्द उर्दू कोशों में तो हैं, किन्तु उन्हें आँख मूँदकर यथावत् ले लेना हिन्दी संपादकत्व का बड़ा भारी दोष है। हमने कई माध्यमों से परीक्षण करके उर्दू अर्थात् अरबी-फ़ारसी के शब्दों को अपने कोश में स्थान दिया है। इनमें कुछ शब्द हिन्दी साहित्य में आते रहे हैं परंतु बहुत से ऐसे हैं जो अब हिन्दी की अपनी सम्पत्ति बन चुके हैं। अंग्रेज़ी और अन्य यूरोपीय भाषाओं से आगत शब्द उपेक्षित रहे हैं। हमने हिन्दी कोशों के इतिहास में पहली बार ऐसे प्रचलित और व्यापक शब्दों को खोजबीन करके प्रस्तुत कोश में सम्मिलित किया है और परिशिष्ट के रूप में लगभग चार हज़ार अंग्रेज़ी शब्दों की सूची दे दी है। आनेवाले कोशकारों के लिए यह सूची उपयोगी होगी।

यह एक सामान्य शब्दकोश है और यह हमारी एक अन्य सीमा है। वैज्ञानिक तथा तकनीकी शब्दावली आयोग ने ज्ञान-विज्ञान की अनेक शाखाओं से संबंधित दो-तीन लाख शब्दों का संग्रह प्रकाशित किया है। उन्हें पारिभाषिक शब्द कहा जाता है। सामान्य कोश में सामान्य भाषा के शब्द ही सम्मिलित किए जाते हैं, परंतु अनेक पारिभाषिक शब्द शिक्षा के प्रसार के साथ सामान्य व्यवहार में आने लगते हैं। हमने पारिभाषिक शब्दावली में से ऐसे ही सामान्य शब्दों को अपने कोश में स्थान दिया है।

प्रकाशक की ओर से भी एक सीमा बाँध दी गई। कोश एक जिल्दी हो जिसे 'डेस्क डिक्शनरी' कहते हैं। इसमें 60-70 हज़ार शब्द हैं जिनमें से कम-से-कम एक हज़ार शब्द ऐसे हैं जो प्रायः बड़े-से-बड़े कोश में भी प्राप्त नही हैं। ये शब्द प्रचलित हैं और इन्हें हमने अनेक भाषित और लिखित स्रोतों से संग्रहीत किया है।

विशिष्ट प्रयोगों और मुहावरों को संबंधित शब्दों के पेटे में दिया गया है। समास युक्त शब्दों की प्रविष्टियाँ अलग से स्वतंत्र शब्दों के रूप में दी गई हैं।

भाषा-स्रोत :– शब्द की प्रविष्टि के उपरान्त उस भाषा का नाम संकेतित किया गया है जिससे वह शब्द हिन्दी में ग्रहण किया गया है, जैसे संस्कृत, अरबी, फ़ारसी या अंग्रेज़ी से। हिन्दी के अपने शब्द तद्‌भव और देशज कहे जा सकते हैं। इनका स्रोत दिखाने की कोई आवश्यकता नहीं है, ऐसा समझना चाहिए। शिष्ट भाषा में शैली का एक वातावरण होता है। उदाहरण स्वरूप, किसी वाक्य में संस्कृत के साथ अरबी-फ़ारसी के शब्द का प्रयोग अटपटा ही लगता है, जैसे सद्‌गति हासिल की, बड़ा बे-गैरत व्यक्ति है अथवा शिष्ट इंसान की क्या पहचान है। भाषा का स्रोत जानने का यह लाभ भी है कि हम किसी शब्द से व्युत्पन्न शब्दों की प्रकृति को भली भाँति समझ सकते हैं और शब्द-रचना में सतर्क रहते हैं।

व्याकरण :– इस कोश में प्रत्येक शब्द की व्याकरणिक कोटि का संकेत किया गया है। आठ शब्द-भेद बताए जाते हैं—संज्ञा, सर्वनाम, विशेषण, क्रिया, क्रियाविशेषण, संबंधबोधक, समुच्चयबोधक और विस्मयादिबोधक शब्द। हिन्दी में संज्ञा या तो पुल्लिंग होती है या स्त्रीलिंग। कोश में पु० और स्त्री० से समझना चाहिये कि ये संज्ञा के भेद हैं। संज्ञा (सं०) का संकेत नहीं किया गया। क्रिया के भी मुख्य रूप से दो भेद हैं—अकर्मक क्रिया (अ० क्रि०) और सकर्मक क्रिया (स० क्रि०)। इस कोश में दो और भेद संकेतित कर दिए गये हैं—प्रेरणार्थक क्रिया (प्रे० क्रि०) और द्विकर्मक क्रिया (द्वि० क्रि०)। प्रयोग की दृष्टि से इन दो क्रिया भेदों का भी अपना महत्त्व है। वास्तव में संज्ञा के भाववाचक भेद का विशेष उल्लेख होना चाहिए। कुछ भाववाचक संज्ञायें गणनीय होती हैं और कुछ अगणनीय। गणनीय संज्ञा का बहुवचन रूप बन सकता है, अगणनीय संज्ञा का नहीं; जैसे आवश्यकता से आवश्यकताएँ हो सकता है, परंतु ममता से ममताएँ नहीं हो सकता यद्यपि दोनों की रचना का स्वरूप एक सा है। आवश्यकता गणनीय है और ममता अगणनीय। इसी प्रकार विशेषणों और क्रियाविशेषणों के संबंध में और अधिक जानकारी देने की गुंजाइश है, परंतु हमने परंपरा का ही निर्वाह किया है। व्याकरण की सूक्ष्मताओं को हमारा सामान्य पाठक अभी कम समझता है। खेद की बात है कि हमारी भाषा शिक्षा के पाठ्य-क्रम में व्याकरण अवहेलित रहा है।

अर्थ :– यदि शब्द भाषा का शरीर है, तो अर्थ उसकी आत्मा है। कोशों में अर्थ का विवेचन प्रायः चार प्रकार से होता है—(1) पर्याय देकर, जैसे पानी, जल, नीर; (2) शब्द का विग्रह करके, जैसे अनुयायी—पीछे चलनेवाला; (3) वर्णन या व्याख्या करके, जैसे अंक—पत्र या पत्रिकाओं के समयानुसार होने वाले प्रकाशन की संख्या; और (4) परिभाषा देकर, जैसे अंडा—गोलाकार पिंड जिसमें से सर्प, पक्षी तथा मछली, आदि जीवों

का जन्म होता है। द्विभाषी कोशों में बहुधा दूसरी भाषा के पर्याय मिलते हैं यद्यपि उनमें भी विशिष्ट शब्दों के व्याख्यात्मक अर्थ देने पड़ते हैं। परंतु एक भाषी कोश में सभी के पर्याय नहीं मिलते। जब मिल जाते हैं तो काम आसान रहता है। विग्रह करके अर्थ दे देना और भी सरल कार्य है लेकिन अंत के दो अर्थ भेद देना बहुत कठिन होता है। उदाहरण स्वरूप मेज़, कुर्सी, रोटी, आदि सैकड़ों शब्द गिनाये जा सकते हैं जिनके अर्थ देने में अतिव्याप्ति या अव्याप्ति दोष आ ही जाता है। हिन्दी कोशकारों में रामचन्द्र वर्मा इस संबंध में बहुत सावधान रहे हैं। वे शब्दार्थ निश्चयन में सबसे कुशल माने जा सकते हैं। किन्तु अर्थ की साधना में वे पूर्णतया सफल नहीं हो पाए। मानक हिन्दी कोश में उदाहरणस्वरूप, 'अकर्मक' का अर्थ 'क्रिया के दो मुख्य भेदों में से एक, जिसके साथ कोई कर्म नहीं होता अथवा जिसमें कर्म की अपेक्षा नहीं होती' दिया गया है। इस अर्थ में पुनरुक्ति दोष भी है और अतिव्याप्ति दोष भी। प्रस्तुत कोश में दोषों से बचने का भरसक प्रयास किया गया है, फिर भी यह दावा नहीं किया जा सकता कि हम पूर्णतया सफल हो पाये हैं।

यह सही है कि अर्थ की भाषा सरल होनी चाहिए, परंतु शब्द ही सरल हो तो उसका अर्थ और अधिक सरल करना कठिन ही नहीं, कभी-कभी असंभव हो जाता है। रोटी, हाथ, दाँत, आना, जाना, उठना, बैठना, आदि सैकड़ों शब्द ऐसे हैं जिनका अर्थ देने में बड़ी कठिनाई होती है। हमने कोशिश अवश्य की है कि अर्थ को यथासंभव सरल भाषा में दिया जाये।

जिन शब्दों के अर्थ एक से अधिक हैं उनके अर्थों को **1, 2, 3, 4** संख्या देकर लिखा गया है ताकि पाठक को स्पष्ट रूप में अर्थ की भिन्नता जान पड़े। जहां शब्द के अर्थ व्याकरण, भाषा स्रोत अथवा वैज्ञानिक शाखा के अनुसार भिन्न हैं वहां अर्थ से पूर्व रोमन **I, II, III,** आदि लिखा गया है।

बहुत से अनेकार्थ शब्दों की व्याख्या में कोई पदबंध या छोटा-सा वाक्य दे दिया गया है जिससे शब्द का प्रयोग अधिक स्पष्ट हो जाता है।

शब्दों और अर्थों के चयन में हमने अनेक कोशों से सहायता ली है जिसके लिए हम उन कोशों के संपादकों के प्रति अपना आभार मानते हैं और जो कुछ इस कोश में नया या मौलिक है वह अपने पाठकों को समर्पित करते हैं।

अप्रैल, 1990 **हरदेव बाहरी**

शब्दकोश प्रयोग पद्धति

1. **अक्षर क्रम** — कोश में आदि अक्षरों का क्रम वही रखा गया है जो देवनागरी वर्णमाला का है; अर्थात् — अ आ इ ई उ ऊ ऋ ए ऐ ओ औ क ख ग घ च छ ज झ ट ठ ड ढ त थ द ध न प फ ब भ म य र ल व श ष स ह।

टिप्पणी — (1) अं/अँ, अः को अलग अक्षर नहीं माना गया, ये दोनों ध्वनियाँ अ के पेटे में आयेंगी।

(2) ङ ञ ण से कोई शब्द आरंभ नहीं होते।

दूसरे अक्षर के रूप मे निम्नलिखित क्रम होगा —

अं/अँ, अः, अक, अख, अग, अघ, अच, अछ, अज, अझ, अट, अठ, अड, अढ, अत, अथ. अद, अध, अन, अप, अफ, अब, अभ, अम, अय, अर, अल, अव, अश, अष, अस, अह। इस क्रम के उपरान्त उस आदि अक्षर के साथ मात्रायें लगने का क्रम होगा। जैसे —

का, कि, की, कु, कू, कृ, के, कै, को, कौ।

मात्राओं के बाद संयुक्त अक्षर अपने क्रम में होंगे। जैसे —

क्क, क्ख, क्च, क्त, क्थ, क्न, क्प, क्म, क्य क्र, क्ल, क्व, क्श, क्ष, क्ष, (क्ष), क्स।

टिप्पणी — यह कहने की आवश्यकता नहीं है कि क्ष, त्र, ज्ञ संयुक्त अक्षर हैं, अतः क्ष को क के साथ रखा जा रहा है, त्र को त के साथ और ज्ञ को ज के साथ रखा जा रहा है। शब्द के तीसरे, चौथे, आदि अक्षरों का क्रम दूसरे अक्षर के समान होगा।

2. जिन शब्दों के अर्थ एक से अधिक हैं उनके अर्थों को 1, 2, 3, 4 संख्या देकर लिखा गया है ताकि पाठक को स्पष्ट रूप में अर्थ की भिन्नता जान पड़े। जहां शब्द के अर्थ व्याकरण, भाषा स्रोत अथवा वैज्ञानिक शाखा के अनुसार भिन्न हैं वहां अर्थ से पूर्व रोमन I, II, III, आदि लिखा गया है। बहुत से अनेकार्थ शब्दों की व्याख्या में कोई पदबंध या छोटा-सा वाक्य दे दिया गया है जिससे शब्द का प्रयोग अधिक स्पष्ट हो जाता है।

3. जहां किसी मुख्य शब्द का समानार्थक दूसरा शब्द है उसके आगे = या दे० का प्रयोग किया गया है। उदाहरण के लिएः-

दरशन = दर्शन, दरस। इसके अर्थ यह हुए कि दरशन, दर्शन और दरस तीनों शब्दों के अर्थ समान हैं।

4. शब्द की प्रविष्टि के उपरांत उस भाषा का संकेत दिया है जिससे वह शब्द हिंदी में ग्रहण किया गया है, जैसे (सं०) संस्कृत, (अ०) अरबी, (फ़ा०) फ़ारसी, या (अं०) अंग्रेज़ी से।

5. इस कोश में प्रत्येक शब्द की व्याकरणिक कोटि का संकेत किया गया है। शब्द-भेद आठ होते हैं- संज्ञा, सर्वनाम, विशेषण, क्रिया, क्रियाविशेषण, संबंधबोधक, समुच्चयबोधक और विस्मयादिबोधक। हिंदी में संज्ञा या तो पुंल्लिंग होती है या स्त्रीलिंग। कोश में पु० और स्त्री० से समझना चाहिए कि ये संज्ञा के भेद हैं।

6. शब्द की प्रविष्टि के अन्तर्गत जहां भी उस शब्द का प्रयोग फिर से किया गया है उसका संकेत ~ से किया गया है। उदाहरण के लिए - शब्द है - पुत्र, इस शब्द के अर्थ के अन्तर्गत "पुत्रवधू" को इस प्रकार लिखा गया हैः-- '~वधू'।

संक्षेप और संकेत-चिह्न

1. व्याकरणिक संक्षेप-चिह्न

संक्षेप-चिह्न	शब्दभेद
स्त्री०	स्त्रीलिंग
पु०	पुल्लिंग
सर्व०	सर्वनाम
अ० क्रि०	अकर्मक क्रिया
स० क्रि०	सकर्मक क्रिया
प्रे० क्रि०	प्रेरणार्थक क्रिया
द्वि० क्रि०	द्विकर्मक क्रिया
अ० क्रि०/स० क्रि०	अकर्मक क्रिया/सकर्मक क्रिया
बहु०	बहुवचन
वि०	विशेषण
क्रि० वि०	क्रिया विशेषण
वि०/पु०	विशेषण/पुल्लिंग
उप०	उपसर्ग
प्र०	प्रत्यय
वि० भ०	विभक्ति
अ०	अव्यय

2. भाषा स्रोत के संक्षेप-चिह्न

संक्षेप-चिह्न	भाषा
सं०	संस्कृत
हिं०	हिंदी
अं०	अंग्रेज़ी
अ०	अरबी
तु०	तुर्की
फ़ा०	फ़ारसी
रू०	रूसी
पु०	पुर्तगाली
फ्रां०	फ्रांसिसी
बो०	बोलचाल

3. विषयों के संक्षेप-चिह्न

संक्षेप-चिह्न	विषय
ग०	गणित
चि०	चिकित्सा शास्त्र
साहि०	साहित्य
ज्या०/ग०	ज्यामिति/गणित
का०	कानून
व्या०	व्याकरण
ज्यो०	ज्योतिष

क्रम

अ

अंक–*सं०* (पु०) 1 संख्या 2 संख्या का चिह्न (1, 2, 3, आदि) (जैसे-अंकों में लिखो) 3 चिह्न, निशान (जैसे-~डालना) 4 नाटक का एक खंड अथवा सर्ग 5 रूपक का एक प्रकार 6 खेल तथा परीक्षा आदि में प्राप्त नम्बर 7 पत्र-पत्रिकाओं के समयानुसार होने वाले प्रकाशन की संख्या। ~**करण** (पु०) चिह्न लगाने की क्रिया; ~**कार** (पु०) 1 विभिन्न खेलों में हार-जीत का निर्णायक 2 अंक देनेवाला; ~**गणित** (पु०) गणित की एक शाखा जिसमें संख्याओं का हिसाब किया जाय; ~**गत** (वि०) 1 जिसे गोद लिया गया हो 2 जिसे पकड़ा गया हो; ~**तंत्र** (पु०) अंकों का शास्त्र (अंकगणित, बीजगणित); ~**धारण** (पु०) गर्म धातु से शरीर पर विशेष चिह्न छपवाना, दगवाना; ~**धारी** (वि०) वह जिसने त्वचा पर विशेष चिह्न दगवाया; ~**पत्र** (पु०) 1 टिकट 2 मूल्य देने पर शासन द्वारा छपा हुआ एक काग़ज़ (स्टाम्प); ~**पत्रित** (वि०) जिस पर अंक पत्र चिपका हो; ~**परिवर्तन** (पु०) 1 (नाटक में) एक अंक समाप्त होने पर अगला अंक शुरू होना 2 शिशु का गोद में इधर-उधर करना; ~**पाली** (स्त्री०) 1 परिचारिका, धाय 2 दे०. अँकवार; ~**पाश** (पु०) आलिंगन; ~**माला** (स्त्री०) अनेक अंकों का समूह; ~**मालिका** (स्त्री०) एक छोटी माला; ~**मुख** (पु०) नाटक के शुरू में दिया गया संक्षिप्त कथानक; ~**विद्या** (स्त्री०) अंकों की विद्या (अंकगणित); ~**विभाग** (पु०) सांख्यिकी विभाग; ~**विभाजन** (पु०) नाटक का अंकों में बाँटना; ~**विवरण** (पु०) संख्या संबंधी तथ्यों की व्याख्या करनेवाली विद्या; ~**शायिनी** (वि०/स्त्री०) बगल में सोनेवाली; ~**शास्त्र** (पु०) संख्या सम्बन्धी तथ्यों का संग्रह एवं वर्गीकरण करनेवाली विद्या, सांख्यिकी; ~**शास्त्री** संख्या सम्बन्धी तथ्यों एवं विवरणों का ज्ञाता; ~**देना** गले लगाना; ~**भरना** या **लगाना** 1 गले लगाना 2 लिपटाना

अँकटा–(पु०) कंकड़ या पत्थर का छोटा टुकड़ा

अँकटी–(स्त्री०) कंकड़ का छोटा टुकड़ा

अँकड़ी–(स्त्री०) 1 टेढ़ी कँटिया 2 टेढ़ी गाँसी 3 हुक 4 कंकड़ी

अंकन–*सं०* (पु०) 1 चिह्न लगाना 2 चित्र बनाना 3 गिनती करना 4 मूल्य लगाना, कूतना

अँकना–(स० क्रि०) = आँकना

अंकनी–*सं०* (स्त्री०) 1 लेखनी 2 ब्रुश

अंकनीय–*सं०* (वि०) छपाई योग्य, अंकन करने योग्य

अंकपलई–(स्त्री०) अंकों के प्रयोग से लिखने का गोपनीय ढंग

अँकरा–(पु०) 1 एक विशेष किस्म की घास 2 कंकड़

अँकरी–(स्त्री०) 1 छोटी घास 2 कंकड़ी

अँकरोरी, अँकरौरी–(स्त्री०) कंकड़ या पत्थर आदि का बहुत छोटा टुकड़ा

अँकवाना–(स० क्रि०) 1 दूसरे व्यक्ति से जाँच करवाना 2 वस्तु का मूल्य पता करवाना

अँकवार–(स्त्री०) गोद। ~**देना** गले लगाना; ~**भरना** गोद में भरना

अंकांतर–*सं०* 1 नाटक में अंक-परिवर्तन 2 दो अंकों के बीच का कथ्य

अँकाई–(स्त्री०) 1 जाँचने को क्रिया 2 जाँचने का पारिश्रमिक 3 अनुमान लगाना

अँकाना–(स० क्रि०) 1 अनुमान लगवाना 2 जँचवाना

अँकाव–(पु०) जाँचने का काम

अंकावतार–*सं०* (पु०) (नाटक में) एक अंक के समाप्त होने पर पात्रों द्वारा अगले अंक की विषय सूचना

अंकावधि–*सं०* = अंकांतर (2)

अंकित–*सं०* (वि०) 1 लिखा हुआ 2 चिह्नित। ~**मूल्य** (पु०) मुद्रा तथा स्टाम्प पर लिखा मूल्य

अंकितक–*सं०* (पु०) जिस वस्तु पर विवरण लिखा हो

अंकिल–(वि०) दान में दाग़ लगाया हुआ बछड़ा

अंकुट–*सं०* (पु०) कुंजी, ताली

अँकुड़ा–(पु०) 1 खूँटी 2 कटिया 3 टेढ़ा लोहा

अंकुर–*सं०* (पु०) 1 अँखुआ 2 कली 3 नुकीला भाग 4 प्रारंभिक स्वरूप

अंकुरक–*सं०* (पु०) 1 गुफा 2 घोंसला 3 छोटा अंकुर

अंकुरण–*सं०* (पु०) बीज का फूट क अंकुरित होना

अँकुरना–(अ० क्रि०) अंकुर का फूटना

अंकुरित–*सं०* (वि०) 1 अंकुर आया हुआ 2 उत्पन्न हुआ। ~**यौवना** (स्त्री०) नय यौवन प्राप्त बाला

अँकुरी–(स्त्री०) अनाज के अंकुर युक्त दाने

अंकुश–*सं०* (पु०) 1 हाथी को वश में रखने का विशेष लोहे का काँटा 2 अधिकारी अथवा व्यक्ति विशेष को प्राप्त नियंत्रक-शक्ति, नियंत्रण। ~**क** (पु०) छोटा अंकुश; ~**कृमि** (पु०) एक हुकदार कीड़ा (जो अंतड़ी में पैदा होता है); ~**ग्रह** (पु०) महावत; ~**धर,** ~**धारी** (पु०) 1 अंकुश 2 पीलवान 3 महावत; ~**रूप** (वि०) अंकुश जैसा

अँकुसी–(स्त्री०) 1 खूँटी 2 मुड़ी कील 3 टेढ़ा लोहा

अंकेक्षक–*सं०* (पु०) 1 बही खाता लिखनेवाला 2 लेखा-परीक्षक

अंकेक्षण–*सं०* (पु०) बही खातों की जाँच, लेखा-परीक्षण

अंकेक्षा–*सं०* (पु०) बही खातों की जाँच पड़ताल करनेवाला अधिकारी

अँकेक्षित–*सं०* (वि०) जाँच किया हुआ (जैसे-~लेखा)

अँकोर–(पु०) 1 गोद 2 भेंट, उपहार

अँकोरना–(स० क्रि०) गोद में लेना

अंक्य–*सं०* (वि०) अंकन योग्य

अँखिया–(स्त्री०) 1 नक्काशी करने की कलम 2 आँख

अँखुआ–(पु०) 1 अंकुर 2 कल्ला

अँखुआना, अँखुवाना–(अ० क्रि०) अंकुर का फूटकर बाहर आना

अंग–*सं०* (पु०) 1 शरीर 2 शरीर के विभिन्न अवयव (हाथ, पैर, मुँह, कान आदि) 3 भाग (नाटक का एक अंग, देश या प्रान्त का एक अंग) 4 अंश (वेदों के अंग, काव्य के अंग) 5 शाखा (जैसे-विज्ञान के~) 6 पक्ष (किस अंग का)। ~**क्रिया** (स्त्री०) 1 शरीर में उबटन, महावर आदि लगाना 2 यज्ञ, हवन में अंग का बलिदान देना; ~**ग्रह** (पु०) ऐंठन; ~**घात** (पु०) शरीर के किसी अंग को निष्क्रिय करनेवाला

रोग, लकवा; ~**चारी** घनिष्ठ मित्र; ~**चालन** (पु०) अंगों को हिलाना डुलाना; ~**छ्छद** (पु०) कवच; ~**छेद** (पु०) 1 रोगी के किसी अंग को काटना 2 शल्य क्रिया; ~**ज** (वि०); ~**जात** (वि०/पु०) अंग से उत्पन्न (पसीना, बाल, पुत्र); ~**जा** (स्त्री०); ~**जाता** (स्त्री०) पुत्री; ~**त्राण** (पु०) 1 जिससे अंगों की रक्षा हो (कवच, भाला) 2 वस्त्र 3 अंगरक्षक; ~**द** (पु०) बाँह का गहना 2 बालि का पुत्र; ~**दान** (पु०) आत्मसमर्पण (विशेषतः संभोग के लिए); ~**धारी** (पु०) प्राणी; ~**न्यास** (पु०) (संध्या-पूजा में) अंगस्पर्श; ~**पालिका** (स्त्री०) दाई; ~**पाली** (स्त्री०) आलिंगन; ~**प्रत्यंग** (पु०) शरीर का प्रत्येक अवयव; ~**प्रोक्षण** (पु०) अंग पोंछना, अंग की सफ़ाई; ~**भंग** (पु०) शरीर या अंग का टूटना; ~**भंगिमा** (स्त्री०); ~**भंगी** (स्त्री०) 1 शरीर के अंगों की मनोहारी चेष्टाएँ 2 अंगों के संचालन द्वारा भाव-प्रकाशन; ~**भाव** (पु०) नृत्य एवं संगीत में अंगों द्वारा भाव प्रदर्शन; ~**भूत** (वि०) 1 शरीर या अंग से उत्पन्न 2 किसी के अंगरूप, अंतर्गत; ~**मर्द** (पु०); ~**मर्दक** (पु०) 1 हड्डियों में दर्द होना 2 मालिश करने वाला; ~**मर्दन** (पु०) मालिश; ~**मारी** (स्त्री०) महारोग; ~**रक्षक** (पु०) 1 सैनिक 2 व्यक्ति की रक्षा करनेवाला; ~**रक्षी** (पु०) 1 कवच 2 पोशाक; ~**राग** (पु०) सुगन्धित लेप, उबटन; ~**लीला** (पु०) शारीरिक चेष्टाएँ या कलाएँ; ~**लेप** (पु०) शरीर पर लगाने वाले गंधयुक्त पदार्थ; ~**विकल** (वि०) 1 विकलांग 2 अचेत; ~**विकार** (पु०) ~**विकृति** (स्त्री०) शारीरिक दोष एवं कमी; ~**विक्षेप** (पु०) (संगीत, नृत्य, कलाबाजी में) अंगों का संचालन; ~**विच्छेद** (पु०) शरीर के रुग्ण अंग को काटना (कैंसर रोग); ~**विद्या** (स्त्री०) अंगों के चिह्नों द्वारा शुभ अशुभ का ज्ञान प्राप्त करना; ~**विन्यास** (पु०) शरीर के अंग एवं वाक्य पदों को जोड़ना; ~**वैकृत** (पु०) अंग संकेत द्वारा भावों का प्रदर्शन; ~**शुद्धि** (स्त्री०) मंत्र आदि के माध्यम से शरीर की सफ़ाई; ~**शैथिल्य** (पु०) शरीर का ढीलापन या थकावट; ~**शोष** (पु०) सूखारोग; ~**संग** (पु०) 1 सशरीर 2 मैथुन या संभोग; ~**संचालन** (पु०) अंगों को हिलाने डुलाने की क्रिया; ~**संस्कार** (पु०) शरीर की सजावट, शृंगार; ~**संस्थान** (पु०) (शब्दों का) रूप विचार; ~**संहति** (स्त्री०) अंगों की बनावट; ~**सख्य** (पु०) प्रगाढ़ मित्रता; ~**सिहरी** *+हिं०* (स्त्री०) ज्वर के पूर्व का कंपन; ~**सौष्ठव** (पु०) अंगों की सुंदरता; ~**स्थिति** (स्त्री०) अंगों की अवस्था; ~**हानि** (स्त्री०) अंग विशेष का निष्क्रिय होना; ~**हार** (पु०) 1 मटकना 2 नृत्य; ~**हीन** (वि०) शरीर में किसी अंग का न होना; ~**ढीला होना; ~ढीले होना** थक जाना; ~**उभरना** यौवन का आगमन; ~**करना** स्वीकार करना; ~**चुराना** संकोच करना; ~**छूना** शपथ लेना; ~**टूटना** अँगड़ाई आना; ~**तोड़ना** पूर्णतः शिथिल कर देना; ~**मोड़ना** संकुचित होना; ~**लगना** गले लगना; ~**लगाना** गले लगाना; **फूले ~न समाना** बहुत प्रसन्न होना

अंगड़ खंगड़–(वि०) टूटी-फूटी अनावश्यक वस्तुएँ

अँगड़ाई–(स्त्री०) शरीर का तानना (क्रि० ~आना, तोड़ना, लेना)

अँगड़ाना–(अ० क्रि०) अँगड़ाई लेना

अंगणा–*सं०* (पु०) आँगन

अंगना–(स्त्री०) स्त्री। ~**प्रिय** (पु०) अशोक वृक्ष

अँगरखा–(पु०) एक प्रकार की लम्बी मरदाना पोशाक

अँगरेज़–(पु०) इंग्लैण्ड देश का निवासी

अँगरेज़ अमरीकी–(पु०, वि०) ऐंग्लो अमरीकन

अँगरेज़ियत–(स्त्री०) अँगरेज़पन या अँगरेज़ी वेश-भूषा, चाल-चलन

अँगरेज़ी–I (स्त्री०) अँगरेज़ी भाषा II (वि०) अंग्रेज़ी भाषा का, अंग्रेज़ों का

अँगरेज़ीदान–(पु०) अंग्रेज़ी का जानकार

अंगलेट–(पु०) शारीरिक ढाँचा या गठन, काठी

अंगांगीन्याय–(पु०) पूर्ण और उसके भाग का सिद्धांत

अंगांगिभाव–*सं०* (पु०) 1 शरीर और शरीर के अंगों का सम्बन्ध 2 विशेष एवं गौण का सम्बन्ध 3 पूर्ण और उसके भाग का संबंध

अंगा–(पु०) अँगरखा, चपकन

अंगाकड़ी–(स्त्री०) अंगारों पर बनाई गई रोटी

अंगार–*सं०* (पु०) 1 अंगारा, दहकता कोयला या पत्थर 2 लाल रंग। ~**कारी** (पु०) बिक्री हेतु कोयला बनानेवाला; ~**धानी** (स्त्री०) अंगीठी; ~**परिपाचित** (वि०) अंगारों पर पकाया गया खाद्य; ~**उगलना** उग्रता का परिचय देना

अंगारक–*सं०* (पु०) छोटा अंगारा (चिनगारी)

अंगारकाम्ल–*सं०* (पु०) कार्बन और आक्सीजन के संयोग से बना अम्ल

अँगारा–(पु०) पत्थर, कोयला, कंडा आदि का दहकता रूप। ~**बनना** या **होना** गुस्से से लाल होना; ~**रे उगलना** कटु बातें कहना; ~**रों पर पैर रखना** जानते हुए भी संकट में पड़ना; ~**रों पर लोटना** गुस्से में तड़पना या जलना; ~**रे फाँकना** कुपरिणाम वाले कार्य करना; ~**रे बरसना** बहुत गर्मी पड़ना; **लाल**~ (पु०) गुस्से से लाल आदमी

अंगारिणी–*सं०* (स्त्री०) 1 अँगीठी 2 अस्त होते सूर्य की रक्त रंजित दिशा

अंगारित–*सं०* (वि०) पूर्ण रूप से जला हुआ

अंगारी–*सं०* (स्त्री०) गँडासे से कटी ईख के टुकड़े

अँगारी–*सं०* (स्त्री०) चिनगारी

अंगिका–*सं०* (स्त्री०) 1 अंतःवस्त्र 2 कंचुकी

अँगिया–(स्त्री०) 1 चोली 2 छलनी। ~**का कंठा** या **घाट** (पु०) गले के नीचे का खुला भाग

अंगी–I *सं०* (वि०) शरीरयुक्त II (पु०) 1 शरीरधारी 2 अंग विशेष 3 नाटक का प्रधान पात्र अथवा नायक 4 प्रधान रस 5 समष्टि, कुल

अंगीकरण–*सं०* (पु०) 1 ग्रहण 2 सहमत होना

अंगीकार–*सं०* (पु०) ग्रहण, स्वीकार

अंगीकृत–*सं०* (वि०) अपनाया, लिया गया, स्वीकृत

अंगीकृति–*सं०* (स्त्री०) सहमति या स्वीकृति

अँगीठी–(स्त्री०) अग्नि पात्र या बोरसी (बड़ा अँगीठा)

अंगीभूत–*सं०* (वि०) अंग बना हुआ, समाया हुआ

अंगीय–*सं०* (वि०) अंग संबंधी

अंगुल–*सं०* (पु०) 1 अँगुली 2 एक अंगुल की नाप। ~**छाप** (स्त्री०) उँगली का निशान; ~**प्रमाण** (वि०) अंगुली जितना मोटा

अंगुलांक–*सं०* (पु०) उँगली का निशान

अंगुलि, अंगुली–(स्त्री०) 1 उँगली 2 हाथी की सूँड का अग्रभाग। ~**छाप** *+ हिं०* (पु०) उँगली का निशान; ~**निर्देश** (पु०) 1 उँगली से संकेत करना 2 निंदा करना; ~**पंचक** (पु०) हाथ की पाँचों उँगलियाँ; ~**पर्व** (पु०) पोर; ~**प्रतिमुद्रा** (स्त्री०) (अपराधी की शिनाख्त के लिए) उँगली के निशान; ~**मुद्रा** (स्त्री०) अँगूठी; ~**उठाना** बदनाम करना; ~**यों पर नचाना** परेशान करना

अंगुल्यग्र–*सं०* (पु०) उँगली का अग्रभाग

अंगुल्यस्थि–(पु०) उंगली की हड्डी

अंगुल्यादेश–*सं०* (पु०), **अंगुल्यानिर्देश** (पु०) उँगली द्वारा किया गया संकेत

अंगुश्त–*फ़ा०* (पु०) उँगली। ~**नुमा** (वि०) बेइज़्ज़त; ~**नुमाई** (स्त्री०) बदनामी

अंगुश्तरी–*फ़ा०* (स्त्री०) अँगूठी

अंगुश्ताना–*फ़ा०* (पु०) लोहे या पीतल की टोपी जिसे उँगली में पहना जाए

अंगुष्ठ–*सं०* (पु०) अँगूठा

अँगुसा–(पु०) अंकुर या अँखुआ

अँगुसी–(स्त्री०) हल का फाल

अँगूठा–(पु०) हाथ अथवा पैर की पहली और सबसे मोटी उँगली। ~**चूमना** खुशामद करना; ~**चूसना** अज्ञानता का परिचय देना; ~**दिखाना** 1 अवज्ञा करना 2 अस्वीकार करना; **अँगूठे पर मारना** परवाह न करना; **पत्नी के अँगूठे तले होना** पत्नी का गुलाम बने रहना

अँगूठी–(स्त्री०) उँगली में पहना जानेवाला आभूषण। ~**का नगीना** (पु०) महत्त्वपूर्ण व्यक्ति या वस्तु

अंगूर–*फ़ा०* (पु०) 1 एक विशेष प्रकार का मीठा फल 2 द्राक्षा। ~**की टट्टी** (स्त्री०) बाँस की पट्टी जिस पर अंगूर की बेल चढ़ायी जाए; ~**की लता** (स्त्री०) पतली टहनी जिस पर अंगूर फलते हैं; ~**तड़कना;** ~**फटना** भरते हुए ज़ख़्म की झिल्ली का फटना; ~**बँधना,** ~**भरना** घाव का भरना

अंगूरबानी–*फ़ा०* (स्त्री०) अंगूर की खेती का काम

अंगूरी–*फ़ा०* (वि०) 1 अंगूर से बनी (शराब) 2 अंगूर के रंग सा। ~**बेल** (स्त्री०) कपड़े पर अंगूर की बेल की तरह छपाई

अँगेठी–(स्त्री०) आग जलाने का बर्तन (अँगीठी)

अंगोच्छेदन–(पु०) अंग काट देना

अँगोछना–(स० क्रि०) कपड़े से शरीर पोंछना

अँगोछा–(पु०) गमछा

अँगोट–(स्त्री०) देहकान्ति

अँगोरा–(पु०) मच्छर

अंगौग –(पु०) दान पुण्य के लिए अलग किया गया अन्न।

अँगौरिया–(पु०) मजदूरी के बदले हल-बैल सहित खेती करनेवाला हलवाहा

अँग्रेज़–(पु०) इंग्लैंड का रहनेवाला

अँग्रेज़ी–I (स्त्री०) अँगरेज़ों की भाषा II अंग्रेज़ या अंग्रेज़ी भाष का (~फिल्म, साहित्य, माल)

अँग्रेज़ीकरण–(पु०) अंग्रेज़ी रूप देना

अँघड़–(पु०) पैर के अँगूठे में पहनने का काँसे का छल्ला

अँघिया–(स्त्री०) छलनी

अंघ्रि–*सं०* (पु०) 1 पाँव (पैर) 2 पेड़ की जड़ 3 छंद का चरण

अँचरा–(पु०) आँचल (स्त्रियों का आँचल)

अँचल–*सं०* (पु०) 1 देश या प्रान्त का एक भाग, क्षेत्र 2 नदी का किनारा 3 पल्लू, आँचल

अँचवन–(पु०) आचमन

अंचित–*सं०* (वि०) 1 जिसकी आराधना की गई हो 2 टेढ़ा 3 निकोड़ा हुआ

अंछर–(पु०) 1 अक्षर 2 एक मंत्र या टोना। ~**पढ़कर मारना** जादू टोना करना

अंजन–*सं०* (पु०) 1 काजल या सुरमा 2 स्याही 3 दीपक। ~**केश** I (पु०) दीपक II (वि०) जिसके बाल काले हों; ~**शलाका** (स्त्री०) काजल या सुरमा लगाने की पतली सींक; ~**सार** *+ हिं०* (वि०) अंजनधारी; ~**हारी** (स्त्री०) आँख का रोग (बिलनी)

अंजना–*सं०* (स्त्री०) 1 आँख की पलक पर फुंसी 2 अंजन लगानेवाली

अंजनी–*सं०* (स्त्री०) 1 हनुमान की माता 2 चंदन कुंकुम से सजी-सँवरी नारी 3 माया। ~**पुत्र (सुत, नन्दन)** (पु०) हनुमान

अंजर पंजर–(पु०) शरीर के अंग, हड्डी पसली। ~**ढीले होना** पूर्णतः थक-टूट जाना

अंजलि–*सं०* (स्त्री०) हथेलियों पर बनाया गया गड्ढा। ~**कर्म** (पु०) ससम्मान अभिनंदन; ~**गत** (वि०) प्राप्त किया हुआ; ~**बद्ध** (वि०) करबद्ध

अंजली–*सं०* (स्त्री०) = अंजलि

अँजवाना–(स० क्रि०) काजल अथवा सुरमा लगवाना

अंजस–*सं०* (वि०) 1 सरल 2 अकुटिल

अंजसा–*सं०* 1 शीघ्रता से, तुरंत 2 यथावत् 3 साक्षात्

अंजहा–(वि०) अन्न का, अन्न के मेल से बना हुआ

अंजही–(स्त्री०) गल्ला मंडी (अनाज का बाज़ार)

अंजाम–*फ़ा०* (पु०) 1 फल 2 नतीजा 3 समाप्ति 4 पूर्ति। ~**देना** पूरा करना; ~**पाना** फल पाना

अंजित–*सं०* (वि०) 1 अंजनयुक्त 2 आराधित

अंजो–*सं०* (स्त्री०) 1 शुभकामना 2 आशीष

अंजीर–*फ़ा०* (पु०) गूलर की किस्म का एक विशेष फल

अंजुमन–*फ़ा०* (पु०) 1 सभा 2 महफ़िल

अँजुली–(स्त्री०) = अंजलि

अंझा–(पु०) छुट्टी का दिन

अँटना–(अ० क्रि०) 1 समाना 2 उचित नाप का होना 3 पर्याप्त होना, पूरा होना

अंटसंट–(वि०) 1 व्यर्थ का 2 असंगत (~बकना)

अंटा–(पु०) 1 बड़ी गोली 2 सूत, रेशम तथा ऊन का लच्छा 3 बिलियर्ड (खेल)। ~**घर** (पु०) बिलियर्ड खेलने का कमरा

अंटाचित–(वि०) 1 पीठ के बल, चित 2 पूर्णतः पराजित 3 मदहोश 4 स्तब्ध

अंटागुड़गुड़–(वि०) नशे में चूर (बेहोश)
अँटिया–(स्त्री०) 1 घास 2 पतली लकड़ी
अँटियाना–(स० क्रि०) 1 छिपाना 2 बाँधना
अंटी–(स्त्री०) 1 दो उँगलियों के बीच की जगह 2 उँगली पर उँगली रखने का संकेत 3 गाँठ 4 सूत या रेशम एवं ऊन का गोला 5 कुश्तीबाज़ों का एक दाँव। ~**बाज़** + फ़ा० (वि०) ठग, धोखेबाज़; ~**देना** गरदनिया देना; ~**मारना** 1 दूसरे का सामान चुरा लेना या छिपा देना 2 कम तौलना
अँटैतल–(पु०) बैलों के मुँह पर लगाया जानेवाला ढक्कन
अँठई–(स्त्री०) एक कीड़ा (किलनी)
अंठी–(स्त्री०) गिल्टी (गुठली)
अंड–*सं०* (पु०) 1 अंडा 2 अंडकोष, फ़ोता 3 विश्व 4 वीर्य। ~**कोश** (पु०) ब्रह्मांड; ~**कटाह** (पु०) सम्पूर्ण विश्व (कड़ाह रूप में); ~**ज** (पु०) अंडे से उत्पन्न जीव (सर्प, पक्षी); ~**कोषिका;** ~**धानी** (स्त्री०) वह थैली जिसमें अंडा पैदा होता है; ~**निक्षेपण** (पु०) अंडा देना; ~**प्रजक** (वि०) अंडे देनेवाला; ~**वृत्त** (पु०) अंडाकार घेरा; ~**वृद्धि** (स्त्री०) आँत उतरना
अंडबंड–(वि०) 1 असंगत, निरर्थक (बात) 2 गाली-गलौज। ~**सामान** (पु०) फुटकर वस्तुएँ
अंडरग्राउंड–*अं०* (वि०) भूमिगत
अंडरग्रैजुएट–*अं०* (पु०) पूर्व स्नातक
अंडरवियर–*अं०* अधोवस्त्र (जाँघिया)
अंडस–(स्त्री०) 1 कठिनाई 2 रुकावट
अंडा–(पु०) गोलाकार पिंड जिसमें से सर्प, पक्षी तथा मछली आदि जीवों का जन्म होता है। ~**खटकना** अंडा टूटना; ~**फूटना** अंडे से बच्चे का निकलना; ~**ढीला हो जाना** 1 थक जाना 2 दिवालिया हो जाना; ~**सेना** 1 पक्षियों द्वारा अंडे पर बैठकर उसे गर्मी पहुँचाना 2 घर में बैठे रहना
अंडाकर्षण–*सं०* (पु०) नपुंसक बनाना
अंडाकार–*सं०* (वि०), **अंडाकृति** (वि०) अंडानुमा
अंडाणु–*सं०* (पु०) स्त्रीबीज, डिंब
अंडाशय–*सं०* (पु०) मादा प्राणियों में अंड अथवा डिंब के विकसित होने का स्थान (ओवरी)
अंडी–(स्त्री०) 1 रेंड़ का वृक्ष या बीज 2 मोटा रेशम
अँडुआ–(वि०) जो बधिया न किया गया हो। ~**बैल** (पु०) आँड़ू बैल, साँड़ 2 सुस्त आदमी
अँडुआना–(स० क्रि०) बधिया करना
अंडे बच्चे–(पु०) 1 अंडे और बच्चे 2 बाल बच्चे
अंडैल–(स्त्री०) जिसके पेट में अंडे हों
अंतः–*सं०* (वि०) 1 भीतरी 2 आपसी। ~**कथा** (स्त्री०) कथा के भीतर अन्य कथा या घटना; ~**करण** (पु०) 1 भीतरी इन्द्रिय 2 सुख दुःख के अनुभव का माध्यम 3 मन 4 चित्त। ~**करणभेदी** (वि०) मन को चुभनेवाला; ~**कलह** (पु०) आपस की लड़ाई, गृह युद्ध; ~**कालीन** (वि०) बीच के समय का; ~**कुटिल** (वि०) 1 कपटी 2 दुष्ट; ~**कोण** (पु०) अंदर का कोण; ~**क्रिया** (स्त्री०) मन के भीतर चलनेवाली क्रिया; ~**क्षेत्रीय** (पु०) दो क्षेत्रों के बीच का; ~**क्षेप;** ~**क्षेपण** (पु०) बीच में डाल देना; ~**पटी** (स्त्री०) 1 परदा 2 चित्रपट्टिका; ~**पाती** (वि०) मध्यवर्ती; ~**पाशन** (पु०) आपस में फँसाना; ~**पुर** (पु०) रनिवास, जनानख़ाना; ~**पूयता** (स्त्री०) अंदर-अंदर पस पड़ जाना; ~**प्रकृति** 1 मूल स्वभाव 2 मन (हृदय); ~**प्रज्ञ** (पु०) आत्मज्ञानी, तत्त्वदर्शी; ~**प्रत्यय** (पु०) शब्द के बीच में पड़ने वाला प्रत्यय; ~**प्रवृत्ति** (स्त्री०) मन का झुकाव; ~**प्रेरणा** (स्त्री०) भीतरी या मन की प्रेरणा; ~**शासनिक** (वि०) सरकार में आपस का; ~**शुद्ध** मन से शुद्ध; ~**शुद्धि** (स्त्री०) चित्त या मन को विकारमुक्त करना; ~**सत्ता** (स्त्री०) भीतर का जीवात्मा; ~**समूह** (पु०) समुदाय का भीतरी समूह; ~**सर्ग** (पु०) (नाटक के) अंदर का सर्ग; ~**सलिला** (वि०) अंदर प्रवाहित होनेवाली धारा; ~**साक्ष्य** (पु०) अंदर ही मिलनेवाला साक्षी, प्रमाण; ~**साहित्यिक** (पु०) साहित्य के अंदर का; ~**स्थ** (वि०) भीतर स्थित; ~**स्थित** (वि०) भीतर या हृदय में विद्यमान; ~**स्राव** (पु०) भीतर ही रिसना; ~**स्वर** (पु०) हृदय की आवाज़
अंत–*सं०* (पु०) 1 समाप्ति 2 नाश 3 मृत्यु 4 परिणाम 5 सीमा, छोर 6 प्रलय। ~**क**; ~**कर** (वि०); ~**कारी** (वि०) नाश करनेवाला, संहारक, ~**कर्म** (पु०) 1 मृत्यु 2 अंत्येष्टिकर्म; ~**काल** (पु०) (जीवन का) अंतिम क्षण; ~**कृत** I (वि०) अंत करने वाला II (पु०) मृत्यु; ~**क्रिया** (स्त्री०) मृतक क्रिया; ~**ग** (वि०) पारगामी; ~**गति** I (स्त्री०) मृत्यु II (वि०) अंत को प्राप्त होनेवाला; ~**चर** (वि०) सीमांत तक जानेवाला; ~**ज** (वि०) अंत में जन्म लेनेवाला; ~**तम** (वि०) सबसे आखिरी; ~**पाल** (पु०) द्वारपाल; ~**भव** (वि०) अंत में उत्पन्न; ~**पाना** भेद जान जाना; ~**बनना** अंत में ठीक हो जाना
अँतड़ी–(स्त्री०) आँत। ~**निकालना** जान लेना; ~**जलना** भूख लगना
अंततः–*सं०* (क्रि० विं०) अंत में, आखिरकार
अंततोगत्वा–(क्रि० वि०) = अंततः
अंतरंग–I *सं०* (वि०) घनिष्ठ (जैसे ~ मित्र) II (पु०) शरीर के भीतरी अंग (मन, मस्तिष्क)। ~**मंत्री** (पु०) शासन का मंत्री; ~**सचिव** प्राइवेट सेक्रेटरी; ~**सभा** (स्त्री०) प्रबन्धकारिणी समिति
अंतरंगी–*सं०* (वि०) दिली (दोस्त)
अंतर्–*सं०* (अ०) 1 अंतः 2 भीतर 3 बीच में। **अंतर्कथा** (स्त्री०) (शुद्ध अंतः कथा) 1 संदर्भित कथा 2 भीतरी बात; ~**कालीन** (वि०) (अंतःकालीन) बीच के समय का; ~**क्रिया** (पु०) भीतर की क्रिया; ~**गंगा** (स्त्री०) गुप्त गंगा; ~**गत** (वि०) 1 सम्मिलित 2 भीतरी 3 बीच में समाया हुआ; ~**गति** (स्त्री०) मन की वृत्ति, भावना; ~**गृह** (पु०) भीतर का घर; ~**गृही** (स्त्री०) 1 घर के भीतर रहनेवाला 2 घर का भीतरी भाग; ~**ग्रसन** (पु०) फँसाव; ~**ग्रस्त** (वि०) फँसा हुआ, अपराध में लगा हुआ; ~**ग्रही;** ~**ग्रहीय** (वि०) ग्रहों के आपस का; ~**घट** (पु०) अंतःकरण; ~**जगत्** (पु०) मन का संसार, हृदय; ~**जनतंत्रीय** (वि०) जनतंत्र के अंदर का; ~**जात** (वि०) अंदर से उत्पन्न; ~**जातिक** (पु०) दूसरी जाति का; ~**जातीय** (वि०) जातियों के बीच में (जैसे- ~विवाह); ~**ज़िला** (पु०) ज़िले से संबंधित; ~**जीवन** (वि०)

(मन) भीतर का जीवन; **~ज्ञान** (पु०) मन का ज्ञान, बोध; **~ज्वाला** (स्त्री०) भीतर की आग; **~दर्शन** (पु०) मन की परख, भीतर निगाह डालना; **~दर्शी** (वि०) हृदय की बात जाननेवाला; **~दशा** (स्त्री०) *ज्या०* बड़ी दशा के भीतर दशा; **~दशाह** (पु०) मृतक आत्मा की शांति हेतु दस दिन तक चलनेवाली क्रिया; **~दहन इंजन** *+ अं०* (पु०) ऐसा इंजन जिसके भीतर के कोष्ठ में भाप तैयार होती है; **~दाह** (पु०) मन की जलन, दुःख; **~दिशा** (स्त्री०) दो दिशाओं के बीच की दिशा; **~दृष्टि** (स्त्री०) मन की बात समझने की शक्ति, ज्ञानचक्षु, प्रज्ञा; **~देशीय** (वि०) 1 देश के अंदर का 2 देश के आंतरिक भागों से संबंधित; **~द्वंद्व** (पु०) आन्तरिक संघर्ष; **~द्वार** (पु०) गुप्तद्वार; **~धान** (पु०) लोप हो जाना; **~धारा** (स्त्री०) नदी अथवा समुद्र में बहनेवाली भीतरी धारा; **~ध्यानी** (वि०) आत्मा की ओर ध्यान लगानेवाला; **~ध्वंस** (पु०) अंदर के लोगों द्वारा संपत्ति का नाश; **~ध्वंसक** (वि०/पु०) संपत्ति नष्ट करनेवाले अंदर के (लोग); **~नगरीय** (वि०) नगरों से सम्बन्धित; **~नाद** (पु०) मन की आवाज़; **~नियम** (पु०) (कंपनी के) नियम; **~निरीक्षण** (पु०) भीतर निरखना; **~निर्भरता** (स्त्री०) पारस्परिक निर्भरता; **~निविष्ट** (वि०) भीतर समाया हुआ; **~निष्ठ** (वि०) 1 बीच में पड़ा हुआ 2 दृढ़तापूर्वक विद्यमान; **~निहित** (वि०) अंदर छिपा हुआ, समाहित; **~पट** (पु०) 1 भीतरी परदा 2 दो पटों के मध्य; **~पत्रण** (पु०) पुस्तक में पत्रों के बीच लगनेवाला संकेतपत्र; **~प्रादेशिक** (वि०) अपने प्रान्त से सम्बन्धित; **~प्रेरणा** (पु०) मन की प्रेरणा; **~बोध** (पु०) मन का ज्ञान; **~भाव** (पु०) 1 मेल 2 मन में समाहित होना 3 आशय; **~भावना** (स्त्री०) मन का चिंतन; **~भावित** (वि०) सम्मिलित किया गया; **~भुक्त** (वि०) समाविष्ट, शामिल; **~भूत** (वि०) भीतर पड़ा या छिपा हुआ, समाविष्ट; **~भूमि** (स्त्री०) पृथ्वी का भीतरी भाग; **~भेदी** (पु०) मन को बींधने/चुभनेवाला; **~भौम** (वि०) भूमि के अंदर का; **~मन** (पु०) मन की भीतरी चेतना; **~मना** (वि०) 1 आत्मलीन 2 अंतर्मुखी 3 व्याकुल; **~मल** (पु०) मन का विकार, दोष; **~महाद्वीपीय** (वि०) महाद्वीपों का पारस्परिक; **~मार्ग** (पु०) भीतर का रास्ता; **~मुख** (वि०), **~मुखी** (स्त्री०) 1 अंदर की ओर मुख करनेवाली 2 अंतर्लीन; **~मृत** (वि०) मृतजन्मा; **~यामी** I (वि०) 1 मन (हृदय) की बात जाननेवाला 2 मन में स्थित II (पु०) ईश्वर; **~युद्ध** (पु०) आंतरिक कलह; **~योग** (पु०) गहन चिंतन; **~योगात्मक** (वि०) अखंड ध्यानवाला; **~राज्यिक; ~राज्यीय** (वि०) राज्यों का पारस्परिक; **~राष्ट्रीय** (वि०/पु०) राष्ट्रों का पारस्परिक, सम्पूर्ण विश्व का; **~राष्ट्रवाद, ~राष्ट्रीयतावाद** (पु०) यह सिद्धांत कि हम एक राष्ट्र के नहीं, सभी राष्ट्रों के हैं, इसलिए परस्पर अच्छे संबंध होने चाहिएं; **~राष्ट्रवादी, ~राष्ट्रीयतावादी** (वि०/पु०) अंतर्राष्ट्रीय संबंधों पर बल देनेवाला; **~रुद्ध करना** (स० क्रि०) बीच में रोक/टोक देना; **~लयन** (पु०) समा जाना; **~लसीका** (स्त्री०) शरीर के भीतर का रस; **~लापिका** (स्त्री०) एक प्रकार की पहेली; **~लिखित** (वि०) अंदर लिखा हुआ; **~लीन** (वि०) 1 आत्ममग्न 2 छिपा हुआ; **~वक्ष** (पु०) भीतरी छाती; **~वर्ती** (वि०) भीतर रहनेवाली; **~वर्ग** (पु०) समूह का एक वर्ग या भाग; **~वर्ती** (वि०) छिपा हुआ; **~वर्तीय** (वि०) अन्दर ही अन्दर पाया जानेवाला; **~वस्तु** (स्त्री०) अंदर की वस्तु; **~वस्त्र** (पु०) अंदर का वस्त्र (बनियाइन, जाँघिया आदि); **~वाणिज्य** (पु०) देश की सीमा के अंतर्गत होनेवाला व्यापार; **~वाणी** (स्त्री०) आत्मा की आवाज़; **~वाष्प** (पु०) मन की टीस या दुःख; **~वासक** (पु०) अंदर पहनने का वस्त्र; **~वासन** (पु०) अंदर प्राप्त होनेवाला; **~वासित** (स्त्री०), **~वासी** (पु०) अन्दर ही निवास करनेवाला; **~विकार** (पु०) शारीरिक एवं मानसिक दोष; **~विकास** (पु०) हृदय (मन) की उन्नति या आत्मिक ज्ञान; **~विनिमय** (पु०) आपस में अदला-बदली; **~विराम** (पु०) अंतराल; **~विरोध** (पु०) मन की भावनाओं में विरोध; **~विवाह** (पु०) जाति या कुटुंब में आपसी विवाह; **~विषय** (पु०) अंदर की विषय वस्तु; **~विष्ट** (वि०) अंदर पड़ा हुआ; **~वृत्ति** (पु०) मन की गति (धर्म संबंधी); **~वेग** (पु०) चाल, गति का अंतर; **~वेदी** (पु०) दो नदियों के बीच का देश, दोआबा; **~वेध** (पु०) 1 शरीर की पीड़ा 2 भीतर तक वेधना; **~वेशन** (पु०) अंदर छिपाना या रखना; **~वेशित** (वि०) छिपाया गया या मिलाया गया; **~व्याधि** (स्त्री०) अंदर का रोग; **~व्यापी** (वि०) अंदर फैला हुआ; **~व्यास** (पु०) भीतरी वृत्त का घेरा; **~संघीय** संघों का पारस्परिक; **~साधना** (पु०) मन की साधना; **~हित** (वि०) अंदर समाया हुआ; **~हृद** (वि०) हृदय के भीतर का; **~हृदशोथ** (पु०) हृदय की भीतरी सूजन

अंतरक–*सं०* (पु०) एक से दूसरी जगह ले जानेवाला

अंतरचक्र–(पु०) बीच का पहिया

अंतरण–*सं०* (पु०) 1 व्यवधान डालना 2 तबादला 3 स्थानान्तरण 4 हस्तान्तरण। **~पत्र** (पु०) तबादला करते समय दिया गया पत्र

अंतरतम–I *सं०* (वि०) 1 आत्मीय 2 निकटतम 3 दिली गहराई II (पु०) मर्म, हृदय

अंतरस्थ–*सं०* (वि०) भीतर स्थित

अंतरवयव–(पु०) शरीर के भीतरी अंग

अंतरा–*सं०* (वि०) 1 भीतरी, बीच का, आपस में स्थित 2 गीत की टेक। **~काय** (पु०) भीतरी शरीर

अंतराकूत–*सं०* (पु०) गुप्त अभिप्राय

अंतरागम–*सं०* (पु०) अंदर आकर भरना

अंतरात्मा–*सं०* (स्त्री०) 1 जीवात्मा 2 प्राण 3 अंतःकरण

अंतराय–*सं०* (पु०) बाधा

अंतरायण–*सं०* (पु०) नज़रबंद

अंतराल–*सं०* (पु०) दो बिंदुओं या कालों के मध्य का अवकाश। **~राज्य** (पु०) दो शक्तिशाली राज्यों के बीच का राज्य

अंतरावधि–*सं०* (स्त्री०) बीच का समय

अंतरावरोधन–*सं०* (वि०) बीच में व्यवधान उत्पन्न करना

अंतरावरोधित–*सं०* (वि०) बीच में पकड़ा या रोका गया

अंतरावर्त्त–*सं०* (वि०) वृत्त के बीच

अंतरावलंबन–*सं०* (पु०) अंतरास्थि

अंतरावलंबित–*सं०* (वि०) जो बीच में टिका हो

अंतरिक्ष–I *सं०* (पु०) आकाश II (वि०) अदृश्य। ~**अड्डा** *+हिं०* (पु०) आकाश में रुकने की जगह; ~**उड़ाका** *+हिं०* (पु०) आकाश में उड़नेवाला; ~**उड़ान** *+हिं०* (पु०) आकाश की उड़ान; ~**उड़ान नियंत्रक** *+हिं०+सं०* आकाश की उड़ान को नियंत्रित करनेवाला; ~**उड्डयन** (वि०) न दिखाई पड़नेवाली उड़ान; ~**केन्द्र** (पु०) आकाश में स्थित स्टेशन; ~**गामी** (पु०) आकाश में जानेवाला; ~**चिकित्सा विज्ञान** (पु०) अंतरिक्ष में इलाज करने की पद्धति; ~**जैविकी** (स्त्री०) अंतरिक्ष के जीवों का अध्ययन; ~**नियंत्रण केन्द्र** (पु०) आकाश में ग्रहों को नियंत्रित करनेवाला केन्द्र; ~**परिक्रमा** (पु०) आकाश का चक्कर; ~**परिधान** (पु०), ~**पोशाक** *+ फ़ा०* (पु०) आकाश में जाते समय पहननेवाला वस्त्र; ~**प्रशासन केन्द्र** आकाश के ग्रहों को नियंत्रण में रखने के लिए बनाया गया स्टेशन; ~**मंडल** (पु०) आकाश की परिधि; ~**यात्रा** (वि०) आकाश की यात्रा; ~**यात्री** (पु०) आकाश में जानेवाला यात्री; ~**यान** (पु०) वायुयान; ~**यान अड्डा** *+ हिं०* (पु०) आकाश में वह स्थान जहां वायुयान रुकता है; ~**यान चालक** (वि०) वायुयान चलानेवाला; ~**यान चालन** (वि०) वायुयान चलाना; ~**यानिकी** (स्त्री०) अंतरिक्ष यान संबंधी विज्ञान; ~**राकेट** *+अं०* (पु०) आकाश में छोड़ा जानेवाला राकेट; ~**विचरण** (पु०) आकाश में घूमना फिरना; ~**विज्ञान** (पु०); ~**विद्या** (पु०) आकाश के ग्रहों एवं मौसम की पूर्ण जानकारी देनेवाला विज्ञान; ~**वैज्ञानिक** (पु०) ग्रहों एवं नक्षत्रों का ज्ञान रखनेवाला; ~**स्टेशन** *+अं०* (पु०) अंतरिक्ष में बना स्टेशन

अंतरिक्षिकी–*सं०* (स्त्री०) अंतरिक्ष विज्ञान

अंतरिक्षीय–*सं०* (वि०) अंतरिक्ष का, आकाश संबंधी

अंतरित–*सं०* (वि०) 1 छिपा हुआ 2 अदृश्य 3 बदली किया हुआ

अंतरिती–*सं०* (पु०) जिसके नाम संपत्ति अंतरित की गई हो

अंतरिम–*सं०* (वि०) 1 मध्यवर्ती 2 बीच की अवधि का 3 अस्थायी

अंतरीप–*सं०* (पु०) 1 टापू 2 भूखंड जिसके तीन ओर समुद्र हो

अंतरीय–I *सं०* (वि०) भीतर का II (पु०) 1 भीतर का कपड़ा 2 धोती

अंतरुदरीय–*सं०* (वि०) पेट के भीतर

अँतरौटा–(पु०) 1 अस्तर 2 साया

अंतश्– = अंतः। ~**चर्म** (पु०) भीतरी चमड़ी; ~**चित्त** (पु०) अंतःकरण, मन; ~**चेतना** (स्त्री०) आन्तरिक चेतना

अंतष्– = अंतः। ~**प्राण** (पु०) भीतर का श्वास

अंतस्– = अंतः। ~**तंत्रिक** (वि०) नाड़ी के भीतर का; ~**तप्त** (वि०) भीतर से तपा हुआ; ~**तल** (पु०) मन; ~**ताप** (पु०) मन का दुःख; ~**त्वक्** (पु०) 1 भीतरी छाल 2 भीतरी चमड़ी; ~**त्वचा** (स्त्री०) भीतरी चमड़ी; ~**संज्ञा** (स्त्री०) आंतरिक प्रज्ञा, चेतना; ~**सलिला** (स्त्री०) सरस्वती नदी; ~**सार** I (वि०) ताकतवर II (पु०) 1 तत्त्व 2 विषय-वस्तु; ~**स्वरागम** (पु०) बीच में स्वर का आना

अंतिक–I *सं०* (वि०) 1 पास का 2 अंत तक II (पु०) 1 पड़ोस 2 सामीप्य

अंतिम–*सं०* (वि०) 1 सबसे बाद का 2 चरम। ~**ता** (स्त्री०) चरम बिंदु

अंतिमांक–*सं०* (पु०) नौ की संख्या

अंतिमेत्थम–*सं०* (पु०) अल्टीमेटम, चुनौती

अंतिमोत्तर–(वि०) अंतिम के बाद का

अंतेवासी–*सं०* (पु०) 1 गुरुकुल या छात्रावास में रहनेवाला छात्र 2 बाहर 3 शूद्र

अंत्य–*सं०* (वि०) 1 नीचे का 2 शब्द का अंतिम वर्ण 3 अंतिम नक्षत्र। ~**कर्म** (पु०), ~**क्रिया** (स्त्री०) मृतक की अंतिम क्रिया, दाहसंस्कार; ~**गमन** (पु०) उच्च जाति का निम्न जाति से संबंध; ~**ज** (पु०) शूद्र; ~**प्रत्यय** (पु०) शब्द के अंत में लगने वाला प्रत्यय; ~**युग** (पु०) कलियुग, ~**लेख** (वि०) आखिरी लेख; ~**लोप** (पु०) शब्द के अंतिम अक्षर का लोप; ~**वर्ण** (पु०) अंतिम अक्षर; ~**शेष** (पु०) कुल हिसाब की बाकी

अंत्याक्षर–*सं०* (पु०) शब्द अथवा पद का अंतिम वर्ण

अंत्याक्षरी–*सं०* (स्त्री०) कविता के अंतिम अक्षर से शुरू होनेवाला अक्षर लेकर छंद बनाना

अंत्याधार–*सं०* (वि०) अंतिम सहारा

अंत्यावसयी–*सं०* (पु०) निम्न जाति या श्रेणी का व्यक्ति

अंत्येष्टि–*सं०* (स्त्री०) मृतक कर्म। ~**क्रिया** (वि०) कर्मकाण्ड का करना; ~**गृह** (पु०) श्मशान

अंत्र–*सं०* (पु०) आँत। ~**कूजन** (पु०) आँतों में होनेवाली गुड़गुड़ाहट; ~**दाह,** ~**शोथ** (पु०) 1 आँतों की सूजन 2 पीड़ा; ~**शूल** (पु०) आँत का तीखा दर्द

अंदर–I *फ़ा०* (अ०) भीतर II (पु०) 1 मन 2 भीतर। ~**वाला** (पु०) आत्मा, जीवात्मा; ~**करना** (स० क्रि०) जेल में डालना

अँदरसा–(पु०) एक तरह का मिष्ठात्र

अंदरूनी–(वि०) भीतरी

अंदाज़–*फ़ा०* (पु०) 1 अनुमान 2 नाप तौल 3 ढंग, अदा 4 मोहक चेष्टाएँ, हाव-भाव

अंदाज़न–*फ़ा०* (अ०) लगभग, अनुमानतः

अंदाज़ा–*फ़ा०* (पु०) 1 अटकल 2 अनुमान

अंदु–*सं०* (पु०) 1 जंजीर 2 पायल

अंदुआ–(पु०) हाथी के पाँवों में डालनेवाली जंजीर

अंदुक–*सं०* (पु०) 1 नूपुर 2 साँकल

अंदेशा–*फ़ा०* (पु०) 1 शंका, संदेह 2 ख़तरा, खटका

अंदोह–*फ़ा०* (पु०) 1 दुःख 2 खटका। ~**नाक** (वि०) दुखद

अंध–I *सं०* (वि०) 1 अंधा 2 विचारहीन 3 अचेत II (पु०) 1 नेत्रहीन व्यक्ति 2 अज्ञान। ~**कूप** (पु०) 1 अंधेरा कुआँ 2 नरक; ~**खोपड़ी** (वि०) मूर्ख; ~**तमस** (पु०) गहन अंधकार; ~**देशभक्त,** ~**राष्ट्रवादी** (पु०/वि०) देश के प्रति आंख बन्द करके प्रेम और श्रद्धा रखनेवाला; ~**देशभक्ति** (स्त्री०) दूसरे देशों से द्वेष रखते हुए अपने देश से पक्षपातपूर्ण प्रेम; ~**राष्ट्रवाद** (पु०) देश या राष्ट्र के प्रति पक्षपातपूर्ण प्रेम; ~**परंपरा** (स्त्री०) बिना सोचे-समझे पुरानी

परंपराओं का पालन; ~**प्यार** *+ हिं०* (पु०) प्रेम में अंधा हो जाना; ~**प्रभंजन** (पु०) अंधड़; ~**भक्त** (पु०) अटूट प्रेम एवं विश्वास करनेवाला; ~**भक्ति** (वि०) बिना सोचे-समझे श्रद्धा एवं विश्वास; ~**युग** (पु०) (इतिहास में) अंधकार युग; ~**विश्वास** (पु०) विचारहीन विश्वास; ~**विश्वासी** (वि०) बिना सोचे समझे विश्वास करनेवाला; ~**वीरता** (वि०) विवेकशून्य बल-प्रयोग; ~**व्यवस्था** अनुचित एवं गलत इंतजाम; ~**व्यवस्थापक** विचारहीन एवं बुरी व्यवस्था करनेवाला; ~**श्रद्धा** (स्त्री०) विवेक शून्य श्रद्धा

अंधक–I *सं०* (वि०) अंधा II (पु०) एक दैत्य

अंधकार–*सं०* (पु०) 1 अँधेरा 2 अज्ञान। ~**मय** (वि०) प्रकाशरहित; ~**युग** (पु०) ऐसा युग जिसका इतिहास ज्ञात न हो

अंधकाराच्छन्न–*सं०* (वि०) अंधकार से घिरा हुआ

अंधकारावृत्त–*सं०* अंधकार से घिरा हुआ

अंधा–I (वि०) 1 बिना आँख का 2 प्रकाशरहित 3 विचार शून्य 4 अँधेरा (स्थान) II (पु०) नेत्रहीन प्राणी। ~**आईना** (पु०) शीशा जिसमें साफ़ तस्वीर न दिखाई दे; ~**कुआँ** (पु०) 1 प्रकाशहीन कुआँ 2 जल रहित कुआँ; ~**दीया** (पु०) धुँधली रोशनी वाला दीपक; **अंधे की लकड़ी** एक मात्र सहारा; ~**बनना** मूर्ख बनना; ~**बनाना** 1 उल्लू बनाना 2 ठगना; **अंधे के आगे रोए अपना दीदा खोए** मूर्ख के समक्ष अपना दुःख कहना; **अंधे के हाथ बटेर लगी** अनायास या अचानक मूल्यवान वस्तु की प्राप्ति; **अंधों में काना राजा** मूर्खों में अपने को बड़ा समझना

अंधाकुप्प–(पु०) घुप अँधेरा

अंधाधुंध–I (अ०) 1 बिना सोचे समझे 2 बेहिसाब II (वि०) विवेकहीन III (स्त्री०) 1 गहन अंधकार 2 अव्यवस्था

अंधानुकरण–*सं०* (पु०) बगैर सोचे-समझे नकल करना

अंधानुकृत–*सं०* (वि०) अविवेकपूर्वक नकल किया हुआ

अंधानुकृति–(स्त्री०) = अंधानुकरण

अंधानुगामी–*सं०* (पु०) बिना सोच विचार के कार्य करनेवाला

अंधानुयायी–*सं०* (पु०) बिना सोचे समझे अनुसरण करनेवाला

अंधापन–(पु०) अंधा होने की अवस्था

अँधियारा–(वि०) अंधेरा

अँधियारी, अंधियाली–(स्त्री०) अंधकार

अँधेर–(पु०) 1 अनीति 2 अशान्ति। ~**खाता** (पु०) 1 अव्यवस्था 2 गलत लेखा जोखा; ~**गर्दी** *+ हिं० + फ़ा०* बदइंतजामी ;~**नगरी** (स्त्री०) ऐसा स्थान जहाँ नीति, नियम, व्यवस्था का अभाव हो

अँधेरा–I (पु०) 1 अंधकार 2 नैराश्य 3 छाया II (वि०) प्रकाशहीन। ~**गुप्प (घुप्प)** (पु०) गहन अंधकार; ~**पाख (पक्ष)** (पु०) कृष्ण पक्ष; ~**मिटना** दुःख दूर हो जाना; **अँधेरे घर का उजाला** घर की कीर्ति बढ़ाने वाला; **अँधेरे मुँह** सवेरा होने से पूर्व; ~**सा पड़ना** उदासी छा जाना

अँधेरिया–(स्त्री०), **अँधेरी** (स्त्री०) 1 अंधकार 2 कृष्ण पक्ष। ~**कोठरी का यार** छिपा हुआ प्रेमी; ~**डालना या देना** 1 दुर्गति करना 2 धोखा देना

अँधेरी–(स्त्री०) अंधेरा

अँधेरे-उजेले–समय-असमय

अँधोटी–(स्त्री०) घोड़े या बैल की आँख पर डाला जानेवाला पर्दा

अँधौरी–(स्त्री०) एक प्रकार का चर्म रोग (अम्हौरी)

अंबर–*सं०* (पु०) 1 आकाश 2 वस्त्र 3 परिधि 4 एक सुगंधित खनिज। ~**डंबर** (पु०) सूर्यास्त समय की लाली; ~**पुष्प** (पु०) असंभव बात; ~**बेलि** *+ हिं०* (स्त्री०) आकाशबेल

अंबरात–*सं०* (पु०) 1 क्षितिज 2 वस्त्र का किनारा

अंबा–*सं०* (स्त्री०) 1 माता 2 पार्वती

अंबापाली–(स्त्री०) अमरस

अंबार–*फ़ा०* (पु०) ढेर, राशि

अंबारी–*अ०* (स्त्री०) मंडपनुमा हौदा

अंबिका–*सं०* (स्त्री०) 1 जननी 2 दुर्गा 3 पार्वती

अंबिया–(स्त्री०) आम का टिकोरा, छोटा कच्चा आम

अंबु–*सं०* (पु०) 1 जल 2 जन्म कुंडली में चौथा स्थान 3 चार की संख्या। ~**ज** (वि०) 1 कमल 2 ब्रह्मा

अंबुद–*सं०* (वि०) बदल

अंबुधि–*सं०* (पु०) समुद्र

अंबुरूह–*सं०* (पु०) कमल

अंबोह–(पु०) भीड़

अंभ–*सं०* (पु०) 1 जल 2 आकाश

अंभोज–*सं०* (पु०) 1 कमल 2 कपूर 3 चंद्रमा 4 शंख। ~**योनि** (पु०) ब्रह्मा

अंश–*सं०* (पु०) 1 भाग 2 कोण नापने की इकाई 3 भिन्नात्मक अंक 4 अंक, डिग्री। ~**कालिक** (वि०) कुछ समय के लिए; ~**ग्राही** (पु०) ~**धारी** (पु०) कुछ भाग लेनेवाला; ~**दान** थोड़ा योगदान; ~**पत्र** (पु०) ऐसा पत्र जिसमें हिस्सेदारी का अंश लिखा गया हो; ~**पूँजी** *+ हिं०* (स्त्री०) किसी व्यापार में लगाई गई पूँजी के हिस्से; ~**भागी** (पु०) साझीदार, अंश का स्वामी; ~**सूची** (स्त्री०) शेष माल की सूची, हिस्सों की सूची

अंशक–*सं०* (वि०) अंश का

अंशतः–*सं०* (क्रि० वि०) आंशिक रूप से

अंशन–*सं०* (पु०) विभाजन

अंशांकन–*सं०* (पु०) 1 विभागों का क्रम निश्चित करना 2 डिग्री लगाना

अंशांकित–*सं०* (वि०) 1 क्रम से अंकित किया हुआ 2 जिस पर नापने के लिए चिह्न बने हों

अंशांश–(पु०) अंश का अंश

अंशांशतः–*सं०* (क्रि० वि०) अंश-अंश करके

अंशी–*सं०* (वि०) 1 भागीदार 2 संपूर्ण

अंशु–*सं०* (पु०) 1 सूर्य 2 किरण 3 वस्त्र। ~**मान** I (पु०) सूर्य II (वि०) प्रभामय; ~**माली** (पु०) सूर्य

अंशुक–*सं०* (पु०) 1 दुपट्टा 2 थोड़ा प्रकाश

अंह–*सं०* (पु०) 1 पाप 2 चिंता 3 व्यवधान

अऋजु–*सं०* (वि०) 1 टेढ़ा 2 अनुचित

अऋण–*सं०* (वि०) कर्जहीन

अकंटक–*सं०* (वि०) 1 काँटों से रहित 2 व्यवधान से दूर

अकंपन–*सं०* (पु०) कंपन का न होना

अकंपित–*सं०* (वि०) जो कँपा न हो

अक–*सं०* (पु०) 1 कष्ट 2 पाप
अकच–*सं०* (वि०) केशरहित
अकच्छ–*सं०* (वि०) 1 वस्त्रहीन 2 लंपट
अकड़–(स्त्री०) 1 घमंड 2 कड़ापन 3 दर्प। ~**तकड़** (स्त्री०) बाँकपन; ~**फों** (स्त्री०) घमंडपूर्ण चेष्टा; ~**बाई** (स्त्री०) एक प्रकार का रोग; ~**बाज़** *+हिं० + फ़ा०* (वि०) घमंडी; ~**बाज़ी** *+ हिं० + फ़ा०* (स्त्री०) ऐंठ
अकड़ना–(अ० क्रि०) 1 घमंड करना 2 जिद करना
अकड़ाव–(पु०) तनाव
अकड़ू–(वि०) अकड़कर चलनेवाला
अकथ्य–*सं०* (वि०) न कहने योग्य
अकधक–(स्त्री०) 1 भय 2 हिचक, संकोच
अकना–(अ० क्रि०) 1 परेशान होना 2 ऊबना
अकपट–*सं०* (वि०) छलहीन
अकबक–(पु०) 1 चिंता 2 प्रलाप। ~**बकना** या **करना** प्रलाप करना
अकबकाना–(अ० क्रि०) चकित होना
अकबरी–*अ०* (वि०) सम्राट अकबर का चलाया हुआ
अक़बाल–*अ०* (पु०) धर्मोचित बातें
अकर–*सं०* (वि०) 1 करहीन 2 बिना हाथ का 3 दुष्कर
अकरण–*सं०* (वि०) 1 इंद्रिय रहित 2 स्वाभाविक 3 (कार्य) न करना
अकरणीय–*सं०* (वि०) न करने योग्य
अकराम–*अ०* (पु०) अनुग्रह, कृपा
अकराल–*सं०* (वि०) 1 सुंदर 2 भयहीन
अकरास–(पु०) 1 आलस 2 अँगड़ाई
अकरासू–(वि०) गर्भवती
अकरी–(स्त्री०) एक पौधा
अकरुण–*सं०* (वि०) 1 कठोर 2 निर्दयी
अकर्ण–I *सं०* (वि०) 1 कर्णहीन 2 बहरा II (पु०) सर्प
अकर्तव्य–*सं०* (वि०) 1 जो करने योग्य न हो 2 अनुचित
अकर्तरि प्रयोग–*सं०* (पु०) क्रिया का कर्ता के साथ संबंध न होना
अकर्ता–*सं०* (वि०) कर्म न करनेवाला
अकर्तृक–*सं०* (वि०) बिना कर्त्ता का
अकर्म–*सं०* (पु०) 1 कर्म का अभाव 2 निष्क्रियता
अकर्मक–*सं०* (वि०) *व्या०* जिसके लिए कर्म की आवश्यकता न हो
अकर्मण्य–*सं०* (वि०) 1 निकम्मा 2 कर्म के अयोग्य। ~**ता** (स्त्री०) निकम्मापन, आलस्य
अकर्मा–*सं०* (वि०) कर्महीन
अकर्मान्वित–*सं०* (वि०) 1 अपराधी 2 बेकार
अकर्मी–*सं०* (वि०) 1 पापी 2 दुष्कर्मी
अकलंक–*सं०* (वि०) 1 दाग़ रहित 2 बेदाग़
अकलंकित–*सं०* (वि०) दोषरहित
अक़ल–*सं०* (वि०) 1 खंडहीन 2 निराकार 3 गुणहीन
अक़ल खुरा–*हिं०+फ़ा०* 1 अकेला खानेवाला 2 स्वार्थी
अकलुष–*सं०* (वि०) 1 साफ़ 2 दोषरहित 3 बेदाग़
अकल्प–*सं०* (वि०) 1 अतुलनीय 2 कमज़ोर 3 अक्षम
अकल्पनीय–*सं०* (पु०), **अकल्पय** - (पु०) जिसकी कल्पना न की जा सके
अकल्पित–*सं०* (वि०) 1 वास्तविक 2 कल्पना के बिना
अकल्याण–*सं०* (पु०) 1 अहित 2 अशुभ
अकल्याणकारक, अकल्याणकारी–*सं०* (वि०) अहित करनेवाला
अकषाय–*सं०* 1 जो कसैला न हो 2 निर्मल
अकसर–I *अ०* अधिकतर II (वि०) अकेला
अकसीर–*अ०* (स्त्री०) 1 बहुत गुणकारी 2 धातु अथवा तत्त्व से बनी हुई भस्म या औषधि
अकस्मात्–*सं०* (अ०) अचानक, एकदम
अकांड–*सं०* (वि०) असमय होने वाली घटना। ~**जात** (वि०) असमय पैदा होना; ~**तांडव** (पु०) व्यर्थ का झगड़ा
अकाउंट–*अं०* (पु०) हिसाब, लेखा। ~**बुक** (पु०) बही खाता
अकाउंटेंट–(पु०) मुनीम, क्लर्क
अकाज–(पु०) 1 कार्यहानि 2 ग़लत काम
अकाट, अकाट्य–(वि०) जो कट न सके
अकादमिक–*अं०* 1 अकादमी संबंधी 2 शैक्षिक
अकादमी–*अं०* (स्त्री०) ज्ञान-विज्ञान की उच्च संस्था
अकाम–*सं०* (वि०) 1 कामहीन 2 उदासीन
अकाय–*सं०* (वि०) शरीरहीन
अकार–*सं०* (पु०) 'अ' अक्षर की उच्चारण ध्वनि
अकारण–*सं०* (अ०) बेवजह, बिना कारण
अकारत, अकारथ–*+हिं०* (वि०) 1 बेकार, व्यर्थ 2 अनुपयोगी
अकारांत–*सं०* (वि०) जिसके अंत में 'अ' स्वर आए
अकारादि–*सं०* (वि०) 'अ' अक्षर से आरम्भ होनेवाला
अकार्य–*सं०* (वि०) न करने योग्य, अनुचित कार्य। ~**दिन** (पु०) छुट्टी का दिन
अकाल–I *सं०* (पु०) 1 अशुभ समय 2 भुखमरी (दुर्भिक्ष) 3 अभाव II (वि०) 1 असमय 2 अविनाशी। ~**कुसुम** (पु०) बिना मौसम का फूल/पदार्थ; ~**क्रिया** (पु०) असमय का काम; ~**ग्रस्त** कुसमय में फँसा; ~**ज** (वि०) असमय जन्म लेनेवाला; ~**जरा** (स्त्री०) समय से पहले बुढ़ापा; ~**जलद** (पु०) बेवक्त की वर्षा; ~**जात** (वि०) बिना मौसम के पैदा हुआ; ~**पक्व** (वि०) समय से पूर्व पकने वाला; ~**पीड़ित** (वि०) भूख से पीड़ित; ~**पुरुष** (पु०) परमेश्वर; ~**प्रसव** (पु०) समय से पूर्व प्रसव; ~**मृत्यु** (स्त्री०) 1 असामयिक मृत्यु 2 अल्प वय में मृत्यु; ~**वृद्ध** (वि०) समय से पहले बूढ़ा होने वाला; ~**वृष्टि** (वि०) असमय की वर्षा; ~**सह** (वि०) अधीर
अकालिक–*सं०* (वि०) असामयिक
अकाली–*सं० +हिं०* (पु०) सिखों का एक धार्मिक और राजनीतिक दल
अकालोत्पन्न–*सं०* (वि०) जो समय से पहले पैदा हुआ हो
अकिंचन–*सं०* (वि०) 1 बहुत गरीब 2 दरिद्र। ~**ता** (स्त्री०) गरीबी, दरिद्रता
अकिंचित्कर–*सं०* (वि०) 1 बेकार 2 तुच्छ
अक़ील–*अ०* (स्त्री०) बुद्धि। ~**दाढ़** *+हिं०* (पु०) वयस्क होने पर निकलने वाले दाँत

अक़ीक़–*अ०* (पु०) लाल कीमती पत्थर

अक़ीदत–*अ०* (स्त्री०) 1 सम्मान 2 श्रद्धा। ~**मंद** *+फ़ा०* (वि०) श्रद्धालु

अक़ीदा–*अ०* (पु०) विश्वास

अकीर्ति–*सं०* (स्त्री०) बदनामी। ~**कर** (वि०) बदनामी करानेवाला

अकुंठ–*सं०* (वि०) 1 कुंठा से मुक्त 2 ताकतवर

अकुटिल–*सं०* (वि०) सरल, सीधा

अकुत्सित–*सं०* (वि०) अनिंदनीय

अकुप्य–*सं०* (पु०) अच्छी धातु

अकुल–I *सं०* (वि०) परिवार रहित II (पु०) बुरा

अकुलाना–(अ० क्रि०) परेशान होना, व्याकुल होना

अकुलाहट–(स्त्री०) 1 घबराहट 2 ऊब

अकुलीन–*सं०* (वि०) निम्न श्रेणी या कुल में उत्पन्न

अकुशल–*सं०* (वि०) 1 अनाड़ी 2 गुणरहित

अकूट–*सं०* (वि०) 1 जो छल न करे 2 अमोघ

अकूत–(वि०) 1 बेहिसाब 2 अपरिमित 3 जिसका अनुमान न लगाया जा सके

अकूपार–*सं०* (पु०) 1 समुद्र 2 सूर्य 3 चट्टान

अकूल–*सं०* (वि०) 1 बिना तट का 2 सीमा रहित

अकृच्छ–*सं०* (पु०) 1 दुःख का अभाव 2 सरलता

अकृत–I *सं०* (वि०) 1 न किया हुआ 2 बिगड़ा हुआ 3 कच्चा 4 व्यर्थ II (पु०) 1 अपूर्ण कार्य 2 प्रकृति। ~**कार्य** (वि०) असफल; ~**ज्ञ** (वि०) कृतघ्न; ~**ज्ञता** (स्त्री०) उपकार न मानना, कृतघ्नता

अकृतार्थ–*सं०* (वि०) विफल

अकृती–*सं०* (वि०) 1 निकम्मा 2 अकुशल। ~**करण** (पु०) बेकार या व्यर्थ कर देना

अकृत्य–*सं०* (वि०) जो करने योग्य न हो II (पु०) अपराध, दुष्कर्म। ~**अकृत्यकारी (रिन्)** (वि०) दुष्कर्मी

अकृत्रिम–*सं०* (वि०) 1 स्वाभाविक 2 वास्तविक

अकृत्सन–*सं०* (वि०) अधूरा, अपूर्ण

अकृपा–*सं०* (स्त्री०) नाराज़गी

अकृषित–*सं०*, **अकृष्ट** I (वि०) बिना जोता हुआ II (पु०) परती ज़मीन

अकेतन–*सं०* (वि०) 1 बेघर 2 खानाबदोश

अकेला–(वि०) 1 बिना साथी का 2 बेजोड़। ~**दम** (पु०) एक मात्र प्राणी; ~**दुकेला** (वि०) अकेला या जिसके साथ एक और हो; **अकेली कहानी** (स्त्री०) एक पक्ष की बात; ~**चना भाड़ नहीं फोड़ सकता** एक के करने से सफलता नहीं मिलती; **अकेली लकड़ी कहाँ तक जले** एक ही व्यक्ति कब तक काम करे

अकेले–(क्रि० वि०) बिना किसी साथी या मित्र के। ~**दुकेले** (पु०) अकेले या एक और के साथ

अकैया–(पु०) थैला

अकोविद्–*सं०* (वि०) 1 बेवकूफ 2 अज्ञानी

अकौटिल्य–*सं०* (पु०/वि०) कुटिलता ना होना

अकौशल–*सं०* (पु०) कुशलता की कमी

अक्कास–*अ०* (पु०) (अक्स) चित्र उतारनेवाला

अक्कासी–*अ०* (स्त्री०) फोटो खीचने का काम

अक्खड़–(वि०) 1 अभद्र 2 बदतमीज 3 मूर्ख। ~**पन** (पु०) 1 उग्रता 2 अभद्रता

अक्खा–(पु०) 1 झोला 2 पूरा (बम्बई का प्रयोग)

अक्टूबर–*अं०* (पु०) वर्ष का दसवाँ महीना

अक्द–*अ०* (पु०) 1 करार 2 विवाह

अक्र–*सं०* (वि०) क्रियारहित

अक्रम–I *सं०* (वि०) 1 क्रमरहित 2 गतिरहित II (पु०) अव्यवस्था

अक्रांत–*सं०* (वि०) अविजित

अक्रिय–*सं०* (वि०) 1 आलसी 2 निकम्मा, निष्क्रिय (स्त्री० अक्रियता)

अक्रिया–*सं०* (स्त्री०) कर्महीनता

अक्रीत–*सं०* (वि०) न ख़रीदा हुआ

अक्रूर–*सं०* (वि०) करुण हृदय, दयावान्

अक्ल–*अ०* (स्त्री०) समझ या ज्ञान। ~**मंद** *+ फ़ा०* (वि०) समझदार; ~**मंदी** *+ फ़ा०* (स्त्री०) समझदारी; ~**आना** समझ आना; ~**का कसूर होना** समझ की कमी होना; ~**का काम न करना** समझदारी का काम न करना; ~**का चक्कर में आना** परेशान होना; ~**का चिराग गुल होना** समझ न आना; ~**का दुश्मन** मूर्ख; ~**का पुतला** मूर्ख (व्यंग्य); ~**का पूरा** बुद्धू; ~**का मारा** मूर्ख; ~**की पुड़िया** अपनी उम्र से बड़ी बातें करनेवाली; ~**के घोड़े दौड़ाना** बहुत ज़्यादा कल्पना करना; ~**के तोते उड़ जाना** कुछ समझ न आना; ~**के नाखून लेना** सोच समझकर बात करना; ~**के पीछे लट्ठ लिए फिरना** मूर्खतापूर्ण कार्य करते रहना; ~**ठिकाने होना** होश में आना; ~**देना** समझाना बुझाना; ~**दौड़ाना;** ~**भिड़ाना;** ~**लड़ाना** 1 ध्यान देना 2 सोचना; ~**पर पत्थर पड़ना;** ~**पर पर्दा पड़ना** समझ नष्ट हो जाना; ~**मारी जाना** बुद्धि बिगड़ जाना; ~**सठियाना** विवेक नाश होना

अक्लांत–*सं०* (वि०) जो थका न हो

अक्लिष्ट–*सं०* (वि०) 1 सरल 2 शांत 3 दुःखहीन

अक्ली–*अ०* (वि०) अक्ल योग्य। ~**गद्दा लगाना** अटकलबाजी करना

अक्ष–*सं०* (पु०) 1 पासों का खेल 2 पहियों की धुरी 3 पहिया 4 पृथ्वी की धुरी 5 सर्प 6 नेत्र 7 भौगोलिक काल्पनिक रेखा 8 आत्मा 9 रावण पुत्र अक्षकुमार। ~**कर्ण** (पु०) त्रिभुज की सबसे बड़ी भुजा; ~**कूट** (पु०) आँख की पुतली; ~**कूप** (पु०) नेत्रगर्त; ~ **क्रीड़ा** (स्त्री०) पासे का खेल, जुआ; ~**गोलक** (पु०) आँख की पुतली; ~**रेखा** (स्त्री०) वह रेखा जो केन्द्र से होती हुई किसी तल के बिंदु पर लम्ब रूप में गिरे

अक्षत–I *सं०* (वि०) 1 समूचा 2 बिना टूटा हुआ/ज़ख्म का II (पु०) 1 शिव 2 कल्याण 3 पूरा चावल। ~**योनि** (वि०) अखंडित कुमारी; ~**वीर्य** (वि०) पक्का ब्रह्मचारी

अक्षता–*सं०* (स्त्री०) कुमारी

अक्षम–*सं०* (वि०) 1 क्षमता रहित, अशक्त 2 असमर्थ

अक्षमता–*सं०* (स्त्री०) 1 असमर्थता 2 शक्तिहीनता

अक्षम्य–*सं०* (वि०) क्षमा न करने योग्य

अक्षय–*सं०* (वि०) अविनाशी। ~**तृतीया** (स्त्री०) वैशाख

शुक्ला तृतीया

अक्षय्य–*सं०* (वि०) 1 अखंडित रहने योग्य 2 नाश न होने योग्य, अनश्वर। ~**नवमी** (स्त्री०) कार्तिक शुक्ला नवमी

अक्षर–I (वि०) 1 अविनाशी 2 अपरिवर्तनशील 3 नित्य II (पु०) 1 ब्रह्म 2 आत्मा 3 आकाश। ~**क्रम** (पु०) अक्षर का क्रम; ~**जीवी** (पु०) लेखक; ~**ज्ञान** (पु०) साक्षरता; ~**न्यास** (पु०) लिखावट; ~**प्राक्ख्यापन** (पु०) अक्षरों से भविष्य बताना; ~**माला** (स्त्री०) वर्णमाला; ~**योजक** (पु०) कम्पोज़ीटर; ~**योजना** (स्त्री०) 1 अक्षर जोड़ना, वर्तनी 2 कम्पोज़ करना; ~**विन्यास** (पु०) 1 लिपि 2 हिज्जे; ~**घोंटना** लिखने का अभ्यास करना; ~**से भेंट न होना** 1 निरक्षर बने रहना 2 मूर्ख

अक्षरशः–*सं०* (क्रि० वि०) 1 एक-एक अक्षर करके, हर्फ-ब-हर्फ 2 पूर्णतः

अक्षरा–*सं०* (स्त्री०) 1 शब्द 2 भाषा

अक्षरांतरण–*सं०* (पु०) अक्षरों का परस्पर स्थानांतरण (जैसे-चाकू से काचू)

अक्षरानुवाद–(वि०) अक्षर का अनुवाद

अक्षराभ्यास–*सं०* (वि०) अक्षर का अभ्यास

अक्षरारंभ–*सं०* (पु०) विद्या प्रारम्भ कराना

अक्षरार्थ–*सं०* (पु०) अक्षर का अर्थ

अक्षरी–*सं०* (स्त्री०) 1 वर्तनी 2 वर्षाऋतु

अक्षरौटी–(स्त्री०) लिपि का तरीका

अक्षर्य–*सं०* (वि०) अक्षर संबधी

अक्षवार–*सं०* (पु०) अखाड़ा

अक्षांतर–*सं०* (पु०) भूमध्य रेखा से दूरी

अक्षांति–*सं०* (स्त्री०) 1 ईर्ष्या 2 असहनशीलता 3 अशांति

अक्षांश–*सं०* (पु०) *भू०* उत्तर से दक्षिण। ~**रेखा** उत्तर से दक्षिण जानेवाली काल्पनिक रेखा; ~**समानांतर** भूमध्य रेखा से उत्तर अथवा दक्षिण की ओर समानांतर जानेवाली काल्पनिक रेखा

अक्षि–(स्त्री०) 1 आँख 2 दो की संख्या। ~**कूट** आँख की पुतली; ~**गोलक** (पु०) आँख का डेला; ~**तारक** (पु०) पुतली; ~**पटल** (पु०) नेत्र झिल्ली; ~**विक्षेप** (पु०) कटाक्ष; ~**साक्षी** (पु०) जिसने घटना को अपनी आँखों से देखा हो

अक्षित–*सं०* (वि०) जिसे चोट न लगी हो

अक्षिति–*सं०* (स्त्री०) नश्वरता

अक्षीण–*सं०* (वि०) जो क्षीण या दुर्बल न हो

अक्षीय–*सं०* (वि०) धुरी का

अक्षीव–*सं०* (पु०) समुद्र का नमक

अक्षुण्ण–*सं०* (वि०) 1 अखंडित, समूचा 2 अविजित

अक्षुब्ध–*सं०* (वि०) 1 क्षोभरहित 2 दुःखहीन

अक्षेम–*सं०* (पु०) अकल्याण

अक्षोभ–I *सं०* (पु०) 1 दुःख का अभाव 2 शांति II (वि०) 1 सुख 2 शान्त

अक्षोभ्य–(वि०) शान्त

अक्षौहिणी–*सं०* (स्त्री०) चतुरंगिणी सेना

अक्स–*अ०* (पु०) 1 परछाईं 2 चित्र। ~**उतारना**; ~**खींचना** 1 वास्तविक नकल करना 2 फोटो खींचना; ~**लेना** चित्र पर पारदर्शी पेपर रखकर चित्र उतारना

अक्सर–*अ०* (क्रि० वि०) प्रायः

अक्सरियत–*अ०* (स्त्री०) 1 बहुमत 2 प्रायिकता

अक्सी–*अ०* (वि०) छाया संबंधी। ~**तस्वीर** (स्त्री०) छायाचित्र

अक्सीर–*अ०* (स्त्री०) रसायन, रामबाण ओषधि

अखंड–*सं०* (वि०) 1 सम्पूर्ण 2 व्यवधानरहित, निर्विघ्न

अखंडता–*सं०* (वि०) खंडित न होनेवाला

अखंडनीय–*सं०* (वि०) 1 अविभाज्य 2 मजबूत

अखंडित–*सं०* (वि०) 1 अटूट 2 निर्विघ्न

अखंड्य–*सं०* (वि०) जो खंडन योग्य न हो

अखड़ैत–(पु०) ताकतवर

अख़नी–*अ०* (स्त्री०) गोश्त का शोरबा

अख़बार–*अ०* (पु०) समाचार-पत्र। ~**नवीस** *+फ़ा०* (पु०) अखबार लिखने वाला; ~**नवीसी** *+फ़ा०* (स्त्री०) पत्रकारिता; ~**वाला** *+हिं०* (पु०) समाचार पत्र बेचनेवाला

अख़बारी–*अ० + फ़ा०* (वि०) समाचार पत्र संबंधी

अख़रना–(अ० क्रि०) 1 खलना 2 बुरा लगना

अख़रावट–(स्त्री०) 1 वर्णमाला 2 सीहर्फ़ी, क्रमशः एक-एक अक्षर से आरंभ होनेवाली कविता 3 जायसी कवि कृत एक लघु ग्रंथ

अख़रोट–(पु०) एक गरीदार फल

अखर्व–*सं०* (वि०) 1 लंबा 2 बड़ा

अख़लाक–*अ०* (पु०) अच्छा आचरण

अखाड़ा–(पु०) 1 मल्लयुद्ध-स्थल 2 व्यायामशाला 3 साधुओं के रहने का स्थान 4 अड्डा। **अखाड़े का जवान** कसरती बदनवाला; ~**गरम होना** अत्यधिक भीड़ होना; ~**जमना** बहुत से दर्शकों का इकट्ठा होना

अखाड़िया–(पु०) सधा हुआ या दंगली पहलवान

अखाड़ेबाज़–*हिं०+फ़ा०* (पु०) 1 = अखाड़िया 2 झगड़ालू

अखाड़ेबाज़ी–*हिं० + फ़ा०* (स्त्री०) 1 झगड़ा-बखेड़ा 2 दंगल

अखात–*सं०* (पु०) 1 प्राकृतिक झील 2 खाड़ी

अखाद्य–*सं०* (वि०) न खाने योग्य

अखिल–*सं०* (वि०) सम्पूर्ण, समस्त। **अखिलात्मा** (पु०) सर्वत्र व्याप्त परमात्मा

अख़ीर–(पु०) अंत

अख़ीरी–*अ० +हिं०* (वि०) अंत का

अखूट–(वि०) 1 जो न घटे 2 अत्यधिक

अखोह–(पु०) असमतल भूमि

अखौटा–(पु०) कील (चक्की)

अख्ख़ाह–(पु०) आश्चर्यसूचक भाव

अख़ज़–*अ०* (पु०) स्वीकार करने का भाव। ~**करना** निष्कर्ष निकालना

अख़्तर–*फ़ा०* (पु०) 1 तारा 2 ध्वज। ~**चमकना** भाग्योदय होना

अख़्तियार–*अ०* (पु०) अधिकार

अख़्तियारात–*अ०* (पु०) अख़्तियार का बहुवचन

अख्यात–*सं०* (वि०) 1 सम्मान रहित 2 अज्ञात

अख्याति–*सं०* (वि०) अपमान

अगंड–*सं०* (पु०) बिना हाथ पैर का धड़

अग–*सं०* (वि०) 1 अचल 2 वक्र गतिवाला 3 वृक्ष 4 सूर्य। **~ज** (वि०) वृक्ष या पर्वत से उत्पन्न होनेवाला (जड़ी-बूटियाँ); **~जग** (पु०) सारा संसार, चल-अचल सब

अगटना–(अ० क्रि०) इकट्ठा होना

अगड़धत्ता–(वि०) लंबा-चौड़ा या बढ़ा-चढ़ा

अगड़ बगड़–(वि०) निरर्थक

अगड़म बगड़म–(पु०) अव्यवस्थित ढेर

अगणनीय–*सं०* (वि०); अगणित (वि०); **अगण्य** (वि०) बेहिसाब, असंख्य, जिसे गिना ना जा सके

अगति–*सं०* (स्त्री०) 1 गति की कमी 2 मृतक की मुक्ति न होना 3 दुर्गति 4 स्थिर पदार्थ

अगतिक–*सं०* (वि०) 1 निरुपाय 2 बिना आश्रय

अगद–*सं०* (वि०) नीरोगता

अगम–*सं०* (वि०) 1 न चलनेवाला 2 दुर्गम 3 दुर्बोध 4 अथाह

अगम्य–*सं०* (वि०) 1 दुर्गम 2 अनुपयुक्त 3 बुद्धि से बाहर, दुर्बोध 4 असीमित 5 दुष्कर

अगम्या–*सं०* (स्त्री०) वह स्त्री जिसके साथ संभोग निषिद्ध हो। **~गमन** (पु०) ऐसी स्त्री के साथ संभोग करना

अगर–(पु०) सुगंधित लकड़ी वाला एक वृक्ष। **~बत्ती** (स्त्री०) अगर की बत्ती

अगर–*फ़ा०* (अ०) यदि। **~चे** (अ०) यद्यपि; **~मगर करना** टाल-मटोल करना

अगरी–(स्त्री०) बुरी बात

अगर्व–*सं०* (वि०) गर्वरहित

अग़ल बग़ल–*फ़ा०* (क्रि० वि०) 1 इधर उधर 2 आस पास

अगला–(वि०) 1 आगे या सामने का 2 आनेवाला

अगवाई, अगवानी–(स्त्री०) स्वागत करना

अगवाड़ा–(पु०) घर के आगे का हिस्सा

अगवार–(पु०) 1 पुरोहित या साधु संतों को दिए जाने के लिए अलग किया गया अन्न 2 ओसाते समय उड़नेवाला हल्का अन्न

अगस्त–*अं०* (पु०) ईसवी साल का आठवाँ महीना

अगस्ति, अगस्त्य–*सं०* (पु०) 1 एक ऋषि 2 एक तारा

अगहन–(पु०) अग्रहायण या मार्गशीर्ष मास

अगहनिया–(वि०) अगहन में होनेवाला धान

अगहनी–(वि०) अगहन में तैयार होनेवाला

अगाऊ–(वि०) पेशगी

अगाड़ी–I (अ०) 1 आगे 2 पहले 3 सामने II (स्त्री०) किसी वस्तु के आगे का हिस्सा

अगाध–I *सं०* (वि०) 1 अथाह 2 अपार 3 अज्ञेय II (पु०) गहरा छेद

अगिन–I (स्त्री०) आग II (वि०) अगणित

अगिया–(स्त्री०) अगिन घास

अगियाना–(अ० क्रि०) 1 गरम होना 2 उत्तेजित होना

अगियार–(पु०) पूजा के लिए जलायी जानेवाली आग

अगियारी–(स्त्री०) 1 अग्नि में डालने की धूप जैसी वस्तु 2 पारसियों का धर्मस्थल जहां आग जलती रहती है

अगिहाना–(पु०) अग्नि जलाने का स्थान

अगुआ–(पु०) 1 आगे चलनेवाला नेता 2 मुखिया 3 मार्गदर्शक 4 आगे का भाग

अगुआई–(स्त्री०) 1 नेतृत्व 2 अगवानी

अगुआना–(स० क्रि०) अगुआ बनना II (अ० क्रि०) आगे जाना

अगुण–I *सं०* (वि०) 1 निर्गुण 2 अनाड़ी 3 बिना गुण II (पु०) अवगुण। **~वादी** (वि०) दोष निकालनेवाला, निंदक

अगुणी–*सं०* (वि०) गुणहीन

अगरु–I *सं०* (पु०) अगर पेड़ II (वि०) 1 हल्का 2 लघु

अगुवा–(पु०) आगे आनेवाला

अगूढ़–*सं०* (वि०) 1 प्रकट, स्पष्ट 2 सहज

अगेय–(वि०) जो गाया न जा सके

अगेह–(वि०) बिना घर का

अगोचर–I *सं०* (वि०) 1 इंद्रियातीत 2 अप्रकट II (पु०) 1 वह जो देखा न जा सके 2 ब्रह्म

अगोचरी–(स्त्री०) मन को उन्मन करने की साधना

अगोरदार– *हिं०* + *फ़ा०* (पु०) पहरेदार, देखभाल करनेवाला

अगोरना–*सं०* (वि०) पहरा देना, रखवाली करना

अग्नि–*सं०* (स्त्री०) 1 आग 2 प्रकाश 3 उष्णता 4 जलाने की क्रिया। **~अस्त्र** (पु०) = अग्न्यस्त्र **~कण** (पु०) चिंगारी; **~कर्म** (पु०) 1 शवदाह 2 गर्म लोहे से दाग़ना; **~कांड** (पु०) आगज़नी; **~कीट** (पु०) जुगनू; **~कुंड** (पु०) हवन कुंड; **~कोण** (पु०) पूरब और दक्षिण का कोना; **~क्रिया** (स्त्री०) शव का दाह-कर्म; **~क्रीड़ा** (स्त्री०) आतिशबाज़ी; **~चक्र** (पु०) आग का गोला; **~ज** I (पु०) कार्त्तिकेय, विष्णु II (वि०) अग्नि से उत्पन्न; **~जिह्वा, ~ज्वाला** (स्त्री०) अग्नि की लपट; **~दंड** (पु०) लकड़ी; **~दान** (पु०) चिता में आग देना/लगाना; **~दाह** (पु०) दाह-संस्कार; **~दिव्य** (वि०) अग्नि के समान तेज वाला; **~दीपक** (वि०) पाचन शक्ति बढ़ानेवाला; **~दीपन** (पु०) जठराग्नि का उद्दीपन; **~निरोधक** (पु०) आग-रोक; **~परीक्षा** (स्त्री०) कठिन परीक्षा; **~पर्वत** (पु०) ज्वालामुखी पहाड़; **~पीड़ित** (वि०) आग से पीड़ित; **~पूजक** (पु०) आग की पूजा करनेवाला, पारसी; **~पूजा** (पु०) आग की पूजा; **~प्रवेश** (पु०) अग्नि में प्रवेश; **~प्रशामक** (पु०) आग बुझानेवाला; **~प्रस्तर** (पु०) चकमक पत्थर; **~बम** *अं०* (पु०) आग लगानेवाला बम; **~मणि** (स्त्री०) सूर्यकांत मणि; **~मय** (वि०) अग्नि से घिरा हुआ; **~मांद्य** (पु०) (पेट का) मंदाग्नि-रोग; **~मुख** (पु०) 1 देवता 2 अग्निहोत्री ब्राह्मण; **~युक्त** (वि०) अग्निमय; **~वर्द्धक** (वि०) पाचन शक्ति बढ़ानेवाला; **~वर्षक** (वि०) अग्नि वर्षा करनेवाला; **~वर्षा** (स्त्री०) आग बरसना **~वाण** (पु०) आग लगानेवाला वाण; **~विद्या** (स्त्री०) अग्निहोत्र; **~वीर्य** (वि०) अग्नि के समान शक्तिशाली; **~शमक, ~शामक** (पु०) आग बुझानेवाला (इंजन); **~शामन** (पु०) आग बुझाना; **~शिखा** (स्त्री०) आग की लौ; **~शुद्धि** (स्त्री०) आग में तपाकर शुद्ध करना; **~संस्कार** (पु०) 1 आग जलाना 2 मृतक दाह; **~सह** (वि०) जिस पर अग्नि का प्रभाव न

पड़े; ~**साक्षिक** (वि०) जिसका साक्षी अग्नि हो; ~**सात्** (वि०) भस्म किया हुआ; ~**सेवन** (पु०) आग तापना; ~**होत्र** (पु०) अग्नि में हवन करना; ~**होत्री** (पु०) हवन करनेवाला

अग्न्यस्त्र–*सं०* (पु०) 1 मंत्र प्रेरित बाण जिससे आग निकले 2 अग्नि चालित अस्त्र (बंदूक आदि)

अग्न्याधान–(पु०) आग की स्थापना करना

अग्न्यायुध–*सं०* (पु०) अग्नेय अस्त्र

अग्न्याशय–*सं०* (पु०) पेट में जठराग्नि का स्थान

अग्र–I *सं०* (वि०) 1 अगला 2 पहला 3 मुख्य II (अ०) आगे III (पु०) 1 अगला भाग 2 नोक 3 शिखर 4 लक्ष्य। ~**गण्य** (वि०) प्रमुख, श्रेष्ठ; ~**गति** (स्त्री०) आगे बढ़ना, प्रगति; ~**गामिनी** (स्त्री०); ~**गामी** I (वि०) आगे चलनेवाला II (पु०) नायक; ~**ज** (वि०) पहले जन्मा हुआ, बड़ा भाई; ~**जन्मा** (पु०) 1 बड़ा भाई 2 ब्राह्मण; ~**जा** (स्त्री०) बड़ी बहन; ~**जिह्वा** (स्त्री०) जीभ का अग्र भाग; ~**णी** I (वि०) आगे चलने वाला II (पु०) नेता; ~**तम** (वि०) सब से अगला; ~**तर** (वि०) और अगला; ~**ता** (स्त्री०) पहल, प्राथमिकता; ~**दत्त** (स० क्रि०) आगे दिया; ~**दल** अगला दल; ~**दान** (पु०) 1 मृतक के नाम पर दान 2 पहले देना; ~**दाय** (पु०) पेशगी; ~**दीप** (पु०) वाहनों की हेड लाइट; ~**दूत** (पु०) पहले पहुँचकर किसी के आने की सूचना देनेवाला; ~**पद** (पु०) आगे का पद; ~**भाग** (पु०) 1 श्रेष्ठ या अगला भाग 2 श्राद्ध में पहले दी जानेवाली वस्तु; ~**महिषी** (स्त्री०) बड़ी रानी; ~**यान** (पु०) आगे लड़ने वाली सेना; ~**यायी** (वि०) नेतृत्व करनेवाला; ~**लिखित** (वि०) पूर्वलिखित; ~**लेख** (पु०) (समाचार पत्र का) मुख्य लेख, संपादकीय; ~**वर्ती** (वि०) आगे रहनेवाला; ~**सारण** (पु०) आगे बढ़ाना; ~**सोची** (वि०) आगे की बात सोचनेवाला, दूरदर्शी; ~**संध्या** (स्त्री०) प्रातःकाल; ~**सर** (वि०), ~**सरी (स्त्री०)** आगे बढ़ा हुआ; ~**सर करना** आगे बढ़ाना; ~**सरता** (स्त्री०) = अग्रगति; ~**सारण** (पु०) 1 आगे भेजना 2 आगे बढ़ना; ~**सारित** (वि०) आगे बढ़ाया हुआ; ~**सूचना** अगली सूचना; ~**सूची** (स्त्री०) सूई की नोक; ~**सेना** (पु०) (युद्ध में) आगे की सेना; ~**स्वर** पहला स्वर; ~**हायण** (पु०) अगहन का महीना; ~**हार** (पु०) जीविका हेतु मिलनेवाला भूदान या अन्नदान

अग्रतः–*सं०* (अ०) 1 पहले 2 आगे से

अग्रशः–(क्रि० वि०) आगे-आगे

अग्रानीत–*सं०* (वि०) आगे लाया गया

अग्राभिसारी–*सं०* (वि०) आगे की ओर बढ़ता हुआ

अग्राम्य–*सं०* (वि०) 1 जो देहाती न हो 2 शिष्ट

अग्राशन–*सं०* (पु०) देवता या गाय के लिए पहले निकाला गया अन्न

अग्रासन–*सं०* (पु०) सम्मान का आसन या स्थान

अग्राह्य–*सं०* (वि०) 1 ग्रहण के अयोग्य 2 त्याज्य 3 अविचारणीय 4 अविश्वसनीय

अग्रिम–*सं०* (वि०) 1 अगला 2 पहला, श्रेष्ठ II (पु०) पेशगी

अग्रेषण–*सं०* (पु०) आगे लाना

अघ–I *सं०* (वि०) 1 अपवित्र 2 पापी 3 दुष्ट II (पु०) 1 पाप 2 दुष्कर्म 3 दुःख 4 विपत्ति। ~**कृच्छ** (पु०) प्रायश्चित में किया जानेवाला व्रत; ~**भोजी** (वि०) पाप की कमाई खानेवाला

अघट–*सं०* (वि०) 1 जो घटे नहीं 2 स्थिर 3 कठिन

अघटित–*सं०* (वि०) 1 जो हुआ न हो 2 असंभव

अघन–*सं०* (वि०) जो ठोस न हो

अघमर्षण–*सं०* (पु०) मैल उतारना

अघवाना–(स० क्रि०) अघाना का प्रेरणार्थक रूप, पेटभर खिलाना

अघाना–(अ० क्रि०) पेटभर खाना, तृप्त होना

अघारि–(पु०) पापनाशक

अघियाना–(अ० क्रि०) तृप्त करना

अघी–*सं०* (वि०) पापी

अघुलनशील–*हिं० + सं०* (वि०) जो घुल न सके

अघोर–I *सं०* (पु०) शिव का एक रूप II (वि०) भयानक

अघोरी–*सं०* (वि०) 1 घृणित 2 मलिन 3 अघोर संप्रदाय का

अघोष–*सं०* (वि०) 1 नादरहित 2 बिना ध्वनिवाला

अघ्राणता–*सं०* (स्त्री०) सूँघने की शक्ति का अभाव

अघ्रेय–*सं०* (वि०) न सूँघने योग्य

अचंचल–*सं०* (वि०) 1 स्थिर 2 धीर

अचंड–*सं०* (वि०) सौम्य

अचंभा–(पु०) 1 आश्चर्य 2 आश्चर्यजनक बात

अचक–(वि०) न चुकनेवाला, बहुत अधिक

अचकचाना–(अ० क्रि०) 1 भौचक्का होना 2 घबराना (स्त्री० अचकचाहट)

अचकन–(पु०) लम्बा बंद गले का कोट

अचक्का–(पु०) अनजान। **अचक्के में** धोखे में

अचक्षु–*सं०* (वि०) चक्षुरहित। ~**दर्शन** (पु०) भीतरी इन्द्रियों से प्राप्त ज्ञान

अचगरी–(स्त्री०) 1 दुष्टता 2 शरारत

अचपल–(वि०) 1 अचंचल 2 स्थिर

अचर–*सं०* (वि०) अचल

अचरज–I (पु०) आश्चर्य II (वि०) अनोखा

अचरा–(पु०) आँचल

अचरित–(वि०) सदा स्थिर रहनेवाला

अचल–I *सं०* (वि०) 1 गतिहीन 2 चिरस्थायी 3 अटल II (पु०) पर्वत। ~**कीला** (स्त्री०) धरती; ~**धृति** (स्त्री०) एक वृत्त जिसमे पाँच नगण और एक लघु होता है; ~**संपत्ति** (स्त्री०) न हटाई जा सकनेवाली संपत्ति (घर, ज़मीन)

अचला–*सं०* (स्त्री०) पृथ्वी। ~**सप्तमी** (स्त्री०) माघ शुक्ला सप्तमी

अचवन–(पु०) आचमन

अचवना–(स० क्रि०) पीना

अचवाना–(स० क्रि०) अचवना का प्रेरणार्थक रूप, पिलाना

अचातुर्य–*सं०* (पु०) अकुशलता या अनाड़ीपन

अचानक–(अ०) यकायक

अचार–(पु०) मिर्च मसाले में कई दिन तक रखा हुआ चटपटा पदार्थ, अथाना 2 कचूमर

अचालक–*सं०* (पु०) जिससे होकर बिजली की तरंग न जा सके
अचाह–I (स्त्री०) चाह का अभाव II (वि०) निष्काम
अचिंत–*सं०* (वि०) चिंता रहित
अचिंतनीय–*सं०* (वि०) 1 जिसका चिंतन या बोध न हो सके 2 अप्रत्याशित
अचिंतित–*सं०* (वि०) जो सोचा न गया हो
अचिंत्य–*सं०* (वि०) 1 अज्ञेय 2 = अचिंतनीय
अचिकित्स्य–*सं०* (वि०) असाध्य (रोग)
अचिकीर्षु–*सं०* (वि०) आलसी
अचित्–*सं०* (वि०) अचेतन
अचितवन–(वि०) अपलक
अचिति–*सं०* (स्त्री०) 1 अविचार 2 असंग्रह
अचित्त–*सं०* (वि०) 1 अज्ञान 2 न सोचा हुआ
अचित्ति–*सं०* (वि०) ज्ञानाभाव
अचिर–I *सं०* (अ०) कुछ ही पहले II (वि०) नया, अस्थायी। ~**मृत** (वि०) हाल ही का मरा हुआ
अचिरात्, अचिरेण–*सं०* (क्रि० वि०) तत्क्षण, तुरंत
अचीर–*सं०* (वि०) निर्वस्त्र
अचूक–(वि०) 1 (निशाना) जो न चूके 2 अमोघ 3 निश्चित
अचेत–*सं०* (वि०) 1 जड़ 2 बेहोश 3 असावधान
अचेतन–*सं०* (वि०) 1 अज्ञानी 2 निर्जीव 3 संज्ञाशून्य, बेहोश
अचेतनक–*सं०* (पु०) अचेतन करनेवाला
अचेतनीकरण–*सं०* (पु०) सुन्न करना
अचेतावस्था–*सं०* (स्त्री०) बेहोशी की स्थिति
अचेष्ट–*सं०* (वि०) 1 बिना प्रयत्न के 2 गतिहीन 3 चेष्टारहित
अचैतन्य–I *सं०* (वि०) चेतना रहित II (पु०) जड़ पदार्थ
अचैतिकी–*सं०* (स्त्री०) अचेतन या सुन्न करने का विज्ञान
अचैन–(वि०) बेचैन या व्याकुल
अचैना–(पु०) चारा काटने का लकड़ी का कुंदा
अच्छा–(वि०) 1 भला 2 उचित 3 सुंदर 4 सकुशल 5 संपन्न 6 कामचलाऊ। ~**खासा** *+अ०* (वि०) बहुत अच्छा; ~**पन** (पु०) सुंदरता; ~**बिच्छा** (वि०) अच्छा भला
अच्छाई–(स्त्री०) भलापन, खूबी, गुण
अच्छिद्र–*सं०* (वि०) 1 छिद्र रहित 2 निर्दोष
अच्छिन्न–*सं०* (वि०) 1 अखंडित, समूचा 2 अविभक्त। ~**पत्र** (वि०) सदाबहार
अच्छे–(वि०) भले
अच्छेद्य–*सं०* (वि०) जिसका छेदन न हो सके
अच्युत–I *सं०* (वि०) 1 अटल 2 स्थिर II (पु०) परमात्मा, विष्णु
अच्युतांगज–(पु०) मन्मथ, कामदेव
अछरौटी–(स्त्री०) वर्णमाला
अछल–*सं०* (वि०) छलरहित
अछूत–(वि०) जो छुआ न जा सके
अछूता–(वि०) 1 जिसे स्पर्श न किया गया हो 2 कोरा, नया 3 शुद्ध
अछूतोद्धार–*हिं० +सं०* (पु०) अछूतों का उद्धार
अछेद्य–*सं०* (वि०) अविभाज्य
अछोप–(वि०) नग्न, तुच्छ
अछोर–(वि०) ओर छोर रहित
अछोह–(वि०) क्षोभरहित, शान्त
अजंट–*अं०* (पु०) ऐजंट
अजेंडा–*अं०* (पु०) कार्यावली
अजंभ–I *सं०* (वि०) दंतहीन II (पु०) 1 मेढक 2 सूर्य
अजेंसी–*अं०* (स्त्री०) = ऐजेंसी
अज–I *सं०* (वि०) अजन्मा II (पु०) 1 ईश्वर 2 जीवात्मा 3 बकरा 4 कामदेव। ~**पाल** (पु०) गडरिया
अजगर–*सं०* (पु०) एक तरह का बड़ा साँप। ~**वृत्ति** (स्त्री०) आलस्य
अजगरी–(स्त्री०) 1 अजगर वृत्ति 2 निकम्मापन, आलस्य
अजग़ैबी–*फ़ा० +अ०* (वि०) 1 दैवी 2 एकाएक होनेवाला
अजड़–*सं०* (वि०) जो जड़ न हो, चेतन
अजदहा–*फ़ा०* (पु०) = अजगर
अजन–I *सं०* (पु०) तुच्छ व्यक्ति II (वि०) निर्जन
अजनतंत्रीय–*सं०* (वि०) जो जनतंत्रीय न हो
अजनबी–*अ०* (वि०) 1 अपरिचित 2 नवागत। ~**पन** *+हिं०* (पु०) अपरिचित होना
अजन्मा–*सं०* (वि०) 1 जन्म रहित 2 अनादि
अजन्य–*सं०* (वि०) 1 जो उत्पादन योग्य न हो 2 अजननीय
अजपा–*सं०* (वि०) बिना आवाज़ किए जपा हुआ
अजब–*अ०* (वि०) अनोखा
अजम–*अ०* (पु०) अरब से भिन्न, ईरान
अज़मत–(स्त्री०) 1 बड़ाई 2 गौरव
अज़माइश–*फ़ा०* दे० आज़माइश
अज़माना, आज़माना–*फ़ा०* परीक्षा लेना
अजमोद–(पु०) अजवाइन की तरह का एक पौधा
अजय–*सं०* (स्त्री०) अजेय
अजया–*सं०* (स्त्री०) 1 भाँग 2 माया
अजर–*सं०* (वि०) 1 क्षय रहित 2 जो बूढ़ा न हो
अजरणीय–*सं०* (वि०) 1 अक्षय 2 अपाच्य
अजर्य–*सं०* (वि०) 1 चिरस्थायी 2 जो पचाया न जा सके
अजल–*सं०* (वि०) बिना जल का
अजवाइन, अजवायन–(स्त्री०) एक पौधा जिसके बीज दवा के काम आते हैं
अजस–(पु०) अपयश, कीर्ति का अभाव
अजसी–(वि०) बदनाम
अजस्र–I *सं०* (वि०) अविच्छिन्न, लगातार II (क्रि० वि०) लगातार, सतत
अजहत्स्वार्था–*सं०* (स्त्री०) लक्षणा का भेद जब लक्ष्यार्थ भिन्न होते हुए भी वाच्यार्थ हो
अज़हद–*फ़ा० +अ०* बहुत
अजा–*सं०* (स्त्री०) 1 प्रकृति 2 शक्ति 3 बकरी। ~**गलस्तन** (पु०) निरर्थक वस्तु ~**चार** (पु०) अगम्यागमन
अजात–*सं०* (वि०) 1 जो जन्मा न हो 2 अविकसित। ~**व्यवहार** (पु०) नाबालिग; ~**शत्रु** (वि०/पु०) शत्रुहीन
अजाति–*सं०* (वि०) 1 जिसकी कोई जाति न हो 2 जो उत्पन्न न हुआ हो
अजाती–*सं०* (वि०) जाति से निकाला हुआ
अजान–(वि०) 1 न जाननेवाला 2 अज्ञात।

अज़ान–*अ०* (स्त्री०) नमाज़ के पूर्व का बुलावा। ~**देना** मुल्ला द्वारा उच्च स्वर में नमाज़ के समय की सूचना देना
अज़ाब–*अ०* (पु०) 1 पाप के बदले में मिलनेवाला दुःख 2 पीड़ा 3 परेशानी। ~**मोल लेना** अकारण कष्ट या झंझट में पड़ना
अजायब–*अ०* (पु०) अद्भुत। ~**खाना** *+ फ़ा०*, ~**घर** *+ हिं०* (पु०) म्यूज़ियम, संग्रहालय
अजित–*सं०* (वि०) जिसे कोई जीत न सका हो
अजितेंद्रिय–*सं०* (वि०) असंयमी
अजिन–*सं०* (पु०) 1 खाल 2 धौंकनी
अजिर–*सं०* (पु०) 1 आँगन 2 शरीर 3 वायु 4 इंद्रियविषय
अजिरा–*सं०* (स्त्री०) दुर्गा
अजिल्द–*सं० + अ०* (वि०) बिना जिल्द का (ग्रंथ)
अजी–*अ०* संबोधन 'एजी' का संक्षिप्त रूप
अज़ीज़–*अ०* (वि०) प्रिय। ~**दार** *+ फ़ा०* (पु०) दोस्त; ~**दारी** *+ फ़ा०* (स्त्री०) दोस्ती; ~**रखना या; ~जानना** कद्र करना, प्यारा समझना
अज़ीज़ाना–*अ० + फ़ा०* (वि०) प्रेमपूर्ण, स्नेहमय
अज़ीज़ी–*अ० + फ़ा०* (वि०) बड़ाई 2 दोस्ती 3 इज्ज़त 4 प्यारी बेटी
अजीटन–*अं०* (पु०) ऐड्जुटेंट, सहायक
अजीब–*अ०* (वि०) अनोखा, विचित्र
अजीबोग़रीब–*अ०* (वि०) अनोखा,
अजीरन–(पु०) = अजीर्ण
अजीर्ण–*सं०* (पु०) बदहज़मी
अजीव–I *सं०* (वि०) 1 जीव रहित 2 जड़ II (पु०) 1 मृत्यु 2 जड़ पदार्थ। ~**पोषण** (पु०) शरीर में ताकत न रहना
अजीवन–*सं०* (वि०) जीविका रहित
अजूबा–*अ०* (पु०) आश्चर्य में डालनेवाली वस्तु
अजेय–*सं०* (वि०) जिसे जीता न जा सके
अजेयता–*सं०* (स्त्री०) अजेय होना
अजैव–*सं०* (वि०) 1 जो प्राण या जीव संबंधी न हो 2 निर्जीव
अजोड़–(वि०) जो न जोड़ा जा सके
अजोत भूमि-*हिं०+सं०* (स्त्री०) बंजर
अज्ञ–*सं०* (वि०) 1 ज्ञानशून्य 2 मूर्ख 3 अचेतन। ~**ता** *सं०* (स्त्री०) 1 नासमझी 2 अचेतनता
अज्ञात–I *सं०* (क्रि० वि०) बिना जाने II (वि०) 1 न जाना हुआ 2 अप्रत्याशित। ~**कुल** (वि०) जिसके कुल आदि का पता न हो; ~**नामा** (वि०) जिसका नाम ज्ञात न हो; ~**पूर्व** (वि०) जो पहले से ज्ञात न हो; ~**यौवना** (स्त्री०) नायिका जिसे यौवन का एहसास ही न हो; ~**वास** (पु०) गुप्तवास
अज्ञान–I *सं०* (पु०) 1 ज्ञान का अभाव 2 मिथ्या ज्ञान II (वि०) मूर्ख
अज्ञानतः, अज्ञानवश–*सं०* अज्ञान के कारण
अज्ञानता–(स्त्री०) नादानी, बेवकूफी
अज्ञानी–*सं०* (वि०) मूर्ख, नासमझ
अज्ञेय–*सं०* (वि०) जो जाना न जा सके। ~**वाद** (पु०) "ईश्वर और आत्मा अज्ञेय हैं" यह मत; ~**वादी** (पु०) 'अज्ञेयवाद' सिद्धांत का अनुयायी
अटंबर–(पु०) ढेर, राशि
अट–(स्त्री०) प्रतिबंध, शर्त
अटक–(स्त्री०) 1 रोक 2 संकोच
अटन–*सं०* (पु०) घूमना-फिरना
अटकन-बटकन–(पु०) बच्चों का खेल। ~**खेलना** व्यर्थ का काम करना
अटकना–(अ० क्रि०) 1 रुकना 2 उलझना
अटकल–(स्त्री०) 1 अंदाज़ा, अनुमान 2 पहचान। ~**पच्चू** I (वि०) अंदाज से II (अ०) अंदाजन; ~**बाज़** *+ फ़ा०* (वि०) जो अटकल या अनुमान लगाने में कुशल हो; ~**बाज़ी** *+ फ़ा०* (स्त्री०) अनुमान लगाना
अटकलना–(स० क्रि०) अटकल लगाना
अटकाऊ–(वि०) अटकानेवाला, बाधक
अटकाना–(स० क्रि०) 1 रोकना 2 उलझाना 3 देर लगाना
अटकाव–(पु०) 1 रुकावट 2 व्यवधान
अटन–*सं०* (पु०) घूमना-फिरना
अटना–(अ० क्रि०) 1 पूरा पड़ना 2 बीच में पड़कर ओट करना 3 यात्रा करना
अटपट–(वि०) 1 बेडोल या बेढंगा 2 विकट
अटपटा–(वि०) 1 ऊटपटाँग 2 विचित्र 3 कठिन
अटपटाना–(अ० क्रि०) 1 घबराना 2 संकोच करना 3 लड़खड़ाना
अटपटी–(स्त्री०) अजीब, अनोखी
अटरनी–*अं०* 1 अटॉर्नी, न्यायवादी 2 प्रतिनिधि
अटल–(वि०) 1 अचल 2 नित्य 3 स्थिर, पक्का
अटलांटिक–*अं०* (पु०) एक महासागर
अटवाटी-खटवाटी–(स्त्री०) खाट-खटोला। ~**पड़ना** रूठकर अलग जा बैठना
अटवी–(स्त्री०) वन, जंगल
अटा–(स्त्री०) अटारी
अटाटूट–(वि०) 1 ठसाठस 2 अनगिनत
अटारी–(स्त्री०) कोठा, अट्टालिका
अटाल–(पु०) मीनार
अटाला–(पु०) 1 ढेर 2 असबाब 3 कसाइयों की बस्ती
अटूट–(वि०) 1 न टूटनेवाला 2 अखंडित
अटूटनीय–*सं०* (वि०) जो तोड़ा न जा सके
अटेरन–(पु०) सूत की आँटी बनाने का यंत्र। ~**कर देना** हरा देना, थका देना; ~**फेरना** घोड़े को कावा देना; ~**होना** अति दुर्बल होना
अटेरना–(स० क्रि०) 1 सूत की आँटी बनाना 2 अत्यधिक शराब पीना
अटैची–*अं०* (स्त्री०) सामान रखनेवाला बक्स। ~**केस** अटैची कवर
अट्ट–I *सं०* (वि०) 1 ऊँचा 2 सघोष स्वर 3 सूखा हुआ II (पु०) 1 कोठा 2 महल 3 अन्न 4 हाट 5 वध 6 घायल करना। ~**हास** (पु०) ज़ोर की हँसी, ठहाका
अट्टक–*सं०* (पु०) 1 कोठा 2 महल, ऊँचा मकान
अट्ट-सट्ट–(वि०) अंडबंड
अट्टालिका–*सं०* (स्त्री०) 1 अटारी 2 महल 3 पक्की इमारत
अट्टी–(स्त्री०) सूत या ऊन का लच्छा
अट्ठा–(पु०) आठ बूटियोंवाला ताश का पत्ता

अट्ठाईस–(पु०/वि०) 28 की संख्या, बीस और आठ
अट्ठानवे–(पु०/वि०) 98 की संख्या, नब्बे और आठ
अट्ठावन–(पु०/वि०) 58 की संख्या, पचास और आठ
अट्ठासी–(पु०/वि०) 88 की संख्या, अस्सी और आठ
अठ–आठ का समास में प्रयुक्त रूप। ~**पृष्ठी** या **पेजी** (वि०) आठ पेजवाला; ~**पहला** (वि०) आठ पहलूवाला
अठखेली–(स्त्री०) 1 खिलवाड़, चोंचला 2 अल्हड़पन, 3 ठसक भरी चाल। **अठखेलियाँ करना** किलोल करना
अठन्नी–(स्त्री०) आठ आने का सिक्का (पचास पैसे)
अठवाँसा–(वि०/पु०) आठ मास में पैदा (बच्चा)
अठवाड़ा, अठवारा–(पु०) आठ दिनों का सारा समय
अठहत्तर–(पु०/वि०) 78 की संख्या, सत्तर और आठ
अठानवे–(वि०/पु०) 98 की संख्या, नब्बे और आठ (अट्ठानवे)
अठारह–(पु०/वि०) 18 की संख्या, दस और आठ
अठावन–(वि०/पु०) 58 की संख्या, पचास और आठ, (अट्ठावन)
अठासी–(वि०) 88 की संख्या, अस्सी और आठ (अट्ठासी)
अठोतरसौ–(वि०) 108 की संख्या, एक सौ आठ
अठोतरी–(स्त्री०) एक सौ आठ दानों की माला
अडंग-बडंग–(वि०) 1 क्रम रहित और बेढंगा 2 व्यर्थ
अड़ंगा–(पु०) रुकावट। **अड़ंगेबाज़** *हिं० + फ़ा०* (पु०) रुकावट डालनेवाला; ~**बाज़ी** *हिं० + फ़ा०* (स्त्री०) रुकावट डालना; ~**डालना** या **लगाना** अड़चन डालना; ~**मारना** विघ्न डालना
अडंड–(वि०) जिसे दण्ड न दिया जा सके
अड़–(स्त्री०) अड़ने की क्रिया, टेक, ज़िद। ~**दार** *+ फ़ा०* (वि०) 1 अड़ियल 2 बीच-बीच में रुक जानेवाला
अडग–(वि०) स्थिर
अड़गड़ा–(पु०) घोड़ों या बैलों आदि की बिक्री का स्थान (पशुहाट)
अड़गोड़ा–(पु०) पशुओं के गले से पैर तक बाँधने की लकड़ी
अड़चन, अड़चल–(स्त्री०) रुकावट, बाधा
अड़डंडा–(पु०) पाल बाँधने का डंडा जिसके दोनों छोरों पर लट्टू बने रहते हैं
अड़ड़पोपो–(पु०) हस्तरेखा जाननेवाला
अड़तल–(स्त्री०) 1 आड़ 2 शरण। ~**पकड़ना** किसी की शरण में जाकर रहना
अड़तालीस–(पु०) 48 की संख्या, चालीस और आठ
अड़तीस–(पु०) 38 की संख्या, तीस और आठ
अड़न–(स्त्री०) 1 अड़ने की क्रिया 2 हठ
अड़ना–(अ० क्रि०) 1 रुकना 2 अटकना 3 ज़िद करना
अड़पना–(स० क्रि०) डाँटना डपटना
अड़बंग, अड़बंगा–(वि०) 1 टेढ़ा 2 विलक्षण 3 कुटिल स्वभाववाला
अड़बल–(वि०) *बो०* अड़ियल, हठी
अड़वार–(पु०) दरवाज़े का अड़ंगा
अडवोकेट–(पु०) वकील
अड़सठ–(पु०) 68 की संख्या, साठ और आठ
अड़हुल–(पु०) लाल रंगवाला फूल
अड़ा-अडी–(स्त्री०) होड़, लाग-डाट
अड़ाड़–(पु०) पशुओं को रखने का घेरा
अड़ान–(पु०) 1 रुकने की जगह 2 पड़ाव
अड़ाना–(स० क्रि०) 1 रोकना 2 डाँटना 3 ठूँसना
अड़ार–I (पु०) बड़ा पंखा II(स्त्री०) अड़ंगा
अड़ारी–I (पु०) 1 अंबार 2 लकड़ी की दुकान या टाल II (वि०) 1 नुकीला 2 तिरछा
अडिग–(वि०) अटल
अड़ियल–(वि०) 1 अड़कर चलनेवाला 2 हठी (जैसे-टट्टू)
अड़ी–(स्त्री०) ज़रूरत का वक्त। ~**घड़ी** संकट की स्थिति
अडीठ–(वि०) 1 जो दिखाई न दे 2 गुप्त
अड़ूसा–(पु०) एक विशेष पौधा जिसकी पत्ती एवं फूल का प्रयोग औषधि में होता है
अडोल–(वि०) 1 अटल 2 मौन 3 स्तब्ध
अड़ोस-पड़ोस–(पु०) आस-पास
अड़ोसी-पड़ोसी–(पु०) पास-पड़ोस में रहनेवाले
अड्डा–(पु०) 1 ठहरने तथा बैठने की जगह, ठिकाना 2 वाहन तथा रेल आदि का अड्डा 3 केन्द्रस्थान
अड्डी–(स्त्री०) 1 बरमा 2 जूते का किनारा
अढ़तिया–(पु०) आढ़त का काम करनेवाला, एजेंट
अढ़ाई–(वि०) दो और आधा
अढ़िया–(स्त्री०) 1 काठ या पत्थर का बना हुआ छोटा बर्तन 2 तसला
अढ़ैय–(पु०) 1 ढाई सेर की तौल या बाट 2 आदेश देनेवाला
अणक–*सं०* (वि०) 1 बहुत छोटा 2 कुत्सित
अणि–*सं०* (स्त्री०) 1 नोक 2 धार 3 धुरी की कील
अणिना–*सं०* (स्त्री०) 1 सूक्ष्मता 2 छोटापन
अणी–*सं०* (स्त्री०) नोक
अणु–*सं०* (पु०) 1 पदार्थ का सबसे छोटा अंश या कण 2 कण (पदार्थ या धूल का)। ~**कथा** (स्त्री०) किस्सा; ~**चालित** (वि०) अणुओं के ज़ोर से चलाया हुआ; ~**जीव** (पु०) अत्यंत सूक्ष्म जीव; ~**जीवविज्ञान** (पु०) अत्यंत सूक्ष्म जीवों से संबंधित विज्ञान; ~**तरंग** (स्त्री०) बिजली की चमक; ~**परीक्षण प्रतिबंध** (पु०) परमाणु की परख पर रोक; ~**प्राणी** (पु०) सूक्ष्म जीव; ~**बम** *+अं०* (पु०) परमाणु द्वारा चालित विनाशक गोला; ~**बिजलीघर** *+हिं०* (पु०) अणुओं द्वारा बिजली पैदा करने का कारखाना; ~**भंजन** (पु०) अणु को तोड़ना; ~**भट्ठी** *+हिं०* (स्त्री०) एटम से चलनेवाली भट्ठी; ~**मात्र** (वि०) बहुत थोड़ा; ~**मुक्त** (वि०) अणु के प्रभाव से रहित; ~**युद्ध** (पु०) अणुबमों द्वारा युद्ध; ~**रेणु** (पु०) अणुओं की धूल जैसी सूर्य की किरणों में दिखाई देती है; ~**वाद** (पु०) यह मत कि जीव एक अणु मात्र है 2 अणु को नित्य मानने का सिद्धांत; ~**वादी** (पु०) अणुवाद में विश्वास रखनेवाला; ~**विस्फोट** (पु०) अणु का फटना; ~**विस्फोटक** (पु०) अणु द्वारा बना विस्फोटक पदार्थ; ~**वीक्षण** (पु०) सूक्ष्म वस्तुओं का निरीक्षण; ~**वैज्ञानिक** (पु०) अणुओं के बारे में छानबीन करनेवाला ~**व्रत** (पु०) (जैनियों में) गृहस्थ धर्म; ~**शस्त्र** (पु०) अणु आयुध
अणोरणीयान–(वि०) छोटे से छोटा, अत्यंत सूक्ष्म

अतंद्र–(वि०) तंद्रारहित, जागरूक, सचेष्ट
अतंद्रि–(वि०) सतर्क
अतंद्री–(वि०) जिसे आलस न घेरता हो
अतः–(अ०) 1 इसलिये 2 अब से 3 इसकी अपेक्षा। ~**परं** (क्रि० वि०) इसके बाद
अतएव–(अ०) 1 इस कारण से 2 इसी से
अतगत–(क्रि० वि०) अनुचित रूप से
अतट–(वि०) तटरहित। ~**प्रपात** (पु०) सीधा गिरने वाला झरना
अतथ्य–(वि०) 1 तथ्यरहित 2 असत्य
अतनु–I (वि०) देहरहित II (पु०) कामदेव
अतप–(वि०) 1 शीतल 2 आडंबरहीन 3 निठल्ला
अतमा–(वि०) अंधकाररहित
अतर–*अ०* (पु०) इत्र। ~**दान** *+फ़ा०* इत्र रखने का पात्र, इत्रदान
अतरल–(वि०) ठोस
अतरवन–(पु०) 1 छज्जा छाने के लिए पत्थर की पटिया 2 खपरों के नीचे फैलायी जानेवाली मूँज
अतरसों–(अ०) परसों के बाद या पहले का दिन
अतर्क–I *सं०* (वि०) तर्कहीन, असंगत II (पु०) तर्क का अभाव
अतर्कित–*सं०* (वि०) 1 अनसोचा 2 अचानक
अतर्क्य–*सं०* (वि०) 1 तर्क न करने योग्य 2 अचिंत्य
अतल–*सं०* (वि०) तलरहित, बिना पेंदे का। ~**स्पर्शी** (वि०) अथाह, बहुत गहरा
अतलस–*अ०* (पु०) एक प्रकार का रेशमी वस्त्र
अतलांत–*सं०* (वि०) अत्यधिक गहरा, जिसके तल का कहीं अंत न हो
अतलांतक, अटलांटिक–*अं०* (पु०) एक महासागर का नाम
अतवार–(पु०) रविवार
अता–*अ०* (पु०) दान। ~**नामा** *+फ़ा०* (पु०) दानपत्र; ~**पता** (पु०) स्थान या मकान को प्राप्त करने का विशेष संकेत; ~**बख्श** *+फ़ा०* (वि०) उदार
अताई–*अ०* (वि०) 1 जिसने खुद सीखा हो 2 चतुर 3 अनाड़ी 4 शौकिया
अतारांकित–*सं०* (वि०) जिस पर तारा का चिह्न न लगा हो
अतार्किक–*सं०* (वि०) तर्कहीन
अति–I *सं०* (उप०) 1 बहुत 2 सीमा के पार II (स्त्री०) ज़्यादती। ~**उत्पादन** (पु०) अधिक उत्पादन
अतिकथ–*सं०* (वि०) 1 अविश्वसनीय 2 अकथ्य
अतिकथा–*सं०* (स्त्री०) 1 अतिरंजित कहानी 2 बकवाद
अतिकर–*सं०* (पु०) अतिरिक्त टैक्स
अतिकल्पना–*सं०* (स्त्री०) अयथार्थ कल्पना
अतिकांत–*सं०* (वि०) अत्यधिक प्यारा
अतिकाय–*सं०* (वि०) विशालकाय
अतिकाल–*सं०* (पु०) समय का बीत जाना
अतिकृत–*सं०* (वि०) जिसे करने में मर्यादा का उल्लघंन किया गया हो
अतिक्रम, अतिक्रमण–*सं०* (पु०) 1 मर्यादा का उल्लंघन 2 दुरुपयोग 3 प्रबल आक्रमण 4 काबू पाना
अतिक्रमित, अतिक्रांत–*सं०* (वि०) 1 आक्रमण से दबा हुआ 2 आगे बढ़ा हुआ 3 अतीत
अतिक्रामक–*सं०* (पु०) क्रम या मर्यादा का उल्लंघन करनेवाला
अतिक्रुद्ध–*सं०* (वि०) बहुत नाराज
अतिक्रूर–*सं०* (वि०) अति निष्ठुर
अतिगत–*सं०* (वि०) 1 अति को पहुँचा हुआ 2 अत्यधिक
अतिगति–*सं०* (स्त्री०) 1 उत्तम गति 2 मुक्ति
अतिगुण–*सं०* (वि०) बहुत अच्छे गुणोंवाला
अतिगुरु–*सं०* (वि०) बहुत भारी
अतिग्रह–*सं०* (वि०) दुर्बोध
अतिचर–*सं०* (वि०) अति परिवर्तनशील
अतिचरण–*सं०* (पु०) आवश्यकता से अधिक करना
अतिचार–*सं०* (पु०) 1 उल्लंघन 2 अनुचित कार्य करना
अतिच्छादन–*सं०* आसपास छा जाना
अतिजन–*सं०* (वि०) जिसका घर न हो
अतिजागर–*सं०* (वि०) सदा जागते रहनेवाला, जागरूक
अतिजात–*सं०* (वि०) 1 पिता से बढ़ा हुआ 2 श्रेष्ठ
अतिजीवन–*सं०* (पु०) कुल नष्ट होने पर बचा रह जाना
अतिजीवी–*सं०* (वि०) बचा रहनेवाला
अतितरण–*सं०* (पु०) 1 पार करना 2 पराभूत करना
अतितृष्णा–*सं०* (स्त्री०) 1 अत्यधिक प्यास 2 अत्यंत लालच
अतिथि–*सं०* (पु०) 1 मेहमान 2 यज्ञ में सोम संबंधी कार्य करनेवाला अनुचर। ~**आश्रम**; ~**गृह**; ~**भवन**; ~**शाला**; ~**सदन** मेहमानों के रहने का घर/स्थान; ~**क्रिया** (स्त्री०) आतिथ्य; ~**धर्म** (पु०) आतिथ्य का अधिकार; ~**पूजा** (स्त्री०) अतिथि का स्वागत; ~**यज्ञ** (पु०) मेहमानदारी; ~**सत्कार** (पु०); ~**सेवा** (स्त्री०) मेहमान की आवभगत
अतिदर्शी–*सं०* (वि०) दूरदर्शी
अतिदान–*सं०* (पु०) बहुत अधिक उदारता
अतिदिष्ट–*सं०* (वि०) 1 प्रभावित 2 आकृष्ट 3 दूसरे स्थान पर रखा हुआ
अतिदुःसह–*सं०* (वि०) असह्य
अतिदुर्गत–*सं०* (वि०) जिसकी स्थिति बहुत खराब की गई हो
अतिदेश–*सं०* (पु०) 1 एक वस्तु के धर्म पर अन्य का आरोपण 2 सादृश्य 3 निष्कर्ष
अतिदोष–*सं०* (पु०) बहुत बड़ा दोष, अपराध
अतिद्रुत–*सं०* तेज़ गति वाला
अतिनिकट–*सं०* बहुत पास
अतिनिद्र–*सं०* (वि०) जो बहुत सोता हो
अतिपतन–*सं०* (पु०) 1 भूल 2 गलती से छूट जाना 3 अतिक्रमण
अतिपत्ति–*सं०* (स्त्री०) 1 समय व्यतीत होना 2 काम पूरा न करना 3 अतिक्रमण
अतिपथ–*सं०* (पु०) उत्तम मार्ग
अतिपन्न–*सं०* (वि०) 1 (समय) बीता हुआ 2 अतिक्रांत
अतिपरोक्ष–*सं०* (वि०) 1 अदृश्य 2 प्रकट
अतिपात–*सं०* (पु०) 1 मर्यादा का उल्लंघन 2 अव्यवस्था 3 विरोध 4 दुष्प्रयोग 5 व्यवधान 6 हानि
अतिपातक–*सं०* (पु०) धर्मशास्त्रानुसार महापातकों में सबसे

बड़ा
अतिपातित–*सं०* (वि०) 1 पूर्णतः तोड़ा हुआ 2 स्थगित किया हुआ
अतिपात्य–*सं०* (वि०) 1 स्थगित करने योग्य 2 कुछ देर बाद करने योग्य
अतिपान–*सं०* (पु०) अधिक पीनेवाला
अतिपुरुष–*सं०* (पु०) 1 प्रथम श्रेणी का पुरुष 2 वीर पुरुष
अतिप्रकाश–*सं०* (वि०) 1 अति प्रसिद्ध 2 कुख्यात
अतिप्रकृत–*सं०* (वि०) असामान्य
अतिप्रजन–*सं०* (पु०) आबादी बढ़ जाना
अतिप्रजनन–*सं०* (पु०) अधिक बच्चे पैदा करना
अतिप्रश्न–*सं०* (पु०) अनावश्यक प्रश्न
अतिप्रसंग–*सं०* (स्त्री०) 1 घना संबंध 2 धृष्टता 3 अति विस्तार
अतिप्राकृत–(वि०) अलौकिक
अतिप्रौढ़ा–*सं०* (स्त्री०) सयानी लड़की
अतिबल–*सं०* (वि०) I अधिक बलवान II अधिक बल
अतिबालक–I *सं०* (पु०) शिशु II (वि०) बाल्य
अतिभार–*सं०* (पु०) अत्यधिक बोझ
अतिभूमि–*सं०* (स्त्री०) 1 अधिकता 2 मर्यादा भंग
अतिभोजन–*सं०* (पु०) पेटूपन
अतिमत–*सं०* (पु०) सर्वमान्य विचार या सिद्धांत
अतिमति–I *सं०* (स्त्री०) अहंकार, अति दर्प II (वि०) घमंडी
अतिमर्त्य–*सं०* (वि०) 1 मानव शक्ति से दूर 2 अलौकिक
अतिमर्श–*सं०* (पु०) अत्यधिक सम्पर्क
अतिमांस–*सं०* (वि०) मांसल
अतिमा–*सं०* (स्त्री०) चरमावस्था
अतिमात्र–*सं०* (वि०) अत्यधिक
अतिमान–*सं०* (पु०) अत्यधिक घमंड
अतिमानव, अतिमानुष–*सं०* (पु०) सुपरमैन, मानव से ऊँचा मानव
अतिमित–*सं०* (वि०) 1 अपरिमित 2 शुष्क
अतिमित्र–*सं०* (पु०) घनिष्ठ मित्र
अतिमुक्त–*सं०* (वि०) जिसे मुक्ति मिल गयी हो
अतियथार्थवाद–*सं०* (पु०) यथार्थ की अभिव्यक्ति में अति करना
अतियथार्थवादी–*सं०* (पु०/वि०) यथार्थ की अति करके बतानेवाला
अतियोग–*सं०* (पु०) अतिशयता
अतिरंजन–(पु०), **अतिरंजना**–*सं०* (स्त्री०) अतिशयोक्ति
अतिरंजित–*सं०* (वि०) अत्यधिक बढ़ा चढ़ाकर कहा हुआ
अतिरक्तचाप–*सं०+हिं०* (स्त्री०) हाई ब्लड प्रेशर
अतिरिक्त–I *सं०* (वि०) 1 फालतू, फाज़िल 2 भिन्न 3 अद्वितीय II (अ०) सिवाय, अलावा
अतिरूप–*सं०* (वि०) 1 आकृतिहीन 2 खूबसूरत 3 रूप से परे
अतिरेक–*सं०* (पु०) 1 आधिक्य 2 आवश्यकता से अधिक होना, बढ़ोतरी
अतिरोग–*सं०* (पु०) क्षयरोग
अतिलंघन–*सं०* (पु०) 1 दीर्घ उपवास 2 अतिक्रमण
अतिलघु–*सं०* (वि०) बहुत छोटा
अतिलाभ–*सं०* (पु०) अधिक मुनाफा
अतिवक्ता–*सं०* (वि०) बकवादी
अतिवर्तन–(पु०) मात्रा से अधिक प्रयोग करना
अतिवर्ती–*सं०* (वि०) 1 पार करनेवाला 2 आगे बढ़ जानेवाला
अतिवर्षण, अतिवृष्टि–*सं०* (स्त्री०) अत्यधिक वर्षा
अतिवस्तुवाद–(पु०) अतियथार्थवाद
अतिवात–*सं०* (पु०) वायु का प्रचण्ड रूप
अतिवाद–*सं०* (पु०) 1 कठोर वचन 2 डींग 3 झिड़की 4 उग्रवाद
अतिवादी–*सं०* (वि०) 1 वाचाल 2 शेखी बघारने वाला 3 मर्यादा का उल्लंघन करनेवाला
अतिवाह–*सं०* (पु०) 1 जीव का दूसरे शरीर में प्रवेश करना 2 फालतू पानी निकालने की नाली
अतिवाहन–*सं०* (पु०) 1 व्यतीत करना 2 अधिक परिश्रम करना
अतिविकट–*सं०* (वि०) बहुत डरावना
अतिविष–*सं०* (वि०) अत्यधिक जहरीला
अतिविस्तर–*सं०* (पु०) व्यापकता
अतिवेल–*सं०* (वि०) 1 अपार, असीम 2 उद्वेलित
अतिवेला–*सं०* (स्त्री०) 1 अतिकाल 2 वेला का अतिक्रम
अतिव्यथा–*सं०* (स्त्री०) अत्यधिक यातना
अतिव्याप्ति–*सं०* (स्त्री०) नियम या उद्देश्य से अधिक हो जाना
अतिशय–I *सं०* (वि०) अत्यधिक II (पु०) 1 अधिकता 2 श्रेष्ठता
अतिशयन–*सं०* (पु०) आधिक्य, प्राचुर्य
अतिशयी–*सं०* (वि०) 1 प्रधान 2 श्रेष्ठ 3 बहुत अधिक
अतिशयोक्त–*सं०* (पु०), **अतिशयोक्ति** *सं०* (स्त्री०) किसी बात को बढ़ा-चढ़ाकर कहना
अतिशायन–*सं०* (पु०) 1 अधिक होना 2 श्रेष्ठता
अतिशायी–*सं०* (वि०) 1 आगे बढ़ जानेवाला 2 श्रेष्ठ
अतिशीतन–*सं०* (पु०) अधिक ठंडा करना
अतिशीलन–*सं०* (पु०) अभ्यास करना
अतिशेष–*सं०* (पु०) 1 बचा हुआ अंश 2 बाकी रोकड़
अतिसंध–*सं०* (पु०) 1 वचन भंग 2 आज्ञा का उल्लंघन
अतिसंधान–*सं०* (पु०) 1 उचित लक्ष्य से आगे निशाना लगाना 2 धोखा
अतिसंधि–*सं०* (स्त्री०) शक्ति से अधिक सहायता देने की प्रतिज्ञा
अतिसंधित–*सं०* (वि०) 1 अतिक्रांत 2 छला गया
अतिसंध्या–*सं०* (स्त्री०) सूर्योदय पूर्व एवं सूर्यास्त के बाद का समय
अतिसर–I *सं०* (वि०) सबसे तेज़ चलनेवाला II (पु०) प्रयास
अतिसर्ग–I *सं०* (पु०) 1 इच्छा पूरी करना 2 देना II (वि०) 1 नित्य 2 मुक्त
अतिसर्जन–*सं०* (पु०) 1 अधिक दान 2 उदारता 3 वध 4 छल 5 पार्थक्य
अतिसर्पण–*सं०* (पु०) 1 तीव्रगति 2 तेज़ी से चलना
अतिसांवत्सर–*सं०* (वि०) एक वर्ष से अधिक दिनों का
अतिसार–*सं०* (पु०) आँव का रोग, पेचिश, दस्त

अतिसारांशित–*सं०* (वि०) अत्यंत संक्षिप्त
अतिसारी–*सं०* (वि०) अतिसार रोग से पीड़ित
अतिसौरभ–*सं०* (वि०) 1 अत्यधिक सुगंध 2 आम
अतिस्थूल–*सं०* (वि०) 1 बहुत मोटा 2 अत्यंत मूर्ख
अतिस्पर्श–*सं०* (वि०) 1 कृपण 2 कमीना 3(पु०) उच्चारण में जीभ और तालु का कम स्पर्श
अतिस्वन–(वि०) शब्द की गति से अधिक तेज़, सुपर सॉनिक
अतिस्वप्न–*सं०* (पु०) 1 अत्यधिक निद्रा
अतिहत–*सं०* (वि०) पूर्णतः नष्ट किया हुआ
अतिहसित–*सं०* (पु०) बहुत ज़ोर की हँसी
अतींद्रिय–*सं०* (वि०) 1 इंद्रियों से परे 2 अगोचर। ~ **ज्ञान** इंद्रियों से बाहर का ज्ञान; ~**दर्शन** (पु०) इंद्रियों से परे की वस्तु को देखना
अतीत–*सं०* (वि०) 1 बीता हुआ 2 मृत 3 पार गया हुआ 4 निर्लेप
अतीव–*सं०* (अ०) अत्यंत
अतुंग–*सं०* (वि०) 1 जो ऊँचा न हो 2 ठिंगना
अतुंद–*सं०* (वि०) दुबला-पतला
अतुकांत, अतुकांतक–*सं०* (वि०) बिना छन्द की कविता
अतुल–*सं०* (वि०) 1 अमित, असीम 2 अत्यधिक 3 जिसकी तौल न हो सके
अतुलनीय–*सं०* (वि०) जिसकी तुलना न हो सके
अतुलित–*सं०* (वि०) 1 बिना तौला हुआ 2 बेहिसाब 3 अपार
अतुल्य–*सं०* (वि०) बेजोड़। ~**योगिता** (स्त्री०) अलंकार जिसमें एक गुण-धर्म की असमानता जान पड़े
अतुष–*सं०* (वि०) बिना भूसी का
अतुष्टि–*सं०* (स्त्री०) 1 अप्रसन्नता 2 असंतोष
अतृप्त–*सं०* (वि०) 1 असंतुष्ट 2 प्यासा
अतृप्ति–*सं०* (स्त्री०) असंतुष्टि
अतृष्ण–*सं०* (वि०) कामना रहित
अतेज–*सं०* (पु०) धुँधलापन 2 छाया 3 अंधकार 4 सुस्ती
अतेजा–*सं०* (वि०) 1 जो चमकीला न हो 2 कमज़ोर 3 तुच्छ
अत्ता–*सं०* (स्त्री०) 1 माता 2 मौसी 3 बड़ी बहन
अत्तार–*अ०* (पु०) इत्र बेचनेवाला
अत्तारी–*अ०* (स्त्री०) इत्र बेचने का काम
अत्यंत–*सं०* (वि०) 1 अत्यधिक 2 नितांत 3अनंत। ~**ग** (वि०) तीव्र गतिवाला; ~**गत** (वि०) जो हमेशा के लिये चला गया हो; ~**गामी** (वि०) बहुत अधिक चलनेवाला; ~**निवृत्ति** (स्त्री०) पूर्ण रूप से पृथक हो जाना; ~**भाव** (पु०) कभी नष्ट न होने वाला भाव, चिरस्थायी भाव
अत्यंताभाव–*सं०* (पु०) किसी वस्तु का पूर्ण अभाव
अत्यंतिक–*सं०* (वि०) 1 बहुत चलनेवाला 2 अतिसमीपी
अत्यग्नि–*सं०* (वि०) अग्नि से बढ़ा हुआ
अत्यणु–*सं०* (वि०) अत्यंत सूक्ष्म
अत्यधिक–*सं०* (वि०) हद से ज्यादा (संज्ञा~**ता**)
अत्यम्ल–I *सं०* (पु०) इमली का पेड़ II (वि०) बहुत खट्टा
अत्यय–*सं०* (पु०) 1 बीतना 2 अभाव 3 विनाश 4 अंत 5 अपराध 6 आक्रमण 7 श्रेणी 8 कष्ट
अत्ययी–*सं०* (वि०) आगे बढ़ जानेवाला
अत्यर्थ–*सं०* (वि०) बहुत ज्यादा
अत्यल्प–*सं०* (वि०) बहुत कम
अत्यष्टि–*सं०* (स्त्री०) वर्णोंवाले वृत्त
अत्याकार–*सं०* (पु०) 1 घृणा 2 बुराई 3 बहुत बड़ा डील डौल
अत्यागी–*सं०* (वि०) विषयासक्त
अत्याचार–*सं०* (पु०) 1 दुराचार 2 जुल्म 3 अन्याय। ~**पीड़ित** जुल्म से दुखी
अत्याचारी–*सं०* (वि०) जुल्म या अन्याय करनेवाला
अत्याज्य–*सं०* (वि०) जो छोड़ा न जा सके
अत्याधुनिक–*सं०* (वि०) आधुनिकतम
अत्यानंद–*सं०* ईश्वर में लीन होनें पर प्राप्त होनेवाला आनंद या सुख
अत्याय–*सं०* (पु०) 1 सीमा का उल्लंघन 2 मर्यादाभंग 3 अत्यधिक लाभ
अत्यारूढ़–*सं०* (वि०) बहुत बढ़ा हुआ
अत्यारूढ़ि–*सं०* (स्त्री०) 1 बहुत ऊँचा पद 2 अभ्युदय
अत्यावश्यक–*सं०* (वि०) बहुत ज़रूरी
अत्याहारी–*सं०* (वि०) अधिक आहार करनेवाला
अत्याहित–I *सं०* (वि०) अरुचिकर II (पु०) 1 अप्रियता, अरुचि 2 संकट
अत्युक्त–*सं०* (वि०) जो बढ़ा-चढ़ा कर कहा गया हो
अत्युक्ति–*सं०* (स्त्री०) बढ़ा चढ़ाकर कही हुई बात
अत्युग्र–*सं०* (वि०) अति प्रचंड
अत्युच्च–*सं०* (वि०) बहुत ऊँचा
अत्युत्तम–*सं०* (वि०) अति उत्कृष्ट एवं सुंदर
अत्युत्पादन–*सं०* (पु०) अत्यधिक पैदावार
अत्युत्साह–*सं०* (पु०) अधिक उत्साह
अत्युपध–*सं०* (वि०) परीक्षित, विश्वस्त
अत्यूह–(वि०) बहुत अधिक ऊहापोह करनेवाला
अत्रास–*सं०* (वि०) निडर, भयरहित
अत्रि–*सं०* (पु०) 1 एक ऋषि का नाम 2 एक तारा
अत्वरा–*सं०* (स्त्री०) शीघ्रता का अभाव
अथ–*सं०* (अ०) आरम्भ तथा मंगलसूचक शब्द। ~**च** (अ०) और भी
अथक–(वि०) न थकने वाला
अथरा–(पु०) नाँद
अथरी–(स्त्री०) मिट्टी का छोटा बर्तन
अथर्व–*सं०* (पु०) एक वेद जो चौथा वेद माना जाता है
अथर्वण–*सं०* (पु०) 1 शिव 2 अथर्ववेद
अथर्वणि–*सं०* (पु०) अथर्व वेद के कर्मों को जाननेवाला
अथवा–*सं०* (अ०) या, वा
अथारिटी–*अं०* (स्त्री०) अधिकार
अथाह–(वि०) 1 अतिगहरा 2 सीमा रहित 3 अगम्य
अदंड–*सं०* (वि०) 1 निर्भय 2 बिना दंड का
अदंडनीय; अदंड्य–*सं०* (वि०) 1 दंड का अनधिकारी 2 दंडमुक्त
अदंत–*सं०* (वि०) बिना दाँत का
अदंत्य–*सं०* (वि०) जिसका दाँतों से सम्बन्ध न हो
अदंभ–*सं०* (वि०) 1 दर्परहित 2 सच्चा 3 सरल
अदंभित्व–*सं०* 1 दर्प का न होना 2 सरलता
अदक्ष–*सं०* (वि०) अकुशल

अदग–(वि०) 1 निर्दोष, दाग़ रहित 2 अछूता
अदग्ध–*सं०* (वि०) न जला हुआ
अदत्त–*सं०* (वि०) 1 जो दिया न गया हो 2 न देने वाला 3 कृपण। ~**पूर्वा** (स्त्री०/वि०) = अदत्ता, जिसकी सगाई न हुई हो
अदत्ता–*सं०* (स्त्री०) अविवाहिता कन्या
अदद–*अ०* (पु०) संख्या, अंक
अददी–*अ० +फ़ा०* संख्यात्मक
अदन–I *सं०* (पु०) खाने की क्रिया II (अ०) अरबसागर का एक बंदरगाह
अदना–*अ०* (वि०) तुच्छ
अदनीय–*सं०* (वि०) खाने योग्य, भक्ष्य
अदब–*अ०* (पु०) 1 विनय 2 सम्मान। ~**कायदा** (पु०) शिष्ट व्यवहार; ~**लिहाज** (पु०) सम्मान
अदबदाकर–(क्रि० वि०) हड़बड़ाकर, हठपूर्वक
अदबियत–*अ०* (स्त्री०) साहित्यिकता
अदबी–*अ०* (वि०) साहित्यिक
अदभ्र–*सं०* (वि०) 1 प्रचुर 2 अपार
अदम–*अ०* (पु०) 1 अभाव 2 परलोक। ~**तामील** (स्त्री०) समन आदि का तामील न होना; ~**पैरवी** (स्त्री०) मुकदमे में किसी फरीक की ओर से ज़रूरी कार्रवाई का न होना; ~**फुरसत** (स्त्री०) अनवकाश; ~**मौजूदगी** (स्त्री०) अनुपस्थिति; ~**वसूली** (स्त्री०) लगान का वसूल न होना; ~**सबूत** (पु०) प्रमाण का अभाव; ~**हाज़िरी,** ~**मौजूदगी** (पु०) उपस्थित न होना
अदम्य–*सं०* (वि०) 1 जो दबाया न जा सके 2 प्रबल, प्रचंड
अदय–*सं०* (वि०) निर्दय, जो दयालु न हो
अदरक–(पु०) एक पौधा जिसकी गांठें भोजन और औषधि में प्रयोग की जाती हैं
अदरकी–(स्त्री०) सोंठौरा
अदराना–(अ० क्रि०) 1 मिजाज बिगड़ना 2 इतराना
अदर्शन–*सं०* (पु०) 1 दर्शन का अभाव 2 दिखाई न देना 3 उपेक्षा
अदर्शनीय–*सं०* (वि०) जो देखने योग्य न हो
अदल बदल, अदला बदला–*अ०* (पु०) अदला बदली (स्त्री०) हेर फेर, परिवर्तन
अदलीय–*सं०* (वि०) बिना दलवाला
अदवान–(स्त्री०) चारपाई के पैताने की रस्सी
अदह–*सं०* (वि०) न जलनेवाला
अदहन–(पु०) खौलता हुआ पानी (भोजन आदि के लिये)
अदह्य–(वि०) = अदह
अदाँत– (वि०) बिना दाँत का
अदांत–*सं०* (वि०) 1 काबू में न किया हुआ 2 अजितेंद्रिय
अदाँव–(पु०) 1 अनुचित चाल 2 कठिन स्थिति
अदा–*अ०* (स्त्री०) 1 देना, चुकता 2 बयान करना 3 हावभाव 4 ढंग। ~**कार** *+फ़ा०* (पु०) अभिनेता; ~**कारी** *+फ़ा०* (स्त्री०) अभिनय; ~**बंदी** *+फ़ा०* (स्त्री०) किस्तबंदी
अदाता–*सं०* (वि०) 1 जो न दे 2 जिसे चुकाना हो
अदायगी–*अ० +फ़ा०* (स्त्री०) चुकता करना, भुगतान
अदायाद–*सं०* (वि०) असगोत्र
अदालत–*अ०* (स्त्री०) न्यायालय
अदालती–*अ०* (वि०) 1 अदालत संबंधी 2 मुकदमेबाज
अदावत–*अ०* (स्त्री०) शत्रुता
अदावती–*अ०* (वि०) 1 शत्रुता रखनेवाला 2 ईर्ष्या से किया गया
अदाह्य–*सं०* (वि०) न जलनेवाला
अदिति–*सं०* (स्त्री०) 1 दक्ष की पुत्री, देवताओं की माता 2 पृथ्वी 3 प्रकृति
अदिन–*सं०* (पु०) कुसमय, अभाग्य
अदिव्य–*सं०* (वि०) 1 लौकिक 2 स्थूल
अदीन–*सं०* (वि०) 1 दीनता रहित 2 उदार
अदीप्त–*सं०* (वि०) अप्रकाशित
अदीब–*अ०* (पु०) 1 साहित्यकार 2 साहित्यिक
अदीयमान–*सं०* (वि०) जो न दिया जाए
अदीर्घ–*सं०* (वि०) 1 जो बड़ा न हो, छोटा। ~**सूत्र** (वि०) 1 तेज़ 2 काम करने में विलंब न करनेवाला
अदूर–I *सं०* (क्रि० वि०) निकट II (वि०) पास का III (पु०) सामीप्य। ~**दर्शिता** (स्त्री०) दूर तक न देख पाना या सोच पाना; ~**दर्शितापूर्ण** (वि०) दूर तक न सोचनेवाला; ~**भव** (वि०) पास में ही स्थित; ~**दर्शितापूर्वक** (क्रि० वि०); ~**दर्शी** (वि०) जो दूर तक न सोचता हो
अदूषण–*सं०* (वि०) 1 दूषण रहित 2 निर्मल, शुद्ध
अदूषित–*सं०* (वि०) 1 अविकृत 2 निर्दोष
अदूष्य–(वि०) जिस पर दोष न लग सके
अदृढ़–*सं०* (वि०) 1 कमज़ोर 2 चंचल
अदृप्त–*सं०* (वि०) निरभिमान, जिसे घमंड न हो
अदृश्य–*सं०* (वि०) 1 जो दिखाई न दे 2 अज्ञात 3 ओझल। ~**कर्मा** (वि०) जिसे कार्य का अनुभव हो; ~**पूर्व** (वि०) 1 जो पहले न देखा गया हो 2 अद्भुत; ~**फल** I (पु०) पुण्य पाप का भविष्य में मिलनेवाला फल II जिसका फल अज्ञात हो; ~**वाद** (पु०) नियतिवाद; ~**वादी** (पु०/वि०) अदृष्टवाद को स्वीकार करनेवाला
अदृष्ट–I *सं०* (वि०) न देखा हुआ II (पु०) भाग्य। ~**गति** (वि०) जिसकी गतिविधि समझ में न आए; ~**वाद** (पु०) यह सिद्धांत कि कर्मफल परलोक में मिलता है
अदृष्टाक्षर–*सं०* (पु०) साधारण अवस्था में अदृश्य रहनेवाले अक्षर
अदृष्टार्थ–*सं०* (वि०) आध्यात्मिक या गूढ़ अर्थ रखनेवाला
अदृष्टि–I *सं०* (स्त्री०) अंधा II (वि०) कुदृष्टि
अदेखा– (वि०) जो देखा न गया हो
अदेखी–I (वि०) ईर्ष्यालु II (स्त्री०) न देखी हुई
अदेय–I *सं०* (वि०) न देने योग्य II (पु०) जिसे देना आवश्यक न हो
अदेव–I *सं०* (पु०) जो देव के समान न हो 2 दैत्य II (वि०) अपवित्र
अदेशी–*सं०* (वि०) जो देश का न हो
अदेह–I *सं०* (वि०) देह रहित II (पु०) कामदेव
अदैव–*सं०* (वि०) जो भाग्य या देवताओं द्वारा पूर्वनिर्धारित न हो
अदोष–*सं०* (वि०) 1 दोषरहित 2 निरपराध

अदौरी–(स्त्री०) उर्द की सुखायी हुई बड़ियां
अद्धा–I (पु०) किसी वस्तु का आधा अंश II (अ०) 1 प्रत्यक्ष 2 निस्संदेह
अद्धी–(स्त्री०) 1 दमड़ी का आधा 2 मलमल की तरह का बढ़िया बारीक वस्त्र
अद्भुत–I *सं०* (वि०) आश्चर्यजनक, अनोखा II (पु०) आश्चर्यजनक पदार्थ या घटना। ~**कर्मा** (वि०) देखने में अद्भुत लगनेवाला; ~**रस** (पु०) काव्य के नौ रसों में एक रस
अद्भुतालय–*सं०* (पु०) अजायबघर
अद्भुतोपमा–*सं०* (स्त्री०) उपमा अलंकार का एक भेद
अद्य–*सं०* (अ०) 1 आज 2 अब 3 अभी। ~**पूर्व** I (अ०) आज से पहले II (वि०) आज से पहले का
अद्यतन, अद्यावधिक–*सं०* (वि०) आज का, चालू, ताज़ा
अद्ययावत–*सं०* (क्रि० वि०) अब तक
अद्यापि–*सं०* (अ०) 1 आज भी 2 अब भी 3 आज तक 4 अब तक
अध्यावधि–*सं०* (अ०) इस समय तक
अद्रव–*सं०* (वि०) ठोस
अद्रव्य–I *सं०* (पु०) तुच्छ वस्तु II (वि०) दरिद्र
अद्रि–*सं०* (पु०) 1 पर्वत 2 पत्थर
अद्रोह–*सं०* (पु०) द्वेष रहित। ~**वृत्ति** (स्त्री०) द्रोह रहित आचरण
अद्रोही–*सं०* (वि०) द्रोहरहित
अद्वंद्व–*सं०* (वि०) 1 शत्रुताहीन 2 संघर्ष रहित
अद्वय–I *सं०* (वि०) 1 बेजोड़ 2 अकेला II (पु०) द्वैत का अभाव
अद्वा तद्वा–*सं०* (सर्व०) यह अथवा वह
अद्वार–*सं०* (पु०) द्वार रहित स्थान
अद्वितीय–*सं०* (वि०) 1 बेजोड़ 2 अनोखा 3 अकेला
अद्वेष–I *सं०* (वि०) 1 निर्वैर 2 शांत II (पु०) द्वेषहीनता
अद्वेषी–*सं०* द्वेष रहित
अद्वैत–*सं०* (पु०) 1 द्वैत या भेद का अभाव 2 आत्मा परमात्मा में अभिन्नता। ~**वाद** (पु०) आत्मा-परमात्मा की एकता का सिद्धांत; ~**वादी** (वि०) अद्वैतवाद को माननेवाला
अद्वैध–*सं०* (वि०) 1 जो दो भागों मे बंटा न हो 2 अवियुक्त 3 अच्छा 4 खरा
अद्वैध्य–*सं०* अविभाजन योग्य। ~**मित्र** (पु०) असंदिग्ध मित्रता
अधः–*सं०* (अ०) नीचे, तले। ~**काय** (पु०) नाभि के नीचे का शरीर; ~**पतन;** ~**पतित** (वि०) दुर्दशा ग्रस्त; ~**पात** (पु०) नीचे गिरना, गिरावट; ~**स्वस्तिक** (पु०) अधोबिंदु
अध–(वि०) आधा। ~**कचरा;** ~**कच्चा** (वि०) 1 अपक्व 2 अधूरा 3 अकुशल; ~**कछार** (पु०) पहाड़ की तलहटी की ढालू ज़मीन; ~**कपारी** (स्त्री०) आधे सिर का दर्द; ~**करिया;** ~**करी** (स्त्री०) मालगुजारी की आधी किश्त; ~**कहा** (वि०) अस्पष्ट रूप से कहा हुआ; ~**खिला** (वि०) अर्द्धविकसित; ~**खुला** (वि०) अर्धोन्मीलित; ~**गोरा** (वि०) यूरेशियन, ऐंग्लोइंडियन; ~**गोहुआँ** (पु०) आधे गेहू और आधे जौ का मिश्रण; ~**चरा** (वि०) आधा चरा या खाया हुआ; ~**जमा** (वि०) आधा जमा हुआ; ~**जल** +*सं०* (वि०) आधा भरा हुआ; ~**जला** (वि०) आधा जला हुआ; ~**नंगा** (वि०) अर्द्धनग्न; ~**पक्का** (वि०) आधा पक्का हुआ; ~**पेट** (पु०) आधा पेट; ~**बैंहिया** (स्त्री०) आधी बाँह; ~**बना** (पु०) आधा बना हुआ; ~**बीच** (पु०) मँझधार; ~**भिड़ा;** ~**मरा** (वि०) = ~**मुआ;** (वि०); ~**मिटा** (वि०) आधा मिटा हुआ; ~**मुँदा** (वि०) आधा ढका हुआ; ~**मुआ** (वि०) आधा मरा हुआ, मृतप्राय; ~**रात;** (स्त्री०) आधी रात ~**सेरा** (पु०) आधे सेर का बाट
अधन्ना–(पु०), **अधन्नी**–(स्त्री०) आधे आने का सिक्का
अधन्य–*सं०* (वि०) 1 अभागा 2 जो उन्नति न कर रहा हो
अधम–*सं०* (वि०) 1 नीच 2 बदमाश 3 पापी 4 निर्लज्ज
अधमर्ण–*सं०* (पु०) कर्जदार
अधमांग–*सं०* (पु०) पाँव
अधमाधम–*सं०* (वि०) नीचतम या निम्नतम
अधमुख–(वि०) 1 नीचे की ओर मुँह किए हुए 2 औंधे
अधमोद्धारक–*सं०* (वि०) पापियों का उद्धार करनेवाला
अधर–I *सं०* (वि०) नीचा 2 नीचे का 3 घटिया 4 जिसके नीचे आधार न हो 5 पराजित II (पु०) नीचे का ओंठ 2 शरीर का निचला भाग 3 अंतरिक्ष 4 रतिगृह। ~**पान** (पु०) होंठ चूसना, चुंबन; ~**बुद्धि** (वि०) क्षुद्र बुद्धि वाला; ~**रज** (स्त्री०) होठों की सुर्ख़ी
अधरांग–*सं०* (पु०) कमर के नीचे का अंग
अधराधर–*सं०* (पु०) नीचे का होंठ
अधरावलोप–*सं०* (पु०) होंठ चबाना
अधरीण–*सं०* (वि०) 1 अपमानित 2 नीच
अधरोत्तर–*सं०* (वि०) 1 ऊँचा नीचा 2 अच्छा बुरा 3 कमोबेश
अधरोष्ठ–*सं०* (पु०) नीचे का होंठ
अधर्म–*सं०* (पु०) 1 धर्म-विरुद्ध कार्य 2 पाप 3 अन्याय
अधर्मन–(वि०) हराम का
अधर्मात्मा, अधर्मी–*सं०* (वि०) पापी
अधर्षणीय–*सं०* (वि०) जो दबाया न जा सके या निर्भय
अधवट–(वि०) आधा औटा हुआ
अधवा–*सं०* (स्त्री०) विधवा
अधश्चर–*सं०* (पु०) सेंध लगाकर चोरी करनेवाला
अधस्तन–*सं०* (वि०) 1 नीचे का 2 अधीनस्थ
अधस्तल–*सं०* (पु०) 1 नीचे का तल, सतह 2 तहख़ाना
अधस्थ–*सं०* (वि०) नीचे रहकर कार्य करनेवाला
अधात्विक–*सं०* (वि०) जिसमें धातु तत्त्व न हो
अधात्वीय–*सं०* (वि०) जो धातु से न बना हो
अंधाधुंध–(क्रि० वि०) बिना सोचे समझे
अधारिया–(पु०) बैलगाड़ी में गाड़ीवान के बैठने का स्थान
अधारी–I (स्त्री०) आधार II (वि०) अच्छी लगनेवाली
अधार्मिक–*सं०* (वि०) दुष्कर्मी या पापी
अधावट–(वि०) औटकर आधा किया हुआ
अधि–(उप०) ऊपर, अधिक
अधिक–*सं०* (वि०) 1 बहुत 2 बढ़ा हुआ 3 साधारण 4 अतिरिक्त। ~**तिथि** (स्त्री०) दो दिन मानी जानेवाली तिथि; ~**कोण** 90° से ज्यादा तथा 180° से कम

का कोण; ~**मास** (पु०) मलमास
अधिकतम–*सं०* (वि०) मात्रा तथा संख्या आदि में सर्वाधिक
अधिकतर–*सं०* (वि०) किसी की तुलना में अधिक बड़ा
अधिकता–*सं०* (स्त्री०) 1 बहुतायत 2 विशेषता
अधिकर–*सं०* (पु०) 1 अधिशुल्क 2 सुपरटैक्स 3 अधिभार
अधिकरण–*सं०* (पु०) 1 कारक में सप्तमी 2 आधार 3 प्रकरण 4 दावा 5 न्यायालय। ~**शुल्क** (पु०) कोर्ट फीस; ~**सिद्धांत** (पु०) वह सिद्धांत जिसके सिद्ध होने से अन्य सिद्धांत स्वयं सिद्ध हो जाते हैं
अधिकरणिक–*सं०* (पु०) 1 न्यायाधीश 2 अधिकारी
अधिकरणी, अधिकर्त्ता–*सं०* (पु०) 1 निरीक्षक 2 अध्यक्ष
अधिकरण्य–*सं०* (पु०) अधिकार
अधिकर्द्धि–*सं०* (वि०) समृद्धिशाली
अधिकर्म–*सं०* (पु०) निगरानी
अधिकर्मिक–*सं०* (पु०) चुंगी वसूलनेवाला अधिकारी
अधिकर्मी–(पु०) मज़दूरों के ऊपर निगरानी करनेवाला, मेट
अधिकांश–I *सं०* (पु०) बड़ा भाग II (वि०) अधिकतर III (अ०) अकसर
अधिकांशतः, अधिकांशतया–*सं०* (क्रि० वि०) अधिक अंशों में, प्रायः
अधिकाधिक–*सं०* (वि०) ज़्यादा से ज़्यादा
अधिकार–*सं०* (पु०) 1 प्रभुत्व 2 हक़ 3 स्थान 4 कब्ज़ा 5 हुकूमत 6 विषय। ~**करना** (पु०) शासन करना; ~**जमाना** (पु०) कब्ज़ा करना; ~**क्षेत्र** (पु०), ~**सीमा** (स्त्री०) कार्यक्षेत्र और उसकी सीमा; ~**च्युत** (पु०) अधिकार से वंचित; ~**त्याग** (पु०) अपना अधिकार छोड़कर अलग हो जाना; ~**पत्र** (पु०) शासन द्वारा प्राप्त अधिकारों का सूचक पत्र; ~**पात्र**; ~**पूर्ण** (वि०) अधिकार की योग्यता रखनेवाला; ~**पूर्वक** (क्रि० वि०) अधिकार के साथ; ~**प्राप्त**; ~**युक्त** (वि०) जिसे अधिकार मिला हो; ~**लोप** (पु०) अधिकार न रह जाना; ~**लोलुप** (वि०) अधिकार पाने का लोभी; ~**लोलुपता** (स्त्री०) अधिकार पाने का लोभ; ~**वाद** (पु०) सत्ताधारी की आज्ञा का चुपचाप पालन करने का सिद्धांत; ~**सहित** (क्रि० वि०) अधिकार के साथ, साधिकार
अधिकारारूढ़–*सं०* (वि०) 1 अधिकारी 2 अधिकार प्राप्त, अधिकार सम्पन्न
अधिकारिणी–*सं०* (स्त्री०) अधिकारी स्त्री
अधिकारिता–*सं०* (स्त्री०) अधिकारी होने का भाव
अधिकारी राज्य–*सं०* अफ़सरों का शासन
अधिकारी वर्ग–*सं०* अफ़सर लोग
अधिकारी–I *सं०* (वि०) अधिकार रखनेवाला II (पु०) 1 शासक 2 अफ़सर। ~**तंत्र** (पु०) अफ़सरों द्वारा शासन चलाने की पद्धति
अधिकार्थ–*सं०* (पु०) अर्थ की विशेषता
अधिकृत–I *सं०* (वि०) 1 अधिकार में आया हुआ 2 अधिकार संपन्न II (पु०) अधिकारी
अधिकृति–*सं०* (स्त्री०) अधिकार
अधिकोष–*सं०* (पु०) बैंक
अधिकोषण, अधिकोषण कार्य–*सं०* पैसे का कारबार
अधिक्रम, अधिक्रमण–*सं०* (पु०) 1 आरोहण 2 हमला
अधिक्रांत–*सं०* (वि०) 1 अधिकार में लिया हुआ 2 जिसे दबा दिया गया हो
अधिक्रांति–*सं०* (स्त्री०) अधिकार छीन लेना
अधिक्षिप्त–*सं०* (वि०) 1 अपमानित 2 फेंका हुआ 3 नियत किया हुआ
अधिक्षेत्र–*सं०* (पु०) अनेक कार्य, व्यवहार एवं प्रयोग का क्षेत्र
अधिक्षेप–*सं०* (पु०) 1 फेंकना 2 अपमान 3 व्यंग्य
अधिगणन–*सं०* (पु०) 1 गिनना 2 ज़्यादा कीमत लगाना
अधिगत–*सं०* (वि०) 1 प्राप्त 2 ज्ञात, समझा हुआ
अधिगम–*सं०* (पु०) 1 प्राप्ति 2 सीखना, जानना 3 पहुँच, गति 4 स्वीकार
अधिगमन–*सं०* (पु०) 1 व्याख्या 2 अध्ययन
अधिगुप्त–*सं०* (वि०) 1 सुरक्षित 2 छिपाया हुआ
अधिगृहीत–*सं०* ज़बरदस्ती पाया हुआ
अधिग्रहण–*सं०* (पु०) अधिकार द्वारा ले लेना, कब्ज़ा
अधिग्राहक–*सं०* (पु०) वैधानिक रूप से अधिकार करनेवाला
अधिज–*सं०* (वि०) जन्मा हुआ
अधिजनन–*सं०* (पु०) जन्म
अधित्यका–*सं०* (स्त्री०) पहाड़ के ऊपर की समतल भूमि, गिरिप्रस्थ
अधिदंत–(पु०) दाँत के ऊपर निकला दाँत
अधिदर्शक–*सं०* (पु०) माइक्रोस्कोप
अधिदान–*सं०* (पु०) साधारण से अधिक दान
अधिदेय–*सं०* (पु०) साधरण से अधिक दिया जानेवाला रुपया
अधिदेव–*सं०* (पु०) 1 कुलदेवता 2 देवाधिप
अधिदैव–I *सं०* (पु०) प्रधानदेव II (वि०) देव संबंधी
अधिदैविक–*सं०* (वि०) सूर्य चंद्रमा आदि या प्रकृति से होनेवाला
अधिनयन–*सं०* (पु०) अपने राज्य में मिला लेना
अधिनायक–*सं०* (पु०) 1 मुखिया 2 निरंकुश शासक, तानाशाह। ~**तंत्र** (पु०) निरंकुश शासन तंत्र राज्य; ~**वादी** (वि०/पु०) निरंकुश शासन में विश्वास रखनेवाला
अधिनायकी–*सं०* (स्त्री०) अधिनायक का पद या कार्य
अधिनियम–*सं०* (पु०) विधान के अंतर्गत बनाया गया नियम, ऐक्ट
अधिनियमन–*सं०* (पु०) अधिनियम बनाने का काम
अधिनिर्णयन–*सं०* (पु०) निर्णायक बनकर फैसला करना
अधिनिष्कासन–*सं०* (पु०) कानून के आधार पर बाहर निकालना
अधिन्यास–*सं०* (पु०) दान आदि का सौंपना
अधिप–*सं०* (पु०) 1 मालिक 2 राजा
अधिपति–*सं०* (पु०) 1 स्वामी 2 प्रधान 3 शासक
अधिपत्नी–*सं०* (स्त्री०) 1 स्वामिनी 2 शासिका
अधिपत्र–(पु०) 1 अधिकार-पत्र 2 वारंट
अधिपद–*सं०* (पु०) 1 स्वतंत्र पद 2 नियमावली का कोई भाग
अधिपुरुष–*सं०* (पु०) पुरुषोत्तम या परमेश्वर
अधिप्रचार–*सं०* (पु०) सिद्धांत या मत के लिए किया जानेवाला प्रचार
अधिप्रचारक–*सं०* (पु०) मत या सिद्धांत का प्रचार करनेवाला

अधिप्रज–*सं०* (वि०) अधिक संतान पैदा करनेवाला
अधिभार–*सं०* (पु०) अतिरिक्त कर
अधिभू–*सं०* (पु०) 1 स्वामी या ईश्वर 2 प्रधान व्यक्ति
अधिभूत–I *सं०* (वि०) भूत संबंधी II (पु०) 1 ब्रह्म या उसकी माया 2 जड़ जगत्। ~**वाद** (पु०) जड़वाद; ~**वादी** (पु०/वि०) जड़वादी
अधिभोजन–*सं०* (पु०) अत्यधिक खाना या अति भोजन
अधिमत–*सं०* (पु०) सर्वमान्य मत या सिद्धांत
अधिमांस–*सं०* (पु०) 1 आँख या मसूड़ों का रोग 2 मस्सा
अधिमात्र–*सं०* (वि०) 1 अत्यधिक 2 परिमाण से अधिक
अधिमान–*सं०* (वि०) 1 अधिक मान-सम्मान 2 प्राथमिकता
अधिमान्य–*सं०* (वि०) अधिक सम्मान योग्य
अधिमानित–*सं०* (वि०) दूसरों से अच्छा समझा गया
अधिमान्यता–*सं०* (स्त्री०) अति आदर एवं सम्मान
अधिमास–*सं०* (पु०) हर तीसरे वर्ष बढ़नेवाला चांद्रमास
अधिमुक्ति–*सं०* (स्त्री०) 1 प्रवृत्ति 2 विश्वास
अधिमुद्रण–*सं०* (पु०) 1 अधिक छापना 2 ऊपर की छपाई
अधिमूल्य–*सं०* (पु०) साधारण मूल्य से अधिक मूल्यवाला
अधिमूल्यन–*सं०* (पु०) (सिक्के आदि का) मूल्य बढ़ाना
अधियाचक–*सं०* (वि०) अधिकारपूर्वक माँगनेवाला
अधियाचन–*सं०* (पु०) अधिकारपूर्वक माँगना
अधियाना–(स० क्रि०) आधा-आधा बाँट देना
अधियार–(पु०) 1 आधे का हिस्सेदार 2 जमींदार या काश्तकार
अधियारी–(स्त्री०) संपत्ति या जायदाद में आधी हिस्सेदारी
अधियुक्त–*सं०* (वि०) वेतन या मजदूरी पर कार्य करनेवाला
अधियुक्ति–*सं०* (स्त्री०) जीविका निर्वाह हेतु कार्य में लगे रहना
अधियुक्ती–*सं०* (पु०) काम पर लगा हुआ
अधियोक्ता, अधियोजक–*सं०* (पु०) काम पर रखनेवाला
अधियोजन–*सं०* (पु०) काम लगाना या लगवाना
अधियोजनालय–*सं०* (पु०) रोजगार कार्यालय
अधिरथ–I *सं०* (वि०) रथारूढ़ II (पु०) सारथि 2 कर्ण को पालनेवाला सूत
अधिराज–*सं०* (पु०) सम्राट, महाराजा
अधिराज्य–*सं०* (पु०) उपनिवेश
अधिराट्–*सं०* (पु०) 1 राज्य का स्वामी 2 प्रमुख सत्ताधारी
अधिरूढ़–*सं०* (वि०) 1 चढ़ा हुआ 2 बढ़ा हुआ
अधिरूपण–*सं०* (पु०) कृत्रिमता द्वारा वस्तु विशेष के वास्तविक रूप को बढ़ा चढ़ाकर कहना
अधिरोपण–*सं०* (पु०) अभियोग लगाया जाना
अधिरोपित–*सं०* (वि०) जिसपर आरोप लगाया गया हो
अधिरोह–I *सं०* (पु०) 1 चढ़ना 2 सीढ़ी II (वि०) चढ़ा हुआ
अधिरोहण–*सं०* (पु०) 1 ऊपर चढ़ना 2 धनुष पर प्रत्यंचा चढ़ाना
अधिलंबन–*सं०* (पु०) 1 आवश्यकता से ज़्यादा बढ़ाना 2 अनावश्यक रूप से अधिक समय लगाना
अधिलाभ–*सं०* (पु०) अतिरिक्त मुनाफ़ा
अधिलोक–I *सं०* (पु०) 1 विश्व 2 ब्रह्मांड II (वि०) ब्रह्मांड संबंधी
अधिवक्ता–*सं०* (पु०) एडवोकेट
अधिवचन–*सं०* (पु०) 1 पक्ष समर्थन 2 उपाधि 3 अत्युक्ति
अधिवर्ष–*सं०* (पु०) 1 मलमास वर्ष 2 लीप ईयर
अधिवसित–*सं०* (वि०) बसा हुआ
अधिवाचन–(पु०) नामजदगी या निर्वाचन
अधिवास–*सं०* (पु०) 1 बाद का निवास 2 नागरिकता 3 बस्ती 4 विलंब तक ठहरना 5 सुगंध
अधिवासित–*सं०* (वि०) सुगंधित
अधिवासी–(वि०) 1 आकर बसनेवाला 2 सुवासित करनेवाला
अधिवृद्धि–*सं०* (स्त्री०) आवश्यकता से अधिक की वृद्धि
अधिवेत्ता–*सं०* (पु०) एक पत्नी के रहते दूसरे शादी करनेवाला व्यक्ति
अधिवेदन–*सं०* (पु०) एक स्त्री के रहते दूसरा विवाह करना
अधिवेशन–*सं०* (पु०) 1 बैठक 2 सम्मेलन 3 बैठकों का सत्र
अधिशस्त–*सं०* (वि०) कुख्यात
अधिशासन–*सं०* नियंत्रण-युक्त शासन
अधिशासी–*सं०* (वि०/पु०) 1 प्रशासक 2 नियंत्रक
अधिशिक्षक–*सं०* (पु०) (शिक्षण संस्था का) प्रधान अध्यापक
अधिशुल्क–*सं०* (पु०) अतिरिक्त शुल्क
अधिशेष–*सं०* (पु०) अतिरिक्त शेष, बकाया
अधिशोषण–*सं०* (पु०) 1 बहुत अधिक सोखना 2 अधिक शोषण
अधिश्रय–*सं०* (पु०) आधार
अधिश्राम–*सं०* (पु०) दीर्घकालीन अवकाश
अधिश्रावक–*सं०* (पु०) माइक्रोफ़ोन
अधिश्रित–*सं०* (वि०) 1 अग्नि पर रखा हुआ 2 आरूढ़
अधिष्ठाता–*सं०* (पु०) 1 देखभाल करनेवाला, अध्यक्ष 2 नियामक 3 प्रधान, मुखिया 4 ईश्वर
अधिष्ठात्री–*सं०* (स्त्री०) 1 माता 2 अध्यक्षा 3 देवी
अधिष्ठान–*सं०* (पु०) 1 रहने का स्थान 2 आधार 3 आश्रय 4 संस्था। ~**शरीर** (पु०) सूक्ष्म शरीर
अधिष्ठापन–*सं०* (पु०) व्यवस्था करना
अधिष्ठित–*सं०* (वि०) 1 स्थित 2 स्थापित 3 अधिकृत
अधिसंख्य–*सं०* (वि०) संख्या में अधिक
अधिसमय–*सं०* (पु०) प्रथा
अधिसूचना–*सं०* (पु०), **प्रशासनिक सूचना**- (स्त्री०) विशेष सूचना, विज्ञप्ति
अधिहरण–*सं०* (पु०) 1 जब्त करना 2 हथिया लेना
अधीक्षक–*सं०* (पु०) (कार्यालय का) प्रधान अधिकारी, सुपरिन्टेन्डेन्ट
अधीक्षण–*सं०* (पु०) अधीनस्थ कर्मचारियों के काम को देखना
अधीत–*सं०* (वि०) 1 पढ़ा हुआ 2 जिसका अध्ययन किया गया हो
अधीति–*सं०* (स्त्री०) जिसका अध्ययन अच्छा हो, पढ़ाई
अधीन–*सं०* (वि०) 1 मातहत 2 आश्रित। ~**स्थ** (वि०) अधीन रहनेवाला

अधीनता–*सं०* (स्त्री०) 1 परवशता 2 दीनता
अधीनस्थ–*सं०* (वि०) अधीन
अधीनीकरण–*सं०* (पु०) परतंत्र बनाना
अधीर–*सं०* (वि०) 1 धैर्यरहित 2 परेशान 3 अस्थिर चित्त
अधीरता–*सं०* (स्त्री०) धैर्य का अभाव
अधीश, अधीश्वर–*सं०* (पु०) 1 मालिक 2 राजा 3 प्रभु
अधीश्वरी–*सं०* (स्त्री०) शासिका
अधुना–*सं०* (अ०) 1 अब 2 इस समय 3 इन दिनों
अधुनातन–*सं०* (वि०) आजकल का, आधुनिक, अब का, हाल का
अधुर–*सं०* (वि०) चिंतारहित
अधूत–*सं०* ढीठ
अधूरा–(वि०) 1 अपूर्ण 2 अस्पष्ट । ~**जाना** असमय गर्भपात होना
अधृष्त–*सं०* (वि०) 1 धारण न किया हुआ 2 अनियंत्रित
अधृष्ट–*सं०* (वि०) 1 जो ढीठ न हो 2 सलज्ज 3 विनम्र
अधेड़–(वि०) ढलती उम्र का
अधेला–(पु०) आधा पैसा
अधेली–(स्त्री०) अठन्नी
अधैर्य–I *सं०* अधीरता II (वि०) 1 धैर्यरहित 2 आतुर
अधोगति–*सं०* (स्त्री०) 1 = अधःपतन 2 दुर्दशा
अधोगमन–*सं०* (पु०) 1 गिरावट 2 दुर्गति 3 नरक जाना
अधोगामी–*सं०* (वि०) 1 नीचे जानेवाला 2 पतनोन्मुख
अधोग्रसनी–*सं०* (स्त्री०) गले का निचला भाग
अधोतर–(पु०) दोहरी बुनावट का एक देशी कपड़ा
अधोदिशा–*सं०* (स्त्री०) निचली तरफ़
अधोदेश–*सं०* (पु०) नीचे का भाग या स्थान
अधोपतन–*सं०* (पु०) नीचे गिरना
अधोबंधन–*सं०* (पु०) नीचे बाँधना
अधोभाग–*सं०* (पु०) नीचे का भाग
अधोभुवन–*सं०* (पु०) पाताल लोक
अधोभूमि–*सं०* (स्त्री०) पर्वत के नीचे की भूमि
अधोमंडल–*सं०* (पु०) निचला वायुमंडल
अधोमार्ग–*सं०* (पु०) 1 नीचे का मार्ग 2 सुरंग का मार्ग
अधोमुख–*सं०* (वि०) 1 जिसका मुख नीचे हो 2 औंधा
अधोमूल्यन–*सं०* (पु०) कम मूल्य लगाना
अधोरेखन–*सं०* (पु०) वाक्य या शब्द के नीचे रेखा खींचना
अधोरेखा–*सं०* (स्त्री०) नीचे की रेखा
अधोलंब–*सं०* (पु०) 1 साहुल 2 लटकन 3 *ग०* खड़ी रेखा जो आड़ी रेखा पर गिरकर दो समकोण बनाए
अधोलंबित–*सं०* (वि०) नीचे लटका हुआ
अधोलिखित–*सं०* (वि०) नीचे लिखा हुआ
अधोलोक–*सं०* (पु०) नरक, पाताल
अधोवदन–*सं०* (वि०) नीचे मुँह किये हुए
अधोवर्ती–*सं०* (वि०) 1 नीचे रहनेवाला 2 निम्न
अधोवस्त्र–*सं०* (पु०) धोती, लुंगी
अधोवायु–*सं०* (स्त्री०) अपान वायु, पाद
अधोविंदु–*सं०* (पु०) पैर के नीचे का निशान
अधोहस्ताक्षरी–*सं०* (पु०) नीचे हस्ताक्षर करनेवाला
अधौड़ी–(स्त्री०) 1 आधा सिझाया हुआ चमड़ा 2 मोटा कपड़ा । ~**तनना** पेट खूब भर जाना; ~**तानना** पेट भरकर या छककर खाना
अध्मान–*सं०* (पु०) अफराव
अध्यक्ष–I *सं०* (वि०) गोचर या दृश्य II (पु०) 1 स्वामी 2 नियामक 3 मुख्य अधिकारी, प्रधान 4 अधिष्ठाता 5 लोकसभा का स्पीकर । ~**ता** (स्त्री०) अध्यक्ष होने की अवस्था; ~**त्व**; ~**पद** (पु०) अध्यक्ष का पद; ~**पदीय** (वि०) अध्यक्ष पद से संबंधित; ~**मंडल** (पु०), ~**मंडली** (स्त्री०) अध्यक्षों की परिषद्
अध्यक्षर–I *सं०* (पु०) 'ओम' मंत्र II (अ०) अक्षरशः
अध्यक्षासन–*सं०* (पु०) अध्यक्ष की कुर्सी या आसन
अध्यक्षीय–*सं०* (वि०) अध्यक्ष का
अध्यग्नि–*सं०* (पु०) अग्नि को साक्षी कर कन्या को दिया जाने वाला धन
अध्ययन–*सं०* (पु०) पढ़ाई । ~**कक्ष** (पु०) पढ़ने का कमरा; ~**काल** (पु०) पढ़ने का समय; ~**गत** (वि०) पढ़ने में आया हुआ; ~**भवन** (पु०) अध्ययन करने का मकान; ~**वर्ष** (पु०) पढ़ाई का साल; ~**शाला** (स्त्री०) पढ़ाई का स्थान; ~**शील** (वि०) पढ़ाकू; ~**शुल्क** (पु०) पढ़ाई की फ़ीस
अध्ययनावकाश–*सं०* (पु०) पढ़ाई से छुट्टी
अध्ययनीय–*सं०* (वि०) अध्ययन करने योग्य
अध्यर्थ–*सं०* (पु०) वह वस्तु जिस पर अधिकार जतलाया जाए
अध्यर्थन–*सं०* (पु०) दावा, अधिकार
अध्यर्द्ध–I *सं०* (वि०) डेढ़ II (पु०) वायु
अध्यवसान–*सं०* (पु०) 1 निश्चय 2 प्रयत्न
अध्यवसाय–*सं०* (पु०) 1 उद्यम 2 परिश्रम 3 उत्साहपूर्ण लगन
अध्यवसायी–*सं०* (वि०) 1 उत्साही 2 उद्यमशील 3 परिश्रमी
अध्यवसित–*सं०* (वि०) जिसके लिए प्रयत्न किया गया हो
अध्यशन–*सं०* (पु०) अधिक खा जाना 2 अजीर्ण
अध्यस्त–*सं०* (वि०) 1 आरोपित 2 भ्रमवश प्रतीत
अध्यांतरिक–*सं०* (वि०) = अध्यात्म
अध्यात्म–*सं०* (पु०) आत्मा संबंधी या आत्मा परमात्मा के संबंध में चिन्तन-मनन । ~**ज्ञान** (पु०) आत्मा संबंधी ज्ञान; ~**वाद** (पु०) अध्यात्म संबंधी सिद्धांतों को मानना; ~**वादी** (वि०) अध्यात्मवाद का अनुयायी; ~**विद्या** (स्त्री०) आत्मा एवं परमात्मा का विचार करनेवाला शास्त्र
अध्यादेश–*सं०* (पु०) आर्डिनेंस, प्रधान शासक की आज्ञा
अध्यापक–*सं०* (वि०) पढ़ानेवाला, शिक्षक । ~**कक्ष** (पु०) शिक्षकों का कमरा;
अध्यापकी–*सं०+हिं०* (स्त्री०) 1 शिक्षणकार्य या पाठन 2 अध्यापक का पेशा
अध्यापन–*सं०* (पु०) पढ़ाना । ~**कार्य** (पु०) पढ़ाने का काम; ~**शास्त्र** (पु०) शिक्षण शास्त्र
अध्यापिका–*सं०* (स्त्री०) शिक्षिका
अध्यापित–*सं०* (वि०) पढ़ाया हुआ
अध्याय–*सं०* (पु०) 1 पुस्तक का भाग 2 पाठ 3 प्रकरण
अध्यायी–I *सं०* (वि०) अध्ययन में संलग्न II (पु०) विद्यार्थी, छात्र
अध्यारूढ़–*सं०* (वि०) 1 ऊपर चढ़ा हुआ 2 श्रेष्ठ

अध्यारोप–*सं०* (पु०) 1 ज़बरदस्ती लादना (सिद्धांत, मत) 2 निराधार कल्पना
अध्यारोपण–*सं०* (पु०) 1 दोष या कलंक लगाना 2 भ्रमवश गुण-दोष आरोपित करना 3 लादना
अध्यारोपित–*सं०* (वि०) एक जगह से दूसरी जगह लगाना
अध्यास–*सं०* (पु०) 1 मिथ्या ज्ञान 2 भ्रांत ज्ञान 3 धोखा
अध्यासन–*सं०* (पु०) 1 कब्ज़ा 2 अधिकार
अध्यासीन–*सं०* (वि०) उच्च स्थान पर बैठना
अध्याहार–*सं०* (पु०) 1 तर्क-वितर्क, ऊहापोह 2 शब्द को वाक्य या पदों को पूरा करने के लिए ऊपर से जोड़ लेना 3 अनुमान से अर्थ निकालना
अध्याहत–*सं०* (वि०) 1 जोड़ा हुआ 2 अनुमानित
अध्यूढ़–*सं०* (वि०) 1 उच्च 2 समृद्ध
अध्यूढ़ा–*सं०* (स्त्री०) 1 प्रथम विवाहिता स्त्री 2 विवाहपूर्व गर्भ धारण करनेवाली
अध्येता–*सं०* (पु०) अध्ययन करनेवाला, पाठक
अध्येय–*सं०* (वि०) पढ़े जाने योग्य
अध्येषणा–*सं०* (स्त्री०) निवेदन या याचना
अध्रुव–*सं०* (वि०) 1 अनिश्चित या अस्थिर 2 अनित्य 3 संदिग्ध
अध्वर–I *सं०* (पु०) 1 यज्ञ 2 आकाश II (वि०) 1 अकुटिल 2 स्थिर 3 अचंचल
अध्वर्यु–*सं०* (पु०) 1 यजुर्वेद के अनुरूप कर्म करने वाला 2 यज्ञ का संपादन करनेवाला
अनंग–I *सं०* (वि०) 1 देहरहित 2 आकृतिहीन II (पु०) 1 कामदेव 2 आकाश 3 मन। ~**क्रीड़ा** (स्त्री०) कामक्रीड़ा; ~**वती** (स्त्री०) कामवासना से युक्त स्त्री, कामिनी
अनंगी–*सं०* (वि०) अशरीरी। ~**करण** (पु०) 1 अनंगी भाव 2 अस्वीकार करना; ~**कार** (पु०) अस्वीकार
अनंत–I *सं०* (वि०) 1 जिसका अंत न हो 2 असीम 3 अक्षय II (पु०) 1 विष्णु 2 कृष्ण 3 शिव 4 शेषनाग 5 आकाश 6 बाँह का एक गहना। ~**कालीन** (वि०) अनंत समय का; ~**चतुर्दशी** (स्त्री०) भाद्रशुक्ला चतुर्दशी; ~**राशि** (स्त्री०) असीम राशि; ~**रूप** (वि०) अनगिनत रूपोंवाला; ~**शक्ति** (वि०) सर्वशक्तिमान
अनंतक–*सं०* (वि०) 1 असीम 2 नित्य
अनंतता–*सं०* (स्त्री०) अंतहीनता, अनंत होना
अनंतर–I *सं०* (अ०) 1 तुरंत बाद 2 पीछे II (वि०) अंतर रहित 2 लगा हुआ 3 पास का III (पु०) सामीप्य 2 ब्रह्म। ~**ज** (पु०) क्षत्रिय या वैश्य माता के गर्भ तथा ब्राह्मण या क्षत्रिय पिता से उत्पन्न, छोटा या बड़ा भाई या बहन
अनंतरित–*सं०* (वि०) 1 अखंडित 2 जिसमें अंतर न पड़ा हो 3 जिसे बदल न दिया गया हो
अनंतरीय–*सं०* (वि०) वंशक्रम में ठीक बाद का
अनंतर्हित–*सं०* (वि०) जो भीतर न आ पाया हो
अनंता–*सं०* (स्त्री०) 1 पृथ्वी 2 पार्वती
अनंतानुबंधी–*सं०* (पु०) कभी न मिटनेवाला दोष (जैन)
अनंतिम–*सं०* (वि०) 1 जो अंत में न हो 2 अस्थायी
अनंती–*सं०* (स्त्री०) स्त्रियों की बांह का गंडा
अनंत्य–I *सं०* (वि०) असीम II (पु०) नित्यता
अनंबर–*सं०* (वि०) वस्त्रहीन, नंगा
अनंश–*सं०* (वि०) 1 जिसका कोई भाग न हो 2 भाग रहित
अन–I (पु०) श्वास-प्रश्वास II (उप०) बिना (जैसे-अनपढ़)
अनऋतु,–*सं०* (स्त्री०) अनुपयुक्त समय
अनकरीब–*अ०* (अ०) 1 शीघ्र 2 करीब-करीब, प्रायः 3 पास
अनकहा–(वि०) बिना कहा हुआ। **अनकही देना** चुप रहना; अनकही बातें निरर्थक चुगली
अनक्षर–*सं०* (वि०) 1 निरक्षर 2 मूर्ख 3 गूँगा
अनीक्षक–*सं०* (वि०) बिना आँख का, अंधा
अनख–(पु०) 1 नाराज़गी, क्रोध 2 ग्लानि 3 झंझट
अनखाना–I (अ० क्रि०) रुष्ट होना II (स० क्रि०) रुष्ट करना
अनखी–(वि०) क्रोधी
अनखुला–(वि०) 1 ढका हुआ 2 अज्ञात कारणवाला
अनगढ़–(वि०) 1 बिना गढ़ा हुआ 2 बेडौल 3 उजड्ड
अनगवना–(अ० क्रि०) जान बूझकर देर करना
अनगार–*सं०* (वि०) गृहरहित
अनगिनत–(वि०) बे हिसाब
अनगिना–(वि०) जिसकी गिनती न की जा सके
अनगुत्ते–(क्रि० वि०) सूर्य निकलने से पहले
अनघ–I *सं०* (वि०) 1 पवित्र 2 निरापद 3 शोकहीन II (पु०) पुण्य
अनघड़–(वि०) बिना गढ़ा हुआ
अनचाहा–(वि०) अवांछित
अनचीता–(वि०) 1 बिना सोचा हुआ 2 अनचाहा
अनचीन्हा–(वि०) अनपहचाना, अपरिचित
अनच्छ–*सं०* (वि०) मलिन
अनजान–I (वि०) 1 अज्ञान 2 न जाननेवाला 3 अपरिचित II (पु०) अज्ञानावस्था
अनजाने–(क्रि० वि०) अनजान में या बिना जाने हुए
अनजोखा–(वि०) न तौला हुआ
अनत–*सं०* (वि०) 1 न झुका हुआ 2 सीधा
अनति–I *सं०* (स्त्री०) 1 अविनम्र 2 घमंड II (वि०) थोड़ा
अनतिक्रम–अनुल्लंघन
अनतिक्रमणीय–(वि०) जिसका उल्लंघन न हो सकता हो
अनतिख्यात–(वि०) थोड़ा प्रसिद्ध
अनतिगोचर–(वि०) जिसे देखा न जा सकता हो
अनतिपूर्व–(क्रि० वि०) थोड़ा ही पहले
अनदेखा–(वि०) न देखा हुआ
अनद्य–I *सं०* (पु०) सफ़ेद सरसों II (वि०) न खाने योग्य
अनद्यतन–*सं०* (वि०) 1 आज के दिन का नहीं 2 आज से पहले या पीछे का (~**भविष्य**, ~**भूतकाल**)
अनधिक–*सं०* (वि०) जो अधिक न हो 2 असीम 3 पूर्ण
अनधिकार–I *सं०0* (पपु०) अधिकार या योग्यता एवं पात्रता का अभाव II (वि०) अधिकार रहित। ~**चर्चा** (स्त्री०) बिना सोचे समझे किसी विषय में बोलना; ~**चेष्टा** (स्त्री०) अधिकार रहित कार्य करना; ~**पूर्वक** (क्रि० वि०) बिना अधिकार के; ~**प्रवेश** (पु०) बिना अधिकार के भीतर जाना
अनधिकारी–*सं०* (वि०) अधिकार न रखनेवाला

अनधिकृत–*सं०* (वि०) 1 जो अधिकार में न किया गया हो 2 जिसे अधिकार न मिला हो
अनधिगत–*सं०* (वि०) 1 न जाना हुआ 2 अप्राप्त
अनधिगम्य–*सं०* (वि०) 1 पहुँच के बाहर 2 दुष्प्राप्य 3 अज्ञेय
अनधियुक्त–*सं०* (पु०) बेरोजगार
अनधियुक्ति–*सं०* (स्त्री०) बेरोजगारी
अनधिष्ठित–*सं०* (वि०) जिसकी नियुक्ति न हुई हो
अनधीन–*सं०* (वि०) स्वाधीन
अनधुला–(वि०) जो धुला न हो, कोरा
अनध्यक्ष–*सं०* (वि०) 1 इंद्रियरहित ज्ञान 2 शासकहीन
अनध्ययन–*सं०* (पु०) अध्ययन न करना
अनध्यवसाय–*सं०* (पु०) अध्यवसाय का अभाव
अनध्याय–*सं०* (पु०) 1 पढ़ाई न होना 2 अवकाश, छुट्टी
अनध्यास–*सं०* (वि०) जो भूल गया हो, विस्मृत
अननुकरणीय–*सं०* (वि०) जो अनुकरण योग्य न हो
अननुकूल–*सं०* (वि०) 1 जो अनुकूल न हो 2 उल्टा
अननुज्ञात, अननुज्ञापित–*सं०* (वि०) 1 जिसकी अनुमति न मिली हो 2 अस्वीकृत
अननुनासिक–*सं०* (वि०) जो नासिका से न बोला जाता हो
अननुभवनीय–*सं०* (वि०) जो अनुभव योग्य न हो
अननुभाषण–*सं०* (पु०) 1 मौन स्वीकृति 2 एक निग्रह स्थान
अननुभूत–*सं०* (वि०) जिसका अनुभव न किया गया हो
अननुमत–*सं०* (वि०) 1 जिसकी स्वीकृति न मिली हो 2 अयोग्य
अननुमेय–*सं०* (वि०) जिसका अनुमान न हो सके
अननुमोदन–*सं०* (पु०) समर्थन न होना
अननुरूप–*सं०* (वि०) जो किसी के अनुरूप या उपयुक्त न हो
अनन्नास–(पु०) एक खटमीठा फल
अनन्य–*सं०* (वि०) 1 एकनिष्ठ, एकाश्रयी 2 एकमात्र 3 अभिन्न 4 अद्वितीय 5 एकाग्र। ~**गति** (स्त्री०) एकमात्र सहारा; ~**गामी** (वि०) केवल एक के पास जानेवाला; ~**चित्त** (वि०) एकाग्रचित; ~**दृष्टि** (वि०) जिसकी दृष्टि दूसरे पर न लगी हो; ~**परता** (स्त्री०) 1 एक परायण होना 2 स्वाधीनता; ~**पूर्व** (पु०) जिसके और कोई स्त्री न हो; ~**पूर्वा** (स्त्री०) कुमारी कन्या; ~**भाव** (पु०) एकनिष्ठ भक्ति या साधना; ~**मनस्क,** ~**मना** (वि०) दत्तचित्त; ~**वृत्ति** (वि०) 1 एकनिष्ठ मनोवृत्तिवाला 2 जिसकी दूसरी आजीविका न हो; ~**साधारण;** ~**सामान्य** (वि०) असाधारण
अनन्याधिकार–*सं०* (पु०) एकाधिकार
अनन्वय–*सं०* (पु०) 1 अन्वय या संबंध का अभाव 2 एक अर्थालंकार जिसमें उपमेय स्वयं उपमान होता है
अनन्वित–*सं०* (वि०) 1 असम्बद्ध 2 असंगत
अनपकरण–*सं०* (पु०) 1 नुकसान न पहुँचाना 2 कर्ज़ न देना
अनपकार–*सं०* (पु०) 1 अपकार का अभाव 2 निर्दोषिता
अनपकारी–*सं०* (वि०) बेगुनाह
अनपकर्ष–*सं०* (पु०) अवनति का अभाव
अनपच–(पु०) बदहजमी
अनपढ़–(वि०) निरक्षर
अनपत्य–*सं०* (वि०) 1 संतानहीन 2 जिसका कोई उत्तराधिकारी न हो
अनपराध–*सं०* (वि०) निर्दोष, बेकसूर
अनपाकरण–*सं०* (पु०) 1 इकरार पूरा न करना 2 कर्ज़ न चुकाना
अनपाय–I *सं०* (वि०) क्षयरहित II (पु०) अनश्वरता, नित्यता
अनपायी–*सं०* (वि०) 1 अचल 2 अविकारी
अनपेक्ष–*सं०* (वि०) 1 चाह न रखनेवाला 2 उदासीन, तटस्थ 3 निष्पक्ष
अनपेक्षा–*सं०* (स्त्री०) अनिच्छा या बे-परवाही
अनपेक्षित, अनपेक्ष्य–*सं०* (वि०) जिसकी चाह या परवाह न हो
अनपेत–*सं०* (वि०) अव्यतीत
अनबन–(स्त्री०) 1 बिगाड़ 2 झगड़ा
अनबनाव–(पु०) स्वाभाविकता
अनबिका–(वि०) बिना बिका हुआ
अनबिधा–(वि०) बिना बेधा हुआ
अनबूझ–(वि०) नासमझ या नादान
अनबेधा–(वि०) बिना छेदा हुआ
अनबोल, अनबोला, अनबोलता–(वि०) 1 न बोलनेवाला 2 बे-जबान
अनब्याहा–(वि०) अविवाहित
अनभिग्रह–I *सं०* (वि०) भेदभाव रहित II (पु०) एकरूपता
अनभिज्ञ–*सं०* (वि०) 1 मूर्ख 2 अनजान, अपरिचित
अनभिप्रेत–*सं०* (वि०) 1 सोचे हुए के विरुद्ध 2 अनिष्ट
अनभिभव–*सं०* निरादर का अभाव, सम्मान
अनभिभूत–*सं०* (वि०) 1 अपराजित 2 अबाधित
अनभिमत–*सं०* (वि०) 1 असम्मत 2 अप्रिय
अनभिलषित–*सं०* (वि०) अवांछित
अनभिलाष, अनभिलाषी– जिसे कोई कामना या इच्छा न हो
अनभिवाद्य–*सं०* (वि०) अभिवादन के अयोग्य
अनभिव्यक्त–*सं०* (वि०) अस्पष्ट या गुप्त
अनभिसंधान–*सं०* (पु०), **अनभिसंधि** (स्त्री०) प्रयोजन का अभाव
अनभिहित–*सं०* (वि०) 1 जिसका नाम न लिया गया हो 2 अकथ
अनभ्यस्त–*सं०* (वि०) 1 अपरिपक्व 2 अनाभ्यास
अनभ्यास–*सं०* (पु०) 1 अनुशीलन 2 अभ्यास का अभाव
अनभ्यासी–*सं०* (वि०) अभ्यास न करनेवाला
अनभ्र–*सं०* (वि०) मेघरहित। ~**वज्रपात** (पु०) अचानक आनेवाली विपत्ति; ~**वृष्टि** (स्त्री०) बिना बादल की वर्षा 2 अप्रत्याशित लाभ या प्राप्ति
अनमन–(वि०) न झुकना
अनमना–(वि०) 1 खिन्न 2 अस्वस्थ। ~**पन** (पु०) 1 उदासी 2 रुखापन
अनमांगा–(वि०) बिना माँगा हुआ या अयाचित
अनमिख–(क्रि० वि०) = अनिमेष
अनमेल–(वि०) बेमेल। ~**पन** (पु०) बेमेल होना
अनमोल–(वि०) 1 अमूल्य 2 कीमती
अनम्र–*सं०* (वि०) 1 अविनीत 2 उदंड 3 घमंडी
अनय–*सं०* (पु०) 1 अनीति 2 अन्याय 3 दुर्नीति 4 दुराचार

अनरजिस्टर्ड–*अं०* अपंजीकृत
अनरस–I(पु०) 1 रस रहित 2 रूखाई 3 रोष 4 दुःख II (वि०) नीरस
अनरितु–(स्त्री०) बिना ऋतु की (वर्षा)
अनरीति–*हिं०+सं०* (स्त्री०) 1 कुरीति 2 अनुचित व्यवहार
अनर्गल–*सं०* (वि०) 1 बे-सिर-पैर का 2 अनियंत्रित 3 मनमाना
अनर्घ–I *सं०* (वि०) अमूल्य II (पु०) अनुचित मूल्य। ~**क्रय** (पु०) अधिक या कम मूल्य पर खरीदना; ~**विक्रय** (पु०) अधिक या कम लागत पर बेचना
अनर्घ्य–*सं०* (वि०) 1 कम कीमत का 2 निर्मूल्य 3 पूजा के अयोग्य
अनर्जित–*सं०* (वि०) 1 न कमाया हुआ 2 अप्राप्त। ~**आय** (स्त्री०) बिना कमाया हुआ धन या पूँजी
अनर्थ–I *सं०* (वि०) 1 अर्थहीन 2 भिन्न अर्थवाला II (पु०) 1 उल्टा अर्थ 2 अर्थहानि 3 नैराश्यजनक घटना 4 विपत्ति, अनिष्ट। ~**कारी** (वि०) अनिष्ट करनेवाला; ~**त्व** (पु०), ~**दर्शी** (वि०) अहित सोचनेवाला
अनर्थक–I *सं०* (वि०) 1 अर्थरहित 2 निष्प्रयोजन 3 अहितकर II (पु०) असंबद्ध बात
अनर्थापद–*सं०* (पु०) अनर्थ होने की संभावना
अनर्थी–*सं०* (वि०) अहित कामना करनेवाला
अनर्थ्य–I *सं०* (वि०) बेमतलब II (पु०) अर्थहीन बात
अनर्ह–*सं०* (वि०) 1 अयोग्य 2 अनुपयुक्त
अनर्हीकरण–*सं०* (पु०) अपर्याप्त एवं अयोग्य ठहराना
अनल–*सं०* (पु०) 1 अग्नि 2 पेट की अग्नि, पाचन-शक्ति
अनलस–*सं०* (वि०) 1 आलस्य रहित 2 अयोग्य 3 असमर्थ
अनहलहक–*अ०* (पु०) मैं सत्य हूँ
अनल्प–*सं०* (वि०) अधिक। ~**घोष** (पु०) अत्यधिक शोरगुल; ~**मान** (वि०) अत्यधिक सम्मान
अनवकाश–*सं०* (पु०) फ़ुरसत या गुंजाइश का अभाव
अनवगत–*सं०* (वि०) अज्ञात या न जाना हुआ
अनवगाह–*सं०* (वि०) अथाह, अगाध
अनवगीत–*सं०* (वि०) 1 अनिंद्य 2 अनिंदित
अनवग्रह–*सं०* (वि०) अनियंत्रित या स्वच्छंद
अनवच्छिन्न–*सं०* (वि०) 1 अखंडित 2 अपरिसीमित
अनवट–(पु०) 1 पैर का एक आभूषण 2 बैल की आँख का ढक्कन
अनवद्य–*सं०* (वि०) निर्दोष
अनवद्यांग–*सं०* (वि०) सुंदर अंगोंवाला
अनवधानता–I *सं०* (स्त्री०) असावधानता II (वि०) लापरवाह
अनवधि–*सं०* (वि०) 1 बिना समय की पाबंदी का 2 असीम, बेहद
अनवरत–I *सं०* (वि०) अविराम II (अ०) लगातार
अनवरोध–*सं०* (पु०) बिना रोक टोक का या मुक्त
अनवलंब–I *सं०* (वि०) बे-सहारा II (पु०) स्वतंत्रता
अनवलंबित–*सं०* (वि०) निराश्रित
अनवसर–I *सं०* (पु०) अवसर का अभाव, कुसमय II (वि०) 1 असामयिक 2 अप्राप्तकाल
अनवसान–*सं०* (वि०) 1 अंत रहित 2 मृत्यु रहित 3 जिसकी समाप्ति न हो
अनवसित–*सं०* (वि०) जो अस्त न हुआ हो
अनवस्कर–*सं०* (वि०) मलरहित, शुद्ध
अनवस्थ–*सं०* (वि०) 1 अस्थिर 2 अव्यवस्थित 3 डाँवाडोल
अनवस्था–*सं०* (स्त्री०) 1 अव्यवस्था 2 अस्थिरता 3 चरित्रभ्रष्टता
अनवस्थान–*सं०* (पु०) 1 अनिश्चितता 2 आचरणभ्रष्टता
अनवस्थित–*सं०* (वि०) 1 अस्थिर 2 चंचल चित्त
अनवस्थिति–*सं०* (स्त्री०) 1 चापल्य 2 अधैर्य 3 निराश्रय 4 अशांत 5 अव्यवस्थित
अनवहित–*सं०* (वि०) 1 असावधान 2 लापरवाह
अनवाँसना– (स० क्रि०) नयी वस्तु का पहली बार प्रयोग करना (बर्तन, वस्त्र आदि)
अनवाँसा–(पु०) कटी हुई फ़सल का पूला
अनवाँसी–(स्त्री०) विस्वाँसी का बीसवाँ भाग (खेत)
अनवाप्त–*सं०* (वि०) अप्राप्त
अनवाप्ति–*सं०* (स्त्री०) प्राप्ति का अभाव
अनवेक्ष, अनवेक्षक–*सं०* (वि०) 1 बे परवाह 2 उदासीन
अनवेक्षण–*सं०* (पु०), **अनवेक्षा** *सं०* (स्त्री०) 1 लापरवाही 2 अनदेखी
अनशन–*सं०* (पु०) आहार त्याग, उपवास। ~**कारी** (वि०) उपवास करनेवाला; ~**व्रत** उपवास, भूख-हड़ताल
अनश्वर–*सं०* (वि०) 1 सनातन 2 ध्रुव 3 अविनाशी
अनसखरी–(स्त्री०) पक्की रसोई
अनसहन–(वि०) असहनशीला
अनसुना–(वि०) जो सुना न गया हो। **अनसुनी करना** जानबूझकर उपेक्षा करना
अनसुलझा–बिना सुलझा हुआ (अनसुलझी समस्या)
अनसूय–*सं०* (वि०) दूसरों के दोषों को न देखनेवाला
अनस्तमित–*सं०* (वि०) 1 जो अस्त न हुआ हो 2 अविनाशी
अनस्तित्व–*सं०* (पु०) अस्तित्व का अभाव
अनहद–(वि०) दे० अनाहत
अनहुआ–(वि०) जो घटित न हुआ हो
अनहोता–(वि०) 1 निर्धन 2 अलौकिक 3 असंभव
अनहोना–(वि०) सहसा न होनेवाला
अनहोनी–I (वि०) असंभव II (स्त्री०) न होनेवाली
अनाई-पठाई–(स्त्री०) बुलवाने और भेजने की क्रिया
अनाकर्ष–*सं०* (पु०) खिंचाव का अभाव
अनाकार–*सं०* (वि०) 1 निराकार 2 परमेश्वर का एक विशेषण
अनाकाल–*सं०* (पु०) दुर्भिक्ष
अनाकृत–*सं०* (वि०) 1 जो रोका न गया हो 2 जिसकी देखभाल न की गयी हो
अनाक्रमण–*सं०* (पु०) आक्रणम का अभाव। ~**संधि** (स्त्री०); ~**समझौता** (पु०) एक-दूसरे पर आक्रमण न करने का करार
अनाक्रांत–*सं०* (वि०) जो पीड़ित न हो
अनाखर–*बो०* (वि०) 1 अशिक्षित 2 असभ्य 3 भद्दा
अनागत–I *सं०* (वि०) 1 न आया हुआ, भावी 2 अज्ञात

3 आनेवाला 4 अनादि 5 अपूर्व II (अ०) अचानक
अनागम–I *सं०* (पु०) न आना II (वि०) अनागत
अनागम्य–*सं०* (वि०) दुर्गम
अनागार, अनागारिक–I *सं०* (वि०) बिना घर का II (पु०) साधु-संन्यासी
अनाचरण–*सं०* (पु०) निर्धारित काम का न करना
अनाचार–I *सं०* (पु०) दुराचरण 2 कुरीति II (वि०) अभद्र
अनाचारिता–*सं०* (स्त्री०) निंदनीय आचरण
अनाचारी–*सं०* (वि०) 1 आचारहीन 2 कुचाली, भ्रष्टाचारी
अनाज–(पु०) अन्न
अनाजी–(वि०) जो अनाज से बना हो
अनाज्ञाकारिता–*सं०* (स्त्री०) आज्ञाकारी न होना
अनाज्ञाकारी–*सं०* (वि०) आज्ञा का पालन न करनेवाला
अनाटोमी–*अं०* (स्त्री०) 1 चीर-फाड़ 2 विश्लेषण
अनाड़ी–(वि०) 1 अकुशल 2 नासमझ
अनाढ्य–*सं०* (वि०) धनहीन, दरिद्र, कंगाल
अनातप–I *सं०* (वि०) 1 आतपहीन 2 ठंडा II (पु०) 1 छाया 2 ठंड
अनातुर–*सं०* (वि०) 1 अनुत्कंठित 2 दुःखरहित 3 निरोगित
अनात्म–I *सं०* (वि०) 1 आत्मा या चैतन्य रहित, जड़ 2 शारीरिक 3 भौतिक II (पु०) 1 आत्मभिन्न 2 जड़ पदार्थ। ~**वाद** (पु०) आत्मा की अस्वीकृति का सिद्धांत, जड़वाद; ~**वादी** (पु०) आत्मा को न माननेवाला
अनात्मक–*सं०* (वि०) 1 अयथार्थ 2 क्षणिक 3 संसार का विशेषण
अनात्यंतिक–*सं०* (वि०) 1 अनित्य 2 अंतिम नहीं
अनाथ–I *सं०* (वि०) 1 असहाय 2 जिसका कोई मालिक न हो II (पु०) बिना माँ-बाप का बच्चा
अनाथा–*सं०* (स्त्री०) अनाथ स्त्री
अनाथालय, अनाथाश्रम–*सं०* (पु०) वह स्थान जहाँ पर बिना माँ-बाप के बच्चे रखे जाते हैं
अनादर–I *सं०* (पु०) तिरस्कार II (वि०) 1 उदासीन 2 उपेक्षा करनेवाला
अनादरण–*सं०* (वि०) तिरस्कारपूर्ण व्यवहार
अनादरणीय–*सं०* (वि०) तिरस्कार योग्य या उपेक्षणीय
अनादरित–*सं०* (वि०) जिसका सम्मान न किया गया हो
अनादि–*सं०* (वि०) 1 आदिरहित 2 नित्य। ~**सिद्ध** (वि०) अनादि काल से चला आनेवाला
अनादृत–*सं०* (वि०) जिसका अनादर किया गया हो
अनादेय–*सं०* (वि०) अग्राह्य
अनाद्यंत–I *सं०* (वि०) आदि और अंत रहित II (पु०) ईश्वर
अनाधार–*सं०* (वि०) 1 निरवलंब 2 बेसहारा
अनाधिकारिक–*सं०* (वि०) 1 बिना अधिकारप्राप्त 2 अप्रामाणिक
अनाधृष्ट–*सं०* (वि०) 1 अजेय 2 अनियंत्रित 3 अक्षुण्ण
अनाप-शनाप–(पु०) निरर्थक बात, अंट-संट, बकवास
अनाप्त–I *सं०* (वि०) 1 अविश्वसनीय 2 अकुशल II (पु०) अजनबी या अपरिचित
अनाम–*सं०* (वि०) 1 नाम रहित 2 अप्रसिद्ध
अनामक–I *सं०* (वि०) अर्श का रोगी II (पु०) मलमास
अनामय–*सं०* (वि०) 1 रोग रहित 2 स्वस्थ II (पु०) तंदुरुस्ती
अनामा, अनामिका–*सं०* (स्त्री०) 1 कानी और बिचली उंगलियों की बीच की उँगली 2 नामहीन स्त्री
अनायत–*सं०* (वि०) 1 अनियंत्रित 2 बेसहारा 3 अविच्छिन्न
अनायत्त–*सं०* (वि०) अवशीभूत या स्वाधीन
अनायास–*सं०* (क्रि० वि०) 1 बिना प्रयत्न के 2 सरलता से 3 स्वतः
अनायासिक–*सं०* (वि०) बिना प्रयत्न के होनेवाला, सहज
अनायुध–(वि०) शस्त्रहीन, निहत्था
अनार–*फ़ा०* (पु०) 1 एक दनेदार मीठा फल 2 आतिशबाजी 3 अन्याय 4 छप्परों को जोड़नेवाली रस्सी। ~**दाना** (पु०) अनार के दाने
अनारकिस्ट–*अं०* (पु०) अराजकतावादी
अनारकी–*अं०* (स्त्री०) अराजकता
अनारत–I *सं०* (वि०) 1 अनवरत 2 नित्य II (पु०) अविच्छिन्नता
अनारोग्य–I *सं०* (वि०) 1 अस्वस्थ 2 स्वास्थ्य के लिए हानिकारक II (पु०) बिमारी। ~**कर** (वि०) अस्वास्थ्यकर
अनार्जव–I *सं०* (पु०) 1 कुटिलता 2 रोग 3 छल II (वि०) बेईमान
अनार्तव–I *सं०* (पु०) रजोधर्म का अवरोध II (वि०) असानयिक
अनार्य–I *सं०* (पु०) शूद्र या म्लेच्छ II (वि०) 1 असभ्य 2 अनार्योचित
अनालंब–*सं०* (वि०) निरवलंब या बेसहारा
अनालाप–*सं०* (वि०) 1 मौन 2 मितभाषी
अनालोचित–*सं०* (वि०) 1 जो देखा न गया हो 2 अविवेचित
अनावरण–*सं०* (पु०) 1 उद्‌घाटन 2 परदा हटाना
अनावर्तक–*सं०* (वि०) जो बार-बार न हो
अनावर्ती–*सं०* (वि०) जो बार-बार न होता हो
अनावर्षण–*सं०* (पु०) सूखा
अनावश्यक–*सं०* (वि०) 1 गैर-ज़रूरी 2 व्यर्थ 3 फ़ालतू
अनावश्यकता–*सं०* (स्त्री०) ज़रूरत का न होना
अनावासिक–*सं०* (वि०) जो स्थायी निवासी न हो
अनाविद्ध–*सं०* (वि०) 1 अनाहत 2 न बिधा हुआ
अनाविल–*सं०* (वि०) 1 पंकरहित 2 निर्मल, स्वच्छ
अनावृत–*सं०* (वि०) जो ढका न हो, खुला
अनावृतीकरण–*सं०* (वि०) खोलना
अनावृत्त–*सं०* (वि०) जो दोहराया न गया हो
अनावृत्ति–*सं०* (स्त्री०) 1 न लौटना 2 मोक्ष
अनावृष्टि–*सं०* (स्त्री०) अवर्षण, सूखा
अनावेदित–*सं०* (वि०) जो जाना न गया हो या अज्ञात
अनावेश–*सं०* (पु०) आतुरता या जोश का अभाव
अनाशा–*सं०* (वि०) आशा रहित 2 नैराश्य
अनाशी–*सं०* (वि०) अनश्वर (आत्मा, ब्रह्म)
आनश्य–*सं०* (वि०) अविनश्वर
अनाश्रमी–*सं०* (वि०) 1 जो किसी आश्रम में न हो 2 पतित
अनाश्रय–*सं०* (वि०) निराश्रित या बिना सहारे का

अनाश्रित–*सं०* (वि०) आश्रय रहित या स्वाधीन
अनासक्त–*सं०* (वि०) 1 निर्लिप्त 2 वीतराग 3 उदासीन
अनासक्ति–*सं०* (स्त्री०) 1 आसक्ति या अनुराग का अभाव 2 उदासीनता
अनासिक–*सं०* (वि०) बिना नाक का
अनासीन–*सं०* (वि०) आसन रहित
अनास्था–*सं०* (स्त्री०) 1 अश्रद्धा 2 अनादर 3 उदासीनता
अनास्वाद–I *सं०* (वि०) स्वादरहित II (पु०) नीरसता
अनास्वादित–*सं०* (वि०) जिसका स्वाद न लिया गया हो
अनाहत–*सं०* (वि०) 1 जो घायल न हुआ हो 2 जो आघात से उत्पन्न न हुआ हो 3 अनहद (नाद)
अनाहार–I *सं०* (पु०) आहार का त्याग II (वि०) 1 निराहार 2 भूखा
अनाहारी–*सं०* (वि०) भोजन न करनेवाला
अनाहूत–*सं०* (वि०) अनिमंत्रित, बिनबुलाया
अनिंदनीय–*सं०* (वि०) जो निंदा योग्य न हो
अनिंदित–*सं०* (वि०) 1 निंदारहित या निर्दोष
अनिंद्य–*सं०* (वि०) 1 प्रशंसनीय 2 सुंदर 3 अच्छा
अनिकेत–*सं०* (वि०) बेघर
अनिच्छ–*सं०* (वि०) 1 इच्छारहित 2 जो चाहा न गया हो
अनिच्छा–*सं०* (स्त्री०) 1 इच्छा का अभाव 2 अरुचि। ~**पूर्वक** क्रि० वि० बेमन, इच्छा न होते हुए
अनिच्छित–*सं०* (वि०) अनचाहा
अनिच्छु, अनिच्छुक–*सं०* (वि०) न चाहनेवाला
अनिजक–*सं०* (वि०) पराया
अनित्य–*सं०* (वि०) 1 नश्वर 2 अस्थिर
अनिदान–*स०* (वि०) कारण रहित
अनिद्र–*सं०* (वि०) जिसे नींद न आये
अनिद्रा–*सं०* (स्त्री०) नींद न आने की बीमारी
अनिद्रित–*सं०* (वि०) जो सोया न हो
अनिपात–*सं०* (पु०) 1 अपतन 2 जीवन का बना रहना
अनिपुण–*सं०* (वि०) अकुशल
अनिबद्ध–*सं०* (वि०) असंबद्ध। ~**प्रलाप** (पु०) बे सिर पैर की बात
अनिमंत्रित–*सं०* (वि०) बिना बुलाया हुआ
अनिमित्त–I *सं०* (वि०) अकारण II (पु०) उचित कारण का न होना III (अ०) बिना किसी उचित कारण के
अनिमित्तक–*सं०* (वि०) निष्प्रयोजन या व्यर्थ
अनिमेष–I *सं०* (वि०) 1 स्थिरदृष्टि 2 जागरूक II (क्रि० वि०) बिना पलक गिराए, एकटक
अनियंत्रित–*सं०* (वि०) 1 प्रतिबंध रहित 2 निरंकुश 3 स्वतंत्र। ~**शासन** (पु०) निरंकुश राज्य
अनियत–*सं०* (वि०) 1 अनिश्चित 2 अनियमित 3 आकस्मिक
अनियम–*सं०* (पु०) 1 नियम का अभाव 2 अव्यवस्था
अनियमित–*सं०* (वि०) 1 नियम रहित 2 बेकायदा
अनियुक्त–*सं०* (वि०) जो नियुक्त न किया गया हो
अनियोग–*सं०* (पु०) 1 प्रयोग का अभाव 2 अनुपयुक्त पद
अनिराकरण–*सं०* (पु०) निवारण न करना
अनिराकृत–*सं०* निवारण न किया हुआ
अनिरुक्त–*सं०*(वि०)1 जिसका निर्वाचन न हुआ हो 2 अस्पष्ट
अनिरुद्ध–*सं०* (वि०) 1 व्यवधान-रहित 2 निर्विरोध 3 स्वच्छंद
अनिर्णय–*सं०* (पु०) अनिश्चय
अनिर्णीत–*सं०* (वि०) जिसका निश्चय न हुआ हो
अनिर्दय–*सं०* (वि०) 1 अकरुण 2 कठोर
अनिर्दिष्ट–*सं०* (वि०) 1 न बताया हुआ 2 अनादिष्ट। ~**भोग** (पु०) दूसरे की वस्तु बिना आज्ञा के काम में लाना
अनिर्देश्य–*सं०* (वि०) जिसका निर्देश न हो सके
अनिर्धारित–*सं०* (वि०) अनिश्चित
अनिर्बंध–*सं०* (वि०) 1 बंधनरहित 2 बिना शर्त
अनिर्भर–*सं०* (वि०) 1 अनवलंबित 2 थोड़ा 3 हल्का
अनिर्मल–*सं०* (वि०) अस्वच्छ या गन्दा
अनिर्वचनीय, अनिर्वाच्य–*सं०* (वि०) अकथनीय
अनिर्वाप्य–*सं०* (वि०) जो बुझाया न जा सके। ~**ज्वाला** जिसका शमन न हो सके; ~**वैमनस्य** (पु०) कभी न खत्म होनेवाला वैर
अनिर्वाह–*सं०* (पु०) 1 पूरा न होना 2 असंगति
अनिर्वृत्त–*सं०* (वि०) अशांत
अनिर्वृत्ति–*सं०* (स्त्री०) 1 चिंता 2 व्याकुलता 3 गरीबी
अनिल–*सं०* (पु०) वायु, पवन, हवा
अनिवारित–*सं०* (वि०) 1 नियंत्रण रहित 2 जो रोका न गया हो
अनिवार्य–*सं०* (वि०) 1 जिसका निवारण न हो सके 2 अटल 3 आवश्यक। ~**तः** (क्रि० वि०) अनिवार्य रूप से; ~**भरती** (स्त्री०) अधिकारपूर्वक भर्ती करने की प्रथा
अनिश–*सं०* (अ०) निरंतर या लगातार
अनिश्चय–*सं०* (पु०) 1 निश्चय का अभाव 2 संदेह। ~**वाचक** (वि०) जिससे निश्चय न जाना जा सके (जैसे-कोई, कुछ सर्वनाम)
अनिश्चयात्मक, अनिश्चित–*सं०* (वि०) 1 जिसका निश्चय न हुआ हो या न हो 2 संदिग्ध
अनिषिद्ध–*सं०* (वि०) जो वर्जित या अविहित न हो
अनिष्ट–I *सं०* (वि०) 1 अवांछित 2 अशुभ II (पु०) 1 अहित 2 अमंगल 3 अनर्थ। ~**कर;** ~**कारी** (वि०) हानिकर; ~**प्रसंग** (पु०) अवांछित घटना या बुरे विषय का संबंध; ~**शंका** (स्त्री०) अहित की शंका
अनिष्टाशंसी–*सं०* (वि०) अनिष्ट की सूचना देनेवाला
अनिष्पत्ति–*सं०* (स्त्री०) 1 पूर्णता का अभाव 2 अपूर्णता
अनिष्पन्न–*सं०* (वि०) अपूर्ण या असमाप्त
अनिस्तीर्ण–*सं०* (वि०) 1 जो पार न किया गया हो 2 जिसे छुटकारा न मिला हो
अनी–(स्त्री०) 1 नोक 2 लगनेवाली बात। **दार** (वि०) तेज़ नोकवाला
अनीक–I *सं०* (पु०) 1 सेना 2 समूह 3 युद्ध 4 अग्रभाग II (वि०) खराब
अनीकिनी–*सं०* (स्त्री०) सेनादल
अनीति–*सं०* (स्त्री०) 1 अनैतिकता 2 अन्याय 3 दुराचार दुष्टता
अनीप्सित–*सं०* (वि०) अनिच्छित, अवांछित
अनीश–*सं०* (वि०) 1 जिसका कोई स्वामी या नियंता न हो 2 असमर्थ 3 प्रधान 4 अस्वतंत्र
अनीशा–*सं०* (स्त्री०) दीनता या निरीह अवस्था

अनीश्वर–*सं०* (वि०) 1 ईश्वर को न माननेवाला, नास्तिक 2 असमर्थ। ~**वाद** (पु०) ईश्वर का अस्तित्व न मानना; ~**वादी** (वि०) नास्तिक
अनीह–*सं०* (वि०) 1 कामना रहित 2 उदासीन 3 लापरवाह
अनीहा–*सं०* (स्त्री०) 1 अनिष्ठा 2 उदासीनता 3 बेपरवाही
अनु–*सं०* (उप०) पीछे, बाद में (जैसे-अनुगामी, अनुकथन)
अनुकंपन–*सं०* (वि०) दयालु या हमदर्द
अनुकंपा–*सं०* (स्त्री०) 1 दया 2 हमदर्दी
अनुक–*सं०* (वि०) 1 लोलुप 2 कामुक
अनुकथन–*सं०* (पु०) 1 पीछे कहना 2 वर्ण 3 बातचीत, वार्तालाप
अनुकरण–*सं०* (पु०) अनुसरण, नकल। ~**कर्ता**; ~**कारी** (वि०) अनुकरण करनेवाला
अनुकरणात्मक, अनुकरणीय–*सं०* (वि०) अनुकरण करने योग्य
अनुकर्ता–*सं०* (पु०) 1 अभिनेता 2 अनुकरणकर्ता 3 अनुयायी
अनुकर्ष, अनुकर्षण–*सं०* (पु०) 1 खिंचाव 2 देवता का आवाहन 3 कर्तव्य का देर से पालन करना
अनुकलन–*सं०* (पु०) 1 लेखन 2 हिसाब जोड़ना
अनुकल्प–*सं०* (पु०) 1 गौण विधान 2 विकल्प
अनुकांक्षा–*सं०* (स्त्री०) इच्छा या कामना
अनुकांक्षित–*सं०* (वि०) इच्छित या चाहा हुआ
अनुकांक्षी–*सं०* (वि०) चाहनेवाला या इच्छुक
अनुकाम–I *सं०* (वि०) 1 इच्छानुकूल 2 इच्छुक II (पु०) उचित इच्छा
अनुकामी–*सं०* (वि०) स्वेच्छानुसार कार्य करनेवाला
अनुकारक–*सं०* (वि०) नकलची
अनुकारी–*सं०* (वि०) 1 देखा देखी करनेवाला 2 आज्ञाकारी
अनुकार्य–*सं०* (वि०) अनुकरण योग्य
अनुकाल–*सं०* (क्रि० वि०) समयानुकूल
अनुकीर्तन–*सं०* (पु०) वर्णन
अनुकूल–I *सं०* (वि०) 1 मेल रखनेवाला 2 माफिक 3 प्रसन्न II (पु०) 1 कृपा 2 अनुग्रह III (अ०) ओर या अभिमुख। ~**अवसर** उचित समय; ~**भाव से** प्रसन्न भाव से; ~**ता** (स्त्री०) मेल, अनुकूल होने की अवस्था
अनुकूलन–*सं०* (पु०) 1 अपने अनुकूल करना 2 परिस्थिति के अनुसार ढालना
अनुकूलित–*सं०* (वि०) अनुकूल बनाया गया (जैसे-वातानुकूलित)
अनुकृत–*सं०* (वि०) जिसकी नकल की गयी हो
अनुकृति–*सं०* (स्त्री०) 1 नकल 2 देखादेखी
अनुकृष्ट–*सं०* (वि०) खिंचा हुआ
अनुक्त–*सं०* (वि०) अकथित
अनुक्ति–*सं०* (स्त्री०) अनुचित बात
अनुक्रम–*सं०* (पु०) 1 क्रमबद्धता 2 सिलसिला
अनुक्रमण–*सं०* (पु०) 1 क्रमपूर्वक आगे बढ़ना 2 अनुगमन
अनुक्रमणिका, अनुक्रमणी–*सं०* (स्त्री०) 1 विषय सूची 2 अंत की शब्द सूची
अनुक्रमांक–*सं०* सूची में निर्धारित संख्या
अनुक्रांत–*सं०* (वि०) 1 पठित 2 क्रमपूर्वक संपन्न
अनुक्रिया–*सं०* (स्त्री०) कार्य के बाद का प्रभाव, प्रतिक्रिया
अनुक्रोश–*सं०* (पु०) कृपा या दया
अनुक्षण–*सं०* (अ०) लगातार
अनुख्याता–*सं०* (पु०) पता लगानेवाला
अनुख्यान–*सं०* (पु०) 1 पता लगाना 2 भेद खोलना
अनुगणन–*सं०* (पु०) मौखिक हिसाब
अनुगत–I *सं०* (वि०) 1 अनुगामी 2 अनुकूल 3 अधीन II (पु०) अनुचर
अनुगतार्थ–*सं०* (वि०) मिलते जुलते अर्थवाला
अनुगति–*सं०* (स्त्री०) 1 अनुगमन 2 अनुकरण
अनुगम, अनुगमन–*सं०* (पु०) 1 पीछे चलना 2 सहमरण 3 समझना 4 अनेक तत्त्वों के आधार पर बना एक सिद्धांत
अनुगामी–*सं०* (वि०) 1 पीछे चलनेवाला 2 आज्ञाकारी
अनुगायक–*सं०* (वि०) पीछे गानेवाला
अनुगायन–*सं०* (पु०) गानेवाले के साथ साथ उसी तरह गाना
अनुगुण–*सं०* (वि०) 1 सामान गुणवाला 2 अनुकूल
अनुगूँज–*सं० + हिं०* (स्त्री०) प्रतिध्वनि
अनुगृहीत–*सं०* (वि०) उपकृत, एहसानमंद, कृतज्ञ
अनुग्रह–*सं०* (पु०) कृपा। ~**काल** (पु०) कृपा करके बढ़ायी गई अवधि
अनुग्रहांक–*सं०* (पु०) कृपा करके दिये गये अंक (ग्रेस मार्क)
अनुग्राहक–*सं०* (वि०) दया करनेवाला
अनुग्राही–*सं०* (वि०) दया करनेवाला
अनुग्राह्य–*सं०* (वि०) कृपापात्र
अनुचर –*सं०* (पु०) 1 पीछे चलनेवाला, अनुयायी, 2 नौकर आज्ञाकारी
अनुचार–*सं०* (पु०) सेवा
अनुचारी–I *सं०* (वि०) पीछे चलनेवाला II (पु०) नौकर
अनुचिंतन–(पु०), **अनुचिंता**–*सं०* (स्त्री०) 1 सोचना 2 याद करना 3 सतत चिंतन
अनुचित–*सं०*(वि०) 1 नामुनासिब 2 बुरा
अनुचित्रण–*सं०* (पु०) चित्र को हूबहू उकेरना, ट्रेस करना
अनुच्च–*सं०* (वि०) जो ऊँचा न हो
अनुच्चरित–*सं०* (वि०) 1 उच्चारण न किया हुआ 2 न बोलनेवाला
अनुच्छिष्ट–*सं०* (वि०) 1 जो जूठा न हो 2 शुद्ध 3 निर्दोष
अनुच्छेद–*सं०* (पु०) पैराग्राफ
अनुज–I *सं०* (वि०) पीछे जनमा हुआ II (पु०) छोटा भाई
अनुजन्मा–*सं०* (वि०) पीछे उत्पन्न होनेवाला
अनुजा–*सं०* (स्त्री०) छोटी बहन
अनुजीवी–*सं०* (वि०) 1 किसी के सहारे जीनेवाला 2 परावलंबी
अनुज्ञप्त–*सं०* (वि०) 1 जिसके लिए स्वीकृति मिल चुकी हो 2 जिसे अनुज्ञा मिल चुकी हो, लाइसेंसदार
अनुज्ञप्ति–*सं०* (स्त्री०) 1 आज्ञा 2 स्वीकृति 3 लाइसेंस
अनुज्ञा–*सं०* (स्त्री०) 1 अनुमति, स्वीकृति 2 साहित्य में ऐसा एक अलंकार। ~**धारी** (वि०) आदेश ग्रहण करनेवाला; ~**पत्र** (पु०) अनुमति पत्र; ~**पत्रित** अनुमति पत्र प्राप्त
अनुज्ञात–*सं०* (वि०) 1 अनुमति प्राप्त 2 आदिष्ट
अनुज्ञापक–*सं०* (पु०) अनुमति या आज्ञा देनेवाला

अनुज्ञापन–*सं०* (पु०) आज्ञा देना
अनुज्ञेय–*सं०* (वि०) अनुज्ञा दिए जाने योग्य
अनुतान–*सं०* (पु०) वाक्य के उच्चारण में उतार-चढ़ाव
अनुताप–*सं०* (पु०) 1 खेद 2 पछतावा 3 जलन
अनुतापी–*सं०* (पु०) पश्चाताप करनेवाला
अनुतोष–*सं०* (पु०) किसी को प्रसन्न करने के लिए दिया गया धन
अनुतोषण–(पु०) दूसरों को कार्य से संतुष्ट करना
अनुत्कृष्ट–*सं०* (वि०) जो उत्तम न हो
अनुत्तर–I *सं०* (वि०) 1 निरुत्तर 2 सर्वोत्तम 3 स्थिर II (पु०) उत्तर का अभाव। ~**दायित्व** गैर जिम्मेदारी
अनुत्तरदायी–*सं०* (वि०) जो अपना उत्तरदायित्व न समझे
अनुत्तरित–*सं०* (वि०) जिसका उत्तर न दिया गया हो
अनुत्तान–*सं०* (वि०) पेट या सीने के बल लेटा हुआ
अनुत्तीर्ण–*सं०* (वि०) फेल
अनुत्पत्ति–*सं०* (स्त्री०) 1 असफलता 2 उत्पत्ति का अभाव
अनुत्पन्न–*सं०* (वि०) जो पैदा न हुआ हो
अनुत्पादक–*सं०* (पु०) जो उत्पादन न कर सके
अनुत्साह–*सं०* (पु०) चेष्टा का अभाव
अनुदग्र–*सं०* (वि०) नीचा
अनुदत्त–*सं०* (वि०) 1 स्वीकृत 2 माफ किया हुआ
अनुदर–*सं०* (वि०) 1 पतली कमरवाला 2 क्षीण
अनुदर्शन–*सं०* (पु०) निरीक्षण या पर्यवेक्षण
अनुदाता–*सं०* (पु०) अनुदान देनेवाला
अनुदात्त–I *सं०* (वि०) धीमा, नीचा II (पु०) नीचा स्वर
अनुदान–*सं०* (पु०) आर्थिक सहायता। ~**आयोग** (पु०) सहायता प्रदान करनेवाला आयोग
अनुदार–*सं०* (वि०) 1 अदाता 2 कृपण 3 संकीर्ण हृदय। ~**दलीय** (वि०) (राजनीति में) रुढ़िवादी दल का
अनुदारता–*सं०* (स्त्री०) उदारता का अभाव
अनुदित–*सं०* (वि०) 1 अकथित 2 अकथनीय 3 निंद्य
अनुदिन–*सं०* (क्रि० वि०) प्रतिदिन
अनुदिष्ट–*सं०* (वि०) जिसे बतलाया गया हो
अनुदृष्टि–I *सं०* (स्त्री०) अनुकूल दृष्टि II (वि०) अनुकूल दृष्टि रखनेवाला
अनुदेश–*सं०* (पु०) 1 संकेत 2 निर्देश 3 शिक्षा
अनुद्धत–*सं०* (वि०) 1 विनीत 2 सौम्य
अनुद्धार–*सं०* (पु०) 1 हिस्सा न लेना 2 न हटाना
अनुद्यत–*सं०* (वि०) जो काम के लिये तत्पर न हो
अनुद्यम–I *सं०* (पु०) उद्योग का अभाव II (वि०) 1 प्रयास न करनेवाला 2 आलसी
अनुद्यमी–*सं०* (वि०) उद्यम न करनेवाला
अनुद्योग–*सं०* (पु०) 1 उद्योग का अभाव 2 निश्चेष्टता II (वि०) निरुद्योग या आलसी
अनुद्योगी–*सं०* (वि०) 1 निष्क्रिय 2 उदासीन
अनुद्वाह–*सं०* (पु०) अपरिणय या कौमार्य
अनुद्वेग–I *सं०* (पु०) भय का अभाव II (वि०) शांत मनवाला
अनुधर्मक–*सं०* (वि०) जो किसी के समान हो (आकृति, धर्म)
अनुधावक–*सं०* (वि०) पीछे दौड़नेवाला
अनुधावन–*सं०* (पु०) 1 अनुसरण 2 चिंतन 3 अनुसंधान
अनुध्यान–*सं०* (पु०) चिंतन या ध्यान
अनुध्वनि–*सं०* (स्त्री०) दोबारा गूँज
अनुनय–*सं०* (पु०) 1 विनय, प्रार्थना 2 रूठे हुए को मनाना
अनुनयी–*सं०* (वि०) नम्र या विनयी
अनुनाद–*सं०* (पु०) 1 प्रतिध्वनि 2 गुंजार
अनुनादित–*सं०* (वि०) प्रतिध्वनित
अनुनासिक–*सं०* (वि०) जिसका उच्चारण मुँह और नाक से हो (संज्ञा ~**ता**)
अनुनीत–*सं०* (वि०) 1 अनुशासित 2 समाहृत 3 शांत किया हुआ 4 प्रार्थित
अनुन्नत–*सं०* (वि०) 1 जो ऊपर उठाया न गया हो 2 जिसने उन्नति न की हो
अनुन्नति–*सं०* अविकास
अनुन्मुक्त–*सं०* (वि०) जो मत्त या पागल न हो
अनुपंथी–*सं०* (पु०) लकीर का फ़कीर
अनुपकार–*सं०* (पु०) अहित या बुराई
अनुपकारी–*सं०* (वि०) 1 उपकार न करनेवाला 2 कृतघ्न
अनुपगत–*सं०* (वि०) अप्राप्त
अनुपजाऊ–*सं०* (वि०) ऊसर, बंजर
अनुपतन–*सं०* (पु०) 1 एक के बाद दूसरे का गिरना 2 पीछा करना
अनुपतित–*सं०* (वि०) आ गिरा हुआ
अनुपत्र–*सं०* (पु०) पौधों की डंठलों के साथ निकलने वाला छोटा पत्ता
अनुपय–I *सं०* (क्रि० वि०) 1 कदम ब कदम 2 शब्द प्रतिशब्द II (वि०) पीछे-पीछे चलनेवाला
अनुपदिष्ट–*सं०* (वि०) अशिक्षित
अनुपदी–*सं०* (वि०) 1 अनुसरणकर्ता 2 अन्वेषक
अनुपपत्ति–*सं०* (स्त्री०) 1 असिद्धि 2 असंगति 3 असमर्थता 4 संकट
अनुपपन्न–*सं०* (वि०) 1 जो प्रमाणित न किया गया हो 2 अनुपपादित
अनुपम–*सं०* (वि०) उपमा रहित, सर्वोत्तम, बेजोड़
अनुपमित–*सं०* (वि०) 1 जिसकी उपमा न दी गई हो 2 बेजोड़
अनुपमेय–*सं०* (वि०) अतुलनीय, अनुपम
अनुपयुक्त–*सं०* (वि०) 1 जिसका उपयोग न हुआ हो 2 अयोग्य 3 बेमेल 4 अनुचित 5 बेकार
अनुपयोग–I *सं०* (वि०) बेकार II (पु०) उपयोगी न होना
अनुपयोगिता–*सं०* (स्त्री०) निरर्थकता
अनुपयोगी–*सं०* (वि०) उपयोग-रहित, बेकार
अनुपलक्षित–*सं०* (वि०) 1 जिसकी पहचान न हुयी हो 2 अचिह्नित
अनुपलब्ध–*सं०* (वि०) 1 अप्राप्त 2 जो जाना न गया हो
अनुपलब्धि–*सं०* (स्त्री०) 1 अप्राप्ति 2 जानकारी न होना
अनुपशय–*सं०* (पु०) रोग बढ़ाने वाला कारण
अनुपस्कृत–*सं०* (वि०) 1 अपरिष्कृत 2 बिना पालिश का
अनुपस्थान–*सं०* (पु०) अनुपस्थिति
अनुपस्थित–*सं०* (वि०) गैरहाजिर, अविद्यमान

अनुपस्थिति–*सं०* (स्त्री०) अविद्यमानता या ग़ैरहाज़िरी
अनुपहत–*सं०* (वि०) 1 अक्षत 2 कोरा या नया
अनुपात–*सं०* (पु०) 1 सापेक्षिक संबंध 2 एक के बाद दूसरे का गिरना; ~**हीनता** (स्त्री०) अनुपात का न होना
अनुपातक–*सं०* (पु०) ब्रह्महत्यादि महापातकों के बराबर के पाप-चोरी, हत्या, परस्त्रीगमन आदि।
अनुपाततः–*सं०* (क्रि० वि०) अनुपात से, अनुपात के अनुसार
अनुपातन–*सं०* (पु०) वर्ग निश्चित करना
अनुपाती–*सं०* (वि०) आनुपातिक
अनुपादेय–*सं०* अनुपयोगी, बेकार
अनुपान–*सं०* (पु०) दवा के साथ या बाद ली जानेवाली वस्तु
अनुपाय–*सं०* (वि०) उपायहीन
अनुपार्जित–*सं०* 1 न कमाया हुआ 2 न जुटाया हुआ
अनुपालन–*सं०* (पु०) 1 रक्षण 2 आज्ञापालन
अनुपासन–*सं०* (पु०) ध्यान न देना
अनुपूरक–*सं०* (वि०) बाद में जोड़ा या बढ़ाया हुआ अंश
अनुपूरण–*सं०* (पु०) कमी की पूर्ति के लिये बाद में जोड़ना
अनुपूरित–*सं०* (वि०) बाद में पूरा किया गया
अनुपूर्व–*सं०* (वि०) क्रमबद्ध
अनुपूर्व्य–*सं०* (वि०) 1 सिलसिलेवार 2 नियमित
अनुप्रमाणन–*सं०* (पु०) प्रमाणित होने की पुष्टि
अनुप्रमाणित–*सं०* (वि०) साथ में प्रमाणित किया हुआ, सत्यापित
अनुप्रयुक्त–*सं०* (वि०) जिसका अनुप्रयोग हुआ हो
अनुप्रयोग–*सं०* (पु०) किसी सिद्धांत का व्यवहार में प्रयोग
अनुप्रयोजन–*सं०* (पु०) 1 अनुप्रयोग करना 2 आवृत्ति
अनुप्रवेश–*सं०* (पु०) किसी के साथ या बाद में प्रवेश करना
अनुप्रश्न–*सं०* (पु०) बाद में किया जानेवाला प्रश्न (भाषण एवं व्याख्यान आदि के बाद)
अनुप्रसक्ति–*सं०* (स्त्री०) प्रगाढ़ प्रेम या संबंध
अनुप्रस्थ–*सं०* (वि०) चौड़ाई के बल, आड़ा
अनुप्राणन–*सं०* (पु०) 1 प्रेरणा देना 2 जान डाल देना
अनुप्राणित–*सं०* (वि०) 1 प्रेरित 2 समर्पित 3 जीवंत
अनुप्रापण–*सं०* (पु०) प्राप्तव्य धन इकट्ठा करना, वसूली
अनुप्राप्ति–*सं०* (स्त्री०) प्राप्तव्य धन की वसूली, उगाही
अनुप्राशन–*सं०* (पु०) खाना
अनुप्रास–*सं०* (पु०) 1 एक शब्दालंकार जिसमें वर्ण विशेष या वर्गों की आवृत्ति होती है 2 वर्णसाम्य; ~**मूलक** (वि०) अनुप्रास के आधार पर
अनुप्रेक्षा–*सं०* (स्त्री०) 1 गौर से देखना 2 मनन या चिंतन
अनुप्रेरणा–*सं०* (स्त्री०) प्रोत्साहन
अनुप्रेरित–*सं०* (वि०) प्रोत्साहित
अनुबंध–*सं०* (पु०) 1 जोड़ी हुई वस्तु 2 संबंध 3 सिलसिला 4 समझौता, करार 5 प्रकरण; ~**पत्र** (पु०) इकरारनामा
अनुबंधन–*सं०* (पु०) 1 क्रम 2 सिलसिला
अनुबंधी–*सं०* (पु०) लगाव रखनेवाला
अनुबद्ध–*सं०* (वि०) लगाव रखनेवाला
अनुबल–*सं०* (पु०) पीछे स्थित रक्षक सेना
अनुबोध–*सं०* (पु०) 1 स्मरण 2 पीछे होनेवाला पाठ का स्मरण
अनुबोधक–*सं०* (पु०) अनुबोध करने या करानेवाला
अनुबोधन–*सं०* (पु०) बात स्मरण कराने की क्रिया
अनुभक्त–*सं०* (वि०) जिसका अनुभाजन हुआ हो
अनुभक्तक–*सं०* (पु०) आवश्यकतानुरूप दिया जानेवाला अंश
अनुभव–*सं०* (पु०) 1 प्रत्यक्षज्ञान 2 काम की जानकारी, तजुर्बा। ~**परक** (वि०) अनुभव पर आधारित; ~**प्राप्त** (वि०) अनुभवी; ~**वाद** (पु०) यह सिद्धांत कि जो कुछ अनुभव से प्राप्त हो वही सत्य है; ~**शील** (वि०) अनुभवी; ~**सिद्ध** (वि०) अनुभव के आधार पर प्रमाणित
अनुभवातीत–*सं०* (वि०) अनुभव से परे
अनुभवी–*सं०* (वि०) अनुभव रखनेवाला 2 भुक्तभोगी
अनुभाग–*सं०* (पु०) सेक्शन, वर्ग। ~**अधिकारी** (पु०) दफ़्तर की किसी इकाई का अधिकारी
अनुभागीय–*सं०* (वि०) वर्ग से संबद्ध
अनुभाजन–*सं०* (पु०) आवश्यकतानुसार वस्तुओं का बँटवारा, राशन
अनुभाव–*सं०* (पु०) 1 मनोगतभाव की सूचक बाह्य क्रियायें या चेष्टाएं या चेष्टाएँ 2 प्रभाव 3 बड़ाई 4 संकल्प
अनुभावक–*सं०* (वि०) 1 अनुभव करानेवाला 2 सोच विचार करानेवाला
अनुभावी–*सं०* (वि०) 1 अनुभव करनेवाला 2 चश्मदीद गवाह 3 पीछे होने या आनेवाला
अनुभाव्य–*सं०* (वि०) अनुभव के योग्य
अनुभाषण–*सं०* (पु०) कथोपकथन
अनुभूत–*सं०* (वि०) 1 अनुभव किया हुआ 2 आज़माया हुआ 3 परीक्षित
अनुभूति–*सं०* (स्त्री०) 1 अनुभव 2 संवेदना 3 प्रत्यक्ष या अनुमति ज्ञान; ~**मय** (वि०) अनुभवयुक्त; ~**वाद** (पु०) अनुभववाद; ~**शील** (वि०) अनुभवशील, संवेदनशील
अनुमत–I *सं०* (वि०) 1 सम्मत 2 स्वीकृत 3 प्रिय 4 मनोरम II (पु०) स्वीकृति
अनुमति–*सं०* (स्त्री०) स्वीकृति या इजाज़त; ~**दाता** अनुमति देनेवाला; ~**पत्र** (पु०) आदेश पत्र
अनुमत्यर्थ–*सं०* (वि०) स्वीकृति के लिए
अनुमध्यमस्तिष्क–*सं०* (पु०) दिमाग के मध्य का पिछला भाग
अनुमरण–*सं०* (पु०) पति या पत्नी के साथ मर जाना
अनुमस्तिष्क–*सं०* (पु०) दिमाग का पिछला भाग
अनुमान–*सं०* (पु०) 1 अटकल, अंदाज 2 प्रत्यक्ष से अप्रत्यक्ष का ज्ञान। ~**पत्र** (पु०) वह पत्र जिसमें किसी योजना आदि का अनुमान किय गया हो
अनुमानतः–*सं०* (क्रि० वि०) अनुमान से
अनुमानना–(स० क्रि०) 1 अनुमान करना 2 समझना
अनुमानित–*सं०* (वि०) अनुमान से समझा हुआ
अनुमानोक्ति–*सं०* (स्त्री०) अनुमान से कही हुई बात
अनुमापक–*सं०* (वि०) अनुमान करानेवाला
अनुमापन–*सं०* (पु०) रासायनिक प्रक्रिया से मिश्रण में तत्त्व की मात्रा का पता लगाना
अनुमित–*सं०* (स्त्री०) अनुमान
अनुमिति–*सं०* (स्त्री०) = अनुमान
अनुमेय–*सं०* (वि०) अनुमान करने योग्य

अनुमोद–*सं०* (पु०) 1 सहानुभूतिजन्य प्रसन्नता 2 समर्थन
अनुमोदक–*सं०* (वि०) समर्थन करनेवाला
अनुमोदन–*सं०* (पु०) 1 प्रसन्न करना या होना 2 समर्थन; ~**हस्ताक्षर** समर्थक हस्ताक्षर
अनुमोदनीय–*सं०* (वि०) अनुमोदन के योग्य
अनुमोदित–*सं०* (वि०) प्रसन्न किया हुआ
अनुयाचक–*सं०* (पु०) अनुयाचन करनेवाला व्यक्ति
अनुयाचन–*सं०* (पु०) समझा बुझाकर अनुकूल काम कराने की मांग
अनुयाता, अनुयायी–*सं०* (पु०) अनुसरण करनेवाला, अनुचर
अनुयात्री–*सं०* (पु०) यात्रा में साथी
अनुयुक्त–*सं०* (वि०) 1 जिससे पूछताछ की गई हो 2 परीक्षित
अनुयुग–*सं०* (पु०) किसी युग का छोटा विशिष्ट भाग
अनुयोक्ता–*सं०* (पु०) 1 पूछताछ करनेवाला 2 ट्यूटर, अनुशिक्षक
अनुयोग–*सं०* (पु०) 1 प्रश्न 2 जिज्ञासा 3 पूछताछ 4 टीका - टिप्पणी
अनुयोगी–*सं०* (वि०) अनुयोग करनेवाला
अनुयोजन–*सं०* (पु०) 1 प्रश्न करने की क्रिया 2 कार्यान्वयन
अनुयोजित–*सं०* (वि०) जिसके विषय में पूछताछ की गई हो
अनुरंजक–*सं०* (पु०) 1 प्रसन्न करनेवाला 2 मन बहलानेवाला
अनुरंजन–*सं०* (पु०) 1 प्रसन्न करना 2 फुसलाना
अनुरंजित–*सं०* (वि०) प्रसन्न या संतुष्ट
अनुरक्त–*सं०* (वि०) 1 अनुराग युक्त प्रेमी 2 वफ़ादार 3 लीन
अनुरक्ति–*सं०* (स्त्री०) 1 प्रेम, आसक्ति 2 भक्ति
अनुरक्षक–*सं०* (पु०/वि०) पीछे से रक्षा करनेवाला
अनुरक्षण–*सं०* (पु०) पीछे से रक्षा करना
अनुरणन–*सं०* (पु०) गूंज, प्रतिध्वनि
अनुरत–*सं०* (वि०) अनुरक्त, लीन
अनुरथ्या–*सं०* (स्त्री०) पटरी
अनुराग–*सं०* (पु०) 1 प्रेम 2 भक्ति 3 लालरंग; ~**मय** प्रेममय
अनुरागी–*सं०* (वि०) 1 प्रेमी 2 भक्त
अनुरात्र–*सं०* (क्रि० वि०) प्रतिरात्रि
अनुरूप–*सं०* (वि०) 1 समान रूपवाला, जैसा 2 अनुकूल; ~**ता** (स्त्री०) 1 समानता 2 अनुकूलता
अनुरूपक–*सं०* (पु०) प्रतिमूर्ति
अनुरेखण–*सं०* (पु०) रेखा चित्र की अनुकृति बनाना, ट्रेस करना
अनुरोदन–*सं०* (पु०) समवेदना प्रकाश
अनुरोदन–*सं०* (पु०) 1 आग्रह 2 रुकावट
अनुरोधक–I *सं०* (वि०) अनुरोध करनेवाला II (पु०) अनुरोध पत्र
अनुरोधी–*सं०* (वि०) अपेक्षा रखनेवाला
अनुर्वर–*सं०* (वि०) जो उपजाऊ न हो, ऊसर
अनुलंब–*सं०* (पु०) अनिश्चय की स्थिति
अनुलंबन–*सं०* (पु०) अस्थायी रूप से कार्य करने से रोकना
अनुलंबित–*सं०* (वि०) जो अस्थायी रूप से हटाया गया हो
अनुलक्षण–*सं०* (पु०) बाद के लक्षण
अनुलग्न–*सं०* (वि०) संलग्न
अनुलग्नक–*सं०* (पु०) नत्थी किया गया कागज़
अनुलाप–*सं०* (पु०) 1 पुनरुक्ति 2 घुमा फिरा कर एक ही बात कहना
अनुलाभ–*सं०* (पु०) मुनाफ़ा
अनुलिखित–*सं०* (वि०) नकल किया हुआ
अनुलिपि–*सं०* (स्त्री०) 1 किसी आकृति या लेख की हूबहू नकल, प्रतिलिपि 2 दूसरी प्रति
अनुलिप्त–*सं०* (वि०) जिस पर लेप लगाया जाये
अनुलेख–*सं०* (पु०) प्रतिलिपि
अनुलेखन–*सं०* (पु०) घटना या कार्य का विवरण लिखना
अनुलेप–*सं०* (पु०) 1 सुगंधित लेप (उबटन आदि) 2 दूसरा लेप
अनुलेपन–*सं०* (पु०) लेप लगाना या चढ़ाना
अनुलोम–*सं०* (वि०) 1 ऊपर से नीचे की ओर आनेवाला 2 यथाक्रम 3 अविलोम। ~**ज** (वि०) अनुलोम विवाह से उत्पन्न; ~**विवाह** (पु०) उच्च वर्ण के पुरुष का अपने से हीन वर्ण की स्त्री से विवाह
अनुलोमा–*सं०* (स्त्री०) अनुलोम विवाह द्वारा लाई गई स्त्री
अनुल्लंघन–*सं०* (पु०) उल्लंघन न करना
अनुल्लंघनीय–*सं०* (वि०) जो उल्लंघन करने योग्य न हो
अनुल्लिखित–*सं०* (वि०) जिसका उल्लेख न किया गया हो
अनुवंश–*सं०* (पु०) 1 वंशवृत्त 2 वंशवृक्ष 3 वंश-परंपरा
अनुवक्ता–*सं०* (पु०) उत्तर देनेवाला
अनुवचन–*सं०* (पु०) 1 दुहराना 2 पाठ 3 भाषण
अनुवर्त्तन–*सं०* (पु०) 1 अनुसरण 2 आज्ञापालन 3 परिणाम
अनुवर्त्ती–*सं०* (वि०) 1 अनुसरण करनेवाला 2 बाद में आनेवाला 3 आज्ञाकारी
अनुवर्ष–*सं०* (क्रि० वि०) प्रतिवर्ष
अनुवश–*सं०* (वि०) दूसरे की इच्छा के अनुसार चलनेवाला; ~**ता** (स्त्री०) 1 अधीनता 2 आज्ञाकारिता
अनुवसित–*सं०* (वि०) 1 वस्त्र से ढका हुआ 2 आबद्ध
अनुवाद–*सं०* (पु०) 1 भाषांतर, रूपान्तर 2 समर्थन 3 दुहराना
अनुवादक, अनुवाद कर्ता, अनुवाद कर्मी–*सं०* (पु०) 1 अनुवाद करनेवाला 2 भाषांतरकार
अनुवादित–*सं०* (वि०) 1 अनुवाद किया हुआ 2 भाषांतरित, अनूदित
अनुवादी–*सं०* (वि०) समर्थन करनेवाला
अनुवाद्य–*सं०* (वि०) अनुवाद करने योग्य
अनुवास, अनुवासन–*सं०* (पु०) 1 धूपादि से सुगंधित करना, बसाना 2 साथ रहना
अनुवासित–*सं०* (वि०) बसाया हुआ, सुगंधित
अनुविद्ध–*सं०* (वि०) 1 बिंधा हुआ 2 नत्थी किया हुआ 3 अंकित
अनुविधान–*सं०* (पु०) आदेशपालन
अनुविभाग–*सं०* (पु०) अनुभाग
अनुविष्ट–*सं०* (वि०) चढ़ाया या टाँका हुआ
अनुवीक्षण–*सं०* निरीक्षण
अनुवीक्षित–*सं०* निरीक्षित
अनुवृत्त–*सं०* (वि०) 1 अनुसरण या आज्ञापालन करनेवाला 2 शीलानुगत 3 जिसकी अनुवृत्ति की गई हो II (पु०) बाद की घटना

अनुवृत्ति–*सं०* (वि०) 1 अनुसरण 2 आज्ञापालन 3 आवृत्ति, दोहराव 4 पेंशन। ~**धारी** (पु०) अनुवृत्ति पानेवाला
अनुवेतन–*सं०* (पु०) अवकाश प्राप्त कर्मचारी को दिया जानेवाला धन (पेंशन)
अनुवेध–*सं०* (पु०) सुराख करना
अनुवेश–*सं०* (पु०) अनुसरण, पीछे प्रवेश करना। ~**पत्र** (पु०) पारपत्र के अतिरिक्त अनुमतिपत्र, वीज़ा
अनुवेशिका–*सं०* (स्त्री०) अनुवेश पत्र
अनुव्रजन–*सं०* (स्त्री०) विदा करते समय मेहमान के साथ कुछ दूर जाना
अनुव्रत–I *सं०* (वि०) निर्धारित कर्त्तव्य का समुचित रूप से पालन करनेवाला II (पु०) एक प्रकार का जैन साधु
अनुशंसा–*सं०* (स्त्री०) सिफ़ारिश, संस्तुति
अनुशंसित–*सं०* (वि०) जिसकी सिफ़ारिश की गई हो
अनुशय–*सं०* (पु०) 1 पछतावा 2 दुःख 3 पुराना वैर 4 आसक्ति
अनुशयी–I *सं०* (स्त्री०) पैर का एक रोग II (वि०) 1 पश्चात्ताप करनेवाला 2 झगड़ालू 3 कर्मफल का भोक्ता 4 आसक्त
अनुशासक–*सं०* (पु०) 1 अनुशासन करने वाला 2 शिक्षक
अनुशासन–*सं०* (पु०) 1 नियंत्रण 2 नियमबद्ध आचरण 3 शिक्षण; ~**बद्ध** (वि०) अनुशासन में बंधा हुआ; ~**भंग** (पु०) अनुशासन का उल्लंघन; ~**हीनता** (स्त्री०) अनुशासन का अभाव
अनुशासनात्मक–*सं०* (वि०) अनुशासन-संबधी
अनुशासनिक–*सं०* (वि०) अनुशासन संबंधी
अनुशासित–*सं०* (वि०) 1 जिसका अनुशासन किया गया हो 2 दंडित
अनुशस्ति–*सं०* (पु०) अनुशासक
अनुशास्ति–*सं०* (स्त्री०) अनुशासन की कार्यवाही
अनुशीलक–*सं०* (पु०) अनुसंधाता
अनुशीलन–*सं०* (पु०) 1 सतत तथा गंभीर अध्यास 2 नियमित अध्ययन 3 चिंतन मनन
अनुशीलित–*सं०* (वि०) जिसका अनुशीलन किया गया हो
अनुशेष–*सं०* (पु०) बाकी जोड़ा हुआ अंश
अनुशोक–*सं०* (पु०) 1 पछताना 2 खेद
अनुशोचक–*सं०* (वि०) 1 पश्चात्ताप करनेवाला 2 खेदजनक
अनुशोचन–*सं०* (पु०) पश्चात्ताप करने की क्रिया या भाव
अनुशोधन–*सं०* (पु०) दोहराते हुए सुधारना
अनुश्रवण–*सं०* (पु०) परंपरा
अनुश्रुत–*सं०* (वि०) परंपरा से प्राप्त ज्ञान
अनुश्रुति–*सं०* (स्त्री०) श्रुति परम्परा से प्राप्त कथा और ज्ञान
अनुषंग–*सं०* (पु०) 1 गहन संबंध 2 प्रसंगानुसार एक बात के साथ जुड़ी दूसरी बात भी
अनुषंगिक, अनुषंगी–*सं०* (वि०) 1 संबद्ध 2 अनिवार्य परिणाम के रूप में आनेवाला 3 सहायक, सहवर्ती
अनुषक्त–*सं०* (वि०) 1 संबद्ध 2 संलग्न
अनुषक्ति–*सं०* (स्त्री०) 1 आसक्ति 2 निष्ठा
अनुष्ठाता–*सं०* (वि०) 1 अनुष्ठान करनेवाला 2 कार्य आरम्भ करनेवाला
अनुष्ठान–*सं०* 1 कोई धार्मिक कृत्य 2 नियमपूर्वक आरंभ करना
अनुष्ठित–*सं०* (वि०) विधिपूर्वक किया हुआ 2 आचरित
अनुसंधाता–*सं०* खोज करनेवाला
अनुसंधान–*सं०* (पु०) 1 अन्वेषण, खोज 2 आयोजन 3 व्यवस्थित करना। ~**कर्ता**, ~**कर्मी**, ~**कारी** अन्वेषण करनेवाला; ~**पद्धति** अन्वेषण पद्धति; ~**शाला** (पु०) खोज करने की जगह
अनुसंधानी–*सं०* (वि०) 1 खोज करने वाला 2 योजना बनानेवाला
अनुसंधायक–*सं०* (पु०) जो अनुसंधान करे
अनुसंधि–*सं०* (स्त्री०) गुप्त मंत्रणा, गुप्त योजना
अनुसंधित्सु–*सं०* (पु०) 1 अनुसंधान की इच्छा करनेवाला 2 शोधछात्र
अनुसंधेय–*सं०* (वि०) खोज करने योग्य
अनुसचिव–*सं०* (पु०) अवर सचिव
अनुसमर्थन–*सं०* (पु०) अनुमोदन
अनुसरण–*सं०* (पु०) 1 पीछे चलना 2 अनुकरण 3 अनुकूल आचरण
अनुसार–*सं०* (वि०) अनुकूल, अनुरूप, मुताबिक
अनुसारक, अनुसारी–*सं०* (वि०/पु०) अनुसरण करनेवाला, अनुयायी
अनुसीमन–*सं०* (पु०) प्रश्न पत्र को नियमानुसार बनाना
अनुसीमा–*सं०* (स्त्री०) क्षेत्र के आस पास की सीमा
अनुसूचक–*सं०* (वि०) नियमों की सूचना देनेवाला
अनुसूचित–*सं०* (वि०) 1 अनुसूची में लाया हुआ 2 जिसे अनुसूची में स्थान मिल हो (जैसे-जातियाँ)
अनुसूची–*सं०* (स्त्री०) पीछे जोड़ी गई सूची
अनुसृत–*सं०* (वि०) अनुसरण किया हुआ, अनुगत
अनुस्मरण–*सं०* (पु०) 1 बार बार स्मरण 2 पिछला याद करना
अनुस्मारक–*सं०* (पु०) वह पत्र जो स्मरण दिलाए (रिमाइंडर)
अनुस्मृति–*सं०* (स्त्री०) 1 अनुस्मरण 2 वह स्मृति या स्मरण जो प्रिय हो
अनुस्यूत–*सं०* (वि०) 1 ग्रथित 2 परोया हुआ 3 सिला हुआ 4 खूब जुड़ा हुआ
अनुस्वार–*सं०* (पु०) स्वर के बाद उच्चारित होनेवाला एक आनुनासिक वर्ण
अनुस्वारांत–*सं०* (वि०) जिसके अंत में अनुस्वार हो (जैसे-शिवं सुन्दरं)
अनुहरण–*सं०* (पु०) 1 अनुकरण 2 सादृश्य
अनुहर्ता–*सं०* (पु०) नकल उतारने वाला
अनुहस्ताक्षरण–*सं०* (पु०) पीछे हस्ताक्षर करना
अनुहार–I *सं०* (स्त्री०) रचना 2 आकृत्ति II (पु०) अनुकरण, समानता III (वि०) समान
अनुहारक–*सं०* (वि०) 1 अनुहरण करनेवाला 2 नकल करनेवाला
अनुहारी–*सं०* (वि०) अनुहारक
अनुहार्य–*सं०* (वि०) अनुकरण करने योग्य
अनूक–*सं०* (पु०) 1 मेरुदंड 2 मेहराब के बीच की ईंट 3 पूर्व जन्म 4 वंश 5 स्वभाव
अनूक्त–*सं०* (वि०) दुहराया हुआ, अनुपठित

अनूठा–(वि०) 1 अद्‌भुत 2 विलक्षण
अनूढ़ा–*सं०* (स्त्री०) अविवाहिता प्रेमिका
अनूदन–*सं०* (पु०) 1 बात को फिर से कहना 2 अनुवाद करना
अनूदित–*सं०* (वि०) 1 भाषांतरित 2 पीछे कहा हुआ
अनूप–I *सं०* (वि०) 1 उपमारहित 2 अतिसुंदर 3 अद्वितीय, निराला II (पु०) 1 जलप्राय स्थान, दलदल 2 तालाब 3 किनारा
अनूह–*सं०* (वि०) 1 समझ में न आनेवाला 2 विचार हीन 3 अतर्क्य
अनृत–*सं०* (पु०) झूठ
अनेक–*सं०* (वि०) एक से अधिक; ~**चर** (वि०) झुंड बनाकर रहनेवाला; ~**चित्त** (वि०) जिसका मन चंचल हो; ~**ज** (वि०) जिसका कई बार जन्म हो; ~**त्व** (पु०) अनेकता; ~**पक्षीय** (वि०) अनेक पक्षों का; ~**मुख** (वि०) कई दिशाओं में जानेवाला; ~**रूप** (वि०) कई रूपोंवाला; ~**विध** (वि०) कई प्रकार का
अनेकत्र–*सं०* (क्रि० वि०) कई जगह
अनेकधा–*सं०* (क्रि० वि०) कई तरह से
अनेकशः–*सं०* (वि०) 1 अनेक प्रकार से 2 अनेक खंडों में
अनेकांत–*सं०* (वि०) अनिश्चित, बदलनेवाला
अनेकाकार–*सं०* (वि०) बहुत से आकारों एवं आकृतियोंवाला
अनेकाकी–*सं०* (वि०) 1 जो अकेला न हो 2 अनेकों से युक्त
अनेकाक्षर–*सं०* (वि०) कई अक्षरोंवाला
अनेकाग्र–*सं०* (वि०) कई कामों में लगा हुआ
अनेकानेक–*सं०* (वि०) असंख्य
अनेकार्थ–*सं०* (वि०) जिसके अनेक अर्थ हों
अनेकार्थक–*सं०* (वि०) जिसके अनेक अर्थ हों
अनेकेश्वर–*सं०* (पु०) एक से अधिक ईश्वर। ~**पूजा** (स्त्री०) अनेक ईश्वरों की पूजा; ~**पूजावाद** (पु०) यह सिद्धांत कि ईश्वर अनेक हैं
अनैकांतिक–*सं०* (वि०) अस्थिर
अनैक्य–*सं०* (पु०) 1 एकता का अभाव, अनेकता 2 बहुत्व 3 फूट, मतभेद 4 अव्यवस्था
अनैच्छिक–*सं०* (वि०) जो स्वेच्छा से न किया गया हो
अनैठ–(पु०) बाजार न लगने का दिन
अनैतिक–*सं०* (वि०) नीति विरुद्ध, अविहित
अनैतिहासिक–*सं०* (वि०) इतिहास-विरुद्ध
अनैयमिक–*सं०* (वि०) जो नियम विरुद्ध हो
अनैश्चित्य–*सं०* (पु०) अनिश्चितता
अनैसर्गिक–*सं०* (वि०) अप्राकृतिक, अस्वाभाविक
अनोखा–(वि०) 1 अनूठा, अद्‌भुत 2 अपूर्व 3 विशिष्ट
अनौचित्य–*सं०* (पु०) 1 औचित्य का अभाव 2 अनुचित
अनौपचारिक–*सं०* (वि०) 1 जो परिपाटी के रूप में न हो 2 सहज
अनौपचारिकता–*सं०* (क्रि० वि०) अनौपचारिक ढंग से
अनौपम्य–*सं०* (पु०) अनुपम होना
अन्न–(पु०) खाने की चीज, भोज्य पदार्थ 2 भात 3 अनाज। ~**काल** (पु०) भोजन का समय; ~**कूट** (पु०) 1 भात या मिष्ठान्नादि का ढेर 2 अन्न का त्यौहार; ~**कोष्ठ** (पु०) 1 अन्न रखने का स्थान 2 कोठिला; ~**क्षेत्र** (पु०) लंगर; ~**गंधि** (स्त्री०) अतिसार रोग; ~**ग्रहण** (पु०) अन्न पाना; ~**जल** (पु०) दाना-पानी, जीविका; ~**दाता** (वि०) अन्न देनेवाला, मालिक; ~**दोष** (पु०) 1 दूषित अन्न खाने से होनेवाला रोग 2 वह दुर्गुण जो निषिद्ध स्थान या व्यक्ति का अन्न खाने से होता है; ~**द्वेष** (पु०) भोजन की अरुचि; ~**पाक** (पु०) अग्नि पर या पेट में खाद्य पदार्थ का पकना; ~**पूर्णा** (स्त्री०) अन्न की अधिष्ठात्री देवी, दुर्गा का एक रूप; ~**प्राशन** (पु०) बच्चे को पहली बार अन्न खिलाने की रस्म या संस्कार, चटावन; ~**भंडार** (पु०) अन्न का पहाड़; ~**मय** I (वि०) 1 अन्न से बना 2 अन्न से भरा 3 भौतिक II (पु०) वेदांत में माने हुए पाँच कोशों में से पहला, स्थूल शरीर; ~**मार्ग** (पु०) अन्न की पेट में जाने की नली; ~**वस्त्र** (पु०) रोटी-कपड़ा; ~**वितरण** (पु०) अन्न की (जनता में) बाँट; ~**संकट** (पु०) अन्न का अकाल; ~**सत्र** (पु०) वह स्थान जहाँ दरिद्रों को पका हुआ भोजन खिलाया जाता है; ~**जल-उठना** रहने का सहारा न होना
अन्ना–(स्त्री०) 1 धाय 2 माता 3 अँगीठी जिसमें सोना, चाँदी आदि धातुएं तपाई जाती हैं
अन्नागार–*सं०* (पु०) अन्न का कोठा
अन्नोत्पादन–*सं०* (पु०) अन्न पैदा करना
अन्नोपलब्धि–*सं०* (स्त्री०) अन्न-ग्रहण
अन्य–*सं०* (वि०) 1 दूसरा 2 भिन्न 3 अतिरिक्त 4 अवशिष्ट। ~**कृत** दूसरे के द्वारा किया हुआ; ~**ग**, ~**गामी** (वि०) अन्य के यहाँ जानेवाला, व्यभिचारी; ~**गोत्र** (पु०) दूसरा गोत्र; ~**चित्त** (वि०) जिसका मन अन्यत्र लगा हो, अन्यमनस्क; ~**जन्म** (पु०) दूसरा जन्म; ~**जातीय** (वि०) दूसरी जाति का; ~**देशी** (पु०) दूसरा देश; ~**देशीय** (वि०) अन्य देश का, विदेशी; ~**पुरुष** (पु०) अनुपस्थित व्यक्ति या वस्तु के लिए पुरुषवाचक सर्वनाम, दूसरा आदमी; ~**पूर्वा** (स्त्री०) वह जो पहले किसी और से ब्याही गई हो; ~**मनस्क** (वि०) जिसका चित्त कहीं ओर हो, अनमना; ~**वादी** (वि०) जिसका चित्त कहीं ओर हो, अनमना; ~**वादी** (वि०) 1 झूठी गवाही देनेवाला 2 प्रतिवादी; ~**संक्रमण** (वि०) जिसने अन्य से संबंध कर लिया हो; ~**संगम** (पु०) अवैध संबंध
अन्यच्च–*सं०* (क्रि० वि०) 1 और भी 2 इसके सिवा
अन्यतः–*सं०* (क्रि० वि०) 1 दूसरे से 2 दूसरे स्थान से 3 दूसरा, अन्यथा
अन्यतम–*सं०* (वि०) 1 बहुतों में से एक 2 सर्वश्रेष्ठ
अन्यतर–*सं०* (वि०) 1 दो में से एक 2 दूसरा
अन्यत्र–*सं०* (क्रि० वि०) दूसरी जगह, और कहीं
अन्यथा–I *सं०* (क्रि० वि०) नहीं तो; II (वि०) 1 उल्टा 2 और का और। ~**वादी** (पु०) उल्टा बोलनेवाला
अन्यान्य–*सं०* (सर्व०) और दूसरे
अन्यापदेश–*सं०* (पु०) ऐसा कथन जो अन्य प्रसंग में भी सार्थक हो
अन्यापदेशात्मक–*सं०* (वि०) अन्य प्रसंग से संबंधित
अन्यापदेशिक–*सं०* (वि०) अन्योक्ति के रूप में कहा गया
अन्याय–*सं०* (पु०) 1 न्याय विरुद्ध कार्य 2 अनौचित्य। ~**पीड़ित** (वि०) अन्याय से पीड़ित; ~**पूर्ण** अन्याय से पूर्ण;

~**पूर्वक** (क्रि० वि०) अन्याय से
अन्यायी–*सं०* (वि०) अन्याय करनेवाला
अन्यार्थ–*सं०* (वि०) भिन्नार्थक
अन्यून–*सं०* (वि०) अनल्प, अधिक
अन्योक्ति–*सं०* (स्त्री०) अलंकार जिसमें एक से कही हुई बात किसी दूसरे पर घटित हो
अन्योदर–*सं०* (पु०) दूसरी माता के उदर से उत्पन्न भाई
अन्योन्य–I *सं०* (क्रि वि०) 1 परस्पर 2 एक दूसरे को या पर II (वि०) पारस्परिक, आपस का III (पु०) अर्थालंकार का एक भेद जहाँ दो वस्तुएं परस्पर एक ही क्रिया करें; ~**प्रजनन** (पु०) पारस्परिक संसर्ग द्वारा उत्पन्न करना; ~**विभाग** (पु०) बँटवारा करने की क्रिया; ~**संहारक** (वि०) एक दूसरे को मारनेवाला
अन्योन्याश्रय–I *सं०* (पु०) एक दूसरे पर अवलंबित होना II (वि०) एक दूसरे पर आश्रित
अन्योन्याश्रित–I *सं०* (पु०) एक दूसरे पर अवलंबित
अन्वर्थ–*सं०* (पु०) 1 अनुगमन 2 पारस्परिक संबंध 3 आशय 4 हेतु और साध्य का साहचर्य 5 वाक्य में शब्दों का मेल; ~**व्यतिरेक** (पु०) मेल और विरोध; नियम और अपवाद
अन्वर्थ–*सं०* (वि०) 1 अर्थ के अनुसार 2 स्पष्ट अर्थवाला, सार्थक
अन्वदिष्ट–*सं०* (वि०) पहले नियम की ओर संकेतित
अन्वासन–*सं०* (पु०) 1 सेवा 2 पीछे आसन ग्रहण करना 3 पश्चाताप 4 शिल्पग्रह
अन्वाहिक–*सं०* (वि०) दैनिक
अन्वित–*सं०* (वि०) 1 युक्त 2 ग्रस्त 3 समझा हुआ
अन्वितार्थ–*सं०* 1 अन्वय करने से प्राप्त अर्थ 2 गूढ़ अर्थ II (वि०) ऐसा अर्थ रखनेवाला
अन्विति–*सं०* (स्त्री०) 1 परस्पर संबद्धता 2 मेल 3 एकभाव
अन्विष्ट–*सं०* (वि०) 1 इच्छित 2 ढूँढा हुआ
अन्वीक्षण–*सं०* (पु०) 1 बारीकी से देखना 2 अन्वेषण 3 मनन 4 विचार
अन्वीक्षा–*सं०* (स्त्री०) विचारना
अन्वेषक–*सं०* (वि०) अन्वेषण करनेवाला, शोधकर्ता
अन्वेषण–*सं०* (पु०) 1 खोज 2 ढूँढ़ना; ~**कर्ता** (वि०) खोज करनेवाला; ~**कार्य** (पु०) खोज का काम; ~**ग्रंथ** (पु०) खोज संबंधी पुस्तक
अन्वेषणालय–*सं०* (पु०) अन्वेषण करने का स्थान
अन्वेषित–*सं०* (वि०) जिसका अन्वेषण किया गया हो
अन्वेषी–*सं०* (वि०) अन्वेषक, खोज करनेवाला
अन्वेष्टव्य–*सं०* (वि०) अन्वेषक, खोज होने योग्य
अपंग–*सं०* (वि०) 1 अंगहीन 2 लँगड़ा-लूला 3 अशक्त
अपंडित–*सं०* (वि०) 1 मूर्ख 2 अज्ञानी
अप–*सं०* उप० 1 अलग या दूर; जैसे अपक्षेप, अपगमन 2 अनुचित, निंदनीय (जैसे अपजात, अपव्यय) 3 नीचे या पीछे जैसे अपकर्ष, अपभ्रंश 4 रहित या हीन जैसे अपकरुण, अपभय
अपक–*सं०* (पु०) पानी
अपकरण–*सं०* (पु०) 1 दुर्व्यवहार 2 दुष्कर्म
अपकरुण–*सं०* (वि०) निर्दय, निष्ठुर
अपकर्ता–*सं०* (वि०) 1 अपकार करनेवाला 2 शत्रुभाव रखनेवाला
अपकर्म–*सं०* (पु०) 1 बुरा काम 2 ऋण परिशोध
अपकर्ष–*सं०* (पु०) 1 अवनति 2 उतार, ह्रास
अपकर्षण–*सं०* (पु०) 1 अपकर्ष 2 जबरदस्ती लेना, ऐंठना
अपकलंक–*सं०* (पु०) न मिटनेवाला कलंक
अपकाजी–*सं०* (वि०) बुरा काम करनेवाला
अपकार–*सं०* (पु०) 1 उपकार का उल्टा 2 बुराई 3 अहित 4 अपमान 5 अत्याचार 6 नीच कर्म
अपकारक–*सं०* (वि०) अपकार करनेवाला
अपकारिता–*सं०* (स्त्री०) अपकारी होना
अपकारी–*सं०* (वि०) अपकार करनेवाला
अपकाव्य–*सं०* (पु०) निकृष्ट काव्य
अपकीर्त्ति–*सं०* (स्त्री०) अपयश, बदनामी
अपकृत–I *सं०* (वि०) जिसका अपकार किया गया हो II (पु०) क्षति
अपकृति–*सं०* (स्त्री०) अपकार
अपकृत्य–*सं०* (पु०) 1 हानि 2 अपकार
अपकृष्ट–*सं०* (वि०) 1 हटाया हुआ 2 भ्रष्ट 3 नीच, अधम
अपकेंद्रक–*सं०* (वि०) केंद्र से दूर हटनेवाला
अपक्रम–I *सं०* (पु०) 1 पीछे हटना 2 भागना 3 उलटा क्रम II (वि०) क्रम रहित 2 व्यतिक्रम
अपक्रमण–*सं०* (पु०) 1 अपक्रम करना 2 सभा का बहिष्कार करना
अपक्रमी–*सं०* (वि०) 1 जानेवाला 2 तेज़ी से न जानेवाला
अपक्रिया–*सं०* (स्त्री०) 1 हानि 2 अहित 3 द्रोह 4 दुष्कर्म
अपक्रोश–*सं०* (पु०) 1 निंदा करना 2 बहुत अधिक चीखना
अपक्व–*सं०* (वि०) 1 न पका हुआ 2 न पकाया हुआ
अपक्ष–*सं०* (वि०) 1 बिना पंख का 2 जिसके साथी समर्थक न हो 3 निष्पक्ष। ~**पात** (पु०) निष्पक्षता; ~**पाती** (वि०) पक्षपात न करनेवाला
अपक्षय–*सं०* (पु०) 1 छीजना 2 नाश 3 कमी
अपक्षरण–*सं०* (पु०) मिट्टी आदि का टूटकर हटना
अपक्षेपण–*सं०* (पु०) 1 फेंकना 2 गिराना 3 पलटाना 4 किसी वस्तु से टकराकर फेंका जाना
अपखड–*सं०* (पु०) विखड
अपगत–*सं०* (वि०) 1 गया हुआ 2 बीता हुआ 3 तिरोहित
अपगति–*सं०* (स्त्री०) 1 अधोगति 2 दुर्गति 3 दुर्भाग्य
अपगम–*सं०* (पु०) 1 जाना 2 हट जाना 3 गायब हो जाना
अपगमन–*सं०* (पु०) 1 प्रस्थान 2 अलग होना 3 मृत्यु
अपगा–*सं०* (स्त्री०) नदी
अपगुण–*सं०* (पु०) दोष, ऐब
अपघटन–*सं०* (पु०) 1 ह्रास, कमी 2 वियोजन
अपघन–I *सं०* (वि०) मेघरहित II (पु०) 1 शरीर 2 शरीर का अंग
अपघर्ष–*सं०* (पु०) रगड़
अपघर्षी–*सं०* (वि०) रगड़ के साथ होनेवाला
अपघात–*सं०* (पु०) 1 रोकना 2 हिंसा, हत्या 3 दुर्घटना से मरना 4 धोखा
अपच–*सं०* (पु०) 1 बदहज़मी 2 जो अपने लिए पाक कार्य न करे

अपचनीय–*सं०* (वि०) अपच्य, हज़म न होनेवाला
अपचय–*सं०* (पु०) 1 हानि 2 छीनना 3 व्यय 4 क्षय
अपचरण–*सं०* (पु०) अपचार
अपचरित–I *सं०* (वि०) विचलित II (पु०) दोषयुक्त आचरण
अपचायक–*सं०* (वि०) 1 सम्मान करनेवाला 2 घटानेवाला
अपचायित–*सं०* (वि०) 1 सम्मानित, पूजित 2 घटाया हुआ
अपचायी–*सं०* (वि०) क्षयकारी
अपचार–*सं०* (पु०) 1 दोष 2 दुष्कर्म 3 दुराचार
अपचारक–*सं०* (वि०) अपचार करनेवाला
अपचार–*सं०* (पु०) 1 अनुचित व्यवहार 2 बुरा आचरण
अपचारी–*सं०* (वि०) 1 दुष्कर्मी 2 पृथक होनेवाला 3 अविश्वासी
अपचित–*सं०* (वि०) 1 क्षीण 2 व्यय किया हुआ 3 सम्मानित
अपचिति–*सं०* (स्त्री०) 1 हानि 2 नाश 3 व्यय 4 प्रायश्चित्त 5 सम्मान करना
अपची–*सं०* (स्त्री०) कंठमाला (एक रोग)
अपचेता–*सं०* (वि०) कंजूस
अपच्छेद, अपच्छेदन–*सं०* (पु०) 1 काटकर अलग करना 2 हानि 3 बाधा
अपजय–*सं०* (स्त्री०) हार, पराजय
अपजात–*सं०* (पु०) कपूत
अपटी–*सं०* (स्त्री०) 1 परदा 2 कनात। ~**क्षेप** (पु०) परदे का हटना
अपटु–*सं०* (वि०) 1 अकुशल 2 बोदा 3 सुस्त 4 मंद प्रकाशवाला
अपटूडेट–*अं०* (वि०) 1 आज तक का 2 नये फ़ैशन का
अपठ–*सं०* (वि०) 1 निरक्षर 2 मूर्ख
अपठनीय–*सं०* (वि०) जो पढ़ने योग्य न हो
अपठित–*सं०* (वि०) जो पढ़ा न गया हो
अपठ्यमान–*सं०* (वि०) जो पढ़ा न जाये
अपढ़–(वि०) बेपढ़ा, अशिक्षित
अपण्य–I *सं०* (वि०) 1 न बेचने योग्य 2 जिसका बेचना निषिद्ध हो II (पु०) न बेचने योग्य वस्तु
अपतंत्रक–*सं०* (पु०) हाथ-पैर सूज जाने का रोग
अपतर्पण–*सं०* (पु०) 1 लंघन, उपवास 2 तृप्ति का अभाव
अपतानिका–*सं०* (स्त्री०) पेशी तनने का रोग
अपत्नी–*सं०* (वि०) 1 जो किसी की पत्नी न हो 2 विधवा
अपत्नीक–*सं०* (वि०) जिसकी पत्नी न हो, रँडुआ
अपत्य–*सं०* (पु०) संतान, वंशज। ~**काम** (वि०) संतान का इच्छुक; ~**वाचक** (पु०) वह संज्ञा जिससे किसी की संतान का अर्थ मिले - जैसे- दशरथ से दाशरथि); ~**वाची** (स्त्री०) अपत्यवाचक
अपत्र–*सं०* (वि०) 1 बिना पत्तों का 2 पंखहीन
अपत्रप–*सं०* (वि०) निर्लज्ज, धृष्ट
अपत्रण–(पु०) **अपत्रपा**–*सं०* (स्त्री०) 1 लज्जा, संकोच 2 आकुलता
अपत्रस्त–*सं०* (वि०) भीत, डरा हुआ
अपथ–*सं०* (वि०) 1 पथहीन, 2 जहाँ अच्छे रास्ते न हों। ~**गामी** (वि०) कुमार्गगामी

अपथ्य–I *सं०* (वि०) 1 बुरा 2 अहितकर, 3 रोगकारक II (पु०) प्रतिकूल आहार-विहार
अपद–I *सं०* (क्रि० वि०) 1 अनधिकारपूर्वक 2 अनुचित रूप में II (वि०) बिना पैर का III (पु०) अनुपयुक्त स्थान एवं समय
अपदस्थ–*सं०* (वि०) पद से हटाया हुआ, पदच्युत
अपदांतर–I *सं०* (वि०) 1 मिला हुआ 2 अति निकट II (क्रि० वि०) शीघ्र, जल्द
अपदान–*सं०* (पु०) 1 शुद्धाचरण 2 उत्तम कार्य 3 पूर्ण किया हुआ कार्य
अपदार्थ–I *सं०* (पु०) 1 अनस्तित्व 2 तुच्छता II (वि०) 1 नगण्य, तुच्छ 2 निस्सार
अपदिष्ट–*सं०* (वि०) बहाने से कथित
अपदेवता–*सं०* (पु०) 1 दुष्ट देव 2 दैत्य 3 भूत-प्रेत
अपदेश–*सं०* (पु०) 1 बहाना 2 वेश बदलना 3 छल 4 कार्य करने की आज्ञा देना 5 बहाना 6 इनकार
अपद्रव्य–*सं०* (पु०) बुरा द्रव्य, बुरी बात
अपद्रव्यीकरण–*सं०* (पु०) खोटे द्रव्य में बदलना
अपद्वार–*सं०* (पु०) बगल का दरवाज़ा, चोर दरवाज़ा
अपधर्मिता–*सं०* (स्त्री०) धर्म विरुद्ध आचरण
अपधूम–*सं०* (वि०) धूमहीन
अपध्यान–*सं०* (पु०) बुरा सोचना, अनिष्ट चिंतन
अपध्वंस–*सं०* (पु०) 1 वर्णसंकर 2 वह जिसकी माता उच्चवर्ण की हो और पिता निम्न वर्ण का हो
अपध्वस्त–*सं०* (वि०) 1 नष्ट 2 अपमानित 3 पराजित 4 चूर चूर किया हुआ
अपनत्व– (पु०) अपनापन, निजत्व
अपनपौ–(पु०) अपनापन, निजत्व
अपनय–*सं०* (पु०) अनीति
अपनयन–*सं०* हटा देना, हटा लेना
अपना–(सर्व०) 1 आत्म संबंधी, निजका 2 आप, निज II (पु०) स्वजन; ~**पन** (पु०) 1 आत्मीयता 2 आत्माभिमान, स्वाभिमान; ~**पराया,** ~**बेगाना** *हिं०+फ़ा०* स्वजन-परजन, दोस्त-दुश्मन; ~**सा मुँह लेकर रह जाना** या **लौट जाना** लज्जित होना, निराश होकर लौट आना; **अपनी-अपनी पड़ना** सबको अपनी चिंता होना; ~**गाना** अपनी ही बात कहना; **अपनी नींद सोना** आराम से सोना; **अपनी बात का एक होना** अडिग रहना; **अपनी बात पर आना; अपने तक रखना** किसी से मत कहना; **अपने पर आना** अपने बुरे स्वभाव के अनुसार कार्य करना; **अपने पैरों पर कुल्हाड़ी मारना** खुद का नुकसान करना; **अपने मुँह मियाँ मिट्ठू बनना** आत्म प्रशंसा करना; **अपने हाथों कब्र खोदना** अपना अहित करना
अपनाना–(स० क्रि०) 1 स्वीकार कर लेना 2 अपना बना लेना
अपनापा–(पु०) अपनापन, आत्मीयता
अपनाम–*सं०* (पु०) 1 बदनामी 2 निंदा
अपनायत– (स्त्री०) आत्मीयता, आपसदारी
अपनाव–(पु०) अपनाने की क्रिया
अपनिर्वचन–*सं०* (पु०) भ्रांत व्याख्या
अपनिहित–*सं०* (वि०) ग़लत रखा हुआ

अपनीत–I सं० (वि०) 1 दूर किया हुआ 2 निकाला हुआ 3 खंडित 4 विरोधी II (पु०) दुराचरण

अपनेता–सं० (वि०) हर ले जानेवाला

अपनोद–सं० (पु०) 1 दूर करना 2 प्रायश्चित करना

अपनोदन–सं० (पु०) अपनोद

अपपाठ–सं० (पु०) गलत, सदोष पाठ

अपपात्र–सं० (वि०) सब लोगों के व्यवहार में आनेवाला पात्र न दिया जाय, वर्णच्युत

अपप्रदान–सं० (पु०) रिश्वत, घूस, उत्कोच

अपप्रयोग–सं० (पु०) दुष्प्रयोग

अपभय–I सं० (वि०) भय रहित II (पु०) 1 भय 2 अकारण भय 3 भय का न रहना

अपभाषण–सं० (पु०) निंदा करना, गाली देना

अपभाषा–सं० (स्त्री०) अनुचित या गंदी भाषा

अपभोग–सं० (पु०) विषय का अनुचित रूप से किया जानेवाला भोग

अपभ्रंश–सं० (पु०) 1 नीचे गिरना 2 बिगाड़ 3 शब्द का विकृत रूप 4 प्राकृत से उद्‌भूत आर्यभाषा

अपभ्रष्ट–सं० (वि०) 1 बिगड़ा हुआ 2 गिरा हुआ

अपमर्दन–सं० (पु०) बुरी तरह कुचलना

अपमर्श–सं० (पु०) 1 स्पर्श 2 निंदा 3 घर्षण

अपमान–सं० (पु०) मान भंग, बेइज्ज्ती, तिरस्कार, निरादर। ~**कारक** (वि०) अपमानजनक; ~**कारी** (वि०) अपमान करनेवाला; ~**जनक** (वि०) जिसके फलस्वरूप अपमान होता हो; ~**लेख** (पु०) ऐसा लेख जिससे किसी का अपमान हो; ~**वचन** (पु०) ऐसा वचन जिससे किसी का मान भंग हो; ~**का जीवन मृत्यु से भी बुरा है** बेइज़्ज़त होने से मरना अच्छा

अपमानिक–सं० (वि०) अपमान सूचक (शब्द, बात)

अपमानित–सं० (वि०) जिसका अपमान किया गया हो, तिरस्कृत

अपमानी–सं० (वि०) अपमान करनेवाला

अपमान्य–सं० (वि०) 1 जिसका अपमान किया जा सकता हो 2 निंदनीय

अपमार्ग–सं० (पु०) 1 कुमार्ग 2 अंग परिमार्जन

अपमार्गी–सं० (वि०) कुपथगामी, पापी

अपमार्जन–I सं० (पु०) 1 शुद्धि 2 बाल बनाना II (वि०) नष्ट करनेवाला

अपमार्जित–सं० (वि०) जिसका अपमार्जन किया गया हो

अपमिश्रण–सं० (पु०) किसी वस्तु में घटिया वस्तु को मिलाने की क्रिया 2 खोट 3 मिलावट

अपमृत्यु–सं० (स्त्री०) अकाल मृत्यु

अपयश–सं० (पु०) अपकीर्ति, बदनामी

अपयशस्कर–सं० (वि०) जिससे कर्त्ता का अपयश हो (कार्य, बात)

अपयान–सं० (पु०) 1 पलायन, भागना 2 खिसक जाना

अपयोग–सं० (पु०) 1 कुयोग 2 कुसमय 3 कुचाल

अपयोजन–सं० (पु०) 1 अनुचित रूप से उपयोग करना (धन आदि) 2 गलत जोड़ना

अपरंच–सं० (क्रि० वि०) 1 और भी 2 दूसरा भी 3 फिर भी

अपरंपार–सं० (वि०) अपार, असीम

अपर–सं० (वि०) 1 अन्य 2 पिछला 3 निकृष्ट 4 दूसरे का 5 दूरवर्ती। ~**काल** (पु०) बाद का समय; ~**ता** (वि०) बाद में उत्पन्न; ~**तंत्र** (वि०) स्वतंत्र; ~**ज** (स्त्री०) 1 भिन्नता 2 पृथक्त्व 3 दूरी 4 ग़ैरपन; ~**दक्षिण** (पु०) दक्षिण पश्चिम कोण; ~**दिशा** (स्त्री०) पश्चिम दिशा; ~**पक्ष** (पु०) 1 महीने का दूसरा पक्ष 2 प्रतिपक्ष, प्रतिवादी पक्ष; ~**भाव** (पु०) अन्य भाव, अंतर; ~**लोक** (पु०) 1 दूसरा लोक 2 स्वर्ग; ~**वश** (वि०) जो परवश न हो, स्वतंत्र

अपरक्त–सं० (वि०) 1 बिना रंग का 2 रक्तहीन 3 राग-रहित

अपरक्ति–सं० (स्त्री०) अनुराग/प्रेम आदि का अभाव

अपरक्राम्य–सं० (वि०) जो दूसरों को न सौंपा जाए

अपरति–सं० (स्त्री०) प्रेम का अभाव

अपरत्र–सं० (क्रि० वि०) और कहीं

अपरदन–सं० (पु०) 1 क्षय 2 क्षीणता

अपरव–सं० (पु०) झगड़ा, विवाद

अपरस–I सं० (पु०) एक चर्मरोग II (वि०) 1 अस्पृश्य 2 अलिप्त

अपरांत–सं० (पु०) 1 पश्चिमी सीमांत 2 पश्चिमी सीमांत का देश या निवासी

अपरा–I सं० (स्त्री०) 1 पदार्थ विद्या 2 लौकिक विद्या 3 पश्चिमी दिशा II (वि०) दूसरी

अपराग–सं० (पु०) प्रेम का अभाव, शत्रुता

अपराजित–I सं० (वि०) जो जीता न गया हो, अजेय II (पु०) विष्णु

अपराजिता–सं० (स्त्री०) जो जीती न गई हो. अजेय, दुर्गा, विष्णुकांता, अयोध्या नगरी

अपराजेय–सं० (वि०) जो जीता न जा सके, अजेय

अपराद्ध–I सं० (वि०) 1 जिसने अपराध किया हो 2 दोषी अतिक्रांत II (पु०) अपराध

अपराध–सं० (पु०) 1 दोष, जुर्म 2 दंड योग्य कर्म 3 ग़लती 4 पाप। ~**अन्वेषण** (पु०) अपराध ढूढ़ना; ~**गोपन** (पु०) अपराध छिपाना ~**पूर्ण** (वि०) अपराधयुक्त; ~**प्रवर्त्तक** (पु०) अपराध शुरू करनेवाला; ~**मोचन** (पु०) अपराध को दूर करनेवाला; ~**विज्ञान** (पु०) अपराध के कारणों का विमोचन करनेवाला विज्ञान; ~**वृत्ति** (स्त्री०) अपराध करके खाना-पीना; ~**वैज्ञानिक** (पु०) अपराध का ज्ञाता; ~**शास्त्र** (पु०) अपराध संबंधी तथ्यों का ज्ञान करानेवाला शास्त्र; ~**शील** (वि०) स्वभावतः अपराध करनेवाला; ~**सहकार** (पु०) अपराध करने में सहयोग देनेवाला; ~**सहकारी** (पु०) अपराध साथी; में सहयोग ~**सिद्धि** (स्त्री०) अपराध का प्रमाणित होना; ~**स्वीकरण** (पु०) अपराध स्वीकार करना

अपराधिनी–सं० (स्त्री०) अपराधी स्त्री

अपराधी–सं० (वि०) 1 अपराध करनेवाला 2 दोषी

अपरामृष्ट–सं० (वि०) अव्यवहृत, कोरा, अछूता.

अपरार्ध–सं० (वि०) बादवाला आधा

अपरावर्ती–सं० (वि०) पीछे न हटनेवाला

अपराह्न–सं० (पु०) तीसरा पहर

अपरिकलित–*सं०* (वि०) 1 अज्ञात 2 अदृष्ट
अपरिक्रम–*सं०* (वि०) 1 चलने में असमर्थ 2 परिश्रम न करनेवाला
अपरिगणित–*सं०* (वि०) 1 अनगिनत 2 जिसकी सूची में गणना न की गई हो
अपरिगण्य–*सं०* (वि०) अनगिनत
अपरिगत–*सं०* (वि०) 1 अज्ञात 2 अप्राप्त
अपरिगृहीत–*सं०* (वि०) 1 अस्वीकृत 2 त्यक्त
अपरिग्रह–I *सं०* (पु०) 1 दान का अस्वीकार 2 आवश्यकता से अधिक दान न लेना II (वि०) संपत्ति रहित
अपरिग्रही–*सं०* (वि०) दान अथवा अधिक धन स्वीकार न करनेवाला
अपरिग्राह्य–*सं०* (वि०) अस्वीकार्य
अपरिचय–*सं०* (पु०) परिचय का अभाव
अपरिचर्यी–*सं०* (वि०) 1 जिसकी पहचान न हो 2 जो मिलनसार न हो
अपरिचित–*सं०* (वि०) 1 अज्ञात 2 अनभिज्ञ 3 अजनबी
अपरिच्छद–*सं०* (वि०) 1 वस्त्रहीन 2 खुला 3 फटेहाल, निर्धन
अपरिछन्न–*सं०* (वि०) 1 आवरणरहित, निरावरण, नग्न 2 व्यापक
अपरिणत–*सं०* (वि०) 1 अनपका 2 ज्यों का त्यों। ~**प्रसव** (पु०) कच्चा भ्रूण बाहर आना
अपरिणय–*सं०* (पु०) 1 चिरकौमार्य 2 विवाह न करना
अपरिणाम–*सं०* (पु०) विकार रहित होना। ~**दर्शी** (वि०) अदूरदर्शी
अपरिणामी–*सं०* (वि०) जो बदले नहीं, एकरस
अपरिणीत–*सं०* (वि०) अविवाहित
अपरिपक्व–*सं०* (वि०) जो पका नहीं, अधकचरा, कच्चा
अपरिपक्वावस्था–*सं०* (स्त्री०) 1 कच्ची हालत 2 कच्ची उम्र
अपरिभाषित–*सं०* (वि०) जिसकी परिभाषा निश्चित न की गई हो
अपरिमाण–I *सं०* (वि०) अपरिमित II (पु०) मात्रा का अभाव
अपरिमार्जित–*सं०* (वि०) अनमांजा, गंदा
अपरिमित–*सं०* (वि०) 1 बे-हद 2 बे-हिसाब, अगणित 3 अत्यधिक
अपरिमेय–*सं०* (वि०) 1 जिसकी नाप तौल न हो सके 2 अनगिनत
अपरिवर्त–*सं०* (वि०) जिसमें फेर बदल न हो सकता हो
अपरिवर्तन–*सं०* (पु०) परिवर्तन न होना। ~**वाद** (पु०) यह मत कि जो चल रहा है वही ठीक है
अपरिवर्तनीय–*सं०* (वि०) 1 न बदलनेवाला 2 अटल 3 जो बदले में न दिया जा सके
अपरिवर्तित–*सं०* (वि०) जिसमें कोई परिवर्तन न हुआ हो
अपरिवाद्य–*सं०* (वि०) भर्त्सना के अयोग्य
अपरिवृत–*सं०* (वि०) 1 जो घिरा न हो 2 अपरिच्छन्न
अपरिशेष–I *सं०* (वि०) 1 कुछ शेष न रहनेवाला 2 व्यापक II (पु०) सीमा का अभाव
अपरिश्रमी–*सं०* (वि०) परिश्रम न करनेवाला
अपरिष्कार–*सं०* (पु०) 1 भद्दापन 2 संस्कार का अभाव 3 मैलापन, गंदगी
अपरिष्कृत–*सं०* (वि०) 1 जो साफ न किया गया हो 2 असंस्कृत
अपरिसर–I *सं०* (वि०) 1 निकट नहीं 2 अप्रशस्त II (पु०) विस्तार का अभाव
अपरिसीम–*सं०* (वि०) 1 बेहद 2 बिना हदबंदी का
अपरिहरणीय–*सं०* (वि०) = अपरिहार्य
अपरिहार–*सं०* (पु०) अनिवारण
अपरिहारित–*सं०* (वि०) जिसका निवारण न किया गया हो
अपरिहार्य–*सं०* (वि०) 1 अत्याज्य 2 अनिवार्य 3 अवश्यंभावी 4 आवश्यक
अपरीक्षित–*सं०* (वि०) 1 जिसकी परीक्षा न हुई हो 2 मूर्खतापूर्ण 3 अप्रमाणित
अपरुद्ध–*सं०* (वि०) अवैध ढंग से रोका हुआ
अपरुष–*सं०* (वि०) 1 क्रोध रहित 2 अकठोर
अपरूप–I *सं०* (वि०) 1 कुरूप 2 भद्दा II (पु०) कुरूपता 2 भद्दापन
अपरेंटिस–*अं०* (पु०) शिक्षु, शागिर्द
अपरोक्ष–*सं०* (वि०) 1 जो परोक्ष न हो, प्रत्यक्ष 2 जो दूर न हो 3 विद्यमान
अपरोध–*सं०* (पु०) वर्जन, निषेध, टोकना
अपरोप–*सं०* (पु०) 1 उन्मूलन 2 राज्यच्युति
अपर्णा–*सं०* (स्त्री०) वह जिसने पत्ते तक (खाने) छोड़ दिये, पार्वती
अपर्यंत–*सं०* (वि०) असीम, अपरिमित
अपर्याप्त–*सं०* (वि०) 1 जो पर्याप्त न हो 2 अधूरा 3 अयोग्य
अपर्याप्ति–*सं०* (स्त्री०) 1 पूर्णता का अभाव 2 अक्षमता
अपर्याय–I *सं०* (वि०) क्रमहीन II (पु०) 1 क्रमहीनता 2 असमानार्थ
अपलक–I *सं०* (क्रि० वि०) एकटक II (वि०) जिसकी पलकें न गिरें
अपलक्षण–*सं०* (पु०) 1 अशुभ या बुरा लक्षण 2 अतिव्याप्ति-दोषयुक्त लक्षण
अपलाप–*सं०* (पु०) 1 छिपाना 2 बात बनाना 3 बकबक
अपलापी–*सं०* (वि०) अपलाप करनेवाला, बकवासी
अपलाभ–*सं०* (पु०) अनुचित रूप से प्राप्त लाभ
अपलेखन–*सं०* (पु०) बट्टे-खाते लिखना
अपवचन–*सं०* (पु०) निंदा, अपशब्द
अपवन–I *सं०* (वि०) वायु रहित II (पु०) उपवन
अपवरण–*सं०* (पु०) आवरण दूर करना, परदा हटाना
अपवर्ग–*सं०* (पु०) 1 मोक्ष 2 त्याग 3 दान 4 समाप्ति
अपवर्जन–*सं०* (पु०) 1 त्याग 2 दान 3 चुकाना
अपवर्जित–*सं०* (वि०) 1 त्याग किया हुआ 2 दिया हुआ
अपवर्तक–*सं०* (वि०) हटाने या निकालने वाला
अपवर्तन–*सं०* (पु०) 1 परिवर्तन 2 हटाना 3 कुछ निकाल लेना
अपवर्तित–*सं०* (वि०) 1 परिवर्तित 2 पृथक् किया हुआ
अपवर्त्य–*सं०* (वि०) 1 जिसका अपवर्तन हो सकता हो 2 *ग०* गुणज
अपवहन–*सं०* (पु०) भटक जाना
अपवहित–*सं०* (वि०) 1 जो भटक गया हो 2 स्थानांतरित
अपवाचक–*सं०* (वि०) चुगलखोर

अपवाद–*सं०* (पु०) 1 बदनामी 2 लांछन 3 खंडन 4 सामान्य नियम से भिन्न बात। ~**स्वरूप** (क्रि० वि०) भिन्न नियम के रूप में
अपवादक–*सं०* (वि०) निंदा करनेवाला 2 चुग़लख़ोर 3 बाधक
अपवादात्मक–*सं०* 1 निंदात्मक 2 अपवादपूर्ण
अपवादिक–*सं०* (वि०) 1 अपवाद संबंधी 2 नियम विरुद्ध होनेवाला
अपवादित–*सं०* (वि०) निंदित
अपवादी–*सं०* (वि०) अपवादक
अपवारण–*सं०* (पु०) 1 छिपाना 2 हटाना 3 व्यवधान
अपवारित–I *सं०* (वि०) 1 छिपा हुआ, ढका हुआ 2 दूसरों से अलग II (पु०) (नाटक में) केवल एक पात्र के सुनने का संवाद
अपवाह–*सं०* (पु०) 1 जल निकास, नाली 2 प्रवाह की गति में अवांछित वस्तुओं का बह जाना
अपवाहक–*सं०* (वि०) 1 बहा ले जानेवाला 2 स्थानांतरित करनेवाला
अपवाहन–*सं०* (पु०) 1 स्थानांतरित करना 2 बाकी निकालना
अपविघ्न–*सं०* (वि०) अबाधित, विघ्नरहित
अपवित्र–*सं०* (वि०) 1 अशुद्ध 2 मलिन
अपविद्ध–*सं०* (वि०) 1 बेधा हुआ 2 नीच। ~**पुत्र** (पु०) वह पुत्र जो माता-पिता द्वारा त्यक्त होने पर अन्य द्वारा पालित हो
अपविद्या–*सं०* (स्त्री०) भ्रम
अपवृत्ति–*सं०* (स्त्री०) 1 सूराख़, रन्ध्र 2 त्रुटि, दोष
अपवृत्त–*सं०* (वि०) 1 घुमाया हुआ 2 समाप्त किया हुआ 3 औंधा
अपवृत्ति–*सं०* (स्त्री०) अंत, समाप्ति
अपवृद्धि–*सं०* (स्त्री०) बुरी तरह बढ़ जाना
अपव्यय–*सं०* (पु०) अनुचित व्यय, फ़िज़ूलखर्ची
अपव्ययी–*सं०* (वि०) व्यर्थ या अनुचित व्यय करने वाला
अपव्यवहार–*सं०* (पु०) अनुचित या अशुभ व्यवहार
अपव्रत–*सं०* (वि०) 1 शास्त्र विहित कर्म न करने वाला 2 व्रतत्यागी
अपशंक–*सं०* (वि०) निःशंक, निडर
अपशकुन–*सं०* (पु०) असगुन, अशुभ लक्षण
अपशब्द–*सं०* (पु०) 1 अशुभ शब्द 2 बिगड़ा हुआ शब्द 3 दुर्वचन 4 गाली गलौज 5 निंदित शब्द
अपशम–*सं०* (पु०) 1 विराम 2 समाप्ति
अपशिष्ट–*सं०* (वि०) रद्दी
अपश्वास–*सं०* (पु०) अपान वायु
अपसंग्रह–*सं०* (पु०) अनियमित ढंग से इकट्ठा किया गया
अपसंचय–*सं०* (पु०) अपसंग्रह
अपसगुन–*सं०* (पु०) = अपशकुन
अपसरक–*सं०* (वि०) भाग जाने वाला
अपसरण–*सं०* (पु०) 1 पीछे हटना 2 भागना 3 निकल भागने का रास्ता
अपसर्जन–(पु०) 1 त्याग 2 दान 3 मोक्ष
अपसर्प–*सं०* (पु०) भेदिया, जासूस
अपसर्पक–*सं०* (पु०) अपसर्प
अपसर्पण–*सं०* (पु०) 1 लौटना 2 जासूसी करना
अपसव्य–*सं०* (वि०) 1 दाहिना 2 उल्टा। ~**करना** परिक्रमा करना
अपसमान्य–*सं०* (वि०) सामान्य से घटा-बढ़ा
अपसारण–*सं०* (पु०) 1 दूर ले जाना 2 निकाल बाहर करना 3 फेंक देना
अपसारित–*सं०* (वि०) 1 हटाया हुआ 2 दूर किया हुआ
अपसारी–*सं०* (वि०) अपसारण करनेवाला, हटता हुआ
अपसिद्धांत–*सं०* (पु०) 1 गलत निर्णय 2 विरुद्ध सिद्धांत
अपसृत–*सं०* (पु०) 1 गया हुआ 2 हटाया गया 3 परित्यक्त
अपसैना–(अ० क्रि०) 1 जाना 2 पहुँचना 3 प्राप्त होना
अपस्कर–*सं०* (पु०) 1 ढांचा 2 विष्ठा, मल
अपस्नान–*सं०* (पु०) मृतक स्नान, उदक क्रिया के समय किया जानेवाला स्नान
अपस्फीति–*सं०* (स्त्री०) मुद्रा के बाहुल्य में कमी होना
अपस्मार–*सं०* (पु०) 1 मिरगी रोग 2 स्मरण शक्ति की हानि
अपस्मारी–*सं०* (वि०) मिरगी का रोगी
अपस्मृति–*सं०* (वि०) 1 विस्मृति 2 घबड़ाया हुआ
अपस्वर–*सं०* (पु०) बुरा या गलत स्वर
अपस्वार्थी–*हिं०+सं०* (वि०) निकृष्ट स्वार्थवाला
अपह–*सं०* (वि०) निवारण या नाश करनेवाला
अपहत–*सं०* (वि०) 1 नष्ट किया हुआ 2 मारा हुआ
अपहनन–*सं०* (पु०) बुरी तरह मार डालना
अपहरण–*सं०* (पु०) 1 छीन लेना 2 चुरा ले जाना। ~**कर्त्ता** (वि०) 1 चुरानेवाला 2 उठा ले जानेवाला
अपहर्त्ता–*सं०* (वि०) = अपहरणकर्त्ता
अपहसित–I *सं०* (पु०) अकारण हँसी II (वि०) अकारण हँसनेवाला
अपहस्त–*सं०* (पु०) 1 दूर फेंकना 2 चुराना 3 लूटना 4 अर्द्धचंद्र
अपहस्तित–*सं०* (वि०) 1 फेंका हुआ 2 परित्यक्त
अपहानि–*सं०* (स्त्री०) 1 परित्याग 2 कम होना 3 गायब होना
अपहार–*सं०* (पु०) 1 अपहरण 2 लूट
अपहारक–*सं०* (वि०) अपहरण करनेवाला
अपहारित–*सं०* (वि०) चुराया हुआ
अपहारी–*सं०* (वि०) अपहारक
अपहार्य–*सं०* (वि०) जिसका अपहरण हो सके
अपहास–*सं०* (पु०) 1 अनुचित हँसी 2 उपहास 3 चिढ़ाना
अपहृत–*सं०* चुराया हुआ
अपहेला–*सं०* (स्त्री०) तिरस्कार, भर्त्सना
अपहोल्सटरी–*अं०* (स्त्री०) कमरे का सामान
अपह्नुति–*सं०* (स्त्री०) 1 छिपाव 2 अलंकार जिसमें उपमेय का निषेध करके उपमान की स्थापना की जाए
अपह्नव–*सं०* (पु०) 1 छिपाना 2 बात बनाना 3 तुष्टिकरण 4 प्रेम
अपांक्त–*सं०* (वि०) पंक्ति से हटाया हुआ
अपांग–I *सं०* (वि०) 1 अंगहीन 2 अशरीरी 3 पंगु II (पु०) आँख की कोर। ~**दृष्टि** (स्त्री०) तिरछी नज़र, कटाक्ष
अपाक–I *सं०* (वि०) अनपका II (पु०) 1 अपच 2 कच्चापन

अपाकरण–*सं०* (पु०) 1 दूर करना 2 अस्वीकृति 3 चुकता करना

अपाकर्म–*सं०* (पु०) चुकाना, अदायगी

अपाकृत–*सं०* (वि०) 1 हटाया हुआ 2 चुकता किया हुआ

अपाच्य–*सं०* (वि०) 1 जो पच न सके 2 जो पकाया न जा सके

अपाटव–I *सं०* (पु०) 1 अपटुता 2 भद्दापन 3 रोग II (वि०) 1 अकुशल 2 रोगी

अपात्र–*सं०* (वि०) अनधिकारी

अपाद–*सं०* (वि०) बिना पैरों का, पंगु

अपादान–*सं०* (पु०) 1 हटाना 2 बिलगाव 3 (व्याकरण में) पांचवां कारक। ~**कारक** (पु०) *व्या०* अलगपन दिखाने का अर्थ देनेवाला कारक

अपान–I *सं०* (पु०) 1 आत्मज्ञान 2 आत्मगौरव 3 गुदा मार्ग से निकलने वाली वायु II (सर्व०) अपना III (वि०) दुःखहर्ता। ~**द्वार** (पु०) गुदा; ~**वायु** (स्त्री०) गुदा मार्ग से बाहर आनेवाली वायु

अपाप–I *सं०* (वि०) पाप रहित, निर्दोष II (पु०) पुण्य

अपामार्जन–*सं०* (पु०) 1 सफ़ाई 2 दूर करना, निवारण

अपाय–I *सं०* (वि०) निरुपाय II (पु०) 1 अलगाव 2 नाश 3 अंत 4 बुराई 5 विपत्ति

अपायी–*सं०* (वि०) 1 जानेवाला 2 नाशवान 3 अहितकर

अपार–I *सं०* (वि०) 1 जिसका पार न हो 2 असीम 3 अत्यधिक 4 जिसे पार करना कठिन हो II (पु०) 1 मानसिक संतोष 2 असहमति 3 नदी का दूसरा तट 4 समुद्र। ~**दर्शिता** (स्त्री०) (किसी वस्तु में से) आरपार न दिखाई देना; ~**दर्शी** (वि०) 1 जो पारदर्शी न हो 2 जिससे आरपार न दिखाई दे

अपार्थ–*सं०* (वि०) 1 अर्थहीन 2 निरुद्देश्य 3 व्यर्थ

अपार्थक–*सं०* (वि०) निकम्मा, निरर्थक

अपार्थिव–*सं०* (वि०) जो पृथ्वी संबंधी न हो

अपालन–*सं०* (पु०) न पालना

अपावन–*सं०* (वि०) 1 अशुद्ध 2 मलिन

अपावरण–*सं०* (पु०) आवरण हटाना

अपावर्त्तन–*सं०* (पु०) 1 पीछे लौटना, वापसी 2 अस्वीकृति

अपावृत–*सं०* (वि०) 1 पीछे हटाया हुआ 2 अनियंत्रित 3 खुला

अपाश्रय–*सं०* (वि०) 1 आश्रयहीन 2 निराधार

अपासन–I *सं०* (पु०) 1 फेंकना 2 अलग करना 3 वध करना II (वि०) अपास्त

अपासरण–*सं०* (पु०) 1 गमन 2 पलायन

अपाहिज–*सं०* (पु०) 1 अपंग, पंगु 2 आलसी 3 अकर्मण्य

अपिच–(अ०) और भी, पुनश्च

अपितु–*सं०* बल्कि, किंतु

अपित्रक–*सं०* (वि०) 1 पितृहीन 2 अपैतृक

अपित्र्य–*सं०* (वि०) अपैतृक [~**संपत्ति**]

अपिधान–*सं०* (पु०) 1 ढकना 2 आच्छादन, अनावरण 3 छिपाव

अपिनद्ध–*सं०* (वि०) 1 ढका हुआ 2 बँधा हुआ

अपिहित–*सं०* (वि०) 1 ढका 2 आवृत्त

अपील–*अं०* (स्त्री०) 1 साग्रह प्रार्थना 2 चंदे आदि के लिये सार्वजनिक प्रार्थना 3 (फ़ैसला बदलवाने हेतु उच्च अदालत में) दरख़्वास्त, याचिका। ~**कर्ता** *+सं०* (पु०) याचक; ~**खारिज करना** (पु०) प्रार्थना अस्वीकार करना; ~**दायर करना** (पु०) प्रार्थना करना; ~मंजूर करना (पु०) प्रार्थना स्वीकार करना

अपील अदालत–*अं० + अ०* (स्त्री०) अपील सुनने की अदालत

अपीलेंट–*अं०* (पु०) अपील कर्ता

अपीली–*अं०* (वि०) अपील संबंधी

अपुच्छ–*सं०* (वि०) बिना पूँछ का, पुच्छविहीन

अपुण्य–I *सं०* (वि०) 1 अधार्मिक 2 अपवित्र II (पु०) पुण्य का अभाव

अपुत्र–*सं०* (वि०) 1 जिसे पुत्र न हो 2 कुपुत्र

अपुत्रक–*सं०* (वि०) अपुत्र

अपुनरादेय–*सं०* (वि०) जिसे फिर न लौटाया जाए

अपुनरावर्तन–*सं०* (पु०) 1 फिर न लौटना 2 फिर न करना 3 मोक्ष

अपुनरावृत्ति–*सं०* (स्त्री०) अपुनरावर्तन

अपुनर्भव–*सं०* (पु०) 1 पुनः जन्म न लेना 2 मोक्ष

अपुरण–*सं०* (वि०) जो पुराना न हो, नया

अपुरातन–*सं०* (वि०) नवीन

अपुरुष–I *सं०* (वि०) 1 अमानुषिक 2 जो पुरुष न हो II (पु०) हिजड़ा

अपुष्ट–*सं०* (वि०) 1 जिसका पोषण ठीक तरह से न हुआ हो 2 दुर्बल 3 मंद 4 जिसकी पुष्टि न हुई हो

अपुष्टिकर–*सं०* (वि०) पोषण न करनेवाला

अपूजक–*सं०* (वि०) 1 अधार्मिक 2 अभक्त

अपूजा–*सं०* (स्त्री०) अनादर

अपूजित–*सं०* (वि०) जिसकी पूजा न की गई हो

अपूज्य–*सं०* (वि०) पूजा या सम्मान के अयोग्य

अपूठा–*हिं०* (वि०) 1 जो प्रौढ़ न हो 2 अधकचरा 3 अनभिज्ञ 4 अविकसित

अपूत–I *सं०* (वि०) अपवित्र 2 मलिन II (पु०) कपूत

अपूप–*सं०* (पु०) 1 मालपुआ 2 गेहूँ 3 शहद का छत्ता

अपूरणीय–*सं०* (पु०) पूरा न किया जाने योग्य

अपूर्ण–*सं०* (वि०) 1 जो पूरा न हो, अधूरा 2 न्यून 3 खाली। ~**सूची** (स्त्री०) अधूरी सूची; ~**क्रिया द्योतक** (वि०) अधूरे कार्य; ~**भूत** (पु०) क्रिया का वह काल जिसमें भूतकाल तो पाया जाय पर क्रिया की समाप्ति न हुई हो

अपूर्णता–*सं०* (स्त्री०) 1 अधूरापन 2 कमी

अपूर्णांक–*सं०* (पु०) बिना पूर्ण अंक का

अपूर्त्ति–*सं०* (स्त्री०) 1 पूरा न होना, कमी 2 अतृप्ति

अपूर्व–I *सं०* (वि०) 1 जैसा पहले न हुआ हो, अनूठा 2 अद्भुत 3 अज्ञात II (पु०) 1 परब्रह्म 2 पाप-पुण्य। ~**विधि** (स्त्री०) नया अधिकारिक आदेश; ~**कल्पित** (वि०) जो पूर्व कल्पित न हो; ~**दृष्ट** (वि०) जो पूर्व न देखा गया हो

अपूर्वागत–*सं०* (वि०) जो पहले न आया हो

अपृक्त–*सं०* (वि०) 1 असंयुक्त 2 असंबद्ध, बेमेल, बेजोड़

अपृथक्–*सं०* (वि०) संयुक्त, मिला हुआ
अपृष्ट–*सं०* (वि०) अनपूछा
अपेक्षक–*सं०* (वि०) 1 देखनेवाला 2 अपेक्षा करना या रखना 2 आशा 3 आसरा देखना
अपेक्षणीय–*सं०* (वि०) अपेक्षा करने योग्य, वांछनीय
अपेक्षया–*सं०* = अपेक्षाकृत
अपेक्षा–I *सं०* (स्त्री०) 1 चाह 2 आशा 3 आदर 4 आवश्यकता II (क्रि० वि०) तुलना में। ~**कृत** (क्रि० वि०) किसी की तुलना में; ~**बुद्धि** (स्त्री०) भेद बुद्धि
अपेक्षित–*सं०* (वि०) जिसकी चाह या आशा हो
अपेक्षी–*सं०* (वि०) अपेक्षा करनेवाला
अपेक्ष्य–*सं०* (वि०) 1 अपेक्षणीय 2 अपेक्षा योग्य
अपेत–*सं०* (वि०) 1 गया हुआ 2 पलायित 3 वंचित
अपेया–*सं०* (वि०) ना पीने योग्य
अपैतृक–*सं०* (वि०) जो पैतृक न हो
अपोगंड–*सं०* (वि०) 1 सोलह वर्ष से अधिक अवस्थावाला 2 वयस्क 3 डरपोक 4 विकलांग
अपोह–*सं०* (पु०) 1 दूर करना 2 तर्क द्वारा शंका निवारण 3 ऊहापोह 4 (विज्ञान में) जलधारा के साथ मिलकर बहनेवाली मिट्टी, बालू आदि
अपोहित–*सं०* (वि०) अनगूँथा
अपौतिक–*सं०* (वि०) जिसमें सड़न न हो
अपौरुष–I *सं०* (वि०) 1 पुरुषार्थहीन 2 भीरु 3 अपुरुषोचित 4 जो मनुष्य सा न हो II (पु०) पौरुष का अभाव
अपौरुषेय–I *सं०* (वि०) 1 जो मनुष्य की शक्ति और सामर्थ्य के बाहर हो, दैवी 2 लोकोत्तर II (पु०) वीरता का अभाव
अपौष्टिक–*सं०* (वि०) अपुष्टिकर
अप्रकंप–*सं०* (वि०) 1 कंपहीन 2 अचल, स्थिर 3 अखंडित 4 जिसका उत्तर न दिया गया हो
अप्रकट–*सं०* (वि०) 1 जो प्रकट न हो 2 गुप्त, छिपा हुआ
अप्रकाश–I *सं०* (पु०) 1 प्रकाश का अभाव 2 रहस्य II (वि०) 1 प्रकाश रहित 2 अंधकारपूर्ण
अप्रकाशित–*सं०* (वि०) 1 प्रकाशहीन 2 जो छपा न हो
अप्रकाश्य–*सं०* (वि०) प्रकाशित या प्रकट करने के अयोग्य
अप्रकृत–*सं०* (वि०) 1 अयथार्थ 2 अस्वाभाविक, बनावटी 3 गौण 4 विषय से असंबद्ध
अप्रकृति–*सं०* (स्त्री०) 1 विकृति 2 पुरुष 3 आत्मा। ~**स्थ** (वि०) 1 अस्वस्थ 2 रोगी 3 व्याकुल
अप्रकृष्ट–I *सं०* (वि०) नीच, बुरा II (पु०) काक, कौआ
अप्रखर–*सं०* (वि०) 1 अतीक्ष्ण, भोथरा 2 सुस्त 3 कोमल, मृदु
अप्रगतिशील–*सं०* (वि०) 1 अप्रगामी 2 यथापूर्वस्थितिवादी
अप्रगल्भ–*सं०* (वि०) 1 विनीत 2 दब्बू 3 अप्रौढ़ 4 ढीला
अप्रगुण–*सं०* (वि०) 1 व्याकुल 2 व्यस्त
अप्रचलन–*सं०* (पु०) अव्यवहार
अप्रचलित–*सं०* (वि०) जिसका चलन या व्यवहार न हो
अप्रचुर–*सं०* (वि०) जो काफी न हो
अप्रच्छन्न–*सं०* (वि०) 1 अनावृत 2 स्पष्ट
अप्रज–*सं०* (वि०) 1 निःसंतान 2 न जन्मा हुआ 3 अवसित
अप्रति–*सं०* (वि०) 1 अद्वितीय, बेज़ोड़ 2 अप्रतियोगी
अप्रतिकर–*सं०* (वि०) 1 विश्वस्त 2 विश्वासपात्र
अप्रतिकार–I *सं०* (पु०) प्रतिकार का अभाव 2 जिसका कोई उपाय न हो सके II (वि०) निरुपाय
अप्रतिकारी–*सं०* (वि०) प्रतिकार न करनेवाला
अप्रतिघ–*सं०* (वि०) 1 अजेय 2 जो रोका न जा सके
अप्रतिघात–*सं०* (वि०) 1 विरोधरहित 2 आघात से बचा हुआ
अप्रतिदेय–*सं०* (वि०) जो वापस न लिया जा सके। ~**ऋण** वापस न किया जानेवाला ऋण
अप्रतिद्वंद्व–*सं०* (वि०) बिना प्रतिद्वंद्वी का, बेजोड़
अप्रतिपक्ष–*सं०* (वि०) 1 अप्रतियोगी 2 असमान
अप्रतिपत्ति–*सं०* (स्त्री०) 1 निश्चय का अभाव 2 कर्तव्य का निश्चय न कर सकना 3 व्याकुलता 4 अर्थ निकालने की अक्षमता
अप्रतिपन्न–*सं०* (वि०) 1 अनिश्चित 2 असंपन्न 3 जिसे अपने कर्तव्य का ज्ञान न हो
अप्रतिबंध–I *सं०* (पु०) स्वच्छंदता II (वि०) 1 बे रोक टोक 2 बिना किसी झगड़े के
अप्रतिबद्ध–*सं०* (वि०) 1 बे रोक-टोक 2 मनमाना
अप्रतिबल–*सं०* (वि०) बेजोड़ ताकत वाला
अप्रतिभ–*सं०* (वि०) 1 प्रतिभाहीन 2 उदास 3 लज्जाशील
अप्रतिभा–*सं०* (स्त्री०) 1 प्रतिभाहीनता 2 दब्बूपन
अप्रतिम–*सं०* (वि०) बेजोड़, अनुपम
अप्रतिरूप–*सं०* (वि०) अद्वितीय
अप्रतिरोध्य–*सं०* (वि०) जिसका विरोध न किया जा सके
अप्रतिलभ्य–*सं०* (वि०) 1 अप्राप्य 2 अनिंद्य
अप्रतिष्ठ–*सं०* (वि०) 1 बेइज़्ज़त 2 अस्थिर 3 निकम्मा
अप्रतिष्ठा–*सं०* (स्त्री०) 1 आदर मान का अभाव 2 बेइज़्ज़ती 3 स्थिरता का अभाव। ~**जनक** (वि०) अनादर पैदा करनेवाला
अप्रतिष्ठित–*सं०* (वि०) 1 प्रतिष्ठाहीन 2 जो स्थिर या सुव्यवस्थित न हो
अप्रतिहत–I *सं०* (वि०) 1 जिसे कोई रोक न सके, निर्बाध 2 अप्रभावित 3 अपराजित 4 अक्षुण्ण II (पु०) अंकुश
अप्रतीत–*सं०* (वि०) 1 अप्रसन्न 2 अगम्य 3 जिसे प्रतीति न हुई हो 4 अस्पष्ट
अप्रतुल–I *सं०* (पु०) 1 वज़न की कमी 2 अभाव 3 आवश्यकता II (वि०) अतुलनीय, अद्वितीय
अप्रत्यक्ष–*सं०* (वि०) 1 जो दिखाई न दे, अगोचर 2 परोक्ष 3 गुप्त
अप्रत्यय–I *सं०* (पु०) 1 विश्वास का अभाव 2 प्रतीति का अभाव II (वि०) 1 विभक्ति रहित 2 अनभिज्ञ 3 विश्वास रहित
अप्रत्योदय–*सं०* (वि०) न लौटा सकने योग्य
अप्रत्याशित–*सं०* (वि०) 1 जिसकी आशा न रही हो 2 आकस्मिक
अप्रधान–I *सं०* (वि०) 1 गौण 2 छोटा II (पु०) गौण कार्य
अप्रपंचवाद–*सं०* (पु०) यह सिद्धांत कि जगत् का अस्तित्व है ही नहीं
अप्रभावशाली–*सं०* (वि०) प्रभावहीन
अप्रमत्त–*सं०* (वि०) जो पागल न हो, सावधान, जागरूक
अप्रमाण–I *सं०* (त्रि०) 1 जो प्रमाण न माना जा सके. प्रमाण

रहित 2 अनधिकृत 3 असीम II (पु०) 1 वह जो प्रमाणिक न माना जाय 2 अप्रासंगिकता

अप्रमाद–I *सं०* (पु०) सावधानता II (वि०) 1 प्रमाद रहित 2 चौकन्ना

अप्रमित–*सं०* (वि०) 1 जो मापा न गया हो 2 असीम

अप्रमेय–*सं०* (वि०) 1 जिसकी माप न हो सके 2 बेहद 3 जो प्रमाणित न किया जा सके 4 अज्ञेय

अप्रयत्न–I *सं०* (वि०) उत्साहहीन, उदासीन II (पु०) प्रयत्न का अभाव

अप्रयुक्त–*सं०* (वि०) 1 जो काम में न लाया गया हो 2 अप्रचलित

अप्रयोग–*सं०* (पु०) 1 दुष्प्रयोग 2 काम न लाना 3 प्रयोग में न आना

अप्रयोजनीय–*सं०* (वि०) 1 अनुपयोगी 2 बेमतलब

अप्रलंब–*सं०* (वि०) 1 फुर्तीला 2 तत्पर

अप्रवर्त्तक–*सं०* (वि०) 1 जो प्रवर्त्तक न हो 2 निष्क्रिय 3 अविच्छिन्न

अप्रवर्ती–*सं०* (वि०) उत्साहहीन

अप्रवृत्त–*सं०* (वि०) जो प्रवृत्त न हो

अप्रवृत्ति–*सं०* (स्त्री०) 1 प्रवृत्ति का अभाव 2 कोष्ठबद्धता

अप्रवेश्य–*सं०* (वि०) जो प्रवेश योग्य न हो

अप्रशस्त–*सं०* (वि०) 1 अप्रशंसित 2 बुरा 3 अविहित

अप्रशिक्षित–*सं०* (वि०) जो शिक्षित न हो

अप्रसंग–I *सं०* (पु०) 1 आसक्ति का अभाव II (वि०) अप्रासंगिक

अप्रसक्त–*सं०* (वि०) 1 आसक्तिहीन 2 बिना लगाव का

अप्रसन्न–*सं०* (वि०) 1 असंतुष्ट 2 उदास 3 नाराज़

अप्रसम–*सं०* (वि०) जो बढ़ा या उठा हो

अप्रसाद–*सं०* (पु०) अकृपा, अननुकूलता

अप्रसिद्ध–*सं०* (वि०) 1 जिसे अधिक लोग न जानते हों, गुमनाम 2 असामान्य

अप्रसूता–*सं०* (स्त्री०) वंध्या स्त्री, बाँझ

अप्रस्तुत–I *सं०* (वि०) 1 अनुपस्थित 2 अप्रासंगिक, असंबद्ध 3 अवर्ण्य II (पु०) उपमान। ~**प्रशंसा** (स्त्री०) अलंकार जिसमें अप्रस्तुत की चर्चा करके प्रस्तुत का उत्कर्ष दिखाया जाए

अप्रहत–*सं०* (वि०) 1 अछूता 2 न जोता हुआ 3 कोरा

अप्राकरणिक–*सं०* (वि०) विषय से दूर

अप्राकृत–*सं०* (वि०) 1 अस्वाभाविक 2 अलौकिक 3 मौलिक

अप्राकृतिक–*सं०* (वि०) 1 अस्वाभाविक 2 जो भौतिक प्रकृति से भिन्न हो, अलौकिक

अप्राचीन–*सं०* (वि०) जो पुराना न हो

अप्राण–I *सं०* (वि०) प्राणहीन, निर्जीव II (पु०) ईश्वर

अप्राणिज–*सं०* (वि०) जड़ से उत्पन्न

अप्राप्त–*सं०* (वि०) 1 न मिला हुआ 2 न आया हुआ 3 न पहुँचा हुआ 4 अप्रस्तुत 5 अल्पवयस्क। ~**काल** (वि०) जिसका समय न आया हो; ~**यौवना** (स्त्री०/वि०) जो अभी जवान न हुई हो; ~**वय** (वि०) नाबालिग; ~**व्यवहार** (वि०) जो वयस्क न हुआ हो

अप्राप्ति–*सं०* (स्त्री०) 1 न मिलना 2 पूर्व नियम से प्रमाणित न होना 3 अनुपपत्ति

अप्राप्य–*सं०* (वि०) न मिलनेवाला, अलभ्य दुर्लभ

अप्रामाणिक–*सं०* (वि०) 1 जो प्रमाण से सिद्ध न हो, ऊट-पटाँग 2 अविश्वसनीय 3 अमान्य 4 असंबद्ध

अप्रायिक–*सं०* (वि०) जो प्रायः न होता हो

आप्रावृत्त–*सं०* (वि०) जो ढका न हो

अप्रासंगिक–*सं०* (वि०) 1 प्रस्तुत विषय से असंबद्ध 2 प्रसंग के विरुद्ध

अप्रिय–I *सं०* (वि०) 1 जो प्यारा न हो 2 अरुचिकर II (पु०) शत्रु। ~**भागी** (वि०) दुर्भाग्य ग्रस्त

अप्रीति–*सं०* (स्त्री०) 1 अरुचि 2 बैर 3 दुर्भाव 4 स्नेह का अभाव। ~**कर** (वि०) 1 कठोर 2 अप्रिय

अप्रेंटिस–*अं०* (पु०) 1 सीखने के लिये काम करने वाला 2 उम्मीदवार। ~**शिप** उम्मीदवारी

अप्रैल–*अं०* (पु०) ईसवी साल का चौथा महीना

अप्रौढ़–*सं०* (वि०) 1 नाबालिग़ 2 अधृष्ट 3 डरपोक 4 नम्र 5 कमज़ोर

अप्सरा–*सं०* (स्त्री०) 1 स्वर्गलोक की स्त्री 2 परम सुंदरी स्त्री 3 परी

अफ़गान–*फ़ा०* (वि०) अफ़गानिस्तान का रहनेवाला

अफ़गानी–I *फ़ा०* (वि०) अफ़गानिस्तान का II (स्त्री०) अफ़गानिस्तान का सिक्का

अफ़ज़ल–*अ०* (वि०) श्रेष्ठ, उत्तम

अफ़नाना–(अ० क्रि०) 1 ऊब उठना 2 उबलना 3 क्रुद्ध होना

अफ़यून–*अ०* (स्त्री०) अफ़ीम

अफ़यूनी–*अ०* (वि०) अफ़ीमची

अफ़रना–(अ० क्रि०) 1 जी भर खाना, अघाना 2 पेट फूलना 3 ऊबना

अफ़रा–(पु०) 1 पेट फूलने का रोग 2 अफ़रने की क्रिया

अफ़रा-तफ़री–*अ०* (स्त्री०) 1 गड़बड़, गोलमाल 2 बदहवासी 3 आतंक

अफल–I *सं०* (वि०) 1 फल रहित 2 निरर्थक II (पु०) झाऊ का वृक्ष

अफला–*सं०* (स्त्री०) स्त्री जिसके संतान न होती हो

अफ़लातून–*अ०* (पु०) प्राचीन यूनानी दार्शनिक प्लैटो

अफलित–*सं०* (वि०) 1 फलहीन 2 परिणाम शून्य

अफ़वाह–*अ०* (स्त्री०) 1 उड़ाई हुई ख़बर 2 गप्प

अफ़सर–*अं०* (पु०) 1 अधिकारी 2 हाकिम 3 सरदार। ~**गर्दी** *+ फ़ा०* (स्त्री०) = अफ़सरशाही; ~**शाही** *+ फ़ा०* (स्त्री०) अधिकारी-राज्य

अफ़सराना–*अं० + फ़ा०* (वि०) अफसरी ढंग का। ~**अंदाज़** अफसर जैसा व्यवहार

अफ़सरियत– *+ अं०* (स्त्री०) = अफसरशाही

अफ़सरी–*अं० + हिं०* (स्त्री०) 1 प्रधानता 2 अधिकार

अफ़साना–*फ़ा०* (पु०) 1 कहानी 2 उपन्यास

अफ़सूँ–*फ़ा०* (पु०) जादू, वशीकरण विद्या

अफ़सोस–*फ़ा०* (पु०) 1 दुःख 2 खेद 3 पछतावा

अफ़ीम–*अ०* (स्त्री०) एक तरह का कड़ुवा एवं मादक द्रव्य। ~**का दम लगाना** अफ़ीम खाना

अफ़ीमी–(अ० + हिं०) (पु०) = अफ़ीमची

अफुल्ल–*सं०* (वि०) अविकसित पुष्प

अफ़्रिकन–*अं०* (वि०) अफ्रीका का रहनेवाला
अफ़्रीका विद्या–*अं० + सं०* (पु०) अफ्रीका देश की विद्या
अफ़्रीकाविद्–(अं० + सं०) (पु०) अफ्रीका विशेषज्ञ
अफ़्रीकी–*अं० + हिं०* (वि०) अफ्रीकी निवासी
अबंध–*सं०* (वि०) 1 जो बंधा न हो 2 स्वच्छंद 3 निरंकुश
अबंधित–*सं०* (वि०) 1 स्वच्छंद 2 खुला
अब– (क्रि० वि०) 1 इस समय 2 इस क्षण 3 आगे से
अबख़रा–*अ०* (पु०) भाप, वाष्प
अबतर–*अ०* (वि०) 1 बिगड़ा हुआ 2 ख़राब, बुरा
अबतरी–*अ० + फ़ा०* (स्त्री०) 1 बिगाड़ 2 अवनति
अबद्ध–*सं०* (वि०) 1 न बँधा हुआ 2 आजाद 3 अर्थहीन
अबध–(वि०) अबाध
अबरक–(पु०) 1 अभ्रक धातु 2 एक तरह का पत्थर
अबरा–I *फ़ा०* (पु०) 1 ऊपर का पल्ला 2 न खुलनेवाली गाँठ 3 उलझन II (वि०) अबल
अबरी–I *फ़ा०* (वि०) 1 बादल की सी धारियों वाला 2 धब्बादार II (स्त्री०) 1 एक प्रकार का काग़ज़ 2 गिलाफ़, खोल, एक तरह का पत्थर
अबरू–*फ़ा०* (स्त्री०) भौंह। ~**तानना** क्रोध दिखाना; ~**पर बल आना** क्रुद्ध होना; ~**पर मैल न आना** असर न होना, अविचलित रहना
अबल–I *सं०* (वि०) 1 बलहीन, निर्बल, कमज़ोर 2 अरक्षित II (पु०) निर्बलता
अबलक–I *अ०* (वि०) 1 सफ़ेद-काला 2 सफ़ेद और लाल रंग का 3 चितकबरा II (पु०) ऐसे रंग का घोड़ा
अबलख़–*अ०* (वि०) = अबलक
अबलख़ा–*अ० + हिं०* (स्त्री०) एक चिड़िया
अबला–*सं०* (स्त्री०) स्त्री, नारी
अबल्य–*सं०* (पु०) 1 निर्बलता 2 अस्वस्थता
अबवाब–*अ०* (पु०) (मालगुज़ारी पर) अतिरिक्त कर
अबा–*अ०* (पु०) एक लंबा पहनावा (गाउन, बुर्का)
अबादान–*फ़ा०* (वि०) 1 आबाद 2 संपन्न 3 भरा-पूरा
अबादानी–*फ़ा०* (स्त्री०) आबाद होने की अवस्था
अबाध–I *सं०* (वि०) 1 बाधारहित, बे रोक 2 निर्विघ्न 3 कष्ट रहित 4 अपार II (पु०) खंडन न होना
अबाध्य–*सं०* (वि०) जो रोका न जा सके
अबाबील–*अ०* (स्त्री०) एक विशेष काली चिड़िया
अबाह्य–*सं०* (वि०) 1 बाहरी नहीं, भीतरी 2 पूर्णतः परिचित
अबीर–*अ०* (पु०) होली पर प्रयोग में आनेवाला एक रंग, गुलाल
अबीरी–*अ० + फ़ा०* (वि०) अबीर के रंग का
अबुद्धि–I *सं०* (स्त्री०) अज्ञान, नासमझी II (वि०) मूर्ख
अबुध–I *सं०* (वि०) मूर्ख, नासमझ II (पु०) मूर्ख व्यक्ति
अबूझ–(वि०) जिसे बूझा न जा सके, अज्ञेय
अबे–(क्रि० वि०) तिरस्कार सूचक संबोधन। ~**तबे करना** अपमान जनक ढंग से बात करना
अबोध–I *सं०* (पु०) ज्ञान का अभाव II (वि०) 1 अनजान, नासमझ 2 घबड़ाया हुआ
अबोध्य–*सं०* (वि०) 1 जो समझ में आने योग्य न हो 2 जिसे समझा न जा सके

अब्ज–I *सं०* (वि०) जल से उत्पन्न II (पु०) 1 कमल 2 शंख 3 चन्द्रमा। ~**योनि** (पु०) ब्रह्मा
अब्जद–*अ०* (पु०) 1 अरबी वर्णमाला के वर्ण 2 वर्णों से अंकों का नाम लेने की विधि
अब्जा–*सं०* (स्त्री०) 1 लक्ष्मी 2 सीपी (मोतीवाली)
अब्द–I *सं०* (पु०) 1 वर्ष, साल 2 आकाश II (वि०) जल देनेवाला। ~**कोश** (पु०) वर्ष बोध, वार्षिकी
अब्धि–*सं०* (पु०) 1 समुद्र 2 झील
अब्बा–*अ०* (पु०) बाप, पिता
अब्र–*फ़ा०* (पु०) बादल, घटा
अब्रह्मण्य–I *सं०* (वि०) जो ब्राह्मण के योग्य न हो II (पु०) हिंसादि कर्म
अभंग–I *सं०* (वि०) 1 अखंडित 2 न टूटनेवाला II (पु०) संगीत में एक ताल
अभंगुर–*सं०* (वि०) जो नष्ट न हो
अभंजन–I *सं०* (वि०) जिसका भंजन न हो सके II (पु०) किसी पदार्थ का तत्वों में विभक्त न होना
अभक्त–I *सं०* (वि०) 1 जिसमें भक्ति या आस्था न हो 2 अपूजक 3 अस्वीकृति 4 जिसके टुकड़े न हुए हों II (पु०) खाद्येतर पदार्थ
अभक्षण–*सं०* (पु०) आहार न ग्रहण करना, उपवास
अभक्ष्य–I *सं०* (वि०) 1 न खाने योग्य 2 जिसके खाने का निषेध हो II (पु०) वह खाद्य पदार्थ जो निषिद्ध हो
अभद्र–I *सं०* (वि०) 1 असभ्य 2 अशुभ II (पु०) 1 अहित 2 शोक
अभय–I *सं०* (पु०) 1 भय का अभाव, निर्भयता 2 परमात्मा 3 भय से रक्षा II (वि०) भय रहित, निडर 2 निरापद। ~**कर** (वि०) निर्भय करनेवाला; ~**दान** (पु०) 1 भय से रक्षा का वचन देना; शरण देना ~**पत्र** (पु०) 1 अभय दान से युक्त पत्र 2 रक्षा का लिखित आश्वासन; ~**मुद्रा** (स्त्री०) महात्मा का हाथ उठाकर अभय का आश्वासन; ~**वचन** (पु०) रक्षा की प्रतिज्ञा
अभयद–*सं०* (वि०) अभय देनेवाला
अभया–*सं०* (स्त्री०) दुर्गा
अभर्तृका–*सं०* (स्त्री०) विधवा
अभव–*सं०* (पु०) 1 न होना, अनस्तित्व 2 नाश, प्रलय
अभव्य–*सं०* (वि०) 1 न होने योग्य 2 असुंदर 3 अमांगलिक 4 अभागा
अभाग–*सं०* (वि०) जिसके खंड या भाग न हो सकें
अभागा–(वि०) जिसका भाग्य अनुकूल न हो
अभागिनी–*सं०* (स्त्री०) भाग्यहीन स्त्री
अभागी–*सं०* (वि०) 1 जायदाद में हिस्सा पाने का अनधिकारी 2 अभागा
अभाग्य–I *सं०* (वि०) भाग्यहीन, दुःखी II (पु०) भाग्यहीनता, बदकिस्मती। ~**वश** भाग्यहीनता के कारण
अभाज्य–*सं०* (वि०) जिसका भाग न हो सके (जैसे 3, 7, 11)
अभारतीय–*सं०* (वि०) ग़ैर हिन्दुस्तानी
अभाव–*सं०* (पु०) 1 अस्तित्व में न होने की अवस्था, असत्ता 2 कमी। ~**ग्रस्त** (वि०) निर्धन

अभावक–*सं०* (वि०) 1 सत्तारहित 2 अभाव सूचित करनेवाला
अभावना–*सं०* (स्त्री०) विवेक का अभाव
अभावनीय–*सं०* (वि०) जिसका चिंतन न किया जा सके, अचिंतनीय
अभावात्मक–*सं०* (वि०) जो अभाव के रूप में हो, अभाव सूचक
अभावी–*सं०* (वि०) न होनेवाला
अभाव्य–*सं०* (वि०) 1 अभावी 2 जिसकी भावना न की जा सके
अभाषण–*सं०* (पु०) न बोलना, मौनावलंबन, मौन
अभि–*सं०* (उप०) यह शब्दों के पूर्व आकर 1 ओर, सामने (अभिमुख) 2 पास, समीप (अभिसार) 3 ऊपर (अभिषेक) 4 श्रेष्ठ (अभिधर्म) 5 अति, अत्यधिक (अभिनव) आदि का अर्थ देता है
अभिकथन–*सं०* (पु०) 1 प्रमाणित अभियोग 2 (दर्शन) तथ्य के रूप में कथन
अभिकरण–*सं०* (पु०) अधीनस्थ काम करनेवाली संस्था
अभिकर्त्ता–*सं०* (पु०) संस्था की ओर से प्रतिनिधि के रूप में कार्य करनेवाला, एजेंट। ~**पत्र** (पु०) वह पत्र जिसके अनुसार कोई किसी का अभिकर्त्ता नियत हुआ हो
अभिकलन–*सं०* (पु०) परिकलन का वह रूप जिसमें अनुभवों, बाहरी घटनाओं, निश्चित सिद्धांतों आदि से भी सहायता ली जाती है
अभिकल्प–*सं०* (पु०) 1 यंत्र के कल पुरजों का परीक्षण करके यथास्थान रखना या बैठाना 2 डिज़ाइन
अभिकल्पक–*सं०* (वि०) अभिकल्प करनेवाला
अभिकांक्षा–*सं०* (स्त्री०) अभिलाषा, इच्छा
अभिकांक्षित–*सं०* (वि०) अभिलाषित, इच्छित
अभिकांक्षी–*सं०* (वि०) इच्छा करनेवाला
अभिकाकल–*सं०* (पु०) उपजिह्वा, कंठच्छद
अभिकाम–I *सं०* (वि०) 1 इच्छुक 2 स्नेही 3 कामुक II (पु०) 1 प्यार 2 इच्छा
अभिक्रम–*सं०* (पु०) 1 आगे बढ़ना 2 प्रयत्न 3 आक्रमण 4 आरोहण
अभिक्रमण–*सं०* (पु०) आगे की ओर बढ़ना
अभिक्रांत–*सं०* (वि०) विस्थापित
अभिक्रांति–*सं०* (स्त्री०) विस्थापन, हटाना
अभिक्रिया–*सं०* (पु०) रासायनिक विकार
अभिक्रोश–*सं०* (पु०) निंदा करना, बुराई करना
अभिख्या–*सं०* (स्त्री०) 1 शोभा 2 कांति 3 प्रसिद्धि
अभिख्यात–*सं०* (वि०) 1 प्रसिद्ध 2 यशस्वी
अभिख्यान–*सं०* (पु०) 1 नाम 2 यश 3 प्रसिद्ध
अभिगमन–*सं०* (पु०) 1 पास जाना 2 संभोग
अभिगामी–*सं०* (वि०) अभिगमन करनेवाला
अभिगुप्ति–*सं०* (स्त्री०) रक्षण, बचाना
अभिगृहीत–*सं०* (वि०) 1 जिसे अपनाया गया हो 2 राज्य द्वारा लिया गया
अभिगोपन–*सं०* (पु०) 1 रक्षा करना 2 संभाल रखना
अभिग्रस्त–*सं०* (वि०) 1 शत्रु द्वारा जीता हुआ 2 आक्रांत
अभिग्रह–*सं०* (पु०) 1 ग्रहण 2 कलह 3 आक्रमण
अभिग्रहण–*सं०* (पु०) 1 किसी वस्तु का अपहरण 2 राज्य द्वारा ले लेना
अभिघात–*सं०* (पु०) 1 प्रहार, चोट पहुँचाना 2 विनाश
अभिचार–*सं०* (पु०) 1 अनुष्ठान 2 बुरे काम के लिए मंत्र का प्रयोग, झाड़-फूँक, टोना
अभिचारक–*सं०* (वि०) अभिचार करनेवाला, ओझा
अभिचारी–*सं०* (वि०) अनुचित कर्म करनेवाला
अभिचिंतित–*सं०* (वि०) सुविचारित
अभिजन–*सं०* (पु०) 1 वंश 2 जन्म 3 उच्चकुल में जन्म 4 परिवार
अभिजागर–(पु०) परीक्षा में बैठे विद्यार्थियों पर निगाह रखनेवाला
अभिजात–I *सं०* (वि०) 1 कुलीन 2 योग्य 3 विद्वान् II (पु०) 1 उच्च वंश 2 कुलीनता। ~**तंत्र** (पु०) उच्चवर्ग के व्यक्तियों का शासन; ~**वर्ग** (पु०) कुलीन जातियाँ
अभिजाति–*सं०* (स्त्री०) कुलीनता
अभिजात्य–*सं०* (वि०) उच्च कुल (में जन्म लेने) के योग्य
अभिज्ञ–*सं०* (वि०) 1 जाननेवाला, ज्ञाता 2 कुशल
अभिज्ञा–*सं०* (स्त्री०) 1 पहचान 2 याद करना
अभिज्ञात–*सं०* (वि०) जाना पहचाना, समझा हुआ
अभिज्ञान–*सं०* (पु०) 1 पहचान 2 निशानी 3 अनुस्मरण
अभिज्ञापक–*सं०* (वि०) 1 पहचान करानेवाला 2 सूचना देनेवाला
अभिज्ञापन–*सं०* (पु०) 1 पहचान कराना 2 सूचना देना 3 जानकारी कराना
अभिज्ञेय–*सं०* (वि०) 1 जान पहचान योग्य 2 स्मरण योग्य
अभितः–*सं०* (क्रि० वि०) चारों ओर से
अभिताप–*सं०* (पु०) 1 अत्यधिक ताप 2 पीड़ा 3 क्षोभ
अभित्याग–*सं०* (पु०) 1 छोड़ना 2 अपराध मुक्त होना
अभिदत्त–*सं०* (वि०) प्रदत्त
अभिदर्शन–*सं०* (पु०) 1 देखना 2 प्रकट होना
अभिदान–*सं०* (पु०) 1 कुछ देने की क्रिया 2 चंदा 3 अनुदान
अभिदिष्ट–*सं०* (वि०) 1 जिसका निर्देश हुआ हो 2 संदर्भित
अभिदेश–*सं०* (पु०) संकेत करना। ~**ग्रंथ** (पु०) समय समय पर पूरा और उचित ज्ञान प्राप्त करने के लिए उपयोग में लाया जानेवाला ग्रंथ
अभिदेशक–*सं०* (वि०) संकेत करनेवाला
अभिदेशना–*सं०* (स्त्री०) विधेयक अथवा प्रस्ताव को मतदाताओं का मत जानने हेतु प्रस्तुत करना
अभिद्रुत–*सं०* (वि०) 1 आक्रांत 2 रौंदा हुआ
अभिद्रोह–*सं०* (पु०) 1 निंदा, बुराई 2 निष्ठुरता 3 उत्पीड़न
अभिधमन–*सं०* (पु०) तेज़ हवा बहना
अभिधा–*सं०* (स्त्री०) 1 नाम, संज्ञा 2 स्पष्ट उक्ति 3 निर्देश 4 वाच्यार्थ प्रकट करनेवाली शब्द शक्ति
अभिधात्मक–*सं०* (वि०) 1 अभिधामूलक 2 वाच्य
अभिधान–*सं०* (पु०) 1 उपाधि 2 कथन 3 नाम 4 शब्दकोश
अभिधायक–I *सं०* (पु०) वाचक II (वि०) अभिधा करनेवाला
अभिधारणा–*सं०* (स्त्री०) कब्ज़ा

अभिधावक–*सं०* (वि०) आक्रमण करनेवाला
अभिधावन–*सं०* (पु०) आक्रमण, धावा
अभिधेय–I *सं०* (वि०) 1 नाम देने योग्य 2 कथनीय 3 नामवाला II (पु०) 1 अर्थ 2 विषयवस्तु
अभिनंदन–*सं०* (पु०) 1 अभिवादन 2 सराहना करना 3 प्रोत्साहन 4 बधाई 5 स्वागत। **~पत्र, ~कार्ड** + *अं०* (पु०) ऐसा पत्र या कार्ड जिसमें सम्मानित व्यक्ति की सेवाओं का श्रद्धापूर्वक उल्लेख हो और सार्वजनिक रूप से उसे भेंट किया जाय; **~ग्रंथ** (पु०) किसी प्रतिष्ठित व्यक्ति की सेवाओं की स्मृति को स्थायी बनाये रखने हेतु उनके नाम से सार्वजनिक रूप में दिया जानेवाला ग्रंथ; **~समारोह** (पु०) स्वागत हेतु किया जानेवाला उत्सव, जलसा
अभिनंदनीय–*सं०* (वि०) 1 अभिनंदन करने योग्य 2 प्रशंसनीय
अभिनंदित–*सं०* (वि०) जिसका अभिनंदन किया गया हो
अभिनंदी–*सं०* (वि०) अभिनंदन करनेवाला
अभिनंद्य–*सं०* (वि०) = अभिनंदनीय
अभिनति–(स्त्री०) 1 झुकाव 2 भीतर की ओर झुकाव (विलोमः अपनति)
अभिनय–*सं०* (पु०) 1 आंगिक चेष्टाओं का कलात्मक प्रदर्शन 2 अनुकरण 3 आंगिक चेष्टाएँ 4 नाटक खेलना। **~कला** (पु०) नाटक करने की कला; **~मंच** (पु०) नाटक खेलने का मंच, स्टेज; **~शाला** (स्त्री०) थियेटर
अभिनयात्मक–*सं०* (वि०) अभिनय से संबंधित
अभिनयोचित–*सं०* (वि०) अभिनय के योग्य
अभिनयोपयोगी–*सं०* (वि०) अभिनय के लिए उपयोगी
अभिनव–*सं०* (वि०) 1 बिल्कुल नया 2 आधुनिक ढंग का। **~त्व** (पु०) नवीनता, नयापन
अभिनवीकरण–*सं०* (पु०) बिल्कुल नया करना
अभिनवीकृत–*सं०* (वि०) नया किया हुआ
अभिनियोग–*सं०* 1 संलग्नता 2 दत्तचित्तता
अभिनिर्णय–*सं०* (पु०) 1 निर्णायक का निर्णय 2 पक्का फ़ैसला
अभिनिर्णायक–*सं०* (वि०) अभिनिर्णय करनेवाला
अभिनिर्याण–*सं०* (पु०) 1 आक्रमणकारी का अभियान 2 आक्रमण
अभिनिविष्ट–*सं०* (वि०) जिसका अभिनिवेश हुआ हो
अभिनिवेश–*सं०* (पु०) 1 किसी ध्यान में लगे होने की अवस्था 2 मनोयोग 3 एक विषय पर होनेवाला चिंतन 4 तत्परता 5 दृढ़ संकल्प 6 गति, पैठ
अभिनिष्क्रमण–*सं०* (पु०) 1 घर से बाहर निकलना 2 संन्यास रूप में घर त्यागना
अभिनिष्पत्ति–*सं०* (स्त्री०) 1 पूर्णता 2 समाप्ति 3 सिद्धि
अभिनीत–*सं०* (वि०) 1 जिसका अभिनय हुआ हो 2 समीप लाया हुआ 3 पूर्णता को पहुँचा हुआ 4 सज्जित
अभिनीय–*सं०* (वि०) जो अभिनय योग्य हो
अभिनेता–*सं०* (पु०) 1 जो (रंगमंच पर) नाटक करता हो 2 नट
अभिनेत्री–*सं०* (स्त्री०) 1 (रंगमंच पर) अभिनय करनेवाली 2 नटी
अभिनेय–*सं०* (वि०) जिसका अभिनय किया जा सकता हो
अभिन्न–I *सं०* (वि०) 1 जो भिन्न न हो 2 एकरूप 3 संबद्ध 4 अटूट 5 अंतरंग II (पु०) *ग०* संपूर्ण संख्या का अंश। **~हृदय** (वि०) जिसमें पूर्ण एकता या समानता हो
अभिन्यस्त–*सं०* (वि०) 1 रखा हुआ 2 जमा किया हुआ
अभिन्यास–*सं०* (पु०) 1 रखना 2 जमा करना 3 पूर्व योजनानुसार किया जानेवाला निर्माण
अभिपतन–*सं०* (पु०) 1 पूरा पतन 2 प्रस्थान 3 आक्रमण
अभिपत्ति–*सं०* (स्त्री०) पहुँच
अभिपत्र–*सं०* (पु०) गूढ़ विषय से संबद्ध पत्र
अभिपद–*सं०* (पु०) 1 पूरा और स्वतंत्र अंग
अभिपन्न–*सं०* (वि०) 1 विपत्ति में पड़ा हुआ 2 भाग्यहीन 3 पराजित
अभिपुष्टि–*सं०* (स्त्री०) अच्छी तरह पोषण
अभिपुष्प–I *सं०* (वि०) फूलों से ढका हुआ II (पु०) बढ़िया फूल
अभिपूर्ति–*सं०* (स्त्री०) अच्छी तरह पूरा करना
अभिपोषण–*सं०* 1 अच्छी तरह पालन-पोषण करना 2 समर्थन
अभिप्रणय–*सं०* (पु०) 1 प्रेम 2 कृपा
अभिप्रणीत–*सं०* अच्छी तरह तैयार किया हुआ
अभिप्रपन्न–*सं०* (वि०) प्राप्त
अभिप्राणन–*सं०* (पु०) साँस बाहर निकालना
अभिप्राय–*सं०* (पु०) 1 मूल अर्थ 2 इरादा 3 नीयत 4 आशय, तात्पर्य 5 कथानक रूढ़ि
अभिप्रेत–*सं०* (वि०) 1 चाहा हुआ, इष्ट 2 प्रिय, रुचिकर
अभिप्रेरण–*सं०* (पु०) किसी दिशा में लगाना
अभिप्रेषण–*सं०* (पु०) रवानगी, भेजना, चालान
अभिप्लव–*सं०* (पु०) 1 उपद्रव, उत्पात 2 बाढ़
अभिप्लुत–*सं०* (वि०) घिरा हुआ
अभिभव–*सं०* (पु०) 1 पराजय, हार 2 तिरस्कार, अपयश 3 विलक्षण घटना 4 प्राबल्य
अभिभावक–I *सं०* (वि०) 1 अभिभूत करनेवाला 2 अति प्रबल, श्रेष्ठ II (पु०) रक्षा एवं देखभाल करना, संरक्षक
अभिभाविका–*सं०* (वि०) 1 वशीभूत करनेवाली 2 देख रेख करनेवाली
अभिभावी–*सं०* (वि०) 1 हरानेवाला 2 सक्रिय होकर फल उत्पन्न करनेवाला 3 प्रबल
अभिभाषक–*सं०* (पु०) 1 किसी पक्ष से बोलनेवाला 2 शास्त्रार्थ करनेवाला 3 बहस एवं समर्थन करनेवाला
अभिभाषण–*सं०* (पु०) 1 विद्वत्तापूर्ण भाषण 2 अध्यक्ष का वक्तव्य
अभिभू–*सं०* (वि०) 1 आगे बढ़ा हुआ 2 श्रेष्ठ, उत्तम
अभिभूत–*सं०* (वि०) 1 पराजित किया हुआ 2 पीड़ित 3 चकित 4 विकल 5 किंकर्तव्यविमूढ़। **~कारी** (वि०) हरानेवाला
अभिभूति–*सं०* (स्त्री०) पराभव, अपमान
अभिमंडन–*सं०* (पु०) 1 सजाना 2 समर्थन एवं पोषण
अभिमंडित–*सं०* (वि०) भली भांति सजाया हुआ
अभिमंता–*सं०* (वि०) अभिमानी या घमंडी

अभिमंत्रण–*सं०* (पु०) 1 मंत्रोच्चारण से शुद्ध करना 2 जादू करना 3 आवाहन। ~**पत्र** (पु०) 1 तावीज़ 2 आह्वान-पत्र
अभिमंत्रित–*सं०* (वि०) मंत्र द्वारा शुद्ध किया हुआ। 2 जादू किया हुआ; ~**जल** (पु०) शुद्ध किया हुआ पानी
अभिमत–I *सं०* (वि०) 1 अनुकूल, सम्मत 2 मन चाहा II (पु०) 1 स्वीकृत मत 2 व्यक्तिगत मत
अभिमति–*सं०* (स्त्री०) 1 अभिमान 2 आदर 3 विचार, राय 4 अभिलाषा
अभिमन्यु–*सं०* (पु०) अर्जुन और सुभद्रा का पुत्र
अभिमर्दन–*सं०* (पु०) 1 कुचलना 2 चूर-चूर करना 3 सताना
अभिमर्षण–*सं०* (पु०) 1 स्पर्श करना 2 आक्रमण 3 रगड़ना या संघर्ष करना 4 पराजय, हार
अभिमाद–*सं०* (पु०) 1 मद, नशा 2 ख़ुमार
अभिमान–*सं०* (पु०) 1 अपनी प्रतिष्ठा या मर्यादा एवं सत्ता की अनुचित धारणा 2 अहंकार, घमंड
अभिमानी–*सं०* (वि०) अहंकारी, घमंडी
अभिमुक्ति–*सं०* (स्त्री०) कर्तव्य या पद से मुक्त होने की अवस्था
अभिमुख–*सं०* (क्रि० वि०) 1 किसी की ओर मुँह किये हुए 2 सम्मुख, सामने
अभिमृष्ट–*सं०* (वि०) 1 स्पर्श किया हुआ 2 पराभूत 3 आक्रांत
अभियंता–*सं०* 1 वास्तुकार 2 लोक वास्तु संबंधी चीज़ें बनानेवाला विशेषज्ञ 3 इंजीनियर
अभियंत्रण–*सं०* (पु०) 1 अभियंता का कार्य 2 यंत्र निर्माण विद्या एवं कला
अभियांत्रिकी–(स्त्री०) इंजीनियरिंग
अभियाचक–*सं०* (वि०) 1 माँगनेवाला 2 अनुरोध करनेवाला
अभियाचना–*सं०* (स्त्री०) 1 दीनतापूर्वक याचना करना 2 अनुरोध करना
अभियाता–*सं०* (पु०) चढ़ाई करनेवाला
अभियान–*सं०* (पु०) 1 दल बल सहित चल पड़ना 2 सैनिक आक्रमण, चढ़ाई। ~**कारी** (वि०) चढ़ाई या हमला करनेवाला; ~**दल** (पु०) आक्रमण करनेवाली टुकड़ी
अभियानिक–*सं०* (वि०) 1 अभियान का 2 अभियान के रूप में होनेवाला
अभियानी–*सं०* (पु०) विजय कामना से अभियान करनेवाला व्यक्ति
अभियायी–*सं०* (पु०/वि०) 1 आक्रमणकारी 2 दलबल के साथ चलनेवाले
अभियुक्त–*सं०* (वि०) 1 लगा हुआ, संलग्न 2 आक्रांत 3 अपराधी, दोषी, मुलज़िम
अभियुक्ति–*सं०* (स्त्री०) 1 अभियुक्त होने की अवस्था या भाव 2 दोषारोपण
अभियोक्ता–*सं०* (वि०) अभियोगी
अभियोग–*सं०* (पु०) 1 दोषारोपण 2 आक्षेप 3 मुकदमा। ~**कारी** (वि०) अभियोग लगानेवाला; ~**पक्ष** (पु०) दावा करनेवाली पार्टी; ~**पत्र** (पु०) वह पत्र जिसमें अभियोग संबंधी विवरण लिखा हो; ~**मुक्त** (पु०) दोष से छुटकारा; ~**साक्षी** (स्त्री०) अभियोग पक्ष का गवाह
अभियोगी–I *सं०* (वि०) 1 फ़रियादी 2 आक्रमण करनेवाली 3 मनोयोग पूर्वक लगा हुआ II (पु०) वादी
अभियोजक–*सं०* (वि०) योजना बनानेवाला
अभियोजन–*सं०* (पु०) 1 अच्छी तरह जोड़ना 2 दोष लगाना। ~**कारी** (वि०) दोष लगानेवाला
अभियोजित–*सं०* (वि०) जिसे उचित रूप से नियोजित किया गया हो
अभियोज्य–*सं०* (वि०) जिस पर अभियोग लगाया जा सके
अभिरंजन–*सं०* (पु०) 1 रंजन 2 अनुरक्त करना
अभिरक्त–*सं०* (वि०) लगा हुआ, संबद्ध
अभिरक्षक–*सं०* (वि०) बचाव करनेवाला, संरक्षक
अभिरक्षण–*सं०* (पु०) बचाव करना, संरक्षा करना
अभिरक्षा–*सं०* (स्त्री०) अच्छी तरह से की जानेवाली रक्षा
अभिरक्षित–*सं०* (वि०) जिसकी रक्षा की गयी हो
अभिरत–*सं०* (वि०) 1 प्रसन्न 2 अनुरक्त 3 लगा हुआ
अभिरति–*सं०* (स्त्री०) 1 अनुराग 2 लगन 3 सुखानुभव 4 संतोष
अभिरमण–*सं०* (पु०) आनन्द लेना
अभिराद्ध–*सं०* (वि०) प्रसन्न या संतुष्ट किया हुआ
अभिराधन–*सं०* (पु०) संतुष्ट करना, प्रसन्न करना
अभिराम–I *सं०* (वि०) 1 अच्छा लगनेवाला 2 मोहक 3 सुखद II (पु०) 1 आराम 2 प्रसन्नता
अभिरुचि–*सं०* (स्त्री०) 1 शौक 2 झुकाव 3 विशेष रुचि 4 कीर्ति आदि की इच्छा, अभिलाषा
अभिरूप–I *सं०* (वि०) 1 अनुरूप 2 सुंदर 3 प्रिय II (पु०) मिलता-जुलता रूप
अभिरोपण–*सं०* (पु०) एक जगह से दूसरी जगह (पेड़) रोपना
अभिलंघन–*सं०* (पु०) 1 कूद कर लाँघना 2 जानबूझकर उल्लंघन करना
अभिलंब–*सं०* (वि०) *ग०* स्पर्शबिन्दु से खींची गई लंब रेखा
अभिलक्षण–*सं०* (पु०) भेदक लक्षण, विशिष्टता
अभिलक्षित–*सं०* (वि०) 1 लक्षित किया हुआ 2 संकेतित
अभिलक्ष्य–*सं०* (वि०) जिसे निशाना बनाया जा सके
अभिलषण–*सं०* (पु०) 1 चाहना, इच्छा करना 2 ललचाना
अभिलषित–*सं०* (वि०) चाहा हुआ, वांछित
अभिलाक्षणिक–*सं०* (वि०) लक्षणात्मक
अभिलाप–*सं०* (पु०) वर्णन
अभिलाष–*सं०* (पु०) 1 चाह 2 लोभ 3 प्रिय से मिलने की इच्छा
अभिलाषा–*सं०* (स्त्री०) 1 मन की चाह, कामना
अभिलाषी–*सं०* (वि०) चाहनेवाला, इच्छुक
अभिलाषुक–*सं०* (वि०) अभिलाषा करनेवाला
अभिलिखित–*सं०* (वि०) रिकार्ड किया हुआ
अभिलीन–*सं०* (वि०) 1 अनुरक्त 2 पसंद किया हुआ
अभिलेख–*सं०* (पु०) 1 महत्वपूर्ण लेख, दस्तावेज़, रिकार्ड 2 ताम्रपट पर खुदा हुआ लेख। (पु०) अभिलेखों की देखभाल करनेवाला
अभिलेखन–*सं०* (पु०) 1 लिखना 2 खोदना 3 रिकार्ड करना
अभिलेखागार, अभिलेखालय–*सं०* (पु०) रिकार्ड-घर

अभिलेखित–I *सं०* (पु०) लिपिबद्ध पत्रादि II (वि०) लिपिबद्ध
अभिलोपन–*सं०* (पु०) 1 मिटाना 2 नष्ट करना
अभिवंचन–*सं०* (पु०) छलना, ठगना
अभिवंचित–*सं०* (वि०) जो छला गया हो
अभिवंदन–*सं०* (पु०) प्रणाम करना, बंदगी
अभिवंदित–*सं०* (वि०) अभिवादित
अभिवंद्य–*सं०* (वि०) अभिवंदनीय
अभिवक्ता–*सं०* (पु०) वकील
अभिवचन–*सं०* (पु०) 1 प्रतिज्ञा, इकरार 2 वकील का कथन 3 (दर्शन) तथ्य के रूप में कथन, अभिकथन
अभिवर्त्तन–*सं०* (पु०) 1 आगे बढ़ना 2 आक्रमण
अभिवर्धन–*सं०* (पु०) विकसित रूप में लाना, बढ़ाना
अभिवर्धित–*सं०* (वि०) जिसे विकसित किया गया हो
अभिवांछा–*सं०* (स्त्री०) अभिलाषा, आकांक्षा
अभिवांछित–*सं०* (वि०) इच्छित, चाहा हुआ
अभिवाद–*सं०* (पु०) 1 प्रणाम करना 2 प्रशंसा, स्तुति
अभिवादक–*सं०* (वि०) प्रणाम करनेवाला
अभिवादन–*सं०* (पु०) श्रद्धापूर्वक किया जानेवाला नमस्कार, वंदना
अभिवादित–*सं०* (वि०) जिसका अभिवादन किया गया हो
अभिवाद्य–*सं०* (वि०) अभिवादन योग्य
अभिवास–*सं०* (पु०) 1 आवरण 2 वस्त्राच्छादित
अभिविनीत–*सं०* (वि०) 1 सुशील 2 शिक्षित 3 शुद्ध 4 पवित्र
अभिविमान–*सं०* (वि०) 1 अपरिमित आकार का 2 ईश्वर का एक विशेषण
अभिविश्रुत–*सं०* (वि०) सुविख्यात, प्रसिद्ध
अभिवृत्ति–*सं०* (स्त्री०) 1 मनःस्थिति 2 रुख़
अभिवृद्धि–*सं०* (स्त्री०) 1 विशेष वृद्धि 2 सफलता 3 अभ्युदय, उन्नति
अभिव्यंजक–*सं०* (वि०) प्रकट करनेवाला, बोधक
अभिव्यंजन–(पु०), अभिव्यंजना–*सं०* (स्त्री०) विचारों एवं भावों को प्रकट करना, अभिव्यक्ति। ~**वाद** (पु०) मनोगत भावों को यथार्थ रूप में व्यक्त करने की मान्यता; ~**वादी** (वि०) अभिव्यंजनावाद को माननेवाला
अभिव्यक्त–*सं०* (वि०) प्रकट किया हुआ
अभिव्यक्ति–*सं०* (स्त्री०) 1 प्रकट करना 2 प्रकाशन
अभिव्यापक–*सं०* (वि०) 1 सब ओर फैला हुआ 2 समावेश करनेवाला
अभिव्याप्त–*सं०* (वि०) अच्छी तरह व्याप्त
अभिव्याप्ति–*सं०* (स्त्री०) 1 सर्वव्यापकता 2 समावेश
अभिशंका–*सं०* (स्त्री०) 1 संदेह 2 चिंता 3 आशंका 4 भय
अभिशंकित–*सं०* (वि०) जिस पर शक किया गया हो
अभिशंसन–*सं०* (पु०) 1 दोष लगाना 2 चोट पहुँचाना 3 मिथ्या आरोपण
अभिशंसा–*सं०* (स्त्री०) अभियोग या अपराध की पुष्टि होना
अभिशंसित–*सं०* (वि०) जिस पर अपराध प्रमाणित हुआ हो
अभिशपन–*सं०* (पु०) मिथ्या दोषारोपण करना
अभिशप्त–*सं०* (वि०) जिस पर मिथ्या आरोप किया गया 2 शापित, शापग्रस्त
अभिशब्दित–*सं०* (वि०) ध्वनित
अभिशस्त–*सं०* (वि०) 1 अभिशप्त 2 कलंकित
अभिशस्ति–*सं०* (स्त्री०) 1 अभिशाप 2 दोष का प्रमाणन
अभिशाप–*सं०* (पु०) 1 बड़ा शाप 2 लांछन 3 मिथ्या आरोप
अभिशापन–*सं०* (पु०) 1 शाप देना 2 कोसना
अभिशासन–*सं०* (पु०) 1 अच्छी तरह शासन करना 2 आरोप लगाना
अभिशून्यन–*सं०* (पु०) 1 शून्य करना 2 निरर्थक बनाना
अभिश्रुति–*सं०* (स्त्री०) स्वरों के बीच में हल्की सी व्यंजन-ध्वनि
अभिषंग–*सं०* (पु०) 1 पूर्ण संबंध 2 आलिंगन 3 संभोग 4 आवेश
अभिषंगी–I *सं०* (पु०) जो किसी अनुचित काम में साथ दे II (वि०) साथ लगा रहनेवाला
अभिषद्–*सं०* (स्त्री०) सीनेट, सिंडिकेट
अभिषवण–*सं०* (पु०) 1 स्नान 2 सोमरस निचोड़ने का साधन
अभिषिक्त–*सं०* (वि०) 1 जिसका अभिषेक हुआ हो 2 सींचा हुआ 3 अधिकार प्राप्त
अभिषेक–*सं०* (पु०) 1 जल छिड़कना 2 राजा के सिंहास्नारोहण का अनुष्ठान 3 अभिषेक में काम आनेवाला पवित्र जल
अभिषेचन–*सं०* (पु०) अभिषेक करना
अभिष्यंद–*सं०* (पु०) स्राव
अभिष्यंदी–*सं०* (वि०) रिसनेवाला
अभिष्वंग–*सं०* (पु०) बहुत गहरा संबंध, प्रेम
अभिसंक्रमण–*सं०* (पु०) 1 सौंपकर छुट्टी पाना 2 पहुँचाना
अभिसंताप–*सं०* (पु०) 1 संघर्ष, युद्ध 2 पीड़ा
अभिसंध–*सं०* (पु०) 1 धोखा देनेवाला, वंचक 2 निंदक
अभिसंधान–*सं०* (पु०) 1 जोड़ 2 लक्ष्य 3 उद्देश्य 4 लगन 5 धोखा देना 6 ठगना 7 संधि करना
अभिसंधि–*सं०* (स्त्री०) 1 जोड़ 2 दुष्ट अभिप्राय 3 समझौता 4 कुचक्र, षड्‌यंत्र
अभिसंधिता–*सं०* (स्त्री०) कलहांतरिता नायिका
अभिसंयोग–*सं०* (पु०) प्रगाढ़ संबंध
अभिसंश्रय–*सं०* (पु०) रक्षा, आश्रय
अभिसंस्कार–*सं०* (पु०) 1 मत, विचार 2 निरर्थक कार्य
अभिसक्त–*सं०* (वि०) दृढ़ता से जुड़ा हुआ
अभिसमय–*सं०* (पु०) 1 निश्चय 2 समझौता
अभिसम्मत–*सं०* (वि०) सम्मानित, प्रतिष्ठित
अभिसर–*सं०* (पु०) 1 साथी 2 अनुचर
अभिसरण–*सं०* (पु०) 1 मिलने के लिए जाना 2 आगे बढ़ना
अभिसर्ग–*सं०* (पु०) रचना, सृष्टि
अभिसर्ता–*सं०* (पु०) हमला करनेवाला, आक्रामक
अभिसामयिक–*सं०* (वि०) अभिसमय से संबंध रखनेवाला, रूढ़
अभिसार–*सं०* (पु०) 1 आगे बढ़ना 2 प्रिय से मिलने जाना 3 संकेतस्थल पर पहुँचना
अभिसारिका–*सं०* (स्त्री०) प्रिय से मिलने के लिए जानेवाली नायिका
अभिसारिणी–*सं०* (स्त्री०) 1 अभिसारिका 2 साथ रहनेवाली

अभिसारी–*सं०* (पु०) 1 अभिसार करनेवाला 2 सहायक 3 (केंद्र के) पास आता हुआ
अभिसिंचित–*सं०* (वि०) अच्छी तरह सींचा हुआ
अभिसूचक–*सं०* (वि०) अभिसूचना देनेवाला
अभिसूचना–*सं०* (स्त्री०) विशेष रूप से दी जानेवाली सूचना
अभिस्ताव–(पु०) प्रशंसा, स्तुति
अभिस्तुति–*सं०* (स्त्री०) 1 प्रशंसा 2 संस्तुति
अभिस्थगन–*सं०* (पु०) सत्र का अवसान
अभिस्थगित–*सं०* (वि०) विशेष कारण से टाला गया
अभिस्त्रवणी–*सं०* (स्त्री०) आसवनी
अभिस्त्रावण–*सं०* (पु०) आसवन
अभिहत–*सं०* (वि०) 1 पीटा गया 2 आक्रांत 3 पराभूत 4 बाधित
अभिहति–*सं०* (स्त्री०) 1 निशाना लगाना 2 गुणन क्रिया 3 पिटाई
अभिहर–I *सं०* (पु०) ले भागना II (वि०) ले भागनेवाला, उठाईगीर
अभिहरण–*सं०* (पु०) लूटना
अभिहर्त्ता–*सं०* (पु०) 1 लेकर चल देनेवाला 2 डाकू
अभिहार–*सं०* (पु०) 1 चोरी 2 डाका 3 हमला 4 अपनयन
अभिहास–*सं०* (पु०) 1 दिल्लगी 2 विनोद
अभिहित–I *सं०* (वि०) कहा हुआ 2 अभिधा वृत्ति द्वारा बोधित 3 उल्लिखित II (पु०) 1 नाम 2 शब्द। ~**संधि** (स्त्री०) मौखिक संधि
अभी–(क्रि० वि०) अब ही, इसी समय
अभीक–*सं०* (वि०) 1 इच्छुक 2 कामातुर 3 निर्भीक 4 भयानक
अभीक्षक–*सं०* (वि०) देख-रेख करनेवाला
अभीत–*सं०* (वि०) निडर, निर्भीक
अभीति–I *सं०* (स्त्री०) 1 निर्भीकता 2 हमला II (वि०) निर्भीक
अभीप्सा–*सं०* (स्त्री०) कामना, प्रबल इच्छा। ~**पूर्ति** (स्त्री०) कामना का पूरा होना
अभीप्सित–I *सं०* (वि०) वांछित II (पु०) अभिलाषा
अभीप्सी–*सं०* (वि०) = अभीप्सु
अभीप्सु–*सं०* (वि०) इच्छुक
अभीर–*सं०* (पु०) 1 अहीर 2 चार चरण का एक छंद जिसके प्रत्येक चरण में 11 मात्रा और अंत में जगण हो
अभीरु–I *सं०* (वि०) 1 निडर 2 जो भयदायक न न हो 3 निर्दोष II (पु०) 1 शिव 2 भैरव 3 युद्धभूमि
अभीष्ट–*सं०* (वि०) 1 चाहा हुआ 2 अभिप्रेत 3 प्रिय 4 रुचिकर II (पु०) 1 अभिलषित वस्तु 2 मनोरथ 3 प्रेमी 4 प्रिय व्यक्ति; ~**लाभ** (पु०) अभिप्रेत वस्तु की प्राप्ति; ~**सिद्धि** (स्त्री०) मनचाही बात पूरी होना
अभीष्टा–*सं०* (स्त्री०) 1 प्रेमिका 2 तांबूल, पान
अभुक्त–*सं०* (वि०) 1 न खाया हुआ 2 न भोगा हुआ 3 अछूता 4 जिसने भोजन न किया हो। ~**पूर्व** (वि०) जिसका पहले उपयोग न हुआ हो
अभुग्न–*सं०* (वि०) 1 जो झुका न हो 2 निरोग या स्वस्थ 3 जो कुटिल न हो

अभूत–*सं०* (वि०) 1 जो हुआ न हो 2 अविद्यमान 3 मिथ्या; ~**दोष** (वि०) निर्दोष; ~**पूर्व** (वि०) 1 जो पहले न हुआ हो 2 अनोखा; ~**शत्रु** (वि०) जिसका कोई शत्रु न हो
अभूतार्थ–*सं०* (पु०) अश्रुतपूर्व या अनहोनी बात
अभूति–I *सं०* (स्त्री०) 1 अविद्यमानता 2 धन या शक्ति का अभाव 3 निर्धनता II (वि०) निर्धन, गरीब
अभूरि–*सं०* (वि०) 1 कुछ, थोड़ा 2 कतिपय
अभेद–*सं०* (पु०) 1 भेद का अभाव, एकता 2 एक रूपता II (वि०) 1 भेद-रहित 2 अविभक्त 3 जिसका रहस्य न जाना गया हो; ~**वादी** (पु०/वि०) जीवात्मा और परमात्मा में कोई भेद न माननेवाला
अभेदनीय–*सं०* (वि०) = अभेद्य
अभेद्य–I *सं०* (वि०) जो छेदा न जा सके अविभाज्य II (पु०) हीरा
अभेरना–(स० क्रि०) 1 संयुक्त करना 2 मिलाना
अभोक्तव्य–*सं०* (वि०) जिसका उपयोग या उपभोग न किया जा सके
अभोक्ता–*सं०* (वि०) 1 उपभोग न करनेवाला 2 परहेज़ करनेवाला
अभोग–I *सं०* (पु०) भोग का अभाव II (वि०) अभुक्त
अभोगी–*सं०* (वि०) 1 अभोक्ता 2 विरक्त
अभोग्य–*सं०* (वि०) जो भोग करने योग्य न हो, जिसे भोगना वर्जित हो
अभोजन–*सं०* (पु०) न खाना, खाने से परहेज़, उपवास
अभोज्य–*सं०* (पु०) 1 न खाने योग्य 2 जिसके खाने का निषेध हो
अभौतिक–*सं०* (वि०) अपार्थिव, जो पंचभूतों से न बना हो
अभौम–*सं०* (वि०) जो भूमि से उत्पन्न न हुआ हो
अभ्यंग–*सं०* (पु०) 1 लेपन 2 मालिश
अभ्यंजन–*सं०* (पु०) मालिश करना
अभ्यंतर–I *सं०* (पु०) 1 वस्तु का भीतरी भाग 2 बीच का अवकाश 3 अंतःकरण II (क्रि० वि०) भीतर, अंदर III (वि०) 1 भीतरी 2 अंतरंग 3 परिचित 4 कुशल। ~**प्रयत्न** (पु०) उच्चारण में वायु को मुख के अन्दर रोकना
अभ्यंश–*सं०* (पु०) यथांश, नियतांश
अभ्यक्त–*सं०* (वि०) 1 जिसे तेल की मालिश की गई हो 2 जो तेल फुलेल लगाये हो
अभ्यधिक–*सं०* (वि०) बहुत अधिक
अभ्यधीन–*सं०* (वि०) जो पराधीन हो
अभ्यर्चन–*सं०* (पु०), **अभ्यर्चना** (स्त्री०) पूजा, आराधना
अभ्यर्ण–I *सं०* (वि०) 1 निकट 2 निकट आनेवाला II (पु०) सामीप्य
अभ्यर्थन–*सं०* (पु०) 1 प्रार्थना करना 2 दरख़्वास्त 3 अगवानी करना
अभ्यर्थना–*सं०* (पु०) 1 अनुरोध, विनती 2 मांग, याचना
अभ्यर्थित–*सं०* (वि०) जिससे विनती की गयी हो
अभ्यर्थी–*सं०* (वि०) 1 प्रार्थना करनेवाला 2 उम्मीदवार
अभ्यर्दन–*सं०* (पु०) उत्पीड़न, कष्ट देना
अभ्यर्दित–*सं०* (वि०) पीड़ित
अभ्यर्पण–*सं०* (पु०) अपना अधिकार या स्वामित्व अन्य को सौंपना

अभ्यर्पित–*सं०* (वि०) सौंप दिया गया
अभ्यर्पिती–*सं०* (पु०) वह जिसे अधिकार सौंपा गया
अभ्यर्हणा–*सं०* (स्त्री०) पूजा, सम्मान, इज़्ज़त करना
अभ्यवहरण–*सं०* (पु०) 1 नीचे फेंकना 2 भोजन ग्रहण करना
अभ्यसन–*सं०* (पु०) 1 अभ्यास करना 2 अनुशीलन करना
अभ्यसित–*सं०* (वि०) अभ्यस्त
अभ्यस्त–*सं०* (वि०) 1 अच्छी तरह सीखा हुआ 2 जिसने अभ्यास किया हो 3 पक्का
अभ्याकांक्षित–*सं०* 1 चाहा हुआ 2 मिथ्या अभियोग 3 झूठा 4 दावा 5 अभिलाषा
अभ्याक्रमी–*सं०* (स्त्री०) बिना कारण हमला करनेवाला
अभ्याख्यान–*सं०* (पु०) निराधार अभियोग, झूठा दावा
अभ्यागत–I *सं०* (वि०) सामने आया हुआ II (पु०) 1 अतिथि 2 साधु-संन्यासी
अभ्यागम–*सं०* (पु०) 1 पास आना 2 पड़ोस 3 अगवानी 4 मुठभेड़ 5 युद्ध
अभ्यागारिक–*सं०* (वि०) परिवार के पालने में तत्पर या व्यग्र
अभ्याघात–*सं०* (पु०) 1 आक्रमण 2 रुकावट
अभ्याधान–*सं०* (पु०) आरम्भ
अभ्यापात–*सं०* (पु०) 1 विपत्ति, संकट 2 बुराई 3 दुर्भाग्य
अभ्यारोपण–*सं०* (पु०) एक जगह से दूसरी जगह (पौधा लगाना)
अभ्याश–I *सं०* (वि०) निकट II (पु०) 1 पड़ोस 2 सामीप्य 3 अभ्युदय
अभ्यास–*सं०* (पु०) 1 किसी काम को बार-बार करना 2 आदत। ~**योग** (पु०) किसी एक विषय का बारंम्बार चिंतन एवं मनन करना; ~**वश** (क्रि० वि०) अभ्यास के कारण
अभ्यासादन–*सं०* (पु०) 1 सामना, मुकाबला 2 आक्रमण
अभ्यासी–*सं०* (वि०) अभ्यास करनेवाला
अभ्याहत–*सं०* (वि०) 1 बाधित 2 आहत, ताड़ित
अभ्याहार–*सं०* (पु०) 1 निकट लाना 2 अपहरण
अभ्युक्त–*सं०* (वि०) 1 कहा हुआ, उच्चरित 2 अभियुक्ति के रूप में लाया हुआ
अभियुक्ति–*सं०* (स्त्री०) 1 दोष लगाना 2 तर्क उपस्थित करना
अभ्युक्षण–*सं०* (पु०) सिंचन, छिड़काव
अभ्युक्षित–*सं०* (वि०) जिस पर छिड़काव किया गया हो
अभ्युचित–*सं०* (वि०) 1 नियमित 2 प्रचलित, प्रथानुरूप
अभ्युच्छेदन–*सं०* (पु०) शल्य क्रिया द्वारा काटना
अभ्युत्थान–*सं०* (पु०) 1 उठना 2 उत्कर्ष 3 अभ्युदय
अभ्युत्थायी–*सं०* (वि०) 1 उन्नति करनेवाला 2 विद्रोही
अभ्युत्थित–*सं०* (वि०) अभ्युत्थायी
अभ्युदय–*सं०* (पु०) 1 वृद्धि 2 उत्तरोत्तर उन्नति 3 इष्टलाभ 4 कल्याण; ~**काल** (पु०) उन्नतिकाल
अभ्युदाहरण–*सं०* (पु०) मिसाल या विपरीत बात के द्वारा किसी विषय का स्पष्टीकरण
अभ्युदित–*सं०* (वि०) 1 उगा हुआ 2 निकला हुआ 3 घटित 4 समृद्धिप्राप्त, उन्नत
अभ्युगत–*सं०* (वि०) 1 पास गया या आया हुआ 2 स्वीकृत
अभ्युपगम–I *सं०* (पु०) 1 पास जाना 2 वादा करना 3 मानना, अंगीकार
अभ्युपपत्ति–*सं०* (स्त्री०) 1 सहायता देने के लिए पहुंचना 2 रक्षा 3 कृपा, अनुग्रह 4 वादा 5 समझौता 6 बचाव, रक्षा
अभ्युपाय–*सं०* (पु०) 1 वादा 2 अंगीकार 3 साधन 4 उपाय
अभ्यूह–*सं०* (पु०) 1 तर्क 2 निष्कर्ष, परिणाम
अभ्रंकष–I *सं०* (वि०) गगनचुम्बी, बहुत उँचा II (पु०) 1 हवा 2 पहाड़
अभ्र–*सं०* (पु०) 1 बादल 2 आकाश 3 अभ्रक 4 शून्य। ~**पुष्प** (पु०) 1 बेंत का एक प्रकार 2 पानी 3 कोई असम्भव बात; ~**भेदी** (वि०) गगनचुम्बी, अत्यधिक ऊंचा; ~**स्पर्शी** (वि०) गगन को छूने वाली
अभ्रम–*सं०* भ्रमरहित, स्पष्ट
अभ्रांत–*सं०* (वि०) 1 भ्रमरहित, यथार्थ ज्ञाता
अभ्रांति–*सं०* (स्त्री०) भ्रम हीनता
अभ्रिय–*सं०* (वि०) बादल, बिजली
अमंगल–I *सं०* (वि०) 1 अशुभ 2 भाग्यहीन II (पु०) 1 अकल्याण 2 दुर्भाग्य
अमंद–*सं०* (वि०) 1 तेज 2 परिश्रमी 3 उग्र
अमचूर–(पु०) कच्चे आम का सूखा चूर्ण
अमत–I *सं०* (पु०) 1 रोग 2 मत का अभाव II (वि०) 1 अज्ञात 2 अस्वीकृत
अमतदेय–*सं०* जिसके संबंध में मत न दिया जा सके
अमति–I *सं०* (स्त्री०) 1 अज्ञान 2 अदूरदर्शिता 3 संज्ञाहीनता II (वि०) कुटिल III (पु०) 1 काल 2 चंद्रमा
अमत्सर–I *सं०* (पु०) ईर्ष्या का अभाव II (वि०) मात्सर्य रहित
अमदन–I*सं०* (पु०) शिव II (क्रि० वि०) इरादा करके, जानबूझकर
अमन–*अ०* (पु०) 1 शांति 2 रक्षा। ~**अमान** (पु०) शांति और सुरक्षा या सुव्यवस्था; ~**चैन** + *हिं०* (पु०) सुख-शांति
और सुरक्षा या सुव्यवस्था; ~**चैन** + *हिं०* (पु०) सुख-शांति;
~**पसंद** + *फ़ा०* (वि०) शांतिप्रिय
अमनस्क–*सं०* (वि०) 1 उदासीन 2 अनमना
अमना–I*सं०* (वि०) 1 नासमझ 2 अन्यमनस्क 3 लापरवाह 4 स्नेहहीन 5 जिसका अपने मन पर नियंत्रण न हो II (पु०) परमेश्वर
अमनुष्य–I *सं०* (वि०) अमानवोचित II (पु०) मनुष्य नहीं, दैत्यादि
अमनोज्ञ–*सं०* (वि०) चित्त को प्रिय न लगनेवाला, अरुचिकर
अमनोहर–*सं०* (वि०) = अमनोज्ञ
अमम–I *सं०* (वि०) 1 अहंकार शून्य 2 निःस्वार्थ 3 ममताशून्य 4 कामनारहित II (पु०) भावी जिनविशेष
अमर–I *सं०* (वि०) 1 न मरनेवाला 2 अविनाशी II (पु०) देवता। ~**कोश** (पु०) अमरसिंह का बनाया हुआ संस्कृत का प्रसिद्ध कोश; ~**ता** (स्त्री०); ~**त्व** (पु०) 1 अमर होना 2 आत्मा का शाश्वत अस्तित्व 3 देवत्व; ~**निधि** (स्त्री०); ~**पद** (पु०) मोक्ष ~**पुर** (पु०) इन्द्रपुरी, अमरावती; ~**बेल** (स्त्री०) आकाशबेल (लता); ~**लोक** (पु०) देवलोक, स्वर्ग
अमरज–I *सं०* (पु०) 1 अमरता 2 मृत्यु न होना II (वि०) अमर

अमरस–(पु०) आम का रस
अमरसी–(वि०) आम के रस के रंग का, हल्का पीला
अमराई–(स्त्री०) 1 आम का बाग 2 सुरकानन, उद्यान
अमरांगना–*सं०* (स्त्री०) अप्सरा, देवकन्या
अमरालय–*सं०* (पु०) देवलोक, स्वर्ग
अमरावती–*सं०* (स्त्री०) इन्द्रनगरी, स्वर्ग
अमरी–*सं०* (स्त्री०) 1 देवपत्नी 2 देवकन्या 3 एक वृक्ष
अमरीकन–*अं०* (पु०) अमेरिकन
अमरीकी–I *अं० + हिं०* (वि०) अमरीका का II (पु०) अमरीका का रहनेवाला
अमरूत–(पु०) = अमरूद
अमरूद–(पु०) एक प्रसिद्ध फल
अमर्त्य–I *सं०* (वि०) अनश्वर, अमर 2 दिव्य II (पु०) 1 देवादि
अमर्दित–*सं०* (वि०) 1 जिसका मर्दन न हुआ हो 2 अपराजित
अमर्याद–*सं०* (वि०) 1 सीमारहित 2 सीमा का उल्लंघन करनेवाला 3 प्रतिष्ठारहित
अमर्यादा–*सं०* (स्त्री०) 1 सीमोल्लंघन 2 आचरणहीनता 3 अप्रतिष्ठा
अमर्यादित–*सं०* (वि०) = अमर्याद
अमर्ष–*सं०* (पु०) 1 असहिष्णुता 2 आवेश 3 क्रोध एक संचारी भाव 4 अपनी अवज्ञा या तिरस्कार आदि से उत्पन्न क्षोभ
अमर्षण–*सं०* (पु०), **अमर्षित**–*सं०* (वि०) **अमर्षी**–*सं०* (वि०) 1 क्रोधी 2 असहनशील
अमल–I *सं०* (वि०) 1 मलरहित 2 निष्पाप 3 उज्ज्वल II (पु०) 1 स्वच्छता 2 अबरक 3 परब्रह्म
अमल–*अ०* (पु०) 1 काम, क्रिया, व्यवहार 2 कर्म 3 आचरण 4 उम्मीद, आशा 5 आदत 6 अधिकार 7 नशा 8 प्रभाव 9 समय। **~दखल** (पु०) कब्जा-दखल, भोग; **~दार** (पु०) 1 अधिकारी 2 शासक; **~दारी** (स्त्री०) 1 राज्य, हुकूमत 2 अधिकार; **~नामा** (पु०) अधिकार पत्र; **~पट्टा** (पु०) कार्य करने के लिये कारिंदे को दिया जानेवाला अधिकार पत्र; **~पानी** (पु०) नशे के लिए कोई चीज़ घोलकर पीना
अमलतास–(पु०) एक पेड़ जिसके फूल, फल और बीज दवा के काम आते हैं
अमलदारी–*अ० + फ़ा०* (स्त्री०) 1 राज 2 राज्यक्षेत्र
अमला–I *अ०* (स्त्री०) 1 लक्ष्मी 2 आँवला II (पु०) 1 कर्मचारीमंडल 2 दफ़्तर 3 काठ कबाड़; **~साजी** *+ फ़ा०* (स्त्री०) कर्मचारियों को घूस आदि देकर काम निकालना
अमलारा–(वि०) 1 नशा करनेवाला 2 नशे में मस्त
अमलिन–*सं०* (वि०) 1 निर्मल, स्वच्छ 2 निर्दोष
अमली–I *अ०* (वि०) 1 व्यावहारिक 2 कामकाजी 3 नशेबाज II (स्त्री०) 1 इमली 2 एक झाड़दार वृक्ष। **~जामा पहनाना** कार्यरूप देना, कार्य में परिणत करना
अमांस–I *सं०* (वि०) 1 मांस रहित 2 दुबला-पतला, निर्बल II (पु०) इतर पदार्थ
अमांसल–*सं०* (वि०) जिसमें मांस न हो (शरीर)
अमा–*सं०* (स्त्री०) अमावस्या, शुक्ल पक्ष की पंद्रहवीं रात
अमात्य–*सं०* (पु०) मंत्री; **~मंडल** (पु०) मंत्रिमंडल; **~सभा** (स्त्री०) मंत्रियों की सभा, बैठक
अमात्र–I *सं०* (वि०) 1 मात्रारहित 2 जिसकी माप तौल न हो 3 असमग्र 4 अनारम्भिक II (पु०) 1 परब्रह्म 2 वह जो माप नहीं है
अमान–I *सं०* (वि०) 1 परिमाण रहित 2 असीम 3 अत्यधिक 4 निरभिमान 5 अप्रतिष्ठित II *अ०* (पु०) 1 रक्षा, बचाव 2 शरण 3 शांति
अमानत–*अ०* (स्त्री०) 1 धरोहर, थाती 2 थाती रखना 3 अमीन का काम या पद। **~ख़ाना** (पु०) वह जगह जहां चीजें अमानत में रखी जायें; **~दार** (पु०) जिसके पास धरोहर रखी जाये; **~नामा** (पु०) धरोहर रखते समय उसके प्रमाण स्वरूप लिखा जानेवाला पत्र; **~वाला** (वि०) अमानत या धरोहर रखनेवाला
अमानन–*सं०* (पु०) अनादर, अपमान, अवज्ञा
अमानव–*सं०* (पु०) मानव नहीं, मानवेतर
अमानवीय–*सं०* (वि०) 1 जो मनुष्य के योग्य न हो 2 क्रूर
अमानस्य–I *सं०* (पु०) दुःख, पीड़ा, व्यथा II (वि०) पीड़ित, व्यथित
अमाना–(अ० क्रि०) अंटना, समाना
अमानी–(स्त्री०) 1 ठेके पर न दिया जानेवाला काम 2 बिना रोक टोक वाली वस्तु 3 शासनाधीन भूमि 4 फसल नष्ट होने पर लगान में छूट दिया जाना
अमानी–*सं०* (वि०) 1 निरभिमान 2 न माननेवाला
अमानुष–I *सं०* (पु०) वह जो मनुष्य न हो, देवपुरुष II (वि०) 1 मनुष्य न होनेवाला 2 अलौकिक 3 अमनुष्योचित 4 पाशव 5 पैशाचिक। **~ता** (स्त्री०) पैशाचिकता
अमानुषिक–*सं०* (वि०) 1 अमानवीय 2 पाशविक
अमानुषी–*सं०* (वि०) 1 अलौकिक 2 पैशाचिक
अमानुषीय–*सं०* (वि०) अलौकिक
अमान्य–*सं०* (वि०) 1 अस्वीकार्य 2 आदर के योग्य नहीं
अमान्यन–*सं०* 1 मान्यता समाप्त करना 2 मान्यता न देना
अमाप–*सं०* (वि०) 1 अपरिमित 2 अत्यधिक
अमाप्य–*सं०* (वि०) जो मापा न जा सके, अमापनीय
अमामा–*अं०* (पु०) एक विशेष पगड़ी
अमाया–I *सं०* (वि०) 1 माया से रहित 2 छल, कपट, स्वार्थ आदि से रहित 3 निर्लिप्त II (स्त्री०) 1 अविद्या 2 ईमानदारी
अमायिक–*सं०* (वि०) 1 माया रहित 2 निश्छल 3 सच्चा
अमारी–(स्त्री०) 1 आमड़ा नामक वृक्ष 2 आमड़े का फल
अमार्ग–I *सं०* (पु०) 1 बुरा रास्ता 2 मार्ग का अभाव II (वि०) मार्गरहित
अमार्जित–*सं०* (वि०) जो साफ़ न किया गया हो, अपरिष्कृत
अमार्ज्य–*सं०* (वि०) 1 जिसका मार्जन न हो सके 2 अमार्जनीय
अमावट–(स्त्री०) 1 पके आम का रस सुखाकर बनायी हुई मोटी परत 2 एक तरह की मछली
अमावस–(स्त्री०) कृष्ण पक्ष की अंतिम रात्रि, अमावस्या
अमावस्या–*सं०* (स्त्री०) अमावस की रात
अमिट–(वि०) 1 न मिटनेवाला 2 अटल 3 स्थायी
अमित–*सं०* (वि०) 1 बेहद 2 अत्यधिक 3 जो मापा न जा

सके; ~**बल** (पु०) अत्यधिक बल; ~**व्ययी** (वि०) अधिक ख़र्च करनेवाला

अमिताभ–I *सं०* (वि०) अति कांतियुक्त, अत्यंत तेजस्वी II (पु०) बुद्ध का एक नाम

अमिताशन–I *सं०* (वि०) बहुत खानेवाला 2 सर्व भक्षी II (पु०) अग्नि

अमिति–*सं०* (स्त्री०) असीमता

अमित्र–I *सं०* (वि०) 1 मित्रहीन 2 विरोधी II (पु०) मित्र नहीं, प्रतिपक्षी

अमिलनशील–*सं०* (पु०) जो मिलनसार न हो

अमिलित–*सं०* (वि०) जो मिला न हो, पृथक्, अलग

अमिश्र–*सं०* (वि०) 1 बिना मिलावट का 2 असंयुक्त। ~**राशि** (स्त्री०) *ग०* इकाई से प्रकट होनेवाली राशि, 1 से 9 तक के अंक *ग०*

अमिश्रित–*सं०* (वि०) 1 अमिश्र, बिना मिला हुआ

अमीन–I *अं०* (वि०) 1 अमानत रखनेवाला 2 विश्वसनीय II (पु०) माल विभाग का एक कर्मचारी

अमीबा–*अं०* (पु०) मल-कीटाणु

अमीर–*अ०* (पु०) 1 अधिकारी 2 सरदार 3 धनी व्यक्ति II (वि०) धनवान। ~**उमरा** (पु०) राजा, बादशाह; ~**ज़ादा** (पु०) 1 धनिक पुत्र 2 कुलीन

अमीराना–*अ० + फ़ा०* (वि०) 1 अमीरी जतानेवाला 2 धनिकोचित

अमीरी–I *अ० + फ़ा०* (स्त्री०) दौलतमंदी II (वि०) अमीर के योग्य

अमीव–*सं०* (पु०) 1 पाप 2 कष्ट 3 रोग 4 शत्रु 5 क्षति

अमुक–*सं०* (वि०) कोई ख़ास, फलाना, अनिश्चित (वस्तु, व्यक्ति)

अमुक्त–I *सं०* (वि०) 1 जो मुक्त न हो 2 जिसका मोक्ष न हुआ हो II छुरा या कटारी आदि जो हाथ में पकड़कर काम में लाये जाएं। ~**हस्त** (वि०) कम ख़र्च करनेवाला, अल्पव्ययी

अमुख्य–*सं०* (वि०) 1 अप्रधान, गौण 2 निम्न श्रेणी का

अमुग्ध–*सं०* (वि०) 1 चतुर 2 अनासक्त

अमूढ़–*सं०* (वि०) 1 घबड़ाया नहीं 2 चतुर 3 विद्वान् II (पु०) पंचतन्मात्र

अमूमन–*अ०* (क्रि० वि०) आम तौर पर, प्रायः

अमूर्त्त–I *सं०* (वि०) 1 आकाररहित 2 देहरहित 3 निरवयव (आकाश, वायु, आत्मादि) II (पु०) शिव। ~**पद** (पु०) भाववाचक संज्ञा

अमूर्त्ति–I *सं०* (वि०) आकाररहित II (पु०) विष्णु III (स्त्री०) आकारहीनता। ~**मान** I (वि०) आकाररहित II (पु०) विष्णु

अमूल–*सं०* (वि०) 1 बिना जड़ का 2 निराधार 3 मनगढंत 4 मिथ्या

अमूल्य–*सं०* (वि०) 1 अनमोल 2 बहुमूल्य

अमृत–I *सं०* (वि०) 1 न मरा हुआ 2 न मरनेवाला 3 अमर 4 सुंदर II (पु०) 1 सुधा रस 2 देवता। ~**त्व** (पु०) अमरता; ~**मय** मधुर; ~**लोक** (पु०) स्वर्ग

अमृतबान–(पु०) रोगन किया हुआ मिट्टी का बर्तन

अमृत्यु–I *सं०* (वि०) 1 अमर 2 अमर बनानेवाला II (स्त्री०) अमरत्व III (पु०) विष्णु

अमृदु–*सं०* (वि०) कठोर

अमृष्ट–*सं०* (वि०) न माँजा हुआ, मैला

अमेघ–*सं०* (पु०) बिना बादल का, मेघ का अभाव

अमेध्य–I *सं०* (वि०) 1 यज्ञ के अयोग्य 2 अपवित्र II (पु०) 1 अपवित्र वस्तु 2 अपशकुन

अमेय–*सं०* (वि०) 1 सीमा रहित 2 परिमाणरहित 3 अज्ञेय

अमेरिकन–I *अं०* (वि०) 1 अमेरिका का 2 अमेरिका संबंधी II (पु०) अमेरिका निवासी, संयुक्त राष्ट्र का निवासी

अमेरिकी–*अं० + हिं०* (वि०) अमेरिकन

अमेल–(वि०) 1 जिसका किसी से मेल न हो 2 असम्बद्ध 3 अनमेल

अमेह–*सं०* (पु०) पेशाब का रुक-रुककर आना

अमोघ–*सं०* (वि०) 1 अचूक 2 अव्यर्थ 3 सफल II (पु०) अव्यर्थता

अमोनिया–*अं०* (पु०) नौशादर, 'एमोनिया'

अमोनियाई–*अं० + हिं०* (वि०) नौसादर का

अमोल– (वि०) 1 अनमोल 2 बहुमूल्य

अमोला– (पु०) आम का उगता हुआ पौधा

अमौला–I (वि०) आम के रंग का II (पु०) जर्दी की झलक लिये मूंगिया रंग

अमौलिक–*सं०* (वि०) 1 निर्मूल 2 जो मौलिक या स्वतंत्र रचना न हो 3 अयथार्थ

अम्मां–(स्त्री०) माता, मां

अम्मा–(स्त्री०) अम्माँ

अम्मामा–*अ०* (पु०) एक तरह का साफा जिसे मुसलमान बांधते हैं

अम्मी–(स्त्री०) माँ

अम्र–*अ०* (पु०) 1 आशय 2 विषय 3 बात

अम्ल–I *सं०* (वि०) खट्टा II (पु०) 1 खट्टापन, खटाई 2 सिरका 3 तेज़ाब 4 नींबू। ~**जन** (पु०) आक्सीजन; ~**ता** (स्त्री०) खट्टापन, खटाई; ~**पित्त** (पु०) एक रोग जिसमें आहार आमाशय में पहुंचकर अम्ल हो जाता है; ~**शूल** (पु०) अम्ल पित्त के कारण कलेजे में दर्द; ~**सार** (पु०) 1 नीबू 2 चूक 3 अमलबेंत 4 आँवला सार, गंधक

अम्लान–I *सं०* (वि०) 1 जो मुरझाया या उदास हो 2 प्रफुल्ल 3 स्वच्छ, निर्मल II (पु०) बाणपुष्प वृक्ष

अम्लिमा–*सं०* (स्त्री०) खट्टापन

अम्लीकरण–*सं०* (पु०) वह क्रिया जिससे वस्तु में अम्लता आये

अम्लीय–*सं०* (वि०) 1 अम्ल संबंधी 2 जिसमें खटास हो

अम्लोदगार–*सं०* (पु०) खट्टी डकार

अम्हौरी–(स्त्री०) अधिक प्रस्वेदन से बदन में निकलनेवाली छोटी-छोटी फुंसियाँ

अयंत्रित–*सं०* (वि०) 1 अनियंत्रित 2 मनमानी करनेवाला

अय–I *सं०* (पु०) 1 लोहा 2 हथियार 3 अग्नि II (क्रि० वि) हे, हे

अयजनीय–*सं०* (वि०) 1 यज्ञ के अयोग्य 2 अपूज्य

अयत–*सं०* (वि०) 1 असंयमी 2 जो नियंत्रण में न हो

अयत्न–I *सं०* 1 (पु०) यत्न का अभाव II (वि०) जिसके

लिए उद्योग करने की आवश्यकता न हो। ~**कृत** (वि०) जो बिना प्रयत्न किये हो, आसानी से हो जाये; ~**ज** (वि०) बिना उद्योग किये उत्पन्न होनेवाला; ~**लभ्य** (वि०) बिना उद्योग के प्राप्त होनेवाला; ~**साधित** (वि०) बिना प्राप्त प्रयत्न के जो साध लिया जाए

अयथा–I *सं०* (क्रि० वि०) 1 जैसे होना चाहिये वैसा नहीं 2 मिथ्या 2 अनुचित या ग़लत II (पु०) अनुचित कार्य। ~**तथ** (वि०) अयथार्थ ~**पूर्व** (वि०) पहले जैसा नहीं; ~**वृत्त** (वि०) ग़लत ढंग से कार्य करनेवाला; ~**स्थित** (वि०) अव्यवस्थित

अयथार्थ–*सं०* (वि०) झूठ, ग़लत। ~**ता** (स्त्री०) यथार्थ न होने का भाव

अयथावत्–*सं०* (क्रि० वि०) ग़लत तरीके से

अयथेष्ट–*सं०* (वि०) 1 इच्छानुरूप नहीं 2 अनिच्छित 3 अपर्याप्त

अयथोचित्–*सं०* (वि०) 1 अयोग्य 2 निकम्मा

अयन–*सं०* (पु०) 1 चलना 2 गति का काल 3 मार्ग (राशिचक्र, सूर्य) 4 व्यूह में प्रवेश करने का मार्ग 5 गृह 6 आश्रम 7 जगह। ~**काल** (पु०) सूर्य के उत्तरायण या दक्षिणायन में रहने का समय; ~**वृत्त** (पु०) ग्रहण रेखा; ~**संक्रांति** (स्त्री०) मकर और कर्क की संक्रांति

अयमित–*सं०* (वि०) 1 अनियंत्रित 2 जो काटा छांटा न गया हो 3 असज्जित

अयश–*सं०* (पु०) 1 अपयश 2 लांछन। ~**कारी** (वि०) बदनाम करनेवाला

अयशस्कर–*सं०* (वि०) अपयश का कारण

अयशस्वी–*सं०* जिसे यश न प्राप्त हो, बदनाम

अयशी–*सं०* (वि०) यशोहीन, बदनाम

अयस्–*सं०* (पु०) लोहा

अयस्क–*सं०* (पु०) कच्चा लोहा

अयस्कांत–*सं०* (पु०) चुंबक

अयस्कीर–*सं०* (पु०) मुर्चा, जंग

अयाचक–*सं०* (वि०) 1 न मांगनेवाला 2 कामनारहित 3 संतुष्ट

अयाचित–*सं०* (वि०) बिन मांगा, अप्रार्थित

अयाची–*सं०* (वि०) अयाचक

अयात–*सं०* (वि०) न गया हुआ। ~**पूर्व** (वि०) जो पहले न गया हो

अयाथार्थिक–*सं०* (वि०) 1 जो सत्य न हो 2 अनुचित

अयान–I *सं०* (पु०) 1 न जाना 2 स्वभाव II (वि०) पैदल

अयानत–*अ०* (स्त्री०) सहायता

अयाना–(वि०) नासमझ

अयाल–*अं०* (पु०) 1 घोड़े या शेर की गर्दन के बाल 2 बाल-बच्चे। ~**दार** + *फ़ा०* (पु०) बाल-बच्चोंवाला

अयास्य–*सं०* (पु०) 1 अंगिरा ऋषि 2 प्राण वायु

अयुक्त–*सं०* (वि०) 1 न जोता हुआ 2 न जोड़ा हुआ 3 अयोग्य 4 असंबद्ध 5 अनुपयुक्त 6 अन्यमनस्क 7 अनभ्यस्त

अयुक्ति–*सं०* (स्त्री०) 1 लगाव का अभाव 2 पार्थक्य 3 अतर्क 4 अनौचित्य। ~**युक्ति** जो युक्ति संगत न हो

अयुग–*सं०* (वि०) = अयुगल

अयुगल–*सं०* (वि०) 1 अलग 2 अकेला 3 विषम

अयुग्म–*सं०* (वि०) 1 अकेला 2 विषम, ताक

अयुत–I *सं०* (पु०) 10 हजार की संख्या II (वि०) 1 पृथक् 2 अक्षुब्ध

अयुध–*सं०* (पु०) वह जो न लड़े, आयुध

अयुध्य–*सं०* (वि०) अजेय

अयोग–I *सं०* (पु०) 1 बिलगाव 2 अयुक्तता 3 अप्राप्ति 4 अक्षमता 5 संकट 6 कुयोग II (वि०) 1 असंबद्ध 2 जोरदार कोशिश करनेवाला। ~**वाह** (पु०) स्वर-व्यंजन से अलग वर्ण

अयोगात्मक–*सं०* (वि०) (भाषा) जिसमें विभक्तियां न हों

अयोग्य–*सं०* (वि०) 1 योग्यताहीन, नाकाबिल 2 निकम्मा 3 अनधिकारी 4 नामुनासिब

अयोनि–I *सं०* (वि०) 1 अजन्मा 2 नित्य 3 कोख से उत्पन्न नहीं II (पु०) 1 ब्रह्मा 2 शिव

अयोमार्ग–*सं०* (पु०) रेलमार्ग, पटरी

अयौगिक–*सं०* अनियमित रूप से

अरंड–(पु०) एरंड

अरंडी–(स्त्री०) एरंड का तेल

अर–*सं०* (पु०) तीली

अरई–(स्त्री०) नुकीला लोहा लगी बैल को हांकने की छड़ी

अरक–*अ०* (पु०) 1 आरागज 2 सिवार 3 सूर्य

अरकटी–(पु०) पतवार पर रहनेवाला माँझी

अरकसी–(स्त्री०) आलस्य, सुस्ती

अरकारी–(पु०) कुलियों की भर्ती करनेवाला

अरकान–*अ०* (पु०) 1 प्रधान कार्यकर्ता 2 जिस पर किसी कार्य का दारमदार हो 3 उर्दू के मात्रा रूप अक्षर

अरक्षित–*सं०* (वि०) जिसकी रक्षा न की जाती हो

अरग–(पु०) अरगजा

अरगजा–(पु०) एक सुंगधित लेप, उबटन

अरगजी–I (वि०) अरगजा सा सुगंध वाला II (पु०) अरगजे सा मिलता पीला रंग

अरगन–*अ०* (पु०) विलायती बाजा

अरगनी–(स्त्री०) वस्त्र टाँगने की रस्सी, बाँस आदि

अरगल–*सं०* (पु०) ब्योढ़ा, (किवाड़ में) रोक

अरघा–(पु०) 1 अर्घ पात्र 2 पात्र जिसमें अर्घ रखकर दिया जाये

अरजी–I *अ०* (वि०) अर्ज करनेवाला II (स्त्री०) अर्ज़ी

अरण्य–*सं०* (पु०) 1 जंगल 2 कायफल 3 संन्यासियों का एक भेद। ~**गान** (पु०) 1 एकांत का गाना 2 बेकार का काम; ~**चंद्रिका** (स्त्री०) ऐसी चंद्रिका (या शोभा) जिसे देखने या समझनेवाला कोई न हो; ~**पंडित** (पु०) वह जो वन में ही अपना गुणगान कर सके; ~**पाल** (पु०) वन का अधिकारी; ~**रोदन** (पु०) ऐसा रोना जिसपर कोई ध्यान न दे; ~**वास** (पु०) वनवास

अरण्यामी–*सं०* (स्त्री०) बहुत बड़ा वन

अरत–*सं०* (वि०) 1 सुस्त 2 विरक्त 3 अनासक्त 4 असंतुष्ट

अरति–I *सं०* (स्त्री०) 1 राग का अभाव, विराग 2 असंतोष 3 सुस्ती II (वि०) 1 असंतुष्ट 2 अशांत 3 सुस्त

अरथी–I (स्त्री०) टिकठी II (वि०) अर्थी

अरदना–*सं० क्रि०* 1 मसलना 2 कुचलना 3 कुचल कर मार डालना

अरदली–*अं०* (पु०) चपरासी

अरदाबा–*फ़ा०* (पु०) 1 दला हुआ अन्न 2 भरता

अरदास–*अ० + फ़ा०* (स्त्री०) 1 प्रार्थना 2 प्रार्थना पत्र 3 भेंट

अरब–I (वि०) सौ करोड़ II (पु०) 1 सौ करोड़ की संख्या 2 घोड़ा 3 इंद्र III - अ (पु०) 1 दक्षिण-पश्चिम एशिया का एक देश जहाँ मुहम्मद साहब का जन्म हुआ था 2 अरब देश का निवासी। ~**पति** *हिं+सं०* (पु०) करोड़पति धनी

अरबियत–*अ०* (स्त्री०) अरबीपन

अरबी–I *अ०* (वि०) अरब देश का II (पु०) 1 अरब निवासी 2 अरबी घोड़ा, अरबी ऊंट III (स्त्री०) अरब की भाषा

अरमान–*फ़ा०* (पु०) लालसा, इच्छा, कामना। ~**निकलना** कामना की पूर्ति होना; ~**रह जाना** कामना का अतृप्त रह जाना

अरर–I *अ०* विस्मय, उल्लास आदि का सूचक शब्द II (पु०) 1 दरवाजा 2 किवाड़ 3 उल्लू 4 युद्ध 5 ढक्कन

अरराना–(अ० क्रि०) 1 अरर की ध्वनि के साथ टूट कर गिरना 2 भहराना

अरराहट–(स्त्री०) भहराने की आवाज़

अरवन–(पु०) काटकर लायी जानेवाली कच्ची फ़सल, पहले-पहल काटे जानेवाली फ़सल जो घर लायी जाये

अरवा–(पु०) बिना उबाले धान का चावल

अरविंद–*सं०* (पु०) कमल। ~**नयन** (पु०) कमलनेत्र

अरवी–(स्त्री०) एक कंद, घुइयां, कचालू

अरस–I *सं०* (वि०) 1 रसहीन, नीरस, फीका 2 असभ्य 3 सुस्त 4 निर्बल 5 अयोग्य II (पु०) 1 रस का अभाव 2 आलस्य 3 आकाश

अरसना-परसना–(स० क्रि०) 1 छूना 2 आलिंगन करना

अरस-परस–(पु०) 1 आंख मिचौनी का खेल 2 दरस-परस

अरसा–*अ०* (क्रि० वि०) 1 समय 2 अवधि 3 मैदान 4 देर 5 बहुत दिन। ~**तंग होना** कठिनाई में पड़ना

अरसिक–*सं०* (वि०) 1 अरसज्ञ, काव्य, संगीत आदि का रस लेने में असमर्थ 2 स्वादहीन, रूखा 3 रूखे स्वभाव का

अरस्तुवाद–(पु०) ऐसा मत जिसमें 'उपादान' और 'आकार' विश्व के मूल तत्व माने गए हैं और उनके आद्य चालक ईश्वर ही हैं

अरहट–(पु०) कुंए से पानी निकालने का यंत्र, रहट

अरहन–(पु०) साग-भाजी में पकाते समय मिलाया जानेवाला आटा या बेसन

अरहर–(स्त्री०) 1 चने की दाल जैसे दाने वाला एक पौधा 2 एक प्रकार का पौधा जिसके दाने से दाल बनाई जाती है

अराग–I *सं०* (पु०) 1 राग का अभाव, अरति II (वि०) राग से रहित, बिना राग वाला

अराज–*सं०* (वि०) 1 बिना राज का (देश) 2 अराजकता

अराजक–*सं०* (वि०) 1 शासक या शासन से हीन 2 जो शासक या शासन की सत्ता नहीं मानता हो 3 शासन का उल्लंघन करनेवाला 4 विद्रोही या षड़यंत्रकारी। ~**वाद** (पु०) शासन विरोधी सिद्धांत एवं कार्य; ~**वादी** (वि०) अराजकवाद सिद्धान्त एवं कार्य का समर्थक

अराजकता–*सं०* (स्त्री०) 1 देश में राजा या शासक का न होना 2 अनियंत्रित एवं विधि विरोधी शासनावस्था। ~**पूर्ण** पूर्ण अव्यवस्थित राज्य; ~**वाद** (पु०) ऐसा सिद्धांत एवं मत जो शासन को अभिशाप एवं पाप की संज्ञा दे; ~**वादी** (वि०) अराजकतावाद सिद्धांत एवं मत का माननेवाला

अराजपत्रित–*सं०* (वि०) जो गज़ट में न आया हो

अराजबीजी–*सं०* (वि०) 1 अराजकता फैलानेवाला 2 राज विद्रोह प्रचारक

अराज़ी–*अं०* (स्त्री०) भूमि, ज़मीन

अराड़–(पु०) 1 ढेर, राशि 2 काठ-कबाड़ 3 लकड़ी की टाल

अराति–*सं०* (पु०) 1 दुश्मन, शत्रु 2 मनोविकार

अराद्धि–*सं०* (स्त्री०) 1 दुर्भाग्य 2 विफलता 3 अपराध, दोष 4 पाप

अराबा–*अ०* (पु०) 1 पुरानी चाल की गाड़ी या रथ 2 तोप लादने की गाड़ी

अरायज़नवीसी–*अ० + फ़ा०* (स्त्री०) (कचहरी के लिए) दरख़ास्तें लिखना

अरारूट, अरारोट–*अं०* (पु०) एक प्रसिद्ध पौधा जिसके कंद को कूटकर सत्त निकाला जाता है

अराष्ट्रीय–*सं०* (वि०) 1 राष्ट्र से असंबद्ध 2 राष्ट्रविरोधी

अरिंदम–*सं०* (वि०) शत्रु का दमन करनेवाला

अरि–*सं०* (पु०) 1 विरोधी या वैरी 2 मनुष्य के विकार जो उसका अहित करते हैं 3 वायु 4 स्वामी 5 चक्र ~**दमन** (पु०) शत्रुघ्न अरिसूदन; ~**दल** (पु०) शत्रु समूह; ~**मर्दन** (वि०) शत्रु का नाश करनेवाला

अरिक्थपत्री–*सं०* पैतृक अधिकार च्युत किया जाने का दस्तावेज़

अरित्र–*सं०* (पु०) 1 (नाव खेने का) डांडा 2 जल की गहराई नापनेवाली डोरी 3 (जहाज़ या नाव का) लंगर

अरिल्ल–*सं०* (पु०) सोलह मात्राओं का एक छंद जिसके अंत में दो लघु अथवा एक यगण 1ss होता है

अरिष्ट–*सं०* (पु०) 1 कष्ट, क्लेश 2 आपत्ति, विपत्ति 3 अपशकुन, अशुभ लक्षण 4 प्राकृतिक उत्पात 5 दुर्भाग्य 6 पौष्टिक मद्य 7 दुष्ट ग्रहों का योग

अरिहा–I *सं०* (वि०) शत्रुनाशक II (पु०) शत्रुघ्न

अरी–*अं०* संबोधन सूचक शब्द (जैसे-अरी)

अरीत–(स्त्री०) अनुचित या बुरा काम

अरीतिक–*सं०* (वि०) 1 जो नियम एवं रीति के अनुसार न हुआ हो 2 शिष्टाचाररहित, अनौपचारिक 3 आपसी तौर पर होनेवाला

अरीय–*सं०* (वि०) अरसदृश, अरी के समान तीली जैसा

अरुंतुद–I *सं०* (वि०) 1 मर्म स्थान पर आघात करनेवाला 2 मन को दुःखी करनेवाला 3 घाव करनेवाला II (पु०) बैरी या शत्रु

अरुचि–*सं०* (स्त्री०) 1 अनिच्छा 2 अग्निमांद्य रोग 3 दिलचस्पी न होना। ~**कर** (वि०) जो रुचिकर न हो, नीरस

अरुज–I *सं०* (वि०) नीरोग II (पु०) 1 केसर 2 सिंदूर

अरुण–I *सं०* (वि०) लाल रंग का, सुर्ख II (पु०) 1 गहरा लाल रंग 2 प्रातःकालीन सूर्य 3 सूर्य का सारथी 4 सूर्योदय या सूर्यास्त के समय की लाली 5 कुंकुम 6 सिंदूर। ~**प्रिया**

(स्त्री०) सूर्य की पत्नी (छाया/संज्ञा) ~**ता** (स्त्री०) अरुण होने की अवस्था या भाव 2 लड़ाई, लाली; **अरुणा** (स्त्री०) = अरुण

अरुणाभ–*सं०* (वि०) लाल आभा से युक्त, लालिमा युक्त

अरुणित–*सं०* (वि०) 1 जिसे लाल किया गया हो 2 जिसमें लाली आ गयी हो

अरुणिमा–*सं०* (स्त्री०) लालिमा, ललाई, लाली

अरुणोदय–*सं०* (पु०) ऊषाकाल, भोर, तड़का

अरूढ़–*सं०* (वि०) 1 आरुढ़ 2 जो रूढ़ न हो, अप्रचलित

अरूढ़िवाद–*सं०* (वि०/पु०) जो रूढ़ियों में विश्वास न करता हो

अरूप–I *सं०* (वि०) 1 आकृतिहीन, बिना रूप आकार का 2 कुरूप 3 असमान II (पु०) भद्दी शक्ल

अरूपक–*सं०* (वि०) 1 आकृतिहीन, अपार्थिव 2 रूपालंकार रहित

अरे–*अ०* 1 छोटों के लिये व्यवहृत और प्रायः तिरस्कार सूचक सम्बोधन 2 आश्चर्य, दुःख, आकुलता आदि प्रकट करनेवाला उद्गार

अरोक–(वि०) 1 अबाध्य, जो रोका न जा सके 2 छिद्र रहित 3 कांतिहीन 4 जो रुकता न हो

अरोग–I *सं०* (वि०) रोग रहित, निरोग; II (पु०) आरोग्य

आरोगी–*सं०* (वि०) जो रोगी न हो, तंदुरुस्त

अरोग्य–*सं०* (वि०) स्वस्थ, निरोग। ~**ता** (स्त्री०) निरोगता, स्वस्थता

अरोचक–I *सं०* (वि०) 1 अरुचि पैदा करनेवाला, अरुचिकर II (पु०) अरुचि

अर्क–I *सं०* (पु०) 1 ज्योति, प्रकाश, किरण 2 सूर्य 3 आक या मदार II (वि०) पूजा करने योग्य। ~**मंडल** (पु०) सूर्य मंडल

अर्क़–*अ०* (पु०) अरक़ ~**गीर** (पु०) अर्क निकालने वाला (भभका)

अर्गल–*सं०* (पु०) 1 किवाड़ बंद करने की अगड़ी 2 रोक, अवरोध

अर्गला–*सं०* (स्त्री०) 1 अगड़ी 2 सिटकिनी 3 हाथी बाँधने की जंजीर

अर्गलित–*सं०* (वि०) 1 अर्गला से बंद 2 अवरुद्ध

अर्घ–*सं०* (पु०) 1 पूजन के लिए दूध-जल 2 हाथ धोने के लिए दिया गया जल 3 दाम, मूल्य 4 मधु, शहद। ~**दान** (पु०) अर्घ अर्पण करना; ~**पतन** (पु०) भाव गिरना; ~**पात्र** (पु०) अर्घ अर्पण करने वाला पात्र; ~**बलाबल** (पु०) उचित मूल्य 2 वस्तुओं के मूल्य की मंदी या तेजी; ~**वृद्धि** (स्त्री०) मंहगाई होना; ~**संस्थापन** (पु०) व्यापारिक वस्तुओं का मूल्य निर्धारित करना

अर्चक–*सं०* (वि०) पूजा करनेवाला

अर्चन–*सं०* (पु०), **अर्चना** (स्त्री०) पूजन, वंदन, उपासना

अर्चना–*सं०* (स्त्री०) पूजा, वंदना। ~**वंदना** (स्त्री०) अर्चना करना, वंदन करना

अर्चनीय–*सं०* (वि०) 1 पूजनीय 2 सम्मान्य

अर्चमान–*सं०* (वि०) अर्चनीय

अर्चा–*सं०* (स्त्री०) 1 पूजा 2 प्रतिमा जिसकी पूजा करनी हो

अर्चि–(स्त्री०) 1 लौ 2 किरण। ~**मान** (वि०) प्रकाशमान

अर्चित–I *सं०* (वि०) 1 पूजित 2 सम्मानित II (पु०) विष्णु

अर्च्य–*सं०* (वि०) अर्चनीय

अर्ज़–*अ०* (पु०) 1 निवेदन 2 प्रार्थना 3 चौड़ाई। ~**दाश्त** (पु०) प्रार्थनापत्र, अर्जी; ~**मारूज़** (पु०) प्रार्थना

अर्जक–*सं०* (वि०/पु०) 1 प्राप्त करनेवाला 2 कमानेवाला

अर्जन–*सं०* (पु०) 1 कमाना 2 संग्रह करना। ~**शील** (वि०) कमानेवाला

अर्जनीय–*सं०* (वि०) संग्रह या प्राप्त करने योग्य

अर्जित–*सं०* (वि०) 1 संगृहीत 2 कमाया हुआ। ~**अवकाश** (पु०) आधिकारिक छुट्टी

अर्ज़ी–*अ० + फ़ा०* (स्त्री०) प्रार्थनापत्र, दरख्वास्त। ~**दावा** (पु०) वादी पक्ष का प्रार्थनापत्र; ~**पुर्जा** (स्त्री०) प्रार्थनापत्र; ~**नवीस** (पु०) अर्जी लिखनेवाला; ~**मरम्मत** (स्त्री०) आवेदन पत्र से संशोधन हेतु दिया जानेवाला प्रार्थनापत्र

अर्जुन–I *सं०* (पु०) 1 महाभारत का एक प्रमुख पात्र 2 हैहय नरेश कार्तवीर्य 3 इंद्र 4 सफेद रंग 5 एकलौता बेटा 6 मोर 7 नेत्र रोग II (वि०) 1 सफ़ेद, उज्वल 2 चमकीला 3 स्वच्छ

अर्ण–*सं०* (पु०) 1 जल, पानी 2 शोरगुल

अर्णव–*सं०* (पु०) 1 समुद्र 2 अंतरिक्ष। ~**ज** (पु०) समुद्र फेन; ~**नेमि** (स्त्री०) पृथ्वी; ~**पोत, यान** (पु०) जहाज़

अर्णोद–*सं०* (पु०) बादल

अर्तन–I *सं०* (पु०) 1 निंदा 2 जुगुप्सा II (वि०) निंदा करनेवाला 2 शोकान्वित, खिन्न, आर्त्त

अर्ति–*सं०* (स्त्री०) पीड़ा व्यथा

अर्थ–*सं०* (पु०) 1 अभिप्राय, मतलब 2 प्रयोजन 3 काम 4 मामला 5 हेतु 6 धन संपत्ति 7 इंद्रियों के विषय (शब्द, स्पर्श, रस रूप, गंध) 8 उपयोग 9 इच्छा 10 मूल्य। ~**कर** (वि०) जिसका कुछ अर्थ हो; ~**कष्ट** (पु०) पैसे की कमी; ~**काम** (वि०) धनेच्छु, स्वार्थी; ~**कारी** (वि०) धन के विचार से उपयोगी; ~**कार्य** (पु०) अर्थ का कार्य; ~**गत** (वि०) अर्थ संबंधी; ~**गर्भित** (वि०) जिसमें एक या कई अर्थ हो सकते हों; ~**गौरव** (पु०) अर्थ की गंभीरता; ~**ग्रहण** (पु०) मतलब समझना; ~**घटक** (वि०) अर्थ को कम करनेवाला; ~**घ्न** (वि०) 1 धन का नाश करनेवाला 2 अपव्ययी; ~**छाया** (स्त्री०) संलग्न अर्थ, सूक्ष्म भेद से नया अर्थ; ~**तंत्र** (पु०) अर्थव्यवस्था; ~**तत्त्व** (पु०) शब्द में निहित अर्थ; ~**दंड** (पु०) अर्थ रूप में दी जानेवाली सजा; ~**दान** (पु०) पुरस्कार स्वरूप दिया जानेवाला धन या मुद्रा; ~**दूषण** (पु०) 1 अपव्यय 2 अन्याय से किसी का धन ले लेना 3 दूसरे का धन नष्ट करना 4 अर्थ में दोष ढूंढ़ना; ~**नीति** (स्त्री०) धन-संबंधी नीति; ~**न्यायालय** (पु०) जहाँ अर्थ संबंधी झगड़े-विवाद सुलझाए जायें; ~**पति** (पु०) 1 कुबेर 2 राजा 3 धनवान्; ~**परामर्शक** (वि०) अर्थ संबंधी सलाह देनेवाला; ~**परिवर्तन** (पु०) भाव का परिवर्तन; ~**पिपासा** (स्त्री०) धन की लालसा/तृष्णा; ~**पिशाच** (पु०) अति धनलोभी; ~**पुस्तिका** (स्त्री०) वह रजिस्टर या कापी जिसमें अर्थ विषयक लेखा-जोखा हो; ~**प्रकृति** (स्त्री०) नाटक में कथावस्तु को बढ़ाने में सहायक

बात; ~**प्रक्रिया** (स्त्री०) अर्थ-विवाद संबंधी होनेवाली प्रक्रिया या कार्यवाही; ~**पूर्ण** (वि०) सम्पूर्ण एवं स्पष्ट अर्थवाला; ~**प्रणाली** (स्त्री०) अर्थ या मूल्य से संबंध रखनेवाली विधि; ~**प्रदाय** (वि०) अर्थ या सम्पत्ति देनेवाला; ~**प्रधान** (पु०) सम्पत्ति का स्वामी; ~**प्रबंध** **(पु०)** 1 अर्थ की व्यवस्था; ~**प्रबंधन** (पु०) अर्थ व्यवस्था करना; ~**प्रसर** (पु०) अर्थ विस्तार; ~**प्राप्ति** (स्त्री०) अर्थ की प्राप्ति; ~**बंध** (पु०) छंद, वाक्य आदि की रचना; ~**बुद्धि** (वि०) स्वार्थी; ~**बोध** (पु०) अर्थ ज्ञान; ~**भरा** *+ हिं०* (वि०) अर्थ से भरा हुआ; ~**भागी** (वि०) अर्थ या सम्पत्ति का हिस्सेदार; ~**भृत** (पु०) वेतन भोगी कर्मचारी; ~**भेद** (पु०) अर्थ में अंतर; ~**मंत्री** (पु०) वित्तमंत्री; ~**युक्ति** (स्त्री०) लाभ; ~**लाभ** (पु०) सम्पत्ति का लाभ, रुपये-पैसे का लाभ; ~**लोभ** (पु०) सम्पत्ति लोभ; ~**लोलुप** (वि०) अर्थ का लोभी; ~**वत्ता** (स्त्री०) अर्थ की संपन्नता; ~**वर्जित** (वि०) महत्त्वहीन; ~**वाद** (पु०) किसी उद्देश्य का प्रकटीकरण; ~**विकरण** (पु०) मतलब बदलना; ~**विकार** (पु०) अर्थों में होनेवाला परिवर्तन या दोष; ~**विचार** (पु०) शब्दार्थिकी; ~**विज्ञान** (पु०) 1 अर्थबोध 2 अर्थशास्त्र; ~**वितंडा** (पु०) आर्थिक लाभ के लिए बेकार की बहस; ~**विधान** (पु०) शब्दों के अर्थ लगाने एवं विकसित करने का तरीका; ~**विधि** (स्त्री०) दीवानी (सम्पत्ति संबंधी) नियम कानून; ~**विभाग** (पु०) सम्पत्ति एवं अर्थ संबंधी विभाग; ~**विवाद** (पु०) सम्पत्ति एवं अर्थ सम्बंधित विवाद; ~**विशेषज्ञ** (वि०) सम्पत्ति विषयक उत्तम जानकारी रखनेवाला; ~**विस्तार** (पु०) अर्थ का उसी तरह की अनेक (व्यापक) वस्तुओं पर लागू होना; ~**व्यवस्था** (स्त्री०) सार्वजनिक राजस्व एवं उसके आय-व्यय की पद्धति; ~**व्यवहार** (पु०) दीवानी मुकदमा; ~**शास्त्र** (पु०) 1 पैसे के व्यवहार की विद्या 2 राजनीतिविज्ञान (जैसे-कौटिल्य का) 3 नीति शास्त्र; ~**शास्त्रीय; ~शौच** (पु०) लेने-देने या पैसा कमाने में ईमानदारी से काम करना; ~**संकट** धन की कमी ~**संकोच** (पु०) अर्थ या संकुचित क्षेत्र में व्यवहार; ~**सचिव** (पु०) अर्थमंत्री; ~**सिद्ध** (वि०) प्रसंग से ही जिसका अर्थ स्पष्ट हो; ~**सिद्धि** (स्त्री०) उद्देश्य की सिद्धि; ~**सूचक** (वि०) अर्थ की सूचना देनेवाला; ~**हीन** (वि०) 1 बिना अर्थ का 2 जिसका कोई अर्थ न हो

अर्थक– (वि०) अर्थवाला (जैसे-समानार्थक)

अर्थतः–*सं०* (क्रि० वि०) 1 अर्थ की दृष्टि से 2 वस्तुतः 3 सचमुच

अर्थना–(स्त्री) याचना

अर्थांतर–*सं०* (वि०) 1 दूसरा विषय 2 नयी स्थिति 3 दूसरा मतलब। ~**न्यास** (पु०) एक अलंकार जिसमें सामान्य कथन की विशेष कथन द्वारा और विशेष कथन की सामान्य कथन द्वारा पुष्टि की जाती है

अर्थागम–*सं०* (पु०) धनागम, आय

अर्थात्–*सं० + अ०* यानी, मतलब यह कि

अर्थातिशय–*सं०* (पु०) अर्थ विधान

अर्थाधिकरण–*सं०* (पु०) अर्थन्यायालय, दीवानी अदालत

अर्थाधिकारी–*सं०* (पु०) 1 खचांची 2 अर्थमंत्री

अर्थानर्थापद– (पु०) लाभ और हानि का एक-साथ भय

अर्थानुबंध–*सं०* (पु०) अर्थबंध, आर्थिक समझौता

अर्थानुसंधान–*सं०* (पु०) अनुत्रच, अर्थ को ढूँढ़ने एवं समझने का प्रयास करना

अर्थान्वित–*सं०* (वि०) 1 धनी 2 सारगर्भित 3 महत्त्वपूर्ण

अर्थापत्ति–*सं०* (स्त्री०) 1 फल प्राप्ति 2 एक और बार सिद्ध करना

अर्थापदेश–(पु०) नये अर्थ का समावेश

अर्थापन–*सं०* (पु०) पदों, शब्दों के अर्थ लगाने या व्याख्या करने का भाव

अर्थापित–*सं०* (वि०) अर्थ निकाला गया (शब्द)

अर्थाभाव–*सं०* अर्थ की कमी या अभाव

अर्थार्थी–*सं०* (वि०) धन की कामना रखने या उसकी प्राप्ति के लिए प्रयास करनेवाला

अर्थालंकार–(पु०) शब्दों में अर्थ का चमत्कार प्रकट करनेवाला अलंकार

अर्थिक–*सं०* (पु०) 1 प्रहरी 2 राजा को सोने एवं उठने के समय की सूचना देनेवाला II (वि०) किसी वस्तु का चाहनेवाला

अर्थित–*सं०* (वि०) 1 माँगा हुआ 2 चाहा हुआ 3 अर्थ लगाया हुआ

अर्थी–I *सं०* (वि०) 1 चाह या ग़र्ज रखनेवाला 2 प्रार्थी 3 वादी 4 सेवा करनेवाला 5 धनी II (पु०) 1 माँगनेवाला 2 भिक्षुक 3 वादी 4 मालिक

अर्थोत्कर्ष–*सं०* (पु०) अर्थ का अच्छे या शुभ प्रसंग में परिवर्तन

अर्थोपचार–*सं०* (पु०) अर्थ न्यायालय द्वारा होनेवाला उपचार या कराई जानेवाली क्षतिपूर्ति

अर्थोपार्जन–*सं०* (पु०) अर्थ कमाना

अर्थ्य–*सं०* (वि०) 1 माँगने योग्य 2 उपयुक्त 3 धनी 4 चतुर

अर्दन–I *सं०* (पु०) 1 पीड़न 2 वध II (वि०) 1 पीड़ा देनेवाला 2 नष्ट करनेवाला

अर्दली–*अ०* (पु०) अरदली

अर्दित–I *सं०* (वि०) 1 पीड़ित 2 हत 3 याचित II (पु०) एक वात रोग

अर्द्ध–I *सं०* (वि०) आधा II (पु०) 1 आधा भाग 2 भाग; ~**उष्ण** आधा गरम, कुनकुना; ~**कालिक** (पु०) आधे समय का; ~**कृत** (वि०) आधा किया हुआ; ~**गोल** (पु०) गोलार्द्ध; ~**गोलाकार** (वि०) गोले के आधे आकार का; ~**चंद्र** (पु०) 1 आधा चंद्रमा 2 सानुनासिक का चिह्न, चंद्र बिंदु 3 वह बाण जिसका फल अर्धचंद्राकार हो 4 मोरपंख की आँख; ~**चंद्राकार** (वि०) आधे चांद के आकार का; ~**चेतन** (वि०) आधे होश में; ~**जागृत** (वि०) आधा जागा हुआ; ~**जीवित** (वि०) अधमरा; ~**नग्न** (वि०) अधनंगा; ~**नयन** (पु०) देवताओं का तीसरा नयन जो मस्तक या ललाट पर होता है; ~**नारीश्वर** शिव का आधा अपना और आधा पार्वती का रूप; ~**निशा** (स्त्री०) आधी रात; ~**निर्मित** (वि०) अधूरा बना हुआ; ~**मागधी** (स्त्री०) मागधी और शौरसेनी के बीच की प्राकृत; ~**मूर्च्छित**

(वि०) आधा बेहोश; ~रात्रि (स्त्री०) आधी रात; ~वयस्क (वि०) जो अल्पवयस्क हो; ~वर्ष (पु०) साल का आधा भाग; ~वार्षिक (वि०) छह माह वाली, छमाही; ~विक्षिप्त (वि०) आधा पागल; ~वृत्त (पु०) आधा गोल या वृत्त; ~वृत्ताकार (वि०) आधे गोले के आकार का; ~वृद्ध (वि०) अधेड़ उम्र का; ~व्यास (पु०) वृत्त के केंद्र से परिधि तक दूरी; ~शताब्दी (स्त्री०) पचास वर्ष; ~शताब्दी समारोह (पु०) स्वर्ण जयन्ती; ~शती आधी शताब्दी, पचास वर्ष; ~शब्द (वि०) धीमी आवाज़वाला; ~शासकीय (वि०) अर्ध सरकारी; ~शिक्षित (वि०) अधूरा पढ़ा-लिखा; ~शेष (वि०) जिसका आधा ही बचा हो; ~सम (वि०) आधे के बराबर; ~साक्षर (वि०) अधूरा पढ़ा हुआ; ~साप्ताहिक सप्ताह में दो बार निकलने या होनेवाला; ~सीरी (पु०) परिश्रम के बदले आधी फ़सल लेनेवाला कृषक; ~स्वर (पु०) (ध्वनि) आधा स्वर आधा व्यंजन (जैसे-य, व)

अर्द्धांग–*सं०* (वि०) 1 आधी देह 2 पक्षाघात रोग 3 शिव। ~**घात** (पु०) अंगघात रोग, अधरंग

अर्द्धांगिनी–*सं०* (स्त्री०) पत्नी

अर्द्धांगी–*सं०* (पु०) 1 शिव 2 पक्षघात का रोगी

अर्द्धांशी–*सं०* (वि०) आधे हिस्से का अधिकारी

अर्द्धार्द्ध–*सं०* (वि०) 1 आधे-आधे 2 आधे का आधा, चौथाई

अर्द्धाली–*सं०* (स्त्री०) आधी चौपाई

अर्द्धावृत्त–*सं०* (वि०) 1 आधा ढका हुआ 2 आधा घिरा हुआ

अर्द्धाशन–*सं०* (पु०) आधा भोजन

अर्द्धिक–I *सं०* (वि०) 1 माप में आधा 2 आधे का अधिकारी II (पु०) ब्राह्मण पिता और वैश्य माता से उत्पन्न संतान

अर्द्धेंदु–*सं०* (पु०) आधा (अष्टमी का) चांद

अर्द्धोत्तोलित–*सं०* (वि०) आधा उठाया गया

अर्द्धोत्थित–*सं०* (वि०) आधा उठा हुआ

अर्द्धोन्मीलित–*सं०* (वि०) आधा खिला/खुला हुआ

अर्ध–I *सं०* (वि०) आधा II 1 आधा भाग 2 भाग (देखें **अर्द्ध**)

अर्पक–*सं०* (वि०) अर्पण करनेवाला। ~**पत्र** (पु०) वह पत्र जिसमें यह लिखा हो कि अमुक संपत्ति अमुक व्यक्ति को अर्पण कर दी गयी

अर्पण–*सं०* (पु०) 1 सौंपना 2 भेंट करना

अर्पित–*सं०* (वि०) अर्पण किया हुआ

अर्बुद–*सं०* (पु०) 1 अरब, सौ करोड़ की संख्या 2 आबू पर्वत 3 गाँठ का फोड़ा

अर्भ–*सं०* (पु०) 1 शिशु 2 छात्र 3 कुशा

अर्भक–I *सं०* (पु०) 1 बच्चा 2 छौना 3 मूर्ख II (वि०) 1 थोड़ा 2 दुबला 3 मूर्ख 4 बच्चों जैसा

अर्य–*सं०* (वि०) 1 श्रेष्ठ 2 पूज्य 3 सच्चा 4 प्रिय 5 दयालु

अर्या–*सं०* (स्त्री०) 1 वैश्य जाति की स्त्री 2 रखेली

अर्राना–(अ० क्रि०) 1 चिल्लाना 2 ज़ोर से पुकारना 3 व्यर्थ की बात करना

अर्ल–*अं०* (पु०) सम्मानित उपाधि (इंग्लैंड का सामंत)

अर्वट–*सं०* (पु०) भस्म या राख

अर्वाचीन–*सं०* (वि०) 1 आधुनिक 2 नया

अर्श–*अ०* (पु०) 1 तख़्त 2 छत 3 आकाश 4 सर्वोच्च स्वर्ग (इस्लाम धर्म) बहिश्त ~**पर चढ़ाना** बहुत श्रेष्ठ ठहराना; ~**पर होना** अपनी शक्ति एवं सामर्थ्य पर इतराना 2 अपने को बहुत बड़ा समझना; ~**से फर्श तक** आकाश से धरती तक; ~**दिमाग या मिजाज अर्श पर होना** अत्यधिक अभिमान करना; ~**से गिरा खजूर पर अटका** पुनः संकट में आकर फँसना

अर्श–*सं०* (पु०) बवासीर। ~**हर** (पु०) अर्श या बवासीर मर्ज़ में लाभ करनेवाली वस्तु

अर्शी–*सं०* (वि०) बवासीर का रोगी

अर्हंत–I *सं०* (पु०) 1 बौद्ध पुरोहित 2 जैन II (वि०) सुयोग्य

अर्ह–I *सं०* (वि०) 1 पूजनीय 2 सम्मान्य 3 योग्य 4 उपयुक्त II (पु०) औचित्य, उपयुक्तता

अर्हण–*सं०* (पु०) 1 पूजा 2 सम्मान

अर्हणीय–*सं०* (वि०) पूजा या सम्मान के योग्य

अर्हता–*सं०* (स्त्री०) योग्यता, उपयुक्तता

अर्ह्य–*सं०* (वि०) 1 पूजनीय 2 प्रशंसनीय 3 योग्य 4 अधिकारी

अलंकरण–*सं०* (पु०) 1 सजाना 2 सजावट 3 आभूषण

अलंकार–*सं०* (पु०) 1 सजावट 2 आभूषण 3 रचनागत विशिष्ट शब्द योजना या अर्थ चमत्कार (जैसे-उपमा, रूपक, अनुप्रास आदि)। ~**मय** (वि०) अलंकारयुक्त, अलंकृत; ~**वाद** (पु०) यह मत कि साहित्य में अलंकार अनिवार्य है; ~**शास्त्र** (पु०) वह शास्त्र जिसमें अलंकारों का वर्णन हो

अलंकृत–*सं०* (वि०) जिसे सजाया गया हो

अलंकृति–*सं०* (स्त्री०) 1 अलंकार 2 सजावट

अलँग–(पु०) और, तरफ़

अलंघनीय, अलंघ्य–*सं०* (वि०) 1 जो लाँघा या पार न किया जा सके 2 अटल

अलक–*सं०* (पु०) 1 माथे पर लटकते बाल 2 ज़ुल्फ़ 3 घुँघराले बाल 4 महावर

अलकतरा–*अ०* (पु०) एक गाढ़ा तरल पदार्थ जो पत्थर के कोयले की विशेष रासायनिक क्रिया द्वारा गलाने से बनता है

अलकली–*अं०* (स्त्री०) क्षार, खार

अलका–*सं०* (स्त्री०) 1 कुबेरपुरी 2 आठ दस वर्ष की बालिका

अलकावलि–*सं०* (स्त्री०) 1 सँवारे हुए बालों की पंक्तियां 2 घुंघराले बाल

अलकोहल–*अं०* (पु०) सुरासार, स्पिरिट

अलक्त, अलक्तक–*सं०* (पु०) 1 लाख 2 महावर

अलक्षण–I *सं०* (वि०) 1 चिह्नरहित 2 अशुभ 3 II (पु०) 1 अपशकुन 2 बुरा चिह्न 3 अनुपयुक्त परिभाषा

अलक्षित–*सं०* (वि०) 1 न देखा हुआ 2 अज्ञात 3 अदृश्य 4 गुप्त 5 अचर्चित

अलक्ष्य–*सं०* (वि०) 1 अदृश्य 2 अज्ञेय 3 चिह्नरहित 4 जिसका लक्षण न किया जा सके। ~**गति** (वि०) अदृश्य रूप से गमन करनेवाला; ~**लिंग** (वि०) 1 जो वेश बदले हुए हो 2 नाम पता छिपा रखा हो

अलख–I (वि०) जो देखा न जा सके 2 अलक्ष्य 3 अगोचर II (पु०) परमेश्वर ~**निरंजन** (पु०) ईश्वर

अलग–(क्रि० वि०) 1 पृथक्, भिन्न 2 दूर 3 तटस्थ 4 सुरक्षित

5 न्यारा, विशिष्ट। ~**अलग** (क्रि० वि०) 1 **व्यक्तिशः** 2 प्रत्येक को या प्रत्येक से; ~**थलग** (वि०) 1 जुदा 2 दूर; ~**करना** 1 दूर करना, हटाना 2 काम या नौकरी से हटा देना 3 बेचना 4 संयुक्त कुटुंब से पृथक् करना 5 छाँटना; ~**होना** 1 दूर या किनारे होना 2 नौकरी या काम छोड़ना

अलगनी–(स्त्री०) वस्त्र टाँगने के लिए बँधी रस्सी या बाँस

अलग़रज़ी–I *अ० + फ़ा०* (वि०) लापरवाह II (स्त्री०) लापरवाही

अलगागुजारी–(स्त्री०) अलग अलग करने की क्रिया

अलगाना–I (स० क्रि०) 1 अलग करना 2 दूर करना 3 छांटना II (अ० क्रि०) अलग होना)

अलगाव–I (वि०) 1 अलग रखने या करने का भाव 2 दूरी। ~**वाद** *+ हिं० + सं०* (पु०) अलग रहने की प्रक्रिया का सिद्धांत; ~**वादी** *+ हिं० + सं०* अलगाववाद का समर्थक

अलगोज़ा–*फ़ा०* (पु०) एक प्रकार की बाँसुरी

अलगौझा–(पु०) अलगाव, बँटवारा

अलजबरा–*अं०* (पु०) बीजगणित

अलज्ज–*सं०* (वि०) लज्जारहित, बेहया

अलता–(पु०) स्त्रियों के पैरों में लगाने का एक प्रकार का लाल रंग, महावर

अलपाका–*अं०* (पु०) दक्षिणी अमेरिका का एक जानवर जिसके बालों का बढ़िया ऊन बनता है

अलफ़–*अ०* (पु०) घोड़े का पिछली टाँगों के बल खड़ा होना

अलबत्ता–*अ०* (अ०) 1 बेशक, निस्संदेह 2 हां तो 3 परंतु

अलबम–*अं०* (पु०) 1 तस्वीरें रखने की किताब या कापी 2 चित्राधार, चित्र संग्रह

अलबी-तलबी–(स्त्री०) अत्यंत क्लिष्ट उर्दू या अरबी-फ़ारसी आदि विदेशी भाषाएँ

अलबेला–I (वि०) 1 सुंदर 2 अनूठा 3 बाँका 4 मनमौजी II (पु०) नारियल का हुक्का

अलब्ध–*सं०* (वि०) अप्राप्त। ~**निद्र** (वि०) जिसे नींद न आती हो

अलभ्य–*सं०* (वि०) 1 जो न मिलता हो 2 दुर्लभ 3 बहुमूल्य 4 अनमोल

अलम–*अ०* (पु०) 1 दुःख 2 शोक 3 झंडा, निशान 4 भाला। ~**नाक** (वि०) 1 दुःखमय 2 अति दुःखद; ~**बरदार** (पु०) 1 झंडा उठानेवाला 2 आगे रहनेवाला

अलमस्त–*फ़ा०* (वि०) 1 मस्त, मतवाला 2 मौजी 3 बेफिक्र

अलमारी–(स्त्री०) सामानादि रखने के लिए बना कई खानोंवाला ऊँचा संदूक या आला

अलमास–*फ़ा०* (पु०) हीरा

अलमिति–*सं०* (अ०) 1 बस यहीं अंत है, बस इतना ही 2 बस बहुत हो चुका

अलर्क–(पु०) कुत्ते का पागलपन

अलल-टप्पू–(वि०) 1 अटकल पच्चू 2 ऊट पटाँग

अलल-बछेड़ा–(पु०) अनुभव शून्य या अल्हड़ व्यक्ति

अललाना–(अ० क्रि०) 1 बहुत ज़ोर से चिल्लाना 2 गला फाड़कर पुकारना

अलवाँती–(स्त्री०) प्रसूता, जच्चा

अलवान–*अ०* (पु०) एक तरह की ऊनी शाल

अलविदा–*अ०* (क्रि० वि०) अच्छा अब विदा होते हैं, विदाई (विदाई के समय का पद)

अलस–I *सं०* (वि०) 1 आलसी 2 अलसाया हुआ 3 ढीला निष्क्रिय II (पु०) 1 खरवात 2 एक वृक्ष 3 एक छोटा विषैला जंतु

अलसाना–(क्रि० वि०) 1 थकावट या सुस्ती मालूम होना 2 कुछ करने को जी ना चाहना

अलसी–I तीसी II (वि०) आलसी

अलसेट– (स्त्री०) 1 अड़चन 2 अड़ंगा 2 ढिलाई, टालमटूल

अलस्सबाह–*अ०* (क्रि० वि०) सबेर, तड़के

अलहदगी–*अ० + फ़ा०* (स्त्री०) बिलगाव, अलगोझा

अलहदा–*अ०* (वि०) अलग, जुदा

अलाउंस–*अं०* (पु०) भत्ता

अलाटमेंट–*अं०* (पु०) बँटाई, आवंटन

अलात–*सं०* (पु०) 1 अंगारा 2 लुकाठी 3 जलती बनेठी। ~**चक्र** (पु०) लुकाठी को घुमाने से बननेवाला मंडल

अलान–(पु०) 1 हाथी बाँधने का खूँटा या सीकड़ 2 बेड़ी 3 बेल चढ़ने के लिए बाँधी गई लकड़ी

अलानिया–*अ०* (क्रि० वि०) खुले खज़ाने, डंके की चोट से

अलाप–(पु०) आलाप

अलापना–(अ० क्रि०) 1 बात करना 2 बोलना 3 गाने में तान लेना। **अपना अपना राग अलापना** अपने-अपने हित की बात करना

अलाबू–(पु०) 1 लौकी, कद्दू 2 तूँबी

अलाभ–*सं०* (पु०) 1 लाभ का अभाव 2 घाटा, हानि। ~**कर** (वि०) 1 जिससे कोई लाभ न हो, व्यर्थ 2 जो आर्थिक दृष्टि से लाभदायक न हो; ~**कारी** (वि०) लाभ न करानेवाला; ~**दायक** (वि०) अलाभकर; ~**प्रद** (वि०) लाभ न देनेवाला

अलामत–*अ०* (स्त्री०) 1 चिह्न, पहचान, लक्षण 2 निशानी

अलाय-बलाय–*अ०* (स्त्री०) अनिष्ट, विपत्ति

अलार–*सं०* (पु०) 1 किवाड़ 2 अठाव आग का ढेर

अलार्म–*अं०* (पु०) (खतरे की) सूचना। ~**घड़ी** *+ हिं०* (स्त्री०) नियत समय पर घंटी बजनेवाली घड़ी; ~**बेल** (स्त्री०) सूचना की घंटी, अलार्म घंटी; ~**बजना** खतरे की घंटी बजना

अलाव–(पु०) तापने के लिए जलाई हुई आग, कौड़ा, आग का ढेर

अलावा–*अ०* सिवाय, अतिरिक्त

अलिंग–I *सं०* (वि०) 1 बिना चिह्न या लक्षण का 2 जिसका लक्षण न किया जा सके 3 बुरे चिह्नों वाला 4 *व्या०* जिसका कोई लिंग न हो या जो सब लिंगों में व्यवहृत हो सके (हम, तुम आदि) II (पु०) 1 ईश्वर, परमात्मा 2 चिह्नाभाव

अलिंगी–*सं०* (वि०) = अलिंग I

अलिंद–*सं०* (पु०) 1 चौंतरा, छज्जा 2 द्वार कोष्ठ 3 एक प्राचीन जनपद 4 भौंरा

अलि–*सं०* (पु०) भौंरा। ~**कुल** (पु०) भौंरों का समूह; ~**जिह्वा** (स्त्री०) गले के भीतर का कौआ, घाँटी; ~**जिह्वीय** (वि०) अलि जिह्वा संबंधी; ~**वृत्ति** (स्त्री०) भौंरो की तरह जगह-जगह घूमकर रस लेने की हरजाईपन

अलिक–*सं०* (पु०) माथा, ललाट
अलिखित–*सं०* (वि०) जो लिखित न हो, केवल ज़बानी
अलिप्त–*सं०* (वि०) 1 बिना लेप का 2 निर्लिप्त 3 निर्दोष
अली–(स्त्री०) 1 सखी, सहेली 2 पंक्ति, कतार
अलीक–I *सं०* (वि०) 1 अप्रिय 2 मिथ्या 3 अल्प 4 सारहीन 5 कुछ II (पु०) 1 ललाट 2 अप्रिय विषय 3 झूठ
अलीन–I *सं०* (पु०) 1 दरवाज़े की चौखट का साह 2 बरामदे आदि का खम्भा II (वि०) 1 अनुचित 2 अग्राह्य 3 जो लीन न हो
अलील–*अ०* (वि०) बीमार, रुग्ण
अलीह–(वि०) = अलीक
अलुक–*सं०* (पु०) एक समास जिसमें पूर्वपद की विभक्ति का लोप नहीं होता (जैसे-युधिष्ठिर)
अलुब्ध–*सं०* (वि०) 1 लोभरहित 2 अमोहित
अलुमीनम–*अं०* (पु०) एक धातु (अलुमिनियम)
अलेख–I *सं०* (वि०) 1 बे-हिसाब 2 अज्ञेय 3 अदृश्य, अलक्ष्य II (पु०) 1 निराकार ब्रह्म 2 देवता
अलोक–I *सं०* (वि०) 1 अदृश्य 2 निर्जन 3 पुण्यहीन II (पु०) जगत् नहीं, पातालादि लोक 2 संसार का विनाश 3 आध्यात्मिक जगत् 4 अपयश, बदनामी। ~**तंत्रीय** (वि०) जनतंत्र के विरूद्ध
अलोकनीय–*सं०* (वि०) जो देखने योग्य न हो
अलोकित–*सं०* (वि०) जो दिखाई न देता हो
अलोना–(वि०) 1 बिना नमक का 2 बे-मजा 3 असुंदर
अलोल–I (वि०) 1 अचंचल 2 इच्छा या तृष्णा से रहित II (पु०) एक वृत्त
अलोलु–*सं०* (वि०) विषयों से उदासीन
अलोलुप–*सं०* (वि०) जो लालची न हो, लोभरहित
अलोह–*सं०* (पु०) लोहे से भिन्न धातु
अलोहित–I *सं०* (वि०) 1 जो लाल न हो 2 रक्तशून्य II (पु०) लाल कमल
अलौकिक–*सं०* (वि०) 1 जो लोक में न मिलता हो 2 अद्भुत, अपूर्व 3 दिव्य
अलौहिक–*सं०* (वि०) 1 जिसमें लोहे का अंश न हो
अल्क–*सं०* (पु०) 1 वृक्ष 2 अवयव
अल्कोहल–*अं०* (पु०) मद्यसार
अल्टीमेटम–*अं०* (पु०) अंतिम चेतावनी
अल्ट्रावायोलेट–*अं०* (वि०) पराबैंगनी (किरण)
अल्प–*सं०* (वि०) 1 तुच्छ 2 थोड़ा 3 छोटा। ~**काल** (पु०) थोड़ा समय; ~**कालिक** (वि०) कुछ समय का; ~**कालीन** (वि०) अल्पकालिक; ~**जीवी** (वि०) अल्पायु; ~**ज्ञ** (वि०) थोड़ा जाननेवाला, कम समझ; ~**तंत्र** (पु०) थोड़े से लोगों का शासन, लोकतंत्र का विपरीत शासन; ~**तनु** (वि०) 1 ठिंगना 2 दुर्बल; ~**तम्** (वि०) कम से कम; ~**तर** (वि०) और थोड़ा; ~**ता** (स्त्री०) कमी; ~**दर्शन**, ~**दृष्टि** (वि०) संकीर्ण दृष्टिवाला, अदूरदर्शी; ~**धी** (वि०) थोड़ी बुद्धि रखनेवाला; ~**परिचित** (वि०) थोड़ा परिचित; ~**प्रभाव** (पु०) कुछ प्रभाव; ~**प्राण I** (वि०) 1 अल्प शक्ति 2 अल्प सत्त्व II (व्याकरण) थोड़े श्वास प्रयत्न से उच्चारित व्यंजन; ~**प्राणीकरण** (पु०) महाप्राण व्यंजन का अल्पप्राण उच्चारण (जैसे-खीला कीला); ~**बुद्धि** (वि०) कम बुद्धिवाला; ~**भाग** (पु०) कुछ हिस्सा; ~**भाषी** (वि०) कम बोलनेवाला; ~**मत** (पु०) 1 बहुत कम लोगों का मत 2 अल्प संख्यक पक्ष या समुदाय; ~**मति** (वि०) कम बुद्धि वाला; ~**मध्यम** (वि०) जिसकी कमर पतली हो; ~**मात्र** (वि०) थोड़ा-सा; ~**मेधा** (वि०) नासमझ, मूर्ख; ~**मोली** + *हिं०* (वि०) कम कीमत का; ~**रुधिर** (वि०) जिसमें खून की कमी हो; ~**रुधिरता** (स्त्री०) खून की कमी; ~**वयस्क** (वि०) छोटी उम्र का, नाबालिग; ~**वादी** (वि०) जो कम बोलता हो; ~**विकसित** (वि०) अधखिला; ~**विराम** (पु०) अर्थबोध के लिए किसी शब्द के बाद थोड़ा ठहरना; ~**वेतन भोगी** (वि०) थोड़ा वेतन पानेवाला; ~**व्यय** (पु०) वह काम जो थोड़ा सा पैसा देने से हो जाये; ~**शुल्क** (पु०) थोड़ी फ़ीस; ~**श्रुत** (वि०) 1 जिसे स्पष्ट न सुनाई दे 2 जिसका अनुभव कम हो; ~**संख्यक** (वि०) कम जनसंख्या वाला (पक्ष); ~**संतोषी** (वि०) थोड़े से संतोष करनेवाला; ~**संधि** (स्त्री०) विराम-संधि; ~**सामयिक** (वि०) कम समयवाला
अल्पक–*सं०* (वि०) 1 थोड़ा 2 छोटा
अल्पतः–*सं०* (क्रि० वि०) थोड़े से, थोड़े में
अल्पशः–*सं०* (क्रि० वि०) थोड़ा-थोड़ा करके
अल्पांश–*सं०* (पु०) थोड़ा अंश, कुछ भाग
अल्पाक्षरिक–*सं०* (वि०) थोड़े अक्षरों वाला
अल्पाधिक–*सं०* (वि०) थोड़ा-बहुत, कमोबेश
अल्पायु–*सं०* (वि०) कम आयुवाला
अल्पारंभ–*सं०* (पु०) छोटे पैमाने पर कार्य शुरू करना
अल्पार्थक–*सं०* (पु०) 1 अल्पक 2 'थोड़ा' अर्थ देनेवाला
अल्पावकाश–*सं०* (पु०) कुछ समय की छुट्टी
अल्पावयवता–*सं०* (स्त्री०) छोटे अंग होना
अल्पावधि–*सं०* (स्त्री०) थोड़ा समय
अल्पावस्था–*सं०* (स्त्री०) छोटी उम्र
अल्पाहार–*सं०* (पु०) हलका-सा भोजन, नाश्ता
अल्पाहारी–*सं०* (वि०) थोड़ा खानेवाला
अल्पित–*सं०* (वि०) 1 घटाया या कम किया हुआ 2 उपेक्षित
अल्पिष्ठ–*सं०* (वि०) 1 कम से कम 2 बहुत कम
अल्पीकरण–*सं०* (पु०) 1 अधिकार 2 प्रतिष्ठा का घटना 3 अपकर्ष
अल्पेतर–*सं०* (वि०) 1 बड़ा 2 अनेक, बहुत
अल्ल–(स्त्री०) वंश, उपगोत्र
अल्लबल्ल– (वि०) बिल्कुल निरर्थक, आँय-बाँय
अल्लम गल्लम–*फ़ा०* (पु०) निरर्थक, फालतू, अनाप शनाप
अल्ला–*फ़ा०* (पु०) अल्लाह, ईश्वर
अल्लाना–(अ० क्रि०) चिल्लाना
अल्लामा–I *फ़ा०* (वि०) बड़ा आलिम, महापंडित II (स्त्री०) लड़ाकी स्त्री
अल्लाह–*फ़ा०* (पु०) परमेश्वर, खुदा
अल्हड़–I *फ़ा०* (वि०) 1 दुनियादारी न जाननेवाला 2 भोला 3 उद्धत और मनमौजी 4 गंवार II (पु०) 1 बिना दाँत का बछड़ा 2 ऐसा बैल जो अभी गाड़ी या हल में न जोता गया हो।

~पन (पु०) 1 अल्हड़ स्वभाव 2 भोलापन 3 लापरवाही
अवंति–(स्त्री०) 1 एक प्राचीन नगर 2 मालव जनपद
अवंश–I *सं०* (वि०) निःसंतान II (पु०) नीच या ख़राब कुल
अव–*सं०* (उप०) दूर या नीचे, निश्चय, व्याप्ति, अल्पता, ह्रास
अवकर–*सं०* (पु०) कूड़ा। **~पात्र** (पु०) कूड़ेदान
अवकरण–*सं०* (पु०) 1 घटाव 2 (गणित) बाकी निकालना
अवकर्त्त–*सं०* (पु०) टुकड़ा, खंड
अवकर्त्तन–*सं०* (पु०) काटना, विभाजन
अवकर्षण–*सं०* (पु०) 1 ज़ोर से खींचना 2 हटाना, बाहर निकालना
अवकलन–*सं०*(पु०) 1 इकट्ठा करके मिला देना 2 जानना 3 ग्रहण
अवकलित–*सं०* (वि०) 1 ज्ञात 2 गृहीत 3 इकट्ठा करके मिलाया हुआ
अवकल्पना–*सं०* (स्त्री०) निराधार कल्पना या अनुमान
अवकाश–*सं०* (पु०) 1 स्थान 2 शून्य स्थान 3 व्यवधान 4 अवसर 5 छुट्टी। **~काल** (पु०) छुट्टी का समय; **~गृह** (पु०) छुट्टी व्यतीत करने की जगह; **~ग्रहण** (पु०) छुट्टी लेना, रिटायर होना; **~प्राप्त** (वि०) रिटायर्ड, जो काम से निवृत्त हो गया हो; **~लेखा** *+ हिं०* (पु०) छुट्टी का हिसाब
अवकाशाभाव–*सं०* (पु०) फुर्सत की कमी
अवकिरण–*सं०* (पु०) बिखेरना, छितराना
अवकीर्ण–*सं०* (वि०) 1 बिखेरा हुआ 2 फैलाया हुआ 3 चूर किया हुआ 4 ध्वस्त
अवकीर्णन–*सं०* (पु०) छितराना, बिखेरना
अवकीलक–*सं०* (पु०) खूँटी
अवकुंचन–*सं०* (पु०) 1 सिकोड़ना 2 समेटना 3 मोड़ना
अवकुंठन–*सं०* (पु०) 1 पाटना 2 परिवेष्टित करना 3 आकृष्ट करना
अवकृपा–*सं०* (स्त्री०) कृपा का न होना, कृपा का अभाव
अवकृष्ट–I *सं०* (वि०) 1 खींचकर नीचे लाया हुआ 2 नीच 3 जातिच्युत II (पु०) निम्न श्रेणी का नौकर
अवकेश–*सं०* (वि०) जिसके बाल नीचे लटके हुए हों
अवकेशी–I *सं०* (वि०) 1 जिसमें फल न लगते हों 2 बाँझ अल्प या छोटे बालोंवाला II (पु०) फल न देनेवाला वृक्ष
अवक्तव्य–*सं०* (वि०) 1 जो कहने योग्य न हो, अश्लील 2 अनुचित 3 निंद्य 4 असत्य
अवक्रंदन–*सं०* (पु०) ज़ोर-ज़ोर से रोना
अवक्र–*सं०* (वि०) सीधा सरल
अवक्रम–*सं०* (पु०) नीचे आना, अधोगमन
अवक्रमण–*सं०* (पु०) नीचे जाना, अधोगमन
अवक्रय–*सं०* (पु०) 1 मूल्य 2 भाड़ा 3 कर 4 क्षतिपूर्ति
अवक्रांत–*सं०* (वि०) अधोगत, पतित
अवक्रांति–*सं०* (स्त्री०) = अवक्रम
अवक्रीत–*सं०* (वि०) मांगकर लिया हुआ
अवक्रोश–*सं०* (पु०) 1 कोसना 2 शाप देना 3 निंदा
अवक्षय–*सं०* (पु०) नाश, बर्बादी
अवक्षयन–*सं०* (पु०) नाश करना
अवक्षिप्त–*सं०* (वि०) 1 नीचे गिराया हुआ 2 निंदित 3 लांछित
अवक्षीण–*सं०* (वि०) बहुत कमज़ोर
अवक्षेप–*सं०* (पु०) 1 लांछन 2 निंदा 3 आक्षेप 4 आपत्ति
अवक्षेपण–*सं०* (पु०) 1 नीचे फेंकना या गिराना 2 पछाड़ना 3 निंदा करना 4 दोष लगाना
अवखात–*सं०* (पु०) गहरा गड्ढा या खाई
अवखाद–*सं०* (पु०) बुरा आहार
अवगंड–*सं०* (पु०) मुहासा
अवगण–*सं०* (वि०) जो अपने मित्रों से अलग हो
अवगणन–*सं०* (पु०) 1 गिनती करते समय किसी को छोड़ देना 2 अवहेलना 3 तिरस्कार 4 उपेक्षा करना
अवगणित–*सं०* (वि०) 1 अवज्ञात 2 पराभूत 3 निंदित
अवगत–*सं०* (वि०) 1 जाना हुआ 2 वादा किया हुआ 3 गिरा हुआ। **स्वीकृति से अवगत करें** अपनी स्वीकृति की जानकारी दें
अवगति–*सं०* (स्त्री०) 1 समझबूझ, ज्ञान 2 दुर्गति, बुरी गति
अवगम, अवगमन–*सं०* (पु०) 1 जानना 2 नीचे जाना 3 तह तक पहुंचना
अवगाढ़–*सं०* (वि०) 1 गहरा जमा हुआ 2 भीतर पैठा हुआ
अवगाह–I *सं०* (पु०) 1 गहरा स्थान 2 डुबकी 3 जल में उतर कर नहाना 4 कठिनाई II (वि०) 1 अथाह 2 कठिन
अवगाहन–*सं०* (पु०) 1 डुबकी लगाना 2 गहरा चिंतन 3 अन्वेषण
अवगाहित–*सं०* (वि०) 1 नहाया हुआ 2 जिसमें नहाया जाए
अवगाह्य–*सं०* (वि०) 1 स्नान करनेवाला 2 गहराई में जानेवाला
अवगाह्य–*सं०* (वि०) 1 स्नान के लिए उचित 2 मनन करने योग्य
अवगीत–I *सं०* (वि०) 1 निंदित 2 बेसुरा II (पु०) 1 निंदा 2 बेसुरा गान
अवगुंठन–*सं०* (पु०) 1 घूँघट 2 घूँघट निकालना 3 पर्दा डालना, छिपाना 4 बुर्का
अवगुंठिका–*सं०* (स्त्री०) 1 घूँघट 2 परदा 3 आवरण 4 चिक
अवगुंठित–*सं०* (वि०) 1 ढका, छिपा हुआ 2 घूँघट निकाला हुआ
अवगुंफन–*सं०* (पु०) गूंथना
अवगुण–*सं०* (पु०) 1 दोष 2 ऐब, बुराई
अवगूहन–*सं०* (पु०) छिपाना
अवग्रह–*सं०* (पु०) 1 रुकावट 2 संधि-विच्छेद 3 कृपा का अभाव 4 कोसना
अवग्रहण–*सं०* (पु०) 1 बाधा 2 अनादर
अवघट–*सं०* (वि०) 1 विकट, दुर्गम 2 जटिल, दुर्बोध
अवघट्ट–*सं०* (पु०) 1 बिल 2 गुफा
अवघर्षण–*सं०* (पु०) 1 रगड़ना 2 पीसना 3 साफ़ करना
अवघात–*सं०* (पु०) 1 बुरी तरह मारना 2 आघात करना 3 अपमृत्यु
अवघाती–*सं०* (पु०) बुरी तरह मारनेवाला
अवघूर्णन–*सं०* (पु०) चक्कर देना, लुढ़कना, बवंडर
अवघोटित–*सं०* (वि०) 1 चारों तरफ़ से ढका हुआ 2 जो अस्त-व्यस्त हो
अवघोषक–*सं०* (पु०) असत्य समाचार कहनेवाला, अफ़वाहें फैलानेवाला

अवघोषणा–*सं०* (स्त्री०) अनुचित या मिथ्या घोषणा
अवचन–I *सं०* (पु०) 1 चुप्पी 2 निंदा II (वि०) मूक
अवचनीय–*सं०* (वि०) 1 जो कहने योग्य न हो 2 अश्लील
अवचय–*सं०* (पु०) (पुष्पादि का) चयन, चुनकर इकट्ठा करना
अवचित–*सं०* (वि०) 1 बटोरा हुआ 2 अधिवसित
अवचूरि–*सं०* (स्त्री०) टिप्पणी, संक्षिप्त व्याख्या
अवचूर्णित–*सं०* (वि०) 1 चूर्ण किया हुआ 2 सरल करके समझाया गया
अवचेतन–*सं०* (वि०) 1 जिसमें चेतना न हो, अचेतन 2 चेतना की गहराई में होने वाला
अवचेतना–*सं०* (स्त्री०) अंतः संज्ञा
अवच्छद–*सं०* (पु०) आवरण, ढक्कन
अवच्छिन्न–*सं०* (वि०) 1 छिन्न भिन्न 2 अलगाया हुआ 3 सीमित
अवच्छेद–*सं०* (पु०) 1 खंड 2 परिच्छेद 3 अवच्छेदन
अवच्छेदक–*सं०* (वि०) 1 अवच्छेद करनेवाला 2 हद बाँधनेवाला
अवच्छेदन–*सं०* (पु०) 1 काटकर अलग करना, विभाजन 2 सीमा निर्धारित करना
अवजय–*सं०* (स्त्री०) पराजय
अवजित–*सं०* (वि०) 1 पराजित, विजित 2 तिरस्कृत
अवज्ञा–*सं०* (स्त्री०) 1 अनादर 2 उपेक्षा। ~**पूर्वक** (क्रि० वि०) उपेक्षा से
अवज्ञात–*सं०* (वि०) जिसकी अवज्ञा की गई हो, तिरस्कृत
अवज्ञान–*सं०* (पु०) अवज्ञा या तिरस्कार करना
अवज्ञेय–*सं०* (वि०) अवज्ञा के योग्य
अवट–*सं०* (पु०) 1 गड्ढा 2 कुआँ 3 तृणाच्छादित गड्ढा (हाथी को पकड़ने हेतु) 4 काँख आदि का गड्ढा 5 जादूगर
अवटु–*सं०* (पु०) श्वासनली की ग्रंथि, थाइरायड
अवडेर–(पु०) झंझट, बखेड़ा
अवडेरा–(वि०) 1 झंझट में फँसानेवाला 2 बेढब 3 विकट 4 जो चक्करदार हो
अवतंस–*सं०* (पु०) 1 माला, हार 2 वलयाकार आभूषण 3 मुकुट 4 बाली 5 कर्णफूल 6 श्रेष्ठ व्यक्ति
अवतत–*सं०* (वि०) फैलाया हुआ
अवतमस–*सं०* (पु०) 1 अल्पांधकार 2 अंधकार 3 अस्पष्टता
अवतरण–*सं०* (पु०) 1 उतरना 2 नीचे आना या जाना 3 जल में उतरना 4 पार होना 5 नदी का घाट 6 जन्म लेना 7 देवादि का शरीर धारण करना 8 लेखादि का उद्धृत अंश 9 अनुवाद। ~**चिह्न** (पु०) उद्धरण सूचक उल्टे कामा (' ')। ~**छत्र** (पु०) वायुयान से उतरते समय प्रयोग किया जानेवाला एक छाता (पैराशूट); ~**पथ** (पु०) वायुयान के उतरकर चलने का मार्ग; ~**भूमि** (स्त्री०) वायुयान के उतरने के लिए खुला मैदान, ~**स्थल** (पु०) उतरने की जगह
अवतरणिका–*सं०* (स्त्री०) 1 प्रस्तावना, आरम्भिक कथन 2 परिपाटी 3 रीति
अवतरित–*सं०* (वि०) 1 उतरा हुआ 2 अवतार के रूप में उत्पन्न 3 उद्धृत
अवतल–*सं०* (वि०) नतोदर, बीच में दबा हुआ या गहरा
अवतलन–*सं०* (पु०) तल के नीचे जाना
अवतापी–*सं०* (वि०) 1 (वह स्थान) जहाँ सूर्य का ताप बहुत अधिक होता है 2 कष्ट पहुँचानेवाला
अवतार–*सं०* (पु०) 1 उतरना 2 नीचे आना 3 किसी देवता ईश्वर का मनुष्य रूप में जन्म लेना 4 अनुवाद 5 भूमिका 6 पार करना 7 सृष्टि। ~**वाद** (पु०) अवतारों में विश्वास करने का सिद्धांत; ~**वादी** (वि०) अवतारवाद का समर्थक; ~**धरना, लेना** जन्म ग्रहण करना
अवतारण–*सं०* (पु०), **अवतारणा** (स्त्री०) 1 उतरना 2 नीचे लाना 3 भूत प्रेत का आवेश 4 मूर्त रूप देना 5 अनुकरण या नकल करना 6 अवतरण या उद्धरण रूप में ग्रहण करना
अवतारी–I *सं०* (वि०) 1 अवतार लेनेवाला 2 जिसने किसी देवता का अवतार ग्रहण किया है II (पु०) एक मात्रिक छंद
अवतीर्ण–*सं०* (वि०) 1 उतरा हुआ 2 प्रादुर्भूत 3 अवतार के रूप में उत्पन्न 4 पार गया हुआ 5 उद्धृत
अवदंश–*सं०* (पु०) 1 उत्तेजक या प्यास उत्पन्न करनेवाली चटपटी चीज़ जो मद्यपान के समय खायी जाती है, गजक, चाट
अवदमन–*सं०* (पु०) अच्छी तरह दबाना और वश में लाना
अवदरण–*सं०* (पु०) 1 फोड़ना 2 फाड़ना 3 अलग करना
अवदशा–*सं०* (स्त्री०) गिरी हुई हालत, हीनावस्था
अवदाघ–*सं०*(पु०) 1 ताप 2 जलन 3 ग्रीष्म ऋतु
अवदात–I *सं०* (वि०) 1 उज्ज्वल 2 निर्मल, साफ़ 3 सुंदर II (पु०) सफ़ेद या पीला रंग
अवदान–*सं०* (पु०) 1 प्रशस्त कर्म 2 पराक्रम 3 सफलता 4 अंशदान
अवदान्य–*सं०* (वि०) 1 पराक्रमी 2 कंजूस 3 संकीर्ण हृदय
अवदाब–*सं०* (पु०) धँसाव
अवदारक–*सं०* (वि०) अवदारण करनेवाला
अवदारण–*सं०* (पु०) 1 चीरना 2 विभाजन करना 3 तोड़ फोड़ देना
अवदारित–*सं०* (वि०) अवदीर्ण
अवदाह–*सं०* (पु०) भीषण ताप
अवदीर्ण–*सं०* (वि०) 1 खंडित, फटा हुआ 2 घबड़ाया हुआ
अवदोह–*सं०* (पु०) 1 दूध 2 दुहना
अवद्य–I *सं०* (वि०) 1 त्याज्य 2 अधम 3 दोषी 4 चर्चा के अयोग्य, निंद्य II (पु०) 1 अपराध 2 पाप 3 दोष 4 निंदा 5 लज्जा
अवधर्मी–*सं०* (पु०) निकृष्ट धर्म का अनुयायी
अवधा–*सं०* (स्त्री०) वृत का खंड या भाग
अवधाता–*सं०* (पु०) अवधान करनेवाला
अवधान–*सं०* (पु०) 1 ध्यान 2 मनोयोग 3 मन की एकाग्रता 4 चौकन्नापन 5 देख-रेख 6 प्रभार
अवधानी–*सं०* (वि०) 1 ध्यान देनेवाला 2 मनोयोग युक्त
अवधायक–*सं०* (पु०) कार्य का कर्ता-धर्ता
अवधारक–*सं०* (वि०) अवधारण करनेवाला
अवधारण–*सं०* (पु०) 1 निश्चय करना 2 हद बाँधना 3 मत बना लेना 4 ज़ोर देना। ~**बोधक** (वि०) निश्चय-सूचक
अवधारणा–*सं०* (स्त्री०) 1 सुविचारित धारणा 3 विचार
अवधारणीय–*सं०* (वि०) विचारणीय
अवधारित–*सं०* (वि०) 1 निश्चित 2 सुज्ञात

अवधार्य–*सं०* (वि०) अवधारणीय
अवधाव–*सं०* (पु०) बर्फ़, चट्टान आदि का विशाल समुदाय
अवधावन–*सं०* (पु०) पीछा करना, पकड़ना 2 साफ़ करना
अवधावित–*सं०* (वि०) 1 पीछा किया हुआ 2 धोया हुआ
अवधि–*सं०* (स्त्री०) 1 सीमा 2 अंतिम सीमा 3 नियत काल, मियाद। ~**बाधित** (वि०) जिसकी अवधि बीत चुकी हो
अवधी–I (वि०) अवध से संबंध रखनेवाला II (स्त्री०) अवध की बोली
अवधीरण–*सं०* (पु०) तिरस्कारपूर्वक बर्ताव करना, अपमान करना
अवधीरित–*सं०* (वि०) 1 तिरस्कृत 2 निरादृत
अवधूत–I *सं०* (पु०) संन्यासी II (वि०) 1 तिरस्कृत 2 विरक्त 3 पराभूत
अवधूपन–*सं०* (पु०) साधुपन
अवधूपित–*सं०* (वि०) सुवासित, सुगंधित
अवधूलन–*सं०* (पु०) घाव पर चूर्ण छिड़कना
अवधृत–*सं०* (वि०) अवधारित
अवधेय–I *सं०* (वि०) 1 ध्यान देने योग्य 2 जानने योग्य II (पु०) ध्यान
अवध्य–*सं०* (वि०) 1 वध के अयोग्य 2 रक्षणीय
अवध्वंस–*सं०* (पु०) 1 परित्याग 2 अनादर 3 निंदा 4 गिरकर अलग होना
अवध्वस्त–*सं०* (वि०) 1 विनष्ट 2 निंदित 3 तिरस्कृत 4 परित्यक्त
अवन–I *सं०* (पु०) 1 रक्षण 2 प्रसन्न करना 3 प्रसन्नता 4 प्रीति II (स्त्री०) 1 रास्ता 2 भूमि
अवनत–*सं०* (वि०) 1 झुका हुआ 2 गिरा हुआ 3 नम्र। ~**दशा** (स्त्री०) गिरावट
अवनतावस्था–*सं०* (स्त्री०) गिरावट
अवनति–*सं०* (स्त्री०) 1 झुकाव 2 गिरावट 3 उतार 4 कमी 5 दंडवत् 6 विनम्रता
अवनद्ध–I *सं०* (वि०) 1 निर्मित 2 जुड़ा हुआ 3 बँधा हुआ II (पु०) मृदंग, ढोल
अवनमन–*सं०* (पु०) 1 झुकना 2 पाँव पड़ना
अवनयन–*सं०* (पु०) नीचे लाना, नीचे गिराना
अवनामक–*सं०* (वि०) नीचे गिरानेवाला
अवनायक–*सं०* (वि०) गिरानेवाला
अवनाह–*सं०* (पु०) 1 बाँधना 2 आवृत करना
अवनि–*सं०* (स्त्री०) धरती, पृथ्वी। ~**चर** (पु०) पृथ्वी पर विचरनेवाले प्राणी; ~**पति** (पु०) राजा
अवनेजन–*सं०* (पु०) 1 धोना 2 हाथ पाँव धोने का पानी
अवपात–*सं०* (पु०) 1 अधःपतन 2 झपट्टा 3 गर्त, गड्ढा
अवपातन–*सं०* (पु०) गिराना, नीचे फेंकना
अवपात्र–*सं०* (वि०) अयोग्य या निकृष्ट पात्र
अवपीड़न–*सं०* (पु०) यातना देना
अवप्रेरण–*सं०* (पु०) बुरे काम में सहायता देना
अवबोध–*सं०* (पु०) 1 जागना 2 ज्ञान 3 विवेक 4 (दर्शन) अनिर्णीत बोध
अवबोधक–I *सं०* (वि०) ज्ञापक II (पु०) 1 जगानेवाला सूर्य 2 पहरा देनेवाला 3 शिक्षक
अवबोधन–*सं०* (पु०) 1 बताना, जताना 2 ज्ञान
अवभंग–*सं०* (पु०) 1 नीचा दिखाना 2 पराजित करना
अवभास–*सं०* (पु०) 1 चमक 2 झलक 3 मिथ्या ज्ञान 4 प्रतीति 5 दिखाई देना
अवभासक–I *सं०* (वि०) 1 प्रकाशमय 2 प्रकाशक II (पु०) परब्रह्म
अवभासित–*सं०* (वि०) 1 प्रकाशित 2 प्रकट 3 प्रतीत
अवमंता–*सं०* (पु०) अपमान करनेवाला
अवमंदन–*सं०* (पु०) तीक्ष्णता आदि को कम करना
अवम–I *सं०* (वि०) 1 अंतिम 2 अधम 3 नीच 4 कनिष्ठ 5 घटता हुआ II (पु०) 1 पाप 2 चांद और सौर दिन का अंतर। ~**तिथि** (स्त्री०) वह तिथि जिसका क्षय हो गया हो
अवमत–*सं०* (वि०) 1 अपमानित 2 तिरस्कृत
अवमति–I *सं०* (स्त्री०) 1 अवज्ञा 2 विरक्ति II (पु०) स्वामी
अवमर्दन–*सं०* (पु०) 1 कुचलना 2 दमन 3 उत्पीड़न
अवमर्दित–*सं०* (वि०) 1 रौंदा हुआ 2 मर्दन किया हुआ 3 नष्ट किया हुआ
अवमर्श–*सं०* (पु०) 1 स्पर्श 2 सम्पर्क
अवमर्ष–*सं०* (पु०) 1 आलोचना 2 नाटक की पाँच मुख्य संधियों में से एक 3 आक्रमण
अवमर्षण–*सं०* (पु०) 1 असहिष्णुता 2 मिटाना, हटाना
अवमान–*सं०* (पु०), **अवमानना** *सं०* (स्त्री०) 1 अवज्ञा, अपमान 2 तिरस्कार 3 मूल्य ठीक तरह न आँकना
अवमानन–*सं०* (पु०) 1 तिरस्करण 2 अपमान करना
अवमानित–*सं०* (वि०) 1 अपमानित 2 तिरस्कृत
अवमानी–*सं०* (वि०) अपमान या तिरस्कार करने वाला
अवमान्य–*सं०* (वि०) तिरस्कार के योग्य
अवमूल्य–*सं०* (पु०) सामान्य से कम मूल्य
अवमूल्यन–*सं०* (पु०) (सिक्के के) मूल्य में कमी करना या होना
अवमृदा–*सं०* (स्त्री०) निचली मिट्टी
अवमोचन–*सं०* (पु०) 1 मुक्त करना 2 छोड़ देना 3 ढीला करना
अवयव–*सं०* (पु०) 1 अंग 2 हिस्सा। ~**भूत** (वि०) जो उसी का अंग बन गया, अंगीभूत
अवयवी–I *सं०* (वि०) 1 जिसके अवयव या अंग हो 2 समूचा II (पु०) देह
अवयस्क–*सं०* (वि०) जो वयस्क न हो, नाबालिग
अवर–I *सं०* (वि०) 1 जो श्रेष्ठ न हो, कनिष्ठ, छोटा 2 निचला 3 कम, न्यून 4 अनुवर्ती, बाद में होनेवाला II (पु०) 1 अतीतकाल 2 हाथी के पीछे का भाग III (क्रि० वि०) अन्य, दूसरा। ~**ज** (पु०) 1 छोटा भाई 2 शूद्र; ~**सदन** (पु०) दूसरा सदन; ~**सेवक** (पु०) अन्य सेवक या नौकर
अवरत–I *सं०* (वि०) 1 अलग 2 निवृत्त 3 विरामयुक्त II (पु०) पानी का भँवर
अवरति–*सं०* (स्त्री०) 1 ठहराव, विश्राम 2 निवृत्त 3 पृथक्ता
अवरागार–*सं०* (पु०) अवर सदन
अवरार्ध–I *सं०* (वि०) उत्तरार्द्ध II (पु०) पीछे या नीचे का आधा भाग
अवरावर–*सं०* (वि०) 1 सबसे ख़राब 2 छोटे से छोटा

अवरुद्ध–*सं०* (वि०) 1 रुका या रोका हुआ 2 घिरा हुआ 3 बंद
अवरुद्धा–(स्त्री०) रखी हुई स्त्री, रखैल
अवरूढ़–*सं०* (वि०) 1 उतरा हुआ 2 आरूढ़ का उल्टा
अवरूप–*सं०* (वि०) 1 जिसका रूप विकृत हो गया हो 2 जिसका पतन हो गया हो
अवरेब–(पु०) 1 कपड़े की तिरछी काट 2 वक्र गति 3 उलझन 4 कठिनाई 5 झगड़ा
अवरोक्त–*सं०* (वि०) 1 अंत में उल्लिखित 2 बाद में कहा गया
अवरोध–*सं०* (पु०) 1 रोक 2 घेरा, आवरण 3 बाधा
अवरोधक–I *सं०* (वि०) 1 रोकनेवाला 2 घेरा डालनेवाला 3 बाधक II (पु०) 1 रोक 2 बाड़ा 3 प्रहरी
अवरोधन–*सं०* (पु०) 1 रोक 2 बाधा 3 अंतःपुर
अवरोधित–*सं०* (वि०) जिसका अवरोध किया गया हो
अवरोधी–*सं०* (वि०) अवरोधक
अवरोप, अवरोपण–*सं०* (पु०) 1 उन्मूलन, उखाड़ना 2 हटाना
अवरोपित–*सं०* (वि०) उखाड़ा हुआ
अवरोह–*सं०* (पु०) 1 उतार 2 अवनति, पतन 3 संगीत में स्वरों के ऊपर से नीचे आने का क्रम 4 वर्धमान अलंकार का उल्टा अर्थालंकार का एक भेद 5 मूल या शाखा से तंतुओं का निकलना
अवरोहक–I *सं०* (वि०) नीचे आनेवाला II (पु०) ऊपर चढ़नेवाला
अवरोहण–*सं०* (पु०) 1 उतरना 2 ऊपर से आना
अवरोही–I *सं०* (वि०) नीचे आनेवाला II (पु०) 1 ऊपर से नीचे आनेवाला स्वर 2 वटवृक्ष
अवर्ग–I *सं०* (वि०) श्रेणी रहित II (पु०) स्वर वर्ण
अवर्गीकृत–*सं०* (वि०) जिसका वर्ग न बनाया गया हो
अवर्ण–I *सं०* (वि०) 1 बिना रंग का 2 बदरंग 3 वर्ण धर्म रहित II (पु०) निंदा, अपवाद
अवर्णनीय–*सं०*(वि०) जिसका वर्णन न हो सके
अवर्ण्य–I *सं०* (वि०) वर्णन के अयोग्य II (पु०) उपमान
अवर्त्त–*सं०* (पु०) आवर्त्त
अवर्त्तन–*सं०*(पु०) जीविका या वृत्ति का अभाव
अवर्त्तमान–*सं०* (वि०) 1 जो वर्त्तमान या प्रस्तुत न हो, अविद्यमान 2 अनुपस्थित
अवर्धमान्–*सं०* (वि०) न बढ़नेवाला
अवर्षण–*सं०* (पु०) वर्षा का न होना, सूखा
अवलंब–*सं०* (पु०) 1 सहारा 2 ओट 3 परिशिष्ट
अवलंबन–*सं०* (पु०) 1 सहारा लेना 2 अपनाना 3 अनुसरण 4 छड़ी
अवलंबित–*सं०* (वि०) 1 आश्रित 2 लटकाया हुआ 3 सत्वर
अवलंबी–*सं०* (वि०) अवलंबन करनेवाला
अवलग्न–*सं०* (वि०) 1 लगा हुआ 2 सटाकर रखा हुआ
अवलिप्त–*सं०* (वि०) 1 लगाव रखनेवाला 2 चुपड़ा हुआ 3 घमंडी
अवली–*सं०* (स्त्री०) 1 पंक्ति, कतार
अवलीक–(वि०) 1 निष्पाप 2 दोषरहित, शुद्ध
अवलीढ–*सं०* (वि०) 1 चाटा हुआ 2 खाया हुआ
अवलीला–*सं०* (स्त्री०) 1 क्रीड़ा 2 अनादर, तिरस्कार
अवलुंचन–*सं०* (पु०) 1 काटना 2 उखाड़ना 3 नोंचना
अवलुंचित–*सं०* (वि०) 1 खुला हुआ 2 काटा हुआ
अवलुंठन–*सं०* (पु०) 1 लोटना, लुढ़कना 2 लूटना
अवलुंठित–*सं०* (वि०) 1 लुढ़का हुआ 2 लोटा हुआ 3 लूटा हुआ
अवलेखन–*सं०* (पु०) 1 खुरचना 2 लकीर खींचना 3 कंघी करना
अवलेखनी–*सं०* (स्त्री०) 1 कंघी 2 ब्रश
अवलेप–*सं०* (पु०) 1 लेप, चंदन 2 उबटन 3 मलहम 4 आभूषण 5 घमंड
अवलेपक–*सं०* (पु०/वि०) लेप लगानेवाला
अवलेपन–*सं०* (पु०) 1 लेपन 2 लगाव 3 घमंड 4 चंदन वृक्ष
अवलेह–*सं०* (पु०) 1 चटनी 2 चाटकर खाई जानेवाली दवा
अवलेहन–*सं०* (पु०) चाटना
अवलोक–*सं०* (पु०) 1 देखना 2 अनुसंधान 3 दृष्टि
अवलोकक–*सं०* (वि०) देखनेवाला
अवलोकन–*सं०* (पु०) ध्यानपूर्वक देखना
अवलोकनीय–*सं०* (वि०) देखनेयोग्य
अवलोप–*सं०* (पु०) काटकर हटा देना
अवलोम–*सं०* (वि०) 1 अनुकूल 2 उपयुक्त 3 अपनी तरफ़दारी करनेवाला
अवशंसा–*सं०* (स्त्री०) दोषी ठहराना
अवश–*सं०* (वि०) 1 बेबस, लाचार 2 इंद्रियों का दास 3 जो दूसरे के वश में हो
अवशिष्ट–*सं०* (वि०) बचा हुआ, बाकी
अवशीर्ण–*सं०* (वि०) कटा-फटा
अवशीर्ष–*सं०* (वि०) 1 नत-मस्तक 2 औंधा
अवशेष–I *सं०* (पु०) 1 वह जो बच रहे या बाक़ी रहे, शेष भाग II (वि०) बचा हुआ
अवशोषक–*सं०* (वि०) अवशोधन करनेवाला
अवशोषण–*सं०* (पु०) 1 सोखना 2 अपने में समा लेना, संविलयन
अवशोषित–*सं०* (वि०) जिसका अंत किया गया हो
अवशोषी–*सं०* (वि०) सोखने वाला
अवश्यंभावी–*सं०* (वि०) 1 जो अवश्य होने को हो, अनिवार्य 2 जो वश में न किया जा सके
अवश्य–I *सं०*(वि०)1 अनिवार्य 2 जो वश में न किया जा सके II (क्रि० वि०) 1 ज़रूर 2 निश्चय 3 बिना कोई अंतर हुए
अवश्यमेव–*सं०* (क्रि० वि०) निस्संदेह, यक़ीनन, निश्चयपूर्वक
अवष्टंभ–*सं०* (पु०) 1 सहारा 2 खंभा 3 बाधा 4 उद्दंडता 5 अभिमान 6 साहस
अवष्टब्ध–*सं०* (वि०) 1 आश्रित 2 रक्षित 3 बाधित
अवसंजन–*सं०* (पु०) आलिंगन
अवसक्त–*सं०* (वि०) सटा या लगा हुआ
अवसथ–*सं०* (पु०) 1 घर 2 ग्राम 3 विद्यालय 4 छात्रावास
अवसन्न–*सं०* (वि०) 1 सुस्त 2 उदास 3 खिन्न 4 उत्साहहीन 5 दबा या धँसा हुआ 6 समाप्त
अवसर–*सं०* (पु०) 1 मौका 2 सुयोग 3 अवकाश । ~**ग्रहण**

अवकाश ग्रहण, ~प्राप्त (वि०) अवकाश प्राप्त; ~वाद (पु०) जैसा मौका हो वैसा बन जाना; ~वादी (वि०) उपयुक्त अवसर से लाभ उठानेवाला, अवसर के अनुसार बरतनेवाला; ~चूकना अनुकूल परिस्थिति का हाथ से निकल जाना; ~ताकना इष्ट परिस्थिति की प्रतीक्षा में रहना; ~लेना उपयुक्त समय देखकर किसी से बदला चुकाना; ~हाथ से न जाने देना समय न गँवाना, अनुकूल परिस्थिति का लाभ उठाना

अवसरानुकूल–*सं०* (क्रि० वि०) अवसर के अनुरूप

अवसरिक–*सं०* (वि०) विशेष अवसरों पर होनेवाला

अवसर्ग–*सं०* (पु०) 1 मुक्ति 2 शिथिलता 3 दंडादि में कमी करना

अवसर्जन–*सं०* (पु०) मुक्त करना

अवसर्प–*सं०* (पु०) भेदिया, जासूस

अवसर्पण–*सं०* (पु०) नीचे उतरना, अधोगमन

अवसाद–*सं०* (पु०) 1 सुस्ती, थकावट 2 उदासी 3 खेद 4 हार 5 तलछट, गाद

अवसादक–*सं०* (वि०) समाप्त करनेवाला

अवसादन–*सं०* (पु०) 1 पतन 2 नाश 3 कार्य करने की अक्षमता 4 उत्पीड़न 5 समाप्त करना

अवसादी–*सं०* (वि०) अवसाद-युक्त

अवसान–*सं०* (पु०) 1 विराम 2 समाप्ति, अंत 3 मृत्यु 4 कविता या छंद का अंतिम चरण 5 पतन

अवसानक–*सं०* (वि०) 1 समाप्त करनेवाला 2 जो अंत या सीमा तक पहुँच रहा हो

अवसाय–*सं०* (पु०) 1 अंत 2 नाश 3 निष्कर्ष 4 निश्चय

अवसायी–*सं०* (वि०) रहनेवाला

अवसिक्त–*सं०* (वि०) सींचा हुआ, सिंचित

अवसित–*सं०* (वि०) 1 बसा हुआ 2 परिपक्व 3 निश्चित 4 संबद्ध 5 परिवर्तित 6 समाप्त

अवसृष्ट–*सं०* (वि०) 1 परित्यक्त 2 बर्ख़ास्त किया हुआ

अवसेचन–*सं०* (पु०) 1 सींचना 2 छिड़कना 3 पसीना निकलना 4 रक्त निकलना

अवस्कंद–*सं०* (पु०) 1 आक्रमण 2 टूट पड़ना 3 अस्थायी छावनी, शिविर 4 जनवासा

अवस्कंदक–*सं०* (पु०) 1 आक्रमण करनेवाला 2 गुंडा

अवस्कंदन–*सं०* (पु०) आक्रमण करना

अवस्कंदित–*सं०* (वि०) जिस पर आक्रमण किया गया हो, आक्रांत

अवस्कर–*सं०* (पु०) 1 मलमूत्र 2 मलमूत्रेंद्रिय

अवस्तार–*सं०* (पु०) 1 परदा 2 कनात 3 चटाई

अवस्तु–I *सं०* (वि०) 1 निकम्मा 2 शून्य II (स्त्री०) 1 निकम्मी चीज़ 2 सारहीनता

अवस्थांतर–*सं०* (पु०) दूसरी या बदली हुई अवस्था

अवस्था–*सं०* (स्त्री०) 1 हालत, दशा 2 देहादि की कालकृत स्थिति-लड़कपन, जवानी, बुढ़ापा आदि 3 उम्र 4 स्थिति 5 स्थिरता 6 आकृति। ~ज्ञान (पु०) दशा एवं स्थिति की जानकारी

अवस्थान–*सं०* (पु०) 1 ठहरना 2 रहना 3 घर 4 स्टेशन 5 अवधिकाल 6 केन्द्रबिंदु

अवस्थापन–*सं०* (पु०) 1 रखना, स्थापित करना 2 रहने का स्थान

अवस्थित–*सं०* (वि०) 1 ठहरा हुआ 2 टिका हुआ 3 विद्यमान

अवस्थिति–*सं०* (स्त्री०) 1 अवस्थान, टिकाव 2 विद्यमानता

अवस्फीति–*सं०* (स्त्री०) मुद्रा और मूल्यों में कमी

अवस्यंदन–*सं०* (पु०) टपकना, चूना

अवहरण–*सं०* (पु०) 1 चुरा लेना 2 लूट लेना 3 दूर हटाना 4 युद्ध विराम

अवहस्त–*सं०* (पु०) उलटा हाथ, हाथ का ऊपर का भाग

अवहार–*सं०* (पु०) 1 अपहरण 2 लौटाना 3 अस्थायी युद्ध-विराम

अवहार्य–*सं०* (वि०) 1 ले जाने योग्य वस्तु 2 जिसे लौटाना आवश्यक हो

अवहास–*सं०* (पु०) उपहास, हंसी-मज़ाक

अवहित–*सं०* (वि०) एकाग्रचित, सावधान

अवहृत–*सं०* (वि०) 1 चुराया हुआ 2 हरण किया हुआ 3 जिस पर ज़ुर्माना किया गया हो

अवहेलन–*सं०* (पु०) 1 आज्ञा का न मानना 2 अनादर करना

अवहेलना–*सं०* (स्त्री०) 1 अनादर, अवज्ञा 2 तिरस्कार 3 उपेक्षा

अवहेलनीय–*सं०* (वि०) जो उपेक्षा योग्य हो

अवहेला–*सं०* (स्त्री०) अवहेलना

अवांछनीय–*सं०* (वि०) 1 जो इच्छा करने योग्य न हो 2 अप्रिय

अवांछित–*सं०* (वि०) जिसकी इच्छा न की गयी हो

अवांतर–I *सं०* (वि०) 1 मध्यवर्ती 2 अंतर्गत 3 गौण II (पु०) मध्य

अवाई–(स्त्री०) 1 आगमन 2 गहरी जोताई

अवाक्–I *सं०* (वि०) 1 चकित 2 मौन II (क्रि० वि०) नीचे III (पु०) ब्रह्म

अवाची–*सं०* (स्त्री०) दक्षिण दिशा

अवाच्य–*सं०* (वि०) 1 न कहने योग्य 2 बात करने के अयोग्य

अवात–*सं०* (वि०) निर्वात, बिना हवा का। ~ता (स्त्री०) वातरहित स्थिति

अवादी–*सं०* (वि०) 1 जो वादी न हो 2 न बोलने वाला

अवापन–*सं०* (पु०) 1 प्राप्त करना 2 शुल्क लगाना

अवाप्त–*सं०* (वि०) प्राप्त, मिला हुआ

अवाप्ति–*सं०* (स्त्री०) प्राप्ति

अवाप्य–*सं०* (वि०) प्राप्त करने योग्य, प्राप्य

अवाम–*अ०* (पु०) बहु० आम लोग, जनता

अवामी–*अ०* (वि०) सामान्य, सार्वजनिक

अवार–*सं०* (पु०) 1 (नदी के) इस ओर का किनारा 2 इस ओर। ~पार (क्रि० वि०) एक किनारे से दूसरे किनारे तक

अवारजा–*फ़ा०* (पु०) 1 खतिपौनी 2 जमाख़र्च की बही 3 रोज़नामचा

अवारण–*सं०* (वि०) जिसका निषेध न हो सके, सुनिश्चित

अवारणीय–*सं०* (वि०) अनिवार्य, जिसका निवारण न हो सके

अवारित–*सं०* (वि०) 1 जो अवरुद्ध या बंद न हो 2 जो वारित न हुआ हो

अवार्य–*सं०* (वि०) अवारणीय
अवास्तव–*सं०* (वि०) 1 जो यथार्थ न हो 2 निराधार
अवास्तविक–*सं०* (वि०) यथार्थहीन, मिथ्या
अवि–I *सं०* (पु०) 1 रक्षक 2 स्वामी 3 सूर्य 4 पहाड़ 5 दीवार 6 कंबल 7 बकरा II (स्त्री०) 1 लज्जा 2 ऋतुमती स्त्री
अविकत्थ–*सं०* (वि०) 1 घमंड न करनेवाला 2 डींग न मारनेवाला
अविकल–*सं०* (वि०) 1 जो घटाया-बढ़ाया न गया हो, पूरा का पूरा 2 व्यवस्थित 3 जो बेचैन न हो
अविकल्प–I *सं०* (वि०) 1 विकल्प रहित 2 अपरिवर्तनीय 3 निश्चित II (पु०) विकल्प या संदेह का अभाव
अविकसित–*सं०* (वि०) जो खिला न हो
अविकार–I *सं०* (वि०) विकार रहित II (पु०) विकाराभाव
अविकारी–*सं०* (वि०) 1 जिसमें विकार न हुआ हो 2 नित्य
अविकार्य–*सं०* (वि०) अपरिवर्तनशील
अविकाशी–*सं०* (वि०) जिसका विकास न हो
अविकृत–*सं०* (वि०) जो बिगड़ा न हो या जो बदला न हो
अविक्रम–I *सं०* (वि०) शक्तिहीन, कमज़ोर II (पु०) भीरुता
अविक्रांत–*सं०* (वि०) जिससे कोई बढ़ा हुआ न हो
अविक्रिय–I *सं०* (वि०) अविकारी II (पु०) ब्रह्म
अविक्रेय–*सं०* (वि०) जो बिक्री के लिये न हो
अविक्षत–*सं०* (वि०) 1 जिसकी क्षति न हुई हो 2 समग्र, पूरा
अविक्षिप्त–*सं०* (वि०) 1 जो फेंका न गया हो 2 एकाग्रचित
अविगत–*सं०* (वि०) 1 जो बीता या गया न हो 2 अज्ञेय 3 अज्ञात II (पु०) ईश्वर
अविग्रह–*सं०* (वि०) 1 निराकार , अशरीरी 2 अज्ञात 3 नित्यमास
अविघात–I *सं०* (वि०) बाधारहित II (पु०) विघ्नाभाव
अविचल–*सं०* (वि०) अचल, स्थिर
अविचलित–*सं०* (वि०) जो अटल हो
अविचार–I *सं०* (पु०) 1 अविवेक, अज्ञान 2 अन्याय 3 अनीति II (वि०) अविवेकी
अविचारित–*सं०* (वि०) जिस पर विचार न किया गया हो
अविचारी–*सं०* (वि०) विवेकहीन, उचित-अनुचित का विचार न रखनेवाला
अविचार्य–*सं०* (वि०) जो विचार योग्य न हो
अविचलित–*सं०* (वि०) 1 अटल, स्थिर 2 विजयी
अविच्छिन्न–*सं०* (वि०) 1 अविभक्त, अटूट, अखंड 2 लगातार
अविच्छेद–I *सं०* (वि०) विच्छेदरहित II (पु०) बिलगाव का अभाव
अविच्युत–*सं०* (वि०) 1 जो अपने स्थान से भ्रष्ट न हुआ हो 2 शाश्वत, नित्य
अविजित–*सं०* (वि०) जो जीता न गया हो
अविजेय–*सं०* (वि०) जिसे जीता न जा सके, अजेय
अविज्ञ–*सं०* (वि०) अजान, अनाड़ी
अविज्ञात–*सं०* (वि०) 1 बे जाना समझा 2 संदिग्ध 3 अस्पष्ट
अविज्ञेय–I *सं०* (वि०) 1 जो पहचाना न जा सके 2 जो जाना न जा सके 3 न जानने योग्य II (पु०) परमेश्वर
अवितथ–I *सं०* (वि०) जो ग़लत या झूठ न हो, अमिथ्या, सही II (पु०) सचाई
अवितर्कित–*सं०* (वि०) 1 जिस पर विचार न किया गया हो 2 अदृष्टपूर्व
अवित्त–*सं०* (वि०) 1 निर्धन 2 अप्रसिद्ध 3 अज्ञात
अवित्ति–I *सं०* (स्त्री०) 1 अप्राप्ति 2 बुद्धिहीनता, मूर्खता 3 निर्धनता II (पु०) 1 मूर्ख 2 जिसे प्राप्त न हुआ हो
अविद–*सं०* (वि०) अनजान
अविदग्ध–I *सं०* (वि०) 1 अशिक्षित 2 अधकचरा 3 गँवार, मूर्ख II (पु०) भेड़ का दूध
अविदित–I *सं०* (वि०) 1 अज्ञात 2 अप्रकट II (पु०) परमेश्वर
अविद्व–*सं०* (वि०) 1 अपढ़, मूर्ख 2 नष्ट, लुप्त
अविद्यमान–*सं०* (वि०) 1 अनुपस्थित 2 असत्
अविद्या–*सं०* (स्त्री०) विद्या या ज्ञान का अभाव, अज्ञान 2 मिथ्या या विपरीत ज्ञान 3 भ्रांति 4 माया। ~**कृत** (वि०) अविद्या से किया हुआ; ~**मूलक** (वि०) अविद्या के कारण होनेवाला
अविधान–I *सं०* (पु०) विधान का अभाव II (वि०) विधि विरुद्ध, अवैध, अविहित
अविधि–I *सं०* (वि०) अवैध II (स्त्री०) विधि या विधान का अभाव
अविधिक–*सं०* (वि०) 1 अवैध 2 निषिद्ध
अविधेय–*सं०* (वि०) जो वैधानिक न हो, अवैधानिक
अविनय–I *सं०* (स्त्री०) 1 विनय या नम्रता का अभाव 2 अशिष्टता 3 धृष्टता 4 उजड्डपन II (वि०) विनयहीन। ~**शील** (वि०) अशिष्ट, धृष्ट, उजड्ड
अविनश्वर–I *सं०* (वि०) जिसका नाश न हो II (पु०) परब्रह्म
अविनाभाव–*सं०* (पु०) 1 अविच्छेद संबंध 2 लगाव
अविनाश–*सं०* (वि०) नाशरहित, अक्षय, नित्य
अविनाशी–I *सं०* (वि०) जिसका नाश न हो, नित्य II (पु०) परमात्मा
अविनिमेय–*सं०* (वि०) जो अदला-बदला न जा सके
अविनीत–*सं०* (वि०) 1 अनम्र, अशिष्ट 2 गुस्ताख़ 3 घमंडी 4 उजड्ड 5 उद्दंड
अविनीता–*सं०* (स्त्री०) कुलटा, व्यभिचारिणी
अविन्यस्त–*सं०* (वि०) जो जमाया न गया हो, उखड़ा-उखड़ा
अविपन्न–*सं०* (वि०) 1 जो क्षतिग्रस्त न हुआ हो 2 निरोग 3 स्वस्थ
अविपाक–I *सं०* (पु०) अजीर्ण रोग II (वि०) अजीर्ण से ग्रस्त
अविपाल–*सं०* (पु०) गड़ेरिया
अविबुध–I *सं०* (वि०) बुद्धिहीन, मूर्ख II (पु०) देवता नहीं, असुर
अविभक्त–*सं०* (वि०) 1 अविभाजित 2 साबित 3 समूचा 4 एक
अविभाजनीय–*सं०* (वि०) जो बाँटने योग्य न हो
अविभाजित–*सं०* (वि०) जिसे बाँटा न गया हो
अविभाज्य–I *सं०* (वि०) जो बाँटा न जा सके II (पु०)

जिसमें भाग न दिया जा सके वह राशि
अविभावन–*सं०* (पु०) पहचान का अभाव
अविभिन्न–*सं०* (वि०) जो अलग न हो
अविमुक्त–I *सं०* (वि०) जो मुक्त न हो, बद्ध II (पु०) कनपटी
अवियुक्त–*सं०* (वि०) 1 अविभक्त 2 जो पृथक् न हुआ हो
अवियोग–I *सं०* (वि०) मिला हुआ II (पु०) 1 उपस्थिति 2 संयोग
अवियोज्य–*सं०* (वि०) जिसका अलगाव न हो सके
अविरत–I *सं०* (वि०) 1 विरामहीन 2 लगा हुआ II (क्रि० वि०) निरंतर, लगातार
अविरति–*सं०* (स्त्री०) 1 विराम का अभाव 2 आसक्ति
अविरल–*सं०* (वि०) 1 मिला या सटा हुआ 2 घना 3 अविरत, लगातार
अविराम–I *सं०* (वि०) विरामहीन II (क्रि० वि०) लगातार
अविरुद्ध–*सं०* (वि०) 1 जो विरुद्ध न हो 2 अनुकूल
अविरोध–*सं०* (पु०) 1 विरोध का अभाव 2 सामंजस्य
अविरोधी–*सं०* (वि०) विरोध न करनेवाला
अविलंब–I *सं०* (वि०) विलंबरहित II (क्रि० वि०) झटपट तुरंत
अविलंबित–*सं०* (वि०) जिसे सहारा न दिया गया हो
अविलक्ष्य–*सं०* (वि०) 1 जिसका कोई लक्ष्य न हो 2 अचिकित्स्य
अविलिख–*सं०* (वि०) 1 न लिखनेवाला 2 बुरा लिखनेवाला
अविवर्त्य–*सं०* (वि०) जिसमें उलट-फेर न हो सके
अविवाद–I *सं०* (पु०) विवाद का अभाव II (वि०) विवादरहित
अविवाहित–*सं०* (वि०) बिना ब्याहा, क्वाँरा
अविवाहिता–*सं०* (स्त्री०) कुंआरी लड़की
अविविक्त–*सं०* (वि०) 1 अविवेचित 2 भेदरहित 3 सार्वजनिक 4 विवेकरहित
अविवेक–*सं०* (पु०) भला-बुरा समझने की शक्ति का अभाव 2 अविचारी 3 नासमझी। ~**ता** (स्त्री०) = अविवेक; ~**पूर्ण** (वि०) विवेकरहित
अविवेकी–*सं०* (वि०) विवेकरहित, नासमझ
अविशंका–*सं०* (वि०) 1 शंकारहित 2 निडर
अविशुद्ध–*सं०* (वि०) 1 जो शुद्ध न हो, अपवित्र 2 मिलावटी
अविशेष–I *सं०* (वि०) भेदरहित, समान II (पु०) 1 भेदक धर्म का अभाव 2 एकता 3 सूक्ष्म भूत
अविश्रांत–I *सं०* (वि०) 1 न थकनेवाला 2 अविराम 3 जो क्षतिग्रस्त न हो II (क्रि० वि०) लगातार
अविश्वसनीय–*सं०* (वि०) जो विश्वास के योग्य न हो
अविश्वस्त–*सं०* (वि०) जिसका विश्वास न हो, संदिग्ध
अविश्वास–*सं०* (पु०) 1 विश्वास का न होना 2 शंका, संदेह। ~**पात्र** (वि०) जिसपर विश्वास न किया जा सके, अविश्वसनीय
अविश्वासी–*सं०* (वि०) 1 विश्वास न करनेवाला 2 श्रद्धाहीन 3 जो विश्वास के योग्य न हो
अविष–I *सं०* (वि०) 1 विषहीन 2 विषहारक 3 रक्षक II (पु०) 1 समुद्र 2 राजा 3 आकाश
अविषय–I *सं०* (वि०) जो किसी इंद्रिय का विषय न हो, अगोचर 2 प्रतिपादन के अयोग्य 3 निर्विषय II (पु०) 1 अभाव 2 लोप 3 इंद्रियों के विषयों की उपेक्षा
अविसगी–*सं०* (वि०) न हटनेवाला
अविस्तर–*सं०* (वि०) थोड़ी लम्बाई का, संक्षिप्त
अविस्तीर्ण–*सं०* (वि०) जो अधिक न फैलाकर छोटा कर दिया गया हो
अविस्तृत–*सं०* (वि०) ठसा हुआ, घना
अविस्मरणीय–*सं०* (वि०) जो भूल जाने योग्य न हो
अविहित–*सं०* (वि०) 1 शास्त्रविरुद्ध 2 निषिद्ध 3 अकर्तव्य 4 अनुचित
अवीरा–*सं०* (स्त्री०) 1 पुत्रहीना 2 विधवा 3 भ्रातृहीना
अवृत्त–*सं०* (वि०) 1 जो रोका न गया हो 2 बे चुना हुआ 3 अरक्षित 4 अपराभूत
अवृत्ताकार–*सं०* (वि०) जो गोल न हो
अवृत्ति–I *सं०* (वि०) 1 अस्तित्वहीन, स्थितिहीन 2 जीविका रहित II (स्त्री०) 1 जीविका का अभाव 2 स्थिति का अभाव
अवृथा–*सं०* (क्रि० वि०) व्यर्थ नहीं, सफलतापूर्वक
अवृद्धिक–I *सं०* (वि०) बिना वृद्धि या ब्याज का II (पु०) मूल धन
अवृष्टि–*सं०* (स्त्री०) अवर्षण, सूखा
अवेक्षण–I *सं०* (पु०) 1 देखना 2 निरीक्षण 3 जाँच-पड़ताल II (वि०) देखभाल करनेवाला
अवेक्षणीय–*सं०* (वि०) 1 देखने योग्य 2 निरीक्षण योग्य
अवेक्षा–*सं०* (स्त्री०) 1 देखना 2 ध्यान, ख़्याल 3 परवाह
अवेत–*सं०* (वि०) 1 बीता हुआ 2 प्राप्त 3 संयुक्त
अवेद्य–I *सं०* (वि०) 1 अज्ञेय 2 अलभ्य II (पु०) बछड़ा
अवेल–I *सं०* (वि०) असामयिक II (पु०) ज्ञानगोपन अपहव
अवेला–*सं०* (स्त्री०) 1 अनुपयुक्त समय, कुबेला 2 तांबूल
अवेस्ता–*फ़ा०* (स्त्री०) पारसियों की मूल धर्म पुस्तक
अवैज्ञानिक–*सं०* (वि०) जो वैज्ञानिक न हो, विज्ञान की रीति के प्रतिकूल हो
अवैतनिक–*सं०* (वि०) वेतन न पाने या लेनेवाला, आनरेरी
अवैदिक–*सं०* (वि०) 1 वेदविरुद्ध 2 अवेदोक्त
अवैध–*सं०* (वि०) 1 विधि-विरुद्ध, अविहित 2 नियम-विरुद्ध, ग़ैर-क़ानूनी। ~**ज**, ~**जात** (वि०) जो ग़लत या नियम विरुद्ध हो; ~**ता** (स्त्री०) विधि विरुद्ध होना; ~**समूह** (पु०) गैर कानूनी कार्य करनेवालों का दल
अवैधाचरण–*सं०* (पु०) अनुचित एवं नियम विरुद्ध व्यवहार
अवैधानिक–*सं०* (वि०) जो संविधान के नियमों के अनुरूप न हो या उनके विरुद्ध हो
अवैमत्य–I *सं* (पु०) 1 ऐकमत्य 2 मतभेद का अभाव II (वि०) सर्वसम्मत
अवैर–*सं०* (पु०) वैर या शत्रुता का अभाव
अव्यंग–*सं०* (वि०) जो टेढ़ा मेढ़ा न हो, सीधा, सरल
अव्यंजन–I *सं* (वि०) 1 चिह्नरहित 2 सुलक्षणरहित 3 अस्पष्ट 4 बिना सींग का II (पु०) बिना सींग का पशु
अव्यक्त–*सं०* (वि०) 1 अप्रकट, अदृश्य 2 अज्ञेय 3 अनाविर्भूत 4 अज्ञात 5 अनिश्चित II (पु०) 1 मूल प्रकृति

2 अविद्या 3 ब्रह्म 4 आत्मा 5 सूक्ष्म शरीर। **~क्रिया** (स्त्री०), **~गणित** (पु०) बीज गणित का एक हिसाब; **~पद** (पु०) वह पद जिसका उच्चारण स्पष्ट न हो; **~राशि** (स्त्री०) अज्ञात राशि; **~लिंग** I (वि०) जिसके लक्षण स्पष्ट न हों II (पु०) महत्तत्व (सांख्य)

अव्यक्तानुकरण–*सं०* (पु०) अर्थरहित ध्वनियों का अनुकरण

अव्यक्तिक–*सं०* (वि०) 1 जो व्यक्तिगत न हो 2 रागद्वेष आदि से रहित

अव्यग्र–*सं०* (वि०) जो व्यग्र न हो, शांत, धीर

अव्यथ–I *सं०*(वि०) 1 पीड़ा न देनेवाला, दयालु 2 व्यथारहित II (पु०) साँप

अव्यथा–*सं०* (स्त्री०) 1 हरीतकी 2 सोंठ 3 स्थल कमल 4 गोरखमुंडी 5 आँवला

अव्यपदेश्य–*सं०* (वि०) अनिर्वचनीय

अव्यभिचार–*सं०* (पु०) 1 एकनिष्ठता, वफ़ादारी 2 नित्य साहचर्य

अव्यभिचारी–*सं०* (वि०) 1 व्यभिचार न करनेवाला, सदाचारी 2 अविरोधी 3 अपवादरहित

अव्यय–I *सं०*(वि०) 1 अविकारी 2 अक्षय, नित्य 3 समरस II (पु०) 1 वह शब्द जिसके रूप में वचन, लिंग आदि के कारण कोई विकार नहीं होता 2 व्यय न होना 3 परब्रह्म 4 विष्णु 5 शिव

अव्ययित–*सं०* (वि०) ख़र्च न किया हुआ

अव्ययीभाव–*सं०* (पु०) 1 वह समास जिसमें पूर्वपद अव्यय हो *व्या०* (जैसे-यथाशक्ति, अतिकाल) 2 व्यय का अभाव

अव्यर्थ–*सं०* (वि०) 1 व्यर्थ न होनेवाला 2 सफल 3 अचूक

अव्यवधान–I *सं०* (वि०) 1 निकट 2 बिना रोक का 3 लापरवाह II (पु०) 1 लापरवाही 2 नैकट्य 3 लगाव

अव्यवसाय–I *सं०* (पु०) उद्यम या निश्चय का अभाव II (वि०) 1 उद्यमरहित 2 निकम्मा 3 आलसी

अव्यवसायी–*सं०* (वि०) शौकिया (खिलाड़ी, कलाकार)

अव्यवस्था–*सं०* (स्त्री०) 1 व्यवस्था का अभाव, बेकायदगी, बद्अमली 2 शास्त्रविरुद्ध व्यवस्था

अव्यवस्थित–*सं०* (वि०) 1 व्यवस्थाहीन 2 शास्त्र मर्यादा के विरुद्ध 3 अस्थिर। **~चित्त** (वि०) जिसके विचार चंचल हों, अस्थिर चित्त

अव्यवहारिक–*सं०* (वि०) जिसका उपयोग न हो

अव्यवहार्य–*सं०* (वि०) 1 जो व्यवहार के योग्य न हो 2 जिसके साथ खान-पान का व्यवहार न रखा जा सके, जातिच्युत

अव्यवहित–*सं०* (वि०) 1 व्यवधानरहित 2 निर्विघ्न 3 प्रकट

अव्यसन–I *सं०*(वि०) व्यसनहीन, जिसे कोई बुरी लत न लगी हो II (पु०) व्यसन का अभाव

अव्याकृत–I *सं०* (वि०) अव्यक्त, जो प्रकट न हो II (पु०) 1 मूल प्रकृति (सांख्य) 2 जगत् का कारणरूप अज्ञान

अव्याख्यात–*सं०* (वि०) जिसकी व्याख्या या स्पष्टीकरण न किया गया हो

अव्याख्येय–*सं०* (वि०) जो व्याख्या करने योग्य न हो

अव्याघात–*सं०* (वि०) 1 बे रोक टोक 2 जो बीच में टूटा या रुका न हो, लगातार होनेवाला

अव्याज–I *सं०* (वि०) बिना छल-कपट का II (पु०) 1 छलकपट का अभाव 2 ईमानदारी

अव्यापन्न–*सं०* (वि०) जो मरा न हो, जीवित

अव्यापार–*सं०* (पु०) 1 कार्य, उद्यम का अभाव 2 अपने से संबंध न रखनेवाला काम

अव्यापारिक–*सं०* (वि०) जो व्यापार योग्य न हो

अव्यापारी–*सं०* (वि०) जो व्यापार न करता हो

अव्यापी–*सं०* (वि०) 1 जो सर्वव्यापी न हो 2 सीमित 3 जो सामान्य न हो

अव्याप्त–*सं०* (वि०) 1 जो सर्वत्र व्याप्त न हो 2 परिच्छिन्न

अव्याप्ति–*सं०* (स्त्री०) 1 व्याप्त न होने की अवस्था 2 लक्षण का लक्ष्य पर घटित न होना

अव्याप्य–*सं०* (वि०) 1 व्याप्तिरहित, जो सारी स्थिति के लिए लागू न हो

अव्यावृत–*सं०* (वि०) 1 अविभक्त, अटूट, अविच्छिन्न 2 निरंतर

अव्याहत–*सं०* (वि०) 1 व्याघातरहित 2 अबाधित 2 अटूट 4 पूरा

अव्युत्पन्न–I *सं०* (वि०) 1 अकुशल, अदक्ष, अनुभवहीन 2 जो (शब्द) व्याकरण से सिद्ध न हो सके 3 व्युत्पत्तिरहित II (पु०) व्याकरण न जाननेवाला व्यक्ति

अव्रत–I *सं०*(वि०) शास्त्रविहित नियमों, कर्तव्यों का पालन न करनेवाला, व्रतहीन II (पु०) व्रतत्याग

अव्वल–I *अ०* (वि०) 1 पहला, प्रथम 2 सर्वश्रेष्ठ II (पु०) आदि, आरंभ। **~आना, ~रहना** प्रतियोगिता में प्रथम आना, सबसे आगे होना

अव्वलन–*अ०* (क्रि० वि०) प्रथमतः

अशंक, अशंकित–*सं०* (वि०) 1 शंकारहित 2 निर्भय, निडर 3 निरापद

अशंभु–*सं०* (पु०) 1 अकल्याण 2 अहित 3 अमंगल

अशकुन–*सं०* (पु०) असगुन, अशुभ लक्षण

अशक्त–*सं०* (वि०) 1 शक्तिहीन, कमज़ोर 2 असमर्थ 3 अयोग्य

अशक्ति–*सं०* (स्त्री०) 1 निर्बलता 2 असामर्थ्य 3 बुद्धि का बेकाम होना

अशक्य–*सं०* (वि०) 1 जो न हो सके, असाध्य 2 जो काबू में न किया जा सके 3 अशक्त 4 असंभव

अशत्रु–I *सं०*(वि०) 1 शत्रुरहित 2 जो शत्रु न हो II (पु०) चंद्रमा

अशन–*सं०* (पु०) 1 भोजन 2 भोज्य पदार्थ 3 भक्षण 4 व्याप्ति

अशनि–(पु०) 1 बिजली, गाज 2 अस्त्र

अशनीय–*सं०* (वि०) जो खाने योग्य हो

अशब्द–I *सं०*(वि०) 1 जो शब्द न हो 2 जो शब्दों में व्यक्त न हुआ हो 3 मूक 4 अवैदिक II (पु०) ब्रह्म

अशरण–*सं०* (वि०) आश्रयहीन, असहाय

अशरफ़–*अ०* (वि०) बहुत शरीफ़, उच्च

अशरफ़ी–*फ़ा०* (स्त्री०) 1 सोने का सिक्का, मुहर 2 गुलअशर्फ़ी। **अशरफ़ियाँ लुटें और कोयलों पर छाप** कीमती वस्तु की अवहेलना करके निरर्थक वस्तु की कद्र करना

अशरा–*अ०* (पु०) (मुहर्रम का) दसवाँ दिन

अशराफ़–*अ०* (पु०) भले और प्रतिष्ठित लोग

अशरीर–I *सं०* (वि०) 1 शरीररहित, निराकार II (पु०) परमात्मा 2 कामदेव 3 संन्यासी

अशरीरी–I *सं०* (वि०) 1 शरीरहीन 2 अपार्थिव II (पु०) 1 ब्रह्मा 2 देवता

अशर्म–*सं०* (पु०) 1 कष्ट, दुःख 2 शोक

अशस्त्र–I *सं०* (वि०) शस्त्रहीन, निःशस्त्र II (पु०) शस्त्र नहीं

अशस्त्रीकरण–(पु०) निरस्त्रीकरण

अशांत–*सं०* (वि०) 1 शांतिरहित, बेचैन, उद्विग्न 2 अस्थिर

अशांति–*सं०* (स्त्री०) 1 बेचैनी 2 क्षोभ, खलबली। **~कारक** अशांति उत्पन्न करनेवाला

अशाअत–*अ०* (स्त्री०) प्रकाशन, प्रचार

अशालीन–*सं०* (वि०) विनयहीन, ढीठ

अशाश्वत–*सं०* (वि०) अनित्य, अस्थायी

अशासन–I *सं०* (पु०) 1 शासन का अभाव 2 अव्यवस्था 3 अराजकता II (वि०) शासनहीन

अशास्त्रीय–*सं०* (वि०) शास्त्रविरुद्ध, अविहित

अशिक्षा–*सं०* (स्त्री०) शिक्षा का अभाव

अशिक्षित–*सं०* (वि०) अपढ़, गँवार

अशिथिल–*सं०* (वि०) जो ढीला न हो, चुस्त

अशिव–I *सं०* (वि०) 1 अकल्याणकर 2 अमंगलसूचक II (पु०) 1 अमंगल 2 दुर्भाग्य 3 अहित

अशिष्ट–*सं०* (वि०) असभ्य, उजड्ड। **~ता** (स्त्री०) असभ्यता, उजड्डपन

अशीत–*सं०* (वि०) जो ठंडा न हो, गरम

अशील–I *सं०* (वि०) 1 शीलरहित 2 अशिष्ट, उद्दंड 3 उदासीन II (पु०) उद्दंडता, अशिष्टता

अशुचि–I *सं०* (वि०) 1 अपवित्र, नापाक 2 मैला 3 काला II (स्त्री०) अपवित्रता, अपकर्ष

अशुद्ध–*सं०* (वि०) 1 साफ़ न किया हुआ 2 अपवित्र 3 अशोधित 4 सदोष 5 ग़लत

अशुद्धि–*सं०* (स्त्री०) 1 अशुद्धता 2 ग़लती 3 गंदगी। **~शोधन** (पु०) ग़लती सुधारना

अशुभ–I *सं०* (वि०) 1 अमंगलकारी 2 अनिष्टसूचक 3 अपवित्र 4 भाग्यहीन II (पु०) 1 अमंगल 2 पाप 3 दुर्भाग्य। **~चिंतक** (वि०) अहित सोचनेवाला

अशुष्क–*सं०* (वि०) जो सूखा न हो

अशून्य–*सं०* (वि०) 1 जो खाली न हो 2 जो व्यर्थ न हो

अशेष–*सं०* (वि०) 1 संपूर्ण, समूचा 2 सबका सब 3 अपार 4 असंख्य

अशोक–I *सं०* (वि०) जिसे शोक न हो, शोकरहित II (पु०) 1 एक प्रसिद्ध पेड़ जिसकी पत्तियाँ धार्मिक एवं माँगलिक अवसरों पर काम में आती हैं 2 राजा दशरथ का एक मंत्री 3 एक यशस्वी सम्राट। **~चक्र** (पु०) अशोक के स्तम्भ के ऊपर का चक्र जो इस समय भारत संघ का राष्ट्र चिह्न है; **~पूर्णिमा** (स्त्री०) फाल्गुन की पूर्णिमा; **~स्तंभ** (पु०) भारत का राष्ट्रीय प्रतीक

अशोच–*सं०* (पु०) 1 चिंता का अभाव 2 शांति 3 नम्रता

अशोचनीय–*सं०* (वि०) जो चिंता करने योग्य न हो

अशोच्य–*सं०* (वि०) जिसके विषय में शोक करना उचित न हो

अशोधित–*सं०* (वि०) जिसे साफ़ न किया गया हो

अशोभन–*सं०* (वि०) असुंदर, अभद्र, न फबनेवाला

अशोभनीय–*सं०* (वि०) 1 जो देखने में सुंदर न लगे 2 अनुचित, अनुपयुक्त

अशौच–*सं०* (पु०) 1 अपवित्रता, नापाकी 2 जन्म मरण के कारण लगनेवाली छूत, सूतक

अश्म–*सं०* (पु०) 1 पर्वत 2 पत्थर। **~खनि** (स्त्री०) पत्थर की खान; **~सार** (पु०) लोहा

अश्मन–*सं०* पत्थर हो जाना

अश्मरी–*सं०* (स्त्री०) पथरी रोग

अश्मीभवन–*सं०* (पु०) पत्थर हो जाना

अश्रद्धा–*सं०* (स्त्री०) 1 श्रद्धा का अभाव 2 अविश्वास

अश्रद्धेय–*सं०* (वि०) जो श्रद्धेय न हो

अश्रांत–I *सं०* (वि०) न थका हुआ, अथक II (पु०) विश्राम का अभाव

अश्राव्य–*सं०* (वि०) न सुनने योग्य

अश्रु–*सं०* (पु०) आँसू। **~कारी** (वि०) आँसू लानेवाला; **~गैस** (स्त्री०) आँसू गैस, गैस जिससे आँसू बहने लगते हैं; **~ग्रंथि** (स्त्री०) आँख के अंदर वह ग्रंथि जिससे आंसू उत्पन्न होते हैं; **~जल** (पु०) आँसू; **~निर्झर** (पु०) आँसुओं की झड़ी; **~पात** (पु०) आँसू बहना

अश्रुत–*सं०* (वि०) 1 न सुना हुआ 2 विद्याहीन, अशिक्षित 3 अवैदिक। **~पूर्व** (वि०) 1 जो पहले न सुना गया हो 2 अद्भुत, विचित्र

अश्रुति–I *सं०* (वि०) कर्णहीन II (स्त्री०) 1 न सुनना 2 विस्मृति

अश्रेष्ठ–*सं०* (वि०) जो बढ़िया न हो

अश्लाघनीय, अश्लाघ्य–*सं०* (वि०) 1 जो प्रशंसा के योग्य न हो 2 निंद्य

अश्लील–*सं०* (वि०) 1 भद्दा 2 ग्राम्य 3 गंदा 4 फूहड़

अश्लेष–*सं०* (वि०) श्लेषरहित, जिसमें दुहरा अर्थ न हो

अश्व–*सं०* (पु०) 1 घोड़ा 2 सात की संख्या। **~गंधा** (स्त्री०) असगंध (बूटी); **~गोष्ठ** (पु०) घुड़साल; **~चिकित्सक** (पु०) सलोतरी; **~चिकित्सा** (स्त्री०) घोड़ों का इलाज; **~तर** (पु०) ख़च्चर; **~धावन** (पु०) घुड़दौड़; **~पति** (पु०) घोड़े का मालिक; **~पालन** (पु०) घोड़े पालना; ~मेध (पु०) घोड़े का यज्ञ, एक प्रसिद्ध वैदिक यज्ञ जिसे चक्रवर्ती राजा ही कर सकता था; **~शक्ति** (स्त्री०) 250 किलो भार को एक फुट ऊँचा उठा सकने की शक्ति की इकाई; **~शाला** (स्त्री०) घुड़साल

अश्वत्थ–*सं०* (पु०) 1 पीपल 2 पीपल का गोदा 3 पीपल में फल लगने का समय 4 सूर्य का एक नाम 5 अश्विनी नक्षत्र

अश्वस्तन, अश्वस्तनिक–*सं०* (वि०) आज का

अश्वानीक–*सं०* (पु०) घुड़सवार सेना, रिसाला

अश्वायुर्वेद–*सं०* (पु०) अश्वशास्त्र

अश्वारूढ़–*सं०* (वि०) घोड़े पर चढ़ा हुआ

अश्वारोह–I *सं०* (वि०) अश्वारूढ़ II (पु०) 1 घुड़सवार 2 घुड़सवारी

अश्वारोहण–*सं०* (पु०) घुड़सवारी

अश्वारोही–*सं०* (वि०) घोड़े की सवारी करनेवाला

अश्विनी–(स्त्री०) 1 घोड़ी 2 सूर्यपत्नी 3 एक नक्षत्र
अश्विनीकुमार–*सं०* (पु०) दो भाई जो देवताओं के वैद्य हैं
अश्वेत–*सं०* (वि०) = असित
अष्ट–I *सं०*(पु०) 8 की संख्या II (वि०) आठ। ~**कमल** (पु०) हठयोग में मूलाधार से ब्रह्मरंध्र तक के स्थान; ~**कर्ण** (पु०) आठ कानोंवाला, ब्रह्मा; ~**कोण** (वि०) अठकोना, अठपहल; ~**छाप** (पु०) गोसाईं बिट्ठलनाथ जी द्वारा स्थापित आठ कवियों का दल; ~**दल** (पु०) कमल; ~**धाती** (वि०) आठ धातुओं से बना हुआ; ~**धातु** (स्त्री०) आठ धातुएँ (सोना, चाँदी, सीसा, ताँबा, राँगा, जस्ता, लोहा, पारा); ~**पदी** (स्त्री०) आठ पंक्तियों का पद; ~**फलक** (वि०) अठपहलू; ~**बाहु**, ~**भुज** I (वि०) आठ भुजाओं वाला II (पु०) ज्यामिति में आठ भुजाओं वाली एक आकृति; ~**भुजा** (स्त्री०) दुर्गा; ~**वर्ग** (पु०) आठ औषधियां;;~**अष्टश्रवा** (पु०) आठ कानोंवाला, ब्रह्मा; ~**सिद्धि** (स्त्री०) योगादि से मिलनेवाली आठ सिद्धियाँ (अणिमा, महिमा, लघिमा, गरिमा, प्राप्ति, प्राकाम्य, ईशत्व और वशित्व)
अष्टक–*सं०* (पु०) 1 आठ का समूह या योग 2 आठ ऋषियों का एक गण 3 विश्वामित्र का एक पुत्र 4 अष्टाध्यायी *व्या०*
अष्टपाद–*सं०* (पु०) आठ पैरों वाला एक जलजंतु
अष्टम–*सं०* (वि०) आठवाँ
अष्टमी–*सं०* (स्त्री०) आठवीं तिथि
अष्टांग–I *सं०*(वि०) जिसके आठ अंग या भाग हों II (पु०) 1 शरीर के वे आठ अंग जिनसे साष्टांग प्रणाम किया जाता है (घुटना, हाथ, पाँव, छाती, सिर, वचन, दृष्टि, बुद्धि) 2 योगसाधन के आठ अंग (यम, नियम, प्राणायाम आदि)
अष्टावक्र–(पु०) (एक ऋषि) जिसका शरीर आठ जगह से टेढ़ा है
अष्ठि–*सं०* (स्त्री०) 1 पत्थर या उसका टुकड़ा 2 कठोर खनिज पदार्थ का ढेला 3 गुठली 4 गरी
अष्ठिल–*सं०* (वि०) 1 जो अष्ठि या पत्थर के रूप में हो 2 पत्थर की तरह कठोर 3 जिसमें पत्थर लगे हों 4 पथरीला
अष्ठिला ग्रंथि–*सं०* (स्त्री०) मूत्राशय के समीप होनेवाली गाँठ
अष्ठीला–*सं०* (स्त्री०) 1 पत्थरी 2 पत्थर की गोली
असंक्राम्य–*सं०* (वि०) 1 जिसे हस्तांतरित न किया जा सके 2 जिसे संक्रामक रोग न लग सके
असंख्य–*सं०* (वि०) अगणित, बे हिसाब, बेशुमार
असंख्येय–I *सं०*(वि०) अगणित, बे शुमार II (पु०) 1 शिव 2 विष्णु 3 बहुत बड़ी संख्या
असंग–I *सं०* (वि०) 1 अनासक्त, निर्लिप्त 2 अकेला 3 अबाधित II (पु०) 1 अनासक्ति 2 पुरुष, आत्मा (सांख्य)
असंगठित–*सं०* (वि०) जो संगठित न हो
असंगत–*सं०* (वि०) 1 बेमेल, असंबद्ध, प्रसंगविरुद्ध 2 अनुचित 3 असमान 4 उजड्ड
असंगति–*सं०* (स्त्री०) 1 मेल का न होना, अनौचित्य 2 अर्थालंकार का एक भेद
असंगम–I *सं०*(पु०) 1 अनासक्ति 2 मेल या संबंध का अभाव 3 पार्थक्य 4 असामंजस्य II (वि०) अयुक्त, पृथक्
असंगी–*सं०* (वि०) 1 जिसका किसी से संबंध न हो 2 किसी के साथ न रहनेवाला
असंचय–I *सं०*(वि०) असंचयी II (पु०) संचय का अभाव
असंचयिक, असंचयी–*सं०* (वि०) 1 जो संचय न करे 2 जो संचित न हो
असंचर–*सं०* (पु०) जिसमें संचार न हो सकता हो, अगम्य
असंत–*सं०* (वि०) 1 जो संत या साधु न हो 2 जो सज्जन या भला न हो, दुष्ट या बुरा
असंतति, असंतान–*सं०* (वि०) जिसे संतान या औलाद न हो, जिसके बाल-बच्चे न हों
असंतुलन–*सं०* (पु०) भार या महत्त्व में असमानता
असंतुलित–*सं०* (वि०) भार या महत्त्व में असमान
असंतुष्ट–*सं०* (वि०) 1 जो संतुष्ट न हो, अप्रसन्न या रुष्ट
असंतुष्टि–*सं०* (स्त्री०) असंतोष
असंतोष–*सं०* (पु०) 1 संतोष का अभाव 2 अप्रसन्नता 3 बेसब्री 4 लोभ। ~**कर** (वि०) जिससे संतोष न हो सके; ~**जनक** (वि०) जिससे लोभ हो; ~**प्रद** (वि०) संतुष्ट न करनेवाला
असंतोषी–*सं०* (वि०) 1 संतुष्ट न होनेवाला 2 बेसब्र 3 लोभी
असंदिग्ध–*सं०* (वि०) 1 संदेहरहित 2 निश्चित, पक्का
असंधि–I *सं०* (वि०) 1 जिनका योग न हो (शब्द) 2 अबद्ध II (स्त्री०) संधि का अभाव
असंपन्न–*सं०* (वि०) 1 जो धनवान न हो 2 दरिद्र
असंपर्क–I *सं०*(पु०) संबंध लगाव का न होना II (वि०) संबंधहीन
असंपूर्ण–*सं०* (वि०) अपूर्ण, असमाप्त, अधूरा
असंपृक्त–*सं०* (वि०) ज़ो किसी के साथ मिला या जुड़ा न हो
असंप्रज्ञात–*सं०* (वि०) जो अच्छी तरह से जाना बूझा न हो
असंबंध–I *सं०*(पु०) संबंध का अभाव II (वि०) असंबद्ध
असंबद्ध–*सं०* (वि०) 1 संबंधहीन 2 बे-मेल 3 अलग, बे लगाव 4 असंगत
असंबाध–*सं०* (वि०) 1 जो बंधन में न हो 2 विस्तृत 3 अबाध
असंभव–I *सं०*(वि०) जो कभी घटित न हो सकता हो II (पु०) एक काव्यालंकार
असंभार–*सं०* (वि०) 1 जो सँभाला न जा सके 2 बहुत बड़ा या भारी
असंभावना–*सं०* (स्त्री०) जिसकी होने की आशा न हो
असंभावनीय–*सं०* (वि०) असंभाव्य
असंभावित–*सं०* (वि०) जिसके घटित होने की कल्पना या अनुमान न हो
असंभाव्य–*सं०* (वि०) 1 जो घटित न हो सकता हो 2 जिसके घटित होने की कोई आशा न हो सकती हो
असंभाष्य–*सं०* (वि०) 1 जिससे बात करना उचित न हो 2 जो कहे जाने योग्य न हो
असंभोज्य–*सं०* (वि०) जिसके साथ बैठकर खाना वर्जित हो
असंयत–*सं०* (वि०) 1 जिसके विचार संयत न हों 2 जिसमें संयम का अभाव हो
असंयम–*सं०* (पु०) संयम का अभाव
असंयमित–*सं०* (वि०) जो संयम में न रह सके, जो संयमित न हो

असंयुक्त–I *सं०*(वि०) जो मिला हुआ न हो II (पु०) विष्णु
असंयोग–*सं०* (पु०) 1 सुयोग का अभाव 2 मेल न होना
असंलग्न–*सं०* (वि०) जो लगा या सटा न हो। ~**ता** (स्त्री०) मिलन का अभाव
असंवृत–I *सं०*(वि०) जो ढका हुआ न हो, खुला II (पु०) एक नरक का नाम
असंशय–I *सं०*(वि०) जिसके मन में संशय न हो 2 जिसके विषय में संशय न हो II (क्रि० वि०) निस्संदेह III (पु०) संशय का अभाव
असंसक्त–*सं०* (वि०) 1 अनासक्त 2 विभक्त
असंसक्ति–*सं०* (स्त्री०) निर्लिप्तता, विरक्ति
असंसारी–*सं०* (वि०) 1 विरक्त 2 अलौकिक 3 स्वर्गीय
असंस्कृत–*सं०* (वि०) 1 अपरिमार्जित 2 असभ्य, अशिष्ट 3 संस्कारहीन
असंस्थान–*सं०* (पु०) 1 अच्छी स्थिति का न होना 2 अव्यवस्था 3 क्रम का अभाव 4 न्यूनता
असंस्थित–*सं०* (वि०) 1 क्रमरहित 2 अनवस्थित
असंहत–I *सं०*(वि०) 1 असंयुक्त 2 ढीला 3 बिखरा हुआ 4 विरल II (पु०) 1 पुरुष, आत्मा 2 एक प्रकार की व्यूह रचना जिसमें सैनिकों की टुकड़ियाँ अलग-अलग रखी जाती हैं
असकताना–(क्रि० वि०) आलस्य अनुभव करना
असक्त–*सं०* (वि०) 1 आसक्तिरहित 2 उदासीन 3 दुर्बल
असगंध–(स्त्री०) एक झाड़ी जिसके फल छोटे और गोल होते हैं
असगुन–*सं०* (पु०) अपशकुन
असगोत्र–*सं०* (वि०) भिन्न गोत्र या कुल का
असज्जन–*सं०* (पु०) बुरा/दुष्ट आदमी
असत्–I (वि०) 1 अविद्यमान 2 मिथ्या 3 बुरा 4 अनुचित II (पु०) 1 अनस्तित्व 2 अहित मिथ्यात्त्व
असती–*सं०* (वि०) जो पतिव्रता न हो, कुलटा, भ्रष्टा
असत्कार–*सं०* (पु०) सत्कार का अभाव, तिरस्कार
असत्कृत–*सं०* (वि०) जिसका अनादर हुआ हो, अपमानित
असत्ता–*सं०* (स्त्री०) अविद्यमानता
असत्प्रवृत्ति–*सं०* (स्त्री०) मिथ्या बातों की ओर झुकाव
असत्य–*सं०* (वि०) झूठ, मिथ्या। ~**संध** (वि०) झूठा
असत्यता–*सं०* (स्त्री०) सच्चाई का न होना, मिथ्यात्त्व
असद्–*अ०* (वि०) असत्
असदागम–*सं०* (पु०) अनुचित आय
असन्निधि–*सं०* (स्त्री०) 1 दूरी, असमीपता 2 घनिष्ठता न होना
असन्निहित–*सं०* 1 जो पास न हो 2 गलत ढंग से रखा हुआ
असपिंड–*सं०* (पु०) जो अपने कुल या वंश का न हो
असफल–*सं०* (वि०) जो सफल न हो, विफल। ~**ता** (स्त्री०) सफल न होना, विफलता
असबाब–*अ०* (पु०) सामान (घर-गृहस्थी)। ~**घर** *+ हिं०* (पु०) (रेलवे में) सामान रखने का कमरा; ~**वाला** *+ हिं०* (वि०) सामान का मालिक
असभ्य–*सं०* (वि०) 1 सभा के अयोग्य 2 अशिष्ट 3 गँवार। ~**ता** (स्त्री०) 1 अशिष्टता 2 गँवारपन; ~**ता-वश** (क्रि० वि०) अशिष्टता के कारण
असमंजस–*सं०* (पु०) दुविधा, संदेहात्मक स्थिति, पशोपेश
असम–I (वि०) 1 जो समान न हो 2 असदृश 3 बेजोड़, विषम II (पु०) पूर्वी भारत का एक प्रांत (आसाम)। ~**तल** (वि०) असमान तल का; ~**ता** (स्त्री०) असमानता; ~**भिन्न** (पु०) विषम भिन्न
असमय–*सं०*I (पु०) 1 ख़राब या बुरा समय 2 अयोग्य काल II (क्रि० वि०) बे-वक्त, बे-मौके, समय से पहले या बाद में
असमयोचित–*सं०* (वि०) जो समय के अनुरूप न हो
असमर्थ–*सं०* (वि०) 1 जो समर्थ न हो 2 अपेक्षित शक्ति या योग्यता न रखनेवाला 3 स्पष्ट भाव या अर्थ न बतानेवाला (जैसे- ~**पद**)
असमवायी–*सं०* (वि०) जो सहज न हो, स्वभाव के प्रतिकूल
असमस्त–*सं०* (वि०) 1 जो पूरा न हो 2 जो एकत्र न किया गया हो 3 समास रहित 4 जो संक्षिप्त न हो, असंक्षिप्त
असमाधेय–*सं०* (वि०) जिसका समाधान न हो सके
असमान–I *सं०*(वि०) जो बराबर न हो II (पु०) आकाश। ~**ता** (स्त्री०) गैर बराबरी, विषमता
असमापिका–*सं०* (स्त्री०/क्रि०) जिससे कार्य के असमाप्त रहने का बोध हो (जैसे-जा कर)
असमाप्त–*सं०* (वि०) जो समाप्त न हुआ हो
असमिया, असमी–(वि०) असम प्रांत का रहनेवाला
असमीचीन–*सं०* (वि०) अयुक्त, अनुचित
असम्मत–I *सं०*(वि०) 1 मतभेद रखनेवाला 2 अनादृत 3 अस्वीकृत II (पु०) 1 वह जो विरुद्ध सम्मति रखता हो 2 दुश्मन, शत्रु
असम्मति–*सं०* (स्त्री०) 1 सम्मति न होने की अवस्था 2 अनुचित सम्मति, खराब राय
असम्मान–*सं०* (पु०) निरादर
असम्मिति–*सं०* (स्त्री०) सम्मति न होना
असम्यक्–*सं०* (वि०) अनुचित, बुरा
असर–*अ०* (पु०) प्रभाव
असल–I *अ०* (वि०) 1 जो स्वाभाविक हो 2 यथार्थ, बनावटी न हो II (पु०) जड़, बुनियाद
असलह–*अ०* (पु०) हथियार, अस्त्र शस्त्र। ~**खाना** *+ फ़ा०* (पु०) अस्त्रागार
असलियत–*अ०* (स्त्री०) 1 असल बात, वास्तविकता 2 जड़ 3 मूल तत्त्व
असली–*अ०* (वि०) सच्चा, शुद्ध, खालिस
असवर्ण–*सं०*(वि०) 1 भिन्न वर्ण या जाति का 2 निम्न जाति का
असह–I *सं* (वि०) जो न सहा जा सके, असह्य II (पु०) सीने का मध्य भाग
असहकार–*सं०* (पु०) असहयोग
असहज–*सं०* (वि०) कठिन
असहन–I *सं०*(वि०) 1 जो सहनेवाला न हो 2 ईर्ष्यालु 3 न टिकनेवाला II (पु०) 1 शत्रु 2 असहिष्णुता 3 अधीरता। ~**शील** (वि०) जो सहने योग्य न हो, जो सहनशील न हो
असहमत–*सं०* (वि०) जिसकी राय मिलती न हो
असहमति–(स्त्री०) समर्थन न करना, राय न मिलना
असहनीय–*सं०* (वि०) असह्य
असहयोग–*सं०* (पु०) 1 सहयोग का अभाव 2 मिलकर काम न करना 3 सत्ता का साथ न देना

असहयोगी–*सं०* (वि०) सहयोग न देनेवाला
असहाय–*सं०* (वि०) 1 जिसका कोई साथी न हो, सहायक न हो 2 निरुपाय
असहिष्णु–*सं०* (वि०) 1 सहन न करनेवाला 2 झगड़ालू। **~ता** (स्त्री०) सहिष्णु न होने की अवस्था
असह्य–*सं०* (वि०) असहनीय
असांप्रत–*सं०* (वि०) 1 अयोग्य, अनुचित 2 असामयिक 3 वर्तमान काल का नहीं
असांप्रदायिक–*सं०* (वि०) 1 जिसका किसी संप्रदाय से संबंध न हो 2 परंपरा विरुद्ध
असांसदिक–*सं०* (वि०) संसद के शिष्टाचार के प्रतिकूल
असांसारिक–*सं०* (वि०) 1 जो इस संसार का नहीं है 2 अलौकिक
असाक्षात्–*सं०* (पु०) सामने न होना
असाक्षिक–*सं०* (वि०) 1 जिसका कोई साक्षी न हो 2 जिसे प्रमाणित करनेवाला कोई न हो
असाक्षी–*सं०* (वि०) गवाह बनने के अयोग्य
असाढ़–(पु०) आषाढ़ का महीना
असाढ़ा–(पु०) रेशम का बटा हुआ तागा
असाढ़ी–I (वि०) असाढ़ का II (स्त्री०) 1 असाढ़ में बोई जानेवाली फ़सल 2 आषाढ़ की पूर्णिमा
असात्म्य –*सं०* (वि०) 1 अस्वास्थ्यकर 2 जो स्वास्थ्य के अनुकूल न हो
असाधारण–I *सं०*(वि०) 1 जो साधारण न हो (आदमी, फल, फूल) 2 साधारण से अधिक, विशेष II (पु०) 1 एक हेत्वाभास 2 विशेषता 3 विशेष संपत्ति
असाधु–I *सं०*(वि०) 1 खल, दुष्ट 2 असदाचारी 3 खोटा 4 असंस्कृत II (पु०) बुरा आदमी
असाध्य–*सं०* (वि०) 1 जो साधने योग्य न हो 2 जिसकी सिद्धि न हो सके 3 अच्छा न होनेवाला, ला-इलाज 4 अशक्य, अति दुष्कर, कठिन। **~साधन** (पु०) असाध्य काम को कर दिखाना
असाध्वी–I *सं०*(वि०) जो साध्वी या सच्चरित्रा न हो II (स्त्री०) व्यभिचारिणी
असामंजस्य–*सं०* (पु०) समता का अभाव
असामयिक–*सं०* (वि०) जो समय के योग्य न हो, बे वक्त, बे-मौका
असामर्थ्य–I *सं०*(स्त्री०) सामर्थ्य का अभाव II (वि०) असमर्थ
असामान्य–*सं०* (वि०) जो साधारण या सामान्य न हो, विशेष
असामी–*अ०* (पु०) 1 आदमी, मनुष्य 2 पद 3 नौकरी 4 काश्तकार 5 ग्राहक 6 मुलजिम
असाम्य–*सं०* (पु०) 1 अंतर 2 असमानता 3 अननुकूलता
असार–I *सं०*(वि०) 1 सारहीन 2 सत्त्वशून्य 3 पोला 4 निरर्थक 5 बेदम II (पु०) तत्त्वरहित पदार्थ
असालतन–*अ०* (क्रि० वि०) स्वयमु, खुद, व्यक्तिगत रूप से
असालू–(स्त्री०) चंसुर नामक पौधा
असावधान–*सं०* (वि०) जो सावधान न हो, लापरवाह
असावधानी–*सं० + हिं०* (स्त्री०) असावधानता, बे खबरी
असासा–*अ०* (पु०) 1 घर गृहस्थी में काम काज की सभी वस्तुएँ 2 माल, असबाब
असाहित्यिक–*सं०* (वि०) जो साहित्य से संबंधित न हो
असि–*सं०* (स्त्री०) 1 तलवार 2 भुजाली; **~क्रीड़ा** (स्त्री०) तलवार बाज़ी; **~दन्त** (पु०) मगरमच्छ; **~धारा** (स्त्री०) तलवार की धार
असित–I *सं०*(वि०) 1 अश्वेत 2 काला 3 दुष्ट, बुरा 4 टेढ़ा, कुटिल देवल नामक ऋषि II (पु०) 1 काला या नीला रंग 2 कृष्ण पक्ष
असिद्ध–I *सं०*(वि०) 1 अप्रमाणित 2 जिसने सिद्धि प्राप्त नहीं की है 3 कच्चा 4 अपूर्ण, अधूरा 5 व्यर्थ, बेकार II (पु०) एक ऊँचा वृक्ष जिसकी लकड़ी इमारत के काम आती है
असिद्धि–*सं०* (स्त्री०) 1 अपूर्णता 2 विफलता 3 साबित न होना 4 कच्चापन
असिस्टेंट–*अं०* (वि०) सहायक
असीम–*सं०* (वि०) 1 जिसकी सीमा न हो, बेहद 2 बे हिसाब, अपार
असीमित–*सं०* (वि०) 1 जो सीमित न हो 2 अपरिमित
असीर–*अ०* (पु०) बंदी, कैदी
असीरी–*अ०* (स्त्री०) कैद
असील–*अ०* (वि०) 1 कुलीन 2 उत्तम और शांत स्वभाव का
असीस–(स्त्री०) आशीर्वाद
असीसना–(स० क्रि०) आशीर्वाद देना
असुंदर–*सं०* (वि०) 1 कुरूप, भद्दा 2 अशोभन
असु–*सं०* (पु०) 1 प्राणवायु 2 प्राण 3 चित्त 4 विचार
असुख–I *सं०* (पु०) 1 सुख का अभाव 2 कष्ट, दुख II (वि०) 1 कष्ट या दुख उत्पन्न करनेवाला 2 परिश्रम साध्य, कठिन 3 दुखी। **~कर** (वि०) कष्ट पहुंचानेवाला
असुखी–*सं०* (वि०) = असुख
असुगम–*सं०* (वि०) जो सरल और सीधा न हो
असुत–*सं०* (वि०) पुत्रहीन
असुर–I *सं०* (पु०) 1 दैत्य, दानव 2 असभ्य व्यक्ति 3 दुष्ट व्यक्ति 4 पृथ्वी II (वि०) 1 अपार्थिव 2 दानवी
असुरक्षा–*सं०* (स्त्री०) सुरक्षा का अभाव
असुरारि–*सं०* (पु०) 1 विष्णु 2 देवता
असुविधा–*सं०* (स्त्री०) 1 सुभीता न होना 2 अड़चन 3 कठिनाई। **~जनक** (वि०) तकलीफ़देह, कष्टकर
असुषमत्व–*सं०* (पु०) असुन्दरता
असूझ–I *सं०* (वि०) 1 जिसे कुछ भी समझ में न आए 2 जिसका आर पार न दिखाई दे, अपार 3 विकट II (स्त्री०) अदूरदर्शिता
असूतिका–(स्त्री०) बाँझ
असूया–*सं०* (स्त्री०) 1 दूसरे के गुण में दोष निकालना 2 जलन, ईर्ष्या 3 रोष 4 एक संचारीभाव (साहित्य)
असूर्यंपश्या–(स्त्री०) जिसने सूर्य तक का दर्शन न किया हो, परदेदार
असृक्–*सं०* 1 खून, रक्त 2 केसर
असेंबली–*अं०* (स्त्री०) विधान सभा
असेवन–I *सं०* (पु०) सेवन का अभाव, व्यवहार में न लाना II (वि०) 1 सेवा न करनेवाला 2 आराधना न करनेवाला 3 उपेक्षा करनेवाला

असेवित–*सं०* (वि०) 1 जिसकी सेवा न की गई हो 2 जिससे परहेज़ किया गया हो 3 उपेक्षित

असेसमेंट–*अं०* (पु०) (कर) निर्धारण

असेसर–*अं०* (पु०) 1 फौजदारी मामलों में जज या मजिस्ट्रेट को सलाह देने के लिए चुना गया व्यक्ति 2 कर की मात्रा निर्धारित करनेवाला

असैनिक–*सं०* (वि०) 1 जिसका संबंध सेना से न हो 2 मुल्की

असैनिकीकरण–*सं०* (पु०) सैनिक बलों का हटा देना

असैनिकीकृत, असैन्यीकृत–*सं०* (वि०) जहाँ से सेनाओं को हटा दिया गया

असोख–(वि०) 1 जिसे सुखाया न जा सके 2 जिसे सोखा न जा सके

असोच–(वि०) जिसे चिंता न हो, चिंतारहित, निर्द्वंद्व

असोसियेशन–*अं०* (पु०) संघ, समिति, सभा

असौंदर्य–*सं०* (पु०) सुंदरता का अभाव, कुरूपता

असौम्य–*सं०* (वि०) 1 असुंदर, भद्दा 2 अप्रिय

अस्खलित–*सं०* (वि०) 1 जो फिसले डगमगाये नहीं 2 ठीक मार्ग पर चलनेवाला 3 जो क्षुब्ध न हो 4 शुद्ध

अस्तंगत–*सं०* (वि०) 1 जो अस्त हो चुका हो (सूर्य, चंद्र) 2 नष्ट 3 लुप्त

अस्त–I *सं०* (वि०) 1 डूबा हुआ 2 फेंका हुआ 3 गत 4 ओझल 5 समाप्त II (पु०) 1 डूबना 2 अदृश्य होना, छिपना 3 पतन 4 अंत 5 नाश 6 कुंडली में लग्न से सातवाँ स्थान। ~**काल** (पु०) दृष्टि पथ के बाहर का समय; ~**गत** (वि०) अस्त; ~**व्यस्त** (वि०) इधर-उधर बिखरा हुआ; ~**व्यस्तता** (स्त्री०) बिखराव

अस्तबल–*अ०* (पु०) घुड़शाला, अश्वशाला, तबेला

अस्तमन–*सं०* (पु०) डूबना, अस्त होना

अस्तमित–*सं०* (वि०) 1 अस्तंगत 2 नष्ट 3 मरा हुआ 4 छिपा हुआ

अस्तर–*फ़ा०* (पु०) 1 सिले कपड़े, जूते आदि के भीतर की तह 2 अँतरौटा 3 किसी द्रव में अन्य सुगंधित द्रव का मिश्रण 4 चित्र की ज़मीन बाँधने का मसाला 5 नीचे का रंग। ~**कारी** (स्त्री०) 1 पलस्तर करना 2 दीवारों पर चूना या सफ़ेदी करना

अस्ताचल–*सं०* (पु०) पश्चिम दिशा में स्थित वह कल्पित पर्वत जिसके पीछे सूर्यास्त का होना माना गया है

अस्ति–*सं०* (स्त्री०) 1 विद्यमानता, सत्ता 2 जरासंध की कन्या का नाम

अस्तित्व–*सं०* (पु०) सत्ता, हस्ती, विद्यमान होना। ~**वाद** (पु०) 1 यह मत कि यथार्थ का ही महत्त्व है (परंपरा का नहीं) 2 चिंतन को मानवीय अस्तित्व पर केन्द्रित करना। ~**त्व हीन** (वि०) जो सत्ता में न हो

अस्तु–*सं०* (अ०) जो हो, ऐसा ही सही, तो ठीक है

अस्तुरा–*फ़ा०* (पु०) = उस्तरा

अस्तेय–(पु०) चोरी न करना

अस्तोदय–*सं०* (पु०) 1 उदय-अस्त 2 बनना-बिगड़ना

अस्त्र–*सं०* (पु०) 1 हथियार 2 फेंककर चलाया जानेवाला हथियार 3 मंत्र प्रेरित बाण 4 चीर फाड़ का औज़ार। ~**कार** (पु०) हथियार बनानेवाला; ~**चिकित्सक** (पु०) शल्यकार; ~**चिकित्सा** (स्त्री०) शल्य चिकित्सा; ~**जीवि**, ~**धारी** (पु०) अस्त्रकार, सैनिक; ~**विद्या** (स्त्री०), ~**शस्त्र** (पु०) अस्त्र और शस्त्र दोनों; ~**शाला** (स्त्री०) अस्त्र शस्त्र रखने का स्थान; ~**शिक्षा** (स्त्री०) अस्त्र आदि चलाने या प्रयोग करने की शिक्षा

अस्त्रागार–*सं०* (पु०) = अस्त्रशाला

अस्त्रालय–*सं०* (पु०) वह स्थान जहाँ हथियार रखे जायें

अस्त्रीक–*सं०* (पु०) पत्नीहीन

अस्त्रीकरण–*सं०* (पु०) अस्त्र शस्त्रों से सज्जित करना

अस्त्रीकृत–*सं०* (वि०) अस्त्र शस्त्र से सज्जित/लैस

अस्थायित्व–*सं०* (पु०) स्थिर न होना

अस्थायी–*सं०* (वि०) 1 जो अधिक दिन या समय तक रहनेवाला न हो, आरज़ी 2 अस्थिर

अस्थि–*सं०* (स्त्री०) हड्डी। ~**तेज** (पु०) मज्जा; ~**धन्वा** (पु०) शिव; ~**पंजर** (पु०) हड्डियों का ढाँचा, कंकाल; ~**प्रवाह** (पु०) मृत व्यक्ति की अस्थियाँ नदी या जलाशय में डालना; ~**भंग** (पु०) हड्डी टूटना; ~**मज्जा** (स्त्री०) हड्डियों के अंदर रहनेवाली मंज्जा; ~**माली** (पु०) हड्डियों की माला धारण करनेवाला, शिव; ~**विग्रह** (वि०) पंजर मात्र, दुबला, पतला; ~**वेधी** (वि०) हड्डी को छेदनेवाला; ~**शेष** (वि०) = अस्थि मात्र; ~**संचय** (पु०) 1 शवदाह के बाद गंगा आदि में प्रवाह के लिए हड्डियों या राख को एकत्र करना 2 अस्थियों का ढेर ~**संधि** (स्त्री०) हड्डी का जोड़; ~**संधि शोथ** (पु०) हड्डी की जोड़ में सूजन आना ; ~**संध्यार्त्ति** (स्त्री०) = अस्थि संधि शोथ; ~**समूह** (पु०) हड्डियों का ढेर

अस्थिर–*सं०* (वि०) 1 जो स्थिर न हो, डाँवा डोल, चंचल 2 अनिश्चित, बे भरोसे का। ~**चित्त** (वि०) जिसका मन चंचल हो; ~**त** (स्त्री०) अस्थिर होने की अवस्था

अस्थैर्य–*सं०* (पु०) स्थिरता का अभाव, अस्थिरता

अस्निग्ध–*सं०* (वि०) 1 जो चिकना न हो 2 कठोर और शुष्क 3 अरसिक

अस्नेह–*सं०* (पु०) स्नेह का अभाव

अस्पताल–*अं०* (पु०) जहाँ रोगियों की चिकित्सा होती है, चिकित्सालय, दवाखाना

अस्पताली–*अं० + हिं०* (वि०) अस्पताल का

अस्पष्ट–*सं०* (वि०) जो साफ न दिखाई दे या समझ में न आये, धुंधला। ~**ता** (स्त्री०) स्पष्ट या साफ़ न होना

अस्पृश्य–*सं०* (वि०) 1 जो छूने के योग्य न हो, अछूत 2 जिसका स्पर्श न हो सके। ~**ता** (स्त्री०) छुआछूत, अछूतापन

अस्पृष्ट–*सं०* (वि०) जिसे छुआ न गया हो, अछूता

अस्पृह–*सं०* (वि०) जिसे लालच न हो, निर्लोभ

अस्फुट–(वि०) 1 जो खिला न हो 2 अस्पष्ट

अस्फ़ाल्ट–*अं०* तारकोल

अस्मत–*अ०* (स्त्री०) (स्त्री की) इज्जत। ~**पर हाथ लगाना** इज़्ज़त लूटना

अस्मदीय–*सं०* (त्रि०) मेरा या हमारा

अस्मिता–*सं०* (स्त्री०) 1 अहंभाव, अपनी सत्ता का भाव, आपा 2 अहंकार, अभिमान

अस्मृति–*सं०* (स्त्री०) याद न रहना

अस्र–*सं०* (पु०) 1 कोना 2 रक्त 3 जल 4 आँसू 5 केसर 6 बाल

अस्त्रप–*सं०* (पु०) 1 राक्षस 2 मूल नक्षत्र
अस्त्रपा–*सं०* (स्त्री०) 1 जोंक 2 जादू टोना करनेवाली, डाइन
अस्ल–*अ०* (वि०) = असल
अस्लिहा–*अ०* (पु०) (पु०) हथियार
अस्ली–*अ०* (वि०) 1 मौलिक 2 ख़ालिस 3 खरा 4 सच्चा
अस्लीयत–*अ०* (स्त्री०) 1 वस्तु स्थिति, सच्ची स्थिति या रूप 2 जड़
अस्व–*सं०* (वि०) धनहीन, निर्धन
अस्वच्छ–*सं०* (वि०) गंदा, धुंधला
अस्वतंत्र–*सं०* (वि०) जो स्वतंत्र न हो, परतंत्र, पराधीन
अस्वप्न–I *सं०* (वि०) निद्रारहित II (पु०) 1 देवता 2 अनिद्रा
अस्वर–I *सं०* (वि०) बुरे स्वरवाला, अस्पष्ट, मंद II (पु०) 1 मंद स्वर 2 व्यंजन वर्ण
अस्वस्थ–*सं०* (वि०) 1 जो स्वस्थ न हो 2 रोगी, बीमार
अस्वाधीन–*सं०* (वि०) जो दूसरे के वश में हो
अस्वाभाविक–*सं०* (वि०) 1 स्वभाव-विरुद्ध 2 बनावटी
अस्वामिक–*सं०*I (वि०) बिना मालिक का, लावारिस II (पु०) वह संपत्ति जिसका कोई स्वामी (दावागीर) न हो
अस्वामी–*सं०* (वि०) जिसका स्वत्व न हो
अस्वार्थ–*सं०* (वि०) 1 निकम्मा 2 निःस्वार्थ 3 उदासीन
अस्वास्थ्य–*सं०* (पु०) रोग, बिमारी। ~कर (वि०) जो स्वास्थ्य या सेहत के लिए अच्छा न हो, स्वास्थ्य के प्रतिकूल होनेवाला; **~प्रद** (वि०) = अस्वास्थ्यकर
अस्वीकरण–*सं०* (पु०) अस्वीकार या नामंजूर करना
अस्वीकरणीय–*सं०* (वि०) जो स्वीकार करने योग्य न हो
अस्वीकार–*सं०* (पु०) 1 न मानना, इनकार 2 नामंजूरी
अस्वीकारात्मक–*सं०* (वि०) इनकार भरा
अस्वीकार्य–*सं०* (वि०) स्वीकार न करने योग्य
अस्वीकृत–*सं०* (वि०) 1 न माना हुआ 2 ग्रहण न किया हुआ
अस्वीकृति–*सं०* (स्त्री०) अस्वीकार
अस्सी–*सं०* (पु०) 80 की संख्या
अहं–I *सं०* (सर्व०) मैं II (पु०) 1 मनुष्य में होनेवाला यह ज्ञान या धारणा कि मैं हूँ या औरों से मेरी पृथक् सत्ता है, अपने अस्तित्व की कल्पना या भान 2 अहंकार। **~कामी** (वि०) अहं भाव की कामना करनेवाला; **~कार** (पु०) अपनी सत्ता का बोध 2 गर्व, घमंड; **~कारी** (वि०) घमंडी; **~कृति** (स्त्री०) अहंकार, घमंड; **~गत** (वि०) घमंड किया हुआ; **~तंत्र** (पु०) स्वेच्छाचारी शासक **~पूर्व** (वि०) 1 जो सबसे पहले या आगे रहना चाहता हो 2 अपने आपको सबसे आगे या प्रधान रखने का इच्छुक; **~पूर्विका** (स्त्री०) होड़, प्रतिद्वंद्विता; **~प्रत्यय** (पु०) घमंड; **~भाव** (पु०) 1 अहं 2 अहंकार; **~भावी, ~मन्य** (वि०) अभिमानी, घमंडी; **~मन्यता** (स्त्री०) स्वयं को सबसे बढ़कर समझना; **~वाद** (पु०) 1 = अहंमन्यता 2 यह सिद्धान्त कि व्यक्ति की अपनी इच्छाएं ही महत्त्वपूर्ण हैं; **~वादी** (वि०) = अहंमन्य
अहंता–*सं०* (स्त्री०) घमंड, गर्व।
अह–*अ०* अचरज, दुख, क्लेश आदि का सूचक उद्‌गार
अहकाम–*अ०* (पु०) आज्ञाएँ, आदेश
अहत–I *सं०* (वि०) 1 जो पीटा न गया हो 2 अनाहत 3 बे दाग़, स्वच्छ II (पु०) नया कपड़ा
अहद–*अ०* (पु०) वादा, पक्का निश्चय, दृढ़ संकल्प। **~तोड़ना** + *हिं०* (पु०) 1 प्रतिज्ञा भंग करना 2 वादा पूरा न करना; **~दार** + *फ़ा०* (पु०) मुसलमानी शासन काल में वह अधिकारी जिसे कर उगाहने का ठीका मिलता था; **~नामा** + *फ़ा०* (पु०) 1 इकरारनामा, प्रतिज्ञापत्र 2 संधिपत्र; **~शिकन** + *फ़ा०* प्रतिज्ञा तोड़नेवाला
अहदी–I *अ०* (वि०) आलसी II (पु०) वह सैनिक जिससे अत्यधिक आवश्यकता होने पर कार्य लिया जाए
अहबाब–*अ०* (पु०) मित्र
अहम्–I *सं०* (सर्व०) मैं II (पु०) 1 अहंकार 2 मैं पन
अहम–*अ०* (वि०) 1 महत्त्वपूर्ण 2 गंभीर
अहमक़–*अ०* (पु०) मूर्ख, बेवकूफ़। **~की दुम** जबरदस्त बेवकूफ़
अहमहमिका–*सं०* (स्त्री०) 1 दो दलों में परस्पर एक दूसरे को तुच्छ और अपने आपको दूसरे से बढ़कर समझना 2 चढ़ा ऊपरी, होड़
अहमिका–*सं०* (स्त्री०) अभिमान, अहंकार, घमंड
अहमियत–*अ०* (स्त्री०) 1 महत्त्व 2 गंभीरता
अहमेव–*सं०* (पु०) 1 स्वयं को सब कुछ समझना 2 अभिमान
अहम्मन्य–*सं०* (वि०) अहंकार, घमंडी
अहम्मानी–*सं०* (वि०) जो अभिमान करे
अहरह–*सं०* (अ०) 1 प्रतिदिन 2 नित्य 3 लगातार
अहरा–*अ०* (पु०) 1 आग सुलगाने के लिए लगाए गए उपले या कंडे 2 कंडे की आग 3 लोगों के ठहरने का स्थान
अहराम–*अ०* (पु०) 1 पुरानी इमारतें 2 मिस्र के स्तूप, पिरामिड
अहरी–(स्त्री०) 1 चरही, हौज 2 प्याऊ 3 गड्ढा
अहर्निश–*सं०* (क्रि० वि०) रात-दिन
अहर्ष–*सं०* (पु०) हर्ष का अभाव, अप्रसन्नता
अहर्षित–*सं०* (वि०) जो प्रसन्न न हो
अहल–*अ०* (वि०) 1 वासी (जैसे-**~हिंद**) 2 योग्य **~कार** (पु०) कर्मचारी; **~मद** (पु०) अदालत का एक कर्मचारी
अहल्या–*सं०* (स्त्री०) 1 गौतम ऋषि की पत्नी 2 अजोत भूमि
अहवाल–*अ०* (पु०) 1 समाचार, वृत्तांत 2 हाल
अहसान–*अ०* (पु०) एहसान। **~फ़रामोश** + *फ़ा०* (वि०) किए गए उपकार को न माननेवाला, कृतघ्न
अहस्त–*सं०* (वि०) 1 जिसका हाथ कट गया हो 2 बिना हाथवाला
अहस्तक्षेप–*सं०* (पु०) दख़ल न देना
अहस्तांतरणीय–*सं०* (वि०) जिसे दूसरे के हाथ न सौंपा जा सके
अहह–*सं०* (अ०) दुःख, क्लेश, आश्चर्य और संबोधन सूचक उद्‌गार
अहा–(अ०) हर्ष एवं विस्मयसूचक उद्‌गार
अहाता–*अ०* (पु०) 1 चारों ओर से घिरा हुआ मैदान या स्थान 2 चारदीवारी
अहानिकर–*सं०* (वि०) जो हानिकर न हो
अहानिकारी–*सं०* (वि०) जो हानि पहुँचानेवाला न हो
अहारना–(स० क्रि०) 1 आहार या भोजन करना 2 चिपकाना 3 माड़ी देना (कपड़े)

अहार्य–*सं०* (वि०) 1 जो हरण या चुराया न जा सके 2 जिसका हरण करना अनुचित हो 3 जिसे धन आदि के द्वारा वश में न किया जा सके

अहिंदू–(पु०) जो हिंदू न हो

अहिंसक–*सं०* (वि०) हिंसा न करनेवाला

अहिंसा–*सं०* (स्त्री०) 1 किसी प्राणी या जीव को न मारना 2 मन, वचन, कर्म से किसी को दुःख न देना 3 कंटक पाली या हंस नाम की घास। ~**नीति** (स्त्री०) किसी जीव या प्राणी को पीड़ित न करने वाली नीति; ~**वाद** (पु०) 1 ऐसा सिद्धांत जिसके अनुसार सभी जीवधारियों में ईश्वर की सत्ता मानी जाती है 2 किसी को दुःख न पहुँचाने का सिद्धांत; ~**वादी** (वि०) अहिंसा वाद को माननेवाला

अहिंसात्मक–*सं०* (वि०) जिसमें हिंसा न हो

अहि–*सं०* (पु०) 1 साँप 2 राहु 3 वृत्रासुर 4 ठग, वंचक 5 पृथ्वी 6 सूर्य 7 पथिक 8 सीसा 9 बादल 10 नाभि 11 जल 12 अश्लेषा नक्षत्र। ~**जिह्वा** (स्त्री०) नागफनी; ~**फेन** (पु०) अफ़ीम

अहित–I *सं०* (पु०) 1 बुराई, अपकार 2 हानि II (वि०) 1 अहितकर, अपथ्य 2 विरोधी। ~**कर,** ~**कारी** (वि०) अहित या अपकार करनेवाला

अहिम–*सं०* (वि०) ठंडा नहीं, गरम

अहिवातिन–(वि०) सुहागिन, सधवा

अहिवाती–(वि०) = अहिवातिन

अहीन–I *सं०* (वि०) 1 जो हीन न हो 2 जिसमें कोई कमी न हो 3 जो किसी की तुलना में कम न हो II (पु०) 1 हीन न होना 2 वासुकि

अहीर–(पु०) ग्वाला, आभीर

अहूँठा–(पु०) साढ़े तीन का पहाड़ा

अहृदय–*सं०* (वि०) 1 हृदयहीन 2 विस्मरणशील

अहे–I *सं०* (क्रि० वि०) 1 निंदा, शोक, आदि का द्योतक शब्द 2 हे II (पु०) वृक्ष विशेष

अहेतु–I *सं०* (वि०) हेतुरहित II (पु०) 1 हेतु का अभाव 2 अर्थालंकार का एक भेद जिसमें कई कारणों के रहते हुए भी कार्य का न होना पाया जाए

अहेर–*सं०* (पु०) आखेट, शिकार

अहेरी–(पु०) शिकारी

अहैतुक–(वि०) जिसका कोई कारण न हो

अहो–*सं०* (अ०) 1 विस्मय, हर्ष, खेद आदि का सूचक उद्‌गार 2 हे, ओ। ~**भाग्य** (पु०) धन्य भाग्य

अहोर-बहोर, अहोरा-बहोरा–I (पु०) ब्याह या गौने में दुलहिन का ससुराल जाकर उसी दिन वापस आना II (क्रि० वि०) बार-बार

अहोरात्र–I *सं०* (पु०) दिन और रात II (क्रि० वि०) दिनरात, हर समय, सदा

अहीक–I *सं०* (पु०) बौद्ध भिक्षु II (वि०) निर्लज्ज

अहल–*अ०* (पु०) = अहल

अह्रीक–*सं०* (वि०) निर्लज्ज

आ

आ–(उप०) 1 आदि से अंत तक (जैसे-आजीवन) 2 इधर (जैसे-आगमन)

आँ–*अ०* (पु०) विस्मयसूचक शब्द (जैसे-आँ, आँ करना)

आँक–(पु०) 1 संख्या का सूचक अंक 2 लक्षण 3 अक्षर 4 अंश, हिस्सा

आँकड़ा–(पु०) 1 अंक (जैसे-1,2,3,4 आदि) 2 तथ्यों की गणना 3 हुक 4 पशुओं का एक रोग

आँकड़ेबाज़–*हिं० + फ़ा०* (पु०) हर मामले में आँकड़ों पर ज़ोर देनेवाला

आँकड़ेबाज़ी–*हिं० + फ़ा०* (स्त्री०) हर विषय में आँकड़ों पर ज़ोर देना

आँकना–(स० क्रि०) 1 अंदाज़ा लगाना, अनुमान करना 2 मूल्य लगाना 3 निशान लगाना

आँकर–(वि०) 1 गहरा 2 अत्यधिक 3 महँगा

आँकिक–*सं०* (पु०) सांख्यिक

आँकिकी–*सं०* (स्त्री०) सांख्यिकी, संख्याशास्त्र

आँख–(स्त्री०) 1 देखने की इंद्रिय, नयन, चक्षु 2 निगाह, दृष्टि। ~**भौंह** (स्त्री०) क्रोध की मुद्रा; ~**मिचौनी;** ~**मिचौली** (स्त्री०) आँखें मूंदने का एक खेल; ~**मुँदाई** (स्त्री०) = आँख मिचौली; ~**आना** आँख का एक रोग जिसमें आँखें लाल होकर सूज आती हैं और बहुत पीड़ा होती है; ~**उठना** = आँख आना; ~**उठाकर न देखना** 1 कुछ भी ध्यान न देना, उपेक्षा करना 2 लज्जावश सामने न देखना; ~**उठाना** 1लोभ दृष्टि से देखना 2 कुदृष्टि या शत्रुभाव से देखना; ~**उलटना** बेहोश होने पर या मरने के समय आँखों की पुतलियों का कुछ ऊपर चढ़ जाना; ~**या आँखें ऊँची न करना** 1 लज्जा के कारण न देखना 2 शत्रुभाव या गंदी नीयत से देखने का साहस न करना; ~**कड़वाना** अधिक देर तक देखने से आंखों में दर्द होना; ~**का अंधा** बिलकुल उल्लू, मूर्ख; ~**आँजन** अत्यधिक प्यारा; ~**या आँखों का कांटा बनना** 1 कष्ट होना 2 शत्रु होना 3 कार्य में बाधा उत्पन्न करना; ~**का काजल चुराना** पास या सामने की वस्तु चुरा लेना, सफ़ाई से हाथ मारना; ~**का तेल निकालना** आँखों पर ज़ोर पड़नेवाला काम करना; ~**का खुला रहना** सावधान रहना; ~**का परदा** आँख की भीतरी झिल्ली; ~**का परदा उठना** भ्रम दूर होना; ~**का पानी ढल जाना** निर्लज्ज हो जाना, बेशर्म होना; ~**की किरकिरी** आँख का काँटा; ~**की ठंडक** प्रिय व्यक्ति या वस्तु; ~**की पुतली** अत्यधिक प्यारी वस्तु, अतिप्रिय व्यक्ति; ~**की पुतली फिरना** आँख पथराना; ~**खटकना** आँख किरकिराना; ~**खुलना** 1 पलक खुलना 2 जागना 3 भ्रम दूर होना; ~**खुलवाना** आँख बनवाना; ~**खोलना** 1 आँख बनाना 2 सावधान करना 3 होश में आना; ~**गड़ना** 1 आँख दुखना 2 दृष्टि जमना; ~**गड़ाना** टकटकी लगाकर देखना; ~**चमकाना** 1 आँखों से संकेत, इशारा करना; ~**चरने जाना** नजर गायब होना; ~**चुराकर कुछ करना** गुप्त रूप से, छिपकर काम करना; ~**चुराना,** ~**छिपाना** 1 कतरा जाना, सामना न करना 2 लज्जा के कारण

सामने न देखना; ~**चूकना** उपेक्षा हो जाना; ~**छत से लगना** मरने के समय आँखें खुली रह जाना; ~**जमना** दृष्टि स्थिर करना; ~**जाना** आँख फूटना; ~**झपकना** नींद आना; ~**झपकाना** आँख से संकेत करना; ~**झेंपना** लज्जित होना, शरमाना; ~**टँगना** टकटकी बँधना; ~**टेढ़ी करना** क्रोध प्रकट करना; ~**डालना** ध्यान देना; ~**दबाना** 1 पलक सिकोड़ना 2 आँख मचकाना; ~**दिखाना** 1 धमकाना 2 क्रोध करना; ~**न खोलना** ज्वर आदि के कारण बेसुध रहना; ~**न ठहरना** दृष्टि का न टिकना; ~**न पसीजना** 1 आँख में आँसू न आना 2 दया न आना; ~**नाक से डरना** ईश्वर से डरना; ~**निकालना** अत्यधिक क्रोध भरी निगाह से देखना; ~**नीची करना या होना** लज्जित होना; ~**नीली पीली,** ~**लाल पीली करना** 1 गुस्सा दिखाना 2 धमकाना; ~**पटपटा जाना** आँख फूटना; ~**पथराना** मरने के समय पुतलियों का गतिहीन होना; ~**पसारना,** ~**फैलाना** दूर तक देखना; ~**फड़कना** पलक का बारम्बार हिलना; ~**फाड़-फाड़कर देखना** चकित होकर देखना; ~**फूटना** 1 अंधा होना 2 बुरा लगना; ~**फेरना** उपेक्षा करना, परिवर्तन आ जाना (प्रेम व्यवहार आदि में); ~**फोड़ना** आँख नष्ट करना, आँख पर ज़ोर पड़नेवाला काम करना; ~**बंदकर या मूँदकर काम करना** 1 बिना सोच विचारकर किसी काम को करना 2 किसी बात की परवाह किए बग़ैर काम करना; ~**बंद होना,** ~**मुँदना** 1 आँख झपकना, नींद आना 2 मृत्यु होना; ~**बचाना** आँख चुराना, कतराना; ~**बराबर करना** 1 सामने देखना 2 डटकर बात करना; ~**बिगड़ना** आँख खराब होना; ~**बिछाना** सम्मान करना; ~**बैठना** किसी कारणवश आँख का नष्ट हो जाना; ~**भर आना** 1 आँसू आना 2 दया आना; ~**भर देखना** अच्छी तरह देखना; ~**भौं टेढ़ी करना** नाराज़ होना; ~**मचकाना** 1 बारबार पलकें गिराना 2 इशारा करना; ~**मारना** आँखों से इशारा करना; ~**मिलाना** समान दृष्टि डालना, बराबरी के भाव देखना; ~**मूँद लेना** न देखना, ध्यान न देना; ~**में आँख डालना** 1 आँख मिलाना 2 धृष्टतापूर्ण दृष्टि से देखना; ~**में खटकना** अच्छा न लगना; ~**में गड़ना** 1 खटकना 2 मन लुभाना; ~**में चुभना** 1 पसंद आना 2 बुरा लगना; ~**में बसना** ध्यान पर चढ़ना; ~**लगना** 1 नींद आना 2 दिल लगना, प्यार होना; ~**लड़ना** 1 नज़र मिलना 2 प्रेम दृष्टि से देखना; ~**लड़ाना** आँख मिलाना, घूरना; ~**ललचाना** देखने की इच्छा करना या देखने की इच्छा होना; ~**लाल करना** क्रोधपूर्ण दृष्टि से देखना; ~**सामने न करना** शर्म आदि के कारण सामने ने देखना; ~**सेंकना** सौंदर्य दर्शन से सुख का अनुभव करना; **आँख मिलाना** 1 नजरें बराबर करना 2 आँख लड़ाना; ~**से भी न देखना** तुच्छ समझना, कुछ भी महत्त्व न देना; ~**होना** परख होना, ज्ञान होना; **आँखें चढ़ना** नींद आदि के कारण पलकों का चढ़ जाना; **आंखें चार करना या होना** देखा देखी करना **आँखें ठंडी होना** जी भरना तृप्त होना; **आँखें डबडबाना** आँखों में आँसू आ जाना; **आँखें तरेरना** गुस्से में देखना; **आँखें दौड़ाना** नज़र दौड़ाना, इधर-उधर देखना; **आँखें फिर जाना** उपेक्षा करना, नज़र बदल जाना; **आँखों की ठंडक** अति प्रिय वस्तु या व्यक्ति; **आँखों के आगे अँधेरा छा जाना** 1 कमज़ोरी आदि के कारण क्षणमात्र के लिए कुछ न दिखाई पड़ना 2 मूर्च्छित होना; **आँखों के आगे अँधेरा होना** 1 संकट के समय निराश होना 2 मूर्च्छित होना; **आँखों के आगे चिनगारी छूटना** चोट आदि के कारण चकाचौंध होना; **आँखों के आगे नाचना या फिरना** 1 सामने दृश्य मौजूद रहना 2 स्मृति में बना रहना; **आँखों के आगे रखना** सामने रखना; **आँखों के डोरे** (पु०) मदभरी आँखों की सुर्खी; **आँखों को रो बैठना** आँखें खो देना; **आँखों तले न लाना** कुछ न समझना, तुच्छ समझना; **आँखों देखा हुआ** स्वयं देखा हुआ; **आँखों पर पट्टी बाँध लेना** 1 ध्यान न देना 2 देखना पसंद न करना; **आँखों पर परदा पड़ना** समझ में न आना, भ्रम या संदेह होना; **आँखों पर पलकों का बोझ न होना** अपने लोगों का भार न मालूम होना; **आँखों पर बिठाना** आँखों पर बैठाना आदर-सत्कार करना, सम्मान से रखना; **आँखों पर रखना** आदर के साथ रखना; **आँखों में खून उतरना** क्रोध से आँखों का लाल होना; **आँखों में चरबी छाना** घमंड या प्रमाद से किसी की उपेक्षा करना; **आँखों में चुभना या खटकना** अच्छा न लगना; **आँखों में झाईं पड़ना** आँखों का पकना; **आँखों में धूल झोंकना, डालना, देना** छल करना, धोखा देना; **आँखों में नाचना** 1 ध्यान बना रहना 2 दृश्य का सामने बना रहना; **आँखों में नोन देना** आँखे फोड़ना; **आँखों में बसना** दिल में घर कर लेना; **आँखों में भंग घुटना** भंग के नशे में होना; **आँखों में रखना** 1 प्यार से रखना 2 सुरक्षित रखना; **आँखों में रात काटना** जागकर रात बिताना; **आँखों में शील होना** दयालु होना; **आँखों में समाना** 1 ध्यान पर चढ़ना 2 स्मरण बना रहना; **आँखों से ओझल होना** सामने न रहना, दृष्टि से दूर रहना, ग़ायब हो जाना; **आँखों से काम करना** इशारे से काम निकालना; **आँखों से गिरना** आदर खो बैठना; **आँखों से लगाकर रखना** प्यार के साथ रखना

आँगन–(पु०) घर के अंदर या सामने का खुला स्थान, सहन

आंगिक–I *सं०* (वि०) 1 अंग या अंगों से संबंधित 2 अंग चेष्टा या संकेत द्वारा अभिव्यक्त होनेवाला II (पु०) मृदंग बजानेवाला पखावजी

आंग्ल–*सं०* (वि०) अंग्रेज़, अंग्रेज़ी

आँघी–(स्त्री०) महीन जाली की चलनी

आँच–(स्त्री०) 1 गरमी 2 लपट 3 आग 4 संकट। ~**खाना** 1 आग पर पकाया जाना 2 अधिक आँच खा जाना 3 ताव खाना; ~**दिखाना** 1 आग के पास रखना 2 कष्ट 3 मनोवेग की प्रबल अनुभूति

आँचल–(पु०) 1 पल्ला (धोती, ओढ़नी आदि वस्त्र का एक सिरा) 2 क्षेत्र। ~**ओढ़ना,** ~**पसारना** माँगने के लिए दीनतापूर्वक पल्ला फैलाना; ~**दबाना** दूध पीना; ~**देना** 1 बच्चे को दूध पिलाना 2 विवाह की एक रीति 3 आँचल से हवा करना; ~**में बाँधना** 1 गाँठ बाँधना, अच्छी तरह याद कर लेना 2 सर्वदा साथ रखना (वस्तु आदि); ~**लेना** आँचल से पैर छूकर प्रणाम करना

आंचलिक–*सं०* (वि०) 1 अंचल का 2 किसी क्षेत्र या प्रांत से संबंधित, क्षेत्रीय

आँजन–(पु०) अंजन, काजल

आँजना–(स० क्रि०) अंजन लगाना
आंजनेय–*सं०* (पु०) अंजनीपुत्र, हनुमान
आँट–(स्त्री०) 1 अँगूठे और तर्जनी के बीच की जगह 2 दाँव 3 गाँठ। ~**साँट** (स्त्री०) साजिश, बंदिश; ~**पर चढ़ना** दाँव पर लगाना; ~**लगाना** बाजी लगाना
आँटी–(स्त्री०) 1 घास का छोटा गट्ठा 2 सूत का लच्छा 3 गुल्ली 4 कुश्ती का पेंच। ~**देना या लगाना** कुश्ती में टाँग से अड़ंगा लगाना
आँठी–(स्त्री०) 1 गाँठ, गुठली 3 नवोढ़ा के स्तन
आँड़–(पु०) अंडकोश
आँड़ी–(स्त्री०) = आँठी
आँत–(स्त्री०) अँतड़ी। ~**उतरना** *चि०* आँत उतरने की बीमारी, हार्निया; ~**ऐंठना** *चि०* आँतों में मरोड़ होना; ~**आँतें उलट जाना** *चि०* कै होना; ~**आँतें कुलकुलाना, आँतें कुलबुलाना** भूख से बेचैन होना; ~**आँतें समेटना** भूख सहना; **आँतें सूखना** बहुत भूख लगना; **आँतों का बल खुलना** छक्कर खाना
आंतर–I *सं०* (वि०) 1 भीतरी 2 अंतरंग 3 गुप्त II (पु०) 1 अंतरंग मित्र 2 हृदय
आँतर–(पु०) अंतर, फ़ासला
आँतरायिक–*सं०* 1 बाधक, विघ्नकारक 2 अंतर देकर आनेवाला
आंतरिक–*सं०* (वि०) 1 अंदर का 2 भीतरी बातों से संबंधित, अंतरंग। ~**ता** (स्त्री०) मित्रता
आंतरिक्ष–*सं०* (वि०) अंतरिक्ष संबंधी, आकाशीय
आंतिक–*सं०* (वि०) अंत में होनेवाला
आंतिका–*सं०* (स्त्री०) बड़ी बहन
आंत्र–I *सं०* (वि०) आँत से संबंध रखनेवाला II (पु०) आँत। ~**व्रण** (पु०) *चि०* आँतों का फोड़ा
आंत्रिक–*सं०* (वि०) आँतों में होनेवाला
आंदू–(पु०) 1 बेड़ी 2 सीकड़ी
आंदोलक–I *सं०* (पु०) झूला II (वि०) झुलानेवाला
आंदोलन–*सं०* (पु०) 1 इधर से उधर आना-जाना, झूलना 2 हलचल, उथल-पुथल। ~**कर्त्ता**, ~**कारी** (वि०) आंदोलन करनेवाला (आंदोलनकारी)
आंदोलनात्मक–*सं०* (वि०) 1 उथल-पुथल मचानेवाला 2 हलचल करनेवाला
आंदोलित–*सं०* (वि०) 1 कंपित 2 झुलाया हुआ 3 उत्तेजित 4 शोरगुल से व्याप्त
आँध–I (स्त्री०) 1 अँधेरा 2 रतौंधी *चि०* II (वि०) अंधा
आँधी–I (स्त्री०) धूलभरी ज़ोर की हवा, तूफ़ान, अंधड़ II (वि०) बहुत तेज़ (हवा)। ~**पानी** (पु०); ~**उठना** 1 हलचल मचाना 2 तूफ़ान आना
आंध्य–*सं०* (पु०) 1 अंधापन 2 अंधकार
आंध्रीय–*सं०* (वि०) आंध्र प्रदेश का
आँब–(पु०) आम (वृक्ष और फल)
आँबा-हल्दी–(स्त्री०) आमा हल्दी
आँय-बाँय–(पु०) अंड बंड, निरर्थक प्रलाप, बकबक
आँव–(पु०) एक तरह का चिकना सफ़ेद मल। ~**गिरना** पाख़ाना के साथ आँव आना
आँवठ–(पु०) 1 किनारा, तट 2 कपड़े आदि का किनारा या हाशिया
आँवड़ा–(वि०) गहरा
आँवन–(पु०) 1 छेद करने का औज़ार 2 पहिए के छेद पर लगाई जानेवाली लोहे की सामी
आँवल–(पु०) खेड़ी (गर्भ)
आँवल गट्टा–(पु०) सूखा आँवला
आँवला–(पु०) एक खट्टा फल जिसका मुरब्बा एवं अचार बनता है। ~**पत्ती** (स्त्री०) एक प्रकार की सिलाई; ~**सार-गंधक** -*सं०* (स्त्री०) साफ़ की हुई गँधक
आँवाँ–(पु०) मिट्टी के बर्तन आदि पकाने का एक गड्ढा
आंशिक–*सं०* (वि०) 1 कुछ थोड़ा, अल्प 2 अंश से संबंधित
आँस–I (पु०) 1 आँसू 2 वेदना, कष्ट II (स्त्री०) डोरी, रेशा
आँसना–(अ० क्रि०) खटकना, गड़ना, चुभना
आँसुओंवाला–(पु०) अश्रुपूर्ण
आँसू–(पु०) नेत्रजल, अश्रु। ~**गिराना**, ~**ढालना** रोना; ~**पीकर रह जाना** मन मसोसकर रह जाना; ~**पोंछना** धीरज बँधाना, ढाढस देना; **आँसुओं का तार बँधना या न टूटना, आँसुओं की झड़ी बँधना** निरंतर रोते जाना, अत्यधिक रुदन; **आँसुओं से मुँह धोना** बहुत रोना
आँह–*अ०* भरोसे
आँहड़–(पु०) बरतन, भांड
आँहाँ–*अ०* निषेध सूचक शब्द, नहीं
आइंदा–I *फ़ा०* (वि०) आनेवाला, भावी II (अ०) आगे
आइडेंटीटी कार्ड–*अं०* (पु०) परिचय पत्र
आइना–*फ़ा०* (पु०) = आईना
आइसक्रीम–*अं०* (पु०) मलाई की बर्फ़, कुलफ़ी
आइसबर्ग–*अं०* (पु०) (तैरता) हिमशैल
आइसिंग–*अं०* (स्त्री०) पाग, चाशनी
आईन–*फ़ा०* (पु०) 1 कायदा, नियम 2 कानून, विधि
आईना–*फ़ा०* (पु०) शीशा, दर्पण। ~**दार** I (पु०) नाई II (वि०) गुण-दोष प्रकट करनेवाला; ~**साज** (पु०) आईना बनानेवाला; **आईने में अपना मुँह देखना** अपनी योग्यता समझ लेना
आईनी–*फ़ा०* (वि०) 1 नियमबद्ध 2 विधिक
आउंस–*अं०* (पु०) = ढाई तोला
आउट–*अं०* खत्म, बाहर। ~**हाउस** (पु०) बाहरी कोठा, उपभवन
आए-गए–(वि०) आने-जानेवाले
आकंठ–(क्रि० वि०) *सं०* गले तक
आकंप, आकंपन–*सं०* (पु०) 1 काँपना 2 हिलना डुलना
आकंपित–*सं०* (वि०) 1 काँपा हुआ 2 क्षुब्ध किया हुआ
आक–(पु०) मदार। ~**की बुढ़िया** बहुत बूढ़ी स्त्री
आकर–I *सं०* (पु०) 1 खान 2 उत्पत्ति स्थान 3 ख़ज़ाना, कोष II (वि०) 1 श्रेष्ठ 2 यथेष्ट 3 खान में प्राप्त होनेवाला। ~**ग्रंथ** (पु०) शब्दकोश, विश्वकोश आदि ऐसे ग्रंथ जिनमें अनेक तथ्यों का विवरण दिया जाता है; ~**भाषा** (स्त्री०) वह भाषा जिससे अन्य भाषाओं का उदगम हो
आकरिक–*सं०* (पु०) 1 खान खोदनेवाला 2 खान के काम की देखभाल करनेवाला

आकरी–I सं० (वि०) खान से निकला हुआ II (स्त्री०) खान खोदने का काम
आकर्ण–सं० (वि०) आकर्णित, कान तक
आकर्णक–सं० (पु०) कान तक पहुँचा हुआ, कान को छूता हुआ बाल
आकर्णन्–सं० (पु०) सुनना
आकर्णित–सं० (वि०) सुना हुआ
आकर्ष–सं० (पु०) 1 खींचना 2 खिंचाव 3 चुंबक 4 कसौटी
आकर्षक–सं० (वि०) 1 खींचनेवाला 2 प्रभावित या मोहित करनेवाला 3 सुंदर, मनोहर
आकर्षण–सं० (पु०) 1 खींचना 2 खिंचाव 3 मंत्र प्रयोग कर किसी को सम्मोहित करना। ~**शक्ति** (स्त्री०) एक प्राकृतिक शक्ति जिससे एक पदार्थ दूसरे पदार्थ को अपनी ओर खींचता है (जैसे-पृथ्वी की आकर्षण शक्ति, चुंबक शक्ति)
आकर्षणी–सं० (स्त्री०) 1 अँकुसी 2 एक प्रकार का पुराना सिक्का
आकर्षिक–सं० (वि०) = आकर्षक
आकर्षित–सं० (वि०) 1 खिंचा हुआ 2 जो प्रभावित होकर किसी की तरफ़ अनुरक्त हुआ हो
आकर्षी–सं० (वि०) = आकर्षक
आकलन–सं० (पु०) 1 गिनना 2 पूर्वानुमान द्वारा गणना करना 3 समझना 4 इकट्ठा करना 5 अनुसंधान, खोज करना 6 इच्छा
आकलित–सं० (वि०) 1 समझा हुआ 2 परिगणित 3 संगृहीत 4 आबद्ध
आकली–(स्त्री०) 1 बेचैनी, व्याकुलता 2 गौरैया पक्षी
आकल्प–सं० (पु०) 1 वेश रचना 2 पहनावा 3 आभूषण 4 जोड़ना
आकल्पित–सं० (वि०) 1 सजाया हुआ 2 जोड़ा या बढ़ाया हुआ
आकस्मिक–सं० (वि०) अचानक होनेवाला। ~**छुट्टी** + हिं० (स्त्री०) अचानक आवश्यकता आ पड़ने पर ली जानेवाली छुट्टी; ~**ता** (स्त्री०) 1 अचानकपना 2 आकस्मिक घटना; ~**तावाद** (पु०) (दर्शन) यह सिद्धांत कि घटनाएँ बिना कारण के घट सकती हैं
आकस्मिकी–सं० (स्त्री०) आकस्मिक घटनाओं का अध्ययन
आकांक्षक–सं० (वि०) = आकांक्षी
आकांक्षा–सं० (स्त्री०) 1 चाह, इच्छा 2 अपेक्षा 3 आवश्यकता (पद विशेष की) 4 खोज खबर
आकांक्षित–सं० (वि०) 1 चाहा हुआ 2 अपेक्षित
आकांक्षी–सं० (वि०) 1 इच्छा, अपेक्षा रखनेवाला 2 खोजी
आक़ा–तु० (पु०) मालिक, स्वामी
आकार–I सं० (पु०) 1 शक्ल, रूप 2 गढ़न, बनावट 3 लम्बाई-चौड़ाई, फैलाव (छोटा-बड़ा) II आ स्वर। ~**पत्र** (पु०) पत्र का रूप; ~**प्रकार** (पु०) रूप-रंग; ~**रेखन** (पु०) रेखा खींचने का आकार; ~**वाद** (पु०) (कला) वस्तु परक, आकार पर अधिक बल देने की प्रवृत्ति; ~**वान्** (वि०) आकारवाला; ~**विकार** (पु०) = आकार प्रकार; ~**विज्ञान** (पु०) वस्तुओं का आकार के आधार पर अध्ययन, रूप विज्ञान; ~**हीन** (वि०) निराकार, बिना आकार का

आकारक–सं० (पु०) बुलानेवाला
आकारण–सं० (पु०) 1 बुलाना 2 चुनौती
आकारिकी–सं० (वि०) = आकार विज्ञान
आकारित–सं० (वि०) 1 मांगा हुआ 2 आहूत
आकालिक–सं० (वि०) 1 असामयिक 2 क्षणिक 3 अप्रत्याशित
अकालिकी–सं० (स्त्री०) बिजली, विद्युत
आकाश–सं० (पु०) 1 आसमान 2 शून्य स्थान। ~**उड़ान** + हिं० (स्त्री०) आकाश में उड़ान; ~**कक्षा** (स्त्री०) क्षितिज; ~**कुसुम, पुष्प** (पु०) 1 असंभव बात 2 अनहोनी; ~**गंगा** (स्त्री०) 1 छोटे-छोटे तारों का समूह 2 आकाशवाहिनी गंगा, मंदाकिनी; ~**गामी** आसमान को जानेवाली; ~**चारी** (वि०) = आकाशगामी (पक्षी आदि); ~**जल** (पु०) 1 मेह, बादल 2 ओस; ~**दीप, दीया** + हिं० (पु०) बाँस के सिरे पर बाँधकर जलाया जानेवाला दीया; ~**नदी** (स्त्री०) = आकाशगंगा; ~**पुष्प-वत्** (वि०) आसमान के फूल की तरह, असंभव; ~**पोत** (पु०) हवाई जहाज़, वायुयान; ~**प्रदीप** (पु०) = आकाश दीया; ~**फल** (पु०) संतान; ~**बेल** + हिं० (पु०) अमर बेल; ~**भाषित** (पु०) (नाटक) आकाश से आनेवाली वाणी; ~**मंडल** (पु०) 1 खगोल 2 आकाश; ~**मार्ग** (पु०) हवाई रास्ता; ~**यातायात** (पु०) विमान परिवहन; ~**यात्रा** (स्त्री०) हवाई सफ़र, विमानयात्रा; ~**यान** (पु०) वायुयान, आकाश पोत; ~**युद्ध** (पु०) हवाई जंग, युद्ध पोतों द्वारा लड़ाई; ~**वाणी** (स्त्री०) 1 आसमान से आनेवाली आवाज़, अभौतिक वाणी, देववाणी 2 आल इंडिया रेडियो; ~**वृत्ति I** (स्त्री०) ऐसी जीविका जिसका कुछ ठीक-ठिकाना न हो, अनिश्चित वृत्ति II (वि०) ऐसी वृत्तिवाला; ~**वृत्तिक** (वि०) = आकाश वृत्ति ; ~**खुलना** आसमान होना, बादल हटना; ~**छूना** बहुत ऊँचा होना; ~**पाताल एक करना** 1 अत्यधिक परिश्रम करना 2 हलचल मचाना; ~**पाताल का अंतर** अत्यधिक अंतर; ~**से बातें करना** बहुत ऊँचा होना
आकाशी–सं० (स्त्री०) चँदोवा (धूप से बचना)
आकाशीय–सं० (वि०) 1 आकाश से संबंध रखनेवाला 2 आकाश में स्थित या उत्पन्न
आकीर्ण–सं० (वि०) 1 बिखेरा हुआ, फैलाया हुआ 2 व्याप्त
आकुंचन–सं० (पु०) 1 सिकुड़ना, सिमटना 2 टेढ़ा होना
आकुंचित–सं० (वि०) 1 सिकुड़ा हुआ 2 कुटिल 3 घुँघराले (बाल)
आकुंठन–सं० (पु०) 1 लज्जा, शर्म 2 कुंठा होना
आकुंठित–सं० (वि०) 1 लज्जित 2 जड़ 3 कुंद
आकुल–सं० (वि०) 1 परेशान 2 बेचैन 3 उतावला 4 अव्यवस्थित। ~**ता** (स्त्री०) 1 बेचैनी 2 परेशानी; ~**ता-जनक** (वि०) आकुलता उत्पन्न करने वाला
आकुलित–सं० (वि०) 1 आकुल 2 पंकिल किया हुआ
आकूत–सं० (पु०) 1 अभिप्राय 2 आशय 3 इच्छा आश्चर्य, चकित
आकूति–सं० (स्त्री०) = आकूत
आकृत–सं० जिसे आकार दिया गया, बनाया हुआ। ~**रेखा** (स्त्री०) = आकार रेखा

आकृति–*सं०* (स्त्री०) 1 रूप, गढ़न 2 चेहरा। ~**प्रकृति** (स्त्री०) आकार-प्रकार; ~**प्रधान** (वि०) भाषा जिसका अध्ययन रूप के आधार पर हो; ~**विज्ञान** (पु०) आकारिकी, आकारविज्ञान, रूप रचनाविज्ञान

आकृष्ट–*सं०* (वि०) 1 खिंचा हुआ, आकर्षित 2 सम्मोहित हुआ

आकृष्टि–*सं०* (स्त्री०) 1 खिंचाव 2 गुरुत्वाकर्षण

आक्रंद, आक्रंदन–*सं०* (पु०) 1 रोना, चिल्लाना 2 पुकारना 3 घोर युद्ध, घमासान युद्ध

आक्रंदी–*सं०* (वि०) रोने या चिल्लानेवाला

आक्रमण–*सं०* (पु०) 1 हमला करना, चढ़ाई करना 2 सीमा का बलात् उल्लंघन 3 निंदात्मक आक्षेप (आचरण, कार्य, विचार, सिद्धांत)। ~**कारक,** ~**कारी** (वि०) आक्रमण करनेवाला; ~**मूलक** (वि०) = आक्रमणात्मक; ~**वाद** (पु०) आक्रमण में विश्वास रखनेवाला दर्शन; ~**वादी** (वि०) आक्रमणवाद को माननेवाला; ~**शील** (वि०) आक्रामक स्वभाववाला

आक्रमणात्मक–*सं०* (वि०) आक्रमण के स्वभाव वाला

आक्रमित–*सं०* (वि०) आक्रमण किया गया, हमला हुआ, आक्रांत

आक्रम्य–*सं०* (वि०) आक्रणम योग्य। ~**ता** (स्त्री०) आक्रमण के योग्य होना

आक्रय–*सं०* (पु०) खरीदना

आक्रांत–*सं०* (वि०) 1 जिस पर हमला किया गया हो 2 पराभूत, अभिभूत

आक्रांति–*सं०* (स्त्री०) 1 आक्रांत करने की अवस्था 2 आरोहण, ऊपर चढ़ना

आक्रामक–*सं०* (वि०) हमला या प्रहार करनेवाला

आक्रीड़–*सं०* (पु०) 1 खेलने का मैदान 2 बग़ीचा

आक्रीड़न–*सं०* (पु०) क्रीड़ा करना, खेलना

आक्रीड़ी–*सं०* (वि०) खेलनेवाला, खिलाड़ी

आक्रुष्ट–I *सं०* (वि०) 1 जिस पर क्रोध किया गया हो 2 शापित 3 निंदित II (पु०) कटु वचन, दुर्वचन

आक्रोश–*सं०* (पु०) 1 कर्कश स्वर में की जानेवाली भर्त्सना 2 रोषपूर्ण भावना 3 चिल्लाहट

आक्रोशित–*सं०* (वि०) = आक्रुष्ट

आक्लांत–*सं०* (वि०) 1 भीगा हुआ 2 लथपथ

आक्षरिक–*सं०* (वि०) अक्षर या अक्षरों का (जैसे- ~ज्ञान)

आक्षिक–I *सं०* (पु०) जुए में लगाया जानेवाला धन या दाँव II (वि०) 1 अक्ष संबंधी 2 पासा या शतरंज खेलनेवाला

आक्षिप्त–*सं०* (वि०) 1 हटाया हुआ 2 व्याकुल 3 जिसपर आक्षेप किया गया हो

आक्षेप–*सं०* (पु०) 1 फेंकना 2 व्यंग्यपूर्ण दोषारोपण करना 3 अर्थालंकार जिसमें पहले कोई बात कहकर फिर अपवाद स्वरूप उसका प्रतिषेध करना (काव्य)

आक्षेपक, आक्षेपी–*सं०* (वि०) 1 फेंकनेवाला 2 व्यंग्यपूर्ण आरोप लगानेवाला

आक्षोट–*सं०* (पु०) अखरोट (वृक्ष और फल)

आक्साइड–*अं०* (पु०) घटक और आक्सीजन का यौगिक

आक्सीकरण–*अं० + सं०* (पु०) आक्साइड बनाना, उपचयन

आक्सीकारी–*अं० + सं०* (वि०) उपचायक, आक्साइड बनानेवाला

आक्सीकृत–*अं० + सं०* (वि०) उपचित

आक्सीजन–*अं०* आक्सीजन (गैस), प्राणवायु

आख़िर–I *अ०* (वि०) 1 अंत में होनेवाला, अंतिम 2 बाद में होनेवाला II (पु०) 1 अंत 2 परिणाम, फल III (अ०) अंत में। ~**कार** + *फ़ा०* (क्रि० वि०) अंततोगत्वा

आख़िरी–*अ०* (वि०) सबके अंत में होनेवाला, अंतिम

आखु–*सं०* (पु०) 1 देवदार वृक्ष 2 चोर 3 चूहा 4 सुअर

आखेट–*सं०* (पु०) शिकार, मृगया। ~**शिक्षक** शिकार की शिक्षा देनेवाला

आखेटक–*सं०* (पु०) शिकार करनेवाला, शिकारी, अहेरी

आखेटिक–I *सं०* (वि०) 1 शिकारी 2 भयंकर II (पु०) निपुण शिकारी

आख़ोर–I *फ़ा०* (पु०) कूड़ा-करकट II (वि०) 1 सड़ा गला 2 रद्दी 3 गंदा, मैला। ~**की भरती** व्यर्थ के लोगों का जमघट

आख्या–*सं०* (स्त्री०) 1 विवरण लिखना या लिखाना 2 नाम, संज्ञा 3 कीर्ति, यश; ~**पन** (पु०) 1 विवरण कहना 2 घोषित करना

आख्यात–I *सं०* (वि०) 1 कहा हुआ 2 अति प्रसिद्ध II (पु०) *व्या०* क्रिया पद

आख्याता–*सं०* (वि०) 1 सूचना या विवरण बतलाने वाला 2 कहनेवाला, वक्ता

आख्याति–*सं०* (स्त्री०) 1 कहने या सूचित करने की क्रिया 2 ख्याति, प्रसिद्धि 3 विवरण

आख्यान, आख्यानक–*सं०* (पु०) 1 कहना 2 सूचित करना 3 वर्णन, वृत्तांत 4 कथा। ~**कार** (पु०) वृत्त-लेखक

आख्यापक–*सं०* (पु०) 1 संदेशवाहक, दूत 2 वह जो घोषित करे या सूचित करे

आख्यायिक–*सं०* (पु०) **आख्यायिका**–*सं०* (स्त्री०) 1 शिक्षाप्रद लघु कल्पित कथा, कहानी

आख्येय–*सं०* (वि०) 1 कथन योग्य, कथनीय 2 सूचित करने योग्य

आगंतव्य–*सं०* (वि०) 1 जो आनेवाला हो 2 जिसके आने की संभावना हो

आगंतुक–*सं०* (वि०) 1 आया हुआ 2 अचानक आ जानेवाला 2 अभ्यागत, अतिथि

आग–(स्त्री०) 1 अग्नि 2 ताप, गरमी। ~**गार्ड** + *अं०* (पु०) आगरोक; ~**ज़नी** + *फ़ा०* (स्त्री०) आग लगाना; ~**उठाना** शपथ लेना, कसम खाना; ~**का पुतला** (पु०) क्रोधी व्यक्ति; ~**का बाग** 1 सुनारों की अँगीठी 2 आतिशबाज़ी; ~**खाना** बहुत गुस्सा होना; ~**गाड़ना** जलते कोयलों को राख में रखना; ~**जलाना** आग उत्पन्न करना; ~**जिलाना** 1 आग तेज़ करना 2 आग सुलगाना; ~**झँवाना** आग का ठंडा पड़ना, बुझना; ~**झाड़ना** रगड़ से चिनगारियां उत्पन्न करना; ~**तापना** गरमी प्राप्त करना; ~**दिखाना** आग के पास ले जाना (वस्तु), आग लगाना; ~**देना** आग से संयोग कराना, जलाना; ~**पानी का वैर** पुरानी या स्वाभाविक

शत्रुता; ~**बरसना** ज़ोर की गर्मी पड़ना; ~**बरसाना** गोलियों की बौछाड़ करना; ~**बबूला, भूभका होना** अत्यधिक क्रोध करना; ~**में कूदना** जानबूझकर खतरे में पड़ना; ~**में झोंकना** संकट में डालना; ~**में मूतना** निंदनीय काम करना; ~**लगना** 1 विरोध भाव बढ़ना 2 नाश होना; ~**लगाना** 1 बुरी तरह नष्ट करना 2 चुग़ली करना; ~**लगाकर पानी के लिए दौड़ना** लड़ाई कराके या अनिष्ट करके शांति-शमन का प्रयास करना; ~**लगने पर कूआँ खोदना** उग्रता धारण करने पर स्थिति पर काबू पाने का प्रयत्न करना; ~**से पानी होना** क्रोध शांत हो जाना; ~**होना** गुस्सा करना

आगड़ा–(पु०) फ़सल के नष्ट हुए दाने

आगणन–*सं०* (पु०) 1 परिगणन 2 आकलन

आगत–*सं०* (वि०) 1 आया हुआ 2 प्राप्त 3 घटित। ~**सत्कार;** ~**स्वागत** (पु०) मेहमान, अतिथि या आनेवाले का सम्मान

आगति–*सं०* (स्त्री०) = आगमन

आगम–*सं०* (पु०) 1 उपस्थित होना, अवाई 2 उत्पत्ति 3 शास्त्र 4 आनेवाला समय। ~**ज्ञानी** (वि०) जिसे भविष्य का ज्ञान हो; ~**पत्र** (पु०) वह पत्र जिसमें आने की सूचना हो; ~**वक्ता** (पु०) भविष्य की बात बतानेवाला ज्योतिषी; ~**वाणी** (स्त्री०) भविष्यवाणी; ~**वादी** (पु०) = आगम वक्ता; ~**विद्या** (स्त्री०) वेद विद्या; ~**शुल्क** (पु०) किसी देश में आने का कर; ~**सोची** + *हिं०* (वि०) दूरदर्शी; ~**करना या बाँधना** पहले से प्रबंध करना या पूर्व व्यवस्था करना

आगमन–*सं०* (पु०) 1 आना, पहुँचना 2 प्राप्त होना, लाभ होना 3 दर्शन विशेष से सामान्य निष्कर्ष निकालना। ~**विधि** (स्त्री०) सामान्य निष्कर्ष निकालने का ढंग

आगमित–*सं०* (वि०) अध्ययन किया हुआ

आगमीत–*सं०* (वि०) = आगम वक्ता

आगर–I (पु०) 1 रहने की जगह (घर, मकान) 2 खान 3 अत्यधिक मात्रा, भंडार II (वि०) 1 उत्तम, श्रेष्ठ 2 कुशल 3 चतुर III 1 अत्यधिक 2 आगे

आगरी–(पु०) 1 खान में काम करनेवाला मज़दूर, श्रमिक 2 जो नमक बनाने का काम करे, लोनिया

आगलित–*सं०* (वि०) 1 डूबता हुआ 2 उदास 3 मुरझाया हुआ

आगा–I (पु०) 1 आगे का भाग, अगवाड़ा 2 भविष्य में आनेवाला समय 3 अगवानी। ~**तागा** आदर सत्कार, सम्मान; ~**पीछा** अच्छा-बुरा, शुभ-अशुभ ~**भारी होना** गर्भवती होना; ~**मारना** बाधा उत्पन्न करना; ~**सँभालना** कठिनाई या संकट का सामना करना

आग़ा–*तु०* (पु०) 1 मालिक, सरदार 2 काबुली, अफ़ग़ान

आगमिक, आगामी–*सं०* (वि०) 1 आनेवाला 2 भविष्य में होनेवाला

आगार–*सं०* (पु०) 1 रहने का स्थान (मकान आदि) 2 कमरा, कोठरी, खज़ाना

आगारिक–*सं०* (वि०) 1 कोठरी का 2 घर का

आगाह–*फ़ा०* (वि०) सचेत

आगाही–*फ़ा०* (स्त्री०) 1 पूर्व सूचना 2 पहले से मिलनेवाली जानकारी

आगे–(क्रि० वि०) जिस ओर अगला भाग हो, उस ओर, समाने वाले भाग की ओर, समक्ष सामने, सम्मुख। ~**पीछे** (क्रि० वि०) 1 एक के बाद एक 2 मुँह और पीठ पीछे 3 अव्यवस्थित रूप में 4 पास-पास 5 थोड़ा आगे या पीछे। ~**आना** 1 सामना करना 2 कर्म का फल मिलना 3 घटित होना; ~**करना** 1 हाजिर करना 2 अगुआ बनना; ~**का उठा** जूठन ~**डालना** खाने के लिए सामने रखना; ~**डोलना** आगे फिरना; ~**दौड़ पीछे चौड़** आगे काम करते जाना पीछे का ध्यान न रखना; ~**धरना** भेंट करना; ~**निकलना** प्रतिस्पर्द्धियों से आगे बढ़ना; ~**से लेना** सम्मान करना; ~**होना** 1 अग्रसर होना 2 बढ़ जाना 3 सामना करना 4 इज़्ज़त करना; ~**पीछे रहना या होना** 1 देख भाल करना 2 रक्षा करना

आग्नेय–I *सं०* (वि०) 1 आग का 2 जिसका देवता अग्नि हो 3 अग्नि से उत्पन्न 4 जिसमें से आग निकले 5 ज्वाला उत्पन्न करनेवाला II (पु०) 1 अग्निपुत्र, कार्तिकेय 2 ज्वालामुखी पर्वत 3 अग्नि को अर्पित हवि 4 आग्नेयास्त्र। ~**अस्त्र** (पु०) तोप, बंदूक आदि

आग्नेयास्त्र–*सं०* (पु०) = आग्नेय अस्त्र

आग्नेयी–*सं०* (स्त्री०) 1 अग्निपत्री, स्वाहा 2 पूर्व एवं दक्षिण की बीच की दिशा, अग्निकोण 3 अग्नि उद्दीप्त करनेवाली औषध

आग्रह–*सं०* (पु०) 1 हठ 2 हठपूर्वक प्रार्थना। ~**पूर्ण** (वि०) हठयुक्त; ~**पूर्वक** (क्रि० वि०) आग्रह के साथ

आग्रहायण–*सं०* (पु०) अगहन का महीना

आग्रही–*सं०* (वि०) आग्रह करनेवाला

आघर्षण–*सं०* (पु०) घर्षण, रगड़

आघात–*सं०* (पु०) 1 ठोकर या धक्का 2 प्रहार 3 मानसिक कष्ट, व्यथा। ~**पूर्ण** (वि०) प्रहारात्मक; ~**स्थान** (पु०) वधालय, बूचड़खाना

आघातक–*सं०* (वि०) आघात करनेवाला

आघार–*सं०* (पु०) 1 छिड़कना 2 यज्ञ में घी की आहुति देना

आघी–(स्त्री०) 1 ब्याज के रूप में मिलनेवाला अनाज 2 ब्याज स्वरूप अन्न मिलने की शर्त पर होनेवाला लेन-देन

आघूर्ण–*सं०* (वि०) घूमता हुआ, चक्कर खाता हुआ

आघूर्णन–*सं०* (पु०) घूमना, चक्कर खाना

आघूर्णित–*सं०* (वि०) घुमाया या चक्कर खाया हुआ

आघोष–*सं०* (पु०) 1 ज़ोर से किया जानेवाला शब्द 2 गर्वपूर्ण उक्ति

आघोषण–*सं०* (पु०) घोषणा

आघ्राण–I *सं०* (पु०) 1 सूँघना 2 तृप्ति II (वि०) 1 सूँघा हुआ 2 तृप्त

आघ्रात–I *सं०* (वि०) 1 सूँघा हुआ 2 तृप्त II (पु०) ग्रहण का एक भेद

आचमन–*सं०* (पु०) 1 जल पीना 2 ओक में जल लेकर पीना (पूजन शुद्धि)

आचमनक–*सं०* (पु०) 1 आचमन जल 2 उगालदान

आचमनी–*सं०* (स्त्री०) आचमन के लिए जल भरने का एक छोटा चम्मच

आचमनीय–*सं०* (वि०) आचमन करने योग्य (जल)

आचय–*सं०* (पु०) 1 चुनना 2 इकट्ठा करना

आचरण–*सं०* (पु०) 1 चरित्र 2 बरतना, व्यवहार 3 चाल-चलन 4 नियम। ~**पंजी**, ~**पुस्तिका** आचरण संबंधी पुस्तिका; ~**शील** (वि०) आचारवान्, शिष्ट; ~**संहिता** (स्त्री०) आचरण-संबंधी नियमावली

आचरणीय–*सं०* (वि०) आचरण योग्य

आचरित–*सं०* (वि०) व्यवहार रूप में लाया हुआ

आचार–*सं०* (पु०) 1 आचरण 2 चाल चलन 3 व्यवहार का तरीका 4 आचरण संबंधी नियम 5 परिपाटी, प्रथा या रीति-रिवाज। ~**परायण**, ~**वती** (स्त्री०); ~**वान्** (वि०) कर्मनिष्ठ, सदाचारी; ~**विचार** (पु०) लौकिक कर्म एवं विचार भाव; ~**व्यवहार** (पु०) सांसारिक कार्य व्यापार; ~**शास्त्र** (पु०) आचार-शास्त्र, नीतिशास्त्र; ~**शास्त्रीय** (वि०) नीतिशास्त्र संबंधी; ~**संहिता** (स्त्री०) = आचरण संहिता

आचारजी–(स्त्री०) = आचार्यत्व

आचारांग–*सं०* जैन आचारशास्त्र

आचारिक–*सं०* (वि०) आचार संबंधी

आचारी–*सं०* (वि०) शुद्ध और श्रेष्ठ आचार विचारवाला

आचार्य–*सं०* (पु०) 1 गुरु 2 अध्यापक, शिक्षक 3 मुख्य पुरोहित 4 वेद शास्त्रों का ज्ञाता, वेदाचार्य (जैसे-शंकराचार्य, बल्लभाचार्य) 5 असाधारण पंडित (जैसे-आचार्य रामचन्द्र शुक्ल, आचार्य महावीर प्रसाद द्विवेदी) 6 पांडवों आदि के गुरु (द्रोणाचार्य)। ~**करण** (पु०) = आचार्यत्व; ~**कुल** (पु०) गुरुकुल; ~**त्व** (पु०) आचार्य का कार्य करना

आचार्या–*सं०* (स्त्री०) 1 स्त्री आचार्य या गुरु 2 पूजनीय और विदुषी महिला 3 स्त्री

आचार्यी–*सं०* (वि०) 1 आचार्य संबंधी 2 आचार्य का

आचित–*सं०* (वि०) 1 व्याप्त 2 भरा हुआ 3 एकत्रित

आचूषण–*सं०* (पु०) 1 चूसना 2 तुंबी लगाना

आच्छन्न–*सं०* (वि०) 1 छिपा हुआ 2 ढका हुआ

आच्छादन–*सं०* (पु०) 1 छिपाना 2 ढक्कन 3 पहनावा 4 छाजन

आच्छादित–*सं०* (वि०) 1 छाया हुआ 2 ढका हुआ

आच्छिन्न–*सं०* (वि०) कटा-फटा

आच्छेदन–*सं०* (पु०) 1 काटना 2 काट-छाँट

आच्छोटन–*सं०* (पु०) 1 चुटकी बजाना 2 ऊँगली चटकाना

आच्छोदन–*सं०* (पु०) 1 पीछा करना 2 आखेट करना, शिकार खेलना

आज–I (क्रि० वि०) 1 जो दिन इस समय चल रहाहै, इस दिन 2 इन दिनों में, इस काल में II (पु०) प्रस्तुत या वर्तमान दिन। ~**कल** (क्रि० वि०) 1 वर्तमान दिनों में 2 एक दो दिन में; ~**कल करना या बताना** टालमटोल करना; ~**कल का** 1 हाल का 2 नए जमाने का; ~**कल में** बहुत जल्द; ~**कल लगना** मौत करीब होना; ~**मरे कल दूसरा दिन** मृत्यु के बाद की बात का ध्यान न देना

आजन्म–*सं०* (वि०) = आजीवन

आज़माइश–*फ़ा०* (वि०) = जाँच, परीक्षण

आज़माइशी–*फ़ा०* (वि०) परीक्षा के लिए किया गया

आज़माना–*फ़ा० + हिं०* (स० क्रि०) जाँचना, परखना

आजा–(पु०) दादा, पितामह

आज़ाद–*फ़ा०* (वि०) 1 स्वच्छंद 3 मनमौजी। ~**ख्याल** स्वतन्त्र विचारों वाला ~**तबीयत** + *अ०* (वि०) स्वच्छंद हृदय का, सरल

आज़ादगी–*फ़ा०* (स्त्री०) आज़ादी

आज़ादाना–*फ़ा०* (वि०) स्वतंत्रतापूर्ण

आज़ादी–*फ़ा०* (स्त्री०) 1 स्वतंत्रता, स्वाधीनता 2 स्वच्छंदता 3 मुक्ति

आजान–*सं०* (पु०) 1 जन्म 2 उत्पत्ति 3 जन्म या उत्पत्ति का स्थान

अजानु, आजानु विलंबित–*सं०* (वि०) 1 घुटनों तक (लटकता हुआ) 2 घुटनों तक लंबा

आजानेय–I *सं०* (वि०) 1 अच्छी नस्ल का 2 कुलीन II (पु०) अच्छी नस्ल का घोड़ा

आजार–*फ़ा०* (पु०) 1 रोग, बीमारी, व्याधि 2 कष्ट, दुःख, पीड़ा

आजिज़–*अ०* (वि०) 1 लाचार, दीन 2 तंग आया हुआ, परेशान। ~**आना** तंग आना, ऊब जाना

आजिज़ी–*अ० + फ़ा०* (स्त्री०) 1 लाचारी, विवशता 2 दीनता

आजीव–*सं०* (पु०) 1 जीविका 2 जीविका का उपाय 3 उचित आय

आजीवक–*सं०* (पु०) 1 जैन साधु 2 भिखमंगा

आजीवन–I *सं०* (पु०) जीविका II (क्रि० वि०) जीवनभर, जीवन पर्यन्त। ~**कारावास** (पु०) जन्म भर कैद

आजीविका–*सं०* (स्त्री०) 1 रोज़ी 2 रोज़गार, धंधा

आजीविकार्जन–*सं०* (पु०) रोज़गार करना

आजीव्य–I *सं०* (वि०) जीविका देने योग्य II (पु०) जीविका का साधन

आज्ञप्त–*सं०* (वि०) जिसे आदेश दिया गया हो

आज्ञप्ति–*सं०* (स्त्री०) आज्ञा, आदेश

आज्ञा–*सं०* (स्त्री०) 1 आदेश, हुक्म 2 अनुमति ~**करण** ~**पालन** (पु०) आदेश का पालन; ~**कारिणी** (स्त्री०), ~**कारी** (वि०) आज्ञा का पालन करनेवाला; ~**धारिता** (स्त्री०) आज्ञाकारी होने की अवस्था या भाव; ~**चक्र** भृकुटि के ऊपर का ध्यान-चक्र; ~**धारी** (वि०) = आज्ञाकारी; ~**पत्र** (पु०) आदेशपत्र; ~**पालक** (वि०) = आज्ञाकारी; ~**सूचक** (वि०) आज्ञा वाचक (जैसे-~क्रिया)

आज्ञान–*सं०* (पु०) 1 अनुभव करना 2 समझना

आज्ञानुवर्त्ती, आज्ञानुसारी–*सं०* (वि०) = आज्ञाकारी

आज्ञानुसार–*सं०* (क्रि० वि०) कहने के मुताबिक

आज्ञापक–I *सं०* (वि०) आज्ञा देनेवाला II (पु०) ईश्वर, स्वामी

आज्ञापन–*सं०* (पु०) 1 आज्ञा देना 2 जताना

आज्ञापिका–*सं०* (स्त्री०) = आज्ञापक

आज्ञापित–*सं०* (वि०) जिसे आदेश दिया गया हो

आज्ञायी–*सं०* (वि०) 1 जानने समझनेवाला 2 अनुभव करनेवाला

आज्ञार्थ, आज्ञार्थक–*सं०* (पु०) *व्या०* आज्ञासूचक क्रिया रूप, विध्यर्थ

आज्य–*सं०* (पु०) 1 घी 2 घी की जगह काम आनेवाला पदार्थ तेल, दूध आदि 3 यज्ञ में दी जानेवाली आहुति 4 प्रातःकालीन यज्ञ का एक स्तोत्र

आटा–(पु०) 1 पिसा हुआ गेहूँ, जौ, मकई आदि का चूर्ण, पिसान। ~**दाल** (पु०) 1 आटा और दाल 2 घर का सामान; ~**गीला होना** कठिनाई में और भी संकट पैदा होना; ~**माटी होना** बर्बाद होना; **आटे की आपा** भोली भाली औरत; **आटे के साथ घुन पीसना** बड़े आदमी के साथ छोटे को भी हानि पहुंचाना; **आटे और दाल का भाव मालूम होना** 1 असलियत का पता चलना 2 करनी का फल मिलना; **आटे दाल की फ़िक्र** घर-गृहस्थी की चिंता; **आटे दाल के फेर में रह जाना** रोज़ी-रोटी के चक्कर में पड़े रहना

आटोग्राफ़–*अं०* (स्त्री०) स्वाक्षर, हस्ताक्षर

आटोप–*सं०* (पु०) 1 फूलना 2 घमंड 3 आडंबर 4 पेट में गुड़गुड़ाहट होना

आटोमैटिक–*अं०* स्वचालित

आठ–I (पु०) आठ की संख्या II (वि०) सात और एक, चार का दूना। ~**अठारह होना** 1 तितर बितर होना 2 हैरान होना; ~**आठ आंसू रोना** अत्यधिक विलाप करना; ~**पहर** हर वक़्त; ~**पहर चौसठ घड़ी** प्रतिपल, हर समय; **आठों जामे से बाहर रहना** हर वक़्त गुस्से में रहना; **आठों गाँठ कुम्मैत** 1 वह घोड़ा जिसके सभी अंग दुरुस्त हों और रंग कुम्मैत हो 2 दुष्ट 3 चालाक; **आठों पहर** हर समय; **आठों पहर सूली पर रहना** हमेशा कष्ट में रहना

आठें, आठैं, आठों–(स्त्री०) अष्टमी तिथि

आडंबर–*सं०* (पु०) 1 दिखावा 2 अनावश्यक या दिखाऊ आयोजन 3 बादलों का गर्जन 4 हाथी का चिंघाड़ना 5 युद्ध का डंका बजना 6 शोर गुल, कोलाहल 7 गर्व। ~**पूर्ण**, ~**मय** (वि०) आडंबर से युक्त

आडंबरी–*सं०* (वि०) आडंबर करनेवाला

आड़–I (स्त्री०) 1 ओट, परदा 2 बचाव, आश्रय 3 रोक 4 टेक 5 आड़ा तिलक II (पु०) फ़कीरों या पहलवानों का एक वस्त्र, लँगोटा। ~**गीर** *हिं०* + *फ़ा०* (पु०) 1 आड़ करने के लिए लगाया जानेवाला परदा या खड़ी की जानेवाली दीवार 2 खेत के किनारे की घास

आड़ना–(स० क्रि०) 1 आड़ करना 2 रोकना 3 मना करना

आड़ा, आड़ा-तिरछा–I (वि०) खड़ा या सीधा का उलटा, पड़ा II (पु०) 1 एक धारीदार कपड़ा 2 जहाज़ का लट्ठा 3 शहतीर 4 बुनाई में सूत फैलाने की लकड़ी। **आड़े-तिरछे होना** नाराज होकर झगड़ा बढ़ानेवाली बातें करना

ऑडिट–*अं०* (पु०) लेखा-परीक्षा

आडिटर–*अं०* (पु०) आय-व्यय की जाँच करनेवाला

आडिटोरियम–*अं०* (पु०) सभाभवन, प्रेक्षागृह

आड़ी–I (स्त्री०) खेल में पक्ष का साथी या खिलाड़ी II (वि०) अपने पक्ष का

आड़ू–(पु०) एक खटमिट्ठा फल और उसका पेड़

आढ़–(स्त्री०) = आड़

आढ़, आढ़क–*सं०* (पु०) चार सेर का वज़न या माप

आढ़की–*सं०* (स्त्री०) 1 अरहर 2 गोपी चंदन

आढ़त–(स्त्री०) 1 दलाली, कमीशन 2 कमीशन लेकर माल बिकवाने का रोज़गार 3 वह स्थान जहाँ इस तरह का व्यवसाय होता है। ~**दार** + , *फ़ा०* **आढ़तिया, आढ़ती** (पु०) आढ़त का व्यापारी

आढ्यंकर–*सं०* (वि०) धनी बनानेवाला

आढ्य–*सं०* (वि०) 1 धनवान 2 संपन्न 3 पर्याप्त

आढ्यक–*सं०* (पु०) धन, सम्पत्ति

आणविक–*सं०* (वि०) अणु संबंधी

आणि–*सं०* (स्त्री०) 1 तलवार की धार 2 पहिये की धुरी की कील 3 सीमा 4 मर्मस्थान

आतंक–*सं०* (पु०) 1 भय, डर 2 दबदबा 3 पीड़ा, दर्द 4 डंके का शब्द। ~**कारी**, ~**वादी** (वि०) 1 आतंकवाद को माननेवाला 2 आतंक फैलानेवाला; ~**युद्ध** (पु०) शत्रुता के परिणामस्वरूप उत्पन्न होनेवाली वह स्थिति जिसमें दोनों पक्ष बगैर लड़े-भिड़े एक-दूसरे के मन में भय उत्पन्न करके उसे दबाने का प्रयत्न करते हों; ~**वाद** (पु०) राज्य या विरोधभाव को दबाने के लिए हिंसा या भयोत्पादक उपायों का अवलंबन

आतंकित–*सं०* (वि०) आतंक से प्रभावित, भयभीत

आतंचन–*सं०* (पु०) 1 दूध जमाना 2 दूध जमाने का जामन

आतत–*सं०* (वि०) 1 फैलाया हुआ 2 खींचा हुआ 3 ताना हुआ

आततायी–*सं०* (पु०) दुष्ट और उपद्रवी, अत्याचारी

आतति–*सं०* (स्त्री०) 1 फैलाव 2 तनाव

आतनन–*सं०* (पु०) 1 खींचना 2 तानना

आतनिक–*सं०* (वि०) 1 तनावयुक्त 2 जिसमें आशंका और विकलता हो

आतप–I *सं०* (पु०) 1 गरमी 2 धूप II (वि०) दुःख देनेवाला। ~**स्नान** (पु०) धूप में बैठना

आतपत्र–*सं०* (पु०) 1 पत्तों या रेशम का बना हुआ छाता 2 राजा का छत्र

आतपी–*सं०* (वि०) धूपवाला

आतपोदक–*सं०* (पु०) मृगतृष्णा

आतश–*फ़ा०* (स्त्री०) 1 आतिश, आग 2 अत्यधिक गर्मी 3 गुस्सा, क्रोध। ~**ज़नी** (स्त्री०) आग लगाना, आगज़नी; ~**दान** (पु०) अंगीठी; ~**परस्त** (पु०) अग्निपूजक, पारसी; ~**बाज़** (पु०) गोले-फुलझड़ियाँ बनानेवाला; ~ **बाज़ी** (स्त्री०) गोला फुलझड़ी पटाखे आदि; ~**का परकाला** कठिन काम को सरलता से कर लेनेवाला

आतशक–*फ़ा०* (पु०) व्यभिचार से जननांग में होनेवाला रोग, सुज़ाक

आतशी–*फ़ा०* (वि०) 1 आग संबंधी 2 आग से उत्पन्न होनेवाला 3 आग की लपट जैसा लाल। ~**शीशा** एक तरह का शीशा जिसमें सूर्य किरणों से अग्नि निकलती है

आतिथेय–I *सं०* (पु०) 1 अतिथि का सत्कार करनेवाला 2 अतिथि को अपने यहाँ ठहरानेवाला, मेज़बान 3 अतिथि सत्कार की सामग्री II (वि०) 1 अतिथि योग्य 2 अतिथि संबंधी

आतिथ्य–*सं०* (पु०) अतिथि सत्कार, मेहमानदारी। ~**कारी** (वि०) अतिथि का स्वागत करनेवाला; ~**विमुख** (वि०) अतिथि सत्कार की उपेक्षा करनेवाला; ~**शील** (वि०) = आतिथ्यकारी; ~**सत्कार** (पु०) अतिथि का आदर-सम्मान करना

आतिश–*फ़ा०* (स्त्री०) = आतश

आतिशायिक–*सं०* (वि०) अत्यधिक, अतिशय
आतिशय्य–*सं०* (पु०) अत्यधिक होना
आतिशी–*फ़ा०* (वि०) = आतशी
आती-पाती–(स्त्री०) पेड़ पर चढ़ने पकड़ने का खेल
आतुर–I *सं०* (वि०) 1 उतावला 2 बेचैन 3 उत्कट इच्छावाला II (पु०) बीमारी, रोग III (क्रि० वि०) 1 बहुत जल्दी में 2 घबराहट में। ~**ता** (स्त्री०) 1 उतावलापन, आकुलता 2 रोग; ~**शाला** (स्त्री०); ~**आतुरालय** चिकित्सालय, दवाख़ाना
आत्त–*सं* (वि०) 1 लिया हुआ 2 माना हुआ, स्वीकृत 3 खींचा हुआ 4 दूर किया हुआ 5 भंग किया हुआ 6 अपमानित 7 पराजित। ~**गर्व** (वि०) गलितगर्व; ~**प्रतिदान** (पु०) पाई हुई वस्तु को लौटाना; ~**लक्ष्मी** (वि०) धन से वंचित
आत्म–I *सं०* (वि०) 1 आत्मा या मन से संबंधित 2 अपना (जैसे-आत्मकथा, आत्म परिचय आदि) II (पु०) बाह्य पदार्थों से अलग एवं भिन्न निजी चेतन सत्ता (जैसे-आत्म चेतना, आत्म पुरुष आदि)। ~**आलोचना** (स्त्री०) अपनी आलोचना; ~**कथा** (स्त्री०) आपबीती, अपने जीवन की कथा; ~**कथात्मक** (वि०) आपबीती-भरा; ~**कल्याण** (पु०) अपनी भलाई; ~**काम** (वि०) 1 अपने से ही प्रेम करनेवाला 2 गर्वीला; ~**कृत** (वि०) अपने से किया हुआ; ~**गत** I (वि०) 1 जो अपने में आया हुआ हो 2 अपने से संबंधित (आत्मा) 3 अपने आप में होनेवाला 4 जो मन में ही उत्पन्न हुआ हो 5 आत्म से उत्पन्न हुई कृति जो आत्म आश्रित हो (कला-साहित्य) II (पु०) स्वगत कथन; ~**गौरव** (पु०) आत्मसम्मान, स्वाभिमान; ~**ग्राही** (वि०) स्वार्थी; ~**ग्लानि** (स्त्री०) अपने आप में खेद होना; ~**घात** (पु०) आत्महत्या; ~**घातक**, ~**घाती** (वि०) आत्म हत्या करनेवाला; ~**घोष** I (वि०) आत्म प्रशंसक II (पु०) अपने विषय में बढ़-चढ़ कर बातें करना; ~**चरित**, ~**चरित्र** (पु०) = आत्म-कथा; ~**चिंतन** (पु०) मन के विषय में सोचना-विचारना; ~**चेतना** (स्त्री०) आत्मानुभूति से संबंध रखनेवाला ज्ञान (दर्शन-मनोविज्ञान); ~**ज** I (पु०) 1 पुत्र 2 कामदेव II (वि०) अपने से उत्पन्न; ~**जा** (स्त्री०) बेटी; ~**जात** (वि०) = आत्मज; ~**जिज्ञासा** (स्त्री०) = आत्म चिंतन; ~**जीवनी** (स्त्री०) = आत्मकथा; ~**ज्ञ** (पु०) स्वयं को जाननेवाला; ~**ज्ञान** (पु०) 1 अपनी आत्मा का ज्ञान 2 जीवात्मा एवं परमात्मा का ज्ञान 3 ब्रह्मज्ञान; ~**तुष्ट** (वि०) अपने में प्रसंन्न; ~**तुष्टि** (स्त्री०) 1 मन को मिलनेवाली खुशी और संतोष 2 आत्मज्ञान होने पर प्राप्त आनंद; ~**त्याग** (पु०) स्वार्थ त्याग; ~**त्यागी** (वि०) स्वार्थ का त्याग करनेवाला; ~**दर्श** (पु०) दर्पण, शीशा; ~**दर्शन** (पु०) स्वयं को परखना और समझना; ~**दर्शी** (वि०) स्वयं को देखने और समझनेवाला; ~**दान** (पु०) = आत्मत्याग; ~**दाह** (पु०), ~**द्रोह** (पु०) स्वयं अपने साथ किया जानेवाला द्रोह या शत्रुता; ~**द्रोही** (पु०) स्वयं अपने साथ शत्रुता करनेवाला व्यक्ति; ~**निग्रह** (पु०), ~**निर्णय** (पु०) 1 अपने विषय में स्वयं निश्चय करना 2 आत्म व्यवस्था का खुद निश्चय करना; ~**निर्भर** (वि०) = आत्मावलंबी; ~**निवेदन** (पु०) 1 आत्म समर्पण 2 एक भक्ति जिसमें भक्त इष्टदेव के प्रति स्वयं को समर्पित कर देता है; ~**निषेध** (पु०) अपनी आकांक्षाओं का त्याग; ~**निष्ठ** 1 आत्मनिर्भर 2 स्व; ~**निष्ठा** (स्त्री०) = आत्मविश्वास; ~**पतन** अपना पतन; ~**पद** (पु०) मोक्ष; ~**परित्याग** (पु०) = आत्म निवेदन; ~**परिष्कर** (पु०) = आत्म संस्कार; ~**पीड़न** (पु०) स्वयं को कष्ट देकर या अन्य द्वारा कष्ट पाकर संतुष्ट होना; ~**पूर्णतावाद** = आत्मानंदवाद; ~**पौरुष** (पु०) आत्मबल; ~**प्रकाश** (पु०) आत्मज्ञान; ~**प्रक्षेपण** (मनो०) (पु०) अपनी भावनाओं का दूसरों पर आरोपण; ~**प्रचार** (पु०) अपने गुणों का आप ही प्रचार; ~**प्रतारणा** (स्त्री०) = आत्म-वंचना; ~**प्रतियोगिता** (स्त्री०) अपने ही से मुकाबला; ~**प्रतिष्ठा** (स्त्री०) = आत्म सम्मान; ~**प्रवंचना** (स्त्री०) = आत्म वंचना; ~**प्रशंसा** (स्त्री०) स्वयं की जानेवाली प्रशंसा; ~**प्रेरणा** (स्त्री०) अपने भीतर से प्रेरणा; ~**फटकार** + *हिं०* (पु०) अपने को डाँटना; ~**बंधु** (पु०) अपना आप मित्र; ~**बल** (पु०) 1 आत्मशक्ति 2 अध्यात्म बल; ~**बलिदान** (पु०) = आत्म त्याग; ~**बोध** (पु०) = आत्मज्ञान; ~**भरित** (वि०) जो स्वयं भरा हुआ हो; ~**भीरु** (वि०) अपनी करनी से आप ही डरनेवाला; ~**भू** I (वि०) 1 जो अपने शरीर से उत्पन्न हुआ हो 2 स्वयं उत्पन्न होनेवाला II (पु०) 1 पुत्र 2 कामदेव 3 त्रिदेव (ब्रह्मा, विष्णु, शिव); ~**रक्षण** (पु०), ~**रक्षा** (स्त्री०) अपनी रक्षा स्वयं करना; ~**रक्षार्थ** (क्रि० वि०)) अपनी रक्षा के लिए; ~**रति** (स्त्री०) 1 आत्मानंद 2 अपने ऊपर मुग्ध रहना; ~**वंचक** (वि०) स्वयं को धोखा देनेवाला; ~**वंचना** (स्त्री०) अपने साथ ठगी; ~**वत्** (क्रि० वि०) अपने समान; ~**वध** (पु०) = आत्महत्या; ~**वाद** (पु०) आत्मा और परमात्मा के अस्तित्व का सिद्धांत; ~**वादी** (वि०) आत्मवाद को माननेवाला; ~**विक्रय** (पु०) 1 आत्म सम्मान त्यागकर अधीन होना 2 अनुयायी या दास बनना; ~**विक्रयी** (वि०) 1 स्वयं को बेचनेवाला 2 दास बननेवाला; ~**विक्रेता** (पु०) व्यक्ति जो स्वयं को बेचकर किसी का दास बन गया हो; ~**विचार** (वि०) = आत्मविश्लेषण; ~**विद्** (पु०) आत्मज्ञानी; ~**विद्या** (स्त्री०) आध्यात्म ज्ञान, ब्रह्मविद्या; ~**विनाशी** (वि०) अपने को स्वयं नष्ट करनेवाला; ~**विभोर** (वि०) अपने में मस्त; ~**विरोध** (पु०) अपनी बातों में परस्पर विरोध; ~**विश्लेषण** (पु०) अपने चरित्र की स्वयं चीर-फाड़; ~**विश्वास** (पु०) अपनी शक्ति एवं योग्यता पर विश्वास, आत्मनिष्ठा; ~**विश्वासी** (वि०) अपने पर विश्वास रखनेवाला; ~**विसर्जन** (पु०) आत्म-त्याग; ~**विस्मृति** (स्त्री०) अपने को भूल जाना, बेखुदी; ~**वृत्त**, ~**वृत्तांत** (पु०) = आत्मकथा; ~**शक्ति** (स्त्री०) आत्मिक बल; ~**शासन** (पु०) अपना राज्य, स्वराज्य; ~**शिक्षा** (स्त्री०) स्वयं कुछ सीखना; ~**शुद्धि** (स्त्री०) = आत्म संस्कार; ~**श्लाघा** (स्त्री०) = आत्मप्रशंसा; ~**श्लाघी** (वि०) अपनी प्रशंसा आप ही करनेवाला; आत्म प्रशंसक; ~**संतुष्ट** (वि०) आत्मसंतोषी; ~**संतोष** (पु०) आत्मतृप्ति, आत्मतुष्टि; ~**संदेह** (पु०) व्यक्तिगत संदेह; ~**संभव** (पु०) = आत्मभू; ~**संयम**

(पु०) अपने मन एवं इंद्रियों को वश में रखना; ~**संरक्षण** (पु०) = आत्मरक्षा; ~**संवरण** (पु०) = आत्मसंयम; ~**संवेदन** (पु०) = आत्मज्ञान; ~**संशोधन,** ~**संस्कार** (पु०) अपना सुधार; ~**समर्पण** (पु०) 1 अपने को सौंप देना 2 हथियार डाल देना; ~**समर्पित** (वि०) सौंपा हुआ; ~**समालोचना** (स्त्री०) = आत्म आलोचना; ~**सम्मान** (पु०) अपनी इज़्ज़त; ~**सात्** I (क्रि० वि०) अपने अधिकार में II (वि०) अपने में मिलाया हुआ; ~**साधना** (स्त्री०) मोक्ष साधना; ~**सिद्ध** (वि०) 1 स्वयं होनेवाला 2 जो आप ही सिद्ध हो; ~**सिद्धि** (स्त्री०) 1 मोक्ष 2 आत्मा एवं परमात्मा का पूरा एवं उचित ज्ञान; ~**स्तुति** (स्त्री०) = आत्म-प्रशंसा; ~**हत्या** (स्त्री०), ~**हनन** (पु०), ~**हिंसा** (स्त्री०) ख़ुदकुशी; ~**हित** I (पु०) अपनी भलाई II (वि०) अपने लिए हितकर या कल्याणकर

आत्मक–*सं०* (प्रत्यय) युक्त (जैसे- व्यंग्यात्मक, रक्षात्मक)

आत्मनेपद–*सं०* (पु०) 1 धातु में लगनेवाला एक प्रत्यय 2 क्रिया का रूप जिसका फल अपने को मिलता हो

आत्मा–*सं०* (स्त्री०) 1 जीव 2 मन 3 अंतःकरण 4 चेतन तत्त्व 5 परमात्म तत्त्व। ~**ठंडी करना** संतोष करना; ~**ठंडी होना** संतोष होना; ~**मसोसना** भूख बरदाश्त करना; ~**सताना** कष्ट पहुँचाना

आत्माधिक–*सं०* (वि०) आत्मा से भी अधिक प्यारा, अतिप्रिय

आत्मानंद–I *सं०* (पु०) आत्मा को मिलनेवाला आनंद II (वि०) ब्रह्मानंद में लीन। ~**वाद** (पु०) यह सिद्धांत कि कर्म का चरम लक्ष्य आत्मिक आनंद है, इंद्रिय सुख नहीं

आत्मानात्म–*सं०* (पु०) चेतन और जड़ पदार्थ

आत्मानुभूत–*सं०* (पु०) आत्मा का अनुभव

आत्मानुभूति–*सं०* (स्त्री०) आत्म साक्षात्कार

आत्माभिमान–*सं०* (पु०) आत्मगौरव, स्वाभिमान

आत्माभिमानी–*सं०* (पु०) स्वाभिमानी

आत्माभिव्यंजन (पु०), **आत्माभिव्यक्ति**–*सं०* (स्त्री०) अपने मन के अनुभव को व्यक्त करना

आत्मायन–*सं०* (पु०) आत्मा के आने-जाने का मार्ग

आत्माराम–*सं०* (पु०) 1 आत्मा में रमण करनेवाला 2 जीवात्मा 3 तोता (लोकप्रचलित नाम)

आत्मार्थी–*सं०* (वि०) 1 अपना हित चाहनेवाला 2 स्वार्थी

आत्मार्पण–*सं०* (पु०) अपना समर्पण

आत्मालोचना–*सं०* (स्त्री०) अपनी आलोचना स्वयं करना

आत्मावलंबन–*सं०* (पु०) अपने पर भरोसा करना

आत्मावलंबी–*सं०* (वि०) अपने पर भरोसा करनेवाला

आत्माश्रय–*सं०* (वि०) अपना भरोसा करनेवाला

आत्माहुति–*सं०* (वि०) आत्म-बलिदान

आत्मिक–*सं०* (वि०) आत्मा का, आत्मा से संबंधित

आत्मिकी–*सं०* (स्त्री०) अध्यात्म विद्या

आत्मीय–I *सं०* (वि०) अपना II (पु०) अपने लोग। ~**ता** (स्त्री०) अपनापन अपनापा, स्नेह-संबंध

आत्मोक्ति–*सं०* (स्त्री०) स्वयं कही हुई बात

आत्मोत्कर्ष–*सं०* (पु०) = आत्म-संस्कार

आत्मोत्सर्ग–*सं०* (वि०) = आत्म-त्याग

आत्मोदय–*सं०* (पु०) अपना उदय

आत्मोद्धार–*सं०* (पु०) 1 अपना उद्धार 2 अपने प्रयास से अपना छुटकारा

आत्मोन्नति–*सं०* (स्त्री०) 1 आत्मा की उन्नति 2 अपनी भौतिक उन्नति

आत्मोजीवी–*सं०* (पु०) स्वयं परिश्रम से जीविकोपार्जन

आत्मोपम–*सं०* (वि०) अपने जैसा

आत्मौपम्य–*सं०* (पु०) 1 सभी को अपने जैसा समझना या मानना 2 अपने से तुलना करना

आत्यंतिक–*सं०* (वि०) 1 अत्यधिक, बेहद 2 असीम

आत्ययिक–*सं०* (वि०) 1 अत्यावश्यक 2 कष्टकारक

आथर्वण, आथर्वणिक–I *सं०* (वि०) अथर्ववेद से संबंध रखनेवाला II (पु०) अथर्ववेद का कर्मकांड

आदंश–*सं०* (पु०) 1 दाँतों से काटने का ज़ख़्म 2 दाँत

आदत–*अ०* (स्त्री०) 1 अभ्यास, लत 2 व्यसन 3 स्वभाव

आदतन–(अ०) *अ०* 1 आदत के अनुसार, अभ्यासतः 2 स्वभावतः

आदम–*अ०* (पु०) 1 मनुष्य, व्यक्ति 2 आदि पुरुष। ~**कद** (वि०) मनुष्य की ऊंचाई के बराबर (जैसे- ~कद शीशा); ~**खोर** + *फ़ा* (वि०) नरभक्षी; ~**खोरी** + *फ़ा०* (स्त्री०) नरभक्षण; ~**ज़ात** (स्त्री०), ~**ज़ाद** + *फ़ा०* (पु०) आदम की संतान, आदमी, मनुष्य;

आदमियत–*अ०* (स्त्री०) 1 मनुष्यता 2 भलमनसी। ~**उठ जाना** इंसानियत खत्म हो जाना

आदमी–*अ०* (पु०) 1 मनुष्य 2 व्यक्ति 3 नौकर। ~**बनना** 1 मनुष्यता आना, सभ्यता सीखना 2 संपन्न होना; ~**बनाना** सभ्य बनाना

आदमीयत–*अ०* (स्त्री०) = आदमियत

आदर–*सं०* (पु०) 1 सम्मान, इज़्ज़त 2 सत्कार, कद्र। ~**पात्र** (पु०) सम्मान का पात्र; ~**पूर्वक** (क्रि० वि०) आदर के साथ; ~**प्रदर्शक** (वि०) सम्मान का दिखावा करनेवाला; ~**भाजन** (पु०) = आदर पात्र; ~**भाव** (पु०) = आदर सत्कार; ~**युक्त** (वि०) सादर, सम्मानसहित; ~**व्यंजक** (वि०) सम्मान सूचक; ~**सत्कार** (पु०) मान-सम्मान, ख़ातिरदारी; ~**सम्मान** (पु०) 1 इज़्ज़त 2 ख़ातिरदारी; ~**सूचक** (वि०) जिससे आदर का भाव प्रकट हो (जैसे-आप, श्रीमान्)

आदरणीय–*सं०* (वि०) आदर के योग्य

आदरी–*सं०* (वि०) मानार्थ

आदर्य–*सं०* (वि०) = आदरणीय

आदर्श–*सं०* (पु०) 1 श्रेष्ठतम अवस्था 2 प्रतिमान, पराकाष्ठागत रूप, नमूना 3 दर्पण 4 अनुकरणीय वस्तु 5 असल। ~**उदाहरण** (पु०) अनुकरणीय उदाहरण; ~**जुष्ट,** ~**प्राण** = आदर्शमूलक; ~**भाषावाद** (पु०) यह मत कि भाषा के प्रामाणिक प्रयोग का ध्यान रहना चाहिए; ~**मंदिर** (पु०) शीश महल; ~**मूलक** (वि०) असली; ~**लेखक;** (पु०) श्रेष्ठ एवं अनुकरणीय लेखक ~**वाक्य** (पु०) शुद्ध एवं सटीक वाक्य; ~**वाद** (पु०) 1 आदर्श चरित्र आदि की स्थापना 2 नैतिकता; ~**वादी** (वि०) आदर्शवाद को माननेवाला; ~**विज्ञान** (पु०) आदर्शों की व्याख्या करनेवाला विज्ञान, नीतिशास्त्र

आदर्शित–*सं०* (वि०) 1 दिखलाया हुआ 2 निर्देश किया हुआ
आदर्शीकरण–*सं०* (पु०) आदर्श रूप देना
आदर्शोन्मुख–*सं०* (वि०) = आदर्शवादी
आदहन–*सं०* (पु०) 1 जलाना 2 आहत करना 3 निंदा करना 4 ईर्ष्या, डाह 5 घृणा करना
आदान–*सं०* (पु०) 1 लेना, ग्रहण 2 बंधन 3 कर, शुल्क आदि के रूप में लिया जानेवाला धन। ~**प्रदान** (पु०) लेना-देना, अदल-बदल
आदाब–*अ०* (पु०) 1 नमस्कार 2 अदब-क़ायदा 3 व्यवहार-नियम। ~**अर्ज़** (पु०) नमस्कार; ~**तसलीमात** (पु०) नमस्कार, प्रणाम। ~**अर्ज़ करना** सलाम करना; ~**बजा लाना** विनय पूर्वक अभिवादन करना
आदि–I *सं०* (पु०) 1 आरंभ, शुरू 2 मूल कारण 3 परमात्मा II (वि०) 1 पहला (जैसे-आदि कवि) 2 आरंभ का III (अ०) इत्यादि, वग़ैरह। ~**कर्त्ता** (पु०) स्रष्टा; ~**कल्प** (पु०) आदि युग ~**कवि** (पु०) 1 वाल्मीकि 2 ब्रह्मा; ~**कारण** (पु०) = आदि; ~**काल** (पु०) (इतिहास में) आरंभिक समय; ~**कालीन** (स्त्री०) = आदि; ~**काव्य** (पु०) वाल्मीकीय रामायण; ~**ग्रंथ** (पु०) सिख गुरुओं की वाणी का संग्रह; ~**देव** (पु०) 1 परमेश्वर 2 विष्णु; ~**निवासी** (पु०) पहले से बसने वाले, जनजाति; ~**पुरुष** (पु०) 1 परमेश्वर 2 नारायण; ~**भाषा** (स्त्री०) 1 सृष्टि के आरंभ की भाषा 2 किसी देश की प्राचीनतम भाषा; ~**युग** (पु०) प्रारंभिक या प्राचीनतम युग; ~**वासी** (पु०) = आदि-निवासी; ~**स्रोत** (पु०) मूल, आरंभ; ~**शक्ति** (स्त्री०) दुर्गा; ~**स्वरागम** (पु०) शब्द के आरंभ स्वर आ जाना (जैसे- इस्थिति, इस्कूल)
आदिक–*सं०* (वि०) = आदि
आदितः–*सं०* (पु०) सूर्य
आदित्य -I *सं०* (पु०) 1 सूर्य 2 देवता II (वि०) 1 आदित्य से उत्पन्न 2 आदित्य सबंधी। ~**मंडल** (पु०) सूर्य के चारों ओर का प्रभा मंडल
आदिम–*सं०* (वि०) = आदि। ~**काल** (पु०) = आदिकाल; ~**जाति** (स्त्री०) मूल निवासी
आदिल–*अ०* (वि०) इंसाफ करनेवाला, न्यायी
आदिष्ट–I *सं०* (वि०) 1 आदेश प्राप्त 2 आदेश किया हुआ II (पु०) आज्ञा
आदी–I *अ०* (वि०) 1 अभ्यस्त 2 जिसे लत पड़ गई हो, व्यसनी II (अ०) 1 तनिक भी 2 निपट III(स्त्री०) अदरक
आदीपन–*सं०* (पु०) 1 दीपक जलाना 2 आग जलाना 3 उत्तेजित करना, उकसाना 4 स्वच्छ करना
आदृत–*सं०* (वि०) आदरप्राप्त, सम्मानित
आदेय–*सं०* (वि०) लिया जाने योग्य
आदेश–*सं०* (पु०) 1 आज्ञा, हुक्म 2 हिदायत 3 *ज्यो०* ग्रहों का फल। ~**पंजी** (स्त्री०) आर्डर-बुक; ~**पत्र** (पु०) हुक्मनामा; ~**पूर्ण** (वि०) हुक्मी; ~**बद्ध** (वि०) आज्ञाकारी; ~**लेख** (पु०) न्यायालय की आज्ञा; ~**सार-संग्रह** (पु०) पुस्तक रूप में आदेश का संक्षेप
आदेशक–*सं०* (वि०) आज्ञा देनेवाला
आदेशात्मक–*सं०* (वि०) = आदेशपूर्ण
आदेशानुगामी–*सं०* (वि०) आदेश का पालन करनेवाला
आदेशानुसार–*सं०* आज्ञा के अनुसार
आदेशार्थी–*सं०* आदेश का इच्छुक
आदेशिती–*सं०* (पु०) वह जिसके नाम आदेश हो
आदेशी–*सं०* (वि०) 1 आज्ञा देनेवाला 2 ज्योतिषी, भविष्यवक्ता
आद्यंत–I *सं०* (क्रि० वि०) आदि से अंत तक II (पु०) आदि अंत
आद्य–*सं०* (वि०) = आदि, मूल। ~**रूप** (पु०) आदि नमूना
आद्यक्षर–*सं०* (पु०) नाम के शुरू का अक्षर
आद्यक्षरित–*सं०* (वि०) नाम के आरंभिक अक्षर से हस्ताक्षर किया हुआ
आद्या–(स्त्री०) दुर्गा
आद्याक्षर–*सं०* (पु०) = आद्यक्षर
आद्याक्षरित–*सं०* (वि०) = आद्यक्षरित, संक्षिप्त हस्ताक्षर
आद्योपांत–*सं०* (वि०) = आद्यंत
आध–(वि०) आधा
आधार्मिक–*सं०* (वि०) 1 अन्यायी 2 असाधु
आधर्षण–*सं०* (पु०) 1 अपराधी ठहराना 2 दंड देना
आधर्षित–*सं०* (वि०) 1 दोषी ठहराया हुआ 2 दंडित
आधा–(वि०) वस्तु के दो बराबर भागों में से एक, अर्द्ध। ~**तीहा** (वि०) आधे या तिहाई के लगभग; ~**तीतर आधा बटेर** अनमेल, बेमेल; ~**होना** दुबला होना; **आधी बात न पूछना** कदर न करना; **आधे आध** दो बराबर या अर्द्धभाग
आधान–*सं०* (पु०) 1 रखना,स्थापन 2 अग्नि का स्थापन 3 धारण 4 उत्पन्न करना 5 पात्र 6 प्रयत्न 7 रेहन 8 गर्भाधान से पहले किया जानेवाला संस्कार
आधार–*सं०* (पु०) 1 सहारा 2 बर्तन 3 रेखागणित में आधार रेखा 4 संबंध 5 अधिकरण कारक। *व्या०* ~**भूत** (वि०) मौलिक, आधारिक; ~**भूमि (स्त्री०) = आधार; आधार-शक्ति** (स्त्री०) मूल शक्ति; ~**शिला** (स्त्री०) नींव का पत्थर; ~**स्तंभ** (पु०) किसी कार्य या वस्तु का मुख्य आधार; ~**स्वरूप** (वि०) आधार के रूप में; ~**हीन** (वि०) निराधार
आधारक–*सं०* (पु०) = आधार
आधारतः–*सं०*(क्रि० वि०) आधार के रूप में
आधाराधेय–*सं०* (पु०) आधार और उस पर रखी वस्तु
आधारिक–*सं०* (वि०)1 आधार से संबंधित, आधार वाला 2 आधारभूत
आधारित–*सं०* (वि०) आधार पर टिका हुआ
आधारी–*सं०* I (वि०) वह जो किसी आधार पर टिका हो II (स्त्री०) साधुओं के बैठने की एक लकड़ी
आधि–*सं०* (स्त्री०) 1 मानसिक पीड़ा 2 विपत्ति, संकट 3 अभिशाप 4 धरोहर। ~**कर्ता** (पु०) बंधक रखनेवाला व्यक्ति; ~**कोषक, ~कोषिक,** (पु०) बैंक का; ~**ग्राही** (पु०) धरोहर लेनेवाला; ~**दैविक** (वि०) अतिप्राकृतिक, दैवी; ~**भोग** (पु०) धरोहर वस्तु का उपयोग; ~**भौतिक** (वि०) पंचभूतों से संबंध, सांसारिक; ~**राज्य** (पु०) +

आधिपत्य; ~**वेदनिक** (पु०) दूसरा विवाह करने पर पहली पत्नी को दिया जानेवाला धन; ~**व्याधि** (स्त्री०) मन और शरीर की पीड़ा

आधिकरणिक–*सं०* (पु०) 1 न्यायाधीश 2 सरकारी पदाधिकारी

आधिकारिक–*सं०* I (वि०) 1 अधिकार या अधिकारी से संबद्ध 2 अधिकारपूर्ण 3 प्रामाणिक, सरकारी II (पु०) 1 मूल कथा वस्तु 2 परमात्मा 3 शासक

आधिकारिकी–*सं०* (स्त्री०) अधिकारों का विवेचन

आधिक्य–*सं०* (पु०) 1 अधिकता, अतिशयता 2 प्राधान्य

आधिपत्य–*सं०* (पु०) 1 प्रभुत्व, अधिकार 2 राज्य। ~**अधिकारी** (पु०) राज्य का अधिकारी; ~**सेना** (स्त्री०) राज्य सेना

आधुनिक–*सं०* (वि०) आजकल का, वर्तमान काल का, नये ज़माने का। ~**करण** (पु०) आधुनिक रूप देना; ~**तम** (वि०) अत्यंत आधुनिक, नवीनतम; ~**ता** (स्त्री०)

आधुनिका–*सं०* (स्त्री०) आधुनिक आचरण और सभ्यता वाली स्त्री

आधुनिकीकरण–*सं०* (पु०) = आधुनिककरण

आधूत–*सं०* (वि०) 1 काँपता हुआ 2 व्याकुल, परेशान, बेचैन

आधृत–*सं०* (वि०) = आधारित

आधेय–*सं०* I (वि०) 1 ठहराने या स्थापित किए जाने योग्य 2 रचने योग्य II (पु०) आधार पर रखी या टिकाई हुई वस्तु

आधो-आध–(क्रि० वि०) आधा-आधा करके

आधोरण–*सं०* (पु०) महावत, पीलवान

आध्मान–*सं०* (पु०) 1 गर्व 2 पेट फूलना 3 जलोदर रोग

आध्यात्मिक–*सं०* (वि०) 1 परमात्मा और आत्मा से संबंध रखनेवाला 2 मन से संबंध रखनेवाला। ~**ता** (स्त्री०) अध्यात्म की भावना

आध्यात्मिकी–*सं०* (स्त्री०) अध्यात्म विद्या

आध्यासिक–*सं०* (वि०) अयथार्थ और कल्पित

आनत्य–*सं०* (पु०) 1 अनंतता, असीमता 2 अमरत्व

आनंद–*सं०* (पु०) 1 उल्लास, खुशी, हर्ष 2 मन का सुख। ~**कर**, ~**दायक** (वि०) आनंद देनेवाला; ~**पट** (पु०) दुल्हन का वस्त्र; ~**पूर्वक** (क्रि० वि०) मज़े से; ~**प्रद** (वि०) आनंददायी; ~**बधाई** (स्त्री०), ~**बधावा** *+हिं०* (पु०) शुभ अवसरों पर दी जानेवाली बधाई और रागरंग; ~**मंगल** (पु०) शुभ अवसर पर होनेवाला रागरंग 2 सुख और चैन; ~**मग्न** (वि०) आनन्द में डूबा हुआ (मस्त); ~**मय** (वि०) आनंदपूर्ण; ~**वाद** (पु०) यह सिद्धांत कि मौज मनाओ; ~**वादी** (वि०) आनंदवाद को माननेवाला; ~**विभोर** (वि०) = आनंदमग्न; ~**सम्मोहिता** (स्त्री०) आनंदमग्न और मुग्ध नायिका

आनंदांदोलित–*सं०* (वि०) आनंद में झूमता हुआ

आनंदातिरेक–*सं०* (पु०) अत्यधिक आनंद, बेहद खुशी

आनंदात्मक–*सं०* (वि०) = आनंदमय

आनंदानुभूति–*सं०* (स्त्री०) आनंद का एहसास

आनंदावेग–*सं०* (पु०) आनंद की प्रबलता

आनंदाश्रु–*सं०* (पु०) खुशी के आँसू, हर्षातिरेक से आँखों में आनेवाला जल

आनंदित–*सं०* (वि०) हर्षित, प्रसन्न

आनंदी–*सं०* I (पु०) सदा आनंद मनानेवाला व्यक्ति II (वि०) खुश या प्रसन्न करनेवाला

आन–*अ०* (स्त्री०) 1 गौरव की भावना 2 प्रतिज्ञा, संकल्प 3 परंपरा। ~**तान** *+हिं०* (स्त्री०) 1 आन या प्रतिष्ठा और तान या खिंचाव का भाव या विचार, ठसक 2 टेक, हठ 3 अभिमानपूर्ण और बेतुका आचरण या व्यवहार; ~**बान** *+हिं०* (स्त्री०) शान; ~**फिरना** 1 दुहाई फिरना 2 पुकार मचना; ~**फेरना** चारों तरफ़ अपनी विजय का ढिंढोरा पिटवाना

आनक–*सं०* (पु०) 1 गरजता हुआ बादल 2 एक तरह का सैनिक नगाड़ा

आनत–(वि०) 1 कुछ झुका हुआ 2 विनम्र

आनति–*सं०* (स्त्री०) 1 झुकाव 2 प्रणाम

आनद्ध–*सं०* I (वि०) 1 बँधा हुआ 2 रुका हुआ 3 ढका हुआ या मढ़ा हुआ 4 सजाया हुआ II (पु०) 1 ढोल, मृदंग 2 सजावट

आनन–*सं०* (पु०) 1 मुख, मुँह 2 चेहरा, मुखड़ा

आनन-फ़ानन–*अ०* (क्रि० वि०) 1 बात की बात में 2 अतिशीघ्र, तुरंत

आनम्य–*सं०* (वि०) 1 झुकनेवाला 2 जो झुकने योग्य हो 3 अनुकुल बनाए जाने योग्य

आनयन–*सं०* (पु०) 1 ले आना, लाना 2 उपनयन संस्कार

आनर–*अं०* सम्मान

आनरेबुल–*अं०* सम्मान योग्य

आनरेरी–*अं०* (वि०) अवैतनिक काम करनेवाला

आनर्त्त–*सं०* (पु०) 1 नृत्यशाला, नाचघर 2 युद्ध 3 जल

आनर्त्तक–*सं०* (वि०) 1 आनर्त्त संबंधी 2 नर्तक, नाचनेवाला

आना – I (पु०) मूल्य (रुपया, आना, पैसा) II किसी व्यक्ति या वस्तु का कहीं से चलकर आना, प्राप्य या वर्तमान होना, आगमन होना (जैसे-अतिथि आना, बरसात आना इत्यादि)। ~**कानी** (स्त्री०) टालमटोल; ~**जाना** 1 जन्म-मृत्यु 2 मिलना-जुलना। **आ धमकना** अचानक या सहसा आ पहुँचना; **आ पड़ना** 1 सहसा आ जाना 2 अचानक गिर पड़ना; **आ लगना** किसी स्थान या ठिकाने पर पहुँचना; **आए दिन** अक्सर, बहुधा

आनाह–*सं०* (पु०) 1 बाँधना 2 लम्बाई (वस्त्र आदि) 3 पेट फूलने का एक रोग, कब्ज़ियत

आनुकूल्य–*सं०* (पु०) अनुकूलता

आनुक्रमिक–*सं०* (वि०) 1 अनुक्रम के अनुसार होनेवाला 2 अनुक्रम से लगाया हुआ

आनुगत्य–*सं०* (पु०) 1 अनुगत होने की अवस्था 2 अनुगमन 3 घनिष्ठ परिचय

आनुग्रहिक–*सं०* (वि०) 1 अनुग्रह संबंधी 2 अनुग्रह रूप में होनेवाला

आनुतोषिक–*सं०* (पु०) कार्य या सेवा के बदले वेतन के अतिरिक्त दिया जानेवाला धन

आनुपातिक–*सं०* (वि०) अनुपात संबंधी

आनुपूर्व (वि०), **आनुपूर्वी** *सं०* (स्त्री०) आगे पीछे के क्रम से होने की क्रिया (जैसे शब्दों की आनुपूर्वी)

आनुप्रासिक–*सं०* (वि०) अनुप्रास संबंधी

आनुभविक–*सं०* (वि०) 1 अनुभव से प्राप्त होनेवाला 2 ज्ञानेंद्रियों से अनुभूत

आनुमानिक–*सं०* (वि०) अनुमान से संबंध रखनेवाला

आनुवंशिक–*सं०* 1 वंश परम्परा से प्राप्त, पुश्तैनी 2 वंशानुक्रमिक

आनुवंशिकता–(स्त्री०) 1 वंशागत परंपरा 2 आनुवंशिक होने की अवस्था या भाव 3 पूर्वजों से प्राप्त गुण। ~**विज्ञान** (पु०) वंश परम्परा संबंधी शास्त्र

आनुवंशिकी–*सं०* (स्त्री०) आनुवंशिक विज्ञान

आनुश्राविक–*सं०* (वि०) जिसे परंपरा से सुनते चले आये हों

आनुषंगिक–*सं०* (वि०) 1 आप से आप घटित होनेवाला 2 अनावश्यक रूप से साथ होनेवाला, सहवर्ती 3 गौण

आनूप–*सं०* (वि०) 1 प्रायः जल में या उसके पास रहनेवाला (जैसे-मछली, मेंढक आदि)

आनेवाला–I (वि०) आगामी II (पु०) वह जो आने को है

आप–I (सर्व०) स्वयं, स्वतः, खुद II (पु०) 1 जल 2 प्राप्ति। ~**काज** (पु०) 1 अपना काम 2 स्वार्थ; ~**काजी** (वि०) मतलबी, स्वार्थी; ~**बीती** (स्त्री०) अपना अनुभव; ~ **रूप** -*सं०* I (वि०) अपने रूप से युक्त मूर्तिमान II (सर्व०) स्वयं, आप; ~**की आप पड़ना** अपनी अपनी रक्षा या लाभ का ध्यान रखना; **अपने आपको जानना** अपने अस्तित्व को स्थापित करना; **अपने आपको भूलना** 1 बेसुध होना 2 घमंड में चूर होना; **अपने हक़ में कांटे बोना** संकट तैयार करना

आपगा–(स्त्री०) नदी

आपजात्य–*सं०* (पु०) 1 अपजाति होने का भाव 2 गुण आदि के विचार से मूल से घटकर तथा हीन होना

आपण–*सं०* (पु०) 1 बाज़ार, हाट 2 दुकान 3 हाट या बाज़ार में उगाहा जानेवाला कर

आपणिक–I *सं०*(वि०) क्रय-विक्रय से संबंध रखनेवाला (जैसे-आपणिक लेख या विधि) II (पु०) दुकानदार, विक्रेता

आपत्–*सं०* (स्त्री०) आपद्, आपत्ति

आपतन–*सं०* (पु०) 1 गिरना 2 घटित होना 3 आना या पहुँचना 4 संयोग से संबंध में आना 5-आपतन कोण (गणित-विज्ञान)

आपत्काल–*सं०* (पु०) 1 संकटकाल, विपत्तिकाल 2 बुरा समय, कुसमय। ~**सेना** (स्त्री०)

आपत्कालिक, आपत्कालीन–*सं०* (वि०) आपत्ति के समय का

आपत्ति–*सं०* (स्त्री०) 1 संकट 2 कष्ट, क्लेश, दुःख व अचानक आ गिरनेवाली विपत्ति, आफ़त, मुसीबत 3 एतराज़ (आपत्ति शब्द)। ~**कर्त्ता** (पु०) एतराज़ उठानेवाला; ~**जनक** (वि०) जिस बात पर एतराज़ किया जाए

आपद्–*सं०* (स्त्री०) = आपत्ति। ~**ग्रस्त** (वि०) संकट में फँसा हुआ

आपदा–*सं०* (स्त्री०) आपत्ति

आपद्धर्म–*सं०* (पु०) विवशता से किया जानेवाला वर्जित कर्म

आपन्न–*सं०* (वि०) विपत्ति ग्रस्त, दुःखी

आपराधिक–*सं०* (वि०) 1 अपराध में गिना जानेवाला (आपराधिक प्रक्रिया) 2 अपराध जैसे विचार, भावों से संबंध रखनेवाला 3 अपराधशील

आपराह्णिक–*सं०* (त्रि०) बाद दोपहर का

आपरेटर–*अं०* (पु०) चालक

आपरेशन–*अं०* (पु०) शल्यक्रिया, चीरफाड़। ~**रूम** (पु०) शल्य-कक्ष

आपस–*अ०* (वि०) एक दूसरे का, परस्पर (जैसे-आपस का, आपस में, आपस के लोग आदि)। ~**दारी** +*फ़ा०* (स्त्री०) परस्पर निकट संबंध भाईचारा; ~**का** (पु०) संबंधियों, मित्रों के बीच का। ~**में गिरह पड़ना** मनमुटाव होना

आपसी–(वि०) आपस में होनेवाला, पारस्परिक

आपस्तंब–*सं०* (पु०) एक शाखा प्रवर्त्तक ऋषि

आपा–I (पु०) 1 अपना अस्तित्व, अपनापा, निजत्व 2 अपनी सत्ता का ज्ञान 3 अहंकार, गर्व 4 होश II (स्त्री०) बड़ी बहन। ~**धापी** (स्त्री०) अपना स्वार्थ, लाग डाँट; ~**पंथी** (वि०) अपने मन की करनेवाला, स्वच्छंद; ~**खोना** 1 घमंड त्यागना 2 अपने को बर्बाद करना 3 मरना; ~**डालना** घमंड छोड़ देना; ~**तजना**, ~**मेटना** द्वैत भाव का त्याग; ~**दिखलाना** दर्शन देना; ~**बिसराना** 1 अपने को भूल जाना 2 सुध-बुध खो देना; ~**सँभालना** चेतना, सावधान होना; **आपे में आना या होना** 1 होश-हवास में रहना 2 मनोभावों पर संयम रखना; **आपे में न रहना, आपे से निकलना, आपे के बाहर होना** क्रोध और कामादि के कारण मन पर काबू न रख सकना, उत्तेजना में विवेक खो देना, धैर्य से अलग होना

आपात्–*सं०* (पु०) 1 गिरना 2 अचानक घटित होने की स्थिति 3 अप्रत्याशित घटना या दृश्य। ~**काल**–*सं०* (पु०) संकट काल; ~**कालीन** (वि०) = आपत्कालिक; ~**बैठक** (स्त्री०) आकस्मिक बैठक; ~**स्थिति** (स्त्री०) घोर संकट की अवस्था

आपाततः–*सं०*(क्रि० वि०) 1 अचानक 2 अंत में

आपातिक–*सं०* (त्रि०) 1 अचानक होने या घटनेवाला 2 नीचे उतरनेवाला 3 आत्ययिक, अप्रत्याशित रूप से होने वाला

आपाती–*सं०* (वि०) 1 हमला या आक्रमण करनेवाला 2 नीचे उतरनेवाला

आपाद–*सं०* (क्रि० वि०) 1 पैर से लेकर 2 पैर तक। ~**मस्तक** (क्रि० वि०) 1 पैरों से सिर तक 2 आदि से अंत तक

आपान–*सं०* (पु०) 1 शराब पीना 2 मद्यपान गोष्ठी 3 शराबख़ाना, मदिरालय

आपानक–*सं०* (पु०) 1 शराब पीनेवाला व्यक्ति, शराबी व्यक्ति 2 मद्यपान की गोष्ठी

आपीड़–*सं०* I (वि०) 1 पीड़ा देनेवाला 2 दबानेवाला II (पु०) 1 सिर पर पहनने की चीज़ 2 मुकुट मणि 3 माला

आपीड़न–*सं०* 1 दबाना 2 पीड़ा देना

आपीत–*सं०* I (वि०) हल्का पीला II (पु०) सोनामाखी

आपूरण–*सं०* (पु०) अच्छी तरह भरना, लबालब होना

आपूर्ण–*सं०* (वि०) पूर्णतः भरा हुआ

आपूर्ति–*सं०* (स्त्री०) 1 भरना 2 संतुष्टि, तृप्ति। ~**मंत्री** (पु०)

आपूष–*सं०* (पु०) 1 टीन 2 रांगा
आपृच्छा–*सं०* (स्त्री०) 1 बातचीत 2 जिज्ञासा 3 औत्सुक्य
आपेक्षिक–*सं०* (वि०) 1 अपेक्षा रखनेवाला 2 तुलनात्मक, अपेक्षाकृत 3 निर्भर रहनेवाला
आपेक्षितावाद–*सं०* (पु०) आइन्सटाइन का द्रव्यमान और ऊर्जा की पारस्परिक तुल्यता पर आधारित सिद्धांत
आप्त–I (वि०) 1 मिला हुआ 2 कुशल 3 विश्वास योग्य II (पु०) (~**पुरुष भी**) विश्वसनीय तत्वज्ञ व्यक्ति। ~**काम** (पु०) 1 सत्य का ज्ञाता और सत्यवक्ता 2 जिसकी इच्छाएँ पूर्ण हो गई हों 3 मोक्ष-प्राप्त; ~**कारी** (पु०) 1 विश्वस्त ढंग से काम करनेवाला व्यक्ति 2 गुप्तचर; ~**गर्व** (वि०) घमंडी; ~**पुरुष** (पु०) = आप्त II ~**वचन** ~**वाक्य** (पु०) (ऋषि मुनियों का) प्रामाणिक वचन;
आप्ति–*सं०* (स्त्री०) 1 प्राप्ति 2 संबंध 3 संयोग
आप्यायन–*सं०* (पु०) 1 प्राप्त होना 2 तृप्त करना 3 प्रसन्नता 4 वृद्धिकारक औषधि
आप्यायित–*सं०* (वि०) 1 तृप्त 2 प्रसन्न 3 वर्द्धित 4 बलवान्, ताक़तवर 5 मोटा ताजा
आप्रच्छन–*सं०* (वि०) 1 स्वागत करना 2 मिलन समय कुशल-प्रश्न
आप्रच्छन्न–*सं०* (पु०) 1 छिपा हुआ 2 रहस्यपूर्ण
आप्रवास, आप्रवासन–*सं०* (पु०) अन्य देश में जाकर बसना
आप्रवासी–*सं०* (पु०) किसी देश में आकर बस जानेवाला व्यक्ति
आप्लावन–*सं०* (पु०) 1स्नान 2 सिंचन 3 पानी से तर होना 4 बाढ़
आप्लावित, आप्लुत–*सं०* (वि०) 1 डुबाया हुआ 2 सिक्त 3 नहाया हुआ, स्नात
आफ़त–*अ०* (स्त्री०) संकट, दुःख, क्लेश। ~**उठाना** ऊधम मचाना; ~**का टुकड़ा,** ~**का परकाला** 1 बहुत तेज़, धूर्त आदमी 2 तूफानी; ~**मारा** संकटग्रस्त, दुर्दैव पीड़ित; ~**ढाना** 1 उपद्रव मचाना, कष्ट पहुँचाना 2 अनहोनी बात कहना; ~**मचाना** शोरगुल करना, बहुत उतावली करना; ~**मोल लेना,** ~**सिर पर लेना** संकट लेना, संकट को न्यौता देना
आफ़ताब–*फ़ा०* (पु०) 1 सूरज, सूर्य 2 कड़ी धूप। ~**ज़दा** (वि०) धूप का जला हुआ; ~**आफ़ताबी** I (वि०) सूर्य संबंधी II (स्त्री०) 1 आतिशबाजी 2 ज़री के काम का पंखा जिस पर सूर्य का चित्र बना होता है; ~**रू** (वि०) जिसका मुख सूर्य की ओर हो
आफ़ताबा–*फ़ा०* (पु०) हाथ मुँह धुलाने का गडुआ, टोटीदार बधना
आफ़रीन–*फ़ा०* (अ०) वाह, बहुत अच्छा किया, धन्य हो, शाबाश
आफ़सेट–*अं०* (पु०) 1 अनुचित्रण 2 फिल्म द्वारा मुद्रण की विधि। ~**प्रिंटिंग** (स्त्री०) अनुचित्र मुद्रण
आफ़ियत–*अ०* (स्त्री०) कुशल मंगल, ख़ैरियत
आफ़िस–*अं०* (पु०) कार्यालय, दफ़्तर। ~**कर्मचारी,** ~**कार्यकर्त्ता** *+सं०* (पु०) कार्यालय में काम करनेवाला व्यक्ति
आफिसर–*अं०* (पु०) अधिकारी, अफ़सर, प्रधान

आफू–(स्त्री०) अफ़ीम
आबंध–*सं०* (पु०) 1 बंधन 2 गाँठ 3 प्रेम
आबंधक–*सं०* (वि०) बाँधने या गाँठ लगाने वाला। ~**अधिकारी** (पु०) भूमि का कर या राजस्व निश्चित करनेवाला अधिकारी
आब–I *फ़ा०* (पु०) 1 पानी, जल 2 शराब 3 अर्क II (स्त्री०) 1 शोभा 2 चमक, कांति। ~**कार** *+हिं०* (पु०) शराब बनानेवाला या बेचनेवाला; ~**कारी** *हिं०* (स्त्री०) 1 शराब का कारखाना 2 शराब खींचना, मद्य व्यवसाय; ~**कारी विभाग** (पु०) मादक द्रव्यों से संबंधित विभाग; ~**ख़ाना** *+हिं०* (पु०) मदिरालय; ~**ख़ुर्दा** (वि०) सील खाया हुआ; ~**ख़ोरा** (पु०) मिट्टी का गिलास जो मुँह पर सकरा हो; ~**गीना** (पु०) 1 शीशा 2 स्फटिक; ~**गीर** (पु०) 1 गढ़ा 2 तालाब; ~**गुल** (पु०) गुलाब का अर्क़; ~**जोश** (पु०) यख़नी, शोरबा; ~ **ताब** (स्त्री०) 1 चमक 2 शोभा; ~**दस्त** (पु०) 1 सौंचना 2 आबदस्त का पानी; ~**दाना** (पु०) 1 दाना-पानी 2 किस्मत; ~**दार** I (वि०) 1 चमकदार 2 धारदार II (पु०) 1 नौकर 2 तोप में सुंबा और पानी देनेवाला व्यक्ति 3 स्वाभिमानी; ~**दारी** (स्त्री०) 1 आबदार होने की अवस्था 2 पानी रखने की नौकरी; ~**दीदा** (वि०) रोआँसा; ~**दोज़** (वि०) पानी में डूबकर, पानी के भीतर चलनेवाली (पनडुब्बी); ~**पाशी** (स्त्री०) सिंचाई; ~**रंग** (पु०) चित्रकारी में पानी रंग ~**रवां** I (पु०) बहता हुआ पानी II (स्त्री०) बढ़िया, महीन मलमल; ~**रू** (स्त्री०) इज़्ज़त, मान, प्रतिष्ठा; ~ **शिनास** (पु०) पानी की गहराई नापनेवाला जहाज़ी कर्मचारी; ~**हवा** (स्त्री०) जलवायु; ~**दाना उठना** स्थान विशेष में जीविका का उपाय न रह जाना; **चढ़ाना शोभा युक्त करना;** ~**रू उतारना बेइज़्ज़त करना;** ~**रू खाक में खोना या खाक में मिलाना;** ~**रू गँवाना**
आबद्ध–*सं०* I (वि०) 1 बँधा हुआ 2 बाधित 3 जकड़ा हुआ II (पु०) दृढ़ बंधन
आबनूस–*फ़ा०* (पु०) तेंदू नामक एक जंगली पेड़
आबनूसी–*फ़ा०* (वि०) आबनूस का
आबला–*फ़ा०* (पु०) छाला, फफोला
आबल्य–*सं०* (पु०) निर्बलता, कमजोरी
आबाद–*फ़ा०* (वि०) 1 बसा हुआ, बस्तीवाला 2 संपन्न, खुशहाल 3 फलता फूलता। ~**कार** (पु०) 1 जंगल 2 आबाद होनेवाले कृषक; ~**करना** 1 बसाना 2 कृषि योग्य बनाना
आबादान–*फ़ा०* (वि०) = आबाद
आबादानी, आबादी–*फ़ा०* (स्त्री०) 1 आबाद जगह 2 जनसंख्या 3 बहुतायत 4 आमोद-प्रमोद 5 सभ्यता, संस्कृति
आबाल–*सं०* (क्रि० वि०) बाल्यावस्था से, लड़कपन से। ~**वृद्ध** (क्रि वि०) बच्चों से लेकर बूढ़ों तक सब
आबी–*फ़ा०* I (वि०) 1 जल का 2 जल में रहने या होने वाला II (पु०) एक प्रकार का अंगूर
आबेसुर्ख़–*फ़ा०* (पु०) शराब
आबोताब–*फ़ा०* (स्त्री०) 1 तेज़ी 2 चमक-दमक
आबोदाना–*फ़ा०* (पु०) = आब दाना

आबोहवा–*फ़ा॰* (स्त्री॰) = आब हवा
आब्दिक–*सं॰* (वि॰) प्रतिवर्ष होनेवाला, वार्षिक, सालाना
आभरण–*सं॰* (पु॰) 1 गहना, आभूषण 2 भरण पोषण
आभरित–*सं॰* (वि॰) 1 आभूषण युक्त 2 पाला पोसा हुआ 3 जिसका भरण पोषण हुआ हो
आभा–*सं॰* (स्त्री॰) 1 शोभा 2कांति, चमक 3 रंगत 4 प्रतिबिंब
आभार–(पु॰) 1 भार, बोझा 2 कृतज्ञता 3 उत्तरदायित्व
आभारी–*सं॰* (वि॰) कृतज्ञ
आभाष–*सं॰* (पु॰) 1 कहना, बोलना 2 संबोधन 3 भूमिका
आभाषण–*सं॰* (पु॰) 1 बातचीत करना 2 संबोधन
आभास–*सं॰* (पु॰) 1 चमक, दीप्ति 2 कांति, शोभा 3 भ्रम छाया, प्रतिबिंब 4 झलक 5 मिथ्या प्रतीति। ~**वाद** (पु॰) यह मान्यता कि सृष्टि छाया मात्र है
आभासन्–*सं॰* (पु॰) 1 आलोकित करना 2 स्पष्ट करना
आभासमान, आभासित–*सं॰* (वि॰) 1 आलोकित किया हुआ 2 साफ़ दिखाई दिया
आभिजात्य–I *सं॰*(पु॰) कुलीनता II (वि॰) ऊँचे कुल के योग्य
आभिधा–*सं॰* (स्त्री॰) 1 ध्वनि, शब्द 2 उल्लेख 3 नाम
आभिधानिक–I *सं॰* (वि॰) शब्दकोश संबंधी II (पु॰) कोशकार
आभीर–*सं॰* (पु॰) 1 अहीर, गोप, ग्वाला 2 एक राग
आभीरी–*सं॰* (स्त्री॰) 1 अहीरिन 2 अहीरों की बोली
आभील–I *सं॰* (पु॰) 1 शारीरिक कष्ट 2 दुःख 3 दुर्भाग्य II (वि॰) भयानक
आभूषण–*सं॰* (पु॰) = आभरण
आभूषित–*सं॰* (वि॰) अलंकृत, शोभित
आभृत–*सं॰* (वि॰) 1 भरा हुआ 2 जकड़ा हुआ 3 उत्पादित 4 पास लाया हुआ
आभोग–*सं॰* (पु॰) भोग
आभ्यंतर, आभ्यंतरिक–*सं॰* (वि॰) अंदर होनेवाला, अंदरी, भीतरी
आभ्यासिक–*सं॰* (वि॰) अभ्यास संबंधी
आभ्युदयिक–I *सं॰* (वि॰) 1 उन्नत करनेवाला 2 अभ्युदय साधक 3 उन्नत II (पु॰) पुत्रजन्म, विवाह आदि अवसर पर किया जानेवाला श्राद्ध
आमंत्रण–*सं॰* (पु॰) 1 बुलाना, पुकारना 2 न्यौता, निमंत्रण 3 अनुमति 4 सलाह मशवरा, विचार-विमर्श
आमंत्रित–I *सं॰* (वि॰) निमंत्रित , बुलाया हुआ II (पु॰) बुलाना, निमंत्रण देना
आम–*सं॰* I (वि॰) 1 कच्चा, अनपका 2 न पचा हुआ II (पु॰) कच्चा होने की अवस्था 2 अपक्व 3 रोग 4 अजीर्ण। ~**वात** (पु॰) 1 जोड़ों का दर्द 2 आँव रोग; ~**शूल** (पु॰) 1 भयंकर दर्द 2 आँव के कारण पेट मरोड़ने का रोग
आम–*अ॰* (वि॰) 1 साधारण, सामान्य 2 प्रसिद्ध 3 व्यापक। ~**तौर पर** (क्रि॰ वि॰) सामान्यतः, साधारणतया; ~**दरबार** (पु॰) खुला दरबार जिसमें सभी लोग जा सकते हैं; ~**फ़हम** (वि॰) जो सबकी समझ में आ जाए, सुबोध; ~**फ़हमियत** (स्त्री॰) ~**राय** (स्त्री॰) लोकमत; ~**लोग** (पु॰) जन साधारण
आम–(पु॰) 1 एक प्रसिद्ध फल और उसका पेड़, आम्र 2 रसाल 1 (जैसे टपके का ~) **पाल का** ~ (पु॰) भूसे आदि में पकने के लिए रखे गए आम; ~**के आम गुठली के दाम** (पु॰) दोहरा लाभ; ~**खाने से काम या पेड़ गिनने से** काम करो निरर्थक प्रश्न से मतलब
आमद–*फ़ा॰* (स्त्री॰) 1 आगमन, अवाई, आना 2 आमदनी, आय। ~**ख़र्च** (पु॰) आय-व्यय; ~**रफ़्‍त** (पु॰) आना-जाना; **ऊपर की**~ अतिरिक्त आमदनी
आमदनी–*फ़ा॰* (स्त्री॰) 1 आय 2 प्राप्ति 3 नफ़ा, लाभ। ~**और ख़र्च** (पु॰) आय और व्यय; ~**का साधन** (पु॰) आमदनी का ज़रिया; **आमदरफ़्‍तनी** आना-जाना
आमन–(पु॰) 1 अगहनी धान 2 एक ही फ़सल देनेवाला खेत
आमनस्य–*सं॰* (पु॰) 1 दुःख 2 दर्द
आमना-सामना–(पु॰) 1 सामना 2 भेंट
आमनी–(स्त्री॰) = आमन
आमने सामने–(क्रि॰ वि॰) इधर-उधर
आमरक्तातिसार–*सं॰* (पु॰) = आमातिसार
आमरण–*सं॰* (क्रि॰ वि॰) मरते समय तक, मरण काल तक
आमर्दन–*सं॰* (पु॰) 1 मसलना, रगड़ना 2 दबाना 3 निचोड़ना
आमर्ष–*सं॰* (पु॰) असहनशीलता
आमलक–*सं॰* (पु॰) आँवला
आमलेट–*अं॰* (पु॰) फेंटे हुए अंडे का पकवान
आमाजीर्ण–*सं॰* (पु॰) आँव के साथ अनपच
आमातिसार–*सं॰* (पु॰) आँव, पेचिश
आमादगी–*फ़ा॰* (स्त्री॰) तैयार होना, तत्परता
आमादा–*फ़ा॰* (वि॰) तैयार, तत्पर, उद्यत
आमानाह–*सं॰* (पु॰) *चि॰* आँव के कारण पेट फूलना
आमान्न–*सं॰* (पु॰) 1 कच्चा अन्न 2 कच्चा चावल
आमाल–*अ॰* (पु॰) 1 अच्छे और बुरे काम 2 अनुचित एवं निंदनीय कर्म 3 करतूत, करनी।
आमाशय–*सं॰* (पु॰) पेट में भोजन एकत्र होने और पकने की थैली, मेदा
आमाशयार्ति–*सं॰* (स्त्री॰) मेदे का दर्द
आमाहल्दी–(स्त्री॰) एक औषधि आँबा हल्दी
आमिक्षा–*सं॰* (स्त्री॰) फटे दूध का ठोस भाग, छेना
आमिल–I *अ॰* (वि॰) 1 अमल या प्रयोग करनेवाला 2 ठीक तरह से काम करनेवाला II (पु॰) 1 फकीर 2 प्रधान
आमिष–*सं॰* (पु॰) 1 मांस 2 शिकार 3 भोग्य वस्तु 4 पशुओं का चारा 5 कामना, भोगेच्छा 6 लालच, लोभ। ~**प्रिय** I (वि॰) जिसे मांस प्रिय हो II मांसभक्षी पक्षी; ~**भोजी, आमिषाशी** (वि॰) मांसभक्षी, मांसाहारी
आमीं–*अ॰* (अ॰) = आमीन
आमी (स्त्री॰) छोटा आम, अँबिया
आमीन–*अ॰* (क्रि॰ वि॰) ईश्वर ऐसा करे, एवमस्तु, तथास्तु
आमीलन–*सं॰* (पु॰) बंद करना, मूँदना
आमुक्ति–*सं॰* (स्त्री॰) 1 छुटकारा, मुक्ति 2 मोक्ष
आमुख–*सं॰* (पु॰) 1 आरंभ 2 प्रस्तावना 3 भूमिका
आमुष्मिक–I *सं॰*(वि॰) दूसरे लोक से संबंध रखनेवाला II (पु॰) दूसरे लोक का निवासी
आमूल–*सं॰* (अ॰) 1 आरंभ से (~सुधारवाद) 2 सब।

~चूल (वि०) एड़ी से चोटी तक
आमेज़–*फ़ा०* (वि०) 1 मिलने वाला 2 मिलाने वाला 3 मिला हुआ, मिश्रित 4 मिला हुआ (जैसे ख़ाक~)
आमेज़िश–*फ़ा०* (स्त्री०) मिलावट
आमोख़्ता–*फ़ा०* (पु०) पढ़े हुऐ पाठ को दोहराना
आमोटित–*सं०* (वि०) मोड़ा-तोड़ा हुआ
आमोद–*सं०* (पु०) 1 खुशी, प्रसन्नता 2 महक, सुगंधि। ~**आलाप** (पु०) हर्ष प्रकट करने का भाव; ~**प्रमोद** (पु०) सुख चैन, भोग विलास
आमोदित, आमोदी–*सं०* (वि०) 1 प्रसन्न 2 आनंदित 3 सुवासित, खुशबूदार
आम्नात–*सं०* 1 कहा हुआ 2 विचारित 3 याद किया हुआ 4 उल्लिखित
आम्नाय–*सं०* (पु०) 1 पवित्र प्रथा या रीति 2 वेदाभ्यास 3 वेद, श्रुति
आम्र–*सं०* (पु०) = आम (फल एवं पेड़)। ~**मंजरी** *सं०* (स्त्री०) आम के बौर का गुच्छा
आम्ल–*सं०* (पु०) 1 खट्टापन 2 इमली
आम्लिका–*सं०* (स्त्री०) 1 खट्टा स्वाद एवं डकार 2 इमली
आयँती-पायँती (स्त्री०) सिरहाना-पायताना
आयंदा–*फ़ा०* (क्रि० वि०) = आइंदा
आय–*सं०* (स्त्री०) 1 आमदनी 2 लाभ। ~**कर** (पु०) इनकम टैक्स; ~**व्यय** (पु०) आमद खर्च; ~**व्ययक** (पु०) आय और व्यय का लेखा-जोखा; ~ **व्यय निरीक्षक** (पु०), ~**व्यय निरीक्षण** (पु०), ~**व्यय पत्रक**, ~**व्ययफलक** (पु०) ~**व्ययिक** (पु०) = आय व्ययक; ~**स्रोत** (पु०) आय का जरिया
आयत–I *सं०*(वि०) 1 लंबा 2 विस्तृत 3 विशाल II (पु०) समकोण चतुर्भुज *ग०*
आयत–*अ०* (स्त्री०) 1 कुरान का वाक्य 2 निशान
आयतन–*सं०* (पु०) 1 लम्बाई-चौड़ाई-उँचाई आदि 2 मकान 3 मंदिर। ~**मापी**
आयताकार–*सं०* (वि०) आयत सी आकृतिवाला
आयति–*सं०* (स्त्री०) 1 आयतन, विस्तार 2 भविष्य काल 3 सम्मान
आयत्त–*सं०* (वि०) 1 अधीन 2 आश्रित
आयत्ति–*सं०* (स्त्री०) 1 अधीनता 2 दूसरे पर अवलंबित होना
आयद–*अ०* (वि०) 1 लौटनेवाला 2 घटित, लागू (जैसे-जुर्म~ होना)
आयन–*अं०* (पु०) विद्युतीकृत परमाणु
आयनीकरण–*अं०* +*सं०* (पु०) आयोनी बनाना
आयरन–*अं०* (पु०) लोहा। ~**फाउंडरी** (स्त्री०) लोहा ढालने का कारख़ाना
आयरिश–*अं०* (वि०/पु०) आयरलैंड का (निवासी), आयरलैंड की भाषा
आयल–*अं०* (पु०) तेल। ~**कंपनी** (स्त्री०) तेल कंपनी; ~**इंजन** तेल इंजन
आयस–*सं०* (पु०) 1 लोहा 2 लोहे का कवच 3 हथियार
आयसी–I *सं०*(पु०) कवच II (वि०) लोहे का बना हुआ
आया–*फ़ा०* (क्रि० वि०) प्रश्नवाचक 'क्या'
आया–(स्त्री०) बच्चे को दूध पिलानेवाली दाई, धात्री, धाय
आया-गया अचानक आकर चले जानेवाला व्यक्ति, अजनबी का आकर चला जाना। ~**करना** उपेक्ष्य एवं तुच्छ समझकर छोड़ देना
आयाचन–*सं०* (पु०) 1 हठपूर्वक कुछ कहना 2 माँगना
आयाचित–I *सं०* (वि०) 1 माँगा हुआ 2 प्रार्थित II (पु०) प्रार्थना
आयात–I *सं०* (वि०) आया हुआ, आगत II (पु०) 1 माल। आना या माल मँगाना 2 विदेश से आया हुआ माल। ~**कर** (पु०) विदेश से आनेवाले माल पर लगनेवाला शुल्क, टैक्स; ~**कर्त्ता** (पु०) = आयातक; ~**निर्यात** (पु०) सामान मँगाना और भेजना; ~**निर्यात संतुलन** (पु०)
आयातक–*सं०* (पु०) माल आयात करनेवाला
आयातित–*सं०* बाहर से मँगाया हुआ
आयाम (पु०) अधिकतम सीमा, विस्तार, विस्तीर्णता
आयामन–*सं०* (पु०) 1 खींचना, तानना, फ़ैलाना 2 नियम में बाँधना 3 नियंत्रण करना
आयामी–(वि०) लंबा-चौड़ा
आयास–*सं०* (पु०) 1 प्रयत्न 2 श्रम 3 थकावट
आयासी–*सं०* (वि०) 1 प्रयत्न करनेवाला 2 थका हुआ
आयु–*सं०* (स्त्री०) 1 उम्र, अवस्था 2 जीवनकाल। ~**सीमा** (स्त्री०) अधिकतम आयु; ~**खुटाना** मृत्यु पास आना, आयु का समाप्त होना
आयुक्त–I *सं०* (वि०) 1 संयुक्त 2 नियुक्त II (पु०) 1 अभिकर्त्ता 2 कमिश्नर
आयुत–*सं०* (वि०) मिलाया हुआ
आयुध–*सं०* (पु०) 1 हथियार 2 आभूषण बनाने के काम में आनेवाला सोना। ~**उद्योग**–*सं०* (पु०) अस्त्र शस्त्र उद्योग; ~**घर** +*हिं०* (पु०) = आयुधागार; ~**जीवी** I (पु०) सिपाही, योद्धा II (वि०) अस्त्र से जीविका करनेवाला; ~**विधान** (पु०) हथियार रखने के नियम एवं कानून
आयुधक, आयुधकार–I *सं०* (वि०) हथियार धारण करनेवाला II (पु०) सैनिक, सिपाही, योद्धा
आयुधागार–*सं०* (पु०) हथियार रखने का स्थान, शस्त्रागार, आयुधशाला
आयुधीय–*सं०* (वि०) शस्त्र का
आयुर्विज्ञान, आयुर्वेद –*सं०* (पु०) भारतीय चिकित्सा शास्त्र
आयुर्वेदाचार्य–*सं०* (पु०) आयुर्वेद का आचार्य
आयुर्वेदी–*सं०* (पु०) = आयुर्वेदाचार्य
आयुर्वेदीय–*सं०* (वि०) आयुर्विज्ञान संबंधी, आयुर्वेद का
आयुर्वैदिक–I *सं०* (वि०) आयुर्वेद संबंधी II (पु०) आयुर्वेद का ज्ञाता
आयुष्कर–*सं०* (वि०) आयु बढ़ानेवाला
आयुष्मान–(वि०) दीर्घायु, चिरंजीवी
आयुष्य–*सं०* (पु०) उम्र, आयु
आयोग–*सं०* (पु०) 1 नियुक्ति 2 कमीशन 3 काम देना
आयोजक–*सं०* (वि०) आयोजन करनेवाला
आयोजन, आयोजना–*सं०* (पु०) 1 समारोह जुटाना 2 जोड़ना 3 प्रबंध 4 तैयारी;

आयोजित–*सं०* (वि०) 1 जिसे जोड़ा गया हो 2 आयोजन किया हुआ 3 संगृहीत, 4 संबद्ध किया हुआ
आयोधन–*सं०* 1 युद्ध 2 युद्धभूमि 3 वध
आरंभ–*सं०* (पु०) 1 शुरू करना, श्री गणेश करना 2 प्राथमिक अवस्था 3 शुरू का हिस्सा 4 व्यायाम। ~**कर्त्ता** (पु०) शुरू करने वाला व्यक्ति; ~**काल** (पु०) शुरू का समय; ~**वाद** (पु०) इस सिद्धांत के अनुसार सृष्टि रचना का आरंभ ईश्वरीय इच्छा से हुआ है; ~**बिंदु** (पु०) शुरू का चिह्न; ~**शूर** (पु०) वह जो काम को आरंभ करने में ही होशियार हो
आरंभक–*सं०* (वि०) = आरंभकर्त्ता
आरंभिक–*सं०* (वि०) 1 शुरू का 2 शुरू में होनेवाला
आरंभी–*सं०* (वि०) 1 आरंभ करनेवाला 2 नये सिरे से जोखिम भरा कार्य करनेवाला
आर–I (पु०) 1 खान से निकला हुआ अशुद्ध लोहा 2 पीतल 3 पहिये का आरा II (स्त्री०) ज़िद, हठ। ~**पड़ना** जिद करना; ~**पार** (क्रि० वि०) इस सिरे से उस सिरे तक
आर –*सं०* (पु०) बर्रे, बिच्छू आदि का डंक
आर–*अ०* (स्त्री०) 1 लज्जा, शर्म 2 बैर, शत्रुता
आरकेस्ट्रा–*अं०* (पु०) सामूहिक रूप से बाजा बजानेवालों के बैठने का स्थान
आरक्त–*सं०* हल्का लाल
आरक्योलॉजिकल–*अं०* (वि०) पुरातात्विक, पुरातत्व संबंधी
आरक्योलॉजिस्ट–*अं०* (पु०) पुरातत्वविज्ञानी, पुरातत्ववेत्ता
आरक्योलॉजी–*अं०* पुरातत्व
आरक्षक–*सं०* (पु०) पहरेदार, प्रहरी। ~**बल** (पु०) पहरेदारों की टुकड़ी
आरक्षण–*सं०* रिज़र्व कराना
आरक्षिक–*सं०* (वि०) = आरक्षक
आरक्षित–*सं०* (वि०) रक्षा किया हुआ
आरक्षी–*सं०* (वि०) पुलिस सिपाही। ~**त्वरित दल** (पु०) पुलिस स्कवॉड
आर्गनाइज़र–*अं०* (पु०) संगठन-कर्ता
आरज़ा–*अं०* (पु०) बीमारी, रोग
आरज़ी–*अ०* (वि०) 1 आरोपित, कल्पित 2 अस्थायी (जैसे-~**समझौता**)
आरज़ू–*फ़ा०* (स्त्री०) इच्छा, कामना, अभिलाषा। ~**मंद** (वि०) इच्छुक, कामी, अभिलाषी; ~**मिन्नत** +*अ०* (स्त्री०) खुशामद; ~**ख़ाक में मिलाना** इच्छाओं पर पानी फेर देना
आरण्य, आरण्यक –*सं०* I (वि०) जंगली II (पु०) वन का निवासी
आरती–*सं०* (स्त्री०) धूप-दीप से पूजा। ~**करना** या **उतारना** अभिनंदन करना
आरभट–(पु०) साहसी, वीर
आरमण–*सं०* (पु०) 1 आनंद लेना 2 रमण करना
आरव–*सं०* (पु०) तीव्रध्वनि, नाद
आरसी–(स्त्री०) अँगूठे का शीशा, दर्पण, आईना
आरस्य–*सं०* (पु०) नीरसता, स्वादहीनता
आरा–(पु०) 1 लकड़ी चीरने का एक दाँतीदार औज़ार 2 चमड़ा सीने का सूजा। ~**मिल** + *अं०* (स्त्री०)
आराइश–*फ़ा०* (स्त्री०) सजावट, श्रृंगार
आराइशी–*फ़ा०* (वि०) सजावट के काम में आनेवाला
आराकश–*हिं० + फ़ा०* (पु०) आरा चलानेवाला, उपासक
आराज़ी–*अ०* 1 भूमि, ज़मीन 2 खेत
आराति–*सं०* (पु०) शत्रु, दुश्मन
आराधक–*सं०* (वि०) आराधना करनेवाला
आराधन–*सं०* (पु०) आराधना करना
आराधनीय, आराध्य–*सं०* (वि०) आराधना के योग्य, पूज्य
आराम–*सं०* (पु०) 1 सुख, प्रसन्नता 2 उपवन, बगीचा
आराम–*फ़ा०* (पु०) 1 सुख 2 चैन 3 विश्राम। ~**कुरसी** + *अ०* (स्त्री०) आरान करने की लंबी कुरसी; ~**गाह,** ~**घर** + *हिं०* (पु०) सोने का कमरा, शयनागार; ~**चैन** + *हिं०* (पु०) सुख और शांति; ~**तलब** + *अ०* (वि०) 1 सुख चाहनेवाला 2 आलसी; ~**तलबी** + *अ०* (स्त्री०) आराम तलब होने का भाव; ~**दान** (पु०) 1 पानदान 2 सिंगारदान; ~**दायक** + *सं०,* ~**देह** (वि०) आराम देनेवाला; ~**पसंद** (वि०) = आरामतलब; ~**पसंदी** (स्त्री०) = आरामतलबी; ~**पाई** + *हिं०* (स्त्री०) हल्का जूता; ~**करना** 1 सोना 2 चंगा कर देना; ~**फरमाना** आराम करना; ~**से गुज़रना** चैन से दिन काटना; ~**होना** चंगा होना
आरामिक–*सं०* (पु०) माली, बाग़वान
आरालिक–*सं०* (पु०) रसोइया, पाचक
आरास्ता–*फ़ा०* (वि०) सुसज्जित, सजाया हुआ
आरिज़ा–*अ०* (पु०) 1 रोग, बीमारी 2 क्लेश, दुःख
आरिफ़–*अ०* (पु०) ईश्वर को जाननेवाला, भक्त
आरिफ़ाना–*अ० + फ़ा०* भक्तोचित
आरियत–*अ०* (स्त्री०) उधार, मँगनी
आरियतन–*अ०* (क्रि० वि०) उधार के रूप में
आरियती–*अ०* (वि०) उधार ली हुई
आरी–(स्त्री०) 1 लकड़ी, लोहा आदि चीरने का दाँतीदार औज़ार 2 चमड़ा सीने का सूजा 3 पैने की नोक में खुँसी कील 4 बबुरी 5 किनारा
आरी–*अ०* (वि०) 1 दीन 2 लाचार
आरूढ़–*सं०* (वि०) 1 चढ़ा हुआ, सवार 2 आसीन 3 दृढ़ 4 तत्पर
आरेख–(पु०) खाका, डायग्राम
आरोग्य–*सं०* (पु०) रोग का अभाव, स्वस्थता। ~**आश्रम** (पु०) = आरोग्य सदन; ~**कारी** (वि०) स्वस्थ रखनेवाली; ~**प्रमाण-पत्र** (पु०) स्वस्थ होने का सर्टिफ़िकेट; ~**लाभ** (पु०) स्वास्थ्य लाभ; ~**शाला** (स्त्री०) = आरोग्य सदन; ~**शास्त्र** (पु०) आयुर्वेद; ~**सदन** (पु०) अस्पताल, चिकित्सालय; ~**स्नान** (पु०) रोग मुक्ति के बाद का नहान
आरोग्यालय–*सं०* (पु०) = आरोग्य सदन
आरोचक–*सं०* (वि०) प्रकाशमान्, चमकीला
आरोप–*सं०* 1 दोष-संस्थापन 2 किसी वस्तु पर अन्य वस्तु की कल्पना करना 3 ऊपर से लाकर लगाना। ~**पत्र** (पु०) ऐसा पत्र जिस पर आरोपों (दोषों) का विवरण लिखा हो; ~**प्रत्यारोप** (पु०) इल्ज़ाम और फिर इल्ज़ाम के जवाब में इल्ज़ाम; ~**फलक** (पु०) = आरोप पत्र
आरोपक–*सं०* (वि०) दोष लगानेवाला
आरोपण–*सं०* (पु०) 1 दोष लगाना 2 संस्थापन 3 एक वस्तु में

अन्य धर्म की कल्पना 4 मिथ्या कल्पना 5 भ्रम

आरोपित–*सं०* (वि०) 1 दोष लगाया हुआ 2 स्थापित किया हुआ 3 रोपा हुआ

आरोह–*सं०* (पु०) 1 आरोहण 2 ऊँचे स्वर से उच्चारण। **~अवरोह** (पु०) उतार-चढ़ाव

आरोहण–*सं०* (पु०) 1 चढ़ना 2 सवार होना 3 चढ़ाई 4 ऊँचाई

आरोहावरोह–*सं०* (पु०) = आरोह-अवरोह

आरोही–I *सं०* (वि०) 1 चढ़ने वाला 2 सवार II (पु०) ऊपर जानेवाला स्वर या स्वरों का क्रम (संगीत)

आर्क–*सं०* (वि०) सूर्य से संबंध रखनेवाला

आर्क–*अं०* (स्त्री०) ज्यामिति में लगाया जानेवाला चाप

आर्कबिशप–*अं०* (पु०) सर्वोच्च बिशप

आर्किटेक्चर–*अं०* (पु०) स्थापत्य, वास्तुकला

आर्केस्ट्रा–*अं०* (पु०) = आरकेस्ट्रा

आर्गन–*अं०* (पु०) 1 मुखपत्र 2 फूँक से बजाया जानेवाला एक बाजा

आर्गेनिक–*अं०* (वि०) जैविक

आर्घा–*सं०* (स्त्री०) पीले रंग की मधुमक्खी

आर्जव–*सं०* (पु०) 1 सीधापन 2 सरलता 3 साधुता, निष्कपटता

आर्ट–*अं०* (पु०) 1 कला 2 शिल्प। **~डाइरेक्टर** (पु०) कला निदेशक; **~पेपर** (पु०) रोग़नी काग़ज

आर्टिकल–*अं०* (पु०) 1 अनुच्छेद 2 धारा 3 शर्तें

आर्टिस्ट–*अं०* (पु०) कलाकार

आर्डनेंस–*अं०* (पु०) 1 गोला-बारूद 2 तोपखाना

आर्डर–*अं०* (पु०) आदेश, आज्ञा। **~बुक** *अं०* (स्त्री०) आदेश-पंजी

आर्डिनरी–*अं०* (वि०) साधारण

आर्डिनेंस–*अं०* (पु०) अध्यादेश

आर्त्त–*सं०* (वि०) 1 दुःखी 2 अस्वस्थ। **~ध्वनि** (स्त्री०) **~नाद**, **~स्वर** (पु०) दर्दभरी पुकार, गुहार

आर्त्तव–I *सं०* (वि०) 1 ऋतु संबंधी 2 ऋतु में उत्पन्न II (पु०) स्त्री० रज, मासिक धर्म

आर्त्ति–*सं०* (स्त्री०) 1 क्लेश, दुःख 2 रोग 3 मनोव्यथा

आर्थिक–*सं०* (वि०) अर्थ संबंधी, रुपये-पैसे का (जैसे ~संकट, लाभ)

आर्थी–*सं०* (वि०) शब्दार्थ से संबंधित। **~व्यंजना** (स्त्री०) अभिव्यक्ति जिसमें अपना अभिप्राय चेष्टा, व्यंग्य, काकु आदि द्वारा प्रकट होता है

आर्द्ध–*सं०* (वि०) आधा (जैसे - आर्द्धमासिक)

आर्द्र–*सं०* (वि०) 1 गीला, तरल, नम 2 द्रवित 3 लथपथ। **~ता** आर्द्र होने की अवस्था; **~मापी** (पु०) तरलता नापने का यंत्र

आर्द्रा–*सं०* 1 आषाढ़ माह का एक नक्षत्र जिसमें वर्षा एवं खेती का आरंभ होना उत्तम माना गया है 2 आदी, अदरक

आर्म्ड–*अं०* सशस्त्र

आर्मिस्टिस–*अं०* (पु०) युद्धविराम

आर्मी–*अं०* (स्त्री०) सैनिक, योद्धा। **~कोर** (पु०) सैनिक टुकड़ी

आर्मेचर–*अं०* (पु०) कवच

आर्मेडा–*अं०* (पु०) सैन्य जलपोत समूह

आर्मेनियन–*अं०* (वि०) = आर्मीनियन

आर्य–I *सं०* (वि०) 1 उत्तम, श्रेष्ठ 2 पूज्य, मान्य 3 कुलीन 4 उपयुक्त, योग्य II (पु०) 1 प्रतिष्ठित व्यक्ति 2 धर्म एवं नियमों के प्रति निष्ठावान व्यक्ति 3 अनार्यों एवं शूद्रों से भिन्न एक सभ्य जाति 4 आचार्य, गुरु, पति आदि सम्माननीय व्यक्ति के लिए प्रयोग किया जानेवाला संबोधन। **~धर्म** (पु०) 1 सदाचार, उत्तम आचरण 2 हिंदू धर्म; **~पुत्र** (पु०) 1 आदरणीय व्यक्ति का पुत्र, 2 राजकुमार, पति आदि के लिए संबोधन; **~ सत्य –** (पु०) बौद्ध धर्म का मूल सत्य; **~समाज** (पु०) हिंदुओं का एक संप्रदाय जो मूर्तिपूजा (पु०) पुराणों आदि का खंडन कर मूल वैदिक धर्म का पोषण करता है; **~समाजी** I (पु०) आर्य समाज का अनुयायी II (वि०) आर्य समाज संबंधी

आर्यावर्त्त–*सं०* (पु०) 1 भारत का मध्य देश 2 भारत

आर्येतर–*सं०* (वि०) जो आर्य न हो, आर्य से भिन्न

आर्ष–*सं०* 1 ऋषियों का 2 ऋषियों का बनाया हुआ 3 वैदिक से संबंधित। **~प्रयोग** (पु०) भाषा का प्रयोग जो भले ही व्याकरण सम्मत न हो पर विद्वानों द्वारा मान्य हो; **~विवाह** (पु०) ऐसा विवाह जिसमें कन्या का पिता कुछ धन लेता है

आर्सेनिक–*अं०* (पु०) संखिया

आर्हत–I *सं०* (वि०) जैन सिद्धांतों से संबंध रखनेवाला II (पु०) 1 जैन सिद्धांत 2 जैन सिद्धांत का अनुयायी

आलंकारिक–I *सं०* (वि०) 1 अलंकार संबंधी 2 सजावटी 3 अलंकार युक्त, लाक्षणिक II (पु०) अलंकार शास्त्र का ज्ञाता

आलंब, आलंबन–*सं०* (पु०) 1 सहारा 2 नींव 3 भाव का आधार

आलंबित–*सं०* (वि०) 1 टिका हुआ 2 आश्रित

आलंभ, आलंभन–(पु०) 1 स्पर्श करना 2 पकड़ना

आल–(पु०) 1 विषाक्त तरल पदार्थ 2 हरताल 3 एक प्रकार का कटीला पौधा 4 फसल 5 फसल को हानि पहुँचानेवाला कीड़ा, माहो 6 झंझट। **~जाल** I (वि०) व्यर्थ का, ऊटपटांग II (पु०) व्यर्थ की बात, व्यर्थ की वस्तु; **~वाल** (पु०) थाला (वृक्ष); **~औलाद (स्त्री०)** 1 बाल-बच्चे 2 परिवार और संतान

आलकस–(पु०) = आलस्य

आलथी-पालथी–(स्त्री०) एड़ियों को दूसरी ओर की जंघाओं पर रखकर बैठने का ढंग

आलन–(पु०) 1 मिट्टी में मिलाया जानेवाला घास भूसा 2 बेसन या आटा जो साग़ या फलों के टुकड़ों में मिलाया जाता है

आलना–(पु०) चिड़ियों का घोंसला, नीड़

आलपीन–*पुर्त०* (स्त्री०) घुंडीदार सुई, पिन

आलम–*अ०* (पु०) 1 संसार, जगत्, दुनिया 2 जनसमूह 3 दशा 4 दृश्य 5 संसार में रहनेवाले मनुष्य। **~खामोशी** + *फ़ा०* (पु०) मौन वातावरण; **~गीर** + *फ़ा०* I (वि०) दुनिया को जीतनेवाला II (पु०) चक्रवर्ती राजा; **~गीरी**– *फ़ा०* (स्त्री०) संसार-विजय; **~पनाह** + *फ़ा०* (पु०) 1 संसार भर के लिए शरण 2 बादशाह

आलमारी–*पुर्त०* (स्त्री०) अलमारी

आलय–*सं०* (पु०) 1 घर, मकान 2 जगह, स्थान (जैसे-चिकित्सालय, छात्रालय) आदि

आल राउंडर–*अं०* (पु०) सभी विषयों में थोड़ी-बहुत योग्यता रखनेवाला

आलस–(पु०) = आलस्य

आलसी–(वि०) निकम्मा और सुस्त

आलस्य–*सं०* (पु०) 1 सुस्ती और निकम्मापन 2 उत्साहहीनता 3 शिथिलता; ~**मय** (वि०) = आलसी

आला–I (पु०) 1 दीवाल में बना ताक, ताखा 2 कुम्हार का आँवाँ II (वि०) 1 गीला, तर, नम 2 ताजा 3 कच्चा और हरा

आला–I *अ०* (वि०) ऊँचे दरज़े का और बढ़िया, उत्तम, श्रेष्ठ II (पु०) कारीगर के काम करने का उपकरण, औज़ार

आलाइश–*फ़ा०* (स्त्री०) पेट के अंदर से या शरीर के किसी अंग से निकलनेवाली गंदी चीज़ (जैसे-मवाद, मल, रक्त आदि)

आलात–*सं०* (पु०) लुआठी

आलात –*अ०* (पु०) 1 उपकरण, औज़ार 2 जहाज़ का रस्सा

आलाते जंग–*अ० + फ़ा* (पु०) युद्ध के शस्त्रास्त्र

आलान–*सं०* (पु०) 1 खूँटा 2 खम्भा 3 रस्सा 4 सीकड़

आलाप–*सं०* (पु०) 1 कहना, बोलना 2 वार्तालाप 3 चहचहाहट 4 तानयुक्त स्वरों में आरंभिक धुन प्रदर्शन। ~**कलाप** *+ हिं०* (पु०) बातचीत; ~**चारी** (स्त्री०) स्वरों को साधने की क्रिया

आलापक–*सं०* (वि०) 1 संगीत में स्वरों का आलाप करनेवाला 2 बातचीत करनेवाला

आलापन–*सं०* (पु०) = आलाप

आलापना– *+ हिं०* (पु०) 1 तान लगाना 2 शास्त्रीय पद्धति से गीत गाना

आलापित–*सं०* (वि०) 1 आलाप के रूप में उच्चारित किया हुआ 2 गाया हुआ 3 कथित

आलापिनी–*सं०* (स्त्री०) बंसी, बाँसुरी

आलापी–*सं०* (वि०) = आलापक

आलारासी (वि०) 1 आलसी 2 लापरवाह

आलावर्त्त–*सं०* (पु०) 1 कपड़े का बना हुआ पंखा 2 कपड़े से ढका हुआ पंखा

आलिंगन, आलिंगन-पाश–*सं०* (पु०) गले लगाना, परिरंभण

आलिंगित–*सं०* (वि०) गले लगाया हुआ

आलिंगी–*सं०* (वि०) आलिंगन करनेवाला

आलि–*सं०* (स्त्री०) 1 सखी, सहेली 2 भ्रमरी, भौंरी 3 पंक्ति

आलिखित–*सं०* (वि०) 1 लिखित 2 चित्रित, अंकित

आलिम–*अ०* (वि०) विद्वान्, ज्ञानी, पंडित

आली–I *अ०* (वि०) 1 उच्च 2 मान्य 3 श्रेष्ठ, उत्तम II (स्त्री०) गीली, तर, नम। ~**खानदान** *+ फ़ा०* कुलीन; ~**जाह** *+ फ़ा०* (वि०) ऊँचे स्थान पर बैठनेवाला, उच्च पदस्थ; ~**दिमाग़** (वि०) श्रेष्ठ बुद्धिवाला, बुद्धिमान्; ~**शान** (वि०) बहुत बड़ा और भव्य, अत्यधिक शानदार; ~**हिम्मत (वि०)** साहसी, साहसपूर्ण; ~**हौसला** (वि०) धीरजवाला,

आली–*सं०* (स्त्री०) 1 सखी, सहेली 2 भ्रमरी

आलू–(पु०) एक छोटा गोल कंद जिसकी तरकारी बनती है

आलूचा–*फ़ा०* (पु०) एक प्रकार का खाए जानेवाला रसीला फल

आलू बुखारा, आलू बोख़ारा–*फ़ा०* (पु०) सुखाया गया आलूचा नामक फल

आलेख–*सं०* (पु०) 1 लिखना 2 लिखावट, लिपि 3 लेख, पत्र 4 चित्र, ख़ाका। ~**विद्या** (स्त्री०) चित्रकारी

आलेखक–*सं०* (पु०) 1 लिखनेवाला 2 लिपिबद्ध करनेवाला 3 चित्र आदि बनानेवाला

आलेखन–*सं०* (पु०) 1 लेखन क्रिया 2 चित्र अंकित करना

आलेखनी–*सं०* (स्त्री०) 1 कलम 2 चित्र अंकित करनेवाली कूँची (ब्रश)

आलेख्य–I *सं०* (वि०) 1 लिखे जाने योग्य 2 जो लिखा जाने को हो II (पु०) 1 वह जो कुछ लिखा गया हो 2 चित्र, तस्वीर

आलेप–*सं०* (पु०) पलस्तर

आलेपन–*सं०* (पु०) लेप या पलस्तर करना

आलोक–*सं०* (पु०) 1 देखना, दर्शन, दृष्टि 2 प्रकाश, रोशनी 3 स्पष्टीकरण। ~**गृह** (पु०) (प्रायः समुद्र में बना) लाइट हाउस; ~**चित्रण** (पु०) तस्वीर खींचना (फोटोग्राफी); ~**पत्र** (पु०) किसी विषय को स्पष्ट करने के लिए स्मारक के रूप में लिखा गया पत्र-लेख; ~**स्तंभ** (पु०) = आलोक गृह; ~**हीन** प्रकाश से हीन

आलोकन–*सं०* (पु०) 1 अच्छी तरह से देखना, अवलोकन 2 दिखलाना 3 चमकाना 4 प्रकाशयुक्त करना

आलोकनीय–*सं०* (वि०) अवलोकन योग्य

आलोकमय, आलोकित–*सं०* (वि०) 1 देखा हुआ 2 प्रकाश-युक्त 3 चमकता हुआ

आलोचक–*सं०* (पु०) 1 देखनेवाला 2 गुण-दोष की विवेचना करनेवाला 3 समीक्षक

आलोचन–*सं०* (स्त्री०) 1 देखना, दर्शन करना 2 गुण-दोष की परख

आलोचना–*सं०* (स्त्री०) गुण दोष निरूपण या विवेचन करना। ~**साहित्य** (पु०) आलोचना-संबंधी पुस्तकें

आलोचनात्मक–*सं०* (वि०) आलोचना वाला

आलोचित–*सं०* (वि०) 1 जिसकी आलोचना की गई हो 2 जो परखा गया हो

आलोच्य–*सं०* (वि०) 1 आलोचना योग्य 2 परखने काबिल

आलोड़न–*सं०* (पु०) 1 मथना 2 मन में उठनेवाला द्वंद्व ऊहापोह 3 क्षोभ। ~**विलोड़न** (पु०) मंथन

आलोड़ित–*सं०* (वि०) 1 मथा हुआ 2 अच्छी तरह सोचा हुआ, विचारित

आलोप–*सं०* (पु०) 1 ग़ायब होना, लुप्त करना 2 आदेश रद्द करना

आलोल, आलोलित–*सं०* (वि०) 1 हिलता, डोलता 2 लहराता हुआ 3 चंचल 4 क्षुब्ध

आल्हा–(पु०) 1 31 मात्राओं का एक छंद 2 बहुत लंबा-चौड़ा वर्णन

आवंटन–*सं०* (पु०) बाँटना, वितरण करना

आवंटित–*सं०* (वि०) बाँटकर दिया हुआ

आवंटिती–*सं०* (पु०) वह जिसे बाँटकर दिया गया

आव–*हिं०* प्रत्यय जो क्रिया की धातुओं में लगकर स्थिति, भाव आदि के अर्थ सूचित करता है (जैसे-चढ़ना से चढ़ाव, पढ़ना से पढ़ाव)। ~भगत (स्त्री०); सत्कार ~भाव (पु०) आदर

आवक–(पु०) पहुँच, आना, आमद। **~जावक** (पु०) आना-जाना

आवक्ष–*सं०* (वि०) छाती तक (जैसे-~ चित्र)

आवती–(स्त्री०) रसीद

आवधिक–*सं०* (वि०) 1 अवधि से संबंधित 2 समय-समय पर होनेवाला

आवधिकी–*सं०* (स्त्री०) किसी अवधि पर निकलनेवाली पत्रिका

आवपन–*सं०* (पु०) 1 खेत में बीज बोना, बोआई 2 वृक्ष रोपना 3 वृक्ष का थाला

आवरक–I *सं०* (वि०) ढकनेवाला II (पु०) परदा

आवरण–*सं०* (पु०) 1 परदा 2 ढक्कन 3 आघात रोकनेवाली वस्तु, ढाल। **~पत्र** (पु०) किताब के ऊपर का कागज़; **~पृष्ठ** (पु०) किताब-कापी के जिल्द के ऊपर का पन्ना, कवर **~मंडित, ~वेष्ठित** (वि०) कवर किया हुआ

आवर्जन–*सं०* (पु०) 1 खींचना 2 आकृष्ट करना 3 अपने अधिकार में करना 4 पराजय, हार

आवर्जित–*सं०* (वि०) 1 खिंचा हुआ, आकृष्ट 2 वश में किया हुआ 3 पराजित

आवर्त्त–*सं०* (पु०) 1 किसी तरफ़ घूमना 2 चारों तरफ घूमना, चक्कर लगाना 3 विचारों का मन में रह-रह कर आना। **~बिंदु** (पु०) वस्तु का घूमनेवाला बिंदु, घूर्णन बिंदु

आवर्त्तक–*सं०* (वि०) 1 चक्कर लगानेवाला 2 बार-बार मन में उठनेवाला 3 बार-बार होनेवाला। **~ज्वर** (पु०) म्यादी बुखार

आवर्त्तन–*सं०* (पु०) 1 चक्कर लगाना 2 किसी की ओर घूमना 3 मंथन, विलोड़न 4 किसी बात का बार-बार होना

आवर्त्तित–*सं०* (वि०) 1 चक्कर लगाया हुआ 2 घूमा हुआ, मुड़ा हुआ 3 बार-बार आया हुआ

आवर्त्तिता–*सं०* (स्त्री०) बार-बार होना

आवर्त्ती–*सं०* = आवर्तक

आवर्द्धक–*सं०* (वि०) पदार्थ के मान, शक्ति, आकार को बढ़ानेवाला

आवर्द्धन–*सं०* (पु०) पदार्थ के आकार, मान, शक्ति आदि बढ़ाने की क्रिया

आवलि–*सं०* (स्त्री०) = आवली

आवलित–*सं०* (वि०) 1 मुड़ा हुआ 2 बल खाया हुआ

आवली–*सं०* (स्त्री०) 1 पंक्ति, कतार 2 श्रेणी

आवश्यक–*सं०* (वि०) 1 ज़रूरी 2 जिसके बिना साधारणतः काम न चल सके, प्रयोजनीय। **~ता** (स्त्री०) 1 आवश्यक होने की अवस्था 2 ज़रूरत; **~वश** (क्रि० वि०) आवश्यकता के कारण

आवश्यकीय–*सं०* (वि०) = आवश्यक

आवसति–*सं०* (स्त्री०) 1 विश्राम करने का स्थान, बसेरा 2 रात्रि, रात

आवसथ–*सं०* (पु०) 1 घर 2 गाँव 3 छात्रावास 4 आश्रम

आवसथ्य–I *सं०* (वि०) घर का II (पु०) यज्ञ की पांच अग्नियों में से एक

आवसरिक–*सं०* (वि०) अवसर का

आवसानिक–*सं०* (वि०) अंत में होनेवाला

आवसित–*सं०* (वि०) 1 पूरा किया हुआ 2 निश्चित

आवस्थिक–*सं०* (वि०) अवस्था के अनुरूप

आवहन–*सं०* (पु०) पास लाना

आवाँ–(पु०) मिट्टी के बर्तन पकाने का भट्ठा। **~बिगड़ना** बर्तनों का अच्छी तरह से न पकना; **~लगाना** बर्तनों को पकाने के लिए आग देना; **आवै का आवाँ बिगड़ना** सारे परिवार में दोष होना

आवागमन–(पु०) 1 आना जाना 2 जन्म-मरण का चक्र। **~के साधन** आने जाने का रास्ता **~छूटना** जीवन के बंधन से मुक्त होना

आवाज़– *फ़ा०* (स्त्री०) 1 ध्वनि, बोल 2 पुकार 3 शोर। **~रसान** (पु०) ध्वनि-यंत्र; **~उठाना, ~ऊँची करना** बात के पक्ष या विपक्ष में कहना, बोलना; **~खुलना** मुँह से बात निकलना; **~गिरना** स्वर का मंद होना; **~देना** पुकारना, बुलाना; **~निकालना** बोलना; **~पड़ना** गला बैठना, स्वर टूटना; **~पर कान रखना** ध्यान देना; **~पर लगाना** संकेत पर चलना, काम करना; **~फटना** आवाज़ भर्राना; **~बैठना** गला बैठना; **~भर्राना; ~भारी होना** गले से मोटी अस्पष्ट आवाज़ निकलना; **~मारना** जोर से पुकारना; **~लगाना** 1 आवाज़ देना 2 ऊँची तान लगाना

आवाज़ा–*फ़ा०* (पु०) व्यंग्य, ताना। **~कसना** बोली बोलना, व्यंग्य करना

आवा-जाही–(स्त्री०) आना-जाना

आवाप–*सं०* 1 बिखेरना 2 बीज बोना 3 फेंकना 4 थाला 5 कंगन

आवारगी– *फ़ा०* (स्त्री०) आवारापन

आवारजा– *फ़ा०* (पु०) 1 रोजनामचा 2 जमा खर्च बही

आवारा– *फ़ा०* (वि०) 1 निरर्थक इधर-उधर घूमनेवाला 2 निकम्मा 3 कुमार्गगामी 4 दुष्ट, पाजी। **~गर्द** (वि०) इधर-उधर व्यर्थ का भटकनेवाला; **~गर्दी** (स्त्री०) बेकार घूमना, भटकना; **~पन**–*हिं०* (पु०) आवारा होने की अवस्था

आवाल–*सं०* (पु०) = आलवाल

आवास–*सं०* (पु०) 1 निवास स्थान, रहने की जगह 2 ठहरने का अस्थायी स्थान। **~गृह** (पु०) रहने का घर; **~ स्थल** (पु०) रहने की जगह

आवासन–*सं०* (पु०) दूसरे देश में जाकर बसना

आवासिक–*सं०* (पु० वि०) 1 अस्थायी रूप से बसनेवाला 2 निवासी 3 रहने का (~विद्यालय)

आवासित–*सं०* (वि०) अस्थायी रूप से बसा हुआ

आवासी–*सं०* (वि०) = आवासिक

आवासीय–*सं०* (पु०) आवास संबंधी

आवाहन–*सं०* (पु०) 1 आह्वान, बुलाना, पुकारना 2 देवता को मंत्र द्वारा बुलाना

आविक–I *सं०* (वि०) 1 भेड़ संबंधी 2 ऊनी II (पु०) ऊनी वस्त्र, कंबल

आविद्ध–*सं०* (वि०) 1 बिंधा 2 फेंका हुआ
आविर्भाव–*सं०* (पु०) 1 प्रकट होना 2 उत्पत्ति 3 अवतार
आविर्भूत–*सं०* (वि०) 1 उत्पन्न 2 सामने आया हुआ
आविल–*सं०* (वि०) गंदा, मलिन
आविष्करण–*सं०* (पु०) आविष्कार करना
आविष्कर्ता–*सं०* (पु०) नई खोज करनेवाला
आविष्कार–*सं०* (पु०) ईजाद, नवनिर्माण
आविष्कारक–*सं०* (वि०) आविष्कार करनेवाला
आविष्कृत–*सं०* (वि०) 1 आविष्कार किया हुआ 2 प्रकट किया गया
आविष्क्रिया–*सं०* (स्त्री०) = आविष्कार
आविष्ट–*सं०* (वि०) 1 आवेशयुक्त 2 काम में लगा हुआ 3 वशीकृत, ग्रस्त 4 प्रेत-ग्रस्त
आवृत–*सं०* (वि०) 1 छिपा हुआ 2 घिरा हुआ 3 लपेटा हुआ
आवृति–*सं०* (स्त्री०) आवरण
आवृत्त–*सं०* (वि०) 1 दुहराया हुआ 2 लौटाया हुआ
आवृत्ति–*सं०* (स्त्री०) 1 बार-बार होना, दुहराव 2 संस्करण (पुस्तक आदि का)
आवेग–*सं०* (पु०) 1 जोश 2 बिना सोचे-समझे कर बैठने की अंतःप्रेरणा 3 अशांति। ~**शील** (वि०) 1 ज़ोरदार 2 अशांत
आवेज़ा– + *फ़ा०* (पु०) 1 लटकनेवाली वस्तु 2 झुमका आदि गहना
आवेदक–*सं०* (वि०) आवेदन या प्रार्थना करनेवाला
आवेदन–*सं०* (पु०) 1 निवेदन 2 प्रार्थना करना। ~ **कर्ता (पु०)** = **आवेदक**; ~**निवेदन** (पु०) = आवेदन; ~**पत्र** (पु०) प्रार्थना-पत्र, अर्ज़ी
आवेदनीय–*सं०* (वि०) प्रार्थना करने योग्य
आवेदित–*सं०* (वि०) निवेदित, अर्ज़ किया
आवेदी–*सं०* (वि०) आवेदन करनेवाला
आवेद्य–*सं०* (वि०) = आवेदनीय
आवेश, आवेशन–*सं०* (पु०) 1 प्रवेश 2 दबा लेना 3 जोश 4 गुस्सा 5 घमंड 6 प्रेत-बाधा 7 बिजली या चुंबक चार्ज़ करना
आवेष्टन–*सं०* (पु०) 1 घेरना 2 लपेटना
आवेष्टित–*सं०* (वि०) छिपा, ढका या घिरा हुआ
आव्रजन–*सं०* अपना स्थान छोड़कर अन्यत्र जाना
आशंकनीय–*सं०* (वि०) शंका या संदेह करने योग्य
आशंका–*सं०* (पु०) 1 संदेह, शक 2 खटका, भय। ~**जनक** (वि०) 1 भय से उत्पन्न 2 संदेहजनित
आशंकित–*सं०* (वि०) 1 जिसकी शंका हो 2 त्रस्त, भयभीत 3 संदेह
आशंसा–*सं०* 1 इच्छा 2 आशा 3 प्रशंसा
आशंसित–*सं०* (वि०) जिसकी अपेक्षा की गई हो, इच्छित
आशना–I *फ़ा०* (वि०) जान पहचानवाला II (पु०) 1 स्त्री प्रेमी 2 प्रेमपात्र
आशनाई–*फ़ा०* (स्त्री०) 1 प्रेम 2 दोस्ती 3 अवैध संबंध
आशय–*सं०* (पु०) 1 ठहरने की जगह (जैसे- जलाशय) 2 घर 3 आश्रय 4 मन, चित्त, हृदय 5 प्रयोजन, उद्देश्य;
आशा–*सं०* (स्त्री०) 1 उम्मीद, वस्तु-प्राप्ति का विश्वास 2 साधारण विश्वास या भरोसा 3 आसरा। ~**जनक** (वि०) = आशामय; ~**पूर्ण** (वि०) = आशाभरा ~**प्रद** (वि०) = आशामय; ~**प्राप्त** (वि०) जिसकी आशा पूर्ण हो गई हो; ~**भंग** (पु०) आशा पूरी न होना; ~**भरा** *हिं०* आशापूर्ण व्यक्ति; ~**मय** (वि०) आशाव्याप्त; ~**मुखी** (वि०) आशा से देखनेवाला; ~**वाद** (पु०) यह विश्वास कि जो होगा ठीक और अच्छा ही होगा; ~**वादिता** (स्त्री०) आशावादी होने की अवस्था; ~**वादी** (वि०) आशावाद को माननेवाला, अच्छे परिणाम में विश्वास रखनेवाला; ~**वान्** (वि०) आशा रखनेवाला; ~**स्थल** (पु०) = आशा; ~**हीन** (वि०) निराश; ~**टूटना** आशा भंग होना; ~**तोड़ना** निराश करना; ~**देना** उम्मीद बँधाना; ~**पूजना** आशा पूरी होना; ~**बँधना** आशा उत्पन्न होना
आशिंजन–*सं०* (पु०) आभूषणों की झंकार
आशिक़–I *अ०* (वि०) प्रेमी II (पु०) प्रेम करनेवाला व्यक्ति। ~**माशूक़ा** (पु०) प्रेमी और प्रेम पात्र; ~**मिज़ाज** (वि०) 1 प्रेमप्रवण 2 दिलफेंक
आशिक़ाना–*अ०* + *फ़ा०* (वि०) 1 प्रेमी के अनुरूप 2 अनुरागमय
आशिक़ी–*अ०* + *फ़ा०* (स्त्री०) आशिक़ होना, प्रेम
आशित–*सं०* (वि०) 1 खाया हुआ 2 भोजन तृप्त 3 पेटू
आशिया, आशियाना– + *फ़ा०* 1 घोंसला 2 बसेरा
आशी–I *सं०* (स्त्री०) 1 साँप का विषैला दाँत 2 सर्प विष II (वि०) खानेवाला, भक्षक
आशीर्वचन, आशीर्वाद–*सं०* (पु०) शुभ वचन, असीस
आशीष–*सं०* (पु०) असीस, आर्शीवाद
आशु–I *सं०* (वि०) तेज़ II (क्रि० वि०) 1 तेज़ी से 2 तुरंत, जल्दी III (पु०) 1 भादों माह में पकनेवाला धान 2 घोड़ा। ~**कोपी**, ~**क्रोधी** (वि०) तुरंत गुस्सा होनेवाला; ~**गामी** (वि०) तेज़ चलनेवाला; ~**तोष** I (वि०) तुरंत प्रसन्न होनेवाला II (पु०) शिव; ~**पत्र** (पु०) शीघ्र भेजा जानेवाला पत्र; ~**रचना** (स्त्री०) तुरंत तैयार की गई कृति; ~**लिपि** (स्त्री०) शार्ट हैंड; ~**लिपिक**, ~**लिपि लेखक** (पु०) शार्ट हैंड में लिखनेवाला, स्टेनोग्राफ़र (स्त्री० ~**लिपि लेखिका**); ~**लेखक** (पु०) = आशु लिपि लेखक; ~**लेखिका** (स्त्री०) = आशुलिपि लेखिका
आशुग–I *सं०* (वि०) 1 बहुत तेज़ चलनेवाला, शीघ्रगामी 2 बहुत जल्दी पहुँचाया जानेवाला II (पु०) वायु, हवा
आशोब–*फ़ा०* (पु०) 1 शोर गुल्ला 2 आँख का दुखना 3 फसाद 4 डर
आशौच–*सं०* (पु०) अशुद्धि, अपवित्रता
आश्चर्य–*सं०* (पु०) 1 अचरज, अचंभा 2 हैरानी 3 अद्‌भुत रस का स्थायी भाव। ~**कर**, ~**कारी** (वि०) = आश्चर्यजनक; ~**चकित** (वि०) विस्मय हुआ; ~**जनक** (वि०) विस्मय उत्पन्न करनेवाला; ~**पूर्वक** (वि०) अचरज के साथ; ~**प्रतिहत** (वि०) = आश्चर्यचकित; ~**प्रद**, ~**भूत**, ~**मय** (वि०) = आश्चर्यजनक; ~**रत** (वि०) = आश्चर्य चकित। ~**में डालना**; चकित करना; ~**में पड़ना** विस्मय में पड़ना
आश्चर्यान्वित, आश्चर्यित–*सं०* (वि०) = आश्चर्यचकित
आश्म–*सं०* (वि०) पत्थर का बना हुआ

आश्मरिक–I *सं०* (वि०) पथरी रोग से ग्रस्त II (पु०) अश्मरी रोग
आश्मिक–*सं०* (वि०) = पत्थर का
आश्रम–*सं०* (पु०) 1 साधु संतों की कुटी, मठ 2 तपोवन 3 साधक समुदाय के रहने का स्थान 4 जीवन कार्यों की चार अवस्थाएं (जैसे-गृहस्थ आश्रम)। **~दाता (पु०)** = आश्रयदाता; **~धर्म** (पु०) 1 आश्रम विहित धर्म 2 ब्रह्मचारी, गृहस्थ आदि के धर्म; **~भ्रष्ट** (वि०) जो आश्रम धर्म से गिर गया हो; **~वास** (पु०) तपोवन में रहना, वानप्रस्थ का जीवन; **~वासी** I (वि०) आश्रम में रहनेवाला II (पु०) वानप्रस्थ
आश्रय–*सं०* (पु०) 1 सहारा 2 शरण 3 घर 4 (काव्यशास्त्र में) जिसके मन में भाव पैदा हो। **~गृह** (पु०) शरण-घर, शरणस्थल; **~दाता** (पु०) सहारा या शरण देनेवाला; **~स्थल, ~स्थान** (पु०) = आश्रयगृह; **~हीन** (वि०) बेसहारा
आश्रयण–*सं०* (पु०) 1 सहारा देना 2 सहारा लेना
आश्रयासिद्ध–*सं०* (वि०) जिसका आश्रय ग़लत हो, मिथ्या और अमान्य
आश्रयी–*सं०* (वि०) आश्रय लेनेवाला
आश्रव–*सं०* (पु०) 1 दोष 2 वचन 3 अंगीकार
आश्रित–*सं०* (वि०) 1 टिका हुआ 2 सहारा दिया हुआ 3 निर्भर
आश्रुत–*सं०* (वि०) 1 सुना हुआ 2 गृहीत 3 वचन दिया हुआ
आश्रुति–*सं०* (स्त्री०) 1 सुनना 2 ग्रहण करना
आश्लिष्ट–*सं०* (वि०) 1 गले लगाया हुआ 2 लिपटा हुआ
आश्लेष–*सं०* (पु०) 1 गले लगाना, आलिंगन 2 लगाव
आश्लेषण–*सं०* (पु०) 1 मिलाना 2 आलिंगन
आश्लेषित–*सं०* (वि०) 1 मिलाया हुआ 2 गले लगाया हुआ
आश्व–I *सं०* (वि०) घोड़े से संबंध रखनेवाला II (पु०) घोड़ों का झुंड
आश्वस्त–*सं०* (वि०) जिसे आश्वासन दिया गया हो
आश्वास–*सं०* (पु०) 1 साँस लेना 2 तसल्ली 3 ग्रंथ का अध्याय, पाठ
आश्वासक–*सं०* (वि०) आश्वासन देनेवाला
आश्वासन–*सं०* (पु०) 1 दिलासा देना 2 आशा दिलाना, तसल्ली
आश्वासनीय–*सं०* (वि०) = आश्वास्य
आश्वासी–*सं०* (वि०) 1 धैर्य बँधानेवाला 2 दृढ़ विश्वास रखनेवाला
आश्वास्य–*सं०* (वि०) आश्वासन के योग्य
आश्विन–*सं०* (पु०) भादों एवं कार्तिक के बीच में आनेवाला महीना, क्वार
आषाढ़–*सं०* जेठ के बाद एवं सावन के पहले पड़नेवाला महीना, असाढ़
आषाढ़ी–*सं०* (स्त्री०) 1 आषाढ़ की पूर्णिमा 2 आषाढ़ में होनेवाली फ़सल
आसंग–I *सं०* (पु०) 1 लगाव 2 आसक्ति 3 साथ 4 कर्तव्याभिमान II (वि०) अबाधित
आसंगी–*सं०* (वि०) 1 संपर्क रखनेवाला 2 साथी
आसंजन–*सं०* (पु०) 1 जोड़ना 2 चिपकाव 3 धारण करना 4 अत्यधिक प्रेम, अनुराग
आसंजित–*सं०* (वि०) जिसका आसंजन न हुआ हो
आसंदी–*सं०* (स्त्री०) 1 ऊँचा आसन, चौकी 2 खटोला
आस–I (स्त्री०) 1 आशा 2 भरोसा 3 सहारा 4 कामना II (पु०) 1 बैठना 2 आसन। **~टूटना** निराश होना; **~तकना** प्रतीक्षा करना; **~तोड़ना** निराश करना; **~देना** उम्मीद दिलाना; **~पूजना, ~पूरना** आशा पूरी होना, मनचाही बात कहना; **~बाँधना** उम्मीद करना; **~लगना** आशा उत्पन्न होना; **~होना** 1 आशा होना 2 गर्भ ठहरना
आसकत–(स्त्री०) आलस्य, सुस्ती
आसकती–(वि०) आलसी
आसक्त–*सं०* (पु०) 1 लगा हुआ 2 प्रेम करनेवाला, अनुरक्त 3 लिप्त, लीन
आसक्ति–*सं०* 1 मन का लगाव 2 प्रेम, अनुराग 3 लिप्तता
आसज्जा–*सं०* (स्त्री०) बढ़िया सजावट
आसवीन–*फ़ा०* (स्त्री०) = आस्तीन
आसन–*सं०* (पु०) 1 बैठक 2 बैठने का ढंग (विशेषतः योगसाधना में)। **~उखड़ना** 1 जमकर न बैठ पाना 2 बैठने में डगमगाना; **~उठना** स्थान छूटना; **~करना** योगानुसार शरीर को विशेष आकृति में रखना; **~कसना** अंगों को तोड़-मरोड़कर बैठना; **~छोड़ना** उठकर चल देना; **~जमना** 1 एक ही स्थान पर एक ही मुद्रा में देर तक बैठना 2 स्थिर होकर बैठना; **~जमाना** 1 अडिग भाव से बैठना 2 अपनी स्थिति, अधिकार दृढ़ कर लेना 3 डेरा डालना; **~डिगना, ~डोलना** मन का विचलित हो जाना; **~तले आना** वश में होना; **~देना** आदरपूर्वक बैठाना; **~बाँधना** जाँघों से जकड़ना; **~मारना, ~लगाना** जमकर बैठना
आसनी–*सं०* (स्त्री०) बैठने का छोटा आसन
आसन्न–*सं०* (वि०) 1 पास आया हुआ 2 सटा हुआ, संलग्न। **~काल** (पु०) मृत्यु काल; **~कोण** (पु०) *ग०* ज्यामिति में उन दो कोणों में से प्रत्येक जो एक सरल रेखा के ऊपर खड़ी हो दूसरी रेखा के दोनों तरफ़ बनते हैं; **~प्रसवा** (स्त्री०) शीघ्र प्रसव देनेवाली स्त्री; **~भूत** (पु०) *व्या०* भूत काल का वह भेद जिससे क्रिया की निकटता सूचित होती हो; **~मरण, ~मृत्यु** (वि०) जिसकी मृत्यु पास आ गई हो
आस-पास–(क्रि० वि०) 1 अगल-बगल, चारों तरफ़ 2 क़रीब, पास में
आसमाँ, आसमान–*फ़ा०* (पु०) 1 आसमान, आकाश 2 स्वर्ग। **~के तारे तोड़ना** अनहोनी बात कर डालना; **~छूना** बहुत ऊँचा होना; **~झाँकना, ~ताकना** घमंड करना; **~टूटना** अचानक भारी विपत्ति आ पड़ना, दैव कोप होना; **~दिखाना** कुश्ती में विपक्षी या प्रतिद्वंद्वी को चित कर देना; **~पर उड़ना, ~पर चढ़ना** घमंड में इतराना; **~पर चढ़ाना** 1 अत्यधिक प्रशंसा करना 2 अत्यधिक प्रशंसा करके दिमाग़ बिगाड़ देना; **~पर थूकना** बड़े आदमी को निंदित करने के प्रयत्न में स्वयं निंदित होना; ~फटना = आसमान टूटना; **~सिर पर उठा लेना** बहुत शोर, ऊधम, कोलाहल मचाना; **~सिर पर टूट पड़ना** आसमान टूटना; **~से गिरना, ~से टपकना** स्वयं उपस्थित हो जाना; **~से बातें**

करना आसमान छूना;

आसमानी–*फ़ा०* (वि०) 1 आसमान के रंग का 2 आसमान का 3 दैवी

आसरा (पु०) 1 सहारा 2 भरोसा 3 आशा 4 प्रतीक्षा 5 शरण। ~**देखना** प्रतीक्षा करना, रास्ता देखना; ~**टूटना** निराश होना

आसव–*सं०* (पु०) 1 शराब 2 रस 3 अर्क़ (फल-फूल, जड़ी-बूटी) 4 मद्यपात्र

आसवक–*सं०* (पु०) शराब बनानेवाला

आसवन–*सं०* (पु०) भभके आदि की सहायता से अर्क़, शराब आदि टपकाना

आसवनी–*सं०* (स्त्री०) आसवन का काम करने का स्थान

आसवित–*सं०* (वि०) आसवन किया हुआ

आसवी–*सं०* (वि०) शराब पीनेवाला, शराबी

आसा–(स्त्री०) = आशा

आसा–*अ०* (पु०) 1 राजा महाराजा की सवारी एवं बारात में चोबदार के हाथ में सोने या चाँदी का डंडा होता है जिसे वह आगे-आगे लेकर चलता है 2 एक राग

आसान–*फ़ा०* (वि०) सरल, सुगम

आसानी–*फ़ा०* (स्त्री०) सरलता, सुगमता

आसामी–I (वि०) 1 आसाम देश का 2 आसाम से संबंध रखनेवाला II (पु०) आसाम देश का निवासी III (स्त्री०) आसाम देश की भाषा

आसार–*सं०* (पु०) 1 शत्रु को घेरकर किया जानेवाला हमला 2 मूसलाधार वर्षा 3 मेघमाला 4 युद्धभूमि में मिलनेवाली सहायता 5 रसद

आसार–*अ०* (पु०) 1 चिह्न, निशान 2 इमारत की नींव 3 व्यक्ति की भावी गतिविधि आदि के लक्षण

आसावरी–(स्त्री०) सुबह की एक रागिनी

आसिद्ध–*सं०* (वि०) 1 प्रतिबंध लगाया हुआ 2 जिसके संबंध में प्रतिबंध लगा हो

आसीन–*सं०* (वि०) 1 बैठा हुआ 2 पद पर नियुक्त

आसीस–(स्त्री०) = आशीर्वाद

आसुत–*सं०* (वि०) = आसवित

आसुति–*सं०* (स्त्री०) 1 आसवन करने की क्रिया 2 प्रसव

आसुर–*सं०* (वि०) 1 असुर संबंधी 2 असुरों की तरह। ~**विवाह** (पु०) एक प्रकार का विवाह जिसमें कन्या के माता-पिता को धन देकर कन्या ले ली जाती थी और तब पत्नी रूप में अपने घर में रखी जाती थी

आसुरिक, आसुरी–*सं०* (वि०) = आसुर

आसूदगी–*फ़ा०* (स्त्री०) 1 निश्चिंतता और सुख सम्पन्नता की स्थिति 2 तृप्ति

आसूदा–*फ़ा०* (वि०) 1 निश्चिंत और सुखी 2 तृप्त, संतुष्ट

आसेक, आसेचन–*सं०* (पु०) 1 तर करना 2 खेत एवं पेड़ सींचना, सिंचाई

आसेब–*फ़ा०* (पु०) 1 कष्ट, विपत्ति 2 भूत-प्रेत

आसेवन–*सं०* (पु०) अच्छी तरह से किया जानेवाला सेवन

आस्कंद–*सं०* 1 नाश 2 आक्रमण

आस्कंदी–*सं०* (वि०) 1 नाशक 2 आक्रमणकारी

आस्ट्रिक–*अं०* (वि०) निषाद् जातीय

आस्तर–*सं०* (पु०) 1 आवरण 2 बिछाने की कोई चीज़ 3 हाथी की झूल

आस्तरण–*सं०* (पु०) 1 ढकने या बिछाने की क्रिया 2 बिछौना

आस्तिक–*सं०* (पु०) 1 ईश्वर में विश्वास करनेवाला व्यक्ति 2 पुरानी परंपराओं एवं प्रथाओं में जो विश्वास करे। ~**ता** (स्त्री०) ईश्वर, परलोक, पुनर्जन्म में विश्वास होना; ~**वाद** ईश्वरीय सत्ता का नियम एवं सिद्धांत; ~**वादी** (वि०) आस्तिकवाद को माननेवाला

आस्तिक्य–*सं०* (पु०) = आस्तिकता

आस्तीन–*फ़ा०* (स्त्री०) बाँह। ~**का साँप** वह जो मित्र होकर धोखा दे; ~**में साँप पालना** मित्र के रूप में शत्रु को अपने पास रखना

आस्त्र–*सं०* (वि०) अस्त्र संबंधी

आस्थगन–*सं०* (पु०) 1 थोड़े समय के लिए स्थगित करना 2 सत्रावसान

आस्था–*सं०* (स्त्री०/पु०) 1 विश्वास, निष्ठा 2 सहारा 3 स्थित होने की अवस्था। ~**वाद** (पु०) यह सिद्धांत कि संपूर्ण ज्ञान का आधार आस्था है

आस्थान–*सं०* (पु०) 1 स्थान, जगह 2 दरबार, सभा

आस्थानी–*सं०* (स्त्री०) भवन का वह भाग जहाँ लोग एकत्र होते हैं, सभा स्थल, प्रेक्षागृह

आस्थापन–*सं०* (पु०) 1 अच्छी तरह से स्थापित करने की क्रिया 2 ताक़त की दवा

आस्थित–*सं०* (वि०) 1 स्थापित किया हुआ 2 प्राप्त किया हुआ 3 ठहरा हुआ

आस्पद–*सं०* (पु०) 1 जगह, स्थान 2 आवास 3 सामाजिक स्थिति 4 आधार 5 पात्र 6 पद या चिह्न

आस्फालन–*सं०* (पु०) 1 ढकेलना 2 संघर्ष 3 आत्मश्लाघा

आस्फोटक–*सं०* (पु०) 1 प्रकट करनेवाला 2 फड़फड़ानेवाला

आस्फोटन–*सं०* (पु०) 1 प्रकट करना 2 ताल ठोंकना 3 फड़फड़ाना

आस्य–I *सं०* (पु०) 1 चेहरा, मुख 2 मुँह II (वि०) मुख संबंधी

आस्वाद–*सं०* (पु०) खाद्य पदार्थ से मिलने वाली रस की अनुभूति, स्वाद

आस्वादन–*सं०* (पु०) 1 पदार्थ को चखकर स्वाद का ज्ञान 2 बात का रस लेना

आस्वादनीय–*सं०* (वि०) आस्वादन योग्य

आस्वादित–*सं०* (वि०) 1 आस्वादन किया हुआ 2 चखा हुआ

आस्वाद्य–*सं०* (वि०) जिसका स्वाद लिया जा सके

आह–*अ०* दुःख, पीड़ा, शोक, पश्चाताप आदि को बतलानेवाला अव्यय। ~**करना,** ~**खींचना** कष्ट या दुःख के कारण ठंडी साँस भरना, आह शब्द करना; ~**पड़ना** किसी को दिए गए वेदना, कष्ट की आह का कुफल मिलना; ~**लेना** अत्यधिक दुख कष्ट से आह-आह करना

आहट–(स्त्री०) किसी के आने-जाने, बात करने, हिलने-डुलने से उत्पन्न हुई मंद ध्वनि, पदचाप। ~**पाना,** ~**मिलना** किसी के बात करने, आने की सूचना मिलना; ~**लेना** टोह या थाह लेना

आहत–*सं०* (वि०) घायल, ज़ख्मी। ~**सूची** (स्त्री०) घायल लोगों की सूची

आहति–*सं०* (स्त्री०) आघात, चोट
आहतोपचारी–*सं०* (वि०) घायल, ज़ख्मी का इलाज करनेवाला
आहन–*फ़ा०* (पु०) लोहा। ~**पोश** (वि०) कवचधारी
आहनगर–*फ़ा०* (पु०) लोहे का काम करनेवाला, लोहार
आहनन–*सं०* 1 जान से मार डालना 2 निर्दयतापूर्वक मारना-पीटना
आहनी–*फ़ा०* (वि०) लोहे का
आहर–I (पु०) 1 समय, काल, वक़्त 2 दिन, दिवस II (पु०) 1 छोटा तालाब 2 युद्ध, संग्राम
आहरण–*सं०* (पु०) 1 चुराकर ले जाना 2 छीन लेना 3 दूषित पदार्थ बाहर निकालना 4 खर्च के लिए पैसा निकालना
आहरन–(पु०) लोहारों-सुनारों आदि की निहाई
आहर्ता–*सं०* (वि०) 1 चुरानेवाला 2 अनुष्ठान करनेवाला
आहव, आहवन–*सं०* (पु०) 1 चुनौती, ललकार 2 युद्ध, संग्राम 3 यज्ञ, हवन
आहाँ–I (स्त्री०) 1 हाँक 2 पुकार II अ० अस्वीकृति आदि सूचक
आहा–अ० हर्ष, खुशी, उल्लास आदि का सूचक शब्द
आहार–*सं०* (पु०) 1 भोजन 2 भोजन करना। ~**उद्योग** (पु०) अन्न, अनाज का व्यापार; ~**नाल** (स्त्री०) भोजननाली, ~**पाक** (पु०) भोजन पकाना; ~**मंडप** भोजन करवाने, खिलवाने का बड़ा कमरा, हॉल; ~**विज्ञान** (पु०), ~विद्या (स्त्री०) खाद्य-पदार्थों के गुण-दोष, स्वरूप आदि का विवेचन करनेवाला विज्ञान; ~**विहार** (पु०) प्रतिदिन के शारीरिक कार्य-व्यवहार; ~**शास्त्र** (पु०) = आहार विज्ञान
आहारिका–*सं०* (स्त्री०) भोजन-सूची, मेनू
आहारी–*सं०* (वि०) भोजन करनेवाला
आहारोत्पादक–*सं०* (वि०) खाने की वस्तुएँ पैदा करनेवाला
आहार्य–I *सं* (वि०) 1 हरण किए जाने योग्य 2 बनावटी 3 आहार योग्य II (पु०) 1 अभिनय 2 वेशभूषा
आहित–*सं०* (वि०) 1 स्थापित किया हुआ 2 रेहन रखा हुअ
आहिस्ता–*फ़ा०* (क्रि० वि०) धीमे से, धीरे
आहुति–*सं०* (स्त्री०) 1 बलिदान 2 यज्ञ या हवन में अग्नि को समर्पित की जानेवाली वस्तु
आहू–*फ़ा०* (पु०) हरिण, मृग
आहूत–*सं०* (वि०) 1 बुलाया गया 2 आमंत्रित, निमंत्रित
आह्रत–*सं०* (वि०) 1 हरण किया हुआ 2 बलपूर्वक लिया गया, छीना हुआ
आह्निक–I *सं०* (वि०) रोज़ाना, दैनिक II (पु०) 1 एक दिन का काम, मज़दूरी 2 प्रतिदिन का धार्मिक कृत्य
आह्लाद–*सं०* (पु०) खुशी, प्रसन्नता, हर्ष
आह्लादक–*सं०* (वि०) प्रसन्नता उत्पन्न करनेवाला
आह्लादित–*सं०* (वि०) प्रसन्न, हर्षित
आह्वान–*सं०* (पु०) 1 पुकार, बुलावा 2 यज्ञ आदि में देवता आदि को बुलाना 3 वैधानिक रूप से आदेश करना। ~**पत्र** (पु०) निमंत्रण पत्र

इ

इंक–*अं०* (स्त्री०) स्याही, रोशनाई। ~**पॉट** (पु०) दवात; ~**पैड** (पु०) स्याही लगी गद्दी जो रबर की मुहर आदि पर स्याही लगाने के काम आती है; ~**रोलर** (पु०) छपनेवाले मैटर पर स्याही देने का बेलन
इंकार–*अ०* (पु०) = इनकार, मना करना
इंग–*सं०* (पु०) 1 इशारा, संकेत 2 चिह्न, निशान
इंगन–*सं०* (पु०) 1 इशारा करना 2 जानकारी
इंगनी–(स्त्री०) एक खनिज द्रव्य, मैंगनीज
इंगला–*सं०* (स्त्री०) इड़ा नाड़ी
इंगलिश–I *अं०* (वि०) 1 इंग्लैंड का 2 इंग्लैंड में उत्पन्न II (स्त्री०) अंग्रेज़ी भाषा। ~**मैन** (पु०) अंग्रेज़
इंगलिस्तानी–*अं०* + *फ़ा०* (वि०) अंग्रेजी, इंग्लिश
इंगित–I *सं* (पु०) 1 संकेत, इशारा 2 मन का भाव 3 अभिप्राय 4 मनोभाव बतानेवाली अंग चेष्टा II (वि०) 1 संकेत किया हुआ 2 कंपित
इंगुद–(पु०), इंगुदी–*सं०* (स्त्री०) 1 हिंगोट का पेड़ 2 माल कंगनी
इंगुर–(पु०) ईंगुर, सिंदूर
इंगुरौटी–(स्त्री०) सिंदूर रखने की डिबिया, सिंधौरा
इँगुवा–*सं०* (पु०) = इंगुदी
इंग्लिश–*अं०* (वि०) = इंगलिश
इंग्लिस्तानी–*अं० फ़ा०* (वि०) = इंगलिस्तानी
इंच–*अं०* (स्त्री०) जो एक फुट का बारहवाँ भाग, ढाई सेंटीमीटर की नाप; ~**भर** (वि०)
इंचार्ज–*अं०* (पु०) = इनचार्ज, प्रभारी, कार्यकारी
इंची–*अं० हिं०* (वि०) 1 इंच का 2 जिस पर इंच के चिह्न हों (जैसे-इंची टेप)
इंजन–*अं०* (पु०) 1 रेलवे इंजन 2 बिजली, भाप से चलनेवाला यंत्र जिससे अन्य यंत्र को भी चलाने में मदद मिलती है। ~**ड्राइवर** (पु०) इंजन चलानेवाला; ~**निर्माण** *सं०* (पु०) इंजन बनाना; ~**रूम** (पु०) इंजन रखने का स्थान, इंजन कक्ष
इंजिन–*अं०* (पु०) = इंजन
इंजीनियर–*अं०* (पु०) 1 इंजन आदि बनानेवाला 2 यंत्र विशेषज्ञ, अभियंता
इंजीनियरिंग–*अं०* (स्त्री०) इंजीनियर का काम। ~**उद्योग** + *सं०* (पु०) यंत्र व्यवसाय; ~**डिग्री** (स्त्री०) इंजीनियर की उपाधि
इंजीनियरी–*अं०* + *हिं०* (स्त्री०) 1 यंत्र विद्या, यंत्रकला 2 इंजीनियर का कार्य या पद
इंजील–*अं०* (पु०) ईसाइयों की धर्म पुस्तक, बाइबिल
इंजेक्शन–*अं०* (पु०) सुई लगाना
ईंटकोहरा (पु०) ईंट का टुकड़ा, गिट्टी
इंटर–*अं०* (पु०) बीच, मध्य। ~**कांटिनेंटल** (वि०) अंतर्महाद्वीपीय; ~**नेशनल** (वि०) अंतर्राष्ट्रीय; ~**प्रिटर** (पु०) दुभाषिया; ~**मीडिएट** (वि०) 1 बीच का; 2 माध्यमिक ~**वेल** मध्यावकाश

इंटरव्यू–*अं०* (पु०) 1 साक्षात्कार 2 मिलना, मुलाकात
इंटीमेशन–*अं०* सूचना, ज्ञापन
इंटेलिजेंस–*अं०* (स्त्री०) 1 समझ, बुद्धि 2 जासूसी
इंट्रेंस–*अं०* (पु०) 1 प्रवेश मार्ग, द्वार 2 प्रवेशिका
इंट्रोडक्शन–*अं०* (पु०) 1 परिचय 2 भूमिका
इंडस्ट्रियल –*अं०* (वि०) औद्योगिक
इंडस्ट्री –*अं०* (स्त्री०) उद्योग
इंडहर (पु०) उड़द की दाल से तैयार किया हुआ सालन
इंडायरेक्ट–*अं०* (वि०) अप्रत्यक्ष, परोक्ष
इंडिकेशन–*अं०* (पु०) निर्देश, संकेत
इंडियन–*अं०* (वि०) भारतीय, भारतवासी
इँडुआ (पु०), **इँडुरी**–(स्त्री०) सिर पर रखी जानेवाली कपड़े की छोटी गद्दी, बिड़ई, इंडुरी
इंडेंट–*अं०* (पु०) माल की फ़रमाइश
इंडेक्स–*अं०* (पु०) अनुक्रमणिका
इंतक़ाम–*अ०* (पु०) बदला लेना
इंतक़ाल–*अ०* (पु०) 1 मृत्यु 2 एक जगह से दूसरी जगह ले जाना
इंतख़ाब–*अं०* (पु०) 1 चुनना 2 चुनाव, निर्वाचन
इंतज़ाम–*अ०* (पु०) प्रबंध। **~कार** + *फ़ा०* (पु०) इंतज़ाम करनेवाला
इंतज़ामी–*अ०* + *फ़ा०* (वि०) प्रबंध संबंधी
इंतज़ार–*अ०* (पु०) प्रतीक्षा
इंतशार–*अ०* (पु०) 1 बिखरना 2 चिंता
इंतहा–*अ०* (स्त्री०) 1 अंत 2 अंतिम सीमा। **~पसंद** + *फ़ा०* (वि०) अतिवादी
इंतहाई–*अ०* (वि०) अत्यधिक
इंतिक़ाम–*अ०* (पु०) = इंतक़ाम
इंतिक़ाल–*अ०* (पु०) = इंतक़ाल
इंतिखाब–*अ०* (पु०) = इंतखाब
इंतिज़ाम–*अ०* (पु०) = इंतज़ाम
इंतिज़ार–*अं०* (पु०) = इंतज़ार
इंतिशार–*अ०* (पु०) इंतशार
इंतिहा–*अ०* (स्त्री०) इंतहा
इंदराज–*अ०* (पु०) 1 बही में लिखा जाना 2 प्रविष्टि
इंदत्तलब–*अ०* (क्रि० वि०) 1 माँगनेपर 2 जब माँगा जाए
इँदारा–(पु०) कुआँ, कूप, इनारा
इंदिया–*अ०* (पु०) 1 इच्छा 2 विचार
इंदिरा–*सं०* (स्त्री०) 1 लक्ष्मी 2 कांति 3 क्वार माह की कृष्ण पक्ष की एकादशी; **~पति** (पु०) विष्णु
इंदीवर–*सं०* (पु०) नीलकमल
इंदु–*सं०* (पु०) 1 चंद्रमा 2 कपूर 3 एक की संख्या। **~कर, ~कला** (पु०) चंद्रमा की किरण; **~भूषण** (पु०) चंद्रशेखर, शिव **~मणि (पु०) 1 चंद्रकांत मणि 2 मोती; ~रत्न** (पु०) मोती ; **~रेखा** (स्त्री०) चंद्रकला; **~ वंदना (वि०) चंद्रमुखी**
इंदुर (पु०) चूहा
इंद्र–*सं०* (पु०) 1 देवराज 2 वर्षा का देवता 3 श्रेष्ठ व्यक्ति 4 प्रधान पुरुष। **~कृष्ट** (वि०) वर्षा के आसरे बोया जानेवाला; **~गोप** (पु०) बीरबहूटी **~चाप** (पु०) इंद्र धनुष; **~जाल** (पु०) 1 जादू, बाज़ीगरी 2 एक रण कौशल; **~जालिक, ~जाली** (पु०) इंद्रजाल करनेवाला व्यक्ति, जादूगर; **~जौ** + *हिं०* (पु०) कुटज (पौधा) **~दारु** (पु०) देवदारु का वृक्ष; **~धनुष** (पु०) = इंद्रचाप; **~धनुषी** + *हिं०* (वि०) इंद्र धनुष के समान सात रंगोवाला; **~ध्वज** (पु०) इंद्र की पताका; **~नील** (पु०) नीलकांत मणि; **~पुरी** (स्त्री०) इंद्र की नगरी, अमरावती; **~प्रस्थ** खांडव वन जलाकर बसाई जानेवाली पाडंवों की राजधानी; **~लुप्त** जिसमें दो तगण, एक जगण और ऽऽ होते हैं **~लोक** (पु०) स्वर्ग; **~वृद्धा** (स्त्री०) एक तरह का कीड़ा; **~सभा** (स्त्री०) 1 स्वर्ग में इंद्र का दरबार 2 विलास युक्त स्थान
इंद्रा–*सं०* (स्त्री०) 1 इंद्र की पत्नी, शची 2 इंद्रायन नामक पौधा
इंद्राणी–*सं०* (स्त्री०) 1 इंद्र की पत्नी, शची 2 दुर्गा देवी 3 बड़ी इलायची
इंद्रायन–*सं०* एक लता जिसका फल कड़ुवा होता है और दवा में काम आता है
इंद्रायुध–*सं०* (पु०) 1 इंद्र की गद्दी 2 इंद्रपद
इंद्रिय–*सं०* (स्त्री०) 1 शरीर के ज्ञान एवं कर्म के साधन रूप अंग (जैसे-आँख, कान, नाक, त्वचा, जिह्वा, हाथ, पैर, मुँह आदि) 2 जननेन्द्रिय। **~गोचर** (वि०) इंद्रिय संवेद्य; **~जित्** (वि०) संयमी; **~ज्ञान** (पु०) इंद्रियों द्वारा प्राप्त ज्ञान; **~दमन, ~निग्रह** (पु०) इंद्रियों और काम इच्छाओं को वश में रखना; **~बोध** (पु०) = इंद्रिय संवेदना; **~लिप्सा** (स्त्री०) विषय-भोग की लालसा; **~लोलुप** (वि०) काम भोग की इच्छा करनेवाला; **~वाद** (पु०) इंद्रिय से संबंध रखनेवाले नियम या सिद्धांत; **~वादी** (वि०) इंद्रियवाद को मानने वाला; **~वासना** (स्त्री०) = इंद्रिय लिप्सा; **~संवेदना** (स्त्री०) इंद्रियों को रूप रस गंध आदि का अनुभव होना
इंद्रियागोचर, इंद्रियातीत–*सं०* (वि०) जो इंद्रियों का विषय न हो, अज्ञेय (जैसे-ईश्वर)
इंद्रियातीत–सं० (वि०) जो इंद्रियगोचर न हो, अतीन्द्रिय
इंद्रियाधीन–*सं०* (वि०) जो इंद्रियों के वश में हो
इंद्रियायतन–सं० (पु०) इंद्रियों का आश्रयस्थान, शरीर
इंद्रियानुभाविक–सं० (वि०) इंद्रियों द्वारा अनुभव करने का
इंद्रियाराम–सं० (वि०) इंद्रियासक्त, विलासी
इंद्रियार्थ–*सं० पु०* इंद्रियों के भोग का विषय (जैसे-गंध, रस, रूप, शब्द, स्पर्श के स्थान)
इंद्रियार्थवाद–*सं०* (पु०) = इंद्रियवाद
इंद्रियार्थवादी–*सं०* (वि०) = इंद्रियवादी
इंद्रियासक्त–*सं०* (वि०) इंद्रियसुख
इंद्रियोपासना–*सं०* (स्त्री०) = इंद्रिय लिप्सा
इंद्रोवल–*सं०* (पु०) नीला हीरा
इंद्रोपवन– (पु०) इंद्र का विलास-कानन
इंधन–*सं०* (पु०) 1 जलाने की लकड़ी, ईंधन 2 जलाना
इंधरौड़ा– (पु०) जलावन स्थान
इंपीरियल–*अं०* (वि०) 1 राज्य संबंधी 2 साम्राज्य भोगी 3 सम्राट के उपयुक्त 4 शाही

इंपीरियलिज़्म– *अं०* (पु०) साम्राज्यवाद
इंपीरियलिस्ट– *अं०* (वि०) साम्राज्यवादी
इंसान– *अं०* (पु०) इन्सान, मनुष्य, मानव
इंसाफ़–*अं०* (पु०) न्याय, निर्णय; ~**पसंद** + *फ़ा०* (वि०) न्यायप्रिय (व्यक्ति)
इंस्ट्रुमेंट–*अं०* (पु०) उपकरण
इंस्पेक्टर–*अं०* (पु०) देखभाल करनेवाला, निरीक्षक; ~**जनरल** (पु०) महानिरीक्षक
इंस्पेक्शन–अं० (पु०) निरीक्षण
इक–(वि०) एक। ~**छत्ता** (वि०) जिस मंजिल की एक छत हो; ~**तरफ़ा** + *अं०* + *हिं०* एक तरफ़ का, एकपक्षीय; ~**तरा** (पु०)एक दिन के अंतर से आनेवाला ज्वर; ~**तार** (वि०) एकरस, समान; ~**तारा** (पु०) 1 सितार की तरह एक ही तार वाला बाजा 2 हाथ से बुना जानेवाला एक प्रकार का वस्त्र; ~**तीस** I (वि०) तीस और एक II (पु०) 31 की संख्या; ~**पेचा** (पु०) एक तरह की पगड़ी; ~**बारगी**–*अ०* (क्रि० वि०) एक बार में; ~**रंगा** (वि०) एक रंग का; ~**ला** (वि०) अकेला; ~**लाई** I (स्त्री०) पाट का बढ़िया और महीन दुपट्टा 2 इकलाई धोती II (वि०) एक ही लोई से बना हुआ; ~**लौता** (वि०) माँ बाप का अकेला; ~**सठ** I (वि०) साठ और एक II (पु०) 61 की सँख्या
इकट्ठा–(वि०) 1 एक साथ 2 एकत्र
इकतालीस–I (पु०) (वि०) चालीस और एक II (पु०) 41 की सँख्या
इकन्नी–(स्त्री०) रुपए का सोलहवां भाग, एक आना
इक़बाल–*अ०* (पु०) 1 सौभाग्य 2 क़बूल करना, स्वीकार; । ~**मंद** (वि०) भाग्यशाली, प्रतापी
इक़बालिया–*अं०* स्वीकारात्मक (जैसे- ~बयान)
इक़राम–*अ०* (पु०) 1 दान, बख्शीश 2 अनुग्रह 3 मान-बड़ाई
इक़रार–*अ०* (पु०) 1 स्वीकार करना 2 वचन 3 प्रतिज्ञा। ~**नामा** *फ़ा०* (पु०) प्रतिज्ञापत्र, अनुबंध-पत्र
इक़रारी–*अ०* (वि०) 1 इक़रार संबंधी 2 इक़रार करनेवाला
इक़सीर–*अ०* (स्त्री०) लाभदायक औषध, दवा
इकहत्तर–I (वि०) सत्तर और एक II (पु०) 71 की सँख्या
इकहरा–(वि०) एकहरा, एक ही परतवाला
इकाई–(स्त्री०) 1 गणना में प्रथम अंक का स्थान 2 यौगिक पदार्थ के मूल अवयव 3 मानक मात्रा, मात्रक
इकार–*सं०* (पु०) 'इ' स्वर
इकारांत–*सं०* (वि०) जिसके अंत में 'इ' हो (जैसे-जाति)
इकोतर–(वि०) एक अधिक, एकोत्तर
इकौंज–(स्त्री०) वह स्त्री जिसे एक ही संतान हुई हो, काक वंध्या
इक्का–I (वि०) अकेला II (पु०) एक घोड़े की गाड़ी। ~**गाड़ी** (स्त्री०) एक घोड़ेवाली गाड़ी; ~**दुक्का** (वि०) अकेला दुकेला
इक्की–(स्त्री०) 1 ताश का इक्का 2 एक बैल की गाड़ी
इक्कीस–I (वि०) बीस और एक II (पु०) 21 की संख्या
इक्के-दुक्के–(वि०) अकेले-दुकेले
इक्केवान– + *हिं०* + *फ़ा०* = इक्केवाला
इक्यानवे–(वि०) नव्वे और एक, 91
इक्यावन–(वि०) पचास और एक, 51
इक्यासी–(वि०) अस्सी और एक, 81
इक्विटी–*अं०* (स्त्री०) 1 साम्यता 2 (क़ानून) साम्या
इक्षु–*सं०* (पु०) ईख। ~**कांड** (पु०) 1 ईख का डंठल, पोरी 2 ईख; ~**ज** (वि०) ईख के रस से बननेवाला; ~**दंड** (पु०) = इक्षु कांड; ~**पाक** (पु०) गुड़, चीनी; ~**प्रमेह,** ~**मेह** (पु०) *चि०* मधुमेह (रोग); ~**रस** (पु०) 1 गन्ने का रस 2 शीरा 3 कास; ~**सार** (पु०) = इक्षु पाक
इक्ष्वाकु–*सं०* (पु०) 1 सूर्य वंश का पहला राजा 2 कड़ुवी लौकी, तिक्तलौकी
इख़फ़ा–*अ०* (पु०) छिपाना
इख़राज–*अ०* (पु०) 1 निकालना 2 ख़र्च
इख़राजात–*अ०* (पु०) खर्चे, व्यय
इख़लास–*अ०* (पु०) 1 पवित्रता 2 सरलता 3 हार्दिक मित्रता
इख़्तियार–*अ०* (पु०) 1 अधिकार 2 वश
इख़्तियारी–*अं०* + *फ़ा०* (वि०) मर्ज़ी का, वश का
इख़्तिलात–*अ०* (पु०) मेलजोल, परिचय
इख़्तिलाफ़–*अ०* (पु०) 1 अंतर, भेद 2 विरोध 3 अनबन
इख़्तिसार–*अ०* (पु०) संक्षेप
इच्छा–*सं०* (स्त्री०) 1 कामना, चाह, ख्वाहिश 2 रुचि। ~**चारी** (वि०) अपनी इच्छा के अनुसार; ~**पत्र** (पु०) वसीयत-नामा; ~**पूर्ण** (वि०) इच्छायुक्त; ~**पूर्वक** (वि०) इच्छा से; ~**फल** (पु०) समस्या की मीमांसा; ~**भोजन** (पु०) अपनी पसंद का भोजन; ~**शक्ति** (स्त्री०) किसी कार्य को मन के अनुकूल करने की शक्ति
इच्छाचारी–*सं०* (वि०) अपनी इच्छा के अनुसार काम करनेवाला
इच्छानुकूल, इच्छानुसार–*सं०* (वि०) मन के मुताबिक़
इच्छान्वित–*सं०* (वि०) इच्छायुक्त, इच्छापूर्ण
इच्छार्थक–*सं०* (वि०) जिससे इच्छा प्रकट हो (जैसे- ~क्रिया, वह जाए)
इच्छित–*सं०* (वि०) चाहा हुआ, अभीष्ट
इच्छु, इच्छुक–*सं०* (वि०) इच्छा करनेवाला, चाहनेवाला
इजमाल–*अ०* (पु०) 1 इकट्ठा करना 2 संक्षेप करना 3 साझा
इजमालन–*अ०* (क्रि० वि०) संक्षेप में, थोड़े में
इजमाली–*अ०* + *फ़ा०* (वि०) साझे का, शिरकती
इजरा–*अ०* (स्त्री०) उर्वरता बढ़ाने के लिए परती ज़मीन
इजराय–*अ०* (पु०) 1 जारी करना 2 काम में लाना। ~**डिग्री** + *अं०* (पु०) न्यायालय से मिली डिग्री को अमल में लाया जाना
इजलास–*अ०* (पु०) 1 अधिकारी के द्वारा मुकदमे सुनने का स्थान 2 सम्मेलन 3 बैठक, अधिवेशन
इज़हार–*अ०* (पु०) 1 प्रकट करना 2 गवाही। **इज़हारे तहरीरी** *अ०* + *फ़ा* (पु०) लिखित बयान
इज़ाज़त–*अ०* (स्त्री०) अनुमति, आज्ञा। ~**नामा** *फ़ा०* (पु०) अनुमति पत्र
इज़ाफ़त–*अ०* (स्त्री०) लगाव, संबंध
इज़ाफ़ा–*अ०* (पु०) वृद्धि, बढ़त। ~**लगान** + *हिं०* (पु०) लगान बढ़ना
इज़ाबत–*अ०* (स्त्री०) 1 प्रार्थना स्वीकार करना 2 शौच

इज़ार–*अ०* (पु०) पाजामा। ~**बंद** *फ़ा०* (पु०) पायजामे का नारा

इजारदार–*अ०* + *फ़ा०* (वि०) = इजारेदार

इजारदारी–*अ०* + *फ़ा०* (वि०) = इजारेदारी

इजारा–*अ०* (पु०) 1 ठेका, पट्टा 2 वस्तु के बेचने भोगने का अकेला अधिकारी होना। **इजारेदार** + *फ़ा०* (पु०) 1 ठेकेदार 2 एकाधिकारी; **इजारेदारी** + *फ़ा०* (स्त्री०) 1 ठेका 2 एकाधिकार

इज़्ज़त–*अ०* (स्त्री०) 1 मान, प्रतिष्ठा 2 आदर। ~**दार** + *फ़ा०* (वि०) प्रतिष्ठित, सम्मानित; ~**उतारना**, ~**बिगाड़ना**, ~**लेना** बेइज़्ज़त करना, अपमानित करना; ~**खोना**, ~**गँवाना** मर्यादा खोना; ~**देना** सम्मान करना, आदर करना; ~**पर पानी फिरना** सम्मान खत्म हो जाना, प्रतिष्ठा समाप्त होना; ~**मिट्टी करना** मान मर्यादा का नाश करना; ~**में बट्टा लगना** इज़्ज़त में दाग़ लगना, सम्मान कम हो जाना।

इज़्तिराब–*अ०* (पु०) बेचैनी, व्याकुलता, अधीरता

इज्या–*सं०* (स्त्री०) 1 यज्ञ 2 पूजा, उपासना

इटालियन–*अं०* (वि०) इटली से संबद्ध, इटली का रहनेवाला

इटैलिक–*अं०* (पु०) एक तरह का तिरछा टाइप

इठलाना (अ० क्रि०) 1 ठसक, ऐंठ दिखाना, इतराना 2 नखरा करना

इठलाहट (स्त्री०) ऐंठ, ऐंठन

इड़ा–(स्त्री०) 1 धरती, पृथ्वी 2 वाणी 3 बुद्धि 4 स्वर्ग 5 यज्ञ में दी जानेवाली आहुति 6 यज्ञ सामग्री, हवि 7 दुर्गा 8 पार्वती 9 एक नाड़ी

इतक़ाद–*अ०* (पु०) = इतबार

इतना, इतने–I (क्रि० वि०) इस मात्रा में II (वि०) इस मात्रा का। **इतने में** इस अवधि में, इतनी देर में

इतबार–*अ०* (पु०) विश्वास

इतमाम–*अ०* (पु०) प्रबंध, व्यवस्था

इतमीनान–*अ०* (पु०) 1 भरोसा, विश्वास 2 शांति, तसल्ली

इतमीनानी–*अ०* + *फ़ा०* (वि०) भरोसे का, विश्वासी

इतर–*सं०* (वि०) 1 दूसरा, और 2 भिन्न 3 साधारण। ~**देशीय** (वि०) दूसरे देश का

इतर–(पु०) इत्र नामक सुगंधित द्रव्य

इतराना–(अ० क्रि०) 1 इठलाना 2 ऐंठना

इतराहट–(स्त्री०) गर्व

इतरेतर–I *सं०* (क्रि० वि०) एक दूसरे के प्रति, परस्पर II (वि०) आपस का, पारस्परिक। ~**भाव** (पु०) ऐसी स्थिति जब एक के गुण-धर्म दूसरे में न मिलें; ~**योग** (पु०) 1 आपस का संबंध 2 *व्या०* द्वंद्व समास का भेद

इतरेतराभाव–*सं०* (पु०) अन्योन्याभाव

इतवार–(पु०) आदित्यवार, रविवार

इतस्ततः–*सं०* (क्रि० वि०) इधर-उधर, यहाँ-वहाँ

इताअत–*अ०* (स्त्री०) 1 अधीनता 2 आज्ञापालन

इताब–*अ०* (पु०) कोप, रोष, गुस्सा

इति–I *सं०* (*अ०*) इस प्रकार II (स्त्री०) अंत, समाप्ति। ~**कर्तव्य** (वि०) 1 जिसका करना उचित हो 2 करने के लिए जो आवश्यक हो; ~**कृत** (वि०) = इति सिद्ध; ~**मात्र** (वि०) इतना ही; ~**वृत्त** (पु०) 1 घटना 2 कहानी 3 विवरण; ~**वृत्तक** (पु०) 1 विवरण-पत्र 2 अपराधी का ब्यौरा; ~**वृत्तात्मक** (वि०) घटनाप्रधान, विवरण मात्र; ~**वृत्ती** (पु०) अपराधी जिसका ब्यौरा पुलिस में हो; ~**सिद्ध** यही सिद्ध करना था

इतिहास–*सं०* (पु०) व्यक्ति, समाज, देश की महत्वपूर्ण, विशिष्ट एवं सार्वजनिक क्षेत्र की घटनाओं का कालक्रम से लिखा हुआ विवरण, तथ्यों घटनाओं का काल क्रमानुसार विवेचन। ~**कर्ता**, ~**कार** (पु०) इतिहास लेखक; ~**निष्ठ** (वि०) इतिहास द्वारा प्रमाणित; ~**रचयिता** (पु०) = इतिहासकार; ~**रसिक** (पु०, वि०) इतिहास में रस लेनेवाला; ~**लेखक** (पु०) इतिहास लिखनेवाला, इतिहासकार; ~**विज्ञान** (पु०) इतिहास संबंधी सामग्री एकत्र करने और अध्ययन करने की विद्या, ~**वेत्ता** (पु०) इतिहास का ज्ञाता, इतिहासकार; ~**शास्त्र** (पु०) = इतिहास विज्ञान

इतिहासाश्रित–*सं०* (वि०) इतिहास पर निर्भर

इत्तफ़ाक़–*अ०* (पु०) 1 मेल, एकता 2 सहमति 3 संयोग 4 अचानक होनेवाली घटना

इत्तफ़ाक़न–*अ०* (क्रि० वि०) संयोगवश, अचानक

इत्तफ़ाक़िया, इत्तफ़ाक़ी–*अ०* (वि०) अचानक होनेवाला, आकस्मिक

इत्तला–*अ०* (स्त्री०) सूचना; ~**नामा** + *फ़ा०* (पु०) सूचना लिखा हुआ पत्र

इत्तहाद–*अ०* (पु०) = इत्तिहाद

इत्तिफ़ाकन–*अ०* (वि०) = इत्तफ़ाक़न

इत्तिफ़ाक़िया, इत्तिफ़ाक़ी–*अ०* (वि०) = इत्तफ़ाक़िया, इत्तफ़ाक़ी

इत्तिहाद–*अ०* (पु०) एकता

इत्तिहादी–*अ०* (वि०) एकतामूलक

इत्थं–*सं०* (क्रि० वि०) इस तरह से, इस प्रकार, यों। ~**भूत** I (वि०) इस प्रकर का, ऐसा II (क्रि० वि०) ऐसी अवस्था में, ऐसा होने पर

इत्थमेव– (क्रि० वि०) इसी जैसा, इसी प्रकार से, इसी तरह

इत्मीनान–*अ०* (पु०) तसल्ली

इत्यादि, इत्यादिक–*सं०* इसी प्रकार और भी, वग़ैरह

इत्र–*अ०* (पु०) इतर, अतर। ~**तैल** + *सं०* (पु०) इत्र-फुलेल; ~ **दान** + *फ़ा०* 1 इत्र रखने का डिब्बा 2 इत्र पात्र ~**फ़रोश** + *फ़ा०* (पु०) इतर बेचनेवाला व्यक्ति, गंधी; ~**साज़** + *फ़ा०* (पु०) अत्तार

इत्वर–*सं०* (वि०) 1 नीच 2 कंगाल

इत्वरी–*सं०* (स्त्री०) असती, कुलटा

इधर (क्रि० वि०) इस तरफ, इस ओर। ~**उधर** 1 इस तरफ, उस तरफ 2 यहाँ-वहाँ 3 जहाँ-तहाँ; ~**उधर करना** अस्त-व्यस्त, उलट-पलट, या तितर-बितर करना; ~ **उधर की बातें करना या हाँकना** अनावश्यक/व्यर्थ की बातें करना; ~**उधर में रहना** व्यर्थ समय नष्ट करना; ~**उधर हो जाना** 1 अदृश्य हो जाना 2 खो जाना; ~ **की उधर करना या लगाना** झगड़ा लगाना, चुग़ली करना; ~**की दुनिया उधर हो जाना** असंभव का संभव होना; ~**या उधर** 1 अनुकूल या प्रतिकूल 2 पक्ष में या विपक्ष में 3 जीत या हार

इध्म–*सं०* (पु०) 1 ईंधन 2 समिधा

इन–I (सर्व०) 'इस' का बहुवचन II (पु०) 1 स्वामी 2 राजा 3 सूर्य
इनकम–*अं०* (स्त्री०) आय, आमदनी। ~ **टैक्स** (पु०) आमदनी पर लगनेवाला टैक्स, आयकर
इनक़लाब–*अ०* (पु०) क्रांति। ~ **ज़िंदाबाद** क्रांति चिरंजीवी हो
इनकार–*अ०* (पु०) न मानना, अस्वीकार करना
इनकारी–*अ०* + *फ़ा०* (वि०) अस्वीकार करनेवाला
इनकिशाफ़–*अ०* (पु०) 1 खुलना 2 पता लगना
इनकिसार–*अ०* (पु०) नम्रता, विनय
इनक्यूबेटर–*अं०* (पु०) अंडे सेने का यंत्र
इनफ़ार्मर–*अं०* (पु०) भेदिया, मुख़बिर
इनफ़्लुएंजा–*अं०* (पु०) संक्रामक शीतज्वर
इनसाइक्लोपीडिया–*अं०* (पु०) विश्वकोश
इनसान–*अ०* (पु०) मनुष्य, आदमी
इनसानियत–*अ०* (स्त्री०) 1 मनुष्यता 2 भलमनसाहत
इनसानी–*अ०* (वि०) मानुषिक
इनसाफ़–*अ०* (पु०) = इंसाफ़
इनसालवेंट–*अं०* (वि०) दिवालिया
इनसिदाद–*अ०* (पु०) बंद होना, रुकना
इनहिसार–*अ०* (पु०) 1 घेरना 2 सहारा होना, निर्भरता
इनान–*अ०* (स्त्री०) बाग, लगाम; **इनाने सल्तनत, इनाने-हुकूमत** *फ़ा०* + *अ०* (स्त्री०) शासन सूत्र, शासन की बागडोर
इनाम–*अं०* (पु०) 1 पुरस्कार, बख़्शीश 2 पारितोषिक। ~**इकराम** (पु०) 1 उपहार, सम्मान 2 मान दान; ~**दार***फ़ा०* (पु०) माफ़ीदार
इनामी–*अ०* (वि०) इनाम के लिए (जैसे ~मुक़ाबला)
इनायत–*अ०* (स्त्री०) कृपा
इनारा– (पु०) कुआँ, कूप, नारा
इने-गिने–(वि०) 1 गिने-गिनाये, कुछ 2 थोड़े 3 कोई-कोई
इनेमल, इनैमल–*अं०* (पु०) तामचीनी, मीनाकारी
इन्कवायरी–*अं०* (स्त्री०) पूछ-ताछ
इन्फ़ैन्टरी–*अं०* (स्त्री०) पैदल फ़ौज; ~**डिविज़न** (पु०) पैदल टुकड़ी
इन्शयोरेंस–*अं०* (पु०) बीमा
इन्सटालमेंट–*अं०* (पु०) किस्त
इन्हें–(सर्व) इनको
इफ़रात–*अ०* (स्त्री०) बहुतायत, अधिकता, प्रचुरता
इफ़लास–*अ०* (पु०) ग़रीबी, मुफ़लिसी, दरिद्रता, निर्धनता
इफ़ाका–*अ०* (पु०) 1 आराम होना 2 रोगी की अवस्था में सुधार
इफ़्तार–*अ०* (पु०) रोज़ा व्रत खोलना
इबरत–*अ०* (स्त्री०) 1 शिक्षा 2 चेतावनी
इबरानी–I *अ०* (वि०) यहूदी संबंधी II (पु०) यहूदी III (स्त्री०) यहूदियों की भाषा
इबलीस–*अ०* (पु०) शैतान
इबादत *अ०* (स्त्री०) पूजा, उपासना। ~**ख़ाना** (पु०), ~**गाह** + *फ़ा०* (स्त्री०) पूजा करने की जगह मंदिर, मस्जिद चर्च आदि
इबारत–*अ०* (स्त्री०) 1 वाक्य की बनावट, रचना 2 लेख 3 लिखने का ढंग। ~**आराई** + *फ़ा०* (स्त्री०) लच्छेदार आलंकारिक भाषा लिखना
इब्तिदा–*अ०* (स्त्री०) आरंभ, आदि, उत्पत्ति
इब्तिदाई–*अ०* + *फ़ा०* (वि०) प्रारंभिक, प्राथमिक
इब्न–*अ०* (पु०) पुत्र, बेटा, लड़का। ~**उल्लौब** (वि०) जिसके नाम-धाम, कुल आदि का पता न हो; ~**उलूवक़्त** (वि०) समय के अनुरूप व्यवहार करनेवाला, अवसरवादी
इब्रानी –*अ०* (वि०) =इबरानी
इब्राहीम–*अं०* (पु०) यहूदियों के आदि पुरुष और पैग़म्बर
इभ–*सं०* (पु०) 1 हाथी 2 नागकेसर। ~**राज** (पु०) ऐरावत हाथी
इभ्या, इभया–*सं०* (स्त्री०) 1 हथिनी 2 सलई का पेड़ 3 स्वर्णक्षीरी 4 भड़भाँड़
इमकान–*अ०* (पु०) 1 संभावना 2 शक्ति 3 शक्यता
इमदाद–*अ०* (स्त्री०) 1 मदद, सहायता 2 मदद करना
इमदादी–*अ०* + *फ़ा०* (वि०) मदद से चलने-वाला
इमरती–(स्त्री०) जलेबी जैसी एक मिठाई
इमला–*अ०* (पु०, स्त्री०) लिखने का अभ्यास कराना
इमलाक–*अ०* (पु०) जायदाद, संपत्ति, मिलकियत
इमली–(स्त्री०) एक खट्टा फल जिसकी चटनी बनाई जाती है ~**घोंटना** ब्याह की एक रस्म
इमल्शन–*अं०* (पु०) 1 पायस 2 घोल
इमाम–*अ०* (पु०) 1 धर्म का नेता, मुसलमान पुरोहित 2 अगुआ 3 पथ प्रदर्शक। ~**बाड़ा** +*हिं०* (पु०) धर्मस्थल (मंदिर, मस्जिद) आदि
इमामत–*अ०* (स्त्री०) 1 इमाम का पद 2 नेतृत्व
इमामदस्ता–*अ०* + *फ़ा०* (पु०) दवा आदि कूटने के काम में आनेवाला खल, खरल
इमारत–*अ०* (स्त्री०) 1 मकान 2 पक्का मकान, भव्य एवं विशाल भवन
इमारती–*अ०* (वि०) इमारत के काम आनेवाली
इम्तहान–*अ०* (पु०) परीक्षा, परख, आज़माइश
इम्तिनाई–*अ०* + *फ़ा०* (वि०) रोक लगाने वाला
इम्तिनाय–*अ०* (पु०) मनाही, निषेध
इम्तियाज़–*अ०* (पु०) 1 भेद 2 विवेक
इम्तिहान–*अ०* (पु०) = इम्तहान
इयत्ता–*सं०* (स्त्री०) 1 सीमा, हद 2 मानक 3 परिमाण
इयरफोन–*अं०* (पु०) आकर्णक, कर्णध्वनियंत्र
इरम्मद–*सं०* (पु०) 1 बिजली 2 वज्राग्नि
इरसाल–*अ०* (पु०) =इर्साल
इरसी–(स्त्री०) पहिये की धुरी
इरा–*सं०* (स्त्री०) =इड़ा
इराक़ी–I *अ०* (वि०) इराक़ का II (पु०) इराक़ देश का घोड़ा एवं निवासी III (स्त्री०) इराक की भाषा
इरादतन–*अ०* (क्रि० वि०) विचार करके, इच्छापूर्वक, जानबूझकर
इरादा–*अ०* (पु०) विचार, इच्छा
इर्तिकाब–*अ०* (पु०) करना, जैसे-जुर्म का~
इर्द-गिर्द–*हिं०* + *फ़ा०* (क्रि० वि०) आस-पास, चारों ओर

इर्शाद–*अ०* (पु०) 1 आदेश 2 पथ प्रदर्शन 3 हिदायत देना
इर्साल–*अ०* (पु०) 1 भेजना 2 लगान पहुँचाना
इलज़ाम–*अ०* (पु०) 1 दोष लगाना, आरोप 2 अभियोग
इलहाक़–*अ०* (पु०) मिलाना, जोड़ना
इलहाम–*अ०* (पु०) 1 देववाणी 2 ईश्वरीय प्रेरणा; ईश्वरीय ज्ञान
इला–(सं०) (स्त्री०) = इडा
इलाक़ा–*अ०* (पु०) 1 क्षेत्र 2 रियासत 3 जमींदारी 4 संबंध। इलाकेदार *फ़ा०* (पु०) पूरे गाँव का ज़मींदार
इलाक़ाई–*अ०* + हिं० (वि०) क्षेत्र की, प्रदेश की
इलाज–*अं०* (पु०) 1 दवा-दारु, चिकित्सा 2 उपचार 3 उपाय। **~पट्टी** + *हिं०* (स्त्री०) दवा-पट्टी
इलायची–(स्त्री०) एक प्रकार का फल जिसके दाने दवा के काम आते हैं **~दाना** + *फ़ा०* (पु०) इलायची का दाना
इलास्टीक–*अं०* (वि०) लचीला
इलाही–I *अ०* (पु०) ईश्वर, खुदा II (वि०) ईश्वरीय, दैवी
इलेक्ट्रॉन–*अं०* (पु०) विद्युदणु
इलेक्ट्रॉनिक–*अं०* (वि०) विद्युदाणविक
इलेक्ट्रॉनिकी–अं० +सं० इलेक्ट्रॉनिक से सम्बद्ध
इलेक्ट्रॉनिक्स–*अं०* (स्त्री०) इलेक्ट्रॉन विज्ञान
इलेक्ट्रिक–*अं०* (वि०) 1 बिजली का 2 विद्युत शक्ति से होनेवाला
इलेक्ट्रिसियन–*अं०* (पु०) विद्युत का काम करने वाला, बिजली मिस्त्री
इलेक्ट्रोड–*अं०* (पु०) विद्युदग्र
इलेक्शन–*अं०* (पु०) चुनाव
इल्ज़ाम–*अ०* (पु०) 1 आरोप 2 दोष लगाना
इल्तिजा–*अ०* (स्त्री०) प्रार्थना, निवेदन
इल्ताफ–*अं०* (स्त्री०) 1 ध्यान देना 2 कृपा
इल्तिमास–*अ०* (पु०) निवेदन, अर्ज़, प्रार्थना
इल्तिवा–*अ०* (पु०) 1 टलना 2 रुक जाना 3 लिपटना
इल्म–*अ०* (पु०) 1 विद्या 2 ज्ञान, जानकारी
इल्लत–*अ०* (स्त्री०) 1 रोग 2 दुर्व्यसन। **~पालना** बुरी आदत का शिकार होना, दुर्व्यसन में फंसना
इल्ला–(पु०) त्वचा पर निकलनेवाला छोटा कड़ा अबुंद मास कील, मगर, परंतु
इल्ली–(स्त्री०) उड़नेवाले कीड़ों के बच्चों का अंडे से निकलने के बाद का रूप
इव–*सं०* (अ०) समान, सदृश, मानिंद
इशरत–*अ०* (स्त्री०) 1 भोग विलास, मौज-मस्ती 2 वैभव। **~गाह** + *फ़ा०* (स्त्री०) वैभव स्थल
इशा–*अ०* (स्त्री०) 1 रात 2 रात्रि का अंधकार
इशाअत–*अ०* (स्त्री०) 1 प्रचार करना 2 प्रकाशित करना 3 छापना
इशारत–*अ०* (स्त्री०) इशारा करना
इशारा–*अ०* (पु०) संकेत। **इशारेबाजी** + *फ़ा०* इशारा करना, आँखों से संकेत करना;
इशारों पर नाचना कहने के अनुसार काम करना
इश्क़–*अ०* (पु०) 1 प्रेम 2 आसक्ति। **~पेचा** + *फ़ा०* एक प्रकार की लता और फूल; **~बाज़** + *फ़ा०* (वि०) प्रेमी आशिक़; **~बाज़ी** + *फ़ा०* (स्त्री०) सांकेतिक कथन
इश्क़िया–*अ०* (वि०) शृंगारिक, प्रेमप्रधान
इश्तियाक़–*अ०* (पु०) 1 शौक होना 2 चाह, लालसा
इश्तियाल–*अ०* (पु०) = इश्तियाल
इश्तहार–*अ०* 1 सार्वजनिक सूचना 2 विज्ञापन। **~तख्ता** + *फ़ा०* (पु०) विज्ञपन-फलक; **~बाज़ी** + *फ़ा०* (स्त्री०) इश्तहारों द्वारा जोरों से प्रचार करना
इश्तहारी–*अ०* (वि०) जिसका इश्तहार निकला हो
इश्तिआल–*अ०* (पु०) 1 भड़काना 2 उत्तेजित होना
इश्तियाक़–*अ०* (पु०) शौक, चाह
इश्तियाल–*अ०* (पु०) 1 भड़कना, प्रज्वलित होना 2 उत्तेजना
इश्तिराक–*अ०* (पु०) शिरकत, साझा
इश्तिहा–*अ०* (स्त्री०) 1 भूख 2 इच्छा
इषु–*सं०* (पु०) बाण, तीर
इष्ट–*सं०* (वि०) 1 चाहा हुआ 2 वांदनीय 3 प्रिय 4 पूजित। **~तम** (पु०) सबसे अधिक वांछित तत्व; **~काल** (पु०) उचित एवं उपयुक्त समय; **~देव** (पु०) 1 आराध्य देव 2 कुलदेवता; **~प्राप्ति** (स्त्री०) वांछित वस्तु का मिलना; **~मित्र** (पु०) प्रिय मित्र;
इष्टका–*सं०* (स्त्री०) ईंट
इष्टा–*सं०* (स्त्री०) प्रेमिका
इष्टि–*सं०* (स्त्री०) 1 अभिलाषा 2 अभीष्ट
इष्टिका–*सं०* (स्त्री०) = इष्टका
इष्य–*सं०* (पु०) वांछनीय
इस (सर्व०) 'यह' का विभक्ति के पहले प्रयोग में आनेवाला रूप
इसपेशल–*अ०* = स्पेशल, विशिष्ट
इसमाईली–*अ०* (पु०) शीया मुसलमानों का एक फिर्का
इसराईली–*अ०* (पु०) यहूदी
इसराफ़–*अ०* (पु०) फजूलखर्ची, उड़ाऊपन
इसरार–*अ०* (पु०) 1 आग्रह, हठ 2 आग्रह करना
इसलाम–*अ०* (पु०) 1 मुसलमानों का धर्म 2 ईश्वर के सामने सिर झुकाना
इसलामी–*अ०* (वि०) इसलाम संबंधी
इसलाह–*अ०* (पु०) 1 सुधारना, ग़लती ठीक करना 2 संशोधन
इसहाल–*अ०* (पु०) अतिसार
इसे (सर्व०) इसको
इस्क़ात–*अ०* (पु०) 1 गिरना 2 गर्भपात
इस्कूल–*अ०* (पु०) विद्यालय, पाठशाला
इस्तक़बाल–*अ०* (पु०) 1 स्वागत 2 अगवानी
इस्तग़ासा–*अ०* (पु०) 1 फ़ौजदारी नालिश 2 फ़रियाद
इस्तमरारी–*अ०* (वि०) स्थायी, नित्य
इस्तरी–(स्त्री०) = इस्तिरी
इस्तिजा–*अ०* (पु०) आबदस्त, जलशौच
इस्तिक़बाल–*अ०* (पु०) = इस्तक़बाल
इस्तिक़लाल–*अ०* (पु०) 1 धीरज, सब्र 2 अपने सहारे खड़े होना
इस्तिग़ासा–*अ०* (पु०) = इस्तग़ासा
इस्तिमरारी–*अ०* (वि०) = इस्तमरारी

इस्तिरी–(स्त्री०) कपड़े की शिकन को दूर करनेवाला एक यंत्र जो विद्युत से चालित होता है। ऐसा यंत्र जिसमें गर्म दहकवा कोयला भरकर कपड़े की शिकन दूर की जाती है

इस्तिलाह–*अ०* (पु०) कला, शास्त्र, व्यवसाय की पारिभाषिक शब्दावली

इस्तिलाही–*अ०* (वि०) 1 पारिभाषिक 2 लाक्षणिक

इस्तिसनाय–*अ०* (पु०) 1 अलग करना 2 शामिल न करना

इस्तीफ़ा–*अ०* (पु०) त्यागपत्र

इस्तेमाल–*अ०* (पु०) काम में लाना, व्यवहार; ~**शुदा** + *फ़ा०* प्रयोग किया हुआ

इस्तेमाली–*अ०* (वि०) प्रयोग में आनेवाली

इस्पात–*पुर्त०* (पु०) वैज्ञानिक विधियों द्वारा बनाया गया अच्छे किस्म का मज़बूत लोहा, फ़ौलाद, स्टील। ~**द्रावक** *सं०* (पु०) इस्पात गलाने की मशीन; ~**निर्माता** *सं०* (पु०) इस्पात बनानेवाला

इस्पाती–*पुर्त०* + *हिं०* (वि०) 1 इस्पात का बना 2 इस्पात संबंधी

इस्म–*अ०* (पु०) नाम, संज्ञा। ~**नवीसी** + *फ़ा०* (स्त्री०) 1 नाम सूची 2 नाम लिखाई; ~**इस्मे फ़र्ज़ी** + *फ़ा०* + *अ०* (पु०) काल्पनिक या ग़लत नाम; ~**इस्मे सिफ़त** (पु०) (व्या०) विशेषण पद; ~**इस्मे शरीफ** शुभ नाम

इस्लाम–*अ०* (पु०) = इसलाम

इह–*सं०* (सर्व०) 1 यहाँ, इस जगह 2 इस लोक में 3 अब, इस काल में। ~**काल** (पु०) यह जीवन; ~**लीला** (स्त्री०) इस लोक का जीवन; ~**लोक** (पु०) यह जगत्; ~**लौकिक** (वि०) इस लोक से संबंध रखनेवाला, सांसारिक

इहतिमाम–*अ०* (पु०) 1 प्रबंध 2 आयोजन

इहतिमाल–*अ०* (पु०) 1 संभावना 2 शक

इहतियाज–*अ०* (पु०) 1 अभाव 2 गरज

इहतियात–*अ०* (स्त्री०) 1 परहेज़, बचाव 2 सावधानी

इहतियातन–*अ०* (अ०) सावधानी की दृष्टि से

इहतियाती–*अ०* (वि०) सावधान

इहतिलाम–*अ०* (पु०) स्वप्न में वीर्यपात होना, स्वप्नदोष

इहसान–*अ०* (पु०) 1 नेकी, उपकार 2 भलाई करना, नेकी करना। ~**फ़रामोश** + *फ़ा०* (वि०) उपकार न माननेवाला, कृतघ्न; ~**मंद** + *फ़ा०* (वि०) कृतज्ञ, ऋणी

इहाता–*अ०* (पु०) चारदीवारी; ~**करना** (स० क्रि०) घेर लेना

ई

ईंगुर–(पु०) सिंदूर, हिंगुल

ईंट–(स्त्री०) 1 आयताकार साँचे में ढालकर पकाया जानेवाला मिट्टी का टुकड़ा जिसे दीवार आदि बनाने के काम में लाया जाता है 2 ईंट के खेल में ताश का पत्ता। ~**कारी** + *फ़ा०* (स्त्री०) = ईंटबंदी; ~**पत्थर** (पु०) 1 ईंट और पत्थर 2 कुछ नहीं; ~**बंदी** + *फ़ा०* (स्त्री०) = ईंटकारी ~**का छल्ला देना** कच्ची दीवार की मजबूती के लिए उससे सटाकर ईंटें चुनना; ~**गढ़ना** ईंटों को काट छाँटकर जोड़ाई के काम में आने योग्य बनाना; ~**चुनना** ईंटों को जोड़कर दीवार उठाना, **डेढ़ या ढाई ईंट की मस्जिद अलग बनाना** अपनी बात पर चलना, अपनी राय आम लोगों से भिन्न रखना; ~**पाथना** गीली मिट्टी को सांचे में ढालकर ईंट का आकार देना; ~**गुड़ दिखाकर ईंट मारना** भलाई की आशा देकर बुराई करना; ~**से ईंट बजना** मकान का ध्वस्त होना; ~**से ईंट बजाना** ध्वस्त करना, नष्ट-भ्रष्ट कर देना

ईंटा–(पु०) = ईंट

ईंडुरी–(स्त्री०) गेंडुरी, बिड़ई

ईंत–(पु०) सान चढ़ाते समय उसके नीचे रखी जानेवाली ईंट

ईंधन–(पु०) जलाने की लकड़ी, जलावन, उपला, कंडी। ~**तेल** (पु०) जलाने का तेल; ~**का काम देना** उत्तेजित करना, भड़काना

ईकार–*सं०* (पु०) 'ई' स्वर

ईकारांत–*सं०* (वि०) जिसके अंत में 'ई' हो

ईक्षक–*सं०* (वि०) 1 देखनेवाला 2 विचार करनेवाला

ईक्षण–*सं०* (पु०) 1 देखना 2 देखभाल 3 जाँच 4 विवेचन 5 जाँच पड़ताल

ईक्षणिक, ईक्षणीक–*सं०* (पु०) भविष्यवक्ता, ज्योतिषी

ईक्षा–*सं०* (स्त्री०) 1 दृष्टि 2 विचार

ईक्षित–*सं०* (वि०) 1 देखा हुआ 2 विवेचित

ईख–(स्त्री०) गन्ना, ऊख; ~**राज** (पु०) ईख बोने का त्योहार

ईज़ा–*अ०* (स्त्री०) पीड़ा, दर्द, कष्ट

ईजाद–*अ०* (स्त्री०) खोज, आविष्कार

ईजादी–*अ०* (वि०) आविष्कारक

ईजान–*अं०* (वि०) यज्ञ करनेवाला

ईज़ीचेयर–*अं०* (स्त्री०) आरामकुर्सी

ईठी–I (स्त्री०) भाला II (वि०) स्त्री०, प्यारी

ईडा–*सं०* (स्त्री०) प्रशंसा, स्तुति

ईडित–*सं०* (वि०) प्रशंसित, स्तुत

ईति–*सं०* (स्त्री०) 1 बाधा, उपद्रव 2 खेती को हानि पहुँचाने वाले छ उपद्रव (-अतिवृष्टि, अनावृष्टि, चूहे, टिड्डी आदि) 3 कष्ट

ईथर–*अ०* (पु०) एक रासायनिक द्रव्य पदार्थ

ईद–*अ०* (स्त्री०) मुसलमानों का त्योहार। ~**गाह** + *फ़ा०* (स्त्री०) ईद के दिन नमाज़ पढ़ने की जगह। ~**का चाँद** बहुत दिनों के बाद मुलाकात होना

ईदी–*अ०* + *फ़ा०* (स्त्री०) 1 ईद के दिन पर मित्रों एवं संबंधियों को दी जानेवाली सौग़ात; भेंट 2 मुबारक़बाद (ईद)

ईदुलफ़ित्र–*अ०* (स्त्री०) रमज़ान खत्म होने पर नया चाँद होने के दूसरे दिन मनाया जानेवाला त्योहार

ईदृश–I *सं०* (वि०) ऐसा, इस तरह का II (क्रि० वि०) ऐसे, इस तरह

ईप्सा–*सं०* (स्त्री०) 1 चाह 2 पाने की कामना

ईप्सित–*सं०* (वि०) 1 चाहा हुआ 2 प्रिय, काम्य

ईप्सु–*सं०* (वि०) इच्छुक, चाह रखनेवाला

ईफ़ाय–*अ०* (पु०) पूरा करना, वचन पालन ~**ईफ़ाये वादा**

+ फ़ा० + अ०, ईफ़ा वादा (स्त्री०) वादा पूरा करना, प्रतिज्ञा पालन

ईमा–*अ०* (पु०) 1 इशारा, संकेत 2 ध्वनि

ईमान–*अ०* (पु०) 1 धर्म विश्वास 2 ईश्वर पर विश्वास 3 धर्म 4 सच्चाई 5 नीयत। **~दार** + *फ़ा०* (वि०) 1 सच्चा, विश्वसनीय 2 धर्मनिष्ठ; **~दारी** + *फ़ा०* (स्त्री०) सत्यनिष्ठा एवं धर्म परायणता **~का सौदा** खरा व्यवहार; **~की कहना** सच्ची बात कहना; **~ठिकाने न रहना** 1 धर्म पर दृढ़ न रहना 2 नीयत बदल जाना; **~डिगना** नीयत में खामी आना; **~देना** सत्य त्यागना; **~बिगड़ना, ~में फ़र्क आना** 1 नीयत खराब होना 2 धर्म में आस्थाभाव न होना; **~लाना** 1 धर्म एवं सच्चाई पर विश्वास करना 2 धर्म रूप में स्वीकार करना

ईमाय–*अ०* (पु०) = ईमा

ईरण–I *सं०* (वि०) अस्थिर करनेवाला, क्षुब्ध करनेवाला II (पु०) 1 वायु, हवा 2 उत्तेजना 3 गमन

ईरानी–*फ़ा०* (वि०) ईरान देश का

ईरित–*सं०* (वि०) 1 प्रोत्साहित 2 कंपित

ईर्षा–*सं०* (स्त्री०) = ईर्ष्या। **~वश** (क्रि० वि०) ईर्ष्या से

ईर्षालु–*सं०* (वि०) = ईर्ष्यालु

ईर्ष्य–*सं०* (वि०) ईर्ष्या का विषय

ईर्ष्या–*सं०* (स्त्री०) जलन, डाह; **~द्वेष** (पु०) ईर्ष्या की भावना

ईर्ष्यालु–*सं०* (वि०) डाह, जलन करनेवाला

ईश–*सं०* (पु०) 1 ईश्वर 2 स्वामी 3 राजा

ईशता–*सं०* (स्त्री०) स्वामित्व, प्रभुत्व

ईशा–*सं०* (स्त्री०) 1 ऐश्वर्य, सुख 2 अधिकार 3 ऐश्वर्ययुक्त स्त्री 4 दुर्गा

ईशान–*सं०* (पु०) 1 स्वामी 2 ईश्वर 3 ज्योति 4 पूर्व और उत्तर के बीच का कोण

ईशिता–*सं०* (स्त्री०) 1 श्रेष्ठता, महत्ता 2 ईश्वरत्व

ईशु-प्रभु–*सं०* (पु०) हज़रत ईसा मसीह

ईशोपासना–*सं०* (पु०) ईश्वरभक्ति, भगवान् की पूजा

ईश्वर–*सं०* (पु०) 1 भगवान् 2 स्वामी 3 आत्मा। **~ता** (स्त्री०), **~तत्त्व** (पु०) ईशता; **~निष्ठ** (वि०) ईश्वर में विश्वास करनेवाला; **~निष्ठा** (स्त्री०)ईश्वर का पुजारी; **~भक्ति** (स्त्री०) = ईश्वर निष्ठा; **~मीमांसा** (स्त्री०) ईश्वर और जगत् का विवेचन करनेवाला शास्त्र; **~वाद** (पु०) ईश्वर की सत्ता और कर्तव्य शक्ति पर आस्था एवं विश्वास का सिद्धांत; **~वादी** (वि०) ईश्वरवाद को माननेवाला

ईश्वराधीन–*सं०* (वि०) 1 ईश्वर के अधिकार में रहनेवाला 2 ईश्वर की इच्छानुसार होनेवाला

ईश्वरीय–*सं०* (वि०) 1 ईश्वर का 2 ईश्वर द्वारा किया गया, ईश्वर द्वारा दिया, भेजा गया

ईश्वरोपासक–*सं०* (वि०) = ईश्वर निष्ठ

ईश्वरोपासना–*सं०* (स्त्री०) = ईश्वर निष्ठा

ईषत्–I *सं०* (वि०) थोड़ा, कम II (क्रि० वि०) 1 कुछ-कुछ 2 आंशिक रूप में

ईषत्स्पृष्ट–*सं०* (वि०) बहुत कम छुआ हुआ

ईषदुष्ण–*सं०* (वि०) थोड़ा गर्म,कुनकुना

ईषद्दर्शन–*सं०* (पु०) 1 चितवन 2 ईषद्दृष्टि

ईसवी–I *अ०* (वि०) ईसा से संबंध रखनेवाला II (पु०) ईसवी सन्

ईसा–*अ०* (पु०) ईसाई धर्म के प्रवर्तक, मसीह **~मसीह**

ईसाईयत–*अं०* (स्त्री०) ईसाई धर्म/मत

ईसाई–I *अ०* + *फ़ा०* (वि०) ईसा से संबंधित (स्त्री०) ईसाइन II (पु०) ईसाई धर्म

ईसार–*अ०* (पु०) स्वार्थत्याग

ईस्टर–*अं०* (पु०) ईसा मसीह को सूली पर चढ़ाने का दिन

ईस्वी–*अ०* (वि०) = ईसवी

ईहा–*सं०* (स्त्री०) 1 इच्छा, चाह 2 चेष्टा, प्रयत्न 3 लोभ

ईहित–*सं०* (वि०) 1 चाहा हुआ 2 चेष्टित

उ

उँगनी–(स्त्री०) गाड़ी की धुरी में तेल लगाने की क्रिया, औंगने की क्रिया

उँगल–(स्त्री०) = उँगली

उँगलाना–(स० क्रि०) तंग करना, परेशान करना

उँगली–(स्त्री०)हाथ-पैर के फली के आकार वाले अंतिम भाग। **~उठना** बदनामी होना; **~उठाना** 1दोष लगाना, बदनाम करना 2 बुरी दृष्टि, हानि पहुँचाने की दृष्टि से देखना; **~करना** परेशान करना, सताना, कष्ट देना; **~चटकाना** उँगलियों से चट-चट की ध्वनि निकालना; **~चमकाना, नचाना, मटकाना** उँगलियों को द्वेष, नखरे से हिलाना; **~पकड़ते पहुँचा पकड़ना** किसी की भलमनसी का अनुचित लाभ उठाने का प्रयत्न करना, थोड़ा पाकर अधिक पाने का प्रयास करना; **~रखना** दोष की ओर संकेत करना; **~लगाना** नाम मात्र की सहायता देना; **~उँगलियाँ नचाना** उँगलियाँ चमकाना; **उँगलियों पर नचाना** इच्छानुसार काम कराना, इशारों पर नचाना, वश में कर रखना; **~कानों में उँगलियाँ देना** निंदनीय या अनुचित बात की चर्चा होने पर उसके प्रति उदासीनता दिखाना; **दाँतों तले ~दबाना** आश्चर्य प्रकट करना; **पाँचों उँगलियाँ घी में होना** हर तरह से यथेष्ट लाभ का अवसर आना

उँछ–I *सं०* (स्त्री०)खेत में हुए दाने चुनना II (वि०) दाने चुनकर गुज़ारा करनेवाला। **~वृत्ति** (स्त्री०) खेत में छूटे हुए दानों को चुनकर गुज़र करना; **~शील** (वि०) उंछवृत्ति से जीविकोपार्जन करनेवाला

उँडक–*सं०* (पु०) शरीर के अंदर होने वाला या आँत का व्रण। **~शोथ** (पु०) आँत की सूजन

उँडेलना–(स० क्रि०) दूसरे बर्तन में गिराना, डालना, ढालना, उलटना

उँदरी–(स्त्री०) गंजा होना

उँदरू–(पु०) एक प्रकार की कँटिदार झाड़ी

उंदुर–*सं०* (पु०) चूहा

उँह–*अ०* अस्वीकार, घृणा, वेदना आदि का सूचक शब्द
उऋण–(वि०) कर्ज़ से मुक्त
उकचना–(अ० क्रि०) 1 उखड़ना 2 उचड़ना 3 हट जाना
उकटना–(स० क्रि०) उघटना
उकटा–(वि०)उघटा। ~**पुरान** (पु०) गड़े मुर्दे उखाड़ना, पुरानी बातों को उघटना
उकठना–(अ० क्रि०) 1 सूखकर ऐंठा जाना, उखड़ना 2 शुष्क, सूखा
उकठा– (वि०) 1 सूखकर ऐंठा हुआ 2 शुष्क, सूखा
उकडूँ–(पु०) बैठने का एक ढंग जिसमें घुटने मोड़कर छाती को स्पर्श करें
उकताना–(अ० क्रि०) ऊबना, अधीर होना
उकताहट–(स्त्री०) अधीरता, जल्दबाजी
उकलना–(अ० क्रि०) 1 उघड़ना 2 उखड़ना 3 लपेट खुलना
उकलाई–(स्त्री०) 1 उलटी, कै 2 मिचली
उकलाना–(अ० क्रि०) उलटी करना, उगलना
उकवत, उकवथ–(पु०) एक प्रकार का चर्म रोग, दाद
उकसना–(अ० क्रि०) 1 उभरना 2 अंकुरित होना
उकसाना–(स० क्रि०) 1 उभारना 2 भड़काना 3 उठाना 4 हटाना
उकसाव–(पु०) 1 उभार 2 उत्साह 3 उत्तेजना। ~**भरा** (वि०) उत्साहपूर्ण
उकसावा–(पु०) = उकसाव। ~**भरा** (वि०) = उकसावभरा
उकसाहट–(स्त्री०) = उकसाव, उत्तेजना
उक़ाब–*अ०* (पु०) 1 गरुड़ 2 बड़ी जाति का गिद्ध
उकार–*सं०* (पु०) 'उ' स्वर
उकारांत–*सं०* (वि०) जिसके अंत में 'उ' हो (जैसे-जंतु, लघु)
उकारना–(स० क्रि०) 1 उखाड़ना 2 खोदना
उकेरना–(पु०) 1 नक्काशी करना 2 बेल बूटे खोदना
उकेरी–(स्त्री०) 1 नक्काशी 2 बेल बूटे
उकेलना (स० क्रि०) 1 उधेड़ना 2 उचाड़ना 3 तह खोलना
उकौना–(पु०) 1 गर्भावस्था में होनेवाली इच्छाएँ 2 दोहद
उक्त–*सं०* (वि०) कहा हुआ, कथित। ~**प्रत्युक्त** (पु०) प्रश्नोत्तर, कथोपकथन; ~**लेखन** (पु०) कही हुई बात को लिखना
उक्ति–*सं०* (स्त्री०) 1 कथन 2 वाक्य 3 कवित्वमय वचन, पद्य। ~**युक्ति** (स्त्री०) बताई, सुझाई गई तरक़ीब; ~**वैचित्र** (पु०) अभिव्यक्ति का चमत्कार; ~**वैशिष्ट्य** (पु०) अभिव्यक्ति की विशेषता
उक्थ–*सं०* (पु०) 1 कथन 2 सूक्ति 3 एक यज्ञ 4 स्तोत्र-पाठ
उक्षण–*सं०* (पु०) 1 जल छिड़कना 2 तर करना
उक्षित–*सं०* (वि०) 1 सींचा हुआ 2 भिगोया हुआ
उखटना–I (स० क्रि०) 1 खोंटना 2 कुतरना II (अ० क्रि०) लड़खड़ाना
उखड़ना–(अ० क्रि०) 1 अपनी जगह से हटना 2 टूटना 3 उपटना 4 तितर-बितर होना। **उखड़ी-उखड़ी बातें करना** 1 उदासीन या खिन्न होकर बातें करना 2 झुँझलाकर बिना सोचे समझे बाते कहना; **उखड़ी-पुखड़ी सुनाना** अंड-बंड, अनाप-शनाप सुनाना
उखड़ा–(वि०) उखड़ा हुआ। ~**पुखड़ा** (पु०) अस्त-व्यस्त.
उखाड़–(स्त्री०) 1 उखाड़ने की क्रिया 2 पेंच की काट 3 दलील की काट। ~**पछाड़** (स्त्री०) 1 उलट-पलट 2 दाँव-पेंच
उखाड़ना–(स० क्रि०) 1 गड़ी, जमी बैठाई हुई चीज़ को अपनी जगह से हटा देना 2 ऊपर लाना 3 तितर-बितर करना 4 प्रभाव न जमने देना 5 भगाना 6 नष्ट करना
उखाड़ू–(वि०) उखाड़नेवाला
उखालिया–व्रत आरंभ करने से पहले रात में किया जानेवाला अल्पाहार, सरगही (सरघी)
उखेड़ना–(स० क्रि०) = उखाड़ना
उगना–(अ० क्रि०) 1 उदय होना 2 अँखुआ फेंकना 3 उपजना
उगलना–(स० क्रि०) 1 पेट की चीज मुँह से निकाल देना 2 छिपी हुई बात या वस्तु को प्रकट करना 3 अपराध स्वीकार कर लेना 4 बाहर निकालना
उगलवाना, उगलाना–(स० क्रि०) उगलने में प्रवृत्त करना
उगाना–(स० क्रि०) 1 उपजाना 2 उठाना 3 उदय करना
उगाल–(पु०) 1 थूक, खखार 2 पीक। ~**दान** + *फ़ा०* (पु०) थूकने का बर्तन, पीकदान
उगाला–(पु०) फ़सल को नुकसान पहुँचानेवाला एक कीड़ा
उगाहना–(स० क्रि०) 1 लोगों से लेकर इकट्ठा करना 2 चंदा करना 3 वसूल करना
उगाही–(स्त्री०) 1 वसूली 2 चंदा 3 लगान
उग्र–I *सं०* (वि०) 1 भयानक 2 तीव्र 3 क्रूर 4 हिंस्र 5 तेज़ II (पु०) 1 रुद्र 2 सूर्य; *सं०* उग्रता ~**दली** (वि०) उग्र दल का; ~**नीति** (स्त्री०) भयानक नीति; ~**पंथी** (वि०) =उग्रदली; ~**राष्ट्रवाद** राष्ट्रवाद जो निरंकुशता प्रधान हो और जिसमें उग्रनीतियों की मान्यता हो; ~**राष्ट्रवादी** उग्र राष्ट्रवाद का समर्थक ~**वाद** (पु०) भयानक विध्वंसकारी मार्ग का रूप; ~**वादी** उग्रवाद को मान्यता देनेवाला
उघटना–(स० क्रि०) 1 कोसना 2 किसी पर अपने उपकारों एवं उसके अपकारों को पुनः कहना, उकटना
उघटा–(वि०) उबटनेवाला। ~**पुरान** (पु०) उकटा पुरान
उघड़ना–(अ० क्रि०) 1 खुलना 2 प्रकट होना 3 नंगा होना 4 भंडाफोड़ होना। **उघड़कर नाचना** मान मर्यादा का विचार त्याग कर मनमानी करना, निंदनीय आचरण करना
उघरारा–(वि०) 1 जो ढँका न हो 2 नंगा
उघाड़ना–(स० क्रि०) 1 खोलना 2 अनावृत करना 3 पर्दाफ़ाश करना, भेद खोलना
उघाड़ा–(वि०) 1 खोला हुआ 2 अनावृत, नंगा
उघारना–(स० क्रि०) = उघाड़ना
उचकन–(पु०) वस्तु को ऊँचा करने के लिए आधार
उचकना–I (अ० क्रि०) एड़ी के सहारे ऊपर उठना II–*सं०* भगा ले जाना
उचकाना–(स० क्रि०) ऊपर उठाना, उभारना
उचक्का–(पु०) चीज़ उठाकर भाग जानेवाला,
उचटना–(अ० क्रि०) 1 उचड़ना 2 अलग होना 3 मन का न लगना, विरक्त होना **उचटी हुई दृष्टि डालना** विरक्त भाव से देखना
उचटाना–(स० क्रि०) 1 अलग करना 2 विरक्त करना 3 बिचकाना

उचड़ना, उचरना–(अ० क्रि०) = 1 उचटना 2 उखड़ना
उचाट–I (पु०) ऊब, उदासी II उचटा हुआ
उचाटना–(स० क्रि०) 1 उचाट कर देना 2 ध्यान भंग करना
उचाड़ना–(स० क्रि०) = उखाड़ना
उचावा–(पु०) सपने में बड़बड़ाना
उचित–*सं०* (वि०) 1 ठीक, उपयुक्त 2 प्रिय, ग्राह्य
उच्च–*सं०* (वि०) 1 ऊँचा 2 बड़ा, श्रेष्ठ 3 तेज़ 4 ऊँचे पद पर बैठा हुआ। ~**कुल** (वि०) श्रेष्ठ खानदान ~**कोटि** (स्त्री०) ऊँचा दर्जा; ~**गामी** (वि०) तेज़ जानेवाला; **ता** (स्त्री०) ~**तत्व** (पु०) श्रेष्ठता; ~**न्यायालय** (पु०) हाई कोर्ट; ~**पदस्थ** (वि०) ऊँचे पद पर काम करनेवाला ~**मान** (पु०) रिकॉर्ड; ~**रक्तचाप** (पु०) रक्त का वेग बहुत बढ़ जाना (रोग); ~**वर्ग** (पु०) धनिक तथा सुखी वर्ग; ~**शिक्षालय** (पु०) हाई स्कूल
उच्चक–*सं०* (वि०) 1 अत्यधिक ऊँचा 2 सबसे ऊँचा; ~**मनोग्रंथि** (स्त्री०) यह मानना कि हम औरों से बड़े हैं
उच्चतम–*सं०* (वि०) जो अपेक्षाकृत सबसे ऊँचा हो
उच्चतर–*सं०* (वि०) पहले से ऊँचा, और ऊँचा
उच्चय–*सं०* (पु०) 1 ढेर, राशि 2 चयन
उच्चयापचय–*सं* (पु०) उत्थान और पतन
उच्चरण–*सं०* (पु०) 1 ऊपर उठना 2 बाहर आना (शब्द)
उच्चरित–*सं०* (वि०) बोला हुआ
उच्चांक–*सं०* (पु०) = उच्चमान
उच्चांतरीय–*सं०* (पु०) ऊँचा शैल या भूभाग जो दूर तक समुद्र में निकला हो
उच्चांश–*सं०* (पु०) (ज्यो०) उन्नतांश
उच्चाकांक्षा–*सं०* (स्त्री०) बड़प्पन की आकांक्षा, महत्वाकांक्षा
उच्चाकांक्षी–*सं०* (वि०) 1 बड़प्पन की इच्छा रखनेवाला 2 महत्त्वाकांक्षी
उच्चाट–*सं०* (पु०) शत्रु को नष्ट करना
उच्चाटन–*सं०* (पु०) 1 खींचकर हटाना 2 उखाड़ना 3 तंत्र-मंत्र से मन को विरक्त करना
उच्चाटित–*सं०* (वि०) उच्चाटन किया हुआ
उच्चादर्श–*सं०* (पु०) ऊँचा आदर्श
उच्चाधिकारी–*सं०* (पु०) ऊँचे दर्जे का अधिकारी
उच्चाभिलाषा–*सं०* (स्त्री०) = उच्चाकांक्षा
उच्चाभिलाषी–*सं* (वि०) = उच्चाकांक्षी
उच्चायुक्त–*सं०* (पु०) राजदूत की तरह ब्रिटिश संघ के राज्यों में नियुक्त अधिकारी, हाई कमिश्नर
उच्चायोग–*सं०* (पु०) उच्चायुक्त का कार्यालय या उनका वर्ग
उच्चार–*सं०* (वि०) 1 उच्चारण 2 कथन
उच्चारक–*सं०* (वि०) उच्चारण करनेवाला, कहनेवाला
उच्चारण–*सं०* (पु०) 1 शब्द को मुँह से निकालना, बोलना 2 शब्द या उसके वर्णों को कहने का ढंग। ~**पद्धति** (स्त्री०) उच्चारण करने का ढंग; ~**प्रयत्न** (पु०) = उच्चारण; ~**स्थान** (पु०) मुँह का वह स्थान जिसके प्रयत्न से कोई खास ध्वनि निकले (कंठ, तालु, ओष्ठ, जिह्वा आदि)
उच्चारणाभ्यास–*सं०* (पु०) उच्चारण का अभ्यास
उच्चारणीय–*सं०* (वि०) उच्चारण करने योग्य
उच्चारित–*सं०* (वि०) कहा या बोला हुआ
उच्चार्य–*सं०* (वि०) उच्चारण करने योग्य
उच्चालक–*सं०* (पु०) ऊपर ले जानेवाला
उच्चालन–*सं०* (पु०) ऊपर ले चलना
उच्चालित्र–*सं०* (वि०) = उच्चालक
उच्चावच–I *सं०* (वि०) ऊँचा नीचा, 2 छोटा बड़ा 3 विषम II (पु०) भूतल की ऊँच-नीच
उच्चासन–*सं०* (पु०) ऊँचा आसन, पद
उच्चित्र–*सं०* (वि०) जिस पर बेल-बूटे उभारे गए हों (जैसे-उच्चित्र वस्त्र)
उच्छन्न–*सं०* (वि०) 1 नष्ट, लुप्त 2 अनावृत
उच्छल–*सं०* (वि०) 1 उछलने वाला 2 लहराता हुआ (जैसे ~**जलधि**)
उच्छिति–*सं०* (स्त्री०) विनाश
उच्छिन्न–*सं०* (वि०) 1 कटा हुआ 2 उखाड़कर नष्ट किया हुआ
उच्छिष्ट–I *सं०* (वि०) 1 खाने से बचा हुआ 2 बासी 3 जूठा II (पु०) 1 जूठा अन्न, जूठन 2 मधु, शहद; ~**भोजी** (वि०) जूठन खानेवाला
उच्छुल्क–*सं०* (वि०) जिस पर चुंगी न दी गई हो
उच्छू–(स्त्री०) श्वासनली में कुछ अटकने से आनेवाली खाँसी
उच्छृंखल–*सं०* (वि०) 1 निरंकुश 2 स्वेच्छाचारी, बंधन न माननेवाला 3 क्रमरहित। ~**ता** (स्त्री०) निरंकुशता
उच्छेत्ता–*सं०* (पु०) उच्छेद करनेवाला
उच्छेद–*सं०* (पु०) 1 काटना 2 जड़ से उखाड़ना 3 नाश। ~**वाद** (पु०) अनात्मवाद
उच्छेदक–*सं०* (वि०) 1 काटनेवाला 2 उन्मूलन करनेवाला
उच्छेदन–*सं०* (पु०) 1 उच्छेद करना 2 निराकरण
उच्छ्रायसूचक–*सं०* (पु०) उत्थान-सूचक
उच्छ्वसन–*सं०* (पु०) 1 साँस निकालना 2 गहरी साँस
उच्छ्वसित–*सं०* (वि०) 1 उच्छ्वास रूप में बाहर आया हुआ 2 विकसित
उच्छ्वास–*सं०* (पु०) 1 ऊपर छोड़ी जाने वाली साँस 2 आह भरना 3 मरण
उच्छ्वासी–*सं०* (वि०) 1 आह भरनेवाला 2 विकसित होनेवाला
उछंग–(पु०) 1 गोद 2 हृदय
उछक्का–(वि०, स्त्री०) व्यभिचारिणी, कुलटा
उछल-कूद–(स्त्री०) 1 उछलना-कूदना, कूद-फाँद 2 भाग दौड़ द्वारा प्रयत्न
उछलना–(अ० क्रि०) 1 तेज़ी के साथ नीचे से ऊपर उठना, उझकना, कूदना 2 ऊपर उठकर नीचे गिरना 3 उपटना 4 उतराना।
उछल पड़ना–प्रसन्न होना
उछलवाना, उछलाना–(स० क्रि०) = उछलना
उछाँटना–(स० क्रि०) 1 छाँटना 2 उपाटना 3 उचाटना
उछाल–(स्त्री०) 1 उछलने की क्रिया 2 छलांग 3 ऊँचाई। ~**छक्का**–(वि०, स्त्री०) कुलटा
उछालना–(स० क्रि०) 1 ऊपर फेंकना 2 उजागर करना; **कीचड़**~ गंदी बातें उठाना
उछाला–(पु०) 1 उबाल 2 उल्टी
उछाव, उछाह–(पु०) 1 उत्साह 2 हर्ष 3 हौसला

उजका–(पु०) पक्षियों आदि को डराने के लिए खेत में गाड़ दिया जानेवाला 'पुतला'

उजड़ना–(अ० क्रि०) 1 बस्ती नष्ट होना 2 बर्बाद होना

उजड़वाना–(स० क्रि०) 1 तबाह करना 2 वीरान करवाना 3 नष्ट-भ्रष्ट करवाना

उजड़ा–(वि०) 1 तबाह किया हुआ 2 वीरान किया हुआ। ~**पुजड़ा** (वि०) बर्बाद किया हुआ

उजड्ड–(वि०) 1 गँवार असभ्य 2 उद्दंड 3 अक्खड़; ~**पन** (पु०) 1 असभ्यता 2 उद्दंडता 3 रूखा व्यवहार

उजबक–*तुर्क०* (वि०) मूर्ख, बेवकूफ़

उजबेक –*अ०* (पु०) तातारियों की एक जाति

उजरत–*अ०* (स्त्री०) 1 मज़दूरी 2 पारिश्रमिक

उजलत–*अं०* (स्त्री०) उतावली, जल्दबाज़ी। ~**पसंद**, ~**बाज़** + *फ़ा०* (वि०) जल्दबाज़; ~**बाज़ी** + *फ़ा०* (स्त्री०) उतावली

उजला–(वि०) 1 सफ़ेद 2 स्वच्छ, साफ़ 3 चमकता हुआ 4 प्रकाश युक्त; ~**पन** (पु०) उज्ज्वलता; ~**मुँह करना** 1गौरव बढ़ाना 2 कलंक मिटाना; ~**उजली समझ** 1 निर्मल बुद्धि 2 स्वच्छ विचार

उजागर–I (वि०) 1 प्रकट, प्रकाशित 2 दीप्तिमय 3 प्रसिद्ध II (क्रि० वि०) प्रकट रूप से, खुलेआम

उजाड़–I (वि०) 1 ध्वस्त, उजड़ा हुआ 2 वीरान, जनशून्य II (पु०) वीरान स्थान

उजाड़ना–(स० क्रि०) नष्ट, बर्बाद करना

उजाड़ू–(वि०) 1 उजाड़ने वाला 2 बर्बाद करनेवाला

उजालना–(स० क्रि०) मैल साफ़ करना 2 चमकाना, दीप्त करना

उजाला–I (पु०) प्रकाश, रोशनी; **घर का**~ कुल का दीपक, बेटा; II (वि०) 1 **उज्ज्वल** 2 साफ़ **उजाले का तारा** भोर का तारा, शुक्रग्रह

उजाली–I (स्त्री०) चाँदनी II (वि०) चाँदनीवाली, प्रकाशमयी

उजास–(पु०) 1 उजाला, रोशनी 2 चमक

उजियरिया–(स्त्री०), उजियाला (पु०) = उजाला

उज़ुर–*अं०* (पु०) = उज़्र

उजेला–(वि०) = उजाला

उज्जल–I (वि०) **उज्ज्वल** II (क्रि० वि०) धारा के प्रतिकूल

उज्जासन–*सं०* (पु०) मारण, वध

उज्जीवन–*सं०* (पु०) 1 नया जीवन 2 फिर से पनपना3 नष्ट होकर पुनः अस्तित्ववान् होना

उज्जीवी– (सं०) *वि०* पुनर्जीवन-प्राप्त

उज्ज्वल–*सं०* (वि०) 1 सफ़ेद 2 स्वच्छ 3 कांतिमान और सुंदर 4 चमकीला, प्रकाशमान् 5 जलता हुआ। ~**ता** (स्त्री०) 1 स्वच्छता, निर्मलता 2 कांतिमयता और सुंदरता

उज्ज्वलन–*सं०* (पु०) 1 चमकना 2 जलना

उज्ज्वलित–*सं०* (वि०) 1 प्रकाशित 2 चमकाया 3 जलता हुआ

उज्झटित–*सं०* (वि०) उलझन में पड़ा हुआ, विकल

उज्झड़–(वि०) = उजड्ड

उज्झन–*सं०* (पु०) परित्याग

ज्झित –*सं०* (वि०) 1 त्यागा हुआ 2 अलग किया हुआ

उज़्र–*अ०* (पु०) 1 आपत्ति, एतराज़ 2 हेतु, कारण 3 आक्षेप; ~**ख़्वाही** + *फ़ा०* (स्त्री०) क्षमायाचना; ~**दार** + *फ़ा०* (वि०) उज़्र करनेवाला; ~**दारी** + *फ़ा०* अदालत की आज्ञा के विरोध में दी जानेवाली दरख़ास्त, आपत्ति-निवेदन

उझकना–(अ० क्रि०) 1 उचकना 2 चौंकना 3 उचककर झाँकना

उझलना–I (स० क्रि०) उँड़ेलना II (अ० क्रि०) उमड़ना

उटंग, उटंगा–(वि०) 1 उचित से कम लम्बाई का 2 ओछा (कपड़ा)

उटक्करलैस–(वि०) अटकलपच्चू

उटज–*सं०* (पु०) झोंपड़ी, पर्णकुटी

उटड़पा, उटड़ा–(पु०) गाड़ी का अगला भाग टिकाने के लिए जूए के नीचे लगायी जानेवाली लकड़ी

उटारी–(स्त्री०) चारा काटने के लिए कुंदा, निहटा

उट्ठी–(स्त्री०) प्रतियोगिता में हार जाना

उठँगन–(पु०) आड़, टेक लेकर बैठनेवाली वस्तु

उठक-बैठक–(स्त्री०) उठना-बैठना

उठगाना–(स० क्रि०) 1 लुढ़कने से बचाने के लिए सहारा लगाना 2 बंद करना (किवाड़)

उठना–(अ० क्रि०) 1 ऊँचाई में बढ़ना 2 लेटे हुए का बैठना 3 बैठे का खड़ा होना 4 जागना 5 मन में उपजना 6 उगना। ~ **बैठना** उठना और बैठना। ~**उठ खड़ा होना** चलने को तैयार होना; ~**दुनिया से उठ जाना** मर जाना, चल बसना; ~**उठती जवानी** किशोरावस्था, खिलती जवानी; ~**उठते-बैठते** 1 हर समय 2 हर हालत में; **उठना-बैठना**–मेल-जोल; **उठा-बैठी** 1 हैरानी 2 उठने-बैठने की कसरत

उठल्लू–(वि०) 1 एक स्थान पर न रहनेवाला 2 आवारा। ~**का चूल्हा**व्यर्थ इधर-उधर घूमनेवाला

उठवाना–(स० क्रि०) उठाने में प्रवृत्त करना

उठाँगन–(पु०) 1 बड़ा आँगन 2 बड़ा सहन

उठाईगीर–*हिं० + फ़ा० + हिं०* (पु०) वह जो छोटी मोटी चीज़ उठाकर चलता बने, उचक्का

उठाईगीरी–*हिं० + फ़ा०* (स्त्री०) चोरी चीज़ें उठा ले जाना, उचक्कापन

उठाऊ–(वि०) जो उठाया जा सके (जैसे-उठाऊ चूल्हा)

उठान–(स्त्री०) 1 उठने की क्रिया 2 बाढ़ 3 आरंभ 4 ऊँचाई

उठाना–(स० क्रि०) 1 नीचे से ऊपर ले जाना 2 लेटे हुए को बैठाना 3 बैठे हुए को खड़ा करना 4 जगाना 5 निकाल देना, छेड़ना 6 निर्माण करना 7 कसम खाने के लिए हाथ में लेना। ~**धरना** उठाना और रखना ~**रखना** कसर रखना, छोड़ रखना; **उठा ले जाना** बलपूर्वक ले जाना, हरण करना

उठा-पटक–(पु०) उठाना-पटकना

उठा-बैठी–(स्त्री०) उठना-बैठना

उठाव–(पु०) = उठान

उठावनी–(स्त्री०) 1 उठौनी 2 क्रिया-कर्म 3 मृतक संबंधी एक रीति, यज्ञ

उठौआ–(वि०) जो उठाया जा सके

उठौनी–(स्त्री०) 1 भार उठाने की मज़दूरी 2 पेशगी, अग्रिम राशि 3 उधार लेन-देन

उठौवा–(वि०) = उठौआ

उड़ंकू–(वि०) उड़नेवाला
उडंत–I (पु०) 1 उड़ान 2 कुश्ती का एक पेंच II (वि०) उड़नेवाला
उडंबरी–(स्त्री०) एक तरह का तारवाला बाजा
उड़द–(स्त्री०) एक दाल विशेष उरद
उड़न–(स्त्री०) उड़ने की क्रिया, उड़ान। ~**खटोला** (पु०) उड़नेवाला खटोला, विमान; ~**गोला** (पु०) उड़न बम, बिना निशाना साधे मारा गया बम; ~ **छूं** (वि०) एकदम लापता, ग़ायब; ~**झाईं** (स्त्री०) चकमा, धोखा; ~**तश्तरी** (स्त्री०) प्लेट जैसा एक आकाशीय पिंड; ~**फल** + सं० (पु०) उड़ने की शक्ति देनेवाला फल; ~**फ़ाख़्ता** + फ़ा० (वि०) सीधा सादा, बेवकूफ; ~**बाज़** + फ़ा० (वि०) = उड़ंकू; ~**शील** + सं० (वि०) उड़ जानेवाला
उड़ना–(अ० क्रि०) 1 पंख के सहारे हवा में चलना-फिरना 2 विमान आदि में बैठकर आकाशमार्ग से यात्रा करना 3 हवा के साथ डोलना-फिरना 4 बिखरना 5 फहराना, लहराना 6 छलाँग भरना 7 उछलकर लाँघ जाना। **उड़ आना** तेज़ी से आना; **उड़खाना** 1 अप्रिय लगना 2 उड़-उड़कर काटना; **उड़ चलना** 1 असाधारण वेग से जाना 2 अत्यधिक खिलना, फबना; ~**जाना** ग़ायब होना; **उड़ता बनना** जल्दी चला जाना; **उड़ती खबर** अफ़वाह
उड़प–(पु०) एक तरह का नाच
उड़री–(स्त्री०) एक तरह का छोटा उरद (उड़द)
उड़सना–(अ० क्रि०) उठना, भग हाना
उडाऊ–I (वि०) 1 उड़ानेवाला 2 खर्च करनेवाला (पैसा) II (पु०) अपव्यय
उड़ाका, उड़ाकू–(पु०) 1 उड़नेवाला 2 विमान चालक; ~**दल** (पु०) घटना-स्थल पर तुरंत पहुँच जानेवाली पुलिस की टुकड़ी
उड़ान–(स्त्री०) 1 हवा में उड़ने की क्रिया 2 उड़ाई जानेवाली वस्तु की गति 3 उड़ने वाली वस्तु का मार्ग 4 छलाँग। ~**कार्यक्रम** + सं० (पु०) उड़ान की योजना आदि; ~**घाई** (स्त्री०) चकमा, धोखा ~**मारना** बहाना करना
उड़ाना–(स० क्रि०) 1 उड़ने की क्रिया कराना 2 लहराना, फहराना 3 बिखेरना, फ़ैलाना 4 सफ़ाई से हटाना या चुराना 5 झटक लेना 6 खर्च कर डालना 7 भगा देना 8 चकमा देना। **मौज,** ~**माल** ऐश करना
उड़ाल–(स्त्री०) 1 कचनार की छाल 2 कचनार की छाल से बनी रस्सी
उड़ासना–(स० क्रि०) 1 समेटना, उठाना 2 भगाना 3 उजाड़ना
उड़िया–I (पु०) उड़ीसा का निवासी II (स्त्री०) उड़ीसा की भाषा
उड़िल–(पु०) वह भेड़ जिसके बाल काटे न गए हों
उडु–सं० (पु०) 1 नक्षत्र 2 जल। ~**पति,** ~**राज** (पु०) 1 चंद्रमा 2 वरुण
उडुस–(पु०) खटमल
उड़ेलना–(स० क्रि०) 1 उड़ेलना 2 गिराना
उड्डयन–सं० (पु०) 1 उड़ना 2 विमानन। ~**अनुसंधान चालक** (पु०) उड़ने की खोज करनेवाला; ~**गुल्म** (पु०) उड़ाकुओं की टुकड़ी; ~**पथ** (पु०) उड़नमार्ग; ~**विद्यालय** (पु०) वह स्थान जहाँ उड़ने के विषय में शिक्षा दी जाती है; ~**विभाग** (पु०) विमान आदि की व्यवस्था करनेवाला विभाग
उड्डीयन–सं० (पु०) = उड़ान। ~**मान** (वि०) 1 उड़नेवाला 2 उड़ता हुआ
उढ़कन–(पु०) टेक, सहारा
उढ़कना–(अ० क्रि०) 1 सहारा लेना 2 ठोकर खाना 3 रुकना
उढ़काना–(स० क्रि०) सहारा देकर खड़ा करना
उढ़रना–(अ० क्रि०) विवाहिता स्त्री का पर-पुरुष के साथ भाग जाना
उढ़री–(स्त्री०) भगाकर लाई हुई स्त्री, रखैल
उढ़ाना–(स० क्रि०) ओढ़ाना
उढ़ारना–(स० क्रि०) दूसरे की स्त्री को भगा लाना
उत्–(उप०) ऊपर को ओर, अधिक; जैसे-उत्तेजना, उत्तप्त
उतना–I (वि०) 1 उस मात्रा का 2 उस क़दर II (क्रि० वि०) उस मात्रा में
उतरना–(अ० क्रि०) 1 नीचे आना 2 ढलना 3 घटना 4 हल्का पड़ना 5 पार होना 6 ढीला होना 7 तौल में ठीक आना 8 अखाड़े में कुश्ती के लिए आना 9 अलग होना, जैसे-खाल ~**उतर आना** (पर) तैयार हो जाना; **ऋण**~ **ऋण** चुक जाना; **खरा**~ पूरा सिद्ध होना; **गले के नीचे**~ **समझ** में आना; **चित्त से** ~ आदरयोग्य न रह जाना, अप्रिय होना; **मन से** ~भूल जाना; **मुँह**~ फीका पड़ना
उतरवाना–(स० क्रि०) उतारने में प्रवृत्त करना
उतराई–(स्त्री०) 1 उतरने की क्रिया 2 ढाल 3 नदी के पार उतारने का पारिश्रमिक
उतरान–(पु०) उतराई
उतराना–(अ० क्रि०) 1 पानी के ऊपर आना या रहना, बहना 2 उफनना 3 छा जाना
उतरायल–(वि०) 1 उतारा हुआ 2 पहना हुआ (गहना या कपड़ा)
उतराव–(पु०) = उतराई
उतान–(वि०) 1 चित्त लेटा हुआ 2 जो छाती ताने हुए हो
उतार– (पु०) 1 उतरने की क्रिया, उतराई 2 ढाल 3 उतरने का क्रम 4 उतारना। ~**चढ़ाव** (पु०) 1 ऊंचाई-निचाई 2 हानि-लाभ 3 घटत-बढ़त
उतारन–(पु०) 1 पहना हुआ पुराना कपड़ा जो नौकर, भिक्षुक आदि को दिया जय 2 न्यौछावर 3 निकृष्ट वस्तु
उतारना–(स० क्रि०) 1 नीचे लाना 2 पहने हुए वस्त्र, आभूषण आदि को अलग करना 3 मंत्रादि पढ़कर प्रभाव दूर करना 4 घटाना 5 पार पहुँचाना 6 न्यौछावर करना 7 अर्क़ खींचना। **किसी की इज़्ज़त या पगड़ी**~ किसी को अपमानित करना; **किसी व्यक्ति की नकल**~ उपहास परिहास आदि के लिए किसी की अंग-भंगी बोल-चाल, रंग-ढंग आदि का अभिनय करना
उतारा–I (पु०) 1 नदी आदि से पार उतरने की क्रिया 2 डेरा डालना, पड़ाव डालना 3 डेरा, पड़ाव II (पु०) 1 भूत प्रेत रोग आदि की बाधा के निवारण के लिए टोने टोटके के रूप में किसी व्यक्ति के चारों ओर कुछ सामग्री उतारकर अलग चौराहे आदि स्थानों पर रखना 2 उतारन (वस्त्रादि)। **उतारे का**

झोंपड़ा: यात्रियों के टिकने एवं ठहरने आदि का स्थान, विश्रामालय
उतारू–(वि०) आमादा, उद्यत, कटिबद्ध
उतावला–(वि०) 1 उतावली करनेवाला, जल्दबाज़ 2 आवेश में काम करनेवाला; **~पन** (पु०) 1 जल्दबाज़ी 2 अधीरता
उतावली–(स्त्री०) = उतावलापन
उत्कंठ–I *सं०* (वि०) 1 जिसने गर्दन उठाई हो 2 तत्पर, उद्यत 3 उत्कंठायुक्त II (पु०) इच्छा करना
उत्कंठा–*सं०* (स्त्री०) 1 तीव्र अभिलाषा 2 बेचैनी 3 उत्सुकता, आतुरता
उत्कंठातुर–*सं०* (वि०) उत्कंठा पूरी करने के लिए आतुर और बेचैन
उत्कंठित–*सं०* (वि०) 1 उत्कंठा से भरा हुआ 2 अधीर 3 लालायित
उत्कंठिता–*सं०* (स्त्री०) 1 प्रिय मिलन के लिए बेचैन नायिका 2 संकेत स्थल पर प्रिय को न मिलने से चिंता करनेवाली नायिका
उत्कंप–*सं०* (पु०) कँपकँपी
उत्कच–*सं०* (वि०) जिसके बाल खड़े हों
उत्कट–*सं०* (वि०) 1 तीव्र 2 उग्र 3 प्रबल 4 विकट, विकराल 5 विद्वान् 6 श्रेष्ठ 7 कठिन 8 घमंडी
उत्कर्ष–*सं०* (पु०) 1 ऊपर खींचना 2 उन्नति 3 समृद्धि 4 श्रेष्ठता, बड़प्पन
उत्कर्षक–*सं०* (वि०) उत्कर्ष करनेवाला, उन्नायक
उत्कर्षण–*सं०* (पु०) 1 ऊपर खींचना 2 गुणों को विकसित करना
उत्कर्षापकर्ष–*सं०* (पु०) उत्थान-पतन
उत्कल–*सं०* (पु०) 1 बहेलिया 2 भारवाहक 3 वर्तमान उड़ीसा
उत्कलन–*सं०* (पु०) 1 बंधन से मुक्त होना 2 पुष्पादि का खिलना 3 लहराना
उत्कलिका–*सं०* (स्त्री०) 1 उत्कंठा 2 फूल की कली 3 लहर
उत्कलित–*सं०* (वि०) 1 खिला हुआ 2 विकसित 3 लहराता हुआ
उत्कारिका–*सं०* (स्त्री०) पुलटिस, लेप
उत्कासन–*सं०* (पु०) बेदख़ल करना 2 खंखारना
उत्कीर्ण–*सं०* (वि०) 1 बिखरा हुआ 2 छिदा हुआ 3 खुदा हुआ। ~लेख
उत्कीर्णन–*सं०* (पु०) 1 बिखेरना 2 खोदकर अंकित करना
उत्कीर्णित–*सं०* (वि०) = उत्कीर्ण
उत्कीर्त्तन–*सं०* (पु०) 1 चिल्लाना 2 प्रशंसा करना
उत्कुण–*सं०* (पु०) 1 खटमल 2 जूँ
उत्कूज–(पु०) 1 कुहुक 2 मीठी आवाज़
उत्कृष्ट–*सं०* (वि०) 1 श्रेष्ठता, उत्तम 2 उन्नत। **~ता (स्त्री०)** श्रेष्ठता
उत्केंद्र–*सं०* (वि०) 1 केन्द्र से हटा हुआ 2 अनियमित
उत्केंद्रक–*सं०* (वि०) केन्द्र से दूर फेंकनेवाला, विकेंद्रक
उत्कोच–*सं०* (पु०) 1 रिश्वत, घूस 2 भ्रष्टाचार। **~ग्राही** (पु०) = उत्कोचक; **~प्रियता** (स्त्री०) घूस का चस्का
उत्कोचक–*सं०* 1 घूस लेनेवाला 2 घूस देनेवाला 3 भ्रष्टाचारी
उत्क्रम, उत्क्रमण–*सं०* (पु०) 1 ऊपर जाना 2 उन्नति होना 3 प्रस्थान 4 उल्लंघन 5 उलटा (करना)
उत्क्रमणीय–*सं०* (वि०) 1 उन्नति करने योग्य 2 प्रस्थान योग्य
उत्क्रांत–*सं०* (वि०) 1 बढ़ा हुआ 2 उल्लंघित 3 उल्टा
उत्क्रांति–*सं०* (स्त्री०) 1 उत्क्रमण 2 विपरीतता 3 मृत्यु
उत्क्रोश–*सं०* (पु०) शोरगुल, हल्ला गुल्ला
उत्क्लेदन–*सं०* (पु०) तर होना, गीला होना
उत्क्लेश–*सं०* (पु०) 1 उत्तेजना 2 बेचैनी 3 अस्वस्थता 4 छाती की जलन
उत्क्षिप्त–*सं०* (वि०) 1 ऊपर उछाला हुआ 2 ध्वस्त 3 अलग किया हुआ
उत्क्षेप–*सं०* (पु०) 1 उछालना 2 फेंक देना 3 परित्याग 4 कै
उत्क्षेपक–*सं०* (वि०) 1 उछालनेवाला 2 चुरानेवाला
उत्क्षेपण–*सं०* (पु०) 1 = उत्क्षेप 2 वमन 3 चोरी
उत्खचन–*सं०* (पु०) उत्कीर्ण करना, खेंचाना
उत्खनन–*सं०* (पु०) ज़मीन से खोदकर निकालना, खुदाई
उत्खात–*सं०* (वि०) 1 खोदा हुआ 2 नष्ट किया हुआ 3 उखाड़ने वाला
उत्खाता–*सं०* (वि०) 1 खोदनेवाला 2 नष्ट करनेवाला 3 उखाड़नेवाला
उत्तंस–*सं०* (पु०) मुकुट
उत्तट–*सं०* (वि०) तट के ऊपर बहनेवाला
उत्तप्त–सं० (वि०) 1 अत्यधिक गर्म 2 दुःखी 3 कुपित
उत्तम–*सं०* (वि०) 1 सबसे अच्छा, श्रेष्ठ 2 प्रधान, सबसे बड़ा। **~ता** (स्त्री०) 1 श्रेष्ठता 2 प्रधानता; **~पुरुष** (पु०) 1 श्रेष्ठ व्यक्ति 2 (व्या०) वह पद जो प्रथम पुरुष अर्थात् बोलनेवाले का वाचक हो (जैसे-मैं, हम); **~वय** (पु०) जीवन की अंतिम अवस्था; **~श्लोक** (वि०) यशस्वी; ~साहस (पु०) कठोर शारीरिक दंड
उत्तमतया–*सं०* (वि०) उत्तम रूप से, भली भाँति, अच्छी तरह
उत्तमर्ण–*सं०* (पु०) ऋण देनेवाला, महाजन
उत्तमांग–*सं०* (पु०) सिर (सर्वश्रेष्ठ अंग)
उत्तमा–I *सं०* (वि०) गुणवती, भली, नेक II (स्त्री०) श्रेष्ठ स्त्री
उत्तमार्द्ध–*सं०* (पु०) 1 उत्कृष्ट अर्धांश 2 उत्तरार्ध
उत्तमोत्तम–सं० (पु०) (वि०) अच्छे से अच्छा, सर्वश्रेष्ठ
उत्तमौजा–*सं०* (वि०) उत्तम बल और तेजवाला
उत्तरंग–I *सं०* (पु०) वह काठ जो चौखट के ऊपर लगाया जाता है II (वि०) 1 लहराता हुआ, तरंगित 2 आनंदमग्न 3 काँपता हुआ
उत्तर–I *सं०* (वि०) 1 उत्तर दिशा संबंधी 2 ऊपर वाला 3 पीछे आनेवाला, बाद का 4 अतीत II (पु०) 1 दक्षिण की उल्टी दिशा 2 जवाब 3 बदला 4 परिणाम, हल III (क्रि० वि०) 1 पीछे 2 बाद। **~काय** (पु०) शरीर का ऊपर का भाग; **~काल** (पु०) आनेवाला समय, भविष्यत् काल; **~क्रिया** (स्त्री०) अंत्येष्टि; **~च्छद** (पु०) बिछौने के ऊपर वाली चादर; **~जीवन** (पु०) बचने के बाद का जीवन; **~जीवी** (पु०) बचकर जीनेवाला प्राणी, **~तंत्र** (पु०) 1 किसी वैदिक ग्रंथ का पिछला भाग 2 सुश्रुत का परिशिष्ट भाग; **~तिथित** (वि०) जिस पर बाद की तारीख डाली गई; **~दाता** I (वि०) जवाब देनेवाला II (पु०) उत्तरदायी; **~दान** (पु०) पुरखों से प्राप्त संपति; **~दायक** (वि०) =

उत्तरदायी; ~**दायित्व** (पु०) जवाबदेही, ज़िम्मेदारी; **दायित्व पूर्ण** (वि०) = उत्तरदायी; ~**दायित्वहीन** (वि०) ग़ैर ज़िम्मेदारी; ~**दायित्वहीनता** (स्त्री०) ग़ैर-ज़िमेदारी ~**दायी** (वि०) जवाब देनेवाला, ज़िम्मेदार; ~**दिनांकित** (वि०) = उत्तर तिथित; ~**पक्ष;** (पु०) 1 बहस का जवाब 2 सिद्धांत पक्ष; ~**पश्चिम** + *हिं०* (वि०) उत्तर पश्चिमी; ~**पट** (पु०) 1 ऊपर की चादर, उत्तरीय 2 बिछाने की चादर; ~**पथ** (पु०) 1 उत्तर का रास्ता 2 देवयान; ~**पद** (पु०) समास का अंतिम पद; ~**प्रत्युत्तर** (पु०) 1 सवाल-जवाब 2 वाद-विवाद, बहस, जिरह; ~**प्रदेशीय** (वि०) उत्तर प्रदेश (यू० पी०) का; ~**भाग** (पु०) उत्तरार्द्ध; ~**भोगी** बची हुई संपति का भोग करनेवाला; ~**मध्यकाल** (पु०) मध्यकाल के अंतर्गत बाद का समय ~**माला** (स्त्री०) अनेक उत्तर; ~**मीमांसा** (स्त्री०) वेदांत दर्शन; ~**वर्ती** (वि०) बाद में आनेवाला ~**वयस्** *सं०* (पु०) पिछली उम्र, बुढ़ापा ~**वस्त्र** (पु०) 1 ऊपर पहनने का वस्त्र 2 दुपट्टा; ~**वादिता** (स्त्री०) = उत्तरदायित्व; ~**वादी** (पु०) 1 प्रतिवादी 2 फ़रियाद करनेवाला; ~**साक्षी** (पु०) सुनी-सुनाई का गवाह; ~**साधक** I (पु०) सहायक II (वि०) 1 शेषांश को पूरा करनेवाला 2 जवाब को साबित करनेवाला; ~**स्थ** (वि०) उत्तरी

उत्तरण–*सं०* (पु०) तैर कर पार करना

उत्तरा–*सं०* (स्त्री०) 1 उत्तर दिशा 2 एक नक्षत्र

उत्तराधिकार–*सं०* (पु०) किसी की मृत्यु के बाद संपत्ति पाना, हक़, विरासत। ~**प्रमाण पत्र** (पु०) विरासत नामा

उत्तराधिकारी–*सं०* (वि०) 1 किसी की मृत्यु के बाद उसकी संपत्ति पाने का अधिकारी, वारिस 2 किसी के बाद पद या अधिकार पानेवाला (स्त्री० - उत्तराधिकारिणी)

उत्तरापथ–*सं०* (पु०) उत्तरी मार्ग का क्षेत्र (गढ़वाल, कुमाऊँ)

उत्तरापेक्षी–*सं०* (वि०) जवाब चाहनेवाला

उत्तराभास–*सं०* (पु०) 1 झूठा जवाब, ऊपर से सत्य लगनेवाला उत्तर 2 बहाना

उत्तराभासी–*सं०* (पु०) उत्तर का आभास, अनुमान होना

उत्तरायण–*सं०* (पु०) 1 सूर्य का मकर रेखा से उत्तर की ओर जाना 2 छः माह की अवधि जब सूर्य की गति कर्क रेखा की ओर रहती है

उत्तरार्द्ध–*सं०* (पु०) 1 कमर से ऊपर का आधा भाग 2 पिछला आधा भाग

उत्तरावस्था–*सं०* (स्त्री०) बाद की स्थिति या दशा

उत्तरी–*सं०+हिं०* (वि०) उत्तर दिशा में होनेवाला, उत्तर का। ~**पश्चिमी** + हिं० + सं० (वि०) उत्तर पश्चिमी

उत्तरीय–I *सं०* (वि०) 1 उत्तर का 2 ऊपर का II (पु०) दुपट्टा, ओढ़नी, ऊपर पहनने का कपड़ा

उत्तरोत्तर–*सं०* (क्रि० वि०) 1 क्रमशः 2 लगातार 3 अधिकाधिक, एक से एक बढ़कर

उत्तल–*सं०* (वि०) जिसका तल उठा हो, उन्नतोदर

उत्तान–*सं०* (वि०) 1 फैला हुआ 2 चित 3 सीधा 4 ऊर्ध्वमुख 5 स्पष्ट; ~**हृदय** (पु०) सरल हृदय

उत्ताप–*सं०* 1 अत्यधिक गर्मी 2 दुःख 3 क्षोभ 4 उत्तेजना। ~**पूर्ण** (वि०) क्षोभ से भरा हुआ

उत्तापन–*सं०* (पु०) 1 अत्यधिक गर्म करना 2 मानसिक कष्ट पहुँचाना

उत्तापित–(सं० वि०) 1 तपाया हुआ, उत्तप्त 2 बहुत दुःख पहुँचाया हुआ

उत्तापी–*सं०* (वि०) दुःख देनेवाला

उत्तारक–I *सं०* (पु०) शिव II (वि०) उद्धार करनेवाला, उबारनेवाला

उत्तारण–*सं०* (पु०) 1 तैरकर पार करना, 2 उद्धार करना, उबारना

उत्तार्य–*सं०* (वि०) पार उतारने योग्य, वमन करने योग्य

उत्ताल–(सं०) (वि०) 1 पास हुआ 2 पारित, पार गया हुआ, 3 उन्मुक्त

उत्तावतल–*सं०* (वि०) एक ओर उभरा हुआ दूसरी ओर दबा हुआ

उत्तीर्ण–*सं०* (वि०) 1 पास हुआ 2 पारित, पार गया हुआ 3 मुक्त

उत्तुंग–*सं०* (वि०) = उत्ताल

उत्तू–I *पुर्त०* (पु०) कपड़े पर बेल बूटे, चुन्नट के निशान डालने का औज़ार 2 बेल बूटे का काम जो इस औज़ार के जरिये किया जाए II (वि०) मत्त, नशे में चूर। ~**कश**, ~**गर** (पु०) उत्तू का काम करनेवाला

उत्तेजक–*सं०* (वि०) 1 उभारनेवाला 2 काम, क्रोध आदि को भड़कानेवाला

उत्तेजन–*सं०* (पु०) **उत्तेजना** – *सं०* (स्त्री०) 1 उभारना, उकसाना 2 भावावेश 3 जोश। ~**कारी** (वि०) उत्तेजना करनेवाला (स्त्री०); ~**पूर्ण** (वि०) 1 उत्तेजनामय 2 रोष युक्त 3 क्रोधमय

उत्तेजनात्मक–*सं०* (वि०) जोश दिलानेवाला, भड़कीला

उत्तेजित–*सं०* (वि०) 1 जिसमें उत्तेजना आई हो 2 उकसाया हुआ, भड़काया हुआ

उत्तोलक–I *सं०* (वि०) भार को ऊपर उठानेवाला II (पु०) क्रेन

उत्तोलन–*सं०* (पु०) 1 भार ऊपर उठाना 2 तौलना। ~**यंत्र** (पु०) = उत्तोलक

उत्थान–*सं०* (पु०) 1 उठना 2 उठाना 3 वृद्धि, उन्नति। ~पतन (पु०) उतार-चढ़ाव

उत्थानक–I *सं०* (वि०) उभारनेवाला, उठानेवाला II (पु०) लिफ्ट

उत्थापक–*सं०* (पु०) 1 = उत्थानक (यंत्र) 2 जगानेवाला

उत्थापन–*सं०* (पु०) 1 उठाना, ऊँचा करना 2 जगाना 3 उभारना 4 प्रेरित करना

उत्थापित–*सं०* (वि०) 1 ऊपर उठाया हुआ 2 उत्तेजित किया हुआ 3 जगाया हुआ

उत्थित–*सं०* (वि०) 1 उठा हुआ 2 जागा हुआ 3 उन्नत

उत्पतन–*सं०* (पु०) 1 ऊपर उठना 2 उछलना 3 फेंकना

उत्पत्ति–*सं०* (स्त्री०) 1 जन्म 2 उत्पादन 3 उद्गम। ~**स्थल**, ~**स्थान** (पु०) जन्म स्थान

उत्पथ–*सं०* (पु०) बुरा रास्ता

उत्पन्न–*सं०* (वि०) 1 जन्मा हुआ 2 उपजा हुआ

उत्परिवर्तन–*सं०* (पु०) पहले से अच्छा होने का परिवर्तन
उत्पल–I *सं०* (पु०) 1 कमल 2 नील कमल II (वि०) अत्यधिक दुबला-पतला
उत्पवन–*सं०* 1 शुद्धिकरण 2 पानी छानना 3 तरल पदार्थ छिड़कना
उत्पाटक–*सं०* (वि०) उखाड़नेवाला
उत्पाट, उत्पाटन–*सं०* (पु०) 1 उखाड़ना 2 जड़ से नाश करना
उत्पाटित–*सं०* (वि०) जड़ से नाश किया हुआ
उत्पात–*सं०* (पु०) 1 उछलना 2 विपत्सूचक आकस्मिक घटना 3 उपद्रव
उत्पातक, उत्पाती–*सं०* (वि०) उत्पात मचानेवाला, उपद्रवी
उत्पाद–*सं०* (पु०) 1 उत्पादित वस्तु 2 उपज, पैदावार
उत्पादक–*सं०* (वि०) उत्पादन करनेवाला
उत्पादन–*सं०* (पु०) 1 पैदा करना 2 उपजाना 3 पैदा किया गया माल। ~**का ढंग** (पु०) पैदा करने, उपजाने का तरीका; ~**के साधन** (पु०) उत्पन्न करने के साधन, उपाय, ज़रिया; ~**अस्त्र** (पु०) उत्पन्न करने के यंत्र, औज़ार आदि; ~**कर** (पु०) उत्पादन स्वरूप सरकार को जानेवाला टैक्स, शुल्क; ~**कर्ता** (पु०) = उत्पादक ~क्षमता (स्त्री०) उत्पादन सामर्थ्य, शक्ति; ~**क्षेत्र** (पु०) उत्पादन की सीमा (भूमि, आदि) ~**खर्च** + *फ़ा०* (पु०) = उत्पादन व्यय; **पद्धति**, ~**प्रणाली** ~**प्रविधि** (स्त्री०) = उत्पादन विधि; ~**मूल्य** (पु०) = उत्पादन व्यय ~**विधि** (स्त्री०) उत्पादन करने का ढंग या कौशल; ~**व्यय** (पु०) उत्पादन पर आनेवाला खर्च; ~**शीलता** (स्त्री०) = उत्पादन क्षमता; ~**शुल्क** (पु०) = उत्पादन कर; ~**साधन** (पु०) उत्पादन करने के लिए अपनाए जानेवाले साधन
उत्पादित–*सं०* (वि०) 1 उत्पन्न 2 पैदा किया हुआ, उपजाया
उत्पादी–*सं०* (वि०) उत्पन्न करनेवाला
उत्पाद्य–*सं०* (वि०) उत्पादन योग्य
उत्पीड़क–*सं०* (वि०) कष्ट देनेवाला, आततायी
उत्पीड़न–*सं०* (पु०) 1 सताना 2 दबाना 3 अत्याचार करना
उत्प्रवास, उत्प्रवासन–*सं०* (पु०) 1 अपना देश छोड़कर अन्य देश में जाना 2 अन्य देश में जाकर रहना
उत्प्रवासी–*सं०* (पु०) दूसरे देश का रहनेवाला
उत्प्रेक्षक–*सं०* (वि०) तर्क-वितर्क करनेवाला
उत्प्रेक्षण–*सं०* (पु०) 1 ऊपर देखना 2 ध्यानपूर्वक देखना-भालना 3 तुलना करना
उत्प्रेक्षा–*सं०* (पु०) 1 उद्‌भावना 2 अनुमान 3 उपेक्षा 4 उदासीनता 5 अर्थालंकार जिसमें प्रस्तुत वस्तु में समानता के कारण अन्य वस्तु की कल्पना की जाती है
उत्प्रेरक–I *सं०* (वि०) उत्प्रेरणा करनेवाला II (पु०) रासायनिक गति बदलनेवाला पदार्थ
उत्प्रेरणा–*सं०* (पु०) 1 प्रेरणा देना 2 रासायनिक क्रिया करना
उत्प्रेरित–*सं०* (वि०) उत्साहित
उत्प्लव, उत्प्लवन–*सं०* (पु०) कूदना, उछलना
उत्फुल्ल–*सं०* (वि०) 1 खिला हुआ 2 प्रसन्ता से खिला हुआ 3 खुला हुआ
उत्संग–*सं०* (पु०) 1 गोद, अंक 2 मध्य भाग 3 चोटी, शिखर 4 सतह, तल
उत्संगति–*सं०* (वि०) 1 गोद में लिया हुआ 2 गले लगाया हुआ
उत्स–*सं०* (पु०) 1 झरना 2 स्रोत
उत्सन्न–*सं०* (वि०) 1 उठाया हुआ 2 पूरा किया हुआ 3 नष्ट
उत्सर्ग–*सं०* (पु०) 1 त्यागना 2 बलिदान 3 वैदिक कर्म 4 समापन, अंत। ~**पत्र** (पु०) त्यागपत्र
उत्सर्गतः–*सं०* (क्रि० वि०) साधारणतः
उत्सर्गी–*सं०* (वि०) त्याग करनेवाला
उत्सर्जन–*सं०* (पु०) 1 = उत्सर्ग 2 दान 3 पद से हटाना 4 शौच। ~**तंत्र** (पु०) शौच होने की प्रणाली
उत्सर्पण–*सं०* (पु०) 1 उठना 2 फूलना 3 फैलना
उत्सर्पी–*सं०* (वि०) 1 उपर उठनेवाला 2 अत्युत्तम
उत्सव–*सं०* (पु०) 1 त्योहार 2 मंगल कार्य 3 जलसा। ~कारी (वि०) 1 जलसा करनेवाला 2 उत्सव मनानेवाला; ~विभाग (पु०) मेला विभाग, मनोरंजन विभाग, ललित कला विभाग
उत्सवकर–*सं०* (वि०) उत्सव मनानेवाला
उत्साद –*सं०* (पु०)विनाश, क्षय
उत्सादन–*सं०* (पु०) 1 नष्ट करना 2 त्यागना 3 रद्ध करना 4 बाधा डालना
उत्सादित–*सं०* (वि०) नष्ट किया हुआ
उत्सारण–*सं०* (पु०) 1 चलाना 2 हटाना 3 भाव कम करना
उत्साह–*सं०* (पु०) 1 उमंग, हौसला 2 चेष्टा 3 क्षमता 4 दृढ़ता 5 ऊर्जा, बल, शक्ति 6 उद्यम। ~**पूर्वक** (क्रि० वि०) उत्साह के साथ; ~**प्रद**, ~**युक्त**, ~**वर्द्धक** (वि०) उत्साह दिलानेवाला, उत्साह से भरा हुआ; ~**शील** (वि०) = उत्साही
उत्साहक–*सं०* (वि०) 1 उत्साहित करनेवाला अध्यवसयी और कर्मठ
उत्साहित, उत्साही–*सं०* (वि०) 1 उत्साह युक्त 2 उद्यमी 3 अध्यवसायी
उत्सिक्त—*सं०* (वि०) सींचा हुआ
उत्सुक–*सं०* (वि०) 1 अत्यधिक इच्छुक 2 बेचैन 3 बहुत चाहनेवाला। ~**ता** (स्त्री०) 1 उत्सुक होने की अवस्था 2 अधीरता 3 बेचैनी 4 प्रबल इच्छा ~**ता पूर्वक**, ~**ता वश** (वि०) उत्सुक होकर, उत्सुकता के साथ
उत्सृष्ट–*सं०* (वि०) उत्सर्ग किया हुआ, परित्यक्त
उत्सेक–*सं०* (पु०) 1 छिड़कना 2 उफनकर बहना 3 अभिमान, घमंड
उत्सेकी–*सं०* (वि०) 1 उफनकर बहनेवाला 2 घमंडी
उत्सेचन–*सं०* (पु०) 1 जल छिड़कना 2 उफान ~**जीवी** (वि०) दूसरों की संपत्ति पर जीनेवाला
उत्सेध–I *सं०* (पु०) 1 ऊँचाई 2 घनता 3 सूजन 4 वध 5 देह II (वि०) 1 ऊँचा 2 बड़ा
उत्स्य–*सं०* (वि०) सोते से निकला हुआ
उथलना–(अ० क्रि०) 1 डगमगाना 2 उलटना। ~**पुथलना** (अ० क्रि०) 1 नीचे-ऊपर होना 2 इधर-उधर होना
उथल-पुथल–(स्त्री०) 1 उलट-पलट 2 हलचल
उथला–(वि०) 1 छिछला, कम गहरा 2 ओछा
उदंचन–*सं०* (पु०) 1 घड़ा 2 बाल्टी 3 ऊपर फेकना 4 आरोहण

उदंत (क)–*सं०* (पु०) वार्ता, वृत्तांत, समाचार
उदक–*सं०* (पु०) जल, पानी ~**क्रिया** (स्त्री०), पितरों को जल देना ~**दान** (पु०) पितरों को पानी देना, पितरों के नाम जल देना, तर्पण; ~**परीक्षा** (स्त्री०) शपथ ग्रहण करनेवाले को अपनी सत्यता प्रमाणित करने की लिए जल में डुबकी लगाने की प्राचीन परंपरा; ~**प्रमेह** (पु०) पेशाब अधिक आने का प्रमेह रोग
उदकेचर–*सं०* (वि०) जलचर
उदकोदर–*सं०* (पु०) (चि०) जलोदर रोग
उदक्य–*सं०* (वि०) 1 जल चाहनेवाला 2 जलस्थ
उदक्या–*सं०* (स्त्री०) रजस्वला स्त्री
उदग्र–*सं०* (वि०) 1 ऊर्ध्व, ऊँचा 2 उन्नत 3 बढ़ा हुआ 4 उमड़ा हुआ 5 उग्र, तेज़
उदजन–*सं०* (पु०) हाइड्रोजन गैस जो गंधहीन, रंगहीन है
उदजनीकरण–*सं०* (पु०) हाइड्रोजन में बदलना
उदधि–*सं०* (पु०) 1 समुद्र, सागर 2 बादल। ~**मेखला** (स्त्री०) पृथ्वी
उदन्य–*सं०* (वि०) 1 प्यासा 2 जलीय, जलयुक्त
उदबासना–(स० क्रि०) 1 भगा देना 2 उजाड़ना
उदमान–(वि०) मतवाला, उन्मत्त
उदय–*सं०* (पु०) 1 उगना 2 प्रकट होना 3 ऊपर की ओर उठना 4 उद्गम 5 ज्योति। ~**काल** (पु०) सूर्योदय या चंद्रोदय का समय
उदयाचल–*सं०* (पु०) एक कल्पित पर्वत जिसके पीछे से सूर्य का उदय होना माना जाता है
उदयास्त–*सं०* (पु०) 1 उत्थान-पतन 2 बनना-बिगड़ना
उदयी–*सं०* (वि०) 1 उगता हुआ 2 उन्नतिशील, होनहार
उदंभरि–*सं०* (वि०) 1 जो केवल अपना पेट भरता हो 2 पेटू
उदंभरी–*सं० + हिं०* (स्त्री०) पेटूपन
उदर–*सं०* (पु०) पेट। ~**गुहा** (स्त्री०) भीतरी पेट; ~**ग्रंथि** (स्त्री०) तिल्ली (रोग) ; ~**ज्वाला** (स्त्री०) पेट की आग, भूख; ~**निर्वाह** (पु०) = उदरपूर्ति। ~**परायण** (वि०) ~**पिशाच** (पु०) पेटू; ~**पूर्ति** (स्त्री०) पेट पालना; ~**पोषण, ~भरण** (पु०) पेट भरना; ~**वृद्धि** (स्त्री०) (चि०) पेट फूलना; ~**स्थ** (वि०) पेट के अंदर पहुँचाया हुआ, हज़म किया हुआ
उदरक–*सं०* (वि०) उदर संबंधी
उदरामय–*सं०* (पु०) पेट की बीमारी
उदरावरण–*सं०* (पु०) वह झिल्ली जो उदर को चारों ओर से घेरे रहती है
उदरावर्त–*सं०* (पु०) नाभि
उदर्य–*सं०* (वि०) 1 = उदरक 2 भीतरी
उदस्त–*सं०* (वि०) 1 फेंका हुआ 2 उजाड़ा हुआ 3 नीचा दिखाया हुआ
उदात्त–*सं०* (वि०) 1 ऊँचा 2 महान् 3 उदार 4 श्रेष्ठ 5 स्पष्ट (उच्चरित)
उदान–*सं०* (पु०) ऊपरी अंगों से निकलने वाली हवा
उदार–*सं०* (वि०) 1 दयालु 2 ईमानदार 3 भला 4 विशाल हृदय। ~**चरित, ~चेता** (वि०) = उदारहृदय; ~**ता** (स्त्री०) 1 दयालुता 2 दानशीलता ~**ता पूर्वक** (वि०) खुले दिल से; ~**ता वाद** (पु०) = उदारवाद; ~**ता वादी** (वि०) = उदारवादी; ~**दली** (वि०) उदार दल का; ~**पंथ** (पु०) = उदारवाद ~**पंथी** (वि०) = उदारवादी; ~**मतवाद** (पु०) = उदारवाद; ~**मतवादी** (वि०) = उदारवादी; ~**वाद** (पु०) वह सिद्धांत कि सभी लोगों को समान रूप से स्वतंत्र रहने के अधिकार मिलने चाहिए (समानता एवं स्वतंत्रता) ~**वादी** उदारवाद को माननेवाला; ~**हृदय, उदाराशय** (वि०) = उदारमना
उदावर्त–*सं०* (पु०) (चि०) बड़ी आँत का एक रोग
उदास, उदासमान–I *सं०* (वि०) दुःखी 2 खिन्न 3 विरक्त, उदासीन 4 तटस्थ II (पु०) 1 तटस्थता 2 संन्यास
उदासी–*सं० + हिं०* (स्त्री०) 1 उदासपन 2 खिन्नता
उदासी–I *सं०* (वि०) तटस्थ, विरक्त II (पु०) विरागी, संन्यासी, साधु
उदासीन–*सं०* (वि०) 1 विरक्त 2 तटस्थ 3 निष्पक्ष। ~**ता** (स्त्री०) 1 विरक्ति 2 तटस्थता 3 निरपेक्षिता
उदासीनीकरण–*सं०* (पु०) 1 उदासीन बनाना निष्प्रभावी करना
उदाहरण–*सं०* (पु०) दृष्टांत, मिसाल; ~**स्वरूप** (वि०) = उदाहरणार्थ
उदाहरणतः, उदाहरणत्या, उदाहरणार्थ (वि०) उदाहरण के लिए
उदाहृत–*सं०* (वि०) 1 उदाहरण के रूप में कहा गया 2 कथित, वर्णित
उदाहृति -*सं०* (स्त्री०) उदाहरण
उदिक–I *सं०* (वि०) जल सबंधी II (पु०) वीर्य, शुक्र
उदित–*सं०* (वि०) 1 उदय हुआ, उदयप्राप्त 2 प्रकाशित 3 उत्पन्न। ~**यौवना** (स्त्री०) मुग्धा नायिका, अंकुरितयौवना
उदीची–*सं०* (स्त्री०) उत्तर दिशा
उदीप–I *सं०* (वि०) जल से भरा हुआ II (पु०) जल-प्लावन, बाढ़
उदीयमान–*सं०* (वि०) उठता या उभरता हुआ, होनहार
उदीरण–*सं०* (पु०) 1 कथन 2 उच्चारण 3 उद्दीपन 4 उत्पत्ति
उदीरित–*सं०* (वि०) 1 कहा हुआ 2 उच्चरित
उदीर्ण–*सं०* (वि०) = उदित
उदुंबर–*सं०* (पु०) 1 गूलर का वृक्ष और फल 2 नपुंसक, नामर्द 3 कोढ़
उदूल –*अं०* अवज्ञा; ~**हुक्मी** (स्त्री०) आज्ञा का उल्लंघन
उद्गत–*सं०* (वि०) 1 निकला हुआ 2 प्रकट 3 प्राप्त 4 वमन किया हुआ
उद्गम–*सं०*(पु०) 1 आविर्भाव, जन्म 2 उत्पत्ति स्थान। ~, ~**स्थल, स्थान** (पु०)मूल स्रोत
उद्गाढ़–*सं०* (वि०) 1 गहरा 2 प्रचंड 3 बहुत अधिक
उद्गार–*सं०* (पु०) 1 अधीरता, आवेश में, दिल में भरी हुई बात बाहर आना 2 उफान मुंह से बाहर आना
उद्गारित–*सं०* (वि०) बाहर निकला हुआ
उद्गारी–*सं०* (वि०) बाहर निकलनेवाला
उद्गिरणा–*सं०* (पु०) = उद्गार, उगलना
उद्गीर्ण–*सं०* (वि०) 1 उद्गार के रूप में कहा हुआ 2 उगला हुआ, बाहर निकला हुआ 3 प्रतिबिंबित

उद्ग्रंथ–I *सं०* (वि०) खुला हुआ, मुक्त II (पु०) 1 अध्याय 2 धारा

उद्ग्रहण–*सं०* (पु०) कर आदि वसूलना

उद्ग्रहणीय–*सं०* (वि०) उद्ग्रहणयोग्य

उद्ग्राह–*सं०* (पु०) 1 ऊपर उठाना 2 ऊपर लाना 3 वसूली 4 आपत्ति 5 तर्क

उद्ग्रीव–I *सं०* (वि०) जो गला ऊपर उठाये हो II (क्रि० वि०) गर्दन ऊपर उठाये हुए

उद्घट्टन–*सं०* (पु०) 1 खोलना 2 उन्मोचन 3 रगड़

उद्घाट–*सं०* (पु०) (चुंगी के लिए) माल खोलकर दिखाने का स्थान, चौकी

उद्घाटक–*सं०* (वि०) उद्घाटन करनेवाला

उद्घाटन–*सं०* (पु०) 1 खोलना, आवरण हटाना 2 शुभारंभ

उद्घाटित–*सं०* (वि०) 1 आवरण हटाया हुआ, अनावृत्त 2 जिसका उद्घाटन हुआ हो

उद्घात–*सं०* (पु०) 1 आघात 2 आरंभ 3 पुस्तक का अध्याय 4 धक्का

उद्घातक, **उद्घाती**–*सं०* (वि०) 1 आघात करनेवाला 2 आरंभ करने वाला 3 धक्का मारनेवाला

उद्घुष्ट–*सं०* (वि०) उद्घोषित

उद्घोष–*सं०* (पु०) 1 ऊँची आवाज़ में कहना 2 घोषणा

उद्घोषक–*सं०* (वि०) घोषणा करनेवाला

उद्घोषणा–*सं०* (स्त्री०) 1 सरकारी घोषणा 2 चिल्लाहट

उद्घोषित–*सं०* (वि०) 1 घोषणा की गई 2 कही हुई

उद्दंड–*सं०* (वि०) अक्खड़, निडर। ~**ता** (स्त्री०) अक्खड़पन, निडरता

उद्दम–*सं०* (पु०) 1 दमन 2 वश में करना

उद्दर्शन–*सं०* (पु०) 1 दर्शन कराना 2 स्पष्ट करना

उद्दांत–*सं०* (वि०) 1 अति दमित 2 विनम्र 3 उत्साही

उद्दाम–I *सं०* (वि०) 1 बंधन हीन, स्वतन्त्र 2 निरंकुश II(पु०) यम, वरुण, एक वृत्त

उद्दिष्ट–I *सं०* (वि०) 1 चाहा हुआ 2 बताया हुआ 3 संकेत किया हुआ II(वि०) (पु०) आज्ञा बिना वस्तु का किया जानेवाला भोग

उद्दीपक–*सं०* (वि०) 1 उत्तेजित करनेवाला 2 प्रज्वलित करनेवाला

उद्दीपन–*सं०* (पु०) 1 उत्तेजित करना 2 प्रज्वलित करना 3 जगाना 4 (साहि०) रस का पोषण वर्द्धन करनेवाला तत्त्व या पदार्थ

उद्दीप्त–*सं०* (वि०) 1 प्रज्वलित किया हुआ 2 चमकता हुआ 3 उत्तेजित किया हुआ

उद्देश–*सं०* (पु०) 1 संकेत करना 2 ध्यान रखना 3 कारण 4 अभिप्रायः, इरादा

उद्देशिका–*सं०* (स्त्री०) उद्देश्य बतानेवाली भूमिका

उद्देश्य–I *सं०* (वि०) 1 संकेत किये जाने योग्य 2 अभिप्राय: योग्य II(पु०) 1 प्रयोजन 2 (व्या०) कर्ता ~**प्रधान** ~**मूलक** (वि०) उद्देश्य को लेकर किया हुआ; ~**सिद्धि** (स्त्री०) अभिप्रेत की प्राप्ति; ~ **हीन** (वि०) निष्प्रयोजन

उद्देष्टा–*सं०* (वि०) 1 इंगित करने वाला 2 लक्ष्य दृष्टि में रखकर काम करनेवाला

उद्धत *सं०* (वि०) अक्खड़ 2 अविनीत 3 उत्तेजित 4 क्षुब्द 5 घमंडी ~**राष्ट्रवादी** (पु०) अपने राष्ट्र की डींग मारनेवाला

उद्धरण–*सं०* (पु०) 1 उद्धार करना 2 ऊपर उठाना 3 मुक्ति, छुटकारा 4 लेख या ग्रंथ से गृहीत अंश ~**चिह्न** (पु०) उद्धरण देने के लिए उलटे अल्प विराम चिह्न " "

उद्धरणी –*सं०+हिं* (स्त्री०) = पढ़े हुए पाठ को दोहराना

उद्धर्ष–I *सं०* (वि०) प्रसन्न II(पु०) प्रसन्नता

उद्धर्ता–*सं०* (पु०) उद्धार करनेवाला

उद्धव–*सं०* (पु०) 1 कृष्ण के मित्र 2 उत्सव 3 यज्ञ की आग

उद्धस्त–*सं०* (वि०) हाथ ऊपर उठाए हुए

उद्धार–*सं०* (पु०) 1 उबारना, मुक्त करना 2 ऊपर ले जाना। ~**कर्त्ता** (वि०) = उद्धारक;

उद्धारक–*सं०* (वि०) उद्धार करनेवाला, संकटमोचन

उद्धारण–*सं०* (पु०) 1 उद्धार करना 2 ऊपर उठाना

उद्धित–*सं०* (वि०) ऊपर उठाया हुआ, उत्तोलित

उद्धृत–*सं०* (वि०) 1 उबारा हुआ 2 पृथक् किया हुआ 3 लेख आदि से चुना हुआ

उद्धृतांश–*सं०* (पु०) = उद्धरण

उद्ध्वंस–*सं०* (पु०) विनाश

उद्ध्वस्त–*सं०* (वि०) 1 नष्ट किया हुआ 2 गिरा हुआ

उद्बुद्ध–*सं०* (वि०) 1 ज्ञान प्राप्त 2 जगाया हुआ 3 याद आया हुआ 4 प्रकट 5 प्रफुल्लित

उद्बोध–*सं०* (पु०) 1 जागना, जागरण 2 ज्ञान 3 फिर याद आना

उद्बोधक–*सं०* (वि०) 1 ज्ञान करानेवाला 2 उत्तेजित करनेवाला

उद्बोधन–*सं०* (पु०) 1 जगाना 2 चेतना 3 उत्तेजना

उद्बोधिता–*सं०* (स्त्री०) फुसलाई हुई नायिका

उद्भट–*सं०* (वि०) 1 बहुत बड़ा 2 प्रचंड, प्रबल

उद्भव–*सं०* (पु०) 1 जन्म 2 उद्गम

उद्भाव–*सं०* (पु०) = उद्भावना

उद्भावक–*सं०* (वि०) 1 उद्भव करनेवाला, जन्मदाता 2 उद्भावना करनेवाला

उद्भावन (पु०), **उद्भावना**–*सं०* (स्त्री०) 1 कल्पना 2 मन की अद्भुत सूझबूझ

उद्भावित–*सं०* (वि०) उद्भव किया हुआ

उद्भास–*सं०* (पु०) 1 चमक 2 प्रकाश 3 शोभा

उद्भासन–*सं०* (पु०) 1 चमकाना 2 प्रकट करना

उद्भासित–*सं०* (वि०) 1 प्रकाशित 2 चमकता हुआ 3 सुशोभित

उद्भिज्ज–I *सं०* (वि०) 1 धरती से बाहर निकलनेवाला 2 उगने वाला II(पु०) पेड़ पौधे। ~**विज्ञान** ~**शास्त्र** (पु०) वनस्पति

उद्भिद–*सं०* (पु०) उगनेवाला, वनस्पति। ~**विद्या** (स्त्री०) वनस्पति शास्त्र

उद्भिन्न–*सं०* (वि०) 1 विभक्त किया हुआ 2 तोड़ा - फोड़ा हुआ, खंडित 3 उत्पन्न

उद्भूत–*सं०* (वि०) 1 उत्पन्न 2 बाहर आया हुआ, प्रकट हुआ

उद्भूति–*सं०* (स्त्री०) 1 उत्पत्ति 2 प्रकट होकर सामने आनेवाली वस्तु 3 उन्नति 4 विभूति

उद्भृत–*सं०* (वि०) उभरा हुआ
उद्भेद, उद्भेदन–*सं०* (पु०) 1 फोड़कर वस्तु का बाहर निकलना 2 प्रकट होना 3 (अलंकार) कौशल से छिपाई हुई बात का प्रकट होना
उद्भ्रम, उद्भ्रमण–*सं०* (पु०) 1 चक्कर काटना, घूमना 2 उदय होना 3 उद्वेग 4 विभ्रम, विस्मय
उद्भ्रांत–*सं०* (वि०) 1 चक्कर खाया हुआ 2 भ्रम में पड़ा हुआ 3 चकित, भौचक्का 4 उद्विग्न 5 भटका हुआ
उद्भ्रांति–*सं०* (स्त्री०) = उदभ्रम
उद्यत–*सं०* (वि०) 1 प्रस्तुत 2 तैयार, आमादा
उद्यम–*सं०* (पु०) 1 श्रम, मेहनत 2 उद्योग - धंधा। ~**कर्त्ता** (पु०) उद्यमी; ~**शील** (वि०) मेहनती, उद्यमी
उद्यमी–*सं०* (वि०) 1 उद्यमशील 2 परिश्रमी 3 साहसी
उद्यान–*सं०* (पु०) 1 बाग़, बगीचा 2 जंगल, वन। ~**कर्म** (पु०) = उद्यान व्यापार; ~**गृह** (पु०) बगीचे में बना हुआ छोटा सुंदर मकान; ~**गोष्ठी** (स्त्री०) बाग़ में होनेवाली मित्रों की सभा; ~**नगरी** (स्त्री०) जो नगर उद्यान विशेष के लिए प्रसिद्ध हो; ~**पाल** (पु०) माली; ~**विज्ञान** (पु०), ~**विद्या** (स्त्री०) बाग़बानी
उद्यानिकी–(पु०) (स्त्री०) बाग़-बगीचे लगाने का काम
उद्यापन–*सं०* 1 विधिपूर्वक काम पूरा करना 2 व्रतादि की समाप्ति पर किया जानेवाला धार्मिक कर्म
उद्यापित–*सं०* (वि०) विधिपूर्वक किया हुआ
उद्युक्त–*सं०* 1 तत्पर, तैयार 2 काम में लगा हुआ, संलग्न
उद्योग–*सं०* 1 यत्न, श्रम 2 उद्यम 3 कल-कारखानों में माल तैयार करना। ~**उन्नति** (स्त्री०) उद्योग की उन्नति; ~**कला** (स्त्री०) उद्योग करने का ढंग, विधि आदि; ~**धंधा** + हि० (पु०) कार्य - व्यापार; ~**पति** (पु०) कारखाने या मिल का मालिक; ~**परायण** (वि०) = उद्यमशील। ~**व्यवसाय** (पु०) काम-धंधा; ~**शाला** (स्त्री०) कारखाना, कम्पनी का कार्यालय; ~**शील** (वि०) परिश्रमी, उद्यमी
उद्योगी–*सं०* (वि०) = उद्योगशील। ~**करण** (पु०) उद्योग स्थापित करना; ~**कृत** (वि०) जिसे उद्योग का रूप दिया गया हो
उद्योत–*सं०* (पु०) 1 प्रकाश 2 चमक
उद्योतन–*सं०* (पु०) 1 प्रकाशित करना 2 चमकाना
उद्रिक्त–*सं०* (वि०) 1 उद्रेक से किया हुआ 2 प्रत्यक्ष 3 प्रमुख 4 अत्यधिक, बहुत ज़्यादा ~**चित्त** (वि०) उच्च हृदयवाला
उद्रुज–*सं०* (वि०) 1 तोड़नेवाला 2 नष्ट करनेवाला 3 जड़ खोदनेवाला
उद्रेक–*सं०* 1 प्रचुरता 2 प्रमुखता 3 आरंभ 4 (साहि०) अर्थालंकार का एक भेद जिसमें किसी वस्तु के गुण-दोष के आगे कई गुणों-दोषों के मंद पड़ने का वर्णन हो
उद्रेचक–*सं०* (वि०) बहुत बढ़ा देनेवाला
उद्वपन–*सं०* (पु०) 1 बाहर निकालना 2 हिलाकर गिराना 3 उंड़ेलना 4 दान
उद्वर्त–I *सं०* (पु०) 1 उबटन 2 उबटन की मालिश 3 अतिरिक्त अंश II (वि०) शेष बचा हुआ, फ़ालतू
उद्वर्तन–*सं०* (पु०) 1 ऊपर उठाना 2 उबटन लगाना 3 वृद्धि
उद्वर्तित–*सं०* (वि०) 1 उठा हुआ 2 मालिश किया हुआ
उद्वर्ध–*सं०* (पु०) फ़ालतू बढ़ी हुई चीज़
उद्वर्धन–*सं०* (पु०) 1 दबायी हुई हंसी 2 विस्तार
उद्वस–*सं०* (वि०) 1 मधु निकला हुआ 2 रिक्त 3 लुप्त
उद्वहन–*सं०* (पु०) 1 उठाना 2 सँभालना 3 विवाह करना 4 उठाकर ले जाना
उद्वांत–I *सं०* (पु०) कै, वमन II (वि०) उगला हुआ
उद्वासन–*सं०* (पु०) 1 दूर करना 2 उजाड़ना 3 वध करना 4 आसन बिछाना
उद्वासित–*सं०* (वि०) 1 नष्ट किया हुआ 2 भगाया हुआ
उद्वाह, उद्वाहन–*सं०* (पु०) 1 ऊपर ले जाना 2 दूर ले जाना 3 विवाह 4 जोते हुए खेत को जोतना 5 सँभालना
उद्वाहिक–*सं०* (वि०) 1 दूर ले जाया हुआ 2 वैवाहिक
उद्वाहित–*सं०* (वि०) 1 उठाया हुआ 2 खींचा हुआ 3 विवाहित
उद्वाही–*सं०* (वि०) 1 ऊपर ले जानेवाला 2 विवाह करनेवाला
उद्विकास–*सं०* (पु०) ऊपर की ओर बढ़ना
उद्विग्न–*सं०* (वि०) 1 परेशान 2 चिंतित 3 खिन्न। ~**ता** (स्त्री०) उद्विग्न होने की अवस्था, आकुलता, परेशानी
उद्वीक्षण–*सं०* (पु०) 1 ऊपर की ओर देखना 2 नज़र 3 आँख
उद्वेग–*सं०* (पु०) 1 तीव्र वेग, तेज़ी 2 आवेश, जोश 3 घबराहट 4 चित्त की अस्थिरता ~**जनक** (वि०) उद्वेग पैदा करनेवाला
उद्वेगकर–*सं०* (वि०) = उद्वेगजनक
उद्वेगात्मक, उद्वेगी–*सं०* (वि०) 1 दुःखी 2 चिंताजनक
उद्वेजक–*सं०* (वि०) उद्वेग उत्पन्न करनेवाला
उद्वेजन–*सं०* (पु०) 1 क्लेश पहुंचाना 2 उद्वेग उत्पन्न करना
उद्वेजित–*सं०* (वि०) = उद्वेगी
उद्वेलन–*सं०* (पु०) 1 उफनना, उफनकर बहना 2 उल्लंघन
उद्वेलित–*सं०* (वि०) 1 ऊपर से बहाया हुआ 2 छलकता हुआ 3 उद्विग्न, अशान्त
उद्वेष्टन–*सं०* (पु०) 1 घेरा, बाड़ा 2 घेरना 3 नितंब में होनेवाली पीड़ा
उद्वेष्टित–*सं०* (वि०) चारों तरफ से घिरा हुआ
उधड़ना (अ० क्रि०) 1 खुलना, टूटना 2 अलग होना 3 बिखरना 4 उखड़ना
उधर –(क्रि० वि०) 1 उस ओर 2 उस पक्ष में
उधराना–(अ० क्रि०) 1 तितर - बितर होना 2 उड़ जाना 3 ग़ायब हो जाना
उधार (पु०) 1 कर्ज़ 2 मँगनी। ~**का व्यवहार** (पु०) 1 कर्ज़ देना 2 उधार माल बेचना; ~**खाता** (पु०) उधार का हिसाब-किताब; ~**खाना** कर्ज़ पर गुज़र करना; **दबाए बैठना** 1 किसी बात पर अडिग होना 2 किसी वस्तु के आसरे रहना; **ग्रहण** + *सं०* (पु०) उधार लेना,
उधेड़-बुन (स्त्री०) निरंतर विचार, ऊहापोह, तर्क-वितर्क
उधेड़ना–(स० क्रि०) 1 खोलना, तोड़ना 2 उखाड़ना 3 अलग करना 4 बिखेरना। **उधेड़कर रख देना** 1 कच्चा चिट्ठा खोल देना 2 पोल पट्टी खोल देना, दोष-बुराई कह देना
उन (सर्व०) 'उस' का बहुवचन रूप
उनक़ा 1 अलभ्य वस्तु 2 एक कल्पित पक्षी ~**होना** अदृश्य हो जाना
उनचास–I(वि०) चालीस और नौ II(पु०) 49 की संख्या

उनतालीस–I (वि०) एक कम चालीस II(पु०) 39 की संख्या
उनतीस–I(वि०) बीस और नौ II (पु०) 29 की संख्या
उनमुन (वि०) चुप, शांत, खामोश, मौन
उनवान –*अ०* 1 शीर्षक 2 प्रस्तावना
उनसठ–I (वि०) पचास और नौ II (पु०) ·59 की संख्या
उनहत्तर–I (वि०)साठ और नौ II (पु०) 69 की संख्या
उनींदा (वि०) नींद से भरा हुआ, निद्रालु, ऊंघता हुआ
उन्नत–सं० (वि०) 1 उठा हुआ 2 आगे बढ़ा हुआ 3 श्रेष्ठ
उन्नतांश–सं० (पु०) तुलनात्मक ऊँचाई
उन्नति–*सं०* स्त्री 1 ऊँचाई 2 बढ़ती 3 प्रगति 4 तरक्की। ~**शील** (वि०) = आगे बढ़ने वाला
उन्नतोदर–I *सं०* (पु०) वृत्त खंड आदि का ऊपर उठा हुआ भाग, अंश, तल II (वि०) जिसका उदर उठा हुआ हो
उन्नद्ध–*सं०* (वि०) 1 कसकर बाँधा हुआ 2 बढ़ाया हुआ 3 अभिमानी और उद्धत
उन्नमित–*सं०* (वि०) 1 उन्नत किया हुआ 2 बढ़ाया हुआ
उन्नयन–I *सं०* (वि०) जिसकी आँखें ऊपर उठी हुई हों II (पु०) 1 उठाना 2 उन्नत करना 3 सुधार
उन्नाद–*सं०* (पु०) 1 शोर-गुल, हो-हल्ला 2 गुंजन, कलरव
उन्नाब –*अ०* (पु०) सुखाया हुआ बेर की तरह का एक फल
उन्नाबी –*अ०* (वि०) उन्नाब के दाने की रंगत का
उन्नाय–*सं०* (पु०) = उन्नयन
उन्नायक–*सं०* (वि०) 1 उन्नत करनेवाला 2 ऊपर उठनेवाला
उन्नायन–*सं०* (पु०) = उन्नयन
उन्नासी–I (वि०) सत्तर और नौ II (पु०) 79 की संख्या
उन्निद्र–*सं०* (वि०) 1 जिसे नींद न आती हो 2 पूर्णतः विकसित; ~**ता** (स्त्री०) नींद न आना
उन्नीत–*सं०* (वि०) 1 ऊपर पहुंचाया हुआ 2 ऊपर की कक्षा में पहुंचाया हुआ
उन्नीस–I (वि०) दस और नौ II (पु०) 19 की संख्या। ~**बीस होना** 1 कम बेश होना, कुछ घट बढ़कर होना 2 भला बुरा होना
उन्मत्त–I *सं०* (वि०) 1 नशे में चूर, मतवाला 2 पागल 3 सनकी ~**ता** (स्त्री०) पागलपन
उन्मत्तक–*सं०* (वि०) = उन्मत्त
उन्मथन–*सं०* (पु०) 1 हिलाना 2 क्षुब्ध करना 3 फेंकना 4 विलोड़ना
उन्मथित–*सं०* (वि०) 1 विलोड़ित 2 क्षुब्ध 3 मिलाया हुआ
उन्मद–*सं* (वि०) = 1 उन्मत्त 2 उन्माद
उन्मदिष्णु–*सं०* (वि०) 1 पागल 2 मतवाला 3 मदस्राव करता हुआ (हाथी)
उन्मन–*सं०* (वि०) 1 उद्विग्न 2 उदास 3 अन्यमनस्क
उन्मनस्क–*सं०* (वि०) 1 व्यग्र 2 उत्कंठित 3 शोकान्वित
उन्मर्दन–*सं०* (पु०) 1 मलना, रगड़ना 2 मलने का एक सुगंधित द्रव्य
उन्मस्तिष्क–*सं०* (पु०) ऊपर का दिमाग़
उन्माद–*सं०* (पु०) 1 पागल पन, सनक 2 चित्तविभ्रम
उन्मादक–*सं०* (वि०) उन्मत्त करनेवाला, नशीला
उन्मादन–*सं०* (पु०) उन्माद उत्पन्न करना
उन्मादी–*सं०* (वि०) = उन्मत्त
उन्मान–*सं०* (पु०) 1 नापना 2 नाप-तौल 3 मूल्य
उन्मार्ग–*सं०* (पु०) कुमार्ग
उन्मार्गी–*सं०* (वि०) कुमार्गगामी, पथभ्रष्ट
उन्मार्जन–*सं०* (पु०) 1 मलना 2 मिटाना
उन्मार्जित –*सं०* (वि०) चमकाया हुआ
उन्मित–*सं०* (वि०) 1 नापा हुआ 2 तौला हुआ
उन्मिष–I *सं०* (वि०) 1 खुला हुआ 2 खिला हुआ II (पु०) आँख खोलना
उन्मीलन–*सं०* (पु०) 1 खुलना (आँख का) 2 खिलना 3 स्पष्ट होना
उन्मीलित–I *सं०* (वि०) 1 खुला हुआ 2 खिला हुआ II (पु०) (अलंकार) समान गुण-धर्म होने पर भी अंतर का उल्लेख
उन्मुक्त–*सं०* (वि०) आज़ाद; ~**हस्त** (वि०) खुले हाथ; ~**हृदय** (वि०) खुले दिल से
उन्मुक्ति–*सं०* (स्त्री०) छुटकारा, मुक्ति
उन्मुख–*सं०* (वि०) 1 जिसका मुख उस ओर हो 2 उत्सुक 3 तैयार
उन्मुखर–*सं०* (वि०) 1 बहुत बोलनेवाला 2 शोर मचानेवाला
उन्मुग्ध–*सं०* (वि०) अत्यन्त आसक्त
उन्मुद्र–*सं०* (वि०) 1 बिना मुहर का 2 खिला हुआ 3 खुला हुआ
उन्मूल–*सं०* (वि०) = उन्मूलित
उन्मूलक–*सं०* (वि०) जड़ से उखाड़ फेंकने वाला
उन्मूलन–*सं०* (पु०) जड़ से उखाड़ देना ~**कारी** (वि०) = उन्मूलक
उन्मूलित–*सं०* (वि०) 1 जड़ से उखाड़ा हुआ 2 अस्तित्व समाप्त किया हुआ
उन्मेष–*सं०* (पु०) 1 (आँख का खुलना) 2 प्रकट होना 3 खिलना 4 हल्का प्रकाश
उन्मोचन–*सं०* (पु०) 1 बंधन या अपराध से मुक्त करना 2 कष्ट, संकट आदि से छुड़ाना
उन्हें (सर्व) 'उस' का बहुबचन रूप
उप–*सं०* (उपसर्ग) उस ओर, अनुरूप, पास का, छोटा, डिपटी, (जैसे -उपक्रम, उपचर्म, उपग्रह ~**कुलपति** (पु०) वाइस चांसलर ~**चुनाव** + *हिं०* (पु०) आम चुनाव के अतिरिक्त होने वाले चुनाव
उपकंठ–I *सं०* (क्रि० वि०) निकट, समीप II (पु०) सामीप्य
उपकथा–*सं०* (स्त्री०) छोटी कहानी
उपकनिष्ठिका–*सं०* (स्त्री०) कानी उंगली के पास की उंगली
उपकर–*सं०* (पु०) साथ का हलका कर
उपकरण–*सं०* (पु०) 1 यंत्र 2 अंग-उपांग 3 साधन 4 औज़ार
उपकर्णिका–*सं०* (स्त्री०) अफ़वाह, जनश्रुति
उपकर्ता–*सं०* (पु०/वि०) उपकार, भलाई करनेवाला
उपकर्षण–*सं०* (पु०) खींचकर पास ले आना
उपकला–*सं०* (स्त्री०) 1 झिल्ली 2 शरीर के भीतर किसी अंग को ढकने का ऊतक
उपकल्प–*सं०* (पु०) 1 सामान 2 आवश्यक वस्तुएं
उपकल्पन–*सं०* (पु०) 1 तैयार करना 2 आयोजन

उपकल्पना–*सं०* (स्त्री०) 1 निश्चय 2 तैयार करना 3 परिकल्पना
उपकल्पित–*सं०* (वि०) 1 तैयार किया हुआ 2 निश्चित
उपकार–*सं०* (पु०) 1 भलाई 2 सहायता 3 लाभ
उपकारक–*सं०* (वि०) भलाई करनेवाला
उपकारिता–*सं०* (स्त्री०) =उपकार
उपकारी–*सं०* (वि०) =उपकारक
उपकार्य–*सं०* (वि०) उपकार किये जाने योग्य
उपकिरण–*सं०* (पु०) 1 छितराना, फैलाना 2 ढकना 3 गाड़ना
उपकीर्ण–*सं०* (वि०) 1 फैलाया हुआ 2 ढका हुआ
उपकुल्या–*सं०* (स्त्री०) छोटी नहर
उपकूल–I *सं०* (पु०) 1 किनारा 2 किनारे के पास की भूमि II (क्रि० वि०) किनारे पर
उपकृत–*सं०* (वि०) एहसानमंद, कृतज्ञ
उपकृति–*सं०* (स्त्री०) = उपकार, भलाई
उपक्रम, उपक्रमण–*सं०* (पु०) 1 आरंभ 2 आयोजन 3 व्यवसाय 4 ग्रंथ आदि की भूमिका 5 तैयारी
उपक्रमणिका–*सं०* (स्त्री०) 1 प्रस्तावना 2 विषय सूची
उपक्रांत–*सं०* (वि०) 1 आरंभ किया हुआ 2 पूर्व कथित 3 तैयार 4 चिकित्सित
उपक्रिया–*सं०* (स्त्री०) उपकार
उपक्रोश–*सं०* (पु०) निंदा, बुराई, अपवाद
उपक्रोष्टा–*सं०* (पु०) निंदक
उपक्षय–*सं०* (पु०) धीरे होनेवाला क्षय, ह्रास, हानि
उपक्षेप, उपक्षेपण–*सं०* (पु०) 1 फेंकना 2 आक्षेप करना 3 संकेत 4 अभिनय के शुरु में कथा वस्तु का संक्षेप कथन
उपखंड–*सं०* (पु०) किसी धारा या उपधारा के खंड का कोई विभाग
उपगत–*सं०* (वि०) 1 पास आया हुआ 2 घटित 3 जाना हुआ, ज्ञात 4 स्वीकार किया हुआ, स्वीकृत
उपगति–*सं०* (स्त्री०) 1 पास आना 2 स्वीकार करना 3 ज्ञान 4 प्राप्ति
उपगम, उपगमन–*सं०* (पु०) =उपगति
उपगिरि–*सं०* (पु०) 1 बड़े पहाड़ के पास का बाहरी भाग 2 पहाड़ी
उपगुरु–*सं०* (पु०) सहायक अध्यापक
उपगूढ़–*सं०* (वि०) 1 छिपाया हुआ 2 दबाया हुआ 3 आलिंगित
उपगूहन–*सं०* (पु०) 1 छिपाना 2 गोपन 3 आलिंगन
उपग्रह–*सं०* (पु०) 1 छोटा ग्रह 2 बड़े ग्रह की परिक्रमा करनेवाला ग्रह
उपग्रहण–*सं०* 1 पकड़ना 2 संभालना 3 संस्कारपूर्वक वेदों का अध्ययन करना
उपग्राह–*सं०* (पु०) 1 उपहार 2 उपहार देना
उपघात–*सं०* (पु०) 1 आघात 2 नाश 3 आक्रमण
उपघातक, उपघाती–*सं०* (वि०) आघात करनेवाला
उपचय–*सं०* (पु०) 1 इकट्ठा होना 2 इकट्ठा करना 3 (प्राणि०) जीवों में रासायनिक परिवर्तनों की प्रक्रिया 4 चयन 5 ढेर, राशि 6 उन्नति, वृद्धि
उपचरण–*सं०* (पु०) 1 पास जाना 2 उपचार करना
उपचरित–*सं०* (वि०) 1 उपचार किया हुआ 2 सेवित
उपचर्म–*सं०* (पु०) त्वचा का ऊपरी भाग
उपचर्या, उपचार–*सं०* (पु०) 1 बीमार की सेवा 2 उपचार, इलाज 3 परिपाटी के अनुसार किया जानेवाला व्यवहार ~**गृह** (पु०) चिकित्सालय, नर्सिंग होम
उपचारक–*सं०* (वि०) उपचार करने वाला, नर्स (स्त्री० उपचारिका)
उपचारतः–*सं०* (क्रि० वि०) रस्मी, उपचार-स्वरूप
उपचारात्मक–*सं०* (वि०) इलाज या सुधारवाला
उपचारित–*सं०* (वि०) उपचार में लाया हुआ
उपचारी–*सं०* (वि०) =उपचारक
उपचित–*सं०* (वि०) 1 एकत्र किया हुआ 2 समृद्ध 3 अच्छी तरह खिला हुआ
उपचिति–*सं०* (स्त्री०) 1 इकट्ठा करना 2 ढेर, राशि 3 वृद्धि
उपचेतन–*सं०* (पु०) अस्पष्ट एवं धूमिल चेतना
उपचेतना–*सं०* (स्त्री०) अंतः संज्ञा
उपचेय–*सं०* (वि०) संग्रहणीय
उपच्छाया–*सं०* (स्त्री०) अर्धछटा
उपज–(स्त्री०) 1 पैदावार 2 वह जो उपजा हो, बनकर तैयार हुआ हो 3 मन की उद्भावना, मन की कोई सूझ 4 संगीत में नवीन स्वर एवं तान मिलाना 5 नवीन कल्पना आदि । ~**सिंचाई** (स्त्री०) ~**की लेना** नई उक्ति निकालना
उपजना–(अ० क्रि०) 1 उत्पन्न होना, जन्म लेना 2 अंकुर निकलना, उगना 3 नई बात सूझना
उपजाऊ–(वि०) उर्वर, कृषि के लिए उपयुक्त; ~**पन** (पु०) उर्वरता
उपजात–*सं०* (वि०) साथ में उत्पन्न (पदार्थ)
उपजाति–*सं०* (स्त्री०) 1 इंद्रवज्रा और उपेंद्रवज्रा तथा इंद्रवंशा और वंशस्थ के मेल से बननेवाले वर्णवृत्त 2 छोटी जाति
उपजाना (स० क्रि०) 1 उत्पन्न करना 2 उगाना 3 नई बात ढूँढ़ निकालना 4 सुझाना
उपजिह्वा, उपजिह्विका–*सं०* (स्त्री०) 1 जीभ के मूल में स्थित छोटी जीभ 2 जीभ के नीचे भाग में होनेवाला फोड़ा
उपजीवक–*सं०* (पु०) आश्रित
उपजीवन–*सं०* (पु०) **उपजीविका**–*सं०* (स्त्री०) 1 ऐसा जीवन जो दूसरे के सहारे चलता हो 2 रोज़ी 3 आय के गौण साधन
उपजीवी–*सं०* (वि०) दूसरों पर निर्भर रहनेवाला, पराश्रित
उपजीव्य–*सं०* (वि०) जिसके सहारे जीवन चलता हो
उपज्ञा–*सं०* (स्त्री०) 1 अंतःकरण में स्वयं उपजा हुआ ज्ञान 2 आद्य ज्ञान
उपज्ञात–*सं०* (वि०) 1 मन में उपजा हुआ 2 अज्ञातपूर्व
उपटन–(पु०) 1 आघात का चिह्न 2 उबटन
उपटना, उपड़ना–(अ० क्रि०) 1 चोट का निशान पड़ना, दाग़ पड़ना 2 उखड़ना 3 उभरना
उपताप–*सं०* (पु०) 1 ताप, आँच 2 क्लेश, पीड़ा
उपतापन–*सं०* (पु०) 1 गरम करना, तपाना 2 कष्ट पहुँचाना
उपत्यका–*सं०* (स्त्री०) 1 तराई 2 घाटी
उपदंश–I *सं०*(पु०) व्यभिचार से उत्पन्न इंद्रिय रोग (दुष्ट मैथुन) II(पु०) गरमी नाम का रोग या आतशक
उपदंशी–*सं०* (वि०) उपदंश रोगवाला

उपदर्शक–*सं०* (पु०) राह दिखानेवाला
उपदर्शन–*सं०* (पु०) टीका या व्याख्या करना, समझाना
उपदा–*सं०* (स्त्री०) 1 भेंट, उपहार 2 रिश्वत, घूस
उपदान–*सं०* (पु०) 1 उपहार 2 अवकाश प्राप्त कर्मचारी को दिया जानेवाला धन (ग्रैच्युटि)
उपदित्सा (स्त्री०) वसीयतनामे के अंत में परिशिष्ट रूप में विषय संबंधी स्पष्टीकरण
उपदिशा–*सं०* (स्त्री०) दो दिशाओं के मध्य की दिशा
उपदिष्ट–*सं०* (वि०) उपदेश दिया हुआ, सिखलाया हुआ
उपदेव, उपदेवता–*सं०* (पु०) छोटा देवता (जैसे-गंधर्व, यक्ष आदि)
उपदेश–*सं०* (पु०) 1 शिक्षा की बात बतलाना 2 निर्देश 3 आज्ञा 4 गुरु-मंत्र। ~**गर्भित** (वि०) उपदेशयुक्त
उपदेशक–*सं०* (पु०) 1 वह व्यक्ति जो दूसरों को उपदेश देता हो 2 शिक्षक 3 धर्म प्रचारक
उपदेशात्मक–*सं०* (वि०) = उपदेशगर्भित
उपदेश्य–*सं०* (वि०) उपदेश देने योग्य
उपदेष्टा–*सं०* (पु०) =उपदेशक
उपद्रव–I *सं०* (पु०) 1 दुर्घटना 2 उत्पात, ऊधम 3 दंगा II (पु०) किसी रोग के बीच में होनेवाला दूसरा विकार। ~**कारी** (वि०) ऊधम मचानेवाला; ~**ग्रस्त** (वि०) उपद्रव में पड़ा हुआ
उपद्रवी–I *सं०* (वि०) उपद्रव मचानेवाला, शरारती II (पु०) उपद्रव मचानेवाला रोग
उपद्रष्टा–I *सं०* (वि०) देखनेवाला II (पु०) 1 निरीक्षक 2 गवाह
उपद्वीप–*सं०* (पु०) छोटा द्वीप, टापू
उपधर्म–*सं०* (पु०) गौण धर्म
उपधा–*सं०* (स्त्री०) 1 छल 2 जालसाजी 3 ईमानदारी की परीक्षा 4 अंतिम से पहला अक्षर
उपधातु–*सं०* (स्त्री०) 1 अप्रधान धातु 2 मिश्र धातु
उपधान–*सं०* (पु०) 1 ऊपर रखना 2 सहारा 3 तकिया
उपधानी–*सं०* (स्त्री०) 1 तकिया 2 गद्दा 3 पैर रखने की छोटी चौकी
उपधारण–*सं०* (पु०) 1 रखना, उतारना 2 चित्त को एक विषय में लगाना 3 खींचना
उपधारा–*सं०* (पु०) नियम आदि में धारा का छोटा अंग
उपधि–*सं०* (स्त्री०) उपधा, धोखा
उपधिक–*सं०* (वि०) 1 धोखेबाज़ 2 जालसाज़ी करनेवाला
उपध्मान–*सं०* (पु०) 1 फूँकना 2 होंठ
उपध्मानीय–*सं०* (पु०) 'प' और 'फ' के पहले आनेवाला विसर्ग
उपध्वस्त–*सं०* (वि०) 1 ध्वस्त 2 पतित
उपनक्षत्र–*सं०* (पु०) छोटा नक्षत्र
उपनगर–*सं०* (पु०) नगर के आस-पास बसा भाग
उपनत–*सं०* (वि०) 1 शरण में आया हुआ, शरणागत, 2 झुका हुआ
उपनति–*सं०* (स्त्री०) 1 नमस्कार करना 2 झुकना
उपनदी–*सं०* (स्त्री०) सहायक नदी
उपनय–*सं०* (पु०) 1 प्राप्ति 2 पास ले जाना 3 उपनयन (यज्ञोपवीत) संस्कार 4 गुरु के पास ले जाना
उपनहन–*सं०* (पु०) 1 बाँधना 2 गँठियाना 3 वह कपड़ा जिसमें कोई वस्तु लपेटी जाए
उपनहर–*सं०* (स्त्री०) छोटी नहर
उपनगर –*सं०* (स्त्री०) नगर के आसपास की बस्तियाँ, कॉलोनी
उपनाम–*सं०* (पु०) 1 पुकारने का नाम 2 गौण नाम
उपनायक–*सं०* (पु०) 1 गौण नायक 2 जो नायक का प्रधान सहायक हो 3 उपपति, प्रेमी
उपनायिका–*सं०* (स्त्री०) नायिका की प्रधान सहायिका
उपनाह–*सं०* (पु०) 1 गठरी 2 सितार की खूँटी 3 मरहम 4 बिलनी
उपनिदेशक–*सं०* (पु०) डिपटी डायरेक्टर
उपनिधाता–*सं०* (वि०) धरोहर रखनेवाला
उपनिधान–*सं०* (पु०), **उपनिधि**–*सं०* (स्त्री०) 1 धरोहर रखना 2 अमानत 3 पास रखना
उपनियम–*सं०* (पु०) गौण नियम
उपनिर्देशक–*सं०* (पु०) डिपटी डायरेक्टर
उपनिर्वाचन–*सं०* (पु०) रिक्त स्थान की पूर्ति के लिए चुनाव
उपनिविष्ट–*सं०* (वि०) 1 सुशिक्षित 2 अनुभवी 3 कहीं से आकर बसा हुआ
उपनिवेश, उपनिवेशदेश–*सं०* (पु०) 1 दूसरे देश से आए हुए लोगों की बस्ती 2 वह जीता हुआ देश जिसमें विजेता राष्ट्र के लोग आकर बस गए हों, कालोनी। ~**पद** (पु०) 1 स्वतंत्र उपनिवेशों का दर्ज़ा 2 उस प्रकार की स्वतंत्रता जो उन्हें प्राप्त है; ~**प्रणाली** (स्त्री०) उपनिवेश बसाने की रीति; ~**वाद** (पु०) उपनिवेश बसाकर अपनी शक्ति का प्रसार करने की विचारधारा; ~**वादी** (वि०) दूसरे देशों को अपने अधीन रखने का पक्षपाती
उपनिवेशन–*सं०* (पु०) उपनिवेश रूप में बस्ती बसाना
उपनिवेशित–*सं०* (वि०) 1 उपनिवेश रूप में बसा हुआ 2 दूसरे स्थान से लाकर स्थापित किया हुआ
उपनिवेशी–*सं०* (वि०) उपनिवेश संबंधी
उपनिषत्, उपनिषद्–*सं०* (स्त्री०) 1 ब्रह्म विद्या की प्राप्ति के लिए गुरु के पास जाकर बैठना 2 धर्म 3 निर्जन स्थान
उपनिहित–*सं०* (वि०) अमानत के रूप में रखा गया, धरोहर रखा हुआ
उपनीत–*सं०* (वि०) 1 उपनयन संस्कार किया हुआ 2 पास लाया हुआ 3 उपार्जित
उपनृत्य–*सं०* (पु०) नाचघर, नृत्यशाला
उपनेता–I *सं०* (पु०) नेता का सहायक II (वि०) पास ले जानेवाला
उपन्यस्त–*सं०* (वि०) 1 =उपनिहित 2 धरोहर-स्वरूप रखा हुआ
उपन्यास–*सं०* (पु०) 1 कल्पित और लंबी कहानी जो अनेक पात्रों एवं घटनाओं से युक्त हो 2 अमानत 3 प्रमाण। ~**कार** (पु०) उपन्यास लिखनेवाला;
उपन्यासिका–*सं०* (स्त्री०) छोटा या लघु उपन्यास
उपपति–*सं०* (पु०) 1 परस्त्री से प्रेम करनेवाला पुरुष 2 अवैध पति 3 यार
उपपत्ति–*सं०* (स्त्री०) 1 युक्ति-प्रमाण 2 सिद्धान्त 3 तर्क 4 औचित्य

उपपत्नी–*सं०* (स्त्री०) रखैल
उपपद–*सं०* (पु०) 1 समास का पहला पद 2 उपाधि 3 पहले आया हुआ शब्द। ~**समास** (पु०) (व्या०) कृदंत के साथ आया हुआ नाम (संज्ञा) का समास (जैसे-प्रसंग, संदेश)
उपपन्न–*सं०* (वि०) 1 सिद्ध किया हुआ 2 योग्य 3 उपयुक्त 4 प्राप्त 5 संभव
उपपात–*सं०* (पु०) 1 आपदा 2 विनाश 3 अचानक घटित होनेवाली घटना
उपपादक–*सं०* (वि०) 1 प्रकट करनेवाला 2 घटित करनेवाला 3 सिद्ध करनेवाला
उपपादन–*सं०* (पु०) 1 प्रमाण द्वारा सिद्ध करना 2 प्रतिपादन 3 संपादन 4 युक्ति
उपपादित–*सं०* (वि०) सिद्ध किया हुआ
उपपीड़न–*सं०* (पु०) 1 कष्ट देना 2 विनाश करना 3 दबाना 4 कष्ट, पीड़ा
उपपुर–*सं०* (पु०) =उपनगर
उपपुराण–*सं०* (पु०) 1 छोटा पुराण 2 व्यास के अलावा अन्य मुनियों द्वारा रचित पुराण
उपपौरिक–*सं०* (पु०, वि०) उपनगर में रहनेवाला
उपप्रदान–*सं०* (पु०) 1 देना 2 भेंट 3 रिश्वत, घूस
उपप्रमेय–*सं०* (पु०) प्रमेय के साथ लगी प्रमेय जो प्रमेय की सिद्धि के साथ-साथ स्वयं सिद्ध हो जाए
उपप्लव–*सं०* (पु०) 1 नदी की बाढ़ 2 प्राकृतिक उपद्रव (आँधी, भूकंप) 3 सशस्त्र विद्रोह 4 अराजकता 5 भय
उपप्लवी–*सं०* (पु०) सशस्त्र बगावत करनेवाला, सरकश
उपप्लुत– (वि०) 1 पीड़ित 2 आक्रांत
उपबंध–सं० (पु०) 1 संबंध 2 संयोग
उपबोधक–*सं०* (पु०) सलाहकार और सहायक व्यक्ति
उपबोधन–*सं०* (पु०) सलाह और सहायता देना
उपबोली *सं + हिं०* (स्त्री०), **उपभाषा**–*सं०* भाषा के साथ प्रयुक्त होनेवाली सहायक भाषा एवं बोली जैसे-अवधी भोजपुरी आदि)। ~**गत** (वि०) छोटी बोली का
उपभाषा–सं० (स्त्री०) बोली
उपभुक्त·सं० (वि०) 1 काम में लाया हुआ 2 जूठा 3 भोगा हुआ
उपभेद–सं० (पु०) गौण भेद, उपविभाग
उपभोक्ता–सं० (वि०) (दैनिक वस्तुओं का) उपभोग करनेवाला। ~**सहकारिता** (स्त्री०) उपभोक्ता का सहयोग; ~**सामग्री** (स्त्री०) उपभोग की वस्तुएँ
उपभोग–सं० (पु०) 1 भोगना 2 विषय सुख 3 वस्तुओं का उपयोग
उपभोज्य–*सं०* (वि०) उपभोग करने योग्य
उपभोज्य–I *सं०* (वि०) खाने योग्य II (पु०) भोजन, आहार
उपमंत्रण–*सं०* (पु०) 1 आमंत्रण, न्यौता 2 अनुरोध करना
उपमंत्री–*सं०* (पु०) सहायक मंत्री
उपमन्यु–*सं०* (वि०) 1 परिश्रमी 2 प्रतिभाशाली
उपमर्दन–*सं०* (पु०) 1 बुरी तरह से कुचल देना, मसल देना 2 तिरस्कार करना 3 नष्ट करना
उपमहाद्वीप–*सं०* (पु०) महाद्वीप का बड़ा अंग (जैसे-भारत)
उपमहापौर–*सं०* (पु०) डिप्टी मेयर
उपमा–*सं०* (स्त्री०) 1 समता, तुलना 2 अर्थालंकार का एक भेद जिसमें दो वस्तुओं में भेद होते हुए भी धर्मगत समता दिखाई जाए
उपमान–*सं०* (पु०) वह वस्तु या व्यक्ति जिससे उपमा दी जाए
उपमित–I *सं०* (वि०) जिसकी उपमा दी गई हो II (पु०) उपमा वाचक कर्मधारय समास का एक भेद जिसमें उपमावाचक शब्द लुप्त रहता है
उपमिति–*सं०* (स्त्री०) = उपमा
उपमित्र–*सं०* (पु०) साधारण मित्र, सामान्य दोस्त
उपमुख्यमंत्री–*सं०* (पु०) मुख्यमंत्री का सहायक मंत्री
उपमेय–I *सं०* (वि०) उपमा दिए जाने योग्य II (पु०) जिसकी किसी वस्तु से उपमा दी गई हो
उपयुक्त–सं० (वि०) 1 ठीक 2 उपयोग में लाया हुआ 3 उचित 4 अनुकूल
उपयोग–*सं०* (पु०) 1 व्यवहार में लाना, इस्तेमाल 2 लाभ 3 सदाचरण 4 संबंध 5 तैयार करना। ~**सामग्री** (स्त्री०) प्रयोग में आनेवाली वस्तुएँ
उपयोगिता–*सं०* (स्त्री०) उपयोगी होना, उपयुक्तता। ~**वाद** (पु०) अधिक से अधिक लोगों का अधिकाधिक हित करने का सिद्धांत, वस्तु की केवल उपयोगिता पर ध्यान देकर उसका मूल्यांकन करने का सिद्धांत; ~**वादी** (वि०) उपयोगितावाद का समर्थक
उपयोगी–*सं०* (वि०) 1 काम में आनेवाला 2 लाभजनक 3 सही, उचित
उपयोजन–*सं०* (पु०) = 1 उपयोग 2 विनियोग
उपयोज्य–*सं०* (वि०) उपयोग में लाया जानेवाला
उपरंजन–*सं०* (पु०) 1 रँगना 2 पास की वस्तु पर अपना असर डालना
उपरक्त–*सं०* (वि०) 1 विपद्ग्रस्त 2 पीड़ित 3 विषयासक्त
उपरक्षक–*सं०* (पु०) पहरा देनेवाला,चौकीदार
उपरक्षण–*सं०* (पु०) पहरा, चौकी
उपरत–*सं०* (वि०) 1 विरक्त 2 मरा हुआ
उपरति–*सं०* (स्त्री०) 1 उदासीनता, विराग 2 मृत्यु
उपरना–I (पु०) दुपट्टा II (अ० क्रि०) उखड़ना
उपरफट, **उपरफट्टू**–(वि०) 1 बाहरी 2 बेकार, फ़ालतू
उपरम–(पु०) 1 विषय से विराग 2 निवृत्ति 3 मृत्यु
उपरला–(वि०) ऊपरवाला, ऊपरी
उपरावर–I(स्त्री०) ऊँची ज़मीन II (वि०) ऊपरी
उपरांकित–*सं०* (वि०) ऊपर अंकित किया हुआ
उपरांत–*सं०* (क्रि० वि०) बाद में, अनंतर, तत्पश्चात्
उपराग–*सं०* (पु०) 1 रंग 2 लालरंग 3 लाली 4 दुर्व्यवहार 5 निंदा 6 आस पास की वस्तु पर पड़नेवाली छाया
उपराचढ़ी–(स्त्री०)लाग-डाट, प्रतिस्पर्धा, एक दूसरे से बढ़ जाने की लालसा
उपराज–*सं०* (पु०) राजा का नायब, राज प्रतिनिधि
उपराज्यपाल–*सं०* (पु०) लेफ्टिनेंट गवर्नर, छोटे प्रदेश का सर्वोच्च पदाधिकारी
उपराम–*सं०* (पु०) 1 विरक्ति 2 विश्राम
उपराष्ट्रपति–*सं०* (पु०) राष्ट्र के उपाध्यक्ष
उपरि–*सं०* (अ०) ऊपर। ~**निर्दिष्ट** (वि०) ऊपर संकेतित

उपरुद्ध–*सं०* (वि०) रोका हुआ 2 घिरा हुआ
उपरूपक–*सं०* (पु०) छोटा नाटक
उपरोक्त–*सं०* (वि०) = उपरिनिर्दिष्ट, ऊपर लिखा हुआ
उपरोध–*सं०* (पु०) 1 रोक, बाधा 2 घेरना 3 परेशान करना 4 ढकना
उपरोधक, उपरोधी–*सं०* (वि०) बाधा डालनेवाला, रोकनेवाला
उपरोहित–(पु०) पुरोहित
उपरौटा–(पु०) = उपल्ला
उपर्युक्त–*सं०* (वि०) 1 ऊपर कहा गया 2 पूर्वकथित
उपलंभन–*सं०* (पु०) 1 ज्ञान 2 अनुभव 3 लाभ
उपल–*सं०* (पु०) 1 ओला 2 पत्थर 3 बादल 4 रत्न। ~**वृष्टि** (स्त्री०) ओले पड़ना, ओलावृष्टि
उपलक्षक–*सं०* (वि०) अनुमान लगानेवाला 2 निरीक्षण करनेवाला
उपलक्षण–*सं०* (पु०) 1 ध्यान से देखना 2 गौण लक्षण, पहचान
उपलक्षित–*सं०* (वि०) 1 लक्ष्य किया हुआ 2 अनुमानित 3 संकेतित
उपलक्ष्य–I *सं०* (पु०) 1 संकेत 2 अनुमान 3 उद्देश्य II (वि०) 1 लक्ष्य करने योग्य 2 अनुमान लगाने योग्य। **के ~में** के निमित्त
उपलब्ध–*सं०* (वि०) 1 प्राप्त 2 ज्ञात
उपलब्धि–*सं०* (स्त्री०) 1 प्राप्ति 2 ग्रहण की योग्यता 3 ज्ञान सिद्धि
उपलभ्य–*सं०* (वि०) मिलने योग्य
उपला–(पु०) गोबर का कंडा
उपलाभ–*सं०* (पु०) ग्रहण करना, पकड़ना
उपली–(स्त्री०) = उपला
उपलेप, उपलेपन–*सं०* लीपना, पोतना
उपल्ला–(पु०) ऊपर की पर्त
उपवन–*सं०* (पु०) 1 बाग़, बग़ीचा 2 छोटा जंगल
उपवपन–*सं०* (पु०) ऊपर छितराना
उपवर्ग–*सं०* (पु०) वर्ग के अंतर्गत छोटा वर्ग
उपवर्णन–*सं०* (पु०) विस्तृत या ब्यौरेवार वर्णन
उपवर्तन–*सं०* (पु०) 1 निकट लाना 2 अभ्यास स्थान
उपवसथ–*सं०* (पु०) 1 यज्ञ के पहले का दिन 2 बस्ती, ग्राम
उपवसन–*सं०* (पु०) 1 पास बसना 2 उपवास करना
उपवसित–*सं०* (वि०) उपवास किये बैठा
उपवाक्य–*सं०* (पु०) वाक्य खंड, वाक्यांश
उपवाणिज्यदूत–*सं०* (पु०) सहायक वाणिज्य दूत
उपवाद–*सं०* (पु०) 1 निंदा, बुराई 2 लांछन
उपवास–*सं०* (पु०) 1 भोजन का त्याग, फ़ाका 2 व्रत
उपवासी–*सं०* (वि०) 1 उपवास करने वाला 2 व्रती
उपविक्रय–*सं०* (पु०) संदिग्धावस्था में होनेवाला विक्रय
उपविदेशमंत्री–*सं०* (पु०) सहायक विदेशमंत्री
उपविधि–*सं०* (स्त्री०) = उपनियम, उपधारा
उपविभाग–*सं०* (पु०) बड़े विभाग के अधीन एक छोटा विभाग
उपविष–*सं०* (पु०) हल्का विष (मदार, धतूरा आदि)
उपविष्ट–*सं०* (वि०) बैठा हुआ। ~**क** अर्भक
उपवीत–*सं०* (पु०) 1 उपनयन संस्कार 2 जनेऊ
उपवीती–*सं०* (वि०) 1 जिसका उपनयन संस्कार हो गया हो 2 जनेऊ धारण किया हुआ
उपवृत्ति–*सं०* (स्त्री०) छोटा व्यवसाय
उपवेद–*सं०* (पु०) सहायक वेद, वेदों से निकले वेद
उपवेश–*सं०* (पु०) सभा की बैठक
उपवेशन–*सं०* (पु०) 1 बैठना 2 कार्य में लगना
उपवेशी–*सं०* (वि०) 1 बैठनेवाला 2 काम में लगा हुआ
उपवेष्टन–*सं०* (पु०) चारों तरफ़ से लपेटना
उपवेष्टित–*सं०* (वि०) लिपटा हुआ
उपशम, उपशमन–*सं०* (पु०) 1 शांत करना 2 शांत होना 3 निवारण 4 घटाना
उपशय–*सं०* (वि०) 1 पास सोनेवाला 2 शांतिदायक
उपशाखा–*सं०* (स्त्री०) 1 छोटी शाखा 2 शाखा की अन्य शाखा
उपशामक–*सं०* (वि०) शांत करनेवाला
उपशायी–*सं०* (वि०) 1 पास सोनेवाला 2 सोनेवाला
उपशाल–*सं०* (पु०) 1 मकान के पास का खुला सहन या मैदान 2 चौपाल
उपशिक्षक–*सं०* (पु०) सहायक अध्यापक
उपशीर्षक–*सं०* (पु०) मुख्य शीर्षक के नीचे का शीर्षक
उपशुल्क–*सं०* (पु०) शुल्क के अलावा शुल्क
उपशोभन–*सं०* (पु०) = सजाना, सज्जित करना
उपश्रुत–*सं०* (वि०) 1 सुना हुआ 2 जाना हुआ
उपश्रुति–*सं०* (स्त्री०) 1 सुनना 2 स्वीकृति 3 भविष्यवाणी
उपश्लिष्ट–*सं०* (वि०) 1 पास रखा हुआ 2 सटा हुआ, संपर्क में आया हुआ
उपश्लेष–*सं०* (पु०) 1 सटना 2 आलिंगन
उपसंक्षेप–*सं०* (पु०) संक्षेप का संक्षेप
उपसंचालक–*सं०* (पु०) संचालक का सहायक
उपसंपदा–*सं०* (स्त्री०) संन्यास (बौद्ध)
उपसंपन्न–*सं०* (वि०) 1 पर्याप्त 2 प्राप्त किया हुआ
उपसंपादक–*सं०* (पु०) सहायक संपादक, संपादक का सहायक
उपसंभाषा–*सं०* (स्त्री०) 1 बातचीत 2 मैत्रीपूर्ण अनुरोध
उपसंयम–*सं०* (पु०) 1 संपर्क में लाना 2 नियंत्रित करना 3 बाँधना
उपसंवाद–*सं०* (पु०) समझौता होना
उपसंहरण–*सं०* (पु०) 1 ले लेना 2 आक्रमण करना 3 अलग कर देना
उपसंहार–*सं०* (पु०) 1 समाप्ति 2 लेख के अंत में दिए जानेवाला सार 3 सारांश
उपसंहारक–*सं०* (वि०) उपसंहार करनेवाला
उपसंहारात्मक–*सं०* (वि०) उपसंहार/समाप्ति
उपसन्न–*सं०* (वि०) 1 सहायता के लिए आया हुआ 2 पास रखा हुआ 3 प्राप्त 4 प्रदत्त
उपसमिति–*सं०* (स्त्री०) छोटी समिति
उपसरण–*सं०* (पु०) 1 किसी की ओर आना और जाना 2 रक्त का तीव्र प्रवाह

उपसर्ग–*सं०* (पु०) 1 वह अव्यय जो शब्द के पहले लगकर शब्द का अर्थ बदल दे 2 अपशकुन
उपसर्गात्मक–*सं०* (वि०) उपसर्गयुक्त
उपसर्पण–*सं०* (पु०) आगे बढ़ना
उपसागर–*सं०* (पु०) समुद्र की खाड़ी
उपसाधन–*सं०* (पु०) छोटा ज़रिया
उपसाना–*सं०* (स० क्रि०) बासी करना, सड़ाना
उपसेक, उपसेचन–*सं०* 1 छिड़काव 2 सींचना
उपसेनापति–*सं०* (पु०) सहायक सेनापति
उपसेव्य–*सं०* (वि०) व्यवहार योग्य
उपसैनिक–*सं०* (पु०) छोटा सिपाही
उपस्कर, उपस्करण–*सं०* (पु०) 1 चोट पहुँचाना 2 हिंसा करना 3 सँवारना 4 निंदा 5 जीवन यापन हेतु आवश्यक सामग्री 6 उपकरण
उपस्कार–*सं०* (पु०) 1 पूरक 2 रिक्त स्थान की पूर्ति करनेवाला 3 आभूषण, गहना 4 सजावट
उपस्कारक–*सं०* (वि०) 1 सँवारने-सजाने वाला 2 पूर्ति करनेवाला
उपस्कृत–*सं०* (वि०) 1 बनाया हुआ 2 इकट्ठा किया हुआ 3 सजाया हुआ
उपस्तंभ–*सं०* (पु०) 1 सहारा 2 आधार 3 प्रोत्साहन
उपस्त्री–*सं०* (स्त्री०) रखेली, उपपत्नी
उपस्थ–I *सं०* (वि०) बैठा हुआ II (पु०) 1 जननेंद्रिय 2 नितंब, पेड़ू 3 गोद
उपस्थाता–I *सं०* (वि०) समय पर आया हुआ II (पु०) 1 पुरोहित 2 सेवक
उपस्थान–*सं०* (पु०) 1 सामने आना 2 देवता के सामने खड़े होकर वंदना करना 3 वास स्थान 4 उपासना स्थल
उपस्थापक–*सं०* (वि०) प्रस्ताव उपस्थित करनेवाला
उपस्थापन–*सं०* (पु०) उपस्थित करना, पेश करना
उपस्थापित–*सं०* (वि०) उपस्थित किया हुआ
उपस्थित–*सं०* (वि०) 1 समीप आया हुआ 2 प्रस्तुत, हाज़िर 3 मन में आया हुआ
उपस्थिति–*सं०* (स्त्री०) 1 हाज़िरी 2 विद्यमानता 3 समीपता। ~**पंजी** (स्त्री०) हाज़िरी का रजिस्टर; ~**पत्र** निश्चित समय पर उपस्थित होने के लिए भेजा गया आधिकारिक पत्र
उपस्नेह–*सं०* (पु०) गीला होना, नम होना
उपस्वत्व–*सं०* (पु०) 1 लगान 2 ब्याज
उपहत–*सं०* (वि०) 1 चोट खाया हुआ, घायल 2 विनष्ट 3 दूषित 4 लांछित। ~**चित्त** (वि०) विवेकशून्य
उपहरण–*सं०* (पु०) 1 पास लाना 2 हरण करना 3 उपहार, भेंट
उपहसित–(वि०) जिसका उपहास हुआ हो
उपहार–*सं०* (पु०) 1 भेंट, सौग़ात 2 पूजन द्रव्य
उपहारी–*सं०* (वि०) उपहार देनेवाला
उपहास–*सं०* (पु०) 1 हँसी 2 दिल्लगी 3 निंदासूचक हँसी 4 खिल्ली उड़ाना। ~**चित्र** (पु०) कार्टून, व्यंग्यचित्र; ~**जनक** (वि०) उपहास पैदा करनेवाला
उपहासात्मक–*सं०* (वि०) मज़ाक-भरा
उपहासास्पद–*सं०* (वि०) जो उपहास किए जाने योग्य हो
उपहास्य–*सं०* (वि०) 1 जिसका उपहास किया जा सकता हो 2 जिसे देखकर हँसी आती हो 3 तुच्छ
उपहित–*सं०* (वि०) 1 स्थापित 2 युक्त 3 सहित
उपहृत–*सं०* (वि०) 1 भेंट किया हुआ 2 पास लाया हुआ 3 एकत्रीकृत 4 परसा हुआ
उपांग–*सं०* (पु०) 1 गौण अंग 2 सहायक वस्तु 3 वेदांग के पूरक विषय 4 टीका
उपांत–I *सं०* (पु०) 1 छोर, किनारा 2 आँख का कोना 3 अंत के पास का अक्षर 4 अंचल 5 हाशिया II (वि०) अंत के पास का। ~**समुद्र** समुद्र का किनारा
उपांतिक–*सं०* (वि०) 1 पास का 2 उपांत में रहनेवाला
उपांत्य–*सं०* (वि०) 1 अंत के पास का 2 अंतिम से पहले का
उपाकरण, उपाकर्म–*सं०* (पु०) = उपक्रम, तैयारी
उपाकृत–*सं०* (वि०) 1 पास लाया हुआ 2 आरंभ किया हुआ 3 विपत्तिजनक 4 जिसे बलि चढ़ाया गया हो
उपाख्यान–*सं०* (पु०) 1 छोटी कहानी 2 पौराणिक कहानी। ~**साहित्य** (पु०) पौराणिक साहित्य
उपागत–*सं०* (वि०) 1 आया हुआ 2 घटित हुआ 3 वादा किया हुआ
उपागम–*सं०* (पु०) 1 पास आना 2 घटित होना 3 वादा
उपाचार–*सं०* (पु०) गौण परिपाटी, प्रथा
उपाड़ना–(स० क्रि०) = उखाड़ना
उपात्यय–*सं०* (पु०) विधि-विधान का परित्याग या उल्लंघन
उपादान–*सं०* (पु०) 1 प्राप्त करना 2 उपयोग में लाना 3 भोग-विषयों से दूर हटना 4 कारण 5 साधन-सामग्री 6 तुष्टि
उपादेय–*सं०* (वि०) 1 ग्रहण करने योग्य 2 उपयोगी
उपाधि–*सं०* (स्त्री०) 1 पदवी 2 विशेष लक्षण 3 योग्यता-सूचक शब्द 4 नाम-चिह्न 5 छद्म वेश। ~**प्रदान करना** (पु०) योग्यता का प्रमाण-पत्र देना; ~**से विभूषित करना** (पु०) प्रतिष्ठा एवं सम्मान देना; **मास्टर की** ~ (स्त्री०) अध्यापक की योग्यता सबंधी डिग्री; **सेना सबंधी** ~ (स्त्री०) सेना में दिए जानेवाला उच्च पद (जैसे कर्नल, ब्रिगेडियर); ~**धारी** (पु०) वह व्यक्ति जिसे उपाधि मिली हो; ~**पत्र** (पु०) योग्यता का प्रमाणपत्र
उपाधी–*सं०* (वि०) 1 उपद्रवी 2 छलबाज
उपाध्यक्ष–*सं०* (पु०) संस्था, समिति में अध्यक्ष का सहायक जो उसके अधीन काम करता है
उपाध्याय–*सं०* (पु०) 1 वेदों का अध्ययन करानेवाला पंडित 2 अध्यापक, शिक्षक 3 गुरु 4 ब्राह्मणों की एक उपजाति की उपाधि
उपाध्याया–*सं०* (स्त्री०) अध्यापिका, शिक्षिका
उपाध्यायानी, उपाध्यायी–*सं०* (स्त्री०) 1 अध्यापिका, शिक्षिका 2 गुरुपत्नी
उपान–*सं०* (स्त्री०) 1 इमारत की कुरसी 2 खम्भे के नीचे आकार रूप में रहनेवाली चौकी
उपानह–(पु०) 1 जूता 2 खड़ाऊँ
उपापचय–*सं०* (पु०) वस्तुओं के बनने-बिगड़ने की प्रक्रिया
उपाय–*सं०* (पु०) 1 साधन 2 युक्ति, तरक़ीब, तरीक़ा 3 व्यवस्था 4 इलाज। **छिपने के** ~ (पु०) छिपने का साधन; **सबसे सीधा** ~ (पु०) सबसे सरल युक्ति; **संगठनात्मक** ~ (पु०) संगठन व्यवस्था

उपायन–*सं०* (पु०) भेंट, उपहार
उपायी–*सं०* (वि०) उपाय करनेवाला
उपायुक्त–*सं०* (पु०) डिप्टी कमिश्नर
उपायोजन–*सं०* (पु०) छोटा आयोजन
उपार्जक–*सं०* (वि०) 1 पैदा करनेवाला 2 कमानेवाला
उपार्जन–*सं०* (पु०) 1 पैदा करना 2 कमाना
उपार्जित–*सं०* (वि०) 1 कमाया हुआ 2 पैदा किया हुआ 3 प्राप्त
उपार्थ–*सं०* (वि०) अल्प मूल्य का, अल्प महत्त्व का
उपालंभ, उपालंभन–*सं०* (पु०) 1 शिकायत, उलाहना 2 निंदा, दुर्वाक्य
उपाश्रय–*सं०* (पु०) सहारा
उपाश्रित–*सं०* (वि०) सहारा दिया गया
उपासंग–*सं०* (पु०) सामीप्य
उपासक–*सं०* (वि०) 1 आराधक 2 भक्त
उपासना–I *सं०* (स्त्री०) 1 आराधना 2 भक्ति II (स० क्रि०) आराधना करना
उपासनीय–*सं०* (वि०) पूजनीय, पूज्य
उपासिका–*सं०* (स्त्री०) पूजा करनेवाली नारी
उपासी–*सं०* (वि०) उपासक
उपास्थि–*सं०* (स्त्री०) कोमल हड्डी
उपास्य–I *सं०* (वि०) = उपासनीय, आराध्य II (पु०) इष्ट देवता
उपाहार–*सं०* (पु०) 1 हल्का भोजन 2 जलपान 3 नाश्ता
उपाहित–*सं०* (वि०) 1 पहना हुआ 2 आरोपित
उपेंद्र–I *सं०* (पु०) विष्णु II (स्त्री०) एक छंद
उपेक्षक–*सं०* (वि०) 1 उपेक्षा करनेवाला 2 उदासीन
उपेक्षण–*सं०* (पु०) 1 अनादर, तिरस्कार 2 परित्याग
उपेक्षणीय–*सं०* (वि०) उपेक्षा करने योग्य, उपेक्षा का पात्र
उपेक्षा–*सं०* (स्त्री०) 1 उदासीनता 2 तिरस्कार, निरादर, अवहेलना। ~**वृत्ति** (स्त्री०) ध्यान न देना
उपेक्षित–*सं०* (वि०) 1 अनादृत, तिरस्कृत 2 उदासीन
उपेक्ष्य–*सं०* (वि०) = उपेक्षणीय
उपेत–*सं०* (वि०) 1 मिला हुआ 2 युक्त
उपोत्पाद–*सं०* (पु०) उत्पाद से बचा उत्पाद
उपोद्घात–*सं०* (पु०) 1 प्रस्तावना, भूमिका 2 विशिष्ट कथन 3 साधन
उपोष्णदेशीय–*सं०* (वि०) कम गर्म देश का
उपोसथ–*सं०* (पु०) निराहार, व्रत
उप्त–*सं०* (वि०) बोया हुआ
उफ़–I *अ०* (अ०) दुःख, पीड़ा, आदि का सूचक उद्‌गार, आह II (स्त्री०) आह, अफसोस। ~**न करना** 1 पीड़ा को दबा जाना 2 अफसोस न करना
उफ़ुक–*अ०* (पु०) क्षितिज
उफनना–(स० क्रि०) उबलना
उफान–(पु०) उबाल
उफाल–(स्त्री०) लंबा डग
उबकना–(अ० क्रि०) कै करना, उल्टी करना
उबकाई–(स्त्री०) 1 कै 2 मितली
उबटन–(पु०) सरसों, तिल आदि का लेप
उबटना–(स० क्रि०) उबटन लगाना
उबरना–(अ० क्रि०) छुटकारा पाना, बचना
उबलना–(अ० क्रि०) खौलना, उफनना। ~**पड़ना** क्रुद्ध होकर अंट-शट बकना, आपे से बाहर होना
उबसन–(पु०) बर्तन साफ़ करने के लिए नारियल आदि की जटा, गुझना
उबसना–I (अ० क्रि०) सड़ना, गलना II (स० क्रि०) बर्तन माँजना
उबाऊ–(वि०) ऊब पैदा करनेवाला
उबाना–(स० क्रि०) 1 ऊबने का कारण होना 2 परेशान करना 3 उगाना
उबार–(पु०) 1 बचाव 2 छुटकारा 3 बचत। **लाठी**~ लाठी द्वारा बचाव (लड़ाई झगड़े में)
उबारना–(स० क्रि०) उद्धार करना
उबारा–(पु०) जानवरों के पानी पीने के लिए कुओं के पास बनाया जानेवाला कुंड, चरही
उबाल–(पु०) 1 उफ़नना 2 जोश, क्रोध आदि का भड़कना ~**खाना** क्रोध का भड़क उठना
उबालना–(स० क्रि०) खौलाना, जोश देना
उबासी–(स्त्री०) जँभाई
उभड़ना–(अ० क्रि०) = उभरना
उभय–*सं०* (वि०) दोनों। ~**चर** (वि०) जल और थल दोनों में रहनेवाला; ~**निष्ठ** (वि०) दोनों में सम्मिलित; ~**पक्ष** (पु०) दोनों पक्ष; ~**पक्षीय** (वि०) दोनों पक्ष का; ~**मुख** (वि०) दोनों ओर का; ~**मुखता** (स्त्री०) दो विरोधी गुणों में मन रहना; ~**लिंग** (पु०) जो दोनों लिंगों में प्रयुक्त होता हो; ~**लिंगी** (वि०) दोनों लिंगोंवाला; ~**वादी** (पु०) दोनों पक्षों का समर्थक; ~**विध** (वि०) दोनों प्रकार का
उभयतः–*सं०* (क्रि० वि०) दोनों ओर से
उभयतोमुख–*सं०* (वि०) = उभयपक्षीय
उभयत्र–*सं०* दोनों तरफ़ से
उभयात्मक–*सं०* (वि०) = उभयविध, दोनों प्रकार का
उभयार्थ, उभयार्थक–*सं०* (वि०) 1 दो अर्थों वाला 2 अस्पष्ट
उभयावल–*सं०* (वि०) दोनों ओर से दबा हुआ
उभयोत्तल–*सं०* दोनों ओर उभरा हुआ
उभरना–(अ० क्रि०) 1 ऊपर उठना 2 प्रकट होना 3 खुलना 4 जवानी आना 5 धन मान आदि की वृद्धि होना
उभाड़–(पु०) = उभार
उभाड़ना–(स० क्रि०) = उभारना
उभार–(पु०) 1 उठान 2 ऊँचाई 3 वृद्धि। ~**दार** *फ़ा०* (वि०) उभरा हुआ
उभारना–(स० क्रि०) 1 ऊपर उठाना 2 बढ़ाना 3 भड़काना, उकसाना
उमंग–(स्त्री०) 1 उल्लास 2 मौज 3 जोश 4 आकांक्षा
उमंगी–(वि०) 1 जिसे उल्लास हो, उल्लसित 2 मौजी
उमड़–(स्त्री०) 1 बाढ़ 2 धावा
उमड़ना–(अ० क्रि०) 1 बढ़कर फैलना 2 छाना 3 जोश में आना। ~**घुमड़ना** चारों ओर घूमकर फैलना
उमदगी–*अ० + फ़ा०* (स्त्री०) = (उम्दगी) अच्छाई, खूबी
उमदा–*अ०* (वि०) = उम्दा

उमर–*अ०* (स्त्री०) = उम्र
उमरा–*अ०* (पु०) 1 धनिक 2 सरदार 3 सामंत
उमस–(स्त्री०) हवा बंद होने पर लगनेवाली भीषण गर्मी
उमा–*सं०* (स्त्री०) 1 पार्वती 2 दुर्गा 3 कांति 4 शांति। **~नाथ, ~पति** (पु०) शंकर, भोलेनाथ
उमेठन–(स्त्री०) ऐंठन, मरोड़
उमेठना–(स० क्रि०) मरोड़ना, ऐंठना
उम्दगी–*अ० + फ़ा०* (स्त्री०) अच्छाई
उम्दा–*अ०* (वि०) अच्छा, बढ़िया
उम्मत–*अ०* (स्त्री०) 1 समुदाय 2 ख़ास पैगंबर के अनुयायी 3 संप्रदाय
उम्मीद–*फ़ा०* (स्त्री०) आशा, भरोसा। **~वार** I (वि०) 1 आशा रखनेवाला 2 नौकरी, पद विशेष का प्रार्थी II (पु०) चुनाव के लिए खड़ा होनेवाला व्यक्ति
उम्मेद–*फ़ा०* (स्त्री०) 1 आशा 2 अपेक्षा 3 आकांक्षा। **~वार** (पु०) = उम्मीदवार; **~वारी** (स्त्री०) 1 उम्मीदवार होने की अवस्था 2 आसरा 3 गर्भवती होने की अवस्था; **~बर आना** इच्छा पूरी होना; **~से होना** गर्भवती होने की पूर्वसूचना
उम्र–*अ०* (स्त्री०) आयु, अवस्था, वय। **~वाला** *+हिं०* बूढ़ा; **~का पैमाना भर जाना, ~का प्याला भर जाना** आयु का अंत आना, मृत्यु निकट होना; **~टेरना** किसी तरह ज़िंदगी के दिन पूरे करना
उर–*सं०* (पु०) 1 हृदय 2 छाती। **~स्थल** (पु०) हृदय, मन; **~लाना** छाती से लगाना; **~धरना** मन में रखना
उरग–*सं०* (पु०) साँप, विषधर
उरद–(पु०) दाल के वर्ग का एक अनाज, उड़द। **~के आटे की तरह ऐंठना** क्रुद्ध होना
उरधारना–(स० क्रि०) = उधेड़ना
उररना–(स० क्रि०) उमंगित होना
उरला–(वि०) इस तरफ़ का
उरसना–(स० क्रि०) ऊपर नीचे करना
उरसिज–*सं०* (पु०) उरोज, स्तन
उरस्त्राण–*सं०* (पु०) छाती का कवच
उरस्वान– सं० (वि०) चौड़ी छातीवाला
उरानियम– (पु०) नियम के अंतर्गत और नियम
उरु–*सं०* (वि०) 1 लंबा चौड़ा 2 विशाल, बड़ा, प्रचुर
उरूज–*सं०* (पु०) 1 ऊपर उठाना 2 उत्थान 3 वृद्धि
उरेब–I *फ़ा०* (वि०) 1 टेढ़ा, तिरछा 2 छलपूर्ण II (पु०) छल-कपट, धूर्तता
उरेहना–(स० क्रि०) तस्वीर बनाना, चित्र खींचना
उरैड़ना–(स० क्रि०) 1 उँडेलना 2 गिराना
उरोग्रह–*सं०* (पु०) *चि०* छाती एवं पसलियों में दर्द (रोग)
उरोज–*सं०* (पु०) स्तन, कुच
उरोस्थि–*सं०* (स्त्री०) छाती की हड्डी, पसली
उर्दू–I *तु०* (स्त्री०) भाषा का वह रूप जिसमें अरबी फ़ारसी के शब्द अधिक होते हैं तथा जिसे फ़ारसी लिपि में लिखा जाता है II (पु०) छावनी का बाज़ार। **~पन** *+हिं०* (पु०) उर्दू की छाप, उर्दू की बहुलता; **~लिपि** *सं०* (स्त्री०) फ़ारसी लिपि
उर्फ़–*अ०* (पु०) उपनाम
उर्मिल–*सं०* (वि०) 1 लहरदार 2 चुन्नटदार (वस्त्र)
उर्वर–(वि०) 1 उपजाऊ 2 जिससे बहुत से विचार निकलें (जैसे–उर्वर मस्तिष्क)। **~ता** (स्त्री०), **~त्व** (पु०) उपजाऊपन
उर्वरक–(पु०) रासायनिक खाद। **~संयंत्र** (पु०) खाद बनाने का कारख़ाना
उर्वरा–*सं०* (स्त्री०) 1 उपजाऊ भूमि 2 ज़मीन, पृथ्वी। **~शक्ति** (स्त्री०) = उर्वरत्व
उर्वरीकरण–*सं०* (पु०) बंजर भूमि को उर्वर बनाना
उर्स–*अ०* (पु०) पुण्यतिथि का उत्सव या मेला
उलगना–(अ० क्रि०) कूदना, फाँदना
उलछा–(पु०) बीज बोने की एक विधि
उलझन–(स्त्री०) 1 चिंता, सोच 2 कठिनाई 3 झंझट 4 फँसाव। **~दार** *+फ़ा०* पेचीदा; **~में पड़ना** चक्कर में फँसना
उलझना–(अ० क्रि०) फँसना
उलझाना–(स० क्रि०) 1 फँसाना 2 अटकाना
उलझाव, उलझेड़ा–(पु०) = उलझन, झंझट
उलटना–I (अ० क्रि०) 1 औंधा होना 2 दूसरे रुख होना 3 विपरीत स्थिति में आना 4 पलटना 5 घूमना, मुड़ना 6 अस्त-व्यस्त होना 7 ऐंठना II (स० क्रि०) 1 नीचे का ऊपर करना 2 पलटना 3 बदल देना 4 बात दुहराना 5 दूसरा रुख करना 6 कै करना। **~पलटना ~पुलटना** (स० क्रि०) अस्त-व्यस्त करना
उलट-पलट, उलट-पुलट, उलट फेर–I (पु०) अदल-बदल, परिवर्तन II (वि०) 1 अस्त व्यस्त 2 परिवर्तित III (क्रि० वि०) उलट-पलट कर, अच्छी तरह। **~करना** परिवर्तन करना, चीज़ों को बिखेरना, हलचल मचाना
उलटवांसी–(स्त्री०) ऐसी कविता जिसमें सामान्य रूप से उलटी बात कही गई हे
उलटा–(वि०) 1 औंधा 2 विपरीत क्रम का 3 असमान। **~पलटा, ~पुलटा** (वि०) क्रमविहीन; **~सीधा** (वि०) 1 कुछ सही कुछ गलत 2 भला बुरा **~तवा** काला; **उलटी खोपड़ी** मूर्ख, नासमझ; **उलटी गंगा बहना** 1 रीति विरुद्ध काम होना 2 नियम एवं रीति के प्रतिकूल बात होना; **~लटकना** परिश्रम करना; **उलटी गंगा बहाना** 1 रीति विरुद्ध कार्यकरना 2 नियम के प्रतिकूल बात करना; **उलटी पट्टी पढ़ाना** बहकाना; **उलटी माला फेरना** बुरा मनाना, कोसना; **उलटी साँस चलना, उलटी साँस लेना** 1 दम निकलना 2 मरणासन्न होना; **उल्टी सीधी सुनाना** खरी-खोटी सुनाना; **उलटी हवा बहना** परंपरा विरुद्ध चलना; **उलटे काँटे तौलना** कम तौलना; **उलटे छुरे से मूँड़ना** बेवकूफ़ बनाकर ऐंठना; **उलटे पाँव फिरना, उलटे पाँव लौटना** तुरंत वापस आना; **उलटे मुँह गिरना** दूसरे का नुकसान करने के प्रयास में खुद का अहित कर लेना
उलटाना–(स० क्रि०) उलटा करना
उलटी–(स्त्री०) कै, वमन
उलटे–(क्रि० वि०) 1 विपरीत दिशा में, विपरीत स्थिति में 2 बेजा तौर पर, नियम विरुद्ध
उलथा–(पु०) 1 करवट बदलना 2 कलाबाज़ी। **~मारना** 1 कलाबाज़ी करते हए कूदना 2 करवट बदलना
उलफ़त–*अ०* (स्त्री०) प्यार, प्रेम

उलमा–*अ०* (पु०) *बहु०* पंडित, विद्वान लोग
उलहना–(पु०) = उलाहना, शिकायत
उलाँक–(पु०) 1 डाक 2 एक तरह की नाव
उलाँघना–(स० क्रि०) 1 लाँघना 2 आज्ञा का उल्लंघन करना, न मानना
उलार–(वि०) भार के कारण एक ओर झुका हुआ
उलाहना–I (पु०) शिकायत, उपालंभ II (स० क्रि०) दोष देना
उलिचना–(अ० क्रि०), **उलीचना** (स० क्रि०) पानी बाहर फेंकना
उलूक–*सं०* (पु०) उल्लू
उलूखल–*सं०* (पु०) 1 ओखली 2 खल, खरल
उलूम–*अ०* (पु०) *बहु०* विद्याएँ, इल्म
उलेढ़ना–(स० क्रि०) कपड़े के छोर को थोड़ा उलटकर तथा अंदर करके सीना
उल्का–*सं०* (स्त्री०) 1 प्रकाश 2 टूटकर गिरनेवाला तारा, पुच्छल तारा, 3 मशाल 4 लुआठी। **~चक्र** (पु०) 1 दैवी उत्पात 2 विघ्न 3 हलचल 4 ज्योतिष में ग्रहों की एक विशेष स्थिति; **~पिंड** (पु०) उल्का पत्थर; **~पथ** (पु०) तारों के टूटकर गिरने का मार्ग; **~पात** (पु०) जलते तारे का टूटकर गिरना; **~पाती** (वि०) उपद्रव करनेवाला, शरारती; **~पाषाण, ~पिंड** (पु०) = उल्काश्म; **~वृष्टि** (स्त्री०) = उल्कापात;
उल्काश्म–*सं०* (पु०) आकाश से पत्थर के रूप में गिरा हुआ पिंड
उल्टा–(वि०) = उलटा
उल्था–*सं०* (पु०) भाषांतर, अनुवाद
उल्लंघन–*सं०* (पु०) 1 लाँघना 2 अवज्ञा करना 3 विरुद्ध आचरण। **~कर्ता** (पु०) अवज्ञा करनेवाला
उल्लंघित–*सं०* (वि०) 1 लाँघा हुआ 2 अवज्ञा किया हुआ 3 अतिक्रांत
उल्लसन–*सं०* (पु०) हर्षित या उल्लसित होना
उल्लसित–*सं०* (वि०) 1 अतिप्रसन्न 2 चमकता हुआ
उल्लाप–*सं०* (पु०) 1 बहलाना 2 चापलूसी 3 चीख पुकार, आर्तनाद
उल्लापक, उल्लापी–*सं०* (वि०) 1 उल्लाप करनेवाला 2 खुशामदी, चाटुकार
उल्लास–*सं०* (पु०) 1 खुशी, हर्ष 2 उमंग 3 चमक
उल्लासक–*सं०* (वि०) खुशी देनेवाला
उल्लासन–*सं०* (पु०) = उल्लासित
उल्लासित–*सं०* (वि०) 1 हर्षित 2 प्रकाशित
उल्लासी–*सं०* (वि०) उल्लासयुक्त
उल्लिखित–*सं०* (वि०) 1 उल्लेख किया हुआ 2 लिखा हुआ 3 वर्णित
उल्लू–I (पु०) एक प्रसिद्ध पक्षी जिसे दिन में दिखाई नहीं देता II (वि०) मूर्ख, निर्बुद्धि। **~का गोश्त खिलाना** 1 बेवकूफ़ बनाना 2 वश में कर लेना; **~का पट्ठा** निरा मूर्ख; **~बनाना** 1 बेवकूफ़ बनाना 2 ठगना; **~बोलना** उजड़ जाना, वीरान होना
उल्लेख–*सं०* (पु०) 1 चर्चा 2 वर्णन 3 एक अर्थालंकार जिसमें एक ही वस्तु का विषय भेद के कारण अनेक तरह से वर्णन किया जाए
उल्लेखन–*सं०* (पु०) 1 उल्लेख करना 2 लिखना 3 अंकन करना
उल्लेखनीय, उल्लेख्य–*सं०* (वि०) 1 उल्लेख करने योग्य 2 कथनीय
उल्लोल–*सं०* (पु०) लहर, हिलोर
उल्व–*सं०* (पु०) 1 गर्भस्थ शिशु पर लिपटे रहनेवाली झिल्ली, आँवल, जेर 2 गर्भाशय
उषा–*सं०* (स्त्री०) 1 भोर 2 तड़का, अरुणोदय की लाली। **~काल** (पु०) भोर का समय; **~पान** (पु०) सुबह नाक से बासी पानी पीना
उष्ट्र–सं० (पु०) ऊँट
उष्ण–*सं०* (वि०) 1 गरम 2 गर्मी उत्पन्न करनेवाला 3 तीखा, तीक्ष्ण। **~कटिबंध** (पु०) पृथ्वी का वह क्षेत्र जो कर्क और मकर रेखाओं के बीच में पड़ता है तथा जहाँ अत्यधिक गरमी पड़ती है; **~ता (स्त्री०)** = उष्मा; **~देशीय** (वि०) गर्म देश का; **~प्रधान** (वि०) (वह स्थान) जहाँ कई महीने गर्मी रहती है
उष्णांक–*सं०* (पु०) (विज्ञान) ताप की इकाई, केलौरी
उष्णा, उष्णिमा–*सं०* (स्त्री०) गरमी
उष्णीष–*सं०* (पु०) 1 पगड़ी, साफा 2 मुकट, ताज
उष्म–I *सं०* (पु०) = उष्मा II (वि०) उष्ण। **~गतिक** (वि०) गरमी की गति से संबद्ध; **~ज** (पु०) पसीने आदि से पैदा होनेवाले कीड़े (जैसे-मच्छर, खटमल आदि); **~रोधक** (वि०) गरमी रोकनेवाला; **~रोधन** (पु०) गरमी रोकना
उष्मा–*सं०* (स्त्री०) 1 गर्मी 2 धूप 3 ताप। **~गतिकी** (स्त्री०) गर्मी की गति का विज्ञान; **~स्वेद** (पु०) भाप देकर वस्तु को तर करना
उष्माघात–*सं०* (पु०) गरमी का ताव
उष्मिक–*सं०* गर्मी का अहसास
उस–(सर्व) 'वह' का वह रूप जो उसे विभक्ति लगने के पहले प्राप्त होता है (जैसे-उसने, उसकी, उससे, उसमें आदि)
उसकन–(पु०) = उबसन
उसकाना, उसकारना–(स० क्रि०) = उकसाना
उसनना–(स० क्रि०) = उबालना
उसना–(पु०) उबालकर सुखाया गया चावल
उसरना–(अ० क्रि०) 1 ऊपर उठना 2 हटना 3 व्यतीत होना, बीतना 4 बिसरना, भूलना
उसारना–(स० क्रि०) ऊपर उठाना
उसारा–(पु०) बरामदा
उसास–(स्त्री०) गहरी और लंबी साँस, उच्छ्‌वास
उसी–(सर्व) = उस ही, दे० उस
उसीसा–(पु०) 1 सिरहाना 2 तक़िया
उसूल–*अ०* (पु०) 1 सिद्धांत 2 नियम
उसूली–*अ०* (वि०) 1 उसूल का पालन करनेवाला 2 उसूल के अनुसार
उस्तरा–*फ़ा०* (पु०) = उस्तुरा
उस्ताद–I *फ़ा०* (पु०) 1 गुरु 2 शिक्षक II (वि०) 1 प्रवीण

2 विज्ञ 3 चालाक
उस्तादी–*फ़ा०* (स्त्री०) 1 गुरुआई 2 प्रवीणता, दक्षता 3 चालाकी
उस्तानी–*फ़ा० + हिं०* (स्त्री०) 1 गुरुआनी 2 शिक्षिका
उस्तुरा–*फ़ा०* (पु०) बाल मूँड़ने का छुरा
उहदा–*अ०* (पु०) पद, स्थान। **उहदेदार** *+फ़ा०* (पु०) पदधारी, पदाधिकारी
उहूँ–*अ०* ऊहूँ, नहीं, इन्कार सूचक शब्द

ऊ

ऊँघ, ऊँघन–(स्त्री०) 1 नींद का झोंका, झपकी 2 आलस
ऊँघना–(अ० क्रि०) 1 झपकी आना 2 नींद में झूमना
ऊँच–(वि०) 1 ऊँचा 2 बड़ा 3 कुलीन । **~नीच** (वि०) 1 बड़ा छोटा 2 ऊँची नीची जाति का; **~नीच का विचार कर** अच्छा-बुरा सोच समझकर; **~नीच सुनना** अशोभनीय बातें सुनना
ऊँचा–(वि०) 1 अधिक बड़ा 2 ऊपर की ओर अधिक उठा हुआ 3 श्रेष्ठ 4 पद-प्रतिष्ठा में बड़ा 5 सम्मानित। **~नीचा** (वि०) 1 ऊबड़-खाबड़ 2 भला-बुरा; **~नीचा सुनाना** भला-बुरा कहना; **~सुनना** केवल तीव्र ध्वनि सुनना, आधा बहरा होना; **ऊँची दुकान फीका पकवान** नाम के अनुरूप गुण का न होना; **ऊँची साँस लेना** दुःख प्रकट करना
ऊँचाई–(स्त्री०) 1 ऊँचा होना 2 बड़ाई
ऊँचे–(क्रि० वि०) 1 ऊँचाई पर 2 ज़ोर से (ध्वनि) । **~नीचे पाँव पड़ना** 1 कुमार्ग पर जाना 2 स्त्री का पथभ्रष्ट होना, ग़लती करना
ऊँछना–(स० क्रि०) कंघी करना, बाल झाड़ना
ऊँट–(पु०) एक रेगिस्तानी पशु जो बोझा ढोने के काम आता है तथा जिसपर सवारी भी की जाती है, उष्ट्र । **~वान** *+फ़ा०* (पु०) ऊँटवाला; **(देखिये) ऊँट किस करवट बैठता है** (देखिये) मामले का क्या परिणाम निकलता है; **~की चोरी नीचे-नीचे** (झुके-झुके) न छिपाई जानेवाली बात को छिपाने की कोशिश; **~के गले में बिल्ली** असंगत और असाधारण बात; **~के मुँह में जीरा** आवश्यकता से कम देना; **~निगल जायँ, दुम से हिचकियाँ** बड़ी बड़ी बातें मज़े से कर जाना और छोटी में अटकना; **~मक्के को ही भागता है** हर वस्तु अपने उद्गम को ही जाती है; **~रे ऊँट, तेरी कौन सी कल सीधी** बेतुके आदमी की कोई बात उचित नहीं होती
ऊँटनी–(स्त्री०) मादा ऊँट
ऊँड़ा–(पु०) 1 ऐसा बर्तन जिसमें रुपए पैसे रखकर ज़मीन में गाड़ दिया जाए 2 तहखाना
ऊँहूँ–(क्रि० वि०) 1 नहीं 2 कदापि नहीं
ऊआबाई–I (वि०) 1 इधर उधर का 2 व्यर्थ II (स्त्री०) निरर्थक बात
ऊकना–I (अ० क्रि०) चूकना II (स० क्रि०) 1 उपेक्षा करना 2 भूलना 3 तपाना
ऊकार–*सं०* (पु०) 'ऊ' अक्षर की ध्वनि
ऊकारांत–(वि०) (शब्द) 'ऊ' से अंत होनेवाला (जैसे उल्लू, बालू)
ऊख–(पु०) गन्ना, ईख
ऊखल–(पु०) ओखली। **~में सिर देना** जान बूझकर संकट मोल लेना
ऊजड़–(वि०) उजाड़, उजड़ा हुआ
ऊटक-नाटक–I *हिं०+सं०* (पु०) 1 दिखावटी किंतु महत्त्वहीन काम 2 अललटप्पू II (वि०) निरर्थक, बेकार
ऊट-पटांग–(वि०) 1 बेढंगा 2 विसंगत
ऊड़ा–(पु०) 1 कमी 2 टोटा, घाटा 3 नाश
ऊड़ी–(स्त्री०) 1 पनडुब्बी चिड़िया 2 लक्ष्य 3 एक प्रकार की चरखी 4 टेकुआ
ऊढ़–*सं०* (वि०) जिसका विवाह हुआ हो, विवाहित
ऊढ़ा–*सं०* (स्त्री०) 1 विवाहिता नारी 2 पर-पुरुष से प्रेम करनेवाली स्त्री, परकीया नायिका
ऊत–(वि०) 1 बिना पुत्र का, निपूता, निःसंतान 2 उजड्ड, मूढ़ 3 उद्धत
ऊतक–(पु०) 1 ताने-बाने की बुनावट वाली वस्तु, जालीदार रचना 2 रेशा 3 (प्राणिशास्त्र) तंतुसमूह, कोशिकाओं का बना अंग। **~विज्ञान** *+सं०* (पु०) जीव जंतुओं एवं वनस्पतियों के ऊतकों का अध्ययन
ऊति–*सं०* (स्त्री०) 1 सीने का काम, सिलाई 2 बुनावट 3 सीने की मज़दूरी 4 कृपा 5 कर्म की वासना
ऊद–(पु०) ऊदबिलाव (जंतु)
ऊद–*अ०* (पु०) 1 अगर नामक वृक्ष 2 एक प्रकार का बाजा
ऊदा–I (वि०) बैंगनी रंग का II (पु०) बैंगनी रंग का घोड़ा
ऊधम–(पु०) 1 हल्ला-गुल्ला, शोरगुल 2 उत्पात, उपद्रव
ऊधमी–(वि०) ऊधम मचानेवाला
ऊधस–*सं०* (पु०) गाय-भैंस का थन
ऊन–(पु०) भेड़ आदि के बाल
ऊन–*सं०* (वि०) कम, थोड़ा। **~वाचक** (वि०) कमी प्रकट करनेवाला (शब्द); **~ता** (स्त्री०) कमी, त्रुटि
ऊना–(वि०) 1 कम, थोड़ा 2 अधूरा, अपूर्ण
ऊनार्थवादी–*सं०* (वि०) = ऊनवाचक
ऊनी–(वि०) ऊन का बना हुआ (जैसे – ऊनी कंबल, ऊनी शाल)
ऊनी–*सं० + हिं०* (स्त्री०) 1 कमी, न्यूनता 2 त्रुटि, दोष 3 उदासी
ऊपर–(क्रि० वि०) 1 आकाश की ओर, ऊर्ध्व दिशा में 2 पृथ्वी के ऊपर 3 ऊँचे-तले 4 आधार पर, सहारे पर 5 पास सटकर (जैसे तालाब के ठीक ऊपर मंदिर है) 6 उच्च कोटि या वर्ग में 7 पद एवं मर्यादा में ऊपर, श्रेष्ठ। **~का** दिखावे का **~वाला** (पु०) ईश्वर; **~ऊपर से** प्रकट में; **~की आमदनी** वेतन आदि बँधी आमदनी के अतिरिक्त आय; **~की दोनों जाना** दोनों आँखें फूट जाना; **~की सांस ~और नीचे की नीचे रहना**- स्तब्ध रहना; **~के लोग** (पु०) अफ़सर लोग **~तले के** आगे पीछे पैदा होने वाले; **~ मढ़ना**- दोष लगाना; **~लेना** 1 सिर पर लेना 2 ज़िम्मे लेना; **~वाला** भगवान्, ईश्वर; **~वालियाँ** 1 चीलें 2 चुड़ैलें 3 परियाँ; **~से ऊँचाई**

से; ~होना 1 बड़ा होना 2 प्रधान होना

ऊपरी–(वि०) 1 ऊपर का (जैसे– बादाम का ऊपरी छिलका, मकान का ऊपरी हिस्सा) 2 बाहरी, (जैसे– ऊपरी आदमी) 3 अतिरिक्त (जैसे–ऊपरी आमदनी) 4 दिखावटी (जैसे– ऊपरी शान-शौकत)

ऊब–(स्त्री०) 1 बेचैनी, विकलता 2 नीरसता, अरुचि

ऊबड़, ऊबड़-खाबड़–(वि०) 1 ऊँचा-नीचा 2 टेढ़ा मेढ़ा 3 असमतल

ऊबना–(अ० क्रि०) उकता जाना, जी भरना

ऊभ-चूभ–(स्त्री०) 1 डूबना उतराना 2 आशा और निराशा की अवस्था

ऊभा साँसी–(स्त्री०) 1 दम घुटना 2 घबराहट, विकलता

ऊमस–(स्त्री०) हवा न चलने से होनेवाली भीषण गरमी

ऊरु–*सं०* (पु०) जांघ, रान। ~**संधि** (स्त्री०) जांघ का जोड़; ~**स्तंभ** (पु०) जांघ अकड़ जाने का रोग

ऊर्ज–I *सं०* (वि०) 1 शक्तिशाली 2 बल देनेवाला II (पु०) 1 बल 2 वीर्य 3 उत्साह 4 बिजली की शक्ति। ~**मान** (पु०) बिजली की गति प्रदान करनेवाली शक्ति जो ऊर्ज के मान से नापी जाती है

ऊर्जन–*सं०* (पु०) 1 ऊर्जा उत्पन्न करना 2 भड़काना, उत्तेजित करना

ऊर्जमान–*सं०* (पु०) ऊर्जा नापने का मानक, वोल्टेज

ऊर्जमेघ–*सं०* (वि०) अत्यंत प्रतिभाशाली

ऊर्जस्वल–*सं०* (वि०) = 1 ऊर्ज 2 ऊर्जस्वी

ऊर्जस्वित–*सं०* (वि०) ऊर्जा से युक्त

ऊर्जस्वी–*सं०* (वि०) 1 तेजस्वी और बलवान् 2 प्रतापी

ऊर्जा–*सं०* (स्त्री०) 1 शक्ति, बल 2 काम करने में व्यय होनेवाली शक्ति। ~**स्रोत** (पु०) शक्ति का कारण-साधन

ऊर्ण–*सं०* (पु०) 1 ऊन 2 ऊनी वस्त्र। ~**नाभ** (पु०) मकड़ा

ऊर्णा–*सं०* (स्त्री०) 1 ऊन 2 भौंहों के मध्य की भौंरी

ऊर्णाजिन–*सं०* (पु०) ऊनवाला चमड़ा, फ़र

ऊर्ध–(वि०) = ऊर्ध्व

ऊर्ध्व–I *सं०* (वि०) 1 ऊपर की ओर गया हुआ, उदग्र 2 ऊँचा 3 खड़ा (जैसे- ऊर्ध्व तल, ऊर्ध्व बाँस) II (क्रि० वि०) ऊपर की ओर, ऊपर। ~**गति** I (स्त्री०) 1 ऊपर की ओर जाना 2 मुक्ति, मोक्ष II (वि०) जिसकी गति ऊपर की ओर हो; ~**गमन** (पु०) = ऊर्ध्वारोह; ~**गामी** (वि०) 1 ऊपर की ओर जानेवाला 2 ऊपर गया हुआ; ~**दृष्टि,** ~**नेत्र** (वि०) 1 ऊपर की ओर देखनेवाला 2 महत्त्वाकांक्षी; ~**देह** (स्त्री०) सूक्ष्म शरीर; ~**द्वार** (पु०) ब्रह्मरंध्र; ~**पुंड्र**–(पु०) खड़ा तिलक; ~**मंडल** (पु०) वायुमंडल का ऊपरी भाग; ~**मुख** (वि०) जिसका मुख ऊपर की ओर हो; ~**रेता** I (वि०) I वीर्यपात न होने देनेवाल, पूर्ण ब्रह्मचारी II (पु०) संन्यासी; ~**लोक** (पु०) 1 आकाश 2 स्वर्ग; ~**वायु** (स्त्री०) डकार; ~**बिंदु** (पु०) सिर के ऊपर का सबसे ऊँचा स्थान, शीर्ष बिंदु; ~**श्वास** (पु०) 1 ऊपर की ओर जाने वाली साँस 2 मरने के समय साँस की वह गति जो अधिकतर ऊपर हो जाती है

ऊर्ध्वग–*सं०* (वि०) 1 ऊपर की ओर जानेवाला 2 जो ऊपर की ओर गया हो 3 सीधा, खड़ा

ऊर्ध्वांग–*सं०* 1 ऊपरी भाग 2 शरीर के ऊपर का अंग, सिर

ऊर्ध्वाधर–*सं०* (ऊंचाई में) सीधा, खड़ा

ऊर्ध्वायन–*सं०* (पु०) स्वर्ग का मार्ग

ऊर्ध्वारोहण–*सं०* (पु०) 1 ऊपर चढ़ना 2 मृत्यु

ऊर्ध्वोन्मुख–*सं०* (वि०) 1 ऊपर खुला हुआ 2 ऊपर उठा हुआ

ऊर्मि–*सं०* (स्त्री०) 1 छोटी लहर 2 प्रवाह, बहाव 3 वेग

ऊर्मिका–*सं०* (स्त्री०) 1 तरंग 2 अँगूठी

ऊर्मिमान्, ऊर्मिल–*सं०* (वि०) लहरों से युक्त

ऊर्विका–*सं०* (स्त्री०) जाँघ की हड्डी

ऊलजलूल–(वि०) 1 ऊटपटांग, अंड बंड 2 विसंगत 3 बेवकूफ, अशिष्ट। ~**पना** (पु०) अशिष्टता, बेवकूफ़ी

ऊषा–*सं०* (स्त्री०) 1 एक दिन चढ़ने से पहले का वह समय जब अँधेरा रहने पर भी सूर्य की लाली दिखाई देती है, प्रभात 2 अरुणिमा। ~**काल** (पु०) प्रातःकाल, सवेरा

ऊष्म–*सं०* (पु०) 1 गरमी 2 ताप 3 संघर्षी ध्वनि श, ष, स, ह

ऊष्मण–(पु०) गरम करना

ऊष्म वर्ण–*सं०* (पु०) *व्या०* उच्चारण के विचार से श, ष, स और ह अक्षर

ऊष्मांक–*सं०* (पु०) ताप की इकाई, कैलौरी।

ऊष्मा–*सं०* (स्त्री०) 1 गरमी, ताप 2 ग्रीष्म ऋतु। ~**गतिकी** (स्त्री०) ऊष्मा और उससे संबद्ध ऊर्जाओं की गतियों और परिवर्तनों का अध्ययन

ऊसर–I (पु०) अनुपजाऊ भूमि, बंजर II (वि०) जिसमें कुछ उत्पन्न न हो

ऊह–(अ०) कष्ट एवं पीड़ासूचक ध्वनि, ओह

ऊह–*सं०* (पु०) 1 परिवर्तन 2 सुधार 3 तर्क-विर्तक 4 परीक्षण

ऊहन–*सं०* (पु०) 1 तर्क-वितर्क करना 2 बदलना 3 सुधार करना

ऊहा–*सं०* (स्त्री०) 1 अनुमान, कल्पना 2 तर्क-वितर्क, विचार 3 बुद्धि, समझ

ऊहात्मक–(वि०) 1 विचारात्मक 2 काल्पनिक

ऊहापोह–*सं०* (पु०) अनिश्चय की स्थिति में मन में उत्पन्न होनेवाला तर्क-वितर्क, विचार-द्वंद्व

ऊह्य–*सं०* (वि०) तर्क-वितर्क योग्य, ऊहनीय

ऋ

ऋक्–(स्त्री०) 1 ऋचा 2 स्तुति, पूजा। ~**संहिता** (स्त्री०) ऋग्वेद

ऋकार–*सं०* (पु०) = ऋ स्वर और उसकी ध्वनि

ऋक्थ–*सं०* (पु०) 1 धन-संपत्ति, पूँजी 2 उत्तराधिकार में मिलनेवाली जायदाद, दायधन। ~**भागी** (पु०) उत्तराधिकारी, वारिस

ऋक्ष–*सं०* (पु०) 1 भालू, रीछ 2 तारा, नक्षत्र 3 राशि

ऋग्वेद–*सं०* (पु०) चारों वेदों में से एक और पहला वेद

ऋग्वेदी–*सं०* (वि०) 1 ऋग्वेद का ज्ञाता 2 जिसके संस्कार

ऋग्वेद के अनुसार हों

ऋग्वेदीय–*सं०* (वि०) ऋग्वेद का

ऋचा–*सं०* (स्त्री०) 1 पद्य में रचा हुआ वेद मंत्र 2 स्तोत्र

ऋच्छ–(पु०) = ऋक्ष

ऋजिमा–*सं०* (स्त्री०) सरलता

ऋजु–*सं०* (वि०) 1 सीधा (जैसे-ऋजु रेखा) 2 ईमानदार और सच्चा 3 अनुकूल 4 सरल। ~**करण** (पु०) 1 सीधा करने की क्रिया 2 साफ करना; ~**कारक** (पु०) संज्ञादि का मूल शाब्दिक रूप; ~**ता** (स्त्री०) 1 सरलता 2 सीधापन 3 सच्चाई; ~**नीति** (स्त्री०) सदाचार; ~**विचारण** (पु०) वाद की ठीक सुनवाई

ऋण–*सं०* (पु०) 1 कर्ज़, उधार लिया गया धन 2 वह जिसका दायित्व किसी पर हो (जैसे– देव ऋण, पितृ ऋण) 3 किया गया उपकार, एहसान 4 *ग०* घटाने का निशान (–)। ~**कर्ता** (वि०) कर्ज़ लेनेवाला; ~**ग्रस्त** (वि०) कर्ज़ में फँसा हुआ; ~**ग्रस्तता** (स्त्री०) ऋणग्रस्त होने की अवस्था; ~**ग्रह**, ~**ग्राही** (पु०) = ऋणकर्ता; ~**छोर** *+हिं०* (पु०) *विज्ञान* विद्युत ऊर्जा में ऋण आवेश (जैसे–बैटरी का ऋण छोर); ~**त्रय** (पु०) तीनों ऋण (पितृऋण, ऋषि ऋण, देव ऋण) ~**दाता** (वि०) ऋण देनेवाला; ~**दान** (पु०) = ऋण परिशोध; ~**दास** (पु०) ऋण के बदले बनाया गया दास; ~**देयता** (स्त्री०) ऋण चुकाना; ~**ध्रुव** (पु०) नेगेटिव पोल; ~**पक्ष** (पु०) बही खाते, लेखे आदि में वह पक्ष जिसमें दी गई वस्तु एवं रकम का तिथि अनुसार ब्यौरा दिया जाता है; ~**पत्र** (पु०) ऐसा पत्र जिसपर ऋण देने तथा लेने की शर्तें लिखी हों, रुक्का, बांड; ~**परिशोध** (पु०) कर्ज़ चुकाना; ~**पूँजी** (स्त्री०) उधार की रकम; ~**भार** (पु०) उधार का बोझ; ~**भुगतान** *+हिं०* = ऋण परिशोध; ~**मुक्त** (वि०) जिसने कर्ज़ा चुका दिया हो ~**मुक्ति** (स्त्री०) कर्ज़ अदायगी; ~**मोचन** (पु०) = ऋण परिशोध; ~**लेख्य** (पु०) = ऋण पत्र; ~**विद्युत** (पु०) विकर्षण करनेवाली बिजली; ~**शुद्धि**, ~**शोधन** (पु०) = ऋण चुकाना, ऋण परिशोध; ~**शोधनाक्षम** (पु०) ऋण चुकाने में असमर्थ, दिवालिया; ~**स्थगन** वह राज्याज्ञा जिसके अनुसार कर्ज़धारियों की कर्ज़ अदायगी कुछ समय के लिए स्थगित कर दें

ऋणाग्र–*सं०* (पु०) = ऋण ध्रुव

ऋणात्मक–*सं०* (वि०) 1 ऋणरूप 2 नकारात्मक, अभावात्मक

ऋणादान–*सं०* (पु०) 1 कर्ज़ 2 ऋण वापस मिलना

ऋणार्ण–*सं०* (पु०) कर्ज़ चुकाने के लिए लिया जानेवाला कर्ज़

ऋणी–*सं०* 1 कर्ज़ लेनेवाला, कर्ज़दार 2 एहसानमंद, अनुगृहीत, कृतज्ञ

ऋणेच्छुक–*सं०* (पु०) ऋण चाहनेवाला व्यक्ति

ऋतंभर–*सं०* (वि०) सत्य को धारण एवं पालन करनेवाला

ऋतंभरा–*सं०* (स्त्री०) सदा एकरस रहनेवाली सात्त्विक बुद्धि

ऋत–I *सं०* (पु०) 1 मुक्ति, मोक्ष 2 सत्य 3 यज्ञ 4 कर्मों का फल 5 निश्चित विधान II (वि०) 1 उज्ज्वल दीप्त 2 पूजित 3 सच्चा। ~**धामा** (वि०) सत्यस्वरूप; ~**वादी** (वि०) सत्य बोलनेवाला, सत्यवादी

ऋति–*सं०* (स्त्री०) 1 कष्ट 2 निंदा 3 स्पर्धा

ऋतु–*सं०* (पु०) 1 मौसम (ग्रीष्म, वर्षा, शरद, हेमंत आदि) 2 मासिक धर्म। ~**काल** (पु०) 1 उपयुक्त समय 2 रजोदर्शन पश्चात् गर्भधारण करने योग्य समय; ~**गमन** (पु०) ऋतुकाल में स्त्री के पास जाना; ~**चर्या** (स्त्री०) ऋतु के अनुरूप आहर-विहार; ~**दान** (पु०) 1 ऋतुकाल के उपरांत संतान की इच्छा से किया जानेवाला संभोग 2 गर्भाधान; ~**नाथ**, ~**पति** (पु०) वसंत; ~**प्राप्त** (वि०) 1 रजोदर्शन प्राप्त 2 जो फल देने योग्य हो गया हो; ~**फल** (पु०) विभिन्न एवं विशिष्ट ऋतु में होनेवाला फल; ~**मती** (स्त्री०) रजस्वला; ~**राज** (पु०) वसंत ऋतु; ~**रोध** (पु०) मासिक धर्म बंद हो जाना; ~**विज्ञान** (पु०) वायुमंडल में होनेवाले परिवर्तनों का विज्ञान जिसके आधार पर वर्षा, आँधी आदि का अनुमान लगाया जाता है, मौसम विज्ञान; ~**विज्ञानी** (पु०) ऋतु विज्ञान को जाननेवाला; ~**विपर्यय** (पु०) ऋतु के विपरीत होना (जैसे– गरमी में सरदी या सरदी में गरमी पड़ना); ~**शास्त्र** (पु०) ऋतु विज्ञान; ~**सूचक** (वि०) मौसम की सूचना देनेवाला; ~**स्नान** (पु०) रजोदर्शन के पश्चात चौथे दिन किया जानेवाला स्नान; ~**स्राव** (पु०) मासिक धर्म, रजस्राव

ऋत्विज–*सं०* (पु०) यज्ञ करानेवाला

ऋद्ध–*सं०* (वि०) संपन्न, समृद्ध

ऋद्धि–*सं०* (स्त्री०) 1 संपन्नता 2 सफलता 3 लक्ष्मी 4 गौरव 5 सिद्धि। ~**काम** (वि०) समृद्धि की इच्छा करनेवाला; ~**सिद्धि** (स्त्री०) 1 धन दौलत एवं सफलता 2 हर तरह का वैभव

ऋषभ–I *सं०* (पु०) 1 बैल 2 नर पशु 3 संगीत के सात स्वरों में से दूसरा 4 बल एवं वीर्य बढ़ानेवाली एक जड़ी II (वि०) श्रेष्ठ (जैसे-नरर्षभ)

ऋषभी–*सं०* (स्त्री०) 1 गाय 2 विधवा 3 ऐसी स्त्री जिसमें पुरुष का सा रंग ढंग हो, मर्दानी औरत

ऋषि–*सं०* (पु०) 1 मुनि, मनीषी 2 मंत्रद्रष्टा। ~**कल्प** (वि०) ऋषितुल्य; ~**कुल** (पु०) गुरुकुल

ऋष्टि–*सं०* (स्त्री०) 1 तलवार 2 हथियार 3 चमक

ए

एंग्लो-इंडियन–*अं०* आंग्ल भारतीय (जन या भाषा)

ऐंच-पेंच–*हिं० +फ़ा०* (पु०) 1 घुमाव-फिराव, हेर-फेर 2 टेढ़ी-तिरछी चाल 3 उलझन

ऐंचा-ताना (वि०) दे० ऐंचाताना

ऐंचा-तानी–(स्त्री०) खींचा-तानी

एंटी एयरक्राफ़्ट–*अं०* (पु०) हवामार वायुयान, विमान भेदी

एंटी एयर गन–*अं०* (पु०) हवामार तोप

एंटीबायोटिक–I *अं०* (वि०) प्रतिजैविक II (पु०) प्रतिजैविक औषध

एंट्रेंस–*अं०* (पु०) प्रवेश

ऐंड़–(स्त्री०) = एड़
ऐंड़ा-बेंड़ा–(वि०) उलटा-सीधा
ऐंड़ी–I (स्त्री०) पैर की एड़ी II (स्त्री०) अंडी या रेंड़ के पत्ते खानेवाला एक प्रकार का रेशम का कीड़ा
ऐंडुआ–(पु०) कुंडली, गेंडुरी
एंपरर–*अं०* (पु०) सम्राट्
एंपायर–*अं०* (पु०) साम्राज्य
एंप्रेस–*अं०* (स्त्री०) सम्राज्ञी, महारानी
एंबुलेंस–*अं०* (पु०) 1 युद्ध क्षेत्र का अस्पताल जिसे आवश्यकतानुसार दूसरी जगह ले जाया जा सके, मैदानी चिकित्सालय 2 घायलों एवं बीमारों को लिटाकर अस्पताल ले जाने की गाड़ी। ~**कार** (स्त्री०) एंबुलेंस की लारी
एकंग–(वि०) अकेला
एकंगा–(वि०) एक तरफ़ का, एक ओर का
एकंत–(वि०) = एकांत
एक–*सं०* (पु०/वि०) 1 पहले अंक से सूचित, इकाई से सूचित 2 दो का आधा 3 अकेला (जैसे– वह अपने माता-पिता की एक मात्र संतान है) 4 बेजोड़ 5 कोई (जैसे–एक किताब दो) 6 एक भी (जैसे-इसे एक रुपया मत देना)। ~**आध** (वि०) बिरला, कोई-कोई; ~**क़लम** *+अ०* (क्रि० वि०) 1 पूरी तरह से 2 एकदम से, एकबारगी; ~**कालिक**, ~**कालीन** (वि०) एक समय का, एक ही बार घटित होनेवाला; ~**कोशी** (वि०) एक ही कोश का बना हुआ; ~**क्रयण** (पु०) एक ही व्यक्ति का ख़रीद अधिकार; ~**गाछी** (स्त्री०) एक ही पेड़ के तने से बनाई गई नाव; ~**चक्र** I (पु०) 1 एक पहिए वाला रथ 2 सूर्य II (वि०) 1 एक पहिए वाला 2 चक्रवर्ती; ~**चक्री** (स्त्री०) एक पहिए वाली गाड़ी; ~**चर** (वि०) 1 अकेले घूमनेवाला 2 एकाकी रहनेवाला; ~**चारिणी** (स्त्री०) एक ही पुरुष से संबंध रखनेवाली स्त्री; ~**चित्त** (वि०) 1 एकाग्र 2 एक मन के, एक विचार के; ~**छत्र** (वि०) जिसमें दूसरे शासक का अधिकार न हो, एकतंत्र; ~**छत्राधिपत्य** (पु०) एकतंत्र राज्य, एक का स्वामित्व; ~**ज** I (पु०) सगा भाई II (वि०) 1 अकेले पैदा होनेवाला 2 एक ही; ~**ज़बान** *+फ़ा०* (वि०) 1 एक मत 2 एक वाक्य; ~**जा** (स्त्री०) सगी बहन; ~**जात** (वि०) एक ही माता-पिता से उत्पन्न, सहोदर; ~**जाति** (वि०) एक ही जाति एवं वंश का; ~**जान** *+फ़ा०* (वि०) एक दिल, अभिन्न हृदय; ~**जीव** (वि०) 1 एक रूप 2 अभिन्न; ~**जुट** (वि०) मिले हुए; ~**जुटता** (स्त्री०) मिलाप; ~**टँगा** *+हिं०* (वि०) 1 एक पैर वाला 2 लंगड़ा ~**टक** *+हिं०* (वि०/क्रि० वि०) बिना पलक गिराए; ~**टकी** +हिं० (स्त्री०) एकटक देखने की क्रिया; ~**डाल** *+हिं०* (वि०) 1 एक ही तरह के 2 एक टुकड़े का बना हुआ; ~**तंत्र** I (वि०) जहाँ शासन एवं शक्ति एक व्यक्ति के अधिकार में हो II (पु०) ऐसा शासन जिसमें एक ही व्यक्ति के आदेश पर शासन चलता है, तानाशाही; ~**तंत्रवाद** (पुं०) जिस शासन में एक ही शासक द्वारा शासन व्यवस्था एवं उसकी संचालन प्रक्रिया को चलाने का सिद्धांत एवं नियम हो; ~**तंत्रवादी** (वि०) एकतंत्रवाद का समर्थक; ~**तंत्रीय** (वि०) = एक-तंत्र; ~**तरफ़ा** *+फ़ा०* (वि०) एक ही पक्ष का, एक ही पक्ष से संबंध रखनेवाला; ~**तल्ला** *+हिं०* (वि०) एक कोठे का; ~**ता** (स्त्री०) 1 एक होने की अवस्था 2 एका, मेल-जोल 3 समानता; ~**तान** (वि०) 1 एक ही विषय का ध्यान रखनेवाला, एक चित्त 2 तन्मय, लीन; ~**ता बद्ध** (वि०) एक में ही बँधे हुए; ~**तार** (क्रि० वि०) लगातार; ~**तारा** *+हिं०* (पु०) एक तार का बाजा, इकतारा; ~**ताल** (पु०) सुर और ताल युक्त; ~**ता-वाद** (पु०) वह सिद्धांत जो सभी को एकमय या एकबद्ध रहने का प्रतिपादन करे; ~**ता-वादी** (वि०) एकतावाद को माननेवाला; ~**तीस** *+हिं०* (वि०) तीस और एक; ~**तत्त्ववाद** (पु०) यह मत कि मूल तत्त्व केवल एक है; **एकत्व** (पु०) एकता; ~**दम** *+फ़ा०* (क्रि० वि०) 1 तुरंत 2 बिलकुल; ~**दलवाद** (पु०) यह मत कि एक ही राजनीतिक दल होना चहिए; ~**दलीय** (वि०) एक ही दल का ~**दिल** *+फ़ा०* (वि०) 1 एकचित्त 2 एक विचार के 3 अभिन्न; ~**दिली** *+ फ़ा०* समान विचारों का होना; ~**दलीय** (वि०) एक ही दल का; ~**देशी**, ~**देशीय** (वि०) 1 एक ही देश का 2 सर्वत्र न होनेवाला 3 एकपक्षीय; ~**धर्मा**, ~**धर्मी** (वि०) समान धर्म एवं समान गुणवाला; ~**नयन** I (वि०) एक आँखवाला II (पु०) कौआ; ~**नाम** समान नामवाले; ~**निष्ठ** (वि०) एक पर ही श्रद्धा एवं आस्था रखनेवाला, अनन्योपासक; ~**निष्ठा** (स्त्री०) 1 एक निष्ठता 2 अनन्यता 3 वफ़ादारी; ~**पक्षी**, ~**पक्षीय** (वि०) एक तरफ़ा; ~**पत्नी** (स्त्री०) पतिव्रता नारी; ~**पत्नी व्रत** (पु०) केवल पत्नी के प्रति ही प्रेम करनेवाला व्यक्ति; ~**पद** (वि०) = एकढँगा; ~**पदी** I (वि०) एक पदवाला, एक चरण वाला (पद्य, छंद); ~**पार्श्विक** (वि०) 1 पक्ष का 2 एक पहलू का; ~**प्रकारीय** (वि०) एक तरह का; ~**प्रणालिक** (वि०) एक प्रणाली, विधि का; ~**प्राण** (वि०) एक दिल, एक जान; ~**फ़सला** *+फ़ा०* (वि०) वर्ष में एक ही बार फ़सल देनेवाला ~**बद्ध** (वि०) एक में बँधा; ~**बारगी** *+फ़ा०* (क्रि० वि०) 1 एक-साथ 2 अचानक; ~**भाव** (वि०) 1 एक भाव का, समान मूल्य का 2 एक निष्ठ; ~**भुक्त** (वि०) एक बार भोजन करनेवाला; ~**मंजिला** *+अ०* (वि०) एक तल्लेवाला; ~**मत** (वि०) समान मत, समान विचार रखनेवाले; ~**महला** *+अ०* = एक मंज़िला; ~**मात्र** (वि०) केवल एक (जैसे– एकमात्र संतान); ~**मात्रिक** (वि०) एक मात्रावाला; ~**मुख**, ~**मुखी** (वि०) 1 एक ही लक्ष्य की ओर प्रवृत्त 2 एक ही दरवाज़े वाला (मकान) 3 एक मुँह वाला; ~**मुश्त** *+फ़ा०* एक-साथ, इकट्ठा; ~**योनि** (वि०) = एकजात; ~**रंग** (वि०) 1 एक रंगवाला 2 एक सा (जैसे– स्वभाव में दोनों मित्र एकरंग के हैं); ~**रक्तीय** (वि०) समान खूनवाले; ~**रस** (वि०) 1 एक ही तरह का, एक जैसा 2 जो घुलमिलकर एक हो गया हो; ~**राट्** (पु०) एक ही राजा; ~**राष्ट्रीयता** (स्त्री०) एक राष्ट्र के निवासी; ~**रूप** (वि०) 1 समान रूपवाला 2 सदा एक सा बना रहनेवाला, विकार-रहित; ~**रूपता** समरूपता, अभिन्नता; ~**लिंगी** (वि०) किसी एक लिंग से युक्त होनेवाला; ~**लौता** *+हिं०* (वि०) अकेला (जैसे-माँ-बाप का इकलौता बेटा); ~**वचन** I (पु०) एक का वाचक शब्द II (वि०) एक का

वाचक; ~**वर्ण** (वि०) 1 रंगवाला 2 एक जाति का 3 एकरूप; ~**वर्षी** (वि०) एक ही वर्ष तक रहनेवाला; ~**वाक्य** (वि०) एकराय; ~**वाक्यता** (स्त्री०) ऐकमत्य; ~**विवाह** (पु०) वह सामाजिक प्रथा जिसमें एक समय में एक ही के साथ विवाह करने का अधिकार हो; ~**वेणी** (स्त्री०) 1 चोटी, जूड़ा 2 जूड़ा, चोटी बाँधने वाली स्त्री; ~**शफ़** (वि०) जिसका प्रत्येक खुर पूरा हो; ~**शरीर** (वि०) = एक रक्तीय; ~**श्रुतधर** (वि०) एक ही बार सुनकर याद कर लेनेवाला; ~**सठ** I साठ और एक II (पु०) 61 की संख्या; ~**सत्ताक** (वि०) = एकतंत्र; ~**सत्तावाद** (पु०) यह मत कि सत्ता ही प्रधान है; ~**सदनात्मक,** ~**सदनी** (वि०) जिसमें एक ही विधायक सभा हो; ~**समान** (वि०) एक तरह का; ~**साथ** *+हिं०,* ~**सार्थ** (क्रि० वि०) 1 एक साथ 2 एक जमात में; ~**सुरा** *+हिं०* लगातार एक ही स्वर उत्पन्न करनेवाला; ~**सूत्र** (वि०) 1 एक सूत्र का 2 एकरूप, एकजान 3 एक साथ लगा हुआ; ~**सूत्रता** (स्त्री०) एकरूपता; ~**हत्था** *+हिं०* (वि०) एक हाथवाला; ~**अनार सौ बीमार** थोड़ी वस्तु के बहुत चाहनेवाले; ~**आँख न भाना** ज़रा भी पसंद न करना; ~**आँख से सबको देखना** समान व्यवहार करना; ~**एक के दस दस करना** अत्यधिक लाभ कमाना; ~**एक के दो दो करना** समय बिताना, दिन काटना; ~**और एक ग्यारह होते हैं** मिलकर काम करने से शक्ति बढ़ जाती है; ~**की चार लगाना** 1 बढ़ा चढ़ाकर कहना, शिकायत करना 2 भड़काना; ~**के दस सुनाना** एक कटुवचन के बदले अनेक कटुवचन कहना; ~**चना भाड़ नहीं फोड़ सकता** एक व्यक्ति के द्वारा काम नहीं हो सकता; ~**चने की दाल** 1 हर बात में बराबर 2 सगे भाई; ~**जान दो क़ालिब** घनिष्ठ मित्र, इकजान (पक्के) दोस्त; ~**जान हज़ार गम या मुसीबतें** एक ही व्यक्ति को अनेक चिंताएं; ~**तवे की रोटी क्या मोटी क्या छोटी** परिवार के सभी लोग एक समान; ~**थैली के चट्टे-बट्टे** दोनो में कुछ भी अंतर नहीं; ~**पंथ दो काज** 1 एक प्रयत्न से दो सफलताएं अर्जित करना 2 एक कार्य करते समय दूसरा कार्य भी हो जाना; ~**पाँव भीतर, एक पाँव बाहर** 1 एक जगह न ठहर सकना 2 यहाँ-वहाँ, इधर-उधर आते-जाते रहना; ~**पाँव से खड़े करना** 1 आज्ञा की प्रतीक्षा में खड़ा रहना 2 ताबेदारी बजाना; ~**लाठी से सबको हाँकना** सबके साथ समान व्यवहार करना; ~**से दो होना** शादी होना; ~**हत्था करना** एकाधिकार करना

एकक–*सं०* (पु०) इकाई, यूनिट

एकज़ीक्यूटिव–*अं०* (वि०) अधिशासी

एकड़–*अं०* (पु०) 32 बिस्वे की नाप, 4840 गज़

एकेडमी–*अ०* (स्त्री०) सँस्था (जैसे– विज्ञान एकेडमी, साहित्य एकेडमी आदि)

एकतः–(अ०) 1 एक ओर से 2 एक ही प्रकार 3 एक जगह

एकतालीस–I (वि०) चालीस और एक II (पु०) 41 की संख्या, इकतालीस

एकत्र–*सं०* (क्रि० वि०) इकट्ठा

एकत्रित–*सं०* (वि०) इकट्ठा किया हुआ

एकत्रीकरण–*सं०* (वि०) इकट्ठा करना

एकत्रीभूत–*सं०* (वि०) इकट्ठा हुआ हुआ

एकत्व–*सं०* (वि०) एकता

एक-ब-एक–*फ़ा०* (अ०) अचानक, यकायक

एकबारगी– (क्रि० वि०) 1 एक ही बार में 2 बिलकुल

एकमेक–*सं०* (वि०) जो मिलकर एक हो गया हो

एक रुखा–*हिं० +फ़ा० +हिं०* (वि०) 1 एक रुखवाला, 2 एक तरफा 3 एक चश्म

एकल–(वि०) अकेला

एकसाँ, एकसार–*फ़ा०* (वि०) = एक समान

एकसाला–*फ़ा०* (वि०) = एक वर्षी

एकस्व–*सं०* (पु०) एकमात्र अधिकार, एकाधिकार। ~**पत्र** (पु०) एकाधिकार देने का प्रमाण पत्र

एकहत्तर–I (वि०) सत्तर और एक II (पु०) 71 की सँख्या

एकहरा–(वि०) एक परतवाला

एकांकी–I *सं०* (वि०) एक अंकवाला II (पु०) एक अंक का नाटक

एकांग–*सं०* (वि०) 1 एक अंगवाला 2 विकलांग। ~**घात** (पु०) लकवा (रोग) जिसमें एक अंग निष्क्रिय हो जाता है; ~**वध** (पु०) एक अंग काट देने का दंड

एकाँगी, एकांगीय–*सं०* (वि०) 1 = एकांग 2 एकपक्षीय 3 सीमित

एकांत–I *सं०* (वि०) 1 अकेला 2 अलग 3 निर्जन II (पु०) निर्जन स्थान। ~**कैवल्य** (पु०) जीवनमुक्ति; ~**प्रिय** (वि०), ~**वास** (पु०) एकांत स्थान में रहना; ~**वासी** (वि०) एकांत में रहनेवाला; ~**स्वरूप** (वि०) निर्लिप्त, असंग

एकांतर, एकांतरिक–*सं०* (वि०) 1 एक के बाद आनेवाला 2 एक का अंतर देकर होनेवाला

एकांतिक–सं० (वि०) एकदेशीय

एकांती–*सं०* (पु०) एकांत में भजन करनेवाला एवं साधना करनेवाला योगी

एकांश–*सं०* (पु०) 1 छोटी इकाई 2 मद 3 परीक्षण का प्रत्येक प्रश्न

एका–(स्त्री०) एकता, मेल

एकाएक–(क्रि० वि०) अचानक, एकदम

एकाउंट–*अं०* (पु०) अकाउंट, लेखा, हिसाब। ~**बुक** (स्त्री०) लेखा बही

एकाउंटेंट–*अं०* (पु०) अकाउंटेंट, लेखाकार

एकाएक–*फ़ा०* (क्रि० वि०) अचानक, सहसा

एकाकार–*सं०* (वि०) 1 एक ही आकार का, समरूप 2 जो मिलकर एक हुआ हो, तन्मय

एकाकी–*सं०* (वि०) अकेला

एकाक्ष–*सं०* (वि०) 1 एक आँखवाला, काना 2 एक ही अक्ष पर घूमनेवाला

एकाक्षर, एकाक्षरीय–*सं०* (वि०) एक अक्षरवाला (जैसे-घर, आय, स्रोत)

एकाग्र–*सं०* (वि०) 1 एक ही विषय में ध्यान लगानेवाला, तल्लीन 2 अचंचल। ~**चित्त** (वि०) स्थिरचित्त; ~**ता** (स्त्री०) एकाग्र होने का भाव; ~**दृष्टि** (वि०) एकटक देखनेवाला; ~**भूमि** (स्त्री०) चित्त की एकाग्र अवस्था

एकात्म–*सं०* (वि०) जो मिलकर एक हो गया हो, अभिन्न (जैसे– **~भावना, ~निष्ठा**)। **~वाद** (पु०) अद्वैतवाद, यह मत कि आत्मा और परमात्मा एक है, आत्मा एक ही है और ये अनेक आत्माएँ उसी की अभिव्यक्तियाँ हैं

एकात्मक–*सं०* (वि०) तन्मय। **~ता** (स्त्री०) 1 तादात्म्य, तद्रूपता 2 समानता

एकात्मिक–*सं०* (वि०) अभिन्न

एकात्मीकरण–*सं०* (वि०) एकीकरण

एकात्मीकृत–*सं०* (वि०) एकीकृत

एकादशाह–*सं०* (पु०) मृत्यु पश्चात् ग्यारहवें दिनवाला कर्मकांड

एकादशी–*सं०* (स्त्री०) चन्द्र मास की ग्यारहवीं तिथि

एकाध–(वि०) गिनती में बहुत कम, एक आध

एकाधिक–*सं०* (वि०) एक से अधिक, अनेक

एकाधिकार–*सं०* (पु०) 1 एक ही व्यक्ति या संस्था का अधिकार 2 एकाधिपत्य। **एकाधिकारी (वि०)** एकधिकार रखनेवाला

एकधिकृत–*सं०* (वि०) एकधिकार प्राप्त

एकाधिप, एकाधिपति–*सं०* (पु०) देश पर एक छत्र राज्य करने वाला, अकेला स्वामी

एकाधिपत्य–*सं०* (पु०) एक व्यक्ति का प्रभुत्व या स्वामित्व

एकान्विति–*सं०* (स्त्री०) एकमेक हो जाना, एकत्व

एकायन–I *सं०* (वि०) एकाग्र, ध्यानमग्न II (पु०) पगडंडी

एकार–*सं०* (पु०) 'ए' अक्षर

एकार्थ, एकार्थक–*सं०* (वि०) 1 समान अर्थ वाला 2 एक ही अर्थवाला

एकालाप–*सं०* (पु०) एक ही व्यक्ति या पात्र का बोलते जाना

एकावली–*सं०* (स्त्री०) 1 एक लड़ी की माला 2 (अलंकार) एक बात की स्थापना या निषेध करते हुए क्रमशः बातों की लड़ी

एकाह, एकाहिक–I *सं०* (वि०) एक दिन में होनेवाला, दैनिक II (पु०) 1 एक दिन का समय 2 एक दिन में चलनेवाला यज्ञ

एकाहार–*सं०* (पु०) केवल एक चीज़ खाकर रहने का व्रत

एकीकरण–*सं०* (पु०) दो या दो से अधिक वस्तुओं को मिलाकर एकरूप देना

एकीकृत–*सं०* (वि०) मिलाकर एक रूप किया हुआ

एकीभवन, एकीभाव–*सं०* (पु०) पूर्णतः मिल जाना

एकीभूत–*सं०* (वि०) 1 जो मिलकर एक हुआ हो 2 एकत्र

एकेश्वरवाद–*सं०* (पु०) यह मत कि जगत् का स्रष्टा एवं संहारक एक ही है

एकेश्वरवादी–*सं०* (वि०) एकेश्वरवाद को माननेवाला

एकोऽहं–मैं एक ही हूँ, मैं ब्रह्म हूँ

एकैक संबंध–*सं०*(पु०) एक वस्तु का केवल एक अन्य वस्तु से संबंध

एकोतरसौ–I (वि०) एक सौ एक II (पु०) 101 की संख्या

एकोत्तर–*सं०* (वि०) एक अधिक (जैसे सात से आठ)।

एकोद्दिष्ट–*सं०* (पु०) एक प्रकार का श्राद्ध जो प्रति वर्ष किया जाता है

एकोन्मुख–*सं०* (वि०) एक की ओर झुका हुआ

एक्का–I (वि०) 1 अकेला 2 बेजोड़ II (पु०) घोड़े जुते हुए दो पहियोंवाली गाड़ी, घुड़गाड़ी 3 ताश का इक्का। **~ दुक्का** (वि०) अकेला-दुकेला; **~बान** (वान्) +*फ़ा०* (पु०) एक्का हाँकनेवाला; **~बानी** वानी +*फ़ा०* (स्त्री०) इक्का चलाना

एक्की–(स्त्री०) 1 ताश की एक्की 2 बैल की गाड़ी

एक्ट–*अं०* (पु०) अधिनियम

एक्टर–*अं०* (पु०) नायक, अभिनेता

एक्टिंग–*अं०* (स्त्री०) अभिनय

एक्ट्रेस–*अं०* (स्त्री०) नायिका, अभिनेत्री

एक्य–*सं०* (पु०) = ऐक्य

एक्सपोज़िशन–*अं०* (पु०) प्रतिपादन, प्रदर्शनी

एक्सपोर्ट–*अं०* (पु०) बाहर भेजना, निर्यात

एक्सप्रेस–*अं०* (स्त्री०) अभिव्यक्त करना

एक्स-रे–*अं०* (पु०) किरण जिसके सहारे शरीर के भीतरी चित्र लिये जा सकते हैं

एक्साइज़–*अं०* (पु०) उत्पादन शुल्क, उत्पादन कर

एक्स-सर्विसमैन–*अं०* (पु०) भूतपूर्व कर्मचारी, अवकाशप्राप्त कर्मचारी

एग्रोनोमिक–*अं०* (वि०) सस्यवैज्ञानिक

एग्रोनोमिस्ट–*अं०* (पु०) सस्यविज्ञानी

एजिटेटर–*अं०* (पु०) आंदोलनकर्ता

एजेंट–*अं०* (पु०) 1 प्रतिनिधि के रूप में काम करनेवाला व्यक्ति, अभिकर्ता 2 कमीशन पर माल बेचनेवाला

एजेंसी–*अं०* (स्त्री०) एजेंट का पद एवं कार्य तथा स्थान, अभिकरण

एटम–*अं०* परमाणु, एटम। **~चालित** +*सं०* एटम से चलनेवाला; **~बम** (पु०) परमाणु बम/गोला;

एटमिक, एटमी–*अं०* +*हिं०* (वि०) परमाण्विक, परमाण्वीय

एटरनी–*अं०* (पु०) प्रतिनिधि, वकील

एटैची–*अं०* (पु०) छोटा सूटकेस

एड़–(स्त्री०) पैर के तलवे का उभरा हुआ भाग, एड़ी। **~ देना, ~ लगाना** 1 घोड़े को आगे बढ़ने के लिए एड़ मारना 2 आघात पहुंचाना

एडमिरल–*अं०* (पु०) प्रधान नौसेनाधिकारी

एडवांस–*अं०* (पु०) अग्रिम

एडवोकेट–*अं०* (पु०) वकील, अधिवक्ता

एडिकांग–*अं०* (पु०) ए डी सी, परिसहायक

एडिटर–*अं०* (पु०) संपादक

एड़ी–(स्त्री०) पैर के तलवे का पीछे का उभरा भाग। **~चोटी का पसीना एक करना** अत्यधिक परिश्रम करना; **~एड़ी से चोटी तक** सिर से पैर तक; **एड़ियाँ रगड़ना, ~घिसना** 1 अत्यधिक कष्ट झेलना 2 बहुत श्रम करना

ए० डी० सी०–*अं०* (पु०) अंगरक्षक

एड्रेस–*अं०* (स्त्री०) पता, सम्पर्क सूत्र

एड्रेसी–*अं०* (पु०) पावती

एतक़ाद–*अ०* (पु०) = एतबार, विश्वास

एतत्पूर्व–*सं०* (क्रि० वि०) इससे पहले

एतदर्थ–*सं०* (अ०) 1 इसके लिए 2 इस कारण, इसलिए

एतदवधि–*सं०* (क्रि० वि०) 1 इस अवधि तक, यहाँ तक 2 अब तक
एतदाल–*अ०* (पु०) 1 समान अवस्था 2 मध्य स्थिति ~**पसंद** (वि०) 1 मध्यम मार्ग का अनुसरण करनेवाला 2 नरम दल का
एतद्देशीय–*सं०* (वि०) इस देश का
एतद्द्वारा–*सं०* इसके माध्यम से
एतद्विषयक–(वि०) इस विषय से सबंद्ध
एतबार–*अ०* (पु०) 1 विश्वास 2 भरोसा 3 यकीन। ~**उठना** 1 विश्वास खत्म होना 2 भरोसा न होना
एतबारी–*अ०* (वि०) विश्वसनीय, भरोसेमंद
एतमाद–*अ०* (पु०) विश्वास
एतराज–*अ०* (पु०) 1 आपत्ति 2 दोष निकालना
एतवार–(पु०) रविवार
एतादृश–*सं०* (वि०) ऐसा, इस प्रकार का। ~**ता** (स्त्री०)
एतादृशी–*सं०* (वि०) = एतादृश
एतावत्–*सं०* (वि०) इतना
एथलीट–*अं०* (पु०) 1 खिलाड़ी 2 व्यायामी
एथलेटिक–*अं०* (वि०) कसरती, व्यायामी
एनामेल–*अं०* (पु०) लोहे आदि पर चढ़ाए जानेवाला रंग, लेप
एनीमा–*अं०* (पु०) *चि०* वस्तिकर्म। ~**यंत्र** *+सं०* (पु०) वस्तियंत्र
एनीलाइन–*अं०* (पु०) कोलतार का एक उत्पाद
एपरेटस–*अं०* (पु०) उपकरण
एपेंडिसाइटिस–*अं०* (पु०) *चि०* उंडुकपच्छ शोथ
एप्रिन–*अं०* (स्त्री०) उपरिवस्त्र, पल्ला
एप्लीकेशन-फ़ार्म–*अं०* (पु०) आवेदन पत्र
एबार्शन–*अं०* (पु०) गर्भपात
एमाल–*अ०* (पु०) (बहुव०) कर्म
एमेच्योर–*अं०* (पु०) 1 शौकिया खिलाड़ी 2 अव्यवसायी
एम्पियर–*अं०* (पु०) विद्युद्धार की इकाई
एम्प्लिफ़ायर–*अं०* (पु०) ध्वनि-वर्धक, आवाज़ गुंजानेवाला यंत्र
एम्बुलेंस–*अं०* (पु०) = एंबुलेंस
एयर–*अं०* (पु०) हवा, वायु। ~**कंडीशंड** (वि०) वातानुकूल, वातानुकूलित; ~**कंडीशन** (पु०), **एयरकंडीशनिंग** वातानुकूलन; ~**कंडीशनर** (पु०) वातानुकूलित; ~**क्राफ्ट** (पु०) वायुयान, हवाई जहाज़; ~**क्राफ़्ट कैरियर** (पु०) वायुयान-वाहक; ~**गन** (स्त्री०) हवाई बंदूक; ~**पोर्ट** (पु०) हवाई अड्डा; ~**प्रूफ़** (वि०) वायुरोधी; ~**फ़ील्ड** (पु०) विमानक्षेत्र, हवाई मैदान; ~**फ़ोर्स** (पु०) हवाई फ़ौज, वायुसेना; ~**मेल** (पु०) हवाई डाक; ~**लिफ़्ट** (पु०) विमान उत्थापक; ~**शिप** (पु०) वायुपोत
एरंड–*सं०* (पु०) रेंड़, रेंड़ी
एरियल–*अं०* (पु०) आकाशी
एलकोहल–*अं०* (पु०) शराब आदि में प्रयुक्त किए जानेवाला मादक द्रव्य
एलची–*तु०* (पु०) 1 राजदूत 2 दूत
एला–*सं०* (स्त्री०) 1 इलायची 2 बनरीठा
एलाट–*अं०* (स० क्रि०) 1 नियत करना 2 बाँटना
एलान– *अ०* (पु०) घोषणा। ~**नामा** *+फ़ा०* (पु०) घोषणा-पत्र
एलानिया–*अ०* (पु०) घोषणा के रूप में, खुले-आम
एलानेजंग–*अ०+फ़ा०* (पु०) युद्ध की घोषणा
एलायची–(स्त्री०) इलायची
एलार्म–*अं०* (पु०) 1 ख़तरा 2 ख़तरे की घंटी ~**बेल** (स्त्री०) ख़तरे की घंटी
एलोपैथ–*अं०* (पु०) डाक्टर (अंग्रेज़ी चिकित्सा पद्धति)
एलोपैथी–*अं०* (स्त्री०) पाश्चात्य चिकित्सा पद्धति, डाक्टरी
एल्डरमैन–*अं०* (पु०) पौर मुख्य, नगर वृद्ध
एवं–*सं०* (क्रि० वि०) ऐसा ही, इसी प्रकार। ~**विध** (वि०) इस प्रकार का
एवज़–*अ०* (पु०) 1 प्रतिफल, बदले 2 प्रतिकार 3 स्थानापन्नता
एवज़ी–*अ० +फ़ा०* (वि०) बदले में काम करनेवाला, स्थानापन्न
एवमस्तु–*सं०* ऐसा ही हो (आशीष या आकांक्षा)
एवमेव–*सं०* (अ०) ऐसा ही
एशियन, **एशियाई**–*अं०+हिं०*, **एशियावासी**–I *अं० +सं०* (पु०) एशिया का निवासी II (वि०) एशिया संबंधी
एषणा–*सं०* (स्त्री०) 1 अभिलाषा 2 याचना
एषणी–*सं०* (वि०) इच्छा करनेवाला, इच्छुक
एषणीय, एष्य–*सं०* (वि०) इच्छा योग्य, काम्य
एषा–*सं०* (स्त्री०) इच्छा
एषिता–*सं०* (पु०) चाहनेवाला
एसिड–*अं०* (पु०) अम्ल
एसेंबली–*अं०* (स्त्री०) सभा, परिषद्
एसेंस–*अं०* (पु०) 1 सार, सत्तः 2 इत्र 3 सुगंधि
एसोसियेशन–*अं०* (पु०) समिति, संगठन
एस्कीमो–*अं०* (पु०) इस्कीमो, टुंड्रा निवासी जो बर्फ़ में (के) घर बनाकर रहते हैं
एस्पिरिन–*अं०* (पु०) एक पीड़ाहारी दवा
एस्फ़ाल्ट–*अं०* (स्त्री०) डामर
एहतिमाम–*अ०* (पु०) 1 प्रबंध, व्यवस्था, 2 निगरानी
एहतिमाली–*अ० +फ़ा०* (वि०) संदिग्ध, आशंकित
एहतियात–*अ०* (स्त्री०) 1 चौकसी, सावधानी 2 बचाव
एहतियातन–*अ०* (क्रि० वि०) 1 बचाव की दृष्टि से 2 सावधानी से
एहितियाती–*अ०* (वि०) बचाव संबंधी
एहतिलाम–*अ०* (पु०) स्वप्नदोष, स्वप्न में वीर्यपात
एहसान–*अ०* (पु०) 1 उपकार 2 कृतज्ञता। ~**फ़रामोश** *+फ़ा०* (वि०) उपकार को भूल जानेवाला, कृतघ्न; ~**फ़रामोशी** *+फ़ा०* (स्त्री०) कृतघ्नता; ~**मंद** (वि०) उपकार माननेवाला, कृतज्ञ; ~**करना**- नेकी, भलाई करना; ~**उठाना** किसी के एहसान का ऋण होना; ~**जताना** किए गए एहसान को याद दिलाना
एहसास–*अ०* (पु०) अनुभव, प्रतीति
एहो–*अ०* हे, ऐ-संबोधन शब्द

ऐ

ऐं–*अ०* 1 अच्छी तरह से सुनी एवं समझी गई बात को पुनः कहने के लिए किया जानेवाला संबोधन (जैसे-ऐं, क्या कहा) 2 आश्चर्य सूचक अव्यय (जैसे-ऐं ! क्या वह भी चला गया)
ऐंच–(स्त्री०) खींचने की क्रिया
ऐंचना– (स० क्रि०) खींचना
ऐंचाताना–(वि०) भेंगा
ऐंचातानी–(स्त्री०)खींचातानी
ऐंचीला–(वि०) ताना जा सकनेवाला 2 लचीला
ऐंटीबायोटिक–*अं०* (वि०/पु०) प्रतिजैविक (औषधि)
ऐंटेना–*अं०* (पु०) शृंगिका, आकाशी
ऐंठ–(स्त्री०) 1 ऐंठन 2 मरोड़ 3 अकड़ 4 घमंड, शेख़ी। **~दार** *+फ़ा०* (वि०) घमंडी, दम्भी, अहंकारी
ऐंठन–(स्त्री०) 1 मरोड़ 2 खिंचाव (जैसे-अंतड़ियों में भूख से ~ हो रही है)
ऐंठना–I (अ० क्रि०) 1 संकुचित होना 2 शेख़ी दिखलाना II (स० क्रि०) 1 मरोड़ना (जैसे-कान ऐंठना) 2 झाँसा देना, धोखा देकर लेना (जैसे-मुझे सीधा जानकर वह मुझसे सौ रुपए ऐंठ ले गया) । ऐंठ जाना 1 ज़िद करना 2 अकड़ना
ऐंठवाना–(स० क्रि०) ऐंठने के काम में किसी अन्य को लगाना
ऐंठू–(वि०) 1 घमंडी 2 दूसरों का माल ऐंठनेवाला, ठग
ऐंड़–(पु०) घमंड, शान । **~दार** (वि०) घमंडी
ऐंड़ना–(अ० क्रि०) = ऐंठना
ऐंड़ा–(वि०) अकड़ा हुआ, ऐंठा हुआ
ऐंड़ाना–(अ० क्रि०) 1 इतराना 2 अँगड़ाना
ऐंद्र–I *सं०* (वि०) इंद्र संबंधी II (पु०) इंद्र पुत्र
ऐंद्रजालिक–*सं०* (वि०) जादूगर, बाज़ीगर
ऐंद्रिय, ऐंद्रियक–*सं०*(वि०) 1 इंद्रिय संबंधी 2 जिसका ज्ञान इंद्रियों से हो, इंद्रियगोचर । **~ता** (स्त्री०) इंद्रिय संभोग
ऐंद्री–*सं०* (स्त्री०)1 इंद्र की पत्नी 2 दुर्गा
ऐंधन–I *सं०* (वि०) ईंधन से उत्पन्न II (पु०) सूर्य
ऐंबुलेंस–*अं०* (पु०) घायलों एवं मरीजों को अस्पताल पहुँचानेवाली गाड़ी
ऐ–(अ०) सम्बोधन शब्द-ऐ (जैसे-ऐ दोस्त)
ऐकपत्य–*सं०* (पु०) 1 पूर्ण स्वामित्व 2 एकतंत्र शासन
ऐकपद्य–*सं०* (पु०) शब्दों का एक पद में संगठित हो जाना
ऐकभाव्य, ऐकमत्य–*सं०* (पु०) विचार एवं भाव की एकता, सहमति
ऐकांतिक–*सं०* (वि०) 1 एकांत में होनेवाला, अलग 2 पूर्ण
ऐकागारिक–I (वि०) एक ही घर वाला II (पु०) चोर
ऐकात्मय–*सं०* (पु०) एकरूपता, एकात्मता
ऐकार–*सं०* (पु०) 'ऐ' अक्षर या उसकी ध्वनि
ऐकार्थ्य–*सं०* (पु०) एक ही अर्थ होने का भाव
ऐकाहिक–*सं०* (वि०) 1 एक दिन में होनेवाला 2 एक दिन तक ही जीवित रहनेवाला
ऐकिक–*सं०* (पु०) इकाई, यूनिट
ऐक्ट–*अं०* (पु०) 1 काम 2 नियम 3 अभिनय, नाटक
ऐक्टर–*अं०* (पु०) नायक, अभिनेता
ऐक्टिंग–*अं०* (स्त्री०) अभिनय
ऐक्ट्रेस–*अं०* (स्त्री०) नायिका, अभिनेत्री
ऐक्य–*सं०* (पु०) 1 एकता 2 एकरूपता
ऐक्षव–*सं०* (वि०) ईख के रस से बना हुआ
ऐच्छिक–*सं०* (वि०) 1 स्वेच्छा से किया जानेवाला 2 वैकल्पिक
ऐज़न–*अ०* (क्रि० वि०) 1 ऊपर लिखे अनुसार 2 फिर वही, उसी तरह
ऐटम–*अं०* (वि०) एटम, परमाणु
ऐटमिक–*अं०*, **ऐटमी** –*+हिं०* परमाण्विक
ऐडमिरल–*अं०* (पु०) युद्ध बेड़े का प्रधान सेनापति, नौ सेनापति
ऐणिक–*सं०* (वि०) 1 हरिण का शिकार करनेवाला 2 हरिण से उत्पन्न होनेवाला
ऐतिहासिक–*सं०* (वि०) इतिहास से संबंध रखनेवाला (जैसे-हल्दीघाटी का युद्ध एक ~ घटना है)
ऐतिहासिकतावाद–*सं०* (पु०) केवल इतिहास-सिद्ध बातों में विश्वास
ऐतिह्य–*सं०* (वि०) 1 परंपरागत 2 अनुश्रुत (जैसे-~प्रमाण)
ऐन–*अ०* (वि०) बिलकुल ठीक, सही (जैसे-वह ~वक़्त पर आ गया)
ऐनक–*अ० +फ़ा०* (स्त्री०) चश्मा । **~साज़** *+फ़ा०* (पु०) चश्मा बनानेवाला
ऐन-ब-ऐन, ऐन-मैन–*अ०+हिं०* हू-बहू, वही
ऐपन– (पु०) पिसे हुए चावल एवं हल्दी के मिश्रण से बना हुआ लेप, उबटन
ऐब–*अ०* (पु०) 1 बुराई, दोष 2 लांछन । **~गो** *+फ़ा०* (पु०) दोष बतानेवाला; **~गोई** *+फ़ा०* (स्त्री०) दोष बताना; **~जो** *+फ़ा०* (वि०) दोष निकालनेवाला, छिद्रान्वेषी; **~जोई** *+फ़ा०* (स्त्री०) बुराई खोजना, छिद्रान्वेषण; **~दार** *+फ़ा०* (वि०) दोषी; **~पोश** *+फ़ा०* (वि०) दोष छिपानेवाला; **~पोशी** *+फ़ा०* (स्त्री०) दोष पर परदा डालना; **~लगाना** 1 कलंक लगाना, लांछित करना; **~करने को हुनर चाहिए** दोष करने के लिए गुण होना चाहिए
ऐबी–*अ० +फ़ा०* (वि०) = ऐबदार, तलबी
ऐया–(स्त्री०) 1 बड़ी-बूढ़ी स्त्री के लिए प्रयोग किए जानेवाला संबोधन 2 दादी
ऐयार–*अ०* (पु०) 1 धूर्त, चालाक 2 वेश बदलकर कई तरह के जासूसी काम करनेवाला व्यक्ति
ऐयारी–*अ० +फ़ा०* (स्त्री०) धूर्तता, चालाकी
ऐयाश–*अ०* (पु०) 1 विषय वासना में लिप्त रहनेवाला व्यक्ति, विषयी, कामी 2 वेश्यागामी
ऐयाशी–*अ० +फ़ा०* (स्त्री०) विलासिता, विषयासक्ति, काम लोलुपता
ऐरा-ग़ैरा–*अ० +हिं०* 1 इधर-उधर का 2 बाहरी 3 निकृष्ट 4 अज़नबी
ऐरावत–*सं०* (पु०) 1 इंद्र का हाथी 2 इंद्रधनुष 3 बिजली से चमकता हुआ बादल
ऐरियल–*अं०* (पु०) आकाशी तार
ऐवान–*फ़ा०* (पु०) 1 महल 2 परिषद, संसद

ऐश–I *अ०* (पु०) 1 भोग-विलास 2 सुख चैन II (वि०) ईश्वर से संबंध रखनेवाला, ईश्वरीय। ~**परस्त** *फ़ा० सं०* (वि०) विलासप्रिय, भोगी; ~**परस्ती** *+फ़ा०* (स्त्री०) विलासप्रियता; ~**पसंद** *+फ़ा०* (वि०) विलासी

ऐशान–*सं०* (वि०) ईशानकोण संबंधी

ऐशिक–*सं०* (वि०) 1 ईश्वर का 2 दैवी

ऐशो-आराम–*अ० +फ़ा०* (पु०) सुख-चैन, मौज मस्ती, भोग-विलास, ऐश्वर्य

ऐश-ट्रे–*अं०* (स्त्री०) राखदानी

ऐश्य–*सं०* (पु०) 1 ईशत्व 2 प्रभुत्व 3 शक्ति

ऐश्वर्य–*सं०* (पु०) 1 ईश्वरता 2 आधिपत्य 3 धन-संपत्ति, वैभव 4 सर्व शक्तिमत्ता । ~**प्रेम** (पु०) ईश्वरीय प्रेम; ~**प्रेमी,** ~**लोलुप** (वि०) धन संपत्ति एवं वैभव का इच्छुक; ~**वान्,** ~**शाली** (वि०) वैभवशाली, संपन्न

ऐसा–(वि०) इस तरह का । ~**तैसा,** ~**वैसा** (वि०) 1 साधारण 2 तुच्छ, नाचीज़ । **ऐसी-तैसी** गाली; **ऐसी की तैसी में जाय** चूल्हे, भाड़ में जाय

ऐसे (क्रि० वि०) इस प्रकार से, इस ढंग से

ऐहलौकिक, ऐहिक–*सं०* (वि०) सांसारिक, दुनियावी

ऐहिकीकरण–*सं०* (पु०) सांसारिक बनाना

ऐहिकतापरक–*सं०* (वि०) सांसारिक बातों से संबद्ध

ओ

ओं–*सं०* (पु०) परब्रह्म का वाचक शब्द, ॐ

ओंकार–*सं०* (पु०) 'ओम्', ॐ । ~**नाथ** (पु०) एक शिवलिंग

ओंगन–(पु०) गाड़ी की धुरी में दिया जानेवाला तेल

ओंगना–(स० क्रि०) गाड़ी की धुरी में तेल लगाना

ओंटना– (स० क्रि०) = ओटना

ओंठ–(पु०) होंठ । ~**काटना,** ~**चबाना** अत्यधिक क्रुद्ध होने पर भी प्रतिकार भाव को रोक लेना; ~**चाटना** ललचाना; ~**चूसना** चुंबन लेना; ~**तक न हिलना** कुछ न कहना; ~**फड़कना** क्रोध के आवेश में ओंठ कांपना **ओंठों में कहना** बहुत धीमे स्वर में कहना; ~**बिचकाना** घृणा प्रकट करना; ~**पर लाना** मन की बातें कहना; ~**सी लेना** चुप रहना; ~**ओंठों में मुस्कराना** मंद-मंद हँसना

ओ–(अ०) हे, ऐ, अरे आदि संबोधन सूचक शब्द

ओक–I (पु०) अंजलि II (स्त्री०) मतली, उल्टी, कै

ओक–*सं०* (पु०) 1 निवास-स्थान 2 घर, मकान 3 ठिकाना, आश्रय

ओकना–(अ० क्रि०) 1 कै करना 2 भैंस की तरह चिल्लाना

ओक पति–*सं०* (पु०) 1 सूर्य 2 चंद्रमा

ओकाई–(स्त्री०) 1 उल्टी 2 मतली

ओकार–*सं०* (पु०) 'ओ' स्वर की ध्वनि

ओकारांत–*सं०* (वि०) जिसके अंत में ओ की मात्रा हो (जैसे-ऊधो)

ओखद–(पु०) औषधि

ओखरी, ओखली (स्त्री०) अन्नादि कूटने का पत्थर या काठ का बना पात्र । ~**में सिर डालना** जान बूझकर संकट मोल लेना; ~**में सिर दिया तब मूसलों को क्या गिनना**

ओखा–I (वि०) 1 साधारण, हल्का 2 कठिन 3 मिलावटवाला 4 झीना 5 रुखा-सूखा II (पु०) बहाना

ओगारना–(स० क्रि०) 1 टपकाना 2 निकालना (जैसे-जल ओगारना) 3 गंदगी निकालकर सफ़ाई करना

ओघ–*सं०* (पु०) 1 ढेर, समूह 2 बाढ़ 3 घनता

ओछा–(वि०) 1 तुच्छ 2 छिछोरा 3 खोटा 4 अशिष्ट 5 हल्का । ~**पन** (पु०) 1 छिछोरापन 2 हल्कापन 3 अशिष्टता

ओछाई–(स्त्री०) = ओछापन

ओज–*सं०* (पु०) (साहि०) 1 साहित्य में शैली आदि की विशेषता जिससे मन में आवेश एवं साहस का संचार होने लगे 2 उजाला, प्रकाश 3 बल, शक्ति 4 तेज। ~**पूर्ण** (वि०) =ओजस्वी

ओजना–(स० क्रि०) 1 धारण करना 2 सहना

ओजस्विता–*सं०* (स्त्री०) ओज, तेज, बलवत्ता

ओजस्विनी, ओजस्वी–*सं०* (वि०) 1 शक्तिशाली 2 प्रभावशाली 3 तेजपूर्ण 4 ओज से भरा हुआ

ओजिष्ठ–*सं०* (वि०) अत्यंत ओजयुक्त

ओज़ोन–*अं०* (पु०) आक्सीजन गैस का एक प्रकार

ओझ, ओझर–(पु०) 1 पेट 2 आमाशय

ओझल–(वि०) 1 ग़ायब हुआ 2 छिपा हुआ, लुका हुआ 3 लुप्त

ओझा–(पु०) भूत-प्रेत आदि का मंत्रोपचार द्वारा असर ख़त्म करनेवाला व्यक्ति

ओझाई–(स्त्री०) झाड़-फूँक की विद्या ~**गीरी** *+फ़ा०* (स्त्री०) ओझा का काम

ओट–(स्त्री०) 1 आड़ (जैसे-परदे की ओट में) 2 रोक 3 सहारा (जैसे-किसी की ओट)

ओटन–(पु०) कपास ओटनेवाली चरखी का डंडा

ओटना–I (स० क्रि०) 1 कपास को ओटनी से इस रूप में अलग करना कि बिनौले निकल आएं 2 अपनी बात दोहराते जाना II(अ० क्रि०) छिपना

ओटनी–(स्त्री०) वह चरखी जिससे कपास के बिनौले अलग किए जाते हैं

ओटा–(पु०) 1 ओट के लिए बनाई गई दीवार 2 आड़ 3 सुनारों का एक औज़ार 4 कपास ओटनेवाला

ओठँगना–(अ० क्रि०) 1 सहारा लेकर बैठना 2 आराम करने के लिए लेटना

ओठ–(पु०) ओष्ठ, होंठ

ओड़–गधे बैल आदि पर बोझ ढोनेवाला

ओड़न–(पु०) गधों, बैलों आदि पर माल ढोने का काम

ओड़ना–I (स० क्रि०) 1 आघात रोकने के लिए आड़ करना 2 भार ढोना 3 सहना II (अ० क्रि०) हाथ पसारना

ओड़ा–(पु०) I 1 गड्ढा 2 सेंध 3 बड़ा टोकरा, खाँचा II 1 कमी, न्यूनता 2 अकाल

ओढ़–*सं०* (वि०) पास लाया हुआ

ओढ़ना–I *सं०* (वि०) 1 कपड़े से बदन ढकना 2 धारण करना II (पु०) तन ढकने के लिए उपयोग में लाया जानेवाला वस्त्र। ~**उतारना** अपमानित करना; ~**ओढ़ाना** विधवा स्त्री के साथ विवाह करना

ओढ़ना-बिछौना–(पु०) हर समय काम में लगा रहना

ओढ़नी–(स्त्री०) दुपट्टा। ~**बदलना** सहेली, सखी बनाना

ओढ़ाना–(स० क्रि०) 1 कपड़े से ढकना 2 कपड़े से लपेटना

ओढ़ौनी–(स्त्री०) = ओढ़नी

ओत–I *सं०* (पु०) ताने का सूत II (वि०) तारों एवं सूतों आदि से बुना हुआ, गुंथा हुआ। ~**प्रोत** (वि०) 1 परस्पर गुंथा हुआ 2 पूर्णतः मिश्रित 3 खूब भरा हुआ

ओत–I (स्त्री०) 1 आराम, चैन 2 लाभ 3 अभाव 4 कमी, न्यूनता ~**कसर** *+अ०* (स्त्री०) कोर-कसर

ओदन–*सं०* (पु०) भात

ओदरना–(अ० क्रि०) 1 फटना 2 नष्ट होना

ओदा–(वि०) 1 गीला 2 नम

ओदारना–(स० क्रि०) 1 फाड़ना 2 नष्ट करना

ओना–(पु०) पानी निकलने का रास्ता

ओनामासी–(स्त्री०) 1 अक्षरारंभ 2 आरंभ, शुरू

ओप–(स्त्री०) 1 आभा, चमक 2 मुख की सुंदरता

ओपना–I(स० क्रि०) चमकाना II (अ० क्रि०) चमकना

ओपनी–(स्त्री०) (कटार आदि को) चमकाने वाला पत्थर का टुकड़ा

ओ० पी० डी०–*अं०* (पु०) बहिरंग रोगी विभाग

ओपरेटर–*अं०* (पु०) प्रचालक

ओपेरा–*अं०* (पु०) संगीत नाटक

ओफ़–*फ़ा०* (अ०) हाय!, आह!

ओबरी–(स्त्री०) छोटा कमरा

ओभा–(स्त्री०) कांति, शोभा

ओम्–(पु०) भारतीय आर्यों का मंत्रोच्चारण से आरंभ एवं अंत में प्रयुक्त होनेवाला शब्द, ओंकार, ॐ

ओरंगोटंग–*अं०* (पु०) वनमानुष

ओर–I (स्त्री०) तरफ, पक्ष, दिशा (जैसे-मेरी ओर, पश्चिम की ओर) II (पु०) 1 छोर, सिरा 2 अंत। ~**छोर** (पु०) किनारे से अंत तक ~**निबाहना** ~**निभाना** अंत तक साथ देना

ओरमना–(अ० क्रि०) = झुकना, लटकना, झूलना

ओरमा–(स्त्री०) सिलाई की एक विधि

ओराना–(अ० क्रि०) समाप्त होना, चुक जाना

ओरी–(स्त्री०) = ओलती

ओलंदेज़–(पु०) हालैण्ड देश का निवासी

ओलंदेज़ी–I (वि०) हालैण्ड देश से संबंधित II (स्त्री०) हालैण्ड देश की भाषा

ओल–I (पु०) 1 सूरन 2 आड़ 3 शरण 4 ज़मानत 5 बहाना II (वि०) 1 गीला 2 नम

ओलती–(स्त्री०) छप्पर की तरह ढलान एवं छोर जहाँ से पानी गिरता है, ओरी

ओलना–I (स० क्रि०) 1 आड़ करना 2 आड़ बनाकर आघात रोकना 3 सहना 4 उत्तरदायित्व निभाना II (स० क्रि०) घसेड़ना

ओलमना–(अ० क्रि०) 1 लटकना 2 झुकना

ओला–I (पु०) शीतकालीन वर्षा में गिरनेवाले बर्फ़ के छोटे टुकड़े II 1 ओट 2 परदा 3 रहस्य की बात। ~**वर्षा,** ~**वृष्टि** *+सं०* ओले पड़ना; **सिर मुड़ाते ही ओले पड़े**- कार्य आरंभ करते ही संकट आ पड़ना

ओलिंपियड–*अं०* (पु०) ओलंपिक खेल समारोह

ओलियाना–(स० क्रि०) 1 गोद में भरना 2 घुसाना 3 ढेर लगाना 4 उँड़ेलना

ओली–(स्त्री०) 1 गोद 2 झोली 3 आँचल। ~**ओढ़ना** 1 आँचल फैलाना 2 दीनतापूर्वक माँगना

ओलौना–(पु०) उदाहरण, मिसाल

ओवरकोट–*अं०* (पु०) बड़ा कोट

ओवरटाइम–*अं०* (वि० पु०) समयोपरि, अतिकाल

ओवरड्राफ्ट–*अं०* (पु०) जमा से अधिक पैसे निकालने का आदेश-पत्र

ओवरसियर–*अं०* (पु०) सर्वेक्षक

ओवरहाल–*अं०* (पु०) पूरी मरम्मत और सफ़ाई

ओषधि, ओषधी–*सं०* (स्त्री०) 1 दवा 2 दवा के काम में आनेवाली जड़ी बूटी

ओष्ठ–*सं०* (पु०) =ओंठ। ~**पठन** (पु०) ओंठ से पढ़ना

ओष्ठ्य–*सं०* (वि०) 1 ओंठ से संबद्ध 2 जिसके उच्चारण में ओंठों का प्रयोग हो (जैसे प, फ ब आदि)

ओष्ण–*सं०* (वि०) कुनकुना, गुनगुना

ओस–(स्त्री०) वाष्प का रूप जो जल बिंदु में बदल जाए (जैसे-फूलों पर पड़ी ओस)। ~**का मोती** क्षणिक अस्तित्व की वस्तु एवं बात

ओसर–(स्त्री०) गर्भ धारण करने योग्य भैंस

ओसरा, (पु०) ओसरी–(स्त्री०) 1 पारी, बारी 2 समय, वक्त 3 अवसर, मौका

ओसाई–(स्त्री०) 1 ओसने की क्रिया 2 ओसाने की मज़दूरी (जैसे-अनाज की ओसाई दस रुपया हुई)। ~**कल** (स्त्री०) ओसाई करने की मशीन

ओसाना–(स० क्रि०) भूसा मिश्रित दाने को कुछ ऊँचाई से हवा में गिराकर अलग करना

ओसार, ओसारा–I (पु०) दालान, बरामदा II (वि०) चौड़ा

ओह–(अं०) दुःख, कष्ट, पश्चाताप, आश्चर्य सूचक अव्यय (जैसे-ओह! इतना भयंकर दृश्य आदि)

ओहदा–*अ०* (पु०) पद, स्थान। ~**परस्त** *+फ़ा०* (पु०) पदलोलुप; ~**परस्ती** *+फ़ा०* (स्त्री०) पदलोलुपता

ओहदेदार–*अ०+फ़ा०* (पु०) पदाधिकारी

ओहरना–(अ० क्रि०) घटना, कमी होना

ओहा–(पु०) गाय का थन

ओहार–(पु०) पालकी आदि पर डाला जानेवाला कपड़ा

ओहो–*अ०* हर्ष, आश्चर्यसूचक शब्द

औ

औंगना–(स० क्रि०) पहिए की धुरी में तेल देना
औंगा–(वि०) 1 गूँगा 2 चुप्पा
औंगी–I (स्त्री०) 1 गूँगापन 2 चुप्पी II 1 गड्ढा 2 चुभाने वाली लकड़ी 3 हँसिया
औंघना–(अ० क्रि०) नींद आना
औंघाई–(स्त्री०) झपकी, नींद
औंठ–(स्त्री०) 1 परती पड़ा खेत 2 कपड़े की किनारी
औंडा–(वि०) गहरा
औंदना–(अ० क्रि०) 1 उन्मत्त होना 2 सुध-बुध खो बैठना 3 बेचैन होना
औंधना–I (अ० क्रि०) उलट जाना, उलटा होना II (स० क्रि०) उलटा करना, उंलट देना
औंधा–(वि०) 1 मुँह या सिर नीचे किया हुआ, उल्टा 2 नीचा। ~हो जाना 1 बेसुध होना 2 गिर जाना; **औंधी खोपड़ी** निरा मूर्ख; **औंधे मुँह गिरना कडुआ**–(वि०) = कड़वा
औंधाना–(स० क्रि०) =औंधना
औंस–*अं०* (पु०) ढाई तोला
औंसना–(अ० क्रि०) उमस होना
औक़ात–*अ०* (स्त्री०) हैसियत (जैसे– अपनी औक़ात देखकर खर्च करना)। ~**बसरी** *+फ़ा०* (स्त्री०) जीवन निर्वाह, गुज़र-बसर; **अपनी औक़ात से बाहर जाना** सामर्थ्य शक्ति से बाहर काम करना
औकार–*सं०* (पु०) 'औ ' अक्षर (की ध्वनि)
औखा–(पु०) 1 गाय का चमड़ा 2 चमड़े से बना चरसा, मोठ (मुठ)
औगी–I (स्त्री०) 1 गड्ढा 2 बैल हाँकने की छड़ी II कारचोबी जूते का ऊपरी चमड़ा
औघड़–I (वि०) 1 अंड बंड 2 अनोखा 3 भद्दा II (पु०) 1 अघोरी 2 फक्कड़ 3 मनमौजी
औचक, औचट–(क्रि० वि०) अचानक, एकदम, यकायक
औचिती–(स्त्री०), औचित्य–*सं०* (पु०) उचित होने की अवस्था, उपयुक्तता। ~**पूर्ण** (वि०) उचित
औच्चारिक–*सं०* (वि०) उच्चारण संबंधी, बोलने का
औजसिक–*सं०* (वि०) ओजपूर्ण
औजस्य–*सं०* (पु०) ओज पूर्णता, बलवत्ता
औज़ार–*अ०* (पु०) कार्य करने के लिए उपयोगी उपकरण (जैसे-आरी, रेती, छैनी, हथौड़ा आदि)
औज्ज्वल्य–*सं०* (पु०) उज्ज्वलता, चमक
औझड़–(क्रि वि०) लगातार, निरंतर
औटन–(स्त्री०) 1 औटने की क्रिया 2 ताप, गरमी 3 उबाल
औटना–(अ० क्रि०) 1 चक्कर खाना 2 ताप से गाढ़ा होना
औटाना–(स० क्रि०) उबालकर गाढ़ा करना (जैसे-दूध औटाना)
औटी–(स्त्री०) औटाकर बनाई गई चीज़
औडव–*सं०* (वि०) 1 एक तरह का राग 2 तारों से संबंधित
औढर–(वि०) 1 मनमौजी 2 थोड़े में प्रसन्न होनेवाला। ~**दानी** (पु०) उदारतापूर्वक दान देनेवाला
औतिक–*सं०* (वि०) ऊतक-संबंधी
औतिकी–*सं०* (स्त्री०) ऊतक विज्ञान
औत्कंठ्य–*सं०* (पु०) 1 उत्कंठा 2 तीव्र इच्छा, लालसा
औत्कर्ष्य–*सं०* (पु०) उत्तमता, श्रेष्ठता, उत्कर्षता
औत्तर–*सं०* (वि०) बाद में होनेवाला, उत्तरी
औत्तापिक–*सं०* (वि०) 1 उत्ताप से उत्पन्न 2 उत्ताप संबंधी
औत्पत्तिक–*सं०* (वि०) 1 उत्पत्ति संबंधी 2 पैदाइशी
औत्पातिक–*सं०* (वि०) उत्पात संबंधी
औत्स–*सं०* (वि०) झरने से संबंधित
औत्सर्गिक–*सं०* (वि०) 1 उत्सर्ग संबंधी 2 सहज एवं स्वाभाविक 3 सामान्यतः
औत्सुक्य–*सं०* (पु०) उत्सुकता, जिज्ञासा
औदक–*सं०* (वि०) जलसबंधी, जलीय
औदर, औदरिक –*सं०* 1 पेट से संबंध रखने वाला 2 अति आहारी, पेटू
औदर्य–*सं०* (वि०) उदर संबंधी
औदार्य–*सं०* (पु०) उदारता
औदास्य, औदासीन्य–*सं०* (पु०) 1 उदासीनता, उदासी 2 एकाकीपन 3 वैराग्य
औदीच्य–*सं०* (वि०) उत्तर दिशा का
औदुंबर–I *सं०* (वि०) 1 गूलर का बना हुआ 2 ताम्र निर्मित II (पु०) 1 गूलर 2 ताँबा
औद्धत्य–*सं०* (पु०) उद्धतता, उजड्डपन, धृष्टता
औद्भिदकी–*सं०* (स्त्री०) वनस्पति विज्ञान
औद्योगिक–*सं०* (वि०) उद्योग संबंधी
औद्योगिकी–*सं०* (स्त्री०) उद्योग-विज्ञान
औद्योगीकरण–*सं०* (पु०) उद्योग हेतु नए कारखाने आदि खोलने की क्रिया
औद्वाहिक–I *सं०* (वि०) 1 विवाह संबंधी 2 विवाह में प्राप्त हुआ (धन, भेंट) II (पु०) विवाह में उपहार स्वरूप मिला धन एवं आभूषण आदि
औना-पौना–(वि०) आधा तीहा
औन्नत्य–*सं०* (पु०) 1 उन्नति 2 उत्थान 3 ऊँचाई
औपक्रमिक–*सं०* (वि०) 1 उपक्रम संबंधी 2 प्रारंभिक
औपचारिक–*सं०* (वि०) 1 उपचार संबंधी 2 उपचार रूप में होनेवाला 3 रस्मी, दिखाऊ 4 गौण। ~**ता** (स्त्री०) 1 औपचारिक होने की अवस्था 2 दिखाऊपन 3 गौणता; ~**ता-वाद** (पु०) दुनियादारी के सिद्धांत, नियम आदि; ~**ता-वादी** औपचारिकता वाद को माननेवाला
औपचारिकतया–*सं०* (वि०) रस्मी तौर पर
औपदेशिक–*सं०* (वि०) 1 उपदेश संबंधी 2 उपदेश एवं शिक्षा देकर जीविका चलानेवाला
औपधर्म्य–*सं०* (पु०) 1 धर्म विरोधी मत 2 तुच्छ सिद्धांत
औपधिक–*सं०* (वि०) 1 छली 2 धोखा देकर धन ऐंठनेवाला
औपनिधिक–*सं०* (वि०) धरोहर से संबंधित
औपनिवेशिक–*सं०* (वि०) उपनिवेश संबंधी
औपनिवेशीकरण–*सं०* (पु०) उपनिवेश बना लेना

औपनिषदिक–*सं०* (वि०) उपनिषद् संबंधी
औपन्यासिक–*सं०* (वि०) 1 उपन्यास संबंधी 2 उपन्यास के ढंग का
औपपत्तिक–*सं०* (वि०) 1 उपपत्ति संबंधी 2 युक्ति-संगत
औपबंधिक–*सं०* (वि०) उपबंध या अनुबंध का
औपम्य–*सं०* (पु०) समता, बराबरी, सादृश्य
औपयौगिक–*सं०* (वि०) उपयोग से संबंधित
औपल–*सं०* (वि०) पत्थर का
औपशमिक– *सं०* (वि०) शांतिदायिक
औपसर्गिक–*सं०* (वि०) 1 उपसर्ग संबंधी 2 उपसर्ग रूप में प्राप्त होनेवाला 3 संक्रामक
औपस्थ्य–*सं०* (पु०) सहवास, संभोग, रतिक्रिया
औपहारिक–I *सं०* (वि०) 1 उपहार संबंधी II (पु०) उपहार
औपाधिक–*सं०* (वि०) 1 उपाधियुक्त 2 विशेष अवस्थाओं में होनेवाला
और–I (क्रि० वि०) दो शब्दों या वाक्यों को जोड़नेवाला शब्द, तथा II (वि०) 1 दूसरा 2 अधिक (जैसे-मुझे और का भी काम करना है, मुझे कुछ रुपये और चाहिएं)। **~का और कुछ** का कुछ, उल्टा; **~का ~ हो जाना** बदल जाना; **~क्या** 1 हाँ 2 अवश्य 3 नहीं तो क्या; **~तो और** 1 दूसरों की बात जाने दो 2 दूसरी बात छोड़िए; **~ही कुछ** 1 सबसे निराला 2 अनूठा; **~ही रंग खिलना** विचित्र घटना घटित होना;
औरत–*अ०* (स्त्री०) 1 नारी, स्त्री 2 पत्नी, जोरू **~बाज़** *+फ़ा०* (पु०) कई औरतों से संबंध रखनेवाला; **~बाज़ी** *+फ़ा०* (स्त्री०) स्त्री-लोलुपता
औरताना–*अ०+फ़ा०* ज़नाना
औरस–I (वि०) विवाहित स्त्री से उत्पन्न, जायज II (पु०) विवाहिता से उत्पन्न पुत्र, वैध पुत्र
औरसी–(स्त्री०) विवाहिता से उत्पन्न, कन्या, वैध पुत्री
औरेब–(पु०) 1 तिरछापन 2 कपड़े की तिरछी काट 3 झंझट, उलझन
और्जिकी–*सं०* (स्त्री०) ऊर्जा-विज्ञान
और्णिक–*सं०* (वि०) ऊन से संबंधित, ऊन का
और्ध्वदैहिक–*सं०* (वि०) मृत व्यक्ति से संबद्ध
औलना–I (अ० क्रि०) तप्त होना, जलना II (स० क्रि०) 1 जलना 2 कष्ट देना
औलाद–*अ०* (स्त्री०) संतान, वंशज
औला-दौला, औला-मौला–(वि०) लापरवाह, मनमौजी
औलिया–*अ०* (पु०) सिद्ध पुरुष, संत (मुसलमान), वली, फकीर
औषध–*सं०* (पु०) 1 दवा 2 दवा-दारू। **~निर्माण शास्त्र** (पु०) दवाएँ बनाने की विद्या; **~निर्माता** (पु०) दवा बनानेवाला; **~विज्ञान** (पु०) दवाओं के गुण-धर्म प्रयोग आदि संबंधी शास्त्र; **~विज्ञानी** (पु०) दवाओं के गुण-धर्म जाननेवाला; **~शाला** (स्त्री०) = औषधालय; **~शास्त्र** (पु०) = औषध विज्ञान
औषधालय–*सं०* (पु०) दवाख़ाना
औषधि–*सं०* (स्त्री०) दवा। **~निर्माण उद्योग** (पु०) = **~विज्ञान; (पु०)** = **औषध विज्ञान; ~व्यवसाय** (पु०) दवाओं की खरीद-फ़रोख्त **~शास्त्र** (पु०) = औषध विज्ञान
औषधीय–*सं०* (वि०) औषधि योग्य
औषधोपचार–*सं०* (पु०) दवा-इलाज
औषस–*सं०* (वि०) उषाकालीन
औष्ट्रिक–*सं०* (वि०) ऊँट से प्राप्त होनेवाला
औष्ठ–*सं०* (वि०) 1 ओंठ का 2 ओंठ के आकार का
औष्ठ्य–*सं०* (वि०) ओंठ संबंधी
औसत–I *अ०* (पु०) बीच की संख्या, माध्य II (वि०) 1 बीच का 2 साधारण (जैसे-औसत वेतन, औसत अंक, औसत कद का पुरुष)
औसतन–*अ०* (क्रि० वि०) औसत के हिसाब से
औसती–*अ०+फ़ा०* (वि०) = औसत
औसना–(अ० क्रि०) 1 ऊमस होना 2 गर्मी से भोजन बिगड़ना 3 फलों का पकना
औसान–I (पु०) 1 अंत 2 परिणाम 3 = अवसान II (पु०) होश
औसाना–(स० क्रि०) फल को भूसे में पकाना
औसाफ़–*अ०* (पु०) (बहुव०) गुण, खूबियाँ
औहत–(स्त्री०) 1 आकस्मिक मृत्यु 2 दुर्गति

क

कंक–*सं०* (पु०) 1 सफ़ेद चील 2 बगुला3 क्षत्रिय 4 यम। **~मुख** (वि०) बगुले के से मुँहवाला
कंकड़–(पु०) ईंट-पत्थर का टुकड़ा, गिट्टी। **~पत्थर** (पु०) कूड़ा-करकट, निरर्थक वस्तुएँ, रद्दी चीज़ें
कंकड़ी–(स्त्री०) छोटा कंकड़, छर्री
कंकड़ीला–(वि०) कंकड़ों से भरा हुआ 2 कंकड़ों से बना हुआ
कंकण–*सं०*) (पु०) 1 कंगन 2 विवाह पूर्व वर-वधू के हाथ में बाँधा जाने वाला धागा, कंगना
कंकत–*सं०* (पु०) कंघा
कंकर–I *सं०* (पु०) = कंकड़ II (वि०) 1 बुरा 2 नीच
कंकरीट–*अं०* (स्त्री०) मिट्टी सीमेंट आदि का बना मसाला। **~मिश्रक** *+ सं०* (पु०) सीमेंट आदि का मसाला मिलानेवाली मशीन
कंकाल–*सं०* (पु०) हड्डियों का ढांचा, ठठरी। **~ शेष** (वि०) हड्डियों का ढाँचा मात्र, बहुत दुबला-पतला
कंकाली–*सं०* (स्त्री०) दुर्गा
कंकालिनी–*सं०* (स्त्री०) 1 कर्कशा स्त्री 2 दुर्गा
कंक्रीट–*अं०* (स्त्री०) = कंकरीट
कँखौरी–(स्त्री०) काँख
कंगन–(पु०) स्त्री की कलाई में पहने जानेवाला आभूषण, कड़ा। **हाथ कंगन को आरसी क्या** प्रत्यक्ष के लिए क्या प्रमाण
कँगना–(पु०) = कंकण

कँगनी–(स्त्री०) 1 छोटा कंगन 2 एक मोटा अनाज
कंगला–(वि०) = कंगाल, दरिद्र
कंगारू–*अं०* (पु०) आस्ट्रेलिया में पाया जानेवाला एक पशु
कंगाल–(वि०) 1 अत्यंत दरिद्र 2 मुहताज। ~**पन** (पु०) घोर दरिद्रता
कंगाली–(स्त्री०) = कंगालपन, ग़रीबी, निर्धनता
कंगु–*सं०* (पु०) कंगनी धान्य
कँगुरी–(स्त्री०) कानी उँगली
कँगूरा–*फ़ा०* (पु०) 1 चोटी, शिखर 2 गुंबद, बुर्ज। **कँगूरेदार** (वि०) गुंबदवाला
कंघा–(पु०) 1 बड़ी कंघी 2 जुलाहों का एक औज़ार
कंघी–(स्त्री०) बाल संवारने का एक दाँतेदार उपकरण। ~**चोटी** (स्त्री०) बनाव-सिंगार; ~ **साज** *फ़ा०* (पु०) कंघियाँ बनानेवाला; ~**करना** बाल सँवारना
कँघेरा–(पु०) = कंघीसाज़
कंचन–I (पु०) 1 स्वर्ण, सोना 2 धन, संपत्ति। II (वि०) निर्मल। ~**बरसना** अत्यधिक संपत्ति होना
कंचनी–*सं०* (स्त्री०) वेश्या
कँचुआ–(पु०) कचुक
कंचुक–I (पु०) 1 अचकन, लबादा 2 कपड़ा 3 कवच 4 केंचुल 5 बख्तर
कंचुकी–I *सं०* (स्त्री०) 1 चोली, अँगिया 2 साँप की केंचुली II (पु०) 1 रक्षक 2 द्वारपाल 3 अंतःपुर का अध्यक्ष
कँचेरा–(पु०) काँच की वस्तुएँ बनानेवाला
कंज–*सं०* (पु०) कमल
कंजई–I (वि०) कंजे की फली के रंग का, हल्का नीलापन लिए हुए II (पु०) कंजे रंग की आँखोंवाला घोड़ा
कंजका–(स्त्री०) अविवाहित कन्या
कंजड़, कंजर–(पु०) एक यायावर जाति, घुमक्कड़ लोग, खानाबदोश
कंजर्वेटिव–*अं०* (पु०/वि०) रूढ़िवादी (व्यक्ति या दल), अनुदार (व्यक्ति या दल)
कंजा–I (पु०) एक कटीली झाड़ी जिसकी फली औषध के रूप में प्रयोग होती है II (वि०) 1 भूरे रंग का 2 कंजी आँखोंवाला
कंजाभ–*सं०* (वि०) कमल जैसी कांतिवाला
कँजियाना–(अ० क्रि०) 1 काला-सा पड़ना 2 मुरझाना 3 झँवाना
कंजूस–(पु०) कृपण, सूम
कंजूसी–(स्त्री०) कृपणता
कंटक–*सं०* (पु०) 1 काँटा 2 बाधा 3 कष्ट पहुँचानेवाला व्यक्ति एवं वस्तु। ~**फल** (पु०) कटहल; ~**मय** (वि०) कँटीला; ~**शोधन** (पु०) 1 काँटे निकालना 2 बाधा दूर करना
कंटकाकीर्ण, कंटकित–*सं०* (वि०) 1 काँटों से भरा हुआ, काँटेदार 2 जिसे रोमांच हुआ हो 3 बाधायुक्त
कंटकी–*सं०* (वि०) 1 काँटेदार 2 कष्टदायक, बाधायुक्त
कंटर–*अं०* (पु०) शीशे की सुराही
कंटाइन–(स्त्री०) 1 चुड़ैल 2 भूतनी 3 कर्कशा नारी
कंटिका–*सं०* (स्त्री०) 1 सूई की तरह छोटी कील 2 आलपीन
कँटिया–(स्त्री०) 1 मछली फँसाने की बंसी 2 हुक
कँटीला–(वि०) काँटेदार
कंट्रैक्ट–*अं०* (पु०) ठेका
कंट्रैक्टर–*अं०* (पु०) ठेकेदार, ठेका लेनेवाला
कंट्रोल–*अं०* (पु०) 1 नियंत्रण 2 लगाम
कंठ–*सं०* (पु०) 1 गला 2 गले से निकला स्वर। ~**गत** (वि०) गले तक आया हुआ; ~**तालव्य** (वि०) कंठ और तालु से जिसका उच्चारण हो (जैसे-ए, ऐ); ~**मणि** (स्त्री०) टेंटुआ; ~**माला** (स्त्री०) *चि०* गले का रोग, गलगंड; ~**स्थ** (वि०) 1 कंठ में रुका हुआ 2 ज़बानी याद किया हुआ (जैसे-पाठ कंठस्थ करना); ~**खुलना** आवाज़ निकलना; ~**फूटना** आवाज़ बदलना; ~**बैठना** 1 गला बैठना 2 बेसुरा होना; ~**होना** मौखिक याद होना, ज़बानी याद होना
कंठा–(पु०) 1 गले का एक ज़ेवर 2 तोते के गले की रंगीन रेखा
कंठाग्र–*सं०* (वि०) = कंठस्थ, बरज़बान
कंठावरोध–*सं०* (पु०) गला भर आना
कंठी–*सं०* (स्त्री०) छोटी गुरियों की माला। ~**देना** शिष्य बनाना; ~**लेना** वैष्णव धर्म में आना
कंठोष्ठ्य–*सं०* (वि०) *व्या०* कंठ एवं ओठ से एक साथ जिसका उच्चारण हो
कंठ्य–*सं०* (वि०) 1 गले का 2 कंठ से बोला जानेवाला (अक्षर) (जैसे-अ,क,ख,ग,घ,ह)
कंडक्टर–*अं०* (पु०) संचालक, संवाहक (जैसे-बस~)
कंडरा–(स्त्री०) 1 मोटी नस 2 माँस-तंतुओं का बंधन, पेशी बंधनी
कंडा–(पु०) 1 सूखा गोबर 2 उपला
कंडारी–(पु०) जहाज़ का मांझी
कंडाल–(पु०) लोहे आदि का बड़ा एवं गहरा बर्तन
कंडिका– (स्त्री०) परिच्छेद, पैरा
कंडी–(स्त्री०) = कंडा, उपला
कंडील–*अं०* (स्त्री०) 1 मोमबत्ती 2 दीपों का हंडा
कंडीलिया–*अं० + हिं०* (स्त्री०) प्रकाश स्तंभ
कंडीशंड–*अं०* (वि०) अनुकूलित। **एयर** ~वातानुकूल
कंडु, कंडू–*सं०* (स्त्री०) खाज, खुजली
कंडूल–*सं०* (वि०) खुजली पैदा करनेवाला
कंडौरा–(पु०) 1 उपले पाथने का स्थान 2 उपलों का ढेर
कंत–(पु०) कांत, पति
कंथा–*सं०* (स्त्री०) 1 गुदड़ी 2 कथरी
कंथी–*सं०* (पु०) गुदड़ी पहननेवाला
कंद–*सं०* (पु०) 1 गाँठदार जड़ 2 शकरकंद
क़ंद–*अ०* (पु०) 1 सफ़ेद चीनी 2 मिसरी
कंदन–*सं०* (पु०) नाश, क्षय
कंदर–*सं०* (पु०), **कंदरा**–*सं०* (स्त्री०) 1 गुफा 2 घाटी
कंदर्प–*सं०* (पु०) 1 कामदेव 2 संगीत की एक ताल
कंदला–(पु०) 1 सोने, चाँदी आदि का पतला तार 2 एक तरह का कचनार। ~**कश** *+ फ़ा०* (पु०) तारकशी का काम करनेवाला
कंदा–(पु०) 1 कंद 2 शकरकंद 3 अरुई
कंदिल–*सं०* (वि०) कंद (मूल) का
क़ंदील–*अ०* (स्त्री०) 1 कंडील 2 दीप, हंडा

कंदु–*सं०* (पु०) भाड़
कंदुक–*सं०* (पु०) गेंद
कंदैला–(वि०) 1 कीचड़ से भरा हुआ 2 गंदा
कंदोरा–(पु०) करधनी, कटिडोर
कंधर–*सं०* (पु०) 1 गरदन 2 बादल 3 माथा
कंधरा–*सं०* (स्त्री०) गरदन
कंधा–(पु०) 1 स्कंध 2 बैल की गरदन का ऊपरी भाग जिसपर जुआ रखा जाता है 3 शाना। ~**डाल देना** 1 हिम्मत हारना 2 ज़िम्मेदारी से दूर भागना; ~**देना** 1 शामिल होना 2 सहारा देना 3 अरथी में कंधा लगाना; ~**बदलना** एक से दूसरा कंधा बदलना; **कंधे से कंधा छिलना** बहुत ज़्यादा भीड़ होना; **कंधे से ~ मिलाकर चलना** साथ देना
कंधावर–(पु०) 1 कंधे पर रखी जानेवाली चादर 2 जुए का वह भाग जो बैल के कंधे पर रहता है
कंधेला–(पु०) साड़ी का वह भाग जो कंधे पर रहता है, पल्ला
कंधेली–(स्त्री०) बैल की गर्दन पर रखी जानेवाली गद्दी
कँधैया–(स्त्री०) 1 कंधा 2 बच्चे को कंधे पर बैठाकर चलना
कंप–*सं०* (पु०) 1 कँपकँपाहट, थरथराहट 2 डोलना। ~**मापी** (पु०) 1 तरंग मापक 2 भूकंपमापक
कंप–*अं०* कैंप (पु०) = डेरा, पड़ाव
कँपकँपाना–(अ० क्रि०) काँपना, कँपकँपी लगना
कँपकँपाहट, कँपकँपी–(स्त्री०) काँपना, कंप
कंपन–*सं०* (पु०) 1 काँपने एवं थरथराने की क्रिया 2 हिलते-डुलते रहना (जैसे-प्रकाश में होनेवाला कंपन)। ~**युक्त** (वि०) जिसमें कंपन हो
कँपना–(अ० क्रि०) = काँपना
कंपनी–*अं०* (स्त्री०) 1 फ़ैक्टरी 2 सेना का एक विभाग 3 उद्योग या व्यापार करनेवालों की मंडली 4 जत्था
कंपमान–*सं०* (वि०) काँपता हुआ, कंपायमान
कंप विज्ञान–*सं०* (पु०) भूकंप विज्ञान
कंप विज्ञानी–*सं०* (पु०) भूकंप विज्ञानी
कंपा–I (पु०) बाँस की तिलियों में लासा लगा कर बनाया गया फंदा II (स्त्री०) 1 कंपन 2 भय
कंपाउंड–*अं०* (पु०) 1 अहाता 2 बेहड़ा (बेड़ा)
कंपाउंडर–*अं०* (पु०) दवा मिलाने का काम करनेवाला डाक्टर का सहायक
कँपाना–(स० क्रि०) 1 हिलाना, 2 डराना
कँपायमान–*सं०* (वि०) काँपता हुआ, कंपमान
कंपार्टमेंट–*अं०* (पु०) रेलगाड़ी का डिब्बा
कंपास–*अं०* (पु०) 1 कुतुबनुमा 2 परकार 3 दिग्दर्शक
कंपित–*सं०* (वि०) 1 काँपता हुआ 2 हिलाया हुआ
कंपू–*अं०* (पु०) 1 फ़ौज की छावनी 2 खेमा 3 पड़ाव
कंपोज़–*अं०* (पु०) 1 छपाई हेतु टाइप के अक्षर जोड़ना 2 रचना करना
कंपोज़िंग–*अं०* (स्त्री०) अक्षर जोड़ने का काम
कंपोज़िटर–*अं०* (पु०) टाइपसेट करनेवाला
कंपोस्ट–*अं०* (स्त्री०) सड़ाकर बनाई गई खाद
कंप्यूटर–*अं०* (पु०) गणित तथा अन्य अनेक कार्य करनेवाला यंत्र
कंबल–*सं०* (पु०) 1 कम्मल 2 गाय, बैल के नीचे लटकनेवाली खाल 3 एक प्रकार का हरिण 4 एक छोटा कीड़ा
कंबाइन–*अं०* (स्त्री०) कटाई-गहाई की मशीन 2 जोड़ना, संयुक्त करना
कंबी–*सं०* (स्त्री०) 1 करछी 2 बाँस का अँखुआ या गाँठ
कंबु, कंबुक–*सं०* (पु०) 1 शंख 2 गला। ~**ग्रीव** (वि०) शंख जैसी सुडौल गरदनवाला
कंबोज–*सं०* (पु०) 1 शंख 2 हाथी की किस्म 3 एक जनपद (अब अफगानिस्तान में)
कँवल–I (पु०) कमल II कौर, ग्रास
कंस–*सं०* (पु०) 1 काँसा 2 काँसे का बना पात्र 3 कृष्ण का मामा
कंसकार–*सं०* (पु०) काँसे के बरतन बनानेवाला
कंसताल–*सं०* (पु०) झाँझ
कंसर्ट–*अं०* (पु०) 1 अनेक बाजों का एक साथ बजना 2 गाने, बजाने वालों के स्वरों का मेल, सामरस्य 3 संगीत गोष्ठी। ~**रंग मंच** + सं० (पु०) कंसर्ट की स्टेज
कँसहँड़ी–(स्त्री०) काँसे की हँडी
कंसिक, कंसीय–*सं०* (वि०) 1 काँस संबंधी, काँसे का 2 काँसे का पात्र से संबंधित
कई–(वि०) 1 एक से अधिक, अनेक 2 कुछ 3 चंद (जैसे-कई दिन बीतने पर वह आया)
ककड़ी–(स्त्री०) एक तरह की बेल जिसका फल (ककड़ी) खाने योग्य है। ~**का चोर** छोटा अपराध करनेवाला ~**के चोर को कटारी से मारना** छोटे अपराध के लिए भारी सजा ~**खीरा समझना** तुच्छ समझना
ककनी–(स्त्री०) कंगन
ककरेजी–*फ़ा०* = काकरेज़ी
ककहरा–(पु०) क से ह तक के अक्षर, वर्णमाला
ककाटिका–*सं०* (स्त्री०) सिर का पिछला भाग
ककार–*सं०* (पु०) 'क' अक्षर
ककुद्–I *सं०* (पु०) 1 चोटी, शिखर 2 राजचिह्न 3 बैल के कंधे का डिल्ला II (वि०) उत्तम
ककोरना–(स० क्रि०) 1 खरोंचना 2 मोड़ना
कक्कड़–(पु०) 1 सुरती का चूरा 2 तंबाकू का चूर्ण
कक्का–*सं०* (स्त्री०) चाचा, काका
कक्ष–*सं०* (पु०) 1 कमरा 2 पार्श्व भाग 3 अंतःपुर 4 काँख
कक्षा–*सं०* (स्त्री०) 1 घेरा, परिधि 2 ग्रहों के घूमने का वक्र मार्ग 3 दर्जा (जैसे-वह किस कक्षा का विद्यार्थी है) 4 काँख, बग़ल। ~**अध्यापक** (पु०) क्लास टीचर
कक्षीय–*सं०* (वि०) कक्ष या कक्षा का
कक्षोन्नति–*सं०* (स्त्री०) क्लास में ऊपर चढ़ाना या चढ़ना
कक्ष्या–*सं०* (स्त्री०) 1 आँगन 2 हाथी बाँधने का रस्सा 3 हाथी का हौदा 4 महल 5 दहलीज 6 नाड़ी
क ख, क ख ग–(पु०) आरंभिक ज्ञान **क ख ग भी नहीं जानता** कुछ नहीं जानता, अनभिज्ञ
कगर–I (क्रि० वि०) 1 किनारे पर 2 पास, समीप II (पु०) 1 मेड़ 2 कारनिस 3 कगार
कगरे–(क्रि० वि०) 1 किनारे के पास 2 किनारे-किनारे 3 अलग होकर
कगार–(पु०) 1 नदी का ऊँचा किनारा 2 टीला 3 ऊँचा सिरा

कच–*सं०* (पु०) बाल, केश

कच–I (पु०) धँसने का शब्द (जैसे-कच से काँटा चुभ गया, कच से चाकू पेट में धँसा दिया) II (वि०) कच्चा। ~**दिला***फ़ा० + हिं०* (वि०) कच्चे दिलवाला, कमज़ोर दिल का; ~**लहू** (पु०) कचलोहू; ~**लोंदा** (पु०) लोई; ~**लोहा** (पु०) कच्चा लोहा ~**लोहू** (पु०) पंछा; ~**पेंदिया** (पु०) 1 कच्ची पेंदी का 2 जिसकी बात का कुछ विश्वास न हो

कचक–(स्त्री०) कुचलने से बनी चोट

कचकच–(स्त्री०)व्यर्थ का विवाद, किचकिच (जैसे-घर की कचकच से तबियत ऊब गई है) 2 निरर्थक आलाप

कचकड़, कचकड़ा–(पु०) कछुए का खोपड़ा

कचकना–(अ० क्रि०) 1 दबना 2 दरार पड़ना 3 टूटना-फूटना

कचकाना–(स० क्रि०) 1 दबाना, कुचलना 2 धँसाना 3 दबाकर तोड़ना

कचकोल–*फ़ा०* (पु०) दरियाई नारियल का बना कमंडल

कचनार–(पु०) एक सुंदर फूलदार पेड़

कचपच–(स्त्री०) गिचपिच

कचपत्तिया–(स्त्री०) 1 छोटे तारों का झुंड 2 चमकीले बुंदे, सितारा

कचर-कचर–(स्त्री०) 1 कच्चे फल को खाने से निकलनेवाली ध्वनि 2 व्यर्थ का विवाद 3 बकवास

कचर-कूट–(पु०) 1 अच्छी तरह से कूटना, कसकर पीटना 2 जमकर भोजन करना

कचरघान–(पु०) 1 छोटी-छोटी वस्तुओं का ढेर 2 मारपीट 3 कच्चे-बच्चे

कचरना–(स० क्रि०) 1 कुचलना, रौंदना 2 बहुत खाना

कचरा–I (पु०) 1 कूड़ा करकट 2 रुई का बिनौला 3 अनाज का बेकार अंश II (पु०) कच्चा खरबूज़ा। ~**पेटी** (स्त्री०)कूड़ा डालने की पेटी

कचरी–(स्त्री०) 1 सब्ज़ी के उपयोग में आनेवाली एक लता 2 छिलकेदार दाल 3 आलू के नमकीन कतरे

कचलोन–(पु०) एक तरह का नमक

कचलौदा–(पु०) आटे का पेड़ा

कचहरी–(स्त्री०) 1 अदालत 2 इजलास 3 दरबार

कचाई–(स्त्री०) 1 कच्चापन 2 कमी 3 अपूर्णता

कचाना–(अ० क्रि०) 1 कच्चा पड़ना 2 पीछे हटना

कचायँध–(स्त्री०)कच्चेपन की गंध

कचायन–(स्त्री०) विवाद, झगड़ा

कचार–(पु०) = कछार

कचारना–(स० क्रि०) पछाड़ना, फींचना (जैसे-कपड़ा कचारना)

कचालू–(पु०) 1 अरबी 2 उबले हुए नमकीन आलू। ~**करना** खूब मारना, पीटना

कचिया–(स्त्री०) हँसिया, दाँती

कचियाना–(अ० क्रि०) 1 कच्चा होना 2 हिम्मत हारना

कचुल्ला–(पु०) 1 कटोरा 2 प्याला

कचूमर–(पु०) अत्यधिक मार से बना भर्ता। ~**निकालना** अधमरा कर देना

कचूर–(वि०) 1 हल्दी की तरह गहरा लाल रंग 2 हल्दी की जाति का एक पौधा और गंठी

कचोकना–(स० क्रि०) गड़ाना, चुभाना

कचोका–(पु०) गड़ाने की क्रिया

कचोट, कचोटन–(स्त्री०) रह रहकर होनेवाली वेदना, टीस

कचोटना–(अ० क्रि०) रह रहकर मन में पीड़ा होना

कचोना–(स० क्रि०) चुभाना, धँसाना

कचौड़ी–(स्त्री०) पीठी वाली पूरी

कच्चा–(वि०) 1 जो पका न हो, अपक्व (जैसे-कच्चा आम) 2 आग में न तपाया हुआ (जैसे-कच्ची ईंट) 3 घी में तलकर न पका (जैसे-कच्ची रसोई) 4 नाप तोल में कम (जैसे-कच्चा बीघा) 5 शुद्ध न किया हुआ (जैसे-कच्चा तेल) 6 साहस में कम (जैसे-कच्चा दिल)। ~**पक्का** (वि०) सिझा-अनसिझा, पका-अनपका; **कच्चा माल** (पु०) मूल रूप में उत्पन्न उपज;

कच्ची रोकड़–(स्त्री०) रोजनामचा, याददाश्त की बही **कच्ची सिलाई** (स्त्री०) अस्थायी टाँके लगाना; ~**असामी** अस्थायी अधिकार; ~**काग़ज़** बिना रजिस्ट्री का दस्तावेज़; ~**खा जाना** खत्म करना; ~**घड़ा** अपरिपक्व, असमर्थ (व्यक्ति); ~**चिट्ठा खोलना**, ~**चिट्ठा सुनाना** पोल-पट्टी बताकर बेइज़्ज़त करना, रहस्य खोलना; ~**धागा होना** कमज़ोर या अविश्वसनीय होना; ~**पड़ना** शर्मिंदा होना; **कच्ची गोटी खेलना** अनाड़ी होना; **कच्चे घड़े में पानी भरना**; कठिन या ग़लत काम करना; **कच्चे-पक्के दिन होना** चार-पाँच महीने का गर्भ होना

कच्चू–(स्त्री०) अरवी, बंडा

कच्चे बच्चे–(पु०) कम उम्र के बच्चे

कच्छ–*सं०* (पु०) 1 कछार 2 दलदल ज़मीन, अनूप देश। ~**मय** (वि०) दलदली

कच्छ–(पु०) = कछुआ (जैसे-कच्छ अवतार)

कच्छप–*सं०* (पु०) कछुआ (स्त्री०) कच्छपी

कच्छा–(पु०) 1 जाँघिया 2 विशाल नौका

कछना(पु०), **कछनी**–(स्त्री०) कछौटा, छोटी धोती

कछरा–(पु०) चौड़े मुँहवाला मटका

कछान–(पु०) कछनी, काछना

कछार–(पु०) नदी-तट की भूमि

कछुआ–(पु०) एक जलथलचर जीव, कच्छप

कछौटा–(पु०) कमर में लिपटने वाली धोती, कछनी

कज–I *फ़ा०* (पु०) 1 टेढ़ापन 2 ऐब, दोष 3 त्रुटि II (वि०) टेढ़ा, कुटिल

कजक–*फ़ा०* (पु०) अंकुश

कजकोल–(पु०) = कचकोल

कजरा–I (वि०) 1 काजल के रंग का, काला 2 जिसकी आँख में काजल लगा हो, कजरारा II (पु०) 1 काजल 2 काली आखोंवाला बैल

कजरारा–(वि०) 1 काजल लगा हुआ, अंजन युक्त (जैसे-कजरारे नयन) 2 काला (जैसे-कजरारे बादल)

कजलाना–I (अ० क्रि०) 1 काला पड़ना 2 काजल से युक्त होना II (स० क्रि०) काजल लगाना

कजली–I (स्त्री०) 1 कालिख 2 काली आँखोंवाली गाय II (स्त्री०) 1 स्त्रियों का एक त्योहार जो भादों माह में होता है

2 एक वर्षागीत

कजलौटा–(पु०) काजल रखने का एक विशेष किस्म का पात्र (डिबिया)

क़ज़ा–*अ०* (स्त्री०) 1 मृत्यु 2 कर्तव्यपालन। ~**आना** मौत आना; ~**करना** नमाज अदा करना, धर्म संबंधी कर्तव्य पूरा करना

कज़ाक–*तु०* 1 लुटेरा 2 धोखेबाज़

क़ज़ाकी–*तु० + फ़ा०* (स्त्री०) छल-कपट, धोखेबाज़ी

कज़ाख़–= कज़ाक

कजावा–*फ़ा०* (पु०) ऊँट की काठी

क़ज़िया–*अ०* (पु०) 1 झगड़ा 2 झंझट

कजी–*फ़ा०* (स्त्री०) 1 टेढ़ापन 2 दोष

कज्जल–*सं०* (पु०) 1 काजल 2 सुरमा

कज्जलित–*सं०* (वि०) 1 काजल से युक्त 2 काला

कज़्ज़ाक–*तु०* (पु०) 1 डाकू 2 लुटेरा

कज़्ज़ाकी–*तु० + फ़ा०* = क़ज़ाकी

कट–*सं०* (पु०) 1 हाथी का गंडस्थल 2 चटाई 3 कटि प्रदेश 4 तख़्ता 5 एक स्याह रंग

कट–*अं०* (पु०) काट, तराश। ~**पीस** (पु०) टुकड़ा

कटक–*सं०* (पु०) 1 समूह 2 पैर का कड़ा 3 सेना 4 सैनिक शिविर। ~**बंध** (पु०) व्यूह-रचना

कटकट–(स्त्री०) 1 दाँतों के टकराने से उत्पन्न होनेवाला शब्द 2 अनबन, बिगाड़

कटकटाना–I (अ० क्रि०) दाँतो का आपस में बजना II (स० क्रि०) दाँत पीसना

कटकना, कटकीना–(पु०) चतुराई से पूर्ण साधारण युक्ति

कटखना–(वि०) 1 काट खानेवाला (जैसे-कटखना कुत्ता आदि) 2 चिड़चिड़ा

कटघरा–(पु०) 1 (न्यायालय में) काठ का बना घेरा 2 काठ का बना घर

कटड़ा–(पु०) भैंस का पड़वा

कटती–(स्त्री०) 1 छँटना 2 खपत 3 बिक्री

कटन–(स्त्री०) कटने एवं काटने की क्रिया

कटना–(अ० क्रि०) 1 दो टुकड़े होना 2 विभक्त होना 3 अलग होना (जैसे-मेरी बात पर वह ऐसे कटे कि फिर न बोले) 4 काटा जाना (जैसे-उसका नाम स्कूल से कट गया है) 5 कतरा जाना 6 ख़ारिज होना 7 दुर्घटना आदि में कोई अंग न रहना (जैसे-वह रेलगाड़ी से कट गया) 8 *ग०* भाग में पूरा पूरा आ जाना।

कट मरना–लड़ मरना

कटपीस–*अं०* (पु०) थोड़ा कट-फट गया माल

कटर–*अं०* (पु०) 1 काटनेवाला 2 छोटा चाकू 3 पेंसिल बनानेवाला कटर

कटरा–I (पु०) छोटा चौकोर बाज़ार II (पु०) = कटड़ा, कटहड़ा

कटलरी–*अं०* (स्त्री०) चाकू छुरी-काँटा आदि वस्तुएं

कटलेट–*अं०* (पु०) आलू का बना पकवान

कटल्लू–(पु०) कसाई, बूचड़, काटनेवाला

कटवाँ–(वि०) 1 जो काटा जाए (जैसे-कटवाँ फल) 2 कटवाया हुआ (जैसे-कटवाँ ब्याज)

कटवाना–(स० क्रि०) काटने का काम अन्य किसी से कराना

कटहरा–(पु०) = कटघरा

कटहल–(पु०) एक बड़ा फल जिसकी सब्ज़ी और अचार बनाया जाता है

कटहा–I (वि०) काटनेवाला (जैसे-कटहा कुत्ता आदि) II (पु०) महाब्राह्मण

कटा–(पु०) 1 मारकाट 2 वध, हिंसा 3 चोट। ~**छटा** काटना-छाँटना; **कटे पर नमक छिड़कना** अधिक कष्ट देना, बहुत सताना

कटाई–(स्त्री०) 1 काटने का काम 2 काटने की मज़दूरी। ~**चिराई** काटना चीरना, चीरना-फाड़ना

कटाकट–(पु०) कट कट का शब्द

कटाकटी–(स्त्री०) मारकाट, ख़ून ख़राबा

कटाक्ष–*सं०* (पु०) 1 वक्र दृष्टि, तिरछी निगाह 2 व्यंग्य 3 आक्षेप, चोट। ~**पात** (पु०) कटाक्ष करना, आक्षेप करना

कटा-छनी–(स्त्री०) 1 आपस की मार-काट 2 कटुतापूर्ण बातचीत

कटान–(स्त्री०) 1 कटाई 2 कटाव

कटाना–(स० क्रि०) = काटना

कटार–(स्त्री०) 1 ख़ंजर 2 तलवार

कटारी–(स्त्री०) छोटी कटार

कटाव–(पु०) 1 काट 2 पच्चीकारी में फूल पत्तियों की बनावट। ~**दार** *+ फ़ा०* (वि०) जिस पर कटाव का काम किया गया हो

कटावन–(स्त्री०) कटाई

कटाह–*सं०* (पु०) 1 बड़ी कड़ाही, कड़ाह 2 कूप 3 कछुए की पीठ का कड़ा आवरण 4 भैंस का बच्चा जिसकी सींग निकल रही हो 5 झोंपड़ी 6 टीला

कटिंग–*अं०* (स्त्री०) क़तरन (विशेषतः पत्र-पत्रिका की)

कटि–*सं०* (स्त्री०) कमर। ~**ज़ेब** + फ़ा (स्त्री०) करधनी; ~**तट** (पु०) कटि; ~**बंध** (पु०) 1 कमर बंद, पटका 2 ऋतु के विचार से भौगोलिक विभाजन (जैसे-उष्ण कटिबंध, शीत कटिबंध आदि); ~**बद्ध** (वि०) 1 उद्यत 2 तत्पर; ~**सूत्र** (पु०) करधनी

कटिया–I (पु०) 1 हक्काफ 2 कटा चारा II (स्त्री०) कँटिया (जैसे-कटिया फँसाकर मछली पकड़ना) III भैंस का मादा बच्चा

कटीला–(वि०) 1 काटनेवाला (जैसे-कटीली आँखे कटीले नैन) 2 धारदार, तेज़ 3 चुभनेवाला (जैसे-कटीली बातें) 4 अच्छी बनावट, अच्छी सजधजवाला (जैसे-कटीला यौवन)

कटु–*सं०* 1 कड़ुआ (जैसे-कटु स्वाद कटु, गंध आदि) 2 अप्रिय (जैसे-कटु बात, कटु वाणी आदि) 3 कष्टदायक (जैसे-कटु आलोचना)। ~**ता** (स्त्री०) 1 कड़ुआपन 2 दुर्भावना; ~**भाषी** (वि०) = कटुवादी; ~**वचन**, ~**वाक्य** (पु०) दुर्वचन, अप्रिय बात; ~**वादी** (वि०) अप्रिय बात कहनेवाला, दुर्वचनी; ~**व्यवहार** (पु०) बुरा बर्ताव; ~**शब्द** (पु०) कड़वी बात, अप्रिय वचन

कटुआ–(वि०) 1 कटा हुआ 2 काटनेवाला

कटुक–*सं०* (वि०) = कटु, कड़ुआ

कटूक्ति–*सं०* (स्त्री०) अप्रिय बात, कड़वी बात

कटूरना–(अ० क्रि०) उपेक्षा एवं क्रोध से देखना

कटैया–I (पु०) काटनेवाला (जैसे-धान कटैया) II (स्त्री०) भटकैया

कटोर–*सं०* (पु०) = कटोरा। ~**दान** + *फ़ा०* (पु०) कटोरे का ढक्कन

कटोरा–*सं०* + *हिं०* (पु०) चौड़े पेंदे का बड़ा पात्र

कटोरी–(स्त्री०) 1 छोटा कटोरा 2 कटोरी के शक्ल की कोई वस्तु

कटौती–(स्त्री०) 1 काटना (जैसे-रकम कटौती की गई) 2 काटा हुआ धन आदि

कट्टर–(वि०) 1 काट खानेवाला 2 अनुदार विचारवाला (जैसे-कट्टर व्यक्ति) 3 अपने मत का कठोरता से पालन करनेवाला, हठधर्मी। ~**ता** + *सं०* (स्त्री०) हठधर्मिता; ~**पंथी** (वि०) हठधर्मी, अंधविश्वासी; ~**पन** (पु०) = कट्टरता, अंधविश्वास

कट्टा–I (वि०) 1 मोटा-ताजा, हट्टा-कट्टा 2 बलवान II (पु०) जबड़ा

कट्ठा–(पु०) 1 ज़मीन की एक नाप 2 पाँच सेर का अनाजवाला काठ का बर्तन 3 तौल में पाँच सेर का मान

कठंगर–(वि०) 1 काठ के अंगोंवाला 2 मोटा-ताजा

कठ–I (पु०) 1 काठ, लकड़ी 2 काठ का एक बाजा II (वि०) कठोर, हृदयहीन

कठ–(वि०) 'काठ' का (संक्षिप्त रूप), काठ से संबंध रखनेवाला, काठ की तरह आदि। ~**कीली** (स्त्री०) 1 काठ की बनी कील, खूँटी 2 पच्चर; ~**कोला** (पु०) कठफोड़ पक्षी; ~**खुदाई** (स्त्री०) जंगल की कटाई; ~**गुलाब** + *फ़ा०* (पु०) जंगली गुलाब; ~**घरा** (पु०) = कटघरा; ~**ताल** (पु०), ~**पंडित** + *सं०* (पु०), ~**पुतली** (स्त्री०) 1 डोरे से बाँधकर नचाई जानेवाली काठ की पुतली 2 दूसरों के इशारों पर काम करनेवाला; ~**पुतली राज्य** + *सं०* (पु०) वह राज्य जो अन्य शक्ति द्वारा प्रेरित हो; ~**पुतली सम्राट***सं०* (पु०) ऐसा राजा जो दूसरों के हाथ की कठपुतली हो; ~**फोड़ा** (पु०) ख़ाकी रंग की एक चिड़िया; ~**बंधन** +*सं०* (पु०) 1 काठ की बेड़ी, अर्गला; ~**बनिया** (पु०) लोभी बनिया; ~**बाप** (पु०) सौतेला बाप; ~**बैद** (पु०) कठवैद्य, नीम हकीम; ~**मलिया** I (पु०) पाखंडी साधु, दिखावटी साधु II (वि०) जो काठ की माला पहने हो; ~**मस्त,** ~**मस्ता** + *फ़ा०* (वि०) 1 निश्चिंत, बेफ़िक्र 2 व्यभिचारी; ~**मस्ती** + *फ़ा०* (स्त्री०) निश्चिंतता, बेफ़िक्री; ~**मुल्ला** + *तु०* (पु०) अनपढ़ और नकली गुरु, मूर्ख मौलवी, कट्टरपंथी; ~**मुल्लापन** + *तु०* + *हिं०* (पु०) कट्टरता, दुराग्रह; ~**वैद्य** + *सं०* (पु०) अनाड़ी चिकित्सक; ~**हँसी** (स्त्री०) बनावटी हँसी; ~**हुज्जत** + *अ०* (स्त्री०) बेकार की नुक़्ताचीनी

कठड़ा–(पु०) = कटघरा

कठारी–(स्त्री०) 1 काठ का बर्तन 2 कमंडल

कठिन–*सं०* (वि०) 1 मुश्किल, जटिल (जैसे-कठिन काम) 2 टेढ़ा (जैसे-यह एक कठिन समस्या है)। ~**ता** (स्त्री०) 1 कड़ाई 2 अड़चन, बाधा

कठिनिका, कठिनी–*सं०* (स्त्री०) सब से छोटी उँगली

कठिनाई–*सं०* + *हिं०* (स्त्री०) = कठिनता (जैसे-नदी पार करने के लिए कठिनाई का सामना करना पड़ेगा)

कठिया–(वि०) कड़े छिलकेवाला

कठियाना–(अ० क्रि०) सूखकर कड़ा होना

कठुआना–(अ० क्रि०) 1 सूखकर कठोर होना (जैसे-ठंड से हाथ पैर कठुआना) 2 सूखकर लकड़ी होना, कमज़ोर एवं क्षीण होना

कठूमर–(पु०) जंगली गूलर

कठेठ–(वि०) कठोर, सख़्त 2 कठोर अंगोंवाला, बलवान्

कठैला–(पु०) कठौता

कठोदर–*हिं०* + *सं०* (पु०) पेट का एक रोग

कठोर–*सं०* (वि०) 1 कड़ा 2 निष्ठुर, बेरहम (जैसे-वह बहुत ही कठोर है)। ~**ता** (स्त्री०), ~**पन** + *हिं०* (पु०) 1 कड़ापन 2 निर्दयता

कठौता–(पु०) काठ का बना चौड़े मुँह का बर्तन (स्त्री० कठौती)

कड़क–(स्त्री०) 1 कड़ी और भयंकर आवाज़ 2 रुक-रुककर होनेवाली पीड़ा, कसक 3 तड़ित की चमक के बाद होनेवाली ध्वनि (जैसे-बिजली कड़कना) 4 घोड़े की सरपट चाल। ~**दार** + *फ़ा०* (वि०) कड़ाकेवाला; ~**नाल** (स्त्री०) चौड़े मुँह की तोप; ~**बाँका** (पु०) छैला; ~**बिजली** (स्त्री० 1 कान का आभूषण 2 आतिशबाज़ी

कड़-कड़–(पु०) वस्तुओं के टूटने से उत्पन्न होनेवाली ध्वनि

कड़कड़ाना–I (अ० क्रि०) कड़-कड़ की ध्वनि करना II (स० क्रि०) अत्यधिक गर्म करना

कड़कड़ाहट–(स्त्री०) कड़-कड़ होने की क्रिया

कड़कना–(अ० क्रि०) 1 वस्तु का चिटकना 2 गरजना 3 क्रोध में जोर से बोलना। **कड़कती दोपहरी** अत्यधिक गरमी, चिलचिलाती धूप

कड़का–(पु०) कड़के की आवाज़

कड़खा–(पु०) विजयगान

कड़खैत–(पु०) कड़खा गानेवाला, चारण

कड़छा–(पु०) = कलछा

कड़बड़ा–I (वि०) चितकबरा II(पु०) ऐसा मनुष्य जिसकी दाढ़ी के बाल पक रहे हों

कड़वा–(वि०) 1 कसैला 2 कटु 3 अप्रिय (जैसे-मैं कड़वा वचन नहीं बोलना चाहता) 4 चिड़चिड़ा (जैसे-वह कड़वे स्वभाव का व्यक्ति है)। ~**कसैला** (वि०) 1 कटु 2 अप्रिय; **कड़वे कसैले दिन** बुरे दिन; ~**पन** (पु०), ~कड़वाहट (स्त्री०) कटुता

कड़ा–I (वि०) 1 सख़्त, कठोर 2 जो नरम एवं लचीला न हो (जैसे-यह तार बहुत कड़ा है) 3 दृढ़चित्त (जैसे-वह बहुत कड़ा मिज़ाजवाला व्यक्ति है) 4 जो पका न हो (जैसे-फल अभी कड़ा है) 5 जो अप्रिय एवं असह्य हो (जैसे-कड़ा जाड़ा, कड़ी गर्मी आदि) 6 जिसमें कठोरता एवं सतर्कता हो (जैसे-कड़ी निगाह) 7 तगड़ा (जैसे-वह कड़े शरीर का व्यक्ति है) 8 जिसमें क्रोध एवं तिरस्कार की सूचना मिले (जैसे-कड़ी बात, कड़ा जवाब आदि) II (पु०) वृत्ताकार गहना, बलय (जैसे-पैर का कड़ा)

कड़ाई–(स्त्री०) 1 कड़ापन 2 कटु व्यवहार

कड़ाकड़–(क्रि० वि०) कड़कड़ ध्वनि करते हुए (जैसे-कुत्ते का कड़ाकड़ हड्डी तोड़ना एवं चबाना)
कड़ाका–(पु०) ज़ोर का, सख़्त (जैसे-कड़ाके की ठंड पड़ रही है)
कड़ाकेदार–*हिं० + फ़ा०* जबरदस्त
कड़ाबीन–*तु०* (स्त्री०) कमर की एक छोटी बंदूक
कड़ाह, कड़ाहा–(पु०) लोहे का वृत्ताकार बड़ा एवं छिछला बर्तन
कड़ाही–(स्त्री०) छोटा कड़ाहा। **~में हाथ डालना** 1 अग्नि परीक्षा देना 2 जानबूझकर झंझट में पड़ना
कड़ियल–(वि०) 1 कड़े दिलवाला, साहसी, कठोर 2 हट्टा-कट्टा (जैसे-कड़ियल जवान)
कड़ी–I (स्त्री०) 1 लड़ी (जैसे-जंजीर की सबसे कमज़ोर कड़ी) 2 जंजीर (जैसे-इस कड़ी में दस गुरियाँ हैं) 3 घटना अदि का क्रम (जैसे-मेरे जीवन की घटनाओं में यह भी कड़ी है) 4 गीत एवं कविता आदि की पंक्ति (जैसे-काव्य की चौथी कड़ी पढ़ो) II (स्त्री०) कठिनाई, मुसीबत (जैसे-कड़ी झेलना) III (स्त्री०) अशुभ, अमंगल (जैसे-बिना सोचे समझे कड़ी बात कह गए)। **~दार** *+ फ़ा०* (वि०) छल्लादार, एक तरह का कसीदा
कड़ुआ, (वि०) = कड़वा
कड़ुवाहट, (स्त्री०) = कड़वापन
कड़ेरा–(पु०) खरादनेवाला
कढ़ना–I (अ० क्रि०) 1 बाहर आना 2 उदय होना 3 लाभ होना 4 बढ़ जाना II (अ० क्रि०) दूध औटकर गाढ़ा होना। **कढ़ जाना** स्त्री का घर से भाग जाना
कढ़नी–(स्त्री०) नेती, मथानी की रस्सी
कढ़वाना–(स० क्रि०) = काढ़ना
कढ़ाई– I (स्त्री०) = कड़ाही II (स्त्री०) 1 बेलबूटे बनाने का काम 2 बेल-बूटे करने की मज़दूरी (जैसे- मेज़पोश की कढ़ाई दस रुपए हुई)
कढ़ाना–(स० क्रि०) 1 कढ़वाना 2 निकलवाना
कढ़ाव–(पु०) बेलबूटे का काम
कढ़िहार–(वि०) 1 निकालनेवाला 2 उद्धार करनेवाला 3 कर्ज़ लेनेवाला
कढ़ी–(स्त्री०) बेसन, दही और मसाले के मिश्रण से बना खाद्य पदार्थ। **~का सा उबाल** क्षणिक उत्साह
कढ़ुआ I (वि०) 1 निकाला हुआ 2 औटकर गाढ़ा किया हुआ 3 बेल बूटे बनाया हुआ II (पु०) कर्ज़, ऋण
कण–*सं०* (पु०) 1 टुकड़ा (जैसे-कोयले का कण) 2 दाना (जैसे-चावल का कण)
कणिक–*सं०* (पु०) 1 ज़र्रा 2 गेहूँ का आटा 3 शत्रु
कणिका–*सं०* (स्त्री०) छोटा कण, कनी, जीरा
कणिकायित–*सं०* (वि०) कणयुक्त
कणिश–*सं०* (पु०) गेहूँ, जौ आदि की बाल
कणीक–*सं०* (वि०) बहुत छोटा, अत्यल्प
कणेरा–*सं०* (स्त्री०) 1 वेश्या 2 जलहस्तिनी
कण्व–*सं०* (पु०) एक ऋषि
क़त–*अ०* (पु०) 1 तिरछा काटना 2 नोक लगाना
कृत–*सं०* (पु०) 1 रीठा 2 निर्मली

क़तई–*अ०* I (वि०) निश्चित II (अ०) एकदम, बिलकुल, हरगिज़, तत्काल
कतना–(अ० क्रि०) काता जाना
कतनी–(स्त्री०) तकली (एक औज़ार-जिससे रुई काती जाती है)
कतर-छाँट–(स्त्री०) काट-छाँट
कतरन–(स्त्री०) कतरने से बने टुकड़े, छोटे-बड़े टुकड़े
कतरना–(स० क्रि०) काटना
कतरनी–(स्त्री०) कतरने का साधन, कैंची
कतरब्योंत–(स्त्री०) 1 काट-छाँट 2 हेर-फेर 3 सोचविचार
कतरवाँ–(वि०) 1 तिरछा 2 काटकर निकाला हुआ
कतरवाना–(स० क्रि०) कतरना
कतरा–(पु०) काट कर निकाला हुआ टुकड़ा (जैसे-वस्त्र का कतरा)
क़तरा–*अ०* (पु०) 1 बूँद (जैसे-पानी का क़तरा) 2 खंड 3 अंश
कतराई–(स्त्री०) 1 कतरवाई
कतराना–I (अ० क्रि०) नज़र बचाकर निकल जाना II (स० क्रि०) कतरवाना, कटवाना
क़तल–*अ०* (पु०) हत्या, वध। **~बाज़** *+ फ़ा०* (वि०) हत्यारा, वधिक
कतला–(पु०) कटा हुआ चौकोर टुकड़ा, फाँक
क़तलाम–*अ०* (पु०) = क़त्लेआम
कतली–(स्त्री०) जमाई हुई बरफी
क़तवाना–(स० क्रि०) = कातना
कतवार–I (पु०) कूड़ा करकट II (वि०) कातनेवाला। **~खाना** (पु०) कूड़ा फेंकने का सार्वजनिक स्थान
क़ता–*अ०* (स्त्री०) 1 काटना 2 काट 3 तराश 4 आकार। **~कलाम** (पु०) बात काटना; **~नज़र** *फ़ा० + अ०* (क्रि० वि०) इसके सिवा
कताई–(स्त्री०) 1 कातने का काम 2 कातने की मज़दूरी। **~बुनाई** (स्त्री०) कातने और बुनने का काम
कतान–(पु०) एक प्रकार का रेशमी कपड़ा
क़तार–*अ०* (स्त्री०) पंक्ति (जैसे एक क़तार में सजाया गया) क्रम, सिलसिला
कतारा–(पु०) ऊख की एक किस्म
कतिधा–I *सं०* (वि०) अनेक प्रकार का II (क्रि० वि०) अनेक प्रकार से
कतिपय–(वि०) कुछ, थोड़े से, कई-एक, चंद
कतौनी–(स्त्री०) = कताई
कत्तल–(पु०) 1 क़तरा 2 टुकड़ा (जैसे-ईंट का कत्तल)
कत्ता–(पु०) 1 बाँक 2 छोटी तलवार
कत्ती–I (स्त्री०) 1 कटारी 2 सोनार की कतरनी II(पु०) सूत कातनेवाला
कत्थ–(पु०) = कत्था
कत्थई–(वि०) कत्थे के रंग का
कत्थक–(पु०) एक तरह का नाच
कत्था–(पु०) खैर की लकड़ी का सत् (लाल रंग का)। **~सुपारी** (स्त्री०) कत्था और सुपारी
क़त्ल–*अ०* (पु०) = क़तल वध, हत्या। **~गाह** *+ फ़ा०*

(पु०) वधस्थल, क़साईखाना;
क़त्लेआम–*अ० + फ़ा० + अ०* (पु०) सार्वजनिक हत्या, अंधाधुंध वध
कथंचित्–(क्रि० वि०) शायद, संभवतः
क़थक–*सं०* (पु०) 1 कत्थक 2 कथावाचक
कथक्कड़–(पु०) अधिक कथाएँ कहनेवाला
कथन–*सं०* (पु०) 1 कहना 2 वचन 3 वर्णन
कथना–(स० क्रि०) 1 कहना 2 निंदा करना
कथानुसार–*सं०* कथा के अनुसार
कथनी–(स्त्री०) कही हुई बात, कथन
कथनीय–*सं०* (वि०) कहने योग्य
कथनोपकथन–*सं०* (पु०) संवाद, बातचीत, डॉयलाग (अं०)
कथमपि–*सं०* (क्रि० वि०) 1 किसी प्रकार 2 बहुत कठिनता से
कथरी–(स्त्री०) फटे-पुराने कपड़ों को जोड़कर बनाया गया बिछौना
कथांतर–*सं०* (पु०) 1 दूसरी कथा 2 गौण कथा
कथांश–*सं०* (पु०) कथा का कोई अंश
कथा–*सं०* (स्त्री०) 1 पौराणिक आख्यान 2 कल्पित कहानी। **~कार** (पु०) 1 कहानी कहनेवाला 2 कथा सुनानेवाला; **~काव्य** (पु०) कथात्मक काव्य; **~तत्त्व** (पु०) सारांश; **~नायक** (पु०) प्रधान पात्र; **~पत्रिका** (स्त्री०) कहानियों की पत्रिका; **~पीठ** (पु०) 1 कथा की प्रस्तावना 2 कथा करने का स्थान; **~प्रबंध** (पु०) कहानी; **~प्रसंग** (पु०) = कथावार्ता; **~मुख** (पु०) कथा की प्रस्तावना; **~योग** (पु०) = कथावार्ता; **~वस्तु** (स्त्री०) 1 कथा का सार रूप 2 कथ्य विषय; **~वार्ता** (स्त्री०) 1 अनेक प्रकार के प्रसंग, बातचीत 2 पौराणिक या धार्मिक चर्चा; **~सूत्र** (पु०) = कथा तत्त्व, कथावस्तु
कथात्मक–*सं०* (वि०) कहानीवाला
कथानक–*सं०* (पु०) 1 छोटी कथा 2 रचना का आदि से अंत तक का सामूहिक रूप, कथा-सार
कथानिका–*सं०* (स्त्री०) उपन्यास का एक भेद
कथिक–*सं०* (पु०) = कथाकार
कथित–*सं०* (वि०) कहा हुआ
कथोद्घात–*सं०* (पु०) कथारंभ
कथोपकथन–*सं०* (पु०) बातचीत, संवाद
कथोपकथनात्मक–*सं०* (पु०) संवादपूर्ण
कथ्य–I *सं०* (वि०) कहने योग्य, कथनीय II (पु०) विषय
कदंब–*सं०* (पु०) 1 क़दम नामक वृक्ष और फल 2 ढेर, राशि 3 सरसों का पौधा
कदंश–*सं०* (पु०) बुरा अंश, निकृष्ट भाग
कद्–(उप०) बुरा (जैसे-कदन्न, कदाचार)
क़द–*अ०* (पु०) ऊंचाई, लम्बाई (जैसे-आदमक़द शीशा)
कदक्षर–*सं०* (पु०) बुरी लिखावट
कदन–*सं०* (पु०) 1 मृत्यु 2 विनाश 3 युद्ध 4 हत्या 5 दुःख, कष्ट
कदन्न–*सं०* (पु०) घटिया क़िस्म का अनाज
कदम–(पु०) = कदंब
क़दम–*अ०* (पु०) 1 पैर (जैसे-पहला क़दम बढ़ाना) 2 पग, डग (जैसे-चार क़दम चलने पर) 3 पदचिह्न 4 कोशिश। **~बाज़** + *फ़ा०* (पु०) ठीक चाल चलनेवाला; **~बोस** + *फ़ा०* (पु०) चरण चूमनेवाला; **~बोसी** + *फ़ा०* (स्त्री०) सम्मान-प्रदर्शन, चरण स्पर्श करना; **~उखड़ना** पाँव उखड़ना, भाग जाना; **~उठाना** आगे बढ़ना; **~चूमना** 1 चरण स्पर्श करना 2 सम्मान करना 3 गुरु मान लेना; **~छूना** 1 पाँव पड़कर प्रणाम करना 2 किसी की कसम खाना; **~निकालना** 1 क़दम की चाल सिखाना 2 बाहर जाना; **~पर क़दम रखना** आगे-पीछे चलना, अनुगमन; **~ब क़दम चलना** 1 साथ साथ चलना 2 अनुसरण करना; **~बढ़ाना** 1 चाल तेज़ करना 2 आगे बढ़ना; **~मारना** 1 दौड़-धूप करना 2 कोशिश करना; **~रखना** आना, पहुँचना; **~लेना** 1 पाँव पड़ना 2 इज़्ज़त करना **कदमचा** + *फ़ा०* (पु०) 1 पैर रखने की जगह 2 पाखाने की खुड्डी
कदमा–(स्त्री०) कदंब के फूल सी एक मिठाई
कदर–*सं०* (पु०) 1 आरा 2 अंकुश 3 कंकड़ी आदि चुभने से बनी गाँठ, गोखरू 4 सफेद खैर का पेड़ 5 छेना
क़दर–*अ०* 1 मान, कद्र 2 प्रतिष्ठा 3 महत्त्व। **~दान** + *फ़ा०* (वि०) सम्मान देनेवाला, आदर करनेवाला; **~दानी** + *फ़ा०* (स्त्री०) प्रतिष्ठाभाव
कदराई–(स्त्री०) कायरता, डरपोकपन, दब्बूपन
कदर्थ–*सं०* (वि०) 1 अनुचित अर्थवाला 2 व्यर्थ, बेकार 3 बुरा, कुत्सित 4 निकम्मा
कदर्थना–*सं०* (स्त्री०) 1 बुरी दशा, दुर्दशा 2 निंदा 3 तिरस्कार 4 सताना
कदर्थित–*सं०* (वि०) 1 निंदित, तिरस्कृत 2 जो दुर्गति को प्राप्त हुआ हो
कदर्य–*सं०* (वि०) 1 कंजूस, कृपण 2 कायर, डरपोक 3 बुरा, हीन। **~ता** (स्त्री०) 1 कृपणता 2 कायरता 3 हीनता
कदल–*सं०* (पु०), **कदली**–*सं०* (स्त्री०) केला
कदा–*सं०* (क्रि० वि०) कब, किस समय
कदाकार, कदाकृति–*सं०* (वि०) बुरी आकृतिवाला, बेडौल, कुरूप, भोंड़ा
कदाख्य–*सं०* (वि०) बदनाम
कदाचन–*सं०*(क्रि० वि०) = कदाचित्
कदाचार–*सं०* (पु०) बुरा व्यवहार, कुत्सित आचरण
कदाचित्–*सं०* (अ०) 1 कभी, शायद 2 अगर, यदि
कदापि–*सं०* (अ०) कभी, हर्गिज
क़दामत–*अ०* (स्त्री०) प्राचीनता। **~पसंद** + *फ़ा०* रुढ़िवादी
कदाहार–*सं०* (पु०) दूषित भोजन
कदी–*अ० + फ़ा०* I (वि०) हठी, ज़िद्दी II (अ०) कभी-कभी
क़दीम–*अ०* (वि०) पुराना, प्राचीन
कदीमी–*अ० + फ़ा०* (वि०) प्राचीन, पुराने समय का
कदुष्ण–*सं०* (वि०) कुनकुना, थोड़ा गरम
कदूरत–*अ०* (पु०) 1 जमा हुआ मैल 2 दुर्भाव, मन-मुटाव
क़दावर–*अ० + फ़ा०* (वि०) बड़े डील डौलवाला
कद्दू–*फ़ा०* (पु०) एक सब्ज़ी, सीताफल। **~कश** (पु०) कद्दू रेतने का उपकरण
कद्दूदाना–*फ़ा०* (पु०) मल के साथ निकलनेवाले छोटे-छोटे पेट के कीड़े

क़द्र–अ० (स्त्री०) = क़दर

कन–(पु०) 1 कण 2 प्रसाद 3 भीख 4 कान। ~**कटा** (वि०) जिसका कान कटा हो; ~**कटी** (स्त्री०) कान की एक बीमारी; ~**कूत** (पु०), ~**खजूरा** (पु०) गोज़र की जाति का एक कीड़ा; ~**खोदनी** (स्त्री०) कान से गंदगी निकालने का एक छोटा उपकरण; ~**टोप** (पु०) कान तक ढकनेवाली टोपी; ~**पटी** (स्त्री०) कान और आँख के बीच का स्थान; ~**पेड़ा**, ~**फेड़ा** (पु०) कान के पास गिल्टी (रोग); ~**फुँका** (वि०) 1 दीक्षा देनेवाला 2 दीक्षा लेनेवाला; ~**फुसका** (पु०) 1 चुगुलख़ोर 2 बहकानेवाला; ~**फुसकी** (स्त्री०) = कानाफूसी; ~**बिधा** (वि०) छिदे कानवाला; ~**रस** (पु०) अच्छेगीत सुनने की प्रवृत्ति; ~**रसिया** (पु०) शौकीन

कनई–(स्त्री०) नई शाखा, कल्ला

कनक–सं० 1 सोना, स्वर्ण 2 धतूरा 3 गेहूँ। ~**कली** + हिं० (स्त्री०) कान में पहना जानेवाला छोटा आभूषण, लौंग; ~**शैल** (पु०) सुमेरू पर्वत

कनकना–I (वि०) 1 हल्की चोट से टूट जानेवाला II (वि०) चिड़चिड़ा, तुनुक मिज़ाजवाला

कनकनाना–I (अ० क्रि०) सुरसुरी उत्पन्न करना (जैसे-सूरन खाने से गला कनकनाना) 2 रोमांचित होना II (अ० क्रि०) कान खड़े करना, चौकन्ना होना

कनकनाहट–(स्त्री०) खुजलाहट

कनका–(पु०) = कण

कनकी–(स्त्री०) 1 चावल के दाने 2 किसी वस्तु का अतिसूक्ष्म कण

कनकौआ–(पु०) = कनकौवा

कनकौएबाज़ी–हिं० + फ़ा० (स्त्री०) पतंगबाजी

कनकौवा–(पु०) बड़ी पतंग, गुड्डी

कनकाभ–सं० (वि०) सोने की-सी चमकवाला

कनखा–(पु०) छोटी टहनी (जैसे-कनखा फूटना, कनखा निकलना)

कनखियाना–(स० क्रि०) 1 कनखी से देखना 2 इशारा करना 3 वक्र दृष्टि

कनखी–(स्त्री०) 1 तिरछी नज़र से देखना 2 आँख की कोर, चितवन

कनगुरिया–(स्त्री०) कानी उँगली

कनटक–(पु०) कंजूस, कृपण

कनतुतुर–(पु०) विषैला मेंढक

कनमनाना–(अ० क्रि०) 1 निद्रावस्था में हिलना-डुलना 2 सिकोड़ना 3 विरोध सूचक चेष्टा करना

कनवई (स्त्री०), **कनवा**–(पु०) 1 छोटा टुकड़ा, कण 2 छटाँक

कनवास–अं० (पु०) सन-पटसन आदि का बना मोटा कपड़ा, किरमिच

कनसार–(पु०) धातु एवं पत्थर पर बेल-बूटे एवं लेख आदि खोदनेवाला व्यक्ति

कनसाल–(पु०) चारपाई के पायों का तिरछा छेद

कनसुई–(स्त्री०) 1 सगुन बिचारना 2 आहट 3 गुप्त भेद लेना

कनस्तर–अं० (पु०) टीन का पीपा

कनाई–I (स्त्री०) 1 पतली शाखा, पतली डाल 2 कल्ला, कोंपल II (स्त्री०) फंदा

कनागत–(पु०) श्राद्ध पक्ष

क़नात–तु० (स्त्री०) कपड़े की दीवार

कनासी–(स्त्री०) रेती

कनिक–(स्त्री०) 1 गेहूँ 2 गेहूँ का आटा

कनियाना–I (अ० क्रि०) आँख बचाकर भागना, कतराना II (अ० क्रि०) पतंग का एक ओर झुकना, कन्नी खाना

कनिष्क–(पु०) कुषाणवंशीय एक प्रसिद्ध सम्राट

कनिष्ठ–सं० (वि०) 1 उम्र में सबसे छोटा 2 पद में छोटा

कनिष्ठा, कनिष्ठिका–सं० (स्त्री०) 1 सबसे छोटी उँगली, कानी उँगली 2 ऐसी नायिका जो पति की कम प्यारी हो 3 छोटे भाई की पत्नी 4 छिगुनी

कनी–I हिं० (स्त्री०) 1 हीरे का छोटा टुकड़ा 2 चावल का छोटा टुकड़ा 3 कण सं० बालिका, कन्या। ~**चाटना** जान देना

कनीक–सं० (वि०) 1 युवा 2 वयस्क

कनीज़–फ़ा० (स्त्री०) दासी, लौंडी, बाँदी

कनीनक–सं० (पु०) 1 किशोर 2 आँख का तारा

कनीनिका–सं० (स्त्री०) 1 आँख का तारा 2 कन्या 3 कानी उँगली

कनेठा–(वि०) 1 काना 2 ऐंचा-ताना

कनेठी–(स्त्री०) कान ऐंठना (दंड)

कनेर–(पु०) एक पौधा जिसमें सफ़ेद, पीले और लाल फूल लगते हैं

कनेरिया–(वि०) कनेर के फूल के रंग का

कनेव–(पु०) चारपाई का टेढ़ापन

कनोखा–(वि०) कटाक्षमय, वक्र दृष्टि

कनोखी–(स्त्री०) = कनखी

कनौठा–(पु०) 1 कोना, कोण 2 किनारा, बगल

कनौड़–(स्त्री०) 1 कलंक 2 संकोच, लज्जा 3 हीनता

कनौड़ा–(वि०) 1 काना 2 विकलांगी 3 क्षुद्र 4 लज्जित 5 असमर्थ

कनौती–(स्त्री०) 1 पशु के कान की नोक 2 कान खड़ा करने का ढंग 3 बाली। **कनौतियाँ बदलना** 1 घोड़े का कान खड़ा करना 2 सतर्क होना

कन्नड़–(स्त्री०) कन्नड़ प्रदेश की भाषा

कन्ना–(पु०) 1 पतंग उड़ाने के लिए बीच में बाँधा जानेवाला धागा, मंझा 2 किनारा, कोर (जैसे-पतंग का कन्ना)। ~**ढीला होना** 1 उत्साह ढीला पड़ना 2 ऐंठ ढीली होना; ~**साधना** गाँठ ठीक जगह बाँधने के लिए लम्बाई नापना; **कन्ने से कटना** पतंग का कन्ने से कट जाना

कन्नी–(स्त्री०) 1 पतंग का किनारा 2 किनारा 3 राजमिस्त्री की करनी 4 पेड़ का नया कल्ला। ~**काटना** कतराना, किनारे से निकल जाना; ~**खाना** पतंग का उड़ते समय एक तरफ़ झुकना; ~**दबाना** अधिकार में करना

कन्नौजी–I (वि०) कन्नौज से संबंध रखनेवाला II (स्त्री०) कन्नौज प्रदेश की बोली

कन्यका, कन्या–सं० (स्त्री०) अविवाहित बालिका, कन्या। ~**दान** (पु०) विवाह में वर को कन्या देने की रीति; ~**धन** (पु०) दहेज; ~**पाठशाला** (स्त्री०) ऐसी पाठशाला जहाँ

केवल लड़कियाँ ही शिक्षा ग्रहण करती हैं; ~**रासी** (वि०) 1 कन्याराशि में उत्पन्न 2 स्त्री स्वभाववाला 3 निकम्मा 4 तुच्छ

कन्यावस्था–*सं०* (स्त्री०) बालिका अवस्था

कन्युष–*सं०* (पु०) कलाई के नीचे का भाग

कन्वेंशन–*अं०* (पु०) 1 रूढ़ि, प्रथा 2 सम्मेलन

कन्हाई, कन्हैया–*अं०* (पु०) 1 कृष्ण 2 सुंदर बालक 3 प्रिय व्यक्ति 4 एक पहाड़ी वृक्ष

कप–I*अं०* (पु०) प्याला II *सं०* (पु०) 1 वरुण 2 दैत्यों की जाति

कपट–*सं०* (पु०) 1 धोखा, छल 2 बनावटी व्यवहार। ~**कांड** (पु०) छलकर्म, ठगी; ~**जाल** (पु०) जालसाज़ी; ~**तापस** (पु०) 1 पाखंडी साधु 2 ठगनेवाला व्यक्ति; ~**नाटक** (पु०) 1 कपट व्यवहार 2 ठगने का काम; ~**पूर्ण** (वि०) = कपट; ~**प्रबंध** (पु०) धोखा देने की योजना; ~**भेष** (पु०) दिखावटी रूप; ~**मुद्राकरण** (पु०) जाली मुहर लगाना; ~**लीला** (स्त्री०) = कपट नाटक; ~**लेख्य** (पु०) जाली दस्तावेज़; ~**वृत्ति** (स्त्री०), ~**वेश** (पु०) धोखा देने का भेष; ~**शील** (वि०) कपटी; ~**शीलता** (स्त्री०) = कपटाचरण

कपटना–*सं० + हिं०* (स० क्रि०) धोखे से वस्तु का अंश निकालना

कपटना–*हिं०* (स० क्रि०) काटकर अलग करना

कपटमय–*सं०* (वि०) = कपट

कपटाघाती–*सं०* (पु०) छल से प्रहार करनेवाला

कपटाचरण–*सं०* (पु०) ठगबाज़ी

कपटी–*सं०* (वि०) धोखा देनेवाला, छली

कपड़–(पु०) कपड़ा का लघु रूप जो समस्त पदों में पूर्व पद के रूप में लगता है। ~**कोट** (पु०) ख़ेमा, तंबू; ~**खसोट** (पु०) कपड़े तक उतार लेनेवाला; ~**गंध** (स्त्री०) कपड़ा जलने की दुर्गंध; ~**छन**, ~**छान** (पु०) 1 महीन कपड़े से छानना 2 कपड़े से छानी गई वस्तु; ~**द्वार** *+ सं०* (पु०) कपड़ों का भंडार; ~**विदार** (पु०) 1 दरज़ी 2 रफ़ूगर

कपड़ा–(पु०) 1 पहनावा 2 ऊन, कपास, रेशम आदि से निर्मित वस्तु (जैसे-कपड़ा मिल, कपड़े का व्यवसाय। रेशमी कपड़ा, सूती कपड़ा आदि)। ~**उद्योग** *+ सं०* (पु०) कपड़े का व्यापार; ~**कारखाना** *+ फ़ा०* (पु०) जहाँ कपड़े बनाने का काम होता है; ~**मिल** *+ अं०* (स्त्री०) = कपड़ा कारखाना; ~**लत्ता** (पु०) कपड़ा आदि; ~**उतार लेना** 1 सब कुछ छीन लेना 2 नंगा कर देना; ~**रँगना** गेरुआ रूप धारण करना, विरक्त होना; **कपड़ों में न समाना** फूले अंग न समाना; **कपड़ों से होना** रजस्वला होना

कपर्द, कपर्दक–*सं०* (पु०) कौड़ी [स्त्री० कपर्दिका]

कपाट–*सं०* (पु०) 1 दरवाज़ा, किवाड़ 2 वाल्व। ~**वक्ष** (वि०) चौड़ी छातीवाला

कपार– (पु०) = कपाल

कपाल–*सं०* (पु०) 1 खोपड़ी 2 मस्तक 3 खप्पर। ~**क्रिया** (स्त्री०) 1 शवदाह में मुर्दे की खोपड़ी को बाँस से फोड़ने की क्रिया 2 पूर्णतः नष्ट कर देना; ~**संधि** (स्त्री०) 1 खोपड़ी की हड्डियों का जोड़ 2 बराबर अधिकार और शर्तों पर हुई संधि

कपालावरण–*सं०* (पु०) कपाल ढकने का वस्त्र

कपास–(स्त्री०) एक प्रसिद्ध पौधा जिसके फल से रुई निकलती है। ~**ओटाई** (स्त्री०) कपास के फल से रूई निकालने का काम

कपासी–(वि०) कपास के फूल के रंग का

कपिंजल–I *सं०* (वि०) पीले रंग का II (पु०) 1 चातक, पपीहा 2 तीतर 3 एक मुनि

कपि–*सं०* (पु०) बंदर, मर्कट

कपित्थ–*सं०* (पु०) कैथ

कपिल–I *सं०* (वि०) 1 भूरा, बादामी 2 भोला-भाला II (पु०) एक मुनि जिसने राजा सगर के पुत्रों को शाप देकर भस्म कर दिया था

कपिश–*सं०* (वि०) भूरे रंग का

कपूत–(पु०) 1 नालायक बेटा 2 कुल का नाम डुबानेवाला लड़का, कुपुत्र

कपूती–(स्त्री०) कपूतपन, नालायकी

कपूर–(पु०) सफ़ेद रंग का ज्वलनशील एक सुगंधित पदार्थ जो वायु में वाष्प बनकर उड़ जाता है। ~**खाना** विष खाना

कपूरा–(पु०) बकरे का अंडकोष

कपूरी–(वि०) कपूर की तरह

कपोत–*सं०* (पु०) 1 कबूतर 2 पंडुक। ~**पालिका**, ~**पाली** (स्त्री०) 1 कबूतरों का दरबा 2 कबूतरों की छतरी; ~**वृत्ति** (स्त्री०) संचय न करने की वृत्ति; ~**व्रत** (पु०) अत्याचार सहन करना

कपोती–I *सं०* (वि०) कपोत के रंग का II (स्त्री०) कबूतरी

कपोल–*सं०* (पु०) गाल। ~**कल्पना** (स्त्री०) मनगढ़ंत बात; ~**कल्पित** (वि०) मन से गढ़ी हुई काल्पनिक; ~**राग** (पु०) गाल की लाली

कप्तान–*अं०* (पु०) 1 दल का नायक 2 सेना का एक पद 3 पुलिस सुपरिंटेंडेंट

कप्तानी–*अं० + हिं०* (स्त्री०) कप्तान का पद या कार्य

कफ–*सं०* (पु०) 1 बलगम 2 झाग 3 फेन। ~**कारक** (वि०) कफ पैदा करनेवाला; ~**कूर्चिका** (स्त्री०) लार

कफ़–I *अं०* (पु०) 1 आस्तीन का दुहरा भाग जिसमें काज और बटन लगाए जाते हैं 2 खाँसी

कफ़–II *अ०* हथेली

कफ़–III*फ़ा०* (पु०) झाग, फेन। ~**गीर** (पु०) झाग निकालने की कलछी

कफ़न–*अ०* (पु०) शव पर का आवरण, शववस्त्र। ~**उधेड़** *+ हिं०* ~**खसोटी** *+ हिं०* (वि०) दूसरों का माल हड़पनेवाला 2 लोभी, कंजूस; ~**खसोटी**– *+ हिं०* (स्त्री०) 1 श्मशान पर डोम को कफ़न फाड़कर दिया जानेवाला कर 2 कंजूसी; ~**चोर** *हिं०* (पु०) अति तुच्छ एवं दुष्ट चोर; ~**दफ़न** (पु०) अंत्येष्टि; ~**को कौड़ी न रखना** कुछ भी बचा न रखना, दरिद्र होना; ~**फाड़कर उठना** मुर्दे का जी उठना, सहसा ज़ोर से चिल्लाना; ~**फाड़कर चिल्लाना**, ~**फाड़कर बोलना** अत्यधिक ज़ोर से बोलना; ~**मैला न होना** मृत्यु हुए अधिक दिन न होना; ~**सिर से बाँधना**, ~**सिर से लपेटना** 1 मरने को तैयार रहना 2 जान पर खेलना 3 दुःसाहसी कार्य के लिए प्रस्तुत होना

कफनाना–*अ० + हिं०* (स० क्रि०) शव को कपड़े से ढकना

कफनी–*अ० + फ़ा०* (स्त्री०) 1 शव के गले में लपेटा जानेवाला कपड़ा 2 साधुओं के पहनने का बिना सिला हुआ ढीला-ढाला कुरता
कफ़श–*फ़ा०* (स्त्री०) जूता
क़फ़स–*अ०* (पु०) 1 पिंजड़ा 2 क़ैदखाना
कफालत–*अ०* (स्त्री०) 1 जिम्मेदारी 2 जमानत
कफ़ील–*अ०* (पु०) 1 जमानतदार 2 जिम्मेवार
कफोणि–*सं०* (स्त्री०) कुहनी
कबंध–*सं०* (पु०) 1 सिर कटा धड़, रुंड 2 पेट 3 राहु 4 राम द्वारा मारा गया एक राक्षस
कब– (क्रि० वि०) 1 किस समय 2 कभी नहीं (जैसे-वह मेरी सुनता ही कब है)। ~ **का** 1 कितनी देर से 2 बहुत देर से 3 बहुत पहले
कबड्डी–(स्त्री०) एक भारतीय खेल
कबर–I *सं०* (वि०) चितकबरा II (पु०) लवण, अम्ल
क़बर–*अ०* (स्त्री०) = क़ब्र
कबरा–(वि०) अन्य रंगों के धब्बोंवाला, चितकबरा
कबरी–(स्त्री०) दे० कवरी
क़बल–*अ०* पहले, पूर्व
क़बा–*अ०* (पु०) ढीला ढाला पहनावा, चोगा
क़बाइली–(पु०) कबीलों में रहनेवाले लोग
क़बाड़–(पु०) टूटा-फूटा सामान, रद्दी वस्तुएँ ~**खाना** *फ़ा०* (पु०) रद्दी वस्तुओं के रख-रखाव का स्थान
कबाड़ा–(पु०) 1 कूड़ा-कर्कट 2 झंझट, बखेड़ा
कबाड़िया, कबाड़ी–(पु०) निकृष्ट, फ़ालतू वस्तुओं का व्यापारी। ~ **बाज़ार** *+ फ़ा०* (पु०) वह बाज़ार जहाँ रद्दी वस्तुएँ मिलती हैं
कबाब–I *फ़ा०*(पु०) पकाया हुआ मांस II (वि०) जला-भुना। ~ **करना** अत्यंत दुखः देना, संतप्त करना; ~**होना** क्रोध से जलना-भुनना, अति क्रुद्ध होना
कबाबी–*अ० + हिं०* (पु०) 1 कबाब बेचनेवाला 2 कबाब खानेवाला, मांसभक्षी
क़बायली–*अ० + फ़ा०* (पु०) काबुल का रहनेवाला
कबार–(पु०) 1 व्यवसाय, व्यापार 2 छोटा व्यवसाय 3 लेन-देन
कबारना–*स० क्रि०* उखाड़ना
क़बाला–*अ०* (पु०) 1 दस्तावेज़ 2 बैनामा 3 अधिकार-पत्र। ~**नवीस** *फ़ा०* (पु०) क़बाला लिखने का पेशा करनेवाला
क़बाहत–*अ०* (स्त्री०) 1 झंझट 2 दोष, खराबी 3 कठिनाई
कबीर–*अ०* (वि०) 1 महान्, श्रेष्ठ 2 वयोवृद्ध 3 सम्मानित 4 एक संत हिन्दी कवि 5 होली का एक लोक गीत। ~**पंथ** *+ हिं०* (पु०) कबीर का चलाया गया संप्रदाय; ~**पंथी** *हिं०* (पु०) कबीर संप्रदाय का अनुयायी
क़बील–*अ०* (पु०) 1 मनुष्य 2 समुदाय। ~ **दारी** दुनियादारी
क़बीला–*अ०* (पु०) 1 झुंड, समूह 2 परिवार 3 असभ्य या जंगली जाति
क़बुलवाना, कबुलाना–(सं० क्रि०) = कबूलना, स्वीकार करना, मान लेना
कबूतर–*फ़ा०* (पु०) एक पालतू एवम् जंगली पक्षी ~ **खाना** (पु०)कबूतर रखने का दरबा; ~**बाज़** (पु०)कबूतर पालनेवाला; ~**बाज़ी** (स्त्री०) कबूतर पालने का शौक
कबूतरी–*फ़ा० + हिं०* (स्त्री०) 1 मादा कबूतर 2 नर्तकी 3 सुदंर नारी
कबूद–I *फ़ा०* (वि०) नीला, आसमानी II (पु०) 1 नील कंठी 2 बंसलोचन
कबूदी–*फ़ा०* (वि०) नीले रंगवाला
क़बूल–*अ०* (पु०) मानना, स्वीकार करना। ~**नामा** *फ़ा०* (पु०) (विशेषतया विवाह में) स्वीकृति-पत्र; ~**सूरत** (वि०) जिसका रूप स्वीकार्य (अच्छा-भला) है
क़बूलना–*अ० + हिं०* (स० क्रि०) स्वीकार करना, मानना (जैसे-अपराधी को अपना जुर्म कबूलना पड़ेगा)
कबूलियत–*अ०* (स्त्री०) स्वीकृति
कबूली–*अ० + फ़ा०* (स्त्री०) चने की दाल एवं चावल के मिलाने से बनी खिचड़ी
क़ब्ज़–*अ०* (पु०) 1 पेट साफ न होने से होने वाला विकार 2 अधिकार 3 पकड़ 4 अवरोध। ~**करना** 1 पकड़कर खींचना 2 मलावरोध करना
क़ब्ज़ा–*अ०* (पु०) 1 अधिकार 2 दखल 3 दस्ता, मूठ (जैसे-तलवार का क़ब्ज़ा)। ~**दार** *+ फ़ा०* (वि०) क़ब्ज़ा करनेवाला; ~**वर** *+ फ़ा०* (वि०) क़ब्ज़ा करनेवाला; ~**करना** नियंत्रण में लेना, अधिकार जमाना; **क़ब्ज़े पर हाथ रखना** तलवार खींचने को तैयार होना, किसी को मारने के लिए उद्धत होना
क़ब्ज़ियत–*अ०* (स्त्री०) *चि०* कोष्ठबद्धता
क़ब्ज़ुलवसूल–*अ०* (पु०) वेतनभोगियों के हस्ताक्षर कराए जानेवाला रजिस्टर
क़ब्र–*अ०* (स्त्री०) शव को दफ़नाने हेतु खोदा गया गड्ढा। ~**गाह** *फ़ा०* = कब्रिस्तान; ~**का मुँह झाँक आना** 1 मौत के मुँह से निकल आना 2 मरते मरते बचना ~**में पाँव लटकाये होना** मृत्यु का दिन करीब होना
क़ब्रिस्तान–*अ० + फ़ा०* (पु०) शव गाड़ने के लिए एक नियत स्थान
क़ब्ल–*अ०* (वि०) पहले, पूर्व
कभी–(अ०) किसी समय। ~**कभार** (क्रि० वि०) कभी-कभी ~**कभी** जब-तब, यदा-कदा; ~**न कभी** किसी न किसी समय, एक न एक दिन
कमंगर–*फ़ा०* (पु०) 1 कमान बनानेवाला कारीगर 2 चित्रकार 3 हड्डियाँ बैठानेवाला
कमंगरी–*फ़ा०* (स्त्री०) 1 कारीगरी 2 चित्रकारी 3 हड्डी बैठाने का काम
कमंचा–*फ़ा०* (पु०) बढ़इयों का कमान की शक्ल का एक उपकरण
कमंडल–(पु०) = कमंडलु
कमंडली–(वि०) 1 कमंडल धारण करनेवाला 2 पाखंडी
कमंडलु–*सं०* (पु०) दरियाई नारियल का बना भिक्षा-पात्र। ~**धारी** (पु०) साधु जिसने कमंडल लिया है
कमंद–*फ़ा०* (स्त्री०) 1 फंदा 2 फंदेदार रस्सी जिसके सहारे चोर मकानों पर चढ़ते हैं 3 रस्सी की सीढ़ी
कम–*फ़ा०* (वि०) थोड़ा, अल्प, (जैसे-कम रुपया, कम ताकत, कम सुंदर आदि)। ~**अक़्ल** *अ०* (वि०) मूर्ख,

निर्बुद्धि; ~असल अ० (वि०) 1 दोगला 2 कमीना; ~उम्र अ० (वि०) अल्पवयस्क; ~क़ीमती अ० (स्त्री०) कम मूल्य की वस्तु; ~ख़र्च (वि०) कम ख़र्च करनेवाला; मितव्ययी; ~ख़र्ची (स्त्री०) मितव्ययिता; ~ख़र्चीला हिं० (वि०) = कमख़र्च; ~गो (वि०) कम बोलनेवाला, अल्पभाषी; ~ज़ात + अ० (वि०) 1 नीच जाति का 2 कम असल; ~ज़ोर (वि०) दुर्बल; ~ज़ोरी (स्त्री०) दुबर्लता ~ज़्यादाअ० थोड़ा-बहुत; ~तर (वि०) 1 अधिक छोटा 2 अल्पतर; ~तरीन (वि०) 1 छोटे से छोटा 2 कम से कम; ~तोला हिं० (वि०) कम तोलनेवाला, डाँडी मारनेवाला; ~नज़र अ० (वि०) कम दूरी तक देखनेवाला, अदूरदर्शी; ~नसीब + अ० (वि०) अभागा, दुर्भाग्यशाली; ~नसीबी अ० + फा० (स्त्री०) दुर्भाग्य; ~फ़हम अ० (वि०) = कम अक्ल; ~बख़्त (वि०) = कमनसीबी; ~बख़्ती (स्त्री०) = कमनसीबी ~बेश अ० थोड़ा बहुत; ~याब (वि०) कम मिलनेवाला, दुर्लभ; ~समझ हिं० (वि०) कम अक़्ल; ~सिन अं० (वि०) छोटी उम्र का; ~सिनी अ० + फ़ा० (स्त्री०) कम उम्र, छोटी उम्र

कमकर–(पु०) 1 छोटे काम करने वाला 2 कहार की श्रेणी की एक जाति

कमकस–(वि०) कामचोर, आलसी

कमख़ाब–फ़ा० (पु०) रंगीन-बूटीदार रेशमी कपड़ा

कमची–(स्त्री०) 1 बाँस आदि की पतली छड़ी 2 तीली 3 लचकदार छड़ी। ~तानना डराना-धमकाना

कमठ–सं० (पु०) 1 कछुआ 2 तूँबा 3 कमंडल 4 एक दैत्य

कमठा–I (पु०) 1 कछुआ 2 बड़ी लाठी II (स्त्री०) कमान

कमती–I फ़ा० +हिं० (वि०) कम, अल्प II (स्त्री०) कमी, अल्पता

कमना–फ़ा० + हिं० (अ० क्रि०) कम होना, घटना

कमनीय–सं० (वि०) 1 कामना करने योग्य 2 सुंदर। ~ता (स्त्री०) सुंदरता

कमनैत–(पु०) तीर-कमान चलाने में निपुण व्यक्ति

कमर–फ़ा० (स्त्री०) शरीर का मध्य भाग जो पेट एवं नितंब के बीच होता है। ~कोटाहिं० (पु०) 1 कमर तक ऊँची दीवार एवं अन्य वस्तुएँ 2 रक्षा के लिए घेरी गई दीवार; ~टूटा + हिं० (वि०) कुबड़ा; ~तोड़ + हिं० (पु०) कुश्ती का एक पेंच; ~दोआल (स्त्री०) घोड़े की जीन कसने का तमसा; ~पट्टीहिं० कमर के ऊपर लगाई जानेवाली पट्टी, पेटी ~बंद I (पु०) 1 कमर में बाँधा जानेवाला दुपट्टा 2 पेटी 3 इज़ारबंद II (वि०) कटिबद्ध, मुस्तैद; ~ बंदी (स्त्री०) मुस्तैदी; ~बल्लाहिं० (पु०) 1 खपड़े की छाजन में मध्यभाग में रहनेवाली लकड़ी, कमरबड़ेरा 2 बड़ी दीवारों में सहारा देने के लिए दीवार से सटाकर बनाई जानेवाली ढलुआ दीवार, पुश्ता; ~बस्ता (वि०) कमर बाँधे हुए, कटिबद्ध; ~कसना 1 तैयार होना 2 पक्का इरादा करना; ~खोलना 1 कमरबंद खोलना 2 दम लेना; ~टूटना 1 हिम्मत हार जाना 2 दिल बैठना 3 करने की शक्ति न रहना; ~बाँधना 1 नारा बाँधना 2 तैयार होना; ~बैठ जाना = कमर टूटना; ~सीधी करना थकावट दूर करना, आराम करना

कमरा–(पु०) कोठरी (जैसे-लिखने पढ़नेवाला कमरा)

कमरी–(स्त्री०) 1 छोटा कंबल 2 कमर में बाँधी जानेवाली रस्सी 3 छोटी कुरती

कमरोज़गारी–फ़ा० (स्त्री०) थोड़ा रोज़गार होना

कमल–सं० (पु०) 1 जलाशय में उत्पन्न होनेवाला एक पौधा जिसमें सुदंर फूल लगते हैं 2 आँख का कोया 3 चि० पीलिया रोग; ~कंद (पु०) कमल की जड़; ~गट्टा +हिं० (पु०) कमल के बीज के अंदर की मीठी गरी; ~नयन (वि०) कमल पंखुड़ी सी आँखोंवाला; ~नाभ (पु०) विष्णु; ~नाल (स्त्री०) कमल की डंडी; ~बंधु (पु०) सूर्य; ~बाई (स्त्री०) चि० कँवल रोग, पीलिया; ~योनि (पु०) ब्रह्मा

कमला–सं० (स्त्री०) 1 लक्ष्मी 2 धन, संपत्ति। ~पति (पु०) विष्णु

कमला–(पु०) 1 बड़ी नारंगी, संतरा 2 पौधों और फलों में लगनेवाला एक कीड़ा 3 सूँड़ी नामक कीड़ा

कमलाकर–सं० (पु०) कमलयुक्त जलाशय, तालाब, सर

कमलाकार–सं० (वि०) कमल के आकार का

कमलाक्ष–सं० (वि०) कमल-सी आँखोंवाला

कमलासन–सं० (पु०) 1 ब्रह्मा 2 पद्मासन

कमलिनी–सं० (स्त्री०) 1 छोटा कमल 2 कमलयुक्त जलाशय

कमली–I (स्त्री०) छोटा कंबल II (स्त्री०) दे० कुमुदिनी

कमवाना–(स० क्रि०) किसी को कमाने के कार्य में लगाना

कमांड–अं० (पु०) कमान, समादेश

कमांडर–अं० (पु०) सेनानायक। ~इन चीफ़ (पु०) प्रधान सेनापति

कमांडिंग–अं० (वि०) समादेशक

कमांडेंट–अं० (पु०) कमान अधिकारी

कमाई–(स्त्री०) 1 पैदा किया गया धन (जैसे-अपनी कमाई खाना) 2 मजदूरी 3 काम, परिश्रम

कमाऊ–(वि०) कमानेवाला, कमासुत।~खाऊ (पु०) कमाना खाना

कमाची–(स्त्री०) झुकी हुई तीली

कमान–फ़ा० (स्त्री०) 1 धनुष 2 इन्द्र धनुष। ~चा (पु०) छोटी कमान; ~दार (वि०) 1 कमान बनानेवाला 2 कमांडर; ~पुश्त (वि०) कुबड़ा; ~खींचना कमान की प्रत्यंचा खींचना; ~चढ़ना 1 क्रोध आना 2 यथेष्ट उन्नति का समय होना

कमान–अं० (स्त्री०) 1 समादेश 2 हुक्म 3 फ़ौजी टुकड़ी। ~अफ़सर (पु०) 1 कमांडर 2 कमांडिंग अफ़सर; ~पोतसं० 1 (पु०) युद्ध नौका; ~पर जाना लड़ाई पर जाना

कमाना–(स० क्रि०) 1 पैदा करना, उपार्जन करना (जैसे-धन कमाना) 2 संचय करना (जैसे पाप-पुण्य कमाना) 3 तुच्छ कर्म करना; ~धमाना (स० क्रि०) कमाना

कमाना–फ़ा० + हिं० (स० क्रि०) कम करना, घटाना

कमानिया–I फ़ा० +हिं० (पु०) तीरंदाज II (वि०) 1 कमानीदार 2 मेहराबदार

कमानी–फ़ा० (स्त्री०) 1 लचीली एवं झुकाई गई लोहे की कीली, स्प्रिंग 2 कमान की शक्ल के आकार की वस्तु जैसे-सारंगी की कमानी 3 बढ़ई आदि का एक औजार जिसमें

बरमा फँसाकर खींचा जाता है। ~**दार** (वि०) कमानीवाला

कमाल–I*अ०* (पु०) 1 चमत्कारिक कार्य 2 निपुणता 3 पराकाष्ठा 4 पूर्णता II (वि०) 1 सर्वोत्तम 2 अतिअद्‌भुत 3 पूर्ण। ~**करना** योग्यता का परिचय देना

कमालियत–*अ०* (स्त्री०) 1 पूर्णता 2 कुशलता, दक्षता

कमासुत–I (वि०) कमानेवाला II (पु०) कमाऊ बेटा

कमिटी,कमेटी–*अं०* (स्त्री०) समिति

कमिश्नर–*अं०* (पु०) 1 कमीशन का सदस्य 2 प्रतिनिधि के रूप में कार्य करनेवाला अधिकारी, आयुक्त

कमिश्नरी–*अं०* (स्त्री०) 1 कमिश्नर के अधीन प्रदेश, विभाग एवं राज्य आदि 2 कमिश्नर का दरबार

कमी–*फ़ा०* (स्त्री०) 1 कम होना, अल्पता 2 न्यूनता 3 घाटा (जैसे- व्यापार में कमी आई) ~**बेशी** (स्त्री०) कम ज़्यादा होना

कमीज़–(स्त्री०) कफ एवं कालरदार वस्त्र

कमीन–*अ०* (स्त्री०) हमला करने के लिए छिपकर बैठना। ~**गाह** *फ़ा०* (स्त्री०) घात लगाने की जगह

कमीनगी–*फ़ा०* (स्त्री०) कमीनापन, नीचता

कमीना–*फ़ा०* (वि०) 1 नीच, क्षुद्र 2 निंदनीय आचरण करनेवाला। ~**पन** *हिं०* क्षुद्रता, नीचता

कमीशंड–*अं०* (वि०) 1 चुना गया 2 आयोग

कमीशन–*अं०* (पु०) 1 दलाली 2 एजेंट का काम या अधिकार 3 छूट, रियायत

क़मीस–*अ०* (स्त्री०) = कमीज़

कमून–*अ०* (पु०) जीरा

कमेटी–*अं०* (स्त्री०) = कमिटी, समिति

कमेरा–(पु०) 1 काम करनेवाला 2 नौकर

कमेला–(पु०) कसाईखाना, बूचड़खाना। ~**करना** वध करना

कमेहरा–(पु०) चूड़ी ढालने का मिट्टी का साँचा

कमोडोर–*अं०* (पु०) नौसेनाधिकारी

कमोबेश–*फ़ा०* (वि०) थोड़ा-बहुत

कमोरा–(पु०) दूध एवं दही आदि रखने का मिट्टी का बरतन, मटका

कम्पोस्ट–*अं०* (पु०) गोबर आदि की खाद

कम्युनिक–*अं०* (पु०) = कम्यूनिके

कम्यून–*अं०* (स्त्री०) 1 देश का सबसे छोटा स्वशासक विभाग 2 देश के सबसे छोटे स्वशासक विभाग के निवासी तथा उसकी सरकार 3 संपत्ति के समान संयुक्त अधिकारी मनुष्यों का संघ

कम्यूनिके–*अं०* (पु०) बुलेटिन, विज्ञप्ति, शासकीय घोषणा

कम्यूनिकेशन–*अं०* (पु०) संचार

कम्यूनिज़्म–*अं०* (पु०) यह सिद्धान्त कि संपत्ति पर सबका समानरूप से अधिकार है, साम्यवाद। ~**विरोध** *सं०* (पु०) साम्यवाद का विरोध; ~**विरोधी** *सं०* (वि०) साम्यवाद का विरोध करनेवाला

कम्यूनिस्ट–*अं०* (पु०) साम्यवाद का समर्थक, साम्यवादी (जैसे-कम्यूनिस्ट दल में शामिल होना)

क़याम–*अ०* (पु०) 1 ठहरना, ठहराव 2 ठिकाना, पड़ाव 3 स्थिरता

क़यामत–*अ०* (स्त्री०) 1 प्रलय (जैसे क़यामत के दिन रोना) 2 आफ़त 3 हंगामा, हलचल। ~**का** ग़ज़ब का; ~**का दिन** (पु०) प्रलय के बाद निर्णय दिवस; ~**ढाना,** ~**बरपा करना** 1 ग़ज़ब ढाना, मुसीबत लाना 2 गुस्सा करना

क़यास–*अ०* (पु०) 1 कल्पना 2 अनुमान

क़यासी–*अ०* (वि०) 1 काल्पनिक 2 अटकलपच्चू

करंक–*सं०* (पु०) 1 मस्तक 2 कमंडलु 3 नारियल की खोपड़ी 4 अस्थिपंजर

करंज– (पु०) 1 औषध के काम में आनेवाली फलयुक्त एक झाड़ी, कंजा 2 आतिशबाजी ~**खाना** + *फ़ा०* मुरगे पालने की जगह

करंजा–(वि०) कंजी आँखवाला, भूरी आँखवाला

करंड–*सं०* (पु०) 1 शहद का छत्ता 2 बाँस की टोकरी, पिटारी

करंड–(पु०) कुरुल पत्थर

करंडक–*सं०* (पु०) = करंड *सं०*

करंतीन–*अं०* (पु०) संक्रामिक रोगी को अलग रखना

करंब–*सं०* (पु०) 1 मिश्रण 2 एक प्रकार के मांड

करंबित–*सं०* (वि०) 1 मिश्रित 2 गढ़ा हुआ 3 बाँधा हुआ

कर–(प्रत्यय) करनेवाला (जैसे लाभकर, हितकर)

कर–*सं०* (पु०) 1 हाथ 2 किरण (जैसे रविकर) 3 महसूल, टैक्स (जैसे विद्युत कर)। ~**गत** (वि०) हाथ में लिया हुआ, हस्तगत; ~**ता** (स्त्री०) करधनी; ~**ग्रह,** ~**ग्रहण** (पु०) 1 पाणिग्रहण 2 कर लगाना 3 कर वसूलना; ~ **चंग** + *हिं०* करताल की तरह का एक बाजा; ~**छूट** *हिं०* (पु०) कर से मुक्त; ~**ज** (पु०) 1 नाखून 2 उँगली 3 करंज, कंजा; ~**तल** (पु०) हथेली; ~**तल ध्वनि** (स्त्री०) ताली; ~**तली** (स्त्री०) 1 हथेली 2 ताली; ~**ताल** (पु०) ताली; ~**ताली** (स्त्री०) करतल ध्वनि; ~**दाता** (पु०) क देनेवाला; ~**दायी** (वि०) टैक्स देने वालाः ~**नाल** हाथ स चलाई जानेवाली तोप; ~**निर्धारण** (पु०) कर लगाने की व्यवस्था; ~**निर्धारित** (वि०) जिस पर कर लगा है; ~**पत्र** (पु०) आरा; ~**पल्लव** (पु०) उँगली; ~**पीड़न** (पु०) हाथ में दर्द होना ~**पुट** (पु०) अंजुली; ~**पृष्ठ** (पु०) हथेली का उलटा भाग; ~**बद्ध** (वि०) हाथ जोड़े; ~**भार** (पु०) टैक्स का बोझ; ~**मुक्त** (वि०) जिस पर टैक्स न हो; ~**मुक्ति** (स्त्री०) टैक्स से छुटकारा; ~**वृद्धि** (स्त्री०) टैक्स बढ़ना; ~**व्यवस्था** (स्त्री०) टैक्स लगाने की प्रणाली; ~**संपुट** (पु०) अंजलि; ~**समाहर्ता** (पु०) कर एकत्र करनेवाला, टैक्स कलक्टर

करक–*सं०* (पु०) 1 दरियाई नारियल का बना कमंडल 2 कचनार का वृक्ष एवं फल 3 पलास

करक–(स्त्री०) 1 रह-रह कर होनेवाली पीड़ा, टीस 2 पेशाब का जलन के साथ होना

करकच–(पु०) समुद्री नमक

करकट–(पु०) खर-पतवार, कूड़ा-करकट

करकना–(अ० क्रि०) 1 तड़कना 2 चुभना

करकरा–I (वि०) 1 खुरखुरा, खुरदरा 2 रवेदार II (पु०) करकटिया

करकराहट–(स्त्री०) 1 खुरदुरापन 2 करारापन

करका–*सं०* (पु०) ओला, पत्थर। ~**घन** (पु०) ओलेवाला बादल; ~**पात** (पु०) ओले गिरना

करख (पु०) 1उत्तेजना 2 लाग-डाँट 3 आवेश, जोश 4 रणगीत
करगस–*फ़ा०* (पु०) गिद्ध
करगह–*फ़ा०* (पु०) = करघा
करघा–*फ़ा०* (पु०) 1कपड़े बुनने का यंत्र 2 पाँव लटकानेवाला गड्ढा
करछाल–(स्त्री०) छलाँग
करछुल–(पु०) बड़ी कलछी
करज–*सं०* (पु०) नाखून
करटक–*सं०* (पु०) कौआ
करड़-करड़–(स्त्री०) कड़कड़ की ध्वनि
करण–*सं०* 1 करना 2 काम 3 साधन 4 *व्या०* करणकारक 5 स्थान 6 दस्तावेज़, लिखित प्रमाण 7 कारण। ~**कारक** (पु०) *व्या०* तीसरा कारक जिससे साधन का बोध होता है (जैसे-चाकू से); ~**वाची** (वि०) साधन का बोध करानेवाला
करणाधिप–*सं०* (पु०) 1 इंद्रियों का स्वामी 2 कार्याधिकारी, हाकिम
करणिक–*सं०* (पु०) करनेवाला
करणीय–*सं०* (वि०) करने योग्य
करतब–(पु०) 1 कौशल 2 बाज़ीगरी
करतबी–(वि०) 1 गुणी 2 करतब दिखानेवाला
करता–I (पु०) मुखिया, अधिकारी II (वि०) काम करनेवाला। ~**धरता** (पु०) काम करनेवाला मुख्य व्यक्ति
करतार–(पु०) सृजन करनेवाला, सृष्टिकर्ता, सृजक
करती–(स्त्री०) खाल में भूसा भरकर बनाया गया नकली बछड़ा
करतूत–(स्त्री०) 1 बुरा कर्म 2 करनी 3 कला
करद–*सं०* (वि०) 1 कर देनेवाला 2 सहायता देनेवाला
करदा–(पु०) 1 कूड़ा-करकट 2 मूल्य में होनेवाली कमी 3 बट्टा 4 अदला-बदली
करदानक्षम–*सं०* (वि०) कर देने में असमर्थ
करधनी–(स्त्री०) 1 कमर में पहना जानेवाला (स्त्रियों का) आभूषण, पेटी (जैसे-सोने की करधनी) 2 सूत की बनी हुई मेखला
करनफूल–(पु०) कान में पहना जानेवाला एक गहना
करनल–*अं०* (पु०) सेना का एक उच्च पदाधिकारी
करना–(स० क्रि०) 1 कार्य में लगना (जैसे-मुझे गृह कार्य करना है) 2 कार्य संपन्न करना (जैसे-उसे रामायण पाठ करना है) 3 पालन करना, निबाहना (जैसे-नौकरी पर समय से काम करना पड़ता है) 4 पेशा करना (जैसे-मुझे कृषि करना है) 5 ग्रहण करना (जैसे-उसे ब्याह करना होगा) 6 त्यागना (जैसे-पैशाब करना)
करनाई–*फ़ा०* (स्त्री०) तुरही
करनाटकी–(पु०) 1 कर्नाटक प्रदेश का निवासी 2 नट, कलाबाज 3 जादूगर
करनी–I (स्त्री०) 1 कर्म, कार्य 2 अंत्येष्टि क्रिया II (स्त्री०) राज़गीरों का एक उपकरण, कन्नी
करनैल–*अं०* (पु०) = कर्नल
करपर–I (पु०) 1 खोपड़ी 2 खप्पर II (वि०) कृपण, कंजूस
करफ़्यू–*अं०* (पु०) = कर्फ़्यू। ~**आर्डर** (पु०) = कर्फ़्यू आर्डर
करबच– (पु०) खुरज़ी
करबला–*अ०* (स्त्री०) 1 ताजिया दफ़न किए जाने का स्थान 2 जलहीन स्थान 3 अरब में वह स्थान जहाँ इमाम हुसैन शहीद हुए थे और दफ़नाए गए
करबूस–(पु०) घोड़े की जीन में हथियार लटकाए जाने के लिए टँगी पट्टी
करभ–*सं०* (पु०)1 कलाई से कानी उँगली तक का बाहरी हिस्सा, हथेली का उलटा भाग 2 हथेली ही हड्डी 3 ऊँट या हाथी का बच्चा
करभोरु–(वि०) हाथी की सूँड़ की तरह सुडौल जांघवाला
करम– (पु०) 1 कर्म 2 भाग्य। ~**रेख** (स्त्री०) भाग्य में लिखी हुई बात; ~**फूटना** भाग्य बिगड़ना, भाग्य को दोषी ठहराना
करम कल्ला–*फ़ा० + हिं०* (पु०) पातगोभी
करमुँहा–(वि०) = कलमुँहा
करवट–(स्त्री०) 1 दायें या बायें बाजू लेटना 2 पहलू 3 बाजू। ~**न लेना** प्रयत्न करते रहना; ~**बदलना** 1 लेटने में पहलू बदलना 2 पलटना 3 सो न सकना, आराम न मिलना; ~**लेना** 1 पहलू बदलना 2 लुढ़कना
करवत–(पु०) करपत्र, आरा; ~**लेना** (स० क्रि०) आरे से सिर कटाना
करवा–(पु०) टोटी लगी धातु या मिट्टी के लोटे की तरह का एक पात्र
करवा चौथ–(स्त्री०) कार्तिक कृष्ण चतुर्थी
करवाना–(स० क्रि०) कार्य में लगाना
करवार, करवाल–(स्त्री०) 1 तलवार 2 नाखून
करवीर–*सं०* (पु०) 1 कनेर का फूल 2 तलवार 3 श्मशान
करश्मा–*फ़ा०* (पु०) 1 चमत्कार, करामात 2 अनोखी बात
करष–(पु०) 1 खिंचाव 2 द्वेष, विरोध 3 आवेश 4 क्रोध
करसी–(स्त्री०) 1 उपला, कंडा 2 उपले की आग 3 उपले की राख
करहँज–(पु०) ऐसी फ़सल जो अधिक बढ़ी हो किंतु उसमें दाने कम हों
करहाटक–*सं०* (पु०) 1 कमल की जड़ 2 कमल का छत्ता 3 मैनफल
करांकुल–(पु०) क्रौंच पंक्षी
करांत–(पु०) आरा (लकड़ी चीरने का औज़ार)
करांती–(पु०) आरा चलानेवाला
कराइत–(पु०) करैत सर्प
कराई–I (स्त्री०) 1 करने-कराने का भाव 2 करने की मज़दूरी II (स्त्री०) कालापन
कराघात–*सं०* (पु०) 1 हाथ का प्रहार 2 आघात
कराड़–(पु०) क्रय-विक्रय करनेवाला
क़रात–*अ०* (पु०) चार ग्रेन की एक पाश्चात्य तौल
कराधान–*सं०* (पु०) कर लगाना
कराधिकारी–*सं०* (पु०) टैक्स अफ़सर
कराना–(स० क्रि०) काम में लगाना
कराबत–*अ०* (स्त्री०) 1 समीपता 2 नाता, रिश्ता। ~**दार** + *फ़ा०* (पु०) नातेदार, रिश्तेदार, संबंधी; ~**दारी** + *फ़ा०* (स्त्री०) रिश्तेदारी

क़राबा–*अ०* (पु०) 1 घड़े के आकारनुमा शीशे का पात्र 2 शीशे की सुराही
करामात–*अ०* (स्त्री०) 1 आश्चर्यभरा कार्य 2 चमत्कार 3 अनोखी बात
करामाती–*अ० + हिं०* (वि०) 1 चमत्कारी 2 करामात संबंधी
करायल–(पु०) 1 मँगरैला 2 तेल मिली हुई राल
क़रार–*अ०* (पु०) 1 आराम, चैन 2 स्थिरता 3 धैर्य, धीरज, इकरार। ~**दाद** *+ फ़ा०* (पु०) 1 निश्चय 2 ठहरी हुई बात; ~**नामा** *+ फ़ा०* (पु०) अनुबंध पत्र; ~**वाक़ई** *+ फ़ा०* (पु०) सचमुच का इकरार/अनुबंध
करारा–I (वि०) 1 कड़ा (जैसे-करारा जवाब) 2 तेज़ 3 कुरकुरा (जैसे-पापड़) 4 दृढ़ 5 गहरा (जैसे-करारा दाँव) II (पु०) 1 कगार 2 टीला। ~**पन** (पु०) 1 कठोरता 2 दृढ़ता 3 गहरापन
क़रारी–*अ० + फ़ा०* (वि०) क़रार करनेवाला
करारोप–*सं०* (पु०) कर लगाना
कराल–*सं०* (वि०) 1 डरावना, भयानक 2 बड़े-बड़े दाँतोंवाला
कराली–*सं०* (स्त्री०) भीषण रूपवाली स्त्री
कराव–(पु०) = करावा
करावल–*तु०* (पु०) 1 घुड़सवार पहरेदार 2 शिकार खेलानेवाला
करावा–(पु०) विधवा से किया जानेवाला ब्याह
कराह–(स्त्री०) दर्द की आवाज़, आह
कराहत–*अ०* (स्त्री०) घृणा, नफ़रत
कराहना–(अ० क्रि०) आहें भरना
कराहियत–*अ०* (स्त्री०) कराहत
करिका– (स्त्री०) नाखून से बना ज़ख्म
करिश्मा–*फ़ा०* (पु०) चमत्कारपूर्ण कार्य
करिष्णु–*सं०* (वि०) करनेवाला
करी–(स्त्री०) 1 कली 2 कड़ी
करी–*सं०* (पु०) हाथी; ~**कुंभ** (पु०) हाथी का माथा
क़रीना–*अ०* (पु०) 1 तरतीब, क्रम 2 तरीक़ा 3 रीति-व्यवहार
क़रीब–*अ०* I (क्रि० वि०) पास, निकट (जैसे क़रीब आना) II (वि०) निकटस्थ, सामीप्य। ~**तरीन** *फ़ा०* (वि०) सबसे पासवाला, निकटतम
क़रीबन–*अ०* (अ०) लगभग
करीम–*अ०* (वि०) करम करनेवाला, दयालु
करीर–*सं०* (पु०) 1 करील 2 बाँस का नया कल्ला
करील–(पु०) एक कँटीदार झाड़ी
करीष–*सं०* (पु०) बिना पाथा हुआ उपला, कंडा
करुण–*सं०* (वि०) 1 दयनीय 2 करुणा युक्त
करुणा–*सं०* (स्त्री०) दया, रहम ~**कर**, ~**कारी** (वि०) दया करनेवाला; ~**जनक** (वि०) दया उत्पन्न करनेवाला; ~**दृष्टि** (स्त्री०) करुणा को जन्म देनेवाली दृष्टि; ~**निधान**, ~**निधि**, ~**मय** (वि०) 1 करुणा से भरा हुआ, करुणायुक्त 2 दूसरों पर दया करनेवाला
करुणार्द्र–*सं०* (वि०) = करुणाकर
करुणास्पद–*सं०* (पु०) दया का पात्र
करुवार–I (पु०) नाव खेनेवाली डाँड़, पतवार II (पु०) पत्थर या लकड़ी जोड़ने के काम में आनेवाला लोहे का एक औज़ार, अँकुड़ा
करेंट–*अं०* (पु०) धारा, प्रवाह (जैसे-विद्युत करेंट)
करेंसी–*अं०* (स्त्री०) मुद्रा (जैसे-सौ की करेंसी)
करेणु–*सं०* (पु०) 1 हाथी 2 कनेर
करेणुका–*सं०* (स्त्री०) हथिनी
करेब–*अं०* (स्त्री०) झीनी बुनावटवाला रेशमी कपड़ा
करेल–(पु०) 1 एक तरह का बड़ा मुदगर 2 करेल घुमाने की कसरत
करेला–(पु०) एक लता और उसका कड़वा फल, एक तरकारी
करैत–(पु०) = कराइत
करैल–I (स्त्री०) 1 जलाशयों के किनारे की काली मिट्टी 2 काली मिट्टीवाली ज़मीन II (पु०) बाँस का नरम कल्ला
करैला–(पु०) *बो०* करेला = (एक कड़ुवा फल)
करोटे–(पु०) 1 खोपड़ी 2 प्याला
करोटन–*अं०* (पु०) वनस्पति का सुंदर और रंग-बिरंगे फूलोंवाला एक पौधा
करोटि–*सं०* (स्त्री०) खोपड़ी
करोड़–I (पु०) 1 सौ लाख की संख्या 2 सौ लाख की संख्या का सूचकांक II (वि०) 1 जो गिनती में सौ लाख हो 2 असंख्य। ~**खुरव** (वि०) झूठ-मूठ लाखों करोड़ों की बात करनेवाला, डींग मारनेवाला; ~**पति** *+ सं०* (पु०) जिसके पास करोड़ों की संपत्ति हो, अत्यधिक धनी
करोड़हा–*हिं० + फ़ा०* (वि०) करोड़ों
करोड़ी–(पु०) 1 रोकड़िया 2 करोड़पति 3 महसूल एकत्र करनेवाला
करोदना, करोना–(अ० क्रि०) 1 कुरेदना 2 खुरचना
करौंछा–(वि०) *बो०* काले रंग का, काला
करौंदा–(पु०) एक कँटीदार लाल रंग का खट्टे फलवाला पौधा
करौंदिया–(वि०) करौंदे के रंग का
करौता–(पु०) 1 आरा 2 करैल मिट्टी 3 करावा
करौती–I (स्त्री०) काँच की भट्टी II (स्त्री०) आरी
करौना–(पु०) नक़्क़ाशी करनेवाली लोहे की क़लम
कर्क, कर्कट–*सं०* (पु०) 1 कर्क राशि 2 कर्क रेखा 3 कैंसर रोग 4 केकड़ा
कर्कटाबुर्द–*सं०* (पु०) एक कष्टदायक प्राणघातक भयंकर फोड़ा, कैंसर
कर्कटी–*सं०* (स्त्री०) 1 मादा केकड़ा 2 ककड़ी का फल 3 सेमल का फल
कर्कर–I *सं०* (वि०) 1 कड़ा और खरदुरा 2 करारा II (पु०) 1 कंकड़ 2 एक तरह का नीलम
कर्कश–I *सं०* (वि०) 1 कठोर 2 निर्दय 3 अप्रिय (जैसे-कर्कश वाणी) II (पु०) 1 कमीला नामक पेड़ 2 ईख। ~**ता** (स्त्री०) 1 कठोरता 2 निर्दयता
कर्कशा–*सं०* (स्त्री०) झगड़ालू स्त्री, कठोर वाणी वाली स्त्री
कर्केतन–*सं०* (पु०) जमुर्रद नामक रत्न
कर्छा–(पु०) = कलछा
कर्छी–(स्त्री०) = कलछी
कर्ज़–*अ०* (पु०) ऋण, उधार (जैसे-कर्ज़ लेना, कर्ज़ उतारना, कर्ज़ अदा करना)। ~**खोर** *+ फ़ा०* (पु०) = कर्ज़दार;

~**ख्वाह** + *फ़ा०* (पु०) कर्ज़ देनेवाला; ~**दार** (पु०) कर्ज़ लेनेवाला ऋणी; ~**दारी** + *फ़ा०* (स्त्री०) कर्ज़ की देनदारी; ~**पत्र** + *सं०* (पु०) कर्ज़ का अनुबंध-पत्र;

क़र्ज़ा–*अ०* (पु०) = क़र्ज़

कर्ण–*सं०* (पु०) 1 कान 2 *ज्या०* समकोण के सामने की भुजा 3 पतवार। ~**कटु** (वि०) कानों को अप्रिय लगनेवाला; ~**कुहर** (पु०) कान का छेद; ~**गत** (वि०) = कर्ण गोचर; ~**गुहा** (स्त्री०) कान का भीतरी छेद; ~**गूथ** (पु०) कान का मैल, खूँट; ~**गोचर** (वि०) जो सुना जा सके; ~**ग्राह,** ~**धार** (पु०) 1 पतवार चलानेवाला, मल्लाह 2 सहारा; ~**नाद** (पु०) कान में सुनाई देनेवाली गूँज; ~**पटह** + *हिं०* (पु०) कान का ढोल, परदा, कर्ण मृदंग; ~**परंपरा** (स्त्री०) एक कान से दूसरे कान में पहुँचने की परंपरा, सुनी सुनाई बात फैलाना; ~**पल्लव** (पु०) बाह्यकर्ण, कान का पंखा; ~**पाली** (स्त्री०) 1 कान की ललरी 2 बाली; ~**पुटी** (स्त्री०) कान का सूराख, कर्ण कोष्ट; ~**प्रिय** (वि०) कान को अच्छा लगनेवाला; ~**फूल** (पु०) कान का एक आभूषण; ~**भूषण** (पु०) कान का गहना; ~**मधुर** (वि०) = कर्ण प्रिय; ~**मूल** (पु०) 1 कान की जड़ 2 कान की जड़ के पास होनेवाली सूजन; ~**मृदंग** (पु०) कान की झिल्ली; ~**रोग** (पु०) कान में होनेवाला रोग; ~**लता** (स्त्री०) कान की लौ ; ~**वर्जित** बिना कान का; ~**विज्ञान** (पु०), ~**वेध** (पु०) कान छेदन; ~**स्राव** (पु०) कान बहना

कर्णातीत–*सं०* (वि०) जो सुनाई न दे सके

कर्णावर्त–*सं०* (पु०) कान के अंदर का सर्पाकार अंग

कर्णिका–*सं०* (स्त्री०) 1 कान में पहनने वाली 2 बीच की उँगली 3 लेखनी

कर्णी–I *सं०* (वि०) 1 कानवाला 2 बड़े कानोंवाला II (स्त्री०) फलवाला बाण

कर्णेंद्रिय–*सं०* (स्त्री०) कान की इन्द्रिय

कर्णेजप–*सं०* (पु०) 1 चुगलखोर 2 भेद बतानेवाला

कर्तक–*सं०* (वि०) काटने या कतरनेवाला

कर्तन–*सं०* (पु०) 1 काटना 2 कतरना 3 कातना। ~**केश** (पु०) बाल काटना

कर्तनी–*सं०* (स्त्री०) कतरनी, कैंची

कर्तब–(पु०) 1 करतब 2 कर्तव्य

कर्तरि-प्रयोग–*सं०* (पु०) कर्ता के अनुसार क्रिया का प्रयोग

कर्तरी–*सं०* (स्त्री०) 1 कैंची, कतरनी 2 कटार 3 ताल देने का एक पुराना बाजा

कर्त्तव्य–I +*सं०* (वि०) करने योग्य, करणीय II कर्म (जैसे-कर्तव्य-पालन, सेवा धर्म मनुष्य का पुनीत कर्त्तव्य है)। ~**कार्य** (पु०) करने योग्य काम; ~**च्युत** (वि०) कर्त्तव्य न करनेवाला ~**ज्ञान** (पु०), ~**ता** (स्त्री०) कर्त्तव्य का भाव; ~**दक्षता** (स्त्री०) कार्य करने की कुशलता; ~**निष्ठ** (वि०) कर्तव्य करने में पक्का; ~**निष्ठा** (स्त्री०) कर्त्तव्यपरायणता; ~**परायण** (वि०) कर्त्तव्य के प्रति निष्ठावान्; ~**पालन** (पु०), ~**पूर्ति** (स्त्री०) कर्त्तव्य पूरा करना, ~**मूढ़** (वि०) जो कर्त्तव्य का निश्चय न कर सके; ~**विमुख** (वि०) कर्त्तव्य-पालन न करनेवाला; ~**विमूढ़** (वि०) = कर्त्तव्यमूढ़; ~**शील** (वि०)= कर्तव्यपरायण ~**हीन** (वि०) = कर्त्तव्य विमुख

कर्त्ता–*सं०* (वि०) करनेवाला, रचनेवाला (जैसे-सृष्टि कर्त्ता, यज्ञ कर्त्ता)। ~**कारक** (पु०) *व्या०* क्रिया करनेवाला रूप; ~**धर्ता** (पु०) सब कुछ करने-धरनेवाला; ~**प्रधान** (वि०) = कर्तृप्रधान; ~**वाच्य** (पु०) *व्या०* क्रिया का वह रूप जिसमें कर्त्ता की प्रधानता हो

कर्त्तार–(पु०) 1 कर्ता 2 करतार

कर्त्तित–*सं०* (वि०) काटा या कतरा हुआ

कर्तृ–*सं०* (पु०/वि०) करनेवाला। ~**कारक** (पु०), ~**प्रधान** (वि०) *व्या०* जिसमें कर्ता की प्रधानता हो; ~**वाचक** (वि०) *व्या०* कर्ता का बोध करानेवाला (शब्द); ~**वाची** (वि०) *व्या०* जिससे कर्ता का बोध हो; ~**वाच्य** (पु०) क्रिया जो कर्ता से संबंधित हो; ~**वाच्य क्रिया** (स्त्री०) कर्ता से संबंधित क्रिया

कर्त्तक–*सं०* (वि०) बनाया हुआ

कर्तृत्व–*सं०* (पु०) 1 कर्ता होने की अवस्था 2 कर्ता का धर्म 3 क्रिया, कार्य।

कर्द–*सं०* (पु०) कीचड़

कर्दम–*सं०* (पु०) 1 कीचड़ 2 मांस 3 पाप

कर्दमित–*सं०* (वि०) कीचड़वाला, गँदला

कर्नल–*अं०* (पु०) सेना का एक अधिकारी

कर्पट–*सं०* (पु०) मैला कपड़ा, चीथड़ा

कर्पटी–*सं०* (वि०) चीथड़ोंवाला

कर्पर–*सं०* (पु०) 1 कपाल, खोपड़ी 2 खप्पर 3 कछुए की खोपड़ी

कर्पास–*सं०* (पुं०) कपास

कर्पूर–*सं०* (पुं०) कपूर। ~**वर्तिका** (स्त्री०) कपूर की बत्ती

कर्फर–*सं०* (पु०) आईना, शीशा

कर्फ़्यु–*अं०* (पु०) 1 घरबंदी 2 निषेधाज्ञा। ~**आर्डर** (पु०) घरबंदी का आदेश

कर्बुदार–*सं०* (पु०) 1 लिसोड़ा 2 सफ़ेद कचनार 3 आबनूस का पेड़

कर्बुर–I *सं०* (वि०) चितकबरा, रंग-बिरंगा II (पु०) 1 सोना 2 धतूरा 3 पाप

कर्म–*सं०* (पु०) 1 काम, क्रिया (जैसे-दैनिक कर्म) 2 आचरण (जैसे-उनका कर्म अच्छा नहीं है) 3 *व्या०* कर्म कारक। ~**कर** (पु०) 1 काम करनेवाला 2 मज़दूर, श्रमिक 3 सेवकों की जाति; ~**कांड** (पु०) 1 पूजा, यज्ञ आदि से संबंधित धार्मिक कर्म 2 ऐसा शास्त्र जिसमें धार्मिक कर्मों के सम्पादन की विधियाँ लिखी हों; ~**कांडवाद** (पु०) कर्मकांड के द्वारा आध्यात्मिक लक्ष्य की प्राप्ति में विश्वास; ~**कांडी** (पु०) 1 कर्मकांड का पंडित 2 पूजा, यज्ञ आदि करानेवाला, पुरोहित; ~**कार** (पु०) 1 मज़दूर 2 कारीगर; ~**कारक** (पु०) *व्या०* कारक का एक भेद; ~**कुशल** (वि०) काम करने में समर्थ; ~**कौशल** (पु०) कार्य कुशलता; ~**क्षम** (वि०) = कर्म-कुशल; ~**क्षमता** (स्त्री०) = कर्मकौशल; ~**क्षय** (पु०) कर्म का अंत; ~**क्षेत्र** (पु०) कर्मभूमि, कार्यक्षेत्र; ~**गुण** (पु०) 1 कार्य करने की योग्यता 2 कर्म/सामर्थ्य; ~**गृहीत** (वि०) जो ग़लत काम करता हुआ पकड़ा गया; ~**चारी** (पु०) (वेतन पर) काम करनेवाला, नौकर; ~**चारीगण** कर्मचारियोंका समूह; ~**चारीवृंद** (पु०)

~कर्मचारी वर्ग; ~चारी संघ (पु०) स्टाफ़ यूनियन; ~चोदना (स्त्री०) कर्म प्रेरणा; ~ज I (वि०) कर्म से उत्पन्न II (पु०) कर्मफल; ~तत्पर (वि०) कर्म करने के लिए सदा तैयार; ~धारय (पु०) तत्पुरुष समास का एक भेद जिसमें विशेष और विशेषण समानाधिकरण हों; ~नाशा (स्त्री०) एक नदी जिसके जल स्पर्श से पुण्य नाश होने की किंवदंति प्रचलित है; ~निपुण (वि०) कार्य में कुशल; ~निपुणता (स्त्री०) कार्य-कुशलता; ~निष्ठ (वि०) 1 शुद्ध हृदय से कर्म करनेवाला 2 कर्म में आस्था रखनेवाला; ~निष्ठा (स्त्री०) कर्म करने में विश्वास; ~परायण (वि०) कर्मनिष्ठ; ~पाक (पु०) कर्मफल; ~पूरक (पु०) काम को पूरा करनेवाला; ~प्रधान (वि०) जिसमें कर्म की प्रधानता हो; ~फल (पु०) कर्मों का फल (जैसे-मनुष्य स्वयं कर्मफल का जन्मदाता है); ~बंध (पु०) कर्मों के अनुसार जन्म-मरण का बंधन; ~भूमि (स्त्री०) = कर्मक्षेत्र, संसार; ~भोग (पु०) = कर्मफल; ~मार्ग (पु०) मोक्ष प्राप्त करने का मार्ग; ~मास (पु०) सावन का महीना; ~युग (पु०) = कलियुग; ~योग (पु०) निष्काम भाव से कार्य करने की साधना; ~योगी (वि०) 1 कर्मयोग का अनुयायी 2 शुद्ध हृदय से कार्य करनेवाला; ~रत (वि०) कार्य में तल्लीन; ~रेखा (स्त्री०) तक़दीर, भाग्य; ~वाच्य (वि०) = कर्मणि वाच्य; ~वाद (पु०) ऐसा सिद्धांत जिसमें कर्म को प्रधान माना गया है; ~वान् (वि०) 1 प्रशंसनीय कार्य करनेवाला 2 कर्मनिष्ठ; ~विपाक (पु०) कर्मभोग, कर्मफल, कर्मों का परिणाम; ~वीर (वि०) कर्तव्य में वीर, पुरुषार्थी; ~शाला (स्त्री०) कार्यस्थल, कारख़ाना; ~शील (वि०) परिश्रमी, उद्योगी; ~शूर (वि०) = कर्मवीर; ~शौच (पु०) 1 विनय 2 नम्रता; ~संन्यास (पु०) कर्मफल की आकांक्षा न रहना, कर्म त्यागना; ~साक्षी (पु०) 1 चश्मदीद गवाह 2 मानव के सभी कर्मों के साक्षी देवता; ~साधन (पु०) कार्य करने के लिए प्रयोग में लाए जानेवाला उपाय एवं उपकरण आदि; ~सिद्धि (स्त्री०), ~स्थली (स्त्री०) कर्मक्षेत्र; ~स्थान (पु०) 1 कर्मशाला 2 कर्मक्षेत्र; ~हीन (वि०) 1 जो अच्छा कार्य न कर सके 2 जिसका कर्म अच्छा न हो, अभागा

कर्मठ–*सं०* (वि०) 1 काम में कुशल 2 अच्छी तरह काम करनेवाला 3 कर्मनिष्ठ 4 परिश्रमी 5 दत्तचित

कर्मणा–*सं०* (अ०) कर्म से, कर्म द्वारा

कर्मणि-प्रयोग–*सं०* (पु०) क्रिया का कर्म के अनुसार प्रयोग

कर्मणि-वाच्य–*सं०* (वि०) क्रिया जो कर्म से संबंधित हो

कर्मण्य–*सं०* (वि०) 1 कर्म कुशल 2 उद्यमी 3 कर्मठ। ~ता (स्त्री०) 1 कार्य-कुशलता 2 कर्म किए जाने की क्षमता

कर्मण्यक–*सं०* (पु०) दूसरे पदार्थ को कर्मण्य बनानेवाला

कर्मांत–*सं०* (पु०) 1 कार्य समाप्ति 2 कार्य संपादन 3 कारखाना

कर्मा–(वि०/प्रत्यय) करनेवाला (जैसे-विश्वकर्मा)

कर्मार–*सं०* (वि०) 1 कारीगर 2 कर्मकार

कर्माश्रया भृति–*सं०* (स्त्री०) काम के अनुसार मज़दूरी

कर्मिक–*सं०* (पु०) काम करनेवाला। ~संघ (पु०) कर्मचारी वर्ग

कर्मिष्ठ–*सं०* (वि०) 1 कार्यकुशल 2 कर्मनिष्ठ

कर्मी–*सं०* (वि०) 1 काम करनेवाला 2 फल की इच्छा से कार्य करनेवाला 3 उद्यमी

कर्मीर–*सं०* (पु०) नारंगी रंग

कर्मीला–*सं० + हिं०* (वि०) *बो०* कर्मशील एवं परिश्रमी

कर्मेन्द्रिय–*सं०* (स्त्री०) काम करनेवाली इंद्रिय (हाथ, पैर, वाणी, उपस्थ आदि)

कर्मोपघाती–*सं०* (वि०) काम बिगाड़नेवाला, कर्मनाशी

कर्रा– *बो०* (पु०) I (पु०) बुनाई के लिए सूत को तानकर फैलाना II (वि०) कड़ा, कठिन

कर्वट–*सं०* (पु०) 1 मंडी, बाज़ार 2 नगर 3 पहाड़ीढाल 4 गाँव

कर्ष–*सं०* (पु०) 1 खींचना 2 मनमुटाव 3 जोतना 4 खरोंच 5 रोष। ~फल (पु०) 1 बहेड़ा 2 आँवला

कर्षक–I *सं०* (पु०) किसान II (वि०) खींचनेवाला

कर्षण–*सं०* (पु०) 1 खींचना 2 हल जोतना 3 खरोंचना 4 खेती का काम 5 जोती गई ज़मीन

कर्षिणी–*सं०* (स्त्री०) 1 घोड़े की लगाम 2 खिरनी का पेड़

कर्षित–*सं०* (वि०) 1 जोता हुआ 2 घसीटा हुआ

कर्षी–I *सं०* (वि०) 1 जोतनेवाला 2 घसीटनेवाला II (पु०) किसान

कलंक–*सं०* (पु०) 1 दाग़, धब्बा 2 लांछन, बदनामी 3 दोष 4 लोहे का मोरचा। ~कलुषित (वि०) = कलंकित

कलकांक–*सं०* (पु०) 1 जिसके अंग में दाग़ लगा हो 2 चंद्रमा में लगा हुआ काला धब्बा

कलंकित, कलंकी–*सं०* (वि०) 1 कलंक से युक्त 2 जिस पर कलंक लगा हो, लांछित 3 मोरचा लगा हुआ

कलंकुर–*सं०* (पु०) पानी का भँवर

कलँगी–(स्त्री०) = कलग़ी

कलंदर–*फ़ा०* (पु०) 1 मुसलमान साधुओं का समुदाय 2 सूफ़ीसंत 3 बंदर-भालू को नचानेवाला, मदारी

क़लंदरा–*फ़ा०* (पु०) 1 एक तरह का रेशमी वस्त्र 2 खूँटी 3 खूँटा

क़लंदरी–*फ़ा०* (वि०) 2 खूँटी 3 खूँटा

कलंब–(पु०) कलंदर का, कलंदर संबंधी

कल–*सं०* (वि०) अस्पष्ट किंतु मधुर (जैसे-नदियां का कलनाद, रमणी का कलकंठ मधुर है, शिशु कलरव ध्वनि में हँसता है) 2 कोमल 3 सुहावना। ~कंठ (वि०) मधुर और कोमल आवाज़वाला; ~कल (पु०) नदी आदि के प्रवाह की मृदु ध्वनि; ~कूजक (वि०) मृदुभाषी; ~घोष (पु०) मधुर शब्द करनेवाला, कोयल; ~धूत (पु०) चाँदी; ~धौत I (वि०) सुनहली II (पु०) 1 सोना 2 सोना-चाँदी 3 मंद और मधुर ध्वनि; ~नाद, ~रव I (पु०) हंस II (वि०) मंद एवं मधुर स्वरवाला III (पु०) राजहंस; ~हासिनी (स्त्री०) मधुर हँसीवाली

कल–I (स्त्री०) 1 नीरोग होने की अवस्था 2 आराम (जैसे-रोगी का ज्वर उतर जाने से उसे कल मिल गया) II (क्रि० वि०) 1 आनेवाला कल (जैसे-वह कल जाएगा) 2 बीता हुआ कल (जैसे-वह कल स्कूल गया था) III (स्त्री०) कल-पुरजा (जैसे-कल से पानी गिर रहा है, कल की टोटी बंदकर दो) 2 'कल' का समास मेंव्यवहृत रूप। ~दार

फ़ा० (पु०) कल से ढला हुआ सिक्का, रुपया-पैसा; ~**पुर्जे** + फ़ा० (पु०) मशीन और उसके पुर्जे; ~**बल** I (पु०) दाव-पेंच II (पु०) जोड़-तोड़; ~**आना** आराम मिलना; ~**कल करना** 1 बहाना बनाना 2 मृदु एवं मंद ध्वनि में कुछ गाना; ~**घुमाना** 1 कल चलाना 2 पट्टी पढ़ाना 3 मन को अभीष्ट दिशा में मोड़ देना; ~**बेकल होना** 1 बेचैन होना 2 मशीन के किसी पुरजे का ढीला होना, अव्यवस्थित हो जाना; ~**हाथ में होना** नकेल हाथ में होना, मनचाहा करना या करवाना

कलई–*अ०* (स्त्री०) 1 असलियत की बात एवं वस्तु 2 बर्तन पर चढ़ाया राँगे का मुलम्मा 3 लेप। ~**गर** + *फ़ा०* (पु०) कलई करनेवाला; ~**दार** + *फ़ा०* (वि०) कलई किया हुआ; ~**खुलना** वास्तविकता का ज्ञान होना, पोल खुलना

क़लक़–*अ०* (पु०) 1 घबराहट, बेचैनी 2 दुःख, रंज 3 पश्चाताप

कलक–(पु०) 1 एक तरह की मछली 2 गद्य की एक शैली

कलकलाना–(अ० क्रि०) 1 कल कल की ध्वनि होना 2 सुरसुरी होना (जैसे-हाथ पैर का कलकलाना)

कलक्टर–*अं०* (पु०) ज़िले का प्रधान शासक, ज़िलाधीश (जैसे-वह कानपुर ज़िले का कलक्टर है)

कलक्टरी–*अं०* + *हिं०* (स्त्री०) 1 कलक्टर का कार्य-पद 2 कलक्टर का कार्यालय

कलगी–(स्त्री०) 1 टोपी 2 पक्षियों के सिर पर निकला हुआ बालों का गुच्छा, चोटी 3 सिर का एक आभूषण 4 इमारत का शिखर

कलछा–(पु०) बड़ी कलछी

कलछी–(स्त्री०) लंबी डाँड़ीवाला कटोरीनुमा चम्मच

कलजिब्भा–(वि०) काली जीभवाला

कलझवाँ–(वि०) 1 झुलसा हुआ 2 गहरे काले रंगवाला

कलत्र–*सं०* (पु०) 1 पत्नी, भार्या 2 नितंब 2 क़िला

कलन–*सं०* (पु०) 1 गणना करना 2 ग्रहण करना 3 अच्छी तरह समझना 4 शब्द करना

कलना–*सं०* (स्त्री०) 1 ज्ञान 2 ग्रहण 3 रचना, बनावट 4 छोड़ना

कलप–I (पु०) 1 क़लफ़, माँड़ी 2 ख़िज़ाब II (पु०) कल्प, युग

कलपना–I (अ० क्रि०) 1 विलाप करना 2 दुःख उठाना 3 आह भरना II (स० क्रि०) कल्पना करना

कलपाना–(स० क्रि०) 1 सताना 2 दुःखी करना

क़लफ़–(पु०) 1 खिज़ाब 2 माँड़ी। ~**दार** *फ़ा०* (वि०) माँड़ी दिया हुआ

कलफ़–*अ०* (पु०) चेहरे पर का काला दाग़

कलबूत–*फ़ा०* (पु०) 1 ढाँचा 2 गोलंबर

क़लम–*अ०* (स्त्री०) 1 लेखनी (जैसे-वह क़लम से पत्र लिखता है) 2 काटना (जैसे-कसाई ने बकरे को क़लम कर दिया) 3 काटकर लगाने की टहनी (जैसे-गुलाब के पौधे की क़लम क्यारी में लगा देना) 4 कान तक के बाल (जैसे-कलम अच्छी तरह काटना) 5 हीरे की कनी (जैसे-शीशा काटने के लिए क़लम ले आओ)। ~**क़साई** (पु०) क्रूर, निर्दयी; ~**का धनी** लेखन में अत्यंत कुशल; ~**कार** + फ़ा (पु०) 1 लेखक 2 चित्रकार, शिल्पी 3 एक तरह का कपड़ा; ~**कारी** + *फ़ा०* (स्त्री०) 1 क़लम से बनाए गए बेलबूटे, चित्रकारी 2 कलम की कारीगरी; ~**घसीट;** ~**घिस्सू** + *हिं०* (पु०) सिर्फ लिखने का काम करनेवाला; ~**जीवी** + *सं०* (पु०) क़लम चलाकर रोटी खानेवाला; ~**तराश** *फ़ा०* (पु०) क़लम बनाने का चाकू; ~**दान**– + *फ़ा०* (पु०) क़लम रखने का पात्र ~**पैबंद** + *फ़ा०* (पु०) पौधे में क़लम लगाना; ~**बंद** + *फ़ा०* (वि०) लिखा हुआ, लिखित; ~**करना** 1 काटना 2 काटकर अलग कर देना (जैसे-क़साई ने बकरे की गर्दन क़लम कर दी); ~**खींचना** लिखे हुए को काटना; ~**घसीटना,** ~**घिसना,** ~**चलाना** लिखना; ~**चूमना** लिखे हुए की प्रशंसा करना; ~**तोड़ना** अत्यधिक श्रेष्ठ और अनुपम रचना करना; ~**फेरना** रद्द करना, लिखा हुआ काटना

कलमल–(स्त्री०) कुलबुलाहट

कलमलना, कलमलाना–(अ० क्रि०) 1 बेचैन होना 2 विचलित होना 3 कसमसाना

कलमा–*अ०* (पु०) 1 इस्लाम धर्म का मूल मंत्र *ला इलाह इल्लिल्लाह, मुहम्मदुर्रसूलिल्लाह* 2 उक्ति 3 सार्थक शब्द

कलमी–*अ०* + *फ़ा०* (वि०) 1 क़लम से लिखा हुआ 2 क़लम काटकर लगाया हुआ

कलल–*सं०* (पु०) 1 गर्भाशय 2 गर्भ का प्रारंभिक रूप

कलवरिया–(स्त्री०) शराब की दुकान, शराबखाना

कलवार– (पु०) शराब बनाने एवं बेचने का धंधा करनेवाला

कलश–*सं०* (पु०) 1 घड़ा, गगरी 2 मंदिर के शिखर पर कलश की आकृति का कँगूरा

कलशी–*सं०* (स्त्री०) गगरी, छोटा कलश

कलस–*सं०* (पु०) = कलश

कलसी–*सं०* (पु०) = कलशी

कलह–*सं०* (पु०) 1 लड़ाई-झगड़ा 2 युद्ध। ~**कार,** ~**कारी** (वि०) कलह करनेवाला, झगड़ालू, लड़ाकू

कलहनी–*सं०* (स्त्री०) कलह करनेवाली झगड़ालू स्त्री

कलहाँतरिता–*सं०* (स्त्री०) नायिका जो पति से झगड़ा करके पछताती है

कलहिनी–*सं०* (स्त्री०) झगड़ालू स्त्री

कलही–*सं०* (वि०) कलह करनेवाला, झगड़ालू, लड़ाका

कलाँ–*फ़ा०* (वि०) वय में बड़ा

कलांतर–*सं०* (पु०) 1 दूसरी कला 2 ब्याज

कला–*सं०* (स्त्री०) 1 चित्र (जैसे-उसकी कला अच्छी है) 2 नाट्य (जैसे-अभिनय कला) 3 नृत्यकला 4 हुनर (जैसे-उत्तम कलाओं वाला व्यक्ति) 5 इंद्रजालिक कला 6 प्रकाश का भाग (जैसे-चंद्रकला)। ~**कर्त्री** (स्त्री०) महिला कलाकार, कला करनेवाली; ~**कार** (पु०) 1 कला जाननेवाला 2 अभिनेता, नट; ~**कारिता** (स्त्री०) कलाकार का काम; ~**कुशल** (वि०) किसी कला में निपुण; ~**कृति** (स्त्री०) कलामयी रचना; ~**केंद्र** (पु०) = कला मंडली; ~**कौशल** (पु०) 1 कला में निपुणता 2 हुनर; ~**गत** (वि०) = कलात्मक; ~**धर,** ~**नाथ,** ~**निधि** (पु०) 1 चंद्रमा 2 कलाओं का ज्ञाता; ~**पंजी** (स्त्री०) कार्य-विवरण लिखने की कापी; ~**पक्ष** (पु०) (साहित्य में) भाषा,

अलंकार आदि का विवेचन-पक्ष; **~प्रदर्शन** (पु०) कला दिखाना; **~प्रदर्शनी** (स्त्री०) कला की नुमाइश; **~प्रधान** (वि०) कला में श्रेष्ठ एवं सुंदर; **~प्रवण** (वि०) कला में दक्ष; **~प्रेमी** (पु०) कला से प्रेम करनेवाला; **~मंडली** (स्त्री०) कलाकारों की मंडली; **~मय** (वि०) = कलापूर्ण; **~मर्मज्ञ** (पु०) कला का अच्छा ज्ञाता; **~वान्** (वि०) कला जाननेवाला; **~विद्** (पु०) कला का ज्ञाता; **~विद्यालय** (पु०) वह संस्था जहाँ कला सिखाई जाए; **~विध्वंस** (पु०) कलाकृतियों का नाश; **~शाला** (स्त्री०) आर्ट गैलरी (कला विथि); **~समालोचक** (पु०) कला की परीक्षा एवं विवेचना करनेवाला

कलाई–(स्त्री०) हथेली और कोहनी के बीच का वह भाग जहाँ कड़े, चूड़ियाँ आदि पहनी जाती हैं, मणिबंध

कलाकंद–*फ़ा० + अ०* (पु०) खोये की बड़ी बरफी

कलात्मक–*सं०* (वि०) 1 कला से युक्त 2 अति सुंदर एवं कलापूर्ण ढंग से बनी हुई

कलादक–*सं०* (पु०) सुनार, स्वर्णकार

कलादर्श–*सं०* (पु०) कला का नमूना

कलाप–*सं०* (पु०) 1 समूह (जैसे-कार्य कलाप) 2 पूला 3 करधनी 4 आभूषण 5 हाथी के गले की रस्सी

कलापक–*सं०* (पु०) 1 कलाप 2 मोतियों की लड़ी 3 चार श्लोकों का समूह

कलापी–*सं०* (वि०) 1 तरकशधारी 2 समूह में रहनेवाला

कलाबत्तू–(पु०) 1 रेशम पर लपेटा गया सुनहला तार 2 सोने-चाँदी का तार 3 कलाबत्तू का बना पतला फ़ीता

कलाबाज़–*हिं० + फ़ा०* (पु०) शारीरिक कला दिखानेवाला व्यक्ति, नटी

कलाबाज़ी–*हिं० + फ़ा०* (स्त्री०) 1 शारीरिक खेल 2 नटविद्या

कलाभिरुचि–*सं०* (स्त्री०) कला के प्रति मन की प्रवृत्ति

कलाम–*अ०* 1 वचन, उक्ति 2 बातचीत 3 रचना। **~मजीद** (पु०) *कुरान शरीफ* नामक एक धार्मिक ग्रंथ

कलार, कलाल–(पु०) = कलवार। **~खाना** *+ फ़ा०* (पु०) जहाँ शराब बनाई एवं बेची जाती है, मद्यशाला

कलावंत–*सं०* (पु०) 1 कला का विशेषज्ञ 2 कलात्मक ढंग से कार्य करनेवाला व्यक्ति 3 कलाबाज़

कलावती–I *सं०* (स्त्री०) कला जाननेवाली स्त्री II (स्त्री०) रमणी, सुंदरी

कलावा–(पु०) सूत का लपेटा हुआ लच्छा 2 हाथी के गले में पड़ी रहनेवाली रस्सी

कलासी–(पु०) 1 दो वस्तुओं को जोड़नेवाली सूचकरेखा 2 जोड़-तोड़ बैठाने की युक्ति (जैसे-अपनी कलासी यहाँ मत दिखाओ)

कलिंग–I *सं०* (पु०) 1 प्राचीन जनपद जो आधुनिक आंध्रप्रदेश के नाम से जाना जाता है 2 कलिंग का निवासी II (वि०) कलिंग देश का

कलि–*सं०* (पु०) 1 कलयुग 2 कलह, झगड़ा। **~कर्म** (पु०) 1 बुरा काम 2 संग्राम, युद्ध; **~कारक** (वि०) झगड़ा करानेवाला; **~काल** (पु०) = कलियुग; **~प्रिय** (वि०) झगड़ालू; **~मल** (पु०) पाप; **~युग** (पु०) वर्तमान समय; **~युगी** (वि०) कलियुग का

कलिका–*सं०* (स्त्री०) कली (जैसे-कुसुम कलिका)

कलित–*सं०* (वि०) 1 सजाया हुआ 2 अस्पष्ट रूप से कहा हुआ 3 विदित 4 प्राप्त हुआ 5 सुंदर

कलियाना–(अ० क्रि०) 1 कलियों से युक्त होना 2 नए परों का निकलना

कलिल–*सं०* (वि०) 1 मिला हुआ, ओतप्रोत 2 घना 3 दुर्गम

कली–*सं०* (स्त्री०) 1 फूल का प्रारंभिक एवं अविकसित रूप (जैसे-कली खिल रही है) 2 अप्राप्तयौवना

कली–(स्त्री०) पत्थर आदि का फूँका हुआ टुकड़ा, चूना पत्थर

क़लील–*अ०* (वि०) 1 थोड़ा, कम 2 छोटा

कलीसा–*फ़ा०* (पु०) ईसाइयों का पूजा स्थल, गिरजाघर

कलीसिया–*फ़ा०* (पु०) ईसाई संप्रदाय

कलुखी–(वि०) दोषी

कलुष–*सं०* (पु०) 1 मैल 2 अपवित्रता 3 पाप 4 विकार। **~ता** (स्त्री०) 1 मलिनता 2 दोष 3 पाप

कलुषाई–*सं० + हिं०* (स्त्री०) = कलुषता

कलुषित–*सं०* (वि०) 1 कलुषयुक्त 2 अपवित्र 3 निंदित 4 क्षुब्ध 5 दुःखी

कलुषी–*सं०* (पु०) 1 दोषी 2 पापी 3 अपवित्र

कलूटा–(वि०) काले रंग का, काला

कलेंडर–*अं०* (पु०) तिथिपत्र

कलेऊ–(पु०) = कलेवा

कलेक्टर–*अं०* (पु०) = कलक्टर, जनपद् का मुख्याधिकारी

कलेजा–(पु०) 1 प्राणियों के भीतर सीने के बायीं तरफ़ एक अवयव जो रक्त शुद्धता का कार्य करता है, यकृत 2 छाती (जैसे-कलेजा रौंदना) 3 दिल (जैसे-कलेजा धड़कना) 4 साहस, हिम्मत (जैसे-लड़ने के लिए कलेजा होना चाहिए) 5 अत्यधिक प्रिय व्यक्ति एवं वस्तु (जैसे-कलेजे का टुकड़ा)। **~जली** (पु०) (गाली) जिसका दिल जला-भुना है; **~उछलना** 1 अत्यधिक खुशी होना 2 भय, आशंका आदि से दिल धड़कना; **~कटना** 1 दिल को चोट पहुँचना 2 खूनी दस्त आना; **~काँपना** दिल दहलना, डर से काँपना; **~काढ़ना, ~निकालना** दुःख पहुँचाना; **~खाना** सताना पीड़ा देना; **~खिलाना** 1 प्रिय वस्तु देना 2 अत्यधिक आदर-सत्कार करना; **~छलनी होना** व्यंग्य बाणों से कलेजा छिदना; **~छिदना, ~बिंधना** कड़ी बातों से दिल दुखना; **~जलना** मन को अत्यधिक दुःख पहुँचना; **~जलाना** सताना; **~टूटना** हौसला खत्म होना; **~ठंडा होना** किसी की हानि करके मन को शांति मिलना; **~तर होना** मन को ठंडक पहुँचना; **~थाम कर रह जाना** सब कुछ सहते जाना; **~धक-धक करना, ~धड़कना** 1 चित्त का विकल हो जाना 2 दिल दहलना; **~धक से हो जाना** 1 आश्चर्य में पड़ना 2 एकाएक डर जाना; **~निकाल कर धर देना** 1 सर्वप्रिय वस्तु को अर्पण करना 2 जान दे देना 3 पूरी शक्ति से प्रयास करना; **~पक जाना** कष्ट असहय होना; **~पकड़ लेना** मन कड़ा करना; **~पकाना** बहुत परेशान करना; **~पत्थर का करना** असहय दुःख सहने के लिए दिल कठोर बना लेना; **~फट जाना** मार्मिक दुःख होना; **~बल्लियों उछलना** हृदय का ज़ोर से कंपन करना; **~मुँह को आना** बेचैन हो जाना; **कलेजे का टुकड़ा** अत्यधिक प्यारा; **कलेजे**

पर छुरी चलाना दिल पर गहरी चोट पहुँचाना; **कलेजे पर साँप लोटना** 1 व्यथा से अत्यधिक व्याकुल हो जाना 2 ईर्ष्या से जलना; **कलेजे पर हाथ रखना** यथार्थता के लिए अंतरात्मा से पूछना; **कलेजे में आग लगाना** 1 ईर्ष्या होना 2 प्यास लगना 3 दुःख देना; **कलेजे में डालना** अपने पास रखना; **कलेजे में तीर लगना** दिल में गहरी चोट लगना; **कलेजे में पैठना** भेद लेने के लिए दोस्ती बढ़ाना; **कलेजे से लगाना** 1 प्यार करना 2 छाती से लगाना

कलेजी–(स्त्री०) कलेजे का मांस

कलेवर–*सं०* (पु०) 1 शरीर, देह 2 ऊपरी ढाँचा। **~चढ़ाना** सिंदूर का लेप करना; **~बदलना** 1 नया शरीर धारण करना 2 नया रूप धारण करना

कलेवा–(पु०) 1 सुबह का जलपान 2 ब्याह की एक रस्म 3 यात्रा करते समय साथ रखा गया भोजन। **~करना** भोजन करना

कलैया–(स्त्री०) कलाबाज़ी

कलोर, कलोरी–(स्त्री०) बिना गाभिन जवान बछिया (गाय)

कलोल–I (पु०) 1 उछल-कूद 2 क्रीड़ा 3 केलि II (स्त्री०) लहर

कलौंछ–(स्त्री०) = कलौंस

कलौंजी–(स्त्री०) एक मसाला

कलौंस–(स्त्री०) 1 हल्का कालापन 2 कलंक 3 स्याही

कल्क–*सं०* (पु०) 1 चूर्ण, बुकनी 2 पीठी 3 चटनी 4 गूदा 5 पाखंड 6 दुष्टता 7 दंभ। **~फल** (पु०) अनार

कल्कि–*सं०* (पु०) विष्णु का होनेवाला दसवाँ और अन्तिम अवतार

कल्प–I *सं०* (वि०) जो वास्तविक न हो किंतु कुछ बराबर या समान हो, लगभग बराबर (जैसे-देवकल्प) II (पु०) 1 धार्मिक कर्तव्यों का विधि-विधान 2 युग (जैसे-कल्प का अंत, कल्पांत) 3 प्रस्ताव, निश्चय 4 वैद्यक उपचार (जैसे-कायाकल्प) 5 प्रलय। **~कथा** (स्त्री०) बनावटी कहानी; **~वृक्ष** इच्छा पूरी करनेवाला वृक्ष **~वास** (पु०) माघ मास में गंगा तट पर रहना

कल्पक–I *सं०* (वि०) 1 कल्प संबंधी 2 वेद-विहित नियमों और विधि विधानों के अनुसार होनेवाला II (वि०) 1 कल्पना करनेवाला 2 कल्पना संबंधी 3 रचना करनेवाला

कल्पन–*सं०* (पु०) 1 कल्पना करना 2 रचना करना 3 मूर्त रूप देना 4 सँवारना

कल्पना–*सं०* (स्त्री०) 1 नयी बात सोचना 2 मन की उपज 3 *ग०* मान लेना (जैसे-शून्य अंक की कल्पना, अधिक कोण, थीटा, अंश की कल्पना) 4 एक वस्तु में दूसरी वस्तु का आरोप 5 सजाना। **~प्रवण** (वि०) कल्पना की ओर झुकाववाला; **~प्रसूत** (वि०) कल्पना से उत्पन्न हुआ, मन गढ़ंत; **~लोक** (पु०) खयाली दुनिया; **~वाद** (पु०) 1 यह मत कि प्रायः सिद्धांत शुद्ध कल्पनाएं हैं 2 ऐसा मत जो शक्ति एवं कला को पूर्वानुमान द्वारा प्रस्तुत करे; **~वादी** (वि०) कल्पनावाद को माननेवाला; **~शक्ति** (स्त्री०) उद्‌भावना शक्ति

कल्पनातीत–*सं०* (वि०) कल्पना से परे, जिसकी कल्पना न की जा सके

कल्पनात्मक, कल्पनामय–*सं०* (वि०) = कल्पित, मनगढ़ंत

कल्पनीय–*सं०* (वि०) कल्पना करने योग्य

कल्पांत–*सं०* (पु०) सृष्टि का अंत, प्रलय

कल्पित–*सं०* (वि०) 1 कल्पना किया हुआ 2 मनगढ़ंत 3 बनावटी 4 सँवारा हुआ

कल्प्य–*सं०* (वि०) = कल्पनीय

क़ल्ब–*अ०* (पु०) दिल

क़ल्बी–*अ०* (वि०) 1 बुद्धि का 2 हार्दिक

कल्मष–*सं०* (पु०) 1 पाप 2 मैल 3 दोष 4 मवाद

कल्माष–I *सं०* (वि०) चितकबरा II (पु०) 1 अग्नि का एक रूप 2 धब्बा, दाग़ 3 एक खुशबूदार चावल

कल्य–I *सं०* (वि०) 1 नीरोग, स्वस्थ 2 चतुर 3 कुशल 4 शुभ 5 गूँगा और बहरा II (पु०) 1 स्वास्थ्य 2 कल, सवेरा 3 मंगलकामना 4 मद्य, शराब। **~पाल, ~पालक** (पु०) 1 कलवार 2 शराब का व्यापारी

कल्यब्द–*सं०* (पु०) = कलियुग

कल्यवर्त–*सं०* (पु०) कलेवा

कल्या–*सं०* (स्त्री०) 1 मदिरा 2 बड़ी बछिया, कलोर 3 बधाई

कल्याण–I *सं०* (पु०) 1 मंगल, शुभ 2 सुख 3 सौभाग्य 4 भलाई 5 शुभकर्म II (वि०) 1 मंगलकारी 2 सौभाग्यशाली 3 अच्छा, भला। **~कर** (वि०) कल्याण करनेवाला; । **~कामना** (स्त्री०) भला चाहना; **~कारी** (वि०) = कल्याणकर; **~संस्था** (स्त्री०) ऐसी संस्था जहाँ लोगों की भलाई की जाती हो; **~समिति** (स्त्री०) कल्याण करनेवालों का संगठन, समूह

कल्याणी–I *सं०* (वि०) 1 कल्याण करनेवाली 2 भाग्यशालिनी 3 रूपवती II (स्त्री०) 1 कामधेनु 2 एक देवी का नाम

कल्लर–(पु०) 1 ऊसर भूमि 2 लोना 3 रेह

कल्लाँच–*तु०* (वि०) 1 गुंडा, लुच्चा 2 कंगाल, अति दरिद्र

कल्ला–(पु०) अंकुर (जैसे-कल्ला फूटना)

कल्ला–*फ़ा०* (पु०) गाल का भीतरी भाग, जबड़ा 2 दाढ़ 3 जबड़े से गले तक का अंश 4 लैंप का बर्नर। **~तोड़** *हिं०* (वि०) 1 प्रबल आघात करनेवाला 2 मुँह बंद कर देनेवाला (जैसे-उसने शत्रु को कल्ला तोड़ जवाब दिया); **~दराज़** (वि०) मुँहज़ोर, वाचाल; **~दराज़ी** (स्त्री०) मुँहजोरी, वाचालता; **~दबाना** बोलने से रोकना; **~फुलाना** मुँह फुलाना; **~मारना** गाल बजाना; **कल्ले तले दबा लेना** शक्ति से दबा लेना

कल्लाना–(अ० क्रि०) 1 रह-रह कर जलन और सनसनी होना (जैसे-थप्पड़ से गाल कल्लाने लगा) 2 रह-रह कर दुःख महसूस करना (जैसे-मन कल्लाना)

कल्लू–(वि०) 1 काला-कलूटा 2 कालिमायुक्त

कल्लोल–*सं०* (पु०) 1 लहर, जल तरंग 2 मन की लहर, मौज 3 क्रीड़ा।

कल्लोलित–*सं०* (वि०) तरंगित

कल्लोलिनी–I *सं०* (वि०) तरंगोंवाली II (स्त्री०) नदी

कल्हारना–I (स० क्रि०) तलना, छानना II (अ० क्रि०) कराहना

कवक–*सं०* (पु०) 1 भोजन का कौर, निवाला 2 फफूँद 3 कुकुरमुत्ता
कवच–*सं०* (पु०) 1 बख़्तर, वर्म (जैसे-युद्ध में रक्षा हेतु योद्धा कवच पहनते थे) 2 छाल 3 तावीज 4 नगाड़ा 5 छिलका। **~भेदी** (वि०) कवच को भेदनेवाला
कवचित–*सं०* (वि०) कवच लगाया हुआ, बख़्तरबंद (जैसे-कवचित यान)
कवची–*सं०* (वि०) 1 कवचयुक्त 2 कवचधारी, बख़्तरपोश
कवन–*सं०* (पु०) पानी
कवयिता–*सं०* (पु०) कवि
कवयित्री–*सं०* (स्त्री०) कविता रचनेवाली स्त्री, महिला कवि
कवर–(पु०) कौर, ग्रास, निवाला
कवर–*अं०* (पु०) 1 पुस्तक का आवरण पृष्ठ 2 ढकना 3 लिफ़ाफ़ा
कवर–I *सं०* (पु०) 1 बालों का गुच्छा, जूड़ा 2 फूल का गुच्छा, गुलदस्ता II (वि०) 1 मिश्रित 2 रंग-बिरंगा
कवरी–*सं०* (स्त्री०) 1 चोटी 2 जूड़ा 3 वन तुलसी
कवर्ग–*सं०* (पु०) क से ङ तक के पंच वर्ण समूह (क, ख, ग, घ, ङ)
कवल–*सं०* (पु०) 1 कौर, ग्रास 2 कौआ नाम की मछली 3 एक तरह का पक्षी
कवलन–*सं०* (पु०) 1 खाना 2 निगलना
कवलिका–*सं०* (स्त्री०) 1 कपड़े की पट्टी 2 कपड़े की गद्दी, पैड
कवलित–*सं०* (वि०) 1 खाया हुआ 2 निगला हुआ
कवाट–*सं०* (पु०) 1 दरवाज़े का पल्ला, कपाट 2 दरवाज़ा
क़वाम–*अ०* (पु०) 1 अवलेह 2 शीरा, चाशनी 3 सुर्ती का रस
क़वायद–I *अ०* (पु०) 1 नियमावली 2 कार्यविधि II (स्त्री०) 1 व्याकरण 2 परेड, ड्रिल (जैसे-सैनिकों की क़वायद)। **~परेड** + *अं०* (स्त्री०)
कवि–*सं०* (पु०) 1 काव्य की रचना करनेवाला 2 शायर। **~कर्म** (पु०) 1 कविता 2 काव्य रचना; **~कुल गुरु** (पु०) कवियों में श्रेष्ठ; **~गोष्ठी** (स्त्री०) कवियों की सभा; **~प्रसिद्धि** (स्त्री०) 1 कवि की कीर्ति, यश 2 कवियों की चली आ रही ऐसी परंपराएँ एवं उक्तियाँ जो उचित न होने पर भी सही मान ली गई हैं (जैसे-केले से कपूर निकलना, चकवा-चकवी का दिन में साथ-साथ एवं रात में अलग होना); **~राज** (पु०) 1 श्रेष्ठ कवि 2 श्रेष्ठ वैद्य 3 चारण, भाट; **~समय** (पु०) = कवि प्रसिद्धि/रुढ़ि
कविका–*सं०* (स्त्री०) 1 केवड़ा 2 लगाम 3 एक मछली, कवई
कविता–*सं०* (स्त्री०) रसात्मक काव्य, शायरी। **~पाठ** (पु०) कविता पढ़कर सुनाना
कवित्त–*सं०* (पु०) 1 कविता 2 धनाक्षरी छंद का एक नाम
कवित्व–*सं०* (पु०) 1 काव्य का गुण, रस 2 काव्य रचना की शक्ति। **~कला** (स्त्री०) काव्य रचना करने की कला; **~मय** (वि०) काव्यगुण-संपन्न; **~शक्ति** (स्त्री०) काव्य-प्रतिभा
कवींद्र–*सं०* (पु०) सर्वश्रेष्ठ कवि
कवीश्वर–*सं०* (पु०) कवियों में श्रेष्ठ
कवेला–(पु०) कौए का बच्चा
क़वेला–*अ०* (पु०) दिग्दर्शक यंत्र की वह कील जिसपर सुई चक्कर लगाती है
कवोष्ण–*सं०* (वि०) हल्का गर्म, कुनकुना
कव्य–*सं०* (पु०) पितरों को दिया जानेवाला अन्न, पिंड
कव्वाल–*अ०* (पु०) कव्वाली गानेवाले
कव्वाली–*अ०* + *फ़ा०* (स्त्री०) भजन का सूफ़ी प्रकार (कौवाली)
कश–I *फ़ा०* (पु०) खींचना, फूँक (जैसे-सिगरेट का कश खींचना) II (वि०) 1 खींचनेवाला 2 उठानेवाला (जैसे-मेहनतकश, आराकश आदि)। **~मकश** (स्त्री०) 1 खींचा-तानी 2 आन्तरिक संघर्ष 3 धक्कम धक्का 4 सोच-विचार
कश–*सं०* (पु०) चाबुक
कशकोल–*फ़ा०* (पु०) = *बो०* कचकोल
कशा–*सं०* (स्त्री०) कोड़ा, चाबुक
कशाकशी–*फ़ा०* (स्त्री०) = कशमकश, संघर्ष भावना
कशाघात–(पु०) चाबुक की मार, कोड़े का आघात
कशिश–*फ़ा* (स्त्री०) 1 खिंचाव 2 आकर्षण शक्ति
कशीदगी–*फ़ा०* (स्त्री०) 1 खिंचाव 2 मनमुटाव, नाराज़गी
कशीदा–I *फ़ा०* (वि०) 1 खींचा हुआ 2 उठाया हुआ II (पु०) कपड़े पर बेल-बूटे बनाने का काम
कशेरु–(पु०), **कशेरुका**–*सं०* (स्त्री०) रीढ़, मेरुदंड
कश्ती–*फ़ा०* (स्त्री०) नाव, नौका, नैय्या
कश्मल–I *सं०* (पु०) 1 बेहोशी, मूर्च्छा 2 मोह, 3 पाप 4 उत्साह-हीनता II (वि०) 1 मलिन, गंदा 2 दूषित, बुरा
कश्मीरी–(वि०) 1 कश्मीर संबंधी 2 कश्मीर में निर्मित
कश्य–*सं०* (वि०) चाबुक मारने योग्य। **~नंदन** (पु०) गरुड़
कश्यप–I *सं०* (पु०) 1 एक प्रजापति का नाम 2 सप्तर्षि मंडल के एक तारे का नाम 3 कछुआ 4 हरिण की एक जाति
कष–*सं०* (पु०) 1 कसौटी 2 परीक्षा 3 रगड़ना
कषाकु–*सं०* (पु०) 1 अग्नि 2 सूर्य
कषाय–I *सं०* (वि०) 1 कसैला 2 गेरू के रंग में रंगा हुआ (जैसे-कषाय वस्त्र) 3 सुगंधित II (पु०) 1 कसैला स्वाद या रस 2 मनोविकार 3 काढ़ा
कषित–*सं०* (वि०) 1 खींचा हुआ 2 कष्ट पहुँचाया हुआ 3 क्षतिग्रस्त
कष्ट–I *सं०* (पु०) 1 पीड़ा, व्यथा (जैसे-कष्ट झेलना, आँख का कष्ट) 2 मुसीबत, विपत्ति (जैसे-आर्थिक कष्ट, सामाजिक कष्ट) 3 दुष्टता 4 श्रम II (वि०) 1 हानिकर 2 कठिन 3 दुःखी, संतप्त। **~कर** (वि०) दुःख देनेवाला; **~कल्पना** (स्त्री०) ऐसी कल्पना जिसके लिए अत्यधिक मानसिक उथल-पुथल करनी पड़े, जबरदस्ती खींचतान; **~कारक** (वि०) = कष्टकर; **~दाता** (पु०) कष्ट पहुँचानेवाला; **~दायक**, **~दायी** (वि०) मुसीबत पैदा करनेवाला; **~निवारण** (पु०) संकट दूर करनेवाला; **~प्रद** (वि०) = कष्टदायी; **~भागिनेय** *सं०* (पु०) साली का लड़का; **~सहन** (पु०) दुःख सहना; **~सहिष्णु** कष्ट सहनेवाला; **~साध्य** (वि०) जो कठिनाई से किया जा सके
कष्टार्तव–*सं०* (पु०) कष्ट से रजस्राव होना
कष्टार्थ–*सं०* (पु०) खींचतान कर लगाया गया अर्थ

कष्टी–*सं०* (वि०) कष्ट पानेवाला, पीड़ित

कस–I (पु०) कसौटी (जैसे-कस पर खींचना) II (पु०) 1 दाब, क़ाबू (जैसे-उसे कसकर रखना, कस में रखना) 2 दृढ़ता, मज़बूती 3 रुकावट, रोक III (पु०) कसाव। ~**दार** + *फ़ा०* (वि०) 1 बलवान 2 जाँचा हुआ; ~**बल** (पु०) 1 कार्यशक्ति 2 कर्मण्यता 3 हिम्मत

कसक–(स्त्री०) 1 रुक-रुक कर होनेवाली पीड़ा, टीस 2 खटक 3 अभिलाषा (जैसे-दिल की कसक पूरी नहीं हो पाई)

कसकना–(अ० क्रि०) 1 टीसना 2 कसक होना

कसकुट–(पु०) काँसा

कसगर–*फ़ा०* (पु०) मिट्टी के बरतन बनानेवाली एक जाति

कसन–(स्त्री०) 1 कसना 2 कसाव 3 कसने की रस्सी 4 घोड़े का तंग

कसना–I (स० क्रि०) 1 खींचकर बाँधना 2 पेंच, पुरज़े को कड़ा बैठाना 3 ठूँसकर भरना 4 कसौटी पर घिसना 5 परखना 6 ढीली चीज़े, गाँठ आदि कड़ा करना II (अ० क्रि०) 1 बंधन या फंदा कड़ा होना 2 खिंचना 3 जकड़ा जाना III (पु०) कसने या बाँधने का साधन

कसनी–I (स्त्री०) 1 सामान आदि कसनेवाली रस्सी 2 बेठन 3 अँगिया 4 कसौटी II (स्त्री०) कसेरों की एक प्रकार की हथौड़ी

क़सब–*अ०* (पु०) 1 कमाना 2 पेशा, धंधा 3 कौशल 4 वेश्यावृत्ति

क़सबा–*अ०* (पु०) छोटा शहर

क़सबाती–*अ० + फ़ा०* (वि०) नगरवासी

क़सबी–*अ० + फ़ा०* (स्त्री०) 1 व्यभिचार से जीविका चलानेवाली स्त्री 2 वेश्या, रंडी। ~**खाना** (पु०) वेश्यालय, रंडीख़ाना

क़सम–*अ०* (स्त्री०) 1 शपथ, सौगंध 2 प्रतिज्ञा (जैसे-झूठी क़सम)। ~**उतारना** उत्तरदायित्व से मुक्त होना; ~**खाना** कार्य करने की प्रतिज्ञा करना; ~**खाने को** नाम मात्र को; ~**खिलाना** बाध्य करना

कसमस–(स्त्री०) = कसमसाहट

कसमसाना–(अ० क्रि०) 1 कुलबुलाना 2 छटपटाना 3 घबड़ाना 4 हिचकिचाना 5 बैचैनी होना

कसमसाहट (स्त्री०) 1 बैचेनी 2 कुलबुलाहट

कसर–*अ०* (स्त्री०) कमी, न्यूनता; ~**करना**, ~**रखना** कमी रखना; ~**खाना** घाटा सहना; ~**निकलना** 1 घाटा पूरा होना 2 बदला मिलना; ~**निकालना** 1 बदला लेना 2 घाटा पूरा करना

कसरत–I *अ०* (स्त्री०) व्यायाम, वर्ज़िश II (स्त्री०) अधिक्य, बहुलता; ~**राय** (स्त्री०) बहुमत

कसरती–*अ० + हिं०* (वि०) 1 व्यायाम करनेवाला 2 कसरत करके बनाया हुआ (कसरती शरीर)

कसरहट्टा–(पु०) कसेरों की हाट

कसवाना–(स० क्रि०) कसने के काम कराना

कसहँड़ा–(पु०) काँसे का बना चौड़े मुँह का बर्तन

कसा–(वि०) 1 घना 2 कसा हुआ। ~**कसाया** I (वि०) बँधा हुआ II (क्रि०/वि०) कसकर

कसाई–I *अ०* (पु०) कसाव, बूचड़ II (वि०) निर्दयी। ~**खाना** + *फ़ा०* ~**बाड़ा**, + *हिं०* (पु०) बूचड़खाना; ~का **पिल्ला** मोटा-ताजा; ~**के खूँटे बँधना** 1 बेदर्द के पल्ले पड़ना 2 निर्दयी व्यक्ति से ब्याह होना

कसाई–(स्त्री०) 1 कसने की क्रिया 2 कसने की मज़दूरी, या पारिश्रमिक

कसाकस–(वि०) अत्यधिक (जैसे-कसाकस भीड़)

कसाकसी–(स्त्री०) तनातनी, वैर विरोध

कसाना–I (अ० क्रि०) कसैला स्वाद होना II (स० क्रि०) कसवाना

कसाफ़त–*अ०* (स्त्री०) 1 गाढ़ापन 2 स्थूलता 3 मैलापन, गंदगी

कसार–(पु०) पंजीरी

कसालत–*अ०* (स्त्री०) सुस्ती, शिथिलता

कसाला–(पु०) 1 कठिन, कष्टकर श्रम 2 दुःख, कष्ट 3 खटाई

कसाव– I (पु०) कसैलापन II (पु०) 1 खिंचाव 2 कसे जाने की क्रिया

कसावट–(स्त्री०) तनाव, खिंचाव

कसियाना–(अ० क्रि०) कसैला होना, कसाना

कसी–(स्त्री०) 1 रस्सी 2 हलका फाल

क़सीदा–*अ०* (पु०) उर्दू-फ़ारसी का एक पद्य जो निंदात्मक या प्रशंसात्मक होता है

कसीदा–*फ़ा०* (पु०) कपड़े पर बेल-बूटे बनाने का काम (जैसे-कसीदा काढ़ना)

कसीदेदार–*फ़ा०* (वि०) बेल बूटेदार

कसीर–*अ०* (वि०) अत्यधिक, प्रचुर, ज़्यादा

कसीस–I (पु०) नीला थोथा II (स्त्री०) 1 निर्दयता 2 तनाव 3 आकर्षण

क़सूर–*अ०* (पु०) 1 अपराध 2 दोष 3 भूल। ~**मंद** + *फ़ा०*, ~**वार** *फ़ा०* (वि०) 1 अपराधी 2 दोषी

कसेरहट्टा–(पु०) = कसरहट्टा

कसेरा–(पु०) बर्तन बनानेवाला एवं बेचनेवाला

कसेरिन–(स्त्री०) बर्तन बनाने एवं बेचने का काम करनेवाली जाति

कसेरु–(पु०) एक प्रकार की मीठी और स्वादिष्ट मोथे की जड़

कसैया– *बो०* (वि०) 1 कसनेवाला 2 परखनेवाला

कसैला–(वि०) जीभ को कसनेवाले स्वादवाला। ~**पन** (पु०) कसैले होने की अवस्था (जैसे-आँवले का कसैलापन)

कसैली–(स्त्री०) सुपारी

कसोरा–(पु०) 1 मिट्टी का प्याला या कटोरा 2 कटोरा

कसौटी–(स्त्री०) 1 सोना परखने का एक काला पत्थर (जैसे-कसौटी पर परखना) 2 परख, जाँच

कस्टडी–*अं०* (स्त्री०) संरक्षा

कस्टम अफसर–*अं०* (पु०) सीमा शुल्क अधिकारी

कस्टम कर–*अं० + सं०* (पु०) सीमाशुल्क

कस्टमर–*अं०* (पु०) ग्राहक, क्रेता

कस्टम हाउस–*अं०* (पु०) चुंगी घर

कस्तूर, कस्तूरा–(पु०) 1 कस्तूरी मृग 2 कस्तूरी के समान एक सुगंधित पदार्थ

कस्तूरिया–(वि०) 1 कस्तूरी का 2 जिसमें कस्तूरी हो 3 कस्तूरी के रंग का, मुश्की

कस्तूरी–*सं०* (स्त्री०) नर हरिण की नाभि के पास की थैली में पाया जानेवाला एक सुगंधित पदार्थ। **~मृग** (पु०) ऐसा हरिण जिसके नाभि के पास की थैली में कस्तूरी पाई जाए
क़स्द–*अ०* (पु०) 1 इरादा 2 संकल्प 3 इच्छा
क़स्बा–*अ०* (पु०) = क़सबा
क़स्मिया–*अ०* (क्रि० वि०) शपथपूर्वक
क़स्साब–*अ०* (पु०) क़साई। **~खाना** + *फ़ा०* बूचड़खाना
क़स्साबी–*अ०न1* + *फ़ा०* (स्त्री०) कसाई का काम
कस्सी–(स्त्री०) 1 ज़मीन नापने की रस्सी 2 ज़मीन की नाप
क़हक़हा–*अ०* (स्त्री०) खिलखिलाकर हँसना, अट्टहास। ~दीवार (स्त्री०) चीन की प्रसिद्ध दीवार
कहगिल–(स्त्री०) मिट्टी में घास-भूसा मिलाकर बनाया गया गारा
क़हत–*अ०* (पु०) अकाल, दुर्भिक्ष। **~ज़दा** + *फ़ा०* (वि०) अकाल पीड़ित; **~साली** + फ़ा० (स्त्री०) दुर्भिक्ष, अकाल के दिन
कहन–(पु०) 1 कथन 2 वचन 3 कहावत
कहना-I (स० क्रि०) 1 उच्चारण करना, बोलना (जैसे-राम राम कहना) 2 भाव व्यक्त करना (जैसे- उपदेश कहना, संदेश कहना) 3 आज्ञा देना (जैसे-नौकर से काम करने को कहना) 4 बयान करना (जैसे-कहानी कहना) 5 बहकाना (जैसे-कहने में आना) II (पु०) 1 कथन 2 आदेश, आज्ञा (जैसे-कहना मानना) **~बदना** (स० क्रि०) 1 प्रतिज्ञा करना 2 निश्चय करना; **~सुनना** (स० क्रि०) बातचीत करना, वार्तालाप करना; **~सुनाना** (स० क्रि०) आज्ञा सुनाना
कहनावत–(स्त्री०) 1 कहावत 2 कथन
कहनी, कहनूत– *बो०* (स्त्री०) = कहनावत
क़हर–*अं०* (पु०) 1 संकट, आपत्ति 2 गुस्सा, क्रोध 3 अत्याचार। **~करना** अत्याचार करना, अनर्थ करना; **~टूटना** भीषण संकट आना; **~ढाना, ~तोड़ना** गुस्से में किसी के प्रति कुछ भयानक कर बैठना जिससे वह बहुत बड़े संकट में फँस जाए
कहल–*बो०* (पु०) 1 अत्यधिक गरमी, उमस 2 कष्ट 3 संताप
कहलवाना, कहलाना–I(स० क्रि०) 1 संदेश भेजना 2 उच्चारण कराना II (अ० क्रि०) पुकारा जाना
कहवा–*अ०* (पु०) एक पेड़ का बीज जिसे भूनकर दूध, शक्कर मिलाकर पेय पदार्थ बनाया जाता है, चाय-काफ़ी। **~खाना** + *फ़ा०* कहवे की दुकान
कहाँ–(क्रि० वि०) किस जगह (जैसे-आप कहाँ गए थे) **~का** 1 कैसा 2 कैसा बड़ा 3 व्यर्थ का; **~का कहाँ** कहां से कहां; **~की बात** कैसी अनहोनी बात
कहा–(पु०) 1 कहना 2 आदेश 3 सलाह। **~कही** I (स्त्री०) उत्तर-प्रत्युत्तर II (अ० क्रि०) कहना-सुनना। **~सुना** (पु०); **~सुनी** (स्त्री०) असंगत व्यवहार
कहाना–(अ० क्रि०/स० क्रि०) = कहलाना
कहानी–(स्त्री०) 1 मनगढ़ंत बात 2 कथा। **~कार** + *सं०*; **~लेखक** + सं० (पु०) कहानी लिखनेवाला; **~संग्रह** + *सं०* (पु०) कथा-संकलन
कहार–(पु०) डोली ढोने और पानी भरने का काम करनेवाला
कहावत–(स्त्री०) 1 मसल, लोकोक्ति 2 कथन 3 भेजा हुआ संदेश
कहीं–(क्रि० वि०) 1 किसी जगह 2 दूसरी जगह। **~का** 1 किसी जगह का 2 न जाने कहाँ का
काँइयाँ–(वि०) 1 चालाक 2 धूर्त
काँकरी–(स्त्री०) छोटा कंकड़
काँ-काँ–(पु०) 1 कौए के बोलने का शब्द 2 शोरगुल 3 निरर्थक वार्तालाप
कांक्षनीय–*सं०* (वि०) चाहने योग्य
कांक्षा–*सं०* (स्त्री०) इच्छा, चाह, आकांक्षा
कांक्षित–*सं०* (वि०) चाहा हुआ, इच्छित
कांक्षी–*सं०* (वि०) इच्छा करनेवाला, इच्छुक
काँख–(स्त्री०) बाहुमूल के नीचे का गड्ढा, बगल
काँखना–(अ० क्रि०) 1 ज़ोर से दबने से आह ध्वनि निकलना 2 कठिन परिश्रम का काम करते समय उक्त ध्वनि का प्रस्फुटन
काँखासोती–(स्त्री०) जनेऊ की कंधे पर दुपट्टा रखने का एक तरीक़ा
काँगड़ी–(स्त्री०) दस्तेदार कश्मीरी अँगीठी
कांग्रेस–*अं०* (स्त्री०) 1 विचार-विमर्श करनेवाली महासभा। 2 भारतवर्ष की राष्ट्रीय महासभा ~जन + *सं०* (पु०) कांग्रेस कार्यकर्ता; **~दल** + *सं०* (पु०) = कांग्रेस; **~पक्षी** + (*सं०* (वि०) कांग्रेस की तरफ़ का; **~मैन** (पु०) = कांग्रेस कर्मी; **~वादी** + *सं०* (वि०) कांग्रेस के नियम एवं सिद्धांतों को माननेवाला; **~शासन** + *सं०* (पु०) कांग्रेस पार्टी की सरकार
कांग्रेसाध्यक्ष–अं० + सं० (पु०) कांग्रेस के सभापति
कांग्रेसी–*अं० + हिं०* (वि०) = 1 कांग्रेसवादी 2 कांग्रेसकर्मी
कांच–I (पु०) शीशा (जैसे-काँच उद्योग) II (स्त्री०) 1 गुदा का भीतरी भाग 2 काछ। **~निकलना** 1 गुदा चक्र का बाहर निकल आना 2 कष्ट होना
कांचन–सं० I (पु०) 1 सोना 2 चमक 3 धतूरा II (वि०) 1 उत्तम 2 सुनहरा
कांचनी–*सं०* (स्त्री०) 1 गोरोचन 2 हल्दी
कांची–*सं०* (स्त्री०) 1 करधनी 2 मेखला 3 घुँघची
काँचू–I (वि०) जो काँच की तरह भंगुर हो II (वि०) 1 जिसे काँच का रोग हो 2 कच्चा 3 कायर
काँछना–I (स० क्रि०) = काछना II (स० क्रि०) 1 सँवारना 2 पहनना
काँजी–(स्त्री०) 1 सिरका में नमक, राई आदि के मिश्रण से तैयार खट्टा पेय पदार्थ 2 मट्ठा, दही का पानी 3 फटा हुआ दूध
काँजी-हाउस–*अं०* (पु०) मवेशीखाना
काँटा–(पु०) 1 पेड़ पौधों की टहनियों में सूई के आकार की वस्तु 2 लोहे की कँटिया 3 कुएँ से गिरी बाल्टी निकालने के प्रयोग में आनेवाला अँकुसों का समूह 4 तराजू की डाँड़ी में बिल्कुल मध्य बिंदु पर लगी सुई। **~चूहा** (पु०) ऐसा जानवर जिसकी पीठ पर छोटे -छोटे काँटे जमे होते हैं, साही; ~निकालना 1 मन का दुःख दूर होना 2 बाधा दूर हो जाना; **~होना** 1 अत्यधिक दुर्बल होना 2 बाधा पहुँचाना; **काँटे की तौल** सही तौल; **काँटे पड़ना** प्यास से गला सूखना;

काँटे बोना विघ्न पैदा करना; **राह में काँटे बिछाना** रोड़े अटकाना, बाधा उत्पन्न करना; **काँटे बोना** 1 निंदा करना 2 अनिष्ट का कारण बनना; **काँटो पर लोटना** 1 तड़पना, व्याकुल होना 2 कष्ट भोगना 3 ईर्ष्या से जलना; **काँटों में घसीटना** 1 संकट में डालना 2 लज्जित करना (जैसे-अनायास मेरी प्रशंसा करके आप मुझे काँटों में घसीटना चाहते हैं)

काँटी–(स्त्री०) 1 छोटा काँटा 2 छोटी कँटिया

काँटेदार–हिं + फ़ा० (वि०) काँटोवाला (जैसे-काँटेदार तार)

कांड–*सं०* (पु०) 1 खंड, भाग 2 ग्रंथ का अध्याय (जैसे-बालकांड, उत्तरकांड) 3 गुच्छा 4 समूह 5 पोरी 6 घटना (जैसे-हत्याकांड, अग्निकांड)। **~त्रय** (पु०) वेदों के तीन भाग (ज्ञान, कर्म और उपासना); **~भंग, ~भग्न** (पु०) हड्डी का टूट जाना

कांडिका–*सं०* (स्त्री०) पुस्तक का कोई भाग

काँडी–(स्त्री०) 1 छाजन में लगनेवाली बल्ली 2 अरहर की सूखी लकड़ी 3 लंगर में लगी लोहे की लंबी-मोटी छड़ 4 भूमि में बना गड्ढा

कांत–I *सं०* (वि०) 1 सुंदर 2 प्रिय और रुचिकर 3 कोमल एवं मनोहर II (पु०) 1 प्रेमी 2 पति, स्वामी। **~पाषाण** (पु०) चुंबक पत्थर

कांता–*सं०* (स्त्री०) 1 सुंदर स्त्री 2 पत्नी, भार्या 3 प्रेमिका

कांतार–*सं०* (पु०) 1 भीषण जंगल 2 भयानक उजाड़ 3 विकट मार्ग

कांति–सं० (स्त्री०) 1 सौंदर्य 2 चमक, आभा (जैसे-स्वर्णिम कांति)। **~कर** (वि०) कांति बढ़ानेवाला; **~मय, ~मान** (वि०) 1 कांतियुक्त 2 चमकदार

काँदला–I (वि०) गँदला, मैला II (पु०) 1 कीचड़ 2 मैल

कांदव–*सं०* (पु०) कड़ाही में पकाई चीज़

कांदविक–*सं०* (पु०) 1 भड़भूँजा 2 हलवाई

काँदा–(पु०) प्याज़

काँदू–(पु०) बनियों की एक उपजाति

काँदो–(पु०) कीचड़, पंक

काँप–(पु०) 1 बाँस की पतली तीली 2 कान में पहनने का आभूषण

काँपना–(अ० क्रि०) 1 लरजना 2 थरथराना

कांफ़्रेंस–*अं०* (स्त्री०) सम्मेलन (जैसे-नवयुवक कान्फ़्रेंस)

काँय-काँय–(स्त्री०), **काँव-काँव**– (पु०) 1 कौए के बोलने का शब्द 2 कर्कश ध्वनि 3 बेतुका बोलना (जैसे-काँय-काँय मत करो)

काँवर–*बो०* (स्त्री०) बाँस की बनी बड़ी तराजू जिसे कंधे पर रखकर लोग तीर्थयात्रा करते थे/हैं, बहँगी

काँवरा–*बो०* (वि०) 1 घबराया हुआ, भौंचक्का 2 परेशान, बेचैन

काँवरिया–(पु०) काँवर लेकर चलनेवाला व्यक्ति

काँस–(पु०) शरद ऋतु में फूलनेवाली घास। **~में तैरना** 1 इधर उधर भटकना 2 संकटपूर्ण स्थिति; **~में फँसना** संकट में पड़ना

कांसल, कांसुल–*अं०* (पु०) वाणिज्यदूत **~जनरल** (पु०) महावाणिज्यदूत

काँसा–I (वि०) सबसे छोटा, कनिष्ठ (जैसे-काँसा भाई) II (पु०) ताँबा एवं जस्ता के संयोग से बनी एक धातु, कसकुट III (पु०) भीख माँगने का खप्पर। **~गर** + *फ़ा०* (पु०) काँसे का काम करनेवाला, कसेरा

काँसार–*बो०* (पु०) = काँसागर

कांस्टेबुल–*अं०* (पु०) सिपाही

कांस्य–I *सं०* (वि०) काँसे का बना हुआ II (पु०) काँसा, कसकुटा; **~कार** (पु०) = काँसागर; **~युग** (पु०) प्रस्तर युग के बाद का युग, ताम्रयुग

का–I (प्रत्यय) षष्ठी विभक्ति का चिह्न जो संबध सूचक होता है (जैसे-छोटी उम्र का लड़का मनुष्य का शरीर आम का पेड़), II (अ०) क्या (जैसे तुम का करत रहो, का करिबो)

काई–(स्त्री०) 1 सीलयुक्त पत्थर पर जमने वाली बारीक रेशे जैसी घास (जैसे-काई पर पैर फिसल गया) 2 जमी हुई मैल (जैसे बर्तन की काई) 3 अत्यधिक दरिद्रावस्था (जैसे-काम करने से ही घर की काई समाप्त होगी) 4 मलीनता (जैसे-मन की काई)

काउंसिल–*अं०* (स्त्री०) परिषद्

काक–*सं०* (पु०) कौआ पक्षी। **~गोलक** (पु०) कौवे की पुतली **~चेष्टा** कौवे के समान चौकन्ना रहना; **~दंत** (पु०) 1 कौए का दाँत 2 अनहोनी बात; **~पक्ष** (पु०) कनपटियों पर लटकनेवाले पट्टे; **~पद** 1 छूटे हुए शब्दों के लिए चिह्न इसका रूप है 2 हींग का एक दोष; **~वंध्या** (स्त्री०) एक संतान को जन्म देकर बांझ हो जानेवाली स्त्री **~भुशंडि** (पु०) राम का एक भक्त जो शापवश कौआ बना; **~रव** I (वि०) कायर, डरपोक II (पु०) 1 कौए का शोर 2 हल्ला-गुल्ला, शोरगुल;

काकतालीय–*सं०* (वि०) संयोगवश तथा सहसा हो जानेवाला

काकपिट–*अं०* (पु०) वायुयान में चालक के बैठने की सीट

काकरेज़–*फ़ा०* (पु०) बैंगनी, काले एवं लाल रंग का

काकरेज़ा–*फ़ा० + हिं० (पु०) काकरेज़ रंग का कपड़ा*

काकरेज़ी–I +*फ़ा०* (वि०) काकरेज़ रंग का II (पु०) काकरेज़ रंग

काकल–*सं०* (पु०) 1 कंठमणि 2 कौआ 3 टेंटुआ

काकली–*सं०* (स्त्री०) 1 मधुर और प्रिय ध्वनि 2 एक वाद्य

काका–I (पु०) 1 पिता का छोटा भाई, चाचा 2 छोटा बच्चा II (स्त्री०) 1 काकजंघा 2 काकोली 3 घुंघची

काकातुआ–(पु०) बड़ा तोता जिसके सिर पर चोटी होती है

काकी–I (स्त्री०) 1 काका की पत्नी, चाची 2 छोटी लड़की II (स्त्री०) मादा कौआ

काकु–*सं०* (पु०) 1 भाव की दृष्टि से ध्वनि में भेद होना 2 वक्रोक्ति अलंकार का एक भेद होना 2 वक्रोक्ति एक भेद जिसमें ध्वनि भेद के बदलने से अर्थ बदल जाता है 3 व्यंग्य, चुटीली बात

काकुद–*सं०* (पु०) तालू

काकुल–*फ़ा०* (पु०) कनपटी पर लटकते हुए बाल, जुल्फ़ें

काकोलूकीय–*सं०* (पु०) कौवे उल्लू का सहज वैर

काग–(पु०) कौआ, वायस

काग–*अं०* (पु०) कार्क (जैसे-बोतल का काग बंद कर देना)

काग़ज़–*फ़ा०* (पु०) 1 लिखने के काम आनेवाला एक पदार्थ जिसे सन, बाँस एवं लुगदी आदि को गलाकर बनाया जाता है

2 आवश्यक लेख 3 दस्तावेज़ (जैसे-मकान के रजिस्टरीवाले काग़ज़ ले आना) 4 समाचार पत्र। ~**क़लम** + *अ०* (पु०) लिखने-पढ़ने का सामान; ~**पत्तर** + *हिं०* (पु०) = काग़ज़ात; ~**पत्र** + *सं०* (पु०) दस्तावेज़; ~**काला करना** व्यर्थ की बातें लिखना; ~**की नाव** अस्थायी एवं अस्थिर; ~**के घोड़े दौड़ाना** 1 पत्र-व्यवहार करना 2 काग़ज़ी कार्रवाई करना

काग़ज़ात–*फ़ा०* + *अ०* (पु०) काग़ज़ पत्र

काग़ज़ी–*फ़ा०* (वि०) 1 काग़ज़ का बना हुआ 2 काग़ज़ पर लिखा जानेवाला (जैसे-काग़ज़ी बयान)

कागद–*फ़ा०* (पु०) = काग़ज़

कागा–(पु०) कौआ (जैसे-कागा सब तन खाइयो)। ~**रोल** (पु०) हल्ला-गुल्ला, शोरगुल

काच–*सं०* (पु०) शीशा। ~**मणि** (पु०) स्फटिक, पत्थर की सिला

काचीय–*सं०* (वि०) 1 काँच का 2 काँच से बना

काछ–(पु०) 1 पेड़ू और जाँघ तथा उसके नीचे का स्थान 2 धोती का छोर जिसे जाँघों के बीच से ले जाकर पीछे खोंसते हैं (काछ बांधना) 3 कच्छा। ~**काछना** भेस बनाना

काछना–I (स० क्रि०) 1 खोंसना (जैसे-धोती काछना) 2 सँवारना 3 भेस धारण करना II (स० क्रि०) तरल पदार्थ को हाथ से एकत्र करना (जैसे-ज़मीन पर गिरा तेल काछना)

काछनी–(स्त्री०) 1 धोती पहनने की ऐसी विधि जिसमें दोनों लाँगें पीछे खोंसी जाती हैं 2 छोटी धोती

काछा–(पु०) = 1 काछ 2 लाँग। ~**कसना** कार्य के लिए तैयार होना; ~**खोलना** 1 साहस खो देना 2 संभोग करना; ~**लगना** रगड़ से काछ के आस पास घाव हो जाना

काछी–I (पु०) सब्जियाँ बोने एवं बेचने का काम करनेवालों की एक जाति, कोयरी II (वि०) कच्छी

काज–(पु०) 1 कार्य, काम (जैसे-काज सँवारना, काज पूरा करना) 2 प्रयोजन 3 व्यवसाय, व्यापार

काज–(पु०) सिले हुए कपड़ों में बटन फँसाने के लिए किए गए छेद (जैसे-काज-बटन)

काजल–(पु०) आँखों में लगाया जानेवाला एक पदार्थ, अंजन। ~**की कोठरी** ऐसा दूषित स्थान जहाँ आने-जाने से कलंक लगना अवश्यंभावी हो; ~**पारना** काजल एकत्र करना

काजी–I (वि०) कामवाला, काम II (पु०) काम-धंधा करनेवाला

काज़ी–*अ०* (पु०) 1 इस्लाम धर्म के अनुसार धार्मिक विवादों का निर्णय करनेवाला व्यक्ति 2 विचारक 3 मौलवी। ~**जी दुबले क्यों शहर के अंदेशे से** व्यर्थ की बातों को सोचकर चिंतामग्न होना, निरर्थक चिंता करना

काजू–(पु०) एक मेवा। ~**भोजू** (वि०) दुर्बल एवं साधारण वस्तु जिससे कुछ ही समय तक साधारण कार्य लिया जा सकता हो, साधारण एवं अल्पकालिक वस्तु

काट–(स्त्री०) 1 काटने का काम (जैसे-सब्जी काट दो) 2 काटने की विधि (जैसे-दर्जी की काट अच्छी है) 3 कपटपूर्ण आचरण, चालबाजी 4 पेंच का तोड़ 5 ज़ख्म में होनेवाली छरछराहट (जैसे-अधिक तूतिया घाव काट देगा) 6 किसी ग़लत अंश को काटने के लिए खींची जानेवाली रेखा (जैसे काट का चिह्न)। ~**कपट** (पु०) कपटपूर्ण युक्ति; ~**कूट** (स्त्री०) 1 घटाना-बढ़ाना (जैसे-लेख काट-कूटकर सही कर दो) 2 संशोधन; ~**छांट** (स्त्री०) 1 काटने-छाँटने का भाव, कतर-ब्योंत 2 सुधार (जैसे-मसौदे की काट छाँट)

काटन–*बो०* (स्त्री०) कतरन

काटन–*अं०* (पु०) कपास

काटना–(स० क्रि०) 1 टुकड़े करना (जैसे-सब्जी काटना, फल काटना) 2 अलग करना (जैसे-अनुचित बर्ताव के कारण उसका नाम पार्टी से काटना पड़ा) 3 छरछराहट पैदा करना 4 कतल करना (जैसे-जल्लाद ने मुजरिम को घात लगाकर काट दिया) 5 डोर काटना (जैसे-पतंग काटना, दाँत से चोट करना) 6 कम करना (जैसे-कपड़े का थान काटना) 7 रद्द करना (जैसे-उपाधि काटना) 8 खंडन करना (जैसे-मत एवं विचार काटना) 9 गुज़ारना (जैसे-समय काटना) 10 पार करना (जैसे-बिल्ली ने रास्ता काट दिया)। ~**काट खाना** 1 डँसना 2 डंक मारना; **काटने (को) दौड़ना** अत्यधिक क्रोध में बोलना, हिंसा पर उतारू होना; **काटो तो खून नहीं** अनिष्ट घटना आदि के कारण स्तब्ध हो जाना

काट-फाँस–(स्त्री०) 1 अलग करने एवं फँसाने का भाव 2 छलपूर्ण युक्तियाँ, चालबाज़ी

कादू–(वि०) 1 काट खानेवाला 2 चिड़चिड़ा

काटेज–*अं०* (पु०) झोंपड़ी

काठ–(पु०) 1 लकड़ी 2 ईंधन। ~**कबाड़** (पु०) काठ की रद्दी काठ की टूटी-फूटी वस्तुएं; ~**कोयला** (पु०) लकड़ियाँ जलाकर तैयार किया जानेवाला कोयला; ~**का उल्लू** निरा मूर्ख, वज्र मूर्ख; ~**का घोड़ा** 1 बैसाखी 2 टिकठी; ~**की हांडी** दिखावटी चीज़, अस्थायी उपयोग की वस्तु; ~**मारना** 1 काठ की बेड़ी पहनना 2 रोक लगाना; ~**में पाँव देना** जान बूझकर संकट में पड़ना; ~**होना** काम के अयोग्य होना, निर्जीव होना

काठा–(वि०) काठ से निर्मित

काठिन्य–*सं०* (पु०) 1 कठिनता 2 कड़ापन

काठी–(स्त्री०) 1 वह जीन जिसमें नीचे काठ लगता रहता है 2 शारीर की बनावट, शरीरिक गठन 3 लकड़ी

काड–*अं०* (स्त्री०) एक प्रकार की मछली। ~**लिवर आयल** (पु०) कॉड मछली का तेल

काढ़ना–(स० क्रि०) 1 निकालना 2 बेल-बूटे बनाना 3 छानना 4 उरेहना 5 उधार लेना

काढ़ा–पु०) औषधियों को उबालकर निकाला गया रस, जोशांदा

कात–(पु०) 1 भेड़ों के बाल काटने की कैंची 2 मुर्गे के पैर का काँटा

कातना–(स० क्रि०) 1 तकली में सूत निकालना 2 सन से सुतली बनाना

कातर–*सं०* (वि०) 1 भयभीत 2 डरपोक 3 अधीर 4 उद्विग्न, परेशान, व्याकुल। ~**ता** (स्त्री०) 1 अधीरता 2 बेचैनी 3 उद्विग्नता

कातर–(पु०) 1 घड़नैल 2 एक प्रकार की बड़ी मछली 3 कोल्हू

में वह स्थान जो साथ-साथ घूमता है और उस पर बैठा आदमी बैल को हाँकता है

कातर्य–*सं०* (पु०) कातरता

काता–(पु०) 1 कता हुआ सूत, डोरा 2 बाँस छीलने की अर्द्ध चंद्राकार छुरी, बाँक

कातिक–(पु०) कार्तिक मास

कातिब–*अ०* (पु०) 1 लिखनेवाला 2 दस्तावेज़ आदि लिखने का व्यवसाय करनेवाला

क़ातिल–*अ०* (वि०) 1 हत्या करनेवाला हत्यारा 2 अत्यधिक घातक

क़ातिलाना–(अ० + फ़ा०) (वि०) प्राणघातक, जानलेवा (जैसे-क़ातिलाना हमला)

काती–(स्त्री०) 1 कैंची 2 चाकू, छुरी 3 कत्ती

काथिक–*सं०* (पु०) कहानियाँ लिखने व सुनाने वाला

कादंब–I *सं०* (पु०) कदंब का फल II (वि०) 1 कदंब संबधी 2 समूह से संबद्ध

कादंबरी–*सं०* (स्त्री०) 1 शराब 2 कोकिला 3 मैना 4 बाणभट्ट की रचना

कादंबिनी–*सं०* (स्त्री०) मेघमाला 2 मेघ राग की एक रागिनी

कादर–(वि०) = कातर (सं०)

क़ादिर–*अ०* (वि०) 1 शक्तिशाली और समर्थवान 2 भाग्यवान

कान–(पु०) श्रवण इंद्रिय, कर्ण। ~**उठाना** 1 चौकन्ना होना 2 आहट लेना; ~**उड़ना** शोरगुल से परेशान होना; **उमेठना,** ~**ऐंठना** 1 दंड देने के लिए कान का मरोड़ना 2 कान पकड़ना; ~**कतरना,** ~**काटना** धूर्तता में बढ़ जाना; ~**करना** सुनना; ~**का कच्चा** सुने हुए पर विश्वास कर लेनेवाला; ~**खड़े करना,** ~**खड़े होना** सतर्क रहना; ~**खाना** शोर-गुल से कष्ट पहुँचाना; ~**खुलना** सजग होना; ~**खोलना** सावधान करना; ~**गरम करना** कान उमेठना; ~**दबाना** विरोध न करना; ~**देना** ध्यान देना; ~**धरना** 1 ध्यान से सुनना 2 कान उमेठना; ~**न दिया जाना** 1 शोर के मारे सुनाई न देना 2 अत्यधिक हल्ले-गुल्ले से कष्ट होना; ~**न हिलाना** 1 चूँ न करना 2 रत्ती भर भी विरोध न करना; ~**पकड़कर निकाल देना** अनादरपूर्वक बाहर निकालना; ~**पकड़ना** 1 ग़लती स्वीकार करना 2 भविष्य के लिए सतर्क हो जाना; ~**पड़ी आवाज़ सुनाई न देना** शोरगुल के कारण कान में पड़ी बात सुनाई न देना; ~**पर जूँ न रेंगना** 1 कुछ भी परवाह न करना 2 कोई प्रभाव न पड़ना; ~**फूँकना** 1 दीक्षा देना 2 बहकाना ~**पर हाथ धरना** कुछ न सुनना; ~**भर जाना** सुनते सुनते ऊब जाना; ~**भरना** चुगली करना; ~**में कौड़ी डालना** गुलाम बनाना; ~**में डाल देना** सुना देना; ~**में तेल, रुई डालना** 1 बहरा बन जाना 2 ध्यान न देना; ~**से लगना** 1 कान से लगकर धीरे-धीरे कुछ कहना 2 चुपके-चुपके कान भरना; ~**लगाना** ध्यान से सुनना;, निंदा करना ~**होना** दूसरों की बातों पर ध्यान देना; ~**कानों-कान ख़बर न होना** कुछ भी पता न चलना; **कानों पर हाथ धरना** अनजान बनना

कानक–*सं०* (वि०) 1 सोने का बना हुआ 2 सुनहला

कानन–*सं०* (पु०) बड़ा जंगल, घना वन

काना–I (वि०) काना II (वि०) 1 दाग़ी 2 कीड़ा खाया हुआ III (वि०) टेढ़, तिरछा IV (पु०) चौसर के पास की बिंदी। ~**कुतरा** (वि०) 1 रद्दी (जैसे ~ कुतरा फल) 2 विकलांग और कुरूप (जैसे-काना कुतरा लड़का)

काना-कानी, काना फूसी, काना बाती–(स्त्री०) कान में धीरे से कही जानेवाली बात, फुसफुसाहट, अस्फुट ध्वनि

कानी–(वि०/स्त्री०) 1 एक आँख वाली 2 फूटी हुई आँख 3 सबसे छोटी

कानीन–I *सं०* (पु०) अविवाहिता स्त्री का पुत्र II (वि०) अविवाहिता स्त्री से उत्पन्न

कानून–*अ०* (पु०) राज नियम, विधान, विधि (जैसे-कानून अमल में लाना)। ~**गो** + *फ़ा०* (पु०) विधिज्ञ; ~**भंग** + सं० (पु०) कानून तोड़ना, कानून अवज्ञा, विधि उल्लघंन ~**संरक्षक** + सं० (वि०) कानून की रक्षा करनेवाला; ~**छाँटना** व्यर्थ की हुज्जतबाज़ी करना

कानूनन–*अ०* (क्रि० वि०) कानून के मुताबिक नियमतः

कानूनियत–*अ०* (स्त्री०) कानूनीपन

कानूनिया–*अ० + हि०* (वि०) 1 कानून छाँटने वाला 2 हुज्जत करनेवाला

कानूनी–*अ०* (वि०) 1 क़ानून से संबद्ध 2 कानून का 3 कानून बघारनेवाला

कान्फ्रेंस–*अं०* (स्त्री०) सम्मेलन

कापटिक–*सं०* (वि०) कपट करनेवाला, कपटी

कापरप्लेट–*अं०* (पु०) ताँबे की तश्तरी

कापालिक–*सं०* (पु०) वामाचारी, तांत्रिक

कापिल–I *सं०* (वि०) 1 कपिल संबंधी 2 कपिल काव्य का अनुयायी 3 भूरा II (पु०) 1 सांख्य दर्शन 2 भूरा रंग

कापी–*अं०* (स्त्री०) 1 नकल 2 सादे काग़ज़ की बही, अभ्यास पुस्तिका। ~**नवीस** + फा० (पु०) लेख की नकल करनेवाला; ~**राइट** (पु०) प्राप्त अधिकार, सर्वाधिकार

कापुरुष–*सं०* (पु०) कायर, नीच, कुत्सित पुरुष

कापोत–*सं०* (वि०) कबूतर के रंग-सा

क़ाफ़–*अ०* (पु०) 1 अरबी-फ़ारसी वर्णमाला का एक अक्षर 2 काकेशस पर्वत

क़ाफ़िया–*अ०* (पु०) तुक, अंत्यानुप्रास। ~**बंदी** + फ़ा० (स्त्री०) क़ाफ़िय मिलाना, तुक मिलाना

क़ाफ़िर–*अ०* (वि०) 1 जो खुदा और कुरआन को न मानता हो, नास्तिक 2 उत्पाती, उपद्रवी (जैसे-काफ़िर हुस्न)

क़ाफ़िला–*अ०* (पु०) पैदल यात्रियों का समूह

काफ़ी–*अ०* (वि०) 1 बहुत 2 पर्याप्त

काफी–*अं०* कहवा

काफ़ूर–*फ़ा०* (पु०) कपूर। ~**होना** 1 उड़ जाना 2 गायब हो जाना

काफ़ूरी–*फ़ा०* (वि०) 1 कपूर का बना हुआ 2 कपूर के रंग का

काबर–I (वि०) चितकबरा II (स्त्री०) दोमट, खाभर

काबला–(पु०) बड़ा पेच, बोल्ट

काबा–*अ०* (पु०) मक्का की प्रसिद्ध मस्जिद जहाँ मुसलमान हज करने जाते हैं

क़ाबिज़–*अ०* (वि०) 1 कब्ज़ा करनेवाला 2 भोक्ता 3 *चि०* कब्ज़ियत करनेवाला

क़ाबिल–*अ०* (वि०) 1 योग्य, लायक 2 विद्वान्

क़ाबिलीयत–*अं०* (स्त्री०) 1 योग्यता 2 विद्वत्ता

काबिस–(पु०) 1 लाल रंग की मिट्टी 2 लाल मिट्टी से बना रंग

काबुक–*फ़ा०* (स्त्री०) 1 कबूतरों का दरबा 2 तंदूरी बनानेवाला कपड़े का गद्दा

काबुली–(वि०) 1 काबुल का (जैसे-काबुली चना, काबुली मेवा) 2 काबुल का रहनेवाला

क़ाबू–*फ़ा०* (पु०) 1 अधिकार-वश (जैसे-काबू से बाहर हो जाना, क़ाबू में रखना) 2 ज़ोर (जैसे-उन पर मेरा कोई क़ाबू नहीं है) 3 दाँव (जैसे-क़ाबू पाकर मैने चित कर दिया)

काम–*सं०* (पु०) 1 कामना, इच्छा 2 इंद्रिय सुख की इच्छा 3 संभोग इच्छा। ~**कला** (स्त्री०) 1 मैथुन, रति 2 कामदेव की पत्नी, रति; ~**कूट** I (वि०) 1 कामुक 2 व्यभिचारी II (पु०) 1 कामुकता 2 वेश्यावृत्ति; ~**क्रिया** (स्त्री०) संभोग; ~**चर** (वि०) स्वेच्छाचारी; ~**चार** (पु०) 1 स्वेच्छाचार 2 कामुकता 3 स्वार्थता; ~**चारी** (वि०) 1 स्वेच्छाचारी 2 लंपट, कामुक; ~**ज** (वि०) वासनाजनित; ~**तप्त** (वि०) काम से तपा हुआ; ~**देव** (पु०) काम का देवता, रति-पति, कंदर्प; ~**धुक्** (वि०) मनचाहा फल देनेवाला; ~**धेनु** (स्त्री०) स्वर्ग की गाय जो सभी कामनाओं को पूरा करनेवाली है ऐसा माना गया है ~**परता** (स्त्री०) कामुकता; ~**मद** (पु०) काम का नशा, प्रबल कामेच्छा; ~**लिप्सा** (स्त्री०) कामुकता, कामवासना; ~**लोलुप** (वि०) वासना से पूर्ण; ~**वती** ~**वान्** (वि०) जिसके मन में कामना हो; ~**वाण** (पु०) कामदेव के पाँच बाण, (मोहन, उन्मादन, संतपन, शोषण, निश्चेष्टीकरण) ~**वासना** (स्त्री०) कामेच्छा; ~**शास्त्र** (पु०) काम सबंधी तथ्यों एवं विषयों की जानकारी देनेवाला शास्त्र, कोकशास्त्र ~**सूत्र** (पु०) काम शास्त्र का प्रसिद्ध ग्रंथ

काम–(पु०) 1 कार्य (जैसे-काम करना, काम बिगाड़ना) 2 मतलब (जैसे-मुझे आपसे कुछ काम है) 3 संबंध (जैसे-मेरा इस मामले से कोई काम नहीं) 4 स्वार्थ (जैसे-काम सिद्ध हो जाने पर वह पहचानना भूल गया) 5 नौकरी। ~**काज** (पु०) काम धंधा; ~**काज़ी** (वि०) जिसे अनेक काम करने हों; ~**गार** + *फ़ा०* (पु०) 1 कामदार, कार्याधिकारी 2 मज़दूर; ~**चलाऊ** (वि०) जिससे काम निकल जाए; ~**चोर** (वि०) काम से जी चुरानेवाला, आलसी, निकम्मा; ~**चोरी** (स्त्री०) निकम्मापन; ~**दानी** (स्त्री०) 1 सलमे-सितारे का काम 2 बेल-बूटेदार कपड़ा; ~**दार** + फ़ा० I (वि०) जिस पर सितारे, कसीदे आदि का काम हुआ हो (जैसे-कामदार टोपी) II (पु०) प्रधान कर्मचारी, कारिंदा; ~**दिलाऊ** (वि०) काम दिलानेवाला, काम पर लगानेवाला; ~**धंधा**, ~**धाम** 1 काम-काज 2 रोज़गार, व्यवसाय; ~**बाढ़** (स्त्री०) अत्यधिक काम, अनेक काम। ~**आना** 1 इस्तेमाल होना 2 युद्ध में मारा जाना 3 साथ देना; ~**चलना** 1 काम होना 2 काम का चलते रहना; ~**तमाम करना** 1 काम पूरा करना 2 मार डालना; ~**तमाम होना** 1 काम समाप्त करना 2 मारा जाना; ~ **निकलना** प्रयोजन सिद्ध होना; ~**बनना** प्रयोजन निकलना; ~**रखना** संबंध बनाए रहना; ~**लगना** दरकार होना; ~**होना** मतलब पूरा होना

कामग–*सं०* (वि०) 1 अपनी इच्छानुसार काम करनेवाला स्वेच्छाचारी 2 व्यभिचारी

कामगा–*सं०* (स्त्री०) पुंश्चली, दुराचारिणी स्त्री

कामतः–*सं०* (क्रि० वि०) जान बूझकर, स्वेच्छा से

कामद–*सं०* (वि०) कामना पूरी करनेवाला (जैसे-कामद मणि)

कामदी–*अं०* (कॉमिडी) (स्त्री०) सुखांत रचना

कामन-वेल्थ–*अं०* (पु०) राष्ट्रमंडल

कामना–*सं०* (स्त्री०) अभिलाषा, वांछा

क़ामयाब–*फ़ा०* (वि०) सफल (जैसे-क़ामयाब होना)

क़ामयाबी–*फ़ा०* (स्त्री०) सफलता

कामरेड–*अं०* (पु०) साथी, सहयोगी

कामल, कामला–I +*सं०* (पु०) +*चि०* 1 पीलिया रोग 2 वसंत ऋतु II (वि०) कामुक, कामार्त

कामांध–*सं०* (वि०) अत्यधिक कामातुर

कामा–*अं०* (पु०) लघु विराम, अल्प विराम

कामाक्षी–*सं०* (स्त्री०) कामाख्या, दुर्गा

कामाग्नि–*सं०* (स्त्री०) 1 प्रबल कामेच्छा, तीव्र कामवासना 2 उत्कट प्रेम

कामातुर, कामार्त–*सं०* (वि०) काम वासना से विकल, कामपीड़ित

कामायनी–*सं०* (स्त्री०) 1 श्रद्धा 2 स्त्री

कामायुध–*सं०* (पु०) कामवाण, फूल

कामार्थी–*सं०* (वि०) काम की इच्छा रखनेवाला

कामावेश–*सं०* (पु०) वासना की उत्तेजना

कामित–*सं०* (वि०) इच्छित

कामिनी–*सं०* (स्त्री०) 1 सुंदर स्त्री 2 कामवती

कामिल–*अ०* (वि०) 1 पूरा 2 सब 3 समूचा

कामी–I *सं०* (वि०) कामनायुक्त II (पु०) 1 लंपट पुरुष 2 विषयी

कामुक–*सं०* (वि०) 1 कामी, व्यभिचारी

कामेडी–*अं०* (स्त्री०) सुखांत रचना (विशेषतः नाटक)

कामोत्तेजक, कामोद्दीपक–*सं०* (वि०) काम की इच्छा को तीव्र करनेवाला

कामोद्दीपन–*सं०* (पु०) 1 कामवासना को तीव्र करना 2 कामवासना का तीव्र होना

कामोद्दीप्त–*सं०* (वि०) जिसकी कामवासना भड़काई गई हो

कामोन्माद–*सं०* (पु०) 1 कामवासना की प्रबलता 2 कामवासना के पूरी न होने पर होनेवाला रोग

काम्य–*सं०* (वि०) 1 कामना करने योग्य, इच्छित 2 सुंदर एवं सुखद 3 जिससे कामना की सिद्धि होती हो (जैसे-काम्य धर्म) 4 जो स्वेच्छा से होता हो (जैसे-काम्य मरण)। ~**कर्म** (पु०) फल कामना से किया जानेवाला कर्म; ~**मरण** (पु०) अपनी इच्छा से मरना

काम्या–*सं०* (स्त्री०) 1 कामना 2 प्रयोजन

काम्येष्टि–*सं०* (स्त्री०) कामना सिद्धि हेतु किया जानेवाला यज्ञ (जैसे-पुत्रेष्टि)

काय–*सं०* (पु०) 1 शरीर, देह 2 संघ, समूह 3 मूलधन।

~क्लेश (पु०) शारीरिक कष्ट; ~चिकित्सा (स्त्री०) ऐसी चिकित्सा जिसमें शरीर के सभी अंगों एवं उनसे संबंधित रोगों का विवरण एवं उन रोगों के निवारण पद्धति का विधान दिया गया है;

कायथ–*बो०* (पु०) = कायस्थ

क़ायदा–*अ०* (पु०) 1 नियम 2 ढंग, तरीका 3 विधान। **~कानून** तौर-तरीका

कायफल–(पु०) एक वृक्ष जिसकी छाल दवारूप में प्रयोग की जाती है

क़ायम–*अ०* (वि०) 1 स्थिर 2 स्थायी 3 ठहरा हुआ। **~मिज़ाज** (वि०) स्थिरचित्त; **~मुक़ाम** (वि०) 1 एवज़ी, स्थानापत्र 2 क़ायम, स्थिर

कायर–(वि०) 1 डरपोक, बुजदिल 2 उत्साहहीन। **~ता** (स्त्री०) 1 उत्साह हीनता 2 डरपोकपन

क़ायल–*अ०* (वि०) 1 मान लेनेवाला 2 निरूत्तर कर देना

कायस्थ–*सं०* (पु०) 1 जीवात्मा 2 परमात्मा 3 कायस्थ जाति

कायांतरण–*सं०* (पु०) आत्मा का दूसरे के शरीर में प्रवेश

काया–(स्त्री०) शरीर, देह। **~कल्प** (पु०) 1 शरीर का जवान हो जाना 2 चोला बदल जाना। **~कल्प करना, ~पलट देना** पूर्णतः रूपांतरित करना, पुराने को नया कर देना

कायापलट–(पु०) 1 बहुत बड़ा परिवर्तन 2 एक शरीर छोड़कर दूसरा शरीर धारण करना

कायिक–*सं०* (वि०) 1 शरीर से संबंधित, दैहिक 2 शरीर से किया हुआ 3 संघ संबंधी

कायिका–*सं०* (स्त्री०) सूद, ब्याज

कायिकी–*सं०* (स्त्री०) शरीर विद्या

कायोत्सर्ग–*सं०* (पु०) शरीर छोड़ना, मरना

कारंधमी–*सं०* (पु०) धातु से सोना बनानेवाला, कीमियागर

कार–*सं०* (पु०) 1 करनेवाला, कर्ता (जैसे-कुंभकार, ग्रंथकार, चित्रकार) 2 क्रिया, काम (जैसे-बलात्कार, अंगीकार) 3 पति, स्वामी

कार–*फ़ा०* (पु०) 1 काम, कार्य 2 समास के अंत में लगकर करनेवाला का अर्थ देना (जैसे-कुंभकार)। **~आज़मूद** (वि०) अनुभवी; **~आमद** (वि०) उपयोगी; **~कुन** (पु०) एजेंट कारिंदा, ~खाना (पु०) 1 काम करने की जगह, उद्योग-स्थल 2 कारोबार; **~गर** (वि०) असर करनेवाला, प्रभावकर; **~गाह** (स्त्री०) कारखाना; **~गुज़ार** (वि०) कार्यकुशल; **~गुज़ारी** (स्त्री०) 1 कर्मठता कर्मण्यता 2 कार्रवाई; **~चोब** (पु०) 1 लकड़ी का चौकठा जिसपर कपड़ा फैलाकर जरदोजी आदि का काम किया जाता है 2 जरदोजी का काम 3 जरदोज; **~चोबी** I (स्त्री०) कशीदे का काम II (वि०) 1 जिसपर कशीदे का काम किया गया हो 2 बेल बूटे बने हुए; **~नामा** (पु०) 1 प्रशंसनीय कार्य 2 कार्यावली 3 करतूत; **~परदाज़** (वि०) 1 काम करनेवाला 2 प्रबंधक; **~परदाज़ी** (स्त्री०) प्रबंध, कारगुज़ारी; **~बार** (पु०) 1 कामकाज 2 रोज़गार, व्यापार; **~बारी** (वि०) 1 कामकाजी 2 रोज़गारी, व्यापारी; **~रोज़गार** (पु०) कारोबार; **~साज़** (वि०) 1 काम बनानेवाला 2 सँवारनेवाला **~साज़ी** (स्त्री०) 1 कार्य की योग्यता 2 चालबाजी

कार–*अं०* (स्त्री०) मोटरकार, मोटरगाड़ी। **~चालक** + *सं०* (पु०) कार चलाने वाला; **~दुर्घटना** + *सं०* (स्त्री०) किसी वस्तु, व्यक्ति आदि से कार का स्थिर या गति अवस्था में टकरा जाना जिससे जान-माल की क्षति हो; **~निर्माता** + *सं०* (पु०) कार बनानेवाला; **~रैली** (स्त्री०) कार दौड़ प्रतियोगिता

कारक–*सं०* (वि०) करनेवाला (जैसे-लाभकारक, हानिकारक)

कारक–*सं०* (पु०) *व्या०* संज्ञा या सर्वनाम की वह स्थिति जो वाक्य में क्रिया के साथ उसका संबंध बतलाती है। **~चिह्न** (पु०) कारक बताने के संकेत (जैसे-उसने, तुमको, किसलिए); **~रचना** (स्त्री०), **~विधान** (पु०) शब्दों को कारक के अनुसार बनाना

कारकीय–*सं०* (वि०) कारक का

कारगाह–(पु०) = करघा

कारटून–*अं०* (पु०) व्यंग्यचित्र। **~निगार** + *फ़ा०* (पु०) व्यंग्यचित्रकार

कारटूनिस्ट–*अं०* (पु०) = कारटून बनानेवाला

कारण–*सं०* (पु०) 1 किसी बात के होने का हेतु, वजह, निमित्त 2 साधन। **~शरीर** (पु०) सूक्ष्म शरीर; **~वश** (क्रि० वि०) कारण से

कारणा–*सं०* (स्त्री०) 1 पीड़ा, वेदना 2 यम-यातना 3 उत्तेजना

कारणिक–I *सं०* (वि०) 1 कारण संबंधी 2 कारण के रूप में होनेवाला II (पु०) 1 विचारक 2 लिपिक 3 परीक्षक। **~ता** (स्त्री०) 1 कारणिक होने की अवस्था 2 कार्य के साथ कारण का संबंध रखनेवाला

कारतूस–*फ़ा०* (पु०) बंदूक आदि में रखकर चलाई जानेवाली धातु। **~पेटी** + *हिं०* (स्त्री०) पेटी जिसमें कारतूस लगे रहते हैं

कारनिस–*अं०* (स्त्री०) 1 दीवार की कँगनी 2 अँगीठी

कारपोरल–*अं०* (पु०) फौज का एक छोटा अधिकारी

कारबन–*अं०* (पु०) हीरे, कोयले आदि में पाया जानेवाला पदार्थ

कारबाइन–*अं०* (स्त्री०) छोटी बंदूक

कारबुरेटर–*अं०* (पु०) कार्बन भारित्र

कारबोनिक–*अं०* (वि०) कार्बन का

कारयिता–*सं०* (पु०) 1 कर्ता 2 सृष्टि करनेवाला

कारयित्री–*सं०* (स्त्री०) कर्त्री, करनेवाली

कार्रवाई–*फ़ा०* (स्त्री०) 1 कार्य संपादन के समय होनेवाली आवश्यक क्रियाएँ 2 कार्यों का विवरण

कारवाँ–*फ़ा०* (पु०) पैदल यात्रियों का समूह, झुण्ड, काफिला

कारस्तानी–*फ़ा०* (स्त्री०) 1 साजिश 2 चालबाजी

कारा–I *सं०* (स्त्री०) 1 बंधन 2 कारागृह, जेल II (वि०) काला। **~गार, ~गृह** (पु०) बंदीगृह, जेलखाना; **~दंड** (पु०) क़ैद की सजा; **~पाल** (पु०) जेल का रक्षक, जेलर; **~भंग** जेल तोड़ना; **~मुक्त** (वि०) जो क़ैद से मुक्त कर दिया गया हो; **~रुद्ध** (वि०) जो कारागार में बंद हो; **~रोधन** (पु०) 1 जेल में बंद होना 2 क़ैद की सज़ा; **~वास** (पु०) जेल में रहने का दंड; **~वासी** (पु०) क़ैदी

कारागारिक–I *सं०* (वि०) कारागार संबंधी II (पु०) कारागार का प्रधान अधिकारी, जेलर

कारामद–*फ़ा०* (वि०) उपयोगी

कारिंदा–*फ़ा०* (पु०) 1 काम करनेवाला, कर्मचारी 2 प्रतिनिधि के रूप में काम करनेवाला व्यक्ति। ~**गीरी** (स्त्री०) कारिंदा का काम

कारिका–*सं०* (स्त्री०) 1 नाचनेवाली स्त्री, नर्तकी 2 श्लोकबद्ध व्याख्या 3 सूक्ष्म विवेचन

कारिख– *बो०* (स्त्री०) = 1 कालिख 2 काजल

कारिडर–कारीडोर *अं०* (पु०) गलियारा

कारिस्तानी–*फ़ा०* (स्त्री०) 1 कार्रवाही 2 चालबाज़ी 3 अनुचित काम

कारी–(प्रत्यय) करनेवाला (जैसे-लाभकारी, क्रांतिकारी) (स्त्री० कारिणी)

कारीगर–*फ़ा०* (पु०) शिल्पी, दस्तकार

कारीगरी–*फ़ा०* (स्त्री०) 1 दस्तकारी 2 शिल्प कौशल

कारु–*सं०* (पु०) 1 कारीगर 2 जुलाहा, बुनकर

कारुणिक–*सं०* (वि०) 1 करुणायुक्त 2 जिसे देखकर मन में दया उत्पन्न हो (जैसे-कारुणिक दृश्य, कारुणिक प्रसंग)

कारुण्य–*सं०* (पु०) करुणा या दया की अनुभूति, दयालुता

कारूँ–*अ०* (पु०) 1 धनी किंतु कृपण व्यक्ति 2 हज़रत मूसा का एक चचेरा भाई

क़ारूरा–*अ०* (पु०) 1 फुँकनी शीशी 2 रोगी का पेशाब, मूत्र 3 बारूद की कुप्पी

कारोंछ–(स्त्री०) = कलौंछ

कारोनर–*अं०* (पु०) लाश की जाँच करनेवाला अधिकारी

कारोबार–*फ़ा०* (पु०) कार्य-व्यापार

कारोबारी–*फ़ा०* (वि०) = कारबारी

कार्क–*अं०* (पु०) डाट, काग (जैसे-बोतल का कार्क बंद करना मत भूलना)

कार्टून–*अं०* (पु०) = कारटून, व्यंग्यचित्र

कार्टेल–*अं०* (पु०) 1 राजनीतिक प्रतिबंध 2 बंदी विनिमय

कार्ड–*अं०* (पु०) 1 मोटे कागज़ का टुकड़ा 2 ताश का पत्ता 3 पोस्टकार्ड। ~**बोर्ड** (पु०) दफ़्ती, गत्ता

कार्डियोग्राम–*अं०* (पु०) हृद्‌गति लेख

कार्डियोलाजिस्ट–*अं०* (पु०) हृदयविज्ञानी

कार्डियोलाजी–*अं०* (स्त्री०) हृदयविज्ञानं

कार्तयुगीन–*सं०* (वि०) सतयुग

कार्तिक–*सं०* (पु०) = कातिक

कार्तिकी–*सं०* (स्त्री०) कातिक मास की पूर्णिमा

कार्तिकेय–*सं०* (पु०) स्कंद

कार्तूस–*फ़ा०* (पु०) = कारतूस। ~**पेटी** + *हिं०* (स्त्री०) = कारतूस पेटी

कार्दमिक–*सं०* (वि०) कीचड़वाला

कार्नफ़्लेक्स–*अं०* (पु०) मक्के का छिलका

कार्नफ़्लोर–*अं०* (पु०) मक्की का आटा

कार्नर–*अं०* (पु०) 1 कोना, कोण 2 गुप्तस्थल

कार्निस–*अं०* (स्त्री०) = कारनिस

कार्पण्य–*सं०* (पु०) कृपणता, कंजूसी

कार्पास–I *सं०* (वि०) कपास का बना हुआ II (पु०) सूती कपड़ा

कार्पेट–*अं०* (पु०) दरी, टाट

कार्पोरेशन–*अं०* (पु०) निगम, नगर महापालिका

कार्बन–*अं०* (पु०) = कारबन

कार्बनिक–*अं०* (वि०) = कारबोनिक

कार्बनिकाम्ल–*अं०* + *सं०* (पु०) कारबोनिक एसिड, कार्बन का अम्ल

कार्बनी–*अं०* + *हिं०* (वि०) = कारबोनिक

कार्म–*सं०* (वि०) 1 कर्म का 2 कर्म रूप में संपन्न होनेवाला 3 कर्मशील

कर्मण्य–*सं०* (पु०) कर्मण्यता

कार्मिक–I *सं०* (पु०) कर्म करनेवाला व्यक्ति, कर्मचारी II (वि०) कर्म में तल्लीन। ~**संघ** (पु०) मज़दूर संघ

कार्मुक–I *सं०* (वि०) कर्मशील II (पु०) 1 धनुष 2 धुनकी

कार्य–*सं०* (पु०) 1 काम 2 धंधा, व्यवसाय 3 धार्मिक कृत्य 4 कर्तव्य 5 परिणाम (जैसे-परिश्रम करने पर कार्य उत्तम होगा) 6 प्रयोजन (जैसे-किसी कार्यवश मुझे दिल्ली जाना है)। ~**कर** (वि०) 1 काम करनेवाला 2 असरदार; ~**कर्ता** (पु०) कर्मचारी (स्त्री० ~**कर्त्री**); ~**कलाप** (पु०) 1 बहुत से कार्य 2 सक्रियता; ~**कारण** (पु०) कार्य और कारण का आपसी संबंध; ~**कारण विपर्यय दोष** (पु०) यह न समझ पाना कि कौन-सी घटना कारण है और कौन-सी कार्य है; ~**कारिता** (स्त्री०) स्थानापन्नता; **कारी** (वि०) 1 स्थापन्न कार्य करनेवाला 2 प्रतिनिधि के तौर पर काम करनेवाला 3 कार्यकर्ता (स्त्री०- ~**कारिणी**); ~**काल** (पु०) कार्य करने का समय; ~**कुशल** (वि०) कार्य में चतुर; ~**कुशलता** (स्त्री०) कार्य की निपुणता; ~**क्रम** (पु०) 1 कार्य किए जाने की सूची (जैसे-कार्यक्रम बनाना) 2 क्रमिक रूप से किया जानेवाला कार्य; ~**क्षम** (वि०) कार्य करने के योग्य; ~**क्षमता** (स्त्री०) कार्य करने की योग्यता; ~**क्षेत्र** (पु०) कार्य करने की अधिकार सीमा; ~**चिंतक** (वि०) 1 सोच-समझकर कार्य करनेवाला 2 प्रबंधक; ~**तत्पर** (वि०) कार्य करने के लिए तैयार एवम् प्रस्तुत; ~**त्यक्त** (वि०) कार्य छोड़नेवाला; ~**दक्ष** (वि०) कार्य में कुशल, कार्यप्रवीण; ~**दर्शन** (पु०) काम की निगरानी; ~**दर्शी** (पु०/वि०) कार्य की देखभाल करनेवाला, निरीक्षक; ~**दायित्व** (पु०) कार्य का जिम्मा; ~**दिवस** (पु०) काम करने के दिन; ~**निपुण** (वि०) = कार्यदक्ष; ~**निर्देश** (पु०) कार्य करने के लिए नियम, ढंग आदि समझाना; ~**निवृत** (वि०) जो कार्य से छुट्टी पा गया हो, त्यागपत्र; ~**पटु** (वि०) = कर्यदक्ष; ~**पद्धति** (स्त्री०) = कार्य प्रणाली; ~**पर** (क्रि० वि०) काम के लिए (जैसे-वह कार्य पर गया); ~**परायण** (वि०) 1 कर्मठ 2 कर्तव्यनिष्ठ; ~**पाल** (पु०) कार्य का पालन करनेवाला व्यक्ति; ~**पालक** (वि०) कार्य का पालन करनेवाला; ~**पालिका** (स्त्री०) संसद द्वारा पारित नियमों या कानूनों का निष्पादन करनेवाला विभाग; ~**पालिका संस्था** (स्त्री०) ऐसी संस्था जो नियम-विधियों का पालन कराने के लिए लोगों को बाध्य करे; ~**पूर्ति** (स्त्री०) कार्य समाप्ति; ~**प्रणाली** (स्त्री०) कार्य करने के तौर-तरीक़े, कार्य करने का ढंग; ~**प्रवीण** (वि०) = कार्यदक्ष, कार्य में निपुण; ~**भार** (पु०) 1 कार्य का दायित्व 2 प्रभार, चार्ज; ~**भारी** (वि०) जिसने दायित्व लिया हो, प्रभारी, इन्चार्ज ~**मग्न** (वि०) कार्य में लगा हुआ;

~मुक्ति नोटिस + अं०, ~मुक्ति सूचना (स्त्री०) बर्खास्त करने का नोटिस; ~रत (वि०) काम में लगा हुआ; ~रूप (पु०) काम का आकार-प्रकार आदि (जैसे-योजना को कार्यरूप देना); ~रूपेण (क्रि० वि०) कार्य रूप में; ~वश (क्रि० वि०) काम के निमित्त; ~वाहक (वि०) अस्थायी, कार्यकारी; ~वाही (स्त्री०) कार्रवाई; ~विधान (पु०) काम के नियम एवं कानून; ~विधि (स्त्री०) 1 कार्य के नियम 2 कार्य करने का ढंग, तरीक़ा; ~विभाजन (पु०) कार्य बाँटना, कार्य अलग-अलग करना; ~विवरण (पु०) कार्य का उल्लेख, कार्य विवेचन; ~विस्तार (पु०) कार्य आकार एवं सीमा, कार्यक्षेत्र; ~वृत (पु०) काम का ब्योरा; ~व्यस्त (वि०) काम में लगा हुआ, कार्यरत; ~व्यापार (पु०) काम-धंधा, व्यवसाय; ~शक्ति (स्त्री०) कार्यक्षमता; ~शील (वि०) कार्य करने की प्रवृत्ति; ~श्रृंखला (स्त्री०) कार्य का क्रम; ~शेष (पु०) बचा हुआ काम; ~शैली (स्त्री०) काम करने की विधि; ~संचालक (पु०) कार्य को गति प्रदान करनेवाला व्यक्ति; ~संचालन (पु०) कार्य को गति प्रदान करना; ~संचालन पूँजी + हिं० (स्त्री०) कार्य संचालन में लगायी गई संपत्ति एवं रुपया पैसा; ~संपादन (पु०) कार्य को पूरा करना; ~समिति (स्त्री०) अधिशासी प्रबंधक कमेटी; ~साधक (वि०) कार्य साधनेवाला; ~साधन (पु०) कार्य साधना, कार्य सँभालना; ~सिद्धि (स्त्री०), ~सूची (स्त्री०) कार्य करने के लिए बनाया गया क्रम एवं उसकी सूची, कार्य की क्रमवार सूची; ~स्थगन प्रस्ताव (पु०) अन्य कार्य को छोड़कर विशेष एवं आवश्यक कार्य पर विचार-विमर्श करने का प्रस्ताव; ~हेतु (पु०) 1 मूल उद्देश्य 2 मूल कारण

कार्यतः–*सं०* (क्रि० वि०) 1 कार्य रूप में 2 फलतः

कार्यवाह–*सं०* (वि०) 1 कार्य वाहक 2 मंत्री

कार्यवाही–I *सं०* (वि०) कार्यभार वहन करनेवाला II (स्त्री०) सभा आदि में हुआ काम, कार्रवाई। ~सार (पु०) किए गए कार्य का निष्कर्ष, निचोड़, संक्षिप्त रिपोर्ट

कार्याकार्य–*सं०* (पु०) कर्तव्य-अकर्तव्य

कार्याक्षम–*सं०* (वि०) कार्य करने के अयोग्य

कार्याधिकारी–*सं०* (पु०) कार्य करानेवाला अधिकारी

कार्याध्यक्ष–*सं०* (पु०) कार्य का प्रधान अधिकारी

कार्यानुक्रम–*सं०* (पु०) कार्य का क्रमबद्ध ब्यौरा

कार्यानुसार–*सं०* (वि०) काम के हिसाब से, कार्य के अनुसार

कार्यान्वय, कार्यान्वयन–*सं०* (पु०) किसी निश्चय को कार्यरूप में बदलना

कार्यान्वित–*सं०* (वि०) 1 व्यवहार में लाया हुआ, कार्यरूप प्राप्त 2 कार्य से संबद्ध

कार्यार्थी–*सं०* (वि०) 1 कार्य की सिद्धि चाहनेवाला 2 प्रार्थना करनेवाला 3 उम्मीदवार 4 मुक़दमे की पैरवी करनेवाला

कार्यालय–*सं०* (पु०) 1 काम करने का स्थान, दफ़्तर 2 कारखाना। ~संवाददाता (पु०) आफ़िस/स्थानीय रिपोर्टर

कार्यालयाध्यक्ष–*सं०* (पु०) कार्यालय का प्रधान अधिकारी

कार्यावधि–*सं०* (स्त्री०) कार्य करने की अवधि, कार्यकाल

कार्यावली–*सं०* (स्त्री०) कार्य-सूची, एजंडा

कार्यावस्था–*सं०* (स्त्री०) काम करने की स्थिति

कार्येक्षण–*सं०* (पु०) कार्य का निरीक्षण

कार्रवाई–*फ़ा०* (स्त्री०) = कारवाई

कार्षापण–*सं०* (पु०) ताँबे का सिक्का

कार्ष्ण–*सं०* (वि०) 1 कृष्ण संबंधी 2 काला 3 कृष्ण मृग संबंधी

कार्ष्णर्य–*सं०* (पु०) कालापन

काल–*सं०* (पु०) 1 समय, अवसर 2 अवधि 3 मौसम (जैसे-शरदकाल) 4 काला रंग 5 अंत (जैसे-महाकाल, अंतकाल) 6 (व्या) क्रियाओं को सूचित करनेवाला शब्द (जैसे-भूत काल, वर्तमान काल)। ~कंठ (पु०) 1 शिव 2 नीलकंठ 3 मयूर; ~कवलित (वि०) मरा हुआ; ~कूट (पु०) हलाहल (विष), भयानक विष; ~कोठरी (स्त्री०) कारागार में एक तंग एवं अंधेरा कमरा जहाँ दुर्दान्त् अपराधियों को रखा जाता है; ~क्रम (पु०) 1 समय की गति 2 तिथिवार रखना; ~क्रमानुसार (वि०) समय के अनुकूल किया जानेवाला; ~क्रमिक (वि०) कालक्रम संबंधी; ~क्षेप (पु०) समय व्यतीत करना; ~खंड (पु०) 1 अवधि 2 परमेश्वर; ~ग्रंथि (स्त्री०) वर्ष, साल; ~ग्रस्त (वि०) मृत्यु प्राप्त, मरा हुआ; ~चक्र (पु०) 1 समय का बदलते रहना 2 भाग्य परिवर्तन; ~ज्ञ I (वि०) अवसर को पहचाननेवाला II (पु०) ज्योतिषी; ~ज्ञान (पु०) समय-कुसमय की पहचान; ~तालिका (स्त्री०) समय सारिणी; ~तुष्टि (स्त्री०) उपयुक्त समय पर मिलनेवाली संतुष्टि; ~त्रय (पु०) तीनोंकाल; ~दंड (पु०) 1 मृत्यु 2 यमराज की सजा; ~दर्श (पु०) दिन, महीना एवं वर्ष बतलानेवाली सूची, कैलेंडर; ~दोष (पु०) कालक्रम रखने में भूल होना; ~धर्म (पु०) 1 समयानुसार घटनाओं का होना 2 मौत, अवसान; ~नाथ (पु०) शिव; ~निरूपण (पु०) समय की व्याख्या करना; ~निर्णय (पु०) किसी के जीवन या कृतित्व की तिथि का निश्चयन; ~निशा (स्त्री०) 1 अँधेरी एवं भयानक रात 2 दिवाली की रात; ~नेमि (पु०) 1 एक राक्षस जिसका वध विष्णु ने किया था 2 रावण का मामा जिसका हनुमान ने वध किया था; ~पक्व (वि०) समयानुकूल पका हुआ; ~पुरुष (पु०) 1 समय का कल्पित मानवी रूप 2 ईश्वर का विराट रूप 3 काल देवता; ~प्रमेह (पु०) काला पेशाब आने का रोग; ~प्रवाह (पु०) = कालचक्र; ~बंजर + हिं० (पु०) लंबे समय से पड़ी हुई बेकार भूमि जो जोती न जा सके; ~बल (पु०); ~बाँध + हिं० (पु०) = काल-निरूपण; ~यापन (पु०) = 1 कालक्षेप, दिन बिताना 2 विलंब करना; ~रचना (स्त्री०) *व्या०* वर्तमान, भूत, भविष्यत्काल के अनुसार क्रियाओं का रुपांतरण; ~रात्रि (स्त्री०) 1 प्रलय की रात 2 अँधेरी एवं भयानक रात 3 मृत्यु की रात 4 दिवाली की रात; ~वाचक, ~वाची (वि०) समय सूचित करनेवाला; ~विपर्यय (पु०) = कालदोष; ~विपाक (पु०) 1 किसी कार्य, बात, घटना आदि के नियत समय का पूरा होना 2 काल की वह अवश्यंभावी अवधि जो निश्चित रूप में होती है 3 होनहार; ~विभाजन (पु०) = काल निरूपण; ~विरुद्ध (वि०) जो समय के प्रतिकूल हो; ~वृद्धि (स्त्री०) 1 समय बीतने पर ब्याज का मूल के बराबर हो जाना 2 बँधे समय पर दिया

जानेवाला ब्याज; ~**व्यतिक्रम** (पु०) = कालदोष; ~**संधि** (स्त्री०) दो समयों के मिलने की घड़ी; ~**सर्प** (पु०) काला साँप, नाग; ~**हीन** (वि०) जो समय से न हो; ~**सार** (पु०) 1 काला हरिण 2 पीत चन्दन; ~**के गाल में जाना** 1 मौत के मुँह में जाना 2 संकट में फँसना

कालबेल–*अं०* (पु०) बुलावे की घंटी

कालम–*अं०* (पु०) पन्ने के चौड़ाई में विभाग, स्तंभ, हाशिया

कालर–*अं०* (पु०) 1 कोट-कमीज़ आदि के गले पर लगाई जानेवाली पट्टी 2 कुत्ते आदि के गले में बाँधा जानेवाला चमड़े का पट्टा, गले की ज़ंजीर। ~**टाई,** ~**नेक टाई** (स्त्री०) कमीज़ के गले में बाँधने की टाई

कालरा–*अं०* (पु०) हैज़ा

कालांतर–I *सं०* (वि०) अपने समय के बाद होनेवाला (जैसे-कालांतर विष) II (पु०) 1 अंतराल 2 नियत समय के बाद का समय, अन्य समय

कालांतरित–*सं०* (वि०) 1 जिसका समय बीत गया हो, बीता हुआ समय 2 पुराना

काला–(वि०) 1 श्याम, स्याह (जैसे-काला वर्ण) 2 कलुषित (जैसे-काला मन, काला नाग, काला हृदय)। ~**कलूटा** (वि०) अत्यधिक काला; ~**क़ानून** + *अ०* (पु०) लोकविरुद्ध क़ानून; ~**चोर** (पु०) भारी चोर; ~**जीरा** (पु०) स्याह या मीठा जीरा; ~**पन** (पु०) काला होने की स्थिति, श्यामलता; ~**पहाड़** (पु०) बहुत भयानक वस्तु या व्यक्ति; ~**पानी** 1 आजीवन क़ैद की सजा 2 ऐसा स्थल जहाँ का पानी काला होता है 3 अंडमान निकोबार द्वीप समूह ; ~**बाज़ारी** + *फ़ा०* (स्त्री०) व्यापार में अनुचित लाभ उठाने के लिए क्रय-विक्रय; ~**भुजंग** I (वि०) बहुत काला II (पु०) अतिविषधर नाग; ~**सागरीय** + *सं०* (वि०) काले समुद्र; ~ **सोना** (पु०) कोयला; **काली सूची** (स्त्री०) ग़लत काम करनेवालों की नामावली; **काले का मंतर** साँप का विष उतारने का मंत्र; **काले कोस, काले कोसों** बहुत दूर; **काले सिर का** जवान; **काले के आगे चिराग़ नहीं जलता** ताकतवर के आगे ज़ोर नहीं चलता

कालाक्षर–*सं०* (पु०) अपठनीय लेख

कालाक्षरी–*सं०* (वि०) रहस्यपूर्ण एवं अस्पष्ट अक्षर एवं लेख को समझने वाला

कालाणुवाद–*सं०* (पु०) यह मत कि काल एक अविच्छिन्न सत्ता नहीं, बल्कि अणुवत् इकाइयों का समूह है

कालातिक्रमण, कालातिपात–*सं०* (पु०) 1 समय का बीत जाना 2 विलंब होना, देर होना 3 नियत समय का गुजर जाना

कालातीत–*सं०* (वि०) 1 जिसका समय बीत गया हो 2 काल से परे

कालात्मा, कालाध्यक्ष–*सं०* (पु०) ईश्वर

कालानुक्रम–*सं०* (पु०) = कालक्रम

कालावधि–*सं०* (स्त्री०) नियत किया गया समय, अवधि

कालिंग–I *सं०* (वि०) 1 कलिंग का 2 कलिंग देश में उत्पन्न होनेवाला II (पु०) 1 कलिंग देश का निवासी 2 कलिंग देश का राजा

कालिंदी–*सं०* (स्त्री०) यमुना नदी

कालिक–I *सं०* (वि०) 1 समय संबंधी (जैसे-वर्तमान कालिक) 2 सामयिक II (पु०) काला चंदन

कालिका–*सं०* (स्त्री०) 1 कालापन 2 काला रंग 3 स्याही 4 कालिमा 5 मेघ माला 6 काली मिट्टी 7 काली देवी, चंडी

कालिख–(स्त्री०) 1 कलंक (जैसे-कालिख लगाना) 2 स्याही

क़ालिब–*अ०* (पु०) 1 ढाँचा, साँचा 2 देह, शरीर

कालिमा–*सं०* (स्त्री०) 1 कालापन 2 स्याही 3 अंधकार 4 कालिख (जैसे-चेहरे की कालिमा) 5 लांछन, कलंक

काली–*सं०* (स्त्री०) 1 दुर्गा का एक रूप, काली देवी 2 अँधेरी रात 3 काले रंग की स्त्री। ~**ज़बान** (स्त्री०) अशुभ बोलनेवाली जीभ

कालीन–*फ़ा०* (पु०) बड़ा ग़लीचा

कालीन–*सं०* (वि०) 1 काल का 2 काल संबंधी

कालुष्य–*सं०* (पु०) 1 मलिनता 2 अपवित्रता 3 अस्वच्छता 4 मतभेद 5 कालिख

कालेज–*अं०* (पु०) उच्च शिक्षण संस्था, महाविद्यालय

कालोनाइज़र–*अं०* (पु०) उपनिवेशी

कालोनी–*अं०* (स्त्री०) 1 उपनिवेश 2 नई बस्ती

कालौंछ–(स्त्री०) 1 कालापन 2 कालिख

काल्पनिक–*सं०* (वि०) 1 कल्पना से उत्पन्न हुआ, कल्पित, मनगढ़ंत 2 कल्पना करनेवाला

कावचिक–*सं०* (वि०) कवच संबंधी

कावा–*फ़ा०* (पु०) 1 चक्कर 2 घोड़े को वृत्त में चक्कर देना। ~**काटना** चक्कर मारना, चक्कर लगाना

काव्य–*सं०* (पु०) 1 कविता 2 कवि की रसात्मक रचना (जैसे-सरस एवं ओजस्वी काव्य)। ~**गत** (वि०) काव्यात्मक; ~**ग्रंथ** (पु०) गीत एवं कविता की पुस्तक; ~**धारा** (स्त्री०) काव्य का प्रवाह; ~**पूर्ण** (वि०) गीतों से भरा हुआ; ~**भाषा** (स्त्री०) काव्य शैली; ~**भेद** (पु०) काव्य के प्रकार एवं रूप; ~**मर्मज्ञ** (वि०) = काव्यरसिक, काव्य का ज्ञाता; ~**रस** (पु०) गीत एवं कविता का स्वाद, गीत एवं काव्य के पढ़ने से मन को मिलनेवाली आनंदानुभूति; ~**रसिक** (वि०) काव्य रस को ग्रहण करनेवाला; ~**रसिकता** (स्त्री०) काव्य रस को ग्रहण करने की स्थिति; ~**शास्त्र** (पु०) ऐसा शास्त्र जिसमें काव्य के भेद एवं रूपों का विस्तार से वर्णन किया गया हो; ~**शैली** (स्त्री०) काव्य रचना की भाषा (जैसे-अलंकारिक काव्य शैली); ~**हेतु** (पु०) काव्य में शक्ति पैदा करनेवाले कारण

काव्यत्व–*सं०* (पु०) काव्यगुण

काव्यमय–*सं०* (वि०) काव्यपूर्ण, काव्यगुणसंपन्न

काव्यांग–*सं०* (पु०) काव्य के भेद

काव्याचार्य–*सं०* (पु०) काव्य का पंडित, काव्य का ज्ञाता

काव्यात्मक–*सं०* (वि०) काव्यगत, काव्य से परिपूर्ण

काव्यादर्श–*सं०* (पु०) काव्य का प्रतिमान

काश–*फ़ा०* (अ०) इच्छा आदि की सूचना करने के लिए इस शब्द का प्रयोग किया जाता है (जैसे-काश, मैं वहाँ पहुँच गया होता)

काशिक–*सं०* (वि०) 1 प्रकाश करनेवाला 2 प्रकाशमान

काशिकीय–*सं०* (वि०) 1 काशी का 2 प्रकाश करने योग्य (जैसे-काशिकीय यंत्र)

काशीफल–*सं०* (पु०) कुम्हड़ा

काश्त–फ़ा० (स्त्री०) 1 खेती-बाड़ी, कृषि 2 किसी की जोत की ज़मीन। ~**कार** (पु०) खेतिहर; ~**कारी** I (स्त्री०) 1 खेती, किसानी 2 ऐसी भूमि जिसपर काश्तकार का अधिकार हो II (वि०) 1 काश्तकार संबंधी (जैसे-काश्तकारी अधिकार) 2 खेती बाड़ी संबंधी

काश्मीरा–(पु०) 1 एक प्रकार का ऊनी वस्त्र 2 एक प्रकार का अंगूर

काश्मीरी–(वि०) 1 कश्मीर का 2 कश्मीर में उत्पन्न होनेवाला

काषाय–I + सं० (वि०) 1 हरड़, बहेड़े आदि के रंग में रँगा हुआ 2 गेरूआ II (पु०) गेरूआ वस्त्र

काष्ठ–सं० (पु०) 1 काठ, लकड़ी 2 ईंधन। ~**उद्योग** (पु०) लकड़ी का व्यापार; ~**नक्षक** (पु०) बढ़ई; ~**भित्ति** (स्त्री०) लकड़ी की दीवार

काष्ठवत्–सं० (वि०) 1 काठ जैसा 2 कड़ा 3 जड़

काष्ठा–सं० (स्त्री०) 1 रास्ता, मार्ग 2 सीमा 3 दिशा 4 उत्कर्ष 5 ऊँचाई

काष्ठागार–सं० (पु०) काठ का घर

काष्ठीय–सं० (वि०) 1 लकड़ी का बना हुआ 2 काठ संबंधी (जैसे-काष्ठीय व्यापार)

काष्ठोत्कीर्ण–सं० (वि०) लकड़ी पर खुदा हुआ

कास–सं० (पु०) खाँसी

कासनी–फ़ा० (स्त्री०) 1 लगभग दो हाथ की ऊँचाईवाला एक हरा पौधा जिसका बीज दवा के काम आता है 2 कासनी के फूल-सा हल्का नीला रंग

कासमिक–अं० (वि०) = कास्मिक

कासा–फ़ा० (पु०) = 1 कटोरा 2 कचकोल

कासार–सं० (पु०) 1 छोटा तालाब 2 ताल

क़ासिद–अ० (वि०) संदेशा ले जानेवाला, पत्रवाहक

कास्केट–अं० (पु०) डिब्बा

कास्ट–अं० (स्त्री०) नाटक चलचित्र आदि के पात्र

कास्ट आयरन–अं० (पु०) ढलवाँ लोहा

कास्टिक–अं० (पु०) त्वचा आदि को जला देनेवाला एक तेज़ाब

कास्मिक–अं० (वि०) ब्रह्मांड संबंधी

कास्मेटिक–I अं० (वि०) प्रसाधक II (पु०) अंगराग, प्रसाधन

कास्मेटिक्स–अं० (पु०) प्रसाधन सामग्री

काहिल–अ० (वि०) सुस्त, आलसी

काहिली–अ० + फ़ा० (स्त्री०) सुस्ती, ढिलाई

काही–I फ़ा० (वि०) घास के रंग का II (पु०) घास का रंग, हरा रंग

काहे–(क्रि० वि०) किसलिए, क्यों

किंकणी–सं० (स्त्री०) करधनी

किंकर–सं० (पु०) 1 गुलाम, दास 2 सेवक, नौकर

किंकर्तव्य–सं० (वि०) क्या किया जाए। ~**विमूढ़** (वि०) जो यह न समझ सके कि अब क्या करना चाहिए, भौंचक्का, दुविधा भरी स्थिति

किंकिणी–सं० (स्त्री०) 1 छोटी घंटी 2 करधनी

किंगिरी–(स्त्री०) सारंगी की तरह एक छोटा बाजा

किंचन–सं० (पु०) थोड़ी वस्तु

किंचित्–I सं० (वि०) थोड़ा, कुछ, क्षणिक II (क्रि० वि०) अल्प मात्रा में, बहुत कम

किंजल, किंजल्क–I सं० (वि०) 1 कमल के केसर के रंग का, हल्का पीला II (पु०) 1 कमल का पराग, कमल का केसर 2 नागकेसर

किंडरगार्डन–(स्त्री०) बच्चों को खिलौने आदि द्वारा शिक्षा देने की प्रणाली, बालबाड़ी, बालोद्यान,

किंतु–सं० (अ०) 1 परंतु, लेकिन 2 बल्कि

किंभूत–सं० (वि०) 1 किस तरह का 2 अद्भुत 3 भद्दा

किंवदंती–सं० (स्त्री०) 1 अफ़वाह 2 लोकापवाद

किंवा–सं० (अ०) या, या तो, अथवा

कि–फ़ा० (भोजक), यों अर्थात्

किक–अं० (स्त्री०) पैर से मारना, ठोकर मारना (जैसे-फुटबाल को किक करना)

किकियाना–(अ० क्रि०) चिल्लाना

किच-किच–(स्त्री०) 1 झगड़ा, विवाद 2 अशांति 3 उलझने सी स्थिति

किचकिचाना–(अ० क्रि०) क्रोध में दाँत पीसना (जैसे-किचकिचाना अच्छा नहीं लगता)

किचकिचाहट–(स्त्री०) 1 किचकिचाने का भाव 2 खिजलाहट, 3 झुंझलाहट

किचकिची–(स्त्री०) = किचकिचाहट

किचड़ाना–I (अ० क्रि०) कीचड़युक्त होना (जैसे-आँख किचड़ाना) II (स० क्रि०) कीचड़ से युक्त करना

किचर-पिचर–(वि०) गिचपिच (गचपच)

किट–अं० (स्त्री०) 1 उपकरण 2 सारा सामान। ~**बैग** (पु०) झोला

किट-किट–(स्त्री०) = किचकिच

किटकिटाना–(अ० क्रि०) =किचकिचाना

किटकिना–(पु०) 1 ठेकेदार की ओर से दूसरों को दिया जानेवाला ठेका 2 सोनारों का ठप्पा। ~**दार** + फ़ा० (पु०) ठेकेदार से ठेका लेनेवाला; ~**बाज़** + फ़ा० (पु०) चतुराई से काम चलानेवाला

किट्ट–सं० (पु०) 1 धातु का मैल, कीट 2 तरल पदार्थ के नीचे बैठनेवाला मैल, गाद

किड़कना–(अ० क्रि०) चुपके से चल देना, खिसक जाना

किडनी–अं० (पु०) गुर्दा, वृक्क

किण्व–सं० (पु०) ख़मीर

किण्वन–सं० (पु०) ख़मीर उठाना

कितना–I (वि०) 1 किस मात्रा का (जैसे-कितना रुपया चाहिए, कितना अनाज लोगे) 2 किस दरज़े का II (अ०) 1 किस मात्रा में 2 कहाँ तक

कितव–सं० (पु०) 1 जुआरी 2 छलिया 3 धूर्त 4 पागल, बावला 5 दुष्ट

क़िता–अ० (पु०) 1 सिलाई में होनेवाली काट-छाँट, टुकड़ा 2 काटने की क्रिया 3 बनावट आदि का तरीक़ा 4 ज़मीन का भाग (जैसे-दस क़िता मकान)।

किताब–अ० (स्त्री०) 1 पुस्तक 2 पोथी 3 बही (जैसे-हिसाब की किताब) ~**खाना** + फ़ा०, ~घर + हिं० (पु०) पुस्तकालय; ~**फ़रोश** + फ़ा० (पु०) पुस्तक विक्रेता

किताबी–*अ०* (वि०) किताब संबंधी, पुस्तकीय। **~कीड़ा** हमेशा पुस्तक पढ़नेवाला

किधर–(क्रि० वि०) किस तरफ़, किस ओर, कहाँ। **~से चाँद निकला** किधर भूल पड़े

किन–I (सर्व०) किस का बहुवचन II (क्रि० वि०) क्यों नहीं

किनका–(पु०) 1 कण 2 टूटा हुआ दाना (जैसे-चावल का किनका)

किनर-मिनर–(स्त्री०) नाक-भौं सिकोड़ने का भाव, आनाकानी

किनवानी–(स्त्री०) झड़ी, फुहार

किनहा–(वि०) कीड़ा पड़ा हुआ (जैसे-किनहा फल)

किनार–*फ़ा०* (पु०) = किनारा। **~दार** (वि०) जिसमें किनारा हो

किनारा–*फ़ा०* (पु०) 1 तट, तीर (जैसे-नदी का किनारा) 2 हाशिया (जैसे-कापी में किनारा छोड़ देना) 3 सिरा, छोर (जैसे-धोती का किनारा) 4 पार्श्व, बगल (जैसे-किनारे हो जाओ)। **~कश** (वि०) एकांत में रहनेवाला, एकांतवासी; **~कशी** (स्त्री०) किनारा खींचना, किनारे रहना; **~करना, ~खींचना** अलग होना; **किनारे बैठना** 1 पास बैठना 2 अलग बैठना

किनारी–*फ़ा० + हिं०* (स्त्री०) दुपट्टे आदि में लगाई जानेवाली सुनहले गोटे की पट्टी। **~दार** *+ हिं० + फ़ा०* (वि०) जिसमें गोटे की पट्टी लगी हो

किनारे–*फ़ा०* (क्रि० वि०) 1 सीमा पर 2 तट पर 3 अलग। **~किनारे** पास होते हुए, सटकर

किन्नर–*सं०* (पु०) 1 स्वर्ग के गायक 2 गानेबजाने का पेशा करनेवाली एक जाति

किन्हें–(सर्व०) किन को

किफ़ायत–*अ०* (स्त्री०) 1 कमी पूरा होना 2 बचत (जैसे-किफ़ायत से काम करना) 3 कम मूल्य। **~शार** (वि०) बचत करनेवाला; **~शारी** (स्त्री०) मितव्ययिता

किफ़ायती–*अ० + फ़ा०* (वि०) 1 कम खर्च करनेवाला, बचानेवाला 2 कम कीमतवाला

क़िबला–*अ०* (पु०) 1 श्रद्धेय एवं वयस्क पुरुष 2 पूज्य मक्का शरीफ़। **~गाह** (पु०) पिता, बाप; **~नुमा** कुतुबनुमा, दिग्दर्शक यंत्र

किमरिक–*अं०* (पु०) एक चिकना सफ़ेद कपड़ा

किमाकार–*सं०* (वि०) 1 जिसका कोई निश्चित आकार न हो 2 रूप बदलता रहनेवाला 3 भद्दा, भोंडा

क़िमाम–*अ०* (पु०) 1 गाढ़ा रस 2 खमीर

क़िमार–*अ०* (पु०) जुआ। **~खाना** *+ फ़ा०* (पु०) जुए का अड्डा; **~बाज** *+फ़ा०* (वि०) जुआ खेलनेवाला, जुआरी; **~बाज़ी** *+ फ़ा०* (स्त्री०) जुए का खेल

क़िमाश–*अ०* (पु०) तर्ज़, ढंग

किया–(स० क्रि०) 'करना' का भूतकालिक रूप। **~कराया, ~धरा** (पु०) सारी कमाई

किरंटा–*अं०* (पु०) तुच्छ क्रिस्तान

किरका–(पु०) कंकड़

किरकिटी–(स्त्री०) = किरकिरी

किरकिन–I (वि०) चमड़े से बना हुआ II (पु०) घोड़े या गधे का चमड़ा

किरकिरा–(वि०) कंकड़ या कण मिला हुआ (जैसे-किरकिरा दाना)

किरकिराना–(अ० क्रि०) 1 किरकिर शब्द करना 2 किरकिरी की तरह होनेवाली पीड़ा

किरकिराहट–(स्त्री०) 1 ककड़ीलापन 2 किरकिरी पड़ने का अनुभव

किरकिरी–(स्त्री०) 1 अत्यधिक छोटा कण 2 बालू आदि का कण 3 अपमान, हेठी

किरकिल–(पु०) गिरगिट

किरखी–(स्त्री०) कृषि, खेती

किरच–(स्त्री०) 1 छोटी बर्छी 2 नुकीला रवा

किरण–*सं०* (स्त्री०) रश्मि, प्रकाश-रेखा।

किरणन–सं० (पु०) किरणों का फैलाव

किरना–(अ० क्रि०) *बो०* 1 विमुख होना 2 धीरे-धीरे गिरना 3 उछलना

किरम–(पु०) कीड़ा, कीट

किरमिच–(पु०) एक तरह का बढ़िया और मोटा कपड़ा (जैसे-किरमिच का जूता)

किरमिची–(वि०) किरमिच का बना हुआ

किरमिज–(पु०) 1 एक तरह का मटमैला लाल रंग 2 किरिमदाने का चूर्ण

किरमिजी–(वि०) किरमिज के रंगवाला

किरराना–(अ० क्रि०) 1 क्रोध से दाँत पीसना 2 किर्र किर्र की ध्वनि निकालना

किराँची–*अं०* (स्त्री०) बड़ी बैलगाड़ी

क़िरात–*अ०* (स्त्री०) 1 एक बहुत छोटा पुराना सिक्का 2 जवाहरात तौलने का एक वज़न

किरात–*सं०* (पु०) 1 हिमालय की एक जंगली जाति 2 साईस 3 बौना

किराना–I (स० क्रि०) किसी को कार्य करने में प्रवत्त करना (जैसे-उसे कपड़े की दुकान किराना है) II (पु०) पंसारी की दुकान से मिलनेवाली वस्तुएँ

किरानी–I *अं०* (पु०) 1 दफ़्तर में काम करनेवाला लिपिक 2 ईसाई II (वि०) किरानी लोगों का

किराया–*फ़ा०* (पु०) भाड़ा (जैसे-मकान का किराया, रेल का किराया)। **~नामा** (पु०) भाड़ा तय करने का अनुबंध-पत्र

किरायेदार–*फ़ा०* (पु०) भाड़े पर लेनेवाला (जैसे-किरायेदार का मकान)

क़िरावल–*तु०* (पु०) 1 बंदूक से शिकार करनेवाला शिकारी 2 शत्रु की थाह लेने के लिए सेना के आगे-आगे चलनेवाले सिपाही

किरासिन–*अं०* (पु०) मिट्टी का तेल

किरीट–*सं०* (पु०) मुकुट

किरोलना–(स० क्रि०) 1 कुरेदना 2 खुरचना

किलक–(स्त्री०) 1 किलकारी 2 हर्षध्वनि

किलकना–(अ० क्रि०) = किलकारना

किलकार–(स्त्री०) 1 अत्यंत हर्षित होकर निकलने वाली अस्पष्ट ध्वनि 2 बंदरों का की-की स्वर

किलकारना–(अ० क्रि०) 1 ज़ोर से आवाज़ करना, हर्षित होकर चिल्लाना

किलकारी–(स्त्री०) = किलकार
किलकिल–(स्त्री०) 1 कलह, तकरार 2 व्यर्थ की किचकिच 3 किलकार
किलकिला–I *सं०* (स्त्री०) किलकार, किलकारी II (पु०) समुद्र की लहरों के टकराने से उत्पन्न ध्वनि
किलकिलाना–(अ० क्रि०) 1 किलकारी मारना 2 अत्यंत हर्षित होकर तीव्र ध्वनि करना
किलनी–(स्त्री०) पशुओं के शरीर में चिपटनेवाला एक छोटा कीड़ा
किलबिलाना–(अ० क्रि०) = **कुलबुलाना**
किलवाई–(स्त्री०) लकड़ी का बना फावड़ा
किलवाना–(स० क्रि०) 1 कील ठुकवाना 2 कीलने का काम अन्य से कराना
किलवारी–(स्त्री०) *बो०* पतवार के काम आनेवाला छोटा डाँडा
क़िला–*अ०* (पु०) गढ़, दुर्ग। **~बंदी** + *फ़ा०* (स्त्री०) 1 सुरक्षात्मक कार्रवाई 2 मोरचाबंदी, व्यूह रचना; **~टूटना** दुसाध्य कार्य का पूरा होना, विपत्ति दूर होना; **~फ़तेह करना** 1 क़िला जीत लेना 2 अत्यंत कठिन कार्य पूरा करना; **~बाँधना** शतरंज के खेल में बादशाह को शह पड़ने से बचाना; **हवाई ~ बनाना** बेकार की कल्पनाएँ करते रहना
किलावा–(पु०) 1 तकली पर लिपटा सूत का लच्छा 2 हाथी के गले में पड़ी हुई महावत के पैर रखनेवाली रस्सी 3 हाथी का कंधा 4 सुनारों का एक औज़ार
किलिक–*फ़ा०* (स्त्री०) देशी कलम बनाई जानेवाली नरकट जाति का एक पौधा
क़िलेदार–*अ०* + *फ़ा०* (पु०) दुर्गरक्षक
क़िलेबंदी–*अ०* + *फ़ा०* (स्त्री०) = क़िलाबंदी
किलोग्राम–*अं०* (पु०) तौल = 1000 ग्राम
किलोमीटर–*अं०* (पु०) दूरी की नाप जो लगभग 5/8 मील के बराबर होती है
किलोल–*बो०* (पु०) = कलोल
किलोवाट–*अं०* (पु०) बिजली का परिमाण जो 1000 वाट के बराबर होता है
क़िल्लत–*अ०* (स्त्री०) 1 कमी, तंगी 2 दुर्लभता 3 संकोच
किल्ला–(पु०) 1 कीला, खूँटा 2 जाँते के बीचो-बीच गड़ी मेख। **~गाड़कर बैठना** 1 अटल होकर बैठना 2 जिद्द करना
किल्ली–(स्त्री०) 1 खूँटी 2 सिटकनी 3 कल की मुठिया। **~ऐंठना, ~घुमाना** 1 पेच घुमाना 2 मत फेरने की युक्ति करना 3 जोड़-तोड़ लगाना; **~किसी के हाथ में होना** 1 काबू में होना 2 मनचाहा काम करवाने की तरक़ीब ज्ञात होना
किल्विष–*सं०* (पु०) 1 पाप 2 दोष, अपराध 3 छल, कपट 4 रोग 5 संकट
किल्विषी–*सं०* (वि०) 1 पापी 2 दोषी, अपराधी 3 छली 4 रोगी
किवाड़–(पु०) कपाट, पट (जैसे-किवाड़ बंद कर देना)। **~देना** दरवाज़ा बंद करना; **~बंद हो जाना** घर में किसी का न होना
किशमिश–*फ़ा०* (स्त्री०) सुखाया गया अंगूर
किशमिशी–*फ़ा०* (वि०) 1 किशमिश का बना हुआ 2 जिसमें किशमिश पड़ी हो 3 किशमिश के रंग का
किशोर–*सं०* (पु०) 1 10-15 आयु वर्ग का बालक 2 अल्पवयस्क (स्त्री० किशोरी)। **~ता** (स्त्री०) = किशोरावस्था
किशोरावस्था–*सं०* (स्त्री०) किशोर होने की अवस्था, वय
किशोरी–*सं०* (स्त्री०) 1 दस से पंद्रह वर्ष के बीच की उम्रवाली बालिका 2 सुंदर युवती 3 अल्पवयस्का
किश्त–I *फ़ा०* (स्त्री०) किस्त, अंश (जैसे-किश्त अदा करना) II (स्त्री०) खेती-बारी; **~वार** थोड़ी-थोड़ी किस्तों में
किश्ती–*फ़ा०* (स्त्री०) = कश्ती, नाव, नौका। **~नुमा** (वि०) नाव की शक्ल का
किस–I (सर्व०) कौन और क्या का वह रूप जो उसे विभक्ति लगाने पर मिलता है (जैसे-किसका, किसने) II (क्रि० वि०) किस प्रकार
किसनई–*बो०* (स्त्री०) = किसानी
किसबत–*अ०* (स्त्री०) छोटी थैली
क़िसमत–*अ०* (स्त्री०) = क़िस्मत
किसलय–*सं०* (पु०) कोमल पत्ता, कल्ला, नव-पल्लव, कोंपल
किसान–(पु०) 1 खेतिहर 2 काश्तकार। **~आंदोलन** + *सं०* (पु०) कृषक क्रांति; **~कुटुंब** + *सं०* (पु०) कृषक परिवार; **~खेत** (पु०) किसान की खेती करने की भूमि; **~जनता** *सं०* (स्त्री०) किसानों का संगठन; **~वर्ग** + *सं०* (पु०) किसान जनता; **~संगठन** + *सं०* (पु०) खेतिहरों का संगठन; **~संघर्ष** + *सं०* (पु०) = किसान युद्ध; **~सभा** + *सं०* (स्त्री०) किसानों का एकत्र होकर कृषि विषय पर विचार विमर्श करने का समूह; **~समस्या** + *सं०* (स्त्री०) कृषकों की कठिनाईयाँ; **~समुदाय** + *सं०* (पु०) किसान जनता
किसानी–(स्त्री०) खेती, कृषक कार्य (जैसे-किसानी करना)
किसी–(सर्व०) 'कोई' का वह रूप जो उसे विभक्ति लगने पर प्राप्त होता है (जैसे-किसी लड़के को बुला दो, यह कार्य किसी ने नहीं किया)
क़िस्त–*अ०* (स्त्री०) 1 अंश, भाग 2 देन 3 मालगुज़ारी का नियत समय पर दिया जानेवाला धन या ऋण। **~बंदी** + *फ़ा०* (स्त्री०) क़िस्त बाँधना; **~वार** + *फ़ा०* (क्रि० वि०) 1 क़िस्त रूप में 2 क़िस्त पर अलग-अलग
क़िस्म–*अ०* (स्त्री०) प्रकार, भेद, तरह (जैसे-अच्छी क़िस्म का कपड़ा)
क़िस्मत–*अ०* (स्त्री०) भाग्य, तक़दीर। **~आज़माना** सफलता के लिए प्रयत्न करना; **~का धनी** भाग्यशाली; **~का फेर** भाग्य परिवर्तन; **~का सितारा बुलंद होना** भाग्योदय होना; **~खुलना, ~चमकना, ~जागना** 1 सुख के दिन आना 2 उन्नति का समय आना; **~उलटना, ~फूटना** 1 सुख सौभाग्य का मंद पड़ना 2 दुर्गति का समय आना
क़िस्सा–*अ०* (पु०) 1 कहानी, मनगढंत बात 2 घटना का विवरण 3 समाचार, हाल। **~कहानी** + *हिं०* (स्त्री०) 1 कल्पित कथाएँ 2 मिथ्या बात; **~ख़्वाँ, ~गो** + *फ़ा०* (वि०) कहानी कहनेवाला

की–I (विभ०) संबंधकारक चिह्न *'का'* का स्त्री रूप (जैसे-राम की किताब) II (अ०) 1 अथवा, या तो 2 क्या
कीक–(पु०) 1 चिल्लाहट 2 शोरगुल, हल्ला-गुल्ला
कीकना–(अ० क्रि०) 1 चिल्लाना 2 शोर मचाना
कीकर–(पु०) बबूल का पेड़
कीच–(पु०) कीचड़
कीचक–*सं०* (पु०) सूराख़दार बाँस
कीचड़–(पु०) 1 गीली मिट्टी, पंक 2 आँख से निकलनेवाली मैल। ~**उछालना** बदनाम करना, निंदा करना; ~**में फँसना** संकट में पड़ना
कीट–*सं०* (पु०) कीड़ा। ~**कोष** (पु०), ~**नाशक** (वि०) कीड़ों को मारनेवाली (जैसे-कीटनाशक दवा;) ~**पतंग** (पु०) कीड़े मकोड़े; ~**भक्षी,** ~**भोजी** (पु०) कीड़ों-मकोड़ों को खानेवाले पौधे एवं जीव-जंतु; ~**मणि** (पु०) खद्योत, खंजन; ~**विज्ञान** (पु०) वह विज्ञान जिसमें कीड़ों-मकोड़ों की जाति-प्रजाति आदि का अध्ययन किया जाता है; ~**विज्ञानी** (पु०) कीट विज्ञान का ज्ञाता; ~**शास्त्र** (पु०) = कीट विज्ञान; ~**शास्त्री** (पु०) = कीट विज्ञानी; ~**शोधन** (पु०) कीड़ों की सफाई करना
कीटाणु–*सं०* (पु०) अनेक रोगों के मूल कारक सूक्ष्मातिसूक्ष्म कीड़े, रोगाणु। ~**नाशक** (वि०) कीड़ों को नाश करनेवाले (जैसे-कीटाणु नाशक द्रव्य); ~**विज्ञान** (पु०) वह विज्ञान जिसमें कीटों का अध्ययन किया जाता है; ~**विज्ञानी** (पु०) कीटों के विषय में अध्ययन करनेवाला; ~**विमुक्त** (वि०) जो रोग मुक्त हो; ~**शास्त्र** (पु०) = कीटाणु विज्ञान; ~**शास्त्री** (पु०) कीटाणुओं की सफाई करना
कीटिका–*सं०* (स्त्री०) 1 छोटा कीड़ा 2 तुच्छ प्राणी
कीड़ा–(पु०) क्षुद्र जंतु, कीट (जैसे-पानी का कीड़ा, नाली का कीड़ा)। ~**काटना** बेचैनी होना; ~**पड़ना** 1 पदार्थ का सड़ना 2 ज़ख्म में कीड़ा पड़ जाना
कीड़ी–(स्त्री०) 1 छोटा एवं बारीक कीड़ा 2 चींटी
कीड़े-मकोड़े–(पु०) क्षुद्र जीव-जंतु, कीट पतंगे
कीना–*फ़ा०* (पु०) द्वेष, बैर, दुर्भाव
कीप–*फ़ा०* (स्त्री०) तंग मुँहवाले बर्तन आदि में तरल पदार्थ को डालने हेतु प्रयोग में लाई जानेवाली धातु आदि की चोंगी
कीबोर्ड–*अं०* (पु०) कुंजी-पटल (जैसे-टाइपराइटर का ~)
क़ीमत–*अ०* (स्त्री०) 1 मूल्य, दाम 2 योग्यता 3 गुण (जैसे-इस बात की क़ीमत कुछ भी नहीं है, कीमत बढ़ाना)। **किसी भी क़ीमत पर** हर हालात में
क़ीमती–*अ० + फ़ा०* (वि०) 1 मूल्यवान् 2 महत्त्वपूर्ण (जैसे-क़ीमती काग़ज़)
क़ीमा–*अ०* (पु०) मांस के अत्यंत छोटे टुकड़े। ~**करना** टुकड़े-टुकड़े करना
कीमिया–*अ०* (स्त्री०) 1 रसायन विद्या 2 सोना-चाँदी बनाने की विद्या 3 अकसीर। ~**गर** *फ़ा०* (पु०) 1 रसायन विद्या को जाननेवाला 2 सोना-चाँदी बनानेवाला; ~**गरी** *+ फ़ा०* (स्त्री०) 1 रसायन शास्त्र 2 सोना-चाँदी बनाना
कीमुख़्त–*फ़ा०* (पु०) सिझाया हुआ घोड़े या गधे का हरे रंग का चमड़ा
कीर–*सं०* (पु०) तोता, शुक
कीर्ण–*सं०* (वि०) 1 बिखेरा हुआ 2 ढका हुआ 3 स्थित 4 आहत
कीर्तन–*सं०* (पु०) 1 कीर्ति-वर्णन, यशोगान 2 भगवान् का गुणगान (जैसे-भजन कीर्तन सुनना)
कीर्तनिया–(पु०) कीर्तनकार
कीर्ति–*सं०* (वि०) 1 यश 2 प्रसिद्धि, ख्याति 3 चमक (जैसे-यशकीर्ति)। ~**गान** (पु०) यशोगान, प्रशंसा करना; **ध्वजा** (स्त्री०) यश पताका; ~**मान्** (वि०) यशस्वी, विख्यात; ~**मान** (पु०) यश देनेवाला रिकार्ड; ~**शेष** (वि०) दिवंगत यशस्वी (पुरुष); ~**स्तंभ** (पु०) 1 यादगार के रूप में बनाया गया स्तंभ 2 ऐसी कृति जिससे किसी की स्मृति चिरकाल बनी रहे
कीर्तित–*सं०* (वि०) 1 प्रशंसित 2 वर्णित
कील–*सं०* (स्त्री०) 1 लोहे आदि का गोलाकार पतला एवं नुकीला लम्बा टुकड़ा 2 नाक में पहनने का एक अति सूक्ष्म आभूषण (जैसे-नाक की कील) 3 मुहासे एवं फोड़े की कील 4 खूँटी 5 जाँते की कील। ~**काँटा** (पु०) कार्य संपादन की उपयोगी एवं आवश्यक वस्तुएँ
कीलन–*सं०* (पु०) 1 कीलना, रोकना 2 बाँधना
कीलना–*सं०* (स० क्रि०) 1 कील ठोंकना 2 खूँटी गाड़ना 3 मंत्र को प्रभावहीन करना 4 वश में करना
कीला–(पु०) 1 बड़ी खूँटी 2 जाँते का खूँटा
कीलाक्षर–*सं०* (पु०) एक प्राचीन लिपि जिसके अक्षर कँटिदार हुआ करते थे
कीलाल–I *सं०* (पु०) 1 देवताओं का अमृत जैसा पेय पदार्थ 2 अमृत 3 जल 4 मधु, शहद 5 पशु II (वि०) बंधन-मुक्त करनेवाला
कीलित–*सं०* (वि०) 1 कील लगी हुई 2 बद्ध 3 निरुद्ध 4 मंत्र से स्तंभित
कीली–(स्त्री०) 1 खूँटी 2 धुरा
कीश–I *सं०* (पु०) 1 बंदर, कपीश 2 चिड़िया II (वि०) नंगा, नग्न
कीसा–*फ़ा०* (पु०) 1 जेब 2 थैली 3 ख़रीता
कुँअर–(पु०) 1 राजकुमार (जैसे-राजकुँअर) 2 बालक 3 पुत्र, बेटा। ~**पन** (पु०) = कुँवारपन
कुँआ–*बो०* (पु०) = कुआँ
कुँआ-कुँआ–(स्त्री०) पक्षियों की कूँ-कूँ की ध्वनि
कुँआरा–(वि०) = कुँवारा
कुँआरी–I (वि०) कुमारी II (स्त्री०) अविवाहिता कन्या
कुंकुम–*सं०* (पु०) 1 केसर 2 रोली 3 कुमकुमा
कुंकुमा (पु०) = कुंकुम
कुंचन–*सं०* (पु०) 1 सिकुड़ना, सिमटना 2 (बालों का) घुँघराला होना 3 नेत्र रोग
कुंचिका–*सं०* (स्त्री०) कुंजी, चाबी
कुंचित–*सं०* (वि०) 1 सिकुड़ा हुआ 2 घुँघराला (जैसे-कुंचित अलकें)
कुंची–(स्त्री०) = कुंजी
कुंज–*सं०* (पु०) लता-झाड़ियों से घिरा हुआ मंडप। ~**कुटीर** (पु०) लता गृह; ~**गली** *+हिं* (स्त्री०) 1 लताओं से ढका रास्ता 2 सँकरी गली

कुंज–*फ़ा०* (पु०) 1 कोना, गोशा 2 दुशाले के कोनों पर बनाए जानेवाले बूटे

कुँजड़ा–(पु०) 1 सब्जियाँ बेचनेवालों की एक जाति 2 सब्जी बेचनेवाला

कुँजड़िन–(स्त्री०) = कुँजड़ी

कुँजड़ियाना–(पु०) कुँजड़ों का बैठकर सब्जी बेचने का स्थान

कुँजड़ी–(स्त्री०) सब्जी बेचनेवाली औरत

कुँजड़े-कसाई–(पु०) छोटी जाति के लोग

कुंजर–*सं०* (पु०) हाथी

कुंजी–(स्त्री०) 1 ताली (जैसे-ताला कुंजी) 2 सरल साधन (जैसे-गणित की कुंजी)

कुंठ–*सं०* (वि०) 1 भोथरा 2 मंदबुद्धि 3 सुस्त

कुंठा–*सं०* (स्त्री०) निराशाजन्य अतृप्त भावना

कुंठित–*सं०* (वि०) 1 कुंद, भोथरा 2 जड़, मूर्ख 3 गतिहीन

कुंड–*सं०* (पु०) 1 मटका 2 हौज 3 गढ़ा (जैसे-हवन कुंड)

कुंडक–*सं०* (पु०) 1 छोटा कुंड 2 मटका 3 धृतराष्ट्र का एक पुत्र

कुंडरा–I (पु०) 1 रक्षा हेतु मंडलाकार खींची गई रेखा 2 शपथ ग्रहण हेतु खींची गई ऐसी मंडलाकार रेखा जिसमें शपथग्रहण कर्ता खड़ा होता है 3 गेंडुरी II (पु०) घड़ा, कुंडा

कुंडल–*सं०* (पु०) 1 बाली (जैसे-कान का कुंडल) 2 कड़ा 3 मंडलाकार आकृति (जैसे-साँप का कुंडल रूप में बैठना)

कुंडलाकार–*सं०* (वि०) गोलाकार, वर्तुल

कुंडलिका–*सं०* (स्त्री०) 1 गोल रेखा 2 जलेबी 3 कुंडलिया छंद

कुंडलिनी–*सं०* (स्त्री०) एक सर्पाकार नाड़ी

कुंडली–I *सं०* (स्त्री०) 1 कुंडल 2 ज्योतिष में चौकोर लिखावट, जन्मकुंडली 3 गेंडुरी 4 कुंडलिनी II (वि०) कुंडल धारण करनेवाला। ~**मारना** घात लगाकर बैठना

कुंडा–I (पु०) किवाड़ में लगा कोंढ़ा II (पु०) मटका। **कुंडे जैसा मुँह फैलाना**

कुंडिका, कुंडी–I (स्त्री०) कटोरे के आकार का पात्र, कूँड़ी II (स्त्री०) दरवाज़ा बंद करने की जंजीर (जैसे-कुंडी चढ़ा दो)। I ~**खटखटाना** खोलने के लिए कुंडी द्वारा ध्वनि उत्पन्न करना

कुंत–*सं०* (पु०) 1 भाला, बरछा 2 प्रचंड मनोभाव

कुंतल–*सं०* (पु०) सिर के बाल, केश

कुंतल–*अं०* + *सं०* (पु०) क्विंटल = 100 किलो

कुंतला–*सं०* (स्त्री०) लंबे केशोंवाली स्त्री

कुंती–*सं०* (स्त्री०) 1 कर्ण की माता 2 बरछी

कुंद–*सं०* (पु०) 1 जूही के समान एक पौधा एवं उसके फूल 2 कनेर का पेड़ 3 कमल

कुंद–*फ़ा०* (वि०) 1 मंद 2 गुठला। ~**ज़िहन** (वि०) मोटी बुद्धिवाला

कुंदन–I *सं०* (वि०) सोने-सा शुद्ध एवं निर्मल (जैसे-कुंदन हृदयवाला) II (पु०) शुद्ध सोना

कुंदरु–(पु०) एक तरह की लता जिसमें परवल के आकार के छोटे फल लगते हैं और जिसकी सब्जी बनाई जाती है

कुंदा–I (पु०) 1 लकड़ी का लट्ठा 2 बंदूक के पीछे लगा हुआ लकड़ी का टुकड़ा 3 औज़ार में लगाया गया बेंट 4 लकड़ी का कलछा II (पु०) कुश्ती का एक दाव, रद्दा

कुंदी–(स्त्री०) मुँगरी से पीटना। ~**गर** + *फ़ा०* (पु०) कुंदी करनेवाला कारीगर

कुँदेरना–(स० क्रि०) 1 खुरचना 2 छीलना

कुँदेरा–(पु०) खरादनेवाला

कुंभ–*सं०* (पु०) 1 घड़ा 2 कलश। ~**कर्ण** (पु०) एक विशालकाय दानव, रावण का छोटा भाई; ~**कार** (पु०) कुम्हार; ~**कारी** (स्त्री०) कुम्हार की पत्नी; ~**मंडूक** (पु०) अनुभवहीन व्यक्ति

कुंभक–*सं०* (पु०) श्वास रोकने की क्रिया

कुंभिका–*सं०* (स्त्री०) 1 छोटा घड़ा 2 जलकुंभी

कुंभीपाक–*सं०* (पु०) 1 हंडिया में पकाई गई वस्तु 2 एक तरह का ज्वर 3 एक नरक

कुँवर–(पु०) 1 राजकुमार 2 पुत्र, बेटा 3 कुँवारा लड़का

कुँवरेटा–(पु०) 1 छोटा राजकुमार 2 छोटा पुत्र

कुँवारपन–(पु०) कुँवारा रहने की अवस्था, अविवाहितावस्था

कुँवारा–(वि०) जिसका विवाह न हुआ हो, अविवाहित

कु–*सं०* बुरा, एक उपसर्ग जो संज्ञा के पूर्व लगकर अनेक अर्थ देता है (जैसे-कुपुत्र, कुकर्म, कुधातु, कुदिन, कुबेला)। ~**कर्म** (पु०) बुरा काम; ~**कर्मी** (वि०) कुकर्म करनेवाला; ~**खेत** (पु०) + *हिं०* खराब जगह; ~**ख्यात** (वि०) बदनाम; ~**ख्याति** (स्त्री०) निंदा, बदनामी; ~**गति** (स्त्री०) दुर्गति, दुर्दशा; ~**गहनि** (स्त्री०) हठ, दुराग्रह; ~**घड़** + *हिं०* (वि०) जिसकी गठन अच्छी न हो ~**घात** + *हिं०* 1 छल छंद 2 अनुचित प्रहार; ~**चक्र** (पु०) साज़िश, षड्यंत्र ~**चक्री** (वि०) षड्यंत्रकारी; ~**चर** (वि०) 1 परनिंदक 2 आवारा 3 बुरी जगहों पर घूमनेवाला; ~**चाल** (स्त्री०) 1 दुराचार 2 दुष्टता; ~**चालक** (वि०) (बिजली का) कुसंवाहक; ~**चाली** (वि०) 1 दुराचारी 2 दुष्ट; ~**चाह** + *हिं०* बुरी इच्छा; ~**चेष्ट** (वि०) 1 बुरी चेष्टावाला 2 बुरा प्रयत्न करनेवाला; ~**चेष्टा** (स्त्री०) बुरा प्रयत्न; ~**जात** + *हिं०* (वि०) नीच जाति का; ~**जाति** (स्त्री०) नीच जाति; ~**जोग** + *हिं०* (पु०) 1 कुसंग 2 प्रतिकूल अवसर; ~**टेक** + *हिं०* (स्त्री०) अनुचित हठ; ~**टेव** + *हिं०* बुरी आदत, लत; ~**ठाँव** + *हिं०* (स्त्री०) बुरी जगह; ~**ठाट** + *हिं०* (पु०) कुचक्र; ~**ठौर** + *हिं०* (पु०) = कुठाँव; ~**डौल** + *हिं०* (वि०) बेडौल, भद्दा; ~**ढंग** + *हिं०* I (पु०) बुरा ढंग II (वि०) बेढंगा; ~**ढंगा** + *हिं०* (वि०) बेढंगा; ~**ढंगी** + *हिं०* (वि०) कुपथगामी, कुमार्गी; ~**ढब** + *हिं०* (वि०) 1 बेढब 2 कठिन 3 विकट; ~**तर्क** (पु०) असंगत बात; ~**तर्की** (वि०) कुतर्क करनेवाला; ~**दर्शन** (वि०) कुरूप, बदशक्ल; ~**दिन** (पु०) 1 दुर्दिन 2 संकट के दिन; ~**दाँव** + *हिं०* (पु०) बुरा दाँव, बुरी चाल; ~**दृष्टि** (स्त्री०) बुरी निगाह; ~**देव** (पु०) राक्षस; ~**धातु** (स्त्री०) बुरी धातु (जैसे-लोहा कुधातु है); ~**धी** (वि०) दुर्बुद्धि; ~**नाम** (पु०) बदनामी; ~**न्याय** (पु०) अन्याय; ~**पंथ** (पु०) कुमार्ग; ~**पंथगामी,** ~**पंथी** (वि०) बुरे मार्ग पर चलने वाला, कुमार्गी; ~**पढ़** + *हिं०* (वि०) अनपढ़, मूर्ख; ~**पथ्य** (पु०, वि०) अस्वास्थ्यकर या अयुक्त (आहार); ~**परिणाम** (पु०) कुफल, बुरा नतीजा; ~**पाठ**

बुरी सलाह, कुमंत्रणा; ~**पाठी** (वि०) उपद्रवी, दुष्ट; ~**पात्र** (वि०) अयोग्य; ~**पुत्र** (पु०) कपूत; ~**पोषण** (पु०) ठीक आहार-विहार न होना; ~**प्रथा** (स्त्री०) अशुभ रिवाज़; ~**प्रबंध** (पु०) बुरा प्रबंध, बदइंतजाम; ~**प्रभाव** (पु०) बुरा असर; ~**प्रयोग** (पु०) अनुचित रूप से किया गया प्रयोग; ~**प्रवृत्ति** (स्त्री०) 1 बुरी तरफ़ झुकाव 2 बुरा स्वभाव; ~**प्रसिद्धि** (वि०) जिसकी बदनामी हुई हो; ~**फल** (पु०) = कुपरिणाम; ~**बत** + *हिं०* (स्त्री०) *बो०* 1 निंदा 2 बुरी बात; ~**बानि** + *हिं०* (स्त्री०) बुरी आदत; ~**बुद्धि** I (वि०) नासमझ II (स्त्री०) नासमझी; ~**बेला** (स्त्री०) 1 अतिसमय 2 बुरा समय; ~**भाव** (पु०) बुराभाव द्वेषभाव; ~**मंत्रणा** (स्त्री०) अनुचित सलाह; ~**मति** I (वि०) बुरी बुद्धिवाला II (स्त्री०) बुरी बुद्धि; ~**मार्ग** (पु०) कुपथ; ~**मार्गी** (वि०) बुरे मार्ग का अनुसरण करनेवाला, कुचाली; ~**मुख** (पु०) दुर्मुख; ~**यश** (पु०) = कुनाम; ~**योग** (पु०) 1 अशुभ मिलन 2 अनिष्ट संयोग; ~**रंग** + *हिं०* (वि०) बुरे रंगवाला; ~**रव** + *हिं०* (वि०) कर्कश स्वरवाला; ~**राह***फ़ा०* (स्त्री०) 1 कुपथ 2 ऊबड़-खाबड़ रास्ता; ~**रीति** (स्त्री०) 1 अनुचित प्रथा, कुप्रथा 2 बुरा ढंग; ~**रुख***फ़ा०* (वि०) नाराज़, कुपित; ~**रुचि** (स्त्री०) बुरी लगन; ~**रूप** (वि०) बुरी सूरतवाला, बदसूरत; ~**रूपता** (स्त्री०) कुरूप होने की अवस्था; ~**लक्षण,** ~**लच्छन** + *हिं०* (वि०) *बो०* बुरे लक्षणोंवाला, अशुभ; ~**लच्छनी** + *हिं०* (स्त्री०) *बो०* बुरे लक्षणोंवाली स्त्री; ~**वाच्य** I (पु०) 1 दुर्वचन 2 गाली II (वि०) न कहने योग्य; ~**वासना** (स्त्री०) पापमय वासना; ~**विचार** (पु०) दूषित विचार, निंदनीय विचार; ~**वृत्ति** I (स्त्री०) निंदित आचरण II (वि०) दुराचारी; ~**व्यवस्था** (स्त्री०) बदइंतज़ामी; ~**व्यवहार** (पु०) निंदनीय व्यवहार; ~**शासन** (पु०) 1 बुरा राज्य 2 बुरा राज्य प्रबंध; ~**संग** (पु०), ~**संगति** (स्त्री०) बुरी सोहबत; ~**संस्कार** (पु०) 1 कुवासना, कुधारणा 2 कुप्रभाव; ~**सगुन** + *हिं०* (पु०) अपशकुन; ~**समय** (पु०), ~**साइत** + *हिं०* (स्त्री०) बुरा समय, कुअवसर; ~**सूत** + *हिं०* (पु०) 1 खराब सूत 2 बुरा प्रबंध, कुप्रबंध

कुआँ (पु०) 1 भूगर्भस्थ जल 2 तेल निकालने के लिए खोदा गया गहरा गोला गढ़ा। ~**खोदना** 1 अहित करने का उपाय करना 2 कठोर परिश्रम करना; **कुँए की मिट्टी कुएँ में लगना** जहाँ का धन वहीं खर्च होना; ~**कुएँ झँकाना** 1 परेशान करना 2 तलाश में इधर-उधर दौड़ाना; ~**कुएँ झाँकना** हैरान होना, भटकना; **कुएँ पर से प्यासे लौट आना** निराश होकर लौट आना; ~**कुएँ में गिरना** जान बूझकर संकट में फँसना; **कुएँ में ढकेलना** जीवन बर्बाद करना; **कुएँ में बाँस डालना** बहुत ढूँढ़ना, अत्यधिक खोज करना; **कुएँ में भाँग पड़ना** सबकी अक़्ल मारी जाना, बेवकूफ़ बनना

कुआर–(पु०) आश्विन मास

कुआरपन–(पु०) = कुँवारपन

कुआरा–(वि०) = कुँवारा

कुकटी–(स्त्री०) 1 लालिमायुक्त 2 एक तरह की कपास

कुकड़ना–(अ० क्रि०) सिकुड़ना, चिमटना

कुकड़ी–I (स्त्री०) 1 कच्चे सूत का लच्छा 2 मदार का फल 3 मुरगी II (स्त्री०) खुखड़ी

कुकड़ूँ कूँ–(स्त्री०) मुर्गे की आवाज़

कुकुद–*सं०* (पु०) 1 बैल का डिल्ला 2 चोटी

कुकुर–*सं०* (पु०) कुत्ता। ~**खाँसी,** ~**ढाँसी** + *हिं०* (स्त्री०) कष्ट देनेवाली संक्रामक खाँसी; ~**माछी** + *हिं०* (स्त्री०) कुत्ते आदि पशुओं को लगनेवाली एक मक्खी; ~**मुत्ता** + *हिं०* (पु०) सीली जगहों पर उगनेवाला एक पौधा

कुक्कुट–*सं०* (पु०) 1 मुरगा 2 बनमुर्गा

कुक्कुर–*सं०* (पु०) = कुकुर

कुक्ष–*सं०* (पु०) पेट, उदर

कुक्षि–*सं०* (स्त्री०) 1 कोख 2 पेट

कुख्यात–*सं०* (वि०) बदनाम

कुच–*सं०* (पु०) स्तन, उरोज

कुचकुचाना–(स० क्रि०) 1 कोंचना, चुभाना 2 थोड़ा कुचलना

कुचलना–(अ० क्रि०) 1 मसलना 2 रौंदना

कुचला–(पु०) कुचलकर बनाया गया भोज्य पदार्थ (जैसे-कुचला हुआ बैंगन का भुर्ता)

कुचली–(स्त्री०) कुचलने वाले दाँत, सीता दाँत

कुचालक–*सं०* (वि०) 1 जिसमें विद्युत एवं ताप का परिचालन सुगमता से न हो सके 2 बुरा चालक

कुचित–*सं०* (वि०) 1 संकुचित 2 अल्प, कम

कुचिया–(स्त्री०) छोटी टिकिया

कुचैला–(वि०) 1 जो गंदा कपड़ा पहना हो 2 मलिन, गंदा (जैसे-मैला-कुचैला)

कुछ–I (वि०) थोड़ा सा, तनिक (जैसे-कुछ पैसे, कुछ पानी) II (सर्व०) कोई। ~**एक** (वि०) थोड़ा-सा; ~**ऐसा** (वि०) विलक्षण; ~**कुछ** (अ०) किसी क़दर; ~**कर देना** जादू-टोना कर देना; ~**कर बैठना** अनिष्ट कर डालना; ~**कहना** कोई अनुचित बात कहना; ~**का कुछ** उल्टा; ~**खा लेना** जहर खा लेना; ~**न चलना** वश न चलना; ~**न पूछिये** 1 कहने की बात नहीं 2 क्या कहना, क्या बात; ~**न लगाना,** ~**न समझना** गर्व करना, बड़ा समझना

कुछेक–(वि०) थोड़ा-सा

कुज्झटिका–*सं०* (स्त्री०) कोहरा

कुटंत–(स्त्री०) 1 मार पड़ना, पिटाई 2 कूटने की क्रिया

कुट–*सं०* (पु०) गढ़, क़िला 2 घर [स्त्री० कुटी]

कुट–(पु०) कूटा हुआ टुकड़ा

कुटक–(पु०) हल का फाल

कुटका–(पु०) 1 छोटा टुकड़ा 2 काढ़ा जानेवाला तिकोना बूटा

कुटनपन, कुटन पेशा– + *फ़ा०* (पु०) 1 स्त्रियों को बहकाकर गलत मार्ग पर ले जाने का पेशा, कुटनी का पेशा 2 झगड़ा लगाने का काम

कुटना–I (पु०) 1 स्त्रियों को बहकाकर-भगाकर व्यभिचार मार्ग पर ले जानेवाला व्यक्ति, दलाल 2 फूट डालनेवाला व्यक्ति II (अ० क्रि०) 1 कूटा जाना 2 मारा-पीटा जाना

कुटनाना–(स० क्रि०) 1 बहकाकर स्त्रियों को कुमार्ग पर ले जाना 2 बहकाना
कुटनी–(स्त्री०) 1 व्याभिचार मार्ग पर ले जानेवाली स्त्री, कुट्टिनी 2 झगड़ा करानेवाली स्त्री ;
कुटम्मस–(स्त्री०) अत्यधिक मारना-पीटना
कुटवाना–(स० क्रि०) 1 कूटने का काम किसी अन्य से कराना 2 कूटना
कुटाई–(स्त्री०) 1 कूटने का काम 2 कूटने की मज़दूरी 3 पिटाई
कुटास–(स्त्री०) *बो०* कुटम्मस
कुटिया–(स्त्री०) 1 साधुओं की झोंपड़ी 2 कुटी
कुटिल–*सं०* (वि०) 1 टेढ़ा 2 छली, चालबाज़ 3 दुष्ट। ~**ता** (स्त्री०) 1 टेढ़ापन 2 धोखेबाज़ी 3 दुष्टता
कुटी–*सं०* (स्त्री०) झोंपड़ी, पर्णशाला। ~**उद्योग**, ~**शिल्प** (पु०) = कुटीर उद्योग
कुटीर–*सं०* (पु०) = कुटी; ~**उद्योग** (पु०) घरेलू उद्योग छोटे-मोटे काम; ~**औद्योगिक** (पु०) कुटीरोद्योग से संबंधित
कुटुंब–*सं०* (पु०) परिवार, खानदान
कुटुंबी–*सं०* (वि०) परिवार वाला, बाल बच्चेदार [स्त्री] कुटुंबिनी
कुटुम–*बो०* (पु०) = कुटुंब। ~**कबीला** + *अ०* (पु०) 1 बाल-बच्चे 2 कुटुंबी
कुटौनी–(स्त्री०) 1 धान कटने का काम 2 धान कूटने की मजूरी। ~**पिसौनी** (स्त्री०) 1 कूटने-पीसने का काम 2 कूटने पीसने की मज़दूरी
कुट्टनी–*सं०* (स्त्री०) = कुटनी
कुट्टा–(पु०) 1 पर कटा पक्षी 2 पैर बाँधकर पिंजड़े में बंद किया गया पक्षी
कुट्टी–I (स्त्री०) 1 चारा काटने की क्रिया 2 काटा हुआ चारा 3 कूटकर सड़ाया गया कागज़ II (स्त्री०) = कुट्टा
कुठला–(पु०) अनाज रखने का मिट्टी का बना बड़ा बर्तन
कुठार–*सं०* (पु०) 1 फरसा 2 कुल्हाड़ा [स्त्री० कुठारी]
कुठाराघात–*सं०* (पु०) 1 कुल्हाड़ी से लगी चोट 2 घातक चोट
कुठाली–(स्त्री०) सोना-चाँदी गलाने की घरिया
कुठिया–(स्त्री०) छोटा कुठला
कुड़–(पु०) हल की अगवासी
कुड़क–*बो०* (वि०) खाली। ~**बोलना** व्यर्थ हो जाना
कुड़कना–(अ० क्रि०) अंडा देना बंद करना
कुड़कुड़ाना–I (अ० क्रि०) अस्पष्ट रूप से बड़बड़ाना, कुड़बुड़ाना II (स० क्रि०) चिड़ियों एवं जानवरों को भगाना
कुड़कुड़ी–(स्त्री०) 1 गुड़गुड़ाहट 2 विकलता
कुड़बुड़ाना–(अ० क्रि०) = कुड़कुड़ाना
कुड़ल–(स्त्री०) 1 तनाव एवं पीड़ा 2 ऐंठन
कुड्मल–*सं०* (पु०) कली
कुढ़न–(स्त्री०) 1 खीझ 2 जलन 3 मनस्ताप (जैसे-कुढ़न निकालना)
कुढ़ना–(अ० क्रि०) 1 खीझना 2 जलना 3 संतप्त होना
कुढ़ाना–(स० क्रि०) 1 चिढ़ाना 2 दुःखी करना
कुणपाशी–*सं०* (पु०) 1 मुर्दा खानेवाला जीव 2 प्रेतों का एक भेद जो मुर्दा खाते हैं
कुतका–(पु०) 1 सोंटा 2 भँग घोंटना 3 दाहिने हाथ का अँगूठा
कुतना–(अ० क्रि०) कूता जाना
कुतप–*सं०* (पु०) 1 दिन का आठवाँ मुहूर्त, मध्याह्न 2 श्राद्ध में काम आनेवाली वस्तुएँ
कुतरन–(पु०) कुतरा हुआ अंश
कुतरना–(स० क्रि०) 1 दाँत से काटना 2 काम करना (जैसे-अनाज कुतरना)
कुतवाल–*बो०* (पु०) = कोतवाल
कुतिया–(स्त्री०) मादा कुत्ता। ~**की औलाद** नीच संतान
कुतुक–*सं०* (पु०) = कौतुक
कुतुब–*अ०* (पु०) 1 ध्रुव तारा 2 किताबें। ~**नुमा** + *फ़ा०* (पु०) दिग्दर्शक यंत्र; ~**खाना** + *अ०* + *फ़ा०* (पु०) पुस्तकालय; ~**फ़रोश** + *फ़ा०* (पु०) पुस्तक विक्रेता
कुतूहल–*सं०* (पु०) 1 उत्कट अभिलाषा, उत्सुकता, जिज्ञासा 2 आश्चर्य 3 कौतुक क्रीड़ा
कुतूहली–*सं०* (वि०) 1 कुतूहल युक्त 2 उत्सुक 3 जिज्ञासु
कुत्ता–(पु०) 1 गीदड़ की जाति का मांसाहारी पालतू पशु 2 लोभी एवं दुष्ट व्यक्ति; ~**घसीटी** (स्त्री०) नीच कर्म; **कुत्ते का काटना** सनक जाना, पागल हो जाना; **कुत्ते की दुम** प्रकृतिगत दुष्ट व्यक्ति जिस पर कोई प्रभाव न पड़े; **कुत्ते की नींद** ऐसी नींद जो खटके मात्र से खुल जाए; **कुत्ते की मौत मरना** दुर्गति से मरना; **कुत्ते की दुम कभी सीधी नहीं होती** जो स्वभाव से दुष्ट है उसे समझाने पर कुछ असर नहीं पड़ता; **कुत्ते के पाँव जाना** बहुत तेज़ दौड़कर जाना; **कुत्ते के भूँकने से हाथी नहीं डरता** ताकतवर व्यक्ति तुच्छ व्यक्ति की परवाह नहीं करता
कुत्ती–(स्त्री०) = कुतिया
कुत्र–*सं०* (क्रि० वि०) कहाँ, किस जगह
कुत्सन–(पु०) निंदा या बुराई करना
कुत्सा–*सं०* (स्त्री०) निंदा, बुराई
कुत्सित–I *सं०* (वि०) 1 निंदित 2 अधम, नीच II (पु०) 1 निंदा 2 नीच व्यक्ति
कुत्स्य–*सं०* (वि०) निंदा का पात्र
कुदकना–(अ० क्रि०) = कूदना
कुदक्कड़–(पु०) कूदनेवाला
कुदक्का–*बो०* (पु०) उछल-कूद। ~**मारना** व्यर्थ इधर-उधर कूदना
कुदरत–*अ०* (स्त्री०) 1 ईश्वरीय शक्ति 2 प्रकृति। ~**का खेल** ईश्वर की लीला
कुदरती–*अ०* (वि०) 1 प्राकृतिक 2 स्वाभाविक
कुदरा–*बो०* (पु०) = कुदाल
कुदाई, कुदान–(स्त्री०) 1 कूदने की क्रिया 2 छलाँग 3 कूदने की जगह
कुदाना–(स० क्रि०) कूदने में प्रवृत्त करना
कुदार, कुदाल–*बो०* (पु०) मिट्टी खोदने का फावड़ानुमा एक औज़ार जिसमें लकड़ी का बेंट लगा होता है
कुदाली–(स्त्री०) छोटा कुदाल
कुद्रव–*सं०* (पु०) कोदों
कुनकुना–(वि०) हल्का गर्म

कुनना–(स० क्रि०) 1 खरादना 2 खरोचना
कुनबा–(पु०) कुटुंब, बाल-बच्चे, परिवार। ~**परवर** (वि०) बाल-बच्चों को पालनेवाला; ~**परस्ती** + *फ़ा०* (स्त्री०) बाल-बच्चों का पालन-पोषण
कुनबी–(पु०) कृषि कार्य करनेवाली एक हिंदू जाति
कुनवा–(पु०) लकड़ी सुडौल करनेवाला व्यक्ति
कुनह–*फ़ा०* (पु०) संचित बैर, शत्रुता
कुनही–*फ़ा०* (वि०) कुनह रखनेवाला
कुनाई–(स्त्री०) 1 सुडौल बनाने की क्रिया 2 बुरादा 3 सुडौल बनाने की मजूरी 4 कोयले का चूर्ण
कुनेरा–(पु०) = कुनवा
कुनैन–*अं०* (पु०) मलेरिया ज्वर में दिया जानेवाला एक कड़वा सत
कुप–(पु०) घास-भूसे का ढेर
कुपित–*सं०* (वि०) 1 क्रोध करनेवाला 2 अप्रसन्न, नाराज़
कुप्पा–(पु०) चमड़े का बना गोलाकार पात्र (जैसे-तेल का कुप्पा)। ~**लुढ़कना,** ~**लुढ़ना** महान् व्यक्ति का मरना; ~**सा मुँह करना** मुँह फुलाना, नाराज़ होना; ~**होना** 1 सूजना 2 मोटा होना 3 रूठना
कुप्पी–(स्त्री०) छोटा कुप्पा
कुफ़ुत–*फ़ा०* (स्त्री०) 1 गहरी चिंता 2 अफ़सोस, दुःख
कुफ़्र–*अ०* (पु०) 1 (इस्लाम में) ईश्वर की सत्ता को न मानना, नास्तिकता 2 दुराग्रह 3 कृतघ्नता
कुफ़्ल–*अ०* (पु०) ताला
कुबड़ा–I (वि०) 1 जिसकी पीठ टेढ़ी हो गई हो 2 टेढ़ा II (पु०) टेढी पीठवाला व्यक्ति
कुबड़ी, कुबरी–I (स्त्री०) टेढ़ीपीठ वाली स्त्री II (वि०) टेढ़ी, वक्र
कुबेर–*सं०* (पु०) = कुवेर
कुब्ज–I *सं०* (वि०) 1 कुबड़ा 2 टेढ़ा II (पु०) 1 कूबड़ 2 एक रोग जिसमें पीठ टेढ़ी हो जाती है
कुब्जा–*सं०* (स्त्री०) 1 कुबड़ी स्त्री 2 कृष्ण से प्रेम करनेवाली कंस की एक दासी
कुब्बा–I, *बो०* (वि०) 1 टेढ़ा 2 कुबड़ा II (पु०) डिल्ला, कूबड़
कुभा–*सं०* (स्त्री०) 1 काबुल नदी 2 पृथ्वी की छाया
कुमक–*फ़ा०* (स्त्री०) 1 सैनिक सहायता 2 अतिरिक्त सेना 3 सहायता
कुमकी–*फ़ा०* (वि०) कुमुक का
कुमकुम–(पु०) कुंकुम, केसर
कुमकुमा–(पु०) 1 लाख का बना पोला लड्डू 2 काँच का बना पोला गोला
कुमरी–*अ०* (स्त्री०) बनमुर्गी
कुमाच–*अ०* (पु०) 1 रेशमी कपड़ा 2 केवाँच
कुमार–*सं०* (पु०) 1 छोटा बालक 2 युवक 3 बेटा 4 राजपुत्र (जैसे-राजकुमार) [स्त्री० कुमारी]। ~**तंत्र** (पु०) आयुर्वेद का वह भाग जिसमें बाल रोगों का निदान एवं उपचार होता है; ~**भृत्या** (स्त्री०) 1 शिशुओं की देखभाल 2 गर्भिणी एवं नवजात शिशुओं के रोगों की विद्या, दाईगिरी; ~**व्रत** (पु०) ब्रह्मचर्य व्रत
कुमारबाज़–*अ०* + *फ़ा०* (पु०) जुआरी
कुमारबाज़ी–*अ०* + *फ़ा०* (स्त्री०) जुआरीपन
कुमारिक–*सं०* (वि०) जिसके यहाँ बहुत से बच्चे हों
कुमारिका, कुमारी–I *सं०* (स्त्री०) 1 बारह वर्ष तक की कन्या 2 कुआँरी कन्या II (वि०) अविवाहिता
कुमुक–*फ़ा०* (स्त्री०) कुमक
कुमुद–*सं०* (पु०) श्वेत कमल
कुमेरु–*सं०* (पु०) दक्षिणी ध्रुव। ~**ज्योति** (स्त्री०) दक्षिणी ध्रुव का आकस्मिक प्रकाश
कुम्मैत–*तु०* I (पु०) 1 लाखी रंग का घोड़ा 2 कालापन लिए हुए लाल रंग II (वि०) कुम्मैत रंग का
कुम्हड़ा–(पु०) काशीफल (जैसे-कुम्हड़े की सब्ज़ी)। **कुम्हड़े की बतिया** दुर्बल मनुष्य
कुम्हलाना–(अ० क्रि०) 1 मुरझाना 2 फीका पड़ना
कुम्हार–(पु०) 1 मिट्टी के बर्तन बनानेवाली एक जाति 2 कुम्हार जाति का व्यक्ति
कुम्हारी–I (स्त्री०) 1 कुम्हार की पत्नी 2 कुंभकारी II (वि०) कुम्हार का
कुरंग–*सं०* (पु०) 1 हिरन 2 तांमड़े रंग का हिरन। ~**सार** (पु०) कस्तूरी
कुरंड–(पु०) एक कड़ा पत्थर जिससे सान बनाई जाती है, कोरंडम
कुरक़ी–*तु०* + *फ़ा०* (स्त्री०) = कुर्की
कुरकुटा–*बो०* (पु०) 1 घटिया भोजन 2 घटिया अन्न 3 टुकड़ा
कुरकुर–(पु०) कुरकुरी वस्तु के टूटने की ध्वनि (जैसे-बिस्कुट कुरकुर करता है)
कुरकुरा–(वि०) जो कुरकुर ध्वनि करता हुआ टूटता हो
कुरता–*तु०* (पु०) कमीज़ की तरह का एक पहनावा
कुरती–*तु०* (स्त्री०) स्त्रियों का एक पहनावा जिसमें आगे बटन होते हैं
कुरबान–*अ०* (पु०) बलि, निछावर
कुरबानी–*अ०* (स्त्री०) 1 आत्म बलिदान, आत्मत्याग 2 पशुबलि
कुरर–*सं०* (पु०) 1 क्रौंच नामक पक्षी 2 टिटिहरी [स्त्री० कुररी]
कुरव–I *सं०* (पु०) 1 बुरा शब्द 2 गीदड़ 3 कटसरैया 4 आक II (वि०) कर्कश आवाज़वाला
कुरवना–(स० क्रि०) 1 ढेर लगाना 2 ढेर में गिराना
कुरसी–*अ०* (स्त्री०) थोड़ी ऊँची चौकी। ~**तोड़** + *हिं०* (वि०) बैठे-बैठे समय बितानेवाला
क़ुरान–*अ०* (पु०) मुसलमानों का धार्मिक ग्रंथ जिसमें हज़रत मुहम्मद की वाणियाँ संकलित की गयी हैं। ~**शरीफ़** (पु०) क़ुरान नामक धार्मिक ग्रंथ; ~**उठाना,** ~**पर हाथ रखना** क़ुरान की शपथ लेना; ~**का जामा पहनना** धर्मनिष्ठ बनना
कुरिया–*बो०* (स्त्री०) ढेर, राशि
कुरियाल–(स्त्री०) पंख खुजलाना। ~**में आना** आनंद में आना; ~**में गुलेल लगाना** रंग में भंग करना, रंग में भंग होना
कुरी–(स्त्री०) ढेर, राशि
कुरु–I *सं०* (पु०) 1 आर्यों का एक प्राचीन कुल

(जैसे-कुरुवंश) 2 कुरु वंश में उत्पन्न हुआ व्यक्ति 3 एक प्राचीन प्रदेश का नाम (जैसे-कुरु नरेश) II (पु०) कर्ता। **~क्षेत्र** (पु०) दिल्ली के पश्चिम करनाल जिले का एक मैदान जहाँ कौरवों-पांडवों में युद्ध हुआ था

कुरुई–(स्त्री०) बाँस या मूँज की बनी छोटी डलिया

कुरेदना–(स० क्रि०) खुरचना, खरोचना

कुरेदनी–(स्त्री०) एक नुकीली लोहे की छड़

कुरैना–I (स० क्रि०) 1 डालना, गिराना 2 ढेर लगाना II (पु०) राशि, ढेर

कुर्क़–तु० (वि०) न्यायालय के आदेशानुसार दंड स्वरूप अपराधी का ज़ब्त किया हुआ (माल-संपत्ति)। **~अमीन** + अ० (पु०) माल कुर्क करनेवाला अधिकारी; **~नामा** + फ़ा० (पु०) कुर्क़ी का परवाना

कुर्क़ी–तु० + फ़ा० (स्त्री०) जायदाद ज़ब्त किया जाना। **~बैठाना** कुर्क़ करना, जब्त करना

कुर्कुट–सं० (पु०) 1 मुर्गा 2 कूड़ा

कुर्ता–तु० (पु०) = कुरता [स्त्री० कुर्ती]

कुर्ब–अ० (पु०) समीपता, सामीप्य, निकटता

कुर्बान–अ० (पु०) = कुरबान

कुर्बानी–अ० + फ़ा० (स्त्री०) = कुरबानी

कुर्र-कुर्र–(पु०) पक्षियों का बोलना

कुर्रना–(अ० क्रि०) 1 (पक्षियों) का कलरव करना 2 मधुर स्वर में बोलना

कुर्री–(स्त्री०) 1 पटरा 2 हेंगा

कुर्स–अ० (पु०) 1 टिकिया 2 दवा की टिकिया 3 अरब देश का एक चांदी का सिक्का

कुर्सी–अ० (स्त्री०) = कुरसी

कुलंग–फ़ा० (पु०) 1 मटमैले रंग का एक पक्षी 2 मुर्गा

कुलंधर–सं० (पु०) कुल का क्रम चलानेवाला

कुल–सं० (पु०) 1 परिवार, खानदान 2 वंश 3 समूह (जैसे-पक्षीकुल) 4 घर 5 जाति (जैसे-उच्च कुल, निम्न कुल)। **~कंटक** (पु०) कुल को दुःखी करनेवाला; **~कर्ता** (पु०) वंश संस्थापक; **~कलंक** (पु०) = कुल कंटक; **~कानि** + हिं० (स्त्री०) कुल की लाज; **~केतु** (पु०) परिवार का सम्मानित एवं श्रेष्ठ व्यक्ति; **~ज, ~जात** (वि०) 1 परिवार में उत्पन्न होनेवाला 2 कुलीन; **~तंत्र** (पु०) एक कुल द्वारा शासन-प्रणाली; **~तिलक** (पु०) कुल की प्रतिष्ठा बढ़ानेवाला; **~देव, ~देवता** ऐसा देवता जिसकी वंदना परिवारवाले परंपरा से करते चले आ रहे हों; **~धन्य** (वि०) परिवार को कृतार्थ करनेवाला; **~धर** (पु०) बेटा; **~धर्म** (पु०) पारिवारिक धर्म; **~नाम** (पु०) संज्ञा के साथ लगनेवाली उपाधि (जैसे-उपनाम, आपका कुलनाम क्या है); **~पति** (पु०) 1 परिवार का स्वामी, 2 विश्वविद्यालय का प्रधान, कुलगुरु; **~पूज्य** (वि०) 1 परिवार का सम्मानित व्यक्ति 2 परिवार में परंपरा से पूजित; **~बोरन** + हिं० (वि०) कुलमर्यादा भंग करनेवाला; **~बोरनी** + हिं० (स्त्री०) कुल में दाग लगानेवाली स्त्री; **~भूमि** (स्त्री०) परिवार की अचल संपत्ति; **~मर्यादा** (स्त्री०) 1 कुल की मान-प्रतिष्ठा 2 कुल की पारंपरिक रीति-रिवाज़; **~वंशज** (पु०) परिवार एवं वंश में उत्पन्न हुआ व्यक्ति; **~वधू** (स्त्री०) उच्च घर की स्त्री; **~वान्** (वि०) = 1 कुलीन 2 परिवारवाला; **~वृद्ध** (पु०) घर का बुजुर्ग; **~शतावर ग्राम** (पु०) सौ से अधिक परिवारोंवाला ग्राम; **~वाच्य** (वि०) जिसे पढ़ा न जा सके; **~संघ** (पु०) कुलीन शासक मंडल

कुल–अ० (वि०) सब, सारा, पूरा (जैसे-कुल सौ रुपया, कुल जोड़)

कुलक–I सं० (पु०) 1 समूह 2 मुखिया II (वि०) अच्छे परिवार का

कुलकना–(अ० क्रि०) किलकारना

कुलकुलाना–(अ० क्रि०) 1 कुल-कुल की ध्वनि करना (जैसे-पक्षियों का कुलकुलाना) 2 व्यथित होना, विकल होना। **~आँत कुलकुलाना** 1 आँतों में दर्द होना 2 ज़ोर से भूख लगना

कुलकुली–(स्त्री०) 1 खुजली 2 बेचैनी

कुलट–I सं० (वि०) बदचलन, व्यभिचारी II (पु०) व्यभिचारिणी स्त्री की संतान, नाज़ायज़ संतान

कुलटा–सं० (स्त्री०) 1 व्यभिचारिणी, दुराचारिणी 2 अनेक पुरुषों से संबंध रखनेवाली स्त्री

कुलथी–(स्त्री०) उड़द की जाति का एक मोटा अन्न

कुलन–(स्त्री०) 1 टीस 2 दर्द

कुलना–(अ० क्रि०) 1 दर्द करना 2 टीसना

कुलनार–(पु०) सुरमई रंग का एक खनिज पदार्थ, संगजराहत

कुलफ़त–अ० (स्त्री०) मानसिक चिंता, विकलता, परेशानी

कुलफ़ा–फ़ा० (पु०) छोटे-चौड़े और नुकीले पत्तोंवाला साग़

कुलफ़ी–(स्त्री०) 1 जमाया हुआ खाद्य तरल पदार्थ 2 दूध मलाई आदि जमानेवाली नली के आकार का साँचा 3 हुक्के की गोल नली

कुलबुल–(पु०) छोटे-मोटे जीव जंतुओं के चलने से होनेवाला शब्द

कुलबुलाना–(अ० क्रि०) 1 हिलना-डोलना एवं शब्द करना 2 परेशान होना, व्यग्र होना

कुलबुलाहट–(स्त्री०) कुलबुलाने का भाव

कुलमीज़ान–अ० (स्त्री०) कुल योग, सारा जोड़

कुलवंत, कुलवंती–(वि०) कुलीन

कुलह–फ़ा० (स्त्री०) 1 टोपी 2 शिकारी चिड़ियों की आँखों पर बाँधी जानेवाली पट्टी, अँधियारी

कुलांगना–सं० (स्त्री०) = कुलवधू

कुलांगार–सं० (पु०) 1 कुल का नाश करनेवाला व्यक्ति 2 कुल कलंक

कुलाँच–(स्त्री०) छलाँग, चौकड़ी

कुलांचना–(अ० क्रि०) चौकड़ी भरना

कुलाचार–सं० (पु०) परंपरागत रीति

कुलाचार्य–सं० (पु०) परिवार के शिक्षक

कुलाधिपति, कुलाध्यक्ष–सं० (पु०) चांसलर

कुलानुशासक–सं० (पु०) विश्वविद्यालय का अनुशासनाधिकारी, प्रॉक्टर

कुलाबा–अ० (पु०) 1 लोहे का काँटा 2 मोरी 3 मछली फँसाने का कांटा

कुलाल–सं० (पु०) 1 कुम्हार 2 बनमुरगा 3 उल्लू

कुलावतंस–*सं०* (पु०) वंश का मुकुट, वंश में श्रेष्ठ
कुलाह–*फ़ा०* (स्त्री०) 1 ऊँची नोक की टोपी 2 राजमुकुट 3 टोपी
कुलाहल–*बो०* (पु०) = कोलाहल
कुलिंग–*सं०* (पु०) चिड़िया, पक्षी
कुलिक–I *सं०* (पु०) 1 कुल का प्रधान व्यक्ति 2 उच्च कुल का शिल्पकार II (वि०) कुलीन
कुलिश–*सं०* (पु०) 1 वज्र 2 हीरा 3 कुठार
कुली–*तु०* (पु०) 1 स्टेशन पर बोझ ढोनेवाला मज़दूर 2 गुलाम। ~**कबाड़ी** + *हिं०* (पु०) निम्न श्रेणी के लोग; ~**गीरी** + *फ़ा०* (स्त्री०) कुली का काम
कुलीन–*सं०* (वि०) 1 उच्च कुल का, अभिजात 2 अच्छी नस्ल का। ~**तंत्र** (पु०) सामंत सत्ता, (दे० कुल तंत्र); ~**ता** (स्त्री०) आभिजात्य; ~**ता-वाद** (पु०) यह मत कि कुलीनों को भगवान् ने ही श्रेष्ठ बनाया है
कुलुक–*सं०* (पु०) जीभ पर ज़मी मैल
क़ुलुफ़–*अ०* (पु०) 1 ताला 2 अँकुड़ीदार लोहे का टुकड़ा
कुलेल–(स्त्री०) = कुलोल
कुल्थी–(स्त्री०) = कुलथी
कुल्माष–*सं०* (पु०) 1 उड़द 2 दाल 3 काँजी 4 मोटा अनाज, कुलथी
कुल्य–*सं०* (वि०) अच्छे कुल का, कुलीन, प्रतिष्ठित
कुल्या–*सं०* (स्त्री०) 1 कुलीन स्त्री 2 छोटी नहर 3 नाली, पनाला
कुल्ला–(पु०) 1 मुँह में पानी भरकर फेंकने की क्रिया 2 मुँह में लिया गया पानी। ~**दातून** (स्त्री०) मुँह की सफ़ाई
कुल्ली–(स्त्री०) = कुल्ला
कुल्हड़–(पु०) पानी पीने का एक छोटा मिट्टी का पात्र, पुरवा, चुक्कड़
कुल्हाड़ा–(पु०) लकड़ी काटने का एक औज़ार
कुल्हाड़ी–(स्त्री०) छोटा कुल्हाड़ा। **अपने पैर में कुल्हाड़ी मारना** 1 खुद को ज़ख़्मी करना 2 अपना अहित स्वयं करना
कुल्हिया–(स्त्री०) = 1 कुल्हड़ 2 तंग कोठरी। ~**में गुड़ फोड़ना** छिपाकर काम करना
कुवलय–*सं०* (पु०) 1 नील कमल 2 नीली कुई 3 भूमंडल
कुवलयपीड़–*सं०* (पु०) कंस का एक हाथी जो कृष्ण के हाथों मारा गया था
कुवार–(पु०) = कुआर
कुवेर–*सं०* (पु०) 1 धन एवं संपत्ति का स्वामी कुबेर 2 तनु का पेड़
क़ुव्वत–*अ०* (स्त्री०) ताकत, दम
कुश–I *सं०* (पु०) 1 धार्मिक कृत्यों के उपयोग में आनेवाली एक घास 2 राम का एक पुत्र 3 हल की फाल, कुसी II (वि०) 1 कुत्सित 2 पागल। ~**द्वीप** (पु०) पुराण के अनुसार सप्त महाद्वीपों में से एक द्वीप
कुशन–*अं०* (पु०) गद्दी, गदेला
कुशल–I *सं०* (वि०) 1 चतुर, होशियार, प्रवीण (जैसे-कुशल व्यक्ति) 2 निपुण, पारंगत (जैसे-कुशल कारीगर) 3 उचित 4 प्रसन्न II (स्त्री०) मंगल (जैसे-कुशल मंगल)। ~**क्षेम** (पु०) राज़ी खुशी, सुख-संपन्न; ~**ता** (स्त्री०) 1 खुशहालपन, सुख संपन्नता 2 चतुराई; ~**पूर्वक** (वि०) अच्छी तरह; ~**प्रश्न** (पु०) कुशल-मंगल पूछना; ~**बुद्धि** (वि०) तेज़ दिमाग़वाला; ~**मंगल** (पु०) = कुशलक्षेम; ~**समाचार** (पु०) उत्तम संदेश
कुशाग्र–*सं०* (वि०) कुश की नोक के समान, अति तीक्ष्ण, नुकीला। ~**बुद्धि** (वि०) तीक्ष्ण बुद्धिवाला
कुशादगी–*फ़ा०* (स्त्री०) 1 कुशादा होना 2 फैलाव
कुशादा–*फ़ा०* (वि०) 1 फैला हुआ 2 खुला हुआ। ~**दिल** (वि०) उदार हृदयवाला, दयालु
कुशासन–*सं०* (पु०) कुश की चटाई
कुशीलव–*सं०* (पु०) 1 कवि 2 चारण, भाट 3 अभिनेता, नट 4 गायक
कुश्ती–*फ़ा०* (स्त्री०) मल्लयुद्ध। ~**बाज़** (पु०/वि०) मल्लयुद्ध करनेवाला। ~**खाना** कुश्ती में हार जाना; ~**लड़ाना** कुश्ती लड़ने के दाँव पेंच सिखाना
कुष्ठ–*सं०* (पु०) 1 *चि०* कोढ़
कुष्ठालय–*सं०* (पु०) 1 कोढ़ियों का चिकित्सालय 2 कोढ़ी-घर
कुष्ठी–*सं०* (पु०) कोढ़ी
कुष्मांड–*सं०* (पु०) कुम्हड़ा
कुसियार–(पु०) एक तरह का सफ़ेद गन्ना
कुसी–(स्त्री०) हल का नुकीला भाग, फाल
कुसीद–I *सं०* (पु०) 1 सूद पर रुपया देना, महाजनी 2 सूद 3 ब्याज पर दिया जानेवाला धन II (वि०) 1 सूदखोर 2 सुस्त, काहिल। ~**जीवी** (वि०) सूदखोर, महाजन
कुसीदिक–I *सं०* (वि०) ब्याज संबंधी II (पु०) ब्याज पर रुपया देनेवाला, ब्याजखोर
कुसुंभ–*सं०* (पु०) 1 कुसुम नाम का पौधा 2 केसर, कुमकुम
कुसुंभी–(वि०) कुसुम के रंग का, लाल
कुसुम–*सं०* (पु०) 1 फूल, पुष्प 2 लाल रंग 3 स्त्रियों का रजस्राव। ~**दल** (पु०) फूल की पंखुड़ी; ~**रेणु** (पु०) पराग; ~**वती** (वि०) रजस्वला; ~**स्तवक** (पु०) फूलों का गुच्छा
कुसमांजलि–*सं०* (स्त्री०) फूलों से भरी अंजलि, पुष्पांजलि
कुसुमाकर–*सं०* (पु०) 1 वसंत 2 फुलवारी
कुसुमायुध–*सं०* (पु०) कामदेव
कुसुमायोजन–*सं०* (पु०) बुरी तरह जोड़ना-मिलाना
कुसुमावलि–*सं०* (स्त्री०) फूलों का गुच्छा
कुसुमासव–*सं०* (पु०) 1 मकरंद 2 शहद
कुसुमित–*सं०* (वि०) 1 पुष्पित, खिला हुआ 2 जिस स्त्री का रजस्राव हो रहा हो
क़ुसूर–*अ०* (पु०) = क़सूर
कुहक–(स्त्री०) 1 मुरगे की बाँग 2 कोयल की कूक 3 कुहकने की क्रिया
कुहक–I *सं०* (पु०) 1 माया, धोखा 2 इंद्रजाल 3 ठगी II (वि०) 1 मायावी 2 धूर्त 3 वंचक
कुहकना–(अ० क्रि०) 1 पक्षियों का मधुर स्वर में बोलना 2 मोर, कोयल आदि का मीठी आवाज़ करना
कुहनी–(स्त्री०) बांह और भुजा का मोड़ (जैसे-मेज़ पर कुहनी टिकाना)
कुहर–*सं०* (वि०) एक प्रकार का शिकरा पक्षी

कुहरा–(पु०) वायुमंडल में ठंडा होकर गिरनेवाले जलकण, ओस, धुंध

कुहराम–*अ०* (पु०) 1 भगदड़, हलचल 2 रोना-कलपना

कुहासा–(पु०) *बो०* 1 कुहरा, कोहरा 2 ओस

कुहुक–(स्त्री०) =कुहक (हिं०)

कुहुकना–(अ० क्रि०) = कुहकना, चहचहाना

कुहू–*सं०* (स्त्री०) 1 कोयल की कूक 2 अमावस्या की रात

कुहेलिका–*सं०* (स्त्री०) *बो०* कुहरा

कूँच–(स्त्री०) 1 बुरुश, ब्रश 2 बड़ी सँड़सी (सँडासी)

कूँचना–(स० क्रि०) *बो०* = कुचलना

कूँचा–(पु०) 1 कलछा 2 जहाज़ के टूटे हुए टुकड़े 3 कुचला हुआ पदार्थ (जैसे-कूँचा आम)

कूँची–(स्त्री०) 1 ब्रश 2 तूलिका। ~**देना** 1 कूँची से साफ़ करना 2 रंग चढ़ाना

कूँज–(पु०) = कराँकुल

कूँड़–(पु०) 1 लोहे की टोपी 2 पानी निकालने का डोल जैसा बर्तन

कूँड़ा–(पु०) *बो०* 1 पानी रखने का चौड़े मुँह का बड़ा बर्तन, कुंडा 2 गमला 3 कठौता

कूँड़ी–(स्त्री०) 1 पत्थर की कटोरी 2 छोटी नाँद 3 कोल्हू के बीच का गड्ढा

कूँथना–(अ० क्रि०) *बो०*) = 1 कराहना 2 कबूतरों का गुटरगूँ शब्द करना 3 दबी आवाज़ से कराहना

कूँआ–(पु०) = कुआँ

कूँई–(स्त्री०) कमल के समान जल में होनेवाला छोटा पौधा एवं उसका फूल

कूक–I (स्त्री०) = 1 कुहक (हिं०) 2 लंबी मधुर ध्वनि II (स्त्री०) घड़ी, बाजे आदि में कुंजी देना

कूकना–I (अ० क्रि०) =कुहकना II (स० क्रि०) कुंजी देना, चाबी देना

कूकर–(पु०) *बो०* कुत्ता, श्वान। ~**कौर** (पु०) 1 तुच्छ वस्तु, हीन पदार्थ 2 कुत्ते के लिए छोड़ा गया भोजन; ~**नींद** (स्त्री०) हल्की नींद; ~**बसेरा** थोड़ा विश्राम

कूच–*फ़ा०* (पु०) एक स्थान से दूसरे स्थान जाना, रवानगी (जैसे-सेना का युद्ध के लिए कूच करना)। ~**का डंका,** ~**का नक्कारा** प्रस्थान करना; ~**बोलना** 1 रवाना होना 2 प्रस्थान का आदेश करना

कूचा–*फ़ा०* (पु०) सँकरा मार्ग, तंग रास्ता, गली। ~**गर्दी** (स्त्री०) गलियों में व्यर्थ इधर-उधर घूमना; ~**बंद** (पु०) बंद गली

कूचिका, कूची –(स्त्री०) =कूँची

कूज–(स्त्री०) ध्वनि, शब्द

कूजन–*सं०* (पु०) पक्षियों की कलरव क्रिया

कूजना–(अ० क्रि०) कलरव करना, चहकना

कूज़ा–*फ़ा०* (पु०) 1 कुल्हड़ 2 कुल्हड़ में जमाई गई मिस्री

कूजित–*सं०* (वि०) 1 ध्वनित 2 मधुर स्वर में कहा हुआ 3 ध्वनिपूर्ण

कूट–I *सं०* (वि०) 1 मिथ्यावादी, झूठा 2 छली, धोखेबाज़ 3 बनावटी (जैसे-कूट मुद्रा) 4 जटिल (जैसे ~**प्रश्न**) II (पु०) 1 छल, धोखा 2 बनावट 3 रहस्य 4 असत्य 5 व्यंग्य (जैसे-कूटोक्ति) 6 शीर्ष, चोटी। ~**उपाय** (पु०) धोखा देने की तरकीब; ~**करण** (पु०) जाली चीज़ बनाना; ~**कर्म** (पु०) छल, धोखेबाज़ी; ~**कर्मा** (पु०) धोखा देनेवाला व्यक्ति; ~**क्षेत्र** (पु०) षड्यंत्र का स्थान; ~**ग्रंथ** (पु०) ग्रंथ जिसका कर्ता अज्ञात हो; ~**ता** (स्त्री०) 1 कूट होने की अवस्था 2 कपट, छल 3 झूठ 4 कठिनाई; ~**नीति** (स्त्री०) छिपी हुई चाल, गुप्त चाल; ~**नीतिक** (वि०) = कूटनैतिक; ~**नीतिज्ञ** (वि०) कूटनीति जाननेवाला; ~**नीतिज्ञता** (स्त्री०) कूटनीति की जानकारी; ~**नैतिक** (वि०) कूटनीति का; ~**पण** (पु०) =कूट मुद्रा; ~**पण्य** (पु०) खोटा माल; ~**प्रबंध** (पु०) धोखा देने का इंतज़ाम, षड्यंत्र; ~**प्रश्न** (पु०) पहेली; ~**भाषा** (स्त्री०) संकेत भाषा, गुप्त भाषा; ~**मुद्र** (पु०) जाली मुहर; ~**मुद्रा** (स्त्री०) जाली सिक्का; ~**युद्ध** (पु०) झूठमूठ का युद्ध; ~**योजना** (स्त्री०) कुचक्र, षड्यंत्र; ~**रचना** (स्त्री०) फँसाने की युक्ति, फंदा; ~**लेख** (पु०) जाली दस्तावेज़; ~**साक्षी** (पु०) झूठा गवाह; ~**साक्ष्य** (पु०) झूठी गवाही; ~**स्थ** I (पु०) ईश्वर, परमात्मा II (वि०) 1 जो सबसे ऊपर हो 2 अटल, अचल 3 अविनाशी; ~**स्थल** (पु०) विशेष स्थान जो सामरिक दृष्टि से महत्त्वपूर्ण हो, षड्यंत्र स्थल; ~**स्वर्ण** (पु०) जाली सोना

कूटक–I *सं०* (वि०) 1 छल हेतु बनाया 2 छल के उद्देश्य से कही गई (जैसे-कूटक दृश्य, कूटक आख्यान) II (पु०) धोखा-धड़ी

कूटना–(स० क्रि०) 1 लगातार पीटना (जैसे-अनाज कूटना) 2 मारना-पीटना (जैसे-उस बदमाश को खूब कूटना) 3 बधिया करना। **कूट-कूटकर भरना** दबा-दबाकर अधिक मात्रा में भरना

कूटाख्यान–*सं०* (पु०) कल्पित कथा

कूटार्थ–*सं०* (त्रि०) जो सरलता से न समझा जा सके

कूटावपात–*सं०* (पु०) घास-पात से ढका हुआ गड्ढा

कूड़ा–(पु०) 1 बुहारन 2 रद्दी वस्तुएँ 3 धूल-राख आदि। ~**कबाड़** ~**करकट,** ~**कुर्कुट** (पु०) सड़ी-गली वस्तुएँ; ~**कोठ** (पु०) 1 कूड़ा फेंकने का स्थान 2 कूड़ा फेंकने का पात्र; ~**खाना** + *फ़ा०* (पु०) 1 कूड़ा फेंकने का स्थान 2 कूड़ादान

कूड़ेदान–*हिं०+फ़ा०* (पु०) वह पात्र जिसमें कूड़ा फेंका जाता है, डस्टबिन

कूढ़–(वि०) मूर्ख, बेवकूफ़, निर्बुद्धि। ~**मग़ज़** +*फ़ा०* (वि०) 1 अत्यधिक मूर्ख 2 मंदबुद्धि

कूत–(पु०) 1 मूल्य आँकने का काम 2 मन ही मन सोचना-विचारना

कूतना–(स० क्रि०) 1 अंदाज़ लगाना, अनुमान करना 2 मन ही मन सोचना, कल्पना करना

कूथना–I (अ० क्रि०) *बो०* 1 कराहना 2 काँखना II (स० क्रि०) कूटना

कूद–(स्त्री०) कूदने की क्रिया (जैसे-ऊँची कूद, बाँस कूद)। ~**फाँद** (स्त्री०) उछल-कूद

कूदना–I (अ० क्रि०) 1 उछलना 2 छलाँग लगाना, पहाड़ पर कूदना 3 अचानक आ पहुँचना (जैसे-आंदोलन में कूदना)

4 इतराना II (स० क्रि०) फाँदना, लाँघना। ~**फाँदना** (अ० क्रि०) 1 उछलकर जाना 2 कूदकर किसी ऊँचाई या वस्तु को पार करना; **किसी के बल कूदना** किसी के सहारे बोलना

कूप–*सं०* (पु०) 1 कुआँ 2 गहरा गड्ढा। ~**मंडूक** (पु०) 1 कूएँ का मेढक 2 संकुचित अनुभव और ज्ञानवाला, अल्पज्ञ; **मंडूकता** कूपमंडूक होने की अवस्था; ~**मंडूक व्यावहारिकता** (स्त्री०) संकुचित एवं संकीर्ण व्यवहार की क्रिया;

कूपक–*सं०* (पु०) 1 छोटा कुआँ 2 चमड़े की कुप्पी

कूपन–*अं०* (पु०) 1 यात्रा टिकट 2 कोई नियंत्रित वस्तु प्राप्त करने का पुरजा 3 मनीआर्डर का वह अंश जिस पर हाल-चाल लिखा जाता है, संदेश-स्थल

कूबड़–(पु०) किसी वस्तु का उभारदार टेढ़ापन (जैसे-ऊँट का कूबड़)

कूबत–*अं०* (स्त्री०) =कूवत

कूर–(वि०) 1 निर्दय 2 दुष्ट 3 पापी

कूरा–(पु०) 1 ढेर, राशि 2 अंश, भाग

कूर्च–(पु०), **कूर्चिका** –*सं०* (स्त्री०) 1 कूँची 2 कुंजी

कूर्दन–*सं०* (पु०) खेलना-कूदना

कूर्म–*सं०* (पु०) कच्छप, कछुआ

कूर्मी–*सं०* (स्त्री०) कछुई (मादा कुछुआ)

कूल–*सं०* (पु०) तट, किनारा। ~**वती** (स्त्री०) नदी

कूल्हा–(पु०) 1 धड़ तथा जाँघ का जोड़ 2 कमर के दोनों ओर की हड्डी (जैसे-कूल्हे का जोड़)

कूवत–*अं०* (स्त्री०) 1 शक्ति, ताक़त 2 सामर्थ्य

कृंतक–*सं०* (पु०) काटने के दाँत

कृंतन–*सं०* (पु०) 1 काटना 2 कुतरना

कृकाट–*सं०* (पु०) कँधे और गले का जोड़

कृकाटिका–*सं०* (स्त्री०) गले और कंधे का जोड़

कृच्छ –I *सं०* (वि०) 1 कष्टमय 2 कठिन 3 कष्टसाध्य 4 कष्टकर 5 दुष्ट II (पु०) 1 कष्ट 2 दुःख 3 कठिनाई 4 प्रायश्चित 5 पाप

कृत–I *सं०* (वि०) 1 किया हुआ 2 बनाया हुआ, निर्मित II (पु०) 1 काम 2 उपकार 3 सतयुग 4 कर्मफल। ~**कर्मा,** ~**कार्य** (वि०) 1 जो अपना कार्य कर चुका हो 2 सफल मनोरथ; ~**काम** (वि०) जिसकी कामना पूरी हो गई हो; ~**काल** (वि०) निर्धारित समय तक कार्य करनेवाला; ~**कृत्य** (वि०) 1 कृतार्थ 2 संतुष्ट तथा प्रसन्न; ~**चेता** (वि०) कृतज्ञ; ~**ज्ञ** (वि०) उपकार माननेवाला, एहसानमंद; ~**ज्ञता** (स्त्री०) कृतज्ञ होने का भाव; ~**निश्चय** (वि०) निश्चय करनेवाला; ~**पर्व** (पु०) कृतयुग, सतयुग; ~**पूर्व** (वि०) पहले किया हुआ; ~**प्रतिज्ञ** (वि०) वचनबद्ध; ~**मुख** (वि०) विद्वान्, पंडित; ~**युग** ((पु०) सतयुग; ~**विद्य** (वि०) विद्वान्; ~**वृद्धि** (वि०) जो बढ़ गया हो, बढ़ा हुआ; ~**वेदी** (वि०) =कृतज्ञ; ~**वेश** (वि०) वस्त्र पहना हुआ; ~**संकल्प** (वि०) जिसने पक्का निश्चय किया हो, दृढ़ निश्चयी; ~**संज्ञ** (वि०) 1 जगा हुआ 2 होश में आया हुआ 3 तीव्र बुद्धिवाला; ~**हस्त** (वि०) कुशल, दक्ष

कृतक–*सं०* (वि०) 1 बनाया हुआ 2 कृत्रिम

कृतघ्न–*सं०* (वि०) किए हुए उपकार को न माननेवाला। ~**ता** (स्त्री०) कृतघ्न होने की अवस्था

कृतांक–*सं०* (वि०) अंकित किया हुआ

कृतांजलि–*सं०* (वि०) अंजलि बाँधे हुए

कृतांत–I *सं०* (वि०) 1 समाप्त करनेवाला 2 अंत करनेवाला, यम II (पु०) 1 यमराज 2 मृत्यु

कृताकृत–*सं०* (वि०) 1 अधूरा 2 किया और न किया हुआ

कृतागम–*सं०* (वि०) =1 कृत हस्त 2 योग्य, कुशल

कृतात्मा–*सं०* (वि०) 1 शुद्ध आत्मावाला 2 पुण्य कर्म करनेवाला

कृतापराध–*सं०* (वि०) अपराधी, दोषी

कृतार्थ–*सं०* (वि०) =कृत-कृत्य

कृतावधि–*सं०* जिसकी अवधि निश्चित हो

कृतास्त्र–*सं०* (वि०) जो शस्त्र विद्या में निपुण हो, अस्त्र-सज्ज

कृति–*सं०* (स्त्री०) 1 किया हुआ कार्य 2 रचना 3 प्रशंसनीय काम। ~**कार** (पु०) 1 रचनाकार 2 लेखक; ~**लेखक** (पु०) रचनाकार; ~**स्वाम्य** (पु०) रचना का स्वामित्व, स्वात्वाधिकार

कृती–I *सं०* (वि०) 1 कुशल, दक्ष 2 पुण्यात्मा II (पु०) 1 ऐसा व्यक्ति जिसने स्तुत्य कर्म किया हो 2 रचनाकार

कृते–*सं०* (अ०) के वास्ते

कृत्त–*सं०* (वि०) 1 विभक्त 2 अभिलक्षित

कृत्ति–*सं०* (स्त्री०) 1 मृगचर्म 2 चर्म 3 भोजपत्र 4 कृत्तिका नक्षत्र

कृत्तिका–*सं०* (स्त्री०) सत्ताइस नक्षत्रों में से तीसरा नक्षत्र

कृत्प्रत्यय–*सं०* (पु०) वह प्रत्यय जो क्रिया के साथ लगे (जैसे- कृ से कृत क्रिया, कृति)

कृत्य–I *सं०* (वि०) कर्तव्य II (पु०) 1 कर्म 2 धार्मिक कर्म

कृत्यवाह–*सं०* (पु०) कार्यभार संभालनेवाला

कृत्या–*सं०* (स्त्री०) 1 दुष्ट स्त्री 2 जादू-टोना, अभिचार 3 जादूगरनी 4 सर्वनाश करनेवाली कोई चीज़ 5 कर्कशा स्त्री 6 काम। ~**कृत्य** (पु०) कर्तव्याकर्तव्य

कृत्रिम–*सं०* (वि०) 1 बनावटी (जैसे-कृत्रिम ग्रह, कृत्रिम हँसी) 2 नकली (जैसे-कृत्रिम सोना, कृत्रिम रत्न)। ~**ता** (स्त्री०) कृत्रिम अवस्था

कृत्स–*सं०* (पु०) 1 जल 2 समुदाय 3 पाप

कृत्सन–*सं०* I (वि०) पूर्ण II (पु०) 1 जल, 2 पेट

कृदंत–*सं०* (पु०) धातु में कृत प्रत्यय लगाने से बननेवाला शब्द (जैसे-कृत, कृति, कृत्य या पूर्वकालिक कृदंत *जाकर*, भूत कृदंत *गया*, वर्तमान कृदंत जाता)

कृपण–*सं०* (वि०) 1 सूम, कंजूस 2 लोभी, लालची। ~**ता** (स्त्री०) 1 कंजूसी 2 लालच

कृपया–*सं०* (क्रि० वि०) कृपापूर्वक

कृपा–*सं०* (स्त्री०) अनुग्रह, दया (जैसे-कृपा करके)। ~**कटाक्ष** (पु०) कृपा भाव; ~**कांक्षी** (पु०) कृपा चाहनेवाला व्यक्ति (जैसे- आपका कृपाकांक्षी); ~**दृष्टि** (स्त्री०) = कृपा कटाक्ष; ~**निधान** (पु०) कृपालु, कृपासागर; ~**पात्र** (पु०), ~**पात्री** (स्त्री०) जो कृपा के योग्य हो; ~**पूर्वक** (वि०) कृपया, कृपा करके

कृपाण–*सं०* (पु०) 1 कटार 2 तलवार (छोटी कृपाणिका)

कृपाभिलाषी–*सं०* (वि०) = कृपाकांक्षी

कृपायतन–*सं०* (वि०) कृपानिधान, कृपालु

कृपालु–*सं०* (वि०) कृपा करनेवाला, दयालु; ~**ता** (स्त्री०) दयालुता, कृपाभाव

कृमि–*सं०* (पु०) 1 कीड़ा 2 चींटी। ~**कीट** (पु०) कीड़े-मकोड़े; ~**कोश** (पु०) रेशम के कीड़े का कोया; ~**ज** (वि०) कीड़ों को मारनेवाली (जैसे-कृमिनाशक घोल); ~**रोग** (पु०) *चि०* आमाशय में केंचुए पड़ने से होनेवाला रोग, पेट का रोग; ~**विज्ञान** (पु०) ऐसा विज्ञान जिसमें विभिन्न रोगों के कीटाणुओं का अध्ययन किया जाता है; ~**शैल** (पु०) बाँबी

कृश–*सं०* (वि०) 1 दुबला-पतला 2 कमज़ोर 3 अकिंचन 4 अल्प, थोड़ा 5 दरिद्र। ~**ता** 1 (स्त्री०) कमज़ोरी 2 दुबलापन

कृशर–*सं०* (पु०) 1 खिचड़ी 2 तिल और चावल की खिचड़ी

कृशांग, कृशित–*सं०* (वि०) 1 कृश 2 दुबला-पतला

कृशोदर–*सं०* (वि०) 1 जिसका पेट पतला हो 2 पतली कमरवाला

कृशोदरी–*सं०* (स्त्री०) पतली कमरवाली स्त्री

कृषक–I *सं०* (पु०) किसान II (वि०) खींचनेवाला। ~**क्रांति** (स्त्री) कृषक आंदोलन; ~**वर्ग** (पु०) कृषक समूह; ~**विद्रोह** (पु०) किसानों की क्रांति

कृषकीय–*सं०* (वि०) किसान का, किसान-संबंधी

कृषाण–*सं०* (पु०) किसान, कृषक

कृषि–*सं०* (स्त्री०) 1 खेती-बाड़ी 2 ज़मीन की बोआई 3 फ़सल (जैसे-कृषि उत्पादन)। ~**उद्योग** खेती का काम, किसान का पेशा; ~**उपकरण** (पु०) कृषि के उपयोग में आनेवाले औज़ार एवं मशीनें आदि; ~**कर्म** (पु०) =कृषि; ~**कार** (पु०) =कृषक; ~**कार्य** (पु०) =कृषि; ~**कालेज** *+अं०* (पु०) कृषि महाविद्यालय; ~**जात** (वि०) कृषि से उत्पन्न होनेवाला (जैसे-कृषिजात द्रव्य); ~**जीवी** (पु०) = कृषक; ~**तकनीक** *+अं०* (स्त्री०) कृषि की विधि; ~**पदार्थ** (पु०) कृषि द्रव्य, वस्तुएँ आदि; ~**प्रणाली** (स्त्री०) कृषि के भेद एवं प्रकार; ~**प्रदर्शनी** (स्त्री०) खेती की चीज़ों की नुमाइश; ~**प्रधान** (वि०) 1 जो कृषि में मुख्य हो 2 जो उत्तम खेती करनेवाला हो; ~**बैंक** *अं०* (पु०) कृषि हेतु आर्थिक मदद देनेवाले बैंक; ~**यंत्र** (पु०) खेती के औज़ार एवं उपकरण; ~**योग्य** (वि०) जो खेती के लिए उचित एवं उपयुक्त हो (जैसे कृषियोग्य भूमि); ~**विकास** (पु०) कृषि की प्रगति, कृषि-वृद्धि; ~**विज्ञ** (पु०) कृषि का ज्ञान रखनेवाला व्यक्ति; ~**विज्ञान** (पु०) ऐसा विज्ञान जिसमें कृषि विषयक अध्ययन किया जाए; ~**विज्ञानी** (पु०) = कृषि विज्ञ; ~**विद्या** (स्त्री०) = कृषि विज्ञान; ~**विद्यालय** (पु०) कृषि अध्ययन संस्था; ~**विभाग** (पु०) कृषि संस्था का वह विभाग जहाँ कृषि का अध्ययन किया जाता है; ~**व्यवसाय** (पु०) =कृषि; ~**व्यवस्था** (स्त्री०) = कृषि प्रणाली; ~**शास्त्र** (पु०) =कृषि विज्ञान; ~**शास्त्रीय** (वि०) कृषि विज्ञान संबंधी; ~**संकट** खेती में आनेवाली बाधाएँ;

कृषिक–I *सं०* (वि०) कृषि का II (पु०) किसान

कृषित, कृष्ट–*सं०* (वि०) 1 जोता-बोया हुआ 2 खींचा हुआ। ~**फल** (पु०) खेत की उपज, फ़सल; ~**भूमि** (स्त्री०) कृषित भूमि

कृष्टि–*सं०* (स्त्री) 1 खिचाव 2 खेतीबाड़ी

कृष्ण–I *सं०* (वि०) 1 काला, श्याम 2 नीला 3 कुत्सित 4 निंदनीय II (पु०) 1 यदुवंशी कृष्ण 2 काला रंग 3 नीला रंग 4 पापकर्म। ~**कंद** (पु०) लाल कमल; ~**कर्म** (पु०) पाप-कर्म, निंदनीय कार्य; ~**कर्मा** (वि०) पापकर्म करनेवाला, पापी; ~**पक्ष** (पु०) महीने का अँधेरा पखवारा; ~**चंद्र** (पु०) 1 वासुदेव 2 श्री कृष्ण; ~**धन** (पु०) काला धन; ~**पक्ष** (पु०) 1 अँधेरा पाख 2 अर्जुन; ~**पटल** (पु०) श्यामपट; ~**मणि** (पु०) नीलम; ~**रक्त** I (पु०) गहरा लाल रंग II (वि०) गहरे लाल रंग का; ~**लौह** (पु०) 1 चुंबक 2 काला लोहा; ~**वर्ण** (वि०) काला रंग; ~**सार** (पु०) 1 काले रंग का हिरन, कृष्ण मृग 2 शीशम वृक्ष 3 खैर का पेड़

कृष्णा–*सं०* (स्त्री०) 1 द्रौपदी 2 दक्षिण भारत की एक नदी, कृष्णगंगा

कृष्णाष्टमी–*सं०* (स्त्री०) 1 भाद्र कृष्ण अष्टमी 2 कृष्ण की जन्मतिथि, जन्माष्टमी

कृष्णिमा–*सं०* (स्त्री०) कालापन

कृष्य–*सं०* (वि०) खेती करने योग्य (जैसे-कृष्य भूमि)

कें-कें–(स्त्री०) 1 पक्षियों का आर्तनाद 2 कष्ट-सूचक ध्वनि 3 व्यर्थ की बातचीत, बकवाद

केंचुआ–(पु०) 1 एक लंबा एवं पतला बरसाती कीड़ा 2 आँतों में पैदा हो जानेवाले छोटे-छोटे सफ़ेद कीड़े

केंचुल–(पु०), केंचुली (स्त्री०) सर्प द्वारा छोड़ी गई झिल्लीदार खोली (जैसे-केंचुल छोड़ना)

केंद्र–*सं०* (पु०) 1 वृत्त का मध्य बिंदु 2 मध्य भाग 3 वस्तु का मुख्य उत्पादन एवं वितरण स्थल (जैसे-औद्योगिक केंद्र) 4 मुख्य कार्यालय। ~**गामी** (वि०) =केंद्राभिसारी; ~**बद्ध** (वि०) = केंद्रीकृत; ~**बिंदु** (पु०) मध्य बिंदु, मध्यस्थल; ~**वाद** (पु०) यह मत कि सारा शासन केन्द्रीय सरकार के हाथ में हो; ~**सरकार** (स्त्री०) देश के केन्द्र से राज करनेवाला शासन; ~**स्थ** (वि०) बीच में स्थित, मध्यस्थित

केंद्रग–*सं०* (वि०) =केंद्राभिसारी

केंद्रण–*सं०* (पु०) = केंद्रीकरण

केंद्रस्थ–*सं०* (वि०) मध्य में स्थित

केंद्रापग–*सं०* (वि०) = केंद्रापसारी

केंद्रापसारी–*सं०* (वि०) केंद्र से दूर जानेवाला (जैसे-केंद्रापसारी शक्तियाँ)

केंद्राभिग, केंद्राभिमुख, केंद्राभिसारी–*सं०* (वि०) केंद्र की ओर जानेवाला (जैसे-केंद्राभिसारी शक्तियाँ)

केंद्रिक–*सं०* (वि०) =केंद्रीय, केंद्र में बननेवाला

केंद्रित–*सं०* (वि०) केंद्र में स्थित किया हुआ

केंद्री–*सं०* (वि०) =केंद्रीय। ~**करण** (पु०) 1 केंद्रित करना 2 सत्ता के अधीन करना (जैसे-उद्योग-धंधों का केंद्रीकरण); ~**कृत** (वि०) 1 केंद्रित किया हुआ 2 अधिकार में लाया हुआ; ~**भूत** (वि०) =केंद्रित

केंद्रीय–*सं०* (वि०) 1 केंद्र संबंधी 2 मध्यभाग का 3 मुख्य या

प्रधान सत्ता का (जैसे-केंद्रीय शासन, केंद्रीय संगठन)। ~**करण** (पु०) केन्द्र में लाना

केंद्रोन्मुखी–*सं०* (वि०) =केंद्राभिसारी

के–I (प्रत्यय) संबंधकारक 'का' विभक्ति का बहुवचन (जैसे-आम के पेड़) II (सर्व०) 1 कौन 2 किसने

केक–*अं०* (स्त्री०) आटे चीनी आदि से बनी एक मिठाई

केकड़ा–(पु०) आठ पैर एवं दो पंजों का प्रसिद्ध जल जंतु

केका–*सं०* (स्त्री०) मयूर की कूक

केकी–*सं०* (पु०) मयूर, मोर

केचित्–*सं०* (सर्व०) कोई-कोई

केड़ा–(पु०) 1 कोयला, कल्ला 2 नया पौधा 3 नवयुवक

केत–*सं०* (पु०) 1 घर, भवन 2 जगह, स्थान 3 पताका, ध्वजा

केतकी–*सं०* (स्त्री०) केवड़ा

केतन–*सं०* (पु०) =1 केत 2 चिह्न

केतली–*अं०* (स्त्री०) टोटीदार एक प्रकार का बर्तन जिसमें चाय बनाई जाती है

केतित–*सं०* (वि०) 1 बुलाया हुआ, आमंत्रित 2 बसा हुआ

केतु–*सं०* (पु०) 1 सौर मंडल का नवाँ ग्रह 2 पताका, झंडा 3 चिह्न 4 पुच्छल तारा 1 ~**तारा** (पु०) पुच्छल तारा। ~**मती** (स्त्री०) एक वर्णवृत्त जिसमें 10-11 के क्रम से अक्षर होते हैं; ~**मान्** (वि०) 1 तेजस्वी 2 बुद्धिमान् 3 जिसके हाथ में ध्वजा हो

केदार–*सं०* (पु०) 1 क्यारी 2 थाला, थाँवला 3 हिमालय की एक प्रसिद्ध चोटी जो शिव का स्थान है

केप–*अं०* (पु०) 1 अंतरीप 2 स्त्रियों का कंधे का चोगा

केफ़िटीरिया–*अं०* (पु०) जलपानगृह, अल्पाहारगृह

केबल–*अं०* (पु०) समुद्री तार

केबिन–*अं०* (स्त्री०) कोठरी, कक्ष

केबिनेट–*अं०* (पु०) =कैबिनेट, केंद्रीय

केबुल–*अं०* (पु०) = केबल

केमरा–*अं०* (पु०) फ़ोटो खींचने का यंत्र। ~**मैन** (पु०) फ़ोटो खींचनेवाला

केमिस्ट–*अं०* (पु०) 1 रसायनज्ञ 2 ओषधि-विक्रेता

केमिस्ट्री–*अं०* (स्त्री०) रसायन शास्त्र, रसायन विज्ञान

केयूर–*सं०* (पु०) बाजूबंद, भुजबंद, बहुँटा

केराना–(पु०) *बो०* = किराना (पु०)

केराव–(पु०) *बो०* मटर

केरासीन, केरोसिन–*अं०* (पु०) मिट्टी का तेल

केला–(पु०) प्रसिद्ध फल एवं पेड़, कदली

केलास–*सं०* (पु०) 1 स्फटिक 2 रवा/क्रिस्टल

केलासन–*सं०* (पु०) क्रिस्टल या रवा बन जाना

केलासीय–*सं०* (वि०) 1 केलास की तरह सफ़ेद एवं पारदर्शक 2 केलास संबंधी

केलि–*सं०* (स्त्री०) 1 क्रीड़ा, खेल 2 हँसीमज़ाक 3 मैथुन, रति। ~**कला** (स्त्री०) 1 कामकला, रतिकला 2 केलि कुशलता 3 सरस्वती की वीणा

केवका–(पु०) एक प्रकार का मसाला

केवट–(पु०) मल्लाह, कैवर्त

केवटी-दाल–(स्त्री०) मिश्रित कई दालें, अनेक दालों का मिश्रण

केवड़ई–I (पु०) हल्का पीला रंग II (वि०) 1 केवड़े के रंग का 2 केवड़ा युक्त

केवड़ा–(पु०) सुगंधित एवं लंबे पत्तों वाला एक पौधा और उसका फूल

केवल–I *सं०* (वि०) 1 अकेला, असंग 2 शुद्ध (जैसे केवल ज्ञान) II (क्रि० वि०) सिर्फ़, मात्र (जैसे-केवल दूध पीना)। ~**मात्र**

केवलात्मा–*सं०* (पु०) 1 विशुद्ध आत्मा 2 ईश्वर 3 ज्ञानी पुरुष

केवली–*सं०* (पु०) 1 मुक्ति का अधिकारी, साधु 2 ऐसा साधु जो मोक्ष प्राप्त कर चुका है 3 तीर्थंकर

केवाड़–(पु०) *बो०* = किवाड़, द्वार

केश–*सं०* (पु०) सिर के बाल (जैसे-केश गुँथाना)। ~**कर्तन** (पु०) बाल काटना; ~**कर्तनालय** नाई की दुकान; ~**कर्म** (पु०) 1 बाल काटने का काम 2 बाल सँवारना 3 मुंडन संस्कार; ~**तैल** (पु०) बालों के लिए तेल; ~**पाश** (पु०) 1 बालों की लट, केशगुच्छ 2 बालों का जूड़ा; ~**प्रसाधन** (पु०) बाल सँवारना ~**रंजन** (पु०) बाल रंगना; ~**रचना** (स्त्री०) बाल सँवारना; ~**राशि** (स्त्री०) बालों का गुच्छा; ~**विन्यास** (पु०) माँग पट्टी (जैसे-केश-विन्यास करना)

केशव–*सं०* (पु०) 1 लंबे और सुंदर बालोंवाला 2 विष्णु

केशांत–*सं०* (पु०) 1 बालों का सिरा 2 मुंडन संस्कार

केशाकेशि–*सं०* (स्त्री०) झोंटा-झोंटौवल

केशिका–*सं०* (स्त्री०) 1 छोटे-छोटे रोएँ 2 केशवत् सूक्ष्म शिरा

केशिनी–*सं०* (स्त्री०) लंबे एवं सुंदर बालोंवाली स्त्री

केशियर–*अं०* (पु०) =कैशियर, कोषाध्यक्ष

केस–I *अं०* (पु०) वस्तु रखने का छोटा घर, खाना 2 बक्स (जैसे-सूटकेस) II (पु०) 1 दुर्घटना 2 मामला, मुक़दमा (जैसे-केस चलाना)

केस–(पु०) =केश

केसर–*सं०* (पु०) 1 फूल के बीच का रेशा 2 कुंकुम 3 नागकेसर 4 मौलसरी

केसरिया–*सं०+हिं०* (वि०) केसर के रंग का

केसरी–*सं०* (पु०) शेर

केहा–(पु०) 1 मोर 2 तीतर जैसा एक पक्षी

कैंकर्य–*सं०* (पु०) नौकरी, दासता

कैंची–*तु०* (स्त्री०) 1 कतरनी 2 दो फलोंवाला एक प्रसिद्ध औजार जिसके बीच में वस्तु रखकर काटी जाती है। ~**करना** काटना, छाँटना; ~**बाँधना** रानों से दबाना; ~**लगाना** काटना

कैंटीन–*अं०* (पु०) जलपानगृह

कैंडल–*अं०* (स्त्री०) मोमबत्ती

कैंड़ा–(पु०) 1 खाका उतारने का आला 2 पैमाना 3 ढंग, प्रकार 4 मोटा अंदाजा, अनुमान। ~**लेना** खाका उतारना

कैंडी–*अं०* (स्त्री०) मिश्री की टॉफ़ी

कैंप–*अं०* (पु०) 1 शिविर, छावनी 2 पड़ाव, अस्थाई निवास

कैंपिंग–*अं०* (स्त्री०) 1 कैंप लगाना 2 कैंप में रहना

कैंसर–*अं०* (पु०) *चि०* कर्कट रोग

कै–I (वि०) कितना, कितने II (अ०) या, अथवा III (सर्व०) कौन, किसने

क़ै–*अ०* (स्त्री०) उलटी, वमन (जैसे-क़ै आना, क़ै करना)

कैडेट–*अं०* (पु०) **सैन्य छात्र**

कैतव–*सं०* (पु०) 1 धोखा, छल 2 दाँव 3 जुआ

क़ैतून–*तु०* (पु०) कपड़ों के किनारे लगाई जानेवाली रेशमी डोरी, पतली लैस

कैथ–(पु०) एक वृक्ष जिसका फल कड़वा होता है, कपित्थ

कैथिन– (स्त्री०) *बो०* कायस्थ जाति की स्त्री

I (स्त्री०) छोटी जाति का कैथ II (वि०) कायस्थी लिपि

कैथोलिक–*अं०* (पु०/वि०)) ईसाइयों का प्रमुख सम्प्रदाय

क़ैद–*अ०* (स्त्री०) 1 बंधन 2 कारावास। ~**खाना** *+फ़ा०* (पु०) जेलखाना, बंदीगृह; ~**तनहाई** *+फ़ा०* (स्त्री०) कालकोठरी की सज़ा; ~**महज़** (स्त्री०) साधारण क़ैद, सादी क़ैद; ~**सख़्त** (स्त्री०) कड़ी सज़ा, कठोर सजा; ~**काटना**, ~**भोगना** (स्त्री०) कारावास में दिन गुजारना

कैदक–(स्त्री०) काग़ज़ रखनेवाली काग़ज़ या दफ़्ती की बनी पट्टी, फ़ाइल

क़ैदी–*अ० +फ़ा०* (पु०) बंदी, क़ैद की सज़ा पानेवाला व्यक्ति (जैसे-कैदी पकड़ना छोड़ देना)। ~**निरीक्षक** *+सं०* (पु०) क़ैदियों की निगरानी करनेवाला

कैन–(स्त्री०) 1 बाँस की लंबी और पतली छड़ी

कैनवास–*अं०* (पु०) =कनवास

कैनोइंग–*अं०* (स्त्री०) 1 डोंगी चलाना 2 डोंगी में विहार करना

कैप्टन–*अं०* (पु०) =कप्तान

कैफ़–*अ०* (पु०) मादक द्रव्य

कैफ़ियत–*अ०* (स्त्री०) 1 हाल, समाचार 2 विवरण (जैसे-कैफ़ियत माँगना) 3 टिप्पण

कैफ़ी–I *अ०* (वि०) 1 कैफ़ पिया हुआ 2 मतवाला II (पु०) शराब पीनेवाला व्यक्ति, शराबी

कैबिनेट–*अं०* (पु०) 1 मंत्रिमंडल 2 मंत्रणागृह। ~**मंत्री** *+सं०* (पु०) मंत्रिमंडल सदस्य, कैबिनेट स्तर का मंत्री

कैम्पस–*अं०* (पु०) (विश्वविद्यालय का) परिसर

कैरट–*अं०* (पु०) सोने की शुद्धता का एक मान (जैसे-24 कैरट का खालिस सोना)

कैरव–*सं०* (पु०) कुमुद, कोईं, सफ़ेद कमल। ~ **बंधु** (पु०) चंद्रमा

कैरवी–*सं०* (स्त्री०) चाँदनी रात

कैरा–(वि०) 1 भूरे रंग का, भूरा 2 भूरे रंग की आँखोंवाला, कंजा

कैरियर–I *अं०* (पु०) 1 वाहक, उठानेवाला 2 गाड़ी के पीछे कुछ ढोने की युक्ति II (पु०) जीवन-वृत्ति

कैलकुलेटर–*अं०* (पु०) परिकलन-यंत्र

कैलरी–*अं०* (स्त्री०) =कैलौरी

कैलशियम–*अं०* (पु०) चूना

कैलास–*सं०* (पु०) 1 हिमालय की एक चोटी जिसे शिव का निवास स्थल माना गया है 2 स्वर्ग। ~**नाथ**, ~**पति** (पु०) शिवजी, शंकर भोले; ~**वास** (पु०) मृत्यु

कैलेंडर–*अं०* (पु०) तिथि-पत्र, पंचांग

कैलोरी–*अं०* (स्त्री०) 1 ऊष्मा 2 ऊष्मा-तत्त्व

कैवर्त–*सं०* (पु०) =केवट

कैवल्य–*सं०* (पु०) 1 निर्लिप्त होने की अवस्था, निःसंग भाव 2 मोक्ष, मुक्ति 3 निःश्रेयस। ~**ज्ञान** (पु०) ब्रह्म विद्या

कैश–*अं०* (स्त्री०) नकद रुपया। ~**बाक्स** (पु०) नक़दी रखने की पेटी; ~**बुक** (स्त्री०) रोकड़ बही; ~**मेमो** (पु०) नक़दी पुरज़ा

कैशिक–*सं०* (वि०) 1 बालोंवाला 2 बालों जैसा

कैशियर–*अं०* (पु०) खज़ांची

कैशोर्य–*सं०* (पु०) लड़कपन, किशोरावस्था

क़ैसर–*अ०* (पु०) सम्राट, बादशाह

कैसा–(वि०) 1 किस तरह का 2 किस रंग रूप का (जैसे-कैसा कपड़ा) 3 बहुत बढ़िया (जैसे-कैसी दलील दी है)

कैसे–(क्रि० वि०) 1 किस प्रकार से (जैसे-आप कैसे जानते हो यह?) 2 किसलिए (जैसे-आप कैसे आए हैं?)

कोंकणी–*सं०* (स्त्री०) कोंकण प्रदेश की भाषा

कोंचना–(स० क्रि०) 1 चुभाना 2 छेद करना (जैसे-आलू कोंचना)

कोंछ–(पु०) आँचल का कोना

कोंछना, कोंछियाना (स० क्रि०) धोती के पल्ले में कुछ रखकर कमर में खोंसना

कोंढ़ा–(पु०) धातु का छल्ला जिसमें कुछ लटकाया जाता है, लटकानेवाला धातु का छल्ला

कोंधनी–(स्त्री०) *बो०* = करधनी

कोंपर–(पु०) 1 डाल पर का अधपका आम 2 कोयल

कोंपल–(पु०) = कोपल

कोंहड़ा–(पु०) = कुम्हड़ा

को–I (विभ०) 1 कर्म एवं सम्प्रदान कारक की विभक्ति का चिह्न (जैसे- उसको किताब दो, किसी को विरोध न होगा, साँप को मारो) 2 वास्ते, के लिए (जैसे-दिखाने को, मिलने को आना) II (सर्व०) कौन

कोआ–(पु०) 1 कुसियारी 2 टसर नामक रेशम का कीड़ा 3 ऊन की पोनी, महुए का फल 4 कटहल का पका हुआ बीजकोष 5 आँख का सफ़ेद भाग, आँख का डेला 6 आँख का कोना

कोइरी–(पु०) सब्ज़ी पैदा करनेवाली एक जाति, काछी

कोइली–(स्त्री०) 1 काले दाग़वाला कच्चा आम 2 आम की गुठली 3 कोयल

कोई–I (सर्व०) 1 अनेक लोग में कोई, अज्ञात व्यक्ति (जैसे-कोई एक, कोई और) 2 अज्ञात वस्तु (जैसे-कोई पुस्तक) 3 चाहे जो एक II (क्रि० वि०) लगभग (जैसे-कोई सौ आदमी)

कोक–*अं०* (पु०) पक्का या पत्थरी कोयला। ~**कोयला** *+हिं०*, ~**भट्टी** *+हिं०* (स्त्री०) =कोक ओवेन

कोक–*सं०* (पु०) 1 चकवा पक्षी, सुरखाब 2 कोयल 3 कामशास्त्र के प्रसिद्ध आचार्य कोकदेव। ~**कला**, ~**शास्त्र** (पु०) रति एवं संभोग कला, कामशास्त्र; ~**नद** (पु०) लाल कमल; ~**बंधु** (पु०) सूर्य

कोकई–(वि०) गुलाबी की-सी झलक लिए हुए नीला

कोकना–(स० क्रि०) कच्ची सिलाई करना

कोकिल–*सं०* (स्त्री०) 1 कोयल 2 मीठी बोली। ~**कंठ** (वि०) कोयल की तरह मधुर स्वरवाला [स्त्री० कोकिला

कोकीन, कोकेन–*अं०* (पु०) कोका की पत्तियों से तैयार किया गया द्रव्य जो लगाने से अंग सुन्न हो जाता है। **~बाज** + *फ़ा०* (पु०) कोकीन खानेवाला

कोको–*अं०* (पु०) 1 नारियल 2 एक अफ़्रीकी ताड़ 3 ताड़ के फल का चूर्ण 4 ताड़ के फल से बनाया जानेवाला चाय जैसा पेय

कोख–(स्त्री०) 1 उदर, पेट 2 गर्भाशय। **~जली** (वि०) (गाली) जिसकी संतान जीवित न रहे; **~बंद** (वि०) जिसे संतान न होती हो, वंध्या, बाँझ; **~उजड़ना** बच्चा मर जाना; **~खुलना** संतान होना, बाँझपन दूर होना; **~बंद होना, ~मारी जाना** गर्भ न रहना, संतान न होना

कोच–I *अं०* (पु०) गद्देदार कुर्सी II (पु०) चार पहियोंवाली एक प्रकार की घोड़ागाड़ी। **~बकस** (पु०); **~वान** + *फ़ा०* (पु०) गाड़ीवान

कोचना–(स० क्रि०) 1 चुभोना, धँसाना 2 तंग करना

कोचा–(पु०) 1 कोचने से होनेवाला घाव 2 कड़वी बात

कोजागर–*सं०* (पु०) शरद पूर्णिमा

कोट–(पु०) 1 पक्का भवन, दुर्ग 2 राजमहल 3 परकोटा, प्राचीर। **~पाल** (पु०) दुर्गरक्षक

कोट–*अं०* (पु०) अंग्रेज़ी ढंग का एक प्रसिद्ध पहनावा (जैसे-बंद गले का कोट, बरसाती कोट)। **~पतलून** कोट-पैंट, शाही पोशाक

कोटभरिया–*बो०* (स्त्री०) नाव के किनारों पर ऊपर जड़ी हुई लकड़ी

कोटर–*सं०* (पु०) 1 पेड़ का खोखला भाग 2 किले के आस-पास लगाया गया जंगल

कोटला–(पु०) छोटा क़िला

कोटा–*अं०* (पु०) निर्धारित अंश (जैसे-अपने कोटे से कई गुना ज़्यादा काम करना)

कोटि–*सं०* (स्त्री०) 1 (धनुष का) सिरा 2 नोक 3 दर्जा, वर्ग 4 करोड़ की संख्या (जैसे-कोटि में डालना)। **~क्रम** (पु०) 1 विकास क्रम की दृष्टि से बनाई गई कोटियाँ 2 तर्क में विचार प्रकट करने का ढंग; **~च्युत** (वि०) पद से गिराया हुआ; **~परीक्षा** (स्त्री०) (विभागों में) प्रोन्नति हेतु ली जानेवाली परीक्षा; **~बंध** (पु०) कोटियों में बाँधना; **~बद्ध** (वि०) कोटि में रखा हुआ, दर्जेवार

कोटिक–*सं०* (वि०) 1 करोड़ों 2 असंख्य

कोटिशः–I *सं०* (क्रि० वि०) अनेक प्रकार से II (वि०) असंख्य, करोड़ों

कोटी–*सं०* (स्त्री०) = कोटि

कोटीश्वर–*सं०* (पु०) करोड़पति

कोटेशन–*अं०* (पु०) उक्ति

कोट्याधीश–*सं०* (पु०) = कोटीश्वर

कोड़ना–(स० क्रि०) मिट्टी खोदकर पलट देना

कोठ–*बो०* (वि०) कुंठित

कोठ–*सं०* (पु०) = कोढ़

कोठरी–(स्त्री०) छोटा कमरा (जैसे-अंधेरी कोठरी)

कोठा–(पु०) 1 बड़ा कमरा, अटारी 2 भंडार कोठार 3 वेश्याओं का घर। **~दार** + *फ़ा०* (पु०) = कोठारी; **कोठे पर चढ़ना** वेश्या के पास जाना; **कोठे पर बैठना** वेश्यावृत्ति करना; **कोठों में चित्त जाना** अनेक प्रकार क शंकाएं होना

कोठार–(पु०) = 1 कोठा 2 भंडार गृह

कोठारी–(पु०) भंडारी

कोठी–(स्त्री०) 1 पक्का एवं ऊँचा मकान, हवेली 2 थोक बिक्री की दुकान 3 कोठा 4 भंडार 5 गर्भाशय। **~वाल** (पु०) लेन-देन करनेवाला महाजन; **~वाली** (स्त्री०) लेन-देन का काम; **~गलाना, ~उतारना** नीचे धँसाना; **~चलना** लेन-देन का कारोबार होना

कोठेवाली–(स्त्री०) वेश्या

कोड–*अं०* (पु०) 1 संहिता 2 संकेतावली 3 संकेत

कोड़ना–(स० क्रि०) गोड़ना

कोड़ा–(पु०) 1 चाबुक 2 सोंटा (जैसे-कोड़ा मारना)

कोड़ाई–(स्त्री०) 1 कोड़ने का काम 2 कोड़ने की मज़दूरी

कोड़ी–I (स्त्री०) बीस का समूह II (वि०) बीस

कोढ़–(पु०) *चि०* त्वचा संबंधी संक्रामक रोग जिसमें शरीर के किसी अंग पर चकत्ते पड़ने लगते हैं और वह अंग गलने लगता है। **~की खाज, ~में खाज** 1 कोढ़ में खुजली होना 2 संकट पर संकट आना; **~चूना, ~टपकना** अंगों का गलकर गिरना

कोढ़िया–(पु०) तंबाकू के पत्तों का रोग

कोढ़ी–I (पु०) 1 कोढ़ से पीड़ित व्यक्ति 2 निकम्मा आदमी II (वि०) कोढ़ से ग्रस्त

कोण–*सं०* (पु०) 1 अंतर्दिशा 2 दो दिशाओं के बीच की दिशा 3 कोना (जैसे-समकोण, न्यूनकोण)। **~स्पर्श वृत** (पु०) ऐसा वृत जो किसी क्षेत्र के सब कोणों को स्पर्श करता है

कोणाकोणि–*सं०* (क्रि० वि०) एक कोने से दूसरे कोने तक

कोणिक, कोणीय–*सं०* (वि०) 1 कोण से युक्त, कोनेवाला 2 कोण संबंधी

कोतल–I *फ़ा०* (पु०) सजा-सजाया घोड़ा, जलूसी घोड़ा II (वि०) जिसे कोई काम न हो, खाली। **~गारद** (स्त्री०) दंडित सिपाहियों को रखने का रक्षित स्थान; **~फ़ौज** + *अ०* (स्त्री०) (घोड़ों का) रिसाला; **~सेना** + *सं०* (स्त्री०) = कोतल फ़ौज

कोतवाल–(पु०) पुलिस अधिकारी

कोतवाली–(स्त्री०) 1 कोतवाल का कार्यालय 2 कोतवाल का पद

कोतह, कोताह–*फ़ा०* (वि०) 1 छोटा 2 कम। **~हिम्मत** + *अ०* (वि०) कम हिम्मतवाला, अल्प साहस का

कोताही–*फ़ा०* (स्त्री०) 1 कमी 2 त्रुटि, न्यूनता (जैसे-कोशिश में कोताही न करना) 3 उपेक्षा

कोथ–(पु०) अंग का गल जाना, गैंग्रीन

कोथला–(पु०) 1 बड़ा थैला 2 पेट

कोथली–(स्त्री०) रुपए रखने की थैली

कोदंड–*सं०* (पु०) 1 धनुष 2 धनु राशि 3 भौंह

कोदों, कोदो–(पु०) साँवा की जाति का एक मोटा अन्न। **~दलना** निकृष्ट एवं परिश्रम का काम करना; **~दलाना** मेहनत का काम करवाना; **~देकर पढ़ना** सेंत में पढ़ना, मूर्ख रह जाना

कोन, कोना–*बो०* (पु०) 1 खेत का कोना 2 कोण 3 कमरे आदि का कोना। **~झाँकना** भय या लज्जा से मुँह छिपाना

कोनिया–(स्त्री०) 1 छाजन का एक प्रकार 2 घर के कोने में दीवार से लगाया गया बाँस आदि से बनाया गया छोटा तिकोना मचान 3 विभिन्न दिशाओं में जानेवाले नल की धार को जोड़नेवाला चूड़ीदार नल का टुकड़ा

कोप–*सं०* (पु०) क्रोध, रोष। ~**भवन** (पु०) क्रोधित नायिका के बैठने का कमरा; ~**भाजन** (पु०) क्रोध को बर्दाश्त करनेवाला

कोपन–*सं०* (पु०) क्रुद्ध होना

कोपल–(पु०) वृक्ष की नई एवं कोमल पत्ती

कोपिष्णु–*सं०* क्रोध करनेवाला

कोपित–*सं०* (वि०) क्रुद्ध

कोपी–*सं०* (वि०) क्रोध करनेवाला, क्रोधी

कोफ़्त–*फ़ा०* (स्त्री०) 1 दुःख, रंज 2 परेशानी 3 पच्चीकारी। ~**गर** (पु०) लोहे की वस्तुओं पर पच्चीकारी करनेवाला; ~**गरी** (स्त्री०) कोफ़्तगर का काम

कोफ़्ता–*फ़ा०* (पु०) 1 कटा हुआ मांस 2 कटे हुए मांस का कबाब (जैसे-मछली का ~)

कोबल्ट–*अं०* (पु०) एक नीला धातु तत्त्व

कोबी–*बो०* (स्त्री०) गोभी

कोमल–*सं०* (वि०) 1 मुलायम, नरम 2 सुकुमार, नाज़ुक 3 अपरिपक्व 4 मधुर 5 मनोहर। ~**कांत** (वि०) मृदुल तथा कमनीय (जैसे-कोमल कांत शब्दावली); ~**ता** (स्त्री०) 1 सुकुमारता 2 नरमी

कोमलांग–*सं०* (पु०) सुंदर अंगोंवाला पुरुष (स्त्री० कोमलांगी)

कोमलाभ–*सं०* (वि०) कोमल आभावाला

कोयर–*बो०* (पु०) 1 पशुओं के खाने का हरा चारा 2 साग-पात, सब्ज़ी

कोयल–I (स्त्री०) = कोकिल II (स्त्री०) गुलाब की पत्तियों जैसी एक लता

कोयला–(पु०) 1 एक काला खनिज पदार्थ जो ईंधन के रूप में प्रयोग किया जाता है 2 जली हुई लकड़ी का ठोस अवशेष (जैसे-~उत्पादन, ~**क्षेत्र**)। ~**झोंकू** (पु०) भट्ठी में कोयला झोंकनेवाला; ~**बेसिन** + *अं०* (पु०) कोयले की तह। **कोयले की दलाली में मुँह काला** बुरे काम से बदनामी ही होती है; **कोयलों पर मुहर होना** 1 तुच्छ वस्तुओं की क़ीमत करना 2 सामान्य खर्चे में कटौती करना

कोयली–I (वि०) कोयले के रंग का II (पु०) कोयले की तरह गहरा काला रंग

कोया–(पु०) 1 आँख का डेला 2 आँख का कोना 3 पके हुए कटहल का बीजकोश

कोर–(स्त्री०) 1 नुकीला किनारा 2 कोना 3 धार 4 द्वेष, वैर 5 दोष 6 खेत की जुताई 7 चैती फसल की पहली सिंचाई। ~**कसर** + *अं०* (स्त्री०) 1 कमी, त्रुटि 2 सामान्य दोष; ~**दबना** दुर्बल ठहरना, प्रभाव मानना; ~**मारना** धार को बराबर करना

कोर–*अं०* (पु०) 1 सेना का विभाग 2 पलटन। ~**कमांडर** (पु०) सेनापति

कोरक–*सं०* (पु०) 1 कली 2 फूल की कटोरी 3 कमल की नाल, मृणाल

कोरना–(स० क्रि०) 1 *बो०* किनारा बनाना 2 गढ़कर ठीक करना 3 खरोंचना

कोरनिश–*फ़ा०* (स्त्री०) झुककर सलाम करना

कोरम–*अं०* (पु०) नियमतः निर्धारित सदस्य संख्या की उपस्थिति (न होने पर बैठक विधि-संगत अमान्य होती है) (जैसे-कोरम पूरा होना)

कोरमा–*तु०* (पु०) भुना हुआ माँस

कोरस–*अं०* (पु०) वृंदगान, समवेत गान

कोरांटीन–*अं०* (पु०) 1 संगरोध 2 संगरोधकाल

कोरा–I (वि०) 1 बिल्कुल ताज़ा और नया (जैसे-कोरा कपड़ा) 2 जिस पर कुछ लिखा न गया हो (जैसे-कोरा कागज़) 3 जो धुला न गया हो (जैसे-कोरी धोती) 4 गुणहीन 5 मूर्ख। II (पु०) गोद। ~**जवाब** (पु०) साफ़ इन्कार ~**बचना** (अ० क्रि०) साफ़ बचकर निकलना; ~**रह जाना** (अ० क्रि०) कुछ न पाना, वंचित रह जाना; ~**लौटना** (अ० क्रि०) सिद्धि लाभ के बिना लौटना

कोरी–(पु०) = कोली

कोर्ट–*अं०* (पु०) 1 दरबार 2 अदालत। ~**मार्शल** (पु०) फ़ौजी अदालत

कोर्निस–*फ़ा०* (स्त्री०) = कोरनिश

कोर्स–*अं०* (पु०) पाठ्यक्रम (जैसे-कोर्स की पुस्तक)

कोल–*सं०* (पु०) 1 एक प्रकार की जंगली जाति 2 सूअर 3 वाराह अवतार 4 गोद 5 आलिंगन

कोलटार, कोलतार–*अं०* (पु०) अलकतरा

कोलन–*अं०* (पु०) विसर्ग चिह्न (:)

कोलना–(स० क्रि०) लकड़ी, पत्थर आदि को पोला बनाना

कोला–*सं०* (स्त्री०) 1 छोटी पीपल 2 बेर का पेड़

कोलाहल–*सं०* (पु०) शोर, हल्ला (जैसे-कोलाहल करना)

कोलाहलमय–*सं०* (वि०) शोरगुल से भरा हुआ

कोलियरी–*अं०* (स्त्री०) पत्थर के कोयले की खान

कोलिया–*बो०* (स्त्री०) 1 पतली गली 2 कम चौड़ाईवाला लंबा खेत

कोली–I (पु०) कोरी II (स्त्री०) 1 गोद 2 संकरी गली (जैसे-कोली में)

कोल्डक्रीम–*अं०* (पु०) जमी हुई क्रीम (रात को चेहरे पर लगाने की)

कोल्हाड़–(पु०) ईख पेरने एवं गुड़ बनाने का स्थान

कोल्हू–(पु०) ईख तिल आदि पेरने का यंत्र। ~**का बैल** हर वक़्त पिसनेवाला, कड़ी मेहनत करनेवाला; ~**में डालकर पेरना** अत्यधिक शारीरिक यातना देना

कोविद–*सं०* (पु०) प्रकांड विद्वान्

कोविदार–*सं०* (पु०) कचनार का पेड़ एवं फूल

कोश–*सं०* (पु०) 1 आवरण (जैसे-अंडकोश) 2 सामान रखने का पात्र 3 गोलक (जैसे-नेत्रकोश) 4 खज़ाना (जैसे-सुरक्षित कोश) 5 शब्दकोश। ~ **कला** (स्त्री०) शब्दकोशों की रचना के सिद्धांतों का विवेचन करनेवाली विद्या; ~**कार** (पु०) 1 शब्दकोश की रचना करनेवाला 2 म्यान बनानेवाला 3 संदूक बनानेवाला; ~**कीट** (पु०) रेशम का कीड़ा; ~**कीट पालन** (पु०) रेशम के कीड़े पालने का उद्योग; ~**पाल** (पु०) 1 खजाने का रक्षक 2 कोशाध्यक्ष;

~रचना (स्त्री०), ~विज्ञान (पु०) = कोश कला; ~विभाग (पु०) वह विभाग जहाँ कोश रचना का कार्य हो
कोशल–*सं०* (पु०) अयोध्या, राम जन्मभूमि
कोशा–*सं०* (स्त्री०) = कोश
कोशागार–*सं०* (पु०) 1 ख़ज़ाना रखने का घर या कक्ष 2 वस्तुओं का भंडार
कोशाणु–*सं०* (पु०) दे० कोषाणु
कोशाध्यक्ष–*सं०* (पु०) = कोशपाल
कोशिका–*सं०* (स्त्री०) 1 कटोरा, प्याला 2 शरीर के भीतर के छोटे-छोटे जीवकोष 3 कोठरी। ~**विज्ञान** (पु०) जीवकोषों के बारे में पूरा ज्ञान; ~**विज्ञानी** (पु०) जीवकोषों का विशेषज्ञ
कोशिश–*फ़ा०* (स्त्री०) 1 प्रयत्न 2 श्रम
कोष–*सं०* (पु०) = कोश। ~**कार** (पु०) = कोशकार; ~**ग्रंथ** (पु०) शब्दकोश
कोषाणु–*सं०* (पु०) अंडकोश
कोषाधिकारी–*सं०* (पु०) ख़ज़ाने का मालिक
कोषाध्यक्ष–*सं०* (पु०) = कोशपाल, खजानची
कोष्ठ–*सं०* (पु०) 1 घर का भीतरी भाग 2 भीतरी कमरा 3 कोठा 4 शरीर के अंदर का क्रिया शक्ति प्रधान भाग, आमाशय, पक्वाशय 5 भंडार (जैसे-अनाज का कोष्ठ) 6 चहारदीवारी 7 ब्रैकेट (जैसे-वर्गाकार कोष्ठ)। ~**बद्धक** (वि०) कब्ज़ करनेवाला; ~**बद्धता** (स्त्री०) *चि०* कब्ज़ियत, मलावरोध; ~**शुद्धि** (स्त्री०) *चि०* पेट की सफ़ाई, आँत का मल साफ़ होना
कोष्ठक–*सं०* (पु०) 1 ब्रैकेट 2 छोटा कोठा
कोष्ठागार–*सं०* (पु०) 1 भंडार 2 कोषागार
कोष्ठागारिक–*सं०* (पु०) भंडारी
कोष्ठी–*सं०* (स्त्री०) जन्मपत्री
कोष्ण–*सं०* (वि०) हल्का गरम, कुनकुना
कोस (पु०) लगभग दो मील के बराबर एक नाप। **कोसों आगे होना** 1 अत्यधिक दूर रहना 2 अलग रहना
कोसना–(स० क्रि०) अपशब्द कहकर बुरा-भला कहना। ~**काटना** (स० क्रि०) शाप और अपशब्द कहना; **पानी पीकर कोसना** अत्यधिक कोसना
कोसा–(पु०) एक प्रकार का रेशम। ~**काटी** (स्त्री०) शाप के रूप में दी गई गाली
कोहँडौरी–(स्त्री०) रेते हुए सफ़ेद कुम्हड़े को पीठी में मिलाकर बनाई हुई बरी
कोह–*फ़ा०* (पु०) पर्वत, पहाड़। ~**कन** (पु०) 1 पर्वत खोदनेवाला 2 फ़रहाद
कोह–*बो०* (पु०) गुस्सा, क्रोध
कोहनी–(स्त्री०) = कुहनी
कोहनूर–*फ़ा० + अ०* (पु०) प्रसिद्ध पुराना हीरा जो ब्रिटिश शाही ताज में लगा है
कोहबर–(पु०) विवाह स्थल जहाँ कुलदेवता की स्थापना होती है
कोहर–(पु०) कुआँ, कूप
कोहरा–(पु०) = कुहरा, ओस
क़ोहराम–*अ०* (पु०) = कुहराम, रोना-पीटना 2 बहुत शोर-गुल
कोहल–*सं०* (पु०) 1 नाट्य शास्त्र के आदि आचार्य 2 जौ की शराब 3 एक प्रकार का पुराना बाजा
कोहान–*फ़ा०* (पु०) ऊँट की पीठ पर का डिल्ला, कूबड़
कोहिस्तान–*फ़ा०* (पु०) पर्वतीय क्षेत्र, पहाड़ी इलाका
कोहिस्तानी–*फ़ा०* (वि०) पर्वतीय, पहाड़ी
कोही–*बो०* (वि०) क्रोधी
कोही–*फ़ा०* (वि०) पहाड़ का, पर्वतीय
कौंच–(स्त्री०) 1 सेम जैसी एक फली जिसकी सब्जी बनती है 2 केवाँच
कौंध–(स्त्री०) बिजली की चमक, चमक
कौंधना–(अ० क्रि०) बिजली चमकना, चमकना
कौंल–(पु०) = कमल
कौंला–(पु०) कटोरा
कौंसिल–*अं०* (स्त्री०) 1 अधिकारियों का समूह 2 परामर्श देनेवाली सभा
कौंसिलर–*अं०* (पु०) सभा के सदस्य
कौआ–(पु०) = 1 कौवा 2 धूर्त मनुष्य
कौआना–(अ० क्रि०) *बो०* 1 काँव-काँव करना, हल्ला करना 2 बड़बड़ाना 3 चकित होना
कौच–*अं०* (पु०) सोफा
कौटिल्य–*सं०* (पु०) 1 कूटनीतिज्ञ, आचार्य चाणक्य 2 कुटिलता, टेढ़ापन 3 कपट 4 बेईमानी
कौटुंबिक–*सं०* (वि०) 1 कुटुंब संबंधी, पारिवारिक 2 परिवार वाला, कुनबे वाला
कौड़ा–I (पु०) बड़ी कौड़ी II (पु०) 1 अलाव 2 बई नामक पौधा जिससे सज्जीखार बनाते हैं। **कौड़े करना**–बेचकर नक़द दाम वसूलना
कौड़िया–(वि०) कौड़ी की तरह
कौड़ियाला–I (वि०) कौड़ी के रंग का, कोकई II (पु०) 1 कोकई रंग 2 एक प्रकार का विषैला साँप 3 कृपण धनिक 4 ऊसर में उत्पन्न होनेवाला एक पौधा
कौड़ियाही–(स्त्री०) मज़दूरी के लिए प्रति खेप दी जानेवाली कौड़ियाँ
कौड़िल्ला–(पु०) 1 किलकिला नामक पक्षी 2 कसी का पौधा
कौड़ी–(स्त्री०) 1 घोंघे, शंख आदि के वर्ग का एक कीड़ा जो अस्थिकोश में रहता है 2 द्रव्य, धन, रुपया-पैसा 3 कर, महसूल 4 गिलटी (जैसे-कौड़ी उभरना)। ~**कफन को न होना** मुहताज होना, कंगाल हो जाना; ~**का हो जाना** 1 मान-मर्यादा समाप्त हो जाना 2 अत्यंत निर्धन हो जाना; ~**के तीन होना** तुच्छ होना, हीन होना; ~**के मोल** बहुत कम क़ीमत का; ~**को न पूछना,** ~**को न लेना** 1 मुफ़्त में भी न लेना 2 एकदम बेकार समझना; ~**कौड़ी चुकाना** पूरा ऋण वापस करना; ~**कौड़ी जोड़ना** बड़ी मेहनत से धन एकत्र करना; ~**फेरा करना,** ~**लगाना** बार-बार आते जाते रहना
कौतुक–*सं०* (पु०) 1 कुतूहल, उत्सुकता 2 कुतूहल उत्पन्न करनेवाली वस्तु 3 अचंभा 4 तमाशा 5 आनंद 6 हास्य-विनोद, हँसी-मज़ाक 7 कंगन (जैसे-मंगल कौतुक)। ~**वश** *सं०* (वि०) कौतुक के कारण
कौतुकाक्रांत–*सं०* (वि०) आश्चर्य में पड़ा हुआ, आश्चर्यमय

कौतुकी–*सं०* (वि०) 1 कौतुक करनेवाला, विनोदशील 2 खेल तमाशा दिखानेवाला
कौतूहल–*सं०* (पु०) = कुतूहल। ~**पूर्वक** (क्रि० वि०) उत्सुकता से; ~**वश** (क्रि० वि०) उत्सुकता के कारण
कौथ–*बो०* (स्त्री०) 1 कौन-सी तारीख 2 कौन-सा संबंध
कौथा–*बो०* (वि०) 1 किस-स्थान का 2 कौन सा
कौन–(सर्व०) प्रश्नवाचक सर्वनाम (जैसे-कौन आया ? कौन जाएगा ?); ~**सा** (वि०) किस-प्रकार का (जैसे-कौन-सा पौधा है जिसे पानी नहीं दिया)
कौपीन–*सं०* (पु०) 1 शरीर का गुह्य भाग 2 पुरुष लिंग 3 लँगोटी
कौब्ज्य–*सं०* (पु०) कुबड़ापन
क़ौम–*अ०* (स्त्री०) 1 जाति 2 वंश, नसल (जैसे-वह क्षत्रिय क़ौम का है)। ~**परस्त** + *फ़ा०* I (पु०) 1 क़ौम का सेवक II (वि०) राष्ट्रवादी; ~**परस्ती** + *फ़ा०* (स्त्री०) राष्ट्र सेवक का काम
कौमार–*सं०* (पु०) कुमार, बालक; ~**भृत्य** (पु०) 1 बच्चों का पालन-पोषण, दवा इलाज 2 आयुर्वेद का शिशु चिकित्सा अंग; ~**व्रत** (पु०) अविवाहित रहने की प्रतिज्ञा
कौमारिकेय–*सं०* (पु०) कुमारी का बेटा
कौमारी–*सं०* (स्त्री०) पहली विवाहिता स्त्री
कौमार्य–*सं०* (पु०) कुँआरापन
क़ौमियत–*अ०* (स्त्री०) 1 जातीयता 2 राष्ट्रीयता
क़ौमी–*अ०* (वि०) 1 जातीय 2 राष्ट्रीय
कौमुदी–*सं०* (स्त्री०) 1 कुमुदिनी 2 चाँदनी
कौर–(पु०) 1 कार्तिक मास की पूर्णिमा 2 ग्रास, निवाला। **मुँह का ~छीनना** मिलनेवाला हिस्सा छीन लेना, अंश झपट लेना
कौरना–(स० क्रि०) *बो०* सेंकना, भूनना
कौरव–I *सं०* (पु०) 1 कुरु वंशज 2 कुरु नरेश II (वि०) कुरु वंश से संबंध रखनेवाला। ~**पति** (पु०) दुर्योधन
कौरा–(पु०) चौखट के पीछे दीवार। **कौरे लगना** 1 आहट लेने के लिए छिपकर खड़ा होना 2 घात में छिपकर रहना 3 रूठकर अलग होना
कौरी–(स्त्री०) अंक, गोद (जैसे-कौरी भरना)
कौलंज–(पु०) वायुशूल
क़ौल–*अ०* (पु०) 1 वचन उक्ति (जैसे-क़ौल तोड़ना) 2 प्रतिज्ञा (जैसे-क़ौल हारना)। ~**क़रार** (पु०) प्रतिज्ञा करना; ~**नामा** + *फ़ा०* (पु०) वचनपत्र, लिखित प्रतिज्ञा; ~**का पक्का** बात का धनी; ~**से फिरना** वचन भंग करना
कौल–*सं०* (पु०) 1 कुलीन व्यक्ति 2 वाममार्गी, शाक्त। ~**आचार** (पु०) वाममार्गियों के गुह्य कर्म
कौल–(पु०) = कौर
कौलई–(वि०) संतरे के रंग का, नारंगी
कौलटेय–*सं०* (पु०) 1 भिखारिणी की संतान 2 कुलटा स्त्री की संतान 3 जारज संतान
कौला–(पु०) = कौरा
कौलालिक–*सं०* (वि०) कुम्हार-संबंधी
कौली–(स्त्री०) = कौरी
कौलीन्य–*सं०* (पु०) कुलीनता
कौवा–(पु०) कौआ (जैसे-काला कौवा)। ~**गुहार**, ~**रोर** (स्त्री०) व्यर्थ का शोर, हो-हल्ला।
क़ौवाल–*अ०* (पु०) 1 कौवाली गानेवाला 2 गवैया
क़ौवाली–*अ०* (स्त्री०) इस्लामी धर्मगीतों का एक प्रकार
कौशल–I *सं०* (पु०) 1 कुशलता, दक्षता 2 कुशल होने की अवस्था 3 समर्थता (जैसे-कौशल के जीर्ण-शीर्ण मानदंडों को तोड़ना) II कौशल देश का
कौशली–*सं०* (स्त्री०) 1 कुशल प्रश्न 2 भेंट, उपहार
कौशेय–*सं०* (वि०) रेशमी
कौस्तुभ–*सं०* (पु०) (विष्णु के गले की) मणि
क्या–I (सर्व०) प्रश्नवाचक सर्वनाम (जैसे-यह क्या करते हो ?) II (वि०) कितना (जैसे-इस पुस्तक का क्या दाम है ?) III (क्रि० वि०) किसलिए। (जैसे-यहाँ क्या करने आए थे ?)। ~**पड़ी है** कुछ भी मतलब नहीं है; ~**परवाह है** निश्चिंत हो जाना; ~**साँप सूँघ गया** ज़रा भी ध्यान न देना; ~**से क्या हो जाना** 1 बहुत बड़ी बात हो जाना 2 अनहोनी होना
क्यारी–(स्त्री०) मेड़ों से बनाए गए छोटे-छोटे वर्गाकार या आयताकार भाग
क्यू–*अं०* (पु०) पंक्ति, क़तार (जैसे-क्यू में खड़ा होना)
क्यूरेटर–*अं०* (पु०) संग्रहपाल, संग्रहाध्यक्ष
क्यों–(क्रि० वि०) 1 किस अभिप्राय से, किस उद्देश्य से (जैसे-आप यहाँ क्यों आए हैं) 2 किस अधिकार से (जैसे-तुमने यह फूल क्यों तोड़ा) 3 किस तरह, किस प्रकार, कैसे (जैसे-यह कार्य क्यों नहीं होगा)। ~**कर** (क्रि० वि०) **कैसे**; ~**कि** *अ०* कारण यह कि, इसलिए कि
क्रंदन–*सं०* (पु०) 1 विलाप करना, रोना 2 आह्वान, ललकारना
क्रकच–*सं०* (पु०) 1 करील का पेड़ 2 अत्यधिक घना वृक्ष 3 आरा
क्रतु–*सं०* (पु०) 1 मनोरथ, अभिलाषा 2 योग्यता 3 विवेक 4 प्रेरणा 5 यज्ञ। ~**द्रोही** (पु०) राक्षस; ~**मय** (पु०) यज्ञमय
क्रम–*सं०* (पु०) 1 डग, पग 2 डग उठाना 3 आरंभ 4 तरतीब, सिलसिला, क्रम 5 नियमित व्यवस्था (जैसे-क्रम से रखना)। ~**चय** (पु०); ~**नंबर** + *अं०* (पु०) क्रमसंख्या; ~**परिवर्तन** (पु०) क्रम में उलट-फेर; ~**पूर्ण** (वि०) = क्रमिक; ~**बद्ध** (वि०) क्रम युक्त, सिलसिलेवार (जैसे-क्रमबद्ध अध्ययन करना); ~**भंग** (पु०) क्रम का टूटना; ~**रहित** (वि०) जो क्रम में न हो; ~**विकास** (पु०) 1 सिलसिलेवार प्रगति 2 प्रारंभ की उन्नति; ~**वीक्षण** (पु०) क्रमबद्ध परीक्षण; ~**संख्या** (स्त्री०) वस्तु, व्यक्ति आदि की क्रमगत संख्या; ~**सूचक** (वि०) 1 क्रम की सूचना देनेवाला 2 क्रम के विचार से स्थान का सूचक
क्रमक–I *सं०* (पु०) नियमित अभ्यास करनेवाला विद्यार्थी II (वि०) आगे बढ़नेवाला
क्रमण–*सं०* (पु०) 1 एक से दूसरे स्थान को 2 क़दम उठाना 3 उल्लंघन करना
क्रमतः, **क्रमशः**–*सं०* (क्रि० वि०) 1 यथाक्रम, क्रमानुसार, सिलसिले से 2 धीरे-धीरे
क्रमांक–*सं०* (पु०) क्रम संख्या

क्रमांकन–*सं०* (पु०) क्रम संख्या लगाना

क्रमागत–*सं०* (वि०) 1 क्रम से आया हुआ (जैसे-क्रमागत स्थल) 2 परंपरागत (जैसे-क्रमागत उन्नति)

क्रमानुकूल–*सं०* (क्रि० वि०) सिलसिले मुताबिक, सिलसिलेवार

क्रमानुगत–*सं०* (वि०) क्रम से आया हुआ

क्रमानुसार, क्रमान्वय–*सं०* = क्रमशः

क्रमिक–*सं०* (वि०) 1 क्रमागत 2 परंपरागत

क्रमोन्नत–*सं०* (वि०) क्रम से की गई प्रगति

क्रय–*सं०* (पु०) खरीदना। ~**कर्ता** (पु०) ख़रीदनेवाला, क्रेता; ~**दर** + *हिं०* क्रय मूल्य; ~**पंजी** (स्त्री०) खरीद बही; ~**लेख्य** (पु०) खरीद का बंध-पत्र या विवरण, बैनामा; ~**विक्रय** खरीदना बेचना; ~**विक्रयिक** (पु०) 1 व्यापारी 2 खरीद फ़रोख़्त करनेवाला; ~**शक्ति** (स्त्री०) खरीदने की सामर्थ्य

क्रयण–*सं०* (पु०) ख़रीदना

क्रयारोह–*सं०* (पु०) हाट, बाज़ार

क्रयिक–*सं०* (वि०) ख़रीदनेवाला

क्रयी–*सं०* (पु०) 1 ख़रीददार, ग्राहक 2 क्रय व्यापारी

क्रय्य–*सं०* (वि०) ख़रीदने योग्य

क्रव्य–*सं०* (पु०) 1 सड़ा मांस 2 कच्चा मांस

क्रव्याद–I *सं०* **(वि०)** 1 सड़ा **मांस खानेवाला** 2 कच्चा माँस खानेवाला II (पु०) 1 राक्षस 2 मांसभक्षी जीव-जंतु 3 चिता की आग

क्रांत–*सं०* (वि०) 1 गया हुआ 2 बीता हुआ 3 लाँघा हुआ 4 दबाया हुआ, दबोचा हुआ 5 आक्रांत

क्रांति–*सं०* (स्त्री०) 1 लाँघना, क्रमण 2 पूर्ण परिवर्तन, उलट दिया जाना (जैसे-पूँजीवादी या जनवादी क्रांति, समाजवादी क्रांति)। ~**आंदोलन** (पु०) राज्य एवं समाज में होनेवाला परिवर्तन एवं उलटफेर; ~**कारिणी** (स्त्री०) = क्रांतिकारी; ~**ता** (स्त्री०) क्रांतिकारी होने का भाव; ~**कारी** (वि०) क्रांति करनेवाला (जैसे-क्रांतिकारी सिद्धांत); ~**दर्शी** (वि०) भविष्य की क्रांति को देखनेवाला; ~**दल** (पु०) क्रांतिकारियों का संगठन; ~**पूर्व** (वि०) क्रांति से पहले का; ~**मंडल** (पु०) वह मार्ग जिसपर सूर्य चलता है, क्रांतिवृत्त; ~**मय** (वि०) क्रांति से भरा हुआ, क्रांति से ओत-प्रोत; ~**मूलक** (वि०) = क्रांतिकारी; ~**वाद** (पु०) क्रांति संबंधी सिद्धांत एवं नियम; ~**वादी** (वि०) = क्रांतिकारी; ~**विमुख**, ~**विरोधी** (वि०) क्रांति का विरोध करनेवाला; ~**वृत्त** (पु०) = 1 क्रांतिमंडल 2 क्रांति 3 क्रांतिकारियों का पथ; ~**शील** (वि०) = क्रांतिकारी

क्रांतिक–*सं०* (वि०) क्रांति संबंधी

क्राकरी–*अं०* (स्त्री०) चीनी मिट्टी के बर्तन

क्रानिक–*अं०* (वि०) जीर्ण, पुराना (जैसे- ~बीमारी)

क्राप-रोटेशन–*अं०* (पु०) फ़सलों का हेर-फेर

क्रास–*अं०* (पु०) 1 सूली, सलीब 2 ईसाइयों का धर्म चिह्न जो सूली की तरह होता है ~**वर्ड** (पु०) वर्गपहेली

क्रासिंग–*अं०* (स्त्री०) चौफटका

क्रिकेट–*अं०* (पु०) बल्ला और गेंद का खेल (जैसे-क्रिकेट मैच)

क्रिकेटर–*अं०* (पु०) क्रिकेट खेलनेवाला

क्रियमाण–*सं०* (वि०) जो किया जा रहा है

क्रिया–*सं०* (स्त्री०) 1 कुछ करना (जैसे-स्नान क्रिया, पाठन क्रिया) 2 धार्मिक कर्म (जैसे-अंत्येष्टि क्रिया) 3 संस्कार (जैसे-मुंडन क्रिया) 4 कार्यविधि 5 अभ्यास (जैसे-योग क्रिया, दैनिक क्रिया) 6 व्याकरण में प्रयुक्त होनेवाली क्रिया (जैसे-सकर्मक क्रिया, भूतकालिक क्रिया) 7 उपचार। ~**कर्म** (पु०) मृतक क्रिया, अंत्येष्टि; ~**कलाप** (पु०) शास्त्र विहित कर्म; ~**कांड** (पु०) वेदों में वे विभाग जिनमें कर्मकांड के नियम एवं विधियाँ हैं; ~**चतुर** श्रृंगार रस का वह नायक जो कुशलतापूर्वक अपना अभीष्ट प्राप्त कर ले; ~**द्योतक** (वि०) = क्रियावाचक; ~**निष्ठ** (वि०) कर्मनिष्ठ; ~**पद** (पु०) *व्या०* क्रियावाचक शब्द; ~**फल** (पु०) कर्मफल, क्रिया का परिणाम; ~**योग** (पु०) 1 कार्य के साथ होनेवाला संबंध 2 धार्मिक कार्य; ~**लोप** (पु०) शास्त्र विहित नैतिक कर्मों का अभाव; ~**वाचक**, ~**वाची** (वि०) *व्या०* क्रिया का अर्थ देनेवाला; ~**वाद** (पु०) 1 धार्मिक, व्याकरणिक आदि क्रियाओं के नियम 2 अभियोग; ~**वादी** (वि०) 1 क्रियावाद को माननेवाला 3 अभियोक्ता; ~**वान्** (वि०) = कर्मनिष्ठ; ~**विधि** (स्त्री०) क्रिया के करने का ढंग; ~**विशेषण** (पु०) *व्या०* क्रिया की विशेषता बतानेवाला शब्द; ~**शील** (वि०) कर्मनिष्ठ; ~**शीलता** (स्त्री०) क्रिया भाव; ~**संक्राति** (स्त्री०) शिक्षण, विद्यादान

क्रियात्मक–*सं०* (वि०) क्रिया रूप में किया गया, अमल में लाया गया, व्यावहारिक (जैसे-क्रियात्मक अनुभव, क्रियात्मक व्यवहार)

क्रियान्वयन–*सं०* (पु०) कार्य में लाना

क्रियान्वित, क्रियान्विति–*सं०* (वि०) कार्य में लाया हुआ

क्रियार्थक–*सं०* (वि०) = क्रियावाचक। ~**संज्ञा** (स्त्री०) संज्ञा जो क्रिया का भी अर्थ देती है

क्रिश्चियन–*अं०* (वि०) ईसा धर्म को माननेवाला, ईसाई

क्रिसमस–*अं०* (पु०) बड़े दिन, ईसा का जन्मदिवस (25 दिसम्बर)

क्रिस्टल–*अं०* (पु०) 1 रवादार टुकड़ा 2 स्फटिक 3 रवे

क्रिस्तान–*अं०* (पु०) ईसाई

क्रिस्तानी–*अं०* + *हिं०* (वि०) ईसाइयों का

क्रीज़–*अं०* (स्त्री०) चुन्नट, सिलवट

क्रीडक–*सं०* (पु०) क्रीड़ा करनेवाला, खिलाड़ी

क्रीड़न–*सं०* (पु०) खेलना

क्रीड़नक–*सं०* (पु०) 1 खिलौना 2 खेल-तमाशा

क्रीड़ा–*सं०* (स्त्री०) 1 खेल 2 केलि। ~**कोप** (पु०) बनावटी गुस्सा; ~**कौतुक** (पु०) 1 खेल-कूद 2 आमोद-प्रमोद; ~**क्षेत्र** (पु०) खेल का मैदान; ~**पर्वत** (पु०) कृत्रिम पहाड़; ~**स्थल**, ~**स्थान** (पु०) = क्रीड़ा क्षेत्र

क्रीड़ित–*सं०* (वि०) खेला हुआ

क्रीत–*सं०* (वि०) ख़रीदा हुआ, क्रय

क्रीम–*अं०* (पु०) 1 मक्खन 2 लेप (प्रसाधन का)

क्रीस्टधर्म–*अं०* + *सं०* (पु०) ईसाई-धर्म (क्राइस्ट)

क्रुद्ध–*सं०* (वि०) जो गुस्से से भरा हो, क्रोधित

क्रुष्ट–I *सं०* (वि०) 1 बुलाया हुआ, आहूत 2 फटकारा हुआ, डाँटा हुआ II (पु०) 1 रोदन 2 शोर
क्रूज़र–*अं०* (पु०) हल्का और द्रुतगामी युद्ध का जहाज़
क्रूड–*अं०* (वि०) I कच्चा (जैसे-कच्चा तेल) II भोंडा
क्रूम–*अं०* (पु०) = क्रोम
क्रूर–*सं०* (वि०) 1 निर्दय, संगदिल 2 निर्मम एवं हिंसक कार्य करनेवाला 3 नीच, बुरा 4 कठिन, कड़ा। ~**कर्म** 1 घोर भयावना कर्म 2 दूसरों को दुःख पहुँचानेवाला काम; ~**कर्मा** (वि०) क्रूर कर्म करनेवाला; ~**ता** (स्त्री०) 1 क्रूर होने की अवस्था 2 कठोर तथा बुरे काम करने की क्षमता 3 दुष्टता
क्रूराकृति–*सं०* (वि०) डरावनी सूरतवाला
क्रूरात्मा–*सं०* (वि०) 1 कठोर स्वभाववाला 2 दुष्ट प्रकृति का
क्रूस–*अं०* (पु०) = क्रास
क्रूसेड–*अं०* (पु०) जिहाद, धर्मयुद्ध
क्रेटर–*अं०* (पु०) 1 गड्ढा 2 ज्वालामुखी विवर
क्रेडिट–*अं०* (पु०) 1 साख 2 उधार 3 जमा खाता
क्रेता–*सं०* (पु०) ख़रीदनेवाला, ख़रीददार
क्रेन–*अं०* (पु०) 1 उत्तोलक, ऊँटड़ी
क्रेप–*अं०* (पु०) एक प्रकार का कपड़ा
क्रेय–*सं०* (वि०) खरीदने योग्य
क्रोड़–*सं०* (पु०) 1 गोद, अंक 2 वक्षःस्थल 3 पेड़ के तने का खोखला भाग 4 वस्तु के बीच का भाग। ~**पत्र** (पु०) सामयिक पत्र के साथ छपा अतिरिक्त पत्र
क्रोड़ीकरण–*सं०* (पु०) गोद में लेना
क्रोध–*सं०* (पु०) गुस्सा (जैसे-क्रोध में आना)। ~**मूर्छित** (वि०) क्रोध में आपे से बाहर; ~**वर्जित** (वि०) क्रोधरहित
क्रोधांध–*सं०* (वि०) अति कुपित
क्रोधाकुल–*सं०* (वि०) = क्रोधित
क्रोधाग्नि–*सं०* (स्त्री०) क्रोध की आग
क्रोधातुर–*सं०* (वि०) क्रोधित
क्रोधावेश–*सं०* (पु०) क्रोध का ज़ोर
क्रोधित–*सं०* (वि०) क्रोध से भरा, क्रुद्ध
क्रोधी–*सं०* (वि०) गुस्सा करनेवाला, गुस्सावर
क्रोम, क्रोमियम–*अं०* (पु०) रासायनिक धातु-तत्त्व
क्रोमोसोम–*अं०* (पु०) गुणसूत्र
क्रोश–*सं०* (पु०) 1 रोना 2 चिल्लाना 3 कोस। ~**विक्रय** (पु०) चिल्लाकर बेचना; ~**विक्रेता** (पु०) चिल्ला-चिल्लाकर बेचनेवाला
क्रोशन–*सं०* (पु०) 1 चिल्लाने का भाव 2 चिल्लाहट
क्रोशिया–*फ़ा०* (पु०) हाथ की सहायता से मोजे, गंजी आदि बुनने की लोहे की सलाई, हाथ में लेकर बुनाई करनेवाली तीली
क्रौंच–*सं०* (पु०) = 1 कराँकुल 2 कुररी (पक्षी)
क्लच–*अं०* (पु०) शिकंजा, मोटरगाड़ी का क्लच
क्लब–*अं०* (पु०) मनोरंजन समिति
क्लर्क–*अं०* (पु०) हिसाब-किताब एवं पत्राचार करनेवाला कर्मचारी, लिपिक, बाबू
क्लर्की–*अं० + हिं०* (स्त्री०) 1 लिपिक का कार्य 2 क्लर्क का पद
क्लांत–*सं०* (वि०) 1 थका हुआ, शिथिल 2 क्षीणकाय 3 हतोत्साह 4 मुरझाया हुआ (जैसे-प्यास से क्लांत होना)
क्लांति–*सं०* (स्त्री०) शिथिलता, थकावट
क्लाइमेक्स–*अं०* (पु०) चरमावस्था, चरमसीमा
क्लाक–*अं०* (पु०) बड़ी दीवार घड़ी
क्लाथ–*अं०* (पु०) कपड़ा। ~**बाइंडिंग** (स्त्री०) कपड़े से ज़िल्द चढ़ाना
क्लास–*अं०* (पु०) 1 दरजा 2 श्रेणी 3 वर्ग, कक्षा; ~**रूम** (पु०) कक्षा
क्लासिकल–*अं०* 1 साहित्य-कला से संबद्ध 2 पुरातन
क्लिनिक–*अं०* (पु०) 1 निदानशाला 2 चिकित्सालय
क्लिन्न–*सं०* (वि०) नम, आर्द्र, गीला (जैसे-~हृदय)
क्लिप–*अं०* (स्त्री०) बालों, काग़ज़ों आदि को दबाए रखनेवाला एक उपकरण, पंजा (जैसे-क्लिप में काग़ज़ लगाना, बालों में क्लिप लगाना)
क्लियरेंस–*अं०* (स्त्री०) निकासी। ~**सेल** (स्त्री०) निकासी बिक्री
क्लिशित–*सं०* (वि०) क्लेशयुक्त, पीड़ित
क्लिष्ट–*सं०* (वि०) 1 कष्ट में पड़ा हुआ 2 कठिन, दुरुह, दुर्बोध 3 क्षतिग्रस्त। ~**कल्पना** (स्त्री०) असाध्य कल्पना
क्लीयरिंग–*अं०* (स्त्री०) (चेक का) समाशोधन
क्लीव–*सं०* (वि०) 1 नपुंसक, नामर्द 2 कायर, डरपोक। ~**ता** (स्त्री०) नपुंसकता 2 कायरता
क्लेद–*सं०* (पु०) 1 गीलापन, नमी 2 पसीना
क्लेदक–*सं०* (वि०) 1 गीला करनेवाला 2 पसीना लानेवाला
क्लेदन–*सं०* (पु०) 1 गीला करना 2 पसीना लाना
क्लेम–*अं०* (पु०) दावा
क्लेश–*सं०* (पु०) 1 दुःख, पीड़ा 2 चिंता, संताप (जैसे-क्लेश करना)। ~**कर** (वि०) क्लेश उत्पन्न करनेवाला, क्लेशी
क्लेशित–*सं०* (वि०) 1 अत्यंत दुःखी 2 द्रवित
क्लेशी–*सं०* (वि०) 1 दुःख देनेवाला 2 क्षतिकारक
क्लेष्टा–*सं०* (पु०) कष्ट पहुँचानेवाला
क्लैब्य–*सं०* (पु०) 1 नपुंसकता 2 भीरुता, कायरपन
क्लोक रूम–*अं०* (पु०) सामान घर
क्लोम–*सं०* (पु०) 1 दाहिना फेफड़ा 2 (मछली का) गलफड़ा
क्लोरीन–*अं०* (पु०) एक खट्टी गैस
क्लोरोफार्म–*अं०* (पु०) मनुष्य को बेहोश करने हेतु दी जानेवाली एक तरल औषधि
क्वचित्–*सं०* (क्रि० वि०) शायद ही, कहीं-कहीं, कोई
क्वण–*सं०* (पु०) 1 वीणा की झंकार 2 ध्वनि
क्वथ–*सं०* (पु०) काढ़ा, क्वाथ
क्वथन–*सं०* (पु०) 1 काढ़ने का काम 2 औटाने का काम
क्वथनांक–*सं०* (पु०) उबलने तक का बिंदु या मात्रा (जैसे-क्वथनांक पर तापक्रम आ जाना)
क्वाँर–*बो०* (पु०) कुआर (आश्विन) का महीना
क्वाँरा–(वि०) = क्वारा, अविवाहित
क्वाँरी–(स्त्री०) = अविवाहिता कन्या
क्वाथ–*सं०* (पु०) 1 काढ़ा, जोशाँदा 2 दुःख 3 व्यसन, लत
क्वारंटाइन–*अं०* (पु०) संगरोध, छूतरोग से पीड़ित व्यक्तियों को अलग रखने का प्रबंध
क्वारछल, क्वारपन–(पु०) अविवाहित अवस्था, क्वारापन।

~उतरना कौमार्य भंग करना

क्वारा–(वि०) अविवाहित, कुआँरा

क्वार्ट्ज़–*अं०* (पु०) बिल्लौर

क्वार्टर–*अं०* (पु०) 1 चौथाई, चौथा भाग 2 वर्ष का चौथा हिस्सा, तिमाही 3 वर्ग विशेषवालों की कॉलोनी 4 संस्था द्वारा बनवाया गया विभागीय कर्मचारियों का निवास स्थान। ~**मास्टर** (पु०) रसद प्रबंधक

क्वालिटी–*अं०* (स्त्री०) गुण, विशेषता

क्विंटल–*अं०* (पु०) 100 किलोग्राम का एक माप

क्षंतव्य–*सं०* (वि०) क्षमा के योग्य, क्षम्य

क्षंता–*सं०* (वि०) क्षमा करनेवाला, क्षमाशील

क्षकिरण–*सं०* (स्त्री०) एक्स-रे

क्षण–*सं०* (पु०) 1 काल का अत्यल्प परिमाण 2 पल, निमेष (जैसे-क्षण मात्र) 3 अवसर, मौक़ा (जैसे-गंभीर क्षण में)। ~**जीवी** (वि०) क्षणभर जीवित रहनेवाला; ~**भंगुर** (वि०) कुछ ही पलों में नष्ट हो जानेवाला, क्षणिक, अस्थिर, अस्थाई; ~**मूल्य** (वि०) नक़द दिया जानेवाला

क्षणदा–*सं०* (स्त्री०) 1 रात, रात्रि 2 हलदी

क्षणन–I *सं०* (पु०) 1 मार डालना 2 घायल करना

क्षणिक–*सं०* (वि०) क्षण भर स्थिर रहनेवाला, क्षणभंगुर, अस्थायी। ~**जीवी** (वि०) = क्षण जीवी

क्षत–I *सं०* (वि०) 1 क्षतिग्रस्त 2 घायल 3 खंडित II (पु०) ज़ख्म, घाव। ~**योनि** (वि०) जिसका कौमार्य खंडित हो चुका हो; ~**रोहण** (पु०) घाव भरना; ~**विक्षत** (वि०) अत्यधिक घायल एवं लहुलूहान; ~**व्रण** (पु०) घाव, ज़ख्म

क्षति–*सं०* (स्त्री०) 1 हानि, नुक़सान (जैसे-क्षति उठाना, क्षति पूरी होना) 2 चोट (जैसे-क्षति पहुँचाना)। ~**ग्रस्त** (वि०) 1 हानि पहुँचाई गई 2 चोट पहुँचाई गई; ~**पूरक** (वि०) हानि पूरा करनेवाला; ~**पूर्ति** (स्त्री०) 1 घाटा पूरा होना 2 मुआवज़ा, क्षतिपूरक धन

क्षत्र–*सं०* (पु०) 1 बल 2 सत्ता। ~**पति** (पु०) राज्य का स्वामी; ~**विद्या** (स्त्री०) युद्ध विद्या

क्षत्राणी–*सं०* (स्त्री०) 1 क्षत्रिय जाति की स्त्री 2 बहादुर स्त्री, वीरांगना

क्षत्रिय–*सं०* (पु०) 1 हिंदुओं का दूसरा वर्ण 2 योद्धा जाति

क्षत्रियत्व–*सं०* (पु०) क्षत्रीपन

क्षत्री–*सं०* (पु०) = क्षत्रिय

क्षप–*सं०* (पु०) जल

क्षपणक–*सं०* (पु०) दिगंबर साधु

क्षपांत–*सं०* (पु०) भोर, रात्रि-अंत

क्षपा–*सं०* (स्त्री०) 1 रात 2 हल्दी। ~**कर** I (वि०) रात करनेवाला II (पु०) चंद्रमा

क्षपित–*सं०* (वि०) 1 नष्ट किया हुआ 2 कुचला हुआ 3 दबाया हुआ

क्षम–*सं०* (वि०) 1 सहनशील, सहिष्णु 2 चुप रहनेवाला 3 समर्थ 4 क्षमा करनेवाला। ~**ता** (स्त्री०) 1 शक्ति, सामर्थ्य 2 विशेषता, योग्यता (जैसे-सैनिक क्षमता)

क्षमणीय–*सं०* (वि०) 1 क्षमा किए जाने योग्य, क्षम्य

क्षमा–*सं०* (स्त्री०) 1 अपराध को बिना प्रतिकार भावना के सह लेने की प्रवृत्ति, सहनशीलता 2 माफ़ी। ~**दान** (पु०) क्षमा देना; ~**प्रदान** (पु०) = क्षमादान; ~**प्रार्थना** (स्त्री०) क्षमा माँगना; ~**प्रार्थी** (वि०) क्षमायाचना करनेवाला; ~**याचना** (स्त्री०) = क्षमा प्रार्थना; ~**वान्**, ~**शील** (वि०) क्षमा करनेवाला, सहनशील

क्षमालु–*सं०* (वि०) क्षमा करनेवाला

क्षमित–*सं०* (वि०) जो क्षमा किया गया हो

क्षमी–*सं०* (वि०) = क्षमाशील

क्षम्य–*सं०* (वि०) क्षमा किए जाने योग्य

क्षयंकर–*सं०* (वि०) नाश करनेवाला, क्षयकारी

क्षय–*सं०* (पु०) 1 नाश 2 क्षय रोग, यक्ष्मा रोग। ~**कारी** (वि०) नाश करनेवाला; ~**काल** (पु०) प्रलयकाल; ~**कास** (पु०) यक्ष्मा रोग में होनेवाली खाँसी; ~**ग्रंथि** (स्त्री०) क्षयरोग की गिल्टी; ~**ग्रस्त** (वि०) जिसका नाश हो गया हो; ~**पक्ष** (पु०) कृष्ण पक्ष; ~**रोग** (पु०) तपेदिक, टीबी, यक्ष्मा रोग; ~**रोगी** I (पु०) यक्ष्मा का रोगी II (वि०) क्षय रोग से पीड़ित; ~**वान्** (वि०) नाशवान्

क्षयन–*सं०* (पु०) क्षय, नाश

क्षयिक–*सं०* (वि०) = क्षयवान्

क्षयित–*सं०* (वि०) क्षयग्रस्त, क्षय से ग्रसित

क्षरण–*सं०* (पु०) 1 क्षीण होना 2 रिसना 3 झड़ना

क्षांत–*सं०* (वि०) क्षमाशील

क्षांति–*सं०* (स्त्री०) क्षमा, मुआफी

क्षात्र–*सं०* (वि०) क्षत्रियों से संबंधित, क्षत्रियोचित

क्षार–*सं०* (पु०) 1 खार 2 एलकली (शोरा, नमक) 3 राख़। ~**त्रय** (पु०) सज्जी, शोरा और सुहागा; ~**भूमि** (स्त्री०) शोरेवाली ज़मीन, ऊसर

क्षारक–*सं०* (वि०) क्षार करनेवाला, जलानेवाला, दाहक (जैसे-क्षारक सोडा)

क्षारण–*सं०* (पु०) 1 तेज़ाब को प्रभावहीन करना 2 टपकाना

क्षाराक्ष–*सं०* (पु०) काँच की बनी आँख

क्षारीय–*सं०* (वि०) क्षारयुक्त, क्षार जैसा

क्षारोद–*सं०* (पु०) लवण समुद्र

क्षालन–*सं०* (पु०) साफ़ करना, धोना

क्षालित–*सं०* (वि०) साफ़ किया हुआ, धुला हुआ

क्षिता–*सं०* (स्त्री०) पृथ्वी, धरा

क्षिति–*सं०* (स्त्री०) 1 पृथ्वी 2 निवास-स्थान। ~**ज** (पु०) 1 वह स्थान जहाँ पृथ्वी और आकाश मिलते दिखाई देते हैं 2 दृष्टिसीमा; ~**तन्या** (स्त्री०) सीता

क्षिपण–*सं०* (पु०) 1 फेंकना 2 आक्षेप करना 3 अभियोग लगाना

क्षिप्त–*सं०* (वि०) 1 फेंका हुआ 2 उपेक्षित 3 त्यागा हुआ 4 चंचल

क्षिप्र–I *सं०* (अ०) 1 शीघ्र, जल्दी 2 तुरंत II (वि०) अस्थिर, चंचल। ~**चेता** (वि०) जागरूक, सचेत; ~**लेखन** (पु०) शीघ्रलिपि; ~**हस्त** (वि०) 1 जल्दी हाथ चलानेवाला 2 कुशल

क्षीण–*सं०* (वि०) 1 जिसका क्षय हुआ हो 2 कमज़ोर, निर्बल। ~**काय** (वि०) अधिक दुर्बल; ~**चंद्र** कृष्णपक्ष की अष्टमी से शुक्ल पक्ष की अष्टमी तक का चंद्रमा; ~**ता** (स्त्री०) क्षीण होने की अवस्था

क्षीणक–*सं०* (वि०) कमज़ोर करनेवाला (**~रोग**)
क्षीर–*सं०* (पु०) 1 दूध 2 खीर। **~व्रत** केवल दूध पीकर रहनेवाला व्रत; **~सार** (पु०) मक्खन
क्षुण्ण–*सं०* (वि०) 1 खंडित 2 पिसा हुआ 3 पराजित
क्षुद्र–*सं०* (वि०) 1 नीच, अधम 2 ओछा 3 कम 4 नन्हा, छोटा (जैसे-क्षुद्र जीव)। **~ग्रह** (पु०) छोटे ग्रह जो मंगल एवं बृहस्पति ग्रह के मध्य हैं; **~घंटिका** (स्त्री०) 1 घुँघरुदार करधनी 2 घुँघरु; **~प्रकृति** (वि०) नीच स्वभाववाला, ओछा
क्षुद्रांत्र–*सं०* (पु०) छोटी आंत, शेषान्तर
क्षुद्रा–*सं०* (स्त्री०) 1 निम्न विचारोंवाली स्त्री 2 कुलटा 3 वेश्या
क्षुद्रात्मा–*सं०* (वि०) निम्न विचारोंवाला व्यक्ति
क्षुधा–*सं०* (स्त्री०) 1 भूख 2 अतृप्ति। **~निवृत्ति** (स्त्री०) भूख मिटाना; **~वर्धक** (वि०) भूख बढ़ानेवाली; **~वान्** (वि०) = क्षुधातुर
क्षुधाग्नि–*सं०* (स्त्री०) अत्यधिक भूख लगना
क्षुधातुर, क्षुधार्त–*सं०* (वि०) भूख से व्याकुल, भूखा
क्षुधित–*सं०* (वि०) जिसे भूख लगी हो, भूखा
क्षुप–*सं०* (पु०) 1 झाड़ी 2 छोटे तने
क्षुब्ध–*सं०* (वि०) 1 जो क्षोभ से भरा हो 2 विकल, परेशान 3 कुपित, क्रुद्ध
क्षुर–*सं०* (पु०) 1 छुरी 2 उस्तरा
क्षुरी–I *सं०* (पु०) नाई II खुरवाला पशु
क्षेत्र–*सं०* (स्त्री०) 1 खेत 2 स्थान 3 उत्पत्ति स्थल 4 भूमि, ज़मीन 5 मैदान 6 सीमा-बद्ध जगह (जैसे-निषिद्ध क्षेत्र) 7 देह, शरीर। **~गणित** (पु०) गणित की एक शाखा जिसमें भूमि की नाप आदि की गणना की जाती है; **~ज्ञ**, **~पति** (पु०) 1 जीवात्मा 2 परमात्मा 3 किसान 4 साक्षी; **~पाल** (पु०) 1 खेत की रक्षा करनेवाला व्यक्ति 2 व्यवस्थापक, प्रबंधकर्ता; **~फल** (पु०) *ग०* लंबाई एवं चौड़ाई का गुणनफल, रक़बा; **~मिति** (स्त्री०) क्षेत्रगणित; **~मापी** (पु०) क्षेत्र मापने का यंत्र
क्षेत्रक–*सं०* (पु०) छोटा क्षेत्र, सेक्टर
क्षेत्राधिकार–*सं०* (पु०) क्षेत्र में प्रशासकी अधिकार
क्षेत्रालेख्य–*सं०* (पु०) खेतों का रिकार्ड
क्षेत्रिय–*सं०* (वि०) 1 क्षेत्र संबंधी 2 खेत में उत्पन्न होनेवाला
क्षेत्रिन्–असाध्य रोग
क्षेत्री–*सं०* (पु०) खेत का स्वामी
क्षेत्रीय–*सं०* (वि०) क्षेत्र-संबंधी
क्षेप–*सं०* (पु०) 1 फेंकना 2 उछालना 3 व्यतीत करना, बिताना (जैसे-कालक्षेप) 4 आघात 5 अतिक्रमण 6 निंदा
क्षेपक–I *सं०* (वि०) 1 फेंकनेवाला 2 नष्ट करनेवाला II (पु०) मूल रचना में दूसरों के जोड़े गए अंश। **~कार** (पु०) मूल रचना में अपना जोड़नेवाला
क्षेपण–*सं०* (पु०) 1 फेंकना 2 गिराना 3 मारना 4 आक्षेप करना 5 बिताना
क्षेपणी–*सं०* (स्त्री०) 1 फेंककर मारनेवाला अस्त्र 2 डाँड
क्षेप्य–*सं०* (वि०) फेंकने योग्य, निकृष्ट
क्षेप्यास्त्र–*सं०* (पु०) फेंकने योग्य अस्त्र
क्षेमंकर–*सं०* (वि०) मंगल करनेवाला
क्षेम–*सं०* (पु०) 1 कुशल मंगल 2 सुख 3 मुक्ति
क्षेमी–*सं०* (वि०) 1 मंगलकारी 2 शुभचिंतक, शुभाकांक्षी
क्षैण्य–*सं०* (पु०) = क्षीणता, दुबलापन
क्षैतिज–*सं०* (वि०) 1 क्षितिज का 2 बेड़ा
क्षैतिजतः–*सं०* (क्रि० वि०) बेड़ा-बेड़ा
क्षोणी–*सं०* (स्त्री०) पृथ्वी
क्षोद–*सं०* (पु०) 1 चूर्ण, बुकनी 2 जल, पानी
क्षोदित–*सं०* (वि०) 1 पीसा हुआ 2 चूर्ण किया हुआ
क्षोभ–*सं०* (पु०) 1 खलबली 2 व्याकुलता 3 रोष (जैसे-क्षोभ आना)। **~युक्त** (वि०) 1 रोषपूर्ण 2 क्षुब्ध
क्षोभण–*सं०* (पु०) क्षोभ उत्पन्न करना
क्षोभित, क्षोभी–*सं०* (वि०) 1 क्षुब्ध होनेवाला 2 जो क्षुब्ध हुआ हो
क्षौम–*सं०* (पु०) रेशमी कपड़ा
क्षौर–*सं०* (पु०) 1 छुरे से बाल मूँड़ने का काम 2 सिर के बाल काटने का काम। **~कर्म** (पु०) हज़ामत बनाना; **~गृह**, **~मंदिर**, **~क्षौरालय** (पु०) हज़ामत बनवाने की दुकान
क्षौरिक–*सं०* (पु०) नाई, हज्जाम
क्ष्मा–*सं०* (स्त्री०) पृथ्वी

ख

खंक–*बो०* (वि०) दुर्बल, निर्बल
खंख–(वि०) 1 छूछा, खाली 2 उजाड़ 3 सुनसान
खंखड़–(वि०) उजड़ा हुआ, वीरान
खंखार–(पु०) = खखार
खँखारना–(अ० क्रि०) = खखारना
खंग–*सं०* (पु०) तलवार (जैसे-खंग चलाना)
खंगड़–(वि०) अक्खड़, उजड्ड
खंगना–(अ० क्रि०) *बो०* घटना, कमी होना
खंगर–(वि०) 1 सूखा, शुष्क 2 दुबला-पतला, क्षीण। **~लगना** सूखा रोग होना
खँगारना, खँगालना–(स० क्रि०) 1 बर्तन में पानी डालकर बर्तन को धोना 2 साफ़ करना
खँगी–(स्त्री०) कमी, छीज
खँगैल–(वि०) 1 लंबे दाँतोंवाला, दँतैला 2 जिसके खुर पके हों
खँचना–I (अ० क्रि०) *बो०* 1 खाँचा जाना 2 अंकित होना II (अ० क्रि०) पूरी तरह भरा होना
खँचाना–(स० क्रि०) अंकित करना, चिह्न लगाना। **अपनी खँचाना** स्वार्थ की बातें करना
खँचिया–(स्त्री०) खाँची, टोकरी
खँचुला–(पु०) खाँचा, बड़ा टोकरा
खंज, खंजक–I *सं०* (पु०) पैर एवं जाँघ का वातरोग II (वि०) 1 जिसे खंज रोग हुआ हो 2 पंगु, लँगड़ा (खंजक भी)
खँजड़ी–(स्त्री०) = खँजरी
खंजन–*सं०* (पु०) काले रंग की एक प्रसिद्ध चंचल चिड़िया
ख़ंजर–*अ०* (पु०) छोटी तलवार, कटार, छुरा

खँजरी–(स्त्री०) छोटी डफली
खजरी–*अ० + फ़ा०* (स्त्री०) कटार
खंजरीट–*सं०* (पु०) = खंजन
खंड–*सं०* (वि०) 1 टुकड़ा हुआ, खंडित, विभक्त 2 छोटा, आंशिक (जैसे-खंड काव्य)। ~**कथा** (स्त्री०) छोटी कहानी; ~**काव्य** (पु०) छोटी कथा पर आधारित काव्य, लघु काव्य; ~**ग्रहण** (पु०) अपूर्ण ग्रहण; ~**पीठ** (पु०) (उच्च न्यायालय का) उपकार्यालय; ~**प्रलय** (पु०) प्रलय जब पृथ्वी को छोड़कर सब नष्ट हो जाता है; ~**वाणिक्** (पु०) छोटा व्यापारी; ~**वर्षा** (स्त्री०) रुकरुक कर होनेवाली या असमान वर्षा; ~**शीला** (स्त्री०) व्यभिचारिणी स्त्री
खंडक–*सं०* (पु०) टुकड़े करनेवाला
खंडन–*सं०* (पु०) 1 टुकड़े-टुकड़े करने की क्रिया 2 विभाजित करना 3 ग़लत ठहराना (जैसे-सरकार द्वारा खंडन)। ~**मंडन** (पु०) दोनों पक्षोंका प्रतिपादन
खंडनक–*सं०* (पु०) 1 खंडन करनेवाला 2 टुकड़े करनेवाला
खंडनात्मक–*सं०* (वि०) खंडन करनेवाला
खंडनी–(स्त्री०) मालगुज़ारी की किश्त
खंडनीय–*सं०* (वि०) खंडन करने योग्य
खँडपूरी–(स्त्री०) मीठी पूरी
खँडबरा–(पु०) मीठा बड़ा
खँडरा–(पु०) बेसन का बना बड़ा
खँडला–(पु०) टुकड़ा, कतला
खँडवानी–(स्त्री०) 1 खाँड़ का शर्बत 2 बारातियों को भेजा जानेवाला जलपान
खंडशः–*सं०* (अ०) खंड-खंड करके (जैसे-खंडशः विभक्त होना, खंडशः प्रकाशित करना)
खँड़सार–(स्त्री०) = देशी ढंग से चीनी बनाने का कारखाना
खँड़सारी–(स्त्री०) देशी चीनी
खँडसाल–(स्त्री०) =खँडसार
खँडहर–(पु०) गिरे हुए मकान का अवशेष, भग्न अवशेष
खंडिका–*सं०* (स्त्री०) 1 क़िस्त 2 काँख
खंडित–*सं०* (वि०) 1 टूटा हुआ, टुकड़े किया हुआ (जैसे-खंडित मूर्ति) 2 अलग किया हुआ (जैसे-खंडित प्रदेश) 3 जिसका कौमार्य भंग हुआ हो 4 अपूर्ण 5 ग़लत ठहराया हुआ (जैसे-~युक्तियाँ)। ~**विग्रह** (वि०) विकलांग
खंडिता–*सं०* (स्त्री०) अपने प्रिय पर अन्य स्त्री के साथ रति संसर्ग जनित लक्षणों को देखकर दुःखी नायिका (जैसे-मुग्धा खंडिता, प्रौढ़ा खंडिता)
खँडिया–(स्त्री०) ऊँख की गँड़ेरी बनानेवाला व्यक्ति
खंडी–(स्त्री०) 1 गाँव के वृक्षों का समूह 2 राजकर 3 क़िस्त
खंडीकरण–*सं०* (पु०) 1 टुकड़े करना 2 किस्तों में देना
खंडीय–*सं०* (वि०) टुकड़े का
खंडेतर–*सं०* (वि०) स्वर-व्यंजन ध्वनियों से भिन्न
खँडौरा–*बो०* (पु०) 1 मिसरी का लड्डू 2 ओला
खंडय–(स्त्री०) *सं०* (वि०) खंडनीय
खँतरा–(पु०) 1 दरार, खोडरा 2 अंतराल
खंता–*बो०* (पु०) 1 मिट्टी खोदने का उपकरण 2 ज़मीन खोदने का औज़ार 3 गड्ढा, गर्त
खंदक–*अ०* (स्त्री०) गहरा गड्ढा, खाई (जैसे-जवानों द्वारा खंदक़ खोदना)
खँधवाना, खँधियाना–(स० क्रि०) *बो०* खाली कराना
खंभ, खंभा–(पु०) 1 स्तंभ (जैसे-ईंटों का खंभा) 2 सहारा, टेक 3 अख़बार का कालम
खंभार–*बो०* (पु०) 1 क्षोभ 2 घबराहट, बेचैनी 3 आशंका 4 शोक, रंज
खँभिया–*बो०* (स्त्री०) छोटा खंभा
ख–*सं०* (पु०) 1 शून्य स्थान, आकाश 2 शून्य 3 सूर्य 4 क्षेत्र 5 ज्ञानेंद्रिय 6 कर्म 7 गड्ढा
खकार–*सं०* (पु०) 'ख' वर्ण
खक्खा–I (पु०) अट्टहास, कहकहा II (पु०) 1 खत्री 2 पंजाबी सिपाही 3 अनुभवी पुरुष
खखार–(पु०) गाढ़ा लेसदार बलगम
खखारना–(अ० क्रि०) खखार निकालना, थूकना
खखोंडर–*बो०* (पु०) पेड़ के कोटर में बना घोंसला
खखोरना–(स० क्रि०) *बो०* 1 खोजना 2 खोजते फिरना
खग–*सं०* (पु०) पंछी, पक्षी। ~**पति** (पु०) गरुड़
खगोल–*सं०* (पु०) 1 आकाश मंडल, 2 आकाशीय पिंडों का अध्ययन। ~**मिति** (स्त्री०) ऐसी ज्योतिष विद्या जिसमें तारों नक्षत्रों आदि की दृश्य स्थितियों एवं गतियों का ज्ञान होता है; ~**वर्ती** (वि०), ~**विज्ञ** (पु०) खगोल विज्ञान का ज्ञाता, ~**विज्ञान** (पु०), ~**विद्या** (स्त्री०), ~**शास्त्र** (पु०) आकाश में ग्रहों आदि की गतिविधियों का ज्ञान करानेवाली विद्या, ज्योतिष; ~**शास्त्री** (पु०) = खगोल विज्ञ; ~**शास्त्रीय** (वि०) खगोल शास्त्र संबंधी
खग्रास–*सं०* (पु०) (सूर्य या चंद्रमा का) पूर्ण ग्रहण
खचन–*सं०* (पु०) 1 जड़ना 2 बाँधना 3 अंकित करना
खचना–(अ० क्रि०) 1 जड़ा जाना 2 अंकित होना
खचर–*सं०* (पु०) 1 आकाश में चलनेवाले पदार्थ एवं प्राणी, आकाशगामी जीव एवं पदार्थ 2 पक्षी, चिड़िया
खचरा–(वि०) 1 वर्ण संकर, दोगला 2 दुष्ट, पाजी
खचाखच–(क्रि० वि०) ठूँसा हुआ (जैसे-खचाखच भरना)
खचित–*सं०* (वि०) 1 जड़ित (जैसे-मणिखचित) 2 अंकित
खचित्र–*सं०* (पु०) 1 वैसी ही अनहोनी बात 2 जड़नेवाली मशीन
खचेड़ना–(स० क्रि०) दबाकर वश में करना
खच्चर–(पु०) घोड़े एवं गधे की मिश्रित संतान
खजमज–(वि०) कुछ ख़राब (जैसे-आज मेरी तबीयत कुछ खजमज है)
खजमजाना–(अ० क्रि०) कुछ भारी-भारी लगना (जैसे-तबियत खजमजाना)
खजला–(पु०) = खाजा
ख़ज़ानची–*अ०+तु०* (पु०) 1 कोषाध्यक्ष 2 रोकड़िया
ख़ज़ाना–*अ०* (पु०) 1 संचित धनराशि 2 कोष, धनागार 3 राजस्व (जैसे-ख़ज़ाने का मंत्री)
ख़जिल–*अ०* (वि०) लज्जित, शर्मिंदा
खजूर–(स्त्री०) ताड़ की तरह का एक पेड़ और उसका फल
खजूरी–(वि०) खजूर का, खजूर संबंधी
खट–(स्त्री०) दो वस्तुओं के टकराने की ध्वनि। ~**खट**

(स्त्री०) 1 खटखट की ध्वनि 2 झंझट झमेला; **~पट** (स्त्री०) 1 दो वस्तुओं के टकराने से उत्पन्न ध्वनि 2 वैर-विरोध, अनबन 3 आपस की फूट; **~पटिया** I (वि०) 1 झगड़ालू 2 उपद्रवी II (स्त्री०) काठ का बना चप्पल, चट्टी

खटक–(स्त्री०) 1 खटकने का भाव 2 चुभन, टीस 3 खटका, आशंका (जैसे-यह बात कुछ खटक पैदा करती है)

खटकना–(अ० क्रि०) 1 खटका होना 2 चुभना 3 बुरा लगना, खलना

खटका–(पु०) 1 आशंका 2 चिंता (जैसे-खटका लगना) 3 खट से होनेवाला शब्द, आहट 4 सिटकनी 5 पेंच

खटकाना–(अ० क्रि०) 1 खटखटाना 2 भड़काना 3 बिगाड़ कराना

खटखटा–(पु०) = खड़खड़ा

खटखटाना–(स० क्रि०) आघात करके खटखट शब्द उत्पन्न करना (जैसे-दरवाज़ा खटखटाना)

खटखटिया–(स्त्री०) खड़ाऊँ

खटना–I (स० क्रि०) कमाना, उपार्जन करना II (अ० क्रि०) कठोर श्रम करना

खटपाटी–(स्त्री०) खाट की पाटी। **~लगना/लेना** रूठकर जा लेटना

खटबुना–(पु०) खाट बुननेवाला व्यक्ति

खटमल–(पु०) मटमैले उन्नाबी रंग का रक्त चूसनेवाला एक प्रसिद्ध कीड़ा, उड़ुस

खटमिट्ठा, खटमीठा–(वि०) खट्टा और मीठा (जैसे-खटमिट्ठा फालसा)

खटर-पटर–(पु०) छोटी-छोटी वस्तुओं के इधर-उधर होने का शब्द

खटराग–(पु०) 1 लड़ाई-झगड़ा 2 झंझट, बखेड़ा 3 कूड़ा-करकट

खटला–(पु०) 1 बाल-बच्चे, परिवार 2 पत्नी 3 कान में बाली पहनने का छेद

खटवाटी–(स्त्री०) = खटपाटी

खटाई–(स्त्री०) 1 खट्टा होने की अवस्था 2 खट्टी वस्तु। **~में डालना** (काम) लटकाए रखना; **~में पड़ना** टल जाना, (काम का) लटक जाना

खटाक–(पु०) वस्तु का गिरकर या टकराकर टूटने का शब्द

खटाखट–I (पु०) खट-खट की आवाज़ II (क्रि० वि०) 1 खट-खट की ध्वनि सहित 2 तुरंत, चटपट 3 लगातार शब्द करते हुए

खटाना–I (अ० क्रि०) खट्टापन आना II (अ० क्रि०) 1 गुजारा होना 2 टिकना 3 परख में ठीक उतरना III (स० क्रि०) मेहनत से काम लेना

खटाव–(पु०) निबाह, निर्वाह

खटास–(स्त्री०) = 1 खटाई 2 खट्टापन

खटिक–(पु०) फल एवं सब्ज़ी आदि का व्यवसाय करनेवाली एक जाति

खटिका–*सं०* (स्त्री०) खड़िया

खटिया–(स्त्री०) छोटी खाट, चारपाई

खटी–(स्त्री०) खड़िया

खटेटी–*बो०* (स्त्री०) बिना बिस्तर की चारपाई, खाली खाट

खटोला–(पु०) छोटी खाट

खटोली–(स्त्री०) = खटिया

खट्टा–(वि०) खटास युक्त पदार्थ (जैसे-खट्टा फल, खट्टा आम)। **~मीठा** (वि०) खटमीठा; **~होना** अप्रसन्न एवं उदासीन होना; **खट्टी मीठी बातें सुनना** जली कटी बातें सुनना, अनुचित बातें सुनना; **खट्टे-मीठे दिन** अच्छे-बुरे दिन

खट्टी–*बो०* (स्त्री०) 1 खट्टी नारंगी 2 नींबू

खट्टू–(वि०) कमानेवाला

खट्वांग–*सं०* (पु०) चारपाई के अंग

खट्वा–*सं०* (स्त्री०) खाट, चारपाई

खड़ंजा–(पु०) ईंटों की खड़ी जोड़ाई

खड़–(पु०) खर, घास

खड़कना–(अ० क्रि०) 1 खड़खड़ शब्द होना 2 खटकना

खड़खड़ा–(पु०) 1 = खटखटा 2 = खड़खड़िया

खड़खड़ाना–I (अ० क्रि०) 1 खड़खड़ शब्द होना 2 घबराहट में पड़ना II (स० क्रि०) 1 खड़खड़ ध्वनि करना 2 विचलित करना

खड़खड़ाहट–(स्त्री०) खड़खड़ करने एवं होने की अवस्था

खड़खड़िया–(स्त्री०) 1 एक तरह की पालकी 2 गाड़ी का ढाँचा

खड़बड़–(स्त्री०) 1 टकराहट से उत्पन्न ध्वनि 2 खलबली

खड़बड़ाना–I (अ० क्रि०) 1 घबराना 2 अस्त-व्यस्त होना II (स० क्रि०) खड़बड़ करना

खड़बड़ाहट, खड़बड़ी–(स्त्री०) 1 बेतरतीबी 2 खलबली 3 घबराहट

खड़मंडल–*सं० + हिं० + सं०* (पु०) गड़बड़, गोलमाल

खड़ा–(वि०) 1 ऊपर को सीधा उठा, लंबरूप 2 पावों पर स्थित 3 ठहरा हुआ 4 रुका हुआ (जैसे-खड़ा व्यक्ति) 5 उद्यत, तैयार (जैसे-कुश्ती के लिए खड़ा आदमी)। **खड़ी चढ़ाई** (स्त्री०) सीधी चढ़ाई; **खड़ी पाई** (स्त्री०) पूर्ण विराम जैसा चिह्न; **खड़े-खड़े** (क्रि० वि०) तुरंत; खड़े पाँव लौटना बिना रुके वापस आना

खड़ाऊँ–(स्त्री०) काठ की बनी खुली खूँटीदार पादुका

खड़ाका–I (क्रि० वि०) चटपट, तुरंत II (पु०) खड़-खड़ शब्द, खटका

खड़िका, खड़िया–*सं०* (स्त्री०) 1 सफ़ेद-मुलायम मिट्टी 2 इस मिट्टी की बनी बत्ती। **~मिट्टी** (स्त्री०) = खड़िया; **~में कोयला** अच्छे में बुरे का मिश्रण

खड़ी बोली–(स्त्री०) आधुनिक हिंदी का रूप

खड्ग–*सं०* (पु०) तलवार। **~कोश** (पु०) म्यान; **~धारा** (स्त्री०) 1 तलवार का फल 2 अत्यधिक कठिन कार्य; **~हस्त** (वि०) जिसके हाथ में तलवार हो

खड्गिक–*सं०* (पु०) तलवारधारी

खड्ड–(पु०) अत्यंत गहरा गड्ढा

खड्ढा–(पु०) = 1 खड्ड 2 गड्ढा

ख़त–*अ०* (पु०) 1 पत्र, चिट्ठी 2 लिखावट 3 जो कुछ लिखा जाए, लेख 4 दाढ़ी एवं मूँछों के बाल की रेख (जैसे-ख़त काटना)। **~कशी** *+ फ़ा०* (स्त्री०) 1 रेखाएँ खींचना 2 लिखने का काम; **~किताबत** (स्त्री०) 1 पत्र-व्यवहार, चिट्ठी-पत्री 2 लिखा-पढ़ी

खतखोट–(स्त्री०) सूखेघाव पर जमनेवाली झिल्ली, खुरंड

ख़तना–*अ०* (पु०) मुस्लिम बच्चों के लिंग की अगले हिस्से की त्वचा काटने की रस्म, मुसलमानी, सुन्नत

खतम–*अ०* (वि०) 1 जो समाप्त हो गया हो (जैसे-पढ़ाई खत्म हो गई) 2 जिसकी मृत्यु हो गई हो (जैसे-कारीगर खत्म हो गया)

ख़तर–*अ०* (पु०) = खतरा

ख़तरनाक–*अ० + फ़ा०* (वि०) 1 खतरे का, खतरे से भरा हुआ (जैसे-खतरनाक कार्य) 2 भयजनक (जैसे-खतरनाक आदमी)

ख़तरा–*अ०* (पु०) 1 डर, भय 2 आशंका 3 जोखिम (जैसे-ख़तरे में पड़ जाना, ख़तरे से खाली, खतरे से बाहर होना)। ~**पहुँचना** क्षति पहुँचना; ~**मोल लेना** संकट में पड़ना

ख़ता–*अ०* (पु०) 1 अपराध, कसूर 2 भूल। ~**वार** *+ फ़ा०* (वि०) अपराधी, दोषी (जैसे-खतावार निगाह); ~**खाना** हानि उठाना; ~**खिलाना** हानि करना; ~**होना** 1 कसूर होना 2 भूल जाना

खतियाना–(स० क्रि०) खातों में लिखना

खतियौनी–(स्त्री०) = खतौनी

ख़तीब–*अ०* (पु०) 1 खुतबा पढ़नेवाला 2 मुसलमान धर्मोपदेशक

खतौनी–(स्त्री०) 1 विभिन्न मदों के अलग-अलग खातेवाली बही 2 ऐसी बही जिसमें पटवारी काश्तकार के खेत-संबंधी सभी विवरण रखता है 3 खतियाने का काम

खत्ता (पु०), **खत्ती**–(स्त्री०) 1 गड्ढा 2 ढेर

ख़त्म–*अ०* (वि०) समाप्त

खत्री–(पु०) क्षत्रियों के अन्तर्गत आनेवाली एक व्यापारी जाति [स्त्री खत्रानीख

खदबदाना–(अ० क्रि०) उबलने का शब्द करना

खदरा-*बो०* (वि०) निकम्मा

ख़दशा–*अ०* (पु०) 1 आशंका, भय 2 शक, संदेह

खदान–(स्त्री०) = खान

खदिर–*सं०* (पु०) 1 खैर का पेड़ 2 कत्था, खैर

खदेड़ना, खदेरना–(स० क्रि०) बलपूर्वक हटाना, भगाना

खद्दड़, खद्दर–(पु०) हाथ का कता बुना कपड़ा, खादी। ~**धारी** *+ सं०* (पु०) खद्दर पहननेवाला व्यक्ति

खद्योत–*सं०* (पु०) जुगनूँ

खन–I (पु०) मंजिल, खंड II (पु०) *बो०* समय का बहुत छोटा भाग, पल,क्षण 2 समय, वक्त III (स्त्री०) रुपए पैसे के बजने की ध्वनि (जैसे-खन-खन करना)

खनक–*सं०* (पु०) 1 खोदनेवाला 2 खान खोदनेवाला मज़दूर 3 सेंध लगानेवाला चोर

खनक–(स्त्री०) (धातुओं की) खन-खन। ~**दार** *+ फ़ा०* (वि०) खन-खन की आवाज़ करनेवाला

खनकना–(अ० क्रि०) खन-खन की ध्वनि होना

खनकाना–(स० क्रि०) खन-खन की ध्वनि उत्पन्न करना

खनकार–(स्त्री०) खनक, झंकार (जैसे-तलवारों की खनकार)

खनखनाना–I (अ० क्रि०) = खनकना II (स० क्रि०) खनकाना

खनखनाहट–(स्त्री०) = खनकार

खनन–*सं०* (पु०) खोदना, खुदाई

खनना–(स० क्रि०) *बो०* खोदना

खनवाना–(स० क्रि०) खोदने की क्रिया में अन्य को लगाना

खनि–*सं०* (स्त्री०) = खान। ~**ज** I (वि०) खान से निकला हुआ (जैसे-खनिज उद्योग, खनिज द्रव्य, खनिज़ नमक, खनिज लोहा, खनिज संपत्ति) II (पु०) खान से प्राप्त पदार्थ; ~**ज-विज्ञान** (पु०) खान से हुए उत्पादन एवं खान-विषयक तथ्यों की जानकारी का विज्ञान; ~**ज-वैज्ञानिक** (पु०) खनिज उत्पादक वस्तुओं के विषय की जानकारी रखनेवाला

खनिक–*सं०* (पु०) 1 गड्ढा या खान खोदनेवाला व्यक्ति 2 खान का मालिक। ~**विद्यालय** (पु०) ऐसी संस्था जहाँ खान संबंधित विषयों का अध्ययन किया जाए

खनिज–I *सं०* (वि०) खान से उत्पन्न II (पु०) खान से उत्पन्न पदार्थ

खनिजिकी–*सं०* खनिज विज्ञान

खनित्र–*सं०* (पु०) खोदने का औज़ार

खपची–(स्त्री०) 1 बाँस की पतली तीली 2 बाँस की फट्टी

खपड़ा–(पु०) मकान छाने के लिए मिट्टी का बना एवं पकाया हुआ कुछ चौड़े आकार का टुकड़ा (जैसे-खपड़ा छाना)

खपड़ी–(स्त्री०) 1 मिट्टी की कूँड़ी 2 छोटा खपड़ा

खपड़ैल–(स्त्री०) खपड़े से छाई हुई छाजन (जैसे-खपड़ैल डालना)

खपत–(स्त्री०) 1 खपने का भाव 2 माल की बिक्री 3 ख़र्च (जैसे-माल की खपत)

खपना–(अ० क्रि०) 1 उपयोग में आना, लग जाना 2 समाप्त होना 3 समा जाना 4 नष्ट होना 5 मारा जाना (जैसे-युद्ध में सैनिकों का खपना) 6 परेशान होना (जैसे-सारा दिन खपने पर काम हो सका)

खपरा–(पु०) = खपड़ा

खपरैल–(स्त्री०) = खपड़ैल

खपाना–(स० क्रि०) 1 खतम कर देना (जैसे-सारा माल खपा दिया) 2 मार डालना 3 तंग करना 4 काम में लाना 5 बेचना 6 निभाना

खपुष्प–*सं०* (पु०) 1 आकाश कुसुम 2 असंभव बात

खप्पर–(पु०) 1 नारियल का बना भिक्षापात्र 2 कपाल

ख़फ़कान–*अ०* (पु०) 1 हृदय धड़कने का रोग 2 पागलपन

ख़फ़गी–*फ़ा०* (स्त्री०) अप्रसन्नता, नाराज़गी

ख़फ़ा–*फ़ा०* (वि०) अप्रसन्न,नाराज़

ख़फ़ीफ़–*अ०* (वि०) 1 हल्का 2 थोड़ा, कम 3 तुच्छ 4 लज्जित

ख़बर–*अ०* (स्त्री०) 1 संदेश (जैसे-ख़बर पहुँचाना 2 समाचार, हाल (जैसे-ख़बर मिलना) 3 जानकारी (जैसे-घटना की ख़बर सभी को है) 4 होश, चेत। ~**गीर** *+ फ़ा०* I (पु०) जासूस 2 पहरेदार II (वि०) 1 ख़बर भेजनेवाला 2 देख-रेख करनेवाला; ~**गीरी** *+ फ़ा०* (स्त्री०) 1 खोज-ख़बर, देख रेख 2 ख़बरगीर का काम; ~**दार** *+ फ़ा०* (वि०) सावधान चौकन्ना; ~**दारी** *+ फ़ा०* (स्त्री०) सावधानता, होशियारी ~**नवीस**, ~**निगार** *+ फ़ा०* (पु०) समाचार लिखनेवाला कर्मचारी; ~**रसाँ** *+ फ़ा०* (पु०) ख़बर

पहुँचानेवाला, संदेशवाहक; ~**लेना** 1 हाल-चाल पूछना 2 जवाब तलब करना 3 डाँटना-फटकारना 4 दंड देना

ख़बीस–*अ०* (वि०) 1 नापाक 2 दुष्ट 3 क्रूर

ख़ब्त–*अ०* (पु०) 1 झक, सनक 2 पागलपन की सीमा का शौक (जैसे-ख़ब्त सवार होना)

ख़ब्ती–*अ० + फ़ा०* (वि०) 1 झक्की, सनकी 2 पागल

खब्बा–(वि०) 1 बायाँ 2 बाएँ हाथ से काम करनेवाला

ख़म–*फ़ा०* (पु०) 1 टेढ़ापन, वक्रता 2 घुमाव, झुकाव। ~**दम** (पु०) साहस, हिम्मत; ~**दार** (वि०) 1 झुका हुआ 2 घुँघराला; ~**खाना** हारना; ~**ठोंकना** 1 ललकारना 2 दृढ़ता दिखाना

ख़मसा–*अ०* (पु०) पाँच-पाँच चरणोंवाली एक प्रकार की ग़ज़ल

ख़मीदा–*फ़ा०* (वि०) ख़मदार, झुका हुआ

ख़मीर–*अ०* (पु०) गुँथे आटे में पैदा होनेवाली खटास

ख़मीरा–*अ०* (वि०) ख़मीरवाला

ख़मीलन–*सं०* (पु०) तंद्रा

ख़यानत–*अ०* (स्त्री०) 1 अमानत रखी वस्तु को चुरा लेना 2 अमानत रखी वस्तु का अनधिकार प्रयोग, ग़बन 3 बेईमानी

ख़याल–*अ०* (पु०) 1 ध्यान, सोच-विचार 2 कल्पना 3 याद (जैसे-मेरे ख़याल में बने रहना)। ~**करना** ध्यान देना; ~**पड़ना** ध्यान में आना 2 याद आना; ~**बाँधना** कल्पना करना; ~**में न लाना** परवाह न करना; ~**में रहना** याद रखना; ~**में लाना** सोच-विचार करना; ~**में समाना** हर वक्त याद रहना; ~**से उतरना** याद न रहना, भूल जाना

ख़यालात–*अ०* (पु०) विचार (जैसे-पुराने ख़यालात के लोग)

ख़याली–*अ० + फ़ा०* (वि०) 1 सोचा हुआ, कल्पित 2 ख़याल में रहनेवाला। ~**पुलाव पकाना** कल्पना के महल बनाना, असंभव बातें सोचना

ख़र–I *सं०* (पु०) 1 गधा 2 खच्चर। ~**दिमाग़** + *अ०* (वि०) मूर्ख

खर–I (वि०) 1 कड़ा 2 तेज़, तीक्ष्ण II (पु०) तिनका। ~**पात** (पु०) घास-पात

खरक–(पु०) 1 बाड़ा 2 चारागाह

खरकना–(अ० क्रि०) 1=खटकना 2=खड़खड़ाना 3=खड़कना

खरका–(पु०) 1 सूखा कड़ा तिनका 2 दाँत खोदने का तिनका

ख़रख़शा–*फ़ा०* (पु०) 1 व्यर्थ का झगड़ा, बखेड़ा 2 व्यर्थ का विवाद

ख़रगोश–*फ़ा०* (पु०) खरहा, चौगड़ा

ख़रच–*फ़ा०* (पु०) = ख़र्च

ख़रचना–*फ़ा + हिं* (स० क्रि) 1 धन व्यय करना 2 बरतना

ख़रची–*फ़ा० + हिं०* (स्त्री०) 1 व्यय किए जानेवाला धन 2 दुश्चरित्राओं को गुज़ारे हेतु दिया जानेवाला धन। ~**कमाना** धनोपार्जन के लिए कुकुर्म कराते फिरना; ~**पर चलना,** ~**पर जाना** धन हेतु संभोग कराना

ख़रचीला–*फ़ा० + हिं०* (वि०) अनावश्यक खर्च करनेवाला

खरना–(स० क्रि०) साफ़ करना, स्वच्छ करना

खरब–(पु०) सौ अरब

ख़रबूज़ा–*फ़ा०* (पु०) एक प्रसिद्ध फल जो गर्मी के मौसम में होता है। **ख़रबूजे को देखकर ख़रबूजा रंग पकड़ता है** जैसी संगत वैसी रंगत

खर-भर–*बो०* (पु०) 1 खड़बड़ ध्वनि 2 शोर, रौला, हल्ला 3 खलबली, हलचल

खरभराना–(अ० क्रि०) 1 खलबलाना 2 हलचल मचाना

ख़रमस्त–*फ़ा०* (वि०) 1 हमेशा प्रसन्न रहनेवाला 2 पाजी, दुष्ट

ख़रमस्ती–*फ़ा०* (स्त्री०) खरमस्त होने की अवस्था

खरमिटाव–*बो०* (पु०) जलपान, कलेवा

खरर-खरर–(स्त्री०) खर खर की आवाज़

खरल–(पु०) पत्थर की कुँडी (जैसे-खरल में दवा पीसना)। ~**करना** चूर्ण करना, पीसना

खरसा–*बो०* (पु०) एक प्रकार का पकवान

खरसान–(स्त्री०) तेज़ सान

खरहरा–(पु०) 1 दंतपंक्तियोंवाली लोहे की चौकोर कंघी 2 अरहर के डंठलों की झाड़ू

खरहा–(पु०) ख़रगोश

खरही–*बो०* (स्त्री०) ढेर, राशि

खरा–(वि०) 1 विशुद्ध, ख़ालिस (जैसे-खरा सोना) 2 सच्चा 3 निष्कपट 4 ईमानदार (जैसे-खरा आदमी)। ~**खोटा** (वि०) भला-बुरा; ~**उतरना** ठीक सिद्ध होना; **खरी-खरी सुनाना** सच्ची बात कहना; **रुपए खरे करना** अपनी वसूली कर लेना

खराई–(स्त्री०) प्रातः जलपान न मिलने से तबियत ख़राब होना

ख़राद–I *फ़ा०* (पु०) बनी वस्तुओं के बेडौल अंग को सुडौल बनानेवाला एक यंत्र II (स्त्री०) 1 ख़रीदने की क्रिया 2 बनावट का ढंग, गढ़न। ~**पर उतारना** सुंदर एवं सुडौल बनाना

ख़रादना–*फ़ा० + हिं०* (स० क्रि०) 1 सुडौल करना 2 छील-छालकर दुरुस्त करना

ख़रादी–*फ़ा०* (पु०) ख़राद का काम करनेवाला

खरापन–(पु०) 1 खराई 2 स्पष्टवादिता 3 निश्छलता 4 सत्यता

ख़राब–*अ०* (वि०) 1 बुरा, हीन 2 नष्ट, बरबाद 3 दुश्चरित्र (जैसे-लड़के का ख़राब होना) 4 बिगड़ा हुआ (जैसे- ~मशीन)

ख़राबी–*अ० + फ़ा०* (स्त्री०) 1 दोष, बुराई 2 दुर्दशा (जैसे-ख़राबी में पड़ना)

ख़राश–*फ़ा०* (स्त्री०) 1 खरोंच 2 खुजली

खरिया–(स्त्री०) 1 रस्सी आदि की बनी जाली 2 झोली 3 राख

खरियाना–(स० क्रि०) 1 झोली में भरना 2 प्राप्त करना

खरी-खोटी–(वि०) कड़वी-कसैली। ~**सुनना** दो टूक बात सुनना, साफ उत्तर पाना; ~**सुनाना** कोरा जवाब देना, कटु वचन कहना

ख़रीता–*अ०* (पु०) 1 थैली 2 जेब 3 बड़ा लिफ़ाफ़ा

ख़रीद–*फ़ा०* (स्त्री०) 1 ख़रीदने का काम, क्रय 2 जो कुछ ख़रीदा जाए वह सामान (जैसे-थोक ख़रीद, नक़द ख़रीद)। **~दार** (पु०) = ख़रीदार; **~दारी** (स्त्री०) = ख़रीद; **~नामा** (पु०) **~फ़रोख़्त, ~बिक्री** + *हिं०*, **~बेच** + *हिं०* (स्त्री०) (जैसे-गुलामों की ख़रीद फ़रोख़्त करनेवाला)
ख़रीदार–*फ़ा०* (पु०) 1 ग्राहक 2 चाहनेवाला
ख़रीदारी–*फ़ा०* (स्त्री०) ख़रीदने का काम (जैसे-ख़रीदारी हल्की पड़ना)
ख़रीफ़–*अ०* (स्त्री०) असाढ़-सावन एवं कातिक-अगहन महीनों के बीच उत्पादित फ़सल (जैसे-ख़रीफ़ की बुआई)
खरोंच–(स्त्री०) 1 त्वचा का छिल जाना, ख़राश 2 ख़राश का निशान (जैसे-खरोंच पर)
खरोंचना–(स० क्रि०) 1 खुरचना 2 छीलना
खरोंट–(स्त्री०) ख़रोंच
खरोंटना, खरोचना, खरोटना–(स० क्रि०) = खरोंचना
खरोष्ट्री, खरोष्ठी–*सं०* (स्त्री०) दाहिनी ओर से बाईं ओर लिखी जानेवाली एक प्राचीन लिपि, गांधार लिपि
ख़र्च, ख़र्चा–*फ़ा०* (पु०) 1 व्यय 2 पैसे, धन आदि का किसी कार्य में लगना (जैसे-उत्पादन का ख़र्च) 3 आवश्यक कार्यों में लगनेवाला पैसा (जैसे-अतिरिक्त ख़र्च)। **~निर्धारक** + *सं०* (वि०) आय-व्यय का ब्यौरा रखनेवाला (जैसे-ख़र्चा निर्धारक समिति); **~उठाना** भार वहन करना; **~जुटाना** धन एवं पैसा एकत्र करना; **~ख़र्चे में डालना** अतिरिक्त कार्यों में ख़र्च हेतु रखना
ख़र्ची–*फ़ा०* + *हिं०* (स्त्री०) = ख़रची
ख़र्चीला–*फ़ा०* + *हिं०* (वि०) = ख़रचीला
खर्जु–*सं०* (स्त्री०) खुजली
खर्जूर–*सं०* (पु०) खजूर का पेड़ एवं फल
खर्पर–*सं०* (पु०) 1 खोपड़ा 2 खप्पर नाम का पात्र
खर्ब–*सं०* (वि०) 1 विकलांग 2 लघु, छोटा 3 ठिंगना 4 बौना
खर्बट–*सं०* (पु०) पहाड़ी बस्ती
खर्रा–(पु०) 1 लंबा चिट्ठा 2 मसौदा 3 विवरण
खर्राटा–(पु०) सोते समय मुँह से निकलनेवाली खर-खर ध्वनि। **~भरना, ~मारना** बेसुध होकर सोना
खर्व–*सं०* (पु०) 1 खरब 2 टुंडा 3 नाटा
खल–*सं०* (वि०) 1 दुष्ट, दुर्जन, पाजी, लुच्चा 2 अधम, नीच 3 निर्लज्ज 4 धोखेबाज 5 चुगलखोर। **~नायक** (पु०) नायक का प्रतिद्वंद्वी
खल–*बो०* (पु०) = खरल
ख़लक़–*अ०* (पु०) 1 संसार 2 संसार के सभी लोग, लोक समूह
ख़लक़त–*अ०* भीड़
खल-खल–(पु०) 1 उँड़ेलने की आवाज़ 2 खिलखिलाकर हँसने की ध्वनि
खलखलाना–I (अ० क्रि०) 1 खल-खल शब्द करना 2 खौलना II (स० क्रि०) 1 खल-खल ध्वनि उत्पन्न करना 2 उबालना, खौलाना
खलना–I (अ० क्रि०) 1 बुरा लगना, अखरना 2 खटकना II (स० क्रि०) 1 मोड़ना, झुकाना 2 पोला करना 3 घोंटना
खल-बल–(पु०) 1 शोर, हल्ला 2 कुलबुलाहट 3 खलबली
खलबलाना–I (अ० क्रि०) 1 खल-खल शब्द करना 2 उबलना, खौलना 3 कुलबुलाना II (स० क्रि०) हलचल उत्पन्न करना
खलबलाहट–(स्त्री०) = खल-बल
खलबली–(स्त्री०) 1 खलबल होने की अवस्था, हड़बड़ी (जैसे-भूख से पेट में खलबली होना) 2 हलचल 3 क्षोभ (जैसे-खलबली उत्पन्न होना)
ख़लल–*अ०* (पु०) बाधा, रुकावट, अड़चन (जैसे-ख़लल डालना)। **~अंदाज** + *फ़ा०* (वि०) बाधा पैदा करनेवाला, रुकावट डालनेवाला; **~दिमाग़** सनक, पागलपन
खलाना–(स० क्रि०) *बो०* 1 ख़ाली करना 2 बाहर निकालना (जैसे-कुएँ से पानी खलाना) 3 धँसाना
खलार–(वि०) नीचा, गहरा (जैसे-खलार भूमि)
ख़लास–*अ०* (पु०) 1 छुटकारा, मुक्ति 2 समाप्त, ख़तम 3 ख़ाली
ख़लासी–I *अ०* + *फ़ा०* (स्त्री०) मुक्ति, निवृत्ति II (पु०) जहाज़ी मज़दूर (जैसे-कुली-खलासी)
खलियान–(पु०) 1 काटी हुई फ़सल के रखने का स्थान 2 काटी गई फ़सल के माँडने का स्थान। **~करना** फ़सल का ढेर लगाना
खलियाना–I (स० क्रि०) खाल उतारना II (स० क्रि०) = खलाना
ख़लिश–*फ़ा०* (स्त्री०) 1 चुभन 2 कसक 3 रंजिश, बैर
खलिहान–*बो०* (पु०) = खलियान
खली–(स्त्री०) खल, तेल आदि की तलछट
ख़लीज–*अ०* (स्त्री०) खाड़ी
ख़लीता–*अ०* (पु०) ख़रीता, थैली
ख़लीफ़ा–*अ०* (पु०) 1 पैगंबर का उत्तराधिकारी 2 उत्तराधिकारी 3 धूर्त व्यक्ति
खलेल–(पु०) फुलेल में व्याप्त खली का वह अंश जो निथारने से ही प्राप्त होता है
ख़ल्क़–*अ०* (पु०) = ख़लक़
ख़ल्त-मल्त–*अ०* (वि०) मिला-जुला, गड्ड-मड्ड
खल्ल–*सं०* (पु०) 1 चमड़ा 2 मशक 3 खरल
खल्लड़–(पु०) 1 मृत पशु की उतारी गई खाल 2 मशक, थैला 3 खरल
खल्व–(पु०) गंज
खल्वाट–(वि०) गंजा
खवा–(पु०) कंधा। **खवे से छिलना** धक्का लगना
खवाई–(स्त्री०) खाने की क्रिया
ख़वास–*अ०* (पु०) 1 विशिष्ट लोग, चुने हुए लोग 2 ख़ास ख़िदमतगार, अंतरंग सेवक [स्त्री ख़वासिन]
ख़वासी–*अ०* + *फ़ा०* (स्त्री०) 1 ख़वास का काम एवं पद 2 नौकरी 3 गाड़ी में ख़वास के बैठने की जगह
खवैया–(पु०) 1 खानेवाला 2 बहुत खानेवाला
ख़शख़ाश–*फ़ा०* (पु०) पोस्ते का पौधा एवं दाना
खशी–*सं०* (वि०) पोस्ते के फूल के रंग का, हल्का आसमानी
ख़स–*फ़ा०* (स्त्री०) 1 सूखी घास 2 गाडर नाम की घास की जड़

खसकना–(अ० क्रि०) 1 चुपचाप चले जाना, खिसकना 2 बच्चे का घुटनों के बल खिसकना
खसकाना–(स० क्रि०) 1 इधर-उधर करना 2 गुप्त रूप से कुछ लेकर चले जाना
खसखस–(पु०) = ख़शख़ाश, पोस्त के दाने
खसखसा–(वि०) I = ख़स्ता II 1 पोस्ते के दानों की तरह (जैसे-खसखसी दाढ़ी)
खसखसी–(वि०) 1 खसखस के रंग का, कुछ मटमैला सफ़ेद 2 महीन, छोटा
खसना–(अ० क्रि०) *बो०* 1 खिसकना 2 गिरना
ख़सम–*अ०* (पु०) 1 पति, ख़ाविंद 2 स्वामी। ~**करना** पर पुरुष से संबंध बनाना
ख़सरा–I *फ़ा०* (पु०) 1 पटवारी की ऐसी बही जिसमें खेत संबंधी अनेक बातें लिखी जाती हैं 2 हिसाब-किताब का चिट्ठा II (पु०) एक प्रकार का दानेदार संक्रामक रोग, मसूरिका (जैसे-बच्चे को ख़सरा निकलना)
ख़सलत–*अ०* (स्त्री०) आदत, स्वभाव
खसाना–(स० क्रि०) 1 ढकेलना 2 फेंकना 3 गिराना
ख़सारा–*अ०* (पु०) 1 नुकसान, हानि 2 घाटा (जैसे-ख़सारा उठाना)
ख़सिया–*अ० + हिं०* (वि०) बधिया, नपुंसक
ख़सी–*अ०* (वि०) 1 जिसके अंडकोष निकाल लिए गए हों, बधिया (जैसे-ख़सी करना) 2 हिजड़ा
ख़सीस–*अ०* (वि०) कंजूस, कृपण
खसोट –I (स्त्री०) लूट, छीना-झपटी II (वि०) खसोटनेवाला (जैसे-कफ़न खसोट)
खसोटना–(स० क्रि०) बलपूर्वक उखाड़ना, नोचना (जैसे-बाल खसोटना)
ख़स्तगी–*फ़ा०* (स्त्री०) ख़स्तापन
ख़स्ता–*फ़ा०* (वि०) 1 भुरभुरा एवं मुलायम, कुरकुरा (जैसे-ख़स्ता पापड़, ख़स्ती पकौड़ी) 2 दुर्दशाग्रस्त। ~**हालत** दुर्गति
खस्वस्तिक–*सं०* (पु०) शीर्षबिंदु
खस्सी–*अ०* (वि०) बधिया
खाँ–*फ़ा०* (पु०) = ख़ान
खाँखर–*बो०* (पु०) 1 जिसमें बहुत से छिद्र हों 2 झीना
खाँग–I (पु०) *बो०* 1 काँटा, कंटक 2 जंगली सूअर का बाहर निकला दाँत 3 गैंडे की नाक पर की सींग 4 पक्षियों के पैर का काँटा 5 खुरपका रोग II (स्त्री०) *बो०* 1 छीजन 2 कसर, त्रुटि
खाँगड़, खाँगड़ा–(वि०) 1 जिसे खाँग रोग हो 2 हथियार बंद 3 ताकतवर
खाँच–*बो०* (स्त्री०) 1 खाँचने की क्रिया 2 खाँचने से बना निशान
खाँचा–(पु०) टोकरा, झाबा
खाँची–(स्त्री०) = खँचिया
खाँड़–(स्त्री०) कच्ची चीनी। ~**की रोटी जहाँ तोड़ो वहाँ मीठी**
खाड़ना–(स० क्रि०) *बो०* 1 खंड-खंड करना 2 चबाना 3 दाँत से काटना
खाँड़ा–I (पु०) सीधी एवं चौड़ी तलवार (जैसे-खाँड़ा बजना) II (पु०) *बो०* = खाँप
खाँदना–(स० क्रि०) *बो०* 1 दबाना 2 खोदना
खाँप–(स्त्री०) 1 फाँक 2 टुकड़ा
खाँपना–(स० क्रि०) *बो०* 1 खोंसना 2 जड़ना
खाँभना–(स० क्रि०) बंद करना
खाँसना–(अ० क्रि०) 1 झटके से हवा के बाहर निकलते समय होनेवाली आवाज़ 2 बलग़म आदि का बाहर आना
खाँसी–(स्त्री०) 1 खाँसने की क्रिया 2 एक प्रकार का निरंतर खाँसने का रोग (जैसे-काली खाँसी)
खाई–(स्त्री०) 1 ख़ंदक 2 युद्ध में खोदे जानेवाले गड्ढे (जैसे-रेंगने की खाई)
खाऊ–(वि०) 1 बहुत खानेवाला (जैसे-खाऊ बीर) 2 घूस लेनेवाला, रिश्वतख़ोर
ख़ाक–*फ़ा०* (स्त्री०) 1 धूल 2 मिट्टी 3 राख। ~**दान** (पु०) कूड़ा फेकने का पात्र; ~**पत्थर** *+ हिं०* (अ०) कुछ नहीं (जैसे-मैं ख़ाक-पत्थर समझा); ~**बाज़ी** (स्त्री०) ~**रोब** (पु०) झाड़ू देनेवाला, भंगी; ~**सार** (वि०) 1 तुच्छ, नाचीज़ 2 दीन; ~**सारी** (स्त्री०) 1 दीनता 2 तुच्छता 3 विनम्रता; ~**उड़ना** 1 बदनामी होना 2 विनाश चिह्न दिखाई देना; ~**उड़ाना** 1 व्यर्थ का काम करना 2 व्यर्थ इधर-उधर मारे-मारे फिरना; ~**का पुतला** मनुष्य; ~**चाटना** 1 धूल चाटना 2 दीनता दिखाना; ~**छानना** 1 हैरान होना, मारा-मारा फिरना 2 खोजना, ~डालना 1 पर्दा डालना, छिपाना 2 भूल जाना; ~**बरसना** उजाड़ लगना; ~**में मिलना** 1 धूल में मिलना 2 नष्ट होना; ~**में मिलाना** बर्बाद कर देना; ~**सियाह कर देना** 1 जलाकर राख करना 2 नष्ट कर देना; ~**पर उड़ाना** मातम मनाना, शोक करना
ख़ाका–*फ़ा०* (पु०) 1 ढाँचा 2 मानचित्र (जैसे-ख़ाका भरना, खाका खींचना)। ~**उड़ाना** उपहास करना
ख़ाकी–*फ़ा०* (वि०) 1 मिट्टी के रंग का, भूरा (जैसे-ख़ाकी पोशाक) 2 मिट्टी का। ~**अंडा** 1 गंदा अंडा, बयंडा 2 वर्ण संकर, दोग़ला
खाज–(स्त्री०) खुजली, ख़ारिश
खाजा–(पु०) 1 खाने की वस्तु 2 मैदे की बनी एक प्रसिद्ध मिठाई
खाट–(स्त्री०) चारपाई, खटिया (जैसे-खाट बिछाना)। ~**खटोला** (पु०) गृहस्थी का सामान, बोरिया बंधना; ~**कटना** सख्त बीमार पड़ना; ~**पर पड़ना** अस्वस्थ होना, बीमार होना; ~**से उतारा जाना** मरणासन्न होना; ~**से लगना** रोग से अशक्त हो जाना
खाड़ी–(स्त्री०) 1 समुद्र का भाग जो तीन तरफ़ स्थल से घिरा हो (जैसे-बंगाल की खाड़ी, कच्छ की खाड़ी) 2 गड्ढा, गर्त
खात–(पु०) 1 खोदने का काम, खोदाई 2 गड्ढा
ख़ातमा–*अ०* (पु०) 1 अंत, समाप्ति 2 मृत्यु
खाता–I (पु०) 1 आय-व्यय एवं लेन-देन आदि का लेखा 2 ऐसी बही जिसमें लेन-देन क्रमिक रूप में लिखा जाता है 3 मद, विभाग II (पु०) अनाज रखने का गड्ढा, बरवार। ~**बही** (स्त्री०) ऐसी बही जिसमें विभिन्न मदों, व्यक्तियों के अलग-अलग खाते बने होते हैं; ~**खोलना** लेन-देन आरंभ करना

खाति–*सं०* (स्त्री०) खुदाई

ख़ातिर–I *अ०* (स्त्री०) आवभगत, आदर-सत्कार II (अ०) वास्ते, लिए (जैसे-आपकी ख़ातिर)। ~**ख़ाह** *+ फ़ा०* I (वि०) यथेष्ट; II (क्रि० वि०) संतोषजनक रूप में; ~**जमा** I (स्त्री०) तसल्ली, संतोष II (क्रि० वि०) रखना ~**दारी** (स्त्री०) सत्कार

ख़ातिमा–*अ०* (पु०) समाप्ति, अंत

खाती–(स्त्री०) 1 गड्ढा 2 तालाब

ख़ातून–*तु०* (स्त्री०) बीबी, श्रीमती

खातेदार–*हिं० + फ़ा०* (पु०) जिसके नाम हिसाब-किताब हो

खाते-बाकी– *+ हिं० + अ०* (स्त्री०) अतिशेष

खाद–(स्त्री०) 1 सड़ा-गलाकर बनाई गई गोबर, पत्ते आदि की खाद 2 रासायनिक खाद (जैसे-नाइट्रेट खाद, पोटाश खाद)

खादक–*सं०* (वि०) खानेवाला

खादन–*सं०* (पु०) 1 खाना, भक्षण 2 दाँत

खादर–(पु०) 1 कछार, तराई 2 तंग घाटी 3 चारागाह। ~*लगाना* घास लगाना

खादित–*सं०* (वि०) खाया हुआ, भक्षित

ख़ादिम–*अ०* (पु०) सेवक, ख़िदमतगार (जैसे-आपका ख़ादिम)

ख़ादिमा–*अ०* (स्त्री०) सेविका

खादी–I (स्त्री०) = खद्दर II (वि०) *बो०* 1 दोष निकालनेवाला 2 दोषों से भरा हुआ। ~**धारी** *+ सं०* (वि०) खद्दर पहननेवाला

खादी–*सं०* (वि०) खानेवाला, भक्षक

खादुक–*सं०* (वि०) 1 कष्ट देनेवाला 2 बुराई करनेवाला

खाद्य–I *सं०* (वि०) खाने योग्य II (पु०) खाने की चीज़। ~**अनुभाजन** (पु०) = खाद्य समवितरण; ~**उद्योग** (पु०) खाने की वस्तुएँ बनाने का काम; ~**कोष्ठ** (पु०) अनाज का कोठा; ~**द्रव्य**, ~**पदार्थ** खाने योग्य वस्तुएँ; ~**भोज्य** (पु०) = खाद्य; ~**संकट** (पु०) खाने की चीज़ों की कमी; ~**समवितरण** (पु०) खाद्य को समान रूप से बाँटना; ~**सामग्री** (स्त्री०) = खाद्य द्रव्य

खाद्याखाद्य–*सं०* (पु०) खाने योग्य और न खाने योग्य वस्तुएँ

खाद्यान्न–*सं०* (पु०) खाने योग्य अन्न (गेहूँ, चावल आदि)

खाद्यान्नाभाव–*सं०* (पु०) खाद्यान्न की कमी

खाद्योत्पादन–*सं०* (पु०) अन्नादि का उत्पादन

खान–I (स्त्री०) 1 खदान (जैसे-नमक की खान, लोहे की खान) 2 ख़ज़ाना, भंडार II (पु०) 1 खाने की क्रिया 2 भोजन। ~**पान** (पु०) खाना-पीना ~**पान करना** व्यवहार बनाना; ~**मज़दूर** *+ फ़ा०*, ~**श्रमिक** *+ सं०* (पु०) खान में काम करनेवाला

ख़ान–*फ़ा०* (पु०) 1 सरदार 2 मालिक 3 स्वामी [स्त्री ख़ानम] ~**क़ाह** (स्त्री०) दरगाह, मठ; ~**ज़ादा** (पु०) ख़ान का बेटा; ~**दान** (पु०) 1 घराना, कुल 2 कुटुंब; ~**दानी** (वि०) 1 कुल क्रमागत, पुश्तैनी 2 कुलीन; ~**बहादुर** (पु०) 1 ख़ानदान का वीर पुरुष 2 परिवार का मालिक

खानक–(पु०) 1 खान खोदनेवाला 2 खोदनेवाला

ख़ानगी–I *फ़ा०* (वि०) 1 घर का, घरेलू 2 आपस का, निजी II (स्त्री०) व्यभिचार से धनोपार्जन करनेवाली औरत, वेश्या

ख़ानसामा–*फ़ा०* (पु०) रसोइया

खाना–I (स० क्रि०) 1 भोजन करना (जैसे-रोटी खाना) 2 भक्षण करना (जैसे-शेर बकरी को खा गया) 3 परेशान करना (जैसे-क्यों मेरी जान खाते हो) 4 रिश्वत लेना (जैसे-आजकल दफ़्तरों के बाबू खूब खाते हैं) 5 आघात सहना (जैसे-गाली खाना, धक्का खाना) II (पु०) 1 खाद्य पदार्थ 2 भोजन ~**कमाना** मेहनत एवं मज़दूरी करके गुजर-बसर करना (जैसे-खाता-कमाता आदमी); ~**दाना**, ~**नाश्ता** *+ फ़ा०* (पु०) = खान-पान; ~**पीना** (स० क्रि०) 1 खाने-पीने की क्रिया 2 खाने-पीने का सुख पाना; **खा पका जाना**, **खा डालना** 1 मार डालना 2 पूँजी खर्च कर डालना; ~**न पचना** आराम न मिलना; **मुँह की खाना** कड़ी बात सुनना; ~**लहू करना** भोजन के समय दुःख देना

ख़ाना–*फ़ा०* (पु०) 1 घर, मकान (जैसे-ग़रीबख़ाना, यतीमख़ाना) 2 स्थान, जगह (जैसे-डाकख़ाना, दवाख़ाना) 3 छोटा बक्सा, डिब्बा (जैसे-चश्मे का ख़ाना, किताबख़ाना) 4 (अलमारी का) हिस्सा। ~**ख़राब** *+ अ०* (वि०) 1 आवारा 2 दूसरों को बिगाड़नेवाला 3 बेघरबार का 4 बर्बाद; ~**ख़राबी** *अ० + फ़ा०* (स्त्री०) आवारागर्दी; ~**जंगी** (स्त्री०) आपसी लड़ाई, गृहयुद्ध; ~**ज़ाद** (वि०) घर में (दासी से) जन्मा; ~**तलाशी** (स्त्री०) घर की तलाशी; ~**दामाद** (पु०) घरजँवाई; ~**दार** (वि०) घर गृहस्थीवाला, गृहस्थ; ~**दारी** (स्त्री०) घर गृहस्थी का काम, ग्रार्हस्थ्य; ~**नशीन** (वि०) 1 घर में ही बैठा रहनेवाला 2 बेकार; ~**पुरी** *+ हिं०* (स्त्री०) सारणी के ख़ानों को भरना, रिक्त स्थानों को भरना; ~**बदोश** I (वि०) जिसका ठौर-ठिकाना न हो, यायावर II (पु०) स्थायी आवासरहित जन-जाति; ~**बेदोशी** (स्त्री०) यायावरी; ~**बरबाद** (वि०) घर उजाड़, उड़ाऊ; ~**बरबादी** (स्त्री०) घर उजड़ना; ~**वीरानी** (स्त्री०) घर का सुनसानपन; ~**शुमारी** (स्त्री०) घरों की गिनती करना गृह, गणना

खानि–I (स्त्री०) = खान II (स्त्री०) 1 ओर, तरफ 2 ढंग, तरह

खानिल–*सं०* (पु०) सेंध लगाकर चोरी करनेवाला चोर, सेंध मारनेवाला

खाप–(स्त्री०) आघात

ख़ाब–*फ़ा०* (पु०) = ख़्वाब। ~**गाह** (स्त्री०) = ख़्वाबगाह

ख़ाबड़-खूबड़–(वि०) ऊबड़-खाबड़, ऊँचा-नीचा, पथरीला (जैसे-ख़ाबड़-खूबड़ मार्ग)

ख़ाब व ख़्याल–*फ़ा० + अ०* (पु०) = ख़ामख़याली

खाम–(पु०) 1 लिफाफा 2 जोड़

ख़ाम–*फ़ा०* (वि०) 1 कच्चा 2 अनुभवहीन, अप्रौढ़ 3 अनुचित एवं निराधार। ~**ख़याल** *+ अ०* (वि०) नासमझ, बेवकूफ़; ~**ख़याली** *+ अ०* (स्त्री०) नासमझी, व्यर्थ की कल्पना

ख़ामख़ाह–*फ़ा०* (वि०) = ख़ाहमख़ाह

खामना–(स० क्रि०) 1 गीली मिट्टी आदि से मुँह बंद करना (जैसे-कुठला खामना) 2 गोंद लगाकर बंद करना (जैसे-लिफाफा खामना)

ख़ामी–*फ़ा०* (स्त्री०) 1 कमी 2 कच्चापन 3 दोष (जैसे-काम की ख़ामियों की तरफ़ से आँख मूँदना)

ख़ामोश–*फ़ा०* (वि०) 1 चुप, मौन 2 शांत (जैसे-बच्चो! ख़ामोश रहो)

ख़ामोशी–*फ़ा०* (स्त्री०) 1 ख़ामोश रहने की अवस्था, चुप्पी 2 शांति

ख़ाया–*फ़ा०* (पु०) 1 अंडकोश, फ़ोता 2 पक्षियों आदि का अंडा। ~**बरदार** (वि०) चापलूस, ख़ुशामदी; ~**दारी** (स्त्री०) चापलूसी, ख़ुशामद

खार–(पु०) 1 क्षार, 2 राख 3 लोना

ख़ार–*फ़ा०* (पु०) 1 काँटा, फाँस 2 द्वेष, जलन। ~**दार** (वि०) काँटों से युक्त, कँटीला (जैसे-ख़ारदार तार)। ~**खाना** द्वेष करना

खारा–I (वि०) 1 क्षारयुक्त 2 नमकीन 3 अरुचिकर II (पु०) 1 घास-फूस बाँधनेवाली जाली 2 खाँचा, झावा

ख़ारिज–*अ०* (वि०) 1 निकाला हुआ, बहिष्कृत (जैसे-रजिस्टर से ख़ारिज करना) 2 अस्वीकृत करना (जैसे-मुक़द्दमा ख़ारिज़ करना)

ख़ारिजी–*अ०* (वि०) 1 बाहरी, बाह्य 2 परराष्ट्र-संबंधी

ख़ारिश–*फ़ा०* (स्त्री०) 1 खुजली 2 खुजली रोग

खारी–(वि०) क्षारयुक्त, खारा। ~**पन** (पु०) लवणमयता

खारुआँ–(पु०) गहरा लाल रंग का कपड़ा

खाल–I (स्त्री०) 1 चमड़ा, त्वचा (जैसे-खाल उतारना, खाल उधेड़ना) 2 मृत देह की खाल (जैसे-पशु की खाल) II (स्त्री०) 1 नीची ज़मीन 2 खाड़ी (जैसे-कच्छ की खाल)। **अपनी खाल में मस्त होना** 1 बेपरवाह होना 2 संतुष्ट होना

ख़ाल–*अ०* (पु०) तिल (जैसे-बाँह की ख़ाल)

ख़ालसा–I *अ०* (वि०) बिना मेल का II (पु०) 1 सिखों का एक प्रमुख संप्रदाय 2 राजा की निजी भूमि

ख़ाला–*अ०* (स्त्री०) मौसी। ~**ज़ाद**, ~**जी का घर समझना** बहुत आसान काम

खाला–(वि०) नीचा (जैसे-ऊँचा-खाला)

ख़ालिक–*अ०* (पु०) बनानेवाला, सृष्टिकर्ता, ईश्वर

ख़ालिस–*अ०* (वि०) 1 शुद्ध (जैसे-ख़ालिस दूध) 2 खरा, सच्चा

ख़ाली–I *अ०* (वि०) 1 जिसमें कुछ भरा न हो, रीता, शून्य 2 जिसमें कोई रहता न हो (जैसे-ख़ाली मकान) 3 बेरोज़गार, बेकार (जैसे-ख़ाली बैठना) II (अ०) केवल (जैसे-ख़ाली पेट का धंधा है)। ~**जाना** निशाने पर न लगना, व्यर्थ होना; ~**देना** हट-बढ़कर वार बचाना; ~**हाथ लौट आना** निराश वापस जाना

ख़ालू–*अ०* (पु०) 1 मौसी 2 मामूँ

ख़ाविंद–*फ़ा०* (पु०) 1 पति, स्वामी, शौहर 2 मालिक

ख़ास–*अ०* (वि०) विशेष, विशिष्ट (जैसे-ख़ास तौर से, ख़ास सड़क)। ~**कर** *+ हिं०* (अ०) 1 विशेषतः 2 विशेष रूप से; ~**क़लम** (पु०) निजी मुंशी; ~**दान** *+ फ़ा०* (पु०) पानदान; ~**नवीस** *+ फ़ा०* (पु०) = ख़ासक़लम; ~**महल** (पु०) ज़नानख़ाना

ख़ासा–I *अ०* (वि०) 1 काफी अच्छा, अत्युत्तम (जैसे-अच्छा-ख़ासा) 2 सुंदर (जैसे-ख़ासा चुनना) 3 यथेष्ट II (पु०) मुख्य लक्षण, गुण

ख़ासियत–*अ०* (स्त्री०) 1 विशेषता 2 स्वभाव

ख़ाह–*फ़ा०* (क्रि० वि०) चाहे (जैसे-~यही कर लो)। ~**मख़ाह** (क्रि० वि०) अनावश्यक एवं व्यर्थ का (जैसे-ख़ाहमख़ाह क्यों परेशान करते हो)

ख़ाहाँ–*फ़ा०* (वि०) चाहनेवाला

ख़ाहिश–*फ़ा०* (स्त्री०) = ख़्वाहिश

खिंचना–(अ० क्रि०) 1 खींचा जाना, तनना (जैसे-तार खिंचना) 2 आकृष्ट होना (जैसे-चित्त खिंचना) 3 बाहर निकलना (जैसे-म्यान से तलवार खिंचना) 4 चित्रित होना (जैसे-तस्वीर ~) 5 सार, अर्क़ निकलना 6 अंकित होना (जैसे-लकीर खिंचना) 7 अप्रसन्न होना (जैसे-मन खिंचना)

खिंचवाना–(स० क्रि०) खींचने की क्रिया में अन्य को लगाना

खिंचाई–(स्त्री०) 1 खींचने का काम 2 डाँट-डपट

खिंचाव–(पु०) 1 तनाव 2 नाराज़गी, अप्रसन्नता

खिंडाना–(स० क्रि०) बो० छितराना, बिखेरना

खिचड़ी–I (वि०) आपस में मिला जुला, मिश्रित (जैसे-खिचड़ी भाषा, बाल खिचड़ी होना) II (स्त्री०) 1 दाल चावल के मिश्रण से बना भोज्य पदार्थ (जैसे-पतली खिचड़ी) 2 शादी में संपन्न होनेवाली एक रस्म (जैसे-आज खिचड़ी है)। ~**पकाना** 1 गुप्त मंत्रणा 2 षड़यंत्र रचना; **अपनी खिचड़ी अलग पकाना** अपने मतानुसार कार्य करना

खिजलाना–(अ० क्रि०) I खीजना II (स० क्रि०) 1 चिढ़ाना 2 विकल करना

ख़िज़ां–*फ़ा०* (स्त्री०) 1 पतझड़ की ऋतु 2 अवनति काल

खिजाना–(स० क्रि०) = खिजलाना

ख़िज़ाब–*अ०* (पु०) बालों को काला करने की दवा, केश कल्प (जैसे-दाढ़ी में ख़िज़ाब लगाना)

ख़िज्र–*अ०* (पु०) 1 एक मुस्लिम पैगंबर जो गुमराह लोगों को सन्मार्ग पर लगाने का कार्य करते हैं तथा जिनके अमर होने की कल्पना चिर नवीन है 2 पथप्रदर्शक, मसीहा

खिझना–(अ० क्रि०) = खीझना

खिझाना–(स० क्रि०) = खिजलाना

खिड़कना–(अ० क्रि०) = खिसकना

खिड़काना–(स० क्रि०) 1 टालना, हटाना 2 बेच देना

खिड़की–(स्त्री०) 1 वातायन 2 झरोखा (जैसे-खिड़की की जाली)। ~**दार** *+ फ़ा०* (वि०) जिसमें खिड़की हो (जैसे-खिड़कीदार कमरा); ~**बंद** *+ फ़ा०* (वि०) जो किराए पर लिया गया हो

ख़ित्ता–*फ़ा०* (पु०) प्रांत, भूखंड

ख़िताब–*अ०* (पु०) 1 उपाधि 2 पदवी

ख़िताबी–*अ० + पु०* (वि०) ख़िताब का

ख़िदमत–*अ०* (स्त्री०) सेवा-सत्कार (जैसे-ख़िदमत करना, ख़िदमत में पेश करना)। ~**गार** *+ फ़ा०* (पु०) नौकर, टहलुआ; ~**गारी** *+ फ़ा०* (स्त्री०) टहल, सेवा; ~**गुज़ार** *+ फ़ा०* (पु०) = ख़िदमतगार; ~**गुज़ारी** *+ फ़ा०* (स्त्री०) = ख़िदमतगारी

ख़िदमती–*अ० + फ़ा०* (वि०) 1 सेवा करनेवाला 2 ख़िदमत के बदले मिलनेवाला (जैसे-ख़िदमती जागीर)

खिद्यमान–*सं०* (वि०) खीझनेवाला

खिन्न–*सं०* (वि०) 1 दुःखी 2 उदास 3 दीन

ख़ियानत–*अ०* (स्त्री०) = ख़यानत

खियाना–I (अ० क्रि०) *बो०* घिस जाना II (स० क्रि०) भोजन कराना

ख़ियाल–*अ०* (पु०) = ख़याल

ख़िराज–*अ०* (पु०) 1 कर, मालगुज़ारी 2 अधीनस्थ राज्यों द्वारा दिया जानेवाला राजस्व

खिरिदना–(स० क्रि०) 1 पछोरना 2 खुरचना

ख़िलअत–*अ०* (स्त्री०) सम्मानार्थ दी जानेवाली पोशाक (जैसे-ख़िलअत देना, ख़िलअत पहनाना)

ख़िलक़त–*अ०* (स्त्री०) 1 सृष्टि, रचना 2 जगत, संसार 3 प्रकृति

खिलकौरी–(स्त्री०) *बो०* खिलवाड़, खेल

खिलना–(अ० क्रि०) 1 विकसित होना 2 प्रसन्न होना 3 भला लगना, अच्छा लगना, फबना 4 अलग-अलग होना (जैसे-चावल खिलना)

खिलवत–*अ०* (स्त्री०) 1 एकांत स्थल 2 जनशून्य स्थान। ~**ख़ाना** + *फ़ा०* (पु०) अकेले में मिलने का स्थान, गुप्त स्थान

खिलवाड़–(पु०) खेल, मन बहलाव

खिलवाड़ी–(वि०) खिलवाड़ करनेवाला

खिलवाना–I (स० क्रि०) भोजन करवाना II (स० क्रि०) 1 प्रसन्न कराना 2 खेल खिलाना III (स० क्रि०) खीलें लगवाना

खिलाई–I (स्त्री०) 1 खिलाने का काम (जैसे-खिचड़ी खिलाई) 2 खिलाने का नेग 3 खेल खिलाने का काम एवं उसका पारिश्रमिक II (स्त्री०) प्रफुल्ल करवाना, प्रसन्न करवाना

खिलाड़ी–(पु०) 1 खेलनेवाला व्यक्ति (जैसे-फुटबाल का खिलाड़ी) 2 खिलवाड़ी (जैसे-वह फुटबाल का अच्छा खिलाड़ी है)। ~**प्रशिक्षक** + *सं०* (पु०) खिलाड़ियों को खेल संबंधी ज्ञान देनेवाला

खिलाना–I (अ० क्रि०) खाने में प्रवृत्त करना (जैसे-खाना खिलाना) II (स० क्रि०) खेल खेलाना (जैसे-क्रिकेट खिलाना)

ख़िलाफ़–*अ०* (वि०) 1 प्रतिकूल, उलटा 2 विपरीत, विरुद्ध। ~**मरज़ी** (वि०) इच्छा के विरुद्ध; ~**वर्ज़ी** + *फ़ा०* (स्त्री०) 1 विरुद्धाचरण 2 आज्ञा का उल्लंघन

ख़िलाफ़त–*अ०* (स्त्री०) 1 ख़लीफ़ा का पद 2 पैगंबर का प्रतिनिधि होना 3 विरोध

ख़िलाल–I *अ०* (पु०) फ़ासला (जैसे-ख़िलाल करना) II (पु०) दाँत खोदने का तिनका (जैसे-दाँतों में ख़िलाल करना)

खिलौना–(पु०) 1 खेलने की वस्तुएँ (जैसे-काठ का खिलौना) 2 मन बहलाव की चीज़ 3 बहुत मामूली चीज़

खिलौरी–(स्त्री०) भोजनोपरांत मुँह का स्वाद बदलने हेतु दी जानेवाली वस्तु, इलायची, पान आदि

ख़िल्ली–(स्त्री०) I हँसी-मज़ाक, ठठ्ठा II पान का बीड़ा। ~**बाज़** + *फ़ा०* (पु०) उपहास करनेवाला, खिल्ली उड़ानेवाला; **बाज़ी** + *फ़ा०* (स्त्री०) मज़ाक उड़ाना; ~**उड़ाना** उपहास करना, मज़ाक करना

ख़िश्त–*फ़ा०* (स्त्री०) ईट

खिसकना–(अ० क्रि०) 1 सरकना 2 चुपके से चल देना

खिसकाना–(स० क्रि०) 1 सरकाना 2 चुपके से हथिया लेना

खिसलना–(अ० क्रि०) फिसलना (जैसे-पैर खिसलना)

खिसलाना–(स० क्रि०) खिसलने के कार्य में अन्य को प्रवृत्त करना

खिसलाव–(पु०) 1 खिसलने की क्रिया का भाव 2 पैर फिसलनेवाला स्थान

खिसारा–*अ०* (पु०) 1 घाटा, टोटा (जैसे-खिसारा उठाना) 2 नुकसान, हानि

खिसिआनपन–(पु०) खिसियाने की क्रिया

खिसिआना–(वि०) 1 क्रुद्ध 2 अप्रसन्न, नाराज़ 3 लज्जित। **खिसिआनी बिल्ली खम्भा नोचे** दूसरों पर गुस्सा उतारना

खींच–(स्त्री०) 1 खींचने की अवस्था 2 खपत (जैसे-पेट्रोलियम की खींच)। ~**खाँचकर**, ~**तान** (स्त्री०) खींचा-खींची, नोक-झोंक; ~**खींची** (स्त्री०) खींचा-तानी

खींचना–(स० क्रि०) 1 तानना, ऐंचना (जैसे-क्रेन से खींचना) 2 बाहर निकालना (जैसे-तलवार खींचना) 3 आकृष्ट करना (जैसे-किसी का दिल खींचना) 4 दूर करना (जैसे-दर्द खींचना) 5 अर्क़ निकालना

खींचा-तानी–(स्त्री०) = खींच-तान

खीज–(स्त्री०) झुँझलाहट, कुढ़न (जैसे-खीज उठना, खीज भरे स्वर में पूछना)। ~**निकालना** गुस्सा उतारना

खीजना–(अ० क्रि०) चिढ़, कुढ़न

खीझना–(अ० क्रि०) झुँझलाना, चिढ़ना, कुढ़ना

खीर–(स्त्री०) दूध में मिलाकर पकाया गया चावल, सूजी, मखाना आदि (जैसे-खीर चटाना)। ~**चटाना** अन्न-प्राशन करना; **टेढ़ी खीर** कठिन कार्य

खीरा–(पु०) ककड़ी की जाति का एक फल। ~**ककड़ी** (स्त्री०) तुच्छ वस्तु; **खीरे के मोल बिकना** 1 सस्ते दाम में बिकना 2 ख़ास महत्त्व न देना

खीरी–(स्त्री०) मादा आदि पशुओं में दूध एकत्र होने का थन का ऊपरी भाग

खील–I (स्त्री०) *बो०* 1 भुना दाना, लावा 2 बहुत छोटा टुकड़ा II (स्त्री०) 1 कील 2 बाँस की पतली तीली 3 खूँटी (जैसे-चक्की की खील) 4 मांस कील 5 मवाद की कील

खीली– (स्त्री०) = खिल्ली (स्त्री० II)

खीवन–(स्त्री०) मतवालापन, मस्ती

खीस–(स्त्री०) I 1 पशुओं के नुकीले एवं लंबे दाँत 2 खुले एवं बाहर से दिखाई देनेवाले दाँत II लज्जा, शर्म III खीझ, गुस्सा, कुढ़न IV पेउसी। ~**निकालना** बेहयापन दिखाना

खीसा–*फ़ा०* (पु०) 1 जेब 2 थैली, बटुआ

खुँदाना–(स० क्रि०) 1 खोदने के काम में लगाना 2 कुदाना (जैसे-घोड़ा खुँदाना)

खुँसना–(अ० क्रि०) खोंसा जाना

खुक्ख–(वि०) 1 परम दरिद्र 2 खोखला, निस्सार

खुखड़ा–(पु०) I घुन लगा पेड़ II कटारनुमा छुरा

खुखड़ी–(स्त्री०) I सूत का पिंड II छोटा खुखड़ा

खुगीर–*फ़ा०* (पु०) = ख़ूगीर

खुचर–(स्त्री०) छिद्रान्वेषण, दोष निकालना (जैसे-खुचरबाजी)

खुजलाना–(अ० क्रि०) खुजली होना (जैसे-खोपड़ी खुजलाना)

खुजलाहट, खुजली–(स्त्री०) 1 सुरसुरी (जैसे-खुजली उठना) 2 एक प्रकार का संक्रामक रोग, खाज

खुजवाना–(स० क्रि०) खोज कराना, खोजवाना

खुजाई–(स्त्री०) खोजने का भाव

खुजाना–(अ० क्रि०/स० क्रि०) = खुजलाना

खुझरा–(पु०) 1 ज़मीन पर फैलनेवाली पेड़ों की जड़ें 2 गुथे हुए तंतु

खुटकना–(स० क्रि०) दाँतों से नोचना, तोड़ना

खुटका–(पु०) *बो०* = खटका

खुटचाल–(स्त्री०) बुरा चाल-चलन, दुराचार

खुटना–(अ० क्रि०) *बो०* 1 समाप्त होना 2 घटना 3 टूटकर अलग होना

खुटपन, खुटाई–(स्त्री०) = खोटाई, दुष्टता

खुटिला–(पु०) कान में पहने जानेवाला एक आभूषण, करनफूल

खुट्ठी–(स्त्री०) खुरंड (जैसे-घाव पर खुट्ठी पड़ना)

खुडुआ–(पु०) = खोई

खुड्डी–(स्त्री०) 1 पायदान (जैसे-पाखाने की खुड्डी) 2 पाखाने का चूल्हा

खुतबा–*अ०* (पु०) 1 तारीफ़, प्रशंसा 2 व्याख्यान 3 भाषण (जैसे-किसी के नाम का खुतबा पढ़ना)

खुद–*फ़ा०* स्वयं, आप। ~**इख़्तियार** + *अ०* (वि०) = खुदमुख़्तार; ~**कार** (वि०) अपनी; ~**काश्त** I (वि०) खुद जोती-बोई हुई II (स्त्री०) ऐसी ज़मीन जिसे ज़मींदार खुद जोते; ~**कुशी** (स्त्री०) आत्महत्या; ~**ग़र्ज** + *अ०* (वि०) स्वार्थी, मतलबी; ~**ग़र्ज़ी** + *अ०* (स्त्री०) स्वार्थपरता, मतलबपरस्ती; ~**दार** (वि०) स्वाभिमानी; ~**नुमा** (वि०) आत्म प्रशंसक; ~**नुमाई** (स्त्री०) आत्मप्रशंसा की नुमाईश; ~**परस्त** (वि०) 1 घमंडी 2 स्वार्थी; ~**पसंद** (वि०) 1 हठी, जिद्दी 2 घमंडी; ~**ब-खुद** (क्रि० वि०) आप से आप, स्वतः (जैसे-ऐसा खुद-ब-खुद हो गया); ~**बीं** (वि०) रूप एवं गुण का घमंड करनेवाला, घमंडी, खुदपरस्त; ~**मतलब** + *अ०* (वि०) = खुदग़रज़; ~**मतलबी** + *अ०* + *फ़ा०* (स्त्री०) = खुदग़रज़ी; ~**मुख़्तार** + *अ०* (वि०) जिसपर किसी का नियंत्रण न हो, स्वतंत्र; ~**मुख़्तारी** + *अ०* + *फ़ा०* (स्त्री०) स्वतंत्रता; ~**रंग** (वि०) अपने असली रंग का; ~**राई** + *अ०* + *फ़ा०* (स्त्री०) स्वेच्छाचारिता; ~**राय** + *अ०* (वि०) स्वेच्छाचारी

खुदरा–(वि०) 1 फुटकर (जैसे-खुदरा पैसा, खुदरा सौदा) 2 खुरखुरा

खुदरा–*फ़ा०* (पु०) 1 छोटी और साधारणं वस्तु, फुटकर वस्तु 2 छोटे-छोटे अंश 3 फुटकर वस्तु [विलोमः थोक] ~**दाम** + *हिं०* (पु०) फुटकर क़ीमत; ~**फ़रोश** (पु०) खुदरा चीज़ें बेचनेवाला; ~**बिक्री** + *हिं०* (स्त्री०) फुटकर बिक्री, थोड़ा-थोड़ा करके बेचना

खुदवाना–(स० क्रि०) खोदने का काम किसी अन्य से करवाना

खुदा–*फ़ा०* (पु०) परमात्मा, परमेश्वर; ~**ई** (स्त्री०) 1 ईश्वरता 2 ईश्वर की महिमा 3 दुनिया; ~**परमेश्वर** + *सं०* (पु०) खुदा और भगवान् (जैसे-खुदा परमेश्वर सबकी सौगंध/कसम खान); ~**परस्त** (वि०) ईश्वर को पूजनेवाला, भक्त; ~**वंद** (पु०) 1 ईश्वर 2 मालिक, स्वामी

खुदाई–(स्त्री०) खोदने का काम, अस्मिता

खुदी–*फ़ा०* (स्त्री०) 1 आपा अहंता 2 गर्व, अहंकार, शेखी

खुद्दी–(स्त्री०) किनकी (जैसे-चावल की खुद्दी)

खुनकी–*फ़ा०* (स्त्री०) ठंड, सरदी

खुनखुना–(पु०) झुन्झुना नाम का खिलौना

खुनस–(स्त्री०) रोष, क्रोध

खुनसाना–(अ० क्रि०) 1 क्रोध में कहना 2 बिगड़ना

खुनसी–(वि०) क्रोधी, गुस्सावर

खुफ़िया–I *अ०* (वि०) छिपा हुआ, गुप्त II (क्रि० वि०) गुप्त रूप से, छिपकर (जैसे-खुफ़िया जाँच-पड़ताल करना) III (पु०) गुप्तचर, भेदिया। ~**खाना** + *फ़ा०* (पु०) चकलाघर

खुभना–(अ० क्रि०) गड़ना, चुभना

खुभी–(स्त्री०) कान में पहनने का फूल, कील, लौंग

खुम–*फ़ा०* (पु०) 1 मटका, घड़ा
~**खाना** (पु०) शराबख़ाना, मदिरालय

खुमार–*अ०* (पु०) नशा, मद। ~**तोड़ना** नशा दूर करना

खुमारी–*अ०* + *फ़ा०* (स्त्री०) सुस्ती, आलसपन

खुमी–(स्त्री०) I ऐसी वनस्पतियाँ जिसमें फूल एवं पत्ते बिल्कुल नहीं रहते (जैसे-कुकुरमुत्ता, गुच्छी आदि) II 1 दाँत में जड़ी हुई सोने की कील 2 कानों में पहना जानेवाला एक प्रकार का गहना

खुरंड–(पु०) घाव के ऊपर की पपड़ी

खुर–*सं०* (पु०) 1 सुम, नख 2 चारपाई के पाये का निचला हिस्सा 3 नख नामक गंध द्रव्य 4 नाल। ~**बंदी** + *फ़ा०* (स्त्री०) नालबंदी

खुर, खुर-खुर–(स्त्री०) बलगम आदि फँसने से होनेवाला घर-घर शब्द

खुरखुरा–(वि०) खुरदरा

खुरखुराना–(अ० क्रि०) I खुरखुर शब्द होना (जैसे-गला खुरखुराना) II ऊबड़-खाबड़ लगना

खुरखुराहट (स्त्री०) = खुर-खुर

खुरचन–(स्त्री०) 1 खुरचकर निकाली गई वस्तु 2 खुरचने की क्रिया 3 खुरचकर निकाली गई मलाई

खुरचना–(स० क्रि०) जमी चीज़ को छीलकर अलग करना (जैसे-कड़ाही में से मलाई खुरचना)

खुरचनी–(स्त्री०) खुरचने का आला, खुरचने का उपकरण

खुरचाल–(स्त्री०) दुष्टता

खुरजी–*फ़ा०* (स्त्री०) पशुओं की पीठ पर सामान रखने का बड़ा थैला

खुरदरा–(वि०) जो चिकनी सतह का न हो, रूक्ष, दानेदार (जैसे-खुरदरा कपड़ा, खुरदरा पत्थर)

खुरदा–*फ़ा०* (पु०) = खुदरा

खुरदुरा–(वि०) रुक्ष, दानेदार

खुरपा (पु०), **खुरपी**–(स्त्री०) घास काटने एवं बाँस आदि छीलने का एक औज़ार

खुरमा–*फ़ा०* (पु०) 1 एक प्रकार का मीठा पकवान 2 छुहारा

खुरहर–(पु०) *बो०* 1 पशुओं के खुर का निशान, खुर की छाप 2 पगडंडी

खुरा–(पु०) 1 खुरपका रोग 2 हल के फाल में लगाया जानेवाला काँटा

खुराई–(स्त्री०) पशुओं के आगे या पीछे के दोनों पैरों को एक साथ बाँधनेवाली रस्सी

खुराक–*फ़ा०* (स्त्री०) 1 भोजन, खाना 2 भोजन की एक समय की नियत मात्रा 3 दवा की खुराक। ~**बंदी** (स्त्री०) कब खुराक देनी है इसकी व्यवस्था

खुराकी–I *फ़ा०* (वि०) अधिक भोजन करनेवाला II (स्त्री०) 1 खाने का खर्च 2 भोजन सामग्री

खुराघात–*सं०* (पु०) 1 खुर से किया गया प्रहार 2 टाप से मारना

खुराफ़ात–*अ०* (स्त्री०) 1 शरारत 2 गालीगलौज 3 अश्लील बातें (जैसे-खुराफ़ात उठाना)

खुरिया–(स्त्री०) कटोरी, छोटी प्याली

खुरी–(स्त्री०) सुम का निशान, खुर-छाप (जैसे-पशु की खुरी)। ~**करना** जल्दी मचाना

खुर्द–*फ़ा०* (वि०) छोटा, लघु। ~**बीन** (स्त्री०) अणुवीक्षण यंत्र, सूक्ष्मदर्शक यंत्र; ~**बुर्द** I (पु०) 1 खा-पी जाना 2 ग़बन, ख़यानत II (वि०) नष्ट-भ्रष्ट; ~**साल** (वि०) 1 कमसिन 2 छोटा; ~**साली** (स्त्री०) 1 कमसिनी 2 बचपन

खुर्दा–I *फ़ा०* (पु०) साधारण वस्तु II (वि०) खाया हुआ, भक्षित III (अ०) थोड़ी मात्रा में

खुर्रा–(वि०) = खुरखुरा

खुर्राट–(वि०) 1 धूर्त, काइयाँ 2 अनुभवी 3 वृद्ध, बूढ़ा

खुलता–(वि०) खुला हुआ (जैसे-खुलता मकान)

खुलना–(अ० क्रि०) 1 आवरण हटना 2 रोक हटना (जैसे-फाटक का खुलना) 3 बंधन छूटना (जैसे-बेड़ियाँ खुलना) 4 दरार होना 5 अलग होना (जैसे-साड़ी का पल्ला खुलना) 6 उधड़ना (जैसे-सिलाई खुलना) 7 मनोभाव प्रकट करना 8 (रंग) साफ़ होना 9 उदित होना (जैसे-भाग्य खुलना) 10 स्थापित होना (जैसे-विद्यालय खुलना)। **खुलकर** 1 निःसंकोच 2 प्रकट रूप में; **बिरादरी में हुक्का-पानी खुलना** एक बार फिर सम्मान मिलना, दोबारा मेलजोल होना

खुला–(वि०) 1 प्रकट 2 ज़ाहिर 3 जो बंद न हो (जैसे-खुला दरवाज़ा) 4 जो बँधा न हो (जैसे-खुला हुआ बैल) 5 जो बंद न हो (जैसे-खुला पानी का नल) 6 जो तंग न हो (जैसे-खुला रास्ता)। **खुली मुट्ठी होना** दान देने में उदार होना; **खुले आम, खुले खज़ाने, खुले बंदों, खुले बाज़ार, खुले मैदान** बेधड़क, सबके सामने, अलानिया; **खुले दिल का** उदार, साफ़ दिल; **खुले दिल से** उदारतापूर्वक

खुलासा–I *अ०* (पु०) सारांश (जैसे-खुलासा निकालना) II (वि०) 1 खुला हुआ 2 विस्तृत 3 स्पष्ट 4 बिना रुकावट का

खुल्लम,खुल्ला–(क्रि० वि०) 1 खुलकर, सबके सामने 2 सबको सूचित करते हुए

खुश–*फ़ा०* (वि०) 1 प्रसन्न 2 सुखी (जैसे-खुश होना, खुश करना)। ~**किस्मत** + *अ०* (वि०) भाग्यवान; ~**क़िस्मती** + *अ०* + *फ़ा०* (स्त्री०) सौभाग्य (जैसे-खुशक़िस्मती से); ~**ख़त** + *अ०* (वि०) 1 सुंदर लिखनेवाला, सुलेखक 2 स्पष्ट एवं सुंदर अक्षरों में लिखा हुआ; ~**ख़ती** + *अ०* + *फ़ा०* (स्त्री०) स्पष्ट एवं सुंदर लिखावट; ~**ख़बरी** + *अ०* + *फ़ा०* (स्त्री०) शुभ समाचार, मंगल संदेश; ~**खुश** *अ०* खुशी-खुशी, प्रसन्नता पूर्वक; ~**गवार** (वि०) 1 प्रिय 2 सुखद; ~**गुज़रान** (वि०) सुखमय जीवन व्यतीत करनेवाला; ~**दिल** (वि०) प्रसन्नचित्त; ~**नवीस** (वि०) स्पष्ट एवं सुंदर लिखनेवाला, सुलेखक, खुशख़त; ~**नवीसी** (स्त्री०) 1 सुंदर एवं स्पष्ट लिखावट 2 सुंदर एवं स्पष्ट लिखने की कला; ~**नसीब** + *अ०* (वि०) = खुशक़िस्मत; ~**नसीबी** + *अ०* (स्त्री०) = खुशक़िस्मती; ~**नुमा** (वि०) भला लगनेवाला, सुंदर; ~**पोश** (वि०) अच्छे कपड़े पहननेवाला; ~**फ़हमी** *अ०* + *फ़ा०* (स्त्री०) ठीक समझ; ~**बयान** + *अ०* (वि०) अच्छे ढंग से वर्णन करनेवाला, सुवक्ता; ~**बू** (स्त्री०) सुगंधि; ~**बू-दार** (वि०) सुगंधियुक्त, सुगंधित; ~**मिज़ाज** + *अ०* (वि०) 1 अच्छे स्वभाववाला (जैसे-खुशमिज़ाज इंसान) 2 प्रसन्नचित्त, हँसमुख; ~**हाल** + *अ०* (वि०) संपन्न, सुखी; ~**हाली** + *अ०* + *फ़ा०* (स्त्री०) 1 खुशहाल होने की अवस्था 2 संपन्नता (जैसे-घर की खुशहाली)

खुशामद–*फ़ा०* (स्त्री०) झूठी प्रशंसा, चापलूसी (जैसे-खुशामद करना)

खुशामदी–*फ़ा०* (वि०) खुशामद करनेवाला, चापलूस

खुशी–*फ़ा०* (स्त्री०) 1 प्रसन्नता 2 मर्ज़ी, इच्छा (जैसे-आपकी खुशी से मेरा काम हो जाएगा)। ~**का सौदा** ऐसा काम जो स्वेच्छा से किया जाए; ~**से फूल उठना** अति प्रसन्न होना, खिल उठना

खुश्क–*फ़ा०* (वि०) 1 रूखा 2 सूखा 3 अरसिक, नीरस (जैसे-खुश्क मिज़ाजवाला)। ~**साली** (स्त्री०) 1 अनावृष्टि 2 अकाल

खुश्का–*फ़ा०* (पु०) पानी में पका हुआ चावल

खुश्की–*फ़ा०* (स्त्री०) 1 रूखापन 2 सूखापना 3 नीरसता, रसहीनता 4 अवर्षण 5 सूखी ज़मीन, स्थल

खुस-खुस–(वि०) = खुसुर-फुसुर

खुसफुसाहट–(वि०) = खुसुर-फुसुर

खुसिया–*अ०* (पु०) अंडकोश, फोता

खुसियाबरदार–*अ०* + *फ़ा०* (वि०) सभी तरह की सेवा करके खुश करनेवाला

खुसियाबरदारी–*अ०* + *फ़ा०* (स्त्री०) खुश करने के लिए घटिया से घटिया सेवा करना

खुसुर-फुसुर–I (स्त्री०) कानाफूसी II (क्रि० वि०) कानाफूसी में

खुसूसन्–*अ०* (क्रि० वि०) ख़ास तौर पर, विशेषतः

खुसूसियत–*अ०* (स्त्री०) 1 विशेषता 2 मेल, सौहार्द

खुही–(स्त्री०) = खोई

खूँखार, खूँख्वार–*फ़ा०* (वि०) 1 हिंसक 2 अत्यधिक क्रूर, निर्दयी

खूँट–(पु०) I 1 कपड़े आदि का छोर 2 किसी ओर का सिरा 3 दिशा 4 भाग, खंड II कान का मैल

खूँटना–(स० क्रि०) 1 खोंटना (जैसे-मेंहदी खूँटना) 2 छेड़-छाड़ करना 3 रोकना

खूँटा–(पु०) मेख (जैसे-गाय बाँधने का खूँटा) **~गाड़ना** 1 जम जाना 2 केंद्र निश्चित करना

खूँटी–(स्त्री०) 1 छोटी मेख 2 कपड़े आदि टांगने की दीवार में लगी हुक 3 चक्की की किल्ली (जैसे-चक्की की खूँटी कसना)

खूँदना–(अ० क्रि०) 1 टाप से ज़मीन खोदना 2 पाँव पटकना 3 पाँव से रौंदना

खूगीर–*फ़ा०* (पु०) 1 ज़ीन के नीचे का ऊनी कपड़ा 2 चारजामा, ज़ीन 3 रद्दी सामान

खून–*फ़ा०* (पु०) 1 लहू, रक्त 2 हत्या, क़त्ल। **~खच्चर** + *हिं०* (पु०) **~ख़राबा** + *अ०* (पु०), **~ख़राबी** *अ०* + *फ़ा०* (स्त्री०) मार-काट, खून-क़त्ल; **~पसीना** + *हिं०* (पु०) कड़ा परिश्रम; **~रेज़** (पु०) खून बहानेवाला; **~रेज़ी** (स्त्री०) = खून खच्चर; **~उतरना** अत्यधिक क्रुद्ध होना; **~का जोश** सगेपन की मुहब्बत, ममता; **~का प्यासा** जानी दुश्मन; **~के आँसू रोना** अत्यधिक विलाप करना; **~के घूँट पीना** क्रोध सह जाना; **~खौलना** गुस्से से लाल होना; **~पानी होना** 1 बहुत ग़म होना 2 बेहद तकलीफ़ होना; **~पीना** 1 बहुत सताना 2 मार डालना; **~बहाना** रक्तपात करना, क़तल करना; **~मुँह को लगना** 1 काटने की आदत पड़ जाना 2 चाट लगना; **~सफ़ेद हो जाना** 1 मानवता न रह जाना 2 निष्ठुर होना; **~सिर पर चढ़कर बोलता है** हत्या का पाप नहीं छिपाया जा सकता; **~सिर पर चढ़ना, ~सिर पर सवार होना** 1 खून करने पर आमादा हो जाना 2 घबराहट प्रकट होने लगना; **~सूख जाना** डर जाना; **~होना** जान जाना

खूनी–I *फ़ा०*(वि०) 1 खून संबंधी, खून का 2 खून से भरा हुआ 3 खून करनेवाला, हत्यारा (जैसे-खूनी व्यक्ति) II (पु०) हत्यारा

खूब–I *फ़ा०* (वि०) 1 अच्छा, बढ़िया 2 सुंदर II (अ०) 1 अच्छी तरह 2 बहुत 3 वाह। **~सूरत** + *अ०* (वि०) सुंदर, रूपवान्; **~सूरती** + *अ०* + *फ़ा०* (स्त्री०) सुंदरता

खूबड़-खाबड़–(वि०) ऊपर-नीचे, ऊँचा-नीचा (जैसे-खूबड़-खाबड़ जगह)

खूबानी–*फ़ा०* (स्त्री०) एक बढ़िया फल, जरदालू

खूबी–*फ़ा०* (स्त्री०) 1 अच्छाई, अच्छापन 2 विशेषता 3 भलाई

खूसट–(वि०) 1 मूर्ख 2 शुष्क हृदय

खृष्टीय–*अं०* + *सं०* (वि०) ईसा का

खेचर–*सं०* (पु०) 1 पक्षी 2 ग्रह

खेचरी–*सं०* (स्त्री०) आकाश में उड़ने की शक्ति

खेजड़ी–(स्त्री०) एक प्रकार का वृक्ष

खेटक, खेट–*सं०* (पु०) 1 किसानों की बस्ती 2 ढाल 3 आखेट

खेड़ा–(पु०) 1 छोटा गाँव 2 रद्दी अन्न। **~पति** + *सं०* (पु०) गाँव का पुरोहित, मुखिया

खेड़ी–(स्त्री०) 1 एक तरह का इस्पात 2 आँवल

खेत–(पु०) 1 फ़सल उत्पन्न करने हेतु ज़मीन एवं क्षेत्र 2 खेत में खड़ी फ़सल (जैसे-खेत काटना) 3 युद्ध क्षेत्र, समरभूमि। **~खलिहान** (पु०) खेत आदि; **~मज़दूर** + *फ़ा०* (पु०) खेत में काम करनेवाला श्रमिक; **~आना** वीरगति प्राप्त करना; **~कमाना** खेत को उपजाऊ बनाना; **~करना** 1 खेत समतल करना 2 युद्ध करना; **~काटना** खड़ी फ़सल चोरी करना; **~छोड़ना** भाग जाना, पीठ दिखलाना; **~रखना** युद्ध में शत्रु को मारना, शत्रु को न जीतने देना; **~रहना** युद्ध में मारा जाना

खेतिहर–(पु०) किसान, कृषक। **~किसान** (पु०) = खेतिहर; **~दल** + *सं०* (पु०) किसानों का समूह; **~देश** + *सं०* (पु०) कृषि-प्रधान देश; **~मज़दूर** + *फ़ा०* (पु०) खेत मज़दूर

खेती–(स्त्री०) 1 किसानी 2 खेत की फ़सल (जैसे-खेती काटना, खेती मारी जाना)। **~किसानी** (स्त्री०) = खेती; **~बाड़ी, ~बारी** (स्त्री०) = खेती; **~भूमि** + *सं०* (स्त्री०) खेती किए जाने योग्य भूमि; **~व्यवस्था** (स्त्री०) = खेती

खेद–*सं०* (पु०) दुःख, रंज (जैसे-खेद प्रकट करना, खेद होना)। **~चकित** (वि०) दुःखी; **~जनक** (वि०) 1 दुःख देनेवाला 2 शोचनीय; **~प्रदर्शन** (पु०) दुःख प्रकटन

खेदना–(स० क्रि०) = खदेड़ना

खेदा–(पु०) 1 हँकवा 2 आखेट, शिकार

खेदित–*सं०* (वि०) 1 दुखी किया गया 2 थका हुआ, शिथिल

खेना–(स० क्रि०) 1 पतवार चलाना, डाँड़ मारना (जैसे-नदी में नाव खेना) 2 व्यतीत करना, गुज़ारना (जैसे-संकट के दिन खेना)

खेनेवाला–(पु०) = खेवनहार

खेप–(स्त्री०) 1 बोझ 2 एक बार में ढोया जानेवाला बोझ 3 एक फेरा। **~हारना** 1 घाटा उठाना 2 मेहनत बेकार जाना

खेपना–(स० क्रि०) 1 = खेना 2 सहन करना

ख़ेमा–*अ०* (पु०) डेरा, तंबू। **~गाह** + *फ़ा०* (स्त्री०) तंबू गाड़ने की जगह; **~गाड़ना** पड़ाव डालना, टिकना

खेल–(पु०) 1 मन बहलाव के लिए की जानेवाली चेष्टा, क्रीड़ा 2 करतब 3 तमाशा 4 अभिनय 5 लीला। **~कूद** (स्त्री०) 1 उछल-कूद 2 खेलक्रीड़ा (जैसे-खेल-कूद का मैदान); **~कूद-समारोह** + *सं०* (पु०) खेल-क्रीड़ा हेतु एकत्र होना; **~टिप्पणीकार** + *सं०* (पु०) खेल की आलोचना करनेवाला; **~करना** हँसी में उड़ाना, उपेक्षा करना; **~के दिन** 1 लड़कपन 2 खेलने-खाने के दिन; **~खेलना** कोई अप्रत्याशित बुरा काम करना; **~बिगाड़ना** काम बिगाड़ना; **~समझना** आसान काम जानना

खेलना–I (अ० क्रि०) 1 उछलना-कूदना 2 क्रीड़ा करना 3 अभुआना II (स० क्रि०) 1 कोई ख़ास खेल खेलना (जैसे-जुआ खेलना) 2 अभिनय करना (जैसे-नाटक खेलना)। **~खाना** (स० क्रि०) खेलने-खाने से मतलब रखना, निर्द्वंद्व होकर जीवन का मज़ा लूटना, मौज-मस्ती करना; **जान पर ~** ख़तरा मोल लेना

खेलवाड़–(पु०) = खेल

खेलवाड़ी–(वि०) खेल-कूद में अधिक रुचि रखनेवाला

खेलवाना–(स० क्रि०) 1 किसी अन्य को खेलने में प्रवृत्त करना 2 अपने साथ अन्य को खेलने देना

खेला-खाया–(वि०) जिसने विलासिता के सुख का अनुभव एवं ज्ञान प्राप्त किया हो

खेलाड़ी–(पु०) = खिलाड़ी

खेलाना–(स० क्रि०) 1 खेल में शामिल करना 2 खेलने का अवसर देना 3 बहलाना

खेवट–(पु०) I पटवारियों की बही II केवट, नाव खेनेवाला। ~**दार** + *फ़ा०* (पु०) पट्टीदार

खेवनहार–(पु०) 1 नाव खेनेवाला 2 पार लगानेवाला

खेवा–(पु०) 1 नाव खेने की मज़दूरी, उतराई 2 नाव की खेप

खेवाई–(स्त्री०) 1 खेने का काम 2 खेने का पारिश्रमिक

खेवैया–(पु०) नाव खेकर पार ले जानेवाला, नाविक

खेस–(पु०) मोटे सूत की बनी चादर

खेसारी–(स्त्री०) लतरी दाल

खेह–(स्त्री०) 1 धूल 2 राख

खैंचना–(स० क्रि०) = खींचना

खैनी–(स्त्री०) सुरती के पत्ते का चूर्ण

खैर–(पु०) 1 कथ कीकर, सोनकीकर 2 कत्था

ख़ैर–I *अ०* (अ०) 1 ऐसा ही सही, अच्छा 2 कोई चिंता नहीं, देखा जाएगा II (स्त्री०) कुशल। ~**आफ़ियत** (स्त्री०) कुशल-मंगल, कुशलक्षेम; ~**ख़ाह** + *फ़ा०* (पु०) भलाई चाहनेवाला व्यक्ति; ~**ख़ाही** + *फ़ा०* (स्त्री०) शुभचिंतना, कल्याण कामना; ~**बाद** + *फ़ा०* कुशल पूर्वक रहो

खैरा–(वि०) खैर या कत्थे के रंग का

ख़ैरात–*अ०* (स्त्री०) दान

ख़ैराती–*अ०* + *फ़ा०* (वि०) ख़ैरात के धन से चलनेवाला (जैसे-ख़ैराती अस्पताल)

ख़ैरियत–*अ०* (स्त्री०) = ख़ैर-आफ़ियत

खोंइचा–(पु०) 1 साड़ी का अंचल, किनारा 2 विदाई के समय का धन। ~**भरना** आँचल में गुड़ आदि देना (जैसे-विदाई समय खोंइचा भरना)

खोंगाह–*सं०* (पु०) सफ़ेद और भूरे रंग का घोड़ा

खोंच–(स्त्री०) खरोंच (जैसे-खोंच आना, खोंच लगना)

खोंचा–(पु०) 1 लग्घी 2 बेचने की छोटी-मोटी चीज़ों का बक्सा

खोंची–(स्त्री०)भिखारी को दिया जानेवाला अन्न

खोंटना–(स० क्रि०) 1 फुनगी नोच लेना 2 टुकड़े-टुकड़े करना

खोंडर–(पु०) वृक्ष के तने का खोखला भाग, कोटर

खोंड़ा–I (वि०) 1 विकलांग 2 टूटा हुआ 3 कुंठित II (पु०) कोठिला

खोंता–(पु०) घोंसला

खोंप–(स्त्री०) 1 दूर-दूर लगा हुआ टाँका 2 खोंच

खोंपा–(पु०) 1 हल में फाल लगानेवाली लकड़ी 2 छाजन आदि का कोना 3 छाजनदार घेरा 4 स्त्रियों के बालों का जूड़ा

खोंसना–(स० क्रि०) अटकाना, फँसाना (जैसे-कमर में धोती खोंसना)

खोई–(स्त्री०) 1 रस निकाले हुए ईख के डंठल 2 लाई, लावा 3 रामदाने की लइया

खोखला–(वि०) 1 पोला 2 थोथा। ~**पन** (पु०) पोलापन

खोखा–I (पु०) 1 हुंडी लिखा हुआ काग़ज़ 2 अदा की गई हुंडी II (पु०) बालक, लड़का

खोज–(स्त्री०) 1 तलाश 2 अन्वेषण, शोध (जैसे-वैज्ञानिक खोज)। ~**कर्ता** + *सं०* (वि०) खोज करनेवाला, अन्वेषक; ~**ख़बर** + *अ०* (स्त्री०) जाँच पड़ताल; ~**पूछ** (स्त्री०) पूछ-ताछ; ~**बीन** + *फ़ा०* (स्त्री०) खोज-ख़बर; ~**मारना** पैर या लीक के चिह्न न रहने देना; ~**मिटाना** चिह्न तक न रहने देना

खोंजड़ा–(पु०) पदचिह्न

खोजना–(स० क्रि०) 1 ढूँढ़ना 2 अनुसंधान, शोध करना

खोजवाना–(स० क्रि०) खोजने के कार्य में अन्य को प्रवृत्त करना

ख़ोजा–*फ़ा०* (पु०) 1 सम्मानित व्यक्ति 2 नपुंसक सेवक 3 सेवक

खोजी–(वि०) खोजनेवाला, ढूँढ़नेवाला (जैसे-खोजी दल)

खोट– (पु०) 1 दोष 2 निकृष्टता 3 दुष्टता 4 मिलावट

खोटा–(वि०) 1 सदोष, बुरा 2 घटिया (जैसे-खोटा सोना) 3 खल, दुष्ट 4 मिलावट वाला। ~**खरा** (वि०) 1 अच्छा-बुरा 2 सच्चा-झूठा 3 घटिया-बढ़िया; ~**पन** (पु०) खोटाई; ~**खाना** बेईमानी की कमाई खाना; ~**पैसा** बिना क़ीमत का; ~**माल** मिलावटी सामान, निकृष्ट वस्तु

खोटाई–(स्त्री०) 1 खोटापन 2 कपट, छल 3 ऐब, दोष

खोड़रा–(पु०) वृक्ष का खोखला भाग

ख़ोद–*फ़ा०* (पु०) लोहे का टोप

खोद–(पु०) *बो०* 1 खोदने की क्रिया 2 छानबीन, जाँच-पड़ताल। ~**विनोद** (पु०) छेड़-छाड़

खोदना–(स० क्रि०) 1 खुरचना, कुरेदना 2 गड्ढा करना 3 खुदाई करके उखाड़ना (जैसे-पेड़ की जड़ खोदना) 4 नक्काशी करना (जैसे-पत्थर पर चित्र खोदना) 5 उभारना 6 उकसाना

खोदनी–(स्त्री०) खोदने का औज़ार

खोदाई–(स्त्री०) 1 खोदने की क्रिया 2 खोदने का पारिश्रमिक (जैसे-कोयले की खोदाई) 2 बेल-बूटे बनाने का काम (जैसे-लकड़ी की खोदाई)3 खोदकर बाहर निकालने का

ख़ोनचा–*फ़ा०* (पु०) फेरी लगाकर सौदा बेचनेवाला बड़ा थाल। ~**लगाना** गली-गली घूमकर सौदा बेचना

खोना–I (अ० क्रि०) अन्यमनस्क हो जाना II (स० क्रि०) 1 गँवाना, भूल जाना 2 नष्ट होना, क्षति होना (जैसे-दुर्घटना में आँखें खोना) 3 बरबाद करना (जैसे-सारी दौलत खोना) 4 सदुपयोग न कर पाना (जैसे-अवसर हाथ से खोना)। **खो जाना** सिटपिटा जाना, हक्का-बक्का रहना; **खोया-खोया रहना** 1 गुम-सुम रहना 2 सोच-विचार में निमग्न रहना

खोपड़ा–(पु०) 1 कपाल 2 सिर 3 मस्तिष्क 4 नारियल का बना खप्पर

खोपड़ी–(स्त्री०) 1 सिर की हड्डी, कपाल 2 सिर। ~**खा जाना**, ~**चाट जाना** व्यर्थ की बातें करके परेशान करना; ~**खुजलाना** मार खाने का कार्य करना; ~**गंजी करना** खूब मारना; ~**गढ़ना** बलात् धन वसूलना; ~**बजाना** तंग कराना

खोपरा–(पु०) *बो०* = खोपड़ा

खोपा–(पु०) 1 छाजन का कोना 2 मकान का बाहरी कोना 3 जूड़ा बँधी चोटी 4 गरी का गोला

खोभना–(स० क्रि०) धँसाना, गड़ाना, चुभाना

खोभार–(पु०) *बो०* 1 कूड़ा फेंकने का गड्ढा 2 तंग अँधेरी कोठरी

खोमचा–(पु०) = खोनचा

खोया–(पु०) दूध औटने से बना हुआ नया पदार्थ

ख़ोर–(स्त्री०) 1 सँकरी गली, कूचा 2 नाँद

खोरना–(स० क्रि०) स्नान करना, नहाना

खोरनी–(स्त्री०) भट्ठी में ईंधन रूप में झोंकी जानेवाली लकड़ी

खोरा–I (पु०) छोटा कटोरा, प्याला II (वि०) लूला-लंगड़ा

ख़ोराक–*फ़ा०* (स्त्री०) = ख़ुराक

खोरिया–(स्त्री०) *बो०* छोटी कटोरी

खोरी–(स्त्री०) सँकरी गली

खोल–(पु०) 1 आवरण (जैसे-दाँत पर खोल चढ़ाना) 2 केंचुल 3 गिलाफ़ (जैसे-तकिये का खोल)

खोलना–(स० क्रि०) 1 आवरण हटाना, अवरोध हटाना (जैसे-खिड़की का पर्दा खोलना) 2 बंधन रहित करना (जैसे-पैरों की बेड़ियां खोलना) 3 छेद करना (जैसे-फोड़े का मुँह खोलना) 4 उधेड़ना (जैसे-कपड़े की सिलाई खोलना) 5 ज़ाहिर करना, प्रकट करना (जैसे-मन की बात खोलना) 6 आरंभ करना 7 स्थापित करना (जैसे-विद्यालय खोलना) 8 कार्यरंभ करना 9 अनुष्ठान आदि समाप्त करना (जैसे-रोज़ा खोलना)

खोली–(स्त्री०) 1 तकिये आदि का ग़िलाफ़ 2 छोटी कोठरी

ख़ोशा–*फ़ा०* (पु०) 1 फलों का गुच्छा 2 अनाज की बाल। **~चींनी** (वि०) दूसरे की विद्या, पांडित्य से लाभ उठानेवाला

खोह–(स्त्री०) 1 गुफा, कंदरा 2 गहरा गड्ढा

खौं–(स्त्री०) खात, गड्ढा

ख़ौफ़–*अ०* (पु०) डर, भय, आतंक। **~नाक** + *फ़ा०* (वि०) डरावना, भयानक

खौर–(पु०) 1 चंदन का आड़ा तिलक 2 तिलक लगाने का पीतल का टुकड़ा 3 माथे पर पहने जाने योग्य स्त्रियों का एक गहना

खौरना–(स० क्रि०) 1 तिलक लगाना 2 छेड़छाड़ करना

खौरहा–(वि०) 1 गंजा 2 खौरा रोगवाला

खौरा–(पु०) 1 सिर के बाल झड़ने का रोग, गंज 2 एक प्रकार की खुजली जो पशुओं को होती है

खौलना–(अ० क्रि०) 1 उबलना 2 जोश खाना। **मिजाज खौलना**–आवेश में आना

खौलाना–(स० क्रि०) 1 उबालना (जैसे-पानी खौलाना) 2 क्रुद्ध करना

खौहा–(पु०) अत्यधिक भोजन करनेवाला व्यक्ति, पेटू एवं भुक्खड़ व्यक्ति

ख्यात–I *सं०* (वि०) प्रसिद्ध, मशहूर II (पु०) कालवृत्त, इतिवृत्त

ख्याति–*सं०* (स्त्री०) प्रसिद्धि, यश, शोहरत। **~प्राप्त** (वि०) = ख्यात

ख्यापक–*सं०* (वि०) 1 घोषणा करनेवाला 2 अपराध स्वीकार करनेवाला

ख्यापन–*सं०* (पु०) 1 घोषणा करना 2 अपराध स्वीकार करना

ख़्याल–*अ०* (पु०) = ख़याल

ख़्याली–*अ०* (वि०) = ख़याली

ख्रिष्टान–*अं०* (पु०) ईसाई, मसीही

ख्रिष्टाब्द–*अं०* + *सं०* (पु०) ईस्वी सन्

ख्रिष्टीय–*अं०* + *सं०* (वि०) ख्रिष्ट संबंधी, मसीही

ख्रीष्ट–*अं०* (पु०) ईसा मसीह

ख़्वाजा–*फ़ा०* (पु०) फ़कीर, महात्मा

ख़्वान, ख़्वानचा–*फ़ा०* (पु०) = ख़ोनचा

ख़्वाब–*फ़ा०* (पु०) 1 स्वप्न, सपना 2 सोने की अवस्था, नींद। **~गाह** शयनागर, शयनकक्ष

ख़्वाबी–*फ़ा०* (वि०) ख़्वाब का

ख़्वार–*फ़ा०* (वि०) 1 तबाह, नष्ट भ्रष्ट 2 बेइज़्ज़त, ज़लील

ख़्वारी–*फ़ा०* (स्त्री०) 1 दुर्गत, दुर्दशा 2 बेइज़्ज़ती

ख़्वास्तगार–*फ़ा०* (वि०) चाहनेवाला, इच्छुक

ख़्वाह–*फ़ा०* (अ०) चाहे, अथवा, या

ख़्वाहमख़्वाह–*फ़ा०* (वि०) = ख़ाहमख़ाह

ख़्वाहाँ–*फ़ा०* (वि०) 1 इच्छुक 2 प्रेमी

ख़्वाहिश–*फ़ा०* (स्त्री०) अभिलाषा, चाह। **~मंद** (वि०) = ख़्वाहाँ

ग

गंग–(स्त्री०) गंगा। **~धर** (पु०) शिव; **~बरार** + *फ़ा०* (स्त्री०) नदी की धारा से कटी हुई ज़मीन

गंगा–*सं०* (स्त्री०) 1 भारतवर्ष की एक प्रसिद्ध एवं पवित्र नदी जिसे लाने का श्रेय भगीरथ को माना गया है 2 भागीरथी, जाह्नवी। **~गति** (स्त्री०) 1 मौत 2 मुक्ति, मोक्ष; **~जमनी, ~जमुनी** + *हिं०* (वि०) गंगा और जमुना के मेल की तरह, दो रंगा, मिला जुला; **~जल** (पु०) गंगा नदी का पवित्र एवं स्वच्छ पानी; **~जली** + *हिं०* (स्त्री०) गंगाजल उठाने का छोटा सुराहीनुमा पात्र; **~जली उठाना** कसम खाना; **~द्वार** हरिद्वार; **~धर** (पु०) शिव; **~पुत्र** (पु०) 1 भीष्म 2 पंडा; **~यात्रा** (स्त्री०) मरणासन्न व्यक्ति को गंगातट पर ले जाने की प्राचीन प्रथा, स्वर्गवास; **~लाभ** (पु०) मृत्यु, स्वर्गवास; **~सागर** (पु०) एक प्रसिद्ध तीर्थस्थान; **~नहाना** कर्तव्य पालन करके मुक्त होना

गंगाल–(पु०) बड़ा जलपात्र, कंडाल

गंगावतरण–*सं०* (पु०) गंगा का स्वर्ग से पृथ्वी पर आना

गंगेश–*सं०* (पु०) शिव

गंगोत्तरी–*सं०* (स्त्री०) गंगा के निकलने का स्थान, गंगा का उद्गम स्थल

गंगोदक–*सं०* (पु०) = गंगाजल

गंगोटी–(स्त्री०) 1 गंगा के किनारे की बालू 2 गंगा के किनारे की मिट्टी

गंज–(पु०) सिर के बाल झड़ने का रोग, गंजापन

गंज–*फ़ा०* (पु०) 1 ख़ज़ाना, धनराशि 2 ढेर, राशि 3 समूह, झुंड 4 अनाज रखने का कोठा। **~गोला** + *हिं०* (पु०) तोप का ऐसा गोला जिसमें बहुत सी गोलियाँ भरी हों; **~चाकू** (पु०) ऐसा चाकू जिसमें फल के अतिरिक्त अन्य उपकरण कैंची आदि भी लगे हों

गंजन–*सं०* (पु०) 1 अवज्ञा तिरस्कार 2 दुर्गत, दुर्दशा 3 पददलित करना
गँजना–(अ० क्रि०) 1 ढेर लगना 2 पूरित होना, भरा जाना
गंजना–(स० क्रि०) 1 अपमान करना 2 नष्ट-भ्रष्ट करना 3 परास्त करना, हराना
गंजा–(वि०) गंज रोगवाला
गँजाई–(स्त्री०) ढेर लगाना
गँजिया–(स्त्री०) 1 पैसा रखने की सूत की बनी जालीदार थैली 2 घास बाँधने का जाल
गंजी–I (स्त्री०) ढेर, राशि II (स्त्री०) बनियाइन, बंडी III (वि०/स्त्री०) *बो०* बिना बालोंवाली (स्त्री) IV (पु०) गाँजा पीनेवाला
गंजीना–*फ़ा०* (पु०) ख़ज़ाना, कोष
गंजीफ़ा–*फ़ा०* (पु०) ताश की तरह का एक खेल जिसमें पत्ते गोल होते हैं और संख्या में 96 रहते हैं
गँजेड़ी–(पु०) = गंजी IV
गँठकटा–(पु०) गिरहकट
गँठजोड़, गँठजोड़ा, गँठ बंधन– + *सं०* (पु०) 1 विवाह की एक रस्म जिसमें वर एवं वधू के कपड़े के छोर बाँध दिए जाते हैं 2 पक्का नाता, अटूट संबंध 3 साँठ-गाँठ, गुप्त संबंध
गंड–I *सं०* (वि०) 1 बहुत बड़ा 2 बहुत भारी (जैसे-गंडस्थल) II (पु०) 1 मंडलाकार चिह्न 2 गाल 3 कनपटी 4 गाँठ। ~**मंडल** (पु०) कनपटी; ~**माला** (स्त्री०) कंठमाला रोग; ~**माली** (वि०) गंठमाला का रोगी; ~**स्थल** (पु०) कनपटी
गंडक, गंडा–I (पु०) 1 गाँठ 2 मंत्र पूत धागा 3 गले का पट्टा। ~**तावीज़** + *अ०* (पु०) जंतर-मंतर, झाड़-फूँक
गंडा–II (पु०) चार का समूह (जैसे-चार गंडा संतरे)
गँड़ासा (पु०), गँड़ासी–(स्त्री०) 1 हँसिये के आकार का घास काटने का एक औज़ार 2 चारा काटने का औज़ार
गंडिका–*सं०* (स्त्री०) गाल की हड्डी, गंडास्थि
गंडूष–*सं०* (पु०) 1 चुल्लू 2 कूल्ला 3 हाथी के सूंड की नोक
गँडेरी–(स्त्री०) ईख के टुकड़े
गँडोल–*सं०* (पु०) 1 गुड़ 2 कच्ची लाल शक्कर 3 गन्ना, ईख 4 कौर, ग्रास
गंतव्य–I *सं०* (वि०) जाने योग्य (जैसे-गंतव्य स्थान) II (पु०) मंज़िल, लक्ष्य
गंता–*सं०* (वि०) जानेवाला
गंतुक–*सं०* (वि०) जानेवाला
गंत्रिका, गंत्री–*सं०* (स्त्री०) 1 गाड़ी 2 बैलगाड़ी
गंद–(स्त्री०) 1 बुरी बात 2 बुरी वस्तु। ~**बकना** गालियाँ देना
गंदगी–*फ़ा०* (स्त्री०) 1 मलिनता, मैलापन 2 सड़ी-गली वस्तुएँ 3 नापाकी, अपवित्रता 4 मल, सड़यँध
गंदना–(पु०) 1 प्याज लहसुन की जाति का एक मसाला 2 एक प्रकार की घास, दंदना
गँदला–(वि०) गंदा, मटमैला
गंदा–*फ़ा०* (वि०) 1 मैला 2 नापाक 3 ख़राब, बुरा (जैसे-गंदा कपड़ा, गंदा आदमी)। ~**पन** + *हिं०* (पु०) गंदगी; ~**पानी** (पु०) 1 शराब 2 वीर्य 3 रज
गंदुम–*फ़ा०* (पु०) गेहूँ। ~**नुमा जौ फ़रोश** (पु०) गेहूँ दिखाकर जौ बेचनेवाला
गंदुमी–*फ़ा०* (वि०) गेहुँए रंग का
गंदोलना–*फ़ा०* + *हिं०* (स० क्रि०) गंदा करना
गंध–*सं०* (स्त्री०) 1 बास, बू 2 सुगंध 3 सुगंधित द्रव्य 4 लेश, नाममात्र का पता (जैसे-उनमें सौजन्य की गंध भी नहीं है)। ~**काष्ठ** (पु०) अगर-तगर; ~**कारिता** (स्त्री०) सुगंधित द्रव्य तैयार करने की कला; ~**कुटी** (स्त्री०) मंदिर में का मूर्तिकक्ष; ~**पत्र** (पु०) 1 सफ़ेद तुलसी 2 बेल, बिल्व; ~**बिलाव** + *हिं०*, ~**मादिनी** (स्त्री०) मदिरा; ~**वाह** (वि०) गंध वहन करनेवाला, पवन; ~**हरण** (पु०) गंध हटा देना; ~**लगना** सुराग़ मिलना
गंधक–*सं०* (स्त्री०) पीले रंग का उग्र गंधवाला एक खनिज पदार्थ (जैसे-गंधक का तेज़ाब)
गंधकी, गंधकीय–*सं०* (वि०) गंधक का (जैसे-गंधकी तेज़ाब)
गंधर्व–*सं०* (पु०) 1 एक प्रकार के पौराणिक उपदेवता जो स्वर्ग में गाने-बजाने का काम करते हैं 2 एक आधुनिक जाति जिनकी कन्याएँ नाचने-गाने एवं वेश्यावृत्ति का काम करती हैं। ~**नगर** (पु०) 1 ऐसा स्थान जो विशिष्ट प्रकार की प्राकृतिक अवस्थाओं से मिथ्या एवं मनोरम सा जान पड़े 2 भ्रम; ~**रोग** (पु०) उन्माद; ~**विद्या** (स्त्री०) संगीत; ~**विवाह** (पु०) ऐसा विवाह जिसमें माता-पिता की अनुमति लिए बग़ैर वर-कन्या प्रेम से प्रेरित हो गठबंधन कर लें; ~**वेद** (पु०) संगीत का उपवेद; ~**सार** (पु०) चंदन
गंधाना–(स० क्रि०) गंध फैलाना
गंधालु–*सं०* (वि०) छछूँदर
गंधी–I *सं०* (पु०) सुगंधित तेल, इत्र आदि बनाने एवं बेचनेवाला, अत्तार II (वि०) गंधवाला
गंधेंद्रिय–*सं०* (स्त्री०) सूँघने की इंद्रिय, नासिका,
गंध्य–*सं०* (वि०) गंधयुक्त
गंभीर–*सं०* (वि०) 1 गहरा 2 ऊँची और भारी (जैसे-गंभीर आवाज़) 3 जटिल, दुरूह (जैसे-गंभीर प्रश्न, गंभीर समस्या) 4 चिंताजनक (~स्थिति) 5 संजीदा, शांत (~व्यक्ति); ~**ता** (स्त्री०) 1 गहराई 2 ऊँचाई एवं भारीपन 3 जटिलता, दुरूहता 4 संजीदगी
गँवँ–(स्त्री०) *बो०* = गौं
गँवईं, गँवई–I (स्त्री०) 1 छोटा गाँव 2 गाँव II (वि०) 1 गाँव का गँवार
गँवरदल–I (वि०) गँवारों की तरह का, गँवारू II गँवारों का दल
गँवर-मसला–*हिं०* + *अ०* (पु०) ग्रामीणों में प्रचलित कहावत
गँवाऊ–(वि०) धन-संपत्ति नष्ट करनेवाला (जैसे-~पूत)
गँवाना–(स० क्रि०) खोना, नष्ट करना (जैसे-जुए में धन गँवाना)
गँवार–(वि०) 1 गाँव का रहनेवाला, देहाती 2 अनाड़ी 3 उजड्ड
गँवारिन–(स्त्री०) गँवार स्त्री
गँवारी–I (वि०) गँवार की सी, गँवारू II (स्त्री०) गँवार स्त्री
गँवारू–(वि०) अशिष्ट, असभ्य, उजड्ड
गँसीला–(वि०) 1 गाँस, गाँसी की तरह नुकीला और

चुभनेवाला 2 गँसा हुआ, ठस, गठा हुआ

गई–(वि०) गयी। ~**करना** तरह देना, ख़याल न करना

गऊ–(स्त्री०) गाय। ~**घाट** (पु०) बिना सीढ़ी का ढलुआ घाट जहाँ पशु पानी पी सकें; ~**शाला** + *सं०* (स्त्री०) गायों के रहने की जगह

गकार–*सं०* (पु०) 'ग' अक्षर और ध्वनि

गगन–*सं०* (पु०) आकाश, आसमान। ~**कुसुम** (पु०) आकाश कुसुम, अवास्तविक वस्तु; ~**गिरा** (स्त्री०) आकाशवाणी; ~**चर** (पु०) आकाश में उड़नेवाले पक्षी आदि; ~**चुंबी** (वि०) आकाश को छूनेवाली; अत्यधिक ऊँचा (जैसे-गगनचुंबी इमारत); ~**भेदी** (वि०) आकाश को भेदनेवाला, प्रचंड (जैसे-गगन भेदी नारे); ~**मंडल** (पु०) 1 पृथ्वी के ऊपर का आकाश रूपी घेरा 2 ब्रह्मांड; ~**वाटिका** (स्त्री०) = गगन कुसुम। ~**खेलना** बहते जल प्रवाह का रह-रह कर उछलना; ~**होना** अधिक ऊँचा जाना

गगरी–(स्त्री०) छोटा गगरा। ~**फोड़ना** मृतक के दाहकर्म की समाप्ति करना

गच–I (स्त्री०) धँसाने से होनेवाला शब्द (जैसे-गच से छुरी धँसाना)

गच–II (स्त्री०) 1 संगजराहत का चूना 2 चूने-सुर्खी का मसाला 3 पक्की साफ़-सुथरी ज़मीन, फ़र्श 4 पलस्तर, लेप। ~**कारी** + *फ़ा०* (स्त्री०) फ़र्श बनाने का काम; ~**गर** + *फ़ा०*, ~**गीर** + *फ़ा०* (पु०) गच बनानेवाला कारीगर; ~**गीरी** + *फ़ा०* (स्त्री०) = गचकारी

गचपच–(वि०) = गिचपिच

गच्चा–(पु०) 1 गड्ढा, गर्त 2 जोखिम हानि आदि की संभावना 3 धोखा। ~**खाना** धोखे में आकर अपनी हानि कर बैठना

गच्छ–*सं०* (पु०) पेड़, गाछ

गज–*सं०* (पु०) हाथी। ~**गति** (स्त्री०), ~**गमन** (पु०) हाथी के समान मंद एवं मस्त चाल; ~**गामी** (वि०) हाथी के समान चाल चलनेवाला; ~**गाह** (पु०) हाथी की झूल; ~**दंत** (पु०) हाथी का दाँत; ~**दंती** (वि०) हाथी दाँत का बना हुआ; ~**दान** (पु०) 1 हाथी का दान 2 हाथी के गंडस्थल से बहनेवाला मद; ~**धर** (पु०) राजगीर; ~**नाल** (स्त्री०) ऐसी तोप जिसे हाथी खींचकर ले जाया करते थे; ~**निमीलिका** (स्त्री०) 1 बहाना करना, अनजान बनना 2 लापरवाही; ~**पति** (पु०) 1 हाथी रखनेवाला 2 विशालकाय हाथी; ~**बाँक** + *हिं०*, ~**बाग** + *हिं०* (पु०) हाथी का अंकुश; ~**मुक्ता**, ~**मुख** (पु०) गणेश; ~**राज** (पु०) = गजपति; ~**वदन** (पु०) गणेश; ~**वान** + *हिं०* (पु०) महावत; ~**शाला** (स्त्री०) फ़ीलख़ाना; ~**शुंड** (पु०) हाथी का सूंड; ~**स्नान** (पु०) 1 हाथी का नहाना 2 व्यर्थ कार्य

गज़–*फ़ा०* (पु०) लंबाई की नाप जो 36 इंच के बराबर होती है

गज़क–*फ़ा०* (पु०) 1 नशीली वस्तु 2 एक प्रकार की तिल पापड़ी

गज़ट–*अं०* (पु०) राजपत्र

गज़टेड–*अं०* (वि०) राजपत्रित

ग़ज़ब–*अ०* (पु०) 1 अँधेर 2 क्रोध, कोप 3 विपत्ति, संकट (जैसे-ग़ज़ब टूटना)। ~**नाक** (वि०) आतिक्रुद्ध, कुपित; ~**टूटना**, ~**पड़ना** अचानक भारी संकट आ पड़ना; ~**ढाना** आफ़त करना, ज़ुल्म करना

गजर–(पु०) 1 समय-समय पर बजनेवाला घंटा 2 भोर का घंटा 3 जल्द-जल्द बजनेवाला शब्द। ~**दम** (अ०) तड़के, पौ फटते; ~**बजर** (पु०) 1 अंड बंड 2 बेमेल वस्तुओं की मिलावट

गजरभात–(पु०) गाजर के साथ पकाया गया भात

गजरा–(पु०) I चौपायों को खिलाने हेतु गाजर का पत्ता II 1 फूलों की माला 2 हार 3 कलाई में पहने जानेवाला एक गहना 4 मशरू नाम का रेशमी कपड़ा

ग़ज़ल–*अ०* (स्त्री०) ऐसी पद्यात्मक रचना जिसमें नायिका के सौन्दर्य एवं उसके प्रति उत्पन्न प्रेम का वर्णन हो

गजानन–*सं०* (पु०) गणेश

गज़ी–*फ़ा०* (स्त्री०) एक प्रकार का देशी मोटा कपड़ा, गाढ़ा सल्लम। ~**गाढ़ा** + *हिं०* (पु०) मोटा सस्ता कपड़ा

गजेंद्र–*सं०* (पु०) 1 हाथियों का राजा, ऐरावत 2 बहुत बड़ा हाथी

गज़ेटियर–*अं०* (पु०) भूवृत्त

गज्जर–(पु०) *बो०* दलदल

गज्झा–I (पु०) *बो०* तरल पदार्थ में होनेवाले बहुत से छोटे-छोटे बुलबुलों का समूह, गाज, फेन II (पु०) 1 ढेर, राशि 2 ख़ज़ाना 3 धन-संपत्ति, दौलत 4 फ़ायदा, मुनाफ़ा। ~**मारना** अत्यधिक धन प्राप्त करना

गझिन–(वि०) *बो०* 1 घना, सघन 2 गाढ़ा और मोटा

गट–(पु०) तरल पदार्थ को पीते समय होनेवाला गट शब्द। ~**गट** I (पु०) गट-गट शब्द II (क्रि० वि०) 1 गट-गट की ध्वनि के साथ 2 जल्दी-जल्दी 3 लगातार। ~**से** एकबारगी

गटई–(स्त्री०) *बो०* गला, गर्दन

गटकना–(स० क्रि०) 1 निगलना (जैसे-दूध गटकना) 2 हड़पना

गटकीला–(वि०) निगल जानेवाला

गटगटाना–(स० क्रि०) गट-गट ध्वनि के साथ पीना (जैसे-पानी गटगटाना)

गटपट–(स्त्री०) 1 घनिष्ठता, प्रगाढ़ता 2 सहवास, संभोग

गटागट, गट्ट–(पु०) = गट

गट्टा–(पु०) 1 कलाई 2 गाँठ 3 मोटा और कड़ा बीज (जैसे-कमल गट्टा)

गट्टू–(पु०) *बो०* दस्ता, मुठिया

गट्ठर, गट्ठा–(पु०) 1 बड़ी गठरी (जैसे-रूई का गट्ठा) 2 घास, लकड़ी आदि का बोझा 3 प्याज आदि की गाँठ

गठकतरा–(पु०) = गँठकटा

गठजोड़ा–(पु०) = गँठजोड़ा

गठड़ी–(स्त्री०) = गठरी

गठन–(स्त्री०) 1 बनावट, रचना 2 अंगों का कसाव

गठना–(अ० क्रि०) 1 जुड़ना 2 गाँठा जाना 3 ठीक तौर से बनना 4 कसा हुआ 5 दृढ़ होना

गठबंधन–*हिं०* + *सं०* (पु०) = गँठजोड़ा

गठरिया–(स्त्री०) गठरी

गठरी–(स्त्री०) 1 कपड़े में बँधा हुआ सामान, छोटा गट्ठर

2 बोझ। ~**मुठरी** (स्त्री०) गठरी में बँधा हुआ सामान; ~**कटना** भारी रक़म हाथ से निकल जाना, ख़र्च होना; ~**बाँधना** सफर की तैयारी करना; ~**मारना** दूसरे का धन हड़प लेना, हथिया लेना

गठवाँसी–(स्त्री०) बिस्वे का बीसवाँ अंश, बिस्वासीं

गठवाना, गठाना–(स० क्रि०) 1 गठने-गाँठने का काम अन्य से कराना 2 बड़ी एवं मोटी गाँठें लगवाना 3 जोड़ लगवाना

गठाव–(पु०) = गठन

गठित–(वि०) गठा हुआ

गठिया–(स्त्री०) 1 ऐसा थैला जिसमें अनाज भरकर घोड़ों आदि पशुओं पर लादा जाता है, खुरजी 2 छोटी गठरी 3 शरीर के जोड़ों में होनेवाला एक वातरोग। ~**बाई,** ~**बाव** (स्त्री०) = गठिया

गठियाना–(स० क्रि०) 1 गाँठ देना 2 गाँठ में बाँधना (जैसे-धोती के पल्ले में पैसा गठियाना)

गठीला–I (वि०) 1 गठा हुआ, कसा हुआ (जैसे-गठीला शरीर, गठीला बदन) 2 पुष्ट, दृढ़

गठीला–II (वि०) अनेक गाँठोंवाला

गठौत, गठौती–(स्त्री०) 1 = गँठजोड़ 2 काम और बात की उपयोगिता 3 आपस में तय की गयी गुप्त बात

गड़ंग–I (पु०) अस्त्रागार, शास्त्रागार II *बो०* 1 घमंड, शेखी 2 आत्मश्लाघा

गड़ंत–(स्त्री०) टोटके, जादू-टोने के लिए गाड़ी गई वस्तु

गड–*सं०* (पु०) 1 ओट, आड़ 2 घेरा, मंडल

गड़कना–(अ० क्रि०) गड़-गड़ शब्द होना

गड़कना–*अ० + हिं०* (अ० क्रि०) 1 डूबना 2 नष्ट होना

गड़गज–(पु०) = गरगज

गड़-गड़–(स्त्री०) बादल की आवाज़

गड़-गड़ा–(पु०) हुक्का जिसमें नली लगी हो

गड़गड़ाना–(अ०) 1 गड़-गड़ होना (जैसे-हुक्का गड़गड़ाना) 2 गरजना (जैसे-बादल गड़गड़ाना)

गड़गड़ाहट–(स्त्री०) गड़गड़ाने की आवाज़

गड़गड़ी–(स्त्री०) 1 बड़ी डुग्गी 2 छोटा नगाड़ा

गड़ना–(अ० क्रि०) 1 चुभना, धँसना 2 पीड़ा होना 3 घुसना 4 गाड़ा जाना (जैसे-तार का खंभा गड़ना) 5 किरकिराना (जैसे-धूल के कण से आँखें गड़ना) 6 स्थिर होना, टिकना (जैसे-मेरी आँखे उसके चेहरे पर गड़ गयीं)। **गड़ जाना** अत्यधिक शर्मिंदा होना, लज्जा अनुभव करना

गड़प–(स्त्री०) 1 पानी में डूबने का शब्द, बिना चबाए निगल जाने की क्रिया। ~**से** 1 गड़प आवाज़ के साथ 2 झट, तुरंत; ~**होना** डूब जाना, धँस जाना

गड़पना–(स० क्रि०) निगलना, गपकना

गड़प्पा–(पु०) 1 भारी गड्ढा 2 बहुत दलदल

गड़बड़–I (वि०) 1 अस्त-व्यस्त, विश्रृंखल 2 ऊट पटाँग II (स्त्री०) 1 अव्यवस्था 2 उपद्रव 3 ख़राबी। ~**झाला** (पु०) गोलमाल, अव्यवस्था

गड़बड़ाना–I (अ० क्रि०) गड़बड़ होना II (स० क्रि०) गड़बड़ करना

गड़बड़िया–(वि०) गड़बड़ करनेवाला, अव्यवस्था उत्पन्न करनेवाला

गड़बड़ी–(स्त्री०), **गड़मड़** (वि०) = गड़बड़

गड़रिया–(पु०) भेड़ बकरियाँ चरानेवाला

गड़वाँत–(स्त्री०) पहिए की लीक

गड़वाना–(स० क्रि०) गाड़ने का काम किसी अन्य से कराना

गड़हा–(पु०) गड्ढा

गड़ा–(पु०) ढेर, गाँज, राशि। ~**बटाई** (स्त्री०) फ़सल का बिना माँड़े हुए बाँटा जाना

गड़ाना–(स० क्रि०) चुभाना, धँसाना

गड़ाप–(पु०) भारी वस्तु के डूबने का शब्द

गड़ारी–(स्त्री०) 1 चरखी, घिरनी (जैसे-कुएँ की गरारी) 2 घेरा, वृत्त। ~**दार** *+ फ़ा०* (वि०) 1 घेरदार 2 जिसमें गरारी जैसा गड्ढा हो

गड़ासा–(पु०) = गँड़ासा

गडु–*सं०* (पु०) = गंड माला

गडुआ–(पु०) एक प्रकार का टोंटीदार लोटा

गडुई–(स्त्री०) छोटा गडुआ

गड़ेरिया–(पु०) 1 भेड़ पालनेवाली एक प्रसिद्ध जाति 2 गड़ेरिया जाति का व्यक्ति। ~**पुराण** *+ सं०* (पु०) गँवारू बात-चीत एवं किस्सा-कहानी

गडोलना–(पु०) *बो०* बच्चों के खेलने की छोटी गाड़ी

गड़ौना–(पु०) पकने के लिए ज़मीन में रखा जानेवाला एक तरह का पान

गड्ड–(पु०) 1 गंज, थाक 2 ढेर 3 समूह। ~**बड्ड,** ~**मड्ड**–(वि०) 1 अव्यवस्थित रूप से मिला हुआ 2 अंडबंड, बेमेल

गड्डर–*सं०* (पु०) 1 भेड़ा 2 भेड़

गड्डरिका–*सं०* (स्त्री०) भेड़ों की पंक्ति। ~**प्रवाह** (पु०) 1 भेड़िया धसान 2 अविच्छिन्न प्रवाह

गड्डा–(पु०) 1 गट्ठा 2 एक तरह की चीज़ों का बंडल *(स्त्री० गड्डी)*

गड्डी–(स्त्री०) = गड्डु

गड्ढा (पु०), **गड्ढी**–(स्त्री०) 1 गढ़ा, गर्त (जैसे-गड्ढा पाटना, गड्ढे में गिरना) 2 आस-पास के तल का गहरा अंश (जैसे-आँखों का गड्ढा)

गढ़ंत–(वि०) कपोल-कल्पित (जैसे-मन-गढ़ंत कहानी)

गढ़–(पु०) 1 क़िला, कोट, दुर्ग (जैसे-गढ़ को जीत लेना, गढ़ को घेर लेना) 2 मुख्य स्थान (जैसे-उपद्रवियों का ~)। ~**पति** *+ सं०* (पु०) क़िले का प्रधान अधिकारी, क़िलेदार; ~**बंदी** *+ फ़ा०* (स्त्री०) क़िला घेरना; ~**रक्षा** *+ सं०* (स्त्री०) दुर्ग की रक्षा; ~**वाल,** ~**वाला** (पु०) = गढ़पति; ~**जीतना,** ~**तोड़ना** 1 दुर्ग पर विजय प्राप्त करना 2 कठिन कार्य पूरा करना

गढ़त, गढ़न–(स्त्री०) 1 गठन, बनावट 2 = गढ़ंत

गढ़ना–(स० क्रि०) 1 स्थूल पदार्थ को तराशकर तैयार करना (जैसे-पत्थर, शीशे की मूर्ति आदि गढ़ना) 2 काट-छाँटकर सुडौल बनाना 3 कल्पना करना (जैसे-किस्सा गढ़ना) 4 मरम्मत करना, पीटना

गढ़-बढ़–(स्त्री०) = गढंत

गढ़ा–(पु०) = गड्ढा

गढ़ाई–(स्त्री०) 1 गढ़ने का काम 2 गढ़ने का पारिश्रमिक

गढ़ाना–I (स० क्रि०) गढ़वाना, बनवाना. II (अ० क्रि०) खलना, कष्टकर होना

गढ़िया–I (पु०) गढ़नेवाला व्यक्ति II (स्त्री०) छोटा गड्ढा

गढ़ी–(स्त्री०) 1 छोटा गढ़ 2 ऊँचाई पर बनी इमारत

गढ़ेला–(पु०) छोटा गढ़, कोटला

गण–*सं०* (पु०) 1 समूह 2 गिरोह 3 वर्ग, श्रेणी 4 संघ 5 अनुचर वर्ग 6 दूत (जैसे-शिव के गण) 7 सेवक, नौकर 8 छंद शास्त्र में तीन वर्णों का वर्ग 9 आचार्यों एवं आचार्य के शिष्यों का वर्गसमूह। **~कार** (पु०) समूह में बाँटनेवाला; **~तंत्र** (पु०) ऐसा राष्ट्र जिसकी सत्ता जनसाधारण में समाहित हो; ~गणतंत्रवादी ; **~तंत्रात्मक**, **~तंत्रीय** (वि०) गणतंत्र संबंधी; **~देवता** (पु०) समूहों में बँटे हुए देवता (जैस-आदित्य, मरुत्, रूद्र); **~द्रव्य** (पु०) वर्ग की सामूहिक संपत्ति; **~नाथ**, **~पति** (पु०) 1 गणस्वामी 2 गणेश 3 शिवजी; **~पाठ** (पु०) व्याकरण के एक ही नियम के अंतर्गत आनेवाला पाठ एवं शब्द समूह; **~पूरक** (पु०), **~पूर्ति** (स्त्री०) सभा, समिति आदि की बैठक में निर्धारित मानी जानेवाली अल्पतम उपस्थिति, कोरम; **~भोजन** (पु०) बहुत से लोगों को एक साथ बैठाकर कराया जानेवाला भोजन, सहभोज; **~मुख्य** (पु०) गण का प्रधान व्यक्ति, मुखिया; **~राज्य**, **~राष्ट्र** (पु०) = गणतंत्र; **~संख्या** (स्त्री०) गिनती की सँख्या

गणक–*सं०* (पु०) 1 गणना करनेवाला व्यक्ति या यंत्र 2 गणित जाननेवाला व्यक्ति

गणन–*सं०* (पु०) 1 गिनना 2 हिसाब करना। **~यंत्र** (पु०) गणना करनेवाली मशीन (जैसे-इलेक्ट्रानिक गणनयंत्र)

गणना–*सं०* (स्त्री०) 1 गिनना 2 गिनती 3 हिसाब (जैसे-गणना करना)। **~पट्ट** (पु०), **~परीक्षा** (स्त्री०) हिसाब की परीक्षा; **~विभाग** (पु०) 1 ऐसा विभाग जहाँ गणित की पढ़ाई हो 2 हिसाब-किताब को नियमित रूप से रखने का विभाग (जैसे-जनगणना विभाग)

गणनातीत–*सं०* (वि०) अगणित, अनगिनत

गणनाध्यक्ष–*सं०* (पु०) 1 गणों का स्वामी 2 गणेश 3 शिव

गणनीय–*सं०* (वि०) जो गिना जा सके, गिनने योग्य 2 मान्य

गणाधिप–*सं०* (पु०) 1 गणस्वामी 2 सेनानायक 3 गणेश 4 शिवजी

गणिका–*सं०* (स्त्री०) वेश्या, रंडी

गणित–*सं०* (पु०) परिमाण और संख्या आदि का नियमपूर्वक विवेचन करनेवाली विद्या, हिसाब (जैसे-सांख्यिकी गणित, रेखा गणित)। **~कार**, **~ज्ञ** (वि०) 1 गणित शास्त्री 2 ज्योतिषी; **~ज्योतिष** (पु०) गणित के आधार पर नक्षत्रों, ग्रहों का अध्ययन; **विद्या** (स्त्री०), **~शास्त्र** (पु०) = गणित

गणितीय–*सं०* (वि०) गणित संबंधी (जैसे-गणितीय प्रश्न)

गणित्र–*सं०* (पु०) गणना करने की मशीन

गणेश–*सं०* (पु०) एक प्रसिद्ध हिंदू देवता जो विघ्नों के विनाशक माने जाते हैं, गणपति। **~चतुर्थी** (स्त्री०) भाद्रपक्ष और माघ पक्ष की कृष्णा चतुर्थी जो व्रत का दिन है; **~भूषण** (पु०) सिंदूर

गण्य–*सं०* (वि०) 1 गण संबंधी 2 जो गिना जा सकता हो 3 जो योग्यता की दृष्टि से मान्य हो (जैसे-गण्यमान्य विद्वान्)। **~मान्य** (वि०) प्रतिष्ठित

गत–*सं०* (वि०) 1 बीता हुआ (जैसे-गत वर्ष) 2 मृत, गया हुआ 3 पिछला (जैसे-गत सायंकाल) 4 प्राप्त (जैसे-हस्तगत) 5 नष्ट हो चुका, लुप्त हो गया (जैसे-गत यौवन, गत वैभव) 6 रहित, विहीन (जैसे-गत चेतना)। **~चेतन** (वि०) अचेतन; **~जीत** (वि०) मरा हुआ; **~प्राय** (वि०) जो करीब-करीब जा चुका हो; **~संग** (वि०) उदासीन

गत–(स्त्री०) 1 अवस्था, दशा 2 दुर्दशा। **~बनाना** दुर्दशा करना

गतका–(पु०) पटा बनेठी खेलने का डंडा

गतर–(पु०) 1 अंग 2 पौरुष 3 रक्षा एवं शरण का स्थान

गतांक–*सं०* (पु०) पिछला अंक

गतांत–*सं०* (वि०) जिसका अंत पास आ गया हो

गताक्ष–*सं०* (वि०) जिसकी आखें न रह गई हों, अंधा

गतागत–I *सं०* (वि०) गया-आया II (पु०) जीवन-मरण

गतागति–*सं०* (स्त्री०) 1 आना और जाना 2 मरना और जीना

गतात्मा–*सं०* (वि०) मृत व्यक्ति

गतानुगत–*सं०* (वि०) परंपरा से चला आता हुआ

गतानुगतिक–*सं०* (वि०) अंधानुयायी

गतायात–*सं०* (पु०) यातायात

गतायु–*सं०* (वि०) 1 जिसकी आयु समाप्त हो चली हो 2 अत्यंत वृद्ध

गतार–(स्त्री०) जूए से बैल की गरदन बाँधने की रस्सी

गतार्थ–*सं०* (वि०) 1 अर्थहीन 2 बेकार 3 निर्धन

गतावधिक–*सं०* (वि०) जिसकी अवधि बीत गई हो

गति–*सं०* (स्त्री०) 1 जाना, गमन 2 चाल, रफ़्तार 3 हरकत 4 प्रयत्न की सीमा 5 हालत, दशा (जैसे-तुमने कैसी गति बना रखी है) 6 सद्गति 7 एकमात्र सहारा (तुम ही मेरी ~हो)। **~ज** (वि०) गति से उत्पन्न हुआ (जैसे-गतिज ऊर्जा); **~पूर्ण** (वि०), **~भंग** (पु०) लय टूट जाना; **~मत्ता** (स्त्री०) गतिमान होना; **~मान्** (वि०) = गतिशील; **~रूद्ध** (वि०) जिसकी गति में बाधा उत्पन्न हुई हो; **~रोध** (पु०) कार्य में बाधा उत्पन्न होना (जैसे-गतिरोध मिटाना); **~वान्** (वि०) जिसमें गति हो, चलता हुआ; **~वाहक** (वि०) गति प्रदान करनेवाला; **~विज्ञान**; (पु०), **~विद्या** (स्त्री०) = गतिकी; **~विधि** (स्त्री०) आचरण-व्यवहार आदि करने का ढंग (जैसे-सामाजिक गतिविधियाँ); **~शास्त्र** (पु०) = गति विज्ञान; **~शील** (वि०) निरंतर चलने, बढ़ने वाला; **~शून्य** (वि०) 1 जिसमें गति न हो (जैसे-गति शून्य पदार्थ) 2 रुका हुआ 3 असहाय

गतिक–I *सं०* (पु०) 1 चलने की क्रिया, चाल 2 मार्ग, रास्ता 3 आश्रय, सहारा II (वि०) गति संबंधी

गतिकी–*सं०* (स्त्री०) विभिन्न पदार्थों और पिंडों की गतियों का अध्ययन

गत्ता–(पु०) एक तरह की मोटी दफ़्ती

गत्तालखाता–(पु०) बट्टाखाता (जैसे-रक़म का गत्ताल-खाते में जाना)

गत्यवरोध–*सं०* (पु०) = गतिरोध, गति का रुक जाना

गत्यात्मक–*सं०* (वि०) गतिशील

गत्वर–*सं०* (वि०) 1 गति में रहनेवाला, गतिमय, गमनशील 2 नष्ट हो जानेवाला, नश्वर

गद–I (पु०) 1 विष, ज़हर 2 बीमारी, रोग

गद–II (पु०) आघात से होनेवाला शब्द

गदका–(पु०) = गतका

गदकारा–(वि०) 1 गुदगुदा और मुलायम 2 मांसल

गदन–*सं०* (पु०) कथन, वर्णन

गदना–(स० क्रि०) कहना, बोलना

गदबदा–(वि०) 1 मुलायम, कोमल 2 दोहरे शरीरवाला

ग़दर–*अ०* (पु०) सैनिक विद्रोह

गदरा–(वि०) गदराया हुआ, अधपका

गदराना–(अ० क्रि०) 1 सुडौल होना, रूप निखरना (जैसे-गदराया बदन) 2 पकने पर होना

गदला–(वि०) गंदा, मिट्टी मिला हुआ

गदलाना–I (अ० क्रि०) गदला होना II (स० क्रि०) गदला करना

गदहपचीसी–(स्त्री०) = गधा पचीसी

गदहपन–(पु०) = गधापन

गदहलोटन–(पु०) = गधालोटन

गदहा–(पु०) = गधा। ~**गीरी** + *फ़ा०* (स्त्री०)

गदहा–I *सं०* (पु०) रोग हरनेवाला वैद्य, चिकित्सक II (पु०) गधा

गदहिला–(पु०) वह गधा जिस पर ईंट-पत्थर आदि लादा गया है

गदा–*सं०* (स्त्री०) 1 मुद्गर 2 बाँस के डंडे में पहनाया हुआ पत्थर का गोला। ~**धर** (वि०) गदा धारण करनेवाला, विष्णु

गदा–*फ़ा०* (पु०) 1 भिक्षुक, भिखमंगा 2 फ़कीर

गदाई–*फ़ा०* (वि०) 1 तुच्छ, नीच 2 रद्दी, बेकार

गदागद–(क्रि० वि०) 1 लगातार, निरंतर 2 गद-गद शब्द करते हुए

गदाला–(पु०) गद्दा

गदित–*सं०* (वि०) कहा हुआ, कथित

गदेला–(पु०) गद्दा (जैसे-मोटा गदेला)

गदेली, गदोरी–(स्त्री०) हथेली

गद्गद–*सं०* (वि०) 1 आनंदविभोर 2 आवेगातिरेक से जो अवरुद्ध हो 3 अत्यधिक प्रसन्न

गद्दा–(पु०) 1 मोटा तोशक 2 हाथी के पीठ पर हौदे के नीचे रखा जाने का गद्दा, मोटा बिस्तर 3 मुलायम चीज़ों का बोझ

ग़द्दार–*अ०* (पु०) 1 राष्ट्रदोही, देशद्रोही 2 बाग़ी, विद्रोही

ग़द्दारी–*अ०* + *फ़ा०* (स्त्री०) 1 ग़द्दार होने की अवस्था 2 बाग़ीपन

गद्दी–(स्त्री०) 1 छोटा गद्दा 2 सम्मानित व्यक्ति का आसन 3 राजा आदि का पद। ~**दार** + *फ़ा०* (वि०) = गद्देदार; ~**धारी** + *सं०* (पु०) गद्दी धारण करनेवाला व्यक्ति; ~**नशीन** + *फ़ा०* (वि०) 1 जो राजगद्दी पर बैठा हुआ हो 2 उत्तराधिकारी; ~**नशीनी** (स्त्री०) गद्दी पर बैठना

गद्य–*सं०* (पु०) 1 ऐसी रचना जिसमें रस, छंद, तुक आदि का विधान न हो, वचनिका 2 बनावटहीन रचना एवं भाषा। ~**काव्य** (पु०) ऐसा गद्य जिसमें भावनाएँ कवित्वपूर्ण हों; ~**गीत** (पु०) ऐसी गद्य रचना जिसमें सरस ढंग से विचारों को व्यक्त किया गया हो; ~**नाटक** (पु०) जिस गद्य रचना को अभिनय रूप में खेला जा सके; ~**पद्य** (पु०) गद्य एवं पद्य युक्त रचना; ~**पद्य-मय** (वि०) गद्य एवं पद्य दोनों से युक्त; ~**भेद** (पु०) गद्य के प्रकार; ~**मय** (वि०) जो गद्य रूप में हो; ~**लेखक** (पु०) गद्य लिखनेवाला; ~**साहित्य** (पु०) गद्य रूप में लिखी गई रचनाएँ (जैसे-हिंदी गद्य साहित्य)

गद्यवत्–*सं०* (वि०) = गद्यमय

गद्यात्मक–*सं०* (वि०) 1 गद्य रूप में लिखा हुआ 2 गद्य संबंधी 3 कवित्वहीन

गद्यानुरूप–*सं०* (वि०) जो गद्य के ढंग एवं आकार का हो

गधा–I (पु०) घोड़े की नस्ल का जानवर जो बोझा ढोने के काम आता है, खर, गदहा II (वि०) मूर्ख, बेवकूफ़। ~**पचीसी** (स्त्री०) ऊल-जलूल काम करनेवाली अवस्था जो 16 से 25 वर्ष तक मानी गई है; ~**पन** (पु०) मूर्खता, बेवकूफ़ी; ~**लोटन** (पु०) थकावट दूर करने के उद्देश्य से इधर-उधर लोटना

गधी–(स्त्री०) गधे की मादा

गधेड़ी–(स्त्री०) फूहड़ औरत

गन–*अं०* (स्त्री०) बंदूक

गनगनाना–(अ० क्रि०) 1 थरथर कांपना 2 रोमांच होना

गनगौर–(स्त्री०) चैत्र कृष्ण प्रतिपदा से चैत्र शुक्ल तृतीया तक चलनेवाला पर्व जिसमें कन्याएँ एवं स्त्रियाँ गणेश और गौरी की पूजा करती हैं

गनना–(स० क्रि०) = गिनना

ग़नी–*अ०* (वि०) 1 धनवान, संपन्न 2 बहुत बड़ा दाता, उदार

गनी–*अं०* (स्त्री०) बोरा। ~**बैग** (पु०) बोरा, बोरी

ग़नीम–*अ०* (पु०) 1 लुटेरा, डाकू 2 दुश्मन, शत्रु

ग़नीमत–*अ०* (स्त्री०) 1 लूट का माल 2 मुफ़्त का माल 3 संतोष की बात (जैसे-यह भी ग़नीमत है)

गन्ना–(पु०) ईख, ऊख

गन्नी–*अं०* (स्त्री०) गनी, बोरा

गप–I (स्त्री०) 1 इधर-उधर की बातें, व्यर्थ की बातें (जैसे-गप मारना) 2 कपोल-कल्पित बातें 3 डींग। ~**बाज़** + *फ़ा०* (पु०) गप्पी; ~**बाज़ी** + *फ़ा०* (स्त्री०) = गपोड़ेबाज़ी

गप–II (पु०) निगलने की क्रिया (जैसे-मिठाई गप कर जाना)

गपकना–(स० क्रि०) 1 तुरंत निगल जाना 2 हड़पना

गपड़-चौथ–I (पु०) व्यर्थ की बात-चीत II (वि०) अंड-बंड, ऊट पटांग

गपना–(स० क्रि०) गप मारना

गपशप–(स्त्री०) 1 इधर-उधर की बात-चीत, व्यर्थ की बातें 2 मन बहलाव की बात-चीत (जैसे-इधर-उधर गपशप करना)

गपागप–(क्रि० वि०) बहुत जल्दी-जल्दी, चटपट

गपिया–(वि०) = गप्पी

गपोड़ा–(पु०) 1 बढ़ा-चढ़ाकर कही गई बात 2 कपोल-कल्पित मिथ्या बात, गप

गपोड़िया–(वि०) बहुत बढ़ा-चढ़ाकर कहनेवाला, गप्पी

गपोड़ेबाज़–*हिं०* + *फ़ा०* (वि०) गप्पी

गपोड़ेबाज़ी–*हिं० + फ़ा०* (स्त्री०) झूठी बकवास
गप्प–(स्त्री०) = गप। ~**बाज़ी** *+ फ़ा०* (स्त्री०) = गपोड़ेबाज़ी
गप्पी–(वि०) गपोड़िया, गपबाज़
गप्फा–(पु०) 1 बड़ा कौर 2 बड़ा आर्थिक लाभ
गफ–(वि०) जो ठस बुना हो, ठस बुना हुआ
ग़फ़लत–*अ०* (स्त्री०) 1 असावधानी, बेपरवाही 2 अचेतनता, बेसुधी
ग़फ़लती–*अ० + फ़ा०* (वि०) प्रमादी, असावधान
ग़फ़ूर–*अ०* (वि०) माफ़ करनेवाला, दयालु
गबदूद–(वि०) जड़, मूर्ख
ग़बन–*अ०* (पु०) अमानत की रकम खा जाना, ख़यानत
गबरू–(वि०) 1 नौजवान 2 हृष्टपुष्ट
गबरून–(पु०) मोटा एवं चारख़ानेदार कपड़ा
गब्बर–(वि०) 1 अभिमानी, घमंडी 2 ढीठ, हठी 3 अड़ियल 4 मालदार, धनी
गभस्ति–*सं०* (पु०) 1 किरण, रश्मि 2 सूर्य
गभुआर–(वि०) 1 गर्भ के समय का 2 जन्म के समय का 3 जिसका मुडंन न हुआ हो 4 अनजान, नासमझ
ग़म–*अ०* (पु०) 1 गहरा दुःख 2 शोक 3 चिंता, परवाह। ~**ख़ोर** *+ फ़ा०* (वि०) अन्याय एवं अत्याचार सहन कर जानेवाला, ग़म खानेवाला; ~**ख़ोरी** *+ फ़ा०* (स्त्री०) अत्याचार सह जाने की प्रवृत्ति; ~**गीन** *+ फ़ा०* 1 उदास 2 संतप्त, दुःखी; ~**गुसार** *+ फ़ा०* (वि०) दुःख बाँटनेवाला, हमदर्द; ~**नाक** *+ फ़ा०* (वि०) दुःख भरा, दुःख पीड़ित; ~**खाना** 1 क्षमा करना, सह लेना 2 दूसरे के दुःख से दुःखी होना; ~**ग़लत करना** 1 दुःखदायक बात भूलना 2 मन बहलाना
गमक–(स्त्री०) 1 महक, सुगंध 2 संगीत का विशेष कंपन
गमक–*सं०* (वि०) गमन करनेवाला, जानेवाला
गमकना–(अ० क्रि०) महँकना
गमकीला–(वि०) 1 गमक से युक्त 2 सुगंधित
गमछा–(पु०) अँगोछा
गमथ –*सं०* (पु०) 1 मार्ग, रास्ता 2 पथिक, राही, राहगीर
गमन–*सं०* (पु०) 1 जाना, चलना 2 प्रस्थान 3 संभोग (जैसे-परस्त्री ~)। ~**पत्र** (पु०) 1 पारपत्र 2 चालान; ~**पथ** (पु०) जाने का रास्ता
गमनागमन–*सं०* (पु०) 1 आना-जाना 2 यातायात (जैसे-गमनागमन साधन)
गमनीय–*सं०* (वि०) गम्य
गमला–(पु०) मिट्टी का बना बाल्टी जैसा पात्र जिसमें फूल-पौधे लगाए जाते हैं
ग़मी–*अ० + फ़ा०* (स्त्री०) 1 शोक जनक मृत्यु 2 मृत्यु के बाद उसका होनेवाला दुःख
गम्मत–(स्त्री०) *बो०* 1 हँसी, परिहास 2 मौज की स्थिति 3 मज़ेदार बात
गम्य–*सं०* (वि०) 1 पहुँचा जाने योग्य 2 प्रवेश होने योग्य (जैसे-बुद्धि गम्य) 3 जो साध्य हो 4 संभोग करने योग्य
गयंद–(पु०) गजेंद्र, हाथी
गया–I (अ० क्रि०) 'जाना' भूतकालिक रूप II (वि०) गया हुआ (जैसे-आदमी गया)। ~**गुज़रा**, ~**बीता** (वि०) 1 ख़राब, रद्दी 2 निकृष्ट
गया–*सं०* (स्त्री०) मगध की एक नगरी एवं प्रसिद्ध तीर्थस्थल
गयावाल–I (वि०) गया का रहनेवाला II (पु०) गया का पंडा, पुरोहित
गयी–I (अ० क्रि०) 'जाना' का भूतकालिक रूप II (वि०) गयी हुई (जैसे-औरत गयी)
ग़रक़–*अ०* (वि०) 1 डूबा हुआ, निमग्न 2 नष्ट, बरबाद
ग़रक़ाब–I *अ० + फ़ा०* (पु०) डुबाव II (वि०) 1 डूबा हुआ, जलमग्न 2 निमग्न, लीन
ग़रक़ी–*अ० + फ़ा०* (स्त्री०) 1 डुबाव 2 अतिवृष्टि 3 पानी में डूबी ज़मीन। ~**देना** अत्यधिक दुःख देना
गरगज–I (पु०) 1 हाथियों के आने-जाने का बना चौड़ा रास्ता 2 किले का बुर्ज II (वि०) बड़ा एवं शक्तिशाली
ग़रज़–*अ०* (स्त्री०) 1 स्वार्थजन्य इच्छा 2 आवश्यकता, ज़रूरत (जैसे-अपनी ग़रज गाँठना)। ~**मंद** *+ फ़ा०* (वि०) 1 ज़रूरतवाला 2 इच्छुक 3 स्वार्थी; ~**का बावला** स्वार्थांध
गरजना–(अ० क्रि०) 1 गंभीर एवं तीव्र ध्वनि करना (जैसे-बादल गरजना) 2 चटकना, तड़कना
ग़रज़ी–*अ० + फ़ा०* (वि०) = गरजमंद
गरण–*सं०* (पु०) निगलना
गरदन–*फ़ा०* (स्त्री०) गला, ग्रीवा। ~**बाँध** *+ हिं०* (पु०) कुश्ती का पेंच। ~**उठाना** विरोध करना; ~**उड़ाना**, ~**उतारना** खून करना, क़तल करना; ~**ऐंठी रहना** घमंड में चूर रहना; ~**काटना** 1 गला काटना 2 बहुत बड़ी क्षति पहुँचाना; ~**झुकना** 1 लज्जित होना 2 हार मान लेना; ~**न उठना** 1 शर्मिंदा होना 2 सब-कुछ बरदाश्त करना; ~**नापना** ~पकड़कर बाहर निकालना; ~**पर छुरी फेरना** 1 हलाल करना 2 घोर अन्याय करना; ~**पर जूआ रखना** बहुत बड़ा काम सौंपना; ~**पर होना** ज़िम्मेदार होना; ~**फँसना** वश में होना; ~**मरोड़ना** मार डालना; ~**मारना** वध करना, खत्म कर देना; ~**में हाथ डालना**, ~**में हाथ देना** 1 गरदनियाँ देना 2 अपमान करना
गरदना–*फ़ा० + हिं०* (पु०) 1 मोटी गरदन 2 गरदन पर किया जानेवाला प्रहार
गरदनिया–*फ़ा० + हिं०* (स्त्री०) गला पकड़कर बाहर निकालना
गरदनी–*फ़ा०* (स्त्री०) 1 गरेबान 2 गले में पहने जानेवाली हँसली आदि 3 घोड़े की पीठ पर उढ़ाया जानेवाला कपड़ा 4 गरदनियाँ 5 गरदन पर किया जानेवाला आघात, घस्सा, रद्दा
गरदा–*फ़ा०* (पु०) धूल (जैसे-गरदा उड़ रहा है)
गरदान–*फ़ा०* (वि०) 1 बिंदु के चारों ओर घूमनेवाला 2 घूमकर एक ही स्थान पर आनेवाला
गरदानना–*फ़ा० + हिं०* (स० क्रि०) 1 किसी बात को विस्तारपूर्वक समझाकर कई बार कहना, उद्धरणी करना 2 ध्यान देना, महत्त्वपूर्ण समझना 3 *व्या०* शब्द के विभिन्न विकारी रूप बतलाना
गरनाल–(स्त्री०) चौड़े मुँह की तोप, घननाल
गरब गहेला–(वि०) भारी घमंडी
गरबीला–(वि०) गर्ववत्

गरभाना–I (अ० क्रि०) 1 गर्भधारण करना 2 गर्भवती होना II (स० क्रि०) गर्भ धारण कराना

गरम–_फ़ा०_ (वि०) 1 तपा हुआ (जैसे-गरम हवा, गरम पानी) 2 जिसका तापमान स्वाभाविक तापमान से कुछ अधिक हो (जैसे-गरम शरीर, सिर गरम है) 3 जो शरीर के अंदर उष्णता उत्पन्न करता हो (जैसे-गरम मसाला) 4 उत्तेजक (जैसे-गरम मिज़ाज, गरम स्वभाव)। ~**दल** + _सं०_ (पु०) ऐसा दल या पक्ष जिसमें उग्रता एवं जोश प्रधान हो; ~**दली** + _सं०_ (वि०) = गरम दलवाला; ~**पड़ना** गुस्से में लड़ाई करना

गरमबाज़ारी–_फ़ा०_ (स्त्री०) महँगाई, भाव में तेज़ी

गरमाई–_फ़ा० + हिं०_ (स्त्री०) 1 गरमी 2 शक्ति एवं ऊर्जा प्रदान करनेवाली वस्तु

गरमागरम–_फ़ा०_ (वि०) अत्यधिक गरम (जैसे-गरमागरम चाय एवं समोसा देना) 2 तुरंत का 3 उत्तेजनायुक्त

गरमागरमी–_फ़ा०_ (स्त्री०) 1 तत्परता, मुस्तैदी 2 अनबन का भाव 3 आवेशपूर्ण कहासुनी

गरमाना–I _फ़ा० + हिं०_ (अ० क्रि०) 1 गरम होना 2 आवेश, उग्रता आदि तीव्र भावनाओं से युक्त होना 3 कार्य करने के लिए तैयार होना (जैसे-गवैये का गला गरमाना) 4 काम-वासना युक्त होना (जैसे-घोड़े आदि पशुओं का गरमाना) II (स० क्रि०) 1 हलका गरम करना (जैसे-पानी गरमाना) 2 साधारण उष्णतामय करना (जैसे-रज़ाई ओढ़कर बदन गरमाना) 3 आवेश आदि भावना उत्पन्न करनेवाले कार्य करना (जैसे-कटु वचन कहकर आदमी को गरमाना, धीरे-धीरे गाकर गवैये को गरमाना) 4 संतुष्ट करना, प्रसन्न करना (जैसे-दरोगा को गरमाकर अपने अनुकूल करना)

गरमी–_फ़ा०_ (स्त्री०) 1 गरम होने की अवस्था (जैसे-आग की गरमी) 2 ग्रीष्म ऋतु (जैसे-गरमी की छुट्टी) 3 मानसिक आवेग, उमंग आदि (जैसे-ऐसी गरमी से बात नहीं बनती)। ~**दाना** (पु०) अँभोरी, पित्ती; ~**रोक** + _हिं०_ (वि०) गरमी रोकनेवाला; ~**निकालना** 1 संभोग करना 2 क्रोध उतारना, मन शांत करना

गरल–_सं०_ (पु०) विष। ~**धर** (पु०) साँप

गराँव–(स्त्री०) पशुओं के गले में बाँधी जानेवाली दोहरी रस्सी

गराज–_अं०_ (पु०) ऐसा स्थान जहाँ मोटर-गाड़ी आदि रखी जा सके, गिराज

गराड़ी–(स्त्री०) = गड़ारी

गरानी–_फ़ा०_ (स्त्री०) महँगाई

गरामी–_फ़ा०_ (वि०) प्रसिद्ध, नामी ~

गरारा–I (वि०) 1 घमंडी, अभिमानी 2 प्रबल, बलवान् 3 तेज़, प्रचंड

गरारा–II (पु०) 1 पायजामे की ढीली मोहरी 2 ढीली मोहरी का पायजामा 3 बहुत बड़ा थैला

ग़रारा–_अ०_ (पु०) 1 गर-गर शब्द करते हुए कुल्ली करना 2 घुर-घुर शब्द का पशु रोग

गरारी–(स्त्री०) = गड़ारी

गरित–_सं०_ (वि०) 1 विषमय, विषयुक्त 2 जिसमें जहर मिलाया गया हो (जैसे-गरित पदार्थ)

गरिमा–_सं०_ (स्त्री०) 1 महिमा, महत्त्व 2 अहंकार, घमंड 3 गुरुत्व, भारीपन 4 आत्मश्लाघा, शेख़ी

गरिमान्वित–_सं०_ (वि०) गरिमा से भरा हुआ

गरियाना–(अ० क्रि०) _बो०_ गालियाँ बकना, दुर्वचन कहना

गरियार–(वि०) 1 सुस्त (जैसे-गरियार पशु) 2 काम-काज में सुस्त, आलसी

गरियालू–I (पु०) ऊन रंगने का काला-नीला रंग II (वि०) काला-नीला

गरिष्ठ–_सं०_ (वि०) कठिनता से पचनेवाला बहुत भारी (जैसे-गरिष्ठ भोजन)

गरी–(स्त्री०) 1 देवताड़ 2 नारियल का खाया जानेवाला गूदा

ग़रीब–_अ०_ (वि०) 1 दीन एवं नम्र 2 दरिद्र, निर्धन (जैसे-ग़रीब आदमी)। ~**खाना** + _फ़ा०_ (पु०) ग़रीब का घर (जैसे-मेरा ग़रीबखाना रामपुर में है); ~**निवाज़** + _फ़ा०_ (वि०) ग़रीबों पर दया करनेवाला, दयालु; ~**परवर** + _फ़ा०_ (वि०) ग़रीब को पालनेवाला, दीनों की देख-भाल करनेवाला; ~**की जोरू सबकी भाभी** ग़रीब की हर चीज़ पर मज़ाक किया जाना

गरीबान–(पु०) = गरेबान

ग़रीबाना–_अ० + फ़ा०_ (वि०) ग़रीब की तरह का

ग़रीबी–_अ० + फ़ा०_ (स्त्री०) 1 ग़रीब होने की अवस्था 2 दीनता, नम्रता 3 दरिद्रता, निर्धनता (जैसे-ग़रीबी आना)। **ग़रीबी में आटा गीला** मुश्किलों पर और मुश्किलें आना

गरुड़–_सं०_ (पु०) पुराणों में मान्य पक्षिराज जो विष्णु के वाहन हैं। ~**गामी** (पु०) 1 विष्णु 2 कृष्ण; ~**पाश** (पु०) शत्रु को फँसाने का एक फंदा

गरुत्–(पु०) पंख, पक्ष

ग़रूर–_अं०_ (पु०) अभिमान, घमंड

गरेबान–_फ़ा०_ (पु०) कोट कमीज़ का गला

गरेहुआ–(वि०) _बो०_ 1 भारी, वज़नी 2 भीषण, विकट

गरोह–_फ़ा०_ (पु०) गुट, टोली, दल। ~**बंदी** (स्त्री०) गुटबंदी, दलबंदी

ग़र्क़–_अ०_ (वि०) 1 डूबा हुआ 2 बरबाद, नष्ट

गर्ज–_सं०_ (स्त्री०), **गर्जन** _सं०_ (पु०) घोर ध्वनि की क्रिया, भीषण शब्द का भाव, गरज। ~**तर्जन** (पु०) डाँट-डपट

गर्जना–_सं०_ (स्त्री०) = गरज। ~**पूर्ण** (वि०)

गर्डर–_अं०_ (पु०) लोहे का ढला लंबा एवं मोटा छड़

गर्त–_सं०_ (पु०) 1 गड्ढा, गढ़ा 2 छेद 3 दरार। ~**शीर्ष** (पु०)

गर्द–_फ़ा०_ (स्त्री०) गर्दा, धूल (जैसे-गर्दा उठना, गर्द उड़ना)। ~**ख़ोर** (वि०) जो गर्द पड़ने से खराब न हो; ~**गुबार** + _अ०_ (पु०) आँधी-बवंडर में धूल एवं मिट्टी का इधर-उधर गिरना। ~**उठना** धूल उड़ना; ~**फाँकना** बेकार घूमना

गर्दन–_फ़ा०_ (स्त्री०) = गरदन

गर्दभ–_सं०_ (पु०) गधा [(स्त्री०) गर्दभी]

गर्दाबाद–_फ़ा०_ (वि०) 1 गर्द से भरा हुआ 2 उजाड़, वीरान 3 टूटा-फूटा 4 ध्वस्त

गर्दिश–_फ़ा०_ (स्त्री०) 1 चक्कर 2 संकट (जैसे-गर्दिश के दिन, गर्दिश का वक्त)

गर्दिशे-ज़माना–_फ़ा०_ (स्त्री०) ज़माने का चक्कर

गर्भ–_सं०_ (पु०) 1 गर्भाशय 2 गर्भवती होने की अवस्था 3 पेट के अंदर का भाग, उदर (जैसे-गर्भस्थल)। ~**कारी** (वि०)

जिससे गर्भ ठहर जाए; ~**काल** (पु०) गर्भवती होने की अवधि; ~**केसर** (पु०) मादा फूलों के बीच का केसर जिसके साथ पुंकेसर का संपर्क होने पर फल एवं बीज उत्पन्न होते हैं; ~**कोष** (पु०) गर्भाशय, गर्भ; ~**क्लेश** (पु०) गर्भावस्था का कष्ट; ~**क्षय** (पु०) = गर्भपात; ~**गुर्वी** (वि०) = गर्भवती; ~**गृह** (पु०) 1 प्रसूति घर, प्रसव करने की कोठरी 2 मकान के मध्य की कोठरी 3 मंदिर के बीच का मूर्तिगृह; ~**ग्रह** (पु०) = गर्भधारण; ~**घाती** (वि०) गर्भ नष्ट करनेवाला; ~**च्युति** (स्त्री०) 1 प्रसव 2 गर्भपात; ~**दास** (पु०) जन्म से दास; ~**द्रुह** (वि०) गर्भ को नष्ट करनेवाला; ~**धारण** (पु०) गर्भवती होना; ~**नाड़ी,** ~**नाल** (स्त्री०) गर्भाशय एवं बच्चे की नाभि को मिलानेवाली नाड़ी; ~**निरोध** (पु०) गर्भ रोकना (जैसे-गर्भ निरोध का सामान); ~**निरोधक** (वि०) गर्भ रोकनेवाली (जैसे-गर्भ निरोधक गोलियाँ); ~**निस्रव** (पु०) गर्भ से निकलनेवाली झिल्ली, खेड़ी; ~**पत्र** (पु०) कोंपल, कल्ला; ~**पात** (पु०) 1 गर्भ गिरना 2 गर्भ व्यर्थ जाना; ~**पातक** (वि०/पु०) = गर्भपाती औषध; ~**पातन** (पु०) गर्भ नष्ट करना, गर्भ गिराना; ~**पाती** (वि०) गर्भपात करनेवाला; ~**मंडप** (पु०) = गर्भगृह; ~**मोक्ष** (पु०) गर्भपात; ~**वती** (वि०) गर्भिणी; ~**विज्ञान** (पु०) ऐसा विज्ञान जिसमें गर्भ के आकार, काल एवं उसके संचार आदि का विवेचन होता है; ~**विज्ञानी** (पु०) गर्भ विज्ञान का ज्ञाता; ~**स्थापन** (पु०) गर्भ धारण कराना, गर्भाधान; ~**स्राव** गर्भ का तरलावस्था में गिरना; ~**स्रावक** (पु०) गर्भ गिरानेवाला; ~**गिरना** गर्भपात होना; ~**रहना** गर्भ होना, पेट में शिशु का होना

गर्भस्थ–*सं०* (वि०) गर्भ में आया हुआ

गर्भांक–*सं०* (पु०) 1 नाटक में एक दृश्य का अंक 2 नाटक में दिखलाया जानेवाला दूसरा दृश्य

गर्भागार–*सं०* (पु०) 1 प्रसूति गृह 2 तहख़ाना

गर्भाधान–*सं०* (पु०) गर्भ धारण, गर्भस्थापन

गर्भावधि–*सं०* (स्त्री०) गर्भ का समय

गर्भावस्था–*सं०* (स्त्री०) गर्भ की अवस्था

गर्भाशय–*सं०* (पु०) बच्चेदानी

गर्भिणी–*सं०* (वि०) गर्भवती

गर्भित–*सं०* (वि०) 1 गर्भ से युक्त 2 जिसने कुछ छिपा रखा हो (जैसे-सारगर्भित भाषा) 3 भरा हुआ, पूरित (जैसे-संस्कृतगर्भित शैली)

गर्म–*फ़ा०* (वि०) गरम। ~**जोशी** (स्त्री०) 1 जोश 2 गहरी दोस्ती; ~**मिज़ाज** + *अ०* (वि०) गरम स्वभाववाला; ~**सर्द** ठंडा गरम

गर्मी–*फ़ा०* (स्त्री०) = गरमी

गर्मीला–*फ़ा०* + *हिं०* (वि०) जोशीला

गर्रा–(वि०) लाख के रंग जैसा, लाखी

गर्व–*सं०* (पु०) 1 अहंभाव 2 घमंड (जैसे-गर्व करना)। ~**प्रद** (वि०) अभिमानी, घमंडी; ~**वती** (स्त्री०) घमंड करनेवाली स्त्री; ~**शील** (वि०) = गर्ववंत

गर्हण–*सं०* (पु०), **गर्हणा**–(स्त्री०) निंदा, भर्त्सना, बुराई

गर्हणीय–*सं०* (वि०) निंदा किए जाने योग्य, निंद्य

गर्हा–*सं०* (स्त्री०) निंदा, बुराई

गर्हित, गर्ह्य–*सं०* (त्रि०) जिसकी भर्त्सना की गई हो, निंदित

गल–*सं०* (पु०) = गला। ~**कंबल** (पु०) गाय आदि पशुओं के गले के नीचे लटकनेवाला भाग, झालर, लहर; ~**कटा** (वि०) जिसका गला कटा हो; ~**गंड** (पु०) *चि०* गले का एक रोग, घेघा; ~**ग्रह** (पु०) गले में पड़ा बंधन; **घोंटू** + *हिं०* (वि०) गला दबानेवाला; ~**फाँसी** + *हिं०* (स्त्री०) गले में पड़ा फाँसी का फंदा; ~**बहियाँ** + *हिं०*, ~**बाँही** + *हिं०* (स्त्री०) गले में हाथ डालकर आलिंगन करने की अवस्था; ~**बिल** (पु०) गले का सुराख; ~**शुंडी** (स्त्री०) जीभ की जड़ के पास एक छोटी घंटी, कौआ; ~**शोथ** (पु०) गले की भीतरी सूजन; ~**सुआ** + *हिं०* (पु०) गाल के नीचे के भाग का सूजना, कनपेड़ा रोग; ~**स्तन** (पु०) = गलथना; ~**हस्त** (पु०) गरदनिया

गलका–(पु०) हाथ की उँगलियों के अगले सिरे पर होनेवाला एक प्रकार का ज़हरीला फोड़ा

गलगंजन–(पु०) शोर गुल, हो हल्ला

गलगल–(पु०) 1 मैना जाति की एक काली चिड़िया 2 नींबू की जाति का एक बड़ा फल

गलगला–(वि०) 1 भीगा हुआ, आर्द्र, तर 2 आँसुओं से भरा हुआ 3 अत्यधिक मुलायम, अति कोमल (जैसे-गलगला पदार्थ)

गलगुच्छा–(पु०) = गलमुच्छा

गलगुथना–(वि०) जिसका शरीर भारी हो और गाल फूले हों (जैसे-गलगुथना बच्चा)

गलछट–(स्त्री०) = गलफड़ा

गलजँदड़ा–(पु०) 1 जो सदा साथ लगा रहे, गले का हार 2 गले में लटकाई जानेवाली पट्टी

ग़लत–*अ०* (वि०) 1 जो असत्य हो (जैसे-ग़लत अफवाहें उड़ाना) 2 जो उचित न हो (जैसे-ग़लत मार्ग पर जाना) 3 जो नियमतः ठीक न हो (जैसे-यह सवाल ग़लत है) 4 जो व्याकारणिक दोषयुक्त हो। ~**नामा** + *फ़ा०* (पु०) अशुद्धि-पत्र; **फ़हमी** + *फ़ा०* (स्त्री०) बात का सही अर्थ न समझना, बात समझने में धोखा खा जाना; ~**बयानी** + *फ़ा०* (स्त्री०) किसी की बात ग़लत ढंग से बताना

गलतकिया–*हिं०* + *फ़ा०* (पु०) गाल के नीचे रखा जानेवाला गोल तकिया

ग़लतान–*फ़ा०* (वि०) 1 लड़खड़ाता हुआ, लुढ़कता हुआ 2 चक्कर खाता हुआ

ग़लती–*अ०* + *फ़ा०* (स्त्री०) 1 उचित रूप से कार्य न करने की अवस्था 2 नियम, रीति, व्याकरण आदि की दृष्टि से होनेवाली भूल, अशुद्धि 3 गणना संबंधी भूल

गलथना–(पु०) बकरियों के गले में लटकनेवाला मांसपिंड

गलदश्रु–*सं०* (वि०) रोता हुआ

गलन–*सं०* (पु०) (सर्दी से) गलने की अवस्था। ~**बिंदु** (पु०) गलनांक; ~**शील** (वि०) जो गलने योग्य हो (जैसे-गलनशील पदार्थ)

गलनांक–*सं०* (पु०) किसी पदार्थ का वह निश्चित तापक्रम जिसपर कोई पदार्थ गलने लगता है

गलना–(अ० क्रि०) 1 ठोस पदार्थ का तरल होना (जैसे-बर्फ़

गलना) 2 पक जाना (जैसे-दाल गलना) 3 नरम हो जाना (जैसे-काग़ज़ गलना) 4 दुर्बल एवं निस्सार होना (जैसे-शरीर गलना) 5 रोग आदि के कारण नष्ट होना (जैसे-कोढ़ से उँगलियाँ गलना) 6 अत्यधिक ठंड महसूस होना (जैसे-पूस की रात में पूरा बदन गलना) 7 व्यर्थ होना (जैसे-आज सौ रुपए सिनेमा में गल गए) 8 समय से पहले ही नष्ट होना (जैसे-गर्भ गलना) 9 सड़ना (जैसे-फल गल गए)

गलफड़ा–(पु०) (मछली के) गाल का चमड़ा

गलफूट–(स्त्री०) 1 अंड-बंड बकने का भाव 2 नींद में बड़बड़ाने की अवस्था

गलबली–(पु०) 1 गड़बड़ 2 कोलाहल

ग़लबा–*अ०* (पु०) प्रभुत्व

गलमुच्छा–(पु०), **गलमोछा**–गालों तक बढ़ी मूँछें

गलवाना–(स० क्रि०) किसी को गलाने की क्रिया में प्रवृत्त करना (जैसे-लोहा गलवाना)

गलही–(स्त्री०) नाव का अगला गोलाकार उठा हुआ कोना

गलांकुर–*सं०* (पु०) गले के अंदर का कौआ सूजने का रोग

गला–(पु०) गरदन, ग्रीवा। ~**काटू** (पु०), ~**काटना** 1 हत्या करना 2 बहुत बड़ी हानि करना (जैसे-दूसरों का गला काट कर ही तो लोग बड़े बन रहे हैं); ~**घोंटना** मार डालना; ~**घोंटू** (वि०) गला घोंटनेवाला; ~**छूटना** 1 कष्ट या संकट आदि से छुटकारा पाना 2 जान बचना (जैसे-आपके आ जाने से मेरा गला छूट गया); ~**जकड़ना** बोलने में रुकावट पैदा करना; ~**जोड़ना** गहरा संबंध स्थापित करना, पक्की दोस्ती करना; ~**दबाना** 1 मार डालना 2 विवश करना, दबाव डालना; ~**पकड़ना** उत्तरदायी ठहराना; ~**फँसना** संकट में फँसना (जैसे-आपके कारण मेरा गला फँस गया); ~**बैठना** कंठ का स्वर कर्कश हो जाना; ~**रेतना** कष्ट पहुँचाकर स्वार्थ सिद्ध करना, मतलब निकालना (जैसे-मज़दूरों का गला रेतना अच्छा नहीं है); **गले पड़ना** ज़बरदस्ती भार आ पड़ना; **गले मढ़ना** भार सौंपना; **गले लगाना** आलिंगन करना; **गले से नीचे न उतरना** समझ में न आना, ग्राह्य न होना

गलाई–(स्त्री०) 1 गलने की अवस्था 2 गलाने का पारिश्रमिक

गलाऊ–(वि०) 1 गलानेवाला 2 गलने योग्य

गलाना–(स० क्रि०) 1 तपाना (जैसे-सोना गलाना) 2 पकाना (जैसे-दाल गलाना) 3 दुर्बल एवं क्षीण बनाना (जैसे-देश एवं राष्ट्रहित में शरीर गलाना) 4 नष्ट करना 5 घुलाना (जैसे-तेज़ाब में चाँदी गलाना) 6 बोझ डालना (जैसे-पुल का खंभा गलाना)

गलावट–(स्त्री०) = गलाई

गलित–*सं०* (वि०) 1 गला हुआ 2 जो निस्सार हो गया हो (जैसे-गलित यौवन) 3 नष्ट-भ्रष्ट 4 जिसमें गलने-गलाने का लक्षण हो (जैसे-गलित कुष्ठ) 5 जो मत्त होकर अवश हो गया हो (जैसे-गलित यौवना)

गलिया–I (वि०) जो अत्यधिक सुस्त हो, निरा आलसी

गलिया–II (स्त्री०) चक्की के ऊपरी पाट में वह छेद जिसमें पीसने के लिए अनाज डाला जाता है

गलियारा–(पु०) गली की तरह का लंबा सीधा रास्ता

गली–(स्त्री०) सँकरा रास्ता। ~**कमाना** गली-सड़क आदि पर झाड़ू देकर जीविका उपार्जित करना; ~**गली ढिंढोरा पीटना** सब को सुनाते फिरना; ~**गली मारे फिरना** 1 व्यर्थ इधर-उधर घूमना 2 जीविका हेतु भटकना; **अपनी गली में कुत्ता भी शेर होता है** अपने ठिकाने पर सब बहादुर हैं

ग़लीचा–*फ़ा०* (पु०) ऊन की मोटी चादर

ग़लीज़–*अ०* (वि०) 1 अपवित्र, नापाक 2 गँदला, मैला

गलेबाज़–*हिं० + फ़ा०* (वि०) 1 बहुत अधिक बातें करनेवाला 2 अत्यधिक तानें लेनेवाला

गलेबाज़ी–*हिं० + फ़ा०* (स्त्री०) 1 बढ़-चढ़कर बातें करने की क्रिया 2 गाते समय तानें लेना

गल्प–(स्त्री०) 1 मिथ्या प्रलाप, गप्प 2 डींग, शेखी 3 छोटी कहानी

गल्ला–*फ़ा०* (पु०) 1 जानवरों का समूह, विशिष्ट पशु दल (जैसे-भेड़ों का गल्ला) 2 ऐसा बक्सा, थैली जिसमें दुकानदार रोज की बिक्री हुआ धन रखते हैं, गुल्लक (जैसे-पैसा गल्ले में डाल देना)

ग़ल्ला–*अ०* (पु०) अनाज, अन्न (जैसे-गल्ला मंडी)। ~**चोर** *+ हिं०* (पु०) अनाज की चोरी करनेवाला व्यक्ति; ~**फ़रोश** *+ फ़ा०* (पु०) अनाज बेचनेवाला व्यापारी

गल्लेबान–*फ़ा०* (पु०) 1 थैलीवाला, गुल्लकवाल 2 पशुदल का रखवाला

गल्ह–(वि०) धृष्ट, ढीठ

गवर्नमेंट–*अं०* (स्त्री०) शासन, सरकार

गवर्नर–*अं०* (पु०) 1 शासक, हाकिम 2 राज्यपाल। ~**जनरल** (पु०) प्रधान शासक

गवर्नरी–*अं० + हिं०* (वि०) गवर्नर संबंधी

गवहियाँ–(पु०) *बो०* गँवार

गवाँना–(स० क्रि०) खो देना

गवाक्ष–*सं०* (पु०) 1 झरोखा 2 खिड़की

गवाना–(स० क्रि०) किसी को गाने की क्रिया में प्रवृत्त कराना (जैसे-गाना गवाना)

गवारा–*फ़ा०* (वि०) 1 स्वीकार किए जाने योग्य 2 अनुकूल, रुचिकर 3 सहनेयोग्य

गवाह–*फ़ा०* (पु०) 1 साक्षी (जैसे-अनेक लोग इस घटना के गवाह हैं) 2 तथ्य एवं सच्चाई का समर्थन करनेवाला व्यक्ति। ~**नामा** (पु०) साक्ष्य-पत्र

गवाही–*फ़ा०* (स्त्री०) गवाह का कथन, साक्ष्य (जैसे-झूठी गवाही देना)

गवीश–*सं०* (पु०) गौओं का मालिक

गवेल–(वि०) *बो०* 1 गाँव संबंधी 2 गँवार, देहाती

गवेषक–*सं०* (वि०) खोज करनेवाला, खोजी

गवेषण–*सं०* (पु०) 1 खोजना, छानबीन करना 2 चाहना। ~**संस्था** (स्त्री०) अनुसंधान केंद्र

गवेषणा–*सं०* (स्त्री०) 1 खोज 2 अध्ययन एवं अनुसंधान 3 इच्छा करना। ~**पूर्ण** (वि०) खोज से भरा हुआ; ~**शाला** (स्त्री०) गवेषण संस्था

गवेषणीय–*सं०* (वि०) जो गवेषणा किए जाने योग्य हो

गवेषित–*सं०* (वि०) 1 तलाश किया हुआ 2 अन्वेषित 2 जिसके विषय में गवेषणा हुई हो

गवेषी–*सं०* (वि०) गवेषणा करनेवाला

गवैहा–(वि०) 1 ग्रामीण, देहाती 2 गँवारों की तरह का, देहाती

गवैया–(पु०) = गायक

गव्य–*सं०* (वि०) गौ से प्राप्त (दूध, घी आदि)। ~**शाला** (स्त्री०) गायों के रहने का स्थान

ग़श–*अ०* (पु०) बेहोशी, मूर्च्छा। ~**आना**, ~**खाना** मूर्च्छित होना, बेहोश होना

गश्त–*फ़ा०* (स्त्री०) 1 पुलिस कर्मचारियों का पहरे के लिए घूमना 2 भ्रमण, फिरना

गश्ती–*फ़ा०* (वि०) 1 गश्त लगानेवाला 2 जगह-जगह घूमनेवाला (जैसे-गश्ती दल, गश्ती दस्ता) 3 सब संबंधित लोगों को भेजा जानेवाला (जैसे-गश्ती चिट्ठी)

गसना–(स० क्रि०) 1 जकड़कर बाँधना, कसना 2 मिलाकर बैठाना (जैसे-स्वेटर का फंदा गसना)

गसीला–(वि०) 1 बँधा हुआ 2 गठा हुआ, गठीला 3 जिसके सूत खूब सटे हों, गफ

गस्सा–(पु०) भोजन का कौर, ग्रास। ~**मारना** जल्दी-जल्दी कौर मुँह में लेना; ~**मुँह में डालना** कौर चबाकर खाना

गह–(स्त्री०) टेक

गहकना–(अ० क्रि०) 1 प्रबल लालसा युक्त होना, ललकना 2 उमंग में आना

गहगड्ड–(वि०) 1 इकट्ठा एवं बहुत ज़्यादा 2 गहरा, घोर

गहगहा–(वि०) 1 परम प्रसन्न, प्रफुल्लित 2 उमंग से भरा हुआ

गहगहाना–(अ० क्रि०) 1 अत्यधिक प्रसन्न होना 2 लहलहाना

गहगहे–(क्रि० वि०) 1 प्रसन्नतापूर्वक 2 ज़ोरों से 3 धूमधाम से

गहड़ोरना–(स० क्रि०) गंदा करना

गहन–(स्त्री०) 1 पकड़ 2 हठ

गहन–I *सं०* (वि०) 1 गहरा (जैसे-गहन पठन) 2 घना (जैसे-गहन अंधकार) 3 कठिन, गूढ़ (जैसे-गहन विश्लेषण) II (पु०) 1 गहराई, गहरापन 2 दुर्गम स्थान 3 घिरा हुआ स्थान। ~**ता** (स्त्री०) गहराई

गहना–I (पु०) 1 बंधक (जैसे-गहना रखना) 2 ज़ेवर

गहना–II (स० क्रि०) कसकर पकड़ना

गहने–I (क्रि० वि०) *बो०* रेहन के रूप में II (वि०) रेहन रखा हुआ

गहबर–(वि०) *बो०* 1 गंभीर, गहरा 2 दुर्गम, विकट 3 घबराया हुआ, उद्विग्न 4 घना 5 चमकीला

गहमागहमी–(स्त्री०) चहल-पहल, रौनक

गहरा–(वि०) 1 जिसका तल आसपास के स्थान से नीचे की ओर अधिक दूरी तक हो (जैसे-गहरा कुआँ, गहरी खाई) 2 जिसकी थाह बहुत नीचे हो, गंभीर 3 गूढ़, रहस्यमय (जैसे-गहरा अध्ययन)। ~**घनेरा** अत्यधिक रहस्यमय; ~**आसामी** मालदार आदमी; **गहरी घुँटना** 1 गाढ़ी भाँग पीसना 2 प्रगाढ़ मित्रता होना 3 अत्यधिक खुशी होना; **गहरी छनना** 1 अधिक भाँग पीना 2 दिली दोस्ती होना 3 घुल घुलकर बात होना

गहराई–(स्त्री०) 1 गहरापन 2 गंभीरता, गहनता 3 घनता निविड़ता

गहराना–I (अ० क्रि०) *बो०* गहरा होना II (स० क्रि०) गहरा करना (जैसे-कुआँ गहराना)

गहराव–(पु०) गहराई

गहरेबाज़–*हिं० + फ़ा०* (वि०) 1 तेज़ी से चलनेवाला 2 तेज़ी से चलानेवाला

गहरेबाज़ी–*हिं० + फ़ा०* (स्त्री०) इक्के, ताँगे को बहुत तेज़ दौड़ाना

गहवारा–*फ़ा०* (पु०) 1 झूला 2 पालना

गहाना–(स० क्रि०) पकड़ाना

गहीला–(वि०) 1 उन्मत्त, पागल 2 अभिमानी, गर्वीला, घमंडी

गहुआ–(पु०) छोटे मुँह की सँड़सी

गहेला–(वि०) 1 धारण करनेवाला 2 अभिमानी 3 उन्मादग्रस्त, पागल 4 गँवार 5 हठी

गहैया–(वि०) 1 पकड़नेवाला 2 ग्रहण करनेवाला

गह्वर–I *सं०* (पु०) 1 दुर्भेद्य एवं विषम स्थान 2 अत्यधिक गहरा एवं अँधेरा स्थान 3 गुफा 4 वन II (वि०) 1 दुर्गम 2 छिपा हुआ 3 गंभीर

गांग–*सं०* (वि०) गंगा का

गाँगन–(स्त्री०) *बो०* छोटा फोड़ा, फुंसी

गांगेय, गांग्य–*सं०* (वि०) 1 गंगा का 2 गंगा से उत्पन्न

गाँज–(पु०) 1 ढेर लगाने की क्रिया 2 ढेर, राशि

गाँजना–(स० क्रि०) ढेर लगाना (जैसे-भूसा गाँजना)

गाँजा–(पु०) भाँग की जाति का एक मादक पौधा और उसकी सूखी कलियाँ एवं फूल

गाँठ–(स्त्री०) 1 रस्सी आदि के सिरों को घुमाकर एक दूसरे में फँसाकर कसने से बननेवाला उभरा हुआ रूप, ग्रंथि, गिरह (जैसे-गाँठ खुलना, गाँठ छोड़ना) 2 कपड़े के छोर में कुछ रखकर लगाई गई गिरह 3 गठरी (जैसे-कपड़े की गाँठ, रूई की गाँठ) 4 जेब। ~**कट** (पु०) गाँठ काटनेवाला व्यक्ति, गिरहकट; ~**गँठीला** (वि०) जिसमें अनेक गाँठें पड़ी हों; ~**दार** *+ फ़ा०* (वि०) जिसमें गाँठें पड़ी हों। ~**कटना** 1 जेब कटना 2 जेब से पैसा निकल जाना 3 ठगा जाना; ~**कतरना**, ~**काटना** जेब कतरना; ~**का पूरा** धनी; ~**खुलना** 1 उलझन दूर होना 2 दिल साफ़ होना 3 मन की बात कहना; ~**पर गाँठ पड़ना** कठिनाई बढ़ते जाना; ~**बाँधना** याद रखना

गाँठना–(स० क्रि०) 1 गाँठ देना 2 मोटी सिलाई करना (जैसे-जूता गाँठना, मोट गाँठना) 3 स्वार्थ हेतु संबंध बनाना 4 अनुचित रूप से कार्य पूरा करना (जैसे-मतलब गाँठना)

गाँड–(स्त्री०) 1 मल त्याग की इंद्रिय, गुदा 2 तला, पेंदा

गाँडा–(पु०) 1 ईख की गँडेरी 2 ईख, गन्ना 3 मेंड़री

गांडीव–*सं०* (पु०) 1 अर्जुन को अग्निदेव द्वारा दिया गया धनुष 2 धनुष

गाँडू–(वि०) 1 गांड़ मरानेवाला 2 कायर और निकम्मा

गाँती–(स्त्री०) = गाती

गांधर्व–*सं०* (वि०) 1 गंधर्व का 2 गंधर्व जाति का 3 गंधर्व देश का। ~**वेद** (पु०) सामवेद का उपवेद जिसमें सामगान का विवेचन रहता है, संगीत शास्त्र

गांधार–I *सं०* (वि०) 1 गांधार देश का 2 गांधार देश में रहनेवाला II (पु०) गंधार नामक प्राचीन देश

गांधी–(पु०) 1 गुजराती वैश्यों का एक वर्ग 2 सुगंधित तेल बनाने और बेचनेवाला। ~**टोपी** (स्त्री०) खद्दर की बनी किश्तीनुमा लंबोतरी टोपी; ~**दर्शन** (पु०) गाँधी का

जीवनसंबंधी दृष्टिकोण; ~**भक्त** (पु०) = गाँधीवादी; ~**वाद** (पु०) महात्मा गाँधी द्वारा प्रतिपादित वह सिद्धांत एवं विचारधारा जिसमें सत्य एवं अहिंसा तथा तप एवं त्याग को ध्यान में रखते हुए अपने उद्देश्य को प्राप्त करने का प्रयत्न किया जाता है; ~**वादी** (वि०) गाँधीवाद का अनुसरण करनेवाला

गांभीर्य–*सं०* (पु०) = गंभीरता

गाँव–(पु०) 1 ग्राम, छोटी बस्ती 2 मनुष्यों की बस्ती जहाँ खेती-बाड़ी पेशा प्रधान है। ~**पंचायत** (स्त्री०) ग्राम पंचायत; ~**सभा** + *सं०* (स्त्री०) = ग्राम सभा; ~**मारना** गाँव में डाका डालना, लूट-पाट करना

गाँवटी–(वि०) 1 गाँव में रहनेवाला 2 गाँव में होनेवाला 3 (दे०) गँवार

गाँवड़ा–(पु०) छोटा गाँव

गाँस–(स्त्री०) 1 तीर, बरछी, भाले आदि का नुकीला फल 2 मनोमालिन्य 3 गाँठ (जैसे-मन की गाँस)। ~**निकालना** बदला चुकाकर मन शांत करना

गाँसना–(स० क्रि०) 1 कसना 2 सालना 3 छेदना

गाँसी–(स्त्री०) = गाँस

गाइड–*अं०* (पु०) पथप्रदर्शक। ~**बुक** (स्त्री०) ऐसी पुस्तक जिसमें नगर या देश के प्रमुख दर्शनीय स्थान, वस्तुएँ एवं अन्य महत्त्वपूर्ण सामग्रियाँ क्रमिक रूप से वर्णित हों

गाउन–*अं०* (पु०) 1 लंबी और ढीली पोशाक 2 डाक्टर, वकील एवं स्नातक आदि को उच्च परीक्षा उत्तीर्ण करने पर चिह्न स्वरूप मिलनेवाली पोशाक

गाऊघप्प–(वि०) 1 सब कुछ खा-पी जानेवाला 2 दूसरों का माल हड़पनेवाला

गाकरी–(स्त्री०) बाटी, लिट्टी

गागर–(स्त्री०) ऊँचे गलेवाला घड़ा। ~**में सागर भरना** 1 थोड़े स्थान में बहुत सी वस्तुएँ भरना 2 थोड़े शब्दों में अधिक से अधिक भाव प्रकट करना

गाज–*अं०* (स्त्री०) 1 झीनी बुनावट का पतला कपड़ा 2 रंगीन बूटीदार कपड़ा

गाछ–(पु०) पेड़, वृक्ष

गाज–I (स्त्री०) वज्र, बिजली (जैसे-गाज गिरना) II (पु०) फेन, झाग III (स्त्री०) काँच की चूड़ी

गाजना–(अ० क्रि०) 1 गरजना 2 शोर मचाना। **मन ही मन गाजना** अंदर ही अंदर प्रसन्न होना

गाजर–(स्त्री०) एक प्रसिद्ध मीठा, लंबोतरा कंद जो सब्जी और अचार आदि के काम आता है। ~**मूली समझना** 1 तुच्छ समझना 2 असमर्थ समझना

ग़ाज़ा–*फ़ा०* (पु०) एक प्रकार का लेप जो मुँह पर लगाया जाता है

ग़ाज़ी–*अ०* (पु०) धर्म योद्धा। ~**मर्द** + *फ़ा०* (पु०) बड़ा वीर

गाटा–(पु०) *बो०* 1 छोटा खेत, गाटर 2 बैलों की वह दौनी जिससे पयाल का चूरा किया जाता है

गाड़–(पु०) 1 ज़मीन में खोदा गया गड्ढा 2 अनाज भरने हेतु खोदा गया गड्ढा 3 गन्ने का रस इकट्ठा होनेवाला गड्ढा 4 खेत की मेड़

गाड़ना–(स० क्रि०) 1 दफ़न करना (जैसे-मुर्दा गाड़ना) 2 ज़मीन में धँसाना (जैसे-पुल का खंभा गाड़ना) 3 छिपाकर रखना (जैसे-सोने का आभूषण तहखाने में गाड़ना)

गाडर–(स्त्री०) *बो०* भेड़

गाड़ा–(पु०) जंगल में डाकुओं का छिपकर बैठनेवाला गड्ढा। **गाड़े बैठना** घात में छिपकर बैठना

गाड़ी–(स्त्री०) पहिये के सहारे चलनेवाली सवारी (जैसे-मालगाड़ी, तोप की गाड़ी)। ~**ख़ाना** + *फ़ा०* (पु०) ऐसा स्थान जहाँ गाड़ियाँ रखी जाती हों; ~**बान, (वान्)** (पु०) 1 गाड़ी हाँकनेवाला 2 गाड़ी चलानेवाला

गाढ़–*सं०* (वि०) 1 दृढ़, पक्का 2 गंभीर, गहरा 3 घना 4 कठिन 5 तेज़। ~**ता** (स्त्री०) 1 गहनता 2 कठिनता

गाढ़ा–(वि०) 1 जो कम तरल हो (जैसे-गाढ़ा शहद, गाढ़ा दूध) 2 जो बहुत गहरा हो (जैसे-गाढ़ा हरा, गाढ़ा पीला) 3 ठस बुनावटवाला 4 पक्का 5 अति घनिष्ठ (जैसे-गाढ़ी मित्रता)। **गाढ़ी छनना** गहरी मित्रता होना; **गाढ़े का साथी** संकटकाल में मदद करनेवाला; **गाढ़े दिन** मुसीबत के दिन; **गाढ़े पसीने की कमाई** बहुत अधिक परिश्रम से कमाया गया धन एवं पैसा आदि; **गाढ़े में** विपत्ति में

गाणपत–*सं०* (वि०) 1 गणपति संबंधी 2 गणपति का

गाणपत्य–*सं०* (पु०) गणेश का उपासक

गाणितिक–I *सं०* (वि०) गणित संबंधी II (पु०) गणितज्ञ

गात–(पु०) 1 शरीर, देह 2 नारियों का यौवनकाल। ~**से होना** गर्भवती होना

गातव्य–*सं०* (वि०) गाने योग्य

गात्र–*सं०* (पु०) देह, शरीर। ~**रूह** (पु०) शरीर के रोएँ

गात्रावरण–*सं०* (पु०) शरीर ढकने की कोई चीज़

गाथ–*सं०* (पु०) 1 गाना, गान 2 प्रशंसा, स्तुति 3 कथा, कहानी

गाथक–*सं०* (पु०) गाथा लिखने/सुनानेवाला

गाथा–*सं०* (स्त्री०) 1 गीत-कथा 2 कथा, वृत्तांत 3 प्रशंसा, स्तुति

गाथिक–*सं०* (पु०) गाथा गानेवाला

गाद–(स्त्री०) *बो०* 1 तलछट 2 गाढ़ी चीज़

गादड़–I (वि०) मट्ठर, सुस्त II (पु०) 1 गीदड़ 2 डरपोक 3 जल्दी न चल सकनेवाला बैल

गादर–(वि०) गदराया हुआ

गादा–(पु०) 1 खेत में बिना पकी हुई खड़ी फ़सल 2 खड़ी फ़सल के अधपके अन्न के दाने 3 हरा महुआ

गादी–(स्त्री०) छोटी टिकिया के आकार का एक पकवान

गादुर–(पु०) चमगादड़

गाध–I *सं०* (पु०) 1 स्थान, जगह 2 जल के नीचे का तल 3 नदी का प्रवाह II (वि०) 1 छिछला, कम गहरा 2 अल्प, थोड़ा

गान–*सं०* (पु०) 1 गाना 2 गीत 3 वर्णन। ~**विद्या** (स्त्री०) संगीत का ज्ञान; ~**वृंद** (पु०) गानमंडली

गाना–(स० क्रि०) 1 कविता, गीत आदि का सुर एवं लय के साथ उच्चारण करना 2 स्तुति करना 3 पक्षियों आदि का मृदु स्वर में बोलना, कलरव करना 4 विस्तार रूप में वर्णन करना 5 आराधना करना (जैसे-भजन गाना)। ~**बजाना** (पु०) संगीत

ग़ाफ़िल–*अं०* (वि०) 1 अचेत, बे-सुध 2 असावधान 3 लापरवाह

गाभ–(पु०) मादा पशुओं का गर्भ। ~**डालना** अपना गर्भ गिराना, बाहर निकालना

गाभा–(पु०) 1 नया कोमल पत्ता, कल्ला 2 पौधों, वृक्षों आदि के डंठलों के अंदर का कोमल भाग

गाभिन, गाभिनी–(वि०) (मादा पशु) जिसके पेट में बच्चा हो, गर्भिणी

गाम–(पु०) गाँव

गामा किरण–*अं० + सं०* (स्त्री०) नाभिक से निकलनेवाली विद्युतचुंबकीय किरण

गामी–*सं०* (वि०) जानेवाला (जैसे-दूरगामी, कुपथगामी)

गाय–(स्त्री०) 1 दो सींगोंवाला एक पशु जिसका दूध बहुत स्वादिष्ट एवं पुष्टिकारक होता है तथा जिसके दूध से अनेक पदार्थ बनते हैं 2 अत्यधिक सीधा सादा एवं निरीह व्यक्ति। ~**गोठ** (स्त्री०) = गांवख़ाना; ~**भैंस** (स्त्री०); ~**की तरह काँपना** बहुत डरना

गायक–*सं०* (पु०) 1 गानेवाला, गवैया 2 गाकर अपनी जीविका चलानेवाला व्यक्ति 3 स्तुति करनेवाला व्यक्ति

गायकवाड़–(पु०) बड़ौदा के पुराने महाराजाओं की उपाधि जो मराठों के उत्तराधिकारी थे

गायकी–*सं०* (स्त्री०) 1 गान विद्या 2 गाने की उच्चकला 3 गान विद्या के अनुसार गाना

ग़ायत–I *अ०* (वि०) 1 बहुत अधिक, अत्यधिक 2 हद दरजे का II (स्त्री०) सीमा अधिकता

गायताल–I (पु०) निकृष्ट चौपाया II (वि०) निकम्मा एवं निकृष्ट, रद्दी

गायत्र–*सं०* (पु०), **गायत्री**–*सं०* (स्त्री०) 1 एक वैदिक छंद 2 वैदिक छंद में रचित एक प्रसिद्ध वैदिक मंत्र 3 वेदमाता, सावित्री

गायन–*सं०* (पु०) 1 गाने की क्रिया 2 गीत, गान 3 गवैया, गायक। ~**वादन**, ~**वाद्य** (पु०) = गाना बजाना

गायनोत्सव–*सं०* (पु०) संगीत समारोह

ग़ायब–*अ०* (वि०) 1 जो आँखों से ओझल हो गया हो, लुप्त 2 छिपा हुआ 3 अनुपस्थित 4 अदृश्य। ~**बाज़** + *फ़ा०* (पु०) बिना देखे शतरंज खेलनेवाला; ~**करना** चालाकी से कोई वस्तु उड़ा लेना

ग़ायबाना–*अ० + फ़ा०* (क्रि० वि०) 1 गुप्त रीति से, छिपे-छिपे 2 पीठ पीछे, चोरी से

गायिका, गायिनी–*सं०* (वि०/स्त्री०) 1 गानेवाली स्त्री 2 ऐसी स्त्री जो गाकर अपनी जीविका चलाती हो

गारंटी–*अं०* (स्त्री०) प्रत्याभूति, ज़मानत। ~**शुदा** + *फ़ा०* प्रत्याभूत

ग़ार–*अ०* (पु०) 1 नीची ज़मीन 2 गड्ढा 3 गुफा, कंदरा

ग़ारत–I *अ०* (स्त्री०) लूट-मार II (वि०) ध्वस्त, बरबाद। ~**गर** + *फ़ा०* (पु०) 1 लूटमार करनेवाला, लुटेरा 2 तबाह करनेवाला; ~**गरी** + *फ़ा०* (स्त्री०) 1 लूटमार 2 तबाही

गारद–*अं०* (स्त्री०) 1 सिपाहियों का छोटा दस्ता 2 सुरक्षा के लिए नियुक्त सैनिक टुकड़ी 3 पहरा। ~**घर** + *हिं०* (पु०), ~**में करना**, ~**में रखना** 1 पहरे में रखना 2 हवालात में बंद करना

गारना–I (स० क्रि०) 1 निचोड़ना 2 घिसकर रस निकालना (जैसे-चंदन गारना) 3 गिराना, निकालना (जैसे-गड्ढे का पानी गार दो) 4 अलग करना

गारना–II (स० क्रि०) 1 क्षीण करना (जैसे-गहन तपस्या से शरीर गारना) 2 दर्प, अभिमान चूर करना

गारा–I (पु०) 1 मिट्टी एवं पानी आदि का लेसदार घोल 2 सुर्खी, चूने आदि का बनाया गया मसाला II (वि०) गीला, तर

गारुड़–*सं०* (वि०) गरुड़ संबंधी, गरुड़ का

गारुड़ी–*सं०* (पु०) विष उतारनेवाला

गारुत्मत–I *सं०* (वि०) गरुड़ का II (पु०) पन्ना (रत्न)

गार्जियन–*अं०* (पु०) अभिभावक

गार्ड–*अं०* (पु०) रक्षा करनेवाला व्यक्ति, रक्षक

गार्डेन–*अं०* (पु०) बाग़, उद्यान। ~**पार्टी** (स्त्री०) उद्यान-गोष्ठी

गार्हपत–*सं०* (वि०) गृहपति का

गार्हपत्य–*सं०* (वि०) गृहपतित्व

गार्हस्थ्य–*सं०* (पु०) 1 गृहस्थ होने की अवस्था 2 गृहस्थाश्रम 3 गृहस्थधर्म। ~**विज्ञान** (पु०) घर गृहस्थी संबंधी विज्ञान. गृहविज्ञान

गाल–(पु०) 1 कपोल, रुख़सार 2 मुँहज़ोरी, वाचालता 3 एक बार मुट्ठी से चक्की में डाला गया अन्न, झींक। ~**करना** 1 बढ़-बढ़ कर बातें करना 2 मुँहजोरी करना; ~**पिचकना** 1 गालों का धँस जाना 2 दुबला होना; ~**फुलाना** 1 गर्व करना 2 रूठना; ~**बजाना** 1 बढ़-बढ़ कर बातें करना 2 बकवास करना; ~**मारना** 1 डींग हाँकना 2 मुँह में कौर डालना; **काल के ~ में जाना** संकट में पड़ना

गालगूल–(पु०) व्यर्थ की बातें, गपशप

गालन–*सं०* (पु०) 1 गलाना 2 पिघलाना

गाला–(पु०) पूनी। **रूई का** ~ अति उज्ज्वल, प्रकाशमान

गालित–*सं०* (वि०) 1 गलाया हुआ 2 पिघलाया हुआ

ग़ालिब–*अ०* (वि०) 1 छाया हुआ, हावी, प्रभावी 2 विजयी, श्रेष्ठ

ग़ालिबन–*अ०* (क्रि० वि०) संभावना है कि, संभवतः

गाली–(स्त्री०) 1 दुर्वचन, अश्लील बात (जैसे-गाली देना, गाली बकना) 2 कलंक सूचक बातें। ~**गलौज** (स्त्री०), ~**गुफ़्ता** + *फ़ा०* (पु०) एक दूसरे को अपशब्द कहना; **गालियों पर उतरना** गालियाँ बकने लगना

गालू–(वि०) 1 बढ़ चढ़कर बातें करनेवाला 2 बकवादी

गाव–*फ़ा०* (पु०) 1 गाय-बैल 2 वृष राशि। ~**कुशी** (स्त्री०) गोवध, गऊ हत्या; ~**ख़ाना** (पु०) 1 गोशाला 2 मवेशीख़ाना; ~**ख़ुर्द** (वि०) 1 गायब, लापता 2 नष्ट-भ्रष्ट; ~**तकिया** (पु०) लंबा और गोल तकिया, मसनद; ~**दुम** (वि०) 1 जो गाय की पूँछ की तरह हो 2 ढालुवाँ

गावदी–(वि०) 1 नासमझ 2 मूर्ख, जड़

ग़ासिया–*अ०* (पु०) घोड़े की ज़ीन पर बिछाया जानेवाला कपड़ा, ज़ीन पोश

गाह–*फ़ा०* (स्त्री०) 1 स्थान (जैसे-बंदरगाह, ईदगाह) 2 कोई विशिष्ट काल

गाहक–(पु०) खरीदार

गाहकी–(स्त्री०) 1 ख़रीदारी 2 बिक्री

गाहन–*सं०* (पु०) 1 पानी में बैठकर गोता लगाना 2 थाह लेना

गाहना–(स० क्रि०) 1 थाह लेना 2 बिलोड़ना 3 ग्रहण करना (जैसे-अनाज गाहना) 4 अवगाहन करना 5 झाड़ना (जैसे-अनाज को गाह कर दाने अलग करना) 6 पैठना, धँसना

गाही–(स्त्री०) पाँच-पाँच का समूह (जैसे-20 गाही आम)। ~**के गाही** अत्यधिक

गाहे-बगाहे–*फ़ा०* (क्रि० वि०) 1 इधर-उधर 2 बीच-बीच में, कभी-कभी

गिंजना–(अ० क्रि०) गींजा जाना

गिंजाई–(स्त्री०) गिँजने की क्रिया

गिंडुवा–(पु०) तकिया

गिंदौड़ा–(पु०) जमाई हुई चीनी की गोलाकार मोटी परत

गिच-पिच, गिचिर-पिचिर–(वि०) अस्पष्ट लिखा हुआ

गिजगिजा–(वि०) 1 मुलायम एवं गीला (जैसे-गिजगिजा आम) 2 गुदगुदा, माँसल (जैसे-गिजगिजा गाल)

गिज़ा–*अ०* (स्त्री०) पौष्टिक भोजन

गिटकिरी–(स्त्री०) तान लेते समय स्वर को कँपाना

गिटकौरी–(स्त्री०) कंकड़ी

गिट-पिट–(स्त्री०) विकृत शब्दावली। ~**करना** अशुद्ध भाषा में बात करना

गिट्टक–(स्त्री०) 1 चिलम के नीचे रखा जानेवाला कंकड़ 2 पत्थर आदि का छोटा टुकड़ा

गिट्टा–(पु०) 1 चिलम के छेद पर रखने की कंकड़ी 2 पत्थर का छोटा टुकड़ा

गिट्टी–(स्त्री०) 1 ईंट-पत्थर के तोड़े हुए छोटे टुकड़े, रोड़ी 2 चिलम की गिट्टक

गिड़गिड़ाना–(अ० क्रि०) सहायता हेतु दीनता पूर्वक प्रार्थना करना (जैसे-अफसर के सामने नौकर गिड़गिड़ा रहा था)

गिड़गिड़ाहट–(स्त्री०) 1 गिड़गिड़ाने की क्रिया 2 गिड़गिड़ाकर की जानेवाली प्रार्थना

गिद्ध–(पु०) 1 शव खानेवाला लंबी गर्दन का प्रसिद्ध पक्षी, गीध 2 धूर्त व्यक्ति। ~**राज** (पु०) जटायु

गिनगिनाना–I (अ० क्रि०) 1 देह का काँपना, शरीर काँपना 2 रोमांच होना II (स० क्रि०) झकझोड़ना

गिनती–(स्त्री०) 1 गिनने की क्रिया, गणना 2 संख्या, तादाद 3 हाज़िरी की जाँच।

गिनना–(स० क्रि०) 1 संख्या मालूम करना, गिनती करना 2 हिसाब लगाना 3 महत्त्वपूर्ण समझना। **गिन गिनकर** 1 अच्छी और पूरी तरह से (जैसे-गिन-गिनकर मारना) 2 एक-एक करके और बहुत कठिनता से (जैसे-गिन-गिनकर समय बिताना) 3 धीरे-धीरे और सावधान होकर (जैसे-गिन-गिनकर पैर बढ़ाना)

गिना-चुना–(वि०) 1 विशिष्ट 2 थोड़ा सा

गिनाना–(स० क्रि०) गिनने का काम दूसरे से कराना

गिनी–*अं०* (स्त्री०) सोने का सिक्का

गिन्नी–(स्त्री०) 1 चक्कर 2 घुमाने की क्रिया। ~**खाना** चक्कर खाना (जैसे-पतंग का गिन्नी खाना)

गिरगिट–(पु०) रंग बदलनेवाला छिपकली की जाति का एक जंतु। ~**की तरह रंग बदलना** किसी बात पर स्थिर न रहना, चंचल होना (जैसे-गिरगिट की तरह हमेशा रंग बदलना अच्छा नहीं है)

गिरजा–*पुर्त०* (पु०) ईसाइयों का प्रार्थनामंदिर। ~**घर** *+ हिं०* (पु०) ईसाइयों का उपासनागृह

गिरते-पड़ते–(क्रि० वि०) ठोकरें खाते हुए किसी तरह

गिरदा–*फ़ा०* (पु०) 1 घेरा 2 चक्कर 3 तकिया 4 काठ का बड़ा थाल 5 खजरी, ढोल आदि का मेंडरा 6 ढाल

गिरदावर–*फ़ा०* (पु०) घूम-घूमकर कामों की जाँच करनेवाला अधिकारी

गिरदावरी–*फ़ा०* (स्त्री०) 1 गिरदावर का काम 2 गिरदावर का पद

गिरना–(अ० क्रि०) 1 अचानक तीव्र गति से ज़मीन पर आ पड़ना (जैसे-आकाश से हवाई जहाज़ गिरना) 2 टूट कर नीचे आ पड़ना (जैसे-पेड़ की डाल टूटना, कुएँ में बाल्टी गिरना) 3 स्थिर एवं गतिमान वस्तु का गिर जाना (जैसे-दीवार का गिरना, दौड़ती रेलगाड़ी का पटरी से गिरना) 4 नदी, समुद्र में मिलना (जैसे-गंगा नदी का बंगाल की खाड़ी में गिरना) 5 नीचे आना (जैसे-वायुमंडल का तापक्रम गिरना) 6 अवनति होना (जैसे-चरित्र गिरना, मनोबल गिरना) 7 कार्य-व्यापार ठप्प होना 8 कमी होना 9 धक्के लगाना (जैसे-अत्यधिक भीड़ में एक दूसरे पर गिरना) 10 रोग होना (जैसे-फ़ालिज गिरना) 11 सहसा आ पड़ना (जैसे-सिर पर विपत्ति का पहाड़ गिरना)

गिरफ़्त–*फ़ा०* (स्त्री०) 1 अच्छी तरह से पकड़ने की क्रिया, पकड़ 2 अपराध, दोष आदि का पता लगाने का खास ढंग

गिरफ़्तार–*फ़ा०* (वि०) 1 जिसे अपराध के सिलसिले में पकड़ा गया हो 2 संकट, कष्ट आदि में जो फँसा हो

गिरफ़्तारी–*फ़ा०* (स्त्री०) 1 गिरफ़्तार होने की अवस्था 2 क़ैद

गिरमिट–I *अं०* (पु०) लोहे लकड़ी आदि में छेद करने का बड़ा बरमा *अं०* II (पु०) इक़रारनामा

गिरमिटिया–*अं०* (पु०) बंधुवा मज़दूर

गिरवाना–(स० क्रि०) 1 किसी को कोई वस्तु गिरवाने में प्रवृत्त करना 2 किसी से गिराने का काम करवाना (जैसे-मकान गिरवाना)

गिरवी–*फ़ा०* (वि०) 1 रेहन, बंधक 2 रेहन संबंधी। ~**कर्ता** *+ सं०* (वि०) गिरवी रखनेवाला; ~**ग्राही** *+ सं०* बंधक लेनेवाला; ~**दार** (पु०) बंधक रखनेवाला, रेहनदार; ~**नामा** (पु०) रेहननामा

गिरस्ती–(स्त्री०) = गृहस्थी

गिरह–*फ़ा०* (स्त्री०) 1 गाँठ, बंधन 2 गुत्थी 3 गज़ का 16वाँ भाग। ~**कट** *+ हिं०* (पु०) जेब कतरा; ~**कटी** (स्त्री०) जेब काटने का काम; ~**दार** (वि०) जिसमें गाँठ लगी हो, गठीला; ~**बाज़** (पु०) वह कबूतर जो उड़ते समय कलाबाज़ी करता है

गिराँ–*फ़ा०* (वि०) 1 बहुमूल्य, महँगा 2 भारी 3 अप्रिय, अरुचिकर

गिरा–*सं०* (स्त्री०) 1 वाणी 2 बोली, भाषा 3 सरस्वती

गिराना–(स० क्रि०) 1 किसी वस्तु को बलपूर्वक नीचे उतारना (जैसे-परदा गिराना) 2 खड़ी वस्तु को आघात द्वारा ज़मीन पर लाना (जैसे-मेज़ से प्याला गिराना, रेल की पटरी गिराना) 3 ध्वंस करना (जैसे-दीवार गिराना, मकान गिराना) 4 कम करना (जैसे-बाज़ार भाव गिराना) 5 ढाल की तरफ़ ले जाना (जैसे-कुएँ की जगत से खेत की क्यारी में पानी गिराना) 6 नीचे आ पड़ना (जैसे-कलम गिराना) 7 उँड़ेलना (जैसे-बाल्टी से फ़र्श पर पानी गिराना) 8 उपस्थित करना (जैसे-ईंटा-बालू गिराना) 9 घायल करना 10 मार डालना (जैसे-उसने रणभूमि में शत्रु को मार गिराया)

गिरानी–*फ़ा०* (स्त्री०) 1 महँगाई 2 पेट का भारीपन

गिरा-पड़ा–(वि०) 1 ज़मीन पर गिरकर पड़ा हुआ 2 टूटा-फूटा, जीर्ण-शीर्ण 3 बिना महत्त्व का

गिराव (पु०), **गिरावट**–(स्त्री०) 1 गिरने की अवस्था 2 अधःपात, पतन

गिरि–*सं०* (पु०) पर्वत, पहाड़। ~**जा** (स्त्री०) पार्वती, गौरी; ~**धर** (पु०) कृष्ण; ~**नाथ** (पु०) शंकर जी; ~**पथ** (पु०) दर्रा; ~**पाद** (पु०) पहाड़ के नीचे का मैदान; ~**द्वार** (पु०) दर्रा; ~**माला** (स्त्री०) पर्वत श्रेणी; ~**राज** (पु०) हिमालय पर्वत; ~**वर** (पु०) हिमालय; ~**शिखर** (पु०) पहाड़ की चोटी; ~**सुता** (स्त्री०) पार्वती

गिरिस्ती–(स्त्री०) = गृहस्थी

गिरी–(स्त्री०) बीज के अंदर का गूदा, मग्ज (जैसे-बादाम की गिरी)

गिरीश–(पु०) पर्वतों का राजा, हिमालय पर्वत

गिरेबान–*फ़ा०* (पु०) = गरेबान

गिरों–*फ़ा०* (पु०) = गिरवी। ~**गट्ठा** I + *हिं०* (वि०) जो रेहन रखी गई हो II (पु०) रेहन रखने का व्यवसाय

गिरोह–*फ़ा०* (पु०) = गरोह

गिर्जा–*पुर्त०* (पु०) = गिरजा

गिर्द–I *फ़ा०* (अ०) 1 आस-पास 2 चारों ओर II (पु०) वस्तु की गोलाई, घेरा। ~**पेश** (क्रि० वि०) आसपास

गिर्दागिर्द–*फ़ा०* (अ०) 1 आस पास 2 चारों तरफ़

गिर्दाब–*फ़ा०* (पु०) भँवर

गिर्दावर–I *फ़ा०* (वि०) चारों तरफ़ घूमनेवाला II (पु०) घूम-घूम कर कार्यों का निरीक्षण करनेवाला अधिकारी

गिर्दावरी–*फ़ा०* (स्त्री०) गिरदावर का काम और पद

गिल–*फ़ा०* (स्त्री०) 1 मिट्टी 2 गीली मिट्टी 3 गारा। ~**कार** (पु०) मिट्टी का पलस्तर करनेवाला; ~**कारी** (स्त्री०) दीवारों पर पलस्तर करने का काम

गिलगिला–(वि०) 1 गीला और नरम 2 करुणा आदि के कारण रोमांचित

गिलगिलिया–(स्त्री०) सिरोही नाम की चिड़िया

गिलट–*अं०* (पु०) 1 ऐसी वस्तु जिस पर सोने, चाँदी आदि का पानी चढ़ा हो 2 सोने, चाँदी आदि का पानी चढ़ाने की क्रिया

गिलटी–(स्त्री०) 1 शरीर के अंदर संधि स्थल पर होनेवाली गोल गाँठ 2 शरीर के विभिन्न अंगों में गाँठ निकलने का रोग (जैसे-गले की गिलटी)

~*सं०* (पु०) निगलना

गिलना–(स० क्रि०) 1 निगलना 2 छिपा लेना 3 ग्रसना

गिलबिला–(वि०) = गिलगिला

गिलबिलाना–(अ० क्रि०) अस्पष्ट उच्चारण करना

गिलम–I *फ़ा०* (स्त्री०) 1 ऊन का चिकना कालीन 2 मोटा और कोमल गद्दा II (वि०) मुलायम

गिलहरा–I (पु०) नर गिलहरी II (पु०) धारीदार मोटा सूती कपड़ा

गिलहरी–(स्त्री०) चूहे की तरह एक छोटा जंतु जो प्रायः बगीचों एवं पेड़ों पर रहता है, गिलाई, चिंखुरी

गिला–*फ़ा०* (पु०) 1 उलाहना, उपालंभ 2 निंदा, शिकायत। ~**शिकवा** + *अ०* (पु०) उलाहना व शिकायत

ग़िलाफ़–*अ०* (पु०) 1 खोल, लिहाफ (जैसे-तकिये का ग़िलाफ़) 2 म्यान, कोष

गिलावा–*फ़ा०* (पु०) *बो०* = गारा

गिलास–*अं०* (पु०) शीशे आदि का बना लंबोतरा छोटा बर्तन

गिली–*फ़ा०* (वि०) 1 मिट्टी का बना हुआ 2 मिट्टी से संबंध रखनेवाला

गिलौरी–(स्त्री०) पान का बीड़ा। ~**दान** (पु०) पान रखने का डिब्बा, पानदान

गिल्टी–(स्त्री०) = गिलटी

गिल्ली–(स्त्री०) 1 गुल्ली 2 गुल्ला। ~**डंडा** (पु०) = गुल्ली डंडा।

गिष्णु–*सं०* (पु०) 1 मंत्र सस्वर गानेवाला व्यक्ति 2 गवैया, गायक

गींजना–(स० क्रि०) हाथ से मसलकर ख़राब करना (जैसे-कपड़े गींजना)

गीगर-काउंटर–*अं०* (पु०) = गाइगर-गणक

गीड़–(पु०) *बो०* आँख का कीचड़

गीत–I *सं०* (वि०) गाया हुआ II (पु०) 1 छोटी पद्यात्मक रचना 2 प्रशंसा, बड़ाई 3 कथन, चर्चा। ~**कार** (पु०) गीत की रचना करनेवाला; ~**क्रम** (पु०) 1 गीत के स्वरों के उतार-चढ़ाव 2 संगीत में एक तान; ~**भार** (पु०) टेक

गीता–*सं०* (स्त्री०) गुरु शिष्य संवाद रूप में आध्यात्म तत्त्व का उपदेश करनेवाला पद्यग्रंथ (जैसे-शिवगीता, श्रीमद्भगवद्गीता)

गीतातीत–*सं०* (वि०) 1 जो गाया न जा सके 2 जिसका वर्णन न हो सके, अवर्णनीय, अकथनीय

गीतात्मक–*सं०* (वि०) गतिमय

गीति, गीतिका–*सं०* (स्त्री०) गान, गीत। ~**काव्य** (पु०) ऐसा काव्य जो गाने के लिए ही लिखा हो; ~**नाट्य** (पु०) ऐसा नाटक जिसमें पद्य की प्रधानता हो; ~**नाट्यकार** (पु०) गीतिनाट्य की रचना करनेवाला; ~**रूपक** (पु०) = गीति नाट्य

गीथा–*सं०* (स्त्री०) 1 वाणी 2 गीत

गीदड़–I (पु०) भेड़िये की जाति का एक जानवर जो लोमड़ी से मिलता जुलता होता है, सियार, श्रृंगाल II (वि०) डरपोक। ~**भभकी** (स्त्री०) डराने के लिए झूठी धमकी

गीदी–*फ़ा०* (वि०) 1 गीध संबंधी 2 कायर, डरपोक

गीध–(पु०) = गिद्ध

ग़ीबत–*अ०* (स्त्री०) 1 अनुपस्थिति, गैर हाजिरी 2 चुग़ली

गीयर–*अं०* (पु०) (मोटरगाड़ी में) रफ़्तार बदलने की गरारी
गीर्ण–*सं०* (वि०) 1 कथित, कहा हुआ 2 विस्तार से बतलाया हुआ, वर्णित
गीर्देवी–*सं०* (स्त्री०) शारदा
गीर्वाण–*सं०* (पु०) देवता
गीला–(वि०) भीगा हुआ, तर, नम (जैसे-गीला कपड़ा)। ~**पन** (पु०) गीला होने की अवस्था, तरी, नमी
गीव–(स्त्री०) गरदन, ग्रीवा
गुँग–(वि०) *बो०* = गूँगा। ~**बहरी** (स्त्री०) बरम, बाँबी
गुँगुआना–(अ० क्रि०) 1 गूँगे की तरह गूँ-गूँ शब्द करना 2 अच्छी तरह न जलना, धुआँ देना
गुंचा–(पु०) 1 फूल की कली, कोरक 2 आनंद मंगल 3 नाच रंग। ~**खिलना** 1 खूब नाच रंग होना, आनंद मंगल होना 2 मुख की आकृति आनंदपूर्ण और प्रफुल्लित होना
गुंची–(स्त्री०) = घुंघची
गुंज–*सं०* (स्त्री०), **गुंजन**–(पु०) 1 भौंरे का गुंजार 2 पक्षियों का कलरव
गुंजना–*सं० + हिं०* (अ० क्रि०) 1 गुंजार करना 2 गुनगुनाना
गुंजल्क–*सं०* (पु०) 1 शिकन 2 गाँठ
गुंजा–*सं०* (स्त्री०) घुँघची
गुंजाइश–*फ़ा०* (स्त्री०) 1 स्थान 2 समाई (जैसे-भीड़ में अब गुंजाइश नहीं है) 3 अवकाश (जैसे-इस पर बहस की गुंजाइश नहीं है)
गुंजान–(वि०) घना (~आबादी)
गुंजायमान्–*सं०* (वि०) गूँजता हुआ
गुंजायश–*फ़ा०* (स्त्री०) = गुंजाइश
गुंजार–(पु०) = गुंज
गुंजारित, गुंजित–(वि०) गुंजार युक्त
गुँज़िया–(स्त्री०) कान में पहनने का एक गहना
गुंठन–*सं०* (पु०) 1 ढकना 2 छिपाना 3 घूँघट
गुंठित–*सं०* (वि०) 1 ढका हुआ 2 छिपाया हुआ
गुंड–*सं०* (वि०) चूर्ण किया हुआ, पीसा हुआ
गुंडई–(स्त्री०) गुंडापन
गुँडली–(स्त्री०) 1 गेंडुरी 2 कुंडली
गुंडा–(पु०) उद्दंडतापूर्वक आचरण करनेवाला व्यक्ति, बदमाश। ~**गर्दी** *+ फ़ा०*, ~**गिरी** *+ फ़ा०* (स्त्री०), ~**पन** (पु०) गुंडई बदमाशी; ~**शाही** *+ फ़ा०* (वि०) गुंडागर्दी, गुंडा राज
गुंडित–*सं०* (वि०) 1 पीसा हुआ 2 धूल में मिलाया हुआ 3 धूल से ढका हुआ
गुँथना–(अ० क्रि०) गुथना
गुँदीला–(वि०) गोंदवाला
गुँधना–I (अ० क्रि०) 1 गूँधा जाना 2 माँड़ा जाना, साना जाना (जैसे-आटा गुँधना) II (अ० क्रि०) गुँथना
गुँधाई, गुँधावट–(स्त्री०) 1 गूँधने की क्रिया 2 गूँधने की मजदूरी
गुंफ–*सं०* (पु०) 1 गूँथना 2 संयुक्त करना 3 फूलों का गुच्छा
गुंफन–*सं०* (पु०) 1 गुच्छल बनना 2 पिरोना 3 गूँथना (जैस-माला गुंफन)
गुंफित–*सं०* (वि०) 1 गूँथा हुआ 2 सजाया हुआ 3 मिलाया हुआ 4 गुच्छित
गुंबज़–*फ़ा०* (पु०) = गुंबद (जैसे-गुंबज़ की आवाज़)। ~**दार** जिसमें गुंबद बना हो
गुंबद–*फ़ा०* (पु०) इमारत पर अर्ध गोलाकार शिखर (जैसे-मस्जिद का गुंबद)
गुंबदी–*फ़ा०* (वि०) गुंबद की शक्ल का
गुंबा–*फ़ा०* (पु०) चोट लगने से बनी गाँठ, गुलमा
गुइयाँ–I (स्त्री०) सखी II (पु०) 1 खेल का साथी 2 मित्र
गुग्गुल–*सं०* (पु०) सलई का पेड़ और उसकी राल
गुची–(स्त्री०) आधी ढोली
गुच्ची–(स्त्री०) 1 छोटा गड्ढा 2 गुल्ली-डंडा का छोटा गड्ढा। ~**पाला** (पु०) कौड़ी का खेल खेलने के लिए बनाया गया छोटा गड्ढा
गुच्छ, गुच्छक–*सं०* (पु०) 1 गुच्छा 2 फूलों का गुच्छा 3 गुलदस्ता
गुच्छा–(पु०) 1 एक प्रकार की एकत्रित वस्तुओं का समूह (जैसे-चाबी का गुच्छा) 2 झब्बा, फुँदना 3 एक साथ उत्पन्न हुई वस्तुओं का समूह (जैसे-अंगूर का गुच्छा)
गुच्छिका–*सं०* (स्त्री०) नसों की ग्रंथि
गुज–(पु०) 1 बाँस की कील 2 बाँस की मेख
गुज़र–*फ़ा०* (पु०) 1 रास्ता (जैसे-रहगुज़र) 2 पहुँच (जैसे-इस कमरे में हवा का गुज़र नहीं) 3 जीवन निर्वाह, गुज़ारा (जैसे-हमें सौ रुपए में गुज़र करना पड़ता है) 4 जाना, निकलना। ~**गाह** (स्त्री०) 1 आने-जाने का मार्ग 2 नदी पार करने का घाट 3 मार्ग, रास्ता; ~**नामा** (पु०) मार्ग से गुजरने हेतु दिया जानेवाला अधिकार पत्र, पार पत्र; ~**बसर** (पु०) गुज़ारा (जैसे-गुज़र-बसर होना); ~**बान** (पु०) 1 रास्ते की रखवाली करनेवाला 2 मल्लाह 3 घाट की उतराई वसूल करनेवाला।
गुज़रना–*फ़ा० + हिं०* (अ० क्रि०) 1 जाना, निकलना 2 गुज़र होना, निर्वाह होना 3 घटित होना (जैसे-वहाँ पर आप पर कैसी गुज़री) 4 व्यतीत होना, बीतना (जैसे-मुश्किल से दिन गुज़रना)। **गुज़र जाना** मर जाना, मृत्यु होना (जैसे-नेताजी गुज़र गए)
गुजराती–(वि०) 1 गुजरात प्रांत का रहनेवाला 2 गुजरात का बना हुआ (जैसे-गुजराती ताला)
गुज़रान–*फ़ा०* (स्त्री०) = गुज़र-बसर
गुज़रानना–*फ़ा० + हिं०* (स० क्रि०) 1 पेश करना 2 व्यतीत करना, बिताना
गुजरिया–(स्त्री०) = गूजरी
गुजरी–(स्त्री०) कलाई में पहनने की पहुँची
गुजरेटा–(पु०) 1 गूजर का पुत्र 2 गूजर जाति का व्यक्ति
गुजरेटी–(स्त्री०) = गूजरी
गुज़श्ता–*फ़ा०* (वि०) बीता हुआ, अतीत
गुज़ारना–*फ़ा० + हिं०* (स० क्रि०) 1 बिताना 2 आगे बढ़ाना 3 पेश करना (जैसे-अर्ज गुज़ारना) 4 पालन करना, अदा करना (जैसे-नमाज़ गुज़ारना)
गुज़ारा–*फ़ा०* (पु०) 1 गुजारने की क्रिया 2 गुज़र, निर्वाह 3 निर्वाह हेतु दी जानेवाली आर्थिक मदद 4 नाव से नदी पार करना

गुज़ारिश–*फ़ा०* (स्त्री०) प्रार्थना, निवेदन (जैसे-आपसे गुज़ारिश है कि यह कार्य कर दीजिएगा, किसी की ख़िदमत में गुज़ारिश करना)। ~**नामा** (पु०) प्रार्थना-पत्र, निवेदन पत्र

गुच्छा–I (पु०) 1 रेशेदार गुदा 2 रेशों का गुच्छा II (वि०) छिपा हुआ, गुप्त

गुझिया–(स्त्री०) खोए की एक मिठाई (जैसे-होली की गुझिया खाओ)

गुट–I (पु०) = गुट्ट। ~**तंत्र** (पु०) किसी विशिष्ट गुट का शासक; ~**निरपेक्ष** (वि०) जो किसी गुटविशेष से संबद्ध न हो; ~**निरपेक्षता-नीति** + *सं०* (स्त्री०) किसी गुट में शामिल न होने के नियम; ~**बंद** + *फ़ा०* (वि०) = गुट्टबंद; ~**बंदी** + *फ़ा०* (स्त्री०) गुट बनाकर मतभेद बनाये रखना; ~**बाज़** + *फ़ा०* गुट बनाने में निपुण व्यक्ति; ~**बाज़ी** + *फ़ा०* (स्त्री०) = गुटबंदी; ~**युद्ध** (पु०) गुटबंदी के कारण संघर्ष

गुट–II (पु०) कबूतर आदि के बोलने का शब्द, गुट ध्वनि

गुटकना–I (अ० क्रि०) गुट-गुट शब्द करना (जैसे-कबूतर का गुटकना) II (स० क्रि०) = गटकना (जैसे-दवा की गोली गुटकना)

गुटका–(पु०) 1 छोटे आकार की पुस्तक (जैसे-गुटका रामायण) 2 काग़ज़ आदि दबाने का शीशे आदि की ठोस एवं छोटी वस्तु (जैसे-गुटका से चिट्ठियां दबा दो)

गुटरगूँ–(स्त्री०) कबूतरों की आवाज़

गुटिका–*सं०* (स्त्री०) गोली

गुट्ट–(पु०) 1 दल, समूह 2 थोड़े से व्यक्तियों का आक्रमणकारी समूह (जैसे-पार्लियामेंट वाला गुट्ट, आक्रमण कारी गुट। ~**बंद** + *फ़ा०* (वि०) जो गुट में शामिल हो; ~**बंदी** + *फ़ा०* (स्त्री०) 1 गुट बनाने की क्रिया 2 मत-भेद आदि के कारण छोटे-छोटे गुट बनाना (जैसे-गुट्टबंदी से परे होना, सरकार-विरोधी गुट्ट); ~**बाज़** + *फ़ा०* (पु०) गुट बनाने का पक्षपाती; ~**बाज़ी** + *फ़ा०* (स्त्री०) = गुट्टबंदी। ~**बाँधना** दल बनाना

गुट्टा–I (पु०) चौकोर छोटी गोटी II (वि०) छोटे कद का, ठिगना, नाटा

गुट्ठल–(वि०) गुठलीवाला

गुठला–I (वि०) कुंद, भोथरा II (पु०) बड़ी और मोटी गुठली

गुठलाना–(अ० क्रि०) 1 गुठली की तरह कड़ा एवं गोल होना 2 कुंद होना 3 खट्टा पदार्थ खाने के बाद दाँतों का कुछ चबाने योग्य न रहना

गुठली–(स्त्री०) फल का कड़ा और कुछ बड़ा बीज, कुसली (जैसे-आम की गुठली)

गुडंबा–(पु०) गुड़ की चाशनी में पकाया गया कच्चा आम

गुड़–(पु०) ऊख के रस को पकाकर खूब गाढ़ा करने पर प्राप्त होनेवाला कड़ा पदार्थ (जैसे-गुड़ की बट्टी, गुड़ की भेली)। ~**खाना गुलगुलों से परहेज करना** बहुत बुराई करना; ~**गोबर करना** चौपट करना, नष्ट करना; ~**गोबर हो जाना** बरबाद होना, नष्ट होना (जैसे-तुम्हारी करनी से सब गुड़ गोबर हो गया); ~**दिखाकर ढेला मारना** लाभ का लोभ दिखाकर कष्ट देना; ~**भरा हँसिया** ऐसा कार्य जो प्रिय होने पर भी अत्यधिक कठिन होने के कारण न किया जा सके; ~**से मरे तो जहर क्यों दे** नरमी से काम हो जाए तो सख़्ती क्यों की जाए

गुड़-गुड़–(स्त्री०) 1 हुक्का पीने से उत्पन्न होनेवाला शब्द 2 वायु संचार से पेट में होनेवाला शब्द

गुड़गुड़ाना–I (अ० क्रि०) गुड़गुड़ शब्द होना II (स० क्रि०) गुड़गुड़ शब्द उत्पन्न करना (जैसे-हुक्का गुड़गुड़ाना)

गुड़गुड़ाहट–(स्त्री०) = गुड़गुड़

गुड़गुड़ी–(स्त्री०) 1 बार-बार गुड़गुड़ शब्द होने की अवस्था 2 काठ की निगालीवाला छोटा हुक्का (जैसे-गुड़गुड़ी पीना)

गुड़धानी–(स्त्री०) गुड़ में मिलाकर बनाया गया लड्डू

गुड़हर, गुड़हल–(पु०) 1 अड़हुल का पेड़ 2 अड़हुल का फूल, जपाकुसुम

गुड़ाई–(स्त्री०) खेत गोड़ने का काम

गुड़ाकू–(पु०) गुड़ मिलाकर बनाया गया पीने का तंबाकू

गुडाकेश–*सं०* (पु०) 1 शिव 2 अर्जुन

गुड़िया–(स्त्री०) कपड़े, लकड़ी आदि का बना एक खिलौना जिससे लड़कियाँ खेलती हैं। ~**सरकार** + *फ़ा०* (स्त्री०) कठपुतली सरकार; ~**सँवारना** हैसियत के अनुसार लड़की की शादी करना; **गुड़ियों का खेल** बहुत छोटा एवं सहज काम

गुड्डा–(पु०) कपड़े का बना हुआ पुतला। ~**बाँधना** पुतला बनाकर बदनाम करना

गुड्डी–I (स्त्री०) गुड़िया II पतंग

गुढ़ा–(पु०) चोर, डाकुओं के छिपने का स्थान

गुण–*सं०* (पु०) 1 निजी विशेषता 2 निपुणता 3 हुनर 4 प्राकृतिक वृत्तियाँ (जैसे-सत्व, रज, तम) 5 लक्षण। ~**कथन** (पु०) प्रशंसा करना, गुणगान, गुणवर्णन; ~**कर**, ~**कारक**, ~**कारी** (वि०) लाभकारी; ~**कीर्तन** (पु०), ~**कीर्ति** (स्त्री०) गुणगान, गुणकथन; ~**गत** (वि०) गुण-संबंधी; ~**गान** (पु०) = गुण कथन; ~**ग्राहक** (पु०) गुण और गुणी का सम्मान करनेवाला व्यक्ति; ~**ग्राही** (वि०) गुण को परखकर उसका आदर करनेवाला; ~**घाती** (वि०) 1 ईर्ष्या करनेवाला 2 कृतघ्न; ~**ज्ञ** (वि०) = गुणग्राही; ~**दोष** (पु०) अच्छाइयाँ और बुराइयाँ (जैसे-गुण-दोष बखानना); ~**धर्म** (पु०) वस्तुगत विशेषताएँ; ~**वंत्** (वि०) = गुणी; ~**वती** (स्त्री०) विशिष्ट गुणवाली महिला; ~**वाचक** (वि०) गुण या विशेषता सूचित करनेवाला (जैसे-गुणवाचक विशेषण); ~**वान्** (वि०) = गुणी; ~**संग** (पु०) गुणों का मेल; ~**सागर** (वि०) अत्यधिक गुणी; ~**शून्य** (पु०) गुणहीन व्यक्ति

गुणक–*सं०* (पु०) वह अंक जिससे गुणा किया जाए

गुणज–*सं०* (पु०) गुण्य अंक

गुणन–*सं०* (पु०) 1 *ग०* गुणा करना 2 हिसाब करना, गिनना। ~**खंड** (पु०) = गुणक; ~**फल** (पु०) गुणा करने पर प्राप्त संख्या (जैसे-गुणनफल निकालना)

गुणना–*सं०* + *हिं०* (स० क्रि०) 1 गुणा करना 2 मन में सोचना, गुनना

गुणनीय–*सं०* (त्रि०) जो गुणा किया जाने को हो

गुणांक–*सं०* (पु०) *ग०* वह संख्या जिसको गुणा किया जाए (जैसे-तीन-चार का गुणांक है)

गुणांकन–*सं०* (पु०) गुणा करना

गुणा–(पु०) *ग०* वह क्रिया जिससे यह पता चलता है कि किसी अंक को एक से अधिक बार जोड़ने पर कितना प्राप्त होता है (जैसे-8 को 4 से गुणा करना)
गुणाकर–*सं०* (वि०) गुण-सागर, गुणों की खान
गुणागुण–*सं०* (वि०) = गुण-दोष
गुणाढ्य–*सं०* (वि०) = गुण-सागर
गुणातीत–*सं०* (वि०) सत्व रज तम से परे, अलिप्त
गुणात्मक–*सं०* (वि०) गुणों पर आधारित
गुणानुवाद–*सं०* (पु०) गुण-कथन, बड़ाई
गुणान्वित–*सं०* (वि०) गुणों से युक्त
गुणार्थ–*सं०* (पु०) गुणों का सूचक अर्थ
गुणावली–*सं०* (स्त्री०) गुणों की लड़ी, अनेक गुण
गुणिका–*सं०* (स्त्री०) सूजन, गाँठ
गुणित–*सं०* (वि०) गुणा किया हुआ
गुणी–I *सं०* (वि०) गुण से युक्त, गुण संपन्न II (पु०) 1 कला-कुशल व्यक्ति, हुनरमंद 2 अलौकिक गुणवाला व्यक्ति। ~**भूत** (वि०) 1 मुख्य अर्थ से भिन्न 2 गौण बनाया हुआ; ~**व्यंग्य** (पु०) गौण व्यंग्यार्थ
गुणे–*सं० + हिं०* गुणा करें (जैसे- 7 गुणे 5)
गुणेश्वर–*सं०* (पु०) 1 तीन गुणों का स्वामी 2 परमेश्वर, ईश्वर
गुणोपेत–*सं०* (वि०) गुणों से युक्त, गुणी
गुण्य–*सं०* (पु०) 1 गुणा किए जाने योग्य संख्या 2 गुणी
गुण्यांक–*सं०* (पु०) = गुणांक
गुत्ता–(पु०) 1 लगान पर खेत जोतने-बोने के लिए खेतिहार को देने का व्यवहार 2 लगान
गुत्थम-गुत्था–(पु०) 1 भिड़ंत, द्वंद युद्ध 2 उलझाव, फँसाव
गुत्थी–(स्त्री०) 1 धागे आदि का उलझा हुआ रूप 2 उलझाव, समस्या (जैसे-गुत्थी सुलझाने पर ही कार्य आगे बढ़ सकेगा)
गुथना–(अ० क्रि०) 1 आपस में उलझना 2 पिरोया जाना 3 सीया जाना (जैसे-कथरी गुथना) 4 कसकर दबाना
गुथली–(स्त्री०) थैली
गुथवाना–(स० क्रि०) गूथने का काम अन्य से कराना (जैसे-गद्दा गुथवाना)
गुथीला–(वि०) 1 गुथा हुआ 2 हृष्ट पुष्ट
गुथुवाँ–(वि०) 1 गूथकर बनाया हुआ, गूथा हुआ 2 उलझा हुआ
गुद–*सं०* (स्त्री०) = गुदा। ~**ग्रह** (पु०) (चि०) कोष्ठबद्धता रोग; ~**भ्रंश** (पु०) *चि०* गुदा से काँच निकलने का रोग
गुदकार, गुदकारा, गुदगुदा–(वि०) 1 मुलायम एवं अच्छा 2 जिसमें कोई मुलायम चीज़ भरी गई हो (जैसे-गुदगुदा गद्दा) 3 मांसल (जैसे-गुदगुदा शरीर)
गुदकील, गुदांकुर–*सं०* (पु०) बवासीर
गुदगुदाना–(स० क्रि०) 1 कोमल मांसल अंग सहलाना 2 परिहास में छेड़ना 3 लालसा उत्पन्न करना
गुदगुदाहट–(स्त्री०) 1 गुदगुदाने की क्रिया 2 मन में उत्पन्न होनेवाली हल्की इच्छा
गुदगुदी–(स्त्री०) 1 पुलक 2 हल्की वासना, उमंग 3 उल्लास
गुदड़िया–I (पु०) 1 गुदड़ी पहननेवाला 2 रद्दी खरीदकर बेचनेवाला व्यापारी 3 खेमा, दरी आदि वस्तुएँ किराये पर देनेवाला व्यापारी II (वि०) गूदड़ी, गूदड़ संबंधी
गुदड़ी–(स्त्री०) 1 फटे-पुराने कपड़ों को सीकर बनाया गया ओढ़ना 2 रद्दी एवं फटी-पुरानी वस्तुओं के मिलने का स्थान 3 टूटी-फूटी वस्तुएँ। ~**फरोश** *+ फ़ा०* (पु०) फटे-पुराने कपड़े, बर्तन आदि बेचनेवाला; ~**बाज़ार** *+ फ़ा०* (पु०) वह बाज़ार जहाँ फटी-पुरानी रद्दी वस्तुएं प्राप्त होती हैं; ~**का लाल** 1 तुच्छ स्थान में छिपी वस्तु 2 निम्नकुल में जन्मा व्यक्ति 3 साधारण पोशाक में असाधारण गुणी व्यक्ति
गुदनहारी–(स्त्री०) = गोदनहारी
गुदना–(अ० क्रि०) 1 गोदा जाना 2 चुभना
गुदा–*सं०* (स्त्री०) मलद्वार
गुदाज़–*फ़ा०* (वि०) 1 गदराया हुआ, गुदकारा 2 गूदेदार 3 मांसल (जैसे-गुदाज़ देह, गुदाज़ बदन)
गुदाना–(स० क्रि०) गुदवाना
गुदाम–(पु०) = गोदाम
गुदारा–*फ़ा०* (पु०) 1 नाव से नदी पार करने की क्रिया, उतारा 2 वह स्थान जहाँ से लोग नाव पर सवार होते हैं एवं उतरते हैं। **गुदारे लगना** 1 किनारे लगना 2 कार्य समाप्त होना
गुदी–(स्त्री०) वह स्थान जहाँ टूटी-फूटी नौकाएँ बनाई जाती हैं
गुद्दी–(स्त्री०) *बो०* 1 फल के बीज के अंदर का गुदा, मगज 2 सिर का पिछला हिस्सा 3 हथेली का माँसल अंश। ~**की नागिन** गरदन के पीछे के बालों की भौंरी जो अशुभ मानी गई है; ~**में आँखें हो जाना** ऐसी मानसिक स्थिति जिसमें कुछ भी समझ में न आए एवं न कुछ दिखाई पड़े; ~**से जीभ निकालना** 1 ज़बान खींचकर निकाल लेना 2 कठोर दंड देना
गुनगुना–I (वि०) जो नाक से बोलता हो II हल्का गरम, कुनकुना (जैसे-गुनगुना पानी)
गुनगुनाना–(अ० क्रि०) 1 भौंरो का गुनगुन शब्द करना 2 नाक से बोलना 3 अस्पष्ट एवं धीरे-धीरे बोलना
गुनगुनाहट–(स्त्री०) = गुन-गुन
गुन-धुन–(स्त्री०) सोच विचार
गुनना–I (अ० क्रि०) 1 गुणों आदि से युक्त होना (जैसे-पढ़ना और गुनना) 2 मन में सोच-विचार करना 3 किसी को महत्त्व का समझना II (स० क्रि०) 1 वर्णन करना 2 गुणा करना
गुनहगार–*फ़ा०* (वि०) 1 गुनाह करनेवाला, पापी 2 अपराधी 3 दोषी
गुना–I संख्यावाचक शब्दों के अंत में लगनेवाला प्रत्यय (जैसे-चौगुना, दस गुना) II (पु०) *गु०* गुणन क्रिया
गुनाह–*फ़ा०* (पु०) अपराध। ~**गार** (पु०) = गुनहगार
गुनाही–*फ़ा०* (वि०) 1 अपराधी, दोषी 2 पापी
गुनिया–I *फ़ा० + हिं०* (पु०) गुणवान्, गुणी II (स्त्री०) कोने आदि की सीध लेने का एक औज़ार
गुनी–(वि०/पु०) = गुणी
गुनोबर–(पु०) देवदार की जाति का एक पेड़
गुन्ना–*अ०* (पु०) अनुस्वार को सूचित करनेवाला चिह्न
गुन्नी–(स्त्री०) रस्सी का कोड़ा
गुप-चुप–(क्रि० वि०) बिना कहे हुए (जैसे-गुप-चुप बैठना)
गुप्त–*सं०* (वि०) 1 छिपा हुआ (जैसे-गुप्त पत्रों द्वारा) 2 अपरिचित (जैसे-गुप्त दान, गुप्त मार्ग) 3 रक्षित 4 गूढ़, दुरूह, दुर्बोध। ~**क्षेत्र** (पु०), ~**घाती** (वि०) छिपकर हमला करनेवाला; ~**चर** (पु०) छिपकर टोह लेनेवाला,

जासूस; **~चर-विभाग** (पु०) गुप्त रूप से अपराधियों का पता लगाने का विभाग; **~चर्या** (स्त्री०) गुप्तचर की कार्रवाई; **गुप्तता की शपथ** रहस्यों को प्रकट न करने की शपथ; **~दान** (पु०) 1 छिपाकर दिया जानेवाला दान 2 ऐसा दान जिसके दाता का पता न हो; **~प्रणिधि** (पु०) गुप्तचर के रूप में प्रतिनिधि अधिकारी; **~मत** (पु०) अप्रकट राय/वोट; **~संचरण** (पु०) गुप्त रूप से गमन करना

गुप्तक–*सं०* (वि०) छिपाकर रखेनवाला

गुप्तांग–*सं०* (पु०) स्त्री एवं पुरुष के गुप्त अंग, उपस्थ

गुप्ता–*सं०* (स्त्री०) 1 परकीया नायिका जो पर पुरुष से अपना संबंध छिपाने का प्रयत्न करे 2 रखेली

गुप्ति–*सं०* (स्त्री०) 1 छिपाव 2 रक्षा 3 कारागार

गुप्ती–(स्त्री०) ऐसी लंबी एवं पोली छड़ी जिसमें पतली तलवार छिपी रहती है

गुप्फा–(पु०) = गुच्छा

गुफा–(स्त्री०) ज़मीन या पहाड़ के अंदर का गहरा एवं अँधेरा गड्ढा, कंदरा (जैसे-शेर गुफा में रहता है)

गुफ़्तगू–*फ़ा०* (स्त्री०) वार्तालाप, बातचीत

गुफ़्तार–*फ़ा०* (स्त्री०) 1 बात-चीत 2 बात-चीत करने का ढंग

गुबरैला–(पु०) = गोबरैला

गुबार–*अ०* (पु०) 1 गर्द, धूल 2 उद्गार (जैसे-मन का गुबार निकालना)

गुबारा, गुब्बारा–(पु०) 1 रबर की थैली जिसमें हवा से हल्की गैस भरने से वह हवा में उड़ती है 2 हवा भरी रबर की थैली जिसे सैनिक प्रयोग करते हैं, छतरी

गुम–*फ़ा०* (वि०) 1 छिपा हुआ, गुप्त 2 खोया हुआ 3 जिसका पता न हो 4 जो ख्यात न हो (जैसे-गुमनाम)। **~राह** (वि०) 1 भटका हुआ 2 पथभ्रष्ट (जैसे-गुमराह करना); **~राही** (स्त्री०) पथभ्रष्टता; **~शुदा** (वि०) खोया हुआ; **~सुम** (वि०) चुप और निश्चेष्ट, स्तब्ध

गुमकना–(अ० क्रि०) भीतर ही भीतर गूँजना

गुमटा–(पु०) गोल सूजन

गुमटी–(स्त्री०) 1 मकान के ऊपरी भाग में शेष से कुछ अधिक उठी हुई सीढ़ी की छत 2 रेलवे लाइन के किनारे खलासी के रहने के लिए छोटा गोलाकार गुंबदनुमा कमरा

गुमना–I *फ़ा० + हिं०* (अ० क्रि०) गुम हो जाना, खो जाना II (स० क्रि०) गुम करना, खो देना

गुमनाम–*फ़ा०* (वि०) 1 जिसका नाम कोई न जानता हो, अप्रसिद्ध (जैसे-गुमनाम शिकारी, गुमनाम चोर) 2 बिना नाम का (जैसे-गुमनाम चिट्ठी गुमनाम शिकायत)

गुमर–(पु०) 1 घमंड, शेखी 2 दुर्भाव, गुबार

गुमान–*फ़ा०* (पु०) 1 अभिमान, घमंड 2 अनुमान 3 कल्पना 4 कल्पना के आधार पर किया जानेवाला शक

गुमानी–*फ़ा० + हिं०* (वि०) गुमान करनेवाला, अभिमानी

गुमाश्ता–*फ़ा०* (पु०) एजेंट के रूप में काम करनेवाला कर्मचारी। **~गीरी** (स्त्री०) 1 गुमाश्ते का काम 2 गुमाश्ते का पद

गुम्मट–(पु०) 1 गुंबज 2 गुमटा

गुम्मा–I (पु०) बड़ी एवं मोटी ईंट II (वि०) गुमसुम रहनेवाला, चुप्पा

गुर–(पु०) 1 अत्यंत अच्छी युक्ति 2 अमोघ साधन 3 गुरु 4 गुरुमंत्र। **~मुखी** (स्त्री०) गुरु के मुख से निकली

गुरगा–(पु०) 1 दास, सेवक 2 अनुचर 3 जासूस

गुरगाबी–(स्त्री०) देशी जूता

गुरदा–*फ़ा०* (पु०) रीढ़दार जीवों में वे दो अंग जो किए गए भोजन से बने रक्त को साफ़ करता है और शेष तरल पदार्थ को पेशाब रूप में मूत्राशय में भेजता है

गुरबत–*अ०* (स्त्री०) 1 विदेश का निवास, प्रवास 2 पथिक की परवशता एवं विवशता 3 निराश्रयता

गुरल–(पु०) भूरे रंग की पहाड़ी बकरी

गुराई–*बो०* (स्त्री०) **गुराब**–(पु०) 1 तोप लादने की गाड़ी 2 ऐसी नाव जिसमें मस्तूल हो

गुरिया–(स्त्री०) 1 मनका 2 छोटी गोली

गुरिल्ला–*अं०* (पु०) छापामार दस्ते का सैनिक। **~युद्ध** + *सं०* (पु०), **~लड़ाई** + *सं०* (पु०) ऐसा युद्ध जिसमें सैनिक टुकड़ियाँ मौका पाकर शत्रु पर हमला करती हैं; **~सेना** + *सं०* (स्त्री०) ऐसी सेना जो घात लगाकर हमला करती है

गुरु–I *सं०* (वि०) 1 पूज्य 2 वज़नदार, भारी 3 बड़ा 4 कठिन II (पु०) 1 शिक्षक 2 पूज्य पुरुष 3 बुजुर्ग 4 कला आदि सिखानेवाला व्यक्ति, उस्ताद 5 दीर्घ मात्रा। **~कुल** (पु०) 1 गुरु का घराना 2 गुरुगृह; **~गंभीर** (वि०) बहुत भारी गंभीर/संजीदा; **~गत** (वि०) गुरु के पास गया हुआ; **~घंटाल** (पु०) चालाक आदमी; **~घर** + *हिं०* (पु०) गुरु के रहने का स्थान, गुरु का वास स्थान; **~जन** (पु०) पूज्य पुरुष, आचार्य; **~जनहंता** (पु०) बड़े बूढ़ों का हत्यारा; **~डम** (पु०) गुरुआई का दंभ या ढोंग; **~ता** (स्त्री०) 1 गुरुत्व (दे०) 2 भारीपन; **~दक्षिणा** (स्त्री०) सारी विद्या पढ लेने पर गुरु को दी जानेवाली दान-दक्षिणा (जैसे-गुरु दक्षिणा चुकाना); **~द्वारा** + *हिं०* (पु०) 1 गुरुगृह 2 सिखों का मठ, मंदिर; **~पाक** (वि०) 1 देर से पकनेवाला 2 देर से पचनेवाला; **~पूर्णिमा** (स्त्री०) गुरु पूजा का पर्व आषाढ़ पूर्णिमा; **~भाई** + *हिं०* (पु०) एक ही गुरु के दो से अधिक शिष्य गुरुभाई कहलाते हैं; **~मंत्र** (पु०) गुरु द्वारा दिया गया मंत्र या सीख; **~मार** + *हिं०* (वि०) गुरु को परास्त करनेवाला; **~मुख** (वि०) जिसने अध्यात्मिक रूप में गुरु से मंत्र लिया हो; **~मुखी** + *हिं०* (स्त्री०) = गुरमुखी; **~रत्न** (पु०) 1 पुखराज नामक रत्न 2 गोमेद नामक रत्न; **~वार** (पु०) बृहस्पतिवार

गुरुआई–*सं० + हिं०* (स्त्री०) गुरु का कार्य, धर्म

गुरुआनी–*सं० + हिं०* (स्त्री०) 1 गुरु पत्नी 2 शिक्षिका

गुरुजनोचित–*सं०* (वि०) बड़े लोगों के लिए उचित

गुरुत्व–*सं०* (पु०) 1 गुरु होने की अवस्था 2 गुरु का कार्य 3 भारीपन 4 बड़प्पन, श्रेष्ठता। **~केंद्र** (पु०) पिंड में मध्य बिंदु जिसमें पदार्थ का संपूर्ण भार केंद्रित हो; **~लंब** (पु०) रेखा जो गुरुत्वकेन्द्र से नीचे खींची जाए

गुरुत्वाकर्षण–*सं०* (पु०) वह शक्ति जिसके द्वारा कोई पिंड दूसरे पिंड को अपनी ओर आकृष्ट करता है, पिंडों की एक-दूसरे को आकृष्ट करने की वृत्ति (जैसे-शून्य गुरुत्वाकर्षण)। **~हीन** (वि०) ऐसा पिंड जिसमें

गुरुत्वाकर्षण शक्ति न हो; **~हीनता** (स्त्री०) गुरुत्वाकर्षण शक्ति न होने की अवस्था

गुरुवार–*सं०* (पु०) सप्ताह का पाँचवाँ दिन, बृहस्पतिवार

गुरू–I (पु०) गुरु, आचार्य II (व्यंग्य में) धूर्त, चालाक। **~घंटाल** (पु०) बड़ा धूर्त एवं चालाक

गुरूब–*अ०* (पु०) (सूर्य) डूबा हुआ

गुरेरना–(स० क्रि०) आँखें फाड़कर क्रोध पूर्वक देखना, घूरना

गुरेरा–(पु०) 1 गुरेरने का भाव 2 आमना-सामना, देखा-देखी

गुर्ग–*फ़ा०* (पु०) भेड़िया। **~आशनाई** (स्त्री०) कपटपूर्ण मित्रता

गुर्ज़–*फ़ा०* (पु०) 1 गदा 2 बुर्ज

गुर्जर–*सं०* (पु०) 1 गुजरात प्रांत 2 गुजरात का निवासी 3 गूजर

गुर्जरी–*सं०* (स्त्री०) 1 गुजरात प्रांत की स्त्री 2 गूजर जाति की स्त्री, गूजरी

ग़ुर्रा–*अ०* (पु०) 1 मुहर्रम महीने की द्वितीया का चाँद 2 काम के बीच में पड़नेवाला नागा (जैसे-ग़ुर्रा करना)

गुर्राना–(अ० क्रि०) 1 गुर्र-गुर्र शब्द करना (जैसे-कुत्ते का गुर्राना) 2 कर्कश ध्वनि में बोलना (जैसे-परस्पर गुर्राना)

गुर्राहट–(स्त्री०) गुरनि की क्रिया

गुर्विणी–*सं०* (स्त्री०) 1 गुरु की पत्नी 2 गर्भवती स्त्री

गुल–*फ़ा०* (पु०) शोर (जैसे-गुल मचाना)। **~गपाड़ा** + *हिं०* (पु०) शोरगुल, हो हल्ला

गुल–*फ़ा०* (पु०) 1 पुष्प, फूल 2 हँसते समय गालों में पड़नेवाला गड्ढा 3 दीपक की बत्ती का जला हुआ अंतिम भाग जो छोटे से फूल का आकार धारण कर लेता है 4 आँख का डेला 5 गोल निशान 6 दाग़ने का निशान। **~कंद** + *अ०* (पु०) चीनी में गुलाब की पंखुड़ियों को मिलाकर बनाई गई औषध; **~कट** + *हिं०* (पु०) कपड़े पर बेल-बूटे छापने का ठप्पा; **~कार** (पु०) बेल-बूटे आदि बनानेवाला कारीगर; **~कारी** (स्त्री०) 1 बेल-बूटे बनाने का काम 2 बने हुए बेल-बूटे, फूल पत्तियाँ; **~केश** + *सं०* (पु०) 1 मुर्गकेश नामक पौधा, कलगा 2 कलगा का फूल; **~गीर** (पु०) गुल काटने की कैंची; **~गूँ** (वि०) गुलाब के रंग का, गुलाबी; **~गूना** (पु०) मुँह पर लगाया जानेवाला एक तरह का उबटन; **~चमन, ~ज़ार** I (पु०) खिला हुआ बाग़-बग़ीचा II (वि०) 1 खिला हुआ, प्रफुल्ल 2 चहल पहलवाला; **~तराश** (पु०) 1 गुलगीर 2 वह माली जो बाग़ में फूल-पौधों को काट-छांटकर सुंदर एवं व्यवस्थित आकृतियाँ आदि बनाता है 3 पत्थर पर बेल-बूटे आदि बनाने का औज़ार; **~दस्ता** (पु०) 1 फूलों का गुच्छा 2 चुनी हुई वस्तुओं का संग्रह; **~दान** (पु०) गुलदस्ता रखने का पात्र; **~दार** I (वि०) 1 जिसमें फूल लगे हों (जैसे-गुलदार वृक्ष) 2 जिस पर फूल पत्तियाँ, बेल-बूटे बने हों II (पु०) 1 ऐसा जानवर जिसके शरीर पर फूल सा गोल निशान बना हो 2 एक तरह का कशीदा; **~दुम** (स्त्री०) बुलबुल; **~नार** (पु०) 1 अनार का फूल 2 एक प्रकार का अनार जिसमें सुंदर फूल होते हैं, फल नहीं होते 3 अनार के फूल की तरह का गहरा लाल रंग; **~फ़ाम** (वि०) फूलों के समान रंगवाला, अत्यंत सुंदर; **~बदन** (वि०) फूल की तरह कोमल एवं रंगवाली अत्यधिक सुंदर; **~बूटा** + *हिं०* (पु०) खोदे, छापे, बनाये गए बेल-बूटे; **~मेंहदी** + *हिं०* (स्त्री०) अनेक रंग के फूलोंवाला एक पौधा; **~मेख़** (स्त्री०) ऐसी कील जिसका ऊपरी भाग फूल के आकार का होता है, फुलिया; **~रंग** (वि०) गुलाब के रंग का, लाल गुलाबी; **~रुख़, ~रू** (वि०) फूल के समान मुखवाला; **~रोगन** (पु०) गुलाब की पत्तियों से बनाया गया तेल; **~कतरना** 1 बत्ती का गुल काटना 2 काग़ज़-कपड़े आदि को काटकर फूल बनाना; **~करना** बुझाना; **~खिलना** विलक्षण बात होना; **~खिलाना** अचंभे की बात करना; **~बँधना** खूब जल जाना; **~हो जाना** ठण्डा पड़ जाना, बुझ जाना

गुलगुला–(वि०) कोमल, नरम (जैसे-गुलगुला आम, गुलगला पदार्थ)

गुलगोथना–(वि०) नाटा मोटा भारी आदमी

गुलचला–(पु०) तोप का गोला चलनेवाला, तोपची

गुलचा–(पु०) 1 प्रेम से गाल पर लगाई जानेवाली हल्की चपत 2 छोटी गोल मुलायम चीज़

गुलछर्रा–(पु०) भोग विलास, मौज-मस्ती (जैसे-गुलछर्रे उड़ाना)

गुलझटी–(स्त्री०) 1 तागों आदि के उलझने से पड़ी गाँठ 2 कपड़े की सिकुड़न, सिलवट (जैसे-गुलझटी दूर करना, गुलझटी पड़ना)

गुलता–(पु०) मिट्टी की छोटी गोली

गुलत्थी–(स्त्री०) अधिक गीला

गुलथी–(स्त्री०) 1 गाढ़ी चीज़ की जमी हुई गाँठ 2 गिल्टी

गुलबंद–*फ़ा०* (पु०) दे० गुलूबंद

गुलमा–(पु०) 1 चोट लगने से बनी गोल कड़ी सूजन 2 मसालेदार कीमा भरी हुई बकरी की आँत

गुलशन–*फ़ा०* (पु०) बाग़, उद्यान

गुलाब–*फ़ा०* (पु०) एक तरह का प्रसिद्ध कटीला पौधा जिसमें अनेक रंग के सुगंधित फूल खिलते हैं (जैसे-लाल गुलाब, सफ़ेद गुलाब)। **~जल** + *सं०* (पु०) गुलाब के फूलों का अरक (जैसे-गुलाब जल छिड़कना); **~जामुन** + *हिं०* (पु०) जामुन की शक्ल की एक प्रसिद्ध मिठाई; **~पाश** (पु०) गुलाब जल छिड़कने का झारी के आकार का लंबा पात्र; **~बारी** + *हिं०* (स्त्री०) गुलाब के फूलों से सजाया गया स्थान

गुलाबी–I *फ़ा०* (वि०) 1 गुलाब संबंधी, गुलाब का 2 गुलाब के रंग का 3 गुलाब के फूल की तरह 4 गुलाब से सुगंधित किया हुआ II (पु०) गुलाब के फूल की तरह का रंग III (स्त्री०) 1 शराब पीने की प्याली 2 गुलाब की पंखुड़ियों से बनी एक मिठाई

गुलाम–*अ०* (पु०) 1 दास, नौकर (जैसे-कुतुबद्दीन ऐबक ने गुलामवंश की नींव डाली) 2 ताश का एक पत्ता जिसपर गुलाम का चित्र बना होता है (जैसे-पान का गुलाम)। **~ज़ादा** + *फ़ा०* (पु०) दास की संतान; **~देश** + *सं०* (पु०) जो देश स्वतंत्र न हो (जैसे-भारतवर्ष सदियों तक गुलामदेश बना रहा); **~फ़रोश** + *फ़ा०* (पु०); **~माल** (पु०) 1 सस्ती चीज़ें जो बहुत दिनों तक काम दे सकें 2 कम दाम में ख़रीदी गई वस्तु; **~राष्ट्र** + *सं०* (पु०) = गुलाम देश; **~शाही** + *फ़ा०* (स्त्री०) = गुलामी

गुलामी–I *अ० + फ़ा०* (स्त्री०) 1 गुलाम होने की अवस्था, दासता 2 परतंत्रता, पराधीनता II (वि०) गुलाम संबंधी, गुलामी की तरह का (जैसे-गुलामी में बेच देना)। ~**प्रथा** + *सं०* (स्त्री०) ऐसी प्रथा जिसमें लोगों को ख़रीद लिया जाता था और उनसे मनचाहा काम लिया जाता था जिसे अब समाप्त कर दिया गया है

गुलाल–(पु०) अबीर (जैसे-होली का गुलाल)

गुलिका–*सं०* (स्त्री०) 1 छोटी गेंद 2 गोली 3 गुल्ली

गुलिस्ताँ–*फ़ा०* (पु०) फूलों का बाग़, फुलवारी

गुलू–*फ़ा०* (पु०) गरदन, गला। ~**बंद** (पु०) 1 गले में पहनने का एक जेवर 2 गले में लपेटे जानेवाली पट्टी (जैसे-गुलूबंद लपेटना)

गुलेनार–*फ़ा०* (पु०) = गुलनार

गुलेल–(स्त्री०) दो दाँतों की कमान जिसपर छोटा कंकड़, मिट्टी गोली रखकर चिड़ियों आदि को मारते हैं

गुलेला–(पु०) 1 मिट्टी की गोली 2 गुलेल

गुलौर–(पु०) वह स्थान जहाँ रस पकाकर गुड़ बनाया जाता है

गुल्फ–*सं०* (पु०) एड़ी के ऊपर की गाँठ, गट्टा, टखना

गुल्म–*सं०* (पु०) 1 झाड़ी 2 सैन्यदल 3 पेट की गाँठ (रोग)। ~**वात** (पु०) तिल्ली का रोग

गुल्लक–(पु०) = गोलक

गुल्ला–I (पु०) 1 गुल्ला 2 शोरगुल (जैसे-हल्ला-गुल्ला) II *फ़ा०* (पु०) = गुल

गुल्ली–(स्त्री०) 1 लकड़ी का लंबोतरा टुकड़ा जिसके दोनों तरफ़ का सिरा नुकीला होता है (जैसे-गुल्ली-डंडा) 2 छापेखाने में फरमा कसने का लंबोतरा धातु का टुकड़ा। ~**डंडा** (पु०) हाथ भर का लंबा डंडा तथा चार छ अंगुल की गुल्ली जिससे बच्चे खेलते हैं (जैसे-गुल्ली डंडा खेलना); ~**बँधना** युवावस्था में वीर्य का एकत्र होना

गुवाक–*सं०* (पु०) 1 सुपारी 2 चिकनी सुपारी

गुवारा–*फ़ा०* (वि०) = गवारा

गुसल–*अ०* (पु०) नहाने की क्रिया, सारे शरीर से नहाना। ~**खाना** + *फ़ा०* (पु०) स्नानागार, नहाने का कमरा

गुसाई–(पु०) = गोसाई

गुसैल–*अ० + हिं०* (वि०) गुस्सैल

गुस्ताख़–*फ़ा०* (वि०) बे अदब, उद्दंड

गुस्ताख़ाना–*फ़ा०* (अ०) ढिठाई के साथ, अशिष्टतापूर्वक

गुस्ताख़ी–*फ़ा०* (स्त्री०) बे अदबी, अशिष्टता

गुस्ल–*अ०* (पु०) = गुसल। ~**ख़ाना** + *फ़ा०* (पु०) = गुसलख़ाना

गुस्लेसेहत–*अ० + फ़ा० + अ०* (पु०) स्वस्थ होने के बाद का स्नान

गुस्सा–*अ०* (पु०) क्रोध, कोप (जैसे-उसके दुर्व्यवहार से अध्यापक को गुस्सा आ गया, गुस्से के मारे लाल होना)। ~**उतरना** क्रोध शांत होना; ~**उतारना** गुस्से में आकर मारना, गुस्से में बिगड़ना; ~**थूक देना** क्षमा करना; ~**नाक पर होना** तुरंत क्रोध करना; ~**मारना** क्रोध सहना, माफ़ करना

गुस्सेवर–*अ० + फ़ा०*, **गुस्सैल**–*अ० + हिं०* (वि०) क्रोध करनेवाला

गुह–(पु०) पाख़ाना, मल। ~**उछालना** निंदनीय कार्यों का प्रचार करना; ~**उठाना** 1 पाखाना साफ करना 2 तुच्छ से तुच्छ सेवा करना; ~**खाना** अत्यंत तुच्छ कार्य करना; ~**में घसीटना** अपमान करना; ~**में ढेला फेंकना** नीच के साथ काम करके अपन ही अहित करना; ~**में नहलाना** अत्यधिक दुर्गति करना

गुह–*सं०* (पु०) कंदरा, गुफा

गुहाँजनी–(स्त्री०) बिलनी, अंजनहारी

गुहा–*सं०* (स्त्री०) 1 गुफा, कंदरा 2 पशुओं की माँद 3 अंतःकरण, हृदय 4 सृष्टि के उद्‌भव एवं विकास का कल्पित मूल (जैसे-किस गहन गुहा से अति अधीर)। ~**मानव** (पु०) पाषाण युग में पर्वत-कंदराओं में रहनेवाले मनुष्य; ~**लेख** (पु०) = गुहाभिलेख

गुहाभिलेख–*सं०* (पु०) पत्थरों, गुफाओं आदि पर खुदा हुआ लेख

गुहार–(स्त्री०) रक्षा के लिए पुकार, दुहाई

गुहाशय–*सं०* (पु०) माँद में रहनेवाला जंतु

गुहिका–*सं०* (स्त्री०) 1 विवर 2 गह्वर

गुह्य–I *सं०* (वि०) 1 गुप्त रखने योग्य 2 रहस्यमय II (पु०) 1 छल, कपट 2 रहस्य, भेद 3 गुप्त अंग। ~**दीपक** (पु०) जुगनूँ; ~**द्वार** (पु०) 1 मलद्वार, गुदा 2 चोर दरवाज़ा; ~**विद्या** (स्त्री०) साधुओं के रहस्यपूर्ण विषयों का ज्ञान

गूँगा–*फ़ा०* (वि०) 1 जो बोल न सके, मूक 2 न बोलने वाला, जो मौन साधे हो। ~**पन** + *हिं०* (पु०) गूँगा होने की अवस्था; ~**बहरा** + *हिं०* (पु०) जो न सुन सके न बोल सके ऐसा व्यक्ति; **गूँगे का गुड़** ऐसी स्थिति जिसमें अनुभव का बयान न किया जा सके; **गूँगे का सपना** अकथनीय अनुभव

गूँज–(स्त्री०) 1 भौंरों का गुनगुन शब्द करना, गुंजन 2 परावर्तित होकर सुनाई पड़नेवाली ध्वनि, प्रतिध्वनि 3 विस्तृत चर्चा, धूम

गूँजना–(अ० क्रि०) 1 भौंरों का गुँजारना, गुंजन करना 2 प्रतिध्वनि होना

गूँधना–I (स० क्रि०) माँड़ना (जैसे-आटा गूँधना) II = गूथना (जैसे-माला गूँधना, चोटी गूँधना)

गू–(पु०) मल। ~**मूत** (पु०) पाख़ाना-पेशाब। ~**मूत करना** गंदा करना, बर्बाद करना

गूजर–(पु०) 1 गुर्जर देश की एक प्राचीन जाति 2 ग्वाला, अहीर 3 क्षत्रियों का एक भेद

गूजरी–(स्त्री०) 1 गूजर जाति की स्त्री 2 ग्वालिन 3 पैर का गहना

गूढ़–*सं०* (वि०) 1 छिपा हुआ, गुप्त (जैसे-गूढ़ पुरुष) 2 दुर्बोध, जटिल, दुरूह (जैसे-गूढ़ विषय) 3 अभिप्राय को छिपाए हुए, गंभीर। ~**चर** (पु०) गुप्तचर; ~**जात** (वि०) जिसके पिता का पता न हो; ~**जीवी** (पु०) गुप्त रूप से जीविका चलानेवाला; ~**ता** (स्त्री०) गूढ़ होने की अवस्था; ~**पत्र** (पु०) 1 करील वृक्ष 2 अंकोट वृक्ष; ~**पथ**, ~**मार्ग** गुप्त रास्ता, सुरंग 2 अंतः करण, हृदय; ~**भाषा** (स्त्री०) कूटभाषा; ~**लेख** (पु०), ~**संहिता** (स्त्री०) 1 संवाद भेजने की गुप्त लिपि-प्रणाली 2 ऐसा संग्रह जिसमें गहन विषयों के नियम-सिद्धांतों आदि का विवेचन रहता है

गूढ़त्व–*सं०* (पु०) = गूढ़ता

गूढांग–*सं०* (पु०) 1 कछुआ 2 गुप्त अंग
गूढ़ा–*बो०* (स्त्री०) 1 वह बात जिसका अभिप्राय जल्दी न समझा जा सके 2 पहेली
गूढ़ार्थ–*सं०* (पु०) गूढ़ अभिप्राय से युक्त बात
गूढ़ोक्ति–*सं०* (स्त्री०) 1 गूढ़ कथन 2 अर्थालंकार जिससे कोई बात संबंधित व्यक्ति को न कहकर अन्य को लक्ष्य कर के कही जाये
गूढ़ोत्तर–*सं०* (पु०) उत्तर अलंकार का एक भेद जिसमें दिया जानेवाला उत्तर अपने में कोई गंभीर अर्थ छिपाये रहता है
गूथना–(स० क्रि०) 1 पिरोना (जैसे-माला गूथना) 2 टाँकना 3 मोटी सिलाई करना (जैसे-कथरी गूथना)
गूदड़–(पु०) फटा-पुराना कपड़ा
गूदा–(पु०) 1 फल आदि के अंदर का गुदगुदा भाग (जैसे-आम का गूदा) 2 चीज के अंदर का गीला गाढ़ा सार भाग, मज्जा 3 खोपड़ी का सार भाग, भेजा। **मारते-मारते ~ निकालना** दुर्गति करना, अत्यधिक सताना
गून–(स्त्री०) नाव खींचने की रस्सी
गूमड़ा–(पु०) माथे पर की कड़ी सूजन
गूमना–*बो०* (स० क्रि०) 1 गूँधना, माड़ना, सानना 2 कुचलना, रौंदना
गूलर–(पु०) पीपल की जाति का एक पेड़ एवं उसका फल। उदूंबर। **~का कीड़ा** कूप-मंडूक; **~का पेट फड़वाना** भेद खुलवाना; **~का फूल** 1 दुर्लभ फूल 2 असंभव बात
गूह–(पु०) पाखाना, मल
गूहन–*सं०* (पु०) छिपाना
गूहा-छीछी–(स्त्री०) गंदी कहा-सुनी
गृंजन–*सं०* (पु०) 1 लाल रंग का लहसुन 2 शलजम
गृध्र–*सं०* (पु०) गीध, गिद्ध; **~राज** (पु०) जटायु
गृध्रसी–*सं०* (स्त्री०) *चि०* एक तरह का वात रोग
गृष्टि–*सं०* (स्त्री०) 1 एक ही बार ब्यायी हुई गाय 2 ऐसी स्त्री जिसे एक ही संतान हुई हो
गृह–*सं०* (पु०) घर, भवन। **~उद्योग** (पु०) घरेलू उद्योग; **~कन्या** (स्त्री०) = ग्वारपाठा; **~कलह** (पु०) 1 आपस का लड़ाई-झगड़ा, घरेलू झगड़े 2 राष्ट्र में होनेवाला झगड़ा-लड़ाई (जैसे-आंतरिक गृह कलह); **~कार्य** (पु०) 1 घर गृहस्थी के काम-काज 2 घर में किया जानेवाला कार्य (जैसे-अध्यापक ने बच्चों का गृह कार्य देखा; **~गोधा** (स्त्री०) छिपकली; **~जन** (पु०) घर परिवार के लोग, कुटुंबी; **~ज्ञानी** (वि०) जिसका सारा ज्ञान घर तक ही सीमित हो, कूप मंडूक; **~त्याग** (पु०) घर को छोड़कर चला जाना; **~दाह** (पु०) 1 घर में आग लगाना 2 इस तरह का गृह कलह कि घर का सब कुछ नष्ट हो जाये; **~देवता** (पु०) घर के विभिन्न कार्यों के विभिन्न देवता; **~देवी** (स्त्री०) घर की स्वामिनि, गृहिणी; **~निर्माण** (पु०) घर बनाने की क्रिया; **~निर्माण-कला** (स्त्री०) गृह निर्माण की विधि; **~निर्माण-सामग्री** (स्त्री०) गृह निर्माण में प्रयुक्त होनेवाली वस्तुएँ; **~पति** (पु०) 1 घर का मालिक 2 परिवार का मुख्य व्यक्ति; **~पत्नी** (स्त्री०) = गृहिणी; **~परता** (स्त्री०) घर घुस्सूपन; **~परिभाग** (पु०) = गृहोपांत; **~परिस्थिति** (स्त्री०) घर की दशा (जैसे-गृह परिस्थिति अब बिगड़ चुकी है); **~पशु** (पु०) पालतू जानवर (जैसे-गाय एक गृह पशु है); **~पाल** (पु०) घर की रखवाली करनेवाला चौकीदार; **~प्रबंध** (पु०) घर-गृहस्थी का इंतज़ाम; **~प्रवेश** (पु०) नए घर में पहली बार विधि पूर्वक पूजन अदि करने के बाद जाना (जैसे-आज मेरे यहाँ गृह-प्रवेश है); **~भूमि** (स्त्री०) घर बनाने के लिए उपयुक्त जमीन; **~भेद** (पु०) घर में लड़ झगड़कर अलग होना, अलगोझा, बँटवारा; **~भेदी** (वि०) घर में फूट डालनेवाला; **~मंत्रालय** (पु०) ऐसा विभाग जहाँ देश के लोग राष्ट्र के गृह संबंधी कार्यों की देख-भाल करते हैं; **~मंत्री** (पु०) राष्ट्र एवं राष्ट्र के आंतरिक मामलों की व्यवस्था करनेवाला मंत्री (जैसे-भारत देश का गृह-मंत्री कौन है, केंद्रीय गृह-मंत्री; **~मणि** (पु०) दीपक, दीया; **~युद्ध** (पु०) 1 घरेलू लड़ाई-झगड़ा 2 देश का आंतरिक लड़ाई-झगड़ा (जैसे-पाकिस्तान में गृह-युद्ध चल रहा है); **~रक्षक** (पु०), **~रक्षी** (स्त्री०) 1 अर्द्ध सैनिक संगठन जो भारत में स्थायी शांति एवं सुरक्षा के उद्देश्य से बनाया गया है 2 अर्द्ध सैनिक संगठन का कोई अधिकारी, सदस्य; **~लक्ष्मी** (स्त्री०) गृहस्वामिनी, बहू; **~विच्छेद** (पु०) परिवार में पड़नेवाली फूट, परिवार की बरबादी; **~विहीन** (वि०) बिना घर का; **~शिल्प** (पु०) घरेलू दस्तकारी; **~संघर्ष** (पु०) गृह युद्ध; **~सचिव** (पु०) गृह मंत्रालय का प्रधान शासनिक अधिकारी; **~सज्जा** (स्त्री०) घर की सजावट और उसकी सामग्री; **~स्वामिनि** (स्त्री०) गृहिणी; **~स्वामी** (पु०) घर का मालिक
गृहणी–*सं०* (स्त्री०) काँजी
गृहप–*सं०* (पु०) घर का स्वामी, गृहपति
गृहस्थ–*सं०* (पु०) 1 घर-बार बनाकर परिवार के साथ रहनेवाला व्यक्ति 2 ब्रह्मचर्य का पालन समाप्त करके विवाहित होकर अन्य आश्रम में प्रवेश करनेवाला व्यक्ति, गृही। **~जीवन** (पु०) गृहस्थाश्रम
गृहस्थाश्रम–*सं०* (पु०) 1 ब्रह्मचर्य के बाद का आश्रम 2 विवाहित जीवन
गृहस्थी–*सं० + हिं०* (स्त्री०) 1 गृहस्थ का जीवन 2 घर-बार और बाल-बच्चे, गार्हस्थ्य (जैसे-गृहस्थी सँभालना) 3 घर का सामान, माल-असबाब 4 खेती-बारी (जैसे-गृहस्थी का काम कैसे किया जाएगा)
गृहाक्ष–*सं०* (पु०) घर की खिड़की, झरोखा
गृहागत–I *सं०* (वि०) घर में आया हुआ II (पु०) अतिथि, मेहमान
गृहावली–*सं०* (स्त्री०) घरों का सिलसिला
गृहाश्रम–*सं०* (पु०) = गृहस्थाश्रम
गृहासक्त–*सं०* (वि०) 1 घर से दूर रहने के कारण जो चिंतित एवं दुःखी हो 2 जिसे हर समय घर गृहस्थी की चिंता लगी हो, घरघुस्सू
गृहिणी–*सं०* (स्त्री०) 1 घर की मालकिन, गृहस्वामिनी 2 पत्नी, भार्या
गृहिणीत्व–*सं०* (पु०) गृहिणी का गुण-कर्म
गृही–*सं०* (पु०) गृहस्थ
गृहीत–*सं०* (वि०) 1 प्राप्त किया गया 2 पकड़ा हुआ 3 धारण किया हुआ

गृहीतार्थ–I *सं०* (वि०) जिसने अर्थ समझ लिया हो II (पु०) प्रचलित अर्थ

गृहोद्यान–*सं०* (पु०) गृह वाटिका

गृहोपकरण–*सं०* (पु०) घर गृहस्थी के सब सामान

गृह्य–*सं०* (वि०) 1 घर-घर से संबंधित, घर का 2 घर में किया जानेवाला (जैसे-गृह्य कर्म)। ~**कर्म** (पु०) घर के कर्त्तव्य; ~**सूत्र** (पु०) गृह कर्मों आदि की विधियाँ बतानेवाला वैदिक ग्रंथ

गृह्यक–*सं०* (पु०) घर में पाला-पोसा हुआ बच्चा

गेंड़–(पु०) 1 डंठल-पत्तियों आदि से बनाया गया घेरा (जैसे-इस जगह को गेड़ देना चाहिये) 2 मंडल, घेरा

गेंड़ना–(स० क्रि०) 1 मेड़ बनाना 2 चारों तरफ से घेरना (जैसे-खेत को डंठल आदि से गेड़ने से पशु अंदर नहीं आएगें) 3 अन्न के लिए गेड़ बनाना

गेंड़ली–(स्त्री०) कुंडली

गेंडा–(पु०) 1 ईख के ऊपर के पत्ते 2 ईख, गन्ना 3 ईख के टुकड़े, गँडेरी

गेंडुआ–*बो०* (पु०) 1 बड़ा गेंद 2 तकिया

गेंडुरी–(स्त्री०) 1 ईंडुरी 2 फेटा, कुंडली

गेंद–(पु०) 1 रबड़, कपड़े आदि का बना गोला जिससे बच्चे खेलते हैं, कंदुक 2 टोपियाँ एवं पगड़ियाँ आदि बनाने का कलबूत 3 तार की जालियों का बना गोला। ~**घर** (पु०) ऐसी जगह जहाँ गेंद से तरह-तरह के खेल खेले जाते हैं; ~**तड़ी** (स्त्री०) एक-दूसरे को गेंद से मारने का खेल; ~**नियंत्रण** + *सं०* (पु०), ~**बल्ला** (पु०) 1 गेंद और लकड़ी का बना कुछ चौड़ाई एवं लम्बाई का बल्ला 2 ग्यारह-ग्यारह खिलाड़ियों की दो टोलियों में होनेवाला एक प्रसिद्ध खेल जिसमें गेंद और बल्ले का प्रयोग किया जाता है, क्रिकेट; ~**बाज़** + *फ़ा०* (पु०)

गेंदई–(वि०) 1 गेंद से संबंध रखनेवाला, गेंदे का 2 गेंदे के फूल के रंग का

गेंदनुमा–*हिं०* + *फ़ा०* गेंद की आकृति का

गेंदवा–(पु०) पीले, नारंगी एवं लाल रंग के फूलोंवाला एक छोटा पौधा (जैसे-गेंदा का फूल)

गेगला–I (पु०) मसूर की जाति का जंगली पौधा II (वि०) मूर्ख, निर्बुद्धि

गेज–*अं०* (पु०) 1 नापने का साधन 2 रेल की दो पटरियों के बीच की दूरी (जैसे-मीटर गेज, नैरो गेज)

गेट–*अं०* (पु०) फाटक (जैसे-बँगले का गेट बंद कर दो)। ~**कीपर** (पु०) द्वारपाल

गेट-अप–*अं०* (पु०) उठना, जागना

गेटिस–*अं०* (पु०) 1 सैनिकों का चमड़े का बना आवरण जिसमें पिंडलियाँ ढकी रहती हैं 2 मोज़ा बाँधने का फ़ीता

गेड़ना–(स० क्रि०) 1 मेंड़ बनाना, घेरना 2 परिक्रमा करना, घूमना 3 चक्कर लगाना

गेड़ी–(स्त्री०) गेड़ने की क्रिया

गेदा–*बो०* (पु०) बिना पर का चिड़िया का बच्चा, बेपर का चिड़िया का बच्चा

गेम–*अं०* (पु०) खेल

गेय–*सं०* (वि०) 1 गाया जाने योग्य 2 जो गाया जा सके (जैसे-गेय पद)

गेरना–*बो०* (स० क्रि०) 1 गिराना 2 उँड़ेलना

गेराँव–*बो०* (पु०) 1 पगहा 2 चौपायों के बंधन का गले में पड़ा रहनेवाला भाग

गेरुआ–I (वि०) 1 गेरू के रंग का, मटमैलापन लिये लाल रंग का 2 गेरू मिट्टी के रंग में रँगा हुआ, जोगिया, भगवा II (पु०) गेरू से तैयार किया हुआ रंग

गेरुई–(स्त्री०) फसल, पौधों को होनेवाला रोग जो उनकी जड़ों में गेरुए रंग के कीड़े लगने से होता है

गेरू–(पु०)/(स्त्री०) खानों से प्राप्त होनेवाली एक तरह की लाल मिट्टी जो रँगने एवं दवा आदि के काम आती है

गेलरी–*अं०* (स्त्री०) वीथि (जैसे-आर्ट गेलरी)

गेली–*अं०* (स्त्री०) छापे के अक्षर जोड़कर बैठानेवाली धातु की छिछली किश्ती। ~**प्रूफ़** (पु०) कंपोज़ किये गये मैटर का पहला प्रूफ

गेल्हा–*बो०* (पु०) चमड़े का बड़ा कुप्पा

गेसू–*फ़ा०* (पु०) बालों की लट, जुल्फ

गेह–*सं०* (पु०) = गृह

गेहनी–(स्त्री०) घरवाली, गृहिणी

गेहुँअन–(पु०) मटमैले रंग का फनदार एक अत्यंत ज़हरीला साँप

गेहुँआ–(वि०) गेहूँ के रंग का, हल्का बादामी

गेहूँ–(पु०) छोटे दानोंवाला एक प्रकार का अन्न एवं उसका पौधा जिसके आटे की रोटियाँ आदि पकवान बनाए जाते हैं (जैसे-गेहूँ का आटा)

गेहेशूर–*सं०* (पु०) केवल घर में ही बहादुरी दिखानेवाला व्यक्ति

गैंग–*अं०* (पु०) गिरोह, जत्था, टोली; ~**मैन** (पु०) मेट, टोली मज़दूर

गैंगलियन–*अं०* (पु०) गुच्छिका

गैंडा–(पु०) भैंसे की शक्ल का एक पशु जिसके थुथने पर एक या दो सींग होते हैं

गैंती–(स्त्री०) ज़मीन खोदने की कुदाल

गैना–(पु०) नाटा बैल

ग़ैब–*अ०* (पु०) 1 अदृश्य लोक 2 परोक्ष

ग़ैबत–*अ०* (स्त्री०) निंदा, चुग़ली

ग़ैबदाँ–*अ०* + *फ़ा०* (वि०) परोक्ष की बातों का ज्ञाता, परोक्षदर्शी

ग़ैबी–*अ०* (वि०) 1 परोक्ष, ग़ैब का 2 छिपा हुआ, गुप्त 3 बिल्कुल नया एवं अपरिचित

गैया–(स्त्री०) = गाय

ग़ैर–*अ०* (वि०) 1 अन्य, दूसरा 2 कोई और, प्रस्तुत से भिन्न 3 जिसके साथ आत्मीयता का संबंध न हो (जैसे-ग़ैर आदमी) 4 भिन्न (जैसे-ग़ैर मुमकिन)। ~**आबाद** + *फ़ा०* (वि०) 1 जो आबाद न हो, उजाड़ 2 जो जोती-बोई न गयी हो, परती; ~**इंसाफ़ी** + *फ़ा०* (स्त्री०) अन्याय; ~**इलाही** (वि०) जो ईश्वरीय न हो; ~**ईमानदारी** + *फ़ा०* (स्त्री०) बेईमानी; ~**कांग्रेसी** + *अं०* + *हिं०* (वि०) जो कांग्रेस का नहीं है (जैसे-ग़ैर कांग्रेसी मंत्रिमंडल, ग़ैर कांग्रेसी राज्य); ~**क़ानूनी**

(वि०) जो नियम और क़ानून के विपरीत हो (जैसे-ग़ैर क़ानूनी काम, ग़ैर क़ानूनी पार्टी, ग़ैर कानूनी व्यापार); ~**खिलाड़ी कप्तान** + *हिं०* + *अं०* (पु०) ऐसा कप्तान जो खिलाड़ी न हो; ~**जरूरी** + *फ़ा०* (वि०) अनावश्यक; ~**जवाबदार** + *फ़ा०* (वि०) = ग़ैरज़िम्मेदार; ~**जवाबदारी** + *फ़ा०* (स्त्री०) = ग़ैरज़िम्मेदारी; ~**जानिबदार** + *फ़ा०* (वि०) अपक्षपाती; ~**जानिबदारी** + *फ़ा०* (स्त्री०) अपक्षपात; ~**ज़िम्मेदार** + *फ़ा०* (वि०) 1 जो ज़िम्मेदार न हो, दायित्वहीन 2 जिसका भरोसा न किया जा सके; ~**ज़िम्मेदारी** + *फ़ा०* (स्त्री०) दायित्वहीनता; ~**ज़िम्मेवार** + *फ़ा०* (वि०) = ग़ैरज़िम्मेदार; ~**तजुर्बेकार** + *फ़ा०* जिसे कुछ भी अनुभव न हो, अनुभवहीन (जैसे-ग़ैरतजुर्बेकार इंसान); ~**तरफ़ी** + *फ़ा०* (स्त्री०) = ग़ैरजानिबदारी; ~**दख़लंदाज़ी** + *फ़ा०* (स्त्री०) अहस्तक्षेप, ~**निवासी** + *सं०* (वि०) अन्य मुल्क, देश का रहनेवाला; ~**पार्टी** + *अं०* (वि०) दूसरे दल का (जैसे-ग़ैरपार्टी जनता); ~**पेशेवर** + *फ़ा०* (वि०) शौकिया (~ खिलाड़ी, गायक); ~**फ़ौजी** (वि०) असैनिक; ~**मज़रूआ** (वि०) जो जोती बोई न गई हो, परती; ~**मनक़ूला** (वि०) अचल (जैसे-ग़ैरमनक़ूला जायदाद); ~**मर्द** + *फ़ा०* (पु०) 1 पति से भिन्न पुरुष 2 बेगाना आदमी; ~**मामूली** + *फ़ा०* (वि०) असाधारण; ~**मुकम्मल** (वि०) अधूरा, अपूर्ण; ~**मुनासिब** (वि०) अनुचित; ~**मुमकिन** (वि०) जो संभव न हो, असंभव; ~**मुल्की** + *फ़ा०* (वि०) जो अपने देश का न हो, विदेशी; ~**मुस्तक़िल** (वि०) 1 अस्थिर 2 अस्थायी; ~**मौजूदगी** + *फ़ा०* (स्त्री०) अनुपस्थिति; ~**मौजूदा** (वि०) अनुपस्थित; ~**मौरूसी** + *फ़ा०* (वि०) 1 जो बपौती न हो 2 जो विरासत में न मिला हो; ~**रस्मी** (वि०) 1 जो परंपरागत न हो 2 अनौपचारिक; ~**राजनीतिक** + *सं०* (वि०) जो राजनीति से संबंध न रखता हो; ~**लड़ाका** + *हिं०* (पु०) लड़ाई-झगड़ा न करनेवाला व्यक्ति; ~**लोहा** + *हिं०* (पु०) ऐसा पदार्थ जिसमें लोहे का अंश न हो; ~**वर्गीय** + *सं०* (वि०) 1 जो किसी पक्ष, दल, श्रेणी का न हो 2 जो दूसरे पक्ष, दल का हो; ~**वसूल** (वि०) जो वसूला न गया हो, बाकी; ~**वाजिब** (वि०) = ग़ैर मुनासिब; ~**सरकारी** + *फ़ा०* (वि०) जो सरकारी या राजकीय न हो, अराजकीय (जैसे-ग़ैर सरकारी लेख); ~**सोवियत** + *रू०* (वि०) जो रूस से संबंध न रखता हो; ~**हथियार बंदी** + *हिं०* + *फ़ा०* (स्त्री०) निरस्त्रीकरण; ~**हाज़िर** (वि०) अनुपस्थित; ~**हाज़िरी** + *फ़ा०* (स्त्री०) अनुपस्थिति; ~**हिंदी भाषी** हिंदी भाषा से संबंद्ध न हो (जैसे-ग़ैर हिंदी भाषी राज्य); ~**हुनरमंद** + *फ़ा०* (वि०) जो कुशल न हो, अकुशल

ग़ैरत–*अ०* (स्त्री०) लज्जा, शर्म; ~**दार** + *फ़ा०*, ~**मंद** + *फ़ा०* (वि०) 1 लज्जाशील, शर्म-हयावाला 2 प्रतिष्ठित; ~**मंदी** + *फ़ा०* (स्त्री०) लाज-शर्म

ग़ैरमिसिल–(वि०) 1 जो दूसरे वर्ग का हो 2 अनुचित, अयोग्य 3 अश्लील

ग़ैरसियासी–(वि०) = ग़ैरराजनीतिक

गैरिक–I *सं०* (पु०) 1 गेरू 2 सोना, स्वर्ण II (वि०) 1 गेरू के रंग में रँगा हुआ 2 गेरू के रंग का

गैरिज़न–*अं०* (पु०) दुर्ग-सेना

ग़ैरियत–*अ०* (स्त्री०) ग़ैर होना, परायापन

गैरी–I *बो०* (स्त्री०) लांगलिका वृक्ष, विषलांगला II (वि०) खाद बनाने का गड्ढा

गैल–(स्त्री०) 1 मार्ग 2 गली (जैसे-गैल जाना)। ~**जाना** अनुसरण करना; ~**बताना** दगाबाज़ी करना

गैलन–*अं०* (पु०) तरल पदार्थ नापने का एक पैमाना जिसका मान पाँच लीटर के बराबर होता है (जैसे-इस टंकी में सौ गैलन पानी आता है)

गैलरी–*अं०* (स्त्री०) 1 व्याख्यान भवन आदि में बना हुआ सीढ़ीनुमा स्थान 2 बारजा (जैसे-दशर्क गैलरी में जाकर बैठ जायें)

गैला, गैलारा–(पु०) 1 गाड़ी के पहियों की लीक 2 बैलगाड़ी आदि के चलने का रास्ता 3 बटोही

गैस–*अं०* (स्त्री०) 1 सूक्ष्म वायुरूप जो अत्यंत प्रसरणशील होता है 2 ऐसा ज्वलनशील पदार्थ जो रोशनी उत्पन्न करता है (जैसे-हाइड्रोजन गैस) 3 पाख़ाने आदि से निकलनेवाली दुर्गंध गैस। ~**उत्पादक** + *सं०* (पु०) गैस पैदा करनेवाला; ~**कारख़ाना** + *फ़ा०* (पु०) ऐसा कारख़ाना जहाँ गैस बनाई जाती है; ~**निवारण** + *सं०* (पु०) गैस को हटाना; ~**पाइप** गैस का नल; ~**प्रतिरोधक** + *सं०*, ~**प्रूफ़** (वि०) गैसरोक; ~**बत्ती** + *हिं०* (स्त्री०) गैस का लैंप; ~**माइन** गैस की खान; ~**मापी** + *हिं०* (पु०) ऐसा उपकरण जो गैस के बाहर निकलने पर उसका मान बतलाता है; ~**मास्क** (पु०) गैस का मुखौटा; ~**युक्त** + *सं०* (वि०) ऐसा द्रव जो गैस के संयोग से बना हो (जैसे-गैसयुक्त पानी); ~**विशिष्ट** + *सं०* (वि०) जिस पदार्थ में गैस विद्यमान हो

गैसीकरण–*अं०* + *सं०* (पु०) गैस में बदलना

गैसीय–*अं०* + *सं०* (वि०) गैस का

गसीयकरण–*अं०* + *सं०* (पु०) = गैसीकरण

गोंछ–(स्त्री०) 1 गलमुच्छा 2 बहुत बड़ी मूँछ

गोंठ–(स्त्री०) धोती की लपेट, मुर्री

गोंठना–I (स० क्रि०) धार, नोंक कुंठित करना, मोंक भोथरा करना

गोंठना–II (स० क्रि०) 1 लकीरें बनाकर घेरना 2 गुझिया आदि पकवान का मुँह मोड़ना

गोंड–(पु०) 1 असभ्य, जंगली जाति 2 गोंड जाति का व्यक्ति

गोंड़ा–(पु०) 1 घेरा हुआ स्थान, बाड़ा (जैसे-गोड़ा खींचना) 2 घर के बीच का आँगन 3 विवाह के समय की परछन नामक रीति

गोंडी–(स्त्री०) गोंड़ जाति की बोली, गोंड़वानी

गोंद–(स्त्री०) 1 लसीला तरल पदार्थ जो काग़ज़ आदि चिपकाने के काम आता है 2 पेड़ से निकलनेवाला लसीला द्रव। ~**कश** + *फ़ा०* (पु०) काग़ज़ पर गोंद फैलाने का आला

गोंदा–(पु०) बेसन की गोलियाँ। ~**दिखाना** 1 बुलबुलों को लड़ाने के लिए उनके आगे गोंदा फेंकना 2 दो पक्षों में लड़ाई लगवाना

गोंदी–(स्त्री०) चटाई बनाने की घास, गोंदरी (जैसे-गोंदी सा लदना)

गोंदीला–(वि०) 1 जिसमें से गोंद निकलता हो 2 जिसमें गोंद लगा हो, गोंद से युक्त

गो–I *सं०* (स्त्री०) 1 गाय 2 इंद्रिय 3 वाणी 4 जिह्वा 5 देखने की शक्ति, दृष्टि 6 दिशा 7 माता, जननी। ~**कर्ण** I (वि०) गाय के समान कानोंवाला II (पु०) गाय के कान; ~**कुंजर** (पु०) बलिष्ठ बैल; ~**कुल** (पु०) 1 गायों का झुंड, गो समूह 2 गोशाला 3 मथुरा के पास की बस्ती जहाँ कृष्ण का पालन-पोषण हुआ था; ~**कोस** *+ हिं०* (पु०) जहाँ तक गाय की आवाज सुनाई दे उतनी दूरी; ~**खुर** (पु०) 1 गाय का खुर 2 गाय के खुर का निशान; ~**ग्रास** (पु०) 1 गाय के लिए अलग किया गया भोजन का अंश 2 गाय की तरह मुँह से उठाकर भोजन करना; ~**घात** (पु०) गऊ हत्या, गोहत्या; ~**घातक,** ~**घाती** I (वि०) गोवध करनेवाला II (पु०) कसाई; ~**चर** (वि०) इंद्रिय-ग्राह्य; ~**चर-भूमि** (स्त्री०) चारागाह, चरी; ~**चर्म** (पु०) गाय का चमड़ा; ~**जल** (पु०) गाय का पेशाब, गोमूत्र; ~**दंत** (पु०) गोदंती हरताल; ~**दान** (पु०) 1 गाय का दान 2 विवाह पूर्व किया जानेवाला एक संस्कार, केशांत; ~**दोहन** (पु०) गाय का दूध दुहने की क्रिया; ~**धन** (पु०) 1 गायों के रूप में संपत्ति 2 गायों का समूह; ~**धूलि** (स्त्री०) साँझ, शाम; ~**पति** (पु०) गाय का स्वामी, गोपाल; ~**पद** (पु०) = गोखुर; ~**पाल** (पु०) 1 गऊ का स्वामी 2 अहीर, ग्वाला 3 इंद्रियों का पालन एवं रक्षा करनेवाला, मन 4 कृष्ण; ~**पालन** (पु०) गाय पालना; ~**पालिका,** ~**पाली** (स्त्री०) 1 ग्वालिन, अहीरिन 2 गौ पालनेवाली स्त्री; ~**पुर** (पु०) किला, मंदिर आदि का ऊँचा, बड़ा और मुख्य द्वार; ~**प्रवेश** (पु०) गायों के चरकर लौटने का समय, गोधूलि; ~**मय,** ~**मल** (पु०) गोबर; ~**मांस** (पु०) गाय बैल का मांस; ~**मुख** I (पु०) 1 गाय का मुख 2 गंगा का उद्गम स्थान 3 गंगोत्री की गोमुखाकृति गुहा जिसमें से गंगा निकलती है; ~**मृग** (पु०) नीलगाय; ~**रज** (स्त्री०) गायों के चलने से उनके खुरों से उड़नेवाली धूल; ~**रस** (पु०) 1 गाय का दूध 2 दही 3 छाछ, मट्ठा आदि; ~**रसा** (पु०) जो गाय का दूध पीकर पला हो ऐसा बच्चा; ~**रोचन** (पु०) एक पीला सुगंधित द्रव्य; ~**लोक** (पु०) स्वर्ग; ~**लोक वास** परलोक वास; ~**लोक वासी** (वि०) स्वर्गवासी; ~**वत्स** (पु०) बछड़ा; ~**वध** (पु०) = गो हत्या; ~**वर्धन** (पु०) 1 गायों को पालने का काम 2 वृंदावन का एक प्रसिद्ध पर्वत जिसे कृष्ण ने अतिवृष्टि के कारण उँगली पर उठा लिया था ऐसी कल्पना की गई है; ~**व्रज** (पु०) चारागाह; ~**सर्ग** (पु०) गायों को बाहर छोड़ने का समय, प्रातः काल; ~**स्वामी** (पु०) 1 गाय का मालिक 2 जिसने इंद्रियों को वश में कर लिया हो ऐसा व्यक्ति, जितेंद्रिय; ~**हत्या** (स्त्री०) गाय को मार डालना, गोवध; ~**नाहर,** ~**व्याघ्र** अत्याधिक कुटिल मनुष्य, क्रूर एवं हिंसक व्यक्ति

गो–II *फ़ा०* (पु०) गुप्तचर, जासूस भेदिया

गोइँठा–(पु०) = गोसा, उपला, कंडा

गोइँड़–(पु०) 1 गाँव की सीमा 2 गाँव की सीमा के पास की भूमि 3 किसी स्थान के आस-पास का प्रदेश, प्रांत

गोइंदा–*फ़ा०* (पु०) गुप्तचर, जासूस, भेदिया

गोइयाँ–(वि०) हमेशा साथ रहनेवाला, साथी, संगी

गोई–*फ़ा०* (स्त्री०) कथन (जैसे-साफ़गोई)

गोकर्णी–*सं०* (स्त्री०) मुरहरी नाम की लता

गोकि–*फ़ा०* (अ०) यद्यपि

गोक्ष–(पु०) जोंक

गोखरू–(पु०) 1 कड़ा एवं कटीला फलवाला एक प्रकार का क्षुप 2 क्षुप का फल जो दवा के काम आता है 3 क्षुप की आकार के धातु के कटीले टुकड़े 4 पावों में पहनने का एक गहना 5 काँटा गड़ने के कारण बना हुआ कड़ा गोलाकार उभार 6 गोटे एवं बादले से बनाया गया क्षुप के आकार का साज़

गोख–*बो०* (पु०), **गोखा**–(पु०) 1 झरोखा, गवाक्ष 2 ताक

गोगापीर–(पु०) छोटी जाति का एक पीर जिसकी समाधि पर हिंदु-मुसलमान दोनों पूजा करते हैं (जैसे-गोगापीर की छड़ियां)

गोचना–*बो०* (पु०), **गोचनी**–(स्त्री०) चना मिलाया हुआ गेहूँ

गोज़–*फ़ा०* (पु०) 1 अपनावायु, पाद 2 चिल्गोजा। ~**शुतुर** (वि०) जिसका कोई मूल्य न हो, बेवक्त

गोजई–(स्त्री०) जौ मिला हुआ गेहूँ

गोजर–(पु०) कनखजूरा

गोजरा–(पु०) = गोजई

गोजी–(स्त्री०) लाठी, डंडा

गोझा–*बो०* (पु०) गुझिया

गोट–I (स्त्री०) चुन्री, धोती, लिहाफ़ आदि के किनारों पर लगाई जानेवाली कपड़े की पट्टी, मगजी

गोट–II (स्त्री०) 1 सभा, गोष्ठी 2 गोशाला

गोट–III (स्त्री०) चौसर आदि खेल की गोटी (जैसे-गोट बनाना)

गोट–IV *बो०* (पु०) छोटा गाँव

गोटा–I (पु०) = गोट I

गोटा–II (पु०) 1 गोला पदार्थ (जैसे-सुपारी का गोटा, बादाम का गोटा आदि) 2 सूखा मल, कंडी

गोटी–(स्त्री०) 1 छोटा कंकड़ 2 मोहरा (जैसे-शतरंज की गोटी)। ~**जमना,** ~**बैठना** युक्ति सफल होना; ~**मरना** खेल में काम न आना; ~**लाल होना** 1 युक्ति ठीक होने से पूरा लाभ होना; 2 चौसर की गोटी का सब खानों में होकर उठा लिया जाना

गोठ–(स्त्री०) 1 गोष्ठ 2 गोशाला

गोड़ना–(स० क्रि०) मिट्टी खोदकर उसे भुरभुरी कर देना (जैसे-खेत गोड़न)

गोड़वाना–(स० क्रि०) अन्य को गोड़ने के काम में लगाना

गोडा–(पु०) घुटना। **गोडे थकना** अत्याधिक शिथिल होना

गोड़ा–*बो०* (पु०) 1 चौकी, चारपाई आदि का पाया 2 थाला, थाँवला

गोड़ाई–(स्त्री०) 1 गोड़ने की क्रिया 2 गोड़ने का पारिश्रमिक

गोड़ारी–(स्त्री०) 1 पलँग, चारपाई आदि का पैताना 2 जूता

गोड़ाना–(स० क्रि०) गोड़ने की क्रिया अन्य से कराना

गोड़िया–I (स्त्री०) 1 छोटा गोड़ा 2 छोटा पैर

गोड़िया–II (पु०) 1 मल्लाह 2 सँपेरा

गोड़ी–I (स्त्री०) प्राप्ति, फायदा। ~**जमना,** ~**बैठना** सफल होना; ~**हाथ से जाना** कुछ भी प्राप्ति न होना

गोड़ी–II (स्त्री०) 1 पैर की नली 2 पैर। **~आना, ~पड़ना** उपस्थित होना, पहुँचना

गोणी–*सं०* (स्त्री०) 1 दोहरे टाट का बोरा 2 अनाज की पुरानी तौल 3 झीना कपड़ा

गोत–I (पु०) 1 गोत्र 2 वंश, कुल II (स्त्री०) डुबाया जाना

ग़ोता–*अ०* (पु०) जलाशय में डुबकी लगाना। **~ख़ोर** + *फ़ा०*, **~बाज़** + *फ़ा०*, **~मार** + *हिं०* (पु०) 1 जलाशय मे गोता लगानेवाला व्यक्ति 2 पनडुब्बी नाव। **~खाना** 1 डूबना 2 धोखा खाना; **~देना** 1 डुबकी देना 2 धोखा देना; **~मारना, ~लगाना** 1 डुबकी लगाना 2 नागा करना, अनुपस्थित रहना

गोतिया–*बो०* (वि०) 1 गोत्र संबंधी 2 गोत्र का, गोती

गोती–(वि०) जो अपने ही गोत्र का हो

गोत्र–*सं०* (पु०) 1 संतति, संतान 2 वर्ग, समूह 3 कुल, वंश। **~ज** (वि०) 1 गोत्र से उत्पन्न हुआ 2 एक ही गोत्र में उत्पन्न होनेवाला

गोत्रा–*सं०* (स्त्री०) गायों का झुंड

गोत्री–*सं०* (वि०) एक ही गोत्र में उत्पन्न

गोदंती–*सं०* (स्त्री०) कच्ची एवं सफ़ेद हरताल

गोद–(स्त्री०) 1 क्रोड़, पहलू 2 आँचल, अंचल (जैसे-शिशु माँ की गोद में छिप गया)। **~नशीन** + *फ़ा०* (वि०) गोद लिया, दत्तक; **~नशीनी** (स्त्री०) गोद लिया जाना। **~देना** अपना लड़का दत्तक रूप में किसी को देना; **~बिठाना** गोद लेना; **~भरना** 1 सौभाग्यवती स्त्री के आँचल को नारियल आदि से भरना (जैसे-आज उसकी गोद भरकर शादी की पहली रस्म अदा की जाएगी) 2 संतान होना (जैसे-कई वर्ष बाद उसकी सूनी गोद भर गई); **~लेना** दत्तक बनाना; **~सूनी रह जाना** संतान न होना

गोदनहारा–(पु०) = गोदनिया

गोदनहारी–(स्त्री०) गोदना गोदनेवाली स्त्री

गोदना–I (स० क्रि०) 1 चुभाना, गड़ाना (जैसे-चमड़े में सुई गोदना) 2 ताना मारना 3 अंकुश देना II (पु०) नील या कोयले से किसी अंग पर बना चिह्न

गोदनिया–(पु०) गोदना करनेवाला

गोदनी–(स्त्री०) 1 गोदनी की सूई 2 टीका लगाने की सूई

गोदा–(पु०) 1 बड़, पीपल आदि के पके हुए फल 2 वृक्ष की डाल, शाखा

गोदाना–(स० क्रि०) गोदने का काम अन्य व्यक्ति से कराना

गोदाम–(पु०) माल रखने का स्थान (जैसे-तेल का गोदाम)

गोदी–(स्त्री०) 1 गोद 2 जहाज़ी घाट, डॉक

गोध–(स्त्री०) छिपकली की तरह का गोह नामक जंगली जंतु

गोधा–*सं०* (स्त्री०) = गोह

गोधिका–*सं०* (स्त्री०) गोह, छिपकली

गोधूम–*सं०* (पु०) गेहूँ

गोन–I (स्त्री०) 1 बैल की पीठ पर, अनाज आदि लादनेवाला थैला, बोरा 2 अनाज की एक तौल। **~रखा** (पु०) गोन बाँधकर खींचनेवाली नाव की मस्तूल II (स्त्री०) = गून

गोनिया–I (पु०) 1 पीठ पर बोरा लादकर ढोनेवाला व्यक्ति 2 पीठ पर बोरा लादकर ढोनेवाला बैल

गोनिया–II (पु०) रस्सी बाँधकर नाव खींचनेवाला मल्लाह

गोनी–(स्त्री०) 1 टाट का थैला, बोरा 2 पाट, सन

गोप–(पु०) गले में पहनने का एक गहना

गोप–*सं०* (पु०) 1 गोपाल (क) 2 ग्वाला, अहीर 3 गोशाला का अध्यक्ष

गोपन–*सं०* (पु०) 1 छिपाना, दुराव 2 बात छिपाकर रखना

गोपनीय–*सं०* (वि०) छिपाने योग्य, गुप्त रखने योग्य (जैसे-गोपनीय बातों को निकालना)

गोपयिता–*सं०* (पु०) छिपानेवाला

गोपा–I *सं०* (वि०) 1 छिपानेवाला 2 रहस्य प्रकट न करनेवाला II (स्त्री०) 1 गोप जाति की स्त्री, गोपी 2 अहीरिन, ग्वालिन

गोपाष्टमी–*सं०* (स्त्री०) कार्तिक शुक्ला अष्टमी

गोपिका–*सं०* (स्त्री०) 1 गोप जाति की स्त्री, गोपी 2 ग्वालिन

गोपित–*सं०* (वि०) 1 छिपाया हुआ 2 छिपा हुआ

गोपी–I *सं०* (वि०) छिपानेवाला II (स्त्री०) ग्वालिन, गोपिका। **~नाथ** (पु०) गोपियों के स्वामी, श्री कृष्ण; **~चंदन** (पु०) एक प्रकार की पीली मिट्टी

गोपेंद्र–*सं०* (पु०) 1 गायों का स्वामी 2 श्री कृष्ण

गोप्ता–*सं०* (वि०) 1 छिपानेवाला 2 संरक्षक

गोप्य–*सं०* (वि०) गोपनीय

गोफना–(पु०) ढेलवाँस, गुलेल

गोफा–(पु०) नया मुँहबंद पत्ता, अंकुर

गोबर–(पु०) गाय का मल, गोमल। **~गणेश** + *सं०* (वि०) 1 अत्याधिक भद्दा 2 बिल्कुल भोंदू, मूर्ख; **~मिट्टी** (स्त्री०), **~खाना** असफलता मिलने पर भी सही ढंग से काम न करना

गोबरहारा–(पु०) 1 गोबर उठानेवाला व्यक्ति 2 गोबर पाथनेवाला व्यक्ति

गोबरी–I (स्त्री०) गोबर की लिपाई

गोबरी–II (स्त्री०) कंडा, उपला

गौबरैला, गौबरौरा–(पु०) गोबर से उत्पन्न होनेवाला और गोबर में ही रहनेवाला कीड़ा

गोभी–(स्त्री०) 1 एक प्रसिद्ध सफ़ेद रंग का बड़ा फूल वाला पौधा 2 एक प्रसिद्ध पौधा जिसके फूल की सब्जी बनती है (जैसे-गोभी का फूल)

गोमर–(पु०) 1 गाय को मारनेवाला व्यक्ति 2 कसाई, बूचड़

गोमेद, गोमेदक–*सं०* (पु०) अनेक रंग का बहुमूल्य रत्न

गोयँड़–(स्त्री०) गाँव के आस-पास की भूमि

गोयंदा–*फ़ा०* (पु०) = गुप्तचर

गोया–*फ़ा०* (अ०) 1 जैसे 2 मानों

गोर–*फ़ा०* (स्त्री०) क़ब्र (जैसे-मुर्दे के लिए गोर बनाना); **~खोदू** + *हिं०* (पु०) कब्र खोदनेवाला

गोर–*बो०* (वि०) गौर वर्ण का, गोरा

गोरख डिब्बी–(स्त्री०) 1 पानी का कुंड जिसमें से खनिज पदार्थ युक्त जल निकलता हो 2 पानी का कुंड जिसमें से गर्म जल निकलता हो

गोरखर–(पु०) गधे की जाति का एक जंगली पशु जो

गोरख़र–*ब़०१०* (पु०) गधे की जाति का एक जंगली पशु जो गधे से बड़ा तथा घोड़े से छोटा होता है

गोरखा–(पु०) 1 नेपाल देश का एक प्रदेश 2 नेपाल में

रहनेवाली एक जाति 3 गोरखा जाति का व्यक्ति

गोरखाली–(स्त्री०) गोरखा नामक जाति और प्रदेश की बोली

गोरसी–(स्त्री०) अँगीठी

गोरा–(वि०) जो बर्फ की तरह सफ़ेद और स्वच्छ हो, गौर वर्णवाला। ~**चिट्टा** (वि०) अत्यधिक गोरा; ~**भभूका** (वि०) जो बेहद गोरा हो

गोरिल्ला–*अं०* (पु०) 1 अफ़्रीकी बनमानुस 2 छापामार (युद्ध)

गोरिस्तान–*फ़ा०* (पु०) क़ब्रिस्तान

गोरी–(स्त्री०) 1 गौर वर्णवाली स्त्री 2 रूपवती स्त्री

गोरू–(पु०) मवेशी, जानवर

गोलंदाज–*फ़ा०* (पु०) तोप में गोला भरकर चलानेवाला व्यक्ति

गोलंदाजी–*फ़ा०* (स्त्री०) तोप से गोला चलाने का काम

गोलंबर–(पु०) 1 गोलाकार रचना 2 गोलाई 3 जूता, टोपी आदि रखकर सिलनेवाली कलबूत

गोल–I (पु०) 1 वृत्ताकार रचना 2 गोलाकार पिंड, गोला II (वि०) वृत्ताकार, वर्तुल (जैसे-गोल पहिया, गोल अँगूठी)। ~**कलम** (स्त्री०) धातुओं पर नक्काशी करनेवाली एक प्रकार की छेनी; ~**कली** (स्त्री०) एक प्रकार का अंगूर एवं उसकी लता; ~**गप्पा** I (पु०) घी, तेल में तली गई छोटी फुलकी II (वि०) जो गोल गप्पे के समान फूला हो; ~**गाल**, ~**गोल** (वि०) 1 गोला 2 अस्पष्ट (जैसे-गोल-गोल चेहरा); ~**घर** (पु०) मंडलाकार मकान; ~**चक्कर** (पु०) ~**चला** (पु०) = गोलंदाज; ~**मटोल** (वि०) जिससे स्पष्ट अर्थ न निकल सके, अस्पष्ट; ~**माल** (पु०) गड़बड़, घपला; ~**मिर्च** (स्त्री०) काली मिर्च; ~**मेज़** + *फ़ा०* (स्त्री०) वह गोलाकार मेज़ जिसके चारों ओर बैठकर समस्या पर न्यायोचित रूप से विचार-विमर्श किया जाय (जैसे-गोल मेज़ कांफ्रेंस); ~**मोल** (वि०) = गोल-मटोल। ~**करना** गायब करना; ~**रहना** बिल्कुल चुप रहना; ~**होना** चुपचाप हट जाना, खिसक जाना

गोल–II (पु०) गोला (जैसे-गोल बनाना, गोल करना)

गोल–*अं०* (पु०) फ़ुटबाल, हॉकी आदि के खेल में वह भाग जिसमें गेंद चली जाने से जीत का फैसला होता है (जैसे-भारत एक गोल से जीत गया)। ~**अवसर** + *सं०* (पु०) गोल करने का मौका (जैसे-गोल अवसर खोना, गोल अवसर पर असमर्थ रहना); ~**कीपर** (पु०) वह व्यक्ति जो गोल की रक्षा करता है (जैसे-गोल कीपर के हाथ से गेंद निकल गई, इस शॉट को गोलकीपर ने आराम से बचा लिया); ~**क्षेत्र** + *सं०* (पु०) वह भाग जहाँ तक गोल-कीपर जा सकता है एवं अन्य खिलाड़ी उसमें नहीं जा सकते; ~**पाल** + *सं०* (पु०) = गोल कीपर; ~**प्रयास** + *सं०* (पु०) गोल करने की कोशिश; ~**बाँस** + *हिं०* (पु०) गोल का खम्भा (जैसे-गेंद गोल बाँस से टकरा गई); ~**रक्षक** + *सं०* (पु०) = गोल कीपर; ~**लाइन** (स्त्री०) वह वृत्ताकार रेखा जिसके बाहर गोलकीपर नहीं जा सकता तथा अन्य खिलाड़ी उस रेखा के अंदर नहीं आ सकते; ~**शून्य** + *सं०* (पु०), ~**रहित** + *सं०* (वि०) बिना गोल का। ~**उतारना** बराबर करना

ग़ोल–*फ़ा०* (पु०) 1 एक ही जाति के पशुओं का समूह 2 एक ही प्रकार के लोगों का झुंड। ~**बंद** (वि०) जो समूह में घिरा हो;

गोलक–*सं०* (पु०) 1 गोल पिंड 2 विधवा की जारज संतान 3 कुंडा 4 आँख का डेला 5 आँख की पुतली 6 गुंबद आकार की गोल रचना

गोलची–*अं०* + *तु०* (पु०) = गोलकीपर (जैसे-गोल पर जमाया शॉट गोलची रोक गया)

गोला–(पु०) 1 गेंद के आकार का गोलाकार पिंड, गोलाकार वस्तु 2 सूत, ऊन आदि का गोला 3 भाँग आदि का गोला। ~**फेंक** (स्त्री०) गोला फेंकने की क्रिया; ~**बाज़ी** + *फ़ा०*, ~**बारी** + *फ़ा०* (स्त्री०) तोप से की जानेवाली गोलों की वर्षा; ~**बारूद** + *फ़ा०* (स्त्री०) 1 गोला और बारूद 2 युद्धसामग्री (जैसे-तोप से गोलाबारी करना)

गोलाई–(स्त्री०) गोलापन

गोलाकार–(वि०) जिसकी आकृति गोल हो, गोल आकारवाला (जैसे-गोलाकार टुकड़ा)

गोलाधार–(वि०) मूसलाधार, अत्यधिक तेज (जैसे-गोलाधार बरसना)

गोलार्द्ध, गोलार्ध–*सं०* (पु०) गोले का आधा भाग (जैसे-पृथ्वी का गोलार्द्ध, पूर्वी एवं पश्चिमी गोलार्द्ध)

गोलिका–*सं०* (स्त्री०) गोली

गोलियाना–(स० क्रि०) 1 गोल करना 2 गोलियाँ बनाना 3 गोल करना, उड़ाना

गोली–(स्त्री०) 1 छोटा गोलाकार पिंड, छोटी गोल वस्तु (जैसे-दवा की गोली, बंदूक़ की गोली, शीशे की गोली) 2 बच्चों का गोली खेलने का छोटा गोलाकार पिंड (जैसे-मिट्टी की गोली)। ~**कांड** + *सं०* (पु०) हत्या की वारदात, हत्या कांड; ~**चालन**, ~**प्रहार** + *सं०*, ~**बार** (पु०) = गोली कांड; ~**बारूद** + *फ़ा०* (स्त्री०) = गोली गट्ठा; ~**मार** (वि०) गोली मारनेवाला; ~**रोक** (वि०) गोली रोकनेवाला; ~**वर्षा** + *सं०* (स्त्री०), ~**वार** (पु०) = गोली कांड। ~**खाना** बंदूक आदि की गोली का आघात सहना; ~**चलाना** बंदूक से गोली चलाना; ~**मारना** 1 गोली से घायल करना 2 उपेक्षा करना और त्याग देना

गोली–*अं०* (पु०) = गोलकीपर (जैसे-टीम का गोली कौन है)

गोलीय–*सं०* (वि०) 1 गोल, गोलाकार 2 भूगोल या खगोल से संबंधित

गोल्फ़–*अं०* (पु०) एक प्रकार का अंग्रेजी खेल जो डंडे और गेंद से खेला जाता है (जैसे-गोल्फ़ का खिलाड़ी)

गोविंद–*सं०* (पु०) 1 श्री कृष्ण 2 परमात्मा 3 गौओं का मालिक 4 गोशाला का स्वामी 5 इंद्रियों का स्वामी

गोश–*फ़ा०* (पु०) श्रवण इंद्रिय, कान। ~**गुज़ार** (वि०) कानों तक पहुँचाया हुआ (जैसे-गोशगुज़ार करना, गोशगुजार होना); ~**माली** (स्त्री०) 1 कान उमेठना, कान मलना 2 भर्त्सना, ताड़ना

गोशवारा–*फ़ा०* (पु०) पटवारी का रजिस्टर और ज़मीनों का नक्शा

गोशा–*फ़ा०* (पु०) 1 एकांत स्थान 2 दिशा 3 कोण, कोना। ~**नशीं** (वि०) एकांत वास करनेवाला

गोश्त–*फ़ा०* (पु०) 1 मारे हुए पशु का मांस (जैसे-बकरे का गोश्त) 2 शरीर के अंदर का मांस (जैसे-जाँघ का गोश्त)

~**ख़ोर** (वि०) गोश्त खानेवाला, मांसाहारी

गोष्ठ–*सं०* (पु०) 1 गोशाला 2 एक ही प्रकार के पशुओं के रहने का स्थान (जैसे-अश्वगोष्ठ) 3 परामर्श, सलाह मशविरा 4 दल, मंडली। ~**शाला** (स्त्री०) सभा भवन, गोष्ठी का स्थान

गोष्ठागार–*सं०* (पु०) = गोष्ठशाला

गोष्ठी–*सं०* (स्त्री०) 1 मित्र मंडली (जैसे-गोष्ठी जमना) 2 औपचारिक बैठक (जैसे-उद्यान गोष्ठी)

गोसा–*सं०* (पु०) उपला, कंडा

गोसाईं–I (पु०) 1 गृहस्थ होने पर भी गेरुए वस्त्र धारण करनेवाली एक जाति 2 जितेंद्रिय 3 साधु-सन्यासियों का सम्बोधन, गोस्वामी II (वि०) बड़ा, श्रेष्ठ

गोसी–(स्त्री०) समुद्रगामिनी अनेक मस्तूलोंवाली नौका

गोह–(स्त्री०) छिपकली की जाति का एक बड़ा एवं जहरीला जंगली जंतु

गोहरा–(पु०) = गोसा

गोहार–(स्त्री०) 1 रक्षा के लिए पुकार 2 शोरगुल, हल्ला-गुल्ला। ~**मारना** सहायता के लिए पुकारना; ~**लड़ना** अखाड़े में पहलवानों का ललकारना

गोहुवन–*बो०* (पु०) = गेहुँअन

गौं–(स्त्री०) 1 स्वार्थ साधन की प्रबल इच्छा 2 प्रयोजन, स्वार्थ सिद्ध होने का समय 3 ढंग, चाल। ~**का यार** स्वार्थी, मतलबी; ~**ताकना** अवसर की तलाश में रहना; ~**निकलना** स्वार्थ सिद्ध होना; ~**पड़ना** काम पड़ना; ~**से** चुपके से

गौ–(स्त्री०) गाय, ~**झुंड** (पु०) गायों का समूह। ~**मुखी** (स्त्री०) = गोमुखी; ~**शाला** (स्त्री०) = गोशाला

ग़ौग़ा–*फ़ा०* (पु०) 1 शोर गुल्ल, हो हल्ला 2 अफ़वाह

गौचरी–(स्त्री०) चरवाहों से वसूल किया जानेवाला कर

गौड़–*सं०* (पु०) 1 भारतीय ब्राह्मणों की एक उपजाति 2 बंगाल का पुराना नाम 3 प्रदेश के निवासी 4 कायस्थों की एक उपजाति 5 एक राग जो संध्या समय हर जाति में गाई जाती है

गौड़ी–*सं०* (स्त्री०) 1 गुड़ से बनाई गई शराब 2 संध्या समय संपूर्ण जाति में गाई जानेवाली एक रागिनी

गौण–*सं०* (वि०) 1 अप्रधान 2 जो मूल अर्थ से भिन्न हो। ~**कर्म** साधारण कर्म, सामान्य कार्य

गौणिक–*सं०* (वि०) 1 गुण संबंधी 2 गुणी, गुणवान

गौणी भक्ति–*सं०* (स्त्री०) पराभक्ति की पहली सीढ़ी

गौद गौदा–(पु०) = घौद

गौनहार–(स्त्री०) गौना समय दुलहिन के साथ ससुराल जानेवाली स्त्री

गौनहारिन, गौनहारी–(स्त्री०) निम्न कोटि की गाने-बजाने का पेशा करनेवाली स्त्रियों का समाज जो प्रायः वेश्यावृत्ति भी करती हैं

गौना–(पु०) विवाह पश्चात पति का अपने ससुराल से अपनी पत्नी को पहली बार अपने घर ले जाना, द्विरागमन

गौर–I *सं०* (वि०) 1 गौर वर्ण का, गोरा 2 उज्ज्वल, स्वच्छ 3 श्वेत, सफेद II (पु०) 1 गोरा रंग 2 लाल रंग 3 पीला; ~**वर्ण** (वि०) = गौर

ग़ौर–*अ०* (पु०) 1 सोच-विचार, चिंतन 2 ख़्याल, ध्यान (जैसे-ग़ौर करना)। ~**तलब** (वि०) विचारने योग्य, विचारणीय

गौरव–*सं०* (पु०) 1 बड़प्पन, महत्त्व 2 गुरुता, भारीपन 3 आदर, सम्मान (जैसे-गौरव में चार चाँद जड़ देना) 4 मर्यादा, प्रतिष्ठा (जैसे-गौरव घटाना); ~**पूर्ण** (वि०) सम्मान से ओत-प्रोत, सम्मानित, सम्मानित किया गया हो; ~**युक्त** (वि०) = गौरवपूर्ण; ~**शाली** (वि०) जो महान हो (जैसे-गौरवशाली व्यक्ति); ~**स्थल** (पु०) ऐसा स्थान जहाँ जाने से मान-प्रतिष्ठा में वृद्धि हो

गौरवान्वित–*सं०* (वि०) = महिमा से युक्त

गौरवासन–*सं०* (पु०) सम्मानित पद

गौरवित–*सं०* (वि०) गौरवपूर्ण, प्रतिष्ठित

गौरांग–I *सं०* (पु०) 1 विष्णु 2 श्री कृष्ण 3 चैतन्य महाप्रभु II (वि०) गोरे अंगवाला

गौरा, गौरी–*सं०* (स्त्री०) 1 पार्वती 2 गोरी स्त्री। ~**कांत** (पु०) शिव; ~**शंकर** (पु०) 1 शिव और पार्वती 2 हिमालय की सबसे ऊँची चोटी

गौरैया–I *बो०* (स्त्री०) एक प्रसिद्ध छोटी चिड़िया जो घरों में भी अक्सर रहती है, चिड़ी

गौरैया–II (पु०) मिट्टी का बना छोटा हुक्का

गौल्मिक–*सं०* (पु०) सेना की टुकड़ी का नायक

गौहर–*फ़ा०* (पु०) मोती

ग्यारस–(स्त्री०) एकादशी

ग्यारह–I (वि०) दस और एक II (पु०) दस और एक की संख्या, 11

ग्रंथ–*सं०* (पु०) 1 मोटी एवं बड़ी महत्त्वपूर्ण पुस्तक (जैसे-रामचरित मानस एक धार्मिक ग्रंथ है) 2 किताब (जैसे-साहित्यिक ग्रंथ)। ~**कर्ता** ~**कार** (पु०) पुस्तक, ग्रंथ का रचयिता, लेखक; ~**चुंबक** (पु०) जो पुस्तक को सरसरी तौर पर देख जाता है, किसी विषय का छिछला अध्येता; ~**चुंबन** (पु०) अध्ययन किए बिना पुस्तक को सरसरी तौर पर देख जाना; ~**निर्देश** (पु०) = ग्रंथ संकेत; ~**भांडार** (पु०) पुस्तकालय; ~**माला** (स्त्री०) एक ही प्रकार की पुस्तकों की प्रकाशित होनेवाली पुस्तकों की श्रृंखला; ~**रचना** (स्त्री०), ~**लेखन** (पु०) पुस्तक लिखना; ~**विज्ञान** (पु०) विज्ञान की पुस्तकें; ~**विज्ञानी** (पु०) विज्ञान की पुस्तकें पढ़नेवाला; ~**विवरणी** (स्त्री०) विवरण सहित पुस्तक सूची; ~**संधि** (स्त्री०) ग्रंथ का विभाग; ~**संकेत** (पु०) पुस्तक चिह्न; ~**संग्रह** (पु०) ग्रंथावली; ~**संधि** (स्त्री०) ग्रंथ का कोई विभाग; ~**सारिणी** (स्त्री०) ग्रंथ सूची; ~**साहब** + *हिं०* (पु०) सिक्खों का धार्मिक ग्रंथ

ग्रंथन–*सं०* (पु०) 1 ग्रंथ की रचना करना 2 गाँठना, गूँथना 3 जोड़ना

ग्रंथागार–*सं०* (पु०) ग्रंथ भांडार

ग्रंथागारिक–*सं०* (पु०) पुस्तकाध्यक्ष

ग्रंथालय–*सं०* (पु०) पुस्तकालय

ग्रंथावली–*सं०* (स्त्री०) = ग्रंथमाला

ग्रंथावलोकन–*सं०* (पु०) पुस्तक, ग्रंथ का अध्ययन

ग्रंथि–*सं०* (स्त्री०) 1 गाँठ, गिरह (जैसे-ग्रंथि सुलझाना) 2 गांठ के आकार की गोलाकार कड़ी वस्तु 3 शरीर के अंत

की गाँठ 4 कोषाणुओं के योग से बनी प्रत्येक गाँठ। ~**पिंड** (पु०) = ग्रंथि; ~**बंधन** (पु०) 1 गाँठ बाँधकर दो वस्तुओं को एक साथ करना 2 विवाह, गँठबंधन, गँठजोड़ा; ~**मूल** (पु०) गाँठ रूप में पाई जानेवाली वनस्पति; ~**मोचक** (पु०) गिरहकट

ग्रंथिच्छेदक–*सं०* (पु०) गिरहकट

ग्रंथित–*सं०* (वि०) 1 गाँठ लगी हुई 2 गाँठ लगाकर बाँधा हुआ 3 गूँथा हुआ

ग्रंथिल–*सं०* (वि०) जिसमें गाँठें हों, गाँठदार

ग्रंथिला–*सं०* (स्त्री०) 1 गाडर दूब 2 माला दूब

ग्रंथी–I *सं०* (पु०) 1 ग्रंथ कर्ता 2 ग्रंथ का पाठ करनेवाला व्यक्ति II (वि०) 1 जिसके पास बहुत से ग्रंथ हों 2 जिसने बहुत से ग्रंथ पढ़े हों, विद्वान्

ग्रथन–*सं०* (पु०) 1 गाँठ लगाकर बाँधना 2 ग्रंथ के रूप में रचना 3 गूथना, पिरोना

ग्रथित–*सं०* (वि०) 1 बँधा हुआ 2 रचा हुआ, रचित 3 गुथा हुआ

ग्रसन–*सं०* (पु०) 1 पकड़ना, पकड़ 2 निगलना 3 कौर, ग्रास 4 ग्रहण

ग्रसना–*सं० + हिं०* (स० क्रि०) 1 अच्छी तरह से दबाते हुए पकड़ना, जकड़ना 2 खाना

ग्रसनी–*सं०* (स्त्री०) गले की नली; ~**शोथ** (पु०) *चि०* गले की नली का सूजन

ग्रसनीय–*सं०* (वि०) जो ग्रसन योग्य हो

ग्रसिका–*सं०* (स्त्री०) भोजन नली, ग्रास नली

ग्रसित, ग्रस्त–*सं०* (वि०) 1 पकड़ा हुआ 2 निगला हुआ 3 पीड़ित (जैसे-रोग ग्रस्त)

ग्रस्ता–*सं०* (पु०) पकड़नेवाला

ग्रस्तास्त–I *सं०* (वि०) जो ग्रहण लगने पर बिना मोक्ष अस्त हो जाये II (पु०) ऐसा ग्रहण जो सूर्य, चंद्रमा के समय अस्त होने तक न छूटा हो

ग्रस्तोदय–*सं०* (पु०) सूर्य या चन्द्रमा का ग्रहण लगे ही उदय होना

ग्रह–*सं०* (पु०) आकाशस्थ पिंड (जो सूर्य के गिर्द घूमते हैं) (जैसे-शनि ग्रह, बृहस्पति ग्रह आदि)। ~**गृहीत** (वि०) ग्रह द्वारा पीड़ित; ~**चिंतक** (पु०) ज्योतिषी; ~**दशा** (स्त्री०) 1 गोचर ग्रहों की स्थिति 2 ज्योतिष के अनुसार ग्रहों की स्थिति में होने के परिणाम स्वरूप मनुष्य की होनेवाली अवस्था; ~**पथ** (पु०) कक्षा; ~**नायक** (पु०) सूर्य; ~**पति** (पु०) 1 सूर्य 2 शनि; ~**मैत्री** (स्त्री०) वर-कन्या के ग्रहों की अनुकूलता; ~**यज्ञ** (पु०) ग्रहों की उग्रता शांति के लिए किया जानेवाला पूजन; ~**यात्रा** (स्त्री०) ग्रह का अपनी कक्षा में चलना; ~**विप्र** (पु०) ज्योतिषी; ~**वेध** (पु०) ग्रहों की स्थिति का ज्ञान प्राप्त करना; ~**समागम** (पु०) किसी राशि में चंद्रमा के साथ अन्य ग्रहों का योग; ~**स्वर** (पु०) राग आरंभ करने का स्वर। ~**देखना** शुभ-अशुभ अवसर का पता लगाना; ~**बिगड़ना** अशुभ घड़ी होना

ग्रहण–*सं०* (पु०) 1 पकड़ने की क्रिया 2 लेने की क्रिया 3 अंगीकार करना, स्वीकार करना 4 पृथ्वी की छाया पड़ने से सूर्य-चंद्रमा की ज्योति का कुछ समय के लिए लुप्त हो जाना (जैसे-चंद्रग्रहण, सूर्यग्रहण); 5 (मान) प्रतिष्ठा पर धब्बा लगना ~**शील** (वि०) लेनेवाला

ग्रहणी–*सं०* (स्त्री०) 1 उदर एवं पक्वाशय के बीच की आँत 2 दस्त की बीमारी संग्रहणी

ग्रहणीय–(वि०) 1 स्वीकार किए जाने योग्य 2 मानने योग्य

ग्रहिल–*सं०* (वि०) 1 ग्रस्त किया हुआ 2 भूत-प्रेतादि की बाधा से पीड़ित 3 दुराग्रही, हठी 4 अनुरागी, रसिक

ग्रहीत–*सं०* (वि०) = गृहीत

ग्रांट–*अं०* (स्त्री०) अनुदान

ग्राम–*सं०* (पु०) 1 गाँव 2 बस्ती। ~**कंटक** (पु०) गाँव में उपद्रव मचानेवाला; ~**कुक्कुट** (पु०) पालतु मुर्गा; ~**कूट,** ~**कूटक** (पु०) गाँव का मुखिया; ~**ज,** ~**जात** गाँव में उत्पन्न; ~**दान** (पु०) गाँव भेंट देना; ~**देवता** (पु०) गाँव का अधिष्ठाता 2 गाँव की रक्षा करनेवाला, देवता; ~**धर्म** (पु०) संभोग, मैथुन; ~**पंचायत** (स्त्री०) गाँव के लड़ाई-झगड़े हल करने एवं अन्य व्यवस्था करनेवाला मंडल; ~**पाठशाला** (स्त्री०) गाँव का स्कूल, देहाती मदरसा; ~**पाल** (पु०) 1 गाँव का मालिक 2 गाँव का प्रधान अधिकारी; ~**मुख** (पु०) गाँव का बाज़ार, हाट; ~**याजक** (पु०) ऐसा ब्राह्मण जो सभी जातियों का पुरोहित हो; ~**वासी** (वि०) गाँव में रहनेवाला; ~**सभा** (स्त्री०) गाँव की पँचायत; ~**समाज** (पु०) गाँव के लोग; ~**सुधार** (पु०) गाँव के जीवन को सुधारने का काम; ~**सेवक** (पु०) ग्राम-सुधार करनेवाला; ~**सेविका** (स्त्री०) ग्राम-सुधार में काम आनेवाली

ग्राम–*अं०* (पु०) एक अंग्रेज़ी तौल (जैसे-इसका वज़न सौ ग्राम है)

ग्रामणी–*सं०* (पु०) 1 गाँव का मालिक 2 गाँव का मुखिया

ग्रामांतिक–*सं०* (पु०) गाँव का पड़ोस

ग्रामाचार–*सं०* (पु०) गाँव की विशिष्ट प्रथाएँ और रीति-रिवाज

ग्रामाधिकारी–*सं०* (पु०) गाँव का प्रधान, ग्राम प्रधान

ग्रामिक–I *सं०* (वि०) 1 गाँव में होनेवाला 2 ग्रामवासियों से संबंध रखनेवाला II (पु०) 1 ग्राम प्रधान 2 ग्रामवासी

ग्रामी, ग्रामीण–I *सं०* (वि०) 1 गाँव में रहनेवाला 2 गाँव का, ग्राम्य 3 गँवारू II (पु०) ग्रामवासी, देहाती

ग्रामीण–*सं०* (वि०) = ग्राम्य

ग्रामेश–*सं०* (पु०) ग्रामपाल, ग्राम प्रधान

ग्रामोद्योग–*सं०* (पु०) गाँव के उद्योग धंधे, खेती-बाड़ी आदि कार्य

ग्रामोफ़ोन–*अं०* (पु०) शब्द ध्वनियों को टेप करके पुनः सुनानेवाला यंत्र (जैसे-ग्रामोफ़ोन बजाना)

ग्राम्य–*सं०* (वि०) 1 गाँव से संबंधित गाँव का (जैसे-ग्राम्य सुधार, ग्राम्य अर्थ व्यवस्था) 2 गाँव की प्रथाओं एवं रीतिरिवाजों से संबद्ध 3 गाँव में पाया जानेवाला 4 गँवारू; ~**कर्म** (पु०) मैथुन

ग्राव–*सं०* (पु०) 1 पत्थर 2 पहाड़

ग्रास–*सं०* (पु०) 1 ग्रसना 2 कौर, निवाला 3 सूर्य-चंद्रमा की ग्रहण स्थिति

ग्रासक–*सं०* (वि०) 1 कसकर पकड़नेवाला 2 मुँह में रखनेवाला 3 भक्षक

ग्रासना -(स० क्रि०) = ग्रसना

ग्राह–*सं०* (पु०) 1 मगर, घड़ियाल 2 ग्रहण 3 सूर्य-चंद्रमा को लगनेवाला ग्रहण

ग्राहक–I *सं०* (पु०) 1 लेनेवाला 2 खरीददार, गाहक II (वि०) ग्रहण करनेवाला (जैसे-ग्राहक यंत्र)। ~**यंत्र** (पु०) संदेश ग्रहण करनेवाला यंत्र, रिसीवर

ग्राहकांग–*सं०* (पु०) = ग्राहक यंत्र

ग्राहकी–*सं० + हिं०* (स्त्री०) गाहकी

ग्राही–*सं०* (वि०) लेनेवाला, ग्रहण करनेवाला (जैसे-गुणग्राही)

ग्राह्य–*सं०* (वि०) 1 ग्रहण करने योग्य 2 लिए जाने योग्य। ~**व्यक्ति** (पु०) ऐसा व्यक्ति जिसे अन्य देश के लोग भी महत्त्व प्रदान करें

ग्रीक–I *अं०* (वि०) यूनानी II (पु०) यूनान देश का निवासी III (स्त्री०) यूनान देश की प्राचीन भाषा

ग्रीज़–*अं०* (स्त्री०) चिकनाई, स्नेह

ग्रीवा–*सं०* (स्त्री०) गरदन, गला

ग्रीवी–*सं०* (वि०) लंबी गरदनवाला

ग्रीष्म–I *सं०* (स्त्री०) 1 गर्मी की ऋतु 2 गरमी, ताप II (वि०) उष्ण, गरम। ~**ऋतु** (स्त्री०), ~**काल** (पु०) ग्रीष्म; ~**कालीन** (वि०) ग्रीष्म ऋतु से संबंधित

ग्रीष्माकुल–*सं०* (वि०) गर्मी से परेशान, व्याकुल

ग्रीष्मावकाश–*सं०* (पु०) गर्मी की छुट्टियाँ

ग्रीष्मावास–*सं०* (पु०) गर्मियों में रहने का मकान

ग्रीस–*अं०* (पु०) यूनान देश

ग्रूप–*अं०* (पु०) समूह, झुंड, गुट

ग्रेच्युयटी–*अं०* (स्त्री०) उपदान

ग्रेजुएट–*अं०* (पु०) स्नातक

ग्रेड–*अं०* (पु०) श्रेणी, कोटि, दर्जा, पदक्रम

ग्रेन–*अं०* (पु०) एक अंग्रेज़ी तौल जिसका मान आधी रत्ती होता है

ग्रेनाइट–*अं०* (पु०) एक तरह का बहुत कड़ा बिल्लौरी पत्थर

ग्रेफ़ाइट–*अं०* (पु०) एक खनिज

ग्रैम–*अं०* (पु०) = ग्राम (वज़न, तौल)

ग्रैव–I *सं०* (वि०) गले में पहना जानेवाला II (पु०) 1 हार 2 ज़ंजीर

ग्रैष्म, ग्रैषिमक–*सं०* (वि०) 1 ग्रीष्म संबंधी 2 ग्रीष्म ऋतु में होनेवाला (जैसे-ग्रैष्म रोग) 3 ग्रीष्म ऋतु में बोया जानेवाला

ग्लाइडर–*अं०* (पु०) सरकने का एक उपकरण

ग्लान–*सं०* (वि०) 1 पड़ित, रोगी 2 थका हुआ, शिथिल 3 कमज़ोर, दुर्बल

ग्लानि–*सं०* (स्त्री०) 1 मानसिक शिथिलता 2 शारीरिक शिथिलता 3 दुःख, खेद (जैसे-किसी पर ग्लानि होना)

ग्लानिमय–*सं०* (वि०) दुःख से भरा हुआ, दुःखपूर्ण, दुःखी

ग्लास–*अं०* (पु०) = गिलास

ग्लासवेयर–*अं०* (पु०) शीशे का सामान

ग्लिसरीन–*अं०* (पु०) चरबी से बना एक मीठा तेल

ग्लुकोज़–*अं०* (पु०) दुग्ध-शर्करा

ग्लेज़्ड–*अं०* (वि०) काचित 2 चमकदार

ग्लेशियर–*अं०* (पु०) हिमनद, हिमानी

ग्वार–(स्त्री०) एक पौधा जिसकी फलियाँ सब्जी बनाने के काम आती हैं तथा उसकी फलियों से निकले हुए बीजों से दाल बनाई जाती है। ~**पाठा** घी-कुआँर

ग्वाल, ग्वाला–(पु०) अहीर, गोपालक

ग्वालिन–(स्त्री०) 1 ग्वाल जाति की स्त्री 2 ग्वाले की पत्नी

घ

घँघरा–*बो०* (पु०) = घघरा

घँघरी–(स्त्री०) लहँगा

घँघोरना–*बो०* (स० क्रि०), **घँघोलना** (स० क्रि०) 1 पानी को गंदा करना 2 पानी में मिट्टी आदि घोलना

घंट–I (पु०) घड़ा

घंट–II *बो०* (पु०), **घंटा**–(पु०) 1 धातु का बना हुआ गोलाकार टुकड़ा (जैसे-घंटा बजाना, घंटा घनघनाना) 2 घंटा बजाकर समय पर दी जानेवाली सूचना 3 दिन-रात का चौबीसवाँ भाग (जैसे-साठ मिनट का एक घंटा होता है) 4 काम करने की निश्चित अवधि (जैसे-कक्षा का चौथा घंटा गणित विषय का है) 5 विद्यालय में कक्षाएँ समाप्त होने पर घंटा बजाकर दी जानेवाली सूचना 6 निराशाजनक शब्द, ठेंगा। ~**घर** (पु०) ऊँची मीनार जिस पर बड़ी घड़ी लगी होती है; ~**रव** + *सं०* (पु०) घंटे का शब्द। ~**हिलाना** 1 व्यर्थ का काम करना 2 व्यर्थ बैठे रहना

घंटिका–*सं०* (स्त्री०) 1 छोटा घंटा 2 घुँघरू 3 रहट में बाँधी जानेवाली घंटी 4 करधनी की घंटी

घंटी–I (स्त्री०) जीभ की जड़ के ऊपर लटकनेवाला मांसखंड, कौआ

घंटी–II (स्त्री०) 1 बहुत छोटी घंटी जो अर्धगोलाकार एवं औंधे मुँह की होती है (जैसे-विद्युत घंटी, साइकिल की घंटी) 2 घंटे की तरह बजाया जानेवाला अर्धगोलाकार उभरा हुआ धातु का टुकड़ा (जैसे-घंटी बजाना, ख़तरे की घंटियाँ)।

घंटील–(स्त्री०) चारे के काम में आनेवाली घास

घकार–*सं०* (पु०) 'घ' अक्षर

घघरा (पु०) **घघरी**–(स्त्री०) 1 स्त्रियों का लंबा, गोल घेरेवाला प्रसिद्ध पहनावा 2 लँहगा

घट–*सं०* (पु०) 1 कलश, घड़ा 2 देह, शरीर 3 अन्तः करण, मन। ~**कार** (पु०) कुंभकार, कुम्हार; ~**कर्कट** संगीत का एक ताल; ~**में बसना**, ~**में बैठना** 1 हृदय में स्थापित होना, मन में बसना 2 ध्यान में बना रहना

घटक–I *सं०* (वि०) 1 रचनेवाला, बनानेवाला 2 प्रस्तुत करनेवाला II (पु०) 1 संबंध स्थिर करानेवाला, दलाल 2 तत्त्व 3 घटित करनेवाला अंश; ~**दासी** (स्त्री०) 1 दूती 2 कुटनी

घटका–(पु०) साँस का घर-घर शब्द करते हुए रुक-रुककर चलना, घर्रा

घटकर्कट–*सं०* (पु०) संगीत का एक ताल

घटती–I (स्त्री०) 1 कमी, घटाव 2 उच्च स्तर से निम्न स्तर पर आना 3 अवनति, ह्रास II (वि०) जिसमें कुछ कमी आ रही हो। ~**का पहरा** अवनति के दिन, बुरा ज़माना

घटदासी–*सं०* (स्त्री०) 1 दूती 2 कुटनी

घटन–(पु०) घटित होना

घटना–I (अ० क्रि०) 1 घटित होना 2 वचन का यथार्थ सिद्ध होना 3 काम आना

घटना–II (अ० क्रि०) 1 कम होना 2 तौल में कम होना 3 अभाव होना 4 छीजना। ~**बढ़ना** (अ० क्रि०) 1 कम-बेश होना 2 छोटा-बड़ा होना

घटना–*सं०* (स्त्री०) 1 कार्य रूप में सामने आनेवाली बात 2 अप्रत्याशित या विलक्षण बात, वाक़या 3 अनिष्टकारी बात (जैसे-आकस्मिक घटना, भारी घटना)। ~**क्रम**, ~**चक्र** (पु०) घटनाओं का सिलसिला, एक के बाद दूसरी घटना होना (जैसे-ऐतिहासिक घटना क्रम); ~**जन्य** (वि०) घटना से युक्त; ~**प्रवाह** (पु०) = घटना क्रम; ~**वश** (वि०) जो घटना के अधीन हो; ~**शृंखला** (स्त्री०) घटनावली; ~**स्थल** (पु०) वह स्थान जहाँ घटना घटित हुई हो; ~**स्थिति** (स्त्री०) = घटना क्रम

घटनात्मक–*सं०* (वि०) घटनामय (जैसे-घटनात्मक उपन्यास, घटनात्मक जीवन)

घटनामय–*सं०* (वि०) जो घटना से भरा हो

घटनावली–*सं०* (स्त्री०) अनेक घटनाओं का समूह

घट-बढ़–(स्त्री०) 1 कमी-बेशी 2 उतार-चढ़ाव, परिवर्तन

घटवाई–I (पु०) घाट का कर लेनेवाला अधिकारी II (स्त्री०) घाट पर यात्रियों से वसूल किया जानेवाला कर

घटवाना–(स० क्रि०) कम कराना

घटवार–(पु०) 1 मल्लाह 2 घाट का महसूल लेनेवाला व्यक्ति

घटवाह–(पु०) घाट का ठेकेदार

घटवाही–(स्त्री०) = घटवाई

घटहा–I *बो०* (पु०) 1 घाट का ठेका लेनेवाला व्यक्ति, ठेकेदार 2 नाव II (वि०) घाट पर का, घाटवाला

घटा–(वि०) कम हुआ (जैसे-अनाज का भाव सरकार ने दस रुपए घटा दिया)। ~**बढ़ा** (वि०) ~**बढ़ी** (स्त्री०) = घट-बढ़

घटा–*सं०* (स्त्री०) बादलों का समूह, मेघमाला (जैसे-आकाश में घटा घिर आना)। ~**टोप** (पु०) घने बादलों की छाई हुई घटा, घनघोर घटा

घटाकाश–*सं०* (पु०) घट के भीतर का खाली स्थान

घटा धूम–(स्त्री०) काम या बात की अधिकता से मचनेवाली हलचल

घटाना–(स० क्रि०) 1 कम करना (जैसे-मज़दूरी घटाना) 2 उच्च स्तर से निम्न स्तर पर लाना (जैसे-मान घटाना) 3 *ग०* बाकी निकालना (जैसे-दस में से चार घटाना)

घटाव–(पु०) 1 कम होने की अवस्था, कमी 2 उतार 3 अवनति। बढ़ाव (पु०) 1 घट-बढ़ 2 घटने एवं बढ़ने की अवस्था

घटिक–*सं०* (पु०) घंटा बजानेवाला सिपाही

घटिका–*सं०* (स्त्री०) 1 घड़ी 2 छोटा घड़ा, गगरी। ~**यंत्र** (पु०) घड़ी; ~**शतक** (पु०) घड़ी भर में सौ काम करनेवाला

घटित–*सं०* (वि०) 1 जो अर्थ रूप में सही उतरा हो, घटा हआ 2 जो घटना रूप में सामने आया हो 3 जो गढ़कर बनाया गया हो, निर्मित

घटिया–(वि०) 1 जो बढ़िया न हो, तुच्छ 2 निकृष्ट (जैसे-घटिया आदमी)

घटिहा–(वि०) 1 धोखा देनेवाला, विश्वासघाती 2 नीच, वाहियात 3 दुष्ट एवं लंपट 4 मक्कार, धूर्त

घटी–(स्त्री०) 1 कम होने की क्रिया, कमी (जैसे-घटी आना) 2 घाटा, टोटा 3 क्षति, नुकसान

घटी–*सं०* (स्त्री०) 1 घड़ी 2 गगरी। ~**यंत्र** (पु०) = घटिका यंत्र

घटौती–(स्त्री०) 1 कम करना 2 कम की गई रकम

घट्ट–*सं०* (पु०) 1 घाट 2 चुंगी वसूलने की जगह। ~**कर** (पु०) घाट पर लिया जानेवाला टैक्स

घट्टा–(पु०) 1 घाटा 2 घट्ठा

घट्ठा–(पु०) उभारदार गाँठ (जैसे-लाठी की चोट से घट्ठा पड़ना)

घड़-घड़–(पु०) बादल आदि के गरजने की आवाज़

घड़घड़ाना–(अ० क्रि०) घड़-घड़ शब्द होना। गड़गड़ाना (जैसे-बादलों का घड़घड़ाना)

घड़घड़ाहट–(स्त्री०) घड़ घड़ होने की ध्वनि

घड़नई–(स्त्री०) घड़े में बाँस बाँधकर बनाया गया ढाँचा

घड़ना–*दे०* (स० क्रि०) गढ़ना

घड़नैल–*बो०* (स्त्री०) = घड़नई

घड़ा–(पु०) मिट्टी का बना गोलाकार पात्र (जैसे-घड़ा में पानी भरा है)। **घड़ों पानी पड़ना** अत्यधिक लज्जित होना; **चिकना घड़ा** बहुत बड़ा निर्लज्ज, बिल्कुल बेहया; **चिकने घड़े पर पानी पड़ना** कुछ भी प्रभाव न पड़ना

घड़ाई–*दे०* गढ़ाई

घड़िया–(स्त्री०) 1 छोटी घड़ी, गगरी 2 सोनारों की घरिया

घड़ियाल–I (पु०) बड़ा घंटा II (पु०) छिपकली की जाति का गहरे जल में पाया जानेवाला बहुत बड़ा, भीषण एवं हिंसक जंतु, ग्राह

घड़ियाली–(पु०) घड़ियाल बजानेवाला व्यक्ति

घड़ी–(स्त्री०) 1 काल का एक प्राचीन मान जो चौबीस मिनट का होता है 2 काम, बात के घटित होने का अवसर (जैसे-पढ़ने की घड़ी, खेलने की घड़ी) 3 समय बतलानेवाला छोटा यंत्र (जैसे-घड़ी में क्या समय है, जेब घड़ी) 4 पानी का छोटा घड़ा। ~**साज़** + *फ़ा०* (पु०) घड़ी की मरम्मत करनेवाला कारीगर; ~**साजी** + *फ़ा०* (स्त्री०) घड़ी की मरम्मत करने का काम; ~**फ़ैक्ट्री** + *अं०* (स्त्री०) वह स्थान जहाँ घड़ियाँ बनाई जाती हैं) घड़ी बनाने का कारख़ाना। ~**घड़ी** रह-रहकर, बार-बार (जैसे-घड़ी-घड़ी यहाँ क्यों आते हो); ~**सायत पर होना** मरणासन्न अवस्था; **घड़ियाँ गिनना** उत्सुकता से प्रतीक्षा करना

घड़ोला–(पु०) = छोटा घड़ा

घड़ौची–(स्त्री०) घड़ा रखने की चौकी

घतिया–(पु०) विश्वासघात करनेवाला, धोखेबाज

घतियाना–(स० क्रि०) 1 घात में लाना 2 छिपाना

घन–I *सं०* (पु०) 1 मेघ, बादल 2 घनसार, कपूर 3 बहुत बड़ा हथौड़ा 4 *ग०* किसी अंक को किसी अंक से गुणा करने पर प्राप्त होनेवाला गुणनफल (जैसे-पाँच का घन = 5 × 5 × 5 = 125 होगा) 5 पदार्थ के लंबाई, चौड़ाई एवं ऊँचाई के गुणनफल का मान 6 क्यूब II (वि०) 1 घना, ठस 2 ठोस 3 अभेद्य 4 दृढ़, पक्का 5 गंभीर। ~**काल** (पु०) वर्षा ऋतु; ~**कोदंड** (पु०) इंद्रधनुष; ~**क्षेत्र** (पु०) लंबाई, चौड़ाई और गहराई का विस्तार, आयतन; ~**गरज** + *हिं०* (स्त्री०) 1 बादल के गरजने की आवाज़ 2 एक तरह की तोप; ~**घोर** (वि०) 1 अत्यधिक घना 2 डरावना (जैसे-घनघोर युद्ध; ~**ज्वाला** (स्त्री०) बिजली; ~**ता** (स्त्री०), ~**त्व** (पु०) 1 घनापन 2 ठोसपन 3 दृढ़ता, मज़बूती 4 पदार्थ की लंबाई, चौड़ाई एवं मोटाई का समूह; ~**नाद** (पु०) बादलों की गरज; ~**पटल** (पु०) बादलों का आवरण; ~**फल** (पु०) पदार्थ की लंबाई, चौड़ाई एवं मोटाई का गुणनफल; ~**मान** (पु०) लंबाई, चौड़ाई एवं मोटाई का सम्मिलित मान; ~**मूल** (पु०) *ग०* किसी घन का मूल अंक (जैसे-सत्ताइस का घनमूल तीन है); ~**रस** (पु०) जल, पानी; ~**वर्धन** (पु०) हथौड़े से पीटकर बढ़ाना; ~**वल्ली** (स्त्री०) बिजली; ~**वाद** (पु०) हवा, पवन; ~**श्याम** I (वि०) बादल की तरह काला II (पु०) कृष्ण; ~**सार** (पु०) 1 जल, पानी 2 कपूर 3 सुंदर बादल। ~**का** अत्यधिक घना (जैसे-घन की संपत्ति); ~**की विपत्ति** बहुत भारी संकट

घनकना–(अ० क्रि०) गरजना

घनकारा–(वि०) ऊँची आवाज करनेवाला, गरजनेवाला

घनघनाना–I (अ० क्रि०) घन-घन की आवाज होना II (स० क्रि०) घन-घन शब्द उत्पन्न करना

घनघनाहट–(स्त्री०) 1 घन-घन ध्वनि 2 घंटे की आवाज़

घन-घोर–I (वि०) 1 अत्यधिक घना (जैसे-घनघोर बादल 2 भीषण, विकट (जैसे-घनघोर बादल 2 भीषण, विकट (जैसे-घनघोर युद्ध) II (पु०) 1 भीषण ध्वनि, तुमुल नाद 2 बादलों की गरज

घन-चक्कर–(पु०) 1 चंचल बुद्धिवाला व्यक्ति 2 बेवकूफ़, मूर्ख 3 जंजाल, झंझट

घनत्व–*सं०* (पु०) घनता, घनापन, ठोसपन

घनात–(पु०) वर्षा की समाप्ति

घना–(वि०) 1 जिसके विभिन्न अंश, अवयव अवभिन्न रूप से आपस में मिले हों (जैसे-घना कुहरा, घने बादल) 2 जिसमें बहुत सी वस्तुएँ सट-सटकर पड़ी हों (जैसे-घना जंगल, घना शहर) 3 गफ, गुंफित (जैसे-घना वस्त्र) 4 जिसमें अत्यधिक प्रवरता हो (जैसे-घना अंधकार) 5 घनिष्ठ, गहरा (जैसे-घना संबंध) 6 अत्यधिक, अतिशय

घनाक्षरी–*सं०* (स्त्री०) एक छंद, कवित्त वर्णों का

घनागम–*सं०* (पु०) वर्षा का आरंभ

घनात्मक–*सं०* (वि०) 1 लम्बाई, चौड़ाई और मोटाई में बराबर 2 लंबाई, चौड़ाई और मोटाई को गुणा करने से प्राप्त होनेवाला

घनिष्ठ–*सं०* (वि०) 1 जिसके साथ अत्यधिक मित्रता का संबंध हो 2 बहुत घना या गहरा मित्रता का संबंध हो (जैसे-घनिष्ठ मित्र, घनिष्ठ शिष्य)। ~**ता** (स्त्री०) 1 घनिष्ठ होने की अवस्था 2 गहरी दोस्ती (जैसे-घनिष्ठता बढ़ाना; ~**पूर्ण** (वि०) = घनिष्ठ (जैसे-घनिष्ठतापूर्ण व्यवहार)

घनीकरण–*सं०* (पु०) घना बना देना, गाढ़ा कर देना

घनीभवन, घनीभाव–*सं०* (पु०) पदार्थ का जमकर घना होना

घनीभूत–*सं०* (वि०) 1 जो घना हो गया हो 2 ठोस 3 गहरा (जैसे-घनीभूत पीड़ा)

घनोपल–(पु०) ओला

घपचिआना–I (अ० क्रि०) 1 असमंजस में पड़कर चकपकाना, चक्कर में पड़ना 2 घबराना II (स० क्रि०) 1 असमंजस में डालना 2 परेशान करना

घपची–(स्त्री०) दोनों हाथों से कसकर पकड़ लेना, मज़बूत पकड़

घपला–(पु०) 1 अव्यवस्था, गड़बड़ी 2 गोलमाल

घपलेबाज़–*हिं० + फ़ा०* (वि०) घपला करनेवाला

घपलेबाज़ी–*हिं० + फ़ा०* (स्त्री०) घपला करने की अवस्था, घपलापन

घपुआ, घप्पु–*बो०* (वि०) बिल्कुल मूर्ख, निर्बुद्धि

घबड़ाना, घबराना–(अ० क्रि०) 1 अधीर होना 2 उद्विग्न होना 3 हक्का-बक्का होना 4 आशंकित होना

घबराहट–(स्त्री०) घबराने की अवस्था, व्यग्रता

घमंका–*बो०* (पु०) 1 मुक्का, घूँसा 2 घम् शब्द

घमंड–(पु०) 1 अहंकार, दर्प 2 शेख़ी, अभिमान (जैसे-घमंड करना, घमंड टूटना)

घमंडी–(वि०) घमंड करनेवाला, अभिमानी, अहंकारी

घम–(पु०) किसी कोमल वस्तु पर कड़ी वस्तु के आघात से उत्पन्न शब्द (जैसे-घम की आवाज़ होना)

घमकना–I (अ० क्रि०) 1 घम-घम शब्द होना 2 तीव्र ध्वनि करना, गरजना (जैसे-बादलों का घमकना) II (स० क्रि०) घम-घम शब्द उत्पन्न करना

घमका–(पु०) 1 चोट की आवाज़ 2 उमस

घमख़ोर–*हिं० + फ़ा०* (वि०) 1 जो धूप सह सके 2 धूप खानेवाला

घमघमा–(पु०) ऐसा समय जब धूप निकली हो

घमघमाना–I (अ० क्रि०) घम-घम शब्द होना II (स० क्रि०) घम-घम शब्द उत्पन्न करना (जैसे-मुक्के घमघमाना)

घमर–(पु०) 1 नगाड़े आदि का शब्द 2 गंभीर ध्वनि

घमरौल–(स्त्री०) बहुत बड़ी अव्यवस्था, अत्यधिक गड़बड़ी

घमस (स्त्री०), **घमसा**–(पु०) 1 उमस 2 घनापन, घनता

घमसान–(वि०/पु०) = घमासान (जैसे-घमसान लड़ाई)

घमाका–(पु०) = घम

घमाघम–(क्रि० वि०) घम-घम (आघात) ध्वनि के साथ

घमाघमी–(स्त्री०) 1 जोर का शब्द 2 गहरी मार-पीट

घमाना–I (अ० क्रि०) धूप खाना, धूप सेंकना II (स० क्रि०) धूप दिखाना

घमायल–(पु०) धूप की गर्मी से पका हुआ फल

घमासान–I (पु०) 1 भीषण मारकाट 2 भयानक युद्ध II (वि०) भीषण, अत्यंत घोर (जैसे-घमासान युद्ध)

घर–(पु०) 1 मकान 2 निवास-स्थान 3 ठिकाना 4 घराना, कुल 5 कार्यालय (जैसे-बिजली घर, तार घर) 6 घर का माल असबाब, घर-बार, गृहस्थी 7 घर के समान ही सुख-आराम

मिलने का स्थान (जैसे-यह आपका ही घर है, बेफ़िक्र रहिए) 8 जन्मभूमि, स्वदेश 9 विशेष उद्देश्य की पूर्ति के लिए बनाया गया कमरा (जैसे-पूजा घर, किताब घर) 10 आलमारी आदि में सामान रखने के अलग-अलग खाने (जैसे-ज़ेवर आलमारी के चौथे घर में रख दो)। ~**गृहस्थ** *+ सं०* (पु०) अपने परिवार के साथ रहनेवाला एवं गृहस्थी के निर्वाह हेतु काम करनेवाला व्यक्ति; ~**गृहस्थी** *+ सं०* (स्त्री०) 1 घर में रहनेवाले परिवार के सदस्य एवं उनकी सब वस्तुएँ 2 परिवार के लोग; ~**घर** (क्रि० वि०) सबके यहाँ; ~**घराना** (पु०) 1 संपन्न और प्रतिष्ठित परिवार 2 कुल एवं उसकी मर्यादा; ~**घाट** (पु०) 1 ठौर-ठिकाना 2 रंग-ढंग; ~**घालक** (वि०) 1 घर को बर्बाद करनेवाला 2 वंश को कलंकित करनेवाला; ~**घालन** *बो०* I (पु०) 1 घर बर्बाद करना 2 कुल को कलंकित करना II (वि०) = घर घालक; ~**घुसना** (वि०) जो सदा घर में ही घुसा रहे, ज़नानख़ाने में ही बैठा रहना (जैसे-वह बहुत घर घुसना है); ~**घुस्सु** (पु०) = घर घुसना; ~**चित्ता** (पु०) घर में रहनेवाला सर्प; ~**जवाई** (पु०) ससुराल में बस जानेवाला दामाद; ~**जुगत** (स्त्री०) घर गृहस्थी चलाने की योग्यता; ~**दासी** *+ सं०* (स्त्री०) 1 गृहिणी 2 पत्नी; ~**द्वार** *+ सं०* (पु०) = घर-बार, ठौर-ठिकाना; ~**फोड़ा,** ~**फोरा** *बो०* (वि०) 1 घर में कलह उत्पन्न करनेवाला 2 दूसरों के घर में लड़ाई-झगड़ा करानेवाला; ~**बंद** (वि०) 1 घर में बंद किया हुआ 2 पूर्णतम अधिकार में लिया हुआ (जैसे-सरस्वती किसी की घर बंदी नहीं है); ~**बंदी** (स्त्री०) अपराधी को उसके घर में ही क़ैद रखने की आज्ञा; ~**बसा** (पु०) 1 स्त्री का पति 2 उपपति, यार; ~**बसी** (वि०/स्त्री०) 1 घर बसानेवाली, भाग्यवती 2 उपपत्नी, रखैल; ~**बार** (पु०) 1 घर, वास-स्थान 2 गृहस्थी, परिवार; ~**बारी** (पु०) बाल-बच्चोंवाला व्यक्ति, गृहस्थ; ~**वाला** (पु०) 1 घर का मालिक, गृह स्वामी 2 स्त्री का पति (जैसे-तुम्हारा घरवाला क्या काम करता है); ~**वाली** (स्त्री०) 1 घर की मालकिन, गृह स्वामिनी 2 पत्नी (जैसे-आज-कल घरवाली मायके गई है); ~**हाया** (वि०) घर में मतभेद पैदा करनेवाला; ~**आबाद करना** 1 घर बसाना 2 शादी करना; ~**उजड़ना** 1 घर तबाह होना 2 पत्नी का मर जाना; ~**उठना** 1 घर बनना 2 घर पर तबाही आना; ~**करना** 1 स्थान बनाना 2 बसना 3 मन में बस जाना, लगना; ~**का अच्छा** ख़ुशहाल, संपन्न; ~**का आँगन हो जाना** 1 संतान उत्पन्न होना 2 खँडहर हो जाना; ~**का काँटे खाना** 1 घर में जरा भी मन न लगना 2 घर का भयानक लगना; ~**का घरौना करना** सत्यानाश करना; ~**का चिराग़** 1 घर भर का प्यारा 2 घर की शोभा; ~**का न घाट का** 1 निकम्मा 2 जो कहीं का न हो; ~**का बोझ उठाना** घर बार सँभालना; ~**का भेदिया,** ~**का भेदी** घर का भेद जाननेवाला; ~**का रास्ता लेना** 1 चल देना, सिधारना 2 घर को वापस जाना; ~**का शेर** घर में बहादुरी दिखानेवाला; ~**की खेती** 1 अपना माल 2 अपने यहाँ पैदा होनेवाली वस्तु; ~**की बात** 1 घर का मामला 2 घर का भेद; ~**की मुर्गी** 1 घर का व्यक्ति किंतु असम्मानित व्यक्ति 2 पत्नी; ~**की मुर्गी दाल बराबर,** ~**की मुर्ग़ी साग बराबर** घर की अच्छी वस्तु की भी कद्र नहीं होती; ~**के जाले बुहारना** घर-घर फिरना, भटकना; ~**चलाना** परिवार का ख़र्च निबाहना ~**जमना** गृहस्थी ठीक होना; ~**डूबना** घर बर्बाद होना; ~**तक पहुँचना** 1 माँ-बहिन की गाली देना 2 पूरा करना 3 बाप-दादा बखानना; ~**पर गंगा आना** बिना मेहनत के कार्य पूरा होना; ~**फूँक तमाशा देखना** घर तबाह करके मौज मस्ती लेना; ~**फोड़ना** घर में फूट डालना; ~**बसना** 1 घर का आबाद होना 2 घर में स्त्री आना, ब्याह होना; ~**बसाना** 1 शादी करा देना 2 घर आबाद कराना; ~**बिगाड़ना** 1 घर को बर्बाद करना 2 घर में फूट पैदा करना; ~**बे चिराग हो जाना** 1 बेटे का मर जाना 2 कोई नाम लेवा न रह जाना; ~**बैठना** 1 नौकरी त्याग देना 2 बाहर निकलना बंद कर देना 3 एकांतवासी होना 4 मकान ढह जाना; ~**बैठी रोटी** घर बैठे मिलनेवाली रोज़ी; ~**भरना** 1 धन जोड़ना 2 घर को धन-धान्य से भरना 3 घर का धन-जन से भरा होना; ~**भाँय-भाँय करना** सूनेपन के कारण घर डरावना लगना; ~**में डालना** रखेली बना लेना; ~**सिर पर उठा लेना** ऊधम मचाना; ~**से पाँव निकालना** मर्यादा का उल्लंघन करना, स्वछंदाचारी

घरघराना–I (अ० क्रि०) घर-घर शब्द निकालना II (स० क्रि०) घर-घर शब्द उत्पन्न करना

घरघराहट–(स्त्री०) घर-घर शब्द होने की क्रिया

घरणी, घरनी–(स्त्री०) 1 गृह स्वामिनी 2 पत्नी, भार्या। **बिन घरनी घर भूत का डेरा** बिना घरवाली के घर सूना-सूना लगता है

घरम–(पु०) घाम, धूप

घरर-घरर–(पु०) रगड़ से उत्पन्न होनेवाला शब्द (जैसे-रेलगाड़ी के पहिए की घरर-घरर)

घररना–I (स० क्रि०) घरर-घरर शब्द उत्पन्न करना II (अ० क्रि०) घरर-घरर शब्द होना

घरवा, घरवाहा–(पु०) 1 घरौंदा 2 छोटा घर

घरसा–*बो०* (पु०) = घिस्सा

घरहाया–(वि०) घर में फूट डालनेवाला, मत-भेद उत्पन्न करनेवाला

घराँव–(पु०) मेल-जोल, घनिष्ठता

घराऊ–(वि०) घर से संबंधित, घरेलू

घराड़ी–(स्त्री०) ऐसा स्थान जहाँ कोई व्यक्ति और उसके पूर्वज दीर्घ काल से रहते चले आये हों, डीह

घरानी–(पु०) विवाह में कन्या पक्ष के लोग

घराना–(पु०) 1 ख़ानदान, वंश 2 (संगीत में) वंश-परंपरा

घरिया–(स्त्री०) 1 छोटा घड़ा 2 मिट्टी का प्याला 3 मिट्टी की हाँड़ी 4 घड़िया

घरियाना–*बो०* (स० क्रि०) तह लगाना

घरी–(स्त्री०) तह, परत

घरुआ–I *बो०* (पु०) घर गृहस्थी का प्रबंध II (वि०) घर संबंधी

घरु–(वि०) 1 घर का 2 आपसदारी का, निजी

घरेलू–(वि०) 1 घर संबंधी (जैसे-घरेलू धंधा, घरेलू काम) 2 निजी 3 घर का (जैसे-घरेलू झगड़ा) 4 पालतू (जैसे-घरेलू पशु)

घरोप–(पु०) घनिष्ठ संबंधी
घरौंदा, घरौना–(पु०) 1 छोटा घर 2 मिट्टी का छोटा घर
घर्घर–*सं०* (पु०) घर-घर की आवाज़
घर्म–*सं०* (पु०) 1 गरमी 2 धूप। ~**बिंदु** (पु०) पसीना
घर्माक्त–*सं०* (वि०) पसीने से तर-बतर
घर्र-घहर–(स्त्री०) ज़ोर की रगड़ की आवाज़
घर्रा–(पु०) 1 कफ की घरघराहट 2 आँखों में लगाया जानेवाला अंजन 3 कोल्हू पेरने का दंड
घर्राटा–(पु०) घर्र-घर्र शब्द। ~**मारना** गहरी नींद में सोना
घर्रामी–(पु०) छप्पर छाने का काम करनेवाला मिस्त्री, छपरबंद
घर्ष–*सं०* (पु०) 1 रगड़, घर्षण 2 संघर्ष 3 टक्कर
घर्षण–*सं०* (पु०) 1 रगड़ने की क्रिया, घिस्सा, रगड़ 2 पारस्परिक विचारधाराओं में होनेवाला संघर्ष
घर्षित–*सं०* (वि०) रगड़ा हुआ
घर्षी–*सं०* (वि०) रगड़ता हुआ
घलना–(अ० क्रि०) 1 घाला जाना 2 चलाया जाना
घलाघल, घलाघली–(स्त्री०) 1 गहरी आघात-प्रतिघात 2 मार-पीट
घलुआ–I *बो०* (पु०) तौल के अतिरिक्त दिया जानेवाला पदार्थ II (वि०) घालनेवाला
घसखुदा–(वि०) घास खोदनेवाला, घसियारा
घसिटना–(अ० क्रि०) घसीटा जाना
घसियारा–(पु०) घास खोदने एवं बेचनेवाला व्यक्ति
घसियारिन, घसियारी–(स्त्री०) घास खोदने एवं बेचनेवाली स्त्री
घसीट–(स्त्री०) 1 घसीटने की क्रिया 2 जल्दी-जल्दी लिखने की क्रिया 3 घसीट कर लिखी हुई लिखावट
घसीटना–(स० क्रि०) 1 वस्तु को इस प्रकार खींचना कि वह रगड़ खाती हुई खींचनेवाले की तरफ बढ़ती जाये (जैसे-पत्थर घसीटना) 2 शामिल करना (जैसे-कृपया, मुझे इस काम में मत घसीटिए) 3 बहुत जल्दी-जल्दी तथा अस्पष्ट लिखना
घस्सा–*बो०* (पु०) = घिस्सा
घहनाना–I *बो०* (अ० क्रि०) 1 घंटा बजने का शब्द होना, घंटे आदि से ध्वनि निकलना 2 तीव्र ध्वनि होना, गरजना II (स० क्रि०) जोर की आवाज उत्पन्न करना
घहर-घहर–(स्त्री०) घर्र-घहर
घहराना–I (अ० क्रि०) 1 भीषण आवाज़ होना 2 सहसा गिरना, आ पहुँचना 3 चारों ओर से आकर घिरना II (स० क्रि०) 1 भीषण शब्द करना 2 घेरना, छाना
घाँघरा–(पु०) लहँगा
घाई–I (स्त्री०) 1 ओर, तरफ़ 2 बार, दफ़ा
घाई–II (स्त्री०) दो उँगलियों के बीच की जगह, अंटी
घाऊघप–(वि०) 1 गुप्त रूप से माल हजम करनेवाला 2 सब कुछ नष्ट करनेवाला 3 चालाक एवं धूर्त
घाग, घाघ–(पु०) 1 चालाक एवं धूर्त व्यक्ति 2 एक अनुभवी कवि जिनकी कहावतें बहुत प्रसिद्ध हैं
घाघरा–I (पु०) = घाघरा II (स्त्री०) घाघरा नदी
घाघी–(स्त्री०) बड़ा जाल
घाट–I (पु०) 1 जलाशय या नदी का नाव से पार उतरने का किनारा, तट (जैसे-गंगा नदी का किनारा, सरयू घाट) 2 तट के आस पास का सीढ़ीदार स्थान 3 ठिकाना II (स्त्री०) घटने की अवस्था III (वि०) 1 कम, थोड़ा 2 घटिया IV (क्रि० वि०) घटकर। ~**कप्तान** + *अं०* (पु०) बंदरगाह का उच्च अधिकारी; ~**बंदी** + *फ़ा०* (स्त्री०) 1 घाट, बंदरगाह पर माल चढ़ाने एवं उतारने का निषेध, रुकावट 2 घाट बनाने की क्रिया; ~**मार** (पु०) घाट पर चुंगी मारनेवाला; **घर का न ~ का** दो किशतियों में कहीं का नहीं; ~ ~ **का पानी पीना** तरह तरह के अनुभव पाना; ~**बहाना** शव का क्रियाकर्म; ~**मारना** नाव की उतराई या चुंगी न देना; ~**लगना** 1 किनारे लगना 2 सुरक्षित पहुंचना
घाट पहल–(पु०) तराशकर बनी वस्तु में बनावट का उतार-चढ़ाव
घाटवाल–(पु०) घाट का अधिकारी, घाट का पंडा
घाटा–(पु०) 1 नुकसान, हानि 2 घटना 3 कमी
घाटिका–*सं०* (स्त्री०) गले का पिछला भाग, गरदन
घाटिया–(पु०) 1 नहानेवालों से दान-दक्षिणा लेनेवाला ब्राह्मण 2 घाट का मालिक
घाटी–(स्त्री०) 1 दो पर्वतों के बीच का सँकरा मार्ग 2 पर्वतीय प्रदेशों के मध्य का मैदान (जैसे-कश्मीर की घाटी) 3 पहाड़ की ढाल। मार्ग + *सं०* (पु०) 1 पर्वतों के बीच में नदी की धारा आदि से बना तंग रास्ता 2 दर्रा
घात–(स्त्री०) 1 अनुकूल अवसर 2 दाँव पेच 3 विश्वासघात 4 घात या छल करने का स्थान (जैसे-घात लगाए बैठना)। ~**ताकना** हमला करने का अवसर देखना; ~**पर चढ़ना,** ~**में आना** वश में आना, दाँव पर चढ़ना; ~**में फिरना** ताक में घूमना; ~**में बैठना** दांव के लिए छिपकर बैठना; ~**लगना** उपयुक्त अवसर मिलना
घात–*सं०* (पु०) 1 चोट, प्रहार 2 जान से मार डालना, वध, हत्या (जैसे-गो घात) 3 धोखे में रखकर की जानेवाली बुराई 4 *ग०* किसी संख्या को उसी संख्या से गुणा करने पर प्राप्त होनेवाला गुणनफल (जैसे-$4^2 = 16$)। ~**तिथि** (स्त्री०) अशुभ तिथि, ~**प्रतिघात** (पु०) 1 चोट और उसके बदले में की गई चोट 2 संघर्ष
घातक–I *सं०* (वि०) 1 प्रहार करनेवाला 2 मार डालनेवाला, वधिक 3 हानि, कष्ट पहुँचानेवाला (जैसे-घातक विचार, घातक भाव) 4 जिसके कारण कोई मर जाये (जैसे-घातक रोग) II (पु०) हिंसक, हत्यारा
घातन– (पु०) वध करना
घाता–(पु०) ग्राहक को तौल या गिनती में निर्धारित मात्रा के अतिरिक्त दिया जानेवाला पदार्थ, घाल
घातिया–(वि०) = घाती
घाती–*सं०* (वि०) 1 प्रहार करनेवाला 2 वध करनेवाला 3 नाश करनेवाला
घातुक–*सं०* (वि०) 1 घातक 2 हानि करनेवाला 3 क्रूर, निर्दय
घात्य–*सं०* (वि०) 1 मारा जाने योग्य 2 नष्ट किया जानेवाला
घान–I (पु०) 1 एक बार में पीसने के लिए डाला गया अनाज 2 एक बार में पेरने के लिए डाला, उँडेला गया पदार्थ 3 एक बार में पकाया गया पदार्थ 4 एक निश्चित मात्रा का बार-बार डालना, उँड़ेलना, पीसना। ~**उतरना** ठीक उतरना, पूरा होना; ~**डालना** घान रूप में कार्य कार्य शुरू करना; ~**पड़ना,**

~**लगना** घान रूप में काम आरंभ होना

घान–II (पु०) 1 बड़ा हथौड़ा, घन 2 गहरा आघात, भीषण प्रहार

घानी–(स्त्री०) 1 ऐसा स्थान जहाँ घान डाले जाते हैं 2 ऊख, तेल आदि पेरने का कोल्हू 3 ढेर, राशि। ~**करना** पीसना, पेरना

घाम–(पु०) 1 सूर्य का प्रकाश, धूप (जैसे-घाम आना) 2 कष्ट, विपत्ति (जैसे-घाम बचाना)। ~**छाँह** (स्त्री०) धूप-छाँव; ~**खाना** धूप में रहना; ~**लगना** लू लगना; ~**छाँह सहना** सुख दुःख दोनों को सहना

घामड़–(वि०) 1 धूप से विकल (जैसे-घामड़ पशु) 2 नासमझ, मूर्ख 3 आलसी, सुस्त

घायल–(वि०) 1 जिसे चोट लगी हो, ज़ख्मी (जैसे-वह बुरी तरह से घायल हो गया था) 2 दुःख पहुँचाया हुआ

घारी–बो० घास-फूस से बना कमरा जिसमें पशु बंधते हैं

घार्षणिक–सं० (वि०) घर्षण-संबंधी

घाल–(पु०) 1 तौल या गिनती में निर्धारित मात्रा में मिल जानेवाला पदार्थ (जैसे-घाल में मिल जाना, घाल न गिनना) 2 तुच्छ पदार्थ

घालक–(वि०) 1 मारनेवाला, वध करनेवाला 2 नाशक 3 अत्यधिक हानि पहुँचानेवाला

घालना–(स० क्रि०) 1 डलना 2 रखना 3 फेंकना (जैसे-शस्त्र घालना) 4 मार डालना 5 नष्ट करना

घालमेल–(पु०) 1 मिलावट, गड्डमड्ड 2 अनुचित संबंध 3 मेल जोल

घाव–(पु०) 1 ज़ख्म, क्षत (जैसे-घाव पर मरहम लगाना) 2 विकृत अंग (जैसे-घाव भरना, घाव पूजना) 3 मन की दुःख पूर्ण स्थिति (जैसे-घाव हरा होना)। ~**खाना** आहत होना; ~**देना** दुःख पहुँचाना; ~**पर नमक छिड़कना** पीड़ित को और पीड़ा पहुँचाना; ~**पूजना,** ~**भरना** घाव अच्छा होना

घास–(स्त्री०) 1 पशुओं को खिलानेवाली हरी वनस्पतियाँ (जैसे-दूब की घास) 2 तृण, तिनका। ~**पात,** ~**फूस** (पु०) 1 कूड़ा-करकट 2 तृण या वनस्पति; ~**भूसा** (पु०) व्यर्थ की रद्दी चीजें। ~**काटना,** ~**खोदना,** ~**छीलना** 1 तुच्छ काम करना 2 व्यर्थ का काम करना; ~**खाना** 1 पशु तुल्य होना 2 मूर्खता का परिचय देना

घासलेट–अं० गैस-लाइट से (पु०) 1 मिट्टी का तेल 2 तुच्छ वस्तु

घासलेटी–अं० + हिं० (वि०) 1 निम्न कोटि का 2 गंदा, अश्लील (जैसे-घास लेटी साहित्य)

घासाहारी–सं० (पु०) घास खानेवाला पशु

घिऔड़ा–(पु०) घी रखने का पात्र

घिआ–(स्त्री०) = घीआ

घिग्घी–(स्त्री०) 1 अधिक रोने के कारण थकावट हो जाने से श्वास अवरोध से घी घी शब्द निकलना 2 भयभीत होने से साफ़ ध्वनि न बोल पाना (जैसे-घिग्घी बँधना)

घिघियाना–(अ० क्रि०) 1 चिल्लाना 2 करुण स्वर में प्रार्थना करना, गिड़गिड़ाना, (जैसे-नौकर का घिघियाना)

घिचपिच–I (स्त्री०) 1 अस्पष्ट या न पढ़ी जा सकनेवाली लिखावट 2 भीड़ तंगी II (वि०) अस्पष्ट

घिन–(स्त्री०) घृणा, नफ़रत

घिनाना–(अ० क्रि०) घृणा करना

घिनौना–(वि०) घृणित

घिनौनापन–(पु०) घृणा का भाव

घिन्नी–बो० (स्त्री०) 1 गिर्री 2 घिरनी

घिया–(स्त्री०) = घीया

घिया तोरी–(स्त्री०) 1 सब्ज़ी के काम आनेवाली एक बेल 2 नेनुआँ

घिरना–(अ० क्रि०) 1 घेरे में आना (जैसे-ब्रैकेट में घिरना) 2 ढक लिया जाना (जैसे-बादलों से आकाश घिरना)

घिरनी– 1 चरखी, गरारी 2 चक्कर, फेरा। ~**दार** + फ़ा० (वि०) जिसमें घिरनी लगी हो (जैसे-घिरनीदार विमान)। ~**रवाना** चक्कर लगाना

घिराई–(स्त्री०) 1 घेरने की क्रिया 2 घेरने की मज़दूरी 3 पशु चराने का काम 4 पशु चराने का पारिश्रमिक

घिराव–(पु०) 1 घेरने की क्रिया 2 घेरा बंदी

घिरिया–(स्त्री०) 1 शिकार को घेरने के लिए बनाया गया घेरा 2 संकट की स्थिति

घिर्री–(स्त्री०) एक ही घेरे में बार-बार चक्कर लगाने की क्रिया। ~**खाना** बार-बार आना जाना

घिस-पिस–(स्त्री०) 1 ढिलाई, सुस्ती (जैसे-घिस-घिस करना) 2 अनिश्चय

घिसटना–बो० (अ० क्रि०) 1 घसीटा जाना 2 रगड़ खाते हुए धीरे-धीरे चलना

घिसना–I (स० क्रि०) 1 रगड़ना (जैसे-चंदन घिसना) 2 मलना। ~**माँजना** II (अ० क्रि०) क्षीण हो जाना (जैसे-बर्तन घिस गया है)

घिस-पिस–I बो० (स्त्री०) = घिस-घिस II (वि०) = घिचपिच

घिसवाना–(स० क्रि०) रगड़वाना

घिसाई–(स्त्री०) 1 घिसने की क्रिया 2 घिसाने का पारिश्रमिक; ~**टुटाई** (स्त्री०) घिसने और टूटने की क्रिया (जैसे-मशीन की)

घिसा-घिसाया, घिसा-पिटा, घिसा-पिसा–(वि०) 1 उपयोग में लाया हुआ, पुराना 2 जीर्ण-शीर्ण, कमज़ोर

घिसाव (पु०), **घिसावट–**(स्त्री०) घिसने की क्रिया, रगड़। ~**कोष** + सं०, ~**फंड** + अं० (पु०) घिसाई के लिए सुरक्षित निधि; ~**टुटाव** (पु०) = घिसाव

घिसिर-पिसिर–(स्त्री०) दे० घिस-पिस

घिस्सम-घिस्सा–(पु०) 1 धक्कम धक्का, रेल-पेल 2 नख में डोरी फँसाकर खेलनेवाला खेल 3 बार-बार रगड़ने की क्रिया

घिस्सा–(पु०) 1 रगड़ 2 धक्का 3 धोखा

घी–(पु०) मक्खन को तपाकर बनाया गया चिकना पदार्थ। ~**खिचड़ी** (स्त्री०) अत्यधिक घनिष्टता (जैसे-वे दोनों कैसे घी खिचड़ी हो रहे हैं)। ~**का कुप्पा लुढ़कना** 1 महान् क्षति होना 2 धनी व्यक्ति का मर जाना; ~**के कुप्पे से लगना** अत्याधिक लाभ होना; ~**के दीये जलाना** खुशी मनाना, प्रसन्न होना; **पाँचों उँगलियाँ घी में होना** अत्यधिक लाभ होना

घीया–(पु०) 1 लौकी 2 कद्दू

धीयातोरी–(स्त्री०) 1 सब्ज़ी बनाई जानेवाली छोटे लंबोतरे से फूल की लता 2 सब्ज़ी बनाई जानेवाली लता का फल
घुँघची–(स्त्री०) 1 लाल-लाल रंग के छोटे-छोटे बीज वाली जंगली बेल, गुंजा 2 उक्त जंगली बेल के बीज
घुँघनी–(स्त्री०) भिगोकर तला हुआ अन्न (जैसे-चने की घुँघनी)
घुँघराला–(वि०) घूँघरवाला छल्लेदार (जैसे-घुँघराले बाल)
घुँघरू–(पु०) 1 गोल एवं पोली गुरिया जिसमें कंकड़, लोहे आदि का छोटा टुकड़ा पड़ा होता है जिसके हिलने पर घनघन की ध्वनि होती है 2 पैरों में पहना जानेवाला एक गहना जिसमें कई घुँघरू लगे होते हैं। ~**दार** + *फ़ा०* (वि०) जिसमें घुँघरू लगे हों; ~**बंद** + *फ़ा०* (स्त्री०) नाचनेवाली वेश्या। ~**बाँधना** नाचने के लिए तैयार होना
घुँघुवारे–(वि०) = घुँघराले
घुँडी–(स्त्री०) 1 कपड़े का गोल बटन 2 सिरे पर बनी गोलाकार छोटी आकृति 3 टेढ़ापन, मन का खोट। ~**दार** + *फ़ा०* (वि०) जिसमें घुँडी लगी हो; ~**मारना** बाधा पहुँचाना
घुग्घी–(स्त्री०) 1 घोघी 2 फ़ाख़्ता 3 पंडुक
घुग्घू, घुघुआ–(पु०) उल्लू
घुघुआना–(अ० क्रि०) 1 उल्लू पक्षी का बोलना 2 उल्लू की तरह स्पष्ट स्वर में बोलना 3 बिल्ली की तरह गुर्राना
घुघुरी–(स्त्री०) = घुँघनी
घुटकना–*बो०* (स० क्रि०) घूँट-घूँट करके पीना
घुटकी–(स्त्री०) 1 रुक रुककर आने-जानेवाली साँस 2 गले की आहार नलिका। ~**लगना** मृत्यु के समय रुक रुककर साँस चलना
घुटन–(स्त्री०) 1 दम घुटने की अवस्था 2 घबराहट
घुटनमय–*हिं०* + *सं०* (वि०) घुटनवाला
घुटना–I (अ० क्रि०) 1 साँस रुकना 2 अटकना 3 कसा जाना। **घुट-घुटकर मरना** असह्य कष्ट सहते हुए मरना
घुटना–II (अ० क्रि०) 1 घिसना 2 घनिष्ठ संबंध होना (जैसे-आजकल उन दोनों में खूब घुटती है) 3 अभ्यास होना 4 मूड़ा जाना III (स० क्रि०) अच्छी तरह से कसना। ~**घुटा हुआ** काइयाँ, चालाक एवं धूर्त
घुटना IV (पु०)घुटनी–(स्त्री०) जाँघ और टाँग के बीच का जोड़ (जैसे-घुटनों के बल चलना)। ~**टेकू** (वि०) 1 घुटना टेकनेवाला 2 हार स्वीकार करनेवाला। आत्म समर्पण करनेवाला। **घुटने टेकना** आत्म समर्पण करना, हार जाना; **घुटनों में सिर देना** 1 सोच में बैठना, उदास होना 2 लज्जित होना; **घुटनों से लगाकर बैठना** हरदम पास रहना, सटे रहना
घुटन्ना–(पु०) 1 घुटनों तक पहुँचनेवाला पायजामा 2 तंग मोहरीवाला पायजामा
घुटरूँ–*बो०* (क्रि० वि०) घुटनों के बल
घुटरू–*बो०* (पु०) बच्चे का घुटना
घुटवाना–(स० क्रि०) 1 घोटने का काम अन्य से कराना, मुँडाना 2 रगड़वाना 3 पिसवाना (जैसे-भाँग घुटवाना)
घुटाई–(स्त्री०) 1 घोटने की क्रिया 2 घोटने की मजदूरी 2 चिकना बनाने का काम
घुटाना–(स० क्रि०) 1 घोटने का काम अन्य से कराना 2 घुटवाना 3 मुँडाना
घुटाला–(पु०)घोटाला
घुट्टी–(स्त्री०) नवजात शिशु को पिलाई जानेवाली रेचक-पाचक दवा। ~**में पड़ना** स्वभाव बनना
घुड़कना–(स० क्रि०) धमकी के स्वर में डाँटना, डपटकर बोलना
घुड़की–(स्त्री०) 1 घुड़कने की क्रिया 2 धमकी भरी डाँट। ~**खाना** डाँट पड़ना; ~**जमाना** रोब जमाना
घुड़चढ़ा–(पु०) घुड़सवार, अश्वारोही
घुड़चढ़ी–(स्त्री०) 1 वर का घोड़े पर चढ़कर वधू के घर चलना 2 घुड़नाल 3 घोड़े पर चढ़कर एक स्थान से दूसरे स्थान पर जानेवाली गाँव की वेश्याएँ
घुड़दौड़–I (स्त्री०) 1 घोड़ों की दौड़ 2 शर्त बदकर की जानेवाली घोड़ों की दौड़ 3 घोड़े की तरह तेज चाल II (क्रि० वि०) घोड़ों की तरह बहुत तेजी से आगे बढ़ते हुए
घुड़नाल(पु०), **घुड़बहली**–(स्त्री०) घोड़े की पीठ पर रखकर चलाई जानेवाली तोप
घुड़बहल–(स्त्री०) वह रथ जिसमें घोड़े जुतते हों
घुड़मक्खी–(स्त्री०) घोड़ों को काटनेवाली भूरे रंग की मक्खी
घुड़ला–(पु०) पत्थर, मिट्टी आदि का बना छोटा घोड़ा
घुड़सवार–*हिं०* + *फ़ा०* (पु०) घोड़े पर सवार व्यक्ति, अश्वारोही (जैसे-घुड़सवार सेना)
घुड़सवारी–*हिं०* + *फ़ा०* (स्त्री०) घोड़े पर सवार होने की क्रिया
घुड़सार, घुड़साल–(स्त्री०) घोड़े बाँधने का थान, अस्तबल
घुण–*सं०* (पु०) घुन। ~**लिपि** (स्त्री०) = घुणाक्षर
घुणाक्षर–*सं०* (पु०) घुन लगने से बने अक्षरों के आकार। ~**न्याय** (पु०) घटनाएं संयोगवश हो जाती हैं
घुन–(पु०) 1 अनाज को खाकर पोला कर देनेवाला लाल रंग का कीड़ा 2 काग़ज़ एवं लकड़ी आदि खानेवाला सफ़ेद कीड़ा (जैसे-घुन लगना)। ~**लगना** चिंता आदि के कारण क्षीण होना
घुनघुना–(पु०) झुनझुना नामक खिलौना
घुनना–(अ० क्रि०) 1 घुन द्वारा खाया जाना 2 चिंता आदि के कारण शरीर का क्षीण होना
घुनाना–(अ० क्रि०) घुन लगना
घुन्ना–(वि०) मन के भावों को गुप्त रखनेवाला, चुप्पा
घुन्नी–(वि०)/(स्त्री०) मन के भावों को गुप्त रखनेवाली
घुप–(वि०) गहरा, निबिड़ (अँधेरा)
घुमंतू–(वि०) इधर-उधर घूमनेवाला
घुमक्कड़–(वि०) बहुत अधिक घूमनेवाला, रमता। ~**पन** (पु०) घूमने की आदत
घुमक्कड़ी–(स्त्री०) = घुमक्कड़पन
घुमची–*बो०* (स्त्री०) = घुँघची
घुमटा–(पु०) सिर का चक्कर
घुमड़ना–(अ० क्रि०) 1 इकट्ठा होना 2 बादलों का उमड़-उमड़कर इकट्ठा होना
घुमड़ी–(स्त्री०) 1 केंद्र के चारों ओर घूमने की क्रिया 2 घूमते रहने से सिर में आनेवाला चक्कर
घुमरना–I (अ० क्रि०) चक्कर खाना
घुमरनाII, **घुमराना**–(अ० क्रि०) = घुमड़ना
घुमाना–(स० क्रि०) 1 घूमने में प्रवृत्त करना (जैसे-आँखें

घुमाना 2 चक्कर देना (जैसे-घड़ी की सूई घुमाना) 3 इधर-उधर दिखाने के लिए ले जाना (जैसे-शहर घुमाना) 4 दूसरी दिशा में मोड़ देना (जैसे-पूरब से पश्चिम को घुमाना)

घुमारा–I (वि०) 1 घूमनेवाला 2 घूमता हुआ; II 1 जिसे नींद आ रही हो, उनींदा 2 मतवाला, मत्त

घुमाव–(पु०) 1 घूमने, घुमाने का भाव 2 मोड़, घूम (जैसे-सड़क का घुमाव) 3 बात की जटिलता, चक्कर (जैसे-घुमाव की बात)। ~**दार** *+ फ़ा०* (वि०) 1 जिसमें कुछ घुमाव हो 2 चक्करदार; ~**फराव** (पु०) 1 घूमने-फिरने की क्रिया 2 व्यवहार में होनेवाला पेचीलापन

घुर-घुर–(पु०) 1 गले में कफ संचय होने से साँस लेने में निकलनेवाला शब्द 2 बिल्ली, सूअर आदि के गले से निकलनेवाली आवाज़

घुरघुराना–I (अ० क्रि०) गले से घुर-घुर शब्द निकलना II (स० क्रि०) गले से घुर-घुर शब्द उत्पन्न करना

घुरघुराहट–(स्त्री०) घुर-घुर शब्द निकलने की क्रिया

घुरबिनिया–I (स्त्री०) कूड़े-करकट के ढेर से अनाज के दाने एकत्र करने की क्रिया II (पु०) कूड़े-करकट के ढेर से अनाज के दाने चुनकर अपना निर्वाह करनेवाला व्यक्ति

घराना–(अ० क्रि०) चारों ओर से आकर छा जाना

घुलनशील–*हिं० + सं०* (वि०) घुलनेवाला

घुलना–(अ० क्रि०) 1 तरल पदार्थ में अच्छी तरह मिलना (जैसे-चीनी पानी में घुलनशील है, दूध और पानी में शक्कर आदि घुलना) 2 पककर नरम होना (जैसे-दाल का घुलना) 3 खूब मिल जाना 4 क्षीण होना। ~**मिलना** (अ० क्रि०) मेल-जोल रखना; **घुल-घुलकर काँटा होना** बहुत कमज़ोर हो जाना; ~**घुल-घुलकर बातें करना** घनिष्ठतापूर्वक बातें करना; **घुल-मिलकर** बहुत मेलजोल से

घुलनीय–*हिं० + सं०* (वि०) = घुलनशील

घुलवाना–(स० क्रि०) घोलने का काम अन्य से कराना

घुलाना–(स० क्रि०) 1 तरल पदार्थ में घुलनशील पदार्थ डालकर हिलाना 2 पिघलाना, गलाना 3 चुभलाना 4 शरीर क्षीण करना। ~**मिलाना** (स० क्रि०) मेल जोल बनाना या कराना

घुला-मिला–(वि०) मिला जुला

घुलावट–(स्त्री०) 1 घुलने-घुलाने की क्रिया 2 व्यवहार की घनिष्ठता

घुल्य–(वि०) घुलने योग्य

घुसना–(अ० क्रि०) 1 प्रवेश करना, भीतर जाना 2 धँसना 3 बलपूर्वक आगे बढ़ना (जैसे-शत्रु का देश की सीमा में घुस आना)

घुस-पैठ–(स्त्री०) 1 घुसने और पैठने की क्रिया 2 पहुँच 3 अवैध प्रवेश

घुसपैठिया–(पु०) अवैध प्रवेश करनेवाला

घुसर-पुसर–(स्त्री०) कानाफूसी

घुसवाना–(स० क्रि०) घुसने-घुसाने का काम अन्य से कराना

घुसाना–(स० क्रि०) 1 घुसने में प्रवृत्त करना 2 गड़ाना, चुभाना

घुसेड़ना–(स० क्रि०) 1 ठूँसना 2 धँसाना

घूँघट–(पु०) पल्लू से मुँह ढँकना (जैसे-घूँघट उठाना, घूँघट उलटना)। ~**उठाना**, ~**उलटना** परदा हटाना; ~**करना**, ~**काढ़ना** परदा करना

घूँघर–(पु०) छल्ला

घूँ-घूँ–(स्त्री०) सन्नाटे में गहरी और मंद आवाज़

घूँचा–(पु०) = घूँसा

घूँट–(पु०) मुँह से एक बार में ली जानेवाली तरल पदार्थ की मात्रा, चुसकी

घूँटना–(स० क्रि०) घूँट-घूँट करके पीना

घूँटी–(स्त्री०) = घुट्टी

घूँस–(स्त्री०) = घूस, रिश्वत

घूँसा–(पु०) 1 मुक्का 2 मुक्के का प्रहार। ~ **मारना** मुक्के से प्रहार करना

घूँसेबाज–*हिं० + फ़ा०* (पु०) घूँसेबाजी के खेल में भाग लेनेवाला खिलाड़ी, बॉक्सर

घूँसेबाजी–*हिं० + फ़ा०* (स्त्री०) घूँसों के प्रहार से होनेवाली लड़ाई

घूआ–(पु०) 1 रूई की तरह का काँस, मूँज आदि का फूल 2 कीचड़ में होनेवाला एक प्रकार का छोटा कीड़ा, रेवाँ 3 चूल धँसानेवाली दरवाज़े के पास का छेद

घूका–(पु०) 1 बाँस, बेंत 2 मूँज आदि की बनी सँकरे मुँह की डलिया

घूघ –I (स्त्री०) सिर पर चोट बचाने हेतु पहनी जानेवाली टोपी, धातु की टोपी II (पु०) उल्लू

घूघी–*बो०* (स्त्री०) 1 थैली 2 जेब, खीसा 3 पंडुक 4 फ़ाख़्ता

घूघू–(पु०) = घुग्घू

घूम–I (स्त्री०) 1 घूमने की क्रिया, घुमाव, मोड़ 2 चक्कर, घेरा 3 मोड़ II 1 निद्रा, नींद 2 नशा। ~**घुमारा** (वि०) 1 चक्कर खाता हुआ 2 अलसता, मद से भरा हुआ

घूमना–(अ० क्रि०) 1 टहलना (जैसे-सबेरे का घूमना सेहत के लिए बहुत अच्छा है) 2 चक्कर लगाना (जैसे-गोले के चारों ओर घूमना) 3 एक वस्तु का दूसरी वस्तु को केंद्र बनाकर उसके चारों ओर चक्कर लगाना (जैसे-पृथ्वी सूर्य के चारों ओर घूमती है) 4 किसी वस्तु का अक्ष के चारों तरफ़ नाचना (जैसे-लट्टू का घूमना) 5 मुड़ना 6 भ्रमण करना (जैसे-विदेश घूमना) 7 एक दिशा से दूसरी दिशा को अचानक प्रवृत्त होना। ~**घामना**, ~**फिरना** (अ० क्रि०) सैर करना; **घूम पड़ना** क्रोध में आकर दूसरे से बात करना

घूर–(पु०) कूड़े करकट का ढेर

घूरना–(अ० क्रि०) आँखें निकालकर क्रोधपूर्वक देखना (जैसे- अध्यापक का घूरना देखकर लड़के कक्षा में चले गए)

घूरा–(पु०) कूड़े-करकट का ढेर

घूरा-घारी–(स्त्री०) 1 घूरने की क्रिया 2 नज़र मिलाने का कार्य

घूर्ण–I *सं०* (पु०) चारों ओर घूमना II (वि०) घूमता हुआ। ~**वात** (पु०) चक्रवात

घूर्णन–*सं०* (पु०) चक्कर लगाना

घूर्णमान–*सं०* (वि०) घूमता हुआ

घूर्णित–*सं०* (वि०) 1 घुमाया हुआ 2 भ्रमित

घूर्ण्य–*सं०* (वि०) 1 जिसे घुमाया जा सकता हो 2 घूमनेवाला

घूस–I (पु०) रिश्वत (जैसे-घूस लेना, घूस देना)। ~**ख़ोर** *+ फ़ा०* (वि०) रिश्वती; ~**ख़ोरी** *+ फ़ा०* (स्त्री०)

II (स्त्री०) चूहे के वर्ग का ऐसा बड़ा ज़ंतु जो ज़मीन में बिल खोदकर रहता है, घुँइस

घृणा–*सं०* (स्त्री०) नफ़रत, घिन। ~**सूचक** (वि०) घृणा का संकेत करनेवाला

घृणास्पद–*सं०* (वि०) घृणा योग्य, घृण्य

घृणित–*सं०* (वि०) घिनौना (जैसे-घृणित कार्य)

घृणी–*सं०* (पु०) घृणा करनेवाला

घृण्य–*सं०* (वि०) घृणा योग्य

घृत–*सं०* (पु०) घी। ~**पूर** (पु०) घेवर

घृताक्त–*सं०* (वि०) घी से तर

घृतान्न–*सं०* (पु०) घी में पकाया हुआ अन्न

घृष्ट–*सं०* (वि०) घिसा हुआ, रगड़ा हुआ

घृष्टि–*सं०* (स्त्री०) 1 घिसने की क्रिया 2 घर्षण, घिसाई 3 स्पर्द्धा

घृष्ट्य–*सं०* (वि०) घिसने योग्य

घेंघा–*बो०* (पु०) = घेघा

घेंटा–(पु०) सूअर का बच्चा

घेंटी–*बो०* (स्त्री०) चने की फली

घेघा–(पु०) 1 गला 2 गले की आहार नलिका 3 गले का एक रोग, गलगंड

घेपना–*बो०* (स० क्रि०) 1 लथ-पथ करना, रौंदकर मिलाना 2 खुरचना

घेर–(पु०) 1 घेरा, फैलाव 2 परिधि 3 घेरने की क्रिया। ~**दार** + *फ़ा०* (वि०) बड़े घेरेवाला

घेर-घार–(स्त्री०) 1 चारों ओर घेरने की क्रिया (जैसे-बादलों का घेर-घार) 2 घेरा, फैलाव

घेरना–(स० क्रि०) 1 घेरा बनाना 2 सीमा निर्धारित करना 3 छेंकना (जैसे-पुलिस ने चोर को घेर लिया है) 4 छा जाना (जैसे-बादलों ने आकाश को घेर लिया) 5 रुकावट में लाना (जैसे-रोग का आ कर घेरना) 6 स्थान छेंकना (जैसे-लड़कों ने सारी कुर्सियाँ पीछे घेर रखी हैं) 7 ख़ुशामद करना (जैसे-चापलूस लोग हमेशा अधिकारी को घेरने में ही अपनी चतुराई समझते हैं)

घेरा–(पु०) 1 विस्तार, फैलाव 2 घेरने की क्रिया 3 मंडलाकार रूप (जैसे-दीवार का घेरा) 4 परिधि (जैसे-वृत्त का घेरा) 5 घेरनेवाली दीवार (जैसे-दुर्ग का घेरा) 6 हाथ से हाथ मिलाकर व्यक्तियों द्वारा बनाया गया गोला (जैसे-नेता का घेरे में घिरना)। ~**बंदी** + *फ़ा०* (स्त्री०) घेरा डालने की क्रिया

घेराई–(स्त्री०) = घिराई

घेराव–(पु०) = घिराव

घेरेदार–*हिं०* + *फ़ा०* (वि०) = घेरदार

घेवर–(पु०) मैदे, घी एवं चीनी के मिश्रण से बनी मिठाई, फेनी

घैंटा–(पु०) = घेंटा

घैया–(स्त्री०) 1 गाय के थन से निकली दूध की धार 2 मक्खन को काछकर एकत्र करने का काम

घैहा–*बो०* (वि०) घायल, आहत

घोंखना–(स० क्रि०) रटना, घोटना

घोंघा–I (पु०) 1 शंख के आकार का एक कीड़ा 2 निरर्थक वस्तु II (वि०) बेवकूफ़, मूर्ख। ~**बसंत** बिल्कुल मूर्ख; **भरे समुंदर ~ हाथ** बहुत में से बहुत कम हाथ आना

घोंघी–(स्त्री०) = घुग्घी

घोंचा–(पु०) 1 फूलों, फलों आदि का गुच्छा, स्तबक 2 कानों तक मुड़कर पहुँची हुई सींगवाला बैल

घोंची–(स्त्री०) कानों की ओर मुड़ी हुई सींगवाली गाय

घोंचू–(वि०) बुद्धू

घोंटना–(स० क्रि०) = घोटना

घोंटू–(वि०) कसकर दबानेवाला (जैसे-गला घोंटू)

घोंपना–(स० क्रि०) 1 गड़ाना, चुभाना 2 धँसाना (जैसे-छुरा घोंपना)

घोंसला–(पु०) नीड़, खोता

घोखना–(स० क्रि०) बार-बार पढ़ना, रटना

घोखवाना, घोखाना–(स० क्रि०) घोपने के कार्य करवाना

घोखू–(वि०) रट्टू

घोघा–(पु०) चने आदि फसल को हानि पहुँचानेवाला एक छोटा कीड़ा

घोट, घोटक–*सं०* (पु०) घोड़ा

घोटना–I (स० क्रि०) जोर से दबाना (जैसे-गला घोटना) II 1 मलना, रगड़ना (जैसे-दीवार घोटना, फर्श घोटना) 2 महीन करना, पीसना (जैसे-भाँग घोटना) 3 अभ्यास करना (जैसे-अक्षर घोटना) 4 याद करना 5 बाल साफ़ करना, मूँडना (जैसे-सिर के बाल घोटना)

घोटा–(पु०) 1 घोटने, पीसने, रगड़ने की क्रिया 2 घोटने का साधन 3 घुटी हुई चीज़ 4 रटने का काम (जैसे-घोटा लगाना) 5 घोटने का उपकरण 6 हजामत

घोटाई–(स्त्री०) 1 घोटने की क्रिया 2 घोटने का पारिश्रमिक

घोटाला–1 गोलमाल, घपला 2 अव्यवस्था, गड़बड़ी

घोटू–I *बो०* (वि०) 1 घोटनेवाला 2 कसकर दबानेवाला II (पु०) घोटा

घोड़चढ़ा–(पु०) = घुड़चढ़ा

घोड़दौड़–(स्त्री०) = घुड़दौड़

घोड़राई–(स्त्री०) घोड़ों को खिलायी जानेवाली बड़े दाने की राई

घोड़-सवार–*हिं०* + *फ़ा०* (पु०) = घुड़सवार

घोड़साल–(स्त्री०) = घुड़साल

घोड़ा–(पु०) 1 एक प्रसिद्ध पालतू पशु जिस पर सवारी की जाती है तथा जो रथ आदि खींचता है, अश्व, तुरंग (जैसे-घोड़ा बहुत तेज़ दौड़नेवाला पशु है) 2 घोड़े के आकार का बंदूक आदि का खटका (जैसे-घोड़ा दबाना) 3 शतरंज का एक मोहरा 4 घोड़े की आकृति का बच्चों का एक खिलौना 5 घोड़े की आकृति की खूँटी। ~**गाड़ी** (स्त्री०) ऐसी गाड़ी जिसमें घोड़े जुतते हों, घोड़े द्वारा खींची जानेवाली गाड़ी; ~**उड़ाना** घोड़े को सरपट दौड़ाना; ~**कसना** घोड़े पर जीन कसना; ~**डालना,** ~**फेंकना** घोड़े को तेज दौड़ना; ~**फेरना** घोड़े को दौड़ाने का अभ्यास कराने के लिए एक वृत्त में घुमाना, कावा देना; ~**बेचकर सोना** निश्चिंत होकर गहरी नींद सोना; **घोड़े पर चढ़ आना** लौटने को जल्दी मचाना

घोड़िया–(स्त्री०) 1 घोड़ी 2 छोटी घोड़ी 3 कपड़ा आदि टाँगने की खूँटी

घोड़ी–(स्त्री०) 1 घोड़े की मादा 2 विवाह की एक रस्म जिसमें वर घोड़ी पर चढ़कर कन्या के घर जाता है 3 काठ का विशेष आकृति का आयताकार ढाँचा

घोर–I *सं०* (वि०) 1 डरावना 2 गहरा (जैसे-घोर निद्रा)

3 कठोर, कठिन (जैसे-घोर साधना) 4 अत्यंत बुरा (जैसे-घोर निंदा) 5 सघन, घना (जैसे-घोर वन) II (क्रि० वि०) बहुत अधिक, अत्यंत

घोल–*सं०* (पु०) तरल पदार्थ में अन्य पदार्थ का गाढ़ा मिश्रण।

घोलक–*सं०* (पु०) घोलनेवाला पदार्थ

घोलना–(स० क्रि०) किसी तरल पदार्थ में घुलनशील पदार्थ मिलाना (जैसे-दूध में शक्कर घोलना)। **घोलकर पी जाना** संपूर्णतया अंत कर देना (जैसे-लज्जा घोलकर पी जाना)

घोला–(पु०) घोलकर बनाई गई चीज़ (जैसे-भाँग का गोला)। **घोले में डालना** 1 उलझन में डाल रखना 2 टाल-मटोल करना; **घोले में पड़ना** झंझट में पड़ना

घोलुवा–(वि०) घोलकर बनाया हुआ, घोला हुआ

घोष–I *सं०* (पु०) बस्ती, गाँव II 1 शब्द, नाद 2 ज़ोर से की गई पुकार, गर्जन 3 नारा 4 *व्या०* शब्दों के उच्चारण में होनेवाला बाह्य प्रयत्न

घोषक–I *सं०* घोषणा करनेवाला व्यक्ति II (वि०) घोष करनेवाला

घोषण–*सं०* (पु०) घोषणा करना

घोषणा–*सं०* (स्त्री०) 1 सार्वजनिक रूप से की गई राजाज्ञा 2 सार्वजनिक बात 3 ऐलान, ढिंढोरा 4 मुनादी, डुग्गी। **~पत्र** (पु०) 1 राजाज्ञा 2 राजनैतिक दल का नीति-पत्र 3 सत्यता घोषित पत्र

घोषा–*सं०* (स्त्री०) सौंफ़

घोषित–*सं०* (वि०) घोषणा हुई

घोषीकरण–*सं०* (पु०) घोषणा करना

घोसी–(पु०) अहीर, ग्वाला

घौंर, घौद, घौर, घौरा–(पु०) फलों का बड़ा गुच्छा

घौद–(पु०) फलों का गुच्छा

घ्राण –*सं०* (स्त्री०) 1 सूँघने की इंद्रिय, नाक 2 सूँघने की शक्ति। **~शक्ति** (स्त्री०) सूँघने की शक्ति

घ्राणेन्द्रिय–*सं०* (स्त्री०) नाक

घ्रात–*सं०* (वि०) सूँघा हुआ

घ्रातव्य–*सं०* (वि०) सूँघा जाने योग्य

घ्राता–*सं०* (पु०) सूँघनेवाला

च

चंकुर–*सं०* (पु०) 1 रथ, यान 2 पेड़, वृक्ष

चंक्रमण–*सं०* (पु०) 1 टहलना, घूमना, सैर करना 2 सैर करने का स्थान 3 बार-बार घूमना

चंग–I *फ़ा०* (स्त्री०) डफ के आकार का बड़ा बाजा, डुगडुगी II (स्त्री०) बड़ी गुड्डी, पतंगा

चंग–*सं०* (वि०) 1 दक्ष, कुशल 2 स्वस्थ 3 सुंदर

चंगला–*सं०* (स्त्री०) एक रागिनी जो मेघराग की पुत्रवधू कही गई है

चंगा–(वि०) 1 तंदुरुस्त, स्वस्थ (जैसे-रोगी चंगा हो गया) 2 उत्तम, अच्छा 3 पवित्र, स्वच्छ (जैसे-मन चंगा तो कठौती में गंगा)

चंगु–(पु०) 1 पकड़ रखने की क्रिया, पकड़ 2 अधिकार, वश

चंगुल–(पु०) 1 पशु-पक्षियों का टेढ़ा पंजा 2 उँगलियों को हथेली की ओर मोड़ने से बनी आकृति (जैसे-एक चंगुल आटा देना) 3 पकड़, अधिकार। **~में पड़ना, ~में फँसना, होना** पूरी तरह वश में होना

चँगेर, चँगेरी, चँगेली–(स्त्री०) 1 बाँस की खपचियों से बनी छोटी डलिया 2 चमड़े की मशक 3 पालने के आकार की टोकरी

चंचनाना–(अ० क्रि०) चुनचुनाना

चंचरी–*सं०* (स्त्री०) भ्रमरी, भौंरी

चंचरीक–*सं०* (पु०) भ्रमर, भौंरा

चंचल–*सं०* (वि०) 1 जो बराबर गतिशील हो, हिलने-डुलनेवाला (जैसे-चंचल नयन) 2 अस्थिर 3 चुलबला 4 चलचित्त (जैसे-चंचल किशोर) 5 नटखट, शरारती 6 जो शांत न हो, उद्विग्न (जैसे-मन चंचल होना)। **~ता** (स्त्री०) 1 अस्थिरता 2 चपलता 3 पाजीपन, शरारत 4 उद्विग्नता

चंचला–*सं०* (स्त्री०) 1 बिजली, विद्युत् 2 लक्ष्मी

चंचा–*सं०* (स्त्री०) 1 घास-फूस का पुतला 2 बाँस, बेत आदि की बनी चटाई, टोकरी आदि

चंचु–*सं०* (स्त्री०) चोंच। **~पुट** (पु०) बंद चोंच; **~प्रवेश** (पु०) अल्पज्ञान, आरंभिक ज्ञान; **~मान** (पु०) पक्षी

चँचोरना–(स० क्रि०) दाँतों से दबाकर चूसना

चंट–(वि०) 1 अत्यधिक चालाक 2 चालबाज़, धूर्त 3 तेज़

चंड–*सं०* (वि०) 1 अति प्रखर, बहुत उग्र 2 क्रोधी 3 प्रबल 4 बहुत कठोर।

चंडता (स्त्री०), **चंडत्व**–(पु०) 1 उग्रता, 2 कठोरता 3 उष्णता, गरमी

चंडा–*सं०* (स्त्री०) 1 उग्र स्वभाववाली स्त्री 2 दुर्गा

चंडातक–*सं०* (पु०) चोली, कुर्ती

चंडाल–*सं०* (वि०) = चांडाल। **~पक्षी** (पु०) कौआ; **~वीणा** (स्त्री०) तँबूरा, चिकारा

चंडालिका–*सं०* (स्त्री०) = चंडी

चंडालिनी–*सं०* (स्त्री०) 1 चंडाल स्त्री 2 दुष्ट एवं निकृष्ट स्त्री

चंडावल–*सं०* (पु०) 1 बहुत बड़ा योद्धा 2 सेना में पीछे रहनेवाला सिपाही 3 पहरेदार, संतरी

चँडासा–(पु०) जल्दी। **~चढ़ाना** बहुत जल्दी मचाना

चंडिमा–*सं०* (स्त्री०) 1 उग्रता 2 निष्ठुरता 3 तीव्रता 4 आवेश

चंडिका, चंडी–*सं०* (स्त्री०) 1 दुर्गा 2 उग्र स्वभाववाली नारी, कर्कशा एवं दुष्ट स्त्री। **चंडी कुसुम** (पु०) लाल कनेर; **~पति** (पु०) शिव जी

चंडु–*सं०* (पु०) 1 चूहा 2 छोटा बंदर

चंडू–(पु०) तंबाकू की तरह पिया जानेवाला अफ़ीम से बनाया हुआ अवलेह। **~ख़ाना** *फ़ा०* (पु०) चंडू पीने का स्थान; **~बाज़** + *फ़ा०* (पु०) चंडू पीनेवाला व्यक्ति। **चंडूख़ाने की गप** झूठी बात

चंडूल–(पु०) 1 भद्दी शक्ल का आदमी, कुरूप व्यक्ति 2 मधुर स्वरवाली ख़ाकी रंग की चिड़िया

चंडोला–(पु०) 1 पालकी 2 मिट्टी का एक खिलौना, चौघड़ा

चंद–*फ़ा०* (वि०) 1 कई (जैसे-चंद दिनों की याद) 2 थोड़े से, कुछ (जैसे-कृपया उसे चंद रुपये दे दीजिए)

चंद–*सं०* (पु०) चंद्रमा

चंदक–*सं०* (पु०) 1 चाँदनी, ज्योत्स्ना 2 चाँद 3 अर्द्धचंद्राकार गहना जिसे सिर पर धारण किया जाता है

चंदन–*सं०* (पु०) 1 एक सुगंधित वृक्ष जिसकी लकड़ी को घिसकर मस्तक पर लगाया जाता है, मलयज 2 चंदन वृक्ष की लकड़ी (जैसे-चंदन का लेप) 3 चंदन वृक्ष की लकड़ी का लेप (जैसे-चंदन की शीतलता) ▸ ~**गिरि** (पु०) मलय पर्वत; ~**गोह** + *हिं०* (स्त्री०) 1 चंदन वृक्ष पर रहनेवाली गोह 2 छोटी गोह; ~**पुष्प** (पु०) लौंग; ~**लेप** (पु०) घिसकर बनाया गया चंदन का लेप; ~**सार** (पु०) नौसादर; ~**हार** (पु०) = चंद्राहार; ~**उतारना** पानी के साथ चंदन को घिसकर उसका लेप निकालना; ~**चढ़ाना,** ~**लेपना** चंदन का लेप करना

चंदनादि-तैल–*सं०* (पु०) लाल चंदन के योग से बनाया गया तेल

चंदनी–(वि०) 1 चंदन संबंधी, चंदन का 2 जिसमें चंदन की सुगंध हो 3 चंदन की लकड़ी के रंग का

चंदनीया–*सं०* (स्त्री०) गोरोचन

चँदराना–I *बो०* (अ० क्रि०) 1 विक्षिप्त होना, पागल होना 2 जान बूझकर अनजान बनना II (स० क्रि०) 1 मूर्ख बनाना 2 धोखा देना, चकमा देना

चँदला–(वि०) गंजा, खल्वाट

चँदवा–(पु०) 1 चँदोवा, वितान 2 छोटा शामियाना 3 मोर पंख की चंद्रिका 4 टोपी के ऊपर का गोल भाग

चंदाँ–*फ़ा०* (वि०) 1 इतना 2 अधिक, बहुत

चंदा–(पु०) चंद्रमा (जैसे-चंदामामा)

चंदा–*फ़ा०* (पु०) 1 चाँद 2 सार्वजनिक कार्य हेतु दी गई आर्थिक सहायता (जैसे-होली का चंदा, अनाथालय को दिया गया चंदा) 3 निश्चित अवधि तक के लिए दिया गया धन (जैसे-वार्षिक चंदा, पत्रिका का वार्षिक चंदा दस रुपये है) 4 सदस्यता का शुल्क (जैसे-आपने संस्था का वार्षिक चंदा नहीं जमा किया है)

चंदावल–*फ़ा०* (पु०) सेना का पिछला भाग, चंडावल *(विलोम : हरावल)*

चंदिका–(स्त्री०) = चंद्रिका

चँदिया–(स्त्री०) 1 खोपड़ी, चाँद (जैसे-चँदिया खुजलाना) 2 चाँदी की टिकिया। ~**खाना** बकवाद करना; ~**खुजलाना,** ~**खुजाना** 1 सिर खुजलाना 2 मार खाने का काम करना; ~**पर बाल न छोड़ना** सब कुछ ले लेना; ~**मूँड़ना** 1 हजामत बनाना 2 लूटकर खाना

चंदुला–(वि०) चाँद से गंजा

चँदोवा–(पु०) मंडप का शामियाना, वितान

चंद्र–*सं०* (पु०) 1 चंद्रमा, चाँद 2 मोर पंख का अर्द्धचंद्राकार चिह्न 3 अर्द्ध अनुनासिक का चिह्न 4 इड़ा नाड़ी। ~**अभियान** (पु०) चाँद पर पहुँचने का उपक्रम; **चंद्रक** (पु०) 1 छोटा चांद 2 मोर पंख का चांद; ~**कक्षा** (स्त्री०) वह पथ जिस पर चंद्र घूमता है; ~**कला** (स्त्री०) 1 चंद्रमा की सोलह कलाएँ 2 चंद्रमा की सोलहों कलाओं में से एक कला 3 किरण 4 माथे पर पहनने का एक गहना 5 मोर पंख की चंद्रिका; ~**कलाधर** (पु०) शिव; ~**कांत** (पु०) 1 एक प्रसिद्ध कल्पित मणि जो लोक मान्यतानुसार चंद्र किरण पड़ने से पसीजने लगती है 2 कुमुद 3 चंदन; ~**कांता** (स्त्री०) 1 चंद्रमा की पत्नी 2 रात्रि, रात; ~**कांति** (स्त्री०) 1 चाँदनी 2 चाँदी; ~**कुमार** (पु०) चंद्रमा का पुत्र, बुध ग्रह; ~**कैपस्युल** + *अं०* (पु०), ~**क्षय** (पु०) अमावस्या; ~**गाड़ी** + *हिं०* (स्त्री०) चाँद पर पहुँचनेवाला यान; ~**गोल** (पु०) चंद्रमंडल; ~**ग्रहण** (पु०) पृथ्वी की छाया पड़ने से चंद्रमा का बिंब न दिखाई देने की स्थिति, चंद्रमंडल का पृथ्वी की छाया पड़ने से छिप जाना; ~**चूड़** (पु०) शिव; ~**जोत** + *हिं०* (स्त्री०) चाँदनी, ज्योत्स्ना; ~**तल** (पु०) चंद्रमा की धरती; **द्युति** (स्त्री०) 1 चंद्रमा का प्रकाश, चाँदनी 2 चंदन की लकड़ी; ~**धर** (पु०) चंद्रमा धारण करनेवाला देवता, शिव जी; ~**परिक्रमा** (स्त्री०) चांद का चक्कर लगाना; ~**पाषाण** (पु०) चंद्रकांत मणि; ~**प्रभा** (स्त्री०) चंद्रमा की ज्योति, चाँदनी; ~**बाण** (पु०) अर्द्धचंद्राकार फलवाला बाण; ~**बाला** (स्त्री०) 1 चंद्रमा की पत्नी 2 चंद्रमा की किरण; ~**बिंदु** (पु०) सानुनासिक वर्ण के ऊपर लगाई जानेवाली अर्द्ध चंद्र बिंदी ँ; ~**भस्म** (पु०) कपूर; ~**भागा** (स्त्री०) चनाब नदी; ~**मंडल** (पु०) 1 चंद्रमा का पूर्ण बिंब 2 चंद्रमा की परिधि; ~**मणि** (पु०) चंद्रकांत मणि; ~**माड्यूल** + *अं०* (पु०) चंद्रयान का भाग; ~**मुख** (वि०) चंद्रमा के समान सुंदर मुखवाला; ~**मुखी** (स्त्री०)/(वि०) चंद्रमा के समान मुखवाली; ~**मौलि** (पु०) चंद्रशेखर, शिव; ~**यात्रा** (स्त्री०) चाँद पर जाना; ~**यात्री** (पु०) चाँद पर जानेवाला; ~**यान** (पु०) चाँद पर जानेवाला जहाज़; ~**राकेट** + *अं०* (पु०) चाँद पर जहाज़ भेजनेवाला राकेट; ~**लोक** (पु०) चंद्रमा; ~**वंश** (पु०) क्षत्रियों का वंश; ~**वंशी** (वि०) 1 चंद्रवंश संबंधी 2 क्षत्रिय वंश में जन्म लेनेवाला; ~**वधू** (स्त्री०) बीर बहूटी; ~**विंदु** (पु०) = चंद्रबिंदु; ~**विज्ञान** (पु०) चाँद के संबंध में शास्त्रीय अध्ययन; ~**विज्ञानी** (पु०) चंद्र विज्ञान विशेषज्ञ; ~**शाला** (स्त्री०) 1 चाँदनी, चंद्रिका 2 छत के ऊपर का वह कमरा जिसमें बैठकर चाँदनी का आनंद लिया जाता है; ~**शेखर** (पु०) शिव; ~**हार** (पु०) गले का हार जो अर्द्ध चंद्राकार धातु के अनेक टुकड़ों से युक्त होता है तथा जिसके बीच में पूर्ण चंद्र के आकार का गोल टिकड़ा लगा होता है; ~**हास** (पु०) 1 खड्ग, चमकीली तलवार 2 रावण की तलवार का नाम

चंद्रमा–*सं०* (पु०) सौर मंडल का एक उपग्रह जो रात में पृथ्वी को चाँदनी से उजाला करता है, चाँद, शशि

चंद्रवार–*सं०* (पु०) सोमवार

चंद्रा–*सं०* (स्त्री०) 1 चँदोआ 2 छोटी इलायची

चंद्रा–(स्त्री०) *चि०* मृत्यु के पूर्व की ऐसी अवस्था जिसमें पुतलियाँ स्थिर हो जाती हैं तथा कफ के कारण गला रुँध जाता है और बोला नहीं जाता

चंद्रातप–*सं०* (पु०) 1 चाँदनी 2 खुला दालान 3 वितान, चँदोवा

चंद्रायतन–*सं०* (पु०) = चंद्रशाला

चंद्रार्द्ध–*सं०* (पु०) आधा चाँद
चंद्रालोक–*सं०* (पु०) चंद्रमा का प्रकाश, चाँदनी
चंद्रालोकित–*सं०* (वि०) चाँदनी से प्रकाशित
चंद्रावतारण–*सं०* (पु०) चाँद पर उतरना
चंद्रिका–*सं०* (स्त्री०) 1 चंद्रमा का प्रकाश, चाँदनी 2 मोर पंख का चंद्राकार चिह्न। ~**पायी** (पु०) चाँदनी का पान करनेवाला, चकोर
चंद्रिकोत्सव–(पु०) शरद् पूर्णिमा का कौमुदी महोत्सव
चंद्रोदय–*सं०* (पु०) 1 चंद्रमा का उदित होना 2 चँदोआ
चंपई–*सं० + हिं०* (वि०) चंपा के फूल के रंग का, पीला
चंपक–*सं०* (पु०) 1 चंपा 2 चंपा की कली। ~**माला** (पु०) चंपा के फूलों की माला
चंपत–(वि०) 1 बिना कुछ बताए जो भाग गया हो 2 जो ग़ायब कर दिया गया हो
चँपना–I (अ० क्रि०) 1 झुकना, दबना 2 लज्जा आदि के कारण झुकना II (स० क्रि०) चाँपना
चंपा–(पु०) 1 पीले रंग के फूलोंवाला तीव्र गंधयुक्त एक वृक्ष 2 तीव्र गंधयुक्त पीले रंग का फूल (जैसे-चंपा का फूल पीला होता है)। ~**कली** (स्त्री०) गले का हार जिसके दाने चंपा की कली के आकार के होते हैं
चंपू–*सं०* (पु०) गद्य एवं पद्य में लिखा गया नाटक (जैसे-चंपू काव्य)
चंबई–I (पु०) गहरा फ़िरोज़ी रंग II (वि०) फ़िरोज़ी रंग में रंगा हुआ
चंबल–I (स्त्री०) 1 विंध्य पर्वत से निकलकर यमुना में मिलनेवाली एक नदी 2 पानी की बाढ़
चंबल–II (पु०) तलुए, हथेली में होनेवाला चर्म रोग
चँबेली–*बो०* (स्त्री०) = चमेली
चँवर–(पु०) पशुओं की पूँछ के लंबे बालों का गुच्छा जिसे दस्ते के अगले भाग में लगाया जाता है और जो राजाओं आदि के ऊपर मक्खियाँ आदि उड़ाने के लिए डुलाया जाता है, पशुओं के पूँछ के लंबे बालों का बना पँखा (जैसे-चँवर डुलाना)। ~**दार** (पु०) चँवर डुलानेवाला सेवक
चँवरी–(स्त्री०) = छोटा चँवर
चंसुर–(पु०) 1 कटावदार पतले पत्तोंवाला साग का पौधा 2 कटावदार पतले पत्तोंवाला साग
चइला–(पु०) = चैला
चउतरा–*बो०* (पु०) चबूतरा
चउहट्ट–(पु०) = चौहट्ट
चक–(पु०) 1 ज़मीन का बड़ा खंड 2 चकवा 3 चाक, पहिया 4 चक्र नामक अस्त्र 5 अधिकार, प्रभुत्व (जैसे-चक जमना, चक बँधना)। ~**डोर** (स्त्री०) 1 जुलाहों के करघे की डोरी 2 लट्टू आदि नचाने की डोरी; ~**फेरी** (स्त्री०) परिक्रमा; ~**बंदी** (स्त्री०) 1 बड़े भू भाग को कई भागों में बाँटने की क्रिया 2 छोटे-छोटे भू खंडों को बड़े चक का रूप देने की क्रिया; ~**बंदी अधिकारी** *फ़ा० + सं०* (पु०) वह अधिकारी, कर्मचारी जो चकबंदी करवाता है; ~**जमना** प्रभुत्व होना, रंग जमना; ~ **बँधना** वृद्धि होना
चकई–I (स्त्री०) मादा चकवा, मादा सुरख़ाब II डोरी लपेटकर नचाए जानेवाला घिरनी के आकार का एक खिलौना III (वि०) चक्र के आकार का, गोल
चकचकाना–(अ० क्रि०) 1 रसना 2 गीला होना, भीग जाना
चकचकी–(स्त्री०) करताल नाम का बाजा
चकचून–(वि०) 1 चूर किया हुआ, चकनाचूर 2 बारीक किया हुआ
चकचौंध–(स्त्री०) = चकाचौंध
चकचौंधना–I (अ० क्रि०) चकाचौंध होना, चौंधियाना II (स० क्रि०) चकाचौंध उत्पन्न करना
चकचौहना–(अ० क्रि०) प्रेम पूर्वक देखना
चकचौहाँ–(वि०) 1 नेत्रों को चौंधियानेवाला 2 अत्यंत प्रकाशवान
चकड़बा–(पु०) = चकरबा
चकत–(स्त्री०) दाँतों की पकड़। ~**मारना** दाँतों से मांस आदि नोचना
चकता–(पु०) दे० चकत्ता
चकती–(स्त्री०) 1 धज्जी, थिगली 2 पट्टी (जैसे-परात में लगी चकती उखड़ गई है)। **आसमान में ~ लगाना** 1 असंभव काम करने का प्रयास करना 2 अपनी शक्ति एवं सामर्थ्य से अधिक बढ़चढ़कर बातें करना
चकत्ता–(पु०) 1 शरीर पर पड़ा गोल दाग़, चमड़ी पर उभरा हुआ धब्बा 2 शरीर पर गड़ाए हुए दाँतों का निशान। ~**भरना**, ~**मारना** दाँतों से काटकर मांस निकाल लेना
चकनाचूर–(वि०) 1 चूर-चूर, टुकड़े-टुकड़े (जैसे-चकनाचूर कर देनेवाली चोट) 2 थका-मांदा
चकपक–I (वि०) चकित, भौंचक्का, हक्का-बक्का II (स्त्री०) चकित होने की अवस्था
चकपकाना–(अ० क्रि०) अत्यंत चकित होना, चौंकना
चकबक–(वि०) = चकमक
चक़मक–*तु०* (पु०) एक प्रकार का पत्थर जिसपर प्रहार करने से आग पैदा होती है
चकमा–(पु०) धोखा, भुलावा (जैसे-चकमा देकर भाग जाना)
चक़माक़–*तु०* (पु०) = चक़मक़
चक़माक़ी–I *तु०* (वि०) जिसमें चकमक लगा हो II (स्त्री०) ऐसी बंदूक जो चकमक पत्थर के योग से गोली छोड़ती थी
चकरबा–(पु०) 1 असमंजस एवं विकट अवस्था 2 व्यर्थ का लड़ाई-झगड़ा
चकर-मकर–*हिं० + अ०* (पु०) धोखेबाजी, कपट भरी बातें
चकराना–(अ० क्रि०) 1 चकित होना 2 भ्रमित होना, भटकना 3 चक्कर में पड़ना 4 (सिर) चक्कर खाना
चकरानी–*फ़ा० + हिं०* (स्त्री०) = चाकरानी, दासी
चकरी–(स्त्री०) 1 चक्की 2 चक्की का पाट 3 चकई (जैसे-चकरी नचाना)
चकल–(पु०) 1 पौधे को अन्य स्थान पर लगाने के लिए उसे मिट्टी सहित उखाड़ना 2 उखाड़े गए पौधे में लगी हुई मिट्टी की पिंडी
चकलई–(स्त्री०) विस्तार, फैलाव
चकला–I (पु०) रोटी बेलने का पाटा, चौका 2 व्यभिचार से जीविका चलानेवाली स्त्रियों की बस्ती, कसबीख़ाना II (वि०) अधिक विस्तारवाला, चौड़ा। ~**ख़ाना** + *फ़ा०* (पु०)

वेश्याओं का अड्डा; **~बेलन** (पु०) चौका-बेलना

चकलाना–I (स० क्रि०) पौधे को मिट्टी समेत उखाड़ना, चकल उठाना II (स० क्रि०) चौड़ा करना

चकली–(स्त्री०) 1 छोटा चकला 2 गड़ारी, घिरंनी

चकलेदार–*हिं० + फ़ा०* (पु०) चकले का हाकिम, चकला अधिकारी

चकल्लस–(स्त्री०) 1 झंझट, झगड़ा 2 हास-परिहास, हँसी मज़ाक

चकवँड़–I (पु०) एक प्रकार का जंगली बरसाती पौधा जिसकी पत्तियाँ तने की ओर नुकीली एवं सिरे की ओर गोल और चौड़ी होती हैं, पमार, पवाड़ II (पु०) चक्क के पास रखा गया जल भरा मिट्टी का छोटा पात्र जिसमें कुम्हार अपना हाथ धोने आदि का काम करता है

चकवा–(पु०) जलाशयों के किनारे पाया जानेवाला एक प्रसिद्ध पक्षी जो रात में अपने जोड़े से अलग हो जाता है ऐसी कल्पना की गई है, सुरखाब

चकाचक–I (स्त्री०) शरीर पर तलवार का निरंतर आघात होने से उत्पन्न शब्द II (क्रि० वि०) अच्छी तरह से (जैसे-चकाचक भोजन किया गया) III (वि०) 1 चटकीला 2 तर-बतर, तराबोर

चकाचौंध, चकाचौंधी–*बो०* (स्त्री०) 1 आँख का झपकना, दृष्टि का स्थिर न रह सकना 2 चुंधियानेवाली चमक 3 धन का प्रदर्शन

चकाबू–(पु०) 1 सैनिक व्यूह (जैसे-चकाबू में फँसना) 2 भूल-भुलैया। **~में पड़ना** चक्कर में पड़ना

चकार–*सं०* (पु०) च की ध्वनि

चकित–*सं०* (वि०) 1 आश्चर्य में आया हुआ, विस्मित 2 शंकित 3 घबराया हुआ

चकिया–*बो०* (स्त्री०) चौकोर छोटा टुकड़ा (जैसे-पत्थर की चकिया)

चकुला–*बो०* (पु०) चिड़िया का बच्चा, चेंटुआ

चकेठ–(पु०) चाक को घुमानेवाला कुम्हार का डंडा

चकोट–(पु०) 1 चकोटने की क्रिया 2 पहिए से ज़मीन पर बनी लीक

चकोटना–(स० क्रि०) चिकोटी काटना, बकोटना

चकोतरा–(पु०) नींबू की जाति का खट-मीठे फलोंवाला पेड़ और उसका बड़ा-सा फल

चकोर–*सं०* (पु०) तीतर जाति का एक पक्षी जो चंद्रमा का प्रेमी माना जाता है

चकोरी–*सं०* (स्त्री०) मादा चकोर

चक्क–(पु०) 1 पीड़ा, दर्द 2 चकवा 3 चाक

चक्कर–(पु०) 1 पहिया 2 चक्र 3 चाक 4 घेरा, मंडल 5 मोड़ोंवाला मार्ग 6 मोड़, घुमाव (जैसे-इस मार्ग में कई चक्कर पड़ेंगे) 7 फेरा 8 हैरानी, उलझन (जैसे-इस प्रश्न ने सबको चक्कर में डाल दिया है) 9 धोखा, भुलावा 10 असमंजस की स्थिति 11 सिर का घूमना, घुमटा। **~दार** *+ फ़ा०* (वि०) घुमाववाला (जैसे-चक्करदार मार्ग); **~आना** घुमटा आना; **~काटना** इधर-उधर घूमना, फेरे लगाना; **~खाना** धोखा खाना; **~खाता हुआ** चारों ओर घूमता हुआ, परिक्रमा करता हुआ; **~मारना** इधर-उधर व्यर्थ में घूमना; **~में आना** धोखे में आना; **~में डालना** उलझन में डालना; **~में फँसना** धोखे में आ जाना; **~लगाना** किसी की तलाश करना

चक्कस–*सं०* (पु०) बुलबुल, बाज़ आदि का अड्डा

चक्का–(पु०) 1 पहिया (जैसे-रेलगाड़ी का चक्का) 2 कुम्हार का चाक 3 ईंट-पत्थर आदि का टुकड़ा (जैसे-चक्का फेंककर मारना)। **~फेंक** (स्त्री०) चक्र फेंकने का व्यायाम

चक्की–I (स्त्री०) 1 पीसने का यंत्र (जैसे-भाप, विद्युत से चलनेवाली आटे की चक्की) 2 जाँता (जैसे-हाथ की चक्की)। **~चूल्हा** (पु०) घर का काम-काज; **~पीसना** 1 कड़ी मेहनत करना 2 अन्न पीसना

चक्की–II (स्त्री०) 1 पैर के घुटने की गोल हड्डी 2 ऊँट के बदन पर का गोल घट्ठा

चक्की रहा–(पु०) चक्की को खुरदनेवाला कारीगर

चक्कीवाला–(पु०) चक्की का मालिक

चक्खी–(स्त्री०) 1 चटपटी एवं नमकीन पदार्थ, चाट 2 बटेरों आदि को दाना चुगाने की क्रिया

चक्र–*सं०* (पु०) 1 पहिया 2 वर्तुलाकार वस्तु 3 कुम्हार का चाक 4 चक्की 5 प्राचीन गोलाकार अस्त्र (जैसे-सुदर्शन चक्र) 6 सैनिक व्यूह (जैसे-चक्रव्यूह) 7 कोल्हू 8 पानी का भँवर 9 हवा का बवंडर 10 फेरा, चक्कर 11 सुदर्शन चक्र 12 सैन्य पुरस्कार 13 योग में शरीर अंतस्थान। **~क्रम** (पु०) चक्र की तरह बार-बार घूमकर आनेवाला क्रम (जैसे-जाड़ा, गर्मी, बरसात का चक्रक्रम); **~गति** (स्त्री०) 1 केंद्र के चारों ओर घूमने की क्रिया 2 चक्र क्रम; **~गोप्ता** (पु०) 1 सेनापति 2 राज्य का रक्षक, अधिकारी 3 रथ एवं उसके चक्र आदि की रक्षा करनेवाला योद्धा; **~चर** (वि०) चक्र में चलनेवाला; **~धर** I (वि०) चक्र धारण करनेवाला II (पु०) 1 विष्णु 2 श्री कृष्ण; **~नाभि** (स्त्री०) पहिए का मध्य भाग; **~नेमि** (स्त्री०) चक्र का घेरा; **~पाणि** (पु०) विष्णु, कृष्ण; **~पाल** (पु०) 1 चक्र धारण करनेवाला व्यक्ति 2 व्यूह रक्षक 3 सेनापति 4 प्रदेश विशेष का शासक; **~बंधु, ~बांधव** (पु०) सूर्य; **~मंडल** (पु०) नृत्य का वह रूप जिसमें नर्तक केंद्र के चारों ओर नाचता हुआ घूमता है; **~मुख** (वि०) गोल मुखवाला; **~मुद्रा** (पु०) शरीर के अंगों पर दगवाया जानेवाला चक्राकार निशान; **~यान** (पु०) पहिए वाली गाड़ी; **~लेखित्र** (पु०) विशेष प्रकार के काग़ज़ पर प्रतिलिपियां तैयार किए जाने का उपकरण जिसके नोक पर छोटा चक्र लगा होता है; **~वाक** (पु०) चकवा; **~वात** (पु०) बवंडर, बगूला; **~वाल** (पु०) घेरा, मंडल; **~वृद्धि** (स्त्री०) वह ब्याज जिसमें संचित ब्याज भी मूलधन में शामिल हो जाए; **~व्यूह** (पु०) चक्र के रूप में सेना की स्थापना (जैसे-महाभारत के युद्ध में अभिमन्यु ने चक्रव्यूह तोड़ा था)

चक्रवर्ती–I *सं०* (वि०) सार्वभौम II (पु०) 1 समुद्रपर्यंत पृथिवी का अधिपति 2 सम्राट् 3 समूह का नायक

चक्रांक–*सं०* (पु०) = चक्रमुद्रा

चक्रांकित–*सं०* (वि०) 1 जिस चक्र का निशान अंकित हो 2 जिसने चक्र का निशान अपने शरीर के किसी अंग पर लगवाया हो

चक्रांग–(पु०) चकवा

चक्रांत–*सं०* (पु०) गुप्त अभिसंधि, षड्यंत्र
चक्रांश–(पु०) 360° का कोई भाग
चक्राकार–*सं०* (वि०) चक्र के आकार का, मंडलाकार, गोल
चक्राट–*सं०* (पु०) 1 मदारी, सँपेरा 2 बाजीगर 3 ठग 4 स्वर्ण मुद्रा
चक्रावर्त–(पु०) चक्कर में घूमना
चक्राह्व–*सं०* (पु०) 1 चकवा पक्षी, चक्रवाक 2 चकवँड़
चक्रिका–*सं०* (स्त्री०) घुटने की गोल हड्डी, चपनी
चक्री–I *सं०* (पु०) 1 चक्र धारण करनेवाला व्यक्ति 2 विष्णु 3 चकवा पक्षी II (वि०) 1 चक्र धारण करनेवाला 2 जिसमें पहिया लगा हो 3 गोलाकार
चक्रीय–*सं०* (वि०) 1 चक्र संबंधी, चक्र का 2 चक्र क्रम के अनुसार होनेवाला
चक्रेश्वर–*सं०* (पु०) 1 चक्रवर्ती 2 तंत्र में चक्र के देवता
चक्षण–*सं०* (पु०) 1 कृपा दृष्टि 2 अनुग्रह पूर्ण व्यवहार
चक्षुःपथ–*सं०* (पु०) 1 दृष्टि पथ 2 क्षितिज
चक्षु–*सं०* (पु०) आँख, नेत्र। ~**गह्वर**, ~**घर** + *हिं०* (पु०) नेत्रगुहा
चक्षुरिन्द्रिय–*सं०* (स्त्री०) आँख, नेत्र
चक्षुर्मल–*सं०* (पु०) आँख की कीचड़
चक्षुष्मान–*सं०* (वि०) आँखोंवाला
चक्षुष्य–I *सं०* (वि०) 1 नेत्र संबंधी 2 जो आँखों को प्रिय लगे 3 नेत्र से उत्पन्न II (पु०) आँखों में लगाया जानेवाला काजल, सुरमा
चख़–*फ़ा०* (स्त्री०) झगड़ा। ~**चख़** (स्त्री०) लड़ाई-झगड़ा, कहा-सुनी, बक-झक
चखना–(स० क्रि०) 1 चीखना, स्वाद लेना 2 रसास्वादन करना
चख़ाचख़ी–*फ़ा०* (स्त्री०) 1 वैर-विरोध 2 बक-झक, लाग-डाँट (जैसे-आपस में चख़ाचख़ी होना)
चखाना–(स० क्रि०) चखने में किसी को प्रवृत करना
चख़िया–*फ़ा० + हिं०* (वि०) तकरार करनेवाला, झगड़ालू
चखौती–(स्त्री०) स्वादिष्ट वस्तु
चगड़–(वि०) चंट, चालाक
चचा–(पु०) = चाचा। ~**बनाकर छोड़ना** उचित दंड देना; ~**ज़ाद** + *फ़ा०* (वि०) चचेरा
चचिया–(वि०) चाचा या चाची के स्थान पर पड़नेवाला (जैसे-चचिया ससुर, चचिया सास)
चचींड़ा–(पु०) एक प्रकार की लता जो तोरई की तरह की होती है और तरकारी बनाने के काम आती है
चची–(स्त्री०) चाचा की पत्नी
चचेरा–(वि०) 1 चाचा से उत्पन्न (जैसे-चचेरा भाई, चचेरी बहन) 2 संबंध के विचार से चाचा-चाची के स्थान पर पड़नेवाला, चचिया (जैसे-चचेरी सास)
चचोड़ना–(स० क्रि०) दाँत से दबाकर खाना, रस चूसना (जैसे-आम चचोड़ना)
चट–I (क्रि० वि०) 1 जल्दी से, तुरंत (जैसे-चट से खा जाओ) 2 चट शब्द करते हुए II (वि०) 1 चाट कर समाप्त कर दिया गया, खाया हुआ (जैसे-वह सारी मिठाई चट कर गया) 2 नष्ट किया हुआ, समाप्त किया हुआ (जैसे-उसने सारी सम्पत्ति जूआ में चट कर दी)। ~**कर जाना** 1 सब कुछ खा जाना 2 हड़प लेना III (पु०) 1 वस्तु के टूटने से उत्पन्न शब्द (जैसे-लकड़ी का चट से टूट जाना) 2 हड्डियों की रगड़ से उत्पन्न होनेवाला शब्द (जैसे-उँगलियों का चट से बोलना)
चटक–I (वि०) 1 चटकीला, चमकीला 2 फुरतीला, तेज़ II (क्रि० वि०) झटपट, तुरंत। ~**दार** + *फ़ा०* (वि०) 1 चमक-दमकवाल, चमकीला 2 तेज, स्फूर्तिवान
चटक–III (वि०) चटपटा, चटकारा (जैसे-सब्ज़ी बहुत चटक है)
चटक–*सं०* (पु०) गौरैया, चिड़ा
चटकना–I (अ० क्रि०) 1 'चट' शब्द करके टूटना, फूटना (जैसे-गिलास का चटकना, शीशा चटकना) 2 दरार पड़ना (जैसे-दीवार चटकना) 3 लकड़ी का जलते समय चट-चट शब्द करना 4 कलियों का चट-चट शब्द करते हुए खिलना (जैसे-गुलाब की कलियाँ चटकना) 5 झुँझलाना (जैसे-वह ज़रा सी बात पर चटक जाता है) 6 बिगाड़ होना II (पु०) थप्पड़ तमाचा
चटकनी–(स्त्री०) = सिटकिनी (जैसे-दरवाज़े की चटकनी बंद कर देना)
चटक-मटक–(स्त्री०) 1 नाज़-नखरा, हाव-भाव 2 सजधज
चटकल–(स्त्री०) ऐसा कारख़ाना जहाँ जूट की चीज़ें बनाई जाती हैं, पटसन की वस्तुएँ बनाने का कारख़ाना
चटका–I (पु०) 1 चटकने की क्रिया 2 मन का उचटना, विराग 3 तमाचा, थप्पड़ (जैसे-चटका लगना) II 1 चरपरा स्वाद 2 स्वाद मिलने से उत्पन्न होनेवाली लालसा, चसका
चटकाना–(स० क्रि०) 1 किसी को चटकने में प्रवृत्त करना 2 ज़ोर से खींचना 3 दबाना 4 चट-चट शब्द उत्पन्न करना (जैसे-जूतियाँ चटकाना) 5 चट शब्द उत्पन्न करते हुए कोई वस्तु तोड़ना 6 अप्रसन्न एवं उद्विग्न करना 7 विरक्ति भाव उत्पन्न करके भगाना 8 चिढ़ाना
चटकारना–(स० क्रि०) जीभ का स्वाद लेना
चटकारा–(पु०) 1 स्वाद लेने का शब्द 2 चाटने का शब्द। **चटकारे का** अत्यधिक स्वादिष्ट कि खाते-पीते समय चट-चट शब्द उत्पन्न हो; ~**चटकारे भरना** चाट-चाटकर और स्वाद लेते हुए कोई वस्तु खाना, खाते-पीते समय जीभ से होठ चाटते रहना
चटकाली–*सं०* (स्त्री०) 1 गौरा पक्षियों की पंक्ति 2 चिड़ियों की पंक्ति
चटकाहट–(स्त्री०) 1 चटकने से उत्पन्न होनेवाला चट शब्द 2 चटकने, तड़कने की क्रिया
चटकीला–(वि०) 1 चमकीला और तेज (जैसे-चटकीला लाल, चटकीला कपड़ा) 2 जो बहुत आभा युक्त एवं चमकदार हो 3 जिसमें खूब नमक-मिर्च और मसाला आदि पड़ा हो, चटपटा (जैसे-चटकीली तरकारी) 4 लुभावना (जैसे-चटकीला राग)
चटखना–I (अ० क्रि०) = चटकना I
चटखना–II (पु०) = चटकना II
चटखनी–*बो०* (स्त्री०) = चटकनी
चटखारा–(वि०)/(पु०) = चटकारा
चट-चट–I (स्त्री०) 1 वस्तु के टूटते समय होनेवाला चट-चट

शब्द 2 जलने से होनेवाला चट-चट शब्द (जैसे-लकड़ियाँ चट-चट कर जल रही थीं) 3 उँगलियाँ चटकाने पर होनेवाला चट-चट शब्द II (क्रि० वि०) चट-चट शब्द उत्पन्न करते हुए। ~**बलैयाँ लेना** उँगलियाँ चटकाते हुए प्रिय व्यक्ति की मंगलकामना करना

चटचटा–I (पु०) बारम्बार होनेवाला चट-चट शब्द II (वि०) जिसमें से बार-बार चट-चट ध्वनि उत्पन्न हो (जैसे-चट-चटी लकड़ी)

चटचटाना–I (अ० क्रि०) 1 चट-चट ध्वनि करना 2 चट-चट ध्वनि के साथ वस्तु का टूटना, तड़कना 3 चट-चट शब्द करते हुए जलना II (स० क्रि०) चट-चट ध्वनि उत्पन्न करते हुए कार्य करना

चटना–(अ० क्रि०) चाटा जाना

चटनी–(स्त्री०) 1 चाटकर खाई जानेवाली वस्तु, अवलेह 2 घोला हुआ गाढ़ा चरपरा अवलेह (जैसे-आम की चटनी, इमली की चटनी)। ~**करना**, ~**बनाना** 1 पदार्थ आदि को चूर-चूर करना 2 व्यक्ति आदि को बहुत मारना; ~**होना** पिस जाना

चट-पट–I (क्रि० वि०) 1 बहुत जल्दी, तुरंत (जैसे-चट-पट ही चले जाना) 2 अपेक्षाकृत कम समय में (जैसे-काम चट-पट ख़त्म करके चले जाना) II (वि०) = चटपटा

चटपटा–(वि०) मसालेदार (जैसे-चटपटा पदार्थ)

चटपटाना–I (अ० क्रि०) जल्दी मचाना II (स० क्रि०) जल्दी करने में किसी को प्रवृत्त करना

चटपटी–(स्त्री०) 1 जल्दी, शीघ्रता 2 उतावली, हड़बड़ी 3 आकुलता, घबराहट

चटर–(पु०) चट-चट शब्द

चटर-चटर–(पु०) खड़ाऊँ पहनकर चलने से उत्पन्न चट-चट ध्वनि

चटवाना–(स० क्रि०) चटाना

चटशाला– *हिं० + सं०*, **चटसार**, **चटसाल**–(स्त्री०) छोटे बच्चों की पाठशाला, शिशुमंदिर

चटाई–(स्त्री०) बाँस आदि की खपाचियों को गूथकर बनाया गया आसन, साथरी (जैसे-चटाई बुनना)। ~**दार** + *फ़ा०* (वि०) जो चटाई की तरह बुना गया हो (जैसे-चटाईदार किनारा मेज़पोश पर अच्छा लगेगा)

चटाक–(पु०) 1 वस्तु के टकराने से उत्पन्न होनेवाला शब्द 2 वस्तु के गिरकर टूटने से उत्पन्न शब्द 3 थप्पड़ मारने से उत्पन्न होनेवाली ध्वनि

चटाक-पटाक–(क्रि० वि०) 1 चटाक शब्द उत्पन्न करते हुए 2 बहुत जल्दी, तुरंत

चटाका(पु०), **चटाख**–I *बो०* (पु०) 1 कड़ी वस्तु के ज़ोर से टूटने का शब्द 2 थप्पड़ लगने से होनेवाला शब्द 3 तीव्रता, प्रबलता II (क्रि० वि०) चट-पट, तुरंत। **चटाके का** कड़ाके का, ज़ोरों का (जैसे-चटाके की धूप)

चटाचट–I (स्त्री०) लगातार टूटती वस्तुओं से उत्पन्न होनेवाली ध्वनि II (क्रि० वि०) एक पर एक, लगातार (जैसे-चटाचट थप्पड़ मारना)

चटान–*बो०* (स्त्री०) = चट्टान

चटाना–(स० क्रि०) 1 चाटने की क्रिया में किसी को प्रवृत्त करना (जैसे-बच्चे को खीर चटाना) 2 थोड़ा-थोड़ा खिलाना (जैसे-बच्चे को कुछ खीर चटा देना) 3 घूस देना, रिश्वत देना (जैसे-दफ़्तर में बाबुओं को बग़ैर कुछ चटाए कोई काम नहीं पूरा होता है)

चटापटी–I (स्त्री०) चटपटी, जल्दी II (क्रि० वि०) चट-पट

चटावन–(पु०) 1 चटाने की क्रिया 2 छोटे बच्चों को पहले-पहल अन्न खिलाने का एक संस्कार, अन्नप्राशन

चटियल–(वि०) उजाड़ और सपाट

चटी–I (स्त्री०) = चटशाला II (स्त्री०) = चट्टी

चटु–*सं०* (पु०) ख़ुशामद, चापलूसी। ~**लालसा** (वि०) ख़ुशामदपसंद

चटुल–*सं०* (वि०) 1 चंचल, चपल 2 घुमक्कड़ 3 बातों में लुभानेवाला

चटुला–*सं०* (स्त्री०) बिजली

चटोर, चटोरा–(वि०) 1 चटपटी चीज़ खाने का शौक़ीन 2 अधिक खाने का लोभी (जैसे-चटोरा आदमी)। ~**पन** (पु०) चटोर होने की अवस्था(स्त्री० चटौरी)

चट्ट–I *बो०* (वि०) 1 जिसे चाट लिया गया हो, चाटा हुआ 2 जिसे खा-पीकर ख़त्म कर दिया गया हो 3 कुछ भी न बचा हुआ II (क्रि० वि०) = चट

चट्टा–I (पु०) चेला, शिष्य II (पु०) 1 चकत्ता, ददोरा 2 ईंट, बालू आदि को गिनने, नापने के लिए लगाया गया थाक, ईंट, बालू आदि का लगाया हुआ ढेर III (पु०) चाटनेवाला

चट्टान–(स्त्री०) 1 पत्थर का अत्यधिक विशाल खंड (जैसे-यह चट्टान नहीं तोड़ी जा सकेगी) 2 वस्तु का बहुत बड़ा ठोस टुकड़ा

चट्टानी–(वि०) जो चट्टान से संबंध रखता हो, चट्टान संबंधी

चट्टा-बट्टा–(पु०) काठ के खिलौनों का समूह। **चट्टे-बट्टे लड़ाना**–वैर-विरोध पैदा कराना, आपस में लड़ाना

चट्टी–I (स्त्री०) पड़ाव, मंज़िल II (स्त्री०) खुली एड़ी की काठ की बनी चप्पल III (स्त्री०) 1 क्षति 2 दंड

चट्टू–I *बो०* (वि०) = चटोरा II (पु०) 1 पत्थर का बड़ा खरल 2 छोटे बच्चों का मुँह से चूसते रहने का खिलौना, चुसनी

चड़–(पु०) 1 लकड़ी आदि के टूटने, फटने से उत्पन्न होनेवाला शब्द 2 सूखी लकड़ी के जलने से होनेवाला शब्द

चड़-बड़–(स्त्री०) टें-टें, बक-बक, व्यर्थ का प्रलाप (जैसे-हमेशा चड़-बड़ मत किया करो)

चड़बड़िया–(वि०) चड़-बड़ करनेवाला

चड़ी–(स्त्री०) 1 लात 2 दुलत्ती

चड्डा–I (पु०) जाँघ की जड़ II (पु०) जाँघ और पेट का जोड़

चड्डी–(स्त्री०) एक तरह की लँगोट जिसमें डोरी नहीं होती है (जैसे-बच्चे को चड्डी पहना दो)

चड्ढी–(स्त्री०) पीठ की सवारी। ~**गाँठना** सवारी करना; ~**देना** हार जाने पर पीठ पर सवार कराना

चढ़त–(स्त्री०) चढ़ाया हुआ पदार्थ, भेंट, चढ़ावा

चढ़ता–(वि०) 1 आरंभ होकर बढ़ता हुआ (जैसे-चढ़ता दिन अब धीरे-धीरे समाप्त हो रहा है) 2 विकासशील (जैसे-चढ़ता हुआ यौवन भी एक दिन ढल जाएगा) (स्त्री० चढ़ती)

चढ़न–(स्त्री०) 1 चढ़ने-चढ़ाने की क्रिया, चढ़ाई 2 चढ़ावा, चढ़त

चढ़ना–(अ० क्रि०) 1 ऊपर की ओर बढ़ना (जैसे-आदमी का पहाड़ पर चढ़ना, सीढ़ी पर चढ़ना) 2 सवार होना (जैसे-घोड़े पर चढ़ना) 3 चढ़ाई करना 4 भेंट किया जाना 5 आवेश होना (जैसे-लगता है तुम पर भूत चढ़कर बोल रहा है) 6 अग्रसर होना (जैसे-वह दसवीं कक्षा में चढ़ गया) 7 समर्पित होना (जैसे-मंदिर में दस किलो प्रसाद चढ़ेगा) 8 उठना, तनना (जैसे-आकाश में पतंग चढ़ गई) 9 मान, मूल्य आदि बढ़ना (जैसे-बाज़ार का चढ़ना) 10 फैलाया जाना, पोता जाना (जैसे-दरवाज़े पर रंग चढ़ गया) 11 लिखा जाना (जैसे-रजिस्टर में नाम चढ़ना) 12 संचार होना (जैसे-ठंड लगने से बुख़ार चढ़ गया) 13 मनोवेगों का उत्कट रूप में प्रकट होना (जैसे-शराब पीने से मस्ती चढ़ना)

चढ़वाना–(स० क्रि०) 1 चढ़ने की क्रिया में अन्य को प्रवृत्त करना 2 चढ़ाने का काम कराना (जैसे-ट्रक पर मज़दूरों से माल चढ़वाना आवश्यक है)

चढ़ाई–(स्त्री०) 1 चढ़ने की क्रिया 2 ऊँचाई की ओर जानेवाली भूमि (जैसे-उस रास्ते से ज़्यादा चढ़ाई पड़ेगी) 3 आक्रमण, हमला (जैसे-शत्रु ने देश पर अचानक चढ़ाई कर दी)

चढ़ा-उतरी–(स्त्री०) बार-बार चढ़ने-उतरने की क्रिया

चढ़ा-ऊपरी, चढ़ा-चढ़ी–(स्त्री०) 1 लाग-डाट, होड़ 2 प्रतियोगिता

चढ़ाना–(स० क्रि०) 1 किसी को ऊपर जाने में प्रवृत्त करना 2 कोई वस्तु ऊपर ले जाना 3 गाड़ी आदि में बैठाना (जैसे-उसे रेलगाड़ी में चढ़ाना है) 4 अग्रसर करना, बढ़ाना (जैसे-उसे पाँचवें दरजा में चढ़ाया गया) 5 मान, मूल्य आदि बढ़ाना (जैसे-वेतन में वृद्धि होते देख व्यापारियों ने भी अनाज का भाव चढ़ा दिया) 6 समर्पित करना 7 तानना (जैसे-आकाश में पतंग चढ़ाना) 8 पहनाना (जैसे-तकिये पर खोल चढ़ाना) 9 पोतना, फैलाना 10 अपने ऊपर लेना (जैसे-उसने मुझ-पर सौ रुपये कर्ज़ चढ़ा दिए)

चढ़ानी–(स्त्री०) ऐसा स्थान जो उत्तरोत्तर ऊँचा होता चला गया हो

चढ़ा-बढ़ा–(वि०) बहुत उन्नत या समृद्ध

चढ़ाव–(पु०) 1 चढ़ने-चढ़ाने की क्रिया 2 चढ़ाई 3 बढ़ती, वृद्धि 4 भाव की तेज़ी (जैसे-अनाज व्यापार चढ़ाव पर है) 5 धारा के बहाव की उल्टी दिशा। ~**उतार** (पु०) 1 ऊँचा-नीचा स्थान 2 उन्नति-अवनति; ~**जोड़** (पु०) शादी में चढ़ाया जानेवाला कपड़ों का जोड़ा

चढ़ावा–(पु०) 1 देवताओं आदि को चढ़ाई जानेवाली सामग्री, पुजापा 2 विवाह में वर पक्ष की तरफ़ से कन्या को दिए गए आभूषण 3 उत्तेजना, बढ़ावा 4 टोटके की सामग्री, उतारा

चढ़ैत–(वि०) 1 चढ़नेवाला 2 सवार होनेवाला

चढ़ौवाँ–(वि०) = चढ़ाया जानेवाला

चणक–(पु०) चना

चतुःशाख–*सं०* (वि०) चार शाखाओंवाला

चतुःषष्टि–*सं०* (वि०) चौंसठ

चतुःसप्तति–*सं०* (वि०) चौहत्तर

चतुरंग–I *सं०* (वि०) चार अंगोंवाला II (पु०) 1 चतुरंगिणी सेना 2 चतुरंगिणी सेना का सेनापति 3 शतरंज का खेल

चतुरंगिनी–*सं०* (स्त्री०) चार वर्गों में बँटी सेना

चतुरंगुल–*सं०* (पु०) अमलतास

चतुर्–*सं०* (वि०) चार (जैसे-चतुर्भुज, चतुर्गुण)

चतुर–*सं०* (वि०) 1 कुशल 2 अपना मतलब निकालनेवाला 3 दक्ष, निपुण 4 चालाक एवं धूर्त 5 बातें बनानेवाला। ~**ता** (स्त्री०) 1 दक्षता 2 चालाकी एवं धूर्तता 3 बहानेबाज़ी

चतुरई, चतुराई–*सं० + हिं०* (स्त्री०) 1 चतुर होने की अवस्था 2 होशियारी 3 चालाकी एवं धूर्तता

चतुरस्त–*सं०* (वि०) चौकोर

चतुरानन–*सं०* (पु०) ब्रह्मा

चतुर्गुण–*सं०* (वि०) 1 चौगुना 2 चार गुणोंवाला 3 चौपहला

चतुर्थ–*सं०* (वि०) चौथा (जैसे-चतुर्थ आश्रम)। ~**काल** (पु०) 1 दिन का चौथा पहर 2 संध्या का समय; ~**श्रेणी** (स्त्री०) सरकारी कर्मचारियों का निम्न वर्ग

चतुर्थक–*सं०* (पु०) हर चौथे दिन आनेवाला बुख़ार, चौथिया ज्वर

चतुर्थांश–*सं०* (पु०) 1 चौथाई 2 चार भागों में से एक भाग

चतुर्थांशी–*सं०* (वि०) चौथा हिस्सा पानेवाला

चतुर्थाश्रम–*सं०* (पु०) आश्रमों में चौथा, संन्यास

चतुर्थी–*सं०* (स्त्री०) चांद्र मास के किसी पक्ष की चौथी तिथि, चौथ

चतुर्दश–*सं०* (वि०) चौदह

चतुर्दश-पदी–*सं०* (स्त्री०) चौदह पदों की कविता, सॉनेट

चतुर्दशी–*सं०* (स्त्री०) चांद्र मास के किसी पक्ष की चौदहवीं तिथि, चौदस

चतुर्दिक्–I *सं०* (क्रि० वि०) चारों दिशाओं में, चारों ओर II (पु०) चारों दिशाएँ

चतुर्दिश–I *सं०* (पु०) चारो दिशाएँ II (क्रि० वि०) चारों ओर से, दिशाओं से

चतुर्दोल–*सं०* (पु०) 1 हिंडोला, पालना 2 ऐसी सवारी जिसे चार कहार उठाकर चलते हों, पालकी

चतुर्धा–*सं०* (क्रि० वि०) चार प्रकार से

चतुर्धाम–*सं०* (पु०) चार प्रमुख तीर्थस्थल (बद्रीनाथ, द्वारका, रामेश्वरम्, जगन्नाथ पुरी)

चतुर्बाहु–*सं०* (वि०) चार बाहोंवाला, चार भुजाओंवाला

चतुर्भद्र–I *सं०* (पु०) अर्थ, धर्म, काम, मोक्ष इन चार पदार्थों का समूह II (वि०) चारों पदार्थों से युक्त

चतुर्भुज–I *सं०* (वि०) 1 चार भुजाओंवाला 2 *ग०* आकृति जिसमें चार भुजाएँ हों (जैसे-समांतर चतुर्भुज) II (पु०) 1 चार भुजाओंवाला क्षेत्र 2 विष्णु

चतुर्भुजाकार–*सं०* (वि०) चतुर्भुज की आकृति का

चतुर्मास–*सं०* (पु०) चौमासा-आषाढ़ शुक्ला एकादशी से लेकर चार मास

चतुर्मुख–I *सं०* (वि०) चार मुँहवाला II (क्रि० वि०) चारो ओर III ब्रह्मा (स्त्री०-चतुर्मुखी)

चतुर्युगी–*सं०* (स्त्री०) सतयुग, द्वापर, त्रेता एवं कलियुग इन चार युगों का समूह

चतुर्वर्ग–*सं०* (पु०) 1 धर्म, अर्थ, काम, मोक्ष 2 चार का समूह

चतुर्वर्ण–*सं०* (पु०) हिंदुओं के चार वर्ण-ब्राह्मण, क्षत्रिय, वैश्य शूद्र

चतुर्वर्षीय–*सं०* (वि०) चार वर्ष का, चार वर्षवाला

चतुर्विद्या–*सं.* (स्त्री.) चार वेदों की विद्या, चार वेदों का ज्ञान
चतुर्विध–*सं.* (वि.) चार प्रकार का
चतुर्वेद–*सं.* (पु.) चारों वेद
चतुर्वेदी–*सं.* (पु.) चारों वेदों को जाननेवाला पुरुष
चतुल–*सं.* (वि.) स्थापन करनेवाला, स्थापक
चतुश्शती–*सं.* (स्त्री.) चार सौ वर्ष का समय
चतुष्–*सं.* (वि.) चार (जैसे-चतुष्कोण)
चतुष्क–**I** *सं.* (वि.) जिसके चार अंग हों, चौपहल **II** (पु.) चार वस्तुओं का समूह, चौका
चतुष्कोण–**I** *सं.* (वि.) चार कोणोंवाला, चौकोर, चौकोना **II** (पु.) *ग.* चार कोणों वाला क्षेत्र
चतुष्टय–*सं.* (पु.) 1 = चतुष्क 2 चार की संख्या 3 चारों
चतुष्पथ–*सं.* (पु.) चौराहा, चौमुहानी
चतुर्ष्पंक्तिक–(वि.) चार पंक्तियोंवाला
चतुष्पद–**I** *सं.* (वि.) 1 चार पैरोंवाला 2 चार पदोंवाला **II** (पु.) चौपाया
चतुष्पदी–*सं.* (स्त्री.) 1 चौपाई 2 चार चरणोंवाला छंद
चतुष्पर्णी–*सं.* (वि.) चार पत्तोंवाला
चतुष्पाठी–*सं.* (स्त्री.) ऐसा विद्यालय जहाँ बच्चों को चारों वेदों का ज्ञान दिया जाता है
चतुष्पाद–*सं.* (वि.) = चतुष्पद
चतुष्पार्श्व–*सं.* (वि.) चौपहला
चतुष्फलक–*सं.* (पु.) चार-चार त्रिकोणिक तलोंवाली आकृति
चतुस्सूत्री–*सं.* (वि.) चार मद्दोंवाला (कार्यक्रम)
चत्वर–*सं.* (पु.) 1 चौकोर स्थान 2 चौकोर टुकड़ा 3 चौमुहानी, चौराहा 4 चार रथों का समूह 5 वेदी
चत्वारिंशत–*सं.* (वि.) चालीस
चद्दर–*फ़ा.* (स्त्री.) 1 चादर 2 धातु का लंबा एवं चौड़ा टुकड़ा, पत्तर (जैसे-मुझे लोहे की चद्दर खरीदनी है)
चना–(पु.) चैती की फ़सल का एक प्रसिद्ध पौधा जो हाथ भर ऊँचा होता है और जिसके दानों की गिनती अन्न में की जाती है (जैसे-चने की दाल खाने में अच्छी होती है)। **~चबेना** (पु.) 1 चबाकर खाने योग्य भूना हुआ चना 2 खाने योग्य भूना पदार्थ; **लोहे के चने चबाना** बहुत कठिन एवं कठोर परिश्रम का काम करना (जैसे-राणा प्रताप को हराने के लिए अकबर को लोहे के चने चबाने पड़े थे)
चनार–*फ़ा.* (पु.) एक बहुत बड़ा छायादार पेड़
चप–(स्त्री.) घोली हुई वस्तु, घोल (जैसे-चूने की चप)
चप–*फ़ा.* (वि.) बायाँ, वाम
चपकन–(स्त्री.) बंद गले का लंबा कोट, अचकन
चपकना–(अ. क्रि.) = चिपकना
चपकाना–(स. क्रि.) = चिपकाना
चपकुलिश–*तु.* (स्त्री.) 1 तलवारों से होनेवाली लड़ाई 2 अड़चन, असमंजस
चपट–*सं.* (पु.) चपत, तमाचा
चपटा–*बो.* (वि.) = चिपटा
चपटी–(स्त्री.) 1 चौपायों को लगनेवाली किलनी 2 ताली 3 भग, योनि। **~खेलना** वासना पूरी करने के लिए दो स्त्रियों का परस्पर योनि मिलाकर रगड़ना
चपड़-चपड़–**I** (स्त्री.) कुत्ते आदि जानवरों के पानी पीते समय होनेवाला शब्द **II** (क्रि. वि.) चपड़-चपड़ ध्वनि करते हुए
चपड़ा–(पु.) 1 साफ़ की गई लाख का पत्तर 2 किसी चीज़ का पत्तर 3 लाल रंग का फतिंगा
चपत–(पु.) 1 तमाचा (जैसे-अध्यापक ने लड़के को चपत जमाया) 2 क्षति, नुक़सान। **~बैठना, ~लगना** नुक़सान होना
चपतियाना–(स. क्रि.) किसी को चपत लगाना
चपती–(स्त्री.) लकड़ी की पतली, लंबी और कम चौड़ी पटरी
चपना–(अ. क्रि.) 1 धँसना 2 दबना, कुचल जाना 3 नष्ट होना
चपनी–(स्त्री.) 1 छिछली कटोरी 2 घुटने की हड्डी 3 दरियाई नारियल का कमंडल
चपर-क़नातिया– *हिं.* + *अ.* + *हिं.* **चपर-कनाती**–*हिं.* + *अ.* + *फ़ा.* (वि.) खुशामद करके पेट पालनेवाला, तुच्छ कोटि का
चपर-गट्टू–(वि.) 1 चारों तरफ़ से कसकर पकड़ा हुआ 2 विपत्ति का मारा
चपरा–**I** (पु.) = चपड़ा **II** (वि.) बात कहकर मुकर जानेवाला, झूठा **III** (अ.) 1 हठात् 2 ख़्वाहमख़्वाह
चपरास–(स्त्री.) 1 धातु आदि का टुकड़ा जिस पर कार्यालय, अधिकारी आदि का नाम अंकित होता है तथा जिसे अरदली, सिपाही पेटी में लगाकर पहनते हैं 2 सुनारों की मुलम्मा करने की क़लम
चपरासी–(पु.) 1 अरदली 2 नौकर 3 सिपाही
चपल–*सं.* (वि.) 1 गतिमान् 2 अस्थिर, चंचल 3 चुलबुला 4 फुर्तीला 5 जल्दबाज़। **~ता** (स्त्री.) 1 चंचलता, अस्थिरता 2 जल्दबाज़ी, शीघ्रता 3 फुर्तीलापन 4 चुलबुलापन
चपला–**I** *सं.* (स्त्री.) 1 बिजली, विद्युत्, 2 लक्ष्मी 3 जीभ 4 दुश्चरित्र स्त्री **II** (वि.) चपल, चंचल
चपाती–(स्त्री.) रोटी, फुलका। **~सा पेट होना** दबा हुआ पेट होना, कृशोदर होना
चपाना–(स. क्रि.) 1 किसी को चपने में प्रवृत्त करना 2 दबवाना 3 रस्सी जोड़ना
चपेट–*सं.* (स्त्री.) 1 आघात, प्रहार 2 तमाचा, चपत, थप्पड़ 3 संकट। **~में आ जाना** दबाव में आना, वश में होना
चपेटना–(स. क्रि.) 1 दबोचना 2 दबाव डालकर फाँसना 3 डाँटना, बिगड़ना
चपेटा–(पु.) = चपेट
चप्पल–(स्त्री.) खुली एड़ी का प्रसिद्ध जूता जिसमें पंजा प्रायः खुला रहता है
चप्पा–**I** (पु.) 1 चौथाई भाग 2 टुकड़ा, भाग 3 चार अंगुल की नाप **II** (वि.) एक चौथाई। **~चप्पा** 1 रत्ती- रत्ती 2 हर जगह
चप्पी–(स्त्री.) चरण-सेवा
चप्पू–(पु.) पतवार का काम देनेवाली डाँड़, किलवारी
चबक–**I** (स्त्री.) रह-रहकर उठनेवाला दर्द, चिलक, टीस **II** (वि.) डरपोक, कायर
चबकना–(अ. क्रि.) टीसना, चमकना

चबर-चबर—I (स्त्री.) बकवास II (क्रि. वि.) चब-चब ध्वनि करते हुए

चबवाना—(स. क्रि.) किसी को चबवाने में प्रवृत्त करना

चबाई—(पु.) चुग़लख़ोर

चबाना—(स. क्रि.) दाँतों से कुचलना, चूर करना। **चबा-चबाकर बातें करना** धीरे-धीरे रुक-रुककर बातें करना; **चबे को चबा जाना** किए गए काम को बार-बार करना, पिष्ट-पेषण करना

चबूतरा—(पु.) खुली हुई चौकोर और चौरस जगह, चौंतरा

चबेना—(पु.) 1 चबाकर खाने योग्य सूखा भूना हुआ चना 2 चबाकर खाने योग्य भूना हुआ पदार्थ, भूना हुआ अन्न

चबेनी—(स्त्री.) 1 जलपान सामग्री 2 जलपान हेतु दिया गया धन, जलपान की रक़म

चबैना—(पु.) = चबेना

चब्बू—(वि.) बहुत अधिक खानेवाला

चभक—(स्त्री.) 1 पानी में वस्तु आदि के डूबने का शब्द 2 डंक

चभड़-चभड़—(स्त्री.) कुत्ते-बिल्ली आदि के खाते-पीते समय मुँह से निकलनेवाली आवाज़

चभाना—(स. क्रि.) 1 किसी से चाभने, खाने का काम कराना 2 अच्छी तरह भोजन कराना

चभोरना—(स.क्रि.) तरल पदार्थ में कोई वस्तु अच्छी तरह डुबाना, डुबोकर तर करना (जैसे-घी में रोटी चभोरना)

चमक—(स्त्री.) 1 चमकने की क्रिया 2 प्रकाश, रोशनी 3 आभा, कांति 4 झटका लगने से होनेवाला दर्द 5 चौंकने की क्रिया। **~चाँदनी** (स्त्री.) हमेशा बन-ठनकर रहनेवाली स्त्री, हर समय सज-सँवर कर रहनेवाली नारी; **~दमक** (स्त्री.) कांति-दीप्ति 2 तड़क-भड़क, ठाट-बाट; **~दार** + *फ़ा.* (वि.) चमकवाला, चमकीला

चमकना—I (अ.क्रि.) 1 जगमगाना 2 प्रकाश देना 3 उज्ज्वल एवं प्रकाश पूर्ण होना (जैसे-धूप में शीशा चमकना) 4 चौंधियाना (जैसे-धूप में आँखों का चमकना 5 उन्नति एवं वृद्धि होना (जैसे-ईश्वर की कृपा से मेरा रोज़गार बहुत चमका) 6 कीर्ति, वैभव से युक्त होना (जैसे-अथक परिश्रम से मेरा भाग्य चमक गया) 7 नाराज़ होना, बिगड़ना (जैसे-बिना गलती के आप क्यों चमक पड़े) 8 नाज़ नखरे दिखाना (जैसे-स्त्रियों का स्वभाव ही ऐसा है कि वे बात-बात पर चमक जाती हैं) II (वि.) 1 खूब चमकनेवाला 2 ज़रा सी बात में बिगड़नेवाला, चिढ़ जानेवाला 3 नाज़-नख़रा दिखलानेवाला

चमकवाना—(स. क्रि.) 1 चमकने का काम करवाना 2 चमक उत्पन्न कराना

चमकाना—(स. क्रि.) 1 कांति युक्त करना, चमक लाना 2 उज्ज्वल करना 3 चौंकाना 4 भड़काना 5 खिझाना, चिढ़ाना 6 मटकाना, जल्दी-जल्दी हिलाना (जैसे-आँखें चमकाना) 7 उन्नति कराना, वृद्धि कराना (जैसे-उन्होंने आकर मेरा रोज़गार चमका दिया)

चमकारा, चमकाव—I (पु.) चकाचौंध उत्पन्न करनेवाला प्रकाश II (वि.) चमकनेवाला, चमकता हुआ

चमकी—(स्त्री.) सुनहले तारों के छोटे-छोटे गोल टुकड़े, सुनहले तारों के चौकोर छोटे टुकड़े, सितारे

चमकीला—(वि.) = चमकदार। **~पन** (पु.) = चमकाव

चमकौवल—(स्त्री.) चमकाने-मटकाने की क्रिया

चमक्को—(स्त्री.) 1 बहुत अधिक चमकने-मटकनेवाली स्त्री, चंचल और निर्लज्ज स्त्री 2 झगड़ालू स्त्री

चमगादड़—(पु.) एक छोटा जंतु जो रात के समय उड़ता है, जिसके पैर झिल्लीदार होते हैं तथा जो दिन में वृक्ष की डालों आदि में लटका रहता है, इस जंतु को दिन में दिखाई नहीं देता

चम-चम—I (वि.) चमकता हुआ, चमकीला II (क्रि. वि.) खूब चमक-दमक से III (स्त्री.) एक लंबोतरी बंगला मिठाई

चमचमाना—I (अ. क्रि.) खूब चम-चम करना, चमकना, प्रकाशयुक्त होना II (स. क्रि.) क्रिया से चमक पैदा करना (जैसे-पालिश करने से जूता चमचमाने लगा)

चमचमाहट—(स्त्री.) चमक

चमचा—*फ़ा.* (पु.) 1 छिछली कलछी 2 चम्मच 3 चिमटा

चमचिच्चड़—(वि.) 1 जो किलनी की तरह चिपटा रहे 2 पीछा न छोड़नेवाला

चमची—*फ़ा.* + *हिं.* (स्त्री.) 1 छोटा चम्मच 2 आचमनी 3 चौड़ी एवं चिपटी मुँहवाली सलाई (जैसे-पान में चूना लगाने की चमची कहाँ रख दी है)

चमटा—(पु.) = चिमटा

चमड़ा—(पु.) 1 पशु एवं मानव शरीर का ऊपरी आवरण, त्वचा 2 मृत पशुओं की उतारी गई खाल (जैसे-चमड़े का जूता अधिक मज़बूत और टिकाऊ होता है) 3 छाल, छिलका

चमड़ी—(स्त्री.) 1 चर्म, खाल 2 त्वचा। **~उधेड़ना** इतना अधिक मारना जिससे शरीर की त्वचा उधड़कर रक्त बहने लगे

चमत्करण—*सं.* (पु.) चमत्कार करना

चमत्कार—*सं.* (पु.) 1 आनंदरूप विस्मय 2 विलक्षण बात, करामात 3 विलक्षण शक्ति। **~पूर्ण** (वि.) जो चमत्कार से भरा हो, आश्चर्यमय

चमत्कारक—*सं.* (वि.) चमत्कार उत्पन्न करनेवाला

चमत्कारी—*सं.* (वि.) 1 जिसमें कुछ चमत्कार हो, अद्भुत 2 करामाती

चमत्कृत—*सं.* (वि.) अचम्भे में आया हुआ, विस्मित, चकित (जैसे-इतनी न चमत्कृत हो, बाले)

चमत्कृति—*सं.* (स्त्री.) 1 चमत्कृत होने की अवस्था 2 चमत्कार

चमन—*फ़ा.* (पु.) छोटा बग़ीचा, फुलवारी। **~बंदी** (स्त्री.) बाग लगाना

चमर—*सं.* (पु.) 1 सुरा गाय 2 सुरा गाय की पूँछ का बना हुआ चँवर, चामर 3 किसी प्रकार का चँवर

चमर-चलाक—*हिं.* + *फ़ा.* (वि.) बहुत तुच्छ

चमर-जुलाहा—(पु.) जुलाहा, कोरी

चमर-बगली—(स्त्री.) बगले की जाति की काले रंग की चिड़िया

चमरस—(पु.) चमड़े के जूते की रगड़ से पैर में होनेवाला घाव

चमरावत—(स्त्री.) मोट आदि बनाने की मज़दूरी, चमरौट

चमरिक—*सं.* (पु.) कचनार का पेड़

चमरी—*सं.* (स्त्री.) 1 सुरा गाय 2 चँवर 3 पौधों की मंजरी

चमरौट—(स्त्री.) चमारों को उनके काम के बदले में मिलनेवाला फ़सल आदि का भाग

चमरौधा—(पु.) चमड़े का कड़ा देशी जूता

चमला—(पु.) भीख माँगने का ठीकरा, भिक्षा पात्र

चमस—*सं.* (पु.), **चमसी**—*सं.* (स्त्री.) 1 सोम पान करने का चम्मच के आकार का लकड़ी का बना यज्ञपात्र 2 करछी

चमाऊ—(पु.) = चामर, चँवर

चमाचम—(वि.) चम-चम करता हुआ, चमकता हुआ

चमार—(पु.) 1 चमड़े के जूते, मोट आदि बनाने का पेशा करनेवाली जाति 2 गलियों, सड़कों आदि पर झाड़ू देनेवाली जाति 3 ऐसा व्यक्ति जो उक्त जाति का हो (जैसे-गाँधी जी ने चमार जाति के लोगों को हरिजन कहकर पुकारा था)

चमारिन, चमारी—**I** (स्त्री.) 1 चमार जाति की स्त्री 2 चमार की स्त्री 3 चमार का पेशा **II** (वि.) चमार का

चमू—*सं.* (स्त्री.) 1 सेना, फ़ौज 2 सेना का एक भाग। **~पति** (पु.) सेनानायक

चमूकन—(पु.) चौपायों के शरीर में चिपकी रहनेवाली किलनी

चमेलिया—**I** (वि.) 1 चमेली के फूल की तरह का 2 चमेली की गंध से युक्त **II** (पु.) हल्का पीलापन लिए सफ़ेद रंग

चमेली—(स्त्री.) 1 सुगंध से युक्त पीलापन, सफ़ेद रंग के छोटे-छोटे फूलोंवाली एक लता 2 उक्त लता में लगनेवाले सफेद एवं पीलापन लिए हुए सुगंधित पुष्प। **~का जाल** क़सीदे का काम

चमोटा—(पु.) नरम चमड़े का टुकड़ा

चमोटी—(स्त्री.) 1 चाबुक, कोड़ा 2 पतली छड़ी, कमची, बेंत

चमौवा—(पु.) चमड़े का बना देशी जूता, चमरौधा

चम्मच—(पु.) बड़ा चमचा

चम्मल—(पु.) = चमला

चय—*सं.* 1 ढेर, राशि 2 टीला, ढूह 3 क़िला 4 क़िले की चारदीवारी, परकोटा

चयक—*सं.* (वि.) चयन करनेवाला

चयन—*सं.* (पु.) 1 चुनकर अलग करने की क्रिया, चुनना 2 चुनी गई वस्तुओं का समूह, संकलन। **~कर्ता** (वि.) चुननेवाला, चुनकर अलग करनेवाला; **~शील** (वि.) संग्रह करने में लगा रहनेवाला

चयनिका—*सं.* (स्त्री.) चुनी हुई कविताओं आदि का संग्रह

चयनीय—*सं.* (वि.) चयन किए जाने योग्य

चयापचय—*सं.* (पु.) (कुछ) चुन लेना, (कुछ) छोड़ देना

चयित—*सं.* (वि.) 1 चुना हुआ 2 चुनकर एकत्र किया हुआ

चर—(पु.) कपड़े आदि के फटने का शब्द

चर—**I** *सं.* (वि.) 1 चलने-फिरनेवाला 2 विचरण करनेवाला (जैसे-नभचर, जलचर) 3 चरनेवाला, खानेवाला **II** (पु.) 1 जासूस, गुप्तचर, गूढ़ पुरुष 2 दूत। **~द्रव्य** (पु.) चल संपत्ति; **~राशि** (स्त्री.) मेष, कर्क, तुला या मकर

चरई—(स्त्री.) पशुओं को चारा-पानी आदि देने के लिए पत्थर का बना हौज (जैसे-घोड़े को चरई में पानी पिला देना)

चरक—*बो.* (पु.) बदन पर सफ़ेद दाग़ होने का कुष्ठ रोग, फूल

चरक—*सं.* (पु.) 1 दूत, चर 2 गुप्तचर, जासूस, भेदिया 3 पथिक 4 भिक्षुक, भिखारी

चरकटा—(पु.) चारा काटनेवाला व्यक्ति

चरका—(पु.) 1 हल्का घाव, जख़्म 2 धातु के गरम टुकड़े से दाग़ने का निशान 3 धोखा, चकमा। **~चराना, ~पढ़ाना** धोखा देना, मूर्ख बनाना

चरख़—*फ़ा.* (पु.) 1 पहिया 2 चक्कर, चाक 3 चरखा 4 घिरनी 5 रेशम लपेटने की चरखी। **~कश** (पु.) ख़राद का पट्टा खींचनेवाला व्यक्ति

चरख़ा—*फ़ा.* (पु.) 1 ऊन, रेशम, सूत आदि कातने का लकड़ी का एक यंत्र 2 सूत लपेटकर लच्छी बनाने का यंत्र 3 गराड़ी, घिरनी 4 बेडौल पहियोंवाली गाड़ी 5 खड़खड़िया 6 कुएँ से पानी निकालने का चरख़

चरख़ी—*फ़ा.* (स्त्री.) 1 पहिए के आकार की घूमनेवाली वस्तु 2 गोलाकार घूमनेवाला किसी तरह का छोटा उपकरण 3 कुम्हार का चाक

चरग़—*फ़ा.* (पु.) 1 शिकारी चिड़िया 2 लकड़बग्घा

चरचना—(स. क्रि.) 1 चंदन पोतना 2 लेप लगाना 3 अनुमान, कल्पना आदि से समझना, ताड़ना 4 चर्चा करना

चर-चर—(पु.) बकवास

चरचरा—**I** (वि.) चिड़चिड़ा **II** तीखे स्वाद वाला

चरचराना—(अ. क्रि.) 1 चर-चर शब्द करते हुए टूटना 2 चर-चर शब्द करते हुए जलना 3 चर्राना

चरचराहट—**I** (स्त्री.) 1 चरचराने की क्रिया 2 चर-चर ध्वनि **II** = चिड़चिड़ाहट

चरचा—(स्त्री.) = चर्चा

चरट—*सं.* (पु.) खंजन पक्षी

चरण—*सं.* (पु.) 1 पाँव (जैसे-चरण कमल बंदौ हरि राई) 2 सामीप्य, सान्निध्य (जैसे-ईश्वर के चरण छोड़कर संत कहीं नहीं जाया करते) 3 श्लोक का चतुर्थांश (जैसे-श्लोक का अंतिम चरण पढ़ो) 4 काल, मान आदि का चौथाई भाग (जैसे-अब हम बीसवीं शताब्दी के अंतिम चरण में प्रवेश कर रहे हैं) **~चिह्न** (पु.) 1 पैर के तलुवों की रेखाएँ 2 चलने से ज़मीन पर पड़े पैर के निशान 3 पत्थरों पर बनी चरणों की आकृति; **~दासी I** (वि.) चरणों की सेवा करनेवाली **II** (स्त्री.) 1 पत्नी, भार्या 2 सेविका, दासी, नौकरानी; **~पादुका** (स्त्री.) खड़ाऊँ; **~रज** (स्त्री.) पैरों की धूल; **~वंदना** (स्त्री.) पैरों पर गिरना; **~सेवक I** (वि.) चरणों की सेवा करनेवाला **II** (स्त्री.) सेवक, नौकर; **~सेवा** (स्त्री.) पाँव दबाना; **~स्पर्श** (पु.) चरण छूना, पूज्य एवं महान् व्यक्ति के चरणों पर अपना मस्तक झुकाकर प्रणाम करना

चरणांत—*सं.* (पु.) (कविता में) पंक्ति या पंक्ति के अंश का अंत

चरणानति—*सं.* (स्त्री.) चरणों पर झुकना, चरण-स्पर्श

चरणानुग—*सं.* (पु.) चरणचिह्नों पर चलनेवाला

चरणामृत—*सं.* (पु.) 1 वह जल जिससे किसी देवी-देवतादि के पाँव पखारे गए हों 2 पंचामृत

चरणायुध—*सं.* (पु.) अपने पैरों के पंजों से लड़नेवाला मुरगा

चरणार्द्ध—**I** *सं.* (वि.) चरण का आधा (भाग) **II** (पु.) 1 वस्तु का आठवाँ भाग 2 पद्य के चरण का आधा भाग

चरणोदक—*सं.* (पु.) = चरणामृत

चरती—(पु.) व्रत न रखनेवाला व्यक्ति

चरथ—*सं.* (पु.) 1 चलनेवाला, चर 2 जंगम

चरन–(पु०) = चरण। ~**बरदार** *+ फ़ा०* (पु०) 1 जूता पहनानेवाला 2 जूता लेकर चलनेवाला

चरना–I (अ० क्रि०) 1 इधर-उधर फिरना (जैसे-घास खाने के लिए पशुओं को मैदान में चरना पड़ता है) 2 विचरण करना II (स० क्रि०) खाना (जैसे-घोड़ा खेत में घास चरता है)

चरपट–(पु०) 1 चपत, तमाचा 2 उचक्का

चरपरा–I (वि०) तीखे स्वादवाला, तेज़ मसालेदार II (वि०) तेज़, चुस्त

चरपराना–I (अ० क्रि०) घाव में खुश्की के कारण तनाव से पीड़ा होना II चरपरी वस्तु खाने से मुंह में जलन होना

चरपराहट–(स्त्री०) 1 चरपरा होने की अवस्था 2 जख़्म आदि की चरचराहट

चरब–*फ़ा०* (वि०) तेज़, तीखा। ~**ज़बान** (वि०) 1 कटु भाषी 2 वाचाल 3 तेज़ बोलनेवाला; ~**ज़बानी** (स्त्री०) 1 वाचालता 2 चापलूसी

चरबाँक–(वि०) 1 चतुर, होशियार 2 निडर, निर्भय 3 उद्दंड 4 चंचल, चुलबुला

चरबा–*फ़ा०* (पु०) 1 पतला पारदर्शी चिकना काग़ज़ 2 अनुलिपि, नक़ल 3 हिसाब आदि का लिखा हुआ पूर्व रूप, ख़ाका

चरबाक–(वि०) = चरबाँक

चरबाना–(स० क्रि०) ढोल पर चमड़ा मढ़ाना

चरबी–*फ़ा०* (स्त्री०) शरीर में रहनेवाला सफ़ेद हल्के पीले रंग का गाढ़ा, चिकना तथा लसीला पदार्थ। ~**चढ़ना** मोटा होना; ~**छाना** अभिमान, मद में अंधा होना

चरम–*सं०* (वि०) 1 हद दरजे का, अंतिम सीमा को प्राप्त 2 सबसे अधिक, सबसे आगे बढ़ा हुआ (जैसे-घुड़सवारी में उसकी गति चरम स्थिति को पहुंच गई थी) 3 अंतिम, आख़िरी (जैसे-जीवन की चरम अवस्था बुढ़ापा है) 4 (नाटक आदि में) कथावस्तु के विकास की अंतिमस्थिति। ~**काल** (पु०) मृत्यु का समय; ~**पंथ** *+ हिं०* (पु०) समाज को अस्वस्थ बनानेवाले तत्त्वों को अतिशीघ्र संपूर्ण शक्ति से दूर कर देने का सिद्धांत प्रतिपादित करनेवाली विचार-धारा; ~**पंथी** *+ हिं०* (पु०) चरम-पंथ को माननेवाला व्यक्ति, चरम-पंथ का समर्थक; ~**पत्र** (पु०) वसीयतनामा, दित्सापत्र; ~**बिंदु** (पु०) परमोत्कर्ष, पराकाष्ठा; ~**लक्ष्य** (पु०) अंतिम उद्देश्य (जैसे-जीवन का चरम-लक्ष्य मोक्ष प्राप्त करना है); ~**सीमा**, ~**स्थिति** (स्त्री०) अंतिम स्थिति

चरमर–(पु०) 1 चीमड़ वस्तु के दबने से उत्पन्न शब्द 2 चीमड़ वस्तु के मुड़ने से उत्पन्न शब्द

चरमरा–(वि०) चरमर ध्वनि करनेवाला (जैसे-चरमरा जूता अच्छा नहीं होता है)

चरमराना–I (अ० क्रि०) चरमर शब्द होना II (स० क्रि०) चरमर ध्वनि उत्पन्न करना

चरमराहट–(स्त्री०) चरमर ध्वनि

चरमावस्था–*सं०* (स्त्री०) अंतिम अवस्था

चरमोत्कर्ष–*सं०* (पु०) दे० चरम बिंदु

चरवाँक–(वि०) = चरबाँक

चरवाई–(स्त्री०) 1 पशु चरवाने की क्रिया 2 पशु चरवाने का पारिश्रमिक

चरवाना–(स० क्रि०) चराने का काम किसी अन्य से कराना

चरवाहा–(पु०) पशुओं को चराकर अपनी जीविका चलानेवाला

चरवाही–(स्त्री०) 1 पशु चराने का काम 2 पशु चराने की मज़दूरी

चरवैया–I (वि०) 1 चरनेवाला 2 चरानेवाला II (पु०) चरवाहा

चरस–(स्त्री०) गाँजे के पेड़ से निकला हुआ गोंद जो गाँजे की तरह ही पीया जाता है (जैसे-चरस पीना स्वास्थ्य के लिए हानिकारक है)। ~**गाँजा** (पु०) = चरस और गाँजा

चरसा–(पु०) 1 चमड़े का मोट 2 ज़मीन की एक नाप जो 2000 हाथ लंबी एवं इतनी ही चौड़ी होती है, गो चर्म

चरसिया–(पु०) = चरस पीनेवाला

चरसी–I (पु०) = चरसिया II (पु०) मोट खींचनेवाला

चराई–(स्त्री०) 1 चरने की क्रिया 2 चराने का पारिश्रमिक

चराग़–*फ़ा०* (पु०) *बो०* = चिराग़

चरागाह–*फ़ा०* (स्त्री०) चरने का स्थान (जैसे-पशुओं को चरागाह में छोड़कर तुम चले आना)

चराचर–I *सं०* (वि०) जड़ और चेतन, स्थावर और जंगम II (पु०) 1 संसार 2 संसार के सभी प्राणी

चरान–I *बो०* (पु०) = चरागाह II (पु०) समुद्र के किनारे की दलदल

चराना–(स० क्रि०) 1 पशुओं को चरने में प्रवृत्त करना (जैसे-मुझे जानवरों को चराने जाना है) 2 चातुर्यपूर्ण आचरण करना (जैसे-मुझे चराने की कोशिश मत करना)

चराव–(पु०) पशुओं के चरने का स्थान, चरागाह

चरिंदा–*फ़ा०* (पु०) चरनेवाला जीव, पशु, हैवान

चरिंदे-परिंदे–*फ़ा०* (पु०) पशु-पक्षी

चरित–*सं०* (पु०) 1 आचरण और व्यवहार, रहन-सहन 2 जीवन की घटनाओं का उल्लेख, जीवन-चरित्र 3 अनुचित काम, निंदनीय कर्म, करतूत (जैसे-इनके चरित की तो बात मत कीजिए)। ~**काव्य** (पु०) काव्य जिसमें जीवन-वृत्तांत हो; ~**नायक** (पु०) कथा-कहानी आदि का प्रधान पात्र

चरितव्य–*सं०* (वि०) जो आचरण योग्य हो

चरितार्थ–*सं०* (वि०) 1 जिसका अभिप्राय पूरा हो गया हो, कृतकार्य, कृतार्थ 2 जिसके अस्तित्व का उद्देश्य पूर्ण हो गया हो (जैसे-विभीषण ने राम भक्ति में ही अपना जीवन चरितार्थ करना उचित समझा) 3 जो अपने सही अर्थ में पूर्ण हो (जैसे-विश्वामित्र की भविष्यवाणी चरितार्थ हो गई)

चरितावली–*सं०* (स्त्री०) अनेक चरित्रों का वर्णन

चरित्तर–*बो०* (पु०) छलपूर्ण अनुचित आचरण एवं व्यवहार

चरित्र–*सं०* (पु०) 1 आचरण, चाल-चलन, सदाचार 2 कार्यकलाप 3 स्वभाव, गुणधर्म 4 जीवन-चरित, जीवनी (जैसे-रामचरितमानस में राम के उदात्त चरित्र की संपूर्ण कथा है) 5 कहानी, नाटक आदि का पात्र। ~**चित्रण** (पु०) चरित्र का चित्रात्मक वर्णन; ~**नायक** (पु०) = चरितनायक; ~**निष्ठ** (वि०) सच्चरित्र, चरित्रवान्; ~**पंजी** (स्त्री०) ऐसी पंजी जिसमें कर्मचारियों के चरित्र का विवरण हो; ~**बंधक** (पु०) मैत्रीपूर्ण तथा सद्व्यवहार की प्रतिज्ञा; ~**भ्रष्ट** (वि०) निंदनीय आचरणवाला; ~**मालिका** (स्त्री०) दे० चरितावली;

~**वती** (वि०) उत्तम चरित्रवाली; ~**वर्णन** (पु०) चरित्रांकन , चरित्र का विवरण देना; ~**वान्** (वि०) उत्तम चरित्रवाला, सदाचारी; ~**शास्त्र** (पु०) वह विद्या जिसके द्वारा चरित्र का विश्लेषण हो; ~**हत्या** (स्त्री०) चरित्र को कलंकित करना; ~**हीन** (वि०) बुरे आचरणवाला, बदचलन

चरित्रांकन–*सं०* (पु०) चरित्र का वर्णन

चरिष्णु–*सं०* (वि०) चलनेवाला, जंगम

चरी–I (स्त्री०) 1 ज्वार के हरे पेड़ जो पशुओं को चारे के काम आते हैं, कड़बी 2 चरागाह

चरी–II *सं०* (स्त्री०) 1 संदेशा ले जानेवाली स्त्री, दूती 2 दासी, नौकरानी

चरु–*सं०* (पु०) 1 यज्ञ की आहुति हेतु पकाया गया अन्न, हविष्यान्न 2 यज्ञ। ~**पात्र** (पु०), ~**स्थाली** (स्त्री०) हवन का अन्न पकाने का पात्र, यज्ञ का अन्न पात्र

चरुआ–*बो०* (पु०) चौड़े मुँहवाला मिट्टी का बरतन

चरेरा–(वि०) 1 कड़ा और खुरदरा 2 कर्कश

चरैला–(पु०) चार मुँहोंवाला चूल्हा

चरोआ–(पु०) पशुओं को चराने का स्थान

चरोखर–(पु०) 1 चरी, चरागाह 2 पशुओं के चरने की जगह 3 नाँद बैठाने की मिट्टी आदि की रचना

चरोतर–(पु०) किसी को जीवन निर्वाह हेतु दी गई भूमि

चर्ख़–*फ़ा०* (पु०) = चरख़। ~**हिंडोला** + *हिं०* (पु०) चक्कर में घूमनेवाला हिंडोला

चर्ख़ा–*फ़ा०* = चरख़ा

चर्ख़ी–(स्त्री०) = चरख़ी

चर्च–*अं०* (पु०) 1 ईसाइयों का उपासना मंदिर, गिरजा 2 ईसाई धर्म संघ

चर्चक–*सं०* (वि०) चर्चा करनेवाला

चर्चन–*सं०* (पु०) 1 चर्चा करना 2 चर्चा

चर्चरिका–*सं०* (स्त्री०) 1 दर्शकों के मनोरंजन के लिए दो अंकों के मध्य होनेवाला गीत 2 सस्वर पाठ

चर्चरी–*सं०* (स्त्री०) 1 चाँचर, फाग 2 होली की धूम-धाम और हुल्लड़ 3 होली-गीत 4 रंगरलियाँ मनाना 5 गाना-बजाना, नाचना-गाना

चर्चा–(स्त्री०) 1 वाद-विवाद 2 जिक्र, बयान 3 वार्तालाप 4 किंवदंती, अफ़वाह

चर्चित–*सं०* (वि०) 1 जिसकी चर्चा की गई हो 2 लेपा हुआ

चर्पट–*सं०* (पु०) 1 खुली हथेली 2 तमाचा, थप्पड़

चर्पटी–*सं०* (स्त्री०) चपाती, रोटी

चर्ब–*फ़ा०* (वि०) = चरब

चर्बी–*फ़ा०* (स्त्री०) = चरबी

चर्म–*सं०* (पु०) 1 शरीर पर की खाल, त्वचा 2 स्पर्शेंद्रिय। ~**कार** (पु०) चमड़े का काम करनेवाला, चमार; ~**कार्य** (पु०) चमड़े की वस्तु बनाने का काम; ~**कील** (स्त्री०) 1 बवासीर 2 शरीर पर निकल आनेवाली मांस की कीलें; ~**कूप** (पु०) रोमछिद्र; ~**चक्षु** (पु०) चमड़े के (बाहरी नेत्र); ~**चित्रक** (पु०) *चि०* श्वेत कुष्ठ; ~**ज** I (वि०) चमड़े से उत्पन्न होनेवाला II (पु०) रोआँ, रोम; ~**तरंग** (पु०) चमड़ी पर पड़ी हुई झुर्रियाँ; ~**दंड** (पु०) चमड़े का चाबुक; ~**दूषिका** (स्त्री०) *चि०* दाद रोग; ~**पुट**,~**पुटक** (पु०) चमड़े का कुप्पा, थैला; ~**प्रसाधक** (पु०) चमड़ा कमानेवाला; ~**बंध** (पु०) 1 चमड़े की पट्टी 2 चमड़े का कोड़ा; ~**मुद्रा** (स्त्री०) चमड़े का सिक्का; ~**रोग** (पु०) चमड़ी की बीमारी; ~**वाद्य** (पु०) ढोल, नगाड़ा आदि बाजे जिनपर चमड़ा मढ़ा रहता है; ~**वृक्ष** (पु०) भोजपत्र का पेड़; ~**शोधक** (वि०) चमड़े को साफ़-सुथरा बनानेवाला; ~**शोधन** (पु०) चमड़े को साफ़-सुथरा बनाना; ~**शोधनालय** (पु०) वह कारख़ाना जहाँ चर्म शोधन का कार्य होता है

चर्म-चटका, चर्म-चटी–*सं०* (स्त्री०) चमगादड़

चर्मार–*सं०* (पु०) चर्मकार, चमार

चर्मी–I *सं०* (वि०) 1 चमड़े का बना हुआ 2 ढालवाला II (पु०) 1 भोजपत्र का पेड़ 2 चर्मधारी सैनिक

चर्मीय–*सं०* (वि०) चमड़े से संबंधित

चर्य–*सं०* (वि०) 1 आचरण करने योग्य 2 करने योग्य, कर्तव्य

चर्या–*सं०* (स्त्री०) 1 आचरण, चाल-चलन 2 वह कार्य जो नियत किया जाए (जैसे-आपकी कल दिनचर्या क्या है) 3 काम-धंधा 4 जीविका, वृत्ति 5 सेवा

चर्राना–(अ० क्रि०) 1 लकड़ी आदि के टूटने से उत्पन्न चर-चर शब्द 2 प्रबल इच्छा होना

चर्री–(स्त्री०) मर्म पर आघात करनेवाली बात

चर्वण–*सं०* (पु०) 1 चबाना 2 चबेना 3 चबाकर खाई जानेवाली वस्तु

चर्वित–*सं०* (वि०) चबाया हुआ। ~**चर्वण** (पु०) कही हुई बात को फिर-फिर कहना, पिष्टपेषण

चर्व्य–*सं०* (वि०) चबाने योग्य

चलंता–(वि०) 1 चलता हुआ 2 चलनेवाला

चल–I *सं०* (वि०) 1 जो चल रहा हो 2 जो चल सकता हो 3 चलता हुआ 4 चंचल, अस्थिर 5 अनित्य II (पु०) चलने, हिलने, काँपने की क्रिया। ~**चित्त** (वि०) चंचल मनवाला; ~**चित्र** (पु०) मूवी, सिनेमा; ~**चित्र कर्मी** (पु०) सिनेमा में काम करनेवाले लोग; ~**चित्रकला** (स्त्री०) सिनेमा बनाने की कला; ~**चित्रकार** (वि०) सिनेमा बनानेवाला; ~**चित्रण** चल चित्र तैयार करना; ~**चित्र निर्माता** (वि०) चल चित्र बनानेवाला; ~**चित्रालय** (पु०) सिनेमाघर; ~**चित्रित** (वि०) चल चित्र के रूप में तैयार किया हुआ; ~**दल** (पु०) पीपल का पेड़; ~**द्रव्य** (पु०) चल संपत्ति; ~**पत्र** (पु०) = चल दल; ~**पूँजी** (स्त्री०) जो पूँजी प्रचलन में है; ~**मुद्रा** (स्त्री०) प्रचलित सिक्का; ~**विचल** (वि०) 1 स्थान से हटा हुआ 2 अस्थिर, चंचल 3 अस्त-व्यस्त; ~**विवरण** (पु०) आँखों देखा हाल

चलकना–(अ० क्रि०) = चिलकना

चल-चलाव–(पु०) 1 चल पड़ने की क्रिया, चलाचली 2 मृत्यु

चलता–(वि०) 1 जो गतिवान् हो (जैसे-चलती गाड़ी से नहीं उतरना चाहिए) 2 जो व्यवहार में होता आ रहा है (जैसे-संस्कृत भाषा सदियों से चलती आ रही है) 3 जो ठीक प्रकार से काम करने की स्थिति में हो (जैसे-यह मशीन अच्छी तरह नहीं चलती) 4 कार्य, व्यापार का उचित रूप में होता आना 5 जिसका क्रम बराबर चलता हो (जैसे-यह पैसा चलता खाता में जमा कर देना) 6 होशियार, चतुर, चालू (जैसे-वह

चलता पुरज़ा आदमी है) 7 जो अंत को प्राप्त हो रहा हो (जैसे-चलती उम्र का क्या भरोसा करना)। ~**करना** निपटाना; ~**बनना** चुपचाप चला जाना; ~**फिरता** (वि०) स्वस्थ; **चलते फिरते नज़र आना** चला जाना

चलती–I (स्त्री०) 1 कार्य करने का अधिकार 2 कार्य करा सकने का अधिकार II (वि०) 1 जो गति करता हो 2 जिसका प्रचलन हो रहा हो (जैसे-हिंदी स्कूलों में विदेशी भाषा नहीं चलती है) 3 धूर्त एवं चतुर (जैसे-वह बहुत चलती फिरती औरत है) 4 जिस पर विशेष ध्यान न दिया जाता हो (जैसे-यह पुस्तक चलती निगाह से देखी गई है)

चलतू–(वि०) दे० चलता

चलन–(पु०) 1 चाल, गति 2 चलने की अवस्था 3 प्रचलित रहने की अवस्था, प्रचलन (जैसे-मुग़ल काल में ताम्र सिक्कों का भी चलन था) 4 रीति-रिवाज, आचार-व्यवहार प्रथा 5 अच्छा आचरण, अच्छा व्यवहार। ~**कलन** (पु०) ज्योतिष में एक प्रकार का गणित; ~**सार** (वि०) 1 जो प्रचलित हो, चलन-व्यवहार वाला (जैसे-दस पैसे का सिक्का अब चलनसार रूप में नहीं रह गया) 2 जो टिकाऊ हो (जैसे-सस्ता कपड़ा चलनसार नहीं होता)

चलना–(अ० क्रि०) 1 पैदल आगे बढ़ना 2 पहियों आदि की सहायता से अग्रसर होना 3 गति युक्त होकर आगे बढ़ना (जैसे-आकाश में ग्रहों का चलना देखो) 4 हिलते-डुलते कार्य संपादित होना (जैसे-घड़ी की सूई चलना बंद हो गई) 5 सक्रिय रहना (जैसे-मेरी कलम अच्छी तरह नहीं चलती है) 6 निर्वाह होना (जैसे-सौ रुपये में काम नहीं चलेगा) 7 शरीर के अंग का कार्य में प्रवृत्त होना (जैसे-काम करने के लिए हाथ-पैर का चलना ज़रूरी है) 8 बात आरंभ होना (जैसे-उसके यहाँ आते ही व्यर्थ की चर्चा चल पड़ी) 9 अस्त्र-शस्त्र आदि का प्रहार होना (जैसे-सभा में लाठी चल पड़ी) 10 वैर-विरोध का व्यवहार होना 11 विकृत रूप में बाहर आना 12 मार्ग में आना-जाना (जैसे-सवेरा होते ही गली में चलना शुरु हो जाता है) 13 परंपरा का जारी रहना (जैसे-युद्ध में राजपूतों की सदा चलती रही है) 14 ठीक तरह से पढ़ा एवं समझा जाना 15 व्यवहार करना (जैसे-हम सबको मिलकर चलना चाहिए) 16 प्रस्थान करना, मर जाना (जैसे-एक न एक दिन हम सभी को संसार से चलना ही है)। ~**बसना** स्वर्गवासी होना, मर जाना (जैसे-वह हमेशा के लिए संसार से चल बसा)

चलनी–*बो०* (स्त्री०) छलनी

चलबाँक–(वि०) तेज़ चलनेवाला, शीघ्रगामी

चल-बिचल–(वि०) = चल-विचल

चलवाना–(स० क्रि०) 1 चलने का काम अन्य से कराना 2 चलाने में प्रवृत्त करना

चला–*सं०* (स्त्री०) बिजली, दामिनि

चलाऊ–(वि०) 1 किसी तरह काम चलनेवाला (जैसे-सस्ता कपड़ा केवल काम चलाऊ ही होता है) 2 अधिक समय तक न ठहरनेवाला, कम टिकाऊ

चलाचल–*सं०* (वि०) चंचल, चपल

चलाचली–(स्त्री०) 1 चलने की क्रिया 2 चलने की तैयारी 3 प्रस्थान 4 एक के बाद दूसरे का भी चला जाना

चलान–(स्त्री०) 1 व्यापारिक क्षेत्र में माल को कहीं भेजने की क्रिया 2 अपराधी, अभियुक्त को न्यायालय आदि में भेजने की क्रिया (जैसे-पुलिस ने ट्रक चालक का चालान कर दिया) 3 भेजी गयी वस्तुओं की सूची। ~**दार** + *फ़ा०* (पु०) माल की रक्षा के लिए साथ जानेवाला व्यक्ति

चलाना–(स० क्रि०) 1 किसी को चलाने में प्रवृत्त करना (जैसे-बच्चे को पैदल चलाना) 2 यान सवारी आदि को आगे बढ़ाना (जैसे-वायुयान चलाना आसान नहीं है, रेलगाड़ी चलाना कठिन है) 3 गति रूप देना, हिलाना-डुलाना (जैसे-दाल पक गई हो तो चलाकर उतार लो) 4 निर्वाह योग्य बनाना (जैसे-यह लड़का आठवीं कक्षा में नहीं चल सकेगा) 5 सक्रिय रखना (जैसे-पाठशाला चलाना बहुत परिश्रम का कार्य है) 6 उत्तरदायित्व वहन करना (जैसे-गृहस्थी चलाना अब कठिन हो गया है) 7 तत्परता से कार्य करना (जैसे-शासन को उचित ढंग से चलाना ही विवेकशीलता है) 8 उग्र रूप से सक्रिय रहना (जैसे-अधिक जबान चलाना भी अविवेकता है) 9 प्रहार हेतु अन्य साधन का प्रयोग करना (जैसे-वह तलवार चलाना भी जानता है) 10 प्रचलित करना, जारी करना (जैसे-अकबर ने दीन-ए-इलाही धर्म चलाया था) 11 धोखे से देना (जैसे-मैंने खोटी अठन्नी दुकान पर चला दी) 12 विचार के लिए प्रस्तुत करना (जैसे-हानि-लाभ का मुकदमा चलाना ज़रूरी है)

चलानी–I (वि०) 1 बिकने के लिए लाया हुआ, विक्रय हेतु लाया गया 2 चलान से संबंध रखनेवाला II (स्त्री०) विक्रय हेतु बाहर भेजने का माल

चलायमान–*सं०* (वि०) 1 जो चलता हो, चलनेवाला 2 अस्थिर 3 विचलित

चलार्थ–*सं०* (पु०) चालू मुद्रा। ~**पत्र** (पु०) = चल पत्र

चलावा–(पु०) रीति, रस्म, रिवाज

चलित–*सं०* (वि०) 1 अस्थिर, चलायमान 2 चलता हुआ 3 जो चलन में हो

चलित्र–*सं०* (पु०) अपनी शक्ति से चलनेवाला इंजन

चलिष्णु–*सं०* (वि०) घटने-बढ़नेवाला

चलौना–(पु०) 1 दूध, तरकारी आदि चलाने का लकड़ी का एक उपकरण 2 चरखा चलनेवाला लकड़ी का टुकड़ा

चवन्नी–(स्त्री०) पच्चीस नए पैसे के मूल्य का सिक्का

चवरा–(पु०) लोबिया

चवर्ग–*सं०* (पु०) च,छ,ज,झ,ञ वर्णों का समूह

चवल–*सं०* (पु०) = चवरा

चवाई–I (वि०) दूसरों की बुराई फैलानेवाला, निंदक II (स्त्री०) 1 निंदा 2 अफ़वाह

चवालीस–(वि०) = चौवालीस

चवाव–(पु०) 1 चारों ओर फैलाई जानेवाली चर्चा, प्रवाद, अफ़वाह 2 निंदा

चशमा–*फ़ा०* (पु०) = चश्मा

चश्म–*फ़ा०* (स्त्री०) 1 आँख, नयन 2 आँख की तरह की रचना। ~**दीद** (वि०) 1 आँखों देखा 2 प्रत्यक्षदर्शी (जैसे-इस घटना का चश्मदीद कौन है); ~**नुमाई** (स्त्री०) आँखें दिखाकर डराना, भयभीत करना; ~**पोशी**

(स्त्री०) दोष एवं अनुचित बात को देखते हुए भी टालना, दुर्गुणों की उपेक्षा करना

चश्मक–*फ़ा०* (स्त्री०) 1 आँख का इशारा 2 ऐनक, चश्मा

चश्मा–*फ़ा०* (स्त्री०) 1 आँखों पर लगाया जानेवाला शीशा लगा हुआ कमानीदार धातु आदि का ढाँचा, ऐनक (जैसे-अब बिना चश्मा के दिखाई नहीं देता)। **~नशीं** (वि०) चश्मा लगानेवाला

चषक–*सं०* (पु०) प्याला, सुरापात्र

चसक–(स्त्री०) हल्का दर्द, कसक

चसकना–(अ० क्रि०) टीस उठना, कसक होना

चसका–(पु०), **चसकी**–(स्त्री०) = चस्का

चसना–I (अ० क्रि०) प्राण त्यागना, मर जाना II चिपकना, सटना

चस्का–(पु०) 1 एक बार सुख प्राप्त होने के फलस्वरूप बार-बार वैसा ही सुख प्राप्त करने की मनोवृत्ति (जैसे-उसे भी शराब पीने का चस्का लग गया) 2 लत, आदत (जैसे-उसे जूए का चस्का है)

चस्पाँ–*फ़ा०* (वि०) 1 चिपकाया हुआ 2 चिपका हुआ, लगा हुआ

चह–(पु०) 1 नदी पर बनाया गया अस्थायी पुल 2 नदी के किनारे बनाया गया पाट

चहक–(स्त्री०) 1 चहकने की क्रिया 2 चिड़ियों का चह-चह शब्द

चहकना–(अ० क्रि०) 1 चिड़ियों का चह-चह ध्वनि करना, चहचहाना 2 खुशी मे खिलकर बोलना (जैसे-बच्चों का खेल-खेल में चहकने लगना)

चहका–I (पु०) होली के अवसर पर गाया जानेवाला एक तरह का गाना II (पु०) 1 लुआठी, लूका 2 बनेठी

चहकार–(स्त्री०) = चहक

चहचहा–I (पु०) 1 चहचहाने की क्रिया 2 खूब ज़ोरों से होनेवाला हँसी-ठट्ठा II (वि०) आनंद एवं खुशी उत्पन्न करनेवाला

चहचहाना–(अ० क्रि०) = चहकना

चहचहाहट–(स्त्री०) = चहक

चहनना–(स० क्रि०) कुचलना रौंदना

चहबच्चा–*फ़ा०* (पु०) 1 पानी की हौदी, गड्ढा 2 धन छिपाकर रखने के लिए बनाया गया गड्ढा

चहर–*फ़ा०* (वि०) चार (जैसे-चहरदीवारी)

चहल–I (स्त्री०) आनंद मनाना II (वि०) 1 अच्छा, बढ़िया 2 चटकीला, तेज़ 3 चंचल, चुलबुला। **~पहल** (स्त्री०) 1 रौनक 2 धूमधाम

चहलक़दमी–*फ़ा० + अ० + फ़ा०* (स्त्री०) सुखपूर्वक एवं धीरे-धीरे चलने की क्रिया

चहला–*बो०* (पु०) 1 कीचड़ 2 दलदल

चहलुम–*फ़ा०* (पु०) = चेहलुम

चहार–I *फ़ा०* (वि०) तीन और एक, चार II (पु०) चार की संख्या। **~दीवारी** (स्त्री०) मैदान, क्षेत्र आदि को चारों ओर से घेरने हेतु बनाई गई दीवार, प्राचीर; **~शंबा** (पु०) बुधवार

चहारुम–I *फ़ा०* (वि०) चौथा II (पु०) चौथाई अंश चतुर्थांश

चही-चहा–(पु०) परस्पर देखने की क्रिया

चहेटना–(स० क्रि०) 1 खदेड़ना, भगाना 2 दबाकर रस निकालना

चहेता–(वि०) जिसे कोई बहुत अधिक चाहता हो, अत्यधिक प्रिय, अति प्यारा (जैसे-अपने चहेते से पूछकर मेरे घर आना)

चहोड़ना, चहोरना–(स० क्रि०) 1 रोपना 2 सँभालना

चाँइयाँ–(पु०) 1 उचक्का 2 चालाक एवं धूर्त

चाँक–(पु०) 1 चिह्न खुदे हुए काठ की थापी 2 अन्न की राशि को गोंठने का चिह्न 3 टोटके हेतु पीड़ित स्थान के चारों ओर खींचा जानेवाला घेरा, गोंठ

चाँकना–(स० क्रि०) 1 गोंठना 2 अन्न की राशि को गोबर आदि से गोंठना 3 निशान लगाना

चाँका–(पु०) 1 = चाँक 2 = चक्का

चाँगला–I (वि०) 1 अच्छा, बढ़िया 2 स्वस्थ, तंदुरुस्त 3 हृष्ट-पुष्ट 4 चालाक, चतुर II (पु०) घोड़ों का एक प्रकार का रंग

चांचल्य–*सं०* (पु०) = चंचलता

चाँचिया–I (पु०) 1 चोरी, डाके आदि से जीविकोपार्जन करनेवाली छोटी जाति 2 चोर 3 उचक्का 4 डाकू, लुटेरा 5 काँइयाँ II (वि०) चोर, डाकुओं आदि से संबद्ध। **~गीरी** *+ फ़ा०* (स्त्री०) चोर, डाकुओं आदि का व्यवसाय; **~जहाज़** *+ अ०* (पु०) समुद्री डाकुओं एवं लुटेरों का जहाज़

चाँटा–(पु०) तमाचा, थप्पड़ (जैसे-क्रोध में उसने बच्चे के गाल पर चाँटा जमा दिया)

चाँड़–I (वि०) 1 उग्र, प्रबल 2 बलवान् 3 उद्दंड 4 श्रेष्ठ 5 चतुर 6 अघाया हुआ II (स्त्री०) 1 छत आदि को गिरने से रोकने के लिए लगाई गई टेक, थूनी 2 प्रबल कामना, तीव्र अभिलाषा 3 आकुलता, बेचैनी। **~सरना** लालसा पूरी होना

चाँड़ना–(स० क्रि०) 1 टेक लगाना 2 रौंदना 3 नष्ट-भ्रष्ट करना 4 खोदना, खोद डालना

चांडाल–*सं०* (पु०) 1 नीच और बर्बर जाति, मातंग 2 अत्यंत पतित व्यक्ति। **~चौकड़ी** *+ हिं०* (स्त्री०) नीच लोगों का समूह

चांडाली–*सं०* (स्त्री०) 1 चांडाल जाति की स्त्री 2 चांडाल होने की अवस्था 3 चांडाल का काम

चाँद–I (पु०) 1 चंद्रमा 2 दूज की चाँद की शक्ल का एक गहना 3 चंद्रमा के आकार का अर्ध गोलाकार धातु खंड 4 कलाई पर गोदा जानेवाला एक तरह का गोदना। **~तारा** (पु०) 1 एक प्रकार की बढ़िया मलमल जिसपर चाँद और तारों के आकार की बूटियाँ बनी होती हैं 2 एक प्रकार की पतंग जिस पर तारों एवं चाँद की बूटियाँ बनी होती है; **~बाला** (पु०) अर्ध चंद्राकर एक बाला जो कान में पहना जाता है; **~मारी** (स्त्री०) 1 चंद्र चिह्नों पर तीर, बंदूक आदि से निशाना लगाने की अभ्यासात्मक क्रिया 2 ऐसा मैदान जहाँ चाँद मारी किया जाए; **~यात्रा** *+ सं०* (स्त्री०) = चंद्र यात्रा; **~सूरज** (पु०) चोटी में गूथकर पहना जानेवाला एक गहना; **~का टुकड़ा** अति सुंदर; **~को ग्रहण लगना** सुंदर वस्तु में दोष लगना; **~चढ़ना** 1 नया महीना शुरू होना 2 गर्भ रहना; **~पर ख़ाक उड़ाना, ~पर धूल उड़ाना** निर्दोष व्यक्ति

आदि में दोष निकालना; **~पर थूकना** महान् पुरुष पर लांछन लगाकर स्वयं लांछित होना; **~सा मुखड़ा** अत्यधिक प्यारा मुखड़ा

चाँद–II (स्त्री०) 1 खोपड़ी का सबसे ऊँचा और मध्य भाग 2 खोपड़ी। **~पर बाल न छोड़ना** 1 सब कुछ ले लेना 2 मारते-मारते गंजा कर देना

चाँदना–(पु०) उजाला, प्रकाश। **~पख** (पु०) शुक्ल पक्ष

चांदनिक–सं० (वि०) 1 चंदन का 2 चंदन से होनेवाला 3 चंदन से सुवासित

चाँदनी–(स्त्री०) 1 चाँद का प्रकाश, ज्योत्स्ना 2 लंबी चौड़ी सफ़ेद चादर 3 छतगीर। **~पाख** (पु०) उजाला पखवारा; **~रात** (स्त्री०) शुक्ल पक्ष की रात; **~मारना** लोकापवाद के अनुसार चाँदनी के बुरे प्रभाव के कारण घाव आदि का अच्छा न होना

चाँदला–(वि०) 1 टेढ़ा, वक्र 2 चँदला, गंजा

चाँदा–(पु०) 1 ज्यामिति में धातु आदि का अर्ध वृत्ताकार कोण नापने का प्रसिद्ध उपकरण 2 दूरबीन का लक्ष्य स्थान 3 आधार

चाँदी–(स्त्री०) 1 एक प्रसिद्ध नरम एवं चमकदार धातु जिसके गहने बनते हैं, रजत 2 चाँदी के सिक्कों के आधार पर धन-दौलत 3 चँदिया। **~कटना** अत्यधिक आमदनी होना; **~कर देना** जलाकर राख कर देना; **~का जूता मारना** रिश्वत देना; **~का पहरा** सुख-समृद्धि का समय; **~की ऐनक लगाना** घूस लेकर ही काम करना (जैसे-अब तो सरकार के सभी कर्मचारी चाँदी की ऐनक लगाने लगे); **~खुलवाना** चाँद के ऊपर के बाल मुँड़वाना; **~बरसना** खूब आमदनी होना

चांद्र–I सं० (वि०) 1 चंद्रमा संबंधी 2 चंद्रमा का II (पु०) 1 चांद्रायण व्रत 2 चंद्रकांत मणि। **~खंड** (पु०) चाँद का टुकड़ा; **~मास** (पु०) पूर्णिमा के दूसरे दिन से लेकर अगली पूर्णिमा तक का महीना; **~वत्सर** (पु०) चंद्रमा की गति के अनुसार होनेवाला वर्ष; **~वर्ष** (पु०) बारह चांद्र मासों का समय; **~व्रतिक** (वि०) चांद्रायण का व्रत करनेवाला

चांद्रायण–सं० (पु०) चंद्रमा की कलाओं के हिसाब से आहार को घटाने-बढ़ाने का व्रत

चांद्रायणिक–सं० (वि०) चांद्रायण व्रत करनेवाला

चाँप–(स्त्री०) = चाप

चाँपना–(स० क्रि०) दबाना

चाँयँ-चाँयँ, चाँवँ-चाँवँ–(स्त्री०) व्यर्थ की बातें, बकवाद

चांस–अं० (पु०) अवसर, मौका

चांसलर–अं० (पु०) (विश्वविद्यालय का) कुलाधिपति

चा–फ़ा० (स्त्री०) = चाय

चाक–I (पु०) 1 कील पर घूमनेवाला गोलाकार पत्थर जिसपर कुम्हार मिट्टी का बर्तन बनाता है 2 पहिया 3 हथियारों पर सान तेज़ करने का चक्कर 4 मंडलाकार चिह्न

चाक–II फ़ा० (पु०) I 1 फटा हुआ अंश 2 आस्तीन की खुली हुई मोहरी II (वि०) फटा हुआ, फाटा हुआ

चाक–III अं० (स्त्री०) दुद्धी, खड़िया

चाक़–तु० (वि०) 1 दृढ़, मज़बूत 2 हृष्ट-पुष्ट। **~चौबंद** +हिं० (वि०) 1 चारों ओर से ठीक एवं दुरुस्त 2 चुस्त, फुर्तीला 3 मज़बूत

चाकचक–(वि०) 1 चारों ओर से सुरक्षित 2 दे० चाक-चौबंद

चाकचक्य–सं० (स्त्री०) 1 चमक-दमक 2 चकाचौंध 3 सुंदरता, शोभा

चाकना–(स० क्रि०) 1 वृत्ताकार रेखा खींचना 2 अन्न राशि पर निशान लगाना 3 पहचान हेतु वस्तु पर निशान लगाना

चाकर–फ़ा० (पु०) 1 नौकर 2 दास

चाकरानी–फ़ा० + हिं० (स्त्री०) दासी, नौकरानी

चाकरी–फ़ा० (स्त्री०) 1 नौकरी 2 चाकर का काम 3 चाकर का पद 4 टहल, सेवा (जैसे-अब उनकी चाकरी में मन नहीं लगता)

चाकलेट–अं० (पु०) एक प्रकार की पाश्चात्य मिठाई

चाक़ू–फ़ा० (पु०) फल, सब्ज़ी आदि काटने का औज़ार

चाक्रिक–I सं० (पु०) 1 स्तुति गानेवाला, चारण, भाट 2 चक्र चलाकर रोटी कमानेवाला II (वि०) 1 चक्र संबंधी 2 चक्र के आकार का 3 मंडली में होनेवाला

चाक्षुष–I सं० (वि०) 1 नेत्र संबंधी 2 दृश्य 3 जिसने आँखों से देखा हो II (पु०) आँखों से होनेवाला प्रत्यक्ष प्रमाण

चाखना–बो० (स० क्रि०) = चखना

चाचर–(स्त्री०) 1 युद्धस्थल, रणभूमि 2 होली का खेल तमाशा

चाचा–(पु०) 1 पिता का छोटा भाई 2 संबोधन के लिए प्रचलित शब्द (जैसे-चाचा जी नमस्ते) (स्त्री० चाची)

चाट–I (स्त्री०) 1 चाटने की क्रिया 2 चटपटी चीज़ 3 खाने की आदत 4 लत, बुरी आदत (जैसे-उसे अफ़ीम की चाट लग गई है) 5 लोलुपता। **~पर लगना** चस्का लगना, लत पड़ना

चाट–II सं० (पु०) 1 विश्वासपात्र बनकर किसी का धन हरण करनेवाला, ठग 2 उचक्का, उठाईगीरा

चाटना–(स० क्रि०) 1 जबान से समेटना (जैसे-दवा के साथ शहद चाटना) 2 लोलुपता पूर्वक खाना (जैसे-वह पूरी खीर चाटकर खा गया) 3 ऊँगली से उठाकर जबान पर लगाना (जैसे-खाने के साथ चटनी चाटना) 4 नष्ट करना (जैसे-फ़ीस के सारे पैसे क्यों चाट गए) 5 पशुओं का प्रेम से किसी के शरीर पर जीभ फेरना (जैसे-कुत्ता मालिक का हाथ चाटता है) 6 खा जाना (जैसे-कीड़े पूरी क़मीज़ चाट गए)

चाटवाला–(पु०) चाट बेचनेवाला व्यक्ति

चाटु–सं० (पु०) 1 मधुर वचन 2 खुशामद, चापलूसी। **~कार** (पु०) खुशामद करनेवाला व्यक्ति, चापलूस; **~कारी** + हिं० (स्त्री०) चापलूसी; **~पटु** (वि०) चाटुकार, खुशामदी

चाटुकारिता–सं० (स्त्री०) चाटुकार होने की अवस्था

चाटूक्ति–सं० (स्त्री०) चापलूसी की बात, खुशामद भरी बात

चातक–सं० (पु०) पपीहा पक्षी

चातकानंदन–सं० (पु०) 1 वर्षा काल 2 बादल, मेघ

चातर–I (पु०) 1 मछली पकड़ने का बड़ा जाल, महाजाल 2 साजिश, षड्यंत्र II (वि०) चतुर

चातुर–I सं० (वि०) आँखों से दिखाई देनेवाला II (पु०) चार पहियों की गाड़ी III (वि०) 1 चतुर, होशियार 2 चालाक और धूर्त 3 खुशामदी

चातुराश्रमिक–सं० (वि०) चारों आश्रमों से संबंधित

चातुरी–सं० (स्त्री०) 1 चतुरता, होशियारी 2 चालाकी और धूर्तता 3 निपुणता

चातुर्भद्र–*सं०* (पु०) अर्थ, धर्म, काम, मोक्ष ये चारों पदार्थ
चातुर्मास्य–(पु०) 1 चौमासा, वर्षाकाल 2 चार महीने
चातुर्य–*सं०* (पु०) चतुरता, चतुराई। ~**पूर्ण** (वि०) चालाकी भरा
चातुर्वर्ण्य–I *सं०* (पु०) हिंदुओं के चारों वर्ण II (वि०) चारों वर्णों में होनेवाला
चातुर्विद्य–I *सं०* (वि०) चारों (वेदों) का ज्ञाता II (पु०) चारों वेद
चादर–*फ़ा०* (स्त्री०) 1 आयताकार कपड़े का वह भाग जिसे बिछाया एवं ओढ़ा जाता है 2 धातु आदि का बड़ा आयताकार पतला पत्तर (जैसे-टीन की चादर का भाव क्या है)। ~**उतारना** बेइज़्ज़त करना; ~**ओढ़ाना, डालना** विधवा से शादी करना; ~**देखकर पाँव फैलाना** विसात देखकर ख़र्च करना; ~**हिलाना** आत्मसमपर्ण हेतु कपड़ा हिलाकर संकेत करना
चादरा–*फ़ा०* (पु०) बड़ी चादर
चाप–I (स्त्री०) 1 चापने की क्रिया 2 पैरों की आहट
चाप–II *सं०* (पु०) 1 धनुष 2 *ग०* वृत्त की परिधि का कोई भाग (जैसे-दो इंच की त्रिज्या से एक चाप लगाओ) 3 मेहराब। ~**रूप** (वि०) धनुषाकार
चापड़–(वि०) 1 जो चिपटा हो गया हो 2 चौपट
चापना–(स० क्रि०) 1 दबाना, चाँपना (जैसे-पैर ~) 2 आलिंगन करते समय दबाना
चापर–*बो०* (वि०) = चापड़
चापल–I *सं०* (पु०) चंचलता, चपलता II (वि०) चंचल, चपल
चापलूस–*फ़ा०* (वि०) ख़ुशामदी, चाटुकार
चापलूसी–*फ़ा०* (स्त्री०) ख़ुशामद, चाटुता
चापल्य–*सं०* (पु०) चंचलता, चपलता, अस्थिरता
चाप्य–*अं०* (स्त्री०) तला हुआ टुकड़ा
चाफंद–(पु०) मछलियाँ पकड़ने का जाल
चाबना–(स० क्रि०) 1 चबाना, दबाना (जैसे-दाँतों से गन्ना चबाकर रस चूसना) 2 पेट भरकर भोजन करना, चाभना
चाबी–(स्त्री०) 1 ताली, कुंजी (जैसे-चोर ने बिना चाबी के ताला कैसे खोला) 2 यंत्र को गतिशील रखने के लिए कमानी कसना (जैसे-घड़ी बंद है, चाबी दे दो) 3 युक्ति, साधन (जैसे-घबराने की बात नहीं, उनकी चाबी तो मेरे पास है)। ~**देना,** ~**भरना** कमानी कसना (जैसे-घड़ी में चाबी देना)
चाबुक–*फ़ा०* (पु०) चमड़े आदि का कोड़ा। ~**दस्त** (वि०) दक्ष, कुशल; ~**दस्ती** (स्त्री०) दक्षता, कुशलता; ~**सवार** (पु०) घोड़े को चाल सिखानेवाला व्यक्ति; ~**सवारी** (स्त्री०) 1 चाबुक सवार का पद 2 चाबुक सवार का काम
चाभना–(स० क्रि०) = चाबना
चाभी–(स्त्री०) = चाबी
चाम–(पु०) चमड़ा, खाल। ~**चोरी** (स्त्री०) गुप्त रूप से किया गया परस्त्री गमन; ~**के दाम चलाना** 1 चमड़े के सिक्के चलाना 2 व्याभिचार से धन कमाना 3 बल, वैभव आदि से असाधारण कार्य करना
चामत्कारिक–*सं०* (वि०) चमत्कारी
चामर–*सं०* (पु०) चँवर, मोरछल
चामरी–*सं०* (स्त्री०) सुरा गाय, याक
चामुंडा–*सं०* (स्त्री०) चंड मुंड का नाश करनेवाली देवी, दुर्गा
चाय–*फ़ा०* (स्त्री०) एक प्रसिद्ध पौधा जिसकी पत्तियाँ पानी में उबालकर दूध एवं चीनी मिलाकर पीने योग्य होती हैं (जैसे-चार प्याले चाय तैयार करना)। ~**ख़ाना** (पु०) चायघर; ~**दान** (पु०), ~**दानी** + *हिं०* (स्त्री०) चाय बनाने का पात्र; ~**पान** + *सं०* (पु०) चाय पीना; ~**पानी** + *हिं०* (पु०) चाय सहित दिया जानेवाला नाश्ता; ~**पार्टी** + *अं०* (स्त्री०) जलपान; ~**फ़रोश** (पु०) चाय बेचनेवाला
चायक–*सं०* (वि०) चुननेवाला
चार–I (वि०) 1 तीन और एक 2 कुछ 3 अनेक II (पु०) चार की संख्या। ~**आँखें करना** आँखें मिलाना; ~**चाँद लगना** अत्यधिक सुंदर होना, सुंदरता में वृद्धि होना; ~**चश्म** + *फ़ा०* (वि०) 1 निर्लज्ज 2 कृतघ्न; ~**चाँद लगाना** अत्यधिक सुंदर बनाना; ~**दिन की ज़िंदगी** अल्प काल का जीवन, थोड़े समय का जीवन; ~**दिन में ही** कुछ समय में ही (जैसे-मालिक के व्यवहार से नौकर चार दिन में ही ऊब गया); ~**पाँच करना** इधर-उधर की बातें करना
चार–*सं०* (पु०) 1 सेवक, दास 2 गुप्तचर, जासूस। ~**कर्म** (पु०) जासूस का काम, जासूसी; ~**पुरुष** (पु०) गुप्तचर; ~**भट** (पु०) वीर सैनिक; ~**वायु** (स्त्री०) गरम हवा, लू; ~**व्यवस्था** (स्त्री०) = चार कर्म
चारख़ाना–*फ़ा०* (पु०) 1 चौकोर ख़ानोंवाली रचना 2 चौकोर ख़ानोंवाला कपड़ा
चारज–*अं०* (पु०) = चार्ज
चारजामा–*फ़ा०* (पु०) घोड़े की पीठ पर कसा जानेवाला जीन
चारण–I *सं०* (पु०) 1 बंदीजन, भाट 2 भाट जाति का व्यक्ति II (पु०) चराना (जैसे-गोचारण)
चारदीवारी–*फ़ा०* (स्त्री०) = चहारदीवारी
चार-ना-चार–*फ़ा०* (क्रि० वि०) विवश होकर, लाचार होकर
चारपाई–(स्त्री०) खाट (जैसे-वह चारपाई पर लेटा है)। ~**धरना,** ~**पकड़ना,** ~**पर पड़ना** 1 सख़्त बीमार होना 2 चारपाई पर लेट जाना; ~**से पीठ लगना** बीमार पड़ जाना
चारा–(पु०) 1 घास-फूस, भूसा (जैसे-गाय को चारा डाल दो) 2 निकृष्ट भोजन 3 प्रलोभन (जैसे-मुझे चारा डालकर फँसाने की कोशिश मत करो)। ~**घास** (स्त्री०) घास-भूसा; ~**दाना** + *फ़ा०* (पु०) चरने खाने की चीज़
चाराजोई–*फ़ा०* (स्त्री०) याचना, फरियाद (जैसे-अदालत में चाराजोई करना)
चारित–I *सं०* (वि०) चलाया हुआ, गतिमान किया हुआ II (पु०) आरा
चारितार्थ्य–*सं०* (पु०) चरितार्थ होने की अवस्था, चरितार्थता
चारित्र–*सं०* (पु०) 1 अच्छा चाल-चलन 2 रीति-व्यवहार 3 वंश का आचार-व्यवहार
चारित्रिक–*सं०* (वि०) 1 अच्छे चरित्रवाला 2 चरित्र से संबंधित। ~**ता** 1 अच्छा चरित्र 2 चरित्र चित्रण की कला
चारित्र्य–*सं०* (पु०) चरित्र, आचरण। ~**पतन** (पु०) चरित्र की गिरावट
चारी–I *सं०* (वि०) चलनेवाला (जैसे-स्वेच्छाचारी, अनाचारी, व्योमचारी) II (पु०) पैदल चलनेवाला सिपाही

चारु–I *सं०* (वि०) सुंदर (जैसे-चारु कपोल, चारु चंद्र की चंचल किरणें) II (पु०) कुंकुम, केसर। **~ता** (स्त्री०) सुंदरता; **~दर्शन** (वि०) देखने में सुंदर; **~फला** (स्त्री०) अंगूर की लता, द्राक्षा लता; **~वर्धना** (स्त्री०) सुंदर स्त्री; **~शीला** (वि०) उत्तम शील-स्वभाववाली; **~हासी** (वि०) 1 मनोहर हँसीवाला, सुंदर मुस्कानवाला 2 जो हँसने में सुंदर लगे

चार्चिक्य–*सं०* (पु०) अंगराग

चार्ज–*अं०* (पु०) 1 कार्य-भार 2 देख-रेख 3 अभियोग 4 सेवा का पारिश्रमिक, परिव्यय (जैसे-ईंट की ढुलाई का कितना चार्ज होगा) 5 यकायक किया गया हमला, आक्रमण (जैसे-पुलिस को भीड़ पर लाठी चार्ज करना पड़ा। **~शीट** (पु०) अभियोग पत्र

चार्जर–*अं०* (पु०) 1 कार्य भार सँभालनेवाला 2 अभियोग लगानेवाला

चार्ट–*अं०* (पु०) नक्शा

चार्टर–*अं०* (पु०) अधिकार-पत्र

चार्म–*सं०* (वि०) 1 चर्म संबंधी 2 चमड़े का बना हुआ

चार्य–*सं०* (वि०) दूतकर्म

चार्वाक–*सं०* (पु०) 1 एक प्रसिद्ध अनीश्वरवादी विद्वान्, बार्हस्पत्य 2 चार्वाक दर्शन 3 एक नास्तिक मत

चाल–I (स्त्री०) 1 गति (जैसे-रेलगाड़ी की चाल बहुत तेज़ है) 2 स्थान-परिवर्तन के साथ आगे बढ़ने की क्रिया 3 चलने का ढंग 4 चलने की सायत 5 आचरण, चलन (जैसे-मुझे यह चाल पसंद नहीं है) 6 रीति-रिवाज (जैसे-पुराने चाल-चलन को अपनाना मूर्खता है) 7 ढंग, प्रकार 8 छल, धोखे की बात (जैसे-चाल में आना) 9 मुहरे आदि चलना (जैसे-हाथी की चाल) 10 आहट 11 दाँव 12 ग़रीब बस्ती (जैसे-बम्बई में)। **~चलन** (पु०) 1 नैतिक आचरण, चरित्र 2 आचरण एवं व्यवहार का ढंग; **~ढाल** (स्त्री०) 1 तौर-तरीका, रंग-ढंग 2 गति-विधि; **~बाज़** + *फ़ा०* (वि०) कपट-भरी चालें चलनेवाला, कपटी; **~बाज़ी** + *फ़ा०* धोखेबाज़ी; **~मिलना** चलने की ध्वनि सुनाई पड़ना (जैसे-मकान के पीछे कुछ लोगों की चाल मिल रही है)

चाल–II *सं०* (पु०) 1 छप्पर, छाजन 2 छत, पाटन

चालक–I *सं०* (वि०) 1 चलानेवाला 2 बिजली की धारा को आगे बढ़ानेवाला II (पु०) इंजन, यंत्र आदि को गतिमान करनेवाला व्यक्ति। **~चक्र** (पु०) गति देनेवाला चक्का; **~ता** (स्त्री०) चालक होने की सामर्थ्य या अवस्था; **~मंडल** (पु०) चलानेवालों का समूह

चालन–*सं०* (पु०) 1 चलाने की क्रिया, परिचालन, चलने की क्रिया, गति

चालनी–*सं०* (स्त्री०) छलनी

चाला–(पु०) 1 चलने की क्रिया, रवानगी 2 प्रस्थान का मुहूर्त

चालाक–*फ़ा०* (वि०) 1 होशियार 2 चालबाज़

चालाकी–*फ़ा०* (स्त्री०) 1 चतुराई, दक्षता, 2 चालबाज़ी। **~खेलना** धूर्ततापूर्ण चाल चलना, कपट भरा आचरण करना

चालान–(पु०) = चलान

चालानदार–(पु०) = चलानदार

चालिया–(पु०) चलबाज़, धूर्त

चालिस–(वि०) = चालीस

चाली–(वि०) = चालबाज़

चालीस–I (वि०) 1 तीस से दस अधिक II चालीस की संख्या, 40

चालीसा–(पु०) 1 चालीस वस्तुओं का समूह 2 चालीस पदों का समूह (जैसे-हनुमान चालीसा) 3 चालीस दिनों का समय 4 मृत्यु के चालीसवें दिन होनेवाला, चालीसवाँ

चालू–(वि०) 1 जो चलता हो 2 चलन में होनेवाला, प्रचलित (जैसे-चालू सिक्का, चालू प्रथा) 3 जो अभी जारी हो (जैसे-चालू खाता। 4 जो प्रयोग हो रहा हो (जैसे-यह कार अभी चालू हालत में है) 5 चालाक (जैसे-वह चालू लड़का है)

चाव–(पु०) 1 शौक 2 इच्छा 3 उत्साह। **~निकालना** 1 अभिलाषा पूरी होना 2 शौक पूरा होना

चावड़ी–(स्त्री०) पड़ाव

चावल–(पु०) 1 धान के बीजों के दाने 2 तंडुल 3 पकाया हुआ चावल, भात 4 रत्ती का आठवाँ भाग। **~भर** 1 बहुत कम 2 रत्ती के आठवें भाग के बराबर

चाशनी–*फ़ा०* (स्त्री०) 1 शीरा (जैसे-गुड़ की चाशनी) 2 चस्का (जैसे-उसे भी शराब की चाशनी मिल गई) 3 चखकर देखने की वस्तु, खाने की वस्तु का नमूना

चाष–*सं०* (पु०) नीलकंठ पक्षी

चास–(स्त्री०) 1 जोताई 2 जोता हुआ खेत

चासना–(स० क्रि०) (खेत) जोतना

चासा–(पु०) 1 किसान, खेतिहर 2 हलवाहा

चाह–(स्त्री०) 1 लालसा, इच्छा 2 अनुराग, प्रेम 3 आवश्यकता, ज़रूरत

चाहक–(वि०) 1 चाहनेवाला 2 प्रेम करनेवाला

चाहत–(स्त्री०) चाह, प्रेम

चाहना–I (स० क्रि०) 1 इच्छा करना 2 प्रेम करना 3 पसंद करना 4 माँगना (जैसे-मैं आपसे कुछ रुपये चाहता हूँ) II (स्त्री०) चाहने की अवस्था

चाहा–(पु०) एक जल पक्षी जिसका सारा शरीर फूलदार और पीठ सुनहरी होती है

चाहिए–*अ०* 1 आवश्यकता 2 उचित (जैसे- हमें गंदी जगह नहीं जाना चहिए)

चाही–I *फ़ा०* (वि०) कूएँ के पानी से सींचा जानेवाला (जैसे-चाही खेत। II (स्त्री०) चहेती

चाहे–*अ०* 1 यदि जी चाहे, यदि मन में आवे 2 जो इच्छा हो (जैसे-चाहे कपड़ा ख़रीदो चाहे जूता) 3 जो कुछ हो सकता हो वह सब (जैसे-चाहे वज्रपात हो लेकिन तुम्हें आना है)। **~अनचाहे** (क्रि० वि०) 1 अनिच्छापूर्वक 2 जैसे-तैसे

चिंआँ–(पु०) = दे० चीयाँ

चिंउँटा–(पु०) = दे० च्यूँटा

चिंउँटी–(स्त्री०) = दे० च्यूँटी

चिंगट–*सं०*, **चिंगड़**– (पु०) झींगा मछली

चिंगना–*बो०* (पु०) 1 मुरगी का छोटा बच्चा, चूजा 2 छोटा बच्चा

चिंगारी–(स्त्री०) = चिनगारी

चिंगुड़ना–(अ० क्रि०) 1 शिकन पड़ना, झुर्रियां पड़ना 2 सिकुड़ना

चिंघाड़–(स्त्री०) 1 हाथी के चिल्लाने की आवाज़ 2 सहसा उत्तेजित होकर चिल्लाने की ध्वनि, चीत्कार

चिंघाड़ना–(अ० क्रि०) 1 हाथी का ज़ोर से चिल्लाना 2 चिल्लाना, चीखना

चिंचा–*सं०* (स्त्री०) 1 इमली 2 इमली का बीज

चिंतक–*सं०* (वि०) चिंतन करनेवाला, विचारक 2 ध्यान रखनेवाला

चिंतन–*सं०* (पु०) 1 मन ही मन में किया जानेवाला विवेचन, ग़ौर (जैसे-यह बात अधिक चिंतन योग्य है) 2 ध्यान, स्मरण (जैसे-वृद्धावस्था में ईश चिंतन ही अच्छा है)। ~**गत** (वि०) 1 मनन किया हुआ 2 स्मरण किया हुआ; ~**धारा** (स्त्री०) सोचने-विचारने का क्रम; ~**प्रक्रिया** (स्त्री०) चिंतन विधि; ~**शील** (वि०) जो चिंतन करता हो; ~**स्वतंत्रता** (स्त्री०) चिंतन करने की आज़ादी

चिंतना–I *सं०* (स्त्री०) 1 चिंतन करने की क्रिया 2 सोच-विचार 3 फ़िक्र, चिंता II (स० क्रि०) 1 ध्यान करना 2 सोचना-समझना 3 फ़िक्र करना, चिंता करना

चिंतनीय–*सं०* (वि०) 1 जो चिंतन के योग्य हो 2 जो चिंता का विषय हो (जैसे-मरीज़ की हालत चिंतनीय है)

चिंता–*सं०* (स्त्री०) 1 चिंतन करने का कार्य 2 ध्यान, स्मरण 3 मन में कुछ क्षण तक बनी रहनेवाली भावना 4 सोच, फ़िक्र, रंज। ~**ग्रस्त** (वि०) चिंता में डूबा हुआ, चिंता में पड़ा हुआ; ~**जनक** (वि०) 1 चिंतित करनेवाला 2 जिसकी अवस्था शोचनीय हो (जैसे-रोगी की हालत चिंताजनक है); ~**धारा** (स्त्री०) चिंताओं का क्रम, प्रवाह; ~**पूर्ण** (वि०) जो चिंताओं में डूबा हो, चिंतामय; ~**मग्न** (वि०) चिंताओं में लगा हुआ; ~**मणि** (पु०) 1 कामनाओं को पूरा करनेवाला एक कल्पित रत्न 2 सभी कामनाओं को पूर्ण करने की सामर्थ्य रखनेवाली शक्ति; ~**मुक्त** (वि०) निश्चिंत; ~**व्यथित** (वि०) जो चिंता से दुःखी हो; ~**शील** (वि०) जो प्रायः सोच-विचार करता हो

चिंताकुल–*सं०* (वि०) चिंता से व्याकुल, उद्विग्न

चिंतातुर–*सं०* (वि०) 1 चिंता से परेशान 2 घबराया हुआ, विकल

चिंतामय–*सं०* (वि०) = चिंतापूर्ण

चिंतित–*सं०* (वि०) = चिंतातुर

चिंत्य–*सं०* (वि०) 1 जो चिंता योग्य हो 2 दे० चिंतनीय

चिंदी–(स्त्री०) छोटा टुकड़ा। ~-~ **करना** टुकड़े-टुकड़े करना, धज्जियाँ उड़ाना

चिंपाज़ी–*अं०* (पु०) अफ्रीका में पाया जानेवाला वनमानुष

चिउड़ा–(पु०) उबालकर और कूटकर सुखाया गया चावल

चिक–I (पु०) मांस बेचनेवाला कसाई, बूचड़ II (स्त्री०) कमर आदि में बल पड़ने के कारण सहसा उत्पन्न होनेवाला दर्द, चिलक III *अं०* (पु०) दे० चिलमन

चिक़–*तु०* (स्त्री०) बाँस की तीलियों आदि का बना हुआ झीना परदा

चिकट–I (वि०) = चिक्कट II (पु०) टसरी कपड़ा

चिकटना–(अ० क्रि०) मैल जमने से चिपचिपा होना

चिकन–*फ़ा०* (पु०) एक तरह का सूती कपड़ा जिसपर सुई-डोरे से उभारदार फूल-पत्तियाँ बनी हों। ~**कारी** (स्त्री०) उभारदार फूल-बूटियाँ काढ़ने का काम; ~**गर**, ~**दोज़** (पु०) चिकन का काम करनेवाला कारीगर

चिकना–I (वि०) 1 जिसका तल खुरदरा न हो (जैसे-चिकना पत्थर, चिकना लोहा) 2 जो बिल्कुल कोमल एवं सम हो (जैसे-चिकना मलमल) 3 जिसपर हाथ-पैर फिसले (जैसे-चिकनी मिट्टी) 4 जिसे मोहक एवं स्वच्छ बनाया गया हो (जैसे-चिकना चेहरा देखते ही वह उस पर मुग्ध हो गया) 5 स्निग्ध पदार्थ लगा हुआ (जैसे-घी लगने से रोटी चिकनी हो गई) 6 ख़ुशामदी, चाटुकार (जैसे-वह चिकनी-चुपड़ी बातें खूब जानता है) II (पु०) चिकने पदार्थ। ~**चुपड़ा** (वि०) अच्छी तरह सजाया हुआ; ~**पन** (पु०) = चिकनाई

चिकनाई–(स्त्री०) 1 चिकनापन, चिकनाहट 2 स्निग्धता, सरसता 3 चिकना पदार्थ

चिकनावट–*बो०* (स्त्री०) 1 चिकनी-चुपड़ी बातें करने की स्थिति, भाव 2 बिगड़ा हुआ काम सुधारने हेतु मीठी बातें करने की क्रिया

चिकनाहट–(स्त्री०) = चिकनाई

चिकनिया–(वि०) प्रायः सज-सँवरकर रहनेवाला, सुंदर और सजधजवाला

चिकरना–(अ० क्रि०) 1 ज़ोर से चिल्लाना 2 चिंघाड़ना

चिकवा–*बो०* (पु०) बकर-कसाई

चिकारा–I (पु०) एक वाद्य II (पु०) हिरन का एक प्रकार

चिकित्सक–*सं०* (पु०) दवा-इलाज करनेवाला, वैद्य। ~**प्रमाणक** (पु०) चिकित्सक द्वारा अस्वस्थता का दिया गया प्रमाण पत्र

चिकित्सन–*सं०* (पु०) चिकित्सा करना

चिकित्सा–*सं०* (स्त्री०) इलाज, उपचार। ~**गृह** (पु०) दवाख़ाना, चिकित्सालय; ~**दल** (पु०) वैद्य, डाक्टरों का समूह; ~**पद्धति** (स्त्री०) इलाज का तरीका, उपचार विधि; ~**परामर्श** (पु०) डॉक्टरी राय; ~**पोत** (पु०) जहाज़ जिसमें दवा दारू रहता है; ~**भवन** (पु०) = चिकित्सा गृह; ~**व्यवसाय** (पु०) वैद्यकी; ~**व्यवसायी** (पु०) पेशेवर डॉक्टर; ~**शास्त्र** (पु०) वह विद्या जिसमें विभिन्न रोगों, उनके लक्षणों एवं निदान का विवेचन रहता है; ~**सेवा** (स्त्री०) डॉक्टरी नौकरी

चिकित्सालय–*सं०* (पु०) अस्पताल, दवाख़ाना

चिकित्सावकाश–*सं०* (पु०) बीमारी की छुट्टी

चिकित्सित–*सं०* (वि०) जिसका इलाज किया गया हो

चिकित्सीय–*सं०* (वि०) चिकित्सा किए जाने योग्य

चिकित्सु–*सं०* (पु०) = चिकित्सक

चिकित्स्य–*सं०* (वि०) 1 उपचार योग्य 2 जिसे स्वस्थ बनाया जा सके

चिकीर्षक–*सं०* (वि०) कार्य करने की इच्छुक

चिकीर्षा–*सं०* (स्त्री०) काम करने की इच्छा

चिकुटी–*बो०* (स्त्री०) = चिकोटी

चिकुर, चिंकूर–I *सं०* (पु०) सिर के बाल, केश II (वि०) चंचल, चपल

चिकोटी–(स्त्री०) चुटकी

चिकोरी–*अं०* (स्त्री०) कासनी साग

चिक्क–(वि०) चिपटी नाकवाला

चिक्कट–(वि०) 1 चिकनाहट या मैल से भरा हुआ 2 अत्यधिक गंदा 3 चिपचिपा, लसीला

चिक्कण–*सं०* (वि०) चिकना

चिक्कणन–*सं०* (वि०) चिकना करना

चिक्करना–(अ० क्रि०) ज़ोर से चिल्लाना, चीत्कार करना

चिक्कस–*सं०* (पु०) 1 जौ का आटा 2 तेल एवं हल्दी के मिश्रण से बना जौ के आटे का उबटन

चिक्कार–(पु०) = चीत्कार

चिक्की–(स्त्री०) मसालेदार मीठी पपड़ी

चिखुरन–(स्त्री०) पौधों के आस-पास उग आनेवाली घास

चिखुरना–(स० क्रि०) पौधों के आस-पास की घास निकालना

चिखुरा–(पु०) नर गिलहरी, गिलहरा

चिखुराई–I (स्त्री०) 1 चिखुरने की क्रिया 2 चिखुरने की मज़दूरी II (स्त्री०) 1 चखने की क्रिया 2 चखने की मज़दूरी

चिखुरी–(स्त्री०) गिलहरी

चिचड़ी–(स्त्री०) कीलनी

चिचिंड़ा–(पु०) = चचींड़ा

चिचियाना–(अ० क्रि०) बार-बार ज़ोर से चिल्लाना

चिचियारी, चिचियाहट–(स्त्री०) = चिल्लाहट

चिचुकना–(अ० क्रि०) = चुचुकना

चिचोड़ना–(स० क्रि०) = चचोड़ना

चिजारा–(पु०) मकान बनानेवाला कारीगर, राज, मेमार

चिट–(स्त्री०) 1 छोटा पत्र, रुक्का 2 कागज़ का छोटा टुकड़ा। **~नवीस** + *फ़ा०* (पु०) मुहर्रिर, मुंशी

चिटकना–(अ० क्रि०) 1 चिट शब्द करते हुए टूटना 2 चिट शब्द के साथ दरार पड़ना (जैसे-शीशे का गिलास चिटकना) 3 जलती लकड़ी का चिट-चिट करना 4 चिट ध्वनि करते हुए खिलना (जैसे-कलियाँ चिटकना) 5 चिढ़ना

चिटकाना–(स० क्रि०) 1 चिटकने में प्रवृत्त करना 2 खिझाना, चिढ़ाना

चिटनीस–(पु०) = चिटनवीस

चिट्ट–(स्त्री०) = चिट

चिट्टा–I (वि०) 1 सफ़ेद, गोरा II (पु०) सीप के आकार का सफ़ेद छिलका III झूठा बढ़ावा। **~लड़ाना** अनुचित कार्य में प्रवृत्त करना

चिट्ठा–(पु०) 1 खाता 2 आय-व्यय आदि का वार्षिक विवरण 3 मज़दूरी या वेतन का हिसाब 4 काम में लगनेवाले धन का विवरण, ख़र्च के मदों की सूची 5 काम आदि का पूरा ब्योरा। **~बही** (स्त्री०) मज़दूरों को हिसाब देने का रजिस्टर

चिट्ठी–(स्त्री०) 1 ख़त, पत्र (जैसे-मुझे आपकी चिट्ठी नहीं मिली) 2 आज्ञापत्र 3 निमंत्रण पत्र 4 पुरजे डालकर विशेष वस्तु के अधिकारी का नाम निश्चित करना। **~पत्री** (स्त्री०) 1 एक स्थान से दूसरे स्थान पर आने-जानेवाला ख़त, पत्र 2 पत्राचार, पत्र-व्यवहार; **~बही** (स्त्री०) पत्रादि का हिसाब रखने का रजिस्टर; **~रसाँ** + *फ़ा०* (पु०) डाकिया; **~हुंडी** (स्त्री०) चिट्ठी द्वारा दिया गया महाजनी चेक; **~डालना** लाटरी डालना; **~भरना** 1 लिखे हुए पत्र के अनुसार रुपए देना 2 ऋण देना, ऋण चुकता करना

चिड़चिड़ा–I (वि०) 1 बात-बात पर क्रुद्ध हो जानेवाला 2 जिसमें चिड़चिड़ापन हो II (पु०) भूरे रंग का एक छोटा पक्षी। **~पन** (पु०) चिड़चिड़ाने की अवस्था

चिड़चिड़ाना–(अ० क्रि०) 1 ज़रा-ज़रा सी बात पर नाराज़ होना 2 पदार्थ आदि के जलने पर चिड़-चिड़ शब्द होना 3 फट जाना (जैसे-चमड़े का जूता चिड़चिड़ाना)

चिड़चिड़ाहट–(स्त्री०) = चिड़चिड़ापन

चिड़वा–(पु०) = चिउड़ा

चिड़ा–(पु०) गौरैया पक्षी का नर, गौरा

चिड़िया–(स्त्री०) 1 पक्षी 2 गौरैया 3 सुंदर किन्तु कुछ चंचल स्त्री (जैसे-अब तुमने कौन-सी चिड़िया फँसायी है) 4 ताश का रंग चिड़ी 5 बैसाखी आदि के सिर पर लगाई जानेवाली चिड़िया की शक्ल की लकड़ी 6 अँगिया आदि के गोलाकार टुकड़े, कटोरी। **~ख़ाना** + *फ़ा०* (पु०), **~घर** (पु०) पशु-पक्षियों के रखने का स्थान, जंतुशाला; **~चुनमुन** (पु०) चिड़िया एवं अन्य छोटे जीव जंतु, पक्षी, पखेरू; **~का दूध** अलभ्य वस्तु, अनहोनी बात; **~फँसना** 1 शिकार फँसाना 2 सुंदर युवती को फुसलाना; **सोने की ~** 1 बहुत बड़ा और मालदार व्यक्ति 2 अत्यंत सुंदर स्त्री

चिड़ियावाला–(पु०) उल्लू, मूर्ख

चिड़िहार–(पु०) बहेलिया

चिड़ी–(स्त्री०) 1 चिड़िया 2 ताश का चिड़िया नामक रंग 3 बैडमिंटन की चुड़िया

चिड़ीमार–(पु०) बहेलिया

चिढ़–(स्त्री०) 1 चिढ़ने की अवस्था, खीझ 2 नाराजगी। **~निकालना** चिढ़ाने के लिए खास बात ढूँढ़ना

चिढ़ना–(अ० क्रि०) 1 नाराज होना 2 बुरा मानना

चिढ़वाना–(स० क्रि०) दूसरे से चिढ़ाने का काम कराना

चिढ़ाना–(स० क्रि०) 1 अप्रसन्न एवं खिन्न करना, खिझाना 2 उपहास करना 3 छेड़ना

चित्–*सं०* (स्त्री०) 1 हृदय, मन 2 चेतना, ज्ञान 3 ब्रह्म 4 अनुभूति, विचार 5 आत्मा

चित–I (वि०) पीठ के बल लेटा हुआ, पड़ा हुआ (जैसे-मैंने उसे चित कर दिया) II (क्रि० वि०) पीठ के बल (जैसे-चित गिरना, चित लेटना) III (पु०) कुश्ती। **चारों खाने ~ होना** परास्त होना; **~करना** कुश्ती में प्रतिपक्षी को पछाड़ना; **~पट करना** निश्चय करना; **~पट होना** निर्णय होना; **~होना** 1 कुश्ती में हार जाना 2 हक्का-बक्का हो जाना

चितकबरा–(वि०) 1 रंग-बिरंगा 2 चितला

चित-पट–(पु०) 1 बाज़ी लगाकर खेला जानेवाला खेल 2 मल्लयुद्ध, कुश्ती

चितरना–(स० क्रि०) 1 चित्रित करना 2 बेल-बूटों आदि की तरह आकृतियाँ बनाना 3 अच्छी तरह लगाना

चितला–(वि०) चितकबरा, सफ़ेद-काले रंग का

चितवन–(स्त्री०) 1 प्रेमपूर्वक देखने का ढंग, कटाक्ष 2 दृष्टि, निगाह

चिता–*सं०* (स्त्री०) शव जलाने हेतु लकड़ियों का ढेर। **~भूमि** (स्त्री०) श्मशान घाट; **~रोहण** (पु०) चिता पर रखना; **~पर चढ़ना** मरने हेतु चिता पर रखा जाना

~**सजाना** शवदाह हेतु चिता तैयार करना; ~**साधन** (पु०) चिता पर तंत्र-मंत्र करना

चिताना–(स० क्रि०) 1 चेताना, ध्यान दिलाना 2 मचेत करना

चितावनी–(स्त्री०) = चेतावनी

चिति–*सं०* (स्त्री०) 1 ढेर, राशि 2 चेतना

चितिया–(वि०) चित्तीदार

चितेरा–(पु०) चित्रकार (स्त्री० चितेरिन)

चित्त–(वि०) = चित

चित्त–*सं०* (पु०) 1 अंतःकरण, मन 2 दृष्टि, चितवन। ~**निवृत्ति** (स्त्री०) संतोष और सुख, संयम; ~**प्रदासन** (पु०) चित्त के परिष्कार द्वारा प्राप्त प्रसन्नता; ~**भ्रंश** (पु०) पागलपन; ~**विकृति** (स्त्री०) 1 मन का विकार 2 मानसिक सदोषता; ~**विक्षेप** (पु०) मन की अस्थिरता; ~**विपर्यय** (पु०) उन्माद; ~**विप्लव** (पु०) 1 उन्माद 2 नशा, मस्ती; ~**विभ्रम** (पु०) भ्रांति; ~**विश्लेषण** (पु०) मैत्री भंग; ~**वृत्ति** (स्त्री०) 1 चित्त की अवस्था 2 मन का भाव; ~**शुद्धि** (स्त्री०) चित्त का निर्मल होना, निर्विकार होना; ~**उचटना** मन उदास होना; ~**चढ़ना** ध्यान बना रहना; ~**देना** मन लगाना; ~**पर चढ़ना** = चित्त चढ़ना; ~**बँटना** मन का किसी एक विषय में न लग सकना; ~**से उतरना** 1 अप्रिय हो जाना 2 भूल जाना

चित्ताकर्षक, चित्तापहारक–*सं०* (वि०) मन को मोहित करनेवाला, लुभानेवाला

चित्ताभोग–*सं०* (पु०) 1 पूर्ण चेतनता 2 आसक्ति

चित्तायुक्त–*सं०* (वि०) चित्तवाला

चित्ती–(स्त्री०) 1 छोटा धब्बा 2 वस्त्रों पर छापे गए छोटे-छोटे चिह्न 3 काढ़े गए छोटे-छोटे चिह्न। ~**दार** + *फ़ा०* (वि०) धब्बेवाला

चित्य–*सं०* (वि०) चुने जाने योग्य

चित्र–*सं०* (पु०) 1 तसवीर (जैसे-चित्र खींचना मना है) 2 आलेख्य (जैसे-सुंदर चित्र बनाना)। ~**कक्ष** (पु०) चित्रों का कमरा; ~**कर** (पु०) चित्र बनानेवाला, चित्रकार; ~**करण** (पु०) = चित्रकला; ~**कला** (स्त्री०) चित्र बनाने की कला; ~**कार** (पु०) चित्र बनानेवाला; ~**कारी** + *हिं०* (स्त्री०) 1 चित्र बनाने की विद्या 2 चित्रकार का काम 3 बनाए हुए चित्र; ~**काव्य** (पु०) चित्रों के आकार में लिखित काव्य; ~**जल्प** (पु०) *साहि०* नायक-नायिकाओं का रूठ जाने पर एक दूसरे को अनाप-शनाप कही जानेवाली बात; ~**नेत्रा** (स्त्री०) मैना पक्षी; ~**पट** (पु०) 1 जिसपर चित्र बनाया जाय वह तख़्ता, कपड़ा आदि 2 सिनेमा का परदा; ~**पटी** (स्त्री०) छोटा चित्रपट; ~**परिचय** (पु०) चित्र संबंधी विवरण; ~**प्रतियोगिता** (स्त्री०) अनेक चित्रों में श्रेष्ठ एवं सुंदर चित्र का चुनाव; ~**प्रदर्शनी** (स्त्री०) चित्रों का मेला; ~**फलक** (पु०) पटिया जिस पर चित्र बना हो; ~**बद्ध** (वि०) तस्वीर में अंकित; ~**मद** (पु०) चित्र देखकर अनुराग होना; ~**मय** (वि०) चित्रयुक्त; ~**मृग** (पु०) चितकबरा हिरन, चीतल; ~**लिपि** (स्त्री०) ऐसी लिपि जिसमें शब्दों, अक्षरों आदि के स्थान पर वस्तुओं एवं क्रियाओं के चित्र बने होते हैं; ~**लेखक** (पु०) = चित्रकार; ~**लेखन** (पु०) 1 चित्र बनाना 2 बना-बनाकर सुंदर अक्षर लिखना; ~**लेखनी,** ~**लेखा** (स्त्री०) चित्र बनाने की कलम, कूँची; ~**वत्** (वि०) चित्र की तरह; ~**विचित्र** (वि०) 1 अनेक रंगोंवाला, रंग बिरंगा 2 अद्‌भुत, विलक्षण 3 बेल-बूटेदार; ~**विद्या** (स्त्री०) = चित्र कला; ~**विनोद** (पु०) चित्र द्वारा मनोरंजन; ~**शब्द** (पु०) ऐसा शब्द जो चित्र उपस्थित कर दे; ~**शाला** (स्त्री०) 1 वह स्थान जहाँ चित्र बनाए जाते हों 2 वह कमरा, गैलेरी आदि जहाँ अनेक चित्र लगे हों; ~**सर्प** (पु०) चीतल साँप; ~**सामग्री** (स्त्री०) चित्र बनाने का सामान; ~**सारी** + *हिं०* (स्त्री०) 1 चित्रशाला 2 रंगमहल, विलास भवन 3 सलमे-सितारे युक्त ओढ़नी; ~**स्थ** (वि०) 1 चित्र में अंकित किया हुआ 2 चित्र के समान स्तब्ध एवं निश्चल

चित्रक–*सं०* (पु०) 1 चीता 2 टीका

चित्रण–*सं०* (पु०) 1 चित्र अंकित करने की क्रिया 2 चित्र में रंग भरने का भाव। ~**फलक** (पु०) चित्र बनाने का फट्टा

चित्रल–*सं०* (वि०) = चितकबरा

चित्रांकन–*सं०* (पु०) हाथ से तस्वीर बनाने का काम

चित्रांकित–*सं०*(वि०)जिसे चित्र रूप में अंकित किया गया

चित्रांग–I *सं०* (वि०) जिसके अंग पर चित्तियाँ, धारियाँ, चिह्न आदि हों II (पु०) 1 चीता नाम का पेड़ 2 चीतल साँप

चित्राकृति–*सं०* (स्त्री०) चित्र द्वारा आकृति

चित्राक्ष–*सं०* (वि०) विचित्र और सुंदर आँखोंवाला

चित्राक्षर–*सं०* (पु०) चित्र के रूप में लिखे गए अक्षर (जैसे-चीनी अक्षर)

चित्रागार–*सं०* (पु०) = चित्रकक्ष

चित्रात्मक–*सं०* (वि०) चित्रमय। ~**ता** (स्त्री०) चित्रमयता, चित्रपूर्णता

चित्राधार–*सं०* (पु०) 1 चित्रपट 2 चित्र आदि को सुरक्षित रखने की किताब, अल्बम

चित्रालय–*सं०* (पु०) = चित्रशाला

चित्रालेखन–*सं०* (पु०) चित्र बनाना

चित्रालोचक–*सं०* (पु०) चित्र की आलोचना करनेवाला व्यक्ति

चित्रावली–*सं०* (स्त्री०) चित्रों की माला, अल्बम

चित्रिणी–(स्त्री०) 1 अनेक कलाओं में प्रवीण नारी 2 कामसूत्र के अनुसार स्त्री का एक प्रकार

चित्रित–*सं०* (वि०) 1 चित्र रूप में अंकित किया हुआ 2 चित्रयुक्त

चित्रीकरण–*सं०* (पु०) 1 चित्रित करना 2 चित्र के रूप में लाना 3 सजाना

चित्रोक्ति–*सं०* (स्त्री०) 1 अलंकृत भाषा में कही हुई बात 2 अलंकारयुक्त सुंदर कविता

चित्रोत्तर–*सं०* (पु०) *साहि०* एक शब्दालंकार जिसमें प्रश्न के शब्दों में ही उसका उत्तर होता है

चित्रोपम–*सं०* (वि०) चित्र चित्रण जैसा सजीव (वर्णन)

चित्रोपयोगी–*सं०* (वि०) चित्र बनाने के लिए उपयोगी

चित्र्य–*सं०* (वि०) जो चित्र रूप में अंकित किए जाने योग्य हो

चिथड़ा–I (पु०) फटा-पुराना कपड़ा, गूदड़ II (वि०) बहुत फटा हुआ। ~**गुदड़ा** (पु०) रद्दी कपड़ा; **चिथड़े-चिथड़े कर देना** धज्जियाँ उड़ा देना

चिथाड़ना–(स० क्रि०) 1 फाड़ना, चिथड़ा करना 2 धज्जियाँ उड़ाना 3 ज़लील करना, लथेड़ना

चिदाकाश–*सं०* (पु०) आकाश के समान निर्लिप्त, ब्रह्म

चिदात्मा, चिदानंद–*सं०* आनन्द और चैतन्य स्वरूप, ब्रह्म

चिद्विलास–*सं०* (पु०) ब्रह्म की माया

चिनक–(स्त्री०) 1 चुनचुनाहट 2 हल्की जलन एवं पीड़ा

चिनगारी, चिनगी–(स्त्री०) अग्निकण, स्फुलिंग। ~**छोड़ना** झगड़ा लगानेवाली बात कहना; ~**डालना** 1 आग लगाना 2 झगड़ा लगाना

चिनाना–(स० क्रि०) = चुनवाना

चिनिया–I (वि०) 1 चीन देश में होनेवाला 2 चीन देश का II (वि०) 1 चीनी का बना हुआ 2 चीनी के रंग का 3 चीनी के स्वाद जैसा

चिनौती–(स्त्री०) = चुनौती

चिन्मय–I *सं०* (पु०) पूर्ण तथा विशुद्ध ज्ञानमय II (पु०) परमात्मा, परमेश्वर

चिन्ह–(पु०) = दे० चिह्न (शुद्ध रूप)

चिन्हन–(पु०) दे० चिह्नन (शुद्ध रूप)

चिन्हांकन–(पु०) = दे० चिह्नांकन (शुद्ध रूप)

चिन्हाना–(स० क्रि०) 1 पहचान करना, परिचय कराना 2 पहचानने में प्रवृत्त करना

चिन्हानी–(स्त्री०) 1 निशानी 2 पहचान 3 रेखा आदि का निशान

चिन्हार–(वि०) 1 जान पहचानवाला, परिचित 2 जिसे कोई जानता हो

चिपक–(स्त्री०) चिपकने की स्थिति

चिपकना–(अ० क्रि०) 1 सटना, जुड़ना (जैसे-काग़ज़ चिपकना) 2 लिपटना (जैसे-नायिका-नायक के गले से चिपक गई) 3 सटकर बैठना (जैसे-चिपकने की ज़रूरत नहीं है) 4 प्रगाढ़ प्रेम होना

चिपकाना–(स० क्रि०) 1 जोड़ना (जैसे-इस चित्र को कापी में चिपका दो) 2 लिपटाना, आलिंगन करना 3 काम में लगाना (जैसे-इसे भी रोज़गार में चिपकाए रहो)

चिपकाव–(पु०) जोड़

चिपचिपा–(वि०) चिपकनेवाला, लसदार (जैसे-चिपचिपा रंग)

चिपचिपाना–I (अ० क्रि०) लसीली वस्तु का चिपचिप शब्द करना (जैसे-गुड़ की चाशनी का चिपचिपाना) II (स० क्रि०) पदार्थ को चिपचिपा बनाना

चिपचिपाहट–(स्त्री०) लसीलापन, लसी

चिपटना–(अ० क्रि०) 1 चिपकना, सटना 2 दे० चिमटना 3 आलिंगन में लेना

चिपटा–(वि०) उभरा हुआ न हो, धँसा हुआ (जैसे-उसकी नाक चिपटी है)

चिपटाना–(स० क्रि०) 1 चिपकाना, सटाना 2 आलिंगन करना, लिपटाना

चिपटापन–(पु०) चिपटे होने का भाव

चिपड़ा–I (वि०) जिसकी आँख में कीचड़ हो II उपला, गोंइठ.

चिपड़ी–(स्त्री०) छोटा उपला, गोंइठी

चिप्प–*सं०* (पु०) *चि०* एक तरह का नख रोग जिसमें नाखूनों के नीचे तथा आस-पास का मांस गलने लगता है

चिप्पख–(वि०) 1 चिपका हुआ, दबा हुआ 2 अत्यंत दुबला-पतला 3 चिपटा

चिप्पड़–(पु०) लकड़ी की छाल आदि का टुकड़ा

चिप्पी–I (स्त्री०) धातु आदि का छोटा चिप्पड़ II *बो०* (स्त्री०) = चिपड़ी

चिबुक–(पु०) ठोड़ी

चिमटना–(अ० क्रि०) 1 सट जाना (जैसे-गुड़ में च्यूँटों का चिमटना) 2 मतलब के लिए बराबर साथ लगे रहना (जैसे-ठेकेदारों का अधिकारियों से चिमटना) 3 पिंड न छोड़ना (जैसे-भिखारी का यात्री से चिमटना)

चिमटा–(पु०) धातु का बना दो फलवाला एक लंबा उपकरण

चिमटाना–(स० क्रि०) 1 चिमटने में दूसरे को प्रवृत्त करना 2 आलिंगन करना, गले लगाना

चिमटी–(स्त्री०) चिमटे के आकार का छोटा उपकरण

चिमड़ा–(वि०) = चीमड़

चिमनी–*अं०* (स्त्री०) 1 इंजनों, भवनों में लगी गोलाकार नली जिसमें से धुआँ निकलता है (जैसे-बिजलीघर की चिमनी) 2 लैंपों आदि की शीशे की गोलाकार नली

चिरंजीव–I *सं०* (वि०) बहुत समय तक जीवित रहनेवाला दीर्घजीवी, दीर्घायुवाला II (अ०) आशीर्वादात्मक विशेषण जिसका अर्थ है दीर्घायु हो

चिरंजीवी–*सं०* (वि०) चिरजीवी

चिरंटी–*सं०* (स्त्री०) 1 पिता के घर रहनेवाली सयानी लड़की 2 युवती

चिरंतन–*सं०* (वि०) बहुत दिनों से चला आता रहनेवाला, पुरातन। ~**ता** (स्त्री०) पुरातनता, पुरानापन

चिर–I *सं०* (वि०) 1 दीर्घकालीन 2 जो बहुत दिनों तक बना रहे, दीर्घकालव्यापी 3 दीर्घ, बहुत II (पु०) देर विलंब III (क्रि० वि०) बहुत दिनों तक। (पु०) तीन मात्राओं का वह गण जिसका पहला वर्ण लघु हो; ~**ऋणी** (पु०/वि०) जो सदा के लिए ऋण ग्रस्त हो (व्यक्ति); ~**कार**, ~**कारी** (वि०) देर लगानेवाला, दीर्घ सूत्री; ~**काल** (पु०) बहुत समय, दीर्घकाल; ~**कालिक, कालीन** (वि०) 1 बहुत दिनों से चला आता हुआ, पुराना 2 बहुत दिनों तक बना रहनेवाला; ~**कुमार** (वि०) विवाह न करनेवाला; ~**कृतज्ञ** (वि०) हमेशा आभार माननेवाला; ~**क्रिय** (वि०) काम में देर करनेवाला; ~**क्रिय-ता** (स्त्री०) दीर्घसूत्रता; ~**जीवक** (वि०) बहुत दिनों तक जीवित रहनेवाला, चिरजीवी; ~**जीवन** (पु०) अमर जीवन; ~**जीवी** (वि०) = चिरजीवक; ~**तिक्त** (पु०) चिरायता; ~**तुषार रेखा** (स्त्री०) जिसपर सदैव बर्फ जमी रहे; ~**नवीन** (वि०) जो कभी पुराना न हो, हमेशा नया रहनेवाला; ~**निद्रा** (स्त्री०) मृत्यु; ~**परिचित** (वि०) जो बहुत दिनों से जान-पहचानवाला हो; ~**पोषित** (वि०) जिसे बहुत दिनों तक पाला-पोसा गया हो; ~**प्रतीक्षित** (वि०) जिसकी बहुत दिनों से प्रतीक्षा की जा रही हो; ~**प्रसिद्ध** (वि०) जो बहुत दिनों से मशहूर हो; ~**मान्य** (वि०) जो बहुत दिनों से सम्मान पाता रहा हो; ~**रोगी** (वि०) 1 सदा बीमार रहनेवाला 2 जो बहुत दिनों से बीमार हो; ~**वांछित** (वि०) बहुत दिनों से

चाहा हुआ; **वियोग** (पु०) दीर्घ काल की जुदाई; ~**विस्मृत** (वि०) बहुत दिनों से भूला हुआ; ~**वियोग** (पु०) दीर्घ काल की जुदाई; ~**विस्मृत** (वि०) बहुत दिनों से भूला हुआ; ~**शत्रु** (पु०) 1 सदा का दुश्मन 2 पुराना दुश्मन; ~**शांति** (स्त्री०) मृत्यु; ~**संगी** I (वि०) सदा साथ रहनेवाला II (पु०) पुराना साथी; ~**सखा** (पु०) पुराना दोस्त; ~**सम्मानित** (वि०) = चिर मान्य; ~**स्थ,** ~**स्थायी** (वि०) देर तक रहनेवाला, टिकाऊ; ~**स्नेह** (पु०) सदा के लिए प्यार, स्थायी प्रेम; ~**स्मरणीय** (वि०) जिसे बहुत दिनों तक याद रखा जा सके; ~**स्वप्न** (पु०) देर का सपना

चिरई–*बो०* (स्त्री०) = चिड़िया

चिरक ढाँस–(स्त्री०) हमेशा किसी न किसी रोग का बना रहना

चिरकना–(अ० क्रि०) बहुत कष्ट से थोड़ा-थोड़ा मल त्यागना

चिरकीन–*फ़ा०* (वि०) 1 थोड़ा-थोड़ा मल त्याग करनेवाला 2 अत्यंत मैला

चिरकुट–(पु०) = चिथड़ा

चिरना–I (अ० क्रि०) 1 कट जाना 2 फटना II (पु०) चीरने का औज़ार

चिरबती–(वि०) चिथड़े-चिथड़े किया हुआ

चिरवाई–I (स्त्री०) 1 चीरने का काम 2 चीरने की मज़दूरी II वर्षा होने पर पहली जोताई

चिरवाना–(स० क्रि०) चीरने के काम में दूसरे को लगाना

चिराँदा–(वि०) = चिड़चिड़ा

चिराइता–(पु०) = चिरायता

चिराई–(स्त्री०) 1 चीरने का काम 2 चीरने की मज़दूरी

चिराग़–*फ़ा०* (पु०) दीपक, दीआ। ~**गुल** (पु०) 1 युद्ध आदि के समय रोशनी का घर से बाहर न आने देना 2 बत्तियाँ न जलाने से उत्पन्न स्थिति, ब्लैक आऊट; ~**दान** (पु०) वह आधार जिसपर दीआ रखा जाए, दीयट, शमादान; ~**का हँसना** चिराग़ से फूल झड़ना, चिनगारियाँ झड़ना; ~**गुल करना** दीआ बुझाना; ~**गुल होना** दीआ बुझना; ~**ठंडा करना** = चिराग़ गुल करना; ~**तले अँधेरा** 1 रखवाले के सामने चोरी 2 ज्ञानी के घर में घोर मूर्खता का आचरण होना; ~**दिखाना** रोशनी करना; ~**बढ़ाना** दीआ बुझाना; ~**बत्ती का वक़्त** दीया जलाने का समय; ~**से ~ जलता है** एक के गुण से दूसरे को लाभ होता है; ~**से फूल झड़ना** जलती बत्ती से चिनगारियाँ निकलना

चिराग़ी–*फ़ा०* (स्त्री०) 1 दीआ-बत्ती का खर्च 2 पवित्र स्थान पर दीआ-बत्ती के निर्वाह हेतु दी गई भेंट 3 जुए के अड्डे पर दीपक जलानेवाले को दिया जानेवाला पैसा

चिराना–I (स० क्रि०) चीरने का काम किसी अन्य से कराना, फड़वाना

चिराना–II (वि०) 1 पुराना, प्राचीन 2 जीर्ण-शीर्ण

चिरायध–(स्त्री०) 1 चमड़े, चरबी, बाल आदि के जलने से फैलनेवाली दुर्गंध 2 फैलनेवाली बदनामी

चिरायता–(पु०) कड़वे स्वादवाला एक छोटा पौधा जो दवा के काम आता है

चिरायु–*सं०* (वि०) लंबी उम्रवाला, दीर्घायु

चिराव–(पु०) 1 चीरने की क्रिया 2 चीरने से होनेवाला जख्म, घाव

चिरु–*सं०* (पु०) कंधे एवं बाँह का जोड़, मोढ़ा

चिरौंटा–(पु०) चिड़िया का बच्चा

चिरौरी–(स्त्री०) प्रार्थना, विनती

चिलक–(स्त्री०) 1 क्षणिक कांति या चमक 2 क्षणिक पीड़ा या टीस

चिलकना–(अ० क्रि०) 1 रह-रहकर दर्द होना, पीड़ा होना 2 रह-रहकर चमकना

चिलका–*बो०* (पु०) नवजात शिशु

चिलकाना–(स० क्रि०) 1 चिलकने में प्रवृत्त करना 2 चमकाना

चिलग़ोज़ा–*फ़ा०* (पु०) चीड़ का फल जिसकी गिरी खाई जाती है

चिलचिल–I (पु०) अबरक, अभ्रक II (वि०) चमकीला

चिलचिलाना–I (अ० क्रि०) चिलकना, चमकना II (स० क्रि०) = चमकाना

चिलड़ा–(पु०) बेसन आदि की बनी पूरी

चिलता–*फ़ा०* (पु०) कवच, बख़्तर

चिलबिला, चिलबिल्ला–(वि०) चंचल, चपल, नटखट

चिलम–*फ़ा०* (स्त्री०) कटोरी के आकार का नलीदार मिट्टी का बना पात्र (जैसे-हुक्के की चिलम में आग भर दो)। ~**चट** + *हिं०* (पु०) तंबाकू पीनेवाला; ~**बरदार** (पु०) तंबाकू पिलानेवाला नौकर

चिलमची–*तु०* (स्त्री०) 1 थाल के किनारे का आकार जैसा पात्र जिसके बीच का भाग देगची जैसा होता है जिसमें कुल्ली आदि करते हैं 2 चिलम रखनेवाला हुक्के का भाग

चिलमन–*फ़ा०* (स्त्री०) बाँस की तीलियों आदि का बना पर्दा, चिक़

चिलमिलिका–(स्त्री०) 1 जुगनू, खद्योत 2 विद्युत, बिजली

चिल्लड़–(पु०) = चीलर

चिल्ल-पों–(स्त्री०) 1 चिल्लाहट 2 शोर गुल (जैसे-घर में हमेशा चिल्ल-पों मची रहती है)

चिल्लर–(पु०) रेजगारी, खुदरा

चिल्लवाँस–(पु०) रोग आदि के समय बच्चों का चिल्लाना

चिल्लवाना–(स० क्रि०) चिल्लाने में प्रवृत्त करना

चिल्ला–I *फ़ा०* (पु०) 1 चालीस दिनों का काल 2 चालीस दिनों का व्रत, अनुष्ठान 3 प्रसूता के चालीसवें दिन का स्नान II (पु०) 1 धनुष की डोरी, प्रत्यंचा 2 पगड़ी का पल्ला 3 चीला

चिल्लाना–(अ० क्रि०) 1 शोर मचाना, हल्ला करना (जैसे-गली में कुत्ते चिल्ला रहे थे) 2 ज़ोर से कहना (जैसे-नेता चिल्ला-चिल्लाकर भाषण दे रहे थे) 3 बार-बार कहना (जैसे-भिखारी गली में बैठा राम-राम चिल्लाता है)

चिल्लाहट–(स्त्री०) 1 शोर गुल, हो हल्ला 2 चिल्लाने की क्रिया

चिल्ली–*सं०* (स्त्री०) 1 झिल्ली नाम का कीड़ा, लोध 2 बिजली

चिविट–*सं०* (पु०) चिड़वा

चिवुक–*सं०* (पु०) चिबुक, ठुड्डी, ठोढ़ी

चिहुँकना–*बो०* (अ० क्रि०) चौंकना

चिहुँटना–(स० क्रि०) 1 चिकोटी काटना 2 मर्म भेदी पीड़ा पहुँचाना 3 दबोच लेना 4 लिपटना

चिह्न–*सं०* (पु०) 1 शारीरिक निशान (जैसे-चाकू से बना चिह्न) 2 दाग़ (जैसे-फोड़े का चिह्न) 3 घर्षण, दाब से बना निशान (जैसे-चरण-चिह्न) 4 जन्म जात शरीर पर बना दाग़, निशान, लक्षण (जैसे-पैदा होने का चिह्न अमिट है)

चिह्नांकन–*सं०* (पु०) 1 विराम चिह्न लगाना 2 निशान लगाना

चिह्नांकित–*सं०* (वि०) निशान लगाया हुआ

चिह्नित–*सं०* (वि०) जिस पर निशान लगाया गया हो

चीं–(स्त्री०) 1 चिड़ियों के बोलने का शब्द 2 कष्ट, पीड़ा से निकलनेवाली बारीक आवाज़। ~**चपड़** (स्त्री०) हल्का प्रतिवाद, मामूली विरोध; ~**चीं** (स्त्री०) 1 चीं-चीं की ध्वनि, कोमल एवं दीनतासूचक शब्द 2 धीमे स्वर में की जानेवाली बातें; ~**बोलना** असमर्थता एवं दीनता के लक्षण दिखाना, हार स्वीकार करना

चींटा–(पु०) = च्यूँटा, चिउँटा

चींटी–(स्त्री०) = च्यूँटी, चिउँटी

चींथना–(स० क्रि०) = चीथना

चीक–(स्त्री०) = चीख

चीकट–(पु०)/(वि०) चिक्कट, मैल, कीचड़

चीकना–I (अ० क्रि०) 1 चीत्कार करना, चीखना 2 चिल्लाकर बोलना II (वि०) = चिकना

चीकर–(पु०) चरस द्वारा कूएँ से निकाले गए पानी को बहाने का स्थान

चीकू–(पु०) आलू जैसे छिलकेवाला एक मीठा फल

चीख–(स्त्री०) 1 तीव्र ध्वनि 2 तीव्र एवं कटु ध्वनि (जैसे-इंजन की चीख से वह डर गया)। ~**पुकार** (स्त्री०) चिल्लाकर मचाई जानेवाली पुकार; ~**मारना** ज़ोर से चिल्लाना

चीखना–I (स० क्रि०) = चखना II (अ० क्रि०) = चीकना

चीखर–(पु०) कीचड़

चीखुर–(पु०) गिलहरी

चीज़–*फ़ा०* (स्त्री०) 1 वस्तु, पदार्थ 2 बहुमूल्य अनूठी वस्तु 3 महत्त्व की वस्तु 4 बात 5 साहित्य, कला की वस्तु

चीड़, चीढ़–(पु०) 1 एक प्रकार का देशी लोहा 2 चमड़ा छीलकर साफ़ करने की क्रिया 3 एक सुंदर सदाबहार वृक्ष जिसका तना बहुत लंबा होता है तथा उसकी लकड़ी अनेक सामान बनाने के काम आती है

चीतना–I (स० क्रि०) 1 सोचना 2 स्मरण करना II (अ० क्रि०) 1 होश में आना, चेतना 2 चित्रित करना

चीतल–(पु०) 1 चित्तीदार और सुंदर बारहसिंघा 2 चित्तीदार सर्प

चीता–I (पु०) धारीदार प्रसिद्ध हिंसक एवं विशाल जंतु, बाघ

चीता–II (पु०) एक प्रकार का क्षुप जिसकी पत्तियाँ दवा के काम आती है

चीत्कार–*सं०* (पु०) 1 चिल्लाहट 2 चीख-पुकार (जैसे-सर्प देखकर लड़का चीत्कार उठा)

चीथड़ा–(पु०) = चिथड़ा

चीथना–(स० क्रि०) फाड़ना

चीदा–*फ़ा०* (वि०) 1 चुना हुआ 2 बढ़िया

चीनक–*सं०* (पु०) चीनी कपूर

चीनज–I *सं०* (पु०) एक प्रकार का लोहा II (वि०) चीन देश में उत्पन्न होनेवाला

चीन-पंथी–(वि०) चीनवादी

चीन-विज्ञान–*हिं० + सं०* (पु०) चीन से संबंधित विज्ञान

चीन-विज्ञानी–*हिं० + सं०* (पु०) चीन से संबंधित विद्या का विशेषज्ञ

चीनांशुक–*सं०* (पु०) 1 चीन से आनेवाला रेशमी वस्त्र 2 रेशमी कपड़ा

चीना–I (पु०) चीन देश का निवासी II (वि०) चीन देश का

चीनिया–(वि०) जो चीन देश से संबंधित हो

चीनी–I (वि०) चीन देश का (जैसे-चीनी भाषा, चीनी मिट्टी)

चीनी–II (स्त्री०) सफ़ेद शक्कर (जैसे-चाय में चीनी कम है)। ~**चंपा** (पु०) बढ़िया केला

चीन्ह–(पु०) दे० चिह्न (शुद्ध रूप)

चीन्हना–(स० क्रि०) देखे हुए व्यक्ति आदि को पहचान लेना

चीपड़–(पु०) 1 आँख का कीचड़ 2 दे० चिप्पड़

चीफ़–I *अं०* (वि०) मुख्य, प्रधान (जैसे-चीफ़ कमिश्नर, चीफ़ जस्टिस) II (पु०) 1 मुखिया 2 कबीले, जाति का नेता 3 राजा

चीमड़–(वि०) 1 जो चमड़े की कड़ी हो 2 जो पीछा न छोड़ता हो 3 जिससे जल्दी पैसा वसूल न किया जा सके

चीयाँ–(पु०) इमली का बीज

चीर–*सं०* (पु०) 1 कपड़ा, वस्त्र 2 कपड़े, काग़ज़ आदि का कम चौड़ा और लंबा टुकड़ा 3 चिथड़ा, लत्ता 4 साधुओं, योगियों आदि के पहनने का कपड़ा। ~**हरण** (पु०) वस्त्र चुरा ले जाना (जैसे-गोपियों का चीर हरण)

चीर–(स्त्री०) 1 चीरने की क्रिया 2 चीरकर बनाई गई दरार। ~**घर** (पु०) मुर्दाख़ाना, मुर्दाघर, लाशघर; ~**फाड़** (स्त्री०) 1 चीरने फाड़ने की क्रिया 2 शल्य चिकित्सा, ऑपरेशन

चीरक–(पु०) 1 गोलाकार लपेटा हुआ लंबा काग़ज़ 2 काग़ज़ पर लिखी हुई सार्वजनिक घोषणा 3 लिखने का ढंग 4 लेख्य

चीरना–(स० क्रि०) 1 फाड़कर अलग करना (जैसे-कपड़ा, लकड़ी आदि चीरना) 2 अलग कर देना, निकाल देना 3 रास्ता बनाना (जैसे-नाव नदी में जलधार चीरती हुई बढ़ती है)

चीरा–I (पु०) 1 पगड़ी के काम आनेवाला लहरदार रंगीन कपड़ा 2 लहरदार रंगीन कपड़े की बनी पगड़ी। ~**बंद** + *फ़ा०* (पु०) चीरा बाँधने का काम करनेवाला; ~**बंदी** + *फ़ा०* (स्त्री०) 1 चीरा बाँधने की क्रिया 2 ताश के कपड़े पर पगड़ी बनाने के लिए की जानेवाली बुनावट

चीरा–II (पु०) 1 चीरने की क्रिया 2 चीरकर बनाया हुआ घाव 3 कौमार्य। ~**फाड़ी** (स्त्री०) चीरने फाड़ने का काम

चीरि–(स्त्री०) 1 आँख पर बाँधी जानेवाली पट्टी 2 धोती आदि की लाँग

चीरी–(वि०) चिथड़े लपेटनेवाला

चीर्ण–*सं०* (वि०) चिरा हुआ

चील–(स्त्री०) बाज़ की जाति का प्रसिद्ध मांसाहारी पक्षी। ~**झपट्टा** (पु०) चील की तरह झपट्टा मारकर ले भागना

चीलड़, चीलर–(पु०) = चिल्लड़

चील्ह–*बो०* (स्त्री०) = चील

चीवर–*सं०* (पु०) योगियों भिक्षुओं आदि के पहनने का वस्त्र, चादर आदि

चीवरी–*सं०* (पु०) 1 चीवर पहननेवाला 2 भिक्षुक

चुँगना–(स० क्रि०) = चुगना

चुँगल–(पु०) = चंगुल

चुँगाना–(स० क्रि०) चुगाना

चुंगी–(स्त्री०) 1 महसूल (जैसे-माल ले जाने से पहले चुंगी देना) 2 चंगुल भर वस्तु। ~**कचहरी** (स्त्री०) नगर पालिका आदि का प्रधान कार्यालय; ~**कानून** + *अ०* (पु०) चुंगी देने के संबंध में बनाए गए नियम आदि; ~**घर** (पु०) चुँगी कार्यालय; ~**नियम** + *सं०* (पु०) चुँगी संबंधी क़ायदा क़ानून

चुंगीवाला–(पु०) चुंगी लेनेवाला

चुँघाना–I (स० क्रि०) 1 माँ का शिशु को अपना स्तन चूसने में प्रवृत्त करना 2 पशुओं का अपने बच्चों को थन पिलाना II (स० क्रि०) = चुगाना

चुंडी–(स्त्री०) = चुंदी, शिखा

चुंदरी–(स्त्री०) = चुनरी

चुंदी–I (स्त्री०) चोटी, शिखा

चुंदी–II *सं०* (स्त्री०) कुटनी, दूती

चुंधा–(वि०) 1 जिसे कुछ दिखाई न देता हो, अंधा 2 बहुत छोटी आँखोंवाला

चुँधियाना–(अ० क्रि०) = चौंधियाना

चुंबक–I *सं०* (वि०) 1 चुंबन करनेवाला 2 कामुक II (पु०) 1 एक तरह का पत्थर जो लोहे को अपनी ओर खींचता है 2 अपनी ओर आकृष्ट करनेवाला व्यक्ति। ~**ता** (स्त्री०) आकर्षित करने का गुण

चुंबकत्व–*सं०* (पु०) चुंबक का गुण, आकर्षण। ~**मापी** (पु०) चुंबक की शक्ति मापने का यंत्र; ~**लेखी** + *हिं०* (पु०) चुंबक की शक्ति का रेखांकन करने का यंत्र; ~**लोहा** + *हिं०* (पु०) चुंबक का शक्तिवाला लोहा

चुंबकीय–*सं०* (वि०) 1 चुंबक संबंधी 2 जिसमें चुंबक का गुण हो (जैसे-उसकी सुंदरता में चुंबकीय आकर्षण है)

चुंबन–*सं०* (स० क्रि०) चुम्मा, चूमना। ~**आलिंगन** (पु०) चूमना और गले लगाना

चुंबित–*सं०* (वि०) 1 चूमा हुआ 2 स्पर्श करता हआ

चुंबी–*सं०* (वि०) 1 चूमनेवाला 2 जो किसी को स्पर्श करता हो, बहुत ऊँचा (जैसे-गगनचुंबी इमारतें)

चुआ–(पु०) चार पैरोंवाला पशु, चौपाया

चुआई–(स्त्री०) 1 चुआने की क्रिया, टपकाने की क्रिया 2 चुआने की मज़दूरी

चुआना–(स० क्रि०) बूँद-बूँद गिराना, टपकाना

चुक़ंदर–*फ़ा०* (पु०) लाल रंग का प्रसिद्ध मीठा फल जो सब्ज़ी के काम आता है

चुक–(पु०) = चूक II

चुकचुकाना–(अ० क्रि०) पसीजना

चुकट–(पु०) = चंगुल

चुकटी–*बो०* (स्त्री०) = चुटकी

चुकता–(वि०) 1 चुकाया हुआ 2 लेना-देना बराबर हुआ

चुकना–(अ० क्रि०) 1 समाप्त होना, बाकी न रहना 2 निबटना 3 तै होना 4 पूरा-पूरा परिशोध होना 5 संयोज्य क्रिया जो मुख्य क्रिया की समाप्ति की सूचक होती है (जैसे-खेल चुकना, लड़ चुकना)

चुकवाना–(स० क्रि०) चुकाने में दूसरे को लगाना (जैसे-कर्ज चुकवाना पड़ेगा)

चुकाई–(स्त्री०) 1 चुकने-चुकाने की क्रिया 2 चुकने-चुकाने की मज़दूरी

चुकाना–(स० क्रि०) 1 वापस करना 2 क्षतिपूर्ति करना (जैसे-ट्रक दुर्घटना में ट्रक मालिक को दस हज़ार रुपये चुकाना पड़ा) 3 निपटाना

चुकारा, चुकाव–(पु०) चुकने-चुकाने की क्रिया

चुकावरा–*बो०* (पु०) कर्ज़, देन आदि चुकाने की क्रिया

चुकौता–*बो०* (पु०) 1 रुपया पाने के समय लिखी जानेवाली रसीद 2 कर्ज़ का साफ़ हो जाना

चुक्कड़–(पु०) कुल्हड़, पुरवा

चुक्कार–(पु०) गर्जन, गरज

चुक्र–*सं०* (पु०) 1 चूक 2 चूका नामक खट्टा साग। ~**फल** (पु०) इमली

चुक्रिमा–*सं०* (स्त्री०) खट्टापन, खटाई

चुग़द–I *फ़ा०* (पु०) उल्लू II (वि०) महामूर्ख

चुगना–(स० क्रि०) पक्षियों का चोंच से अन्न के दाने उठा-उठाकर खाना

चुग़ल–*फ़ा०* (पु०) 1 चुग़लख़ोर 2 कंकड़, गिट्टक। ~**ख़ोर** (पु०) पीठ पीछे निंदा करनेवाला; ~**ख़ोरी** (स्त्री०) चुग़लख़ोर का काम, पिशुनता

चुग़ली–*फ़ा०* (स्त्री०) निंदा, बुराई। ~**खाना** पीठ पीछे दूसरों से की जानेवाली अभियोगात्मक निंदा

चुगा–I (पु०) चिड़ियों का चारा

चुगा–II *बो०* (पु०) चोग़ा, पहनावा

चुगाना–(स० क्रि०) चिड़ियों को दाना खिलाना

चुगुलख़ोर–*फ़ा०* (पु०) = चुग़लख़ोर

चुगुलख़ोरी–*फ़ा०* (स्त्री०) = चुग़लख़ोरी

चुगुली–*फ़ा०* (स्त्री०) = चुग़ली

चुग्गा–(पु०) चिड़ियों का दाना-दुनका

चुचकना–(अ० क्रि०) 1 सूखकर सिकुड़ना 2 मुरझा जाना

चुचकारना–(स० क्रि०) = चुमकारना

चुचकारी–(स्त्री०) = चुमकार, पुचकार

चुचाना*बो०* (अ० क्रि०), **चुचुआना**–(अ० क्रि०) दे० चुकचुकाना

चुचुकना–(अ० क्रि०) 1 सूख जाना 2 रस समाप्त हो जाना

चुटकना–I (स० क्रि०) 1 चुटकी से तोड़ना 2 चिकोटी काटना II (स० क्रि०) कोड़ा मारना

चुटका–(पु०) 1 उतना पदार्थ जितना चुटकी में आ सके (जैसे-चुटकी भर आटा देना) 2 बड़ी चुटकी

चुटकिला–(पु०) = चुटकुला

चुटकी–(स्त्री०) 1 अँगूठे, तर्जनी और बीच की उँगली को मिलाने से बनी हुई मुद्रा (जैसे-चुटकी से पत्तों का दोना बनाना) 2 चिकोटी 3 व्यंग्यपूर्ण बात (जैसे-मीठी चुटकियाँ देना) 4 अँगूठे एवं तर्जनी को मिलाकर चटकाने की क्रिया (जैसे-चुटकी बजाना)। ~**देना** 1 चुटकी बजाना 2 भीख

देना; ~**बजाना** चुटकी से आवाज़ निकालना; ~**भरना** 1 चुटकी काटना 2 चुटकी लेना; ~**माँगना** भीख माँगना; ~**लगाना** 1 चुटकी से पकड़ना 2 मसलना 3 कपड़े को दो उँगलियों में फँसाकर फाड़ना 4 जेब काटना; ~**लेना** हँसी उड़ाना, व्यंग्य करना; **चुटकियों में** चुटकी बजाते, दम भर में; **चुटकियों में उड़ाना** 1 बात की बात में कर डालना 2 खेल समझना

चुटकुला–(पु०) चमत्कारपूर्ण और विलक्षण उक्ति, बढ़िया और मज़ेदार बात, लतीफ़ा। ~**छोड़ना** मनोरंजक, कुतूहलजनक बात कहना

चुटफुट–I (वि०) बिखरा हुआ किंतु छोटा और साधारण (जैसे-चुट-फुट सामान एक जगह रखना) II (स्त्री०) इधर-उधर फैली हुई फुटकर और मामूली वस्तुएँ

चुटिया–I (स्त्री०) शिखा, चोटी। ~**हाथ में होना** वश में होना, अधिकार में करना II (पु०) चोरों, ठगों आदि का सरदार

चुटियाना–(स० क्रि०) 1 चोट पहुँचाना 2 डसकर घायल करना

चुटीला–I (वि०) 1 चोट खाया हुआ 2 चोट करनेवाला II (वि०) 1 चोटी पर का, सिरे का सबसे अच्छा और बढ़कर 2 ठाठ-बाटवाला, भड़कीला

चुटैल–(वि०) = चुटीला I

चुड़िहारा–(पु०) 1 चूड़ियाँ बनानेवाला 2 चूड़ियाँ बेचनेवाला व्यक्ति

चुड़ैल–(स्त्री०) भूत की स्त्री, डायन 2 अत्यंत दुष्ट स्वभाववाली स्त्री 3 अत्यंत कुरूप एवं घृणित स्त्री

चुत–*सं०* (पु०) गुदद्वार

चुत्थल–I (वि०) मसखरा, ठट्ठेबाज़ II (वि०) = चुत्था

चुत्थलपना–(पु०) ठट्ठेबाज़ी

चुत्था–I (पु०) वह बटेर जिसे दूसरे बटेर ने घायल कर दिया हो II चोथा-बकोटा

चुदक्कड़–(वि०) अत्यधिक मैथुन करनेवाला, अतिकामी

चुदना–(अ० क्रि०) पुरुष द्वारा संभोग किया जाना

चुदवाना–(स० क्रि०) 1 पुरुष से संभोग कराना, मैथुन कराना 2 स्त्री का पुरुष से संभोग कराना

चुदवास–(स्त्री०) मैथुन कामना, संभोग इच्छा

चुदवैया–(वि०) मैथुन करनेवाला, संभोग करनेवाला

चुदाई–(स्त्री०) 1 मैथुन, संभोग 2 मैथुन, संभोग के बदले दिया जानेवाला धन

चुदाना–(स० क्रि०) संभोग कराना

चुदास–(स्त्री०) संभोग की प्रबल कामना

चुदा[illegible]–(पु०) संभोग की प्रबल इच्छा करनेवाला पुरुष, संभोग की प्रबल कामना से अभिभूत व्यक्ति

चुदाव[illegible]–(स्त्री०) संभोग करने की क्रिया

[illegible] 1 गेहूँ, जौ आदि का आटा 2 चूर्ण, बुकनी

चुनचुना–(पु०) मलाशय में पैदा होनेवाला सफ़ेद कीड़ा। ~**लगना** बुरा लगना

चुनचुनाना–(अ० क्रि०) 1 खुजली और जलन-सी होना (जैसे-अच्छा होने पर ज़ख़्म चुनचुनाना) 2 हल्की जलन होना

चुनचुनाहट, **चुनचुनी**–(स्त्री०) 1 चुनचुनाने की अवस्था 2 हल्की जलन

चुनट–(स्त्री०) 1 दे० चुनना 2 सिलावट, शिकन। ~**दार** + *फ़ा०* (वि०) जो चुना गया हो, चुनट डाली हुई

चुनत–*बो०* (स्त्री०) = चुनट

चुनन–(स्त्री०) 1 चुनने की क्रिया 2 अनाज का कूड़ा कंकड़ आदि। ~**दार** + *फ़ा०* (वि०) जिसमें चुनन पड़ी हो, जो चुना गया हो

चुनना–(स० क्रि०) 1 एक-एक करके इकट्ठा करना, बीनना 2 चोंच से दाना आदि उठाना, चुगना 3 अलग करना, छाँटना 4 पसंद करना 5 वोट, मतदान द्वारा पसंद करना 6 सजाना

चुनरी–(स्त्री०) लाल रंग का कपड़ा जिस पर अनेक रंग की बुंदियाँ पड़ी हों, चुन्नी

चुनवाँ I (वि०) 1 चुना हुआ 2 बढ़िया, अच्छा II (पु०) छोटा लड़का, बालक

चुनवाना–(स० क्रि०) किसी दूसरे से चुनने का काम करवाना

चुनाँ-चुनीं–*फ़ा०* (स्त्री०) 1 व्यर्थ की आपत्ति (जैसे-चुनाँ-चुनीं से अब कोई फ़ायदा नहीं है) 2 आदेश, राय आदि के विषय में होनेवाला औचित्य

चुनाँचे–*फ़ा०* (अ०) इसलिए, अतः

चुनाई–(स्त्री०) 1 चुनने की क्रिया 2 चुनने की मज़दूरी 3 चुनने का ढंग (जैसे-इस दीवार की चुनाई अच्छी नहीं है)

चुनाखा–(पु०) परकार, कंपास

चुनाना–(स० क्रि०) = चुनवाना

चुनाव–(पु०) 1 पद के लिए उम्मीदवारों में से बहुमत के आधार पर चुनना 2 चुनने की क्रिया 3 रुचि, पसंद आदि के अनुरूप ग्रहण करना (जैसे-पुरस्कार हेतु पुस्तकों का चुनाव करना) 4 चुनी गई वस्तु। ~**अभियान** + *सं०* (पु०) चुनाव के लिए लोगों के पास-जाना; ~**आंदोलन** + *सं०* (पु०) चुनाव के लिए हलचल मचाना; ~**क्षेत्र** + *सं०* (पु०) निर्वाचन-क्षेत्र; ~**गठबंधन** (पु०) चुनाव के लिए परस्पर समझौता और जोड़ मेल; ~**घोषणा पत्र** + *सं०* (पु०) चुनाव के लिए किसी दल का नीति संबंधी प्रचार पत्र; ~**टिकट** + *अं०* (पु०) चुनाव के लिए दल की तरफ़ से दिया गया आज्ञा पत्र; ~**ट्रिब्यूनल** + *अं०* (पु०) चुनाव का फ़ैसला करनेवाला न्यायाधिकरण; ~**दंगल** (पु०) निर्वाचन संघर्ष; ~**निरीक्षक** + *सं०* (पु०) चुनाव की देखभाल करनेवाला अधिकारी; ~**प्रणाली** + *सं०* (स्त्री०) चुनाव का ढंग; ~**याचिका** + *सं०* (स्त्री०) चुनाव में अवैध तरीकों के प्रयोग होने के विरोध में अदालत में दी गई अर्ज़ी; ~**रण नीति** + *सं०* (स्त्री०) चुनाव लड़ने के लिए आंदोलन संबंधी नीति; ~**संग्राम** + *सं०* (पु०) चुनाव लड़ना; ~**समझौता** (पु०) चुनाव के लिए दलों का परस्पर समझौता

चुनिंदा–*फ़ा०* (वि०) 1 चुना हुआ 2 श्रेष्ठ, उत्तम 3 प्रतिष्ठित

चुनी–(स्त्री०) अन्न, दाल आदि का पीसा हुआ आटा, चूर्ण। ~**भूसी** (स्त्री०) मोटे अन्न का चूर्ण, चोकर आदि

चुनौटिया–I (पु०) 1 कत्थई रंग 2 काकरेजी रंग II (वि०) 1 काकरेजी रंग का 2 कत्थई रंग का

चुनौटी–(स्त्री०) गीला चूना रखने की छोटी डिबिया

चुनौती–(स्त्री०) ललकार, चैलेंज

चुन्नट–*बो०* (स्त्री०) = चुनट

चुन्ना–(पु०) छोटे बच्चों को प्यार से बुलाने का शब्द

चुन्नी–(स्त्री०) 1 ओढ़नी, चुनरी 2 सुनहले, रूपहले सितारे, चमकी

चुप–I (वि०) जो कुछ भी बोल न रहा हो, मौन, ख़ामोश II (स्त्री०) चुप्पी, मौन। **~चाप** (अ०) 1 बिना कुछ कहे-सुने, मौन रहकर 2 गुपचुप। **~नाधना, ~मारना, ~लगाना, ~साधना** चुप रहना, कुछ न बोलना

चुपका–I (वि०) 1 मौन, ख़ामोश 2 घुन्ना II (पु०) मौन रहने की अवस्था

चुपकी–(स्त्री०) = चुप्पी

चुपके–(क्रि० वि०) चुप करके

चुपड़ना–(स० क्रि०) 1 तेल, घी आदि लगाना (जैसे-रोटी पर मक्खन चुपड़ना) 2 चापलूसी करना 3 आरोप करना (जैसे-सारा दोष मेरे ही सिर चुपड़ते हो)

चुपाना–I (अ० क्रि०) चुप हो जाना, मौन रहना II (स० क्रि०) चुप कराना, मौन कराना (जैसे-दाई, ज़रा बच्चे को चुपाना)

चुपीता–(वि०) चुप्पा, घुन्ना

चुप्पा–(वि०) 1 मन की बात मन में ही रखनेवाला, घुन्ना 2 बहुत कम बोलनेवाला

चुप्पी–(स्त्री०) ख़ामोशी, मौन। **~उधाड़ना** मौन तोड़ना, बोलना; **~साधना** मौन हो जाना, चुप रहना

चुबलाना–(स० क्रि०) = चुभलाना

चुभकना–(अ० क्रि०) बार-बार डूबना-उतराना

चुभकाना–(स० क्रि०) बार-बार गोता देना

चुभकी–(स्त्री०) 1 चुभकने की क्रिया 2 गोता, डुबकी

चुभता–(वि०) चुभनेवाला

चुभन–(स्त्री०) 1 चुभने की क्रिया 2 टीस, कसक, पीड़ा

चुभना–(अ० क्रि०) 1 घुसना, धँसना (जैसे-पैर में काँटा चुभना) 2 कष्टदायक जान पड़ना, खलना (जैसे-आपकी बातें मुझे चुभती हैं) 3 मन में घर करना

चुभर-चुभर–(अ०) चुभ-चुभ शब्द (जैसे-कुत्ता चुभर-चुभर पानी पीता है)

चुभलाना–(स० क्रि०) चूसते हुए स्वाद लेना

चुभवाना–(स० क्रि०) चुभाने में प्रवृत्त करना

चुभाना–(स० क्रि०) गड़ाना, धँसाना (जैसे-हाथ में सूई चुभाना)

चुभोना–(स० क्रि०) *बो०* = चुभाना

चुमकार–(स्त्री०) 1 पुचकार 2 चुम शब्द

चुमकारना–(स० क्रि०) चुम-चुम शब्द करते हुए दुलार करना, पुचकारना (जैसे-बच्चे को चुमकारना)

चुमकारी–(स्त्री०) = चुमकार

चुमवाना–(स० क्रि०) चूमने में प्रवृत्त करना, चुंबन कराना

चुमाना–(स० क्रि०) दूसरे से चूमने का काम कराना

चुम्मा-चाटी–(स्त्री०) बार-बार चूमना और चाटना

चुर–I (पु०) 1 माँद, गड्ढा 2 कुछ लोगों के मिलकर बैठने का स्थान II सूखे पत्तों के टूटने से उत्पन्न शब्द

चुरकना–(अ० क्रि०) 1 चूर-चूर होना 2 चटकना, दरकना

चुरकुट–(वि०) 1 चूर-चूर किया हुआ, चूर्णित 2 सहमा हुआ, घबराया हुआ

चुरगना–(अ० क्रि०) प्रसन्न होकर बोलना

चुरगम–(स्त्री०) 1 प्रसन्न होकर की जानेवाली बातें 2 काना फूसी

चुरचुरा–(वि०) चुर-चुर ध्वनि निकलने वाला (जैसे-चुरचुरा पापड़, चुरचुरा खस्ता)

चुरचुराना–I (अ० क्रि०) 1 चुर-चुर शब्द उत्पन्न होना 2 टुकड़े-टुकड़े होना II (स० क्रि०) चुर-चुर ध्वनि निकालना

चुरट–*अं०* (पु०) = चुरुट

चुरना–I (अ० क्रि०) *बो०* 1 उबलकर पकना (जैसे-बटलोई में चावल चुरना) 2 रहस्यपूर्ण बातें होना II (अ० क्रि०) चोरी जाना, चुराया जाना III (पु०) = चुनचुना

चुरमुर–(पु०) खरी वस्तु के टूटने का शब्द

चुरमुरा–(वि०) चुरमुर शब्द उत्पन्न करनेवाला, करारा

चुरमुराना–I (अ० क्रि०) चुरमुर शब्द करते हुए चूर होना II (स० क्रि०) चुरमुर ध्वनि के साथ चूर करना

चुरवाना–I (स० क्रि०) उबलने एवं पकने में प्रवृत्त करना

चुरवाना–II (स० क्रि०) चोरी कराना

चुरस–I (स्त्री०) शिकन, सिकुड़न II (पु०) = चुरुट

चुराई–(स्त्री०) 1 पकाने की क्रिया, पकाना (चावल, खाना आदि) 2 पकाने की उजरत

चुराना–I (स० क्रि०) 1 चोरी करना (जैसे-घड़ी चुराना, जैसे-उसने मेरी किताब चुरायी है) 2 अधिकार, वश में करना (जैसे-उसने मेरा मन चुरा लिया है) 3 बात दबा रखना 4 छिपाना (जैसे-लज्जा से नायिका ने आँखें चुरा लीं) II (स० क्रि०) गरम करते हुए पकाना (जैसे-बटलोई में दाल चुराना)

चुरुट–*अं०*, **चुर्ट** - (पु०) तंबाकू के चूरे से बनाई गई बत्ती, सिगार

चुल–I (स्त्री०) 1 खुजली, खुजलाहट 2 प्रबल काम वासना 3 कामना

चुल–II (स्त्री०) *बो०* = चुर I

चुलचुलाना–(अ० क्रि०) 1 हल्की खुजली होना 2 चिलबिलापन करना

चुलचुलाहट–(स्त्री०) चुलचुलाने की क्रिया

चुलचुली–(स्त्री०) = चुल I

चुलबुल–(स्त्री०) 1 चुलबुलापन 2 चंचलता, चपलता

चुलबुला–(वि०) 1 नटखट 2 चपल 3 वाक्पटु

चुलबुलाना–(अ० क्रि०) 1 बार-बार हिलना-डोलना, चुलबुल करना 2 चंचलता दिखाना

चुलबुलापन–(पु०), **चुलबुलाहट** (स्त्री०) = चुलबुल

चुलबुलिया–(वि०) = चुलबुला

चुलहाई–I (वि०) - (स्त्री०) अत्यधिक कामातुर II (स्त्री०) छिनाल

चुलहाया–(वि०) जो अत्यधिक कामातुर हो

चुलाना–(स० क्रि०) = चुआना

चुलाव–(पु०) चुआने की क्रिया

चुल्ली–*सं०* (स्त्री०) 1 छोटा चूल्हा 2 अंजली

चुल्लू–(पु०) 1 उँगलियों को अंदर की तरफ़ मोड़कर हथेली को गहरा करके बनाया गया रूप, अंजलि (जैसे-चुल्लू बनाओ) 2 मुड़ी हुई उँगलियों एवं हथेली की बनी गहराई में

आनेवाला जल, द्रव आदि (जैसे-चार चुल्लू पानी डालना)। **~भर पानी में डूब मरना** लज्जा से मुँह न दिखा सकना; **~भर लहू पीना** शत्रु को मारकर चुल्लू भर रक्त पीना; **~में उल्लू बनना** थोड़ी शराब आदि पीकर मस्त हो जाना; **चुल्लुओं रोना** बहुत रोना; **चुल्लुओं लहू पीना** बहुत कष्ट देना, सताना

चुवाना–(स. क्रि.) = चुआना

चुसकी–(स्त्री.) 1 सुरकने की क्रिया 2 एक बार में सुरके जानेवाला द्रव पदार्थ

चुसना–I (अ. क्रि.) 1 चूसा जाना 2 सोखा जाना 3 शोषण किया जाना **II** (पु.) बड़ी चुसनी

चुसनी–(स्त्री.) 1 चूसने की क्रिया 2 बच्चों को दूध पिलानेवाली शीशी में लगी कटोरीनुमा लंबी नली, निपिल

चुसवाना–(स. क्रि.) 1 चुसाना 2 शोषण करवाते जाना

चुसाई–(स्त्री.) 1 चूसने-चुसाने की अवस्था 2 चूसने-चुसाने का पारिश्रमिक

चुसाना–(स. क्रि.) चूसने का काम अन्य से कराना, चुसवाना

चुस्त–I *फ़ा.* (वि.) 1 खूब कसा हुआ (जैसे-यह कमीज़ चुस्त है) 2 जो शिथिल, आलसी न हो, फुर्तीला 3 जिसमें त्रुटि न हो (जैसे-उसकी लिखावट चुस्त है) 4 दृढ़ मज़बूत **II** (पु.) जहाज़ में अंदर की ओर झुका हुआ भाग। **~चालाक** (वि.) फुर्तीला एवं चतुर; **~तंदुरुस्त** (वि.) चुस्त और बलिष्ठ

चुस्ती–*फ़ा.* (स्त्री.) 1 फुर्ती 2 कसावट 3 दृढ़ता, मज़बूती 4 प्रौढ़ता 5 चुस्त होने की अवस्था

चुहचुहा, चुहचुहाता–(वि.) रंगीला एवं रसीला

चुहचुहाना–I (अ. क्रि.) 1 रस टपकना 2 चहचहाना

चुहटना–I (स. क्रि.) 1 चिकोटी काटना 2 पैरों से रौंदना 3 कुचलना, मसलना **II** (अ. क्रि.) चिमटना

चुहड़ा–(पु.) 1 भंगी, मेहतर 2 चमार

चुहल–(स्त्री.) हलका हँसी-मज़ाक, हँसी-ठिठोली। **~बाज़** + *फ़ा.* (वि.) हँसी ठिठोली करनेवाला, दिल्लगी करनेवाला, **~बाज़ी** (स्त्री.) हँसी-मज़ाक, मसख़रापन दिल्लगीपन

चुहिया–(स्त्री.) 1 मादा चूहा, चूही 2 चूहे का बच्चा

चुहुकना–(स. क्रि.) पशुओं के बच्चों का थन चूसना

चूँ–(स्त्री.) 1 आपत्ति, विरोध से संबंधित हल्की बात (जैसे-बिना चूँ-चपड़ किए उसने मेरे रुपये चुका दिए) 2 पक्षियों के बोलने की ध्वनि। **~चपड़** (स्त्री.) आपत्तिपूर्ण बात

चूँकि–*फ़ा.* (अ.) कारण यह है कि, क्योंकि

चूँचिरा–*फ़ा.* (पु.) आपत्तिजनक बात

चूँची–(स्त्री.) = चूची

चूक–I (स्त्री.) 1 भूल, गलती 2 अपराध **II** (पु.) 1 खट्टे फल के रस से बनी तेज खटाई 2 खट्टा साग

चूकना–(अ. क्रि.) 1 भूल करना 2 निशाना खाली जाना 3 समय से लाभ न उठा पाना 4 समाप्त होना, चुकना

चूका–(पु.) चूक नामक खट्टा साग

चूची–(स्त्री.) 1 स्तन, कुच 2 स्तन का अगला भाग, स्तन की घुंडी, चूचुक **चूचियों में हाड़ टटोलना** दुर्लभ वस्तु हेतु निरर्थक प्रयास करना

चूचुक–*सं.* (पु.) स्तन का अग्रभाग, स्तन के ऊपर की चूची

चूज़ा–*फ़ा.* (पु.) मुर्ग़ी का बच्चा

चूड़–(पु.) 1 चोटी, शिखा 2 (पक्षियों आदि की) कलग़ी

चूड़ांत–I *सं.* (वि.) 1 चरम सीमा तक पहुँचा हुआ, पराकाष्ठा को प्राप्त हुआ 2 बहुत अधिक, अत्यंत **II** (पु.) शिखर का अंतिम और ऊपरी भाग

चूड़ा–I (पु.) 1 केश 2 शिखर 3 सिर **II** (पु.) चिड़वा, चिउड़ा

चूड़ाकरण, चूड़ा-कर्म–*सं.* (पु.) बालक के सिर के बाल को पहले-पहल मूँड़ना, मुंडन संस्कार

चूड़ामणि–*सं.* (पु.) 1 सिर पर पहनने का गहना, शीशफूल 2 कुल-ख़ानदान का श्रेष्ठ व्यक्ति

चूड़ी–(स्त्री.) 1 काँच आदि धातु का बना वृत्ताकार गहना जिसे स्त्रियाँ कलाइयों में पहनती हैं (जैसे-सोने की चूड़ियाँ बनवा लेना) 2 कल-पुर्ज़ों आदि में चूड़ी की शक्ल की बनाई गई गहरी रेखाएँ (जैसे-नल की चूड़ी ढीली हो गई है, पेंच की चूड़ी घिस गई है) 3 ग्रामोफ़ोन का रिकार्ड 4 पुरजा 5 चूड़ी की शक्ल का गोदना 6 चूड़ी की शक्ल की वस्तु। **~दार** + *फ़ा.* (वि.) 1 जिसमें चूड़ियों के आकार की वृत्ताकार अनेक धारियाँ बनी हों (जैसे-चूड़ीदार पायजामा सिलवा लो) 2 जिसमें चूड़ियाँ हो (जैसे-चूड़ीदार पेंच नहीं चाहिए); **चूड़ियाँ ठंडी करना, चूड़ियाँ तोड़ना** विधवा होने पर अपने हाथ की चूड़ियाँ तोड़ देना; **चूड़ियाँ पहनना** 1 स्त्रियों जैसा व्यवहार करना 2 ज़नाना भेस बनाना; **~पहनाना** 1 विधवा का पुनः ब्याह कराना 2 विधवा को पत्नी बनाकर घर में रखना; **हाथों में चूड़ियाँ पहनकर बैठना** कायर बनना

चूत–(स्त्री.) भग, योनि

चूत–*सं.* (पु.) आम का पेड़, आम्र वृक्ष

चूतड़–(पु.) शरीर में कमर के नीचे एवं जाँघ के ऊपर का पिछला अर्द्धगोलाकार मांसल भाग, नितंब। **~दिखाना** भाग खड़े होना, पीठ दिखाना; **~पीटना, ~बजाना** ओछेपन से प्रसन्नता प्रकट करना

चूतिया–(वि.) 1 बिल्कुल नासमझ, महामूर्ख 2 चूत संबंधी (जैसे-चूतिया चक्कर में न पड़ना)

चून–(पु.) 1 चूर्ण, चूरा 2 आटा

चूनर, चूनरी–(स्त्री.) रंगीन बुंदकियोंवाला महीन पतला कपड़ा, ओढ़नी, दुपट्टा

चूना–I (पु.) पत्थर, कंकड़ आदि को फूँककर बनाया जानेवाला तीक्ष्ण और दाहक क्षार जो पलस्तर आदि के काम आता है (जैसे-चूना से घर पुतवाना)। **~दानी** + *फ़ा.* + *हिं.* (स्त्री.) = चुनौटी; **~पत्थर** (पु.) लाइम स्टोन; **~फेरना** सफ़ेदी करना; **~लगाना** नीचा दिखाना 2 हानि पहुँचाना 3 मूर्ख बनाना

चूना–II (अ. क्रि.) 1 बूँद-बूँद करके गिरना, टपकना (जैसे-घड़ा चूना, छत चूने लगी) 2 घाव आदि से रक्त निकलकर टपकना 3 नीचे आ गिरना (जैसे-पेड़ से आम चू पड़ा), (वि.) चूनेवाला (जैसे-चूना लोटा, चूनी छत)

चूनेदानी–*हिं.* + *फ़ा.* + *हिं.* (स्त्री.) चुनौटी

चूनेदार–*हिं.* + *फ़ा.* (वि.) चूनेवाला
चूमना–(स. क्रि.) 1 प्रेमवश, स्नेहपूर्वक किसी प्रिय के किसी अंग को होंठों से स्पर्श करना, चुंबन करना (जैसे-नायिका के कपोल चूमना) 2 सम्मानपूर्वक बड़ों के पाँव ओठों से स्पर्श करना (जैसे-चरण चूमना)। **~चाटना** (स. क्रि.) 1 बार-बार चुंबन करना एवं चाटना 2 चूमना एवं दुलराना
चूमा–(पु.) चुंबन, चुम्मा। **~चाटी** (स्त्री.) चुंबन और आलिंगन, चूमना-चाटना
चूर–(वि.) 1 छोटे-छोटे टुकड़ों में बँटा हुआ (जैसे-काँच की प्लेट गिरकर चूर हो गई) 2 परिश्रम आदि के कारण शिथिल हो जाना (जैसे-काम करते करते वह थककर चूर हो गया) 3 आवेग, उमंग आदि भावों में बेसुध (जैसे-घमंड में चूर होना)। **~चूर** (वि.) 1 जो पूर्णतः नष्ट हो गया हो (जैसे-प्याला गिरकर चूर-चूर हो गया) 2 मान-मर्दन होना (जैसे-उसकी सारी शान-शौकत चूर-चूर कर दी गई)
चूरण–(पु.) = चूर्ण
चूरन–(पु.) अत्यधिक महीन औषधि आदि की बुकनी
चूरमा–(पु.) रोटी को घी में गूँध एवं भूनकर तथा चीनी मिलाकर बनाया गया खाद्य पदार्थ
चूरमूर–(पु.) फ़सल कटने पर बची हुई खूँटियाँ
चूरा–**I** (पु.) 1 चूर्ण, बुरादा (जैसे-लकड़ी का चूरा) 2 टूटे-फूटे बारीक टुकड़े (जैसे-शीशे का चूरा) **II** (वि.) = दे. चूर
चूरी–(स्त्री.) 1 बुकनी 2 = चूरमा
चूर्ण–**I** *सं.* (पु.) 1 चूरा, बुकनी 2 चूरन (जैसे-हिंगाष्टक का चूर्ण पेट दर्द दूर करता है) **II** (वि.) 1 चूर किया हुआ 2 शक्तिहीन किया हुआ (जैसे-घमंड चूर्ण करना)। **~खंड** (पु.) कंकड़; **~मय** (वि.) चूर चूर, चूरेवाला; **~योग** (पु.) पीसकर मिलाए गए अनेक पदार्थ
चूर्णन–*सं.* (पु.) चूर्ण करना
चूर्णि–*सं.* (स्त्री.) कौड़ी
चूर्णित–*सं.* (वि.) 1 पीसकर चूर्ण किया हुआ 2 अच्छी तरह तहस-नहस किया हुआ
चूर्मा–*सं.* (पु.) *बो.* = चूरमा
चूल–(स्त्री.) 1 लकड़ी, बाँस आदि का पतला सिरा 2 किवाड़ के नीचे-ऊपर का गोल लंबोतरा भाग। **चूलें ढीली करना** अधिक परिश्रम कराके थका देना, त्रस्त करना; **चूलें ढीली होना** पस्त हो जाना, थक जाना
चूल–*सं.* (पु.) 1 सिर के बाल 2 शिखा, चोटी
चूलिका–*सं.* (स्त्री.) 1 नाटक में वह स्थिति जिसमें घटना की सूचना नेपथ्य से पात्रों द्वारा दी जाती है 2 परोक्ष रूप से मिलनेवाली सूचना
चूल्हा–(पु.) मिट्टी, लोहे आदि का बना वह उपकरण जिसमें लकड़ियाँ आदि जलाकर खाना पकाया जाता है। **~जलना** खाना पकना, खाना पकाया जाना, **~झोंकना, ~फूँकना** खाना पकाना; **~न्योतना** सारे परिवार को खाने पर बुलाना; **चूल्हे में जाय, चूल्हे में पड़े** भले ही नष्ट हो जाय; **चूल्हे से निकलकर भट्ठी में पड़ना** छोटी मुसीबत से निकलकर बड़ी मुसीबत में फँसना
चूषक–*सं.* (वि.) चूसनेवाला
चूषण–*सं.* (पु.) चूसने की क्रिया, चूसना
चूषिका–*सं.* (स्त्री.) चूसने की नली
चूषित–*सं.* (वि.) चूसा हुआ
चूसना–(स. क्रि.) 1 मुँह से रस अंदर खींचना (जैसे-आम चूसना) 2 दाँतों से दबाकर रस पीना (जैसे-गन्ना चूसना) 3 चाटते हुए रस लेना (जैसे-दवा की गोली चूसना, टाफ़ी चूसना) 4 शिशु का माँ के स्तन का दूध पीना 5 अनुचित रूप से सत्त्व शोषित करना (जैसे-मालिक ने अत्यधिक परिश्रम कराके रक्त चूस लिया)। **चूस डालना, चूस लेना** कंगाल बना देना, दरिद्र बना देना
चूहड़, चूहड़ा–(पु.) 1 भंगी, मेहतर
चूहर–(पु.) दे. चूहड़ा
चूहा–(पु.) लंबी पूँछ और चार पैरोंवाला एक प्रसिद्ध छोटा घरेलू जंतु, मूषक। **~दंती** (स्त्री.) सोने, चाँदी की बनी एक पहुँची जिसके दाँत चूहे के दाँत जैसे लंबे और नुकीले होते हैं तथा रेशम, सूत आदि में पिरोये होते हैं; **~दान** + *फ़ा.* (पु.) चूहा फँसाने का पिंजड़ा
चूहेदानी–*हिं.* + *फ़ा.* (स्त्री.) = चूहादान
चें–(स्त्री.) चिड़ियों का शब्द, चीं। **~चें** (स्त्री.) 1 चीं-चीं 2 बक-बक; **~पें** (स्त्री.) चीं-चपड़
चेंगड़ा–(पु.) छोटा बच्चा, शिशु
चेंच–(पु.) बरसाती साग
चेंदुआ–(पु.) चिड़िया का बच्चा
चेंबर–*अं.* (पु.) 1 कमरा 2 अधिकारी का विशेष कक्ष 3 सभा गृह 4 परिषद्
चेअर–*अं.* (स्त्री.) = चेयर। **~मैन** (पु.) = चेयरमैन
चेक–**I** *अं.* (पु.) बैंक आदि के नाम किसी व्यक्ति, संस्था आदि को रुपया देने का लिखित आदेश। **~कर्ता** + *सं.* (पु.) चेक का आदेश देनेवाला व्यक्ति; **~बुक** (स्त्री.) चेकबही **II** *अं.* (पु.) चारख़ाना
चेचक–*फ़ा.* (स्त्री.) शीतला नामक रोग (जैसे-उसे चेचक निकली है)। **~रू** (वि.) जिसके मुँह पर चेचक के दाग़ हों
चेजा–(पु.) सुराख, छेद
चेट–*सं.* (पु.) 1 दास, सेवक 2 पति, स्वामी 3 दुराचारिणी को पुरुषों से मिलानेवाला दलाल 4 भाँड़
चेटक–(पु.) 1 इंद्रजाल, बाज़ीगरी 2 तमाशा 3 जादू
चेटक–*सं.* (पु.) 1 विशेष काम में लगा हुआ नौकर, दास, सेवक 2 उपपति 3 नायक को नायिका से मिलानेवाला चतुर सेवक 4 चसका 5 शीघ्रता, जल्दी
चेटकी–(पु.) 1 इंद्रजाल करनेवाला, इंद्रजाली, जादूगर 2 तरह-तरह के कौतुक करनेवाला, कौतुकी
चेटकी, चेटिका–*सं.* (स्त्री.) दासी, सेविका
चेटिया–(पु.) 1 चेला, शिष्य 2 नौकर, दास
चेटी–*सं.* (स्त्री.) दासी, नौकरानी
चेटुवा–(पु.) = चेंटुआ
चेत–*सं.* (पु.) 1 चेतना, होश (जैसे-चेत में रहकर काम करो) 2 ज्ञान, बोध 3 सावधानी, होशियारी 4 याद 5 मन
चेतक–**I** *सं.* (वि.) 1 सचेत रहनेवाला 2 चेतन **II** (पु.) राणा प्रताप का प्रसिद्ध एवं प्रिय घोड़ा

चेतकी–*सं०* (स्त्री०) 1 हड़, हर्रे 2 चमेली का पौधा

चेतन–I *सं०* (पु०) 1 आत्मा 2 जीव, प्राणी 3 आदमी 4 परमात्मा II (वि०) जिसमें चेतना हो, जो ज्ञानमय हो, सजीव। ~**ता** (स्त्री०) 1 चेतन होने की अवस्था 2 चैतन्य, सज्ञानता 3 संजीवता

चेतनकी–(स्त्री०) हरीतकी, हड़

चेतना–*सं०* (स्त्री०) 1 ज्ञानमूलक मनोवृत्ति 2 बुद्धि, समझ 3 होश-हवास 4 स्मृति, याद। ~**युक्त**, ~**वान्** (वि०) 1 बुद्धिवाला, समझवाला;

चेतना–(अ० क्रि०) 1 होश में आना 2 सावधान होना 3 सोच-समझकर ध्यान देना। ~**शक्ति** (स्त्री०) चैतन्यता; ~**शील** (वि०) = चेतनामय; ~**शून्य** (वि०) अचेतन

चेतनीय–*सं०* (वि०) 1 जो जानने योग्य हो 2 जो चेतन का अधिकारी हो

चेताना–(स० क्रि०) 1 ध्यान दिलाना 2 सावधान करना

चेतावनी–(स्त्री०) 1 सावधान करने के लिए कही जानेवाली बात 2 ख़तरे की पूर्व सूचना 3 अधिकारिक एवं आदेशात्मक तौर पर दी जानेवाली सूचना (जैसे-अधिकारी द्वारा दी गई चेतावनी) 3 शिक्षा

चेत्य–*सं०* (वि०) 1 जो चेतना का विषय हो 2 जो जानने योग्य हो

चेन–*अं०* (स्त्री०) ज़ंजीर, सिकड़ी (जैसे-गले की चेन कहाँ रख दी)

चेन्ज–*अं०* (स्त्री०) 1 रेज़गारी 2 परिवर्तन

चेप–*पुं०* 1 लसीला पदार्थ 2 पक्षियों को फँसाने हेतु फैलाया जानेवाला लासा। ~**दार** + *फ़ा०* (वि०) जो चिपचिपा हो, लसीला

चेपना–(स० क्रि०) 1 चेप लगाना 2 चेप लगाकर चिपकाना,

चेपी–(स्त्री०) चिप्पी

चेयर–*अं०* (स्त्री०) कुर्सी। ~**मैन** (पु०) अध्यक्ष, सभापति

चेयरमैनी–*अं०* + *हिं०* (स्त्री०) अध्यक्षता, सभापतित्व

चेरा–(पु०) 1 चेला, शिष्य 2 नौकर, सेवक 3 गुलाम, दास

चेरी–*अं०*(स्त्री०) गिलास (फल)

चेल–I *सं०* (पु०) कपड़ा, वस्त्र II (वि०) अधम

चेला–(पु०) 1 शिष्य 2 वह व्यक्ति जो गुरु मंत्र लेकर शिष्य बना हो 3 जिसने गुरु से शिक्षा पाई हो वह व्यक्ति। ~**मूड़ना** शिष्य बनाना

चेलान–*सं०* (पु०) तरबूज़ की लता

चेलाल–(पु०) *बो०* चेलों का वर्ग

चेलिन, चेली (स्त्री०) गुरु उपदेश प्राप्त करनेवाली स्त्री

चेले-चाटी–(पु०) अनुयायियों, चेलों आदि का समूह

चेष्टक–I *सं०* (वि०) चेष्टा करनेवाला II (पु०) काम शास्त्र में एक प्रकार का आसन, रतिबंध

चेष्टन–*सं०* (पु०) चेष्टा करने की क्रिया

चेष्टा–*सं०* (स्त्री०) 1 कोशिश, प्रयत्न 2 मनोभाव सूचित करनेवाली शारीरिक चंचलता अंगभंगिमा 3 मनोभाव प्रकट करनेवाली मुख की आकृति 4 हिलना-डोलना, गति। ~**नाश** (पु०) सृष्टि का अंत, प्रलय। ~**बिगड़ना** मरने से कुछ पहले चेहरा बिगड़ जाना

चेष्टित–*सं०* (वि०) जिसके लिए प्रयत्न हुआ हो

चेस–*अं०* (पु०) 1 शतरंज का खेल (जैसे-चेस खेलना) 2 लोहे का चौखट

चेहरई–*फ़ा०* + *हिं०* (वि०) हल्का गुलाबी रंग

चेहरा–*फ़ा०* (पु०) 1 मुखड़ा, बदन 2 शक्ल, आकृति (जैसे-पहले शीशे में चेहरा देखो) 3 काग़ज़, मिट्टी, धातु आदि का बना देवता, दानव, पशु आदि की आकृति का साँचा 4 वस्तु के सामने का भाग। ~**मुहरा**, ~**मोहरा** (पु०) शक्ल-सूरत, मुख की आकृति; ~**शाही** (स्त्री०) ऐसा सिक्का जिसपर बादशाह का चेहरा होता था; ~**उतरना** 1 उदासी प्रकट होना 2 लज्जा, भय आदि के कारण चेहरा कांतिहीन होना; ~**खिल उठना** प्रसन्न होना; ~**पीला हो जाना** रोग आदि के कारण चेहरे पर पीलेपन की झलक आना; ~**बिगाड़ना** इतना अधिक मारना कि पहचाना न जा सके; ~**सफ़ेद हो जाना** चेहरे पर से चमक खत्म हो जाना, लालिमा गायब होना; **चेहरे पर हवाइयाँ उड़ना** घबराहट से चेहरे का रंग उड़ जाना

चेहलुम–*फ़ा०* (पु०) 1 मुहर्रम में ताज़िया दफ़्न होने के दिन चालीसवाँ दिन 2 मुहर्रम के बाद चालीसवें दिन होनेवाला काम-काज 3 मृत्यु के उपरांत होनेवाला चालीसवाँ दिन

चैं-चैं–(स्त्री०) चीं

चैंपियन–*अं०* (पु०) खेलविजेता, सर्वजेता

चैंपियनशिप–*अं०* (स्त्री०) सर्व विजय, सर्व विजयी का पद

चैंबर–*अं०* (पु०) = चेंबर

चैंसलर–*अं०* (पु०) = चांसलर

चैक–*अं०* (पु०) चेक I

चैत–(पु०) फागुन के बाद वाला महीना

चैतन्य–I *सं०* (पु०) 1 चेतन में होने का भाव, चेतनता 2 चेतन आत्मा 3 प्राणियों में होनेवाला ज्ञान, प्रज्ञा 4 परमात्मा 5 प्रकृति II (वि०) 1 सचेत 2 जो सोचने समझने की स्थिति में हो

चैतन्यात्मक–*सं०* (वि०) चैतन्य संबंधी

चैतन्यावस्था–*सं०* (स्त्री०) चैतन्य होने का भाव

चैती–I (वि०) चैत महीने में होनेवाला II (स्त्री०) चैत माह में होनेवाली फ़सल, रबी की फ़सल (जैसे-चैती फ़सल बो दी गई)

चैत्त–I *सं०* (वि०) 1 चित्त संबंधी 2 चित्त का II (पु०) बौद्ध दर्शन में विज्ञान स्कंध के अलावा शेष सभी स्कंध

चैत्य–I *सं०* (पु०) 1 चिता संबंधी 2 चिता का II (पु०) 1 देवालय, मंदिर 2 यज्ञशाला 3 शवदाह के स्थान पर बना चबूतरा 4 घर, मकान 5 चिता 6 मठ। ~**तरु** (पु०) 1 पीपल का पेड़ 2 बरगद; ~**पाल** (पु०) चैत्य अधिकारी, चैत्य रक्षक; ~**मुख** (पु०) कमंडल; ~**विहार** (पु०) बौद्ध मंदिर के साथ लगा आश्रम; ~**वृक्ष** (पु०) = चैत्य तरु; ~**स्थान** (पु०) 1 वह स्थान जहाँ बुद्धदेव की मूर्ति स्थापित की गई है 2 कोई पवित्र स्थान

चैत्यक–*सं०* (पु०) पीपल, अश्वत्थ

चैत्र–I *सं०* (पु०) फागुन महीने के बाद एवं बैसाख माह के पहले का महीना, फागुन एवं बैसाख के बीच का महीना II

(वि०) 1 चित्रा नक्षत्र संबंधी 2 चित्रा नक्षत्र का। ~**मख** (पु०) मदन संबंधी चैत मास का उत्सव; ~**सखा** (पु०) कामदेव

चैत्रक–*सं०* (पु०) चैत का महीना

चैत्रावली–*सं०* (स्त्री०) 1 चैत्र मास की पूर्णिमा 2 चैत्र शुक्ला त्रयोदशी

चैन–(पु०) 1 आराम 2 मानसिक शांति 3 आनंद एवं सुखभोग ~**उड़ाना** मौज करना, सुख पूर्वक रहना। ~**की बंसी बजाना** मौज मस्ती में दिन गुजारना, ऐश्वर्यपूर्ण, सुखभरी ज़िंदगी बिताना; ~**पड़ना** सुख-शांति मिलना; ~**से कटना, से गुज़रना** आनंद एवं ऐश्वर्य से जीवन बसर होना

चैन–*अं०* (स्त्री०) = चेन

चैनेल–*अं०* (पु०) 1 मार्ग, सरणी 2 जल मार्ग, नाली

चैल–*सं०* (पु०) 1 कपड़ा, वस्त्र 2 पहनने का कपड़ा, पोशाक

चैलक–*सं०* (पु०) शूद्र पिता और क्षत्रिय माता से उत्पन्न बालक

चैला–(पु०) लकड़ी का बड़ा टुकड़ा

चैलिक–*सं०* (पु०) कपड़े का टुकड़ा

चैली–(स्त्री०) 1 लकड़ी के पतले-पतले टुकड़े 2 गर्मी के कारण नाक से निकलनेवाला जमे हुए खून का थक्का

चैलेंज–*अं०* (पु०) ललकार

चैस–*अं०* (पु०) शतरंज का खेल

चोंक–(स्त्री०) दाँत गड़ाते हुए चुंबन के समय गाल पर पड़ा निशान, चुंबन का निशान

चोंकना–(स० क्रि०) 1 स्तन से दूध पीना 2 पानी पीना

चोंका–(पु०) *बो०* चूसने की क्रिया। ~**पीना** बच्चों का माँ का स्तनपान करना

चोंगा–(पु०) 1 बाँस की खोखली नली जिसका एक सिरा बंद होता है 2 कागज़, धातु आदि की बनी नली जिसका एक भाग बंद रहता है

चोंच–(स्त्री०) पक्षियों के मुँह का अगला नुकीला भाग, टोंट। ~**बंद करना** मुँह बंद करना, चुप रहना; **दो-दो चोंच होना** कहा-सुनी होना

चों-चों–(स्त्री०) = चूँ

चोंटना–(स० क्रि०) चुटकी से तोड़ना (जैसे-चने का साग चोंटना)

चोंड़ा–I (पु०) कच्चा कुआँ II (पु०) 1 स्त्रियों के सिर के बाल, झोंटा 2 सिर। **चोंडे पर चढ़कर** किसी की परवाह न करते हुए

चोंथ–(पु०) गाय, बैल आदि के द्वारा एक बार में गिराए गए गोबर की मात्रा

चोंथना–(स० क्रि०) 1 नोच-बकोटकर निकालना 2 ज़बरदस्ती ले लेना

चोंधर–(वि०) 1 बहुत छोटी आँखोंवाला 2 मूर्ख

चोआ–(पु०) 1 चुआकर गिराई हुई चीज़ 2 बाट की कमी पूरी करने हेतु पलड़े पर रखा जानेवाला कंकड़ आदि 3 अनेक सुगंधित पदार्थों को पकाकर निकाला गया गंध द्रव्य 4 दे० चोटा

चोई–(स्त्री०) 1 मछली के शरीर के खुरंड जैसे गोल चमकदार टुकडे 2 दाल आदि का छिलका

चोकर–(पु०) गेहूँ, जौ आदि के आटे को छानने पर उसका बचा हुआ छिलके का अंश जो दरदरा तथा मोटे कणों के रूप में रहता है

चोक्ष–*सं०* (वि०) 1 पवित्र, शुद्ध 2 चतुर, पक्ष 3 तेज, तीक्ष्ण 4 प्रशंसित

चोखना–(स० क्रि०) थन से मुँह लगाकर दूध पीना

चोखा–(वि०) उत्तम, अच्छा

चोखाई–I (स्त्री०) 1 चोखने-चोखाने की क्रिया 2 चोखने-चोखाने का पारिश्रमिक II (स्त्री०) = चोखापन

चोखाना–I (स० क्रि०) 1 बछड़ों आदि को थन पीने में प्रवृत्त करना 2 स्तन पान कराना II (अ० क्रि०) 1 स्तन पान किया जाना 2 दूहा जाना III (स० क्रि०) धार चोखी करना, धार तेज करना

चोग़ा–*तु०* (पु०) घुटनों तक का लंबा ढीला-ढाला पहनावा, लबादा

चोचला–(पु०) नाज़-नखरा, हाव-भाव 2 आडंबर। **चोचले बघारना** हाव भाव दिखलाना, नाज़-नखरा करना

चोज–(पु०) 1 चमत्कारपूर्ण उक्ति 2 व्यंग्यपूर्ण हँसी की बात

चोट–(स्त्री०) 1 घाव 2 आघात, प्रहार 3 क्लेश, दुःख (जैसे-दुर्वचन से चोट पहुँचना) 4 संताप (जैसे-पति की मृत्यु से उसे गहरी चोट पहुँची) 5 व्यंग्य, कटाक्ष 6 छल, कपट (जैसे-चोट पहुँचाने की नीयत से कार्य. करना)। ~**चपेट** (स्त्री०) घाव, ठेस; ~**उभरना** चोट का पुनः सूज आना, दर्द करना; ~**करना** 1 हमला करना, वार करना 2 डँसना, काटना (जैसे-साँप ने फन से चोट किया); ~**खाना** 1 घायल होना 2 आघात सहना; ~**पर चोट करना** 1 सदमे पर सदमे बैठना 2 हानि पर हानि होना; **चोटें चलना** दो आदमियों का एक दूसरे पर वार होना

चोटहा–(वि०) 1 जिस पर चोट के निशान हो 2 चोट करनेवाला

चोटा–(पु०) गुड़ का पसेव, शीरा। ~**पोटा** (वि०) खुशामद से भरा हुआ, चिकनी-चुपड़ी (बात-चीत)

चोटियाना–(स० क्रि०) 1 चोट पहुँचाना 2 चोटी पकड़ना 3 चोटी गूँथना

चोटी–(स्त्री०) 1 स्त्री के सिर के गूँथे हुए बाल, वेणी (जैसे-कंघी-चोटी करना) 2 चुंदी, शिखा (जैसे-चोटी रखना हिंदू अपनी शान मानता है) 3 चोटी बाँधने के काम में आनेवाला रंगीन डोरा 4 चोटी, जूड़े में खोंसनेवाला पान के आकार का गहना 5 पहाड़ आदि का सबसे ऊँचा भाग, शिखर। ~**दार** + *फ़ा०* (वि०) 1 जिसमें चोटी लगी हो 2 चोटी रखनेवाला, चोटीवाला; ~**वाला** (पु०) वह व्यक्ति जिसने चुंदी रखी हो; ~**काटना** गुलाम बनाना, वश में करना; ~**करना** सिर के बाल गूँथना; ~**का** औवल दरजे का, सर्वोत्कृष्ट; ~**दबाना,** ~**हाथ में होना** अधिकार में आना; वश में आना; **एड़ी चोटी का ज़ोर लगाना** जी-जान से परिश्रम करना

चोटीला–(वि०) चोटवाला

चोट्टा–(पु०) छोटे दरजे का चोर (जैसे-चोट्टा कहीं का)

चोथ–(पु०) = चोंथ

चोद–*सं.* (पु.) 1 चाबुक 2 ऐसी लकड़ी जिसके सिरे पर नुकीला लोहा लगा हो

चोदक–*सं.* (वि.) कर्म में प्रवृत्त करनेवाला

चोदन–*सं.* (पु.) 1 उकसाना 2 प्रेरणा

चोदना–(स. क्रि.) मैथुन करना, संभोग करना

चोदना–*सं.* (स्त्री.) 1 वह वाक्य जिसमें काम करने का विधान हो, विधिवाक्य 2 प्रेरणा 3 प्रयत्न

चोदू–(पु.) संभोग करनेवाला

चोद्य–I *सं.* (वि.) 1 प्रेरणा योग्य **II** (पु.) 1 प्रश्न, सवाल 2 वाद-विवाद में पूर्व पक्ष

चोप–(पु.) उत्साहयुक्त अभिलाषा

चोब–*फ़ा.* (स्त्री.) 1 शामियाना खड़ा करने का खंभा, बाँस 2 नगाड़ा बजाने की पतली लकड़ी, खपाची 3 सोने-चाँदी का पत्तर चढ़ा हुआ मोटा डंडा। **~कारी** (स्त्री.) ज़रदोज़ी का काम; **~दार** (पु.) वह दरबान जिसके हाथ में चोब हो

चोबी–*फ़ा.* (वि.) लकड़ी का बना हुआ

चोर–**I** (पु.) 1 चोरी करनेवाला 2 छिपकर काम करनेवाला 3 मोह लेनेवाला (जैसे-मन का चोर) 4 कम माल देनेवाला, बेईमान (जैसे-वह दुकानदार चोर है) 5 मन में छिपी बुराई, दुर्भाव (जैसे-तुम्हारे मन में चोर छिपा है) **II** (वि.) 1 छिपा हुआ, गुप्त 2 जिसका बाह्य रूप धोखा देनेवाला हो। **~कट** (पु.) उचक्का, चोट्टा; **~ख़ाना** + *फ़ा.* (पु.) अलमारी आदि में छिपा ख़ाना, गुप्त ख़ाना; **~खिड़की** (स्त्री.) छोटा चोर दरवाज़ा; **~गली** (स्त्री.) 1 छोटी एवं तंग गली जिसका पता सबको न हो 2 पाजामे की मियानी; **~चकार** (पु.) चोर, उचक्का; **~ज़मीन** + *फ़ा.* (स्त्री.) ऐसी ज़मीन जो ऊपर से ठोस लगे किंतु अंदर से पोली हो और भार पड़ते ही धँस जाए; **~ताला** (पु.) गुप्त ताला जिसका पता ऊपर से न लग सके **~दंत** (पु.) बत्तीस दाँतों के अतिरिक्त निकलनेवाला दाँत; **~दरवाज़ा** + *फ़ा.* (पु.), **~द्वार** + *सं.* (पु.) महल आदि में पिछवाड़े की ओर का वह छोटा दरवाज़ा जो आड़ में हो और जिसका पता सबको न हो; **~पहरा** (पु.) 1 गुप्त रूप से घूमते-फिरते रहने की क्रिया 2 भेष बदलकर घूमते-फिरते रहने की अवस्था; **~पेट** (पु.) 1 ऐसा पेट जिसमें गर्भ की स्थिति का ऊपर से देखने में जल्दी पता न लग सके 2 ऐसा पेट जिसमें साधारण से अधिक भोजन समा जाए 3 वस्तु आदि के अंदर का वह गुप्त स्थान जो ऊपर से न जाना जा सके; **~पैर** (पु.) जिन पैरों के चलने की आहट न मिले; **~बत्ती** (स्त्री.) हाथ में लेनेवाली बिजली की बत्ती, टार्च; **~बदन** + *अ.* (वि.) जो देखने में कमज़ोर जान पड़े किंतु अपेक्षाकृत शक्तिशाली हो; **~बाज़ार** + *फ़ा.* (पु.) वह दुकान या स्थान जहाँ नाजायज़ तरीक़े से माल बेचा और ख़रीदा जाए; **~बाज़ारी** + *फ़ा.* (स्त्री.) कर बचाने के लिए नाजायज़ तरीक़े से माल ख़रीदने और बेचने का धंधा; **~बालू** (पु.) ऐसी रेत जिसके नीचे दलदल, पोलापन हो; **~महल** + *अ.* (पु.) 1 राजाओं, रईसों आदि का वह मकान जिसमें उनकी रखेली स्त्रियाँ रहती हों 2 मकान में वह गुप्त कमरा जिसे कोई न जानता हो; **~मिहीचनी** (स्त्री.) आँखमिचौली का खेल; **~रास्ता** + *फ़ा.* (पु.) वह गुप्त मार्ग जिसे जन साधारण न जानता हो, चोर गली; **~सीढ़ी** (स्त्री.) मकान, महल आदि की छोटी एवं सँकरी सीढ़ी जिसे हर कोई न जानता हो; **~हटिया** (पु.) 1 चोरी का माल ख़रीदनेवाला दुकानदार 2 चोरों से माल ख़रीदनेवाला दुकानदार; **~के घर मोर पड़ना** एक चोर के घर में दूसरे चोर का चोरी करना

चोरा–(स्त्री.) = चोर पुष्पी

चोराना–(स. क्रि.) = चुराना I

चोरिका–*सं.* (स्त्री.) चुराने का काम, चोरी

चोरी–(स्त्री.) 1 चुराने की क्रिया 2 छिपाने की क्रिया (जैसे-मन की चोरी) 3 ठगी, धोखेबाजी (जैसे-चोरी छिपे भाग जाना)। **~चकारी,** (स्त्री.) चोरी आदि अपराध; **~चोरी, ~छिपे** (क्रि. वि.) 1 चुपके-चुपके (जैसे-चोरी-चोरी बातें करना) 2 बिना बतलाए (जैसे-चोरी-चोरी कहाँ चले गए थे)

चोल–**I** *सं.* (पु.) 1 दक्षिण भारत का एक प्राचीन जनपद 2 चोल देश का निवासी 3 कवच, जिरह-बख़्तर **II** (वि.) लाल

चोलकी–*सं.* (पु.) 1 बाँस का कल्ला 2 नारंगी का पेड़ 3 कलाई 4 कवचधारी सैनिक

चोलना–**I** (स. क्रि.) थोड़ी मात्रा में कोई वस्तु खाना **II** (पु.) *बो.* साधुओं का लंबा कुर्ता

चोला–(पु.) 1 फ़क़ीरों का एक ढीला-ढाला लंबा और घेरदार कुर्ता 2 तन, शरीर 3 शिशु को पहली बार पहनाया जानेवाला कपड़ा। **~बदलना** 1 एक शरीर त्याग कर दूसरा शरीर धारण करना 2 रूप बदलना

चोली–(स्त्री.) स्त्रियों का एक पहनावा जिससे केवल वक्षस्थल ही ढका जा सकता है, अंगिया। **~दामन का साथ** सदा बने रहनेवाला साथ (जैसे-उनसे तो मेरा चोली दामन का रिश्ता है)

चोवा–(पु.) = दे. चोआ

चोषक–*सं.* (वि.) चूसनेवाला

चोषण–*सं.* (पु.) चूसना

चोष्य–*सं.* (वि.) जो चूसा जा सके, चूसने योग्य

चौंक–(स्त्री.) चौंकने की क्रिया

चौंकना–(अ. क्रि.) 1 यकायक उत्तेजित एवं विकल हो उठना 2 सहसा घबरा जाना

चौंकाना–(स. क्रि.) 1 भड़काना 2 ऐसा कार्य करना जिससे कोई चौंक उठे

चौंतिस, चौंतीस–**I** (वि.) तीस और चार **II** (पु.) चौंतीस की संख्या

चौंध–(स्त्री.) क्षणिक किंतु तीव्र प्रकाश की वह स्थिति जिसे आँखें सहसा न सहन कर सकें, कौंध, चकाचौंध

चौंधियाना–**I** (अ. क्रि.) चकाचौंध होना **II** (स. क्रि.) चौंध उत्पन्न करना

चौंधी–(स्त्री.) = चौंध

चौंबक–*सं.* (वि.) 1 चुंबक संबंधी 2 चुंबक का, चुंबकीय 3 चुंबक से युक्त

चौंर–(पु.) = चँवर

चौंरगाय–(स्त्री.) सुरागाय

चौंरा–(पु.) अन्न रखने का गड्ढा

चौंराना–(स. क्रि.) 1 चँवर डुलाना 2 बुहारना

चौंरी–(स्त्री.) 1 छोटा चँवर, चँवरी 2 रेशम, सूत आदि का लच्छा, चोटी 3 सफ़ेद पूँछवाली गाय

चौंसठ–I (वि.) साठ और चार II (पु.) चौंसठ की संख्या

चौ–(वि.) चार का संक्षिप्त रूप जो यौगिक पदों के आरंभ में लगने से प्राप्त होता है (जैसे-चौकोना, चौगुना)

चौआ–I (पु.) गाय, बैल आदि पशु, चौपाया II (वि.) चार से युक्त

चौआई–(स्त्री.) = चौवाई

चौआना–(अ. क्रि.) 1 चकपकाना, चकित होना 2 चौंकना

चौक–(पु.) 1 नगर का मुख्य बाज़ार 2 चौमुहानी, चौराहा 3 चौखूँटा चबूतरा 4 आँगन, सेहन 5 पूजन आदि में आटे आदि की रेखाओं से बनाया जानेवाला क्षेत्र (जैसे-चौक पूरना)

चौकठ–*बो.* (पु.) = चौखट

चौकठा–*बो.* (पु.) = चौखटा

चौकड़–(वि.) अच्छा, बढ़िया

चौकड़ा–(पु.) कान में पहने जानेवाली दो-दो मोतियोंवाली बाली, दो-दो मोतियोंवाली बाली

चौकड़ी–(स्त्री.) 1 चौपायों की दौड़, छलाँग 2 चार घोड़ों, बैलों से जुती हुई गाड़ी 3 चार आदमियों की बैठकबाज़ी। **~भरना** छलाँग लगाना, कुलाँचें भरना

चौकन्ना–(वि.) 1 आहट लेनेवाला 2 ध्यान रखनेवाला 3 सावधान, चौकस 4 चौंका हुआ, सशंकित

चौकस–(वि.) 1 ठीक, दुरुस्त 2 चारों ओर से अच्छी तरह कसा हुआ 3 जो पूर्णतः सचेत हो

चौकसाई, चौकसी–(स्त्री.) चौकस होने की अवस्था

चौका–(पु.) 1 चार वस्तुओं का समूह (जैसे-क्रिकेट में ~ लगाया) 2 पत्थर आदि का बना गोलाकार टुकड़ा, चकला (जैसे-चौका-बेलन) 3 रसोईघर (जैसे-चौका साफ़ कर देना) 4 चार बूटियोंवाला ताश का पत्ता, चौआ 5 किसी स्थान को साफ़ करने की क्रिया (जैसे-यहाँ यज्ञ हवन होना है चौका लगा दो)। **~बरतन, ~बासन** (पु.) चौका बरतन को धोने-माँजने की क्रिया; **चौके की राँड** विवाह के कुछ दिन बाद ही विधवा हुई स्त्री; **~फेर देना** चौपट कर देना

चौकी–(स्त्री.) 1 लकड़ी आदि का बना हुआ चार पायोंवाला आसन, चौकोर आसन 2 वह स्थान जहाँ सेना या पुलिस के कुछ सिपाही निगरानी हेतु रखे जाते हैं (जैसे-बदमाशों ने पुलिस चौकी में आग लगा दी) 3 पहरा, रखवाली 4 पड़ाव, ठिकाना 5 मंदिर आदि की चौकोर भूमि। **~घर** (पु.) छोटा सा छाया हुआ स्थान जहाँ चौकीदार वर्षा, धूप आदि के समय खड़ा हो जाता है; **~दार** + *फ़ा.* (पु.) 1 पहरा देनेवाला कर्मचारी 2 विशेष स्थान पर पहरा देनेवाला राजकीय कर्मचारी; **~दारी** + *फ़ा.* (स्त्री.) 1 चौकीदार का काम, रखवाली 2 चौकीदार का पद; **~दौड़** (स्त्री.) प्रतियोगिता रूप में होनेवाली वह दौड़ जिसमें सभी को थोड़ी-थोड़ी दूर बनी हुई चौकियों पर नए दौड़ाक को प्रतीक रूप में एक डंडा सौंपना पड़ता है, रिले रेस; **~मार** (पु.) चौकी चुंगी मारनेवाला, तस्कर

चौकोन, चौकोना–(वि.) 1 चार कोनोंवाला, चौखूँटा 2 जिसमें चार कोण हों

चौखट–(स्त्री.) 1 लकड़ी आदि का चौकोर ढाँचा 2 लकड़ी आदि के चौखट की ऊपरी लकड़ी (जैसे-चौखट से चोट लगना) 3 डेहरी, ड्योढ़ी (जैसे-आज से चौखट पर पाँव न पड़े)। **~न झाँकना** कभी न आना

चौखटा–(पु.) 1 लकड़ी आदि का वह ढाँचा जिसमें आईना आदि जड़ा जाता है, फ्रेम 2 शरीर का ढाँचा

चौखा–(पु.) वह स्थान जहाँ चार गाँवों की सीमा मिलती हो

चौख़ाना–*हिं.* + *फ़ा.* वि./पु. = चारखाना

चौख़ानेदार–*हिं.* + *फ़ा.* (वि.) चार खानोंवाला

चौखूँट–I (पु.) 1 चारों दिशाएँ 2 सारा पृथ्वी मंडल II (क्रि. वि.) 1 चारों ओर 2 सब ओर III (वि.) = चौखूँटा

चौखूँटा–(वि.) चार कोनोंवाला, चौकोना, चौकोर

चौगड़ा–I (पु.) 1 ख़रगोश, खरहा 2 चौवड़ा II (वि.) चार पैरोंवाला (पशु)

चौगड्डा–(पु.) 1 चार वस्तुओं का समूह 2 वह स्थान जहाँ चार गाँवों की सीमाएँ मिलती हों, चौहद्दी, चौखा

चौपट्टी–(स्त्री.) जानवर फँसाने का बाँस की फट्टियों का चौकोर ढाँचा

चौगान–*फ़ा.* (पु.) घोड़े पर खेला जानेवाला गेंद बल्ले का एक खेल। **~बाज़ी** (स्त्री.) चौगान खेलना

चौगानी–I (स्त्री.) हुक्के की निगाली II (वि.) चौगान संबंधी

चौगिर्द–*हिं.* + *फ़ा.* (क्रि. वि.) चारों ओर, चारों तरफ़

चौगुना–(वि.) वस्तु का चार गुना। **मन चौगुना बढ़ना** अत्यधिक उत्साह बढ़ना

चौगोड़ा–(वि.) चार पैरोंवाला (जानवर)

चौगोड़िया–(स्त्री.) 1 चिड़ियों को फँसाने हेतु बाँस की तीलियों का बना ढाँचा 2 चार पायों की ऊँची सीढ़ीदार डंडियाँ लगी तिपाई

चौगोशा–*हिं.* + *फ़ा.* (पु.) चौकोर तस्तरी

चौगोशिया–*हिं.* + *फ़ा.* I (वि.) चार कोनोंवाला II (स्त्री.) चार तिकोने टुकड़ों से बनाई गयी टोपी III (पु.) तुर्की घोड़ा

चौघड़–(पु.) दोनों जबड़ों के चारों सिरों पर होनेवाले एक-एक चिपटे तथा चौड़े दाँतों की सामूहिक संज्ञा, चौभड़

चौघड़ा–(पु.) 1 चार खानोंवाला डिब्बा 2 ऐसा दीवट जिसमें चारों ओर जलाने हेतु चार दीये होते हैं 3 एक साथ बँधे हुए पान के चार बीड़े 4 चौडोल नामक बाजा

चौघड़िया–I (वि.) चार घड़ियों का II (स्त्री.) चार पायोंवाली ऊँची चौकी

चौघड़ी–(वि.) चार तहोंवाली, चार परतोंवाली

चौचंद–(पु.) 1 कलंक सूचक चर्चा, बदनामी 2 झगड़ा-फ़साद 3 क्रीड़ा

चौचंदाई–(स्त्री./वि.) जिसे निंदा करने का व्यसन हो

चौजुगी–I (स्त्री.) चार युगों का काल, चतुर्युगी II (वि.) चार युगों में होनेवाला III (स्त्री.) चार युगों का समूह

चौड़ा–(वि.) जिसके दोनों पार्श्व के बीच में अधिक फैलाव हो (जैसे-गंगा नदी यमुना नदी से कम चौड़ी है) 2 जो सँकरा न हो (जैसे-चौड़ा रास्ता, चौड़ी सड़क)। **~चकला** I (वि.) फैला हुआ, विस्तृत II (पु.) अनाज रखने का गड्ढा

चौड़ाई, चौड़ान–(स्त्री.) 1 चौड़ा होने की अवस्था, चौड़ापन

2 वह मान जिससे यह ज्ञात होता है कि वस्तु कितनी चौड़ी है (जैसे-इस कपड़े की चौड़ाई चार मीटर है)

चौड़ाना–I (स० क्रि०) चौड़ा करना, फैलाना II (अ० क्रि०) चौड़ा होना

चौतग्गी–(स्त्री०) चार सूत मिलाकर बटा हुआ डोरा

चौतनी–(स्त्री०) बच्चों की एक टोपी

चौतरफ़ा–*हिं० + अ० + हिं०* (वि०) चारों ओर का, चतुर्मुखी, चौगिर्द (जैसे- चौतरफ़ा दृश्य)

चौतरा–(पु०) चबूतरा

चौतही–(स्त्री०) चार तहोंवाला कपड़ा

चौताल–(पु०) 1 मृदंग की एक ताल जिसमें चार आघात और दो खाली होते हैं 2 मृदंग की ताल पर गाया जानेवाला गीत

चौतुका–I (वि०) चार तुकोंवाला II (पु०) वह छंद जिसके चारों चरणों में अनुप्रास होते हैं, वह छंद जिसके चारों चरणों के तुक मिलते हों

चौथ–I (स्त्री०) 1 चांद्रमास के प्रत्येक पक्ष की चौथी अवस्था, चतुर्थी 2 चौथाई अंश, चतुर्थांश II (वि०) = चौथा **~पन** 1 मानव जीवन की चौथी अवस्था, संन्यास आश्रम का समय 2 बुढ़ापा, वृद्धावस्था; **~का चाँद** भाद्र शुक्ल चतुर्थी का चंद्रमा जिसे देखने से झूठा कलंक लगता है ऐसा अपवाद है

चौथा–(वि०) चार की जगह पड़नेवाला (जैसे-वह चौथी कक्षा में पढ़ता है)। **~पन** (पु०) जीवन की चौथी अवस्था, बुढ़ापा

चौथाई–(स्त्री०) चौथा भाग, चतुर्थांश

चौथिया–(पु०) 1 हर चौथे दिन आनेवाला ज्वर 2 चौथे हिस्से का मालिक

चौथी–(स्त्री०) 1 विवाह के चौथे दिन वर-वधू के कंगन खोलने की रस्म 2 विवाह के चौथे दिन कन्या के घर से कपड़े, मिठाइयाँ आदि भेजे जाने की रस्म 3 जमींदार को मिलनेवाला फ़सल का चौथाई भाग। **~का जोड़ा** वर के घर से कन्या के लिए चौथे दिन आनेवाला कपड़े का कुलक

चौथैया–(पु०) चौथाई भाग, चतुर्थांश

चौदंता–(वि०) 1 चार दाँतोंवाला 3 छोटी उम्र का और अल्हड़

चौदंती–(स्त्री०) 1 अल्हड़पन 2 अक्खड़पन

चौदस–(स्त्री०) चांद्रमास के प्रत्येक पक्ष की चौदहवीं तिथि, चतुर्दशी

चौदह–I (वि०) दस से चार अधिक II (पु०) चौदह की सँख्या

चौदाँत–I (वि०) जिनके दाँत लड़ने के लिए परस्पर आकर आमने-सामने मिल गए हों II (पु०) हाथियों की लड़ाई

चौदानी–*हिं० + फ़ा०* (स्त्री०) 1 चार पत्तियोंवाली कान में पहनने की बाली 2 चार मोतियोंवाली कान की बाली

चौधराइन–(स्त्री०) चौधरी की स्त्री

चौधराई–(स्त्री०) चौधरी होने की अवस्था, चौधरीपन

चौधरात–(स्त्री०) 1 चौधराना 2 चौधराई

चौधराना–(पु०) 1 चौधरी का पद 2 चौधरी का हक़ 3 चौधरी का काम

चौधरी–(पु०) 1 प्रधान, मुखिया 2 अगुआ 3 जाटों, कुर्मियों आदि की पदवी

चौपखा–*बो०* (पु०) 1 चारों ओर की दीवारें 2 चहारदीवारी

चौपट–(वि०) 1 नष्ट-भ्रष्ट, बर्बाद (जैसे-सारा काम-काज चौपट कर दिया) 2 बिगड़ा हुआ (जैसे-उसने अपना जीवन चौपट कर डाला) 3 चारों ओर से खुला हुआ, अरक्षित। **~चरण** *+ सं०* (वि०) जिसके पहुँचते ही तबाही आ जाए, सत्यानाशी

चौपटा–(वि०) 1 चौपट करनेवाला 2 नष्ट-भ्रष्ट करनेवाला

चौपड़–(स्त्री०) 1 चौसर (खेल) 2 चौसर की आकृति का खाट-पलंग आदि की बुनावट 3 मंदिर आदि के आँगन में चौसर आकृति की बनावट। **~मँड़ना, ~मढ़ना, ~माँड़ना** चौपड़ खेलने के लिए बिसात बिछाना

चौपत–I (वि०) 1 चार परतों में लपेटा हुआ 2 चार तहोंवाला II (पु०) वह पत्थर जिसमें लगी कील पर कुम्हार का चाक टिका रहता है

चौपतना–(स० क्रि०) कपड़े आदि तह करना

चौपतिया–I (वि०) 1 चार पत्तोंवाला 2 जिसमें चार पत्तियाँ एक साथ दिखाई दें II (स्त्री०) 1 क़सीदे, चित्रकला आदि में ऐसी बूटी जिसमें चार पत्तियाँ बनी हों 2 चार पन्नों की पुस्तिका

चौपत्ती–(स्त्री०) चार लोगों में खेला जानेवाला ताश का खेल

चौपथ–(पु०) 1 चौराहा, चौमुहानी 2 वह पत्थर जिसकी कील पर कुम्हार का चाक रहता है

चौपदा–(पु०) 1 चार पैरोंवाला पशु, चौपाया 2 चार चरणोंवाला पद्य

चौपन्ना–(पु०) चार पृष्ठ तह वाला कागज़

चौपल–(पु०) = चौपथ

चौपहरा–(वि०) 1 चार पहर का 2 चार-चार पहरों के अंतर पर होनेवाला 3 चारों पहर होता रहनेवाला

चौपहल–*हिं० + फ़ा०* (वि०) चार पहल या पार्श्व का

चौपहलू–*हिं० + फ़ा०* I (वि०) चार पहलुओंवाला II (पु०) = चौपाल

चौपहिया–I (वि०) चार पहियोंवाला II (पु०) चार पहियोंवाली गाड़ी

चौपाई– (स्त्री०) चार चरण का प्रसिद्ध मात्रिक छंद जिसके प्रत्येक चरण में 16 मात्राएँ होती हैं

चौपाया–I (पु०) चार पैरोंवाला पशु, मवेशी II (वि०) जिसमें चार पावे हों

चौपार–*बो०* (स्त्री०) **चौपाल** (पु०) 1 छायादार बड़ा चबूतरा 2 मंडपाकार बैठक जहाँ गाँव के लोग पंचायत करते हैं 3 एक तरह की पालकी जो ऊपर से ढकी एवं चारों ओर से खुली होती है

चौपुरा–(पु०) ऐसा कुआँ जिसपर एक साथ चार पुर चल सकें

चौपेजी–*हिं० + अं० + हिं०* (वि०) चार पृष्ठोंवाला

चौफेर–I (क्रि० वि०) चारों ओर, चारों तरफ़ II (वि०) चार तरफ़ मोड़ा हुआ

चौफेरी–I (स्त्री०) चारों ओर लगाई जानेवाली फेरी, परिक्रमा II (क्रि० वि०) चारों ओर

चौबंदी–*हिं० + फ़ा०* (स्त्री०) 1 चारों ओर से बाँधने की क्रिया 2 एक कुरती जिसके दोनों तरफ़ दो-दो बंद लगते हैं, बगलबंदी 3 घोड़े के चारों सुमों में नाल जड़ने की क्रिया

चौबग़ला–*हिं० + फ़ा० + हिं०* I (पु०) कुरती, अंगे आदि में दोनों बग़ल के नीचे और कली के ऊपर का भाग II (क्रि०

वि०) चारों ओर III (वि०) जिसमें चार पार्श्व हों

चौबच्चा–*फ़ा०* (पु०) =चहबच्चा

चौबरसी–(स्त्री०) घटना आदि के चौथे साल होनेवाला उत्सव, कर्म

चौबा–(पु०) =चौबे

चौबाइन–(स्त्री०) चौबे की स्त्री

चौबाई–(स्त्री०) 1 चारों ओर से बहनेवाली हवा 2 चारों ओर फैलनेवाली बदनामी 3 धूम-धाम

चौबाछा–(पु०) मुग़ल काल में लगनेवाला कर

चौबारा–I (पु०) 1 वह कमरा जिसमें चारों ओर दरवाज़े हों 2 वह कमरा जिसमें चारों ओर खिड़कियाँ हों II (क्रि० वि०) चौथी बार

चौबीस–I (वि०) बीस से चार अधिक II (पु०) चौबीस की संख्या

चौबे–(पु०) चतुर्वेदी

चौबोला–(पु०) 15 मात्राओं का एक मात्रिक छंद

चौभड़–(पु०) =दे० चौघड़

चौमंजिला–*हिं० +अ०* (वि०) चार तल्लोंवाला, चार खंडोंवाला

चौमसिया–(वि०) 1 चौमासे से संबंध रखनेवाला 2 चौमासे में होनेवाला

चौमहला–*हिं० +अ० +हिं०* (वि०) =चौ मंजिला

चौमाप–*हिं० +सं०* (स्त्री०) नाप के लंबाई, चौड़ाई, ऊँचाई एवं काल चारों का समन्वित रूप, चारों आयाम

चौमापी–*हिं० +सं०* (वि०) चार आयामोंवाला

चौमार्ग–*हिं० +सं०* (पु०) चौरस्ता, चौमुहानी

चौमास, चौमासा–I (पु०) 1 वर्षाऋतु के चार महीने, चातुर्मास 2 वर्षा ऋतु में गाया जानेवाला गीत 3 गर्भवती के चौथे माह का कृत्य II (वि०) 1 चातुर्मास में होनेवाला 2 चार महीनों में होनेवाला

चौमासी–(स्त्री०) चातुर्मास का शृंगारिक गीत

चौमुख–*हिं० +सं०* I (क्रि० वि०) चारों तरफ़ II (वि०) चौमुखा

चौमुखा–*हिं० +सं० +हिं०* (वि०) 1 जिसके चारों ओर चार मुख हों 2 जो चारों ओर उन्मुक्त हो (जैसे-चौमुखी लड़ाई छिड़ गई)। ~**दीया जलाना** दिवाला निकालना, दिवालिया बनाना

चौमुहानी–(स्त्री०) चौरस्ता, चौराहा

चौरंग–(पु०) तलवार का एक प्रहार

चौरंगा–(वि०) 1 चार रंगोंवाला, चौरंगा 2 चारों ओर समान रूप से होनेवाला 3 सब तरह से एक जैसा

चौर–*सं०* (पु०) 1 चोर 2 चँवर

चौरस–I (वि०) 1 जो ऊबड़-खाबड़ न हो, समतल (जैसे-चौरस ज़मीन, चौरस आँगन) 2 सब तरफ़ से एक जैसा II (पु०) बर्तन खुरचकर चौरस करनेवाला ठठेरों का एक औज़ार

चौरसाई–(स्त्री०) 1 चौरसपन 2 चौरस करने की मज़दूरी

चौरसाना–(स० क्रि०) चौरस करना, बराबर करना

चौरस्ता–*हिं० +फ़ा०* (पु०) =चौराहा, चौमुहानी

चौरा–(पु०) 1 चबूतरा, वेदी 2 चबूतरे के रूप में बनी हुई वास्तुरचना

चौरानपन (पु०) तस्करी, स्मगलिंग

चौरानवे–I (वि०) नब्बे से चार अधिक II (पु०) 94 की संख्या

चौरासी–I (वि०) जो अस्सी से चार अधिक हो II (पु०) 84 की संख्या

चौराहा–*हिं० +फ़ा० +हिं०* (पु०) चारों ओर से आकर मिलनेवाले रास्तों का केंद्र बिंदु, चौमुहानी, चौरस्ता

चौरी–I *सं०* (स्त्री०) चुराने की क्रिया, चोरी II (स्त्री०) छोटा चँवर

चौरेठा–(पु०) चावल पीसकर बनाया गया महीन चूर्ण

चौर्य–*सं०* (पु०) चोरी। ~**पणन** (पु०) चोरी का व्यापार; ~**वृत्ति** (स्त्री०) 1 चोरी का पेशा 2 चोरी के धन से जीविकोपार्जन करनेवाला

चौर्योन्माद–*सं०* (पु०) चोरी करने का चस्का

चौलड़ा–(वि०) जिसमें चार मालाएँ हों, चार लड़ियोंवाला

चौला–(पु०) एक लता और उसके बीज, बोड़ा, लोबिया

चौलाई–(स्त्री०) एक पौधा जिसका साग खाए जाने योग्य होता है, खादेय साग का पौधा

चौवन–I (वि०) जो पचास से चार ज्यादा हो II (पु०) 54 की संख्या

चौवा–(पु०) =चौआ

चौवाई–(स्त्री०) =चौआई, चौबाई

चौवालिस–(वि०/पु०) चवालिस

चौस–I (पु०) 1 बार-बार जोता हुआ खेत 2 खेत की चौथी जोताई II (पु०) चूर्ण, बुकनी

चौसठ–(वि०/(पु०) =चौंसठ

चौसर–(पु०) 1 चार रंगों की चार-चार गोटियों और तीन पासों से खेला जानेवाला खेल, चौपड़ 2 चौपड़ की बिसात

चौहट्टा–(पु०) 1 ऐसा स्थान जिसके चारों ओर दुकानें हों 2 चौरस्ता, चौमुहानी

चौहड़–(पु०) =दे० चौघड़

चौहत्तर–I (वि०) जो सत्तर से चार ज्यादा हो II (पु०) 74 की संख्या

चौहद्दी–*हिं० +अ० +हिं०* (स्त्री०) किसी स्थान के चारों ओर की सीमा (जैसे-महल की चौहद्दी)

चौहरा–I (वि०) 1 चार तहोंवाला (जैसे-चौहरा कपड़ा) 2 चौगुना II (पु०) 1 एक में बँधी हुई एक प्रकार की चार चीज़ें 2 दे० चौघड़ा

चौहान–(पु०) अग्निकुल के अंतर्गत क्षत्रिय वंश की शाखा

चौहैं–(क्रि० वि०) *बो०* चारों ओर, चारों तरफ़

च्यवन–*सं०* (पु०) 1 चूना, टपकना 2 एक ऋषि

च्यावन–*सं०* (पु०) टपकाना

च्युत–*सं०* (वि०) 1 गिरा हुआ, पतित (जैसे-कर्तव्यच्युत, पदच्युत) 2 टपका हुआ। ~**संस्कारता** (स्त्री०) 1 संस्कार से च्युत होने की अवस्था 2 साहित्यिक रचना में व्याकरण संबंधी दोष

च्युताधिकार–*सं०* (वि०) पद, अधिकार से हटाया हुआ, हटा हुआ

च्युति–*सं०* (स्त्री०) पतन (जैसे-पदच्युति, कर्तव्यच्युति)

च्यूँटा–(पु०) च्यूँटी की जाति या प्रकार का किंतु आकार में उससे बड़ा कीड़ा
च्यूँटी–(स्त्री०) गुड़, शक्कर आदि चीज़ें खानेवाला अत्यंत छोटा कीड़ा
च्यूड़ा–(पु०) चिवड़ा, भुने धान का कूटा हुआ चबेना

छ

छंगा–(वि०) जिसके हाथ में छह उँगलियाँ हों
छँगुलिया, छँगुली–(स्त्री०) हाथ की सबसे छोटी उंगली
छंगू–(पु०) = छंगा
छँटना–(अ० क्रि०) 1 छाँटा जाना 2 अलग होना (जैसे-दल से चार आदमी छँट गए) 3 अनावश्यक अंश निकलना 4 तितर-बितर होना (जैसे-बादलों का छँटना) 5 क्रिया के फलस्वरूप कम होना (जैसे-आँख की लाली छँटना)। **छँटा हुआ** 1 चालाक, 2 धूर्त 3 चुना हुआ
छँटनी–(स्त्री०) छाँटने की क्रिया, छँटाई (विशेषतः कर्मचारियों की)
छँटवाना–(स० क्रि०) छाँटने का काम दूसरे से कराना
छँटाई–(स्त्री०) 1 छाँटने की क्रिया 2 छाँटने की मज़दूरी
छँटाना–(स० क्रि०) *बो०* = छँटवाना
छँटाव–(पु०) छँटाई
छँटैल–(वि०) 1 छँटा हुआ 2 अत्यंत धूर्त
छंदःशास्त्र–*सं०* (पु०) वह शास्त्र जिसमें विभिन्न छंदों के रूप और लक्षण बतलाए जाते हैं
छंद–I *सं०* (पु०) 1 मात्राओं का निश्चित मान जिनके अनुसार पद्य रचना की जाती है (जैसे-मात्रिक छंद, मुक्तक छंद) 2 मात्रा की गणना के अनुसार बना पद्यबंध 3 वेद 4 कपट 5 मतलब। **~मुक्त** (वि०) जो छंद के नियमानुसार न हो (जैसे-छंदमुक्त रचनाएँ आधुनिक काव्य की देन हैं); **~वासी** (पु०) मनमाना आचरण करनेवाला; **~विधान** (पु०), **~व्यवस्था** (स्त्री०) (काव्य रचना में) छंदयोजना; **~शास्त्र** (पु०) = छंद शास्त्र
छंद–II *सं०* (पु०) 1 अभिलाषा, इच्छा 2 अभिप्राय, मतलब 3 कपट, छल 4 तरक़ीब, युक्ति, उपाय
छंदक-दान–*सं०* (पु०) 1 धोखा देना 2 रक्षा दान
छंदक-पत्र–*सं०* (पु०) 1 छल पत्र 2 रक्षा पत्र
छंदक-पेटिका, छंदक-पेटी–*सं०* (स्त्री०) रक्षक पेटी
छंदक-प्रणाली–*सं०* (स्त्री०) रक्षा करने का ढंग
छंदतः–(क्रि० वि०) छल-कपट से
छंदन–(पु०) प्रसन्न करना
छंदना–I (अ० क्रि०) 1 छंद बनाना 2 छंद में कविता करना 3 कविता करना II (अ० क्रि०) बाँधा जाना (जैसे-घोड़े का पैर छंदना)
छँदा–(वि०) दोनों पैर बाँधकर चरने हेतु छोड़ा हुआ (पशु)
छंदाघात–(पु०) (शब्द पर) संगीतात्मक बल
छंदात्मक–*सं०* (वि०) छंद रूप में रचा हुआ, पद्यमय
छंदानुवृत्ति–(स्त्री०) स्वार्थपरायणता
छंदित–*सं०* (वि०) प्रसन्न किया हुआ
छंदोगति–(स्त्री०) ऐसी छंदयोजना कि शब्द में लय और गति हो
छंदोबद्ध–*सं०* (वि०) छंदात्मक, पद्य रूप में, पद्यबद्ध
छंदोभंग–*सं०* (पु०) छंद-रचना में लय और गति का अभाव, छंददोष
छंदोयोजना–*सं०* (स्त्री०) छंद बनाना
छंदोविश्लेष–*सं०* (पु०) छंद का वर्णों और मात्राओं में वर्णन करना
छः–I (वि०) गिनती में पाँच से एक अधिक II (पु०) छह की सँख्या का सूचक अंक, 6। **~कोना** (वि०) षटकोण; **~माही** (वि०) छः महीने में होनेवाला (जैसे-छमाही परीक्षा)
छ–(वि०) = छः
छई–I (वि०) 1 क्षय होनेवाला 2 क्षय रोगवाला II (स्त्री०) क्षय रोग
छक–(स्त्री०) तृप्ति
छक-छक–(स्त्री०) छुक-छुक
छकड़ा–I (वि०) 1 ढीले ढाँचेवाला 2 धीमे चलनेवाली (गाड़ी) II (पु०) माल ढोनेवाली गाड़ी
छकड़ी–(स्त्री०) 1 छ कहारों द्वारा उठाई जानेवाली पालकी 2 छह का समूह
छकना–I (अ० क्रि०) 1 पूर्ण संतुष्ट होना, जी भरकर खाना, अघाना 2 नशे में चूर, मदमस्त होना 3 कौशल, चातुरी आदि में परास्त होना, हारना II (अ० क्रि०) 1 चकराना 2 हैरान होना
छकाछक–I (क्रि० वि०) 1 पूरी तरह से, भरपूर 2 भली-भाँति II (वि०) 1 पूर्णतः तृप्त 2 नशे में भरा हुआ
छकाना–I (स० क्रि०) 1 पूर्णतः संतुष्ट करना 2 भरपेट खिलाना II (स० क्रि०) 1 चक्कर में डालना 2 परेशान करना 3 खिला-पिलाकर तृप्त करना
छकार–*सं०* (पु०) 'छ' वर्ण
छक्का–(पु०) 1 छह का समूह 2 छह अवयवोंवाली वस्तु 3 ताश का छह बूटियोंवाला पत्ता (जैसे-पान का छक्का) 4 चौसर के खेल में पासे का छह बिंदियोंवाला पहल 5 छह रनों का समूह (क्रिकेट)। **~पंजा** (पु०) दाँव-पेंच, छल-कपट, चालबाज़ी; **~छूटना** 1 हिम्मत हारना 2 परेशान होना; **~पंजा भूल जाना** अक़्ल का काम न करना, उपाय न चलना; **छक्के छुड़ाना** हौसला पस्त करना, पैर उखाड़ देना; **छक्के छूटना** बुद्धि चकराना
छक्केबाज़–*हिं० + फ़ा०* (वि०) 1 अत्यधिक चालबाज़ 2 अत्यंत धूर्त

छक्केबाज़ी–*हिं० + फ़ा०* (स्त्री०) धूर्तता

छगन–(पु०) छोटा बच्चा, छोटा बालक। ~**मगन** (पु०) छोटे-छोटे हँसते-खेलते बच्चे

छगल–(पु०) बकरा (स्त्री० छगली)

छगुनी–(स्त्री०) छँगुलियाँ

छछिआ, छछिया–(स्त्री०) छाछ रखने का मिट्टी का छोटा पात्र

छछूँदर–(पु०) 1 चूहे की जाति का दुर्गंधयुक्त प्रसिद्ध जंतु 2 एक तरह की आतिशबाज़ी जिसके छूटने पर छू-छू ध्वनि निकलती है। ~**छोड़ना** झगड़ा लगाना, खुराफ़ात करना

छजली–(स्त्री०) 1 छोटा और पतला छज्जा 2 दीवार के बाहर निकली ऊपरी भाग पर बनी छज्जे के आकार की वास्तु रचना, कारनिस

छज्जा–(पु०) 1 दीवार से बाहर निकली हुई छत का भाग, बारजा 2 ओलती, ओरी

छज्जेदार–*हिं० + फ़ा०* (वि०) जो किनारा आगे को निकाला हुआ हो, आगे को निकला हुआ किनारा (जैसे-छज्जेदार मकान)

छटंकी–I (स्त्री०) छटाँक भर तौल का बटखरा II बहुत छोटा एवं हल्का

छटकना–(अ० क्रि०) 1 उछलकर दूर जा गिरना (जैसे-हाथ से अठन्नी छटकना) 2 बंधन से निकल जाना 3 उछलना, कूदना (जैसे-इतना छटकते क्यों हो) 4 दूर रहना 5 बंधन से निकलने का प्रयत्न करना (जैसे-व्यर्थ का छटकना)

छटका–(पु०) 1 दो जलाशयों के बीच मछली फँसाने का तंग गड्ढा 2 झटका

छटकाना–(स० क्रि०) 1 उछालना 2 झटका देकर छुड़ाना 3 दूर करना

छटनी–(स्त्री०) = छँटनी

छटपट–I (वि०) 1 तेज, फुर्तीला 2 चंचल II (स्त्री०) छटपटाने की क्रिया

छटपटाना–(अ० क्रि०) 1 पीड़ा के कारण हाथ पैर आदि पटकना (जैसे-दर्द से बच्चे का छटपटाना) 2 अधिक दुःख के कारण परेशान होना 3 उद्देश्य आदि की सिद्धि हेतु अत्यंत चिंतित होना

छटपटाहट, छटपटी–(स्त्री०) 1 छटपटाने की क्रिया 2 घबराहट 3 आतुरता, आकुलता

छटाँक–(स्त्री०) 1 एक सेर का सोलहवाँ भाग, पाँच तोला 2 सेर के सोलहवें भाग का बटखरा

छटा–*सं०* (स्त्री०) 1 शोभा, छवि 2 दीप्ति, चमक (जैसे-देवमंदिर में मूर्ति की छटा)। ~**मंडल** (पु०) प्रकाश का घेरा

छटाभा–*सं०* (स्त्री०) 1 बिजली 2 बिजली की चमक

छटुआ–*बो०* (वि०) छाँटकर निकाला हुआ

छठ–(स्त्री०) जन्म से छठे दिन की रस्म

छठवाँ, छठा–(वि०) छः के स्थान पर आनेवाला

छठी–(स्त्री०) 1 चांद्रमास के प्रत्येक पक्ष की छठवीं तिथि 2 शिशु के जन्म के छठे दिन होनेवाला उत्सव। ~**पसनी** (स्त्री०), ~**का दूध निकलना** 1 कड़ी मेहनत पड़ना 2 बचपन का खाया-पिया निकलना; ~**का दूध याद आना** 1 अत्यधिक कष्ट मिलने से बचपन का सुख याद आ जाना 2 अत्यधिक कठिन मेहनत पड़ना

छठे-छमासे–(क्रि० वि०) कभी कभार, कभी कभी

छड़–(पु०) धातु आदि का लंबा डंडा। ~**दार** *+ फ़ा०* (वि०) छड़वाला

छड़ना–(स० क्रि०) 1 अनाज के दाने भूसी अलग करना 2 खूब मारना

छड़ा–I (पु०) 1 पैर में पहनने का एक गहना 2 मोतियों की लड़ी 3 गुच्छा II (वि०) अकेला, एकाकी

छड़िया–I (पु०) ड्योढ़ीदार II (वि०) जिसके हाथ में छड़ी हो

छड़ी–(स्त्री०) 1 बाँस आदि का पतला एवं छोटा डंडा, सोटी 2 क़ब्र, मज़ार पर लगाई जानेवाली झंडी 3 बाँस आदि की वह डंडी जिसपर फूल-पत्तियाँ आदि बँधी रहती हैं। ~**दार** *+ फ़ा०*, बरदार *+ फ़ा०* (पु०) = चोबदार

छत–(स्त्री०) 1 कमरे की पाटन, छाजन 2 पाटन का ऊपरी भाग 3 पाटन का नीचला तल। ~**गीर** *+फ़ा०* (पु०) कमरे में ऊपर वाली छत को ढकने के लिए तानी जानेवाली चाँदनी; ~**गीरी** *–फ़ा० + हिं०* (स्त्री०) कमरे की छत के नीचले भाग को ढकने हेतु बाँधी गई चाँदनी; ~**दार** *+ फ़ा०* (वि०) छतवाला, छत पड़ा हुआ

छतना–I (स० क्रि०) छत डालना, छत बनाना II (अ० क्रि०) छाया जाना

छतनार, छतनारा–(वि०) जिसकी शाखाएँ छत की तरह चारों तरफ़ दूर-दूर तक फैली हों

छतरी–(स्त्री०) 1 लोहे की तीलियों पर कपड़ा चढ़ाकर वर्षा आदि से बचने के लिए बनाया हुआ आच्छादन या आवरण, छाता 2 खुले स्थान के ऊपर का मंडप 3 चँदोवा 4 छत्राकार मँड़ई 5 बाँस की पत्तियों का टट्टर 6 हवाई जहाज़ से कूदने का छाता, पैराशूट। ~**धारी** *+ सं०* (वि०) छतरी धारण करनेवाला; ~**फ़ौज** *+ अ०* (स्त्री०) छतरी के सहारे वायुयान से नीचे उतरनेवाली सेना; ~**बाज़** *+ फ़ा०* (पु०) छतरी के सहारे (हवाई जहाज़ से) उतरनेवाला; ~**सैनिक** *+ सं०* (पु०) छतरीबाज़ सिपाही

छतिया–(स्त्री०) = छाती

छतियाना–(स० क्रि०) 1 छाती से लगाना, छाती से सटाना 2 छाती के पास लाना

छतीसा–(वि०) 1 अत्यंत चालाक 2 ढोंगी

छतौना–(पु०) छाता

छत्ता–(पु०) 1 छतरी, छाता 2 मधुमक्खियों आदि का घर 3 वह पौधा जिसकी शाखाएँ छतरीनुमा फैली हों 4 कमल का बीजकोष। ~**पेटी** (स्त्री०) पेटी में मधुमक्खियाँ पालने की युक्ति

छत्तीस–I (वि०) जो तीस से छः अधिक हो II (पु०)

छत्तीस की संख्या

छत्तीसा–(वि०) 1 बहुत चालाक 2 मक्कार

छत्तीसी–(स्त्री०) छिनाल

छत्र–*सं०* (पु०) 1 राज-सिंहासन के ऊपर लगाया जानेवाला बड़ा छाता 2 छतरी। ~**छाँह** + *हिं० बो०* (स्त्री०), **छत्र-छाया** (स्त्री०) ऐसा आश्रय जो छाते की तरह सुरक्षित रखनेवाला और सुखद हो, शरण; ~**धर** (पु०) 1 छत्र धारण करनेवाला राजा 2 छत्र लगानेवाला सेवक; ~**धारी** (वि०) छत्र धारण करनेवाला; ~**पति** (पु०) बहुत बड़ा राजा; ~**भंग** (पु०) 1 राजा का नाश, राज्य का पतन 2 अराजकता; ~**हीन** (वि०) बिना छत्र का

छत्रक–*सं०* (पु०) 1 छतरी 2 शहद का छत्ता 3 कुकरमुत्ता, खुंभी

छत्रकायमान्–*सं०* (वि०) छत्रक रूप में होनेवाला

छत्राक–(पु०) खुंभी

छत्री–I (पु०) = क्षत्रिय II (स्त्री०) छतरी। ~**धारी** + *सं०* (वि०) = छतरीधारी

छद, छदन–*सं०* (पु०) 1 ढकनेवाली चीज़, आवरण 2 खाल 3 छाल 4 खोल, ग़िलाफ़

छदाम–(पु०) पुराने पैसे का चौथाई भाग

छद्म–I *सं०* (पु०) 1 छल, कपट, ढोंग 2 असली रूप छिपाना 3 बदला हुआ रूप, भेस 4 आवरण II (वि०) बनावटी, कृत्रिम। ~**तापस** (पु०) कपटी साधु; ~**नाम** (पु०) बनावटी नाम; ~**युद्ध** (पु०) दिखाऊ युद्ध, नकली लड़ाई; ~**लीला** (स्त्री०) कपटलीला; ~**वेश** (पु०) बनावटी रूप; ~**वेशधारी**, ~**वेशी** (वि०) भेस बदलनेवाला, कपटवेशी

छद्मावरण–*सं०* (पु०) धोखा देने के लिए वस्तु का रूप ढक देना

छद्मी–*सं०* (वि०) 1 = छद्मवेशी 2 छली

छन–I (पु०) क्षण, पल 2 पुण्यकाल II (स्त्री०) 1 जलते तवे आदि पर पानी, कलकलाते घी, तेल आदि में आटे की लोई आदि के पड़ने से होनेवाली आवाज़ 2 घुँघरू आदि की ध्वनि, झनकार। ~**छन** (स्त्री०) छन-छन की आवाज़

छनक–I (स्त्री०) 1 छन-छन शब्द, झनकार (जैसे- घुँघरुओं की झनक) 2 छन-छन शब्द होने की अवस्था II (क्रि० वि०) क्षण-भर III (वि०) 1 क्षणिक, क्षण भंगुर 2 क्षण-क्षण में अपना विचार बदलनेवाला। ~**मनक** (स्त्री०) 1 झनकार 2 सजधज, नखरा

छनकना–I (अ० क्रि०) 1 छन-छन शब्द होना, झनकार होना 2 छनछनाना II (अ० क्रि०) चौंकना, भड़कना

छनकाना–I (स० क्रि०) 1 गर्म, तपे हुए पात्र में द्रव पदार्थ डालकर गर्म करना 2 पानी को खौलाकर उसका परिमाण कम करना II (स० क्रि०) भड़काना, चौंकाना

छनछनाना–I (अ० क्रि०) 1 छन-छन शब्द होना 2 खौलते घी, तेल में तलने हेतु वस्तु आदि डालने पर छन-छन की आवाज़ होना, बजना II (स० क्रि०) छन-छन ध्वनि उत्पन्न करना

छनछनाहट–(स्त्री०) छन छन की आवाज़

छनन-मनन–(पु०) 1 घुँघरुओं आदि के बजने से होनेवाला छन-छन शब्द 2 खौलते घी, तेल में डाले गए पदार्थ से उत्पन्न होनेवाला शब्द

छनना–I (अ० क्रि०) 1 छाया जाना, छानने की क्रिया होना 2 छोटे-छोटे छिद्रों से होकर निकलना 3 अलग होना II (पु०) 1 छानने का साधन महीन कपड़ा आदि (जैसे-दूध छनना, चाय छनना) III (अ० क्रि०) 1 मादक पदार्थ का सेवन किया जाना (जैसे-शराब, भाँग आदि छनना) 2 खौलते तेल आदि में सिक्त होकर पूरी कचौरी आदि निकलना। **गाढ़ी** ~ घनिष्ठ संबंध होना (जैसे-आजकल दोनों मित्रों में गाढ़ी छन रही है)

छनवाना–(स० क्रि०) छानने का काम अन्य से कराना

छनाका–(पु०) 1 छन की आवाज़ 2 झनकार

छनाना–(स० क्रि०) 1 = छनवाना 2 पिलाना (जैसे-मित्रों को भाँग छनाना)

छन्ना–(पु०) 1 द्रव पदार्थ आदि छानने का महीन कपड़ा 2 चलनी, छलनी

छप–(स्त्री०) 1 तरल पदार्थ, जल आदि के गिरने से उत्पन्न शब्द 2 ज़ोर से छींटा पड़ने का शब्द

छपकना–(अ० क्रि०) पतली चीज़ से प्रहार करना

छपका–I (पु०) 1 बाँस आदि की कमाची 2 पतली छड़ी II (पु०) 1 वस्तु को कीचड़, जल आदि में फेंककर उसे उछालने की क्रिया 2 कपड़े आदि पर पड़ा कीचड़ आदि का धब्बा III (पु०) सिर पर पहनने का एक गहना

छपछपाना–I (अ० क्रि०) छप-छप शब्द होना II (स० क्रि०) छप-छप शब्द करना

छपटी–(स्त्री०) लकड़ी का टुकड़ा

छपद–(पु०) भौंरा, भ्रमर

छपना–(अ० क्रि०) 1 मुद्रित होना (जैसे-समाचार छपना, पुस्तक छपना) 2 ठप्पे आदि की छाप से युक्त होना (जैसे-धोती छपना)

छपरखट, छपरखाट–(स्त्री०) वह पलंग जिसके ऊपर डंडों के सहारे कपड़ा तना हो

छपरबंद–*हिं० + फ़ा०* (वि०/पु०) = छप्पर बंद

छपरबंदी–*हिं० + फ़ा०* (स्त्री०) = छप्पर बंदी

छपरा–*बो०* (पु०) 1 छप्पर 2 बाँस का टोकरा

छपरिया, छपरी–*बो०* (स्त्री०) 1 छोटा छप्पर 2 झोंपड़ी

छपवाना–(स० क्रि०) = छपाना

छपवैया–(वि०) छापनेवाला (जैसे-समाचार छपवैया)

छपा छपाया–(वि०) जो छपा हुआ प्राप्त हुआ हो (जैसे-छपा छपाया पत्र)

छपाई–(स्त्री०) 1 छपने-छापने की क्रिया 2 छपने-छापने का पारिश्रमिक

छपाका–(पु०) 1 कीचड़, पानी आदि में कोई वस्तु फेंकने से होनेवाला शब्द 2 धाराओं के टकराने से उत्पन्न शब्द 3 छींटा (जैसे-ज़ोर का छपाका मारना)
छपाछप–(स्त्री०) पानी पर हाथ मारने की आवाज़
छपाना–(स० क्रि०) 1 छापने का काम दूसरे से कराना 2 टीका लगवाना
छपाव–*बो०* (पु०) = छिपाव
छप्पन–I (वि०) पचास से छः अधिक II (पु०) 56 की संख्या
छप्पय–(पु०) छः चरणोंवाला मात्रिक छंद जिसमें पहले चरण में रोला के और फिर दो चरण उल्लाला के होते हैं
छप्पर–(पु०) बाँस, लकड़ी, फूस आदि से बनाई गई झोंपड़ी पर्णकुटी। ~**बंद** *+फ़ा०* I (पु०) छप्पर छानेवाला मजदूर II (वि०) जो छप्पर में रहता हो; ~**बंदी** *+ फ़ा०* (स्त्री०) 1 छप्पर छाने का काम 2 छप्पर छाने की उजरत; ~**टूट पड़ना** एकाएक कोई बड़ा संकट आ पड़ना; ~**पर फूस न होना** अत्यधिक निर्धन होना; ~**फाड़कर देना** 1 अनायास बहुत अधिक धन देना 2 बिना परिश्रम के घर बैठे देना
छबड़ा–(पु०) = टोकरा, झाबा (स्त्री० छबड़ी)
छबीना–(पु०) पड़ाव
छबीला–(वि०) 1 जो बन ठनकर रहता हो, छैला, बाँका 2 छवियुक्त, सुंदर
छब्बीस–I (वि०) जो बीस से छः अधिक हो II (पु०) 26 की संख्या
छमक–(स्त्री०) छमकने की क्रिया
छमकना–(अ० क्रि०) 1 घुँघरुओं आदि के बजने का शब्द होना 2 स्त्रियों का आभूषण पहनकर इठलाते हुए इधर-उधर आना-जाना
छम-छम–I (स्त्री०) 1 पायल, घुँघरू आदि के बजने से उत्पन्न ध्वनि 2 ज़ोर से पानी बरसने का शब्द (जैसे-छम-छम वर्षा होना) II (क्रि० वि०) 1 छम-छम शब्द करते हुए 2 चमकते-मटकते हुए
छमछमाना–I (अ० क्रि०) 1 छम-छम शब्द उत्पन्न होना 2 चमकना II (स० क्रि०) छम-छम शब्द उत्पन्न करना
छमाछम–(क्रि० वि०) छमछम
छमाशी–(स्त्री०) छः माशे की तौल का बाट
छमाही–I *हिं० + फ़ा०* (स्त्री०) 1 छः माह बाद होनेवाला कृत्य (जैसे-छमाही परीक्षा) 2 छः माह का समय II (वि०) हर छः माह पर होनेवाला
छरकना–(अ० क्रि०) बिखरना
छर-छर–(पु०) चुन चुन शब्द
छरछराना–I (अ० क्रि०) 1 घाव में चुनचुनाहट होना या जलन होना 2 कणों का बिखरना II (स० क्रि०) चुनचुनाहट उत्पन्न करना, जलन पैदा करना
छरछराहट–I (स्त्री०) 1 'छर-छर' ध्वनि में गिरने की आवाज़ 2 चुनचुनी
छरछराहट–II (स्त्री०) पीड़ा, जलन
छरद–(स्त्री०) क़ै, वमन
छरना–I (अ० क्रि०) 1 चूना, **रिसना** 2 छँटना, अलग होना II (स० क्रि०) 1 ठगना, छलना 2 मोहना 3 आतंकित करना
छरहरा–(वि०) 1 दुबला-पतला 2 चुस्त, फुर्तीला
छरा–(पु०) 1 माला, हार की लड़ी 2 इज़ारबंद
छरोरा–*बो०* (पु०) शरीर के छिलने से बना हुआ ज़ख़्म, घाव
छर्दि–*सं०* (स्त्री०) क़ै, उल्टी, वमन, मतली
छर्दिघ्न–*सं०* (पु०) क़ै रोकने की दवाई
छर्रा–(पु०) 1 घुँघरुओं, गहनों आदि में भरी जानेवाली कंकड़ी 2 सीसे, लोहे के छोटे-छोटे टुकड़े जो बारूद के साथ बंदूक़ में भरे जाते हैं 3 कंकड़। ~**पिलाना** बंदूक में छर्रा भरना
छल–*सं०* (पु०) 1 धोखा, कपट 2 बहाना। ~**कपट** (पु०) धोखेबाज़ी; ~**छंद, छद्म** (पु०) 1 छल पूर्ण व्यवहार 2 कपट-जाल, चालबाज़ी; ~**छंदी** (वि०) छल-कपट करनेवाला; ~**छाया** (स्त्री०) कपटजाल, माया; ~**छिद्र** (पु०) = दे० छल-कपट; ~**छिद्रण** (पु०) (दूसरों के) छलछिद्र (दोष) निकालना; ~**छिद्री** (वि०) कपटी; ~**बल** (पु०) मायाजाल
छलक–(स्त्री०) छलकने की क्रिया
छलकना–(अ० क्रि०) 1 उमड़कर बाहर गिरना (जैसे-आँखों से आँसू छलकना) 2 झटके से उछलकर बाहर आना (जैसे-लोटे से दूध छलकना) 3 चारों ओर से फैला हुआ दिखाई पड़ना (जैसे-हृदय में प्रेम का छलकना)
छलकाना–(स० क्रि०) हिलाकर गिराना (जैसे-बाल्टी का पानी छलकाना)
छल-छल–(पु०) पानी के छलकने की ध्वनि
छलछलाना–(अ० क्रि०) आँखों में आँसू भर आना, आर्द्र हो जाना
छलन–*सं०* (पु०) छलने की क्रिया, छलना
छलना–I (स० क्रि०) धोखा देना, ठगना *सं०* (स्त्री०) 1 छलने का भाव 2 धोखा, वंचना (जैसे-सृष्टि स्वयं में छलना है) 3 छल करनेवाली स्त्री (जैसे-छलनाओं से दूर रहना) 4 माया, भ्रांति
छलनी–(स्त्री०) 1 आटा आदि छानने का जालीदार छोटा उपकरण, चलनी 2 छलनीदार वस्तु। ~**में डालकर छाज में उड़ाना** थोड़े से दोष को लेकर अत्यधिक बदनाम करना; ~**हो जाना** फट-चिथकर बेकार हो जाना, नष्ट हो जाना
छलबल–(स्त्री०) 1 चटक-मटक 2 शोभा
छलाँग–(स्त्री०) वेग पूर्वक उछलकर अन्य स्थान पर जाने की क्रिया। ~**भरना,** ~**मारना** 1 बहुत तेज़ चलना 2 शीघ्र तरक्क़ी करना
छलावरण–*सं०* (पु०) धोखा देने के लिए रूप या स्थान को ढक लेना
छलावा–(पु०) 1 धोखा 2 भ्रांति, माया 3 जगलों और

दलदलों में दिखाई देनेवाला फ़ासफ़ोरस का प्रकाश, भूत-प्रेतादि की तुरंत अदृश्य हो जानेवाली छाया। ~**खेलना** अगिया वैताल का इधर-उधर दिखाई देना; ~**हो जाना** ग़ायब हो जाना

छलित–*सं०* (वि०) जो छला गया हो, प्रतारित

छलिया–(वि०) छलनेवाला

छली–*सं०* (वि०) छलपूर्ण आचरण करनेवाला

छलौरी–(स्त्री०) *चि०* नाखूनों के नीचे का मांस सड़ने का रोग

छल्ला–(पु०) 1 धातु आदि की बनी अँगूठी के आकार की गोलाकार रचना 2 अँगूठी के आकार की गोलाकार आकृति (जैसे-बालों का छल्ला)

छल्ली–*सं०* (स्त्री०) 1 छाल 2 लता 3 मक्का की बाल

छल्लेदार–*हिं० + फ़ा०* (वि०) 1 मंडलाकार घेरेवाला 2 जो छल्लों से युक्त हो

छवना–(पु०) दे० छौना

छवाई–(स्त्री०) 1 छाने-छवाने की क्रिया 2 छाने-छवाने की उजरत

छवाना–(स० क्रि०) छाने का काम अन्य से कराना

छवि–*सं०* (स्त्री०) 1 शोभा 2 सुंदरता। ~**चित्र** (पु०) सुंदर फ़ोटो, तस्वीर; ~**चित्रकार** (वि०) सुंदर तस्वीर, फ़ोटो निकालने वाला; ~**मय** (वि०) जो छवि युक्त हो, जो सुंदर हो

छवि–*अ०* (स्त्री०) 1 तस्वीर 2 चित्र। ~**गृह** *+ सं०* (पु०) सिनेमाघर, चल चित्र भवन

छवैया–*बो०* (पु०) छाने-छवाने का काम करनेवाला व्यक्ति

छहरना–(अ० क्रि०) बिखरना

छहियाँ–*बो०* (स्त्री०) = छाँह

छाँगना–(स० क्रि०) काटना, छाँटना

छाँगुर–(वि०/पु०) = छंगा

छंगुरता–(स्त्री०) छह उँगलियाँ होना

छाँछ–(स्त्री०) 1 = छाछ 2 छाछ रखने का मिट्टी का छोटा पात्र, छछिया

छाँट–I (स्त्री०) 1 छाँटने की क्रिया 2 छाँटकर अलग किया गया रद्दी अंश 3 चुनाव 4 दे० छँटनी II *बो०* (स्त्री०) कै, वमन

छाँटन–(स्त्री०) = छाँट I

छाँटना–(स० क्रि०) 1 काटकर अलग करना (जैसे-सिर के बाल छाँटना) 2 अनाज की भूसी अलग करना (जैसे-धान आदि छाँटना) 3 साफ़ करना (जैसे-कपड़े की मैल छाँटना) 4 काम की वस्तुएँ अलग करना (जैसे-पुस्तकें छाँटना) 5 अवांछनीय अंश काट देना एवं उपयोगी अंश ले लेना (जैसे-निबंध-लेख आदि छाँटना) 6 अनावश्यक रूप से योग्यता का बखान करना (जैसे-पंडिताई छाँटना) 7 कतरकर छोटा करना (जैसे-पैजामा छाँटना)

छाँड़-चिट्ठी–(स्त्री०) रिहाई का परवाना

छाँड़ना–(स० क्रि०) *बो०* = छोड़ना

छाँद–(स्त्री०) 1 चौपायों के पैरों में बाँधी जानेवाली रस्सी 2 छाँदने की क्रिया

छाँदना–(स० क्रि०) 1 रस्सी से बाँधना (जैसे-असबाब आदि बाँधना-छाँदना) 2 चौपायों के पिछले दोनों पैर बाँधना

छाँदस–*सं०* (वि०) वेद संबंधी, वैदिक

छाँव–(स्त्री०) = छाँह

छाँस–(स्त्री०) अनाज छाँटने से निकला कूड़ा करकट

छाँह–(स्त्री०) 1 = दे० छाया 2 ऊपर से छाया हुआ स्थान 3 शरण। ~**गीर** *+ फ़ा०* (पु०) 1 चँदोआ 2 राजछत्र 3 दर्पण; ~**न छूने देना** पास न आने देना; ~**बचाना** बहुत दूर रहना

छाक–(स्त्री०) 1 छकने की क्रिया, तृप्ति 2 दोपहर का कलेवा 3 चाट 4 नशा 5 मादक पदार्थ

छाग–*सं०* (पु०) 1 बकरा 2 बकरी का दूध

छागल–I (स्त्री०) पानी भरने की कपड़े की मशक, डोल

छागल–II (स्त्री०) पाँव में पहनने का एक गहना

छागल–*सं०* (पु०) बकरा

छागी–(स्त्री०) बकरी

छाछ–(स्त्री०) मट्ठा (जैसे-छछिया भर छाछ पै नाच नचावैं)

छाज–(पु०) 1 सूप 2 छप्पर 3 छज्जा। **छाजों में मेह बरसना** मूसलाधार वर्षा होना

छाजन–I (स्त्री०) 1 छाने की क्रिया 2 छाने की मज़दूरी, छवाई 3 छप्पर 4 छदम रूप 5 त्वचा रोग जिसमें जलन होती है, अपरस II (पु०) कपड़ा, वस्त्र

छाजना–I (अ० क्रि०) 1 सुंदर लगना 2 सुशोभित होना, फबना II (स० क्रि०) 1 सुंदर बनाना, सजाना 2 सुशोभित करना

छाता–(पु०) 1 दे० छतरी 2 छत्ता। ~**धारी** *+ सं०* (वि०) = छतरीधारी; ~**सैनिक** *+ सं०* (पु०) = छतरी सैनिक

छाती–(स्त्री०) 1 वक्षःस्थल, सीना 2 (स्त्रियों के) स्तन 3 हृदय, मन 4 साहस, हिम्मत। ~**का काँटा** हमेशा दुःख देनेवाली चीज़; ~**कूटना** दे० छाती पीटना; ~**के किवाड़ खुलना** 1 छाती फटना 2 गहरी चीख निकलना; ~**छलनी होना** दुःख, आघात सहते-सहते ऊब जाना, कलेजा पक जाना; ~**जलना** 1 मन का अत्यधिक संतप्त होना 2 अति द्वेष, ईर्ष्या होना; ~**जुड़ाना** अभिलाषा पूर्ण होने पर मन का शांत होना; ~**ठंडी करना** जी की जलन को शांत करना; ~**ठंडी होना** मन शांत होना; ~**ठोंककर कहना** कठिन कार्य करने की प्रतिज्ञा करना, विश्वास दिलाना; ~**देना** स्तन से बच्चे को दूध पिलाना; ~**धड़कना** आशंका आदि से हृदय का जल्दी-जल्दी स्पंदित होना; ~**निकालकर चलना** अकड़कर चलना; ~**पकना** 1 परेशान हो जाना 2 स्तनों में घाव होना; ~**पत्थर की करना** हृदय को कठोर बनाना; ~**पर का जम** हर पल साथ लगा रहनेवाला आदमी; ~**पर का पत्थर** ऐसी वस्तु, व्यक्ति जिसकी चिंता हमेशा बनी रहे; ~**पर मूँग दलना** 1 दिखा-दिखाकर जलाने-कुढ़ानेवाली बात कहना 2 सौत लाना; ~**पर लादकर ले जाना** मरने पर साथ ले जाना; ~**पर पत्थर धर लेना** दे० छाती पत्थर की करना; ~**पर बाल होना** भरोसा करने लायक होना; ~**छाती पर साँप लोटना** 1 अत्यंत गहरी वेदना होना 2 ईर्ष्या से हृदय जल

उठना; ~**पीटना** मातम मनाना; ~**फटना** 1 दुःख का असह्य हो जाना 2 ईर्ष्या डाह करना; ~**फुलाना** गर्व करना, इतराना; ~**से लगाना** आलिंगन करना, गले लगाना; ~**से लगा रखना** पास से हटने न देना

छात्र–I *सं०* (पु०) 1 विद्यार्थी 2 शिष्य II (वि०) गुरू पर छत्र लगाकर उसके पीछे चलनेवाला। ~**आंदोलन** (पु०) छात्रों द्वारा की गई हलचल; ~**वृत्ति** (स्त्री०) विद्यार्थी को सहायतार्थ मिलनेवाला धन, वज़ीफ़ा; ~**वेतन** (पु०) विद्यार्थियों को अध्ययन काल में दिया जानेवाला रुपया-पैसा आदि

छात्रक–*सं०* (पु०) विद्यार्थी, छात्र

छात्रा–*सं०* (स्त्री०) 1 महिला विद्यार्थी 2 शिष्या

छात्राध्यापक–*सं०* (पु०) अध्यापन का प्रशिक्षण प्राप्त करनेवाला विद्यार्थी

छात्रालय, छात्रावास–*सं०* (पु०) स्कूल या कालेज से संबद्ध इमारत जिसमें विद्यार्थी रहते हैं, होस्टल

छाद–*सं०* (पु०) 1 छत 2 छप्पर

छादक–*सं०* (वि०)/(पु०) 1 ढँकनेवाला 2 छानेवाला

छादन–*सं०* (पु०) 1 छाने की क्रिया 2 छाने या ढकने की वस्तु, आवरण 3 छिपाव, दुराव 4 पर्दा 5 कपड़ा

छादित–*सं०* (वि०) 1 ऊपर छाया हुआ, आच्छादित 2 ढका हुआ

छादिनी–*सं०* (स्त्री०) खाल, चमड़ी

छाद्मिक–*सं०* (वि०) 1 बहुरूपिया 2 ढोंगी

छान–I (स्त्री०) 1 छप्पर, छाजन 2 छानने की क्रिया (जैसे-छान बीन करना) II (स्त्री०) चौपायों के पैरों में बाँधी जानेवाली रस्सी

छानना–(स० क्रि०) 1 आटे आदि का मोटा कण छलनी से निकालना 2 दूध आदि को साफ करने के लिए बारीक कपड़े आदि से निकालना (जैसे-चाय छानना, जल छानना) 3 मिश्रित वस्तुओं को अलग-अलग करना, बिलगाना 4 ढूँढ़ना, खोजना (जैसे-सारा शहर छान डाला किंतु कुछ भी पता न चला) 5 जाँच-पड़ताल करना 6 नशा करना, नशा पीना 7 घी, तेल आदि में तलना 8 दे० छाँदना

छान-बीन–(स्त्री०) 1 छानने और बीनने की क्रिया 2 जाँच पड़ताल (जैसे-अपराध की छान-बीन करना)

छाना–I (स० क्रि०) 1 ढकना, आवरण डालना (जैसे-झोंपड़ी पर छप्पर छाना) 2 तानना, फैलाना (जैसे-चादर से खुली सब्जियाँ छा दो) 3 निर्मित करना II (अ० क्रि०) ऊपर फैलना, पसरना (जैसे-बादल छाना, अंधकार छाना)

छानी–(स्त्री०) घास-फूस की छाजन, छप्पर

छाप–(स्त्री०) 1 छापने की क्रिया 2 छापने का ठप्पा, साँचा 3 छापने से बननेवाला चिह्न (जैसे-कलाई पर शंख की छाप) 4 मुहर का निशान 5 असर, प्रभाव (जैसे-किसी की छाप पड़ना, छाप डालना)

छापना–(स० क्रि०) 1 मुद्रित करना 2 तल पर काला काग़ज़ रखकर लिखना, चित्र बनाना जिससे दूसरी तरफ़ छप जाए (जैसे-कारबन पेपर से छापना) 3 ठप्पे आदि पर स्याही लगाकर किसी वस्तु पर दबाना जिससे ठप्पे पर बनी आकृति छप जाए

छापा–(पु०) 1 ठप्पा 2 ठप्पे से बना निशान 3 तप्त मुद्रा से शरीर पर अंकित चिह्न 4 मांगलिक अवसर पर पाँचों उँगलियों में हल्दी लगाकर दीवारों आदि पर लगाया गया निशान 5 छापने का यंत्र 6 अचानक किया जानेवाला हमला (जैसे-आक्रमणकारियों द्वारा छापा मारना)। ~**ख़ाना** + *फ़ा०*, ~**घर** (पु०) वह स्थान जहाँ छपाई का काम होता है, मुद्रणालय, प्रेस; ~**मार** आकस्मिक आक्रमण करनेवाला; ~**मारी** (स्त्री०) छापा मारने की क्रिया

छापेमार–(वि०) अचानक आक्रमण करनेवाला।

छाबड़ी–(स्त्री०) खोंचा, टोकरी। ~**वाला** (पु०) खोमचे वाला

छायांक–*सं०* (पु०) चंद्रमा

छायांकन–*सं०* (पु०) फ़ोटो लेना

छायांकित–*सं०* (वि०) फ़ोटो या अक्स बनाया हुआ

छाया–*सं०* (स्त्री०) 1 अंधकार पूर्ण वातावरण जहाँ प्रकाश की किरणें आड़/आवरण आदि के कारण न पहुँच सकें 2 अंधकारमय वातावरण 3 परछाईं, प्रतिबिंब (जैसे-पेड़ गमले की छाया, उड़ते पतंग की छाया देखो) 4 आश्रय, सहारा (जैसे-मैं अनाथ आपकी छाया में ही रहना चाहता हूँ) 5 कालापन, शेड 6 बाधा (जैसे-भूत, प्रेत आदि की छाया) 7 कांति, दीप्ति। ~**गणित** (पु०) ग्रहों की गतिविधि जानने का गणित; ~**चित्र** (पु०) अक्सी तस्वीर, फ़ोटो; ~**चित्रण** (पु०) छाया चित्र उतारने का काम, फ़ोटोग्राफ़ी; ~**तनय** (पु०) शनि; ~**दान** (पु०) अनिष्ट की शांति हेतु घी/तेल में अपनी छाया देखकर किया जानेवाला दान; ~**दार** + *फ़ा०* (वि०) जो छाया करनेवाला हो (जैसे-छायादार वृक्ष); ~**नट** (पु०) रात के प्रथम पहर में गाया जानेवाला संकर राग; ~**नाट्य** (पु०) छाया कृति द्वारा अभिनीत पुतली का नाट्य; ~**पथ** (पु०) आकाश गंगा; ~**पात्र** (पु०) छायादान करने का तैलपात्र; ~**पुरुष** (पु०) काल्पनिक झलक; ~**भास** (पु०) झूठी छाया; ~**यंत्र** (पु०) 1 छाया द्वारा समय का ज्ञान करानेवाला यंत्र 2 धूपघड़ी; ~**लोक** (पु०) अमूर्त जगत्, अदृश्य जगत्; ~**वाद** (पु०) आत्माभिव्यक्ति का वह ढंग जिसके अनुसार सौंदर्यमय प्रकृति की कल्पना करके ध्वनि लक्षणा आदि के द्वारा उसके संबंध में अपनी अनुभूति प्रकट करना; ~**वादी** (वि०) 1 छायावाद का अनुयायी 2 छायावाद संबंधी

छायानुवाद–*सं०* (पु०) अधूरा परंतु निकटस्थ अनुवाद

छायाभ–I *सं०* (वि०) 1 छायायुक्त 2 जिस पर छाया पड़ी हो II (स्त्री०) अंधकार और प्रकाश

छार–(पु०) 1 भस्म, राख 2 खारा नमक

छाल–(स्त्री०) वृक्ष आदि के तने पर का कड़ा खुरदरा और मोटा छिलका (जैसे-फोड़े पर छाल घिसकर लगाना)

छालटी–(स्त्री०) अलसी आदि के रेशों से बना कपड़ा

छालना–(स० क्रि०) 1 छानना 2 छेद करना 3 धोना

छाला–(पु०) 1 फफोला 2 छाल, चर्म (जैसे-मृगछाला)

छालित–(वि०) धोकर साफ किया हुआ

छावनी–(स्त्री०) 1 सैनिकों की बस्ती 2 पड़ाव, डेरा 3 छप्पर 4 छप्पर आदि छाने की क्रिया

छावा–(पु०) 1 बच्चा 2 बेटा 3 हाथी का पट्ठा

छिंकना–(अ० क्रि०) छिकना

छिंड़ाना–(स० क्रि०) छीन लेना

छिः–(अ०) घृणा, तिरस्कार आदि का सूचक शब्द (जैसे-छिः तुमने क्या कर दिया)

छिउँकी–(स्त्री०) भूरे रंग की च्यूँटी

छिकना–(अ० क्रि०) 1 घेरा जाना 2 रोका जाना

छिक्का–(स्त्री०) छींक

छिगुनी–(स्त्री०), **छिगुली** -*बो०* (स्त्री०) कानी। छोटी उँगली, कनिष्ठिका

छिछड़ा–(पु०) = छीछड़ा

छिछड़ी–(स्त्री०) लिंगेन्द्रिय के अगले भाग का आवरण, शिश्नच्छद

छिछियाना–(स० क्रि०) 1 घृणा करना 2 निंदा करना

छिछला–(वि०) 1 जो कम गहरा हो (जैसे-छिछला कुआँ) 2 उथला

छिछोरपन–(पु०) ओछापन, क्षुद्रता

छिछोरा–(वि०) 1 ओछा, क्षुद्र 2 कमीना

छिजाना–(स० क्रि०) 1 छीजने देना 2 छीजने का कारण होना

छिटकना–(अ० क्रि०) 1 कणों का इधर-उधर बिखरना (जैसे-चांदनी छिटक रही है) 2 छिड़कना

छिटकाना–(स० क्रि०) कणों को चारों तरफ़ बिखेरना, फेंकना (जैसे-चावल छिटकाना, रेत छिटकाना)

छिटकी–(स्त्री०) छींटा

छिट-फुट–(क्रि० वि०) 1 छितराया हुआ, कुछ यहाँ-कुछ वहाँ 2 कहीं-कहीं, चुट-फुट 3 कोई-कोई

छिटवा–*बो०* (पु०) टोकरा

छिड़कना–(स० क्रि०) 1 जल आदि के छींटे फेंकना (जैसे-पानी छिड़कना, होली में रंग छिड़कना) 2 = छिटकना

छिड़कवाना–(स० क्रि०) छिड़कने का काम अन्य से करवाना

छिड़काई–(स्त्री०) 1 छिड़कने का कार्य 2 छिड़कने का पारिश्रमिक

छिड़काना–(स० क्रि०) छिड़कने का काम कराना

छिड़काव–(पु०) छिड़काई, पानी छिड़कना

छिड़ना–(अ० क्रि०) 1 छेड़ा जाना (जैसे-बात छिड़ना) 2 शुरू होना (जैसे-युद्ध छिड़ना)

छितनी–*बो०* (स्त्री०) छिछली टोकरी

छितर-बितर–(वि०) तितर-बितर

छितराना–I (अ० क्रि०) 1 चारों ओर बिखरना 2 विशाल भूभाग में फैलना (जैसे-मुसलमान विश्व भर में छितराए हुए हैं) II (स० क्रि०) 1 चारों ओर फेंकना, बिखेरना 2 फैलाना (जैसे-सामान आदि छितराना) 3 तितर-बितर करना (जैसे-आदमियों की भीड़ छितराना)

छितराव–(पु०) छितरे-छितराए हुए होने की अवस्था

छिदना–(अ० क्रि०) 1 छेद होना (जैसे-कान छिदना) 2 सुराख़ होना, छेदा जाना (जैसे-भाले से शरीर छिदना) 3 घायल होना 4 चुभना, धँसना

छिदरा–(वि०) 1 छेदोंवाला 2 छितराया हुआ

छिदवाना, छिदाना–(स० क्रि०) सूराख़ करवाना

छिद्र–*सं०* (पु०) 1 छेद, सुराख़ (जैसे-कपड़े में अनेक छिद्र हो गए) 2 कुछ अंश निकाल लेने से हुआ गहरा, रिक्त स्थान (जैसे-फल में छिद्र करना) 3 दोष, ऐब (जैसे-उस व्यक्ति में न जाने कितने छिद्र मिलेंगे)। ~**दर्शी** (पु०) दोष निकालनेवाला व्यक्ति; ~**युक्त** (वि०) दोष युक्त, दोषी, ऐबी

छिद्रण–*सं०* (पु०) छेद करना

छिद्रल–*सं०* (वि०) 1 जिसमें पास-पास बहुत अधिक छेद हों 2 छिद्रित

छिद्रात्मा–*सं०* (वि०) छिद्रान्वेषी

छिद्रान्वेषण–*सं०* (पु०) दोष ढूँढ़ना

छिद्रान्वेषी–*सं०* (पु०) दोष निकालनेवाला व्यक्ति

छिद्रित–*सं०* (वि०) 1 सूराख़दार 2 छेदा हुआ

छिद्रिल–*सं०* (वि०) छेदोंवाला

छिद्रीकरण–*सं०* (पु०) छेद बनाना

छिन–*बो०* (पु०) = क्षण

छिनक–I (पु०) एक क्षण II (क्रि० वि०) क्षण भर, थोड़ी देर

छिनकना–(स० क्रि०) नाक से ज़ोर से हवा निकालना कि नाक का मल बाहर आ सके, सिनकना (जैसे-नाक छिनकना)

छिनकु–(पु०)/(क्रि० वि०) = छिनक

छिनकुरना–(अ० क्रि०) 1 एक क्षण रुकना 2 रुकना

छिनना–(अ० क्रि०) छीना जाना (जैसे-रुपया-पैसा छिनना)

छिनभंग–(वि०) 1 जो क्षण भर में नष्ट हो जानेवाला हो, क्षणिक 2 नश्वर

छिनरा–(वि०) = छिनाल

छिनवाना–(स० क्रि०) छीनने का काम अन्य से कराना

छिनाना–I (अ० क्रि०) छीन लिया जाना II (स० क्रि०) छीनना

छिनार–(स्त्री०) व्यभिचारिणी स्त्री, पुंश्चली

छिनाल–I (वि०) पर पुरुषों से संबंध रखनेवाली II (स्त्री०) दुश्चरित्रा स्त्री, पुंश्चली। ~**पन** (पु०) दुश्चरित्र, व्यभिचार

छिनाला–(पु०) व्यभिचार

छिन्न–*सं०* (वि०) 1 कटा हुआ 2 काटकर अलग किया हुआ खंडित 3 नष्ट किया हुआ 4 क्षीण। ~**नास** (वि०) नाककटा; ~**पक्ष** (वि०) जिसके डैने कटे हों; ~**बंधन** (वि०) मुक्त; ~**भिन्न** (वि०) 1 कटा-फटा 2 नष्ट-भ्रष्ट 3 तितर-बितर, छितराया हुआ; ~**भिन्नांग** (वि०) जिसके अंग छिन्नभिन्न हो गए हों; ~**मस्त** (वि०) जिसका सिर कट गया हो; ~**मस्ता** (स्त्री०) काली का एक रूप; ~**मूल** (वि०) जड़ से कटा; ~**रुहा** (स्त्री०) गुडुची, गुर्च; ~**विछिन्न** (वि०) = छिन्न-भिन्न; ~**वेशिका** (स्त्री०) पाठा; ~**श्वास** श्वास रुकने का रोग; ~**संशय** (वि०) जो संशय मुक्त हो

छिन्नक–*सं०* (वि०) अंशतः कटा हुआ

छिन्नांग–*सं०* (वि०) जिसका अंग कटा हो

छिन्ना–*सं०* (स्त्री०) व्यभिचारिणी स्त्री, छिनाल

छिन्नाधार–*सं०* (वि०) 1 जिसका आधार कट चुका हो 2 निस्सहाय, असहाय

छिपकली–(स्त्री०) एक प्रसिद्ध चार पैरों एवं लंबी दुमवाला सरीसृप, गृहगोधी (जैसे-दीवार पर छिपकली चिपकी है)

छिपटी–(स्त्री०) लकड़ी की खपाची

छिपना–(अ० क्रि०) 1 आड़ में होना, परदे में होना 2 दृश्य न

होना 3 अस्त होना (जैसे-सूर्य देवता छिप गए)
छिपा–(वि०) गुप्त (जैसे-छिपा धन)। ~**छिपी** (स्त्री०) लुका छिपी
छिपाना–(स० क्रि०) 1 आड़ में, परदे में करना 2 ढकना 3 प्रकट न करना
छिपाव–(पु०) छिपने-छिपाने की क्रिया (जैसे-दुराव-छिपाव)
छिपे-छिपे–(अ०) छिपकर, गुप्त रूप से
छिया–I (स्त्री०) गुह, मल II (वि०) 1 मैला, गंदा 2 घृणित 3 तुच्छ। ~**छरद** (स्त्री०) घिनौनी चीज़; ~**छरद करना** छी छी करना, घृणित समझकर दूर हटाना
छियाज–(पु०) ब्याज की रक़म पर भी जोड़ा जानेवाला ब्याज, कटुआँ ब्याज, चक्रवृद्धि ब्याज
छियानबे–I (वि०) नब्बे से छः अधिक II (पु०) 96 की संख्या
छियालिस–I (वि०) चालीस और छः II (पु०) 46 की संख्या
छियासठ–I (वि०) साठ और छः II (पु०) 66 की संख्या
छियासी–I (वि०) अस्सी और छः II (पु०) 86 की संख्या
छिलका–(पु०) फल की त्वचा (जैसे-केले, आम आदि का छिलका)
छिलन–(स्त्री०) 1 छिलने-छीलने की क्रिया 2 त्वचा आदि का रगड़ से छिल जाने का भाव
छिलना–(अ० क्रि०) 1 फलों आदि का छिलका उतारा जाना 2 वृक्ष आदि की छाल उतारी जाना 3 पशु आदि की खाल उतारी जाना 4 शरीर के किसी अंग की त्वचा रगड़ से उधड़ जाना
छिलवा–(पु०) (ईख की पत्ती) छीलनेवाला
छिलवाना–(स० क्रि०) छीलने का काम अन्य से कराना
छिलाई–(स्त्री०) 1 छिलने-छिलाने की क्रिया 2 छीलने की मज़दूरी
छिलाना–(स० क्रि०) = छिलवाना
छिलाव–I (पु०) छिलावट II (स्त्री०) छिलाई
छिलौरी–(स्त्री०) छोटा छाला
छिहत्तर–I (वि०) जो सत्तर से छः अधिक हो II (पु०) 76 की संख्या
छींक–(स्त्री०) 1 श्वास की वायु का अचानक नाक एवं गले से एक-साथ एक विशेष ध्वनि करती हुई बाहर निकलना 2 छींकने की ध्वनि, आवाज़। ~**कारक** *+सं०* (वि०) छींक लानेवाला; ~**होना** अपशकुन होना
छींकना–(अ० क्रि०) ज़ोर से नाक एवं मुँह से अचानक श्वास वायु फेंकना
छींका–(पु०) 1 खूँटी आदि में लटकाया जानेवाला तारों, रस्सियों का बना एक उपकरण (जैसे-हँड़िया छींका पर लटका देना) 2 बैलों के मुँह पर बाँधी जानेवाली रस्सी की जाली। **बिल्ली के भाग से ~ टूटना** संयोग से वांछित घटना होना
छींट–(स्त्री०) 1 रंग-बिरंगी बूटियोंवाला कपड़ा 2 जलकण, पानी की बूँद 3 किसी तरल पदार्थ की बूँद पड़ने से बना धब्बा, दाग 4 चित्र आदि में बनाए जानेवाले बेल-बूटे, फूल पत्तियाँ आदि
छींटना–(स० क्रि०) छितराना, बिखेरना
छींटा–(पु०) 1 जल आदि द्रव पदार्थ की उछली-उछाली गई बूँदें (जैसे-मुँह पर पानी का छींटा मारना) 2 बूँदों से वस्त्र आदि पर बना निशान, धब्बा 3 हल्की वृष्टि, बौछार (जैसे-वर्षा की छींटे आने लगीं) 4 खेतों में बीज बिखेरने की प्रक्रिया 5 बोआई का एक ढंग जिसमें बीज खेत में छींटे जाते हैं 6 चुभती हुई व्यंग्यपूर्ण बात। ~**कशी** *+फ़ा०* (स्त्री०) दोषारोपण, आक्षेप; ~**गोला** (पु०) ढोल के आकार का टोकरा; ~**कसना**, ~**छोड़ना**, ~**फेंकना** आक्षेप करना, व्यंग्य करना
छींबी–(स्त्री०) मटर की छीमी
छी–I (अ०) घृणा, तिरस्कार आदि का सूचक शब्द II (स्त्री०) छिया, गूह
छीका–(पु०) = छींका
छीछ–(वि०) क्षीण
छीछड़ा–(पु०) 1 मांस का रद्दी टुकड़ा 2 पशुओं की अंतड़ी का मल भरा हुआ भाग
छीछालेदर–(स्त्री०) दुर्गति, फ़ज़ीहत। ~**होना** दुर्दशा होना
छीजन–(स्त्री०) 1 नष्ट किया गया अंश 2 क्षय, नाश
छीजना–(अ० क्रि०) 1 क्षीण होना 2 घटना 3 नष्ट होना
छीटा–*बो०* (पु०) 1 बाँस की तीलियों का बना टोकरा 2 चिलमन, चिक
छीड़–(स्त्री०) मनुष्य के जमघट की कमी
छीती-छान–(वि०) = छिन्न-भिन्न
छीदा–(वि०) जो सघन न हो, छिदरा
छीन–(स्त्री०) छीनने की क्रिया। ~**झपट** (स्त्री०) परस्पर छीना-झपटी
छीनना–(स० क्रि०) ज़बरदस्ती ले लेना, ऐंठ लेना
छीना–*बो०* (स० क्रि०) = छूना। ~**खसोटी**, ~**छीनी**, ~**झपटी** (स्त्री०) = छीन-झपट
छीप–I (स्त्री०) 1 चिह्न 2 दारा 3 छाप II (वि०) तेज़, वेगवान्
छीपना–(स० क्रि०) छीप को झटका देकर कँटिया में फँसी मछली को बाहर निकालना
छीपा–(पु०) 1 टोकरा 2 थाली
छीपी–I (पु०) 1 कपड़े पर बेल-बूटे आदि छापने का काम करनेवाला व्यक्ति, रंगरेज़ 2 दरज़ी।
छीपी–II (स्त्री०) 1 धातु की तश्तरी 2 कबूतर उड़ाने का लग्गा
छीबर–(स्त्री०) 1 छींट की चुनरी 2 बेल-बूटेदार कपड़ा
छीमी–*बो०* (स्त्री०) = छींबी
छीर–I (पु०) = क्षीर II (पु०) 1 कपड़े का छोर 2 कपड़े का फटना
छीलन–(स्त्री०) 1 छीलने की क्रिया 2 छीलने पर निकले हुए छोटे-छोटे टुकड़े
छीलना–(स० क्रि०) 1 खरोचना 2 खुरचकर अलग करना 3 उतारना (जैसे-जानवर की खाल छीलना)
छीलर–I (पु०) पानी से भरा छोटा गड्ढा II (वि०) छिछला
छुआ-छूत–(स्त्री०) 1 छूत-छात का खयाल 2 अस्पृश्य को छूना
छुआना–*बो०* (स० क्रि०) = छुलाना
छुई-मुई–(स्त्री०) = छुई-मुई (पौधा), लाजवंती

छुच्छा–(वि०) = छूँछा

छुच्छी–I (वि०)/(स्त्री०) दे० छूँछी II (स्त्री०) 1 पतली एवं छोटी नली 2 नाक में पहनने के लौंग का पूरक अंश जो अत्यंत छोटी पतली नली के रूप में होता है 3 कीप

छुच्छू–(वि०) 1 मूर्ख 2 तुच्छ

छुछमछली–(स्त्री०) मेढक आदि जल जंतुओं के बच्चों का आरंभिक रूप, टेडपोल

छुछहँड–(स्त्री०) 1 खाली हाँडी 2 वह हाँड़ी जिसमें से पकाई गई वस्तु निकाली गई हो

छुछुआना–(अ० क्रि०) व्यर्थ इधर-उधर भटकना

छुटकारा–(पु०) 1 बंधन मुक्त होना, रिहाई 2 छुट्टी, फुरसत 3 निस्तार

छुटपन–(पु०) 1 छोटाई 2 बचपन 3 लड़कपन

छुट-फुट–(वि०) 1 मूल अंग से कटकर छोटे-छोटे टुकड़ों के रूप में इधर-उधर फैला हुआ 2 चुट-फुट (जैसे-छुट-फुट वर्षा होना)

छुटभैया–(पु०) बड़ों की तुलना में अपेक्षया निम्न स्थिति का व्यक्ति

छुटाई–(स्त्री०) दे० छोटाई। ~**बड़ाई** (स्त्री०) = छोटाई-बड़ाई

छुटाना–*बो०* (स० क्रि०) = छुड़ाना

छुटौती–(स्त्री०) ब्याज आदि में छूट

छुट्टा–I (वि०) 1 जो स्वतंत्र हो, बंधनमुक्त 2 जो अपने दल से अलग हो गया हो 3 एकाकी 4 फुटकर (जैसे-पाँच रुपये का छुट्टा दीजिएगा) II (पु०) छोटे सिक्के, रेजगारी। ~**छरिंदा** (वि०) अकेला, एकाकी

छुट्टी–(स्त्री०) 1 अवकाश काल, फुरसत 2 छुटकारा 3 काम बंद रहने का दिन 4 जाने की अनुमति (जैसे-अब आपको छुट्टी दी जाती है)। ~**वेतन** *+ सं०* (पु०) छुट्टी की तनख़्वाह

छुड़वाना–(स० क्रि०) छोड़ने का काम अन्य से कराना

छुड़ाई–I (स्त्री०) 1 छोड़ने की क्रिया 2 छोड़ने का पारिश्रमिक II (स्त्री०) 1 छुड़ाने की क्रिया 2 छुड़ाने का पारिश्रमिक

छुड़ाना–(स० क्रि०) 1 बंधन मुक्त कराना, स्वतंत्र कराना (जैसे-जेल से क़ैदियों को छुड़ाना) 2 पकड़ आदि से दूर रहना (जैसे-धोती का पल्ला छुड़ाना) 3 उलझाव दूर करना (जैसे-रस्सी की गाँठ छुड़ाना) 4 देन चुकाकर अपनी वस्तु वापस लेना (जैसे-ऋण चुकाकर धरोहर छुड़ाना) 5 सेवा से अलग करना (जैसे-नौकरी छुड़ाना) 6 चिपकी, लगी वस्तु आदि अलग करना (जैसे-कपड़े पर से दाग छुड़ाना, लिफ़ाफ़े पर से टिकट छुड़ाना) 7 कुछ कमी कराना (जैसे-सौ रुपये में से बीस रुपये छुड़ाना) 8 किसी क्रिया आदि से रहित करना (जैसे-आदत छुड़ाना, पढ़ाई छुड़ाना)

छुड़ाव–(पु०) 1 छुड़ाने की क्रिया 2 मुक्ति

छुड़ौती–(स्त्री०) 1 बंधन मुक्त करने के बदले में दिया जानेवाला धन 2 छुटौती

छुतहा–(वि०) 1 छूत से होने वाला, संक्रामक (जैसे-छुतहा रोग) 2 जो अस्पृश्य हो गया हो 3 जिसे छूना निषिद्ध हो

छुतिहर–*बो०* (वि०) 1 जो अशुद्ध हो गया हो 2 बुरा व्यक्ति

छुतैला–(वि०) = छुतहा

छुधा–*बो०* (स्त्री०) = क्षुधा

छुनछुनाना–(अ० क्रि०) 'छुन-छुन' आवाज़ पैदा करना

छुनन-मुनन, छुन-मुन–(पु०) बच्चों की पैजनियों आदि की आवाज़

छुपना–*बो०* (अ० क्रि०) = छिपना

छुपाना–*बो०* (स० क्रि०) = छिपाना

छुरा–(पु०) 1 बड़ा चाकू 2 उस्तरा। **उलटे छुरे से मूँड़ना** मूर्ख बनाकर काम निकालना

छुरी–(स्त्री०) छोटा छुरा। ~**कटारी रहना** दुश्मनी होना, लड़ाई-झगड़ा होते रहना; ~**कटारी लिए रहना** लड़ने को तैयार रहना; ~**चलाना** 1 बहुत सताना, कष्ट देना 2 भारी हानि करना; ~**तले दम लेना** विपत्ति में धैर्य धारण करना; ~**तेज़ करना** अपकार की तैयारी करना; ~**फेरना** दे० छुरी चलाना

छुरेबाज़– *+ फ़ा०* (पु०) छुरा चलाकर मारनेवाला

छुरेबाज़ी– *+ फ़ा०* (स्त्री०) 1 छुरेबाज़ का काम 2 छुरे से हत्याएँ करना

छुलाना–(स० क्रि०) स्पर्श कराना

छुहारा–(पु०) खजूर की जाति का सूखा मेवा

छुँछा–(वि०) = छूछा

छुँछी–(स्त्री०) = छुच्छी

छू–(पु०) 1 मंत्र पढ़कर फूँकने की आवाज़ 2 फूँकने की आवाज़। ~**मंतर** (पु०) 1 मंत्र, जादू 2 मंत्र फूँकना

छूआछूत–(स्त्री०) = छुआछूत

छूई-मूई–(स्त्री०) = छुई-मुई (पौधा)

छूँछा, छूछा–(वि०) 1 ख़ाली (जैसे-यह छूछा बर्तन पानी से भर दो) 2 जो हाथ में कुछ न लिए हो (जैसे-छूछे हाथ चले आना) 3 निस्सार

छूछू–I (वि०) 1 बुद्धू 2 अहमक

छूछू–II (स्त्री०) धाय

छूट–(स्त्री०) 1 बंधन आदि से मुक्त होने की अवस्था 2 नियम, मर्यादा आदि से मिली हुई स्वतंत्रता (जैसे-प्रेम की छूट, युद्ध में दी गई छूट) 3 रियायत, सुविधा 4 कम करना (जैसे-दंड में छूट देना) 5 संबंध त्याग, तलाक़ (जैसे-मैं उनसे छूट कर अलग हो गई) 6 परिहास आदि के समय अप्रिय बातों का प्रयोग, अश्लील परिहास

छूत–(स्त्री०) 1 छूने की क्रिया 2 निषिद्ध संसर्ग जिससे रोग आदि फैलने की आशंका हो (जैसे-हैजा छूत का रोग है) 3 घृणित वस्तु का संसर्ग 4 अपवित्र वस्तु को छूने से लगनेवाला दोष 5 छूने से अपवित्र होने की धारणा (जैसे-हरिजन के छूने से छूत लगना)। ~**छात** (स्त्री०) = छूआछूत; ~**उतारना**, ~**झाड़ना** भूत-प्रेतादि की छाया को झाड़-फूँक से दूर करना

छूना–(स० क्रि०) 1 हाथ आदि अंग से स्पर्श करना 2 किसी से लगना (जैसे-तुम्हें उस शूद्र ने छू दिया) 3 ऐसा काम करना जिससे गति उत्पन्न हो 4 कुछ लिखना (जैसे-क्या आपने इस विषय को छुआ है) 5 हल्की चपत लगाना

छेंकना, छेकना–(स० क्रि०) 1 स्थान घेरना 2 सामने से रोकना 3 लकीर आदि से घेरना 4 मार्ग अवरुद्ध करना

छेक–I *सं०* (पु०) पालतु पशु II 1 पालतु 2 नागरिक

छेकानुप्रास–*सं०* (पु०) एक ही चरण में एक से अधिक वर्णों की आवृत्ति

छेकापह्नुति–(स्त्री०) किसी के यथार्थ अनुमान का अयथार्थ उक्ति द्वारा खंडन

छेकोक्ति–*सं०* (स्त्री०) अलंकार जिसमें किसी बात को सिद्ध करने के लिए उसके साथ लोकोक्ति का उल्लेख करते हैं

छेटा–*बो०* (स्त्री०) = रुकावट

छेड़–(स्त्री०) 1 छेड़ने की क्रिया 2 चिढ़ानेवाली बात 3 नोंक-झोंक, झगड़ा 4 पहल। **~खानी, ~छाड़** (स्त्री०) अनुचित रूप से कोई बात कहना, अशिष्ट व्यवहार करना, तंग करना (जैसे-राह चलती लड़कियों से छेड़-खानी, छेड़-छाड़ करना); **~निकालना** लड़ाई-झगड़ा पैदा करने का काम करना

छेड़ना–(स० क्रि०) 1 चिढ़ाने, तंग करने के उद्देश्य से परिहास के रूप में कोई बात कहना 2 बाधा उत्पन्न करना, अड़ंगा डालना 3 अकारण छूना 4 जीव-जंतु आदि को बेवजह तंग करना (जैसे-सर्प को छेड़ना खतरा है) 5 बार-बार कुछ कहकर चिढ़ाना (जैसे-आओ जोरू के गुलाम कहकर छेड़ना) 6 स्पर्श करना (जैसे-वीणा सुनने हेतु उसके तार छेड़ना) 7 बात आदि शुरू करना (जैसे-चर्चा छेड़ना)

छेड़वाना–छेड़ने का काम अन्य से कराना

छेत्ता–*सं०* (पु०) छेदनेवाला

छेद–(पु०) 1 काटने या छेदने की क्रिया 2 सूराख़, बिल। **~दार** *+ फ़ा०* (वि०) जिसमें सूराख़ हो

छेद–*सं०* (पु०) 1 छेदन 2 खंडन 3 कटने का भाव

छेदक–*सं०* (वि०/पु०) छेदनेवाला

छेदन–*सं०* (पु०) छेदने की क्रिया, काटना

छेदना–(स० क्रि०) 1 सूराख़ करना (जैसे-चारपाई का पावा छेदना) 2 घाव करना (जैसे-तीरों से बदन छेदना) 3 काटना, छिन्न करना

छेदा–(पु०) 1 घुन 2 अनाज का खोखला होना

छेदा–*सं०* (स्त्री०) छिद्र, विवर

छेदिका–*सं०* (स्त्री०) 1 छेदन करनेवाली चीज़ 2 छेदनेवाली रेखा 3 *ग०* ज्यामिति में वक्र रेखा को कई भागों में काटनेवाली रेखा, छेदक रेखा

छेदित–*सं०* (वि०) 1 छेदा हुआ 2 काटा हुआ

छेदी–*सं०* (वि०) काटनेवाला

छेना–I (पु०) फटे हुए दूध का गाढ़ा अंश जिसका पानी निकाल दिया जाता है II (स० क्रि०) 1 छीलना 2 काटना III (अ० क्रि०) क्षीण होना

छेनी–(स्त्री०) पत्थर, धातु आदि काटने, खुदाई करने का औज़ार, टाँकी

छेरना–I *बो०* (अ० क्रि०) बार-बार पतली टट्टी करना, पोंकना II (स० क्रि०) छेड़ना

छेरा–I (पु०) 1 बच्चा 2 बकरा II (पु०) पतला दस्त, पतली टट्टी

छेरी–(स्त्री०) बकरी

छेव–(पु०) 1 वार, चोट 2 घाव 3 काटने, छीलने की क्रिया 4 छेद 5 नाश 6 मृत्यु

छेवना–(स० क्रि०) 1 आघात करना, चोट पहुँचाना 2 छेव लगाना 3 कष्ट आदि झेलना 4 फेंकना

छेवा–(पु०) 1 छीलने, काटने आदि का काम 2 छीलने, काटने आदि से बना निशान 3 हिसाब-किताब, वस्तु आदि की वापसी पर मिलान करते समय वस्तु के सामने निशान लगाना

छै–I *बो०* (वि०) = छः II (पु०) = क्षय

छैल-चिकनिया, छैल-छबीला, छैला–(पु०) बहुत बन-ठनकर रहनेवाला नवयुवक, बाँका, रंगीला पुरुष

छोई–*बो०* (स्त्री०) 1 ईख की सूखी पत्ती 2 निस्सार, व्यर्थ की चीज़

छोकड़ा–(पु०) लड़का। **~पन** (पु०) 1 बालकपन 2 नासमझी

छोकड़ी–(स्त्री०) लड़की

छोकरा–(पु०) लड़का (स्त्री० छोकरी)

छोटा–(वि०) 1 उमर, अवस्था की तुलना में कम (जैसे-वह मुझसे चार साल छोटा है) 2 मान, विस्तार आदि में कम थोड़ा (जैसे-छोटा मकान नहीं चाहिए) 3 मान-प्रतिष्ठा आदि में औरों से घटकर, तुच्छ (जैसे-वह छोटी जाति का किसान है, वह छोटा काम करता है)। **~पन** (पु०) = छोटाई; **~बड़ा** (वि०) अमीर-ग़रीब; **~मोटा** (वि०) साधारण

छोटाई–(स्त्री०) 1 क्षुद्रता 2 ओछापन। **~बड़ाई** (स्त्री०) अमीरी-ग़रीबी

छोड़कर–(अ०) अतिरिक्त, सिवाय, अलावा

छोड़ चिट्ठी–(स्त्री०) 1 ऋण से मुक्ति की चिट्ठी 2 तलाक़नामा

छोड़ छुट्टी–(स्त्री०) संबंध त्याग

छोड़ना–(स० क्रि०) 1 बंधन मुक्त करना, स्वतंत्र करना 2 अभियोग, अपराध से मुक्त करना 3 त्याग देना, संबंध विच्छेद करना (जैसे-उसने अपना पति छोड़ दिया) 4 उत्तराधिकार रूप में बाक़ी रहने देना (जैसे-वह अपने पुत्र हेतु पर्याप्त संपत्ति छोड़ गए) 5 शेष रखना (जैसे-आज का काम कल पर मत छोड़ना) 6 डालना (जैसे-डाक में पत्र छोड़ना, जलते अंगारों पर पानी छोड़ना) 7 स्वामित्व हटा लेना (जैसे-मकान छोड़ना) 8 रियायत करना (जैसे-सौ रुपए में पच्चीस रुपये छोड़ना) 9 ध्यान न देना, उपेक्षा करना 10 यांत्रिक, रासायनिक आदि क्रियाएँ करना (जैसे-आकाश में उपग्रह छोड़ना) 11 अपने से अलग करना (जैसे-पेड़ की छाल छोड़ना) 12 भूलकर, जान-बूझकर कहीं रख देना 13 कर्तव्य आदि का पालन न करना (जैसे-आधा काम क्यों छोड़ दिया) 14 गुप्त रूप से नियुक्त करना (जैसे-चोर के पीछे पुलिस छोड़ना)

छोड़वाना–(स० क्रि०) = छुड़वाना

छोड़ाना–(स० क्रि०) = छुड़ाना

छोप–(स्त्री०) 1 ढँकने की क्रिया 2 आवरण 3 मोटा लेप, 4 अंश 5 चिड़िया का अपने अंडों पर बैठना। **~छाप** (पु०) टूट-फूट आदि भरना

छोपना–(स० क्रि०) 1 गाढ़ी वस्तु का लेप करना, गाढ़ी वस्तु लगाना 2 ढकना 3 दबोचना (जैसे-शेर ने हिरन को छोप लिया)

छोपाई–(स्त्री०) 1 छोपने की क्रिया 2 छोपने की उजरत

छोर–(पु०) 1 अंतिम सिरा, किनारा (जैसे-कपड़े का छोर पकड़ो) 2 सीमा (जैसे-नगर का छोर ख़त्म हो गया)

छोरना–(स० क्रि०) 1 गाँठ आदि खोलना 2 बलात् छीन लेना (जैसे-चोर ने मेरी घड़ी छोर लीया) 3 वस्त्र उतारना

छोल–(स्त्री०) 1 खरोंच का निशान 2 दाँत लगने का चिह्न। **~दारी** *+ फ़ा० + हिं०* (स्त्री०) छोटा तंबू

छोलना–I *बो०* (स० क्रि०) 1 छीलना 2 अनावश्यक एवं फ़ालतू रूप से अधिक योग्यता दिखाना II (पु०) छीलने का उपकरण

छोलनी–(स्त्री०) छीलने का औज़ार, खुरचनी

छोला–I (पु०) चना II (पु०) छीलने का काम करनेवाला व्यक्ति

छोह–*बो०* (पु०) 1 प्रेम, स्नेह 2 कृपा, दया। **~गर** (वि०) प्रेम करनेवाला, प्रेमी

छौंक–(स्त्री०) 1 छौंकने की क्रिया, तड़का बघार 2 सब्जी आदि छौंकने का मसाला। **~बघार** (स्त्री०) 1 छौंकने की क्रिया 2 बातें बनाकर कहना

छौंकना–I (स० क्रि०) बघारना, सोंधा करना (जैसे-सब्ज़ी-दाल छौंकना) II(अ० क्रि०) 1 हिंसक जंतु का अकस्मात उछल कर आगे बढ़ना 2 आक्रमण हेतु अचानक उछलकर आगे बढ़ना

छौंड़ा–I (पु०) लड़का, बालक II (पु०) अनाज रखने का गड्ढा

छौना–(पु०) 1 पशु का बच्चा (जैसे-मृग छौना) 2 बच्चा

छौर–*बो०* (पु०) 1 = क्षौर 2 = छौरा

छौरा–(पु०) 1 ज्वार, बाजरे का चारे के काम आनेवाला डंठल 2 छोकरा

छौलदारी–*हिं० + फ़ा० + हिं०* (स्त्री०) छोटा ख़ेमा, रावटी

ज

जंकशन–*अं०* (पु०) वह स्थान जहाँ दो से अधिक दिशाओं से गाड़ियाँ आती जाती हों। **~स्टेशन** (पु०) रेलवे स्टेशन का वह अड्डा जहाँ दो से अधिक दिशाओं से रेलगाड़ियों का आवागमन होता हो

जंक्शन–*अं०* (पु०) = जंकशन

जंग–*फ़ा०* (स्त्री०) सशस्त्र सैनिकों की लड़ाई, युद्ध। **~आवर, ~ख़ोर, ~जू** (वि०) लड़ाका, योद्धा; **~जूई** (स्त्री०) लड़ाकापन, लड़ाई-झगड़ा; **~परस्त** (पु०) युद्ध प्रिय व्यक्ति, युद्ध प्रेमी; **~बंदी** (स्त्री०) जंग के लिए घेरा बनाना; **~बाज़** (पु०) = जंगख़ोर; **~बाज़ी** (स्त्री०) लड़ाई करना, युद्ध करना; **~वादी** *+ सं०* (पु०) = जंगख़ोर; **~विरोधी** *+ सं०* (वि०) युद्ध का विरोध करनेवाला

ज़ंग–*फ़ा०* (पु०) वायु एवं नमी के प्रभाव से लोहे आदि धातुओं पर जमनेवाली मैल, मोरचा। **~आलूदा** (वि०) ज़ंग लगा हुआ; **~रोधक** *+ सं०* (वि०) मोरचा रोकनेवाला

जंगम–*सं०* (वि०) जो चल सकता हो 2 जिसे कहीं ले जाया जा सके 3 सजीव। **~गुल्म** (पु०) पैदल सेना का दस्ता

जँगरा–I (पु०) वनस्पतियों के डंठल II (पु०) शारीरिक बल

जँगरैत–(वि०) जाँगरवाला, परिश्रमी

जंगल–*सं०* (पु०) 1 ऐसा स्थान जहाँ अनेक वृक्ष, वनस्पतियाँ आप से आप उग आई हों, सघन वनस्पतिवाला क्षेत्र, वन, अरण्य 2 रेगिस्तान 3 उजाड़ स्थान। **~जलेबी** *+ हिं०* (स्त्री०) काँटेदार जंगली पौधा

जंगला–*पु०* (पु०) 1 खिड़की आदि की वह चौखट जिसमें लोहे की छड़ लगी होती हैं 2 खिड़की

जंगलात–*सं० + अ०* (पु०) बहुत से वन। **~विभाग** *सं०* (पु०) वानिकी विभाग, वन विभाग

जंगली–I (वि०) 1 जंगल में उपजनेवाला 2 जो आप से आप उग आई हो (जैसे-जंगली गुलाब) 3 जंगल में रहनेवाला (जैसे-जंगली जानवर, जंगली जातियाँ) 4 जंगल में रहनेवाले पशुओं, व्यक्तियों जैसा (जैसे-जंगली आचरण, जंगली स्वभाव) 5 असभ्य एवं असंस्कृत, गँवार 6 मूर्ख II (पु०) 1 जंगल में रहनेवाला व्यक्ति 2 असभ्य, अशिष्ट व्यक्ति। **~पन** (पु०) असभ्यता, उजड्डपन

ज़ंगार–*फ़ा०* (पु०) 1 ताँबे का कसाव, तूतिया 2 ताँबे को सिरके में भिगोकर निकाला गया नीला रंग

ज़ंगारी–*फ़ा०* (वि०) नीले रंग वाला, नीला

ज़ंगाल–*फ़ा०* (पु०) = ज़ंगार

ज़ंगाली–*फ़ा०* (वि०) = ज़ंगारी

जंगी–*फ़ा०* (वि०) 1 युद्ध संबंधी 2 युद्ध में भाग लेनेवाला, सामरिक 3 सेना संबंधी, सैनिक (जैसे-जंगी असबाब)

जंघा–*सं०* (स्त्री०) पैर का घुटने एवं पेडू के बीच का भाग, जाँघ, रान। **~त्राण** (पु०) जाँघ पर बाँधने का कवच; **~मथानी** *+ हिं०* (स्त्री०) 1 छिनाल स्त्री, पुंश्चली 2 वेश्या

जंघाल–*सं०* (पु०) 1 धावक 2 मृग

जंघिल–I *सं०* (वि०) तेज़ दौड़नेवाला II (पु०) दूत

जँचना–(अ० क्रि०) 1 जाँचा जाना, जाँचा परखा जाना 2 जान पड़ना, प्रतीत होना 3 भला जान पड़ना (जैसे-मुझे पाखंडियों की बातें नहीं जँचतीं)

जँचा–(वि०) जाँचा हुआ, जाँचा गया। **~तुला** (वि०) सटीक, ठीक-ठीक

जंज–I (स्त्री०) बरात II (अ०) जो

जंजाल–(पु०) 1 प्रपंच, झंझट, बखेड़ा 2 उलझन 3 माया (जैसे-इस जंजाल से उबरना मुश्किल है)

जंजालिया, जंजाली (वि०) 1 जंजाल में फँसा हुआ 2 झगड़ा-बखेड़ा करनेवाला 3 प्रपंची

ज़ंजीर–*फ़ा०* (स्त्री०) 1 साँकल 2 सिकड़ी (जैसे-गले की ज़ंजीर कहाँ रख दी) 3 किवाड़ के पल्ले बंद करने की साँकल (जैसे-किवाड़ में ज़ंजीर लगा देना) 4 शृंखला (जैसे-बातों की ज़ंजीर टूट जाना) 5 रेलगाड़ी में लगी लोहे की अनेक जुड़ी हुई कड़ियों का रूप (जैसे-ख़तरे की ज़ंजीर खींचना)

ज़ंजीरी–I *फ़ा०* (वि०) ज़ंजीर में बँधा हुआ, बंदी

ज़ंजीरी–*फ़ा + हिं०* (स्त्री०) कलाई में पहना जानेवाला गहना

जंट–*अं०* (पु०) एजेंट

जंतर–*पु०* 1 तावीज़ 2 गले में पहनने का गहना 3 यंत्र 4 वाद्य यंत्र। **~मंतर** (पु०) 1 जादू-टोना 2 वेधशाला

जंतरी–I (स्त्री०) 1 छोटा जंतर 2 पंचांग, पत्रा 3 सुनारों का एक तार खींचने का औज़ार II (पु०) जंतर-मंतर करनेवाला, जादूगर III (पु०) बाजा बजानेवाला व्यक्ति

जैंतसर–(पु०) चक्की/जाँता पीसते समय स्त्रियों द्वारा गाया जानेवाला गीत

जंता–I (पु०) 1 यंत्र, कल 2 सुनारों का तार खींचने का उपकरण II (वि०) 1 दंड देनेवाला 2 यंत्रणा देनेवाला

जँताना–(अ० क्रि०) जाँते में पीसा जाना

जंती–I (स्त्री०) छोटा जंता II (स्त्री०) जननी, माता

जंतु–*सं०* (पु०) 1 प्राणी, जीव 2 कीड़ा-मकोड़ा 3 पशु। ~**कोष** (पु०) शरीर के भीतर की जीव इकाई; ~**जगत्** (पु०) जानवरों की दुनिया, पशुवर्ग; ~**नाशक** (वि०) कीड़ों, जंतुओं को मारनेवाला; ~**फल** (पु०) गूलर; ~**बाधा** (स्त्री०) जीवों का अधिक होकर तंग करना; ~**विज्ञान,** ~**शास्त्र** (पु०) पशु-पक्षियों, जीव-जंतुओं आदि की उत्पत्ति, विकास, स्वभाव आदि का विवेचन करनेवाला शास्त्र

जंतुघ्न–I *सं०* (वि०) = जंतु-नाशक II (पु०) 1 बाय बिडंग 2 हींग

जंतुला–*सं०* (स्त्री०) काँस नाम की घास

जंत्र–(पु०) 1 यंत्र 2 तावीज 3 ताला। ~**मंत्र** (पु०) दे० जंतर-मंतर

जंत्री–I (पु०) वीणा आदि बजानेवाला व्यक्ति II (स्त्री०) तिथि-पत्र

जंदरा–(पु०) 1 जाँता 2 ताला

जंपर–*अं०* (पु०) ब्लाउज, अंगिया, चोली

जंब–*सं०* (पु०) 1 कीचड़ 2 पाप

जंबाल–*सं०* (पु०) 1 कीचड़ 2 मिट्टी 3 पानी में होनेवाली घास

जंबीर–*सं०* (पु०) 1 जँबीरी नीबू 2 वन तुलसी

जंबील–*फ़ा०* (स्त्री०) फकीरों, साधुओं आदि की भिक्षा रखने की थैली

जंबु–*सं०* (पु०) जामुन का पेड़ एवं उसका फल

जंबुक–*सं०* (पु०) 1 जामुन 2 गीदड़, शृगाल, सियार

जंबु द्वीप–*सं०* (पु०) संसार के सात महाद्वीपों में से एक जिसमें भारत भी है

जंबुमणि–(पु०) जमुनिया, याकूत (रत्न)

जंबुल–*सं०* (पु०) दे० जंबु

जंबू–*सं०* (पु०) दे० जंबु

जंबूका–*सं०* (स्त्री०) किशमिश

जंबू द्वीप–*सं०* (पु०) = जंबुद्वीप

जंबूर–*फ़ा०* (पु०) सँड़सी

ज़ंबूरक–*अ० + फ़ा०* (स्त्री०) 1 छोटी तोप 2 तोपगाड़ी

ज़ंबूरची–*अ० + तु०* (पु०) 1 तोपची 2 सिपाही

ज़ंबूरा–*अ० + हिं०* (पु०) कील निकालने का एक औज़ार, प्लास

जंभ–*सं०* (पु०) 1 दाढ़ 2 जबड़ा 3 जँभाई

जंभका, जंभा–*सं०* (स्त्री०) जम्हाई, जँभाई

जँभाई–(स्त्री०) शारीरिक क्रिया जिसमें गहरी श्वास हेतु मनुष्य को पूरा मुँह खोलना पड़ता है (जैसे-जँभाइयाँ लेना)

जँभाना–(अ० क्रि०) पूरा मुँह खोलकर गहरी साँस लेना, जँभाई लेना

जंभिका–*सं०* (स्त्री०) जबड़ा

ज–*सं०* (वि०) से उत्पन्न (जैसे-जारज, पंकज, आत्मज)

जई–I (स्त्री०) 1 जौ की जाति का एक अनाज जो प्रायः घोड़ों को खिलाया जाता है, ओट 2 जौ का अँखुआ 3 विशिष्ट पौधों में लगनेवाली बतिया। ~**डालना** अन्न को अँखुए निकलने हेतु भिगोना II (वि०) विजयी

ज़ईफ़–*अ०* (वि०) 1 बूढ़ा, वृद्ध 2 कमज़ोर, दुर्बल

ज़ईफ़ी–*अ० + फ़ा०* (स्त्री०) 1 बुढ़ापा, वृद्धावस्था 2 कमज़ोरी, दुर्बलता

जक–I (पु०) 1 यक्ष 2 कंजूस आदमी II (स्त्री०) हठ, ज़िद

ज़क–*अ०* (स्त्री०) 1 हार, पराजय 2 हानि

जकड़–(स्त्री०) 1 जकड़ने की क्रिया 2 दृढ़ बंधन में होने की अवस्था। ~**बंद** *फ़ा०* (वि०) कसकर बाँधा हुआ

जकड़ना–I (स० क्रि०) कसकर बाँधना II (अ० क्रि०) 1 जकड़ा जाना, कसकर बाँधा जाना 2 अकड़ना (जैसे-ठंड से शरीर जकड़ना)

ज़कात–*अ०* (स्त्री०) 1 कर, महसूल 2 दान, खैरात

जकार–*सं०* (पु०) 'ज' व्यंजन या वर्ण

जक्ष–(पु०) = यक्ष

जक्षण–*सं०* (पु०) 1 भक्षण 2 खाना, भोजन

ज़ख़्म–*फ़ा०* (पु०) घाव। ~**खाना** चोट लगना; ~**पर नमक छिड़कना** दुःखी व्यक्ति को और दुःखी करना; ~**हरा होना** बीते हुए दुःख का पुनः याद आ जाना, अपकार स्मरण हो आना

ज़ख़्मी–*फ़ा०* (वि०) घायल

ज़ख़ीरा–*अ०* (पु०) 1 ढेर, राशि 2 कोष

जख़ीरेबाज़–*अ० + फ़ा०* (पु०) जमाख़ोर

जख़ीरेबाज़ी–*अ० + फ़ा०* (स्त्री०) जमाख़ोरी

ज़ख़्म–*फ़ा०* (पु०) दे० ज़ख़्म

जग–(पु०) 1 संसार, जगत् 2 चेतन सृष्टि। ~**जाना,** ~**ज़ाहिर** *+अं०* (वि०) सर्व विदित; ~**बीती** (स्त्री०) किस्सा-कहानी; ~**हँसाई** (स्त्री०) लोक निंदा, बदनामी

जग–*अं०* (पु०) लोटे के तरह का एक पात्र

जगजगाना–(अ० क्रि०) *बो०* = जगमगाना

जगजगाहट–(स्त्री०) = जगमगाहट

जगज्जनी–*सं०* (स्त्री०) 1 जगदंबा 2 परमेश्वरी 3 सीता

जगज्जयी–(वि०) विश्वविजयी

जगत्–*सं०* (पु०) 1 दुनिया, विश्व, संसार (जैसे-जगत् के जंजाल से छूटना) 2 विशिष्ट प्रकार का कार्य क्षेत्र (जैसे-हिंदी जगत्, सौर जगत्) 3 पृथ्वी के निवासी (जैसे-जगत् तो हँसी उड़ाने पर तुला है)

जगत–(स्त्री०) कुएँ के ऊपर चारों तरफ़ बना हुआ चबूतरा (जैसे-जगत् पर पानी मत गिराओ)

जगतारण–*सं०* (वि०) संसार को तारनेवाला

जगती–*सं०* (स्त्री०) 1 जगत् 2 पृथ्वी 3 लोग, मनुष्य 4 जीवन। ~**तल** (पु०) 1 धरती 2 संसार

जगत्प्रसिद्ध–*सं०* (वि०) विश्व विख्यात

जगत्प्राण–*सं०* (पु०) 1 संसार को जीवित रखनेवाला तत्त्व 2 परमात्मा

जगत्साक्षी–*सं०* (पु०) सूर्य

जगदंतक–*सं०* (पु०) 1 संसार का नाश करनेवाला 2 यमराज 3 मृत्यु

जगदंबा–*सं०* (स्त्री०) दुर्गा

जगदीश–*सं०* (पु०) परमेश्वर, ईश्वर

जगद्गुरु–*सं०* (पु०) जगत् का गुरु, विश्व गुरु (जैसे-जगद्गुरु शंकराचार्य)

जगद्गौरी–*सं०* (स्त्री०) दुर्गा

जगद्धाता–*सं०* (पु०) 1 ब्रह्मा 2 विष्णु 3 महेश

जगद्धात्री–*सं०* (स्त्री०) 1 दुर्गा 2 सरस्वती

जगद्विख्यात–*सं०* (वि०) = जगत्प्रसिद्ध

जगद्विजेता–*सं०* (पु०) संसार को जीतनेवाला, विश्वविजेता

जगद्विनाश–*सं०* (पु०) प्रलयकाल

जगद्व्यापी–*सं०* (वि०) जो विश्व में व्याप्त हो

जगना–(अ० क्रि०) 1 जागना 2 प्रज्वलित होना, जलना (जैसे-ज्योति जगना)

जगन्नाथ–*सं०* (पु०) 1 संसार का स्वामी, ईश्वर 2 विष्णु। **अपना हाथ जगन्नाथ** अपने हाथ का काम सबसे अच्छा

जगन्नियंता–*सं०* (पु०) संसार का नियंत्रण करनेवाला, ईश्वर

जगन्माता–*सं०* (स्त्री०) दुर्गा

जगमग, जगमगा–(वि०) जगमगाता हुआ, चमकदार

जगमगाना–I (अ० क्रि०) चमकने लगना, जगमग करना (जैसे-बिजली के प्रकाश में पंडाल का जगमगाना) II (स० क्रि०) प्रकाश आदि से चमकाना

जगमगाहट–(स्त्री०) जगमगाने की अवस्था

जगर-मगर–(वि०) जगमग

जगवाना–(स० क्रि०) जगाने का काम दूसरे से कराना

जगह–*फ़ा०* (स्त्री०) 1 स्थान 2 अवकाश, विस्तार (जैसे-बैठने के लिए जगह दे दो) 3 पद (जैसे-कार्यालय में अब कोई जगह रिक्त नहीं है)

जगात–(स्त्री०) दे० ज़कात

जगाना–(स० क्रि०) 1 सोते से उठाना 2 सावधान करना 3 प्रदीप्त करना (जैसे-ज्योति जगाना) 4 तंत्र-मंत्र सिद्ध करना (जैसे-जादू जगाना, अलख जगाना)

जगौहाँ–(वि०) 1 बराबर जागता रहनेवाला 2 दूसरों को जगाने का प्रयत्न करता रहनेवाला

जग्य–(पु०) = यज्ञ

जघन–*सं०* (पु०) 1 स्त्रियों का पेड़ू 2 नितंब, चूतड़ 3 जंघा, जाँघ। **~चपला** (स्त्री०) 1 दुश्चरित्रा स्त्री, कुलटा 2 बहुत तेज़ नाचनेवाली स्त्री

जघनास्थि–*सं०* (स्त्री०) जाँघ की हड्डी

जघन्य–I *सं०* (वि०) 1 अति निंदनीय और बुरा, गर्हित (जैसे-जघन्य अपराध) 2 क्षुद्र, नीच (जैसे-जघन्य पुरुष) 3 अंतिम सीमा पर का, चरम II (पु०) नीच जाति का व्यक्ति

जघ्रि–*सं०* (वि०) सूँघनेवाला

ज़चगी–*फ़ा०* (स्त्री०) 1 प्रसव 2 प्रसूतावस्था

जचना–(अ० क्रि०) = जँचना

ज़चा, ज़च्चा–*फ़ा०* (स्त्री०) हाल ही में बच्चे को जन्म देनेवाली स्त्री, सद्यःप्रसूता। **~ख़ाना** (पु०) प्रसूति गृह, सौरी; **~बच्चा** + *हिं०* (पु०) शिशु और उसकी माँ

जज–*अं०* (पु०) न्यायाधीश (जैसे-प्रधान जज आकस्मिक अवकाश पर हैं)

जज़्बात–*अ०* (पु०) भावना (जैसे-प्यार केवल एक जज़्बात है)

जजमान–(पु०) = यजमान

जजमानी–(स्त्री०) 1 यजमान होने की अवस्था 2 जजमान का काम, जजमान वृत्ति

जज़ा–*अ०* (स्त्री०) 1 बदला, प्रतिफल 2 परलोक में मिलनेवाला फल

जज़िया–*अ०* (पु०) 1 दंड 2 सैनिक सेवा के बदले में लगाया जानेवाला कर जो मुस्लिम काल में प्रायः हिंदुओं पर लगता था

जजी–*अं० + हिं०* (स्त्री०) 1 जज होने की अवस्था 2 जज की अदालत, जज की कचहरी

जज़ीरा–*अ०* (पु०) द्वीप। **~नुमा** + *फ़ा०* (पु०) प्रायद्वीप

जज़्ब–*अ०* (वि०) 1 जिसे सोख लिया गया हो, शोषित 2 हड़पा हुआ

जज़्बा–*अ०* (पु०) 1 भाव, भावना 2 रोष 3 जोश

जज़्बाती–(वि०) 1 भावना प्रधान 2 आवेशपूर्ण

जटना–(स० क्रि०) धोखा देकर लेना, ठगना

जटल–(स्त्री०) व्यर्थ की बात, बकवाद, बकवास। **~क़ाफ़िये उड़ाना** बेतुकी एवं झूठी बातें करना; **~मारना** गप मारना

जटा–*सं०* (स्त्री०) 1 गुथे एवं लिपटे हुए बालों की लट (जैसे-साधु-संतों की जटा) 2 बालों जैसी किसी वस्तु आदि का चिपका हुआ रूप (जैसे-नारियल की जटा) 3 उलझे हुए रेशे 4 जूट, पाट 5 जटामांसी। **~जूट** (पु०) जटा को लपेटकर बनाया गया जूड़ा; **~धर, ~धारी** I (वि०) जिसके सिर पर जटा हो II (पु०) 1 शिव जी 2 ऐसा साधु जिसके सिर पर जटाएँ हों

जटाना–(अ० क्रि०) ठगा जाना (जैसे-कपड़ा खरीदने में मैं जटा गया)

जटामांसी–*सं०* (स्त्री०) एक सुगंधित वनस्पति जो दवा के काम आती है, बालछड़

जटायु–*सं०* (पु०) रामायण में वर्णित एक प्रसिद्ध गिद्ध जिसने सीता की रक्षा में अपने को उत्सर्ग कर दिया था (जैसे-राम ने जटायु का उद्धार किया)

जटाल–(वि०) जटावाला

जटाला–*सं०* (स्त्री०) = जटामांसी

जटित–*सं०* (वि०) 1 जड़ा हुआ 2 जड़ाऊ (जैसे-रत्नजटित मुकुट)

जटियल–(वि०) निकम्मा रद्दी

जटिल–*सं०* (वि०) 1 कठिन दुर्बोध (जैसे-जटिल समस्या सुलझाना) 2 उलझा हुआ, पेचीदा 3 जटाधारी, जटावाला। **~ता** (स्त्री०) 1 पेचीदगी 2 कठिनाई 3 उलझन

जटुल–*सं०* (पु०) त्वचा पर काला दाग़, लच्छन

जठर–I *सं०* (पु०) 1 पेट 2 पेट का भीतरी भाग, मेदा 3 उदर रोग जिसमें पेट फूलने लगता है और भूख बंद हो जाती है II (वि०) 1 कठोर, कड़ा 2 पुराना 3 वृद्ध, बूढ़ा 4 बँधा हुआ। **जठरिकी** (स्त्री०) जठर का निदान; **~जठरीय** (वि०) मेदे का; **~शोथ** (पु०) मेदे की सूजन

जठरांत्रीय–*सं०* (वि०) पेट की आँतों का

जठराग्नि–*सं०* (स्त्री०) 1 पेट के अंदर का शारीरिक ताप जो

भोजन पचाने का काम करता है 2 पाचक शक्ति

जठरामय–*सं०* (पु०) *चि०* 1 अतिसार रोग 2 जलोदर रोग

जड़–(स्त्री०) 1 पेड़-पौधों आदि का वह मूल भाग जो ज़मीन के अंदर रहता है, मूल (जैसे-बरगद की जड़ बहुत गहराई में है) 2 नींव आधार स्थल (जैसे-संस्था की जड़ दृढ़ होनी चाहिए) 3 बिलकुल नीचेवाला भाग (जैसे-नाखून को जड़ से मत काटना) 4 जगह जिसमें कोई वस्तु गड़ी फँसी हो (जैसे-दाँत को जड़ से उखाड़ना) 5 मूल कारण (जैसे-यही है सारे फ़साद की जड़)। ~**उखाड़ना**, ~**काटना**, ~**खोदना** 1 ऐसा काम करना जिससे कोई आगे न बढ़ सके 2 बहुत बड़ी हानि करना; ~**जमना** अच्छी तरह प्रगति की स्थिति में आना; ~**जमाना** ऐसा आधार बनाना जिससे आगे काम बढ़ता रहे; ~**में पानी देना** 1 पौधों-वृक्षों को सींचना 2 समूल नाश करने का प्रयत्न करना

जड़–*सं०* (वि०) 1 जिसमें जीवन न हो, निर्जीव (जैसे-पत्थर आदि जड़ पदार्थ हैं) 2 जिसमें चेतना शक्ति न हो, अचेतन 3 जिसमें व्यावहारिक बुद्धि न हो। ~**ता** (स्त्री०) 1 जड़ होने की अवस्था, अचेतनता 2 मूर्खता 3 साहित्य में एक संचारी भाव एवं पूर्वराग की अवस्था जिसमें मनुष्य आश्चर्य एवं भय के कारण अत्यधिक स्तब्ध हो जाता है कि उसे कर्तव्य बोध नहीं हो पाता; ~**पूजक** (पु०) जड़ (मूर्ति आदि) की पूजा करनेवाला; ~**पूजा** (स्त्री०) जड़ (मूर्ति आदि) की पूजा; ~**बुद्धि** (वि०) मूर्ख, उल्लू; ~**भक्त** (पु०) जड़ पदार्थों में भक्ति रखनेवाला; ~**मूल** (पु०) वास्तविक जड़; ~**वत्** (वि०) जड़ के समान, पत्थर की तरह; ~**वाद** (पु०) चेतन आत्मा का अस्तित्व न माननेवाला दार्शनिक मत; ~**वादी** (वि०) जड़वाद का अनुयायी; ~**विज्ञान** (पु०) पदार्थ विज्ञान, प्रकृति विज्ञान

जड़त–(स्त्री०) ज़ड़ाऊ काम

जड़त्व–*सं०* (पु०) = जड़ता

जड़ना–(स० क्रि०) 1 ठोंक ठाककर नियत स्थान पर बैठाना (जैसे-दीवार में कील जड़ना) 2 जमाकर अच्छी तरह बैठाना (जैसे-अँगूठी में नगीना जड़ना) 3 आघात करना, मारना (जैसे-घूंसा जड़ना, लाठी जड़ना) 4 चुगली खाना (जैसे-आपने उनसे सारी बातें जड़ दीं)

जड़हन–(पु०) एक जगह से उखाड़ कर दूसरी जगह रोपा जानेवाला धान का पौधा

जड़ाई–(स्त्री०) 1 जड़ने की क्रिया 2 जड़ने की मज़दूरी

जड़ाऊ–(वि०) जिसमें नग, मोती आदि जड़े गऐ हों

जड़ात्मवाद–*सं०* (पु०) **यह मत कि** प्रकृति में भी चेतन आत्मा से विकार होता है

जड़ाना–I (स० क्रि०) जड़ने का काम कराना, जड़वाना II (अ० क्रि०) *बो०* जाड़ा लगना, ठंड से सिकुड़ना (जैसे-नगन जड़ाती ते अब नगन जड़ाती हैं)

जड़ाव–(पु०), **जड़ावट**–(स्त्री०) जड़ने का काम, पच्चीकारी

जड़ावर–(पु०) 1 जाड़े में पहनने के वस्त्र, गर्म कपड़ा 2 नौकर, श्रमिक आदि को जाड़े के मौसम में दिया जानेवाला कपड़ा

जड़ावर्त–*सं०* (पु०) अज्ञान का चक्कर

जड़ित–(वि०) 1 जड़ा हुआ 2 जकड़ा हुआ

जड़िमा–*सं०* (स्त्री०) 1 जड़ता, जड़त्व 2 स्तब्धता 3 संज्ञाहीनता 4 बुद्धूपन

जड़िया–(पु०) नग जड़ने का काम करनेवाला, कुंदनसाज

जड़ी–(स्त्री०) औषधि के काम आनेवाली वनस्पति की जड़। ~**बूटी** (स्त्री०) वन औषधि

जड़ीकृत–*सं०* (वि०) जड़ रूप में लाया हुआ

जड़ीभूत–*सं०* (वि०) जो जड़ हो गया, निःस्पंद, स्तब्ध

जड़ीला–(वि०) जो जड़युक्त हो

जड़ुल–(पु०) त्वचा पर काला दाग़, प्राकृतिक लच्छन, पैदाइश दाग

जड़ैया–I *बो०* (स्त्री०) जाड़ा लगकर आनेवाला ज्वर, जूड़ी, मलेरिया II (वि०) जड़िया

जतनी–I (वि०) यत्न करनेवाला II (स्त्री०) सूत कातने के चरखे की रस्सी

जतलाना–(स० क्रि०) जताना

जतसर–(पु०) = जँतसर

जताना–(स० क्रि०) 1 जानकारी कराना, ज्ञात कराना, बतलाना 2 पूर्व सूचना देना, चेताना

जतारा–(पु०) कुल, वंश

जती–(पु०) = यति

जतु–*सं०* (पु०) लाख, लाक्षा। ~**पुत्रक** (पु०) 1 शतरंज का मोहरा 2 चौसर की गोटी

जतुक–*सं०* (पु०) 1 हींग 2 लाख 3 दे० जटुल

जत्था–(पु०) छोटा संगठित दल जो कार्य विशेष से कहीं आता-जाता हो, यूथ (जैसे-स्वयं सेवकों का जत्था)

जत्थेदार–*हिं+फ़ा०* संगठित दल का नेता, सिख धर्म का औहदा

जत्बंद–*हिं + फ़ा०* (वि०) दल में संगठित

जत्थेबंदी–*हिं + फ़ा०* (स्त्री०) जत्था बनाना, दलबंदी (जैसे-स्वयं सेवकों की जत्थेबंदी)

जत्रु–(क)–*सं०* (पु०) गले के नीचे एवं छाती के ऊपर दोनों तरफ की अर्द्धचंद्राकार हड्डियाँ, हँसली

जथा–(पु०) धन, पूँजी

जदीद–*अ०* (वि०) 1 नया, नवीन 2 आधुनिक, हाल का

जद्द-बद्द–(पु०) अश्लील बात, बुरी बात

जद्दी–I *अ०* (वि०) बाप-दादाओं के समय से चला आनेवाला II (स्त्री०) कोशिश, प्रयत्न

जद्दोजेहद–*अ० + फ़ा० + अ०* (स्त्री०) 1 संघर्ष 2 दौड़धूप

जन–*सं०* I (पु०) 1 लोक, लोग 2 प्रजा 3 सर्वसाधारण, जनता 4 अनुयायी, अनुचर II (अ०) = जनि। ~**अवज्ञा आंदोलन** (पु०) जनता द्वारा सरकारी आज्ञा के उल्लंघन का आंदोलन; ~**आंदोलन** (पु०) विशेष उद्देश्य की पूर्ति हेतु जनता द्वारा चलाया गया आंदोलन; ~**आदेश** (पु०) लोकतंत्र में जनता की राय ~**कथा** (स्त्री०) लोक कथा; ~**कथा विज्ञान** (पु०) लोक कथा विज्ञान; ~**कला** (स्त्री०) लोक कला; ~**कलाकार** (पु०) लोक कलाकार; ~**कवि** (पु०) लोक कवि; ~**कार्य विभाग** (पु०) लोक कार्य विभाग; ~**क्रांतिदल** (स्त्री०) जनता द्वारा उलट फेर; ~**क्रांति** (पु०) क्रांति चाहनेवाला लोकदल; ~**खुशहाली**–*फ़ा० + अ० + फ़ा०* (स्त्री०) लोक की संपन्नता; ~**गणना** (स्त्री०) मर्दुमशुमारी; ~**घनत्व** (पु०)

आबादी का घनापन; ~**चर्चा** (स्त्री०) सर्वसाधारण में फैली हुई बात; ~**जाति** (स्त्री०) जंगलों और पहाड़ी स्थानों में रहनेवाली जातियाँ; ~**जीवन** (पु०) सार्वजनिक जीवन; ~**तंत्र** (पु०) ऐसा शासन जो देश की जनता के प्रतिनिधियों द्वारा चलाया जाता है, लोकतंत्र; ~**तंत्र वाद** (पु०) यह सिद्धांत कि शासन में जनता का हाथ होना चाहिए; ~**तंत्र वादी** I (वि०) जनतंत्रवाद संबंधी II (पु०) जनतंत्रवाद का अनुयायी ~**तंत्रात्मक,** ~**तंत्री** (वि०) जनतंत्र संबंधी; ~**तंत्रीयता** (स्त्री०) जनतंत्र होने का भाव; ~**तांत्रिक** (वि०), जनतंत्र संबंधी; ~**द्रोही** (वि०) लोक से द्रोह करनेवाला; ~**नायक** (पु०) लोक नायक; ~**निर्देश** (पु०) जनता के प्रतिनिधियों, संसद आदि के निश्चयों एवं प्रस्तावित कार्यों आदि के संबंध में की जानेवाली व्यवस्था जिसके अनुसार मतदाता वर्ग की इच्छा एवं राय जानी जाती है (रेफरण्डम); ~**नेता** (पु०) = जननायक; ~**न्यायालय** (पु०) लोक अदालत; ~**पद** (पु०) 1 ज़िला 2 राज्य विशेष का ग्राम-क्षेत्र; ~**पदी** (पु०) जनपद का शासक; ~**पदीय** (वि०) जनपद का; ~**पूर्ण** (वि०) भीड़ से भरा हुआ; ~**प्रचलित** (वि०) लोक प्रचलित; ~**प्रतिनिधि** (पु०) लोक प्रतिनिधि; ~**प्रतिनिधित्व** (पु०) लोक का प्रतिनिधि होना; ~**प्रदर्शन** (पु०) लोगों द्वारा किया गया प्रदर्शन; ~**प्रवाद** (पु०) लोक निंदा; ~**प्रिय** (वि०) 1 लोक प्रिय (जैसे-जनप्रिय कलाकार) 2 जिसे जनसाधारण उचित एवं वांछनीय समझते हों (जैसे-जन-प्रिय विचार); ~**प्रियता** (स्त्री०) लोक प्रियता; ~**प्रेम** (पु०) लोगों के साथ प्रेम; ~**फुसलाव-कला** *हिं + सं०* (स्त्री०) जन साधारण को बहकाने की कला; ~**बल** (पु०) = जन शक्ति; ~**भावना** (स्त्री०) लोगों के विचार; ~**मत** (पु०) जनता की राय, लोकमत; ~**मत संग्रह** (पु०) जनता की राय की जानकारी; ~**मरक** (पु०) = महामारी; ~**मुक्ति आंदोलन** (पु०) बंधन से मुक्त होने का जनता द्वारा किया गया आंदोलन; ~**मुक्ति सेना** (स्त्री०) मुक्ति हेतु संघर्ष करनेवाली जनता की सेना; ~**यात्रा** (स्त्री०) जुलूस; ~**युद्ध** (पु०) जनता की लड़ाई; ~**रक्षा** (स्त्री०) जनता की रक्षा; ~**रव** (पु०) 1 अफ़वाह, जनश्रुति 2 लोगों का कोलाहल, शोरगुल; ~**राज्य** (पु०) जनता का राज्य ~**रुचि** (स्त्री०) लोक रुचि, जनता की रुचि; ~**वाणी** (स्त्री०) जनता की आवाज़, लोकवाणी; ~**वाद** (पु०) यह मत कि सत्ता सामान्य जनता के हाथ में होनी चाहिए; ~**वाद प्रिय** (वि०) जनवाद से प्रेम करनेवाला; ~**वाद विरोधी** (वि०) जनवाद का विरोध करनेवाला; ~**वादिता** (स्त्री०) = जनतंत्रीयता; ~**वादी** I (वि०) जनवाद संबंधी II (पु०) जनवाद में विश्वास रखनेवाला; ~**वासा** (पु०) मनुष्यों के रहने का स्थान 2 बारात ठहराने का स्थान; ~**वास्तु विभाग** (पु०) लोक भवन निर्माण कला से संबंधित विभाग; ~**विज्ञान** (पु०) लोक शास्त्र; ~**विज्ञानी** (पु०) जन विज्ञान का ज्ञाता; ~**विरोधी** (वि०) लोक की मान्यताओं से विरोध करने वाला ~**वृद्धि** (स्त्री०) जनसंख्या का बढ़ना; ~**व्यापी** (वि०) लोक में व्याप्त; ~**शक्ति** (स्त्री०) काम करने के लिए लोगों की शक्ति; ~**शिक्षा** (स्त्री०) लोक शिक्षा, आम शिक्षा; ~**शून्य** (वि०) सुनसान, निर्जन; ~**श्रुत** (वि०) जिसके विषय में सुना गया हो 2 प्रसिद्ध; ~**श्रुति** (स्त्री०) 1 अफ़वाह 2 परंपरा से चली अनेवाली बात, जन-प्रसिद्धि; ~**संकुल** (वि०) घनी आबादीवाला, लोगों की भीड़वाला; ~**संख्या** (स्त्री०) 1 राज्य, प्रदेश, स्थान पर बसे हुए कुल लोग 2 देश, राज्य, स्थान आदि पर बसे लोगों की संख्या, आबादी; ~**संगठन** (पु०) लोगों का संगठन; ~**संघ** (पु०) लोगों का समूह, एक राजनीतिक दल जिसका विलय जनतापार्टी में हुआ; ~**संघटन** (पु०) = जन संगठन; ~**संघर्ष** (पु०) लोक द्वारा संघर्ष; ~**संपत्ति** (स्त्री०) लोक संपति; ~**संपर्क अधिकारी** (पु०) सरकार का जनता से संपर्क बनानेवाला अधिकारी; ~**संस्था** (स्त्री०) लोगों द्वारा स्थापित विद्यालय आदि; ~**संहार** (पु०) आम लोगों की हत्या; ~**सत्ता** (स्त्री०) लोक शक्ति; ~**सत्ताकीय** (वि०) = जन सत्तात्मक; ~**समर्थन** (पु०) जनता द्वारा समर्थन; ~**समाज** (पु०) 1 जन साधारण 2 समाज; ~**समुदाय** (पु०) लोगों की भीड़, मजमा; ~**समुद्र** (पु०) समुद्रवत् विशाल जन-समूह, भारी भीड़; ~**समूह** (पु०) = जन समुदाय; ~**सम्मानित** (वि०) = जन प्रिय; ~**सम्मेलन** (पु०) लोक सम्मेलन; ~**सहयोग** (पु०) = जनता द्वारा प्राप्त सहायता, जन समर्थन; ~**सांख्यिकी** (स्त्री०) जन संबंधी आँकड़े; ~**साधारण,** ~**सामान्य** (पु०) 1 साधारण जन 2 जन समाज 3 जनता; ~**सामुदायिक** (वि०) जन समुदाय से संबंधित; ~**सेना** (स्त्री०) जनता की सेना; ~**सेवक** (पु०) जन साधारण की सेवा करनेवाला व्यक्ति; ~**सेवा** (स्त्री०) जन साधारण के हित का कार्य; ~**स्वास्थ्य सेवा** (स्त्री०) लोक स्वास्थ्य सेवा; ~**हत्या** (स्त्री०) लोक हत्या, कत्ले आम; ~**हानि** (स्त्री०) 1 लोक की हानि 2 लोगों का हताहत होना; ~**हित** (पु०) 1 जन साधारण की भलाई 2 जनता के हित का काम; ~**हितकर** (वि०) लोक कल्याणकारी; ~**हिताकांक्षी** (वि०) जनता का कल्याण चाहनेवाला; ~**ह्रास** (पु०) जनता का पतन, जनसंख्या में कमी होना

जनक—I *सं०* (वि०) जन्म देनेवाला (जैसे-आधुनिक साहित्य के जनक) II (पु०) 1 पिता 2 मिथिला के राजवंश की उपाधि, मिथिला के राजा। ~**त्ता** (स्त्री०) पितृत्व, वल्दीयत ~**सुता** (स्त्री०) सीता

जनड़ी—(स्त्री०) माँ, माता

जनता—*सं०* (स्त्री०) 1 जन साधारण, प्रजा (जैसे-जनता का संगठन करना, जनता की सरकार) 2 जन का भाव। ~**जनार्दन** (पु०) ईश्वर के रूप में जनता; ~**पार्टी** *+ अं०* (स्त्री०) एक विशेष राजनीतिक दल

जनन—*सं०* (पु०) 1 उत्पत्ति 2 आविर्भाव 3 संतान को जन्म देने की क्रिया। ~**काल** (पु०) प्रसवकाल; ~**गति** (स्त्री०) 1 प्रति हज़ार व्यक्तियों के पीछे होनेवाले शिशु-जन्म की गति, बर्थरेट 2 जन्मदर

जननांग—*सं०* (पु०) स्त्री योनि

जनना—(स० क्रि०) जन्म देना, प्रसव करना

जननी—*सं०* (स्त्री०) जन्म देनेवाली स्त्री, माँ, माता

जननेंद्रिय, जनेंद्रिय—*सं०* (स्त्री०) संतान उत्पन्न करने करानेवाली इंद्रिय-लिंग और योनि

जनम–(पु०) 1 जन्म 2 जीवनकाल, ज़िंदगी। ~**घूँटी** (स्त्री०) बच्चों के जन्म के बाद कुछ समय तक दी जानेवाली घुट्टी, नवजात शिशु को पिलाई जानेवाली घुट्टी; ~**जला** (वि०) अभागा, भाग्यहीन; ~**दिन** (पु०) = जन्म तिथि; ~**धरती** (स्त्री०) = जन्म भूमि; ~**पत्री** + *सं०* (स्त्री०) = जन्म पत्री

जनमाना–(सं० क्रि०) 1 जन्म देना 2 जनना

ज़न मुरीद–*फ़ा० + हिं ०* (वि०)/(पु०) पत्नी का गुलाम

जनयिता–*सं०* (पु०) पिता, जनक

जनयित्री–*सं०* (स्त्री०) माता, जननी

जनरल–I *अं०* (पु०) 1 सेनानायक, सेनापति II (वि०) साधारण, सामान्य (जैसे-जनरल पोस्ट आफिस)

जनरेटर–*अं०* (पु०) विद्युत उत्पादक यंत्र

जनवरी–*अं०* (स्त्री०) ईसवी सन् का पहला महीना

जनवाई–(स्त्री०) 1 प्रसव में सहायक होने की क्रिया 2 प्रसव में सहायक होने का पारिश्रमिक 3 दे० जनाई

जनवाना–I (स० क्रि०) प्रसव करने में सहायक होना

जनवाना–II (स० क्रि०) विदित कराना, जनाना

जनवासा–(पु०) = बरातियों के ठहरने की जगह

जनांकिकी–*सं०* (स्त्री०) जनता संबंधी जन्म-मृत्यु के आँकड़े तैयार करने की विद्या

जनांकिकीय–*सं०* (वि०) जनांकिकी से संबंधित

जनांत–*सं०* (पु०) 1 जनहीन स्थान 2 प्रदेश की सीमा

जनांतक–*सं०* (पु०) मनुष्यों का अंत करनेवाला, यम

जनांतिक–*सं०* (पु०) नाटक में वह सांकेतिक बातचीत जिसका आशय औरों की समझ में न आता हो

जनाई–I (स्त्री०) 1 प्रसव कराने की क्रिया 2 प्रसव कराने की मज़दूरी 3 प्रसव में सहायक होनेवाली दाई II (स्त्री०) परिज्ञान, परिचय कराने की क्रिया

जनाकीर्ण–*सं०* (वि०) 1 घनी बस्तीवाला 2 जो मनुष्यों से भरा हुआ हो

जनाचार–*सं०* (पु०) लोकाचार

जनाज़ा–*अं०* (पु०) 1 शव, लाश 2 अरथी, ताबूत (जैसे-जनाज़ा उठाना)

जनाधार–*सं०* (पु०) 1 लोक का आधार 2 आधार के रूप में लोक

जनाधिकार–*सं०* (पु०) जनता को कानून द्वारा प्राप्त अधिकार

जनाधिक्य–*सं०* (पु०) जन की अधिकता, भीड़

ज़नानख़ाना–*फ़ा०* (पु०) मकान का वह भीतरी भाग जिसमें औरतें रहती हैं

जनाना–I (स० क्रि०) अवगत कराना, बतलाना, ज़नानख़ाना II (स० क्रि०) प्रसवकाल में गर्भिणी की सहायता करना, प्रसव कराना

ज़नाना–*फ़ा०* (वि०) 1 स्त्रियों का सा आचरण करनेवाला व्यक्ति 2 स्त्रियों का सा 3 स्त्रियों में होनेवाला। ~**पन** (पु०) स्त्री होने की अवस्था, स्त्रीत्व

जनानुमोदित–*सं०* (वि०) लोक द्वारा समर्थित

जनाब–*अ०* महाशय, महोदय। ~**आली** + *फ़ा०* + *अ०* (पु०) मान्य महोदय

जनाव–I (पु०) जानकारी कराने की क्रिया II (पु०) प्रसव कराने की क्रिया

जनावर–(पु०) = जानवर

जनाश्रम–*सं०* (पु०) 1 धर्मशाला 2 सराय 3 घर 4 मकान

जनाश्रय–*सं०* (पु०) 1 मकान 2 शामियाना 3 धर्मशाला, सराय

जनि–I *सं०* (स्त्री०) 1 उत्पत्ति, जन्म, पैदाइश 2 स्त्री, नारी 3 पत्नी 4 माता II (अ०) मत, नहीं

जनिका–(स्त्री०) पहेली, बुझौवल

जनित–*सं०* (वि०) 1 जन्मा हुआ 2 जना हुआ 3 उत्पन्न होनेवाला (जैसे-रोग जनित दुर्बलता)। **जनिता** (पु०) पिता

जनित्र–*सं०* (पु०) जन्म-स्थान

जनित्री–*सं०* (स्त्री०) माता, माँ

जनी–I *सं०* (स्त्री०) 1 प्रकृति 2 माता 3 स्त्री, नारी 4 बेटी 5 दासी II (वि०) पैदा की हुई, जिसे जना गया हो

जनून–*अ०* (पु०) पागलपन, उन्माद

जनूनी–*अ०* (वि०) पागल

जनूब–*अ०* (पु०) दक्षिण (दिशा)

जनूबी–*अ०* (वि०) दक्षिण दिशा का, दक्षिणी

जनेंद्र–*सं०* (पु०) राजा

जनेऊ–(पु०) 1 यज्ञोपवीत संस्कार 2 यज्ञोपवीत

जनेत–(स्त्री०) बरात

जनेता–*सं०* (पु०) पिता

जनेरा–(पु०) मक्का, जोन्हरी

जनेव–(पु०) = जनेऊ

जनेश–*सं०* (पु०) 1 परमात्मा 2 राजा

जनोन्मुख–*सं०* (वि०) जन की ओर रुख़ किए हुए

जनोपयोगी–*सं०* (वि०) जन साधारण के लिए उपयोगी (जैसे-जनोपयोगी कार्यक्रम)

जन्नत–*अ०* (पु०) स्वर्ग, बहिश्त

जन्नती–*अ०* (वि०) 1 स्वर्गीय 2 स्वर्ग में रहनेवाला

जन्म–*सं०* (पु०) 1 उत्पत्ति, पैदाइश 2 अस्तित्व में आना, आविर्भाव (जैसे-आपने नए विचारों को जन्म देकर सबका उत्थान किया) 3 जीवन, ज़िंदगी (जैसे-जन्म-मरण ईश्वराधीन है) 4 जीवन काल, आयु (जैसे-जन्म-शती मनाना)। ~**कुंडली** (स्त्री०) फलित ज्योतिष में जन्म काल के ग्रहों की स्थिति बतानेवाली कुंडली, चक्र; ~**क्षेत्र** (पु०) जन्म स्थान, जन्म भूमि; ~**गत** (वि०) जन्म से ही साथ लगा रहनेवाला, पैदाइशी; ~**गाँठ** + *हिं०* (स्त्री०) जन्म दिन की वर्षगाँठ; ~**ग्रहण** (पु०) जन्म लेना, जीवन प्राप्त करना; ~**ज** (वि०) जन्म लिया हुआ; ~**जन्मांतर** (पु०) अनेक जन्म; ~**जात** + *हिं०* (वि०) पैदाइशी (जैसे-वह जन्मजात साधु प्रकृति का है); ~**तिथि** (स्त्री०) = जन्म दिन; ~**दाता** (पु०) पिता; ~**दात्री** (स्त्री०) माता, माँ; ~**दिन**, ~**दिवस** (पु०) वह दिन जिसमें किसी ने जन्म लिया हो; ~**नक्षत्र** (पु०) वह नक्षत्र जिसमें किसी का जन्म हुआ हो; ~**नियंत्रण** (पु०) जन्म दर पर रोक लगाना; ~**पंजी** (स्त्री०) ऐसी पंजिका जिसमें नवजात बच्चे का समय, स्थान एवं दिन आदि लिखा जाता है; ~**पत्र** (पु०), ~**पत्रिका**, ~**पत्री** (स्त्री०) 1 वह खर्रा जिसमें किसी के जन्म काल के समय के ग्रहों की स्थिति, दशा, अंतर्दशा आदि का विस्तार से उल्लेख रहता है 2 किसी घटना का आदि से अंत तक का सविस्तार विवरण;

~**प्रतिष्ठा** (स्त्री०) 1 जन्म होने का स्थान 2 माँ, माता; ~**प्रदेश** (पु०) = जन्म भूमि; ~**प्रमाणक**, ~**प्रमाण-पत्र** (पु०) ऐसा प्रमाण-पत्र जिसमें किसी के जन्म काल, जन्म तिथि, जन्म स्थान आदि का अधिकारिक विवरण होता है, बर्थ सर्टिफ़िकेट; ~**भूमि** (स्त्री०) वह देश, राज्य, गाँव जहाँ किसी का जन्म हुआ हो; ~**मरण** (पु०) जीना-मरना; ~**योग** (पु०) जन्म होने का समय एवं ग्रह स्थिति बताने वाली पत्रिका; ~**राशि** (स्त्री०) वह राशि जिसमें किसी का जन्म हुआ हो; ~**रोगी** (वि०) जन्म का रोगी; ~**लग्न** (पु०) = जन्म राशि; ~**विधवा** (स्त्री०) अक्षत योनि, बाल विधवा; ~**शताब्दी**, ~**शती** (स्त्री०) जन्म से सौवाँ वर्ष; ~**सिद्ध** (वि०) जिसकी सिद्धि या प्राप्ति जन्म से ही मानी गई हो (जैसे-जन्म सिद्ध अधिकार होना); ~**स्थली** (स्त्री०) ~**स्थान** (पु०) 1 जन्म भूमि 2 माँ का गर्भ

जन्मतः–*सं०* (क्रि० वि०) जन्म से

जन्मना–I *सं० + हिं०* (अ० क्रि०) 1 जन्म होना, जन्म ग्रहण करना, पैदा होना 2 अस्तित्व में आना II (स० क्रि०) 1 जन्म देना, प्रसव करना 2 अस्तित्व में लाना

जन्मना–II *सं०* (अ०) जन्म के विचार से, जन्म की दृष्टि से

जन्मांतर–*सं०* (पु०) मरने के बाद होनेवाला दूसरा जन्म

जन्मांतरीय–*सं०* (वि०) अनेक जन्मों से संबंधित

जन्मांध–*सं०* (वि०) जो जन्म से अंधा हो

जन्मा–*सं०* पैदा हुआ, उत्पन्न

जन्मा–I *सं०* (पु०) जिसका जन्म हुआ हो वह शिशु, जन्म लेनेवाला शिशु, वस्तु आदि (जैसे-अग्र जन्मा) II (वि०) जन्मा हुआ, जो पैदा हुआ हो

जन्माना–(स० क्रि०) जन्म देना, पैदा करना

जन्माष्टमी–*सं०* (स्त्री०) भाद्र पक्ष की कृष्णाष्टमी

जनमास्पद–*सं०* (पु०) जन्म भूमि, जन्म स्थान

जन्मी–I *सं०* (पु०) प्राणी, जीव II (वि०) जन्मा हुआ

जन्मोत्सव–*सं०* (पु०) 1 जन्म के समय होनेवाला उत्सव 2 जन्म दिन के स्मरण में होनेवाला उत्सव (जैसे-भाई का जन्मोत्सव मनाना)

जन्य–I *सं०* (वि०) 1 जन संबंधी 2 जन्म लेनेवाला 3 जाति, वंश, राष्ट्र आदि से संबंध रखनेवाला, जातीय, राष्ट्रीय आदि 4 किसी चीज़ से उत्पन्न होनेवाला (जैसे-कृषि-जन्य पदार्थ) II (पु०) 1 साधारण मनुष्य 2 पिता 3 राष्ट्र 4 जन्म 5 पुत्र। ~**ता** (स्त्री०) जन्म होने की अवस्था

जन्या–*सं०* (स्त्री०) 1 माता की सखी 2 वधु की सहेली 3 आनन्द

जप–*सं०* (पु०) 1 जाप करने की क्रिया 2 वह पद, वाक्य या शब्द जिसका उच्चारण बारंबार किया जाए (जैसे-राम-राम जप) 3 मंत्र या नाम आदि में संख्या पूर्वक पाठ करना। ~**जी** *+ हिं०* (पु०) सिक्खों का प्रसिद्ध ग्रंथ; ~**तप** (पु०) पूजा-पाठ; ~**ध्यान** (पु०) जपना और ध्यान लगाना; ~**माला** (स्त्री०) जप करते समय हाथ में ली जानेवाली माला, जपनी

जपतव्य–*सं०* (वि०) जपे जाने योग्य

जपन–*सं०* (पु०) जपने की क्रिया, जप

जपना–(स० क्रि०) 1 श्रद्धा पूर्वक बार-बार कहना (जैसे-राम-राम जपना) 2 पूजा, संध्या वंदन करते समय संख्यानुसार मन ही मन उच्चारण करना 3 यज्ञ करना

जपनी–(स्त्री०) 1 जप करने की माला 2 गोमुखी 3 जपने की क्रिया 4 बार-बार आग्रह पूर्वक कहना, रटना

जपनीय–*सं०* (वि०) जपे जाने योग्य

जपा–I *सं०* (स्त्री०) अड़हुल II (पु०) जप करनेवाला व्यक्ति

जपी–*सं०* (वि०) जप करनेवाला

जप्त–(वि०) = ज़ब्त

जप्ती–(स्त्री०) = ज़ब्ती

जप्य–*सं०* (वि०) जपे जाने योग्य, जपनीय

ज़फ़र–*अ०* (पु०) विजय, सफलता

जफ़ा–*अ०* (स्त्री०) 1 अत्याचार, जुल्म, अन्याय पूर्ण कार्य। ~**कश** *+ फ़ा०* (वि०) 1 अन्याय सहन करनेवाला, सहनशील 2 कठोर परिश्रम करनेवाला, मेहनती, परिश्रमी

ज़फ़ीर, ज़फ़ील–*अ०* (स्त्री०) 1 मुँह से निकाली जानेवाली सीटी की आवाज़ 2 सीटी

जब–(अ०) 1 जिस समय, जिस वक्त (जैसे-जब सबेरा होगा तब तारे डूब जायेंगे) 2 जिस अवस्था में, जिस हालत में (जैसे-जब उन्हें क्रोध आता है उनकी आँखें लाल हो जाती हैं)

जबड़ा–(पु०) मुँह में नीचे-ऊपर की हड्डी जिसमें दाँत जमे होते हैं। ~**तोड़** (वि०) 1 जो मुँह तोड़ सके, बलिष्ठ, बलवान् 2 जिसका उच्चारण कठिन हो (शब्द)

जबर–*अ०* (पु०) जुल्म, अत्याचार

ज़बर–*फ़ा०* (वि०) 1 ऊपर का 2 अधिक प्रबल। ~**दस्त** (वि०) 1 जो अत्यधिक शक्तिशाली एवं कठोर प्रकृति का हो (जैसे-वह ज़बरदस्त इंसान है) 2 जो बहुत दृढ़, मज़बूत हो 3 जो अत्यधिक कठिन हो; ~**दस्ती** (स्त्री०) 1 बलपूर्वक किया गया काम, व जुल्म 2 ज्यादती; ~**दस्ती** (अ०) बलपूर्वक (जैसे-वे ज़बरदस्ती अंदर चले आए)

ज़बरजद–*अ०* (पु०) एक तरह का पन्ना, पुखराज

जबरन–*अ०* (अ०) बलपूर्वक, बलात्

ज़बरा–*अं०* (पु०) घोड़े की तरह का एक जंगली जानवर, ज़ेबरा

ज़बह–*अ०* (पु०) 1 गला काटकर प्राण लेने की क्रिया 2 मंत्र पढ़कर पशु-पक्षियों आदि का गला काटना

जबहा–(पु०) जीवट, साहस

ज़बाँ, ज़बान–*फ़ा०* (स्त्री०) 1 जीभ, रसना 2 वाणी, बोली 3 भाषा (जैसे-वह उर्दू ज़बान बोलता है) 4 वचन, बात (जैसे-गंदी ज़बान मत निकालो)। ~**दराज़** (वि०) 1 बहुत बोलनेवाला 2 बदज़बान 3 बोलने में धृष्ट, मुँहफट; ~**दराज़ी** (स्त्री०) 1 वाचालता 2 धृष्टता 3 बदज़बानी; ~**दाँ** (वि०) भाषा का पंडित; ~**दान** (वि०) जो भाषा का विद्वान् हो; ~**दानी** (स्त्री०) भाषा का पूर्ण ज्ञान, पांडित्य; ~**बंदी** (स्त्री०) 1 खामोशी, चुप्पी 2 साक्षी की गवाही। ~**खींचना** कठोर दंड देना; ~**खुलना** 1 बोलने में समर्थ होना, मुँह से बात निकलना 2 बच्चे का बोलने लगना; ~**खुलवाना** अप्रिय बात कहने को विवश करना, मुँह खुलवाना; ~**खुश्क होना** अत्यधिक प्यासा होना; ~**खोलना** 1 कुछ बोलना 2 शिकायत करना; ~**चलना** बराबर कुछ न कुछ बोलते रहना; ~**चलाना** 1 जल्दी-जल्दी बातें कहना 2 अनुचित बातें

कहना 3 बहस करना; **~चलाने की रोटी खाना** खुशामद करके जीविका चलाना; **~चाटना,** ओठ चाटना; **~टूटना** स्पष्ट उच्चारण करने लगना; **~देना** वचन देना, वादा करना; **~पकड़ना** 1 बात न कहने देना 2 वचन में दोष गलती निकालना 3 टोकना; **~पर आना** किसी बात को कहने पर होना; **~पर चढ़ना** कहा जाना; **~पर ताला लगना** चुप रहना, मौन धारण करना; **~पर मुहर होना** ज़बान बंद होना, बोल न सकना; **~पर लाना** कहना, बयान करना; **~पर होना** 1 हर वक्त याद रहना 2 चर्चा का विषय होना; **~पलटना** बात कहकर मुकरना, वचन भंग करना; **~बंद होना** 1 बोल न सकना, चुप रहने को विवश होना 2 बहस में हार जाना; **~बदलना** दे० ज़बान पलटना; **~बिगड़ना** 1 अपशब्द कहने की आदत पड़ना 2 चटोरेपन की आदत पड़ना; **~में काँटे पड़ना** ज़बान सूखकर खुरदरी हो जाना; **~में खुजली होना** लड़ने-झगड़ने को जी चाहना; **~में लगाम न होना** बोलने में उचित-अनुचित का विचार न होना, मुँहफट होना; **~रोकना** 1 बोलना बंद करना, चुप हो रहना 2 ज़बान पकड़ना; **~सँभालना** बोलने में उचित-अनुचित का विचार रखना; **~से निकलना** उच्चारित होना, कहा जाना; **~हारना** वचनबद्ध होना, प्रतिज्ञा करना; **~हिलाना** बोलने की कोशिश करना 2 बोलना

ज़बानी–*फ़ा०* (वि०) 1 ज़बान संबंधी 2 मौखिक (जैसे-ज़बानी याद करना) 3 जो केवल कहा गया हो उस पर अमल न किया गया हो (जैसे-ज़बानी जमा खर्च)

ज़बून–*अ०* (वि०) 1 खराब, निकृष्ट 2 निर्बल

ज़ब्त–*अ०* (वि०) 1 दबाया हुआ (जैसे-गुस्सा ज़ब्त करना) 2 जो शासन द्वारा छीन ली गई हो (जैसे-न्यायालय के आदेश से संपत्ति ज़ब्त करना); **~शुदा** *+ फ़ा०* (वि०) ज़ब्त किया हुआ

ज़ब्ती–*अ० + फ़ा०* (स्त्री०) ज़ब्त होने की अवस्था

जब्र–*अ०* (पु०) 1 दबाव, मजबूरी 2 ज़बरदस्ती 3 सख्ती, जुल्म (जैसे-अपने ऊपर जब्र करना)

जब्रन–*अ०* ज़बरदस्ती से, दबाव देकर, बलात्

जब्री–*अ०* (वि०) जबरदस्ती किया हुआ, बलात् किया हुआ

जभी–(क्रि० वि०) जब ही, जिस ही समय में

जम–(पु०) = यम

जमकातर–I *बो०* (पु०) भँवर II (स्त्री०) 1 यम का खाँड़ा 2 तलवार, खाँड़ा

जमघट–(पु०) भीड़

जम-जम–(अ०) 1 सदा, हमेशा 2 आवश्यक और शुभ रूप में

जमना–I (अ० क्रि०) 1 ठोस रूप धारण करना (जैसे-पानी जमना) 2 ठोस रूप धारण करके स्थित होना (जैसे-पर्वत पर बर्फ जमना) 3 तरल पदार्थ में विकार उत्पन्न किए जाने पर उसका ठोस रूप में आना (जैसे-दही जमना) 4 दृढ़तापूर्वक स्थित होना (जैसे-मुहल्ले में उनकी धाक जम गई है) 5 प्रभावशाली रूप में निर्वाह होना (जैसे-खेल जमना) 6 काम का अच्छी तरह चल निकलना (जैसे-रोज़गार जमना) 7 ऐकत्र होना, इकट्ठा होना (जैसे-अखाड़ा देखने को भीड़ जमना) 8 खूब चोट पड़ना (जैसे-जमकर पिटाई हुई, लाठी जमना) 9 अभ्यास होना (जैसे-लिखने में हाथ जमना) II (अ० क्रि०) उत्पन्न होना, उगना (जैसे-सिर पर बाल जमना, ज़मीन पर घास जमना)

ज़मनौता–*अ० + हिं०* (पु०) ज़मानत करनेवाले को ज़मानत के बदले में दी गई रकम

जमवट–(स्त्री०) जामुन की लकड़ी का गोल चक्कर

जमहूर–*अ०* (पु०) जनसमूह

जमहूरियत–*अ०* (स्त्री०) = लोकतंत्र, जनतंत्र

जमहूरी–*अ०* (वि०) प्रजातांत्रिक

जमा–I *अ०* (वि०) 1 जोड़कर रखा हुआ, बचा 2 प्राप्त होनेवाला धन (जैसे-क्या सदस्यों का चंदा जमा हो गया) 3 अमानत रूप में रखा हुआ धन (जैसे-मैंने बैंक में रुपये जमा कर दिया) 4 खाते के आय पक्ष में लिखा हुआ II (स्त्री०) 1 मूलधन, पूँजी 2 धन, रुपया-पैसा 3 *ग०* जोड़। **~कर्ता** *+ सं०* (पु०) पैसा जमा करनेवाला **~खर्च** *+ फ़ा०* (पु०) 1 आय और व्यय 2 आय-व्यय का हिसाब; **~खाता** *+ हिं०* (पु०) वह खाता जिसमें रुपया जमा हो; **~ख़ोर** *+ फ़ा०* (पु०) अवैध माल जमा रखनेवाला; **~ख़ोरी** *+ फ़ा०* (स्त्री०) अवैध माल जमा रखना, काला बाज़ारी; **~पूँजी** *+ हिं०* (स्त्री०) इकट्ठा किया गया धन; **~बंदी** *+ फ़ा०* (स्त्री०) 1 लगान का हिसाब 2 पटवारी की बही; **~मार** *+ हिं०* (पु०) दूसरे का पावना हजम कर लेनेवाला व्यक्ति, बेईमान। **~खर्च करना** हिसाब में आय-व्यय लिखना; **~मारना** दूसरे का पैसा, धन आदि मार लेना, हड़प लेना

जमाई–I (पु०) जँवाई, दामाद II (स्त्री०) 1 जमाने की क्रिया 2 जमाने की मज़दूरी

जमात–*अ०* (स्त्री०) 1 कक्षा (विद्यार्थियों की) (जैसे-तुम किस जमात में पढ़ते हो) 2 समुदाय, संघ (व्यक्तियों का) 3 गिरोह

जमाती–*अ०* (वि०) सहपाठी

जमादार–*अ० + फ़ा०* (पु०) छोटे कर्मचारियों के कार्यों का निरीक्षक (जैसे-सिपाहियों का जमादार, भंगियों का जमादार)

जमादारिन–*अ० + फ़ा० + हिं०* (स्त्री०) जमादार की स्त्री

जमादारी–*अ० + फ़ा०* (स्त्री०) जमादार का कार्य

ज़मानत–*अ०* (स्त्री०) 1 ज़िम्मेदारी 2 किसी के कोई काम करने, समय पर हाज़िर होने. ऋण चुकाने आदि की दूसरे द्वारा ली जानेवाली ज़िम्मेदारी (जैसे-अदालत में मुलज़िम की ज़मानत कौन देगा) 3 ज़िम्मेदारी के समय जमा की गई रकम (जैसे-पाँच हज़ार रुपये की ज़मानत पर छोड़ना)। **~दार** *+ फ़ा०* (वि०) ज़मानत लेनेवाला; **~नामा** *+ फ़ा०* (पु०) ज़ामिन होने की लिखित स्वीकृति

ज़मानती–I *अ० + फ़ा०* (पु०) ज़मानत करनेवाला व्यक्ति, ज़िम्मेदार II (वि०) 1 ज़मानत संबंधी 2 जो ज़मानत के रूप में हो

जमाना–I (स० क्रि०) 1 तरल पदार्थ को ठोस बनाना (जैसे-बर्फ़ जमाना) 2 मज़बूती से बैठाना 3 दिल में बैठाना 4 सजाकर रखना, चुनाई करना 5 जमाने का कारण होना 6 जड़ मज़बूत करना (जैसे-मकान की नींव जमाना) 7 चलने योग्य बनाना (जैसे-रोज़गार जमाना) 8 प्रभावशाली सिद्ध होना (जैसे-महफ़िल जमाना) 9 स्थापित करना

(जैसे-महफ़िल में अपनी धाक जमाना) 10 प्रहार करना, चोट देना (जैसे-उसने सिर पर ज़ोर से लाठी जमा दी) II (स० क्रि०) उगाना, उपजाना (जैसे-मैदान में घास जमाना)

ज़माना–*अ०* (पु०) 1 काल 2 युग 3 अवधि 4 संसार, दुनिया 5 सौभाग्यकाल (जैसे-उनका भी ज़माना था कि सफलता उनकी अनुगामिनी थी)। ~**साज़** + *फ़ा०* (वि०) 1 जो समय के अनुरूप अपने को ढाल सके 2 विभिन्न परिस्थितियों में विभिन्न रूप धारण करनेवाला; ~**साज़ी** + *फ़ा०* (स्त्री०) परिस्थिति के अनुरूप ढालना; ~**उलटना** समय का यकबारगी बदल जाना, नया युग शुरू होना; ~**छानना** बहुत तलाश करना; ~**देखना** अनुभव प्राप्त करना; ~**देखे होना** अनुभवी होना; ~**पलटना,** ~**बदलना** अच्छे-बुरे दिन का आते-जाते रहना; **ज़माने भर का** अत्यधिक (जैसे-उसने ज़माने भर का दुःख उठाया है)

जमाल–*अ०* (पु०) बहुत सुंदर रूप, खूबसूरती 2 सुंदरता, खूबसूरती;

जमालगोटा–(पु०) एक पौधा जिसका बीज अत्यधिक रेचक होता है, दंतीफल

जमाव–(पु०) 1 जमने का भाव 2 भीड़, मजमा (जैसे-सेनाओं का जमाव कैसा है)

जमावट–(स्त्री०) 1 जमने का भाव 2 जमाने की क्रिया

जमावटी–(वि०) जिसे जमाया गया हो (जैसे-जमावटी दूध)

जमावड़ा–(पु०) एक स्थान पर इकट्ठा होनेवाले व्यक्तियों का समूह

ज़मीं–*फ़ा०* (स्त्री०) ज़मीन। ~**कंद** + *सं०* (पु०) सूरन; ~**दार** (पु०) 1 ज़मीन का मालिक 2 काश्तकारों और सरकार के बीच का बिचौलिया अधिकारी; ~**दोज़** (वि०) ज़मीन में दबा हुआ

ज़मींदारी–*फ़ा०* (स्त्री०) 1 ज़मींदार होने की अवस्था 2 ज़मींदार की वह भूमि जिसका लगान वह काश्तकारों से वसूल करता है ~**उन्मूलन** + *सं०* (पु०) ज़मींदारी ख़त्म कर देना; ~**प्रथा** + *सं०* (स्त्री०) ज़मींदार बिचौलिया के होने का रिवाज़; ~**दोज़** (वि०) 1 ज़मीन से सटा हुआ 2 जो ज़मीन के बराबर हो गया हो 3 भू गर्भ में स्थित

ज़मीन–*फ़ा०* (स्त्री०) 1 पृथ्वी 2 पृथ्वी का धरातल धरती, भूमि 3 पृथ्वी का स्थल भाग 4 ज़मीन का टुकड़ा 5 आधार, सतह (जैसे-इस साड़ी की ज़मीन चिकनी है)। ~**जायदाद** (स्त्री०) अचल संपत्ति; ~**दोज़** (वि०) = ज़मींदोज़; ~**आसमान एक करना** बहुत अधिक श्रम करना; ~**असमान का फ़र्क़** बहुत भारी अंतर; पैरों से ~ **खिसकना** होश-हवास न रहना; ~**पर पैर न रखना** घमंड दिखाना

ज़मीना–*फ़ा०* (वि०) ज़मीन संबंधी, ज़मीन का

ज़मीमा–*अ०* (पु०) 1 पूरक 2 परिशिष्ट 3 कोड पत्र

जमीर–*अ०* (स्त्री०) आत्मा, अंतःकरण

जमुरी–(स्त्री०) नालबंदों का औजार

ज़मुर्रद–*फ़ा०* (पु०) पन्ना (रत्न)

ज़मुर्रदी–I *फ़ा०* + *हिं०* (वि०) पन्ने के रंग का, नीलापन लिए हुए हरे रंग का

जमैयत–*अ०* (स्त्री०) परिषद, संस्था

जमोग–(पु०) जमोगने की क्रिया। ~**दार** + *फ़ा०* (पु०) ऋणी का ऋण चुकानेवाला व्यक्ति

जमोगना–(स० क्रि०) 1 आय-व्यय की जाँच करना 2 ब्याज को मूलधन में जोड़ना 3 अपने उत्तरदायित्व को दूसरे को सौंपकर पूरा करने की स्वीकृति दिला देना, सरेखना 4 बात आदि का अन्य व्यक्ति से समर्थन कराना

जमौआ–*बो०* (वि०) जमाकर बनाया हुआ (जैसे-जमौआ कंबल)

जम्बो-जेट–*अं०* (पु०) एक प्रकार का तेज़ हवाई-जहाज़

जम्हाई–(स्त्री०) = जंभाई

जम्हाना–(अ० क्रि०) = जँभाना

जयंत–I *सं०* (वि०) 1 जय प्राप्त करनेवाला, विजयी 2 बहुरूपिया 3 इंद्र का पुत्र

जयंती–I *सं०* (वि०) विजय प्राप्त करनेवाली, विजयिनी II (स्त्री०) 1 विजय प्राप्त करनेवाली स्त्री, दुर्गा 2 किसी महापुरुष या संस्था की जन्म-तिथि (25 वर्ष में रजत जयंती, 50 वर्ष में स्वर्ण जयंती, 100 वर्ष में हीरक जयंती)

जय–*सं०* (स्त्री०) महत्त्वपूर्ण विजय, सफलता। ~**कार** (पु०) 'जय' कहने की क्रिया; ~**घोष** (पु०) ज़ोर से कही जानेवाली जय (जैसे-श्री रामचंद्र जी की जय); ~**चिह्न** (पु०) ऐसा संकेत जो जीत का सूचक हो, ट्राफी; ~**जयकार** (स्त्री०) सामूहिक रूप से बार बार जय कहने की क्रिया; ~**जीव** (पु०) 'चिरंजीवी हो' ऐसा अभिवादन; ~**ढक्का** (स्त्री०) जीत का डंका; ~**दुंदुभि** जीत का नगाड़ा; ~**ध्वज** (पु०) विजय पताका; ~**ध्वनि** (स्त्री०), ~**नाद** (पु०) = जय जयकार; ~**पत्र** (पु०) 1 न्यायालय द्वारा दिया गया मुकद्दमे की जीत से संबंधित पत्र 2 पराजित राजा द्वारा विजयी राजा को पराजय संबंधित दिया गया पत्र; ~**पाल** (पु०) 1 जमालगोटा 2 राजा; ~**भेरी** (स्त्री०) जय दुंदुभि; ~**मंगल** (पु०) राजा की सवारी का हाथी; ~**माला** (स्त्री०) 1 विजेता को पहनाई जानेवाली माला, विजयहार 2 कन्या द्वारा वर को पहनाई जानेवाली माला, वरमाला; ~**यज्ञ** (पु०) अश्वमेध यज्ञ; ~**लेख** (पु०) = जय पत्र; ~**शब्द** (पु०) जय जयकार; ~**श्री** (स्त्री०) 1 विजय की अधिष्ठात्री देवी, विजय लक्ष्मी 2 विजय; ~**स्तंभ** (पु०) विजय स्मृति में बनवाई गई वास्तु रचना

जयकरी–(स्त्री०) चौपाई नामक छंद

जयखाता–(पु०) वह बही जिसमें बनिया अपना प्रतिदिन का लाभ लिखता है

जयदेव–(पु०) 'गीत गोविंद' पुस्तक के रचयिता;

जयश्री–*सं.* (स्त्री.) विजय, जीत की शोभा

जयपत्री–*सं०* (स्त्री०) जावित्री

जया–*सं०* (स्त्री०) 1 दुर्गा 2 भाँग 3 पताका

जयिष्णु–*सं०* (वि०) 1 जय दिलानेवाला 2 विजय प्राप्त करनेवाला 3 सदा जीतनेवाला

जयी–*सं०* (वि०) विजयी

जरंड–(वि०) 1 क्षीण 2 वृद्ध

जरंत–*सं०* (पु०) 1 अत्यंत वृद्ध व्यक्ति 2 भैंसा

ज़र–*फ़ा०* (पु०) 1 धन, संपत्ति 2 स्वर्ण, सोना। ~**ख़रीद** (वि०) 1 धन देकर ख़रीदा हुआ (ज़मीन, गुलाम) 2 जिसपर

पूर्ण स्वामित्व प्राप्त हो; **~खेज़** (वि०) उपजाऊ (जैसे-ज़रखेज़ ज़मीन); **~खेज़ी** (स्त्री०) उपजाऊपन; **~गर** (पु०) स्वर्णकार, सुनार; **~गरी** (स्त्री०) स्वर्णकार का काम, सुनारी; **~तार** (पु०) सोने-चाँदी आदि के तार; **~तारी** (स्त्री०) ज़री से बना हुआ बेल-बूटों का काम; **~दार** (वि०) धनी, मालदार; **~दोज** I (वि०) जिसपर ज़री का काम हुआ हो II (पु०) ज़र दोज़ी का काम करनेवाला; **~दोज़ी** I (स्त्री०) 1 सलमे-सितारे का काम 2 सलमे-सितारे का किया हुआ काम II (वि०) जिसपर सलमे-सितारे का काम हुआ हो; **~दोस्त, ~परस्त** (वि०) 1 लोभी 2 कंजूस; **~पेशगी** (स्त्री०) बयाना; **~बफ़्त** (पु०) वह कपड़ा जिसपर कलाबत्तू का काम किया गया हो; **~बफ़्ती** (वि०) 1 ज़रबफ़्त संबंधी 2 जिसपर ज़रबफ़्त का काम हुआ हो; **~बाफ़** (पु०) ज़रबफ़्त का काम करनेवाला व्यक्ति; **~बाफ़ी** I (वि०) जरबाफ़ संबंधी II (स्त्री०) ज़रदोज़ी

जरई–(स्त्री०) 1 बीज से निकलनेवाला अंकुर 2 धान, जौ का छोटा अंकुर

जरगा–*फ़ा०* (पु०) = जिरगा

जरछार–(वि०) 1 जो जलकर राख हो गया हो 2 नष्ट

जरजर–(वि०) = जर्जर

जरठ–I *सं०* (वि०) 1 बुड्ढा, वृद्ध 2 जीर्ण 3 कठिन, कठोर 4 कर्कश 5 जर्दी लिए हुए सफ़ेद रंग का II (पु०) बुढ़ापा

जरण–*सं०* (पु०) 1 क्षीण होना 2 वृद्ध होना

जरणा–*सं०* (स्त्री०) वृद्धावस्था

जरत्–*सं०* (वि०) 1 बुड्ढा, वृद्ध 2 क्षीण, पुराना

ज़रद–*फ़ा०* (वि०) पीले रंग का

ज़रदा–*फ़ा०* (पु०) मसालेदार सुगंधित सुरती

ज़रदालू–*सं०* (पु०) खूबानी

ज़रदी–*फ़ा०* (स्त्री०) 1 पीला होने की अवस्था, पीलापन 2 अंडे में से निकलनेवाला पीला अंश

जरनल–*अं०* (पु०) पत्रिका

जरनैल–*अं०* (पु०) = जनरल

ज़रब–*अ०* (स्त्री०) 1 आघात, प्रहार 2 मृदंग, तबले आदि पर दिया जानेवाला आघात, चांटी 3 कपड़े आदि पर काढ़ी गई बेल 4 गुणा

जरमन–I *अं०* (पु०) जर्मनी देश का निवासी II (स्त्री०) जर्मनी की भाषा III (वि०) 1 जर्मन देश में रहनेवाला 2 जर्मन देश संबंधी। **~सिलवर** (पु०) जस्ते, ताँबे एवं निकिल के योग से बनाई गई चमकदार धातु

जरमुआ–(वि०) ईर्ष्या, द्वेष आदि से जलनेवाला

ज़रर–*अ०* (पु०) 1 नुकसान, हानि 2 आघात, चोट 3 विपत्ति, संकट

जरसी–*अं०* (स्त्री०) गरम कुर्ती, बंडी

जरा–*सं०* (स्त्री०) 1 बुढ़ापा, वृद्धावस्था 2 बुढ़ापे में होनेवाली कमज़ोरी। **~ग्रस्त** (वि०) वृद्धावस्था के कारण कमज़ोर एवं शिथिल; **~जीर्ण** (वि०) जरा से जर्जर

ज़रा–I *अ०* (वि०) अल्प, कम II (अ०) काम, बात आदि की अल्पता, तुच्छता, सामान्यता आदि पर ज़ोर देने हेतु प्रयोग किया जानेवाला अव्यय (जैसे-ज़रा सी बात पर नाराज़ हो जाना, ज़रा मेरी भी अर्ज़ सुनिए)

ज़राअत–(स्त्री०) खेती-बारी

जरातुर–*सं०* (वि०) = जरा ग्रस्त, बूढ़ा

ज़राफत–*अ०* (स्त्री०) मसखरापन

जरायम-पेशा–*अ० + फ़ा०* (वि०) जो अनेक अपराधों के ज़रिए अपनी जीविका चलाता हो, अपराधशील

जरायु–*सं०* (पु०) 1 वह झिल्ली जिसमें लिपटा हुआ बच्चा माँ के गर्भ से बाहर आता है, आँवल 2 गर्भाशय। **~ज** (पु०) वह शिशु, जीव जो खेड़ी में लिपटा हुआ पैदा हो, पिंडज

जराह–*अ०* (पु०) = जर्राह

जरित–*सं०* (वि०) बुड्ढा

जरिमा–*सं०* (स्त्री०) वृद्धावस्था, बुढ़ापा

ज़रिया–*अ०* (पु०) 1 साधन 2 कारण, हेतु संबंध, लगाव

जरी–*सं०* (वि०) बुड्ढा, वृद्ध

ज़री–*फ़ा०* (स्त्री०) सोने के तार जिनसे कपड़ों पर बेल-बूटे बनाए जाते हैं (जैसे-इस साड़ी पर ज़री का काम है)

जरीदा–I *अ०* (पु०) बही, पुस्तक II (वि०) अकेला, तनहा

ज़रीफ़–*अं०* (वि०) 1 परिहास-प्रिय 2 हंसोड़

ज़रीब–*अ०* (स्त्री०) 1 खेत, ज़मीन नापने की डोरी, जंजीर जो लगभग साठ गज लंबी होती है, लाठी, डंडा। **~कश** + *फ़ा०* (पु०) जरीब से ज़मीन नापनेवाला व्यक्ति; **~कशी** + *फ़ा०* (स्त्री०) 1 ज़मीन नापना 2 जरीब कश का काम

जरीमाना–*अ० + फ़ा०* (पु०) *बो०* = जुरमाना

ज़रीया–*अ०* (पु०) = ज़रिया

जरीला–(वि०) 1 सोने का 2 सोने के तारों का

ज़रूर–I *अ०*(क्रि० वि०) अवश्य, अवश्यमेव II (वि०) आवश्यक, अवश्य करणीय, ज़रूरी

ज़रूरत–*अ०* (स्त्री०) 1 आवश्यकता 2 प्रयोजन। **~बेज़रूरत**–*फ़ा० + अ०* (क्रि० वि०) आवश्यकता और बिना आवश्यकता के ; **~मंद** *फ़ा०* (वि०) आवश्यकता रखनेवाला, मुहताज

ज़रूरियात–*अ०* (स्त्री०) आवश्यक क्रियाएँ, आवश्यकताएँ। **~ज़िंदगी** + *फ़ा०* (स्त्री०) जीवनोपयोगी वस्तुएँ आदि; **~से फ़ारिग़ होना** शौचादि से निवृत्त होना

ज़रूरी–*अं०* (वि०) 1 आवश्यक, वाजिब (जैसे-रोगी को समय से दवा देना ज़रूरी है)2 जिसका होना पूर्णतः निश्चित हो (जैसे-सायंकाल सूर्यास्त होना ज़रूरी है) 3 जिसे होना चहिए (जैसे-मुज़रिम को दंड मिलना ज़रूरी है) 4 जिसे तुरंत करना पड़े (जैसे-मुझे एक ज़रूरी काम से दिल्ली जाना पड़ गया)

ज़र्क-बर्क़–*अ०* (वि०) चमक दमक वाला, चमकीला

जर्जर–*सं०* (वि०) 1 जो कमज़ोर एवं बेकार हो (जैसे-जर्जर झोंपड़ी, जर्जर कपड़ा) 2 जिसका महत्त्व कम हो गया हो (जैसे-साहित्यिक परंपराओं का जर्जर हो जाना) 3 खंडित, टूटा-फूटा 4 वृद्ध, बुड्ढा

जर्जरित–*सं०* (पु०) जर्जर किया हुआ, जीर्ण

ज़र्द–*फ़ा०* (वि०) पीले रंगवाला, पीला

ज़र्दा–*फ़ा०* (पु०) = जरदा

ज़र्दालू–*फ़ा०* (पु०) = जरदालू

ज़र्दी–*फ़ा०* (स्त्री०) = ज़रदी

जर्नल–*अं०* (पु०) = जरनल
जर्नलिज़्म–*अं०* (पु०) पत्रकारिता
जर्नलिस्ट–*अं०* (पु०) पत्रकार
ज़र्रा–*अ०* (पु०) अत्यंत छोटा टुकड़ा, अणु, कण
जर्रार–*अ०* (वि०) बहादुर, वीर
जर्राह–*अ०* (पु०) चीर-फाड़ करनेवाला व्यक्ति
जर्राही–*अ०* + *फ़ा०* (स्त्री०) जर्राह का काम
जर्तिल–*सं०* (पु०) जंगली तिल, जर्तिल
जलंधर–*सं०* (पु०) जलोदर रोग
जल–*सं०* (पु०) पानी (जैसे-वर्षा का जल, कुएँ का जल, नदी का जल आदि)। ~**अपघटन** (पु०) जल के तत्त्वों का अलग-अलग हो जाना; ~**कंटक** (पु०) सिंघाड़ा; ~**कपाट** (पु०) जलधारा को रोकने और खोलने के लिए लगाया गया किवाड़; ~**कपि** (पु०) सूँस नामक जल जंतु; ~**करंक** (पु०) 1 कमल 2 नारियल 3 तरंग, लहर; ~**कर** (पु०) 1 पानी का महसूल 2 जलाशयों में उत्पन्न पदार्थों पर लगनेवाला महसूल; ~**कल** + *हिं०* (स्त्री०) पानी का नल, पाइप; ~**कल्क** (पु०) 1 कीचड़ 2 सेवार 3 काई; ~**काँच** + *हिं०* (पु०) 1 काँच का बड़ा पात्र जिसमें मछलियाँ एवं वनस्पतियाँ आदि रह सकें 2 एक प्रकार का यंत्र जिसके पेंदे में शीशा लगा होता है, वाटर-ग्लास; ~**किराट** (पु०) घड़ियाल, ग्राह; ~**कीट** (पु०) जल में रहनेवाले कीड़े; ~**कुक्कुट** (पु०) मुरगाबी नामक पक्षी; ~**कूपी** (स्त्री०) 1 तालाब 2 भँवर; ~**कूर्म** (पु०) = जल कपि; ~**केलि** (स्त्री०) जल-विहार, जल क्रीड़ा; ~**केश** (पु०) सेवार; ~**कौआ** (पु०) = जल कुक्कुट; ~**क्रीड़ा** (स्त्री०) जलाशय में नहाते समय की जानेवाली क्रीड़ा, जल विहार; ~**क्रीड़ा केंद्र** (पु०) जल में खेलने-कूदने का स्थान; ~**खावा** + *हिं०* (पु०) जलपान, कलेवा; ~**गुल्म** (पु०) 1 पानी में का भँवर 2 कछुआ 3 आयताकार, चौकोर तालाब; ~**ग्रहण क्षेत्र** (पु०) वह क्षेत्र जहाँ नहर के लिए पानी इकट्ठा किया जाता है; ~**घुमर** + *हिं०* (पु०) पानी का भंवर, जलावर्त्त; ~**घेरा** + *हिं०* (पु०) पानी का घेरा; ~**चर** (पु०) पानी में रहनेवाले जीव-जंतु; ~**चरी** (स्त्री०), ~**चारी** (पु०) 1 मछली 2 जल के जीव-जंतु; ~**चलित** + *हिं०* (वि०) जो जल से चलता हो; ~**चिकित्सा** (स्त्री०) जल के माध्यम से इलाज; ~**जंतु** (पु०) पानी में रहनेवाले प्राणी, जलप्राणी; ~**जंतुका** (स्त्री०) जोंक; ~**ज** I (वि०) जल से उत्पन्न होनेवाला II (पु०) कमल; ~**जात** (वि०) जो जल से उत्पन्न हुआ हो; ~**डमरू मध्य** (पु०) दो समुद्रों को मिलानेवाली जल-रेखा; ~**डाकू** + *हिं०* (पु०) समुद्री डाकू, लुटेरा; ~**डिंब** (पु०) घोंघा; ~**तरंग** I (पु०) एक प्रकार का वाद्य यंत्र जिसमें जल पूरित कटोरियों पर छड़ी से आघात कर ध्वनि उत्पन्न की जाती है II (स्त्री०) पानी की लहर; ~**ताड़न** (पु०) जल पर आघात करने के समान व्यर्थ का काम करना; ~**त्रास** (पु०) *चि०* जलांतक रोग; ~**थंभ** (पु०) जल स्तंभ; ~**थल** + *हिं०* (पु०) जल और स्थल; ~**थल-गामी** + *हिं०* + *सं०* (वि०) जल-थल दोनों में चलनेवाला (जैसे जल-थलगामी टैंक); ~**दस्यु** (पु०) जल डाकू; ~**दस्युता** (स्त्री०) समुद्री चोरी; ~**दान** (पु०) (पितरों का) तर्पण; ~**दीप** (पु०) समुद्री मीनारों में जलनेवाली बत्ती; ~**देवता** (पु०) वरुण; ~**द्रव्य** (पु०) जल में उत्पन्न होनेवाली वस्तुएँ; ~**धर** (पु०) 1 बादल 2 समुद्र; ~**धरी** (स्त्री०) जलहरी; ~**धारा** (स्त्री०) जल प्रवाह; ~**निकासी** + *हिं०* (स्त्री०) जल निकलने का रास्ता; ~**निधि** (पु०) समुद्र; ~**निर्गम** (पु०) पानी का निकास, जलपथ; ~**निर्गमन** (पु०) पानी निकलना; ~**निवास** (पु०) जल में रहना; ~**पक्षी** (पु०) जलाशयों के समीप रहनेवाले पक्षी; ~**पथ** (पु०) 1 दे० जलमार्ग 2 नहर; ~**परी** + *फ़ा०* (स्त्री०) कल्पित जल जंतु जिसका धड़ स्त्री की शक्ल का तथा निचला भाग मछली जैसा माना गया है; ~**पान** (पु०) नाश्ता, कलेवा ~**पान गृह** (पु०), ~**जलपान घर** + *हिं०* (पु०) नाश्ता करने का स्थान; ~**पोत** (पु०) जलयान; ~**पोत निर्माण** (पु०) जलयान बनाना; ~**प्रणाली** (स्त्री०) जल वितरण और निकास का ढंग; ~**प्रदान** (पु०) तर्पण क्रिया; ~**प्रदाय** (पु०) तर्पण; ~**प्रधान** (वि०) जहाँ जल अधिक हो; ~**प्रपात** (पु०) ऊँचे से गिरनेवाला प्राकृतिक झरना; ~**प्रलय** (पु०) सृष्टि का जलमग्न होना; ~**प्रवाह** (पु०) 1 जल की धारा के बहने की क्रिया 2 जल में बहने की क्रिया; ~**प्रांगण** (पु०) समुद्र का वह भाग जितने पर उसके तट पर स्थित राज्य का अधिकार माना जाता है; ~**प्रांत** (पु०) जलाशय के आस-पास का प्रदेश; ~**प्राणी** (पु०) = जल जंतु; ~**प्राणी शास्त्र** (पु०) जल जंतु से संबंधित विज्ञान; ~**प्राय** (वि०) जलाशय युक्त; ~**प्रिय** (पु०) 1 मछली 2 चातक, पपीहा; ~**प्लव** (पु०) = ऊद बिलाव; ~**प्लावन** (पु०) 1 जलप्रलय 2 विस्तृत बाढ़; ~**प्लावित** (वि०) 1 जलमग्न 2 जलग्रस्त, बाढ़ग्रस्त; ~**बंधक** (वि०) जल को बाँधनेवाला; ~**बम** + *अं०* (पु०) जल में छोड़ा जानेवाला रासायनिक विस्फोटक गोला; ~**बल** (पु०) जल सेना; ~**बिजली** + *हिं०* (स्त्री०) पानी द्वारा उत्पन्न बिजली; ~**बिजली** घर + *हिं०* (पु०) पानी द्वारा बिजली उत्पन्न करने का स्थान; ~**बिडाल** (पु०) = जल प्लव; ~**बुद्बुद** (पु०) पानी का बुलबुला; ~**बेंत** + *हिं०* (पु०) नदी में होनेवाली लता जैसी बेंत; ~**भीति** (स्त्री०) जल से डरने का एक तरह का मानसिक रोग, हाइड्रोफोबिया; ~**मग्न** (वि०) 1 जल प्लावित 2 पानी में डूबा हुआ; ~**मल** I (पु०) 1 फेन 2 जल की गंदगी; ~**मापक** (पु०) जल की मात्रा अंकित करनेवाला यंत्र, पानी की घड़ी; ~**माया** (स्त्री०) मृग-तृष्णा; ~**मार्ग** (पु०) 1 जलपथ 2 नदी, समुद्र आदि में जलयानों के आने-जाने का रास्ता; ~**मूर्तिका** (स्त्री०) ओला; ~**यंत्र** (पु०) 1 ऐसा उपकरण, यंत्र जिससे कुंओं आदि से पानी निकाला जाता है 2 जल घड़ी; ~**यातायात** (पु०) जल मार्ग द्वारा आवागमन; ~**यात्रा** (स्त्री०) समुद्र, नदी के द्वारा होनेवाली यात्रा; ~**यान** (पु०) 1 पानी में चलनेवाला जहाज़, पोत 2 जल नौका; ~**रंग** (पु०) पानी मिलाकर तैयार किया गया रंग; ~**रंग चित्र** (पु०) जल रंग से तैयार किया गया चित्र, तस्वीर; ~**रस** (पु०) नमक; ~**राशि** (पु०) 1 समुद्र 2 अपार या अथाह जल; ~**रुद्ध** (वि०) जल से घिरा हुआ; ~**रुह** I (वि०) जल में उत्पन्न होनेवाला II (पु०) 1 जल में उत्पन्न जीव

पदार्थ 2 कमल; ~रोधक (वि०) जल रोकनेवाला; ~लता (स्त्री०) तरंग, लहर; ~वल्ली (स्त्री०) सिंघाड़ा; ~वायु (पु०) देश की प्राकृतिक स्थिति जिसकी गरमी-सर्दी का विशेष प्रभाव जीव-जंतुओं आदि पर पड़ता है; ~वायु-परिवर्तन (पु०) प्राकृतिक स्थिति का बदलना; ~वायु-विज्ञान (पु०) जलवायु संबंधी विद्या; ~वायु-विज्ञानी (पु०) जलवायु विज्ञान का ज्ञाता; ~वाष्प (पु०) पानी की भाप; ~वास (पु०) जल में रहने की क्रिया; ~वाहक (पु०) पानी ढोनेवाला; ~विद्युत (स्त्री०) = जल बिजली; ~विद्युत गृह (पु०) जल बिजली घर; ~विद्युतीय (वि०) पानी द्वारा उत्पन्न बिजली से संबंधित; ~विभाजक (वि०) जल का बँटवारा करनेवाला; ~विभाजन (पु०) जल को अलग करना, पानी का बँटवारा; ~विशेषज्ञ (पु०) जल की विशेष जानकारी रखने वाला; ~विश्लेषण (पु०) जल के संयोजक तत्त्वों को अलग-अलग करने की क्रिया; ~विश्लेषित (वि०) जल के संयोजक तत्वों को अलग किया हुआ; ~विहार (पु०) = = जल क्रीड़ा; ~विहीन (वि०) जिसमें जल न हो; ~वृश्चिक (पु०) झींगा मछली; ~वैकृत्य (पु०) 1 पानी में उत्पन्न विकार 2 एक अशुभ योग; ~व्याघ्र (पु०) सील जैसा एक जल-जंतु; ~व्याल (पु०) पानी में रहनेवाला साँप; ~शक्ति (स्त्री०) = जल-बल; ~शायी (पु०) विष्णु; ~शूक (पु०) सेवार, काई; ~शोक (पु०) जलोदर; ~शोष (पु०) अनावृष्टि, सूखा; ~शोषक (वि०) जल सोखनेवाला; ~शोषण (पु०) जल सोखना; ~संस्कार (पु०) 1 स्नान करना, नहाना 2 शव को नदी में प्रवाहित करना; ~सप्लाई + अं० (स्त्री०) जल आपूर्ति; ~समाधि (स्त्री०) 1 जल में डूबकर मरना 2 जल में डुबाया जाना; ~समाधिस्थ (वि०) जो जल में डूब गया हो; ~सह (वि०) जिसपर जल का प्रभाव न हो; ~सिंह (पु०) सील की जाति का विशाल हिंसक जल जंतु; ~सीप + हिं० (स्त्री०) वह सीप जिसके अंदर मोती हो; ~सुरंग + हिं० (स्त्री०) जल के लिए बनाई गई सुरंग; ~सेना (स्त्री०) 1 जंगी जहाज़ों पर से जल में लड़नेवाली सेना, नौसेना 2 जंगी जहाज़ों का बेड़ा; ~सेनापति (पु०) जल सेना का उच्चतम अधिकारी; ~सैनिक I (वि०) जल सेना संबंधी II (पु०) जल सेना का जवान; ~स्तंभ (पु०) वह प्राकृतिक घटना जिसमें समुद्र में आकाश से बादल झुक पड़ते हैं तथा समुद्र का जल कुछ पलों के लिए ऊपर उठकर स्तंभ रूप ग्रहण कर लेता है; ~स्तंभन (पु०) पानी के प्रवाह को रोकना; ~स्थल-चारी (वि०) जल और थल में विचरण करनेवाला; ~हरण (पु०) 32 मात्राओं का एक वृत्त; ~हस्ती (पु०) स्तन पायी जल जंतु; ~हार (पु०) पनिहारा; ~हीन (वि०) = जल विहीन

जलक–*सं०* (पु०) 1 शंख 2 कौड़ी

जलजला–(वि०) क्रोधी, बिगड़ैल

ज़लज़ला–*अ०* (पु०) भूकंप, भूडोल

जलजलाना–(अ० क्रि०) नाराज होना

जलत्रा–*सं०* (स्त्री०) छाता

जलद–I *सं०* (वि०) जल देनेवाला II (पु०) मेघ, बादल। ~काल (पु०) वर्षा ऋतु; ~क्षय (पु०) शरद ऋतु

जलदागम–*सं०* (पु०) 1 वर्षाकाल 2 वर्षारंभ

जलधि–*सं०* (पु०) समुद्र

जलधिगा–*सं०* (स्त्री०) नदी

जलन–(स्त्री०) 1 जलने की अवस्था 2 जलने से होनेवाली पीड़ाकारक चुनचुनाहट 3 किसी अन्य कारण से शरीर में होनेवाली कष्टकारक चुनचुनाहट (जैसे-खुजली से पूरे शरीर में जलन होना) 4 ईर्ष्या, द्वेष 5 मनस्ताप, मानसिक कष्ट

जलना–(अ० क्रि०) 1 किसी पदार्थ आदि में आग पकड़ना (जैसे-लकड़ी का जलना) 2 प्रकाश देना (जैसे-चिराग जलना) 3 ताप (जैसे-तवा का जलना) 4 जलकर भस्म हो जाना (जैसे-शव जलना) 5 विकृत अवस्था प्राप्त होना (जैसे-खाना पकाते समय हाथ जल गया) 6 ताप की अधिकता से मुरझा जाना (जैसे-भीषण गर्मी से धान की सारी फसल जल गई) 7 शरीर का बहुत अधिक तपना (जैसे-ज्वर के कारण शरीर जलना) 8 विशिष्ट गुणों आदि का नष्ट होना (जैसे-विद्युत का तार जलना, तेजाब से कपड़ा जलना) 9 अत्यधिक उत्तप्त होना (जैसे-क्रोध में उसका शरीर जल रहा था, उन्नति होने से शत्रु का जलना)। ~बलना (अ० क्रि०) 1 जलना 2 अत्यधिक ईर्ष्या, द्वेष करना; ~बुझना (अ० क्रि०) जलना और बुझना; ~भुनना (अ० क्रि०) जलना, कुढ़ना; **जलती आग में कूदना** जान बूझकर विपत्ति में फँसना; **जलती आग में घी डालना** झगड़ा बढ़ाना, क्रोध बढ़ाना; **जले पर नमक छिड़कना** जले को जलाना, दुःखी को और दुःख देना; **जले पाँव की बिल्ली** यहाँ से वहाँ फिरती रहनेवाली स्त्री, स्थिर न रह सकनेवाली स्त्री; **जले फफोले फोड़ना** भड़ास निकालना

जलपना–(अ० क्रि०) 1 व्यर्थ की बातें कहना 2 डींग हाँकना

जलवाना–(स० क्रि०) जलाने का काम अन्य व्यक्ति से कराना (जैसे-किसी का मकान जलवाना)

जलवाह–*सं०* (पु०) मेघ, बादल

जलसा–*अ०* (पु०) 1 उत्सव, समारोह 2 अधिवेशन

जलांक–*सं०* (पु०) (काग़ज़ में) जलचिह्न

जलांचल–*सं०* (पु०) 1 पानी की नहर 2 सिवार

जलांजलि–*सं०* (स्त्री०) तर्पण के लिए अंजलि-भर जल

जलांशरहित–*सं०* (वि०) बिना जल के अंश का

जलाऊ–(वि०) 1 जलानेवाला 2 जो जलाने को हो (जैसे-जलाऊ लकड़ी)

जलाक–(स्त्री०) 1 पेट की जलन 2 तेज़ धूप की लपट 3 लू

जलाकर–*सं०* (पु०) जलाशय

जलागार–*अ०* (पु०) जलाशय

जलाजल–(पु०)/(वि०) झलाझल

जलातंक–*सं०* (पु०) पागल कुत्ते के काटने से जल से लगनेवाला भय, हाइड्रोफ़ोबिया

जलातन–I (वि०) 1 जिसका तन जल गया हो, अत्यंत दुःखी, संतप्त 2 क्रोधी 3 ईर्ष्यालु II (पु०) कष्ट देने की क्रिया

जलात्मिका–*सं०* (स्त्री०) 1 जोंक 2 कुआँ

जलात्यय–*सं०* (पु०) = जलद क्षय

जलाधार–*सं०* (पु०) = जलाशय

जलाधिदैवत–*सं०* (पु०) वरुण

जलाना–(स० क्रि०) 1 जलने में प्रवृत्त करना, प्रज्वलित होना (जैसे-कोयला जलाना) 2 प्रकाश उत्पन्न करना (जैसे-चिराग जलाना, लैम्प जलाना) 3 नष्ट कर देना (जैसे-मकान जलाना, झोंपड़ी जलाना) 4 अन्य प्रक्रियाओं से आग, रोशनी करना (जैसे-बिजली जलाना) 5 पदार्थ आदि का विकृत हो जाना (जैसे-दाल जलाना) 6 भाप रूप में उड़ा देना (जैसे-सब्जी का रसा जलाना) 7 ईर्ष्या-जन्य कष्ट उत्पन्न करना, सताना (जैसे-अपनी अदाओं से उचक्कों के मन को जलाना) 8 संतप्त करना (जैसे-कुमार्ग पर चलकर माँ का दिल जलाना)। **जला-जलाकर मारना** घुला-घुलाकर मारना, अत्यधिक कष्ट पहुँचाना

जलापा–(पु०) लंबे समय तक मन ही मन जलते रहना

जलाभाव–*सं०* (पु०) जल की कमी

जला-भुना–(वि०) कुढ़ा हुआ, चिढ़ा हुआ

जलार्क–*सं०* जल में दिखाई पड़नेवाला सूर्य का प्रतिबिंब

जलार्णव–*सं०* (पु०) जलदागम, वर्षाकाल

जलार्द्र–*सं०* (वि०) पानी से भीगा हुआ, गीला, तर

जलाल–*अ०* (पु०) 1 प्रकाश, तेज़ 2 प्रताप, महिमा 3 वैभव और संपन्नता

ज़लालत–*अ०* (स्त्री०) अपमान, बेइज़्ज़ती

जलालुक–*सं०* (पु०) कमल की जड़, कमलनाल

जलाव–(पु०) 1 जलने-जलाने की क्रिया 2 जलने के कारण कम हुआ अंश 3 खमीर 4 खमीर का उठना

जलावतन–*अ०* (वि०) देश निकाला हुआ, देश से निर्वासित

जलावतनी–*अ०+फ़ा०* (स्त्री०) देश निकाला, निर्वासन

जलावतरण–*सं०* (पु०) 1 जलयान को पानी में उतारना 2 पोत संतरण

जलावन–(पु०) 1 जलाने की वस्तु, ईंधन 2 वस्तु का जला हुआ अंश

जलावर्त्त–*सं०* (पु०) पानी का भँवर

जलाशय–*सं०* (पु०) जल भरा हुआ गहरा स्थल, झील, तालाब

जली-कटी–(वि०) बहुत चुभनेवाली

जलीय–*सं०* (वि०) 1 जल संबंधी, जल का (जैसे-जलीय क्षेत्र) 2 जल में उपजने वाला, जल में रहनेवाला (जैसे-जलीय जीव जंतु) 3 जिसमें जल का अंश हो (जैसे-जलीय विलयन)

ज़लील–*अ०* (वि०) 1 जिसका अपमान हुआ हो, अपमानित 2 तुच्छ, नीच 3 जो अपमानित होने पर भी हठवश वही काम करे

जलील–*अ०* (वि०) पूज्य

जलूस–*अ०* (पु०) 1 प्रदर्शन, प्रचार हेतु निकलनेवाला व्यक्तियों का समूह (जैसे-जलूस निकलना) 2 ठाठ-बाट, सजावट की अवस्था

जलेचर–*सं०* (वि०) = जलचर

जलेतन–(वि०) = जलातन

जलेबा–(पु०) बड़ी जलेबी

जलेबी–(स्त्री०) घी में तलकर शीरे में पकाई गई मैदे की कुंडलाकार प्रसिद्ध मिठाई

जलेवाह–*सं०* (पु०) गोताखोर, पनडुब्बा

जलेश–*सं०* (पु०) वरुण

जलोत्सारण–*सं०* (पु०) पानी हटना, उलीचना

जलोदर–*सं०* (पु०) *चि०* नाभि के पास पेट के चमड़े के नीचे की तह में पानी जमा होकर पेट फूलने का रोग

जल्द–*अ०* (क्रि० वि०) दे० जल्दी। ~**बाज़** + *फ़ा०* (वि०) आवश्यकता से अधिक जल्दी करनेवाला; ~**बाज़ी** + *फ़ा०* (स्त्री०) जल्दपन, शीघ्रता करना

जल्दी–I *अ० + फ़ा०* (स्त्री०) तेज़ी, शीघ्रता II (क्रि० वि०) शीघ्रता से (जैसे-जल्दी लिखो, जल्दी जाओ)

जल्प–*सं०* (पु०) 1 बकवाद, प्रलाप 2 औचित्य, सत्य आदि का विचार किए बगैर केवल अपनी ही बात को सही प्रमाणित करने का प्रयत्न करना 3 कथन

जल्पक–*सं०* (वि०) 1 कहनेवाला 2 बकवादी, वाचाल 3 मिथ्या तर्क-वितर्क करनेवाला

जल्पन–*सं०* (पु०) 1 जल्प करने की क्रिया 2 डींग

जल्पना–*सं० + हिं०* (अ० क्रि०) 1 बहुत बोलना 2 बकवास करना 3 व्यर्थ का तर्क-वितर्क करना

जल्पाक–*सं०* (वि०) = जल्पक

जल्पित–*सं०* (वि०) 1 कहा हुआ 2 बका हुआ 3 मन गढ़ंत और मिथ्या

जल्लाद–*अ०* (पु०) 1 राजाज्ञा से दंडित व्यक्ति को फाँसी देनेवाला कर्मचारी, वधिक 2 अत्यंत क्रूर एवं निर्दय

जल्वा–*अ०* (पु०) 1 शोभा, सौंदर्य 2 प्रकाश, तेज़

जव–(पु०) = जौ

जव–I *सं०* (पु०) वेग, तेज़ी 2 जल्दी, शीघ्रता II (वि०) 1 वेगवान् 2 शीघ्रता करनेवाला

जवन–I (पु०) दे० यवन

जवन–II *सं०* वेगवान्, तेज़ III (पु०) वेग

जवनिका–(स्त्री०) 1 यवनिका, पर्दा 2 कनात 3 पाल

जवस–*सं०* (पु०) घास

जवाँ–*फ़ा०* (वि०) जवान का संक्षिप्त रूप। ~**मर्द** (पु०) 1 वीर पुरुष, बहादुर 2 नौजवान आदमी। ~**मर्दी** (स्त्री०) 1 नौजवानी 2 बहादुरी, वीरता

जवा–I *बो०* (पु०) 1 जौ के आकार का दाना 2 लहसुन का दाना II (स्त्री०) अड़हुल, जपा

जवाई–*बो०* (पु०) जँवाई, दामाद

जवाखार–(पु०) जौ के क्षार से बनाया जानेवाला नमक

जवान–I *फ़ा०* (वि०) 1 युवा, तरुण 2 वीर, बलवान् II (पु०) 1 वीर पुरुष 2 सिपाही। ~**जहाज़** (वि०) पूर्ण यौवन प्राप्त

जवानी–*फ़ा०* (स्त्री०) 1 तरुणाई, यौवन, युवावस्था 2 यौवन का जोश। ~**उठना** नवयौवन आना; ~**उतरना** यौवन ढलना; ~**की नींद** बे-फ़िक्री की नींद, निश्चिंत; ~**चढ़ना** जवानी आना, मस्ती आना; ~**ढलना** यौवन का समाप्त होना

जवाब–*अ०* (पु०) 1 उत्तर (जैसे-अभी पत्र का जवाब नहीं आया) 2 बदला चुकाने के उद्देश्य से किया गया कार्य (जैसे-ईंट का जवाब पत्थर से देना) 3 जोड़, बराबरी (जैसे-ताजमहल की रचना सौंदर्य का जवाब नहीं है) 4 सवाल का हल (जैसे-प्रश्न-पत्र के किन्हीं चार सवालों का जवाब देना है) 5 नकारात्मक आदेश (जैसे-उसे नौकरी से

जवाब दे दिया गया) 6 प्रतिवाद (जैसे-अदालत में तो जवाब देना पड़ेगा)। ~**तलब** (वि०) जवाब माँगने लायक, पूछने योग्य; ~**तलबी** *+ फ़ा०* (स्त्री०) जवाब माँगा जाना; ~**दार** *+फ़ा०*. (वि०) जवाब देनेवाला, उत्तरदायी; ~**दारी** *फ़ा०* (स्त्री०) उत्तरदायित्व; ~**दावा** (पु०) प्रतिवादी का उत्तर; ~**देह** *+ फ़ा०* (वि०) + जवाबदार; ~**देही** *+ फ़ा०* (स्त्री०) = जवाब देही; ~**सवाल** (पु०) 1 प्रश्नोत्तर 2 बहस (जैसे-मैं मूर्खों से जवाब-सवाल नहीं करता)

जवाबी–*अ० + फ़ा०* (वि०) 1 जवाब संबंधी 2 जो जवाब दिए जाने योग्य हो 3 जवाब रूप में हो

जवार–*अ०* (पु०) 1 आस-पास का स्थान 2 पड़ोस

जवारा–(पु०) जौ के अंकुर

जवारी–(स्त्री०) जौ, छुहारे को एक में गूँथकर बनाया गया हार, घोड़ी

ज़वाल–*अ०* (पु०) 1 अवनति, उतार, ह्रास 2 आफत, झँझट, विपत्ति (जैसे-ज़वाल में डालना)

जवास, जवासा–(पु०) एक तरह का कँटीला क्षुप जिसके अनेक अंगों को औषधि में प्रयोग करते हैं

जवाहर–*अ०* (पु०) रत्न, मणि। ~**ख़ाना** *+ फ़ा०* (पु०) वह स्थान जहाँ पर जवाहर आदि कीमती वस्तुएँ रखी जाएँ

जवाहरात–*अ०* (पु०) अनेक तरह के रत्नों का संग्रह

जवाहिर–*अ०* (पु०) = जवाहर

ज्वाहिरात–*अ०* (पु०) = जवाहरात

जवैया–*बो०* (वि०) जानेवाला

जश्न–*फ़ा०* (पु०) जलसा, उत्सव (जैसे-धार्मिक जश्न मनाना)

जस–I *बो०* (पु०) यश, कीर्ति II (वि०) *बो०* जैसा (क्रि० वि०) जैसे

जसीम–*अ०* (वि०) स्थूल आकारवाला, भारी-भरकम

जस्टिस–I *अं०* (स्त्री०) न्याय, इंसाफ II (पु०) न्यायाधीश

जस्त–(पु०) = जस्ता

जस्त–*फ़ा०* (स्त्री०) छलाँग, चौकड़ी

जस्तई–(वि०) 1 जस्ते का बना हुआ 2 जस्ते के रंग का

जस्ता–(पु०) मटमैले रंग की एक प्रसिद्ध धातु

जहक–(वि०) कुढ़नेवाला, ईर्ष्यालु

जहकना–(अ० क्रि०) 1 चिढ़ना, कुढ़ना 2 बढ़-बढ़कर बातें करना

जहदना–(अ० क्रि०) 1 कीचड़ होना 2 शिथिल होना

ज़हन–*अ०* (पु०) दिमाग़, मस्तिष्क

ज़हनियत–*अ०* (स्त्री०) मानसिकता

जहन्नुम–*अ०* (पु०) नरक

जहन्नुमी–*अ०* (वि०) 1 नरक संबंधी 2 नरक में वास करनेवाला

ज़हमत–*अ०* (स्त्री०) 1 आपत्ति 2 विपत्ति 3 कष्ट 4 झंझट, बखेड़ा। ~**उठाना** कष्ट उठाना, विपत्ति भोगना

ज़हर–I *फ़ा०* (स्त्री०) 1 विष 2 अत्यंत कटु एवं दोषयुक्त कार्य 3 अप्रिय एवं अति क्लेशप्रद बात (जैसे-ज़हर भरी बातें कहना) II (वि०) 1 विषाक्त 2 घातक 3 अत्यंत कटु। ~**दार** (वि०) ज़हरीला, विषयुक्त, विषमय; ~**बाद** (पु०) *चि०* ज़हरीला एवं बहुत ही कष्टदायक फोड़ा; ~**मार** *+ हिं०* (पु०) प्रतिविष, विषहर; ~**मोहरा** (पु०) एक तरह का पत्थर जिसमें ज़हर को सोख लेने की विशेषता पाई जाती है; ~**उगलना** जली-कटी बातें कहना; ~**कर देना** 1 बहुत कड़ुआ कर देना 2 कटु वचन से भोजन का स्वाद-सुख बिगाड़ देना; ~**का घूँट** अति अप्रिय एवं असह्य बात; ~**पीकर रह जाना,** ~**पीना** असह्य क्रोध को सह लेना; ~**की पुड़िया** 1 अत्यंत क्रोधी 2 फसादी; ~**खाना** आत्महत्या करना; ~**मारना** ज़हर का असर दूर करना; ~**में बुझाना** 1 बात को मर्मभेदी एवं असह्य बना देना 2 किसी अग्नि तप्त अस्त्र को विषमिश्रित जल आदि द्रव में बुझाना

ज़हरी–*फ़ा० + हिं०* (वि०) विषैला

ज़हरीला–*फ़ा० + हिं०* (वि०) 1 जो जहर से भरा हो, विषयुक्त (जैसे-ज़हरीला साँप, ज़हरीली गैस) 2 अत्यंत अप्रिय एवं कटुभाषी। ~**पन** *+ हिं०* (पु०) विषैलापन

जहाँ–(अ०) जिस जगह, जिस स्थान पर (जैसे-जहाँ-कहीं जाओगे वह मिलेगा)। ~**का तहाँ** अपनी ही जगह पर (जैसे-सामान जहाँ का तहाँ रख देना)

जहाँ–*फ़ा०* (पु०) संसार, लोक। ~**गीर** (वि०) दुनिया पर राज्य करनेवाला, विश्वविजयी; ~**गीरी** (स्त्री०) 1 विश्व विजय 2 हथेली के पिछले भाग में पहना जानेवाला प्रसिद्ध गहना जिसमें पाँचों उँगलियों के लिए पाँच अँगूठियाँ बनी होती हैं; ~**दीद,** ~**दीदा** (वि०) जिसने संसार को देखा परखा हो, अनुभवी; ~**पनाह** I (वि०) विश्व की रक्षा करनेवाला II (पु०) 1 ईश्वर 2 सम्राट्, बादशाह

जहाज़–*अ०* (पु०) जलयान, जलपोत (जैसे-समुद्री जहाज़) 2 वायुयान (जैसे-हवाई जहाज़) 3 समुद्र में चलनेवाली बहुत बड़ी नाव (जैसे-जहाज़ पर माल लादना)। ~**गोदी** *+ हिं०* (स्त्री०) जहाज़ ठहराने की जगह; ~**घाट** *+ हिं०* (पु०) जहाज़ पर माल लादने-उतारने की जगह; ~**रान** *+ फ़ा०* (पु०) जहाज़ चलानेवाला व्यक्ति; ~**रानी** *+ फ़ा०* (स्त्री०) 1 जहाज़ चलाना 2 जहाज़ चलाने का काम; ~**साज़ी** *+ फ़ा०* (स्त्री०) जहाज़ बनाना

जहाज़ी–I *अ०* (वि०) 1 जहाज़ पर रहनेवाला 2 जहाज के कर्मचारियों से संबंध रखनेवाला II (पु०) 1 जहाज़ का कर्मचारी, खलासी 2 जहाज़ पर यात्रा करनेवाला व्यक्ति ~**कौआ** 1 जिस व्यक्ति का एक ही ठिकाना हो 2 अत्यंत चालाक एवं धूर्त

जहाद–*अ०* (पु०) धर्म की रक्षा हेतु किया जानेवाला युद्ध, धर्मयुद्ध

जहान–*फ़ा०* (पु०) संसार, दुनिया, विश्व

जहानक–*सं०* (पु०) प्रलय

जहालत–*अं०* (स्त्री०) अज्ञान, मूर्खता, अशिक्षा

ज़हीन–*अ०* (वि०) 1 समझदार, बुद्धिमान 2 तीक्ष्ण बुद्धिवाला, मेधावी

ज़हूर–*अ०* (पु०) प्रकट करने की अवस्था, प्रकाश में आना

ज़हूरा–*अ० + हिं०* (पु०) *बो०* 1 प्रताप 2 अभिव्यक्त

जहेज़–*अ०* (पु०) = दहेज़

जाँगर–(पु०) 1 पौरुष 2 श्रमशीलता 3 शरीर, देह (जैसे-जाँगर डुलाना, जाँगर चलाना)। ~**चोर** (वि०)/(पु०) मेहनत न

करनेवाला; ~**थकना** 1 पौरुष का जवाब देना 2 शरीर शिथिल होना

जांगल–I *सं०* (पु०) 1 ऐसा ऊसर एवं निर्जन प्रदेश जहाँ वनस्पतियाँ बहुत कम होती हैं 2 ऊसर एवं निर्जन तथा अल्प वनस्पतिवाले क्षेत्र में रहनेवाले लोग, जीव-जंतु II (वि०) 1 जंगल संबंधी 2 जो पालतू न हो, जंगली

जांगलि, जांगलिक–I *सं०* (वि०) जो जंगल से संबंध रखता हो, जंगली II (पु०) 1 सँपेरा, मदारी 2 विष वैद्य

जाँगलू–(वि०) 1 असभ्य, उजड्ड 2 जंगली

जांगुल–*सं०* (पु०) 1 विष, ज़हर 2 तोरई

जांगुलि, जांगुलिक–*सं०* (पु०) सँपेरा

जांगुली–*सं०* (स्त्री०) विष-विद्या

जाँघ–(स्त्री०) घुटने एवं कमर के बीच का भाग। ~**उघाड़ना** स्वयं कलंक की बात करना; ~**का कीड़ा** अत्यंत तुच्छ एवं हीन व्यक्ति; ~**नंगी करना** = जाँघ उघाड़ना

जाँघा–*बो०* (पु०) 1 गड़ारी का धुरा 2 गड़ारी रखने का खंभा

जांघिक–I *सं०* (वि०) 1 जाँघ संबंधी 2 बहुत तेज़ चलनेवाला II (पु०) तेज़ चलनेवाला जीव

जाँघिया–(पु०) कमर में पहना जानेवाला एक प्रकार का सिला हुआ छोटा पहनावा

जांघिल–(वि०) 1 बहुत तेज़ दौड़नेवाला 2 चलने में जिसका पैर कुछ लचकता हो (पशु)

जाँच–(स्त्री०) 1 जाँचने की क्रिया, परख (जैसे-सोने की अँगूठी की जाँच करना) 2 परीक्षा (जैसे-अध्यापक गणित की जाँच करेंगे) 3 छान-बीन, तहकीकात (जैसे-पुलिस अपराध की जाँच कर रही है) 4 अनुसंधान (जैसे-मेडिकल जाँच, खून की जाँच करना)। ~**आयोग** + *सं०* (पु०) जाँच-पड़ताल हेतु गठित कमीशन; ~**कर्ता** + *सं०* (पु०) जाँच करनेवाला व्यक्ति; ~**पड़ताल** (स्त्री०) छान-बीन, तफ़तीश; ~**ब्यूरो** + *अं०* (स्त्री०) जाँच आयोग

जाँचना–(स० क्रि०) 1 परखना (जैसे-सोने की शुद्धता जाँचना) 2 गुण-दोष का पता लगाना (जैसे-रक्त में उपयोगी कीटाणुओं को जाँचना) 3 सिद्धांत, बात की सत्यता का पता लगाना (जैसे-ओहम नियम को जाँचना) 4 सही-गलत देखना (जैसे-गणित जाँचना) 5 योग्यता, क्षमता का पता लगाना (जैसे-रोगी को जाँचना, सैनिकों को जाँचना) 6 अनुसंधान करना (जैसे-चुंबक के गुण-दोष जाँचना) 7 पूछ-ताछ करना (जैसे-अपराधी को जाँचना) 8 याचना करना, माँगना। ~**परखना** जाँचना और समझना

जाँझ–*बो०* (पु०) तेज़ हवा के साथ होनेवाली वर्षा, तूफानी वर्षा

जाँत–(पु०) जाँता

जांतव–*सं०* (वि०) 1 जीव-जंतुओं से संबंधित 2 जीव-जंतुओं से उत्पन्न होनेवाला

जाँता–(पु०) हाथ से चलाई जानेवाली बड़ी चक्की

जाँनिसार–*फ़ा०* + *अ०* (वि०) जान कुर्बान करनेवाला

जाँबाज़–*फ़ा०* (वि०) अपनी जान पर खेल जानेवाला

जांबील–*सं०* (पु०) घुटने पर की गोल हड्डी

जा–I *सं०* (स्त्री०) 1 माता, माँ 2 देवरानी II (वि०)/(स्त्री०) उत्पन्न होनेवाली (जैसे-गिरिजा, जनकजा)

जा–I *फ़ा०* (वि०) उचित, मुनासिब II (स्त्री०) जगह, स्थान

जाइंट–*अं०* (वि०) संयुक्त (जैसे-जाइंट सेक्रेटरी)

जाइरोस्कोप–*अं०* (पु०) घूर्णाक्षदर्शी

जाई–I (स्त्री०) 1 कन्या, पुत्री, 2 चमेली II = जाही

जाएल–I *बो०* (वि०) जिसे दो बार जोता गया हो II (पु०) दो बार जोता हुआ खेत

जाकट–*अं०* (स्त्री०) = जाकेट

जाकड़–(पु०) 1 नापसंद होने पर लौटा देने की शर्त पर लिया जानेवाला सामान 2 पसंद-नापसंद की शर्त पर होनेवाला लेन-देन। ~**बही** (स्त्री०) ऐसी बही, रजिस्टर जिसमें जाकड़ संबंधी वस्तुओं का विवरण रहता है

जाकी–*अं०* (पु०) घुड़दौड़ का सवार

जाकिट, जाकेट–*अं०* (स्त्री०) सदरी की तरह की आधुनिक पोशाक

जाग–I (स्त्री०) 1 जगह, स्थान 2 गृह, घर II (स्त्री०) जागने की क्रिया। ~**ता** (वि०) 1 जागा हुआ 2 जो जाग रहा हो (जैसे-जागता हुआ आदमी) 3 सतर्क, सावधान (जैसे-जागते रहो) 4 अस्तित्व, शक्ति एवं कला का परिचय देनेवाला (जैसे-जागती हुई कला, जागता हुआ सैनिक, जागता समुद्र)

जागतिक–*सं०* (वि०) 1 जगत्-संबंधी, जगत् का 2 संसार में होनेवाला, सांसारिक

जागना–(अ० क्रि०) 1 सोकर उठना 2 निद्रा रहित होना 3 सावधान होना (जैसे-आज रात भर जागना पड़ेगा) 4 अस्तित्व, शक्ति आदि का स्पष्ट एवं प्रत्यक्ष प्रमाण दे सकने की अवस्था 5 अपना प्रभाव दिखलाना (जैसे-अंततः देवी को अन्याय के विरोध में जागना पड़ा) 6 उत्तेजित होना 7 विख्यात होना (जैसे-हज़ारों वर्षों से दुनियाँ में बुद्ध का नाम जाग रहा है)

जागर, जागरण–*सं०* (पु०) 1 जागने की क्रिया 2 अंतःकरण की वह अवस्था जिसमें सब वृत्तियाँ जाग्रत हों 3 उन्नति एवं रक्षा हेतु सचेष्ट रहने की स्थिति

जागरित–*सं०* (वि०) जागता हुआ, जाग्रत

जागरू–*बो०* (पु०) 1 वह फसल जिसमें भूसा और कुछ अन्न कण भी मिले हों 2 भूसा

जागरूक–I *सं०* (वि०) 1 सजग, जाग्रत 2 सतर्क एवं सावधान II (पु०) पहरेदार। ~**ता** (स्त्री०) 1 जागते रहने की अवस्था, जाग्रतावस्था 2 सतर्कता, सावधानी (जैसे-क्रांतिकारी जागरूकता)

जागरूप–(वि०) जो अति प्रत्यक्ष एवं स्पष्ट हो

जागर्ति–*सं०* (स्त्री०) 1 जाग्रत होने की अवस्था, जागरण, 2 चेतना (जैसे-राजनैतिक एवं सामाजिक जागर्ति)

जागर्या–*सं०* (स्त्री०) = जागरण

जागा–I (पु०) रात भर जागते रहने की क्रिया II (स्त्री०) = जगह

जागीर–*फ़ा०* (स्त्री०) पुरस्कार स्वरूप राजाओं-महाराजाओं द्वारा दी गई ज़मीन। ~**दार** (पु०) जागीर का स्वामी; ~**दारी** (स्त्री०) 1 जागीरदार होने का भाव 2 रईसी, धनाढ्य; ~**प्रथा** + *सं०* (स्त्री०) ऐसा रिवाज़ जिसमें छोटे नवाबों को जागीर देकर उनसे सैनिक सेवा ली जाती थी

जागीरी–I *फ़ा०* (स्त्री०) 1 जागीरदार होने की अवस्था 2 अमीरी, रईसपन II (वि०) जागीर संबंधी, जागीर का
जागृत–*सं०* (वि०) = जाग्रत
जागृति–*सं०* (स्त्री०) जागरण
जाग्रत–*सं०* (वि०) 1 जागता हुआ 2 सचेत, सावधान 3 जो अपने को दूषित वातावरण के प्रति सतर्क रखने एवं उन्नति हेतु जागरूक हो
जाग्रति–*सं०* (स्त्री०) 1 जागते रहने की क्रिया जागरण 2 जाग्रतावस्था
जाघनी–*सं०* (स्त्री०) जंघा, जाँघ
जाजम–*फ़ा०* (स्त्री०) दे० जाज़िम
जाजरा–(वि०) 1 बहुत पुराना, जर्जर 2 जिसमें कई छेद हों
जाजरी–(पु०) चिड़िमार, बहेलिया
जाज़रूर–*फ़ा० + अ०* (पु०) मल त्याग करने का स्थान, पाखाना
जाज़िब–*अ०* (वि०) 1 सोखनेवाला 2 अपनी ओर खींचनेवाला, आकर्षक
जाज़िम–*फ़ा०* (स्त्री०) 1 फर्श आदि पर बिछाई जानेवाली छपी हुई चादर 2 कालीन 3 बिछाने की चादर
जाज्वलित–*सं०* (वि०) प्रकाशमान
जाज्वल्य, जाज्वल्यमान्–*सं०* (वि०) 1 चमकता हुआ, प्रकाशमान् 2 प्रज्वलित तेजपूर्ण, तेजोमंडित (जैसे-जाज्वल्यमान् नक्षत्र)
जाट–I (पु०) 1 भारत में खेती -बारी करनेवाली प्रसिद्ध जाति जो पंजाब, पश्चिमी उत्तर-प्रदेश आदि क्षेत्रों में रहती है 2 कृषक II (वि०) गँवार, उजड्ड
जाटू–(स्त्री०) करनाल, रोहतक, हिसार आदि के जाटों की बोली, बाँगड़ू, हरियाणवी
जाठ–(पु०) 1 कोल्हू की कूँडी में रहनेवाला लकड़ी का गोल चिकना बल्ला 2 तालाब आदि के बीच में गड़ा हुआ लट्ठा
जाठर–I *सं०* (वि०) पेट संबंधी, जठर का II (पु०) 1 जठर, पेट 2 भोजन पकानेवाली पेट की अग्नि 3 क्षुधा, भूख
जाठराग्नि–*सं०* (स्त्री०) = जठराग्नि
जाड़ा–(पु०) 1 शीतकाल 2 शीत, सरदी। ~**खाना** जाड़े का कष्ट सहन करना; ~**जाड़े की चांदनी** बेकार चीज़
जाड्य–*सं०* (पु०) जड़ता, निश्चेष्टा, मूर्खता
जात–I *सं०* (वि०) 1 जिसने जन्म लिया हो, उत्पन्न (जैसे-नवजात, जल जात) 2 जिसे कुछ उत्पन्न हुआ हो 3 जो किसी से उत्पन्न हुआ हो (जैसे-जन्मजात दाग, जन्मजात लक्षण) II (पु०) 1 पुत्र, बेटा 2 जीव, प्राणी। ~**रूप** I (वि०) रूपवान, सुंदर II (पु०) 1 स्वर्ण, सोना 2 धतूरा; ~**वेश्म** (पु०) सौरी
जात–(स्त्री०) *बो०* = जाति। ~**निकाला** (पु०) अपनी बिरादरी से अलग किया हुआ व्यक्ति; ~**पाँत,** ~**पाँति** (स्त्री०) जाति एवं उपजाति से संबंध रखनेवाला विभाग (जैसे-जात-पाँत की व्यवस्था); ~**बाहर** (क्रि० वि०) जात से अलग
ज़ात–*अ०* (स्त्री०) 1 वस्तु का स्वरूप, व्यक्तित्व 2 स्वभाव 3 देह 4 व्यक्ति। ~**परस्त** *+ फ़ा०* (पु०) जातिवादी; ~**परस्ती** *+ फ़ा०* (स्त्री०) जातिवादिता

जातक–*सं०* (पु०) 1 नवजात शिशु 2 बच्चा, बालक 3 फलित ज्योतिष का वह अंग जिससे नवजात शिशु का शुभाशुभ फल कहा जाता है 4 बुद्ध के जन्मों की कहानी
जातना–(स्त्री०) *बो०* यातना
जाता–*सं०* (स्त्री०) कन्या, बेटी, पुत्री
जाति–*सं०* (स्त्री०) 1 वंश, कुल 2 जन्म, उत्पत्ति 3 वर्ण 4 वर्ग (जैसे-पशु जाति) 5 जात (जैसे-परिगणित जाति)। ~**कोश** (पु०) जायफल; ~**कोशी** (स्त्री०) जावित्री; ~**गत** (वि०) जाति संबंधी; ~**गौरव** (पु०) = जात्याभिमान; ~**च्युत** (वि०) जिसे बिरादरी से निकाल दिया गया हो, जिसके साथ व्यवहार न किया जाता हो; ~**च्युति** (स्त्री०) जाति से गिर जाना; ~**द्रोह** (पु०) जाति के प्रति वैर विरोध; ~**धर्म** (पु०) 1 किसी जाति में समान रूप से होनेवाले गुण, धर्म, कार्य आदि 2 जातगत विशिष्ट कर्म; ~**नियम** (पु०) जात संबंधी विशिष्ट आचार, व्यवहार आदि नियम; ~**नीति** (स्त्री०) जात से संबंध रखनेवाले व्यवहार संबंधी नीति; ~**पत्री** (स्त्री०) जावित्री; ~**पाँति** *+ हिं०* (स्त्री०) = जात-पाँत; ~**प्रथा** (स्त्री०) जाति-पाँति का रिवाज़; ~**प्रेम** (पु०) स्वजाति प्रेम; ~**फल** (पु०) जायफल; ~**बिरादरी** *+ फ़ा०* (स्त्री०) अपनी जाति और भाई-चारे के लोग; ~**ब्राह्मण** (पु०) वह ब्राह्मण जो केवल ब्राह्मण कुल में उत्पन्न हुआ हो परंतु स्वजाति धर्म का पालन न करता हो; ~**भाई** *+ हिं०* (पु०) स्वजाति का होने के कारण भाई; ~**भेद** (पु०) जातियों का अलगपन; ~**मिश्रण** (पु०) जातियों का घाल-मेल होना; ~**लक्षण** (पु०) जाति में विशेष रूप से पाया जानेवाला लक्षण; ~**वाचक** (वि०) 1 जाति बतानेवाला 2 जाति के प्रत्येक सदस्य का समान रूप से सूचक; ~**वाद** (पु०) अपनी जाति को सर्वश्रेष्ठ मानने का सिद्धांत; ~**वादी** (वि०) जातिवाद को माननेवाला; ~**विद्वेष** (पु०) = जाति वैर; ~**वैर** (पु०) एक जाति का दूसरी जाति के प्रति होनेवाला प्राकृतिक वैर; ~**शास्त्र** (पु०) वह शास्त्र जिसमें मानव की जातियों के विभागों, उनके पारस्परिक संबंधों एवं जातिगत गुणों आदि का विवेचन होता है; ~**शास्त्री** (पु०) जाति शास्त्र का विशेषज्ञ; ~**संकर** (पु०) वर्णसंकर, दोगला
जाती–*सं०* (स्त्री०) 1 चमेली 2 मालती
ज़ाती–*अ०* (वि०) 1 वस्तुगत, असली 2 व्यक्तिगत, अपना, निजी
जातीय–*सं०* (वि०) 1 जाति संबंधी, जाति का 2 जाति में होनेवाला। ~**ता** (स्त्री०) 1 जाति के गुण, क़ौमीयत 2 जातिगत अभिमान; ~**वाद** (पु०) = जातिवाद; ~**वादी** (वि०) = जातिवादी
जातु–*सं०* (अ०) कदाचित्
जातुज–*सं०* (पु०) गर्भिणी की इच्छा
जातुधान–*सं०* (पु०) राक्षस, असुर
जातेष्टि–*सं०* (स्त्री०) जातकर्म
जात्यंध–*सं०* (वि०) जो जन्म से ही अंधा हो, जन्मांध
जात्य–*सं०* (वि०) 1 सजातीय, नातेदार 2 कुलीन 3 उत्तम, श्रेष्ठ 4 सुंदर, सुरूप 5 समकोण
जात्याभिमान–*सं०* (पु०) जाति के प्रति गौरव की भावना

जात्रा–*बो०* (पु०) = यात्रा

जात्री–*बो०* (पु०) = यात्री

जादू–*फ़ा०* (पु०) 1 जंतर-मंतर, टोना-टोटका (जैसे-जादू करना) 2 वशीकरण 3 मोहिनी 4 इंद्रजाल 5 हाथ की सफ़ाई का काम (जैसे-नट का जादू करना)। ~**गर** (पु०) 1 जादू करनेवाला मदारी 2 बाज़ीगर; ~**गरी** (स्त्री०) 1 जादू का काम 2 जादू करने की विद्या; ~**घर** *+ हिं०* (पु०) जादू के खेल दिखाने का स्थान; ~**टोना** *+ हिं०* (पु०) टोना-टोटका, झाड़-फूँक; ~**नज़र** *+ अ०* (वि०) अत्यधिक सुंदर एवं लुभावनी आँखोंवाला; ~**मंतर** *+ हिं०* (पु०) जंतर-मंतर; ~**उतरना** जादू का असर दूर होना; ~**चलना** 1 जादू का असर होना 2 बात का असर होना; ~**डालना,** ~**मारना** जादू करना; ~**वह जो सिर पर चढ़कर बोले** उपाय वही अच्छा है जो सफल हो तथा विरोधी को भी मानना पड़े

जान–I (स्त्री०) 1 जानकारी, परिज्ञान, परिचय 2 ख्याल, समझ

जान–II *फ़ा०* I (स्त्री०) 1 जीवन, प्राण 2 शारीरिक शक्ति, सामर्थ्य II (वि०) प्रिय, प्यारा। ~**जोखिम** *+ हिं०* (स्त्री०) जान का खतरा; ~**जोखों** *+ हिं०* (स्त्री०) जान जाने का डर; ~**दार** (वि०) 1 हिम्मतवाला 2 सजीव 3 जिसमें बल हो; ~**निसार** *+ अ०* (वि०) 1 जान देनेवाला 2 जो किसी के लिए मरने को तैयार हो 3 स्वामिभक्त; ~**निसारी** *+ अ० + फ़ा०* (स्त्री०) वफादारी, स्वामिभक्ति; ~**पहचान** (स्त्री०) जानने-पहचानने की क्रिया; ~**पहचानी** (वि०) परिचित; ~**फ़िशानी** (स्त्री०) जी तोड़ कोशिश, अत्यधिक श्रम; ~**बख़्शी** (स्त्री०) 1 प्राणदान 2 प्राणदंड के अपराधी को क्षमादान; ~**बाज़** (वि०) जान पर खेलनेवाला, वीर, साहसी; ~**बाज़ी** (स्त्री०) साहस, वीरता; ~**बीमा** (पु०) जीवन की वह व्यवस्था जिसके अंतर्गत निश्चित अवधि के अंदर बीमा करनेवाले को जीवन बीमा कंपनी अवधि की समाप्ति से पूर्व अचानक मृत्यु होने पर कुछ निर्धारित धन देती है; ~ **माज** *+ अ०* (स्त्री०) वह ज़ाज़िम जिसपर बैठकर नमाज़ पढ़ी जाती है; ~**बूझकर** सोच समझकर; ~**माल** *+ अ०* (पु०) प्राण एवं धन; ~**लेवा** *+हिं०* (वि०) जानी दुश्मन; ~**आँखों में आ जाना** आसन्न मरण होना; ~**आना** मन स्थिर होना; ~**का अज़ाब** जी का जंजाल, झंझट, बखेड़ा; ~**का गाहक** जान का दुश्मन; ~**का नुक़सान** प्राणहानि; ~**का रोग** कष्ट देनेवाली वस्तु; ~**का लागू** जान का वैरी; ~**की अमान** प्राण रक्षा, प्राण दान; ~**की ख़ैर मनाना** 1 प्राण रक्षा होना 2 कुशल मनाना; ~**की तरह रखना** 1 ज़रा भी कष्ट न होने देना 2 बहुत सँभालकर रखना; ~**की पड़ना** जान रक्षा की चिंता लगना; ~**के लाले पड़ना** जान बचाना कठिन हो जाना; ~**को आना** दे० जान खाना; ~**को ~न समझना** तकलीफ़ की परवाह न करना; ~**को रोना** किसी के द्वारा किए गए अहित का स्मरण होने पर कुढ़ना; ~**खपाना** अत्यधिक श्रम करना; ~**खाना** परेशान कर देना; ~**खोना** 1 जान देना 2 किसी के दुःख में घुलना; ~**चुराना,** काम से जी चुराना, आलस करना; ~**छुड़ाना** पीछा छुड़ाना, मुक्त होना; ~**छूटना** छुटकारा मिलना; ~**देना** 1 मरना 2 मरने को तैयार होना (किसी पर); ~**देना** किसी पर आसक्त होना, अनुरक्त होना; ~**निकलना** बहुत कष्ट होना; ~**निसार करना** प्राणोत्सर्ग करना, अत्यधिक प्रेम करना; ~**पड़ना** 1 प्राण संचार होना 2 शक्ति आना 3 हरा-भरा होना; ~**पर आ बनना** 1 जान का खतरा होना 2 भारी संकट में पड़ना; ~**पर खेलना** 1 प्राणों के जोखों का काम करना 2 साहस, वीरता का काम करना; ~**पर नौबत आना** दे० जान पर बनना; ~**बचाना** कष्ट साध्य काम से कतराना, भागना; ~**बची लाखों पाए** मरने से बच गए यही परम लाभ है; ~**भारी होना** जीना दूभर हो जाना, जीवन से ऊब जाना; ~**मारना** दे० जान लेना, कठिन परिश्रम करना; ~**में ~आना** ढांढस बँधना, इतमीनान होना; ~**में ~होना** जिंदा होना; ~**लड़ाना** जी तोड़ कोशिश करना, भरसक प्रयत्न करना; ~**लेना** 1 वध करना 2 बहुत कष्ट देना 3 कड़ी से कड़ी मेहनत लेना; ~**सूखना** डर से होश गुम हो जाना, सुन्न हो जाना; ~**सूली पर होना** 1 जान खतरे में होना 2 भारी परेशानी, संकट में होना; ~**से गुजर जाना,** ~**से जाना** मर जाना; ~**से तंग आना,** ~**से बेज़ार होना** जीना असह्य हो जाना, जीने से ऊब जाना; ~**से मारना** कतल कर देना; ~**से हाथ धोना** मरना; ~**है तो जहान है** दुनिया का सब सुख ज़िंदगी के साथ है

जानकार–(वि०) 1 जाननेवाला 2 परिचित 3 अच्छा ज्ञाता (जैसे-वह चित्रकला का जानकार है)

जानकारी–(स्त्री०) जानकार होने की अवस्था

जानकी–*सं०* (स्त्री०) जनक पुत्री, सीता। ~**नाथ** (पु०) श्री रामचंद्र

जानना–(स० क्रि०) 1 ज्ञान होना (जैसे-मकान का पता जानना, उर्दू भाषा जानना) 2 सूचना पाना, परिचय होना (जैसे-रोगी का हाल जानना) 3 जानकारी तथा समर्थता होना (जैसे-वह मोटर चलाना जानता है) 4 सत्यता पर विश्वास होना (जैसे-ईश्वर को जानना आसान बात नहीं है) 5 भाँप लेना (जैसे-मन की बात जानना)। ~**पड़ना** मालूम होना, दिखाई देना

जानपद–I *सं०* (वि०) जनपद संबंधी, जनपद का II (पु०) 1 जनपद, प्रदेश 2 जनपद का निवासी 3 ज़मीन पर लगनेवाला कर, मालगुजारी (जैसे-जानपद ऋण)

जानराय–(पु०) बहुत बड़ा जानकार, ज्ञानी पुरुष

जानवर–*फ़ा०* (पु०) 1 पशु 2 प्राणी 3 पशुओं का-सा आचरण करनेवाला (जैसे-बिल्कुल जानवर हो गए हो क्या) 4 गँवार आदमी, उजड्ड, मूर्ख व्यक्ति (जैसे-तुम निरे जानवर हो)

जा नशीन–*फ़ा०* (पु०) अधिकारी की अनुपस्थिति पर उसके पद पर बैठनेवाला व्यक्ति, उत्तराधिकारी

जाना–(अ० क्रि०) 1 गमन, प्रस्थान करना (जैसे-आज मुझे दिल्ली जाना है) 2 विशेष उद्देश्य हेतु प्रस्थान करना (जैसे-सेना का युद्ध पर जाना, कर्मचारी का अधिकारी के पास जाना) 3 नियमित रूप से यात्रा आरंभ करना (जैसे-यहाँ से यह रेलगाड़ी प्रतिदिन आगरा जाती है) 4 प्रसारित होना (जैसे-अब संपूर्ण विश्व में हिंद समाचार जाने लगा है) 5 बहना, रसना (जैसे-आँखों से पानी जाना, फोड़े से मवाद जाना) 6 एक बिंदु, स्थान से दूसरे स्थान तक विस्तृत होना (जैसे-यह सड़क कानपुर से आगरा तक जाएगी) 7 उन्मुख होना, प्रवृत्त होना (जैसे-सुंदरता की तरफ़ ध्यान जाना) 8 खोना

होना, खोना (जैसे-आलमारी से रुपए निकल जाना) 9 बिगड़ना (जैसे-किसी के हँसने से हमारा क्या जाता है) 10 अधिकार से निकल जाना (जैसे-मुकदमेबाज़ी में सारी जायदाद चली जाना) 11 अलग होना (जैसे-शरीर की कमज़ोरी चली जाना) 12 नष्ट हो जाना, समाप्त होना (जैसे-आँखों की रोशनी जाना) 13 मरना (जैसे-दुनिया से गुज़र जाना) 14 गुज़रना, व्यतीत होना (जैसे-इस महीने को जाने में अभी चार दिन शेष हैं)। **~माना** प्रसिद्ध, मशहूर; **जा धमकना** एकाएक पहुँच जाना; **जा निकलना** अचानक पहुँच जाना; **जाने देना** 1 छोड़ देना 2 माफ़ कर देना; **जा रहना** ठहरना, टिकना (जैसे-मैं रात में किसी सराय में जा रहूँगा); **जा लेना** 1 बराबर हो जाना 2 भागनेवाले को पकड़ लेना

जानिब–*अ०* (स्त्री०) तरफ़, ओर, दिशा। **~दार** *+ फ़ा०* (वि०) तरफ़दारी करनेवाला; **~दारी** *+ फ़ा०* (स्त्री०) तरफदारी करना, पक्षपात करना

जानी–I *फ़ा०* (वि०) प्राणों से संबंध रखनेवाला (जैसे-जानी दुश्मन, जानी दोस्त) II (स्त्री०) अत्यंत प्रिय स्त्री

जानु–*सं०* (पु०) घुटना। **~पाणि** (क्रि० वि०) घुटनों एवं हाथों के बल

ज़ानू–*फ़ा०* (पु०) जंघा, जाँघ

जाने–(अ०) मालूम नहीं कि (जैसे-न जाने कौन-सा गम उन्हें सता रहा है)

जानो–(अ०) *बो०* 1 इस प्रकार प्रतीत होता है कि 2 इस प्रकार समझ लो कि

जानोईमान–*फ़ा० + अ०* (पु०) जान और ईमान, जीवन और धर्म

जाप–*सं०* (पु०) = जप

जापक–*सं०* (वि०) जाप करनेवाला, जपनेवाला

जापा–*सं०* (पु०) 1 स्त्री का संतान उत्पन्न करना, प्रसव 2 सौरी, प्रसूतिका गृह

जापानी–I *अं०+हिं०* (वि०) 1 जापान देश का, जापान में होनेवाला II (पु०) जापान देश का निवासी III (स्त्री०) जापान देश की भाषा

जापी–*सं०* (वि०) जप करनेवाला

ज़ाफ़–*अ०* (स्त्री०) 1 मूर्च्छा, बेहोशी 2 घुमटा, चक्कर

ज़ाफ़त–*अ०* (स्त्री०) प्रीति भोज, दावत, ज़ियाफ़त

ज़ाफ़रान–*अ०* (पु०) केसर

ज़ाफ़रानी–*अ०* (वि०) 1 जिसमें केसर पड़ा हो, केसरिया 2 केसर के रंग का पीला

जा बजा–*फ़ा०* (क्रि० वि०) जगह-जगह पर, बहुत सी जगहों में

ज़ाबता–*अ०* (पु०) = ज़ाब्ता

ज़ाबित–*अ०* (वि०) 1 जब्त करनेवाला, सहनशील 2 नियामक, रक्षक

ज़ाबिता–*अ०* (पु०) = ज़ाब्ता

जाबिर–*अ०* (वि०) 1 ज़बरदस्ती करनेवाला 2 अत्याचारी 3 उग्र, प्रचंड 4 जालिम

जा बेजा–*फ़ा०* (वि०) उचित-अनुचित

ज़ाब्ता–*अ०* (पु०) 1 नियम 2 क़ानून, विधान

जाम–I (पु०) 1 जामुन का पेड़ 2 जामुन का फल II *फ़ा०* (पु०) 1 मद्य पीने का विशेष पात्र 2 मद्य पीने का प्याला III (वि०) 1 रुका हुआ 2 अड़ा हुआ

ज़ामदानी–*फ़ा० + हिं०* (पु०) 1 कपड़ा रखने का संदूक 2 खिलौने आदि रखने की पेटी 3 कपड़े पर होनेवाला कसीदे का काम, कढ़ाई

जामन–(पु०) दूध जमाने हेतु छोड़ी गई खट्टी दही

जामा–*फ़ा०* (पु०) 1 ऐसी पोशाक जिससे गला, छाती, पीठ एवं पेट ढका हो 2 घुटने तक का लंबा पहनावा जिसमें कमर के नीचे का भाग घेरदार होता है। **जामे में फूला न समाना** बहुत खुश होना, इतराना; **~जामे से बाहर होना** आपे में न रहना

जामाता–*सं०* (पु०) कन्या का पति, दामाद

जामा-मस्जिद–*अ०* (स्त्री०) नगर की सबसे बड़ी एवं पुरानी मस्जिद जहाँ नमाज पढ़ी जाती है

जामि–*सं०* (स्त्री०) 1 बहन, भगिनी 2 कन्या, लड़की 3 पुत्री, बेटी 4 पुत्र-वधू 5 उच्च कुल की स्त्री

ज़ामिन–*अ०* (पु०) 1 अपराधी, अभियुक्त की ज़मानत करनेवाला व्यक्ति 2 दूसरे के कार्य का दायित्व अपने ऊपर लेनेवाला व्यक्ति। **~दार** *+ फ़ा०* (पु०) ज़मानतदार, ज़मानत लेनेवाला

ज़ामिनी–*अ० + फ़ा०* (स्त्री०) = ज़मानत

जामुन–(पु०) 1 गर्म देशों में होनेवाला वह सदाबहार वृक्ष जिसमें गोल, छोटे एवं काले कसैलापन युक्त मीठे फल लगते हैं 2 कालेरंग का छोटा, गोल खटमिट्ठा फल, जंबूफल

जामुनी–I (वि०) जामुन के रंग का, स्याह, काला II (पु०) जामुन के फल की तरह का काला रंग

जामेय–*सं०* (पु०) भानजा, बहिन का पुत्र

जामेवार–*फ़ा०* (पु०) 1 बेल-बूटेदार दुशाला 2 बेल-बूटे छपी हुई छींट

जायक–*सं०* (पु०) पीला चंदन

ज़ायक़ा–*अ०* (पु०) स्वाद

ज़ायक़ेदार–*अ० + फ़ा०* (वि०) स्वादयुक्त, स्वादिष्ट

ज़ायचा–*फ़ा०* (पु०) जन्म कुंडली

जायज़–*अ०* (वि०) 1 उचित, वाज़िब 2 वैध

जायज़रूर–*अ० + फ़ा०* (पु०) टट्टी-पेशाब करने की जगह, शौचालय

जायज़ा–*अं०* (पु०) 1 जाँच-पड़ताल 2 किए गए कामों का विवरण, कैफ़ियत 3 सरसरी तौर से देखना (जैसे-कमरे का जायज़ा लेने के बाद वह आगे बढ़ी) 4 अनुमान, अन्दाज़

ज़ायद–*अ०* (वि०) 1 अधिक, ज्यादा 2 अतिरिक्त

जायदाद–*फ़ा०* (स्त्री०) 1 संपत्ति, धन-दौलत 2 जगह-ज़मीन (जैसे-उसने अपनी दस बीघे की जायदाद बेच दी)। **~वाला** *+ हिं०* धन-दौलत मंद, अत्यधिक धनवान

जायनमाज–*फ़ा० + अ०* (स्त्री०) जानमाज

जायफल–(पु०) एक सुगंधित फल जो मसाले और दवा के रूप में काम में लाया जाता है, जातीफल

ज़ायरीन–*अ०* (पु०) हज करनेवाले

ज़ायल–*अ०* (वि०) जो नष्ट हो चुका हो, विनष्ट

जाया–*सं०* (स्त्री०) पत्नी। **~जीव, ~अनुजीवी** (पु०) वह जो अपनी पत्नी से व्यभिचार करवा कर रोज़ी कमाता है

ज़ाया–*अ०* (वि०) नष्ट, बर्बाद

जायु–I *सं०* (पु०) औषध, दवा II (वि०) जीतनेवाला, जेता, III (पु०) वैद्य

जार–*सं०* (पु०) 1 परस्त्री से प्रेम करनेवाला 2 उपपति, यार। ~**कर्म** (पु०) व्यभिचार, छिनाला; ~**ज** (पु०) उपपति के संयोग से उत्पन्न संतान; ~**जात** (वि०) स्त्री के उपपति से उत्पन्न; ~**भरा** (स्त्री०) यार से संबंध रखनेवाली स्त्री

ज़ार–*रू०* (पु०) रूस के पुराने बादशाहों की उपाधि। ~**कालीन** + *सं०* (वि०) ज़ार के समय (1917 से पहले) का

जारक–*सं०* (वि०) 1 जलानेवाला 2 नष्ट करनेवाला 3 पाचक

ज़ार-ज़ार–*फ़ा०* (वि०) बहुत ज्यादा (जैसे-ज़ार-ज़ार रोना)

जारण–*सं०* (पु०) जलाने की क्रिया

ज़ारडम–*रू०* + *अं०* (पु०) तानाशाही

जारणी–*सं०* (स्त्री०) सफ़ेद जीरा

जारन–(पु०) 1 जलाने की क्रिया 2 ईंधन, जलावन

जारना–(स० क्रि०) = जलाना

ज़ार-बेज़ार–*फ़ा०* (वि०) कम-ज्यादा

जारिणी–*सं०* (स्त्री०) पर-पुरुष से प्रेम करनेवाली स्त्री, पुंश्चली

जारी–I (वि०) 1 जिसका प्रचलन हो 2 प्रवाहित (जैसे-गले से खून जारी है) 3 जो इस समय लागू हो (जैसे-अध्यादेश जारी होना) II (स्त्री०) परस्त्री गमन, जार-कर्म

जारी–*अ०* (पु०) मुहर्रम में ताजियों के सामने गाया जानेवाला गीत

जारोब–*फ़ा०* (स्त्री०) झाड़ू, बुहारी। ~**कश** (पु०) झाड़ू लगानेवाला व्यक्ति

जार्जेट–*अं०* (पु०) एक तरह का कृत्रिम रेशमी कपड़ा

जाल–*सं०* (पु०) 1 सूत, सन आदि की जालीदार बुनी हुई चीज़ 2 कोई जालीदार रचना (जैसे-मकड़ी का जाल) 3 झरोखा 4 वस्तुओं को परस्पर काटती हुई जालदार रचना (जैसे-रेल लाइनों का जाल बिछाना) 5 आपस में गुथी एवं फैली हुई चीज़ों का विस्तार 6 इंद्रजाल 7 धोखा (जैसे-जाल में फँसना) ~**कारक** (पु०) मकड़ा; ~**कीट** (पु०) 1 मकड़ी 2 मकड़ी के जाल में फँसा हुआ कीड़ा; ~**जीवी** (पु०) मछुआ, धीवर; ~**दार** + *फ़ा०* (वि०) 1 जालीदार 2 जिस पर जरदोजी आदि के तारों का जाल बुना हुआ हो (जैसे-जालदार साड़ी); ~**पोत** (पु०) मछलियाँ फँसाने के लिए जालवाला जहाज़; ~**प्राया** (स्त्री०) जिरह-बख़्तर, कवच

जाल–*अ०* (पु०) 1 धोखा देने के लिए किसी चीज़ की की गई नकल 2 दस्तखत की नकल। ~**फ़रेब** + *फ़ा०* धोखाधड़ी; ~**साज़** + *फ़ा०* (पु०) जाल करनेवाला, ठग; ~**साज़ी** + *फ़ा०* (स्त्री०) 1 जाल करना 2 ठगने, फँसाने की युक्ति 3 नकली दस्तावेज़ बनाना

जालक–*सं०* (पु०) 1 जाल 2 झरोखा

जाल-जंजाल–(पु०) झंझट

जाल-बंद–*हिं०* + *फ़ा०* (पु०) ऐसी कालीन जिसपर कढ़ी हुई लताएँ एवं बेल-बूटे बने हों जो एक-दूसरे को जाल रूप में काटते हों

जाला–I (पु०) 1 मकड़ी द्वारा बनाया गया जाल 2 घास, भूसा आदि बाँधने का जाल 3 आँखों की पुतली पर पड़नेवाली झिल्ली (जैसे-आँखों में जाला पड़ना) II दीवार में बना छोटा रोशनदान, झंझरी

जालाक्ष–*सं०* (पु०) झरोखा, गवाक्ष

जालिक–*सं०* (पु०) 1 रस्सियों आदि का जाल बनानेवाला व्यक्ति 2 बहेलिया 3 बाज़ीगर, इंद्रजालिक 4 मछुआरा 5 ठग, मकड़ा

जालिका–*सं०* (स्त्री०) 1 जाली 2 पाश, फंदा 3 कवच, जिरह बख़्तर 4 मकड़ी 5 केला 6 लोहा

जालिनी–*सं०* (स्त्री०) 1 कद्दू, तरोई आदि फल 2 परवल की लता

ज़ालिम–*अ०* (वि०) 1 अत्याचारी 2 क्रूर

ज़ालिमाना–*अ०* + *फ़ा०* (वि०) अत्याचारपूर्ण

जालिया–I *अ०* + *हिं०* (पु०) जालसाज़ी करनेवाला व्यक्ति, जालसाज़

जालिया–II *बो०* (पु०) जाल में मछलियाँ आदि फँसाकर अपनी जीविका चलानेवाला व्यक्ति

जाली–I (स्त्री०) 1 छेद, कटाव (जैसे-साड़ी में चूहे ने जाली कर दी है) 2 जालीदार रचना (जैसे-सीमेंट की जाली, लोहे की जाली) 3 कच्चे आम आदि के अंदर के तंतुजाल 4 घास-भूसा रखने की डोरी की बनी जालीदार रचना। ~**दार** + *फ़ा०* (वि०) जिसमें जाली बनी हो

जाली–II *अ०* (वि०) झूठा एवं नकली (जैसे-जाली सिक्का, जाली हस्ताक्षर), फर्जी

जाल्म–*सं०* (वि०) 1 नीच 2 मूर्ख

जाल्मक–*सं०* (वि०) 1 घृणित 2 नीच

जावक–I (पु०) 1 अलता 2 मेंहदी II (वि०) जानेवाला

जावर–*बो०* (पु०) 1 ऊख के रस में पकाई हुई खीर 2 कद्दू के टुकड़ों के साथ पकाया हुआ चावल

जावित्री–(स्त्री०) जायफल के ऊपर का सुगंधित छिलका

जासूस–*अ०* (पु०) गुप्तचर, भेदिया

जासूसी–I *अ०* (स्त्री०) 1 जासूस होने की अवस्था, भेदियापन 2 जासूस का काम II (वि०) जासूस संबंधी (जैसे-जासूसी उपन्यास)

जाह–*फ़ा०* (पु०) 1 पद, पदवी 2 वैभव 3 गौरव, मर्यादा

जाहक–*सं०* (पु०) 1 गिरगिट 2 जोंक 3 घोंघा 4 बिस्तर, बिछौना

ज़ाहिद–*अ०* (पु०) संसारिक प्रपंचों आदि से दूर रहकर भगवत् भजन करनेवाला व्यक्ति

ज़ाहिर–*अ०* (वि०) 1 जो स्पष्ट रूप से सबके सामने हो 2 प्रकट, ज्ञात, विदित। ~**दार** + *फ़ा०* (वि०) प्रकट करनेवाला; ~**दारी** + *फ़ा०* (स्त्री०) दिखौवा शिष्टाचार; ~**परस्त** + *फ़ा०* (वि०) दुनियादार; ~**परस्ती** (स्त्री०) दुनियादारी

ज़ाहिरा–I *अ०* (क्रि० वि०) ऊपर से देखने पर II (वि०) बाहर से दिखाई देनेवाला

ज़ाहिरी–*अ०* + *फ़ा०* (वि०) 1 जो प्रकट हो 2 दिखौआ, बनावटी

जाहिल–*अ०* (वि०) 1 निरा अशिक्षित और मूर्ख 2 उजड्ड

जाहिली–*अ०* + *फ़ा०* (स्त्री०) मूर्खता

जाही–(स्त्री०) 1 चमेली की जाति का एक पौधा 2 चमेली जाति के पौधे का फूल

जाह्नवी–*सं०* (स्त्री०) जह्नु (ऋषि) से उत्पन्न नदी, गंगा

जिंक–*अं०* (स्त्री०) जस्ता

ज़िंदगानी–*फ़ा०* (स्त्री०) ज़िंदगी

ज़िंदगी–*फ़ा०* (स्त्री०) 1 जीवित रहने की अवस्था, जीवन 2 जीवन काल (जैसे-किसी तरह ज़िंदगी के दिन गुज़र रहे हैं)। **~में मौत का मज़ा चखना** अत्यंत कष्ट भोगना

ज़िंदा–*फ़ा०* (वि०) 1 जिसमें जीवन हो, जीवित 2 सक्रिय और सचेष्ट। **~दिल** (वि०) 1 हँसमुख 2 उत्साही; **~दिली** (स्त्री०) 1 हँसमुख होना 2 ज़िंदादिल होना; **~बाद** जीता रहे

जिंस–*अ०* (स्त्री०) 1 गल्ला, अनाज 2 असबाब 3 पदार्थ 4 वर्ग, किस्म। **~ख़ाना** + *फ़ा०* (पु०) भंडारघर; **~वार** + *फ़ा०* (वि०) वर्ग के अनुसार; **~वारी** + *फ़ा०* (स्त्री०) वर्गीकरण

जिउ–*बो०* (पु०) = जीव

जिउकिया–(पु०) 1 विशिष्ट कार्य से जीविका निर्वाह करनेवाला व्यापारी 2 रोज़गारी

जिउतिया–(स्त्री०) = जीवित पुत्रिका

ज़िक्र–*अ०* (पु०) 1 विवेचनात्मक वर्णन, चर्चा 2 संक्षिप्त कथन 3 स्मरण (जैसे-हम लोग आप का ज़िक्र कर रहे थे)

जिगर–*फ़ा०* (पु०) 1 कलेजा 2 साहस, हिम्मत 3 चित्त, मन। **~सोज़** (वि०) दिल जलानेवाला

जिगरा–*फ़ा० + हिं० बो०* (पु०) कठिन काम करने का हौसला जीवट, साहस

जिगरी–*फ़ा०* (वि०) 1 दिली, अंतरंग (जैसे-जिगरी दोस्त) 2 जिगर संबंधी

जिगीषा–*सं०* (स्त्री०) 1 जीतने की इच्छा, विजय कामना 2 युद्ध करने की इच्छा 3 उद्योग, प्रयत्न

जिगीषु–*सं०* (वि०) 1 विजय कामी, जीत का इच्छुक 2 युद्ध चाहनेवाला

जिघत्सु–*सं०* (वि०) भूखा

जिघांसक–*सं०* (वि०) वध का इच्छुक

जिघांसा–*सं०* (स्त्री०) वध की इच्छा

जिघांसु–*सं०* (वि०) = जिघांसक

जिघ्र–*सं०* (वि०) सूँघनेवाला

ज़िच–(स्त्री०) 1 शतरंज में खेल की ऐसी स्थिति जिसमें बादशाह को शह तो न लगे पर उसके चलने को कोई घर न हो 2 ऐसी स्थिति जहाँ वाद-विवाद में समझौते का कोई रास्ता न दिखाई दे

जिजिया–(स्त्री०) जीजी

जिज़िया–*अ०* (पु०) मुगल शासकों द्वारा ग़ैर-मुसलमान प्रजा पर लगाया जानेवाला कर

जिजीविषा–*सं०* (स्त्री०) जीने की चाह

जिजीविषु–*सं०* (वि०) जो अधिक समय जीवित रहना चाहता हो

जिज्ञासा–*सं०* (स्त्री०) 1 जानने की इच्छा, ज्ञान की चाह 2 ज्ञान प्राप्ति के लिए उत्सुकता

जिज्ञासाकुल–*सं०* (वि०) पूछताछ या जानने की चाह से व्याकुल

जिज्ञासित–*सं०* (वि०) 1 जिज्ञासा किया हुआ 2 पूछा हुआ

जिज्ञासु–*सं०* (वि०) जिज्ञासा करनेवाला, उत्सुक

जिज्ञास्य–*सं०* (वि०) 1 जिसके संबंध में जिज्ञासा की जाए 2 जिज्ञासा किए जाने योग्य

जिठानी–(स्त्री०) = जेठानी

जित्–*सं०* (पु०) जीतनेवाला (जैसे-इंद्रजित्- जितेन्द्रिय)

जित–*सं०* (वि०) 1 जीता हुआ 2 वश में किया हुआ। **~मन्यु** (वि०) क्रोध को जीतनेवाला; **~लोक** (वि०) 1 जिसने दुनिया को जीत लिया हो 2 जिसने स्वर्ग को जीत लिया हो; **~शत्रु** (वि०) जिसने शत्रु पर विजय पाई हो

जितना–I (वि०) जिस मान, मात्रा में हो (जैसे-जितना चाहो लूट लो) II (क्रि० वि०) जिस मात्रा में

जितवाना–(स० क्रि०) दूसरे को विजय दिलाना, दूसरे की जीत कराना

जितवार–*बो०* (वि०) 1 जीतनेवाला, विजेता 2 जितेंद्रिय

जितवैया–(वि०) विजय प्राप्त करनेवाला

जितात्मा–*सं०* (वि०) जितेंद्रिय

जिताना–(स० क्रि०) 1 जीतने का कारण होना 2 जीतने में किसी की सहायता करना

जितारि–*सं०* (वि०) 1 शत्रुओं को जीतनेवाला 2 मनोविकारों को जीतनेवाला

जिताष्टमी–*सं०* (स्त्री०) जीवित-पुत्रिका

जिति–*सं०* (स्त्री०) जीत, विजय

जितेंद्रिय–*सं०* (वि०) जिसने इंद्रियों को अपने वश में कर लिया हो, संयमी

जित्वर–*सं०* (वि०) जीतनेवाला, विजयी

ज़िद–*अ०* (स्त्री०) 1 हठ 2 दुराग्रह (जैसे-मैं इस तरह की ज़िद नहीं मानता)

ज़िदियाना–*अ० + हिं०* I (अ० क्रि०) जिद करना II (स० क्रि०) ज़िद करने में प्रवृत्त करना

ज़िद्द–*अ०* (स्त्री०) *बो०* = ज़िद

ज़िद्दन–*अ०* (क्रि० वि०) ज़िद करते हुए, हठ करते हुए

ज़िद्दी–*अ०* (वि०) दुराग्रही

जिधर–(क्रि० वि०) जिस तरफ़, जिस तरह

जिन–(सर्व०) 'जिस' का बहुवचन (जैसे-जिनको, जिनसे आदि)

जिन–*सं०* (पु०) जैनों के तीर्थंकर

जिन–*अ०* (पु०) भूत-प्रेत। **~चढ़ना, ~सवार होना** गुस्से में पागल होना

जिन–*अं०* (पु०) एक विलायती शराब

ज़िनगी–*फ़ा०* (स्त्री०) *बो०* ज़िंदगी

ज़िना–*अ०* (पु०) छिनाला, व्यभिचार। **~कार** + *फ़ा०* (वि०) पर-स्त्री गमन करनेवाला; **~कारी** +*फ़ा०* (स्त्री०); **~बिल्जब्र** (पु०) पर-स्त्री के बलात् किया जानेवाला संभोग, बलात्कार

जिनिस–*अ०* (स्त्री०) = जिंस

जिन्नात–*अ०* (पु०) भूत-प्रेतादि

जिन्हें–(सर्व०) जिनको

ज़िप–*अं०* (पु०) चेननुमा एक बंधन

जिप्सम–*अं०* (पु०) चूने के सल्फेट का एक खनिज पदार्थ

जिप्सी–*अं०* (पु०) बंजारा, कंजर, खानाबदोश

ज़िबह–*अ०* (पु०) गला काटना

जिभला–*बो०* (वि०) चटोर, जिह्वालोलुप

जिमख़ाना–*अं० + फ़ा०* (पु०) सार्वजनिक व्यायामशाला एवं क्रीड़ास्थल

जिमनार–(स्त्री०) भोज

जिमनास्टिक–*अं०* (पु०) व्यायाम, कसरत

जिमाना–(स० क्रि०) भोजन कराना, खिलाना

ज़िम्मा–*अ०* (पु०) 1 संरक्षण का भार 2 कार्य संपादित करने का दायित्व (जैसे-अपने ऊपर किसी कार्य का ज़िम्मा लेना) 3 जवाबदेही, उत्तरदायित्व। ~**दार** + *फ़ा०* (वि०) ज़िम्मेदार; ~**दारी** + *फ़ा०* ज़िम्मेदारी; ~**वार** + *फ़ा०* (वि०) ज़िम्मादार; ~**वारी** + *फ़ा०* (स्त्री०) = ज़िम्मादारी

ज़िम्मेदार–*अ० + फ़ा०* (पु०) किसी कार्य, बात आदि का दायित्व लेनेवाला व्यक्ति (जैसे-वह ज़िम्मेदार व्यक्ति है)

ज़िम्मेदारी–*अ० + फ़ा०* (स्त्री०) ज़िम्मेदार होने की अवस्था, उत्तरदायित्व का काम (जैसे-ज़िम्मेदारी महसूस करना)

ज़िम्मेवार–*अ० + फ़ा०* (वि०) = ज़िम्मेदार

ज़िम्मेवारी–*अ० + फ़ा०* (स्त्री०) = ज़िम्मेदारी

ज़ियान–*फ़ा०* (पु०) 1 नुकसान, हानि 2 आर्थिक हानि, घाटा

ज़ियाफ़त–*अ०* (स्त्री०) 1 मेहमानदारी, आतिथ्य 2 दावत, भोज

ज़ियारत–*अ०* (स्त्री०) 1 साधु-संत, देव प्रतिमा के दर्शनार्थ जाना 2 तीर्थयात्रा। ~**गाह** + *फ़ा०* (पु०) दर्शनीय स्थल, दरगाह

ज़ियारती + *फ़ा०* (वि०) 1 ज़ियारत से संबंध रखनेवाला 2 ज़ियारत हेतु कहीं जानेवाला

जिरगा–*फ़ा०* (पु०) 1 मंडली, दल, सामूहिक सभा, सम्मेलन

जिरह–*अ०* (पु०) 1 व्यर्थ में किया जानेवाला तर्क 2 न्यायालय में की जानेवाली पूछ-ताछ (जैसे-जज ने वकील से जिरह की)

ज़िरह–*फ़ा०* (स्त्री०) छाती पर पहना जानेवाला लोहे का जाल। ~**पोश** ज़िरह पहननेवाला व्यक्ति।

ज़िरही–*फ़ा०* (वि०) जिसने ज़िरह पहना हो

ज़िराअत–*अ०* (स्त्री०) खेती, कृषि। ~**पेशा** + *फ़ा०* (पु०) किसान, खेतिहर

ज़िराअती–*अ०* (वि०) कृषि संबंधी, कृषि का

जिराफ़–*अं०* (पु०) अफ्रीका के जंगलों में पाया जानेवाला हिरन की जाति का एक पशु

ज़िरायत–*अ०* (स्त्री०) = ज़िराअत

जिला–*अ०* (स्त्री०) 1 चमकाने की क्रिया 2 चमक-दमक। ~**कार** + *फ़ा०* (पु०) चमकानेवाला कारीगर

ज़िला–*अ०* (पु०) 1 प्रदेश, प्रांत 2 प्रांत का सबसे बड़ा भाग, जनपद। ~**जज** + *अं०* (पु०) ज़िले का प्रधान न्यायाधिकारी, डिस्ट्रिक्ट जज; ~**दार** +*फ़ा०* (पु०) = ज़िलेदार; ~**दारी** + *फ़ा०* (स्त्री०) = ज़िलेदारी; ~**न्यायालय** + *सं०* (पु०) कचहरी; ~**परिषद** +*सं०* (स्त्री०) डिस्ट्रिक्ट बोर्ड; ~**पालिका** +*सं०* (स्त्री०), ~**बोर्ड** *अं०* (पु०) ज़िले के निर्वाचित प्रतिनिधियों की संस्था; ~**मंडली** + *सं०* (स्त्री०) ज़िले के लोगों द्वारा चुने गए प्रतिनिधियों का संगठन जो ज़िले की शिक्षा, स्वास्थ्य, यातायात आदि की व्यवस्था करता है; ~**वार** + *फ़ा०* (वि०) = ज़िलेवार

ज़िलाधिकारी–*अ० + सं०* (पु०) कलक्टर

जिलाधीश–*अ० + सं०* (पु०) जिला मजिस्ट्रेट

जिलाना–(स० क्रि०) 1 मृत शरीर को पुनः जीवित करना, जीवन देना 2 मरते हुए को मरने से बचाना 3 पालना-पोसना (जैसे-तोता जिलाना)

जिलेटिन–*अं०* (स्त्री०) सरेस

ज़िलेदार–*अ० + फ़ा०* (पु०) 1 जमींदार का कारिंदा जो गाँव का लगान वसूल करे; 2 सिंचाई विभाग में कर वसूल करनेवाला अधिकारी

ज़िलेदारी–*अ० + फ़ा०* (स्त्री०) ज़िलेदार का काम

ज़िलेवार–*अ० + फ़ा०* (क्रि० वि०) ज़िले के अनुसार

जिल्द–*अ०* (स्त्री०) 1 कागज़, चमड़े आदि से मढ़ी हुई दफ़्ती 2 पुस्तक की प्रति 3 त्वचा। ~**गर** + *फ़ा०* (पु०) = ज़िल्दबंद; ~**दार** + *फ़ा०* (वि०) जिसकी जिल्द बँधी हो; ~**बंद** + *फ़ा०* (पु०) किताबों की जिल्द बाँधनेवाला कारीगर; ~**बंदी** + *फ़ा०* (स्त्री०) जिल्द बाँधने का काम; ~**वाला** + *हिं०* (वि०) = जिल्ददार; ~**साज़** + *फ़ा०* (पु०) = जिल्दबंद; ~**साज़ी** + *फ़ा०* (स्त्री०) = जिल्दबंदी

जिल्दी–*अ०* (वि०) त्वचा संबंधी

ज़िल्लत–*अ०* (स्त्री०) 1 अपमान, तिरस्कार 2 हीनता, दुर्गति। ~**उठाना** अपमानित होना, लज्जित होना

जिल्होर–*बो०* (पु०) अगहनी धान

जिव–*बो०* (पु०) जीव

जिष्णु–I *सं०* (वि०) विजय प्राप्त करनेवाला, विजयी II (पु०) विष्णु

जिस–(*सर्व०*) 'जो' का विकारी रूप एकवचन (जैसे-जिसको, जिसका, जिसने)

जिसिम–*अ०* (पु०) = जिस्म, शरीर

जिसे–(सर्व०) जिसको

जिस्ता–(पु०) 1 = जस्ता 2 = दस्ता

जिस्म–*अ०* (पु०) शरीर, देह, बदन

जिस्मानी–*अ०* (वि०) शारीरिक (जैसे-जिस्मानी ताकत का प्रयोग करना)

ज़िहन–*अ०* (पु०) = जेहन, बुद्धि। ~**खुलना** 1 बुद्धि साफ़ होना 2 अक़्ल तेज़ होना; ~**में बैठना** अच्छी तरह समझ में आना

ज़िहनी–*अ०* (वि०) बौद्धिक, दिमाग़ी

जिहाद–*अ०* (पु०) धर्मयुद्ध (जैसे-जिहाद छेड़ना)। ~**का झंडा खड़ा करना** धर्म के नाम पर लड़ाई छेड़ना, धर्म युद्ध शुरू करना

जिहासा–*सं०* (स्त्री०) त्याग की इच्छा

जिहासु–*सं०* (वि०) त्याग की इच्छा रखनेवाला

जिहीर्षा–*सं०* (स्त्री०) हरण करने की इच्छा

जिहीर्षु–*सं०* (वि०) हरण करने की कामना करनेवाला

जिह्म–I *सं०* (वि०) 1 टेढ़ा, वक्र 2 क्रूर, निर्दय 3 कपटी, छली 4 दुष्ट, पाजी 5 दुःखी, खिन्न 6 मंद, धीमा II (पु०) अधर्म। ~**ता** (स्त्री०) 1 टेढ़ापन 2 धीमापन 3 कुटिलता 4 दुष्टता

जिह्मग–I *सं०* (वि०) 1 टेढ़ी चाल चलनेवाला 2 धीमी चाल चलनेवाला 3 चालबाज़ II (पु०) साँप, सर्प

जिह्मित–*सं०* (वि०) 1 टेढ़ा 2 घूमा हुआ 3 चकित, विस्मित
जिह्मिकृत–*सं०* (वि०) झुकाया हुआ
जिह्वक–*सं०* (पु०) स्पष्ट न बोल सकने का सन्निपात रोग
जिह्वल–*सं०* (वि०) चटोरा
जिह्वा–*सं०* (स्त्री०) जीभ, रसना। ~**नोक** + *फ़ा०* (स्त्री०) जीभ की नोक या सिरा; ~**पश्च** (पु०) जीभ का पिछला हिस्सा; ~**फलक** (पु०) पट्टी के रूप में जीभ; ~**मल** (पु०) जीभ पर जमी मैल; ~**मूल** (पु०) जीभ की जड़; ~**मूलीय** (वि०) जो जिह्वा मूल से उच्चारित हो; ~**स्वाद** (पु०) जीभ का स्वाद
जिह्वाग्र–I *सं०* (पु०) जीभ का अगला भाग II (वि०) जो हमेशा जीभ के अगले भाग पर रहे
जिह्विका–*सं०* (स्त्री०) जीभी
जींगन–(पु०) = जुगनू
जी–I (पु०) 1 जान, जीव 2 मन, चित्त, तबीयत 3 जीवट, साहस। ~**जान से** + *फ़ा०* (क्रि० वि०) दिल और जान से; ~**आना** किसी पर आसक्त होना, आशिक होना; ~**उचटना** किसी काम में मन न लगना; ~**उड़ा जाना** चित्त का उद्विग्न होना, घबराहट होना; ~**उलझना** दिल घबराना; ~**करना** 1 इच्छा होना, दिल चाहना 2 हिम्मत करना; ~**का बुखार निकालना** दिल का गुबार निकालना; ~**का बोझ हल्का हो जाना** आशंका दूर हो जाना; ~**की अमान माँगना** प्राण रक्षा की प्रार्थना करना; ~**की ~में रहना** अरमान का पूरा न होना; ~**की पड़ना** दे० जान की पड़ना; ~**की लगी** 1 मन की बात 2 मन का दुःख, मनोव्यथा; ~**को रोग लगना** किसी बात की फ़िक्र करना; ~**को लगना** दिल पर चोट पहुँचना, दिल पर असर होना; ~**खट्टा करना** दिल में घृणा भाव पैदा करना, विरक्ति का भाव भर देना; ~**खट्टा होना** मन में विरक्ति उत्पन्न हो जाना; ~**खोना** 1 जान देना 2 दिल का हाथ में न रहना; ~**खोलकर** जी भरकर, यथेष्ट; ~**चाहना** इच्छा होना; ~**चुराना** काम से भागना, जान चुराना; ~**छूटना** हिम्मत पस्त होना, हताश होना; ~**छोटा करना** उत्साह कम करना; ~**छोड़कर भाग जाना** बदहवास होकर भागना; ~**छोड़ना** हिम्मत हारना; ~**जलना** 1 संताप होना 2 कुढ़ना; ~**जलाना** 1 सताना 2 कुढ़ाना; ~**जान लड़ाना** 1 कठिन परिश्रम करना 2 मन लगाकर प्रयत्न करना; ~**जान से** 1 पूरे मन से, हृदय से 2 पूरी शक्ति से; ~**जान से फ़िदा होना** पूर्णतः आशिक होना, तन-मन से प्यार करना; ~**टँगा रहना** आशंका बनी रहना; ~**टूट जाना** उत्साह न रह जाना, निराश हो जाना; ~**ठंडा होना** अभिलाषा पूर्ण होने से मन शांत होना, प्रसन्नता होना; ~**डूबना** मन का शिथिल एवं हतोत्साह होना; ~**तरसना** इच्छित वस्तु के लिए दिल का बेचैन होना; ~**दहलना** भयभीत होना; ~**दुखाना** मन को कष्ट पहुँचाना; ~**देना** 1 न्योछावर होना, प्राण देना 2 अत्यधिक प्यार करना; ~**धक-धक करना** भय से घबराना, दिल धड़कना; ~**निढाल होना** चित्त व्याकुल होना; ~**पक जाना** कष्ट का असह्य हो जाना; ~**पर आ बनना** प्राण पर संकट आना, सुख-शांति का अंत होना; ~**पर खेलना** दे० जान पर खेलना; ~**पानी होना** चित्त का दया से द्रवित होना; ~**फट जाना** विरक्त हो जाना; ~**बँटना** ध्यान का दूसरी ओर चला जाना; ~**बहलाना** चित्त को किसी प्रिय कार्य में लगाना; ~**बिगड़ना** 1 जी मतलाना 2 घृणा लगना; ~**बैठ जाना** आंतरिक शक्ति का क्षीण हो जाना; ~**भर आना** दे० 1 जी पानी होना 2 अत्यधिक करुणा होना; ~**भरकर** जितना जी चाहे (जैसे-जी भरकर सता लो); ~**भरना** 1 तृप्ति होना, अघाना 2 संतुष्ट होना; ~**भारी होना** अनमना होना, तबीयत सुस्त होना; ~**मतलाना** कै, वमन की इच्छा होना; ~**में आना** 1 इच्छा होना; 2 विचार उठना; ~**में गड़ना** मन में बस जाना; ~**में जलना** मन में कुढ़ना; ~**में धरना** मन में स्थान देना, ध्यान देना; ~**में बसना** दिल में समा जाना, सदा याद रहना; ~**में बैठना** 1 हृदय पर अंकित होना 2 उचित जान पड़ना; ~**में रखना** 1 याद रखना, ख़याल करना 2 बुरा मानना; ~**लगना** दिल लगना; ~**लगाना** दिल लगाना; ~**लरजना** कलेजा काँपना; **ललचाना** 1 प्रबल इच्छा होना 2 लालच पैदा करना; ~**लेना** 1 मन टटोलना 2 प्राण लेना; ~**लोटना** इच्छित वस्तु के लिए दिल का बेचैन हो जाना; ~**सन्न होना** होश उड़ जाना; ~**से जाना** मर जाना; ~**हट जाना** विरक्ति होना, घृणा होना; ~**हलका होना** चिंता दूर होना; ~**हाथ में करना,** ~**हाथ में रखना** किसी को वश में करना, अपने अनुकूल बनाना; ~**हारना** हिम्मत हारना; ~**हिल जाना** दे० जी दहलना
जी–II (अ०) 1 नाम, अल्ल, पदवी के साथ प्रयुक्त होनेवाला आदर सूचक शब्द (जैसे-अच्छा गुरु जी, आया पिताजी) 2 बड़ों के प्रति स्वीकृति, समर्थन आदि में प्रयुक्त होनेवाला शब्द (जैसे-जी हाँ, मैं गया था)। ~**हुज़ूर** + *अ०* (पु०) हाँ सरकार; ~**हुज़ूरी**–*अ०* + *फ़ा०* (स्त्री०) ख़ुशामद
जीजा–(पु०) बहन का पति, बहनोई
जीजी–(स्त्री०) बड़ी बहन, दीदी
जीत–(स्त्री०) 1 विजय 2 सफलता, कामयाबी
जीत-हार–(स्त्री०) जय-पराजय
जीतना–(स० क्रि०) 1 विजय प्राप्त करना, विजयी होना 2 सफल होना (जैसे-मुक़दमे में जीतना) 3 प्राप्त करना (जैसे-पुरस्कार जीतना)
जीता–I (वि०) ज़िंदा, जीवित (जैसे-दीवाल में ज़िंदा चुनवाना)। ~**जागता** (वि०) भला-चंगा, सशक्त, सजीव; **जीती मक्खी निगलना** जान बूझकर ग़लती करना II (वि०) जीता हुआ (जैसे-जीता खेल हार जाना)
जीतालू–(पु०) अरारोट
जीतोड़–(वि०) अति कठिन (जैसे-जीतोड़ प्रयास करना)
जीन–(वि०) जीर्ण, क्षीण
जीन–*अं०* (पु०) बढ़िया, मज़बूत तथा मोटा सूती कपड़ा
ज़ीन–*फ़ा०* (पु०) घोड़े आदि की पीठ पर रखने की गद्दी, काठी, चारजामा (जैसे-ज़ीन कसना)। ~**साज़** (पु०) ज़ीन बनानेवाला कारीगर
ज़ीनत–*अ०* (स्त्री०) 1 शोभा 2 सजावट, शृंगार
जीना–(अ० क्रि०) 1 जीवित रहना, शरीर में प्राण रहना (जैसे-रोगी का दवा के बिना जीना मुश्किल है) 2 जीवन के दिन बिताना (जैसे-वृद्धावस्था में जीना मुश्किल हो जाता है) 3 प्रसन्न होना। **जी उठना** 1 हरा-भरा हो जाना (जैसे-पानी पाते ही पौधे जी उठे) 2 मरते का जी जाना

ज़ीना–*फ़ा* (पु०) सीढ़ी

जीप–*अं०* (स्त्री०) हल्की मोटर। ~**गाड़ी** + *हिं०* (स्त्री०) हल्की मोटरगाड़ी जो कच्ची सड़कों पर भी चल सकती है

जी बहलाव–(पु०) मन बहलाव

जीभ–(स्त्री०) 1 रसना, जिह्वा, ज़ुबान 2 जीभ के आकार की चपटी तथा लंबोतरी कोई वस्तु, निब (जैसे-क़लम की जीभ टूट गई)। ~**चलना** 1 तरह-तरह का स्वाद लेने की इच्छा होना 2 कटुतापूर्ण बात कहना; ~**निकालना** 1 ज़ुबान बाहर करना 2 दंड देने हेतु ज़ुबान काट लेना; ~**हिलाना** बोलना

जीभी–(स्त्री०) 1 धातु आदि की बनी पतली धनुषाकार पत्ती जिससे ज़बान साफ़ करते हैं 2 ज़ुबान साफ़ करने की क्रिया 3 क़लम की निब

जीमख़ाना–*अं०* + *फ़ा०* (पु०) खेल-कूद का क्लब

जीमट–(पु०) पेड़-पौधों की शाखा, टहनी आदि के अंदर का गूदा

जीमना–(स० क्रि०) भोजन करना

जीमूत–I *सं०* (पु०) 1 बादल, मेघ 2 पहाड़, पर्वत II (वि०) पोषण करनेवाला। ~**वाहन** (पु०) इंद्र

जीयट–*बो०* (पु०) = जीवन

जीर, जीरक–I *सं०* (पु०) जीरा II (वि०) 1 तेज़ चलनेवाला 2 क्षिप्र

जीरा–(पु०) 1 सुगंधित बीज जो दवा एवं मसाले के रूप में प्रयोग किया जाता है 2 उक्त सुगंधित बीज का पौधा 3 फूलों का केसर

जीर्ण–*सं०* (वि०) 1 फटा-पुराना 2 जर्जर एवं शिथिल (जैसे-जीर्ण पुरुष) 3 क्षय प्राप्त 4 बहुत दिनों का (जैसे-जीर्ण रोग) 5 महत्त्वहीन (जैसे-जीर्ण सिद्धांत)। ~**ज्वर** (पु०) पुराना बुखार; ~**ता** (स्त्री०) 1 पुरानापन 2 बुढ़ापा; ~**पत्र** (पु०) कदंब का वृक्ष; ~**शीर्ण** (पु०) टूटा फूटा, बहुत पुराना, सड़ा-गला; ~**संस्कार** (पु०) वे संस्कार जो लगभग समाप्त होते जा रहे हों

जीर्णक–*सं०* (वि०) मुरझाया हुआ, सूखा हुआ

जीर्णा–I *सं०* (स्त्री०) काला जीरा II (वि०) वृद्ध एवं जर्जर III (स्त्री०) वृद्ध एवं जर्जर स्त्री

जीर्णोद्धार–*सं०* (पु०) मरम्मत करना, पुरानी इमारत का उद्धार

जील–(स्त्री०) धीमी, हल्की आवाज़

जीवंत–*सं०* (वि०) जीता-जागता, जीवित, प्राणवान्। ~**ता** (स्त्री०) प्राणशक्ति, ओज

जीवंतिका–*सं०* (स्त्री०) अन्य वृक्षों पर रहकर फैलनेवाली लता

जीव–*सं०* (पु०) 1 प्राण, जान 2 जीवन 3 जीवात्मा 4 जीवधारी, प्राणी। ~**कोष** (पु०) सूक्ष्म शरीर जो मृत्यु के बाद फल भोगता है; ~**जंतु** (पु०) 1 प्राणी 2 छोटे प्राणी; ~**जगत्** (पु०) 1 प्राणिसमिष्ट, संसार के समस्त जीव जंतु; ~**जनक** (पु०) जीव का आदि पुरखा; ~**दान** (पु०) 1 क्षमा कर देना, प्राण बचाना 2 किसी मरते प्राणी की रक्षा करना; ~**द्रव्य** (पु०), ~**धातु** (स्त्री०) विशिष्ट रासायनिक तत्त्व जिसमें जीवन-शक्ति होती है तथा जो आधुनिक विज्ञान में जीव-जंतु, वनस्पति आदि के भौतिक स्वरूप का मूल आधार (वि०) जीव युक्त, सजीव; ~**प्रक्रिया** (स्त्री०) = जीवन प्रक्रिया; ~**प्रभा** (स्त्री०) आत्मा; ~**याज** (पु०) ऐसा यज्ञ जिसमें पशुबलि का विधान हो; ~**योनि** I (स्त्री०) 1 जीवधारियों की योनि, जीव जंतु का वर्ग 2 सजीव सृष्टि II (पु०) वह जीव जो इंद्रियों द्वारा ज्ञान प्राप्त करता हो; ~**रसायन** (पु०) जीव विज्ञान और रसायन शास्त्र का योग, सजीव शरीर रचना का रसायन; ~**रसायन शास्त्र** (पु०) जीव रसायन संबंधी विद्या; ~**रासायनिक** (वि०) जीव रसायन से संबंधित; ~**लोक** (पु०) भू लोक, पृथ्वी लोक; ~**विज्ञान** (पु०) जीव-जंतुओं एवं पौधों की रचना, वर्गीकरण, जीने का ढंग आदि का जिसमें अध्ययन किया जाए, प्राणिशास्त्र (बायलॅजी); ~**विज्ञानात्मक**, ~**विज्ञानीय** (वि०) जीव विज्ञान संबंधी; ~**विद्या** (स्त्री) = जीव विज्ञान; ~**वृत्ति** (स्त्री) 1 जीव का गुण, धर्म, व्यापार 2 जीव-जंतुओं को पालकर चलायी जानेवाली जीविका; ~**वैज्ञानिक** (वि०) 1 जीव विज्ञान संबंधी 2 जीव विज्ञान का ज्ञाता; ~**शाक** (पु०) मलाया में पाया जानेवाला सुसना नामक साग; ~**शास्त्र** (पु०) = जीव विज्ञान; ~**शास्त्रीय** (वि०) दे० जीव वैज्ञानिक ~**विज्ञानीय**, ~**संक्रमण** (पु०) जीव का एक शरीर से दूसरे शरीर में जाना; ~**साधन** (पु०) अन्न, धान आदि; ~**सुता** (स्त्री०) जीवत्पुत्रिका; ~**स्थान** (पु०) मर्मस्थल, हृदय; ~**हत्या** (स्त्री०) जीवों को मारना, जीव हिंसा; ~**हिंसा** (स्त्री०) प्राणि वध

जीवक–*सं०* (पु०) 1 जीवधारी, प्राणी 2 सेवक 3 अष्टवर्ग के अन्तर्गत एक औषध जिसे कामोद्दीपक एवं बलवर्द्धक माना गया है

जीवट–(पु०) 1 साहस, हिम्मत 2 पराक्रम

जीवड़ा–(पु०) 1 तुच्छ जीव 2 जीवन 3 जीवट, दम 4 नाई, धोबी आदि की सेवाओं के बदले में दिया जानेवाला अनाज

जीवत्–*सं०* (वि०) जीवित

जीवत्तोका–*सं०* (स्त्री०) वह स्त्री जिसके बच्चे जीवित हों

जीवत्पितृक–*सं०* (पु०) वह जिसका पिता जीवित हो

जीवथ–I *सं०* (पु०) 1 जीवन शक्ति, प्राण 2 बादल, मेघ II (वि०) 1 दीर्घजीवी 2 धार्मिक, धर्म-निष्ठ

जीवन–I *सं०* (पु०) 1 जीता रहना, प्राण धारण 2 जीवित दशा, ज़िंदगी 3 प्राणी 4 जीविका II (वि०) अत्यधिक प्यारा, परम-प्रिय। ~**अवधि** (स्त्री०) जीने की आयु; ~**कथा** (स्त्री०) = जीवन चरित; ~**काल** (पु०) उम्र (की अवधि); ~**क्रम** (पु०) जीवन यात्रा, रहन-सहन का ढंग; ~**क्षम** (वि०) जीने की क्षमता से युक्त; ~**चक्र** (पु०) = जीवन क्रम; ~**चरित**, ~**चरित्र** (पु०) जीवन वृत्तांत, जीवन वृत्त, जीवन-कथा; ~**चर्या** (स्त्री०) रहन-सहन का कार्यक्रम; ~**जगत्** (पु०) जीवलोक; ~**तल** (पु०) = जीवन स्तर; ~**तत्त्व** (पु०) 1 जीवन का स्वरूप 2 जीवन सार; ~**दर्शन** (पु०) जीवन संबंधी विचार; ~**दाता** (पु०) परमात्मा, ईश्वर; ~**दान** (पु०) 1 जान बख़्श देना, ज़िंदा छोड़ देना 2 सेवा में जीवन अर्पित कर देना; ~**दानी** (वि०) जीवन दान देनेवाला; ~**दायिनी** (स्त्री०) जीवन देनेवाली स्त्री, माँ, माता; ~**दायी** (वि०) = जीवन दानी; ~**दृष्टि** (स्त्री०) = जीवन

प्रिय, प्राणाधार; ~**धारण** (पु०) जन्म लेना; ~**धारा** (स्त्री०) जीवन गति; ~**ध्येय** (पु०) जीवन का उद्देश्य; ~**निर्वाह** (पु०) जीवन बसर करना; ~**निर्वाह प्रणाली** (स्त्री०) = जीवन चर्या; ~**निर्वाह मान** (पु०) = जीवन स्तर; ~**निर्वाह संग्राम** (पु०) = जीवन संग्राम; ~**नौका** (स्त्री०) जीवन रक्षा हेतु बड़ी नाव के साथ जोड़ी जाने वाली छोटी नौका, नाव, लाइफ बोट; ~**पथ** (पु०) जीवन का मार्ग; ~**पद्धति** (स्त्री०) 1 जीवन चर्या 2 रहन-सहन का ढंग; ~**पर्यंत** (क्रि० वि०) उम्र भर, जीते जी; ~**प्रक्रिया** (स्त्री०) = जीवन चर्या; ~**प्रद** (वि०) जीवन देनेवाला, जीवनदाता; ~**प्रभा** (स्त्री०) आत्मा; ~**बीमा** *+ फ़ा०* (पु०) जीवन पर कोई ख़तरा होने पर कंपनी ज़मानत; ~**बूटी** *+ हिं०* (स्त्री०) 1 मरे हुए आदमी को जिलानेवाली कल्पित जड़ी, संजीवनी 2 प्राण प्रिय वस्तु; ~**मरण** (पु०) जीना-मरना, ज़िंदगी-मौत; ~**मान** (पु०) = जीवन स्तर; ~**मार्ग** (पु०) = जीवन पथ; ~**मुक्त** (वि०) जीवन-मरण के बंधन से मुक्त; ~**मूरि** *+ हिं०* (स्त्री०) = जीवन बूटी; ~**यापन** (पु०) जीवन निर्वाह; ~**यापन व्यय** (पु०) जीवन निर्वाह का ख़र्च; ~**रक्षक,** ~**रक्षी** (वि०) जीवन की रक्षा करनेवाला; ~**रस** (पु०) = जीव धातु; ~**लीला** (स्त्री०) जीवन के कार्य-कलाप; ~**वृत्त,** ~**वृत्तांत** (पु०) जीवन-कथा, जीवन-चरित; ~**वृत्ति** (स्त्री०) = जीवन साधन, जीविका; ~**वृद्धि** (स्त्री०) ज़िंदगी बढ़ जाना; ~**व्यवस्था** (स्त्री०) = जीवन चर्या; ~**शक्ति** (स्त्री०) जीवन का बल; ~**शास्त्र** (पु०) = जीव विज्ञान; ~**शैली** (स्त्री०) = जीवन चर्या; ~**श्वास** (पु०) प्राण; ~**संगिनी** (स्त्री०) पत्नी; ~**संगी** (पु०) पति; ~**संग्राम,** ~**संघर्ष** (पु०) जीवित बने रहने के लिए किया जानेवाला कठिन प्रयत्न, अपने अस्तित्व को बनाए रखने हेतु किया गया प्रयास; ~**संध्या** (स्त्री०) बुढ़ापा; ~**सहचर** (पु०) = जीवन संगी; ~**सहचरी** (स्त्री०) = जीवन संगिनी; ~**साथी** *+ हिं०* जीवन संगी; ~**साधन** (पु०) जीने का ज़रिया; ~**स्तर** (पु०) रहन-सहन का तौर-तरीक़ा; ~**हीन** (वि०) निर्जीव; ~**हेतु** (पु०) = जीवन साधन

जीवनक–*सं०* (पु०) 1 अन्न 2 आहार

जीवनांक–*सं०* (पु०) जीवन-मृत्यु के आँकड़े

जीवनांत–*सं०* (पु०) जीवन का अंत, मृत्यु

जीवनाघात–*सं०* (पु०) विष, ज़हर

जीवनानंद–*सं०* (पु०) जीवन का सुख

जीवनावस्था–*सं०* (स्त्री०) 1 जीवन की अवस्था 2 जीने की उम्र

जीवनावास–I *सं०* (वि०) जल में रहनेवाला II (पु०) 1 शरीर 2 वरुण

जीवनी–*सं० + हिं०* (स्त्री०) जीवन कथा, ज़िंदगीनामा

जीवनीय–I *सं०* (वि०) 1 जो जीने योग्य हो, जी सकनेवाला 2 जीवन शक्ति प्रदान करनेवाला 3 स्वयं अपनी जीविका चलानेवाला II (पु०) 1 जल 2 दूध

जीवनोत्तर–*सं०* (वि०) जीवन के बाद का

जीवनोद्देश्य–*सं०* (पु०) = जीवन ध्येय

जीवनोपयोगी–*सं०* (वि०) जीवन के लिए लाभदायक

जीवनोपाय–*सं०* (पु०) = जीवन साधन

जीवनोपार्जन–*सं०* (पु०) जीविका हेतु धन कमाना

जीवनौषध–*सं०* (स्त्री०) जीवन बूटी, संजीवनी

जीवन्मुक्त–*सं०* (वि०) आत्मज्ञान प्राप्त कर जो सांसारिक बंधनों से मुक्त हो गया हो, मोक्ष

जीवन्मृत–*सं०* (वि०) जो जीवित होने पर भी मरे के समान हो

जीवांतक–*सं०* (वि०) जीव का नाश करनेवाला

जीवांतर–I *सं०* (क्रि० वि०) जीवन के बाद II (पु०) दूसरा जीवन

जीवा–*सं०* (स्त्री०) 1 एक सिरे से दूसरे सिरे तक जानेवाली सीधी रेखा, ज्या (जैसे-वृत्त की जीवा) 2 धनुष की डोरी, प्रत्यंचा

जीवाणु–*सं०* (पु०) 1 विकार से उत्पन्न होनेवाले अतिसूक्ष्म जीव जो अनेक रोगों की उत्पत्ति के कारण होते हैं तथा कुछ शरीर के लिए लाभदायक भी होते हैं 2 क्षुद्रतम जीव। ~**तत्त्व** (पु०) = जीवाणु विज्ञान; ~**नाशक,** ~**नाशी** (वि०) जो रोग उत्पन्न करनेवाले जीवाणुओं का नाश करने में समर्थ हों, रोगजन्य जीवाणुओं को नाश करनेवाला (जैसे-जीवाणु नाशक दवाएँ); ~**विज्ञान** (पु०) वह विज्ञान जिसमें जीवाणुओं की उत्पत्ति, विकास आदि का विवेचन होता है; ~**विद** (पु०) जीवाणु संबंधी जानकारी रखनेवाला, जीवाणु विज्ञान जाननेवाला; ~**हीन** (वि०) = जीवाणु रहित

जीवातु–*सं०* (पु०) 1 प्राणदायक औषधि 2 आहार

जीवात्मा–*सं०* (पु०) 1 जीव, प्राणियों में रहनेवाली आत्मा 2 हृदय (जैसे-किसी की जीवात्मा को मत सताओ)

जीवाधार–*सं०* (पु०) हृदय

जीवाशेष, जीवाश्म–*सं०* (पु०) मृत जीवों के अवशेष, पुराजीव। ~**विज्ञान** (पु०) वह विज्ञान जिसमें पुराजीव एवं उनके मिलने के स्थानों के विषय में अध्ययन किया जाता है; ~**वैज्ञानिक** (पु०) जीवाश्म विज्ञान का ज्ञाता

जीविका–*सं०* (स्त्री०) जीवन निर्वाह का साधन, रोज़ी (जैसे-जीविका अर्जित करना)। ~**वृत्ति** (स्त्री०) जीविका का काम

जीविकार्जन–*सं०* (पु०) रोज़ी कमाना

जीविकार्थ–*सं०* (वि०) रोज़ी-रोटी के लिए

जीविकावश–*सं०* (वि०) जीविका के लिए

जीविकोपार्जन–*सं०* (पु०) = जीविकार्जन

जीवित–*सं०* (वि०) 1 जीता हुआ, जीवन युक्त 2 जो क्रिया रूप में वर्तमान हो (जैसे-भारतीय आर्य भाषाएँ अभी जीवित हैं)। ~**काल** जीवन काल; ~**क्रिया** (स्त्री०) = जीवन क्रिया

जीवितावस्था–*सं०* (स्त्री०) = जीवनावस्था

जीवितेश–*सं०* (पु०) जीवन का स्वामी

जीवी–*सं०* (पु०/वि०) 1 जीनेवाला 2 जीविका से अपना निर्वाह करनेवाला (जैसे-श्रमजीवी मज़दूर, शस्त्र जीवी योद्धा)

जीवेश–*सं०* (पु०) 1 ईश्वर 2 प्रियतम

जुंबिश–*फ़ा०* (स्त्री०) गति, हिलना-डुलना। ~**खाना** इधर-उधर होना

जुआँ–(पु०) = जूँ

जुआ–I (पु०) *बो०* बैलगाड़ी, हल आदि के आगे की लकड़ी

जो पशुओं के कंधे पर रखी जाती है II (पु०) जाँते की मूठ III (पु०) बाजी लगाकर खेला जानेवाला खेल, द्यूत (जैसे-जुआ खेलना बुरा काम है)। ~**ख़ाना** + *फ़ा०* (पु०) वह स्थान, घर जहाँ जुआ खेला जाता है; ~**चोर** (पु०) बहुत बड़ा ठग, धूर्त; ~**चोरी** (स्त्री०) ठगी, धूर्ताई

जुआर–(स्त्री०) = ज्वार, खाद्यान्न की एक किस्म जो खरीफ की फसल में बोया जाता है

जुआर-भाटा–(पु०) = ज्वार-भाटा

जुआरी–(पु०) ऐसा व्यक्ति जिसे जुआ खेलने की लत, आदत हो, जुआ खेलनेवाला

जुईं–(स्त्री०) 1 = जूँ 2 मटर, सेम आदि फलियों में लगनेवाला एक छोटा कीड़ा

जुएबाज़– + *फ़ा०* (पु०) जुए की लतवाला

जुएबाज़ी– + *फ़ा०* (स्त्री०) जुआ खेलने की लत

जुकाम–*अ०* (पु०) सरदी-गरमी के योग से होनेवाला एक रोग जिसमें नाक से कफ मिश्रित पानी निकलता है तथा सिर में हल्का दर्द होता है, प्रतिश्याय सरदी (जैसे-वह जुकाम से पीड़ित है)

जुखना–(अ० क्रि०) जोखा जाना, वज़न होना

जुग–I *बो०* (पु०) 1 युग (जैसे-जुग-जुग जियो मेरे लाल) 2 पीढ़ी (जैसे-अनेक जुगों तक तुम्हारी कीर्ति बनी रहे) II (पु०) 1 एक तरह की दो वस्तुओं का जोड़ा, युग्म 2 चौसर के खेल में दो गोटियों का एक ही घर बैठने की अवस्था 3 करघे का डोरा जो ताने के सूतों को अलग-अलग करने के लिए होता है

जुगजुगाना–(अ० क्रि०) टिमटिमाना, रह रहकर चमकना, झिलमिलाना

जुगत–(स्त्री०) 1 तरकीब, युक्ति 2 कौशल

जुगती–(पु०) समझ-बूझकर उत्तम उपाय निकालनेवाला व्यक्ति

जुगनी–(स्त्री०) = जुगनूँ

जुगनू–(पु०) एक प्रसिद्ध कीड़ा जिसके रात में उड़ने पर इसके पिछले भाग से चमक पैदा होती है, खद्योत

जुगल–(वि०) = युगल

जुगवना–(स० क्रि०) युक्तिपूर्वक बचाकर रखना

जुगाड़–(पु०) 1 आवश्यक साधन, वस्तु आदि को हाज़िर करना 2 कठिन कार्य सिद्ध करने की युक्ति

जुगादरी–(वि०) बहुत पुराना

जुगाना–(स० क्रि०) जुगवना

जुगाल–(पु०) दे० जुगाली

जुगालना–(अ० क्रि०) पागुर करना

जुगाली–(स्त्री०) गाय, भैंस आदि पशुओं का निगले हुए चारे को थोड़ा-थोड़ा निकालकर चबाना, पागुर

जुगुत–(स्त्री०) = जुगत

जुगुप्सन–*सं०* (पु०) निंदा करना

जुगुप्सा–*सं०* (स्त्री०) 1 निंदा, बुराई 2 उपेक्षापूर्वक की जानेवाली घृणा, बीभत्सा

जुगुप्सित–*सं०* (वि०) 1 निंदित 2 घृणित

जुज़–*अ०* (पु०) 1 अंश, भाग 2 छपे हुए कागज़ के सोलह पृष्ठों का समूह, एक फारम। ~**बंदी** + *फ़ा०* (स्त्री०) 1 जिल्दबंदी हेतु किताब के जुज़ों को सीना 2 किताब की सिलाई

जुज़वी–*अ०* (वि०) 1 बहुत थोड़ा 2 छोटा 3 आंशिक

जुझाऊ–(वि०) 1 लड़ाका 2 युद्ध संबंधी (जैसे-जुझाऊ जहाज़)

जुझारू–I (वि०) योद्धा, लड़ाका, वीर II (पु०) युद्ध, रण, लड़ाई

जुट–(पु०) 1 जोड़ा, युग्म 2 अनेक वस्तुओं का समूह (जैसे-कपड़ों, गहनों आदि का जुट) 3 दल, जत्था

जुटक–*सं०* (पु०) 1 जटा 2 कबरी, जूड़ा

जुटना–(अ० क्रि०) 1 जुड़ना, संयुक्त होना, सटना 2 समीप होना 3 कार्य में योग देना (जैसे-सभी लोग मंदिर निर्माण में जुट गए) 4 एक जगह एकत्र होना (जैसे-लकड़ी, अनाज, पानी आदि जुटना, तमाशा देखनेवालों का जुटना) 5 संभोग करना (जैसे-वह कोठे पर जाते ही जुट गया) 6 मयस्सर होना (जैसे-वह दो वक्त की रोटी भी नहीं जुटा पाता)

जुटाना–(स० क्रि०) 1 इकट्ठा करना 2 जोड़ना 3 मिलाना, सटाना

जुटाव–(पु०) जुटाने की क्रिया, जमाव

जुटिका–*सं०* (स्त्री०) 1 चोटी, शिखा 2 जूड़ा 3 गुच्छा

जुट्टी–(स्त्री०) 1 पूला 2 गड्डी, थाक

जुठारना, जुठालना–(स० क्रि०) 1 खाने-पीने की वस्तु को खा-पीकर जूठी करना (जैसे-बिल्ली ने दूध जुठार दिया, प्रसाद जुठारना) 2 नाम मात्र का ज़रा-सा खाकर छोड़ देना (जैसे-थाली जुठारना) 3 बहुत कम खाना

जुठिहारा–(पु०) जूठा खानेवाला

जुड़ंगी–(वि०) बहुत ही निकट का संबंधी

जुड़ना–(अ० क्रि०) 1 जोड़ा जाना, संयुक्त होना 2 इकट्ठा होना, जुटना (जैसे-रोटी-कपड़ा आदि जुड़ना) 3 प्राप्त होना 4 जोता जाना (जैसे-इक्के में घोड़ा जुड़ना) 5 सम्मिलित होना (जैसे-मंदिर निर्माण में सभी जुड़े हुए हैं)

जुड़वाँ–(वि०) 1 जिसका जन्म एक साथ या तुरंत आगे-पीछे हुआ हो 2 जो आपस में एक साथ जुड़े या सटे हों (जैसे-जुड़वाँ फल, जुड़वाँ केले)

जुड़वाना–(स० क्रि०) 1 मिलवाना, लगवाना 2 जुड़ाना

जुड़ाई–I (स्त्री०) *बो०* = जोड़ाई II (स्त्री०) 1 शीतलता, ठंडक 2 तृप्ति III (स० क्रि०) 1 जोड़ने में प्रवृत्त करना

जुड़ाना–I (अ० क्रि०) 1 शीतल होना, ठंडा होना 2 तृप्त होना II (स० क्रि०) ठंडा करना 2 शांत एवं सुखी करना

जुड़िया–*बो०* (वि०) = जुड़वाँ

जुतना–(अ० क्रि०) 1 जोता जाना (जैसे-गाड़ी में या हल में बैल जुतना) 2 खेत आदि जोता जाना (जैसे-खेत जुत गया) 3 मनोयोग से काम में लगना (जैसे-वह सारा दिन काम में जुता रहा)

जुतवाना–(स० क्रि०) 1 जोतने का काम किसी अन्य से कराना 2 घोड़े, बैल आदि को नधवाना (जैसे-कोल्हू में बैल जुतवाना, गाड़ी में घोड़े जुतवाना)

जुताऊ–(वि०) जोतने लायक

जुतिऔवल–(स्त्री०) जूतों से होनेवाली लड़ाई

जुतियाना–(स० क्रि०) 1 जूतों से प्रहार करना 2 खरी-खोटी सुनाकर अपमानित एवं लज्जित करना

जुदा–*फ़ा०* (वि०) 1 अलग, पृथक् (जैसे-एक-दूसरे से जुदा होना) 2 भिन्न प्रकार का (जैसे-यह जुदा बात है कि वो नहीं आएँगे)

जुदाई–*फ़ा०* (स्त्री०) 1 अलगाव 2 वियोग, बिछोह 3 भिन्नता

जुदागाना–*फ़ा०* (अ०) अलग-अलग

जुद्ध–(पु०) = युद्ध

जुनटा–*अं०* (पु०) दल, संघ, गुट

जुनून–*अ०* (पु०) पागलपन, सनक

जुनूनी–*अ०* (वि०) पागल, सनकी

जुनूब–*अ०* (पु०) दक्षिण

जुन्हरी–(स्त्री०) ज्वार नामक अन्न

जुन्हाई–(स्त्री०) चंद्रमा का प्रकाश, चाँदनी, चंद्रिका

जुफ़्त–*फ़ा०* (पु०) जोड़ा, सम संख्या

जुबली–*अं०* (स्त्री०) 1 उत्सव 2 जयंती (जैसे-फिल्म की गोल्डन जुबली, स्वर्ण जयंती)

जुबान–*फ़ा०* (स्त्री०) *बो०* = ज़बान

जुबानी–*फ़ा०* (वि०) *बो०* = ज़बानी

जुमकना–(अ० क्रि०) *बो०* 1 दृढ़तापूर्वक खड़े रहना, डटना 2 समीप आना, पास आना

जुमला–I *अ०* (वि०) कुल, पूरा II (पु०) वाक्य

जुमहूर–*अ०* (पु०) = जमहूर

जुमहूरियत–*अ०* (स्त्री०) जनतंत्र

जुमा–*अ०* (पु०) शुक्रवार। ~**मस्जिद** (स्त्री०) वह मस्जिद जिसमें शुक्रवार को दोपहर की सामूहिक नमाज पढ़ी जाय, जामा मस्जिद। ~**जुमा आठ दिन** थोड़े दिन, चंद रोज़

जुमेरात–*अ०* + *हिं०* (स्त्री०) गुरुवार, बृहस्पतिवार

जुरअत–*अ०* (स्त्री०) साहस, हिम्मत

जुरमाना–*अ०* + *फ़ा०* (पु०) 1 न्यायालय द्वारा अपराधी को दिया गया अर्थ-दंड 2 सामान्य रूप से भूल, त्रुटि आदि के लिए दिया जानेवाला अर्थ-दंड (जैसे-पुस्तक न लौटाने पर एक हफ़्ता बाद जुरमाना देना पड़ेगा) 3 दंड स्वरूप दिया धन (जैसे-जुरमाने की रकम)

जुरी–(स्त्री०) = जूड़ी

जुर्म–*अ०* (पु०) 1 अपराध (जैसे-चोर ने अपना जुर्म क़बूल किया) 2 भूल, त्रुटि

जुर्माना–*अ०* + *फ़ा०* (पु०) = जुरमाना

जुर्रत–*अ०* (स्त्री०) = जुरअत

जुर्रा–*अ०* (पु०) नर बाज़

जुर्राब–*तु०* (स्त्री०) मोजा

जुल–(पु०) झाँसा, चकमा। ~**बाज़** + *फ़ा०* (वि०) धोखा देनेवाला, धोखेबाज़; ~**बाज़ी** + *फ़ा०* (स्त्री०) धोखे बाज़ का काम, धोखेबाज़ी

जुलना–(स० क्रि०) मेल-मिलाप करना (जैसे-मित्रों से मिलना-जुलना)

जुलम–*अ०* (पु०) *बो०* = जुल्म

जुलाई–*अं०* (स्त्री०) अंग्रेज़ी का सातवाँ महीना, जूलाई

जुलाब–*अ०* (पु०) 1 दस्त लानेवाली दवा, रेचक औषधि 2 रेचन, दस्त (जैसे-जुलाब लगना)

जुलाहा–(पु०) कपड़ा बुननेवाला कारीगर, बुनकर

जुलूस–*अ०* (पु०) = दे० जलूस

ज़ुल्फ़–*फ़ा०*, **ज़ुल्फ़ी** (स्त्री०) 1 सिर के बाल 2 बालों का पट्टा

जुल्म–*अ०* (पु०) 1 अत्याचार 2 अन्याय 3 जबरदस्ती 4 अंधेर। ~**पसंद** + *फ़ा०* (पु०) जुल्म प्रिय व्यक्ति, अत्याचारी; ~**ढाना**, ~**तोड़ना** अत्याचार करना

ज़ुल्मी–*अ०* + *फ़ा०* (वि०) अत्याचार करनेवाला

जुल्लाब–*अ०* (पु०) = जुलाब

जुवा–I (पु०) = जूआ I

जुवा–II (पु०) = जूआ III

जुवार–(स्त्री०) = ज्वार I

जुवारी–(पु०) = जुआरी

जुस्तजू–*फ़ा०* (स्त्री०) खोज, तलाश

जुहाना–(स० क्रि०) *बो०* 1 इकट्ठा करना, जुटाना 2 जमाना, बैठाना 3 यथास्थान बैठाना, संयोजन करना

जुहार–(स्त्री०) अभिवादन, प्रणाम

जुहारना–I(स० क्रि०) प्रणाम करना

जुही–(स्त्री०) = जूही

जूँ–(स्त्री०) सिर के बालों में पसीने एवं मैल से पैदा हो जानेवाला कीड़ा, लाउस (जैसे-जूँ पड़ना)। ~**की चाल** अत्यंत धीमी गति; **कानों पर ~ तक न रेंगना** स्थिति पर ध्यान न देना, होश न आना

जूँठ–(स्त्री०) *बो०*, **जूँठन** (स्त्री०) = जूठन

जूँमुँहाँ–(वि०) जो देखने में सीधा-सादा होने पर भी वास्तव में अत्यंत धूर्त हो

जू–वि०) = जी II

जूआ–I (पु०) = जुआ I

जूआ–II (पु०) = जुआ II

जूआ–III (पु०) = जुआ III ~**खाना** + *फ़ा०*, ~**घर** (पु०) = जुआखाना; ~**चोर** (पु०) = जुआचोर

जू-जू–(पु०) एक कल्पित जीव, हौआ

जूझ–(स्त्री०) 1 जूझने की क्रिया 2 लड़ाई, युद्ध

जूझना–(अ० क्रि०) 1 उठा-पटक और हाथापाई करना (जैसे-बदमाशों का आपस में जूझना) 2 तकरार करना, हुज्ज़त करना

जूट–*सं०* (पु०) जटा, केशजाल

जूट–*अं०* (पु०) पटसन। ~**उद्योग** + *सं०* (पु०) जूट का व्यवसाय; ~**मिल** (स्त्री०) जूट का कारख़ाना

जूठन–(स्त्री०) खाने-पीने से बची हुई जूठी वस्तु, अवशिष्ट

जूठा–(वि०) 1 जिसे अशुद्ध कर दिया गया हो (जैसे-कुत्ते का जूठा खाना) 2 खाने से बचा हुआ, उच्छिष्ट 3 जिसमें कुछ खाया-पीया गया हो (जैसे-जूठा बर्तन) 4 जिसका पहले ही व्यवहार, उपयोग हो चुका हो (जैसे-जूठी बात, जूठी उक्ति, जूठी रचना)

जूड़ा–(पु०) सिर के बालों को लपेटकर बनाया गया गुच्छा

जूड़ी–(स्त्री०) जाड़ा देकर आनेवाला ज्वर (जैसे-जूड़ी आना)। ~**ताप** + *सं०* (पु०) जड़ैया बुखार

जूता–(पु०) उपानह, पनही, पदत्राण (जैसे-चमड़े का जूता, जूता-चप्पल)। ~**ख़ोर** + *फ़ा०* (वि०) लतखोर, बेहया बेशर्म। ~**उछलना** मार-पीट होना; ~**उठाना** किसी को जूता

से मारने को तैयार होना; ~**उठाना** नीच सेवा करना; ~**खाना** 1 जूते से पीटा जाना 2 ज़लील होना; ~**गांठना** 1 जूतों की मरम्मत करना 2 नीच काम करना, तुच्छ कार्य करना; ~**चलना** = दे० जूता उछलना; ~**चाटना** 1 ज़लील खिदमत करना 2 खुशामद करना; ~**पड़ना,** ~**बरसना** जूतों की मार पड़ना; ~**मारना** 1 जूता से मारना 2 बेइज्ज़त करना, ज़लील करना 3 मुँहतोड़ जवाब देना; ~**लगना** 1 अपमानित होना 2 जूता पड़ना; ~**लगाना** 1 जूते मारना 2 तिरस्कार करना, लताड़ना; ~**जूतों से बात करना** 1 जूते लगाना 2 अत्यंत अनादरपूर्ण व्यवहार करना, तिरस्कार करना

जूती–(स्त्री०) ज़नाना जूता। ~**कारी** (स्त्री०) लगातार जूतों की मार; ~**ख़ोर** + *फ़ा०* (वि०) = जूताख़ोर; ~**छुपाई** (स्त्री०) 1 विवाह की वह रस्म जिसमें वधू की बहन या सखी वर के जूते छिपा देती है 2 विवाह की रस्म में जूता छिपानेवाली को दिया जानेवाला नेग, धन आदि; ~**पैज़ार** + *फ़ा०* (स्त्री०) 1 परस्पर होनेवाली जूतों की मारपीट 2 लड़ाई-झगड़ा, मार-पीट; ~**की नोक पर मारना** कुछ न समझना; ~**की नोक से** कुछ परवाह नहीं; ~**के बराबर न समझना** कुछ भी न समझना; ~**गाँठना** 1 जूतियों की मरम्मत करना 2 हीन कार्य करना; ~**चटखाते फिरना** मारा-मारा फिरना; ~**पर रखकर रोटी देना** हीन, तुच्छ समझकर अपने पास रखकर खिलाना पिलाना; ~**बगल में दबाना** धीरे से खिसक जाना; ~**सिर पर रखना** चापलूसी करना; ~**सीधी करना** नीच सेवा करना

जूथ–(पु०) = यूथ

जून–I (पु०) समय, बेला

जून–II (पु०) तिनका, तृण

जून–III –*अं०* (पु०) ईसवी सन् का छठा महीना

जूना–I (पु०) 1 घास-फूस को बटकर बनाई गई रस्सी 2 घास-फूस आदि का पूला II (वि०) पुराना

जूनियर–*अं०* (वि०) कनिष्ठ, अवर

जूप–I *बो०* (पु०) 1 जूआ, द्यूत 2 विवाह के बाद वर-वधू के जूआ खेलने की एक रीति II (पु०) खंभा, स्तंभ

जूरी–(स्त्री०) पूला, गड्डी

जूरी–*अं०* (स्त्री०) पंचों का मंडल, अभिनिर्णायक। ~**अदालत** + *अ०* (स्त्री०)पंचों की अदालत

जूल–*अं०* (पु०) ऊर्जा का एक मात्रक

जूलाई–*अं०* (स्त्री०) ईसवी सन् का सातवाँ महीना

जूस–I (पु०) 1 दाल, सब्ज़ी को उबालकर निकाला हुआ पानी 2 रोगी को दिया जानेवाला हल्का पेय पदार्थ 3 सब्जी आदि का रसा, शोरबा 4 पके फल का रस

जूस–II (वि०) जो गिनती में सम हो। ~**ताक** + *फ़ा०* (पु०) एक तरह का जूए का खेल जिसमें मुट्ठी में कोड़ियाँ भरकर उसकी समविषम संख्या पूछी जाती है

जूसी–(स्त्री०) ऊख के रस को उबालकर गाढ़ा करते समय उसमें से निकलनेवाली गाढ़ी तल-छट, चोटा

जूही–(स्त्री०) 1 चमेली की तरह का सुगंधित एवं सुंदर फूलोंवाला पौधा 2 उक्त पौधे का फूल

जेंटिलमैन–*अं०* (पु०) 1 सज्जन, कुलीन, नेक इंसान 2 सभ्य वेश-भूषावाला आदमी, भद्र पुरुष

जेंवन–*बो०* (पु०) 1 भोजन करने की क्रिया 2 भोज्य पदार्थ

जेंवना–(स० क्रि०) भोजन करना

जेंवाना–(स० क्रि०) भोजन कराना

जेट–(स्त्री०) ढेर, समूह

जेट–*अं०* (पु०) जेट वायुयान

जेटी–*अं०* (स्त्री०) समुद्र तट पर बना वह स्थान जहाँ से जहाज़ों पर माल लादा एवं उतारा जाता है, गोदी

जेठंस–(पु०) 1 बड़े भाई का अंश 2 बड़े भाई का बपौती में अपना हिस्सा पाने का हक़, अधिकार

जेठ–I (पु०) पति क बड़ा भाई II बैसाख और आषाढ़ के बीच का महीना

जेठा–(वि०) 1 वय, उम्र में बड़ा (जैसे-जेठा लड़का) 2 तुलना में अच्छा, बढ़िया

जेठाई–(स्त्री०) 1 जेटापन 2 बड़प्पन, महत्त्व

जेठानी–(स्त्री०) पति के बड़े भाई की पत्नी

जेठी–I (वि०) 1 जेठ संबंधी, जेठ मास का 2 जेठ मास में होनेवाला II (स्त्री०) 1 जेठ मास का शेषांश जिसमें अगली फसल के लिए ज़मीन जोती जाती है 2 जेठ मास में होनेवाली कपास 3 जेठ में होनेवाला धान। ~**मधु** + *सं०* (स्त्री०) मुलेठी

जेठौत *बो०* (पु०), **जेठौता**–(पु०) पति के बड़े भाई का पुत्र, जेठ का पुत्र

जेतव्य–*सं०* (वि०) जिसे जीता जा सके, जेय

जेता–*सं०* (वि०) विजयी

जेन-केन–(क्रि० वि०) जैसे-तैसे

जेनरल–*अं०* (वि०) = जनरल

जेना–I *बो०* (स० क्रि०) = जीमना II (वि०) = जितना

जेनेरेटर–*अं०* (पु०) = जनरेटर, विद्युत उत्पन्न करनेवाला यंत्र

जेन्य–*सं०* (वि०) अभिजात, कुलीन

ज़ेप्लिन–*अं०* (पु०) विशाल युद्धोपयोगी हवाई जहाज़

जेब–*फ़ा०* (पु०) खीस, पॉकिट (जैसे-मेरी जेब में सौ रुपए पड़े हैं)। ~**कट** + *हिं०* (पु०) *बो०*, ~**कतरा** + *हिं०* (पु०) जेब काटकर पैसे निकाल लेनेवाला व्यक्ति, पाकिटमार; ~**ख़र्च** (पु०) 1 निजी ख़र्च 2 वह रकम जो खुद व्यय करने को मिलती है; ~**घड़ी** + *हिं०* (स्त्री०) जेब में रखी जानेवाली घड़ी; ~**तराशी** (स्त्री०) जेब काटना; ~**के मुताबिक़ होना** शक्ति एवं सामर्थ्य के अनुसार ख़र्च करना; ~**गरम करना** रिश्वत देना, घूस देना

ज़ेब–*फ़ा०* (स्त्री०) 1 शोभा 2 प्रोत्साहन, बढ़ावा। ~**दार** (वि०) शोभायुक्त, सुंदर

ज़ेबरा–*अं०*(पु०)=जेबरा धारियोंवाला घोड़े जैसा अफ्रीकी पशु

ज़ेबा–*फ़ा०* (वि०) फबनेवाला, शोभाजनक

जेबी–*फ़ा०* (वि०) जेब में रखने लायक

जेमन–*सं०* (पु०) 1 भोजन करना, जीमना 2 ज्योनार

जेय–I *सं०* (वि०) जो जीता जा सके II (वि०) जीतनेवाला, जेता

जेर–(स्त्री०) आँवल (खेड़ी)

ज़ेर–*फ़ा०* (वि०) 1 पराजित, परास्त 2 वश में किया हुआ 3 नीचे लाया हुआ। ~**तजवीज़** + *अ०* (वि०) जिस पर विचार हो रहा हो, विचाराधीन; ~**पाई** (स्त्री०) 1 ज़नाना जूती

2 जूता; ~**बंद** (पु०) वह तस्मा जिसका एक सिरा घोड़े की मोहरी में और दूसरा तंग में बाँधा जाता है; ~**बार** (वि०) 1 बोझ के नीचे दबा हुआ 2 व्यय आदि के भार से दबा हुआ; ~**बारी** (स्त्री) 1 ज़ेरबार होना 2 नुकसान 3 परेशानी; ~**साये** (वि०) आश्रय में रहनेवाला

जेल–*अं०* (पु०) कैदखाना, बंदीगृह। ~**ख़ाना** + *फ़ा०* (पु०) = जेल; ~**मुक्त** + *सं०* (वि०) जो कारागार से छोड़ दिया गया हो; ~**मुक्ति** + *सं०* (स्त्री०) जेल से छूटना; ~**यात्रा** + *सं०* (स्त्री०) जेल जाना; ~**यात्री** + *सं०* (पु०) क़ैदी; ~**काटना,** ~**भोगना** क़ैद की सज़ा भुगतना

जेलर–*अं०* (पु०) जेल का अधिकारी, प्रबंधक

जेलाटीन–*अं०* (स्त्री०) बढ़िया, गंधहीन और पारदर्शक सरेस

जेली–(स्त्री०) घास-भूसा इकट्ठा करने का उपकरण, पाँचा

जेली–*अं०* (स्त्री०) फलों का जमा हुआ पाग ~**फ़िश** (पु०) जेली के रूप में एक मछली

जेवड़ी–(स्त्री०) = जेवरी

जेवना–*बो०* (स० क्रि०) = जीमना

जेवनार–(स्त्री०) ज्योनार, प्रीति-भोज, दावत

ज़ेवर–*फ़ा०* (पु०) आभूषण, गहना

जेवरा–(पु०) मोटा रस्सा

ज़ेवरात–*फ़ा०* + *अ०* (पु०) बहुत से आभूषण

जेवरी–(स्त्री०) रस्सी

जेष्ठ–I (पु०) जेठ मास II (वि०) वय, उम्र में बड़ा

जेह–(स्त्री०) 1 धनुष की डोरी का वह अंश जो खींचकर लक्ष्य, निशाने की सीध में रखा जाता है, कमान का चिल्ला 2 दीवार के नीचेवाले भाग में होनेवाला मोटा पलस्तर

जेहड़–(स्त्री०) एक के ऊपर एक करके रखे गए जलपूरित घड़े

ज़ेहन–*अं०* (पु०) = ज़िहन। ~**दार** + *फ़ा०* (वि०) तेज़ बुद्धिवाला

ज़ेहनी–*अं०* (वि०) = ज़िहनी

जेहाद–*अं०* (पु०) = जिहाद

ज़ेहन–*अं०* (पु०) = ज़िहन

जै–(स्त्री०) = जय

जैक–*अं०* (पु०) भारी वस्तु को उठाने का उपकरण। ~**फ्रूट** (पु०) कटहल

ज़ैतून–*अं०* (पु०) एक सदाबहार वृक्ष जिसके फल दवा के काम आते हैं (जैसे-ज़ैतून का तेल)

ज़ैतूनी–*अं०* (वि०) ज़ैतून संबंधी

जैत्र–*सं०* (पु०) विजेता, विजयी

जैन–*सं०* (पु०) 1 अनीश्वरवादी धार्मिक संप्रदाय 2 उक्त संप्रदाय का व्यक्ति। ~**मत** (पु०) अनीश्वरवादी धार्मिक संप्रदाय के विचार एवं सिद्धांत; ~**मतावलंबी** (पु०) जैनमत का अनुयायी

जैनी–I *सं०* + *हिं०* (वि०) 1 जैन धर्म संबंधी 2 जैनियों का II (पु०) जैन धर्म को माननेवाला व्यक्ति, जैन धर्मावलंबी

जैम–*अं०* (पु०) मुरब्बा

ज़ैल–*अं०* (पु०) 1 आगा, दामन 2 नीचे की ओर का भाग 3 समुदाय 4 इलाका, भू भाग। ~**दार** + *फ़ा०* (पु०) = ज़िलेदार

जैव–*सं०* (वि०) 1 जीव संबंधी, जीव का 2 जीवों से उत्पन्न होनेवाला। ~**रसायन** (पु०) = जीव रसायन; ~**रसायनज्ञ** (पु०) जीव रसायन विशेषज्ञ

जैविक–*सं०* (वि०) जीव का (जैसे-जैविक क्रियाएँ)। ~**रासायनिक** (वि०) = जैव रासायनिक

जैविकी–*सं०* (स्त्री०) जीवविज्ञान

जैविकीय–*सं०* (वि०) = जैविक

जैसा–(वि०) 1 जिस तरह का (जैसे-आप जैसा चाहो वैसा करो) 2 समान सदृश (जैसे-आप जैसा आदमी ढूँढ़ने पर भी न मिलेगा) 3 जितना (जैसे-जैसा इसे याद है वैसा किसी को नहीं)। ~**को तैसा** जो जैसा है उसके साथ वैसा, तदनुरूप तदनुसार; **जैसी की तैसी करना** शेखी, घमंड चूर करना; **जो जैसा करेगा वैसा भरेगा** कर्म के अनुसार फल मिलेगा

जैसे–(क्रि० वि०) 1 जिस तरह से, जिस प्रकार (जैसे-तुम जैसे पढ़ोगे वैसे मैं भी पढ़ूँगा) 2 उदाहरणार्थ, यथा

जों–*बो०* (अ०) = ज्यों

जोंक–(स्त्री०) 1 पानी का कीड़ा जो प्राणियों का रक्त चूसता है, जलौका 2 चिपकू व्यक्ति

जोंकी–(स्त्री०) 1 रक्त चूसनेवाला जल जंतु, जल सर्पिणी 2 पशुओं का पानी पीने के साथ पेट में जोंक चले जाने से होनेवाली जलन

जोंधरी–(स्त्री०) एक तरह की छोटे दानोंवाली ज्वार

जो–I (सर्व०) संबंधवाचक सर्वनाम (जैसे-जो लड़का कल मेरे पास आया था वह बदमाश था) II (वि०) अनिश्चयवाचक विशेषण (जैसे-जो बात कहना चाहते हो कहो) III (अ०) यदि, अगर

जोख–(स्त्री०) तौल

जोखना–(स० क्रि०) 1 वजन करना, तौलना 2 अच्छा-बुरा समझना

जोखम–*बो०* (स्त्री०) = जोखिम

जोखा–(पु०) 1 तौलने की क्रिया 2 अच्छी तरह समझकर ठीक करने की क्रिया (जैसे-लेखा-जोखा रखना)

जोखिम–(स्त्री०) 1 हानि, अनिष्ट, घाटे की संभावना 2 ख़तरा, संकट (जैसे-जान जोखिम में डालना)

जोखिमी–(वि०) जोखिम का (जैसे-जोखिमी माल)

जोखुआ–I (पु०) माल जोखनेवाला, तौलनेवाला II (वि०) तौला हुआ, जोखा हुआ

जोखों–(स्त्री०) = जोखिम

जोग–I (पु०) 1 जादू-टोना 2 कन्या एवं वर दोनों पक्षों में विवाह से पहले गाया जानेवाला गीत 3 दे० = जोड़ II (वि०) = 1 योग्य 2 संयोग 3 वैराग्य 4 योग

जोगड़ा–(पु०) 1 जोगी 2 बनावटी योगी

जोगिन, जोगिनी–(स्त्री०) 1 विरक्त स्त्री 2 योगियों के समान संयमपूर्वक रहनेवाली स्त्री

जोगिया–I (वि०) 1 जोगी जैसा 2 गेरुआ, गैरिक II (पु०) गेरू के रंग की तरह का लाल रंग

जोगी–(पु०) 1 नाथपंथी कनफटा साधु 2 योगी

जोगीड़ा–(पु०) 1 होली के समय गाया जानेवाला गँवारू गाना 2 गँवारू गाना गानेवालों का दल

जोड़–(पु०) 1 दो वस्तुओं का आपस में मिला होना, सटा होना 2 दो या दो से अधिक वस्तुओं के मिलने का स्थान, संधिस्थल

3 वह अंग जो किसी अन्य वस्तु के साथ जोड़ा गया हो 4 दो वस्तुओं के संधि स्थल का चिह्न (जैसे-कुरसी के हत्थे में का जोड़) 5 ऐसा संयोग, मिलान जो अच्छा लगे (जैसे-वर-कन्या का जोड़ सराहनीय है) 6 समानता (जैसे-तुम्हारा उनके साथ कुछ जोड़ नहीं बैठता) 7 जोड़ने की क्रिया 8 *ग०* दो या दो से अधिक संख्याओं को जोड़ने की क्रिया 9 जोड़ने से प्राप्त होनेवाली संख्या (जैसे-तीन और दो का जोड़ पाँच होता है) 10 धन आदि का संचय, संग्रह 11 दे० = जोड़ा (जैसे-दो पहलवानों का जोड़)। **~तोड़** (पु०) 1 जोड़ने-तोड़ने की क्रिया 2 दाँव-पेंच से मिली हुई कार्रवाई; **~पत्र** *+ सं०* (पु०) (साथ में) जोड़ी गई चिट्ठी

जोड़न–(पु०) = जामन

जोड़ना–(स० क्रि०) 1 अच्छी तरह दृढ़तापूर्वक मिलाना (जैसे-लकड़ी के तख्ते और पाये जोड़कर मेज़ बनाना, कपड़ों के टुकड़ों को जोड़कर मेज़पोश बनाना) 2 बैठाना, लगाना (जैसे-पैर की हड्डी जोड़ना) 3 यथास्थान बैठाना (जैसे-छापे के अक्षर जोड़ना) 4 संग्रहीत करना, संचय करना (जैसे-धन-संपत्ति जोड़ना) 5 *ग०* संख्याओं का योगफल प्रस्तुत करना 6 उपयुक्त क्रम से लगाना (जैसे-शब्द जोड़कर वाक्य बनाना) 7 संबंध स्थापित करना (जैसे-मित्रता जोड़ना) 8 वृद्धि करना, बढ़ाना (जैसे-शिकायत करते हुए उसने दो-चार बातें और भी जोड़ दीं)

जोड़वा–*बो०* (वि०) = जुड़वाँ

जोड़वाना–(स० क्रि०) जोड़ने का काम अन्य से कराना

जोड़ा–(पु०) 1 एक साथ दो व्यक्ति 2 एक साथ दो वस्तुएँ (जैसे-धोतियों का जोड़ा, कंगन का जोड़ा) 3 एक साथ पहने जानेवाले दो या दो से ज़्यादा कपड़े, जोड़ 4 एक ही प्रकार के पशु-पक्षियों, जीवों आदि के नर एवं मादा का युग्म (जैसे-पति-पत्नी का जोड़ा, शेर-शेरनी का जोड़ा)। **~जामा** *+ फ़ा०* (पु०) 1 पूरी पोशाक 2 दूल्हा का वेश

जोड़ाई–(स्त्री०) 1 जोड़ने की क्रिया 2 जोड़ने की मज़दूरी 3 ईंट आदि जोड़ने की क्रिया 4 ईंट आदि जोड़ने के बदले दिया जानेवाला पारिश्रमिक

जोड़ी–(स्त्री०) 1 साथ-साथ रहनेवाले जीवों के नर एवं मादा की सामूहिक संज्ञा (जैसे-पति-पत्नी की जोड़ी सुंदर है) 2 एक साथ जोते जानेवाले दो बैल 3 दो घोड़ों की गाड़ी, बग्घी 4 समान गुण, आकार एवं धर्मवाली दो वस्तुएँ (जैसे-मुगदरों की जोड़ी) 5 मंजीरा 6 दे० = जोड़। **~दार** *+ फ़ा०* I (पु०) बराबरी करनेवाला व्यक्ति II (वि०) मुकाबले का; **~वाल** (पु०) गायक दल के साथ मंजीरा बजानेवाला

जोड़ू–(वि०) जोड़-जोड़ कर (धन) रखनेवाला

जोत–I (स्त्री०) 1 जोतने की क्रिया 2 काश्त 3 उतनी भूमि जितनी एक काश्तकार जोतता है 4 चमड़े आदि की लंबी पट्टियाँ जो घोड़ों, बैलों आदि के पार्श्वों में उनकी गर्दन से इक्के-गाड़ी, हल तक बाँधी जाती हैं 5 तराजू की रस्सी जिसमें पलड़े लटकते हैं। **~दार** *+ फ़ा०* (पु०) काश्तकार

जोत–II (स्त्री०) ज्योति, प्रकाश

जोतना–(स० क्रि०) 1 नाँधना, बाँधना (जैसे-बग्घी में घोड़े जोतना) 2 हल से ज़मीन को चीरना (जैसे-खेत जोतना) 3 इच्छा के विरुद्ध काम में लगाना

जोतनी–(स्त्री०) जोतते समय पशु के गले में बाँधने की रस्सी

जोतांत–(स्त्री०) खेत की मिट्टी की ऊपरी तह

जोता–I (पु०) जुआठे में बँधी हुई रस्सी जिसमें जोते जानेवाले बैल की गर्दन फँसायी जाती है II (वि०) जोतनेवाला

जोताई–(स्त्री०) 1 जोतने की क्रिया 2 जोतने की मज़दूरी। **~बोवाई** (स्त्री०) जोतने बोने का काम

जोताना–(स० क्रि०) जोतने का काम कराना

जोति–*बो०* (स्त्री०) जोती-बोई जा सकनेवाली भूमि

जोतिहा–(पु०) 1 खेत जोतनेवाला मज़दूर 2 कृषक, खेतिहर

जोती–(स्त्री०) 1 लगाम, रास 2 चक्की की कीली और हत्थे में बँधी रहनेवाली रस्सी 3 तराजू की वह रस्सी जिसमें उसके पल्ले बँधे होते हैं 4 खेत सींचने की दौरी में बँधी रस्सी

जोधा–(पु०) योद्धा

ज़ोन-टिकट–*अं०* (पु०) एक क्षेत्र में यात्रा करने का टिकट

जोन्ह, जोन्हाई–(स्त्री०) चाँदनी, चंद्रिका, ज्योत्स्ना

ज़ोफ़–*अ०* (पु०) 1 वृद्धावस्था, बुढ़ापा 2 शारीरिक दुर्बलता, कमज़ोरी

जोबन–(पु०) 1 यौवन 2 युवावस्था में लावण्य एवं सौंदर्य मिश्रित शारीरिक गठन 3 यौवन जनित सुंदरता 4 उभरती एवं खिलती जवानी 5 स्त्रियों के कुच, स्तन, उरोज। **~उतरना** जवानी ढलना; **~पर आना** पूर्ण यौवनावस्था प्राप्त होना; **~लूटना** स्त्री के साथ भोग-विलास करना

ज़ोम–*अ०* (पु०) 1 उमंग, उत्साह 2 आवेश, जोश 3 शक्ति आदि का अभिमान, घमंड

ज़ोर–I *फ़ा०* (पु०) 1 शारीरिक ताकत, बल, शक्ति 2 दृढ़ता, ओज, उत्साह (जैसे-ज़ोर-शोर से काम करना) 3 आर्थिक, मानसिक, शारीरिक किसी प्रकार की योग्यता (जैसे-धन-दौलत का ज़ोर, विद्या का ज़ोर, भुजाओं का ज़ोर) 4 प्रबलता (जैसे-तपेदिक का ज़ोर) 5 वेग, तेज़ी, प्रचंडता (जैसे-हवा का जोर, नदी की धाराओं का ज़ोर) 6 रचना कौशल में विशेष दक्षता, योग्यता (जैसे-क़लम का ज़ोर) 7 अनुभूति, तर्क आदि की शक्ति (जैसे-ज़ोर की बात कहना) 8 सहारा, साधन (जैसे-किसके ज़ोर पर इतना गुमान करते हो) 9 उत्कर्ष, वृद्धि की होनेवाली प्रवृत्ति 10 अधिकार, वश (जैसे-दुष्टों पर किसका ज़ोर चलता है) 11 अधिक काम करने से होनेवाला हानिकारक परिणाम (जैसे-अधिक पढ़ने से आँखों पर ज़ोर पड़ना) II (क्रि० वि०) कार्य, फल आदि के विचार से असाधारण तेज़, बहुत अधिक, काफी, खूब। **~आज़माई** (स्त्री०) बल परीक्षा; **~ज़बरदस्ती** (स्त्री०) ज़्यादती; **~जुल्म** *+ अ०* (पु०) अन्याय, अत्याचार; **~दार** (वि०) ताकतवर ताकतवाला; **~शोर** (पु०) 1 उग्रता, तेज़ी 2 प्रबलता 3 जोश; **~आज़माना** बल परीक्षा करना, मुकाबला करना; **~करना** 1 बल लगाना 2 कोशिश करना; **~चलना** वश चलना; **~डालना** दबाव डालना, आग्रह करना; **~दिखाना** शक्ति, अधिकार का परिचय देना; **~देकर** आग्रहपूर्वक, दृढ़ता के साथ; **~देना** 1 सहारा देना 2 आग्रह करना 3 बोझ डालना; **~पकड़ना** 1 बल प्राप्त करना 2 बढ़ना; **~पर होना** बाढ़ पर होना, प्रबल होना; **~बाँधना** बल प्राप्त करना; **~मारना** 1 बहुत ज़ोर लगाना 2 बहुत कोशिश करना; **~ज़ोरों से** बहुत आग्रह के साथ

जोरन–*बो०* (स्त्री०) = जामन

ज़ोराज़ोरी–I *फ़ा०* (स्त्री०) = ज़बरदस्ती II (क्रि० वि०) बलपूर्वक, बलात्

ज़ोरावर–*फ़ा०* (वि०) बलवान्, शक्तिशाली

ज़ोरावरी–*फ़ा०* बलवान् होने की अवस्था 2 ज़बरदस्ती, धींगा-धींगी

जोरू–(स्त्री०) भार्या, स्त्री, पत्नी। ~**जाँता** (पु०) पत्नी एवं घर-बार। ~**का गुलाम** जो पत्नी के वश में हो, स्त्री भक्त

जोली–(वि०) संगी-साथी

जोश–*फ़ा०* (पु०) 1 उत्तेजना, गर्मी, उत्साह (जैसे-जोश में आकर काम कर डालना) 2 आवेश, रोष 3 उबाल, उफान। ~**ख़रोश** (पु०) अत्यंत उत्सुकतापूर्ण आवेश; ~**पूर्ण** + *सं०* (वि०) उत्साह से भरा हुआ; **खून का जोश** कुल, परिवार, वंश के किसी मनुष्य के प्रति होनेवाला प्रेम का प्रबल वेग

जोशन–*फ़ा०* (पु०) 1 बाँह पर पहने जानेवाला एक प्रकार का गहना 2 कवच, जिरह बख्तर

जोशांदा–*फ़ा०* (पु०) जड़ी-बूटियों को उबालकर बनाया गया काढ़ा 2 काढ़ा बनाने के लिए एक में मिलाई गई जड़ी-बूटियाँ

जोशी–(पु०) = जोषी

जोशीला–*फ़ा० + हिं०* (वि०) जोश में भरा हुआ, ओजपूर्ण (जैसे-जोशीला भाषण, जोशीला चेहरा)

जोष, जोषण–*सं०* (पु०) प्रेम, प्रीति

जोषा, जोषिता–*सं०* (स्त्री०) दे० योषिता (शुद्ध)

जोषी–(पु०) = दे० ज्योतिषी

जोह–(स्त्री०) 1 प्रतीक्षा 2 खोज, तलाश

जोहड़–(पु०) कच्चा तालाब

जोहना–(स० क्रि०) 1 ध्यान पूर्वक देखना 2 तलाश करना, खोजना 3 प्रतीक्षा करना

ज़ोहरा–*अ०* (स्त्री०) शुक्र ग्रह

जोहार–*बो०* (स्त्री०) = जुहार II

जोहारना–*बो०* (अ० क्रि०) जुहारना, नमस्कार करना

जोहारी–(स्त्री०) सलाम, नमस्कार

जौंकना–(स० क्रि०) 1 रोष जतलाते हुए ऊँचे स्वर में बोलना 2 यकायक बहुत ज़ोर से चिल्ला उठना

जौंरा-भौंरा–I खज़ाना रखने का तहख़ाना

जौंरा-भौंरा–II (पु०) 1 एक साथ पैदा होनेवाले दो बालक 2 प्रायः एक साथ रहनेवाले दो व्यक्ति

जौ–(पु०) 1 गेहूँ जैसा एक प्रसिद्ध पौधा जिसके दानों को पीसकर रोटी बनाई जाती है 2 उक्त पौधे का दाना (जैसे-जौ का आटा)। ~**केराई** (स्त्री०) मटर मिला जौ

जौक़–*अ०* (पु०) 1 सेना, फ़ौज 2 जत्था, समूह

ज़ौक़–*अ०* (पु०) वस्तु से प्राप्त होनेवाला सुख, आनंद

ज़ौजा–*अ०* (स्त्री०) जोरू, पत्नी

जौतुक–(पु०) = यौतुक

जौनाल–(स्त्री०) 1 जौ के पौधे का डंठल और बाल 2 वह भूमि जिसमें जौ बोया जाय 3 वह खेत जिसमें रवि की कोई फसल पैदा हो

जौर–(पु०) अत्याचार

ज़ौशन–*अ०* (पु०) = जोशन

जौहड़–*बो०* (पु०) 1 वह गड्ढा जिसमें बरसाती जल जमा होता हो 2 छोटा तालाब

जौहर–(पु०) = जुहार I

जौहर–I *अ०* (पु०) आत्म-सम्मान की रक्षा हेतु (स्त्रियों द्वारा) की जानेवाली आत्महत्या II (पु०) 1 बहुमूल्य पत्थर, रत्न 2 गुणवत्ता (जैसे-विकट परिस्थितियों में आदमी का जौहर देखा जा सकता है) 3 तलवार की बारीक धारियाँ जिससे लोहे की उत्तमता का पता चलता है 4 उत्तमता, श्रेष्ठता 5 रत्न 6 राजपूत स्त्रियों का सती होना

जौहरी–*अ०* (पु०) 1 बहुमूल्य रत्न परखने एवं बेचनेवाला व्यापारी 2 काम, चीज़ के गुण-दोष आदि को अच्छी तरह जानने एवं समझनेवाला व्यक्ति, पारखी (जैसे-शब्दों का जौहरी)

ज्ञ–*सं०* (वि०) जाननेवाला (जैसे-विशेषज्ञ, अल्पज्ञ)

ज्ञपित, ज्ञप्त–*सं०* (वि०) 1 जाना हुआ, ज्ञात 2 जतलाया हुआ, बतलाया हुआ

ज्ञप्ति–*सं०* (स्त्री०) 1 सूचना 2 जानी-जनाई हुई बात

ज्ञात–*सं०* (वि०) जाना हुआ, विदित (जैसे-मुझे ज्ञात है कि वह चोर है)। ~**यौवना** (स्त्री०) नायिका जिसे अपने यौवनारंभ का एहसास हो

ज्ञातव्य–*सं०* (वि०) 1 जानने योग्य 2 जो जाना जा सके, बोधगम्य 3 जिसकी जानकारी आवश्यक हो

ज्ञाता–*सं०* (वि०) जानकार

ज्ञाति–*सं०* (पु०) एक ही गोत्र में उत्पन्न मनुष्य, **गोती**

ज्ञान–*सं०* (पु०) 1 बोध, जानना, जानकारी 2 विद्या 3 पदार्थ को ग्रहण करनेवाली मन की वृत्ति 4 आत्म साक्षात्कार। ~**कृत** (वि०) जो जान बूझकर तथा सचेत अवस्था में किया गया हो; ~**कोश,** ~**कोष** (पु०) ऐसा कोश जिसमें ज्ञातव्य विषयों का विवरण दिया गया हो; ~**गम्य** (वि०) जिसका ज्ञान प्राप्त किया जा सकता हो; ~**गोचर** (वि०) जो ज्ञान के द्वारा जाना जा सके; ~**चक्षु** I (पु०) अंतर्दृष्टि II (वि०) ज्ञान दृष्टि रखनेवाला, विद्वान; ~**दाता** I (वि०) ज्ञान देनेवाला II (पु०) गुरु; ~**दात्री** (स्त्री०) सरस्वती; ~**निधि** (स्त्री०) ज्ञान रूप संपत्ति; ~**पति** (पु०) 1 परमेश्वर 2 गुरु; ~**पिपासा** (स्त्री०) ज्ञान की इच्छा; ~**पिपासु** (वि०) जो ज्ञान का इच्छुक हो; ~**पीठ** (पु०) विद्या केंद्र; ~**पूर्वक** (वि०) = ज्ञानतः; ~**मंदिर** (पु०) = ज्ञान संस्थान; ~**मीमांसा** (स्त्री०) ज्ञान का विवेचन; ~**मूलक** (वि०) = ज्ञानाश्रयी; ~**युक्त** (वि०) जो ज्ञानी हो; ~**योग** (पु०) शुद्ध ज्ञान की प्राप्ति; ~**लिप्सा** (स्त्री०) = ज्ञान पिपासा; ~**वर्द्धक** (वि०) ज्ञान में वृद्धि करनेवाला; ~**वर्द्धकता** (स्त्री०) ज्ञान बढ़ाना; ~**वान्** (वि०) 1 जो बहुत जानकार हो 2 योग्य एवं समझदार; ~**विज्ञान** (पु०) ज्ञान और विज्ञान; ~**विस्तार** (पु०) ज्ञान का फैलाव; ~**वृद्ध** (वि०) ज्ञान के कारण बड़ा, विद्या-वृद्ध; ~**वृद्धि** (स्त्री०) ज्ञान की बढ़ोत्तरी, ~**शून्य** (वि०) नासमझ, मूर्ख; ~**साधन** (पु०) 1 इंद्रियाँ जो ज्ञान देती हैं 2 ज्ञान प्राप्त करने का प्रयत्न

ज्ञानतः–*सं०* (अ०) जानते हुए, ज्ञानपूर्वक, जान-बूझकर

ज्ञानद–*सं०* (पु०) = ज्ञानदाता

ज्ञानमय–I *सं०* (वि०) ज्ञान से भरा हुआ, ज्ञान युक्त II (पु०) ईश्वर
ज्ञानात्मक–*सं०* (वि०) ज्ञान संबंधी
ज्ञानार्जन–*सं०* (पु०) = ज्ञानोपलब्धि
ज्ञानालय–*सं०* (पु०) = ज्ञान का घर या संस्थान
ज्ञानावरण–*सं०* (पु०) ज्ञान प्राप्ति में बाधक पापकर्म
ज्ञानाश्रयी–*सं०* (वि०) 1 ज्ञान पर आश्रित 2 ज्ञान संबंधी
ज्ञानी–I *सं०* (वि०) 1 जो जानकार हो 2 योग्य एवं समझदार II (पु०) 1 दैवज्ञ 2 ऋषि
ज्ञानेंद्रिय–*सं०* (स्त्री०) विषयों का ज्ञान करानेवाली इंद्रियाँ (जैसे-आँख, कान, नाक, जीभ एवं त्वचा ज्ञानेंद्रियाँ हैं)
ज्ञानोदधि–*सं०* (पु०) = ज्ञान-निधि
ज्ञानोदीप्ति–*सं०* (स्त्री०) ज्ञान का प्रकाश
ज्ञानोपदेश–*सं०* (पु०) ज्ञान का उपदेश
ज्ञानोपलब्धि–*सं०* (स्त्री०) ज्ञान प्राप्त करना
ज्ञाप–*सं०* (पु०) जताना
ज्ञापक–*सं०* (वि०) 1 ज्ञान प्राप्त करानेवाला 2 परिचय देनेवाला 3 सूचक
ज्ञापन–*सं०* (पु०) 1 जताना, बताना 2 प्रकट करना 3 याद दिलाने का परिपत्र, मेमोरेंडम। ~**पत्र** (पु०) स्मरण पत्र
ज्ञापित–*सं०* (वि०) जतलाया, बतलाया हुआ
ज्ञाप्य–*सं०* (वि०) ज्ञापन योग्य
ज्ञेय–*सं०* (वि०) 1 जो जानने योग्य हो 2 जो जाना जा सके
ज्या–*सं०* (स्त्री०) 1 चाप के सिरों को मिलानेवाली सीधी रेखा 2 वृत्त का व्यास 3 धनुष की डोरी, प्रत्यंचा
ज़्यादती–*अ० + फ़ा०* (स्त्री०) 1 ज़बरदस्ती 2 अत्याचार, जुल्म 3 अधिकता
ज़्यादा–*अ०* (वि०) 1 आवश्यकता से अधिक, अतिरिक्त (जैसे-ज़्यादा बात करना मूर्खता है) 2 बहुत अधिक (जैसे-निकम्मी औरतें ज़्यादा बातें करती हैं)
ज़्यादातर–*अ० + फ़ा०* (वि०) अधिकतर
ज़्याफ़त–*अ०* (स्त्री०) दावत, भोज
ज्या-मिति–*सं०* (स्त्री०) रेखागणित, ज्यामेट्री
ज्यामितिक–*सं०* (वि०) रेखागणित से संबंधित
ज्यामेट्री–*अं०* (स्त्री०) = ज्यामिति
ज्यूँ–*अ० बो०* = ज्यों
ज्यूरी–*अं०* (स्त्री०) = जुरी II
ज्येष्ठ–I *सं०* (वि०) 1 सबसे बड़ा (जैसे-ज्येष्ठ पुत्र) 2 श्रेष्ठ (पु०) 1 बड़ा भाई 2 जेठ का महीना। ~**ता** (स्त्री०) 1 बड़प्पन, श्रेष्ठता 2 बड़े होने की अवस्था
ज्येष्ठक–*सं०* (पु०) नगर का प्रधान अधिकारी
ज्येष्ठा–*सं०* (स्त्री०) 1 एक नक्षत्र 2 पति की सर्वाधिक प्रिय पत्नी 3 सब से बड़ी उँगली
ज्येष्ठी–*सं०* (स्त्री०) छिपकली
ज्यों–(अ०) 1 जिस प्रकार, जिस तरह (जैसे-ज्यों चाहा काम कर दिया) 2 जिस क्षण, जिस पल (जैसे-ज्यों ही मैं पहुँचा वह भाग गया)
ज्योति–*सं०* (स्त्री०) प्रकाश, रोशनी
ज्योतित–*सं०* (वि०) प्रकाशित
ज्योतिमान्–*सं०* (वि०) = ज्योतिष्मान
ज्योतिर्मंडल–*सं०* (पु०) आकाश में स्थित तारों, नक्षत्रों आदि का मंडल
ज्योतिर्मय–*सं०* (वि०) जगमगाता हुआ, अत्यंत प्रकाशमान्
ज्योतिर्विज्ञान–*सं०* (पु०) = ज्योतिष
ज्योतिर्विद–*सं०* (पु०) = ज्योतिषी
ज्योतिर्विद्या–*सं०* (स्त्री०) = ज्योतिष
ज्योतिश्चक्र–*सं०* (पु०) = ज्योतिर्मंडल
ज्योतिश्चुंबी–*सं०* (वि०) आकाश स्थित ज्योति को चूमनेवाला, गगनचुंबी
ज्योतिष–*सं०* (पु०) 1 ग्रह, नक्षत्रों की गति, स्थिति आदि का विचार करनेवाला शास्त्र 2 ग्रह, नक्षत्रों आदि के शुभाशुभ फल बतानेवाला शास्त्र। ~**शास्त्र** (पु०) वह विद्या जिसके अंतर्गत ग्रह, नक्षत्र का सम्यक ज्ञान किया जाय
ज्योतिषाचार्य–*सं०* (पु०) ज्योतिष का ज्ञाता
ज्योतिषिक–*सं०* (वि०) ज्योतिष से संबंध रखनेवाला
ज्योतिषी–I *सं०* (पु०) 1 ज्योतिष शास्त्र का विद्वान, दैवज्ञ 2 आधुनिक फलित ज्योतिष का ज्ञाता जो ग्रहों की गति-विधियों के अनुसार भविष्यवाणी करता है एवं पर्व आदि का समय स्थिर करता है II (स्त्री०) तारा
ज्योतिष्क–*सं०* (पु०) 1 ग्रह, तारे, नक्षत्र आदि आकाश में रहनेवाले पिंड 2 देवताओं का वर्ग
ज्योतिष्पिंड–*सं०* (पु०) नक्षत्र, तारा, ग्रह
ज्योतिष्मान्–I *सं०* (वि०) 1 ज्योतिवाला 2 प्रकाशमान II (पु०) सूर्य
ज्योत्स्ना–*सं०* (स्त्री०) 1 चंद्रमा का प्रकाश 2 पृथ्वी पर छिटकी हुई चाँदनी 3 चाँदनी रात। ~**वृक्ष** (पु०) दीपाधार, दीवट
ज्योत्स्नी–*सं०* (स्त्री०) पूर्णिमा
ज्योत्स्नेश–*सं०* (पु०) चंद्रमा
ज्योनार–(स्त्री०) 1 पका हुआ भोजन 2 भोज, दावत। ~**बैठना** भोजन करने बैठना; ~**लगाना** खाना परोसना
ज्योरी–*बो०* (स्त्री०) डोरी, रस्सी
ज्यौतिष–*सं०* (वि०) ज्योतिष संबंधी
ज्यौतिषिक–*सं०* (पु०) ज्योतिषी
ज्यौनार–(स्त्री०) = ज्योनार
ज्वर–*सं०* (पु०) बुखार (जैसे-ज्वर आना, ज्वर उतरना)। ~**कुटुंब** (पु०) चि० ज्वर के कारण होनेवाले अन्य उपद्रव; ~**ग्रस्त** (वि०) बुखार से पीड़ित; ~**नाशक** (वि०) ज्वर को दूर करनेवाला (जैसे-ज्वर नाशक दवाएँ)
ज्वरघ्न–*सं०* (वि०) = ज्वर-नाशक
ज्वरांतक–*सं०* (वि०) ज्वर का अंत करनेवाला
ज्वराक्रांत–*सं०* (वि०) = ज्वर-ग्रस्त
ज्वरित–*सं०* (वि०) जिसे बुखार चढ़ा हो
ज्वरी–*सं०* (वि०) ज्वर से पीड़ित
ज्वलंत–*सं०* (वि०) 1 जलता और चमकता हुआ, देदीप्यमान् 2 स्पष्ट रूप से दिखाई देनेवाला (जैसे-ज्वलंत प्रमाण)
ज्वल–*सं०* (पु०) 1 ज्वाला, अग्नि 2 दीप्ति, प्रकाश
ज्वलका–*सं०* (स्त्री०) आग की लपट, अग्निशिखा
ज्वलन–*सं०* (पु०) 1 जलना, दहन 2 जलन, दाह 3 अग्नि, आग। ~**शील** (वि०) 1 जो आसानी से जल उठे (जैसे-ज्वलनशील पदार्थ) 2 ज्वलनीय, दहनशील

ज्वलित–*सं०* (वि०) 1 जलता हुआ 2 जलाया हुआ 3 खूब चमकता हुआ

ज्वायंट–*अं०* (वि०) 1 जुड़ा हुआ 2 जोड़ा हुआ, मिलाया हुआ

ज्वार–I (स्त्री०) ख़रीफ़ की फ़सल में होनेवाला एक मोटा अनाज और इसका पौधा II (स्त्री०) समुद्र के जल का ऊपर उठना। ~**जल** + *सं०* (पु०) उठान का पानी; ~**भाटा** (पु०) समुद्र के जल का वेगपूर्वक ऊपर उठना और पुनः नीचे गिरना, चढ़ाव-उतार

ज्वारी–*बो०* (पु०) = जुआरी

ज्वाल–*सं०* (पु०) = ज्वाला

ज्वालक–*सं०* (वि०) जलानेवाला, प्रज्वलित करनेवाला

ज्वाला–*सं०* (स्त्री०) 1 आग की लपट, अग्निशिखा 2 दुःख, कष्ट आदि के कारण होनेवाली पीड़ा, संताप 3 अत्यधिक गर्मी। ~**जिह्व** (पु०) अग्नि, आग; ~**मुखी** (पु०) पृथ्वी के तल पर कुछ ऐसे स्थानों मुख्यतः पर्वतों में मुख के आकार के बड़े-बड़े गड्ढे जिनमें से आग की लपटें, लावा, गली धातुएँ आदि धुएँ सहित निकलते हैं (जैसे-ज्वालामुखी पर्वत); ~**मुखी विज्ञान** (पु०) ज्वालामुखी से संबंधित विज्ञान; ~**मुखी वैज्ञानिक** (पु०) ज्वालामुखी विशेषज्ञ

झ

झं–(पु०) धातु के पात्र पर आघात होने से उत्पन्न ध्वनि

झंकना–(अ० क्रि०) = दे० झींखना

झंकार–*सं०* (स्त्री०) 1 झनझन शब्द, झनकार (जैसे-पायल की झंकार) 2 कीड़ों आदि का झन-झन शब्द (जैसे-झींगुर की झंकार)

झंकारना–I (स० क्रि०) झन-झन शब्द उत्पन्न करना II (अ० क्रि०) झन-झन शब्द उत्पन्न होना

झँकिया–(स्त्री०) 1 झरोखा, रोशनदान 2 झँझरी, जाली

झंकृत–*सं०* (वि०) झंकार उत्पन्न करता हुआ

झंकृति–*सं०* (स्त्री०) = झंकार

झंखना–(अ० क्रि०) झींखना

झंखाड़–I (पु०) 1 कँटिदार एवं अन्य घने पौधों का समूह 2 कूड़े-करकट का ढेर II (वि०) जिसके पत्ते झर गए हों

झंगरा–*बो०* (पु०) बाँस की खपचियों का बना जालीदार बड़ा टोकरा

झँगा, झँगुला–(पु०) झगा, बच्चों का ढीला कुरता

झँजोड़ना–(स० क्रि०) = झँझोड़ना

झंझट–(स्त्री०) झगड़ा, बखेड़ा (जैसे-झंझट पैदा करना)। ~**झमेला** (पु०) बखेड़ा

झंझटी–(वि०) 1 झगड़ा पैदा करनेवाला 2 झगड़ालू

झंझनाना–I (अ० क्रि०) झन-झन शब्द उत्पन्न होना II झन-झन करना

झँझरा–I (पु०) छोटे-छोटे छेदोंवाला ढकना II (वि०) 1 जिसमें बहुत से छोटे-छोटे छिद्र हों 2 झीना

झंझरित–*सं०* (वि०) क्षतविक्षत

झँझरी–(स्त्री०) 1 कोई जालीदार चीज़ 2 झरोखा 3 जालीदार चादर 4 चलनी। ~**दार** + *फ़ा०* (वि०) जालीदार

झंझा–(स्त्री०) तेज़ हवा, अंधड, आँधी

झंझानिल, झंझावात–*सं०* (पु०) प्रचंड वायु, आँधी-तूफ़ान

झंझार–(स्त्री०) आग की ऊँची लपट

झंझी–(स्त्री०) 1 फूटी कौड़ी 2 दलाली की रकम

झंझोटी–(स्त्री०) एक रागिनी

झँझोड़ना–(स० क्रि०) झटकना, झकझोरना

झंडा–(पु०) पताका, ध्वजा (जैसे-राष्ट्रीय झंडा फहराना)। ~**जहाज़** + *अ०* (पु०) बेड़े के नायक का जहाज़; ~**बरदार** + *फ़ा०* (पु०) झंडा ले चलनेवाला; ~**गाड़ना** अधिकार जमाना; **झंडे तले आना** एक हो जाना

झंडी–(स्त्री०) 1 छोटा झंडा 2 काग़ज़ों की झंडाकार कतरन

झँडूला–I (वि०) 1 जिसका मुंडन संस्कार न हुआ 2 जो गर्भ काल से चला आता हो II (पु०) 1 वह बालक जिसके सिर पर गर्भ के बाल हों 2 गर्भ समय से चले आते बाल

झंडोत्तोलन–*हिं०* + *सं०* (पु०) झंडा फहराना

झंप–*सं०* (पु०) 1 उछाल 2 कुदान

झँपकना–(अ० क्रि०) = झपकना

झंपन–*सं०* (पु०) 1 छिपाव 2 उछाल 3 झोंका

झँपना–(अ० क्रि०) 1 झपटना 2 उछलना 3 कूदना 4 झेंपना, लजाना 4 पलकों का बंद होना (स० क्रि०) 1 मूँदना, बंद करना 2 ढकना 3 छिपाना

झँपरिया–*बो०* (स्त्री०), **झँपरी** (स्त्री०) पालकी के ऊपर डाला जानेवाला कपड़ा

झंपाक–*सं०* (पु०) बंदर

झँपान–(पु०) पहाड़ पर सवारी के काम आनेवाली खुली खटोली, डांडी

झंपित–*सं०* (वि०) 1 छिपा हुआ 2 ढँका हुआ

झँपोला–(पु०) 1 छोटा झाँपा 2 पिटारा

झँवना, झँवराना–I (अ० क्रि०) 1 झाँवला, काला पड़ना 2 कुम्हलाना, मुरझाना II (स० क्रि०) 1 काला करना 2 कुम्हलाने में प्रवृत्त करना

झँव–*बो०* (पु०) = झाँवाँ

झँवाना–I (अ० क्रि०) 1 काला, झाँवला हो जाना (जैसे-धूप से शरीर का रंग झँवाना) 2 आग का जलते-जलते बुझने को होना, आँच मंद पड़ना 3 कुम्हलाना, मुरझाना 4 निर्जीव, बेदम होना 5 झेंपना II (स० क्रि०) 1 काला करना 2 बुझाना 3 कुम्हलाने में प्रवृत्त करना 4 लज्जित करना 5 बेदम करना

झँसना–I (स० क्रि०) ठगना, धोखा देकर पैसे वसूलना II (अ० क्रि०) रगड़ते हुए मलना

झउआ–(पु०) = झाबा

झक–I (स्त्री०) हल्का पागलपन, ख़ब्त (जैसे-झक सवार होना) II (वि०) 1 स्वच्छ तथा उज्ज्वल 2 चमकदार, चमकीला

झक-झक–(स्त्री०) व्यर्थ की तकरार, किचकिच

झकझका–(वि०) 1 बिल्कुल साफ़, स्वच्छ 2 चमकीला, चमकदार

झकझकाहट–(स्त्री०) 1 ओप, चमक 2 उज्ज्वलता

झकझोर–I (पु०) 1 झकझोरना 2 झोंका 3 झटका II (वि०) 1 झकझोरा हुआ 2 तीव्र, तेज़
झकझोरना–(स० क्रि०) = झँझोड़ना, झटका देना
झकझोरा–(पु०) 1 झटका, धक्का, झोंका 2 तेज़ हिलोर
झकझोरी–(स्त्री०) छीना झपटी
झकझोलना–(स० क्रि०) = झकझोरना
झकड़ी–*बो०* (स्त्री०) दूध दूहने का बर्तन
झकना–(अ० क्रि०) 1 बकना 2 झख मारना
झकाझक–(वि०) झकझका
झकार–*सं०* (पु०) 'झ' वर्ण
झकोरना–I (अ० क्रि०) हवा का झोंका मारना II (स० क्रि०) झकझोरना
झकोरा–(पु०) हवा का झोंका
झकोला–(पु०) = झकोरा
झक्कड़–I (पु०) तेज़ आँधी, अँधड़ II (पु०) = दे० झक्की
झक्का–(पु०) प्रचंड आँधी
झक्की–(वि०) सनकी, ख़ब्ती
झख–(स्त्री०) 1 झींखना 2 मछली। **~मारना** तुच्छ काम करने को मज़बूर होना (जैसे-वहाँ झख मारने क्यों जाते हो)
झगड़ना–(अ० क्रि०) झगड़ा करना, भिड़ना लड़ना
झगड़ा–(पु०) 1 लड़ाई 2 कहा-सुनी। **~झंझट, ~टंटा; ~फ़साद** + *अ०* (पु०) लड़ाई झगड़ा **~मोल लेना** 1 जान-बूझकर संकट में पड़ना 2 जान-बूझकर झगड़ा करना
झगड़ालू–(वि०) झगड़ा करनेवाला, कलहप्रिय, फ़सादी
झगला–(पु०) ढीला-ढाला कुरता
झगा–(पु०) = झगला
झगुलिया–(स्त्री०) छोटा झगला
झज्झर–(स्त्री०) = झंझर, पानी का बर्तन
झज्झी–(स्त्री०) = झंझी
झझक–(स्त्री०) 1 झझकने की क्रिया 2 यदा-कदा होनेवाला पागलपन 3 रह-रहकर निकलनेवाली हल्की दुर्गंध
झझकना–(अ० क्रि०) 1 सनक में आकर बिगड़ना 2 दे० झिझिकना
झझकाना–I (स० क्रि०) चौंकाना II (स० क्रि०) झिझकने में प्रवृत्त करना
झझकार–(स्त्री०) फटकार
झझकारना–(स० क्रि०) 1 डाँटना, डपटना 2 दुरदुराना
झट–*अ०* 1 चट-पट, तुरंत 2 फुर्ती से, तेज़ी से
झटकना–(स० क्रि०) 1 झटका देना 2 ज़बरदस्ती ले लेना 3 हड़प लेना (जैसे-उसने जेब से दस रुपये झटक लिए)
झटका–(पु०) 1 झटकने की क्रिया 2 हल्का धक्का, झोंका 3 आकस्मिक और अल्पकालिक बीमारी 4 अचानक आई विपत्ति 5 पशु आदि की गर्दन को एक ही बार में हलाल करना
झटकारना–(स० क्रि०) ज़ोर से झटका देना (जैसे-कपड़ा झटकारना)
झट-पट–(क्रि० वि०) अतिशीघ्र, तुरंत ही, फ़ौरन
झटाका–(क्रि० वि०) = झड़ाका
झड़–I (स्त्री०) झड़ी II (स्त्री०) ताले के भीतर का खटका
झड़कना–(स० क्रि०) = झिड़कना
झड़झड़ाना–(स० क्रि०) 1 झड़-झड़ शब्द उत्पन्न करना 2 झटकारना 3 झँझोड़ना 4 झिड़कना
झड़न–(स्त्री०) 1 झड़ने की क्रिया 2 झड़ने-झाड़ने से निकलनेवाली वस्तु
झड़ना–(अ० क्रि०) 1 टूट-टूटकर गिरना (जैसे-पेड़ से पत्तियाँ झड़ना) 2 छोटे-छोटे कणों का अलग होकर गिरना (जैसे-कपड़ों से धूल झड़ना)
झड़प–(स्त्री०) 1 झड़पने की क्रिया 2 अल्पकालिक भिड़ंत 3 क्रोधपूर्ण कहा-सुनी, कटु बातचीत
झड़पना–(अ० क्रि०) 1 आवेश एवं क्रोध पूर्वक किसी पर आक्रमण करना, टूट पड़ना 2 उलझना
झड़पा-झड़पी–(स्त्री०) 1 हाथापाई, गुत्थम-गुत्था 2 झड़प
झड़पाना–(स० क्रि०) आपस में लड़ाना
झड़बेरी–(स्त्री०) जंगली बेर
झड़वाना–(स० क्रि०) 1 झाड़ने का काम कराना 2 झाड़-फूँक कराना (जैसे-नज़र झड़वाना)
झड़ाका–I (पु०) झड़प II (क्रि० वि०) झट से, चटपट
झड़ाझड़–(क्रि० वि०) 1 लगातार, निरंतर 2 जल्दी-जल्दी
झड़ी–I (स्त्री०) लगातार झड़ते रहने की क्रिया 2 लगातार कुछ समय तक होनेवाली वर्षा (जैसे-चार दिन से पानी की झड़ी लगी है) 3 लगातार एक पर एक होती रहनेवाली बात (जैसे-गालियों की झड़ी लगना) II (स्त्री०) = झड़ II
झणत्कार–*सं०* (स्त्री०) झंकार
झन–(स्त्री०) = झं
झनक–(स्त्री०) झन-झन की ध्वनि
झनकना–(अ० क्रि०) 1 झन-झन शब्द निकलना 2 बकना-झकना 3 झींखना 4 आवेश में हाथ-पाँव पटकना
झनक-मनक–(स्त्री०) 1 पहने हुए गहनों के परस्पर टकराहट से उत्पन्न ध्वनि 2 घुँघरुओं का शब्द
झनकार–(स्त्री०) = झंकार
झन-झन–(स्त्री०) नृत्य के समय पैरों में पहनी हुई पायलों से होनेवाली झंकार
झनझनाना–I (अ० क्रि०) झन-झन शब्द होना 2 दे० झनझना II (स० क्रि०) झन-झन शब्द उत्पन्न करना
झनझनाहट–(स्त्री०) 1 झंकार 2 झुनझुनी
झनझनाना–(अ० क्रि०) झन-झन शब्द होना
झनाझन–I (स्त्री०) झंकार II (क्रि० वि०) झन-झन शब्द करते हुए
झन्नाना–(अ० क्रि०) 1 झनझन शब्द करना 2 सिहरना
झन्नाहट–(स्त्री०) झनझनाहट
झप–I (स्त्री०) वस्तु का यकायक ऊँचाई से गिरना II (क्रि० वि०) जल्दी से। **~खाना** यकायक गिरना
झपक–(स्त्री०) 1 बार-बार पलक खोलने एवं बंद करने की क्रिया 2 एक बार पलक गिरने में लगनेवाला समय 3 झपकी
झपकना–(अ० क्रि०) 1 पलकें गिरना 2 पलकों का खुलना और बंद होना 3 झपकी लेना, ऊँघना
झपका–(पु०) झोंका
झपकाना–(स० क्रि०) 1 पलकें गिराना 2 आँखें खोलना और बंद करना
झपकी–(स्त्री०) 1 हल्की नींद 2 चकमा, धोखा
झपट–(स्त्री०) 1 झपटने की क्रिया 2 टूट पड़ना, झपट्टा

झपटना–I (अ० क्रि०) 1 वेगपूर्वक किसी की ओर बढ़ना (जैसे-बिल्ली का चूहे पर झपटना) 2 लपक कर लेना (जैसे-उसने मेरी मिठाई झपट ली) II (स० क्रि०) झपटकर छीन लेना, पकड़ लेना

झपटान–*बो०* (स्त्री०) = झपट

झपटाना–(स० क्रि०) झपटने की क्रिया कराना

झपट्टा–(पु०) 1 झपट 2 सहसा किया जानेवाला आक्रमण, धावा। **~मार** (वि०) झपटनेवाला

झपड़ियाना–(स० क्रि०) लगातार कई थप्पड़ लगाना

झपना–(अ० क्रि०) 1 पलक गिराना 2 ऊपर से नीचे यकायक आना

झपताल–(पु०) संगीत में पाँच मात्राओं का एक ताल

झपवाना–(स० क्रि०) पलकें मुँदवाना

झपसट–*बो०* (स्त्री०) धोखेबाज़ी (जैसे-झपसट में अपना काम करवाना)

झपसना–(अ० क्रि०) पेड़-पौधों लताओं आदि का चारों ओर फैलना

झपाक–(क्रि० वि०) पलक मारते, झटपट

झपाका–(पु०) जल्दी, शीघ्रता

झपाटा–*बो०* (पु०) = झपट्टा

झपाना–I (स० क्रि०) = झपकाना II (अ० क्रि०) झेंपना III (स० क्रि०) लज्जित करना

झपित–(वि०) 1 मुँदा हुआ 2 झेंपा हुआ, लज्जित

झपिया–*बो०* (स्त्री०) 1 हँसुली के आकार का एक गहना 2 पिटारी

झपेट–(स्त्री०) = झपट

झपेटना–(स० क्रि०) 1 झपटना 2 दबोच लेना

झपेटा–(पु०) 1 धक्का 2 चपेट 3 प्रेतबाधा 4 झकोरा

झपोला–(पु०) = झँपोला

झप्पड़–(पु०) = झापड़

झप्पान–*बो०* (पु०) = झँपान

झप्पानी–(पु०) पालकी उठानेवाला मज़दूर

झबरा–(वि०) बड़े-बड़े बालोंवाला (जैसे-झबरा कुत्ता, झबरी बिल्ली)

झबरीला–(वि०) जिसके शरीर पर चारों ओर बाल बिखरे हों (जैसे-झबरीला भालू)

झबा–*बो०* (पु०) = झब्बा

झबार–*बो०* (स्त्री०) = दे० झगड़ा

झबिया–(स्त्री०) 1 छोटा झब्बा, छोटा फुँदना 2 बाजूबंद आदि में नीचे लटकनेवाली कटोरी

झब्बा–(पु०) 1 गुच्छा 2 कपड़ों, गहनों आदि में लगाया जानेवाला फुँदना 3 टोकरा

झमक–(स्त्री०) 1 झम-झम की आवाज़ 2 ठसक, नखरा (जैसे-झमक भरी चाल) 3 चमक, प्रकाश

झमकना–(अ० क्रि०) 1 रह-रहकर चमकना 2 झम-झम शब्द होना 3 झम-झम ध्वनि करते हुए उछलना-कूदना 4 ठसक दिखाना

झमकाना–(स० क्रि०) 1 चमकाना 2 मटकाना 3 झम-झम की आवाज़ करना

झमकारा–(पु०) बौछाड़

झम-झम–I (स्त्री०) 1 धुँघरुओं आदि के बजने से उत्पन्न ध्वनि 2 ज़ोर से वर्षा होने की आवाज़, छम-छम 3 चमक-दमक II (वि०) 1 झम-झम शब्द करता हुआ (जैसे-झम-झम पानी बरसना 2 खूब चमकता हुआ III (क्रि० वि०) 1 झम-झम शब्द करते हुए (जैसे-पानी का झम-झम बरसना) 2 दे० झमाझम

झमझमाना–I (अ० क्रि०) 1 झम-झम शब्द होना 2 चमचमाना II (स० क्रि०) 1 झम-झम शब्द उत्पन्न करना 2 चमक-दमक से युक्त करना 3 चमक-दमक दिखलाना (जैसे-गहने झमझमाना)

झमना–(अ० क्रि०) 1 झपकना 2 दे० झमाना 3 झुकना, नम्र होना

झमाका–I (पु०) 1 झम-झम शब्द 2 ठसक, नखरा II (क्रि० वि०) 1 झम-झम शब्द करते हुए 2 झट से, तुरंत

झमाझम–I (क्रि० वि०) 1 झमझम (रिमझिम) की आवाज़ करते हुए 2 चमचमाते हुए II (वि०) 1 झमाझम शब्द करता हुआ 2 चमकता-दमकता हुआ

झमाना–I (अ० क्रि०) दे० झँवाना II इकट्ठा होना, एकत्र होना III (स० क्रि०) झमने में प्रवृत्त होना

झमूरा–I (वि०) झबरा II (पु०) 1 घने और घुँघराले बालोंवाला छोटा सुंदर बच्चा 2 नटों एवं बाजीगरों के साथ रहनेवाला लड़का 3 भालू

झमेला–(पु०) 1 झगड़ा 2 झंझट-बखेड़ा 3 भीड़-भाड़ (जैसे-झमेले से भागना)

झमेलिया–(पु०) झगड़ा करनेवाला व्यक्ति

झर–*सं०* (स्त्री०) 1 झरना, निर्झर, सोता 2 झड़ी 3 लपट

झर-झर–= झर्झर

झरझराना–I (अ० क्रि०) 1 झर-झर शब्द होना 2 झर-झर की आवाज़ करते हुए बहना II (स० क्रि०) झर-झर की आवाज़ करते हुए गिराना

झरन–(स्त्री०) = दे० झड़न

झरना–I (पु०) 1 सोता, निर्झर 2 पहाड़ आदि ऊँचे स्थान से नीचे गिरनेवाला जल प्रवाह II (अ० क्रि०) 1 लगातार गिरना 2 दे० = झड़ना

झरना–(अ० क्रि०) झड़ना, गिरना

झरहराना–(अ० क्रि०) = झरझराना

झराझर–(क्रि० वि०) 1 लगातार, निरंतर 2 जल्दी-जल्दी वेग पूर्वक 3 झर-झर शब्द करते हुए

झरी–(स्त्री०) 1 पानी का झरना, सोता 2 दे० झड़ी

झरोखा–(पु०) रोशनदान, गवाक्ष

झर्झर–I *सं०* (पु०) 1 पानी के गिरने की आवाज़ 2 झरना II (स्त्री०) झाँझ

झर्राटा–I (पु०) कपड़ा फटने या फाड़ने से होनेवाला शब्द II (क्रि० वि०) तुरंत, झट-पट

झल–(पु०) 1 स्वाद आदि की तीक्ष्णता, झाल 2 जलन, ताप 3 काम-वासना 4 कामना, इच्छा 5 ख़ब्त

झलक–(स्त्री०) 1 चमक, प्रभा 2 आभास 3 क्षणिक दर्शन। **~दार** + *फ़ा०* (वि०) चमकदार, चमकीला

झलकना–(अ० क्रि०) 1 चमकना 2 आभास होना 3 दिखाई देना

झलका–(पु०) छाला, फफोला

झलकाना–(स० क्रि०) 1 चमकाना 2 झटकदार बनाना 3 आभास कराना 4 दिखाना

झलकी–(स्त्री०) 1 झाँकी 2 झलक 3 कोई विशेष नमूना 4 रेडियो नाटिका

झल-झल–I (स्त्री०) चमक-दमक II (वि०) चमकता-दमकता हुआ III (क्रि० वि०) 1 चमक-दमक से 2 प्रकाशयुक्त होकर (जैसे-गहनों का झल-झल चमकना)

झलझलाना–I (अ० क्रि०) चमकना II (स० क्रि०) खूब चमकाना

झलझलाहट–(स्त्री०) चमचमाहट, चमकाहट

झलना–I (स० क्रि०) हिलाना-डुलाना (जैसे-पंखा झलना) II (अ० क्रि०) हिलना-डुलना

झलमल–I (स्त्री०) 1 रह-रहकर होनेवाला हल्का प्रकाश 2 चमक-दमक II (वि०) अस्थिर, झलमलाता हुआ

झलमला–(वि०) झलकता हुआ, चमकीला

झलमलाना–I (अ० क्रि०) चमचमाना II (क्रि० वि०) रह-रहकर चमकाना

झलराना–I (स० क्रि०) 1 झालर का रूप देना 2 झालर लगाना II (अ० क्रि०) झालर रूप में छाना

झलवाना–I (स० क्रि०) झलने का काम करवाना (जैसे-पंखा झलवाना) II (स० क्रि०) झालने का काम दूसरे से कराना

झलहाया–(वि०) 1 जिसे किसी तरह की सनक हो 2 डाह करनेवाला, ईर्ष्यालु

झला–I –*सं०* (स्त्री०) आतप, धूप II (पु०) 1 हल्की वर्षा 2 पंखा (झलनेवाला) III (स्त्री०) = झालर

झलाई–(स्त्री०) 1 टाँका लगाना 2 धातुओं को जोड़ने की मज़दूरी

झलाऊ–(वि०) 1 झोलवाला 2 ढीला-ढाला

झलाझल–I (वि०) अत्यधिक चमकीला, अत्यंत चमकदार II (क्रि० वि०) चमकते हुए III (पु०) एक तरह का चमकीला वस्त्र

झलाझली–I (स्त्री०) झलाझल होने की अवस्था, स्थिति II (वि०)/(क्रि० वि०) = झलाझल III (स्त्री०) झलवाया जाना (पंखा)

झलाना–(स० क्रि०) = झलवाना

झलाबोर–I (पु०) 1 रूपहले तारों से बुना गया साड़ी का आँचल 2 ज़री का काम किया हुआ सामान 3 चमक-दमक II (वि०) खूब चमक-दमकवाला

झलामल–(स्त्री०)/(वि०) = झलमल

झलारा–(वि०) तीक्ष्ण स्वादवाला, झालदार

झल्ल–(स्त्री०) पागलपन, सनक

झल्ला–I (पु०) बहुत बड़ा टोकरा, झाबा II (पु०) झंझा III (वि०) पागलों का आचरण करनेवाला, सिड़ी IV (वि०) बहुत तरल, पतला

झल्लाना–I (अ० क्रि०) 1 क्रोध में चिल्लाना 2 बहुत चिढ़ना II (स० क्रि०) खीझने में प्रवृत्त करना

झल्लाहट–(स्त्री०) क्रोध

झल्लिका–*सं०* (स्त्री०) शरीर पोंछने का कपड़ा

झल्ली–(स्त्री०) 1 चमड़े से मढ़ा हुआ एक छोटा बाजा 2 टोकरी

झवर–*बो०* (पु०) = झगड़ा

झष–*सं०* (पु०) 1 मछली 2 मीन राशि। **~केतु** (पु०) कामदेव; **~राज** (पु०) मगरमच्छ

झषांक–*सं०* (पु०) कामदेव

झहनाना–(स० क्रि०) 1 झनकार पैदा करना 2 रोमांच उत्पन्न करना 3 चौंकानेवाला काम करना

झाँई–(स्त्री०) 1 छाया, परछाईं 2 अंधकार, अँधेरा 3 छल, धोखा 4 धब्बा 5 झलक, आभा। **~झप्पा** (पु०) *बो०* = झाँसा; **~माँई** (स्त्री०) बच्चों का एक खेल जिसमें वो गाते हुए झूमते हैं। **~आना** आँखों के सामने अँधेरा छाना; **~देना** धोखा देना

झाँक–(स्त्री०) 1 झाँकने की क्रिया 2 झलक

झाँकना–(अ० क्रि०) 1 आड़ से, झरोखे आदि से देखना 2 झुककर देखना (जैसे-कुआँ झाँकना)

झाँकर–*बो०* (पु०) = झंखाड़

झाँका–(पु०) 1 झरोखा 2 जालीदार खाँचा

झाँकी–(स्त्री०) 1 सुखद अवलोकन, संक्षिप्त दर्शन 2 झाँकने की क्रिया 3 मनोहर दृश्य (जैसे-दशहरा की झाँकी) 4 झरोखा

झाँखर–I (पु०) 1 अरहर की खूँटियाँ 2 झाड़-झंखाड़ II (वि०) 1 जिसके तल में बहुत से छेद, सूराख हों 2 झीनी बुनावटवाला

झाँगला–I (वि०) ढीला-ढाला II ढीला-ढाला कुर्ता, झगा

झाँझ–I (स्त्री०) 1 काँसे, पीतल आदि के मोटे पत्तर की बनी कम उभारदार कटोरियों का जोड़ा, झाल, छैना 2 क्रोध, गुस्सा 3 पाजीपन, शरारत

झाँझ–II (स्त्री०) = झाँझन

झाँझन–(स्त्री०) पैजनी, पायल

झाँझा–I (पु०) फसल में लगनेवाला कीड़ा II (पु०) 1 झाँझ 2 छानने का पौना III (पु०) 1 झंझट 2 हुज्जत

झाँझिया–(पु०) झाँझ बजानेवाला व्यक्ति

झाँझी–(स्त्री०) 1 एक उत्सव जिसमें बालिकाएँ रात के समय झँझरीदार हाड़ी में दीपक रखकर गीत गाती हुई घर-घर जाती हैं तथा वहाँ से पैसे या अनाज पाती हैं 2 उक्त अवसर पर गाया जानेवाला गीत

झाँट–(स्त्री०) 1 जननेंद्रिय पर के बाल, पशम 2 अत्यंत तुच्छ एवं निकम्मी चीज़

झाँप–(स्त्री०) 1 ऊपरी आवरण 2 परदा, चिक 3 साया, शेड। **~दार** + *प्रत्य०* (वि०) छायावाला

झाँपना–I (स० क्रि०) 1 ढँकना, आवरण करना 2 दबोचना II (अ० क्रि०) झेंपना

झाँपा–(पु०) 1 बड़ी टोकरी, दौरी 2 बड़ी पिटारी

झाँपो–(स्त्री०) 1 खंजन पक्षी 2 दुश्चरित्रा स्त्री, पुंश्चली स्त्री

झाँवना–I (स० क्रि०) झाँवे से रगड़कर धोना II (स० क्रि०)/(अ० क्रि०) = झँवाना

झाँवर–I (स्त्री०) धान के लिए उपयुक्त नीची भूमि II (वि०) 1 काला 2 मलिन, गंदा 3 कुम्हलाया हुआ

झाँवली–(स्त्री०) 1 झलक 2 झाँई 3 आँख का संकेत, कनखी

झाँवा–(पु०) 1 भट्टे में पकी काली ईंट 2 जली ईंट का टुकड़ा

झाँसना–(स० क्रि०) 1 धोखा देना 2 झँसना
झाँसा–(पु०) 1 धोखा 2 छलपूर्ण बात। ~**पट्टी** (स्त्री०) दमबाज़ी
झाँसिया, झाँसू–(पु०) झाँसा देनेवाला, छली
झा–(पु०) मैथिल तथा गुजराती ब्राह्मणों की उपाधि
झाईं–(स्त्री०) = झाँईं
झाऊ–I (पु०) छोटा झाड़ II (पु०) मोर पंखी की जाति का एक पौधा जिसकी पत्तियाँ दवा के काम आती हैं
झाग–(पु०) फेन, गाज़ (जैसे-साबुन का झाग)। ~**दार** + *फ़ा०* (वि०) जो झागयुक्त हो (जैसे-झागदार साबुन)
झागना–I (अ० क्रि०) फेन निकलना II (स० क्रि०) फेन उत्पन्न करना
झागिया–(वि०) = झागदार
झाझा–(वि०) 1 जला हुआ, दग्ध 2 गहरा-गाढ़ा, तेज़
झाट–*सं०* (पु०) 1 कुंज 2 झाड़ी 3 घाव धोकर साफ़ करना
झाड़–I (पु०) 1 छोटे उलझे छितराए पेड़-पौधों का वर्ग 2 झाड़ की तरह का अनेक शाखाओंवाला चिराग़ आदि जलाने का शीशे का बहुत बड़ा आधान। ~**खंड** + *सं०* (पु०) झार खंड; ~**झंखाड़** (पु०) 1 कँटिदार झाड़ियों का समूह 2 व्यर्थ के पेड़-पौधों का समूह; ~**दार** I (वि०) 1 कँटीला 2 घना II (पु०) कसीदा; ~**फ़ानूस** + *अ०* (पु०) शीशे का बना दीपाधार; ~**का काँटा** झगड़ालू आदमी
झाड़–II (स्त्री०) 1 झाड़ने की क्रिया 2 झाड़ने पर निकलनेवाली धूल आदि, झाड़न। ~**झूड़ना** (स० क्रि०) सफ़ाई करना; ~**पोंछ** (स्त्री०) सफ़ाई (जैसे-झाड़-पोंछ करना); ~**फूँक** (स्त्री०) 1 झाड़ना-फूँकना 2 प्रेत बाधा दूर करना; ~**बुहार** (स्त्री०) = झाड़-पोंछ
झाड़न–(स्त्री०) 1 झाड़ने से निकलनेवाली धूल आदि 2 झाड़ने का कपड़ा
झाड़ना–(स० क्रि०) 1 झटकारना (जैसे-दरी झाड़ना) 2 साफ़ करना (जैसे-अलमारी झाड़ना) 3 आघात करना जिससे सटी, जुड़ी वस्तुएँ अलग हो जाऐं (जैसे-पेड़ से आम झाड़ना, इमली झाड़ना) 4 मंत्र पड़कर फूँकना (जैसे-भूत-प्रेत झाड़ना, नज़र झाड़ना) 5 कंघी करना (जैसे-बाल झाड़ना) 6 फटकारना (जैसे-अधिकारी ने लिपिक को खूब झाड़ा) 7 योग्यता दिखाकर धाक जमाने के लिए उल्टी-सीधी बातें करना (जैसे-कानून झाड़ना)। ~**झटकना** (स० क्रि०) डाँट-फटकार सुनाना, डाँटना-फटकारना; ~**पोंछना** साफ़-सुथरा करना
झाड़ा–I (पु०) 1 जामा तलाशी 2 मंत्रोपचार II (पु०) 1 पाखाना फिरने की क्रिया 2 पाखाना, शौचालय 3 मल, गुह III (पु०) = झांड-फूँक
झाड़ी–(स्त्री०) 1 कँटीले पौधों का समूह 2 एक में मिले हुए कँटीले पौधे। ~**दार** + *फ़ा०* (वि०) 1 काँटेदार 2 छोटे झाड़ का सा 3 जहाँ बहुत सी झाड़ियाँ हों, झाड़दार
झाड़ू–(पु०) लंबी सीकों आदि का मुट्ठा जिससे कूड़ा साफ़ करते हैं, बुहारी। ~**कश** + *फ़ा०* (पु०) 1 झाड़ू देनेवाला व्यक्ति 2 भंगी; ~**बरदार** + *फ़ा०* (पु०) 1 झाड़ू देनेवाला सेवक 2 गलियों-नालियों में झाड़ू देनेवाला मेहतर; ~**बुहारी** (स्त्री०) 1 झाड़ू 2 घर की सफ़ाई; ~**देना** 1 कूड़ा-करकट साफ़ करना 2 सब कुछ नष्ट करना, ~**फिरना** कुछ बाकी न रहना, बर्बाद हो जाना; ~**मारना** ठोकर मारना, तिरस्कार करना
झापड़–(पु०) थप्पड़, तमाचा
झाबर–(पु०) दलदल
झाबा–(पु०) 1 टोकरा 2 कुप्पा 3 चमड़े का बड़ा थाल, सफरा 4 शीशे का बड़ा झाल
झामक–*सं०* (पु०) जली हुई ईंट, झाँवा
झामर–*सं०* (पु०) 1 टेकुआ रगड़ने की सान, सिल्ली 2 पैर में पहनने का गहना
झामर-झुमर–(पु०) 1 व्यर्थ की बातें 2 निर्रथक एवं सारहीन तथ्य
झाँय-झाँय–(स्त्री०) सुनसान जगह में होनेवाली झन-झन की आवाज़
झार खंड–*हिं० + सं०* (पु०) 1 उजाड़ जगह 2 बिहार में एक भूभाग
झारन–(स्त्री०) = झाड़न
झारना–(स० क्रि०) = झाड़ना
झारा–(पु०) बहुत पतली धुली हुई भाँग
झारी–(स्त्री०) टोटीदार बर्तन
झाल–I (स्त्री०) 1 गंध, स्वाद आदि की तीव्रता 2 स्वाद का चरचरापन, तीक्ष्णता II (स्त्री०) 1 झालने की क्रिया 2 धातु आदि का वह अंश जिसमें टाँका लगा हो III (स्त्री०) 1 बादलों आदि के कारण होनेवाला अँधेरा 2 झड़ी
झालना–(स० क्रि०) 1 धातु की बनी वस्तु को टाँके से जोड़ना 2 ठंडा करने के लिए शोरे या बर्फ़ में रखना
झालर–(स्त्री०) 1 लटकनेवाला हाशिया 2 लहरदार किनारा। ~**दार** + *फ़ा०* (वि०) जिसमें झालर लगी हो
झाँव-झाँव–(स्त्री०) हुज्जत, तकरार
झावर–(पु०) = झाबर
झावुक–*सं०* (पु०) झाऊ
झिंगवा–(स्त्री०) झींगा मछली
झिंगारना–I (अ० क्रि०) झींगुर का बोलना II (स० क्रि०) झींगुर की तरह का शब्द उत्पन्न करना
झिंझिया–(स्त्री०) = झाँझी
झिंझी–*सं०* (स्त्री०) झींगुर, झिल्ली
झिंझोटी–(स्त्री०) एक रागिनी जो दिन के चौथे पहर में गाई जाती है
झिझक–(स्त्री०) संकोच, हिचक
झिझकना–(अ० क्रि०) संकोच करना
झिटकारना–(स० क्रि०) झटकारना
झिड़कना–(स० क्रि०) 1 डाँटना, फटकारना 2 तिरस्कार के साथ फेंक देना
झिड़की–(स्त्री०) डाँट-फटकार
झिड़झिड़ाना–(अ० क्रि०) = चिड़चिड़ाना
झिपना–*बो०* (अ० क्रि०) झेंपना
झिपाना–(स० क्रि०) लज्जित करना
झिमकना–*बो०* (अ० क्रि०) झमकना
झिमिटना–(अ० क्रि०) इकट्ठा होना
झिर–*बो०* (स्त्री०) = झिरी

झिर-झिर–(क्रि० वि०) 1 धीरे-धीरे 2 धीरे-धीरे एवं झिर-झिर शब्द करते हुए
झिरझिरा–(वि०) झीना, पतला
झिरना–(अ० क्रि०) झरना
झिरी, झिर्री–(स्त्री०) 1 छोटा सूराख़, छेद, दरज़ 2 गड्ढा जिसमें आस-पास का पानी इकट्ठा होता हो 3 बड़े जलाशय के पास का छोटा झरना
झिलँगा–I (वि०) 1 ढीले अंगोंवाला 2 झीनी बुनावटवाला II (पु०) हल्की खाट जिसकी बुनावट ढीली हो
झिलना–I (अ० क्रि०) 1 सहा जाना 2 अंदर धँसना 3 तृप्त होना, अघाना 4 मगन होना, तन्मय होना
झिलना–II (पु०) झिल्ली, झींगुर
झिलम–(स्त्री०) लोहे का टोप। ~**टोप** (पु०) शिरस्त्राण
झिलमिल–I (स्त्री०) 1 प्रकाश की किरणों के हिलते रहने की स्थिति (जैसे-तारों का झिलमिल करना) 2 अंधकार एवं प्रकाश के मध्य की स्थिति जो संध्या एवं सबेरे दिखाई देती है 3 रह-रहकर चमकती हुई रोशनी II (वि०) झिल-मिलाता हुआ
झिलमिला–(वि०) 1 थोड़ा अँधेरा एवं थोड़ा उजाला (समय) 2 जो रह-रहकर चमकता हो (जैसे-झिलमिला प्रकाश) 3 झीना
झिलमिलाना–I (अ० क्रि०) रह-रहकर चमकना (जैसे-लौ का झिलमिलाना) 2 टिमटिमाना (जैसे-तारों का झिलमिलाना) II (स० क्रि०) 1 चमकीली वस्तु को थोड़ा-थोड़ा हिलाना 2 हिलाते-हिलाते चमकाना
झिलमिलाहट–(स्त्री०) 1 टिमटिमाहट 2 झिलमिलाने की क्रिया
झिलमिली–(स्त्री०) 1 चिक, चिलमन 2 जाफ़री 3 झिलमिलाहट 4 कान में पहनने का गहना
झिल्लड़–(वि०) पतला एवं झँझरा, झीना
झिल्ला–(वि०) 1 पतला, बारीक, महीन 2 जो गफ न हो
झिल्लिका–*अं०* (स्त्री०) 1 झींगुर 2 झिल्ली 3 झींगुर की झनकार
झिल्ली–*सं०* (स्त्री०) झींगुर
झिल्ली–(स्त्री०) 1 पारदर्शक आवरण (जैसे-गर्भस्थ शिशु के चारों ओर लिपटी झिल्ली) 2 फल आदि का छिलका 3 खाल की पतली तह 4 आँख का जाला नामक रोग। ~**दार** *+ फ़ा०* (वि०) झिल्ली से युक्त
झिल्लीक–*सं०* (पु०) झींगुर
झींक–(पु०) = दे० झींका
झींकना–I (अ० क्रि०) = दे० झींखना II *बो०* (स० क्रि०) 1 पटकना 2 फेंकना, सज्जित करना
झींका–(पु०) पीसे जानेवाले अन्न की एक बार में चक्की में डालने के लिए निर्धारित मात्रा
झींखना–(अ० क्रि०) 1 दुःखी होना 2 कुढ़ना 3 = झीखना
झींगा–(पु०) 1 एक मछली जिसके मुँह एवं पूँछ पर लंबे बाल होते हैं 2 बढ़िया अगहनी धान 3 कपास की फसल में लगनेवाला कीड़ा
झींगुर–(पु०) बरसाती कीड़ा जो झीं-झीं की ध्वनि करता है, चीरी
झींसी–(स्त्री०) छोटी-छोटी महीन बूँदों के रूप में होनेवाली हल्की वर्षा
झीखना–I (अ० क्रि०) कुढ़-कुढ़कर अपना दुखड़ा रोते रहना, खीझना II (पु०) कुढ़-कुढ़कर कही जानेवाली बात
झीना–(वि०) 1 बारीक, महीन (जैसे-झीना कपड़ा) 2 जिसकी बुनावट ठस न हो, पतला-पतला (जैसे-झीना खटोला, झीना परदा)
झीमना–(अ० क्रि०) 1 झूमना 2 ऊँघना
झीमर–(पु०) = झीवर (मल्लाह)
झील–(स्त्री०) प्राकृतिक जलाशय, बहुत बड़ा ताल, सरोवर
झीलर–(पु०) छोटी झील, ताल
झीली–(स्त्री०) 1 दही, दूध आदि के ऊपर की मलाई 2 दे० झिल्ली
झीवर–(पु०) माँझी, मल्लाह, केवट
झुँझलाना–(अ० क्रि०) क्रुद्ध एवं व्यथित होकर बोलना
झुँझलाहट–(स्त्री०) झुँझलाने की क्रिया, गुस्सा
झुंड–(पु०) समूह, टोली (जैसे-हिरनों का झुंड)
झुंडी–(स्त्री०) पौधों की खूँटी 2 कुलाबा जिसपर परदा टाँगा जाता है
झुकना–(अ० क्रि०) 1 लटकना (जैसे-सिर झुकना, गर्दन झुकना) 2 मुड़ना (जैसे-लोहे की छड़ बीच से झुकना) 3 नमित होना, दबना 4 पक्षपात करना (जैसे-मुझे किसी तरफ नहीं झुकना है) 5 नीचा होना (जैसे-आँखें झुकना) 6 किसी कार्य की ओर प्रवृत्त होना
झुक-मुख–(पु०) दे० झुट-पुटा
झुकरना–(अ० क्रि०) झुँझलाना
झुकराना–*बो०* (अ० क्रि०) झोंके खाना
झुकवाना–(स० क्रि०) झुकने में प्रवृत्त करना
झुकाई–(स्त्री०) 1 झुकाने की क्रिया 2 झुकाने की उज़रत
झुकाना–(स० क्रि०) 1 टेढ़ा करना, लटकाना 2 मोड़ना 3 नीचा करना (जैसे-आँखें झुकाना) 4 कार्य में लगाना 5 नीचे की ओर लाना (जैसे-झंडा झुकाना) 6 परास्त करना (जैसे-शत्रु को झुकाना आसान नहीं है)
झुकार–(पु०) हवा का झोंका, झकोरा
झुकाव, झुकावर–(स्त्री०) 1 झुकने की क्रिया, झुके होने की अवस्था 2 प्रवृत्ति, रुख़ (जैसे-दर्शन के प्रति मेरा विशेष झुकाव है)
झुग्गी–(स्त्री०) ग़रीब की झोपड़ी
झुट-पुटा–(पु०) थोड़ा-थोड़ा अँधेरा हो जाने का समय
झुटुंग–(वि०) जटाधरी, झोंटेवाला
झुठकाना–(स० क्रि०) भ्रम में डालना
झुठलाना–(स० क्रि०) झूठा ठहराना
झुठाना–(स० क्रि०) झूठा सिद्ध करना
झुठालना–*बो०* (स० क्रि०) = झुठलाना
झुनका–(पु०) छल, धोखा
झुनझुन–(स्त्री०) घुँघरुओं आदि के बजने से उत्पन्न शब्द
झुनझुना–(पु०) बच्चों का एक खिलौना, बाजा
झुनझुनाना–I (अ० क्रि०) 1 झुन-झुन की आवाज़ होना 2 झुनझुनी होना II (स० क्रि०) झुन-झुन ध्वनि उत्पन्न करना

झुनझुनियाँ–(स्त्री०) 1 पैरों में पहनने का एक गहना 2 पैरों में पहनाई जानेवाली बेड़ी
झुनझुनी–(स्त्री०) चुनचुनाहट एवं सनसनी
झुनी–*बो०* (स्त्री०) जलाने की पतली लकड़ी
झुबझुबी–(स्त्री०) कानों पर पहनने का एक आभूषण, झुपझुपी
झुमका–(पु०) कानों में पहनने का एक आभूषण
झुमरा–*बो०* (पु०) बहुत बड़ा हथौड़ा
झुमरी–(स्त्री०) छोटी मुँगरी
झुमाऊ–(वि०) झूमनेवाला
झुमाना–(स० क्रि०) झूमने में प्रवृत्त करना
झुरकुट–(वि०) 1 मुरझाया हुआ 2 सूखा 3 दुबला-पतला
झुरझुरी–(स्त्री०) हल्की कँपकँपी
झुरना–(अ० क्रि०) 1 अंदर ही अंदर विकल रहकर घुलना 2 सूखना 3 कुम्हलाना, मुर्झाना
झुरमुट–(पु०) 1 घनी झाड़ियों का समूह (जैसे-झुरमुट में छिप जाना) 2 बहुत से लोगों का समूह
झुरवन–(स्त्री०) = झुरावन
झुरवाना–(स० क्रि०) 1 झुरने में प्रवृत्त करना 2 सुखाना (जैसे-धान झुरवाना)
झुरहुरी–(स्त्री०) = झुरझरी
झुराना–I *बो०* (अ० क्रि०) 1 सूखना 2 झुरना II (स० क्रि०) 1 झुरने में प्रवृत्त करना 2 सुखाना
झुर्री–(स्त्री०) त्वचा पर पड़नेवाली शिकन। **~दार** + *फ़ा०* (वि०) जिसके शरीर पर झुर्रियाँ पड़ी हों
झुलका–*बो०* (पु०) = झुनझुना
झुलना–I (पु०) 1 झुल्ला, ढीला कुर्ता 2 झूला II (वि०) झूलनेवाला
झुलनी–(स्त्री०) 1 मोतियोंवाली लटकन 2 झूमर
झुलमला–*बो०* (वि०) = झिलमिला
झुलवाना–(स० क्रि०) अन्य से झुलाने का काम कराना
झुलसना–(अ० क्रि०) 1 त्वचा का कुछ-कुछ जल जाने के कारण काला पड़ जाना (जैसे-रोटी पकाते समय हाथ झुलसना) 2 सूखकर काला पड़ना (जैसे-गेहूँ की बलियाँ झुलसना)
झुलसवाना–(स० क्रि०) झुलसाने का काम अन्य से कराना
झुलसाना–(स० क्रि०) 1 झुलसाना 2 झुलसवाना
झुलाना–(स० क्रि०) 1 इधर-उधर हिलाना (जैसे-पालना झुलाना) 2 लटकाकर हिलाना (जैसे-पंखा झुलाना)
झुहिरना–(अ० क्रि०) लदना, लादा जाना
झूँझल–*बो०* (स्त्री०) झुँझलाहट
झूँटा–I (वि०) झूठा II (पु०) पेंग
झूँट–I (पु०) झूठ II (वि०) झूठा
झूट–(पु०) जो बात सच न हो
झूठ–I (पु०) मिथ्या, असत्य II (वि०) झूठा, असत्य। **~बयानी** + *अ०* + *फ़ा०* (स्त्री०) असत्य बात कहना, बताना; **~भरा** (वि०) असत्यपूर्ण; **~मूठ** (अ०) 1 बिना सत्य आधार के, झूठ ही (जैसे-झूठ-मूठ किसी को तंग करना) 2 यों ही बहकाने के लिए; **~का पुतला** बहुत झूठा आदमी; **~का पुल बाँधना** झूठ पर झूठ बोलते जाना; **~सच जोड़ना** सच्ची बात में भी झूठी बात मिलाकर कहना
झूठन–I*बो०* (स्त्री०) = जूठन II (स्त्री०) दुफसली ज़मीन
झूठा–I (वि०) 1 जो सत्य न हो, मिथ्या 2 असत्य, झूठ बोलनेवाला (जैसे-झूठा गवाह) 3 जो विश्वसनीय एवं सत्यनिष्ठ न हो (जैसे-झूठा प्रेमी, झूठा मित्र) 4 जिसमें वास्तविकता न हो, आडंबरपूर्ण (जैसे-झूठी मुहब्बत, झूठी दोस्ती) 5 जो धोखा देने के लिए बनाया गया हो, दिखाऊ (जैसे-झूठा सिक्का, झूठा गहना) II (वि०) दे० जूठा। **~का मुँह काला** झूठा हर जगह ज़लील होता है; **~की कब्र तक पहुँचना** झूठे का झूठ साबित कर उसे लज्जित करना; **~को घर पहुँचा देना** झूठे को कायल कर देना; **~झूठों का पीर (बादशाह)** बहुत बड़ा झूठा
झूठों–(अ०) 1 झूठ-मूठ, यों ही 2 सिर्फ कहने भर के लिए, नाम मात्र को
झूबना–(अ० क्रि०) = झूमना
झूम–(स्त्री०) 1 झूमने की क्रिया 2 ऊँघने की अवस्था
झूमक–(पु०) 1 झूम-झूमकर नाचनेवाला नाच, नृत्य, झुमकरा 2 झूमर नृत्य के साथ होनेवाला गीत 3 झुमका 4 मोतियों आदि का गुच्छा। **~साड़ी** जिसमें मोतियों के गुच्छे टके हों
झूमका–(पु०) 1 = झूमक 2 = झुमका
झूमड़–*बो०* (पु०) = झूमर। **~झामड़** (पु०) व्यर्थ का प्रपंच, आडंबर
झूमना–(अ० क्रि०) 1 इधर-उधर हिलना, झोंके खाना (जैसे-हवा के झोंके से पेड़ों की डालियों का झूमना) 2 लड़खड़ाना (जैसे-शराब के नशे में झूमना) 3 लहराना (जैसे-सिनेमा के गीत सुनकर मस्ती में झूमना)। **~झामना** (अ० क्रि०) इधर-उधर डोलना
झूमर–(पु०) 1 होली में नाच के साथ गाया जानेवाला गीत 2 सिर का एक गहना 3 कान में पहनने का झुमका 4 स्त्रियों का घेरे में नाच-गाना
झूरा–*बो०* (वि०) सूखा, खुश्क
झूरै–(क्रि० वि०) 1 व्यर्थ ही, बेकार 2 बिना किसी सामग्री के
झूल–(स्त्री०) 1 झूल्ने की क्रिया 2 मवेशियों की पीठ पर डाला जानेवाला कपड़ा 3 ढीला-ढाला भद्दा पहनावा
झूलन–*बो०* (पु०) 1 झूलने का उत्सव 2 हिंडोला
झूलना–I (अ० क्रि०) 1 इधर-उधर लहराना 2 पेंग लगाकर बार-बार आगे-पीछे होना 3 किसी आशा में लटके रहना 4 लटक जाना (जैसे-फाँसी पर झूलना) II (पु०) हिंडोला III (वि०) झूलनेवाला
झूला–(पु०) 1 झूलने का साधन 2 हिंडोला 3 ज़ंजीरों आदि का बना खंभे का पुल, झूलता पुल
झूली–(स्त्री०) वह कपड़ा जिससे हवा करके अन्न ओसाया जाता है
झेंपना–(अ० क्रि०) संकोच करना, लज्जित होना
झेंप–(स्त्री०) संकोच, लज्जा
झेंपाना–(स० क्रि०) लज्जित करना
झेंपू–(वि०)झेंपनेवाला, लज्जालु, संकोची
झेपना–(अ० क्रि०) = झेंपना
झेल–(स्त्री०) 1 झेलने की क्रिया 2 हल्का एवं सुखद आघात 3 हिलोरा

झेलना–(स० क्रि०) 1 सहना 2 बर्दाश्त करना (जैसे-दुःख झेलना) 2 ठेलना

झेलनी–(स्त्री०) चाँदी, सोने की ज़ंजीर जो कान के गहनों का बोझ सँभालने के लिए बालों में अटकाई जाती है (जैसे-नथ की झेलनी, बालों की झेलनी)

झोंक–(स्त्री०) 1 झोंकने की क्रिया 2 मन की प्रवृत्ति (जैसे-झोंक में आकर कोई काम कर बैठना) 3 धुन, आवेश 4 दे० झोंका 5 दे० झोंकी 6 तीव्रता (जैसे-नींद के झोंके में पलंग से गिर जाना) 7 झुकाव। ~**दार** + *फ़ा०* (वि०) जो झुका हुआ हो

झोंकना–(स० क्रि०) 1 आगे की ओर फेंकना (जैसे-कोयला झोंकना) 2 धकेलना (जैसे-आग में झोंकना) 3 उड़ाना, ख़र्च करना (जैसे-नाच-गाने में उसने हज़ारों रुपए झोंक दिए)

झोंकवा–(पु०) भाड़ आदि झोंकने का काम करनेवाला

झोंकवाना–(स० क्रि०) झोंकने का काम किसी अन्य से करवाना

झोंका–(पु०) 1 वेगपूर्वक चलने वाली हवा 2 हिलोरा 3 झटका, आघात 4 अचानक आनेवाली नींद

झोंकाई–(स्त्री०) 1 झोंकने की क्रिया 2 झोंकने का पारिश्रमिक

झोंकिया–(पु०) = झोंकवा

झोंकी–(स्त्री०) 1 जोखिम 2 ज़वाबदेही, उत्तरदायित्व

झोंझ–I *बो०* (पु०) विशिष्ट पक्षियों के गले में लटकनेवाली मांस की झालर

झोंझ–II (पु०) घोंसला। ~**मारना** अनुचित बात की कामना होना

झोंझल–(स्त्री०) = झुँझलाहट

झोंट–(पु०) 1 झाड़ी 2 पौधों का झुरमुट 3 घास-फूस आदि का पूला, जूरी 4 झुंड, समूह

झोंटा–I (पु०) सिर पर के लंबे-लंबे बालों का समूह। ~**झोंटी** (स्त्री०) स्त्रियों की आपस में झोंटा पकड़कर होनेवाली लड़ाई; ~**झोंटी करना** झोंटा पकड़कर लड़ना

झोंटा–II (पु०) 1 भैंसा 2 भैंस का बच्चा

झोंपड़ पट्टी–(स्त्री०) झोंपड़ियों का मुहल्ला

झोंपड़ा–(पु०) घास-फूस से छाया हुआ छोटा कच्चा घर, कुटिया, मँड़ई

झोंपड़ी–(स्त्री०) छोटा झोपड़ा, कुटी

झोंपा–(पु०) 1 झब्बा 2 गुच्छा

झोकना–(स० क्रि०) = झोंकना

झोका–(पु०) झोंका

झोझ–I (पु०) = झोंझ I (पु०) = झोंझ II

झोझा–(वि०) तोंदवाला

झोटिंग–(वि०) झोंटेवाला

झोपड़ा–(पु०) = झोंपड़ा

झोर–*बो०* (पु०) = झोल

झोरना–(स० क्रि०) 1 ज़ोर से हिलाना, झकझोरना 2 डाल को ज़ोर से हिलाना कि फल गिर जाए (जैसे-आम की डाल झोरना) 3 बटोरना 4 छककर भोजन करना

झोल–I (पु०) 1 झूलना, लटकना 2 लटकनेवाला अंश 3 आँचल 4 परदा। ~**झाल** (वि०) 1 ढीला-ढाला 2 व्यर्थ, बेकार 3 बुरा, दूषित II (पु०) 1 वह झिल्ली जिसमें लिपटा हुआ बच्चा पैदा होता है, जरायु 2 गर्भ III (पु०) 1 जलन, दाह 2 भस्म, राख IV (पु०) 1 रसा, घोल 2 मामड़ V (पु०) अंडे-बच्चे

झोलना–(स० क्रि०) 1 तपाना, जलाना 2 दुःखी करना

झोला–(पु०) 1 कपड़े आदि का बना थैला 2 खोली, गिलाफ 3 साधुओं का ढीला-ढाला कुर्ता 4 पाल की रस्सी को ढीला करने की क्रिया

झोली–I (स्त्री०) 1 छोटा थैला, थैली 2 चारों कोने बाँधकर कंधे आदि से लटकाया हुआ कपड़ा जो थैले का काम दे 3 अनाज ओसाने का कपड़ा 4 घास-भूसा बाँधने का जाल 5 गोद (जैसे-बच्चे को झोली में लेना)। ~**डालना** भिक्षा ग्रहण हेतु झोली फैलाना

झोली–II (स्त्री०) राख, भस्म

झोलेदार–I *हिं० + फ़ा०* (वि०) रसेदार

झोलेदार–II *हिं० + फ़ा०* (वि०) 1 जिसपर मुलम्मा हुआ हो 2 जिसमें झोल पड़ता हो

झौंझट–*बो०* (स्त्री०) = झंझट

झौंद–(पु०) झोंझ (पेट)

झौड़–(स्त्री०) 1 कहा-सुनी 2 डाँट-फटकार 3 झंझट, बखेड़ा

झौर–(पु०) 1 समूह 2 गुच्छा

झौरे–(क्रि० वि०) 1 पास, निकट 2 साथ, संग

झौवा–*बो०* (पु०) = झौआ

झौहाना–(अ० क्रि०) क्रुद्ध होकर झल्लाते हुए बोलना

ट

टंक–I *सं०* (पु०) 1 चार माशे की एक तौल 2 उक्त तौल का बटखरा 3 उक्त तौल का चाँदी का सिक्का। ~**शाला** (पु०) (स्त्री०) टकसाल

टंक–II *सं०* (पु०) 1 पत्थर काटने और गढ़ने की टाँकी 2 कुदाल, फरसा 3 कुल्हाड़ी 4 तलवार 5 तलवार की म्यान 6 अभिमान, घमंड 7 क्रोध, गुस्सा

टंक–III *अं०* (पु०) 1 तालाब 2 बड़ा हौज़

टंक–IV *अं०* (पु०) युद्धयान, टैंक। ~**मार** +*हिं०* (वि०) = टैंकतोड़

टंकक–I*सं०* (पु०) चाँदी का सिक्का; ~**शाला** (स्त्री०) सिक्के ढालने का कारख़ाना, टकसाल

टंकक–II *सं०* (पु०) टाइप करनेवाला, टाइपिस्ट। ~**शाला** (पु०) टंकण यंत्र बनाने का कारख़ाना

टंकण–*सं०* (पु०) 1 टाइप करना 2 सिक्कों आदि की ढलाई। ~**यंत्र** (पु०) टाइप-राइटर

टँकना–(अ० क्रि०) 1 टाँका जाना 2 सिलना 3 सिलाई द्वारा अटकाया जाना 4 सिल आदि का कुटना

टँकवाना–(स० क्रि०) 1 टाँका लगवाना 2 सिलवाना 3 सिल आदि कुटवाना

टंका–I (पु०) 1 टंक नाम की पुरानी तौल 2 टका (सिक्का)

II (स्त्री०) 1 जांघ 2 संपूर्ण जाति की एक रागिनी

टँकाई–(स्त्री०) 1 टाँकने की क्रिया 2 टाँकने का पारिश्रमिक

टँकाना–I (स० क्रि०) 1 टाँके लगवाना 2 सिल आदि कुटवाना II (स० क्रि०) याददाश्त, स्मरण हेतु लिखवा देना

टंकार–I *सं०* (स्त्री०) 1 धनुष की ध्वनि 2 धातु आदि की टन-टन, टनाका

टंकार–*सं०* II (स्त्री०) 1 चिल्लाहट 2 आश्चर्य विस्मय, अचरज

टंकारना–*सं० + हिं०* (स० क्रि०) 1 धनुष की प्रत्यंचा तानकर छोड़ना जिससे टन-टन ध्वनि उत्पन्न हो 2 टन-टन शब्द उत्पन्न करना

टंकिका–*सं०* (स्त्री०) टाँकी, छेनी

टंकी–*अं० + हिं०* (स्त्री०) कुंड, हौज, हौदी (जैसे-टंकी में पानी नहीं है) **टँकुआ**–*बो०* (वि०) जिस पर कुछ टाँका गया हो (जैसे-टँकुआ दुपट्टा)

टंकोर–(स्त्री०) = टंकार I

टंकोरना–(स० क्रि०) = टंकारना

टंकौरी–(स्त्री०) बहुत छोटी तराजू

टंग–*सं०* (पु०) 1 टाँग 2 कुल्हाड़ी 3 फरसा 4 चार माशे की एक तौल, टंक

टँगड़ी–(स्त्री०) 1 टाँग, पैर 2 अड़ंगा। ~**बाज़** *+ फ़ा०* अड़ंगे लगानेवाला

टंगण–*सं०* (पु०) सोहागा

टँगना–I (अ० क्रि०) 1 टाँगा जाना 2 अटकाया जाना, जड़ा जाना 3 फाँसी पर चढ़ाया जाना II (पु०) अलगनी

टँगरी–(स्त्री०) = टँगड़ी

टँगाना–(स० क्रि०) टाँगने में प्रवृत्त करना (जैसे-दीवार पर तस्वीर टँगाना)

टंगस्टन–*अं०* (पु०) क्रोमियम की जाति का एक धातु तत्त्व

टंच–I*बो०* (वि०) 1 अत्यधिक कंजूस 2 दुष्ट 3 धूर्त, काँइयाँ, चंट 4 निष्ठुर

टंच–II (वि०) 1 तैयार 2 हृष्ट-पुष्ट 3 ठीक-ठाक

टंट-घंट–(पु०) 1 पूजा-पाठ की आडंबरपूर्ण पद्धति, प्रपंच 2 फ़ालतू सामान

टंटा–(पु०) 1 झंझट 2 सारहीन लड़ाई-झगड़ा, व्यर्थ का वैर-विरोध 3 फ़ालतू सामान का फैलाव

टंडल–(पु०) = टंडैल

टँडिया–(स्त्री०) बाँह पर पहना जानेवाला गहना

टंडैल–(पु०) मज़दूरों का मेट

टक–(स्त्री०) गड़ाकर लगी नज़र, टक-टकी (जैसे-एक टक देखना) दे० एकटक। ~**लगाना** 1 आसरा देखते रहना 2 एकटक देखते रहना

टकटकाना–I*बो०* (स० क्रि०) टकटकी लगाकर किसी की ओर देखते रहना II (अ० क्रि०) टक-टक ध्वनि उत्पन्न करना

टकटकी–(स्त्री०) स्थिर दृष्टि, एक टक

टकटोना, टकटोरना, टकटोलना–(स० क्रि०) टटोलना

टकटोहन–(पु०) टटोलकर देखना

टकतंत्री–*सं०* (स्त्री०) सितार की तरह का बाजा

टकराना–I (अ० क्रि०) 1 दो वस्तुओं का आपस में भिड़ जाना 2 ठोकर लगना (जैसे-आदमी का रास्ता चलते पत्थर से टकराना) 3 छेड़ना, बाधा डालना 4 संघर्ष करना (जैसे-उस बदमाश से टकराना अच्छा नहीं है) 5 सहसा आघात करना (जैसे-किले की दीवार से लहरों का टकराना) 6 इधर-उधर मारा-मारा फिरना, ठोकरें खाना II (स० क्रि०) दो वस्तुओं को आपस में लड़ा देना

टकराव–(पु०), **टकराहट** (स्त्री०) भिड़ंत

टकसाल–(स्त्री०) 1 सिक्के आदि ढालने का कारख़ाना 2 जो हर तरह से निर्दोष एवं प्रामाणिक हो। ~**चढ़ाना** ऐसी जगह ले जाना जहाँ भलाई-बुराई की परख हो सके; ~**बाहर** जो प्रामाणिक न मानी जाती हो

टकसालना–(स० क्रि०) सिक्कों में ढालना

टकसाली–(वि०) 1 टकसाल का 2 टकसाल में ढला हुआ 3 खरा 4 चलनसार एवं मान्य, सम्मत 4 प्रामाणिक (जैसे-उनकी हर बात टकसाली होती है)

टकहाई–(स्त्री०) = टकाही

टकहाया–(वि०) = टकाहा

टकही–(वि०) टके भर का, सस्ता

टका–(पु०) 1 चाँदी का पुराना सिक्का, रुपया 2 अंग्रेज़ी शासन काल में प्रचलित दो पैसे का सिक्का, अधन्ना 3 आधी छटाँक की तौल 4 धन-संपत्ति, रुपया-पैसा। ~**पास न होना** निर्धन होना; ~**भर** ज़रा सा, बहुत कम; ~**सा जवाब देना** साफ़ इन्कार कर देना ~**सा मुँह लेकर रह जाना** निराशा से लजा जाना; **टके को न पूछना** कोई मूल्य न रह जाना

टकाटकी–(स्त्री०) = दे० टकटकी

टकार–*सं०* (पु०) 'ट' वर्ण

टकासी–(स्त्री०) 1 एक रुपये पर प्रतिमास दो पैसे सूद लेने देने का ढंग 2 मध्ययुग में प्रत्येक व्यक्ति पर एक टके के हिसाब से लगनेवाला चंदा

टकाहा–*बो०* (वि०) टके-टके पर बिकनेवाला, अत्यंत तुच्छ, हीन

टकाही–I (स्त्री०) अत्यंत निम्न कोटि की वेश्या, बहुत ही दुश्चरित्रा स्त्री II *बो०* (स्त्री०) = टकासी

टकुआ–(पु०) 1 चरखे में का तकला 2 अँकुसीदार औज़ार (जैसे-मोची का टकुआ)

टकुली–(स्त्री०) 1 पत्थर काटने की छेनी 2 नक्काशी करने का एक औज़ार 3 छोटा टकुआ

टकैत–(वि०) टकेवाला, धनवान, अमीर

टकोर–(स्त्री०) 1 टंकार 2 डंके की चोट, नगाड़े की आवाज़ 3 हलका आघात, हलकी चोट 4 सेंक

टकोरना–(स० क्रि०) 1 धीरे से आघात करना 2 बजाना 3 डंके आदि पर चोट करना 4 सेंक देना

टकोरा–(पु०) 1 डंडे की चोट 2 आघात, ठेस

टक्क–*सं०* (पु०) 1 वाह्लीक जाति का आदमी 2 कंजूस

टक्कर–(स्त्री०) 1 आपस में भिड़ जाना, भिड़ंत (जैसे-रेल और बस की टक्कर में अनेक लोग मारे गए) 2 ठोकर (जैसे-बाल्टी से टक्कर लगकर उसका सिर फट गया) 3 मुकाबला (जैसे-आज अखाड़े में दो पहलवानों की टक्कर है)। ~**का** मुकाबले का; ~**का होना** बराबर होना; ~**खाना** 1 मारा-मारा फिरना 2 मुकाबले का होना; ~**मारना** हैरान होना; ~**लेना** मुकाबला करना

टखना–(पु०) पिंडली एवं एड़ी के बीच की दोनों ओर उभरी हड्डी, गुल्फ

टगण–*सं०* (पु०) छह मात्राओं का एक गण

टघरना–(अ० क्रि०) पिघलना (जैसे-हल्की आँच पाकर घी टघरना)

टघराना–(स० क्रि०) आँच पर पिघलाना

टघार–(पु०) 1 पिघलना 2 पिघलने पर बहनेवाली धार

टटका–(वि०) 1 हाल का 2 ताज़ा 3 कोरा, नया

टटाना–*बो०* (अ० क्रि०) 1 शुष्क होना, सूखना 2 सूखकर अकड़ना 3 भूख आदि से व्याकुल होना

टटिया–*बो०* (स्त्री०) = टट्टी

टटोल–(स्त्री०) टटोलने की क्रिया, तलाश

टटोलना–(स० क्रि०) 1 छूकर पता लगाना 2 तलाश करना, ढूढ़ना 3 (मन की) थाह लेना 4 आज़माना

टट्टनी–*सं०* (स्त्री०) छिपकली

टट्टर–(पु०) परदे के लिए बनाया बाँस की फट्टियों का जालीदार पल्ला

टट्टरी–*सं०* (स्त्री०) 1 नगाड़े आदि की आवाज़ 2 लंबा कथन 3 हँसी-मज़ाक, ठट्ठा

टट्टा–(पु०) 1 टट्टर, बड़ी टट्टी 2 लकड़ी का तख्ता, पल्ला

टट्टी–(स्त्री०) 1 छोटा टट्टर, पल्ला 2 ओट, परदा, चिक 3 पल्ले की दीवार 4 शिकार खेलने की आड़ 5 पाखाना 5 अंगूर आदि की लतर चढ़ाने के लिए बनाई गई बाँस की फट्टियों की दीवार। **~की आड़ से शिकार खेलना** छिपाकर चाल चलना, गुप्त कार्यवाही करना; **~की ओट बैठना** छिपकर कोई कार्य करना; **~में छेद करना** खुले आम कुकर्म करना, निर्लज्ज हो जाना

टट्टू–(पु०) छोटे कद का घोड़ा। **भाड़े का~** पैसे के लालच में काम करनेवाला; **~पार होना** प्रयोजन सिद्ध हो जाना, काम पूरा होना

टड़िया–*बो०* (स्त्री०) = टाड़ (गहना)

टण–(पु०) = टना

टन–(पु०) घंटा बजने का शब्द, टंकार। **~हो जाना** झट से मर जाना

टन–*अं०* (पु०) 29 $\frac{1}{2}$ मन के बराबर की एक अंग्रेजी तौल

टनकना–(अ० क्रि०) 1 टन-टन शब्द होना 2 अत्यधिक धूप के कारण सिर में पीड़ा होना

टनटनाना–I (स० क्रि०) टन-टन शब्द उत्पन्न करना (जैसे-घंटा टनटनाना) II (अ० क्रि०) टन-टन की आवाज़ होना

टनमन–I (पु०) जादू-टोना, तंत्र-मंत्र II (वि०) = टनमना

टनमना–(वि०) 1 नीरोग एवं स्वस्थ 2 प्रसन्नचित और मग्न

टना–(पु०) 1 भग, योनि 2 स्त्रियों की योनि में का निकला हुआ वह टुकड़ा जो दोनों किनारों के मध्य होता है, टिंगा, भगनासा

टनाका–I (पु०) 1 घंटा बजने का शब्द 2 कुछ समय तक टन-टन ध्वनि का होते रहना II (वि०) बहुत ही तेज़ उग्र (जैसे-टनाका धूप, टनाका ठंड)

टनाटन–I (स्त्री०) लगातार घंटा बजने से होनेवाला टन-टन शब्द II (क्रि० वि०) 1 टन-टन शब्द करते हुए 2 अच्छी एवं ठीक अवस्था में

टनेल–*अं०* (स्त्री०) पहाड़ या नदी के नीचे से निकाली गई सुरंग

टप–I स्त्री० 1 तरल पदार्थ की बूँद के गिरने से होनेवाला शब्द 2 यकायक किसी भारी वस्तु के गिरने से होनेवाला शब्द

टप–II(पु०) एक औज़ार जिससे ढिबरी के पेच को घुमावदार बनाते हैं

टप–*अं०* (पु०) टीन आदि का बना हुआ चौड़े मुँह का बर्तन, टब

टपक–(स्त्री०) 1 टपकने की क्रिया 2 टप-टप शब्द 3 फोड़े आदि से मवाद के कारण होनेवाला दर्द, टीस

टपकना–(अ० क्रि०) 1 बूँद-बूँद गिरना (जैसे-भीगे कपड़े से पानी टपकना) 2 ऊपर से सहसा गिरना (जैसे-पेड़ से आम टपकना) 3 सहसा आ पहुँचना (जैसे-अरे आप कहाँ से आ टपके) 4 रह-रहकर दर्द होना (जैसे-फोड़ा टपकना) 5 भावना का आभासित होना, झलकना (जैसे-उनकी आँखों से सदा प्रेम भाव टपकता रहता है) 6 मोहित होना, लुभा जाना

टपका–(पु०) 1 टप-टपकर गिरने की अवस्था 2 टपका हुआ फल आदि 3 रह-रहकर होनेवाली पीड़ा, दर्द 4 चौपायों के खुर में होनेवाली एक बीमारी 5 रिसकर निकली हुई चीज़, रिसाव; **~टपकी** (स्त्री०) 1 रह-रहकर टपकना (जैसे-जामुन की टपका-टपकी) 2 रह-रहकर होनेवाली बूँदा-बाँदी, हल्की वर्षा

टपकाना–(स० क्रि०) 1 छोटे-छोटे टुकड़ों के रूप में गिराना 2 चुआना

टपकाव–(पु०) टपकने-टपकाने की क्रिया

टपकी–(स्त्री०) 1 टपकने की क्रिया 2 अचानक होनेवाली मृत्यु। **~पड़े** बर्बाद हो जाय (बोल-चाल)

टपकेबाज़– *+ फ़ा०* (पु०) वह जो दूसरों को मूर्ख बनाकर ठग लेता है।

टपना–I (अ० क्रि०) 1 बिना खाए-पीए पड़े रहना 2 व्यर्थ किसी के भरोसे बैठें रहना 3 पशु-पक्षियों का जोड़ा खाना, संभोग करना 4 उछलना, कूदना II (स० क्रि०) 1 लाँघना 2 ढकना, आच्छादित करना

टपनामा–*हिं० + फ़ा०* (पु०) वह रजिस्टर जिसमें समुद्री जहाज़ों पर तूफानों आदि का लेखा रहता है

टपरा (पु०) = टप्पर

टपाटप–(क्रि० वि०) 1 टप-टप शब्द करते हुए (जैसे-टपाटप आँसू गिरना) 2 निरंतर, लगातार 3 चटपट, तुरंत

टपाना–(स० क्रि०) 1 बिना खिलाए-पिलाए रखना 2 झूठ-मूठ परेशान करना 3 व्यर्थ आसरे में रखना 4 लँघाना, पार कराना 5 पशु-पक्षियों का जोड़ा मिलाना, संभोग कराना

टपाल–(स्त्री०) भेजी जानेवाली चिट्ठी-पत्री, डाक

टप्पर–*बो०* (पु०) 1 झोपड़ा, छप्पर 2 बिछाने का टाट

टप्पा–(पु०) 1 उछलती हुई वस्तु का बीच-बीच में पृथ्वी छूना 2 वह फ़ासला जहाँ तक कोई वस्तु पहुँचे 3 उछाल, फलाँग

टब-स्नान–*अं० + सं०* (पु०) टब में विशेष आसन में बैठकर नहाना

टमकी–(स्त्री०) डुगडुगी नामक बाजा

टमटम–*अं०* (स्त्री०) दो पहियोंवाली ऊँची घोड़ागाड़ी

टमाटर–(पु०) = टोमाटो, गोल सब्जी

टमुकी–(स्त्री०) = टमकी

टर–(स्त्री०) 1 कर्कश ध्वनि (जैसे-मेंढक का टर-टर होना) 2 ईद के चाँद का मेला 3 ज़िद

टरकना–(अ० क्रि०) = टलना

टरकाना–(स० क्रि०) = टालना

टरकी–*अं०* (पु०) पीरू पक्षी (अमरीकी)

टरकुल–(वि०) 1 घटिया, निकम्मा 2 बहुत ही साधारण

टरटराना–(अ० क्रि०) 1 अंड-बंड बकना, लगातार व्यर्थ की बात करना 2 ज़ोर-ज़ोर से बोलना (जैसे-मेंढक)

टरना–*बो०* (अ० क्रि०) = टलना

टर्बाइन–*अं०* (स्त्री०) गैस संचालित इंजन

टर्र-टर्र–(स्त्री०) मेंढक की तीव्र एवं कर्कश ध्वनि, मेंढक की आवाज़

टर्रा–(वि०) 1 कटुवादी 2 ऐंठकर बात करनेवाला 3 कठोर एवं कर्णकटु (शब्द) 4 धृष्ट

टर्राना–(अ० क्रि०) 1 गर्व के साथ बातें करना 2 कटुवचन कहना

टर्रू–(पु०) 1 अनावश्यक रूप से बोलनेवाला व्यक्ति 2 टर्रा आदमी 3 मेंढक

टलन–I *सं०* (पु०) घबड़ाहट II (स्त्री०) टलने की अवस्था

टलना–(अ० क्रि०) 1 विचलित होना 2 खिसकना 3 अपने स्थान से हटना, सरकना 4 मिटना 5 खंडित होना 6 स्थगित होना

टलमल– (वि०) हिलता हुआ

टलुआ–I (वि०) टाल संबंधी II (पु०) टाल का स्वामी

टल्ला–(पु०) 1 ठोकर 2 धक्का 3 टाल-मटोल

टल्लेनवीसी– *+फ़ा०* (स्त्री०) 1 निकम्मे काम 2 बहानेबाज़ी

टल्लेबाज़ी– *+ फ़ा०* (पु०) बहानेबाजी

टल्लो–*बो०* (स्त्री०) छोटी हरी टहनी

टवर्ग–*सं०* (पु०) वर्णमाला के ट, ठ, ड, ढ एवं ण व्यंजनों का समूह

टस–(स्त्री०) 1 भारी वस्तु के खिसकने का शब्द 2 ज़ोर लगाए जाने पर भी भारी चीज़ के अपने स्थान से न हिलने की अवस्था। **~से मस न होना** 1 ज़रा सा भी न हिलना 2 थोड़ा सा भी प्रभावित न होना

टसक–(स्त्री०) टीस, कसक

टसकना–I (अ० क्रि०) 1 खिसकना 2 विचलित होना 3 टीस उठना 4 फलों आदि का पककर गदराना II (अ० क्रि०) धीरे-धीरे रोते हुए आँसू बहाना

टसकाना–(स० क्रि०) 1 खिसकाना 2 विचलित करना 3 आँसू बहाना

टसना–(अ० क्रि०) मसकना, दरकना

टसर–(पु०) 1 मटमैले पीले रंग का मोटा रेशम 2 ऐसे ही रेशम का बना हुआ कपड़ा

टसरी–(वि०) 1 टसर का बना हुआ 2 टसर जैसा मटमैला

टसुआ–*बो०* (पु०) आँसू, अश्रु

टहक–(स्त्री०) 1 टहकने की क्रिया 2 रह-रहकर दर्द होने की अवस्था

टहकना–(अ० क्रि०) 1 रह-रहकर दर्द होना 2 पिघलना 3 टक-टक शब्द करना

टहटहा–(वि०) 1 हरा-भरा, लहलहाता हुआ 2 टटका, ताज़ा

टहना–(पु०) बहुत बड़ी तथा मोटी टहनी

टहनी–(स्त्री०) वृक्ष की शाखा, डाली

टहल–(स्त्री०) सेवा-सुश्रूषा, ख़िदमत। **~टई** (स्त्री०) सेवा-सुश्रूषा; **~टकोर, टकोरी** (स्त्री०) = टहल

टहलना–(अ० क्रि०) धीरे-धीरे चलना, मंद गति से भ्रमण करना हवाख़ोरी करना। **~जाना** चुपचाप चले जाना

टहलनी–I (स्त्री०) 1 सेविका 2 मज़दूरनी

टहलनी–II (स्त्री०) दीये की बत्ती उसकाने की छोटी सींक

टहलाना–(स० क्रि०) चलाना, घुमाना-फिराना

टहलुआ–(पु०) सेवा करनेवाला व्यक्ति

टहलुई–(स्त्री०) = टहलनी I

टहलू–*बो०* (पु०) = टहलुआ

टही–*बो०* (स्त्री०) 1 थाक 2 छोटी-मोटी युक्ति

टहुआटारी–*बो०* (स्त्री०) चुगलख़ोरी

टहूका–(पु०) 1 पहेली 2 चुटकुला

टहोका–(पु०) 1 हाथ-पैर से किया गया हल्का आघात 2 ठेस 3 छटका

टाँक–I (स्त्री०) 1 चार माशे की एक तौल 2 अंश, हिस्सा II 1 टाँकने की क्रिया 2 लिखावट 3 क़लम का अगला भाग III मान, मूल्य आदि का अनुमान, कूत

टाँकना–(स० क्रि०) 1 सिलाई करके जोड़ना, सिलाई करके दृढ़ करना (जैसे-रज़ाई टाँकना) 2 सूई डोरे से सीकर लगाना (जैसे-बटन टाँकना) 3 सिल कूटना 4 स्मरण हेतु लिखना (जैसे-बही पर टाँकना)

टाँका–I (पु०) 1 सीवन (जैसे-कमीज़ के टाँके खुल गए) 2 सिलाई के दिखनेवाले चिह्न, निशान 3 टाँका लगाकर जोड़ा जानेवाला टुकड़ा, चकती 4 धातुओं का जोड़ 5 धातुएँ जोड़ने का मसाला 6 छेनी

टाँका–II (पु०) 1 हौज़ 2 कंडाल

टाँकाटूक–(वि०) तौल में ठीक-ठाक

टाँकी–I (स्त्री०) 1 छेनी 2 काटकर बनाया गया छेद 3 आरी का दाँत। **~बंद** (वि०) टाँके लगाकर जोड़ा हुआ

टाँकी–II (स्त्री०) = टाँका II

टाँग–(स्त्री०) 1 जाँघ से लेकर एड़ी तक का भाग 2 कुश्ती का एक पेंच जिसमें प्रतिद्वंद्वी की टाँग में टाँग अड़ाकर उसे चित गिराते हैं। **~अड़ाना** अनाधिकार हस्तक्षेप करना, बाधा डालना, दखल देना; **~उठाना** 1 जल्दी-जल्दी चलाना 2 प्रसंग करना; **~तले से निकलना** पराजय स्वीकार करना; **~पसारकर होना** 1 बे खटके सोना 2 निश्चिंत रहना

टाँगन–(पु०) छोटे क़द का घोड़ा, टट्टू

टाँगना–(स० क्रि०) 1 अटकाना (जैसे-खूँटी पर कपड़े टाँगना 2 फाँसी देना

टाँगा–I (पु०) कुल्हाड़ा II (पु०) दो ऊँचे पहियोंवाली एक घोड़ा गाड़ी

टाँगी–(स्त्री०) = टाँगा I

टाँच–(स्त्री०) 1 टाँचने की क्रिया 2 टाँका 3 चकूती 4 काटकर निकाला गया अंश 5 छीलन

टाँचना– (स० क्रि०) 1 टाँकना 2 सिलाई करना 3 काट-छाँट करना 4 उल्टी-सीधी बात कहकर काम में बाधा खड़ी करना

टाँचनी–(स्त्री०) टांकने का उपकरण

टाँची–I (स्त्री०) पतली लंबी थैली II (स्त्री०) = **टाँच**

टाँट–(पु०) खोपड़ी। ~**के बाल तक उड़ जाना** अत्यधिक दुर्दशा होना

टाँठा–I (वि०) कड़ा एवं नीरस II (वि०) = टाठा

टाँड़–I (स्त्री०) 1 सामान रखने के लिए बनी हुई लकड़ी या ईंट-सीमेंट की पाटन, आलमारी जैसा ढाँचा 2 मचान

टाँड़–II (स्त्री०) बाँह पर पहनने का एक गहना

टाँड़–III (पु०) 1 समूह राशि 2 टाँड़ा

टाँड़ा–I (पु०) 1 चौपायों का झुंड जिसपर व्यापारी सामान लादकर चलते हैं 2 चौपायों पर माल लादकर ले जाने की व्यवस्था 3 लादकर ले जाया जानेवाला सामान 4 पैदल यात्रियों, बंजारों, व्यापारियों आदि के दलों का प्रस्थान का दल 5 बंजारों व्यापारियों आदि का दल 6 ढेर

टाँड़ा–II (पु०) गन्ने की फ़सल में लगनेवाला हरा कीड़ा

टाँड़ी–(स्त्री०) = टिड्डी

टाँय-टाँय–(स्त्री०) कर्कश स्वर में कही गई निरर्थक बात, बक-बक। ~**फिस होना** लंबी चौड़ी बातों के बाद भी कोई परिणाम न निकलना

टाँस–(स्त्री०) नसों में तनाव और पीड़ा

टा–*सं०* (स्त्री०) 1 पृथ्वी 2 शपथ

टाइट–*अं०* (वि०) कसा हुआ

टाइटिल–*अं०* (स्त्री०) उपाधि शीर्षक। ~**पेज** (पु०) पुस्तक का आवरण पृष्ठ

टाइप–*अं०* (पु०) धातु आदि का वह टुकड़ा जिसपर कोई अक्षर या चिह्न खुदा हो। ~**कर्ता** + *सं०* (पु०) टाइप करनेवाला, टाइपिस्ट; ~**कर्त्री** + *सं०* (स्त्री०) टाइप करनेवाली महिला; ~**राइटर** (पु०) टंकण यंत्र; ~**राइटिंग** (स्त्री०) टाइप करना;

टाइपिंग–*अं०* (स्त्री०) टाइप करना

टाइपिस्ट–*अं०* (पु०) टंकक

टायफ़ायड–*अं०* (पु०) = टायफ़ायड

टाइफ़ोन–*अं०* (पु०) प्रचंड तूफ़ान, बवंडर

टाइम–*अं०* (पु०) समय। ~**कीपर** (पु०) मज़दूरों के समय का हिसाब करनेवाला; ~**टेबुल** (पु०) समय सारिणी; ~**पीस** (स्त्री०) छोटी घड़ी जो मेज़ आदि पर रखी जाती है

टाइल–*अं०* (स्त्री०) 1 (छत पर) खपड़ा 2 (फ़र्श पर) चौका

टाई–*अं०* (स्त्री०) कपड़े की वह पट्टी जिसे गले में कमीज़ के कालर के ऊपर बाँधा जाता है तथा जिसके दोनों सिरे सामने लटकते रहते हैं, कंठबंध। ~**कालर** (पु०) टाई बाँधने का कालर; ~**पिन** (स्त्री०) टाई में लगाई जानेवाली पिन

टाउन–*अं०* (पु०) नगर। ~**हाल** (पु०) नगर का सार्वजनिक भवन, नगर भवन

टाकिज़–*अं०* (पु०) (बोलता) सिनेमा

टाकी-फ़िल्म–*अं०* (स्त्री०) बोलपट सिनेमा

टाकी-हाउस–*अं०* (पु०) बोलपट सिनेमाघर

टाकू–*बो०* (पु०) तकला, टकुआ

टाट–(पु०) 1 पटसन का बना मोटा कपड़ा 2 मोटा कपड़ा 3 बिरादरी 4 महाजन की गद्दी। ~**बाफ़ी** + *फ़ा०* (स्त्री०) 1 टाट बुनने का काम 2 कलाबत्तू का काम; ~**जूता** + *फ़ा०* + *हिं०* (पु०) कामदार जूता; ~**बोरा** (पु०) = टाट; ~**उलटना** दिवाला निकलना

टाटर–(पु०) 1 दे० टट्टर 2 ठठरी, खोपड़ी

टाठ–(पु०) 1 बड़ी थाली 2 बटुआ, बटलोई

टाठा–I (वि०) 1 मोटा-ताज़ा, हृष्ट-पुष्ट 2 उग्र, विकट II = टाँठा

टान–I (स्त्री०) 1 तनाव, खिंचाव 2 आकर्षण 3 मुद्रण में काग़ज़ पर पड़ी छाप 4 सितार बजाने का ढंग II (स्त्री०) = **टाँड** III (पु०) टान, मचान

टानना–(स० क्रि०) 1 तानना 2 खींचना 3 काग़ज़ पर कुछ छापना

टानिक–*अं०* (पु०) *चि०* पोषक तत्त्वों से बनी स्वास्थ्यवर्द्धक दवाई

टाप–(स्त्री०) 1 खुर का निचला हिस्सा 2 खुर के ज़मीन पर आघात होने से उत्पन्न शब्द

टापड़–(पु०) ऊसर मैदान

टापना–(अ० क्रि०) 1 टाप मारना जिससे टप-टप शब्द हो, कूद करना 2 लांघना, पार करना

टापा–(पु०) 1 मैदान 2 झाबा 3 उछाल

टापू–(पु०) ज़मीन का वह भाग जो चारों ओर जल से घिरा हो, द्वीप

टॉप्स–*अं०* (पु०) कान का एक गहना

टॉफ़ी–*अं०* (स्त्री०) एक मिठाई

टाबर–I (पु०) 1 बाल-बच्चे, संतान 2 परिवार II छोटा जलाशय 2 झील

टामन–(पु०) तंत्रविधि, टोटका

टामी–*अं०* (पु०) सेना का साधारण विशेषतः गोरा सिपाही

टायफ़ायड–*अं०* (पु०) मियादी बुखार

टायर –*अं०* (पु०) पहिए पर चढ़ाने की एक खोखली वस्तु (जैसे-मोटर का टायर जल गया)

टायलेट–*अं०* (स्त्री०) 1 प्रसाधनगृह 2 शौचालय, शौचगृह

टार–*सं०* (पु०) 1 घोड़ा 2 लौंडा 3 दलाल, कुटना

टारना–(स० क्रि०) = टालना

टारपीडो–*अं०* (पु०) स्वतः चालित विध्वंसक पनडुब्बी। ~**बोट** (स्त्री०) स्वत चालित पनडुब्बी नौका; ~**वाहक** + *सं०* (वि०) पनडुब्बी ले जानेवाला (जैसे-टारपीडो वाहक हवाई जहाज़)

टार्च–*अं०* (स्त्री०) बैटरी की मशाल

टार्टर–*अं०* (पु०) 1 अट्टाल, ढेर 2 दांतों पर जमी मैल

टाल–I (स्त्री०) 1 लकड़ी, पुआल आदि का ढेर, अटाला 2 लकड़ी, पुआल आदि की दुकान

टाल–II (स्त्री०) 1 बहाना 2 टरकाने की क्रिया। ~**टूल**, ~**मटूल**, ~**मटोल** (स्त्री०) 1 बहानेबाज़ी, हीला-हवाला 2 बार-बार टालने की क्रिया

टाल–III (स्त्री०) = टाली I

टाल–IV (पु०) औरतों का दलाल, कुटना

टालना–(स० क्रि०) 1 खिसकाना, हटाना 2 टरकाना 3 स्थगित कर देना 4 उल्लंघन करना, उपेक्षा करना

टाल-मटूल–(स्त्री०) बहानेबाज़ी

टाला–(वि०) आधा । ~**टूली** (स्त्री०) = टाल-मटूल

टाली–I (स्त्री०) 1 गाय-बैल आदि के गले में बाँधने की घंटी 2 बहुत चंचल बछिया II आठ आने का सिक्का

टाहली–*बो०* (पु०) = टहलुआ

टिंचर–*अं०* (पु०) रंजक द्रव्य, घोल

टिंड–I*बो०* (पु०) रहट में लगा हुआ धातु आदि का वह पात्र जिसके द्वारा कुएँ का पानी सिंचाई हेतु खींचकर बाहर निकाला जाता है II (पु०) घुटा, मूंड़ा हुआ सिर

टिंडा–(पु०) 1 एक लता जिसके छोटे गोल फलों की तरकारी बनाई जाती है 2 ऐसी लता का फल

टिंडी–(स्त्री०) 1 हल की मुठिया 2 वह खूँटा जिसे पकड़कर चक्की का पाट घुमाया जाता है

टिकई–(वि०) टीका लगा हुआ

टिकट–*अं०* (पु०) निश्चित मूल्य पर दिया जानेवाला काग़ज़, दफ़्ती आदि का टुकड़ा (जैसे-रेल टिकट, सिनेमा टिकट)। **~कलक्टर** (पु०) 1 रेल आदि का टिकट इकट्ठा करनेवाला कर्मचारी 2 टिकट संग्रहक; **~घर** + *हिं०* (पु०) वह स्थान जहाँ टिकट प्राप्त होता हो, बुकिंग आफिस; **~चेकर** (पु०) टिकट चेक करनेवाला, टिकट की जाँच पड़ताल करनेवाला; **~दर** + *हिं०* (स्त्री०) टिकट का मूल्य; **~परीक्षक** + *सं०* (पु०) = टिकट-चेकर; **~बाबू** + *हिं०* (पु०) टिकट देनेवाला कर्मचारी; **~संग्रहण** + *सं०* (पु०) टिकट इकट्ठा करना; **~संग्रही** + *सं०* (पु०) टिकट इकट्ठा करनेवाला

टिक-टिक–(स्त्री०) 1 घड़ी के चलते समय उसमें से उत्पन्न होनेवाला शब्द 2 घोड़े आदि को हांकने के लिए किया जानेवाला शब्द

टिकटिकी–(स्त्री०) 1 टकटकी 2 अपराधी को बाँधकर बेंत लगाने के लिए बना हुआ ढाँचा

टिकठी–(स्त्री०) 1 अरथी 2 फाँसी का तख़्ता 3 तिपाई

टिकड़ा–(पु०) 1 चिपटा गोल टुकड़ा 2 जड़ाऊ गहने में लगा गोल या चौकोर टुकड़ा 3 आँच पर पकाई गई चिपटी मोटी रोटी

टिकना–(अ० क्रि०) 1 ठहरना 2 कुछ समय के लिए वास करना 3 अड़ना 4 विशेष अवधि तक काम देना 5 जमना 6 युद्ध में डटना

टिकरी–(स्त्री०) 1 बेसन और मैदे की टिकियों को एक में बेलकर एवं घी में तलकर बनाया गया नमकीन पकवान 2 टिकिया

टिकली–I (स्त्री०) 1 माथे पर लगाई जानेवाली काँच आदि की छोटी टुकड़ी, बिंदी 2 टीका नामक आभूषण II छोटी टिकिया III तकली

टिकस–*अं०* (पु०) टैक्स, कर

टिकाऊ–(वि०) टिकनेवाला

टिकान–(स्त्री०) 1 टिकने की क्रिया 2 पड़ाव

टिकाना–(स० क्रि०) 1 ठहराना 2 वास के लिए स्थान देना 3 सहारे पर खड़ा करना, अड़ाना

टिकाव–(पु०) 1 टिके होने की अवस्था 2 स्थिरता 3 टिकने का स्थान 4 पड़ाव

टिकिया–I (स्त्री०) 1 ठोस पदार्थ का गोला और चिपटा टुकड़ा, बटी (जैसे-दवा की टिकिया) 2 बाटी, लिट्टी

टिकिया–II (स्त्री०) 1 माथा, ललाट 2 माथे पर लगी बिंदी

टिकुरी–(स्त्री०) = टिकली (तकली)

टिकुली–*बो०* (स्त्री०) माथे पर लगाई जानेवाली धातु आदि की बनी बिंदी, टिकली

टिकैत–(पु०) 1 राजा के बाद तिलक का अधिकारी होनेवाला राजकुमार, युवराज 2 अधिष्ठाता

टिकोरा–*बो०* (पु०) आम का कच्चा छोटा फल

टिक्कड़–(पु०) 1 बाँटी 2 बड़ी टिकिया

टिक्का–(पु०) 1 टिकड़ा 2 टीका

टिक्की–*बो०* (स्त्री०) 1 छोटी पूरी या छोटी रोटी 2 छोटी टिकिया 3 ताश के पत्ते पर की बूँटी, बुँदकी 4 अँगूठे आदि का किसी रंग से बना निशान, टिप्पी

टिख-टिख–(स्त्री०) = टिक-टिक

टिघलना–(अ० क्रि०) पिघलना (जैसे-घी टिघलना)

टिघलाना–(स० क्रि०) पिघलाना (जैसे-आँच पर घी टिघलाना)

टिचन–(वि०) 1 दुरुस्त, बिलकुल ठीक 2 तैयार, उद्यत

टिटकारना–(स० क्रि०) टिक-टिक ध्वनि करते हुए घोड़े को हाँकना

टिटकारी–(स्त्री०) 1 टिक-टिक करने की क्रिया 2 मुँह से निकलनेवाला टिक-टिक शब्द

टिटिहरी–(स्त्री०) पानी के किनारे रहनेवाली एक चिड़िया, कुररी

टिटिहा–(पु०) नर टिटिहरी। **~रोर** (पु०) 1 टिटिहरी के बोलने का शब्द 2 व्यर्थ का हल्ला-गुल्ला

टिट्टिभ–*सं०* (पु०) टिटिहरी, कुररी (स्त्री० टिट्टिभी)

टिड्डा–(पु०) उड़नेवाला बड़ा फतिंगा

टिड्डी–(स्त्री०) 1 दल बाँधकर उड़नेवाला बड़ा फतिंगा जो फसल को नष्ट कर देता है 2 घरों में रहनेवाला छोटा कीड़ा जो कपड़ों आदि को खाता है। **~दल** (पु०) बड़ा झुंड

टिड़-बिंगा–(वि०) टेढ़ा-मेढ़ा

टिन–*अं०* (पु०) 1 कनस्तर 2 कलई की हुई लोहे की चद्दर 3 राँगा। **~बंद** + *फ़ा०* (वि०) जो टिन में बंद किया गया हो (जैसे-टिन-बंद मांस, टिन-बंद फल); **~बंदी** + *फ़ा०* (स्त्री०) टिन में बंद करने का काम; **~शेड** (पु०) ऐसा स्थान जिसके ऊपर टिन की छत हो

टिन्नाना–(अ० क्रि०) क्रुद्ध होना

टिप–(स्त्री०) सर्पदंश से रक्त में विष फैलने की अवस्था

टिपकारी–(स्त्री०) ईंटों के रद्दे की सीमेंट से भराई

टिप-टिप–I (स्त्री०) 1 जल की बूँदें गिरने से होनेवाला शब्द 2 छोटी-छोटी बूँदों के रूप में होनेवाली हल्की वर्षा II (क्रि० वि०) टिप टिप शब्द करते हुए (जैसे-टिप-टिप पानी बरसना)

टिपवाना–I (स० क्रि०) 1 दबवाना 2 लिखवाना II (स० क्रि०) प्रहार कराना

टिपाई–(स्त्री०) 1 टीपना, आँकना 2 टीपने का पारिश्रमिक 3 चित्रकला में आकृतियों आदि की आरंभिक रूप-रेखा अंकित करने की क्रिया 3 दे० टीप

टिपारा–(पु०) तिकोनी टोपी

टिपुर–(पु०) 1 अभिमान, घमंड 2 आडंबर, ढोंग

टिप्पण–*सं०* (पु०) नोट

टिप्पणी–*सं०* (स्त्री०) 1 संक्षिप्त रूप में लिखने की क्रिया 2 संक्षिप्त रूप में लिखा गया लेख, नोट 3 संक्षिप्त विचार,

उपकथन 4 संक्षिप्त टीका ~**कार** (पु०) टिप्पणी करनेवाला

टिप्पन–(पु०) 1 टीका 2 व्याख्या 3 जन्मपत्री

टिप्पस–*बो०* (स्त्री०) 1 युक्ति, उपाय 2 प्रयोजन सिद्धि का ढंग

टिप्पी–(स्त्री०) = टिक्की

टिफ़न, टिफ़िन–*अं०* (पु०) खाना। ~**दान** + *फ़ा०* (पु०) भोजन पात्र

टिब्बरी–*बो०* (स्त्री०) पहाड़ की छोटी चोटी

टिब्बा–(पु०) ढूह, टीला, भीटा

टिमटिमाना–(अ० क्रि०) 1 रह-रहकर हल्का प्रकाश होना 2 बुझने से पहले रह-रहकर हल्का प्रकाश देना

टिमटिमाहट–(स्त्री०) रह-रहकर होनेवाला प्रकाश

टिमाक–(स्त्री०) 1 बनाव-शृंगार 2 ठसक

टिमिला–(पु०) छोकरा, लड़का

टिम्पा–*बो०* (वि०) छोटे डील-डौलवाला, ठिगना, नाटा

टियर-बम–*अं०* (पु०) आँसू बम, अश्रु गैस का गोला

टिरफिस–(स्त्री०) 1 तुच्छ कोटि का प्रतिवाद 2 व्यर्थ का टर्रापन

टिर्राना–*बो०* (अ० क्रि०) = टर्राना

टिरिकबाज़ी– + *फ़ा०* (स्त्री०) चालाकी

टिलटिली–(स्त्री०) पतला दस्त फिरने की क्रिया

टिलवा–(पु०) 1 ठिंगना आदमी 2 चापलूस आदमी

टिलिया–*बो०* (स्त्री०) 1 छोटी मुर्गी 2 मुर्गी का बच्चा

टिल्ला–I (पु०) 1 चोट 2 धक्का II (वि०) = निठल्ला

टिल्लेनवीसी–*हिं०* + *फ़ा०* (स्त्री०) 1 निम्न कोटि की सेवा 2 निठल्लापन 3 टालमटोल, बहाने बाज़ी

टिल्लेबाज़– + *फ़ा०* (स्त्री०) 1 निठल्ला 2 बहानेबाज़

टिल्लेबाज़ी– + *फ़ा०* (स्त्री०) 1 निठल्लापन 2 बहानेबाज़ी

टिहुकना–(अ० क्रि०) 1 ठिठकना 2 चौंकना

टिहुनी–*बो०* (स्त्री०) 1 घुटना 2 कोहनी

टी–*अं०* (स्त्री०) चाय। ~**कोज़ी** (स्त्री०) केतली ढकने का आवरण; ~**हाउस** (पु०) चाय घर

टीक–(स्त्री०) 1 माथे पर पहनने का टीका नामक आभूषण 2 गले में पहनने का आभूषण

टीकन–(पु०) = टेकन

टीकना–(स० क्रि०) 1 तिलक लगाना 2 संकेत के लिए बिंदी लगाना

टीका–(पु०) 1 माथे का तिलक 2 विवाह के पूर्व की एक रस्म, तिलक, सगाई 3 राज तिलक 4 सूई द्वारा शरीर में औषध प्रवेश करने की क्रिया (जैसे-चेचक का टीका) 5 भेंट, नज़राना

टीका–*सं०* (स्त्री०) अर्थ का विवरण, व्याख्या (जैसे-रामायण की टीका)। ~**कार** (पु०) टीका करनेवाला व्यक्ति, भाष्यकार; ~**टिप्पणी** (स्त्री०) गुण-दोष आदि का विवेचन, समीक्षा

टीड़ी–(स्त्री०) = टिड्डी

टीन–*अं०* (पु०) = टिन। ~**बंद** + *फ़ा०* (वि०) = टिनबंद; ~**साज़** + *फ़ा०* (पु०) टिन बनानेवाला

टीप–I (स्त्री०) 1 टीपना 2 ठोकने पीटने की क्रिया 3 ईंटों की बनी दीवार और फ़र्श की संधियों में मसाला भरकर बंद करने का काम 4 ऊँचा स्वर 5 तार-सप्तक में से किसी एक पर अल्पकालीन ठहराव। ~**टाप** (स्त्री०) 1 टीप करने का काम 2 ठाट-बाट, सजवट

टीप–II (स्त्री०) 1 जन्मपत्री 2 हुंडी 3 दस्तावेज़ 4 टिप्पणी। ~**दार** + *फ़ा०* (वि०) 1 जो जन्मपत्री बनाता हो 2 जो टिप्पणी आदि करता हो

टीपन–I (स्त्री०) कंकड़ आदि चुभने से पड़नेवाली गाँठ, घट्ठा II (स्त्री०) जन्मपत्री

टीपना–I (स० क्रि०) 1 दबाना, मसलना 2 हल्का आघात करना, प्रहार करना 3 ईंट निर्मित दीवार एवं फ़र्श की संधियों में मसाला भरना 4 उच्चारण करना 5 ऊँचे सुर में गाना II 1 लिखना (जैसे-हिंदी की परीक्षा में मैंने दस पन्ने टीप दिए) 2 अंकित करना, निशान लगाना

टीबा–(पु०) = टीला

टीम–*अं०* (स्त्री०) 1 टोली (जैसे-भारत की हॉकी टीम) 2 दल (जैसे-पर्वतारोही टीम वहाँ तक पहुँच गई)

टीम-टाम–(स्त्री०) 1 ऊपरी बनाव-शृंगार 2 तड़क-भड़क 3 व्यर्थ का आडंबर, दिखावा

टीला–(पु०) 1 मिट्टी या बालू का ऊँचा ढेर, ढूह 2 छोटी पहाड़ी

टीस–(स्त्री०) सहसा रह-रहकर उठनेवाली पीड़ा, हूल, कसक

टीसना–(अ० क्रि०) रह-रहकर तीव्र पीड़ा होना

टुंग्स्टन–*अं०* (पु०) = टंग्सटन

टुंच–I (वि०) 1 क्षुद्र, तुच्छ 2 दे० टुच्चा II (स्त्री०) बहुत ही थोड़ा धन, अत्यल्प पूँजी

टुंटा, टुंड, टुंडा –I (वि०) 1 जिसकी डाल या पत्तियाँ कटकर या झड़कर गिर गई हों 2 जिसका एक या दोनों हाथ कटा हो 3 जिसका एक या दोनों सींग टूट कर अलग हो गया हो 4 जिसका कोई अंग खंडित हो II (पु०) 1 ठूँठ वृक्ष 2 लूला 3 एक सींगवाला पशु

टुंडी–I (स्त्री०) नाभि, ढोंढी II बाँह, मुश्क

टुईंयाँ–I (पु०) एक तरह का छोटा तोता II (वि०) 1 बहुत छोटा 2 ठिंगना, नाटा

टुक–I (वि०) ज़रा सा, थोड़ा II (क्रि० वि०) ज़रा, तनिक III (पु०) टुकड़ा

टुक-टुक–(क्रि० वि०) टुकुर-टुकुर

टुकड़खोर–*हिं०* + *फ़ा०* (वि०) टुकड़ा माँगकर खानेवाला

टुकड़ गदा–I*हिं०* + *फ़ा०* (वि०) रोटी के टुकड़े माँगनेवाला II (पु०) भिखारी, मँगता

टुकड़ गदाई–I*हिं०* + *फ़ा०* (स्त्री०) टुकड़े माँगना, भिखारीपन II (वि०) = टुकड़गदा

टुकड़तोड़–(पु०) आश्रित व्यक्ति

टुकड़ा–(पु०) 1 वस्तु का खंड (जैसे-ईंट, पत्थर आदि का टुकड़ा) 2 ज़मीन या खेत का एक भाग (जैसे-खेत के इस टुकड़े में तरबूज बोया गया है)। ~**तोड़ जवाब देना** साफ़-साफ़ इनकार कर देना; **टुकड़े तोड़ना** दूसरे के दिए गए भोजन पर गुज़र करना; **टुकड़ों पर पड़ना, पलना** पराश्रित रहना

टुकड़ी–(स्त्री०) 1 छोटा टुकड़ा 2 छोटा झुंड 3 सैनिकों का छोटा दल, कंपनी

टुकनी–*बो०* (स्त्री०) = टोकनी (टोकरी)

टुकुर-टुकुर–(क्रि० वि०) 1 ललचाई हुई नज़र से 2 विवशता की दशा में

टुक्कड़–*बो०* (पु०) रोटी का टुकड़ा

टुक्का–(पु०) अंश, टुकड़ा। **~सा जवाब देना** कोरा जवाब देना

टुघलाना–(स० क्रि०) = चुभलाना

टुच्चा–(वि०) 1 ओछा, कमीना 2 दुष्ट 3 अनुचित एवं हेय (जैसे-टुच्ची बात कहना)

टुटका– *बो०* (पु०) = टोटका

टुटनी–(स्त्री०) झाड़ी की टोंटी

टुटपुँजिया–(वि०) बहुत कम पूँजीवाला। **~पन** (पु०) कम पूँजी होने की अवस्था

टुटरूँ–(पु०) पेंडुकी नामक चिड़िया। **~टूँ** I (स्त्री०) पेंडुकी के बोलने का शब्द II (वि०) 1 एकदम अकेला 2 बहुत कम 3 दुबला-पतला 4 तुच्छ, हीन

टुटियल–(वि०) 1 जो टूटा-फूटा हो, जर्जर 2 कमज़ोर, दुर्बल 3 टुटपुँजिया

टुड़ी–I (स्त्री०) नाभि II (स्त्री०) टुकड़ी

टुथ-पाउडर–*अं०* (पु०) दंत मंजन

टुथ-पेस्ट–*अं०* (पु०) दंत मंजन लेप

टुनगी–(स्त्री०) 1 फुनगी 2 टहनी का सिरा

टुन-टुन–(स्त्री०) मोटी और थुलथुल औरत

टुनटुनाना–(अ० क्रि०) घंटी की आवाज़ होना

टुनहाया–(पु०) टोनहा

टुनियाँ–(स्त्री०) टोंटीदार मिट्टी का छोटा पात्र

टुन्ना–(पु०) वह डंठल जिसमें फल लगता है

टुपकाना– *बो०* (स० क्रि०) 1 धीरे से काटना 2 डंक मारना 3 झगड़ा लगानेवाली बात धीरे से कह देना

टुम्मा–(पु०) कच्ची रसीद

टुर्रा–(पु०) 1 ज़मा हुआ ठोस टुकड़ा 2 मोटे अन्न का बड़ा दाना 3 कण, टुकड़ा (जैसे-नमक का टुर्रा)

टुसकना–(अ० क्रि०) = टसकना II

टूँगना–(स० क्रि०) काटना, कुतरना

टूँड़–(पु०) 1 जौ, गेहूँ, धान आदि की बाल में ऊपर की ओर निकला हुआ नुकीला भाग 2 मच्छर आदि कीड़ों के मुँह के आगे सूँड़ की तरह निकली हुई पतली नली

टूँड़ी–(स्त्री०) 1 गाजर, मूली आदि की नोंक 2 लंबी नोंक 3 नाभि

टूक– *बो०* (पु०) टुकड़ा, खंड। **दो टूक जवाब देना** साफ़ इंकार कर देना

टूका– *बो०* (पु०) टुकड़ा

टूट, टूटन–(स्त्री०) 1 टूटने की क्रिया 2 टूटने या कटने पर निकला हुआ अंश 3 भूल-चूक कमी, त्रुटि। **~दार** (वि०) मोड़ा जानेवाला

टूटना–(अ० क्रि०) 1 खंडित होना, भग्न होना (जैसे-पेड़ की डाल टूट गई) 2 हड्डी का जोड़ अलग होना (जैसे-उसका पैर टूट गया) 3 गति का रुक जाना 4 इस प्रकार खंडित हो जाना कि पुनः काम के योग्य न हो (जैसे-मकान की छत टूटना) 5 अलग होना (जैसे-गवाह का टूटना) 6 संबंध विच्छेद होना (जैसे-रिश्ता टूटना) 7 कार्य-व्यवहार का बंद हो जाना (जैसे-पाठशाला टूट गई) 8 व्यतिक्रम उत्पन्न होना (जैसे-खाँसते-खाँसते दम टूटना, व्रत, उपवास टूटना) 9 शक्ति का ह्रास होना (जैसे-लंबे बुखार से शरीर टूट गया) 10 मनोदशा का सबल एवं स्वस्थ न होना (जैसे-दिल टूटना) 11 दल-बल के साथ आ धमकना (जैसे-फ़ौज अचानक दुश्मन पर टूट पड़ी) 12 जुटना (जैसे-गिद्धों का मांस पर टूटना) 13 अनायास अत्यधिक मात्रा में प्राप्त होना 14 भुनना (जैसे-सौ का नोट टूटना)

टूटा–(वि०) खंडित। **~फूटा** (वि०) 1 जीर्ण-शीर्ण 2 सामान्य कोटि का। **टूटी-फूटी अवस्था** बर्बादी की हालत; **टूटी-फूटी बात** व्यर्थ की बात, निरर्थक कथन

टूटी–(स्त्री०) = टोंटी

टूथ पाउडर–*अं०* (पु०) = टुथ पाउडर

टूम–(स्त्री०) 1 आभूषण, गहना 2 बनाव-शृंगार, सजावट। **~छल्ला** (पु०) छोटे-छोटे गहने; **~टाम** (स्त्री०) सजावट की सामग्री, साज-शृंगार का सामान

टूरनामेंट–*अं०* (पु०) खेलों की प्रतियोगिता का आयोजन

टूल–*अं०* (पु०) औज़ार। **~बाक्स** (पु०) औज़ार रखने का बक्सा; **~मेकर** (पु०) औज़ार बनानेवाला

टें–(स्त्री०) 1 तोते की बोली 2 कर्कश स्वर। **~टें** (स्त्री०) व्यर्थ की बात, बकवाद; **~बोलना** चट-पट मर जाना; **~टें फिस्स होना** दे० टाँय-टाँय फिस

टेंकी–(स्त्री०) शुद्ध जाति का एक राग

टेंघुना– *बो०* (पु०) = घुटना

टेंघुनी–(स्त्री०) कोहनी

टेंट–I (स्त्री०) धोती का कमर में मुड़ा हुआ हिस्सा II *अं०* (पु०) खेमा

टेंटुवा–(पु०) 1 गर्दन, नटई, 2 घाँटी

टेंडर–*अं०* (पु०) ठेके के लिए पेशकश, निविदा। **~कर्ता** + *सं०* (पु०) ठेके के लिए पेशकश करनेवाला; **~नोटिस** (स्त्री०) निविदा सूचना

टेंपेरेचर–*अं०* (पु०) 1 ताप 2 तापक्रम

टेउकी– *बो०* (स्त्री०) = टेवकी

टेक–(स्त्री०) 1 सहारा 2 हठ 3 आदत 4 संकल्प, प्रतिज्ञा। **~बंदी** + *फ़ा०* (स्त्री०) ज़िद; **~पकड़ना** हठ करना, आग्रह करना

टेकड़ी–(स्त्री०) = टेकरी

टेकन–(पु०) चाँड़, थूनी

टेकना–(स० क्रि०) 1 सहारा लेना 2 सहारे के लिए कोई वस्तु पकड़ना 3 थाम लेना 4 हठ पकड़ना, हठ करना

टेकनी–(स्त्री०) टेक लगाने की छड़ी

टेकनोलाजिस्ट–*अं०* (पु०) प्रौद्योगिकीविद्

टेकनोलाज़ी–*अं०* (स्त्री०) प्रौद्योगिकी

टेकरा–(पु०) प्राकृतिक रूप से ऊँची उठी हुई भूमि, छोटी सी पहाड़ी, टीला

टेकरी–(स्त्री०) ढूह, ऊँची भूमि, भीटा

टेकान–(पु०) 1 टेके जाने की अवस्था 2 टेक, चाँड़

टेकाना–(स० क्रि०) 1 सहारा देना 2 हाथ का सहारा देना, थामना

टेकानी– *बो०* (स्त्री०) 1 टेक 2 भारी वस्तु का कुछ किसी

आधार पर स्थित करना 3 बैलगाड़ी का जूआ 4 पहिये को गिरने से रोकने वाली धुरी की कील

टेकी–(वि०) 1 टेक पर अड़ा रहनेवाला 2 ज़िद्दी

टेकुआ– *बो०* (पु०) 1 तकला 2 टेकानी

टेकुरी–(स्त्री०) 1 सूत कातने की तकली 2 चरखे में का तकला 3 सूजा 4 रेशम फँसाने की फिरकी 5 मूर्ति का तल चिकना करने का औज़ार

टेक्सी–*अं०* (स्त्री०) भाड़े का वाहन (मोटर)। ~**ड्राइवर** (पु०) टेक्सी चालक; ~**स्टैंड** (पु०) टेक्सी अड्डा

टेढ़–(स्त्री०) 1 टेढापन, वक्रता 2 उजड्डपन 3 दुष्टता

टेढ़ा–(वि०) 1 जो सीधा न हो, वक्र, झुका हुआ 2 कुटिल, बाँका 3 कठिन, दुः साध्य (जैसे-टेढ़ा काम) 4 विनय रहित, अनम्र, उद्दंड 5 पेचीदा। ~**पन** (पु०) टेढ़ा होने की अवस्था, टेढ़ाई; ~**मेढ़ा** (वि०) 1 घुमाव-फिराववाला 2 जो कठिन हो; ~**पड़ना** रुखाई से बात करना; **टेढ़ी आँख से देखना** शत्रुता भाव से देखना; **टेढ़ी-सीधी सुनाना** बुरा-भला कहना

टेढ़े, टेढ़े-मेढ़े–(क्रि० वि०) तिरछे, टेढ़ेपन के साथ

टेना–(स० क्रि०) 1 रगड़ना 2 धार तेज़ करना 3 उमेठना (जैसे-मूँछ के बाल टेना)

टेनिस–*अं०* (पु०) गेंद का एक विदेशी खेल

टेनी– *बो०* (स्त्री०) 1 सबसे छोटी उँगली, कानी 2 एक प्रकार की छोटी चिड़िया

टेप–*अं०* (पु०) फीता। ~**रिकार्ड** (पु०) टेप पर अंकित आलेख, गाना आदि; ~**रिकार्डर** (पु०) टेप पर रिकार्ड करने की मशीन

टेबुल–*अं०* (पु०) मेज़। ~**क्लाथ** (पु०) मेज़पोश; ~**घड़ी** + *हिं०* (स्त्री०) = टाइम पीस; ~**नैप्किन** (पु०) मेज़ पर रखा जानेवाला रुमाल; ~**पंखा** + *हिं०*, ~**फ़ैन** (पु०) मेज़ पर रखने का पंखा; ~**लैंप** (पु०) मेज़ पर रखा जानेवाला लैम्प

टेम–I (स्त्री०) दीये की लौ, दीपशिखा II (पु०) = टाइम *अं०* (समय)

टेम्पू–*अं०* (पु०) छोटी मोटर-गाड़ी

टेर–(स्त्री०) 1 पुकार, हाँक 2 ऊँचा स्वर, तान

टेरना–I (स० क्रि०) 1 चिल्लाकर पुकारना 2 ऊँचा स्वर निकालना (जैसे-वंशी टेरना) II टालना, टरकाना

टेरा–(वि०) ऐंचाताना

टेराकोटा–*अं०* (पु०) मृणमूर्ति

टेरीलीन–*अं०* (पु०) कृत्रिम तागों का एक चमकदार कपड़ा

टेलर–*अं०* (पु०) दर्ज़ी

टेलिग्राफ–*अं०* (पु०) विद्युत से समाचार भेजने का साधन, तार, दूरलेख

टेलिग्राम–*अं०* (पु०) तार द्वारा भेजी गई ख़बर

टेलिफ़ोन–*अं०* (पु०) वह यंत्र जिसमें तार के संबंध से दूर के शब्द ज्यों के त्यों सुनाई देते हैं, दूरभाष

टेलिविज़न–*अं०* (पु०) दृश्य प्रतिबिंबों का लघु रेडियो तरंगों द्वारा प्रेषण तथा दूरस्थ **स्टेशन** पर उन्हीं प्रतिबिंबों का पुनर्निर्माण, दूरदर्शन

टेलीग्राफ़–*अं०* (पु०) = टेलिग्राफ़

टेलीग्राम–*अं०* (पु०) = टेलिग्राम

टेलीटाइप–*अं०* (पु०) तार भेजने पाने का टंकण यंत्र

टेलीपैथी–*अं०* (स्त्री०) मनस्संचार

टेलीप्रिंटर–*अं०* (पु०) तार भेजने पाने का यंत्र

टेलीफ़ोटोग्राफ़ी–*अं०* (स्त्री०) टेलीफ़ोन द्वारा दूर का चित्रण

टेलीफ़ोन–*अं०* (पु०) = टेलिफ़ोन। ~**एक्सचेंज** (पु०) दूरभाष-केन्द्र; ~**निदेशिका** + *सं०* (स्त्री०) दूरभाष नाम पुस्तिका डायरेक्टरी

टेलीविज़न–*अं०* (पु०) = टेलिविज़न। ~**कार्यक्रम** + *सं०* (पु०) दूरदर्शन प्रोग्राम; ~**केंद्र** + *सं०* (पु०) दूरदर्शन केंद्र; ~**प्रसारण** + *सं०* (पु०) दूरदर्शन द्वारा कार्यक्रम का प्रसारण ~**प्रोग्राम** (पु०) = टेलीविज़न कार्यक्रम; ~**सेट** (पु०) दूरदर्शन ~**स्टेशन** (पु०) दूरदर्शन केन्द्र

टेलीस्कोप–*अं०* (पु०) दूरदर्शक यंत्र, दूरबीन

टेलेक्स–*अं०* (पु०) 1 टेलिप्रिंटर पर टेलीफ़ोन का संदेश अंकित करनेवाला यंत्र 2 दो तरफ़ा टेलीप्रिंटर संचार व्यवस्था

टेव–(स्त्री०) आदत, बान

टेवकी–(स्त्री०) टेक

टेवना– *बो०* (स० क्रि०) = टेना

टेवा–(पु०) 1 छोटी जन्मपत्री 2 लग्नपत्री, कुंडली

टेवैया– *बो०* (वि०) 1 टेनेवाला 2 उमेठनेवाला (जैसे-मूँछ टेवैया)

टेसू–(पु०) पलाश जाति का पौधा और फूल

टेस्ट–I *अं०* (पु०) *चि०* स्वास्थ्य की परीक्षा II परीक्षण

टैंक–*अं०* (पु०) 1 तालाब 2 हौज़ 3 एक तरह का बड़ा युद्धयान जिस पर तोपें लगी होती हैं। ~**ची** + *तु०* (पु०) छोटा टैंक; ~**तोड़** + *हिं०* (वि०) टैंक को नष्ट करनेवाला; ~**दस्ता** + *फ़ा०* (पु०) टैंक चलानेवाली टुकड़ी; ~**भेदी** + *सं०* (वि०) = टैंकतोड़; ~**युद्ध** + *सं०* टैंकों द्वारा लड़ाई; ~**विरोधी** + *सं०* (वि०) प्रतिटैंक यंत्र; ~**सिपाही** + *फ़ा०* (पु०) टैंक पर रहनेवाला सैनिक; ~**सेना** + *सं०* (स्त्री०) टैंकों से युद्ध करनेवाली फ़ौज; ~**सैनिक** + *सं०* (पु०) = टैंक सिपाही

टैंकर–*अं०* (पु०) तेल-यान

टैक्स–*अं०* (पु०) 1 कर, महसूल 2 शुल्क

टैक्सी–*अं०* (स्त्री०) = टेक्सी

टैनरी–*अं०* (स्त्री०) चमड़ा कमाने का कारख़ाना

टैबलेट–*अं०* (पु०) दवा की टिकिया

टैरिफ़–*अं०* (पु०) शुल्क-सूची

टोंक–I (पु०) = टोका (सिरा) II *बो०* (स्त्री०) = टोक

टोंचना–(स० क्रि०) 1 सिलाई करना, सीना 2 गड़ाना, चुभाना 3 व्यंग्य करना

टोंट–(स्त्री०) चोंच

टोंटा–(पु०) 1 नोंक की तरह निकली हुई गोलाकार लंबी खोखली वस्तु (जैसे-बाँस का टोंटा) 2 बंदूक की गोली का ऊपरी आवरण, कारतूस

टोंटी–(स्त्री०) 1 पात्र या नल में आगे की ओर लगा हुआ छोटा मुँह, टैप (जैसे-नल की टोंटी बंद कर दो) 2 सूअर आदि पशुओं का थूथन। ~**दार** + *फ़ा०* (वि०) जिसमें टोंटी लगी हो (जैसे-टोंटीदार नल)

टोई– *बो०* (स्त्री०) ऊँगली का खंड, पोर

टोक–(स्त्री०) 1 टोकना, रुकावट, विघ्न 2 पूछ-ताछ 3 बुरी दृष्टि का प्रभाव, नज़र। ~**टाक** (स्त्री०) पूछ-ताछ

टोकना–(स० क्रि०) 1 चलते समय यात्रा के विषय में पूछ-ताछ करना 2 किसी बात की याद दिलाना 3 ऐतराज़ करना (जैसे-हर बात पर टोकनां अनुचित है)

टोकनी–(स्त्री०) 1 देगची, बटलोई 2 छोटा हंडा 3 टोकरी

टोकरा–(पु०) झाबा, खाँचा, डाला

टोकरी–(स्त्री०) छोटा टोकरा, खँचिया, डलिया। **पेट की ख़ातिर ~ उठाना** जीवन बसर हेतु छोटा, निम्न काम करना

टोका– *बो०* (पु०) 1 किनारा, सिरा (जैसे-धोती का टोका, धागे का टोका) 2 नोक

टोका-टाकी–(स्त्री०) रोक-टोक, निरंतर बाधा

टोकारा–(पु०) 1 सचेत करने के लिए कही गई बात 2 याद दिलाने का संकेत 3 टोकने के लिए संकेत

टोटका–(पु०) टोना। ~**करने आना** नाम करने के लिए आना, बहुत कम समय के लिए आना (जैसे-आप तो दावत में टोटका करने आते हैं)

टोटकेहाई–(स्त्री०) जादू-टोना करनेवाली

टोटम–*अं०* (पु०) गणचिह्न, कुलचिह्न

टोटल–*अं०* (पु०) संख्याओं का जोड़, योग (जैसे-टोटल मिलाना)

टोटा–I (पु०) 1 घाटा 2 कमी

टोटा–II (पु०) 1 कारतूस 2 बाँस आदि का टुकड़ा

टोड़ा–(पु०) छाजन के नीचे बाहर की ओर लगाई जानेवाली घोड़िया, ब्रैकेट

टोड़ी–*अं०* (पु०) 1 नीच प्रकृति का मनुष्य 2 खुशामदी तथा कमीना

टोड़ी–(स्त्री०) सुबह गाई जानेवाली एक रागिनी

टोनहा–(वि०) टोना करनेवाला

टोनहाई–(स्त्री०) टोना-टोटका करनेवाली

टोनहाया–(वि०) = टोनहा

टोना–I (पु०) जादू, टोटका। ~**टोटका** (पु०) = जादू-टोना

टोना–II (स० क्रि०) टटोलना

टोप–I (पु०) 1 बड़ी टोपी 2 युद्ध में सिर पर पहना जानेवाला ख़ोल, शिरस्त्राण 3 खोली, गिलाफ़ II (स्त्री०) बूँद (जैसे-दो-चार टोपे दवा लेना)

टोपन–(पु०) = टोकरा

टोपा–I (पु०) 1 टोप 2 टोकरा, दौरा II *बो०* (पु०) = तोपा (सिलाई का)

टोपी–(स्त्री०) 1 सिर पर का एक हल्का पहनावा (जैसे-गाँधी टोपी, तुर्की टोपी) 2 राजमुकुट, ताज 3 टोपी के आकार का धातु आदि का बना गहरा ढक्कन (जैसे-चिलम ढकने की टोपी) 4 शिकारी जानवर की आँख पर लगाने की पट्टी 5 अंगुश्ताना 6 लिंग का अग्र भाग। ~**दार** + *फ़ा०* (वि०) जिस पर टोपी लगी हो; ~**वाला** (पु०) जिसके सिर पर टोपी हो। ~**उछालना** अपमानित करना, बेइज़्ज़त करना

टोमाटो–*अं०* (पु०) टमाटर

टोमी-गन–*अं०* (पु०) = टामी-गन

टोरा–I (पु०) लड़का II (पु०) = टोडा

टोल–I *अं०* (पु०) मार्ग-कर

टोल–II(पु०) संपूर्ण जाति का एक राग

टोल–III (पु०) मंडली

टोला–I (पु०) 1 छोटी बस्ती, मुहल्ला 2 एक पेशे, जातिवाला की बस्ती (जैसे-महाजनी टोला में जाऊँगा)

टोला–II (पु०) 1 गुल्ली पर किया जानेवाला डंडे का आघात 2 उँगली मोड़कर उसकी हड्डी से किया जानेवाला आघात 3 बेंत आदि की चोट का निशान 4 बड़ी कौड़ी, कौड़ा

टोली–(स्त्री०) 1 छोटा मुहल्ला 2 मंडली, जत्था 3 झुंड। ~**नायक** + *सं०* (पु०) टोली का नेता

टोस्ट–I *अं०* (पु०) सेंका हुआ डबलरोटी का टुकड़ा

टोस्ट–II *अं०* (पु०) स्वास्थ्य का जाम

टोस्टर–*अं०* (पु०) टोस्ट सेंकने का उपकरण

टोह–(स्त्री०) 1 थाह 2 खोज 3 टटोल

टोहना–(स० क्रि०) 1 थाह लेना 2 छूकर देखना, टटोलना 3 खोजना

टोहम-टाई, टोहा-टाई–(स्त्री०) छान-बीन, खोज

टोहिया–(वि०) = टोही। ~**पन** (पु०) छानबीन करने की प्रवृत्ति

टोही–I (वि०) पता लगानेवाला II (पु०) ख़ुफ़िया, जासूस

टौन-हाल–*अं०* (पु०) = टाउन हाल

टौरना–(स० क्रि०) 1 जाँच करना, परखना 2 पता लगाना

ट्यूटर–*अं०* (पु०) अनुशिक्षक

ट्यून–*अं०* (स्त्री०) स्वर

ट्यूब–*अं०* (पु०) नली

ट्यूब-वेल–*अं०* (पु०) नलकूप

ट्यूलिप–*अं०* (पु०) चमकीले फूलोंवाला पौधा

ट्यूशन–*अं०* (पु०) 1 अनुशिक्षण 2 शिक्षा शुल्क

ट्योंझा–(पु०) व्यर्थ का झगड़ा

ट्रंक–*अं०* (पु०) टीन का बड़ा संदूक़

ट्रंक-क़ाल–*अं०* (पु०) दूरभाष द्वारा आह्वान

ट्रंक-टेलीफ़ोन-लाइन–*अं०* (स्त्री०) दूरभाष तार व्यवस्था

ट्रक–*अं०* (पु०) माल ढोने की मोटर-गाड़ी

ट्रस्ट–*अं०* (पु०) 1 दूसरे के लाभार्थ संपत्ति का प्रबंध सौंपना, न्यास 2 इस तरह की संपत्ति से लाभ उठाने का अधिकार। ~**फंड** (पु०) ट्रस्ट की संपत्ति

ट्रस्टी–*अं०* (पु०) ऐसा व्यक्ति जिसे ट्रस्ट की संपत्ति सौंपी जाय, 'न्यासी'। ~**बोर्ड** (पु०) न्यास परिषद

ट्रस्टीशिप–*अं०* (स्त्री०) न्यासधारिता, न्यासिता

ट्रांज़िस्टर–*अं०* (पु०) निर्वात वाल्व द्वारा धारा का प्रवर्द्धन करनेवाला छोटा रेडियो। ~**सेट** (पु०) ट्रांज़िस्टरवाला रेडियो

ट्रांसफ़र–*अं०* (पु०) तबादला, बदली

ट्रांसफ़ोर्मर–*अं०* (पु०) ऐसा विद्युत उपकरण जो उच्च वोल्ट की प्रत्यावर्ती धारा को निम्न वाल्ट की प्रत्यावर्ती धारा में प्रवर्तित कर सके तथा निम्न वोल्ट की प्रत्यावर्तित धारा को उच्च वाल्ट की प्रत्यावर्ती धारा में बदल सके

ट्रांसमीटर–*अं०* (पु०) प्रेषित, प्रेषी, वायरलैस

ट्रांसपोर्ट–*अं०* (पु०) परिवहन

ट्राफ़ी–*अं०* (पु०) वैजयंती

ट्राम–*अं०* (स्त्री०) नगरों की सड़कों पर बिछी पटरियों पर विद्युत

शक्ति से चलनेवाली गाड़ी। ~**कार**, ~**गाड़ी** + *हिं०* (स्त्री०) ट्राम पर चलनेवाली गाड़ी; ~**लाइन** (स्त्री०) ट्राम के लिए बनी पटरी; ~**वाला** + *हिं०* (पु०) ट्राम चालक; ~**वे** (स्त्री०) = ट्राम

ट्रायल–*अं०* (पु०) 1 परीक्षण, जाँच, परख 2 (विधि) न्याय विचार, विचारण

ट्रिगर–*अं०* (पु०) बंदूक का घोड़ा

ट्रिब्युनल–*अं०* (पु०) अधिकरण

ट्रेंच–*अं०* (पु०) खाई, खंदक

ट्रे–*अं०* (स्त्री०) बड़ी तश्तरी

ट्रेक्ट–*अं०* (पु०) गुटका, पुस्तिका

ट्रेजेडी–*अं०* (स्त्री०) 1 त्रासदी 2 दुखांत घटना

ट्रेड-मार्क–*अं०* (पु०) व्यापार चिह्न, मार्का

ट्रेड-यूनियन–*अं०* (स्त्री०) व्यापार संघ, श्रमिक संघ, मज़दूर संघ

ट्रेड-यूनियनिस्ट–*अं०* (पु०) श्रमिक संघवादी

ट्रेडिल-मशीन–*अं०* (स्त्री०) छापे की छोटी मशीन

ट्रेन–*अं०* (स्त्री०) रेलगाड़ी

ट्रेनर–*अं०* (पु०) प्रशिक्षक

ट्रेनिंग–*अं०* (स्त्री०) प्रशिक्षण (जैसे-शिक्षा की ट्रेनिंग पाना)। ~**केंद्र** + *सं०* (पु०) प्रशिक्षण केंद्र; ~**ग्राउंड** (पु०) प्रशिक्षण स्थल; ~**प्राप्त** + *सं०* (वि०) जिसने प्रशिक्षण पाया हो, प्रशिक्षित

ट्रैक्टर–*अं०* (पु०) कृषि इंजन। ~**ड्राइवर** (पु०) ट्रेक्टर चालक

ट्रैफ़िक–*अं०* (पु०) यातायात। ~**लाइट** (पु०) यातायात प्रकाश; ~**विभाग** + *सं०* (पु०) यातायात विभाग

ट्रैली–*अं०* (स्त्री०) 1 रेल की पटरियों पर चलनेवाली ठेला-गाड़ी 2 ठेला-गाड़ी

ठ

ठंठ–(वि०) 1 जिसकी डालें और पत्तियाँ सूख और झड़ गई हों, ठूँठा 2 जिसका दूध सूख गया हो, ठाँठ 3 निर्धन, अकिंचन

ठंठार–(वि०) 1 ठनठन गोपाल 2 ख़ाली, रीता

ठंठी–I (स्त्री०) पीटने के बाद बाल में लगा अन्न II (वि०) = ठंठ

ठंड– *बो०* (स्त्री०) = सर्दी

ठंडक–(स्त्री०) = ठंढक

ठंडा–(वि०) 1 ठंढा, शीतल (जैसे-ठंडा पानी पीना) 2 बुझा हुआ (जैसे-आग ठंडी हो गई) 3 बेरौनक, श्रीहत

ठंडाई–(स्त्री०) 1 शीतलता 2 मसालेदार ठंढा पेय

ठंढ–(स्त्री०) शीत, सर्दी (जैसे-कड़ाके की ठंढ पड़ रही है)

ठंढई–(स्त्री०) = ठंढाई

ठंढक–(स्त्री०) 1 हल्की ठंढ 2 तृप्ति, संतोष

ठंढा–(वि०) = ठंडा

ठंढाई–(स्त्री०) = ठंडई

ठइं–(स्त्री०) 1 अवस्था, दशा 2 स्थिति

ठक–I (स्त्री०) ठोकने का शब्द (जैसे-बर्तन पर आघात करने से ठक-ठक होना) II (वि०) सन्नाटे में आया हुआ, स्तब्ध, भौंचक्का (जैसे-ठक रह जाना)। ~**ठक** (स्त्री०) 1 बार-बार आघात करने से होनेवाला शब्द 2 कहा-सुनी, तू-तू मैं-मैं

ठकठकाना–I (स० क्रि०) 1 ठक-ठक ध्वनि करना 2 खूब पीटना

ठकठकाना–II (अ० क्रि०) ठक-ठक ध्वनि होना

ठकठकिया–(वि०) 1 ठक-ठक शब्द उत्पन्न करनेवाला 2 बखेड़िया, हुज्जती

ठकठौआ–(पु०) 1 करताल 2 करताल बजाकर भीख माँगनेवाला

ठकमुर्री–(स्त्री०) स्तब्धता

ठकार–*सं०* (पु०) 'ठ' अक्षर

ठकुरसुहाती–(स्त्री०) खुशामद, चापलूसी

ठकुराइत–(स्त्री०) = ठकुरायत

ठकुराइन–(स्त्री०) = ठकुरानी

ठकुराई–(स्त्री०) 1 ठाकुर होने की अवस्था 2 ठाकुरों का सा आधिपत्य 3 मनमानापन 4 बड़प्पन, महत्त्व 5 ज़मींदारी 6 सरदारी

ठकुरानी–(स्त्री०) 1 राजपूत जाति की स्त्री 2 ठाकुर, ज़मींदार की पत्नी 3 मालकिन, स्वामिनी

ठकुरायत–(स्त्री०) 1 प्रभुता, स्वामित्व 2 अधीश्वरता 3 शासनाधीन प्रदेश

ठकोरी–(स्त्री०) सहारा लेने की छड़ी

ठक्कर–(स्त्री०) दे० टक्कर

ठक्कुर–(पु०) ठाकुर, देवता, देव प्रतिमा

ठग–(पु०) 1 धोखा देकर लूटनेवाला 2 धोखेबाज़ आदमी 3 छली। ~**पना** (पु०) 1 ठगहाई 2 ठगने की क्रिया 3 धूर्तता; ~**मूरी** (स्त्री०) ठगने की गर्ज़ से सुँघाई जानेवाली जड़ी; ~**मोदक** + *सं०*, ~**लाडू** (पु०) नशीला बेहोश करनेवाला लड्डू; ~**लीला** + *सं०* (स्त्री०) ठगी, धोखाधड़ी; ~**विद्या** (स्त्री०) धोखा देने का हुनर

ठगई– *बो०* (स्त्री०) धोखेबाज़ी, ठगी

ठगड़ा–(पु०) = ठग

ठगण–*सं०* (पु०) छंदशास्त्र में पाँच मात्राओं का एक गुण

ठगना–I (स० क्रि०) 1 धोखा देकर लूटना 2 दग़ाबाज़ी करना 3 धोखा देना, छलना 4 अधिक दाम लेना 5 वंचना करना 6 मोहित करके अपना वशवर्ती बनाना (जैसे-उसकी सुंदरता ने मुझे खूब ठगा) II (अ० क्रि०) 1 ठगाना 2 चकित होना

ठगनी–(स्त्री०) 1 ठग की पत्नी 2 धोखा देनेवाली स्त्री 3 कुटनी

ठगवाना–(स० क्रि०) 1 दूसरे द्वारा धोखा दिलवाना 2 ठगे जाने में सहायक होना

ठगहाई– *बो०* (स्त्री०) = ठगपना

ठगहारी–(स्त्री०) = ठगई

ठगाई– *बो०* (स्त्री०) ठगी

ठगाठगी–(स्त्री०) धोखेबाज़ी, वंचकता

ठगाना– *बो०* (अ० क्रि०) 1 ठगा जाना, धोखा खा जाना 2 अविश्वासी को अपना धन दे बैठना, सौंप बैठना 3 अनुरक्त होना

ठगिन, ठगिनी–(स्त्री०) = ठगनी

ठगिया–(पु०) = ठग

ठगी–(स्त्री०) 1 ठगने का काम 2 ठग का पेशा 3 ठगपना

ठगोरी–(स्त्री०) 1 ठगने की विद्या, ठगी 2 जादू-टोना

ठट–(पु०) 1 ठठ 2 ठाठ

ठटकीला–(वि०) सजा हुआ

ठटना–(अ० क्रि०/स० क्रि०) = ठठना

ठटरी–(स्त्री०) = ठठरी

ठट्ट–(पु०) ढेर, समूह

ठट्टी–(स्त्री०) 1 ढाँचा 2 शरीर का ढाँचा, कंकाल 3 भूसा रखने का जाल 3 अरथी

ठट्ठा–(पु०) ठट्ठा, मज़ाक, ठठोली

ठट्ठेबाज़–*हिं० + फ़ा०* मज़ाक बनानेवाला

ठट्ठेबाज़ी–*हिं० + फ़ा०* मज़ाक बनाने की लत

ठठ–(पु०) 1 जमाव, भीड़ 2 ठाट, सजावट

ठठकना– *बो०* (अ० क्रि०) = ठिठकना

ठठना–I (अ० क्रि०) 1 खड़ा होना, स्थित होना 2 अड़ना, रुक जाना 3 सुसज्जित होना, सजना II (स० क्रि०) 1 ठहराना 2 निश्चित करना 3 सुसज्जित करना, सजाना

ठठनी–(स्त्री०) सजावट

ठठरी– *बो०* (स्त्री०) 1 हड्डियों का ढांचा, कंकाल 2 ढांचा 3 अरथी 4 भूसा बाँधने का जाल

ठठाना–I (स० क्रि०) 1 आघात करना 2 मारना-पीटना

ठठाना–II (अ० क्रि०) ज़ोर से हँसना, अट्टहास करना

ठठाना–III (अ० क्रि०) ठाट से एवं अच्छी तरह से होना

ठठियाना–(स० क्रि०) 1 सुसज्जित करना 2 सब कुछ लेकर कंगाल बनाना

ठठिरिन–(स्त्री०) ठठेरिन

ठठुकना– *बो०* (अ० क्रि०) = ठिठकना

ठठेरा–I (पु०) 1 ताँबे, पीतल आदि के बर्तन बनानेवाला कारीगर, कसेरा 2 बर्तन बेचनेवाला दुकानदार

ठठेरा–II (पु०) ज्वार-बाजरे आदि का डंठल

ठठेरिन–(स्त्री०) ठठेरे की स्त्री, ठठिरिन

ठठेरी–I (स्त्री०) 1 ठठेरे का काम 2 ठठेरे की औरत, स्त्री II (वि०) ठठेरों से संबंध रखनेवाला (जैसे-ठठेरी बाज़ार)। ~**बज़ार** *+ फ़ा०* (पु०) वह बाज़ार जहाँ अधिकांश दुकानें ठठेरों की हों

ठठोल–I (वि०) ठठोली करनेवाला, हँसोड़ II (पु०) ठठोली। ~**बाज़** *+ फ़ा०* (वि०) हँसी-मज़ाक करनेवाला; ~**बाज़ी** (स्त्री०) हँसी-मज़ाक

ठठोली–(स्त्री०) हँसी-दिल्लगी (जैसे-हँसी-ठठोली मारना)

ठड़ा– *बो०* (वि०) खड़ा, सीधा स्थित

ठड्डा–(पु०) 1 रीढ़ 2 पतंग की खड़ी खपची

ठढ़ा–(वि०) = ठड़ा

ठढ़िया–(पु०) ऊँचा ओखल

ठढ़ियाना–I *बो०* (स० क्रि०) खड़ा करना II (अ० क्रि०) खड़ा होना

ठन–(स्त्री०) 1 धातु के बर्तन की आवाज़ 2 रुपये के गिरने, बजने से उत्पन्न शब्द

ठनक–(स्त्री०) 1 ठन-ठन की शब्द 2 रह-रहकर उठनेवाली पीड़ा, टीस

ठनकना–(अ० क्रि०) 1 ठन-ठन शब्द होना, (जैसे-पीतल की थाली ठनकना, (तबला ठनकना)। **माथा** ~ संदेह पैदा होना

ठनका–(पु०) 1 दे० = ठनक 2 आघात 3 गरजता हुआ बादल

ठनकाना–(स० क्रि०) 1 ठन-ठन शब्द उत्पन्न करना 2 ढोल आदि बजाकर ठन-ठन शब्द करना

ठनकार–(पु०) ठनक, ठनठन

ठन-गन–(पु०) आग्रह, हठ (जैसे-नाई, कहार आदि का राजा से ठनगन करना)

ठन-ठन–(स्त्री०) 1 धातु बजने का शब्द, ठनक 2 ठनठन, हठ। ~**गोपाल** *+ सं०* I (वि०) 1 निर्धन 2 जिसमें कुछ भी सार न हो, निस्सार II (पु०) रुपये-पैसे का अभाव

ठनठनाना–I (स० क्रि०) ठन-ठन ध्वनि उत्पन्न करना II (अ० क्रि०) ठन-ठन ध्वनि उत्पन्न होना

ठनना–(अ० क्रि०) 1 छिड़ जाना (जैसे-दो देशों में युद्ध ठनना) 2 पक्का होना, निश्चित होना, तय होना 3 कार्य-व्यापार में उद्यत होना 4 दृढ़ता-पूर्वक उपस्थित होना, मुस्तैद होना

ठनाका–(पु०) 1 अचानक उत्पन्न होनेवाली तीव्र ठन-ठन ध्वनि 2 कुछ समय तक निरंतर होनेवाली ठन-ठन ध्वनि

ठनाठन–(क्रि० वि०) 1 ठन-ठन शब्द करते हुए 2 टनाटन

ठप–I (वि०) 1 पूर्णतः बंद (जैसे-घनघोर वर्षा से सारा काम ठप हो गया) 2 अनखोला (जैसे-वाद्य-यंत्र का ठप पड़ा रहना) II (पु०) 1 खुली पुस्तक सहसा बंद करने से उत्पन्न शब्द, बंद करने की अवस्था

ठपका–(पु०) 1 ठप शब्द 2 खुली पुस्तक बंद करने की क्रिया 3 आघात, धक्का

ठपना–(स० क्रि०) 1 इस प्रकार बंद करना कि ठप शब्द होना 2 कार्य-व्यापार बंद करना 3 बंद करके रखना

ठप्प–(वि०) = ठप

ठप्पा–(पु०) 1 चिह्न विशेष, छाप लगाने के काम में आनेवाला साँचा (जैसे-कपड़े छापने का ठप्पा, सिक्का बनाने का ठप्पा) 2 इस तरह के साँचे से लगाई गई छाप, चिह्न (जैसे-ठप्पा और मुहर लगा देना)

ठमकना–I (अ० क्रि०) 1 चलते-चलते सहसा रुक जाना, ठिठकना 2 दे० ठुमकना II (अ० क्रि०) ठम-ठम की आवाज़ निकलना

ठमकाना–I (स० क्रि०) 1 चलते-चलते सहसा रोक देना, ठिठकना 2 ठसक दिखलाते हुए अंगों का संचालन करना 3 ठम-ठम शब्द उत्पन्न करना

ठमकारना– *बो०* (स० क्रि०) 1 अचानक रोक लेना 2 ठसकते हुए अंग संचालन करना

ठयना–I *बो०* (स० क्रि०) 1 ठहराना 2 प्रयुक्त करना, लगाना 3 दे० ठानना II (अ० क्रि०) 1 स्थित होना 2 प्रयुक्त होना, लगना 3 दे० ठनना

ठरना–(अ० क्रि०) 1 ठिठुरना 2 ठंड पड़ना

ठरमरुआ–(वि०) 1 जो सर्दी से ठिठुर कर मर गया हो 2 जिसे पाला मार गया हो (फ़सल)

ठर्रा–(पु०) 1 देशी घटिया शराब 2 बटा हुआ कड़ा मोटा सूत, डोरा 3 अंगिया, चोली का बंद

ठलुआ–(पु०) निठल्ला, निकम्मा, बैठा-ठाला

ठवन–(स्त्री०) 1 अंग संचालन की मुद्रा 2 भावाभिव्यक्ति हेतु बनाई गई विशेष मुद्रा 3 अंदाज़, ढंग

ठवनी– *बो०* (स्त्री०) 1 अंग संचालन का विशेष ढंग 2 स्थिति 3 मुद्रा

ठस–I (वि०) 1 दृढ़ एवं मज़बूत (जैसे-ठस मकान) 2 घना, सघन (जैसे-ठस कपड़ा) 3 घनी बुनावटवाला 4 अत्यधिक वज़नदार 5 कृपण, कंजूस 6 आलसी, सुस्त 7 हठी, ज़िद्दी II गंभीर

ठसक–(स्त्री०) 1 नखरा 2 अभिमान, गर्व 3 टीस, पीड़ा। **~दार** + *फ़ा०* (वि०) 1 नाज़-नखरा करनेवाला 2 अभिमानी, घमंडी

ठसका–(पु०) 1 सूखी खाँसी 2 धक्का, ठेस

ठसाठस–(वि०) 1 खचाखच (जैसे-यात्रियों से रेल का डिब्बा ठसाठस भरा था) 2 ठूँस-ठूँसकर

ठस्सा–(पु०) 1 अभिमान भरी चाल, ठसक ,ठाठबाट, शान 2 खाँसी का गहरा शब्द

ठहक–(स्त्री०) नगाड़े, मृदंग आदि का शब्द

ठहना–I (अ० क्रि०) 1 हिनहिनाना 2 ठनठनाना II 1 बनाना, सँवारना 2 बचाना, रक्षा करना III ठहरना

ठहरना–(अ० क्रि०) 1 रुकना (जैसे-सवारी गाड़ी हर स्टेशन पर ठहरती है) 2 टिकना (जैसे-रात में धर्मशाला में ठहरना) 3 अस्थाई रूप से रहना (जैसे-ज्वर का दो-चार दिन ठहरना) 4 स्थित होना (जैसे-यह छत चारों खंभों पर ठहरी है) 5 चेष्टा, व्यापार से रहित होना (जैसे-वर्षा का ठहरना) 6 निश्चित पक्का होना (जैसे-उनकी शादी ठहर गई) 7 गर्भ रहना 8 धैर्यपूर्वक प्रतीक्षा करना 9 विशिष्ट स्थिति में होना (जैसे-अरे भाई आप तो हमेशा के रईस ठहरे)

ठहराई–(स्त्री०) 1 ठहराने की क्रिया 2 ठहराने की मज़दूरी 3 अधिकार, कब्ज़ा

ठहराऊ–(वि०) 1 टिकाऊ 2 ठहरने-ठहरानेवाला

ठहराना–(स० क्रि०) 1 ठहरने में प्रवृत्त करना 2 रोककर खड़ा करना (जैसे-गाड़ी, बस ठहराना) 3 स्थिर करना 4 दृढ़तापूर्वक स्थापित करना (जैसे-खंभों पर छत ठहराना) 5 टिकाना (जैसे-मित्र को अपने घर ठहराना) 6 तय करना, पक्का करना (जैसे-शादी की तिथि ठहराना)

ठहराव–(पु०) 1 ठहरने-ठहराने की अवस्था 2 स्थिरता 3 समझौता 4 निर्णय 5 मूल्य-निर्धारण

ठहाका– *बो०* (पु०) 1 ज़ोर की हँसी 2 ज़ोर से हँसने का शब्द

ठाँ–(स्त्री०) 1 ठाँव 2 ठाँय

ठाँई–I *बो०* (स्त्री०) जगह, स्थान II (वि०) निकट, पास

ठाँठ–(वि०) 1 नीरस, सूखा 2 (गाय-भैंस) जिसका दूध सूख गया हो

ठाँय–I (क्रि० वि०) निकट, समीप

ठाँय–II (स्त्री०) 1 बंदूक के चलने से उत्पन्न शब्द 2 किसी क्रिया से उत्पन्न 'ठाँय' शब्द। **~ठाँय** (स्त्री०) 1 लगातार बंदूक से गोलियाँ छोड़ते चलने से उत्पन्न ध्वनि 2 ऐसा झगड़ा जिसमें व्यर्थ की बक-बक हो

ठाँव–(पु०) 1 जगह, स्थान 2 ठिकाना

ठाँसना–I (अ० क्रि०) शब्द करते हुए खाँसना

ठाँसना–II (स० क्रि०) ठूँसकर भरना

ठाकना– *बो०* (पु०) मना करना

ठाकुर–(पु०) 1 क्षत्रियों की उपाधि 2 नाइयों के लिए एक संबोधन (जैसे-आओ भाई नाऊ ठाकुर) 3 देवमूर्ति 4 मालिक, स्वामी 5 किसी भूखंड का स्वामी 6 मुखिया 7 नायक, सरदार 8 पूज्य व्यक्ति 9 परमेश्वर। **~द्वारा** (पु०) देवालय, मंदिर **~बाड़ी** *बो०* (स्त्री०) देव स्थान; **~शाही** + *फ़ा०* (स्त्री०) ठाकुरों का राज्य; **~सेवा** + *सं०* (स्त्री०) 1 देव पूजन और उनकी सेवा 2 देवोत्तर संपत्ति

ठाकुराइन–(स्त्री०) = ठकुराइन

ठाकुरी–(स्त्री०) = ठकुराई

ठाट–(पु०) = ठाठ। **~बंदी** + *फ़ा०* (स्त्री०) = ठाठ बंदी; **~बाट** (पु०) = ठाठ-बाट

ठाटर–(पु०) = ठाठर

ठाठ–I (पु०) 1 रक्षा, रोक के काम में आनेवाला बाँस का ढाँचा (जैसे-नाव का ठाठ) 2 लंबी-चौड़ी कोई बनावट, रचना (जैसे-कालीन बुनने का ठाठ) 3 तड़क-भड़कवाला वेश-विन्यास सजधज 4 आयोजन, व्यवस्था (जैसे-अपना मतलब सिद्ध करने के लिए सब ठाठ है)। **~दार** + *फ़ा०* (वि०) शानदार; **~बाट** (पु०) शान, तड़क-भड़क

ठाठ–II (पु०) 1 झुंड, दल 2 अधिकता, बहुतायत 3 डिल्ला

ठाठना–(स० क्रि०) 1 ठाठ बनाना 2 सजाना

ठाड़ा–(वि०) 1 सीधा खड़ा, दंडायमान 2 जो मूल रूप में वर्तमान हो (जैसे-ठाढ़ा चना खाना) 3 हट्टा-कट्टा, हृष्ट पुष्ट

ठाढ़ेश्वरी–(पु०) साधुओं का एक वर्ग जो रात-दिन खड़ा रहता है

ठान–I (स्त्री०) 1 दृढ़ निश्चय, हठ 2 ठानने की क्रिया 3 हठ पूर्वक आरंभ किया गया काम II (पु०) थान, जगह

ठानना–(स० क्रि०) 1 दृढ़तापूर्वक आरंभ करना, छेड़ देना 2 दृढ़ संकल्प करना 3 पक्का करना, ठहराना (जैसे-मन में ठानना)

ठायँ–(स्त्री०) = ठाँय II

ठार–I (पु०) कड़ा जाड़ा, गहरी सर्दी, पाला II (वि०) अत्यधिक ठंडा

ठाला–I (पु०) निठल्ला II (पु०) 1 कुछ भी बिक्री-बट्टा न होने की स्थिति 2 किसी बात का होनेवाला प्रत्यक्ष और विशेष अभाव (जैसे-रुपये-पैसे का ठाला पड़ना)

ठालिनी–(स्त्री०) करधनी

ठाली–I (वि०) बिल्कुल बेकार, निकम्मा II (स्त्री०) धीरज, ढाढ़स

ठावण–(पु०) ठिकाना

ठिंगना–(वि०) छोटे कदवाला, नाटा

ठिकाई–(स्त्री०) ठीक होने की अवस्था

ठिकाना–(पु०) 1 स्थान, जगह 2 वासस्थान 3 रहने, ठहरने की जगह 4 अवलंब 5 गुज़र करने का स्थान 6 नियत अनुकूल

स्थान 7 उपाय, व्यवस्था 8 भरोसा, विश्वास 9 जागीर। ~**लगना** अवलंब प्राप्त होना; ~**लगाना** 1 रहने का स्थान ठीक करना 2 नौकरी आदि का प्रबंध करना; **ठिकाने आना** ठीक रास्ते पर आना, असलियत पर पहुँचना; **ठिकाने की बात** काम की बात, युक्ति संगत बात; **ठिकाने न रहना** चंचल बना रहना; **ठिकाने पहुँचाना** अभीष्ट स्थान तक पहुँचा देना; **ठिकाने लगना** 1 उचित स्थान पर पहुँच जाना 2 काम में आना 3 मर जाना; ~**लगाना** 1 मार डालना 2 खत्म कर देना

ठिकियाना–(स० क्रि०) ठीक करना

ठिगना–(वि०) छोटे क़द का

ठिठक–(स्त्री०) संकोच

ठिठकना–(अ० क्रि०) 1 सहसा रुक जाना 2 सहम जाना, स्तब्ध होना, ठक रह जाना

ठिठरना, ठिठुरना–(अ० क्रि०) सर्दी से सिकुड़ जाना, काँपना

ठिनकना–(अ० क्रि०) 1 मचलना 2 ठनकना 3 बनावटी तौर से रोना

ठिया–(पु०) अड्डा

ठिर–(स्त्री०) 1 ठिठुरने की अवस्था 2 सर्दी, पाला

ठिरना–(अ० क्रि०) ठिठुरना

ठिलना–(अ० क्रि०) 1 ठेला जाना, ढकेला जाना 2 बढ़ाया जाना, खिसकाया जाना 3 तेज़ी से घुसना 4 धँसना

ठिलिया–(स्त्री०) मिट्टी की गगरी

ठिलुआ–I (वि०) निठल्ला, बेकार II (वि०) जो ठेला जाता हो

ठिल्ला–(पु०) मिट्टी का घड़ा

ठिल्ली–(स्त्री०) = ठिलिया

ठिहार–(वि०) 1 विश्वास करने योग्य, विश्वसनीय 2 ठीक 3 निश्चित

ठिहारी–(स्त्री०) 1 ठहराव, स्थिति 2 निश्चय 3 विश्वास

ठीक–I (वि०) 1 उपयुक्त 2 युक्ति संगत 3 अच्छा 4 मनोनुकूल 5 उचित 6 शुद्ध, सही 7 यथार्थ 8 दुरुस्त 9 न इधर न उधर 10 जैसा चाहिए वैसा, न ढीला न कसा II (पु०) निश्चित होने की अवस्था (जैसे-उनके आने का कोई ठीक नहीं) III (क्रि० वि०) 1 उचित प्रकार से (जैसे-घड़ी ठीक चल रही है) 2 नियत समय पर (जैसे-ठीक चार दिन बाद मैं वापस आया) 3 ठहराव (जैसे-पहले रहने का तो ठीक हो जाए तब आगे बातें होंगी) 4 मुनासिब ढंग से (जैसे-इन्हें ठीक करके सज़ा दो)। ~**ठाक** (वि०) I जो बिल्कुल दुरुस्त अवस्था में हो पक्का II (पु०) 1 व्यवस्था, प्रबंध 2 निश्चय

ठीकड़ा–(पु०) = ठीकरा

ठीकम-ठीक–(अ०) 1 बिल्कुल ठीक 2 पूर्ण रूप से

ठीकरा–(पु०) 1 मिट्टी के टूटे बर्तन का बड़ा टुकड़ा, भीख माँगने का मिट्टी का बर्तन, भिक्षा पात्र 3 पुराना बर्तन 4 तुच्छ वस्तु। ~**फोड़ना** दोष मढ़ना; ~**समझना** कुछ न समझना; ~**होना** अंधाधुंध खर्च होना

ठीकरी–(स्त्री०) 1 छोटा ठिकरा 2 तुच्छ वस्तु 3 चिलम पर रखने का मिट्टी का तवा

ठीका–(पु०) 1 नियत समय, दर पर कोई काम, बात करने-कराने का इकरार, ठेका (जैसे-पुल बनाने का ठीका, अफीम का ठीका) 2 कर आदि वसूलने का ज़िम्मा; ~**पत्र** + *सं०* (पु०) ठीके का इकरारनामा

ठीकेदार–*हिं० + फ़ा०* (पु०) ठीके पर काम करनेवाला व्यक्ति

ठी-ठी–(स्त्री०) हल्की हँसी, बेहूदा हँसी। ~**करना** बेहूदा हँसी हँसना

ठीहा–(पु०) 1 लकड़ी या लोहे का टुकड़ा जिस पर रखकर कोई वस्तु गढ़ी, काटी जाती है 2 बढ़ई, लुहार आदि का कुंदा 3 सीमा 4 वेदी 5 गद्दी 6 चाँड़, थूनी

ठूंठ–(पु०) = ठूँठ

ठुकना–(अ० क्रि०) 1 ठोंका जाना 2 पीटा जाना 3 घाटा होना 4 व्यर्थ होना 5 ज़बरदस्ती आगे बढ़ना 6 परास्त होना

ठुकराना–(स० क्रि०) 1 ठोकर मारना 2 तिरस्कार पूर्वक हटाना 3 दुतकारना

ठुकवाना–(स० क्रि०) 1 पिटवाना, मार खिलाना 2 ठोकने का काम कराना

ठुड्डी–I *बो०* (स्त्री०) भुना हुआ दाना जो खिला न हो, ठुर्री

ठुड्डी–II (स्त्री०) होंठ के नीचे निकली हुई हड्डी, ठोड़ी

ठुनकना–I (अ० क्रि०) = ठिनकना

ठुनकना–II (स० क्रि०) 1 ठोंकना 2 ठुन शब्द उत्पन्न करना

ठुनकाना–I (स० क्रि०) ठुन-ठुन शब्द उत्पन्न करना

ठुनकाना–II (स० क्रि०) ठुनकने में प्रवृत्त करना, ठिनकाना

ठुन-ठुन–(पु०) 1 बर्तन, धातु के टुकड़ों के बजने से उत्पन्न ध्वनि 2 रुक-रुककर एवं ठुन-ठुन करते हुए रोने का शब्द (जैसे-यह लड़का हमेशा ठुन-ठुन लगाए रहता है)

ठुमक–(स्त्री०) लुभावनी चाल

ठुमकना–(अ० क्रि०) 1 बच्चों का धीरे-धीरे पैर पटकते और इठलाते हुए चलना 2 नाच में धीरे-धीरे पैर पटकते हुए आगे बढ़ना 3 नख़रे से चलना

ठुमका–(पु०) 1 हल्का आघात 2 हल्का झटका (जैसे-ठुमका लगाना)

ठुमकारना–(स० क्रि०) ठुमका देना

ठुमकी–(स्त्री०) 1 ठुमककर चलने की क्रिया 2 धीरे से किया जानेवाला आघात, थपकी 3 दे० ठुमका

ठुमरी–(स्त्री०) 1 छोटा मधुर गीत जिसे गाते समय प्रायः कई रागों का मिश्रण कर दिया जाता है

ठुरियाना– *बो०* (अ० क्रि०) = ठिठुरना

ठुर्री–(स्त्री०) = ठुड्डी II

ठुसकना–(अ० क्रि०) 1 ठुस-ठुस शब्द करते हुए रोना, ठुन-ठुन करना 2 ठुस शब्द करते हुए पादना

ठुसना–(अ० क्रि०) 1 ठूस-ठूसकर भरा जाना 2 पेट भरकर खाया जाना

ठुसवाना–(स० क्रि०) ठूसने का काम कराना

ठुसाना–(स० क्रि०) 1 ठूसने में प्रवृत्त करना 2 भोजन कराना खिलाना

ठूँग–(स्त्री०) ठोंग, चोंच

ठूँठ–(पु०) 1 वृक्ष का बचा हुआ धड़ 2 कटा हाथ

ठूँठा–(वि०) 1 बिना डाली-पत्ती का, शाखा-रहित 2 जिसका हाथ कटा हुआ हो, लुंज 3 खाली, रिक्त 4 थोथा, निस्सार

ठूँठिया– *बो०* (वि०) 1 लुंला-लँगड़ा 2 नपुंसक, हिजड़ा

ठूँठी–(स्त्री०) फ़सल काट लेने के बाद पौधे की जड़ के पास

रह जानेवाली अरहर, ज्वार, बाजरे आदि की खूँटी, डंठल
ठूँस, ठूँस-ठाँस–(स्त्री०) अत्यधिक (भरना)
ठूँसना, ठूसना–(स० क्रि०) 1 दबा-दबाकर भरना 2 ज़बरदस्ती डालना, भरना 3 खूब पेट भरकर खाना
ठेंगना– *बो०* (वि०) = ठिंगना
ठेंगा–(पु०) 1 हाथ का अँगूठा 2 डंडा, सोंटा। ~**दिखाना** 1 साफ़ इनकार करना 2 निराश करना; ~**बजना** लज्जाजनक विफलता होना; **ठेंगे से** बला से
ठेंगुर–(पु०) उच्छृंखल पशुओं के गले में बाँधी जानेवाली लकड़ी
ठेंघा–(पु०) = टेक
ठेंठा–(पु०) सूखा डंठल
ठेंठी–(स्त्री०) 1 कान की मैल 2 कान के छेद पर लगाई जानेवाली रूई 3 बोतल या शीशी का काग, डाट
ठेंपी– *बो०* (स्त्री०) = ठेंठी
ठेक–(स्त्री०) 1 टेक, चाँड़ 2 सहारा 3 तल, पेंदा
ठेकना–(स० क्रि०) 1 सहारा लेना 2 सहारा लगाना
ठेका–I (पु०) 1 ठहरने-ठहराने की जगह 2 ठेकनेवाली वस्तु 3 हल्का आघात, थपेड़ा 4 डुग्गी 5 तबला बजाने की वह रीति जिसमें केवल ताल दी जाए
ठेका–II (पु०) = दे० ठीका। ~**पत्र** + *सं०* (पु०) = ठीका पत्र
ठेकाई–(स्त्री०) 1 ठेकना-ठेकाने की क्रिया 2 ठेकना-ठेकाने का पारिश्रमिक
ठेकी–(स्त्री०) 1 टेक, सहारा 2 थूनी
ठेकेदार–*हिं० + फ़ा०* (पु०) = ठीकेदार
ठेगनी–(स्त्री०) = टेकनी
ठेठ–(वि०) 1 जो बिल्कुल मूल रूप में हो (जैसे-ठेठ बनारसी) 3 निर्विकार। ~**पन** (पु०) 1 अकृत्रिमता 2 विशुद्धता, निरा शुद्ध 3 निर्विकारता
ठेपी–(स्त्री०) 1 ठेंठी, डाट, काग 2 छोटा ढक्कन
ठेलना–I (स० क्रि०) 1 ढकेलना (जैसे-गाड़ी ठेलना) 2 अपना दायित्व दूसरे पर डालना **II** (अ० क्रि०) बल प्रयोग करना, ज़बरदस्ती करना
ठेलम-ठेल–I (स्त्री०) धक्कम धक्का **II** (क्रि० वि०) एक-दूसरे को ढेलते हुए
ठेला–(पु०) 1 ठेलकर चलाई जानेवाली गाड़ी 2 धक्का 3 भीड़-भाड़। ~**ठेल** (स्त्री०) = ठेलमठेल
ठेस–(स्त्री०) 1 हलकी चोट 2 हलका मानस्कि कष्ट 3 धर्म पर होनेवाला आघात (जैसे-मान-मर्यादा को ठेस पहुँचाना) 4 आश्रय, सहारा (जैसे-तकिए पर ठेस लगाकर बैठना)
ठेसना–I *बो०* (स० क्रि०) = ठूसना
ठेसना–II (अ० क्रि०) सहारा लेना
ठैरना– *बो०* (अ० क्रि०) = ठहरना
ठैराना– *बो०* (स० क्रि०) = ठहराना
ठैल-पैल–(स्त्री०) = ठेल-पेल
ठोंक–(स्त्री०) = ठोक
ठोंकना–(स० क्रि०) = ठोकना। ~**बजाना** (स० क्रि०) अच्छी तरह परखना
ठोंग–(स्त्री०) 1 चोंच 2 चोंच की मार 3 मुड़ी हुई उँगली से किया गया आघात
टोंगना–(स० क्रि०) 1 चोंच मारना 2 मुड़ी हुए उँगली से चोट करना
टोंगा–(पु०) काग़ज़ की थैली
टोंठी–(स्त्री०) 1 चने के दाने का खोल 2 पोस्ते की ढेंढ़ी
टो–(अ०) संख्यावाचक शब्दों के साथ लगनेवाला एक अव्यय (जैसे-एक ठो किताब, बीस ठो रुपया)
टोक–(स्त्री०) प्रहार, आघात
टोकना–(स० क्रि०) 1 आघात करना 2 धँसाना 3 प्रहार करना 4 मारना 5 पीटना 6 ताड़न करना 7 जड़ना 8 जकड़ना
ठोकर–(स्त्री०) 1 चलते हुए कंकड़, पत्थर आदि से टकराने से लगी चोट 2 ऐसी वस्तु जिससे चोट लगने की संभावना हो 3 पैर से किया गया आघात 4 धक्का (जैसे-भीड़-भाड़ में ठोकर भी सहनी पड़ेगी)। ~**उठाना** 1 घाटा सहना 2 तकलीफ उठाना; ~**खाते फिरना** 1 मारा-मारा फिरना 2 असफल होते रहना; ~**खाना** असावधानी का कुपरिणाम भोगना; **ठोकरों पर पड़ा रहना** अपमान सहकर रहना
ठोकवा– *बो०* (पु०) गुना नामक मीठा पकवान
ठोट–(वि०) 1 तत्त्वहीन 2 मूर्ख
ठोड़ी, ठोढ़ी–(स्त्री०) ठुड्डी, चिबुक। ~**तारा** (पु०) ठुड्डी पर का गोदना; ~**पकड़ना** मिन्नत के लिए किसी की ठोढ़ी छूना; ~**पर हाथ धरकर बैठना** कुछ सोचना-विचारना
ठोप– *बो०* (पु०) पानी की बूँद, जलकण
ठोर–(पु०) पूरी जैसा चीनी में पका हुआ पकवान
ठोस–(वि०) 1 ठस और पक्का (जैसे-ठोस पत्थर, ठोस धातु) 2 जो पोला न हो (जैसे-ठोस प्रतिमा, सोने का ठोस कंगन) 3 जो पुष्ट एवं सारगर्भित हो (जैसे-ठोस विचारों से भरी पुस्तक) 4 जो दृश्य एवं मूर्तरूप में सामने हो (जैसे-ठोस प्रस्ताव) 5 जो दृढ़ एवं तत्त्वप्रधान हो (जैसे-ठोस आदमी, ठोस महाजन)
ठोसा–(पु०) 1 व्यंग्य 2 ठेंगा 3 धक्का देते हुए किया जानेवाला आघात
ठोहर–(पु०) 1 अकाल 2 महंगी
ठौका–(पु०) वह स्थान जहाँ मोट का पानी गिराया जाता है, चवना
ठौर–(पु०) 1 जगह, स्थान 2 अवसर, मौक़ा। ~**कुठौर** (पु०) जा-बेजा, जगह-बेजगह; ~**ठिकाना** (पु०) आश्रय

ड

डंक–(पु०) 1 बिच्छू, मधुमक्खी, भिड़ आदि छोटे जंतुओं का ज़हरीला काँटा, दंश 2 डंक द्वारा किया गया भेदन 3 चुभनेवाली द्वेषपूर्ण बात (जैसे-तुम तो हमेशा डंक मारा करते हो) 4 कलम का निब। ~**दार** + *फ़ा०* (वि०) डंकवाला (जैसे-डंकदार जंतु)

डंका–(पु०) नगाड़ा। ~**बजना** 1 अधिकार होना 2 चलती होना; (लड़ाई का); ~**बजना** युद्ध आरंभ होना; ~**पीटना** प्रचार करना; ~**बजाना** घोषित करना, ज़ोर-ज़ोर से सुनाना; **डंके की चोट पर कहना** निडर होकर खुलेआम कहना
डंकिनी–(स्त्री०) = डाकिनी, डाइन
डंकिनी बंदोबस्त– + *फ़ा०* (पु०) स्थायी व्यवस्था
डँकियाना–I (स० क्रि०) 1 डंके से चोट करना 2 डंक मारना
डँकियाना–II (अ० क्रि०) 1 पार करने के लिए चलना 2 चलकर आना
डंकी–I (वि०) डंकदार, डंकवाला
डंकी–II (स्त्री०) कुश्ती का एक दाँव
डंकीमैन–*अं०* (पु०) सहायक इंजन का चालक
डंकीला– *बो०* (वि०) डंकदार
डकौरी– *बो०* (स्त्री०) बर्रे, भिड़
डंग–(पु०) अधपका छुहारा
डंगर–I (पु०) चौपाया, पशु II (वि०) पशुओं की तरह निर्बुद्धि
डँगरी–I (स्त्री०) लंबी लकड़ी II (स्त्री०) डाइन, चुड़ैल
डँगवारा–(पु०) किसानों की बैल आदि की आपस की सहायता
डंगू ज्वर–*अं०* + *सं०* (पु०) एक जकड़नवाला ज्वर
डँगोरी–(स्त्री०) 1 डाँग, लाठी 2 वृद्ध की वह लाठी जिसे लेकर वह टेक कर चलता है
डंठल–(पु०) पौधों आदि का धड़ जो पतला और लंबा होता है (जैसे-अरहर का डंठल)
डंठी– *बो०* (स्त्री०) 1 किसी वस्तु में लगा हुआ लंबा अंश 2 डंठल
डंड–(पु०) 1 डंडा, सोंटा 2 बाहु-दंड, बाँह, भुजा 3 प्रसिद्ध भारतीय व्यायाम जो हाथ-पैर के पंजों के सहारे पेट के बल की जाती है (जैसे-डंड पेलना) 4 सजा, दंड 5 जुर्माना 6 घाटा। ~**पेल** (पु०) 1 डंड पेलनेवाला, पहलवान, तंदुरुस्त एवं हट्टा-कट्टा 2 मौज़ मस्ती करनेवाला व्यक्ति
डंडना–(स० क्रि०) दंड देना
डँड़वारा–(पु०) ऊँची दीवार (जैसे-डँड़वारा खींचना)
डँडहरा– *बो०* (पु०) 1 पतली, गोल लंबोतरी लकड़ी जो दरवाज़ों को खुलने से रोकने के लिए अंदर से लगाई जाती है 2 दरवाज़ों को बंद करने के लिए उनमें लगाया जानेवाला लोहे आदि का उपकरण
डंडा–(पु०) 1 बाँस आदि का लंबा टुकड़ा, लाठी, सोंटा 2 लकड़ी की सीढ़ी में पैर रखकर चढ़ने के लिए लगा बाँस का गोल लंबोतरा टुकड़ा 3 सोपान 4 किसी पदार्थ का अपेक्षाकृत कम चौड़ा तथा मोटा किंतु अधिक लंबा टुकड़ा। ~**बेड़ी** (स्त्री०) वह बेड़ी जिसमें छड़ लगे हों; ~**शाही** + *फ़ा०* (स्त्री०) डंडे के बल पर राज्य करना; ~**खाना** डंडे से पिटना; ~**बजाते फिरना** मारा-मारा फिरना
डंडाल–(पु०) डंका, नगाड़ा
डँड़िया–I (स्त्री०) लकीरों के रूप में गोटे-पट्टे से टँकी हुई साड़ी II (स्त्री०) गेहूँ, जौ आदि की बालों की लंबी सींक
डँड़ियाना–(स० क्रि०) 1 कपड़े के दो पाटों को मिलाकर सीना 2 साड़ी में गोटे आदि टाँककर लकीरें बनाना
डंडी–(स्त्री०) 1 पतली-लंबी छड़ी, पंखे की डंडी 2 तराजू की लकड़ी 3 विशिष्ट पौधों का बड़ा एवं लंबा डंठल (जैसे-कमल की डंडी) 4 तने का ऊपरी भाग जिसपर फूल-फल लगते हैं (जैसे-गेंदे की डंडी) 5 पुरुष की लिंगेंद्रिय, शिश्न; ~**मार** I (वि०) कम तौलनेवाला II (पु०) बनिया; ~**मारना** कम सौदा तौलना
डंडीर–(स्त्री०) सीधी लकीर, सीधी रेखा
डंबर–*सं०* (पु०) 1 आडंबर 2 विस्तार 3 झुंड 4 भारी आवाज़
डंबेल–*अं०* (पु०) 1 लट्टू जैसे गोल सिरोंवाला लोहे का उपकरण जिसे पंजे से पकड़कर कसरत करते हैं 2 इस तरह के उपकरण से की जानेवाली कसरत
डँवरुआ–(पु०) गठिया (रोग)
डँवरू–(पु०) = डमरू
डँवाँडोल– *बो०* (वि०) = डाँवाँडोल
डँस–(पु०) 1 डाँस 2 डंक
डँसना–(स० क्रि०) = डसना
डऊ–(वि०) 1 हृष्ट-पुष्ट, लंबा-चौड़ा 2 पशुओं की तरह निर्बुद्धि, मूर्ख
डक–(पु०) खेलने का स्थान
डक–I *अं०* (पु०) 1 एक प्रकार का गफ कपड़ा जो जहाज़ की पाल के काम आता है 2 एक प्रकार का मोटा कपड़ा जिसे क़मीज़, कोट आदि की कालर में लगाते हैं II (पु०) जहाज़ की ऊपरी छत
डकरना, डकराना–(अ० क्रि०) 1 बैल, भैंस आदि का बोलना 2 डकार लेना
डकार–(स्त्री०) 1 आवाज़ के साथ पेट से मुँह के रास्ते निकलती हवा, ऊर्ध्व वायु 2 दहाड़। ~**तक न लेना** इस तरह हज़म कर जाना कि किसी को पता तक न चले
डकार –*सं०* (पु०) 'ड' वर्ण
डकारना–I (अ० क्रि०) 1 डकार लेना 2 दे० डकरना II (स० क्रि०) हज़म कर जाना
डकैत–(पु०) डाकू, लुटेरा
डकैती–(स्त्री०) 1 डकैत का काम 2 डाका
डकौत–(पु०) भड्डर, भड्डरी
डग–(पु०) क़दम (जैसे-डग भरना, डग मारना)। ~**देना** क़दम रखना; ~**भरना** क़दम बढ़ाना, चलना; ~**मारना** लंबे-लंबे डग डालना
डगडगाना–(अ० क्रि०) 1 अस्थिर होना, काँपना 2 इधर-उधर घूमते फिरना 3 डगमग होना
डगडौर– *बो०* (वि०) = डाँवाँडोल
डगण–*सं०* (पु०) छंदशास्त्र में चार मात्राओं का एक गण
डगना–(अ० क्रि०) 1 डग भरना 2 डगमगाना 3 इधर-उधर होना 4 भूल करना
डग-मग–I (वि०) 1 जिसके क़दम लड़खड़ा रहे हों 2 विचलित II (पु०) अस्थिरता
डगमगाना–I (अ० क्रि०) 1 क़दम ठीक से न पड़ना 2 ज़ोर से इधर-उधर हिलना-डुलना (जैसे-नाव डगमगाना) 3 विचलित होना (जैसे-मन का डगमगाना) II (स० क्रि०) 1 डगमग करने लगना 2 विचलित करना
डगर–(स्त्री०) 1 मार्ग, रास्ता 2 तंग रास्ता। ~**बगर** (स्त्री०) राह-कुराह

डगराही–*हिं० + फ़ा०* (पु०) राहगीर
डगाना– *बो०* (स० क्रि०) = डिगाना
डच–I अं० (पु०) हालैण्ड का निवासी II (वि०) हालैण्ड का, हालैण्ड संबंधी
डटना–(अ० क्रि०) 1 साहसपूर्वक खड़े रहना (जैसे-युद्ध भूमि में फ़ौज डटी थी) 2 जगह से न हटना 3 लगना, प्रवृत्त होना (जैसे-वह काम में बराबर डटा रहा)
डटाना–(स० क्रि०) 1 डटने में प्रवृत्त करना 2 ठहराना, रोकना 3 भिड़ाना, सटाना
डट्टा–(पु०) 1 हुक्के का नेचा 2 साँचा 3 डाट, काग
डढ़मुड़ा–(वि०) दाढ़ी मुँड़ा
डढ़ार, डढ़ारा–(वि०) 1 डाढ़वाला 2 दाढ़ीवाला
डढ़ियल–(वि०) = दढ़ियल, दाढ़ीवाला
डपट–I (स्त्री०) 1 डपटने की क्रिया 2 घुड़की, डाँट
डपट–II (स्त्री०) घोड़े की सरपट चाल
डपटना–I (स० क्रि०) 1 झिड़कना 2 घुड़कना 3 डाँटना
डपटना–II (अ० क्रि०) सरपट दौड़ना
डपोर संख–(पु०) 1 डींग मारनेवाला 2 मूर्ख व्यक्ति
डप्पू–(वि०) 1 लंबे-चौड़े आकारवाला 2 बहुत मोटा
डफ–*अ०* (पु०) लावनी गानेवालों का एक तरह का बाजा, चंग
डफला–*अ०* (पु०) डफ बाजा
डफली–*अ०* (स्त्री०) छोटा डफ, खंजरी
डफालची–*अ० + तु०*, **डफाली**–*अ० + हिं०* (पु०) डफ बजानेवाला
डब–(पु०) 1 धोती आदि का छोर जिसमें रुपये-पैसे लपेटकर रखे जाते हैं 2 जेब 3 थैला 4 कुप्पे बनाने का चमड़ा
डब–*अं०* (स० क्रि०) (फ़िल्म में) नया स्वर भरना
डबकना–(अ० क्रि०) 1 आँखों का अश्रुपूर्ण होना 2 दर्द करना, टीसना 3 लँगड़ाकर चलना
डबकौंहा–(वि०) डबडबाया हुआ
डबडबाना–(अ० क्रि०) अश्रुपूर्ण होना, आँसू भर आना
डबरा–(पु०) 1 छिछला गंदा गड्ढा 2 वह खेत जिसमें आस-पास का पानी जमा हो
डबरी–(स्त्री०) छोटा गड्ढा, ताल
डबल–*अं०* दुगुना। ~**रोटी** (स्त्री०) पाव रोटी
डबा– *बो०* (पु०) डिब्बा
डबिया– *बो०* (स्त्री०) = डिबिया (डिब्बी)
डबोना–(स० क्रि०) = डुबाना
डब्बा–(पु०) 1 डिब्बा (जैसे-रेल का डब्बा) 2 ढक्कनदार छोटा पात्र (जैसे-दूध का डब्बा)। ~**बंद** *+ फ़ा०* (वि०) डिब्बे में बंद, टिन बंद; ~**बंदी** *+ फ़ा०* (स्त्री०) डिब्बा बंद करने का व्यवसाय
डब्बी–(स्त्री०) डिबिया
डब्बू–(पु०) कटोरदान
डभकना–(अ० क्रि०) 1 आँसू भर आना 2 डूबना-उतारना 3 भर जाने से बाहर गिरना, छलकना 4 जी भरकर खाना-पीना
डभका–(पु०) 1 कुछ-कुछ भुना हुआ चना, मटर आदि 2 कुएँ से निकला ताज़ा पानी
डमर–*सं०* (पु०) 1 दो गाँवों के बीच होनेवाली लड़ाई 2 उपद्रव, उत्पात 3 हलचल, भगदड़
डमरुआ–(पु०) घेघा रोग
डमरू–*सं०* (पु०) एक बाजा जिसके दोनों तरफ़ चमड़ा मढ़ा होता है तथा बीच का भाग पतला होता है। ~**मध्य** (पु०) दो बड़े भूखंडों को मिलानेवाला स्थल का संकीर्ण भाग; ~**यंत्र** (पु०) अर्क खींचने तथा सिंगरफका पारा और कपूर उड़ाने का एक यंत्र
डयन–*सं०* (पु०) 1 हवा में उड़ना, उड़ान 2 पालकी
डर–(पु०) 1 भय, त्रास, खौफ़ 2 अंदेशा, आशंका 3 संकोच (जैसे-दादा जी से कहने में डर लगता है) 4 वह बात, वस्तु जिससे कोई डरे (जैसे-सर्प काटने का डर)
डरना–(अ० क्रि०) 1 भय खाना, भयभीत होना, खौफ़ होना 2 सशंक होना 3 संकोच होना
डरपोक–(वि०) कायर, भीरु
डरवाना, डराना–I (स० क्रि०) 1 भयभीत करना 2 सशंकित करना II (स० क्रि०) = डलवाना
डरावना–(वि०) भयकारक, भयानक (जैसे-डरावनी रात, डरावना चेहरा)
डरावा–(पु०) 1 डराने के लिए कही जानेवाली बात 2 डराने की वस्तु
डरीला–I *बो०* (वि०) जो शाखायुक्त हो II (वि०) डरपोक (जैसे-डरीला स्वभाव)
डल–I (पु०) खंड, टुकड़ा
डल–II (स्त्री०) 1 झील 2 कश्मीर की एक झील का नाम
डलना–(अ० क्रि०) 1 डाला जाना, छोड़ा जाना 2 लटकाया जाना (झूला) 3 घुसेड़ा जाना (सुई में डोरा) 4 पसारा जाना, फैलाया जाना 5 पड़ना
डलवा–(पु०) दौरा, डला
डलवाना–(स० क्रि०) डालने का काम करवाना
डला–I (पु०) ठोस चीज़ का टुकड़ा, खंड II बाँस आदि का बना पात्र
डलिया–(स्त्री०) टोकरी
डली–(स्त्री०) 1 छोटा टुकड़ा 2 सुपारी
डवँरू–(पु०) = डमरू
डसन–(स्त्री०) 1 डसने की क्रिया 2 डंक मारने का ढंग
डसना–(स० क्रि०) 1 सर्प आदि ज़हरीले जंतु का काटना 2 डंक मारना
डसवाना, डसाना–(स० क्रि०) सर्प आदि से कटवाना
डसी– *बो०* (स्त्री०) 1 निशानी 2 याद कराने के लिए दी गई वस्तु
डस्ट-कवर–*अं०* (पु०) पुस्तक आवरण
डस्टर–*अं०* (पु०) झाड़न
डहकना–I (अ० क्रि०) 1 विकसित होना, फूलना 2 शोभा युक्त होकर चारों ओर फैलना 3 हुंकार भरते हुए गरजना 4 ठगा जाना II (स० क्रि०) 1 छल करना, मूर्ख बनाना 2 ललचाकर भी न देना
डहडहा–(वि०) 1 हरा-भरा 2 ताज़ा
डहडहाना–(अ० क्रि०) 1 लहलहाना 2 प्रफुल्लित होना
डहना–I (अ० क्रि०) 1 जलना, भस्म होना 2 कुढ़ना, चिढ़ना II (स० क्रि०) 1 भस्म करना, जलाना 2 डाह उत्पन्न करना, डाहना

डाँक–I (स्त्री०) चाँदी आदि का अत्यंत पतला पत्तर II (स्त्री०) 1 लाँघने की क्रिया 2 कै, वमन

डाँकना–I (अ० क्रि०) उल्टी करना, कै करना

डाँकना–II (स० क्रि०) 1 लाँघना 2 कूदते हुए पार करना (जैसे-रस्सी डाँकना)

डाँगर–I (वि०) 1 अत्यधिक दुबला-पतला 2 बेवकूफ़, मूर्ख II (पु०) चौपाया, डंगर। **~घसीटना** अत्यंत तुच्छ कार्य करना

डाँट–(स्त्री०) 1 फटकार, झिड़क 2 दबाव, शासन। **~डपट, ~फटकार** (स्त्री०) झिड़की, घुड़की

डाँटना–(स० क्रि०) 1 फटकारना, झिड़कना 2 डराने के लिए ज़ोर से बोलना

डाँठ–(पु०) = डंठल

डाँड़–(पु०) 1 डंडा 2 नाव खेने का डंडा, पतवार 3 मेंड़ 4 सीमा, हद 5 दंड, अर्थ-दंड

डाँड़ना–I (स० क्रि०) दंड लगाना, जुर्माना करना II (स० क्रि०) डाँटना

डाँड़ा–(पु०) 1 डंडा 2 डाँडा, पतवार 3 सीमा, हद। **~मेड़** (पु०) खेत आदि की वह सीमा जिस पर मेंड़ बनी हो; **~मेड़ी** (स्त्री०) दो सीमाओं के बीच की मेंड़

डाँड़ी–I (स्त्री०) 1 पतली लंबी लकड़ी 2 वृक्ष आदि की पतली शाखा, टहनी 3 सीधी रेखा 4 तराजू की डंडी 5 तने का वह भाग जिस पर फल-फूल लगे हों 6 हिंडोले मे की चारों लकड़ियाँ 7 डंडे में बँधी हुई झोली के आकार की पहाड़ी सवारी, डांडी, झम्पान 8 चरखी की थवनी में डाली जानेवाली जुलाहे की लकड़ी II (पु०) 1 डाँड़ खेनेवाला आदमी 2 सुस्त आदमी

डाँवरू–(पु०) बाघ का बच्चा

डाँवाँडोल–(वि०) 1 चंचल, अधीर, (जैसे-उसका मन बहुत डाँवाँडोल है) 2 इधर-उधर हिलनेवाला (जैसे-भूकंप के कारण पृथ्वी का डाँवाँडोल होना) 3 अस्थिर (जैसे-आर्थिक स्थिति का डाँवाँडोल हो जाना)

डाँस–(पु०) 1 बड़ा मच्छर 2 डंक

डाइन–(स्त्री०) 1 भूतनी, चुड़ैल, 2 कुरूपा एवं डरावनी स्त्री 3 जादू करनेवाली स्त्री, टोनहाई 4 अत्यंत दुष्ट एवं क्रूर स्त्री

डाइनामाइट–*अं०* (पु०) = डायनामाइट

डाइनिंग-रूम–*अं०* (पु०) खाना खाने का कमरा, भोजन कक्ष

डाइरेक्टर–*अं०* (पु०) निदेशक

डाइरेक्टरी–*अं०* (स्त्री०) निर्देशिका पुस्तिका (जैसे-टेलीफ़ोन की डाइरेक्टरी)

डाई–*अं०* (पु०) 1 साँचा, ठप्पा 2 रगाई (जैसे-कमीज़ डाई कराना)

डाउन–I *अं०* (क्रि० वि०) नीचे II (वि०) (ट्रेन) समुद्र की ओर जानेवाली

डाक–I (स्त्री०) 1 डाँकने की क्रिया 2 सवारी का ऐसा प्रबंध जिसमें हर पड़ाव पर वाहन आदि मिला करे 3 पत्र आदि पहुँचाने की सरकारी व्यवस्था 4 पहुँचाया जानेवाला पत्र, सामग्री आदि (जैसे-यह डाक बहुत ज़रूरी है) **~खर्च** *फ़ा०* (पु०) डाक शुल्क; **~ख़ाना** + *फ़ा०* (पु०) डाक कार्यालय, पोस्ट आफ़िस; **~गाड़ी** (स्त्री०) डाक ढोनेवाली गाड़ी; **~घर** (पु०) = डाकख़ाना; **~चौकी** (स्त्री०) वह स्थान जहाँ सवारी के घोड़े आदि बदले जाँय; **~टिकट** + *अं०* (पु०) पत्र आदि पर लगाया जानेवाला सरकारी टिकट; **~पाल** (पु०) पोस्ट-मास्टर; **~बँगला** (पु०) दौरे पर जानेवाले सरकारी अधिकारियों के ठहरने हेतु बनाए गए सरकारी भवन; **~भार** + *सं०* (पु०) = डाकख़र्च; **~महसूल** + *अ०* (पु०) डाक द्वारा वस्तु आदि भेजने का महसूल, डाक शुल्क; **~मुंशी** + *अ०* (पु०) = पोस्ट मास्टर; **~मुहर** + *फ़ा०* (स्त्री०) डाक द्वारा लगाया जानेवाला ठप्पा; **~वाला** (पु०) डाकिया; **~विभाग** + *सं०* डाक का महकमा; **~व्यय** + *सं०* (पु०) = डाकख़र्च

डाक–II (स्त्री०) वमन, कै

डाक–III *अं०* (पु०) बंदरगाह का वह विशिष्ट अंश जहाँ जहाज़ों पर का माल लादा एवं उतारा जाता है, गोदी

डाक–IV (स्त्री०) 1 नीलाम की बोली 2 पुकार

डाकना–I (अ० क्रि०) कै करना, वमन करना

डाकना–II (स० क्रि०) लाँघना, फाँदना

डाकना–III *बो०* (स० क्रि०) 1 पुकारना 2 नीलाम की बोली बोलना

डाकयार्ड–*अं०* (पु०) गोदीबाड़ा

डाका–(पु०) लुटेरों द्वारा किया गया धावा, छापा (जैसे-डाका पड़ना)। **~ज़नी** + *फ़ा०* (स्त्री०) डाका मारना, लूट, डकैती

डाकिन, डाकिनी–*सं०* (स्त्री०) 1 कालि देवी की एक अनुचरी 2 चुड़ैल, डाइन। **~आखेट** (पु०) डाकिनी का शिकार

डाकिया–(पु०) वह सरकारी कर्मचारी जो घर-घर चिट्ठियाँ आदि पहुँचाता है, डाकवाला, चिट्ठीरसान

डाकी–I (स्त्री०) कै, उल्टी, वमन

डाकी–II (वि०) 1 बहुत अधिक खानेवाला, पेटू 2 प्रचंड

डाकू–I (पु०) डकैत, लुटेरा। **~संचित** + *सं०* (पु०) डाकुओं द्वारा लूटकर इकट्ठा किया गया धन

डाकू–II (वि०) = डाकी II

डाकेट–*अं०* (पु०) 1 विषय सूची 2 निर्णय सूची

डाक्टर–*अं०* (पु०) 1 रोगी का इलाज करनेवाला, चिकित्सक, वैद्य, हकीम 2 किसी विद्या, विषय का आचार्य, विषय-विद्या का प्रकांड विद्वान, पंडित 3 इस तरह के आचार्य, पंडित की उपाधि 4 ऐसा व्यक्ति जिसे इस तरह की उपाधि प्राप्त हो

डाक्टरनी–*अं०* + *हिं०* (स्त्री०) महिला चिकित्सक

डाक्टरी–*अं०* + *हिं०* (स्त्री०) 1 डाक्टर होने की अवस्था 2 डाक्टर का काम, पेशा (जैसे-डाक्टरी करना)

डाक्टरेट–*अं०* (स्त्री०) डॉक्टर की उपाधि

डागा–(पु०) डुग्गी, ढोल, नगाड़ा आदि बजाने की लकड़ी

डाट–(स्त्री०) 1 काग (जैसे-बोतल का डाट बंद कर देना) 2 मेहराब के बीच का पत्थर, ईंट 3 टेक 4 रोक, अटकाव, चाँड़

डाटना–I (स० क्रि०) 1 टेक लगाना 2 मुँह डाट लगाकर बंद करना 3 भिड़ाकर आगे ढकेलना 4 ज़ोर से भिड़ाना 5 कसकर ठूसना 6 अच्छी तरह पेट भरकर खाना 7 पहनना II (अ० क्रि०) 1 डटकर सामने बैठना 2 वेष बनाना III (स० क्रि०) डाँटना

डाढ़–(स्त्री०) 1 चबाने के दाँत, दाढ़, चौभड़ 2 सूअर का निकला हुआ दाँत

डाढ़ा–(पु०) 1 जंगल की आग, दावानल, दावाग्नि 2 ताप, जलन

डाढ़ी–(स्त्री०) 1 ठुड्डी के बाल 2 ठुड्डी। ~**मुंडा** (वि०) डाढ़ी मुड़ा

डाबक–(वि०) = डाभक

डाबर–I (पु०) 1 गंदा पानी इकट्ठा होनेवाला गड्ढा, झाँबर 2 छोटा तालाब, पोखरा 3 चिलमची II (वि०) 1 गँदला 2 मटमैला

डाबा–*बो०* (पु०) = डिब्बा

डाबी–(स्त्री०) 1 फ़सल का दसवाँ अंश 2 घास, पुआल आदि का पूला

डाभ–(पु०) 1 ऊसर भूमि में उत्पन्न होनेवाली घास, दर्भ 2 कुश 3 आम के वृक्ष के आरंभिक अंकुर जो मंजरी का रूप लेते हैं 4 कच्चा नारियल

डाभक–*बो०* (वि०) कुएँ से तुरंत निकाला गया, ताज़ा पानी

डामचा–(पु०) वह मचान जिसपर बैठकर पशु-पक्षियों से फ़सल की रक्षा की जाती है

डामर–(पु०) 1 साल का गोंद, राल 2 अलकतरा, गाढ़ा तारकोल

डामर–*सं०* (पु०) 1 धूम-धाम 2 ठाट-बाट 3 हलचल 4 अद्‌भुत दृश्य, चमत्कार

डामल–*अ०*, **डामिल** (पु०) 1 सदा के लिए बंदी बनाकर रखने की सज़ा, आजीवन कारावास का दंड 2 देश निकाले का दंड, निर्वासन दंड

डायँ-डायँ–(क्रि० वि०) व्यर्थ, बिना काम के इधर-उधर (जैसे-डायँ-डायँ घूमना)

डायन–(स्त्री०) = डाइन

डायनामाइट–*अं०* (पु०) एक शक्तिशाली विस्फोटक पदार्थ

डायनेमो–*अं०* (पु०) बिजली पैदा करनेवाली एक मशीन

डायबिटीज़–*अं०* (स्त्री०) मधुमेह

डायरिया–*अं०* (पु०) दस्त

डायरी–*अं०* (स्त्री०) दैनिकी, दैनंदिनी

डायल–*अं०* (पु०) (घड़ी, टेलीफ़ोन आदि का) अंकपट

डायलेक्टिक्स–*अं०* (पु०) 1 द्वंद्वात्मक पद्धति 2 द्वंद्वात्मक तर्क

डायोक्साइड–*अं०* (पु०) दो आक्सीजन के अणुओं से बना एक अणु

डारा–(पु०) 1 कपड़ों को लटकाकर सुखाने के प्रयोग में आनेवाली रस्सी 2 वह रस्सी जिसपर कपड़े लटकाए जाते हैं

डाल–I (स्त्री०) 1 शाखा, टहनी II (स्त्री०) डलिया, टोकरी

डालना–(स० क्रि०) 1 गिराना 2 ऊपर से नीचे पहुँचाना 3 फेंकना (जैसे-इसे गड्ढे में डाल दो) 4 छोड़ना (जैसे-आग में पानी डालना) 5 मिलाना (जैसे-दाल-चावल एक बर्तन में ही डालना) 6 घुसाना, प्रविष्ट कराना 7 ज़िम्मे करना (जैसे-काम का बोझ डालना) 8 पहनाना (जैसे-कन्या का वर के गले में जयमाल डालना) 9 लटकाना (जैसे-झूला डालना) 10 ढकना, फैलाना (जैसे-सिर पर पल्ला डालना) 11 सम्मिलित करना

डालर–*अं०* (पु०) अमरीका और कुछ अन्य देशों का बड़ा सिक्का। ~**शाह** + *फ़ा०* (पु०) अत्यंत धनी व्यक्ति

डालरी–*अं०* + *हिं०* (वि०) डालर का

डाली–I (स्त्री०) टहनी, शाखा II 1 भेंट के रूप में भेजे हुए फल-मिठाई आदि, नज़र 2 डलिया

डासन–(पु०) 1 बिछावन, बिस्तर 2 चटाई का आसन

डासना–I (स० क्रि०) बिछाना II 1 डसना 2 काटना

डासनी–(स्त्री०) 1 चारपाई 2 शय्या

डाह–(स्त्री०) ईर्ष्यापूर्ण, जलन, कुढ़न। ~**भरा** (वि०) ईर्ष्यापूर्ण, डाहयुक्त

डाहना–(स० क्रि०) 1 संतप्त करना 2 जलाना 3 तंग करना

डाहुक–*सं०* (पु०) टिटहरी की तरह का एक जलपक्षी

डिंग-डांग–(पु०) अनुकरणात्मक ध्वनि

डिंगर–I (पु०) गाय आदि के गले में बाँधी जानेवाली लकड़ी II (पु०) 1 धूर्त 2 नीच व्यक्ति 3 मोटा आदमी 4 गुलाम, दास

डिंगल–I(वि०) दूषित और नीच

डिंगल–II(स्त्री०) भाटों या चारणों की पुरानी काव्यभाषा

डिंडिभ–*सं०* पानी का साँप

डिंडिम–*सं०* (पु०) डुगडुगी, डुग्गी

डिंडिर-मोदक–*सं०* (पु०) 1 गाजर 2 लहसुन

डिंब–*सं०* (पु०) 1 स्त्री के गर्भ की आरंभिक अवस्था, भ्रूण 2 अंडा 3 गर्भाशय। ~**ग्रंथि** (स्त्री०) गर्भाशय की गिल्टी; ~**प्रणाली** (स्त्री०) गर्भाशय की नली; ~**युद्ध** (पु०) मामूली लड़ाई

डिंभ–*सं०* (पु०) 1 छोटा बच्चा 2 छौना, शावक 3 मूर्ख 4 एक तरह का उदर रोग

डिंभक–*सं०* (पु०) छोटा बच्चा

डिंभिया–(वि०) 1 पाखंडी 2 घमंडी

डिक्की–I (स्त्री०) सींगों का आघात II *अं०* (स्त्री०) मोटरकार के पीछे सामान भरने की जगह

डिक्टेटर–*अं०* (पु०) तानाशाह। ~**शाही** + *फ़ा०* (स्त्री०) तानाशाही

डिक्टेशन–*अं०* (पु०) इमला (जैसे-डिक्टेशन बोलना) श्रुतलेख

डिक्री–*अं०* (स्त्री०) = डिगरी

डिक्लेरेशन–*अं०* (पु०) घोषणा

डिक्शनरी–*अं०* (स्त्री०) शब्दकोश

डिगना–(अ० क्रि०) 1 डोलना 2 हिलना 3 वचनभंग करना, विचलित होना

डिगरी–I –*अं०* (स्त्री०) 1 विश्वविद्यालय से मिलनेवाली उपाधि (जैसे-बी० ए० की डिगरी मिलना) 2 अंश। ~**धारी** + *सं०*, ~**प्राप्त** + *सं०* (वि०) जिसे उपाधि मिली हो

डिगरी–II –*अं०* (स्त्री०) वादी को संपत्ति आदि पर अधिकार दिलानेवाला फ़ैसला। ~**दार** + *फ़ा०* (वि०) जिसके पक्ष में अदालत का हक़ दिलानेवाला फ़ैसला हुआ हो

डिगाना–(स० क्रि०) 1 हटाना 2 विचलित करना 3 हिलाना

डिग्गी–I (स्त्री०) 1 छोटा तालाब, पोखरा 2 बावली II साहस, हिम्मत

डिग्री–I *अं०* (स्त्री०) = डिगरी

डिग्री–II*अं०* (स्त्री०) = डिगरी

डिज़ाइन–*अं०* (स्त्री०) बनावट (जैसे-नयी डिज़ाइन की साड़ी)। ~**कर्ता** + *सं०*, ~**साज़** + *फ़ा०* (पु०) डिज़ाइन बनानेवाला कारीगर

डिज़िल–*अं०* (पु०) डिज़ेल-इंजन

डिटेक्टिव-पुलिस–*अं०* (स्त्री०) खुफ़िया पुलिस

डिठार, डिठियारा–(वि०) जिसे अच्छी तरह दिखाई देता हो

डिठोहरी–(स्त्री०) एक फल का बीज जो बच्चों को नज़र लगने से बचाने के लिए पहनाते हैं

डिठौना–(पु०) कुदृष्टि से बचाने के लिए लगाई जानेवाली काली बिंदी, काला टीका

डिडिका–(स्त्री०) युवावस्था में ही सिर के बालों का सफेद हो जाने का एक रोग

डिढ्या–(स्त्री०) 1 लालच भरी निगाह 2 तीव्र लोभ, उत्कट तृष्णा

डिनर–*अं०* (पु०) रात का भोजन। ~**सेट** (पु०) भोजन के बर्तन

डिपटी–*अं०* (पु०) 1 नायब 2 सहायक अधिकारी

डिपाज़िट–*अं०* (स्त्री०) जमा करना (जैसे-यह पैसा बैंक में डिपाज़िट कर दो)

डिपार्टमेंट–*अं०* (पु०) विभाग

डिपुटी–*अं०* (पु०) उप, नायब (जैसे-डिपुटी डॉयरेक्टर)

डिपो–*अं०* (स्त्री०) गोदाम

डिप्टी–*अं०* (पु०) = डिपटी

डिप्लोमा–*अं०* (पु०) उपाधि पत्र, प्रमाण पत्र

डिप्लोमेट–*अं०* (पु०) राजनयिक

डिफ़ेंस–*अं०* (पु०) 1 रक्षा, बचाव 2 देश की रक्षा व्यवस्था

डिबिया–(स्त्री०) छोटा डिब्बा

डिबेंचर–*अं०* (पु०) ऋणपत्र

डिब्बा–(पु०) डब्बा, ढक्कनदार पात्र। बंद + *फ़ा०* (वि०) = डब्बाबंद; ~**बंदी** + *फ़ा०* (स्त्री०) = डब्बाबंदी

डिब्बी–(स्त्री०) = डिबिया

डिम–*सं०* (पु०) इंद्रजाल और लड़ाई आदि के दृश्योंवाला नाटक

डिमडिमी–(स्त्री०) = डुगडुगी

डिमरेज–*अं०* (पु०) हरज़ाना

डिमांड–*अं०* (स्त्री०) माँग। ~**ड्राफ्ट** (पु०) दर्शनी हुंडी

डिमाई–*अं०* (स्त्री०) 18 × 22 इंच की कागज़ की नाप

डिमाक्रेट–*अं०* (पु०) लोकतंत्रवादी

डिमाक्रेटिक–*अं०* (वि०) लोकतंत्रीय, जनतंत्रीय

डिमोक्रेसी–*अं०* (स्त्री०) लोकतंत्र, प्रजातंत्र, जनतंत्र

डिलीवरी–*अं०* (स्त्री०) 1 चिट्ठियों, पार्सल आदि को उन्हें पाने के अधिकारी व्यक्तियों तक पहुँचा देने का कार्य 2 बच्चे को जन्म देने की क्रिया, प्रसव 3 माल का छुड़ाना, अदा करना। ~**मैन** (पु०) चिट्ठियां, पार्सल आदि पहुँचानेवाला कर्मचारी; ~**विभाग** *सं०* (पु०) 1 वितरण विभाग 2 *चि०* जनन विभाग

डिल्ला–I (पु०) बैल के कंधे पर उभरा हुआ मोटा भाग, कुब्बा, ककुत्थ

डिल्ला–II (पु०) एक छंद जिसके प्रत्येक चरण में 16 मात्राएँ और अंत में भगण (ऽ।।) होता है

डिवीज़न–*अं०* (पु०) 1 *ग०* भाग 2 *(प्रशासन)*, प्रमंडल

डिश–*अं०* (पु०) तश्तरी

डिसमिस–*अं०* (पु०) ख़ारिज

डिस्काउंट–*अं०* (पु०) कमीशन, कटौती

डिस्चार्ज–*अं०* (पु०) 1 मुक्ति 2 पदमुक्ति 2 सेवा मुक्ति

डिस्ट्रिक्ट–*अं०* (पु०) ज़िला। ~**कोर्ट** (पु०) ज़िला-न्यायालय; ~**जज** (पु०) ज़िला-न्यायाधीश; ~**बोर्ड** (पु०) ज़िला परिषद

डिस्पेंसरी–*अं०* (स्त्री०) दवाखाना, औषधालय

डिस्पैच–*अं०* (पु०) भेजना

डिस्पैचर–*अं०* (पु०) भेजनेवाला, प्रेषण कर्मी

डींग (स्त्री०) 1 लंबी-चौड़ी आत्मप्रशंसा 2 अभिमान भरी कोरी गप 3 शेख़ी। ~**मार** (वि०) गप मारनेवाला। ~**हाँकना** लंबी-चौड़ी बातें कहना

डींगिया–(वि०) डींग मारनेवाला

डीक–(स्त्री०) आँख का जाला

डीठ–(स्त्री०) 1 दृष्टि, नज़र (जैसे-डीठ चुराना) 2 ज्ञान चक्षु, अंतर्दृष्टि 3 ऐसी दृष्टि जिसके पड़ने से वस्तु की अच्छाई को कम कर दे, नज़र। ~**बंध** + *सं०* (पु०) ऐसा जादू जिससे वस्तु दूसरे रूप में दिखाई पड़े, नज़रबंदी; ~**चुराना,** ~**छिपाना** सामने न ताकना; ~**बाँधना** जादू द्वारा दृष्टि में भ्रम उत्पन्न करना; ~**मारना** नज़र डालना; ~**रखना** देख-रेख करना; ~**लगाना** नज़र लगाना

डीडीटी–*अं०* (स्त्री०) कीट नाशक दवा जो चूर्ण रूप में श्वेत रासायनिक यौगिक होता है

डीन–I *अं०* (पु०) (विश्वविद्यालय में) संकायाध्यक्ष

डीन–II *सं०* (पु०) 1 पक्षियों आदि की उड़ान 2 पक्षियों आदि के उड़ने से उत्पन्न शब्द

डीनक–*सं०* (वि०) उड़नेवाला

डीबुआ–*बो०* (पु०) पैसा

डील–(पु०) 1 क़द 2 व्यक्तित्व, 3 कलेवर, काठी। ~**डौल** (पु०) 1 शरीर का विस्तार 2 शरीर, देह (जैसे-अच्छे डील-डौलवाला आदमी)

डीलर–*अं०* (पु०) 1 विक्रेता 2 दुकानदार

डीह–(पु०) 1 आबादी, बस्ती 2 छोटा गाँव 3 उजड़े हुए गाँव का अवशेष 4 टीला। ~**दारी** (स्त्री०) ज़मींदार का हक़

डुक–(पु०) घूँसा, मुक्का

डुकिया–(स्त्री०) = डोकिया, डोकी

डुकियाना–(स० क्रि०) 1 घूँसे मारना 2 खूब मारना

डुगडुगाना–I (स० क्रि०) डुग-डुग ध्वनि उत्पन्न करना II (अ० क्रि०) डुग-डुग शब्द होना

डुगडुगी–(स्त्री०) डुग्गी, डौंडी। ~**फेरना** डुग्गी बजाते हुए सार्वजनिक रूप से सूचना देना, मुनादी करना

डुग्गी–(स्त्री०) 1 चमड़े से मढ़ा चौड़े मुँहवाला बाजा 2 डुगडुगी

डुपटना–*बो०* (स० क्रि०) 1 दो परत करना 2 चुनना, चुनियाना (जैसे-धोती डुपटना)

डुबकनी–(स्त्री०) पनडुब्बी

डुबकी–(स्त्री०) 1 पानी में डूबकर निकलना, गोता 2 एक स्थान से गोता लगाकर दूसरी जगह निकलने की क्रिया

डुबवाना–(स० क्रि०) डुबाने का काम कराना

डुबाना–(स० क्रि०) 1 गोता देना, बोरना (जैसे-क़लम स्याही में डुबाना) 2 कलंकित करना (जैसे-कुल का नाम डुबाना) 3 प्रतिष्ठा नष्ट करना 4 बर्बाद करना (जैसे-उसने सारी संपत्ति को शराब-जूआ में डुबा दिया)

डुबाव–(पु०) 1 डूबने भर की गहराई (जैसे-नदी में दो हाथियों का डुबाव है) 2 डूबने-डुबाने की क्रिया

डुबोना–*बो०* (स० क्रि०) = डुबाना

डुब्बा–(पु०) पानी में डुबकी लगानेवाला, पनडुब्बा

डुब्बी–(स्त्री०) 1 डुबकी 2 पनडुब्बी (नाव)

डुलना–(अ० क्रि०) 1 हिलना 2 इधर-उधर घूमना-फिरना

डुलाना–(स० क्रि०) 1 हिलाना, चालित करना 2 झलना (जैसे-चँवर डुलाना) 3 इधर-उधर घुमाना-फिराना 4 विचलित करना

डुलि–*सं०* (स्त्री०) कछुई, कच्छपी

डूँगर–(पु०) 1 पहाड़ी 2 टीला 3 ढूह, भीटा

डूँगरी–(स्त्री०) छोटी-सी पहाड़ी

डूँगा–(पु०) 1 चम्मच, चमचा 2 दे० डूँगर 3 काठ को खोदकर बनाई गई नाव

डूँड़ा–(वि०) जिसका एक सींग टूट गया हो (जैसे-डूँड़ा बैल)

डूबना– (अ० क्रि०) 1 जल में समाना (जैसे-नाव डूबना) 2 गोता खाना 3 लीन होना 4 डूबकर खत्म हो जाना, मर जाना (जैसे-उनका लड़का नदी में डूब गया) 5 अस्त होना (जैसे-सूरज डूबना) 6 कलंकित होना (जैसे-उसके कुकृत्य से वंश का नाम डूब गया) 7 बर्बाद होना (जैसे-उसकी सारी दौलत व्यभिचार में डूब गई) 8 समाप्त होना (जैसे-दिन डूबना)। ~**उतराना** (अ० क्रि०) रह-रहकर चिंता-सोच में लीन होना, उलझन में पड़ना। **डूबते को तिनके का सहारा** असहाय, अवलंबहीन को थोड़ी मदद मिलना; **डूब मरना** 1 लज्जा के मारे मुँह न दिखाना 2 लज्जा के मारे मर-मर जाना, अत्यधिक लज्जित होना

डेक–*अं०* (पु०) लकड़ी के तख्तों आदि से बनी जहाज़ की पाटन।

डेढ़–(वि०) एक और आधा (जैसे-डेढ़ किलो अनाज, अभी डेढ़ बजा है)। ~**ईंट की मसजिद जुदा बनाना** अक्खड़पन के कारण सबसे अलग काम करना; ~**चावल की खिचड़ी पकना** सबसे अलग राय कायम करना; ~**चुल्लू लहू पीना** बहुत कठोर दंड देना

डेढ़ा–(वि०) = ड्योढ़ा, डेवढ़ा

डेढ़िया–(स्त्री०) 1 स्त्रियों की चादर, धोती का आँचल 2 उधार देने का वह प्रकार जिसमें फसल पर मूल का ड्योढ़ा वसूल किया जाता है

डेढ़ी–(स्त्री०) ऐसा लेन-देन जिसमें उधार ली गई वस्तु डेढ़-गुनी मात्रा में वापस करनी पड़ती है

डेपुटेशन–*अं०* (पु०) प्रतिनिधि मंडल, शिष्ट मंडल (जैसे-डेपुटेशन के पास विचारार्थ भेजना)

डेबरा–*बो०* (पु०) बायें हाथ से काम करनेवाला व्यक्ति

डेमरेज़–*अं०* (पु०) = 1 डिमरेज़ 2 देरी की वजह से हरज़ाना

डेयरी–*अं०* (स्त्री०) वह स्थान जहाँ दूध देनेवाले पशुओं को पाला जाता है

डेरा–(पु०) 1 टिकाव, पड़ाव 2 अल्पकालिक निवास 3 निवास-स्थान (जैसे-आपका डेरा कहाँ पड़ेगा 4 खेमा, तंबू 5 वह स्थान जहाँ पेशा करनेवालों की मंडली रहती हो (जैसे-जुआरियों का डेरा)। ~**डंडा** (पु०) डेरा डालने की आवश्यक सामग्री

डेरी–*अं०* (स्त्री०) = डेयरी

डेलटा–*अं०* (पु०) नदी के मुहाने पर बनी तिकोनी भूमि (जैसे-नील नदी का डेल्टा)

डेला–(पु०) 1 आँख का गोलक 2 ढेला, रोड़ा

डेलिगेट–*अं०* (पु०) शासन-संस्था का अधिकृत प्रतिनिधि

डेलिगेशन–*अं०* (पु०) 1 प्रतिनिधि मंडल, शिष्ट मंडल 2 (शक्ति का) प्रतिनिधान

डेलिरियम–*अं०* (पु०) मस्तिष्क रोग के कारण प्रलाप

डेलीगेट–*अं०* (पु०) = डेलिगेट

डेल्टा–*अं०* (पु०) = डेलटा

डेवढ़ा–I (वि०) डेढ़ गुना II (पु०) डेढ़ गुनी संख्या

डेवढ़ी–(स्त्री०) 1 ड्योढ़ी 2 डेढ़ी

डेस्क–*अं०* (पु०) खानेदार छोटी चौकी

डेहरी–I (स्त्री०) दहलीज़, देहरी II मिट्टी का छोटा बर्तन

डैना–(पु०) 1 बड़ा पंख, पर 2 डाँड़

डैम–*अं०* (पु०) बाँध

डैश–*अं०* (पु०) लंबी आड़ी रेखा, हाइफन

डोंगा–(पु०) 1 बिना पाल की नाव 2 बड़ी नाव

डोंगी–(स्त्री०) छोटी नाव

डोंड़ी–(स्त्री०) 1 टोंटी 2 डोंगी 3 डौंडी, डुगडुगी

डोई–(स्त्री०) काठ की डाँडीवाली कलछी

डोई-फोड़िया–(पु०) 1 बहुत बड़ा दुराग्रही 2 अपना सिर तक फोड़ने को तैयार भिखमंगा

डोकरा–(पु०) बूढ़ा आदमी

डोकरी–(स्त्री०) बूढ़ी औरत

डोका–(पु०) काठ का कटोरा

डोकिया–(स्त्री०) लकड़ी का छोटा कटोरा

डोगरी–(स्त्री०) काश्मीर के डोगरा लोगों की बोली

डोज़–*अं०* (पु०) खुराक

डोड़ा–(पु०) 1 विशिष्ट पौधों की बड़ी फली-बौंडी (जैसे-पोस्ते का डोड़ा, सेमल का डोड़ा) 2 फली

डोब–(पु०) 1 डुबाने की क्रिया 2 गोता, डुबकी

डोबना–(स० क्रि०) = डुबाना

डोभरी–(स्त्री०) अंकुर

डोम–(पु०) श्मशान में मृतकों के लिए आग देने का काम करनेवाली जाति 2 गाने-बजाने का पेशा करनेवाली एक जाति, मीरासी। ~**कौआ** काला जंगली कौआ

डोमड़ा–(पु०) डोम जाति का व्यक्ति

डोमनी–(स्त्री०) 1 डोम जाति की स्त्री 2 गंदा एवं घृणित कार्य करनेवाली स्त्री 3 नाचने-गाने का पेशा करनेवाली डोम जाति की स्त्री

डोमिन–(स्त्री०) डोम की स्त्री

डोमिनियन–*अं०* (पु०) 1 औपनिवेशिक राज्य 2 उपनिवेश। ~**स्टेटस** (पु०) औपनिवेशिक स्वराज्य का दर्जा

डोर–*सं०* (स्त्री०) 1 धागा, तागा 2 सूत 3 सूत आदि का बटा मज़बूत मोटा तार 4 आसरा, सहारा। ~**पर लगाना** रास्ते पर

लाना; ~**मज़बूत होना** दीर्घ-जीवी होना; ~**होना** प्रेम सूत्र में बँधकर प्रायः उसके साथ लगे रहना

डोरक–*सं०* (पु०) सूत्र, धागा

डोरा–(पु०) 1 मोटा तागा 2 धारी, रेखा 3 आँख की पतली लाल नसें 4 सुराग, सूत्र 5 प्रेम का बंधन। ~**डालना** किसी को प्रेम पाश में बाँधने हेतु मधुर आचरण करना; ~**लगना** प्रेम पाश में पड़ना

डोरिया–(पु०) एक धारीदार कपड़ा

डोरी–(स्त्री०) 1 रस्सी (जैसे-कूएँ से पानी निकालने की डोरी टूट गई) 2 जुलूसों, सवारियों आदि के आगे दोनों ओर लेकर चलनेवाली रस्सी 3 कलबत्तू, रेशम आदि की वह रचना जो कपड़ों पर शोभा के लिए टाँकी जाती हैं 4 आकर्षण, बंधन, पाश (जैसे-प्रीति की डोरी में उलझना)। ~**ढीली करना** देख-रेख कम करना; ~**लगना** ध्यान लगा रहना

डोल–I (पु०) पानी भरने का लोहे का गोल बर्तन II 1 पालकी 2 झूला 3 चौकियाँ; ~**डाल** (पु०) चलने-फिरने, हिलने-डुलने आदि की क्रिया

डोलची–*हिं० + फ़ा०* (स्त्री०) 1 छोटी टोकरी 2 छोटा गोल बर्तन

डोलना–(अ० क्रि०) 1 हिलना (जैसे-भूकंप से पृथ्वी का डोलना) 2 इधर-उधर आना-जाना, दोलित होना (जैसे-दीवार घड़ी का पेंडुलम डोलना) 3 अस्थिरता एवं शंका होना (जैसे-मन डोलना) 4 टहलना, घूमना 5 विचलित होना 6 अपनी जगह से हटना

डोला–(पु०) 1 पालकी 2 पालकी की तरह की छायी हुई चौकोर सवारी जिसे कहार उठाकर चलते हैं 3 झोंका, पेंग। ~**देना** 1 लड़की को वर के घर ले जाकर ब्याह देना 2 राजा को भेंट के रूप में अपनी लड़की देना

डोलाना–(स० क्रि०) = डुलाना

डोली–(स्त्री०) छोटा डोला। ~**करना** जैसे-तैसे दूर करना, हटाना

डौंडी–(स्त्री०) 1 डुग्गी, ढिंढोरा 2 डुग्गी पीटकर की जानेवाली घोषणा, मुनादी। ~**देना** 1 ढोल बजाकर सर्व-साधारण को सूचित करना, मुनादी करना 2 किसी बात को चारों ओर सबसे कहते फिरना; ~**बजना** 1 घोषणा होना 2 दुहाई फिरना 3 तेज़ एवं प्रताप सब पर प्रकट होना

डौंरू–*बो०* (पु०) = डमरू

डौआ–(पु०) बड़ी डोई

डौल–(पु०) 1 बाहरी आकृति, ढाँचा (जैसे-आदमी-औरत का डील-डौल सामान्य है) 2 बनावट, गठन 3 ढंग, सलीका 4 उपाय, युक्ति 5 रंग-ढंग, तौर-तरीका, लक्षण। ~**डाल** (पु०) 1 उपाय 2 कोशिश; ~**दार** *+ फ़ा०* (वि०) 1 सुडौल 2 सुंदर। ~**डालना** रूप रेखा तैयार करना। ~**पर लाना** रास्ते पर लाना, अनुकूल बनाना

डौलियाना–(स० क्रि०) 1 गढ़कर दुरुस्त करना 2 अपने अनुकूल बनाना

डौवा–(पु०) = डौआ

ड्यूटी–*अं०* (स्त्री०) 1 कर्तव्य 2 कर्म 3 बँधा हुआ काम 4 चुंगी, शुल्क। ~**वाला** *+ हिं०* (पु०) 1 काम करनेवाला व्यक्ति

ड्योढ़ा–(वि०) = डेवढ़ा

ड्योढ़ी–(स्त्री०) 1 दहलीज़ 2 पौरी। ~**दार** *+ फ़ा०* (पु०) दरबान, द्वारपाल; ~**वान** (पु०) ड्योढ़ी की रखवाली करनेवाला। ~**खुली रहना** भीतर आने की अनुमति, आज्ञा मिलना; ~**बंद होना** आने-जाने की मनाही होना; ~**लगना** ड्योढ़ी पर द्वारपाल नियुक्त करना

ड्रगिस्ट–*अं०* (पु०) औषध विक्रेता

ड्रम–*अं०* (पु०) 1 ढोल, नगाड़ा 2 ढोल के आकार का बड़ा पात्र, पीपा

ड्राइंग–*अं०* (स्त्री०) रेखाओं द्वारा चित्र बनाने की कला; ~**काग़ज़** *+ फ़ा०* (पु०) कला बनाने के लिए प्रयोग में आनेवाला पन्ना। ~**रूम** (पु०) बैठक

ड्राइक्लीनर–*अं०* (पु०) बिना पानी (पेट्रोल आदि से) धुलाई करनेवाला

ड्राइक्लीनिंग–*अं०* (स्त्री०) बिना पानी (पेट्रोल आदि से) धुलाई करना

ड्राइवर–*अं०* (पु०) चलानेवाला, चालक (जैसे-इंजन ड्राइवर, मोटर ड्राइवर)

ड्राफ़्ट–*अं०* (पु०) 1 हुंडी 2 मसौदा

ड्राफ़्ट्स मैन–*अं०* (पु०) नक्शा नवीस

ड्राम–*अं०* (पु०) औंस का 1/16 वां भाग, एक अंग्रेज़ी तौल

ड्रामा–*अं०* (पु०) नाटक

ड्रिल–*अं०* (स्त्री०) क़वायद, पी० टी०

ड्रेनेज–*अं०* (पु०) जल निकास

ड्रेस–*अं०* (पु०) वेश-भूषा, पोशाक

ढ

ढँकना–I *बो०* (स० क्रि०) = ढकना

ढँकना–II (पु०) ढकना, ढक्कन

ढंग–(पु०) 1 तरीक़ा (जैसे-अपने-अपने ढंग से काम करना) 2 चलन (जैसे-अपने ढंग का अकेला आदमी) 3 तरह, प्रकार (जैसे-पुराने ढंग का पहनावा) 4 बनावट, रूप (जैसे-काम-काज का ढंग) 5 आचरण (जैसे-बात-चीत का ढंग) 6 कुशलता (जैसे-वैज्ञानिक शोधकर्ताओं का ढंग) 7 उपाय (जैसे-सही ढंग अपनाकर काम करना) 8 पाखंड (जैसे-पूजा-पाठ का यह ढंग अच्छा नहीं है) 9 लक्षण (जैसे-अच्छे ढंग से व्यवहार करना) 10 स्थिति (जैसे-सही ढंग से जीवन-बसर होना)। ~**पर चढ़ना** उद्देश्य साधन में अनुकूल होकर सहायक बनना; ~**पर लाना** अभिप्राय साधन हेतु अपने अनुकूल बनाना

ढंगी–(वि०) 1 ढंग से काम करनेवाला 2 चालबाज़, धूर्त 3 दे० ढोंगी

ढँढरच, ढंढस–(पु०) ढकोसला

ढंढार–(वि०) अकुशल एवं मूर्ख

ढँढोरची–*हिं० + तु०* (पु०) ढँढोरा फेरनेवाला, ढिंटोरिया

ढँढोरना–(स० क्रि०) 1 ढँढोरा पीटना 2 ढँढोरा फेरना, मुनादी कराना

ढँढोरा–(पु०) 1 डुग्गी 2 मुनादी

ढँढोरिया–(पु०) डुगडुगी बजाकर घोषणा करनेवाला, ढँढोरची

ढँढोलना–(स० क्रि०) टटोलकर खोजना।

ढँपना–I (अ० क्रि०) ढाँपा जाना (स० क्रि०) ढकना

ढँपना–II (पु०) ढकना, ढक्कन

ढई–(स्त्री०) 1 गिर पड़ने की अवस्था 2 धरना

ढकना–I (स० क्रि०) 1 छिपाना, आच्छादित करना (जैसे-घूँघट से मुँह ढकना) 2 आवरण डालना (जैसे-देगची को कटोरे से ढकना) 3 आड़ में करना (जैसे-बादलों से सूरज का ढकना) 4 प्रकट न होने देना (जैसे-अपना ऐब ढकना) II (अ० क्रि०) छिपना, आच्छादित होना III (पु०) ढक्कन (जैसे-डिब्बे का ढकना कहाँ है)

ढकनी–(स्त्री०) 1 छोटा ढकना 2 कसोरा

ढका–(पु०) 1 तीन सेर की एक तौल, आढक 2 तीन सेर की तौल का बटखरा बाट, बट्टा, वजन

ढकार–*सं०* (पु०) 'ढ' वर्ण

ढकेलना–(स० क्रि०) 1 धक्का देकर आगे बढ़ाना (जैसे-ठेला ढकेलना) 2 ठेलकर गिराना (जैसे-पहाड़ पर से पत्थर ढकेलना) 3 बाहर निकालना (जैसे-मंत्री को पंडाल से ढकेलना) 4 आगे बढ़ने में विवश करना (जैसे-भीड़ को पीछे ढकेलना)

ढकेला-ढकेली–(स्त्री०) एक-दूसरे को बार-बार धक्का देने की क्रिया

ढकोसना–(स० क्रि०) एक बारगी पी जाना, भकोसना

ढकोसला–(पु०) 1 झूठा दिखावा 2 आडंबर, पाखंड 3 विसंगतिपूर्ण उक्ति (जैसे-अमीर खुसरो का ढकोसला)

ढकोसलेबाज़ी–*हिं० + फ़ा०* (स्त्री०) आडंबर, पाखंड

ढक्कन–(पु०) ढकना, ढाँकने की वस्तु

ढक्का–*सं०* (स्त्री०) 1 बड़ा ढोल 2 डंका, नगाड़ा

ढगण–*सं०* (पु०) छंदशास्त्र में तीन मात्राओं का एक गण

ढचर–I (पु०) 1 ढाँचा 2 आडंबर, ढोंग 3 व्यर्थ का झंझट II (वि०) दुबला-पतला, जर्जर

ढटींगड़–(वि०) 1 बड़े डील-डौलवाला, ढींग 2 मोटा-ताज़ा, हृष्ट-पुष्ट 3 सुंदर किंतु निकम्मा

ढटींगड़ा–(पु०) मोटा-ताज़ा आदमी, हृष्ट-पुष्ट व्यक्ति

ढट्ठा–(पु०) दाढ़ी बाँधने की पट्टी

ढड्ढा–I (वि०) 1 अनावश्यक विस्तारवाला 2 जिसमें दिखावा अधिक हो II (पु०) 1 बाँस आदि की वह रचना जिसपर खड़े होकर मिस्त्री, राज आदि ऊँची दीवार बनाते हैं 2 दिखावटी ठाटबाट, व्यर्थ का आडंबर

ढड्ढो–(स्त्री०) 1 बूढ़ी स्त्री 2 बकवासिन औरत

ढपना–I (स० क्रि०) ढाँकना, ढकना

ढपना–II (पु०) ढकने की वस्तु, ढक्कन

ढपोरसंखी–(वि०) पाखंडी

ढब–(पु०) 1 ढंग, तौर-तरीक़ा, रीति 2 तरह, प्रकार 3 बनावट 4 प्रकृति, स्वभाव 5 आदत, बान 6 उपाय, युक्ति

ढबैला–(वि०) मिट्टी एवं कीचड़ मिला हुआ, गँदला

ढम-ढम–I (पु०) ढोल आदि की ध्वनि II (क्रि० वि०) ढम-ढम शब्द करते हुए

ढयना–(अ० क्रि०) = ढहना

ढरकना–(अ० क्रि०) 1 ढलकना 2 लेटना

ढरका–(पु०) आँख से पानी बहने का रोग

ढरकी–(स्त्री०) जुलाहों का शटल

ढरहरी–*बो०* (स्त्री०) ढालुई ज़मीन, ढाल

ढरारा–(वि०) 1 ढलनेवाला 2 द्रवित होनेवाला 3 सहज में अनुरक्त होनेवाला 4 ढालू, ढालुआँ

ढर्रा–(पु०) 1 मार्ग, रास्ता 2 परंपरागत पद्धति, प्रणाली 3 आदत 4 उपाय

ढलकना–(अ० क्रि०) 1 ढलना, बहना (जैसे-आखों से आँसू ढलकना) 2 लुढ़कना 3 नीचे की ओर प्रवृत्त होना 4 अनुरक्त होना

ढलका–(पु०) आँखों से पानी गिरने का रोग

ढलकाना–(स० क्रि०) 1 नीचे गिराना 2 लुढ़काना

ढलना–(अ० क्रि०) 1 ढरकना 2 लुढ़कना 3 नीचे की ओर जाना (जैसे-छत से पानी ढलना) 4 अस्ताचल की ओर जाना (जैसे-सूरज का ढलना) 5 साँचे में ढाला जाना 6 अंत की ओर जाना (जैसे-उम्र ढलना) 7 इधर-उधर हिलाया जाना 8 उड़ेला जाना 9 अनुरक्त होना

ढल-मल–(वि०) 1 ढुलमुल, अस्थिर 2 शिथिल

ढलवाँ–(वि०) 1 ढाला हुआ (जैसे-ढलवाँ सिक्का) 2 दे० ढालुआँ, ढालवाँ

ढलवाना–(स० क्रि०) ढालने का काम कराना

ढलाई–(स्त्री०) 1 ढालने की क्रिया 2 ढालने की मज़दूरी। ~**घर** (पु०) जहाँ ढालने का काम होता है वह कारख़ाना, जगह

ढलान–(स्त्री०) ढालवाला भूखंड 2 ढालू होने की अवस्था

ढलाव–(पु०) 1 ढलने-ढालने का ढंग 2 उतारपन, शिथिलता (जैसे-मानसिक ढलाव)

ढलिया–(पु०) = ढालिया

ढलुवाँ–(वि०) ढलवाँ, ढालू, ढालदार

ढलैया–I (वि०) ढालनेवाला II (पु०) ढालनेवाला कारीगर

ढहना–(अ० क्रि०) 1 मकान आदि का गिरना 2 ध्वस्त होना, नष्ट होना

ढहवाना–(स० क्रि०) 1 गिरवाना 2 ढहाने का काम कराना

ढहाना–(स० क्रि०) गिराना; ध्वस्त करना

ढाँकना–(स० क्रि०) = ढकना

ढाँचा–(पु०) 1 वस्तु आदि की रचना का आरंभिक रूप 2 पंजर (जैसे-शारीरिक ढाँचा) 3 बनावट (सामाजिक ढाँचा) 4 तरह, प्रकार 5 तरीक़ा (जैसे-रहन-सहन का ढाँचा) 6 आरंभिक रूप (जैसे-महाकाव्य का ढाँचा)

ढाँपना–(स० क्रि०) = ढकना, ढाँकना

ढाँस–(स्त्री०) 1 सूखी खाँसी 2 खाँसने की आवाज़

ढाँसना–(अ० क्रि०) सूखी खाँसी खाँसना

ढाँसी–(स्त्री०) = ढाँस

ढाई–I (वि०) 1 दो और आधा (जैसे-ढाई मीटर कपड़ा, ढाई लीटर पानी मिलान) 2 दो से आधा अधिक (जैसे-ढाई बज रहा है) II (पु०) ढाई की संख्या, $2\frac{1}{2}$। ~**दिनों की बादशाहत** थोड़े समय का सुख भोग, चंद दिनों की मौज़ मस्ती

ढाक–I (पु०) पलाश, छिउला। **~के तीन पात हमेशा** तंगदस्त रहना
ढाक–II *बो०* (पु०) ढक्का, बड़ा ढोल
ढाका-पाटन–(पु०) बढ़िया मलमल जिसपर बूटियाँ बनी होती हैं, बूटियोंवाला मलमल
ढाटा–(पु०) दाढ़ी बाँधने की पट्टी
ढाड़–(स्त्री०) 1 चीत्कार, चीख 2 चिंघाड़, दहाड़। **~मारना** चीत्कार करना; **ढाड़ें मार मारकर रोना** खूब ज़ोर से चिल्लाते हुए रोना
ढाड़स–(पु०) ढारस, धैर्य, हौसला
ढाढ़िन–(स्त्री०) ढाढ़ी जाति की स्त्री
ढाढ़ी–(पु०) 1 घूम-घूमकर जन्मोत्सव के गीत गानेवाली एक जाति 2 मुसलमान गवैयों की एक जाति
ढाना–(स० क्रि०) 1 गिराना 2 ध्वस्त करना 3 विकट बात प्रस्तुत करना (जैसे-गज़ब ढाना)
ढाबा–(पु०) 1 रोटी आदि की दुकान 2 ओलती 3 जाल 4 परछत्ती, मियानी 5 टोकरा, खाँचा
ढामक–(पु०) ढोल, नगाड़े आदि के बजने की आवाज़
ढार–I (पु०) 1 ढालुई ज़मीन 2 उतार 3 ढाँचा 4 मार्ग, रास्ता II (स्त्री०) 1 कान का बिरिया नामक गहना 2 हाथ में पहनने की पिछेले
ढारस–(पु०) 1 कष्ट में बनी रहनेवाली हिम्मत, धीरज 2 दिलासा, सांत्वना 3 मन की दृढ़ता
ढाल–I(स्त्री०) 1 आगे की ओर क्रमशः नीची होती गई ज़मीन 2 उतार (जैसे-ढाल की तरफ मत जाना) 3 ढंग, प्रकार (जैसे-चाल-ढाल)
ढाल–II*सं०* (स्त्री०) तलवार आदि के आघात को रोकने के लिए लोहे आदि का बना हुआ गोलाकार फलक
ढालना–(स० क्रि०) 1 गिराना, उँड़ेलना (जैसे-गिलास में दूध ढालना) 2 पिघली हुई धातु को साँचे में उँड़ेलना (जैसे-कल-पुरज़े ढालना) 3 उलटना, गिराना (जैसे-शराब ढालना) 4 शराब पीना (जैसे-तुम भी शराब ढालने लगे) 5 ठेलना 6 हिलाना
ढालवाँ–(वि०) = ढालुआँ
ढालिया–I (पु०) 1 बर्तन ढालनेवाला कारीगर 2 गहने बनानेवाला II (पु०) ढाल रखनेवाला योद्धा
ढालुआँ–I (वि०) जिसमें ढाल हो, क्रमशः उतारवाला (जैसे-पहाड़ का ढालुआँ किनारा)
ढालुआँ–II (वि०) जो साँचे आदि में ढालकर बनाया गया हो (जैसे-ढालुआँ लोटा)
ढालू–(वि०) ढालवाँ, ढालुआँ (तल), ढालदार
ढावना–*बो०* (स० क्रि०) = ढाना
ढास–*बो०* (पु०) 1 ठग 2 लुटेरा 3 डाकू
ढासना–(पु०) 1 टेक, सहारा 2 तकिया
ढिंढोरची–*हिं० + तु०* (पु०) = ढँढोरची
ढिंढोरना–I (स० क्रि०) ढिंढोरा पीटना
ढिंढोरना–II (स० क्रि०) 1 तलाश करना, ढूँढ़ना 2 बिलोड़ना, मथना
ढिंढोरा–(पु०) 1 डुग्गी बजाकर की गई घोषणा मुनादी 2 डुग्गी, डुगडुगी **~पीटना, ~बजाना** ढोल बजाकर सर्वसाधारण को सूचना देना, मुनादी करना
ढिग–I (क्रि० वि०) पास, नज़दीक, निकट II (स्त्री०) 1 समीपता, नज़दीकी 2 जलाशय का किनारा, तट 3 छोर, सिरा 4 कपड़े का किनारा, पाड़
ढिठाई–(स्त्री०) 1 धृष्टता 2 उद्दंडतापूर्ण आचरण 3 दुस्साहस
ढिबरी–I (स्त्री०) टीन आदि की कुप्पी
ढिबरी–II (स्त्री०) चूड़ीदार छल्ला (जैसे-ढिबरी कसना)
ढिमका–(सर्व०) अमुक, फ़लाँ, फ़लाना
ढिलढिला–(वि०) 1 ढीला-ढाला 2 जो अधिक गाढ़ा न हो, हल्का पतला
ढिल-मिल–(वि०) = ढल-मल। **~यक़ीन** *+ अ०* (वि०) जल्दी विश्वास करनेवाला
ढिलाई–(स्त्री०) 1 ढीलापन 2 शिथिलता, सुस्ती 3 छूट (जैसे-ढिलाई देना)
ढिलाना–(स० क्रि०) 1 ढीला कराना 2 बंधन से छुड़ाना
ढिल्लड़–(वि०) 1 ढिलाई करनेवाला 2 आलसी
ढींढ़–(पु०) 1 गर्भ 2 बड़ा पेट। **~गिरना** गर्भपात
ढीठ–(वि०) 1 धृष्ट, बेअदब 2 संकोच रहित, उद्दंड 3 साहसी 4 निडर 5 चपल। **~ता** (स्त्री०) 1 धृष्टता, बेअदबी 2 निडरता 3 चपलता 4 साहसपन 5 ढिठाई
ढीम, ढीमा–(पु०) 1 मिट्टी का ढोका 2 ईंट-पत्थर आदि का टुकड़ा
ढील–I (स्त्री०) 1 ढिलाई, सुस्ती 2 शिथिलता 3 व्यर्थ की देर 4 रियायत II (वि०) = ढीला। **~ढाल** (स्त्री०) शिथिलता
ढील–II (पु०) सिर के बालों में पड़नेवाला प्रसिद्ध कीड़ा, जूँ
ढीलना–(स० क्रि०) 1 ढीला करना 2 बंधन मुक्त करना छोड़ देना 3 द्रव पतला करना 4 सरकने देना 5 विलंब करना
ढीला–(वि०) 1 जो कसा न हो, शिथिल 2 जिसमें तनाव या खिंचाव न हो 3 सुस्त 4 शांत, नरम 5 मंद, मद्धिम। **~ढाला** (वि०) शिथिल
ढीह, ढीहा–*बो०* (पु०) 1 टीला, ढूह 2 डीह
ढुँढवाना–(स० क्रि०) खोजने का काम कराना
ढुँढी–(स्त्री०) बाँह
ढुकना–(अ० क्रि०) 1 घुसना 2 किसी के समीप पहुँचना 3 ताक में बैठना 4 आड़ में छिपना 5 टूट पड़ना
ढुकास–*बो०* (स्त्री०) तेज़ प्यास
ढुक्का–(पु०) = ढूका
ढुनमुनिया–*बो०* (स्त्री०) 1 लुढ़कने की क्रिया 2 स्त्रियों का घेरा बनाकर नाचते हुए कजली गाना
ढुरना–(अ० क्रि०) 1 ढलना 2 अनुकूल होना 3 लुढ़कना, झुकना 4 ढुलकना
ढुराना–(स० क्रि०) 1 ढरकाना 2 ढुलकाना 3 गिराना 4 डुलाना
ढर्री–(स्त्री०) पगडंडी
ढुलकना–(अ० क्रि०) 1 नीचे की ओर बहना 2 लुढ़कना 3 अनुरक्त होना
ढुलकाना–(स० क्रि०) 1 लुढ़काना 2 गिराना
ढुलना–I *बो०* (अ० क्रि०) 1 ढुलकना 2 डुलना
ढुलना–II (अ० क्रि०) ढोया जाना
ढुल-मुल–(वि०) 1 ढीला, शिथिल 2 अस्थिर। **~यक़ीन** +

अ० (वि०) = ढिल-मिल यक़ीन; ~**यक़ीनी** अ० + फ़ा० (स्त्री०) अनिश्चितता

ढुलवाई–(स्त्री०) = ढुलाई

ढुलवाना–(स० क्रि०) ढोने का काम कराना

ढुलाई–(स्त्री०) 1 ढोने की क्रिया 2 ढोने की उज़रत

ढुलाना–I बो० (स० क्रि०) 1 ढलकाना, बहाना 2 लुढ़काना 3 चलाना-फिराना 4 अनुरक्त कराना 5 डुलाना

ढुलाना–II (स० क्रि०) = ढुलवाना

ढुलुआ–(स्त्री०) खजूर की बनी हुई चीनी

ढुवारा–बो० (पु०) घुन

ढूँकना–बो० (अ० क्रि०) 1 ढुकना 2 झाँकना

ढूँका–बो० (पु०) = ढूका

ढूँढ़–(स्त्री०) खोज, तलाश। ~**ढाँढ़** (स्त्री०) खोजखाज

ढूँढ़ना–(स० क्रि०) खोजना, तलाश करना। ~**ढाँढ़ना** (स० क्रि०) खोज करना

ढूका–(पु०) 1 आड़ में छिपकर बैठना 2 प्रविष्ट होने की क्रिया। ~**देना** लुक-छिपकर बात-चीत सुनना, रंग-ढंग देखना

ढूह–(पु०) 1 ढेर, अटाला 2 टीला, भीटा

ढेंकली–(स्त्री०) 1 धान कूटने का एक यंत्र, ढेंकी 2 सिंचाई के लिए पानी निकालने का एक यंत्र

ढेंका–(पु०) 1 कोल्हू के सिरे से लगाया जानेवाला बाँस 2 बड़ी ढेंकी

ढेंकी–(स्त्री०) धान कूटने का यंत्र, ढेंकली

ढेंकुली–(स्त्री०) = ढेंकली

ढेंढर–(पु०) आँख के डेले पर मांस निकल आना

ढेंढी–(स्त्री०) कपास, पोस्त आदि की डोंडी

ढेंप, ढेंपी–(स्त्री०) 1 फल या पत्ते के ऊपर का वह पतला भाग जिसके बल यह पेड़ की टहनी से लटकता रहता है, ढिपनी 2 फल में वानस्पतिक रस के जमने से उभरी हुई (जैसे-घुंडी) 3 स्तन का अग्र भाग)

ढेबरी–(स्त्री०) = ढिबरी

ढेर–(पु०) राशि, पुंज, अटाला, टाल। ~**करना** मार डालना; ~**हो जाना** मर जाना

ढेरा–(पु०) सुतली आदि बटने का लकड़ी का एक औज़ार

ढेरी–(स्त्री०) छोटा ढेर (जैसे-आमों की ढेरी)

ढेलवाँस–(स्त्री०) ढेला फेंकने की रस्सी जिसमें उसे रखने के लिए फंदा लगा होता है, गोफना

ढेला–(पु०) मिट्टी, पत्थर आदि का टुकड़ा; ~**चौथ** (स्त्री०) भादों सुदी चौथ जब चंद्रमा को देखने पर दोष निवारणार्थ लोग दूसरे के घर पर ढेला फेंकते हैं

ढेलेबाज़ी–हिं० + फ़ा० (स्त्री०) ढेला फेंककर घायल करने की क्रिया

ढैया–(स्त्री०) ढाई सेर या किलो

ढोंकना–(स० क्रि०) अधिक मात्रा में और जल्दी-जल्दी पीना

ढोंका–(पु०) बड़ा ढेला

ढोंग–(पु०) 1 आडंबर, पाखंड 2 छल। ~**धतूर** (पु०) 1 ढोंग रचकर अपना काम निकाल लेनेवाला व्यक्ति 2 धूर्त विद्या। ~**बाज़ी** + फ़ा० (स्त्री०) पाखंड, आडंबर

ढोंगिया–(पु०) ढोंग करनेवाला व्यक्ति

ढोंगी–(वि०) ढोंग करनेवाला, पाखंडी, बगुला भगत

ढोंढ–(पु०) कपास, पोस्ते आदि की कली

ढोंढी–(स्त्री०) 1 नाभि 2 कली, डोडी

ढोका–(पु०) = ढोंका

ढोना–(स० क्रि०) 1 बोझ एक स्थान से दूसर स्थान पर पहुँचाना (जैसे-मज़दूरों का माल ढोना) 2 पशु यान आदि द्वारा माल दूसरे स्थान पर ले जाना (जैसे-बैलगाड़ी पर अनाज ढोना) 3 निर्वाह करना (जैसे-विपत्ति का बोझ ढोना)

ढोर–(पु०) चौपाया, मवेशी। ~**डंगर** (पु०) पशु आदि; ~**पालक** + सं० (पु०) पशु पालनेवाला

ढोरा–(पु०) जानवर, पशु, ढोर

ढोरी–(स्त्री०) 1 ढोरने का भाव 2 उत्कट अभिलाषा 3 धुन, लगन

ढोल–(पु०) 1 एक प्रकार का गोल और लंबोतरा बाजा जिसके दोनों तरफ़ चमड़ा मढ़ा होता है 2 कान के भीतर का पर्दा, कर्ण पटह। ~**ढमक्का** (पु०) 1 बाजा-गाजा 2 चहल-पहल, धूम-धाम 3 आडंबर; ~**पीटना** चारों ओर कहते फिरना; ~**के भीतर पोल** केवल ऊपर का दिखावा

ढोलक–(स्त्री०) छोटा ढोल

ढोलकिया–(पु०) ढोल बजानेवाला व्यक्ति

ढोलकी–(स्त्री०) = ढोलक

ढोलन–(पु०) 1 दूल्हा 2 पति

ढोलना–I (पु०) ढोल की शक्ल का गले में पहनने का जंतर II (स० क्रि०) 1 ढालना 2 ढोरना, डोलाना

ढोलनी–(स्त्री०) बच्चों का छोटा झूला, पालना

ढोला–I (पु०) 1 फल आदि में पड़नेवाला एक सफ़ेद कीड़ा 2 हद, सीमा का निशान 3 देह, शरीर

ढोला–II बो० (पु०) 1 वर, दूल्हा 2 पति 3 प्रियतम 4 विवाह के समय गाया जानेवाला गीत

ढोलिया–(पु०) ढोल बजानेवाला व्यक्ति

ढोली–I (स्त्री०) दो सौ पानों की गड्डी

ढोली–II बो० (स्त्री०) हँसी-ठिठोली, दिल्लगी

ढोवा–(पु०) 1 ढोये जाने की क्रिया, ढुलाई 2 माल ढोनेवाला व्यक्ति 3 लूट-खसोट

ढोवाई–(स्त्री०) = ढुलाई

ढौंका–(पु०) बड़ा पत्थर

ढौंचा–(पु०) साढ़े चार

ढौकन–सं० (पु०) 1 घूस, रिश्वत 2 उपहार, भेंट

ढौरी–(स्त्री०) = ढोरी

त

तंग–I फ़ा० (वि०) 1 परेशान, हैरान (जैसे-तंग करना) 2 जिसमें उदारता, सहृदयता का अभाव हो (जैसे-तंग दिल का आदमी) 3 सँकरा, संकीर्ण (जैसे-तंग कमरा, तंग गली) 4 आवश्यकता से अधिक कसा हुआ एवं कुछ छोटा

(जैसे-तंग जूता, तंग कुरता) 5 जिसमें उचित विस्तार हेतु अवकाश न हो (जैसे-आजकल उनका हाथ बहुत तंग है) II (पु०) ज़ीन कसने की पेटी। ~**दस्त** (वि०) 1 अर्थ संकट में पड़ा हुआ, निर्धन, धनहीन 2 कृपण; ~**दस्ती** (स्त्री०) आर्थिक संकट, निर्धनता; ~**दिल** (वि०) 1 अनुदार, संकीर्णहृदय 2 कंजूस 3 ओछा; ~**दिली** (स्त्री०) अनुदारता, संकीर्णहृदयता 2 कंजूसी 3 ओछापन; ~**नज़र** + *अ०* (वि०) 1 अनुदार 2 धर्मांध; ~**नज़री** *अ०* + *फ़ा०* (स्त्री०) 1 अनौदार्य 2 धर्मांधता; ~**हाल** + *अ०* (वि०) 1 तंगदस्त 2 विपदग्रस्त; ~**हाली** *अ०* + *फ़ा०* (स्त्री०) तंगहाल होने की अवस्था, दुर्दशा; ~**हौसला** + *अ०* (वि०) उत्साहहीन; ~**आना** परेशान होना; ~**करना** 1 परेशान करना 2 दुःख पहुँचाना

तँगिया–*फ़ा०* + *हिं०* (स्त्री०) 1 छोटा तंग 2 पहनने के कपड़ों में लगाई जानेवाली तनी, बंद (जैसे-अँगिया की तँगिया)

तंगी–*फ़ा०* (स्त्री०) 1 तंग होने की अवस्था 2 संकीर्णता 3 परेशानी 4 निर्धनता, ग़रीबी

तंज़ीम–*अ०* (स्त्री०) 1 प्रबंध 2 संगठन

तंज़ेब–*फ़ा०* (स्त्री०) एक प्रकार का बढ़िया महीन कपड़ा

तंड–*सं०* (पु०) नाच, नृत्य

तंडुल– (पु०) चावल

तंडुलोदक– (पु०) चावल का पानी

तंतु–*सं०* (पु०) 1 सूत 2 तागा 3 रेशा, ताँत 4 नस। ~**उद्योग** (पु०) धागे बनाने का व्यवसाय; ~**कीट** (पु०) रेशम का कीड़ा 2 मकड़ी; ~**जाल** (पु०) जाल के रूप में फैली हुई नसें; ~**मय** (वि०) तंतुओंवाला; ~**वादक** (पु०) तारवाला बाजा बजानेवाला व्यक्ति; ~**वाद्य** (पु०) तारवाला बाजा; ~**वाय** (पु०) बुनकर जुलाहा

तंतुकी–*सं०* (स्त्री०) 1 नाड़ी 2 रस्सी

तंत्र–*सं०* (पु०) 1 डोरा, सूत 2 चमड़े की डोरी ताँत 3 शासन प्रबन्ध 4 शासन प्रणाली (जैसे-जनतंत्र, प्रजातंत्र) 5 राज्य 6 वीणा आदि का तार 7 शिव-शक्ति की पूजा एवं अभिचार आदि का विधान करनेवाला शास्त्र; झाड़ फूँक, टोना। ~**ता** (स्त्री०) व्यवस्था; ~**ज्ञ** (पु०) तंत्र (शासन या अभिचार) का ज्ञाता; ~**मंत्र** (पु०) 1 जादू-टोना 2 उपाय-युक्ति; ~**युक्ति** (स्त्री०) किसी विषय का अर्थ समझने की युक्ति; ~**विशारद** (पु०) तंत्र में दक्ष; ~**स्कंद** (पु०) ज्योतिष

तंत्रण–*सं०* (पु०) 1 शासन में रखना 2 तंत्र के अनुसार चलाना

तंत्राचार्य–*सं०* (पु०) तांत्रिक गुरु

तंत्री–*सं०* I (स्त्री०) 1 वीणा आदि में लगा तार 2 तारवाला बाजा 3 वीणा II(पु०) 1 गवैया, संगीतज्ञ 2 एक तारवाला बाजा, वीणा III (वि०) 1 तंत्र संबंधी 2 जिसमें पतले तार लगे हों 3 तंत्रशास्त्र का अनुयायी 4 जो किसी तंत्र के अधीन हो

तंदुरुस्त–*फ़ा०* (वि०) जो स्वस्थ हो

तंदुरुस्ती–*फ़ा०* (स्त्री०) स्वास्थ्य, आरोग्य

तंदूर–*फ़ा०* (पु०) एक प्रकार का चूल्हा जिसे गरम करके रोटियाँ पकाते हैं

तंदूरी–*फ़ा०* + *हिं०* (वि०) 1 तंदूर संबंधी 2 तंदूर में पका हुआ (जैसे-तंदूरी रोटी)

तंदेही–*फ़ा०* (स्त्री०) 1 तन-मन लगाकर किया जानेवाला परिश्रम 2 तल्लीनता, तत्परता

तंद्रा–*सं०* (स्त्री०) 1 हल्की नींद, ऊँघाई 2 थकान। ~**युक्त** (वि०) आलसी

तंद्राच्छन्न–*सं०* (वि०) जिसे आलस ने घेर रखा हो

तंद्रालस–*सं०* + *हिं०* (स्त्री०) तंद्रा के फलस्वरूप होनेवाला आलस

तंद्रालु–*सं०* (वि०) जिसे तंद्रा आ रही हो

तंद्रिक–*सं०* I (पु०) एक प्रकार का ज्वर II (वि०) तंद्रायुक्त

तंद्रित–*सं०* (वि०) अलसाया हुआ

तंद्रिल–*सं०* (वि०) 1 तंद्रा संबंधी 2 तंद्रालु

तंबा–*फ़ा०* (पु०) ढीली एवं चौड़ी मोहरी का पायजामा

तंबाकू–*फ़ा०* (पु०) 1 सुरती से बनायी हुई एक नशीली वस्तु जिसे चिलम आदि पर रखकर पीते हैं 2 ज़र्दा। ~**फ़रोश** (पु०) तंबाकू बेचनेवाला; ~**फ़ैक्टरी** + *अं०* (स्त्री०) तंबाकू बनाने का कारख़ाना

तंबिया–I (वि०) तांबे का बना हुआ II (पु०) 1 तांबिया 2 तसला

तँबियाना– (अ० क्रि०) 1 पीला पड़ना (जैसे-आँखें तँबियाना) 2 ताँबे के बर्तन में खाद्य-पदार्थ अधिक समय तक रखने से उसमें तांबे की गंध एवं स्वाद आ जाना (जैसे-दही तँबियाना)

तंबीह–*अ०* (स्त्री०) 1 चेतावनी 2 दंड, सज़ा

तंबू– (पु०) खेमा, शामियाना (जैसे-तंबू गाड़ना, तंबू तानना)। ~**घर** (पु०)

तंबूर–*फ़ा०* (पु०) छोटा ढोल। ~**ची** + *तु०* (पु०) तंबूरा बजानेवाला

तंबूरा– (पु०) तानपूरा

तंबोल– (पु०) पान

तँबोलिन– (स्त्री०) पान बेचनेवाली स्त्री

तँबोली– (पु०) पान का व्यवसाय करनेवाला व्यक्ति, तमोली

तंभावती– (स्त्री०) रात के दूसरे पहर में गाए जानेवाली एक रागिनी

तअजुब–*अ०* (पु०) = ताज्जुब

तअल्लुक़–*अ०* (पु०) = ताल्लुक़

तअल्लुक़ेदार–*अ०* + *फ़ा०* (पु०) = ताल्लुक़ेदार

तअस्सुब–*अ०* (पु०) पक्षपात

तइनात–*अ०* (वि०) = तैनात

तईं– (अ०) 1 अव्यय, इसका प्रयोग व्यक्तियों के संबंध में 'को', 'प्रति' के अर्थ में होता है (जैसे-आपके तईं = आपके प्रति) 2 लिए, वास्ते

तई–I (स्त्री०) जलेबी आदि बनाने की छिछली कड़ाही II (अ०) उस समय, तब

तक–I (अ०) सीमा, अवधि सूचित करनेवाला अव्यय (जैसे-103 डिग्री तक, चार बजे तक)

तक–II (स्त्री०) 1 तराजू 2 तराजू का पल्ला

तक–III (स्त्री०) 1 ताकने की क्रिया 2 टकटकी, टक, निर्निमेष दृष्टि

तकड़ा– (वि०) = तगड़ा

तक़दमा–*अ०* (पु०) अटकल, अनुमान, कूत

तक़दीर–*अ०* (स्त्री०) भाग्य, क़िस्मत। ~**वर** (वि०)

भाग्यवान्। ~**आज़माना** भाग्य के भरोसे कोई काम करना; ~ **का खेल** भाग्य का करिश्मा; ~**का धनी** भाग्यवान्; ~**जागना** भाग्य का उदय होना; ~**फूटना** किस्मत खराब होना

तक़दीरी–*अ०* (वि०) भाग्य संबंधी

तकना–I *बो०* (स० क्रि०) 1 ताकना, देखना 2 ताक में रहना 3 आसरा देखना, प्रतीक्षा करना 4 बुरी दृष्टि से देखना 5 शरण लेना II (पु०) बुरी दृष्टि से देखनेवाला व्यक्ति

तकनीक–*अं०* (स्त्री०) प्रविधि, शिल्प विज्ञान

तकनीकी–*अं० + हिं०* (वि०) प्राविधिक, शिल्पक

तकबीर–*अ०* ईश्वर की प्रशंसा

तकब्बुर–*अ०* (पु०) अभिमान

तकमील–*अ०* (स्त्री०) 1 समाप्ति 2 पूर्णता (जैसे-तकमील को पहुँचना)

तकरार–*अ०* (स्त्री०) 1 झगड़ा 2 विवाद 3 कहा-सुनी

तकरारी–*अ०* (वि०) 1 तकरार संबंधी 2 तकरार करनेवाला, झगड़ालू

तक़रीब–*अ०* (स्त्री०) 1 समीपता 2 वजह 3 विवाह आदि संबंधी जलसा, उत्सव

तक़रीबन–*अ०* (अ०) करीब-करीब, लगभग

तक़रीर–*अ०* (स्त्री०) 1 बातचीत, बोलना 2 भाषण, वक्तृता

तकरीरी–*अ० + हिं०* (वि०) मौखिक

तक़र्रुरी–*अ० + फ़ा०* (स्त्री०) नियुक्ति

तकला– (पु०) सूत कातने और लपेटने के काम आनेवाली चर्खे से लगी लोहे की सलाई, टेकुआ

तकली– (स्त्री०) 1 छोटा तकला 2 बिना चर्खे के सूत कातने और लपेटने का एक आला

तक़लीद–*अ०* (स्त्री०) नकल, अनुकरण

तकलीफ़–*अ०* (स्त्री०) 1 दुःख, कष्ट 2 विपत्ति, संकट (जैसे-तकलीफ़ में परेशान होना)। ~**देह** *+ फ़ा०* (वि०) कष्ट दायक

तकल्लुफ़–*अ०* (पु०) 1 शिष्टाचार, बनावट, औपचारिकता

तकल्लुफ़ाना–*अ० + फ़ा०* (वि०) औपचारिक

तकवा– (पु०) = तकला

तक़सीम–*अ०* (स्त्री०) 1 बाँटने की क्रिया, बँटाई, बँटवारा 2 *ग०* भाग देना। ~**नामा** *+ फ़ा०* (पु०) विभाजन पत्र

तक़सीमी–*अ० + फ़ा०* (वि०) 1 बँटवारे का 2 भाग देने का

तक़सीर–*अ०* (स्त्री०) 1 अपराध, कसूर 2 चूक, भूल। ~**मंद** (वि०) अपराधी, दोषी

तकाई– (स्त्री०) ताकने की क्रिया

तक़ाज़ा–*अ०* (पु०) 1 तगादा, पावना, माँगना 2 इच्छा 3 आवश्यकता 4 आदेश 5 अनुरोध

तकाना–I (स० क्रि०) दिखाना

तक़ावी–*अ०* (स्त्री०) किसानों को सरकार द्वारा दिया जानेवाला ऋण

तकिया–*फ़ा०* (पु०) 1 रुई से भरी बड़े मुँह की थैली, बालिश 2 छज्जे में रोक के लिए लगाई जानेवाली पत्थर की पटिया 3 विश्राम-स्थान 4 आश्रय, सहारा 5 फकीर का डेरा। ~**कलाम** *+ अ०* (पु०) सखुन तकिया; ~**गाह** (स्त्री०) फकीर के रहने की जगह; ~**दार** (पु०) तकिया में रहनेवाला फकीर, तकियानशीन

तकुआ, तकुला, तकुवा– (पु०) = तकला

तक्र–*सं०* (पु०) छाछ मट्ठा; ~**पिंड** (पु०) छेना; ~**प्रमेह** (पु०) छाछ की तरह पेशाब आने का रोग

तक्षक–*सं०* I (पु०) सर्प, साँप II (वि०) 1 तक्षण करनेवाला 2 लकड़ी आदि की मूर्ति बनाना

तक्षण–*सं०* (पु०) लकड़ी काटना। ~**कृति** (स्त्री०) काटकर बनाई गई मूर्ति

तक्षणी– (स्त्री०) रंदा

तक्षित–*सं०* (वि०) काटा हुआ

तक्षी–*सं०* (पु०) 1 बढ़ई 2 हलका होना

तख़फ़ीफ़–*अ०* (स्त्री०) 1 कमी, न्यूनता

तख़मीनन–*अ०* (क्रि० वि०) अंदाज़ से, अटकल से, अनुमानतः

तख़मीना–*अ०* (पु०) 1 अंदाज़ा 2 ख़र्च का अंदाज़ा 3 अटकल

तख़लिया–*अं०* (पु०) 1 निर्जन स्थान 2 तनहाई 3 खाली करना

तख़ल्लुस–*फ़ा०* (पु०) कवि या लेखक का उपनाम

तखान–(पु०) तक्षण, बढ़ई

तख़ैयुल–*अ०* (पु०) कल्पना

तख़्त–*फ़ा०* (पु०) 1 राजसिंहासन 2 तख़्तों की बनी बड़ी चौकी। ~**गाह** (स्त्री०) राजधानी; ~**ताऊस** *+ अ०* (पु०) मोर के आकार का बना हुआ प्रसिद्ध सिंहासन; ~**नशीन** (वि०) जो राजसिंहासन पर बैठा हो, सिंहासनारूढ़; ~**नशीनी** (स्त्री०) राज सिंहासन पर बैठना, राज्यारोहण; ~**पोश** (पु०) तख़्त पर बिछाने की चादर; ~**बंदी** (स्त्री०) तख़्त की बनी हुई दीवार; ~**बख़्त** (पु०) राज्य और सौभाग्य (आशीर्वाद); ~**ख़ाँ** (पु०) 1 बड़ी चौकी 2 उड़न-खटोला 3 वह तख़्त जिसपर बादशाह सवार होकर निकलता था; ~**उलटना** एक राजा को गद्दी से हटाकर दूसरे को बैठाना; ~**की रात** वधू की सुहागरात

तख़्ता–*फ़ा०* (पु०) 1 ऊँची चौकी 2 लकड़ी का लंबा और कम मोटा चौकोर टुकड़ा पल्ला 3 अरथी, टिकटी। ~**ए नर्द** (पु०) शतरंज खेलने का तख़्ता, ~**पुल** (पु०) काठ की पटरियों को बिछाकर बनाया गया पुल; ~**स्याह** (पु०) श्यामपट, ब्लेक बोर्ड; ~**उलटना** बना काम बिगाड़ना

तख़्ती–*फ़ा० + हिं०* (स्त्री०) 1 छोटा तख़्ता 2 काठ की छोटी पटिया

तख़्तोताज–*फ़ा०* (पु०) राज सिंहासन और राजमुकुट, राज्य

तगड़ा– (वि०) 1 मजबूत एवं हट्टा-कट्टा 2 अच्छा, बड़ा और भारी 3 अधिक प्रबल, सशक्त

तगण–*सं०* (पु०) दो गुरु और लघु मात्रा का गण, ऽऽ।

तगना– (अ० क्रि०) तागों से भरा जाना, तागा जाना

तगमा–*तु०* (पु०) दे० तमग़ा

तगाई– (स्त्री०) 1 तागने की क्रिया 2 तागने की मज़दूरी (जैसे-लिहाफ की तगाई)

तगाड़–*फ़ा०* (पु०) = तग़ार

तगादा–*अ०* (पु०) = तक़ाज़ा

तग़ाफ़ुल–*अ०* (पु०) ध्यान न देना, उपेक्षा, गफ़लत

तग़ार–*फ़ा०* (पु०) 1 मिट्टी का कूँड़ा, नाँद 2 चूना, सुरखी आदि का गारा बनाने हेतु बनाया गड्ढा 3 तसला

तग़ारा– *+ फ़ा० + हिं०* (पु०) 1 मिट्टी की नांद 2 पीतल का बड़ा बर्तन

तग़ारी–*फ़ा० + हिं०* (स्त्री०) छोटा तग़ार

तग़ीर–*अ०* (स्त्री०) बदलने की अवस्था, परिवर्तन, तबदीली

तग़ीरी–*अ० + फ़ा०* (स्त्री०) स्थिति-परिवर्तन

तचना–*बो०* (अ० क्रि०) 1 तप्त होना, तपना 2 संतप्त होना, जलना, कुढ़ना

तचाना– (स० क्रि०) 1 तपाना 2 संतप्त करना, मानसिक कष्ट देना

तज– (पु०) दारचीनी की जाति का एक वृक्ष जिसकी छाल दवा के काम आती है

तज़किरा–*अ०* (पु०) 1 चर्चा, ज़िक्र 2 जीवन-चरित

तजदीद–*अ०* (पु०) 1 नया करना 2 पट्टे आदि बदलना

तजना– (स० क्रि०) छोड़ना, त्यागना

तजरबा–*अ०* (पु०) 1 अनुभव 2 परीक्षण, प्रयोग। ~**कार** *+ फ़ा०* (पु०)/(वि०) अनुभवी; ~**कारी** *+ फ़ा०* (स्त्री०) अनुभव से प्राप्त हुई जानकारी

तजवीज़–*अ०* (स्त्री०) 1 सलाह, राय 2 फ़ैसला निर्णय 3 निर्देश, विचार। ~**आख़िर** *+ फ़ा० + अ०* (स्त्री०) अंतिम निर्णय; ~**सानी** *+ फ़ा० + अ०* (स्त्री०) किसी फ़ैसले, का उसी अदालत में पुनर्विचार

तजुर्बा–*अ०* (पु०) 1 अनुभव 2 जानकारी

तजुर्बेकार–*अ० + फ़ा०* (वि०) = तजरबाकार

तजुर्बेकारी–*अ० + फ़ा०* (स्त्री०) = तजरबाकारी

तज्जनित, तज्जन्य–*सं०* (वि०) उसके द्वारा उत्पन्न

तज्ञ–*सं०* (वि०) 1 तत्व जाननेवाला, तत्वज्ञ 2 ज्ञानी 3 अच्छा जानकार

(पु०) 1 किनारा, कूल 2 नदी के किनारे की भूमि II (क्रि० वि०) निकट, पास। ~**कर** (पु०) जलमार्ग द्वारा आयात-निर्यात वस्तुओं पर लगनेवाला कर, महसूल; ~**प्रदेश** (पु०) तटवर्ती प्रदेश; ~**बंध** (पु०) बाँध; ~**वर्ती** (वि०) तट के पास होनेवाला

तटक–*सं०* (पु०) नदी

तटस्थ–I (वि०) 1 जो समीप रहता हो, निकटस्थ 2 तीर पर रहनेवाला 3 किसी का पक्ष न लेनेवाला, दलबंदी से दूर रहनेवाला 4 उदासीन, निरपेक्ष II (पु०) उदासीन व्यक्ति। ~**ता** (स्त्री०) 1 उदासीनता 2 नवलेखन में प्रचलित वह स्थिति जिसमें साहित्यकार किसी मतवाद को स्वीकार न करे 3 तटस्थ रहने की अवस्था; ~**ता-पूर्ण** (वि०) जो तटस्थता से भरा हो (जैसे-तटस्थतापूर्ण नीति); ~**ता वादी** (वि०) वो जो तटस्थ रहने में विश्वास करता है; ~**वाद** (पु०) किसी एक के पक्ष में न रहने का सिद्धांत, निष्पक्षता; ~**वादी** (वि०) निष्पक्ष; ~**वृत्ति** (स्त्री०) तटस्थ रहने का स्वभाव

तटस्थीकरण– (पु०) 1 किसी देश, स्थान आदि को तटस्थ बना देने, घोषित कर देने की क्रिया 2 प्रतिकूल गुण, शक्ति आदि द्वारा किसी के गुण या शक्ति का फल या प्रभाव बेकार कर देने की क्रिया, निराकरण

तटाक–*सं०* (पु०) तड़ाग, तालाब

तटावरोध–*सं०* (पु०) तट पर बाधा खड़ी करना

तटिनी–*सं०* (स्त्री०) नदी, दरिया

तटी–*सं०* (स्त्री०) 1 नदी का किनारा, कूल, तट 2 नदी

तटीय–*सं०* (वि०) तटवर्ती

तड़–I (पु०) 1 थप्पड़ 2 गुट। ~**बंदी** *+ फ़ा०* (स्त्री०) 1 गुट बनाने की क्रिया 2 दलबंदी

तड़–II (पु०) टूटने, फटने, फूटने आदि से होनेवाला शब्द

तड़क–(स्त्री०) 1 तड़कने की क्रिया 2 चमकने की क्रिया 3 तड़कने का चिह्न। ~**भड़क** (पु०) 1 ठाट-बाट 2 दिखावा 3 आडंबर

तड़कना– (अ० क्रि०) 1 तड़ शब्द करते हुए टूटना, चटकना (जैसे-शीशा तड़कना) 2 दरार पड़ना 3 ज़ोर का तड़ शब्द होना 4 क्रोधपूर्ण व्यवहार करना 5 कर्कश स्वर में बोलना

तड़का–I (पु०) प्रभात, सबेरा (जैसे-तड़के पाँच बजे चलेंगे)

तड़का–II (पु०) 1 छोड़ने की क्रिया, बघार 2 छौंकने का मसाला

तड़काना– (स० क्रि०) 1 तड़ शब्द के साथ तोड़ना 2 खिजाना, चटकाना

तड़के– (क्रि० वि०) सबेरे, भोर में (जैसे-तड़के जागना)

तड़-तड़– (पु०) = तड़

तड़तड़ाना–I (अ० क्रि०) तड़-तड़ शब्द होना II (स० क्रि०) तड़-तड़ शब्द उत्पन्न करना

तड़प– (स्त्री०) 1 तड़पने की अवस्था, छटपटाहट 2 बेचैनी 3 बिजली की चमक। ~**झड़प** (स्त्री०) तड़क-भड़क; ~**दार** (वि०) भड़कीला, चमकीला

तड़पना–(अ० क्रि०) 1 अत्यंत दुःखी होना, कलपना, छटपटाना (जैसे-दर्द से तड़पना) 2 बेचैन होना 3 आवेश के कारण ज़ोर से बोलना

तड़पाना–(स० क्रि०) 1 अत्यधिक कष्ट पहुँचाना, कलपाना, सताना 2 बेचैन करना

तड़फड़ाना –I(अ० क्रि०) = तड़पना II(स० क्रि०) = तड़पाना

तड़फना –(अ० क्रि०) = तड़पना

तड़ाक–I (पु०) तड़ाग, तालाब II (स्त्री०) = तड़ III (क्रि० वि०) 1 तड़-तड़ शब्द करते हुए 2 जल्दी-जल्दी, चटपट 3 निरंतर, लगातार। ~**फड़ाक** (क्रि० वि०) चटपट, फ़ौरन

तड़ाका–I (पु०) चिटकने, टूटने, फटने से होनेवाला तड़ शब्द II (क्रि० वि०) चटपट, तुरंत

तड़ाग–(पु०) 1 तालाब, सरोवर 2 हिरन फँसाने का फंदा

तड़ातड़ (क्रि० वि०) 1 तड़-तड़ शब्द करते हुए (जैसे-तड़ातड़ थप्पड़ लगाना) 2 निरंतर लगातार (जैसे-तड़ातड़ जवाब देना)

तड़ातड़ी–(स्त्री०) 1 जल्दी 2 उतावलापन, व्यग्रता

तड़ाना–(स० क्रि०) ताड़ने में प्रवृत्त करना

तड़ावा–(पु०) दिखावटी तड़क-भड़क

तड़ित्–*सं०* (स्त्री०) 1 आकाशीय विद्युत् 2 बिजली। ~**गर्भ** (पु०) बादल; ~**रक्षक** (पु०) ऊँचे मकानों आदि पर लगाया जानेवाला एक उपकरण जो बिजली को गिरने से रोककर उन्हें नष्ट होने से बचाता है

तड़िद्दाम–*सं०* (स्त्री०) बिजली कौंधने की रेखा

तड़िन्मय–*सं०* (वि०) कौंधवाला
तडिल्लता–*सं०* (स्त्री०) बिजली की कौंध की लहर
तड़ी–(स्त्री०) 1 चपत, थप्पड़ 2 धोखा, छल 3 बहाना 4 झूठी शान
तत्–*सं०* सर्व० 1 वही, वह 2 उस, उसी (जैसे-तत्काल, तत्क्षण)
ततहँड़ा–(पु०) मिट्टी की बड़ी हाँड़ी
ततारना–(स० क्रि०) 1 गरम जल से धोना 2 जल आदि की धार गिराना
तति–*सं०* (स्त्री०) 1 ताँता, पंक्ति 2 फैलावा; विस्तार
ततिम्मा–*अ०* परिशिष्ट, क्रोड़पत्र
ततैया–I (स्त्री०) बर्रे, भिड़ II (वि०) तीखा, तीक्ष्ण, चपल और तीव्र बुद्धिवाला
ततोधिक–*सं०* (वि०) 1 उससे अधिक 2 उससे बढ़कर
तत्काल–*सं०* (अ०) उसी समय, फौरन। ~**रचित** (वि०) आशुलिखित, उसी समय का लिखा हुआ
तत्कालीन–*सं०* (वि०) 1 उस समय का 2 उन दिनों का
तत्क्षण–*सं०* (अ०) उसी क्षण, तुरंत (जैसे-तत्क्षण प्रभाव डालना)
तत्क्षेत्रीय–*सं०* (वि०) उसी क्षेत्र से संबंधित
तत्ता–(वि०) अधिक तपा हुआ, गर्म, उष्ण
तत्ताथेई (स्त्री०) नाच के बोल, शब्द
तत्तोथंबो (पु०) 1 बीचबचाव 2 दिलासा 3 बहकावा
तत्त्व–*सं०* (पु०) 1 आकाश, अग्नि, जल, थल और पवन ये पाँच गुण 2 रसायन शास्त्र के अनुसार ऐसा पदार्थ जिसमें दूसरे पदार्थों का कुछ भी अंश न पाया जाता हो, अमिश्र एवं विशुद्ध, एलिमेंट 3 सार-वस्तु 4 असलियत 5 ईश्वर। ~**ज्ञ** (पु०) 1 ब्रह्म ज्ञानी 2 दार्शनिक; ~**ज्ञान** (पु०) अध्यात्मज्ञान; ~**तः** (क्रि० वि०) मूल गुण के विचार से, वस्तुतः
तत्पद–(पु०) परमपद
तत्पर–*सं०* (वि०) 1 जो काम करने को तैयार हो, उद्यत, मुस्तैद 2 मनोयोगपूर्वक लगा हुआ 3 दक्ष, निपुण, होशियार 4 चालाक, चतुर। ~**ता** (स्त्री०) 1 मुस्तैदी 2 दक्षता, निपुणता 3 चतुराई, होशियारी
तत्परायण–*सं०* (वि०) उसके प्रति आसक्त
तत्पश्चात्–*सं०* (अ०) उसके बाद, अनंतर
तत्पुरुष–*सं०* (पु०) 1 *व्या०* संस्कृत व्याकरण में एक समास जिसमें दो संज्ञाओं के बीच की विभक्ति लुप्त हो जाती है तथा दूसरा पद प्रधान होकर यह बतलाता है कि वह पहले पद का कार्य है (जैसे-देश-भक्ति में देश की भक्ति तत्पुरुष है) 2 ईश्वर, परमेश्वर
तत्पूर्व–*सं०* (क्रि० वि०) उससे पहले
तत्र–*सं०* (अ०) उस स्थान पर, उस जगह, वहाँ
तत्रत्य–*सं०* (वि०) वहाँ रहनेवाला
तत्रापि–*सं०* (अ०) तथापि, तो भी
तत्व–*सं०* (पु०) 1 वास्तविकता 2 सार 3 जगत् का मूल कारण, ईश्वर 4 घटक। ~**ज्ञ** (वि०) 1 ब्रह्म को जाननेवाला 2 जिसे सार वस्तु का ज्ञान हो 3 अध्यात्मवेत्ता 4 दार्शनिक; ~**ज्ञान** (पु०) आत्मा, परमात्मा एवं उसकी सृष्टि के संबंध में होनेवाला सच्चा ज्ञान, ब्रह्मज्ञान; ~**ज्ञानी** (पु०) = तत्वज्ञ; ~**ता** (स्त्री०) 1 तत्व होने की अवस्था 2 यथार्थता, वास्तविकता; ~**दर्शन** (पु०) = तत्व ज्ञान; ~**दर्शी** (पु०) = तत्त्वज्ञ; दृष्टि (स्त्री०) 1 बात के मूल कारण का पता लगानेवाली दृष्टि 2 दिव्य दृष्टि; ~**भाव** (पु०) स्वभाव, मूल प्रकृति; ~**भाषी** (पु०) सच्ची बात कहनेवाला; ~**मसि** 1 तू वही है 2 तत्सत्; ~**मीमांसा** (स्त्री०) 1 ईश्वरीय सत्ता तथा सृष्टि की उत्पत्ति से संबंधित विद्या 2 अध्यात्मज्ञान; ~**वाद** (पु०) 1 दर्शन शास्त्र संबंधी विचार 2 दार्शनिक विचार प्रणाली; ~**वादी** I (पु०) तत्ववाद का ज्ञाता एवं समर्थक II (वि०) 1 तत्ववाद संबंधी तत्त्वकी 2 सच्ची और साफ़ बात कहनेवाला; ~**विचार** (पु०) = तत्व मीमांसा; ~**विद्** (पु०) = तत्त्वज्ञ; ~**विद्या** (स्त्री०); ~**शास्त्र** (पु०) दर्शनशास्त्र; ~**शून्य** (वि०) निस्सार, असार
तत्वतः–*सं०* (अ०) यथार्थतः, वस्तुतः
तत्वान्वेषी–*सं०* (वि०) तत्व की खोज करनेवाला
तत्वावधान–*सं०* (पु०) देखरेख, निरीक्षण
तत्सदृश–*सं०* (वि०) उसके समान
तत्सम–*सं०* (पु०) शब्द जो मूल भाषा के शुद्ध रूप में हो
तत्सामयिक–*सं०* (वि०) उस समय का
तत्स्वरूप–*सं०* (वि०) तत्सदृश
तथा–*सं०* (अ०) 1 और, व 2 किसी के अनुरूप, वैसा ही (जैसे-यथा नाम तथा गुण)। ~**कथित**, ~**कथ्य** (वि०) जो इस नाम से प्रसिद्ध हो परंतु ऐसा होना विवादास्पद एवं संदिग्ध हो (जैसे देश का तथाकथित नेता); ~**गत** (पु०) भगवान् बुद्ध; ~**विध** (वि०) उसी प्रकार का, तत्सदृश
तथापि–*सं०* (अ०) तो भी, तिस पर भी, फिर भी
तथास्तु–*सं०* 1 ऐसा ही हो 2 एवमस्तु
तथैव–*सं०* (अ०) उसी प्रकार, वैसे ही
तथोक्त–*सं०* (वि०) उस प्रकार कहा हुआ
तथ्य–*सं०* (पु०) 1 यथार्थ 2 वास्तविक घटना 3 सार 4 सच्चाई। ~**कथन** (पु०), ~**गत** (वि०) = तथ्यात्मक; ~**तः** (क्रि० वि०) वस्तुतः; ~**परक** (वि०) वास्तविकता के अनुकूल; ~**भाषी** (वि०) सच्ची और सार गर्भ बात कहनेवाला; ~**वाद** (पु०) यर्थाथवाद; ~**वादी** (वि०) = तथ्यभाषी; ~**हीन** (वि०) 1 निस्सार 2 झूठा
तथ्यातथ्य–*सं०* (पु०) सचझूठ
तथ्यात्मक–*सं०* (वि०) वास्तविक
तथ्यान्वेषी–*सं०* (वि०) तथ्य की खोज करनेवाला
तद्–I *सं०* (वि०) वह II (क्रि० वि०) उस समय, तब
तदंतर, तदनंतर–*सं०* (अ०) उसके बाद, उसके उपरांत
तदनन्यत्व–(पु०) कार्य-कारण की एकता
तदनुकूल–*सं०* (वि०) उसके अनुकूल, तदनुसार
तदनुरूप–*सं०* (वि०) उसी के रूप का, उसी के जैसा
तदनुवर्ती–*सं०* (वि०) उसके पीछे का
तदनुसार–I (क्रि० वि०) उसी के अनुसार, उसी तरह II (वि०) उसके अनुसार होनेवाला
तदपि–*सं०* (अ०) तो भी, तिस पर भी, तथापि
तदबीर–*अ०* (स्त्री०) 1 युक्ति 2 उपाय 3 यत्न, प्रयास
तदर्थ–*सं०* (अ०) केवल इसके वास्ते। ~**समिति** (स्त्री०) इस विशिष्ट कार्य के लिए बनी समिति

तदर्थ, तदर्थीय–*सं०* (वि०) समानार्थक

तदा–*सं०* (अ०) उस समय, तब

तदाकार–*सं०* (वि०) 1 उसी के आकार का 2 तन्मय, तल्लीन

तदारुक–*अ०* (पु०) 1 प्रतिबंध 2 रोक-थाम, पूर्वोपाय 3 दंड, सज़ा

तदीय–*सं०* उसी का

तदुपरांत–*सं०* (अ०) उसके बाद, उसके पीछे

तद्गत–*सं०* (वि०) 1 उसके संबंध का 2 उसके अंतर्गत

तद्गुण–*सं०* एक अलंकार जिसमें एक वस्तु का पास की वस्तु से गुणग्रहण करने का वर्णन होता है।

तद्धन–*सं०* (वि०) कृपण

तद्धित–*सं०* (पु०) 1 *व्या०* क्रिया से भिन्न शब्दों में जुड़नेवाला प्रत्यय

तद्धितांत–*सं०* (वि०) जिसके अंत में तद्धित प्रत्यय जुड़ा हो

तद्भव–*सं०* (पु०) किसी भाषा से विकसित शब्द

तद्यपि–*सं०* (अ०) तथापि

तद्रूप–I *सं०* (वि०) उसी के रूप का, वैसा ही II (पु०) *साहि०* एक अर्थालंकार जिसमें उपमेय को उपमान से पृथक् मानते हुए भी उसे उपमान का दूसरा रूप और उसके कार्य का कर्ता बतलाया जाता है। ~**ता** (स्त्री०) वही रूप होने का भाव

तद्वत–*सं०* (वि०) उसके समान, उस जैसा

तन–(पु०) शरीर, देह। ~**तोड़** (वि०) 1 शरीर तोड़नेवाला 2 कड़ी मेहनत चाहनेवाला; ~**पोषक** + *सं०* (वि०) अपना ही शरीर पालनेवाला; ~**बदन** + *अ०* (पु०) सारा शरीर (जैसे-तन बदन में आग लगाना); ~**मन** + *सं०* (पु०) शरीर और हृदय (जैसे-तन मन से प्यार करना); ~**रक्षक**+ *सं०* (पु०) शरीर की रक्षा करनेवाला, अंगरक्षक; ~**सुख** (पु०) फूलदार बढ़िया मलमल ; ~**कसना** तपस्या के द्वारा अपने आपको सहनशील बनाना; ~**तोड़ना** 1 अँगड़ाई लेना 2 अत्यधिक परिश्रम कराना; ~**देना** ध्यान देना; ~**मन मारना** इंद्रियों को वश में रखना; ~**लगना** 1 उपयोग में आना 2 प्रभाव पड़ना

तनक–*सं०* (स्त्री०) मेघ राग की एक रागिनी

तनकीद–*अ०* (स्त्री०) 1 आलोचना 2 पहचान

तनक़ीह–*अ०* (स्त्री०) 1 पूछताछ 2 मुकद्दमें में प्रतिप्रश्न

तनखा, तनखाह, तनख्वाह–*फ़ा०* (स्त्री०) वेतन। ~**ज़ाती** + *अ०* (स्त्री०) निजी वेतन; ~**दार** (पु०) वेतनभोगी

तनज़ीम–*अ०* (स्त्री०) संघटन

तनज़ेब–*फ़ा०* (स्त्री०) = तंज़ेब

तनज़्ज़ुल–*अ०* (पु०) घटाव, कमी

तन-तनहा–*फ़ा०* (क्रि० वि०) बिल्कुल अकेले

तनतना–(पु०) 1 दबदबा 2 आतंक

तनतनाना–(अ० क्रि०) झुंझलाना, क्रोध करना

तनदेही–*फ़ा०* (स्त्री०) = तंदेही

तनना–(अ० क्रि०) 1 खिंचकर कड़ा होना 2 फैलना 3 खिंचना, रुष्ट होना 4 खड़ा होना (जैसे-तंबू तनना)

तनपोषक–*सं०* (वि०) अपने ही शरीर का ध्यान रखनेवाला

तनय–*सं०* (पु०) बेटा

तनया–*सं०* (स्त्री०) बेटी, पुत्री

तनपरवर–*फ़ा०* (वि०) = तनपोषक

तनवाना–(स० क्रि०) तानने का काम कराना

तनहा–I *फ़ा०* (वि०) अकेला II (क्रि वि०) अकेले

तनहाई–*फ़ा०* (स्त्री०) 1 अकेलापन 2 एकान्त

तना–*फ़ा०* (पु०) पेड़ का ज़मीन के ऊपर का मोटा भाग जहाँ से शाखाएँ निकलती हैं, धड़

तनाज़ा–*अ०* (पु०) 1 लड़ाई-झगड़ा 2 शत्रुता

तनातनी–*अ०* (स्त्री०) खींचातानी

तनाना–(स० क्रि०) तानने में प्रवृत्त करना, तनवाना

तनाब–*अ०* (स्त्री०) 1 रस्सी 2 रस्सा

तनाव–(पु०) 1 तनने की अवस्था 2 खींचतान, द्वेष की स्थिति, टैंशन। ~**दार** + *फ़ा०* (वि०) तननेवाला; ~**पूर्ण** + *सं०* (वि०) क्षोभ पूर्ण, उत्तेजनामय; ~**भरा** (वि०) तनाव पूर्ण

तनावर–*फ़ा०* (वि०) मोटा ताज़ा, हट्टा-कट्टा

तनासुख–*अ०* (पु०) आवागमन

तनिक–I (वि०) थोड़ा, अल्प II (अ०) कुछ, ज़रा

तनिमा–I *सं०* (स्त्री०) 1 शारीरिक कृशता, दुबलापन 2 सुकुमारता, नज़ाकत II (पु०) ज़िगर, यकृत

तनिया–*बो०* (स्त्री०) 1 लँगोटी 2 काछा, जाँघिया 3 चोली 4 दे० तनी

तनिष्ठ–*सं०* (वि०) बहुत दुबला-पतला

तनी–I (स्त्री०) बंधन, बंद। ~**दार** + *फ़ा०* (वि०) बंधनयुक्त

तनी–II (वि०/अ०) = तनिक

तनु–I *सं०* (वि०) 1 दुबला-पतला, कृश 2 अल्प, थोड़ा 3 तुच्छ 4 छिछला 5 कोमल, सुकुमार 6 अच्छा, बढ़िया 7 विरल II (पु०) 1 देह, शरीर 2 चर्म, त्वचा III (स्त्री०) 1 औरत, स्त्री 2 केंचुली IV (क्रि० वि०) ओर, तरफ़। ~**कूप** (पु०) त्वचा के सूक्ष्म छिद्र; ~**केशी** (स्त्री०) सुन्दर पतले बालों वाली; ~**छद** (पु०) 1 कवच 2 वस्त्र; ~**ज** (पु०) पुत्र; ~**जा** (स्त्री०) पुत्री; ~**ता** (स्त्री०) 1 दुबलापन 2 सुकुमारता 3 लघुता; ~**त्राण** (पु०) 1 कवच 2 वर्म; ~**धारी** (वि०) शरीर धारण करनेवाला, शरीरधारी; ~**पात** (पु०) शरीर-त्याग; ~**भृत** (वि०) देहधारी; ~**मध्य** (वि०) पतली कमरवाला; ~**रूह** (पु०) रोआँ

तनू–I *सं०* (पु०) 1 शरीर, देह 2 व्यक्ति 3 पुत्र, बेटा। ~**जा** (स्त्री०) पुत्री, बेटी

तनू–II*सं०* (स्त्री०) गाय, गौ। ~**करण** (पु०) तीव्रता, चटकीलापन आदि कम करने की क्रिया, पतला करना, क्षीणीकरण; ~**रूह** (पु०) 1 रोम, रोआँ 2 पंखा, पंख, पर 3 पुत्र, बेटा

तनेना–*सं०* (वि०) 1 तना हुआ, खिंचा हुआ 2 टेढ़ा, तिरछा 3 रुष्ट 4 जो क्रोधपूर्वक बातें करता हो

तन्मनस्क–*सं०* (वि०) तल्लीन

तन्मय–*सं०* (वि०) तल्लीन, दत्त चित्त, मग्न (जैसे-तन्मय होकर पढ़ना)। ~**ता** (स्त्री०) तल्लीनता

तन्मात्र–I *सं०* (वि०) बहुत थोड़ी मात्रा का II (पु०) पंचभूतों का मूल सूक्ष्म रूप

तन्मात्रा–*सं०* (स्त्री०) पंचभूतों का सूक्ष्म रूप-शब्द, स्पर्श, रूप, रस, गंध

तन्मूलक–*सं०* (वि०) उससे निकला हुआ, तज्जन्य

तन्य–*सं०* (वि०) जिसे खींचा जा सके, तानने योग्य। **~ता** (स्त्री०) 1 तन्य होने की अवस्था 2 तार के रूप में खींचे जा सकने का गुण

तन्वंग–*सं०* (वि०) 1 सुकुमार अंगोंवाला, कोमलांग 2 दुर्बल

तन्वंगी–*सं०* (स्त्री०) सुकुमार और दुबले पतले अंगोंवाली स्त्री

तन्वी–I *सं०* (वि०) कोमल अंगोंवाली II (स्त्री०) सुकुमार स्त्री, दुबली पतली स्त्री

तपःकृश–*सं०* (वि०) तपस्या के कारण कमज़ोर

तपःपूत–*सं०* (वि०) तपस्या के द्वारा पवित्र

तपःशक्ति–*सं०* (स्त्री०) तपस्या का बल

तप–I *सं०* (पु०) 1 तपस्या (जैसे-राजा भगीरथ ने घोर तप किया) 2 ताप, दाह। **~ऋतु** (स्त्री०) ग्रीष्म काल, गर्मी का मौसम

तपन–I (वि०) 1 तपनेवाला 2 दुःख देनेवाला II (पु०) सूर्य III (स्त्री०) 1 तपे हुए होने की अवस्था 2 तपिश (जैसे-कमरे में तपन है)। **~मणि** (पु०) सूर्यकांत मणि

तपनांशु–*सं०* (पु०) सूर्य की किरण

तपना–(अ० क्रि०) 1 तप्त होना (जैसे-धरती तपना) 2 तपस्या करना 3 संतप्त होना 4 सिक्का जमाना, प्रभाव दिखाना (जैसे-शहर कोतवाल अपने समय में बहुत तपा था) 5 व्यर्थ का व्यय करना

तपनी–*बो०* (स्त्री०) 1 कौड़ा, अलाव 2 तपस्या, तप 3 तपन

तपश्चरण–*सं०* (पु०), **तपश्चर्या**–*सं०* (स्त्री०) तपस्या

तपस्–*सं०* (पु०) तप

तपसी–*सं०* (पु०) तपस्वी

तपस्या–*सं०* (स्त्री०) 1 तप, साधना (जैसे-सफलता हेतु कठिन तपस्या करना) 2 अभीष्ट की सिद्धि के लिए किया जानेवाला कठोर एवं कष्टदायक आचरण (जैसे-मोक्ष प्राप्ति हेतु कठोर तपस्या करना) 3 कष्टमय प्रतीक्षा

तपस्विता–*सं०* (स्त्री०) तपस्वी भाव

तपस्विनी–*सं०* (स्त्री०) 1 तपस्या करनेवाली स्त्री 2 तपस्वी की पत्नी 3 पतिव्रता एवं सती स्त्री

तपस्वी–*सं०* (पु०) तपस्या करनेवाला व्यक्ति, तपी

तपाक–*फ़ा०* (पु०) 1 जोश, आवेश 2 उत्साह और प्रेम (जैसे-बड़े तपाक से स्वागत करना) 3 तेज़ी, वेग। **~बदलना** नाराज़ होना, बिगड़ना

तपानल–*सं०* (पु०) तप का तेज़

तपाना–(स० क्रि०) 1 खूब गर्म करना (जैसे-भट्टी में ईंट तपाना) 2 आग पर पिघलाना 3 शरीर को कष्ट देना (जैसे-तपस्या में शरीर तपाना) 4 दुःखी करना, संतप्त करना

तपाव–(पु०) 1 तपने की अवस्था 2 तपाने की क्रिया 3 ताप, गर्मी

तपित–*सं०* (वि०) 1 तपाया हुआ 2 तपा हुआ

तपिश–*फ़ा०* (स्त्री०) 1 गर्मी, ताप (जैसे-ज़मीन की तपिश) 2 बहुत बढ़ा हुआ ताप 3 ग्रीष्म ऋतु में होनेवाली तपन

तपी–*सं०* (पु०) तपस्वी

तपेदिक–*फ़ा० + अ०* (स्त्री०) क्षय, यक्ष्मा, टी० बी० का रोग

तपेला–(पु०) 1 भट्ठा, बड़ी भट्ठी 2 पानी गर्म करने का बड़ा बर्तन

तपोभूमि–*सं०* (स्त्री०) तपोवन, तपस्थल

तपोधन–*सं०* (पु०) तप ही जिसका धन है, तपस्वी

तपोधाम–*सं०* (पु०) तपोभूमि

तपोनिधि–*सं०* (पु०) बहुत बड़ा तपस्वी

तपोनिष्ठ–*सं०* (वि०) तप में लीन

तपोमूर्ति–*सं०* (पु०) 1 ईश्वर 2 तपस्वी

तपोलोक–*सं०* (पु०) पुराणानुसार सात लोकों में से छठा लोक जो जन लोक के बाद तथा सत्य लोक के पहले पड़ता है

तपोवन–*सं०* (पु०) वह आश्रम, वन जहाँ बहुत से तपस्वी तपस्या करते हैं

तपोवृद्ध–I *सं०* (पु०) बढ़ा-चढ़ा तपस्वी II (वि०) तपस्या में बढ़ा-चढ़ा

तपोव्रत–*सं०* (पु०) 1 तपस्या का व्रत 2 तपस्या का व्रत लेनेवाला

तपौनी–(स्त्री०) 1 तपाकर ठीक करने की क्रिया 2 मुसाफ़िरों को लूट चुकने पर ठगों का देवी को प्रसाद चढ़ाने का रिवाज। **~का गुड़ खिलाना** किसी नए आदमी को दीक्षित करके अपनी मंडली में मिलाना

तप्त–*सं०* (वि०) 1 गर्म 2 तपाया हुआ (जैसे-भट्ठी में का तप्त लोहा) 3 जिसने तपस्या की हो 4 परम दुःखी 5 आवेश आदि के कारण विकल **~कुंड, ~स्रोत** (पु०) प्राकृतिक रूप से गर्म जलाशय; **~कृच्छ** (पु०) गरम दूध जल घी पीते रहने का व्रत; **~मुद्रा** (स्त्री०) गरम ठप्पे का शरीर पर लगा दाग़

तप्तायनी–*सं०* (स्त्री०) दुःख का लोक, पृथ्वी

तप्ति–*सं०* (स्त्री०) ताप, गर्मी

तप्य–*सं०* (वि०) 1 तपाने योग्य 2 तप करनेवाला

तफ़ंग–*फ़ा०* (स्त्री०) = तुफ़ंग

तफ़क्कुर–*अ०* (पु०) चिन्ता

तफ़तीश–*अ०* (स्त्री०) 1 छानबीन 2 जाँच-पड़ताल

तफ़रक़ा–*अ०* (पु०) मन-मुटाव, भेदभाव

तफ़रीक़–*अ०* (स्त्री०) 1 अंतर 2 भिन्नता 3 अलगपन, पार्थक्य 4 बँटवारा, विभाजन 5 *ग०* घटाना

तफ़रीह–*अ०* (स्त्री०) 1 मन बहलाव, मनोविनोद 2 मन-बहलाव हेतु इधर-उधर घूमना-फिरना, सैर-सपाटा 3 मन में होनेवाली प्रफुल्लता 4 पारस्परिक हास-परिहास, हँसी-दिल्लगी। **~बाज़** *+ फ़ा०* (पु०) 1 मनोरंजन कर्ता 2 सैर करनेवाला; **~बाज़ी** *+ फ़ा०* (स्त्री०) 1 मनोरंजन करना 2 सैर करना

तफ़रीहन–*अ०* (अ०) 1 मनबहलाव के रूप में 2 हँसी-दिल्लगी के लिए

तफ़सीर–*अ०* (स्त्री०) 1 स्पष्टीकरण, टीका 2 कुरान की व्याख्या, भाष्य

तफ़सील–*अ०* (स्त्री०) 1 विस्तृत वर्णन 2 विवरण कैफ़ियत 3 व्याख्या 4 ब्यौरा 5 ब्योरेवार सूची। **~वार** *+फ़ा०* (वि०) ब्यौरेवार बनाई गई

तफ़सीली–*अ० + फ़ा०* (वि०) तफ़सील संबंधी

तफ़ावत–*अ०* (पु०) 1 अंतर, फ़र्क 2 दूरी फ़ासला 3 मन-मुटाव 4 भेद-भाव

तब–(क्रि० वि०) 1 विशिष्ट परिस्थिति में (जैसे-इतना हो जाए तब तुम्हारा काम करुँगा) 2 इसके पश्चात्, तुरंत बाद (जैसे-वहाँ तब अंधेरा छा गया) 3 इस कारण से (जैसे-मुझे ज़रुरत है तब मैं माँग रहा हूँ)

तबक़–*अ०* (पु०) 1 तह, परत 2 सोने, चाँदी आदि का वरक 3 वह फूल, दीप जो मुसलमान स्त्रियां भूत-प्रेतों और परियों को समर्पित करती हैं 4 बड़ी रिकाबी 5 सप्त लोक

तबक़डी–*बो० अ० + हिं०* (स्त्री०) छोटी रिकाबी

तबक़ा–*अ०* (पु०) 1 भूखंड 2 पृथ्वी के ऊपर और नीचे के तल 3 परत, तह 4 मनुष्यों का वर्ग

तबदील–*अ०* (वि०) 1 जिसे बदल दिया गया हो 2 अन्य स्थान पर भेजा गया

तबदीली–*अ० + फ़ा०* (स्त्री०) 1 परिवर्तन 2 तबादला, स्थानांतरण

तबर–*फ़ा०* (पु०) 1 कुल्हाड़ी, टाँगी 2 परशु। **~दार** I (पु०) तबर चलानेवाला व्यक्ति II (वि०) 1 जिसके पास तबर हो 2 जो तबर चलाना जानता हो

तबर्रा–*अ०* (पु०) दुर्वचन

तबल–*अ०* (पु०) 1 बड़ा ढोल 2 डंका, नगाड़ा। **~ची** + *तु०* (पु०) तबला बजानेवाला, तबलिया

तबला–*अ०* (पु०) चमड़े से मढ़ा एक बाजा

तबलिया–*अ० + हिं०* (पु०) = दे० तबलची

तबलीग़–*अ०* (पु०) 1 अपने धर्म का प्रचार 2 अपने धर्म का अनुयायी बनाना

तबाक़–*फ़ा०* (पु०) बड़ा थाल

तबस्सुम–*अ०* (पु०) मधुर मुस्कान

तबाख–*फ़ा०* (पु०) बड़ी एवं काली परात

तबाख़ी–*फ़ा०* (पु०) परात में रखकर सौदा बेचनेवाला

तबाखी-कुत्ता–*फ़ा० + हिं०* (पु०) ऐसा साथी जो अपना स्वार्थ सिद्ध होने के समय तक साथ दे और दुर्दिन में साथ छोड़ दे

तबादला–*अ०* (पु०) 1 परिवर्तन 2 एक स्थान से दूसरे स्थान पर भेजना, बदली, अंतरण (जैसे-अधिकारी का तबादला हो गया)

तबाबत–*अ०* (स्त्री०) चिकित्सा का पेशा

तबाशीर–*फ़ा०* (स्त्री०) बंसलोचन

तबाह–*फ़ा०* (वि०) 1 जो पूर्णतः बर्बाद हो गया हो 2 जिसका सर्वस्व लुट गया हो। **~हाल** + *अ०* (पु०) दुर्गति

तबाहकुन–*फ़ा०* (वि०) तबाह करनेवाला

तबाही–*फ़ा०* (स्त्री०) बर्बादी, विनाश। **~खाना** बर्बाद होना, नष्ट-भ्रष्ट हो जाना

तबियत, तबीयत–*अ०* (स्त्री०) 1 शरीर की स्थिति 2 मन की स्थिति 3 मन, हृदय, जी 4 समझ (जैसे-तबीयत मुताबिक काम करना)। **~दार** + *फ़ा०* (वि०) 1 मिलनसार 2 रसिक, भावुक; **~आना** 1 प्रेम उत्पन्न होना 2 वस्तु प्राप्ति की इच्छा होना; **~फड़क उठना** अत्यधिक प्रसन्न होना; **~पाना** अच्छे स्वभाववाला; **~भर जाना** अनुराग, कामना आदि न रह जाना और विरक्ति-सी उत्पन्न होना; **~भरना** तसल्ली करना; **~लगना** मन लगना (जैसे-तबीयत लगाकर काम करना); **~लगाना** 1 प्रेम करना 2 मन लगाना

तबीब–*अ०* (पु०) हकीम, चिकित्सक

तबेला–*अ०* (पु०) घुड़साल, अस्तबल

तभी–(अ०) 1 उसी समय 2 विशिष्ट स्थिति में ही (जैसे-तभी तो आप भी आए हैं) 3 उसी कारण से

तमंचा–*तु०* (पु०) पिस्तौल

तम–I *सं०* (पु०) 1 अँधेरा, अंधकार 2 कालिख, कालिमा 3 अज्ञान, अविद्या 4 माया, मोह 5 क्रोध, गुस्सा II (वि०) 1 काला 2 दूषित 3 बुरा III एक प्रत्यय जो संस्कृत विशेषणों के अंत में लगकर 'सबसे बढ़कर' का अर्थ देता है (जैसे-अधिकतम, श्रेष्ठतम)। **~ता** (स्त्री०) 1 अँधेरा 2 कालापन

तमकना–(अ० क्रि०) 1 क्रोधपूर्वक बोलने को उद्यत होना 2 क्रोधावेश में चेहरा लाल हो जाना, तमतमाना 3 जोश में आना

तमग़ा–*तु०* (पु०) पदक, मैडल

तमतमाना–(अ० क्रि०) 1 अत्यधिक ताप के कारण लाल होना 2 क्रोधातिरेक में चेहरा लाल होना 3 चमकना

तमतमाहट–(स्त्री०) तमतमाने की अवस्था

तमद्दुन–*अ०* (पु०) 1 सभ्यता 2 नागरिकता

तमन्ना–*अ०* (स्त्री०) कामना, आकांक्षा

तमर–*अ०* (पु०) इमली

तमस्–*सं०* (पु०) 1 अंधकार 2 अज्ञान 3 प्रकृति का 'तम' नामक तीसरा गुण। **~कांड** (पु०) घोर अंधकार, तमस्विनी

तमसावृत्त–*सं०* (वि०) = तमाच्छन्न

तमस्वती–*सं०* (स्त्री०) अँधेरी रात

तमस्वी–*सं०* (वि०) अंधकारपूर्ण

तमस्सुक–*अ०* (पु०) 1 ऋणपत्र 2 दस्तावेज़, विधिक लेख्य

तमहर–*सं०* (वि०) अंधकार दूर करनेवाला

तमहीद–*अ०* (स्त्री०) 1 प्रस्तावना, प्राक्कथन 2 ग्रंथ आदि की भूमिका

तमा–I *सं०* (स्त्री०) रात, रजनी

तमा–II *अ०* (स्त्री०) लोभ, लालच। **~देही** + *फ़ा०* (स्त्री०) लालच देना

तमाकू–*फ़ा०* (पु०), **तमाखू**–*बो० फ़ा०* (पु०) = तंबाकू

तमाचा–*फ़ा०* (पु०) थप्पड़ (जैसे-तमाचा लगाना, तमाचा मारना)

तमाच्छन्न–*सं०* (वि०) अंधकार युक्त

तमाच्छादित–*सं०* (वि०) अंधकारमय

तमादी–*अ०* I (स्त्री०) अवधि का बीत जाना II (वि०) जिसकी अवधि बीत चुकी हो, अवधि बाधित

तमाम–*अ०* (वि०) 1 कुल, सारा, समस्त 2 समाप्त, खत्म। **~तर** + *फ़ा०* (वि०) सारे का सारा। **काम तमाम करना** जान से मार डालना; तमाम होना 1 खत्म होना 2 मर जाना

तमामी–*अ० + फ़ा०* (स्त्री०) 1 समाप्ति 2 एक प्रकार का ज़रीदार कपड़ा

तमाल–*सं०* (पु०) एक सदाबहार पेड़

तमाविष्ट, तमावेष्टित–*सं०* (वि०) अंधकार में घिरा हुआ

तमाशगीर–*अ० + फ़ा०* (पु०) तमाशा देखनेवाला व्यक्ति

तमाशबीन–*अ० + फ़ा०* (पु०) 1 तमाशा देखनेवाले लोग 2 वेश्यागामी, रंडीबाज़,

तमाशबीनी–*अ० + फ़ा०* (स्त्री०) 1 तमाशा देखने की क्रिया 2 रंडीबाज़ी, वेश्यागमन

तमाशा–*अ०* (पु०) 1 मनोरंजक दृश्य 2 खेलकूद, हँसी आदि की कोई घटना 3 अद्‌भुत बात 4 ऐसा कार्य जिसे सुगमता से किया जा सके (जैसे-लेख लिखना तमाशा नहीं है)। **~गाह** *+ फ़ा०* (स्त्री०) तमाशे की जगह

तमाशाई–*अ० + फ़ा०* (पु०) 1 तमाशा देखनेवाला व्यक्ति 2 तमाशा दिखलानेवाला व्यक्ति

तमिल–I (पु०) 1 दक्षिण भारत का एक प्रसिद्ध क्षेत्र 2 दक्षिण भारत की एक प्रसिद्ध जाति II (स्त्री०) दक्षिण भारत की भाषा

तमिस्र–*सं०* (पु०) 1 अंधकार 2 अज्ञान

तमिस्रा–*सं०* (स्त्री०) अँधेरी रात

तमी–*सं०* (स्तरी०) अँधेरी रात। **~चर** (पु०) राक्षस।

तमीज़–*अ०* (स्त्री०) 1 अदब, शिष्टाचार 2 अच्छे-बुरे की पहचान, विवेक। **~दार** *+ फ़ा०* (वि०) 1 अदबवाला, शिष्ट 2 विवेकवाला, विवेकी

तमूरा–*बो०* (पु०) तंबूरा

तमोऽन्ध–*सं०* (वि०) अज्ञानी

तमोगुण–*सं०* (पु०) अंधकार अज्ञान आदि गुण

तमोगुणी–*सं०* (वि०) तमोगुणवाला

तमोघ्न–*सं०* (वि०) अंधकार का नाश करनेवाला

तमोमय–*सं०* (वि०) 1 अंधकार पूर्ण 2 तमोगुणी 3 अज्ञानी

तमोल–*बो०* (पु०) = तंबोल

तमोलिन–*बो०* (स्त्री०) = तँबोलिन

तमोली–*बो०* (पु०) = तँबोली

तमोविकार –*सं०* (पु०) तमोगुण से उत्पन्न विकार या दोष

तमोवृत्ति–*सं०* (स्त्री०) तामसिक स्वभाव

तय–*अ०* (वि०) निश्चित, निर्णीत।

तयार–*अ०* (वि०) = तैयार

तरंग–*सं०* (स्त्री०) 1 पानी की लहर, हिलोर 2 मौज़, उमंग (जैसे-मन की तरंग) 3 उछाल 4 हिलना-डोलना 5 स्वरों का आरोह-अवरोह। **~दैर्घ्य** (पु०) 1 अनुप्रस्थ तरंग में एक शृंग से निकटवर्ती शृंग तक की दूरी 2 अनुदैर्घ्य तरंग में एक संपीडन से निकटवर्ती संपीडन तक की दूरी; **~माला** (स्त्री०) लगातार आनेवाली तरंगें; **~लंबाई** *+ हिं०* (स्त्री०) = तरंग दैर्घ्य

तरंगायित–*सं०* (वि०) 1 तरंगयुक्त 2 लहरदार

तरंगिका–*सं०* (स्त्री०) लहरी

तरंगिणी–*सं०* (स्त्री०) नदी

तरंगित–*सं०* (वि०) 1 लहराता हुआ 2 कंपायमान 3 जो मग्न हो रहा हो

तरंगी–*सं०* (वि०) 1 जिसमें लहरें उठती हों 2 भावुक, रसिक 3 मन की तरंग के अनुसार काम करनेवाला

तर–*फ़ा०* (वि०) 1 गीला, आर्द्र 2 आर्द्रता युक्त, नमी युक्त (जैसे-तर हवा) 3 ठंडा, शीतल (जैसे-तर जगह) 4 बहुत अच्छा और बढ़िया (जैसे-तर माल खाओ) 5 खूब हरा-भरा। **~ज़बान** *+ फ़ा०* (पु०) मृदुभाषी

तरक–*अ०* (पु०) त्याग, छोड़ना

तरकश–*फ़ा०* (पु०) तीर रखने का चोंगा, तूणीर, निषंग, भाथा

तरका–*अ०* (पु०) 1 उत्तराधिकारी को मिलनेवाली संपत्ति 2 उत्तराधिकार

तरकारी–(स्त्री०) 1 सब्ज़ी, शाक 2 तड़का देकर पकाई हुई सब्ज़ी आदि

तरकी–(स्त्री०) फूल की तरह का कान का एक गहना

तरक़ीब–*अ०* (स्त्री०) 1 उपाय, युक्ति 2 ढंग, तरीका 3 बनावट, रचना 4 मिलान, मेल

तरकुला–(पु०), **तरकुली**–(स्त्री०) कान का एक गहना = तरकी

तरक्क़ी–*अ०* (स्त्री०) 1 अभिवृद्धि (जैसे-यह पौधा तरक्क़ी कर रहा है) 2 उन्नत दशा प्राप्त करना (जैसे-यह लड़का पढ़ाई में तरक्क़ी करेगा) 3 पदोन्नति (जैसे-अधिकारी की तरक्क़ी कर दी गई)। **~पसंद** *+ फ़ा०* (वि०) प्रगतिशील; **~याफ़्ता** *+ फ़ा०* (वि०) उन्नत, विकसित

तरखा–*बो०* (पु०) नदी आदि के पानी का तेज़ बहाव

तरखान–(पु०) बढ़ई, तक्षक

तरछाना–*बो०* (अ० क्रि०) 1 आँख से इशारा करना 2 तिरछी नज़र से देखना

तरज़–*अ०* (पु०) = तर्ज़

तरजना–(स० क्रि०) 1 डाँटना 2 मना करना

तरजनी–(स्त्री०) = तर्जनी

तरजीला–(वि०) 1 तर्जन करनेवाला 2 क्रोधपूर्ण 3 उग्र, प्रचंड

तरजीह–*अ०* (स्त्री०) 1 प्रधानता 2 बढ़-चढ़कर होना 3 वरीयता, प्राथमिकता

तरजुमा–*अ०* (पु०) अनुवाद, भाषांतर (जैसे-तरजुमा करना)

तरजुमान–*अ०* (पु०) 1 अनुवादक 2 प्रवक्ता

तरण–*सं०* (पु०) 1 पार जाना, पार करना 2 पार करने का साधन 3 छुटकारा, निस्तार 4 उद्धार

तरणि–*सं०* (पु०) सूर्य। **~तनूजा** (स्त्री०) यमुना; **~सुत** (पु०) 1 यम 2 शनि; **~सुता** (स्त्री०) यमुना

तरणी–*सं०* (स्त्री०) नाव, नौका

तरतीब–*अ०* (स्त्री०) क्रम, सिलसिला (जैसे-तरतीब से लगाना); **~वार** *+ फ़ा०* (क्रि० वि०) सिलसिलेवार, क्रमवार, क्रम से

तरदीद–*अ०* (स्त्री०) 1 रद करना 2 खंडन

तरद्दुद–*अ०* (पु०) 1 झंझट, बखेड़ा 2 परेशानी 3 चिंता 4 अंदेशा (जैसे-तरद्दुद में पड़ना)

तरना–I (अ० क्रि०) 1 पार होना 2 तैरना 3 भव बंधन से मुक्ति पाना, सद्‌गति प्राप्त करना II (स० क्रि०) पार करना

तरनी–I (स्त्री०) = तरणी, नाव

तरनी–II (स्त्री०) खोमचा रखने का डमरू की शक्ल का आसन

तरपट–I (पु०) 1 टेढ़ापन 2 अंतर, भेद II (वि०) जिसमें कनेव पड़ी हो, जो टेढ़ा हो

तर-पर–(अ०) 1 एक दूसरे के ऊपर और नीचे 2 एक के ऊपर एक-एक करके (जैसे-ऐसी घटनाएँ तर-पर होती रहीं) 3 निरंतर, लगातार (जैसे-वह सवाल-जवाब तर-पर करता गया)

तरफ़–*अ०* (स्त्री०) 1 ओर, बगल 2 दो या अधिक पक्षों आदि में से प्रत्येक, हर एक 3 दो या अधिक तलों में से कोई तल

4 किनारा, तट। ~**दार** + *फ़ा०* (वि०) किसी पक्ष का समर्थन करनेवाला; ~**दारी** + *फ़ा०* (स्त्री०) पक्षपात (जैसे-तरफ़दारी करना)

तरफ़ा–*अ०* + *हिं०* (वि०) ओर का, तरफ़ का (जैसे-एक तरफ़ा न्याय)

तरफ़ैन–*अ०* (पु०) पक्ष

तर-बतर–*फ़ा०* (वि०) अधिक भीगा हुआ (जैसे-खून से तर-बतर)

तरबियत–*अ०* (स्त्री०) 1 पालन-पोषण, परवरिश 2 शिक्षा, तालीम 3 देख-रेख

तरबूज़, तरबूज़ा–*फ़ा०* (पु०) बलुई ज़मीन पर फैलनेवाला एक गोल बड़ा फल जो तासीर में ठंडा होता है

तरबूज़िया–*फ़ा०* + *हिं०* I (वि०) तरबूज़े के रंग का, गहरा हरा II (पु०) गहरा हरा रंग

तरमीम–*अ०* (स्त्री०) 1 सुधार 2 संशोधन

तरल–*सं०* (वि०) 1 बहनेवाला पदार्थ, द्रव (जैसे-पानी तरल होता है) 2 अस्थिर, चंचल। ~**ता** (स्त्री०) 1 तरल अवस्था, द्रवता 2 चंचलता, अस्थिरता।

तरलायित–*सं०* (वि०) लहर की तरह काँपता हुआ

तरलित–*सं०* (वि०) 1 तरल किया हुआ 2 हिलता हुआ, अस्थिर 3 पसीजता हुआ

तरलीकृत–*सं०* (वि०) 1 द्रव रूप में लाया हुआ 2 प्रवाहशील

तरवरिया–(पु०) 1 तलवार चलानेवाला व्यक्ति 2 तलवार से युद्ध करनेवाली एक जाति

तरवार–(स्त्री०) तलवार

तरवारी–(पु०) = तरवरिया

तरस–(पु०) करुणा, दया, रहम

तरसना–I (अ० क्रि०) 1 बेचैन रहना, लालायित रहना 2 पीड़ित होना

तरसना–II (स० क्रि०) 1 तराशना, काटना 2 ललचना 3 कोई चीज़ प्राप्त न होना (जैसे-इस बार तो हम खरबूज़ों से तरस गए)

तरसाना–(स० क्रि०) 1 ललचाना 2 दु:खी करना

तरसौहाँ–*बो०* (वि०) तरसनेवाला

तरस्वान्, तरस्वी–*सं०* (वि०) वेगवान्, तेज़

तरह–*अ०* (स्त्री०) 1 प्रकार, ढंग (जैसे-अनेक तरह के आदमी) 2 बनावट (जैसे-किस तरह का कपड़ा) 3 स्थिति (जैसे-वह बुरी तरह से फँस गया)। ~**दार** + *फ़ा०* (वि०) 1 अच्छे ढंग का 2 अनोखी एवं सुंदर बनावटवाला 3 सज-धज से युक्त, सजीला

तरहटी–(स्त्री०) = तलहटी

तराई–(स्त्री०) 1 पहाड़ के नीचे का समतल मैदानी भू भाग 2 दे० घाटी

तराज़ू–*फ़ा०* (पु०) सामान तौलने हेतु दो पलड़ों का बना एक यंत्र, तुला

तराना–I *फ़ा०* (पु०) अच्छे ढंग में गाया जानेवाला सुंदर गीत (जैसे-क़ौमी तराना) II (स० क्रि०) = तैराना

तराबोर–*फ़ा०* + *हिं०* (वि०) डूबा हुआ, भीगा हुआ, शराबोर

तरारा–(पु०) 1 छलाँग, कुलाँच 2 लगातार गिरनेवाली जल की धारा। **तरारे भरना, तरारे मारना** 1 खूब उछल-कूद करना 2 खूब डींगें हाँकना

तरावट–*फ़ा०* + *हिं०* (स्त्री०) 1 तरी (जैसे-वातावरण में कुछ तरावट आ गई है) 2 शीतलता, ठंडक

तराश–*फ़ा०* (स्त्री०) 1 काटना 2 काट-छाँट 3 बनावट 4 ढंग, तर्ज़। ~**ख़राश** (स्त्री०) काट-छाँट

तराशना–*फ़ा०* + *हिं०* (स० क्रि०) 1 काटना 2 कतरना (जैसे-नाखून तराशना)

तरास–(पु०) त्रास, भय, आतंक

तरित्री–*सं०* (स्त्री०) नाव

तरियाना–(स० क्रि०) 1 नीचे करना 2 लेवा/लगाना 3 तर करना 4 ढाँकना

तरी–*सं०* (स्त्री०) नौका, नाव

तरी–*फ़ा०* (स्त्री०) 1 गीलापन, आर्द्रता 2 ठंडक, शीतलता

तरीक़त–*अ०* (स्त्री०) आत्म-शुद्धि

तरीक़ा–*अ०* (पु०) 1 ढंग, प्रकार 2 उपाय, युक्ति 3 चाल-ढाल (जैसे-ज़मींदाराना तरीक़ा)

तरु–*सं०* (पु०) पेड़, वृक्ष। ~**मंडित** (वि०) पेड़ों से सजाया हुआ; ~**रोपण** (पु०) वृक्ष लगाने की क्रिया; ~**वीथी** (स्त्री०) दोनों तरफ़ पेड़ लगा सड़क मार्ग

तरुण–I *सं०* (वि०) नवजवान, नवयुवक II (पु०) युवा पुरुष। ~**ज्वर** (पु०) ज्वर जो सात दिन के बाद भी रहता हो; ~**ता** (स्त्री०) = तरुणाई

तरुणाई–*सं०* + *हिं०* (स्त्री०), **तरुणावस्था**–*सं०* (स्त्री०) युवावस्था, जवानी

तरुणास्थि–*सं०* (स्त्री०) पतली लचीली हड्डी

तरुणिमा–*सं०* (स्त्री०) तारुण्य, जवानी

तरुणी–*सं०* (वि०/स्त्री०) नवयुवती

तरेंदा–(पु०) जलाशय पार करने का लकड़ी आदि का बना ढाँचा, बेड़ा

तरे–*बो०* (क्रि० वि०) तले, नीचे

तरेड़–(पु०) रोष भरी दृष्टि, तरेरा

तरेरना–(स० क्रि०) रोषपूर्वक देखना, घूरना

तरेरा–I *अ०* (पु०) 1 लगातार डाली जानेवाली जलधार 2 लहरों का आघात, थपेड़ा

तरेरा–II (पु०) रोषपूर्ण दृष्टि

तरैया–I (स्त्री०) तारा

तरैया–II (वि०) 1 तरनेवाला 2 तारनेवाला

तरैला–(पु०) सौतेला

तरोड़ा–(पु०) फ़सल का अलग किया गया वह भाग जो हलवाहों, मज़दूरों आदि को दिया जाता है

तरोई–(स्त्री०) = तुराई

तरोताज़ा–*फ़ा०* (वि०) 1 तर और ताज़ा 2 हरा-भरा

तरौंछ–(स्त्री०) = तलछट

तरौंटा–(पु०) नीचेवाला पाट

तरौंता–(पु०) ठाट के नीचे लगाई जानेवाली छाजन की लकड़ी

तरौना–(पु०) कान का एक गहना

तर्क–*सं०* (पु०) 1 जानने-समझाने हेतु किया जानेवाला यत्न 2 सुविचारित बात, दलील 3 चमत्कार कथन, बात 4 व्यंग्यपूर्ण बात, ताना 5 बहस। ~**जाल** (पु०) घुमाव-फिराव की बात; ~**ज्ञानी** (वि०) तर्क करने में प्रवीण ~**पूर्ण** (वि०) तर्क से भरा हुआ, तर्क युक्त; ~**प्रणाली** (स्त्री०) तर्क करने का

ढंग; **मुद्रा** (स्त्री०) तांत्रिक उपासना में एक शारीरिक मुद्रा; **~मुक्त** (वि०) = 1 तर्कपूर्ण 2 तर्क संगत; **~वितर्क** (पु०) ऊहापोह, असमंजस; **~शास्त्र** (पु०) 1 वह विद्या जिसमें प्रतिपादित सिद्धांतों आदि के खंडन-मंडन करने की पद्धतियों का विवेचन होता है 2 दे० न्याय शास्त्र; **~शील, ~संगत, ~सम्मत** (वि०) 1 जो तर्क के आधार पर सिद्ध हो 2 जो तर्क पर आधारित हो 3 युक्ति-युक्त; **~सिद्ध** (वि०) जो तर्क की दृष्टि से बिल्कुल प्रमाणित हो

तर्क–*अ०* (पु०) छोड़ना, परित्याग

तर्कण (पु०), **तर्कणा**–*सं०* (स्त्री०) 1 विवेचन 2 दलील 3 बहस

तर्कना–I (स्त्री०) 1 विचार 2 युक्ति II (अ० क्रि०) = तरकना

तर्कश–*फ़ा०* (पु०) = तरकश

तर्काभास–*सं०* (पु०) 1 ऐसा तर्क जो केवल ऊपर से ठीक-सा जान पड़े परंतु वास्तव में सही न हो 2 गलत तर्क

तर्कित–*सं०* (वि०) = तर्क सिद्ध

तर्की–*सं०* (पु०/वि०) बहुत तर्क करनेवाला

तर्कु–*सं०* (पु०) तकला टेकुआ

तर्ज़–*अ०* (पु०) 1 रीति, शैली, ढंग 2 बनावट

तर्जन–*सं०* (पु०) 1 धमकाना 2 डाँटना 3 डराना 4 क्रोध। **~गर्जन** (पु०) डराना-धमकाना

तर्जनी–*सं०* (स्त्री०) अँगूठे के पास की उँगली (जैसे-होंठों पर तर्जनी रखना)

तर्जित–*सं०* (वि०) 1 जिसे डराया-धमकाया गया हो 2 अपमानित

तर्जुमा–*अ०* (पु०) = तरजुमा

तर्जुमान–*अ०* (पु०) = तरजुमान

तर्पण–*सं०* (पु०) 1 देवताओं, ऋषियों एवं पितरों को जल दान 2 तृप्त करने की क्रिया

तर्पणी–*सं०* (स्त्री०) तृप्त करनेवाली

तर्पित–*सं०* (वि०) 1 जिसका तर्पण हुआ हो 2 तृप्त किया हुआ

तर्पी–*सं०* (पु०) तर्पण करनेवाला

तर्बियत–*अ०* (स्त्री०) 1 परवरिश, लालन-पालन 2 प्रजनन। **~गाह** + *फ़ा०* (स्त्री०) प्रजनन केंद्र; **~याफ़्ता** + *फ़ा०* (वि०) सभ्य

तर्बूज़–*फ़ा०* (पु०) = तरबूज़

तर्राना–(अ० क्रि०) चर्राना

तर्राना–*फ़ा०* (पु०) दे० तराना

तर्रारा–(पु०) = तरारा

तर्ष–*सं०* (पु०) 1 इच्छा 2 तृष्णा

तर्षण–*सं०* (पु०) 1 पिपासा, प्यास 2 अभिलाषा, इच्छा

तर्षित–*सं०* (वि०) 1 प्यासा 2 अभिलाषा करनेवाला, इच्छुक

तल–*सं०* (पु०) 1 तला, पेंदा 2 जलाशय आदि के बिल्कुल नीचे की ज़मीन (जैसे-समुद्र का तल) 3 नीचे की जगह (जैसे-तरुतल) 4 ऊपरी सतह (जैसे-धरातल) 5 पदार्थ के पार्श्व का फैलाव, विस्तार (जैसे-चौकोर वस्तु के चारों तल) 6 हाथ की हथेली 7 पैर का तलवा। **~कर** (पु०) तालाब आदि पर लगनेवाला कर; **~गृह** (पु०), **~घर, ~घरा** + *हिं०* (पु०) नीचे का घर, तहखाना; **~छट** + *हिं०* द्रव पदार्थ के नीचे बैठनेवाला मैल, तलौंछ; **~ताल** (पु०) 1 हाथ से बजाया जानेवाला एक बाजा 2 थपोड़ी; **~पट** (पु०) आय-व्यय फलक

तलक–*सं०* (पु०) ताल, पोखरा

तलक़ीन–*अ०* (स्त्री०) शिक्षा, तालीम

तलख़–*फ़ा०* (वि०) 1 कड़ुआ 2 उग्र, प्रचंड

तलख़ी–*फ़ा०* (स्त्री०) 1 कड़ुआपन 2 चिड़चिड़ापन

तलगू–(स्त्री०) = तेलगू

तलना–(स० क्रि०) गर्म स्निग्ध द्रव्य में खाद्य-वस्तु छोड़कर पकाना (जैसे-पापड़ तलना)

तलपट–(वि०) 1 चौपट, बर्बाद 2 आय-व्यय फलक

तलफ़–*अ०* (वि०) तबाह, नष्ट

तलफना–(अ० क्रि०) = तड़पना

तलफ़ाना–(स० क्रि०) = तड़पाना

तलफ़ी–*फ़ा०* 1 नाश 2 नुक़सान

तलफ़्फ़ुज़–*अ०* (पु०) उच्चारण

तलब–*अ०* (स्त्री०) 1 खोज, तलाश 2 प्राप्त करने की इच्छा 3 आवश्यकता 4 बुलावा, बुलाहट। **~गार** + *फ़ा०* (वि०) 1 तलब करनेवाला 2 माँगनेवाला; **~नामा** + *फ़ा०* (पु०) अदालत में हाज़िर होने की लिखित आज्ञा, समन

तलबाना–*अ०* + *फ़ा०* (पु०) 1 गवाहों को तलब करने के हेतु जमा किया जानेवाला धन 2 समय पर माल गुज़ारी न जमा करने पर लगनेवाला दंड

तलबी–*अ०* + *फ़ा०* (स्त्री०) 1 बुलाहट 2 माँग

तलबेली–(स्त्री०) 1 छटपटी, व्यग्रता 2 विकलता, बेचैनी

तलमलाना–*बो०* (अ० क्रि०) = तिलमिलाना

तलवा–(पु०) पैर के बिल्कुल नीचे का चिपटा अंश, पद-तल। **~खुजलाना** कहीं बाहर जाना ऐसी मान्यता; **तलवे चाटना** 1 दीनता प्रकट करना 2 खुशामद करना; **तलवे छलनी होना** पैरों में दम न रहना; **तलवे धोकर पीना** 1 बहुत सेवा-सुश्रूषा करना 2 अत्यंत प्रेम प्रकट करना; **तलवे सहलाना** सभी तरह की सेवाएँ करना; **तलवों तले मेटना** 1 कुचलकर नष्ट करना, रौंद डालना 2 उपेक्षा करना, तुच्छ समझना; **तलवों से आँखें मलना** अत्यधिक आदर-सत्कार करना; **तलवों से मलना** रौंदकर नष्ट करना; **तलवों से लगना सिर में जाकर बुझना** क्रोध के कारण नीचे से ऊपर तक सारा शरीर जलना

तलवार–(स्त्री०) 1 लोहे का लंबा धारदार प्रसिद्ध हथियार 2 तेग 3 खड्ग। **~बाज़** + *फ़ा०* (पु०) = तलवारिया; **~बाज़ी** + *फ़ा०* (स्त्री०) तलवार चलाने का काम। **~करना** तलवार की सहायता से युद्ध करना, तलवार चलाना; **~कसना** तलवार की उत्तमता की जाँच करना; **~का पानी पिलाना** तलवार से आघात करना; **~की छाँह में** चारों तरफ़ से ख़तरे में; **~के घाट उतारना** तलवार के आघात से जान लेना; **~खींचना** आघात करने हेतु म्यान से तलवार निकालना; **~पर हाथ रखना** तलवार से आघात करने को उद्यत होना; **~बाँधना** तलवार सदा पास रखना; **~से बात करना** लड़ाई करना

तलवारिया–(पु०) = तलवार चलानेवाला व्यक्ति

तलस्पर्शी–*सं०* (वि०) तल को छूनेवाला

तलहटी–(स्त्री०) दे० तराई

तलांगुलि–*सं०* (स्त्री०) पैर की उँगली

तला–(पु०) 1 तल, पेंदा 2 तलवा 3 जूते के नीचे का चमड़ा जो ज़मीन पर पड़ता है

तलाई–I (स्त्री०) छोटा ताल, तलैया II (स्त्री०) 1 तलने-तलाने की क्रिया 2 तलने-तलाने की मज़दूरी

तलाक़–*अ०* (पु०) वैधानिक रीति से विवाह संबंध का विच्छेद। ~**नामा** + *फ़ा०* (पु०) तलाक़पत्र, तलाक़ का दस्तावेज़; ~**शुदा** + *फ़ा०* (वि०) जिसका वैधानिक रूप से संबंध विच्छेद हुआ हो

तलाची–*सं०* (स्त्री०) चटाई

तलाफ़ी–*अ०* (स्त्री०) क्षति-पूर्ति

तलावत–*अ०* (स्त्री०) कुरान-शरीफ़ पढ़ना

तलाश–*तु०* (स्त्री०) 1 खोज 2 चाह

तलाशना–*तु०* + *हिं०* (स० क्रि०) 1 खोजना 2 चाहना

नलाशी–*तु०* + *फ़ा०* (स्त्री०) 1 तलाश करने के लिए किया जानेवाला प्रयत्न 2 अवैध रूप से छिपाई गई वस्तु का पता लगाने के लिए संदिग्ध व्यक्ति के शरीर, घर आदि की हेनेवाली देख-भाल

तली–(स्त्री०) 1 पेंदी 2 हथेली 3 तलवा 4 दे० तलछट

तलीय–*सं०* (वि०) तल से संबंधित

तलुआ–I *बो०* (पु०) तलवा

तलुआ–II (पु०) तालू

तलुवा–(पु०) तलवा

तले–(क्रि० वि०) 1 नीचे वाले भाग में 2 वश में, शासन में (जैसे-अधिकारी के तले दस लोग हैं)। ~**ऊपर** 1 एक के ऊपर दूसरा 2 उलट-पलट किया हुआ। ~**की दुनिया ऊपर होना** महान् परिवर्तन होना

तलेटी–(स्त्री०) 1 पेंदी 2 तलहटी, तराई

तलैया–(स्त्री०) छोटा तालाब

तलोदर–*सं०* (वि०) तोंदवाला

तलौंछ– (स्त्री०) तलछट

तलौवन–*अ०* (पु०) 1 मत, विचार, सिद्धांत आदि में होनेवाला परिवर्तन 2 एक बात पर क़ायम न रहना

तल्ख़–*फ़ा०* (वि०) 1 कड़ुआ, कटु 2 जिसमें कटुता, चिड़चिड़ापन ज़्यादा हो (जैसे-तल्ख़ मिज़ाजवाला)। ~**मिज़ाज** + *अ०* (वि०) जो चिड़चिड़े स्वभाव का हो

तल्ख़ी–*फ़ा०* (स्त्री०) कड़ुवापन, कटुता

तल्प–*सं०* (पु०) 1 बिछौन 2 अटारी

तल्ला–I (पु०) जूते का वह भाग जो पाँव तले रहता है

तल्ला–II (पु०) मंज़िल, खंड (जैसे-चार तल्ले का मकान)

तल्लीन–*सं०* (वि०) मग्न, दत्तचित (जैसे-काम में तल्लीन व्यक्ति)

तवक्कुफ़–*अ०* (पु०) 1 देर, विलंब 2 ढील

तवज्जह–*अ०* (स्त्री०) 1 ध्यान 2 अनुग्रह दृष्टि और व्यवहार

तवना–I (अ० क्रि०) 1 तपना 2 दुःखी होना 3 गुस्से से लाल होना II(स० क्रि०) = तपाना

तवर्ग–*सं०* (पु०) देवनागरी वर्णमाला के त, थ, द, ध और न इन पाँच वर्णों का समूह

तवर्गीय–*सं०* (वि०) तवर्ग से संबंध रखनेवाला, तवर्ग का

तवा–(पु०) 1 लोहे का गोलाकार छोटा छिछला टुकड़ा (जैसे-तवा पर रोटी सेंकना) 2 लोहे का गोलाकार बड़ा टुकड़ा। ~**सिर से बाँधना** 1 आघात सहने को तैयार रहना 2 अपने को सुरक्षित रखना; **तवे का हँसना** सुकाल का प्रतीक; ~**की बूँद** 1 आवश्यकता से बहुत कम 2 क्षणस्थायी एवं नश्वर; **तवे सा मुँह** कुरूप आकृति

तवाना–*फ़ा०* (वि०) मोटा-ताज़ा, हृष्ट-पुष्ट

तवायफ़–*अ०* (स्त्री०) वेश्या, रंडी

तवारा–(पु०) 1 अत्यधिक गर्मी 2 गर्मी से उत्पन्न कष्ट

तवालत–*अ०* (स्त्री०) 1 लंबाई 2 विस्तार 3 झंझट-झमेला

तवी–(स्त्री०) छोटा तवा

तवील–*अ०* (वि०) लंबा

तवेला–*अ०* (पु०) = तबेला

तशख़ीस–*अ०* (स्त्री०) 1 जाँच-पड़ताल 2 निश्चय 3 रोग का निदान

तशद्दुद–*अ०* (पु०) 1 आक्रमण 2 कष्टदायक व्यवहार 3 सख़्ती, ज़्यादती

तशबीह–*अ०* (स्त्री०) उपमा

तशरीफ़–*अ०* (स्त्री०) 1 महत्व, बड़प्पन 2 आदर, सम्मान 3 सम्मान सूचक संज्ञा (जैसे-आप भी यहाँ तशरीफ़ लाइयेगा)। ~**आवरी** + *फ़ा०* (स्त्री०) पधारना; ~**रखना** विराजना; ~**लाना** पधारना; ~**ले जाना** चला जाना

तशरीह–*अ०* (स्त्री०) व्याख्या

तश्त–*फ़ा०* (पु०) 1 थाली 2 परात जैसा छिछला बर्तन

तश्तरी–*फ़ा०* + *हिं०* (स्त्री०) छोटी थाली, बड़ी प्लेट

तश्ता–*फ़ा०* + *हिं०* (पु०) परात

तष्ट–*सं०* (वि०) 1 छीला हुआ 2 पीटा हुआ

तस–(वि०) तैसा, वैसा (जैसे-जस का तस)

तसकीन–*अ०* (स्त्री०) ढाढस, सांत्वना

तसदीक़–*अ०* (स्त्री०) 1 सत्यापन, प्रमाणन, पुष्टि 2 सचाई, सत्यता 3 गवाही

तसदुक–*अ०* (पु०) न्यौछावर 2 बलिदान

तसनीफ़–*अ०* (स्त्री०) साहित्यिक रचना

तसफ़ीया–*अ०* (पु०) 1 फ़ैसला 2 समझौता

तसबीह–*अ०* (स्त्री०) माला, सुमिरनी

तसमा–*फ़ा०* (पु०) चमड़े आदि की चौड़ी पट्टी। ~**खींचना** गला घोटकर हत्या करना

तसला–(पु०) कटोरे की शक्ल का बड़ा एवं गहरा बर्तन

तसली–(स्त्री०) छोटा तसला

तसलीम–*अ०* (स्त्री०) 1 अभिवादन 2 अंगीकार 3 आज्ञा-पालन

तसल्ली–*अ०* (स्त्री०) ढाढस, दिलासा (जैसे-तसल्ली दिलाना)। ~**बख़्श** + *फ़ा०* (वि०) संतोषजनक

तसवीर–*अ०* (स्त्री०) चित्र, प्रतिमा, आकृति (जैसे-तसवीर खींचना, तसवीर बनाना)। ~**कशी** + *फ़ा०* (स्त्री०) फ़ोटो खींचना

तसव्वुफ़–*अ०* (पु०) सूफ़ीपन

तसव्वुर–*अ०* (पु०) कल्पना

तसू–(पु०) प्रायः सवा इंच के बराबर की एक देशी नाप

तस्कर–*सं०* (पु०) 1 दो देशों, प्रदेशों की सीमा पर चुंगी आदि दिए बिना चोरी से माल ले आनेवाला, स्मगलर 2 चोर।

~**व्यापार** (पु०) अवैध रूप से माल मँगाने एवं भेजने का व्यापार; ~**व्यापारी** (पु०) तस्करी करनेवाला

तस्करी–I*सं० + हिं०* (स्त्री०) 1 चोरी 2 टैक्स की चोरी 3 चोरी सीमा पर माल ले जाने की क्रिया (वि०) 1 तस्कर संबंधी चोरी से लाया हुआ (जैसे-तस्करी का माल)

तस्करी–II *सं०* (स्त्री०) 1 चोर की स्त्री 2 चोरी करनेवाली स्त्री, चोरनी

तस्फ़िया–*अ०* (पु०) 1 फ़ैसला 2 सुलह। ~**नामा** *+ फ़ा०* (पु०) निर्णय पत्र

तह–*फ़ा०* (स्त्री०) 1 परत (जैसे-चादर की चार तह लगाना) 2 नीचेवाला भाग, स्तर (जैसे-गिलास की तह में मिट्टी जमी है) 3 पानी के नीचे की ज़मीन, तल। ~**ख़ाना** (पु०) ज़मीन के नीचे बना कमरा; ~**दरज़** (वि०) जिसकी तह न खुली हो, बिल्कुल नया; ~**दार** (वि०) तहवाला (जैसे-तहदार कोट); ~**देगी** (स्त्री०) खुरचन; ~**नशीन** (वि०) नीचे बैठनेवाली; ~**निशाँ** (पु०) तलवार के कब्ज़े पर होनेवाला सोने आदि का काम; ~**पेंच** (पु०) पगड़ी के नीचे सिर में लपेटा जानेवाला कपड़ा; ~**पोश** (पु०) पेटीकोट, साया; ~**बंद** (पु०) लुंगी; ~**बाज़ारी** (स्त्री०) हाट, बाज़ार, सट्टी आदि में दुकान लगानेवालों से लिया जानेवाला कर; ~**करना** चौपरत करना; ~**चढ़ाना,** ~**देना** स्तर चढ़ाना, लेप लगाना; ~**तोड़ना** मूल आधार नष्ट करना; ~**की बात** 1 दिल की बात 2 तत्व की बात **तहे दिल से** सच्चे दिल से (जैसे-तहे दिल से चाहना)

तहक़ीक़–*अ०* (स्त्री०) 1 असलियत, सत्यता 2 यथार्थता की जाँच-पड़ताल 3 जिज्ञासा, पूछ-ताछ

तहक़ीक़ात–*अ०* (स्त्री०) जाँच-पड़ताल

तहज़ीब–*अ०* (स्त्री०) सभ्यता, शिष्टता। ~**याफ़्ता** *+फ़ा०* (वि०) सभ्य, शिष्ट

तहज्जी–*अ०* (स्त्री०) वर्तनी, अक्षर उच्चारण

तहत–*अ०* (पु०) 1 अधीनता, मातहती 2 अधिकार, वश

तहमद–*फ़ा०* (पु०)= तहबंद

तहमैदानी–*फ़ा०* (पु०) मैदान की सतह

तहम्मुल–*अ०* (पु०) सहनशीलता

तहरी–(स्त्री०) चने, मटर, पेठे आदि मिलाकर बनाई गई खिचड़ी (जैसे-तहरी पकाना)

तहरीक–*अ०* (स्त्री०) 1 प्रस्ताव 2 उत्तेजन, उकसाना 3 आंदोलन

तहरीर–*अ०* (स्त्री०) 1 लिखावट, लिखाई 2 लिखी हुई बात 3 लिखा हुआ काग़ज़, लेख्य 4 लिखने की उजरत, पारिश्रमिक

तहरीरी–*अ० + फ़ा०* (वि०) लिखा हुआ, लिखित

तहलका–*अ०* (पु०) 1 उत्पात, उपद्रव 2 खलबली, हलचल (जैसे-हत्या हो जाने से नगर में तहलका मच गया)

तहलील–*अ०* (स्त्री०) अभिशोषण, हज़म

तहवील–*अ०* (स्त्री०) 1 बदलना 2 हवाले करना 3 अमानत, धरोहर 4 रक़म रखने की जगह। ~**दार** *+फ़ा०* (पु०) खजांची; ~**दारी** *+ फ़ा०* (स्त्री०) खजांची का काम

तहस-नहस–(वि०) नष्ट-भ्रष्ट, बर्बाद (जैसे-तहस-नहस करना)

तहसील–*अ०* (स्त्री०) 1 ज़िले का वह भाग जो तहसीलदार के अधीन रहता है 2 तहसीलदार का कार्यालय 3 मालगुजारी वसूल करना। ~**दार** *+ फ़ा०* (पु०) 1 तहसील का प्रधान अधिकारी 2 लगान वसूल करनेवाला अधिकारी; ~**दारी** *+ फ़ा०* (स्त्री०) तहसीलदार का पद व काम

तहसीलना–*अ० + हिं०* (स० क्रि०) वसूल करना, उगाहना

तहाँ–(क्रि० वि०) उस स्थान पर, वहाँ (जैसे-जहाँ-तहाँ घूमना)

तहाना–(स० क्रि०) तह करना, परतें लगाना

तहाशा–*अ०* (पु०) 1 परवाह 2 डर, भय

तहियाना–*बो०* (स० क्रि०) = तहाना

तहेदिल–*फ़ा०* (वि०) अंतर्मन

तहैया–*अ०* (पु०) दृढ़ निश्चय

तहोबाला–*फ़ा०* (पु०) उलट-पलट

ताँगा–(पु०) पीछे की ओर लटकी एक प्रकार की गाड़ी जिसमें एक घोड़ा जोता जाता है

ताँगेवाला–(पु०) ताँगा रखनेवाला

तांडव–*सं०* (पु०) 1 शिव का उग्र नृत्य 2 उग्र तथा औद्धत्यपूर्ण क्रिया कलाप 3 पुरुषों का नृत्य। ~**नृत्य** (पु०) 1 शिव का उग्र नाच 2 रौद्र रूप

तांडवी–*सं* (स्त्री०) संगीत की एक ताल

ताँत–(स्त्री०) 1 पशुओं के चमड़े या नसों को बटकर बनाई गई डोरी 2 धनुष की डोरी 3 जुलाहों का राछ नामक औज़ार

ताँतड़ी–(स्त्री०) ताँत

ताँता–(पु०) 1 लगातार चलते रहनेवाला क्रम (जैसे-वर्षा का ताँता लगना) 2 सिलसिला, अटूट 3 कतार (जैसे-ताँता बाँधना)

ताँतिया–(वि०) 1 ताँत संबंधी 2 ताँत की तरह क्षीणकाय एवं लंबा

ताँती–I (स्त्री०) 1 कतार, पंक्ति 2 सिलसिला

ताँती–II (पु०) 1 जुलाहा 2 जुलाहों की राछ

तांत्रिक–*सं०* (वि०) 1 तंत्र शास्त्र का ज्ञाता

तांबरा–(पु०) जाड़ा देकर आनेवाला एक बुखार

ताँबा–(पु०) लाल रंग की एक प्रसिद्ध धातु।

ताँबिया–(वि०) 1 ताँबे का बना हुआ 2 ताँबे के रंग का 3 ताँबे से संबंध रखनेवाला

ताँबी–(स्त्री०) 1 छोटी ताँबिया 2 ताँबे की बनी करछी

तांबूल–*सं०* (पु०) = तंबोल, पान

तांबूली–*सं० + हिं०* (पु०) तँबोली

ताँवरना–(अ० क्रि०) 1 तप्त होना 2 ज्वर के कारण शारीरिक तापमान अधिक होना, बुखार होना 3 बिगड़ना, नाराज़ होना 4 बेसुध होना

ताँसना–*बो०* (स० क्रि०) 1 डराना 2 डाँटना 3 धमकाना 4 तंग करना, दुःखी करना

ताई–(स्त्री०) पिता के बड़े भाई की पत्नी

ताईद–I *अ०* (स्त्री०) 1 पक्षपात, तरफ़दारी 2 समर्थन, पुष्टि II (पु०) 1 मुंशी 2 नायब

ताऊ (पु०) पिता का बड़ा भाई। ~**बछिया का ताऊ** अत्यंत मूर्ख व्यक्ति

ताऊन–*अ०* (पु०) प्लेग

ताऊस–*अ०* (पु०) मोर, मयूर (जैसे-तख़्तताऊस)

ताक–(स्त्री०) 1 अवसर की प्रतीक्षा, घात 2 ताकने की क्रिया

3 अचल दृष्टि 4 खोज, टोह। ~**झाँक** (स्त्री०) 1 छिपकर बुरी नियत से ताकने की क्रिया 2 रह-रहकर ताकने की क्रिया

ताक़–I *अ०* (पु०) ताखा, आला

ताक़–II *अ०* (वि०) 1 अकेला 2 अद्वितीय, निरुपम 3 जो दो से अविभाज्य हो, विषम। ~**चा** + *फ़ा०* (पु०), ~**जुफ़्त** + *फ़ा०* (पु०) कौड़ियों से खेला जानेवाला जूस नामक खेल

ताक़त–*अ०* (स्त्री०) 1 बल, शक्ति (जैसे-ताक़त आ जाने पर) 2 साहस (जैसे-फ़ौजी ताक़त)। ~**आज़माई** + *फ़ा०* (स्त्री०) बल परीक्षण; ~**वर** + *फ़ा०* (वि०) बलवान्, शक्तिशाली;

ताकना–(स० क्रि०) 1 देखना 2 ध्यानपूर्वक देखना 3 कुदृष्टि डालना 4 अवसर की प्रतीक्षा में रहना 5 समझना 6 रखवाली करना

ताका–(वि०) तिरछे ताकनेवाला। ~**झाँकी** (स्त्री०) = ताक-झाँक

ताकि–*फ़ा०* (अ०) इसलिए कि

ताकीद–*अ०* (स्त्री०) बार-बार चेताने की क्रिया, आग्रह

ताग–(पु०) तागा

तागड़ी–(स्त्री०) करधनी, क्षुद्रघंटिका

तागना–(स० क्रि०) 1 सीना (जैसे-गद्दा तागना) 2 पिरोना, बखिया करना

ताग-पाट–(पु०) विवाह के समय पहना जानेवाला एक गहना जिसे वर का बड़ा भाई वधू को पहनाता है

तागा–(पु०) सूत, डोरा

ताज–*फ़ा०* (पु०) 1 राजा का मुकुट 2 कलगी 3 ताजमहल का संक्षिप्त नाम 4 छज्जा 5 बुर्जी 6 कलगी, शिखा। ~**दार** I (वि०) 1 ताज के ढंग का 2 जिसमें ताज की सी आकृति हो (जैसे-ताजदार कँगूरा) II (पु०) बादशाह; ~**पोशी** (स्त्री०) 1 राज्याभिषेक 2 ताज धारण करते समय का उत्सव; ~**महल** + *अ०* (पु०) शाहजहाँ की बेगम मुमताजमहल का आगरा में बना भव्य एवं विशाल मकबरा

ताजक–*फ़ा०* (पु०) 1 ज्योतिष का अरबी में लिखित एक ग्रंथ 2 एक ईरानी जाति

ताज़गी–*फ़ा०* (स्त्री०) 1 ताज़ा होने का भाव 2 नयापन

ताज़न–(पु०) 1 उत्तेजन देनेवाली वस्तु 2 दे० ताज़ियाना

ताज़ा–*फ़ा०* (वि०) 1 हरा-भरा 2 जो मुर्झाया न हो 3 तुरंत का तैयार किया हुआ (जैसे-ठंडा एवं ताज़ा शर्बत) 4 तुरंत का निकाला हुआ (जैसे-ताज़ा दूध) 5 तुरंत का तोड़ा हुआ (जैसे-ताज़ा आम)। ~**दम** (क्रि० वि०) नए उत्साह के साथ

ताज़िंदगी–*फ़ा०* (क्रि० वि०) आजीवन

ताज़िया–*अ०* (पु०) मकबरे का वह ढाँचा जिसमें इमाम हुसैन की कब्र दिखाई जाती है

ताज़ियाना–*फ़ा०* (पु०) कोड़ा, चाबुक

ताजिर–*अ०* (पु०) सौदागर, व्यापारी

ताज़ी–I *फ़ा०* (वि०) अरबी, अरब का II (पु०) 1 अरबी घोड़ा 2 शिकारी कुत्ता III (स्त्री०) अरबी भाषा

ताजीक–*फ़ा०* (वि०) ताजिक

ताज़ीम–*अ०* (स्त्री०) 1 दूसरे को बड़ा समझना 2 आदर भाव 3 सलाम

ताज़ीर–*अ०* (स्त्री०) दंड, सज़ा

ताज़ीरात–*अ०* (पु०) दंडविधियों का संग्रह, दंडसंहिता

ताज़ीरी–*अ०* + *फ़ा०* (वि०) 1 दंड विधान संबंधी 2 दंडस्वरूप। ~**पुलिस** (स्त्री०) उपद्रवग्रस्त स्थान पर तैनात पुलिस

ताज्जुब–*अ०* (पु०) तअज्जुब

ताटंक–*सं०* (पु०) 1 कान का एक आभूषण 2 एक छंद जिसमें 30 मात्राएं होती हैं अंत में भगण (ऽ।।)

ताटस्थ्य–*सं०* (पु०) तटस्थता

ताड़–(पु०) एक बहुत ऊँचा और लंबा पेड़ जिसमें शाखाएँ नहीं होतीं तथा इसी का मादक रस ताड़ी कहलाता है

ताड़–(स्त्री०) भाँप। ~**बाज़** + *फ़ा०* (वि०) ताड़नेवाला, भाँप लेने वाला

ताड़क–(वि०) ताड़ना करनेवाला

ताड़न–*सं०* (पु०) 1 मारना-पीटना 2 डाँट-डपट 3 दंड, सज़ा 4 गुणा करना

ताड़ना–I (स० क्रि०) 1 मारना-पीटना 2 डाँटना-डपटना

ताड़ना–II (स० क्रि०) भाँपना, समझना

ताड़ना–III *सं०* (स्त्री०) 1 मार 2 आघात 3 मारने-पीटने की क्रिया 4 डाँट-डपट

ताड़नीय–*सं०* (वि०) दंडनीय

ताड्य–*सं०* (वि०) जिसे डाँटा या पीटा जा सके

ताड़ित–*सं०* (वि०) 1 जिसे मार पड़ी हो 2 जिसे दंड मिला हो, दंडित 3 जिसे डाँटा गया हो

ताड़ी–I (स्त्री०) ताड़ के वृक्ष से निकलनेवाला सफेद मादक रस। ~**ख़ाना** + *फ़ा०* (पु०) देशी शराब घर

ताड़ी–II (स्त्री०) 1 समाधि, ध्यान 2 तारी

तात–I *सं०* (पु०) 1 पिता 2 आदरणीय व्यक्ति 3 प्रयोग किया जानेवाला संबोधन II (वि०) 1 पूज्य 2 प्रशस्त

तात–(वि०) तप्त, गरम

तातगु–*सं०* (पु०) चाचा

ताता–*बो०* (वि०) 1 तपा हुआ 2 तपाया हुआ

ताताथेई–(स्त्री०) 1 नृत्य में विशेष प्रकार से पैर रखने के बोल 2 नाच, नृत्य

तातार–*फ़ा०* (पु०) मध्य एशिया का एक प्रदेश

तातारी–I *फ़ा०* (वि०) 1 तातार प्रदेश में होनेवाला 2 तातार-प्रदेश संबंधी II (पु०) तातार प्रदेश का निवासी III (स्त्री०) तातार प्रदेश की भाषा

तातील–*अ०* (स्त्री०) छुट्टी का दिन

तात्कालिक–*सं०* (वि०) 1 तत्काल का, तुरंत का (जैसे-तात्कालिक आवश्यकता) 2 उसी समय का (जैसे-तात्कालिक समस्या)

तात्क्षणिक–*सं०* (वि०) 1 उस पल का, उस काल का 2 तुरंत का

तात्पर्य–*सं०* (पु०) अभिप्राय, आशय, मंशा (जैसे-तात्पर्य ज्ञात करना)

तात्पर्यक–*सं०* (वि०) आशयवाला, अभिप्राय वाला

तात्पर्यार्थ–*सं०* (पु०) वाक्यार्थ एवं शब्दार्थ से भिन्न अभिप्रेत अर्थ

तात्त्विक–*सं०* (वि०) 1 तत्त्व संबंधी 2 वास्तविक, यथार्थ

3 तत्व से युक्त (जैसे-तात्विक पदार्थ)। ~**विज्ञान** (पु०) = तत्व मीमांसा

तात्स्थ्य–*सं०* (पु०) एक वस्तु में दूसरी वस्तु के स्थित रहने का भाव

ताथेई–(स्त्री०) दे० ताताथेई

तादर्थ्य–*सं०* (पु०) 1 समानार्थ होने की अवस्था 2 अर्थ की एक-रूपता 3 उद्देश्य की समानता 4 उद्देश्य, प्रयोजन

तादात्म्य–*सं०* (पु०) 1 तल्लीनता 2 एक जान होना

तादाद–*अ०* (स्त्री०) संख्या, जोड़ (जैसे-आदमियों की तादाद ज़्यादा है)

तादृश–*सं०* (वि०) उसके समान, वैसा

ताधर्म्य–*सं०* (पु०) वैसा ही गुण-धर्म

ताधा–(स्त्री०) दे० ताताथेई

तान–*सं०* (स्त्री०) 1 संगीत में स्वर का विस्तार 2 तानने की क्रिया, खिंचाव 3 समुद्र की तरंग, लहर। ~**कर्म** (पु०) 1 स्वरसाधना 2 आलाप ~**तरंग** (स्त्री०) अनेक प्रकार की तानों का संगीत

तानना–(स० क्रि०) 1 फैलाना 2 खींचकर कड़ा करना 3 खड़ा करना 4 खिंचाव पैदा करना 5 मारने के लिए अस्त्र आदि उठाना (जैसे-धनुष तानना, हाथ तानना)। **तानकर सोना** निश्चिंत होकर सोना

तानपूरा–(पु०) सितार की तरह का एक बाजा

तानव–*सं०* (पु०) कृशता, दुबलापन

ताना–I *अ०* (पु०) व्यंग्यपूर्ण चुटीली बात (जैसे-ताना मारना, ताना देना)। ~**मेहना** + *हिं०* (पु०) उपालंभ, शिकायत

ताना–II (स० क्रि०) 1 तपाना 2 परीक्षा के लिए तपाना 3 संतप्त करना

ताना–III (पु०) 1 करघे में लंबाई के बल फैलाया गया सूत 2 तानी हुई वस्तु 3 तानने की क्रिया 4 कालीन दरी आदि बुनने का करघा। ~**पाई** (स्त्री०) घूम-फिरकर आते-जाते रहना; ~**बाना** (पु०) लंबाई के बल ताने और चौड़ाई के बुने जानेवाले तागे। ~**मारना** चुटीली बात कहना

ताना-रीरी– (स्त्री०) 1 साधारण गाना 2 नौसिखिये का गाना

तानाशाह–*हिं०* + *फ़ा०* (पु०) 1 स्वेच्छाचारी 2 निरंकुश शासक

तानाशाही–*हिं०* + *फ़ा०* (स्त्री०) 1 स्वेच्छाचारित 2 अधिनायकत्व

तानी–(स्त्री०) = ताना। ~**ताना** (पु०) ताना-बाना

तानूर–*सं०* (पु०) 1 जल भँवर 2 चक्रवात, बवंडर

तानेज़नी–*अ०* + *फ़ा०* (स्त्री०) व्यंग्य करना

तानेबाज़ी–*अ०* + *फ़ा०* (वि०) कटाक्ष करना

ताप–*सं०* (पु०) 1 गर्मी, तपिश 2 आँच 3 ज्वर, बुखार 4 मानसिक कष्ट। ~**अवरोधक** (वि०) ताप को रोकनेवाला; ~**कक्ष** (पु०) ऊष्मा प्रवाहित करने का कमरा; ~**क्रम** (पु०) 1 ताप का उतार-चढ़ाव 2 ताप का क्रम सूचित करनेवाली संख्या (जैसे-शरीर का तापक्रम 98.6 ° है); ~**चालक** (पु०) ऐसा पदार्थ जिसमें ताप एक सिरे से दूसरे सिरे तक पहुँच जाय; ~**चालकता** (स्त्री०) वस्तुओं के तापचालक होने का गुण; ~**तरंग** (स्त्री०) अत्यंत गर्म हवा की लहर, लू; ~**तिल्ली** (स्त्री०) प्लीहा रोग; ~**त्रय** (पु०) तीन प्रकार के दुःख आधिभौतिक आधिदैविक, आध्यात्मिक ~**दायक** (वि०) गर्मी पहुँचानेवाला 2 दुःख देनेवाला ~**दीप्त** (वि०) गर्मी से चमकता हुआ; ~**नाभिकीय** (वि०) 1 ऊष्मा केंद्रीय 2 परमाणवीय; ~**पारमाणविक** (वि०) = ताप नाभिकीय; ~**बिजलीघर** + *हिं०* (पु०) ईंधन की गर्मी से बिजली उत्पन्न करने का स्थान; ~**मान** (पु०) थर्मामीटर द्वारा मापी गई ताप की मात्रा (जैसे-शरीर का तापमान 98.6° है); ~**मानयंत्र** (पु०) थर्मामीटर; ~**मापक**, ~**मापी** (वि०) ताप नापनेवाला (जैसे-ताप मापक यंत्र); ~**रोधक** (वि०) = ताप अवरोधक; ~**लहरी** + *हिं०* (स्त्री०) = ताप तरंग; ~**लेखी** (पु०) वह ताप मापक यंत्र जिसमें तप का घटना-बढ़ना स्वयं अंकित हो जाता है; ~**विकिरण** (पु०) ताप लहरियों का एक केंद्र से चारों ओर फैलना; ~**विद्युत स्टेशन** + *अं०* (पु०) = ताप बिजलीघर; ~**शक्ति** (स्त्री०) ईंधन आदि से उत्पन्न बिजली; ~**सह** (वि०) जिसमें अधिक ताप सहने की क्षमता हो

तापक–I *सं०* (वि०) 1 ताप उत्पन्न करनेवाला, तापोत्पादक 2 कष्ट देनेवाला II (पु०) 1 ज्वर, बुखार 2 गर्मी उत्पन्न करनेवाला यंत्र

तापकी–*सं०* (वि०) ताप उत्पन्न करनेवाला

तापन–I *सं०* (वि०) 1 गर्मी देनेवाला 2 दुःख देनेवाला II (पु०) 1 तपाने की क्रिया 2 सूर्य, सूरज

तापना–I (अ० क्रि०) आँच से शरीर गरमाना II (स० क्रि०) 1 धूनी आदि के सामने बैठकर ताप सहना 2 जलाना 3 नष्ट करना

तापस–*सं०* (पु०) साधु, तपस्वी

तापसिक–*सं०* (वि०) तप से संबंधित

तापसी–I *सं०* (वि०) 1 तापस संबंधी 2 तपस्या संबंधी II (स्त्री०) 1 तपस्विनी 2 तपस्वी की स्त्री। ~**स्वेद** (पु०) गरमी पहुंचाकर उत्पन्न पसीना

तापस्य–*सं०* (पु०) 1 तापस धर्म 2 संन्यास, वैराग्य

तापाणविक–*सं०* (वि०) = ताप नाभिकीय

तापावरोध–*सं०* (पु०) ताप सहने की शक्ति

तापित–*सं०* (वि०) 1 तपाया गया, तप्त 2 जिसे कष्ट पहुँचाया गया हो, संतापित

तापी–*सं०* (वि०) 1 ताप देनेवाला 2 ताप से युक्त, तप्त। ~**करण** (पु०) ताप देना

तापीय–*सं०* (वि०) ताप का

तापेन्द्र–*सं०* (पु०) सूर्य

तापोपचार–*सं०*(पु०) गरमी पहुँचाकर प्रभाव उत्पन्न करने की विधि

ताफ़्ता–*फ़ा०* (पु०) धूप-छाँह का रेशमी कपड़ा

ताब–I *फ़ा०* (स्त्री०) 1 ताप, गर्मी 2 चमक, दीप्ति

ताब–II *फ़ा०* (स्त्री०) 1 मजाल 2 हिम्मत 3 धैर्य 4 शक्ति, सामर्थ्य (जैसे-ताब न रहना)

ताबड़-तोड़– (अ०) 1 लगातार (जैसे-ताबड़तोड़ जवाब देना) 2 तुरंत

ताबा–*अ०* (वि०) = ताबे

ताबीज़–*अ०* (पु०) = तावीज़

ताबूत–*अ०* (पु०) मृत शरीर रखने का संदूक **~गर** + *फ़ा०* (पु०) ताबूत बनानेवाला बढ़ई

ताबे–*अ०* (वि०) मातहत, वशवर्ती, अधीन; **~दार** + *फ़ा०* I (वि०) आज्ञाकारी II (पु०) नौकर, सेवक; **~दारी** + *फ़ा०* (स्त्री०) सेवा, नौकरी

ताम–I *सं०* (पु०) 1 दोष, विकार 2 मनोविकार 3 कष्ट, तकलीफ II (वि०) 1 डरावना, विकराल 2 परेशान, व्याकुल

तामचीनी–(स्त्री०) इनैमल, मीना चढ़ाने का काम

तामजान, तामझाम–(पु०) एक तरह की खुली पालकी

तामड़ा–I (वि०) ताँबे के रंग का, लाली लिए हुए भूरा II (पु०) 1 ताँबे के रंग का सा स्वच्छ आकाश 2 गंजी खोपड़ी 3 ताँबे के रंग का एक नगीना 4 पकी हुई ईंट। **~निकल आना** खोपड़ी गंजी होना

तामरस–*सं०* (पु०) कमल

तामरसी–*सं०* (स्त्री०) कमल सरोवर

तामस–I *सं०* (वि०) 1 जिसमें तमो गुण की अधिकता हो (जैसे-तामस स्वभाव) 2 ज्ञानहीन 3 कुटिल 4 पापी II (पु०) 1 अंधकार, अँधेरा 2 खल, दुष्ट। **~मद्य** (पु०) कई बार की खींची हुई शराब

तामसिक–*सं०* (वि०) 1 तमोगुण संबंधी 2 अंधकार संबंधी

तामसी–I *सं०* (वि०) तमोगुण से संबंधित (जैसे-तामसी स्वभाव) II (स्त्री०) 1 महाकाली 2 अँधेरी रात

तामिल–(पु०)/(स्त्री०) = तमिल

तामिस्त्र–*सं०* (पु०) 1 तामसिक मनोविकार 2 तमोगुण से उत्पन्न अविद्या

तामी–(स्त्री०) ताँबे का तसला

तामीर–*अ०* (स्त्री०) 1 इमारत बनाना 2 इमारत, भवन 3 निर्माण, रचना

तामील–*अ०* (स्त्री०) 1 अमल करना 2 आज्ञा का पालन

तामीली–*अ०* + *फ़ा०* (स्त्री०) आज्ञापालन

तामसेरी–(स्त्री०) गेरु के मेल से बना एक तरह का तामड़ा रंग

ताम्र–*सं०* (पु०) 1 ताँबा 2 *चि०* कोढ़। **~कार** (पु०) ताँबे के बर्तन आदि बनानेवाला कारीगर; **~चूड़** (पु०) कुक्कुट, मुर्गा; **~पट्ट, ~पत्र** (पु०) 1 ताँबे पर दानपत्र 2 ताँबे का पत्तर 3 प्रशस्ति-पत्र; **~पाषाण** (पु०) ताँबेवाला पत्थर; **~फलक** (पु०) = ताम्रपत्र; **~युग** (पु०) इतिहास का वह युग जिसमें ताँबे के औज़ार, पात्र आदि काम में लाए जाते थे; **~वर्ण** (वि०) 1 तामड़ा रंग का 2 रक्त वर्ण का; **~वर्णी** (वि०) ताम्र वर्ण का

ताम्राक्ष–*सं०* (वि०) लाल आँखोंवाला

तायफ़ा–I *अ०* (पु०) नाचने-गाने आदि का व्यवसाय करनेवाले लोगों का संघटित दल (जैसे-रंडियों का तायफ़ा) II (स्त्री०) वेश्या, तवायफ़

ताया–(पु०) बाप का बड़ा भाई, ताऊ

तार–I (पु०) 1 धातु से तैयार किया गया डोर (जैसे-अल्युमिनियम का तार, सोने का तार) 2 वह तार जिसके द्वारा बिजली की शक्ति से समाचार भेजे जाते हैं (जैसे-तार भेजने का पता) 3 तार द्वारा भेजी गई खबर (जैसे-दिल्ली से तार आया है)। **~कश** (पु०) धातु का तार खींचनेवाला; **~कूट** (पु०) चाँदी-पीतल आदि की मिश्र धातु; **~ख़ाना** + *फ़ा०* (पु०), **~घर** (पु०) तार द्वारा संदेश पाने एवं भेजने का सरकारी कार्यालय (जैसे-तार-घर का चपरासी); **~घाट** (पु०) व्यवस्था, उपाय; **~डाक-कर्मचारी** + *सं०* (पु०) डाक और तार विभाग का कर्मचारी; **~तार** (वि०) 1 जिसके तार अलग हो गए हों 2 पूर्णतः छिन्न-भिन्न; **~तोड़** (पु०) ज़रदोजी का काम; **~बर्क़ी** (स्त्री०) बिजली का तार; **~तार करना** धज्जियाँ उड़ाना; **~ ~ होना** चिथड़े-चिथड़े हो जाना

तार–II *सं०* (वि०) 1 उच्च 2स्वच्छ, साफ 3 चमकता हुआ, प्रकाशमान

तार–III *सं०* (पु०) 1 अपने उपासकों को तारनेवाला 2 पार करना 3 तारा 4 आँख की पुतली 5 उच्च स्वर। **~कूट** (पु०) पीतल-चाँदी मिली नकली धातु

तारक–I *सं०* (वि०) तारनेवाला II (पु०) आँख की पुतली। **~चिह्न** (पु०) पाद टिप्पणी प्रदर्शित करने के लिए लिपि में प्रयुक्त तारा जैसा निशान

तारकांकित–*सं०* (वि०) = तारांकित

तारका–*सं०* (स्त्री०) 1 नक्षत्र 2 उल्का 3 आँख की पुतली

तारकित–*सं०* (वि०) = तारों से भरा हुआ 2 तारे जड़ा हुआ

तारकीय–*सं०* (वि०) तारों से युक्त

तारकोल–*अं०* (पु०) अलकतरा

तारण–I *सं०* (पु०) 1 तारने की क्रिया, उद्धार करने की क्रिया 2 निस्तार 3 मोक्ष दिलाने की क्रिया II (वि०) तारनेवाला 2 उद्धार करनेवाला 3 मोक्ष दिलानेवाला

तारतम्य–*सं०* (पु०) 1 जोड़मेल 2 क्रम या सिलसिला। **~बोध** (पु०) घट-बढ़ होने का ज्ञान

तारतम्यात्मक–*सं०* (वि०) क्रमबद्ध, क्रमिक

तारतम्यिक–*सं०* (वि०) क्रमिक

तारत्व–*सं०* (पु०) सुर का तीखापन बतलानेवाला ध्वनि का गुण

तारन–I (पु०) 1 छत, छज्जे की ढाल 2 छाजन में कड़ियों के नीचे रहनेवाला बाँस II (वि०)/(पु०) = तारण

तारना–(स० क्रि०) 1 पार लगाना 2 सद्‌गति देना 3 डूबते को किनारे पर पहुँचाना

तारपीन–*अं०* (पु०) चीड़ के पेड़ से निकला हुआ एक तरह का तेल

तारल्य–*सं०* (पु०) 1 तरल होने की अवस्था, तरलता 2 चंचलता

तारीयता (तृ)–*सं०* (पु०) तारनेवाला

तारांकित–*सं०* (वि०) जिसके साथ सितारे का चिह्न दिया गया हो

तारा–*सं०* (पु०) 1 आकाश में चमकनेवाला नक्षत्र, सितारा 2 आँख की पुतली (जैसे-पुत्र-पिता की आँखों का तारा है)। **~चिह्न** (पु०) = तारक चिह्न; **~नाथ** (पु०) चंद्रमा; **~पथ** (पु०) आकाश; **~पुंज** (पु०) = तारा मंडल; **~भौतिक** (वि०) खगोल के भौतिक विज्ञान से संबंधित; **~भौतिकी** (स्त्री०) खगोल का भौतिक विज्ञान; **~मंडल** (पु०) 1 नक्षत्रों का समूह 2 कृत्रिम नक्षत्र कक्ष (प्लेनिटेरियम **~मृग** (पु०) मृगशिरा नक्षत्र। **तारे गिनना** नींद न आना; **तारे तोड़ लाना** असंभव काम कर दिखाना; **तारे दिखाई दे**

जाना तिलमिलाहट होना; **तारों की छाँह** तड़के

ताराज–*फ़ा०* (पु०) 1 लूट-पाट 2 ध्वंस, नाश

तारावली–*सं०* (स्त्री०) तारामंडल

तारिक–*सं०* (पु०) नदी पार करने का भाड़ा या महसूल

तारिका–I *सं०* (स्त्री०) ताड़ी II (स्त्री०) अभिनेत्री (जैसे-सिनेमा तारिका)। ~**धूलि** विश्व में तारों-तारिकाओं के मध्य के अवकाश में सर्वत्र व्याप्त बहुत ही बारीक एवं सूक्ष्म धूल, स्टार-डस्ट

तारिणी–*सं०* (स्त्री०) तारनेवाली

तारित–*सं०* (वि०) 1 पार कराया हुआ 2 जिसका उद्धार किया गया हो

तारीक–*फ़ा०* (वि०) 1 काला, स्याह 2 अंधकारपूर्ण, अँधेरा

तारीकी–*फ़ा०* (स्त्री०) 1 कालिमा, स्याही 2 अंधकार, अंधेरा

तारीख़–*अ०* (स्त्री०) 1 तिथि 2 मिति 3 ऐतिहासिक घटना तिथि। ~**नामा** + *फ़ा०* (पु०) तिथिपत्र, कैलेंडर; ~**वार** + *फ़ा०* (क्रि० वि०) तारीख़ के अनुसार

तारीख़ी–*अ०* (वि०) तवारीखी, ऐतिहासिक

तारीफ़–*अ०* (स्त्री०) 1 परिचय 2 प्रशंसा, बड़ाई 3 विशेषता

तारुण–*सं०* (वि०) जवान, युवा

तारुण्य–*सं०* (पु०) तरुणता, यौवन, जवानी

तारुण्यागम–*सं०* (पु०) 1 तरुणावस्था का आगमन, यौवनारंभ 2 प्रौढ़ता

तार्किक–I *सं०* (वि०) तर्क का II (पु०) 1 तर्क शास्त्र का ज्ञाता 2 तत्त्ववेत्ता

तार्य–*सं०* (वि०) पार करने योग्य

ताल–I *सं०* (पु०) 1 हथेली 2 करतल ध्वनि, ताली 3 नाचने-गाने का मान 4 जाँघ या बाँह पर हथेली से उत्पन्न किया जानेवाला शब्द 5 संगीत में नियत मात्राओं पर हथेली से स्वर उत्पन्न करना। ~**पत्र** (पु०) ताड़ का पत्ता; ~**पर्णी** (स्त्री०) बनसौंफ; ~**बद्ध** (वि०) (संगीत में) तालयुक्त; ~**मात्रा** (स्त्री०) (संगीत में) काल और क्रिया का परिमाण; ~**युक्त** (वि०) = तालपूर्ण; ~**रस** (पु०) ताड़ी; ~**वन** (पु०) ताड़ के पेड़ों का जंगल

ताल–II (पु०) 1 तालाब, तड़ाग 2 प्राकृतिक गड्ढा। ~**मखाना** (पु०) सफेद रंग का एक गोल बीज़

ताल-ठोंकना–(स० क्रि०) पहलवानों का जाँघ पर थापी मारना

तालबंद–(पु०) वह लेखा जिसमें आमदनी की सब मदें दिखाई गई हों

तालमूल–*सं०* (पु०) लकड़ी की ढाल

ताल-मेल–(पु०) 1 तालों का मिलान 2 संगति

ताल-मेली–(स्त्री०) = तालमेल

तालव्य–I *सं०* (वि०) तालू संबंधी II (पु०) तालू की सहायता से उच्चारित होनेवाले वर्ण (जैसे-चवर्ण)

तालव्यीकरण–*सं०* (पु०) किसी अन्य स्थान के वर्ण को तालू से बोलना

तालव्यीकृत–*सं०* (वि०) तालू से उच्चारित

ताला–I (पु०) 1 लोहे पीतल आदि का बना यंत्र जो खास कुंजी से बंद होता है और खुलता है (जैसे-कमरे में ताला लगा दो) 2 किसी प्रकार के आनेजाने का मार्ग (जैसे-नहर का ताला)। ~**कुंजी** (स्त्री०) ताला और ताली; ~**बंदी** + *फ़ा०* (स्त्री०) 1 ताला बंद करने की क्रिया 2 कारख़ाने के मालिक द्वारा अनिश्चित काल के लिए कारख़ाने को बंद रखना, लाक आउट। ~**जड़ना** पूरी तरह से रोकना

ताला–II *अ०* (पु०) भाग्य, किस्मत

तालाब–*फ़ा०* (पु०) छोटा जलाशय

तालिका–*सं०* (स्त्री०) 1 नाम सूची 2 कुंजी। ~**कार** (पु०) तालिका बनानेवाला

तालिब–*अ०* (वि०) 1 तलब करनेवाला 2 खोजनेवाला 3 चाहनेवाला। ~**इल्म** (पु०) विद्यार्थी

ताली–I (स्त्री०) करतल ध्वनि (जैसे-ताली बजाना)

ताली–II *सं०* (स्त्री०) कुंजी (जैसे-साइकिल के ताले की ताली)

ताली–III (स्त्री०) ताड़ी

ताली–IV (स्त्री०) छोटा ताल, तलैया

तालीक़ा–*अ०* (पु०) 1 कुर्की, ज़ब्ती 2 ज़ब्त किए गए माल की तालिका

ताली-पत्र–*सं०* (पु०) = तालीश पत्र

तालीम–*अ०* (स्त्री०) 1 शिक्षा 2 उपदेश (जैसे-तालीम प्राप्त करना)। ~**याफ़्ता** + *फ़ा०* (वि०) शिक्षित

तालीमी–*अ०* + *फ़ा०* (वि०) शैक्षिक, शिक्षा संबंधी

तालीश-पत्र–*सं०* (पु०) 1 एक पहाड़ी वृक्ष जिसका पौधा औषधि के काम आता है 2 आँवले की जाति का एक प्रकार का छोटा पौधा, भुँइ आँवला

तालु–*सं०* (पु०) = तालू। ~**कंटक** (पु०) तालू में काँटे निकल आने का रोग; ~**पाक** (पु०) तालू में घाव होने का एक रोग

तालू–(पु०) मुँह के अंदर का वह ऊपरी भाग जो ऊपरवाले दाँतों की पंक्ति और गले के कौए तक विस्तृत रहता है

तालेमंद–*अ०* + *फ़ा०*, **तालेवर**–*अ०* + *फ़ा०* (वि०) 1 धनाढ्य, धनी 2 भाग्यवान, सौभाग्यशाली

ताल्लुक़–*अ०* (पु०) 1 संबंध 2 लगाव

ताल्लुक़ा–*अ०* (पु०) इलाका

ताल्लुक़ेदार–*अ०* + *फ़ा०* (पु०) ज़मींदार

ताल्लुक़ेदारी–*अ०* + *फ़ा०* (स्त्री०) ज़मींदारी

ताल्वर्बुद–*सं०* (पु०) तालु का फोड़ा

ताव–(पु०) 1 अहंकार युक्त रोष का आवेश 2 अहंकार का झोंक 3 गर्मी, आँच, ताप 4 कागज़ का बड़ा, चौकोर टुकड़ा। ~**भाव** (पु०) मोल भाव

तावत्–*सं०* (अ०) 1 उस समय तक, तब-तक 2 वहाँ तक 3 उस परिणाम तक

तावरी–(स्त्री०) 1 गर्मी, ताप 2 जलन, दाह 3 घाम, धूप 4 ईर्ष्या, जलन 5 निर का चक्कर, घुमटा

तावा–(पु०) तवा

तावान–*फ़ा०* (पु०) 1 डाँड़ 2 हर्ज़ाना, क्षतिपूर्ति

तावीज़–*अ०* (पु०) 1 कागज़ आदि पर अंकित मंत्र 2 सोने-चाँदी आदि का गोलाकार या चौकोर संपुट

ताश–I (पु०) 1 कागज़ का चौकोर टुकड़ा जिस पर पान, ईंट आदि रंगों के छापे हों 2 ताश का खेल 3 ताश के खेल का कोई पत्ता। ~**पत्ता** (पु०) ताश के खेल में प्रयुक्त कार्ड (जैसे-चिड़ी का पत्ता)

ताश–II (पु०) एक प्रकार का ज़रदोजी का कपड़ा

ताशा, तासा–*फ़ा०* (पु०) डुग्गी की तरह का किंतु डुग्गी से कुछ बड़ा और चिपटा बाजा

तासीर–*अ०* (स्त्री०) 1 असर करना 2 प्रभाव, असर 3 गुण का प्रभाव

तास्कर्य–*सं०* (पु०) तस्करी

ताहम–*फ़ा०* (अ०) तथापि

ताहीं–*बो०* (सर्व०) उसे, उसको

तिंतिड़िका, तिंतिड़ी–*सं०* (स्त्री०) इमली

ति-–(वि०) 'तीन' का संक्षिप्त रूप (जैसे-तिपत्ती, तिबारा, तिहत्तर)

तिआह–I *बो०* (पु०) 1 तीसरी बार होनेवाला 2 वह व्यक्ति जिसकी तीसरी बार शादी हुई हो

तिआह–II (पु०) मृत्यु के पैंतालिसवें दिन होनेवाला श्राद्ध

तिकड़म, तिकड़मबाज़ी–*हिं* (स्त्री०) 1 घात 2 उपाय 3 चालाकी

तिकड़मी– (वि०) तिकड़म से काम करनेवाला; चालाक, धूर्त

तिकानी–(स्त्री०) तिकोनी लकड़ी जो पहिए की धुरी में लगाई जाती है

तिकुरा–(पु०) उपज का तीसरा भाग

तिकोना–(वि०) जिसमें तीन कोने हों (जैसे-तिकोना मकान, तिकोनी मेज़)

तिकोनिया–(वि०) तीन कोनोंवाला

तिक्का–I *फ़ा०* (पु०) मांस की कटी हुई बोटी। ~**बोटी करना** काटकर खंड-खंड करना

तिक्का–II (पु०) तीन बूटियोंवाला ताश का पत्ता (जैसे-पान का तिक्का)

तिक्की–(स्त्री०) ताश का तीन बूटियोंवाला पत्ता

तिक्त–I *सं०* (वि०) तीता, चरपरा II (पु०) 1 सुगंध 2 पित्त पापड़ा। ~**ता** (स्त्री०) तीतापन

तिक्ताक्ति–*सं०* (स्त्री०) वर्ण हीन एवं उग्र गंधवाली गैस

तिखंडा–(वि०) तिमंजला

तिखाई–(स्त्री०) तीक्ष्णता, तेज़ी, तीखापन

तिखारना–(अ० क्रि०) तीन बार कहना

तिखूँटा–(वि०) = तिकोना

तिगला–(पु०) = तिगलिया

तिगलिया–(पु०) तिरमुहानी, तिराहा

तिगुना–(वि०) जो मात्रा, अनुपात आदि में तीन गुना हो

तिग्म–*सं०* (वि०) 1 तेज़, तीक्ष्ण 2 उग्र। ~**ता** (स्त्री०) तीक्ष्णता

तिजरा–(पु०) = तिजारी

तिजारत–*अ०* (स्त्री०) रोज़गार, व्यापार

तिजारत–*अ० + फ़ा०* (वि०) तिजारत संबंधी

तिजारी–(स्त्री०) हर तीसरे दिन आनेवाला ज्वर

तिजिया–(वि०) जिसने तीन विवाह किए हों

तिजोरी–(स्त्री०) लोहे की मज़बूत, छोटी एवं भारी आलमारी

तिड़ी–(स्त्री०) 1 ताश की तिक्की 2 गायब होना

तिड़ीबाज़–*हिं + फ़ा०* (पु०)खिसक जानेवाला व्यक्ति, हट जानेवाला व्यक्ति

तिड़ी-बिड़ी–(वि०) = तितर बितर

तितरफ़ा–*हिं + अ०* (वि०) तीन ओर का (जैसे-तितरफ़ा बरामदा)

तितर-बितर–(वि०) 1 अस्त-व्यस्त 2 अनियमित रूप से बिखरा हुआ (जैसे-सारा सामान तितर-बितर पड़ा है)

तितली–(स्त्री०) 1 रंग-बिरंगे पंखवाला एक छोटा कीड़ा जो प्रायः फूलों का रस चूसता है 2 बनी-ठनी रहनेवाली सुंदर एवं चंचल बालिका

तितलौआ–(पु०), **तितलौकी** *बो०* (स्त्री०) एक प्रसिद्ध लता जिसमें कद्दू के आकार के फल लगते हैं जो स्वाद में कड़वे होते हैं।

तितारा–I (पु०) तीन तारोंवाला ताल देने का बाजा II (वि०) तीन तारोंवाला

तितिंबा, तितिम्मा–*अ०* (पु०) 1 बचा हुआ भाग 2 पूरक अंश 3 पुस्तक का परिशिष्ट

तितिक्षा–*सं०* (स्त्री०) सरदी-गरमी दुःख आदि सहन करने की शक्ति

तितिक्षु–*सं०* (वि०) सहनशील

तितीर्षा–*सं०* (स्त्री०) तैरने या तर जाने की इच्छा

तितीर्षु–*सं०* (वि०) तैरने या मोक्ष पाने को इच्छुक

तित्तिर–*सं०* (पु०) तीतर (पक्षी)

तिथि–*सं०* (स्त्री०) 1 तारीख़ 2 वह काल विशेष जिसमें चंद्रमा एक कला बढ़ता-घटता है 3 दिनांक। ~**क्रम** (पु०) एक के बाद दूसरी तिथि आना; ~**क्षय** (पु०) किसी तिथि का घटित न होना; ~**निर्देश** (पु०) तारीख़ बताना; ~**पति** (पु०) तिथि का स्वामी देवता; ~**पत्र** (पु०) पंचांग, पत्रा; ~**युग्म** (पु०) दो तिथियों का योग; ~**संक्रामी** (वि०) निर्धारित तिथि का संक्रमण करनेवाला

तिथित–*सं०* (वि०) जिस पर तिथि अंकित हो

तिदरा–*हिं + फ़ा०* I (वि०) तीन दरवाज़ोंवाला II (पु०) तीन दरोंवाला कमरा

तिद्वरी–*हिं + सं०* (वि०) तीन दरवाज़ोंवाला

तिधर– *बो०* (क्रि० वि०) उधर, उस ओर

तिधारा–(पु०) थूहर वृक्ष जिसमें पत्ते नहीं होते हैं

तिन–(पु०) = तिनका

तिनकना–(अ० क्रि०) तिनगना, झल्लाना

तिनका–(पु०) सूखी घास आदि का छोटा टुकड़ा, तृण (जैसे-आँख में तिनका पड़ गया)। ~**तोड़** (पु०) नाता तोड़, संबंध विच्छेद। ~**उतारना** बला टालना; ~**तोड़ना** 1 न्यौछावर करना, बलैया लेना 2 संबंध तोड़ना; ~**दांतों से पकड़ना** दया की भीख माँगना; **तिनके का सहारा** थोड़ी सी सहायता; **तिनके की ओट पहाड़** छोटी सी बात में बड़े रहस्य का छिपा होना; **तिनके चुनना** विक्षिप्त होना; **तिनके चुनवाना** विक्षिप्त कर देना

तिनगना–(अ० क्रि०) बिगड़ना, रूठना

तिनदरी–*हिं + फ़ा०* (स्त्री०) तीन दरवाज़ोंवाला कमरा

तिनधरा–(स्त्री०) तिकोनी रेती

तिनपहला–(वि०) तीन परतोंवाला

तिनपावा–(पु०) तीन पाए वाला

तिनिश–*सं०* (पु०) शीशम की ज़ाति का एक वृक्ष

तिन्ना–*सं०* (पु०) तिन्नी के धान का पौधा

तिन्नी–I (स्त्री०) स्वयं उत्पन्न होनेवाला धान
तिन्नी–II (स्त्री०) नीवी, फफूंदी
तिपल्ला–(वि०) 1 तीन पल्लेवाला (दरवाजा) 2 तीन परतोंवाला 3 तीन तागों या तारों का
तिपहिया–(वि०) तीन पहिएवाला
तिपाई–(स्त्री०) तीन पायोंवाली बैठने की चौकी
तिपाड़–(पु०) 1 तीन पाट जोड़कर बनाया गया कपड़ा (जैसे-तिपाड़ चादर) 2 तीन परतोंवाला कपड़ा
तिब–*अ०* (दे०) तिब्ब
तिबारा–I (क्रि० वि०) तीसरी बार II (पु०) 1 तीन बार चुआने पर तैयार की गई शराब 2 तीन दरवाज़ोंवाला कमरा
तिबारी–(स्त्री०) = तिदरा
तिबासी–(वि०) तीन दिन का बासी (खाद्य पदार्थ)
तिब्ब–*अ०* (स्त्री०) 1 चिकित्साशास्त्र 2 यूनानी चिकित्साशास्त्र, हक़ीमी
तिब्बती–I (वि०) तिब्बत संबंधी, तिब्बत का II (पु०) तिब्बत देश का निवासी III (स्त्री०) तिब्बत देश की भाषा
तिभाषिया–*हिं + सं०* (वि०) तीन भाषाएँ बोलनेवाला
तिमंज़िला–*हिं + अ०* (वि०) तीन मंज़िलवाला (मकान)
तिमाना–(स० क्रि०) भिगोना
तिमाही–*हिं + फ़ा०* (वि०) तीन माह पर होनेवाला
तिमिंगल–*सं०* (पु०) ह्वेल मछली
तिमि–I *सं०* (पु०) (चि०) रतौंधी रोग II बड़ा मगरमच्छ
तिमित–*सं०* (वि०) 1 अचल 2 शान्त
तिमिर–*सं०* (पु०) अंधकार, अँधेरा। ~**हर** (वि०) अंधकार दूर करनेवाला
तिमिराच्छन्न, तिमिराच्छादित, तिमिरावृत्त–*सं०* (वि०) अंधकार से छाया हुआ, अंधकारमय
तिमिरारि–*सं०* (पु०) सूर्य
तिमुहानी–*हिं + फ़ा०* (स्त्री०) तिरमुहानी
तिय–*सं०* (स्त्री०) औरत, स्त्री
तियतरा–(पु०) तीन पुत्रियों के उपरांत पैदा होनेवाला पुत्र
तियला–(पु०) स्त्रियों का एक पहनावा, पोशाक
तिया–(पु०) स्त्री, औरत
तिरंगा–(वि०) तीन रंगोंवाला (जैसे-तिरंगा झंडा)
तिरक–*सं०* (पु०) रीढ़ के नीचे दोनों कूल्हों की अस्थि-संधि
तिरकट–(पु०) नाव का अगला पाल
तिरकना–I (अ० क्रि०) तड़कना II (अ० क्रि०) थिरकना
तिरकाना–(स० क्रि०) रस्सी ढीली छोड़ना
तिखूँटा–(वि०) तिकोना
तिरछा–(वि०) 1 जो एक ओर कुछ झुका हो, वक्र, बाँका 2 कुटिल। ~**ई** (स्त्री०) = तिरछापन; ~**पन** (पु०) तिरछा होने का भाव
तिरछाना–I (अ० क्रि०) तिरछा होना II (स० क्रि०) तिरछा करना
तिरछे–(क्रि० वि०) तिरछेपन की अवस्था में, वक्रता से
तिरछौंहा–*बो०* (वि०) तिरछा
तिरपन–I (वि०) पचास से तीन अधिक II (पु०) तिरपन की संख्या, 53 की संख्या
तिरपाई–(स्त्री०) तिपाई
तिरपाल–*अ०* (पु०) रोगन चढ़ाया हुआ मोटा कपड़ा, छाजन के नीचे सरकंडे का मुट्ठा
तिरपौलिया–(पु०) तीन फाटकवाला स्थान
तिरमिरा–I (पु०) 1 आँख का एक रोग जिसमें देखने की शक्ति क्षीण हो जाती है 2 चकाचौंध
तिरमिरा–II (पु०) घी, तेल की तैरती चिकनाहट
तिरमिराना–I (अ० क्रि०) आँखें चौंधियाना II (अ० क्रि०) तिलमिलाना
तिरमिराहट–(स्त्री०) तैरती चिकनाहट
तिरमुहानी–(स्त्री०) वह स्थान जहाँ से तीन तरफ़ को रास्ता जाता हो 2 वह स्थान जहाँ तीन ओर से नदियाँ आकर मिलती हों
तिरलोक–(पु०) त्रिलोक
तिरश्चीन–*सं०* (वि०) 1 तिरछा 2 टेढ़ा
तिरशूल–(पु०) त्रिशूल
तिरसठ–I (वि०) साठ से तीन अधिक II (पु०) 63 की संख्या
तिरस्कारिणी–*सं०* (स्त्री०) 1 आड़ 2 परदा 3 अदृश्य हो जाने की विद्या
तिरस्कार–*सं०* (पु०) 1 अपमान, अनादर 2 अवज्ञा
तिरस्कृत–*सं०* (वि०) 1 अपमानित, अनादृत 2 जिसकी अवज्ञा की गई हो 3 आड़ में छिपा हुआ
तिरस्क्रिया–*सं०* (स्त्री०) 1 तिरस्कार 2 आच्छादन 3 पोशाक, वस्त्र
तिरहुत–(पु०) मिथिला प्रदेश
तिरहेल–(वि०) क्रम में तीसरा
तिराई–(स्त्री०) तराई
तिरानवे–I (वि०) नब्बे से तीन ज्यादा II (पु०) 93 की संख्या
तिराना–(स० क्रि०) 1 तैराना 2 तारना
तिरासी–I (वि०) अस्सी से तीन अधिक II (पु०) 83 की संख्या
तिराहा–*हिं + फ़ा०* (पु०) तिरमुहानी
तिरिया–(स्त्री०) औरत, लुगाई। ~**चरित्तर** (पु०) स्त्रियों द्वारा दूसरों को बेवकूफ़ बनाने की चतुराई; अभिनय, ढोंग
तिरेंदा–(पु०) 1 पानी में तैरता हुआ पीपा जो ख़तरे की सूचना हेतु लगाया जाता है 2 बंसी की डोरी में लगी हुई छोटी लकड़ी जो उतराती रहती है
तिरोधान–*सं०* (पु०) 1 अंतर्धात, लोप 2 अदृश्यता
तिरोधायक–*सं०* (वि०) आड़ में छिपनेवाला
तिरोभाव–*सं०* (पु०) 1 अदृश्य हो जाना, अदर्शन 2 गोपन, छिपाव, दुराव 3 लोप
तिरोभूत–*सं०* (वि०) जो गायब हो गया हो, अंतर्हित, अदृश्य
तिरोहित–*सं०* (वि०) 1 छिपा हुआ, अदृश्य 2 ढका हुआ
तिरौंछा–*बो०* (वि०) = तिरछा
तिरौंदा–(पु०) = तिरेंदा
तिर्यक्–I *सं०* (वि०) 1 तिरछा 2 आड़ा 3 वक्र 4 कारकचिह्न लगने से बननेवाला (स्वर) II (क्रि० वि०) 1 वक्रतापूर्वक 2 तिरछे 3 आड़े। ~**गामी** (वि०) टेढ़ा चलनेवाला; ~**पाती** (वि०) आड़ा रखा हुआ

तिर्यग्दिशा–*सं०* (स्त्री०) उत्तर दिशा
तिर्यगयन–*सं०* (पु०) सूर्य की वार्षिक परिक्रमा
तिर्यगति–*सं०* (स्त्री०) तिरछी चाल
तिलंगा–(पु०) 1 तैलंग देश का निवासी 2 अंग्रेज़ी फ़ौज का हिंदुस्तानी सिपाही
तिलंगी–I (पु०) तिलंगाने का निवासी, तैलंग II (स्त्री०) तिलंगाने की बोली III (स्त्री०) 1 एक तरह की पतंग 2 चिनगारी
तिल–*सं०* (पु०) 1 काले-सफेद रंग का एक छोटे दाने का तेलहन 2 तिल का पौधा 3 तिल के बराबर एक गोदना 4 पदार्थ का बहुत छोटा टुकड़ा, कण 5 आँख की पुतली के बीच का बिंदु। ~**कालक** (पु०) 1 शरीर पर होनेवाला तिल के बराबर काला दाग 2 पुरुष लिंग पर होनेवाला एक रोग जिसमें लिंगेंद्रिय पक जाती है तथा उस पर काले दाग पड़ जाते हैं; ~**किट्ट** (पु०) तिल की खली; ~**कुट** *+ हिं०* (पु०) का लड्डू; ~**चटा** *+ हिं०* एक प्रकार का झींगुर, चपड़ा; ~**चतुर्थी** (स्त्री०) माघ के कृष्णपक्ष की चतुर्थी; ~**चावला** *+ हिं०* (वि०) जो तिल और चावल के मेल की तरह हो, कुछ काला और कुछ सफ़ेद (जैसे-तिल चावले बाल); ~**चावली** (स्त्री०) तिल और चावल की खिचड़ी; ~**चूर्ण** (पु०) तिलकुट; ~**ज** (पु०), ~**तेल** (पु०) तिल का तेल; ~**पपड़ी**, ~**पट्टी** *+ हिं०* (स्त्री०) खाँड़ या गुड़ की चासनी में पगे तिल की बनी पट्टी; ~**पीड़** *+ हिं०* (पु०) तिल पेरनेवाला, तेली; ~**पुष्प** तिल का फूल; ~**शकरी** *+ हिं०* (स्त्री०) = तिल की पपड़ी; ~**का ताड़ करना** बात का बतंगड़ करना, थोड़ी सी बात को बड़ा रूप देना; ~**की ओट पहाड़** छोटी बात के अंदर बहुत बड़ी बात होना; ~**तिल करके** थोड़ा-थोड़ा करके; ~**धरने की जगह न होना** ठसाठस भरा होना, रत्ती भर जगह न होना ~**भर** 1 थोड़ा सा भी, रंचमात्र 2 थोड़ी देर; **तिलों में तेल न होना** शील-संकोच न होना, मुरौवत न होना
तिलक–*सं०* (पु०) 1 शोभा हेतु घिसे चंदन, केसर आदि से मस्तक पर बनाया हुआ विशेष आकार का चिह्न, टीका 2 सिंहासनारूढ़ होते समय युवराज के मस्तक पर लगाया जानेवाला टीका 3 विवाह की एक रस्म जिसमें कन्या पक्ष के लोग वर के मस्तक पर टीका लगाते हैं 4 स्त्रियों का एक शिरोभूषण 5 किसी ग्रंथ पर लिखी गई टीका, भाष्य। ~**कामोद** (पु०) संपूर्ण जाति का राग जो रात को दूसरे पहर में गाया जाता है; ~**मुद्रा** (स्त्री०) तिलक का निशान; ~**शैल** (पु०) दान के लिए तिलों का ढेर; ~**हार** *+ हिं०* (पु०) वर पक्ष को तिलक चढ़ानेवाला व्यक्ति
तिलक–I *तु०* (पु०) 1 सूथन के ऊपर पहनने का बिना आस्तीन का ढीला जनाना कुरता 2 राजा की ओर से सम्मानार्थ मिलनेवाले पहनने के कपड़े, खिलअत, सिरोपाव II (वि०) 1 उत्तम, श्रेष्ठ 2 कीर्ति, शोभा आदि बढ़ानेवाला
तिलकना–(अ० क्रि०) गीली मिट्टी का सूखकर फटना
तिलकित–*सं०* (वि०) जिसे तिलक लगा हो
तिलछना–(अ० क्रि०) 1 विकल तथा व्यग्र होना 2 छटपटाना, विकल होना
तिलड़ा–(वि०) तीन लड़ोंवाला
तिलड़ी–(स्त्री०) तीन लड़ियोंवाली माला
तिलदानी–*हिं + फ़ा०* (स्त्री०) सुई, तागा, अंगुश्ताना आदि रखने की थैली
तिलमिल–(स्त्री०) 1 तिलमिलाहट 2 चकाचौंध
तिलमिलाना–(अ० क्रि०) 1 बेचैन होना 2 चकाचौंध होना
तिलमिलाहट–(स्त्री०) बेचैनी
तिलवा–(पु०) तिल का लड्डू
तिलस्म–*अ०* (पु०) 1 जादू के काम 2 अलौकिक व्यापार
तिलस्मात–*अ०* (पु०) 1 जादू 2 अलौकिक काम
तिलस्मी–*अ० + फ़ा०* (वि०) जादू संबंधी
तिलहन–(पु०) = तेलहन
तिलहा–(वि०) तिलवाला
तिलांजलि–*सं०* (स्त्री०) 1 तिल एवं जल मृतक के नाम से छोड़ने की रस्म 2 हमेशा के लिए साथ छोड़ना (जैसे-तिलांजलि देना)
तिला–I (पु०) नपुंसकता नष्ट करनेवाला एक तेल
तिला–II *अ० + फ़ा०* (पु०) कलाबत्तू का काम करनेवाला कारीगर
तिलाबाफ़ी–*अ० + फ़ा०* (स्त्री०) कलाबत्तू का काम
तिलावा–(वि०) 1 पुलिस की गश्त 2 तीन पुरवट वाला कुआँ
तिलिस्म–*अ०* (पु०) = तिलस्म
तिली–I (स्त्री०) = तिल
तिली–II (स्त्री०) = तिलहन
तिलेगु–(स्त्री०) = तेलगू
तिलेदानी–*हिं + फ़ा०* (स्त्री०) = तिलदानी
तिलोक–(पु०) त्रिपुर, त्रिलोक
तिलोकी–(स्त्री०) 1 त्रिलोकी 2 छब्बीस मात्राओं का एक छंद
तिलोदक–*सं०* (पु०) तिलांजलि
तिलोरी–I *बो०* तेलिया मैना
तिलोरी–II = तिलौरी
तिलौंछना–(स० क्रि०) तेल लगाना
तिलौंछा–(वि०) 1 तेल के स्वादवाला 2 चिकना
तिलौरी–(स्त्री०) तिल मिश्रित उर्द या मूँग की बरी
तिल्ला–*अ०* (पु०) 1 कलाबत्तू आदि का काम 2 दुपट्टा, साड़ी, पगड़ी आदि का वह आँचल जिसमें कलाबत्तू आदि का काम हुआ हो
तिल्ली–I (स्त्री०) प्लीहा
तिल्ली–II (स्त्री०) तिलहन
तिल्ली–III (स्त्री०) तिल
तिल्लेदार–*अ०* (वि०) जिसमें कलाबत्तू बादले आदि के तार भी बुने हों (जैसे-तिल्लेदार पगड़ी)
तिवाड़ी, तिवारी–(पु०) ब्राह्मणों की एक उपाधि, त्रिपाठी
तिशना–*अ०* (पु०) 1 ताना, मेहना 2 व्यंग्य
तिस–(सर्व०) *बो०* 'ता' का रूप जो कई विभक्तियों में प्रयुक्त होता है (जैसे-तिसपर भी वो नहीं आए)
तिसरायत–(स्त्री०) परायापन, ग़ैर आदमी
तिसरैत–(पु०) 1 तटस्थ व्यक्ति 2 तीसरा व्यक्ति 3 मध्यस्थ, पंच 4 तीसरे भाग का अधिकारी
तिहत्तर–I (वि०) सत्तर और तीन II (पु०) 73 की संख्या
तिहद्दा–*हिं + अ०* (पु०) वह स्थान जहाँ तीन हद्दें मिलती हों

तिहरा–I (वि०) = तेहरा
तिहरा–II मिट्टी का बर्तन
तिहराना–(स० क्रि०) = तेहराना
तिहरी–I (स्त्री०) तीन लड़ों की माला
तिहरी–II (स्त्री०) दही जमाने का मिट्टी का छोटा बर्तन
तिहवार–(पु०) त्योहार
तिहाई–(स्त्री०) 1 तीसरा भाग, तीसरा अंश 2 फ़सल, उपज। ~**मारी जाना** फ़सल का न उपजना, नष्ट होना
तिहायत–(पु०) = तिसरैत
तिहाव–*बो०* (वि०) 1 क्रोध, गुस्सा 2 अनबन, बिगाड़
तिहुँलोक–*हिं + सं०* (पु०) तीन लोक-स्वर्ग, पृथ्वी, पाताल
तिहैया–(पु०) तीसरा भाग
ती–(स्त्री०) 1 स्त्री, औरत 2 जोरु, पत्नी
तीकुर–(पु०) तीन हिस्सों में फ़सल का बँटवारा
तीक्ष्ण–I *सं०* (वि०) 1 तेज़ नोकवाला 2 तीव्र बुद्धिवाला, कुशाग्र 3 प्रखर, तेज़ 4 मर्मभेदी 5 उग्र, तीखा 6 चरपरे स्वादवाला 7 उत्कट गंधवाला। ~**ता** (स्त्री०) पैनापन; ~**दंष्ट्र** (वि०) तेज़ दाढ़वाला; ~**दृष्टि** (वि०) 1 जिसकी नज़र तेज़ हो 2 सूक्ष्मदर्शी। ~**धार** (पु०) खड्ग, तलवार; ~**बुद्धिवाला**; ~**रश्मि** (वि०) जिसकी किरणें बहुत तेज़ हों
तीक्ष्णाग्नि–*सं०* (स्त्री०) प्रबल जठराग्नि
तीक्ष्णाग्र–*सं०* (वि०) नुकीला
तीक्ष्णायस–*सं०* (पु०) इस्पात
तीखा–(वि०) 1 तीक्ष्ण 2 कटु
तीखुर–(पु०) हल्दी की जाति का एक पौधा जिसकी जड़ का सार सफेद चूर्ण के रूप में होता है
तीखेपन–(पु०) तीक्ष्णता
तीज–(स्त्री०) प्रत्येक पक्ष की तीसरी तिथि, तृतीया
तीजा–I (वि०) तीसरा **II** मुसलमानों में मृत्यु के बाद का तीसरा दिन
तीतर–(पु०) मुर्गी की जाति का एक प्रसिद्ध पक्षी। **आधा तीतर आधा बटेर** न इधर का न उधर का, दोगला
तीता–I (वि०) तीखा और चरपरा (जैसे-तीता मिर्चा)
तीता–II (वि०) गीला, आर्द्र
तीन–I (वि०) दो से एक अधिक **II** (पु०) 3 की संख्या। ~**पाँच करना** 1 बहानेबाज़ी करना 2 हुज्जत की बात करना; ~**तेरह करना** 1 वर्ग-भेद उत्पन्न करना 2 तितर-बितर करना
तीमार–*फ़ा०* (पु०) 1 टहल, सेवा 2 रक्षा। ~**दार** (वि०) 1 सेवा करनेवाला 2 रक्षा करनेवाला; ~**दारी** (स्त्री०) रोगी की सेवा-सुश्रुषा
तीय–(स्त्री०) 1 औरत, स्त्री 2 पत्नी
तीरंदाज़–*फ़ा०* (पु०) तीर से लक्ष्य को भेद करनेवाला
तीरंदाज़ी–*फ़ा०* (स्त्री०) तीर से लक्ष्य भेद करने की क्रिया
तीर–I *सं०* (पु०) 1 नदी का किनारा, तट 2 किसी वस्तु का किनारा (जैसे-साड़ी का तीर पकड़ना)। ~**वर्त्ती** (वि०) किनारे का
तीर–II *फ़ा०* (पु०) 1 वाण, शर (जैसे-धनुष पर तीर चढ़ाना) 2 चालाकी से भरी हुई तरकीब; ~**कमान** (स्त्री०) धनुष-वाण। ~**चलाना**, ~**फेंकना** तरकीब लगाना; ~**लगना** काम बनना, युक्ति सफल होना
तीरस्थ–*सं०* (वि०) तीरवर्ती
तीर्ण–*सं०* (वि०) 1 जो पार हो गया हो 2 जिसे पार कर लिया हो
तीर्णा–*सं०* (स्त्री०) एक छंद जिसके प्रत्येक चरण में एक नगण और एक गुरु होता है
तीर्थंकर–*सं०* (पु०) जैनियों के 24 महान् व्यक्ति
तीर्थ–*सं०* (पु०) 1 पुण्यस्थान (जैसे-गया एवं बद्रीनाथ पवित्र तीर्थ हैं) 2 क्षेत्र 3 घाट। ~**काक** (पु०) 1 तीर्थ पर रहकर धन ऐंठनेवाला 2 अत्यंत लोभी; ~**पति** (पु०) तीर्थराज; ~**पादीय** (वि०) वैष्णव; ~**यात्रा** (स्त्री०) तीर्थ हेतु की गई यात्रा, तीर्थाटन; ~**यात्रिणी** (स्त्री०) तीर्थयात्रा करनेवाली स्त्री; ~**यात्री** (पु०) तीर्थ यात्रा करनेवाला पुरुष; ~**राज** (पु०) प्रयाग; ~**स्थान** (पु०) पुण्य स्थान
तीर्थाटन–*सं०* (पु०) तीर्थयात्रा
तीर्थिक–*सं०* (पु०) 1 पंडा 2 तीर्थंकर 3 तीर्थयात्री
तीला–(पु०) लंबा तिनका
तीली–(स्त्री०) 1 सलाई, मोटी सींक (जैसे-माचिस की तीली) 2 रेशम लपेटने का पटवों का एक औज़ार
तीव्र–*सं०* (वि०) 1 तेज़, तीक्ष्ण 2 अत्यधिक, अत्यंत 3 कड़ुआ, कटु 4 ऊँचा (जैसे-तीव्र स्वर) 5 उग्र, प्रचंड 6 असह्य (जैसे-तीव्र वेदना)। ~**गामी** (वि०) तेज़ गतिवाला; ~**ता** (स्त्री०) तीव्र होने की अवस्था
तीव्रानुराग–*सं०* (पु०) अत्यधिक अनुराग
तीव्रीकरण–*सं०* (पु०) और तेज़ करना
तीस–I (वि०) बीस से दस अधिक **II** (पु०) 30 की संख्या
तीसमार-खाँ–*हिं + फ़ा०* (पु०) बहुत बड़ा बहादुर
तीसर–(स्त्री०) खेत की तीसरी जुताई
तीसरा–(वि०) 1 तीन के स्थान पर पड़नेवाला 2 जो दो में से किसी पक्ष का न हो, गैर, पराया
तीसी–(स्त्री०) 1 तेलहन, अलसी 2 तीस वस्तुओं का एक मान
तीहा–I (पु०) तिहाई, तृतीयांश **II** (वि०) तिहाई (जैसे-आधा तीहा माल)
तीहा–II *बो०* (पु०) तसल्ली, ढाढ़स
तुंग–I *सं०* (वि०) 1 बहुत ऊँचा 2 उग्र, तीव्र 3 प्रधान, मुख्य **II** (पु०) पर्वत। ~**ता** (स्त्री०) ऊँचाई; ~**नाथ** (पु०) हिमालय पर स्थित एक शिव लिंग और तीर्थस्थान
तुंगिमा–*सं०* (स्त्री०) ऊँचाई
तुंड–*सं०* (पु०) 1 मुख, मुँह 2 चोंच 3 थूथन 4 तोंद 5 तलवार का अगला भाग
तुंडि–*सं०* (स्त्री०) 1 नाभि 2 बिंबाफल, कुंदरू
तुंडिक–*सं०* (वि०) जिसका मुँह आगे की ओर निकला हो
तुंडिका–*सं०* (स्त्री०) 1 टोंटी 2 चोंच 3 नाभि। ~**शोथ** (पु०) *चि०* घाँटी की सूजन
तुंडिल–*सं०* (वि०) तोंदवाला
तुंडी–I *सं०* (वि०) 1 तुंडवाला 2 चोंचवाला 3 थूथनवाला **II** (पु०) 1 गणेश 2 शिव की नंदी **III** (स्त्री०) 1 ढोंढ़ी 2 तोंद
तुंद–I *सं०* (पु०) उदर, पेट, तोंद
तुंद–II *फ़ा०* (वि०) तेज़, तीव्र, प्रचंड

तुंदि–*सं०* (स्त्री०) तोंदी
तुंदिका–*सं०* (स्त्री०) नाभि
तुंदिल–*सं०* (वि०) तोंदल-तुंदाला
तुंदी–*सं०* (स्त्री०) तोंदी
तुंबा–(पु०) = तूँबा
तुंबी–*सं०* (स्त्री०) 1 छोटा कड़ुवा कद्दू, तितलौकी 2 छोटा तूंबा। ~**पात्र** (पु०) तुंबी का बना भिक्षा पात्र
तुंबरु–*सं०* (पु०) एक प्रसिद्ध गंधर्व
तुक–(स्त्री०) छंद के चरणों के अंतिम अक्षरों का मेल, सामंजस्य, अंत्यानुप्रास (जैसे-तुकबंदी कविता)। ~**बंदी** + *फ़ा०* (स्त्री०) 1 तुक मिलाने की क्रिया 2 साधारण पद्य-रचना
तुकमा–*फ़ा०* (पु०) फंदा, बटन फँसाने की घुँडी
तुकांत–*हिं० + सं०* (वि०) तुकबंद, तुक में अंत होनेवाला
तुकांतक–*हिं० + सं०* (वि०) 1 तुक बैठानेवाला 2 तुकांतपूर्ण
तुका–*फ़ा०* (पु०) = तुक्का
तुकार–*हिं० + सं०* (पु०) 'तू' कहकर पुकारना
तुकारना–(स० क्रि०) 'तू' कहकर संबोधित करना
तुक्कड़–(पु०) तुकबंदी करनेवाला, साधारण कवि
तुक्कल–(स्त्री०) बड़ी पतंग
तुक्का–*फ़ा०* (पु०) 1 शल्यरहित वाण, बिना फल का वाण 2 बेकार उपाय
तुख–(पु०) 1 छिलका 2 अंडे के ऊपर का छिलका 3 भूसी
तुख़्म–*फ़ा०* (पु०) 1 बीज 2 वीर्य
तुग़यानी–*अ०* (स्त्री०) बाढ़, सैलाब
तुच्छ–*सं०* (वि०) 1 निःसार,, सत्त्वरहित 2 महत्त्वहीन 3 घटिया, क्षुद्र 4 अल्प, थोड़ा। ~**ता** (स्त्री०) 1 निःसारता 2 घटियापन, क्षुद्रता, हीनता 3 अल्पता, कमी; ~**बुद्धि** (वि०) हीन बुद्धिवाला
तुच्छत्व–*सं०* (पु०) = तुच्छता
तुच्छातितुच्छ–*सं०* (वि०) अत्यंत तुच्छ, एकदम गया गुज़रा, घटिया से घटिया
तुच्छार्थक–*सं०* (वि०) तुच्छता सूचक (शब्द)
तुच्छीकृत–*सं०* (वि०) घटिया बनाया गया
तुज़ुक–*तु०* (पु०) 1 शोभा, शान-शौकत 2 ऐश्वर्य, वैभव 3 विधान, व्यवस्था 4 अभिनंदन 5 प्रथा
तुझ–(सर्व०) 'तू' का वह रूप जो उसे कर्ता एवं संबंध कारक के अतिरिक्त अन्य कारकों में प्रयुक्त होने के पहले प्राप्त होता है (जैसे-तुझको, तुझसे)
तुझे–(सर्व०) 'तू' का कर्म एवं संप्रदान कारक का रूप (जैसे-तुझे भी मिलेगा)
तुड़वाना–(स० क्रि०) 1 तोड़ने में प्रवृत्त करना, तुड़ाना (जैसे-गिट्टी तुड़वाना) 2 भुनाना (जैसे-दस रुपये की नोट तुड़वाना)
तुड़ाई– (स्त्री०) 1 तोड़ने की क्रिया 2 तोड़ने का पारिश्रमिक
तुड़ाना–(स० क्रि०) 1 तुड़वाना 2 बंधन तोड़ना (जैसे-गाय रस्सा तुड़ाकर भाग गई) 3 संबंध-विच्छेद करना, अलग करना 4 सिक्का भुनाना 5 मूल्य घटवाना
तुतला–(वि०) = तोतला। ~**पन** (पु०) तुतलाहट
तुतलाना–(अ० क्रि०) 1 अस्पष्ट उच्चारण करना 2 अस्पष्ट एवं रुक-रुककर बोलना (जैसे-तुतलाना बंद करो)
तुतलाहट–(स्त्री०) तुतलाने की क्रिया
तुत्थ, तुत्थांजन–*सं०* (पु०) तूतिया, नीला थोथा
तुथ-पेस्ट–*अं०* (पु०) दंत मंजन
तुदन–*सं०* (पु०) 1 पीड़न 2 कष्ट, पीड़ा 3 भेदन, चुभाना
तुन–I (पु०) तुन-तुन शब्द II (पु०) तूती नामक वृक्ष
तुनक–*फ़ा०* (वि०) 1 दुर्बल, कमज़ोर 2 नाज़ुक, कोमल 3 हल्का, सूक्ष्म। ~**दिल** (वि०) जिसका हृदय कोमल हो; ~**मिज़ाज** + *अ०* (वि०) जो बात-बात पर नाराज़ हो जाए, चिड़चिड़ा; ~**मिज़ाजी** + *अ० + फ़ा०* (स्त्री०) चिड़चिड़ापन
तुनकना–I *फ़ा० + हिं* ज़रा-ज़रा सी बात पर अप्रसन्न हो जाना II (वि०) तुनक मिज़ाज III उँगली से डोर को झटका देना
तुनकी–*फ़ा०* (स्त्री०) तुनक होने की क्रिया
तुनुक–*फ़ा०* (वि०)/(स्त्री०) = तुनक
तुपक–*तु०* (स्त्री०) = तुफ़ंग
तुपकिया–*फ़ा० + हिं०* (पु०) तोपची
तुफ़ंग–*फ़ा०* (स्त्री०) 1 एक प्रकार की लंबी नली जिसके द्वारा फूँक के ज़ोर से कंकड़ी आदि छोड़े जाते हैं 2 हवाई बंदूक
तुफ़–*फ़ा०* (पु०) 1 थूक 2 धिक्कार, लानत
तुफ़ैल–*अ०* (पु०) 1 ज़रिया, साधन, वसीला 2 कृपा
तुम–(सर्व०) संबोधित व्यक्ति के लिए प्रयोग किया जानेवाला शब्द (जैसे-तुम भी साथ चल सकते हो)
तुमड़ी–(स्त्री०) = तूँबड़ी
तुम-तड़ाक–(स्त्री०) = तड़क-भड़क
तुमरा–(सर्व०) तुम्हारा
तुमरु–(पु०) = तुंबरु
तुमुल–I *सं०* (पु०) 1 कोलाहल, हो-हल्ला, हलचल 2 रणभेरी 3 भीषण युद्ध, भिड़ंत II (वि०) घोर, प्रचंड
तुम्हारा–(पु०) (सर्व०) 'तुम' का संबंध कारक का रूप (जैसे-तुम्हारा घर कहाँ है)
तुम्हें–(सर्व०) 'तुम' का कर्म और संप्रदान कारक रूप (जैसे-तुम्हें मिठाई दूँगा)
तुरंग, तुरंगम–*सं०* (पु०) घोड़ा। ~**ब्रह्मचर्य** (पु०) ऐसा ब्रह्मचर्य जो स्त्री के न मिलने तक हो
तुरंगी–I *सं०* (पु०) घुड़सवार II (स्त्री०) घोड़ी
तुरंज–*फ़ा०* (पु०) 1 चकोतरा नींबू 2 बिजौरा नींबू
तुरंत–(क्रि० वि०) 1 ठीक इसी समय 2 जल्दी से जल्दी। ~**बुद्धि** + *सं०* (वि०) तत्काल समझ लेनेवाला
तुरंता–(पु०) गाँजा
तुर–(पु०) वह लकड़ी जिस पर जुलाहा कपड़ा लपेटता जाता है
तुरई–I (स्त्री०) तोरी नामक बेल जिसके लंबे फलों की तरकारी बनाई जाती है, तोरी। ~**का फूल-सा** अत्यंत कोमल व हल्का
तुरई–II (स्त्री०) तुरही
तुरक–*फ़ा०* (पु०) तुर्क
तुरकाना–*फ़ा०* (वि०) तुर्कों का सा
तुरकिन–*फ़ा० + हिं०* (स्त्री०) तुर्किन
तुरकी–I *फ़ा०* (वि०) तुर्क देश का II (पु०) तुर्की III (स्त्री०) तुर्क की भाषा
तुरग–*सं०* (पु०) घोड़ा

तुरगुला–(पु०) झुमका 2 लटकन, लोलक
तुरत–(क्रि० वि०) तुरंत। ~**फुरत** (अ०) तत्काल, चटपट
तुरतुरा–(वि०) 1 वेगवान् तेज़ 2 जल्दबाज़ 3 जल्दी-जल्दी बोलनेवाला
तुरपई–(स्त्री०) 1 एक प्रकार की सिलाई, तुरपन
तुरपन–(स्त्री०) 1 तुरपने की क्रिया 2 सीयन
तुरपना–(स० क्रि०) 1 कच्चे टाँके लगाना 2 सीना (जैसे-फ्राक तुरपना)
तुरपवाना–(स० क्रि०) तुरपन की सिलाई कराना
तुरपाना–(स० क्रि०) तुरपने का काम करवाना
तुरम–(पु०) तुरही
तुरमती–(स्त्री०) शिकारी चिड़िया
तुरमनी–(स्त्री०) रेती
तुरही–(स्त्री०) फूँककर बजाया जानेवाला लंबा बाजा
तुराई–(स्त्री०) 1 गुदगुदा बिछावन, गद्दा 2 ओढ़ने की हल्की रजाई, दुलाई
तुरावान्–*सं०* (वि०) वेगवान्
तुरी–(स्त्री०) 1 घोड़ी 2 घोड़े की लगाम 3 तुरही
तुरी–*अ०* (स्त्री०) 1 फूलों का गुच्छा 2 जुलाहों की कूँची 3 मोतियों, सूतों आदि का झब्बा
तुरी-यंत्र–*सं०* (पु०) वह यंत्र जिसके द्वारा सूर्य की गति का पता लगाया जाता है
तुरीय-वर्ण–I *सं०* (वि०) चतुर्थ वर्ण का II (पु०) शूद्र
तुरीयावस्था–*सं०* (स्त्री०) चौथी अवस्था, ब्रह्मलीनता
तुरूप–I *अ०* (पु०) ताश के खेल में वह पत्ता जो अन्य पत्तों से बड़ा मान लिया जाता है, ट्रंप II (पु०) सेना का दस्ता
तुरुष्क–*सं०* (पु०) 1 तुर्किस्तान का रहनेवाला, तुर्क 2 तुर्की देश 3 तुर्क देश का घोड़ा
तुर्क–*फ़ा०* (पु०) 1 तुर्किस्तान का निवासी 2 मुसलमान (जैसे-तुर्क नवयुवक) 3 सैनिक। ~**मान** (पु०) 1 तुर्क जाति का व्यक्ति 2 तुर्की घोड़ा; ~**वंशज** + *सं०* (पु०) तुर्क वंश से उत्पन्न व्यक्ति
तुर्कनी, तुर्किन–*फ़ा०* + *हिं०* (स्त्री०) 1 तुर्क जाति की स्त्री 2 मुसलमान स्त्री
तुर्किनी–*फ़ा०* + *हिं०* (स्त्री०) 1 तुर्क जाति की औरत 2 मुसलमान औरत
तुर्की–I *फ़ा०* (वि०) तुर्किस्तान का (जैसे-तुर्की घोड़ा) II (पु०) 1 तुर्किस्तान देश 2 तुर्किस्तान का घोड़ा
तुर्की–II *फ़ा०* (स्त्री०) 1 तुर्किस्तान की भाषा, तुर्कों की सी शान, शेख़ी
तुर्त-फुर्त–(क्रि० वि०) झटपट, तुरंत
तुर्फरी–*सं०* (पु०) अंकुश का अगला नुकीला सिरा
तुर्य–*सं०* (वि०) 1 चौथा 2 चौगुणा
तुर्या–*सं०* (स्त्री०) = तुरीयावस्था
तुर्याश्रम–*सं०* (पु०) चतुर्थ आश्रम, संन्यास आश्रम
तुर्रा–I *अ०* (पु०) 1 पगड़ी आदि में लगा फुँदना, कलगी 2 घुँघराले बालों की लट, जुल्फ, काकली 3 कोड़ा, चाबुक II (वि०) अनोखा, विलक्षण
तुर्रेबाज़–*अ०* + *फ़ा०* (पु०) झूठी शान दिखानेवाला
तुर्श–*फ़ा०* (वि०) खट्टा
तुशरू–*फ़ा०* (वि०) तीखे स्वभाववाला, कटुभाषी
तुर्शाई–*फ़ा०* + *हिं०* (स्त्री०) = तुर्शी
तुर्शाना–I *फ़ा०* + *हिं०* (अ० क्रि०) खट्टा हो जाना II (स० क्रि०) खट्टा करना
तुर्शी–*फ़ा०* (स्त्री०) 1 अम्लता, खट्टापन 2 खटाई 3 तीखापन
तुलन–*सं०* (पु०) 1 तौलना 2 तौल। ~**पत्र** (पु०) पक्का चिट्ठा, बैलेंस शीट
तुलना–I (अ० क्रि०) 1 तौला जाना, मापित होना 2 तौल में समान होना 3 सधकर स्थित होना (जैसे-तुलकर बैठना) 4 सधना 5 सन्नद्ध या उतारू होना
तुलना–II (स्त्री०) 1 समता, सादृश्य, बराबरी 2 मिलान 3 उपमा, उठाना; ~**मूलक** (वि०) = तुलनात्मक
तुलनात्मक–*सं०* (वि०) कई वस्तुओं के गुणों की समानता और असमानता दिखानेवाला (जैसे-तुलनात्मक अध्ययन)
तुलनावस्था–*सं०* (स्त्री०) विशेषण की तर, तम अवस्था
तुलनीय–*सं०* (वि०) तुलना किए जाने योग्य
तुलबुली–(स्त्री०) जल्दबाज़ी
तुलवाई–(स्त्री०) 1 तौलाने की क्रिया 2 तौलाने का पारिश्रमिक 3 पहियों को औंगने का पारिश्रमिक
तुलवाना–(स० क्रि०) 1 तौलने में प्रवृत्त करना औंगवाना,
तुलसी–(स्त्री०) तीक्ष्ण गंधवाला एक प्रसिद्ध पवित्र पौधा। ~**दल** + *सं०* (पु०) तुलसी के पौधे का पत्ता, तुलसी पत्र; ~**दाना** + *फ़ा०* (पु०) एक तरह का आभूषण; ~**पत्र** + *सं०* (पु०) तुलसी दल; ~**वन** + *सं०* (पु०) तुलसी के पौधों का समूह
तुला–*सं०* (स्त्री०) 1 तराज़ू, काँटा 2 समानता मिलान 3 भार का मान, तौल 4 तुला राशि। ~**कूट** (पु०) 1 तौल में की गई कमी 2 कम तौलनेवाला; ~**कोटि** (स्त्री०) 1 तराज़ू की डंडी के दोनों छोर 2 एक अरब संख्या; ~**दंड** (पु०) तराज़ू की डंडी; ~**दान** (पु०) शरीर के वज़न के बराबर तौलकर दिया जानेवाला दान; ~**धार** I (पु०) 1 वणिक 2 सौदागर 3 तराज़ू की तन्नी II (वि०) तराज़ू से तौलने का काम करनेवाला व्यक्ति; ~**पत्र** (पु०) आय-व्यय का चिट्ठा, तलपट; ~**परीक्षा** (स्त्री०) अभियुक्त के दोषी एवं निर्दोष होने की परीक्षा; ~**भार** (पु०) तुलादान का द्रव्य; ~**मान** (पु०) 1 तौलकर निकाला गया वज़न 2 तराज़ू की डंडी 3 बाट, बटखरा; ~**यंत्र** (पु०) तराज़ू
तुलाई–I (स्त्री०) 1 तौलने की क्रिया 2 तौलने की मज़दूरी
तुलाई–II (स्त्री०) पहियों को औंगाने की क्रिया
तुलाई–III (स्त्री०) हलकी रजाई, दुलाई
तुलाना–I (स० क्रि०) तुलवाना
तुलाना–II (स० क्रि०) औंगवाना
तुलि–*सं०* (स्त्री०) 1 जुलाहों की कूँची 2 चित्रकारों की क़लम
तुलित–*सं०* (वि०) 1 तुला हुआ 2 समान, बराबर
तुली–*सं०* (स्त्री०) = तुलि
तुल्य–*सं०* (वि०) 1 बराबर, समान 2 अनुरूप, सदृश। ~**कुल** (वि०) समान कुल का; ~**कालिक,** ~**कालिय** (वि०) समकालीन, समसामयिक; ~**ता** (स्त्री०) 1 समानता 2 अनुरूपता; ~**मान** (वि०) जिससे तुलना की जा रही है;

~व्यंग्य (पु०) ऐसा व्यंग्य जिसमें वाच्यार्थ और व्यंग्यार्थ समान हों

तुल्यांक–*सं०* (वि०) रसायन समसंयोजक.

तुवर–I *सं०* (वि०) 1 कसैला 2 बिना दाढ़ी-मूंछ का II (पु०) 1 कषाय रस, कसैला स्वाद 2 अरहर

तुष–*सं०* (पु०) 1 अन्न कण के ऊपर का छिलका, भूसी 2 अंडे के ऊपर का छिलका 3 बहेड़े का पेड़

तुषार–I *सं०* (पु०) 1 हवा में मिली हुई भाप जो जमकर श्वेत कणों के रूप में दिखाई देते हैं, पाला 2 बर्फ़, हिम II (वि०) बर्फ़ की तरह ठंडा। **~ऋतु** (स्त्री०) शरद ऋतु; **~गिरी, ~पर्वत** (पु०) हिमालय पहाड़; **~पाषाण** (पु०) ओला; **~रेखा** (स्त्री०) सीमा-रेखा जिसके ऊपर सदा बर्फ़ जमी रहती है; **~शैल** (पु०) हिमालय

तुषारापात–*सं०* (पु०) पाला गिरना (जैसे-आशाओं पर तुषारापात होना)

तुषारावृत्त–*सं०* (वि०) पाले से घिरा हुआ

तुषोदक–*सं०* (पु०) छिलके समेत कुटे हुए जौ का पानी

तुष्ट–*सं०* (वि०) 1 तृप्त, संतुष्ट 2 प्रसन्न, ख़ुश

तुष्टि–*सं०* (स्त्री०) 1 संतोष, प्रसन्नता 2 तुष्ट होने की अवस्था

तुष्टिकरण–*सं०* (पु०) 1 प्रसन्न रखना 2 संतुष्ट रखना

तुस–(पु०) तुसी (स्त्री०) = तुष

तुहमत–*अ०* (स्त्री०) तोहमत

तुहिन–*सं०* (पु०) 1 तुषार, पाला 2 बर्फ़, हिम; **~गिरि** (पु०) हिमालय

तूं–*बो०* (सर्व०) = तू

तूंगी–*बो०* (स्त्री०) 1 पृथ्वी, भूमि 2 नौका, नाव

तूँबड़ा–(पु०) = तूँबा

तूँबा–(पु०) 1 कड़ुआ गोल कद्दू, तितलौकी 2 कड़ुवे कद्दू को खोखला कर बनाया गया पात्र। **~फेरी** (स्त्री०) इधर-उधर करना, चोरों, उचक्कों का लक्षण

तूँबी–(स्त्री०) 1 छोटा तूँबा 2 तूँबे का बना छोटा पात्र

तू–I (सर्व०) 1 संबोधित किए जानेवाले व्यक्ति के लिए प्रयोग किया जानेवाला सर्वनाम 2 'तुम' का एकवचन रूप II (पु०) कुत्तों आदि को बुलाने का शब्द। **~तू मैं मैं करना** कहा-सुनी करना, गाली-गलौज़ करना

तूण–*सं०* (पु०) तीर रखने का चोंगा, तरकश

तूणक–*सं०* (पु०) एक छंद जिसके प्रत्येक चरण में 25 वर्ण होते हैं

तूणीर–*सं०* (पु०) तरकश, निषंग, भाथा

तूत–(पु०) 1 एक पेड़ जिसके पत्ते पान की तरह अनीदार होते हैं 2 उक्त पेड़ की मीठी फलियाँ, शहतूत

तू-तड़ाक–(स्त्री०) 1 तड़क-भड़क 2 हल्ला-गुल्ला

तूतिया–(पु०) गंधक के अम्ल के योग से बना ताँबे का क्षार, नीला थोथा

तूती–*फ़ा०* (स्त्री०) 1 बाँसुरी जैसा एक बाजा 2 छोटी जाति का तोता 3 मधुर बोल बोलनेवाली एक चिड़िया 4 टोंटीदार घरिया। **~बोलना** धाक जमना

तू-तुकार–*हिं० + सं०* (पु०) = तू-तड़ाक

तूदा–*फ़ा०* (पु०) 1 ढेर, राशि 2 हदबंदी का निशान 3 वह टीला जिस पर से तीरंदाज़ निशाना लगाते हैं।

तून–(पु०) 1 तुन का पेड़ 2 तूल नामक लाल रंग का कपड़ा

तूना–(अ० क्रि०) 1 बूँद-बूँद करके गिरना, टपकना 2 गिरना 3 गर्भपात होना

तूनी–(स्त्री०) पेडू में उठनेवाली पीड़ा

तूफ़ान–*अ०* (पु०) 1 ज़ोर की बाढ़, सैलाब 2 अत्यंत वेगमयी आँधी जिसमें वर्षा भी हो 3 भारी आपत्ति, कहर (जैसे-तूफ़ान खड़ा करना) 4 हंगामा 5 दंगा-फसाद। **~गाड़ी** *+ हिं०* (स्त्री०) बहुत तेज़ चलनेवाली गाड़ी; **~ग्रस्त, ~पीड़ित** *+ सं०* (वि०) आपदा में फँसा हुआ, मुसीबत का मारा हुआ। **~खड़ा करना** उपद्रव मचाना; **~बाँधना** झूठा कलंक लगाना

तूफ़ानी–*अ०* (वि०) 1 तूफ़ान का 2 तूफ़ान जैसा प्रचंड 3 उपद्रवी 4 फ़सादी

तूमड़ी–(स्त्री०) 1 तूँबी 2 तूँबी से बनाया गया एक बाजा (जैसे-सपेरे की तूमड़ी)

तूम-तड़ाक–(स्त्री०) 1 तड़क-भड़क 2 ठसक 3 आडंबर

तूमना–(स० क्रि०) 1 रेशे नोच-नोच कर अलग करना 2 भद्दी गालियाँ देना 3 टुकड़े-टुकड़े करना 4 धज्जियाँ उड़ाना, दुर्दशा करना 4 मसलना 5 सारा रहस्य खोलना

तूमार–*अ०* (पु०) 1 बात का बतंगड़ 2 व्यर्थ का विस्तार (जैसे-तूमार बाँधना)

तूर–I *सं०* (पु०) 1 नगाड़ा 2 तुरही

तूर–II (स्त्री०) 1 अरहर का पौधा और उसका बीज 2 अनाज, अन्न

तूरा–(पु०) तुरही

तूरान–*फ़ा०* (पु०) मध्य एशिया जहाँ मंगोल, तुर्क, तातरी आदि जातियाँ रहती हैं

तूर्ण–*सं०* (वि०) वेगवान्

तूर्य–*सं०* (पु०) 1 मृदंग 2 तुरही। **~घोष** (पु०) मृदंग की आवाज़

तूल–I *अ०* (पु०) लंबाई। **~कलाम** (पु०) लंबी चौड़ी बात; **~तवील** (पु०) लंबा चौड़ा। **~खींचना** आवश्यकता से बहुत अधिक बढ़ जाना; **~देना** व्यर्थ का बढ़ाना

तूल–II (पु०) 1 सूती वस्त्र, सूती कपड़ा 2 रूई

तूल–*अ०* (पु०) 1 लंबाई 2 विलंब

तूलना–(स० क्रि०) औंगना, तेल डालना (जैसे-गाड़ी का पहिया तूलना)

तूलम-तूल– (अ०) 1 लंबाई के बल 2 आमने-सामने

तूलि, तूलिका–*सं०* (स्त्री०) कूँची (जैसे-तूलिका से चित्रित करना)

तूवर, तूवरक–*सं०* (पु०) बिना सींग का बैल, डूँड़ा

तूष्णी–*सं०* (स्त्री०) मौन

तूष्णीक–*सं०* (वि०) मौनावलंबी

तूस–I (पु०) = तुष

तूस–II (पु०) 1 बढ़िया और मुलायम ऊन, पशम 2 उक्त ऊन का जमाया हुआ उम्दा कंबल 3 पशमीना

तूसदान– *+ फ़ा०* (पु०) कारतूस

तृण–*सं०* (पु०) 1 तिनका 2 घास 3 खर-पात, खर-पतवार (जैसे-तृण अलग करना)। **~कांड** (पु०) तृण समूह;

~**कूट** (पु०) घास का ढेर; ~**ग्रंथी** (स्त्री०) स्वर्ण जीवंती; ~**ग्राही** (पु०) 1 नीलम 2 कहरुवा; ~**चर** I (वि०) घास चरनेवाला II (पु०) पशु; ~**द्रुम** (पु०) 1 ताड़ का पेड़ 2 सुपारी का पेड़ 3 खजूर का पेड़ 4 नारियल का पेड़; ~**निंब** (पु०) चिरायता; ~**पात** (पु०) घास और पत्ता; ~**पूर्ण** (वि०) तृणमय; ~**पूली** (स्त्री०) घास-फूस की चटाई, नरकट की चटाई; ~**प्राय** (वि०) तिनके के समान, तुच्छ; ~**भक्षक,** ~**भक्षी** (वि०) घास-भूसा खानेवाला; ~**भूमि** (स्त्री०) घास क्षेत्र; ~**मणि** (स्त्री०) कहरुवा, कपूरमणि; ~**शय्या** (स्त्री०) 1 घास का बिछौना 2 चटाई; ~**सारा** (स्त्री०) केला, कदली; ~**स्कंद,** (वि०) ~**हर्म्य** (पु०) तिनकों की कुटिया; ~**गहना,** ~**पकड़ना** 1 शरण में आना 2 दैन्य प्रकट करना; ~**गहाना,** ~**पकड़ाना** 1 दया की भीख मँगवाना 2 वशीभूत करना; ~**टूटना** न्योछावर कर देना; ~**तोड़ना** 1 नाता तोड़ना 2 बलैया लेना 3 अपने को न्योंछावर करना

तृणकीय–*सं०* (वि०) तृणमय

तृणत्व–*सं०* (पु०) तृण होने की अवस्था

तृणमय–*सं०* (वि०) घास-फूस का बना हुआ (जैसे-तृणमय कुटी)

तृणवत्–*सं०* (वि०) जिसका महत्व तृण के समान कुछ भी न हो, तुच्छ, नगण्य

तृणावर्त–*सं०* (पु०) 1 तिनकों का बवंडर 2 कृष्ण को मारने के लिए कंस द्वारा भेजा गया एक दैत्य

तृणो–*सं०* (पु०) ऊखल तृण, उखर्वल

तृणोल्का–*सं०* (स्त्री०) घास-फूस की बनी मशाल

तृतीय–*सं०* (वि०) तीसरा

तृतीयक–*सं०* (पु०) तीसरे दिन आनेवाला ज्वर

तृतीयतः–*सं०* (क्रि० वि०) तीसरे दर्जे पर

तृतीयांश–*सं०* (पु०) तिहाई

तृतीया–I *सं०* (स्त्री०) पक्ष की तीसरी तिथि, तीज II (वि०) तीसरी। ~**वृत्ति** (स्त्री०)

तृतीयाश्रम–*सं०* (पु०) तीसरा आश्रम, वानप्रस्थ आश्रम

तृप्त–*सं०* (वि०) 1 अघाया हुआ 2 संतुष्ट हो चुका हो 3 प्रसन्न

तृप्ति–*सं०* (स्त्री०) 1 आवश्यकता पूरी होने पर मिलनेवाली मानसिक शांति 2 तृप्त होने का भाव। ~**दायक** (वि०) 1 शांति देनेवाला 2 तृप्ति प्रदान करनेवाला; ~**लाभ** (पु०)

तृषा–*सं०* (स्त्री०) 1 प्यास 2 अभिलाषा, इच्छा 3 तृष्णा 4 लोभ, लालच

तृषातुर, तृषालु–*सं०* (वि०) अत्यंत प्यासा, प्यास से विकल

तृषित–*सं०* (वि०) 1 प्यासा 2 विशेष कामना रखनेवाला 3 विकल

तृष्णा–*सं०* (स्त्री०) 1 प्यास 2 विशेष कामना रखनेवाला 3 विकल

तृष्णालु–*सं०* (स्त्री०) 1 प्यासा, तृषित 2 लोभी, लालची, 3 वासनायुक्त

तृष्य–I *सं०* (पु०) 1 लालच 2 प्यास II (वि०) चाहने योग्य

तेंतालिस–I (वि०) 1 चालीस से तीन अधिक II (पु०) 43 की संख्या

तेंतीस–I (वि०) तीस से तीन अधिक II (पु०) 33 की संख्या

तेंदुआ, तेंदुवा–(पु०) चीते की जाति का एक हिंसक पशु

तेंदू–(पु०) 1 एक पेड़ जिसका हीर आबनूस के नाम से बिकता है 2 आबनूस का फल जो नींबू की तरह होता है

तेईस–I (वि०) बीस से तीन ज़्यादा II (पु०) 23 की संख्या

तेग़–*फ़ा०* (स्त्री०) 1 तलवार, असि 2 कृपाण, खड्ग; ~**बाज़** (वि०) तलवार चलानेवाला

तेग़ा–*फ़ा०* (पु०) खाँड़ा, छुरा

तेज़–(पु०) 1 चमक 2 प्रताप 3 पराक्रम, बल 4 गर्मी 5 तीव्रता 6 तत्व, सार; ~**धारी** (वि०) ~**पुंज** + *सं०* (वि०)

तेज़–*फ़ा०* (वि०) 1 उग्र, प्रबल, प्रचंड (जैसे-तेज़ धूप) 2 वेगवान् द्रुतगामी (जैसे-तेज़ घोड़ा, तेज़ हवा) 3 चोखी, पैनी धारवाला (जैसे-तेज़ चाकू) 4 तीखा, चरपरा (जैसे-तेज़ खटाई) 5 योग्यता एवं सामर्थ्यवाला (जैसे-तेज़ विद्यार्थी) 6 यथेष्ट प्रभाव उत्पन्न करनेवाला (जैसे-तेज़ दवा) 7 बढ़-चढकर बोलनेवाला (जैसे-तेज़ औरत) 8 जिसमें चंचलता एवं चपलता की अधिकता हो 9 जिसका भाव बढ़ गया हो। ~**ज़बान** (वि०) 1 तीखी बोली बोलनेवाला 2 वाचाल; ~**तबक** + *हिं०*, ~**तर्रार** + *हिं०* (वि०) 1 चालाक 2 शोख; ~**दस्त** (वि०) फुर्ती से काम करनेवाला; ~**दस्ती** (स्त्री०) फुर्ती से काम करना; ~**निगाह** (वि०) पैनी दृष्टिवाला; ~**मिज़ाज** + *अ०* (वि०) गुस्सेवाला ~**रफ़्तार** (वि०) शीघ्रगामी,

तेजड़िया, तेजड़ी–(पु०) 1 सट्टेबाज़ 2 व्यापारी

तेजन–*सं०* (वि०) तेज़ उत्पन्न करनेवाला

तेजपत्ता–(पु०), **तेजपत्र** + *सं०* (पु०), **तेजपात** (पु०) सब्ज़ी मसाले का पत्ता

तेजमान्– (वि०) = तेजवान्

तेजवंत, तेजवान्–*हिं०* + *सं०* (वि०) 1 तेज से युक्त, तेजस्वी 2 वीर्यवान् 3 बल्वान्, शक्तिशाली 4 कांतिमान्, चमकीला

तेजस्कर–*सं०* (वि०) तेज को बढ़ानेवाला

तेजस्क्रिय–*सं०* (वि०) जिसमें से तेज निकलता हो एवं अन्य को प्रभावित करता हो, विद्युत शक्ति से प्रभावित करनेवाला। ~**ता** (स्त्री०) विद्युत शक्ति जो विशेष अवस्थाओं में रश्मि रूप में बाहर निकलकर दूसरे पदार्थों पर प्रभाव डालती है, रेडियो एक्टिविटी

तेजस्विता–*सं०* (स्त्री०) तेजस्वी होने का गुण, तेजवत्ता

तेजस्विनी–I *सं०* (स्त्री०) 1 तेज से युक्त स्त्री 2 मालकंगनी, महाज्योतिष्मती II (वि०) तेजवाली

तेजस्वी–*सं०* (वि०) 1 तेजवाला 2 प्रतापी 3 शक्तिशाली 4 प्रभावशाली

तेज़ाब–*फ़ा०* (पु०) अम्ल, एसिड (जैसे-गंधक का तेज़ाब)

तेज़ाबियत–*फ़ा०* + *अ०* (स्त्री०) अम्लिकता

तेज़ाबी–*फ़ा०* (वि०) 1 अम्ल संबंधी, अम्ल का, अम्लीय, अम्लिक 2 जिसमें तेज़ाब मिला हो

तेजिष्ठ–*सं०* (वि०) तेजस्वी

तेज़ी–*फ़ा०* (स्त्री०) 1 तेज़ होने की अवस्था 2 उग्रता, प्रचंडता 3 तीव्रता, प्रबलता 4 शीघ्रता, जल्दबाज़ी (जैसे-तेज़ी से काम करो) 5 महंगी (जैसे-भाव में तेज़ी आ गई)। ~**मंदी** + *हिं०* (स्त्री०) महंगी-सस्ती

तेजोजल–*सं०* (पु०) आँख का शीशे के ताल जैसा भाग, लेंस

तेजोन्मत्त–*सं०* (वि०) तेज से पागल
तेजोबीज–*सं०* (पु०) मज्जा
तेजोभंग–*सं०* (पु०) अपमान, बेइज़्ज़ती
तेजोभ्रष्ट–*सं०* (वि०) जिसका तेज नष्ट हो गया हो
तेजोमंडल–*सं०* (पु०) आकाशीय पिंडों के चारों ओर का मंडल, छटा-मंडल, आभा-मंडल
तेजोमय–*सं०* (वि०) 1 तेज से परिपूर्ण 2 शक्ति से परिपूर्ण 3 तेजस्वी
तेजोमूर्ति–*सं०* (पु०) तेजस्वी पुरुष
तेजोवान्–*सं०* (वि०) = तेजवान्
तेजोहत–*सं०* (वि०) जिसका तेज नष्ट हो चुका हो
तेन–(पु०) गीत का आरंभिक स्वर
तेम–*सं०* (पु०) आर्द्रता, गीलापन
तेमरु–(पु०) 1 तेंदू का पेड़, आबनूस 2 आबनूस की लकड़ी
तेरज–(पु०) 1 खतियौनी का गोशवारा 2 आय-व्यय का लेखा-जोखा
तेरस–(स्त्री०) पखवारे की तेरहवीं तिथि
तेरह–I (वि०) दस से तीन अधिक II (पु०) 13 की संख्या। ~**बाइस करना** टाल-मटोल करना, बहानेबाज़ी करना
तेरहीं–(स्त्री०) हिंदुओं में किसी के मरने के दिन से तेरहवाँ दिन
तेरा–(सर्व०) 'तू' का संबंध कारक का रूप (जैसे-तेरा मकान कहाँ है)। ~**मेरा करना** पार्थक्य के भाव से युक्त बातें करना
तेलँडा–(पु०) तेल रखने का बर्तन
तेल–(पु०) 1 वनस्पतियों आदि से निकलनेवाला स्निग्ध तरल पदार्थ 2 वर-वधू को विवाह के पूर्व हल्दी मिला हुआ तेल लगाने की रीति। ~**उत्पादक** + *सं०* (वि०) तेल उत्पन्न करनेवाला (जैसे-तेल उत्पादक क्षेत्र); ~**उद्योग** + *सं०* (पु०) तेल का व्यापार; ~**उद्योग-पति** + *सं०* तेल उद्योग का मालिक; ~**कंपनी** + *अं०* (स्त्री०) तेल की संस्था; ~**कारख़ाना** + *फ़ा०* (पु०) जहाँ तेल उद्योग चले; ~**कुआँ** (पु०), ~**कूप** + *सं०* (पु०) प्राकृतिक तेल के बहुत बड़े गड्ढे; ~**क्षेत्र** + *सं०* (पु०) वह क्षेत्र जहाँ तेल निकलता है; ~**खान** + *सं०* (स्त्री०) = तेल कूप; ~**चलित** + *सं०* (वि०) तेल से चलनेवाली; ~**चित्र** + *सं०* (पु०) तेल मिले रंगों से बना चित्र, आयल पेंटिंग; ~**डिपो** + *अं०* (पु०) तेल भंडार; ~**धारी** + *सं०* (वि०) तेल धारण करनेवाला (जैसे-तेलधारी पौधा); ~**पति** + *सं०* (पु०) = तेल-उद्योग-पति; ~**फुलेल** (पु०) इत्र आदि; ~**भंडार** (पु०) तेल संग्रह; ~**मज़दूर** + *फ़ा०* (पु०) तेल श्रमिक; ~**मालिश** + *फ़ा०* (स्त्री०) तेल मलना (जैसे-तेल मालिश करना); ~**रिफ़ाइनरी** + *अं०* (स्त्री०) तेल-शोधन-कारख़ाना; ~**वाला** (वि०) तेल का व्यापार करनेवाला; ~**वाहक** + *सं०* (वि०) तेल ले जानेवाला (जैसे-तेल वाहक ज़हाज़) ~**शोधक** + *सं०* (वि०) तेल साफ़ करनेवाला; ~**शोध-कारख़ाना** + *सं०* + *फ़ा०* (पु०) = तेलशोधन-कारख़ाना; ~**शोधन** + *सं०* (पु०) तेल की सफ़ाई; ~**शोधन उद्योग** + *सं०* (पु०) तेल सफ़ाई का काम; ~**शोधन कारख़ाना** + *सं०* + *फ़ा०* (पु०) वह स्थान जहाँ तेल सफ़ाई होती है; ~**शोधनी** + *सं०* (स्त्री०) तेल साफ़ करने का स्थान; ~**स्रोत** + *सं०* (पु०) तेल उद्गम; ~**हँड़ा** (पु०) तेल रखने का मिट्टी का बड़ा बर्तन; ~**हँड़ी** (स्त्री०) छोटा तेल हँड़ा; ~**चढ़ना** विवाह संबंधी तेल की रस्म पूरी होना; ~**चढ़ाना** तेल की रस्म पूरी करना; ~**में हाथ डालना** सत्यता के प्रमाण हेतु खौलते तेल में हाथ डालना; ~**तिलों से ही निकलता है** हर चीज़ का ख़र्च उसी में से निकाला जाता है; **तेल देखो ~ की धार देखो** सोच-समझकर काम करो
तेलगू–(पु०/स्त्री०/वि०) = तेलुगू
तेलवाई–(स्त्री०) 1 तेल लगाने की क्रिया 2 तेल लगवाने का पारिश्रमिक 3 विवाह की रस्म जिसमें कन्यापक्ष से जनवासे में वर के लगाने हेतु तेल एवं कुछ रुपये भेजते हैं
तेलहन–(पु०) कुछ वनस्पतियों के बीज जिनसे तेल प्राप्त होता है
तेलहा–(वि०) 1 जिसमें तेल हो 2 तेल से बना हुआ (जैसे-तेलही जलेबी) 3 जिसपर तेल गिरा हो (जैसे-तेलहा कपड़ा) 4 जिसमें तेल सी सुगंध हो 5 जो तेल सा चिकना हो
तेला–(पु०) तीन दिन तक चलनेवाला उपवास
तेलिन–(स्त्री०) 1 तेली की स्त्री 2 तैली जाति की स्त्री
तेलिया–I (वि०) 1 जो तेल-सा चमकीला और चिकना हो 2 जो तेल के रंग का जैसा हल्का काला हो II (पु०) तेल की तरह का काला चमकीला रंग। ~**काकरेज़ी** + *फ़ा०* (पु०) कालापन युक्त गहरा लाल रंग; ~**कुम्मैत** + *फ़ा०*, ~**सुरंग** + *सं०* (पु०) 1 घोड़े का कालिमा-मिश्रित लाल रंग 2 इस रंग का घोड़ा; ~**पाखान** (पु०) एक प्रकार का काला चिकना पत्थर
तेली–(पु०) 1 हिंदुओं की एक जाति जो तेल का व्यापार करती है 2 तेलहन पेरकर तेल निकालने एवं बेचनेवाला व्यक्ति। ~**का बैल** रात-दिन परिश्रम करनेवाला व्यक्ति, कठोर परिश्रम करनेवाला
तेलुगू–(स्त्री०) तैलंग देश की भाषा
तेलौंची–(स्त्री०) तेल रखने की प्याली
तेवट–(स्त्री०) [संगीत में] 14 लघु मात्राओं का एक ताल
तेवर–(पु०) 1 क्रोध सूचक भ्रू-भंग, क्रोधपूर्ण दृष्टि (जैसे-तेवर चढ़ना) 2 भौंह, भृकुटी (जैसे-तेवर चढ़ाकर देखना)। ~**चढ़ना** क्रोध के मारे भौंहों का तन जाना; ~**बदलना** क्रुद्ध होना
तेवरसी–(स्त्री०) 1 ककड़ी 2 खीरा 3 फूट
तेवराना–*बो०* (अ० क्रि०) 1 तेवर का ऊपर खिंचना 2 बेसुध होना
तेवरी–(स्त्री०) = त्योरी
तेवहार–(पु०) = त्योहार
तेहर–(स्त्री०) तीन लड़ोंवाली करधनी
तेहरा–(वि०) 1 तीन परतों में लपेटा हुआ 2 जिसमें तीन परतें हों 3 जिसे तीसरी बार करना पड़े (जैसे-तेहरा काम, तेहरी मेहनत) 4 जो एक साथ तीन हो 5 तिगुना
तेहराना–(स० क्रि०) 1 तीन परतों में करना 2 फिर से तीसरी बार करना 3 तीसरी बार पढ़ना (जैसे-कविता पाठ को तेहराना)
तेहा–(पु०) 1 स्वाभिमान 2 ऐंठ ताव 3 क्रोध घमंड, शेखी

तेही–(पु०) 1 स्वाभिमानी 2 क्रोधी 3 घमंडी

तेहेदार, तेहेबाज़– *हिं० + फ़ा०* (पु०) तेही

तैंतालिस–I (वि०) चालीस से तीन ज़्यादा II (पु०) 43 की संख्या

तैंतीस–I (वि०) तीस से तीन ज़्यादा II (पु०) 33 की संख्या

तै–I *अ०* (वि०) = तय। ~**तमाम** (क्रि० वि०) पूरे तौर पर तय

तै–II *बो०* (अ०) उस मात्रा का, उस मान का

तैक्त्य–*सं०* (पु०) तीतापन, चरपराहट

तैक्ष्ण्य–*सं०* (पु०) तीक्ष्णता

तैजस–I *सं०* (वि०) 1 तेज से युक्त 2 तेज से उत्पन्न 3 चमकीला 4 शक्तिशाली 5 उत्साही 6 साहसी II (पु०) पराक्रम

तैतिक्ष–*सं०* (वि०) सहनशील

तैथिक–*सं०* (पु०) 15 मात्राओं के छंदों की संज्ञा

तैनात–*अ०* (वि०) जो किसी कार्य हेतु नियत किया गया हो, मुर्करर (जैसे-पहरे पर बराबर तैनात रहना)

तैनाती–*अ० + फ़ा०* (स्त्री०) नियुक्ति, मुकर्ररी

तैयार–*अ०* (वि०) 1 जो बनकर बिल्कुल ठीक हो गया हो 2 जो पककर खाने योग्य हो गया हो (जैसे-भोजन तैयार हो गया) 3 पूर्णतः व्यवहार योग्य, बिल्कुल दुरुस्त 4 उद्यत, कटिबद्ध (जैसे-सेना युद्ध के लिए तैयार है) 5 मुस्तैद (जैसे-आपकी घड़ी तैयार है) 6 प्रस्तुत, मौजूद (जैसे-आपके साथ चलने को वह तैयार हो गया) 7 काम के योग्य बनाया हुआ (जैसे-आपका ग्रंथ छपकर तैयार है)

तैयारी–*अ० + फ़ा०* (स्त्री०) 1 तैयार होने की क्रिया 2 तत्परता, मुस्तैदी 3 आयोजन 4 शारीरिक पुष्टता 5 धूम-धाम सजावट 6 अभ्यास से प्राप्त कुशलता

तैरना–(अ० क्रि०) 1 जीव का हाथ-पाँव आदि चलाते हुए पानी पर चलना, बढ़ना (जैसे-बतख का तैरना) 2 पानी के ऊपर-ऊपर फिरना 3 उतारना 4 पैरना (मनुष्य का नदी में तैरना) 5 प्राणी आदि का सहज एवं सरल गति में इधर-उधर बढ़ना (जैसे-कीटाणुओं का हवा में तैरना, पतंग का हवा में तैरना)

तैराई–(स्त्री०) 1 तैरने की क्रिया 2 तैरने-तैराने के बदले मिलनेवाला द्रव्य

तैराक–I (पु०) तैरनेवाला व्यक्ति II (वि०) तैरने में कुशल या दक्ष

तैराकी–(स्त्री०) तैरने की क्रिया

तैराना–(स० क्रि०) 1 तैरने का काम कराना 2 दूसरे को तैरने में प्रवृत्त करना

तैर्थक, तिर्थ–*सं०* (वि०) तीर्थ में होनेवाला

तैलंग–*सं०* (पु०) 1 आधुनिक आंध्र प्रदेश का पुराना नाम 2 तैलंग देश का रहनेवाला

तैलंगी–I *सं० + हिं०* (वि०) तैलंग देश का II (पु०) तैलंग देश का निवासी III (स्त्री०) तैलंग देश की भाषा, तेलगू

तैल–I *सं०* (वि०) तिल संबंधी, तिल का II (पु०) 1 तिल को पेरकर निकाला गया तेल 2 कोई तेल। ~**इंजन** *+ अं०* (पु०) तेल से चलनेवाला यंत्र; ~**कार** (पु०) तेली; ~**कूप** (पु०) = तेल कूप; ~**किट्ट** (पु०) खली; ~**क्षेत्र** (पु०) = तेल क्षेत्र; ~**चित्र** (पु०) = तेल चित्र; ~**जनित** (वि०) तेल से उत्पन्न; ~**द्रोणी** (स्त्री०) तेल रखने का एक पात्र; ~**पोत** (पु०) तेल ढोनेवाला जहाज़; ~**फुलेल** (पु०) तेल फुलेल; ~**रंग** (पु०) तेल मिश्रित रंग, आयल कलर; ~**वाहक** (वि०) तेलवाहक; ~**शोधनी** = तेल शोधनी; ~**सम्राट** (पु०) तेल का राजा (जैसे-अरब देश); ~**स्फटिक** (पु०) अंबर, तृणमणि

तैलत्व–*सं०* (पु०) तेल का गुण

तैलाक्त–*सं०* (वि०) तेल से सना हुआ

तैलाभ्यंग–*सं०* (पु०) तेल की मालिश

तैलाशय–*सं०* (पु०) तेल क्षेत्र

तैलिक–*सं०* (वि०) तेल का

तैली–*सं०* (पु०) तेली

तैश–*अ०* (पु०) आवेगपूर्ण क्रोध (जैसे-तैश में आना)। ~**में आना** अत्यंत क्रुद्ध होना

तैषी–*सं०* (स्त्री०) पूस की पूर्णिमा

तैसा–(वि०) उस जैसा, वैसा

तैसे–(क्रि० वि०) वैसे

तों–*बो०* (क्रि० वि०) त्यों

तोंद–(स्त्री०) बढ़ा हुआ पेट, फूला हुआ पेट

तोंदल–(वि०) तोंदवाला

तोंदा–I (पु०) वह रस्ता जहाँ से तालाब का पानी बाहर जाता है

तोंदा–II *बो०* (पु०) तोंदवाला

तोंदी–(स्त्री०) ढोंढ़ी, नाभि

तोंदीला, तोंदूमल, तोंदिल–(वि०) तोंदल-तुंदाला

तो–I (अ०) एक अव्यय जिसका प्रयोग वाक्य मे किसी संभावित बात पर जोर देने, विशिष्टता आदि सूचित करने के लिए किया जाता है (जैसे-तो मैं क्या करूँ, वे किसी तरह आवें तो सही) II (अ०) उस अवस्था में (जैसे-यदि वह जाएगा तो मैं भी जाऊँगा)

तो–III (सर्व०) 1 तेरा 2 ब्रज भाषा में 'तू' का वह रूप जो उसे विभक्ति लगने से प्राप्त होता है

तोई–(स्त्री०) मग़ज़ी, गोट, पट्टी

तोटक–*सं०* (पु०) एक छंद जिसके प्रत्येक चरण में चार सगण होते हैं

तोटका–(पु०) = टोटका

तोड़–I (पु०) फुटकर, रेज़गारी

तोड़–II (पु०) 1 टूट फूट 2 नदी आदि के जल का ज़ोरदार बहाव 3 कुश्ती में एक दाँव के जवाब में किया गया दूसरा दाँव 4 अप्रभावी साधन 5 झोंक 6 दही का पानी। ~**जोड़** (पु०) 1 दाँव-पेंच 2 उपाय, युक्ति; ~**ताड़**, ~**फोड़**, ~**मरोड़**, ~**मोड़** (पु०) जान बूझकर नष्ट-भ्रष्ट करने की क्रिया

तोड़क–(वि०) तोड़नेवाला (जैसे-जातपाँत तोड़क, वायुयान तोड़क)

तोड़न–*सं०* (पु०) 1 तोड़ना 2 भेदना 3 आघात करना

तोड़ना–(स० क्रि०) 1 झटके से दो या दो से अधिक टुकड़े करना (जैसे-छड़ी तोड़ना) 2 अलग करना (जैसे-कुर्सी का पावा तोड़ना) 3 खंडित करना, बेकाम करना (जैसे-हाथ तोड़ना) 4 बल प्रभाव आदि नष्ट करना (जैसे-घमंड तोड़ना गुस्सा तोड़ना) 5 फुसलाना, फोड़ना (जैसे-संगी-साथी को तोड़ना) 6 कारोबार बंद कर देना (जैसे-विद्यालय तोड़ना

फ़ैक्टरी तोड़ना) 7 नियम आदि रद्द करना (जैसे-प्रतिज्ञा तोड़ना) 8 आज्ञा का उल्लंघन करना (जैसे-कानून तोड़ना) 9 नाता-रिश्ता न निभाना 10 दूर करना। ~**मरोड़ना** (स० क्रि०) पूर्णतः नष्ट करना

तोड़वाना–(स० क्रि०) 1 तोड़ने का कार्य कराना 2 तोड़ने में प्रवृत्त करना 3 तोड़ने देना

तोड़ा–I (पु०) 1 तोड़ने की क्रिया, टूट 2 टूटा हुआ अंश, खंड, टुकड़ा (जैसे-मिस्री का तोड़ा) 3 घाटा, टोटा 4 हरिस

तोड़ा–II (पु०) 1 रुपये रखने की थैली जिसमें एक हज़ार रुपये अट सकें (जैसे-तोड़े उलटना) 2 अभिमान, घमंड

तोड़ा–III (पु०) 1 पैर या कलाई में पहनने का एक गहना 2 चाँदी आदि की लच्छेदार और चौड़ी ज़ंजीर 3 पलीता

तोड़ाई–(स्त्री०) = तुड़वाई, तुड़ाई

तोड़ाना–(स० क्रि०) 1 तोड़ने का काम कराना 2 बंधन से अपने आपको मुक्त करना (जैसे-रस्सी तोड़ाना) 3 भुनाना (जैसे-दस का नोट तोड़ाना)

तोड़ेदार–*हिं + फ़ा०* (वि०) फलीते से चलनेवाली (बंदूक)

तोत–*बो०* (पु०) राशि, समूह

तोतई–I (वि०) तोते के रंग का II (पु०) तोते सा रंग

तोतरा, तोतला–(वि०) = तुतला। ~**पन** (पु०) = तुतलाहट

तोतलाना–(अ० क्रि०) = तुतलाना

तोता–(पु०) 1 लाल चोंचवाला हरे रंग का एक प्रसिद्ध पालतू पक्षी, कीर, शुक 2 बंदूक का घोड़ा। ~**चश्म** + *फ़ा०* (वि०) 1 तोते की तरह आँखें फेर लेनेवाला, बेवफा, बे मुरौवत 2 जिसमें लज्जा एवं संकोच का पूर्ण अभाव हो; ~**चश्मी** + *फ़ा०* (स्त्री०) 1 तोता चश्म होने का भाव 2 बेवफाई, बे मुरौवती 3 निर्लज्जता; ~**पंखी** (वि०) कुछ हरा पीला; ~**रटंत**, ~**रटन** (स्त्री०) बिना समझे रटते रहना

तोती–(स्त्री०) 1 तोते की मादा 2 रखेली स्त्री

तोदन–*सं०* (पु०) 1 पशुओं को हाँकने का डंडा 2 पीड़ा, व्यथा

तोदरी–*फ़ा०* (स्त्री०) 1 फ़ारस देश में होनेवाला एक पेड़ और उसका फल 2 खतीम का बीज

तोप–*तु०* (स्त्री०) युद्ध में गोलाबारी करने का एक प्रसिद्ध यंत्र (जैसे-तोप में आग लगाना, आग फेंकने की तोप)। ~**कला** + *सं०* (स्त्री०) = तोप विद्या; ~**ख़ाना** + *फ़ा०* (पु०) 1 तोप एवं उसके आवश्यक उपकरण रखने का स्थान (तोपखाने का गोदाम) 2 युद्ध के लिए सुसज्जित तोपों का समूह; ~**गाड़ी** + *हिं०* (स्त्री०) वह गाड़ी जिसपर रखकर तोप को कहीं ले जाते हैं ~**ची** (पु०) तोप चलानेवाला, गोलंदाज़; ~**तलवार** + *हिं०* (स्त्री०) तोप और तलवार, हथियार; ~**विद्या** + *सं०* (स्त्री०) तोप निर्माण एवं प्रबंध आदि का काम; ~**सैनिक** + *सं०* (पु०) = तोपची

तोपना–(स० क्रि०) 1 ढाँकना 2 छिपाना

तोपा–(पु०) सिलाई में का कोई टाँका। ~**भरना** सीधी सिलाई करना

तोफा–I *अ०* (वि०) बहुत बढ़िया, अति उत्तम II (पु०) = तोहफ़ा

तोबड़ा–*फ़ा०* (पु०) घोड़े को दाना खिलाने हेतु उसके मुँह पर बाँधा जानेवाला थैला। ~**चढ़ाना**, ~**लगाना** बलपूर्वक बोलने से रोकना

तोबा–*अ०* (स्त्री०) 1 घृणित एवं निंद्य कर्म पुनः न करने की प्रतिज्ञा 2 अफसोस, पछतावा (जैसे-तोबा करना)। ~**तोबा** (अ०) हाय अफ़सोस; ~**तिल्ला करना**, ~**तिल्ला मचाना** 1 चीखना, चिल्लाना 2 क्षति होने पर हाय-हाय करना; ~**तोड़ना** 1 अपनी बात पर कायम न रहना 2 तोबा किए हुए कार्य को पुनः करना; ~**बुलवाना** किसी को इतना तंग करना कि वह पनाह माँगने लगे

तोम–(पु०) समूह, राशि

तोमर–*सं०* (पु०) 1 भाले की तरह का एक प्रसिद्ध अस्त्र 2 बारह मात्राओं का एक छंद जिसके अंत में एक गुरु और एक लघु होता है 3 राजपूतों की एक जाति

तोय–*सं०* (पु०) जल, पानी। ~**कृच्छ** (पु०) केवल जल पीकर रहने का व्रत; ~**मल** (पु०) समुद्र का फेन; ~**यंत्र** (पु०) 1 जल-घड़ी 2 फुहारा; ~**राज** (पु०) सागर; ~**राशि** (पु०) 1 बड़ा तालाब 2 झील 3 समुद्र, सागर

तोयद–*सं०* (पु०) बादल

तोयदागम–*सं०* (पु०) बरसात

तोयालिक–*सं०* (वि०) 1 जल से संबंध रखनेवाला 2 जल शक्ति से चलनेवाला

तोयालिकी–*सं०* (स्त्री०) जलाशयों से संबंधित विद्या

तोयालेख–*सं०* (पु०) जलाशयों के बारे में लेखा-जोखा

तोयाशय–*सं०* (पु०) 1 सरोवर 2 सागर

तोयेश–*सं०* (पु०) वरुण

तोरई–(स्त्री०) = तुरई

तोरण–*सं०* (पु०) 1 मंडपाकार सजावटी फाटक, बहिर्द्वार 2 बहिर्द्वार को सजाने के लिए लगाई जानेवाली पताकाएँ, मालाएँ आदि, बंदनवार 3 मेहराब

तोरा–(पु०) 1 स्वागत-सत्कार के लिए रखा मिठाइयों का थाल 2 वर पक्ष को विवाह के अवसर पर भेजा जानेवाला मिठाई भरा थाल

तोरिया–I (स्त्री०) गोटा-किनारी बुननेवालों का छोटा बेलन II (स्त्री०) वह गाय, भैंस जिसका बच्चा मर गया हो तथा दूध दूहने के लिए कोई युक्ति करनी पड़े

तोल–I *सं०* (पु०) बारह माशे की तौल, तोला

तोल–II (स्त्री०) = तौल II

तोल–III *बो०* (वि०) तुल्य, समान (पु०) नाव का डाँडा

तोल-जोख–(स्त्री०) तौलना-नापना, नाप-तौल

तोलन–I *सं०* (पु०) 1 तौलना 2 ऊपर उठाना II (स्त्री०) चाँड़, थूनी

तोलना–(स० क्रि०) = तौलना

तोला–(पु०) 1 बारह माशे की या दस ग्राम से कुछ अधिक की एक तौल 2 इस तौल का बाट

तोल्य–*सं०* (वि०) तौले जाने योग्य

तोशक–*फ़ा०* (स्त्री०) हल्का गद्दा। ~**ख़ाना** (पु०) 1 अमीरों के वस्त्र, ज़ेवर आदि रखने का स्थान 2 खाने-पीने का सामान रखने की जगह, भंडार गृह;

तोष–*सं०* (पु०) 1 तृप्ति, तुष्टि, अघाना 2 प्रसन्नता, प्रसाद

3 मन में होनेवाली तृप्ति। ~**धन** (पु०) दे० तोषणिक; ~**पत्र** (पु०) बख़्शिशनामा

तोषक–*सं०* (वि०) संतोष देनेवाला, संतुष्ट करनेवाला

तोषण–*सं०* (पु०) 1 तृप्त करना 2 संतोष

तोषणिक–*सं०* (पु०) तुष्ट करने के लिए दिया जानेवाला धन

तोषल–*सं०* (पु०) 1 मूसल 2 कृष्ण द्वारा धनुर्यज्ञ में मारा गया कंस का एक असुर मल्ल

तोषित–*सं०* (वि०) 1 तुष्ट, तृप्त 2 प्रसादित

तोस–*अं०* (पु०) डबल रोटी का सेंका हुआ टुकड़ा, टोस्ट

तोसदान–*फ़ा० + फ़ा०* (पु०) = तूसदान

तोसा–*फ़ा०* (पु०) = तोशा। ~**ख़ाना** (पु०) = तोशाख़ाना

तोहफ़गी–*अ० + फ़ा०* (स्त्री०) 1 भलाई 2 अच्छाई, खूबी

तोहफ़ा–I *अ०* (पु०) 1 अद्‌भुत और सुंदर पदार्थ, बढ़िया एवं विलक्षण वस्तु 2 भेंट, उपहार 3 सौगात II (वि०) अच्छा, उत्तम

तोहमत–*अ०* (स्त्री०) झूठा आरोप। ~**तराशी** *+ फ़ा०* (स्त्री०) आरोप गढ़ना

तोहमती–*अ० + हिं०* (वि०) झूठा दोषारोपण करनेवाला, लांछन लगानेवाला

तोहरा, तोहार– (सर्व०) *बो०* = तुम्हारा

तौंकना–(अ० क्रि०) = तौंसना

तौंस–*बो०* (स्त्री०) 1 धूप, अत्यधिक गर्मी से लगी प्यास 2 ताप, ऊमस

तौंसना–I (अ० क्रि०) झुलस जाना II (स० क्रि०) विकल करना, संतप्त करना

तौक़–*अ०* (पु०) 1 हँसुली 2 लोहे का भारी घेरा जो कैदियों आदि को गले में पहनाया जाता है 3 पक्षियों आदि के गले में होनेवाला प्राकृतिक गोलाकार चिह्न

तौक़ीर–*अ०* (स्त्री०) आदर, सम्मान

तौक्षिक–*सं०* (पु०) धनु राशि

तौचा–(पु०) सिर पर पहनने का एक प्रकार का गहना

तौजा–I *अ०* (पु०) 1 खेतिहरों को विवाह आदि में ख़र्च करने के लिए पेशगी में दिया जानेवाला धन, बियाही 2 उधार दिया हुआ धन II (वि०) कुछ समय के लिए उधार लिया या दिया हुआ

तौन–(स्त्री०) वह रस्सी जिसमें गौ दुहने के समय उसका बछड़ा उसके अगले पैर से बाँध दिया जाता है

तौनी–I (स्त्री०) छोटा तवा, तवी, तई

तौनी–II (वि०)/(स्त्री०) = तौन

तौफ़ीक़–*अ०* (स्त्री०) 1 शक्ति, सामर्थ्य 2 हिम्मत, हौसला 3 दैवकृपा

तौबा–*अ०* (स्त्री०) = तोबा

तौर–*अ०* (पु०) 1 ढंग, तरीका 2 चाल-चलन, चाल-ढाल 3 दशा, हालत, अवस्था (जैसे-मनमाने तौर पर काम करना)। ~**तरीका** (पु०) 1 चाल-ढाल 2 रंग-ढंग

तौर–*बो०* (पु०) मथानी मथने की रस्सी

तौरात, तौरीत, तौरेत–*अ०* (पु०) यहूदियों का प्रधान धर्मग्रंथ

तौर्य–*सं०* (पु०) 1 ढोल मँजीरा आदि बाजे 2 इन बाजों को बजाना

तौल–I *सं* (पु०) 1 तराजू, तुला 2 तुला राशि

तौल–II (स्त्री०) 1 तौलने की क्रिया 2 माप, जोख वज़न, परिमाण 3 तौलने की नियत प्रणाली (जैसे-पक्की तौल, कच्ची तौल) 4 कल्पना, थाह (जैसे-पहले इन्हें तौल कर देख लेना)

तौलना–(स० क्रि०) 1 जोखना (जैसे-गल्ला तौलना) 2 साधना (जैसे-हथ में लेकर तौलना) 3 परखना (जैसे-किसी को तौलकर देखना) 4 अनुमान लगाना

तौलनिक–*सं०* (वि०) = तुलनात्मक

तौलवाई–(स्त्री०) = तौलाई

तौलवाना–(स० क्रि०) तौलने का काम कराना

तौला–I (पु०) 1 तौलने का काम करनेवाला व्यक्ति 2 मटका

तौला–II (पु०) महुए की शराब

तौलाई–(स्त्री०) 1 तौलने की क्रिया 2 तौलने का पारिश्रमिक। ~**मशीन** *अं०* (स्त्री०) तौलने का यंत्र

तौलाना–(स० क्रि०) तौलने का काम कराना

तौलिया–*अं० + हिं०* (पु०) मोटा अँगोछा

तौली–(स्त्री०) 1 मिट्टी की प्याली 2 मिट्टी का घड़ा

तौलैया–*बो०* (पु०) गल्ला तौलनेवाला, बया

तौल्य–*सं०* (पु०) 1 वज़न, तौल 2 समानता, सादृश्य

तौषार–*सं०* (पु०) पाले का पानी

तौसना–(अ० क्रि०) = तौंसना

तौहीद–*अ०* (स्त्री०) एकेश्वरवाद। ~**परस्त** *+ फ़ा०* (पु०) एकेश्वरवाद को माननेवाला

तौहीन–*अ०* (स्त्री०) बेइज़्ज़ती, अपमान

त्यक्त–*सं०* (वि०) त्यागा हुआ, छोड़ा हुआ; ~**लज्ज** (वि०) निर्लज्ज

त्यक्तव्य–*सं०* (वि०) छोड़ने योग्य, त्यागने योग्य

त्यक्ता–*सं०* (वि०) 1 त्यागनेवाला, छोड़नेवाला 2 त्यागी हुई (स्त्री)

त्यक्तात्मा–*सं०* (वि०) हताश, निराश

त्यजन–*सं०* (पु०) त्याग, छोड़ना

त्यजनीय–*सं०* (वि०) त्याज्य

त्यज्यमान्–*सं०* (वि०) जिसे त्यागा जा रहा हो

त्याग–*सं०* (पु०) 1 वस्तु पर से अपना स्वत्व हटा लेना, उत्सर्ग 2 नाता तोड़ देने की क्रिया 3 सांसारिक विषयों एवं व्यवहारों आदि को छोड़ देने की क्रिया 4 स्वार्थ की उपेक्षा (जैसे-जन कल्याण हेतु मैंने नौकरी त्याग दी) 5 उदारता पूर्वक दिया गया दान (जैसे-निर्धन हेतु वस्त्रों का त्याग करना)। ~**पत्र** (पु०) इस्तीफ़ा; ~**वान्** (त्रि०) त्यागी; ~**पूर्ण**, ~**शील** (वि०) उदार, त्यागी

त्यागना–*सं० + हिं०* (स० क्रि०) त्याग करना, छोड़ना, तजना

त्यागी–*सं०* (वि०) 1 जो सांसारिक सुख-साधनों में लिप्त न हो 2 जिसने स्वार्थ-भोग की इच्छाओं को छोड़ दिया हो, विरक्त

त्याजित–*सं०* (वि०) 1 परित्याग कराया गया 2 उपेक्षा कराई गई

त्याज्य–*सं०* (वि०) छोड़ने योग्य (जैसे-त्याज्य पदार्थ)

त्यूँ–(क्रि० वि०) *बो०* = त्यों

त्यरस–(पु०) त्योरस

त्यों–(क्रि० वि०) 1 उस प्रकार, उस तरह 2 उसी समय, उसी वक्त

त्योरस–(पु०) 1 बीता हुआ तीसरा वर्ष 2 आगे आनेवाला तीसरा साल

त्योरी–(स्त्री०) 1 भौंह 2 माथे का बल 3 विशिष्ट दृष्टि, तेवर। ~**चढ़ना,** ~**बदलना** क्रोध से माथे पर बल पड़ना; ~**चढ़ाना** भौंहें चढ़ाना; ~**में बल पड़ना** त्योरी चढ़ना

त्योहार–(पु०) 1 वह दिन, तिथि जिसमें धार्मिक उत्सव मनाया जाता है (जैसे-ईद का त्योहार, होली का त्योहार) 2 पर्व-दिन

त्योहारी–(स्त्री०) त्योहार के उपलक्ष्य में बाँटा जानेवाला धन आदि

त्यौं–(वि०) = त्यों

त्यौनार–(पु०) ढंग, तरीका

त्यौर–I *बो०* (पु०) = त्योरी

त्यौर–II (पु०) (बो) = त्यौनार

त्यौराना–(अ० क्रि०) सिर में चक्कर आना

त्यौरी–(स्त्री०) = त्योरी

त्यौहार–(पु०) = त्योहार

त्रपा–I सं० (स्त्री०) 1 कीर्ति, यश 2 लज्जा, शर्म 3 व्यभिचारिणी स्त्री, कुलटा, पुंश्चली II (वि०) 1 कीर्तिमान् 2 लज्जित, शर्मिंदा। ~**रंडा** (स्त्री०) 1 छिनाल स्त्री 2 वेश्या, रंडी

त्रपित–*सं०* (वि०) 1 लज्जित 2 नम्र, विनयी

त्रपिष्ठ–*सं०* (वि०) परितृप्त

त्रपुष–*सं०* (पु०) राँगा

त्रय–*सं०* (वि०) 1 तीन 2 तीसरा 3 तीन अंगों, अंशों, इकाइयोंवाला। ~**ताप** (पु०) आधिदैविक, आधिभौतिक और आध्यात्मिक दुःख

त्रयी–*सं०* (स्त्री०) 1 तीन विभिन्न इकाइयों का योग (जैसे-वेदत्रयी, लोकत्रयी, देवत्रयी) 2 वह स्त्री जिसका पति एवं बच्चा जीवित हों। ~**धर्म** (पु०) वैदिक धर्म

त्रयोदश–*सं०* (वि०) तेरह

त्रयोदशी–*सं०* (स्त्री०) तेरहवीं तिथि, तेरस

त्रष्टा–*सं०* (पु०) बढ़ई

त्रस–I *सं०* (वि०) चलानेवाला, चलनशील II (पु०) 1 वन, जंगल 2 चलने-फिरनेवाले समस्त जीव। ~**रेणु** (स्त्री०) धूल का वह कण जो प्रकाश किरणों में उड़ता एवं चमकता सा दिखाई पड़ता है

त्रसन–*सं०* (पु०) 1 भयभीत होना या करना 2 चिंता 3 व्याकुलता

त्रसाना–(स० क्रि०) भयभीत करना

त्रसित–*सं०* (वि०) 1 डरा हुआ 2 पीड़ित

त्रसुर–*सं०* (वि०) 1 भयभीत 2 डरपोक

त्रस्त–*सं०* (वि०) 1 भयभीत 2 आक्रांत

त्राटक–*सं०* (पु०) हठयोग में किसी बिंदु पर ध्यान जमाना

त्राण–*सं०* (पु०) 1 रक्षा, बचाव 2 आश्रय, शरण 3 सहायता, मदद 4 रक्षा का साधन

त्राणक–*सं०* (वि०) बचानेवाला

त्रात–*सं०* (वि०) 1 संकट से बचाया हुआ 2 आश्रय दिया हुआ

त्राव्य–*सं०* (वि०) जिसकी रक्षा करना उचित हो

त्राता–*सं०* (वि०) 1 रक्षा करनेवाला 2 शरण देनेवाला

त्रापुष–*सं०* (वि०) राँगे का

त्रायक–*सं०* (वि०) रक्षा करनेवाला

त्रायमाण–*सं०* (वि०) रक्षा करता हुआ

त्रास–*सं०* (स्त्री०) 1 अनिष्ट का डर या भय, ख़ौफ़ 2 कष्ट तकलीफ़

त्रासक–*सं०* (वि०) 1 डरानेवाला 2 नाशक 3 दूर करनेवाला

त्रासद–*सं०* (वि०) दुःखद

त्रासदी–*सं०* + *हिं०* (स्त्री०) दुःखांत रचना

त्रासन–*सं०* (पु०) डराने का काम

त्रासित–*सं०* (वि०) 1 डराया-धमकाया हुआ 2 कष्ट पहुँचाया हुआ

त्राहि–*सं०* (अ०) रक्षा करो, बचाओ (जैसे-त्राहि-त्राहि पुकारना)

त्रिंश–*सं०* (वि०) तीसवाँ

त्रिशंत्–*सं०* (वि०) तीस

त्रिशांश–*सं०* (पु०) तीसवाँ भाग

त्रि–*सं०* (वि०) तीन (जैसे-त्रिदेव, त्रिकाल)। ~**कंटक** (पु०) 1 त्रिशूल 2 गोखरू 3 तिधारा, थूहर; ~**कटु,** ~**कटुक** (पु०) तीन कड़वी वस्तुओं का वर्ग; सोंठ, पीपर एवं मिर्च; ~**कर्मा** (पु०) तीन कार्य (वेदाध्ययन, यज्ञ और दान) करनेवाला ब्राह्मण; ~**कांड** I (वि०) जिसमें तीन कांड हो II (पु०) 1 अमरकोश 2 निरुक्त; ~**कांडी** (वि०) तीन कांडोंवाला; ~**काल** (पु०) 1 भूत, वर्तमान एवं भविष्य ये तीनों काल 2 प्रातः, मध्याह्न और शाम ये तीन समय; ~**कालज्ञ** (पु०) त्रिकाल को जाननेवाला; ~**दर्शिता** (स्त्री०) त्रिकालदर्शी होने की शक्ति; ~**दर्शी** (पु०) त्रिकालज्ञ; ~**कुटा** (पु०) = त्रिकुट; ~**कुटी** (स्त्री०) भौंहों के मध्य के ऊपर का स्थान जहाँ त्रिकुट चक्र की स्थिति मानी जाती है; ~**कूट** (पु०) 1 वह पर्वत जिसपर लंका की स्थापना मानी गई है 2 तीन शृंगोंवाला पर्वत 3 क्षीरोद समुद्र में स्थित एक कल्पित पर्वत; ~**कोण** I (वि०) तीन कोणोंवाला II (पु०) 1 तीन कोणोंवाली वस्तु 2 *ज्या० ग०* वह आकृति जिसमें तीन कोण हों (जैसे-त्रिभुज Δ); ~**कोण-घंटा** + *हिं०* (पु०) लोहे के छड़ का बना हुआ तिकोना बाजा; ~**भवन** (पु०) जन्मकुंडली में लग्न से पाँचवाँ और नौवाँ स्थान; ~**कोण मिति** (स्त्री०) गणित शास्त्र की वह शाखा जिसमें त्रिभुजों के कोण, भुजा, वर्ग आदि का मान ज्ञात किया जाता है, ज्यामिति, रेखागणित; ~**कोणाकार,** ~**कोणात्मक** (वि०) तीन कोणों वाला; ~**कोणीयन** (पु०) = त्रिभुजीकरण; ~**क्षार** (पु०) जौखार, सज्जी और सुहागा; ~**खंडी** + *हिं०*, ~**खंडीय** (वि०) तीन खंडोंवाला, तीन टुकड़ोंवाला; ~**गण** (पु०) = त्रिवर्ग; ~**गर्ता** (स्त्री०) व्यभिचारिणी, पुंश्चली; ~**गुट** + *हिं०* (पु०) तीन का समूह; ~**गुण** I (पु०) सत्व, रज और तम II (वि०) 1 जिसमें तीनों गुण हों 2 तिगुना; ~**गुणात्मक** (वि०) जो तीनों गुणों से युक्त हो; ~**गुणित** (वि०) तिगुना किया हुआ; ~**गुणी** I (स्त्री०) = त्रिगुणात्मक II (स्त्री०) बेल का पेड़; ~**गूढ़** (पु०) स्त्री वेष में पुरुष का नाच; ~**घट** (पु०) स्थूल सूक्ष्म और कारण रूप तीन शरीर; ~**चक्षु** (पु०) शिव; ~**चरणी** + *हिं०* (वि०) तीन चरणवाला; ~**जगत्** (पु०) = त्रिलोक; ~**जीवा** (स्त्री०) तीन राशियों (90 अंशों) तक फैले हुए

चाप की ज्या; ~**ज्या** (स्त्री०) वृत्त के केंद्र से परिधि तक खिंची हुई रेखा, व्यासार्ध; ~**ताप** (पु०) = त्रय ताप; ~**दंड** (पु०) संन्यासियों का वह डंडा जिसके ऊपरी सिरे पर दो छोटी लकड़ियाँ बँधी होती हैं जिसके सहारे वे चलते हैं; ~**दंडी** (पु०) 1 वह संन्यासी जो त्रिदंड धारण किए हो 2 मन, वचन एवं कर्म को वश में रखनेवाला व्यक्ति; ~**दल** (पु०) बेल का पेड़; ~**दली,** ~**दलीय** (वि०) तीन दलवाला; ~**दिवसीय** (वि०) तीन दिनोंवाला, तीन दिन तक चलनेवाला (जैसे-त्रिदिवसीय समारोह); ~**दश** (वि०) तीनों दशाओं में एक-सा बना रहनेवाला; ~**दिव** (पु०) स्वर्ग; ~**देव** (पु०) ब्रह्मा, विष्णु एवं महेश; ~**दोष** (पु०) 1 वात, पित्त एवं कफ ये तीन दोष 2 काम क्रोध लोभ; ~**धातु** (पु०) चाँदी, सोना एवं तांबा तीन धातुएँ; ~**धाम** (पु०) 1 विष्णु 2 अग्नि 3 शिव; ~**धारा** (स्त्री०) गंगा; ~**नयन** (पु०) शिव; ~**नेत्र** (वि०) तीन आँखोंवाला (शंकर भगवान्); ~**पताक** (पु०) मस्तक जिसपर तीन बल पड़े हों; ~**पथ** (पु०) 1 ज्ञान, कर्म एवं उपासना ये तीन मार्ग 2 आकाश, पृथ्वी और पाताल 3 वह स्थान जहाँ तीन रास्ते मिले हों; ~**पत्र** (पु०) तुलसी, कुंद और बेल के पत्ते; ~**पथगा, त्रिपथा** (स्त्री०) गंगा नदी ~**पद** (वि०) 1 तीन चरणोंवाला, तीन पदोंवाला 2 जिसमें तीन पाये हों; ~**पदा** (स्त्री०) एक वैदिक छंद; ~**पदी** (स्त्री०) 1 तीन पदोंवाली कविता 2 तीन पायोंवाला आसन, तिपाई 3 गायत्री छंद; ~**पाठी** I (वि०) तीनों वेदों का ज्ञाता II (पु०) ब्राह्मणों की एक उपाधि, तिवारी, त्रिवेदी; ~**पाल** (पु०) दे० तिरपाल I; ~**पिंड** (पु०) पिता, पितामह प्रपितामह के निमित्त श्राद्ध; ~**पिटक** (पु०) तीन बौद्ध महाग्रंथ; ~**पुंड** (पु०) तीन आड़ी रेखाओं का तिलक; ~**पुटी** (स्त्री०) 1 छोटी इलायची 2 (ज्ञाता, ज्ञान एवं ज्ञेय) तीन का समूह; ~**पुर** (पु०) 1 मय निर्मित स्वर्ग, अंतरिक्ष एवं पृथ्वी पर के नगर 2 बाणासुर; ~**पुरा** (स्त्री०) एक देवी; ~**पुरारि** (पु०) शिव; ~**पुरुष** (पु०) तीन पीढ़ियाँ; ~**फला** (पु०) 1 हरड़ 2 बहेड़ा 3 आँवला; ~**बली** (स्त्री०) पेट पर पड़नेवाले तीन बल; ~**भंगी** (वि०) तीन बल (गर्दन कमर और पैर में) देकर खड़ा; ~**भाषा-सूत्र** (पु०) हिंदी, अंग्रेज़ी और अपनी भाषा की पढ़ाई से संबंधित नियम; ~**भुज** I (वि०) तीन भुजाओंवाला II (पु०) *ज्या०* तीन भुजाओंवाली आकृति; ~**भुजाकार** (वि०) त्रिभुज के आकारवाला, त्रिभुज की तरह का (जैसे-त्रिभुजाकार यंत्र); ~**भुजीकरण** (पु०) त्रिभुज के समान बनाने की क्रिया; ~**भुवन** (पु०) 1 त्रिलोक 2 त्रिपुर; ~**मधु** (पु०) घी शहद और चीनी का मधुपर्क; ~**मार्गा** (स्त्री०) = त्रिपथगा; ~**मात्रिक** (वि०) तीन मात्राओंवाला; ~**मास** (पु०) 1 तीन महीनों का समय 2 वर्ष के तीन महीनों के चार विभागों में कोई एक; ~**मुहानी** *+ फ़ा० + हिं०* (स्त्री०) = तिरमुहानी; ~**मूर्ति** (पु०) ब्रह्मा, विष्णु और महेश ये तीन देवता; ~**यामा** (स्त्री०) रात्रि; ~**युग** (पु०) सतयुग, द्वापर एवं त्रेता ये तीन युग; ~**रत्न** (पु०) बुद्ध, धन और संघ; ~**लवण** (पु०) तीन नमक सेंधा, साँभर और सोंचर; ~**लोक** (पु०) स्वर्ग, मर्त्य एवं पाताल ये तीन लोक; ~**लोक-नाथ,** ~**पति** (पु०) तीनों लोकों का स्वामी, ईश्वर; ~**लोचन** (पु०) शिव; ~**वर्ग** (पु०) 1 धर्म, अर्थ और काम ये तीन वर्ग 2 सत रज एवं तम ये तीन समूह 3 ब्राह्मण, क्षत्रिय, वैश्य ये तीन जातियाँ 4 क्षय, स्थिति एवं वृद्धि ये तीन बातें (राजनीति); ~**वर्त्मा** (वि०) तीन मार्गों में जानेवाला; ~**वर्षात्मक** (वि०) तीन वर्ष का; ~**विक्रम** (पु०) विष्णु; ~**वली** (स्त्री०) = त्रिबली; ~**विद्** (पु०) तीन वेदों का या विद्याओं का ज्ञाता; ~**विध** (वि०) तीन प्रकार का; ~**वृत्** I (वि०) तीन हिस्सोंवाला II (पु०) 1 तीन लड़ियों की करधनी; 2 एक यज्ञ 3 निसोथ; ~**वेणी** (स्त्री०) 1 वह स्थान जहाँ तीन नदियाँ आकर मिलती हों 2 तीन नदियों की संयुक्त धारा 3 गंगा, यमुना एवं सरस्वती इन तीन नदियों का संगम; ~**वेद** (पु०) 1 ऋक्, यजुः एवं साम ये तीन वेद 2 इन तीन वेदों का ज्ञाता; ~**वेदी** (पु०) 1 ऋक्, यजुः एवं साम वेदों का ज्ञाता 2 ब्राह्मणों की एक जाति; ~**शंकु** (पु०) प्रसिद्ध सूर्य वंशी राजा जो यज्ञ करके स-शरीर स्वर्ग पहुँचना चाहते थे; ~**शक्ति** (स्त्री०) इच्छा, ज्ञान एवं क्रिया रूपी तीन शक्तियाँ; ~**शिख** I (वि०) तीन चोटियोंवाला II (पु०) 1 त्रिशूल 2 बेल का पेड़; ~**शिर** I (वि०) तीन सिरोंवाला II (पु०) खर-दूषण की सेना में राम के द्वारा मारा गया एक राक्षस 2 कुबेर; ~**शीर्ष** I (वि०) तीन चोटियोंवाला II (पु०) त्रिकुट नामक पर्वत; ~**शूल** (पु०) 1 लोहे का एक अस्त्र जिसमें तीन नोकदार फल होते हैं (जैसे-शिव का त्रिशूल) 2 दैहिक, दैविक एवं भौतिक ये तीन दुःख, त्रिताप; ~**शूली** I (पु०) त्रिशूल धारण करनेवाला शिव II (स्त्री०) दुर्गा; ~**शोक** (पु०) = त्रिताप, त्रय ताप; ~**षष्ठ** (वि०) तिरेसठ; ~**षष्ठी** (वि०) तिरेसठवाँ; ~**संगम** (पु०) 1 तीन नदियों के मिलने का स्थान, त्रिवेणी 2 तीन तरह की वस्तुओं का मिश्रण; ~**संध्य** (पु०) दिन के तीन भाग-प्रातः, मध्याह्न एवं शाम; ~**संध्या** (स्त्री०) प्रातः, मध्याह्न एवं शाम ये तीनों संध्याएं; ~**सदस्यीय** (वि०) तीन सदस्योंवाली, जिसमें तीन सदस्य हों; ~**सप्तति** (वि०) तिहत्तर; ~**स्थली** (स्त्री०) काशी, गया, और प्रयाग ये तीन पवित्र नगर; ~**स्थान** (पु०) 1 सिर, ग्रीवा और वक्ष ये तीन स्थान 2 तीनों लोकों में रहनेवाला, ईश्वर; ~**हायण** (वि०) तीन वर्ष का

त्रिक्–I *सं०* (वि०) 1 तीन अंगों या इकाइयों या रूपोंवाला 2 तीसरी बार होनेवाला 3 तीन प्रतिशत II (पु०) 1 एक ही तरह की तीन वस्तुओं का समूह 2 तीन अंग-कमर, पीठ और रीढ़ 3 त्रिफला 4 त्रिकटु 5 त्रिमुहानी 6 तीन प्रतिशत लाभ; ~**शूल** (पु०) कमर और रीढ़ का दर्द

त्रितय–*सं०* (पु०) तीन का समूह (जैसे-धर्म, अर्थ काम)

त्रिधा–I (क्रि० वि०) 1 तीन तरह से 2 तीन रूपों में II (वि०) 1 तीन तरह से 2 तीन रूपोंवाला। ~**मूर्ति** (पु०) परमेश्वर जिसके अंतर्गत ब्रह्मा, विष्णु और महेश ये तीनों हैं; ~**सर्ग** (पु०) तीन तरह की सृष्टि (देव, कीड़े-मकोड़े, मनुष्य)

त्रिल–*सं०* (पु०) तीन लघुवर्ण (।।।)

त्रुटि–*सं०* (स्त्री०) 1 भूल, चूक 2 कमी, कसर। ~**निर्देश** (पु०) त्रुटियों की ओर संकेत करना; ~**पूर्ण** (वि०) जो कमियों से भरा हो, जिसमें कमियाँ हों; ~**स्वीकार** (पु०)

भूल-चूक मानना

त्रुटित–*सं०* (वि०) 1 जिसमें कोई त्रुटि हो, त्रुटि पूर्ण 2 टूटा हुआ

त्रेता–*सं०* (पु०) 1 चार युगों में से दूसरा युग 2 तीन वस्तुओं का समूह। ~**युग** (पु०) त्रेता नाम का युग

त्रै–*सं०* (वि०) तीन

त्रैकालिक–*सं०* (वि०) 1 त्रिकाल संबंधी 2 तीनों कालों में होनेवाला 3 त्रिकालवर्ती

त्रैकाल्य–*सं०* (पु०) तीनों काल

त्रैकोणिक–*सं०* (वि०) 1 तीन कोणोंवाला 2 तिपहला

त्रैगुण्य–*सं०* (पु०) तीन गुण

त्रैध–*सं०* (वि०) तिहरा

त्रैमातुर–*सं०* (पु०) लक्ष्मण

त्रैमासिक–*सं०* (वि०) 1 हर तीसरे महीने होनेवाला (जैसे-त्रैमासिक परीक्षा) 2 तीन महीनों का 3 तीन महीनों में होनेवाला

त्रैमास्य–*सं०* (पु०) तीन महीने का समय, तिमाही

त्रैराशिक–*सं०* (पु०) *ग०* तीन ज्ञात राशियों की सहायता से चौथी अज्ञात राशि का मान ज्ञात करने की विधि

त्रैलोक्य–*सं०* (पु०) दे० त्रिलोक

त्रैवर्णिक–I *सं०* (वि०) तीन वर्णोंवाला II (पु०) ब्राह्मण क्षत्रिय और वैश्य इन तीन जातियों का धर्म

त्रैवार्षिक–*सं०* (वि०) 1 तीन वर्षों का 2 तीन वर्षों में होनेवाला 3 हर तीसरे वर्ष होनेवाला

त्रैविद्य–I *सं०* (पु०) तीनों वेदों का ज्ञाता II (वि०) बहुत बड़ा चालाक, चलता-पुरज़ा

त्रोटक–*सं०* (पु०) शृंगार प्रधान एक नाटक

त्रोण–*सं०* (पु०) तरकश

त्र्यंबक–*सं०* (पु०) 1 शिव 2 एक कर्नाटकी राग

त्र्यध्वगा–*सं०* (स्त्री०) = त्रिपथगा

त्र्यशीति–(वि०) तिरासी

त्र्यक्षर–*सं०* (वि०) तीन अक्षरोंवाला

त्वक्–*सं०* (पु०) 1 वृक्ष की छाल 2 फलों आदि का छिलका 3 शरीर पर की खाल, त्वचा, चमड़ा 4 पाँच ज्ञानेंद्रियों में से एक जिसके द्वारा स्पर्श ज्ञान होता है। ~**छेद** (पु०) 1 खरोंच, क्षत 2 क्षीरीश का वृक्ष, क्षीर कंचुकी; ~**पंचक** (पु०) बड़, गूलर, पीपल, शिरीश और पाकड़ की छाल; ~**पाक** (पु०) शरीर पर फोड़े-फुंसियां

त्वगिन्द्रिय–*सं०* (पु०) स्पर्शेन्द्रिय

त्वग्दोष–*सं०* (पु०) कुष्ठ, कोढ़

त्वच्–*सं०* (पु०) 1 छाल 2 त्वचा 3 दारचीनी 4 तेजपात

त्वचन–*सं०* (पु०) खाल या छाल से ढोकना

त्वचा–*सं०* (स्त्री०) 1 चर्म, चमड़ा 2 छाल। ~**शोथ** (पु०) चमड़े की सूजन; ~**स्थानांतरण** (पु०) *चि०* प्रतिरोपण प्लास्टिक सर्जरी

त्वदीय–*सं०* (सर्व०) तुम्हारा

त्वरक–*सं०* (पु०) रफ़्तार तेज़ करने का उपकरण

त्वरण–*सं०* (पु०) यंत्रादि की गति में तेज़ी लाना

त्वरता–*सं०* (स्त्री०) शीघ्रता

त्वरा–*सं०* (स्त्री०) 1 शीघ्रता 2 तेज़ी। ~**लिपि** (स्त्री०) ~**लेखन** (पु०) शीघ्रलिपि, शार्टहैंड; ~**वान्** (वि०) 1 शीघ्रता करनेवाला 2 द्रुतगामी 3 जल्दी किया हुआ 4 तेज़

त्वरित–I *सं०* (वि०) तीव्र गतिवाला II (अ०) तेज़ी से, तुरंत

त्वष्टा–*सं०* (पु०) विश्वकर्मा, बढ़ई

त्विषा–*सं०* (स्त्री०) चमक, प्रभा

त्विषि–*सं०* (स्त्री०) किरण, दीप्ति

थ

थंब, थंभ–(पु०) 1 खंभा, स्तंभ 2 सहारा

थंभन–(पु०) 1 रुकावट 2 स्तंभन करनेवाली औषध

थँभना–(अ० क्रि०) *बो०* 1 ठहरना, रुकना 2 सँभलना

थक–(पु०) थाक, समूह, ढेर

थकन– (स्त्री०) थकान

थकना–(अ० क्रि०) 1 शिथिल होना, श्रांत होना 2 धीमी पड़ना 3 सुध-बुध भूल जाना 4 छकना

थका–(वि०) 1 जो शिथिल हो गया हो (जैसे-थका ऊँट, थका बैल) 2 जो धीमा पड़ गया हो (जैसे-थका इंसान)। ~**थकाया** (वि०) पूर्णतः थका हुआ (जैसे-थका-थकाया आदमी); ~**माँदा**, ~**हारा** (वि०) 1 थका, हारा हुआ 2 पूर्णतः शिथिल

थकाई–(स्त्री०) थकान

थकान–(स्त्री०) 1 थकावट (जैसे-काम करते करते थकान आना) 2 शैथिल्य (जैसे-थकान दूर करना)

थकाना–(स० क्रि०) 1 श्रांत करना 2 शिथिल बना देना 3 हराना। **थका डालना**, ~**देना** अशक्त बना देना, श्रांत कर देना

थकार–*सं०* (पु०) 'थ' वर्ण

थकावट, थकाहट–(स्त्री०) थकने का भाव, श्रांति

थकित–(वि०) 1 शिथिल 2 थका हुआ 3 मुग्ध

थकिया–(स्त्री०), **थक्का** (पु०) जमा हुआ टुकड़ा, लोंदा (जैसे-नमक की थकिया, खून का थक्का)

थक्का–(पु०) जमी हुई बूँद

थगित–*सं०* (वि०) 1 रुका हुआ 2 शिथिल

थट–(पु०) झुंड

थड़ा–(पु०) 1 चबूतरा 2 बैठने की ज़गह

थत्ती–(स्त्री०) राशि, ढेर

थन–(पु०) गाय-भैंस आदि का स्तन, गाय-भैंस का थैलीनुमा वह अंग जिसमें दूध रहता है। ~**टुट** (वि०) जिसके स्तन न रह गया हो; ~**दार** + *फ़ा०* (वि०) थनवाला (जैसे-थनदार जानवर)

थनदुहा–(वि०) थन से सीधे दुहा हुआ

थनी–(स्त्री०) गलथना

थनेला–(पु०) 1 थन और स्तन पर होनेवाला फोड़ा 2 गुबरैले की जाति का एक कीड़ा

थनैत–(पु०) 1 गाँव का मुखिया 2 ज़मींदार का कारिंदा

थनैल–(वि०) भारी थनोंवाली
थपक–(स्त्री०) = थपकी
थपकन–(पु०) थपकी देना
थपकना–(स० क्रि०) हांथ से धीरे-धीरे ठोंकना
थपकी–(स्त्री०) हथेली का हल्का आघात। **~देना, ~लगाना** हाथ से धीरे-धीरे ठोकना
थपड़ी–(स्त्री०) ताली, करतल ध्वनि। **~पीटना, ~बजाना** 1 हथेलियों के परस्पर आघात द्वारा शब्द उत्पन्न करना 2 उपहास करना
थपना–(स० क्रि०) धीरे-धीरे पीटना
थपथपाना–(स० क्रि०) = थपकना
थपथपाहट, थपथपी–(स्त्री०) = थपकन
थपुआ–(पु०) चौड़ा-चिपटा खपड़ा जिसके ऊपर नरिया रखी जाती है
थपेड़ना–(स० क्रि०) 1 चपत जमाना 2 आघात करना 3 ठोकर मारना
थपेड़ा–(पु०) 1 चपत, चपेटा 2 घात-प्रतिघात 3 दरेरा, धक्का
थपोड़ी, थपोरी–*बो०* (स्त्री०) = दे० थपड़ी
थप्पड़–(पु०) तमाचा, झापड़। **~कसना, ~जमाना, ~लगाना** तमाचा मारना
थप्पा–(पु०) एक प्रकार का जहाज़
थमना–(अ० क्रि०) 1 रुकना, ठहरना 2 बंद होना (जैसे-वर्षा थम गई) 3 प्रतीक्षा करना 4 ठहरा रहना, धैर्य रखना
थमाना–(स० क्रि०) 1 सँभालना, पकड़ाना 2 टिकाना
थमुआ–(पु०) नाव के डाँड़े का हत्था
थर–I (स्त्री०) 1 दीवार में ईंटों की जोड़ाई की पंक्ति, रद्दा, तह 2 शेर की माँद, गुफा *बो०* स्थान, जगह
थर–II (पु०) राजपूताना के उत्तर में एक रेगिस्तान
थरकना–(अ० क्रि०) *बो०* 1 भय से कंपित होना 2 थर्राना
थरकाना–(स० क्रि०) *बो०* भय से काँपना
थर-थर–(क्रि० वि०) 1 थरथराहट के साथ 2 इस प्रकार कि सभी अंगों में कंपन हो जाए
थरथराना–(अ० क्रि०) 1 भय के मारे काँपना 2 काँपना
थरथराहट–(स्त्री०) कँपकँपी
थरथरी–(स्त्री०) भय आदि के कारण होनेवाली कँपकँपी
थरना–I (स० क्रि०) 1 पीटना 2 थूरना 3 ठगना
थरना–II (पु०) नक्काशी करने का सुनारों का एक औज़ार
थरमस–*अं०* (पु०) थर्मस, थर्मस फ़्लास्क, थर्मस बोतल
थरमामीटर–*अं०* (पु०) थर्मामीटर
थरसना–I (अ० क्रि०) *बो०* त्रस्त होना, थहरना II (स० क्रि०) त्रस्त करना
थरहरी–(स्त्री०) डर के मारे कँपकँपी
थरी–(स्त्री०) सिंह, बाघ आदि की माँद
थर्ड–*अं०* (वि०) तीसरा, तृतीय (जैसे-थर्ड क्लास का डिब्बा)
थर्मल–*अं०* (वि०) तापीय। **~इंजीनियर** (पु०) तापीय विद्युत अभियंता; **~बिजली-घर** + *हिं०*, **~बिजली स्टेशन** + *हिं०* + *फ़ा०* (पु०) तापीय विद्युत् गृह
थर्मस–*अं०* (पु०) थरमस
थर्मामीटर–*अं०* (पु०) तापमापक यंत्र (जैसे-फारेनहाइट्र थर्मामीटर)
थर्मोटेकनीक्स–*अं०* (स्त्री०) तापीय प्रविधि
थर्मोडाइनेमिक्स–*अं०* (स्त्री०) तापगतिकी
थर्मोन्यूक्लियर–*अं०* (वि०) तापनाभिकीय
थर्राना–I (अ० क्रि०) काँप उठना, दहलना II (स० क्रि०) भयभीत करना
थल–(पु०) 1 स्थान, जगह, स्थल 2 जलरहित भूमि। **~चर** + *सं०* (पु०) पृथ्वी पर रहनेवाले जीव-जंतु; **~चारी** + *सं०* (वि०) पृथ्वी पर विचरण करनेवाला; **~जल** + *सं०* (पु०) ज़मीन और पानी; **~पति** + *सं०* (पु०) राजा, भूपति; **~बल** + *सं०* (पु०) थलसेना; **~बेड़ा** (पु०) 1 नाव, जहाज़ के किनारे लगने की जगह 2 ठिकाना; **~यातायात** + *सं०* (पु०) सड़कों पर होनेवाला आवागमन; **~सेना** + *सं०* (स्त्री०) युद्ध भूमि में लड़नेवाली सेना, मिलिट्री
थलकना–(अ० क्रि०) 1 थलथल करना 2 काँपना 3 माँस का लटकना
थल-थल–(वि०) मोटा और ढीला-ढाला (जैसे-थलथल बदन)
थलथलाना–(अ० क्रि०) शरीर की स्थूलता के कारण माँस का नीचे-ऊपर हिलना
थलिया–*बो०* (स्त्री०) थाली (जैसे-थलिया-लोटा)
थली–(स्त्री०) 1 स्थान 2 जल के नीचे का तल 3 प्रदेश 4 भूमि 5 वह भूखंड जो अपने प्रकृत रूप में हो, प्राकृतिक भूखंड
थलीय– + *हिं०* + *सं०* (वि०) थल संबंधी
थवई–(पु०) राजगीर, मिस्त्री
थसकना–(अ० क्रि०) दबना, बैठना (जैसे-कमरे की छत थसकना)
थहराना–I (अ० क्रि०) 1 भय से काँपना 2 हिलना II (स० क्रि०) 1 भय से कँपाना 2 हिलाना
थहाना–(स० क्रि०) 1 थाह लेना, गहराई का पता लगाना 2 अवगाहन करना 3 किसी के मन की थाह लेना
थाँग–(पु०) 1 चोरों का गुप्त अड्डा 2 खोज सुराग 3 भेद
थाँगी–(स्त्री०) 1 चोरों का मुखिया 2 चोरी का माल लेनेवाला 3 चोरों का पता देनेवाला 4 चोरों का पता लगानेवाला, जासूस 5 चोरों को आश्रय देनेवाला। **~दारी** + *फ़ा०* (स्त्री०) थाँगी का पेशा
थाँवला–(पु०) थाला
था–(अ० क्रि०) 'होना' का भूतकालिक रूप
थाई–I (स्त्री०) 1 जगह 2 बैठक II (वि०) लंबे समय तक बना रहनेवाला, स्थायी
थाक–(पु०) 1 सीमा 2 राशि, समूह 3 थकान
थाती–(स्त्री०) 1 धरोहर, अमानत 2 संचित धन, पूँजी
थान–(पु०) 1 बँधी हुई लंबाई का कपड़े का बड़ा टुकड़ा (जैसे-चार थान कपड़ा) 2 गहनों आदि की संख्या (जैसे पाँच थान गहना) 3 पशुओं के बाँधे जाने की जगह 4 देवता, ब्रह्म आदि का स्थान 5 स्थान
थानक–(पु०) 1 स्थान 2 नगर 3 थाला
थाना–(पु०) 1 पुलिस की चौकी 2 निवास स्थान। **~अधिकारी** + *सं०* (पु०) दारोगा; **~पति** + *सं०* (पु०) ग्राम देवता

थानाध्यक्ष– *+ हिं० + सं०* (पु०) थाने का प्रधान अधिकारी, दारोगा

थानी–(पु०) 1 स्थान का स्वामी 2 घरवाला

थानेदार– *+ हिं० + फ़ा०* (पु०) = थानाध्यक्ष

थानेदारी– *+ हिं० + फ़ा०* (स्त्री०) दारोगा का पद एवं पेशा

थानैत–(पु०) 1 किसी स्थान का स्वामी 2 थाना पति

थाप–(स्त्री०) 1 हथेली का आघात जिससे थप ध्वनि निकले 2 थप्पड़ 3 आदर, सम्मान 4 हाथ आदि का पूरा-पूरा पड़ा हुआ चिह्न। ~**थोप** (स्त्री०) मिट्टी भरकर लीपना

थापना–I (स० क्रि०) 1 स्थापित करना 2 उखड़ी हुई जड़ को मजबूत करना 3 साँचे आदि में ढालकर वस्तु तैयार करना

थापना–II (स्त्री०) स्थापन, प्रतिष्ठा

थापरा–(पु०) छोटी नाव, डोंगी

थापा–(पु०) 1 हाथ का छापा 2 चिह्न डालने का छापा 3 साँचा 4 नेपालियों की एक जाति 5 पूजा का चंदा

थापिया, थापी–(स्त्री०) 1 मुँगरी, पिटनी, पिटना 2 थपथपाने की क्रिया

थाम–I (पु०) खंभा

थाम–II (स्त्री०) 1 थामने की क्रिया 2 पकड़ 3 अवरोध

थामना–(स० क्रि०) 1 पकड़ना (जैसे-प्याला थामना) 2 अवरुद्ध करना 3 रोके रहना (जैसे-उसे थामे रहना) 4 सँभालना (जैसे-सीढ़ी थामना) 5 उत्तरदायित्व लेना

थारु–(पु०) नेपाल की तराई में बसनेवाली एक जंगली जाति

थाल–(पु०) थाली की शक्ल का बड़ा बर्तन

थाला–(पु०) पौधे, वृक्ष की जड़ के चारों ओर बनाया घेरा, आलवाल, थाँवला

थाली–(स्त्री०) पीतल आदि धातु का बना गोलाकार छिछला पात्र। ~**जोड़** (पु०) ~**का बैंगन** कभी इस पक्ष और कभी उस पक्ष में हो जानेवाला; ~**गिरी झनकार सबने सुनी** छिपाने से बात छिपती नहीं

थाव, थाह–(स्त्री०) 1 नदी, ताल, समुद्र आदि के नीचे की धरती 2 नदी आदि में वह स्थान जहाँ बिना डूबे पाँव टिक सके 3 गहराई की सीमा, गाध (जैसे-थाह लगाना, थाह पाना) 4 सीमा 5 इंतिहा 6 छिपकर लगाया गया पता। ~**लगना** गहराई का पार मिलना; ~**लेना** 1 गहराई का अंदाज़ लगाना 2 रहस्य की जाँच करना

थाहना–(स० क्रि०) 1 थाह लेना 2 गहराई का पता लगाना 3 मन की टोह लेना, अंदाज़ लेना

थाहरा–*बो०* (वि०) कम गहरा, उथला

थिएटर–*अं०* (पु०) 1 रंगशाला 2 अभिनय

थिएट्रिकल–*अं०* (वि०) थिएटर-संबंधी

थिगली–(स्त्री०) पैबंद, चकती (जैसे-थिगली लगाना)

थियासोफ़ी–*अं०* (स्त्री०) ब्रह्मविद्या

थियेटर–*अं०* (पु०) = थिएटर। ~**घर** *+ हिं०* (पु०) नाट्यशाला; ~**प्रेमी** *+ सं०* (पु०) 1 नाटक, अभिनय देखने के शौकीन लोग 2 अभिनय पसंद करनेवाले लोग

थियेट्रिकल–*अं०* (वि०) = थिएटर-संबंधी

थिर–(वि०) 1 गतिहीन, स्थिर 2 अचल, न डिगनेवाला 3 अचंचल 4 एक ही स्थिति में रहनेवाला

थिरक, थिरकन–(स्त्री०) नाच में चंचलता के साथ पैरों का उठना, गिरना एवं हिलना

थिरकना–(अ० क्रि०) 1 चंचलता के साथ पैरों को उठाते, गिराते एवं हिलाते हुए नाचना 2 नाचते समय अंगों को हाव-भाव के साथ संचालित करना 3 आगे-पीछे डोलना

थिरना–(अ० क्रि०) 1 द्रव पदार्थों का हिलना रुक जाना 2 आलोड़ित जल आदि का रुक जाना 3 पानी आदि द्रव में मैल, गंदगी का नीचे बैठना 4 ठहरना

थिराना–(स० क्रि०) 1 पानी आदि द्रव का हिलना बंद करना 2 आलोड़ित द्रव को स्थिर होने देना 3 मैल छँटकर निर्मल होने देना

थुकवाना–(स० क्रि०) 1 थूकने में प्रवृत्त करना 2 थूकने का काम कराना 3 उगलवाना 4 निंदा करना

थुकहाया–(वि०) घृणित

थुकाई–(स्त्री०) थूकने का काम

थुकाना–(स० क्रि०) = थुकवाना

थुकायल, थुकेल–*बो०* (वि०) थुकहाया

थुक्का-फ़ज़ीहत–*हिं० + अ०* (स्त्री०) धिक्कार और तिरस्कार

थुड़दिला–*हिं० + फ़ा० + हिं०* (वि०) थोड़े दिलवाला, बुज़दिल

थुड़ी–I (अ०) धिक्कारसूचक शब्द, छिः II (स्त्री०) धिक्कार, लानत। ~**थुड़ी करना** धिक्कारना, थू-थू करना; ~**होना** सबकी निगाह में गिर जाना

थुथकारना–(स० क्रि०) 1 थू-थू करना, धिक्कारना 2 घोर घृणा प्रकट करना 3 बार-बार थूकना

थुथना–(पु०) थूथन

थुथाना–(अ० क्रि०) मुँह फुलाना

थुनेर–(पु०) एक तरह का गठिवन

थुन्नी–(स्त्री०) खंभा, थूनी

थुपथुपी–(स्त्री०) 1 थपकी 2 झोंका

थुरना–I (अ० क्रि०) कम पड़ना II (स० क्रि०) 1 कूटना 2 पीटना

थुलथुल–(वि०) 1 स्थूल, भारी 2 मांसल (जैसे-थुलथुल शरीर)

थुलमा–(पु०) पहाड़ी कंबल जिसमें ऊपर से बाल जमाए जाते हैं

थुली–*बो०* (स्त्री०) दलिया

थू–I (पु०) थूकने का शब्द II (अ०) घृणा एवं धिक्कारसूचक शब्द, छिः III (स्त्री०) थुड़ी, लानत। ~~**करना** घृणा एवं तिरस्कार सूचित करना; ~~**होना** चारों ओर निंदा होना

थूक–I (पु०) लार की तरह का रस जो मुँह से अपने आप छूटा करता है, पीक II (स्त्री०) थूकने की क्रिया। ~**कर चाटना** कुछ देकर वापस ले लेना; ~**लगाना** नीचा दिखाना; **थूकों सत्तू सानना** 1अत्यंत कंजूसी से काम चलाना 2 थोड़ी सामग्री से बड़ा काम करना

थूकना–I (अ० क्रि०) 1 मुँह से बाहर निकालना 2 धिक्कारना, छिः-छिः करना II (स० क्रि०) 1 उगलना 2 निंदा करना। **थूककर चाटना** 1 त्यक्त वस्तु को पुनः ग्रहण करना 2 वचन देकर मुकर जाना

थूथन–(पु०), **थूथनी** (स्त्री०), **थूथुन** (पु०) *बो०* लंबे मुँह

का आगे को निकला हुआ भाग (जैसे-ऊँट का थूथन)। ~**फुलाना** नाराज़ हो जाना

थूनी–(स्त्री०) बोझ को रोकने के लिए लगाया जानेवाला छोटा खंभा, टेक

थूरना–(स० क्रि०) 1 अच्छी तरह पीटना, कूटना 2 तोड़ देना 3 चूर करना

थूला–(वि०) मोटा, हृष्ट-पुष्ट

थूली–(स्त्री०) थूली, दलिया

थूवा–(पु०) ढूह, टीला

थूहर–(पु०) सेहुँड़ का पेड़

थूहा–(पु०) 1 अटाला, ढेर 2 टीला

थेगली–(स्त्री०) = थिगली

थेथर–(वि०) दुबला-पतला

थेर–*सं०* (पु०) बौद्ध भिक्षु

थेवा–(पु०) अंगूठी में जड़ा हुआ नगीना

थैचा–(पु०) मचान के ऊपर का छप्पर

थैला–(पु०) 1 एक प्रकार का झोला 2 रुपयों का तोड़ा। ~**करना** मारते-मारते बेदम कर देना

थैली–(स्त्री०) 1 छोटा थैला 2 रुपए आदि रखने की थैली 3 थैली में रखा हुआ धन जो समर्पित किया जाता है (जैसे-राष्ट्रपति को दस हज़ार रुपयों की थैली भेंट की गई) 4 थैली जैसी कोई वस्तु। ~**दार** + *फ़ा०* (पु०) 1 रोकड़ रखनेवाला, खज़ाने में रुपये उठानेवाला; ~**बरदार** + *फ़ा०* (पु०) थैली ढोनेवाला; ~**बरदारी** + *फ़ा०* (स्त्री०) थैली ढोने का काम; ~**शाह** + *फ़ा०* (पु०) बहुत धनी व्यक्ति, मालदार आदमी; ~**शाही** + *फ़ा०* (वि०) पूँजीवाद

थैलेदार–I *हिं०* + *फ़ा०* (पु०) = थैलीशाह। ~**का मुँह खोलना** यथेष्ट धन देने को तैयार होना; ~**मारना** रुपयों की थैली चुरा लेना

थैलेदार–II *हिं०* + *फ़ा०* (पु०) = थैलीशाह

थोक–(पु०) 1 राशि, ढेर 2 एकत्र किया हुआ माल 3 माल की बड़ी राशि (जैसे-थोक ख़रीदनेवाला)। ~**ख़रीदार** + *फ़ा०* (पु०) थोक ख़रीदनेवाला । ~**दार** + *फ़ा०*, ~**फ़रोश** + *फ़ा०* (पु०) थोक माल बेचने वाला व्यापारी; ~**बंद** + *फ़ा०* (पु०) थोक व्यापारी; ~**बंदी** + *फ़ा०* (स्त्री०) थोक व्यापार; ~**भाव** + *सं०* (पु०) माल को एक साथ खरीदने की दर; ~**वाला** (पु०) = थोक ख़रीदार; ~**व्यापार** + *सं०* = थोक बंदी

थोड़ा–I (वि०) 1 कम, ज़रा-सा (जैसे-थोड़ा दूध चाहिए) 2 जो कम कीमत का हो (जैसे-थोड़े दामवाला कपड़ा) II (क्रि० वि०) कुछ, ज़रा (जैसे-थोड़ा सँभलकर चलो)। ~**थोड़ा होना** लज्जित होना, संकुचित होना

थोथ–(स्त्री०) 1 थोथापन 2 खोखलापन 3 निःसारता

थोथनी–(स्त्री०) 1 जानवर का मुँह 2 (घृणा में) आदमी का मुँह

थोथरा, थोथा–I (वि०) 1 तत्वरहित, निःसार (जैसे-थोथा विवाद) 2 निकम्मा, बेढंगा और भद्दा 3 भोथरा 4 खोखला

थोथा–(पु०) 1 खाली 2 खोखला

थोपड़ी–(स्त्री०) चपत, थोपी

थोप-थाप–(स्त्री०) गड्ढे भर कर लीपना

थोपना–(स० क्रि०) 1 मोटा लेप लगाना (जैसे-गीली मिट्टी थोपना) 2 आरोपित करना, मत्थे मढ़ना (जैसे-कलंक थोपना) 3 रक्षा करना (जैसे-माँ ने शिशु को आँचल में थोप रखा था)

थोपी–*बो०* (स्त्री०) = थोपड़ी

थोबड़ा–(पु०) 1 थूथन 2 फुलाया हुआ मुँह 3 तोबड़ा

थ्यावस–*बो०* (पु०) 1 स्थिरता, ठहराव 2 धीरता, धैर्य 3 चैन, कल

थ्योरी–*अं०* (स्त्री०) सिद्धांत

थ्रिल–*अं०* (पु०) रोमांच, पुलक

थ्रेशर–*अं०* (पु०) गाहने-कूटने की मशीन

द

दंग–*फ़ा०* I (वि०) 1 आश्चर्य में पड़ा हुआ, चकित 2 हक्का-बक्का, स्तब्ध II (पु०) 1 घबराहट 2 डर, भय। ~**रह जाना** चकित हो जाना

दंगाई–I (वि०) दंगा करनेवाला, झगड़ालू 2 दंगल II (स्त्री०) दंगा-फ़साद

दंगल–*फ़ा०* (पु०) 1 कुश्ती आदि की प्रतिद्वंद्विता 2 अखाड़ा। ~**बाज़** (पु०) दंगल लड़नेवाला, दंगली पहलवान; ~**बाज़ी** (स्त्री०) दंगल की पहलवानी; ~**मारना** कुश्ती जीतना; ~**लड़ना** कुश्ती लड़ना

दंगली–*फ़ा०* (वि०) 1 दंगल संबंधी 2 दंगल में शामिल होनेवाला 3 दंगल मारनेवाला

दंगवारा–(पु०) किसानों की परस्पर सहायता

दंगा–(पु०) 1 मार-पीट, लड़ाई-झगड़ा 2 उपद्रव 3 हो-हल्ला, शोर (जैसे-दंगा मचाना)। ~**कारी** + *सं०* (पु०) = दंगाई; ~**फ़साद** + *अ०* (पु०) लड़ाई-झगड़ा; ~**बाज़** + *फ़ा०* (पु०) = दंगाई, फ़सादी आदमी

दंगाई, दंगैत–*बो०* (पु०) उपद्रव करनेवाला व्यक्ति, उपद्रवी, उपद्रवकारी

दंड–*सं०* (पु०) 1 सज़ा (जैसे-अपराधी को दंड मिलेगा) 2 डंडा, लाठी 3 राजा के हाथ में रहनेवाला डंडा 4 डंडे के समान कड़ी एवं सीधी वस्तु 5 भूमि की एक नाप, लट्ठा 6 तराजू की डंडी (जैसे-तुलादंड) 7 दंडवत् 8 हर्जाना 9 हाथों और पैरों के पंजों के बल की जानेवाली कसरत (जैसे-दंड पेलना)। ~**कर** (पु०) दंड स्वरूप लगाया गया टैक्स; ~**कला** (स्त्री०) 32 मात्राओं वाला एक छंद जिसके अंत में एक गुरु या सगण होता है; ~**कार्यवाही** (स्त्री०) सज़ा का काम; ~**ग्रहण** (पु०) संन्यास लेना; ~**दास** (पु०) अर्थ दंड न दे सकने के कारण दास बनाया गया व्यक्ति; ~**धर** (पु०) 1 दंड धारण करनेवाला व्यक्ति 2 राजा 3 शासक 4 संन्यासी; ~**नायक** (पु०) 1 न्यायाधीश 2 दंड विधायक 3 राजा 4 सेनापति; ~**नीति** (स्त्री०) दंड देकर वश में करने की नीति; ~**पाशक** (पु०) 1 दंड देनेवाला कर्मचारी,

जल्लाद 2 दंड देनेवाला अधिकारी; ~**प्रणाम** साष्टांग प्रणाम; ~**पाशक** (पु०) 1 दंड देनेवाला अधिकारी, जल्लाद; ~**प्राप्त**, ~**भोगी** (वि०) जिसे सज़ा मिली हो; ~**भंग** (पु०) शासन का उल्लंघन; ~**भृत** I (वि०) डंडा उठानेवाला II (पु०) यमराज; ~**मानव** (पु०) जिसे अधिक दंड देना पड़े; ~**मुख** (पु०) सेनापति; ~**मुद्रा** (स्त्री०) मुट्ठी बाँधकर बीच की ऊँगली को ऊपर खड़ा रखने की एक तंत्र मुद्रा; ~**यात्रा** (स्त्री०) शत्रु को दंड देने के उद्देश्य से की गई यात्रा; ~**वध** (पु०) प्राणदंड; ~**विज्ञान** (पु०) अपराध और दंड से संबंधित शास्त्र, अपराध और दंड से संबंधित विद्या; ~**विधाता** (पु०) दंड का विधान करनेवाला व्यक्ति; ~**विधान** (पु०) दंड की व्यवस्था; ~**विधि** (स्त्री०) वह प्रणाली जिसमें अपराधों एवं उनके अनुरूप दंडों का विवरण रहता है; ~**संग्रह** (पु०), ~**संहिता** (स्त्री०) ऐसा ग्रंथ जिसमें अपराध हेतु दंडों का विधान हो, पेनल कोड

दंडक–I *सं०* (वि०) दंड देनेवाला II (पु०) 1 डंडा, सोंटा 2 दंड देनेवाला व्यक्ति। ~**ज्वर** (पु०) डींगू बुख़ार

दंडघ्न–*सं०* (वि०) डंडे से प्रहार करनेवाला

दंडन–*सं०* (पु०) 1 दंड देना 2 शासन

दंडनीय–*सं०* (वि०) 1 दंडित किए जाने योग्य 2 दंड योग्य (जैसे-दंडनीय अपराध)

दंडवत्–*सं०* (पु०) साष्टांग प्रणाम

दंडाकार–*सं०* (वि०) दंड के आकार का

दंडाज्ञा–*सं०* (स्त्री०) दंडादेश

दंडाणु–*सं०* (पु०) एक विशेष जीवाणु, बैक्टिरिया

दंडात्मक–*सं०* (वि०) 1 दंड संबंधी 2 दंड रूप में होनेवाला (जैसे-दंडात्मक सुधार)

दंडादंडि–*सं०* (स्त्री०) लट्ठबाज़ी

दंडादेश–*सं०* (पु०) दंड मिलने का आदेश

दंडादेशित–*सं०* (वि०) जिसे दंड का आदेश दिया गया हो

दंडाधिकारी–*सं०* (पु०) आपराधिक अभियोगों पर विचार कर अपराधियों को दंड देनेवाला अधिकारी, मजिस्ट्रेट

दंडायमान्–*सं०* (वि०) जो डंडे की भाँति सीधा खड़ा हो सके

दंडार्ह–*सं०* (वि०) दंडनीय

दंत–*सं०* (पु०) दाँत; ~**कथा** (स्त्री०) कल्पित कथा, किंवदंती, जनश्रुति। ~**कार** (पु०) 1 नकली दाँत बनानेवाला 2 हाथी दाँत का काम करनेवाला, ~**क्षत** (पु०) दाँत से कटा हुआ निशान; ~**खोदनी** *+हिं०* (स्त्री०) धातु का लंबा, पतला एवं छोटा टुकड़ा; ~**घर्ष** (पु०) दातों की चिकित्सा करनेवाला, दाँत का डाक्टर, डेंटिस्ट; ~**चिकित्सकीय** (वि०) दंत चिकित्सा संबंधी; ~**चिकित्सा** (स्त्री०) दाँत का इलाज; ~**चिकित्सा विज्ञान** (पु०) वह विद्या जिसमें दाँत के रोग आदि के विषय में अध्ययन किया जाता है; ~**च्छद** (पु०) ओंठ, ओष्ठ; ~**ज्ञात** (वि०) जिसके दाँत निकल आए हों; ~**तालव्य** (वि०) दाँत और तालु से बोला जानेवाला; ~**धावन** (पु०) 1 दाँत साफ़ करने का काम 2 दातुन; ~**पालि** (स्त्री०) मसूड़ा; ~**प्रक्षालन** (पु०) दाँत साफ़ करना; ~**मंजन** (पु०) दाँत साफ़ करने का चूर्ण; ~**मूलीय** (वि०) दंत मूल से उच्चारित होनेवाला (जैसे-तवर्ग ध्वनियाँ); ~**वल्क** ~**वेष्ट** मसूड़ा ~**शूल** (पु०) दाँत का दर्द; ~**शोफ** (पु०) मसूड़ों में होनेवाला फोड़ा; ~**हीन** (पु०) बिना दाँत का

दंताघात–*सं०* (पु०) दाँतों से किया गया आघात या चोट

दंताज–*सं०* (पु०) दाँत की जड़ में लगनेवाला रोग, पायरिया

दंतादंति–*सं०* (स्त्री०) परस्पर दाँत से काटना

दंतार्बुद–*सं०* (पु०) मसूड़ों में होनेवाला फोड़ा

दँतार, दंतारा–(वि०) बड़े-बड़े दाँतोंवाला

दँतिया–(स्त्री०) छोटे-छोटे दाँत

दंतुर, दँतुला–(वि०) = दँतार, दंतारा

दंतोष्ठ्य–*सं०* (वि०) दाँत एवं ओठ से उच्चारित होनेवाला (जैसे-'व')

दंत्य–*सं०* (वि०) 1 दाँतों का (जैसे-दंत्य-चिकित्सा) 2 जो दाँत से उच्चारित हो (जैसे-तवर्ग)। ~**मूलीय** (वि०) जिसका उच्चारण दंत मूल से होता हो

दंत्योष्ठ्य–*सं०* (वि०) = दंतोष्ठ्य

दंद–I (स्त्री०) गर्मी II (पु०) 1 झगड़ा 2 उपद्रव। ~**फंद** (पु०) लड़ाई-झगड़ा

दंदान–*फ़ा०* (पु०) दाँत। ~**साज़** (पु०) दाँत बनानेवाला

दंदाना–*फ़ा०* (पु०) आरा, कंघी आदि का दाँत

दंदाना–I (अ० क्रि०) 1 गर्मी मालूम पड़ना 2 गर्म होना II (स० क्रि०) गर्म करना

दंदानेदार–*फ़ा०* (वि०) जिसमें दंदाने हों

दंदारू–(पु०) छाला, फफोला

दंदी–(वि०) 1 झगड़ालू 2 उपद्रवी

दंपति–*सं०* (पु०) = दंपती

दंभ–*सं०* (पु०) 1 मिथ्या अभिमान (जैसे-जातीय दंभ) 2 आडंबर, पाखंड

दंभक–*सं०* (पु०) पाखंडी

दंभन–*सं०* (पु०) ढोंग करना

दंभी–*सं०* (वि०) 1 मिथ्याभिमानी 2 पाखंडी

दँवरी–(स्त्री०) बैलों से रौंदवाना

दंश–*सं०* (पु०) 1 दाँत काटने की क्रिया 2 दाँत काटने का घाव 3 डंक मारने, काटने का घाव (जैसे-सर्प-दंश) 4 एक ज़हरीली मक्खी, डाँस

दंशक–I *सं०* (वि०) 1 दाँत से काटनेवाला 2 डंक मारनेवाला II (पु०) दंश नामक मक्खी

दंशन–*सं०* (पु०) 1 दाँत से काटने की क्रिया 2 डंक मारने की क्रिया

दंशित–*सं०* (वि०) 1 दाँत से काटा हुआ 2 डंक मारा हुआ

दंशी–*सं०* (वि०) 1 दाँत से काटनेवाला 2 चुभती बात कहनेवाला

दंष्ट्र–*सं०* (पु०) दाड़

दंष्ट्रा–*सं०* (स्त्री०) जबड़ा। ~**नखविष** (वि०) जिसके दाँतों और नखों में विष हो

दंष्ट्रायुध, दंष्ट्रास्त्र–*सं०* (वि०) दाँतों से अस्त्र का काम लेनेवाला

दई–(पु०) 1 ईश्वर 2 भाग्य, दैव

दकार–*सं०* (पु०) तवर्ग का तीसरा अक्षर 'द'। ~**जारा**, ~**मारा** (वि०) 1 दैव के प्रकोप से पीड़ित 2 अभागा

दक़ियानूस–*अ०* (वि०) 1 रुढ़िग्रस्त 2 पुराने विचारों का

दक़ियानूसी–*अ०* (वि०) पुराने विचारों का समर्थक, पुराने खयालवाला

दक़ीक़ा–*अ०* (पु०) 1 सूक्ष्म विचार 2 उपाय, युक्ति

दक्खिन–(पु०) दक्षिण दिशा

दक्खिनी–I (वि०) दक्षिण दिशा का II (पु०) दक्षिण दिशा में पड़नेवाला देश III (स्त्री०) दक्षिण देश की भाषा

दक्ष–I *सं०* (वि०) कुशल, निपुण II (पु०) प्रजापति। ~**कन्या** (स्त्री०) सती; ~**ता** (स्त्री०) कुशलता, निपुणता; ~**सुत** (पु०) देवता

दक्षिण–I *सं०* (वि०) 1 दाहिना 2 उत्तर दिशा के सामने पड़नेवाला II (पु०) 1 उत्तर के सामने पड़नेवाली दिशा, दक्खिन (जैसे-उत्तर-दक्षिण) 2 *साहि०* सभी प्रेमिकाओं से समान रूप से प्रेम करनेवाला नायक। ~**नायक** (पु०) अनेक नायिकाओं से समान अनुराग रखनेवाला नायक; ~**पंथी** + *हिं०* (पु०) सरकार के पक्षधर; ~**पश्चिम** (पु०) दक्षिण एवं पश्चिम दिशाएँ; ~**पश्चिमी** (वि०) दक्षिण-पश्चिम से संबंधित; ~**पूर्व** (पु०) दक्षिण और पूर्व दिशा; ~**पूर्वी** (वि०) दक्षिण और पूर्व संबंधी; ~**मार्ग** (पु०) एक तंत्रोक्त आचार; ~**वादी** (वि०) सरकार का पक्ष लेनेवाले

दक्षिणा–*सं०* (स्त्री०) 1 दक्षिण दिशा 2 यज्ञ आदि की समाप्ति पर दिया जानेवाला द्रव्य, दान 3 *साहि०* उपपत्नी के होते हुए भी अपने प्रेमी से पूर्ववत् प्रेम करनेवाली नायिका। ~**पथ** (पु०) दक्षिण दिशा को जानेवाला रास्ता, दक्षिण का रास्ता 2 दक्षिण भारत

दक्षिणाचार–*सं०* (पु०) 1 भद्र आचरण 2 विलोम-वामाचार

दक्षिणाभिमुख–*सं०* (वि०) 1 जो दक्षिण को मुँह किए हो 2 दक्षिण की ओर उन्मुख

दक्षिणायण–I *सं०* (वि०) दक्षिण की ओर रहनेवाला II (पु०) विषुवत् रेखा की ओर से मकर रेखा की ओर सूर्य का गमन 3 वह छः माह का समय जब सूर्य विषुवत् रेखा से दक्षिण दिशा में रहता है

दक्षिणायान–*सं०* (पु०) छः माह का वह समय जब सूर्य दक्षिण की ओर जाता हो

दक्षिणावर्त–*सं०* (वि०) दाहिनी ओर घूमनेवाला

दक्षिणी–*सं०* + *हिं०* I (वि०) 1 दक्षिण प्रदेश से संबंध रखनेवाला (जैसे-दक्षिणी पोशाक, दक्षिणी व्यंजन) 2 दक्षिण दिशा से संबंधित II (पु०) दक्षिण प्रदेश का निवासी III (स्त्री०) भारत के दक्षिण प्रांत की भाषा (जैसे-तमिल भाषा)। ~**ध्रुव** (पु०) पृथ्वी के गोले का दक्षिणी सिरा

दक्षिणीय–*सं०* (वि०) 1 दक्षिण संबंधी 2 दक्षिण प्रांत का, दक्षिण देश का 3 दक्षिणा योग्य

दखनी–(वि०/स्त्री०) दक्खिनी

दख़मा–*फ़ा०* (पु०) पारसियों का कब्रिस्तान

दख़लंदाज़–*अ०* + *फ़ा०* (पु०) रोड़ा अटकानेवाला, हस्तक्षेप करना

दख़लंदाज़ी–*अ०* + *फ़ा०* (पु०) रोड़ा अटकाना, हस्तक्षेप करना

दख़ल–*अ०* (पु०) 1 हस्तक्षेप, टोक 2 क़ब्ज़ा, अधिकार 3 प्रवेश, घुसना। ~**दिहानी** + *फ़ा०* (स्त्री०) कानूनी ढंग से क़ब्ज़ा दिलाना

दखिन–(पु०) = दक्षिण

दखिनहा–*बो०* (वि०) दक्षिण का, दक्षिणी

दख़ील–*अ०* (वि०) 1 हस्तक्षेप करनेवाला 2 क़ब्ज़ा किया हुआ, क़ाबिज़। ~**कार** + *फ़ा०* (पु०) स्थायी रूप से क़ब्ज़ा करनेवाला काश्तकार; ~**कारी** + *फ़ा०* (स्त्री०) 1 दख़ीलकार का पद एवं काम 2 दख़ीलदार के द्वारा क़ब्ज़ा की गई भूमि 3 क़ब्ज़ा

दगड़–(पु०) ज़ंगी ढोल

दग़दग़ा–*अ०* (पु०) 1 डर, भय 2 आशंका, खटका

दगदगाना–I (अ० क्रि०) चमकना II (स० क्रि०) चमकाना

दगध–I *बो०* (वि०) दग्ध II (पु०) = दाह

दगधना–I (स० क्रि०) 1 जलाना, दग्ध करना 2 अत्यंत दुःखी करना, दाहना II (अ० क्रि०) 1 जलना 2 दुःखी होना

दग़ना–*फ़ा०* + *हिं०* I (अ० क्रि०) 1 चलाया जाना, छूटना (जैसे-तोप दग़ना) 2 दागा जाना, अंकित होना 3 झुलस जाना II (स० क्रि०) दाग़ना

दग़ल–*अ०* (पु०) धोखा, छल। ~**फ़सल** (पु०) कपट, फरेब

दगल–(पु०) रूईदार ढीला अँगरखा

दगला–(पु०) रूई का बना ढीला-ढाला पहनावा, लबादा

दग़वाना–*फ़ा०* + *हिं०* (स० क्रि०) दागने का काम करवाना

दग़ा–*फ़ा०* (पु०) 1 धोखा, कपट 2 विश्वासघात। ~**दार** (वि०) 1 धोखा देनेवाला 2 विश्वासघात करनेवाला; ~**दारी** (स्त्री०) धोखेबाज़ी; ~**बाज़** (वि०) 1 धोखेबाज़ 2 विश्वासघाती; ~**बाज़ी** (स्त्री०) 1 दग़ाबाज़ होने की अवस्था 2 दग़ा करने की क्रिया, छलबाज़ी

दग़ीला–*फ़ा०* + *हिं०*, **दग़ैल**–*फ़ा०* + *हिं०* (वि०) 1 धब्बेवाला, दाग़दार 2 दग्ध रूप में अंकित किया हुआ 3 दाग़ लगा हुआ, दूषित, कलंकित

दग़ौल–*अ०* (वि०) दग़ाबाज़, कपटी

दग्ध–*सं०* (वि०) 1 जला हुआ 2 जलाया हुआ 3 अत्यंत दुःखी एवं संतप्त 4 दाग़ा हुआ। ~**कारी** (वि०) जिसे दाग़ा गया हो। ~**व्रण** (पु०) जलने का फोड़ा

दग्धांकित–*सं०* (वि०) जिसपर दाग़ने का निशान हो

दग्धाक्षर–*सं०* (पु०) छंद के आरंभ में वर्जित झ, ह, र, भ और ष अक्षर

दचक–(स्त्री०) 1 दचकने की क्रिया 2 धक्का, ठोकर 3 दबाव 4 दबाव से लगी चोट

दचकना–I (अ० क्रि०) 1 धक्का खाना 2 झटका खाना 3 दबना II (स० क्रि०) 1 धक्का लगाना 2 झटका देना 3 दबाना

दचका–(पु०) दे० दचक

दचना–I (अ० क्रि०) एकाएक गिरना II (अ० क्रि०/स० क्रि०) = दचकना

दज्जाल–*अ०* (वि०) 1 धोखेबाज़, दग़ाबाज़ 2 बेईमान II (पु०) मुस्लिम मतानुसार क़यामत के पहले जन्म लेकर ख़ुद को ख़ुदा होने का दावा करनेवाला व्यक्ति

दड़ोकना–(अ० क्रि०) गरजना, दहाड़ना

दढ़-मुंडा–(वि०) दाढ़ी मुँड़ा हुआ (एक गाली)

दढ़ियल–(वि०) दाढ़ीवाला

दतारा–(वि०) दँतार

दतुवन, दतुन, दतौन–(स्त्री०) = दातुन

दत्त–I *सं०* (वि०) 1 दिया हुआ 2 चुकता किया हुआ II (पु०) दान। ~**चित्त** (वि०) एकाग्र मनवाला; ~**दृष्टि** (वि०) एकटक देखनेवाला; ~**प्राण** (वि०) ~**विधान** (पु०) = दत्तक ग्रहण; ~**हस्त** (वि०) हाथ से सहारा दिया हुआ

दत्तक–*सं०* (पु०) विधिवत् पुत्र बनाया गया लड़का, गोद लिया पुत्र, मुतबन्ना। ~**ग्रहण** (पु०) दत्तक पुत्र बनाने की क्रिया; ~**ग्राही** (वि०) दत्तक पुत्र बनानेवाला; ~**पत्र** (पु०) इक़रारनामा, अनुबंध पत्र; ~**पुत्र** (पु०) दत्तक रूप में लिया गया लड़का, गोद लिया गया लड़का

दत्तात्मा–*सं०* (पु०) स्वयं को किसी का दत्तक पुत्र कहनेवाला बालक

दत्तावधान–*सं०* (वि०) 1 किसी ओर ध्यान देनेवाला 2 सावधान

दत्त्रिम–I *सं०* (पु०) दत्तक पुत्र II (वि०) दान में प्राप्त

ददा–(पु०) दादा, बड़ा भाई

ददिऔरा–*बो०* (पु०) ददिहाल

ददिया-ससुर–(पु०) ससुर का पिता (स्त्री० ददिया सास)

ददिहाल–(पु०) दादा का कुल, वंश

ददौड़ा, ददोरा–(पु०) चकत्ता

दद्रु–*सं०* (पु०) दाद (रोग)

दद्रुण–*सं०* (वि०) दाद से पीड़ित

दधि–*सं०* (पु०) दही। ~**काँदो** + *हिं०* (पु०) जन्माष्टमी के बाद होनेवाला वह उत्सव जिसमें एक-दूसरे पर हल्दी मिला दही फेंका जाता है; ~**कूर्चिका** (स्त्री०) फटे दूध का सार भाग, छेना; ~**सुत** (पु०) 1 चंद्रमा 2 कमल 3 मक्खन

दधिधानी–(स्त्री०) दही का पात्र

दन–(पु०) बंदूक आदि के चलने से उत्पन्न शब्द

दनदनाना–I (अ० क्रि०) 1 दन-दन शब्द होना 2 आनंद करना, ख़ुशी मनाना II (स० क्रि०) दन-दन ध्वनि उत्पन्न करना

दनादन– (अ०) 1 दन-दन शब्द करते हुए 2 निरंतर, लगातार 3 चटपट, तुरंत

दनुज–I *सं०* (वि०) दनु के गर्भ से उत्पन्न II (पु०) राक्षस, दानव

दन्न–(पु०) = दन

दपट–(स्त्री०) = डपट

दपटना–(अ० क्रि०) = डपटना

दफ़तर–*अ०* (पु०) = दफ़्तर

दफ़न–*अ०* (पु०) (मुर्दा) गाड़ना

दफ़नाना–(स० क्रि०) (मुर्दा) ज़मीन में गाड़ना

दफ़ा–I *अ०* (स्त्री०) 1 बार, मर्तबा 2 कानून का एक नियम, धारा (जैसे-दफ़ा 144 लागू हो गई)। ~**दार** + *फ़ा०* (पु०) पुलिस

दफ़ा–II *अ०* (पु०) दूर हटाना, ढकेलना II (वि०) तिरस्कारपूर्वक हटाया हुआ, भगाया हुआ। ~**दफ़ान** (पु०) = दफ़ा II

दफ़ीना–*अ०* (पु०) ज़मीन में गड़ा हुआ धन

दफ़्तर–*अ०* (पु०) कार्यालय, ऑफ़िस। ~**नवीस** + *फ़ा०* (पु०) कार्यालय के ख़त लिखनेवाला

दफ़्तरी–*अ०* + *फ़ा०* (पु०) 1 कार्यालय के काग़ज़ात आदि अच्छी तरह से रखनेवाला कर्मचारी 2 जिल्दसाज़ी करनेवाला कारीगर। ~**ख़ाना** (पु०) दफ़्तरी के काम करने का स्थान

दफ़्ती–*अ०* (स्त्री०) मोटा, कढ़ा एवं सूखा काग़ज़

दबंग–(वि०) 1 जो किसी से न दबे, निधड़क 2 प्रभावशाली 3 रोबीला 4 दिलेर

दबक–(स्त्री०) 1 दबकने की क्रिया 2 सिकुड़न, शिकन 3 धातुओं को पीटकर पत्तर बनाना

दबकना–I (अ० क्रि०) 1 छिप जाना, दुबकना 2 दबका रह जाना II (स० क्रि०) धातु को पीटकर लंबा करना

दबकाना–(स० क्रि०) 1 छिपाना, लुकाना 2 आड़ में करना

दबकी–(स्त्री०) 1 दबकने की क्रिया 2 धातु पीटकर तार बनाने की क्रिया

दबकैया–(वि०) 1 छिपनेवाला 2 छिपानेवाला

दबगर–(पु०) 1 ढाल बनानेवाला 2 चमड़े के कुप्पे बनानेवाला

दबड़-घुसड़ू–(वि०) डरपोक, कायर

दबदबा–*अ०* (पु०) 1 रोब, धाक (जैसे-इस इलाके में दरोगा का दबदबा ज्यादा है) 2 आंतक

दबना–(अ० क्रि०) 1 दाब के नीचे पड़ना (जैसे-संदूक के नीचे कपड़ा दबा है) 2 दाब में आना 3 संकटपूर्ण स्थिति में आना 4 असमर्थ होना 5 मंद पड़ना (जैसे-रोग का प्रकोप दबना) 6 मनोविकार शांत होना (जैसे-क्रोध दबना, वैर-विरोध दबना) 7 पहले सा प्रबल रूप न रहना 8 बात, काम आदि का हल्का होना (जैसे-आमदनी के अभाव में हाथ दबना) 9 फ़ीका पड़ना

दबस–(पु०) जहाज़ पर की रसद

दबाई–(स्त्री०) 1 दबाने की क्रिया 2 दबाने की मज़दूरी

दबाऊ–(वि०) दबानेवाला

दबाना–(स० क्रि०) 1 दबाव के नीचे लाना (जैसे-पत्थर से पैर दबाना) 2 भार पहुँचाना (जैसे-गुटका से काग़ज़ दबाना) 3 गाड़ना (जैसे-गड्ढे में दबाना) 4 हल्का भार डालकर पीड़ा दूर करना (जैसे-हाथ-पैर दबाना) 5 दमन करना 6 अत्यधिक त्रस्त करना 7 शांत करना (जैसे-उसने अपना क्रोध दबा लिया) 8 हड़पना 9 छिपाना (जैसे-उसने मेरे सौ रुपए दबा लिए हैं) 10 विवश करना

दबाव–(पु०) 1 दाब (जैसे-पैर दबाव कम करना) 2 प्रभाव (जैसे-दबाव में आकर काम करना) 3 असर (जैसे-गैस का दबाव कम हो गया)

दबीज़–*फ़ा०* (वि०) 1 मोटा, गफ 2 मज़बूत

दबीर–*फ़ा०* (पु०) मुंशी, मुहर्रिर

दबूसा–*बो०* (पु०) 1 जहाज़ का पिछला भाग 2 नाव में पतवारवाला भाग 3 जहाज़ का कमरा

दबेला–(वि०) दबा हुआ

दबैल–(वि०) 1 दबाववाला, प्रभावशाली 2 डरनेवाला, दब्बू दबनेवाला 3 कमज़ोर

दबोचना–(स० क्रि०) 1 झपटकर दबा बैठना, धर दबाना 2 छिपाना

दबोसना–*बो०* (स० क्रि०) अधिक मात्रा में पीना

दब्बू–(वि०) दब कर रहनेवाला, डरपोक

दम–*फ़ा०* (पु०) 1 जान, प्राण 2 साँस, श्वास 3 जीवन शक्ति 4 चरस आदि पीने की क्रिया 5 ताकत, ज़ोर 6 धोखा, फरेब। ~**ख़म** (पु०) शक्ति और दृढ़ता; ~**घोंटू** + *हिं०* (वि०) दम घोटनेवाली (जैसे-दम घोंटू स्थिति); ~**चूल्हा** + *हिं०* (पु०) कोयला जलाने का चूल्हा; ~**झाँसा** + *हिं०* (पु०) झूठी तसल्ली; ~**दमड़ी** + *हिं०* (स्त्री०) शक्ति एवं धन-दौलत; ~**दार** (वि०) 1 मज़बूत, दृढ़ 2 ताकतवर; ~**दिलासा** (पु०) 1 कोरी आशा 2 फुसलावा; ~**पट्टी** (स्त्री०) झाँसा-पट्टी; ~**बाज़** (वि०) 1 चकमा देनेवाला 2 चरस-गाँजा पीनेवाला; ~**बुत्ता** + *हिं०* (पु०) झूठा आश्वासन; ~**मार** + *हिं०* (पु०) गाँजा आदि पीनेवाला; ~**साज़** (पु०) गवैये के साथ सुर मिलानेवाला व्यक्ति। ~**अटकना** साँस का अवरुद्ध होना; ~**खींचना** 1 चुप्पी साध लेना 2 साँस ऊपर चढ़ाना; ~**घुटना** श्वास प्रक्रिया का बंद होना; ~**घोंटना** 1 गला दबाकर साँस लेना बंद करना 2 साँस न लेने देना; ~**चुराना** साँस रोककर खुद को मरा-सा दिखाना; ~**टूटना** 1 साँस रुक जाना 2 दौड़ने आदि के कारण हाँफने लगना; ~**तोड़ना** मर जाना; ~**नाक में (या नाक में दम) आना** अत्यधिक परेशान होना; ~**निकलना** मर जाना, मृत्यु; ~**फ़ना होना** 1 जी सूख जाना 2 मर जाना; ~**फूलना** साँस का भारीपन एवं वेग से चलना; ~**ब दम** 1 प्रतिक्षण 2 बार-बार; ~**भरना** 1 साँस चढ़ना 2 दावा करना 3 भरोसा करना, यकीन करना 4 प्रशंसा करना; ~**मारना** थकावट दूर करना, सुस्ताना; ~**में** ~**रहना** जान रहना; ~**लगाना** चरस, गाँजा आदि का कश लेना; ~**लेना** = दम मारना; ~**साधना** 1 चुप लगाना 2 साँस रोकना; ~**सूखना** 1होश उड़ना 2 डर जाना; ~**सूली पर होना** 1 बहुत परेशान होना 2 जान ख़तरे में होना; ~**ओंठों पर आना** मरने के करीब आना, मरणासन्न होना

दम–*सं०* (पु०) 1 दमन करने की क्रिया 2 कुकर्मों से मन को हटाना 3 दंड, सज़ा 4 इंद्रिय संयम

दमक–(स्त्री०) चमक। ~**दार** + *फ़ा०* (वि०) चमकनेवाला, चमकीला, चमकदार

दमकना–(अ० क्रि०) 1 चमकना, सुलग उठना

दमकल–(स्त्री०) आग बुझाने की मशीन। ~**कर्मचारी** + *सं०* (पु०) मशीन से आग बुझानेवाला; ~**घर**(पु०) वह स्थान जहाँ दमकल मशीनें रखी जाती हैं; ~**विभाग** + *सं०* (पु०) दमकल कार्यालय

दमकला–(पु०) 1 गुलाब जल आदि छिड़कने का यंत्र 2 दमचूल्हा 3 दमकल

दमड़ा–(पु०) दमड़ी, दाम 2 रुपया-पैसा, धन

दमड़ी–(स्त्री०) पैसे का आठवाँ हिस्सा। ~**के तीन होना** 1 अत्यंत तुच्छ होना 2 बहुत सस्ता

दमदम–*अं०* (पु०) मुलायम नोकवाली गोली, डमडम

दमदमा–*फ़ा०* (पु०) 1 चहारदीवारी 2 मोर्चेबंदी

दमन–*सं०* (पु०) 1 आत्मनियंत्रण 2 बलपूर्वक शांत करने का काम (जैसे-दमन-चक्र) 3 कठोरतापूर्वक दबाया जाना (जैसे-दमन नीति)। ~**कारी** (वि०) दमन करनेवाली (जैसे-दमनकारी कार्रवाइयाँ); ~**चक्र** (पु०) लोगों को दबाने के लिए चलाया गया अभियान; ~**विरोधी** (वि०) दमन का विरोध करनेवाला; ~**शील** (वि०) दमन करनेवाला

दमनात्मक–*सं०* (वि०) = दमनकारी

दमनी–*बो०* (स्त्री०) संकोच, लज्जा

दमनीय–*सं०* (वि०) दमन योग्य, दम्य

दमयिता–*सं०* (पु०) दमन करनेवाला

दमा–*फ़ा०* (पु०) साँस का रोग

दमाद–(पु०) दामाद, जामाता

दमादम–(क्रि० वि०) 1 दम-दम शब्द करते हुए 2 निरंतर, लगातार

दमामा–*फ़ा०* (पु०) बहुत बड़ा नगाड़ा, डंका

दमित–*सं०* (वि०) दमन किया हुआ (जैसे-दमित वासनाएँ)।

दमी–*सं०* (वि०) दमनशील

दमोड़ा–(पु०) दाम, मूल्य

दम्य–*सं०* (वि०) 1 दमनीय 2 (पशु) बधिया किए जाने योग्य

दयनीय–*सं०* (वि०) दया करने योग्य

दया–*सं०* (स्त्री०) करुणा, रहम (जैसे-गरीबों पर दया करना)। ~**दृष्टि** (स्त्री०) करुणा भरी दृष्टि; ~**निधि** (पु०) 1 दया का भंडार, अत्यंत दयालु 2 ईश्वर; ~**पात्र** (वि०) जो दया का पात्र हो, करुणापात्र; ~**प्रार्थी** (वि०) जो दया चाहता हो, करुणा इच्छुक; ~**भाव** (पु०) करुणा भाव; ~**मूलक** (वि०) दया भाव पैदा करनेवाला; ~**युक्त** (वि०) करुणापूर्ण; ~**वीर** (पु०), ~**शील** (वि०) स्वभाव से दयालु; ~**सागर** (पु०) अत्यंत दयालु व्यक्ति; ~**हीन** (वि०) निष्करुण

दयानत–*अ०* (स्त्री०) ईमानदारी, सच्चाई। ~**दार** + *फ़ा०* (वि०) ईमानदार, सच्चा; ~**दारी** + *फ़ा०* (स्त्री०) = दयानत

दयामय–*सं०* (वि०) दयापूर्ण, परम दयालु

दयार–*अ०* (पु०) भूखंड, प्रदेश

दयार–*बो०* (पु०) देवदार

दयार्द्र–*सं०* (वि०) दया से द्रवित होनेवाला

दयालु–*सं०* (वि०) दयावान्, कृपालु। ~**हृदय** (वि०) दयार्द्र

दयावंत, दयावान्–*सं०* (वि०) दयालु

दयित–I *सं०* (वि०) प्यारा II (पु०) पति

दयिता–*सं०* (स्त्री०) 1 प्रियतमा 2 पत्नी

दर–I *फ़ा०* (पु०) 1 दरवाज़ा 2 दहलीज़। ~**ख़ास्त** (स्त्री०) 1 प्रार्थना 2 प्रार्थनापत्र; ~**गाह** (स्त्री०) फ़कीर का मक़बरा; ~**गुज़र** (वि०) 1 अलग 2 उपेक्षित 3 माफ़; ~**दर** (क्रि० वि०) दरवाज़े-दरवाज़े; ~**पेश** (क्रि० वि०) सामने, आगे; ~**बान** (पु०) चौकीदार, ड्योढ़ीदार; ~**बानी** (स्त्री०) चौकीदार का काम; ~**बार** (पु०) राजसभा; ~**बार दार** (पु०) = दरबारी; ~**बारदारी** (स्त्री०) 1 पास बैठना 2 खुशामद करना; ~**बार साहब** + *अ०* (पु०) सिक्खों का प्रधान गुरुद्वारा; ~**बार हाल** + *अं०* (पु०) वह बड़ा कमरा

जहाँ दरबार लगता है; ~**बारी** I (पु०) राज सभा का सदस्य II (वि०) दरबार का

दर–II (स्त्री०) भाव, क़ीमत, मूल्य। ~**बंदी** (स्त्री०) अलग-अलग दर निश्चित करना; ~**अनुसूची** (स्त्री०) भाव तालिका; ~**मुलाई** (स्त्री०) कीमत मुलवाना

दर–III *फ़ा०* (क्रि० वि०) में, अंदर। ~**असल** *अ०* (क्रि० वि०) वास्तव में; ~**कार,** ~**कारी** I (वि०) आवश्यक, ज़रूरी II (स्त्री०) आवश्यकता; ~**किनार** I (वि०) अलग, जुदा II (क्रि० वि०) 1 बगल में 2 एक तरफ़; ~**कूच** (क्रि० वि०) बराबर यात्रा करते हुए; ~**परदा** (क्रि० वि०) पर्दे की आड़ में; ~**पेश** (क्रि० वि०) आमने-सामने, आगे; ~**माहा** (पु०) मासिक वेतन, तनख़्वाह; ~**मियान** I (पु०) बीच, मध्य II (क्रि० वि०) बीच में; ~**मियाना** (वि०) 1 बीच का 2 न बहुत बड़ा न बहुत छोटा; ~**मियानी** (वि०) भीतरी, आंतरिक; ~**हक़ीकत** (क्रि० वि०) वास्तव में

दर–IV *सं०* (पु०) 1 भय 2 विदारण 3 कंदरा, गुफा

दरक–(स्त्री०) दरार

दरक–*सं०* (वि०) कायर, डरपोक

दरकच–(स्त्री०) कुचलने की चोट

दरकचना–I (स० क्रि०) 1 दबाना 2 पीसना II (अ० क्रि०) क्षत होना, दबना

दरकना–(अ० क्रि०) दबाव से फटना

दरका–(पु०) चीर, दरार

दरकाना–I (स० क्रि०) फाड़ना, विदीर्ण करना II (अ० क्रि०) फटना, विदीर्ण होना

दरख़्त–*फ़ा०* (पु०) पेड़, वृक्ष

दरज–*अ०* (वि०) दर्ज

दरज़–*फ़ा०* (स्त्री०) दरार

दरजन–*अं०* (पु०) = दर्जन

दरजा–*अ०* (पु०) = दर्जा

दरज़िन–*फ़ा० + हिं०* (स्त्री०) = दर्ज़िन

दरज़ी–*फ़ा०* (पु०) = दर्ज़ी

दरण–*सं०* (पु०) 1 पीसना, दलना 2 विनाश

दरणि–*सं०* (स्त्री०) 1 धारा 2 तरंग

दरणी–*सं०* (स्त्री०) 1 भँवर 2 प्रवाह 3 लहर

दरद–I *सं०* (वि०) भयदायक II (पु०) पहाड़ III *बो०* पीड़ा

दरदीला–(वि०) दरदवाला

दरदरा–(वि०) बारीक कणवाला (जैसे-दरदरा आटा)

दरदराना–(स० क्रि०) दरदरे कण के रूप में पीसना, दरदरा पीसना (जैसे गेहूँ दरदराना)

दरदरी–(वि०) मोटे दानोंवाला

दरना–*बो०* (स० क्रि०) दलना, पीसना

दरपनी–(स्त्री०) चौखटे में मढ़ा शीशा

दरब–*बो०* (पु०) द्रव्य, धन

दरबर–*बो०* (वि०) दरदरा

दरबा–*फ़ा० + हिं०* (पु०) 1 खानेदार आलमारी 2 दीवार आदि का कोटर

दरमन–*फ़ा०* (पु०) 1 उपचार, इलाज 2 दवा, औषध

दरमा–(स्त्री०) बाँस की चटाई

दरमान–*फ़ा०* (पु०) 1 दवादारू, इलाज

दरवाज़ा–*फ़ा०* (पु०) 1 फाटक 2 किवाड़

दरवी–(स्त्री०) दर्वी

दरवेश–*फ़ा०* (पु०) 1 फ़कीर 2 भिखारी, मंगन

दरशन–(पु०) = दर्शन

दरशनी–(वि०) दर्शन संबंधी

दरस–(पु०) 1 दर्शन 2 भेंट, मुलाकात

दरशन–(पु०) = दर्शन, दरस

दरसनिया–*बो०* (पु०) दर्शन करानेवाला व्यक्ति

दरसाना–I *बो०* (स० क्रि०) 1 दिखलाना 2 दर्शन कराना II (अ० क्रि०) दिखाई देना

दरहम–*फ़ा०* (वि०) अस्त-व्यस्त। ~**बरहम** (वि०) अस्त-व्यस्त

दराँत (पु०), **दराँती–**(स्त्री०) हँसिया

दराई–*बो०* (स्त्री०) 1 दलना 2 दलने की मज़दूरी

दराज–*बो०* (स्त्री०) दरार

दराज़–I *फ़ा०* (वि०) 1 बहुत बड़ा 2 फैला हुआ, विस्तृत 3 लम्बा II (क्रि० वि०) अधिक, बहुत। ~**दस्त** (वि०) लंबे हाथवाला; ~**दस्ती** (स्त्री०) लंबा हाथ मारना

दराज़–*अं०* (स्त्री०) मेज़ में लगा सामान रखने का खाना

दरामद–*फ़ा०* (स्त्री०) अंदर आना

दरार–(स्त्री०) रेखा की तरह का अवकाश, दरज (जैसे-दरवाज़े की दरार)

दरारना–I (अ० क्रि०) फटना II (स० क्रि०) फाड़ना

दरिंदा–*फ़ा०* (पु०) हिंसक जंतु, हिंसक पशु

दरित–*सं०* (वि०) 1 फटा हुआ 2 डरा हुआ

दरिद्दर–*बो०* (पु०) दरिद्र

दरिद्र–I *सं०* (वि०) निर्धन, कंगाल II (पु०) निर्धन व्यक्ति। ~**ता** (स्त्री०) निर्धनता, कंगालपन

दरिद्रित–*सं०* (वि०) 1 दरिद्र 2 दुःखी

दरिया–*फ़ा०* (पु०) नदी। ~**दिल** (वि०) खुले दिलवाला, अति उदार; ~**दिली** (स्त्री०) अति उदारता; ~**बरामद,** ~**बरार** (स्त्री०) नदी हटने से निकली ज़मीन; ~**बुर्द,** ~**शिकस्त** (स्त्री०) नदी के चढ़ने से डूबी हुई ज़मीन

दरियाई–I *फ़ा* (वि०) नदी संबंधी, नदी का (जैसे-दरियाई घोड़ा) II (स्त्री०) धारीदार रेशमी कपड़ा

दरियाफ़्त–*फ़ा०* (वि०) पता लगाया हुआ

दरी–I (स्त्री०) मोटे सूत का बिछावन II *सं०* (स्त्री०) गुफा, कंदरा। ~**मंदिर** (पु०) गुफामंदिर; ~**मुख** (पु०) गुफा का द्वार III (वि०) कायर, डरपोक

दरीख़ाना–*फ़ा०* (पु०) 1 अनेक दरवाज़ोंवाला मकान 2 अनेक दरवाज़ोंवाला कमरा 2 बारहदरी

दरीचा–*फ़ा०* (पु०) 1 छोटा दरवाज़ा 2 खिड़की 3 रोशनदान

दरीबा–(पु०) 1 बाज़ार 2 वह बाज़ार जहाँ एक सी चीजें बिकती हों

दरेंती–(स्त्री०) अनाज दलने की चक्की

दरेग़–*फ़ा०* (पु०) कसर, त्रुटि

दरेरना–(स० क्रि०) 1 रगड़ के साथ धक्का देना 2 रगड़ना

दरेस–I *अं०* (स्त्री०) फूलदार छींट II (वि०) तैयार होकर तुरंत काम में आनेवाला

दरेसी–*अं०* (स्त्री०) 1 काट-छाँटकर दुरुस्त करना 2 सजाना 3 समतल करना

दरैया–*बो०* (पु०) दलनेवाला

दरोग़–I *फ़ा०* (पु०) असत्य कथन II (वि०) झूठा, असत्य। ~**गोई** (स्त्री०) झूठ बोलना; ~**हलफ़ी** *+ अ० + फ़ा०* (स्त्री०) शपथ लेकर भी झूठ बोलना, झूठा हलफ़

दरोग़ा–*फ़ा०* (पु०) = दारोग़ा

दरोग़ी–*फ़ा०* (वि०) दारोग़ा संबंधी

दर्कार–*फ़ा०* (वि०) = दरकार

दर्ज़–*अ०* (वि०) लिखा हुआ, अंकित। ~**रजिस्टर** *+ अं०* (वि०) पंजी में लिखा हुआ

दर्जन–I *अं०* (पु०) बारह का समाहार II (वि०) बारह (जैसे-एक दर्जन अंडा)

दर्जा–*अ०* (पु०) 1 कक्षा 2 स्थान, श्रेणी 3 पद, ओहदा 4 खाना। ~**बंदी** *+ फ़ा०* (स्त्री०) श्रेणीबद्ध करना; ~**वार** *+ फ़ा०* (वि०) श्रेणीबद्ध

दर्ज़िन–*फ़ा० + हिं०* (स्त्री०) 1 दर्ज़ी जाति की स्त्री 2 दर्ज़ी की स्त्री

दर्ज़ी–*फ़ा०* (पु०) कपड़ा सीने का धंधा करनेवाला व्यक्ति। ~**गिरी** (स्त्री०) दर्ज़ी का काम। ~**की सूई** हर तरह का काम करनेवाला आदमी

दर्द–*फ़ा०* (पु०) 1 पीड़ा, व्यथा 2 कष्ट, दुःख। ~**तोड़** *+ हिं०* (वि०) दर्द हटानेवाला; ~**नाक** (वि०) दर्द से भरा हुआ; ~**भरा** *+ हिं०* (वि०) दुःखपूर्ण (जैसे-दर्द भरी कहानी); ~**मंद** (वि०) 1 पीड़ित 2 हमदर्द, करुणाशील; ~**मंदी** (स्त्री०) 1 सहानुभूति 2 दया; ~**शरीक** *+ अ०* (वि०) दुःख में शामिल होनेवाला; ~**सर** (पु०) सिर का दर्द; ~**सरी** (स्त्री०) दिक़्क़त तक़लीफ़

दर्दर–*सं०* (वि०) फटा हुआ

दर्दी–*फ़ा०* (वि०) हमदर्द

दर्दीला–*फ़ा० + हिं०* (वि०) दर्द भरा

दर्दुर–*सं०* (पु०) मेंढक

दर्देदिल–*फ़ा०* (पु०) दिल का दुःख

दर्देशिकम–*फ़ा०* (पु०) पेट का दर्द

दर्प–*सं०* (पु०) 1 घमंड, अभिमान 2 मान 3 अक्खड़पन, उद्दंडता 4 रोब

दर्पक–*सं०* (वि०) दर्प करनेवाला

दर्पण–*सं०* (पु०) शीशा, आईना

दर्पणाकार–*सं०* (वि०) दर्पण की आकृति का

दर्पणी–*सं०* (वि०) दर्पण संबंधी

दर्पित–*सं०* (वि०) 1 दर्प युक्त 2 अभिमानी, घमंडी

दर्पी–*सं०* (वि०) 1 दर्पवाला 2 रोबवाला

दर्पोन्नत, दर्पोन्मद–*सं०* (वि०) दर्पित

दर्भ–*सं०* (पु०) कुशा, कुश

दर्भट–*सं०* (पु०) बंद कमरा

दर्मियान–*फ़ा०* (वि०) दरमियान

दर्मियानी–*फ़ा०* (वि०) दरमियानी

दर्रा–(पु०) 1 मोटा पीसा हुआ चूर्ण (जैसे-दाल का दर्रा) 2 कँकरीली मिट्टी

दर्रा–*फ़ा०* (पु०) सँकरा एवं दुर्गम रास्ता

दर्राना–(अ० क्रि०) बेधड़क चले जाना

दर्व–*सं०* (पु०) 1 हिंसक व्यक्ति, आततायी 2 राक्षस

दर्वी–*सं०* (स्त्री०) 1 साँप का फन 2 बड़ी करछी

दर्श–*सं०* (पु०) 1 दर्शन 2 अमावस्या तिथि 3 अमावस्या के दिन होनेवाला यज्ञ

दर्शक–I *सं०* (वि०) 1 देखनेवाला, द्रष्टा 2 दिखानेवाला निर्देश करनेवाला (जैसे-मार्गदर्शक, दिग्दर्शक) II (पु०) व्यक्तियों का समूह (जैसे-सिनेमा में आए दर्शक बैठ जाएँ)। ~**गण** (पु०) देखनेवाले लोग; ~**दीर्घा** (स्त्री०) दर्शकों के बैठने हेतु ऊँचाई पर बना स्थान, विजिटर्स गैलरी; ~**पंजिका,** ~**पत्रिका** (स्त्री०) दर्शकों द्वारा संस्था के विषय में अपने विचार प्रकट करने हेतु निर्मित रजिस्टर; ~**वृंद** (पु०) = दर्शकगण

दर्शन–*सं०* (पु०) 1 देखना (जैसे-नाट्य दर्शन) 2 साक्षात्कार (जैसे-ब्रह्म दर्शन) 3 प्रेम भक्ति से देखना (जैसे-महात्माजी के दर्शन) 4 भेंट, मुलाकात (जैसे-माता के दर्शन को जाना)। ~**कार** (पु०) दर्शन करनेवाला व्यक्ति; ~**गृह** (पु०) सभा भवन; ~**पद्धति** ~**प्रणाली** (स्त्री०) दर्शन शास्त्र की विधि; ~**प्रतिभू** (पु०) विशिष्ट समय एवं स्थान पर व्यक्ति को उपस्थित कराने की ज़िम्मेदारी लेनेवाला ज़मानतदार; ~**वादी** (वि०) दर्शन के सिद्धांत को माननेवाला; ~**विज्ञान,** ~**शास्त्र** (पु०) जगत्, आत्मा, प्रकृति, समाज और व्यक्ति से संबंधित गूढ़ प्रश्नों का विवेचन करनेवाला शास्त्र

दर्शनाभिलाषी–*सं०* (वि०) दर्शन की इच्छा करनेवाला

दर्शनार्थी–*सं०* (पु०) दर्शन करनेवाले लोग (जैसे-हज़ारों दर्शनार्थी गंगा सागर गए)

दर्शनी–*सं० + हिं०* (वि०) दरशनी

दर्शनीय–*सं०* (वि०) दर्शन करने योग्य (जैसे-दर्शनीय स्थल, दर्शनीय वस्तु)

दर्शनेंद्रिय–*सं०* (स्त्री०) आँख

दर्शाना–*सं० + हिं०* (स० क्रि०) = दरसाना

दर्शिका–*सं०* (स्त्री०) मार्ग दर्शन करनेवाली

दर्शित–*सं०* (वि०) दिखलाया हुआ

दर्शी–*सं०* (वि०) देखनेवाला (जैसे-आकाशदर्शी), साक्षात्कार करनेवाला (जैसे-आत्मदर्शी)

दर्स–*अ०* (पु०) 1 पढ़ना, पठन 2 उपदेश 3 शिक्षा। ~**गाह** *+ फ़ा०* (पु०) पाठशाला

दल–*सं०* (पु०) 1 गुट, गिरोह (जैसे-डाकुओं का दल) 2 झुंड, टोली (जैसे-पर्वतारोही दल) 3 पौधों के छोटे एवं कोमल पत्ते (जैसे-तुलसी दल) 4 एक जाति, वर्ग आदि का समूह (जैसे-कांग्रेस कर्मियों का दल) 5 फ़ौज का दस्ता, सैनिक दल 6 समूहिक रूप से कार्य-कर्ताओं का संगठन (जैसे-साम्यवादी दल)। ~**कपाट** (पु०) पंखुड़ी का कोष; ~**कोमल** (पु०) कमल; ~**गंजन** (वि०) व्यक्तियों के समूह को नाश करनेवाला, बहुत बड़ा वीर; ~**त्यागी** (पु०) दल से अलग होनेवाला व्यक्ति; ~**दार** *+ फ़ा०* (वि०) दलवाला; ~**नायक, दल-नेता** (पु०) दल का मुखिया; ~**पति** (पु०) दल का स्वामी; ~**बंदी** *+ फ़ा०* (स्त्री०) दल का निर्माण एवं संगठन करना; ~**बदल** (पु०) दल परिवर्तन;

~**बदलू** + *हिं०* (पु०) दल बदलनेवाला व्यक्ति; ~**बद्ध** (वि०) दल में बँधा हुआ; ~**बल** (पु०) 1 फ़ौज, लाव-लश्कर 2 नौकर-चाकर, संगी-साथी आदि; ~**बादल** + *हिं०* (पु०) 1 बादलों का समूह 2 बहुत बड़ी सेना 3 बड़ा खेमा; ~**वाला** + *हिं०* (वि०) दलबद्ध; ~**विभाजन** (पु०) दल का विभक्त होना; ~**विरोधी** (वि०) दल का विरोध करनेवाला

दलक़–*अ०* (स्त्री०) गुदड़ी। ~**पोश** + *फ़ा०* (वि०) गुदड़ी पहननेवाला

दलक–(स्त्री०) 1 टीस, पीड़ा 2 कंप, थरथराहट

दलकन–(स्त्री०) 1 दलकना 2 दलक, टीस

दलकना–I (अ० क्रि०) 1 काँपना 2 डगमगाना 3 विकल होना, घबराना II (स० क्रि०) 1 कँपा देना 2 विकल करना

दलगत–*सं०* (वि०) दल में शामिल (दलगत भावना, दलगत राजनीति)

दलदल–(स्त्री०) 1 बहुत गीला और मुलायम पदार्थ 2 कीचड़, पंक। ~**भूमि** + *सं०* (स्त्री०) कीचड़ भरी ज़मीन; ~**में फँसना** मुसीबत में फँसना

दलदला–(वि०) दलदलवाला

दलदलाना–(स० क्रि०) दे० दरदराना

दलन–I *सं०* (पु०) 1 पीसना, कुचलना 2 नाश, संहार II (वि०) संहारक, नाशकारक

दलना–(स० क्रि०) 1 चक्की में पीसना (जैसे-गेहूँ दलना) 2 कुचलना, मसलना 3 नष्ट करना, बर्बाद करना

दलनि–*बो०* (स्त्री०) = दलन

दलनीय–*सं०* (वि०) पीसने-कुचलने के योग्य

दलमलना–(स० क्रि०) 1 रौंद डालना, कुचल डालना 2 मसल डालना 3 छिन्न-भिन्न करना

दलवाई–(स्त्री०) 1 दलाने का काम 2 दलाने की मज़दूरी

दलवाना–(स० क्रि०) 1 दलने का काम करवाना 2 ध्वस्त कराना, नाश कराना

दलवैया–(वि०) दलनेवाला

दलहन–(पु०) तैयार दाल के बीज

दलहरा–(पु०) 1 दाल बनानेवाला 2 दाल का व्यापारी

दलहा–(पु०) थाला

दलादली–(स्त्री०) दलों की होड

दलान–*बो० फ़ा०* (पु०) = दालान

दलाना–(स० क्रि०) दलवाना

दलारा–(पु०) झूलनेवाला बिस्तरा

दलाल–*अ०* (पु०) 1 बिचवई, बिचौलिया, मध्यस्थ 2 कुटना 3 पारसियों की एक जाति। ~**बाज़** + *फ़ा०* (पु०) दलाल; ~**बाज़ी** + *फ़ा०* (स्त्री०) दलाल का काम

दलालत–*अ०* (स्त्री०) 1 दलील 2 प्रमाण 3 लक्षण

दलाला–*अ०* (स्त्री०) कुटनी

दलाली–*अ०* + *फ़ा०* (स्त्री०) 1 दलाल का काम 2 दलाल का पारिश्रमिक (जैसे-सौ रुपए दलाली प्राप्त हुई)

दलित–*सं०* (वि०) 1 कुचला हुआ, दबाया हुआ (जैसे-दलित वर्ग) 2 नष्ट किया हुआ (जैसे-दलित जाति)

दलिद्दर–I *बो०* (वि०) दरिद्र, कंगाल II (पु०) दरिद्रता

दलिया–(पु०) दला हुआ अनाज

दली–*सं०* (वि०) 1 दलवाला 2 पत्तोंवाला

दलीय–*सं०* (वि०) दल संबंधी (जैसे-दलीय एकता, दलीय भाषण)

दलील–*अ०* (स्त्री०) 1 युक्ति, तर्क 2 बहस

दलेपंज–(पु०) बूढ़ा होनेवाला घोड़ा

दलेल–*अ०* (स्त्री०) सज़ा के तौर पर करायी जानेवाली क़वायद

दलैया–(पु०) 1 दल नाशक 2 पीसनेवाला

दवँगरा–(पु०) पावस ऋतु की पहली वर्षा

दव–*सं०* (पु०) जंगल, वन

दवा–*अ०* (स्त्री०) 1 उपचार, इलाज (जैसे-तपेदिक की दवा) 2 औषध (जैसे-कड़वी दवा का प्रयोग) 3 ठीक करने का उपाय, तरीका (जैसे-इस बदमाश की दवा दारोग़ा कर सकता है)। ~**ख़ाना** + *फ़ा०* (पु०) औषधालय; ~**दरमन** + *फ़ा०* (पु०), ~**दारू** + *फ़ा०* (स्त्री०) इलाज, उपचार; ~**फ़रोश** + *फ़ा०* (पु०) दवाइयाँ बेचनेवाला; ~**साज़** + *फ़ा०* (पु०) दवाइयाँ बनानेवाला

दवाई–*अ०* + *हिं०* (स्त्री०) दवा। ~**ख़ाना** + *हिं०* + *फ़ा०*, ~**घर** + *हिं०* (पु०) = दवाख़ाना

दवाग्नि–*सं०* (स्त्री०) वन में लगी आग, दावानल, दावाग्नि

दवात–*अ०* (स्त्री०) मसि पात्र

दवानल–*सं०* (पु०) = दवाग्नि

दवामी–*अ०* + *फ़ा०* (वि०) चिरस्थायी। ~**काश्तकार** (पु०) स्थायी रूप से काश्तकारी का अधिकार प्राप्त किसान; ~**बंदोबस्त** (पु०) सरकारी मालगुजारी को चिरकाल हेतु निश्चित करने की व्यवस्था;

दवारि–*सं०* (स्त्री०) दावाग्नि

दश–*सं०* (वि०) दस। ~**छिद्र** दो कान, आँख, नाक, एक मुख, गुदा, लिंग तथा ब्रह्मांड शरीर के दश छिद्र; ~**बाहु** (पु०) शिव; ~**वार्षिक** (वि०) दस वर्ष का; ~**विधि** (स्त्री०) दस प्रकार ~**ग्रीव** (पु०) रावण

दशक–*सं०* (पु०) 1 दस का समाहार 2 दस वर्ष का समय

दशधाभक्ति–*सं०* (स्त्री०) नवधा भक्ति में सम्मिलित दसवीं प्रेम लक्षणा भक्ति का सामूहिक रूप

दशन–*सं०* (पु०) दाँत। ~**छद** (पु०) होंठ

दशनामी–*सं०* (पु०) शंकराचार्य के शिष्यों द्वारा चला गया एक धार्मिक संप्रदाय

दशनावली–*सं०* (स्त्री०) दंतपंक्ति

दशम–*सं०* (वि०) दसवाँ (जैसे-दशम भाग, दशम अंश)। ~**भाव** (पु०) ज्योतिष में जन्म लग्न का दसवाँ घर

दशमलव–*सं०* (पु०) 1 *ग०* दसवें, सौवें आदि के मध्य किसी अंश को बतलाने हेतु लगाया गया बिंदु (जैसे-दस दशमलव पाँच, 10.5) 2 दशमलव से सूचित की गई संख्या (जैसे-5.82)। ~**करण** (पु०) दशमलव का रूप देना; ~**पद्धति** (स्त्री०) दशमलव से सूचित करने की प्रणाली

दशमलवी–*सं०* (वि०) = दशमिक। ~**करण** (पु०) दशमलव में परिवर्तित करना

दशमांश–*सं०* (पु०) दसवाँ भाग

दशमिक–*सं०* (वि०) दशमलव भाग से संबंधित (जैसे-दशमिक मुद्रा प्रणाली)

दशमी–*सं॰* (स्त्री॰) 1 चांद्र मास के प्रत्येक पक्ष की दसवीं तिथि 2 विजयादशमी

दशहरा–(पु॰) विजयादशमी

दशांग–*सं॰* (पु॰) दस प्रकार के सुगंधित द्रव्यों को मिलाकर बनाया गया धूप

दशांत–*सं॰* (पु॰) बुढ़ापा

दशांश–*सं॰* (पु॰) दसवाँ भाग

दशा–*सं॰* (स्त्री॰) 1 अवस्था, हालत 2 जीवन की कालगति के अनुसार अनेक अवस्था (जैसे-करुण दशा, क्रोध की दशा, प्रेम की दशा)

दशानन–*सं॰* (पु॰) दशमुख, रावण

दशाब्दी–*सं॰* (स्त्री॰) दस वर्ष का समय

दशावतार–*सं॰* (पु॰) विष्णु के दस अवतार

दशाह–*सं॰* (पु॰) 1 दस दिन 2 मृत्यु के दसवें दिन होनेवाला कर्मकांड आदि

दशी–*सं॰ + हिं॰* (स्त्री॰) (दे॰) दशक

दश्त–*फ़ा॰* (पु॰) जंगल

दश्ती–*फ़ा॰* (वि॰) जंगल से संबंधित, जंगली

दष्ट–*सं॰* (वि॰) डसा हुआ

दस–I (वि॰) नौ से एक अधिक II (पु॰) दस की संख्या, 10 की संख्या। ~**गुना** (वि॰) जो दस का गुणा करने से प्राप्त हो (जैसे-सौ का दसगुना रुपया); ~**दिवसीय** *+ सं॰* (वि॰) दस दिनोंवाला (जैसे-दस दिवसीय समारोह); ~**नंबरी** *+अं॰+हिं॰* (वि॰) बहुत चालाक और बदमाश; ~**साला** *+ फ़ा॰* (वि॰) दस वर्ष का

दसखत–*फ़ा॰ + अ॰* (पु॰) *बो॰* = दस्तख़त

दसना–I (अ॰ क्रि॰) बिछाया जाना, बिछना II (स॰ क्रि॰) बिछाना III (पु॰) बिछौना, बिस्तर

दसवाँ–I (वि॰) दस के स्थान पर आनेवाला (जैसे-दसवाँ राजा, दसवाँ फाटक) II (पु॰) = दशाह। ~**द्वार खुलना** 1 ब्रह्मांड फटना 2 होश-हवास खत्म हो जाना

दसाना–(स॰ क्रि॰) बिछाना

दसी–(स्त्री॰) 1 कपड़े का छोर, अंचल 2 निशान, चिह्न 3 चमड़ा छीलने का औज़ार, राँपी

दसोतरा–I (वि॰) दस से अधिक II (पु॰) प्रति सौ में दस III (क्रि॰ वि॰) दस प्रतिशत

दस्तंदाज़–*फ़ा॰* (वि॰) हस्तक्षेप करनेवाला

दस्तंदाज़ी–*फ़ा॰* (स्त्री॰) हस्तक्षेप

दस्त–I *फ़ा॰* (पु॰) पतला मल

दस्त–II*फ़ा॰* (पु॰) हाथ। ~**कार** (पु॰) हस्त शिल्पी; ~**कार-उद्योग** *+ सं॰* (पु॰) हस्त शिल्प उद्योग; ~**कारी** (स्त्री॰) 1 दस्तकार का काम 2 हाथ से बनी कलापूर्ण कृति; ~**ख़त** *+ अ॰* (पु॰) हस्ताक्षर; ~**ख़ती** (वि॰) हस्ताक्षरित; ~**गिरिफ़्ता** (वि॰) 1 हाथ से पकड़ा हुआ 2 जिसकी मदद की जाए; ~**गीर** (वि॰) हाथ पकड़नेवाला, सहायक; ~**गीरी** (स्त्री॰) सहायता, मदद; ~**चालाक** (वि॰) 1 चोर 2 हथलपक; ~**दराज़** (वि॰) 1 ढीठ 2 हथछुट 3 हथलपक 4 परायी वस्तु हड़पनेवाला 5 परायी बहु-बेटी पर हाथ डालनेवाला; ~**दराज़ी** (स्त्री॰) 1 हथछुट-पन 2 हथलपकी 3 परायी बहु-बेटी पर हाथ डालना; ~**निगर** (वि॰) परमुखापेक्षी, मोहताज; ~**पनाह** (पु॰) चिमटा; ~**बदस्त** (क्रि॰ वि॰) हाथोंहाथ; ~**बंद** (पु॰) मोतियों एवं जवाहरात का लच्छा; ~**बरदार** (वि॰) 1 हाथ हटा लेनेवाला 2 अलग रहनेवाला; ~**बरदारी** (स्त्री॰) दस्तबरदार होना; ~**बस्ता** (क्रि॰ वि॰) हाथ जोड़े हुए; ~**याब** (वि॰) प्राप्त, हस्तगत

दस्तक–*फ़ा॰* (स्त्री॰) 1 हाथ का हल्का आघात 2 दरवाज़ा खटखटाना (जैसे-दस्तक देना) 3 ताली 4 मालगुज़ारी वसूली का आज्ञापत्र 5 महसूल, राजस्व

दस्तरख़ान–*फ़ा॰* (पु॰) भोजन की थाली के नीचे रखा जानेवाला कपड़ा

दस्ता–I *फ़ा॰* (पु॰) 1 बेंट, मूठ (जैसे-चाकू का दस्ता) 2 डंडा 3 चपरास II (पु॰) 1 जत्था (पहरेदार दस्ता) 2 सैनिकों की टोली 3 काग़ज़ के चौबीस तख्तों की गड्डी 4 फूलों का गुच्छा

दस्तावर–*फ़ा॰* (वि॰) जिसके खाने से दस्त हो, रेचक

दस्तावेज़–*फ़ा॰* (स्त्री॰) 1 विधिक लेख्य 2 तहरीर 3 सनद 4 तमस्सुक

दस्तावेज़ी–*फ़ा॰* (वि॰) दस्तावेज़ संबंधी

दस्ती–I *फ़ा॰* (वि॰) 1 हाथ का 2 हाथ से ले जानेवाला II (स्त्री॰) 1 छोटा बेंट 2 छोटा रूमाल 3 छोटा क़लमदान। ~**चिट्ठी** (स्त्री॰) हाथोंहाथ ले जानेवाली चिट्ठी

दस्तूर–*फ़ा॰* (पु॰) 1 प्रथा, रीति 2 कायदा, नियम, विधि। ~**उल-अमल** *+ अ॰* (पु॰) क़ायदा-क़ानून

दस्तूरी–I *फ़ा॰* (स्त्री॰) सौदा खरीदने पर नौकरों को दुकानदारों द्वारा दिया गया पुरस्कार स्वरूप धन II (वि॰) दस्तूर संबंधी

दस्यु–*सं॰* (पु॰) 1 डाकू, लुटेरा 2 खल, दुष्ट; ~**ता** (स्त्री॰) 1 दस्यु होने की अवस्था 2 डकैती, लुटेरापन 3 दुष्टता; ~**वृत्ति** (स्त्री॰) डाकू का पेशा

दह–I (पु॰) नदी का बहुत गहरा भाग II (स्त्री॰) = दाह (जलन)

दहक–(स्त्री॰) 1 अग्नि ज्वाला, लपट 2 आग का दहकना 3 जलन, दाह 4 पश्चाताप

दहकना–(अ॰ क्रि॰) 1 धधकना 2 तपना 3 संतप्त होना, दुःखी होना

दहक़ान–*फ़ा॰* (पु॰) देहाती आदमी

दहकाना–(स॰ क्रि॰) 1 जलाना (जैसे-आग दहकाना) 2 भड़काना, उत्तेजित करना

दहक़ानियत–*फ़ा॰ + अ॰* (स्त्री॰) गंवारपन, देहातीपन

दहक़ानी–I *फ़ा॰* (पु॰) = दहक़ान II (वि॰) गँवारों की तरह

दहड़-दहड़–(क्रि॰ वि॰) धधक-धधककर (जैसे-दहड़-दहड़ जलना)

दहन–*सं॰* (पु॰) 1 जलना, दाह (जैसे-लंका दहन) 2 आग। ~**कक्ष** (पु॰) जलाने का कमरा; ~**शील** (वि॰) 1 शीघ्र जलनेवाला 2 जलानेवाला, दाहक

दहना–I (स॰ क्रि॰) 1 जलाना 2 अत्यधिक दुःखी करना, कुढ़ाना II (अ॰ क्रि॰) 1 जलना 2 कुढ़ना

दहनागार–*सं॰* (पु॰) = दहन कक्ष

दहनीय–*सं॰* (वि॰) = दह्य

दहपट–(वि॰) 1 ढाया हुआ, ध्वस्त 2 कुचला हुआ, रौंदा हुआ

दहपटना–(स॰ क्रि॰) 1 ध्वस्त करना, ढाना 2 कुचलना, रौंदना

दहरे-दहरे–(क्रि० वि०) दहड़-दहड़

दहल–(स्त्री०) 1 डर से काँपना 2 थर्राना (जैसे-शेर की दहाड़ से जी दहलना)

दहलना–(अ० क्रि०) 1 डर से काँपना 2 थर्राना (जैसे-शेर की दहाड़ से जी दहलना)

दहला–I (पु०) दस रंगीन चिह्नोंवाला ताश का पत्ता (जैसे-पान का दहला) II *बो०* (पु०) थाँवला, थाला

दहलाना–(स० क्रि०) डराकर कँपा देना

दहलीज़–*फ़ा०* (स्त्री०) देहरी, डेहरी, देहली (जैसे-दहलीज़ पर कदम रखना)

दहशत–*अ०* (स्त्री०) आतंक, भय। **~गर्द** + *फ़ा०* (वि०) डरावना, भयानक; **~गर्दी** + *फ़ा०* (स्त्री०) भयानकता; **~ज़दा** + *फ़ा०* (वि०) डरा हुआ, भयभीत; **~नाक** + *फ़ा०* (वि०) भयानक, डरावना

दहसनी–*फ़ा०* + *अ०* + *फ़ा०* (स्त्री०) ऐसी बही जिसमें दस-दस संवतों का हिसाब अलग-अलग किया जाता हो

दहा–*फ़ा०* (पु०) 1 ताजिया 2 मुहर्रम का समय

दहाई–(स्त्री०) दाहिनी ओर से दूसरा स्थान (जैसे-बीस में दहाई का अंक दो है)

दहाड़–(स्त्री०) 1 गर्जन (जैसे-सिंह की दहाड़) 2 ज़ोर की चिल्लाहट (जैसे-दहाड़ मार कर रोना)। **~मारकर रोना** ज़ोर-ज़ोर से रोना

दहाड़ना–(अ० क्रि०) 1 गरजना 2 चिल्ला-चिल्लाकर रोना 3 डपटकर बोलना (जैसे-दारोगा का दहाड़ना सुनकर चोर भाग निकला)

दहाना–*फ़ा०* (पु०) 1 बड़ा और चौड़ा मुँह 2 मशक का मुँह 3 पनाला, मोरी 4 नदी का मुहाना

दहार–I *बो०* (पु०) 1 प्रांत, प्रदेश 2 गाँव के आस-पास की ज़मीन II (स्त्री०) दहाड़

दहिजरा–(वि०) तनजला (गाली)

दहिने–(क्रि० वि०) 1 दाहिने हाथ की ओर (जैसे-इस मकान के दहिने एक कूआँ है) 2 अनुकूल रहकर (जैसे-अधिकारी के दहिने रहना)

दहियल–*बो०* (पु०) = दहला I

दही–(पु०) जामन डालकर जमाया दूध (जैसे-दही जमाना, दही जमना)। **~बड़ा** (पु०) दही में पड़ा हुआ बड़ा; **~दही करना** बेचने हेतु प्रचार करना

दहेंगर–(पु०) दही का मटका

दहेज़–*अ०* (पु०) विवाह के अवसर पर कन्या पक्ष द्वारा वर पक्ष को दिया जानेवाला धन, रुपया आदि, दायज़ा, दाय

दहेला–I (वि०) जला हुआ, दग्ध 2 दुखी, संतप्त

दहेला–II (वि०) 1 भीगा हुआ, आर्द्र 2 भोग किया हुआ, भोगा हुआ

दहोतरसौ–(पु०) सौ से दस ऊपर की संख्या, एक सौ दस की संख्या, 110

दह्य–*सं०* (वि०) जल सकने योग्य

दह्यमान–*सं०* (वि०) जलता हुआ

दाँ–*बो०* (पु०) दफ़ा, बार, बारी

दाँग–I *फ़ा०* (स्त्री०) छः रत्ती की तौल II *फ़ा०* (स्त्री०) दिशा, ओर III (पु०) 1 टीला 2 पर्वत श्रेणी, शिखर IV (पु०) नगाड़ा, डंका

दाँज–(स्त्री०) *बो०* 1 तुलना, बराबरी 2 स्पर्धा, होड़

दाड़ना–(स० क्रि०) 1 सज़ा देना 2 अर्थ दंड लगाना

दाँड़ा-मेड़ा–(पु०) 1 परस्पर अत्यंत समीप 2 अनबन, झगड़ा

दांडिक–I *सं०* (पु०) जल्लाद II (वि०) दंड देनेवाला

दाँत–(पु०) 1 रीढ़वाले प्राणियों के मुख में अर्धचंद्राकार रूप में पंक्तिबद्ध छोटे-छोटे अस्थिखंड, दंत (जैसे-दाँत से काटना, दाँत से दबाना) 2 आरी, कंघी आदि का दाँता। **~घुँघनी** (स्त्री०) पहला दाँत निकलने पर बाँटी जानेवाली पोस्ते की घुँघनी; **~दर्द** + *फ़ा०* (पु०) दंत पीड़ा; **~दार** + *फ़ा०* (वि०) आरीदार, कांटेदार (जैसे-दाँतदार पहिया, दाँतदार कंघा); **~पीड़ा** + *सं०* (स्त्री०) = दाँत दर्द; **~विज्ञान** + *सं०* (पु०) दंत चिकित्सा शास्त्र; **~साज़** + *फ़ा०* (पु०) कृत्रिम दाँत बनानेवाला डाक्टर; **~काटी रोटी** प्रगाढ़ मित्रता, गाढ़ी दोस्ती; **~काढ़ना** गिड़गिड़ाना; **~किरकिरे होना** हार मानना; **~कुरदने को तिनका न रहना** पास में कुछ भी न रहना; **~खट्टे करना** 1परास्त करना, हराना 2 नाक में दम करना, बहुत तंग करना; **~गड़ना** बहुत लालायित होना; **~चबाना** दे० दाँत पीसना; **~तले उँगली दबाना** दे० दाँतों उँगली काटना; **~तोड़ना** परास्त करना; **~दिखाना** घुड़कना; **~निकालना, ~निपोरना** 1 गिड़गिड़ाना 2 व्यर्थ हँसना 3 टें बोल देना; **~पर मैल न होना** अत्यंत दरिद्र होना, अकिंचन होना; **~पीसना** अत्यधिक क्रुद्ध होना; **~बैठना** बेहोशी के कारण दाँतों का सट जाना, मुँह न खुल पाना, **~लगाना** हड़पने की ताक में रहना; **दाँतों उँगली काटना** आश्चर्य में पड़ जाना, दंग रहना; **दाँतों पसीना आना** अत्यधिक श्रम पड़ना; **दाँतों में जीभ-सा होना** प्रतिपल शत्रुओं के बीच रहना; **दाँतों में तिनका गहना** दीन भाव से प्रार्थना करना; **~से उठाना** कंजूसी से एकत्र करना

दांत–I*सं०* (वि०) 1 दबाया हुआ 2 वश में किया हुआ 3 जितेन्द्रिय II 1 दाँत का बना हुआ 2 दाँत का

दाँता–(पु०) दाँत सा बड़ा एवं नुकीला सिरा, दंदाना। **~किटकिट, ~किलकिल** (स्त्री०) तकरार, तू-तू-मैं-मैं

दाँती–I (स्त्री०) हँसियाँ II नाव बाँधने का खूँटा III दंतावली, बत्तीसी

दाँना–(स० क्रि०) फसल के बीज अलग करना, दाने अलग करना

दांपतिक, दांपत्य–I *सं०* (वि०) दंपति संबंधी (जैसे-दांपत्य प्रेम, दांपत्य कहा-सुनी) II (पु०) 1 दंपति होने की अवस्था 2 पति-पत्नी का संबंध। **~जीवन** (पु०) पति-पत्नी का जीवन; **~संबंध** (पु०) पति-पत्नी का रिश्ता; **~संबंध-विच्छेद** (पु०) तलाक, डाइवोर्स

दांभिक–*सं०* (वि०) 1 दंभवाला, घमंडी 2 पाखंडी 3 वंचक, ठग

दाँय–I (स्त्री०) *बो०* बंदूक, तोप आदि छूटने का शब्द II (स्त्री०) दँवरी

दाँव–(पु०) 1 दफ़ा, बार, मर्तबा (जैसे-दो दाँव का खेल) 2 पारी, बारी (जैसे-हम दो दाँव से जीत गए) 3 खेलने की पारी, अवसर (जैसे-अब हमारा दाँव है) 4 हाथ (जैसे-जूए में

दाँव मारना) 5 अनुकूल अवसर (जैसे-बच निकलने का दाँव नहीं मिला) 6 तरकीब, युक्ति (जैसे-दाँव ढूँढ़ना) 7 चालाकी (जैसे-दाँव दिखाना)। ~**घात** (स्त्री०) 1 छल, कपट 2 मतलब गाँठने का ढंग; ~**पेंच** + *फ़ा०* (पु०) चाल, मकरफ़रेब; ~**लगाना** बाजी लगाना; ~**लेना** बदला लेना

दाँवना–(स० क्रि०) दाँना

दाँवनी–(स्त्री०) *बो०* 1 ⇒दावनी (गहना) 2 = दँवरी 3 = दाँवरी

दाँवरी–I (स्त्री०) रस्सी, डोरी II (स्त्री०) दँवरी

दाई–(स्त्री०) 1 उपमाता, धाय 2 बच्चा जनानेवाली औरत (जैसे-दाई से पेट छिपाना) 3 दासी, नौकरानी। ~**गिरी** + *फ़ा०* (स्त्री०) दाई का काम; ~**से पेट छिपाना** ऐसे व्यक्ति से बात आदि छिपाना जो सारा रहस्य जानता हो

दाऊ–*बो०* (पु०) 1 बड़ा भाई 2 बलराम, बलदेव (कृष्ण के एक बड़े भाई)

दाएँ–(क्रि० वि०) दायें। ~**बाएँ** (क्रि० वि०) इधर-उधर

दाक्षिणात्य–*सं०* (वि०) दक्षिण का, दक्षिणी

दाक्षिण्य–I *सं०* (वि०) दक्षिण संबंधी II (पु०) 1 अनुकूलता 2 निपुणता, पटुता 3 *साहि०* नायक द्वारा नायिका का अनुवर्तन

दाख–I (स्त्री०) 1 अंगूर 2 मुनक्का II (वि०) दक्ष

दाख़िल–*अ०* (वि०) 1 प्रविष्ट 2 शामिल (जैसे-बिना इज़ाज़त दाख़िल होना)। ~**ख़ारिज़** (पु०) *का०* एक का स्वामित्व काटकर दूसरे का स्वामित्व काग़ज़ में दर्ज़ करना; ~**दफ़्तर करना** (स० क्रि०) बिना कार्रवाई किए काग़ज़ को फाइल में लगा देना; ~**करना** अदा करना, जमा करना

दाख़िला–*अ०* (पु०) 1 प्रवेश (जैसे-विद्यालय में दाख़िला करवाना) 2 अदायगी 3 चुंगी आदि की रसीद 4 प्रवेश शुल्क 5 दाख़िल रजिस्टर

दाख़िली–*अ०* (वि०) 1 भीतरी, आंतरिक 2 दिली, हार्दिक (जैसे-दाखिली तौर पर)

दाग–(पु०) 1 दाह 2 दग्धकर्म (जैसे-दाग देना) 3 जलन, ताप 4 डाह, ईर्ष्या 5 जलने का चिह्न

दाग़–*फ़ा०* (पु०) 1 धब्बा (जैसे-स्याही का दाग़) 2 विकार सूचक चिह्न (जैसे-सेव पर सड़ने का दाग़ है) 3 लांछन, कलंक (जैसे-कुल में दाग़ लगाना) 4 गर्म लोहे का निशान (जैसे-घोड़े को दाग़ देना)। ~**दार** (वि०) 1 दाग़वाला 2 कलंकित; ~**बेल** + *हिं०* (स्त्री०) नींव से पहले मकान आदि की खींची गई रेखाएँ; ~**लगाना** 1 कलंकित करना 2 कलुषित करना

दाग़ना–*फ़ा०* + *हिं०* (स० क्रि०) 1 गर्म धातु से शरीर पर निशान लगाना 2 बंदूक आदि छोड़ना 3 संतप्त करना, जलाना 4 शव को आग देना

दाग़ी–*फ़ा०* (वि०) 1 दाग़दार 2 लांछित 3 सज़ा भुगता हुआ

दाघ–*सं०* (पु०) 1 गर्मी, ताप 2 जलन, दाह

दाझना–(अ० क्रि०) 1 जलना 2 डाह करना

दाड़क–(पु०) दाढ़, डाढ़

दाड़िम–*सं०* (पु०) 1 अनार 2 इलायची

दाढ़–I (स्त्री०) चौभर (जैसे-दाढ़ दर्द करना) II (स्त्री०) दहाड़

दाढ़ा–I *बो०* (पु०) लंबी दाढ़ी II (पु०) डाढ़ा

दाढ़ी–(स्त्री०) 1 ठुड्डी पर के बाल (जैसे-दाढ़ी बनवाना) 2 ठुड्डी, ठोढी। ~**दार** + *फ़ा०* (वि०) दाढ़ीवाला (जैसे-दाढ़ीदार आदमी); ~**मुड़वाई** (स्त्री०) 1 दाढ़ी के बाल उस्तरे से साफ़ करवाना 2 दाड़ी बनवाने की मज़दूरी, पारिश्रमिक; ~**मूँछ** (स्त्री०) दाढ़ी और मूँछ

दातन–(स्त्री०) दातुन

दातव्य–I *सं०* (वि०) 1 देने योग्य 2 दान का II (पु०) 1 दान 2 दानशीलता

दाता–I *सं०* (वि०) 1 देनेवाला 2 दानशील II (पु०) 1 ईश्वर 2 दानी व्यक्ति

दातार–*सं०* (वि०) 1 अधिक दान देनेवाला 2 भगवान

दाति–*सं०* (स्त्री०) देना

दातुन–(स्त्री०) 1 वृक्ष की पतली, नरम टहनी का छोटा टुकड़ा (जैसे-नीम की दातुन) 2 दाँत-मुँह साफ़ करना

दातृता–*सं०* (स्त्री०) दानशीलता

दातृत्व–*सं०* (पु०) दानशीलता

दातौन–(स्त्री०) दातुन

दात्यूह–*सं०* (पु०) 1 पपीहा, चातक 2 मेघ, बादल

दात्यौह–(पु०) = दात्यूह

दात्र–*सं०* (पु०) दराँती, हँसिया

दात्री–*सं०* (स्त्री०) देनेवाली

दाद–*फ़ा०* (स्त्री०) 1 इंसाफ, न्याय 2 न्याय हेतु की गई प्रार्थना 3 सराहना, प्रशंसा (जैसे-दाद देना)। ~**ख़्वाह** (वि०) न्याय चाहनेवाला

दाद–(स्त्री०) *चि०* चकत्तेदार चर्म रोग

दादनी–*फ़ा०* (स्त्री०) 1 दातव्य 2 पेशगी दी जानेवाली रकम। ~**दार** (पु०) पेशगी देनेवाला

दादा–(पु०) 1 पितामह 2 बड़े-बूढ़ों के लिए प्रयुक्त आदर सूचक शब्द 3 बड़ा भाई। ~**गिरी** + *फ़ा०* (स्त्री०) गुंडों की सरदारी, गुंडागर्दी

दादी–(स्त्री०) पिता की माता, पितामही

दादी–*फ़ा०* (पु०) न्याय का प्रार्थी। ~**फ़रियादी** (पु०) इंसाफ चाहनेवाला

दादू–*बो०* (पु०) दादा एवं बड़े भाई के लिए आदर सूचक संबोधन शब्द

दान–*सं०* (पु०) 1 देन 2 ख़ैरात (जैसे-गरीबों को दान देना) 3 दी गई कोई वस्तु। ~**धर्म** (पु०) दान देने का धर्म; ~**पत्र** (पु०) ऐसा पत्र जिसमें दान संबंधी उल्लेख हो; ~**परायण** (वि०) दानशील; ~**पात्र** (पु०) दान देने योग्य व्यक्ति; ~**पुण्य** (पु०) = दान धर्म; ~**प्रतिष्ठा** (स्त्री०) दान के साथ की दक्षिणा; ~**लेख** (पु०) = दान पत्र; ~**शील** (वि०) बहुत बड़ा दानी;

दानव–*सं०* (पु०) राक्षस, असुर, दैत्य। ~**गुरु** (पु०) शुक्राचार्य

दानवारि–*सं०* (पु०) विष्णु

दानवी–I *सं०* (वि०) दानव संबंधी II (स्त्री०) दानव जाति की स्त्री, राक्षसी

दाना–I *फ़ा०* (पु०) 1 अन्न कण 2 अनाज 3 भाड़ में भूँजा गया अन्न, चबेना 4 भोजन (जैसे-दाना-पानी देना)। ~**चारा** +

हिं०, ~**पानी** + *हिं०* (पु०) 1अन्न-जल 2 खाना-पीना; ~**बंदी** (स्त्री०) खड़ी फ़सल की कूत; ~**पानी उठना** रोज़ी खत्म होना, जीविका न रहना; **दाने-पानी को तरसना** भूखों मरना; **दाने-दाने को मुहताज** अत्यंत निर्धन, कंगाल II *फ़ा०* (वि०) बुद्धिमान, अक़्लमंद

दानाई–*फ़ा०* (स्त्री०) अक़्लमंदी, बुद्धिमत्ता

दानिन–*सं०* (स्त्री०) दान देनेवाली स्त्री

दानिश–*फ़ा०* (स्त्री०) 1 अक्ल, बुद्धि, विवेक 2 विद्या। ~**मंद** (वि०) अक्लवाला, बुद्धिमान; ~**मंदी** (स्त्री०) बुद्धिमत्ता, विवेकता

दानी–I *सं०* (वि०) 1 दानशील 2 देनेवाला II (पु०) 1 बहुत बड़ा दाता 2 कर वसूलनेवाला

दानेदार–*फ़ा०* (वि०) जो कण रूप में हो (जैसे-दानेदार घी, दानेदार चीनी)

दाप–(पु०) 1 अभिमान, दर्प 2 बल, शक्ति 3 रोब, दबदबा 4 क्रोध, गुस्सा 5 जलन, ताप

दापक–(पु०) 1 दबानेवाला 2 रोकनेवाला

दापना–(स० क्रि०) 1 दबाना 2 रोकना, मना करना

दाब–(स्त्री०) 1 दबाव (जैसे-वाष्पदाब, वायुदाब) 2 शासन 3 नियंत्रण (जैसे-किसी के दाब में रहना) 4 अधिकार, रोब (जैसे-दाब दिखाना) 5 भार, वजन। ~**दार** + *फ़ा०* (वि०) 1 आतंकवाला 2 रोबदार, प्रभावशाली; ~**मापक** + *सं०* (पु०) वायुदाब, वाष्पदाब आदि नापनेवाला यंत्र; ~**दिखाना** रोब जमाना; ~**मानना** 1 प्रभुता स्वीकार करना 2 वश में रहना 3 भय खाना

दाबना–(स० क्रि०) 1 दबाना 2 गाड़ना

दाबा–(पु०) वृक्ष की टहनी को मिट्टी में गाड़ना

दाम–(पु०) 1 मूल्य, क़ीमत (जैसे-क़लम का दाम पाँच रुपए है) 2 रुपया-पैसा 3 दमड़ी का तीसरा अंश 4 सिक्का

दाम–*सं०* (पु०) 1 रस्सी 2 माला, हार 3 लड़ी

दाम–*फ़ा०* (पु०) फंदा

दामक–(पु०) 1 गाड़ी के जुए में बाँधी जानेवाली रस्सी 2 बागडोर

दामन–*फ़ा०* (पु०) 1 अँगरखे का नीचे लटकता हुआ भाग 2 पहाड़ के नीचे की ज़मीन। ~**गीर** (वि०) 1 मदद चाहनेवाला 2 पल्ला पकड़नेवाला; ~**छुड़ाना** संबंध तोड़ देना, अलग हो जाना; ~**पकड़ना** आश्रय ग्रहण करना; ~**फैलाना** दया की भीख माँगना (जैसे-माँ ने बच्चे के लिए अपना दामन फैलाया)

दामर–(स्त्री०) 1 गाढ़ा तारकोल, डामर 2 छोटे कानवाली भेड़

दामरी–(स्त्री०) 1 रस्सी, रज्जु 2 छोटा जाल

दामाद–*फ़ा०* (पु०) पुत्री का पति, दामाद , जँवाई

दामादी–I *फ़ा०* (वि०) 1 दामाद का 2 दामादों की तरह का II (स्त्री०) दामाद होने का भाव। ~**मे लेना** दामाद बनाना

दामासाह–(पु०) वह दिवालिया जिसकी संपत्ति पावनेदारों में बँट जाय

दामासाही–(स्त्री०) 1 दिवालिये की संपत्ति का बँटवारा 2 बँटवारे में मिला अंश

दामिनी–*सं०* (स्त्री०) आकाश में चमकनेवाली बिजली, तड़ित

दामी–I (स्त्री०) मालगुज़ारी, कर II (वि०) 1 अधिक दाम का (जैसे-दामी कपड़ा) 2 मूल्यवान्

दाय–I *सं०* (पु०) 1 दान 2 देने योग्य धन 3 दायज़ा, दहेज़ 4 बँटवारे में मिला धन II (वि०) 1 दिए जाने योग्य 2 जिसे दिया जाना आवश्यक हो III (स्त्री०) दाई। ~**भाग** (पु०) 1 पैतृक संपत्ति का उत्तराधिकारियों में बँटवारा 2 इस बँटवारे की व्यवस्था, दायाधिकार; ~**भागी** (पु०) पैतृक संपत्ति का उत्तराधिकारी

दायक–*सं०* (वि०) देनेवाला (जैसे-कष्ट दायक, सुख दायक)

दायज़, दायज़ा–(पु०) दहेज़

दायम–*अ०* (क्रि० वि०) हमेशा, सदा

दायमी–*अ०* + *फ़ा* (वि०) चिरस्थायी, सार्वकालिक

दायमुल्हब्स–*अ०* (पु०) आजीवन क़ैद की सज़ा

दायर–*अ०* (वि०) 1 पेश किया गया (जैसे-मुक़दमा दायर करना) 2 प्रचलित

दायरा–*अ०* (पु०) 1 कार्य क्षेत्र 2 गोल घेरा, वृत्त

दायाँ–(वि०) दाहिना

दाया–*फ़ा०* (स्त्री०) दाई। ~**गिरी** (स्त्री०) 1 दाई का काम 2 बच्चा जनाने की विद्या

दायागत–I *सं०* (वि०) पैतृक संपत्ति में मिला हुआ II (पु०) दायरूप मे प्राप्त धन

दायाद–I *सं०* (वि०) दाय का अधिकारी II (पु०) 1 दाय का अधिकारी व्यक्ति 2 सपिंड संबंधी 3 पुत्र, बेटा

दायादा–*सं०* (स्त्री०) उत्तराधिकारिणी

दायाद्य–*सं०* (पु०) पैतृक संपत्ति, मौरूसी संपत्ति

दायाधिकारी–*सं०* (पु०) दायाद का अधिकारी, वारिस 2 कार्यभार

दायित–*सं०* (वि०) दिलाया हुआ

दायित्व–*सं०* (पु०) 1 ज़िम्मेदारी 2 कार्यभार। ~**पूर्ण** (वि०) ज़िम्मेदारी से भरा हुआ, दायित्वयुक्त; ~**शून्य**, ~**हीन** (वि०) ग़ैर जिम्मेदार

दायी–*सं०* (वि०) 1 देनेवाला 2 जो जवाबदेही हो उत्तरदायी

दायें–(क्रि० वि०) दाहिनी तरफ़, दाहिने

दार–*सं०* (स्त्री०) पत्नी, भार्या। ~**कर्म** (पु०), ~**क्रिया** (स्त्री०) विवाह (जैसे-दार कर्म में भाग लेना, दार क्रिया संपन्न करवाना); ~**परिग्रह** (पु०) पुरुष का शादी करना, पत्नी बनाना; ~**संग्रह** (पु०) पत्नी रूप में स्वीकार करना

दारक–*सं०* (पु०) 1 पुत्र 2 बालक 3 फाड़नेवाला

दारचीनी–(स्त्री०) एक प्रकार का तज

दारण–*सं०* (पु०) 1 चीर-फाड़ 2 शल्य चिकित्सा 3 चीरने-फाड़ने का औज़ार

दार-मदार–*फ़ा०* (पु०) 1 आश्रय, सहारा 2 ज़िम्मेदारी (जैसे-अब सारा दारमदार आप सँभालिए)

दारा–*सं०* (स्त्री०) = दार।

दारिका–*सं०* (स्त्री०) 1 कुँवारी लड़की, कुमारी 2 पुत्री, बेटी। ~**सुंदरी** (स्त्री०) असंभोगित वेश्या की कन्या

दारित–*सं०* (वि०) फाड़ा हुआ

दारिद्र्य–*सं०* (पु०) दरिद्रता

दारी–*सं०* (स्त्री०) 1 दुश्चरित्रा स्त्री 2 दासी। ~**जार** (पु०) दासी का पति (ग़ाली)

दारु–I *सं०* (पु०) 1 देवदारु 2 काष्ठ, काठ II (वि०)

दानशील, दानी। ~**कदली** (स्त्री०) कठ केला, ~**कर्म** (पु०) लकड़ी का काम; ~**नारी** (स्त्री०) कठपुतली; ~**पुत्रिका** (स्त्री०) =दारुनारी; ~**फल** (पु०) पिस्ता; ~**शिल्पकार** (पु०) लकड़ी पर काम करनेवाला कारीगर; ~**हलदी** *हिं०* (स्त्री०) दवा के काम आनेवाली एक पीली लकड़ी

दारुक–*सं०* (पु०) 1 देवदारु 2 कृष्ण का सारथि

दारुण–I *सं०* (वि०) 1 कड़ा, कठोर 2 निर्दय (जैसे-दारुण दिल) 3 उग्र 4 तीव्र 5 भयानक 6 घोर II (पु०) *साहि०* भयानक रस

दारुण्य–*सं०* (पु०) 1 विकटता 2प्रचंडता

दारुमय–*सं०* (वि०) 1 काठ का 2 काठ का बना

दारुलशफ़ा–*अ०* (पु०) 1 चिकित्सालय 2 आरोग्यशाला

दारुलहुकूमत, दारुस्सलतनत–*अ०* (पु०) राजधानी

दारू–*फ़ा०* (स्त्री०) 1 शराब 2 उपचार, चिकित्सा (जैसे-दवा-दारू करना) 3 दवा, औषध। ~**कार** (पु०) दारू बनानेवाला; ~**ख़ोर** (पु०) दारू पीनेवाला; ~**ख़ोरी** (स्त्री०) शराब पीना; ~**दरमान** (पु०) उपचार, इलाज; ~**बंदी** (स्त्री०) शराब बंद करना

दारूड़ा–*फ़ा० + हिं० बो०* (पु०) शराब, मद्य

दारोग़ा–*फ़ा०* (पु०) 1 थानेदार 2 निगरानी करनेवाला 3 हिफ़ाज़त करनेवाला। ~**चुंगी** *+ हिं०* (पु०) चुंगी निरीक्षक; ~**ज़ेल** *अं०* (पु०) जेल की निगरानी करनेवाला, जेलर; ~**सफ़ाई** *+ अ० + फा०* (पु०) सफ़ाई निरीक्षक

दारोग़ाई–*फ़ा० + हिं०* (स्त्री०) 1 दारोग़ा का काम 2 दारोग़ा का पद

दारोमदार–*फ़ा०* (पु०) = दार-मदार

दार्शनिक–I *सं०* (वि०) दर्शन शास्त्र संबंधी (जैसे-दार्शनिक सिद्धांत) II (पु०) दर्शन शास्त्र का ज्ञाता

दाल–(स्त्री०) 1 दली हुई अरहर, मूँग, उरद आदि के दाने 2 इनका पका कर तैयार किया गया नया पदार्थ (जैसे-दाल से रोटी खाना)। ~**चपाती** (स्त्री०) दाल-रोटी; ~**दलिया** (पु०) रूखा-सूखा भोजन; ~**भात** (पु०) दाल-चावल आदि, साधारण भोजन; ~**मोठ** (स्त्री०) नमक-मिर्च मिलाकर तली हुई दाल (जैसे-चाय-दालमोट लेना); ~**रोटी** (स्त्री०) 1 साधारण भोजन 2 जीविका; ~**गलना** युक्ति सफल होना; ~**में काला होना** कोई दोष छिपा होना; ~**रोटी चलना** गुज़र-बसर होना, निर्वाह होना

दालचीनी–(स्त्री०) = एक मसाला

दालान–*फ़ा०* (पु०) बरामदा

दालिम–(पु०) दाड़िम, अनार

दावँ–(पु०) = दाँव

दाव–*सं०* (पु०) 1 जंगल, वन 2 जंगल में लगी आग, दावाग्नि 3 आग, अग्नि 4 जलन, ताप 5 पीड़ा, क्लेश

दाव–(पु०) = दाँव

दावत–*अ०* (स्त्री०) 1 निमंत्रण, बुलावा 2 भोज 3 भोज का निमंत्रण (जैसे-दावत देना)। ~**नामा** *+ फ़ा०* (पु०) निमंत्रण पत्र

दावन–(पु०) 1 हँसिया 2 खुखड़ी

दावनी–(स्त्री०) माथे पर पहनने का झालरदार लंबोतरा गहना

दावा–*अ०* (पु०) 1 अधिकार, हक़ 2 न्याय हेतु न्यायालय में दिया गया प्रार्थना पत्र (जैसे-दावा करना) 3 आत्मविश्वास (जैसे-दावे के साथ कहना) 4 दीवानी अदालत का अभियोग, नालिश 5 फ़ौजदारी अदालत में पेश किया गया अभियोग (जैसे-मान-हानि का दावा करना) 6 गर्वोक्ति (जैसे-यह मेरा दावा है कि मैं जीत जाऊँगा)। ~**गीर** *+ फ़ा०*, ~**दार** *+ फ़ा०* (पु०) 1 दावा करनेवाला 2 हक़ जतानेवाला

दावाग्नि–*सं०* (स्त्री०) जंगल में लगी आग, दावानल

दावात–*अ०* (स्त्री०) = दवात

दावानल–*सं०* (पु०) दावाग्नि

दावेदार–*अ० + फ़ा०* (पु०) = दावादार

दाशमिक–*सं०* (वि०) 1 दशम संबंधी 2 दशमलव संबंधी

दाश–*सं०* (पु०) धीवर

दाशेय–*सं०* (पु०) धीवर पुत्र

दाश्त–I *फ़ा०* (स्त्री०) 1 अपने पास रखना (जैसे-याद-दाश्त) 2 परवरिश, भरण-पोषण II (वि०) अपने पास रखा हुआ

दाश्ता–*फ़ा०* (स्त्री०) रखैल

दास–*सं०* (पु०) 1 गुलाम (जैसे-दास-प्रथा का अंत) 2 नौकर, सेवक 3 जो वश में हो (जैसे-इंद्रियों का दास, परिस्थितियों का दास)। ~**ता** (स्त्री०) 1 गुलामी 2 दास का काम; ~**पन** *+ हिं०* (पु०) सेवाकार्य; ~**प्रथा** (स्त्री०) दासत्व-प्रथा; ~**प्रधान** (वि०) जिसमें गुलामों का महत्त्व हो; ~**वृति** (स्त्री०) नौकर का धंधा, सेवाकार्य; ~**व्यवस्था** (स्त्री०) दासत्व प्रथा; ~**व्यापार** (पु०) गुलामों को ख़रीदना और बेचना; ~**व्यापारी** (पु०) गुलामों को खरीदने एवं बेचनेवाला

दासत्व–*सं०* (पु०) = दासता। ~**प्रथा** (स्त्री०) गुलाम परंपरा

दासा–I (पु०) 1 दीवार से सटाकर उठाया हुआ पुश्ता 2 दीवार से सटाकर उठाया गया चबूतरा II *बो०* (पु०) हँसिया

दासानुदास–*सं०* (पु०) दास का भी दास

दासिका, दासी–*सं०* (स्त्री०) 1 दास वर्ग की स्त्री 2 लौंडी, टहलनी 3 मज़दूरनी। ~**पन** *+ हिं०* (पु०) = दासीत्व

दासीत्व–*सं०* (पु०) दासी होने का भाव

दासेरक–*सं०* (पु०) दासी पुत्र

दास्तान–*फ़ा०* (स्त्री०) 1 कहानी, कथा 2 बहुत विस्तृत वर्णन

दास्य–*सं०* (पु०) दासता, दासत्व (जैसे-दास्य भाव)

दाह–*सं०* (पु०) 1 जलाना 2 शव जलाने का काम (जैसे-दाह-कर्म) 3 जलन, ताप 4 शोक, दुःख 5 ईर्ष्या से उत्पन्न जलन। ~**कर्म** (पु०) 1 शव जलाने का काम 2 दाह संस्कार; ~**क्रिया** (स्त्री०) मुर्दा जलाने का काम; ~**गृह** (पु०) विद्युत द्वारा शव जलाने का कमरा; ~**ज्वर** (पु०) जलन के साथ बुखार; ~**संस्कार** (पु०) मुर्दा जलाने का संस्कार; ~**सर** (पु०) मरघट, श्मशान

दाहक–I *सं०* (वि०) 1 जलानेवाला 2 दाह कर्म करनेवाला II (पु०) आग, अग्नि। ~**ता** (स्त्री०) जलाने का गुण

दाहन–*सं०* (पु०) 1 जलाना 2 भस्म करना

दाहना–I (स० क्रि०) जलाना, भस्म करना 2 नष्ट करना 3 कष्ट देना, संतप्त करना

दाहना, दाहिन–II *बो०* (वि०) = दाहिना

दाहिना–(वि०) 1 दायाँ (जैसे- दाहिना हाथ) 2 दाहिने हाथ की दिशा में स्थित (जैसे-दाहिना फाटक बंद करना) 3 अनुकूल (जैसे-अधिकारी के दाहिने होकर काम करना)। **दाहिनी देना, दाहिनी लाना** परिक्रमा करना

दाहिने–(क्रि० वि०) दहिने

दाही–*सं०* (वि०) 1 जलानेवाला, भस्म करनेवाला 2 दुःख देनेवाला

दाह्य–*सं०* (वि०) जलाने योग्य

दिअली–(स्त्री०) मिट्टी का छोटा दीया

दिआ–(पु०) दीया। ~**बत्ती** (स्त्री०) दीया-बत्ती; ~**सलाई** (स्त्री०) दीया-सलाई

दिउला–*बो०* (पु०), **दिउली** (स्त्री०) *बो०* = दिअली

दिक्–*सं०* (स्त्री०) दिशा, तरफ़। ~**पति** (पु०) दिशाओं के स्वामी; ~**पाल** (पु०) दिशाओं का पालन करनेवाला देवता; ~**शूल** (पु०) ऐसा समय जब विशेष दिशा मे जाना वर्जित हो; ~**सूचक** (पु०) दिशा दिखाने का एक यंत्र, कंपास

दिक़–*अ०* (वि०) हैरान, तंग

दिक़्क़त–*अ०* (स्त्री०) 1 तकलीफ़ कष्ट 2 हैरानी, परेशानी 3 कठिनता, मुश्किल

दिखना–(अ० क्रि०) *बो०* दिखायी देना, देखने में आना

दिखलवाई–(स्त्री०) 1 दिखलवाने की क्रिया 2 दिखलवाने का पारिश्रमिक

दिखलवाना–(स० क्रि०) दिखलाने में प्रवृत्त करना

दिखलाई–(स्त्री०) = दिखलवाई

दिखलाना–(स० क्रि०) = दिखलवाना

दिखलावा–(पु०) = दिखावट

दिखवैया–*बो०* (पु०) 1 दिखानेवाला व्यक्ति 2 देखनेवाला

दिखाई–(स्त्री०) 1 देखा जाना 2 देखने के बदले में दिया जानेवाला धन 3 दिखाने का पारिश्रमिक

दिखाऊ–(वि०) 1 देखने योग्य 2 दिखौआ

दिखादिखी–*बो०* (स्त्री०) = देखादेखी

दिखाना–(स० क्रि०) 1 देखने में प्रवृत्त करना (जैसे-हाथ दिखाना 2 उपस्थित करना (जैसे-पुस्तक दिखाना) 3 प्रकट करना (जैसे-गुस्सा दिखाना) 4 प्रदर्शित करना (जैसे-जादू दिखाना, नाटक दिखाना) 5 सिद्ध करना

दिखाव–(पु०) 1 देखने का भाव 2 नज़ारा, दृश्य

दिखावट–(स्त्री०) 1 दिखलाने का ढंग 2 बाह्य रूप-रंग, तड़क-भड़क 3 बनावट (जैसे-दिखावट का शिष्टाचार)

दिखावटी–(वि०) 1 भड़कीला किंतु सारहीन 2 दिखौआ (जैसे-दिखावटी आचार-व्यवहार) 3 झूठा, मिथ्या

दिखावा–(पु०) आडंबर, ढोंग

दिखौआ–(वि०) 1 बनावटी 2 दिखावटी

दिग्–*सं०* (स्त्री०) दिशा

दिगंत–*सं०* (पु०) 1 दिशा का अंत 2 क्षितिज 3 दिशा, ओर। ~**व्यापी**, ~**व्याप्त** (वि०) दिशाओं के अंत तक फैला हुआ

दिगंबर–*सं०* (वि०) नंगा, नग्न

दिगंश–*सं०* (पु०) क्षितिज वृत का ३६०वाँ अंश। ~**यंत्र** (पु०) दिगंश नापने का यंत्र

दिगर–*फ़ा०* (वि०) दे० दीगर

दिगज–I *सं०* (पु०) प्रत्येक दिशा का हाथी II (वि०) बहुत बड़ा (आदमी)

दिग्दर्शक–*सं०* (वि०) 1 दिशा ज्ञान करानेवाला 2 दिग्दर्शन करानेवाला। ~**यंत्र** (पु०) कुतुबनुमा, कंपास

दिग्दर्शन–*सं०* (पु०) 1 दिशा दिखलाना 2 जानकारी अभिज्ञता। ~**यंत्र** (पु०) = दिग्दर्शक यंत्र

दिग्दाह–*सं०* (पु०) क्षितिज में होनेवाली प्राकृतिक घटना

दिग्दिगंत–*सं०* (पु०) अनेक दिशाएँ और उनके अंत, सब ओर

दिग्देवता–*सं०* (पु०) = दिक्पाल

दिग्ध–*सं०* (वि०) विष में बुझा हुआ, विषाक्त

दिग्भ्रम–*सं०* (पु०) दिशा भ्रम

दिग्भ्रमित–*सं०* (वि०) दिशा भूला हुआ

दिग्भ्रांत–*सं०* (पु०) जिसे दिशा भ्रम हुआ हो

दिग्मंडल–*सं०* (पु०) दिशाओं का समूह

दिग्व्यापी–*सं०* (वि०) सभी दिशाओं में व्याप्त

दिग्विजय–*सं०* (स्त्री०) संपूर्ण दिशाओं पर विजय प्राप्त करना (जैसे-दिग्विजय यात्रा, प्रस्थान)

दिग्विजयी–*सं०* (वि०) दिग्विजय प्राप्त करनेवाला

दिग्शूल–*सं०* (पु०) = दिक्शूल

दिङ्नारी–*सं०* (स्त्री०) 1 वेश्या 2 कुलटा

दिङ्मूढ़–*सं०* (वि०) दिग्भ्रमित

दिठवन–(स्त्री०) = देवोत्थान

दिठाना–I (अ० क्रि०) *बो०* 1 नज़र लगना 2 दिखाई देना II (स० क्रि०) 1 नज़र लगाना 2 दिखाना

दिठौना–(पु०) काजल का गोल चिह्न (जैसे-दिठौना लगाना)

दित्सा–*सं०* (स्त्री०) देने की इच्छा। ~**पत्र** (पु०) वसीयतनामा, इच्छापत्र

दित्सु–*सं०* (वि०) 1 देने का इच्छुक 2 वसीयत करनेवाला

दिदार–*फ़ा०* (पु०) = दीदार

दिदृक्षा–*सं०* (स्त्री०) देखने की इच्छा

दिदृक्षु–*सं०* (वि०) देखने को इच्छुक

दिन–I (पु०) 1 सूर्योदय से सूर्यास्त तक के मध्य का समय, प्रातः से शाम के मध्य का समय 2 सूर्योदय से सूर्योदय तक का समय, चौबीस घंटे का पूर्ण काल 3 समय, काल (जैसे-आप किस दिन गाँव चलेंगे) 4 तिथि, तारीख (जैसे-आज कौन सा दिन है) 5 नियत समय (जैसे-पाँचवे दिन अवकाश है) 6 काल-विशेष (जैसे-दशहरा के दिन मेला लगेगा) II (क्रि० वि०) 1 नित्य-प्रति, हर रोज़ 2 सदा, निरंतर (जैसे-रात-दिन काम करना)। ~**कर** + *सं०* (पु०) सूर्य; ~**चर** + *हिं०* (पु०) सूरज, सूर्य; ~**चर्या** + *स०* (स्त्री०) नित्य किए जानेवाले काम; ~**चारी** + *सं०* (स्त्री०) रोज़नामचा, दैनंदिनी; ~**पत्र** + *सं०* (पु०) तिथि पत्र, कैलेंडर; ~**प्रतिदिन** + *सं०* (क्रि० वि०) दिनोंदिन; ~**मणि** (पु०) सूर्य; ~**मान** + *सं०* (पु०) सूर्योदय से सूर्यास्त के समय का मान; ~**माली**, ~**रत्न** (पु०) सूर्य; ~**रात** (क्रि० वि०) निरंतर, हमेशा, सदा (जैसे-दिन-रात सोना); ~**कटना** समय व्यतीत होना, समय बीतना; ~**काटना** वक्त गुज़ारना, समय बिताना; ~**को तारे दिखाई देना** होश ठिकाने न रहना; ~**को तारे नज़र आना** 1 घोर अंधकार होना 2 बहुत तेज़ नज़र होना; ~**को दिन रात को रात न**

समझना काम की धुन में अपने स्वास्थ्य आदि को भूल जाना; ~**को रात कहना** उल्टी बात कहना; ~**गिनना** प्रतीक्षा करना; ~**चढ़ना** 1 सूर्योदय पश्चात कुछ और समय बीतना 2 गर्भ ठहरना; ~**डूबना** सूर्यास्त होना, शाम होना; ~**दिहाड़े** खुलेआम; ~**दूना रात चौगुना होना** बहुत जल्द उन्नति करना; ~**धरना** दिन निश्चित करना; ~**निकलना** सबेरा होना; ~**फिरना** सुख के दिन आना

दिनांक–*सं०* (पु०) तारीख, तिथि

दिनांकित–*सं०* (वि०) तारीख लिखी हुई

दिनांत–*सं०* (पु०) सायंकाल, संध्या

दिनांतक–*सं०* (पु०) अंधकार, अँधेरा

दिनांध–I *सं०* (पु०) उल्लू पक्षी II (वि०) जो दिन में न देख सके, दिवांध

दिनाई–*बो०* (स्त्री०) प्राणांत करनेवाली विषैली वस्तु, अंतिम दिन

दिनागम–*सं०* (पु०) सुबह

दिनाती–(स्त्री०) 1 एक दिन का काम 2 एक दिन की मज़दूरी

दिनातीत–*सं०* (वि०) जिसके दिन बीत चुके हों

दिनानुदिन–*सं०* (क्रि० वि०) नित्य-प्रति, प्रति-दिन

दिनाप्त–*सं०* (वि०) अद्यावधिक, अपटूडेट

दिनार्द्ध–*सं०* (पु०) दोपहर, मध्याह्न

दिनास्त–*सं०* (पु०) सूर्यास्त, संध्या

दिनिका–*सं०* (स्त्री०) एक दिन की मज़दूरी, दिनाती

दिनी–(वि०) 1 पुराना 2 बासी

दिनोंदिन–(क्रि० वि०) दिन-प्रति-दिन

दिनौंधी–(स्त्री०) *चि०* दिवांधता

दिमाग़–*अ०* (पु०) 1 बुद्धि, समझ 2 मस्तिष्क 3 भेजा 4 घमंड, अभिमान। ~**चट** + *हिं०* (वि०) दिमाग़ चाटनेवाला, परेशान करनेवाला, बकवादी; ~**दार** + *फ़ा०* (वि०) 1 समझदार 2 विवेकी 3 अभिमानी, घमंडी; ~**रौशन** + *फ़ा०* (पु०) सुँघनी; ~**आसमान पर होना** अत्यधिक अभिमान होना; ~**खाना** बहुत बकवाद करना; ~**खाली करना** समझाते-समझाते थक जाना; ~**चढ़ना** बहुत घमंड होना; ~**चाटना** दे० दिमाग़ खाना; ~**चौथे फ़लक पर होना** = दिमाग़ आसमान पर होना; ~**में ख़लल होना** मस्तिष्क मे दोष होना; ~**सातवें आसमान पर होना** अत्यधिक घमंड होना

दिमाग़ी–*अ०* + *फ़ा०* (वि०) 1 दिमाग़, मानसिक (जैसे-दिमाग़ी उलझन) 2 दिमाग़वाला (जैसे-दिमाग़ी काम) 3 घमंडी

दिया–I (स० क्रि०) देना का भूतकाल (जैसे-मैंने सौ रुपया दिया) II (पु०) दीया। ~**सलाई** (स्त्री०) माचिस

दियारा–(पु०) दरिया-बरार

दियारा–*अ०* + *हिं०* (पु०) 1 कछार 2 प्रदेश

दिरमान–*फ़ा०* (पु०) *बो०* इलाज, चिकित्सा

दिरमानी–*फ़ा०* (पु०) *बो०* इलाज करनेवाला, चिकित्सक

दिरानी–*बो०* (स्त्री०) देवरानी

दिल–*फ़ा०* (पु०) 1 हृदय, मन (जैसे-दिल की बात) 2 शरीर में रुधिर संचार का एक अंग (जैसे-दिल बंद हो गया) 3 हिम्मत, हौसला (जैसे-दिलवाला) 4 इच्छा (जैसे-पढ़ने को दिल नहीं करता)। ~**कश** (वि०) मन को खींचनेवाला, चित्ताकर्षक (जैसे-दिलकश नज़ारा); ~**गीर** (वि०) उदास, दुःखी; ~**गुरदा** (पु०) 1 हिम्मत, साहस 2 वीरता, बहादुरी; ~**चला** + *हिं०* (वि०) 1 दिलेर, साहसी 2 बहादुर, वीर 3 मनमौज़ी 4 रसिक; ~**चस्प** (वि०) मनोरंजक, चित्ताकर्षक; ~**चस्पी** (स्त्री०) 1 मनोरंजकता 2 शौक; ~**चोर** + *हिं०* (वि०) 1 मन हरनेवाला 2 कामचोर; ~**जमई** + *अ०* + *फ़ा०* (स्त्री०) इतमीनान, तसल्ली; ~**जला** + *हिं०* (वि०) दुःखी; ~**जोई** (स्त्री०) ढाढ़स, दिलासा; ~**दादा** (वि०) = दिलबस्त; ~**दार** (वि०) 1 जिसके प्रति प्रेम हो 2 अच्छे दिल व स्वभाववाला 3 रसिक 4 उदार; ~**दारी** (स्त्री०) 1 रसिकता 2 उदारता 3 प्रेमिकता; ~**दिमाग़** + *अ०* (पु०) दिलोदिमाग़; ~**नशीन** (वि०) दिल में जमा हुआ ~**पसंद** (वि०) मनोवांछित; ~**फेंक** + *हिं०* (वि०) रूपलोभी; ~**बर** I (वि०) प्यारा, प्रिय II (पु०) प्रेमपात्र; ~**बस्त** (वि०) जिसका मन कहीं अन्यत्र लगा हो; ~**बस्तगी** (स्त्री०) मनबहलाव; ~**बहलाव** +*हिं०* (पु०) मन लुभाने का साधन; ~**रुबा** (वि०) 1 मनोरंजक, रमणीय 2 मन को लुभानेवाला 3 प्यारा; ~**शाद** (वि०) 1प्रसन्नचित्त 2 मन को प्रसन्न करनेवाला; ~**शिकन** (वि०) 1 दिल तोड़नेवाला 2 हौसला पस्त करनेवाला; ~**शिकस्ता** (वि०) चिंतित, उदास ~**अटकना** प्रेम हो जाना; ~**अटकाना** प्रेम करना; ~**कड़ा करना** मन में दृढ़ता लाना; ~**कबाब होना** मन का जल-भुन जाना; ~**का खोटा** दग़ाबाज़, कपटी; ~**का गवाही देना** अंतरात्मा द्वारा स्वीकार किया जाना; ~**का गुबार निकालना** मन का मलाल दूर करना; ~**का बादशाह** 1 मनमौज़ी 2 अति उदार; ~**की आग बुझना** 1 इच्छा पूरी होना 2 जी ठंडा होना; ~**की कली खिलना** चित्त प्रसन्न होना; ~**की दिल मे रहना** इच्छा का पूर्ण न होना; ~**की फाँस** आंतरिक दुःख; ~**के फफोले फूटना** मन का आवेग शांत होना; ~**के फफोले फोड़ना** आवेग शांत करना; ~**को क़रार होना** मन में चैन होना; ~**खट्टा होना** मन फिर जाना; ~**चुराना** काम में मन न लगना; ~**जमना** दिल लगना; ~**जलना** गम होना ; ~**जलाना** सताना; ~**डूबना** 1 बेहोश होना 2 बेचैन होना; ~**तोड़ना** निराश करना; ~**दहलना** कलेजा काँपना; ~**दुखाना** सताना; ~**देना** प्रेमासक्त होना; ~**पक जाना** अत्यंत दुःखी होना; ~**पर नक्श होना** 1 मन में घर कर लेना 2 अच्छी तरह याद होना; ~**पर साँप लोटना** 1 विकल होना 2 सदमा होना; ~**फट जाना** दिल खट्टा होना; ~**फटा जाना** परेशान होना, विकल होना; ~**बढ़ना** उत्साहित होना; ~**बढ़ाना** उत्साहित करना; ~**बैठा जाना** 1 बेहोश होना 2 व्याकुल होना; ~**भर आना** दया आदि से विचलित होना; ~**मिलना** 1 प्रेम होना 2 अनुकूल होना; ~**में आना** विचारों में आना, इच्छा होना; ~**में गाँठ पड़ना** 1 ईर्ष्या होना 2 फूट पैदा होना; ~**में घर करना,** ~**में जगह करना** हृदय में अच्छी तरह बैठ जाना; ~**में फफोले पड़ना** अत्यधिक मानसिक कष्ट होना; ~**में फ़र्क़ आना** मनमुटाव होना; ~**मैला करना** दुःख उठाना; ~**लगना** 1 प्रेम होना 2 रमना; ~**लगाना** 1 मन से काम करना 2 प्रेम करना; ~**से उतरना** स्नेह एवं श्रद्धा का पात्र न

रह जाना; ~**से दूर करना** भुला देना; ~**से हट जाना** मन फिर जाना; ~**ही दिल में** मन ही मन

दिलवाना–(स० क्रि०) = दिलाना

दिलहा–*बो०* (पु०) = दिल्ला

दिलाना–(स० क्रि०) 1 प्राप्त कराना (जैसे-रुपए दिलाना) 2 प्राप्त करने में मदद करना (जैसे-सामान दिलाना)

दिलावर–*फ़ा०* (वि०) 1 बहादुर, वीर 2 साहसी, हिम्मती

दिलावरी–*फ़ा०* (स्त्री०) 1 बहादुरी, वीरता 2 साहस, हिम्मत

दिलासा–*फ़ा०* (पु०) ढाढ़स, धीरज

दिली–*फ़ा०* (वि०) हार्दिक (जैसे-दिली प्रेम, दिली लगाव)

दिलेर–*फ़ा०* (वि०) = दिलावर

दिलेरी–*फ़ा०* (स्त्री०) = दिलावरी

दिलोजान–*फ़ा०* (पु०) तन-मन

दिलोदिमाग़–*फ़ा० + अ०* (पु०) मन-बुद्धि

दिल्लगी–*फ़ा० + हिं०* (स्त्री०) 1 हँसी-मज़ाक, मनोविनोद 2 प्रेम (जैसे-दिल्लगी हो जाना)। ~**बाज़** *+फ़ा०* (पु०) 1 दिल्लगी हो जाना 2 मनोविनोदी, ठठोल, हँसोड़; ~**उड़ना** उपहास करना; ~**में** हँसी में

दिल्ला–(पु०) दिलहा

दिल्ली–(पु०) यमुना तट पर बसी हुई भारत की प्रसिद्ध नगरी एवं राजधानी। ~**वाला** (वि०) 1 दिल्ली संबंधी, दिल्ली का 2 दिल्ली का रहनेवाला 3 दिल्ली का बना हुआ

दिल्लेदार–*हिं० + फ़ा०* (वि०) जिसमें दिल्ले लगे हों

दिवंगत–*सं०* (वि०) परलोकवासी, स्वर्गीय

दिवंगम–*सं०* (पु०) परलोकगामी, स्वर्गगामी

दिव–*सं०* (पु०) 1 स्वर्ग 2 आकाश 3 दिन। ~**राज** (पु०) इंद्र

दिवस–*सं०* (पु०) दिन (जैसे-स्वतंत्रता दिवस)। ~**मुख** (पु०) सुबह, प्रातःकाल

दिवसीय–*सं०* (वि०) दिन का

दिवांध–I *सं०* (वि०) दिन में न देखनेवाला II (पु०) 1 दिनौंधी 2 उल्लू

दिवांधकी–*सं०* (स्त्री०) छछूँदर

दिवा–*सं०* (स्त्री०) दिन, दिवस। ~**कर** (पु०) = दिनकर, सूर्य; ~**रात्र** (क्रि० वि०) दिन रात, हर वक्त; ~**भीति** (स्त्री०) दिन में लगने वाला रोग जन्य भय

दिवान–*अ०* (पु०) *बो०* = दीवान

दिवानी–*अ० + फ़ा०* (वि०) *बो०* = दीवानी

दिवा-मध्य–*सं०* (पु०) दोपहर, मध्याह्न

दिवार–*फ़ा०* (स्त्री०) दीवार

दियाल–*फ़ा०* (स्त्री०) *बो०* = दीवार

दिवाल–(वि०) देनेवाला

दिवाला–(पु०) 1 ऋण चुकाने में असमर्थता 2 पूर्ण अभाव

दिवालिया–(वि०) ऋण चुकाने में असमर्थ

दिवाली–(स्त्री०) = दीवाली

दिवाशय–*सं०* (वि०) दिन में सोनेवाला

दिवालियेपन–(पु०) = दिवाला

दिवा-स्वप्न–*सं०* (पु०) अकर्मण्य एवं निराश व्यक्ति का बैठे-बैठे हवाई किले बनाना, डे ड्रीम, अवास्तविक

दिवैया–*बो०* (वि०) देनेवाला

दिवोल्का–*सं०* (स्त्री०) दिन में आकाश से गिरनेवाला पिंड

दिव्य–*सं०* (वि०) 1 अलौकिक 2 अति सुंदर, भव्य 3 स्वर्गीय 4 आकाशीय 5 चमकीला। ~**चक्षु** I (पु०) दिव्य-दृष्टिवाला व्यक्ति II (वि०) सुंदर आँखोंवाला; ~**ता** (स्त्री०) 1उत्तमता, श्रेष्ठता 2 दिव्य अवस्था 3 सुंदरता; ~**दृष्टि** (स्त्री०) 1 सूक्ष्म दृष्टि, आंतरिक दृष्टि 2 ज्ञान दृष्टि; ~**धर्मी** (वि०) 1 निष्कलंक एवं पवित्र आचरणवाला 2 सदाचारी एवं सुशील; ~**नारी** (स्त्री०) अप्सरा; ~**पुरुष** (पु०) पारलौकिक व्यक्ति; ~**रत्न** (पु०) चिंतामणि नाम का कल्पित रत्न; ~**रथ** (पु०) देवताओं का विमान; ~**रस** (पु०) पारा, पारद; ~**वाक्य** (पु०) आकाशवाणी; ~**सरिता** (स्त्री०) आकाश गंगा

दिव्यांगना–*सं०* (स्त्री०) 1 देवता की स्त्री, देव-पत्नी 2 अप्सरा

दिव्या–*सं०* (स्त्री०) अलौकिक नायिका, स्वर्गीय नायिका। ~**दिव्य** (पु०) लोकोत्तर गुण संपन्न नायक

दिव्यास्त्र–*सं०* (पु०) देवता से प्राप्त अस्त्र

दिव्योदक–*सं०* (पु०) वर्षा का जल

दिश्–*सं०* (स्त्री०) दिशा

दिशा–*सं०* (स्त्री०) 1 ओर, तरफ़ (जैसे-उस दिशा मत जाना) 2 क्षितिज मंडल के चार भागों में से कोई। ~**निर्देशक** (वि०) दिशा का ज्ञान करानेवाला; ~**निर्धारण**, ~**निश्चयन** (पु०) दिशा का निश्चय करना; ~**बोध** (पु०) दिशा का ज्ञान; ~**भ्रम** (पु०) दिशा भूल जाना, दिग्भ्रम; ~**शूल** (पु०) = दिक्शूल; ~**सूचक** (वि०) दिशा का संकेत करनेवाला

दिश्य–*सं०* (वि०) दिशा का

दिष्ट–I *सं०* (वि०) 1 निश्चित 2 बतलाया हुआ 3 दिखलाया हुआ II (पु०) 1 भाग्य, किस्मत 2 उपदेश 3 समय, काल

दिष्टि–*सं०* (स्त्री०) 1 भाग्य 2 उत्सव 3 प्रसन्नता

दिसंतर–*बो०* (पु०) 1 देशांतर, विदेश 2 विदेश भ्रमण

दिसंबर–*अं०* (पु०) अंग्रेज़ी वर्ष का अंतिम, बारहवाँ महीना

दिसा–I (स्त्री०) झाड़ा फिरना, पैखाने जाना 2 दिशा II (स्त्री०) = दशा

दिसावर–(पु०) दूसरा देश, परदेश, विदेश

दिसावरी–(वि०) 1 परदेश का 2 परदेश से आया हुआ (जैसे-दिसावरी माल)

दिहंदा–*फ़ा०* (वि०) देनेवाला

दिहरा–*बो०* (पु०) देवालय, देवमंदिर

दिहक़ान–*फ़ा०* (पु०) = दहक़ान

दिहली–(स्त्री०) = दहलीज़

दिहाड़ा–I (पु०) = दिहाड़ी II = दिन, दिवस

दिहाड़ी–(स्त्री०) 1 दैनिक मज़दूरी 2 श्रमिकों के प्रतिदिन के काम का निर्धारित समय

दिहात–*फ़ा० + अ०* (पु०) देहात

दिहाती–*फ़ा० + अ० + फ़ा०* (वि०) देहाती

दीआ–*बो०* (पु०) = दीया

दीक्षक–*सं०* (पु०) 1 दीक्षा देनेवाला 2 शिक्षक, गुरु

दीक्षण–*सं०* (पु०) दीक्षा देना

दीक्षांत–I *सं०* (पु०) 1 पूर्व यज्ञ में हुए दोष मार्जन हेतु किया गया पूरक यज्ञ 2 विशेष अध्ययन काल की समाप्ति

(जैसे-दीक्षांत समारोह) II (वि०) दीक्षा के अंत में होनेवाला। ~**भाषण** (पु०) उपाधि वितरण के समय विद्वान द्वारा स्नातकों को संबोधित कर दिया गया भाषण

दीक्षा–*सं०* (स्त्री०) 1 उपनयन संस्कार 2 यज्ञ करना 3 पवित्र मंत्रोपदेश। ~**गुरु** (पु०) स्नातकों को उपाधि देने का समारोह, मंत्रोपदेश देनेवाला गुरु; ~**प्राप्त** (वि०) मंत्रोपदेश प्राप्त करनेवाला, जिसने मंत्रोपदेश प्राप्त किया हो

दीक्षित–I *सं०* (वि०) जिसने दीक्षा ग्रहण किया हो II (पु०) ब्राह्मणों की उपजाति

दीखना–(अ० क्रि०) दिखाई देना, देखने में आना

दीगर–*फ़ा०* (वि०) अन्य, दूसरा

दीघी–(स्त्री०) 1 बड़ा तालाब 2 बावली

दीठ–(स्त्री०) 1 दृष्टि, निगाह 2 आँख, नेत्र 3 देखने की शक्ति 4 अनुग्रह, कृपा 5 अनिष्टकारक दृष्टि 6 परख, पहचान 7 देखभाल, निगरानी। ~**बंद** (पु०), ~**बंदी** (स्त्री०) नज़र बंद; ~**खा जाना** बुरी दृष्टि लगना; ~**जलाना** कुदृष्टि का प्रभाव दूर करना; ~**पर चढ़ना** नज़र पर चढ़ना; ~**फिरना** 1 दृष्टि का दूसरी ओर प्रवृत्त होना 2 कृपा न होना; ~**बचाना** देखा-देखी से बचना; ~**बाँधना** नज़र बाँधना; ~**बिछाना** 1 बहुत सम्मान करना, आवभगत करना 2 आशापूर्ण दृष्टि से प्रतीक्षा करना; ~**मारना** आँख से संकेत करना; ~**मारी जाना** आँखों का प्रकाश खत्म होना; ~**में समाना** सदा ध्यान रहना; ~**लगना** कुदृष्टि पड़ना; ~**लगाना** ध्यानपूर्वक देखना

दीठवंत–*सं०* (वि०) 1 देखनेवाला 2 दिव्य दृष्टिवाला

दीद–*फ़ा०* (स्त्री०) देखा हुआ

दीदबान–*फ़ा०* (पु०) 1 बंदूक की मक्खी 2 निगरानी करनेवाला व्यक्ति 3 भेदिया

दीदा–*फ़ा०* (वि०) 1 आँख, नेत्र 2 आँख का डेला 3 दृष्टि, नज़र। ~**फटी** *हिं०* (स्त्री०) निर्लज्ज स्त्री, बेहया औरत। ~**लगना** काम में मन लगना; **दीदे का पानी ढल जाना** बेशर्म हो जाना, बेहया हो जाना; **दीदे निकालना** आँखे नीली-पीली करना, अत्यंत क्रुद्ध होकर देखना; **दीदे फाड़कर देखना,** ध्यान पूर्वक देखना

दीदार–*फ़ा०* (पु०) 1 दर्शन, साक्षात्कार 2 छवि, सौंदर्य। ~**परस्त** (वि०) 1 दर्शन प्रिय 2 सौंदर्य प्रिय; ~**बाज़ी** (स्त्री०) नज़र लड़ाना, नज़र मिलाना

दीदारू–*फ़ा० + हिं०* (वि०) दर्शनीय

दीदी–*सं०* (स्त्री०) बड़ी बहन, अग्रजा, जीजी

दीन–*सं०* (वि०) 1 दयनीय दशावाला 2 ग़रीब, दरिद्र 3 दुःखी एवं संतप्त 4 उदास, खिन्न। ~**ता** (स्त्री०) 1 दयनीय अवस्था 2 दरिद्रता, ग़रीबी 3 उदासीनता, खिन्नता; ~**दयालु** I (वि०) दीनों पर दया करनेवाला II (पु०) ईश्वर; ~**बंधु** I (पु०) परमात्मा II (वि०) दीनों पर करुणा करनेवाला

दीन–*अ०* (पु०) धर्म, मज़हब। ~**इलाही** (पु०) मुगल सम्राट् अकबर द्वारा चलाया गया धर्म; ~**दार** *+ फ़ा०* (वि०) धार्मिक; ~**दारी** *+ फ़ा०* (स्त्री०) धार्मिकता; ~**दुनिया** (स्त्री०) लोक-परलोक (जैसे-दीन-दुनिया का लाभ उठाना); ~**दुनिया दोनों से जाना** कहीं का न होना

दीनत्व–*सं०* (पु०) = दीनता

दीनानाथ–*सं०* (पु०) 1 दुखियों का सहायक 2 परमात्मा, ईश्वर

दीनार–*सं०* (पु०) 1 सोने का सिक्का 2 एक निष्क की तौल

दीप–*सं०* (पु०) दीया। ~**कलिका,** ~**कूपी** (स्त्री०) दीपक की बत्ती; ~**गृह** (पु०) दीया घर; ~**तेल** *+ हिं०* (पु०) दीये का तेल; ~**दान** (पु०) देवता के समक्ष दीपक जलाना; ~**दानी** *+ फ़ा० + हिं०* (स्त्री०) पूजा सामग्री घी, बत्ती आदि रखने की डिबिया; ~**माला** (स्त्री०) 1 जलते दीपों की पंक्ति 2 आरती हेतु जलायी गई बत्तियों की पंक्ति; ~**मालिका** (स्त्री०) 1 दीपावली का त्योहार 2 दीपावली; ~**शिखा** (स्त्री०) 1 दीपक की लौ 2 दीपाग्नि; ~**स्तंभ** (पु०) 1 दीयट, दीवट, लाइट हाउस 2 दीपाधार

दीपक–I *सं०* (वि०) 1 प्रकाश करनेवाला 2 यश फैलानेवाला (जैसे-कुल दीपक) II (पु०) 1 दीया, चिराग़ 2 *साहि०* एक अलंकार जहाँ उपमेय एवं उपमान का एक ही धर्म कहा जाए। ~**वृक्ष** (पु०) बड़ा दीवट, झाड़; ~**सुत** (पु०) काजल

दीपन–I *सं०* (पु०) 1 जलाना 2 प्रज्वलित करना 3 आलोकित करना 4 उत्तेजित करना II (वि०) प्रज्वलित करनेवाला

दीपनीय–*सं०* (वि०) दीप्य

दीपाधार–*सं०* (पु०) दीयट, चिराग़दान

दीपाराधन–*सं०* (पु०) दीपक द्वारा पूजन, आरती

दीपालंकार–*सं०* (पु०) एक अर्थालंकार जहाँ उपमेय और उपमान का एक हो धर्म कहा जाए

दीपावली–*सं०* (स्त्री०) 1 दीवाली 2 दीपों की कतार

दीपिका–I *सं०* (स्त्री०) 1 छोटा दीया 2 चाँदनी II (वि०) 1 (समासांत में) अर्थ बतानेवाली 2 प्रकाश करनेवाली

दीपित–*सं०* (वि०) 1 जलाया हुआ 2 प्रज्वलित, प्रकाशित 3 चमकता हुआ 4 उत्तेजित 5 दीपों से युक्त

दीपोत्सव–*सं०* (पु०) 1 दीवाली 2 दीप जलाकर मनाया जानेवाला उत्सव

दीप्त–*सं०* (वि०) 1 जलता हुआ 2 प्रज्वलित 3 प्रकाशित। ~**वर्ण** (वि०) दमकते हुए वर्णवाला

दीप्तांग–*सं०* (वि०) चमकते शरीरवाला

दीप्ति–*सं०* (स्त्री०) 1 प्रकाश, उजाला, रोशनी 2 आभा, चमक 3 शोभा, छवि। ~**प्रसरण** (पु०) प्रकाश का फैलना

दीप्तिमान्–*सं०* (वि०) 1 प्रभायुक्त 2 कांतिमान्, शोभन

दीप्य–*सं०* (वि०) 1 प्रज्वलित करने योग्य 2 जिसे जलाया जा सके 3 उजाला करने योग्य 4 भूख बढ़ानेवाला

दीप्यमान्–*सं०* (वि०) चमकता हुआ

दीमक–*फ़ा०* (स्त्री०) सफेद चींटी (जैसे-काग़ज़ में दीमक लग गए)। ~**का खाया हुआ** ख़राब किया हुआ

दीया–(पु०) 1 तेल-घी के योग से जलनेवाली बत्ती का आधार 2 छोटी कटोरी के आकार का बर्तन जिसमें बत्ती जलायी जा सके 3 कटोरी के आकार का मिट्टी का छोटा पात्र। ~**बत्ती** (स्त्री०); ~**सलाई** (स्त्री०) 1 मसाला लगी लकड़ी की छोटी सींक 2 इन सींकों को रखने की छोटी डिब्बी ; ~**जलने का समय** संध्याकाल, शाम का समय; ~**ठंडा करना** दीपक बुझा देना; ~**ठंडा होना** चिराग़ बुझना; ~**दिखाना** सामने रोशनी करना; ~**बत्ती का समय** सायंकाल, शाम का समय; ~**लेकर ढूँढ़ना** बहुत परिश्रम से खोजना

दीर्घ–*सं०* (वि०) 1 बड़ा (जैसे-दीर्घ क्षेत्र, दीर्घकाय) 2 ऊँचा (जैसे-दीर्घ फाटक) 3 गहरा (दीर्घ श्वास) 4 विस्तृत 5 गुरु (जैसे-दीर्घ मात्रा)। ~**कंधर** (वि०) लंबी गरदनवाला; ~**काय** (वि०) लंबा-तगड़ा, डील-डौलवाला; ~**काल** (पु०) लंबा समय; ~**कालिक,** ~**कालीन** (वि०) लंबे समयवाला (जैसे-दीर्घकालिक योजना); ~**केश** (वि०) लंबे बालोंवाला; ~**गति** (वि०) तेज़ चलनेवाला; ~**गमन** (पु०) तेज़ चलना; ~**जीवन** (पु०) लंबी आयु, बड़ी उम्र; ~**जीवी** (वि०) लंबी उम्रवाला; ~**दर्शिता** (स्त्री०) दूरदर्शिता; ~**दर्शी** (वि०) दूरदर्शी; ~**दृष्टि** I (वि०) 1 दूर तक देखनेवाला 2 दूरदर्शी II (स्त्री०) दूरदर्शिता; ~**निद्रा** (स्त्री०) मृत्यु, मौत; ~**निःश्वास** (पु०) गहरी साँस; ~**पाद** (वि०) लंबी टाँगोंवाला; ~**भाषी** (वि०) लंबी बातें करनेवाला; ~**मुख** (वि०) बड़े मुँहवाला; ~**रोगी** (पु०) लंबे समय का रोगी; ~**वर्ण** (पु०) = दीर्घस्वर; ~**वृत्त** (पु०) वृत्त को पिचका देने से बना लंबी आकृति का वृत्त; ~**वृत्तीय** (वि०) दीर्घ वृत्त संबंधी; ~**श्रुत** (वि०) 1 दूर तक सुना गया 2 दूर-दूर तक विख्यात; ~**सूत्र** (वि०) दीर्घ सूत्री; ~**सूत्रता** (स्त्री०) देर में करने की आदत; ~**सूत्री** (वि०) अत्यंत धीरे-धीरे एवं देर में काम करनेवाला; ~**स्थायी** (वि०) देर तक कायम रहनेवाला; ~**स्वर** (पु०) दो मात्राओंवाला स्वर

दीर्घा–*सं०* (स्त्री०) गैलरी

दीर्घाकार–*सं०* (वि०) दीर्घ आकार का, लंबा-चौड़ा

दीर्घाकारी–*सं०* (वि०) बड़े आकारवाला (जैसे-दीर्घाकारी शीशा)

दीर्घायु–*सं०* (वि०) लंबी उम्रवाला

दीर्घावकाश–*सं०* (पु०) लंबी छुट्टी

दीर्घावधि–*सं०* (स्त्री०) लंबी अवधि। ~**ऋण** (पु०) लंबे समय तक का क़र्ज़

दीर्घिका–*सं०* (स्त्री०) बावड़ी, बावली

दीर्घीकरण–*सं०* (पु०) विस्तार बढ़ाना

दीर्घोच्चारण–*सं०* (पु०) वर्ण को लंबा करके किया गया उच्चारण

दीर्ण–*सं०* (वि०) फटा हुआ, विदारित

दीवँक–(स्त्री०) दीमक

दीवट–(स्त्री०) दीयट, दीपाधार

दीवा–(पु०) दीया

दीवान–*अ०* (पु०) 1 राजसभा 2 न्यायालय, कचहरी 3 मंत्री, वज़ीर 4 संग्रह (जैसे-ग़ालिब का दीवान)। ~**आम** (पु०) 1 आम दरबार 2 आम दरबार का स्थान; ~**आलम** (पु०) सर्वसाधारण की सभा, जनसभा; ~**आला** (पु०) बड़ा दरबार; ~**ख़ाना** + *फ़ा०* (पु०) 1 बैठक, कमरा 2 बड़े लोगों के बैठने का स्थान; ~**ख़ास** (पु०) 1 ख़ास दरबार, विशेष सभा या बैठक 2 ख़ास सभा भवन

दीवाना–*फ़ा०* (वि०) 1 पागल, विक्षिप्त 2 प्रेम में पागल रहनेवाला 3 काम में लगा हुआ, तन्मय। ~**पन** + *हिं०* (पु०) 1 पागलपन, विक्षप्तावस्था 2 तन्मयता 3 दीवाना होने की अवस्था

दीवानी–I *फ़ा०* + *हिं०* (वि०) 1 दीवान संबंधी, दीवान का 2 आर्थिक II (स्त्री०) दीवान का पद

दीवार–*फ़ा०* (स्त्री०) भीत (जैसे-दीवार बनाना)। ~**गीर** (पु०) 1 दीवार में दीया रखने का बनाया गया आधार 2 दीवार में लगाने का लैंप; ~**घड़ी** + *हिं०* दीवार पर लटकनेवाली घड़ी

दीवाल–*फ़ा०* (स्त्री०) *बो०* = दीवार

दीवाली–(स्त्री०) 1 कार्तिक अमावस्या को होनेवाला प्रसिद्ध हिंदू त्यौहार 2 शुभ अवसर (जैसे-दीवाली मनाना)

दीवी–*बो०* (स्त्री०) दीवट

दुंद–(पु०) 1 द्वंद्व 2 उपद्रव, उत्पात 3 हो-हल्ला, शोरगुल 4 जोड़ा, युग्म

दुंदुभ–*सं०* (पु०) मरणादि का दुःख

दुंदभि, दुंदभी–*सं०* (स्त्री०) डंका, नगाड़ा

दुंबा–*सं०* (पु०) एक प्रकार की भेड़

दुंबाल–*फ़ा०* (पु०) 1 चौड़ी पूँछ 2 पतवार 3 नाव का पिछला भाग

दुःख–*सं०* (पु०) 1 कष्ट, क्लेश (जैसे-माँ के निधन से दुःख होना) 2 संकट, विपत्ति (जैसे-उसने कौन-सा दुःख नहीं झेला)। ~**कर** (वि०) दुःखद, दुःखदायक; ~**ग्राम** I (पु०) संसार II (वि०) दुःखपूर्ण; ~**जात** (वि०) दुःख से उत्पन्न; ~**त्रय** (पु०) तीन तरह का दुःख; ~**दाता** (वि०) दुःख देनेवाला; ~**दायक,** ~**दायी,** ~**प्रद** (वि०) = दुःखद; ~**बहुल** (वि०) दुःखमय; ~**लोक** (पु०) संसार; ~ **वाद** (पु०) यह मत कि संसार दुःखों से पूर्ण है; ~**वादिता** (स्त्री०) दुःखवाद की स्थिति; ~**वादी** I (वि०) दुःखवाद संबंधी II (पु०) दुःखवाद का समर्थक; ~**शील** (वि०) दुःख का अभ्यासी; ~**सागर** (पु०) संसार

दुःखद–*सं०* (वि०) क्लेशकर (जैसे-दुःखद समाचार)

दुःखमय–*सं०* (वि०) दुःखों से भरा हुआ, दुःखपूर्ण

दुःखांत–I *सं०* (वि०) 1 जिसका अंत दुःखमय हो (जैसे-दुःखांत नाटक) 2 दुःखद अंतवाला II (पु०) 1 दुःख की समाप्ति 2 दुःख की चरम सीमा

दुःखांतक–*सं०* (वि०) दुःख का अंत करनेवाला

दुःखाकुल–*सं०* (वि०) दुःख से परेशान

दुःखात्मक–*सं०* (वि०) दुःखमय

दुःखार्त–*सं०* (वि०) अत्यंत दुःखी

दुःखित–*सं०* (वि०) अत्यंत पीड़ित

दुःखी–*सं०* (वि०) 1 जिसे दुःख हो 2 खिन्न, दुःखान्वित

दुःशकुन–*सं०* (पु०) बुरा शकुन

दुःशील–*सं०* (वि०) बुरे स्वभाववाला

दुःश्रव–*सं०* (पु०) श्रुतिकटु दोष

दुःसंकल्प–I *सं०* (वि०) बुरा विचार सोचनेवाला II (पु०) बुरा इरादा

दुःसंग–*सं०* (पु०) कुसंग

दुःसंवाद–*सं०* (पु०) बुरी ख़बर

दुःसह–*सं०* (वि०) जिसे सहन करना कठिन हो, असह्य

दुःसाध, दुःसाध्य–*सं०* (वि०) 1 दुष्कर 2 असाध्य

दुःसाहस–*सं०* (पु०) अनुचित साहस। ~**वाद** (पु०) दुःसाहस कर्म करने में विश्वास; ~**वादी** (वि०/पु०) दुःसाहस में विश्वास रखनेवाला

दुःसाहसिक–*सं०* (वि०) = 1 दुःसाहसी, बदहिम्मत 2 दुःसाहसवादी। ~**ता** (स्त्री०) बदहिम्मती

दुःसाहसी–*सं०* (वि०) दुःसाहस करनेवाला

दुःस्थ–*सं०* (वि०) 1 दुर्दशाग्रस्त 2 निर्धन 3 मूर्ख

दुःस्थिति–*सं०* (स्त्री०) दुर्दशा

दुःस्पर्श–*सं०* (वि०) जिसे छूना कठिन हो

दुःस्वप्न–*सं०* (पु०) 1 बुरा स्वप्न, भयानक स्वप्न 2 बुरे फलवाला स्वप्न

दुःस्वभाव–I *सं०* (वि०) बदमिजाज, कुटिल, नीच II (पु०) बुरा स्वभाव, दुष्ट प्रकृति

दु– (वि०) 'दो' का संक्षिप्त रूप जो पदों के आरंभ में लगने पर प्राप्त होता है (जैसे-दुभाषिया, दुअर्थी)

दुअन–(पु०) = दुवन

दुअन्नी–(स्त्री०) दो आने का सिक्का

दुअरिया–(स्त्री०) दुआरी

दुअर्थी–*हिं० + सं०* (वि०) दो अर्थवाला (जैसे-दुअर्थी शब्द)

दुआ–*अ०* (स्त्री०) 1 विनती, प्रार्थना 2 आशीर्वाद, असीस (जैसे-दुआ देना)। ~**गो** *+ फ़ा०* (वि०) दुआ माँगनेवाला; ~**गोई** *+ फ़ा०* (स्त्री०) दुआ देना; ~**सलाम** (पु०) 1 दुआ और सलाम 2 संबंध

दुआब, दुआबा–*फ़ा०* (पु०) दो नदियों के बीच का प्रदेश

दुआर–(पु०), **दुआरा** (पु०) *बो०* द्वार

दुआरी–*बो०* (स्त्री०) छोटा दरवाज़ा

दुआल–*फ़ा०* (स्त्री०) 1 चमड़े का तसमा 2 रिकाब का तसमा

दुआली–*फ़ा० + हिं०* (स्त्री०) खराद का तसमा, सान की बद्धी

दुआह–(पु०) पुरुष का दूसरा विवाह

दुइ–*बो०* (वि०) दो

दुई–I (स्त्री०) दो होने का भाव II (वि०) 1 दो 2 दोनों

दुऊ–*बो०* (वि०) दोनों

दुकड़हा–*बो०* (वि०) 1 अत्यंत तुच्छ एवं हीन 2 कमीना, नीच

दुकड़ा–(पु०) 1 दो चीज़ों का जोड़ा, युग्म 2 एक पैसे का चौथाई भाग

दुकड़ी–(स्त्री०) 1 एक साथ मिली हुई दो वस्तुएँ 2 दो बूटियोंवाला ताश का पत्ता 3 दो घोड़ों की बग्घी

दुकान–*फ़ा०* (स्त्री०) 1 वह स्थान जहाँ सामान आदि रखकर बेचा जाए (जैसे-कपड़े की दुकान, मिठाई की दुकान) 2 वह स्थान जहाँ अन्य तरह की सेवाएँ की जाएं (जैसे-नाई की दुकान, दर्ज़ी की दुकान)। ~**दार** (पु०) 1 दुकान का मालिक, दुकानवाला 2 अर्थोपार्जन हेतु ढोंग करनेवाला व्यक्ति, पाखंडी, ठग; ~**दारी** (स्त्री०) 1 दुकानदार का धंधा 2 अर्थोपार्जन हेतु रचा गया साधन, ढकोसला

दुकाल–(पु०) अकाल, दुर्भिक्ष

दुकूल–*सं०* (पु०) 1 रेशमी कपड़ा 2 चिकना एवं बारीक कपड़ा 3 साड़ी 4 क्षौम वस्त्र 5 दुपट्टा

दुकूलिनी–*सं०* (स्त्री०) नदी

दुकेला–(वि०) जो अकेला न हो (जैसे-अकेला-दुकेला)

दुकेले–(क्रि० वि०) किसी एक के साथ (जैसे-अकेले दुकेले)

दुक्कड़–(पु०) शहनाई के साथ बजाया जानेवाला तबले जैसा एक बाजा

दुक्का–I (वि०) 1 दुकेला 2 जोड़ा, युग्म II (पु०) दो बूटियोंवाला ताश का पत्ता (जैसे-पान का दुक्का)। ~**तिक्का** (क्रि० वि०) 1 दो या तीन की संख्या में 2 एक या दो और के साथ

दुक्की–(स्त्री०) दो बूटियोंवाला ताश का पत्ता

दुखंडा–(वि०) 1 दो भागोंवाला (जैसे-दुखंडा आलमारी) 2 दो खंडोंवाला (जैसे-दुखंडा मकान)

दुख–(पु०) = दुःख। ~**दर्द** *+ फ़ा०* (पु०) संकट, मुसीबत

दुखड़ा–(पु०) 1 दुःखगाथा, करुणकथा (जैसे-दुखड़ा रोना) 2 संकट, विपत्ति। ~**पीटना** कष्ट से जीवन बिताना; ~**रोना** 1 करुण कथा सुनाना 2 संकट का बयान करना

दुखद–(वि०) = दुःखद

दुखना–(अ० क्रि०) दर्द करना (जैसे-आँखें दुखना) 2 पीड़ा बढ़ना (जैसे-फोड़ा दुखना)

दुखमय–(वि०) = दुःखमय

दुखहाया–*बो०* (त्रि०) अत्यंत दुःखी

दुखाना–(स० क्रि०) 1 पीड़ा पहुँचाना, व्यथित करना (जैसे-दिल दुखाना) 2 आघात आदि द्वारा दर्द बढ़ाना (जैसे-फोड़ा दुखाना)

दुखारा–(वि०) दुखियारा

दुखारी–(वि०) पीड़ित, व्यथित

दुखित–(वि०) दुःखित

दुखिया–(वि०) 1 दुःखी 2 संकटग्रस्त

दुखियारा–(वि०) 1 दुःख में फँसा हुआ 2 विपदग्रस्त

दुखी–(वि०) = दुःखी

दुखीला–(वि०) 1 दुःखी 2 दुःख का अनुभव करनेवाला

दुगई–*बो०* (स्त्री०) दालान, बरामदा

दुगना–(वि०) दूना (जैसे-दो का दुगना चार होगा)

दुग्ध–I *सं०* (पु०) 1 दूध 2 पौधों का दूध जैसा रस II (वि०) दूहा हुआ। ~**खाद्य** (पु०) दूध से बनी खाने की चीज़ें; ~**ग्रंथि** (स्त्री०) दूधवाली ग्रंथि; ~**चूर्ण** (पु०) दूध का पाउडर; ~**पदार्थ** (पु०) दूध की वस्तुएँ; ~**पोष्य** (वि०) दूध पर पलनेवाला; ~**शर्करा** (स्त्री०) दूध से बनी चीनी; ~**शाला** (स्त्री०) डेरी

दुग्धालय–*सं०* (पु०) = दुग्धशाला

दुग्धी–I *सं०* (वि०) दूध से युक्त II (पु०) क्षीर का पेड़ III (स्त्री०) दुद्धी नामक घास, दूधिया

दुघड़िया–(वि०) दो घड़ियोंवाला, दो घड़ियों का (जैसे-दुघड़िया मुहूर्त)

दुचंद–*फ़ा०* (वि०) दो चंद

दुछत्ता–(वि०) दो छतवाला

दुछत्ती–(स्त्री०) एक ही छत के नीचे बना दूसरा कमरा

दुज़ानू–*फ़ा०* (वि०) दोज़ानू

दुटूक–(वि०) दो टुकड़ों में किया हुआ (जैसे-दुटूक जवाब देना, दुटूक करना)

दुड्डी–*बो०* (स्त्री०) = दुक्की

दुत–(क्रि० वि०) दुतकारने का शब्द

दुतकार–(स्त्री०) 1 दुतकारना 2 उपेक्षापूर्वक कहना (जैसे-दुतकार सहना)

दुतकारना–(स० क्रि०) 1 तिरस्कृत करना 2 उपेक्षा करना 3 धिक्कारना

दुतरफ़ा, दुतर्फ़ा–*फ़ा० + अ० + फ़ा०* (वि०) दोनों पक्ष में रहनेवाला (जैसे-दुतरफ़ा छपाई, दुतर्फ़ा चाल)
दुतारा–*फ़ा० + हिं०* (पु०) सितारनुमा दो तारोंवाला बाजा
दुदिला–*फ़ा०* (वि०) 1 असमंजस में पड़ा हुआ 2 चिंतित एवं व्यग्र
दुद्धी–(स्त्री०) 1 दूधवाली घास 2 खड़िया मिट्टी
दुध–(पु०) दूध का समागत रूप (जैसे-दुध-मुंहाँ)। ~**पाउडर** *+ अं०* (पु०) = दुग्ध चूर्ण; ~**पिट्ठी** (स्त्री०), ~**पिठवा** (पु०) मैदे की लंबी-लंबी बत्तियों को दूध में उबालकर बनाया गया पकवान; ~**मुँहाँ** (वि०) माँ का दूध पीनेवाला (छोटा बच्चा); ~**हँड़ी** (स्त्री०) दूध गर्म करने की हंड़िया
दुधाड़ी–*बो०* (स्त्री०) = दुधहँड़ी
दुधाती–(वि०) दो धातु का बना
दुधार–I (वि०) 1 दूध देनेवाली (जैसे-दुधार गाय) 2 जिसमें दूध हो
दुधार–II *बो०* (वि०), **दुधारा**– (वि०) दोनों ओर धारवाला (जैसे-दुधारा तलवार)
दुधारी–I (वि०) = दुधार I
दुधारी–II (स्त्री०) दोनों ओर धारवाली कटार
दुधारू–(वि०) = दुधार I
दुधित–*सं०* (वि०) 1 पीड़ित 2 व्याकुल
दुधिया–(वि०/पु०/स्त्री०) = दूधिया
दुधैल–(वि०) = दुधार
दुनाली–I (वि०) दो नली वाली (जैसे-दुनाली बंदूक) II (पु०) दो नली की बंदूक
दुनियाँ, दुनिया–*अ०* (स्त्री०) 1 संसार, विश्व, जगत् 2 संसार के लोग, लोक, जनता 3 संसार एवं घर-गृहस्थी के लड़ाई-झगड़े। ~**ई** *+ हिं०* I (वि०) सांसारिक II (स्त्री०) संसार; ~**दार** *+ फ़ा०* (वि०) 1 संसारी 2 लोक चतुर; ~**दारी** *+ फ़ा०* (स्त्री०) 1 सांसारिक प्रपंच 2 सांसारिक व्यवहार-कुशलता, लोक चातुरी 3 बनावटी व्यवहार; ~**परस्त** (वि०) कंजूस; ~**साज़** I (वि०) 1 चालाक 2 स्वार्थ साधक II (पु०) दुनियां के अनुरूप चलनेवाला व्यक्ति; ~**साज़ी** *+ फ़ा०* (स्त्री०) दुनियादार होने की अवस्था; ~**की हवा लगना** 1 सांसारिक ज्ञान होना 2 सांसारिक तौर-तरीके अपनाना 3 सांसारिक कर्मों की ओर प्रवृत्त होना; ~**के परदे पर** संपूर्ण विश्व में; ~**भर का** अत्यधिक; ~**से उठ जाना** मर जाना, मृत्यु होना
दुनियावी–*अ०* (वि०) सांसारिक, दुनिया का
दुपट्टा–(पु०) ओढ़ने की चादर, उत्तरीय (जैसे-कंधे पर दुपट्टा डालना)। ~**तानकर सोना** निश्चिंत होकर सोना, बेखटक सोना; ~**बदलना** सहेली बनाना
दुपद–*बो०* (पु०) द्विपद
दुपलिया–*बो०* (वि०) दो पल्ली
दुपल्ला–(वि०) दो पल्लोंवाला (जैसे-दुपल्ला दरवाज़ा)
दुपल्लू–(वि०) दोपल्ली
दुपहर–(स्त्री०) दोपहर
दुपहरिया–*बो०* (स्त्री०) = दोपहरी, दुपहरिया
दुफ़सली–*फ़ा० + अ० + फ़ा०* (वि०) दोफ़सली
दुबकना–(अ० क्रि०) दबकना
दुबधा–(स्त्री०) असमंजस, दुविधा (जैसे-दुबधा में पड़ना)
दुबराना–(अ० क्रि०)/(स० क्रि०) = दुबलाना
दुबला–(वि०) 1 हल्के एवं कमज़ोर शरीरवाला (जैसे-दुबला-पतला आदमी) 2 निर्बल। ~**पतला** (वि०) बहुत कमज़ोर; ~**पन** (पु०) 1 निर्बलता 2 हल्कापन एवं कमज़ोरी
दुबलाई–(स्त्री०) = दुबलापन
दुबलाना–(अ० क्रि०) दुबला होना
दुबारा–*फ़ा०* (वि०) दोबारा
दुबाला–*फ़ा० बो०* दोबाला
दुबिधा–(स्त्री०) दुबधा
दुबीचा–(पु०) 1 असमंजस, दुबिधा 2 अनिष्ट की आशंका, खटका
दुभाषिणी–*हिं० + सं०* (स्त्री०) दो भाषा बोलनेवाली महिला
दुभाषिया–*हिं० + सं० + हिं०*, ~**भाषी** *+ सं०* (वि०) दो भाषा का ज्ञान रखनेवाला
दुमंज़िला–*फ़ा० + अ० + हिं०* (वि०) दो तल्लेवाला (जैसे-दुमंज़िला मकान)
दुम–*फ़ा०* (स्त्री०) 1 पूँछ (जैसे-कुत्ते की दुम) 2 वस्तु का पिछला लंबा एवं लचीला सिरा (जैसे-पतंग की दुम)। ~**कटा** *+ हिं०* (वि०) कटी पूँछवाला; ~**ची** (स्त्री०) 1 घोड़े के साज में दुम के नीचे रहनेवाला चमड़ा 2 पुट्ठों के बीच की हड्डी; ~**छल्ला** *+ हिं०* (पु०) पुछलगा; ~**दार** (वि०) पूँछवाला; ~**के पीछे फिरना** पीछे-पीछे घूमना, साथ लगे रहना; ~**दबाकर भागना** डरपोक कुत्ते की तरह भागना; ~**दबा जाना** 1 डरकर भाग जाना 2 डरकर अपनी जगह बैठे रहना; ~**में घुसना** लुप्त हो जाना, गायब हो जाना; ~**में घुसा रहना** खुशामद में पीछे-पीछे घूमना
दुमन–(वि०) दुचित्ता
दुमाता–*हिं० + सं०* (स्त्री०) 1 सौतेली माँ, विमाता 2 बुरी माँ
दुमाहा–*फ़ा०* (वि०) 1 प्रत्येक दो महीने पर होनेवाला 2 दो माह का (जैसे-दुमाहा बच्चा)
दुमुँहा–(वि०) दोमुँहा
दुरंगा–(वि०) 1 दो रंगोंवाला 2 दो प्रकार का 3 दोहरी चालवाला (जैसे-दुरंगा आदमी)। ~**पन** (पु०) दुरंगा होने का भाव
दुरंगी–(स्त्री०) 1 दोरंगापन 2 दो तरह का आचरण
दुरंत–*सं०* (वि०) 1 जिसका पार पाना कठिन हो, अपार 2 अत्यंत कठिन, दुस्तर 3 तीव्र, प्रचंड 4 बुरे परिणामवाला
दुर्–*सं० उपसर्ग* 1 बुरा, कठिन (जैसे-दुरुपयोग, दुर्लभ)
दुर–*अ०* (पु०) 1 मोती, मुक्ता 2 कान में पहनने की मोती का लटकन, लोलक
दुर–(क्रि० वि०) तिरस्कारपूर्वक हटाने के लिए प्रयोग में लाया जानेवाला शब्द (जैसे-कुत्ते को दुर-दुर कहना)
दुरत्यय–*सं०* (वि०) 1 जिससे पार पाना कठिन हो 2 जिसका उल्लंघन कठिन हो, दुस्तर, दुरतिक्रम
दुरदुराना–(स० क्रि०) 1 दुर-दुर कहते हुए भगाना 2 अपमान करते हुए हटाना (जैसे-कुत्ते की तरह दुरदुराना)
दुरदृष्ट–I *सं०* (वि०) अभागा, दुर्भाग्यशाली II (पु०) दुर्भाग्य

दुरधिगम–*सं०* (वि०) 1 जिसके पास पहुँचना कठिन हो 2 दुर्लभ, दुष्प्राप्य 3 दुर्बोध

दुरधिष्ठित–*सं०* (वि०) 1 बुरे ढंग से किया हुआ 2 अव्यवस्थित

दुरना–(अ० क्रि०) *बो०* 1 आड़ में होना 2 छिपना

दुरपवाद–*सं०* (पु०) 1 निंदा 2 बदनामी

दुरबास–(स्त्री०) दुर्गंध

दुरभिमान–*सं०* (पु०) बदगुमानी, झूठी शेखी

दुरभिसंधि–*सं०* (स्त्री०) कुमंत्रणा, षड्यंत्र

दुरभेव–*बो०* (पु०) = दुर्भाव

दुरमुट–(पु०) ज़मीन पीटकर समतल करने का लंबी लकड़ी में जड़ा पत्थर का गोल टुकड़ा

दुरवग्रह, दुरवग्राह्य–*सं०*(वि०) जिसे नियंत्रित करना कठिन हो

दुरवस्थ–*सं०* (वि०) हीन दशा में पड़ा हुआ

दुरवस्था–*सं०* (स्त्री०) दुर्दशा

दुराक्रमण–*सं०* (पु०) धोखे से किया जानेवाला आक्रमण

दुरागम–*सं०* (पु०) 1 अवैध रूप से आना और मिलना 2 अनुचित प्राप्ति

दुरागमन–*सं०* (पु०) द्विरागमन

दुराग्रह–*सं०* (पु०) अनुचित ज़िद, हठ

दुराग्रही–*सं०* (वि०) दुराग्रह करनेवाला

दुराचरण–*सं०* (पु०) बुरा चाल-चलन

दुराचार–*सं०* (पु०) अनुचित एवं निंदनीय व्यवहार, आचरण

दुराचारी–*सं०* (वि०) बदचलन

दुराज–(पु०) 1 ऐसा राज्य, शासन जहाँ दो राजा एक साथ मिलकर शासन चलाएँ, दो अमली शासन 2 बुरा शासन, कुशासन

दुरात्मा–*सं०* (वि०) दुष्ट प्रकृतिवाला, नीच

दुरादुरी–(स्त्री०) दुराव, छिपाव

दुराधर्ष–*सं०* (वि०) 1 जिसका दमन कठिन हो 2 प्रचंड, उग्र 3 विकट

दुराना–I (अ० क्रि०) 1 दूर होना, हटना 2 छिपना II (स० क्रि०) 1 हटाना 2 छिपाना 3 त्यागना, छोड़ना

दुरारुह–*सं०* (पु०) 1 बेल 2 नारियल

दुरारुहा–*सं०* (स्त्री०) खजूर का पेड़

दुरालाप–I *सं०* (पु०) अनुचित बातचीत II (वि०) कटुभाषी

दुराव–(पु०) छिपाव

दुरावस्था–*सं०* (स्त्री०) दुर्दशा

दुराशय–I *सं०* (वि०) खराब नीयतवाला, बदनीयत II (पु०) बुरी नीयत

दुराशा–*सं०* (स्त्री०) 1 बुरी आशा 2 व्यर्थ की आशा

दुरिच्छा–*सं०* (स्त्री०) बुरी इच्छा

दुरित–I *सं०* (पु०) पाप, दुष्कृत II (वि०) पापी

दुरियाना–(स० क्रि०) *बो०* 1 दुरदुराना 2 दूर करना

दुरुक्त–*सं०* (वि०) दुर्वचन कहा हुआ

दुरुक्ति–*सं०* (स्त्री०) 1 दुर्वचन 2 बुरी युक्ति

दुरुख़ा–*फ़ा०* (वि०) 1 दो रुखवाला 2 दो मुँहवाला 3 जिसके दोनों ओर एक तरह का निशान हो (जैसे-दुरुख़ा शाल) 4 जिसके दोनों तरफ़ दो प्रकार की छपाई हो (जैसे-दुरुखा कपड़ा, दुरुखा किनारा)

दुरुत्साहन–*सं०* (पु०) विरुद्ध काम के लिए उत्साहित करना

दुरुपयोग–*सं०* (पु०) अनुचित उपयोग, बुरा इस्तेमाल

दुरुपयोजन–*सं०* (पु०) दुरुपयोग करना

दुरुस्त–*फ़ा०* (वि०) 1 ठीक (जैसे-दुरुस्त हालत में) 2 दोष रहित 3 उचित, उपयुक्त 4 यथार्थ। **~करना** 1 सुधारना 2 दंड देना

दुरुस्ती–*फ़ा०* (स्त्री०) 1 दुरुस्त करना 2 सुधारना, सुधार 3 संशोधन, शुद्धि

दुरूह–*सं०* (वि०) 1 दुर्बोध (जैसे-दुरूह विषय, दुरूह ज्ञान) 2 कठिन (जैसे-दुरूह कार्य)

दुर्गंध–*सं०* (स्त्री०) बुरी गंध, बदबू। **~शामक** (वि०) दुर्गंध दूर करनेवाला

दुर्गंधमय–*सं०* (वि०) दुर्गंधवाला, बदबूदार

दुर्ग–I *सं०* (वि०) 1 दुर्गम 2 दुर्बोध II (पु०) 1 गढ़, किला 2 दुर्गम पथ। **~पाल** (पु०) दुर्गरक्षक

दुर्गत–*सं०* (वि०) 1 विपन्न 2 दरिद्र, ग़रीब

दुर्गति–*सं०* (स्त्री०) 1 दुर्दशा 2 दरिद्रता

दुर्गम–I *सं०* (वि०) 1 जहाँ पहुँचना कठिन हो 2 दुर्बोध 3 कठिन, विकट II (पु०) 1 किला, गढ़ 2 जंगल, वन 3 बीहड़ क्षेत्र

दुर्गमनीय–*सं०* (वि०) दुर्गम योग्य

दुर्गा–*सं०* (स्त्री०) आदि शक्ति, पार्वती। **~नवमी** (स्त्री०) 1 दुर्गा पूजन की कार्तिक शुक्ला नवमी 2 चैत्र शुक्ल नवमी 3 आश्विन शुक्ल नवमी

दुर्गाध्यक्ष–*सं०* (पु०) = दुर्गपाल

दुर्गाष्टमी–*सं०* (स्त्री०) 1 आश्विन शुक्ल पक्ष की अष्टमी 2 चैत्र शुक्ल पक्ष की अष्टमी

दुर्गुण–*सं०* (पु०) 1 ऐब 2 दोष, विकार

दुर्घट–*सं०* (वि०) 1 दुःसाध्य 2 कठिनता से घटित होनेवाला

दुर्घटना–*सं०* (स्त्री०) 1 अशुभ घटना 2 विपत्ति, आफ़त। **~ग्रस्त** (वि०) क्षतिग्रस्त (जैसे-विमान दुर्घटनाग्रस्त हो गया); **~वश** (वि०) संकटवश, विपदजन्य; **~स्थल** (पु०) दुर्घटना होने की जगह

दुर्घोष–*सं०* (वि०) 1 बुरा शब्द करनेवाला 2 जिससे कर्णकटु ध्वनि निकले

दुर्जन–*सं०* (पु०) दुष्ट व्यक्ति

दुर्जय–*सं०* (वि०) जिसे जीतना कठिन हो, दुर्जेय

दुर्जात–*सं०* (वि०) 1 व्यर्थ जन्मा हुआ 2 कमीना 3 अभागा

दुर्जेय–*सं०* (वि०) जिस पर विजय पाना कठिन हो

दुर्ज्ञेय–*सं०* (वि०) 1 जिसे जानना कठिन हो 2 दुर्बोध

दुर्दम–*सं०* (वि०) प्रबल, प्रचंड

दुर्दमनीय–*सं०* (वि०) जिसका दमन बहुत कठिन हो, दुर्दम

दुर्दम्य–*सं०* (वि०) जिसको वश में करना दुष्कर हो

दुर्दशा–*सं०* (स्त्री०) दुर्गति, दुरावस्था। **~ग्रस्त** (वि०) 1 संकटग्रस्त 2 दुर्गति में फँसा हुआ

दुर्दांत–*सं०* (वि०) 1 बेकाबू 2 धृष्ट

दुर्दिन–*सं०* (पु०) 1 बुरे दिन 2 बुरा समय

दुर्दैव–*सं०* (पु०) दुर्भाग्य, अभाग्य

दुर्द्धर–*सं०* (वि०) 1 जल्दी पकड़ में न आनेवाला 2 प्रचंड, प्रबल 3 दुर्बोध

दुर्द्धर्ष–*सं०* (वि०) 1 जिसे जल्दी वश में न किया जा सके 2 जिसे परास्त करना कठिन हो 3 प्रबल, प्रचंड
दुर्नाम–I *सं०* (वि०) 1 बदनाम 2 बुरे नामवाला II (पु०) 1 बुरा नाम, बदनामी 2 गाली, दुर्वचन
दुर्निवार्य, दुर्निवार–*सं०* (वि०) 1 जिसे जल्दी न रोका जा सके 2 जिसका निवारण कठिन हो 3 जिसे हटाना दुष्कर हो
दुर्नीति–I *सं०* (स्त्री०) नीतिविरुद्ध आचरण, कुनीति II (वि०) नीतिविरुद्ध आचरण करनेवाला
दुर्बल–*सं०* (वि०) 1 कमज़ोर 2 दुबला-पतला, शिथिल (जैसे-दुर्बल चरित्रवाला)। **~ता** (स्त्री०) 1 कमज़ोरी 2 दुबलापन 3 शिथिलता (जैसे-मानसिक दुर्बलता)
दुर्बुद्धि–I *सं०* (वि०) नीच बुद्धिवाला, कुबुद्धि II (स्त्री०) नीच बुद्धि
दुर्बोध–*सं०* (वि०) 1 जिसे सरलता से न जाना जा सके (जैसे-दुर्बोध काव्य, दुर्बोध ज्ञान) 2 क्लिष्ट, अत्यंत कठिन (जैसे-व्याकरण के दुर्बोध नियम)
दुर्भक्ष, दुर्भक्ष्य–I *सं०* (वि०) 1 जिसे जल्दी न खाया जा सके 2 जिसका स्वाद अच्छा न हो II (पु०) अकाल, दुर्भिक्ष
दुर्भर–*सं०* (वि०) 1 जिसे उठाना कठिन हो, भारी, वज़नी
दुर्भाग–*सं०* (पु०) = दुर्भाग्य
दुर्भागी–*सं०* (वि०) अभागा, भाग्यहीन
दुर्भाग्य–*सं०* (पु०) बद-किस्मती, बुरा भाग्य। **~ग्रस्त** (वि०) दुर्भाग्य में फँसा हुआ, बद-किस्मत, अभागा; **~पूर्ण** (वि०) दुर्भाग्य से भरा हुआ, दुर्भाग्यशाली; **~वश** (वि०) बदकिस्मती से
दुर्भाव–*सं०* (पु०) 1 बुरा भाव, कुभाव 2 तुच्छ विचार
दुर्भावना–*सं०* (पु०) 1 बुरी भावना, कुविचार 2 आशंका, खटका
दुर्भाव्य–*सं०* (त्रि०) जल्दी ध्यान में न आनेवाला
दुर्भाषा–*सं०* (स्त्री०) गंदी बोली
दुर्भिक्ष–*सं०* (पु०) अकाल (जैसे-दुर्भिक्ष से मरना)। **~पीड़ित** (वि०) अकालग्रस्त
दुर्भेद्य–*सं०* (वि०) 1 जिसे भेदना कठिन हो 2 जिसे जल्दी पार न किया जा सके 3 जिसके अंदर पहुँचना कठिन हो (जैसे-दुर्भेद्य किला)
दुर्मति–I *सं०* (वि०) 1 दुर्बुद्धि, बुरी मतिवाला 2 खल, दुष्ट II (स्त्री०) दुष्ट बुद्धि
दुर्मद–*सं०* (वि०) 1 नशे में चूर 2 उन्मत्त, पागल 3 मदांध, अत्यंत घमंडी
दुर्मना–*सं०* (वि०) बुरे मनवाला 2 दुष्ट
दुर्मर–*सं०* (वि०) बुरी मौत मरनेवाला
दुर्मर्ष–*सं०* (वि०) जिसे सहना कठिन हो, दुःसह
दुर्मुख–*सं०* (वि०) 1 गंदे मुँहवाला 2 कड़ुवी और बुरी बात कहनेवाला
दुर्मूल्य–*सं०* (वि०) बहुमूल्य
दुर्यश–*सं०* (पु०) अपयश
दुर्रा–*फ़ा०* (पु०) कोड़ा, चाबुक
दुर्लक्ष्य–I *सं०* (वि०) जिसे कठिनता से देखा जा सके II (पु०) बुरा उद्देश्य
दुर्लभ–*सं०* (वि०) 1 कठिनता से प्राप्त होनेवाला, दुष्प्राप्य 2 अति प्रशस्त 3 प्रिय (जैसे-ऐसी दुर्लभ वस्तु कहाँ मिलेगी)
दुर्ललित–I *सं०* (वि०) 1 अत्यधिक प्यार से बिगड़ा हुआ 2 दुष्ट, पाजी 3 दूषित, बुरा II (पु०) उद्धतता
दुर्लेख्य–I *सं०* (वि०) 1 बुरी लिखावटवाला 2 जिसकी लिखावट बुरी हो II (पु०) जाली काग़ज़, इनवैलिड डीड
दुर्वचन–*सं०* (पु०) 1 बुरा वचन, दूषित कथन 2 गाली, अपशब्द
दुर्वाणी–*सं०* (स्त्री०) बुरी वाणी, दुर्वचन
दुर्वाद–*सं०* (पु०) 1 अपवाद, निंदा 2 अनुचित विवाद, तकरार 3 निंदित वाक्य
दुर्वासना–*सं०* (स्त्री०) 1 बुरी वासना, बुरी इच्छा 2 ओछी कामना 3 विषय जनित वासना
दुर्वासनामय–*सं०* (वि०) 1 दुर्वासनापूर्ण 2 कामासक्त
दुर्विनीत–*सं०* (वि०) अविनीत, उद्दंड
दुर्विपाक–*सं०* (पु०) 1 बुरा परिणाम 2 बुरा संयोग, कुसंयोग (जैसे-दैव-दुर्विपाक से उन्हें पुत्र-शोक सहना पड़ा)
दुर्विभाव्य–*सं०* (वि०) जिसका अनुमान कठिनता से हो सके
दुर्वृत्त–I *सं०* (वि०) 1 दुराचारी, दुश्चरित्र 2 बुरी वृत्तिवाला II (पु०) निंदनीय एवं बुरा आचरण, बद-चलनी
दुर्वृत्ति–*सं०* (स्त्री०) 1 बुरी वृत्ति 2 बुरा आचरण, बुरा स्वभाव
दुर्व्यवस्था–*सं०* (स्त्री०) अव्यवस्था
दुर्व्यवहार–*सं०* (पु०) 1 बुरा बर्ताव, अनुचित व्यवहार 2 ग़लत फ़ैसलेवाला मुकदमा, अन्यायपूर्ण मुकदमा
दुर्व्यसन–*सं०* (पु०) बुरी लत, बुरी आदत (जैसे-मद्यपान भी एक दुर्व्यसन है)
दुर्व्यसनी–*सं०* (वि०) दुर्व्यसनवाला
दुर्हृद्–*सं०* (वि०) बुरे हृदयवाला, खोटा
दुलकना–(स० क्रि०) दुलखना
दुलकी–(स्त्री०) घोड़े का उछल-उछलकर मध्य गति से दौड़ने की चाल
दुलखना–I (स० क्रि०) 1 बार-बार कहना, दोहराना 2 आपत्ति करना, इनकार करना II (अ० क्रि०) मुकर जाना
दुलड़ा–I (वि०) दो लड़ोंवाला II (पु०) दो लड़ों की माला
दुलड़ी–(स्त्री०) दो लड़ोंवाली माला
दुलत्ती–(स्त्री०) 1 घोड़े आदि का पिछली दोनों टाँगों को झटकार कर मारना (जैसे-दुलत्ती चलाना) 2 दुलत्ती से किया गया आघात
दुलराना–(स० क्रि०) दुलारना
दुलरी–(स्त्री०) 1 दुलड़ी 2 दुलारी
दुलहन–(स्त्री०) 1 नई बहू, नवोढ़ा स्त्री 2 पत्नी
दुलहा–(पु०) 1 वर 2 पति
दुलहिन–(स्त्री०) = दुलहन
दुलहेटा–(पु०) 1 दुलहा 2 दुलारा बेटा
दुलाई–(स्त्री०) हलकी रज़ाई
दुलार–(पु०) 1 स्नेहपूर्ण व्यवहार (जैसे-दुलार करना) 2 उमंग में बच्चों द्वारा किया गया धृष्टतापूर्ण आचरण
दुलारना–(स० क्रि०) 1 दुलार करना 2 अधिक दुलार करके बच्चों को बिगाड़ना
दुलारा–(वि०) लाड़ला
दुलारी–(वि०) लाड़ली

दुलीचा–(पु०) 1 गलीचा, कालीन 2 छोटा ऊनी आसन
दुवन–(पु०) 1 खल, दुर्जन 2 दुश्मन, वैरी 3 राक्षस
दुवार–*बो०* (पु०) द्वार
दुवाल–*फ़ा०* (स्त्री०) 1 चमड़े का तसमा 2 रकाब का तसमा
दुवाली–(स्त्री०) 1 घोंटने का बेलन, घोंटा 2 बंदूक, तलवार आदि लटकाने का परतला
दुविधा–(स्त्री०) 1 दुबधा, असमंजस, पशोपेश 2 अनिर्णय। ~**जनक** + *सं०* (वि०) असमंजसपूर्ण
दुशमन–*फ़ा०* (पु०) = दुश्मन
दुशवार–*फ़ा०* (वि०) 1 मुश्किल, कठिन 2 दुःसह
दुशवारी–*फ़ा०* (स्त्री०) 1 कठिनाई 2 विपत्ति की स्थिति
दुशाला–*फ़ा०* (पु०) पशमीने की चादरों का जोड़ा। **दुशाले में लपेटकर मारना** मीठी-मीठी बातें कहते हुए कठोर व्यंग्य करना
दुश्चक्र–*सं०* (पु०) षड्यंत्र
दुश्चरित, दुश्चरित्र–I *सं०* (वि०) बद-चलन, चरित्रहीन II (पु बुरा चाल-चलन
दुश्चिंता–*सं०* (स्त्री०) बुरी चिंता
दुश्चिकित्स्य–*सं०* (वि०) 1 जिसकी चिकित्सा न की जा सके 2 असाध्य (रोग एवं रोगी)
दुश्चेष्टा–*सं०* (स्त्री०) बुरी चेष्टा, कुचेष्टा
दुश्मन–*फ़ा०* (पु०) शत्रु, वैरी
दुश्मनी–*फ़ा०* (पु०) शत्रुता, वैर
दुष्कर–*सं०* (वि०) दुःसाध्य
दुष्कर्म–*सं०* (पु०) 1 अनुचित एवं निंदनीय कर्म 2 कठिन कार्य
दुष्कर्मा–*सं०* (वि०) दुष्कर्म करनेवाला
दुष्कर्मी–*सं०* (वि०) दुराचारी, कुकर्मी
दुष्कल्पना–*सं०* (स्त्री०) कठिन कल्पना
दुष्कांड–*सं०* (पु०) बुरी घटना
दुष्काल–*सं०* (पु०) 1 बुरा समय, कुसमय 2 अकाल, दुर्भिक्ष
दुष्कीर्ति–*सं०* (स्त्री०) बदनामी, अपयश
दुष्कुल–I *सं०* (वि०) नीच कुल का II (पु०) नीच कुल
दुष्कुलीन–*सं०* (वि०) नीच घराने का
दुष्कृत–*सं०* (पु०) दुष्कर्म
दुष्कृति–I *सं०* (वि०) कुकर्मी, दुष्कर्मी II (पु०) कुकर्म, बुरा काम
दुष्कृत्य–*सं०* (पु०) दुष्कर्म
दुष्क्रीत–*सं०* (वि०) 1 कठिनाई से ख़रीदा हुआ 2 महँगा
दुष्ग्राह्य–*सं०* (वि०) कठिनता से ग्रहण करने योग्य
दुष्ट–I *सं०* (वि०) 1 दूषित, सदोष 2 निकम्मा 3 परेशान करनेवाला II (पु०) कुष्ठ रोग। ~**चरित्र** (वि०) बुरे आचरणवाला; ~**चेता** (वि०) 1 अशुभ चिंतक 2 बुरी बात सोचनेवाला 3 कपटी, छली; ~**व्रण** (पु०) 1 दुर्गंधयुक्त घाव 2 असाध्य रोग; ~**साक्षी** (पु०) बुरा गवाह
दुष्टा–I *सं०* (वि०) 1 बुरा सोचनेवाली 2 बुरा चाहनेवाली II (स्त्री०) बुरी स्त्री
दुष्टाचरण, दुष्टाचार–*सं०* (पु०) दुराचार
दुष्टाचारी–*सं०* (वि०) दुराचारी
दुष्टात्मा–*सं०* (वि०) दुरात्मा
दुष्टान्न–*सं०* (पु०) 1 खराब अन्न 2 बासी भोजन 3 पाप की कमाई का अन्न 4 नीच व्यक्ति का अन्न, कुत्सित कमाई का अन्न
दुष्टार्बुद–*सं०* (पु०) गंदा फोड़ा
दुष्टि–*सं०* (स्त्री०) दोष
दुष्पच–*सं०* (वि०) 1 कठिनता से पकनेवाला 2 कठिनता से पचनेवाला
दुष्पद–*सं०* (वि०) दुष्प्राप्य
दुष्पराजय–*सं०* (वि०) दुर्जेय
दुष्परिणाम–*सं०* (पु०) कुपरिणाम, कुफल
दुष्पर्श–*सं०* (वि०) 1 जिसे छूना कठिन हो 2 जिसे छुआ न जा सके 3 दुष्प्राप्य
दुष्पाठ्य–*सं०* (वि०) कठिनता से पढ़ने योग्य
दुष्पार–*सं०* (वि०) 1 जिसे कठिनता से पार किया जा सके 2 दुस्साध्य
दुष्पूर–*सं०* (वि०) 1 जिसे भरना कठिन हो 2 कठिनता से पूरा होनेवाला
दुष्प्रकृति–I *सं०* (वि०) बुरे स्वभाववाला II (स्त्री०) बुरा स्वभाव
दुष्प्रभाव–*सं०* (पु०) बुरा प्रभाव, कुप्रभाव, बुरा असर
दुष्प्रयोग–*सं०* (पु०) = दुरुपयोग (जैसे-शब्दों का दुष्प्रयोग)
दुष्प्रवृत्ति–I *सं०* (स्त्री०) बुरी प्रवृत्ति II (वि०) बुरी प्रवृत्तिवाला
दुष्प्राप्य–*सं०* (वि०) कठिनता से प्राप्त होनेवाला
दुष्प्रेक्ष्य–*सं०* (वि०) 1 जिसे देखना कठिन हो 2 जिसे देखा न जा सके 3 भीषण, विकराल 4 कुरूप, भद्दा
दुसरिहा–*बो०* (वि०) 1 अन्य, दूसरा 2 संगी, साथी 3 दूसरी बार होनेवाला 4 प्रतिद्वंद्वी, प्रतियोगी
दुसही–*बो०* (वि०) 1 जिसे सहना बहुत कठिन हो 2 ईर्ष्या करनेवाला, जलनखोर
दुसाखा–(पु०) दोशाखा
दुसाध–I (पु०) सूअर पालनेवाली एक हिंदु जाति
दुसाध–II *बो०* (वि०) नीच, अधम
दुसार–(वि०) 1 अत्यंत कष्ट देनेवाला 2 दुसाल
दुसाल–I (वि०) अत्यधिक कष्ट देनेवाला II (पु०) आर-पार हुआ छेद III (क्रि० वि०) इस सिरे से दूसरे सिरे तक
दुसूती–(स्त्री०) दो-दो तागोंवाला बुना मोटा मज़बूत कपड़ा
दुसेजा–(पु०) दो व्यक्तियों के सोने काबिल बड़ी चारपाई
दुस्तर–*सं०* (वि०) 1 जिसे तैर कर पार करना मुश्किल हो 2 कठिन, दुर्घट
दुस्त्यज–*सं०* (वि०) जिसे त्यागना कठिन हो
दुस्थित–*सं०* (वि०) दुर्दशाग्रस्त
दुस्संभावना–*सं०* (स्त्री०) कठिन संभावना
दुस्सह–*सं०* (वि०) = दुःसह
दुस्साहस–*सं०* (पु०) = दुःसाहस। ~**वाद** (पु०) = दुःसाहसवाद; ~**वादी** (वि०) = दुःसाहसवादी
दुस्साहसिक–*सं०* (वि०) 1 दुःसाहसी 2 दुःसाहसवादी
दुस्साहसिकता–*सं०* (स्त्री०) = दुःसाहसिकता
दुस्साहसी–*सं०* (वि०) = दुःसाहसी
दुहता–(पु०) बेटी का बेटा, नाती, दोहता (स्त्री० दुहती)
दुहत्थड़–I (वि०) दोनों हाथों से किया जानेवाला

(जैसे-दुहत्थड़ प्रहार करना) II (पु०) दोनों हाथों से किया गया प्रहार III (क्रि० वि०) दोनों हाथों से प्रहार करते हुए (जैसे-दुहत्थड़ छाती पीटना)

दुहत्था–I (वि०) 1 दोनों हाथों से होनेवाला (जैसे-दुहत्थी मार-पीट) 2 दो मूठोंवाला II (क्रि० वि०) दोनों हाथों से

दुहना–(स० क्रि०) 1 दूहना 2 निचोड़ना 3 (किसी का) धन अपहरण करना 4 (किसी) को चूसना

दुहनी–I (स्त्री०) दूध दुहने का पात्र, दोहनी

दुहरा–(वि०) = दोहरा। ~**पन** (पु०) दोहरा होने का भाव

दुहराना–(स० क्रि०) = दोहराना; ~**तिहराना** (स० क्रि०) दो तीन बार करना

दुहाई–I (स्त्री०) 1 दीनतापूर्वक चिल्लाकर की जानेवाली याचना (जैसे-दुहाई देना) 2 उच्च स्वर में पुकार कर दी गई सूचना, मुनादी (जैसे-न्याय की दुहाई देना) 3 कसम, शपथ, सौगंध

दुहाई–II (स्त्री०) 1 दूहना 2 दूहने का पारिश्रमिक

दुहाग–(पु०) 1 दुर्भाग्य, बद-किस्मती 2 वैधव्य, विधवापन

दुहागिन–*बो०* (स्त्री०) विधवा औरत

दुहागिल–*बो०* (वि०) दुहागी

दुहागी–(वि०) 1 भाग्यहीन, अभागा 2 निर्जन, सूना 3 ख़ाली

दुहाजू–(वि०) 1 पत्नी के मरने पर दूसरा विवाह करनेवाला पुरुष 2 पति के मरने पर दूसरा विवाह करनेवाली स्त्री

दुहाना–(स० क्रि०) दूहने का काम कराना

दुहाव–(पु०) दूहने का काम

दुहावनी–(स्त्री०) दूध दूहने का पारिश्रमिक

दुहिता–*सं०* (स्त्री०) पुत्री, बेटी

दुहेला–I (वि०) 1 कष्ट-प्रद, दुःखदायी 2 दुःसाध्य, कठिन 3 संकट में पड़ा हुआ, दुखिया II (पु०) दुःखदायक कार्य

दुह्य–*सं०* (वि०) 1 दूहने योग्य 2 जिसे दूहा जाय

दूआ–(पु०) दुक्की

दूइज–*बो०* (स्त्री०) दूज

दूकान–*फ़ा०* (स्त्री०) = दुकान। ~**दार** (पु०) = दुकानदार; ~**दारी** (स्त्री०) = दुकानदारी

दूखना–I (स० क्रि०) *बो०* दोष लगाना II (अ० क्रि०) नष्ट होना III (स० क्रि०) नष्ट करना IV (अ० क्रि०) दुखना

दूज–(स्त्री०) चांद्रमास के प्रत्येक पक्ष की दूसरी तिथि, दुइज, द्वितीया। ~**का चाँद** बहुत कम दिखाई पड़नेवाला

दूजा–*बो०* (वि०) 1 दूसरा 2 पराया

दूत–*सं०* (पु०) 1 संदेश पहुँचानेवाला व्यक्ति (जैसे-राजा का दूत) 2 राष्ट्र का प्रतिनिधि (जैसे-राजदूत) 3 प्रेमी-प्रेमिका के संदेश को एक-दूसरे तक पहुँचानेवाला व्यक्ति 4 इधर की बात उधर कहकर लड़ाई-झगड़ा करानेवाला व्यक्ति 5 राजदूत (जैसे-विदेशी दूत)। ~**कर्म** (पु०) दूत का काम। ~**काव्य** (पु०) 1 संदेश काव्य 2 ऐसा काव्य जिसमें पवन, मेघ आदि के द्वारा प्रिय के पास विरह व्यथा पहुंचाने का वर्णन हो; ~**ता** (स्त्री०) 1 दूत का कार्य 2 दूत का पद; ~**मंडल** (पु०) दूतों का समूह

दूतत्व–*सं०* (पु०) = दूतता

दूतालय, दूतावास–*सं०* (पु०) राजदूत का कार्यालय

दूतिका, दूती–*सं०* (स्त्री०) 1 संदेश पहुँचानेवाली स्त्री 2 (साहि०) वह स्त्री जो प्रेमी-प्रेमिका का संदेश एक-दूसरे को पहुँचाती है 3 कुटनी

दूत्य–*सं०* (पु०) 1 दूत का काम 2 दूत का पद

दूदकश–*फ़ा०* धुआं निकलने की चिमनी

दूध–(पु०) 1 स्तनपायी मादा पशुओं के थन से निकलनेवाला सफ़ेद तरल पदार्थ (जैसे-गाय का दूध) 2 माँ के स्तन से निकलनेवाला सफ़ेद तरल पदार्थ 3 अनेक वृक्ष के पत्तों एवं डंठलों से निकलनेवाला सफ़ेद तरल पदार्थ (जैसे-मदार का दूध) 4 रासायनिक विधि से तैयार दूध का चूर्ण। ~**चढ़ी** (वि०) बहुत अधिक दूध देनेवाली; ~**दानी** *+ फ़ा० + हिं०* (स्त्री०) दूध रखने का बर्तन; ~**धारा** *+ सं०* (स्त्री०) दूध की धार; ~**धुला** *+ सं०* (वि०) बिल्कुल पवित्र; ~**पदार्थ** *+ सं०* (पु०) दूध से बनी वस्तु; ~**पाकशाला** *+ सं०* (स्त्री०) = दुग्ध पाकशाला; ~**पिलाई** (स्त्री०) 1 दूध पिलानेवाली दाई 2 दूध पिलाने का पारिश्रमिक; ~**पीता** (वि०) दुधमुँहा; ~**पूत** (पु०) धन-संतति; ~**फेनी** (स्त्री०) दूध के साथ खाया जानेवाला एक पकवान; ~**बहन** (स्त्री०) एक ही स्त्री का दूध पीने के नाते मानी जानेवाली बहन; ~**भाई** (पु०) ऐसे दो बालक जो सहोदर न होते हुए भी एक ही स्त्री का दूध पीकर पले हों; ~**भात** (पु०) हल्का और स्वादिष्ट भोजन; ~**माँ** (स्त्री०) दूध पिलानेवाली माँ; ~**मुँहाँ**, ~**मुँहा** (वि०) = दुध मुँहा; ~**मुख** *+ सं०* (वि०) = दुधमुँहा; ~**मूत** (पु०) बच्चे का अच्छा बुरा सब कुछ; ~**वाला** (वि०) ग्वाला; ~**हँड़ी** (स्त्री०) = दूध हँड़ी; ~**उतरना** स्तनों में दूध आना; ~**का जला छाछ फूँक-फूँककर पीता है** विपत्ति सहने के बाद बच-बच कर कदम रखना; ~**का दूध और पानी का पानी** सच्चा-सच्चा न्याय; ~**का बच्चा** केवल दूध के सहारे रहनेवाला बच्चा, अति शिशु; ~**की मक्खी** अत्यंत तुच्छ एवं घृणित वस्तु; ~**की मक्खी की तरह निकाल फेंकना** घृणित एवं तुच्छ समझ एकदम अलग कर देना; ~**के दाँत न टूटना** अनुभवहीन होना; ~**चढ़ना** 1 स्तनों में दूध उतरना 2 स्तनों में दूध अधिक उतर आना; ~**चढ़ाना** पशुओं द्वारा स्तनों में दूध चढ़ा लेना, चुरा लेना; ~**तोड़ना** दूध देना बंद कर देना; ~**पीता बच्चा** एकदम नन्हा बच्चा; ~**फटना** दूध का जलीय अंश उसके सार भाग से अलग होना

दूधा–(पु०) 1 अगहन में तैयार होनेवाला एक प्रकार का धान 2 अन्न के दानों से निकलनेवाला दूध के समान सफ़ेद रस। ~**धारी** *+ सं०* (वि०) केवल दूध पीकर निर्वाह करनेवाला; ~**भाती** (स्त्री०) एक वैवाहिक प्रथा जिसमें वर-कन्या एक दूसरे को अपने हाथ से दूध-भात खिलाते हैं; ~**हारी** *+ सं०* (वि०) = दूधाधारी

दूधिया–I (वि०) 1 दूध मिला हुआ (जैसे-दूधिया चाय, दूधिया पेड़ा) 2 जिसमें दूध हो (जैसे-दूधिया सिंघाड़ा) 3 दूध के रंग का (जैसे-दूधिया कपड़ा) II (स्त्री०) 1 एक तरह का सफ़ेद पत्थर 2 खड़िया (जैसे-दूधिया से लिखना); ~**पत्थर** (पु०) 1 मुलायम सफ़ेद पत्थर 2 चमकीला और चिकना बड़ा पत्थर

दून–I (स्त्री०) दूने का भाव

दून–II (पु०) तराई, घाटी

दूना–(वि०) दुगुना
दूब–(स्त्री०) एक प्रसिद्ध लंबी एवं नर्म घास, दूर्वा
दू-बदू–*फ़ा०* (क्रि० वि०) 1 आमने-सामने 2 मुकाबले में
दूबरा–(वि०) दुबला
दूबे–(पु०) द्विवेदी ब्राह्मण
दूभर–(वि०) 1 भारी, बोझिल 2 कठिन, मुश्किल 3 असह्य (जैसे-आज की ठंड कटना बहुत दूभर है)
दूमना–(अ० क्रि०) *बो०* हिलना-डुलना
दूरंदेश–*फ़ा०* (वि०) दूरदर्शी, अग्र-सोची
दूरंदेशी–*फ़ा०* (स्त्री०) दूरदर्शिता
दूर–I *सं०* (वि०) पास न होनेवाला, पास न रहनेवाला, असमीपस्थ II (क्रि० वि०) 1 बहुत फ़ासले पर, बहुत अंतर पर 2 अलग, पृथक्। ~**गामी** (वि०) दूर तक जानेवाला (जैसे-दूरगामी दृष्टि); ~**चित्र** (पु०) विद्युत की मदद से दूरी पर प्रस्तुत किया जानेवाला चित्र; ~**चित्रण** (पु०) विद्युत की सहायता से दूर चित्र प्रस्तुत करना, टेलिफोटोग्राफी; ~**ता** (स्त्री०) = दूरी; ~**दर्श** (पु०) दूर-दर्शन, टेलीविज़न; ~**दर्शक** I (वि०) 1 दूरदर्शी 2 बुद्धिमान II (पु०) दूर-बीन, दूर-वीक्षक; ~**दर्शक-यंत्र** (पु०) दूर-बीन; ~**दर्शन** (पु०) 1 दूर की चीज़ देखना 2 दूर की बात सोचना 3 विद्युत तरंगों की मदद से अत्यधिक दूर के दृश्य को प्रत्यक्ष रूप से देखने की प्रणाली 4 दे० दूर दर्श; ~**दर्शन यंत्र** (पु०) टेलीविज़न; ~**दर्शिता** (स्त्री०) = दूरंदेशी; ~**दर्शितापूर्ण,** ~**दर्शी** I (वि०) दूर की बात सोचनेवाला, दूरंदेश II (पु०) 1 पंडित, विद्वान् 2 गिद्ध; ~**दृष्टि** (स्त्री०) पहले से सोचने-समझने की शक्ति; ~**देश** (पु०) परदेश, विदेश; ~**धावक** (पु०) दूर तक दौड़नेवाला; ~**धावन** (पु०) दूर तक दौड़ना; ~**नियंत्रण** (पु०) दूर से यंत्र द्वारा नियंत्रण; ~**निरीक्षण** (पु०) दूर से यंत्र द्वारा निरीक्षण; ~**पार** *हिं०* (क्रि० वि०) जिसका किनारा दूर हो; ~**प्रसार** (वि०) दूर तक फैलनेवाला; ~**प्रहारी** (वि०) दूरमार; ~**बोध** (पु०) दूसरे के मन की बात को जानने की विद्या; ~**बोधी** I (वि०) दूर बोध की कला जाननेवाला II (पु०) दूर-बोध की कला जाननेवाला व्यक्ति, टेलिपैथिस्ट; ~**भाष,** ~**भाषक** (पु०) टेलिफोन; ~**भाषिक** (वि०) दूर भाषक यंत्र संबंधी, टेलिफोनिक (जैसे-दूर भाषिक संवाद); ~**मार** *हिं०*, ~**मारक** (वि०) दूर तक मार करनेवाला (जैसे-दूर मारक राकेट, दूरमारक तोप); ~**मुद्र** (पु०) दूर लेख, टेलिप्रिंट; ~**मुद्रक,** ~**मुद्रक यंत्र** (पु०) दूर लेख छापनेवाला यंत्र, टेलिप्रिंटर; ~**मुद्रण** (पु०) दूर लेख छापना, टेलिप्रिंटिंग; ~**मुद्रण यंत्र** (पु०) = दूर मुद्रक यंत्र; ~**लेख** (पु०) दूर लेखक यंत्र से छपा हुआ समाचार भेजने का यंत्र, टेलिग्राफ, टेलिग्राम; ~**लेखक** (पु०) 1 तार द्वारा समाचार भेजने का यंत्र, टेलिग्राफक 2 टेलिग्राफ जाननेवाला व्यक्ति, टेलिग्राफिस्ट; ~**लेखकतः** (क्रि० वि०) दूर लेखक यंत्र की सहायता से; ~**लेखी** (वि०) दूर लेख से संबंध रखनेवाला; ~**वर्ती** (वि०) दूर का; ~**वीक्षक** (पु०) = दूर-बीन; ~**वीक्षण** (पु०) दूर वीक्षक यंत्र से दूर की वस्तुएँ देखना; ~**वीक्षण यंत्र** दूर वीक्षक ~**संचार** (पु०) दूर तक संदेश, समाचार भेजने का कार्य। ~**करना** 1 हटाना 2 अलग करना; ~**की कहना** बड़े सूझ की बात कहना; ~**की बातें** 1असंभव बात 2 सूक्ष्म बात; ~**की सोचना** दूरंदेशी की बात सोचना; ~**क्यों जायें** दूर के विचार एवं दृश्य को छोड़कर निकट के दृष्टांत पर विचार करें; ~**भागना** बहुत बचना, अलग रखना; ~**होना** 1 मिट जाना 2 हट जाना
दूरत्व–*सं०* (पु०) = दूरता
दूरबीन–*फ़ा०* I (वि०) दूर तक देखनेवाला II (स्त्री०) दे० दूरवीक्षक (यंत्र)
दूरस्थ–*सं०* (वि०) 1 दूर रहनेवाला 2 (घटना) जो वर्तमान में न घट सके
दूरांतरित–*सं०* (वि०) 1 दूर किया हुआ 2 दूरस्थ
दूरागत–*सं०* (वि०) दूर से आया हुआ
दूरापात–*सं०* (पु०) दूर से फेंककर चलाया जानेवाला अस्त्र
दूरारूढ़–*सं०* (वि०) 1 बहुत आगे बढ़ा हुआ 2 तीव्र 3 बद्धमूल 4 प्रगाढ़
दूरी–*फ़ा०* (स्त्री०) 1 अंतर, फ़ासला (जैसे-दो खंभों के बीच की दूरी) 2 दो वस्तुओं आदि के बीच का अवकाश, विस्तार (जैसे-दो मकानों को दूरी नापना)। ~**करण** *सं०* (पु०) दूर करना, दूर हटाना; ~**कृत** + *सं०* (वि०) दूर किया हुआ, हटाया हुआ; ~**भूत** + *सं०* (वि०) जो दूर हो गया; ~**मापक** + *सं०* (पु०) दूरी नापनेवाला यंत्र
दूर्वा–*सं०* (स्त्री०) = दूब
दूलह, दूल्हा–(पु०) 1 वर, नौशा 2 पति, स्वामी 3 बहुत बना-ठना आदमी
दूषक–*सं०* (वि०) 1 दोष लगानेवाला 2 आक्षेप करनेवाला 3 विकार उत्पन्न करनेवाला
दूषण–I *सं०* (पु०) 1 दोष लगाना 2 आक्षेप करना 3 अवगुण, बुराई II (वि०) विनाशक, संहारक
दूषणीय–*सं०* (वि०) दोषारोपण योग्य
दूषन–*बो०* (पु०) = दूषण
दूषित–*सं०* (वि०) 1 दोषयुक्त 2 बुरा, ख़राब 3 दोष लगाया हुआ, आरोपित
दूषिता–*सं०* (स्त्री०) विवाह से पहले दूषित कन्या
दूष्य–*सं०* (वि०) 1 दोष लगाने योग्य 2 बुरा, निंदनीय 3 तुच्छ, हीन
दूसरा–I (वि०) 1 पहले के बाद का (जैसे-दूसरा मकान) 2 दो में से कोई एक (जैसे-एक किताब यहाँ है और दूसरी वहाँ) 3 प्रस्तुत से भिन्न 4 अन्य, अतिरिक्त II (सर्व०) 1 बचा हुआ 2 दोनों पक्षों में से किसी के साथ जिसका संबंध न हो (जैसे-पारस्परिक बात-चीत में दूसरों को नहीं पड़ना चाहिए)
दूसरे–*अ०* अन्य बात यह है कि
दूहना–(स० क्रि०) = दुहना
दूहा–*बो०* (पु०) = दोहा
दृक्–*सं०* (पु०) छेद, छिद्र
दृक्, दृग–*सं०* (पु०) आंख, नयन, नेत्र ~**क्षेप** (पु०) अवलोकन; ~**पथ** (पु०) दृष्टि पथ; ~**पात** (पु०) = दृक्क्षेप; ~**शक्ति** (स्त्री०) 1 देखने की शक्ति 2 प्रकाश रूप, चैतन्य 3 आत्मा
दृगंचल–*सं०* (पु०) नयनपट, पलक

दृग्-मिचाव–*सं० + हिं०* (पु०) आँख-मिचोली का खेल

दृग्वृत्त–*सं०* (पु०) क्षितिज

दृढ़–*सं०* (वि०) 1 प्रगाढ़ (जैसे-दृढ़ आलिंगन) 2 पक्का, मज़बूत 3 बलवान् और हृष्ट-पुष्ट 4 विचलित न होनेवाला, अटल (जैसे-दृढ़ विश्वास, दृढ़ प्रतिज्ञा) 5 जिसमें परिवर्तन न हो सके (जैसे-दृढ़ निश्चय, दृढ़ भरोसा, दृढ़ कर्म)। ~**कारिता** (स्त्री०) (बात) पक्का करना; ~**कारी** (वि०) 1 दृढ़ निश्चय 2 दृढ़ बनानेवाला; ~**चित्त** (वि०) दृढ़ हृदयवाला; ~**चेता** (वि०) दृढ़ विचारोंवाला; ~**ता** (स्त्री०) 1 मज़बूती 2 प्रतिज्ञा एवं विचारों आदि पर अडिग रहने की अवस्था 3 दृढ़ रहने का भाव; ~**ता-पूर्वक** (वि०) मज़बूती से; ~**निश्चय** (वि०) अडिग, अटल रहनेवाला; ~**नेमि** (वि०) मज़बूत धुरीवाला; ~**प्रतिज्ञ** (वि०) प्रतिज्ञा पर अटल रहनेवाला; ~**फल** (पु०) नारियल; ~**बद्ध** (वि०) मज़बूती से बँधा हुआ; ~**व्रत** (वि०) = दृढ़ प्रतिज्ञ; ~**संकल्प** (वि०) पक्का इरादा; ~**संकल्पता** (स्त्री०) दृढ़ निश्चितता; ~**संकल्पी** (वि०) दृढ़ संकल्प करनेवाला; ~**संधि** (वि०) सटकर, जुड़कर एक हुआ

दृढ़त्व–*सं०* (पु०) = दृढ़ता

दृढ़ांग–*सं०* (वि०) मज़बूत अंगोंवाला, हृष्ट-पुष्ट

दृढ़ाना– *+ हिं०* I (स० क्रि०) 1 मज़बूत करना 2 स्थिर करना II (अ० क्रि०) 1 कड़ा होना, मज़बूत होना 2 पक्का होना, स्थिर होना

दृढ़ापन–*सं०* (पु०) 1 पक्का करना, पुष्टि 2 नियुक्ति आदि को पक्का ठहराना, कनफर्मेशन

दृढ़ायुध–I *सं०* (वि०) 1 अस्त्र ग्रहण करने में पक्का 2 युद्ध में तत्पर II (पु०) धृतराष्ट्र का एक पुत्र

दृढ़ीकरण–*सं०* (पु०) = दृढ़ापन

दृता–*सं०* (स्त्री०) जीरा

दृति–*सं०* 1 चमड़ा, खाल 2 खाल का बना पात्र 3 मशक। ~**हार** (पु०) भिश्ती

दृप्त–*सं०* (वि०) 1 इतराया हुआ, गर्वित 2 प्रचंड, उग्र 3 प्रफुल्लित 4 चमकता हुआ

दृश–I *सं०* (वि०) 1 देखनेवाला, दर्शक 2 दिखानेवाला, प्रदर्शक II (पु०) देखना III (स्त्री०) 1 दृष्टि 2 आँख 3 ज्ञान

दृशा–*सं०* (स्त्री०) आँख

दृशि–*सं०* (स्त्री०) 1 आँख 2 उजाला, प्रकाश 3 शास्त्र

दृशी–*सं०* (स्त्री०) 1 दृष्टि 2 प्रकाश

दृशी–I *सं०* (पु०) 1 नज़ारा 2 तमाशा II (वि०) 1 देखने योग्य, दर्शनीय 2 दिखाई देनेवाला 3 ज्ञेय एवं स्पष्ट 4 जानने योग्य, ज्ञातव्य। ~**गत** (वि०) दिखाई देनेवाला; ~**चित्र** (पु०) प्राकृतिक दृश्य का फोटो; ~**जगत्** (पु०) वास्तविक जगत्, फिनामेनल वर्ल्ड; ~**ता** (स्त्री०) दिखाई देने का भाव

दृश्यत्व–*सं०* (पु०) 1 दृश्य होने की अवस्था 2 ऐसी स्थिति जिसमें देखने की शक्ति अपना काम करती है, विजिबिलिटी

दृश्यमय–*सं०* (वि०) 1 दृश्योंवाला 2 दिखाई देनेवाला

दृश्यमान्–*सं०* (वि०) दिखाई देनेवाला

दृश्यात्मक–*सं०* (वि०) दृश्य संबंधी

दृश्यादृश्य–*सं०* (वि०) दिखाई पड़नेवाला और न दिखाई देनेवाला

दृश्याभास–*सं०* (पु०) आँखें बंद कर लेने पर भी देखी गई वस्तु का प्रतिबिंब, चित्र का आभास होना, विद्यमान-सा प्रतीत होना

दृश्यालेख्य–*सं०* (पु०) देखने और लिखने का

दृश्यावली–*सं०* (स्त्री०) दृश्यों की श्रेणी

दृश्यावलोकन–*सं०* (पु०) दृश्य का देखना

दृष्ट–I *सं०* (वि०) 1 देखा हुआ 2 दिखाई पड़नेवाला II (पु०) 1 दर्शन 2 साक्षात्कार। ~**कूट** (पु०) 1 पहेली 2 रुढ़ अर्थ से निकलनेवाली अर्थप्रधान कविता; ~**नष्ट** (वि०) क्षण भर को दिखाई देकर लुप्त हो जानेवाली; ~**पृष्ठ** (वि०) युद्धभूमि से भागनेवाला; ~**वाद** (पु०) प्रत्यक्ष क्रियाओं की सत्ता का सिद्धांत

दृष्टमान्–*सं०* (वि०) दिखाई देनेवाला

दृष्टव्य–*सं०* (वि०) दिखाई देने योग्य

दृष्टांत–*सं०* (पु०) 1 निश्चित एवं प्रामाणिक रूप देखना 2 मिसाल 3 *साहि०* सादृश्य मूलक अर्थालंकार जिसमें उपमेय एवं उपमान वाक्यों तथा दोनों के धर्मों में बिंब-प्रतिबिंब भाव दिखाया जाए। ~**परक** (वि०) दृष्टांत पर आधारित; ~**रूप** (क्रि० वि०) दृष्टांत के तौर पर

दृष्टांतवत्–*सं०* (क्रि० वि०) दृष्टांत की तरह

दृष्टार्थ–*सं०* (वि०) 1 जिसका अर्थ एवं विषय स्पष्ट हो 2 व्यावहारिक

दृष्टि–*सं०* (स्त्री०) 1 अवलोकन, निगाह, नज़र 2 देखने की शक्ति 3 दीठ, टक 4 प्रकाश 5 ज्ञान 6 मत, विचार 7 अभिप्राय (जैसे-किस दृष्टि से आपने कहा) 8 आशा भरी नज़र। ~**कोण** (पु०) देखने, सोचने-समझने का पहलू, व्यू-प्वाइंट; ~**क्रम** (पु०) मुनासिबत, पर्सपेक्टिव; ~**क्षेप** (पु०) = दृष्टि-निक्षेप; ~**गत**, ~**गोचर** I (वि०) 1 स्पष्ट दिखाई पड़नेवाला 2 देखा हुआ II (पु०) देखी जानेवाली वस्तु, देखने का विषय; ~**दोष** (पु०) 1 नज़र का बुरा प्रभाव 2 देखने में त्रुटि होना; ~**निक्षेप** (पु०) नज़र डालना, अवलोकन; ~**पटल** (पु०) आँख की पुतली के पिछले भाग में निहित कोशिका का तंत्र; ~**पथ** (पु०) दृष्टि का प्रसार, नज़र की पहुँच; ~**परंपरा** (स्त्री०) = दृष्टि क्रम; ~**पात** (पु०) 1 सरसरी निगाह से देखना 2 अवलोकन; ~**बंध** (पु०) नज़रबंदी; ~**बिंदु** (पु०) क्रम; ~**पात** (पु०) सरसरी निगाह से देखना 2 दृष्टिकोण; ~**भ्रम** (पु०) वस्तु का अस्तित्व न होने पर मात्र वस्तु का आभास होना, धोखा, भ्रांति; ~**रोध** (पु०) 1 देखने के काम में होनेवाली रुकावट 2 व्यवधान (जैसे-दृष्टि-रोध उत्पन्न करना); ~**वाद** (पु०) = दृष्टवाद; ~**विक्षेप** (पु०) 1 तिरछी चितवन, कटाक्ष 2 दृष्टिपात; ~**हीन** (वि०) जिसे दिखाई न पड़े, जो न देख सके। ~**उठाना** 1 निगाह भर कर देखना 2 सामना करना; ~**गड़ाना** गौर से देखना; ~**पर रखना** देखते रहना; ~**फिरना** पहले जैसा प्रेम न रह जाना; ~**फेरना** उपेक्षा करना; ~**बचाना** 1 शर्माना 2 कतराना; ~**भर देखना** जी भरकर देखना; ~**मारी जाना** अंधा होना; ~**मिलाना** देखा-देखी करना; ~**में समाना** पसंद आ जाना; ~**लगाना**

1 एकटक देखना 2 प्रीति लगाना

दृष्टमान्–*सं०* (वि०) 1 आँखवाला 2 समझदार 3 ज्ञानी, ज्ञानवान्

दृष्टिवंत–*सं० + हिं०* (वि०) 1 जिसे दिखाई पड़े 2 बुद्धिमान्, ज्ञानी 3 जानकार

देई–(स्त्री०) 1 देवी 2 'देवी' का विकृत रूप (जैसे-हीरादेई, बालदेई)

देउ–*बो०* (पु०) = देव

देख–(स्त्री०) देखना, अवलोकना (जैसे-देख-भाल, देख-रेख)

देखन–(स्त्री०) 1 देखने का ढंग 2 चितवन, विलोकन। ~**हारा** I *बो०* (पु०) दर्शक II (वि०) देखनेवाला

देखना–(स० क्रि०) 1 अवलोकन करना, निहारना (जैसे-पहाड़ पर का दृश्य देखना) 2 बुद्धि से समझना एवं सोचना (जैसे-आपने इस सिद्धांत को देखा है) 3 ध्यान से पढ़ना (जैसे-पुस्तक का पहला अध्याय देखना) 4 निरीक्षण करना 5 भेंट करना, मिलना (जैसे-मैं उन्हें देखने गया था) 6 अनुभव प्राप्त करना (जैसे-मैंने जीवन में बहुत उतार-चढ़ाव देखे हैं) 7 भोगना (जैसे-युद्ध का परिणाम देखना) 8 ढूंढ़ना, तलाश करना 9 मुकाबला करने में समर्थ होना (जैसे-हम तुम्हें भी देख लेंगे) 10 सहन करना (जैसे-कोई अत्याचार कहाँ तक देखेगा) 11 ध्यान रखना (जैसे-मेरे न रहने पर ज़रा मकान देखते रहिएगा)। ~**भालना** (स० क्रि०) देख भाल करना; ~**सुनना** (स० क्रि०) अनुभव करना

देख-भाल –(स्त्री०) 1 देखना, निगरानी (जैसे-देख-भाल करनेवाला) 2 परवरिश (जैसे-बच्चों की देख-भाल)

देख-रेख–(स्त्री०) 1 देख-भाल (जैसे-क़ैदियों की देख-रेख) 2 सेवा-सुश्रुषा (जैसे-रोगी की देख-रेख)

देखवैया–(पु०) 1 दिखानेवाला 2 देखनेवाला

देखा-देखी–I (स्त्री०) 1 देखने की अवस्था 2 दर्शन 3 साक्षात्कार II (क्रि० वि०) अनुकरणवश

देखा-भाली–(स्त्री०) देख-भाल

देखाव–(पु०) = दिखाव

देग–*फ़ा०* (पु०) चौड़े मुँह एवं छोटे पेट का एक बड़ा बर्तन (जैसे-देग में से चावल निकाल लो)। ~**चा** (पु०) छोटा देग; ~**ची** *+ हिं०* (स्त्री०) छोटा देगचा

देदीप्यमान–*सं०* (वि०) चमकता-दमकता हुआ, जाज्वल्यमान

देन–(स्त्री०) 1 देना 2 दी जानेवाली वस्तु 3 दी गई महत्त्वपूर्ण वस्तु (जैसे-साहित्यकार की देन सदैव स्मरणीय है, संतान तो ईश्वर की देन है) 4 ऐसी दी गई वस्तु जिसका परिणाम व्यापक हो (जैसे-रिश्वत तो ब्रिटिश सम्राज्य की देन है) 5 चुकाने का दायित्व, भार, लायबिलिटी। ~**दार** *+ फ़ा०* (पु०) 1 ऋणी, कर्ज़दार 2 आभारी; ~**दारी** *+ फ़ा०* (स्त्री०) देनदार होने की अवस्था; ~**लेन** (पु०) 1 देने और लेने की क्रिया, लेना-देना (जैसे-आपस की देन-लेन) 2 विनिमय 3 महाजनी व्यवसाय; ~**हार,** ~**हारा** (वि०) देनेवाला

देना–I (स० क्रि०) 1 सुपुर्द करना, हवाले करना (जैसे-दहेज़ में मकान देना) 2 हस्तांतरित करना (जैसे-प्रसाद देना) 3 अर्पित करना (जैसे-दक्षिणा देना) 4 थमाना, पकड़ाना (जैसे-भिखारी को रोटी देना) 5 पाने में सहायक होना (जैसे-उपाधि पत्र देना) 6 प्रदान करना (जैसे-शिक्षण संस्था को अपनी सारी संपत्ति देना) 7 दुष्परिणाम भोगना (जैसे-दंड देना) 8 मारना, प्रहार करना (जैसे-घोड़े को चाबुक देना, नौकर को थप्पड़ देना) 9 धारण करना, पहनना (जैसे-टोपी देना, मुकुट देना) 10 बंद करना (जैसे-किवाड़ देना, बटन देना) 11 अंकित करना (जैसे-बिंदी देना) II (पु०) 1 कर्ज़, ऋण 2 देय धन, देन

देय–*सं०* (वि०) देने योग्य, दातव्य। ~**ता** (स्त्री०) देने का उत्तरदायित्व; ~**राशि** (स्त्री०) दिया जानेवाला धन

देयादेय–(पु०) आय-व्यय। ~**फलक** (पु०) आय-व्यय; फलक, बैलेंस शीट

देयादेश–*सं०* (पु०) अमुक व्यक्ति को दिए गए धन से संबंधित पत्र, पे-आर्डर

देयासी–*बो०* (पु०) झाड़-फूँक करनेवाला ओझा

देर–*फ़ा०* (स्त्री०) 1 विलंब (जैसे-लड़का देर से स्कूल जाता है) 2 वक्त, समय (जैसे-यह काम कितनी देर चलेगा)

देरपा–*फ़ा०* (वि०) बहुत देर तक रहनेवाला, पायदार

देरी–*फ़ा०* (स्त्री०) = देर

देवँक–(स्त्री०) = दीमक

देव–*सं०* (पु०) 1 स्वर्ग का दिव्य शक्ति संपन्न अमर प्राणी, देवता, सुर 2 परमात्मा 3 सम्मानित लोगों के लिए आदर सूचक शब्द (जैसे-गुरुदेव, पित्र देव)। ~**कन्या** (स्त्री०) 1 देवता की कन्या, पुत्री 2 देवी; ~**कर्म,** ~**कार्य** (पु०) देवताओं को प्रसन्न करने हेतु किया गया कर्म (जैसे-यज्ञ आदि); ~**कुंड** (पु०) 1 प्राकृतिक जलाशय 2 देव मंदिर, तीर्थ आदि के पास का पवित्र कुंड, जलाशय; ~**गंगा** (स्त्री०) स्वर्गगंगा, आकाश गंगा; ~**गण** (पु०) 1 देव समूह 2 देवता का अनुचर; ~**गति** (स्त्री०) मृत्योपरांत उत्तम गति, स्वर्ग-प्राप्ति; ~**गुरु** (पु०) 1 बृहस्पति 2 देवताओं के पिता, कश्यप; ~**गिरा** (स्त्री०) देववाणी; ~**गृह** (पु०) 1 देवालय, मंदिर 2 देवताओं का घर; ~**ज** (वि०) देवता से उत्पन्न, देव संभूत; ~**ता** (पु०) 1 स्वर्ग में रहनेवाले अमर प्राणी 2 देव-प्रतिमा; ~**ता-गण** (पु०) = देवगण; ~**ता-गार** (पु०) = देवालय; ~**ता गृह** (पु०) = देव गृह; ~**ता-प्रतिमा** (स्त्री०) देव-मूर्ति; ~**तीर्थ** (पु०) 1 देव पूजन का स्थान 2 देव-पूजन का उपयुक्त समय; ~**त्रयी** (स्त्री०) ब्रह्मा, विष्णु और महेश इन तीन देवताओं का समूह; ~**दत्त** I (वि०) 1 देवता का दिया हुआ, देवता से प्राप्त 2 देवता के निमित्त निकाला गया II देवता के निमित्त निकाला गया धन; ~**दार** *+ हिं०*, ~**दारु** (पु०) एक प्रसिद्ध पहाड़ी पेड़ जिसकी लकड़ी कड़ी, हल्की और पीले रंग की होती है; ~**दारा** (स्त्री०) अप्सरा; ~**दास** (पु०) देवालय में काम करनेवाला नौकर; ~**दासी** (स्त्री०) 1 देव मंदिर की नर्तकी 2 वेश्या, रंडी; ~**दूत** (पु०) 1 देवता का दूत 2 ईश्वर का दूत 3 फरिश्ता; ~**दूती** (स्त्री०) स्वर्ग की अप्सरा, देवांगना; ~**दृष्टि** (स्त्री०) देवता की निगाह; ~**नदी** (स्त्री०) गंगा नदी; ~**नागरी** (स्त्री०) भारत की प्रसिद्ध राष्ट्रीय लिपि (जैसे-हिन्दी देवनागरी लिपि की भाषा है); ~**निकाय** (पु०) 1 देवताओं का समूह 2 देवताओं के रहने का स्थान, स्वर्ग; ~**पथ** (पु०) 1 आकाश 2 देव मंदिर का मार्ग

3 देव-यान; ~**पुरी** (स्त्री०) देवताओं की नगरी, अमरावती; ~**भक्ति** (स्त्री०) देवता की आराधना, पूजा-पाठ; ~**भाषा** (स्त्री०) संस्कृत भाषा; ~**भू,** ~**भूमि** (पु०) स्वर्ग; ~**मंदिर** (पु०) = देवालय; ~**मास** (पु०) 1 देवताओं का महीना 2 गर्भ का आठवाँ महीना; ~**मूर्ति** (स्त्री०) देव-प्रतिमा; ~**यान** (पु०) 1 देवताओं का विमान 2 देवताओं की ओर ले जाने का मार्ग 3 जीवात्मा के ब्रह्मलोक जाने का मार्ग; ~**युग** (पु०) सत्ययुग; ~**योनि** (स्त्री०) 1 देवता जाति 2 देवताओं के अंतर्गत आनेवाले जीवों का वर्ग (जैसे-अप्सरा, किन्नर, गंधर्व आदि); ~**राज** (पु०) इंद्र; ~**राज्य** (पु०) देवताओं का राज्य, स्वर्ग; ~**रिपु** (पु०) दैत्य; ~**लोक** (पु०) स्वर्ग; ~**वधू** (स्त्री०) 1 देवता की स्त्री 2 देवी 3 अप्सरा; ~**वाणी** (स्त्री०) 1 संस्कृत भाषा 2 देवता के मुख से निकली हुई बात 3 आकाशवाणी; ~**वृक्ष** (पु०) कल्पवृक्ष; ~**शिल्पी** (पु०) विश्वकर्मा; ~**सभा** (स्त्री०) 1 देवताओं की सभा 2 राजसभा; ~**सेना** (स्त्री०) 1 देवताओं की सेना 2 देवताओं के सेनापति स्कंद की पत्नी; ~**स्थान** (पु०) = देवालय

देव–*फ़ा०* (पु०) दानव, दैत्य

देवकी–*सं०* श्रीकृष्ण की माता

देवकीय–*सं०* (वि०) देवता का

देवठान–*बो०* (पु०) = देवोत्थान

देवत्त–*सं०* (वि०) देवता द्वारा दियां गया

देवत्व–*सं०* (पु०) देवता होने की अवस्था (जैसे-देवत्व पद ग्रहण करना)

देवनागराक्षर–*सं०* (पु०) देवनागरी लिपि के वर्ण

देवर–*सं०* (पु०) पति का छोटा भाई

देवरानी–(स्त्री०) पति के छोटे भाई की स्त्री

देवल–*सं०* (पु०) 1 पंडा 2 धार्मिक व्यक्ति 3 देवर

देवल–(पु०) 1 देवालय 2 मंदिर

देवांगना–*सं०* (स्त्री०) 1 देवता की स्त्री 2 अप्सरा

देवांश–*सं०* (पु०) देवता का भोग

देवा–(वि०) देवैया

देवागार–*सं०* (पु०) देवालय

देवाधिदेव–*सं०* (पु०) विष्णु

देवाधिप–*सं०* (पु०) इंद्र

देवानां-प्रिय–*सं०* (पु०) 1 देवताओं को प्रिय 2 बड़ों के लिए प्रयुक्त किया जानेवाला आदर-सूचक संबोधन 3 बेवकूफ, मूर्ख

देवार्पण–*सं०* (पु०) देवता के निमित्त किया गया उत्सर्ग

देवालय–*सं०* (पु०) 1 स्वर्ग 2 मंदिर

देवा-लेई–(स्त्री०) लेना-देना, लेन-देन

देवासुर-संग्राम–*सं०* (पु०) देव और राक्षसों का युद्ध

देवी–*सं०* (स्त्री०) 1 स्त्री देवता 2 देव की पत्नी 3 शील एवं उत्तम गुणोंवाली स्त्री 4 स्त्री हेतु प्रयुक्त आदरसूचक संज्ञा 5 स्त्रियों के नाम के अंत में प्रयुक्त शब्द (जैसे-संध्या देवी) 6 पटरानी

देवैया–*बो०* (वि०) देनेवाला

देवोत्तर–*सं०* (पु०) देवता हेतु निकाली गई संपत्ति

देवोत्थान–*सं०* (पु०) विष्णु का शेष की शैया से उठना (कार्तिक शुक्ला एकादशी को)

देवोन्माद–*सं०* (पु०) शरीर में देवता के आने का पागलपन

देवोपासना–*सं०* (स्त्री०) देवता की आराधना, पूजा

देश–*सं०* (पु०) 1 प्राकृतिक आधार पर विभाजित विशिष्ट भू-भाग (जैसे-भारत एक विशाल देश है) 2 उक्त भू-भाग के निवासी 3 सर्वत्र व्याप्त वह अवकाश जिसमें सभी वस्तुएँ दिखाई देती हैं, स्पेस 4 स्थान, जगह 5 क्षेत्र (जैसे-आप किस देश के निवासी हैं) 6 मुल्क (जैसे-आप किस देश से आए हैं)। ~**काल** (पु०) स्थान और समय; ~**गत** (वि०) देश संबंधी; ~**ज** (वि०) 1 देश में उत्पन्न 2 बोल-चाल की भाषा से स्वतः उत्पन्न हुआ (शब्द); ~**जात** (वि०) = देशगत; ~**ज्ञ** (पु०) देश का ज्ञाता; ~**त्याग** (पु०) = देशांतरण; ~**द्रोह** (पु०) देश के प्रति विश्वासघात; ~**द्रोही** (वि०) देश के साथ विश्वासघात करनेवाला; ~**धर्म** (पु०) देश की रीति, आचार-व्यवहार; ~**निकाला** *+ हिं०* (पु०) निर्वासन दंड; ~**निकासित** *+ हिं०* (वि०) = देश निष्कासित; ~**निष्कासन** (पु०) = देश निकाला; ~**निष्कासित** (वि०) देश निकाला हुआ; ~**पति** (पु०) 1 देश का स्वामी, राजा 2 देश का प्रधान शासक; ~**प्रेम** (पु०) देश भक्ति; ~**प्रेमी** (वि०) देश भक्त; ~**बंधु** (पु०) देश का हितैषी; ~**भक्त** (वि०) देशानुरागी व्यक्ति; ~**भक्ति** (स्त्री०) देशानुराग, देशप्रेम; ~**भक्तिपूर्ण** (वि०) देशप्रेम से भरा हुआ; ~**भाई** *+ हिं०* (पु०) = देश बंधु; ~**भाषा** (स्त्री०) देश की प्रचलित भाषा (जैसे-हिंदी भारतवर्ष की देश भाषा है); ~**मुख** (पु०) देश का अगुआ; ~**रक्षक** (वि०) देश की रक्षा करनेवाला; ~**रक्षा** (स्त्री०) देश की रक्षा; ~**रत्न** (पु०) देश की विभूति; ~**वाला** *+ हिं०* (वि०) 1 देशगत 2 देशवासी; ~**वासी** (वि०) देश में रहनेवाला; ~**विभाजन** (पु०) देश का बँटवारा; ~**सेवा** (स्त्री०) देश की सेवा; ~**हित** (पु०) देश की भलाई; ~**हितकर** (वि०) देश की भलाई करनेवाला; ~**हितैषिता** (स्त्री०) = देश भक्ति; ~**हितैषी** (वि०) = देशभक्त

देशना–*सं०* (स्त्री०) 1 शिक्षा 2 उपदेश 3 हिदायत, निदेश

देशस्थ–*सं०* (वि०) 1 देश में स्थित 2 देश में रहनेवाला

देशांतर–*सं०* (पु०) 1 दूसरा देश, परदेश 2 भौगोलिक याम्योत्तर का वृत्त तथा ग्रीनिच से गुज़रनेवाले भौगोलिक याम्योत्तर वृत्त के बीच का कोण। ~**रेखा** (स्त्री०) (मानचित्र में) उत्तर से दक्षिण तक खींची गई रेखाएँ

देशांतरण–*सं०* (पु०) 1 परदेश में जाकर रहना 2 निर्वासन दंड

देशांतरित–*सं०* (वि०) 1 परदेश में जाकर बसा हुआ 2 निर्वासन दंड मिला हुआ

देशांतरी–*सं०* (वि०) विदेशी, परदेशी

देशांश–*सं०* (पु०) = देशांतर

देशाचार–*सं०* (पु०) देश के रीति-रिवाज

देशाटन–*सं०* (पु०) देश भ्रमण, पर्यटन करना

देशानुराग–*सं०* (पु०) देश-भक्ति

देशानुरागी–*सं०* (वि०) देश-भक्त

देशाहंकार–*सं०* (पु०) अपने देश पर किया गया अभिमान

देशाहंकारी–*सं०* (वि०) देश पर अभिमान करनेवाला

देशिक–I *सं०* (वि०) 1 देश से संबंधित 2 देश का II (पु०) पथिक, बटोही

देशित–*सं०* (वि०) 1 जिसे आदेश प्राप्त हो, आदिष्ट 2 जिसे उपदेश मिला हो, उपदिष्ट 3 बतलाया, समझाया हुआ

देशिनी–*सं०* (स्त्री०) 1 सूची, सूई 2 तर्जनी, उँगली

देशी–*सं०* (वि०) 1 देश का (जैसे-देशी शराब, देशी भाषा) 2 देश संबंधी। ~**करण** (पु०) स्वदेशी बनाना

देशीय–*सं०* (वि०) देश से संबंध रखनेवाला

देशोत्पन्न–*सं०* (वि०) देश में उत्पन्न

देशोन्नति–*सं०* (स्त्री०) देश की उन्नति

देश्य–I *सं०* (वि०) 1 देशी 2 स्थानीय II (पु०) देश का निवासी

देस–*बो०* (पु०) = देश

देसवाल–(वि०) स्वदेश का (जैसे-देसवाल बनिया)

देसावर–(पु०) परदेश, विदेश

देसावरी–(वि०) अन्य देश का, विदेश का

देसी–*बो०* (वि०) देशी

देहंभर–*सं०* (वि०) 1 अपनी जीविका चलानेवाला 2 परम स्वार्थी

देह–*सं०* (स्त्री०) शरीर, तन, बदन। ~**जाँगर** + *हिं०* (पु०) शारीरिक श्रमशक्ति; ~**त्याग** (पु०) देहांत, मृत्यु; ~**धारण** (पु०) जन्म लेना; ~**धारी** (वि०) शरीरी, प्राणी; ~**पंजर** (पु०) शरीर की हड्डियों का ढाँचा, कंकाल; ~**पात** (पु०) देहात, मृत्यु; ~**यात्रा** (स्त्री०) 1 शरीर त्याग, मौत, मृत्यु 2 जीवन-यापन; ~**रक्षक** (पु०) अंगरक्षक; ~**छूटना** मृत्यु होना; ~**छोड़ना** मरना; ~**धरना** जन्म लेना; ~**बिसरना** सुध-बुध खोना, अपने को भूल जाना

देह–*फ़ा०* (पु०) गाँव, खेड़ा। ~**क़ान** (पु०) 1 ग्रामवासी 2 किसान; ~**क़ानी** (वि०) 1 देहाती 2 गँवार

देहर–(स्त्री०) नदी के पास की नीची भूमि

देहरा–I (पु०) देवालय

देहरा–II *बो०* (पु०) देह, शरीर

देहरी–(स्त्री०) = देहली, दहलीज़

देहल–(स्त्री०) दहलीज़

देहली–*सं०* (स्त्री०) दरवाज़े के चौखट के नीचे की लकड़ी, दहलीज़ (जैसे-देहली पर पैर रखना)। ~**दीपक** (पु०) देहली पर का दीया

देहलीज़–*फ़ा०* (स्त्री०) = दहलीज़

देहवान्–I *सं०* (वि०) शरीरधारी II (पु०) जीव, प्राणी

देहांत–*सं०* (पु०) शरीरांत, मृत्यु

देहांतर–*सं०* (पु०) जन्मांतर

देहांतरण–*सं०* (पु०) नया शरीर धारण करना

देहात–*फ़ा०* + *अ०* (पु०) गाँव, ग्राम

देहातिन–*फ़ा०* + *अ०* + *हिं०* (स्त्री०) ग्रामीण महिला

देहाती–*फ़ा०* + *अ०* + *फ़ा०* I (वि०) 1 देहात का 2 देहातियों जैसा 3 गाँव का रहनेवाला II (पु०) गँवार

देहात्मवाद–*सं०* (पु०) देह को ही आत्मा मानने का सिद्धांत, मत

देहात्मवादी–*सं०* (पु०) देहात्मवाद का अनुयायी व समर्थक

देहावसान–*सं०* (पु०) देहांत, मृत्यु

देही–I *सं०* (पु०) आत्मा II (वि०) शरीरी, प्राणी

देहोत्सर्ग–*सं०* (पु०) मरना, मृत्यु, देहावसान

दैत्य–*सं०* (पु०) 1 असुर, राक्षस 2 डील-डौलवाला कुरूप व्यक्ति 3 दुराचारी एवं नीच 4 राक्षस-प्रवृत्ति का व्यक्ति

दैत्याकार–*सं०* (वि०) दैत्य के आकार-प्रकारवाला (जैसे-दैत्याकार मानव)

दैनंदिन–I *सं०* (वि०) प्रतिदिन होनेवाला, नित्य का II (क्रि० वि०) 1 प्रतिदिन, नित्य 2 दिनोंदिन, लगातार

दैनंदिनी–*सं०* (स्त्री०) डायरी, दैनिकी

दैनिक–I *सं०* (वि०) 1 दिन का (जैसे-दैनिक समाचार) 2 एक दिन में होनेवाला 3 प्रतिदिन होनेवाला (जैसे-दैनिक चर्या) 4 रोज़-रोज का (जैसे-दैनिक कलह, दैनिक झगड़ा) II (पु०) 1 दिन की मज़दूरी 2 प्रतिदिन का समाचार पत्र

दैनिकी–*सं०* (स्त्री०) जेब में रखने योग्य छोटी पुस्तिका, डायरी। ~**करण** (पु०) दैनिक बनाना

दैन्य–*सं०* (पु०) 1 दीनता 2 दरिद्रता, गरीबी 3 नम्रता (जैसे-दैन्य भाव) 4 *साहि०* एक संचारी भाव जिसमें दुःख, कष्ट आदि के कारण मनुष्य कातर एवं नम्र हो जाता है। ~**ग्रस्त** (वि०) दीनता से पीड़ित

दैया–I (पु०) दई दैव II (स्त्री०) 1 माता, माँ 2 दाई III (क्रि० वि०) आश्चर्य, भय आदि का सूचक शब्द (जैसे-हाय दैया)

दैव–I *सं०* (वि०) 1 देवता संबंधी (जैसे-दैव कार्य) 2 देवता की ओर से होनेवाला (जैसे-दैव-गति) II (पु०) 1 होनी, प्रारब्ध 2 ईश्वर, विधाता। ~**गति** (स्त्री०) 1 ईश्वरीय घटना 2 भाग्य, किस्मत ~**ज्ञ** I (वि०) ईश्वरीय बातों को जाननेवाला II (पु०) ज्योतिषी; ~**दुर्विपाक** (पु०) 1 दुर्भाग्य 2 दैव द्वारा किया गया अनिष्ट; ~**योग** (पु०) ईश्वरीय संयोग, इत्तफ़ाक (जैसे-दैवयोग से आप साफ़-साफ़ बच गए); ~**वश** (क्रि० वि०) 1 संयोगवश 2 दैवयोग से; ~**वाणी** (स्त्री०) 1 संस्कृत 2 आकाशवाणी; ~**वाद** (पु०) भाग्यवाद; ~**वादी** (वि०) भाग्यवादी

दैवत–I *सं०* (वि०) 1 देवता संबंधी II (पु०) 1 देवता 2 देव-मूर्ति

दैवागत–*सं०* (वि०) संयोग से होनेवाला, आकस्मिक

दैविक–*सं०* (वि०) 1 देवता का (जैसे-दैविक श्राद्ध) 2 देवता का किया हुआ (जैसे-दैविक प्रकाश)

दैवी–I *सं०* (वि०) 1 संबंधी 2 देवता द्वारा किया गया 3 आकस्मिक II दैव द्वारा विवाहित पत्नी III (पु०) ज्योतिषी। ~**गति** (स्त्री०) 1 ईश्वरीय गति 2 भावी, होनहार

दैहकीय–*सं०* (वि०) शारीरिक

दैहिक–*सं०* (वि०) शारीरिक (जैसे-दैहिक दंड)

दैहिकी–*सं०* (स्त्री०) शरीर-शास्त्र, फिजियालोजी

दोंचना–(स० क्रि०) *बो०* = दोचना

दो–I (वि०) 1 एक से एक अधिक 2 विभिन्न, परस्पर विरोधी (जैसे-इसमें दो राय नहीं है) II (पु०) 1 दो की संख्या 2 दो की संख्या 2 एक और एक का जोड़ 3 जोड़ा 4 दुक्की। ~**अर्थी** + *सं०* (वि०) 1 दो अर्थवाला 2 विभिन्न अर्थोंवाला, अनेकार्थी; ~**चित्ता** (वि०) जिसका चित्त एकाग्र न हो, असमंजस में पड़ा हुआ; ~**चित्ती** (स्त्री०)

1 असमंजस की स्थिति 2 विकलता, उद्विग्नता; ~**तला** *बो०* (वि०), ~**तल्ला** (वि०) दो खंडवाला (जैसे-दो तल्ला मकान); ~**धारा** (वि०) दुधारा; ~**नला** (वि०) दुनाली; ~**नाली** (वि०) दो नलीवाला (जैसे-दोनाली बंदूक); ~**पलिया** *बो०* (वि०), ~**पल्ली** (वि०) दो पल्लोंवाला (जैसे-दो पल्ली दरवाज़ा); ~**भवन** *+ सं०* (वि०) द्विसदनी; ~**भाषिया** *+ सं० + हिं०* (वि०) दुभाषिया; ~**मुँहा**, ~**मुखी** (वि०) दोमुँहा; ~**रंगा** (वि०) = दुरंगा; ~**रंगी** (स्त्री०) 1 दोरंगावस्था 2 दोनों पक्षों में होनेवाली बात-व्यवहार; ~**हत्थड़** I (वि०) दोनों हाथों से किया जानेवाला II (पु०) दोनों हाथों से किया गया आघात III (क्रि० वि०) दोनों हाथों से; ~**हत्था** I (वि०) 1 दोनों हाथों से किया जानेवाला (जैसे-दो हत्था मार-पीट) 2 दो मूठोंवाला II (क्रि० वि०) दोनों हाथों से; ~**आखों देखना** समान दृष्टि से न देखना; ~**दिन का** 1 हाल का (जैसे-अभी दो दिन की बात है) 2 बहुत कम उम्र का; ~**नावों पर चढ़ना**, ~**नावों पर पैर रखना** दो वस्तुओं का सहारा लेना; ~**सिर होना** मरने को तैयार होना

दोअन्नी–(स्त्री०) दो आने का एक पुराना सिक्का

दोअमली–*फ़ा० + अ० + फ़ा०* (स्त्री०) दो शासकों का राज, दो प्रकार का राज्य, द्वैध शासन

दोआब, दोआबा–*फ़ा०* (पु०) दो नदियों के बीच की ज़मीन, भू खंड

दोई–*बो०* (वि०) दो

दोउ–*बो०* (वि०) दोनों

दोकोहा, दोकोहान–*फ़ा०* (वि०) दो कूबड़वाला

दोख़समी–*फ़ा० + अ० + फ़ा०* (स्त्री०) दो पतिवाली स्त्री

दोखी–*बो०* (वि०) दोषी

दोग़ला–(पु०) वर्णसंकर

दोगला–(पु०) बाँस की कमाचियों का बना गोलाकार गहरा पात्र

दोगा–I (पु०) लिहाफ़ का मोटा कपड़ा II पानी में घुली हुई सीमेंट आदि (जैसे-फर्श पर दोगा देकर चिकना करना)

दोगाड़ा–(पु०) दोनाली बंदूक

दोगुना–*बो०* (वि०) दुगुना

दोचंद–*फ़ा०* (वि०) दुगुना, दूना

दोच–*बो०* (स्त्री०), **दोचन** (स्त्री०) 1 असमंजस, दुबधा 2 तकलीफ़, कष्ट 3 संकट, विपत्ति 4 दबाव

दोचना–(स० क्रि०) दबाव डालना

दोचल्ला–(पु०) दो पलिया छाजन

दोज–*बो०* (स्त्री०) दूज

दोज़ख़–*फ़ा०* (पु०) नरक, जहन्नुम

दोज़ख़ी–*फ़ा०* (वि०) 1 नर्क संबंधी 2 नर्क में जानेवाला

दोज़र्बी–*फ़ा० + अ० + फ़ा०* (स्त्री०) 1 दोनाली बंदूक 2 दो बार चुआई हुई शराब

दोज़ानू–*फ़ा०* (क्रि० वि०) दोनों घुटने टेककर (जैसे-दोज़ानू बैठना)

दोजिया *बो०* (स्त्री०), **दोजीवा**–(स्त्री०) गर्भवती स्त्री

दोटूक–(वि०) खरा, साफ़-साफ़ (जैसे-दोटूक जवाब देना)

दोतरफ़ा–*फ़ा० + अ० + फ़ा०* (वि०) दुतरफ़ा

दोतही–*फ़ा०* (स्त्री०) देशी मोटी चादर, दो सूती

दोतारा–*फ़ा० + हिं०* (पु०) दुतारा

दोदना–I (स० क्रि०) *बो०* 1 सामने कही हुई बात से मुकर जाना 2 कही हुई बात सुनकर भी यह कहना कि तुमने ऐसा नहीं कहा था II (वि०) मुकरनेवाला

दोदिला–*फ़ा०* (वि०) दुदिला

दोन–(पु०) 1 दो पहाड़ों के बीच की नीची ज़मीन, दून 2 दोआबा 3 दो नदियों का संगम 4 दो वस्तुओं का मेल II (पु०) बाँस का खोखला लंबा टुकड़ा

दोना–(पु०) 1 पत्ते का बना हुआ कटोरानुमा पात्र (जैसे-दोना भरकर मिठाई देना) 2 दोने में भर कर रखी गई वस्तु (जैसे-मुझे भी एक दोना देना)

दोनिया–(स्त्री०) छोटा दोना

दोनों–(वि०) दो में से प्रत्येक, उभय

दोपट्टा–(पु०) दुपट्टा

दोपल्लू–(वि०) दोपल्ली

दोपहर–(स्त्री०) 1 दिन के मध्य का समय, मध्याह्न 2 दिन में बारह बजे एवं उसके आस-पास का समय

दोपहरिया–*बो०* (स्त्री०), **दोपहरी**–(स्त्री०) मध्याह्न, दोपहर

दोपाया–*फ़ा०* (वि०) दो टाँगोंवाला

दोपीठा–(वि०) 1 दो रुखा 2 दोनों ओर छपा हुआ

दोपौवा–(पु०) 1 दो पाव (जैसे-दोपौवा दूध देना) 2 दो पाव का बाट, अध-सेरा 3 पान की आधी ढोली

दोप्याज़ा–*फ़ा०* (पु०) अधिक प्याज़ डालकर पकाया गया मांस

दोफला–(वि०) दो फलवाला

दोफ़सली–*फ़ा० + अ० + फ़ा०* (वि०) 1 जिसमें दो फ़सलें उगाई जा सकें (जैसे-दोफ़सली खेत) 2 दोनों फ़सलों से संबंधित

दोबरसी–(वि०) दोसाला

दोबल–(पु०) दोष, अपराध

दोबारा–*फ़ा०* I (क्रि० वि०) दूसरी दफा, पुनः, फिर (जैसे-दोबारा पढ़ना) II (वि०) पुनः होनेवाला

दोबाला–*फ़ा०* (वि०) दुगुना, दूना

दोमंज़िला–*फ़ा० + अ० + हिं०* (वि०) = दुमंज़िला

दोमहला–*फ़ा० + अ०* (वि०) दो भवनोंवाला, दो मंज़िलवाला (जैसे-दो महला बँगला)

दोरसा–(वि०) 1 दो प्रकार के स्वादवाला (जैसे-दोरसा तम्बाकू) 2 ऋतु परिवर्तन के समय का (जैसे-दोरसा दिन)

दोराहा–*फ़ा०* (पु०) वह स्थान जहाँ से दो रास्ते निकलते हों

दोरुख़ा–*फ़ा०* (वि०) 1 दोनों तरफ़ समान रंगवाला 2 कभी एक तरह का और कभी दूसरी तरह का (जैसे-दोरुख़ा व्यवहार)

दोरुख़ी–*फ़ा०* (स्त्री०) दुरंगी

दोल–*सं०* (पु०) 1 झूला, हिंडोला 2 डोली। ~**लेख** (पु०) = दोलन लेख; ~**लेखी** (स्त्री०) = दोलन लेखी

दोलक–*सं०* (वि०) दोलन करनेवाला

दोलत्ती–(स्त्री०) दुलत्ती

दोलन–*सं०* (पु०) झूलना। ~**गति** (स्त्री०) डोलने की चाल; ~**दर्शी** (पु०) दोलन गति देखने का यंत्र; ~**लेख** (पु०)

दोलन गति का रिकार्ड; ~**लेखी** (पु०) दोलन गति रिकार्ड करने का यंत्र

दोला–*सं०* (स्त्री०) 1 झूला 2 डोली, पालकी। ~**यंत्र** (पु०) अर्क उतारने का भबका

दोलायमान–*सं०* (वि०) 1 झूलता हुआ 2 संशयग्रस्त 3 अस्थिर, दुलमुल

दोलायित, दोलित–*सं०* (वि०) 1 झूलता हुआ 2 अस्थिर (जैसे-दोलित विचार-भावनाएँ)

दोलोत्सव–(पु०) फागुन की पूर्णिमा में होनेवाला उत्सव

दोशाख़ा–*फ़ा०* I (पु०) दो बत्तियोंवाला शमादान II (वि०) दो शाखाओंवाला, दो डालोंवाला

दोशाला–*फ़ा० बो०* (पु०) = दुशाला

दोष–*सं०* (पु०) 1 ऐब, खराबी, फाल्ट 2 अपराध, कसूर 3 लांछन, कलंक 4 कलुष, पाप 5 अशुद्धि 6 कमी 7 राग-द्वेष आदि। ~**गुण** (पु०) गुण-अवगुण, अच्छाई-बुराई; ~**पत्र** (पु०) आरोप पत्र; ~**पूर्ण** (वि०) दोष से भरा हुआ; ~**प्रमाणित** (वि०) = दोष-सिद्ध; ~**मुक्त** (वि०) इलज़ाम से मुक्त; ~**वेचक** (पु०) आपत्तिजनक अंश निकालनेवाला कर्मचारी, सेंसर; ~**वेचन** (पु०) आपत्ति-जनक अंश निकालना, सेंसरशिप; ~**सिद्ध** (वि०) दोषी सिद्ध हुआ

दोषा–*सं०* (स्त्री०) 1 रात्रि का अंधकार, रात 2 सायंकाल, संध्या 3 भुजा, बाँह

दोषाक्षर–*सं०* (पु०) अपराध, अभियोग

दोषारोप, दोषारोपण–*सं०* (पु०) अभियोग लगाना, दोष लगाना (जैसे-मिथ्या दोषारोपण करना)

दोषिन–*सं० + हिं०* (स्त्री०) 1 अपराधिनी 2 पाप पूर्ण आचरण करनेवाली स्त्री 3 विवाह पूर्व पुरुष से संबंध स्थापित करनेवाली कन्या 4 दूसरों पर दोषारोपण करनेवाली स्त्री

दोषी–*सं०* (वि०/पु०) 1 अपराधी, अभियुक्त 2 ऐबी, दुष्ट 3 पापी

दोस–*बो०* (पु०) = दोष

दोसदारी–*सं०* (स्त्री०) दोस्ती

दोसाला–*फ़ा०* (वि०) दो सालवाला

दोस्त–*फ़ा०* (पु०) मित्र, यार (जैसे-जिगरी दोस्त)। ~**अहबाब** *+ अ०* (पु०) मित्र बंधु

दोस्ताना–*फ़ा०* I (पु०) 1 मित्रता, दोस्ती 2 मित्रता का आचरण II (वि०) मित्रों का सा (जैसे-दोस्ताना व्यवहार, दोस्ताना बर्ताव)

दोस्ती–*फ़ा०* (स्त्री०) 1 मित्रता, सौहार्द 2 स्त्री एवं पुरुष का पारस्परिक अनुचित संबंध (जैसे-पड़ोसिन से दोस्ती गाँठना)। ~**यारी** (स्त्री०) मैत्री, मित्रता; ~**रोटी** *+ हिं०* (स्त्री०) दो लोइयाँ बेलकर एवं मिलाकर बनाई गई रोटी, दुपड़ी

दोहगा–*बो०* (स्त्री०) परपुरुष के संग पत्नी रूप में रहनेवाली विधवा

दोहता–(पु०) = दुहता

दोहती–(स्त्री०) = दुहती

दोहद–*सं०* (पु०) 1 गर्भवती स्त्री के मन में उत्पन्न अनेक इच्छाएँ 2 गर्भवती को गर्भकाल में उत्पन्न कामनाएँ 3 गर्भावस्था में होनेवाली मिचली, डकौना 4 गर्भावस्था। ~**वती** (स्त्री०) गर्भवती स्त्री, गर्भिणी

दोहदी–I *सं०* (स्त्री०) गर्भवती II स्त्री (वि०) प्रबल इच्छावाली

दोहन–*सं०* (पु०) गाय-भैंस आदि का दूध दुहना (जैसे-दुग्ध दोहन)

दोहनी–*सं०* (स्त्री०) दुहनी

दोहर–(स्त्री०) दोहरी सिली गई चादर। ~**कम्मा** (पु०) व्यर्थ परिश्रम करके दुबारा किया गया काम

दोहराना–I (अ० क्रि०) 1 दोहरा होना 2 दोबारा किया जाना, दोहराया जाना II (स० क्रि०) 1 दोहरा करना 2 दो बारा करना

दोहरा–(वि०) 1 दो परतोंवाला 2 दो बार किया गया (जैसे-दोहरा काम, दोहरी सिलाई) 3 दुगुना, दूना 4 दो पक्षों पर लागू होनेवाला (जैसे-दोहरा कथन)

दोहराई–(स्त्री०) दोहराव

दोहराना–(स० क्रि०) 1 दोहरा करना 2 पुनरावृत्ति करना

दोहराव–(पु०) 1 दोहराना, दोबारा करना 2 दोबारा करने का पारिश्रमिक

दोहा–(पु०) चार चरणोंवाला प्रसिद्ध छंद (जैसे-बिहारी का दोहा)

दोहाई–I (स्त्री०) = दुहाईI

दोहाई–II (स्त्री०) = दुहाईII

दोहाग–*बो०* (पु०) दुर्भाग्य, बदनसीबी

दोहागा–*बो०* (वि०) अभागा, बदकिस्मत

दोहित–*बो०* (पु०) = दुहता

दोही–I *सं०* (पु०) ग्वालाII (वि०) दूहनेवाला

दोह्य–I *सं०* (वि०) दूहने योग्य II (पु०) 1 दूध 2 दूध देनेवाले मादा पशु

दौंगड़ा–(पु०) ग्रीष्म ऋतु की अल्पवृष्टि

दौंचना–(स० क्रि०) *बो०* दबाव डालकर लेना

दौंरी–*बो०* (स्त्री०) दँवरी

दौड़–(स्त्री०) 1 दौड़ना 2 एकाएक वेगपूर्वक आ पहुँचना 3 वेगपूर्वक आगे बढ़ना (जैसे-घुड़दौड़) 4 आगे बढ़ने का यत्न (जैसे-उन्हें पकड़ने के लिए मैंने दौड़ लगाई) 5 गति, प्रयत्न आदि का वेग, सीमा। ~**कूद** (स्त्री०) खेल कूद; ~**झपट** (स्त्री०) छीना झपटी; ~**धपाड़, ~धूप** (स्त्री०) 1 बार-बार इधर-उधर आना-जाना 2 ज़ोरदार कोशिश

दौड़ना–(अ० क्रि०) 1 अत्यंत वेग से आगे बढ़ना (जैसे-घोड़े का दौड़ना, इंजन दौड़ना) 2 अत्यंत वेग से चलना (जैसे-इतनी तेज़ मत दौड़ना कि ठोकर लग जाए) 3 बार-बार कहीं आना-जाना (जैसे-नौकरी हेतु अधिकारी के पास दौड़ना) 4 दौड़ प्रतियोगित में शामिल होना 5 तरल पदार्थ का वेगपूर्वक बढ़ना (जैसे-नसों में खून दौड़ना) 6 प्रभाव व्याप्त होना (जैसे-चेहरे पर लाली दौड़ना)। ~**धूपना** (अ० क्रि०) कोशिश करना

दौड़-पट्टी (स्त्री०) दौड़ने का मार्ग

दौड़-भाग–(स्त्री०) प्रयत्न, कोशिश

दौड़ाई–(स्त्री०) 1 दौड़ना 2 बार-बार इधर से उधर आना-जाना 3 दौड़ने का पारिश्रमिक

दौड़ा-दौड़ (क्रि० वि०) बेतहाशा

दौड़ा-दौड़ी–(स्त्री०) 1 जल्दबाज़ी 2 दौड़-धूप

दौड़ान–(स्त्री०) 1 दौड़ 2 गति की तीव्रता, झोंक 3 सिलसिला, क्रम 4 लंबाई, विस्तार

दौड़ाना–(स० क्रि०) 1 दौड़ने में प्रवृत्त करना (जैसे-घोड़ा दौड़ाना) 2 तुरंत काम हेतु भेजना 3 आनाकानी करना (जैसे-काम के लिए बार-बार दौड़ाना) 4 जल्दी-जल्दी आगे बढ़ने में प्रवृत्त कराना (जैसे-कापी पर क़लम दौड़ाना)

दौत्य–I *सं०* (वि०) दूत संबंधी II (पु०) दूतत्व

दौना–I (पु०) कटावदार तेज़ सुगंधवाला पत्ता II दोना

दौर–*अ०* (पु०) 1 चक्कर, फेरा 2 क्रम, व्यवस्था 3 सौभाग्य एवं दुर्भाग्य का चक्र 4 आतंक, दबदबा। ~**दौरा** (पु०) 1 प्रधानता 2 प्रबलता

दौरा–*अ०* (पु०) 1 चक्कर, भ्रमण 2 बराबर इधर-उधर घूमना-फिरना 3 सामयिक आगमन, फेरा 4 जाँच-पड़ताल हेतु आना-जाना (जैसे-अधिकारी का दौरा) 5 रोग का आक्रमण (जैसे-पागलपन का दौरा)। ~**जज** + *अं०* दौरे पर जगह-जगह न्यायालय लगानेवाला न्यायाधीश

दौरा–*बो०* (पु०) बाँस की पट्टियों का बना टोकरा

दौरात्म्य–*सं०* (पु०) 1 दुर्जनता 2 दुरात्मता

दौरान–*अ०* (पु०) 1 दौर, चक्र 2 काल का चक्र, दिनों का फेर 3 भोगकाल (जैसे-बुख़ार के दौरान खाना मना है) 4 फेरा, बारी

दौरी–*बो०* (स्त्री०) 1 छोटा दौरा 2 छोटी टोकरी, चँगेरी

दौर्जन्य–*सं०* (पु०) दुर्जनता

दौर्बल्य–*सं०* (पु०) दुर्बलता

दौर्भाग्य–*सं०* (पु०) दुर्भाग्य

दौर्मद्य–*सं०* (पु०) 1 मस्ती 2 अभिमान

दौर्य–*सं०* (पु०) दूरता, दूरी

दौर्हार्द–*सं०* (पु०) 1 बुरे हृदय का व्यक्ति 2 दुष्ट स्वभाव 3 दुर्भाव, द्वेष

दौलत–*अ०* (स्त्री०) धन-संपत्ति। ~**ख़ाना** + *फ़ा०* (पु०) 1 संपत्ति गृह 2 निवास-स्थान; ~**मंद** + *फ़ा०* (वि०) मालदार, धनवान; ~**मंदी** + *फ़ा०* (स्त्री०) धनाढ्यता

दौहित्र–*सं०* (पु०) = दुहता (स्त्री०-दौहित्री)

द्यु–*सं०* (पु०) 1 दिन, दिवस 2 आकाश

द्युति–*सं०* (स्त्री०) 1 चमक 2 कांति 3 लावण्य, सुंदरता, छवि

द्युतिमा–*सं०* (स्त्री०) 1 प्रकाश, रोशनी 2 चमक 3 तेज

द्युतिमान्–*सं०* (वि०) 1 प्रकाशवाला 2 चमकदार

द्यूत–*सं०* (पु०) जुआ। ~**कार** (वि०) जुआरी

द्योतक–*सं०* (वि०) 1 द्योतन करनेवाला 2 प्रकाश करनेवाला 3 प्रकट करनेवाला 4 व्यक्त करनेवाला

द्योतन–I *सं०* (पु०) 1 प्रकाश करना 2 दिग्दर्शन 3 व्यक्त करना 4 प्रकट करना II (वि०) चमकीला, प्रकाशमान

द्योतनिका–*सं०* (स्त्री०) ग्रंथ की टीका, व्याख्या

द्योतित–*सं०* (वि०) 1 प्रकाशित 2 व्यक्त किया हुआ

द्रमिल–*सं०* (पु०) तमिल देश का पुराना नाम

द्रव–I *सं०* (वि०) 1 तरल 2 गीला, आर्द्र, तर 3 पिघला हुआ II (पु०) 1 द्रव पदार्थ 2 आसव 3 रस। ~**गति विज्ञान** (पु०) जल आदि की गति से संबंधित विज्ञान; ~**चालित** (वि०) पानी आदि से चलाया जानेवाला; ~**ता** (स्त्री०) = द्रवत्व; ~**पदार्थ** (पु०) पानी जैसी वस्तु, तरल पदार्थ; ~**रूप** (पु०) = द्रव-स्थिति; ~**स्थिति विज्ञान** (पु०) जल आदि के ठहराव से संबंधित विज्ञान

द्रवक–*सं०* (वि०) 1 बहनेवाला 2 द्रवित होनेवाला 3 रसनेवाला

द्रवण–*सं०* (पु०) 1 बहना 2 रसना 3 पिघलना 4 चित्त का द्रवित होना। ~**शील** (वि०) 1 पिघलनेवाला 2 पसीजनेवाला

द्रवणांक–*सं०* (पु०) ताप की वह मात्रा जिसपर वस्तु पिघलती है (मेल्टिंग प्वाइंट)

द्रवत्व–*सं०* (वि०) द्रव का

द्रविक–*सं०* (वि०) द्रव का

द्रविड–I *सं०* (पु०) 1 दक्षिण भारत का एक प्रदेश 2 द्रविड प्रदेश का निवासी II (वि०) द्रविड प्रदेश से संबंध रखनेवाला, द्राविड़

द्रवित–*सं०* (वि०) पिघला हुआ, पसीजा हुआ

द्रवीकरण–*सं०* (पु०) द्रव में परिवर्तित करना

द्रवीकृत–*सं०* (वि०) द्रव रूप में लाया हुआ

द्रवीभूत–*सं०* (वि०) 1 पिघला हुआ 2 द्रव रूप में आया हुआ, तरलित 3 दयार्द्र

द्रवीय–*सं०* (वि०) द्रव संबंधी

द्रव्य–*सं०* (पु०) 1 चीज़, वस्तु, पदार्थ 2 सामान (जैसे-सोना, लोहा आदि द्रव्य हैं) 3 धन-दौलत, रुपया-पैसा (जैसे-व्यापार में बहुत द्रव्य लगाना) 4 उपादान 5 ठोस, द्रव, गैस द्रव्य की तीन अवस्था। ~**मान** (पु०) पिंड पर लगनेवाले बल और त्वरण का अनुपात अर्थात बल त्वरण;। ~**वाचक** (वि०) जिससे द्रव्य का बोध हो; ~ **वान्** (वि०) द्रव्यवाला

द्रव्यत्व–*सं०* (पु०) द्रव्यता

द्रव्यार्जन–*सं०* (पु०) धन कमाना, धनोपार्जन

द्रष्टव्य–*सं०* (वि०) 1 दिखाई पड़नेवाला, दृष्टिगोचर 2 दर्शनीय 3 निरीक्षण किए जाने योग्य 4 कर्तव्य

द्रष्टा–I *सं०* (वि०) 1 देखनेवाला 2 दिखलानेवाला II (पु०) साक्षी

द्राक्षा–*सं०* (स्त्री०) अंगूर। ~**शर्करा** (स्त्री०) अंगूर के रस से बनी चीनी, ग्लूकोज

द्राक्षासव–*सं०* (पु०) अंगूर का अर्क

द्राघिमा–*सं०* (स्त्री०) दीर्घता, लंबाई

द्राण–I *सं०* (वि०) 1 भागा हुआ 2 सोया हुआ II (पु०) 1 भागना, पलायन 2 सपना, स्वप्न

द्राव–*सं०* (पु०) 1 बहना 2 रसना 3 पिघलना, गलना 4 अनुताप, पछतावा

द्रावक–*सं०* (वि०) 1 द्रवीभूत करनेवाला 2 पिघलानेवाला 3 दया-भाव उत्पन्न करनेवाला

द्रावण–*सं०* (पु०) 1 द्रवीभूत करना 2 गलाना, पिघलाना

द्राविड–*सं०* (वि०) = द्रविड़

द्राविडी–I *सं०* (वि०) द्रविड़ संबंधी II (स्त्री०) द्रविड़ प्रदेश की स्त्री

द्रावित–*सं०* (वि०) 1 द्रव किया हुआ 2 गलाया हुआ 3 दयार्द्र किया हुआ

द्रुत –I *सं०* (वि०) 1 शीघ्रतापूर्वक आगे बढ़नेवाला, पिघला

हुआ II (क्रि० वि०) जल्दी, शीघ्र। ~**गति** (वि०) शीघ्रगामी; ~**गामी** (वि०) तेज़ चलनेवाला

द्रुति–*सं०* (स्त्री०) 1 गति, चाल 2 द्रव 3 *सं०* द्रवित होने की अवस्था

द्रुम–*सं०* (पु०) वृक्ष, पेड़

द्रोण–*सं०* (पु०) दोना

द्रोणी–*सं०* (स्त्री०) 1 छोटी नाव, डोंगी 2 छोटा दोना, दोनियाँ 3 कठवत, कठौता

द्रोह–*सं०* (पु०) 1 अनिष्ट चाहना 2 हिंसा 3 अपराध। ~**चिंतन** (पु०) अनिष्ट करने का विचार

द्रोहाट–I *सं०* (वि०) ऊपर से सीधा किंतु अंदर से क्रूर II (पु०) 1 पाखंडी 2 झूठा व्यक्ति

द्रोहिता–*सं०* (स्त्री०) द्रोही होने का भाव

द्रोही–I *सं०* (वि०) द्रोह करनेवाला II (पु०) शत्रु, बैरी

द्वंद्व–*सं०* (पु०) 1 दो वस्तुओं का जोड़ा, युग्म 2 लड़ाई-झगड़ा 3 संघर्ष 4 मानसिक संघर्ष 5 उत्पात, उपद्रव। ~**युद्ध** (पु०) दो व्यक्तियों का पारस्परिक संघर्ष; ~**वाद** (पु०) दर्शनशास्त्र में तर्क और विचार के पक्ष प्रतिपक्ष और संपक्ष का विवेचन

द्वंद्वमय–*सं०* (वि०) द्वंद्वात्मक

द्वंद्वात्मक–*सं०* (वि०) संघर्षपूर्ण

द्वंद्वी–I *सं०* (वि०) 1 परस्पर युद्ध करनेवाले 2 परस्पर युग्म बनानेवाले 3 द्वंद्व मचानेवाले II (पु०) झगड़ालू व्यक्ति

द्वाज–*सं०* (पु०) जारज, दोगला

द्वादश–I *सं०* (वि०) 1 दस और दो, बारह 2 बारहवाँ II (पु०) 12 की संख्या

द्वादशाह–*सं०* (पु०) 1 बारह दिनों का समूह 2 बारह दिन में समाप्त होनेवाला यज्ञ 3 मृत्यु के बारहवें दिन किया जानेवाला श्राद्ध

द्वादशी–*सं०* (स्त्री०) चांद्रमास की किसी पक्ष की बारहवीं तिथि

द्वापर–*सं०* (पु०) त्रेता एवं कलियुग के मध्य का युग

द्वार–*सं०* (पु०) 1 दरवाज़ा 2 माध्यम, साधन (जैसे-प्रवेश द्वार)। ~**कंटक** (पु०) दरवाज़े की सिटकिनी; ~**चार** (पु०) बरात के आगमन पर की जानेवाली द्वार-पूजा; ~**पंडित** प्रधान पंडित; ~**पट** (पु०) दरवाज़े का पल्ला; ~**पटी** (स्त्री०) दरवाज़े पर लगा परदा, चिक; ~**पाल** (पु०) दरबान, ड्योढ़ीदार; ~**पूजा** (स्त्री०) विवाह में कन्या पक्ष द्वारा दरवाज़े पर बरात का स्वागत एवं पूजन आदि धार्मिक कृत्य; ~**खुलना** रास्ता निकल आना; ~**खुला होना** आने में बाधा न होना; ~**द्वार फिरना** 1 कार्य सिद्धि हेतु अनेक लोगों के पास जाना 2 भीख माँगना; ~**लगना** उद्देश्य, कार्य हेतु दरवाज़े पर आ पहुँचना; ~**लगाना** दरवाज़ा बंद कर देना

द्वारस्थ–I *सं०* (वि०) दरवाज़े पर बैठा हुआ II (पु०) द्वारपाल

द्वारा–I *सं०* (पु०) 1 द्वार, दरवाज़ा 2 स्थान, जगह (जैसे-गुरुद्वारा) II (क्रि० वि०) 1 ज़रिये 2 मारफत 3 प्रयत्न से 4 हाथ से (जैसे-पत्र नौकर द्वारा भेजा गया)

द्वाराचार–*सं०* (पु०) = द्वार चार

द्वारावरोध–*सं०* (पु०) दरवाज़ा रोकना

द्वि–*सं०* (उप०/वि०) दो। ~**कर्मक** (वि०) दो कर्मवाली (जैसे-द्विकर्मक क्रिया); ~**खंडित** (वि०) जिसके दो भाग हो; ~**खंडी** (वि०) दो खंडवाली; ~**गुण** (वि०) दुगुना, दूना; ~**गुणित** (वि०) दुगुना किया हुआ; ~**तंत्री** (स्त्री०) दो ताँतवाला बाजा; ~**दल** (वि०) 1 दो दलवाला 2 दो दलों द्वारा संचालित 3 दो पत्तोंवाला; ~**दल-शासन-प्रणाली** (स्त्री०) वह शासन पद्धति जिसमें दो दल मिलकर शासन करते हैं; ~**दिवसीय** (वि०) दो दिनवाला (जैसे-द्विदिवसीय नाटक, द्विदिवसीय प्रदर्शनी); ~**धातु**, I (वि०) दो धातुओं से मिलकर बना II (स्त्री०) काँसा, पीतल आदि धातुएँ; ~**धातु** ~**धात्विक** (वि०) दो धातुओंवाली; ~**ध्रुव** (पु०) दो ध्रुव - उत्तर और दक्षिण ध्रुव; ~**ध्रुवीय** (वि०); ~**नग्नक** (पु०) सुन्नतवाला व्यक्ति; ~**नाम** (वि०) दो नामवाला; ~**नेत्री** (स्त्री०) ऐनक, चश्मा; ~**पक्ष** (वि०) 1 जिसमें दो पक्ष हों 2 जिसमें दो दल हों; ~**पक्षी**, ~**पक्षीय** (वि०) 1 दोनों पक्ष में पड़नेवाला 2 दो पार्श्वों से संबंध रखनेवाला (जैसे-द्विपक्षी समझौता द्विपक्षीय निर्णय); ~**पतिकरण** (पु०) दो पति बनाना; ~**पत्नीकरण** (पु०) दो पत्नी करना; ~**पत्नीक** (वि०) दो पत्नीवाला; ~**पथ** (पु०) दोराहा; ~**पद** I (वि०) 1 दो पैरवाला 2 दो पदोंवाला 3 *ग०* दो अलग-अलग संख्यावाला, बाईनेमियल (जैसे-(1/3)+(2/5)) II (पु०) दो पैरोंवाला जंतु (जैसे-मनुष्य द्विपद प्राणी है); ~**परमाणुक** (वि०) दो परमाणुवाला; ~**पाद** (वि०) द्विपद; ~**पार्श्विक** (वि०) 1 दोनों पार्श्वों से संबंध रखनेवाला 2 द्विपक्षी; ~**बिंदु** (पु०) (:) विसर्ग; ~**भाजन** (पु०) दो भागों में बाँटना; ~**भाव** I (वि०) 1 जिसमें दो भाव हों 2 कपटी, छली II (पु०) 1 द्वेषभाव 2 दुराव-छिपाव 3 छल कपट; ~ **भाषावाद** (पु०) दो भाषाओं के समर्थन का सिद्धांत; ~**भाषी** (वि०) दुभाषिया; ~**मात्र**, ~**मात्रिक** (वि०) दो मात्राओंवाला दीर्घ; ~**मासिक** (वि०) दो महीनेवाला (जैसे-द्विमासिक कार्यक्रम); ~**मुखा** (स्त्री०) जोंक; ~**मुखी** (स्त्री०) दो मुखवाली; ~**लिंग** (वि०) दोनों लिंगवाला; ~**वचन** (पु०) *व्या०* दो का बोध करानेवाला वचन; ~**वर्षीय** (वि०) दो वर्ष का (जैसे-द्विवर्षीय पाठ्यक्रम); ~**वार्षिक** (वि०) दो वर्षवाला; ~**विवाह** (पु०) दूसरा विवाह; ~**शताब्दी** (स्त्री०) दो सौ वर्ष का समय; ~**शिर** (वि०) दो सिरोंवाला; ~**सदनी** (वि०) दो सदनवाली; ~**स्वर** (पु०) दो स्वरों का गुच्छ; ~**हृदया** (स्त्री०)/(वि०) गर्भवती (स्त्री)

द्विगु–*सं०* (पु०) तत्पुरुष समास का एक भेद जिसका पहला पद संख्या-वाचक होता है (जैसे-पंचदेव)

द्विज–I *सं०* (पु०) ब्राह्मण II (वि०) जिसने दो बार जन्म लिया हो

द्विजन्मा, द्विजाती–*सं०* (वि०) दो बार जन्मा हुआ

द्वितीय–*सं०* (वि०) 1 दूसरा 2 दूसरी श्रेणी का

द्वितीयक–*सं०* (वि०) 1 दूसरी बार होनेवाला 2 दूसरा

द्वितीयतः–*सं०* (क्रि० वि०) दूसरे दर्जे पर

द्वितीया–*सं०* (स्त्री०) चांद्र मास के प्रत्येक पक्ष की दूसरी तिथि। ~**वृत्ति** (स्त्री०) दो बार दोहराना

द्वितीयाश्रम–*सं०* (पु०) ग्रहस्थ आश्रम

द्वित्व–*सं०* (पु०) 1 दो होने की स्थिति (जैसे-सूर्य में य का

दोहरा होना) 2 युग्म 3 दो की संख्या

द्विधा–I *सं०* (क्रि० वि०) 1 दो प्रकार से 2 दोनों ओर 3 दो खंडों में II (स्त्री०) दुविधा। ~**करण** (पु०) दो खंड करना

द्विभा–*सं०* (स्त्री०) 1 प्रकाश 2 प्रभा, चमक

द्विरागमन–*सं०* (पु०) 1 दूसरी बार आना, पुनरागमन 2 वधू का पति के साथ दूसरी बार ससुराल आना, गौना

द्विरुक्त–I *सं०* (वि०) 1 दो बार कहा हुआ 2 दुबारा कहा हुआ 3 दो प्रकार से कहा हुआ और फलतः निरर्थक II (पु०) पुनर्कथन

द्विरुक्ति–*सं०* (स्त्री०) 1 दुबारा कही गई बात 2 दो बार कही गई बात, पुनरुक्ति

द्विरूढ़ा–*सं०* (स्त्री०) दूसरा विवाह करनेवाली स्त्री

द्विरेता–*सं०* (पु०) 1 दो भिन्न जाति के पशु से उत्पन्न पशु 2 दोगला

द्विरेफ–*सं०* (पु०) भौंरा

द्विविध–I *सं०* (वि०) दो प्रकार का II (क्रि० वि०) दो प्रकार से

द्विविधा–*सं०* (स्त्री०) 1 अंदेशा, असमंजस 2 अनिश्चय

द्विवेदी–*सं०* (पु०) 1 दो वेदों का ज्ञाता 2 ब्राह्मणों की एक उपजाति, दूबे

द्विशफ–*सं०* (पु०) पशु जिसका खुर फटा हो, खुरफटा पशु

द्विस्पृष्ट–*सं०* (पु०) दो स्थानों को स्पर्श करनेवाला व्यंजन

द्वीप–*सं०* (पु०) 1 चारों ओर समुद्र से घिरा भू-भाग, टापू 2 जल के बीच का स्थल। ~**निवासी** (पु०) द्वीप में रहनेवाला व्यक्ति; ~**पुंज** (पु०), ~**माला** (स्त्री०) द्वीपों का समूह; ~**वासी** (पु०) = द्वीपनिवासी; ~**विश्व** (पु०); ~**समूह** (पु०) द्वीपपुंज

द्वीपस्थ–*सं०* (पु०) = द्वीप निवासी

द्वीपांतरण–*सं०* (पु०) 1 काले पानी की सज़ा 2 एक द्वीप से दूसरे द्वीप में होनेवाला अंतरण

द्वीपावली–*सं०* (स्त्री०) द्वीप पुंज

द्वीपी–*सं०* (वि०) 1 द्वीप संबंधी 2 द्वीप में रहनेवाला

द्वीप्य–*सं०* (वि०) 1 द्वीप का 2 द्वीप में उत्पन्न

द्वेष–*सं०* (पु०) 1 राग का विरोधी भाव, वैमनस्यता, विरोध 2 शत्रुता, वैर। ~**जनक** (वि०) वैर पैदा करनेवाला; ~**पूर्ण** (वि०) द्वेष से भरा हुआ; ~**पोषक** (वि०) द्वेष बढ़ानेवाला ~**भाव** (पु०) =द्वेष; ~**मूलक** (वि०) =द्वेषपूर्ण

द्वेषी–I *सं०* (वि०) द्वेष करनेवाला II (पु०) वैरी, शत्रु

द्वेष्टा–*सं०* (वि०) वैमनस्य भाव रखनेवाला

द्वैत–*सं०* (पु०) 1 दो होने का भाव 2 जोड़ा, युग्म 3 पराया समझने का भाव 4 असमंजस 5 अज्ञान, मोह। ~**वाद** (पु०) अद्वैतवाद से भिन्न एवं उसका विरोध करनेवाला सिद्धांत, जीव एवं आत्मा में भेद मानने का सिद्धांत, आत्मा-परमात्मा के भेद का सिद्धांत; ~**वादी** (वि०) द्वैतवाद का अनुयायी

द्वैध–*सं०* (पु०) 1 दो प्रकार के होने का भाव 2 भिन्नता 3 परस्पर विरुद्ध होने का भाव 4 दुरंगी नीति 5 संदेह, अनिश्चय

द्वैधीकरण–*सं०* (पु०) दो भागों में बाँटना

द्वैव्य–*सं०* (वि०) = द्वीप्य

द्वैभाषिक–*सं०* (वि०) दो भाषाओंवाला

द्वैमासिक–*सं०* (वि०) प्रति दो मास में होनेवाला

द्वैराज्य–*सं०* (पु०) 1 दो राजाओं में विभक्त राज्य, कांडोमिनियम 2 दुराज, दो-अमली

द्वैवार्षिक–*सं०* (वि०) दो वर्ष का

द्वैविध्य–*सं०* (पु०) 1 दो तरह से होने का भाव 2 असमंजस, दुबधा

द्व्यक्षर–*सं०* (वि०) दो अक्षरवाला

द्व्यर्थी–*सं०* (वि०) दो अर्थोंवाला

द्व्योष्ठ्य–*सं०* (वि०) दोंनो ओंठो से उच्चारित होनेवाला

ध

धंधक–(पु०) झंझट, बखेड़ा। ~ **धोरी** (पु०) सांसारिक झंझटों में फँसा रहनेवाला व्यक्ति

धँधला–(पु०) 1 छल-कपट 2 आडंबर, ढोंग

धँधलाना–I (अ० क्रि०) 1 छल-कपट करना 2 ढोंग करना II (अ० क्रि०) 1 धाँधली करना 2 जल्दी मचाना

धँधलेबाज़–*हिं० +फ़ा०* (पु०) 1 धोखेबाज़ 2 ढोंगी

धँधलेबाज़ी–*हिं० +फ़ा०* (स्त्री०) 1 धोखेबाज़ी, धोखाधड़ी 2 ढकोसलेबाज़ी

धंधा–(पु०) 1 काम-काज 2 पेशा, रोज़गार, व्यवसाय 3 चौका-बरतन करने की नौकरी (जैसे-घरेलू धंधा)

धँधार–*बो०* (वि०) अकेला

धँधारी–(स्त्री०) 1 गोरखधंधा 2 अकेलापन 3 निस्तब्धता, सन्नाटा

धंधारू–(वि०) काम धंधे में लगा रहनेवाला

धंधालू–(वि०) धंधे में लगा रहनेवाला

धंधेवाला–(पु०) धंधा करनेवाला व्यक्ति

धँधौरा–(पु०) 1 होलिका, होली 2 आग की लपट, ज्वाला

धँसन–(स्त्री०) 1 धँसना 2 धँसने की जगह

धँसना–(अ० क्रि०) 1 गढ़ना (जैसे-मिट्टी में फरुआ धँसना) 2 बैठना, भीतर घुसना (जैसे-दलदल में धँसना) 3 नीचे बैठ जाना (जैसे-मकान धँसना, कुँआ धँसना) 4 चुभना (जैसे-सूई धँसना, काँटा धँसना) 5 घुसा-सा प्रतीत होना (जैसे-गाल, नेत्र आदि धँसना) 6 दिमाग़-दिल में समाना (जैसे-कोई बात समझने पर भी नहीं धँसती)

धँसान–(स्त्री०) 1 धँसना 2 दलदल 3 ढालू ज़मीन 4 ढकेलते हुए आगे बढ़ना (जैसे-भेड़िया धँसान)

धँसाना–(स० क्रि०) 1 गड़ाना, चुभाना (जैसे-सूई धँसाना) 2 अंदर प्रविष्ट कराना (जैसे-भीड़ में धँसाना, सिनेमा हाल में धँसाना) 3 गाड़ना, अंदर को दबाना (जैसे-दलदल में पाँव धँसाना, ज़मीन में खंभा धँसाना)

धँसाव–(पु०) 1 धँसन 2 धँसान

धक–(क्रि० वि०) 1 अचानक, सहसा 2 तेज़ी से (जैसे-धक-धक तबला बजाना)

धकधकना, धकधकाना–I(अ० क्रि०) 1 **हृदय** का धक-धक करना, **हृदय** धड़कना 2 दहकना, सुलगना (जैसे-आग धकधकाना) II (स० क्रि०) दहकाना, सुलगाना

धकधकाहट, धकधकी–(स्त्री०) 1 **हृदय** की धड़कन 2 आशंका, खटका 3 असमंजस, **दुबधा**

धक-पक–I (स्त्री०) 1 खटका 2 धकधकी II (क्रि० वि०) 1 धक-धक करते हुए 2 धड़कते हुए हृदय से

धकपकाना–I (अ० क्रि०) जी में दहलना, डरना II (स० क्रि) दहलाना, डराना

धका-धूम, धका-पेल –I (स्त्री०) धक्कम-धुक्का II (क्रि० वि०) धक्का देकर हटाते हुए

धकार–*सं०* (पु०) 'ध' वर्ण

धकारा–(पु०) धकधकी, आशंका

धकियाना–(स० क्रि०) 1 ढकेलना, धक्का देना 2 प्रोत्साहित करना

धकेल-गाड़ी–(स्त्री०) धकेलकर चलाने वाली गाड़ी

धकेलना–(स० क्रि०) 1 धक्का देकर आगे बढ़ाना, ढकेलना (जैसे-बैलगाड़ी धकेलना, मोटर धकेलना) 2 धक्का देकर गिराना (जैसे-आदमी को गड्ढे में धकेलना) 3 आगे बढ़ाना (जैसे- भीड़ में धकेलना)

धकेलू, धकैत–(वि०) धक्कम धक्का करनेवाला

धकोना–(स० क्रि०) धकेलना, धकियाना

धक्कम-धक्का–(पु०) = धका-पेल

धक्का–(पु०) 1 धकेलने के लिए पीछे से किया जानेवाला आघात (जैसे-धक्के से दरवाज़ा खोलना) 2 वेगपूर्वक लगनेवाला आघात (जैसे-गाड़ी के धक्के से वह गिर गया) 3 उपेक्षा पूर्वक हटाने के लिए किया गया आघात (जैसे- अधिकारी ने उसे धक्का देकर निकाल दिया) 4 कष्ट का आघात, मार्मिक पीड़ा (कटु बातों से हृदय को धक्का लगना)। ~**धक्की** (स्त्री०) ठेलमठेला; ~**मार** (वि०) 1 बल प्रयोग करनेवाला 2 उद्दंडतापूर्ण आघात करनेवाला; ~**मुक्की** (स्त्री०) मुठ-भेड़। ~**खाना** 1 धक्का सहना 2 ठोकर खाना, अपमानित होना 3 भटकते रहना

धक्काड़ा–(वि०) जिसकी धाक जमी हो, धाकवाला

धगड़–(पु०) धगड़ा। ~**बाज़** *+फ़ा०* (वि०/स्त्री०) कुलटा, व्यभिचारिणी

धगड़ा–(पु०) 1 स्त्री का जार, उपपति 2 बिना विवाह बनाया गया पति 3 बदमाश, लुच्चा

धगड़ी–(स्त्री०) 1 व्यभिचारिणी स्त्री, कुलटा स्त्री 2 उपपत्नी, रखेली 3 धाय

धगधगाना– (अ० क्रि०) धकधकाना

धचकना–I (अ० क्रि०) 1 दलदल में धँसना 2 संकट में पड़ना II (स० क्रि) हल्के आघात से दबाना

धचका– धक्का

धज–(स्त्री०) 1 बनाव-सिंगार 2 सुंदर चाल-ढाल, रंग-ढंग 3 काम करने का सुंदर ढ़ग

धजा–(स्त्री०) ध्वजा, पताका

धजीला–(वि०) 1 आकर्षक 2 बनाव-सिंगार से युक्त

धज्जी–(स्त्री०) कपड़े आदि का लंबा पतला टुकड़ा। **धज्जियाँ उड़ना** फटकर टुकड़े-टुकड़े हो जाना; ~ **उड़ाना** 1 फाड़कर टुकड़े-टुकड़े कर देना 2 अत्यधिक मारना-पीटना

धट–*सं०* (पु०) तराज़ू, तुला

धटी–*सं०* (पु०) तुला राशि

धड़ंग–(वि०) नंगा (जैसे-नंग-धड़ंग)

धड़–I (पु०) 1 कमर से गले तक का भुजा रहित भाग, कबंध 2 पशु-पक्षियों आदि में पैर, दुम, पंख एवं सिर को छोड़कर बीच का भाग 3 वृक्ष का सबसे मोटा व कड़ा भाग, तना। ~**टूटा** (वि०) 1 टूटे धड़वाला 2 कुबड़ा

धड़–II (पु०) ढोल, नगाड़ा; ~**धड़** I (स्त्री०) धड़-धड़ शब्द (जैसे-गोलियों के छूटने से उत्पन्न धड़-धड़ शब्द) II (क्रि० वि०) 1 धड़-धड़ शब्द करते हुए (जैसे-धड़-धड़ मार पड़ना) 2 दे० धड़ाधड़; ~**से** चटपट, तुरंत

धड़क–(स्त्री०) 1 असमंजस, आशंका 2 हिचक, रुकावट 3 दे० धड़कन, स्पंदन

धड़कन–(स्त्री०) 1 **हृदय** का स्पंदन, कलेजे की धकधक 2 दिल धड़कने का रोग

धड़कना–(अ० क्रि०) 1 हृदय का स्पंदन करना 2 जी का धक-धक करना (जैसे-बदमाशों को देखते ही स्त्रियों का कलेजा धड़कने लगा)

धड़का–(पु०) हृदय की धड़कन 2 खटका, आशंका

धड़काना–(स० क्रि०) 1 **हृदय** की धड़कन पैदा करना 2 खटका, आशंका उत्पन्न करना 3 धड़-धड़ शब्द उत्पन्न करना

धड़धड़ाना–I (स० क्रि०) धड़-धड़ शब्द उत्पन्न करना II (अ० क्रि०) धड़-धड़ शब्द होना

धड़ल्ला–(पु०) 1 धड़ाका, तेज़ी, वेग (जैसे-धड़ल्ले से कमरे में घुसना) 2 बेखटक एवं निर्भीकता से कार्य करने की प्रवृत्ति। **धड़ल्ले से करना** बिना झिझक काम करना

धड़वाई–*बो०* (पु०) अनाज आदि तौलनेवाला

धड़ा–I (पु०) 1 चार या पाँच सेर की पुरानी तौल 2 तौलने का बटखरा, बाट 3 तराजू, तुला। ~**बंदी** *फ़ा०* (स्त्री०) पसंगा ठीक करना

धड़ा–II (पु०) झुंड, जत्था, दल

धड़ाका–I (पु०) 'धड़' से होनेवाला ज़ोर का शब्द, धमाका (जैसे-तोप का धड़ाका) II (क्रि० वि०) चटपट, तुरंत

धड़ा-धड़–(क्रि० वि०) 1 धड़-धड़ शब्द करते हुए (जैसे-धड़ा-धड़ गोलियाँ चलाना) 2 निरंतर, लगातार (जैसे-धड़ा-धड़ जवाब देना)

धड़ाम–(पु०) ज़ोर से कूदने, गिरने आदि से उत्पन्न शब्द, धड़ या धम शब्द

धड़ी–I(स्त्री०) 1 तौल, धड़ा 2 संख्या आदि की यथेष्टता

धड़ी–II (स्त्री०) होंठों पर की मिस्सी

धत्–I (क्रि० वि०) तिरस्कारपूर्वक हटाने का शब्द

धत्–II लत, **दुर्व्यसन**

धता–(वि०) दूर किया हुआ, हटाया हुआ

धतिया–(वि०) जिसे लत पड़ी हो, दुर्व्यसनी

धतीगड़ा–(वि०) 1 बहुत बड़ा, भारी 2 मोटा-ताज़ा 2 जारज, दोगला

धतूरा–(पु०) एक प्रसिद्ध विषैला पौधा 2 इस पौधे का फल ~**खाए फिरना** पागल बना घूमना

धतूरिया–(पु०) यात्रियों पर धतूरे का प्रयोग करके लूटनेवालों का दल

धत्तूर–*सं०* (पु०) धतूरा

धधक–(स्त्री०) 1 धधकना 2 आग की लपट 3 आँच, ताप

धधकना–(अ० क्रि०) 1 दहकना 2 भड़कना

धधकाना–(स० क्रि०) 1 दहकाना 2 भड़काना

धन–*सं०* (पु०) 1 रुपया-पैसा (जैसे-धन इकट्ठा करना) 2 जीवन-निर्वाह हेतु साधन भूत द्रव्य (जैसे-कृषिधन के रूप में ज़मीन-जायदाद) 3 यथेष्ट संख्या के रूप में कोई वस्तु (जैसे-गोधन, वाजिधन) 4 प्रिय व्यक्ति (जैसे-तुम तो मेरे जीवन धन हो) 5 गणित में जोड़ का निशान (जैसे 4+5=9) 6 विशिष्ट गुण एवं धर्म आदि की वर्तमान स्थिति (जैसे-विद्युत धारा में धन आवेश)। ~**कुबेर** (पु०) अत्यंत धनी एवं संपन्न व्यक्ति; ~**चिह्न** (पु०) गणित में प्रयुक्त जोड़ का निशान; ~**जन** (पु०) 1 धनवान व्यक्ति 2 धन एवं व्यक्ति; ~**जन शक्ति** (स्त्री०) धन एवं मानव शक्ति, जान-माल की ताकत; ~**तंत्र** (पु०) = धनसत्तावाद; ~**तेरस** *+हिं०* (स्त्री०) कार्तिक कृष्ण त्रयोदशी; ~**दंड** (पु०) अर्थ दंड, जुर्माना; ~**देव** (पु०) धन के स्वामी, कुबेर; ~**दौलत** *+ अ०* (स्त्री०), ~**द्रव्य** (पु०) धन रूपी पदार्थ; ~**धान्य** (पु०) धन-दौलत एवं खाद्य पदार्थ; ~**धान्य संपन्न** (वि०) धन दौलतवाला; ~**धाम** (पु०) घर-बार और धन-संपत्ति; ~**धारी** (पु०) 1 धनदेव, कुबेर 2 धनवान; ~**पक्ष** (पु०) जमावाला पक्ष, क्रेडिट साइड; ~**पति** (पु०) 1 धन-देव 2 धनवान व्यक्ति; ~**पत्र** (पु०) सरकार द्वारा प्रचलित मुद्रित काग़ज़ का टुकड़ा जो लेन-देन सिक्कों के रूप में काम आता है, करेंसी नोट; ~**पात्र** (पु०) धनी, धनवान; ~**पाल** (पु०) 1 ख़ज़ांची 2 कुबेर; ~**प्रयोग** (पु०) पूँजी का उपयोग; ~**मद** (पु०) धन होने पर उत्पन्न अभिमान, घमंड; ~**राशि** (स्त्री०) 1 धन का ढेर 2 अत्यधिक संपत्ति 3 निश्चित रकम; ~**लाभ** (पु०) धन की प्राप्ति; ~**लिप्सा** (स्त्री०) = धन लोलुपता; ~**लुब्ध** (वि०) धन-लोलुप; ~**लोभ** (पु०) = धन लोलुपता; ~**लोलुप;** (वि०) धन का लालच करनेवाला; ~**लोलुपता** (स्त्री०) धन का लालचपन; ~**विद्युतणु,** ~**विद्युदणु** (पु०) बिजली का धनात्मक कण; ~**विधेयक** (पु०) धन संबंधी क़ानून; ~**शाली** (वि०) = धनवान; ~**संपत्ति** (स्त्री०) = धन दौलत; ~**संपन्न** (वि०) धनवान्; ~**स्वामी** (पु०) कुबेर; ~**हर** I (वि०) धन चुरानेवाला II (पु०) चोर; ~**हीन** (वि०) निर्धन, दरिद्र; ~**उड़ाना** धन बर्बाद करना; ~**लुटाना** खुले हाथों देना

धन–*बो०* (वि०) धन्य

धनक–*बो०* (पु०) 1 धन की इच्छा 2 लोभ, लालच

धनकटी, धनकुट्टी–(स्त्री०) धान की कटाई

धनखर–(पु०) बो० धान बोने का खेत

धनद–*सं०* (वि०) 1 धन देनेवाला 2 उदार एवं दानी

धनवंत, धनवान–*सं०* (वि०) दौलतमंद, धनी

धनाग्र–*सं०* (पु०) विद्युत शास्त्र में धन दंड का भाग, एनोड

धनाग्रीय–*सं०* (वि०) धनाग्र संबंधी

धनाढ्य–*सं०* (वि०) धनवान्

धनाणु–*सं०* (पु०) धनात्मक विद्युत से आविष्ट अणु, पाजिटिव

धनात्मक–*सं०* (वि०) 1 धन पक्ष संबंधी 2 धनवाले तत्त्व से संबद्ध (जैसे-धनात्मक ध्रुव)

धनादेश–*सं०* (पु०) 1 डाकखाने द्वारा भेजा जानेवाला धन, मनीआर्डर 2 धन देने की आज्ञा, आदेश

धनाधीश–*सं०* (पु०) 1 धन का स्वामी, धनी 2 कुबेर

धनाध्यक्ष–*सं०* (पु०) कोषाध्यक्ष, ख़ज़ांची

धनाना–I (अ० क्रि०) गाय आदि पशु का गर्भवती होना II (स० क्रि०) गाय, भैंस आदि का गर्भाधान कराना

धनाभाव–*सं०* (पु०) धन की कमी

धनार्चित–*सं०* (वि०) धन द्वारा संतुष्ट किया हुआ

धनार्जन–*सं०* (पु०) धनोपार्जन

धनार्थ–*सं०* (क्रि० वि०) धन के लिए

धनार्थी–*सं०* (वि०) धन चाहनेवाला, धनेच्छुक

धनिक–I *सं०* (वि०) धनवाला, धनी II (पु०) धनवान् व्यक्ति। ~**तंत्र** (पु०) ऐसी शासन प्रणाली जिसमें शासन की बागडोर बड़े-बड़े पूँजीपतियों के हाथ में हो, प्लूटो-क्रैसी, धन सत्तावाद

धनिता–*सं०* (स्त्री०) धनाढ्यता

धनिया–*सं०* (स्त्री०) एक प्रसिद्ध मसाला

धनिष्ठा–*सं०* (स्त्री०) सत्ताइस नक्षत्रों में तेईसवाँ नक्षत्र

धनी–I *सं०* (वि०) 1 धनवाला, दौलतमंद 2 कुशल II (पु०) 1 धनवान् 2 मालिक, स्वामी 3 सिद्ध हस्त व्यक्ति (जैसे-क़लम का धनी)। ~**धौरी** *हिं०* (पु०) 1 हाल-चाल पूछनेवाला, खोज-ख़बर लेनेवाला 2 मालिक, संरक्षक 3 कद्र करनेवाला; ~**मानी** (वि०) धनवान् और प्रतिष्ठित; ~**समुदाय** (पु०) धनिक वर्ग

धनी, धनीका–*सं०* II (स्त्री०) 1 पत्नी, वधू 2 प्रेमिका

धनुःरोग–*सं०* (पु०) = धनुक-बाई

धनु–*सं०* (पु०) धनुष, कमान

धनुआ–(पु०) 1 कमान, धनुष, चाप 2 धुनकी

धनुई–*बो०* (स्त्री०) 1 छोटा धनुष 2 धुनकी

धनुक–(पु०) कमान, धनुष

धनुक-बाई–(स्त्री०) लकवे के समान एक वातरोग

धनुर्द्धर, धनुर्द्धारी, धनुर्धारी–*सं०* (पु०) धनुष-बाण चलानेवाला व्यक्ति

धनुर्यज्ञ–*सं०* (पु०) धनुषभंग हेतु रचा गया यज्ञ

धनुर्वात–*सं०* (पु०) = धनुक-बाई

धनुर्विद्या–*सं०* (स्त्री०) धनुष चलाने की विद्या, तीरंदाज़ी

धनुर्वेद–*सं०* (पु०) यजुर्वेद का उपवेद जिसमें धनुर्विद्या का निरूपण है

धनुष–*सं०* (पु०) कमान

धनुषाकार–*सं०* (वि०) धनुष के आकारवाला, धनुष की आकृति का

धनेश–*सं०* (पु०) 1 धन का स्वामी 2 कुबेर 3 एक पक्षी

धनेश्वर–*सं०* (पु०) = धनदेव

धनोत्पादन–*सं०* (पु०) धन का उत्पादन

धनोपार्जन–*सं०* (पु०) धन कमाना

धन्नासेठ–(पु०) अत्यधिक धनवान् व्यक्ति

धन्री–(स्त्री०) 1 गाय-बैलों की एक जाति 2 घोड़ों की एक जाति

धन्य–*सं०* (वि०) 1 श्रेष्ठ कर्म करनेवाला एवं **पुण्यवान**, सुकृति 2 कृतार्थ (जैसे-आपके दर्शन से मैं धन्य हो गया)। ~**भाग्य** (पु०) अहोभाग्य; ~**वाद** (पु०) 1 धन्य कहना, धन्य मानना 2 साधुवाद 3 कृतज्ञता प्रकट करना 4 कृतज्ञता प्रकट करने का एक शब्द; ~**वाद-पूर्वक** (क्रि० वि०) आभार प्रकट करते हुए

धन्याक–*सं०* (पु०) धनिया

धन्वंतरि–*सं०* (पु०) देवताओं के प्रधान चिकित्सक

धन्व, धन्वा–*सं०* (पु०) 1 धनुष 2 मरु प्रदेश, रेगिस्तान

धन्वाकार–*सं०* (वि०) धनुष की आकृति का, अर्धचंद्राकार

धन्वी–*सं०* (पु०) धनुर्धर, धनुर्धारी

धप–(स्त्री०) 1 भारी वस्तु के मुलायम वस्तु पर गिरने से उत्पन्न शब्द 2 सिर पर मारा जानेवाला थप्पड़

धपना–(अ० क्रि०) 1 तेज़ी से चलना 2 झपटना

धपना–(स० क्रि०) 1 सिर पर थप्पड़ मारना 2 मारना-पीटना

धप्पा–(पु०) हल्का थप्पड़

धब-धब–(स्त्री०) 1 भारी एवं मुलायम वस्तु के गिरने से उत्पन्न शब्द 2 चलते समय ज़मीन पर पैर पड़ने का शब्द

धबधबाना–(अ० क्रि०) धब-धब होना

धबला–(पु०) 1 कमर के नीचे पहनने का ढीला-ढाला पहनावा 2 घाघरा, लहँगा

धब्बा–(पु०) 1 भद्दा और बेमेल निशान (जैसे-स्याही का धब्बा) 2 कलंक, दाग़

धब्बेदार–*हिं० + फ़ा०* (वि०) 1 जिस पर धब्बा लगा हो 2 दाग़वाला, कलंकी

धम–(स्त्री०) धमाका (जैसे-धम से गिरना)

धमक–I (स्त्री०) 1 वज़नदार वस्तु के गिरने से उत्पन्न धम शब्द 2 भारी वस्तु के चलने से आस-पास होनेवाली कंपन (जैसे-रेल के चलने से होनेवाली धमक) 3 रोग, ज्वर आदि से हल्का कष्टदायक कंप II (वि०) धौंकनेवाला III (पु०) लोहार

धमकना–I(अ० क्रि०) 1 धम शब्द होना 2 कुछ-कुछ काँपना, हिलना 3 झपटना 4 रुक-रुककर पीड़ा होना (बुखार से सिर धमकना) II (स० क्रि०) 1 जड़ देना, लगा देना (जैसे-मुक्का धमकना) 2 हथिया लेना (जैसे- मेरी ज़मीन को उसने धमक लिया)

धमकाना–(स० क्रि०) धमकी देना, डराना

धमकी–(स्त्री०) धमका कर कही गई बात, घुड़की (जैसे-धमकी में आना)

धमक्का–*बो०* (पु०) = धमाका

धम गजर–(पु०) 1 उपद्रव 2 मारपीट, लड़ाई-झगड़ा

धमधम–(स्त्री०) धूमधाम

धमधमाना–I (स० क्रि०) धम-धम शब्द उत्पन्न करना II (अ० क्रि०) धम-धम शब्द होना

धमधमाहट–(स्त्री०) धम-धम की आवाज़

धमधूसर–(वि०) स्थूल और बेडौल, भद्दा और मोटा

धमन–*सं०* (पु०) 1 फूँककर हवा भरना 2 धौंकना 3 धौंकनी। ~**भट्टी** *+हिं०* (स्त्री०) धातु गलाने की भट्टी, ब्लास्ट फर्नेस

धमनि, धमनी–*सं०* (स्त्री०) नाड़ी, सिरा, आर्टरी (जैसे-रक्त वाहिनी धमनी)

धमनीय–*सं०* (वि०) धमनी से संबद्ध

धमस–(स्त्री०) थकान

धमाका–(पु०) 1 वज़नदार वस्तु के गिरने से उत्पन्न गंभीर शब्द 2 बहुत ज़ोर से होनेवाला 'धम' शब्द (जैसे-बंदूक छूटने का धमाका) 3 धक्का

धमा-चौकड़ी–(स्त्री०) 1 उछल-कूद, कूद-फाँद 2 उपद्रव, ऊधम (जैसे-धमा-चौकड़ी मचाना)

धमा-धम–(क्रि० वि०) 1 धम-धम शब्द करते हुए 2 लगातार, निरंतर

धमार–I (स्त्री०) 1 धमा-चौकड़ी 2 नटों की कलाबाज़ी

धमार–II (पु०) 1 फाग का लोकगीत 2 लोकगीत के साथ बजनेवाला ताल

धमारिया–I (पु०) 1 धमा चौकड़ी करनेवाला व्यक्ति 2 नट II धमार गानेवाला

धमारी–I (वि०) धमारिया II (स्त्री०) धमा-चौकड़ी

धमूका–(पु०) 1 धमका 2 घूँसा, मुक्का

धर–I *सं०* (स्त्री०) पृथ्वी (वि०) 1 धारण करनेवाला 2 समस्त पदों के अंत में, उठानेवाला, धारण करनेवाला (जैसे-चक्रधर, गिरिधर)

धरण–*सं०* (पु०) धारण

धरणा–*सं०* (स्त्री०) = धरना II

धरणि–*सं०* (स्त्री०) धरणी। ~**धर** (पु०) 1 शेषनाग 2 कच्छप, कछुआ 3 विष्णु

धरणी–*सं०* (स्त्री०) पृथ्वी। ~**धर** (पु०) 1 शेषनाग 2 भूधर, पर्वत

धरणीश्वर–*सं०* (पु०) 1 शिव 2 विष्णु 3 भू पति, राजा

धरता–*सं०* (वि०) धारण करनेवाला

धरती–(स्त्री०) 1 पृथ्वी, ज़मीन 2 संसार, जगत्; ~**माता** *+सं०* (स्त्री०) मातृ रूप धरणी

धरधराना–(अ० क्रि०)/(स० क्रि०) = धड़धड़ाना

धरन–(स्त्री०) 1 पकड़ 2 हठ, जिद (जैसे-धरन पकड़ना) 3 कड़ी, धरनी (जैसे-धरन खड़ी करना) 4 *बो०* धरती

धरना–I(स० क्रि०) 1 पकड़ना, थामना 2 ग्रहण करना, धारण करना 3 अधिकार में लेना 4 रखना 5 अधिकार में देना (जैसे-पुस्तकें मित्र के पास धर दो) 6 स्थिर करना (जैसे-शादी का दिन धरना) 7 बंधक रखना 8 प्रभाव डालना (जैसे-आग धरना) 9 पल्ला पकड़ना II (पु०) अड़कर बैठना (जैसे-अधिकारी के बँगले पर कर्मचारियों का धरना)

धरनी–*बो०* (स्त्री०) ज़िद, टेक, हठ

धरनैत–*बो०* (पु०) धरना देनेवाला

धर-पकड़–(स्त्री०) धरना-पकड़ना

धरम–*बो०* (पु०) धर्म। ~**करम** (पु०) *बो०* धर्म के काम; ~**सार** *बो०* (स्त्री०) धर्मशाला

धरवाना–(स० क्रि०) 1 धरने का काम कराना 2 पकड़वाना, थमाना 3 रखाना

धरसना–I (अ० क्रि०) 1 दबाया जाना, कुचला जाना

2 अपमानित होना 3 दुर्दशाग्रस्त होना 4 सहम जाना II (स० क्रि) 1 दबाना, मर्दन करना 2 अपमानित करना 3 दुर्दशा करना

धरहर–I *बो०* (स्त्री०) 1 बीच-बचाव 2 बचाव, रक्षा 3 धीरज, धैर्य 4 दृढ़ निश्चय 5 दे० धर-पकड़ II (वि०) रक्षक

धरहरा–(पु०) मीनार, धौराहर

धरहरिया–*सं० बो०* 1 बीच-बचाव करनेवाला 2 रक्षक

धरा–*सं०* (स्त्री०) पृथ्वी, धरती। ~**तल** 1 पृथ्वी की सतह 2 क्षेत्रफल 3 पृथ्वी; ~**तलीय** (वि०) धरातल का; ~**धर** (पु०) =धरणिधर

धराउहर–*बो०* (स्त्री०) धरोहर

धराऊ– (वि०) 1 पुराना 2 विशेष अवसर हेतु रखा हुआ

धराधाम–*सं०* (पु०) घर और ज़मीन

धराधिपति, धराधीश–*सं०* (पु०) राजा

धराना–(स० क्रि०) 1 पकड़ाना, थमाना 2 पकड़वाना 3 रखने में प्रवृत्त करना (जैसे-चोरों से माल धराना) 4 रखवाना, रखाना 5 निश्चित कराना, स्थिर कराना (जैसे-शादी-ब्याह का दिन धराना)

धराशायी–*सं०* (वि०) 1 पृथ्वी पर लेटा हुआ (जैसे-वीरों का धराशायी होना) 2 गिर जाना (जैसे-भवन धराशायी होना)

धरिंगा–*बो०* (पु०) एक तरह का चावल

धरित्री–*सं०* (स्त्री०) पृथ्वी

धरी–I (स्त्री०) 1 अवलंब, आश्रय 2 रखेली II (स्त्री०) कान में पहनने का ढार

धरेचा–(वि०)/(पु०) = धरेला

धरेजा–I (पु०) विधवा को पत्नी रूप में रखना II (स्त्री०) पत्नी रूप में रखी गई विधवा स्त्री

धरेला–I (वि०) अधिकार में किया हुआ II (पु०) बिना विवाह के पति रूप में रखा गया पुरुष

धरेली–(स्त्री०) रखेली, उपपत्नी

धरेश–*सं०* (पु०) = धराधीश

धरैया–*बो०* (वि०) 1 धरनेवाला, पकड़नेवाला 2 धारण करनेवाला

धरोहर–(स्त्री०) 1 अमानत 2 थाती (जैसे-पूर्वजों से प्राप्त सांस्कृतिक धरोहर)

धर्ता–*सं०* (वि०) 1 धारण करनेवाला 2 ज़िम्मेदारी लेनेवाला

धर्तूर–*सं०* (पु०) धतूरा

धर्त्र–*सं०* (पु०) 1 घर, गृह 2 सहारा, टेक 3 पुण्य, नैतिकता

धर्म–I *सं०* (पु०) 1 ईश्वरीय श्रद्धा व पूजा पाठ, ईश्वरीय उपासना, आराधना आदि 2 लौकिक एवं सामाजिक कर्तव्य 3 पदार्थ का मूलभूत गुण (जैसे-जलाना आग का धर्म है) 4 नैतिक एवं व्यावहारिक नियम (जैसे-मानवता के सिद्धांत मानना हमारा धर्म है) 5 सदाचार 6 पुण्य, सत्कर्म 7 *साहि०* उपमेय एवं उपमान को समान करने की वृत्ति, साधारण धर्म 8 न्यायशीलता और विवेक II (वि०) संबंध सूचक शब्दों के प्रारंभ में लगनेवाला (शब्द) (जैसे-धर्म-पत्नी, धर्म-पुत्र)। ~**कर्म,** ~**कृत्य** (पु०) 1 मनुष्य हेतु निहित वेद कर्म 2 धर्मानुसार किए जानेवाले लौकिक कर्म; ~**क्षेत्र** (पु०) धर्म संबंधी स्थान, तीर्थस्थान; ~**खाता** *+हिं०* (पु०) परोपकार आदि कार्यों का व्यय-विभाग; ~**गाथा** (स्त्री०) धर्म संबंधी कहानियाँ; ~**गुरु** (पु०) 1 धार्मिक उपदेश देनेवाला 2 संप्रदाय का प्रधान आचार्य (जैसे-जगद्गुरु शंकराचार्य); ~**ग्रंथ** (पु०) धर्म संबंधी साहित्य; ~**घड़ी** *+हिं०* (स्त्री०) सार्वजनिक स्थल पर लगी घड़ी; ~**घात** (पु०) धर्म की हत्या; ~**चक्र** (पु०) 1 समस्त धर्म संबंधी दायरा एवं व्यवहार 2 एक प्राच्य कालीन अस्त्र 3 धर्म शिक्षा रूपी पहिया; ~**चर्या** (स्त्री०) धर्मसिद्धांतों के अनुसार आचरण और व्यवहार; ~**चारी** (वि०) धर्मानुसार आचरण एवं व्यवहार करनेवाला; ~**च्युत** (वि०) धर्म से गिरा हुआ, जिसने धर्म त्याग दिया हो; ~**जन्य** (वि०) धर्म संबंधी; ~**ज्ञ** (वि०) 1 धर्म का जाननेवाला 2 धर्मात्मा; ~**ज्ञान,** ~**तंत्र** (पु०) धर्म प्रधान शासन प्रणाली, थियोक्रेसी; ~**दान** (पु०) मात्र परोपकार की दृष्टि से किया जानेवाला दान; ~**द्वेष** (पु०) धर्म के प्रति वैर; ~**धक्का** *हिं०* (पु०) धर्म संबंधी कष्ट; ~**धुरंधर** (पु०) प्रकांड धार्मिक नेता ~**ध्वज** (पु०) धर्म की आड़ में कुकर्म करनेवाला व्यक्ति; ~**ध्वजता** (स्त्री०) धर्म की आड़ में किया गया कुकर्म; ~**ध्वजी** (पु०) = धर्मध्वज; ~**निरपेक्ष** (वि०) जहाँ धर्म के प्रति पक्षपात न हो (जैसे-धर्मनिरपेक्ष देश); ~**निष्ठ** (वि०) धर्मपरायण; ~**निष्ठा** (स्त्री०) धर्म में विश्वास; ~**पति** (पु०) धर्मात्मा; ~**पत्नी** (स्त्री०) धर्म शास्त्र के अनुसार ब्याही गई स्त्री; ~**परायण** (वि०) =धर्म-निष्ठ; **परायणता** (स्त्री०) = धर्म-निष्ठा; ~**परिवर्तन** (पु०) = धर्मांतरण; ~**पाखंड** (पु०) धर्म का आडंबर; ~**पिता** (पु०) धर्म रूप में बना हुआ पिता; ~**पीठ** (पु०) धार्मिक दृष्टि से पवित्र स्थान; ~**पुस्तक** (स्त्री०) = धर्मग्रंथ; ~**प्रचारक** (पु०) धर्म को फैलानेवाला व्यक्ति; ~**प्रवण** (वि०) = धर्मनिष्ठ; ~**प्राणी** (वि०) = धर्मनिष्ठ; ~**बहिष्कृत** (वि०) धर्म से बाहर किया हुआ; ~**बुद्धि** (स्त्री०) 1 भले-बुरे का विचार 2 धर्म अधर्म का विवेक; ~**भावना** (स्त्री०) = धर्मनिष्ठा; ~**भीरु** (वि०) धर्म से डरनेवाला; ~**भ्रष्ट** (वि०) = धर्म च्युत; ~**मत** (पु०) मज़हब, धर्म; ~**मति** (स्त्री०) = धर्म बुद्धि; ~**मूर्ति** (स्त्री०) धार्मिक व्यक्ति; ~**याजक** (पु०) = धर्म प्रचारक; ~**युग** (पु०) सत्ययुग; ~**युद्ध** (पु०) 1 धर्म की रक्षा हेतु किया जानेवाला युद्ध 2 न्यायपूर्ण युद्ध; ~**रक्षक** (पु०) धर्म की रक्षा करनेवाला व्यक्ति; ~**रत** (वि०) धर्म परायण; ~**राज** (पु०) राजा; ~**लिपि** (स्त्री०) 1 वह लिपि जिसमें धार्मिक पुस्तक लिखी गई हो 2 जगह-जगह सम्राट् अशोक के खुदे हुए धार्मिक विधान; ~**वाद** (पु०) धार्मिक वाद-विवाद, धार्मिक बहस; ~**वादी** (वि०) धर्मवाद संबंधी; ~**विधि** (स्त्री०) धर्म की व्यवस्था; ~**विरुद्ध,** ~**विरोधी** (वि०) धर्म का विरोध करनेवाला; ~**विवाह** (पु०) धार्मिक रीति से किया गया विवाह; ~**वीर** (पु०) सदा धर्म करने में तत्पर व्यक्ति; ~**वेत्ता** (पु०) धर्मज्ञाता; ~**व्रत** (वि०) धर्म परायण; ~**शाला** (पु०) 1 परमार्थ हेतु बनवाया गया भवन 2 ऐसा स्थान जहाँ धर्मार्थ अन्नादि बँटता हो 3 न्यायालय, विचारालय; ~**शास्त्र** (पु०) मानव के कर्तव्याकर्तव्य एवं दाय विधान संबंधित ग्रंथ; ~**शास्त्री** (पु०) धर्मशास्त्र का पंडित; ~**शील** (वि०) = धर्म-निष्ठा; ~**श्रद्धा** (स्त्री०) = धर्म-निष्ठा; ~**संकट** (पु०) धार्मिक असमंजस; ~**सभा**

(स्त्री०) 1 न्यायालय, कचहरी 2 धर्म संबंधी सभा, धार्मिक संस्था; ~**सारी** (स्त्री०) = धर्मशाला; ~**सुधारक** + *हिं०* (पु०) धर्म का सुधार करनेवाला; ~**सेवन** (पु०) धर्म का पालन; ~**स्थल** (पु०) धार्मिक स्थान; ~**हीन** (पु०) धर्म के अनुरूप आचरण न करनेवाला व्यक्ति; ~**बिगाड़ना** 1 धर्म नष्ट करना 2 धर्मच्युत करना 3 स्त्री का सतीत्व नष्ट करना; ~**रखना** 1 धर्म च्युत होने से बचना 2 धर्म-च्युत होने से बचा लेना

धर्मतः–*सं०* (क्रि० वि०) 1 धर्म के अनुसार 2 धर्म को साक्षी देकर

धर्मस्व–I *सं०* (वि०) पुण्यार्थ, धर्मार्थ कार्यों में लगाया हुआ II (पु०) धार्मिक उद्देश्य की सिद्धि हेतु स्थापित की गई संस्था, समाज

धर्मांतर–*सं०* (पु०) दूसरा धर्म, अन्य धर्म

धर्मांतरण–*सं०* (पु०) दूसरा धर्म ग्रहण करना

धर्मांतरित–*सं०* (वि०) जिसने अन्य धर्म को स्वीकार किया हो

धर्मांध–*सं०* (वि०) 1 स्वधर्म में अंधश्रद्धा होने से दूसरे के धर्म को द्वेष भावना से देखनेवाला 2 स्वधर्म के अतिरिक्त अन्य धर्म की बातों को न माननेवाला 3 धर्म के नाम पर लड़नेवाला। ~**ता** (स्त्री०) 1 धर्मांध होने का भाव 2 धर्म में अंध श्रद्धा

धर्माचार्य–*सं०* (पु०) धर्म गुरु

धर्मात्मा–*सं०* (वि०) 1 धर्मानुसार आचरण करनेवाला 2 बहुत नेक एवं भला

धर्मादा–(पु०) धर्मार्थ निकाला गया धन

धर्माधर्म–*सं०* (पु०) 1 धर्म और अधर्म 2 धर्म एवं अधर्म का ज्ञान

धर्माधिकरण–*सं०* (पु०) न्यायालय

धर्माधिकरणिक–*सं०* (पु०) न्यायाधीश

धर्माधिकारी–*सं०* (पु०) धर्म-अधर्म का विचारक

धर्माधिष्ठान–*सं०* (पु०) न्यायालय

धर्माधिपति–*सं०* (पु०) न्याय करनेवाला व्यक्ति, जज

धर्माध्यक्ष–*सं०* (पु०) धर्माधिकारी

धर्मानुकूल–*सं०* (क्रि० वि०) धर्म के अनुरूप

धर्मानुयायी–*सं०* (पु०) = धर्मावलंबी

धर्मानुराग–*सं०* (पु०) = धर्मनिष्ठा

धर्मानुष्ठान–*सं०* (पु०) धर्माचरण

धर्मापेत–I *सं०* (वि०) 1 अधार्मिक 2 अन्याय संगत II (पु०) 1 अधर्म 2 अन्याय 3 पाप

धर्माभास–*सं०* (पु०) नाम मात्र का धर्म, असद्धर्म

धर्माभिमानी–*सं०* (वि०) अपने धर्म पर गर्व करनेवाला

धर्मार्थ–I *सं०* (वि०) 1 धार्मिक कार्य हेतु निकाला गया 2 धर्म हेतु किया गया II (क्रि० वि०) मात्र धर्मार्थ निमित III (पु०) धार्मिक दान

धर्मावतार–*सं०* (पु०) 1 परम धर्मात्मा 2 न्यायाधीश

धर्मावलंबी–*सं०* (वि०) धर्म का आश्रय लेनेवाला

धर्माश्रयी–*सं०* (वि०) धर्म की शरण में आया हुआ

धर्माश्रित–*सं०* (वि०) 1 धर्मानुकूल 2 न्यायपूर्ण

धर्मासन–*सं०* (पु०) न्यायाधीश का आसन

धर्मिणी–I *सं०* (स्त्री०) पत्नी II (वि०) धर्म करनेवाली

धर्मिष्ठ–*सं०* (वि०) 1 धर्म पर स्थित रहनेवाला, धार्मिक 2 पुण्यात्मा

धर्मी–*सं०* (वि०) 1 धर्म करनेवाला, धर्मात्मा, पुण्यात्मा 2 विशेष धर्म से युक्त (जैसे-द्रव-धर्मी, ताप-धर्मी) 3 विशेष धर्मानुयायी

धर्मेतर–*सं०* (वि०) धर्म से भिन्न

धर्मोत्तर–*सं०* (वि०) अत्यंत धार्मिक

धर्मोन्माद–*सं०* (पु०) 1 धर्मांधता में धर्म के नाम पर अनुचित कार्य कर जाना 2 धार्मिक विचारों में डूबे रहने का पागलपन

धर्मोपदेशक–*सं०* (पु०) धर्म-गुरु

धर्म्य–*सं०* (वि०) 1 धर्म संबंधी 2 धर्म संगत, न्यायपूर्ण। ~**ता** (स्त्री०) 1 न्यायपूर्णता 2 धार्मिकता

धर्ष–*सं०* (पु०) 1 ढिठाई, अविनय 2 असहिष्णुता 3 अधीरता 4 अनादर, अपमान 5 सतीत्व हरण 6 अशक्तता, असमर्थता

धर्षण, धर्षणा–*सं०* (पु०) 1 दबोचना 2 पराभव 3 अनादर, अपमान 4 स्त्री-प्रसंग, संभोग 5 सतीत्वहरण

धर्षित–*सं०* (वि०) 1 पराजित 2 अपमानित

धर्षिता–*सं०* (स्त्री०) 1 पराजित स्त्री 2 भ्रष्टा 3 कुलटा, असती 4 पुंश्चली

धर्षी–*सं०* (वि०) 1 धर्षण करनेवाला 2 दबोचनेवाला 3 अपमान करनेवाला 4 परास्त करनेवाला 5 मैथुन करनेवाला

धवरा–*बो०* (वि०) उजला, सफ़ेद

धवरी–*बो०* (स्त्री०) 1 धवर पक्षी की मादा 2 सफ़ेद रंग की गाय

धवल–*सं०* (वि०) 1 उजला, सफ़ेद 2 निर्मल, स्वच्छ

धवला–*सं०* (स्त्री०) सफ़ेद गाय

धवलित–*सं०* (वि०) 1 उज्ज्वल 2 साफ़ किया हुआ

धवलिमा–*सं०* (स्त्री०) 1 उज्ज्वलता 2 सफ़ेदी

धवली–*सं०* (स्त्री०) सफ़ेद गाय

धसक–(स्त्री०) 1 खाँसते समय उत्पन्न होनेवाला खस-खस या धस-धस शब्द 2 सूखी खाँसी

धसकना–(अ० क्रि०) 1 धँसना, दबना 2 दुःखी होना 3 बैठना (जैसे-दिल धसकना) 4 दहलना

धसना–I (अ० क्रि०) *बो०* = धँसना II (अ० क्रि०) ध्वस्त होना III (स० क्रि०) ध्वस्त करना

धसान–*बो०* (स्त्री०) धँसन, धँसान

धाँगड़–(पु०) अनार्य जंगली जति 2 कुएँ, तालाब आदि खोदनेवाली एक जति

धाँधना–(स० क्रि०) 1 बंद करना, भेड़ना 2 बहुत अधिक खाना 3 ध्वस्त करना, नष्ट-भ्रष्ट करना 4 परेशान करना

धाँधल–(स्त्री०) 1 शैतानी, ऊधम 2 धूर्तता 3 दग़ाबाज़ी 4 जल्दबाज़ी

धाँधली–(स्त्री०) 1 उत्पात, उपद्रव 2 शरारत, पाजीपन 3 कपट, छल 4 शीघ्रता

धाँय–(स्त्री०) बंदूक, तोप आदि के चलने से उत्पन्न होनेवाला शब्द (जैसे-धाँय-धाँय दो फ़ायर हुए)

धाँस–(स्त्री०) 1 खाँसी पैदा करनेवाली तेज़ गंध 2 तंबाकू आदि की गंध से उत्पन्न खाँसी

धाँसना–(अ० क्रि०) 1 पशुओं का खाँसना 2 पशुओं की तरह खाँसना, ढाँसना

धाऊ–(पु०) *बो०* धव वृक्ष

धाक–I (स्त्री०) 1 दबदबा, आतंक 2 ख्याति, शोहरत II (पु०) ढाक, पलास। ~**जमना** रोब जमना, दबदबा होना; ~**जमाना** रोब छा जाना

धाकड़–(वि०) 1 जिसने रोब जमा रखा हो 2 **हृष्ट-पुष्ट,** तगड़ा 3 प्रसिद्ध, ख्यात

धागा–(पु०) बटा हुआ महीन **सूत, डोरा** (जैसे-सूई-धागा धागा, तोड़ना)

धाड़–I (स्त्री०) 1 आक्रमण, चढ़ाई 2 डाकुओं का आक्रमण II (स्त्री०) ज़ोर-ज़ोर से रोने का शब्द (जैसे-धाड़ मारकर रोना)

धात–*बो०* (स्त्री०) धातु

धातविक, धातवीय–*सं०* (वि०) 1 धातु संबंधी 2 धातु का बना हुआ

धाता–*सं०* (वि०) 1 धारण करनेवाला 2 पालन-पोषण करनेवाला

धातु–*सं०* (स्त्री०) 1 खनिज पदार्थ (जैसे-सोना, चाँदी आदि मूल्यवान् धातुएँ हैं) 2 पदार्थ का मूल तत्त्व 3 *व्या०* क्रियाओं के मूल रूप (जैसे-कृ, भू आदि धातुएँ) 4 पुरुष का वीर्य, शुक्र (जैसे-पेशाब में धातु जाना) 5 पंच महाभूत (जैसे-जल, अग्नि, आकाश, पृथ्वी और वायु)। ~**उत्कीर्णक** (पु०) धातु पर नक़्क़ाशी करनेवाला; ~**उद्योग** (पु०) धातु संबंधी व्यवसाय, धंधा; ~**कर्म** (पु०) धातु का काम; ~**कर्म-उद्योग** (पु०) = धातु-उद्योग; ~**कर्मशाला** (स्त्री०) धातु कारख़ाना; ~**कर्मी** (पु०) धातु का काम करनेवाला; ~**कर्मीय** (वि०) धातुकर्मी से संबंधित; ~**काट** *हिं०* (वि०) धातु काटनेवाला; ~**कारख़ाना** *+फ़ा०* (पु०) धातु का कारख़ाना; ~**क्षय** (पु०) 1 शरीर के तत्त्वों का क्षय 2 वीर्य हानि 3 क्षय रोग; ~**क्षीणता** (स्त्री०) वीर्य की कमी; ~**ज** I (वि०) धातु से उत्पन्न II (पु०) खनिज या शैलज तेल; ~**दुर्बलता** (स्त्री०) धातु क्षीणता; ~**परीक्षक** (पु०) धातु की जाँच करनेवाला; ~**परीक्षा** (स्त्री०) धातु की जाँच; ~**पाठ** (पु०) क्रियाओं के मूल रूपों की सूची; ~**पाषाण** (पु०) धातु वाला पत्थर; ~**पिंड** (पु०) धातु का ढेला; ~**भस्म** (पु०) धातु का कुश्ता; ~**मर्म** (पु०) दे० धातुवाद; ~**मल** (पु०) 1 शरीरस्थ धातुओं के विकारी अंश 2 धातुओं को गलाने से निकलनेवाला व्यर्थ पदार्थ; ~**मिश्रण,** ~**मेल** (पु०) धातुओं का मिलाना; ~**युग** (पु०) पाषाणकाल के बाद का युग; ~**रचना** (स्त्री०) क्रिया के मूल रूप की रचना; ~**राग** (पु०) धातुओं से निकला रंग (जैसे-गेरू); ~**रूप** (पु०) क्रिया के रूप; ~**वाद** (पु०) खनिज पदार्थ को साफ़ एवं उपयोगी बनाने की विद्या, कीमियागरी; ~**वादी** (पु०) धातुवाद का ज्ञाता; ~**विज्ञान** (पु०) = **धातुशास्त्र;** ~**विद्** (पु०) = धातु शास्त्री; ~**विद्या** (स्त्री०) = धातु शास्त्र; ~**विशेषज्ञ** (पु०) = धातु शास्त्री; ~**शास्त्र** (पु०) धातु तैयार करने, उन्हें परिष्कृत एवं शुद्ध करने आदि का वर्णन करनेवाला विज्ञान; ~**शास्त्री** (पु०) धातु शास्त्र का ज्ञाता; ~**शिल्प** (पु०) धातु की कारीगरी; ~**शोधन** (पु०) धातु को साफ़ करने का काम; ~**शोध,** ~**शोधन कारख़ाना** *+फ़ा०* (पु०) धातु को साफ़ करने का कारख़ाना; ~**संकर** (पु०) धातु मिश्रण; ~**स्तंभक** (वि०) वीर्य स्खलन को रोकनेवाला

धातुमय–*सं०* (वि०) 1 खनिज पदार्थों से पूर्ण 2 जिसमें खनिज पदार्थ का प्राचुर्य हो

धात्र–*सं०* (पु०) 1 बर्तन, पात्र 2 आधान

धात्री–*सं०* (स्त्री०) 1 माता, माँ 2 दूध पिलानेवाली दाई, धाय 3 पृथ्वी। ~**विद्या** (स्त्री०) प्रसव कराने की विद्या

धात्वर्थ–*सं०* (पु०) धातु से निकलनेवाला अर्थ, प्राथमिक अर्थ (जैसे-प्रभाकर का धात्वर्थ प्रकाश करनेवाला होगा)

धात्विकीकरण–*सं०* (पु०) धातु बनाना

धात्वीय–*सं०* (वि०) धातु का

धान–(पु०) 1 तृण जाति का एक प्रसिद्ध पौधा जिसके बीज को चावल कहा जाता है, शालि (जैसे-धान की खेती करना) 2 छिलके में बंद या लिपटा हुआ चावल (जैसे-महीन धान)। ~**पान** I (पु०) विवाह के कुछ ही समय पूर्व वर पक्ष द्वारा कन्या के घर धान एवं हल्दी भेजने की एक रस्म II (वि०) धान एवं पान की तरह दुबला-पतला

धानक–(पु०) 1 धनिया 2 धनु चलानेवाला

धानमाली–*सं०* (पु०) 1 दूसरे के चलाए गए अस्त्र का प्रतिकार करने की एक क्रिया 2 अन्य द्वारा चलाए गए अस्त्र को रोकना

धाना–(अ० क्रि०) *बो०* 1 दौड़ना 2 तेज़ी से आगे बढ़ना 3 दौड़-धूप करना

धानी–I (वि०) धान की हरी पत्तियों के रंग जैसा, हल्का हरा (जैसे-धानी दुपट्टा)

धानी–II *सं०* (स्त्री०) 1 स्थान, अधिष्ठान (जैसे-राजधानी) 2 आधार, स्टैंड

धानुक–(पु०) 1 धनुर्द्धर, कमनैत, 2 कहारों की तरह सेवा कार्य करनेवाली एक जाति 3 इस जाति का व्यक्ति

धान्य–*सं०* (पु०) 1 अनाज, गल्ला 2 धान। ~**शाला** (स्त्री०) = धान्यागार; ~**हाट** *हिं०* (स्त्री०) अनाज का बाज़ार

धान्यागार–*सं०* (पु०) अनाज का कोठा

धाप–(पु०) 1 धापना 2 एक साँस में दौड़कर पार की गई दूरी

धाप–(स्त्री०) संतोष, तृप्ति

धाबा–(पु०) 1 छत के ऊपर का कमरा, अटारी 2 वह स्थान जहाँ दाम देकर कच्ची रसोई बैठकर खाने को मिले, बासा, होटल

धाभाई–(पु०) विभिन्न माताओं से उत्पन्न वे बच्चे जो एक ही दाई का दूध पीकर पले हों, दूध भाई

धाम–*सं०* (पु०) 1 रहने का स्थान 2 घर, मकान, तीर्थ स्थान, देव स्थान (जैसे-चारों धाम, बैकुंठ धाम)

धायँ–(स्त्री०) धाँय

धाय–(स्त्री०) दूध पिलानेवाली दाई

धार–I (स्त्री०) 1 धारा (जैसे-पानी के नल की धार) 2 पानी का सोता 3 पशुओं आदि के स्तन दबाने पर निकलनेवाली दूध की धारा 4 हथियार आदि का पैना किनारा (जैसे-तलवार की धार) II (वि०) धारवाला। ~**दार** *+फ़ा०* (वि०) जिसमें धार हो। ~**चढ़ाना** देवता आदि को दूध चढ़ाना; ~**टूटना** धार का प्रवाह खंडित होना; ~**निकालना** मादा पशु का दूध

निकालना; ~**बाँधना** मंत्र बल के प्रयोग से हथियार की धार को कुंठित करना

धार–*सं०* (पु०) 1 मूसलाधार वर्षा 2 वर्षा का इकट्ठा किया हुआ जल

धारक–*सं०* (वि०) धारण करनेवाला

धारण–*सं०* (पु०) 1 पकड़ना, सँभालना (जैसे-शस्त्र धारण करना) 2 पहनना (जैसे-वस्त्र धारण करना) 3 स्थिर करना (जैसे-व्रत धारण करना)

धारणा–*सं०* (स्त्री०) 1 धारण करने की शक्ति 2 व्यक्तिगत विश्वास

धारणिक–*सं०* (पु०) कर्ज़दार

धारा–*सं०* (स्त्री०) 1 लगातार बहनेवाली धार, लगातार बहाव (जैसे नदी की धारा) 2 निरंतर गिरने का क्रम (जैसे -धारा रूप में वर्षा होना) 3 निरंतर चलनेवाला क्रम 4 निरंतर प्रवाह (जैसे-विद्युत धारा)। ~**धर** (पु०) बादल; ~**प्रवाह** I (पु०) धारा का बहाव, धारा का वेग II (क्रि० वि०) धारा के प्रवाह के रूप में, अटूट क्रम में; ~**प्रवाही** (वि०) लगातार होनेवाला; ~**यंत्र** (पु०) धारा के रूप में जल निकालनेवाला यंत्र; ~**वर्षण** (पु०) तेज़ एवं अधिक वृष्टि, ज़ोर की वर्षा; ~**वार** *+फ़ा०* (क्रि० वि०) लगातार, निरंतर; ~**वाहिक,** ~**वाहि** (वि०) जिसका क्रम सदा चलता रहे (जैसे-धारावाहिक उपन्यास, धारावाहिक भाषा); ~**संपात** (पु०) = धारा वर्षणा; ~**सभा** (स्त्री०) विधान सभा, विधायिका; ~**सार** (वि०) धारा के रूप में लगातार होनेवाला (जैसे धारासार वर्षा)

धाराल–*सं०* (वि०) तेज़ धार वाला

धारिणी–*सं०* (स्त्री०) पृथ्वी

धारित–*सं०* (वि०) 1 धारण किया हुआ 2 सँभाला हुआ

धारिता–*सं०* (स्त्री०) 1 धारण करने की योग्यता, सामर्थ्य 2 वस्तु आदि की धारण करने की पात्रता, समाई, (जैसे-गिलास में 1 लीटर पानी की धारिता)

धारित्र–*सं०* (पु०) धारण करने का उपकरण

धारी–(स्त्री०) 1 कपड़े आदि पर की लकीर 2 रेखा। ~**दार** *+ फ़ा०* (वि०) धारीवाला (जैसे-धारीदार कपड़ा)

धारी–*सं०* (वि०) 1 धारण करनेवाला (जैसे चक्रधारी, वीणाधारी) 2 पहननेवाला (जैसे-खद्दरधारी)

धारोष्ण–*सं०* (पु०) तुरंत का दूहा गया दूध

धार्मिक–*सं०* (वि०) 1 धर्मशील, पुण्यात्मा 2 धर्म संबंधी (जैसे-धार्मिक विचार) 3 धर्म के अनुसार (जैसे-धार्मिक कार्य)। ~**ता** (स्त्री०) धार्मिक अवस्था

धार्मिकोत्सव–*सं०* (पु०) धर्म संबंधी उत्सव

धार्य–I *सं०* (पु०) पहनने का कपड़ा, पोशाक II (वि०) धारण किए जाने योग्य, धारणीय

धावक–I *सं०* (वि०) दौड़नेवाला II *सं०* (पु०) धोबी

धावन–I *सं०* (पु०) दौड़ना। ~**पथ,** ~**मार्ग** (पु०) दौड़ने का रास्ता

धावन–II *सं०* (पु०) कपड़ों की धुलाई। ~**शाला** (स्त्री०) धोबीख़ाना

धावमान्–*सं०* (वि०) 1 दौड़ता हुआ 2 दौड़नेवाला

धावरी–*बो०* (स्त्री०) सफ़ेद गाय, धौरी

धावा–(पु०) दल-बल सहित बढ़ना, आक्रमण करना, हमला

धाविक–*सं०* (पु०) = धावक I

धावित–I *सं०* (वि०) दौड़ा हुआ II (वि०) धोया हुआ, साफ़ किया हुआ

धाह–(स्त्री०) 1 चिल्लाकर रोना, धाड़ 2 चिल्लाना, चीत्कार करना

धिंगा–(पु०) 1 उपद्रवी, शरारती 2 दुष्ट, बदमाश 3 निर्लज्ज, बेशर्म

धिंगाई–(स्त्री०) 1 धींगापन, धींगा-मस्ती 2 उपद्रव, शरारत 3 बदमाशी, पाजीपन 4 निर्लज्जता, बेशर्मी

धिंगाना–I (स० क्रि०) *बो०* धींगा-धींगी में प्रवृत्त करना II (अ० क्रि०) धींगा-धींगी करना

धिंगी–(स्त्री०) 1 बदमाश स्त्री 2 निर्लज्ज स्त्री

धिक्–*सं०* (क्रि० वि०) तिरस्कारपूर्वक भर्त्सना करने का शब्द, लानत है

धिकाना–(स० क्रि०) *बो०* 1 आग दहकाना 2 आग में तपाना, लाल करना

धिक्कार–*सं०* (स्त्री०) भर्त्सना, लानत

धिक्कारना–*+ हिं०* (स० क्रि०) निंदा करना

धिक्कृत–*सं०* (वि०) धिक्कारा हुआ

धिरकार–*बो०* (स्त्री०) = धिक्कार

धींग–(वि०) 1 हट्टा-कट्टा, हृष्ट-पुष्ट 2 ताकतवर, बलवान। ~**धुकड़ी** (स्त्री०) 1 धींगा मस्ती 2 दुष्टता 3 शरारत

धींगा, धींगड़ा–I *बो०* (वि०) 1 मोटा-ताज़ा 2 दुष्ट, पाजी II (पु०) 1 गुंडा 2 उपपति 3 उठा-पटक, लड़ाई-झगड़ा 4 उपद्रव, ऊधम 5 अनुचित रूप से की गई ज़बरदस्ती (जैसे-धींगा-धींगी से काम निकालना)। ~**मुश्ती** *+फ़ा०* (स्त्री०) मार-पीट से युक्त उपद्रव, हाथा-बाहीं

धीजना–I (अ० क्रि०) 1 धीर बनना 2 अत्यंत प्रसन्न होना 3 शांत एवं स्थिर होना II (स० क्रि०) 1 स्वीकार करना 2 विश्वास करना

धीति–*सं०* (स्त्री०) 1 पीना 2 प्यास

धीमर–(पु०) = धीवर, केवट

धीमा–(वि०) 1 कम वेगवाला (जैसे-रेलगाड़ी की गति धीमी है) 2 जिसमें प्रखरता न हो (जैसे-आग धीमी जल रही है) 3 निस्तेज, अप्रतिभ

धीमान्–*सं०* (वि०) बुद्धिमान्, प्रज्ञावान्

धीमे–(क्रि० वि०) 1 हलकी गति में, हलकी गति से (जैसे-गाड़ी धीमे चल रही है) 2 मंद स्वर में (जैसे-धीमे गाओ)

धीया–(स्त्री०) पुत्री, बेटी

धीर–*सं०* (वि०) 1 शांत स्वभाववाला 2 नम्र, विनीत। ~**ता** (स्त्री०) 1 धीर होने की अवस्था, धैर्य 2 स्थिरता; ~**प्रशांत** (पु०) महाकाव्य आदि का प्रधान नायक; ~**ललित** (पु०) महाकाव्य आदि के धीर और लालित्य प्रधान नायक

धीरज–*बो०* (पु०) = धैर्य

धीरा–I (वि०) धीमा II (पु०) धैर्य

धीरा–*सं०* (स्त्री०) *साहि०* वह नायिका जो अपने प्रेमी के शरीर पर स्त्री-रमण चिह्न देखकर शांत भाव से व्यंग्यपूर्ण शब्दों में क्रोध ज़ाहिर करे, प्रेमी पर पराई स्त्री के रमण-चिह्न देखकर

शांत भाव से व्यंग्यात्मक रूप में क्रोध प्रकट करनेवाली नायिका

धीरे–(क्रि० वि०) 1 मंद गति से, आहिस्ता 2 हलके स्वर में 3 चुपके से (जैसे-धीरे से ऊपर जाना)

धीरोदात्त–*सं०* (पु०) *साहि०* भावनाओं पर पूर्ण नियंत्रण रखनेवाला नायक

धीरोद्धत–*सं०* (पु०) *साहि०* उग्र एवं सदैव आत्मप्रशंसा करनेवाला नायक

धीवर–*सं०* (पु०) मल्लाह, केवट

धुँऔंरा–*बो०* (वि०) धुआँ निकलने की चिमनी

धुँआसा–I (वि०) धुएँ से युक्त, धुआँवाला II (पु०) कालिख

धुँआना–I (अ० क्रि०) 1 काला पड़ना 2 धुआँ-सा स्वाद आना II (स० क्रि०) धुएँ से युक्त करना

धुँकार–(स्त्री०) ज़ोर का शब्द, गड़गड़ाहट

धुँगार–(स्त्री०) बघार, छौंक

धुँगारना–(स० क्रि०) 1 छौंकना, बघारना 2 खूब मारना-पीटना

धुँध–(स्त्री०) 1 अँधेरा 2 धुंधलापन की स्थिति 3 हवा में उड़ती हुई धूल

धुँधका–(पु०) धुआँ निकलने का छेद

धुँधकार–(पु०) 1 गरज, गड़गड़ाहट 2 अंधकार, अँधेरा

धुंधकारी–(वि०) गरजनेवाला

धुँधर–*बो०* (स्त्री०) 1 हवा में उड़नेवाली धूल, गर्दा, गुबार 2 धूल से होनेवाला अंधेरा

धुँधराना–(अ० क्रि०) धुँधलाना

धुँधलका–(वि०) धुँधला

धुँधला–(वि०) 1 धुंध से भरा 2 धुएँ सा हलका काला। ~**पन** (पु०) अस्पष्ट होने की स्थिति

धुँधलाई–(स्त्री०) धुँधलापन

धुँधलाना–I (अ० क्रि०) धुँधला पड़ना II (स० क्रि०) धुँधला करना

धुँधली –(स्त्री०) धुँध

धुँधआना–(अ० क्रि०) धुआँ देते हुए जलना

धुँधकार–(पु०) 1 अंधकार, अँधेरा 2 धुँधलापन

धुँधुरित –(वि०) धुँधला

धुँधेरी–(स्त्री०) धुँध

धुँवाँ–*बो०* (पु०), **धुआँ** (पु०) = धूआँ। ~**कश** *+फ़ा०* (पु०) भाप से चलनेवाली नाव, अग्निबोट, स्टीमर; ~**दान** *+फ़ा०* (पु०) चिमनी

धुआँधार–(वि०/क्रि० वि०) 1 धुआँधार, ज़ोरदार 2 धुएँ से भरा 3 लगातार एवं ज़ोर से

धुआँना–(अ० क्रि०) धुँआना

धुआँयँध–(वि०) धुएँ-सी गंधवाला

धुआँरा–(पु०) धुँधका

धुआँसा–I (वि०) कालिख लगा हुआ II (पु०) कालिख

धुकड़-पुकड़ –(स्त्री०) मन का डाँवाडोल होना, असमंजस

धुकधुकी–(स्त्री०) 1 पेट एवं छाती के मध्य का गहरा भाग 2 कलेजा, हृदय 3 भय आदि से उत्पन्न कलेजे की धड़कन

धुकनी–*बो०* (स्त्री०) = धूनी

धुगधुगी–(स्त्री०) धुकधुकी

धुडंगा–(वि०) 1 नंगा धडंगा 2 जिस पर धूल पड़ी हो

धुतकारना–(स० क्रि०) दुतकारना

धुत्त–*बो०* (वि०) नशे में चूर, बेसुध, धुत

धुधुकार, धुधुकारी–(स्त्री०) 1 धू-धू का-सा ज़ोर का शब्द (जैसे-धू-धू करके जलना) 2 गड़गड़ाहट, गरज

धुन–I (स्त्री०) 1 लगन 2 मौज़ 3 विचार, चिंतन II (स्त्री०) स्वर के आरोह-अवरोह का विशेष ढंग

धुनकना–(स० क्रि०) धुनना

धुनकी–(स्त्री०) 1 रूई धुनने का एक प्रसिद्ध उपकरण, फटका 2 धनुष

धुनना–(स० क्रि०) 1 रूई के रेशे अलग-अलग करना 2 अत्यधिक शारीरिक कष्ट देना, खूब पीटना (जैसे-सिर धुनना) 3 बिना रुके काम करना

धुनवाना–(स० क्रि०) 1 धुनने का काम कराना 2 खूब पिटवाना, मार खिलवाना

धुनाई–(स्त्री०) 1 धुनना 2 धुनने का पारिश्रमिक

धुनि–*बो०* (स्त्री०) 1 ध्वनि 2 धूनी

धुनियाँ–(पु०) धुनकी की सहायता से रुई धुनने का पेशा करनेवाला व्यक्ति, बेहना

धुनी–(वि०) जिसे किसी बात की धुन हो

धुपना–(अ० क्रि०) *बो०* धुलना

धुपाना–(स० क्रि०) *बो०* धूप दिखाना, धूप में रखना

धुपेली–(स्त्री०) पसीने से उत्पन्न फुंसी।

धुप्पल–(स्त्री०) धोखा, धुप्पस, ब्लफ

धुरंधर–*सं०* (वि०) 1 अधिक बढ़ा-चढ़ा, श्रेष्ठ (जैसे-धुरंधर विद्वान) 2 प्रधान, मुख्य

धुर–I *सं०* (पु०) 1 धुरा, अक्ष 2 श्रेष्ठ स्थान 3 ज़मीन की एक नाप, धूर, बिस्वांसी 4 बोझ, भार। ~ **किल्ली** *+ हिं०* (स्त्री०) 2 धुरी में लगाई जानेवाली कील

धुर–II (क्रि० वि०) और परे (जैसे-धुर उत्तर)

धुर–III *सं०* (वि०) 1 दृढ़, पक्का 2 ठीक, दुरुस्त

धुरड्डी–*बो०* (स्त्री०) धुलेंडी

धुरा–(पु०) धुरी

धुरिया-धुरंग–*बो०* (वि०) अकेला

धुरियाना–I (अ० क्रि०) 1 मैला होना, गन्ने का खेत पहले-पहल गोड़ा जाना II (स० क्रि०) 1 मैला करना 2 धूल से ढकना 3 ऊँख का पहले पहल गोड़ना

धुरी–(स्त्री०) छोटा धुरा। ~**राष्ट्र** *+सं०* (पु०) राष्ट्र का गुट; ~**हीन** *+सं०* (वि०) दृढ़ न रहनेवाला

धुरीण–*सं०* (वि०) धुरंधर

धुरीय–*सं०* (वि०) धुर से संबंध रखनेवाला

धुरेंडी–*बो०* (स्त्री०) = धुलेंडी

धुर्य–*सं०* (वि०) 1 जिस पर बोझ लादा जा सके 2 उत्तरदायित्व सँभालनेवाला 3 दे० धुरंधर

धुर्रा–(पु०) 1 धूल का कण 2 किसी वस्तु का सूक्ष्म कण

धुलना–(अ० क्रि०) 1 धोया जाना, साफ़ किया जाना 2 पानी से कटकर बह जाना

धुलवाना–(स० क्रि०) धोने का काम करवाना (जैसे-कपड़ा धुलवाना)

धुलाई–(स्त्री०) 1 धोना 2 धोने का पारिश्रमिक। ~**मशीन** +

अं० (स्त्री०) वस्त्र धुलने का उपकरण, यंत्र
धुलाना–(स० क्रि०) धोने का काम कराना, धुलवाना (जैसे-धोबी से कपड़े धुलाना)
धुलिया-मिटिया–(वि०) जिस पर धूल-मिट्टी पड़ी हो, धूल-मिट्टी से सना हुआ
धुलेंडी–(स्त्री०) 1 होली जलने के दूसरे दिन चैत बदी 2 चैत बदी का दिन
धुवाँ–(पु०) धुआँ, धूआँ। ~ **कश** *+फ़ा०* (पु०) धुआँकश
धुवाँस–(स्त्री०) उरद का आटा
धुस्स–(पु०) गिरे हुए मकान का ढेर, टीला
धुस्सा–(पु०) ऊन की मोटी लोई
धूँध–*बो०* (स्त्री०) 1 धुंध 2 धोखा
धूआं–(पु०) पदार्थ आदि के जलने से निकलनेवाली गैस, वातीय पदार्थ, धूम (जैसे-जलती लकड़ी से धुआँ निकलना)
धूई–(स्त्री०) = धूनी
धूजना–(अ० क्रि०) हिलना, काँपना
धूत–*सं०* (वि०) 1 काँपता हुआ, कंपित 2 त्यागा हुआ, त्यक्त 3 डाँटा हुआ, झिड़का हुआ
धूतुक, धूतू–(पु०) सीटी का शब्द 2 तुरही 3 नरसिंहा
धू-धू–(पु०) आग के ज़ोर से जलने का शब्द (जैसे-धू-धू करके जलना)
धूनना–I (स० क्रि०) धुएँ से कमरा आदि सुवासित करना, धूनी देना
धूनना–II (स० क्रि०) दे० धुनना
धूना–(पु०) एक वृक्ष जिससे वारनिश तैयार की जाती है
धूनी–(स्त्री०) 1 गूगल, धूप, लोबान आदि जलना, सुगंधित धुआँ करना 2 धुआँ के लिए कोई पदार्थ जलाना 3 ठंड से बचने हेतु साधुओं द्वारा जलाई जानेवाली आग (जैसे-धूनी लगाना)
धूप–I *सं०* (पु०) 1 घाम, सूर्य का प्रकाश (जैसे-कपड़े धूप में सुखाना) 2 आतप। ~**घड़ी** *+ हिं०* (स्त्री०) धूप के सहारे समय ज्ञात होने का एक यंत्र; ~**छाँह** *+ हिं०* (स्त्री०) कई रंग दिखाई पड़नेवाला एक तरह का कपड़ा; ~**तापी** (वि०) धूप तापनेवाला; ~**प्रधान** ~**सेवन,** ~**स्नान** (पु०) घाम लेना। ~**खाना** 1 धूप में सूखना या सुखाया जाना 2 घाम के लिए बाहर बैठना; ~**खिलाना,** ~**दिखाना** धूप लगने के लिए बाहर रखना; ~**निकलना** सूर्योदय होना, घाम होना
धूप–II*सं०* (पु०) = धूनी। ~**दान** *+फ़ा०* (पु०) धूप नामक सुगंधित द्रव्य रखने का बर्तन; ~**दानी** *+फ़ा०+स्त्री०* छोटा धूपदान; ~**दीप** (पु०) धूप और दीया (पूजा सामग्री); ~**बत्ती** *+ हिं०* (स्त्री०) मसाला लगी सींक; ~**वासित** (वि०) धूप आदि से सुगंधित किया हुआ
धूपछाँही–(वि०) धूप छाँहवाला
धूपन–(पु०) 1 धूप देना
धूपना–I (स० क्रि०) *बो०* सुगंधित द्रव्य जलाना
धूपना–II (अ० क्रि०) आने-जाने में परेशान होना (जैसे-दौड़ना-धूपना)
धूपित–*सं०* (वि०) धूप-वासित
धूपित–(वि०) थका हुआ, शिथिल एवं श्रांत
धूम–*सं०* (पु०) धुआँ (जैसे-धूम्रपान)। ~**कर** (वि०) धुआँ करनेवाला; ~**नाली** (स्त्री०) धुँधका; ~**पट** (पु०) धुएँ की दीवार; ~**पान** (पु०) 1 धुएँ में साधुओं आदि का पड़े रहना 2 बीड़ी, सिगरेट आदि पीना; ~**पोत** (पु०) = धुआँकश; ~**रहित** (वि०) जिसमें धुआँ न हो; ~**वाला** *+हिं०* (वि०) धुआँवाला
धूम–(स्त्री०) उल्लासपूर्ण चहल-पहल (जैसे-धूम मचाना)। ~**धड़क्का,** ~**धड़ाका** (पु०), ~**धाम** (स्त्री०) 1 अत्यधिक उमंग एवं उल्लासपूर्ण चहल-पहल 2 ठाठ बाट और तैयारी, उत्साहपूर्ण आयोजन
धूमक–*सं०* (पु०) धुआँ
धूमक-धैया–(स्त्री०) 1 अशिष्टतापूर्ण उछलकूद, उपद्रव, हो-हल्ला 2 दे० धूम-धाम
धूम-केतु–*सं०* (पु०) 1 आग, अग्नि 2 केतु ग्रह 3 पुच्छल तारा
धूमल–*सं०* (वि०) धुएँ के रंग का, मटमैला
धूमला–(वि०) = धूमिल
धूमवान्–*सं०* (वि०) धुएँ से युक्त
धूमायित–*सं०* (वि०) धूमित
धूमावृत–*सं०* (वि०) धुएँ से घिरा हुआ
धूमित–*सं०* (वि०) धुएँ से युक्त
धूमिल–(वि०) 1 धुएँ के रंग का 2 धुँधला 3 मलिन, गंदा। ~**ता** (स्त्री०) धुँधलापन
धूम्र–I *सं०* (वि०) धुएँ के रंग का II (पु०) धुएँ का सा रंग। ~**तापन** (पु०) धूम्रीकरण; ~**पान** (पु०) = धूमपान (जैसे-धूम्रपान करना); ~**पान-प्रेमी** (पु०) धूम्रपान का शौकीन; ~**वर्ण** (वि०) धुएँ के रंग का, ललाईपन लिये काला, धूमिल
धूम्रवत्–*सं०* (वि०) धुएँ के समान, तंबाकू की तरह
धूम्राच्छन्न, धूम्रावेष्टित–*सं०* (वि०) धुएँ से घिरा हुआ, धुएँ से छाया हुआ
धूम्रीकरण–*सं०* (पु०) संक्रामक कीटाणुओं को मारने हेतु सुगंधित धूप आदि का धुआँ करना, संक्रमण नाशक गैस आदि प्रसारित करना, प्रधूमन
धूर–I *बो०* (स्त्री०) धूल
धूर–II (स्त्री०) बिस्वे का बीसवाँ भाग
धूरा–(पु०) 1 धूल, गर्द 2 महीन, चूर्ण
धूर्त–I *सं०* (वि०) 1 बहुत झूठा 2 कपटी, छली 3 लंपट II (पु०) 1 शठ नायक 2 जुआरी; ~**ता** (स्त्री०) 1 धूर्त का गुण, वंचना 2 कपट, छल 4 लंपटता
धूर्धर–*सं०* (वि०) धुरंधर
धूल–(स्त्री०) सूखी मिट्टी के सूक्ष्म कण (जैसे-धूल उड़ाना)। ~**धक्कड़** (पु०) चारों तरफ़ उड़नेवाली धूल; ~**धूसर,** ~**धूसरित** *+सं०* (वि०) धूल से लथपथ; ~**मिट्टी** (स्त्री०) गर्दा; ~**रोक** (वि०) गर्दा रोकनेवाला ~**उड़ना** 1 बर्बाद होना, सर्वनाश होना 2 सुनसान हो जाना; ~**उड़ाते फिरना** 1 मारा-मारा फिरना 2 जीविका की तलाश में घूमना; ~**की रस्सी बटना** असंभव बात, कार्य हेतु श्रम करना; ~**चाटना** अत्यंत दीनता प्रकट करना; ~**झाड़ना** हार की लाज छोड़ना; ~**फाँकना** इधर-उधर घूमते फिरना; ~**में मिलना** नष्ट होना, बर्बाद होना; ~**में मिलाना** मटियामेट करना

धूला–*बो०* (पु०) धूल
धूलि–*सं०* (स्त्री०) धूल, गर्द। ~**कण** (पु०) धूल के सूक्ष्म कण; ~**धूसरित** (वि०) धूल ~**धूसरित;** ~**धूल,** ~**धूसात** (वि०) धूल में मिलाया हुआ
धूलिका–*सं०* (स्त्री०) 1 फुहार 2 कोहरा
धूवाँ–(पु०) धुआँ, धूआँ
धूसर–I *सं०* (वि०) 1 धूल के रंग का, खाकी 2 धूल में सना हुआ II (पु०) पीलापन से युक्त सफ़ेद रंग, भूरा या मटमैला रंग
धूसरा–(वि०) 1 धूल के रंग जैसा, मटमैला 2 धूल से लथपथ
धूसरित–*सं०* (वि०) 1 धूल से लिपटा हुआ 2 मटमैले रंग का
धूहा–(पु०) 1 ढूह 2 काली हाँड़ी या पुतला जिससे पक्षियों को डराया जाता है
धृत–I *सं०* (वि०) 1 हाथ से पकड़ा हुआ 2 गिरफ़्तार किया हुआ 3 धारण किया हुआ II (पु०) 1 ग्रहण करने का भाव 2 लड़ने का ढंग। ~**दल** (पु०) पकड़नेवालों का समूह; ~**राष्ट्र** (पु०) 1 दुर्योधन के पिता 2 योग्य राजा का शासन
धृतात्मा–*सं०* (वि०) दृढ़ चित्तवाला धीर,
धृति–*सं०* (स्त्री०) 1 धारण 2 ग्रहण 3 पकड़ना 4 धैर्य 5 ठहराव 6 प्रीति 7 तुष्टि
धृतिमान्–*सं०* (वि०) 1 धैर्यवान 2 तुष्ट, तृप्त
धृती–*सं०* (वि०) धर्मात्मा
धृष्ट–I *सं०* (वि०) 1 लज्जारहित 2 दुस्साहसी 3 ढीठ, उद्दंड II (पु०) *साहि०* प्रेमिका को खिन्न करनेवाला नायक; ~**ता** 1 निर्लज्जता 2 उद्दंडता, ढिठाई 3 दुस्साहस। ~**वादी** अशिष्टता से बात करनेवाला
धृष्टा–I *सं०* (स्त्री०) दुश्चरित्र स्त्री II (वि०) धृष्ट
धृष्य–*सं०* (वि०) 1 धर्षण करने योग्य 2 आक्रमण योग्य
धेनु–*सं०* (स्त्री०) 1 दुधारु गाय, 2 गाय, गौ; ~**शाला** (स्त्री०) गौशाला
धेय–*सं०* (वि०) धारणीय
धेरा–I (वि०) भेंगा II (पु०) 1 पुत्र 2 लड़की का पुत्र, नाती
धेलचा–I (वि०) धेले के मूल्य का II (पु०) आधा पैसा, अधेला, धेला
धेला–*बो०* (पु०) अधेला
धेली–(स्त्री०) अठन्नी
धेवता–*बो०* (पु०) दोहता, नाती
धैंताल–*बो०* (वि०) धौंताल
धैनव–*सं०* (वि०) 1 गौ संबंधी 2 गौ से उत्पन्न (जैसे-धैनव दुग्ध)
धैना–I *बो०* (स्त्री०) 1 ग्रहण किया हुआ कार्य 2 ग्रहण की हुई आदत, टेव 3 ज़िद, हठ II (स० क्रि०) धरना
धैर्य–*सं०* (पु०) 1 धीरता 2 चित्त की दृढ़ता, स्थिरता 3 धीरज, सब्र (जैसे-धैर्य छूट जाना, धैर्य टूटना)। ~**गलित** , ~**च्युत** (वि०) जिसका धीरज टूट गया हो, हिम्मत हारा हुआ; ~**धारण** (पु०) 1 धीरज रखना, सब्र करना 2 धैर्य; ~**धारी** (वि०) 1 धैर्य रखनेवाला 2 सब्र करनेवाला; ~**परीक्षक** (वि०) धैर्य की परीक्षा लेनेवाला; ~**पूर्वक** (क्रि० वि०) धीरज के साथ, सब्र से; ~**युक्त,** ~**वान्** ~**शील** (वि०) = धैर्य धारी; ~**शून्य** (वि०) धैर्य रहित; ~**सहन** (पु०) 1 धीरज रखना 2 धैर्य धारण क रना
धैवत–*सं०* (पु०) संगीत में सप्तक का छठा स्वर
धोंडाल–(वि०) कंकड़-पत्थर से युक्त
धोंधका–*बो०* (पु०) धुआँ निकलने का छेद
धोंधा–I (पु०) 1 बेडोल पिंड, लोंदा 2 भद्दी एवं बेडोल आकृति II (वि०) 1 बे-डौल, बे-ढंगा 2 मूर्ख, मूढ़
धो–*बो०* धोव
धोई–(स्त्री०) धोकर छिलका अलग की हुई दाल
धोकड़–*बो०* (पु०) मोटा-ताज़ा, हट्टा-कट्टा
धोका, धोखा–(पु०) 1 भ्रम में डालने का काम, वंचना 2 भूल, भ्रम 3 भ्रम उत्पन्न करनेवाली बात 4 अज्ञानवश की गई भूल 5 अनिष्ट की संभावना। ~**खाना** 1 छला जाना, 2 भुलावे में पड़ना 3 छल पूर्ण बर्ताव करना 4 नुक़सान उठाना; ~**देना** 1 छलना, भुलावे में डालना 2 विश्वासघात करना 3 बनता काम बिगाड़ देना; ~**लगना** कसर होना; **धोखे की टट्टी** मायाजाल; **धोखे में आना** =धोखा खाना,
धोखेबाज़–*हिं+फ़ा०* (वि०) धोखा देनेवाला, छली, कपटी
धोखेबाज़ी–*हिं+फ़ा०* (स्त्री०) छल, कपट
धोखे-भरा –(वि०) कपटपूर्ण
धोटा–*बो०* (पु०) पुत्र, बालक, ढोटा
धोती–I (स्त्री०) कमर से लेकर शरीर के नीचे का भाग ढकनेवाला लंबा चौड़ा कपड़ा
धोती–II (स्त्री०) धौति
धोना– *स० क्रि०* स्वच्छ करना, साफ़ करना (जैसे-कपड़े धोना)। **धो बहाना** 1 दूर करना, हटाना 2 पूरी तरह समाप्त करना
धोप–(स्त्री०) तलवार, खंग
धोपा–(पु०) धोखा
धोब–(पु०) धो, धोव
धोबिन–(स्त्री०) धोबी की स्त्री
धोबिया-पाट–(पु०) = धोबी-पछाड़
धोबी–(पु०) 1 कपड़े धोने का पेशा करनेवाली एक जाति 2 उक्त जाति का व्यक्ति; ~**ख़ाना** *+फ़ा०* (पु०) जहाँ पर कपड़े धुलने का काम होता हो ~**गिरी** *+फ़ा०* (स्त्री०) धोबी का काम; ~**घर** (पु०) = धोबीख़ाना ~**घाट** (पु०) कपड़ा धोने का घाट; ~**पछाड़,** ~**पाट** (पु०) कुश्ती का पेंच; ~**का कुत्ता** उठल्लू आदमी; ~**का छैला** परायी वस्तुओं पर घमंड करनेवाला व्यक्ति
धोया-धाया–(वि०) धुला हुआ
धोरी–I (पु०) स्वामी के रूप में रक्षण करनेवाला व्यक्ति II (वि०) धुरा धारण करनेवाला 2 साज-सँभार करनेवाला
धोव–(पु०) प्रत्येक बार की धुलाई (जैसे-चार धोव में यह कपड़ा फट गया)
धोवन–(पु०) 1 धोना 2 धोने पर निकला हुआ पानी (जैसे-चावल का धोवन)
धौंक–(स्त्री०) 1 धौंकने की क्रिया 2 गर्म हवा (जैसे-धौंक मारना)
धौंकना–(स० क्रि) 1 आग तेज़ करने के लिए पंखे आदि से हवा करना 2 भार लादना 3 कठोरतापूर्वक आदेश देना

धौंकनी–(स्त्री०) 1 आग दहकाने की चमड़े की थैली का बना उपकरण 2 फुकनी
धौंका–*बो०* (पु०) गर्म हवा, लू
धौंकिया–(पु०) 1 धौंकनेवाला आदमी 2 बर्तनों पर कलई करनेवाला कारीगर
धौंकी–(स्त्री०) धौंकनी
धौंकू–(वि०) धौंकनी चलानेवाला
धौंज–(स्त्री०) 1 दौड़-धूप 2 घबड़ाहट
धौंजन–(स्त्री०) 1 परेशानी, बेकली 2 दौड़-धूप से उत्पन्न घबराहट
धौंजना–I (अ० क्रि०) 1 दौड़-धूप करना 2 परेशान होना II (स० क्रि०) कुचलना, रौंदना
धौंताल–(वि०) 1 धुन का पक्का 2 चतुर, चालाक 3 चंचल, चपल 4 निपुण, पटु 5 साहसी 6 उजड्ड, गंवार 7 उपद्रवी, शरारती
धौं-धौं–(पु०) दमामा से निकलनेवाली आवाज़। ~**मार** (स्त्री०) उतावली, जल्दी, शीघ्रता
धौंर–*बो०* (स्त्री०) सफ़ेद ईख
धौंस–(स्त्री०) 1 आतंक, भय 2 झाँसा, भुलावा 3 धाक 4 अनुचित आचरण (जैसे-धौंस दिखाकर रुपए ऐंठना)। ~**पट्टी** (स्त्री०) 1 झाँसा-पट्टी 2 आंतक भरी बात
धौंसना–(स० क्रि०) 1 धौंकना 2 ज़बरदस्ती बल प्रयोग करना 3 डराना-धमकाना 4 मारना-पीटना
धौंसा– (पु०) 1 बड़ा नगाड़ा, डंका 2 शक्ति, सामर्थ्य
धौंसिया–I (पु०) 1 धौंस दिखानेवाला व्यक्ति 2 चालाक
धौंसिया–II (पु०) धौंसा बजानेवाला व्यक्ति
धौत–I *सं०* (वि०) साफ़ किया हुआ 2 सफ़ेद, उजला II (पु०) चाँदी
धौति–*सं०* (स्त्री०) 1 धुलाई 2 आँत साफ़ करने की हठयोग की एक क्रिया 3 इस क्रिया में काम आनेवाली कपड़े की पट्टी
धौर–(पु०) सफ़ेद परेवा
धौरा–(वि०) 1 सफ़ेद 2 उजला, साफ़
धौराहर–(पु०) मकान का ऊपरी भाग जिसमें चढ़ने के लिए अंदर से सीढ़ियाँ बनी हों
धौरी–(स्त्री०) सफ़दे गाय, कपिला
धौल–I (स्त्री०) 1 हथेली से किया गया आघात 2 आर्थिक आघात। ~ **धक्कड़** (पु०) = धौल धप्पड़; ~**धक्का** (पु०) आघात; ~**धप्पड़,** ~**धप्पा,** ~**धापड़ा** (पु०) 1 मारपीट 2 उपद्रव, दंगा
धौल–II(वि०) 1 उजला, साफ़ 2 सफ़ेद, श्वेत
धौला–(वि०) धवल
धौलाई–(स्त्री०) धवलता
ध्यात–*सं०* (वि०) 1 ध्यान किया हुआ 2 विचारा हुआ, सोचा हुआ
ध्यातव्य–*सं०* (वि०) 1 ध्यान देने योग्य 2 विचार करने योग्य, विचारणीय
ध्याता–*सं०* (पु०)/(वि०) 1 ध्यान करनेवाला, 2 विचारनेवाला
ध्यान–*सं०* (पु०) 1स्वरुप चिंतन (जैसे-ईश्वरीय ध्यान) 2 चित्त की एकाग्रता, गौर (जैसे-आध्यात्मिक पुस्तकों पर ध्यान देना) 3 बुद्धि, समझ 4 स्मृति, ख्याल 5 चित्त, मन (जैसे-पढ़ने से ध्यान हटना) 5 एक विषय-विशेष पर चित्त स्थिर करना (जैसे-गणित में ध्यान देना ज़रुरी है) ~**पूर्वक** (क्रि० वि०) ध्यान से; ~**मग्न** (वि०) ध्यान में लीन, ध्यान में लगा हुआ; ~**योग** (पु०) ध्यान लगाने की योग क्रिया। ~**आना** स्मरण होना, याद आना; ~**छूटना** ध्यान भंग होना; ~**देना** 1 ख्याल करना 2 मन लगाना; ~**धरना** 1 ईश चिंतन करना 2 स्वरूप चिंतन करना; ~**पर चढ़ना** याद होना; ~**बंधना** मन का एकाग्र होना; ~**में न लाना** 1 न विचारना 2 चिंता न करना; ~**से उतरना** भूलना
ध्यानस्थ–*सं०* (वि०) =ध्यान मग्न
ध्यानाकर्षक–*सं०* (वि०) ध्यान आकर्षित करनेवाला
ध्यानाकर्षण–*सं०* (पु०) ध्यान आकर्षित करना
ध्यानावस्था–*सं०* (स्त्री०) ध्यान की स्थिति
ध्यानास्थ–*सं०* (वि०) = ध्यान-मग्न
ध्यानी–*सं०* (वि०) 1 ध्यान लगानेवाला 2 ध्यानशील
ध्येय–I *सं०* (वि०) 1 ध्यान योग्य 2 जिसका ध्यान किया जाय II (पु०) 1 ध्यान का विषय 2 उद्देश्य, लक्ष्य। ~**निष्ठा** (स्त्री०) स्वउद्देश्य के प्रति आस्था; ~**पथ** (पु०) उद्देश्य मार्ग; ~**वादिता** (स्त्री०) = ध्येय निष्ठा; ~**वादी** (वि०) ध्येय में विश्वास रखनेवाला
ध्रुव–I *सं०* (वि०) 1 अटल, अचल 2 नित्य, शाश्वत (जैसे-ध्रुव-सत्य) 3 बिल्कुल निश्चित और पक्का (जैसे-ध्रुव-प्रतिज्ञा) II (पु०) 1 उत्तर दिशा में स्थित एक प्रसिद्ध तारा 2 भूगोल में पृथ्वी के दो नुकीले सिरे (जैसे-उत्तरी ध्रुव एवं दक्षिणी ध्रुव)। ~**ता** (स्त्री०) 1 अचलता, स्थिरता 2 निश्चय 3 ध्रुव होने की अवस्था; ~**तारक,** ~**तारा** (पु०) उत्तर दिशा नें सदा एक ही स्थान पर स्थित रहनेवाला तारा; ~**दर्शक** (पु०) 1 कुतुबनुमा 2 सप्तर्षि मंडल; ~**दर्शन** (पु०) 1 विवाह के बाद वर-वधू को ध्रुव तारे का कराया जानेवाला दर्शन 2 इस तरह की वैवाहिक रीति; ~**मत्स्य** (पु०) कुतुबनुमा; ~**यात्रा** (स्त्री०) ध्रुव तक जाना; ~**वृत्त** (पु०) ध्रुव का गोला
ध्रुवण–*सं०* (पु०) 1वस्तु की ध्रुवता का पता लगाना 2विद्युत, सूर्य आदि के प्रकाश को विभिन्न स्थितियों में लाना, पोलराइजेशन
ध्रुवांचल–*सं०* (पु०) ध्रुव प्रदेश
ध्रुवी–*सं०* (वि०) ध्रुव से संबंधित, ध्रुव का। ~**करण** (पु०) = ध्रुवण
ध्रुवीय–*सं०* (वि०) 1 ध्रुव संबंधी 2 ध्रुव प्रदेश का
ध्रुवीयण–*सं०* (पु०) = ध्रुवीकरण, ध्रुवण
ध्रुवीयण–*सं०* (पु०) = ध्रुवीकरण, ध्रुवण
ध्वंस–*सं०* (पु०) विनाश। ~**कारी** (वि०) विनाश करनेवाला; ~**कीट** (पु०) नाश करनेवाले कीटाणु
ध्वंसक–*सं०* (वि०) नाश करनेवाला, (जैसे-ध्वंसक पदार्थ)
ध्वंसन–*सं०* (पु०) नाश करना, नष्ट करना
ध्वंसात्मक–*सं०* (वि०) विनाशवाला
ध्वंसावशेष–*सं०* (पु०) 1 खँडहर 2 टूट-फूट जाने पर बचे टुकड़े
ध्वंसित–*सं०* (वि०) ध्वंस किया हुआ

ध्वंसी–*सं०* (वि०) ध्वंसक

ध्वज–*सं०* (पु०) 1 झड़ा, पताका, ध्वजा 2 निशान, चिह्न (जैसे-देव-ध्वज, मकर-ध्वज)। ~**दंड** (पु०) झंडा या पताका का कपड़ा लगाने का डंडा; ~**धारी** (पु०) झंडा लेकर चलनेवाला व्यक्ति; ~**पट** (पु०) झंडा, पताका; ~**पात** (पु०) = ध्वज भंग; ~**पोत** (पु०) बेड़े के जहाज़ पर लगा हुआ झंडा, फ्लैगशिप; ~**भंग** (पु०) 1 नपुंसकता, हिजड़ापन 2 क्लीवता; ~**वान्** (वि०) 1 ध्वजवाला 2 चिह्न विशेष से युक्त; ~**स्तंभ** (पु०) झंडे का खंभा

ध्वजक–*सं०* (पु०) नौ सैनिक झंडा

ध्वजा–*सं०* (स्त्री०) झंडा, पताका

ध्वजारोपण–*सं०* (पु०) झंडा गाड़ना, झंडा लगाना

ध्वजारोहण–*सं०* (पु०) झंडा फहराना। ~**समारोह** (पु०) झंडा फहराने का समारोह

ध्वजिक–*सं०* (पु०) पाखंडी, ढोंगी

ध्वजी–I *सं०* (वि०) 1 पताका लिया हुआ 2 निशान युक्त II (पु०) सेना के आगे झंडा लेकर चलनेवाला व्यक्ति

ध्वजोत्तोलन–*सं०* (पु०) विशेष अवसर पर झंडे को कुछ ऊँचाई तक उठाकर फहराना

ध्वजोत्थान–*सं०* (पु०) 1 झंडा फहराना 2 इंद्रध्वज नामक प्राचीन महोत्सव

ध्वनन–*सं०* (पु०) 1 ध्वनि करना 2 व्यंग्यार्थ बोधक क्रिया

ध्वनि–*सं०* (स्त्री०) 1 आवाज़, शब्द 2 अर्थ रहित आवाज़ (जैसे-पशु-पक्षियों की ध्वनि, मेघ की गर्जन ध्वनि) 3 बाजे आदि से उत्पन्न शब्द (जैसे-डंके की ध्वनि) 4 कथन का व्यंग्यपूर्ण आशय 5 गूढ़ आशय। ~**अन्वेषक** (पु०) ध्वनि का पता लगानेवाला; ~**अवयव** (पु०) ध्वनि के अंग; ध्वनि-ग्राम-विज्ञान; ~**क्षेपक** (वि०) ध्वनि चारों ओर फैलानेवाला; ~**क्षेपण** (पु०) चारों ओर ध्वनि फैलाना; ~**गत** (वि०) ध्वनि संबधी; ~**ग्रहण** (पु०) आवाज़ सुनना; ~**ग्राम** (पु०) मनुष्य की ध्वनि के भिन्न-भिन्न रूप; ~**ग्राम-विज्ञान** (पु०) ध्वनियों की इकाई; ~**ग्रामीय** (वि०) ध्वनि-ग्राम-संबंधी; ~**ग्राहक** (वि०) आवाज़ सुननेवाला; ~**तंत्री** (स्त्री०) ध्वनि निकलने की गले की तंत्री; ~**तत्व** (पु०) 1 ध्वनि-ग्राम 2 ध्वनि-विज्ञान; ~**तरंग** (स्त्री०) हवा में ध्वनि का होनेवाला कंपन, साउंड वेव; ~**द्विरावृत्ति** (स्त्री०) ध्वनि का दोहराना; ~**नियम** (पु०) ध्वनियों के परिवर्तन संबंधी नियम; ~**पद्धति** (स्त्री०) ध्वनि-प्रणाली; ~**प्रसारक** (पु०) ध्वनि फैलानेवाला यंत्र; ~**भेदी** (वि०) = ध्वनि वेधी; ~**मात्र** (पु०) ध्वनि-ग्राम; ~**माला** (वि०) = ध्वनि पद्धति; ~**यंत्र** (पु०) ध्वनि पैदा करने का यंत्र; ~**रूप** (वि०) ध्वनिमय; ~**रोधक** (वि०) ध्वनि में रुकावट डालनेवाला (जैसे-ध्वनि रोधक यंत्र); ~**लेख** (पु०) ध्वनि को सुरक्षित रखने का यंत्र रिकार्ड; ~**लेखन** (पु०) ध्वनि को विशेष प्रक्रिया द्वारा सुरक्षित रखना, रिकार्डिंग; ~**लेखी** (पु०) ध्वनि सुरक्षित रखनेवाला यंत्र; ~**वर्धक** (वि०) ध्वनि विस्तारक; ~**विचार**, ~**विज्ञान** (पु०) मनुष्य के स्वर यंत्र से उत्पन्न ध्वनियों के भेद एवं प्रकार के विषय में विचार-करने का विज्ञान; ~**विपर्याय** (पु०) ध्वनियों का परस्पर बदल जाना; ~**विस्तारक** ध्वनि फैलानेवाला (जैसे-ध्वनि-विस्तारक यंत्र); ~**वेधी** (वि०) जहाँ से शब्द आया है वहीं पर निशाना लगानेवाला (जैसे-ध्वनि वेधी विमान); ~**शास्त्र** (पु०), ~**शिक्षा** (स्त्री०) = ध्वनि-विज्ञान; ~**संकेत** (पु०) ध्वनि बतानेवाले संकेत; ~**संगत** (वि०) = ध्वन्यात्मक; ~**संयोग** (पु०) ध्वनियों का जोड़; ~**सूचक** (वि०) = ध्वन्यात्मक; ~**स्वरूप** (वि०) = ध्वनिमय

ध्वनिक–*सं०* (वि०) ध्वनि संबंधी

ध्वनित–*सं०* (वि०) ध्वनि रूप में प्रकट हुआ

ध्वनिमय–*सं०* (वि०) ध्वनिवाला

ध्वन्यंग–*सं०* (पु०) ध्वनि संबंधी अवयव

ध्वन्यनुरूप–*सं०* (वि०) = ध्वनिक

ध्वन्यर्थ–*सं०* (वि०) शब्द, पद का व्यंग्यार्थ

ध्वन्यात्मक–*सं०* (वि०) ध्वनि से युक्त (जैसे-ध्वन्यात्मक लिपि)। ~**ता** (स्त्री०) ध्वन्यात्मक होने का भाव

ध्वन्यालेखन–*सं०* (पु०) = ध्वनि लेखन

ध्वन्यालोचन–*सं०* (पु०) = ध्वनि-विज्ञान

ध्वस्त–*सं०* (वि०) ढहा हुआ, नष्ट (जैसे-भूकंप-ध्वस्त इमारत)

ध्वांत–*सं०* (पु०) अंधकार। ~**चर** (पु०) राक्षस

ध्वान–*सं०* (पु०) आवाज़, ध्वनि

ध्वानिक–*सं०* (वि०) ध्वनि संबंधी

ध्वानिकी–*सं०* (स्त्री०) ध्वनि विज्ञान

न

नंग–I (वि०) 1 नंगा 2 बदमाश, लुच्चा II (पु०) नंगापन, नग्नता। ~**धड़ंग** (वि०) एकदम नंगा, निर्वस्त्र; ~**पैरा** I (वि०) 1 नंगे पैरोंवाला 2 नंगे पैर चलनेवाला II (क्रि० वि०) नंगे पैरों

नंग–*फ़ा०* (पु०) प्रतिष्ठा, इज़्ज़त

नंगा–(वि०) 1 बिना वस्त्र का, नग्न 2 खुला हुआ 3 बेहया, बेशर्म। ~**उघाड़ा** (वि०) जिसके शरीर पर कोई वस्त्र न हो, विवस्त्र; ~**झोरी**, ~**झोली** (स्त्री०) कपड़ों की तलाशी; ~**धड़ंगा** (वि०) बिल्कुल नंगा; ~**नाच** (पु०) 1 निर्लज्जतापूर्ण आचरण 2 घृणित व्यवहार ~**पन** (पु०) नंगा होने की अवस्था; ~**बुंगा** (वि०) = नंग-धड़ंग; ~**बुच्चा**, ~**बूचा** (वि०) अत्यंत निर्धन, कंगाल; ~**मुंगा**, ~**मुनंगा** (वि०) = नंगा-धडंगा; ~**लुच्चा** (वि०) निर्लज्ज, दुष्टफ ~**करना** 1 बेइज़्ज़त करना 2 भेद खोलना; ~**नाच करना** बेशर्मी दिखाना

नँगियाना–(स० क्रि०) 1 नंगा करना 2 वास्तविक रूप में प्रकट न करना 3 सब कुछ छीन लेना

नंद–I *सं०* (पु०) 1 हर्ष, आनंद 2 परमात्मा, सच्चिदानंद II (वि०) 1 सुख देनेवाला 2 उत्तम, श्रेष्ठ 3 शुभ। ~**किशोर**, ~**कुमार**, ~**लाल** + *हिं०* (पु०) नंद के पुत्र, श्री कृष्ण

नंदक–*सं०* (वि०) आनंद देनेवाला। ~**कानन** (पु०) स्वर्ग में स्थित इंद्र का बाग

नंदन–I *सं०* (वि०) आनंद देनेवाला II (पु०) 1 पुत्र, बेटा 2 राजा 3 मित्र। ~**वन** (पु०) नंदन नाम का इंद्र का वन, इंद्र का उद्यान; ~**विहारी** (वि०) इंद्र वन में विहार करनेवाला

नंदा–I *सं०* (स्त्री०) 1 दुर्गा 2 गौरी 3 धन-संपत्ति II (वि०) 1 आनंद देनेवाली 2 शुभ

नंदि–*सं०* (पु०) 1 आनंद 2 आनंदमय व्यक्ति 3 सच्चिदानंद परमात्मा। ~**घोष** (पु०) अर्जुन को अग्निदेव से प्राप्त एक रथ

नंदित–*सं०* (वि०) प्रसन्न, सुखी

नंदिनी–*सं०* (स्त्री०) पुत्री, बेटी 2 दुर्गा 3 उमा

नंदी–I *सं०* (वि०) प्रसन्न, सुख II (पु०) 1 शिव का गण विशेष 2 शिव का वाहन, बैल

नंदीश–*सं०* (पु०) शिव

नंदोई–(पु०) ननद का पति

नंबर–*अं०* (पु०/वि०) संख्यासूचक अंक 2 अदद संख्या 3 गणना 4 सामयिक पत्र-पत्रिका का कोई स्वतंत्र अंक। ~**तख़्ती** + *फ़ा०* + *हिं०* (स्त्री०) नंबर प्लेट; ~**दार** + *फ़ा०* (पु०) गाँव का ज़मींदार; ~**प्लेट** (पु०) = नंबर तख़्ती; ~**वार** + *फ़ा०* (क्रि० वि०) 1 सिलसिलेवार 2 अंक के क्रम से

नंबरी–*अं०* + *हिं०* (वि०) 1 नंबर लगा हुआ 2 नंबर संबंधी 3 बहुत बड़ा और मशहूर (जैसे-नंबरी चोर)

नइहर–(पु०) मैका, पीहर

नकक्टा–(वि०) 1 जिसकी नाक कटी हो, कटी नाकवाला 2 बहुत बड़ा निर्लज्ज

नकघिसनी–(स्त्री०) 1 ज़मीन पर नाक घिसना 2 दीनता पूर्वक की जानेवाली प्रार्थना

नकचढ़ा–(वि०) 1 चिढ़चिड़ा, बद मिज़ाज़ 2 बात-बात पर चिढ़ जानेवाला

नकछिकनी–(स्त्री०) एक तरह की घास जिसके सूँघने से छींकें आती हैं

नकटा–(वि०) नकक्टा

नकटी–(स्त्री०) नाक कटी स्त्री

नकतोड़ा–(पु०) नखरा करना

नक़द–*अ०* (वि०/पु०) = नगद। ~**भुगतान** + *हिं०* (पु०) नक़द पैसा अदा करना

नक़दी–*अ०* + *हिं०* (स्त्री०) रुपया-पैसा, कैश। ~**पुर्ज़ा** + *फ़ा०* (पु०) कैशमेमो

नकना–(अ० क्रि०) नाक में दम करना, अत्यंत तंग करना

नक़ब–*अ०* (स्त्री०) चोरी करने के लिए दीवार में बनाया गया छेद, सेंध। ~**ज़न** + *फ़ा०* (पु०) सेंध मारनेवाला; ~**ज़नी** + *फ़ा०* (स्त्री०) सेंध लगाना

नकबेसर–(स्त्री०) नाक में पहनने की छोटी नथ, बेसर

नकमोती–(पु०) नाक में पहनने का मोती, लटकन

नक़ल–*अ०* (स्त्री०) 1 लेख आदि की प्रतिलिपि, कापी 2 परीक्षा में परीक्षार्थी द्वारा एक दूसरे का छिपकर नक़ल करना 3 अनुकृति 4 ज्यों का त्यों किया जानेवाले अनुकरण (जैसे-गुंडों-बदमाशों की नक़ल) 5 विलक्षण और हास्यास्पद कृति 6 हास्य रस का छोटा अभिनय, कथा आदि। ~**ची** + *तु०* (वि०) नक़ल करनेवाला; ~**नवीस** + *फ़ा०* (पु०) काग़ज़ात की नक़ल करनेवाला कर्मचारी; ~**बही** + *हिं०* (स्त्री०) हुंडियों आदि की नक़ल की जानेवाली बही; ~**बाज़** + *फ़ा०* (पु०) नक़ल करनेवाला व्यक्ति; ~**बाज़ी** + *फ़ा०* (स्त्री०) नक़ल करना

नक़ली–*अ०* (वि०) 1 अनुकरण पर बना हुआ 2 बनावटी, कृत्रिम 3 काल्पनिक 4 झूठ, मिथ्या (जैसे-नक़ली दस्तावेज़)

नक़श–*अ०* (वि०) नक़्श

नकसीर–(स्त्री०) 1 गर्मी आदि के कारण नाक से खून बहने का रोग 2 इस रोग में बहनेवाला खून

नक़ाब–*अ०* (स्त्री०) 1 मुख ढकने का जालीदार कपड़ा, मुखावरण 2 घूँघट। ~**पोश** + *फ़ा०* (वि०) 1 नक़ाब से ढका हुआ 2 नक़ब धारण करनेवाला

नकार–I *सं०* (पु०) 1 निषेध सूचक शब्द 2 इनकार। ~**वाद** (पु०) हर बात को निषेध करने का सिद्धांत; ~**वादी** (वि०) नकारनेवाला

नकार–II *सं०* (पु०) 'न' वर्ण

नकारना–(स० क्रि०) मना करना, न मानना

नकारा–*फ़ा०* (वि०) 1 निकम्मा 2 खराब 3 व्यर्थ 4 निष्कर्म

नकारात्मक–*सं०* (वि०) जिसमें कोई बात न मानी गई हो (जैसे-नकारात्मक उत्तर देना)

नक़ाश–*अ०* (पु०) = नक़्क़ाश

नक़ाशना–*अ०* + *हिं०* (स० क्रि०) नक़्क़ाशी करना

नक़ाशी–*अ०* + *फ़ा०* (स्त्री०) = नक़्क़ाशी। ~**दार** (वि०) = नक़्क़ाशीदार; ~**वाला** + *हिं०* (वि०) जिसपर नक़्क़ाशी किया गया हो

नकियाना–I (अ० क्रि०) 1 नाक से बोलना 2 नाक में दम होना II (स० क्रि०) नाक में दम करना

नक़ीब–*अ०* (पु०) चारण, वंदी

नकुल–*सं०* (पु०) नेवला

नकेल–(स्त्री०) 1 ऊँट, भालू आदि की नाक में आर-पार पहनाई जानेवाली रस्सी, मुहार 2 वश में रखने की शक्ति। ~**हाथ में होना** पूर्णतया वश में होना

नक्का–(पु०) 1 सूई का छेद 2 कौड़ी

नक़्क़ारख़ाना–*फ़ा०* (पु०) नौबतख़ाना

नक़्क़ारची–*फ़ा* + *तु०* (पु०) नगाड़ा बजानेवाला

नक़्क़ारा–*फ़ा०* (पु०) नगाड़ा

नक़्क़ाल–*अ०* (पु०) 1 नक़ल करनेवाला 2 स्वाँग बनानेवाला, भाँड

नक़्क़ाली–*अ०* + *फ़ा०* (स्त्री०) 1 नक़्क़ाल का काम 2 भाँड़पन

बक़्क़ाश–*अ०* (पु०) नक्काशी का काम करनेवाला कारीगर

बक़्क़ाशी–*अ०* + *फ़ा०* (स्त्री०) 1 धातु, लकड़ी आदि पर खोदकर बेल-बूटे बनाने का काम 2 खोदकर बनाए-गए बेल-बूटे। ~**दार** (वि०) जिस पर बेल-बूटे हों

बक्की–I (वि०) पक्का, दुरुस्त

बक्की–II (स्त्री०) जुए का एक दाँव

बक्कू–(वि०) 1 बड़ी नाकवाला 2 अपने को बहुत बड़ा

समझनेवाला 3 जिसकी ओर सभी उँगली उठाएँ 4 दोषी ठहराया जानेवाला, बदनाम

नक्त–I *सं०* (वि०) लज्जित, II (पु०) रात। ~**चर**, ~**चारी** I (वि०) रात को घूमनेवाला II (पु०) 1 राक्षस 2 उल्लू; ~**भोजन** (पु०) रात का भोजन; ~**ता** (स्त्री०) कलिकारी नामक विषैला पौधा

नक्र–*सं०* (पु०) 1 मगर 2 घड़ियाल 3 नाक

नक़्श–I *अ०* (वि०) जिस पर नक़्क़ाशी हुई हो II (पु०) 1 तस्वीर बनाना 2 तस्वीर, चित्र 3 फूल-पत्ती, बेल-बूटे आदि का काम। ~**बंद** + *फ़ा०* (पु०) नक़्शा, चित्र बनानेवाला; ~**बंदी** (स्त्री०) नक़्शा, चित्र बनाने का काम

नक़्शा–*अ०* (पु०) 1 तस्वीर, चित्र 2 पृथ्वी एवं उसके विशिष्ट अंश पर स्थित मुख्य-मुख्य वस्तु आदि का परिचायक चित्र, मानचित्र (जैसे-नक़्शा बनाना) 3 चेहरा-मोहरा, आकृति 4 मकान, सड़क आदि का चित्र 5 ढंग, तर्ज (जैसे-नक़्शा न दिखाओ) 6 स्थिति, दशा, अवस्था 7 रूपरंग, बनावट, शक्ल। ~**कशी** + *फ़ा०* (स्त्री०) नक़्शा खींचना, नक़्शा बनाना; ~**नवीस** + *फ़ा०* (पु०) = नक़्शबंद; ~**निगार** + *फ़ा०* (पु०) खोदकर बनाया गया बेल-बूटा; ~**निगारी** + *फ़ा०* (स्त्री०) बेल-बूटा बनाने का काम; ~**साज़** + *फ़ा०* (पु०) नक़्शा बनानेवाला; ~**साज़ी** + *फ़ा०* (स्त्री०) नक़्शा बनाने का काम

नक्षत्र–*सं०* (पु०) 1 तारा, सितारा 2 मोती। ~**गृह** (पु०) तारा मंडल घर; ~**चक्र** (पु०) राशिचक्र; ~**दर्श** (पु०) 1 नक्षत्र देखनेवाला व्यक्ति 2 ज्योतिषी; ~**धारी** (वि०) = नक्षत्री; ~**नाथ** (पु०) चंद्रमा; ~**पथ** (पु०) नक्षत्रों के चलने का मार्ग; ~**भवन** (पु०) = नक्षत्र गृह; ~**माला** (स्त्री०) सत्ताइस मोतीवाला हार; ~**राज** (पु०) नक्षत्रों के स्वामी चंद्रमा, ~**विद्** (पु०) नक्षत्रों का ज्ञाता; ~**विद्या** (स्त्री०) ज्योतिष विद्या; ~**वृष्टि** (स्त्री०) तारों का टूटना, उल्कापात; ~**साधन** (पु०) विशिष्ट नक्षत्र पर विशिष्ट ग्रह का स्थिति काल जानने की गणना

नक्षत्री–*सं०* (वि०) 1 अच्छे नक्षत्र में जन्म लेनेवाला 2 अत्यधिक भाग्यवान

नक्सल-पंथी– + *हिं०,* **नक्सलवादी***नक्सलवादी* + *सं०* (पु०) उग्रवादियों का एक दल

नक्सलिया– + *हिं०* (पु०) नक्सलवादी लोग

नक्सली– + *हिं०* (वि०) नक्सलवादी

नख–*सं०* (पु०) नाखून (जैसे-पद नख, नख-शिख)। ~**क्षत** (पु०) नाखून से बना निशान; ~**रेखा** (स्त्री०) नखरौट; ~**विंदु** (पु०) नाखून पर महावर आदि का निशान; ~**शिख** (पु०) पैर के नाखून से सिर के बाल तक के सब अंग; ~**पति** (पु०) 1 हिमालय 2 चंद्रमा

नख़–*फ़ा०* (स्त्री०) 1 बटा हुआ महीन रेशमी तागा 2 डोर

नखत–(पु०) = नक्षत्र

नखना–I (अ० क्रि०) लाँघा जाना, उल्लंघन होना II (स० क्रि०) 1 लाँघना, उल्लंघन करना 2 पार जाना, पारण III (स० क्रि०) नष्ट करना

नख़रा–*फ़ा०* (पु०) 1 हाव-भाव, विलास-चेष्टा 2 नाज़-अदा (जैसे-अधिक नख़रा भी अच्छा नहीं है)। ~**तिल्ला** + *हिं०* (पु०) नाज़-नख़रा

नख़रीला–*फ़ा०* + *हिं०* (वि०) नख़रा दिखानेवाला

नख़रेबाज़–*फ़ा०* (वि०) नख़रा करनेवाला

नख़रेबाज़ी–*फ़ा०* (स्त्री०) नख़रा करना

नखरौट–(स्त्री०) नाखून गड़ने से बना घाव, नख-क्षत

नख़लिस्तान–*अ०* + *फ़ा०* (पु०) मरूद्यान

नख-सिख–(पु०) नख-शिख

नखांक–*सं०* (पु०) 1 बाघ का नाखून 2 नख क्षत

नख़ास–*अ०* (पु०) 1 बाज़ार 2 पशुओं का बाज़ार

नग–I *सं०* (वि०) 1 न गमन करनेवाला 2 अचल, स्थिर II (पु०) 1 पहाड़, पर्वत 2 पेड़, वृक्ष। ~**धर** (पु०) पर्वत धारण करनेवाला, श्रीकृष्ण; ~**पति** (पु०) पर्वतराज हिमालय

नग–(पु०) 1 बहुमूल्य पत्थर, नगीना 2 संख्या सूचक एक शब्द

नगण्य–*सं०* (वि०) 1 जो गिने जाने योग्य न हो 2 अत्यंत तुच्छ

नगद–I *अ०* (पु०) 1 रुपया-पैसा 2 सोने-चाँदी का सिक्का II (वि०) 1 जो सामने हो, जो तैयार हो (जैसे-नगद रुपया, नगद माल) 2 जो रुपए-पैसे के रूप में चुकाया जाए III (क्रि० वि०) तुरंत दिए गए रुपये के बदले में

नगदी–I *अ०* + *हिं०* (क्रि० वि०) नगद रूप में, इनकैश II (पु०/वि०) = नगद

नगनी–*सं०* (स्त्री०) 1 शरीर का ऊपरी भाग ढके बगैर घूमनेवाली कम उम्र की कन्या, लड़की 2 पुत्री, बेटी 3 नंगी स्त्री, निर्वस्त्र नारी

नग़मा–*अ०* (पु०) 1 गाना, गीत 2 सुरीली आवाज़ (जैसे-नग़मा निगार)। ~**संज** + *फ़ा०* (पु०) गवैया

नगर–*सं०* (पु०) 1 शहर 2 मुहल्ला (जैसे-आजाद नगर, पटेल नगर)। ~**आयोजन** (पु०) नगर बसाना, नगर निर्माण योजना; ~**कीर्तन** (पु०) नगर में घूम-घूमकर किया जानेवाला सामूहिक कीर्तन; ~**क्षेत्र** (पु०) नगर का इलाक़ा; ~**निगम** (पु०) नगर-पालिका; ~**निगमाध्यक्ष** (पु०) = नगर प्रमुख; ~**निवासी** (पु०) शहर में रहनेवाले लोग; ~**परिवहन** (पु०) नगर में वाहनों का आना-जाना; ~**पाल** (पु०) नगर की रक्षा करनेवाला व्यक्ति; ~**पालिका** (स्त्री०) नगर की सफ़ाई, रोशनी, पानी आदि की व्यवस्था करनेवाली संस्था, म्युनिसिपलिटि; ~**पिता** (पु०) नगर पालिका का सदस्य, नगर शासक, नगर प्रमुख; ~**प्रमुख** (पु०) नगर महापालिका का प्रधान, निगमाध्यक्ष, मेयर; ~**प्रांत** (पु०) उपनगर; ~**भवन** (पु०) नगर का सार्वजनिक भवन; ~**मजिस्ट्रेट** + *अं०* (पु०) नगर का दंडाधिकारी, सिटी मजिस्ट्रेट; ~**महापालिका** (स्त्री०) नगर पालिका, नगर निगम, म्युनिसिपल कारपोरेशन; ~**मार्ग** (पु०) राज मार्ग; ~**रक्षा** (स्त्री०) नगर का शासन प्रबंध; ~**रचना** (स्त्री०) = नगर सन्निवेश; ~**वासी** (पु०) = नगर निवासी; ~**वृद्ध** (पु०) नगर निगम का मेयर से छोटा पदाधिकारी; ~**सन्निवेश** (पु०) नए नगर बनाने की कला, सिटि प्लैनिंग; ~**सेठ** + *हिं०* (पु०) नगर का सर्वाधिक संपन्न व्यक्ति

नगराध्यक्ष–*सं०* (पु०) नगर का प्रधान शासक, प्रशासक

नगरी–*सं०* (स्त्री०) छोटा नगर

नगरीय–*सं०* (वि०) नगर का

नगरोपरांत–*सं०* (पु०) नगर के आस-पास का क्षेत्र, उपनगर
नगाड़ा–*फ़ा०* (पु०) डंका, धौंसा
नगीना–*फ़ा०* (पु०) बहुमूल्य पत्थर का चमकदार टुकड़ा, मणि, रत्न। ~**गर,** ~**साज़** (पु०) नगीना जड़नेवाला कारीगर
नग्न–*सं०* (वि०) नंगा; ~**करण** (पु०) नंगा करना; ~**ता** (स्त्री०) नंगापन। ~**ता-वाद** मनुष्य को नीरोग रहने के लिए कुछ समय तक नंगा रहना चाहिए का सिद्धांत; ~**नृत्य** (पु०) नंगा नाच; ~**वाद** (पु०) = नग्नतावाद; ~**वादी** (वि०/पु०) 1 नग्नवाद का समर्थक 2 नग्नवाद संबंधी
नग्निका–*सं०* (स्त्री०) निर्लज्ज स्त्री
नघना–(स० क्रि०) लाँघना
नघाना–(स० क्रि०) लँघाना
नचना– (वि०) नाचनेवाला
नचनिया–*बो०* (पु०) नाचकर जीविका कमानेवाला व्यक्ति
नचाना–(स० क्रि०) 1 नाचने में प्रवृत्त करना (जैसे-बंदर-भालू नचाना) 2 हिलाना-डुलाना (जैसे-आँखें नचाना) 3 बार-बार उठाना-बैठाना, इधर-उधर भेजना (जैसे-आप मुझे क्यों नचा रहे हो)
नज़दीक–*फ़ा०* (क्रि० वि०) पास, निकट
नज़दीकी–I *फ़ा०* (वि०) पास का, निकट का II (स्त्री०) समीपता, सामीप्य
नज़्म–*अ०* (स्त्री०) कविता
नज़र–I *अ०* (स्त्री०) 1 निगाह, दृष्टि 2 कृपा से युक्त दृष्टि, कृपा-दृष्टि 3 सतर्कतापूर्ण ध्यान 4 ख्याल, ध्यान (जैसे-ज़रा इस पर भी नज़र डाले रहना) 5 परख, पहचान 6 प्रभावकारी कल्पित दृष्टि (जैसे-बच्चे को नज़र लगना)। ~**अंदाज़** + *फ़ा०* (वि०) 1 जाँचा हुआ 2 ध्यान दिया हुआ 3 उपेक्षित ~**अंदाज़ी** + *फ़ा०* (स्त्री०) 1 जाँच, परख 2 उपेक्षा; ~**बंद** + *फ़ा०* I (वि०) नज़रबंदी की सज़ा प्राप्त, एक स्थान में कैद II (पु०) नज़रबंदी का खेल दिखानेवाला जादूगर; ~**बंद कैंप** *फ़ा०* + *अं०* (पु०) नज़र बंदों को रखने का शिविर; ~**बंदी** + *फ़ा०* (स्त्री०) 1 कड़ी निगरानी में रखे जाने की सज़ा 2 नज़रबंद होने की अवस्था 3 दर्शकों की नज़र बाँधकर जादूगर द्वारा दिखलाया जानेवाला खेल; ~**बाग़** + *फ़ा०* (पु०) घर से मिला बाग़; ~**बाज़** + *फ़ा०* (वि०) 1 आँखें लड़ानेवाला 2 ताक-झाँख करनेवाला 3 पारखी; ~**सानी** (स्त्री०) संशोधन हेतु दुबारा करना, पुनरीक्षण; ~**हाया** + *हिं०* (वि०) नज़र लगानेवाला; ~**अंदाज़ करना** 1 उपेक्षा करना 2 नापसंद करना; ~**आना** दिखाई देना; ~**पर चढ़ना** 1 पसंद आ जाना 2 कोपभाजन होना; ~**बदलना** 1 रुष्ट होना 2 इरादा बदलना; ~**लगना** कुदृष्टि का असर होना
नज़र–II *अ०* (स्त्री०) उपहार, भेंट (जैसे-नज़र करना)। ~**करना** उपहार देना, भेंट देना
नज़राना–I *अ०* + *फ़ा०* (पु०) 1 भेंट स्वरूप दी जानेवाली वस्तु 2 अग्रिम भुगतान (जैसे-दुकान हेतु एक हज़ार रुपया नज़राना देना पड़ा) II (अ० क्रि०) नज़र लग जाना III (स० क्रि०) नज़र लगाना
नज़ला–*अ०* (पु०) 1 जुकाम, सर्दी 2 सिर का विकार युक्त होने से नाक, आँख से पानी गिरने का रोग
नज़ाकत–*फ़ा०* (स्त्री०) 1 शारीरिक कोमलता, सुकुमारता 2 अंग चालन की मृदुल एवं मनोहर चेष्टा
नजात–*अ०* (स्त्री०) छुटकारा, मुक्ति
नज़ारत–*अ०* (स्त्री०) 1 निरीक्षक का पद 2 निरीक्षक का कार्यालय
नज़ारा–*अ०* (पु०) 1 सुंदर दृश्य 2 नज़र, दृष्टि 3 तमाशा
नज़ारेबाज़ी–*अ०* + *फ़ा०* (स्त्री०) आँखें लड़ाना (जैसे-पडोसिन से नज़ारेबाज़ी)
नज़ीर–*अ०* (स्त्री०) 1 उदाहरण, मिसाल 2 उच्च न्यायालय का वह निर्णय जो पुराने मुकदमे के तहत दिया गया हो तथा जिसे पक्ष समर्थन हेतु प्रस्तुत (पेश) किया जाए
नजूम–*अ०* (पु०) ज्योतिष
नजूमी–*अ०* (पु०) ज्योतिषी
नजूल–*अ०* (पु०) सरकारी भूमि (जैसे-नजूल विभाग)
नज़्म–I *अ०* (स्त्री०) 1 कविता 2 पद्य II (पु०) आकाश का तारा, नक्षत्र
नट–*सं०* (पु०) 1 नाटक खेलनेवाला व्यक्ति, अभिनेता 2 खेल-तमाशा दिखानेवाली एक जाति। ~**ता** (स्त्री०) नट का कार्य; ~**नागर,** ~**राज** (पु०) 1 श्री कृष्ण, नटेश्वर 2 शिव 3 नटों में प्रधान, कुशल नट; ~**वर** (पु०) नाट्य कला में बहुत कुशल और प्रवीण व्यक्ति; ~**विद्या** (स्त्री०) नाटक खेलने की कला
नटई–*बो०* (स्त्री०) 1 गला 2 गले की घंटी
नट-खट–(वि०) 1 उपद्रवी 2 शरारती
नट-खटी–(स्त्री०) शरारत, बदमाशी
नटन–*सं०* (पु०) 1 अभिनय करना 2 नाचना
नटना–(अ० क्रि०) 1 अभिनय करना 2 प्रतिज्ञा, वचन से मुकरना
नटनी–*सं०* + *हिं०* (स्त्री०) 1 नट जाति की स्त्री 2 अभिनेत्री
नटवर–*सं०* (पु०) 1 कुशल एवं प्रवीण व्यक्ति 2 श्रीकृष्ण
नटसाल–(स्त्री०) 1 शरीर में चुभे हुए काँटे का टूटा अंश 2 बाण की गाँसी जो टूटकर शरीर में ही रह गई हो 3 कसक, टीस
नटी–*सं०* (स्त्री०) 1 नट जाति की स्त्री 2 नाटक की अभिनेत्री 3 नर्तकी 4 सूत्रधार की स्त्री 5 रंडी, वेश्या
नटेश, नटेश्वर–*सं०* (पु०) 1 नटों में सर्वश्रेष्ठ 2 महादेव, शिव
नढ़ना–(स० क्रि०) *बो०* 1 गूथना, पिरोना 2 कसकर बाँधना
नत–*सं०* (वि०) 1 झुका हुआ 2 विनीत, नम्र 3 कुटिल, टेढ़ा। ~**नासिक** (वि०) चिपटी नाकवाला; ~**मस्तक,** ~**शिर** (वि०) विनीत होनेवाला
नति–*सं०* (स्त्री०) 1 झुकना, नम्र होना 2 नम्रता 3 नमन, नमस्कार 4 झुकाव 5 टेढ़ापन
नतीजा–*अ०* (पु०) 1 फल, परिणाम 2 परीक्षाफल (जैसे-परीक्षा का नतीज़ा निकालना) 3 अंत, आख़ीर
नतैत–*बो०* (पु०) नातेदार, रिश्तेदार, संबंधी
नतोदर–*सं०* (वि०) जिसका ऊपरी तल कुछ अंदर की ओर हो, अवतल कॉनकेव (जैसे-नतोदर दर्पण)। ~**ता** (स्त्री०) नतोदर अवस्था
नत्थी–(स्त्री०) 1 काग़ज़ आदि के टुकड़ों को एक में गूँथना 2 एक में गूँथे हुए काग़ज़ आदि के टुकड़े
नत्वर्थक–*सं०* (वि०) नकारात्मक, नहिक, नेगेटिव

नथ–(स्त्री०) नाक में पहनने का एक गोलाकार गहना

नथना–I (पु०) नाक के छेदोंवाला अगला भाग। ~**फुलाना** असंतोष, रोष आदि ज़ाहिर करना

नथना–II (अ० क्रि०) 1 नाथा जाना 2 नत्थी होना 3 जोड़ा जाना, बाँधा जाना 4 भेदा जाना या छेदा जाना, भिदना या छिदना

नथनी–(स्त्री०) 1 छोटी नथ 2 बैल नाथने की रस्सी, नाथ 3 तलवार की मूँठ पर लगा नथ के आकार का छल्ला 4 नथ के आकार की वस्तु। ~**उतरना** वेश्या बननेवाली लड़की का पहला संबंध होना; ~**उतारना** वेश्या बननेवाली स्त्री से पहले-पहल संभोग करना

नथुना–(पु०) = नथना I

नथुनी–(स्त्री०) = नथनी

नद–*सं०* (पु०) नदी (जैसे-गंगा, यमुना आदि)

नदना–(अ० क्रि०) 1 आवाज़ होना 2 बजना 3 पशुओं का बोलना

नदारद–*फ़ा०* (वि०) 1 गायब, लुप्त 2 खाली 3 अनुपस्थित, गैरमौजूद

नदी–*सं०* (स्त्री०) 1 पहाड़, झील आदि से निकलकर विशिष्ट मार्ग से बहनेवाली जल की बड़ी प्राकृतिक धारा 2 तरल पदार्थ की बड़ी धारा। ~**गर्भ** (पु०) नदी के दोनों तटों के बीच की जगह; ~**नाव-संयोग** (पु०) आकस्मिक घटना; ~**मुख** (पु०) समुद्र में नदी के गिरने का स्थान, मुहाना

नदीदा–*फ़ा०* (वि०) 1 न देखा हुआ 2 लालची

नद्ध–*सं०* (वि०) 1 बाँधा हुआ 2 नाथा हुआ

नधना–(अ० क्रि०) 1 नाथा जाना 2 काम में लगाया जाना 3 नाक में रस्सी डालकर बाँधा जाना (जैसे-बैल नधना)

ननद–(स्त्री०) पति की बहन

ननदोई–(पु०) ननद का पति

ननसार–*बो०* (स्त्री०) ननिहाल

ननिया ससुर–(पु०) पत्नी का नाना (स्त्री० ननिया सास)

ननिहाल–(पु०) 1 नाना का घर 2 नाना का घराना

ननु-नच–(पु०) छोटी-मोटी आपत्ति

नन्ना–*बो०* (पु०) नाना

नन्हा–(वि०) सबसे छोटा (जैसे-नन्हा बच्चा)

नपवाना–(स० क्रि०) नापने का काम कराना (जैसे-खेत नपवाना)

नपाई–(स्त्री०) 1 नापना 2 नापने की मज़दूरी

नपा-तुला–(वि०) नापा और तौला हुआ (जैसे-नपा-तुला पदार्थ, नपी-तुली आलमारी)

नपुंसक–I *सं०* (वि०) 1 काम शक्ति रहित 2 कायर 3 क्लीव II (पु०) 1 काम शक्ति से हीन पुरुष, नामर्द 2 हिजड़ा 3 *व्या०* नपुंसक लिंग। ~**ता** (स्त्री०) 1 नपुंसक होने की अवस्था 2 हिजड़ापन; ~**लिंग** (पु०) संस्कृत व्याकरण में से तीन लिंगों में से एक, जो न तो पुरुष और न स्त्री लिंग का ही बोध कराते हैं

नपुंसकत्व–*सं०* (पु०) नपुंसकता

नपुंसकीकरण–*सं०* (पु०) नपुंसक बनाना

नपुआ–*बो०* (पु०) = नपना

नफ़क़ा–*अ०* (पु०) घर का खर्च

नफ़र–*अ०* (पु०) 1 आदमी, व्यक्ति 2 सेवक, ख़िदमतगार 3 मज़दूर, श्रमिक

नफ़रत–*अ०* (स्त्री०) 1 घृणा 2 विरक्ति

नफ़री–*अ० + फ़ा०* (स्त्री०) 1 मज़दूर का दिन भर का काम 2 एक दिन के काम की मज़दूरी

नफ़्स–I *अ०* (पु०) 1 साँस, श्वास 2 पल, क्षण

नफ़्स–II *अ०* (पु०) 1 अस्तित्व 2 सत्यता 3 काम वासना

नफ़्सानियत–*अ०* (स्त्री०) 1 स्वार्थपरता 2 अभिमान

नफ़्सानी–*अ०* (वि०) 1 शारीरिक 2 काम वासना संबंधी

नफ़ा–*अ०* (पु०) 1 लाभ 2 आर्थिक लाभ 3 प्राप्ति। ~**नुक़सान** (पु०) लाभ-हानि; ~**बाज़ी** *+ फ़ा०* (स्त्री०) अनुचित लाभ

नफ़ासत–*अ०* (स्त्री०) 1 सुंदरता, बढ़ियापन 2 कोमलता 3 निर्मलता

नफ़ीरी–*फ़ा०* (स्त्री०) 1 शहनाई के साथ बजनेवाला बाँसुरी की तरह का एक बाजा 2 शहनाई

नफ़ीस–*अ०* (वि०) 1 सुंदर 2 निर्मल 3 कोमल

नफ़्स–*अ०* (पु०) = नफ़स II

नफ़्सानियत–*अ०* (स्त्री०) 1 स्वार्थपरता 2 अभिमान

नबी–*अ०* (पु०) पैगंबर

नबेड़ना–(स० क्रि०) निबेड़ना

नब्ज़–*अ०* (स्त्री०) नाड़ी

नब्बे–I (वि०) सौ से दस कम II (पु०) 90 की संख्या

नभ–*सं०* (पु०) आकाश, आसमान। ~**चर** I (पु०) 1 पक्षी 2 बादल II (वि०) नभ में विचरण करनेवाला; ~**मंडल** (पु०) आकाश (मंडल); ~**यात्री** (पु०) आकाशचारी; ~**सेना** (स्त्री०) वायुसेना; ~**स्थल** (पु०) आकाश का तल

नभश्चर–I *सं०* (वि०) आकाश में चलनेवाला, आकाशचारी II (पु०) 1 देवता 2 पक्षी

नभोवाणी–*सं०* (स्त्री०) आकाशवाणी

नम–*फ़ा०* (वि०) गीला, आर्द्र

नमक–*फ़ा०* (पु०) खारे जल से तैयार किया गया प्रसिद्ध क्षार पदार्थ, लवण (जैसे-नमक की खान)। ~**कानून** *+ अ०* (पु०) नमक के खिलाफ़ लगाया गया क़ानून; ~**खार** (वि०) नमक खानेवाला; ~**दान** (पु०) नमक रखने का पात्र; ~**दानी** *+ हिं०* नमक रखने का छोटा बर्तन; ~**मिर्च** *+ हिं०* (स्त्री०) नमक और मिर्च; ~**सार** (पु०) 1 नमक निकलने की जगह 2 नमक बनने की जगह; ~**सेंधा** *+ हिं०* (पु०) सेंधा नमक; ~**हराम** *+ अ०* (वि०) उपकार न माननेवाला, कृतघ्न; ~**हरामी** *+ अ० + फ़ा०* (स्त्री०) कृतघ्नता; ~**हलाल** *+ अ०* (वि०) उपकार माननेवाला, कृतज्ञ; ~**हलाली** *+ अ० + फ़ा०* (स्त्री०) कृतज्ञता। ~**अदा करना** स्वामी के प्रति कर्तव्य पूरा करना; ~**खाना** कृपा पर जीवन निर्वाह करना; ~**फूटकर निकलना** कृतघ्नता का कुफल मिलना; ~**मिर्च लगाना** बढ़ा-चढ़ाकर कहना; **कटे पर ~छिड़कना** दुःखी को और भी दुःख देना

नमकीन–*फ़ा०* (वि०) 1 नमक मिला हुआ (जैसे-नमकीन पापड़) 2 नमक के स्वाद जैसा (जैसे-नमकीन पानी) 3 सलोना, सुंदर (जैसे-नमकीन लड़का)

नमदा–*फ़ा०* (पु०) ऊनी कंबल

नमदार–*फ़ा०* (वि०) गीला, आर्द्र
नमन–*सं०* *(पु०)* 1 नमस्कार, प्रणाम 2 अभिवादन
नमश–*फ़ा०* (स्त्री०) ठंडक के कारण जमा दूध का फेन, नमिस
नमस्कार–*सं०* (पु०) अभिवादन करना, प्रणाम करना
नमस्कार्य–*सं०* (वि०) 1 अभिवादन योग्य 2 पूज्य, वंदनीय
नमस्क्रिया–*सं०* (स्त्री०) नमस्कार
नमस्य–*सं०* (वि०) नमस्कार करने योग्य
नमस्ते–*सं०* (स्त्री०) नमस्कार
नमाज़–*फ़ा०* (स्त्री०) मुसलमानों की ईश प्रार्थना की पद्धति। **~गाह** (स्त्री०) 1 नमाज़ पढ़ने की ज़गह 2 मसजिद
नमाज़ी–I *फ़ा०* (पु०) धर्मनिष्ठ मुसलमान II (पु०) बैठकर नमाज़ पढ़नेवाला वस्त्र
नमाना–(स० क्रि०) 1 झुकाना 2 वश में करना
नमित–*सं०* (वि०) 1 झुका हुआ 2 झुकाया हुआ
नमिस–*फ़ा०* (स्त्री०) नमश
नमी–*फ़ा०* (स्त्री०) 1 गीलापन, आर्द्रता 2 सीलन **~निरोधी** + *सं०* (वि०) नमी दूर करनेवाला
नमूद–*फ़ा०* (स्त्री०) 1 प्रकट होना, आविर्भाव 2 अस्तित्व 3 तड़क-भड़क
नमूदार–*फ़ा०* (वि०) प्रकट, आविर्भूत
नमूना–*फ़ा०* (पु०) 1 गुण, स्वाद आदि का पता लगाने हेतु वस्तु का कुछ अंश (जैसे-चावल का नमूना) 2 वस्तु की इकाइयों में एक इकाई (जैसे-पुस्तक का नमूना) 3 ढाँचा (जैसे-छपाई का नमूना)
नम्र–*सं०* (वि०) 1 विनीत 2 झुका हुआ, नत। **~ता** (स्त्री०) नम्र होने का भाव
नय–I *सं०* (वि०) 1 ले जानेवाला 2 मार्गदर्शक 3 उचित, उपयुक्त II (पु०) 1 ले जाना 2 व्यवहार, बर्ताव 3 ढंग, आचरण 4 बुद्धिमत्ता 5 नम्रता, विनय 6 नीति। **~शील** (वि०) 1 विनयी 2 नीतिज्ञ
नयन–*सं०* (पु०) आँख, नेत्र। **~गोचर** (वि०) 1 दिखाई देनेवाला 2 समक्ष; **~पट** (पु०) पलक, दृगंचल; **~मनोहर** (वि०) आँख को सुंदर लगनेवाला
नयनाभिराम–(वि०) 1 नयनों को सुंदर लगनेवाला 2 सुंदर, मनोहर
नया–(वि०) 1 नवीन, नूतन (जैसे-नया मकान) 2 हाल में उत्पन्न होनेवाला (जैसे-नया चावल, नया आलू) 3 ताज़ा (जैसे-नई सभ्यता, नई जवानी) 4 परिवर्तन किया हुआ (जैसे-नई चादर बिछाना) 5 कार्य में पहले-पहल लगना (जैसे-नया आदमी काम सँभाल लेगा) 6 फिर से शुरू होनेवाला (जैसे-नया वर्ष, नया चाँद) 7 समाप्त होते-होते पुनः काम के होने योग्य (जैसे-नई ज़िंदगी मिलना); **~पन** (पु०) 1 नवीनता 2 नया होने का भाव
नयाचार–*सं०* (पु०) बाइबिल का नव विधान
नर–*सं०* (पु०) पुरुष, मर्द, मनुष्य। **~दारा** (पु०) हिजड़ा; **~पति** (पु०) राजा, नृपति; **~पशु** (वि०) = 1 नर पिशाच 2 नृसिंह अवतार; **~पाल** (पु०) भूपति, नृप; **~पिशाच** (पु०) नीच एवं दुष्ट व्यक्ति; **~पुर** (पु०) मर्त्यलोक; **~बलि** (स्त्री०) मनुष्यों की बलि; **~भक्षक** (पु०) 1 मनुष्य को खानेवाला 2 राक्षस; **~भक्षिता** (स्त्री०) आदमी को खा जाना; **~भक्षी** (पु०) = नर-भक्षक; **~मेध** (पु०) 1 ऐसा यज्ञ जिसमें मानव बलि दी जाए 2 सामूहिक नर संहार; **~लोक** (पु०) = नर-पुर; **~वंश-शास्त्र** (पु०) मानव वंश संबंधी शास्त्र; **~वध** (पु०) नर हत्या; **~संहार** (पु०) मनुष्य को मार डालना; **~संहारक** (वि०) मनुष्य को मार डालनेवाला, हत्यारा; **~सिंघा** + *हिं०* (पु०) तुरही के आकार का एक बाजा; **~सिंह** (पु०) = नृ-सिंह; **~हत्या** (स्त्री०) = नर-वध
नर–*फ़ा०* (वि०) पुल्लिंग
नरई–(स्त्री०) 1 जलाशय के पास होनेवाली एक घास 2 घास आदि का पोला डठल
नरक–*सं०* (पु०) 1 धर्म शास्त्रानुसार पापात्माओं, पापियों के रहने का स्थान 2 गंदी एवं घृणित जगह। **~गामी** (वि०) नरक में जानेवाला; **~चतुर्दशी** (स्त्री०) दीवाली के ठीक पहले पड़नेवाली चतुर्दशी; **~यातना** (स्त्री०) नरक की पीड़ा
नरकट, नरकल–(पु०) बेंत की जाति का प्रसिद्ध पौधा
नरगिस–*फ़ा०* (पु०) प्याज के आकार का एक पौधा और उसका पीले रंग का फूल
नरजा–*बो०* (पु०) तराजू का पलड़ा
नरजी–(पु०) गल्ला तौलनेवाला व्यक्ति, बया
नरत्व–*सं०* (पु०) पुरुषत्व, नरता
नरदा, नरदवां–(पु०) पनाला, नाबदान
नरम–*फ़ा०* (वि०) 1 मुलायम 2 कोमल, मृदुल (जैसे-नरम स्वभाव)। **~गरम** (वि०) मुलायम और गर्म (जैसे-नरम-गरम पूड़ी); **~दली** + *सं०* (वि०) नरम दल का; **~पंथी** + *हिं०* (पु०) नरम दल का व्यक्ति
नरमाई–*फ़ा०* + *हिं०* (स्त्री०) नरमी
नरमाना–I *फ़ा०* + *हिं०* (अ० क्रि०) 1 मुलायम होना 2 शांत होना II (स० क्रि०) 1 मुलायम करना 2 शांत करना
नरमी–*फ़ा०* (स्त्री०) 1 नरम होने की अवस्था 2 कोमलता। **~पसंद** (वि०) कोमलता पसंद करनेवाला
नरसों–(क्रि० वि०) 1 परसों के बाद आनेवाले दिन में 2 (अतीत) परसों के पहलेवाले दिन में
नराकार–*सं०* (वि०) मनुष्य के आकार का (जैसे-नराकार बंदर)
नराधम–*सं०* (पु०) नीच व्यक्ति
नरिया–(स्त्री०) अर्धवृत्ताकार लंबा खपड़ा
नरियाना–(अ० क्रि०) चिल्लाना
नरी–*फ़ा०* (स्त्री०) बकरी का चमड़ा
नरी–I (स्त्री०) 1 नली 2 जलाशय के किनारे होनेवाली एक घास
नरी–II *सं०* (स्त्री०) औरत, स्त्री
नरुआ–(पु०) = नरई
नरेंद्र–*सं०* (पु०) राज, नरेश। **~मंडल** (पु०) अँग्रेज़ी शासन काल में देशी राजाओं की संस्था, चैंबर ऑफ प्रिंसेज
नरेतर–*सं०* (पु०) जानवर, पशु
नरेली–(स्त्री०) 1 छोटा नारियल 2 नारियल का ऊपरी कठोर भाग 3 इस कठोर भाग का बना हुक्का
नरेश–*सं०* (पु०) = नरेंद्र
नरेश्वर–*सं०* (पु०) राजा, नृप

नरोत्तम–I *सं०* (वि०) मनुष्यों में श्रेष्ठ II (पु०) ईश्वर, परमात्मा

नर्क–(पु०) = नरक

नर्कट–(पु०) = नरकट

नर्तक–*सं०* (पु०) 1 नाचनेवाला व्यक्ति, नचनियाँ 2 नट

नर्तकी–*सं०* (स्त्री०) 1 नाचने का पेशा करनेवाली स्त्री 2 नटी

नर्तन–*सं०* (पु०) 1 नाचना 2 नाच, नृत्य

नर्तित–*सं०* (वि०) 1 नचाया हुआ 2 नाचता हुआ 3 नाचा हुआ

नर्द–*फ़ा०* (स्त्री०) 1 चौसर का खेल 2 चौसर की गोटी। ~**बान** (पु०) 1 काठ की सीढ़ी 2 मार्ग, रास्ता

नर्दन–*सं०* (पु०) भीषण ध्वनि, नाद

नर्म–I *सं०* (पु०) हँसी-ठट्ठा, परिहास, मज़ाक

नर्म–II *फ़ा०* (वि०) = नरम। ~**सचिव** *सं०* (पु०) विदूषक

नर्मद–I *सं०* (वि०) 1 आनंद देनेवाला 2 सुख देनेवाला II (पु०) 1 परिहास प्रिय, ठठोल 2 चारण, भाँड़

नर्स–*अं०* (स्त्री०) परिचारिका

नर्सरी–*अं०* (स्त्री०) बच्चों और पेड़-पौधों को पालने की जगह। ~**स्कूल** (पु०) एक पाठशाला जिसमें शिशुओं को पालना और पढ़ना सिखाया जाता है

नर्सिंग-होम–*अं०* (पु०) रोगियों के इलाज़ और उनकी देखरेख का केंद्र

नल–I (पु०) 1 जल कल की टोटी (जैसे-नल बंद कर दो) 2 धातु आदि का वर्तुलाकार पोला लंबा टुकड़ा (जैसे-मकान में नल लगवाना)। ~**कूप** + *सं०* (पु०) ज़मीन से पानी निकालने का एक आधुनिक यंत्र, ट्यूबवेल

नल–II *सं०* (पु०) 1 नरकट 2 कमल 3 राम की सेना का एक बंदर 4 विदर्भ नरेश की पुत्री दमयंती का पति

नलक–*सं०* (पु०) शरीर की लंबी हड्डी

नलका–(पु०) 1 ज़मीन से पानी खींचने का एक यंत्र 2 घरों, मकानों में पानी पहुँचाने का नल 3 बड़ी नली, नल

नला–(पु०) बहुत बड़ा नल

नलाई–(स्त्री०) = निराई

नलिका–*सं०* (स्त्री०) नल के आकार की वर्तुलाकार पोली एवं लंबी वस्तु, नली

नलिन–*सं०* (पु०) कमल

नलिनी–*सं०* (स्त्री०) कमलिनी

नली–(स्त्री०) 1 छोटा एवं पतला नल 2 बंदूक के आगे लगा धातु का पोला भाग 3 शरीर की मोटी गोल हड्डी। ~**दार** + *फ़ा०* (वि०) जिसमें नली लगी हो

नलुआ–(पु०) 1 छोटा नल 2 बाँस की पोर 3 पशुओं का एक रोग

नल्लिका–(स्त्री०) पतली छोटी नली, पिपेट

नवंबर–*अं०* (पु०) वर्ष का ग्यारहवाँ महीना

नव–I *सं०* (वि०) नवीन। ~**गठित** + *हिं०*, ~**गढंत** + *हिं०* (वि०) नया गढ़ा हुआ; ~**छात्र** (पु०) हाल में ही पढ़ाई शुरू करनेवाला विद्यार्थी; ~**जागरण** (पु०), ~**जागृति** (स्त्री०) नवीन चेतना; ~**जाग्रत** (वि०) अभी हाल का जागा हुआ; ~**जात** (वि०) तुरंत का पैदा हुआ; ~**जीवन** (पु०) नया जीवन नई ज़िंदगी; ~**दंपति** (पु०) नव विवाहित जोड़ी; ~**नाज़ी** *अं०* (वि०) = नव नाज़ीवादी; ~**निर्माण** (पु०) नई रचना; ~**निर्वाचित** (वि०) नया चुना हुआ (जैसे-नव निर्वाचित सदस्य); ~**परिणीता** (स्त्री०) नव विवाहिता; ~**प्रवर्तन** (पु०) नए सिरे से बात चलाना; ~**प्रसूत** (वि०) = नवजात; ~**प्रसूता** (स्त्री०) तुरंत जन्म देनवाली स्त्री; ~**युग** (पु०) नया युग; ~**युवक** (पु०) नौजवान लड़का; ~**युवती** (स्त्री०) नौजवान लड़की; ~**युवा** (पु०) = नव-युवक; ~**युवा-काल**, ~**यौवन** (पु०) नौजवानी; ~**यौवना** (स्त्री०) = नवयुवती; ~**यौवनावस्था** (स्त्री०) नव-युवाकाल; ~**रंग** (वि०) 1 सुंदर 2 नए ढंग का, नवेला; ~**वधू** (स्त्री०) नई दुल्हन; ~**वर** (पु०) नया दूल्हा; ~**वर्ष** (पु०) नया साल; ~**वर्षांक** (पु०) किसी पत्रिका का नए साल का अंक; ~**वर्षोत्सव** (पु०) नवीन वर्ष के उपलक्ष में मनाया गया उत्सव; ~**वादी** (पु०) नए का पक्ष लेनवाला; ~**विकासित** (वि०) नया नया विकसित किया गया; ~**शिक्षित** (वि०) हाल का पढ़ा हुआ; ~**स्वतंत्र** (वि०) नया नया हुआ आज़ाद

नव–II *सं०* (वि०) 1 आठ से एक अधिक 2 नौ तरह का (जैसे-नवरत्न)। ~**ग्रह** (पु०) सूर्य, चंद्र, मंगल, बुध, गुरु, शुक्र, शनि, राहु एवं केतु ये नौ ग्रह; ~**दुर्गा** (स्त्री०) शैलपुत्री, ब्रह्मचारिणी, चंद्रघंटा, कूष्माण्डा, स्कंदमाता, कात्यायनी, कालरात्रि, महाकालि और सिद्धिधात्री ये ही दुर्गा के नौ रूप हैं; ~**द्वार** (पु०) दो आँख, दो कान, नाक के दो छिद्र गुदा और लिंग ये नौ द्वार हैं; ~**निधि** (स्त्री०) कच्छप, खर्व, नद, नील, पद्म, मकर, महा पद्म, मुकुट, शंक; ~**रत्न** (पु०) मोती, पन्ना, मानिक, गोमेद, हीरा, लहसुनियाँ, मूँगा, पद्मराग और नीलम ये नौ रत्न; ~**रस** (पु०) *साहि०* शृंगार, करुण, हास्य, रौद्र, वीर, भयानक, वीभत्स, अद्भुत और शांत ये नौ रस; ~**रात्र** (पु०) 1 नौ दिनों का समय 2 वसंती नवरात्र 3 शारदीय नवरात्र

नवजवान–*फ़ा०* (पु०) नवयुवक

नवधा–*सं०* (क्रि० वि०) 1 नौ प्रकार से (जैसे-नवधा भक्ति) 2 नौ भागों में। ~**भक्ति** (स्त्री०) श्रवण, कीर्तन, स्मरण, अर्चन, वंदन, सख्य, दास, पादसेवन तथा आत्म निवेदन ये नौ भक्ति-प्रकार

नवनीत–*सं०* (पु०) मक्खन, माखन

नवम–*सं०* (वि०) नवाँ

नवमी–*सं०* (स्त्री०) पक्ष की नवीं तिथि

नवल–*सं०* (वि०) 1 नया, नवीन 2 अनोखा और बढ़िया 3 नव-युवक, जवान 4 उज्ज्वल, स्वच्छ। ~**किशोर** (पु०) कृष्ण

नवसर–(पु०) नौ लड़ियोंवाला हार

नवाँ–(वि०) नौ के स्थान पर पड़नेवाला

नवा–I (वि०) = नया

नवा–II *फ़ा०* (पु०) 1 आवाज़, शब्द 2 गाना-बजाना, संगीत

नवाई–I (स्त्री०) 1 झुकना, नमन 2 नम्र होना II (स्त्री०) नयापन, नवीनता III (वि०) नया, नवा

नवागंतुक–*सं०* (वि०) नया आनेवाला

नवागत–*सं०* (वि०) नया आया हुआ

नवागता–*सं०* (स्त्री०) नई आई हुई

नवागमन–*सं०* (पु०) पहली बार आना

नवाचार–*सं०* (पु०) (बाइबिल का) नया विधान
नवाज़–*फ़ा०* (वि०) कृपा करनेवाला, कृपालु
नवाज़िश–*फ़ा०* (स्त्री०) कृपा, मेहरबानी
नवाड़ा–*बो०* (पु०) एक तरह की छोटी नाव
नवाना–(स० क्रि०) 1 झुकाना (जैसे-अध्यापक के आगे सिर नवाना) 2 नम्र होने के लिए प्रेरित करना
नवान्न–*सं०* (पु०) 1 नया अन्न 2 हाल में तैयार किया गया अन्न 3 पितरों के नाम पर बाँटा गया अन्न
नवाब–*अ०* (पु०) 1 प्रदेश का प्रधान शासक 2 अंग्रेज़ सरकार द्वारा मुसलमान रईसों को प्रदान की गई उपाधि 3 प्रदेश का मुसलमान शासक (जैसे-हैदराबाद का नवाब) 4 झूठा प्रभुत्व दिखलानेवाला। ~**ज़ादा** + *फ़ा०* (पु०) 1 नवाब का पुत्र 2 अत्यधिक शौकीन एवं नवाबों की तरह रहनेवाला व्यक्ति; ~**ज़ादी** + *फ़ा०* + *हिं०* (स्त्री०) नवाब की बेटी
नवाबी–I *अ०* + *फ़ा०* (वि०) 1 नवाबों का (जैसे-नवाबी शासन) 2 नवाबों के रंग-ढंग जैसा (जैसे-नवाबी शान) II (स्त्री०) 1 नवाब होने की अवस्था 2 नवाब का पद 3 नवाबों का शासन-काल
नवाभ्युत्थान–*सं०* (पु०) नए सिरे से उठना
नवाविष्कृत–*सं०* (वि०) नया नया आविष्कार किया हुआ
नवासा–*फ़ा०* (पु०) बेटी का बेटा, नाती
नवासी–*फ़ा०* + *हिं०* (स्त्री०) बेटी की बेटी, नतिनी
नवासी–I (वि०) अस्सी से नौ अधिक II (पु०) 89 की संख्या
नवाह–I *सं०* (पु०) चांद्र मास के किसी पक्ष का नया दिन II (वि०) नौ दिनोंवाला (जैसे-रामायण का नवां पाठ) III (पु०) नौ दिनों का समूह। ~**पारायण** (पु०) नौ दिन तक होनेवाला
नवीकरण–*सं०* (पु०) पुनः नया करना
नवीकारक–*सं०* (पु०) नया करनेवाला
नवीन–*सं०* (वि०) 1 नया, नूतन 2 पहले-पहल बना हुआ (जैसे-नवीन आदर्श) 3 अनोखा। ~**ता** (स्त्री०) नयापन, नूतनता; ~**ता-वादी** (पु०) नई बातों का पक्षधर; ~**प्राप्त** (वि०) नया मिला हुआ
नवीनतम–*सं०* (वि०) बिल्कुल नया
नवीनीकरण–*सं०* (पु०) 1 नया रूप देना 2 अवधि बढ़ाना, रिन्यूअल
नवीनीकृत–*सं०* (वि०) नया किया हुआ
नवीयन–*सं०* (पु०) नया कर देना
नवीस–*फ़ा०* (वि०) लिखनेवाला
नवीसी–*फ़ा०* (स्त्री०) लिखाई का काम
नवेद–*फ़ा०* (पु०) ख़ुश ख़बरी
नवेला–(पु०) = नव-युवक (स्त्री० नवेली)
नवोढ़ा–*सं०* (स्त्री०) 1 नौ जवान स्त्री, नव-युवती 2 नव-विवाहिता 3 *साहि०* लज्जाशील नायिका, संकोच करनेवाली नायिका
नवोत्थान–*सं०* (पु०) दे० नव-जागरण
नवोत्थित–*सं०* (वि०) नया-नया उठा हुआ
नवाविष्कृत–*सं०* (वि०) नया नया आविष्कार किया हुआ
नवोदक–*सं०* (पु०) 1 वर्षा का पहला जल 2 कुँए से निकला पहला जल
नवोद्भावना–*सं०* (पु०) नई कल्पना, विचार, कथन
नवोन्मेषी–*सं०* (वि०) नई-नई चीज़ें प्रकट करनेवाला
नव्य–*सं०* (वि०) 1 नया, नवीन 2 आधुनिक। ~**ता** 1 नयापन, नवीनत 2 आधुनिकता; ~**भारतीय** (वि०) आधुनिक भारत का (जैसे-नव्य भारतीय आर्यभाषा)
नव्वे–(वि०) नब्बे
नशन–*सं०* (पु०) नष्ट होना, नाश
नशा–*फ़ा०* (पु०) 1 मादक द्रव्यों के सेवन से उत्पन्न दशा (जैसे-शराब का नशा) 2 मादक द्रव्य 3 बुरी आदत, लत 4 मनोविकार की प्रबलता से उत्पन्न स्थिति, मद (जैसे-जवानी का नशा, दौलत का नशा, प्यार का नशा) 5 मस्ती। ~**ख़ोर** (पु०) नशा करनेवाला व्यक्ति; ~**ख़ोरी** (स्त्री०) नशेबाज़ी; ~**घर** + *हिं०* (पु०) नशा करने, पीने का स्थान; ~**निषेध** + *सं०* (पु०) = नशाबंदी; ~**पानी** + *हिं०* (पु०) नशीली चीज़ें खाना-पीना; ~**बंदी** (स्त्री०) नशा बंद करना। ~**उतरना** 1 नशा दूर होना 2 घमंड चूर होना; ~**किरकिरा होना** नशे के आनंद, मौज़-मस्ती में बाधा पड़ना; ~**चढ़ना** नशा होना; ~**छाना** मादक द्रव्य का असर होना; ~**टूटना** = नशा उतरना
नशास्ता–*फ़ा०* (पु०) आटा
नशीन–*फ़ा०* (वि०) बैठनेवाला
नशीला–*फ़ा०* + *हिं०* (वि०) 1 नशा करनेवाला, मादक (जैसे-नशीला पदार्थ) 2 नशा छाया हुआ, मदहोश
नशेबाज़–*फ़ा०* (पु०) = नशाख़ोर
नशेबाज़ी–*फ़ा०* (स्त्री०) नशा करना
नशेला–*फ़ा०* + *हिं०* (वि०) = नशीला
नश्तर–*फ़ा०* (पु०) चीर-फाड़ करने का चाकू
नश्वर–*सं०* (वि०) नाश होनेवाला (जैसे-नश्वर वस्तुएँ, नश्वर शरीर)। ~**ता** (स्त्री०) नाश होने की अवस्था
नष्ट–I *सं०* (वि०) 1 चौपट, बर्बाद 2 मरा हुआ 3 निष्फल, व्यर्थ (जैसे-परिश्रम नष्ट करना) 4 पतित एवं हीन II (पु०) 1 नाश, विनाश (जैसे-पदार्थ नष्ट हो गया) 2 तिरोहित होना। ~**चित्त** (वि०) 1 विवेक भ्रष्ट 2 पागल; ~**चेत**, ~**चेतन** (वि०) बेसुध, बेहोश; ~**चेष्ट** (वि०) प्रयत्न न कर सकनेवाला, चेष्टाहीन; ~**निधि** I (पु०) दिवालिया II (वि०) जिसकी संपत्ति खो चुकी हो; ~**निधित्व** (पु०) निधि का नष्ट हो जाना; ~**प्राय** (वि०) नष्ट होने के करीब पहुँचा हुआ; ~**बुद्धि** (वि०) विवेक भ्रष्ट, प्रज्ञारहित; ~**भ्रष्ट** (वि०) चौपट, बर्बाद
नष्टप्राय–*सं०* (वि०) लगभग नष्ट
नष्टा–*सं०* (स्त्री०) 1 चरित्रभ्रष्ट स्त्री, दुराचारिणी 2 रंडी, वेश्या
नष्टात्मा–*सं०* (वि०) अधम, नीच
नष्टार्थ–*सं०* (वि०) नष्ट निधि, नष्ट धन
नष्टि–*सं०* (स्त्री०) नाश
नष्टीकरण–*सं०* (पु०) नष्ट करना
नष्टेंद्रिय–*सं०* (वि०) 1 संज्ञाहीन, अचेष्ट 2 बेहोश
नस–(स्त्री०) 1 रुधिर वाहिनी नलिका 2 पेशियों को बाँधनेवाला तंतु। ~**कटा** (वि०) नपुंसक। ~**फड़क उठना** प्रसन्नता

की लहर दौड़ना; ~भड़कना नस का स्थान से इधर-उधर हो जाना; **नसेंढीली करना** हौसला पस्त करना, बल तोड़ देना; **~नसें ढीली होना** हिम्मत पस्त होना, बल टूट जाना

नसतालीक़–I *फ़ा०* (पु०) फ़ारसी एवं अरबी लिपि को साफ़-सुडौल और सुपाठ्य रूप में लिखने का ढंग II (वि०) सुंदर एवं आकर्षक चाल-ढालवाला

नसल–*अ०* (स्त्री०) 1 वंश 2 संतति। **~परस्त** *+ फ़ा०* (पु०) अपनी नसल का पक्षधर; **~परस्ती** *+ फ़ा०* (स्त्री०) अपनी नसल का पक्ष लेना; **~वाद** *+ सं०* (पु०) = नसल परस्त; **~वादी** *+ सं०* (वि०) नसल परस्त

नसली–*अ०* (वि०) (अच्छी) नसल का

नसवार–(स्त्री०) सूँघनी, सुँघनी

नसवारी–(वि०) नसवार के रंग का, गहरे ख़ाकी रंग का

नसहा–(वि०) नसोंवाला

नसाना–I (स० क्रि०) नष्ट करना II (अ० क्रि०) नष्ट होना

नसीब–*अ०* (पु०) 1 भाग्य, किस्मत, तक़दीर 2 हिस्सा; **~जला** *+ हिं०* (वि०) अभागा, भाग्यहीन; **~वर** *+ फ़ा०* (वि०) भाग्यशाली, ख़ुशकिस्मत; **~आजमाना** भाग्य भरोसे काम करना; **~खुलना, ~चमकना, ~जागना** भाग्य का उदय होना; **~टेढ़ा होना** बुरे दिन आना; **~पलटना** भाग्य का परिवर्तन होते रहना; **~फूट जाना ~सो जाना** तक़दीर बिगड़ना; **~में लिखा होना** तक़दीर में बदा होना; **~लड़ना** भाग्य का साथ देना; **~होना** मिलना, प्राप्त होना

नसीर–*अ०* (पु०) 1 मदद करनेवाला 2 ईश्वर

नसीला–*फ़ा० + हिं० बो०* (वि०) नशीला

नसीहत–*अ०* (स्त्री०) 1 अच्छी शिक्षा, सम्मति 2 सदुपदेश

नसूड़िया–(वि०) 1 नासूर संबंधी 2 अत्यंत, उग्र, भीषण 3 अमांगलिक

नस्त–*सं०* (पु०) 1 नाक 2 नसवार

नस्तक–*सं०* (पु०) 1 पशुओं की नाक में किया गया छेद 2 नाक का छेद

नस्ता–(स्त्री०) नाक का छेद

नस्तालीक़–*फ़ा०* (पु०) = नसतालीक़

नस्तित–I *सं०* (वि०) 1 नाथ पहनाया हुआ 2 नत्थी किया हुआ II (पु०) नाथा हुआ बैल

नस्ति-पंजी–*सं०* (स्त्री०) तार, टीन की पत्ती आदि में फँसाकर काग़ज़ पत्र को एक जगह रखने की पंजी, फाइल

नस्य–*सं०* (पु०) 1 सुँघनी, नसवार 2 नाक के रास्ते दिमाग में चढ़ाई जानेवाली औषध, दवा

नस्या–*सं०* (स्त्री०) 1 नाक 2 नाक का छेद

नस्ल–*अ०* (स्त्री०) = नसल

नह–(पु०) नाखून, नख

नहन–(पु०) मोटी रस्सी, नार

नहन्नी–*बो०* (स्त्री०) = नहरनी

नहर–*अ०* (स्त्री०) कृत्रिम जल मार्ग (जैसे-नहर में पानी नहीं है)

नहरनी–(स्त्री०) नाखून काटने का छोटा उपकरण

नहरी–I *अ०* (वि०) नहर संबंधी II (स्त्री०) नहर के पानी से सींचने योग्य भूमि

नहला–(पु०) नौ बूटियोंवाला ताश का पत्ता

नहलाई–(स्त्री०) 1 नहलाना 2 नहलाने का पारिश्रमिक

नहलाना–(स० क्रि०) स्नान कराना

नहान–(पु०) 1 नहाना 2 नहाने का शुभ पर्व (जैसे-संक्रांति का नहान)

नहाना–(स० क्रि०) 1 स्नान करना 2 तरल पदार्थ से सराबोर हो जाना, लथ-पथ होना

नहार–(वि०) 1 निराहार 2 बासी मुँह। **~मुँह** (क्रि० वि०) बासी मुँह। **~तोड़ना** जलपान करना

नहारी–(स्त्री०) 1 सबेरे का जलपान, नाश्ता 2 नौकरों को जलपान के बदले दिया जानेवाला धन

नहीं–(क्रि० वि०) असहमति, विरोध आदि प्रकट करनेवाला शब्द (जैसे-ऐसा नहीं होगा)

नहूसत–*अ०* (स्त्री०) मनहूसियत, मनहूसी

नाँघना–(स० क्रि०) *बो०* लाँघना (जैसे-दीवार नाँघना)

नाँद–(स्त्री०) चौड़े मुँह का गोल पेंदेवाला मिट्टी, पत्थर आदि का बना पात्र (जैसे-नाँद में गाय को चारा डाल दो)

नांदी–*सं०* (स्त्री०) 1 धन-संपत्ति, समृद्धि 2 अभ्युदय 3 मंगलाचरण (जैसे-नाँदी-पाठ)। **~पाठ** (पु०) नाटक में प्रस्तावना का पाठ

नाँधना–(स० क्रि०) = नाधना

ना–(क्रि० वि०) निषेधसूचक एक शब्द (जैसे-मैंने उसे ना कर दिया)

नाइट-सूट–*अं०* (पु०) सोने की पोशाक

नाइटी–*अं०* (स्त्री०) सोने का ड्रेस

नाइट्राइट–*अं०* (पु०) शोरे के अम्ल का तीन संयोजकवाला नमक

नाइट्रेट–*अं०* (पु०) शोरे के अम्ल का दो संयोजकवाला नमक

नाइट्रोजन–*अं०* (पु०) रंग, स्वाद एवं गंध से रहित वायुमंडलीय एक गैस

नाइन–(स्त्री०) 1 नाई जाति की स्त्री 2 नाई की स्त्री

नाइब–*अ०* (पु०) = नायब

नाइलन–*अं०* (पु०) एडीपिक अम्ल एवं हेक्सामेथिलीन डायमीन के संयोग से प्राप्त एक यौगिक जिसे रासायनिक विधि द्वारा नाइलॉन के धागे का रूप देते हैं (जैसे-नाइलन का मोजा)

नाई–I (स्त्री०) समान दशा II (क्रि० वि०) 1 समान, तुल्य 2 की तरह, जैसे 3 वास्ते, लिए

नाई–II (पु०) हज्जाम (जैसे-नाई से बाल कटवाना)

नाउ–(स्त्री०) नाव

नाउन–*बो०* (स्त्री०) नाइन

नाउम्मेद–*फ़ा०* (वि०) निराश

नाउम्मेदी–*फ़ा०* (स्त्री०) निराशा

नाऊ–*बो०* (पु०) = नाई

नाक–I (स्त्री०) 1 साँस लेने एवं सूँघने की इंद्रिय (जैसे-नाक से खून बहना) 2 नाक से निकलनेवाला गंदा तरल पदार्थ (जैसे-नाक बहना) 3 गौरव, सम्मान की बात (जैसे-उन्होंने मेरी नाक बचा ली, नाकदार आदमी) II (पु०) 1 मगर 2 घड़ियाल। **~कान** (पु०) नाक और कान (इज़्ज़त के प्रतीक); **~नक्शा** *+ अ०* (पु०) अंगों की बनावट; **~भौं** (स्त्री०) गुस्से का रूप। **~कटना** इज़्ज़त जाना, मर्यादा नष्ट होना; **~काटना** इज़्ज़त बिगाड़ना, प्रतिष्ठा नष्ट करना; **~का**

बाल अत्यंत प्रिय; **~की सीध में** ठीक सामने; **~घिसना** दे० नाक रगड़ना; **~चढ़ना** गुस्से में नथनों का ऊपर की ओर खिंचना; **~चढ़ाना** 1 गुस्से में नथनों को ऊपर खींचना 2 घृणा ज़ाहिर करना; **~छेदना** परेशान करना; **~तक खाना** ठूँस-ठूँसकर खाना **~तक भरना** 1 ऊपर तक भरना 2 ठूँस-ठूँसकर खाना; **~तक न दी जाना** असह्य दुर्गंध मालूम होना, तीव्र दुर्गंध आना; **~पकड़ते दम निकलना** अत्यधिक अशक्त होना; **~पर गुस्सा होना** बहुत जल्दी गुस्सा होना; **~पर दीया बालकर आना** 1 जीतकर आना 2 सफल होकर आना; **~पर मक्खी न बैठने देना** 1अत्यंत सावधान रहना 2 रंच मात्र भी कृतज्ञ न होना 3 बहुत पाक-साफ़ रहना; **~पर सुपारी तोड़ना** बहुत परेशान करना; **~फटने लगना** दे० नाक तक न दी जाना; **~भौं चढ़ाना, भौं सिकोड़ना** 1 गुस्सा दिखाना, नाराज़ होना 2 घृणा प्रकट करना; **~में दम करना** खूब तंग करना **~में बोलना** नकियाना; **~रख लेना** इज़्ज़त बचाना; **~रगड़ना** आरज़ू-मिन्नत करना, गिड़गिड़ाना; **~लगाकर बैठना** इज़्ज़तदार बनकर बैठना; **~सिकोड़ना** घृणा प्रकट करना; **नाकों चने चबवाना** अत्यधिक परेशान करना; **नाकों दम करना** = दे० नाक में दम करना

नाकड़ा–(पु०) नाक पकने का एक रोग

नाक़बूल–*फ़ा० + अ०* (वि०) अस्वीकार

नाका–(पु०) 1 थाना, चौकी 2 मुहाना 3 रास्ते आदि का मोड़ 4 प्रवेश द्वार 5 पहरा देने का स्थान। **~बंदी** *+ फ़ा०* (स्त्री०) 1 नाके पर पहरा बैठाना 2 अवरोध, रुकावट

नाकाफ़ी–*फ़ा० + अ०* (वि०) कम

नाक़ाबिल–*फ़ा० + अ०* (वि०) अयोग्य

नाकाम–*फ़ा०* (वि०) ख़राब

नाकामयाब–*फ़ा०* (वि०) असफल, विफल

नाकामयाबी–*फ़ा०* (स्त्री०) असफलता, विफलता

नाकारा–*फ़ा०* (वि०) 1 निकम्मा 2 निष्कर्म

नाकारी–*फ़ा०* (वि०) 'न' करनेवाला

नाक़िस–*अ०* (वि०) 1 ख़राब, बुरा 2 निकम्मा

नाकेदार–I *हिं० + फ़ा०* (वि०) छेदवाला II (पु०) नाके पर तैनात सिपाही

नाकेबंदी–*हिं० + फ़ा०* (स्त्री०) = नाकाबंदी

नाक्षत्र–I *सं०* (वि०) नक्षत्र संबंधी (पु०) चांद्र मास। **~मास** (पु०) चंद्रमा का सभी नक्षत्रों पर एक बार घूमने में लगा समय

नाख़ूना–*फ़ा०* (पु०) *चि०* 1 आँख का एक रोग जिसमें आँख में सफेद झिल्ली पड़ जाती है 2 आँख के तल पर खून का दाग होने का रोग

नाख़ुश–*फ़ा०* (वि०) अप्रसन्न, नाराज़। **~गवार** (वि०) अप्रिय, अप्रीतिकर

नाख़ुशी–*फ़ा०* (स्त्री०) अप्रसन्नता, नाराज़गी

नाख़ून–*फ़ा०* (पु०) 1 उंगलियों के ऊपरी तल का सफेद एवं कड़ा आवरण 2 पशुओं के पैरों का अगला कड़ा भाग, खुर की बढ़ी हुई कोर। **~पालिश** *+ अं०* (स्त्री०) नेल पालिश

नाग–*सं०* (पु०) 1 साँप, सर्प 2 काले रंग का बड़ा और फनवाला साँप, करैत 3 हाथी 4 पाताल में रहनेवाला एक उपदेवता 5 अत्यंत क्रूर एवं दुष्ट व्यक्ति। **~दंत** (पु०) 1 हाथी दाँत 2 दीवर पर गड़ी खूँटी; **~नाथ** (पु०) शेषनाग, नागराज; **~पंचमी** (स्त्री०) नाग की पूजा करने का श्रावण शुक्ला पंचमी का दिन; **~पाश** (पु०) 1 साँप के समान लपेटकर बांधनेवाला वरुण का एक अस्त्र 2 साँप का फंदा 3 डोरी आदि का फंदा (जैसे-नाग-बंध); **~फनी** *+ हिं०* (स्त्री०) 1 साँप के फन के आकार का गूदेदार काँटों से भरा एक पौधा 2 नागफनी के आकार की एक कटार; **~फाँस** *+ हिं०* (स्त्री०) = नाग-पाश; **~फेन** (पु०) 1 नाग झाग 2 अफ़ीम; **~मुख** (पु०) गणेश; **~राज** (पु०) शेषनाग; **~लोक** (पु०) नागों का देश, पाताल; **~वल्ली** (स्त्री०) पान की लता

नागन–(स्त्री०) = नागिन

नागर–I *सं०* (वि०) 1 नगर का 2 नगर में रहनेवाला 3 चतुर होशियार 4 नगर से संबंध रखनेवाला II (पु०) 1 नगर में रहनेवाला व्यक्ति, नागरिक 2 सभ्य पुरुष 3 गुजराती ब्राह्मणों की एक जाति। **~ता** (स्त्री०) 1 नागरिकता, शहरातीपन 2 शिष्टता, सभ्यता 3 चालाकी, चतुरता

नागर-बेल–(स्त्री०) पान की बेल

नागरिक–I *सं०* (वि०) 1 नगर का रहनेवाला 2 चतुर, चालाक II (पु०) 1 नगरवासी 2 राज्य का वह निवासी जिसे राज्य में रहने, व्यापार आदि करने का अधिकार प्राप्त हो, राज्य का अधिकार प्राप्त निवासी, सिटिजन। **~ता** (स्त्री०) 1 नागरिक होने की अवस्था 2 नागरिक होने पर प्राप्त अधिकार; **~शास्त्र** (पु०) नागरिकों के अधिकारों, देश संबंधी विचारों एवं कर्तव्यों से संबंध रखनेवाला शास्त्र, सिविक्स

नागरिका–*सं०* (स्त्री०) नागरिक महिला

नागरी–*सं०* (स्त्री०) 1 नगर की रहनेवाली स्त्री, शहर की औरत 2 चतुर स्त्री 3 पशु आदि की मादा (जैसे-नाग-नागरी) 4 देव-नागरी नामक लिपि (जैसे-नागरी-लिपि); **~लिपि** (स्त्री०) संस्कृत, हिंदी, मराठी भाषा लिखने की देवनागरी लिपि की वर्णमाला

नागरेयक–*सं०* (वि०) 1 नगर में उत्पन्न 2 नागरिक संबंधी (जैसे-नागरेयक अधिकार)

नागवार–*फ़ा०* (वि०) अप्रिय, अरुचिकर

नागहाँ–*फ़ा०* (क्रि० वि०) 1 एकाएक, अचानक 2 कुसमय में

नागहानी–*फ़ा०* (वि०) अचानक उपस्थित होनेवाला

नागा–(पु०) शैव संप्रदाय का साधु, नंगा रहनेवाला साधु

नाग़ा–(पु०) 1 अवकाश 2 व्यतिक्रम

नागिन–(स्त्री०) 1 नाग जाति की स्त्री 2 नाग की मादा 3 क्रूर एवं दुष्ट स्वभाव की स्त्री

नागेंद्र–*सं०* (पु०) 1 वासुकि 2 बहुत बड़ा साँप 3 बहुत बड़ा हाथी 4 ऐरावत

नागौरा–(वि०) 1 नागौर नगरी से संबंद्ध 2 अच्छी नस्ल का

नाच–(पु०) 1 संगीत का एक विशेष अंग जिसमें कलात्मक ढंग से हाव-भाव का प्रदर्शन होता है, कला ढंग से हाव-भाव प्रदर्शन करते हुए नाचना 2 कौतुक पूर्ण विलक्षण गतियाँ। **~कूद** (स्त्री०) 1 रह-रहकर नाचना-कूदना 2 नाच-तमाशा; **~गान** (पु०) नाचना-गाना; **~घर** (पु०) नृत्यशाला;

~महल + अ० (पु०) नाचने-गाने का स्थान; ~रंग + सं० (पु०) 1 नाच-गाने से युक्त जलसा 2 आमोद-प्रमोद ~काछना नाचने को तैयार होना; ~दिखाना उछल-कूद मचाना; ~नचाना 1 परेशान करना 2 इच्छा के अनुसार काम कराना

नाचना–(अ० क्रि०) 1 मनमाने ढंग से उछलना-कूदना 2 नृत्य 3 कलात्मक ढंग से अंग संचालन एवं उसका विकसित रूप 4 पदार्थ का चक्राकार गति में आना जाना (जैसे-लट्टू नाचना) 5 रह-रहकर जल्दी इधर-उधर आना-जाना (जैसे-वह कई दिनों से नौकरी के लिए नाच रहा है) 6 गति में होना (जैसे-हवा चलने से दीपक की लौ नाचती सी जान पड़ती है) 7 कहने के अनुसार आचरण करना (जैसे-किसी के इशारे पर नाचना)

नाचाकी–*फ़ा० + तु० + फ़ा०* (स्त्री०) 1 अनबन 2 मनमुटाव, वैमनस्य

नाचार–*फ़ा०* (वि०) 1 लाचार, विवश 2 तुच्छ, व्यर्थ

नाचीज़–*फ़ा०* (वि०) 1 तुच्छ और हीन 2 रद्दी

नाज–*बो०* (पु०) 1 अनाज, अन्न 2 भोजन सामग्री

नाज़–*फ़ा०* (पु०) 1 नखरा, ठसक, चोचला, विलास-चेष्टा 2 लाड़-प्यार एवं सम्मान के साथ की गई देखरेख (जैसे-नाज़ों में पला बच्चा) 3 प्रशंसात्मक अभिमान, गर्व (जैसे-मुल्क पर नाज़ करना)। **~अदा** + *अ०* (स्त्री०) नाज़ नखड़ा; **~नखरा** (पु०) हाव-भाव, मोहक-चेष्टा; **~नीं** I (स्त्री०) रूपवती स्त्री, सुंदर स्त्री II (वि०) सुंदर; **~बरदार** (पु०) नाज़ बर्दाश्त करनेवाला व्यक्ति, आशिक, प्रेमी; **~बरदारी** (स्त्री०) नख़रे सहन करना

नाज़ाँ–*फ़ा०* (वि०) गर्वित

नाजायज़–*फ़ा० + अ०* (वि०) अनुचित, अनुपयुक्त

नाज़िम–*अ०* (पु०) 1 प्रबंध करनेवाला अधिकारी, प्रबंधकर्ता 2 लिपिकों का प्रधान अधिकारी 3 मंत्री, सेक्रेटरी

नाज़िम्मेवार–*फ़ा० + अ० + फ़ा०* (वि०) गैरज़िम्मेदार

नाज़िर–I *अ०* (वि०) 1 देखनेवाला, दर्शक, देख-रेख करनेवाला, निरीक्षक II (पु०) लिपिकों का प्रधान अधिकारी

नाज़िल–*अ०* (वि०) 1 अवतार लेनेवाला, अवतरित 2 आया हुआ

नाज़ी–I *अं०* (पु०) 1 जर्मनी का प्रसिद्ध राजनीतिक दल 2 इस दल का सदस्य II (वि०) अत्यंत क्रूर

नाज़ुक–*फ़ा०* (वि०) 1 कोमल, सुकुमार 2 पतला, महीन 3 गूढ़ और सूक्ष्म 4 जल्दी टूटनेवाला (जैसे-नाजुक पदार्थ) 5 संकट पूर्ण (जैसे-नाज़ुक समय)। **~ख़्याली** (स्त्री०) सूक्ष्म कल्पना; **~दिमाग़** + *अ०* (वि०) 1 जल्द प्रभावित होनेवाला 2 बात-बात पर बिगड़नेवाला, चिड़चिड़ा; **~बदन** + *अ०* (वि०) सुकुमार शरीरवाला, कोमलांग; **~मिज़ाज** + *अ०* (वि०) 1 अत्यंत कोमल एवं मृदु प्रकृतिवाला 2 दे० नाज़ुक दिमाग़

नाज़ुकी–*फ़ा०* (स्त्री०) 1 सुकुमारता, कोमलता 2 गूढ़ता एवं सूक्ष्मता 3 बारीकपन

नाज़ेब–*फ़ा०* (वि०) 1 बेमेल, अनुपयुक्त 2 भद्दा, कुरूप 3 अश्लील

नाज़ो–*फ़ा०* (स्त्री०) 1 नाज़ नखरे दिखानेवाली स्त्री 2 कोमल और प्यारी स्त्री

नाट–*सं०* (पु०) 1 नृत्य, नाच 2 नकल, स्वाँग

नाटक–*सं०* (पु०) 1 *साहि०* रंगमंच पर अभिनय की जा सकने योग्य रचना 2 अभिनय, ड्रामा 3 रूपक 4 नट। **~कार** (पु०) नाटक लिखनेवाला; **~गृह, ~घर** + *हिं०* (पु०) = नाटकशाला; **~टोली** + *हिं०*, **~मंडली** (स्त्री०) नाटक करनेवालों का समूह; **~रचना** (स्त्री०) नाटक लिखना, नाटक बनाना; **~रचयिता** (पु०) = नाटककार; **~शाला** (पु०) नाटक खेलने का स्थान; **~समिति** (स्त्री०) नाटक मंडली

नाटकत्व–*सं०* (पु०) नाटकीय होने का भाव

नाटकिया–*सं० + हिं०* (पु०) 1 अभिनय करनेवाला 2 बहुरूपिया

नाटकी–I *सं०* (पु०) नाटक करके जीविका चलानेवाला व्यक्ति, नाटकिया II (वि०) नाटकीय III (स्त्री०) इंद्रसभा

नाटकीय–*सं०* (वि०) 1 नाटक संबंधी, नाटक का 2 कुशलता एवं चतुरतापूर्वक किया जानेवाला (जैसे-नाटकीय ढंग से)

नाटना–(अ० क्रि०) नटना

नाटा -(वि०) छोटे क़द का (जैसे-नाटा आदमी)

नाटित–I *सं०* (वि०) अभिनय किया हुआ, अभिनीत II (पु०) अभिनय

नाटो–*बो०* (स्त्री०) छोटे क़द की लड़की, बौनी लड़की

नाट्य–*सं०* (पु०) 1 अभिनय कर्म 2 स्वाँग करना 3 नट का काम। **~कला** (स्त्री०) अभिनय कला; **~कला-प्रेमी** (पु०) नाटक पसंद करनेवाला व्यक्ति; **~कार** (पु०) = नाटककार; **~कारिता** (स्त्री०) = नाटक रचना; **~धर्मी** (वि०) नाटक खेलने का व्यवसायी; **~मंच** (पु०) रंगमंच; **~मंदिर** (पु०) = नाटक शाला; **~रचना** (स्त्री०) = नाटक **~रचयिता** (पु०) = नाटककार; **~रूपांतर** (पु०) किसी कृति का नाटक के रूप में बदलना; **~लेखन** (पु०) = नाटक रचना; **~शाला** (स्त्री०) अभिनय मंच युक्त भवन, रंगशाला; **~शास्त्र** (पु०) नाचने, गाने एवं अभिनय कला से संबंध रखनेवाला शास्त्र

नाट्यागार–*सं०* (पु०) = नाटकशाला

नाट्यात्मक–*सं०* (वि०) नाटकवाला

नाट्योक्ति–*सं०* (स्त्री०) नाटकीय वाक्य विन्यास

नाट्योचित–*सं०* (स्त्री०) अभिनय योग्य

नाठ–(पु०) 1 नाश, ध्वंस 2 अभाव, कमी 3 लावारिस जायदाद

नाठा–(पु०) लावारिस

नाड़–(स्त्री०) 1 गर्दन 2 नाल

नाड़ा–(पु०) इज़ारबंद (जैसे-पायजामे का नाड़ा)। **~खोलना** संभोग हेतु उद्यत होना

नाड़ी–*सं०* (स्त्री०) 1 नली 2 रक्त वाहिनी शिराएँ 3 कलाई पर की नाड़ी (जैसे-डॉक्टर को नाड़ी दिखाना)। **~परीक्षा** (स्त्री०) नाड़ी की जाँच; **~मंडल** (पु०) विषुवत रेखा; **~व्रण** (पु०) नासूर।

नात–*बो०* (पु०) 1 नाता, संबंध 2 नातेदार, रिश्तेदार

नातमाम–*फ़ा० + अ०* (वि०) 1 अपूर्ण 2 अधूरा

नातरफ़दार–*फ़ा० + अ० + फ़ा०* (वि०) निष्पक्ष
नातवाँ–*फ़ा०* (वि०) अशक्त, दुर्बल
नातवानी–*फ़ा०* (स्त्री०) 1 अशक्तता 2 सामान्य संबंध 3 वैवाहिक संबंध
नाता–(पु०) पारिवारिक संबंध, रिश्ता
नाताक़त–*फ़ा० + अ०* (वि०) नातवाँ
नातिदूर–*सं०* (वि०) बहुत दूर नहीं, निकट
नातिन–(स्त्री०) लड़की की लड़की
नाती–(पु०) लड़की का लड़का
नाते–(क्रि० वि०) 1 संबंध के विचार से, संबंध से 2 संबंध के बहाने 3 लिए, वास्ते। ~**दार** *+ फ़ा०* (वि०) रिश्तेदार, संबंधी; ~**दारी** *+ फ़ा०* (स्त्री०) रिश्तेदारी, संबंध; ~**रिश्ते** *+ फ़ा०* (पु०) संबंध
नाथ–I *सं०* (पु०) 1 स्वामी, प्रभु (जैसे-विश्वनाथ, देवनाथ) 2 अधिपति मालिक 3 स्त्री का पति 4 गोरखपंथी संप्रदाय (जैसे-आदिनाथ के अनुयायी) 5 इन साधुओं के नाम के अंत में लगनेवाली उपाधि (जैसे-मत्स्येंद्रनाथ)। ~**पंथ** (पु०) कनफटे जोगियों का मत; ~**पंथी** (वि०) नाथ पंथ का अनुयायी
नाथ–II (स्त्री०) 1 नाथना 2 नाथने की रस्सी
नाथना–(स० क्रि०) 1 नथने में छेद करना (जैसे-ऊँट नाथना) 2 नथने में हुए छेद में रस्सी पहनाना 3 नत्थी करना 4 लड़ी रूप में गूँथना
नाद–*सं०* (पु०) आवाज़, शब्द (जैसे-भीषण नाद)। ~**विद्या** (स्त्री०) संगीत; ~**विधान** (पु०) संगीत के नियम; ~**सौंदर्य** (पु०) संगीत का सौंदर्य
नादमय–*सं०* (वि०) शब्दयुक्त, ध्वनियुक्त
नादात्मक–*सं०* (वि०) नादवाला
नादान–*फ़ा०* (वि०) 1 नासमझ 2 अनाड़ी
नादानिस्ता–*फ़ा०* (क्रि० वि०) 1 बिना समझे हुए 2 अनजान में
नादानी–*फ़ा०* (स्त्री०) 1 अकुशलता, अनाड़ीपन 2 मूर्खता
नादार–*फ़ा०* (वि०) अत्यंत निर्धन, कंगाल
नादारी–*फ़ा०* (स्त्री०) निर्धनता, गरीबी
नादित–*सं०* (वि०) 1 ध्वनियुक्त 2 शब्द करता हुआ 3 गूँजता हुआ
नादिम–*अ०* (वि०) 1 लज्जित, शर्मिंदा 2 पश्चाताप करनेवाला
नादिया–(पु०) 1 नंदी 2 विकृत अंगवाला बैल
नादिर–*अ०* (वि०) 1 विचित्र, विलक्षण 2 उत्तम, श्रेष्ठ
नादिरशाही–I (स्त्री०) 1 नादिरशाह का अत्याचार 2 बर्बरता एवं निर्दयतापूर्ण आचरण II (वि०) नादिरशाह के समान उग्र एवं कठोर (जैसे-नादिरशाही हुक्म)
नादिहंद–*फ़ा०* (वि०) लिया हुआ धन आदि जल्दी न वापस करनेवाला
नादिहंदी–*फ़ा०* (स्त्री०) जल्दी वापस न करना
नादी–*सं०* (वि०) 1 शब्द संबंधी 2 शब्द करनेवाल 3 बजानेवाला
नाधना–(स० क्रि०) 1 नाथना 2 आरंभ करना 3 ठानना
नान–*फ़ा०* (स्त्री०) 1 बड़ी और मोटी रोटी 2 खमीरी रोटी। ~**ख़ताई** (स्त्री०) 1 मीठा खस्ता 2 मीठी खस्ता रोटी; ~**बाई** *+ हिं०* (पु०) नान बेचनेवाला व्यक्ति
नानक-पंथी–(पु०) नानक पंथ को माननेवाला, नानक पंथ का अनुयायी
नानकार–*फ़ा०* (स्त्री०) सेवक को जीविका हेतु पुरस्कार में दी गई ज़मीन
नानस्टाप–*अं०* (वि०) बिना रुके चलनेवाला
नाना–I (पु०) माँ का पिता, मातृपिता
नाना–II *+ सं०* (वि०) 1 अनेक प्रकार के 2 अनेक। ~**जातिक** (वि०) अनेक जाति के; ~**रूप** (वि०) = नानाकार; ~**रूपात्मक** (वि०) अनेक रूपवाला; ~**वर्ण** (वि०) अनेक रंग के
नाना–III (स० क्रि०) *बो०* 1 नवाना, झुकाना 2 घुसाना 3 अंदर रखना 4 पूरा करना
नानाकार–*सं०* (वि०) 1 अनेक आकारवाला 2 बहुविध
नानात्मवाद–*सं०* (पु०) यह मत कि प्रत्येक व्यक्ति की आत्मा विश्वात्मा से अलग है
नानात्व–*सं०* (पु०) विविधता, अनेकता
नानार्थ–*सं०* (वि०) 1 अनेक अर्थोंवाला 2 अनेक कामों में काम आनेवाला
नानिहाल–(पु०) ननिहाल
नानी–(स्त्री०) माँ की माँ, मातामही। ~**मरना** अत्यधिक उदास होना
नानुकर, नानुक्कड़–(पु०) 'नहीं'-'नहीं' कहना, मना करना
ना-नू–(स्त्री०) इनकार
नान्येतर–*सं०* (क्रि० वि०) और जगह नहीं, यहीं
नान्ह–(वि०) 1 नन्हा, छोटा 2 हीन वंश का 3 महीन, बारीक
नाप–(स्त्री०) 1 नापना 2 वस्तु का नापने से प्राप्त परिमाण, माप (जैसे-इस ज़मीन की नाप 100 मीटर है) 3 इकाई रूप में निश्चित परिणाम (जैसे-कपड़े की नाप 36 इंच है) 4 इकाई का मानक पात्र (जैसे-दूध नापने का नपना)। ~**काट** (स्त्री०) नापना काटना; ~**जोख,** ~**तौल** (स्त्री०) 1 नापना और तौलना 2 नापकर या तौलकर निर्धारित की गई मात्रा
नापना–(स० क्रि०) मानदंड के अनुसार पदार्थ के विस्तार, परिमाण, मात्रा आदि का निर्धारण करना (जैसे-कुएँ की गहराई नापना, खेत की ऊंबाई नापना, दूध नापना)
नापसंद–*फ़ा०* (वि०) अप्रिय होना
नापसंदगी–*फ़ा०* (स्त्री०) अप्रिय
नापाक–*फ़ा०* (वि०) अपवित्र, अशुद्ध
नापायदार–*फ़ा०* (वि०) 1 अधिक समय तक न चलनेवाला 2 अविश्वसनीय (जैसे-नापायदार ज़िंदगी)
नापास–*हिं० + अं०* (वि०) 1 अस्वीकृत 2 अनुत्तीर्ण
नापित–*सं०* (पु०) नाई, हज्जाम
नापित्य–*सं०* (पु०) नाई का काम
नापैद–*फ़ा०* (वि०) 1 अजन्मा 2 जो उत्पन्न न हुआ हो
नाफ़–*फ़ा०* (स्त्री०) 1 नाभि 2 केंद्र
नाफ़रमानी–*फ़ा०* (स्त्री०) आज्ञा न मानना
नाफ़ा–*फ़ा०* (पु०) 1 मृगनाभि 2 कस्तूरी
नाबदान–*फ़ा०* (पु०) पनाला, नाली। ~**में मुँह मारना** घृणित एवं निंदनीय काम करना
नाबालिग–*फ़ा० + अ०* (वि०) 1 अवयस्क 2 विधि द्वारा

निर्धारित वयस्कता की उम्र से कम। ~**पन** + *हिं०* (पु०) = नाबालिग़ी

नाबालिग़ी–*फ़ा० + अ० + फ़ा०* (स्त्री०) अवयस्कता

नाबूद–*फ़ा०* (वि०) 1 अस्तित्वहीन 2 ग़ायब, लुप्त 3 बर्बाद, विध्वस्त

नाभि–*सं०* (स्त्री०) 1 तुंदी, धुन्नी 2 कस्तूरी, पहिए के बीच का धुरा, पहनाया जानेवाला गड्ढा, नाह। ~**नाड़ी,** ~**नाला** (स्त्री०) गर्भकाल में माता की रसवहा नाड़ी से जुड़ी नाभि की नाड़ी

नाभिक–*सं०* (पु०) परमाणु का केंद्रीय भाग

नाभिकीय–*सं०* (वि०) केंद्रक, केंद्रकीय

नाभिल–*सं०* (वि०) उभरी हुई नाभि वाला

नाभील–*सं०* (पु०) 1 नाभि का गड्ढा 2 स्त्रियों की कमर के नीचे का भाग

नामंजूर–*फ़ा० + अ०* (वि०) अस्वीकृत

नामंजूरी–*फ़ा० + अ० + फ़ा०* (स्त्री०) अस्वीकृति

नाम–(पु०) 1 वस्तु, प्राणी आदि का बोध सूचक शब्द, संज्ञा (जैसे-इस फल का नाम आम है) 2 प्रसिद्धि 3 धाक 4 इज़्ज़त (जैसे-आपने बहुत नाम कमाया) 5 यादगार 6 कुल (जैसे-पूर्वजों का नाम अब नहीं रहा)। ~**कटा** (वि०) जिसका नाम कटा हो; ~**करण** + *सं०* (पु०) नाम रखना; ~**करण संस्कार** + *सं०* (पु०) नाम रखने की रस्म; ~**कर्म** *सं०* (पु०) = नामकरण; ~**कीर्तन** + *सं०* (पु०) ईश्वर के नाम का उच्च स्वर में जाप करना; ~**कोश** + *सं०* (पु०) = नाममाला; ~**गोत्रहीन** + *सं०* (वि०) बिना नाम और गोत्र का; ~**ग्रहण** + *सं०* (पु०) नाम धारण करना; ~**ग्राम** + *सं०* (पु०) नाम-गाँव, पता-ठिकाना; ~**बाक़ी** (स्त्री०), ~**शेष** (पु०) खाते में बैंक को देने की राशि; ~**तालिका** + *सं०* (स्त्री०) = नामपट्ट; ~**धराई** (स्त्री०) 1 नाम रखना 2 नाम रखने का पारिश्रमिक; ~**धातु** + *सं०* (स्त्री०) संज्ञा से बनी क्रिया धातु (जैसे-हथियाना, लतियाना); ~**धाम** + *सं०* (पु०) = नामग्राम; ~**धारक** + *सं०*, ~**धारी** (वि०) नाम मात्र का; ~**निर्दिष्ट** + *सं०* (वि०) नाम से संकेत किया हुआ; ~**निर्देशन** + *सं०* (पु०) नाम से संकेत करना; ~**निर्देश पत्र** + *सं०*, ~**पट्ट** + *सं०* (पु०) नाम, संस्था आदि का नोम लिखने का तख्ता, साइनबोर्ड; ~**पत्र** + *सं०* (पु०) नाम लिखी काग़ज़ की पर्ची, लेबल; ~**पत्रित** + *सं०* (वि०) नाम पत्र लगाया हुआ; ~**बोला** (पु०) ईश्वर का जाप करनेवाला व्यक्ति; ~**मात्र** + *सं०* (क्रि० वि०) कहने भर को, अत्यल्प ~**माला** + *सं०* (स्त्री०) ~**राशि** (स्त्री०) 1 एक ही नाम के व्यक्ति; ~**लिखाई** (स्त्री०) 1 नाम लिखाना 2 नाम लिखाने का शुल्क; ~**लेखन शुल्क** + *सं०* (पु०) नाम लिखने का शुल्क; ~**लेवा** (पु०) 1 मृतक को याद करनेवाला व्यक्ति 2 संतान, औलाद; ~**वर्जित** + *सं०* (वि०) 1 नामहीन 2 मूर्ख; ~**वाचक** + *सं०* I (वि०) नाम बतलानेवाला II (पु०) व्यक्तिवाचक संज्ञा; ~**शेष** + *सं०* (वि०) 1 अस्तित्वहीन 2 ध्वस्त 3 मृत; ~**सूची** + *सं०* (स्त्री०) नाम तालिका; ~**हँसाई** (स्त्री०) नाम का उपहास होना; ~**उछलना** बदनामी होना; ~**उछालना** बदनाम करना; ~**उठ जाना** अस्तित्व समाप्त होना; ~**कमाना प्रसिद्ध होना**; ~**करना** मशहूर होना; ~**के लिए करना** मर्यादा की रक्षा हेतु करना; ~**को मरना** कीर्ति हेतु प्रयत्न करना; ~**चमकना** मशहूर होना, यश फैलना; ~**चलना** अस्तित्व बना रहना; ~**डुबाना** मर्यादा नष्ट करना; ~**तक मिट जाना** कुछ भी चिह्न शेष न रहना; ~**पर बैठना** धैर्यपूर्वक बैठे रहना; ~**पर मरना** मान रक्षा हेतु बहुत कुछ सहना; ~**पाना** प्रसिद्ध होना; ~**बदनाम करना** कलंक लगाना; ~**भर बाकी रहना** यश रूप में केवल स्मृति शेष रह जाना; ~**लगना** दोष लगना; ~**लगाना** दोषारोपण करना, कलंक लगाना

नामक–*सं०* (वि०) नाम का, नामवाला

नामज़द–*फ़ा०* (वि०) 1 नामांकित करना 2 मनोनीत 3 प्रसिद्ध, ख्याति

नामज़दगी–*फ़ा०* (स्त्री०) 1 नामांकित करना, नामांकन 2 मनोनीत करना। ~**अफ़सर** + *अं०* (पु०) नामांकन अधिकारी

नामतः–*सं०* (क्रि० वि०) नाम से

नामदार–*फ़ा०* (वि०) नामवर, प्रसिद्ध

नामधेय–I *सं०* (वि०) नामवाला II (पु०) 1 नाम 2 नामकरण

नामन–*सं०* (पु०) नामांकन करना। ~**कर्ता** (पु०) नामांकन करनेवाला

नाम-निशान–*फ़ा०* (पु०) पता-ठिकाना, चिह्न (जैसे-नाग निशान का पता लगाना)

नाम-निहाद–*फ़ा०* (वि०) नाम मात्र का

नामर्द–*फ़ा०* (वि०) 1 नपुंसक 2 कायर, भीरु

नामर्दी–*फ़ा०* (स्त्री०) 1 नपुंसकता 2 कायरता, भीरुता

नामवर–*फ़ा०* (वि०) अति प्रसिद्ध

नामवरी–*फ़ा०* (स्त्री०) प्रसिद्धि

नामांक–I *सं०* (पु०) लिखित नामों पर लगाई संख्या II (वि०) नामांकित

नामांकन–*सं०* (पु०) 1 नाम अंकित करना 2 नाम प्रस्तावित करना 3 आधिकारिक रूप से नियुक्त किया जाना, नामिनेशन। ~**पत्र** (पु०) वह पत्र जिसमें चुनाव में उम्मीदवार के रूप में खड़े होनेवाले व्यक्ति द्वारा अपनी योग्यता आदि का विवरण देकर चुनाव अधिकारी को दिया जाता है

नामांकित–*सं०* (वि०) 1 जिस पर नाम अंकित किया गया हो 2 जिसका नामांकन हुआ हो, नामज़द, नामिनेटेड 3 प्रसिद्ध

नामांतर–*सं०* (पु०) 1 दूसरा नाम 2 उपनाम

नामांतरण–*सं०* (पु०) 1 नाम बदलना 2 रजिस्टर में दूसरे का नाम चढ़ाना

नामाक़ूल–*फ़ा० + अ०* (वि०) 1 अनुपयुक्त, अनुचित 2 बेढंगा, बेढब 3 अयोग्य

नामात्मक–*सं०* (वि०) नामवाला

नामानिगार–*फ़ा०* (पु०) संवाददाता

नामानुक्रमणिका–*सं०* (स्त्री०) नाम तालिका

नामापराध–*सं०* (पु०) सम्मानित व्यक्ति का नाम लेकर अनुचित शब्दों का प्रयोग करना, सम्मानित व्यक्ति को अपशब्द कहना

नामालूम–*फ़ा० + अ०* (वि०) अज्ञात

नामावली–*सं०* (स्त्री०) 1 नाम, व्यक्तियों आदि की सूची

2 राम, कृष्ण आदि देवताओं के नाम का छपा वस्त्र
नामिक–*सं०* (वि०) 1 नाम संबंधी 2 नाम भर का, नामिनल
नामिका–*सं०* (स्त्री०) विषय विवेचन हेतु किसी को चुनने की सूची पैनेल
नामी–(वि०) 1 नामवाला 2 नामवर, प्रसिद्ध। ~**गिरामी** (वि०) प्रसिद्ध और पूजनीय
नामीनेशन-पेपर–*अं०* (पु०) नामांकन पत्र
नामुनासिब–*फ़ा० + अ०* (वि०) अनुचित
नामुमकिन–*फ़ा० + अ०* (वि०) असंभव
नामुराद–(वि०) अभागा
नामुलायम–*फ़ा० + अ०* (वि०) अकोमल, कड़ा
नामुवाफ़िक़–*फ़ा० + अ०* (वि०) अननुकूल
नामुसी–*अ० + हिं* (स्त्री०) 1 बेइज़्ज़ती, अप्रतिष्ठा 2 बदनामी, निंदा
नामोनिशान–*फ़ा०* (पु०) = नाम-निशान
नामोल्लेख–*सं०* (पु०) नाम का उल्लेख
नामौजूदगी–*फ़ा० + अ० + फ़ा०* (स्त्री०) अनुपस्थिति
नाम्य–*सं०* (वि०) 1 झुकाए जाने योग्य 2 लचीला
नायक–*सं०* (पु०) 1 *साहि०* रचना का महान् पुरुष (जैसे-धीरोद्धत नायक, धीर ललितनायक) 2 अधिपति, स्वामी (जैसे-गण-नायक) 3 आज्ञानुसार चलानेवाला व्यक्ति 4 प्रधान अधिकारी 5 शृंगार रस की रचना में आलंबन विभाव। ~**ता** (स्त्री०) = नायकत्व
नायकत्व–*सं०* (पु०) नायक होने की अवस्था
नायन–(स्त्री०) 1 नाई जाति की स्त्री 2 नाई की पत्नी
नायब–*अ०* (वि०) 1 सहायक (जैसे-नायब तहसीलदार) 2 प्रतिनिधि बनकर काम करनेवाला
नायबी–*अ० + फ़ा०* (स्त्री०) 1 नायब का पद 2 नायब का काम
नायलन–*अं०* (पु०) = नाइलन
नायाब–*फ़ा०* (वि०) 1 अप्राप्य 2 दुष्प्राप्य
नायिका–*सं०* (स्त्री०) 1 स्वामिनी 2 पत्नी 3 *साहि०* नाटक आदि की प्रधान पात्री 4 शृंगार रस में पुरुष से संबंध रखनेवाली पात्री (जैसे-परकीया नायिका)
नारंग–*सं०* (पु०) नारंगी का पेड़ और फल
नारंगी–I (स्त्री०) नीबू की जाति का एक पेड़ एवं उसका फल II (वि०) नारंगी के रंग का III (पु०) नारंगी का रंग
नार–I (स्त्री०) 1 गला 2 गर्दन, ग्रीवा
नार–II *सं०* (वि०) 1 मनुष्य संबंधी, नर का आध्यात्मिक। ~**सिंह** (पु०) नृ-सिंह
नार–III *बो०* (पु०) 1 नवजात शिशु की गर्भ से बँधी रहनेवाली नाड़ी, नली, नाल 2 नाड़ा, नाला (जैसे-घाघरे का नार टूट गया)
नारक–*सं०* (पु०) 1 नर्क, नरक 2 नर्क में रहनेवाला प्राणी
नारकी–*सं०* (वि०) 1 नर्क में पड़ा हुआ 2 नर्क में जानेवाला, दुराचारी, पापी
नारकीय–*सं०* (वि०) 1 नर्क से संबद्ध 2 नर्क में होनेवाला 3 अत्यंत दुराचारी, घोर पापी
नारद–*सं०* (पु०) 1 ईश्वर के परम भक्त एवं ब्रह्मा के पुत्र 2 लड़ाई-झगड़ा लगानेवाला व्यक्ति
नारा–I (पु०) कुआँ
नारा–II *अ०* (पु०) 1 ज़ोर का शब्द, तेज़ आवाज़ बुलंद की जानेवाली सामूहिक आवाज़ (जैसे-भारत माता की जय का नारा लगाना)
नाराच–*सं०* (पु०) लोहे का बाण
नाराज़–*फ़ा० + अ०* (वि०) नाखुश, अप्रसन्न। ~**गी** *+ फ़ा०* (स्त्री०) अप्रसन्नता
नाराज़ी–*फ़ा० + अ०* (स्त्री०) नाराज़गी
नारायण–*सं०* (पु०) भगवान, ईश्वर
नारायणी–*सं०* (स्त्री०) 1 दुर्गा 2 लक्ष्मी
नारायणीय–*सं०* (त्रि०) नारायण से संबंध रखनेवाला
नाराशंस–*सं०* (वि०) मानव स्मृति से संबंध रखनेवाला
नारिकेल–*सं०* (पु०) नारियल का पेड़ एवं उसका फल
नारियल–(पु०) खजूर की जाति का एक ऊँचा पेड़ एवं उसका फल (जैसे-नारियल तोड़ना)
नारियली–(स्त्री०) 1 नारियल की खोपड़ी 2 नारियल की खोपड़ी से बना हुक्का 3 नारियल की ताड़ी
नारी–*सं०* (स्त्री०) 1 गुण प्रधान स्त्री, महिला 2 वयस्क स्त्रियों एवं युवतियों की सामूहिक संज्ञा (जैसे-भारतीय नारियाँ पतिव्रता होती हैं) 3 प्रकृति 4 माया। ~**गत** (वि०) स्त्री संबंधी; ~**जाति** (स्त्री०) नारी समूह; ~**तरंगक** (पु०) 1 स्त्रियों के चित्त को चंचल करनेवाला पुरुष 2 व्यभिचारी व्यक्ति; ~**रोग** (पु०) स्त्री रोग
नारीत्व–*सं०* (पु०) नारी होने की अवस्था, नारी-भाव
नारू–I (पु०) जूँ, ढील II (पु०) क्यारियों में होनेवाली बोआई
नारेबाज़ी–*अ० + फ़ा०* (स्त्री०) नारे लगाना
नालंदा–(पु०) भारत का जगत्-प्रसिद्ध प्राचीन विश्वविद्यालय
नाल–I *सं०* (स्त्री०) 1 कमल, कुमुद आदि की लंबी डंडी, डाँडी 2 पौधों का डंठल, कांड 3 बंदूक की नली
नाल–II *सं०* (पु०) नाभि एवं गर्भाशय से जुड़ी रहनेवाली नली, आँवला (जैसे-नाल काटना)। ~**कटाई** (स्त्री०) 1 नाभि की नाड़ी काटने की रस्म 2 नाल कटाई का पारिश्रमिक
नाल–III *अ०* (पु०) अर्द्धचंद्राकार लोहे का टुकड़ा (जैसे-घोड़े के खुर में नाल लगाना, जूते का नाल)। ~**बंद** *+ फ़ा०* (पु०) 1 घोड़े के खुर में नाल जड़नेवाला व्यक्ति 2 जूते में नाल लगानेवाला मोची; ~**बंदी** *+ फ़ा०* (स्त्री०) नाल जड़ने का काम
नाल-कटाई–(स्त्री०) 1 नाल काटना 2 नाल काटने का पारिश्रमिक
नालकी–(स्त्री०) पालकी
नाला–(पु०) कृत्रिम जल मार्ग (जैसे-शहर का गंदा नाला)
नालायक–*फ़ा० + अ०* (वि०) 1 अयोग्य 2 मूर्खतापूर्ण आचरण करनेवाला
नालायकी–*फ़ा० + अ० + फ़ा०* (स्त्री०) 1 अयोग्यता 2 मूर्खता से युक्त आचरण
नालिका–*सं०* (स्त्री०) 1 छोटी नाल 2 नाली
नालिश, नालिस–*फ़ा०* (स्त्री०) 1 फरियाद, अभियोग 2 मुकदमा (जैसे-नालिश करना)
नाली–I (स्त्री०) 1 छोटा नाला, मोरी 2 छिछला जलमार्ग

(जैसे-खेत की नाली) 3 पतला नल, नली। ~**दार** + *फ़ा०* (वि०) नाली से युक्त
नाली–II *सं०* (स्त्री०) नाड़ी
नालौट–(वि०) मुकरनेवाला
नाव–(स्त्री०) नौका, किश्ती। ~**घाट** (पु०) नदी, झील में नाव के रहने का स्थान; ~**बेड़ा** (पु०) नाव का बेड़ा; ~**में धूल उड़ाना** बिल्कुल झूठ बोलना
नावक–*फ़ा०* (पु०) 1 छोटा तीर 2 मधुमक्खी का डंक
नावक़्त–*फ़ा०* + *अ०* (क्रि० वि०) 1 अनुपयुक्त समय में 2 देर करके
नावना–I (स० क्रि०) 1 अंदर गिराना 2 घुसाना
नावना–II (स० क्रि०) नवाना, झुकाना
नावल–*अं०* (पु०) उपन्यास
नावलिस्ट–*अं०* (पु०) उपन्यासकार
नावाक़िफ़–*फ़ा०* + *अ०* (वि०) 1 अनजान, अपरिचित 2 अज्ञात
नावाक़िफ़ियत–*फ़ा०* + *अ०* (स्त्री०) अपरिचय
नावाजिब–*फ़ा०* + *अ०* (वि०) अनुचित
नावाधिकरण–*सं०* (पु०) 1 नौसेना से संबंधित विभाग 2 नौसेना का अधिकारी वर्ग 3 जहाज़ी बेड़ा
नाविक–*सं०* (पु०) माँझी, मल्लाह। ~**दल** (पु०) मल्लाहों का समूह; ~**विद्रोह** (पु०) मल्लाहों का विद्रोह; ~**सेना** (स्त्री०) जल सेना, नौसेना
नावी–*सं०* (पु०) मल्लाह, माँझी
नावेल–*अं०* (पु०) = नावल
नाव्य–*सं०* (वि०) नाव से पार होने योग्य
नाश–*सं०* (पु०) 1 अस्तित्व न रहना, सत्ता समाप्त हो जाना 2 बर्बादी, लय 3 ध्वस्त होना। ~**कारक**, ~**कारी** (वि०) नाश करनेवाला, नाशक; ~**धर्मी** (वि०) = नाशवान्; ~**मूलक** (वि०) नाशक; ~**वाद** (पु०) विश्व में सभी अस्तित्वमान पदार्थ एवं प्राणी का नाश अवश्य होगा ऐसा सिद्धांत, मत; ~**वादी** (वि०) नाशवाद के सिद्धांत को माननेवाला, नाशवाद का समर्थक
नाशक–*सं०* (वि०) 1 नाश करनेवाला 2 वध करनेवाला (जैसे-कुलनाशक)
नाशन–I *सं०* (पु०) नाश करना II (वि०) नाश करनेवाला
नाशपाती–*फ़ा०* (स्त्री०) सेव की जाति का एक प्रसिद्ध पेड़ एवं उसका फल
नाशमय, नाशमान्, नाशवान्–*सं०* (वि०) नष्ट हो जानेवाला, नश्वर
नाशाइस्ता–*फ़ा०* (वि०) 1 अनुचित 2 असभ्य, अशिष्ट 3 अश्लील
नाशाद–*फ़ा०* (वि०) 1 दुःखी, नाखुश 2 अभागा, बदनसीब
नाशित–*सं०* (वि०) नष्ट, नाश हुआ
नाशी–*सं०* (वि०) 1 नाशक 2 नश्वर
नाशुदनी–*फ़ा०* (वि०) 1 असंभव 2 अभागा
नाश्ता–*फ़ा०* (पु०) कलेवा
नाश्य–*सं०* (वि०) नाश योग्य
नास–I (स्त्री०) 1 नाक से सूँघी जानेवाली औषध, नस्य 2 सुँघनी, नसवार। ~**दान** + *फ़ा०* (पु०) सुँघनी रखने की डिबिया
नास–II (पु०) नाश
नासपाल–*फ़ा०* (पु०) कच्चे अनार का छिलका
नासपाली–I *फ़ा०* (पु०) अनारी रंग II (वि०) अनारी रंग का
नास-पीटा–(वि०) नष्ट हो जाने योग्य
नासमझ–*फ़ा०* + *हिं०* (वि०) 1 मूर्ख 2 नादान
नासमझी–*फ़ा०* + *हिं०* (स्त्री०) 1 मूर्खता 2 नादानी
नास-मिटा–(वि०) नष्ट और मिटा हुआ (गाली)
नासा–*सं०* (स्त्री०) 1 नाक 2 नथना। ~**पुट** (पु०) नथना; ~**मल** (पु०) नाक की मैल; ~**स्राव** (पु०) नाक से पानी निकलना
नासाग्र–*सं०* (पु०) नाक का अगला नुकीला भाग
नासाफ़–*फ़ा०* + *अ०* (वि०) गंदा
नासिका–*सं०* (स्त्री०) 1 नाक, नासा 2 नाक की तरह कोई चीज़। ~**विवर** (पु०) नाक का छेद
नासिकाग्र–*सं०* (पु०) = नासाग्र
नासिक्य–I *सं०* (वि०) नाक से उत्पन्न II (पु०) 1 नासिका, नाक 2 अनुनासिक स्वर
नासिर–*अ०* (पु०) गद्य लेखक
नासीर–I *सं०* (वि०) आगे-आगे चलनेवाला II (पु०) सेना का अगला भाग
नासूर–*अ०* (पु०) ऐसा घाव जिसमें से बराबर मवाद निकलता हो, नाड़ी व्रण। **आँखों का ~हो जाना** बहुत खटकना; **छाती में ~डालना** अत्यधिक दुःख देना
नास्तिक–*सं०* (पु०) ईश्वर की सत्ता को न माननेवाला। ~**ता** (स्त्री०) नास्तिक होने का भाव; ~**वाद** (पु०) ईश्वर को न मानने का सिद्धांत; ~**वादी** (वि०) नास्तिकवाद का पक्षपाती
नास्तिक्य–*सं०* (पु०) नास्तिकता
नास्तिवाद–*सं०* (पु०) नास्तिकों का तर्क
नास्य–I *सं०* (वि०) नाक का 2 नाक से उत्पन्न II (पु०) नाथ, रस्सी
नाहक़–*फ़ा०* + *अ०* (क्रि० वि०) व्यर्थ
नाह-नूँह–(स्त्री०) 1 कई बार 'ना'- 'ना' या 'नहीं'-'नहीं' का शब्द करना 2 इनकार
नाहर–(पु०) 1 शेर, सिंह 2 बाघ 3 वीर एवं साहसी पुरुष
नाहीं–(क्रि० वि०) दे० नहीं
निंदक–*सं०* (वि०) निंदा करनेवाला
निंदन–*सं०* (पु०) निंदा करना
निंदनीय–*सं०* (वि०) निंदा किए जाने योग्य, निंदा योग्य
निंदा–*सं०* (स्त्री०) 1 बुराई करना 2 झूठ-मूठ दोष निकालना 3 बदनामी, अपकीर्ति, अपयश। ~**प्रद** (वि०) निंदा देनेवाला या लानेवाला ~**प्रस्ताव** (पु०) कार्य आदि के प्रति असंतोष प्रकट करने हेतु अधिकारी, अध्यक्ष आदि के समक्ष प्रस्तुत किया जानेवाला प्रस्ताव, सेंसर मोशन; ~**सूचक** (वि०) निंदा का बोध करानेवाला; ~**स्तुति** (स्त्री०) 1 निंदा और प्रशंसा 2 व्याज स्तुति
निंदाई–(स्त्री०) निराई
निंदासा–(वि०) 1 जिसे नींद आती हो 2 अलसाया हुआ
निंदास्पद–*सं०* (वि०) = निंदनीय

निंदित–*सं०* (वि०) निंदा की गई
निंदिया–(स्त्री०) नींद
निंद्य–*सं०* (वि०) निंदनीय
निंब–*सं०* (पु०) नीम
निंबू–(पु०) नीबू
निंबोली–(पु०) निबौरी
निःकपट–*सं०* (वि०) = निष्कपट
निःपरिश्रम–*सं०* (वि०) बिना मेहनत का (जैसे- निः परिश्रम कारावास)
निःशंक–I *सं०* (वि०) निडर II (क्रि० वि०) बिना डर के
निःशक्त–*सं०* (वि०) शक्तिहीन, असमर्थ
निःशब्द–*सं०* (वि०) 1 बिना शब्द का, शब्द रहित 2 जिसमें शब्द, आवाज़ न हो
निःशब्दक–*सं०* (पु०) एक उपकरण जो यंत्र को शब्द करने से रोकता है, साइलेंसर
निःशस्त्र–*सं०* (वि०) बिना हथियार का, निहत्था
निःशस्त्रीकरण–*सं०* (पु०) हथियारों की होड़ खत्म करना, हथियारों को कम करना
निःशुक्र–*सं०* (वि०) निरुत्साह, ओजहीन
निःशुल्क–*सं०* (वि०) 1 शुल्करहित (जैसे-निःशुल्क शिक्षा) 2 शुल्क न देनेवाला (जैसे-निःशुल्क विद्यार्थी)
निःशून्य–*सं०* (वि०) बिल्कुल खाली
निःशेष–*सं०* (वि०) जिसमें कुछ भी न बचा हो, समाप्त
निःशोक–*सं०* (वि०) शोकरहित
निःशोध्य–*सं०* (वि०) 1 जिसका शोधन न किया जा सके 2 जो परिमार्जन योग्य न हो
निःश्रेणी–*सं०* (स्त्री०) सीढ़ी
निःश्वसन–I *सं०* (पु०) साँस बाहर फ़ेंकना II (वि०) साँस बाहर निकालनेवाला
निःश्वास–*सं०* (पु०) 1 साँस का बाहर आना 2 लंबी साँस (जैसे-निःश्वास छोड़ना)
निःसंकोच–*सं०* (क्रि० वि०) = निस्संकोच
निःसंख्य–*सं०* (वि०) = अनगिनत, बे-शुमार
निःसंग–*सं०* (वि०) = निस्संग
निःसंतान–*सं०* (वि०) = निस्संतान
निःसंदिग्ध–*सं०* (वि०) = निस्संदेह
निःसंदेह–I *सं०* (वि०) संदेहरहित II (क्रि० वि०) 1 बिना संदेह के 2 बेशक, अवश्य
निःसंधि–*सं०* (वि०) 1 संधिरहित 2 दृढ़, पक्का 3 कसा हुआ
निःसंबल–I *सं०* (वि०) 1 संबलहीन 2 असहाय II (क्रि० वि०) बिना सहारे के
निःसंबाध–*सं०* (वि०) 1 बड़ा 2 विस्तृत
निःसंशय–I *सं०* (वि०) निःशंक II (क्रि० वि०) संशय के बिना
निःसत्व–*सं०* (वि०) 1 थोथा, सारहीन 2 निःसार 3 बिना अस्तित्व का
निःसरण–*सं०* (पु०) 1 बाहर आना 2 बाहर आने का रास्ता, निकास
निःसहाय–*सं०* (वि०) = निस्सहाय
निःसीम–*सं०* (वि०) 1 सीमारहित 2 अत्यधिक (जैसे-निःसीम सेवा)
निःसृत–*सं०* (वि०) बाहर आया हुआ
निःस्नेह–*सं०* (वि०) 1 बिना प्रेम का, स्नेहरहित 2 जिसमें तेल न हो
निःस्पृह–*सं०* (वि०) 1 इच्छा, कामना आदि से रहित 2 निःस्वार्थ भाववाला (जैसे-निःस्पृह सेवक)
निःस्राव–*सं०* (पु०) बहकर निकला हुआ अंश
निःस्व–*सं०* (पु०) 1 अपनापन भूला हुआ व्यक्ति 2 निर्धन
निःस्वाद–*सं०* (वि०) बिना स्वाद का
निःस्वामिक–*सं०* (वि०) बिना स्वामी का, अनाथ
निःस्वार्थ–I *सं०* (वि०) स्वार्थ साधन से मुक्त II (क्रि० वि०) बिना स्वार्थ के
निःस्वार्थी–*सं०* (पु०) स्वार्थहीन व्यक्ति
निःस्वीकरण–*सं०* (पु०) दरिद्र बनाना
निआमत–*अ०* (स्त्री०) अलभ्य पदार्थ
निकंदन–I *सं०* (पु०) नाश, संहार II (वि०) नाश करनेवाला, संहारकर्ता
निकट–I *सं०* (क्रि० वि०) 1 पास ही में 2 विचार में II (वि०) पास का (जैसे-निकट संबंधी)। ~**कालीन** (वि०) पास के समय का; ~**पना** + *हिं०* (स्त्री०) = निकटत्व, निकटता; ~**वर्ती** (वि०) = निकटस्थ
निकटत्व–*सं०* (पु०) समीप होने का भाव
निकटस्थ–*सं०* (वि०) पास का, नज़दीकी
निकम्मा–(वि०) 1 बिना काम का (जैसे-निकम्मा आदमी) 2 व्यर्थ का, रद्दी (जैसे-निकम्मी वस्तु)। ~**पन** (पु०) बेकारी
निकर–*सं०* (पु०) 1 झुंड, समूह (जैसे-रवि-कर-निकर) 2 ढेर, राशि (क्रि० वि०) निकट
निकर–*अं०* (पु०) = निक्कर
निकर्तन–*सं०* (पु०) 1 काटना 2 फाड़ना
निकर्मा–(वि०) 1 कुछ काम न करनेवाला, अकर्मण्य 2 आलसी, निकम्मा
निकर्षण–*सं०* (पु०) खेल का मैदान 2 आँगन 3 पड़ोस
निकल–*अं०* (स्त्री०) चाँदी जैसी सफ़ेद एक धातु
निकलना–(अ० क्रि०) 1 बाहर आना, बाहर होना (जैसे-घर से निकलना) 2 प्रकट होना, उदित होना (जैसे-सूरज निकलना) 3 परिधि, मर्यादा, सीमा आदि से बाहर आना (जैसे-चोर जेल से निकल गया, कुएँ से पानी निकलना, संस्था आदि से निकलना) 4 उत्पन्न होना, विकसित होना (जैसे- नया कल्ला, कोंपल निकलना) 5 शरीर पर उत्पन्न होना, उभर आना (जैसे-चेचक निकलना) 6 पास होना (जैसे-वह दसवीं कक्षा से निकल गया) 7 बंधन आदि से रहित होना (जैसे-कमान से तीर निकलना) 8 उद्गम स्थान से बाहर आना (जैसे-अंडे से बच्चा निकलना) 9 रहस्योद्घाटन होना, उद्देश्य आदि का स्पष्टीकरण होना (जैसे- श्लोक का अर्थ निकलना, मुहूर्त निकलना) 10 नए सिरे से सामने आना (जैसे-खान से सोना निकलना, नया क़ानून निकलना) 11 उपयोग में आने योग्य होना (जैसे-नई सड़क निकलना) 12 प्रकाशित होना (जैसे-समाचार निकलना) 13 ज़िम्मे बाक़ी ठहरना

14 मनोरथ पूर्ण होना 15 समस्या का समाधान होना (जैसे-गणित के सभी प्रश्नों का उत्तर निकलना) 16 उच्चारित होना 17 व्यतीत होना, गुज़रना (जैसे-पढ़ने का समय निकल गया) 18 सिद्ध होना (जैसे-भविष्यवाणी सही निकलना) 19 बढ़ना, चलना (जैसे-जुलूस में आगे-आगे निकलना) 20 कर्तव्य, वचन आदि से दूर भागना (जैसे-किसी को फँसाकर चुप-चाप निकल जाना)

निकलवाना–(स० क्रि०) निकालने का काम करना

निकष–*सं०* (पु०) 1 घिसना, रगड़ना 2 कसना 3 कसौटी 4 सान

निकषण–*सं०* (पु०) 1 सान पर चढ़ाना 2 घिसना, रगड़ना 3 कसौटी

निकाई–I (स्त्री०) 1 अच्छापन, अच्छाई 2 सुंदरता, खूबसूरती II (स्त्री०) निराई

निकाज़–(वि०) = निकम्मा

निकाम–(वि०) 1 बिना काम का, निकर्मा 2 निकम्मा

निकाय–*सं०* (पु०) 1 समुदाय 2 निवास स्थान (जैसे-स्थानीय निकाय) 3 झुंड, समूह

निकारण–*सं०* (पु०) मारण, वध

निकालना–(स० क्रि०) 1 बाहर लाना, निर्गत करना (जैसे-कपड़े निकालना, किताबें निकालना) 2 बाहर करना, दूर करना (जैसे-समाज से निकालना) 3 मिश्रण से अलग करना (जैसे-चावल से कंकड़ियाँ निकालना) 4 अस्तित्व मिटाना (जैसे-दवा से शरीर का रोग निकालना, शहर की गंदगी निकालना) 5 सेवा आदि से हटाना (जैसे-दस आदमी नौकरी से निकाले गए) 6 पृथक् करना (जैसे-इसमें से चार लीटर दूध निकाल देना) 7 प्रचलित करना (जैसे-नया क़ानून निकालना) 8 प्रस्तुत करना (जैसे-वैज्ञानिक ने एक नया सिद्धांत निकाला है) 9 प्रकट करना (जैसे-वाक्य का अर्थ निकालना, मुहूर्त निकालना) 10 समाधान प्रस्तुत करना (जैसे-गणित के प्रश्नों के उत्तर निकालना) 11 मनोरथ सफल करना (जैसे अपना काम निकालना) 12 वास्तु रचना प्रस्तुत करना (जैसे-नई रेल लाइन निकालना) 13 प्रचारित करना (जैसे-विज्ञापन निकालना) 14 स्वर उत्पन्न करना (जैसे-मधुर ध्वनि निकालना) 15 व्यतीत करना, गुज़ारना 16 ले जाना (जैसे-बारात निकालना) 17 उद्धार करना

निकाला–(पु०) 1 निकालने का ढंग (जैसे-उसे घर से कैसे निकाला जाय) 2 निकाले जाने का दंड, सज़ा (जैसे-देश निकाला)

निकास–(पु०) 1 निकलना 2 उद्गम स्थान 3 दरवाज़ा, द्वार 4 निकलने का मार्ग 5 खुला स्थान, मैदान। **~टोंटी** (स्त्री०) द्रव पदार्थ निकलने की टोंटी; **~द्वार** *+ सं०* (पु०) निकलने का दरवाज़ा; **~नली** (स्त्री०) (गैस आदि) निकलने की नली; **~पत्र** *+सं०* (पु०) जमा-खर्च और हिसाब की बही, खत्रा; **~वेग** *+सं०* (पु०) निकलने का ज़ोर

निकासी–(स्त्री०) 1 निकलना 2 प्रस्थान 3 माल आदि का बिकना और बाहर आना 4 खपत, बिक्री 5 आय, आमदनी 6 चुंगी (जैसे-माल की निकासी जमा करना)। **~पत्र** *+ सं०* (पु०) चुंगी अदा करने का कागज़

निकाह–*अ०* (पु०) इस्लाम धर्म पद्धति से होनेवाला विवाह (जैसे-निकाह करना, निकाह पढ़ाना)

निकियाना–(स० क्रि०) 1 नोचकर धज्जियाँ अलग करना 2 नोचकर साफ़ करना 3 नोचकर अलग करना

निकिल–*अं०* (पु०) निकल

निकुंचन–*सं०* संकुचन, सिकुड़ना

निकुंज–*सं०* (पु०) वन-वाटिका, कुंज

निकृंतन–*सं०* (पु०) 1 काटना 2 नष्ट करना

निकृत–*सं०* (वि०) 1 अपमानित, तिरस्कृत 2 नीच, अधम 3 दुष्ट, शठ

निकृति–*सं०* (स्त्री०) 1 अपमान, तिरस्कार 2 नीचता 3 दुष्टता

निकृत्त–*सं०* (वि०) 1 काटा हुआ 2 छिन्न, विदीर्ण

निकृष्ट–*सं०* (वि०) नीच, अधम (जैसे-निकृष्ट व्यक्ति, निकृष्ट विचार)। **~ता** (स्त्री०) नीचता

निकेत, निकेतन–*सं०* (पु०) घर, मकान

निकेल–*अ०* (पु०) निकल

निकोचन–*सं०* (पु०) सिकुड़ना

निकोटिनिक–*अं०* (वि०) तंबाकू का

निकोटीन–*अं०* (स्त्री०) तंबाकू का सार

निकोसना–(स० क्रि०) *बो०* 1 दाँत निकालना 2 दाँत किटकिटाना

निकौड़िया–(पु०) अत्यंत दरिद्र

निक्कर–*अं०* (पु०) चौड़ी मोरी का घुटनों तक पहननेवाला एक पहनावा

निक्का–(वि०) सबसे छोटा भाई

निक्षिप्त–*सं०* (वि०) 1 फेंका हुआ 2 त्यागा हुआ, त्यक्त 3 जमा किया हुआ, डिपाज़िटेड 4 भेजा हुआ

निक्षिप्तक–*सं०* (पु०) 1 भेजी गई वस्तु, कन्साइनमेंट 2 जमा किया हुआ

निक्षेप–*सं०* (पु०) 1 फेंकना 2 भेजना 3 अमानत, धरोहर 4 धरोहर रखना 5 भेजी गई वस्तु 6 जमा किया गया धन। **~कर्ता** (पु०) निक्षेप करनेवाला

निक्षेपक–I *सं०* (वि०) 1 फेंकनेवाला 2 छोड़नेवाला II (पु०) 1 निक्षेपकर्ता 2 धरोहर रखनेवाला 3 जमा करनेवाला, डिपाजिटर, जमाकर्ता

निक्षेपण–*सं०* (पु०) 1 फेंकना 2 चलाना 3 त्यागना 4 जमा करना 5 धरोहर रूप में रखना

निक्षेपित–*सं०* (वि०) निक्षिप्त

निक्षेपी–*सं०* (वि०) 1 फेंकनेवाला 2 धरोहर रूप में रखनेवाला

निखंड–*सं०* (वि०) मध्य

निखट्टर–(वि०) कठोर हृदयवाला, निर्दय और निष्ठुर

निखट्टू–(वि०) 1 निकम्मा 2 बेकार, व्यर्थ

निखरचे–*हिं० +फ़ा०* (क्रि० वि०) बिना ख़र्च किए

निखरना–(अ० क्रि०) 1 निर्मल होना, साफ़ होना 2 रूप आदि खिलना 3 परिमार्जित होना

निखरवाना–(स० क्रि०) निखारने का काम कराना

निखरी–(स्त्री०) पक्की रसोई

निखात–*सं०* (वि०) 1 खोदा हुआ 2 खोदकर निकाला हुआ 3 गाड़ा हुआ

निखार–(पु०) 1 निखरना 2 निर्मलता, स्वच्छता 3 सजावट

निखारना–(स० क्रि०) 1 साफ़ करना, निर्मल बनाना 2 पवित्र करना

निख़ालिस–*हिं+अ०* (वि०) विशुद्ध, पवित्र

निखिल–*सं०* (वि०) 1 अखिल, संपूर्ण 2 सारा, समस्त। **~भारतवर्षीय** (वि०) अखिल भारतीय

निखुटना–(अ० क्रि०) 1 घट जाना 2 समाप्त होना

निखोट–I (वि०) 1 बिल्कुल शुद्ध, दोष रहित 2 खरा, साफ़ 3 निष्कपट, निश्छल II (क्रि० वि०) स्पष्ट रूप से

निखोड़ना–(स० क्रि०) 1 खोदना (जैसे-नाखून से निखोड़ना) 2 नोचकर अलग करना)

निखोड़ा–(वि०) 1 शीघ्र ही आवेश में आनेवाला 2 निष्ठुर, क्रूर

निगंदना–(सं० क्रि०) तागना

निगड़–*सं०* (स्त्री०) 1 ज़ंजीर, आँदू 2 बेड़ी; **~बद्ध** (वि०) निगड़ित

निगड़ित–*सं०* (वि०) निगड़ से बँधा हुआ

निगद–*सं०* (पु०) 1 कहना, बोलना 2 कथन, उक्ति 3 ज़ोर-ज़ोर से जपना 4 रटना

निगदित–*सं०* (वि०) कथित, उक्त, कथोपकथन, व्याख्यान

निगम–*सं०* (पु०) 1 विधान के अनुसार अस्तित्व में आई हुई संस्था (जैसे-जल-निगम, सेतु -निगम) 2 रोज़गार, व्यापार, 3 पथ, रास्ता, वेद का कोई अंश 4 मेला 5 कारवाँ 6 कायस्थ जाति का एक भेद 7 महापालिका। **~अधिकारी** (पु०) निगम का मुख्य अधिकारी, प्रधान अधिकारी, प्रशासक; **~कमिश्नर** *+अं०* (पु०) = निगमायुक्त; **~कर** (पु०) औद्योगिक निगमों पर लगनेवाला टैक्स, कर; **~प्रशासन** (पु०) निगम के सभी कार्य-व्यापार, काम-धंधे; **~निकाय** (पु०) संस्था **~पति** (पु०) 1 निगम का प्रधान अधिकारी 2 नगर-प्रमुख

निगमन–*सं०* (पु०) 1 संस्था आदि को निगम का रूप देना 2 अनुमान के लिए कम सामान्य से अधिक सामान्य का निष्कर्ष निकालना।

निगमागम–*सं०* (पु०) वेद-शास्त्र

निगमायुक्त–*सं०* (वि०) 1 निगम-कमिश्नर 2 निगम का प्रधान अधिकारी

निगमित–*सं०* (वि०) निगम रूप में आया हुआ, निगम में परिणत

निगमी–*सं०* (वि०) वेद का ज्ञाता, वेदज्ञ। **~करण** (पु०) निगम का रूप देना

निगरा–(वि०) (उख का रस) बिना पानी मिला हुआ, ख़ालिस

निगरान–*फ़ा०* (वि०) देखभाल करनेवाला

निगरानी–*फ़ा०* (स्त्री०) देख-भाल, निरीक्षण (जैसे-निगरानी करना)

निगलना–(स० क्रि) 1 घोंट जाना (जैसे-दवा की टिकिया निगलना) 2 हड़प लेना (जैसे- वह सारा रुपया निगल गया)

निगह–*फ़ा०* (स्त्री०) = निगाह। **~बान** (वि०) 1 देख-रेख करनेवाला 2 रक्षक; **~बानी** (स्त्री०) देखरेख, रखवाली

निगाली–(स्त्री०) 1 हुक्के की नली का मुँह में लगा हुआ भाग 2 बाँस की पतली नली

निगाह–*फ़ा०* (स्त्री०) 1 नज़र, दृष्टि 2 कृपा-दृष्टि 3 विचार, समझ 4 ध्यान (जैसे-निर्धनों पर भी निगाह डालना) 5 सूक्ष्म-दृष्टि (जैसे-बारीक निगाह से देखना)। **~ करना, ~रखना** 1 रखवाली करना 2 ख़याल रखना

निगीर्ण–*सं०* (वि०) 1 निगला हुआ 2 अंतर्भूत, समाविष्ट

निगुंफ–*सं०* (पु०) 1 सघन गुच्छा 2 चुस्त रचना 3 घनी गुंथाई

निगूढ़–*सं०* (वि०) 1 रहस्यपूर्ण अर्थवाला 2 अत्यंत गुप्त

निगूढ़ार्थ–I *सं०* (वि०) निगूढ़ अर्थवाला II (पु०) गुप्त अर्थ

निगूहन–(पु०) छिपाना, गोपन

निगृहीत–*सं०* (वि०) 1 पकड़ा हुआ, गिरफ़्तार 2 वश में किया हुआ 3 दबाया हुआ 4 आक्रमण किया हुआ, आक्रमित 5 विवाद में पराजित 6 आक्रांत 7 पीड़ित

निगृहीति–*सं०* (स्त्री०) 1 बाधा 2 रोक 3 आक्रमण 4 हार

निगेटिव–I *अं०* (पु०) वह प्लेट जिसपर प्रकाश एवं छाया का अक्स उल्टा पड़ता हो (जैसे-निगेटिव रील) II (वि०) 1 नकारात्मक ऋणात्मक (जैसे-निगेटिव तथा पाजिटिव धारा)

निगोड़ा–(वि०) 1 अकर्मण्य 2 अभागा

निग्रह–*सं०* (पु०) 1 रोक, अवरोध 2 वश में करना 3 बाँधना 4 दंड, सज़ा 5 अनुग्रह का अभाव 6 पीड़ित करना, सताना 7 भर्त्सना

निग्रहण–*सं०* (पु०) 1 निग्रह करना 2 पराभव

निग्रही–*सं०* (वि०) 1 निग्रह करनेवाला 2 दमन करनेवाला 3 दंड देनेवाला

निग्राहक–*सं०* (वि०) दमन करनेवाला

निघंटु–*सं०* (पु०) 1 वैदिक शब्दों की सूची 2 शब्दों की सूची, शब्दकोश

निघर-घट–(वि०) 1 बिना ठौर-ठिकाने का 2 निर्लज्ज, बेशर्म

निघरा–(वि०) 1 घर-द्वार रहित 2 निगोड़ा, नीच (जैसे-निघरा कहीं का)

निघर्षण–*सं०* (पु०) रगड़, घिसावट

निघस–*सं०* (पु०) आहार, भोजन, खाना

निघात–*सं०* (पु०) 1 आघात, प्रहार 2 संगीत में अनुदात्त स्वर

निघुष्ट–*सं०* (पु०) 1 शब्द, आवाज 2 शोरगुल

निघृष्ट–*सं०* (वि०) 1 रगड़ खाया हुआ 2 रगड़ा हुआ 3 पराभूत, पराजित

निचय–*सं०* (वि०) 1 ढेर, राशि 2 समूह 3 संचय 4 निश्चय

निचयन–*सं०* (पु०) 1 इकट्ठा करना 2 खाते में जमा करना

निचला–I (वि०) नीचेवाला (जैसे-मकान का निचला हिस्सा)

निचला–II (वि०) नीचे का

निचाई–I (स्त्री०) 1 नीचापन 2 नीचे की ओर का फैलाव II (स्त्री०) नीचता, खोटाई

निचान–(स्त्री०) 1 नीचापन 2 ढाल (जैसे-निचान का खेत)

निचाय–*सं०* (पु०) ढेर, राशि

निचित–(वि०) = निश्चिंत

निचुड़ना–(अ० क्रि०) निचोड़ा जाना, गरना (जैसे-नींबू निचुड़ना)

निचोड़–(पु०) 1 निचोड़ने पर निकला हुआ रस, पानी आदि (जैसे-नींबू का निचोड़) 2 सारांश (जैसे-बात का निचोड़)

निचोड़ना–(स० क्रि०) 1 दबाकर, ऐंठकर तरल पदार्थ निकालना, गारना (जैसे-कपड़ा धुलकर निचोड़ना) 2 तत्व निकालना (जैसे-नींबू, आम आदि निचोड़ना) 3 सर्वस्व ले लेना (जैसे-एक-एक पाई निचोड़ना)

निचोल–*सं०* (पु०) 1 शरीर ढकने का कपड़ा, आच्छादन 2 ओढ़नी 3 चादर 4 उत्तरीय 5 कपड़ा, वस्त्र

निचौहाँ–(वि०) 1 नीचे झुका हुआ, नत 2 नीचा

निछक्का–(पु०) एकांत स्थान, निर्जन स्थान

निछत्र–I (वि०) 1 छत्रहीन 1 राज चिह्न रहित 3 राज्यहीन II (वि०) क्षत्रियों से रहित, क्षत्रियहीन

निछला–I (वि०) निश्चल II (वि०) खालिस

निछान–I (वि०) *बो०* विशुद्ध, खालिस II (क्रि० वि०) एकदम, बिल्कुल

निछावर–(स्त्री०) 1 रूप, गुण, समृद्धि आदि की सुरक्षा हेतु व्यक्ति, शिशु के ऊपर चारों ओर से कोई वस्तु घुमाकर उत्सर्ग करना 2 उत्सर्ग की गई वस्तु 3 नेग 4 इनाम

निछोही–(वि०) बिना लगाव का

निज–I *सं* (वि०) 1 अपना 2 मुख्य, प्रधान 3 ठीक, यथार्थ II (क्रि० वि०) 1 निश्चित रूप से 2 पूरी तरह से 3 विशेष रूप से 4 अंत में। ~**ता** (स्त्री०) अपनापन, निजस्व ~**वाचक** –*अ०* स्वयं का बोध करानेवाला (जैसे-मैं आप, तू आप); ~**स्वार्थ** (पु०) अपना मतलब

निजस्व–*सं०* (पु०) अपना भाग। ~**ता** (स्त्री०) अपना भाग होना, अपनी भागीदारी

निजा–*अ०* (पु०) झगड़ा, विवाद

निज़ाम–*अ०* (पु०) 1 प्रबंध, व्यवस्था 2 हैदराबाद के शासकों की उपाधि 3 प्रबंध का क्रम। ~**शाही** + *फ़ा०* (स्त्री०) निज़ाम का शासन

निजी–(वि०) 1 निज का (जैसे-निजी मामला, निजी बात) 2 आपस का (जैसे-भाइयों का निजी झगड़ा)। ~**पन** (पु०) अपनापन; ~**सहायक** (पु०) उच्चाधिकारी के काम में सहायता देनेवाला सहायक, पर्सनल असिस्टेंट

निजू–*बो०* (वि०) = निजी

निजूठा–(वि०) 1 जिसे जूठा न किया गया हो 2 जो पहले न सोचा गया हो (जैसे-निजूठी कल्पना)

निझरना–(अ० क्रि०) 1 एकदम झड़ जाना 2 शोभा रहित होना (जैसे-फल के अभाव में वृक्षों का निझरना) 3 सार भाग से वंचित होना 4 अपने को निर्दोष बताना, सफ़ाई देना

निझाटना–(स० क्रि०) *बो०* झपटकर लेना

निटर–(वि०) अनुपजाऊ

निटल–*सं०* (पु०) मस्तक, माथा

निटिंग-मशीन–*अं०* (स्त्री०) बुनाई की मशीन

निठल्ला, निठल्लू–(वि०) निकम्मा, अकर्मण्य। ~**पन** (पु०) निकम्मापन, बेकारी

निठाला–*बो०* (पु०) 1 बेकारी का समय 2 जीविका का अभाव

निठुर–(वि०) 1 निष्ठुर 2 कठोर हृदय। ~**ता** (स्त्री०) निष्ठुरता

निठौर–I (पु०) अनुचित जगह, कुठाँव (वि०) बिना ठौर-ठिकाने का

निडर–(वि०) 1 निर्भय, निर्भीक 2 साहसी, हिम्मती। ~**पन** (पु०) 1 निर्भयता 2 साहस, हिम्मत

निढाल–(वि०) 1 अत्यंत थका हुआ, शिथिल 2 उत्साहहीन, पस्त

नितंत–(वि०) नितांत

नितंब–*सं०* (पु०) 1 चूतड़

नितंबिनी–*सं०* (स्त्री०) 1 सुंदर नितंबोंवाली स्त्री 2 सुंदरी

नित–(क्रि० वि०) *बो०* नित्य

नितांत–*सं०* (वि०) 1 अत्यधिक (जैसे-नितांत गर्म स्थल) 2 असाधारण 3 बिल्कुल (नितांत पागल आदमी)

नित्य–I *सं०* (वि०) अविनाशी, शाश्वत, निरंतर II (क्रि० वि०) 1 प्रतिदिन, हर रोज़ 2 हर समय, हमेशा। ~**कर्म** (पु०) 1 रोज़ का धार्मिक काम 2 रोज़ का काम; ~**ता** (स्त्री०) अनश्वरता ~**नियम** (पु०) कभी भंग न होनेवाला नियम; ~**प्रति** (क्रि० वि०) प्रति-दिन, हर-रोज़; ~**मित्र** (पु०) शाश्वत मित्र; ~**युक्त** (वि०) सदा तैयार; ~**यौवनशाली** (वि०) स्थायी यौवनवाला; ~**सिद्ध** (वि०) सदा के लिए प्रमाणित

नित्यशः–*सं०* (क्रि० वि०) 1 प्रतिदिन, रोज़ 2 सदा, सर्वदा

निथरना–(अ० क्रि०) स्थिर तरल पदार्थ में गंदगी, भारी वस्तु आदि का तल में बैठना

निथार–(पु०) 1 निथरा हुआ जल, तरल पदार्थ आदि 2 तल में बैठी वस्तु

निथारना–(स० क्रि०) तरल पदार्थ को इस तरह स्थिर करना कि उसमें का भारी पदार्थ तल में बैठ जाय (जैसे-मिट्टी का तेल निथारना)

निदर्शक–*सं०* (वि०) दिखानेवाला

निदर्शन–*सं०* (पु०) नमूना उदाहरण

निदर्शना–*सं०* (स्त्री०) *साहि०* एक अलंकार जिसमें उपमेय और उपमान में सादृश्य का आरोप कर दोनों में बिंब-प्रतिबिंब का भाव प्रकट किया जाए

निदर्शित–*सं०* (वि०) दिखलाया हुआ

निदाघ–*सं०* (पु०) 1 गर्मी, ताप 2 धूप। ~**कर** (पु०) सूर्य

निदान–I *सं०* (पु०) 1 कारण 2 रोग का कारण 3 अंत, अवसान II (क्रि० वि०) 1 अंत में 2 इसलिए। ~**कारण** (पु०) अंतिम कारण; ~**गृह** (पु०) चिकित्सालय; ~**ज्ञ** (पु०) चिकित्सक; ~**शास्त्र** (पु०) रोगों के कारण, लक्षण एवं उपचार संबंधी विज्ञान

निदानिका–*सं०* (स्त्री०) = निदान-गृह

निदारुण–*सं०* (वि०) 1 भयानक, भीषण 2 निर्दय, निष्ठुर 3 दुःसह

निदिग्ध–*सं०* (वि०) 1 लेप किया हुआ प्रवर्द्धित

निदेश–*सं०* (पु०) 1 आज्ञा 2 शासन 3 कथन 4 निर्देश

निदेशक–*सं०* (पु०) निदेश देनेवाला

निदेशन–*सं०* (पु०) निदेश देना

निदेशालय–*सं०* (पु०) निदेशक कार्यालय

निदेशिका–*सं०* (स्त्री०) निर्देश-ग्रंथ

निद्रा–*सं०* (स्त्री०) नींद। ~**कारक** (वि०) नींद लानेवाला; ~**गति** (स्त्री०) 1 निद्रा की अवस्था में रोगी का चलने का रोग, स्लीप-वाकिंग 2 वनस्पतियों का निद्रावस्था में हिलना-डुलना, स्लीपिंग मूवमेंट; ~**ग्रस्त** (वि०) सोया हुआ; ~**चारी** (पु०) नींद में चलनेवाला व्यक्ति एवं वनस्पतियाँ आदि; ~**जनक** (वि०) निद्राकर ~**भ्रमण** (पु०) = निद्रा-गति; ~**मग्न** (वि०) सोया हुआ

निद्राकर–*सं०* (वि०) नींद लानेवाला

निद्राकुल–*सं०* (वि०) नींद से व्याकुल

निद्राचार–*सं०* (पु०) = निद्रा-गति
निद्राच्छन्न–*सं०* (वि०) सोया हुआ
निद्रालस–*सं०* (वि०) उनींदा, तंद्रालु
निद्रालु–*सं०* (वि०) 1 सोनेवाला 2 निद्राशील 3 जिसे नींद आ रही हो (जैसे-निद्रालु आँखें)
निद्रित–*सं०* (वि०) नींद में डूबा हुआ
निधड़क–(क्रि० वि०) 1 बेधड़क, बेखटके, निःशंक 2 बिना हिचके
निधन–I *सं०* (पु०) 1 मृत्यु (जैसे-राजा का निधन हो गया) 2 नाश 3 मरण II (वि०) निर्धन, ग़रीब। ~**कारी** (वि०) घातक, नाशक; ~**क्रिया** (स्त्री०) 1 शवदाह 2 अंत्येष्टि; ~**तिथि** (स्त्री०) मृत्यु तिथि
निधनी–(वि०) निर्धन, ग़रीब
निधान–*सं०* (पु०) 1 स्थापन 2 सुरक्षित रखना 3 आधार, आश्रय (जैसे करुणा-निधान) 4 संपत्ति, निधि
निधि–*सं०* (स्त्री०) 1 संपत्ति, धन-दौलत 2 आश्रय स्थान (जैसे-दयानिधि) 3 विशेष उद्देश्य हेतु संचित धन, फंड (जैसे-भविष्य निधि)।~**करण** ((पु०) निधि बनाना; ~**नाथ** (पु०) 1 निधियों के स्वामी, कुबेर 2 धन-दौलत का मालिक
निधेय–*सं०* (वि०) 1 स्थापित किए जाने योग्य 2 रखने योग्य
निध्यात–*सं०* (वि०) मनन किया गया, विचारित
निध्यान–*सं०* (पु०) 1 ध्यान करना 2 देखना 3 निदर्शन
निनाद–*सं०* (पु०) ज़ोर की आवाज़
निनादित–I *सं०* (वि०) 1 शब्द से भरा हुआ, गुंजायमान 2 आवाज़ करता हुआ, शब्दित II (पु०) शब्द
निनादी–*सं०* (वि०) ध्वनि उत्पन्न करनेवाला
निनानवे–I (वि०) नब्बे से नौ अधिक II (पु०) 99 की संख्या
निनावाँ–I (पु०) *चि०* जीभ एवं तालू आदि में छोटे-छोटे दाने निकलने का रोग
निनावाँ–II (वि०) बिना नामवाला, बेनाम
निन्यानवे–(वि०/पु०) निनानवे
निपट–I (स्त्री०) निपटने की अवस्था II (क्रि० वि०) निरा, एकदम (जैसे-निरा मूर्ख)
निपटना–(अ० क्रि०) 1 पूर्ण एवं संपन्न होना 2 निवृत्त होना 3 निपटारा होना 4 लड़ना, जूझना (जैसे-शत्रु से निपटना) 5 चुकता होना (जैसे-कर्ज़ से निपटना)
निपटान–(स्त्री०) पुराने माल का विक्रय
निपटाना–(स० क्रि०) 1 कार्य संपादित करना 2 झगड़ा खत्म करना 3 कर्ज़ आदि चुकाना
निपटारा–(पु०) 1 निर्णय, फ़ैसला (जैसे-भाग्य का निपटारा) 2 अंत, समाप्ति 3 निपटने का भाव
निपटेरा–(पु०) = निपटारा, निपटाना
निपठन–*सं०* (पु०) 1 पढ़ना 2 सुनाना, रेसिटेशन
निपतन–*सं०* (वि०) नीचे गिरना, निपात, पतन
निपतित–*सं०* (वि०) गिरा हुआ
निपत्या–*सं०* (स्त्री०) 1 युद्ध-भूमि, रण-भूमि 2 चिकनी ज़मीन
निपत्र–(वि०) पत्रहीन
निपात–*सं०* (पु०) 1 पतन, अधःपतन 2 विनाश 3 मृत्यु 4 आक्रमण 5 फेंकना
निपारक–*सं०* (पु०) कुकर्म, पाप
निपातन–*सं०* (पु०) 1 गिराना 2 विनाश 3 हत्या, खात्मा
निपातित–*सं०* (वि०) 1 गिराया हुआ 2 वध किया हुआ
निपाती–*सं०* (वि०) 1 फेंकनेवाला 2 नष्ट करनेवाला 3 मार गिरानेवाला
निपीड़क–*सं०* (वि०) 1 दुःख दायक 2 पेरनेवाला 3 दबानेवाला
निपीड़न–*सं०* (पु०) 1 पीड़ित करना 2 पेरना 3 दबाना
निपीड़ित–*सं०* (वि०) 1 पीड़ित किया हुआ 2 पेरा हुआ 3 दबाया हुआ
निपुण–*सं०* (वि०) चतुर, प्रवीण, कुशल। ~**ता** (स्त्री०) कुशलता, प्रवीणता
निपुत्र, निपूत, निपूता (वि०) निःसंतान
निपेटा–*बो०* (वि०) 1 भुक्खड़ 2 खाली पेटवाला
निफ़ाक़–*अ०* (पु०) 1 एकता का अभाव 2 वैमनस्य, फूट
निबंध–*सं०* (पु०) 1 बंधन 2 विचारपूर्ण लेख 3 संग्रह ग्रंथ। ~**कार** (पु०) निबंध लिखनेवाला; ~**पाठ** (पु०) निबंध का विषय; ~**लेखक** (पु०) = निबंधकार
निबंधक–*सं०* (पु०) निबंधन करनेवाला व्यक्ति
निबंधन–*सं०* (पु०) 1 बाँधना 2 बंधन 3 नियम आदि में बाँधकर रखना, व्यवस्था 4 राजकीय पंजी में चढ़ाया जाना, रजिस्ट्रेशन
निबंधनी–*सं०* (स्त्री०) बेड़ी
निबंधा–*सं०* (पु०) निबंधकार
निबंधावली–*सं०* (स्त्री०) निबंध संग्रह
निबंधित–*सं०* (वि०) = निबद्ध
निबंधी–I *सं०* (वि०) 1 बाँधनेवाला 2 संबद्ध II (पु०) निबंधक
निब–*अं०* (स्त्री०) लोहे आदि का बना चोंच के आकार का एक उपकरण (जैसे-क़लम की निब)
निबटना–(अ० क्रि०) = निपटना
निबटाना–(स० क्रि०) = निपटाना
निबटारा, निबटेरा–(पु०) = निपटारा
निबद्ध–*सं०* (वि०) 1 बँधा हुआ 2 रुका हुआ 3 गुँथा हुआ, गुंफित 4 निबंधित, रजिस्टर्ड
निबरना–(अ० क्रि०) 1 छूटना 2 अलग होना 3 बंधन मुक्त होना, उबरना 4 समाप्त होना
निबर्हण–*सं०* (पु०) 1 नष्ट करना 2 मारना, वध
निबहना–(अ० क्रि०) *बो०* = निभना
निबाह–(पु०) 1 निर्वाह, गुज़ारा 2 पालन 3 पूर्ति (जैसे-निबाह करना) 4 छुटकारे का उपाय, त्राण का रास्ता
निबाहना–(स० क्रि०) 1 निबाह करना 2 छुड़ाना 3 दे० निभाना
निबिड़–(वि०) निविड़
निबेड़ना–(स० क्रि०) 1 मुक्त करना, छुड़ाना 2 अलग करना, छाँटना 3 दूर करना, हटाना 4 छोड़ना, त्यागना 5 निपटान 6 सुलझाना
निबेड़ा–(पु०) 1 छुटकारा, त्राण 2 बचाव 3 सुलझाव 4 निबटारा, निर्णय 5 हटाव 6 पूरा करना

निबेरना–(स० क्रि०) निबेड़ना
निबोधन–*सं०* (पु०) 1 समझना 2 समझाना
निबौरी–(स्त्री०) नीम के फल का बीज, निमकौड़ी
निभ–*सं०* (पु०) 1 प्रकाश 2 अभिव्यक्ति. 3 छल-कपट
निभना–(अ० क्रि०) 1 संपादित होना 2 प्रेम-व्यवहार बना रहना (जैसे-सौतेले भाइयों में निभना) 3 चरितार्थ और फलित होना
निभाना–(स० क्रि०) 1 निर्वाह करना 2 पालन करना (जैसे-आदेश निभाना) 3 प्रेम व्यवहार बनाए रखना (जैसे-मैंने उनके साथ चार वर्ष तक निभाया)
निभाव–(पु०) निबाह
निभूत–*सं०* (वि०) बीता हुआ, गत
निभृत–*सं०* (वि०) 1 रखा हुआ 2 छिपा हुआ, गुप्त 3 अटल, निश्चित 4 अस्त होनेवाला 5 नम्र, विनीत 6 निर्जन, एकांत
निमंत्रण–*सं०* (पु०) भोज देना, दावत, न्योता (जैसे-शादी का निमंत्रण)। ~**पत्र** (पु०) निमंत्रण का समय, दिन कार्य आदि का विवरण लिखा हुआ पत्र, कार्ड (जैसे-निमंत्रण पत्र देना)
निमंत्रित–*सं०* (वि०) बुलाया हुआ, आहूत
निम–*सं०* (पु०) 1 कील, खूँटी 2 शंकु, शलाका
निमक–*फ़ा०* (पु०) = नमक
निमकी–*फ़ा०+हिं०* (स्त्री०) नींबू का अचार
निमकौड़ी–(स्त्री०) निबौरी
निमग्न–*सं०* लीन, मग्न (जैसे-भावनाओं में निमग्न)
निमज्जन–*सं०* (पु०) 1 गोता लगाकर स्नान करना 2 डुबाना 3 लीन होना
निमज्जित–*सं०* (वि०) 1 डूबा हुआ 2 स्नान किया हुआ
निमटना–(अ० क्रि०) = निबटना
निमद–*सं०* (पु०) मंद स्वर में किया जानेवाला स्पष्ट उच्चारण, मंद एवं स्पष्ट उच्चारण
निमि–*सं०* (पु०) पलकें झपकाना, निमेष
निमित्त–*सं०* (पु०) 1 कारण 2 साधनभूत कारण 3 लक्ष्य, उद्देश्य 4 लक्षण, चिह्न ~**कारण** (पु०) मूल कारण
निमित्तिक–*सं०* (वि०) निमित्त मात्रवाला
निमिष–*सं०* (पु०) आँखे मिचना, निमेष
निमिषांतर–*सं०* (पु०) पल भर का अंतर
निमीलन–*सं०* (पु०) पलक का गिरना, झपकनो
निमुँहा–(वि०) 1 बिना मुँह का 2 चुप रहनेवाला 3 कारणवश कुछ न कह सकनेवाला
निमेष–*सं०* (पु०) आँख की पलक झपकना 2 एक बार पलक झपकने में लगा समय 3 पलकें फड़कने का एक रोग
निमेषण–*सं०* (पु०) पलकें गिरना-गिराना
निमोनिया–*अं०* (पु०) अत्यंत ठंड लगने से उत्पन्न रोग जिसमें फेफड़ों में सूजन हो जाती है
निम्न–*सं०* (वि०) 1 नीचा 2 नीचे स्तर का 3 साधारण से कम (जैसे-निम्न रक्त चाप)। ~**गत** I (वि०) नीचे गया II (पु०) नीची ज़मीन ~**लिखित** (वि०) = निम्नांकित; ~**वर्ग** (पु०) नीचे का वर्ग; ~**सदन** (पु०) निचला सदन, लोअर हाउस; ~**स्तर** (पु०) निम्न स्तर का व्यक्ति, वस्तु आदि बातें; ~**स्तरीय** (वि०) निम्न स्तर से संबद्ध;
निम्नगा–*सं०* (स्त्री०) 1 नदी 2 पहाड़ी झरना
निम्नतम–*सं०* (वि०) कम से कम (जैसे निम्नतम योग्यता)
निम्नांकित–*सं०* (वि०) नीचे लिखा हुआ, अधोलिखित
निम्नोन्नत–*सं०* (वि०) नीचा-ऊँचा, ऊबड़-खाबड़
नियंता–*सं०* (वि०) 1 नियंत्रण रखनेवाला 2 प्रबंधक, प्रशासक 3 संचालक 4 चलानेवाला
नियंत्रक–*सं०* (पु०) = नियंता
नियंत्रण–*सं०* (पु०) 1 नियम में बाँधकर रखना 2 वश में रखना 3 प्रतिबंधन। ~**अधिकारी** (पु०) नियंत्रण करनेवाला अधिकारी; ~**कक्ष** (पु०) नियंत्रण करने का कमरा
नियंत्रणाधीन, नियंत्रित–*सं०* (वि०) 1 नियंत्रण में रखा हुआ, प्रतिबद्ध 2 प्रतिबंधित
नियत–*सं०* (वि०) 1 नियम-बद्ध, पाबंद (जैसे-नियत समय पर आना) 2 निश्चित (जैसे-नियत समय) 3 स्थित, प्रेसक्राइब्ड 4 काम पर लगाया हुआ, पोस्टेड ~**कालिक** नियत समय का; ~**भागी** (पु०)
नियत–*अ०* (स्त्री०) नीयत
नियतन–*सं०* (पु०) निर्धारित करना, आवंटन
नियतांक–*सं०* (पु०) नियत किया गया अंक
नियतांश–*सं०* (पु०) निश्चित किया गया अंश, कोटा (जैसे-नियतांश स्थिर करना)
नियतात्मा–*सं०* (पु०) = नियतेंद्रिय, संयमी
नियताप्ति–*सं०* (स्त्री०) नाटक की एक अवस्था जिसमें फल प्राप्ति निश्चित होती है
नियताहार–*सं०* (वि०) नियत मात्रा में भोजन करनेवाला
नियति–*सं०* (स्त्री०) 1 नियत होने की अवस्था 2 नियमन 3 अदृष्ट, भाग्य (जैसे-नियति गति, नियति फल) 4 आत्मसंयम 5 प्रकृति। ~**निर्दिष्ट** (वि०) प्रारब्ध द्वारा संकेतित; ~**वाद** (पु०) प्रकृति की प्रेरणा एवं ईश्वरीय इच्छा ही सर्व प्रधान एवं सर्वस्व है का सिद्धांत, डिटरमिनिज़्म; ~**वादी** I (वि०) नियतिवाद से संबंधित II (पु०) नियतिवाद को माननेवाला, डिटरमिनिस्ट
नियतेंद्रिय–*सं०* (वि०) इंद्रियों को वश में रखनेवाला, जितेंद्रिय
नियम–*सं०* (पु०) 1 विधान के अनुरूप नियंत्रण (जैसे-प्राकृतिक नियम) 2 स्थायी कार्यक्रम अनिश्चित व्यवस्था 4 रीति, पद्धति, क़ायदा 5 प्रतिज्ञा (जैसे-नियम का निर्वाह करना) 6 निश्चित सिद्धांत 7 अनुशासन (जैसे-पार्टी का नियम भंग करना)। ~**तंत्र** (वि०) नियमबद्ध, नियमाधीन; ~**निर्धारक** (वि०) नियमबद्ध, नियमाधीन; ~**निर्धारक** (वि०) नियम का निश्चयन करनेवाला; ~**निष्ठा** (स्त्री०) नियम पालन; ~**पत्र** (पु०) प्रतिज्ञापत्र, शर्तनामा; ~**परायण** (वि०) नियम को माननेवाला; ~**पूर्वक** (क्रि० वि०) नियमित रुप से; ~**बद्ध** (वि०) 1 नियमों से जकड़ा हुआ 2 नियमों के अनुकूल; ~**भंजन** (पु०) नियम तोड़ना; ~**वाद** (पु०) नियम पालन का सिद्धांत; ~**वादी** (वि०) नियम की पक्की तरह पालन करनेवाला; ~**विधि** (स्त्री०) दैनिक धार्मिक कृत्य; ~**विरुद्ध,** ~**विरोधी** (वि०) नियम का विरोध करनेवाला (जैसे-नियम विरोधी कार्य; ~**संगत** (वि०) नियम के अनुरूप; ~**सम्मत** (वि०) नियम द्वारा सम्मानित
नियमतः–*सं०* (क्रि० वि०) नियम के अनुसार, नियमानुसार

नियमन–*सं०* (पु०) 1 नियम में बाँधने का कार्य 2 नियंत्रण, शासन 3 निग्रह, दमन
नियमानुकूल–*सं०* (वि०) नियम के अनुकूल (जैसे-नियमानुकूल कार्य)
नियमानुरूप–*सं०* (वि०) नियम के अनुरूप
नियमानुसार–*सं०* (वि०) नियम के अनुसार
नियमापवाद–*सं०* (पु०) नियम में छूट
नियमावली–*सं०* (स्त्री०) 1 नियमों का संग्रह (जैसे-नियमावली देखना) 2 अनुशासन संबंधी नियम
नियमित–*सं०* (वि०) 1 नियमबद्ध 2 नियमानुकूल 3 नियमानुरूप
नियमी–*सं०* (वि०) 1 नियम के अनुसार होनेवाला 2 नियम संबंधी 3 नियम का पालन कर्ता
नियर–(क्रि० वि०) *बो०* पास, नज़दीक
नियाज़–*फ़ा०* (स्त्री०) 1 प्रार्थना 2 इच्छा 3 जान पहचान, परिचय 4 आज्ञा 5 मृतक उद्देश्य से दरिद्रों को दिया जानेवाला भोजन। ~**मंद** (वि०) 1 प्रार्थना करनेवाला 2 इच्छुक 3 परिचित 4 आज्ञाकारी
नियामक–*सं०* (वि०) 1 नियम बनानेवाला 2 बंधन में रखनेवाला 3 व्यवस्था करनेवाला
नियामत–*अ०* (स्त्री०) 1 ईश्वर प्रदत्त वैभव 2 धन-संपत्ति 3 दुर्लभ वस्तु
नियार–(पु०) सुनार, जौहरी की दुकान का कूड़ा-कतवार
नियारा–I *बो०* (वि०) = न्यारा II (पु०) नियार
नियारिया–(पु०) 1 मिश्रित वस्तुओं को छाँटनेवाला 2 चतुर व्यक्ति
नियुक्त–*सं०* (वि०) 1 लगाया हुआ, तैनात (जैसे-मकान पर नियुक्त पहरेदार) 2 नियोजित 3 प्रेरित 4 स्थिर किया हुआ (जैसे-समय नियुक्त करना)
नियुक्ति–*सं०* (स्त्री०) 1 तैनाती 2 प्रेरणा 3 नियोजन 4 स्थिर करना
नियुत–I *सं०* (पु०) दस लाख की संख्या II (वि०) दस लाख
नियुद्ध –*सं०* (पु०) 1 हाथा-बाँही 2 कुश्ती
नियोक्ता–*सं०* (वि०) 1 नियुक्त करनेवाला 2 काम पर लगानेवाला, एम्प्लायर
नियोग–*सं०* (पु०) 1 नियत करना 2 काम में लाना 3 आज्ञा, आदेश 4 निश्चय 5 प्रेरणा 6 अवधारणा 7 प्रयत्न, कोशिश
नियोगस्थ–*सं०* (वि०) नियुक्त
नियोगी–*सं०* (वि०) 1 नियोग करनेवाला 2 नियुक्त
नियोजक–*सं०* (पु०) नियोक्ता
नियोजन–*सं०* (पु०) नियुक्त करना (जैसे-सेवा-नियोजन)। ~**केंद्र** (पु०) नौकरी आदि की व्यवस्था करने का कार्यालय, एम्प्लायमेंट ऑफिस, एम्प्लायमेंट एक्सचेंज
नियोजनालय–*सं०* (पु०) = नियोजन केंद्र
नियोजित–*सं०* (वि०) काम पर लगाया हुआ
नियोज्य–*सं०* (वि०) नियोजन योग्य
नियोद्धा–*सं०* (पु०) पहलवान
नियोन–*अं०* (पु०) रोशनी देनेवाली एक गैस
निरंक–*सं०* (वि०) कोरा, ब्लैंक
निरंकार–(वि०/पु०) निराकार
निरंकुश–*सं०* (वि०) स्वेच्छाचारी, उद्दंड (जैसे-निरंकुश शासन)। ~**ता** (स्त्री०) स्वेच्छाचारिता; ~**ता-वाद** (पु०) यह सिद्धांत कि किसी प्रकार का नियंत्रण नहीं होना चाहिए; ~**ता-वादी** I (वि०) निरंकुशतावाद संबंधी II (पु०) निरंकुशतावाद को माननेवाला
निरंजन–I *सं०* 1 (वि०) दुर्गुण एवं दोष रहित 2 बिना अंजन का, अंजन रहित 3 माया रहित II (पु०) निर्गुण ब्रह्म, परमात्मा
निरंतर–I *सं०* (वि०) 1 अंतर रहित 2 सदा चलनेवाला 3 स्थायी II (क्रि० वि०) 1 लगातार 2 हमेशा, सदा
निरंतराभ्यास–*सं०* (पु०) 1 बराबर किया जानेवाला अभ्यास 2 स्वाध्याय
निरंध–*सं०* (पु०) 1 पूरा अंधा 2 ज्ञानरहित 3 घोर अंधकार युक्त
निरंभ–*सं०* (वि०) 1 निर्जल 2 पानी तक न पीनेवाला
निरंश–*सं०* (वि०) अपने अंश से वंचित
निरकेवल–I *सं०* *बो०* (वि०) 1 ख़ालिस, विशुद्ध 2 साफ़, स्वच्छ II (क्रि० वि०) केवल
निरक्ष–I *सं०* (वि०) 1 बिना पासे का 2 पृथ्वी के मध्य भाग का II (पु०) भूमध्य रेखा ~**प्रदेश** (पु०) विषुवत रेखा पर के देश; ~**रेखा** (स्त्री०) भूमध्य रेखा
निरक्षर–*सं०* (वि०) 1 अपढ़ 2 गँवार, मूर्ख। ~**ता** (स्त्री०) 1 अपढ़ता 2 गँवारपन, मूर्खता; ~**ता-निवारण** (पु०) निरक्षरता दूर करना
निरखना–(स० क्रि०) 1 ध्यानपूर्वक देखना 2 निरीक्षण हेतु देखना
निरचू–(वि०) 1 जिसे काम से छुट्टी मिल गई हो, अवकाश प्राप्त 2 निश्चित
निरत–*सं०* (वि०) काम में लगा हुआ, लीन
निरति–*सं०* (स्त्री०) 1 अत्यंत रति, आसक्ति 2 तल्लीनता
निरतिशय–I *सं०* (वि०) अद्वितीय II (पु०) परमात्मा, ईश्वर
निरत्यय–*सं०* (वि०) 1 भयरहित 2 दोषरहित
निरधारना–(स० क्रि०) 1 स्थिर करना, ठहराना 2 मन में धारण करना, समझना
निरध्व–*सं०* (वि०) रास्ता भूला हुआ
निरनुक्रोश–I *सं०* (वि०) निर्दय II (पु०) निर्दयता
निरनुग–*सं०* (वि०) बिना अनुयायी का
निरनुनासिक–*सं०* (वि०) जिसके उच्चारण में नाक से ध्वनि निकलती हो (जैसे-निरनुनासिक वर्ण)
निरनुमोदन–*सं०* (पु०) समर्थन न करना, स्वीकृति न देना, अननुमोदन
निरनुरोध–*सं०* (वि०) 1 सद्भाव शून्य, अमैत्रीपूर्ण 2 अनुरोध रहित
निरन्न–*सं०* (वि०) 1 अन्न रहित 2 निराहार
निरन्ना–(वि०) निराहार
निरन्वय–*सं०* (वि०) 1 निःसंतान 2 असंबद्ध 3 दृष्टि से परे
निरपराध–I *सं०* (वि०) निर्दोष II (क्रि० वि०) बिना अपराध किए
निरपराधी–(वि०) बेकसूर, निर्दोष

निरपवर्त–*सं०* (पु०) 1 जिसका अपवर्तन न हो सके 2 जिसका उलटफेर या पलटाव ना हो सके
निरपवाद–*सं०* (वि०) 1 बिना अपवाद का 2 अच्छा, निर्दोष
निरपेक्ष–I *सं०* (वि०) 1 अपेक्षा न रखनेवाला 2 निराश्रित, निरवलंबित 3 लगाव न रखनेवाला, तटस्थ 4 अलग रहनेवाला II (पु०) 1 अनादर 2 अवज्ञा, अवहेलना। **~ता** (स्त्री०) 1 निरावलंबता 2 तटस्थता 3 एकांत
निरपेक्षा–*सं०* (स्त्री०) 1 उपेक्षा 2 उदासीनता 3 अवज्ञा 4 लापरवाही
निरपेक्षित–*सं०* (वि०) 1 उपेक्षित 2 संपर्करहित, असंबद्ध
निरपेक्षी–*सं०* (वि०) 1 उपेक्षा करनेवाला 2 उदासीन
निरबंसी–(वि०) संतानहीन, निःसंतान
निरभिमान–*सं०* (वि०) अहंकाररहित, गर्वरहित
निरभिलाष–*सं०* (वि०) कामनारहित, इच्छारहित, निरीह
निरभ्र–*सं०* (वि०) मेघरहित (जैसे-निरभ्र आकाश)
निरर्गल–*सं०* (वि०) 1 अर्गलारहित 2 प्रतिबंधरहित 3 स्वच्छंद, अबाध
निरर्थक–*सं०* (वि०) 1 अर्थरहित 2 व्यर्थ, निष्फल 3 निष्प्रयोजन
निरमर्ष–*सं०* (वि०) क्रोधहीन
निरलस–*सं०* (वि०) आलस्यहीन
निरवकाश–*सं०* (वि०) 1 अवकाशरहित 2 जिसे फुर्सत न हो
निरवच्छिन्न–I *सं०* (वि०) 1 निरंतर होनेवाला 2 लगातार चलनेवाला 3 अनवच्छिन्न II (क्रि० वि०) निरंतर, लगातार
निवद्य–*सं०* (वि०) 1 दोषरहित, विशुद्ध 2 अनिंद्य, उत्कृष्ट
निरवधि–I *सं०* (वि०) सीमारहित, निःसीम (क्रि० वि०) लगातार, निरंतर
निरवलंब–*सं०* (वि०) = निरालंब
निरवशेष–*सं०* (वि०) संपूर्ण, समग्र
निरवार–I 1 निबटारा 2 छुटकारा II (वि०) मुक्त
निरवारना–(स० क्रि०) निवारण करना
निरस–(वि०) = नीरस
निरसन–*सं०* (पु०) 1 दूर करना, हटाना 2 निवारण 3 रद्द करने का अधिकार 4 निराकरण, परिहार 5 रद्द करना, कैंसिलेशन 6 बाहर करना, डिसचार्ज
निरस्त–*सं०* (वि०) निरसन किया गया
निरस्त्र–*सं०* (वि०) निःशस्त्र
निरस्त्रीकरण–*सं०* (पु०) 1 अस्त्रविहीन करना 2 युद्ध की आशंका समाप्त करने हेतु सैनिक शक्ति कम करना, डिस-आममिंट (जैसे-निरस्त्रीकरण के सिद्धांत)
निरस्त्रीकृत–*सं०* (वि०) अस्त्रहीन किया गया
निरस्थि–*सं०* (वि०) बिना हड्डी का
निरहंकार–*सं०* (वि०) अभिमान से रहित, दर्परहित
निरा–(वि०) 1 एकमात्र 2 एकदम, कोरा (जैसे-निरा ताज़ा दूध) 3 जिसमें केवल एक ही विशेषता हो (जैसे-निरा पाजी, निरा मूर्ख)
निराई–(स्त्री०) 1 निराना 2 निराने की मज़दूरी
निराकरण–*सं०* (पु०) 1 अलग करना 2 दूर करना, हटाना 3 निर्वासन 4 निरस्त करना
निराकांक्ष–*सं०* (वि०) इच्छारहित, बिना इच्छावाला
निराकांक्षा–*सं०* (स्त्री०) अनिच्छा
निराकार–*सं०* (वि०) 1 बिना आकार का, आकाररहित 2 भद्दा, कुरूप
निराकाश–*सं०* (वि०) एकदम भरा हुआ
निराकुल–*सं०* (वि०) 1 जो परेशान न हो 2 भरा हुआ, व्याप्त 3 अत्यंत घबराया हुआ
निराकृत–*सं०* (वि०) 1 निराकरण किया हुआ 2 रद्द किया हुआ
निराकृति–I *सं०* (वि०) 1 निराकार 2 कुरूप II (पु०) निराकरण
निराचार–*सं०* (वि०) आचारहीन
निरातंक–*सं०* (वि०) भयभीत न होनेवाला, निडर
निरादर–*सं०* (पु०) 1 अपमान 2 आदर का अभाव
निरादिष्ट–*सं०* (वि०) पूर्णतः अदा किया गया
निरादृत–*सं०* (वि०) अपमानित
निरादेश–*सं०* (पु०) चुकता करना, ऋण-परिशोध
निराधार–*सं०* (वि०) 1 बिना आधार का, निराश्रय 2 बेबुनियाद, निर्मूल 3 बिना प्रमाण का (जैसे-निराधार कल्पना, निराधार सिद्धांत) 4 निरावलंब, असहाय
निरानंद–I *सं०* (वि०) आनंदरहित II (पु०) 1 आनंद का अभाव 2 दुःख
निराना–(स० क्रि०) निरर्थक वनस्पतियाँ खोदकर निकालना (जैसे-खेत निराना)
निरानुभवी–*सं०* (वि०) अनुभवहीन
निरापद–I *सं०* (वि०) आपत्तिरहित, निर्विघ्न (जैसे-निरापद अवस्था) II (क्रि० वि०) बिना संकट के। **~ता** (स्त्री०) निरापद की अवस्था
निराबाध–*सं०* (वि०) बाधा रहित
निरभिमानी–*सं०* (वि०) = निरहंकार
निरामय–*सं०* (वि०) 1 नीरोग 2 निष्कलंक 3 निर्दोष
निरामिष–*सं०* (वि०) 1 मांसरहित 2 मांस न खानेवाला। **~भोजी** (वि०) मांस न खानेवाला, शाकाहारी
निरामिशाषी–*सं०* (वि०) शाकाहारी
निराय–*सं०* (वि०) बिना आय का
निरायास–I *सं०* (वि०) बिना परिश्रम के होनेवाला II (क्रि० वि०) बिना परिश्रम किए
निरायुध–*सं०* (वि०) निरस्त्र
निरालंब–*सं०* (वि०) 1 बिना सहारा का, बेसहारा 2 निराश्रित 3 आधारहीन
निराल–(वि०) 1 निराला 2 निपट, निरा 3 विशुद्ध
निरालस्य–I *सं०* (वि०) आलस्य न करनेवाला, फुर्तीला II (पु०) आलस्य का अभाव
निराला–I (वि०) 1 अनोखा, अनूठा 2 एकांत और निर्जन 3 विचित्र असाधारण II (पु०) एकांत और निर्जन स्थान। **~पन** (पु०) 1 अनोखापन 2 विचित्रता
निरालेपन–(पु०) = निरालापन
निरालोक–*सं०* (वि०) 1 अंधकारपूर्ण, अँधेरा 2 प्रकाशरहित
निरावरण–I *सं०* (वि०) खुला हुआ II (पु०) पर्दा हटाना
निरावलंब–*सं०* (वि०) = निरालंब

निरावृत–*सं०* (वि०) आवरणहीन

निराश–*सं०* (वि०) हताश (जैसे-निराश रोगी, निराश प्रेमी)

निराशा–*सं०* (स्त्री०) 1 आशा का अभाव 2 निराश होने की अवस्था। ~**जनक,** ~**जन्य** (वि०) निराशा से उत्पन्न; ~**वाद** (पु०) संसार को दुःखमय एवं निराशपूर्ण समझने का सिद्धांत, पेसिमिज़्म; ~**वादिता** (स्त्री०) निराशावादी होने का भाव ~**वादी** I (वि०) संसार को निराशा एवं उदासीनता की दृष्टि से देखनेवाला, पेसिमिस्ट II (पु०) निराशावाद को माननेवाला व्यक्ति

निराशात्मक, निराशामय–*सं०* (वि०) आशारहित

निराशिष–*सं०* (वि०) आशीर्वाद से रहित

निराश्रय–*सं०* (वि०) = निरालंब

निरास–I *सं०* (पु०) दे० निरसन

निरास–II (वि०) = निराश

निरास्वाद–*सं०* (वि०) बिना स्वाद का, अस्वादिष्ट

निराहार–I *सं०* (वि०) 1 जिसने भोजन नहीं किया 2 उपासा II (पु०) उपवास

निरिंद्रिय–*सं०* (वि०) 1 इंद्रियों से रहित 2 कमज़ोर इंद्रियवाला

निरिच्छ–*सं०* (वि०) निराकांक्ष

निरीक्षक–I *सं०* (पु०) निरीक्षण करनेवाला व्यक्ति II (वि०) 1 देखनेवाला 2 निरीक्षण करनेवाला

निरीक्षण–*सं०* (पु०) 1 देखना 2 ग़ौर से देखना 3 देख-रेख करना, इन्सपेक्शन (जैसे-निरीक्षण हेतु आयोग बैठाना)। ~**कारी** (वि०) निरीक्षण करनेवाला

निरीक्षणात्मक–*सं०* (वि०) निरीक्षण संबंधी

निरीक्षा–*सं०* (स्त्री०) = निरीक्षण

निरीक्षित–*सं०* (वि०) 1 देखा हुआ 2 निरीक्षण किया गया

निरीक्ष्य–*सं०* (वि०) 1 देखा जाने योग्य 2 निरीक्षण योग्य

निरीक्ष्यमाण–*सं०* (वि०) निरीक्षण हो रहा हो

निरीश्वर–*सं०* (वि०) 1 ईश्वर के अस्तित्व को न माननेवाला, नास्तिक 2 जिसमें इश्वर की सत्ता न मानी गई हो। ~**वाद** (पु०) ईश्वर को न माननेवाला सिद्धांत; ~**वादी** I (वि०) निरीश्वरवाद संबंधी II (पु०) निरीश्वरवाद का अनुयायी

निरीह–*सं०* (वि०) 1 इच्छा एवं तृष्णा से रहित 2 उदासीन, विरक्त 3 निष्क्रिय, चेष्टारहित 4 नम्र एवं शांत (जैसे-निरीह प्राणी)

निरुक्त–I *सं०* (वि०) 1 निःसंदेह एवं स्पष्ट 2 स्पष्ट रूप से कहा हुआ 3 ज़ोर से कहा गया, उद्घोषित II (पु०) शब्द-शास्त्र। ~**कार** (पु०) निरुक्त के रचयिता यास्क मुनि

निरुक्ति–*सं०* (स्त्री०) 1 शब्दों की व्युत्पत्ति एवं सिद्धांत बताने की विद्या, शब्द शास्त्र 2 शब्द की व्युत्पत्ति, डेरिवेशन 3 *साहि०* काव्यालंकार का एक भेद जिसमें नाम का प्रसिद्ध अर्थ छोड़कर कोई मनमाना अर्थ लगाया जाय

निरुच्छ्वास–*सं०* (वि०) जहाँ साँस तक लेने में परेशानी हो (जैसे-निरुच्छ्वास वातावरण)

निरुत्तर–*सं०* (वि०) 1 उत्तर न देनेवाला 2 उत्तर न देने योग्य 3 जिसका उत्तर न दिया गया हो

निरुत्साह–I *सं०* (वि०) उत्साहरहित II (पु०) उत्साह न होना

निरुत्साहित–*सं०* (वि०) जिसका उत्साह नष्ट कर दिया गया हो

निरुद्देश्य–I *सं०* (वि०) बिना उद्देश्य का II (क्रि० वि०) बिना किसी उद्देश्य के ~**दृष्टि** (स्त्री०) निष्प्रयोजन देखना

निरुद्ध–*सं०* (वि०) 1 निरोध किया हुआ 2 रोका हुआ 3 बंधन में पड़ा हुआ ~**कंठ** (वि०) गला रुँधा हुआ

निरुद्यम–*सं०* (वि०) 1 उद्यम न करनेवाला 2 बिना उद्यम का

निरुद्यमी–*सं०* (वि०) आलसी और कामचोर

निरुद्योग–*सं०* (वि०) = निरुद्यम

निरुद्योगी–*सं०* (वि०) उद्योग न करनेवाला

निरुद्विग्न, निरुद्वेग–*सं०* (वि०) उत्तेजनारहित, धीर और शांत

निरुपचार–*सं०* (वि०) असाध्य

निरुपद्रव–*सं०* (वि०) 1 शांतिमय, विघ्नरहित 2 उपद्रव न करनेवाला

निरुपद्रवी–*सं०* (वि०) धीर एवं शांत

निरुपपत्ति–*सं०* (वि०) अयोग्य, अयुक्त

निरुपम–*सं०* (वि०) अतुलनीय, बेजोड़

निरुपमित–*सं०* (वि०) उपमा न करने योग्य, बेजोड़

निरुपयोगी–*सं०* (वि०) 1 निकम्मा 2 बेकार

निरुपहत–*सं०* (वि०) 1 अनाहत 2 शुभ

निरुपाख्य–*सं०* (वि०) 1 असंभव और मिथ्या 2 व्याख्या के अयोग्य

निरुपाधि–*सं०* (वि०) 1 बाधा रहित 2 माया-मोह से रहित

निरुपाय–I *सं०* (वि०) 1 साधनहीन 2 जिसका उपाय न हो सके II (क्रि० वि०) लाचार होकर

निरुपेक्ष–*सं०* (वि०) उपेक्षा न किए जाने योग्य

निरूढ़–*सं०* (वि०) 1 अत्यंत रूढ़ 2 अधिक प्रसिद्ध। ~**लक्षणा** (स्त्री०) जिसमें शब्द का प्रसिद्ध अर्थ रूढ़ हो गया हो ऐसी लक्षणा

निरूढ़ा–*सं०* (स्त्री०) निरूढ़ लक्षणा

निरूढ़ि–*सं०* (स्त्री०) 1 ख्याति, प्रसिद्धि 2 निरूढ़ लक्षणा

निरूप–(वि०) 1 बिना रूप का 2 कुरूप, बद् शक्ल, भद्दा

निरूपक–*सं०* (पु०/त्रि०) निरूपण करनेवाला

निरूपण–*सं०* (पु०) 1 विवेचना करना 2 अच्छी तरह समझाना 3 निर्णय

निरूपित–*सं०* (वि०) निरूपण किया हुआ

निरूप्य–*सं०* (वि०) निरूपण योग्य

निरूहण–*सं०* (पु०) 1 तर्क करना 2 निश्चय करना 3 वस्ति का एक भेद

निरोग, निरोगी–(वि०) स्वस्थ

निरोध–*सं०* (पु०) 1 रुकावट, रोध 2 वश में करना, निग्रह। ~**शक्ति** (पु०) 1 रोकने की ताकत 2 वश में करने की क्षमता

निरोधक–*सं०* (वि०) निरोध करनेवाला

निरोधन–*सं०* (पु०) निरोध। ~**शिविर** (पु०) नज़रबंद रखने का शिविर

निरोधा–*सं०* (स्त्री०) 1 संक्रामक रोगियों को मिश्रित होने से रोकना 2 संक्रामक रोगियों को रोकने का स्थान

निरोधाचार–*सं०* (पु०) रुकावट

निरोधाज्ञा–*सं०* (स्त्री०) रोकने का आदेश

निरोधी–*सं०* (वि०) निरोधक

निर्ख़–*फ़ा०* (पु०) दर, भाव,। ~**नामा** (पु०) विक्रेय वस्तु

की भाव सूची; ~**बंदी** (स्त्री०) भाव ठहराना
निर्गंध–*सं०* (वि०) गंधहीन
निर्गत–*सं०* (वि०) बाहर आया हुआ, निःसृत
निर्गम–*सं०* (पु०) 1 बाहर जाना, निकासी 2 निकास मार्ग। ~**द्वार** (पु०) बाहर जाने का रास्ता; ~**मूल्य** (पु०) व्यापारिक संस्थाओं आदि के द्वारा माल निकासी के समय निश्चित किया गया मूल्य; ~**व्यापार** (पु०) माल बाहर भेजने का व्यापार
निर्गमन–*सं०* (पु०) 1 निकासी 2 बाहर जाने का रास्ता
निर्गमित–*सं०* (वि०) बाहर निकाली हुई
निर्गर्व–*सं०* (वि०) निरभिमान
निर्गुट–*सं०* (वि०) बिना दल बंदी का। ~**ता** (स्त्री०) गैर दलबंदी
निर्गुण–I *सं०* (वि०) 1 गुणरहित 2 त्रिगुणातीत II (पु०) त्रिगुणातीत परब्रह्म, परमात्मा
निर्गुणी–(वि०) गुणहीन
निर्गुट–*सं०* (वि०) निर्दलीय, तटस्थ
निर्गूढ़–*सं०* (वि०) अत्यंत गूढ़, बहुत गुप्त
निर्ग्रंथ–I *सं०* (वि०) 1 निर्धन, ग़रीब 2 मूर्ख, बेवकूफ 3 असहाय 4 वस्त्रहीन II (पु०) धार्मिक ग्रंथ को माननेवाला
निर्घंट–*सं०* (पु०) 1 शब्द-संग्रह, शब्द-संपद 2 ग्रंथों का सूचीपत्र 3 निघंटु
निर्घात–*सं०* (पु०) 1 तेज़ हवा से उत्पन्न शब्द 2 आघात, प्रहार
निर्घृण–*सं०* (वि०) 1 घृणारहित 2 अत्यंत नीच 3 निर्दय 4 बेहया
निर्घोष–I *सं०* (वि०) घोषरहित II (पु०) 1 घोर शब्द 2 आवाज़
निर्जन–*सं०* (वि०) एकांत
निर्जनीकरण–*सं०* (पु०) आबादी से हटा दिया जाना
निर्जर–I *सं०* (वि०) वृद्ध न होनेवाला II (पु०) देवता
निर्जल–I *सं०* (वि०) 1 जहाँ पानी न हो 2 जिसमें जल पीना भी निषेध हो 3 जिसे जल की अपेक्षा न हो (जैसे-निर्जल खेती, निर्जल धुलाई) II (पु०) 1 मरुभूमि 2 निर्जल उपवास। ~**निराहार** (पु०) बिना अन्न और पानी का उपवास
निर्जलित–*सं०* (वि०) निर्जलीकृत
निर्जलीकरण–*सं०* (पु०) 1 रासायनिक विधि से वनस्पतियों आदि से जल का अंश निकालना 2 जल की कमी हो जाना
निर्जलीकृत–*सं०* (वि०) पानी निकाला हुआ
निर्जात–*सं०* (वि०) प्रकटित
निर्जित–*सं०* (वि०) 1 जीता हुआ 2 वश में किया हुआ
निर्जीव–*सं०* (वि०) 1 मरा हुआ, मृत 2 जीवन-शक्ति से रहित 3 जो ओजमय, सजीव न हो (जैसे-निर्जीव कथा)
निर्जीवकरण–*सं०* (पु०) निर्जीव बनाना
निर्झर–*सं०* (पु०) झरना
निर्झरिणी–*सं०* (स्त्री०) सरिता
निर्णय–*सं०* (पु०) 1 फ़ैसला (जैसे-निर्णय करना) 2 उचित ठहराना 3 निष्कर्ष (जैसे-निर्णय पर पहुँचना)। ~**कारी** (वि०) निर्णय करनेवाला
निर्णयन–*सं०* (पु०) निर्णय करना
निर्णयात्मक–*सं०* (वि०) 1 निर्णय संबंधी 2 निर्णय रूप में होनेवाला
निर्णायक–I *सं०* (वि०) निर्णय करनेवाला II (पु०) 1 विवाद आदि का निर्णय करनेवाला व्यक्ति 2 खेल आदि का निर्णय करनेवाला व्यक्ति, अम्पायर। ~**मत** (पु०) पक्ष और विपक्ष में समान मत पड़ने पर निर्णय हेतु दिया गया मत
निर्णीत–*सं०* (वि०) निर्णय किया गया
निर्णीता–*सं०* (पु०) 1 निर्णयदाता 2 निर्णय करनेवाला
निर्दंड–*सं०* (वि०) हर तरह के दंड दिए जाने योग्य
निर्दंत–*सं०* (वि०) बिना दाँत का
निर्दंभ– (वि०) दंभ-हीन
निर्दग्ध–*सं०* (वि०) न जला हुआ
निर्दय–*सं०* (वि०) 1 दया-हीन 2 अत्यंत कठोर, निष्ठुर। ~**ता** (स्त्री०) 1 कठोरता, निष्ठुरता 2 निर्दय होने का भाव
निर्दयत्व–*सं०* (पु०) = निर्दयता
निर्दल–*सं०* (वि०) 1 दलरहित 2 दल से अलग (जैसे-निर्दल-व्यक्ति)
निर्दलन–I *सं०* (पु०) नाश करना II (वि०) नाश करनेवाला
निर्दली, निर्दलीय–*सं०* (वि०) दल-विशेष से अलग, स्वतंत्र (जैसे-निर्दलीय सदस्य)
निर्दिग्ध–*सं०* (वि०) 1 हृष्ट-पुष्ट, मोटा-ताज़ा 2 लिप्त 3 निर्लिप्त
निर्दिष्ट–*सं०* (वि०) 1 बतलाया हुआ 2 निर्देश किया गया 2 निश्चित किया हुआ (जैसे-निर्दिष्ट स्थान पर मिलना)
निर्दिष्टि–*सं०* (स्त्री०) संकेत
निर्देश–*सं०* (पु०) 1 समझाना, बतलाना 2 नियत करना 3 आदेश, हिदायत 4 उल्लेख, कथन। ~**ग्रंथ** (पु०) निर्देश हेतु लिखी गई पुस्तक; ~**पुस्तक** (स्त्री०) = निर्देश ग्रंथ; ~**युक्त** (वि०) निर्देशपूर्ण; ~**वाचक** (वि०) संकेत का बोध करानेवाला
निर्देशक–*सं०* (वि०) निर्देश देनेवाला
निर्देशन–*सं०* (पु०) निर्देश देना
निर्देशांक–*सं०* (पु०) किसी बिंदु की स्थिति को निर्धारित करनेवाले अंक समूह का कोई अंक
निर्देशात्मक–*सं०* (वि०) निर्देशवाचक
निर्देशानुसार–*सं०* (वि०) निर्देश के अनुसार (जैसे-निर्देशानुसार कार्यक्रम तैयार करना)
निर्देशिका–*सं०* (स्त्री०) निर्देश-ग्रंथ
निर्देशित–*सं०* (वि०) निर्देश किया गया
निर्दोष–*सं०* (वि०) 1 बिना दोष का 2 निरपराध। ~**ता** (स्त्री०) निर्दोष होने की अवस्था
निर्दोषिता–*सं०* (स्त्री०) = निर्दोषता
निर्दोषी–*सं०* (वि०) = निर्दोष
निर्द्वंद्व–I *सं०* (वि०) द्वंद्वहीन II 1 बिना द्वंद्व के 2 स्वच्छंदतापूर्वक
निर्धन–*सं०* (वि०) ग़रीब। ~**ता** (स्त्री०) ग़रीबी
निर्धारक–*सं०* (वि०) निर्धारण करनेवाला
निर्धारण–*सं०* (पु०) 1 नियत करना 2 निश्चित करना 3 निर्णय, निश्चय
निर्धारणीय–*सं०* (वि०) निर्धार्य

निर्धारित–*सं०* (वि०) निर्धारण किया हुआ (जैसे-निर्धारित संपत्ति, निर्धारित फ़ार्म)

निर्धार्य–*सं०* (वि०) 1 निर्धारण योग्य 2 उत्साही 3 पक्का, मज़बूत

निर्धूत–I *सं०* (वि०) 1 निकाला हुआ 2 त्यक्त 3 नष्ट किया हुआ II (वि०) धौत, धोया हुआ

निर्धूम–*सं०* (वि०) धुएँ से रहित (जैसे-निर्धूम गाड़ी)

निर्नाथ–*सं०* (वि०) जिसका कोई न हो, अनाथ

निर्निमित्त–I *सं०* बिना कारण का II (क्रि० वि०) बिना कारण के

निर्निमेष–I *सं०* (क्रि० वि०) एकटक II (वि०) जिसकी पलक न गिरे

निर्बंध–I *सं०* (वि०) बंधन मुक्त II (पु०) 1 अड़चन, बाधा 2 रोक, रुकावट

निर्बंधन–*सं०* (पु०) 1 = निर्बंध 2 = निबंधन

निर्बंधित–*सं०* पु०) शर्त लगाकर सीमित करना, नियंत्रित करना

निर्बल–*सं०* (वि०) 1 कमज़ोर (जैसे-निर्बल व्यक्ति) 2 सहनशीलता से रहित (जैसे-निर्बल हृदय) 3 जिसमें यथेष्ट सजीवता न हो (जैसे-निर्बल विचारधारा)। **~ता** (स्त्री०) कमज़ोरी

निर्बलीकरण–*सं०* (पु०) कमज़ोर बनाना

निर्बाध–I *सं०* (वि०) बिना बाधा का, प्रतिबंधरहित (जैसे-निर्बाध गति से बढ़ना) II (क्रि० वि०) 1 बिना बाधा के 2 निरंतर, लगातार

निर्बीजन–*सं०* (पु०) बीज नष्ट करना

निर्बुद्धि–*सं०* (वि०) मूर्ख, बेवकूफ़

निर्बोध–*सं०* (वि०) अज्ञान

निर्भग्न–*सं०* (वि०) 1 टूटा हुआ, तोड़ा हुआ 2 झुकाया हुआ

निर्भट–*सं०* (वि०) कठोर

निर्भय–*सं०* (वि०) निडर, भय-हीन

निर्भर–*सं०* (वि०) 1 ठहरा हुआ, अवलंबित 2 भरा हुआ 3 आश्रित। **~ता** (स्त्री०) निर्भर होने की अवस्था

निर्भर्त्सना–*सं०* 1 (स्त्री०) बुरा-भला कहना 2 तिरस्कार 3 धमकी देना

निर्भिन्न–*सं०* (वि०) 1 छिदा हुआ 2 फाड़ा हुआ

निर्भीक–*सं०* (वि०) निडर। **~ता** (स्त्री०) निडरता, निर्भीरुता

निर्भूति–I *सं०* (स्त्री०) लुप्त होना

निर्भृति–II *सं०* (वि०) बेगार में

निर्भेद–I *सं०* (पु०) 1 छेदना 2 फाड़ना 3 रहस्य खोलना II (वि०) भेदरहित

निर्भ्रम–I *सं०* (वि०) भ्रमरहित II (क्रि० वि०) 1 बिना भ्रम के 2 बेखटके, बेधड़क

निर्भ्रांत–*सं०* (वि०) 1 जिसे भ्रांति न हो 2 जिसमें भ्रम न हो

निर्भ्रांति–*सं०* (स्त्री०) भ्रम का अभाव

निर्मज्ज–*सं०* (वि०) दुबला-पतला

निर्मत्सर–*सं०* (वि०) द्वेष करनेवाला

निर्मद–*सं०* (वि०) 1 मद से रहित 2 अभिमानरहित

निर्मम–*सं०* (वि०) 1 ममतारहित, निष्ठुर 2 कठोरतापूर्वक किया जानेवाला (जैसे-निर्मम हत्या)। **~ता** (स्त्री०) निष्ठुरता, कठोरता

निर्मम–*सं०* (वि०) हृदयहीन।

निर्मल–*सं०* (वि०) 1 साफ़, स्वच्छ 2 पवित्र 3 अकलुष

निर्मलीकरण–*सं०* (पु०) शुद्धिकरण

निर्मांस–*सं०* (वि०) मांसरहित

निर्माण–*सं०* (पु०) 1 बनाना, रचना (जैसे-भवन निर्माण) 2 पुस्तक आदि का निर्माण 3 उत्कृष्टतम रूप देना (जैसे-चरित्र-निर्माण करना)। **~कारी** (वि०) निर्माण करनेवाला; **~कार्य** (पु०) बनाने का काम, निर्माण; **~काल** (पु०) निर्माण में लगनेवाला समय; **~मूलक** (वि०) निर्माण पर आधारित (जैसे-निर्माण मूलक योजना); **~विद्या** (स्त्री०) वास्तु कला, वास्तु विद्या; **~विभाग** (पु०) रचना विभाग (जैसे-सार्वजनिक निर्माण विभाग); **~सामग्री** (स्त्री०) रचना में काम आनेवाले सामान, वस्तुएँ आदि; **~स्थल** (पु०) निर्माण करने की ज़गह

निर्माणांतर्गत–*सं०* (वि०) 1 निर्माणाधीन 2 निर्माण के अंदर

निर्माणात्मक–*सं०* (वि०) निर्माण करनेवाला

निर्माणी–*सं०* (स्त्री०) कारख़ाना

निर्माता–*सं०* (वि०) बनानेवाला

निर्मात्री–*सं०* (वि०) रचना करनेवाला

निर्मायक–*सं०* (वि०) निर्माता

निर्मार्जन–*सं०* (पु०) 1 साफ़ करना 2 धोना

निर्माल्य–I *सं०* (वि०) निर्मल, शुद्ध II (पु०) निर्मलता, शुद्धता

निर्मित–*सं०* (वि०) बनाया हुआ, रचा हुआ

निर्मिति–*सं०* (स्त्री०) 1 बनाना 2 निर्मित वस्तु

निर्मुंड–*सं०* (वि०) बिना सिर का

निर्मुक्त–*सं०* (वि०) 1 छुटकारा प्राप्त 2 बंधनमुक्त 3 अलग हुआ

निर्मुक्ति–*सं०* (स्त्री०) 1 मुक्ति, छुटकारा 2 मोक्ष 3 छोड़ देना

निर्मूल–*सं०* (वि०) 1 बिना जड़ का 2 पूर्णतः विनष्ट (जैसे-निर्मूल करना) 3 बेबुनियाद (जैसे-निर्मूल दोषारोपण)

निर्मूलन–*सं०* (पु०) 1 मूलरहित करना 2 विनाश 3 बेबुनियाद सिद्ध करना (जैसे-दोष निर्मूलन)

निर्मृष्ट–*सं०* (वि०) 1 धुला हुआ 2 मिटाया हुआ

निर्मेघ–*सं०* (वि०) बिना बादल का, निरभ्र

निर्मेध–*सं०* (वि०) मूर्ख, बुद्धिहीन

निर्मोक–*सं०* (पु०) 1 साँप का केंचुल 2 शरीर के ऊपर की त्वचा, चमड़ा

निर्मोक्ष–*सं०* (पु०) 1 त्याग 2 पूर्ण मोक्ष

निर्मोचन–*सं०* (पु०) छुटकारा

निर्मोही–*सं० + हिं०* (वि०) अनुराग न रखनेवाला, निर्दय

निर्यंत्रण–*सं०* (पु०) यंत्रणारहित करना

निर्याण–*सं०* (पु०) 1 प्राण निकलना 2 प्रस्थान 3 सेना का रणक्षेत्र में प्रस्थान 4 अंतर्धान 5 मोक्ष, मुक्ति। **~क्षेत्र** (पु०) प्रस्थान क्षेत्र

निर्यात–*सं०* (पु०) माल बाहर भेजना, एक्सपोर्ट (जैसे-कच्चे माल का निर्यात)। **~आय** (पु०) निर्यात से होनेवाली

आमदनी; ~**कर** (पु०) निर्यात पर लगनेवाला कर, टैक्स; ~**कर्ता** (वि०) निर्यात करनेवाला; ~**वाणिज्य,** ~**व्यापार** (पु०) माल बाहर भेजने का व्यापार; ~**शुल्क** (पु०) = निर्यात कर

निर्यातक–*सं०* (वि०) माल बाहर भेजनेवाला

निर्यातन–*सं०* (पु०) माल बाहर भेजना

निर्याति–*सं०* (स्त्री०) 1 प्रस्थान, गमन 2 मृत्यु 3 मोक्ष

निर्यामक–*सं०* (पु०) नाविक, मल्लाह

निर्यास–*सं०* (पु०) गोंद

निर्युक्तिक–*सं०* (वि०) बिना युक्तिवाला, युक्तिरहित

निर्यूथ–*सं०* (वि०) दल से अलग हुआ

निर्लज्ज–*सं०* (वि०) बेशर्म, बेहया। ~**ता** (स्त्री०) बेशर्मी, बेहयापन

निर्लिंग–*सं०* (वि०) जिसमें कोई परिचायक चिह्न न हो

निर्लिप्त–*सं०* (वि०) 1 लगाव न रखनेवाला, संबंध विहीन 2 सांसारिक माया-मोह से दूर रहनेवाला

निर्लुंचन–*सं०* (पु०) 1 अलग करना 2 फाड़ना 3 छीलना

निर्लुंठन–*सं०* (पु०) 1 लुढ़कना 2 लूटना

निर्लेखन–*सं०* (पु०) 1 खुरचना 2 खुरचने का उपकरण

निर्लेप–*सं०* (वि०) बिना लेप का

निर्लोभ–*सं०* (वि०) बिना लोभ का, लोभ-रहित

निर्वंश–*सं०* (वि०) निःसंतान

निर्वक्तव्य–*सं०* (वि०) न कहने के योग्य

निर्वचन–I *सं०* (वि०) चुप, मौन II (पु०) 1 कहना, बोलना 2 व्याख्या करना, इंटरप्रेटेशन

निर्वचनीय–*सं०* (वि०) व्याख्या के योग्य

निर्वनीकरण–*सं०* (पु०) वन समाप्त कर देना

निर्वसन, निर्वस्त्र–*सं०* (वि०) बिना वस्त्र का, नंगा

निर्वहण–*सं०* 1 निबाह, निर्वाह, गुज़र 2 अंत, समाप्ति

निर्वाक्–*सं०* (वि०) चुप, मौन

निर्वाचक–I *सं०* (पु०) निर्वाचन करनेवाला II (पु०) मत देनेवाला व्यक्ति। ~**ता** (स्त्री०); ~**नामावली** (स्त्री०) = निर्वाचक सूची; ~**मंडल** (पु०) जनता द्वारा चुने गए प्रतिनिधियों का दल जो अप्रत्यक्ष रूप से विशेष अधिकारी का चुनाव करता है, एलेक्टोरल कालेज; ~**वर्ग,** ~**समूह** (पु०) चुनाव करनेवाले लोग; ~**सूची** (स्त्री०) मतदाताओं की अर्हता संबंधी सूची, मतदाता सूची (जैसे-निर्वाचक सूची तैयार करना)

निर्वाचन–*सं०* (पु०) वोट द्वारा चुनाव करना, चुनाव, इलेक्शन (जैसे-निर्वाचन आयोग, निर्वाचन करना)। ~**अधिकारी,** ~**अफ़सर** + *अं०* (पु०) चुनाव अधिकारी; ~**अभियान,** ~**आंदोलन** (पु०) चुनाव संबंधी हलचल; ~ **आयुक्त** (पु०) चुनाव कमिश्नर; ~**कमीशन** +*अं०* (पु०) निर्वाचन आयोग; ~**क्षेत्र** (पु०) चुनाव हलका; ~**जन्य** (वि०) चुनाव से उत्पन्न; ~**नियम** (पु०) चुनाव के नियम; ~**पत्र** (पु०) चुनाव की पर्ची; ~**पद्धति,** ~**प्रणाली** (स्त्री०) चुनाव प्रणाली; ~**प्रथा** (स्त्री०) चुनाव का रिवाज ~**संघर्ष** (पु०) चुनाव की प्रतिद्वंद्विता

निर्वाचित–*सं०* (वि०) चुना गया, चुनाव हुआ, इलेक्टेड (जैसे-निर्वाचित मेंबर)

निर्वाच्य–*सं०* (वि०) 1 न कहने योग्य 2 निर्वाचन **योग्य** 3 निर्दोष

निर्वाण–I *सं०* (वि०) 1 शून्य स्थिति को प्राप्त 2 निश्चल, शांत 3 अस्त 4 मंद प्राप्त 5 बुझा हुआ II (वि०) बिना बाण का III (पु०) 1 बुझना 2 अंत, समाप्ति 3 डूबना, अस्त होना 4 मुक्ति, मोक्ष 5 मृत्यु। ~**काल** (पु०) स्वर्गवास का समय

निर्वात–*सं०* (वि०) 1 वायुरहित, वैक्यूम 2 शांत, स्थिर

निर्वातन–*सं०* (पु०) हवा निकालना

निर्वाद–*सं०* (पु०) 1 निंदा, अपवाद 2 अवज्ञा, लापरवाही

निर्वापण–*सं०* (पु०) 1 बुझाना 2 मारना, वध करना 3 अधिकार खत्म करना

निर्वापित–*सं०* (वि०) 1 बुझाया हुआ 2 वध किया हुआ, हत 3 समाप्त किया हुआ 4 विनष्ट, बर्बाद

निर्वास–I *सं०* (वि०) 1 गंधरहित 2 अगेह II (पु०) विदेश यात्रा, प्रवास

निर्वासन–*सं०* (पु०) 1 बलपूर्वक निकाल देना 2 देश निकाले का दंड

निर्वासित–*सं०* (वि०) देश निकाला हुआ

निर्वास्य–*सं०* (वि०) निर्वासित किए जाने योग्य

निर्वाह–*सं०* (पु०) 1 वहन करना, निबाहना 2 निष्पादन 3 अंत, समाप्ति। ~**अनुदान** (पु०) = निर्वाह- व्यय; ~**ख़र्च** + *फ़ा०* (पु०) निर्वाह व्यय; ~**निधि** (स्त्री०) गुज़ारे के लिए ख़र्च; ~**भत्ता** (पु०) गुजारे के लिए भत्ता; ~**भृति** (स्त्री०) निर्वाह मजूरी; ~**मजूरी** + *फ़ा०* (स्त्री०) निर्वाह हेतु मिलनेवाला वेतन

निर्वाहक–*सं०* (वि०) 1 निभानेवाला 2 पालन करनेवाला

निर्वाहण–*सं०* (पु०) 1 निभाना 2 ठीक से काम करना

निर्वाहणिक–*सं०* (वि०) 1 निर्वाह-संबंधी 2 निर्वाह करनेवाला

निर्वाहिका–*सं०* (स्त्री०) निर्वाह-भृति

निर्विकल्प–*सं०* (वि०) 1 सदा एक रस एवं एक रूप रहनेवाला 2 निश्चल; स्थिर। ~**समाधि** (स्त्री०) विकल्प समाप्त होने की समाधि अवस्था

निर्विकार–*सं०* (वि०) अविकारी

निर्विकास–*सं०* (वि०) अविकसित

निर्विघ्न–I *सं०* (वि०) बाधारहित II (क्रि० वि०) बिना बाधा के

निर्विचेष्ट–*सं०* (वि०) बेहोश

निर्विद्ध–*सं०* (वि०) घायल

निर्विद्य–*सं०* (वि०) विद्याहीन, अपढ़, मूर्ख

निर्विधायन–*सं०* (पु०) विधान-विरुद्ध बात

निर्विधायित–*सं०* (वि०) निर्विध, हटाया हुआ

निर्विधि–*सं०* (वि०) विधिक दृष्टि से अमान्य

निर्विभक्तिक–*सं०* (वि०) बिना विभक्ति का

निर्विभाग–*सं०* (वि०) बिना विभाग का

निर्विभेद–*सं०* (वि०) बिना भेद या प्रकार का

निर्विरोध–I *सं०* 1 बिना विरोध का 2 बिना रुकावट II (क्रि० वि०) बिना विरोध किए

निर्विवर–*सं०* (वि०) बिना छेद का

निर्विवाद–I *सं०* (वि०) बिना विवाद का II (क्रि० वि०) बिना विवाद किए

निर्विवेक–*सं०* (वि०) विवेक-रहित
निर्विशंक–*सं०* (वि०) संदेहयुक्त, संदिग्ध
निर्विशेष–I *सं०* (वि०) 1 तुल्य, समान 2 सदा एक रूप रहनेवाला II (पु०) परब्रह्म
निर्विष्ट–*सं०* (वि०) 1 भोगा हुआ 2 विवाहित
निर्वीज–*सं०* (वि०) 1 बीज-रहित 2 कारणरहित 3 नपुंसक
निर्वीर–*सं०* (वि०) वीर-विहीन
निर्वीरा–*सं०* (स्त्री०) पति और पुत्र से विहीन नारी
निर्वीर्य–*सं०* (वि०) 1 नपुंसक 2 शक्तिहीन, निर्बल, कमज़ोर
निर्वृत–*सं०* (वि०) 1 वापस आया हुआ 2 निष्पन्न
निर्वृत्ति–*सं०* (स्त्री०) वापस आना, लौटना
निर्वेग–*सं०* (स्त्री०) वेग-हीन, स्थिर
निर्वेद–*सं०* (पु०) 1 ग्लानि 2 घृणा 3 ग्लानि एवं निराशा 4 संचारी भाव
निर्वैयक्तिक–*सं०* (वि०) जो निज का न हो
निर्वैर–I *सं०* (वि०) वैर भाव आदि से रहित II (पु०) वैर का अभाव
निर्व्यथन–*सं०* (पु०) 1 तीव्र पीड़ा, वेदना 2 पीड़ा से होनेवाली मुक्ति
निर्व्यलीक–*सं०* (वि०) 1 निष्कपट 2 निरीह
निर्व्याकुल–*सं०* (वि०) न घबराया हुआ
निर्व्याज–*सं०* (वि०) 1 निर्विघ्न 2 छल कपट से रहित
निर्व्याधि–*सं०* (वि०) रोग से मुक्त, नीरोग
निर्व्यापार–*सं०* (वि०) 1 व्यापार रहित, बेकार 2 गतिहीन
निर्व्यूढ़–*सं०* (वि०) 1 पूरा बनाया हुआ 2 विकसित 3 त्यक्त 4 भाग्यवान्
निर्हरण–*सं०* (पु०) 1 अर्थी पर शव ले जाना 2 शव जलाना 3 नष्ट करना 4 बाहर निकालना
निर्हार–*सं०* (पु०) 1 धँसी वस्तु को निकालना 2 मल आदि त्यागना 3 धन-संपत्ति आदि जोड़ना
निर्हेतु –I *सं०* (वि०) हेतुरहित, अकारण II (क्रि० वि०) बिना किसी हेतु के
निलंबन–*सं०* (पु०) 1 संदेह होने पर पद से हटाना 2 अप्रभावी कर देना, टाल देना
निलंबित–*सं०* (वि०) 1 पदच्युत किया गया 2 रोका गया 3 मुअत्तल
निलय–*सं०* (पु०) 1 रहने की जगह 2 वास-स्थान, घर 3 छिपना 4 लुप्त हो जाना
निलहा–(वि०) 1 नीले रंगवाला 2 नील रंग में रंगा हुआ 3 नीलवाला, नील संबंधी
निलाम-कर्ता–*पु०+सं०* (पु०) सार्वजनिक रूप से बोली बोलकर बेचनेवाला व्यक्ति
निलीन–*सं०* (वि०) 1 छिपा हुआ 2 विनष्ट 3 पिघला हुआ 4 अत्यंत लीन 5 परिवर्तित
निवर्तक–*सं०* (वि०) 1 लौटानेवाला 2 निवर्तन करनेवाला
निवर्तन–*सं०* (पु०) 1 रोकना, निवारण 2 लौटाना 3 लौटना 4 पीछे हटना-हटाना 5 कानून आदि रद्द करना 6 घूमना, मुड़ना 7 अंतर्निहित होना
निवर्तमान्–*सं०* (वि०) पद से हट जानेवाला
निवर्तित–*सं०* (वि०) 1 लौटाया हुआ 2 लौटा हुआ 3 रद्द

निवसति–*सं०* (स्त्री०) निवास स्थान
निवसन–*सं०* (पु०) 1 निवास करना 2 निवास स्थान 3 अधोवस्त्र 4 वस्त्र
निवह–*सं०* (पु०) 1 समूह, यूथ, समुदाय 2 सात हवाओं में से एक, अनिल
निवाज़–*अ०* (वि०) कृपा करनेवाला
निवाना–(स० क्रि०) नवाना, झुकाना (जैसे-सिर निवाना)
निवाप्–*सं०* (पु०) 1 पितरों के उद्देश्य से किया जानेवाला दान 2 दान
निवार–I *फ़ा०* (स्त्री०) मोटे सूत की तीन-चार अंगुल चौड़ी पट्टी। ~ **बाफ़** (पु०) निवार बुननेवाला
निवार–II*सं०* (पु०) 1 तिन्नी का धान 2 निवारण
निवारक–*सं०* (वि०) 1 निवारण करनेवाला 2 दूर हटानेवाला
निवारण–*सं०* (पु०) 1 रोकना 2 दूर करना, हटाना 3 रोक-थाम 4 मनाही, निषेध
निवारी– (स्त्री०) जूही की जाति का सुगंधित फूलोंवाला पौधा एवं फूल = नेवारी
निवारी–*फ़ा०* (वि०) 1 निवार संबंधी 2 निवार से बुना हुआ
निवार्य–*सं०* (वि०) 1 रोके जाने योग्य 2 हटाए जाने योग्य
निवाला–*अ०* (पु०) कौर, ग्रास। **निवाले मारना** जल्दी-जल्दी खाना
निवास–*सं०* (पु०) 1 वास, रहना 2 वास-स्थान 3 विश्राम-स्थल 4 घर, मकान (जैसे-आपका निवास कहाँ है) ~**बस्ती** *+ हिं०* (स्त्री०) रहने के घरोंवाली कालोनी
निवासन–*सं०* (पु०) 1 बसकर रहना 2 घर, मकान 3 काल-यापन
निवासित–*सं०* (वि०) 1 बसा हुआ 2 बसाया हुआ
निवासिनी–*सं०* (स्त्री०) रहनेवाली स्त्री
निवासी–*सं०* (वि०) बसनेवाला, निवास करनेवाला
निवास्य–*सं०* (वि०) निवास करने योग्य, रहने के लायक
निविड़–*सं०* (वि०) 1 घना, सघन 2 गंभीर 3 भारी डील-डौल ~**ता** (स्त्री०) 1 घनापन, सघनता 2 गंभीरता 3 स्थूलता
निविदक–*सं०* (वि०) निविदा देनेवाला
निविदा–*सं०* (स्त्री०) आवश्यक रक़म लेकर वांछित वस्तुएँ जुटा देने या काम पूरा करने का लिखित वादा। ~**दाता** (पु०) निविदा देनेवाला
निविशमान–I *सं०* (वि०) कहीं निवास करनेवाला II (पु०) उपनिवेश बसानेवाले लोग, उपनिवेशी
निविशेष–*सं०* (वि०) 1 साधारण, सामान्य 2 तुल्य, समान
निविष्ट–*सं०* (वि०) 1 बैठा हुआ, आसीन 2 डेरा डालकर ठहरा हुआ 3 एकाग्र किया हुआ 4 प्रविष्ट 5 ठहरा हुआ, ठहराया हुआ, स्थित 6 व्यवस्थित
निविष्टि–*सं०* (स्त्री०) 1 विश्राम करना 2 संभोग करना 3 खाते आदि में दर्ज़ करना 4 चढ़ाई गई रक़म, बात आदि
निवृत्त–I *सं०* (वि०) 1 वापस आया हुआ 2 विरत 3 मुक्त 4 हटाया हुआ 5 समाप्त II (पु०) 1 आवरण 2 पर्दा 3 लपेटने का कपड़ा
निवृत्तात्मा–*सं०* (वि०) 1 विषयों से अलग रहनेवाला 2 यती
निवृत्ति–*सं०* (स्त्री०) 1 निवृत्त होना 2 वापस आना 3 प्रवृत्ति का अभाव होना 4 त्याग 5 मुक्ति 6 अवकाश प्राप्त करना,

रिटायरमेंट (जैसे-सेवा-निवृत्ति)। ~**मार्ग** (पु०) विरक्ति का मार्ग; ~**वाद** (पु०) विरक्त रहने का सिद्धांत; ~**वादी** (वि०) निवृत्तिवाद को माननेवाला; ~**वेतन** (पु०) पेंशन

निवेदक–*सं०* (वि०) निवेदन करनेवाला

निवेदन–*सं०* (पु०) 1 नम्रतापूर्वक कहना 2 प्रार्थना, विनती 3 समर्पण। ~**पत्र** (पु०) प्रार्थना-पत्र

निवेदित–*सं०* (वि०) 1 निवेदन स्वरूप कही गई 2 समर्पित

निवेश–*सं०* (पु०) कंपनी आदि में लाभ हेतु रक़म लगाना

निवेशन–*सं०* (पु०) 1 घर 2 डेरा 3 नगर

निवेष्ट–*सं०* (पु०) 1 आवरण 2 ढकने का कपड़ा

निवेष्टन–*सं०* (पु०) 1 ढकना 2 बैठन

निशब्द–*सं०* (वि०) शब्दरहित 2 चुप, मौन

निशस्त्रीकरण–*सं०* (पु०) निःशस्त्रीकरण

निशांत–I *सं०* (वि०) 1 अत्यधिक शांत 2 शांतियुक्त II (पु०) निशा का अंत

निशांध–*सं०* (वि०) रात को न देख सकनेवाला

निशा–*सं०* (स्त्री०) रात, रात्रि। ~**चर** I (वि०) रात में विचरण करनेवाला II (पु०) 1 राक्षस 2 उल्लू; ~**चरी** I (स्त्री०) 1 राक्षसी 2 अभिसारिका, नायिका II (वि०) 1 निशाचर संबंधी 2 निशाचरों की तरह; ~**जल** (पु०) 1 ओस 2 पाला

निशाख़ातिर–*फ़ा०+अ०* (स्त्री०) मन में होनेवाला पूर्ण विश्वास

निशान–*फ़ा०* (पु०) 1 चिह्न, लक्षण 2 प्राकृतिक चिह्न 3 मोहर आदि की छाप 4 कलंक, धब्बा 5 हस्ताक्षर के बदले लगाया गया चिह्न (जैसे-अंगूठे का निशान लगाना) 6 पता, ठिकाना 7 यादगार 8 परिचायक चिह्न (जैसे-पुल पर झंडे का निशान बना है)। ~**ची** + *तु०* I (वि०) निशान लगानेवाला II (पु०) आगे-आगे झंडा लेकर चलनेवाला व्यक्ति; ~**बरदार** (पु०) व्यक्ति जो जुलूस आदि में झंडा लेकर आगे-आगे चलता है

निशाना–*फ़ा०* (पु०) 1 वह बिंदु या पदार्थ जिसपर आघात किया जाय (जैसे-पक्षी पर निशाना लगाना) 2 वार जिसके प्रति कोई चुटकीली बात कही जाय वह व्यक्ति (जैसे-किसी की नज़र का निशाना)। ~**बाज़** (वि०) निशाना लगानेवाला; ~**बाज़ी** (स्त्री०) निशाना लगाना। ~**बाँधना** लक्ष्य साधना; ~**मारना,** ~**लगाना** लक्ष्य को दृष्टि में रखकर वार करना; ~**साधना** 1 दे० निशाना बाँधना 2 निशाना मारने का अभ्यास करना

निशानी–*फ़ा०* (स्त्री०) 1 यादगार, स्मृति चिह्न 2 निशान, पहचान का चिह्न

निशास्ता–*फ़ा०* (पु०) 1 गेहूँ का सार 2 कलफ, माड़ी

निशि–*सं०* (स्त्री०) रात

निशित–I *सं०* (वि०) चोखा, तेज II (पु०) लोहा

निशीथ–*सं०* (स्त्री०) 1 अर्ध रात्रि 2 विभावरी, रजनी, रात

निशुंभ–*सं०* (पु०) 1 वध 2 हिंसा 3 दुर्गा द्वारा मारा गया एक राक्षस

निश्चय–I *सं०* (पु०) 1 संकल्प करना 2 प्रस्ताव, रिजोल्यूशन 3 निर्णय 4 विश्वास II (क्रि० वि०) निश्चित रूप से, अवश्य। ~**कारी** (वि०) निश्चय करनेवाला; ~**वाचक** (वि०) निश्चय का बोध करानेवाला

निश्चयन–*सं०* (पु०) निश्चय करना

निश्चयात्मक–*सं०* (वि०) निश्चय रूप में होनेवाला, निःसंदेह

निश्चयार्थ, निश्चार्थक–*सं०* (वि०) निश्चित अर्थवाला

निश्चयेन–*सं०* (क्रि० वि०) निश्चित रूप से, निश्चयपूर्वक

निश्चल–*सं०* (वि०) 1 अचल, स्थिर 2 अपरिवर्तनशील

निश्चायक–*सं०* (वि०) निश्चय करनेवाला, निर्णायक

निश्चित–*सं०* (वि०) बेफ़िक्र। ~**ता** (स्त्री०) बेफ़िक्री

निश्चित–*सं०* (वि०) 1 निश्चय किया गया 2 स्थिर हुआ 3 अपरिवर्तनीय

निश्चिति–*सं०* (स्त्री०) 1 निश्चित करना 2 निश्चय

निश्चेतक–*सं०* चेतनारहित करनेवाला

निश्चेतन–I *सं०* (वि०) संज्ञाहीन, बेहोश (पु०) संज्ञाहीन करना, बेहोश करना

निश्चेतनीकरण–*सं०* (पु०)

निश्चेष्ट–*सं०* (वि०) चेष्टा न करनेवाला

निश्चेष्टा–*सं०* (स्त्री०) चेष्टा न करना

निश्छल–*सं०* (वि०) निष्कपट, छलरहित (जैसे-निश्छल हृदय)

निश्रम–*सं०* (पु०) न थकना

निश्रेणी–*सं०* (स्त्री०) सीढ़ी

निश्रेयस–*सं०* (पु०) 1 कल्याण 2 मोक्ष

निश्वास–*सं०* (पु०) 1 साँस बाहर निकालना 2 साँस, श्वास 3 गहरी साँस

निश्शंक–*सं०* (वि०) = निःशंक

निश्शक्त–*सं०*(वि०) शक्तिहीन, अशक्त

निश्शब्द–*सं०* (वि०) निःशब्द

निश्शस्त्रीकरण–*सं०* (पु०) निःशस्त्री करण

निश्लील–*सं०* (वि०) 1 बुरे स्वभाववाला 2 बे-मुरौवत

निश्शुल्क–*सं०* (वि०) = निःशुल्क

निषंग–*सं०* (पु०) 1 तरकश, तूणीर 2 तलवार

निषंगी–*सं०* (वि०) 1 आसक्त 2 धनुर्धारी 3 खड्गधारी

निषक्त–*सं०* (वि०) अत्यंत आसक्त

निषाद–*सं०* (पु०) 1 प्राचीन अनार्य जंगली जाति 2 नीच जाति का व्यक्ति 3 शूद्र माँ एवं ब्राह्मण पिता से उत्पन्न व्यक्ति 4 संगीत में सरगम का सातवाँ स्वर

निषादित–*सं०* (वि०) 1 पीड़ित 2 बैठाया हुआ

निषिक्त–I *सं०* (वि०) 1 जल छिड़का हुआ 2 सींचा हुआ 3 भीतर पहुँचाया हुआ II (पु०) वीर्य जनित गर्भ

निषिद्ध–*सं०* (वि०) 1 निषेध किया गया 2 रोका गया 3 अत्यंत बुरा एवं त्याज्य

निषिद्धि–*सं०* (स्त्री०) निषेध

निषेक–*सं०* (पु०). 1 जल छिड़कना 2 सिंचाई करना 3 गर्भ धारण करना 4 वीर्य 5 शक्ति भरना

निषेचन–*सं०* (पु०) 1 छिड़कना 2 सींचना 3 गर्भ धारण करना

निषेध–*सं०* (पु०) 1 मना करना 2 रोक, बाधा 3 अपवाद 4 मनाही 5 अस्वीकृति, इनकार। ~**अधिकार** (पु०) = निषेधाधिकार; ~**पत्र** (पु०) मना करने से संबंधित लिखित पत्र

निषेधक–*सं०* (वि०) = निषेधात्मक
निषेधन–*सं०* (पु०) निषेध करना
निषेधाज्ञा–*सं०* (स्त्री०) निषेध संबंधी आदेश, आज्ञा
निषेधात्मक–*सं०* (वि०) मनाही करनेवाला
निषेधादेश–*सं०* (पु०) निषेधाज्ञा
निषेधाधिकार–*सं०* (पु०) 1 काम करने से रोकने का अधिकार 2 राज्य, संस्था आदि के प्रधान को प्राप्त वह अधिकार जिसका सही प्रयोग कर वह पारित प्रस्ताव को रोक सकता है, वीटो
निषेधित–*सं०* (वि०) मना किया हुआ
निषेवण–*सं०* (पु०) 1 सेवा करना 2 आराधन करना 3 अनुष्ठान 4 व्यवहार में लाना 5 रहना, बसना
निष्कंटक–I *सं०* (वि०) 1 बाधा, आपत्ति आदि से रहित, निर्विघ्न 2 जिसमें काँटे न हों II (क्रि० वि०) 1 बेखटके 2 बिना रुकावट के
निष्क–*सं०* (पु०) 1 सोलह माशे के मान के बराबर सोने का एक सिक्का 2 सोलह माशे के सिक्के के बराबर की तौल 3 सोना
निष्कपट–*सं०* (वि०) कपटरहित
निष्कपटी–*सं०* (वि०) बिना कपट का
निष्कर–I *सं०* (वि०) बिना शुल्क का II (स्त्री०) बिना कर की भूमि, माफ़ी
निष्करुण–*सं०* (वि०) करुणारहित
निष्कर्तन–*सं०* (पु०) काट कर अलग करना
निष्कर्म–*सं०* (वि०) बिना काम का
निष्कर्मा–*सं०* (वि०) निकम्मा
निष्कर्ष–*सं०* (पु०) 1 परिणाम, कनक्लूजन 2 निश्चय 3 निचोड़
निष्कर्षण–*सं०* (पु०) 1 बाहर निकालना 2 दूर करना 3 मिटाना
निष्कलंक–*सं०* (वि०) बेदाग़
निष्कल–*सं०* (वि०) 1 कलारहित 2 नष्टवीर्य 3 क्षीण
निष्कला–*सं०* (स्त्री०) ऐसी स्त्री जिसका रजोधर्म बंद हो गया हो
निष्कलुष–*सं०* (वि०) निर्मल, पवित्र
निष्काम–*सं०* (वि०) 1 कामना एवं वासना से रहित, निर्लिप्त 2 बिना कामना के किया जानेवाला (जैसे-निष्काम कर्म)। ~**वृत्ति** (स्त्री०) निष्काम भाव
निष्कारण–I *सं०* (वि०) बिना कारण का II (क्रि० वि०) 1 बिना कारण के 2 व्यर्थ III (पु०) 1 हटाना 2 मारण
निष्कालिक–*सं०* (वि०) 1 कुछ ही दिन जीनेवाला 2 जिसका अंत निकट हो
निष्काश–*सं०* (पु०) = निष्कास
निष्काशन–*सं०* (पु०) = निष्कासन
निष्काशित–*सं०* (वि०) = निष्कासित
निष्कास–*सं०* (पु०) 1 बाहर निकालना 2 बाहर निकला हुआ भाग
निष्कासन–*सं०* (पु०) 1 बाहर करना 2 हटाना 3 निकालना, निःसारण
निष्कासित–*सं०* (वि०) 1 बाहर किया हुआ 2 निकाला हुआ, निःसारित 3 हटाया हुआ
निष्कीटक–*सं०* (वि०) 1 कीटाणुरहित 2 कीटाणुओं को नाश करनेवाला
निष्कीटन–*सं०* (पु०) रासायनिक प्रक्रिया से कीटाणुओं को नाश करना
निष्कीटित–*सं०* (वि०) किसी प्रक्रिया से कीटाणुओं को नष्ट किया गया
निष्कुल–*सं०* (वि०) 1 कुल से रहित 2 बिना कुल का
निष्कुषित–*सं०* (वि०) 1 छीला हुआ 2 जहाँ-तहाँ काटा हुआ 3 निष्काषित
निष्कूट–*सं०* (वि०) छल-कपट से रहित
निष्कृत–I *सं०* (त्रि०) 1 हटाया हुआ 2 मुक्त 3 उपेक्षित II (पु०) 1 मिलन स्थान 2 प्रायश्चित
निष्कृति–*सं०* (स्त्री०) 1 छुटकारा, मुक्ति 2 उपेक्षा, तिरस्कार 3 क्षमा 4 प्रायश्चित्त 5 दुराचरण। ~**धन** (पु०) फिरौती
निष्कृष्ट–*सं०* (वि०) 1 निचोड़कर निकाला हुआ 2 सारभूत
निष्कोषण–*सं०* (पु०) 1 छीलना 2 खाल उतारना 3 नष्ट-भ्रष्ट करना 4 निष्कासन
निष्क्रम–I *सं०* (वि०) क्रम-हीन, बे-तरतीब (पु०) 1 मन की तृप्ति 2 जाति से बाहर निकालना। ~**पत्र** (पु०) बाहर निकलने का पत्र
निष्क्रमण–*सं०* (पु०) बाहर निकालना, बाहर लाना
निष्क्रमणार्थी–*सं०* (पु०) निकलने की इच्छा रखनेवाला
निष्क्रय–*सं०* (पु०) 1 ख़रीद, क्रय 2 वेतन भृति 3 भाड़ा 4 पुरस्कार 5 शक्ति सामर्थ्य 6 प्रत्युपकार 7 छुटकारे के लिए दिया जानेवाला द्रव्य
निष्क्रयण–*सं०* (पु०) निष्क्रय रूप में दिया जानेवाला धन
निष्क्रात–*सं०* (वि०) 1 निकाला हुआ 2 निष्क्रमण हुआ
निष्क्रमित–*सं०* (वि०) 1 हटाया हुआ 2 भगाया हुआ 3 दबाया हुआ
निष्क्रिय–*सं०* (वि०) 1 काम-धाम न करनेवाला 2 निश्चेष्ट (जैसे-निष्क्रिय-विरोध) 3 विहित कर्म न करनेवाला। ~**ता** (स्त्री०) निष्क्रिय होने की अवस्था
निष्क्रीत–*सं०* (वि०) 1 चुकाया हुआ 2 निष्क्रीय दिया हुआ
निष्क्वाथ–*सं०* (पु०) माँस आदि का रसा, शोरबा
निष्टपन–*सं०* (पु०) 1 पकाना 2 जलाना
निष्टप्त–*सं०* (वि०) 1 पकाया हुआ 2 झुलसा हुआ
निष्टाप–*सं०* (पु०) 1 जलाना 2 थोड़ा तप्त करना
निष्ठ–*सं०* (वि०) 1 विश्वास करनेवाला (जैसे-धर्म-निष्ठ) 2 लगा रहनेवाला (जैसे-कर्म-निष्ठ) 3 मन से लगा रहनेवाला (जैसे-कर्तव्य-निष्ठ) 4 निष्ठा रखनेवाला
निष्ठांत–*सं०* (वि०) नश्वर
निष्ठा–*सं०* (स्त्री०) 1 अवस्था, दशा 2 दृढ़ निश्चय, निश्वास 3 श्रद्धा एवं भक्ति 4 आधार, नींव 5 अवधारण। ~**प्रत्यय** (पु०) निष्ठा पर विश्वास
निष्ठान–*सं०* (पु०) चटपटी वस्तुएँ
निष्ठानक–*सं०* (पु०) भोजन की चटपटी चीज़ें
निष्ठावान–*सं०* (वि०) निष्ठा रखनेवाला
निष्ठित–*सं०* (वि०) 1 दृढ़ रूप से स्थित 2 निष्ठायुक्त
निष्ठीवन–*सं०* (पु०) 1 खखार आदि मुँह से फेंकना 2 खखार, थूक

निष्ठुर–*सं०* (वि०) 1 कठोर, कड़ा 2 निर्दय, बेरहम 3 उग्र, तेज़। **~ता** (स्त्री०) 1 निष्ठुर होने की अवस्था 2 कठोरता 3 निर्दयता 4 उग्रता

निष्ठ्यूत–*सं०* (वि०) 1 थूका हुआ 2 उगला हुआ 3 बाहर निकाला हुआ

निष्णात–*सं०* (वि०) 1 अच्छा ज्ञान रखनेवाला 2 पूरा किया हुआ, निष्पन्न 3 उत्तम, श्रेष्ठ

निष्तब्ध–*सं०* (वि०) 1 मौन 2 चकित 3 निश्चल 4 शांत

निष्पक्ष–*सं०* (वि०) 1 बिना पक्ष का 2 तटस्थ 3 पक्षपातरहित। **~ता** (स्त्री०) 1 निष्पक्ष होने की अवस्था 2 निष्पक्ष किया जानेवाला आचरण

निष्पत्ति–*सं०* (स्त्री०) 1 आविर्भाव, उत्पत्ति 2 पूर्णता 3 समाप्ति 4 उद्देश्य आदि की सिद्धि 5 निर्वाह

निष्पत्र–*सं०* (वि०) 1 पत्र-हीन 2 पंख-हीन

निष्पंद–*सं०* (वि०) कंपरहित

निष्पन्न–*सं०* (वि०) 1 भली-भाँति पूरा किया हुआ 2 जन्मा हुआ, उत्पन्न

निष्पर्यंत–*सं०* (वि०) अपार, असीम

निष्पलक–*सं०* (क्रि० वि०) बिना पलक गिराए

निष्पादक–I *सं०* (वि०) निष्पादन करनेवाला II (पु०) आज्ञा, निश्चय आदि के अनुसार कार्य करनेवाला व्यक्ति

निष्पादन–*सं०* (पु०) पूरा करना, निष्पन्न करना

निष्पाप–*सं०* (वि०) 1 पाप न करनेवाला 2 जिसे करने से पाप न लगे

निष्पिष्ट–*सं०* (वि०) 1 चूर्ण किया हुआ 2 पीड़ित 3 पीटा हुआ

निष्पीड़न–*सं०* (पु०) 1 दबाकर रस निकालना 2 निचोड़ना

निष्पुत्र–*सं०* (वि०) पुत्र-हीन

निष्पुरुष–*सं०* (वि०) 1 नपुंसक 2 निर्जन

निष्प्रकारक–*सं०* (वि०) साधारण

निष्प्रपंच–*सं०* (वि०) छलरहित निष्कपट

निष्प्रभ–*सं०* (वि०) 1 प्रभा-हीन 2 विवर्ण

निष्प्रभाव–*सं०* (वि०) अप्रभावी

निष्प्रयोजन–I *सं०* (वि०) 1 बिना मतलब का (जैसे-निष्प्रयोजन प्रीति) 2 व्यर्थ का, निरर्थक II (क्रि० वि०) बिना प्रयोजन के

निष्प्राण–*सं०* (वि०) 1 बिना प्राण का, मृत 2 महत्वहीन (जैसे-निष्प्राण सहित्य)

निष्फल–*सं०* (वि०) 1 बिना परिणाम का 2 व्यर्थ, बेकार 2 बिना फल का

निसंशय–*सं०* (वि०) = निःशंक

निसबत–*सं०* (स्त्री०) 1 संबंध, लगाव 2 मँगनी, सगाई 3 मुक़ाबला, तुलना

निसर्ग–*सं०* (पु०) 1 छोड़ना, त्यागना 2 बाहर निकालना 3 मल त्यागना 4 दान, भेंट आदि देना 5 सृष्टि प्रकृति। **~ज** (वि०) निसर्ग से उत्पन्न; **~नियम** (पु०) शाश्वत नियम, नेचुरल लॉ

निसर्गतः–*सं०* (क्रि० वि०) प्रकृति के अनुसार

निसाँस–I *बो०* (पु०) लंबी साँस, निःश्वास II (वि०) निसाँसा

निसा–(स्त्री०) 1 तृप्ति, तृष्टि 2 संतोष

निसार–*अ०* (पु०) 1 बलि, क़ुर्बान 2 निछावर

निसार–*बो०* (वि०) निस्सार

निसास–(पु०) निसाँस

निसीठी–(वि०) 1 निःसार 2 नीरस

निसूदन–*सं०* (पु०) 1 वध करना 2 नष्ट करना

निस्सृत–*सं०* (वि०) निकला हुआ

निसृष्ट –I *सं०* (वि०) 1 दान-भेंट आदि के रूप में दिया हुआ 2 त्यागा हुआ 3 भेजा हुआ, प्रेषित II (वि०) मध्यस्थ III (पु०) दैनिक मज़दूरी

निसृष्टार्थ–*सं०* (पु०) 1 संदेशवाहक, दूत *साहि०* प्रेमिका एवं प्रेमी को मिलने की व्यवस्था करनेवाला व्यक्ति 3 महत्वपूर्ण व्यक्ति, प्रबंधक आदि

निसोथ–(स्त्री०) 1 दवा के काम में आनेवाली एक जड़ 2 एक लता जिसके पत्ते गोल एवं नुकीले होते हैं

निस्तंद्र–*सं०* (वि०) 1 निरालस्य 2 तंद्रारहित, जागरुक

निस्तनी–*सं०* (स्त्री०) औषध की गोली

निस्तब्ध–*सं०* (वि०) 1 निश्चेष्ट 2 गतिहीन 3 स्तब्ध (जैसे-निस्तब्ध रात्रि)। **~ता** (स्त्री०) 1 निश्चेष्टता 2 गतिहीनता

निस्तमस्क–*सं०* (वि०) अंधकाररहित

निस्तरंग–*सं०* (वि०) शांत एवं स्थिर

निस्तरण–*सं०* (पु०) 1 पार उतरना 2 छुटकारा मिलना

निस्तल–*सं०* (वि०) 1 बिना तल का 2 अत्यंत गहरा, अंतहीन

निस्तार–*सं०* (पु०) 1 तैरकर पार होना 2 छुटकारा, उद्धार 3 अभीष्ट प्राप्ति

निस्तारक–*सं०* (वि०) बचानेवाला

निस्तारण–*सं०* (पु०) 1 पार 2 बंधन मुक्त करना

निस्तीर्ण–*सं०* (वि०) 1 पार हुआ 2 बंधन मुक्त 3 पूरा किया हुआ

निस्तेज–*सं०* (वि०) तेज-हीन

निस्तोद–*सं०* (पु०) 1 चुभाना 2 डंक मारना

निस्त्रप–*सं०* (वि०) निर्लज्ज

निस्पंद–I *सं०* (वि०) स्पंदनरहित II. (पु०) स्पंदन

निस्पृष्ट –*सं०* (वि०) अछूता

निस्पृह–*सं०* (वि०) 1 इच्छारहित, वासनारहित 2 निर्लोभ (जैसे-निस्पृह प्राणी)

निस्फ़–*अ०* (वि०) आधा

निस्फ़ानिस्फ़–*अ०* (क्रि० वि०) आधो-आध

निस्बत–*अ०* (वि०) = निसबत

निस्बतन–*अ०* (वि०) = निसबत

निस्बतन–*अ०* (वि०) उत्थान

निस्यंदन–*सं०* (पु०) 1 चूना, रिसना, क्षरण 2 परिणाम 3 प्रकट करना

निस्वन, निस्वान–*सं०* (पु०) 1 शब्द, आवाज़ 2 ध्वनि में होनेवाली सुरसुराहट

निस्वामीयकरण–*सं०* (पु०) बेदख़ली, मालिकाना हक़ हटा देना

निस्वामीयकृत–*सं०* (वि०) बेदख़ल किया हुआ

निस्संकोच–I *सं०* (वि०) संकोचरहित II (क्रि० वि०) बिना संकोच के

निस्संक्रामक–*सं०* (वि०) संक्रमण न करनेवाला, छूत न पैदा करनेवाला

निस्संग–*सं०* (वि०) 1 बिना साथ का 2 अकेला 3 विषय-वासनारहित 4 एकांत, निर्जन

निस्संतान–*सं०* (वि०) संतान-हीन

निस्संदिग्ध–*सं०* (वि०) = निस्संदेह

निस्संदेह–I *सं०* (वि०) असंदिग्ध, संदेहरहित II (क्रि० वि०) 1 बिना संदेह के, बेशक 2 निश्चित रूप से, अवश्य (जैसे-निस्संदेह खाइए)

निस्संबल–*सं०* (वि०) = निःसंबल

निस्सत्व–*सं०* (वि०) = निःसत्व

निस्सरण–*सं०* (पु०) 1 निकलना 2 निकलने का मार्ग

निस्सहाय–*सं०* (वि०) असहाय

निस्सार–*सं०* (वि०) सार-हीन

निस्सारक–*सं०* (वि०) निकालनेवाला

निस्सारण–*सं०* (पु०) निकालना

निस्सारित–*सं०* (वि०) निकाला हुआ

निस्सीम–*सं०* (वि०) 1 सीमारहित, असीम 2 अत्यधिक (जैसे-निस्सीम वेग)

निस्स्वादु–*सं०* (वि०) 1 बिना स्वाद का 2 बुरे स्वादवाला, बदमज़ा

निस्स्वार्थ–I *सं०* (वि०) = निःस्वार्थ II (क्रि० वि०) बिना स्वार्थ के

निहंग, निहंगम–I *सं०* (वि०) 1 अकेला, एकाकी 2 अविवाहित एवं परिवार-हीन 3 नंगा 4 निर्लज्ज, बेशर्म II (पु०) 1 विरक्त साधु 2 एक सिक्ख संप्रदाय

निहंता–*सं०* (वि०) 1 नाश करनेवाला, विनाशक 2 हत्या करनेवाला

निहठा–*बो०* (स्त्री०) लकड़ी का टुकड़ा

निहत–*सं०* (वि०) 1 चलाया हुआ 2 नष्ट, विनष्ट 3 मार डाला गया

निहतार्थ–*सं०* (पु०) काव्य-दोष

निहत्था–(वि०) 1 शस्त्र-हीन 2 जिसके हाथ में कुछ भी न हो

निहनन–*सं०* (पु०) वध, मारण

निहाई–(स्त्री०) लोहे का बड़ा टुकडा

निहानी–(स्त्री०) एक तरह की रुखानी (औज़ार)

निहायत–*अ०* (क्रि० वि०) बहुत अधिक (जैसे-निहायत मूर्ख)

निहार–I *सं०* (पु०) निकास II (वि०) = निहाल, लट्टू III (पु०) = नीहार

निहारना–(स० क्रि०) 1 टक लगाकर देखना 2 ताकना (जैसे-खेत निहारना)

निहाल–(वि०) 1 हर तरह से तृप्त, सफल-मनोरथ 2 प्रसन्न एवं संतुष्ट

निहाल–*फ़ा०* (पु०) पौधा। ~**चा** (पु०) छोटी गद्दी

निहाली–I *फ़ा०* (स्त्री०) 1 तोशक, गद्दा 2 रज़ाई II (स्त्री०) निहाई

निहित–*सं०* (वि०) 1 स्थापित 2 सौंपा हुआ 3 अंदर छिपा हुआ। ~**स्वार्थ** (पु०) बीच में पड़ा हुआ हित; ~**स्वार्थी** (वि०) अपने हित रखनेवाला

निहितार्थ–*सं०* (पु०) छिपा हुआ अर्थ

निहुरना–(अ० क्रि०) *बो०* 1 झुकना, नवना 2 नम्र होना

निहोरा–I *बो०* (पु०) 1 कृतज्ञता, एहसान 2 निवेदन, प्रार्थना 3 आसरा, भरोसा II (क्रि० वि०) के लिए, वास्ते

नींद–(स्त्री०) = निद्रा। ~**उचटना,** ~**उचाट होना** नींद में बाधा उत्पन्न होना; ~**खुलना,** ~**टूटना** नींद पूरी होने पर जागना; ~**भर सोना** इच्छा भर सोना; ~**हराम होना** कष्ट, चिंता आदि के कारण नींद न आना

नींबू–(पु०) = नीबू। ~**निचोड़** (वि०) = नीबू-निचोड़

नींव–(स्त्री०) 1 ज़मीन के अंदर रहनेवाला महल, मकान, दीवार आदि का निचला हिस्सा 2 नींव हेतु खोदा जानेवाला गड्ढा 3 आरंभिक मौलिक कार्य जो आगे चलकर बहुत अच्छा हो (जैसे-पढ़ाई की नींव पक्की है)। ~**का पत्थर** 1 कार्य का आधार 2 बात का मूल

नीकर–*अं०* (पु०) = निक्कर

नीकार–*सं०* (पु०) 1 अवज्ञा 2 अनादर

नीग्रो–*अं०* (पु०) हब्शी

नीग्रोयड–*अं०* (वि०) हब्शी जैसा

नीच–I *सं०* (वि०) 1 अधम, निकृष्ट 2 खल, दुष्ट II (पु०) नीच पुरुष। ~**ऊँच** (पु०) सुफल-कुफल, अच्छा-बुरा परिणाम; ~**कुलोत्पन्न** (वि०) नीच परिवार में उत्पन्न; ~**गामी** (वि०) 1 नीचे जानेवाला 2 ओछा, तुच्छ; ~**जन्मा** (वि०) = नीच कुलोत्पन्न ~**ता** (स्त्री०) 1 नीच होने की अवस्था 2 अत्यंत नीच पूर्ण आचरण; ~**ता पूर्ण** (वि०) नीचता से भरा हुआ; ~**पन** (पु०) नीचता

नीचट–*बो०* (वि०) पक्का, दृढ़

नीचा–(वि०) 1 कम ऊँचाईवाला (जैसे-नीची दीवार, नीची छत) 2 झुका हुआ (जैसे-नीचा सिर) 3 निम्न स्तर पर स्थित (जैसे-नीची सड़क) 4 अधिकार, पद, मर्यादा में घटकर छोटा (जैसे-नीची जाति, नीची अदालत) 5 धीमा, मद्धिम। ~**ऊँचा** (वि०) = नीच-ऊँच

नीचाशय–*सं०* (वि०) तुच्छ विचारवाला, ओछा, तुच्छ

नीचू–I (वि०) *बो०* न चूनेवाला II (वि०) = नीचा III (क्रि० वि०) नीचे

नीचे–(क्रि० वि०) 1 नीचे की तरफ़, अधोभाग में 2 घटकर 3 अधीनता में। ~**ऊपर** (क्रि० वि०) उलट-पलट, अस्त-व्यस्त, अव्यवस्थित। ~**गिरना** 1 पतन होना, अधोगति को प्राप्त होना 2 पछाड़ा जाना; ~**गिराना** 1 पतित बनाना 2 कुश्ती में पछाड़ना, पटकना; ~**लाना** कुश्ती में पटकना ~**से ऊपर तक** 1 सिर से पाँव तक 2 एक सिरे से दूसरे सिरे तक 3 सभी भागों में

नीठि–I (स्त्री०) अरुचि, अनिच्छा II (क्रि० वि०) जैसे-तैसे

नीड़–*सं०* (पु०) चिड़ियों के बैठने का स्थान, घोंसला। ~**ज** *सं०* (पु०) पक्षी

नीत–*सं०* (वि०) 1 गृहीत 2 प्राप्त 3 लाया हुआ 4 स्थापित

नीति–*सं०* (स्त्री०) 1 व्यवहार का ढंग, बर्ताव का तरीका 2 लोक-व्यवहार हेतु नियत किया गया आचार 3 सदाचार-व्यवहार आदि के नियम और रीतियाँ 4 शासन की रक्षा एवं व्यवस्था हेतु स्थिर किए गए तत्व एवं सिद्धांत 5 चतुरता से किया जानेवाला आचरण, तरकीब 6 राजनीति

7 नीतिशास्त्र। ~**कुशल** (वि०) नीति में कुशल या चतुर; ~**गत** (वि०) नीति संबंधी; ~**घोषणा** (स्त्री०) सार्वजनिक रूप से की गई लिखित घोषणा; ~**ज्ञ** (वि०) = नीति-कुशल; ~**नियम** (पु०) नीति के नियम; ~**परायण** (वि०) नीति का पालन करनेवाला; ~**भ्रष्ट** (वि०) आचारहीन; ~**मत्ता** (स्त्री०) नीति के अनुसार आचरण करना; ~**वाद** (पु०) आचार एवं व्यवहार संबंधी नीति-नियम एवं सिद्धांत; ~**विज्ञान** (पु०) = नीति-शास्त्र; ~**व्यतिक्रम** (पु०) नीति का उल्लंघन; ~**शास्त्र** (पु०) 1 आचार-संबंधी नियमों का विवेचन करनेवाला शास्त्र, इथिक्स 2 राजनीति संबंधी शास्त्र; ~**संगत** (वि०) नीति के अनुरूप

नीतिमान्–(वि०) 1 नीति-कुशल 2 नीति-पूर्ण

नीध्र–*सं०* (पु०) 1 ओलती 2 वन, जंगल 3 पहिये का धुरा, नेमि

नीप–*सं०* (पु०) 1 कदंब 2 गुलदुपहरिया, बंधूक 3 भू-कदंब

नीबू–(पु०) = नींबू। ~**निचोड़** (वि०) थोड़ा देकर बहुत लेनेवाला

नीम–(पु०) एक प्रसिद्ध पेड़ जिसकी पत्तियाँ, छाल आदि सभी अंग कड़ुवा होता है

नीम–*फ़ा०* (वि०) आधा। ~**गुलामी** + *अ०* + *फ़ा०* (स्त्री०) आधा गुलाम होने का भाव; ~**जाँ** (वि०) अधमरा; ~**टर** + *हिं०* (वि०) कम पढ़ा-लिखा, अर्द्धशिक्षित; ~**पुख़्ता** (वि०) आधा पका हुआ; ~**रज़ा** + *अ०*, ~**राज़ी** + अ० (वि०) आधा रज़ामंद; ~**शब** (स्त्री०) आधी रात; ~**सरकारी** (वि०) अर्द्ध सरकारी (जैसे-अर्द्ध सरकारी पत्र); ~**हकीम** + *अ०* (पु०) अनुभवहीन हक़ीम, अधूरा हकीम

नीमन–*बो०* (वि०) 1 बढ़िया, उत्तम 2 स्वस्थ, नीरोग 3 काम आने योग्य

नीमा–I *फ़ा०* (वि०) आधा, अर्ध II (पु०) एक तरह का पाजामा

नीमास्तीन–*फ़ा०* (स्त्री०) आधी आस्तीन की कुरती

नीयत–*अ०* (स्त्री०) इरादा, इच्छा। ~**डिगना,** ~**बिगड़ना,** ~**बुरी होना** विचार दूषित होना, मन में बुरी बात आना

नीरंध्र–*सं०* (वि०) छिद्ररहित

नीर–*सं०* (पु०) 1 पानी 2 आँसू, नेत्र-जल (जैसे-नयनों का नीर)। ~**क्षीर-विवेक** (पु०) 1 न्याय-अन्याय, भले-बुरे का स्पष्ट भेद करने की शक्ति 2 दूध का दूध एवं पानी का पानी अलग करने की सामर्थ्य; ~**ज** (वि०) जल से उत्पन्न

नीरण–(पु०) 1 जल देना, जल पहुँचाना 2 नल आदि की मदद से जल एवं अन्य तरल पदार्थ पहुँचाना, पाईपिंग

नीरद–*सं०* (पु०) मेघ, बादल

नीरधि–*सं०* (पु०) समुद्र, सागर

नीरव–*सं०* (वि०) 1 शब्दरहित 2 शब्द न करनेवाला। ~**ता** (स्त्री०) नीरव होने की अवस्था

नीरस–*सं०* (वि०) 1 रस-हीन 2 फीका 3 शुष्क (जैसे-नीरस वातावरण)

नीरांजन, नीराजन–*सं०* (पु०) 1 आरती 2 युद्ध पूर्व हथियार चमकाने का पर्व

नीरांजना–*सं०* (स्त्री०) आरती करना

नीराज्यिक–*सं०* (वि०) दो देशों के बीच में पड़नेवाली

नीरोग–*सं०* (वि०) 1 स्वस्थ 2 दोष एवं विकाररहित

नील–I *सं०* (वि०) 1 गहरे आसमानी रंग का (जैसे-नील-कमल का पौधा) II (पु०) 1 नीले फूलों से युक्त नील का पौधा 2 नीला रंग 3 इन फूलों से तैयार किया गया नीला रंग, इंडिगो (जैसे-कपड़े में नील देना) 4 अधिक मार पड़ने से शरीर पर पड़ा नीला दाग़ 5 राम की सेना का एक बंदर (जैसे-नल और नील) 6 सौ खरब की संख्या, 10000000000000। ~**कंठ** I (वि०) नीला कंठवाला, नीली गर्दन, गलावाला II (पु०) 1 शिव 2 मोर 3 नीले कंठ एवं नीले डैनोंवाला एक पक्षी; ~**कांत** (पु०) 1 विष्णु 2 नीलम 3 एक पहाड़ी चिड़िया, दिगदल; ~**क्रांता** (स्त्री०) कृष्णा-पराजिता; ~**गाय** + *हिं०* (स्त्री०) नीलापन युक्त भूरे रंग का गाय के आकार का एक वन्य-पशु; ~**चक्र** (पु०) जगन्नाथ मंदिर के शिखर पर स्थित एक चक्र; ~**मणि** (पु०) = नीलम; ~**मुद्रण** (पु०) = नीलिका मुद्रण; ~**लोहित** I (वि०) बैंगनी II (पु०) शिव, महादेव; ~**वसन** I (वि०) नीले वस्त्रवाला II (पु०) 1 नीला कपड़ा 2 शनिग्रह

नीलम–(पु०) नीले रंग का प्रसिद्ध रत्न

नीलांजन–*सं०* (पु०) 1 नीला सुरमा 2 तूतिया

नीलांबर–I *सं०* (वि०) नीला वस्त्र पहननेवाला II (पु०) नीला कपड़ा

नीला–(वि०) आसमानी, ब्लू। ~**काला** (वि०) गहरा नीला; ~**थोथा** (पु०) तूतिया; ~**पन** (पु०) नीलवर्णता; ~**पीला** (वि०) अत्यंत क्रुद्ध

नीलाकाश–*सं०* (पु०) नीला आसमान

नीलाम–(पु०) 1 सार्वजनिक बिक्री 2 सार्वजनिक बिक्री का ढंग; ~**कर्ता** *सं०* (पु०) नीलाम करनेवाला व्यक्ति, नीलामीवाला

नीलामी–*पु०* + *हिं०* (वि०) नीलाम के रूप में बिकनेवाला (जैसे-नीलामी घड़ी)। ~**वाला** (पु०) नीलाम-कर्ता

नीलाहट–(स्त्री०) = नीलापन

नीलिका-मुद्रण–*सं०* (पु०) 1 नीली ज़मीन पर सफ़ेद अक्षर एवं रेखाएँ अंकित होनेवाली एक छपाई, ब्लू प्रिंटिंग 2 इस तरह से छापा गया काग़ज़, ब्लू प्रिंट

नीलिमा–*सं०* (स्त्री०) 1 नीलापन 2 श्यामलता

नीली–*सं०* (स्त्री०/वि०) दे० नीला

नीलोत्पल–*सं०* (पु०) नील-कमल

नीलोपल–*सं०* (पु०) 1 नीला पत्थर 2 नीलम

नीलोफ़र–*फ़ा०* (पु०) 1 नील-कमल 2 कुमुदनी, कुईं

नीवँ, नीव–(स्त्री०) = नींव

नीवि, नीवी–*सं०* (स्त्री०) 1 कमर में लपेटी हुई धोती की गाँठ 2 कमर में धोती के ऊपर लपेट कर बाँधी जानेवाली डोरी, फुबती 3 इज़ारबंद, नारा 4 जनानी धोती, साड़ी

नीहार–*सं०* (पु०) 1 कोहरा 2 तुषार, पाला

नीहारिका–*सं०* (स्त्री०) धुएँ की तरह का आकाश में छाया रहनेवाला प्रकाशपुंज, नेब्युला। ~**मंडल** (पु०) = नीहारिका

नुकता–*अ०* (पु०) 1 रहस्यपूर्ण बात 2 ऐब, दोष 3 चटपटी एवं मज़ेदार बात 4 घोड़े की आँख पर लगाई जानेवाला झालर,

तिल्हरी। ~**चीन** + *फ़ा०* (वि०) बुराइयाँ ढूँढ़नेवाला, छिद्रान्वेषी; ~**चीनी** + *फ़ा०* (स्त्री०) 1 बुराइयाँ ढूँढना, छिद्रान्वेषण 2 दोष दिखाना

नुक़्ता–*अ०* (पु०) 1 उर्दू अक्षरों के साथ लगाई जानेवाली बिंदी 2 शून्य का सूचक चिह्न

नुक्ती–(स्त्री०) महीन और मीठी बुंदिया

नुक़रा–*अ०* (पु०) 1 चाँदी 2 सफ़ेद रंग का घोड़ा

नुक़सान–*अ०* (पु०) 1 हानि 2 क्षति 3 खराबी, विकार। ~**देह** + *फ़ा०* (वि०) नुक़सान पहुँचानेवाला; ~**उठाना** क्षतिग्रस्त होना; ~**पहुँचाना** हानि होना; ~**पहुँचना** हानि करना; ~**भरना** क्षति पूर्ति करना

नुक़सानी–I *अ० + फ़ा० बो०* (स्त्री०) 1 नुक़सान, हानि 2 क्षतिपूर्ति II (वि०) बिगड़ा हुआ, टूटा हुआ (जैसे-नुक़सानी माल)

नुकीला–(वि०) 1 नोकदार 2 तेज़ नोकवाला, नोक-झोंकवाला (जैसे-नुकीला जवान)

नुक्कड़–(पु०) 1 नुकीला कोना 2 कोना 3 मकान, गली आदि का मोड़ (जैसे-गली के नुक्कड़ पर)

नुक्का–(पु०) नोक

नुक्केदार–*हिं+ फ़ा०* (वि०) नुकीला

नुक़्स–*अ०* (पु०) 1 त्रुटि 2 दोष

नुचना–(अ० क्रि०) नोचा जाना

नुचवाना–(स० क्रि०) नोचने का काम कराना (जैसे-बाल नुचवाना)

नुत्फ़ा–*अ०* (पु०) पुरुष का वीर्य , शुक्र। ~**ठहरना** गर्भ रहना

नुनखरा–(वि०) खारापन से युक्त

नुनना–(स० क्रि०) खेत काटना

नुनेरा–(पु०) नमक बनानेवाला

नुमाइंदगी–*फ़ा०* (स्त्री०) प्रतिनिधित्व

नुमाइंदा–*फ़ा०* (पु०) प्रतिनिधित्व करनेवाला व्यक्ति

नुमाइश, नुमायश–*फ़ा०* (स्त्री०) 1 दिखावट, प्रदर्शन 2 प्रदर्शनी। ~**गाह** (स्त्री०) प्रदर्शनी स्थल

नुमाइशी, नुमायशी–*फ़ा०* (वि०) 1 नुमाइश संबंधी 2 नुमाइश में रखे जाने योग्य 3 दिखावटी, दिखौआ

नुमायाँ–*फ़ा०* (वि०) 1 साफ़ 2 ज़ाहिर

नुसख़ा–*अ०* (पु०) 1 कागज़ पर लिखी गई दवा एवं उसकी सेवन विधि 2 लिखा हुआ कागज़ का टुकड़ा

नूतन–*सं०* (वि०) 1 नया, नवीन 2 हाल का, ताजा। ~**ता** (स्त्री०) नयापन, नवीनता; ~**वाद** (पु०) नई बातों को अपनाने का सिद्धांत; ~**वादी** (वि०) नूतनवाद को माननेवाला

नूतनीकरण–*सं०* (पु०) नवीकरण

नून–(पु०) = नोन। ~**तेल** (पु०) नमक और तेल

नूपुर–*सं०* (पु०) 1 पैंजनी 2 घुँघरू

नूर–*अ०* (पु०) प्रकाश, ज्योति

नूह–*अ०* (पु०) प्रलय में बच जानेवाला पैगंबर, मनु

नृ–*सं०* (पु०) नर, मनुष्य। ~**कुल** (पु०) मनुष्य जाति; ~**विज्ञान** (पु०) मानव उत्पत्ति तथा उसके रूप, आकार आदि का विवेचन करनेवाला शास्त्र; ~**केशरी** (पु०) 1 नृसिंह अवतार 2 शेर के समान पराक्रमी और श्रेष्ठ व्यक्ति; ~**तत्व** (पु०) = नृ-वंश-विज्ञान; ~**तत्वज्ञ** (पु०) नृ-वंश-शास्त्री; ~**तत्वविद्** (पु०) नृ वंश विज्ञानी; ~**तत्व-विद्या** (स्त्री०) = नृ-वंश-विज्ञान; ~**तात्विक** (वि०) नृ वैज्ञानिक; ~**देव** (पु०) राजा; ~**लोक** (पु०) मर्त्यलोक; ~**वंश-विज्ञान,** ~**वंश-शास्त्र** (पु०) मानव एवं उसके वंश से संबंधित विज्ञान; ~**वंश-शास्त्री** (पु०) नृ-वंश-शास्त्र का ज्ञाता; ~**वराह** (पु०) विष्णु जी; ~**विज्ञान** (पु०) नृ-वंश-विज्ञान; ~**वैज्ञानिक** (वि०) नृ-विज्ञान को जानेवाला; ~**सिंह** (पु०) नृ केशरी

नृत्त–*सं०* (पु०) अंग विक्षेप युक्त नाच

नृत्य–*सं०* (पु०) नाच। ~**कला** (स्त्री०) नाचने की कला; ~**कार** (पु०) नचैया; ~**नाटिका** (स्त्री०), ~**नाट्य** (पु०) नृत्य प्रधान अभिनय; ~**शाला** (स्त्री०) नाचघर; ~**संगीत** (पु०) संगीत सहित नाच

नृशंस–*सं०* (वि०) 1 निर्दय 2 अत्याचारी

नृप–*सं०* (पु०) राजा, नरपति, भूपाल

ने–(विभ०) भूतकालिक सकर्मक क्रिया के कर्ता के साथ लगनेवाला एक कारक चिह्न (जैसे-राम ने पुस्तक पढ़ी, उसने आम खाया);

नेक–*फ़ा०* (वि०) अच्छा, उम्दा, भला (जैसे-नेक इंसान, नेक इरादे के लोग)। ~**चलन** + *हिं०* (वि०) उत्तम आचरण का, अच्छा आचरणवाला; ~**चलनी** + *हिं०* (स्त्री०) अच्छा आचरण; ~**दिल** (वि०) अच्छी नीयतवाला; ~**दिली** (स्त्री०) अच्छी नीयत होना; ~**नाम** (वि०) यशस्वी, सुख्यात; ~**नामी** (स्त्री०) सुख्याति, यश; ~**नीयत** + *अ०* (वि०) 1 अच्छी नीयतवाला 2 ईमानदार और सच्चा; ~**नीयती** + *अ० + फ़ा०* (स्त्री०) 1 ईमानदारी और सच्चाई 2 अच्छी नीयत; ~**बख़्त** (वि०) 1 भाग्यवान्, सौभाग्यशाली 2 भोला-भाला; ~**बख़्ती** (स्त्री०) 1 सौभाग्य 2 भलमंसत

नेक–I (वि०) ज़रा-सा, थोड़ा-सा II (क्रि० वि०) ज़रा, थोड़ा

नेकटाई–*अं०* (स्त्री०) गले की टाई

नेकलेस–*अं०* (पु०) गले का हार

नेकी–*फ़ा०* (स्त्री०) 1 भलाई, अच्छाई (जैसे-नेकी का काम करना) 2 शिष्टता एवं सौजन्य 3 परोपकार। ~**बदी** (स्त्री०) 1 भलाई और बुराई 2 पाप और पुण्य

नेग–(पु०) 1 शुभ अवसर पर नौकर-चाकर एवं अन्य आश्रितों को धन आदि देने की प्रथा 2 इस रूप में दिया गया धन 3 परम्परागत अधिकार, दस्तूर 4 शुभ कार्य 5 कृपा, अनुग्रह। ~**चार** (पु०) मांगलिक अवसर पर की गई शुभ क्रियाएँ; ~**निछावर** (स्त्री०) नेग आदि का वारना; ~**जोग** (पु०) मांगलिक अवसरों पर होनेवाली सामाजिक प्रथा। ~**लगना** 1 संपर्क में आना 2 लीन होना, समाना 3 सफल होना

नेगी–(पु०) नेग पाने का अधिकारी

नेजक–*सं०* (पु०) धोबी, रजक

नेजन–*सं०* (पु०) 1 कपड़ा धोना 2 सफ़ाई करना

नेज़ा–*फ़ा०* (पु०) 1 भाला 2 बरछा 3 साँग

नेट–I *अं०* (पु०) जाल

नेट–II *अं०* (वि०) शुद्ध

नेड़े– (क्रि० वि०) *बो०* नज़दीक, पास

नेता–*सं०* (पु०) 1 अगुआ, नायक, सरदार (जैसे-दल का

नेता) 2 पहुँचानेवाला 3 स्वामी, मालिक 4 मार्ग-दर्शन करनेवाला सामाजिक व्यक्ति, लीडर (जैसे-कांग्रेसी नेता)। ~**गिरी** + *फ़ा०* (स्त्री०) नेता बनकर मार्ग दर्शन कराना; ~**मंडली** (स्त्री०) नेताओं का समूह; ~**शाही** + *फ़ा०* (स्त्री०) नेतृत्व का रोब जमाना

नेती–(स्त्री०) मथानी चलाने की रस्सी। ~**धोती** (स्त्री०) पेट में कपड़े की लंबी एवं पतली पट्टी डालकर आँतें साफ़ करना

नेतृत्व–*सं०* (पु०) मार्ग दर्शन एवं संचालन करना।

नेत्र–*सं०* (पु०) आँख। ~**कनीनिका** (स्त्री०) आँख की पुतली; ~**गोलक** (पु०) आँख का डेला; ~**चिकित्सालय** (पु०) आँख का अस्पताल; ~**जल** (पु०) आँसू; ~**पट** (पु०) पलक; ~**मंडल** (पु०) = नेत्र-गोलक; ~**रंजन** (पु०) काजल; ~**रोग** (पु०) आँख का रोग; ~**विज्ञान** (पु०) = नैत्रिकी; ~**स्राव** (पु०) आँख से पानी बहना

नेत्रक–*सं०* (पु०) छोटी आँख

नेत्रजन–*अं०* (पु०) = नाइट्रोजन

नेत्रजनीय–*अं० + सं०* (वि०) नाइट्रोजन से उत्पन्न (जैसे-नेत्रजनीय खाद)

नेत्राभिष्यंद–*सं०* (पु०) छूत से फैलनेवाला नेत्र-रोग

नेत्रिक–*सं०* (पु०) छोटी पिचकारी

नेत्री–*सं०* (स्त्री०) रहनुमाई करनेवाली

नेत्रोत्सव–*सं०* (पु०) 1 देखने का मज़ा 2 दर्शनीय एवं सुंदर वस्तु

नेत्र्य–*सं०* (वि०) 1 नेत्र संबंधी 2 नेत्रों को सुख देनेवाला

नेदिष्ठ–*सं०* (वि०) 1 पास का, निकट का 2 निपुण, कुशल

नेपकिन–*अं०* (पु०) छोटा रूमाल

नेपचून–*अं०* (पु०) नैपच्यून वरुण नामक ग्रह

नेपथ्य–*सं०* (पु०) 1 रंग-मंच के पर्दे के पीछे की जगह 2 वेश-भूषा 3 नटों की वेश-भूषा 4 रंग-भूमि, रंगशाला

नेपाली–I (वि०) 1 नेपाल राज्य से संबंधित 2 नेपाल में बसनेवाला II (पु०) नेपाल देश का नागरिक III नेपाल देश की भाषा

नेफ़ा–*फ़ा०* (पु०) I पाजामे, लहँगे आदि का इज़ारबंद डालने का भाग II भारत का पूर्वोत्तरी भूभाग संक्षेप में अंग्रेजी भाषा का शब्द नेफा भी है

नेफ्थलीन–*अं०* (पु०) रंगों में प्रयुक्त होनेवाला कोलतार से प्राप्त एक द्रव

नेम–(पु०) 1 नियम, क़ायदा 2 प्रथा, रीति। ~**धरम** (पु०) संध्या-वंदन, पूजन आदि

नेमत–*अ०* (स्त्री०) = नियामत

नेमि–*सं०* (स्त्री०) 1 घेरा 2 पहिए का ढाँचा 3 कुएँ की जगत 4 कुएँ की जमवट 5 चरखी

नेमी–(वि०) नियम-धरम का पालन करनेवाला। ~ **धरमी** (वि०) धार्मिक सिद्धांतों का कठोरता से पालन करनेवाला

नेरुवा–*बो०* (पु०) कोल्हू के नीचे की तेल बहने की नाली

नेल-पालिश–*अं०* (स्त्री०) नाखून रँगने की पालिश

नेवता–(पु०) = न्योता

नेवर–I (पु०) = नूपुर

नेवर–II (स्त्री०) घोड़े के दो पैरों की आपस की रगड़ से बना घाव

नेवला–(पु०) चूहे के आकार का भूरे रंग का एक प्रसिद्ध जंतु जो सर्प को मार डालता है

नेवा–I (पु०) 1 रीति, प्रथा 2 कहावत, लोकोक्ति II (वि०) 1 समान, तुल्य 2 खामोश, चुप

नेवार– (पु०) नेपाल की एक जाति

नेवारी– (स्त्री०) 1 जूही की जाति का एक पौधा 2 इस पौधे का सुगंधित फूल

नेस्तनाबूद–*फ़ा०* (वि०) समूल नष्ट

नेस्ती–*फ़ा०* (स्त्री०) 1 अनस्तित्व 2 विनाश 3 आलस्य

नेह–(पु०) स्नेह, प्रीति, प्यार

नैक–I *सं०* (वि०) 1 अनेक 2 अकेला न होनेवाला II (वि०)/(क्रि० वि०) = नेक, जरा। ~**चर** (वि०) अकेला न चरनेवाला; ~**भेद** (वि०) अनेक प्रकार का

नैकटिक–*सं०* (वि०) = निकटवर्ती

नैकट्य–*सं०* (पु०) = निकटत्व

नैकधा–*सं०* (क्रि० वि०) अनेक रूपों में

नैकृतिक–*सं०* (वि०) 1 दूसरों की हानि करके जीविका चलानेवाला 2 अपकार करके स्वार्थ पूरा करनेवाला 3 दुष्ट 4 कमीना 5 कटुभाषी

नैगम–*सं०* (वि०) 1 अध्यात्मिक 2 निगम संबंधी

नैचा–*फ़ा०* (पु०) एक में बँधी हुक्के की दोनों नलियाँ; ~**बंद** (पु०) नैचा बनानेवाला

नैतिक–*सं०* (वि०) 1 नीति संबंधी (जैसे-नैतिक विचार) 2 नीति के अनुरूप होनेवाला (जैसे-नैतिक उत्तरदायित्व) 3 नीति युक्त आचरण (जैसे-नैतिक पतन)। ~**ता** (स्त्री०) नीति शास्त्र का ज्ञान एवं उसके अनुरूप किया जानेवाला आचरण; ~**ता-पूर्ण** (वि०) नैतिकता से युक्त

नैत्य–I *सं०* (वि०) 1 नित्य संबंधी, नित्य का 2 दैनिक II (पु०) नित्य-कर्म

नैत्यक, नैत्यिक–I *सं०* (वि०) नित्य किया जानेवाला, नैत्य II (पु०) नित्य का बँधा हुआ क्रम

नैत्रिकी–*सं०* (स्त्री०) नेत्र संबंधी रोग एवं उसकी चिकित्सा प्रणाली से संबद्ध विज्ञान

नैदानिक–I *सं०* (वि०) रोगों के निदान से संबंध रखनेवाला II (पु०) रोग का निदान करनेवाला व्यक्ति, चिकित्सक

नैन–(पु०) आँख, नयन। ~**मूतना** (पु०) जिसकी आँखों से शीघ्र आँसू निकले ऐसा व्यक्ति; ~**सुख** (पु०) सफ़ेद, चिकना सूती कपड़ा

नैनू–I (पु०) पुरानी चाल की बूटीदार मलमल II (पु०) मक्खन

नैपाली–(वि०) = नेपाली

नैपुण्य–*सं०* (पु०) = निपुणता

नैपच्यून–*अं०* (पु०) जल देवता, वरुण

नैफ्था–*अं०* (पु०) पेट्रोलियम से प्राप्त एक ज्वलनशील द्रव

नैमित्तिक–I *सं०* (वि०) 1 शकुन जाननेवाला 2 निमित्त से किया जानेवाला 3 प्रयोजन की सिद्धि हेतु किया जानेवाला (जैसे-नैमित्तिक कर्म) 4 आकस्मिक II (पु०) ज्योतिषी

नैमेय–*सं०* (पु०) 1 वस्तुओं का अदला-बदला, विनिमय 2 रोज़गार, वाणिज्य

नैयत्य–*सं०* (पु०) नियत होने की अवस्था

नैयमिक–*सं०* (वि०) 1 नियम-संबंधी 2 नियमानुसार किया जानेवाला
नैया–*बो०* (स्त्री०) नौका, नाव
नैयायिक–*सं०* (पु०) न्याय-दर्शन का ज्ञाता, न्याय-वेत्ता
नैरंग–*फ़ा०* (पु०) 1 अद्भुत बात 2 जादू 3 कपट, धोखा
नैरंतर्य–*सं०* (पु०) निरंतरता, अविच्छिन्नता, निरंतरत्व
नैरपेक्ष्य–*सं०* (पु०) निरपेक्षता, उपेक्षा, तटस्थता
नैरर्थ्य–*सं०* (पु०) निरर्थकता
नैरात्म–*सं०* (वि०) आत्मा की सत्ता को अस्वीकृत करनेवाला
नैरात्म्य–*सं०* (पु०) 1 निरात्म होने की अवस्था 2 आत्मा के अस्तित्व को न माननेवाला दर्शन, निहिलिज़्म
नैराश्य–*सं०* (पु०) निराशा। ~**पूर्ण** (वि०) निराश; ~**वाद** (पु०) = निराशावाद; ~**वादी** (वि०) = निराशावादी
नैराश्यमय–*सं०* (वि०) निराशा से व्याप्त
नैरुक्त–I *सं०* (वि०) 1 शब्द व्युत्पत्ति से संबंध रखनेवाला 2 निरुक्त शास्त्र से संबंद्ध II (पु०) 1 शब्दों की व्युत्पत्ति जाननेवाला व्यक्ति 2 शब्दों की निरुक्ति संबंधी ग्रंथ
नैर्गुण्य–*सं०* (पु०) 1 निर्गुणता 2 सत, रज एवं तम तीनों गुणों से रहित होने का भाव
नैर्मल्य–*सं०* (पु०) 1 निर्मलता 2 विषय-वासना से रहित होना
नैर्वाहिक–*सं०* (वि०) निर्वाह के योग्य
नैर्लज्य –*सं०* (पु०) निर्लज्जता
नैल्य–*सं०* (पु०) नीलापन
नैवासिक–*सं०* (वि०) 1 निवास संबंधी 2 निवास के योग्य
नैवेद्य–*सं०* (पु०) भोग
नैश–*सं०* (वि०) = नैश्य
नैश्चल्य –*सं०* (पु०) निश्चलता, स्थिरता
नैश्य–*सं०* (वि०) 1 निशा का 2 रात में होनेवाला 3 अंधकार पूर्ण
नैश्श्रेयस–*सं०* (वि०) 1 कल्याणकारक 2 मोक्ष दायक
नैषध–I *सं०* (वि०) निषध देश का II (पु०) 1 निषध देश का राजा 2 राजा नल 3 निषध देश का निवासी 4 हर्ष रचित प्रसिद्ध संस्कृत काव्य
नैष्कर्म्य–*सं०* (पु०) 1 निष्क्रियता 2 अकर्मण्यता एवं आलस्य 3 फल की कामना त्यागकर काम करना
नैष्ठिक–*सं०* (वि०) 1 निष्ठावान् 2 निश्चित रूप से किया जानेवाला 3 दृढ़, पक्का
नैष्ठुर्य–*सं०* (पु०) = निष्ठुरता
नैसर्गिक–*सं०* (वि०) 1 प्राकृतिक 2 स्वाभाविक
नैसर्गिकी–*सं०* (स्त्री०) निसर्ग संबंधी बात
नैहर–(पु०) = नइहर
नोंचना–(स० क्रि०) = नोचना
नोई–(स्त्री०) दूध दुहते समय गाय के पीछे की दोनों टाँग बाँधनेवाली रस्सी
नोक–*फ़ा०* (स्त्री०) 1 शंकु की तरह का अग्रभाग (जैसे-पेंसिल की नोक) 2 वस्तु का आगे का नुकीला भाग 3 रेखाओं का मिलन बिंदु (जैसे-दीवार की नोक)। ~**झोंक** *+ हिं०* (स्त्री०) 1 कहा-सुनी, वाद-विवाद 2 व्यंग्यपूर्ण बात, ताना 3 सजावट 4 दर्प, अभिमान; ~**दार** (वि०) 1 नोकवाला 2 चुभनेवाला, चुटीला 3 सजधज, ठाट-बाट का। ~**की लेना** बढ़-बढ़कर बातें करना; ~**दुम भागना** बड़े ज़ोर से भागना, बेतहाशा भागना; ~**बनाना** बनाव शृंगार करना; ~**रह जाना** मान-मर्यादा की रक्षा होना, **इज़्ज़त बच जाना**
नोका-झोंकी–*फ़ा० + हिं०* (स्त्री०) = नोंक-झोंक
नोकीला–*बो०* (वि०) नुकीला
नोच– (स्त्री०) 1 नोचने का काम 2 बलपूर्वक लेने का कार्य। ~**खसोट** (स्त्री०) लूटपाट, छीनाझपटी
नोचना–(स० क्रि०) 1 झटके से खींचना (जैसे-सिर के बाल नोचना) 2 खींचकर अलग करना (जैसे-गीदड़ ने बच्चे को जगह-जगह से नोच डाला) 3 बार-बार परेशान करना (जैसे-पैसे के लिए बार-बार नोचना)। ~**खसोटना** (स० क्रि०) छीनाझपटी करना
नोट–*अं०* (पु०) 1 स्मरण हेतु लिखा गया छोटा लेख 2 संक्षिप्त चिट्ठी 3 टिप्पणी 4 सरकार द्वारा काग़ज़ के रूप में चलाया गया रुपया (जैसे-दस रुपये का नोट)। ~**निर्गम** *+ सं०* (पु०) नोट का निकास; ~**पेपर** (पु०) लिखने का काग़ज़; ~**बुक** (स्त्री०) स्मरणार्थ लिखी जाने हेतु पुस्तिका; ~**विनिमय** *+ सं०* (पु०) नोटों की अदला बदली
नोटरी–*अं०* (पु०) लेख प्रमाणक
नोटिस–*अं०* (स्त्री०) 1 सूचना, विज्ञप्ति 2 विज्ञापन, इश्तहार। ~**बोर्ड** (पु०) सूचना-पट
नोदन–*सं०* (पु०) 1 पशुओं को हाँकना 2 पैना, औंगी 3 खंडन
नोन–(पु०) नमक। ~**तेल** (पु०) घर का सामान; ~**सत्तू** (पु०) साधारण खाना
नोनचा–(पु०) 1 नमकीन अचार 2 केवल नमक डालकर बनाया गया आम का अचार 3 लोनी ज़मीन
नोना–I (वि०) 1 खारा 2 नमकीन 3 अच्छा, बढ़िया 4 सलोना, सुंदर II (पु०) 1 प्राकृतिक रूप से दीवार से निकला नमकीन अंश, क्षार 2 नोनी मिट्टी
नोनिया–I (पु०) लोनी मिट्टी से नमक निकालने का काम करनेवाली एक जाति II (स्त्री०) लोनिया नामक पौधा
नोनी–(स्त्री०) 1 लोनी मिट्टी, नोना 2 लोनिया नाम का पौधा
नोमिनेशन–*अं०* (पु०) नामांकन। ~**आफ़िसर** (पु०) नामांकन अधिकारी
नोश–*फ़ा०* (पु०) पीना
नौ–I *सं०* (वि०) आठ और एक II (पु०) 9 की संख्या
नौ–II (वि०) नया
नौ-आबादी–*हिं० + फ़ा०* (स्त्री०) नई आबादी, नई बस्ती
नौकर–*फ़ा०* (पु०) 1 सेवक, भृत्य 2 कर्मचारी, सर्वेंट (जैसे-सरकारी नौकर)। ~**खाना** (पु०) नौकर के रहने का स्थान; ~**चाकर** (पु०) दास और सेवक; ~**शाह** (पु०) नौकर होकर भी खुद को मालिक समझनेवाला व्यक्ति; ~**शाही** (स्त्री०) 1 दफ़्तरी हुकुमत, ब्यूरोक्रेसी 2 शासन द्वारा नियुक्त कर्मचारी
नौकरशाहाना–*फ़ा०* (वि०) = नौकरशाही
नौकरशाहियत–*फ़ा० + अ०* (स्त्री०) नौकरशाह होने का भाव
नौकराना–*फ़ा०* (पु०) वेतन के अतिरिक्त दिया जानेवाला धन
नौकरानी–*फ़ा० + हिं०* (स्त्री०) घर-गृहस्थी का काम करनेवाली स्त्री, दासी

नौकरी–*फ़ा०* (स्त्री०) 1 वेतन के रूप में की जानेवाली सेवा 2 नौकर बनकर सेवा करना 3 कृपा-पात्र हेतु की गई सेवा। ~**चाकरी** (स्त्री०) ~**पेशा** (पु०) नौकरी करके जीवन निर्वाह करनेवाला व्यक्ति; ~**वाला** + *हिं०* (पु०) नौकर; ~**बजाना** 1 तरह-तरह की सेवाएँ करना 2 आदेश पालन करना

नौकर्ण–*सं०* (पु०) नाव की पतवार

नौका–*सं०* (स्त्री०) नाव। ~**दंड** (पु०) नाव का डंडा; ~**दौड़** + *हिं०* (स्त्री०) नावों की दौड़; ~**निर्माण** (पु०) नाव की रचना; ~**विहार** (पु०) नदी में नौका से की जानेवाली सैर

नौकाधिकरण–*सं०* (पु०) नावाधिकरण

नौकाश्रय–*सं०* (पु०) नौकाघर

नौ-गमन–*सं०* (पु०) जल मार्ग से यात्रा करना

नौ-चालन–*सं०* (पु०) नौका-नयन

नौज–*अ०* (क्रि० वि०) 1 ईश्वर न करे कि कभी ऐसा हो 2 न हो तो न सही 3 ऐसा कभी न हो

नौ-जवान–I *फ़ा०* (वि०) 1 चढ़ती जवानीवाला 2 जवान II (पु०) नवयुवक

नौ-जवानी–*फ़ा०* (स्त्री०) उठती जवानी, चढ़ती युवावस्था

नौटंका–(वि०) 1 अत्यंत हल्का 2 कोमल तथा सुकुमार अंगोंवाला

नौटंकी–(स्त्री०) संगीत प्रधान लोक नाट्य

नौतम–I (वि०) 1 बिल्कुल नया 2 हाल का, ताज़ा II (पु०) नम्रता

नौ-तरण–*सं०* (पु०) = नौ-गमन

नौतरणीय–*सं०* (वि०)जिसमें नौका, जहाज़ आदि चल सकें

नौ-तल–*सं०* (पु०) नाव, जहाज़ के नीचे का वह लंबा शहतीर जिसपर जहाज़ का सारा ढाँचा खड़ा होता है

नौतार्य–*सं०* (वि०) नाव से पार उतरने योग्य

नौतोड़–(वि०) नया तोड़ा हुआ, पहले-पहल जोता हुआ (जैसे-नौतोड़ ज़मीन)

नौनगा–I (वि०) नौ रत्नवाला, नौ नगवाला (जैसे-नौनगा हार) II (पु०) नौ नगवाला हार

नौनिहाल–I *फ़ा०* (पु०) 1 नया पौधा 2 बालक, बच्चा II (वि०) नया किंतु होनहार

नौ-परिवहन–*सं०* (पु०) = नौ-गमन

नौ-पोत–*सं०* (पु०) समुद्री जहाज़, जलयान

नौ-प्रभार–*सं०* (पु०) जहाज़ पर लादा जानेवाला अधिक से अधिक भार का मान, टनेज, अधिकतम भार

नौबढ़–(वि०) हाल में बढ़ा हुआ

नौबत–*अ०* (स्त्री०) 1 पारी, बारी 2 अवांछनीय घटना के घटित होने की स्थिति (जैसे-भूखों मरने की नौबत आना) 3 दुर्गति, दुर्दशा 4 मांगलिक अवसरों पर बजनेवाला बाजा (जैसे-राज महल में नौबत बजना)। ~**ख़ाना** + *फ़ा०* (पु०) नक्कार ख़ाना

नौबती–I *अ०* + *फ़ा०* (वि०) 1 बारी से होनेवाला (जैसे-नौबती बुखार 2 जिसके घटित होने की संभावना हो II (पु०) 1 नौबत बजानेवाला नक्क़ारची 2 पहरेदार, चौकीदार 3 बिना सवार का सजा घोड़ा 4 तंबू, शामियाना

नौ-ब-नौ–*फ़ा०* (वि०) ताज़ा-ब-ताज़ा, बिल्कुल नया

नौ-बल–*सं०* (पु०) =नौ सेना

नौबलाध्यक्ष–*सं०* (पु०) = नौसेनापति

नौभार–*सं०* (पु०) नाव का भार

नौमि–(स्त्री०) = नवमी, नौमी (जैसे-राम नौमि)

नौ-युद्ध–*सं०* (पु०) नौकाओं के बीच में युद्ध

नौरोज़–*फ़ा०* (पु०) 1 नया दिन 2 साल का नया दिन

नौ-विज्ञान–*सं०* (पु०) नौ-गमन या नौका-नयन संबंधी विज्ञान, नाटिकल सायंस

नौ-शक्ति–*सं०* (स्त्री०) = नौसेना

नौसर–I (वि०) नौ लड़ियोंवाला (जैसे-नौसर हार) II (पु०) चालबाज़ी, फ़रेब, धूर्तता

नौसरिया–(वि०) 1 बहुत धूर्त एवं धोखेबाज़ 2 जालसाज़, जालिया

नौसादर–*फ़ा०* (पु०) तीक्ष्ण झालदार क्षार (जैसे-नौसादर का घोल)

नौसिख–*बो०* (पु०) = नौसिखिया

नौसिखिया, नौसिखुआ–(वि०) हाल में काम सीखनेवाला

नौ-सेना–*सं०* (स्त्री०) समुद्री जहाज़ों पर रहकर युद्ध करनेवाली सेना, नैवी

नौ-सेनाध्यक्ष, नौ-सेना-पति–(पु०) नौ-सेना का सर्वोच्च अधिकारी, एडमिरल

नौ-सेवा–*सं०* (स्त्री०) 1 नौ-सेना की नौकरी 2 नौ-सेना में काम करनेवालों का समूह

नौ-सैनिक–*सं०* (वि०) नौ-सेना संबंधी

न्यग्रोध–*सं०* (पु०) बरगद

न्यसन–*सं०* (पु०) 1 जमा करना 2 रखना 3 देना 4 छोड़ देना

न्यस्त–*सं०* (वि०) 1 रखा हुआ 2 स्थापित किया हुआ 3 फेंका हुआ 4 त्यागा हुआ, परित्यक्त 5 अलग किया गया 6 छिपा हुआ, निहित। ~**शस्त्र** (पु०) छोड़ा हुआ हथियार

न्याय–I *सं०* (पु०) 1 उचित-अनुचित का विवेक, नीति-संगत बात, इंसाफ 2 निबटारा, फ़ैसला II (वि०) उचित, ठीक, वाजिब (जैसे-न्याय की बात)। ~**कर्ता** I (वि०) न्याय करनेवाला II (पु०) 1 न्यायाधीश, जज 2 फैसला करनेवाला व्यक्ति; ~**ज्ञ** (पु०) न्याय का ज्ञाता; ~**तंत्र** (पु०) न्याय-पालिका; ~**ता** (स्त्री०) न्याय होने की अवस्था, स्थिति; ~**पंचायत** + *हिं०* (स्त्री०) न्याय समिति; ~**पत्र** (पु०) वह पत्र जिसपर लिखित फ़ैसले हो, लिखित फ़ैसले से संबद्ध काग़ज़; ~**पालक** (पु०) न्यायज्ञ; ~**पालिका** (स्त्री०) न्याय तंत्र; ~**पीठ** (पु०) न्यायालय की सामूहिक बैठक; ~**पूर्ण** (वि०) न्याय से भरा हुआ, न्याय युक्त; ~**प्रिय** (वि०) न्याय पसंद करनेवाला, न्याय का समर्थक; ~**मूर्ति** (पु०) न्यायज्ञ की उपाधि, जस्टिस; ~**युक्त** (वि०) = न्यायपूर्ण; ~**वर्ती** (वि०) = न्याय-प्रिय; ~**वादी** (वि०) 1 न्याय करनेवाला 2 उचित बात कहनेवाला; ~**विभ्रंश** (पु०) न्याय का उल्लंघन; ~**विरुद्ध** (वि०) न्याय के विपरीत; ~**वैफल्य** (पु०) = न्याय-विभ्रंश; ~**शास्त्र** (पु०) न्याय संबंधी शास्त्र; ~**शास्त्री** (पु०) न्यायशास्त्र का ज्ञाता; ~**शील** (वि०) = न्याय-प्रिय; ~**शुल्क** (पु०) न्याय की फ़ीस; ~**संगत** (वि०) = न्याय पूर्ण; ~**सभा**

(स्त्री०) = न्यायालय; ~**सभ्य** (पु०) दौरा जज की सहायता हेतु नियुक्त सभ्य गण, जूरी
न्यायतः–*सं०* (क्रि० वि०) न्याय के अनुसार, न्याय से
न्यायपर–*सं०* (वि०) न्यायपूर्ण
न्यायवान्–*सं०* (वि०) न्यायप्रिय
न्यायांग–*सं०* (पु०) न्याय के अंग
न्यायाधिकरण–*सं०* (पु०) विवाद-ग्रस्त विषय पर निर्णय करनेवाला न्यायालय एवं उसका अधिकारी, ट्रिब्यूनल
न्यायाधिकारी–*सं०* (पु०) जज
न्यायाधिपति–*सं०* (पु०) = न्याय-मूर्ति
न्यायाधिवक्ता–*सं०* (पु०) एडवोकेट
न्यायाधीश, न्यायाध्यक्ष–*सं०* (पु०) विवाद-ग्रस्त मामलों पर अपना फ़ैसला देनेवाला अदालत का अधिकारी, न्यायकर्ता, जज
न्यायानुमोदित–*सं०* (वि०) = न्यायपूर्ण
न्यायालय–*सं०* (पु०) अदालत, कोर्ट (जैसे-सर्वोच्च न्यायालय)। ~**अपमान** (पु०) न्यायालय की मान हानि; ~**कक्ष** (पु०) न्यायालय का कमरा
न्यायासन–*सं०* (पु०) जज का आसन
न्यायिक–*सं०* (वि०) न्याय संबंधी
न्यायी–I *सं०* (पु०) निष्पक्ष निर्णय करनेवाला II (वि०) न्यायशील
न्यायोचित–*सं०* (वि०) = न्याय संगत
न्याय्य–*सं०* (वि०) न्याय युक्त
न्यारा–(वि०) 1 पास न होनेवाला, दूरस्थ 2 अलग, जुदा 3 अन्य, भिन्न, दूसरा (जैसे-न्यारी बात) 4 निराला (जैसे-तीन लोक से न्यारी प्रयाग नगरी)
न्यारे–(क्रि० वि०) 1 अलग, पृथक 2 दूर
न्याव–(पु०) 1 न्याय, इंसाफ़ 2 उचित एवं कर्तव्य का पक्ष 3 विवेक
न्यास–*सं०* (पु०) 1 स्थापित करना 2 यथास्थान रखना 3 निशान, चिह्न (जैसे-शस्त्र-न्यास, नख-न्यास) 4 अमानत, थाती, धरोहर 5 सौंपना, अर्पण, भेंट 6 छोड़ना, त्यागना [विश्]वासपूर्वक विशेष कार्य हेतु सौंपी गई संपत्ति, ट्रस्ट। ~**धारी** (वि०) 1 धरोहर रखनेवाला 2 जिसे विश्वासपूर्वक संपत्ति सौंपी जाए, ट्रस्टी; ~**भंग** (पु०) न्यास का कुप्रबंध एवं दुरुपयोग, ब्रीच आफ ट्रस्ट
न्यासी–*सं०* (पु०) न्यास-धारी
न्युरालोजिस्ट–*अं०* (पु०) तंत्रिका विज्ञानी
न्यूक्लियर–*अं०* (वि०) नाभिकीय
न्यूज़प्रिंट–*अं०* (पु०) अख़बारी काग़ज़
न्यूज़रील–*अं०* (स्त्री०) समाचार दर्शन
न्यूट्रान–*अं०* (पु०) अणु का एक सूक्ष्म भाग
न्यून–*सं०* (वि०) 1 कम, थोड़ा 2 घटकर, हल्का 3 नीच, क्षुद्र। ~**ता** (स्त्री०) 1 अल्पता 2 हल्कापन 3 नीचता 4 हीनता 5 सदोषता; ~**ता-बोधक** (वि०) न्यूनता का बोध करानेवाला
न्यूनतम–*सं०* (वि०) सबसे कम, अल्पतम
न्यूनन–*सं०* (पु०) कम करना, घटाना
न्यूनाधिक–*सं०* (वि०) 1 कुछ कम और कुछ अधिक 2 कम-अधिक होनेवाला, मार्जिनल
न्यूनाधिक्य–*सं०* (पु०) कमीबेशी
न्यूनीकरण–*सं०* (पु०) = न्यूनन
न्यूनोन्नत–*सं०* (वि०) थोड़ा ऊपर उठा हुआ
न्यूमोनिया–*अं०* (पु०) = निमोनिया
न्योछावर–(स्त्री०) = निछावर
न्योतना–(स० क्रि०) निमंत्रण देना
न्योतनी–(स्त्री०) निमंत्रण, भोज, दावत
न्योतहरी–(पु०) निमंत्रण पर आया अतिथि
न्यौता–(पु०) 1 निमंत्रण, दावत 2 न्योता आने पर दिया जानेवाला धन

प

पंक–*सं०* (पु०) 1 कीचड़ 2 दलदल 3 पोतने योग्य गीला पदार्थ 4 लेप। ~**किट्ट** (पु०) कीचड़ का कीड़ा ~**ग्राह** (पु०) मगर; ~**चर** कीचड़ का जीव; ~**ज** I (वि०) कीचड़ में उत्पन्न होनेवाला II (पु०) कमल
पंकजासन–*सं०* (पु०) ब्रह्मा
पंकार–*सं०* (पु०) 1 कीचड़ में होनेवाली वनस्पति जो कुकुरमुत्ते की जाति की होती है 2 सिंघाड़ा 3 जल कुब्जक 4 सिवार 5 सेतु 6 बाँध
पंकिल–(वि०) 1 कीचड़ से युक्त (जैसे-पंकिल जल, पंकिल ताल) 2 गंदा, मैला। ~**ता** (स्त्री०) गंदगी
पंकेज–*सं०* (पु०) कमल
पंक्ति–*सं०* (स्त्री०) 1 कतार (जैसे-पहली पंक्ति में बैठना) 2 किसी ग्रंथ, पुस्तक आदि में लिखने का क्रम (जैसे-कविता की पहली पंक्ति पढ़ो) 3 पाँत, पंगत (जैसे-पहली पंक्ति में भोजन कर लेना) 4 समूह (जैसे-पशुओं का पंक्ति में खड़ा होना)। ~**करण** (पु०) पंक्तियों में लगाना, पंक्ति बनाना; ~**कृत** (वि०) श्रेणीबद्ध; ~**च्युत** (वि०) पंक्ति से बहिष्कृत; ~**दूषक** (वि०) नीच, जाति च्युत; ~**पावन** (पु०) जिसे श्रेष्ठ माना गया हो ऐसा व्यक्ति; ~**बद्ध** (वि०) 1 कतार में लगाया हुआ 2 कतार में लगा हुआ; ~**बाह्य** (वि०) बिरादरी से निकाला हुआ; ~**मध्य** (वि०) कतार के बीच
पंख–(पु०) पर, डैना, (जैसे-चिड़िया का पंख कट गया)। ~**कटा** (वि०) जिसका पंख कट गया हो; ~**जमना,** ~**निकलना** 1 बुरे रास्ते पर जाने, बहकने का लक्षण प्रकट होना (जैसे-लगता है अब तुम्हें पंख निकल आए हैं) 2 अंत, मृत्यु के लक्षण ज़ाहिर होना (जैसे-अब चींटी के पंख निकल आए हैं); ~**लगना** वेगपूर्वक दौड़ना
पंखड़ी–(स्त्री०) फूल की पत्ती (जैसे-कमल की पंखड़ी, गुलाब की पंखड़ी)
पंखनुचा–(वि०) जिसके पंख तोड़ दिए गए हों

पंखा–(पु०) हवा देनेवाली वस्तु (जैसे-बिजली का पंखा, हाथ का पंखा)। ~**कुली** + *तु०* (पु०) पंखा खींचनेवाला नौकर

पंखी–I (पु०) चिड़िया, पक्षी II (स्त्री०) 1 उड़नेवाला छोटा कीड़ा, फतिंगा 2 साखू के फल के सिरे पर की पतली पत्तियाँ 3 छोटा पंखा

पंखुड़ी–(स्त्री०) = पंखड़ी

पंखेरू–(पु०) पक्षी, खग, पंछी

पंग–(वि०) 1 लँगड़ा 2 गतिहीन, निश्चल 3 स्तब्ध

पंगत, पंगति–(स्त्री०) 1 पंक्ति 2 पाँति (जैसे-भोजन करनेवालों की पंगत में बैठ जाना) 3 भोज 4 समाज, समूह

पँगला–(वि०) = पंगुल

पंगु–I *सं०* 1 लँगड़ा (जैसे-पंगु चढ़हि गिरिवर गहन) 2 गतिहीन 3 शक्तिहीन II *सं०* 1 शनि ग्रह 2 वात रोग से ग्रस्त व्यक्ति

पंगुल–I *सं०* (वि०) 1 जो चल-फिर न सकता हो 2 अकर्मण्य और आलसी II (पु०) लँगड़ापन

पंच–*सं०* (पु०) पाँच मनुष्यों का समुदाय (जैसे-पंच परमेश्वर)। ~**कन्या** (स्त्री०) अहल्या, द्रौपदी, कुंती, तारा तथा मंदोदरी ये पाँच कन्याएँ; ~**कृत्य** (पु०) सृष्टि, स्थिति, ध्वंस, विधान और अनुग्रह ये पाँच प्रकार के ईश्वरीय कर्म ~**कोण** I (वि०) पाँच कानोंवाला II (पु०) पाँच भुजाओंवाला; ~**कोश** वेदांत के अनुसार आत्मा के आवरण रूप पाँच कोश (जैसे-अन्नमय कोश, प्राणमय कोश, मनोमय कोश, विज्ञानमय कोश, आनंदमय कोश); ~**गव्य** (पु०) गाय से प्राप्त होनेवाले पाँच द्रव्य (जैसे-दूध, दही, घी, गोबर, गो मूत्र); ~**ग्रह** (पु०) मंगल, बुध, गुरु, शुक्र और शनि ये पाँच ग्रह ~**जन** (पु०) 1 पाँच लोगों का समूह 2 ब्राह्मण, क्षत्रिय, वैश्य, शूद्र, निषाद पाँच वर्गों का समूह 3 जन समुदाय 4 गंधर्व, पितर, देव, असुर, राक्षस पाँच लोगों का समूह; ~**जन्य** (पु०) पंचजन नामक राक्षस की हड्डी से निर्मित श्री कृष्ण का प्रसिद्ध शंख; ~**तंत्र** (पु०) नीति शास्त्र का ग्रंथ जो संस्कृत भाषा में लिखा गया है; ~**तत्व** (पु०) पाँच प्रकार के तत्व, पंचभूत (जैसे-आकाश, पृथिवी, जल, अग्नि, हवा पंच तत्व हैं); ~**तन्मात्र** (पु०) शब्द, स्पर्श, रूप, रस और गंध ये पाँच तत्व; ~**तपा** (वि०) पंचाग्नि तापनेवाला; ~**ता, पंचतत्व** (स्त्री०) पाँच होने की अवस्था; ~**देव** (पु०) पाँच देवता (जैसे-विष्णु, महेश, सूर्य, गणेश, दुर्गा पंच देव की आराधना हिंदू लोग करते हैं); ~**द्रविड़** (पु०) दक्षिण भारत के पाँच प्रकार के ब्राह्मण (जैसे-महाराष्ट्र, तैलंग, कर्णाट, गुर्जर, द्रविड़); ~**नद** (पु०) पाँच नदियों का समूह (जैसे-सतलुज, व्यास, रावी, चनाब और झेलम पंजाब प्रदेश की पंचनद कही जाती हैं);~**निर्णय** (पु०) पंचों द्वारा किया गया फ़ैसला; ~**परमेश्वर** (पु०) पंच में न्यायकारी ईश्वर; ~**पल्लव** (पु०) पीपल, गूलर, पाकड़ और बड़ या आम, जामुन, कैथ, बेल और बिजौरा के पत्ते; ~**पात्र** (पु०) पाँच पात्रों का समाहार; ~**प्राण** (पु०) प्राण, अपान, समान, व्यान तथा उदान ये पाँच प्राण; ~**भुज** (पु०) = पंचकोण; ~**भूत** (पु०) = पंच तत्व; ~**भौतिक** (वि०) पंच भूतों से युक्त; ~**मंडल** (पु०) पंचों की मंडली, पंचायत; ~**मकार** (पु०) मद्य, माँस, मत्स्य, मुद्रा और मैथुन ये पाँच मकार; ~**महापातक** (पु०) पाँच प्रकार के महापातक (जैसे-ब्रह्महत्या, सुरापान, चोरी, गुरु पत्नी से गमन तथा इन चार से सम्पर्क बनाने का काम, मेल जोल ये पाँच महापातक कर्म कहे गए हैं); ~**महायज्ञ** (पु०) ब्रह्मयज्ञ, देवयज्ञ, भूतयज्ञ, पितृयज्ञ तथा नृपयज्ञ ये पंच महायज्ञ; ~**मुख** (वि०) पाँच मुँहवाला (जैसे-पंच मुख ब्रह्मा, पंच मुख गणेश) ~**महाव्रत** (पु०) अहिंसा, सूनृता, अस्तेय, ब्रह्मचर्य और अपरिग्रह ये पाँच महाव्रत ~**रंग** (पु०) मेंहदी का चूरा, अबीर, बुक्का, हल्दी और सुरवाली ये पाँच रंग; ~**रत्न** (पु०) पाँच प्रकार के रत्न (जैसे-नीलम, पद्मराग, मणि, मूंगा, हीरा पंच रत्न के नाम से जाने गए हैं); ~**वटी** (स्त्री०) पीपल, वट, बेल, हरड़ और अशोक वृक्षों का समूह; ~**वर्षीय** (वि०) पाँच वर्ष का; ~**वाण** (पु०) 1 कामदेव के पाँच वाण 2 कामदेव के पाँच पुष्पवाण; ~**वार्षिक,** ~**साला** +*फ़ा०* (वि०) = पंचवर्षीय; ~**शील** (पु०) 1 अस्तेय, अहिंसा, ब्रह्मचर्य, सत्य और मादक द्रव्यों का त्याग 2 अखंडता प्रभुसत्ता, आक्रमण न करना, हस्तक्षेप न करना, समानता-नीति तथा शांतिपूर्ण अस्तित्व ये पाँच सिद्धांत जो अंतर्राष्ट्रीय तनाव से मुक्ति हेतु हैं; ~**की दुहाई** सहायता हेतु की जानेवाली पुकार; ~**की भाख** सब लोगों की कृपा

पंचक–*सं०* (पु०) 1 मांगलिक कार्य न करने से संबद्ध पाँच नक्षत्रोंवाला दिन 2 एक तरह की पाँच वस्तुओं का समूह

पंचकार्ड–*अं०* (पु०) सछिद्र पत्रक। ~**मशीन** (स्त्री०) छिद्र करनेवाली मशीन

पंचतल्ला–(वि०) पाँच मंज़िलोंवाला

पंचनामा–*हिं०+फा०* (पु०) 1 वह पत्र जिसपर पंचो नें अपना निर्णय लिखा हो 2 निर्णय लिखा हुआ पत्र

पंचम–*सं०* (वि०) पाँचवाँ

पंचमांग–*सं०* (पु०) 1 पाँचवा अंश 2 पाँचवा अंग

पंचमांगी–*सं०* (वि०) पंचमांग संबंधी

पंचमांश–*सं०* (पु०) = पंचमांग

पंचमी–*सं०* (स्त्री०) चांद्रमास के प्रत्येक पक्ष की पाँचवी तिथि

पँचमेल–(वि०) जिसमें पाँच चीज़ों का मिश्रण हो (जैसे-पँचमेल मिठाई)

पँच रँगा–(वि०) पाँच रंगोंवाला

पँच लड़ा–(वि०) पाँच लड़ोंवाला

पँच लड़ी–(स्त्री०) पाँच लड़ोंवाला हार

पँचवाँसा–(पु०) गर्भवती स्त्री के गर्भ के पाँचवे महीने होनेवाला संस्कार

पँचवाई–(स्त्री०) देशी शराब जो जौ, चावल आदि के मिलाने से बनाई जाती है

पंचांग–I *सं०* (वि०) पाँच अंगों वाला II (पु०) 1 किसी वस्तु के पाँच अंग, 2 पाँच अंगोंवाली वस्तु 3 वारों, नक्षत्रों, तिथियों योगों और करणों वाली एक पंजी, पत्रा 4 जड़, छाल, पत्ती, फूल और फल वनस्पतियों के पाँच अंग। ~**मास** (पु०) पंचांग में दिखाया जानेवाला पहली तिथि से अंतिम तिथि वाला महीना; ~**वर्ष** (पु०) पंचांग में दिखाया गया आदि से अंत तक कोई पूरा वर्ष, कलेंडर ईयर

पंचाक्षर–*सं०* (वि०) पाँच अक्षरोंवाला (जैसे-पंचाक्षर मंत्र, पंचाक्षर शब्द)

पंचाग्नि–*सं०* (वि०) पाँच प्रकार की अग्नियों का आधान करनेवाला

पंचाट–(पु०) 1 पंचों द्वारा किया गया निर्णय 2 परिनिर्णय, अवार्ड

पंचानन–*सं०* (पु०) पाँच मुखवाला, शिव

पंचानवे–I (वि०) नब्बे से पाँच अधिक II (पु०) 95 की संख्या

पंचामृत–*सं०* (पु०) दूध, दही, चीनी, मधु, घी के मिश्रण से बना घोल

पंचायत–(स्त्री०) पंचों की सभा (जैसे-पंचायत घर, पंचायत बुलाना)। ~**अदालत** *अ०* (स्त्री०) पंचसभा की कचहरी; ~**नामा** + *फ़ा०* (पु०) पंच निर्णय; ~**बोर्ड** + *अं०* (पु०) = पंचायत; ~**राज** +*सं०* पंचों द्वारा शासन प्रबंध

पंचायती–(वि०) 1 पंचायत संबंधी, पंचायत का 2 पंचायत द्वारा दिया गया (जैसे-पंचायती निर्णय, पंचायती हुकुम) 3 जिसपर पंचायत का नियंत्रण हो

पंचाल–*सं०* (पु०) 1 हिमालय एवं चंबल के मध्य गंगा के दोनों और स्थित एक पुराना राज्य 2 पंचाल देश का निवासी

पंचालिका, पंचाली–I *सं०* (वि०) पंचाल देश का रहनेवाला II (स्त्री०) द्रौपदी

पंचाश–*सं०* (वि०) पचासवाँ

पंचाशत्–*सं०* (वि०) पचास

पंचाशिका–*सं०* (स्त्री०) पचास श्लोकों का संग्रह

पंचेंद्रिय–*सं०* (स्त्री०) 1 पाँच ज्ञानेंद्रियाँ 2 पाँच कर्मेंद्रियां

पंछा–(पु०) 1 फुंसी के फूटने पर निकलनेवाला सफ़ेद स्राव 2 पौधों एवं वृक्षों आदि से निकलनेवाला पानी की तरह का स्राव

पंछाला–(पु०) 1 फफोला, छाला 2 = पंछा

पंछी–(पु०) चिड़िया, पक्षी (जैसे-पंछी का घोंसला)

पंजक–*सं०* (पु०) 1 पंजे का निशान 2 हाथ के पंजों की छाप

पंजर–*सं०* (पु०) 1 हड्डियों का ढाँचा 2 पसली 3 देह, शरीर। ~**पंजर ढीला होना** शरीर का सही ढंग से कार्य न करना

पंजा–*फ़ा०* (पु०) 1 पाँच उँगलियों सहित हथेली का अगला भाग 2 पैर की पाँच उँगलियों सहित पैर का अगला भाग (जैसे-पंजा से मारना, पंजा में काँटा चुभना) 3 एक ही प्रकार की पाँच वस्तुओं का समूह (जैसे-चार पंजे आम)। ~**मोड़ना** पंजे की लड़ाई में प्रतिद्वंद्वी को हराना; ~**फ़ैलाना** अधिकार में करने की चेष्टा करना; ~**मारना** झपट्टा मारना; ~**लड़ाना** बल परीक्षा करना; **पंजे से छूटना** अधिकार से बाहर हो जाना; **पंजों पर चलना** इतराना

पंजाबी–I *सं०* 1 पंजाब का 2 पंजाब में रहनेवाला II (पु०) पंजाब का नागरिक (स्त्री० पंजाबिन) III (स्त्री०) पंजाब प्रदेश की भाषा जो गुरुमुखी में लिखी जाती है

पंजारा–(पु०) = पिंजारा

पंजिका–*सं०* (स्त्री०) 1 हिसाब-किताब लिखने की पुस्तिका 2 टीका जिसमें प्रत्येक, शब्द का अर्थ स्पष्ट लिखा गया हो ~**कार** (पु०) पंजिका लिखनेवाला क्लर्क

पंजी–*सं०* (स्त्री०) बही, रजिस्टर ~**करण** (पु०) 1 हिसाब आदि का पंजी में लिखा जाना 2 नाम सूची में नाम लिखा जाना ~**कार** (पु०) = पंजिककार; ~**कृत** (वि०) जिसका पंजीकरण हुआ हो; ~**बंधन** (पु०) = पंजीकरण; ~**बद्ध** (वि०) = पंजीकृत

पंजीयक–*सं०* (पु०) 1 पंजी पर विवरण आदि लिखनेवाला 2 अभिलेख सुरक्षित रखनेवाला प्रधान अधिकारी

पंजीयन–*सं०* (पु०) = पंजीकरण

पंजीयित–*सं०* (वि०) = पंजीकृत

पंजेरा–(पु०) 1 बरतन झालने का काम करने-वाला 2 बरतन में जोड़ लगानेवाला

पंड–I *सं०* (वि०) फल रहित, निष्फल II (पु०) नपुंसक, हिजड़ा III (स्त्री०) बड़ी और भारी गठरी

पँड़वा–(पु०) भैंस का बच्चा, पड़वा

पंडा–(पु०) 1 तीर्थ यात्रियों को मंदिर आदि का दर्शन करानेवाला तथा उनसे प्राप्त धन से अपनी जीविका चलानेवाला ब्राह्मण

पंडाल–(पु०) बहुत बड़ा मंडप (जैसे-सभी दर्शक पंडाल में बैठने का कष्ट करें)

पंडित–I *सं०* (वि०) निपुण, कुशल II (पु०) 1 विद्वान 2 शास्त्रज्ञ विद्वान 3 ब्राह्मण

पंडिता–*सं०* (स्त्री०/वि०) विदुषी

पंडिताइन–*सं०* + *हिं० बो०* (स्त्री०) = पंडितानी

पंडिताई–*सं०* + *हिं०* (स्त्री०) पांडित्य, विद्वत्ता। ~**छाँटना** 1 अनावश्यक रूप से असमय अपनी विद्वता का बखान करना 2 पंडितों की वृत्ति

पंडिताऊ–*सं०* + *हिं०* (वि०) 1 पंडितों जैसा 2 विद्वतापूर्ण 3 आडंबरपूर्ण। ~**पन** (पु०) = पंडिताई

पंडितानी–*सं०* + *हिं०* (स्त्री०) 1 पंडित की स्त्री 2 ब्राह्मणी

पंडु–*सं०* (वि०) 1 पीलापन लिए हुए मटमैला 2 पीला 3 सफ़ेद

पंडुक–*सं०* (पु०) फ़ाख्ता पक्षी

पंडुर–*सं०* (पु०) पानी में रहनेवाला साँप, जलसर्प

पंडुलम–*अं०* (पु०) लोलक

पंडोह–(पु०) *बो०* पनाला, नाबदान

पँतीजना–(स० क्रि०) *बो०* रूई ओटना

पंथ–(पु०) 1 मार्ग, रास्ता 2 रीति, ढंग 3 धर्म, सम्प्रदाय (जैसे-खालसा पंथ, नानक पंथ)। ~**वाद** + *सं०* (पु०) किसी सम्प्रदाय, धर्म आदि का सिद्धांत; ~**वादी** + *सं०* (वि०) पंथवाद को माननेवाला; ~**गहना** रास्ता पकड़ना; ~**जोहना,** ~**देखना,** ~**निहारना** रास्ता देखना, प्रतीक्षा करना

पंथी–I (पु०) 1 पथिक, राही 2 सम्प्रदाय का अनुयायी (जैसे-कबीर पंथी) II (स्त्री०) पंथ होने की अवस्था

पंद–*फ़ा०* (स्त्री०) 1 सदुपदेश, नसीहत 2 परामर्श, राय-मशविरा

पंद्रह–I (वि०) जो दस से पाँच अधिक हो II (पु०) पंद्रह की संख्या

पंद्रहियों–*अ०* 1 लगभग पंद्रह दिनों का समय 2 लगभग पंद्रह दिनों से अधिक का समय

पंप–*अं०* (पु०) 1 पानी का नल जो पानी ऊपर खींचने का काम करता है 2 साइकिल आदि के ट्यूब में हवा भरनेवाला उपकरण 3 एक तरह का रबर का जूता। ~**हाउस** (पु०) पंपघर

पँवाड़ा–(पु०) = पवाड़ा
पँवारना–(स० क्रि०) 1 काम करने से रोकना 2 उपेक्षापूर्वक दूर करना 3 फेंकना
पँसरहट्टा–(पु०) पंसारियों का बाज़ार, पसरहट्टा
पँसरहट्टी–(स्त्री०) पंसारी की दुकान
पंसारी–(पु०) बनिया
पँसुली–(स्त्री०) = पसली
पंसेरी–(स्त्री०) 1 पाँच सेर की तौल 2 पाँच सेर बाट। ~**खुराकवाला** अधिक खानेवाला
पकड़–(स्त्री०) 1 पकड़ने की क्रिया 2 पकड़ने का ढंग 3 कुश्ती में एक बार की भिड़त 4 रोककर रखने की शक्ति 5 भूल, अशुद्धि आदि खोजने की क्रिया 6 समझ। ~**ढीली पड़ जाना** नियंत्रण शिथिल हो जाना
पकड़-धकड़–(स्त्री०) धर पकड़
पकड़ना–I (स० क्रि०) 1 दृढ़ता से हाथ में थामना 2 वेगपूर्वक आती चीज़ को बढ़ने से रोकना (जैसे-गेंद पकड़ना) 3 गिरफ़्तार करना (जैसे-अपराधी को पकड़ना) 4 खोज निकालना (जैसे-अशुद्धियाँ पकड़ना) 5 वश में करना (जैसे-हिरन पकड़ना) 6 बराबरी करना (जैसे-घुड़दौड़ में घोड़े को पकड़ना) 7 बोलने से रोकना (जैसे-ज़बान पकड़ना) 8 पहचानना, जानना (जैसे-अक्षर पकड़ना, स्वर पकड़ना) 9 उग्र रूप धारण करना (जैसे-दस दिनों से उसे बुखार ने पकड़ रखा है) 10 प्रभाव युक्त होना (जैसे-खाना बनाते समय साड़ी के आँचल ने आग पकड़ ली) 11 आचार-व्यवहार के अनुरूप बनना (जैसे-उसने अच्छे व्यक्तियों को पकड़ रखा है) II(अ० क्रि०) स्थायी न होना
पकड़वाना–(स० क्रि०) पकड़ने की क्रिया में किसी को प्रवृत्त करना
पकड़ाई–(स्त्री०) पकड़ने की मज़दूरी
पकड़ाना–I (स० क्रि०) किसी को कुछ देना 2 दे० पकड़वाना II (अ० क्रि०) पकड़ लिया जाना, पकड़ा जाना
पकना–(अ० क्रि०) 1 मुलायम होना (जैसे-फल पकना) 2 आग की आँच पर उबलकर बिल्कुल गल जाना (जैसे-दाल पक गई है) 3 कड़ा होना (जैसे-ईंट पकना) 4 बिगड़ जाना (जैसे-घाव पकना) 5 सफ़ेद होना (जैसे-सिर के बाल पक गए हैं)
पकवाई–(स्त्री०) 1 पकवाने का काम 2 पकवाने की मज़दूरी
पकवान–(पु०) घी में बनाया गया खाद्य पदार्थ
पकवाना–(स० क्रि०) पकाने का काम अन्य व्यक्ति से कराना
पका–(वि०) जो पक गया हो
पकाई–(स्त्री०) 1 पकाने की क्रिया 2 पकाने का पारिश्रमिक 3 पक्कापन, दृढ़ता
पकाना–(स० क्रि०) 1 पकने में प्रवृत करना 2 उबालना, गरमाना 3 कड़ा एवं मज़बूत करना 4 मुलायम करना (जैसे-भूसे में आम रखकर पकाना) 5 पक्का करना, निश्चित करना (जैसे-शादी की बात पकाना)
पका-पकाया–(वि०) तैयार (जैसे-पका पकाया खाना)
पकार–*सं०* (पु०) 'प' अक्षर
पकाव–(पु०) 1 पकने की अवस्था 2 मवाद, पीप
पकौड़ा–(पु०) घी-तेल आदि में फुलाई हुई बेसन की **बरी** (जैसे-गोभी का पकौड़ा) (स्त्री० पकौड़ी)
पक्का–(वि०) 1 पका हुआ 2 पकाया हुआ 3 जो मधुर और स्वादिष्ट हो गया हो (जैसे-पक्का आम, पक्का केला) 4 जो मज़बूत कर लिया गया हो (जैसे-पक्की ईंट, पक्का घड़ा) 5 जिसमें खोट एवं मिलावट न हो (जैसे-पक्का सोना) 6 जिसमें हेर-फेर न हो (जैसे-पक्की सलाह, पक्की नौकरी) 6 जिसमें दोष न हो, त्रुटि रहित (जैसे-पक्का चिट्ठा) 8 जो प्रमाणिक एवं मान्य हो (जैसे-पक्का वज़न, पक्की तौल 9 जिसका संशोधन हो चुका हो (जैसे-पक्का शोरा, पक्की चीनी) 10 जिसमें प्रौढ़ता आ गई हो (जैसे-पक्का धूर्त, पक्का चोर, पक्की लिखावट) 11 जिसके बाल सफ़ेद हो गए हों (जैसे-सिर के पक्के बाल अब काले नहीं हो सकते) 12 जो किसी कला एवं संगीत में दक्ष हो (जैसे-पक्का गवैया) 13 जो अचल एवं सुदृढ़ हो (जैसे-पक्का मकान, पक्का कुआँ) (स्त्री० पक्की)
पक्तव्य–*सं०* (वि०) 1 पकाने योग्य 2 पचाने योग्य
पक्ति–*सं०* (स्त्री०) 1 पकने की क्रिया 2 शरीर में भोजन पकानेवाला अंग
पक्व–*सं०* (वि०) 1 पका हुआ 2 पक्का
पक्वान्न–*सं०* (पु०) पका हुआ अन्न, पका भोजन
पक्वाशय–*सं०* (पु०) पेट का वह भीतरी भाग जहाँ खाया गया भोजन जाकर पचता है
पक्ष–*सं०* (पु०) 1 किसी वस्तु का दायाँ भाग 2 किसी वस्तु का बायाँ भाग 3 वस्तु का वह किनारा जो उसके आगे-पीछे, ऊपर और नीचेवाले भागों से भिन्न हो और किसी बगल में पड़ता हो, पार्श्व (जैसे-सेना का बाँया पक्ष दुर्बल पड़ रहा था) 4 किसी वाद-विवाद में किसी की तरफ़ से बोलना (जैसे-आप किसके पक्ष से हैं, आप किसी का पक्ष ग्रहण न करें) 5 किसी बात के दो भागों में से प्रत्येक (जैसे-वाम पक्ष, दक्षिण पक्ष) 6 चंद्रमास के दो बराबर भागों में से प्रत्येक (जैसे-शुक्ल पक्ष, कृष्ण पक्ष) 7 मत-सिद्धांत के अनुयायियों का समुदाय (जैसे-समाजवादी पक्ष, समाजविरोधी पक्ष) 8 समर्थक, सहायक, साथी 9 तर्क शास्त्र में कथन, विचार जो प्रमाण एवं युक्ति द्वारा उचित एवं उपयुक्त हो। ~**कार** (पु०) किसी कार्य में भाग लेनेवाला व्यक्ति; ~**द्वय** (पु०) 1 विवाद के दोनों पक्ष 2 मास के दोनों पक्ष 3 महीना, माह; ~**द्वार** (पु०) चोर दरवाज़ा; ~**धर** (वि०) पक्ष लेनेवाला, पक्षपाती; ~**पात** (पु०) अनुकूल प्रवृत्ति; ~**पातपूर्ण** (वि०) पक्षपात किया हुआ; ~**पात शून्य,** ~**पात हीन** (वि०) पक्षपात से मुक्त; ~**पाती** (वि०) तरफ़दार; ~**पोषक** (पु०) पक्ष लेनेवाला व्यक्ति (जैसे-विश्व शांति का पक्ष पोषक) ~**पोषण** (पु०) पक्ष की पुष्टि करना; ~**मुक्त** (वि०) जो किसी पक्ष का न हो; ~**रचना** (स्त्री०) 1 पक्ष साधन हेतु किया गया आयोजन 2 षड्यंत्र चक्र; ~**विभिन्नता** (स्त्री०) तर्क में विचारों का भेद या विचार भेद; ~**समर्थक** (पु०) = पक्षपाती; ~**हत** (वि०) जिसका एक पार्श्व टूट-फूट गया हो; ~**हीन** (वि०) जो किसी पक्ष का न हो
पक्षक–*सं०* (पु०) 1 पक्ष में पड़नेवाली खिड़की 2 पक्ष में पड़नेवाला दरवाज़ा
पक्षपात मूलक–*सं०* (वि०) = पक्षतापूर्ण

पक्षपातित्व–*सं०* (पु०) = पक्षपात

पक्षांत–*सं०* (पु०) 1 अमावस्या 2 पूर्णिमा

पक्षांतर–*सं०* (पु०) दूसरा पक्ष

पक्षाघात–*सं०* (पु०) लकवा, फ़ालिज

पक्षिशाला–*सं०* (स्त्री०) चिड़ियाघर

पक्षी–I *सं०* (वि०) 1 पक्ष लेनेवाला, तरफ़दार 2 पक्षपात करनेवाला II (पु०) चिड़िया। ~**पालक** (वि०) चिड़िया पालनेवाला; ~**पालन** (पु०) चिड़ियों के पालने का पेशा; ~**विज्ञान** (पु०) वह विज्ञान जिसमें पक्षियों के प्रकारों, जातियों, रहन-सहन के ढंगों, उनकी प्रकृति आदि का विवेचन होता है; ~**शाला** (स्त्री०) पक्षियों के रहने का स्थान, चिड़ियाघर; ~**शास्त्र** (पु०) = पक्षी विज्ञान; ~**शास्त्री** (पु०) पक्षी विज्ञान का ज्ञाता

पक्षीय–*सं०* (वि०) 1 पक्ष संबंधी 2 पक्ष का (जैसे-वाम पक्षीय, कुरु पक्षीय)

पक्ष्म–*सं०* (पु०) 1 आँख की बरौनी 2 फूल का केसर 3 फूल की पंखुड़ी

पख–(स्त्री०) 1 अड़ंगा 2 झंझट, बखेड़ा 3 व्यर्थ का दोष ढूंढ़ना (जैसे-पंख निकालना, पंख लगाना)

पखड़ी–(स्त्री०) = पंखड़ी

पखवाड़ा–*बो०* (पु०), **पखवारा** (पु०) 1 चांद्र मास का कोई पक्ष 2 पूरे 15 दिनों का समय

पखाना–(पु०) 1 कथा, उपाख्यान 2 कहावत, लोकोक्ति

पखारना–(स० क्रि०) धोकर साफ़ करना

पखाल–(स्त्री०) 1 मशक 2 धौंकनी। ~**पेटिया** (वि०) 1 मशक के समान पेटवाला 2 बहुत खानेवाला, पेटू

पखाली–I (वि०) मशक संबंधी II (पु०) भिश्ती

पखावज–(स्त्री०) मृदंग के आकार का छोटा बाजा

पखावजी–I (वि०) पखावज से संबंध रखनेवाला II (पु०) पखावज बजानेवाला व्यक्ति

पखिया–(वि०) 1 व्यर्थ का दोष निकालनेवाला 2 व्यर्थ का झगड़ा करनेवाला, झगड़ालू

पखुवा–(पु०) मनुष्य के शरीर में कंधे और बाँह के जोड़ के पास का भाग, भुज-मूल के पास का भाग (जैसे-पखुवे से लगाकर बैठना)

पखौटा–(पु०) डैना, पर

पग–(पु०) 1 पैर, पाँव 2 चलने में एक पैर से दूसरे पैर तक की दूरी, फाल 3 पैर आगे बढ़ाने की क्रिया, डग (जैसे-लंबे-लंबे पग धरना)। ~**चाप** (स्त्री०) चलने में पैर के तलुवे से निकलनेवाली ध्वनि; ~**चिह्न** + *सं०* (पु०) चलने से जमीन पर बने पैर के तलुवों के निशान; ~**डंडी** (स्त्री०) पतला रास्ता, सँकरा मार्ग; ~**ध्वनि** + *सं०* (स्त्री०) पदचाप, आहट; ~**उठाना** शुरू करना; ~**पसारना** लेट जाना; ~**फूँककर धरना** सावधान होकर चलना, सतर्क रहते हुए आगे बढ़ना

पगड़ी–(स्त्री०) 1 साफा, पाग 2 प्रतिष्ठा, मान-मर्यादा 3 अवैध रूप से पेशगी दिया जानेवाला धन (जैसे-दुकान पगड़ी 1000 रुपए है)। ~**अटकना** झगड़ा लगना; ~**उछलना** अपमान होना; ~**उछालना** अपमान करना, मान-प्रतिष्ठा का मखौल उड़ाना; ~**उतारना** 1 अपमानित करना, बेइज़्ज़त करना 2 दुर्दशा ग्रस्त करना; ~**बँधना** यश प्राप्त होना, सम्मान मिलना; ~**बाँधना** उत्तराधिकारी बनाना

पगना–(अ० क्रि०) 1 शरबत आदि के रस में भिगोना, मीठे रस से ओत-प्रोत होना 2 प्रेम में पूर्णतः डूबना, मग्न होना (जैसे-एक दूसरे के प्रेम में पगना)

पगनी–(स्त्री०) 1 जूता 2 खड़ाऊँ

पगला–*बो०* (वि०) = पागल

पगहा–(पु०) पशुओं के गले में बाँधी जानेवाली रस्सी, पघा

पगाना–(स० क्रि०) 1 पागने का काम किसी अन्य व्यक्ति से कराना 2 किसी को किसी काम में प्रवृत्त करना

पगार–I *पु०* (स्त्री०) वेतन (जैसे-उसे 100 रुपये पगार मिलती है)

पगार–II (पु०) 1 गारा 2 कीचड़

पगोड़ा–*पु०* (पु०) बौद्ध मंदिर

पघा–(पु०) = पगहा

पच–(वि०) = पाँच। ~**गुना** (वि०) जो पाँच का गुणा करने से प्राप्त हो (जैसे-चार का पचगुना बीस होगा); ~**मेल** (वि०) = पँच मेल; ~**रँगा** (वि०) = पँच रंगा; ~**लड़ी** (स्त्री०) पाँच लड़ियों की माला

पचकना–(अ० क्रि०) = पिचकना

पचड़ा–(पु०) 1 व्यर्थ की झंझट 2 ओझा लोगों द्वारा गाया जानेवाला गीत

पचन–I *सं०* (वि०) पकानेवाला II (पु०) 1 भोजन आदि पकाने की क्रिया 2 जठराग्नि ~**संस्थान** (पु०) शरीर के वो भीतरी अंग जो भोजन पचाते हैं

पचना–(अ० क्रि०) 1 भोजन का जठराग्नि की सहायता से रस आदि में परिणित होना 2 दूसरे का धन अधिकार में आना (जैसे-हराम की कमाई सबको नहीं पचती) 3 पता न लग पाना (जैसे-औरतों के पेट में बात कभी नहीं पचती) 4 समाप्त होना 5 अधिक परिश्रम से क्षीण होना 6 परेशान होना 7 खप जाना, समा जाना (जैसे-उसे प्रतिदिन पाँच किलो दूध पच जाता है)। **पच-पचकर** अत्यधिक परिश्रम करके; **पच मरना, पच हारना** शिथिल हो जाना, थक जाना, हार जाना

पचनीय–*सं०* (वि०) पचने योग्य

पचपचा–(वि०) 1 अधपका 2 जिसका पानी अभी सूखा न हो (जैसे-पचपचा पदार्थ)

पचपन–I (वि०) पाँच कम साठ II (पु०) 55 की संख्या

पचहत्तर–I (वि०) जो सत्तर से पाँच अधिक हो II (पु०) 75 की संख्या

पचहरा–(वि०) 1 पाँच परतोंवाला 2 पाँच गुना

पचानवे–(वि०) = पंचानवे

पचाना–(स० क्रि०) 1 खाई गई वस्तु को पक्वाशय की जठराग्नि से रस आदि में परिणित करना 2 माल हज़म करना, हड़प लेना 3 कठोर परिश्रम कराके शरीर, मस्तिष्क आदि की क्षति करना 4 समाप्त कर देना 5 समां लेना

पचाव–(पु०) पचने-पचाने की क्रिया, पाचन

पचास–I (वि०) चालीस से दस अधिक II (पु०) 50 की संख्या

पचासा–(पु०) 1 एक वर्ग की पचास वस्तुओं का समूह 2 पचास रुपये (जैसे-सैर में पचासा खर्च हो गए) 3 पचास भरी का बटखरा

पचासी–I (वि०) जो अस्सी से पाँच अधिक हो II (पु०) 85 की संख्या
पचित–*सं०* (वि०) 1 पचा हुआ 2 मिला हुआ
पचीस–I (वि०) बीस से पाँच अधिक II (पु०) 25 की संख्या
पचीसी–(स्त्री०) 1 एक ही तरह की पचीस वस्तुओं का समूह 2 गणना का एक प्रकार जिसमें पचीस चीज़ों की एक इकाई मानी जाती है (जैसे-पचीसी गाही फल में 125 फल होते हैं)
पचूका–*बो०* (पु०) = पिचकारी
पचोतर–(वि०) पाँच अधिक, पाँच ऊपर (जैसे-पचोतर सौ)
पचौनी–(स्त्री०) 1 पचने-पचाने की क्रिया 2 अँतड़ी, आँत
पचौली–*बो०* (पु०) गाँव का मुखिया, पंच
पचौवर–(वि०) = पंचौवर
पच्चड़, पच्चर–(पु०) 1 बाँस, लकड़ी आदि का छोटा तथा पतला टुकड़ा (जैसा-पच्चड़ घुसेड़ना) 2 अड़चन, रुकावट। ~**ठोंकना**, ~**मारना** बाधा खड़ी करना, रुकावट डालना
पच्ची–(स्त्री०) धातुओं, पत्थरों आदि पर नगीने आदि के छोटे-छोटे टुकड़े जड़ने की क्रिया (जैसे-सोने के कंगन में हीरे की पच्ची)। ~**कारी** + *फ़ा०* (स्त्री०) 1 पच्ची की जड़ाई करने की क्रिया 2 पच्ची करके तैयार किया गया काम
पच्छम–(वि०)/(पु०) = पश्चिम
पच्छमी–(वि०) पश्चिम का
पच्छिम–I (पु०) = पश्चिम (जैसे-पच्छिम दिशा) II (वि०) पिछला
पछड़ना–(अ० क्रि०) 1 परास्त होना, हार जाना 2 पटका जाना
पछताना–(अ० क्रि०) पश्चाताप करना
पछतावा–(पु०) पछताने की क्रिया, पश्चाताप (जैसे-पछतावा करना)
पछना–(अ० क्रि०) हल्का चीरा लगाया जाना
पछवाँ–I (वि०) 1 पश्चिम दिशा संबंधी 2 पश्चिम की ओर से आनेवाला (जैसें-पछवाँ हवा) II (स्त्री०) पश्चिम से आनेवाली हवा III (अ०) = पीछे
पछाँह–(पु०) सुदूर पश्चिम का प्रदेश
पछाँहिया–(वि०) = पछाँही
पछाड़–(स्त्री०) 1 पछाड़ने की क्रिया 2 पछाड़े जाने की अवस्था 3 बेसुध होने की अवस्था (जैसे-दुःखद समाचार सुनकर वह पछाड़ खाकर ज़मीन पर गिर पड़ी)। ~**खाना** बेसुध होना, बेहोश होना
पछाड़ना–I (स० क्रि०) साफ़ करने के लिए कपड़े को पत्थर आदि पर पटकना II (स० क्रि०) 1 कुश्ती आदि में चित करना 2 वाद-विवाद आदि में हराना
पछिआना–(स० क्रि०) 1 पीछा करना 2 अनुगामी बनकर चलना, अनुकरण करना
पछियाँव–(स्त्री०) = पछवाँ
पछियाना–(स० क्रि०) = पछिआना
पछीत–(स्त्री०) मकान के पीछे का भाग, घर का पिछवाड़ा
पछुवाँ–(वि०)/(पु०)/(स्त्री०) = पछवाँ
पछेलना–(स० क्रि०) 1 आगे निकलना 2 पीछे ढकेलना
पछेली–(स्त्री०) = पिछेली
पछोड़ना–(स० क्रि०) *बो०*, **पछोरना** (स० क्रि०) सूप में अनाज आदि रखकर हिलाते हुए कूड़ा-करकट अलग करना, फटकना (जैसे-अनाज पछोड़ना)
पजरना–(अ० क्रि०) 1 प्रज्वलित होना 2 जलना 3 तपना
पजामा–*फ़ा० बो०* (पु०) = पाजामा
पजारना–(स० क्रि०) 1 प्रज्वलित करना 2 जलाना 3 संतप्त करना
पज़ावा–*फ़ा०* (पु०) ईंट, चूना आदि पकाने का भट्ठा, आँवा
पजोखा–(पु०) मातम-पुरसी
पटंबर–*सं०* (पु०) रेशमी कपड़ा, कौषेय
पट–*सं०* (पु०) 1 वस्त्र, कपड़ा 2 पोशाक 3 परदा, आवरण। ~**कथा** (स्त्री०) मुख्य कथा; ~**चित्र** (पु०) 1 पर्दे पर आनेवाला चित्र 2 सिनेमा की फ़िल्म; ~**धारी** (वि०) जो वस्त्र पहने हो; ~**परिवर्तन** (पु०) 1 परदा बदलना 2 दृश्य बदलना
पट–I (पु०) 1 चिपटा एवं चौरस तल 2 चौरस ज़मीन (जैसे-पट उघड़ना) 3 दरवाज़ा
पट–II (वि०) 1 खाली पड़ा हुआ 2 उलटा पड़ा हुआ, औंधा (जैसे-भगोना पट पड़ा था)
पट–III (अ०) तुरंत, शीघ्र, तत्काल (जैसे-पट से बोल पड़ना)
पटकना–I (स० क्रि०) 1 गिराना (जैसे-उसने थाली पत्थर पर पटक दी) 2 रखना (जैसे-सिर पर हाथ पटकना) 3 दे मारना (जैसे-उसने कुश्ती में उसे पटक दिया)
पटकना–II (अ० क्रि०) 1 सिकुड़ना 2 पट ध्वनि करते हुए टूटना (जैसे-मिट्टी का घड़ा पटकना) 3 पचकना
पटकनी–(स्त्री०) 1 पटकने की क्रिया, पटकान 2 पटके जाने की क्रिया 3 पछाड़ खाकर गिरने की क्रिया
पटका–(पु०) 1 कमर में बाँधने का दुपट्टा, कमरबंद 2 गले का दुपट्टा। ~**पकड़ना** रोक रखना; ~**बाँधना** उद्यत होना, तैयार होना
पटड़ा–(पु०) = पटरा
पटतर–I (पु०) 1 तुल्यता, बराबरी 2 सादृश्य आधार पर दी जानेवाली उपमा II (वि०) चौरस, समतल III (क्रि० वि०) तुल्य, समान
पटना–(अ० क्रि०) 1 पाटा जाना 2 बराबर होना 3 पाटन पड़ना 4 खेत का पानी से सींचा जाना 5 सौजन्य पूर्ण संबंध होना (जैसे-आजकल उन लोगों की खूब पटती है) 6 सहमति होना (जैसे-सौदा पटना) 7 चुकता होना (जैसे-सारा कर्ज़ पट गया)
पटनिया–(वि०) पटना नगर से संबंध रखनेवाला
पटनी–(स्त्री०) 1 पटने की अवस्था 2 पाटने की क्रिया 3 छत
पट-पट–(स्त्री०) वस्तुओं के गिरने से उत्पन्न होनेवाला पट शब्द
पटपटाना–I (अ० क्रि०) 1 पट-पट शब्द करना 2 कष्ट पाना 3 शोक करना II (स० क्रि०) पट-पट ध्वनि उत्पन्न करना
पटपर–I (वि०) 1 चौरस, समतल 2 बरबाद II (पु०) उजाड़ और सुनसान जगह
पटबंधक–I *हिं० + सं०* (पु०) संपत्ति को रेहन रखने का वह प्रकार जिसमें संपत्ति की सारी आय महाजन ले लेता है तथा आय से सूद निकालने के बाद बचा धन मूल ऋण में जमा होता जाता है II (वि०) रेहन रखा हुआ

पटबीजना–(पु०) जुगनू

पटरा–(पु०) 1 काठ का लंबा, चौकोर एवं चौरस टुकड़ा, तख्ता, पल्ला 2 धोबी का पाट 3 काठ का पीढ़ा 4 पाटा, हैंगा। ~**फेरना** पूर्णतः नष्ट कर देना

पट रानी–(स्त्री०) वह स्त्री जिसके साथ किसी राजा का पहला विवाह होता था

पटरी–(स्त्री०) 1 लकड़ी का लंबा, छोटा एवं पतला टुकड़ा 2 लिखने की तख्ती 3 रेलगाड़ी के चलने की लोहे की मज़बूत छड़ (जैसे-गाड़ी पटरी से उतर गई) 4 सड़क के दोनों तरफ़ पैदल चलनेवालों के लिए बना रास्ता 5 व्यवहार में हेल-मेल की स्थिति (जैसे-आजकल उन सबमें खूब पटरी है) ~**जमाना** घुड़सवारी में अपनी रान जमाना जिससे घोड़े के तेज़ दौड़ने पर भी उसका आसन स्थिर रहे; ~**बैठना** 1 मन मिलना 2 मेल खाना (जैसे-उन दोनों मित्रों में खूब पटरी बैठ रही है)

पटल, पटलक–*सं०* (पु०) 1 परदा 2 तह, परत 3 छप्पर 4 छत 5 पटरा 6 पुस्तक का विशिष्ट खंड, परिच्छेद

पटलता–*सं०* (स्त्री०) अधिकता

पटवा–(पु०) गहना आदि गूँथने का पेशा करनेवाला व्यक्ति, पटहार

पटवाना–(स० क्रि०) 1 पाटने का काम अन्य से कराना (जैसे-गड्ढा पटवाना बहुत ज़रूरी है) 2 किसी को पटाने में प्रवृत्त करना

पटवारगिरी–*हिं० + फ़ा०* (स्त्री०) 1 पटवारी का काम 2 पटवारी का पद

पटवारी–(पु०) लेखपाल (जैसे-मैंने पटवारी को मालगुज़ारी दे दिया है)

पट-वास–I *सं०* (पु०) 1 खेमा, तंबू 2 छावनी, शिविर 3 लहँगा

पट-वास–II *सं०* (पु०) कपड़ों को सुगंधित करनेवाला सुगंधित पदार्थ

पटसन–(पु०) 1 जूट, पटुआ 2 सनई का पौधा

पटह–*सं०* (पु०) 1 ढोल 2 नगाड़ा 3 डुगडुगी

पटहार–(पु०) = पटवा

पटा–(पु०) पीढ़ा, पटरा

पटाई–I (स्त्री०) 1 पाटने की क्रिया 2 पाटने की मज़दूरी (जैसे-खेत की पटाई सौ रुपए हुई)

पटाई–II (स्त्री०) 1 पटाने की क्रिया 2 चुकता करने की क्रिय 3 समझौता हेतु राज़ी करने की क्रिया

पटाक, पटाका–(पु०) 1 पट से होनेवाला ज़ोर का शब्द 2 तमाचा, थप्पड़ (जैसे-अध्यापक ने उसे दो-तीन पटाके जमा दिए) 3 आतिशबाज़ी की गोली 4 युवा और सुंदर स्त्री

पटाक्षेप–*सं०* (पु०) 1 परदा गिरना 2 परदा गिराना 3 एक दृश्य के पश्चात कुछ समय के लिए होनेवाला अंतराल, अल्प अवकाश (जैसे-प्रथम अंक का पटाक्षेप हो गया) 3 समाप्ति

पटाख, पटाखा–(पु०) = पटाका

पटान–(स्त्री०) 1 पाटने की क्रिया 2 पाटन

पटाना–I (स० क्रि०) 1 गड्ढा आदि को पाटने के लिए अन्य को लगाना 2 छाजन आदि डलवाना II 1 कार्य आदि हल करना 2 बात तय करना (जैसे-सौदा पटाना, ग्राहक पटाना) III चुकता करना (जैसे-उसने सारा ऋण पटा दिया) IV (अ० क्रि०) *बो०* 1 पटना, पाटा जाना 2 कम होना, घटना 3 शांत एवं स्थिर होना

पटापट–I (अ०) 1 लगातार पट-पट ध्वनि करते हुए (जैसे-पटापट थप्पड़ मारकर उसको रुला दिया) 2 बहुत जल्दी-जल्दी, चट-पट (जैसे-गोली की आवाज़ सुनते ही लोगों ने पटापट दुकानें बंद कर दीं) II (स्त्री०) निरंतर 'पटपट' की ध्वनि

पटापटी–(स्त्री०) अनेक रंग-बिरंगी, बेल-बूटों की आकृतिवाली वस्तु

पटार–I (स्त्री०) 1 पेटी, पिटारी, मंजूषा 2 पिंजड़ा II (स्त्री०) रेशम की डोरी

पटाव–I (पु०) 1 पाटने की क्रिया 2 पाटकर बराबर किया हुआ स्थान 3 पाट कर बनाई गई छत, पाटन II दरवाज़े में चौखट के ऊपर रखी जानेवाली लकड़ी, भरेठा

पटिका–*सं०* (स्त्री०) 1 कपड़ा, वस्त्र 2 कपड़े का टुकड़ा

पटिया–(स्त्री०) 1 पत्थर का आयताकार, चौरस टुकड़ा 2 लकड़ी का आयताकार चौरस टुकड़ा, तख्ती, पाटी 3 छोटा हेंगा 4 लंबा किंतु कम चौडा खेत का टुकड़ा 5 सिर के सँवारे हुए बाल

पटी–*सं०* (स्त्री०) 1 कपड़े का लंबा एवं पतला टुकड़ा, पट्टी 2 पगड़ी, साफा 3 कमरबंद, पटका 4 आवरण, परदा 5 नाटक का परदा

पटीर–*सं०* (पु०) 1 चंदन 2 कत्था, खैर 3 कत्थे का पेड़

पटीलना–(स० क्रि०) 1 फुसलाकर काम के लिए राजी करना, अर्थ-साधन के अनुकूल बनाना 2 छलना, ठगना 3 परास्त करना, हराना 4 पीटना, मारना

पटु–*सं०* (वि०) 1 कुशल, प्रवीण 2 चालाक, चतुर (जैसे-स्वार्थ-साधन में वह बहुत पटु है)। ~**ता** (स्त्री०) 1 निपुणता 2 चालाकी

पटुआ–(पु०) पटसन, जूट

पटुका–(पु०) = पटका

पटेबाज़–I *हिं० + फ़ा०* (पु०) 1 पटा हाथ में लेकर लड़नेवाला व्यक्ति, पटैत 2 आतिशबाज़ी II (वि०) 1 दुश्चरित्रा एवं पुंश्चली, छिनाल 2 चालाक एवं धूर्त

पटेबाज़ी–*हिं० + फ़ा०* (स्त्री०) 1 पटेबाज़ का कार्य एवं कौशल 2 व्यभिचार, छिनाला 3 धूर्तता

पटेर–(स्त्री०) जलाशयों में उत्पन्न होनेवाला सरकंडे की जाति का पौधा जिसके पत्ते चटाई एवं टोकरी आदि बनाने के काम आते हैं

पटेल–(पु०) 1 गाँव का चौधरी, मुखिया 2 गाँव का नंबरदार

पटेला– (पु०) = पटैला

पटैत–(पु०) पटा खेलनेवाला खिलाड़ी, पटेबाज़

पटैला–I (पु०) एक प्रकार की बड़ी नाव जिसका बीचवाला भाग ऊपर से छाया रहता है। **पटैले के साथ अपनी पन सूइया बाँधना** बड़े कार्य के साथ छोटे कार्य को संबद्ध करना II (पु०) अर्गला ब्योंड़ा

पटोरी–(स्त्री०) 1 रेशमी धोती, रेशमी साड़ी 2 रेशमी किनारे की धोती, रेशमी किनारे की साड़ी

पटोल–*सं०* (पु०) 1 गुजरात में बननेवाला एक प्रकार का

रेशपी कपड़ा 2 परवल की लता और उसका फल

पटोला–*बो०* (पु०) कपड़े का छोटा टुकड़ा

पटोलिका–*सं०* (स्त्री०) 1 पट्टा 2 मंजूषा, पेटी

पटौंधन–(पु०) रेहन रखी गई वस्तु को पुनः किसी तरह अपने अधिकार में लेने की क्रिया

पटौतन–(पु०) = पटौनी

पट्ट–I (पु०) 1 मोटा ऊनी देशी कपड़ा 2 एक तरह का चारख़ानेदार कपड़ा

पट्ट–II *सं०* (पु०) 1 लकड़ी का वह टुकड़ा जिस पर सूचनाएँ आदि लगाई जाती हैं (जैसे-सूचना पट्ट) 2 लिखने की तख़्ती, पटिया 3 पीढ़ा, पाटा 4 पत्थर आदि का चौकोर टुकड़ा 5 पट्टी 6 पगड़ी 7 दुपट्टा। ~**कीट** (पु०) रेशम का कीड़ा; ~**लेख्य**, ~**विलेख** (पु०) पट्टे की शर्तें आदि लिखा जानेवाला लेख्य; ~**शिष्य** (पु०) सबसे बड़ा शिष्य

पट्टक–*सं०* (पु०) 1 राजाज्ञा खुदवाने का ताम्र आदि का पट्ट 2 घाव आदि पर बाँधी जानेवाली पट्टी

पट्टन–*सं०* (पु०) शहर, नगर

पट्टला–*सं०* (स्त्री०) 1 प्राचीन प्रशासनिक इकाई जो अब आधुनिक ज़िला के रूप में मान्य है 2 इकाई में रहनेवाला जनसमूह

पट्टा–*सं०* (पु०) 1 स्थायी संपत्ति के उपयोग का अधिकार पत्र, सनद (जैसे-इस मकान का मैंने उम्र भर का पट्टा अपने भाई को लिख दिया) 2 ज़मींदार की ज़मीन जोतने-बोने के लिए दिया जानेवाला लेख्य (जैसे-मैंने यह खेत किसान को पट्टे पर दिया है) 3 पशुओं आदि के गले में बाँधी जानेवाली पट्टी (जैसे-कुत्ते के गले में पट्टा बाँध दिया गया है) 4 काठ का पटरा, पीढ़ा। ~**दाता** *+ सं०* (पु०) पट्टा देनेवाला व्यक्ति; ~**धारी** (पु०) पट्टे पर ज़मीन आदि लेनेवाला

पट्टिका–(स्त्री०) तख़्ती, पटिया

पट्टी–I (स्त्री०) 1 तख़्ती, पटिया 2 पट्टी पर दिया जानेवाला पाठ, सबक (जैसे-पट्टी पढ़ना, पट्टी लिखना) 3 बुरी नीयत से दी जानेवाली सलाह (जैसे-उसने तुमको पट्टी पढ़ा दी थी) 4 कपड़े, धातु, काठ आदि का लंबा, कम चौड़ा तथा पतला टुकड़ा 5 जख़्म, सूजन आदि पर बाँधने के काम में आनेवाला कपड़े का लंबा एवं कम चौड़ाई का टुकड़ा (जैसे-घाव पर पट्टी बाँध देना) 6 स्कूलों में बिछाया जानेवाला टाट (जैसे-टाट पट्टी) 7 पटिया, पाटी 8 तख्ता 9 पत्थर का लंबा, कम चौड़ा एवं पतला आयताकार टुकड़ा 10 सँवारे गये बालों की रचना। ~**दार** *+फ़ा०* (पु०) 1 हिस्सेदार 2 बराबरी का हिस्सेदार; ~**दारी** *+फ़ा०* (स्त्री०) 1 पट्टीदार होने की अवस्था 2 पट्टीदारों का पारस्परिक संबंध 3 बराबरी का दावा ~**जमाना** माँग के दोनों तरफ़ बालों को सँवारना; ~**पढ़ाना** बहकाने वाली शिक्षा देना, बहकाना; ~**दारी अटकना** पट्टीदारी के कारण विरोध होना

पट्टी–II *सं०* (स्त्री०) 1 पगड़ी में लगाई जानेवाली कलगी, तुर्रा 2 पठानी लोध 3 घोड़े की पट्टी, तस्मा 4 तोबड़ा

पट्टू–I (पु०) 1 मोटा ऊनी देशी कपड़ा 2 चारख़ानेदार कपड़ा

पट्टू–II *बो०* (पु०) तोता

पट्टेदार–*हिं०+फ़ा०* (पु०) वह व्यक्ति जिससे पट्टा मिला हो

पट्टोला–(पु०) 1 रेशमी कपड़ा 2 कपड़े की कतरन

पट्ठा–I (वि०) 1 जो हृष्ट-पुष्ट तथा नौजवान हो 2 नवयुवक II (पु०) पहलवान

पठक–*सं०* (वि०) पढ़नेवाला

पठन–*सं०* (पु०) पढ़ने की क्रिया, पढ़ना

पठनीय–*सं०* (वि०) जो पढ़ने योग्य हो, पाठ्य

पठनेटा– (पु०) 1 पठान का बेटा 2 पठान जाति का पुरुष

पठान–(पु०) 1 मुसलमानों की प्रसिद्ध उपजाति 2 अफगानिस्तान का निवासी

पठानी–I (वि०) पठान सबंधी (जैसे-पठानी राज्य, पठानी घोड़ा) II (स्त्री०) 1 पठान होने की अवस्था 2 पठान जाति की स्त्री

पठार–(पु०) दूर तक फैली हुई चौरस और ऊँची ज़मीन

पठावन–(पु०) 1 भेजने की क्रिया 2 संदेशवाहक, दूत

पठित–*सं०* (वि०) जो पढ़ा जा चुका हो, पढ़ा हुआ

पठिया–(स्त्री०) हृष्ट पुष्ट तथा नौजवान स्त्री

पड़छती–(स्त्री०) = परछत्ती

पड़ता–(पु०) 1 माल की ख़रीद का ख़र्च 2 माल की तैयारी में लगी लागत 3 बिक्री के दाम में से लागत निकाल देने पर होनेवाली बचत 4 लगान की दर 5 दर। ~**खाना** उचित मूल्य निकालने के बाद लाभ होना ~**निकालना**, ~**फैलाना**, ~**बैठाना** लागत का विचार करना

पड़ताल–(स्त्री०) 1 छान-बीन, देख-भाल 2 संशोधन, सुधार 3 तुलना, बराबरी।

पड़तालना–(स० क्रि०) जाँच करना

पड़ती–(स्त्री०) खाली छोड़ी गई ज़मीन, बिना जोता बोया गया खेत। ~**उठना** पड़ती पर खेती होना; पड़ती ज़मीन को कृषि हेतु लगान पर देना

पड़ना–(अ० क्रि०) 1 पहुँचाया जाना, छोड़ा जाना (जैसे-कान में दवा पड़ना, तरकारी में नमक पड़ना) 2 विद्यमान होना, गिरना, स्थित होना (जैसे-दूध में मक्खी पड़ गई) 3 फैलाया जाना, बिछाया जाना (जैसे-आँगन में चारपाई पड़ी है) 4 आघात होना, प्रहार होना (जैसे-लात-जूता पड़ना) 5 आपातिक में उपस्थित होना (जैसे-कुकर्म से बदनामी ही पल्ले पड़ेगी) 6 कष्टदायक घटना घटित होना (जैसे-जिस पर पड़ती है वही दर्द जानता है) 7 शरीक होना, शामिल होना (जैसे-आवश्यकता पड़ने पर मैं आपकी मदद अवश्य करूँगा) 8 ठहरना, टिकना (जैसे- रात में स्टेशन पर ही पड़े रहना) 9 लेटना (जैसे-दफ़्तर से आने के बाद वो बिस्तर पर पड़ गये) 10 बीमार होना (जैसे- दस दिनों से लड़का चारपाई पर ही पड़ा है) 11 फँसना (जैसे-व्यर्थ के विवाद में कौन पड़ेगा) 12 मिलना (जैसे-उनका घर इस रास्ते में पड़ेगा) 13 धुन सवार होना (जैसे-सबको अपनी-अपनी पड़ी रहती है 14 आश्रित होना (जैसे-वह अपने पिता पर कब तक बोझ बनकर पड़ा रहेगा)

पड़-पड़–I (स्त्री०) निरंतर पड़-पड़ होनेवाला शब्द (जैसे-रात में वर्षा के साथ-साथ ओले भी पड़-पड़ गिर रहे थे) II (क्रि० वि०) पड़-पड़ ध्वनि करते हुए

पड़पड़ाना–I (अ० क्रि०) पड़-पड़ ध्वनि होना II (स० क्रि०) पड़-पड़ ध्वनि उत्पन्न करना

पड़पोता–(पु०) = परपोता (स्त्री० पड़पोती)

पड़वा–I (स्त्री०) प्रत्येक पक्ष की प्रथम तिथि, परिवा
पड़वा–II (पु०) भैंस का नर बच्चा
पड़ाका–(पु०) = पटाका
पड़ाना–(स० क्रि०) = पड़वाना
पड़ाव–(पु०) 1 ठहरने की जगह, ठिकाना 2 मार्ग में कहीं ठहरना (जैसे-रात को धर्मशाला में पड़ाव डालना)
पड़िया–(स्त्री०) भैंस का मादा बच्चा
पड़ियाना–I (अ० क्रि०) भैंस का भैंसे से संयोग होना, भैंसाना II (स० क्रि०) भैंस का भैंसे से संयोग कराना
पड़ोस–(पु०) निवास स्थान के बगल का घर
पड़ोसिन–(स्त्री०) पड़ोस में रहनेवाली स्त्री
पड़ोसी–(पु०) पड़ोस में रहनेवाला व्यक्ति, हमसाया, प्रतिवेशी
पढ़ंत–(स्त्री०) 1 पढ़ने की क्रिया 2 पढ़ा हुआ पाठ
पढ़त–(स्त्री०) पठन, वाचन (जैसे-विधेयक की तीसरी पढ़त)
पढ़ना–(स० क्रि०) 1 उच्चारण आदि का ज्ञान प्राप्त करना (जैसे-अंग्रेज़ी पढ़ना, उर्दू की पुस्तक पढ़ना) 2 उच्च स्वर में बोलते जाना, उच्चारण करना (जैसे-दस्तावेज़ पढ़ना ज़रूरी हो गया है) 3 अभ्यास के रूप में रटना, याद करना (जैसे-गिनती-पहाड़ा पढ़ लेना) 4 विधिवत् अध्ययन करना (जैसे-पाँचवी घंटी के बाद दर्शन शास्त्र पढ़ना है) 5 अध्ययन एवं मनन करना (जैसे-ग्रंथकार ने अनके महाकाव्यों को पढ़ना उचित समझा)। ~**लिखना** (पु०) पढ़ना और लिखना, शिक्षा प्राप्त करना
पढ़नेवाला–(वि०) 1 अध्ययन करनेवाला 2 उच्चारण करनेवाला
पढ़वाई–(स्त्री०) पढ़वाने का पारिश्रमिक
पढ़वाना–(स० क्रि०) 1 पढ़ने का काम किसी अन्य व्यक्ति से करवाना 2 किसी को पढ़ाने में प्रवृत्त करना
पढ़वैया–(वि०) 1 पढ़नेवाला 2 पढ़ानेवाला
पढ़ाई–(स्त्री०) 1 पढ़ने की क्रिया 2 पढ़ाने की क्रिया 3 पढ़ाने का पारिश्रमिक। ~**लिखाई** (स्त्री०) शिक्षा
पढ़ाकू–(वि०) पढ़नेवाला
पढ़ाना–(स० क्रि०) 1 शिक्षा देना, शिक्षित बनाना (जैसे-अध्यापक का कार्य बालकों को उत्तम ढंग से पढ़ाना है) 2 उच्चारण करना सिखाना (जैसे-तोते को राम-राम पढ़ाना)
पढ़ा-लिखा–(वि०) शिक्षित (जैसे-पढ़ा-लिखा आदमी)
पढ़ैया–(वि०) पढ़नेवाला
पण–*सं०* (पु०) 1 पासों से खेला जानेवाला खेल 2 जूआ, द्यूत 3 बाज़ी, शर्त 4 प्रतिज्ञा 5 इकरार 6 पारिश्रमिक 7 वेतन 8 मूल्य 9 शुल्क 10 व्यापार, रोज़गार 11 माल, सौदा। ~**क्रिया** (स्त्री०) बाज़ी लगाने का कार्य; ~**बंध** (पु०) बाज़ी बदना, शर्त लगाना
पणन–*सं०* (पु०) 1 क्रय करना, मोल लेना, 2 विक्रय 3 शर्त लगाने की क्रिया 4 व्यापार आदि करने की क्रिया
पणव–*सं०* (पु०) 1 छोटा ढोल 2 नगाड़ा
पणाया–*सं०* (स्त्री०) 1 क्रय-विक्रय का व्यवहार, 2 व्यापार-विनिमय 3 बाज़ार 4 व्यापार से होनेवाला लाभ
पणि–*सं०* (स्त्री०) बाज़ार, हाट
पणित–*सं०* (वि०) 1 जिसका क्रय-विक्रय हो चुका हो 2 बाज़ी लगाई हुई, शर्त लगी हुई
पणी–*सं०* (पु०) व्यापारी, दूकानदार
पण्य–I *सं०* (वि०) = पणितव्य II (पु०) 1 माल, सौदा 2 व्यापार 3 बाज़ार 4 दूकान। ~**क्षेत्र** (पु०) = पण्य भूमि; ~**चिह्न** (पु०) दे० वाणिज्य चिह्न; ~**जीवी** (वि०) 1 व्यापार आदि से अपना जीवन चलानेवाला 2 जूआ आदि से प्राप्त धन से जीवन गुज़ारनेवाला; ~**पति** (पु०) 1 बहुत बड़ा व्यापारी 2 बहुत बड़ा साहूकार, सेठ; ~**भूमि** (स्त्री०) 1 व्यापार करने का स्थान 2 मंडी, हाट 3 गोदाम; ~**वस्तु** (स्त्री०) ख़रीद एवं बिक्री का माल, पण्य द्रव्य; ~**शाला** (स्त्री०) = पण्य वीथि
पण्याजीव–*सं०* (पु०) व्यापारी, रोज़गारी
पतंग–I *सं०* (पु०) 1 पतिंगा, शलभ 2 सूर्य (जैसे-रघुवर बाल पतंग)
पतंग–II *सं०* (स्त्री०) कनकौआ, गुड्डी (जैसे-पतंग उड़ाना भी मनोरंजन का साधन है)। ~**छुरी** *+हिं०* (वि०) *बो०* चुग़लखोर; ~**बाज़** *+फ़ा०* (पु०) पतंग उड़ाने का शौकीन; ~**बाज़ी** *+फ़ा०* (स्त्री०) पतंग उड़ाने की क्रिया। ~**काटना** पतंग लड़ाकर दूसरे की पतंग की डोर काट देना; ~**बढ़ाना** पतंग को ऊँचाई तक पहुँचाना
पतंगा–(पु०) 1 फतिंगा 2 दीये का फूल 3 चिनगारी
पतंचिका–*सं०* (स्त्री०) धनुष की प्रत्यंचा
पत–I (स्त्री०) प्रतिष्ठा, आबरू, इज़्ज़त II (पु०) 1 पति 2 स्वामी। ~**उतारना** अपमान करना; ~**रखना** इज़्ज़त बचाना; ~**पानी** (पु०) सम्मान, इज़्ज़त
पतझड़–(स्त्री०) 1 शिशिर ऋतु जिसमें पेड़ की पत्तियाँ झड़ जाती हैं (जैसे-यह पतझड़ का समय है) 2 पत्तों का झड़ना
पतत्रि–*सं०* (पु०) पक्षी, चिड़िया
पतन–I *सं०* (पु०) 1 गिरने की क्रिया 2 निंदनीय आचरण करने में प्रवृत्त होना 3 प्रभुता एवं महत्ता का नष्ट होने की स्थिति में आना 4 च्युत होना II (वि०) गिरनेवाला। ~**शील** (वि०) जिसका पतन हो रहा हो
पतनीय–*सं०* (वि०) पतन की ओर अग्रसर
पतनोन्मुख–*सं०* (वि०) जो पतन की ओर उन्मुख हो, पतन की ओर जानेवाला
पतला–(वि०) 1 जिसका फैलाव कम हो 2 जो मोटा न हो 3 जिसका शरीर हृष्ट-पुष्ट न हो, कृश, क्षीण 3 तल के विचार से जो महीन हो (जैसे-पतला काग़ज़) 4 जिसकी चौड़ाई बहुत कम हो, सँकरा (जैसे-पतली गली, पतली नदी) 5 जो अत्यधिक तरल हो (जैसे-पतला दूध, पतली चाय) 6 जिसमें मोटाई ज़रा भी न हो (जैसे-पतला सूत)। ~**पन** (पु०) पतला होने का भाव; ~**पड़ना** कमज़ोर होना, क्षीण हो जाना
पतलून–*अं०* (पु०) अंग्रेज़ी ढंग का पायजामा
पतलो–(स्त्री०) 1 सरपत की पताई 2 सरपत, सरकंडा
पतवर–(वि०) 1 पंक्ति क्रम से 2 बराबर-बराबर
पतवा–(पु०) ऊँची नचान
पतवार–(स्त्री०) 1 नाव में पीछे की ओर लगी तिकोनी लकड़ी, कर्ण 2 पार उतारने का साधन
पता–(पु०) 1 किसी काम, वस्तु, जगह आदि का परिचायक (जैसे-मकान का पता बताने का कष्ट करें) 2 पत्र आदि के ऊपर लिखा गया विवरणात्मक लेख जिसके द्वारा पत्र उचित

व्यक्ति को दिया जा सके (जैसे-कुल सचिव का पता लिखकर यह पत्र भेज देना) 3 जानकारी जो अभी ज्ञात न हो सकी हो (जैसे-अपराधी का पता चला या नहीं) 4 विषय के गूढ़ तत्व की जानकारी जो अभी अज्ञात हो। **पते की बात** रहस्य भरी बात, तत्व की बात

पताई–(स्त्री०) सूखकर झड़ जानेवाली वृक्ष की पत्तियाँ। ~**झोंकना** आग को तेज़ करने के लिए उसमें पत्तियाँ डालना

पताका–*सं०* (स्त्री०) झंडा, ध्वजा, झंडी (जैसे-पताका फहराना, राष्ट्रीय पताका का सम्मान करना हमारा पुनीत कर्तव्य है)। ~**दंड** (पु०) वह बाँस जिसमें पताका लगाई जाती है; ~**धारी** (वि०) पताका लेनेवाला; ~**शीर्षक** (पु०) पृष्ठ शीर्षक, सर्व प्रधान शीर्षक; ~**गिरना** पराजय होना, हार होना

पताकिक–*सं०* (पु०) = पताकाधारी

पताकित–*सं०* (वि०) जिस पर पताका लगाई गई हो, पताका से सज्जित

पताकिनी–*सं०* (स्त्री०) सेना

पताकी–*सं०* (वि०) झंडा लेकर चलनेवाला

पता-लेखी–*हिं० + सं०* (पु०) पता लिखने का यंत्र

पतिंग–(पु०) = पतंगा

पतिंवरा–*सं०* (स्त्री०) पति का स्वयं वरण करनेवाली स्त्री

पति–*सं०* (पु०) 1 स्वामी, मालिक 2 शौहर, कांत, दूल्हा (जैसे-आपके पति कहाँ काम करते हैं)। ~**धर्म** (पु०) पति के प्रति पत्नी का कर्तव्य; ~**भक्ति** (स्त्री०) तन-मन से पति की सेवा करना; ~**वियोग** (पु०) पति की अनुपस्थिति में होनेवाला दुःख; ~**व्रत** (पु०) = पति भक्ति; ~**व्रता** (वि०) पति धर्म ही जिसका व्रत हो, पति के प्रति अनन्य अनुराग एवं भक्ति रखनेवाली; ~**सुख** (पु०) सधवा होने का सुख; ~**सेवा** (स्त्री०) = पति व्रत

पतित–*सं०* (वि०) 1 गिरा हुआ 2 जिसका नैतिक पतन हो चुका हो 3 अधम, पापी 4 अपवित्र, मलिन। ~**पावन** (वि०) पतितों को पवित्र करनेवाला

पतितव्य–*सं०* (वि०) पतित होने के योग्य

पतितावस्था–*सं०* (स्त्री०) पतित होने की स्थिति

पतित्व–*सं०* (पु०) 1 पति होने की अवस्था 2 प्रभुत्व, स्वामित्व

पतियाना–(स० क्रि०) विश्वास करना, सच समझना

पतीला–(पु०) ताँबे, पीतल आदि का ऊँचे किनारेवाला गोलाकार बर्तन (स्त्री० पतीली)

पतुरिया–(स्त्री०) 1 नाचने-गाने का पेशा करनेवाली वेश्या, पातुरी 2 व्यभिचारिणी स्त्री, पुंश्चली

पतोखा–(पु०) 1 पत्ते का बना दोना 2 पत्तों से बनी छतरी 3 एक प्रकार का बगुला पक्षी, पतंखा

पतोहू–(स्त्री०) पुत्र की स्त्री, पुत्रवधू

पत्तन–*सं०* (पु०) 1 पोताश्रय, बंदरगाह 2 बंदरगाही शहर 3 छोटा नगर, कस्बा। ~**क्षेत्र** (पु०) जिसकी शासन एवं व्यवस्था वहाँ के निर्वाचित सदस्यों द्वारा की जाती है ऐसा नगर

पत्तर–(पु०) काग़ज़ के समान धातु आदि का पतला टुकड़ा

पत्तल–(स्त्री०) 1 थाली के स्थान पर उपयोग में लाने के लिए पलाश आदि के पत्तों से बनाया गया पात्र (जैसे-खाने के लिए पत्तल लगाना) 2 पत्तल पर परोसा गया खाद्य पदार्थ 3 पत्तल भर खाद्य सामग्री। ~**पड़ना** खानेवालों के सामने पत्तल रखना; ~**परसना** पत्तल पर खाद्य सामग्री रखकर खानेवाले के सामने रखना; ~**बाँधना** ऐसी प्रतिज्ञा करना जिसके पूर्ण न होने तक भोजन न करना; **जिस ~में खाना उसी में छेद करना** उपकार करनेवाले का अहित करना, कृतघ्न होना

पत्ता–I (पु०) 1 वृक्ष की टहनी से निकलनेवाला वह हरा अवयव जिससे छाया रहती है और जो सूखने पर झड़ जाता है, पर्ण, पत्र (जैसे-पीपल का पत्ता नदी में तैर रहा है) 2 पत्तों पर रखकर दी जानेवाली चाट आदि वस्तुएँ (जैसे-एक पत्ता दही-बड़ा देना) 3 कपड़े, काग़ज़ आदि पर बनाया गया पत्ते के आकार का चिह्न 4 ताश की गड्डी में कोई एक काग़ज़ का टुकड़ा (जैसे-पान का पत्ता, ईंट का पत्ता) 5 सरकारी मुद्रा, नोट (जैसे-सौ रुपए का एक पत्ता देना) II (वि०) पत्ते की तरह का बहुत पतला और हल्का। ~**खड़कना** किसी की आहट मिलना, कोई खटका होना; ~**चाटना** बाज़ारी चीज़ें खाना; ~**तोड़कर भागना** बेतहाशा भागना; ~**न हिलना** ज़रा भी हवा न लगना; ~**हो जाना** गायब हो जाना

पत्ति–*सं०* (पु०) 1 पैदल चलनेवाला व्यक्ति 2 पैदल सिपाही, प्यादा

पत्ती–(स्त्री०) 1 पेड़-पौधों का बहुत छोटा पत्ता (जैसे-नीम की पत्ती कड़ुवी होती है) 2 तम्बाकू के बड़े-बड़े पत्तों का चूरा 3 फूलों की पंखुड़ियाँ (जैसे-गुलाब की पत्ती छोटी एवं कोमल होती है) 4 लोहे का छोटा एवं धारदार टुकड़ा (जैसे-दाढ़ी बनाने के लिए पत्ती ख़रीद लाना) 5 ताश का कोई पत्ता। ~**दार** *+ फ़ा०* (वि०) 1 जिसमें पत्तियाँ हों 2 जिसका किसी व्यापार में हिस्सा हो 3 जो संपत्ति का भागीदार हो

पत्थर–I (पु०) 1 वह द्रव्य जिससे पृथिवी का कड़ा स्तर बना होता है 2 पृथिवी के कड़े स्तर का कोई टुकड़ा 3 सड़क के किनारे गाड़ा जानेवाला पत्थर का टुकड़ा (जैसे-मील का पत्थर चौराहे पर लगा होगा) 4 सीमा निर्धारित करने के लिए गाड़ा गया पत्थर का टुकड़ा 5 ओला 6 हीरा, जवाहर आदि 7 पत्थर के गुणों से युक्त (जैसे-पत्थर का कोयला खानों से प्राप्त होता है) 8 जो कठोरता, भारीपन आदि में पत्थर के समान हो II (अ०) कुछ भी नहीं, बिल्कुल नहीं। ~**कला** (स्त्री०) तोड़ेदार बंदूक; ~**कोयला** (पु०) खान का कोयला, कोक; ~**चटा** (पु०) 1 नरम एवं पतली टहनियोंवाली एक घास 2 पत्थर चाटनेवाला सर्प; ~**पानी** (पु०) आँधी-पानी; ~**फूल** (पु०) शिलापुष्प, छरीला; ~**फोड़** (पु०) 1 पत्थर तोड़ने का पेशा करनेवाला, संगतराश 2 छरीला नाम का पौधा जो पत्थरों की संधियों से उत्पन्न होता है; ~**बाज़** *+ फ़ा०* I (वि०) पत्थर फेंक कर मारनेवाला II (पु०) ढेलवाह; ~**बाज़ी** *+ फ़ा०* (स्त्री०) ढेलेबाज़ी। ~**का कलेजा** अति कठोर हृदय, निष्करुण हृदय; ~**की छाती** घोर दुःख एवं कष्ट में भी अस्थिर न होनेवाला; ~**की लकीर** सदा बनी रहनेवाली वस्तु; ~**को जोंक लगाना** असंभव कार्य करना; ~**तले से हाथ निकलना** भारी संकट, कष्ट से छुटकारा मिलना; ~**तले हाथ दबना** भारी विपत्ति में पड़ना; ~**पर दूब जमना** अनहोनी बात होना; ~**पसीजना,** ~**पिघलना** निष्ठुर हृदय में दया का संचार होना; ~**मारे भी न मरना** 1 मृत्यु का कारण होते हुए भी न मरना 2 जल्दी न मरना; ~**सा फेंक मारना**

बहुत कड़ी बात कहना, दो टूक जवाब देना

पत्नी–*सं०* (स्त्री०) भार्या, जोरू, परिणीता स्त्री। **~व्रत** (पु०) केवल अपनी परिणीता के संग संबंध बनाए रखनेवाला व्यक्ति

पत्नीत्व–*सं०* (पु०) पत्नी होने की अवस्था

पत्य–*सं०* (पु०) पति होने की अवस्था

पत्र–*सं०* (पु०) 1 चिट्ठी, ख़त 2 पत्ता 3 ऐसा कागज़ जिसपर कोई बात लिखी हो, कोई बात छपी हो ऐसा कागज़ 4 वह धातु पट जिस पर प्रमाण स्वरूप कुछ खुदा हो, लिखा हो (जैसे-दान पत्र, प्रतिज्ञा पत्र) 5 अख़बार, समाचार पत्र 6 पुस्तक आदि का पन्ना (जैसे-स्वर्ण-पत्र); **~कार** (पु०) समाचार पत्र का संपादक; **~कार-कला** (स्त्री०) पत्रकारिता; **~चलार्थ** (पु०) कागज़ी मुद्रा; **~चाप** *+ हिं०* (पु०) लकड़ी, पत्थर आदि का टुकड़ा जिससे कागज़ दबाया जाता है कि वह उड़ न सके; **~जात** (पु०) आवश्यक कागज़-पत्तर; **~पंजी** आने एवं जानेवाले पत्रों की संख्या आदि लिखे जानेवाला रजिस्टर; **~पाल** (पु०) डाकपाल; **~पुष्प** (पु०) फूल पत्ता; **~पेटिका** (स्त्री०), **पत्र पेटी** *+ हिं०* (स्त्री०) 1 पत्र डालने के लिए डाक विभाग द्वारा विभिन्न जगहों पर लगाया गया लाल रंग का बड़ा डिब्बा 2 पत्र रखने का संदूक 3 घरों के मुख्य प्रवेश द्वार पर लगा लकड़ी, लोहे का बना छोटा डिब्बा जिसमें डाकिया व्यक्ति विशेष का पत्र डाल जाता है; **~प्रतिनिधि** (पु०) प्रेस की ओर से नियुक्त प्रतिनिधि; **~सम्मेलन** (पु०) = पत्रकार सम्मेलन; **~प्रेषक** (पु०) पत्र भेजनेवाला व्यक्ति; **~भंग** (पु०) चंदन, कस्तूरी, केसर आदि से कपोल, स्तन आदि की शोभा बढ़ाने के लिए बनाए जानेवाले फूल-पत्तियों आदि के आकार का चिह्न; **~मंजूषा** (स्त्री०) = पत्र पेटी; **~मित्र** (पु०) पत्र-व्यवहार के द्वारा बनाए गए मित्र; **~वाहक** (पु०) 1 पत्र ले जानेवाला व्यक्ति 2 डाकिया; **~व्यवहार** (पु०) पत्राचार (जैसे-फार्म पर पत्र-व्यवहार का पता अवश्य लिखा होना चाहिए); **~व्यवहार-लिपिक** (पु०) वह सरकारी एवं ग़ैर सरकारी कर्मचारी जो पत्र-व्यवहार करता है; **~व्यवहार स्कूल** *+ अं०* (पु०) ऐसा विद्यालय जहाँ पत्राचार के माध्यम से पढ़ाई होती है; **~शैली** (स्त्री०) पत्रकारिता की शैली; **~संपादक** (पु०) 1 भेजे गए समाचारों को समाचार पत्रों में संपादित करनेवाला 2 दैनिक पत्रों का संपादन एवं संचालन कर्ता; **~सूचना विभाग** (पु०) ऐसा विभाग जो पत्रों के आवागमन का विवरण रखता है; **~सूची** (स्त्री०) 1 आने-जाने वाले पत्रों की सूची 2 काँटा, कंटक

पत्रक–I *सं०* (पु०) 1 पत्ता 2 पत्तियों की श्रृंखला, पत्रावली 3 स्मृति पत्र II (वि०) 1 पत्र संबंधी 2 पत्र के रूप में होनेवाला। **~धन** (पु०) छपे हुए कागज़ के रूप में निश्चित मान का धन

पत्रकारिता–*सं०* (स्त्री०) 1 पत्रकार होने की अवस्था 2 पत्रकार का काम 3 पत्रकार के कार्यों, उद्देश्यों आदि का विवेचन करनेवाली विद्या

पत्रकीय–*सं०* (वि०) जो पत्र से संबंध रखता हो, पत्र संबंधी

पत्रवाला–*सं० + हिं०* (पु०) = पत्रकार

पत्रवाह–*सं०* (पु०) = पत्र वाहक। **~पंजिका** (स्त्री०) वह पंजिका जिसमें पत्र वाहक द्वारा भेजे गए पत्रों का विवरण होता है

पत्रांक–*सं०* (पु०) पत्र का अंक

पत्रा–(पु०) 1 तिथि पत्र 2 पन्ना, पृष्ठ 3 पंचांग

पत्राचार–(पु०) लिखा-पढ़ी, पत्र-व्यवहार। **~पाठ्यक्रम** (पु०) पत्र-व्यवहार द्वारा पढ़ाई; **~विद्यालय** (पु०) पत्र व्यवहार द्वारा पढ़ाई कराने का स्कूल

पत्रालय–*सं०* (पु०) डाकखाना, डाकघर

पत्रालयिक–*सं०* (वि०) डाकघर का (जैसे-तुम्हें पत्रालयिक आदेश लेकर अधिकारी के पास जाना है)

पत्रालयित–*सं०* (वि०) 1 पत्रालय में छोड़ा हुआ 2 पत्रपेटिका में डाला हुआ

पत्रालाप–*सं०* (पु०) = पत्र व्यवहार

पत्राली–*सं०* (स्त्री०) 1 पत्रों की श्रृंखला 2 एक ही आकार में कटे हुए कोरे कागज़ की गड्डी, पैड

पत्रावली–*सं०* (स्त्री०) 1 पत्तों की पंक्ति 2 पत्र-भंग

पत्रिका–*सं०* (स्त्री०) नियमित रूप से निकलनेवाली पुस्तिका

पत्री–I *सं०* (स्त्री०) 1 चिट्ठी, ख़त 2 जन्म पत्री 3 लग्न पत्री

पत्री–II *सं०* (वि०) जो पत्तों से युक्त हो, पत्रयुक्त

पत्रोत्तर–*सं०* (पु०) चिट्ठी का जवाब

पथ–*सं०* (पु०) 1 रास्ता, मार्ग, राह (जैसे-संकटपूर्ण पथ पर चलना साहसी व्यक्तियों का कार्य है) 2 व्यवहार की पद्धति (जैसे-विद्वान् कभी अपने पथ से भ्रष्ट नहीं हो सकता) 3 द्वार, साधन जिससे आगे बढ़ा जाता हो (जैसे-दृष्टिपथ, निर्दिष्ट पथ)। **~कर** (पु०) = मार्ग कर; **~गामी** (पु०) मार्ग पर चलनेवाला; **~दर्शक** (पु०) रास्ता दिखानेवाला, मार्ग दर्शक; **~नियम** (पु०) सड़क पर आवागमन के नियम; **~निर्देशक** (वि०) रास्ता बतानेवाला, मार्ग दर्शक; **~प्रदर्शक** (पु०) = पथदर्शक; **~प्रदर्शक पुस्तक** (स्त्री०) वह पुस्तक जिसमें नगर, क्षेत्र आदि के महत्वपूर्ण स्थलों पर पहुँचने के लिए मार्ग आदि का विवरण दिया गया हो; **~प्रदर्शन** (पु०) मार्ग दिखाना (जैसे-मंदिर में शिव-गुफा का पथ-प्रदर्शन कौन करेगा); **~प्रदर्शनी, ~प्रदर्शिका** (स्त्री०) = पथ प्रदर्शक पुस्तक; **~भ्रष्ट** (वि०) जो अपने उचित मार्ग, व्यवहार आदि के प्रतिकूल हो गया हो; **~संशोधन** (पु०) रास्ते का सुधार करना

पथक–*सं०* (वि०) मार्ग बतलानेवाला, पथ-प्रदर्शक

पथरकला–(पु०) = पत्थर कला

पथरना–(स० क्रि०) *बो०* पत्थर पर रगड़कर तेज़ करना

पथराना–(अ० क्रि०) 1 पत्थर जैसा कड़ा हो जाना, पत्थर की तरह कठोर एवं ठोस होना 2 शुष्क हो जाना 3 स्तब्ध एवं स्थिर हो जाना (जैसे-मरणासन्न अवस्था में आँखों का पथराना)

पथराव–(पु०) 1 पत्थर की तरह कठोर एवं स्तब्ध होने की अवस्था 2 बार-बार पत्थर फेंकते रहने की क्रिया (जैसे-विद्यार्थियों ने अनेक बार पुलिस दल पर पथराव किया)

पथरी–(स्त्री०) 1 पत्थर की बनी कटोरी 2 सिल्ली 3 चकमक पत्थर 4 एक प्रकार का रोग जिसमें मूत्राशय में पत्थर के छोटे-छोटे टुकड़ों के समान कोई चीज़ उत्पन्न हो जाती है जिससे पेशाब करने में अत्यधिक कष्ट होता है

पथरीला–(वि०) 1 जिस ज़मीन में पत्थर के टुकड़े हों 2 जो पत्थरों से बना हो (जैसे-नदी के उस तरफ़ पथरीला रास्ता है) 3 पत्थर के समान कठोर एवं ठोस

पथरौड़ा–(पु०) वह स्थान जहाँ पर गोबर पाथा जाता हो, गोबर पाथने का स्थान

पथारोही–*सं०* (पु०) पथ पर चलनेवाला

पथिक–*सं०* (पु०) राही, बटोही

पथिकाश्रय–*सं०* (पु०) 1 पथिकों के लिए बनाया गया आश्रय स्थल 2 धर्मशाला 3 सराय

पथि-प्रिय–*सं०* (पु०) साथ यात्रा करनेवाला मित्र, हमराही, हमसफ़र

पथिया–(स्त्री०) टोकरी

पथी–*सं०* (पु०) = पथिक

पथीय–*सं०* (वि०) 1 पथ संबंधी 2 पथ का

पथेरा–I (वि०) पाथनेवाला II (पु०) 1 गोबर पाथकर कंडे बनानेवाला व्यक्ति 2 ईंट, खपड़ा पाथनेवाला व्यक्ति 3 कुम्हार

पथौरा–(पु०) = पथरौड़ा

पथ्य–I *सं०* (वि०) 1 पथ संबंधी 2 जो स्वास्थ्य के लिए उपयोगी हो 3 लाभकर, हितकर II (पु०) 1 रोगी को दिया जानेवाला हल्का भोजन 2 रोगी के लिए हितकर वस्तु। **~से रहना** परहेज़ से रहना, संयम से रहना

पथ्यापथ्य–*सं०* (पु०) रोग की अवस्था में हितकर एवं अहितकर वस्तुएँ (जैसे-रोगी को पथ्यापथ्य का विचार रखना आवश्यक है)

पथ्यासन–*सं०* (पु०) पाथेय, संबल

पथ्याशी–*सं०* (वि०) पथ्य खानेवाला

पद–*सं०* (पु०) 1 पाँव, पैर 2 डग, क़दम 3 योग्यतानुसार नियत स्थान, ओहदा, दर्ज़ा (जैसे-अधिकारी को अपने पद का दुरुपयोग नहीं करना चाहिए) 4 प्रदेश (जैसे-आपके जनपद का क्या नाम है) 5 स्थान, जगह (जैसे-विद्यालय में अध्यापक के चार पद रिक्त हैं) काव्य आदि का पद्यांश (जैसे-सूरदास के पद कृष्ण आदि से संबंधित हैं) 6 आधार 7 चिह्न, निशान (जैसे-हमें महान्-पुरुषों के व्यक्तित्व एवं उनके कृतित्व को पद-रज रूप में हृदय में अंकित करना चाहिए)। **~क्षेप** (पु०) क़दम बढ़ाना; **~गति** (स्त्री०) चलने का ढंग; **~ग्रहण** (पु०) पद का कार्यभार संभालना; **~ग्रहीता** (वि०) पद ग्रहण करनेवाला; **~ग्राम** (पु०) पद समूह; **~चर** I (वि०) 1 पैरों से चलनेवाला 2 पैदल चलनेवाला II (पु०) पैदल, प्यादा; **~चाप** + *हिं०* (स्त्री०) पैदल चलने से पैर से उत्पन्न होनेवाली ध्वनि; **~चारण** (पु०) पैदल चलना; **~चारी** (वि०) = पद चर; **~चालन** (पु०) पैरों से चलना; **~चिह्न** (पु०) ज़मीन पर पड़नेवाले पैर के निशान; **~च्युत** (वि०) 1 जो अपने पद से हटा दिया गया हो 2 बर्ख़ास्त किया हुआ; **~च्युति** (स्त्री०) पदच्युत होना; **~ज** (वि०) जो पैरों से उत्पन्न हुआ हो; **~तल** (पु०) पैर का तलवा; **~त्याग** (पु०) पद से हट जाना; **~दलन** (पु०) पैरों से रौंदना; **~दलित** (वि०) 1 पैरों से कुचला हुआ, रौंदा हुआ 2 जो हीन अवस्था में पड़ा हो; **~धारी** (पु०) 1 पद धारण करनेवाला व्यक्ति 2 पद पर रहकर कार्य करनेवाला अधिकारी, पदाधिकारी; **~ध्वनि** (स्त्री०) = पद चाप; **~नाम** (पु०) पदाधिकारी के पद का सूचक नाम; **~न्यस्त** (वि०) जो अपना अधिकार दूसरे को सौंपकर कुछ समय को पद से हट गया हो; **~न्यास** (पु०) 1 पैर रखना, डग भरना 2 चलने में पैर रखने की एक विशेष मुद्रा 3 चलने का ढंग 4 पदचिह्न 5 रचना में शब्दों, पदों को चुन-चुनकर रखना 6 किसी कारणवश कुछ समय के लिए अपना पद छोड़ना; **~परिचय** (पु०) प्रत्येक पद का व्याकरणिक परिचय देना; **~पाठ** (पु०) वेद मंत्रों का वह क्रम जिसमें प्रयुक्त सभी पद विभक्त करके मूल रूप में अलग-अलग रखे गए हों; **~पूरण** (पु०) छोड़े गए शब्दों की पूर्ति करना; **~भंजन** (पु०) *व्या०* शब्दों का विश्लेषण; **~भार** (पु०) उत्तरदायित्व; **~भार-ग्रहण** (पु०) = पद ग्रहण; **~भ्रष्ट** (वि०) जो अपने पद का उचित ढंग से निर्वाह न करता हो; **~मुक्त** (वि०) अपना पद छोड़कर अन्यत्र जानेवाला, निवर्तमान; **~मुद्रा** (स्त्री०) उच्च अधिकारी द्वारा अपने हस्ताक्षर सहित सूचित किया जानेवाला अधिकारिक एवं प्रामाणिक मोहर; **~मैत्री** (स्त्री०) वर्णों का साम्य; **~यात्री** (पु०) जो पैदल ही यात्रा करने निकला हो, ऐसा व्यक्ति; **~योजना, ~रचना** (स्त्री०) पद, चरण, वाक्य आदि में शब्दों का बैठाना; **~रचयिता** (पु०) काव्य में पद आदि की रचना करनेवाला; **~लालसा, ~लिप्सा** (स्त्री०) पद पाने का लोभ; **~लोलुप** (पु०) पद का लोभी; **~वंदन** (पु०) पद की पूजा; **~विग्रह** (पु०) = पद भंजन; **~विज्ञान** (पु०) शब्दों का व्याकरण में प्रयोग संबंधी शास्त्र; **~विन्यास** (पु०) पदों, शब्दों को वाक्य में ठीक स्थान पर रखने की क्रिया; **~वृद्धि** (स्त्री०) दे० पदोन्नति; **~वेदी** (पु०) भाषा विज्ञान का ज्ञाता; **~शब्द** (पु०) = पद ध्वनि, पग ध्वनि

पदक–*सं०* (पु०) 1 देवता के चरणों की बनाई गई प्रतिमूर्ति 2 गहने के रूप में पहनाया जानेवाला वह धातुखंड जिस पर देवता का चरण-चिह्न अंकित हो 3 उपहार स्वरूप दिया जानेवाला सोने, चाँदी आदि धातु का गोल टुकड़ा जिसपर प्रायः देनेवाले का नाम अंकित रहता है (जैसे-प्रथम श्रेणी में उत्तीर्ण होने पर उसे राष्ट्रपति-पदक से सम्मानित किया गया)। **~धारी** (वि०) जिसे पदक प्राप्त हुआ हो

पदच्छेद–*सं०* (पु०) *व्या०* प्रत्येक पद को नियमानुसार अलग-अलग करने की क्रिया

पदवी–*सं०* (स्त्री०) 1 राजकीय आदि सेवाओं में ऊँचा पद (जैसे-सेना में वह कर्नल की पदवी धारण किए है 2 राज्य द्वारा प्रदत्त सम्मानित उपाधि 3 प्रणाली, पद्धति 4 मार्ग, रास्ता। **~धर** (वि०) पदवी धारण करनेवाला; **~पत्र** (पु०) ऐसा पत्र जिसपर प्राप्त करनेवाले की योग्यता एवं उसके नाम आदि का उल्लेख रहता है, उपाधि पत्र

पदस्थ–*सं०* (वि०) जो किसी पद पर स्थित हो (जैसे-इस विषय में आप उच्च पदस्थ अधिकारी से बात करिए)

पदांक–*सं०* (पु०) पद चिह्न

पदांत–*सं०* (पु०) 1 पद का अंतिम अंश 2 श्लोक आदि का अंतिम भाग

पदांतर–*सं०* (पु०) 1 दूसरा स्थान 2 दो पैरों के बीच की दूरी 3 दूसरा पैर

पदांत्य–*सं०* (वि०) पद के अंत में स्थित, अंतिम

पदाक्रांत–*सं०* (वि०) 1 पाँवों से कुचला हुआ, रौंदा हुआ 2 दे० पद-दलित

पदाघात–*सं०* (पु०) पैर से लगाई जानेवाली ठोकर
पदाति–*सं०* (पु०) 1 प्यादा 2 पैदल सिपाही
पदादि–*सं०* (पु०) 1 पद का आरंभिक अंश 2 छंद के चरण का आरंभिक भाग
पदाधिकार–*सं०* (पु०) पद पर काम करनेवाले को प्राप्त अधिकार
पदाधिकारी–*सं०* (पु०) पद पर रहकर कार्य करनेवाला, ओहदेदार
पदाना–(स० क्रि०) 1 पदाने में प्रवृत्त करना 2 बार-बार हराना और दौड़ाना 3 हैरान करना, परेशान करना
पदानुराग–*सं०* (पु०) किसी के चरणों में होनेवाला अनुराग
पदानुशासन–*सं०* (पु०) शब्दानुशासन, व्याकरण
पदान्वय–*सं०* (पु०) वाक्य में पदों का परस्पर मेल
पदारविंद–*सं०* (पु०) चरण कमल
पदारूढ़–*सं०* (वि०) पदासीन
पदार्थ–*सं०* (पु०) 1 वस्तु 2 पद का अर्थ 3 अभिधेय वस्तु। ~**वाद** (पु०) 1 वह सिद्धांत जिसमें भौतिक पदार्थ को ही सब-कुछ माना जाता है 2 ऐसा सिद्धांत जो अध्यात्मवाद से बिल्कुल भिन्न हो (जैसे-द्वंद्वात्मक पदार्थवाद को महत्व देना कहाँ तक समीचीन होगा); ~**वादी** I (वि०) पदार्थवाद संबंधी II (पु०) पदार्थवाद का अनुयायी; ~**विज्ञान** (पु०) ~**विद्या** (स्त्री०) वह विद्या जिसमें पदार्थों का निरूपण किया गया हो, भौतिक शास्त्र, भौतिक विज्ञान
पदार्थी–*सं०* (पु०) पद का इच्छुक या उम्मीदवार
पदार्पण–*सं०* (पु०) आगमन
पदावधि–*सं०* (स्त्री०) किसी पद पर काम करते रहने की अवधि
पदावनत–*सं०* (वि०) 1 विनीत, नम्र 2 जो पैरों पर झुका हो 3 जिसे पद से हटाकर निम्न पद पर कर दिया गया हो (जैसे-काम की अनियमितता के कारण अधिकारी ने उसे पदावनत कर दिया)
पदावली–*सं०* (स्त्री०) 1 रचना में अनेक पदों का क्रम 2 पदों की परंपरा 3 कवि की कविताओं एवं पदों का संग्रह (जैसे-सूरदास की पदावली)
पदावास–*सं०* (पु०) पदाधिकारी का निवास स्थान
पदाश्रित–*सं०* (वि०) 1 शरण में आया हुआ, शरणागत 2 जो किसी के आश्रय में रहता हो
पदासीन–*सं०* (वि०) जो पद पर बैठा हो
पदाहत–*सं०* (वि०) पैर से ठुकराया हुआ
पदे-पदे–*सं०* (क्रि० वि०) पद पद पर
पदेन–*सं०* (अ०) पद की हैसियत से
पदोड़ा–(वि०) 1 अधिक पादनेवाला 2 कायर, डरपोक
पदोन्नति–*सं०* (स्त्री०) तरक्की, पदवृद्धि
पद्धति–*सं०* (स्त्री०) 1 प्रणाली, ढंग 2 रिवाज, परिपाटी 3 पथ, रास्ता (जैसे-हमें ज्ञानार्जन पद्धति का अनुसरण करना हितकर होगा)
पद्म–*सं०* (पु०) कमल का पौधा और फूल। ~**कंद** (पु०) कमल की जड़; ~**कोश** (पु०) 1 कमल का बीजकोश 2 कमल का संपुट; ~**ज** I (वि०) कमल से उत्पन्न II (पु०) ब्रह्मा; ~**नाभ** (पु०) विष्णु; ~**बंध** (पु०) कमल के आकार से सजाने का चित्र, काव्य का एक प्रकार; ~**भू** (पु०) ब्रह्मा ~**भूषण** (पु०) केंद्रीय सरकार द्वारा देश के उच्च, योग्य एवं सम्माननीय नागरिकों एवं विद्वानों को दिया जानेवाला तृतीय श्रेणी का अलंकरण; ~**योनि** (पु०) ब्रह्मा; ~**राग** (पु०) मानक नाम का प्रसिद्ध रत्न; ~**विभूषण** (पु०) विशिष्ट सेवा हेतु दिया जानेवाला भारतीय सरकार का द्वितीय श्रेणी का अलंकरण; ~**श्री** (पु०) सुयोग्य देशवासियों को भारत सरकार द्वारा दिया जानेवाला चतुर्थ श्रेणी का अलंकरण
पद्मा–*सं०* (स्त्री०) लक्ष्मी
पद्माकर–*सं०* (पु०) कमल का तालाब, कमल युक्त जलाशय
पद्मासन–*सं०* (पु०) कमल का आसन
पद्मिनी–*सं०* (स्त्री०) 1 कमल की नाल 2 कमल का पौधा 3 कमलों का समूह 4 कमल युक्त जलाशय 5 नायिकाओं के चार वर्गों में प्रथम एवं सर्वश्रेष्ठ नायिका (जैसे-कामशास्त्र में पद्मिनी नायिका का विशेष स्थान दिया गया है) 5 चम्पा के समान गोरी, सुगंधमय एवं कमल सम कोमल नायिका
पद्य–I *सं०* (वि०) 1 पदोंवाला 2 पद संबंधी II (पु०) 1 चार चरणोंवाला छंद, छंदोबद्ध रचना 2 काव्य। ~**बद्ध** (वि०) जो पद्य रूप में संकलित हो
पद्यमय–*सं०* (वि०) पद्यरूप, छंदोबद्ध
पद्या–*सं०* (स्त्री०) 1 पगडंडी 2 सड़क के किनारे पैदल चलने की पटरी
पद्यात्मक–*सं०* (वि०) = पद्यमय
पद्यानुवाद–*सं०* (पु०) दिए गए पद्य का दूसरी भाषा में परिवर्तन
पद्यावली–*सं०* (स्त्री०) 1 पदों, पद्य का क्रम 2 पद संग्रह
पधराना–(स० क्रि०) 1 अपने यहाँ आए हुए व्यक्ति का सम्मान करना 2 स्थापित करना, प्रतिष्ठित करना
पधरावनी–(स्त्री०) 1 पधारने की क्रिया 2 देवता की स्थापना
पधारना–I (अ० क्रि०) 1 पदार्पण करना 2 सम्मिलित होना, पहुँचना 3 आ पहुँचना II (स० क्रि०) आदर पूर्वक बैठाना, पधराना
पन–(पु०) 1 प्रण, प्रतिज्ञा 2 पानी, पान एवं पाँच आदि का समासगत रूप। ~**कटा** (पु०) खेतों में नालियाँ काटकर इधर-उधर पानी ले जानेवाला व्यक्ति; ~**कपड़ा** (पु०) चोट, घाव आदि पर बाँधा जानेवाला गीला कपड़ा, भीगा कपड़ा; ~**काल** (पु०) 1 पानी का अकाल 2 अत्यधिक वर्षा के परिणाम स्वरूप नष्ट हुई खेती से उत्पन्न अकाल, अतिवृष्टि जनित अकाल; ~**घट** (पु०) पानी भरने का घाट; ~**चक्की** (स्त्री०) पानी के बहाव से चलनेवाली चक्की; ~**डब्बा** (पु०), ~**डिबिया** (स्त्री०) = पानदान; ~**डुब्बा** (पु०) 1 गोताखोर 2 पानी में डूबकर मछलियाँ पकड़नेवाला पक्षी; ~**डुब्बी** (स्त्री०) पानी में डूबकर चलनेवाली नाव (जैसे-समुद्र में अणु-चालित पनडुब्बी बहुत तेज़ गति में चला करती हैं); ~**डुब्बी जहाज़** + *अ०* (पु०), ~**नाव** (स्त्री०) = पनडुब्बी; ~**नाशक** + *सं०* (वि०) पनडुब्बी को नष्ट करनेवाला; ~**भेदी** + *सं०* (वि०) पनडुब्बी को क्षति पहुँचानेवाला; ~**बिजली** (स्त्री०) झरनों नदियों के पानी से तैयार की जानेवाली बिजली; ~**बिजली घर** (पु०) पानी से

उत्पन्न बिजली का केंद्र; ~**भरा** (पु०) = पनहरा
पनच–(स्त्री०) प्रत्यंचा
पनपना–(अ० क्रि०) 1 विकास एवं वृद्धि होना 2 संपन्न एवं सशक्त होना
पनपाना–(स० क्रि०) पनपने में मदद देना, सहायता करना
पनबट्टा–(पु०) पान रखने का छोटा डिब्बा
पनवाड़ी–I (स्त्री०) वह भूमि, खेत जहाँ पान पैदा होता है II (पु०) तमोली
पनवारा–(पु०) 1 पत्तल 2 पत्तल पर परोसा गया भोजन। ~**लगाना** पत्तल पर भोजन परसना
पनसाखा–(पु०) पाँच बत्तियोंवाली मशाल
पनसारी–(पु०) = पंसारी
पनसाल–(स्त्री०) पौसल, प्याऊ
पनसोह–(वि०) 1 जल जैसा स्वादवाला 2 फीका
पनहरा–(पु०) पानी भरनेवाला नौकर, पनभरा
पनहा–I (पु०) कपड़े आदि की चौड़ाई, अरज II (पु०) चोरी का पता लगानेवाला
पनहारा–(पु०) = पनहरा
पनहिया भद्र–*बो०* (पु०) जूतों की मार
पनही–(स्त्री०) जूता
पना–(पु०) आम, इमली आदि का बना खट-मीठा शरबत (जैसे-गर्मी में आम का पना बहुत फायदेमंद होता है)
पनाती–(पु०) 1 पोते का पुत्र 2 नाती का पुत्र, परनाती
पनारा, पनाला–*बो०* (पु०) 1 नाबदान 2 नाला
पनालिया–*बो०* (वि०) परनाले के समान गंदा एवं त्याज्य
पनाली–(स्त्री०) मोरी, नाली। ~**दार** + *फ़ा०* (वि०) पनालीवाला
पनासना–(स० क्रि०) *बो०* पालना-पोसना, पोषण करना
पनाह–*फ़ा०* (स्त्री०) 1 शरण 2 परित्राण 3 आड़ 4 शरण लेने की जगह। ~**माँगना** अनिष्ट वस्तु, व्यक्ति आदि से बचने की इच्छा करना
पनिघट–*बो०* (पु०) पनघट
पनियाँ–(वि०) 1 जल संबंधी, पानी का 2 जल में रहनेवाला
पनियाना–(स० क्रि०) *बो०* सींचना
पनियार–(पु०) पानी रुकने का स्थान
पनियारा–*बो०* (पु०) पानी की बाढ़
पनिहा–I (वि०) = पनियाँ
पनिहा–II (पु०) चोर का पता लगानेवाला तांत्रिक
पनिहारा–(पु०) = पनहरा
पनिहारी–(स्त्री०) पानी भरनेवाली स्त्री
पनीर–*फ़ा०* (पु०) 1 फटे दूध का थक्का, छेना 2 दही से पानी निकाल देने पर बचा हुआ अंश। ~**चटाना** चापलूसी करना; ~**जमाना** ऐसा कार्य करना जिससे अन्य कार्य भी सिद्ध हो सके
पनीरी–*फ़ा०* (वि०) 1 पनीर संबंधी 2 पनीर का बना हुआ
पनीरी–(स्त्री०) 1 फूल-पत्तों के बेहन 2 वह क्यारी जिसमें फूल-पत्तों के बेहन लगाए जायें
पनीला–*बो०* (वि०) = पनियाँ
पनुआँ–(पु०) गुड़ के कड़ाहे का धोवन जो शरबत के तौर पर पीया जाता है

पनैला–I (वि०) = पनियाँ II (पु०) = पनीला
पन्न–I *सं०* (वि०) गिरा हुआ, पड़ा हुआ II (पु०) रेंगना
पन्नग–*सं०* (पु०) सर्प, साँप
पन्ना–I (पु०) फिरोज़ी रंग का बहुमूल्य रत्न
पन्ना–II (पु०) पृष्ठ (जैसे-पुस्तक का दस पन्ना नहीं छापा गया है)
पन्नी–(स्त्री०) 1 रंगीन चमकीला काग़ज़ 2 सुनहला काग़ज़ 3 पीतल आदि का पत्तर। ~**साज़** + *फ़ा०* (पु०) पन्नी बनानेवाला कारीगर; ~**साज़ी** + *फ़ा०* (स्त्री०) पन्नी बनाने का काम
पपड़ा–(पु०) 1 लकड़ी का रूखा, करकरा एवं पतला छिलका, चिप्पड़ 2 वस्तु, पदार्थ के ऊपर का कड़ा, पतला एवं सूखा छिलका
पपड़िया–(वि०) जो पपड़ी की तरह का हो
पपड़ियाना–(अ० क्रि०) 1 पपड़ी जमना 2 पपड़ी की तरह सूखकर कड़ा होना
पपड़ियाहा–(वि०) पपड़ी लगा हुआ
पपड़ी–(स्त्री०) 1 सूखकर ऐंठी हुई वस्तु की ऊपरी परत 2 शरीर के विभिन्न अंगों पर होनेवाली पापड़ की तरह की सिकुड़न 3 पापड़ के आकार का पकवान 4 वृक्ष की छालों के सूखने पर बनी हुई दरारें 5 जख्म का घुरंड
पपड़ीदार, पपड़ीला–(वि०) जिसमें पपड़ी की तह जमी हो
पपनी–*बो०* (स्त्री०) बरौनी
पपीता–(पु०) 1 लंबोतरे फलोंवाला एक पौधा 2 लंबोतरे आकार का मीठा फल जिसमें छोटे-छोटे काले बीज रहते हैं
पपीहा–(पु०) 'पी कहाँ, पी कहाँ' की रट लगानेवाला काले रंग का पक्षी जो बसंत ऋतु में अक्सर मधुर ध्वनि में बोलता है, चातक
पपैया–(पु०) आम की गुठली से बनाई गई सीटी
पपोटा–(पु०) पलक
पपोलना–(अ० क्रि०) पोपले का चुभलाना
पब्लिक–I *अं०* (स्त्री०) जनसाधारण, जनता II (वि०) जन साधारण संबंधी (जैसे-पब्लिक गार्डेन में आज एक प्रदर्शनी लगाई जाएगी)
पब्लिशर–*अं०* (पु०) प्रकाशक
पब्लिसिटी–*अं०* (स्त्री०) प्रचार
पम्प–*अं०* (पु०) = पंप। ~**सेट** (पु०) = पंप-सेट; ~**हाउस** (पु०) = पंप-हाउस; ~**शू** (पु०) बिना फीते का जूता
पम्फ़लेट–*अं०* (पु०) चौपन्ना, पत्रक
पय–*सं०* (पु०) 1 दूध, दुग्ध 2 जल, पानी
पयस्य–*सं०* (पु०) दूध से बनी वस्तु
पयस्विनी–*सं०* (स्त्री०) 1 नदी, सरिता 2 दुधारू गाय
पयस्वी–*सं०* (वि०) 1 दूध से युक्त 2 जलमय
पयहारी–(पु०) 1 केवल जल पीकर रहनेवाला साधु 2 केवल दूध पीकर रहनेवाला साधु
पयान–(पु०) प्रस्थान, रवानगी
पयाम–*फ़ा०* (पु०) संदेश, संदेसा
पयाल–(पु०) पुआल, पियरा (जैसे-ठंड से बचने के लिए गाँव में लोग पुआल तापते हैं)

पयोद–*सं०* (पु०) बादल, मेघ

पयोधर–*सं०* (पु०) 1 स्तन 2 बादल 3 थन 4 नारियल 5 समुद्र

पयोधि–*सं०* (पु०) समुद्र

परंच–*सं०* (अ०) 1 परंतु 2 और भी 3 तो भी

परंतप–*सं०* (पु०) 1 योद्धा 2 तपस्वी

परंतु–*सं०* (अ०) 1 लेकिन 2 इतना होने पर भी

परंपर–*सं०* (पु०) क्रमागत, सिलसिलेवार

परंपरा–*सं०* (स्त्री०) 1 चला आता हुआ क्रम, अटूट सिलसिला 2 प्रथा, प्रणाली 3 रीति-रिवाज। ~**मुक्त** (वि०) जो परंपरा के बंधन में न हो; ~**वाद** (पु०) परंपरा से चले आ रहे सिद्धांत एवं मत ही ठीक हैं ऐसा विचार एवं कर्म; ~**वादी** I (वि०) 1 परंपरावाद संबंधी 2 परंपरावाद का II (पु०) परंपरावाद का अनुयायी एवं समर्थक

परंपरागत–*सं०* (वि०) 1 परंपरा से चला आता हुआ 2 परंपरा से प्राप्त होनेवाला (जैसे-दीपावली त्योहार परंपरागत राम कथा से संबद्ध है)

परंपरानुकूल, परंपरानुगत–*सं०* (वि०) जो अविछिन्न रूप से चला आता रहा हो, अनुक्रमागत

परंपरित, परंपरीण–*सं०* (वि०) = परंपरागत

पर–I (अ०) = परंतु

पर–II (अ०) अधिकरण का चिह्न जिससे आधार एवं आधेय का संबंध सूचित होता है (जैसे-इस काग़ज़ पर अपना हस्ताक्षर कर दीजिए, आपको कुर्सी पर बैठना मना है, वह घर पर नहीं है, वह पानी भरने तालाब पर गई थी, शत्रु पर विजय प्राप्त करना आसान नहीं है, आपकी प्रार्थना पर मैंने उसे दंडमुक्त कर दिया, मैंने यह समाचार कल रेडियो पर सुना था, आपके आने पर ही मैं विद्यालय जाऊँगा, इतना समझाने पर भी उसने मेरी कही बातें न मानी, वैज्ञानिकों ने पोत-निर्माण पर भी कई पुस्तकें लिखी हैं)

पर–*सं०* प्रत्यय

पर–I *सं०* (अ०) 1 उपरांत, बाद 2 निरंतर, लगातार II (वि०) दूसरे का, पराया। ~**काजी** + *हिं०* (वि०) दूसरे का काम करनेवाला, परोपकारी; ~**काय प्रवेश** (पु०) आत्मा को दूसरे शरीर में प्रवेश कराना; ~**जीवी** (पु०) दूसरे जीवों को आहार बनाकर जीवित रहनेवाला पौधा एवं प्राणी; ~**तंत्र** (वि०) जो दूसरे के वश में हो, पराधीन; ~**दुःख** (पु०) दूसरे का कष्ट; ~**देश** (पु०) दूसरा देश; ~**देशी** (वि०) जो अपने देश का न हो, दूसरे देश का; ~**धर्म-ग्रहण** (पु०) दूसरा धर्म स्वीकार करना; ~**निंदा** (स्त्री०) दूसरों की बुराई; ~**निर्भर** (वि०) जो दूसरों पर निर्भर हो, जो स्वावलंबी न हो; ~**निर्भरता** (स्त्री०) पर निर्भर होने का भाव; ~**पक्ष** (पु०) दूसरा पक्ष, दूसरा दल; ~**पक्ष ग्राही** (पु०) दूसरे का पक्ष लेनेवाला; ~**पत्नी व्यभिचार** (पु०) दूसरे की पत्नी के साथ अनैतिक संबंध स्थापित करना; ~**पीड़क** (पु०) दूसरों को कष्ट पहुँचानेवाला व्यक्ति; ~**पीड़न** (पु०) दूसरे को पीड़ा देना; ~**पीड़न रति** (स्त्री०) दूसरे को पीड़ा देकर स्वयं सुख का अनुभव करना; ~**पौत्र** (पु०) परपोता; ~**प्रत्यय** (पु०) *व्या०* शब्द के अंत में लगकर विशेषता उत्पन्न करनेवाला एक प्रत्यय (जैसे-'सरलता' में 'ता' पर प्रत्यय है); ~**पुरुष** (पु०) अपने से भिन्न पुरुष, अजनबी, अंजान; ~**ब्रह्म** (पु०) निर्गुण ब्रह्म; ~**भाग** (पु०) दूसरी ओर का भाग, दूसरा भाग; ~**भाग्योपजीवी** (वि०) दूसरे की कमाई खाकर जीवन व्यतीत करनेवाला; ~**भृत** (वि०) अन्य के द्वारा पालित; ~**मुख** (वि०) 1 जिसका मुँह दूसरी ओर हो, विमुख 2 जो उपेक्षा कर रहा हो और ध्यान न देता हो; ~**मुखापेक्षी** (वि०) दूसरों से अपेक्षा करनेवाला; ~**राज्य,** ~**राष्ट्र** (पु०) दूसरा देश; ~**राष्ट्र-नीति** (स्त्री०) दूसरे देश के नीति-नियम एवं सिद्धांत आदि; ~**राष्ट्र मंत्रालय** (पु०) परराष्ट्र मंत्री का मंत्रालय; ~**राष्ट्र मंत्री** (पु०) विदेश मंत्री; ~**राष्ट्र विभाग** (पु०) = परराष्ट्र मंत्रालय; ~**राष्ट्र सचिव** (पु०) = परराष्ट्र मंत्री; ~**राष्ट्रिक** (पु०) दूसरे देश का निवासी; ~**राष्ट्रीय** (वि०) दूसरे राष्ट्र का, अन्य देश का; ~**लोक** (पु०) दूसरा लोक, स्वर्ग; ~**लोक गत** (वि०) स्वर्गवासी; ~**लोक गमन** (पु०) स्वर्ग जाना, मरना; ~**लोक गामी** (वि०) = परलोक गत; ~**लोक वास** (पु०) = परलोक गमन; ~**लोक वासी** (वि०) = परलोकगत; ~**लोक विद्या** (स्त्री०) मृत्यु के बाद आत्मा संबंधी ज्ञान; ~**वश** (वि०) जो दूसरे के अधिकार में हो. पराधीन; ~**वशता** (स्त्री०) पराधीनता; ~**वश्य** (वि०) = परवश; ~**सर्ग** (पु०) *व्या०* शब्द के अंत में जुड़नेवाला प्रत्यय; ~**साल** + *फ़ा०* (क्रि० वि०) 1 गत वर्ष, पिछले साल 2 आगामी वर्ष, अगले वर्ष; ~**स्त्री** (स्त्री०) दूसरे की स्त्री, दूसरे की पत्नी; ~**स्त्री गमन** (पु०) = पर पत्नी व्यभिचार; ~**हित** (पु०) दूसरे की भलाई, दूसरे का कल्याण; ~**हितकारी** (वि०) दूसरों की भलाई करनेवाला; ~**हित वाद** (पु०) दूसरों की भलाई करने का सिद्धांत

पर–*फ़ा०* (पु०) डैना, पंखा। ~**कटा** + *हिं०* (वि०) जिसके पंख कट गए हों

परक–*सं०* प्रत्यय शब्द के अंत में लगकर अनेक अर्थ का बोधक एक प्रत्यय (जैसे-सौंदर्यपरक, अध्यात्मपरक)

परकना–(अ० क्रि०) = परचना

परकाना–(स० क्रि०) = परचाना

परकार–*फ़ा०* (पु०) वृत्त की परिधि बनाने, नापने आदि का दो भुजाओंवाला उपकरण

परकारना–*फ़ा* + *हिं०* (स० क्रि०) *बो०* परकार से वृत्त बनाना

परकाल–*फ़ा०* = परकार

परकाला–I (पु०) 1 सीढ़ी, ज़ीना 2 चौखट 3 दहलीज़

परकाला–II *फ़ा०* (पु०) 1 शीशे का टुकड़ा 2 चिनगारी

परकीकरण–*सं०* (पु०) परकीय बनाने की क्रिया

परकीय–*सं०* (वि०) 1 जिसका संबंध दूसरे से हो 2 दूसरे का, पराया

परकीया–*सं०* (स्त्री०) अपने पति की उपेक्षा कर परपुरुष से प्रेम करनेवाली नायिका

परकोटा–(पु०) 1 गढ़ की रक्षा के लिए चारों ओर उठाई गई ऊँची और बड़ी दीवार 2 ऊँची और बड़ी चहारदीवारी 3 बाँध

परख–(स्त्री०) 1 परखने की क्रिया 2 गुण-दोष को निश्चय करने के लिए वस्तु की परीक्षा (जैसे-व्यक्ति की आलोचना करने के पूर्व उसे परख लेना चाहिए)

परखचा–(पु०) टुकड़ा खंड। **परखचे उड़ाना** छिन्न-भिन्न कर देना, धज्जियाँ उड़ाना

परखना–I (स० क्रि०) 1 गुण, दोष आदि को जानना 2 अच्छे-बुरे की पहचान करना

परखना–II (स० क्रि०) प्रतीक्षा करना, राह देखना

परखाई–(स्त्री०) 1 परखने की क्रिया 2 परखने की उज़रत, परखने की मज़दूरी

परखाना–(स० क्रि०) 1 परखने का काम करवाना 2 सहेजवाना, सहेजना

परखैया–(पु०) परखनेवाला व्यक्ति

परगत–I (वि०) 1 दूसरे में मिला हुआ 2 दूसरे से संबंध रखनेवाला II (स्त्री०) मानव प्रकृति एवं स्वभाव

परगना–फ़ा० (पु०) अनेक गाँवोंवाला भू भाग

परचक–(स्त्री०) हल्की मारपीट

परचना–(अ० क्रि०) 1 हिल-मिल जाना 2 चसका लगना (जैसे-भिखारी को रोटी मिल जाने से वह इस घर को परच गया है)

परचम–फ़ा० (पु०) झंडा

परचा–फ़ा० (पु०) 1 काग़ज़ का टुकड़ा, चिट 2 काग़ज़ के टुकड़े पर लिखी हुई बात, चिट्ठी 3 काग़ज़ के टुकड़े पर छपी कोई सूचना 4 विद्यार्थियों को दिया जानेवाला प्रश्न-पत्र (जैसे-गणित का परचा बहुत कठिन था) 5 आवेदन-पत्र

परचा–(पु०) 1 जानकारी, परिचय 2 प्रमाण, सबूत 3 जाँच, परख

परचाना–(स० क्रि०) 1 परचने में प्रवृत्त करना 2 घनिष्ठता स्थापित करना

परचून–(पु०) आटा, दाल, चावल आदि भोजन सामग्री (जैसे-परचून की दुकान)

परचूनिया–(वि०) परचून संबंधी

परचूनी–I (पु०) आटा, दाल नमक आदि भोजन सामग्री बेचनेवाला बनिया II परचून बेचने का काम, परचून का रोज़गार

परछत्ती–(स्त्री०) 1 टाँड़, मियानी 2 फूस आदि की छाजन

परछन–(स्त्री०) वर के द्वार पर पहुँचने पर दही और अक्षत का टीका करने की रीति

परछा–I (पु०) 1 बैलों की आँखों पर अँधोटी बाँधने का कपड़ा 2 सूत लपेटनेवाली घिरनी

परछा–II (पु०) 1 विरलता 2 भीड़ छट जाने पर होनेवाली विरलता 3 अंत, समाप्ति 4 निपटारा

परछाईं, परछाहीं–(स्त्री०) प्रकाश में पड़नेवाली व्यक्ति, वस्तु आदि की छाया, छायामय आकृति, प्रतिच्छाया। **~से डरना, ~से भागना** हिम्मत न पड़ना

परछिद्रान्वेषण–सं० (पु०) दूसरों की कमी निकालना, दूसरों के दोष देखना

परजन्म–सं० (पु०) दूसरा जन्म, पुनर्जन्म

परजा–(स्त्री०) 1 प्रजा, असामी 2 नाई, कुम्हार, धोबी आदि आश्रित जन

परजौट–(पु०) वार्षिक कर पर ज़मीन लेने की प्रथा

परतः–सं० (अ०) 1 दूसरे से, अन्य से 2 पीछे, बाद में 3 आगे, परे

परत–(स्त्री०) तह, स्तर (जैसे-सफ़ाई न होने से किताबों पर गर्द की मोटी परत जम गई है)। **~दार** + फ़ा० (वि०) अनेक तहवाला, तहोंवाला; **~बंदी** + फ़ा० (स्त्री०) परत में बंद होने की अवस्था

परतल–(पु०) घोड़े की पीठ पर सामान भर कर रखा जानेवाला बोरा

परतला–(पु०) कंधे से लटकाई जानेवाली चमड़े की पट्टी जिसमें तलवार आदि लटकाई जाती है

परती–I (स्त्री०) हवा करके अनाज के दानों का भूसा उड़ानेवाली चादर

परती–II (स्त्री०) = पड़ती (जैसे-परती ज़मीन में अरहर लगा देना)। **~ज़मीन** + फ़ा० (स्त्री०) वह ज़मीन जिसे जोता-बोया न गया हो **~पड़ी** (वि०) बिना जोती-बोई हुई

परत्र–सं० (अ०) 1 दूसरे स्थान में 2 परकाल में, दूसरे समय में 3 परलोक में, परकाल में, मरने पर

परत्व–सं० (पु०) 1 गैर, पराया होने का भाव 2 पहले होने का भाव

परदा–फ़ा० (पु०) 1 पट (जैसे-दरवाज़े का परदा गंदा हो गया है) 2 रंगमंच पर लगाया जानेवाला आड़ करने का वह कपड़ा जो समयानुकूल उठाया और गिराया जाता है 3 अभिनय, खेल तमाशों आदि का वह लंबा-चौड़ा कपड़ा जिस पर दृश्य अंकित होते रहते हैं, यवनिका (जैसे-सिनेमा का परदा फट गया है) 4 वह प्रचलित प्रथा जिसमें सभ्य घराने की स्त्रियाँ आड़ में रहती हैं (जैसे-परदा-प्रथा का आधुनिक युग में अंत होता जा रहा है) 5 मुस्लिम महिलाओं द्वारा पहना जानेवाला वस्त्र जिससे सारा शरीर नख-शिख ढका रहता है, नकाब 6 मकान आदि की कोई दीवार 7 परत (जैसे-आसमान के सात परदे कहे गए हैं) 8 झिल्ली (जैसे-उसके कान का परदा फट गया था) 9 रहस्य (जैसे-अपनी बातों को परदे में क्यों छिपाते चले जा रहे हो) 10 नाव की पाल। **~निशीन** (वि०/स्त्री०) जो परपुरुष से परदा करती हो, परदे में रहनेवाली; **~पोश** (वि०) अवगुणों, दोषों आदि को छिपानेवाला; **~पोशी** (स्त्री०) ऐब, दोष छिपाना; **~फ़ाश** (पु०) रहस्य प्रकट होना; **परदे में छेद होना** छिपकर, गुप्त रूप से व्यभिचार होना; **परदे में बैठना, परदे में रहना** 1 स्त्रियों का घर से बाहर न निकलना 2 स्त्रियों का सबके सामने न आना 3 गुप्त रहना, छिपा रहना

परदादा–(पु०) दादा का पिता, प्रपितामह (स्त्री० परदादी)

परदार–सं० (स्त्री०) दूसरे की पत्नी, पराई स्त्री। **~गमन** (पु०) = पर पत्नी व्यभिचार; **~गामी** (वि०) पराई स्त्री के साथ व्यभिचार करनेवाला

परदेस–(पु०) = परदेश

परदेसी–(वि०/पु०) = परदेशी

परन–बो० (पु०) प्रण, प्रतिज्ञा

परनाती–(पु०) नाती का लड़का

परनाना–(पु०) नाना का पिता (स्त्री० परनानी)

परनाला–(पु०) बड़ी नाली जिससे होकर गंदा पानी बहता है

परपट–(पु०) चौरस मैदान, समतल भूमि

परपराना–(अ० क्रि०) जलन होना (जैसे-आँख में मिर्च लगने से वह परपरा रही है)

परपार–सं० (पु०) उस ओर का तट, दूसरी तरफ़ का किनारा

परपैठ–(स्त्री०) हुंडी की तीसरी नक़ल

परपोता, परपोत्र–(पु०) पोते का लड़का (स्त्री० परपोती)
पर प्रत्यय–*सं०* (पु०) *व्या०* वह प्रत्यय जो शब्द के अंत में लगकर कोई नवीनता लाए (जैसे-कुशलता में 'ता' पर प्रत्यय है)
परफ़्यूमरी–*अं०* (स्त्री०) इत्र का कारख़ाना
परबस–(वि०) = परवश
परम–*सं०* (वि०) 1 अत्यंत 2 मुख्य, प्रधान 3 उत्कृष्ट। ~**गति** (स्त्री०) मोक्ष; ~**तत्व** (पु०) 1 ब्रह्म 2 मूलतत्व; ~**धन्य** ~**धर्म** (पु०) उत्कृष्ट धर्म; ~**धाम** (पु०) स्वर्गलोक (जैसे-राम के वन प्रस्थान के बाद दशरथ परमधाम सिधार गए); ~**पिता,** ~**पुरुष** (पु०) = परब्रह्म, ईश्वर; ~**प्रिय** (वि०) जो अत्यधिक प्यारा हो, अति प्रिय; ~**वीर चक्र** (पु०) सैनिक अधिकारियों को असाधारण वीरता का प्रदर्शन करने पर भारत सरकार द्वारा दिया जानेवाला अलंकरण; ~**सत्ता** (स्त्री०) पूर्ण एवं अबाध्य अधिकार; ~**हंस** (पु०) परमात्मा, परमेश्वर
परमटा–(पु०) अस्तर के काम आनेवाला चिकना एवं रंगीन कपड़ा, पनैला
परमत–*सं०* (स्त्री०) 1 साख 2 ख्याति, प्रसिद्धि
परमल–(पु०) भुना हुआ गेहूँ
परमा–*सं०* (स्त्री०) बहुत बढ़ी-चढ़ी छवि, शोभा
परमाकांक्षा–*सं०* (स्त्री०) महान् इच्छा
परमाणविक–*सं०* (वि०) परमाणु संबंधी
परमाणु–*सं०* (पु०) 1 अत्यंत सूक्ष्म कण 2 पदार्थ का ऐसा अति सूक्ष्म कण जो अविभाज्य हो (जैसे-डाल्टन का परमाणु सिद्धांत भी अब नई-नई खोजों की परतों में दब गया है)। ~**अस्त्र** (पु०) परमाणु निर्मित अस्त्र; ~**ऊर्जा** (स्त्री०) परमाणु से उत्पन्न शक्ति; ~**परीक्षण** (पु०) परमाणु शक्ति से निर्मित नवीन अस्त्रों आदि का परीक्षण (जैसे-अमरीका एवं रूस में आए दिन भूमिगत परमाणु परीक्षण होते रहते हैं); ~**पोत** (पु०) परमाणु ऊर्जा से चलनेवाले जलयान; ~**बम** + *अं०* (पु०) ऐसा बम जिसमें रासायनिक क्रियाओं द्वारा अणु का विस्फोट होता है, एटमबम; ~**भट्ठी** + *हिं०* (स्त्री०) एक भट्ठी जिसमें नाभिकीय विखंडन होता है और परमाणु ऊर्जा उत्पन्न होती है; ~**भार,** ~**मान** (पु०) ऑक्सीजन के परमाणु भार को सोलह मानकर अन्य तत्वों के परमाणु भार को व्यक्त करना; ~**मुक्त** (वि०) परमाणु रहित; ~**वाद** (पु०) ऐसा सिद्धांत जो परमाणुओं से ही जगत् की सृष्टि मानता है; ~**वादी** (वि०) परमाणुवाद को माननेवाला; ~**विखंडन** (पु०) परमाणुओं का अलग होकर रासायनिक क्रिया करना; ~**शक्ति** (स्त्री०) = परमाणु ऊर्जा; ~**हथियार वाहक** + *हिं०* + *सं०* (वि०) एटम बम आदि परमाणु अस्त्रों को ढोकर ले जानेवाला
परमात्मा–*सं०* (पु०) = परब्रह्म, ईश्वर
परमादेश–*सं०* (पु०) उच्चन्यायालय द्वारा दिया गया आदेश, उच्च-न्यायालय द्वारा दी गई आज्ञा
परमाधिकार–*सं०* (पु०) 1 विशेषाधिकार 2 सर्वोच्च अधिकार
परमानंद–*सं०* (पु०) 1 उत्तम आनंद 2 आनंद स्वरूप ब्रह्म
परमान–I *बो०* (पु०) 1 प्रमाण, सबूत 2 सत्य बात, यथार्थ बात
परमान–II (पु०) 1 अवधि 2 सीमा, हद
परमानुराग–*सं०* (पु०) अत्यंत प्रेम
परमायु–*सं०* (स्त्री०) जीवन काल की चरम सीमा, सर्वाधिक आयु
परमार–(पु०) अग्निकुल के अंतर्गत राजपूतों का एक वंश
परमार्थ–*सं०* (पु०) 1 उत्कृष्ट वस्तु 2 नित्य एवं अबाधित पदार्थ 3 यथार्थ तत्व 4 सत्य 5 मोक्ष 6 ब्रह्म, ईश्वर 6 परोपकार। ~**ता** (स्त्री०) परमार्थ होने का भाव; ~**वाद** (पु०) परमतत्व का चिंतन और प्राप्ति ही सबसे महान् कर्तव्य है ऐसा मत; ~**वादी** I (वि०) परमार्थ वाद संबंधी II (पु०) 1 परमार्थवाद का अनुयायी 2 परमार्थ वाद का ज्ञाता
परमार्थी–*सं०* (वि०) 1 मोक्ष चाहनेवाला, मुमुक्ष 2 वास्तविक तत्व को ढूंढ़नेवाला 3 दूसरों की भलाई करनेवाला, परोपकारी
परमावधि–*सं०* (स्त्री०) 1 किसी बात की अंतिम अवधि 2 कार्य की अंतिम सीमा
परमावश्यक–*सं०* (वि०) बहुत ज़रूरी, अपरिहार्य (जैसे-जल-प्रबंध करना सरकार द्वारा जनता के लिए परमावश्यक कार्य है)
परमिट–*अं०* (पु०) अनुमति जो सरकार द्वारा अधिकारिक तौर-पर लिखित रूप में दी जाती है, अधिकृत लिखित अनुमति पत्र
परमीन–*बो०* (वि०) = पराया
परमेश्वर–*सं०* (पु०) सगुण ब्रह्म जो संपूर्ण सृष्टि का रचयिता एवं संचालक
परमेष्ट–*सं०* (वि०) परम इष्ट
परमेष्टि–*सं०* (स्त्री०) 1 अंतिम अभिलाषा 2 मोक्ष, मुक्ति
परमेष्ठी–*सं०* (पु०) ब्रह्मा आदि देवता
परमोचित–*सं०* (वि०) जो सर्वाधिक उचित हो
परमोत्कर्ष–*सं०* (पु०) सर्वश्रेष्ठता
परमोत्कृष्ट–*सं०* (वि०) जो सर्वोत्तम हो
परमोपयोगी–*सं०* (वि०) जो सबसे अधिक उपयोगी हो (जैसे-तुलसी परमोपयोगी पौधा है)
पर रूपण–*सं०* (पु०) = पर समीकरण
परलय–(पु०/स्त्री०) *बो०* = प्रलय
परला–(वि०) उस ओरवाला, उधर का। **परले दरज़े का** परम कोटि का, हद दरज़े का; **परले पार होना** 1 हद तक पहुँचना अंतिम सीमा तक पहुँचना 2 समाप्त होना, पूरा होना
परवरदिगार–*फ़ा०* I (वि०) सबका पालन करनेवाला II (पु०) परमेश्वर
परवरिश–*फ़ा०* (स्त्री०) पालन-पोषण (जैसे-ग़रीबों की परवरिश का सहारा ईश्वर होता है)
परवर्ती–*सं०* (वि०) 1 बाद के समय का 2 बाद में होनेवाला
परवलय–*सं०* (पु०) वह बिंदुपथ जो किसी नियत बिंदु तथा नियत रेखा से समान दूरी पर रहता है, पैराबोला
परवा–*फ़ा०* (स्त्री०) 1 परवाह, गरज़ 2 चिंता, फ़िक्र (जैसे-धनी व्यक्ति किसी की परवाह नहीं करते) 3 ख़्वाहिश, चाह
परवाज़–I *फ़ा०* (वि०) उड़नेवाला II (स्त्री०) उड़ान
परवान–I (पु०) 1 प्रमाण, सबूत 2 सीमा, हद II (वि०) प्रामाणिक एवं विश्वसनीय। ~**चढ़ना** 1 अत्यधिक उन्नति करना 2 सफल होना

परवानगी–*फ़ा०* (स्त्री०) आज्ञा, अनुमति
परवाना–I *फ़ा०* (पु०) 1 लिखित आज्ञा, अनुमति पत्र, हुक्मनामा 2 इज़ाज़त, आज्ञा 3 नियुक्ति पत्र 4 अत्यंत मुग्ध होकर आत्म बलिदान करनेवाला व्यक्ति (जैसे-चंद्रशेखर भी देश का एक महान् परवाना था) 5 प्रेमिका के रूप सौन्दर्य पर अत्यधिक मुग्ध व्यक्ति। ~**राहदारी** (पु०) स्वीकृति पत्र, पासपोर्ट
परवाना–II *फ़ा०* (पु०) पतिंगा, शलभ
परवाया–(पु०) चारपाई के पायों के नीचे रखी जानेवाली वस्तु
परवाह–*फ़ा०* (स्त्री०) = परवा
परवाह–(पु०) = प्रवाह
परश–*सं०* (पु०) पारस पत्थर
परशियन–*अं०* (वि०) फारस का
परशु–*सं०* (पु०) कुल्हाड़ी के आकार का प्रसिद्ध अस्त्र। ~**धर** I (वि०) परशु धारण करनेवाला II (पु०) परशुराम
परशुराम–*सं०* (पु०) रेणुका के गर्भ से उत्पन्न जमदग्नि ऋषि के पुत्र
परस–(पु०) 1 स्पर्श, छूना 2 परसने की क्रिया
परसना–I (स० क्रि०) 1 परोसना (जैसे-सब लोगों के बैठ जाने पर ही खाना परसना चाहिए) 2 थालियों आदि में खाद्य पदार्थ रखना (जैसे-आपके कहने पर ही मैंने खाना परसा था) II (अ० क्रि०) भोजन लगाया जाना
परसाना–(स० क्रि०) 1 परसने का काम अन्य से कराना 2 स्पर्श कराना, छुआना
परसेंट–*अं०* (वि०) प्रतिशत
परसों–(अ०) 1 बीते हुए दिन से ठीक पहलेवाला दिन 2 आगामी कल के बादवाला दूसरा दिन
परस्थ–*सं०* (वि०) दूसरे में स्थित
परस्पर–*सं०* (अ०) 1 एक दूसरे के साथ 2 दो या दो से अधिक पक्षों में 3 एक-दूसरे के प्रति (जैसे-हम सबको परस्पर प्रेम भावना रखनी चाहिए)। ~**परिवर्तनीय** (वि०) जो आपस में बदला-बदली किया जा सकने योग्य हो; ~**विरोध** (पु०) आपस का भेद-भाव, आपसी मनमुटाव; ~**विरोधी** (वि०) एक-दूसरे के विरुद्ध; ~**व्यवहार** (पु०) आपस का मेल-जोल; ~**व्यापी** (वि०) जो एक-दूसरे में समाहित हों; ~**संबद्ध** (वि०) जो एक-दूसरे से जुड़े हों
परस्परावलंब–*सं०* (पु०) एक-दूसरे पर आश्रित रहना
परस्मैपद–*सं०* (वि०) *व्या०* क्रियाएँ जो कर्ता की अनुसारी होती हैं
परस्व–*सं०* (पु०) दूसरे की संपत्ति। ~**हरण** (पु०) दूसरे का धन बलपूर्वक ले जाना
परस्वत्वाद–*सं०* (पु०) दूसरे के अधिकार का आदर करने का सिद्धांत
परस्वत्वापहार–*सं०* (पु०) दूसरे के अधिकार को छीन लेना
परहेज़–*फ़ा०* (पु०) 1 हानिकारक एवं अहितकर वस्तुओं का सेवन न करना 2 सयंमपूर्वक रहना 3 बुरी आदतों से बचना, दोष-पाप से बचना। ~**गार** (पु०) 1 परहेज़ करनेवाला 2 संयम से रहनेवाला, संयमी; ~**गारी** (स्त्री०) परहेज़गार होने की अवस्था
परांग-भक्षी–*सं०* (वि०) 1 दूसरों के अंग को खानेवाला 2 परजीवी
पराँठा–(पु०) तवे पर घी लगाकर सेंकी गई रोटी, पराठा
परांत–*सं०* (पु०) मृत्यु
परा–(पु०) कतार, पंक्ति (जैसे-फ़ौजें रण भूमि में परा बाँधे खड़ी थीं)
परा–I *सं०* (पु०) 1 एक उपसर्ग जो कई अर्थों में प्रयुक्त होता है, दूरी पर (जैसे-पराकरण) 2 आगे की ओर (जैसे-पराक्रमण) 3 विपरीतता (जैसे-पराजय, पराभव) II (वि०) 1 जो सबसे दूर हो 2 उत्तम, श्रेष्ठ III (स्त्री०) 1 नादरूपिणी वाणी 2 ब्रह्म विद्या
पराकरण–*सं०* (पु०) 1 दूर करना 2 अस्वीकृत करना
पराकाष्ठा–*सं०* (स्त्री०) चरम सीमा, सीमांत (जैसे-मुगल राज्य एक समय उन्नति की पराकाष्ठा को प्राप्त हो गया था)
पराक्रम–*सं०* (पु०) 1 शौर्य 2 सामर्थ्य, बल 3 पुरुषार्थ 4 वीरता एवं उत्साह (जैसे-सैनिकों ने युद्ध में अपार पराक्रम का रूप दिखाया)
पराक्रमण–*सं०* किसी के विरुद्ध बढ़ना
पराक्रमी–*सं०* (वि०) 1 शूर, वीर 2 पुरुषार्थी
पराक्रांत–*सं०* (वि०) 1 शक्तिशाली 2 उत्साही 3 पीछे की ओर मोड़ा हुआ
पराग–*सं०* (पु०) 1 पुष्परज 2 केसर का चूर्ण 3 चंदन। ~**केसर** (पु०) फूलों के बीच का वह केसर जो उसका पुल्लिंग अर्थ माना जाता है
परागण–*सं०* (पु०) पुष्प रज से युक्त होना
परागत–*सं०* (वि०) 1 दूर गया हुआ 2 मरा हुआ 3 फैला हुआ
पराङ्मुख–*सं०* (वि०) 1 विमुख 2 विपरीत, विरुद्ध
पराचूट–*अं०* (पु०) दे० पैराशूट
पराजय–*सं०* (स्त्री०) हार, शिकस्त। ~**वाद** (पु०) संघर्ष से बचने के लिए हार मान लेने की नीति; ~**वादी** (पु०) पराजयवाद की नीति पर चलनेवाला
पराजित–*सं०* (वि०) हराया हुआ (जैसे-अंततोगत्वा अकबर ने हल्दीघाटी के युद्ध में राणा प्रताप को पराजित कर दिया)
पराजेता–*सं०* (पु०) हरानेवाला
पराठा–(पु०) = पँराठा
परात–(स्त्री०) थाली के आकार का ऊँचे किनारेवाला बड़ा बरतन (जैसे-पीतल की परात में दही मत जमाना)
परात्पर–*सं०* (वि०) सर्वश्रेष्ठ, सर्वोपरि
पराधि–*सं०* (स्त्री०) तीव्र मानसिक व्यथा
पराधीन–*सं०* (वि०) जो दूसरों के वश में हो, परवश। ~**ता** (स्त्री०) पराधीन होने की अवस्था, परवशता (जैसे-भारत ने अनेक वर्षों तक पराधीनता का मुख देखा, आर्थिक पराधीनता देश के लिए एक चुनौती है)
पराध्वनिक–*सं०* (वि०) ध्वनि से भी अधिक तेज़ गति से चलनेवाला (जैसे-भारत में पराध्वनिक विमान बनाए जा रहे हैं)
परानुकरण–*सं०* (पु०) दूसरे की नक़ल
परान्न–*सं०* (पु०) 1 दूसरे का दिया गया अन्न, पराया धन 2 पराया भोजन
परापेक्षित–*सं०* (वि०) दूसरे पर निर्भर

परापेक्षी–*सं०* (वि०) दूसरे का मुँह ताकनेवाला

परा-बैंगनी–*सं० + हिं०* (वि०) सूर्य की सात रंगी किरणों में से अत्यंत बैंगनी रंगवाली (किरण)

पराभव–*सं०* (पु०) 1 पराजय, हार 2 तिरस्कार 3 विनाश

पराभूत–*सं०* (वि०) 1 पराजित, परास्त 2 विनष्ट, ध्वस्त

परा-मनोविज्ञान–*सं०* (पु०) नवीन खोजों के आधार पर प्रमाणित मानव की आध्यात्मिक एवं मानसिक शक्तियाँ जो काल, देश तथा सीमाओं में बद्ध नहीं हैं तथा उनके द्वारा किए जानेवाले अद्‌भुत कार्यों का साधारण बुद्धि एवं विज्ञान से कोई संबंध एवं समाधान नहीं होता

परा-मनोवैज्ञानिक–I *सं०* (वि०) परा-मनोविज्ञान संबंधी II (पु०) परा-मनोविज्ञान का ज्ञाता

परामर्श–*सं०* (पु०) 1 विवेचन हेतु आपस में होनेवाली सलाह 2 दूसरे से ली जानेवाली सलाह (जैसे-मैं आपसे कुछ परामर्श करना चाहता हूँ) 3 निर्णय 4 तरकीब, युक्ति। ~**दाता** (पु०) दूसरों को सलाह देनेवाला; ~**दात्री** (स्त्री०) परामर्श देनेवाली (समिति); ~**समिति** (स्त्री०) वह समिति, परिषद जो किसी विषय पर अपनी राय देने के लिए गठित की जाती है, राय जानने के लिए नियुक्त की गई समिति

परामर्शन–*सं०* (पु०) 1 सलाह करना 2 विवेचन करना 3 चिंतन, स्मरण

परामर्शानुसार–*सं०* (वि०) जो सलाह के अनुरूप हो

परामर्षीय–*सं०* (वि०) सलाह-मशविरे का

परामृत–*सं०* (वि०) जिसने मृत्यु को जीत लिया हो

परामृष्ट–*सं०* (वि०) 1 जिसके विषय में सलाह हो चुकी हो 2 जिसके विषय में विचारोपरांत निर्णय हो चुका हो

परापचा–*फ़ा०* (पु०) 1 टोपियाँ आदि बेचनेवाला 2 सिले-सिलाए कपड़े बेचनेवाला

परायण–*सं०* (वि०) 1 अति आसक्त 2 निरत 3 निष्ठा (जैसे-कर्तव्यपरायण, धर्मपरायण स्त्री)

परायत्त–*सं०* (वि०) पराधीन

पराया–(वि०) 1 जिसका संबंध दूसरे से हो, अपने से भिन्न (जैसे-पराया धन बेचना अनुचित है) 2 आत्मीय से भिन्न (जैसे-भारतीय अन्य देशवासियों को पराया नहीं समझते हैं)

परार–*बो०* (वि०) दूसरे का

परार्थ–I *सं०* (वि०) जो दूसरे के निमित्त हो II (पु०) उपकार की दृष्टि से दूसरों का किया गया कार्य। ~**भाव**, ~**वाद** (पु०) दूसरों की भलाई, हित करते रहने का सिद्धांत; ~**वादी** I (वि०) 1 परार्थवाद संबंधी 2 परार्थवाद का अनुयायी II (पु०) दूसरों का सदैव उपकार करनेवाला व्यक्ति

परार्द्ध–*सं०* (पु०) उत्तरार्द्ध

परावटु-ग्रंथि–*सं०* (स्त्री०) परेवाली गलग्रंथि

परावर–I *सं०* (वि०) 1 पहले और पीछे का 2 निकट और दूर का II (पु०) कारण और कार्य

परावर्तक–*सं०* (वि०) 1 लौटकर पीछे आनेवाला 2 अदल-बदल जानेवाला

परावर्तन–*सं०* (पु०) 1 लौटकर पीछे आना, प्रत्यावर्तन 2 उलटाया जाना 3 उलटने पर फिर ज्यों का त्यों हो जाना। ~**व्यवहार** (पु०) पुनर्विचार

परावर्तित–*सं०* (वि०) पीछे की ओर लौटाया हुआ

परावर्ती–*सं०* (वि०) 1 पुनः अपने स्थान पर लौटकर आनेवाला 2 पुनः अपनी पूर्व स्थिति में आनेवाला

परावर्त्य–*सं०* (वि०) जो लौटाया जा सके

परावलंबन–*सं०* (पु०) = पराधीनता

परावलंबी–*सं०* (वि०) = पराधीन

पराविद्या–*सं०* (स्त्री०) अध्यात्म विद्या

परावृत्त–*सं०* (वि०) 1 पलटाया हुआ, परावर्तित 2 पलटा हुआ 3 बदला हुआ

परावृत्ति–*सं०* (स्त्री०) 1 परावर्तन, पलटाव 2 परावर्तन व्यवहार

पराशक्ति–*सं०* (स्त्री०) मानवेतर शक्ति

पराश्रय–*सं०* (पु०) 1 दूसरे का सहारा 2 परवशता, पराधीनता

पराश्रयी–*सं०* (वि०) 1 दूसरे के सहारे पर रहनेवाला 2 दे० परजीवी

पराश्रव्य–*सं०* (वि०) दूर से न सुनाई दे सके (जैसे-रेडियो में हम पराश्रव्य ध्वनियाँ सुनते हैं)

पराश्रित–*सं०* (वि०) 1 दूसरों के आश्रय में रहनेवाला 2 जो दूसरे के भरोसे चलता हो

परास–*सं०* (पु०) 1 फेंकी गई वस्तु द्वारा तय की गई दूरी 2 उतना क्षेत्र जहाँ तक किसी क्रिया का प्रभाव पड़ता हो

परास्त–*सं०* (वि०) = पराजित

पराह–*सं०* (पु०) दूसरा दिन

पराहत–*सं०* (वि०) 1 पीछे हटाया हुआ 2 आक्रांत 3 ध्वस्त

पराह्न–*सं०* (पु०) दोपहर के बाद का समय, अपराह्न

परिंदा–*फ़ा०* (पु०) चिड़िया, पक्षी

परिकंप–*सं०* (पु०) बहुत ज़ोरों का कंपन, कँपकँपी

परिकथा–*सं०* (स्त्री०) बड़ी कहानी के अंतर्गत आई हुई छोटी कहानी, अनुकथा

परिकर–*सं०* (पु०) 1 घर के लोग 2 परिवार के लोग 3 राजा आदि के साथ रहनेवाले लोग, परिजन

परिकर्म–*सं०* (पु०) देह को सजाने का काम, शारीरिक श्रृंगार

परिकर्षण–*सं०* (पु०) ज़मीन जोतना-बोना आदि

परिकलक–*सं०* (पु०) 1 हिसाब लगानेवाला व्यक्ति 2 हिसाब लगानेवाला आधुनिक यंत्र

परिकलन–*सं०* (पु०) *ग०* जटिल गणना, कठिन हिसाब। ~**यंत्र** (पु०) कंप्यूटर

परिकलित–*सं०* (वि०) जिसका परिकलन हो चुका हो, अनुमान लगाया हुआ

परिकल्पन–(पु०), **परिकल्पना**–*सं०* (स्त्री०) 1 तर्क के लिए किसी बात की कल्पना करना 2 अनुमान करना 3 चिंतन, मनन

परिकल्पित–*सं०* (वि०) 1 मन में गढ़ा हुआ, मनगढ़ंत 2 अनुमानित 3 तर्क के लिए माना हुआ

परीकीर्ण–*सं०* (वि०) 1 फैलाया हुआ 2 छितराया हुआ

परिकीर्तन–*सं०* (पु०) 1 गुणों की अत्यधिक प्रशंसा करना, अति गुणगान करना 2 ऊँचे स्वर में कीर्तन करना

परिकूट–*सं०* (पु०) 1 नगर के द्वार को घेरनेवाली खाई 2 दुर्ग के फाटक को घेरनेवाली खाई

परिक्रम, परिक्रमण–*सं०* (पु०) 1 चारों तरफ़ घूमना 2 घूमना 3 टहलना 4 कार्य निरीक्षण हेतु स्थान-स्थान पर जाना

परिक्रमा–*सं०* (स्त्री०) 1 प्रदक्षिणा 2 फेरी देने का मार्ग।

~**पथ** (पु०) प्रदक्षिणा के लिए बनाया गया मार्ग

परिक्रय–*सं०* (पु०) 1 ख़रीदने की क्रिया, ख़रीद 2 भाड़ा 3 मज़दूरी

परिक्रांत–*सं०* (वि०) जिसके चारों ओर चक्कर लगाया जा सके

परिक्रामी–*सं०* (वि०) 1 चारों ओर घूमनेवाला 2 एक स्थान पर घूमता रहनेवाला

परिक्रिया–*सं०* (स्त्री०) 1 घेरना 2 दीवार आदि से घेरना 3 आनंद हेतु किया जानेवाला आयोजन

परिक्लांत–*सं०* (वि०) अत्यधिक थका हुआ

परिक्लिष्ट–*सं०* (वि०) 1 अत्यधिक दुःख पहुँचा हुआ 2 अत्यधिक कठिन 3 नष्ट-भ्रष्ट किया हुआ

परिक्षत–*सं०* (वि०) 1 जिसे बहुत अधिक क्षति पहुँची हो 2 जिसे बहुत चोट लगी हो, आहत 3 नष्ट-भ्रष्ट

परिक्षय–*सं०* (पु०) पूरा और सामूहिक विनाश

परिक्षाम–*सं०* (वि०) अत्यधिक क्षीण, बहुत कमज़ोर

परिक्षालन–*सं०* (पु०) धोने का काम

परिक्षिप्त–*सं०* (वि०) 1 जिसे चारों तरफ़ से घेरा गया हो 2 फेंका एवं त्यागा हुआ

परिक्षेप–*सं०* (पु०) 1 घुमाते हुए प्रहार करना 2 घूमना, टहलना 3 आवेष्टित करनेवाली वस्तु 4 परित्याग करना 5 फेंकना

परिखा–*सं०* (स्त्री०) 1 दुर्ग, नगर आदि के चारों तरफ़ बनी हुई गहरी खाई 2 गहराई

परिखिन्न–*सं०* (वि०) अत्यधिक दुःखी

परिख्यात–*सं०* (वि०) जिसका यश बहुत ज़्यादा फैला हो, अत्यधिक यशवाला

परिख्याति–*सं०* (स्त्री०) यथेष्ट ख्याति

परिगंतव्य–*सं०* (वि०) 1 प्राप्त करने योग्य 2 जानने योग्य

परिगणक–*सं०* (पु०) परिगणन करनेवाला कर्मचारी

परिगणन–*सं०* (पु०) 1 अच्छी तरह गिनना, विशिष्ट उद्देश्य से किसी स्थान की वस्तु को एक-एक करके गिनना (जैसे-जनसंख्या का परिगणन आसान काम नहीं है)

परिगणनीय–*सं०* (वि०) परिगणन किए जाने योग्य, परिगण्य

परिगणित–*सं०* (वि०) 1 जिसका परिगणन हो चुका हो 2 जिसका उल्लेख हो चुका हो

परिगण्य–*सं०* (वि०) = परिगणनीय

परिगत–*सं०* (वि०) 1 चारों ओर से घिरा हुआ, आवेष्टित 2 मरा हुआ 3 विस्मृत 4 जाना हुआ, ज्ञात

परिगमन–*सं०* (पु०) 1 चारों ओर जाना 2 आवेष्टित करना 3 जानना 4 प्राप्त करना

परिगीत–*सं०* (वि०) जिसकी अत्यधिक प्रशंसा की गई हो, अत्यधिक गुण-कीर्तन किया गया

परिगुंठन–*सं०* (पु०) अच्छी तरह ढकना

परिगुंठित–*सं०* (वि०) छिपाया हुआ, ढका हुआ

परिगुंडित–*सं०* (वि०) धूल से ढका हुआ

परिगुण–*सं०* (पु०) शिक्षा, प्रशिक्षा आदि द्वारा प्राप्त योग्यता

परिगुणन–*सं०* (पु०) संख्या को गुणा करके कई गुना बढ़ाना

परिगुणित–*सं०* (वि०) गुणा करके बढ़ाया हुआ

परिगुणी–*सं०* (वि०) जिसने कोई योग्यता प्राप्त की हो

परिगृद्ध–*सं०* (वि०) अतिलोभी

परिगृहीत–*सं०* (वि०) 1 स्वीकार किया हुआ, स्वीकृत 2 सम्मिलित

परिग्रह–*सं०* (पु०) 1 दान लेना 2 धन आदि का संग्रह 3 अनुग्रह, दया 4 पाणिग्रहण 5 परिजन

परिग्रहण–*सं०* (पु०) 1 पूरी तरह से ग्रहण करना 2 धारण करना

परिग्राह्य–*सं०* (पु०) 1 यज्ञ वेदी 2 बलि स्थान के चारों ओर का घेरा

परिघ–*सं०* (पु०) 1 ब्योड़ा, अर्गल 2 आड़ हेतु खड़ी की गई कोई वस्तु

परिघात–*सं०* (पु०) 1 मार डालना, हत्या 2 हत्या करने का अस्त्र

परिघाती–*सं०* (वि०) हत्यारा

परिघोष–*सं०* (पु०) 1 ज़ोर की आवाज़ 2 बादल का गर्जन

परिचपल–*सं०* (वि०) अत्यधिक चंचल

परिचय–*सं०* (पु०) 1 प्रत्यक्ष भेंट के आधार पर किसी को जानना (जैसे-आपसे तो मेरा बहुत पहले से परिचय है) 2 साहित्य आदि के अध्ययन से होनेवाला ज्ञान (जैसे-रामचरित मानस से हम सबका थोड़ा-बहुत परिचय अवश्य होगा) 3 गुण, स्वभाव, धर्म आदि प्रदर्शित करने की क्रिया (जैसे-अंततोगत्वा उसने अपनी धृष्टता का परिचय सबको दे ही दिया)। ~**पत्र** (पु०) किसी व्यक्ति का नाम, पद, पता आदि का उल्लेख किया हुआ पत्र

परिचयात्मक–*सं०* (वि०) परिचय संबंधी, परिचय देनेवाला

परिचर–*सं०* (पु०) सेवक, टहलुआ

परिचरण–*सं०* (पु०) परिचय करना

परिचरी–*सं०* (स्त्री०) दासी, लौंडी

परिचर्चा–*सं०* (स्त्री०) किसी विषय, पुस्तक आदि पर विस्तृत रूप से की जानेवाली बात-चीत, विषय संबंधित विस्तृत व्याख्या

परिचर्या–*सं०* (स्त्री०) 1 ख़िदमत, सेवा 2 रोगी की देख-भाल, तीमारदारी

परिचायक–*सं०* (वि०) 1 परिचय करानेवाला 2 जतानेवाला, सूचित करनेवाला

परिचायका–*सं०* (स्त्री०) परिचय करानेवाली

परिचार–*सं०* (पु०) 1 सेवा, ख़िदमत 2 टहलने, घूमने की जगह। ~**गाड़ी** + *हिं०* (स्त्री०) घायल, रुग्ण लोगों को चिकित्सालय आदि स्थल पर ले जानेवाली गाड़ी, एम्बुलेंस कार

परिचारक–*सं०* (वि०) = परिचर

परिचारण–*सं०* (पु०) 1 सेवा करना 2 परिचरण। ~**दल** (पु०) सेवक दल

परिचारिका–*सं०* (स्त्री०) 1 सेविका, दासी 2 परिचय करानेवाली स्त्री

परिचारित–I *सं०* (वि०) परिचारण किया गया हो II (पु०) 1 मनोविनोद 2 क्रीड़ा, खेल

परिचारी–I *सं०* (वि०) भ्रमण करनेवाला II (पु०) सेवा करनेवाला, सेवक, टहलुआ

परिचार्य–*सं०* (वि०) सेव्य

परिचालक–*सं०* (वि०) परिचालन करनेवाला; ~**ता** (स्त्री०) परिचालक होने का भाव

परिचालन–*सं०* (पु०) 1 ठीक तरह से गति देना, चलाना

(जैसे-ट्रक परिचालन आसान नहीं है) 2 हिलाना-डुलाना 3 संचालन

परिचालित–*सं०* (वि०) जो चलाया गया हो

परिचिंतन–*सं०* (पु०) 1 अच्छी तरह से सोचना 2 भली-भाँति स्मरण करना

परिचित–*सं०* (वि०) 1 जिसकी जानकारी हो चुकी हो, जाना-बूझा (जैसे-मैं आपके परिवार से भली-भाँति परिचित हूँ) 2 जिससे मेल-जोल हो (जैसे-सभा-गृह में मेरे कई लोग परिचित होंगे) 3 समझा हुआ (जैसे-इस पुस्तक से मैं बिल्कुल परिचित नहीं हूँ)

परिचिति–*सं०* (स्त्री०) 1 परिचित होने की अवस्था 2 परिचय, जान-पहचान

परिचेय–*सं०* (वि०) जिसका परिचय प्राप्त किया जा सके

परिच्छद–*सं०* (पु०) 1 ढाँकनेवाला कपड़ा 2 ढाकने की वस्तु 3 पहनावा, पोशाक 4 राजचिह्न 5 असबाब, सामान

परिच्छन्न–*सं०* (वि०) 1 जो अच्छी तरह से ढका हो 2 छिपाया हुआ

परिच्छित्ति–*सं०* (स्त्री०) 1 सीमा, हद 2 सीमा का निर्धारण 3 विभाजन

परिच्छिन्न–*सं०* (वि०) 1 परिच्छेद किया हुआ 2 घिरा हुआ 3 ढका हुआ

परिच्छेद–*सं०* (पु०) 1 काट-छाँटकर अलग करना 2 बँटवारा 3 खंड, भाग (जैसे-इस ग्रंथ का पाँचवाँ परिच्छेद नहीं छापा गया है) 4 अध्याय, प्रकरण 5 सीमा, हद

परिच्छेदक–I *सं०* (वि०) सीमा निर्धारित करनेवाला II (पु०) सीमा, हद

परिच्छेद्य–*सं०* (वि०) परिमेय

परिछत्र–*सं०* (पु०) बहुत बड़ी छतरी, पैराशूट

परिछत्रक–*सं०* (वि०) परिछत्र की सहायता से उतरनेवाला (जैसे-परिछत्रक सेना)

परिजन–*सं०* (पु०) 1 परिवार के सदस्य 2 अनुगामी एवं अनुचर वर्ग

परिजात–*सं०* (वि०) जन्मा हुआ, उत्पन्न

परिजीवन–*सं०* (पु०) 1 दीर्घजीवन 2 नियत काल से अधिक चलनेवाला जीवन

परिजीवी–*सं०* (पु०) दूसरों की अपेक्षा अधिक समय तक जीवित रहनेवाला प्राणी

परिज्ञप्ति–*सं०* (स्त्री०) 1 बात-चीत, वार्तालाप 2 परिचय 3 पहचान

परिज्ञा–*सं०* (स्त्री०) 1 ज्ञान 2 निश्चयात्मक, विशुद्ध एवं संशय रहित ज्ञान

परिज्ञात–*सं०* (वि०) अच्छी तरह से जाना हुआ

परिणत–*सं०* (वि०) 1 चारों ओर से झुका हुआ 2 झुकाया हुआ 3 अत्यधिक नम्र 4 परिवर्तन युक्त (जैसे-विधेयक कल सरकार द्वारा कानून में परिणत हो जाएगा) 5 समाप्त

परिणति–*सं०* (स्त्री०) 1 परिणत होने की अवस्था 2 झुकाव, नति 3 परिवर्तन स्वरूप बननेवाला नया रूप 4 अंत, समाप्ति 5 प्रौढ़ता, पुष्टता

परिणद्ध–*सं०* (वि०) 1 दूर तक फैला हुआ, विस्तृत विशाल

परिणमन–*सं०* (पु०) 1 परिवर्तन होना 2 रूपांतर होना 3 परिणत होना

परिणय–*सं०* (पु०) विवाह, शादी

परिणयन–*सं०* (पु०) विवाह की क्रिया

परिणाम–*सं०* (पु०) 1 फल, नतीजा 2 परिवर्तन 3 निष्कर्ष (जैसे-विद्यालय में कराए गए कविता पाठ का क्या परिणाम निकला) 4 क्रियात्मक रूप से पड़नेवाला प्रभाव (जैसे-युद्ध देश को भयानक परिणाम की ओर ले जाता है)। ~**दर्शी** (वि०) 1 जिसे होनेवाले परिणाम का पहले से ही आभास हो जाए 2 जो फल का ध्यान रखकर काम करता हो; ~**दृष्टि** (स्त्री०) कार्य के परिणाम को पहले ही समझ लेने की शक्ति; ~**पथ्य** (वि०) अच्छा फल देनेवाला; ~**वाद** (पु०) जगत् की उत्पत्ति और विनाश सदा नित्य परिणाम के स्वरूप होते रहते हैं ऐसा मत; ~**वादी** (वि०) 1 परिणामवाद संबंधी 2 परिणामवाद में विश्वास करनेवाला; ~**स्वरूप** (क्रि० वि०) परिणाम के तौर पर

परिणामक–*सं०* (वि०) परिणाम लानेवाला

परिणामतः, परिणामतया–*सं०* (क्रि० वि०) परिणाम स्वरूप

परिणामन–*सं०* (पु०) 1 परिणाम को प्राप्त कराना 2 वर्द्धित करना

परिणामिक–*सं०* (वि०) परिणाम के रूप में होनेवाला

परिणामित्र–*सं०* (पु०) एक प्रकार की विद्युत धारा को दूसरे प्रकार की विद्युत धरा में परिवर्तित करने का यंत्र, ट्रांसफार्मर

परिणामित्व–*सं०* (पु०) परिवर्तनशील होने की अवस्था

परिणामी–*सं०* (वि०) 1 परिणाम के रूप में होनेवाला 2 परिणाम संबंधी 3 परिवर्तनशील

परिणायक–*सं०* (पु०) 1 विवाह करनेवाला 2 पथप्रदर्शक

परिणाह–*सं०* (पु०) 1 विस्तार, फैलाव 2 घेरा, परिधि

परिणीत–*सं०* (वि०) जिसका परिणय हो चुका हो, विवाहित

परिणीता–I *सं०* (वि०) विवाहिता II (स्त्री०) 1 विवाहिता स्त्री 2 पत्नी

परितंत्रिका–*सं०* (स्त्री०) *चि०* नाड़ियों का ऊतक गुच्छ

परितः–*सं०* (अ०) 1 चारों ओर 2 सब प्रकार से

परितप्त–*सं०* (वि०) 1 तपाया हुआ, अत्यधिक गर्म 2 अत्यधिक दुःखी एवं संतप्त

परितप्ति–*सं०* (स्त्री०) 1 परितप्त होने की अवस्था 2 अत्यधिक दुःख एवं संताप, मनस्ताप

परितर्कण–*सं०* (पु०) 1 अच्छी तरह से विचार करना 2 तर्क करना

परितर्पण–*सं०* (पु०) 1 अच्छी तरह प्रसन्न करना 2 संतुष्ट करना

परिताप–*सं०* (पु०) 1 दुःख, संताप 2 पश्चाताप 3 अत्यधिक ताप, अति गर्मी

परितापी–*सं०* (वि०) 1 परिताप संबंधी 2 परिताप उत्पन्न करनेवाला

परितिक्त–*सं०* (वि०) अत्यधिक तीता

परितुलन–*सं०* (पु०) ग्रंथ की लिखित एवं मुद्रित प्रतियों एवं उसके विभिन्न संस्करणों आदि का ठीक एवं मूल रूप जानने के लिए मिलान करना

परितुष्ट–*सं०* (वि०) 1 जो बहुत खुश हो, अत्यधिक प्रसन्न 2 अच्छी तरह एवं हर प्रकार से तुष्ट, संतुष्ट

परितृप्त–*सं०* (स्त्री०) पूर्णतः अघाया हुआ
परितृप्ति–*सं०* (वि०) पूर्णतः तृप्त होने का भाव
परितोष–*सं०* (पु०) 1 इच्छा पूर्ति से होनेवाली प्रसन्नता 2 संतोष
परितोषक–*सं०* (वि०) 1 संतुष्ट करनेवाला 2 खुश करनेवाला
परितोषण–*सं०* (पु०) परितुष्ट करने की क्रिया
परितोषी–*सं०* (वि०) जिसे परितोष हो, परितोषयुक्त
परित्यक्त–*सं०* (वि०) जिसे उपेक्षापूर्वक छोड़ दिया गया हो
परित्यजन–*सं०* (पु०) त्यागना, छोड़ना
परित्याग–*सं०* (पु०) पूर्णतः छोड़ देना
परित्याजन–*सं०* (पु०) पूर्णतः छोड़ देना
परित्याज्य–*सं०* (वि०) जिसका परित्याग किया जा सके, परित्याग योग्य
परित्राण–*सं०* (पु०) पूर्ण रक्षा, पूरा बचाव
परित्रात–*सं०* (वि०) रक्षा प्राप्त
परित्राता–*सं०* (वि०) पूर्ण रक्षा करनेवाला
परित्रास–*सं०* (पु०) अत्यधिक भय
परिदग्ध–*सं०* (वि०) जला हुआ, झुलसा हुआ
परिदत्त–*सं०* (वि०) परिदान के रूप में दिया गया
परिदर–*सं०* (पु०) *चि०* मसूड़ों से खून, मवाद निकलने का रोग, पायरिया
परिदर्शक–*सं०* (पु०) पूर्णरूप से देखनेवाला व्यक्ति
परिदर्शन–*सं०* (पु०) पूर्ण दर्शन
परिदल पुंज–*सं०* (पु०) फूल के बाह्य दल और पंखुड़ियों का सामूहिक नाम
परिदहन–*सं०* (पु०) अच्छी तरह से जलनेवाला
परिदान–*सं०* (पु०) 1 वापस कर देना, फेर देना 2 अमानत लौटाना
परिदाह–*सं०* (पु०) 1 अत्यंत जलन 2 अत्यधिक मानसिक दुःख
परिदेवन–*सं०* (पु०) अत्यधिक रोना-चिल्लाना, बिलखना
परिदृष्टा–*सं०* (वि०) परिदर्शन करनेवाला
परिधान–*सं०* (पु०) 1 पहनना, धारण करना 2 पोशाक
परिधायक–I *सं०* (वि०) चारों ओर से घेरनेवाला II (पु०) 1 चहारदीवारी, प्राचीर 2 घेरा
परिधायन–*सं०* (पु०) 1 पहनना 2 पोशाक
परिधावन–*सं०* (पु०) बहुत तेज़ दौड़ना
परिधि–*सं०* (स्त्री०) 1 वृत्त की रेखा 2 गोलाकार वस्तु के चारों तरफ खिंची हुई रेखा 3 गोलाकार मार्ग 4 गोलाकार माना जानेवाला कल्पित घेरा 5 सूर्य-चंद्रमा के आस-पास दिखाई पड़नेवाला घेरा, परिवेश, मंडल
परिधिक–*सं०* (वि०) परिधि संबंधी
परिधिस्थ–I *सं०* (वि०) जो किसी परिधि में स्थित हो II (पु०) नौकर, सेवक
परिधेय–I *सं०* (वि०) पहने जाने योग्य II (पु०) परिधान, पोशाक
परिध्वंस–*सं०* (पु०) सर्वनाश
परिध्वस्त–*सं०* (वि०) जो पूर्णतः नष्ट हो गया हो, जो संपूर्ण विनाश को प्राप्त हुआ हो
परिनत–*सं०* (वि०) पूर्णतः झुका हुआ
परिनिर्णय–*सं०* (पु०) 1 अंतिम फैसला, 2 पंचों द्वारा दिया गया वह पत्र जिसपर फैसला लिखा होता है
परिनिर्धारण–*सं०* (पु०) पूरी तरह से निश्चयन
परिनिर्वाण–*सं०* (पु०) मोक्ष, पूर्ण मोक्ष
परिनिवृत्त–*सं०* (वि०) पूर्णतः कार्य मुक्त
परिनिवृत्ति–*सं०* (स्त्री०) मुक्ति, मोक्ष
परिनिष्ठा–*सं०* (स्त्री०) चरम सीमा या अवस्था
परिनिष्ठित–*सं०* (वि०) पूर्णतया कुशल
परिनैष्ठिक–*सं०* (वि०) सर्वोत्कृष्ट, सर्वश्रेष्ठ
परिपक्व–*सं०*(वि०) 1 अभिवृद्धि विकास की दृष्टि से जो पूर्णता को प्राप्त हुआ हो, अच्छी तरह पका हुआ 2 पूर्णतया कुशल (जैसे-वह अपने कार्य में परिपक्व है)। **~ता** (स्त्री०) परिपक्व होने की अवस्था
परिपक्वावस्था–*सं०* (स्त्री०) परिपक्व होने की दशा
परिपणन–*सं०* 1 शर्त लगाना 2 वादा करना, प्रतिज्ञा करना
परिपणित–*सं०* (वि०) 1 शर्त लगाई हुई 2 शर्त में लगाया हुआ
परिपणितार्थ संधि–*सं०* (स्त्री०) वह संधि जिसमें पूर्व निश्चय के अनुसार कुछ काम करना पड़ता हो
परिपत्र–*सं०* (पु०) 1 अधिकारियों आदि को सूचनार्थ भेजे जानेवाला अधिकारिक पत्र 2 स्मृति पत्र
परिपथ–*सं०* (पु०) वृत्ताकार वस्तु के किनारे-किनारे बना हुआ पथ
परिपाक–*सं०* (पु०) पकाया जाना, समाप्त होने की अवधि
परिपाचित–*सं०* (वि०) पकाया हुआ
परिपाटी–(स्त्री०) 1 प्रथा 2 ढंग, शैली 3 चलता हुआ क्रम, अनुक्रम
परिपाठ–*सं०* (पु०) विस्तार के साथ पाठ करना
परिपार्श्व–I *सं०* (वि०) बगल का, बहुत पास II (पु०) सामीप्य। **~चर** (वि०) पास-पास चलनेवाला
परिपार्श्वीय–*सं०* (वि०) आसपास रहनेवाला
परिपालक–*सं०* (वि०) परिपालन करनेवाला
परिपालन–*सं०* (पु०) पालन-पोषण, लालन-पालन
परिपालित–*सं०* (वि०) पाला-पोसा हुआ
परिपीड़न–*सं०* (पु०) अत्यंत दुःख देना, कष्ट पहुँचाना
परिपुटन–*सं०* (पु०) अलग करना
परिपुष्ट–*सं०*(वि०) जिसका भली-भाँति पोषण हुआ हो, पूर्णतया पुष्ट
परिपूत–I *सं०* (वि०) अति पवित्र II साफ़ किया हुआ अन्न
परिपूरक–*सं०* (वि०) परिपूर्ण करनेवाला
परिपूरित–*सं०* (वि०) अच्छी तरह भरा हुआ, लबालब
परिपूर्ण–*सं०* (वि०) जो हर तरह से पूर्ण हो
परिपूर्णेंदु–*सं०* (पु०) पूर्णिमा का पूरा चाँद
परिपूर्ति–*सं०* (स्त्री०) परिपूर्ण होने की अवस्था, परिपूर्णता
परिपृच्छा–*सं०* (स्त्री०) 1 पूछताछ 2 प्रश्न 3 जिज्ञासा
परिपोटन–*सं०* (पु०) 1 छिलका हटाना 2 ऊपरी आवरण निकालना
परिपोषण–*सं०* (पु०) अच्छी तरह किया जानेवाला पोषण
परिप्रश्न–*सं०* (पु०) = परिपृच्छा
परिप्राप्ति–*सं०* (स्त्री०) मिलना, प्राप्त होना

परिप्रेक्षण–*सं०* (पु०) चारों ओर अच्छी तरह देखना

परिप्रेक्षित–*सं०* (वि०) चारों तरफ़ अच्छी तरह देखा हुआ

परिप्रेक्ष्य–*सं०* (पु०) दृश्यों, व्यक्तियों आदि का ऐसा चित्रण जिसमें पारस्परिक अंतर बिल्कुल उसी रूप में दिखाई पड़ता हो जैसा वह साधारणतया आँखों से देखने पर दिखाई पड़ता हो

परिप्रेषण–*सं०* (पु०) 1 चारों ओर भेजना 2 दूत बनाकर भेजना 3 निर्वासन

परिप्रेषित–*सं०* (वि०) 1 भेजा हुआ, प्रेषित 2 निकाला हुआ, निष्कासित

परिप्लव–I *सं०* (वि०) तैरता हुआ, बहता हुआ II (पु०) तैरना

परिप्लावित–*सं०* (वि०) जो जलमग्न हो चुका हो

परिप्लुत–I *सं०* (वि०) जिसके चारों तरफ़ जल ही जल हो II (पु०) छलाँग

परिप्लुष्ट–*सं०* (वि०) 1 जला हुआ 2 जलाया हुआ 3 झुलसा हुआ

परिप्लोष–*सं०* (पु०) 1 तपना, ताप 2 जलन, दाह 3 शरीर के अंदर का ताप

परिबंधन–*सं०* (पु०) जकड़कर बाँधना

परिबद्ध–*सं०* (वि०) संलग्न

परिबल–*सं०* (पु०) यंत्र आदि का बल, यांत्रिक शक्ति

परिबाधा–*सं०* (स्त्री०) 1 विकट परेशानी 2 कष्ट

परिबोध–*सं०* (पु०) 1 ज्ञान 2 तर्क

परिबोधन–*सं०* (पु०) 1 अच्छी तरह बोध कराना 2 चेतावनी देना 3 चेतावनी

परिभंग–*सं०* (पु०) टुकड़े-टुकड़े करना

परिभर्त्सन–*सं०* (पु०) हर तरफ़ पड़नेवाली डाँट-फटकार

परिभव, परिभाव–*सं०* (पु०) 1 पराजय, हार 2 अपमान, अनादर

परिभावना–*सं०* (स्त्री०) 1 विचार करना, विचारना 2 चिंतन

परिभाषा–*सं०* (स्त्री०) 1 वाक्य में प्रयुक्त पद, शब्द का अर्थ स्पष्ट करने की क्रिया 2 नपा-तुला परिचय जिससे वस्तु, व्यक्ति आदि का स्वरूप, गुण आदि को जाना जा सके 3 कला, विद्या आदि क्षेत्रों में प्रयुक्त होनेवाला शब्द 4 परिभाषा का शाब्दिक रूप 5 परिभाषा की शब्दावली

परिभाषित–*सं०* (वि०) जिसकी परिभाषा की गई हो

परिभाषी–*सं०* (वि०) 1 भाषण करनेवाला 2 बोलनेवाला 3 जिसकी परिभाषा की जा रही हो

परिभाष्य–*सं०* (वि०) 1 स्पष्ट कहा जाने योग्य 2 परिभाषा के योग्य

परिभिन्न–*सं०* (वि०) 1 टूटा-फूटा 2 विकृत

परिभुक्त–*सं०* (वि०) जिसका परिभोग हो चुका हो

परिभुग्न–*सं०* (वि०) टेढ़ा

परिभू–*सं०* (वि०) जो चारों तरफ़ से घेरे हो

परिभूत–*सं०* (वि०) 1 जिसका परिभव हुआ हो 2 तिरस्कृत 3 परास्त

परिभूति–*सं०* (स्त्री०) 1 अपमानित होने की अवस्था 2 हारने की दशा

परिभूषण–*सं०* (पु०) अलंकृत करना

परिभूषित–*सं०* (वि०) अलंकृत किया हुआ

परिभ्रंश–*सं०* (पु०) 1 गिरना 2 गिराना 3 पलायन, भगदड़

परिभ्रमण–*सं०* (पु०) 1 चारों तरफ़ घूमना 2 चक्कर लगाना। ~**कारी** (पु०) घुमानेवाला

परिभ्रष्ट–*सं०* (वि०) गिरा हुआ, पतित

परिभ्रामी–*सं०* (वि०) चक्कर लगानेवाला

परिमंडल–I *सं०* (वि०) गोल, वर्तुलाकार II (पु०) 1 चक्कर 2 घेरा, परिधि

परिमंथर–*सं०* (वि०) अत्यधिक धीमा

परिमंद–*सं०* (वि०) 1 अत्यधिक मंद, धुंधला 2 बहुत क्षीण 3 शिथिल, सुस्त

परिमर्द–*सं०* (पु०) अच्छी तरह से किया जानेवाला मर्दन

परिमल–*सं०* (पु०) 1 खुशबू, सुगंध 2 चंदन आदि घिसना, रगड़ना 3 संभोग। ~**ज** (वि०) मैथुन से प्राप्त (सुख)

परिमा–*सं०* (स्त्री०) सीमा, हद

परिमाण–*सं०* (पु०) 1 नाप, तौल आदि की दृष्टि से वस्तु की लम्बाई, चौड़ाई आदि का 2 गिनने, तौलने, मापने आदि से प्राप्त होनेवाला फल (जैसे-इस लोहे का वज़न परिमाण में दस किलोग्राम निकला)। ~**गत** (वि०) परिमाण संबंधी; ~**मंडल** (पु०) भूगर्भ शास्त्र के अनुसार पृथ्वी के तीन मुख्य पटलों में बीच का पटल; ~**मापक** (वि०) परिमाण नापने-जोखनेवाला ~**वाचक** (वि०) परिमाण का बोध करानेवाला

परिमाणक–*सं०* (पु०) तौल, भार

परिमाणात्मक–*सं०* (वि०) = परिमाणगत

परिमाणी–*सं०* (वि०) परिमाण युक्त

परिमाप–*सं०* (पु०) 1 *ग०* ज्यामिती में किसी आकृति, क्षेत्र आदि को चारों ओर से घेरनेवाली रेखा की लंबाई 2 नापने की क्रिया 3 लंबाई, चौड़ाई आदि की नाप

परिमापन–*सं०* (पु०) चारों ओर से नाप जोख करना

परिमापित–*सं०* (वि०) चारों ओर से नापा हुआ

परिमार्गण–*सं०* (पु०) 1 पता लगाने के लिए चारों तरफ़ जाना 2 अन्वेषण

परिमार्जक–*सं०* (वि०) 1 साफ़ करनेवाला 2 कमियाँ आदि दूर करनेवाला

परिमार्जन–*सं०* (पु०) 1 साफ़ करने हेतु धोना, साफ़ करना 2 साहित्यिक त्रुटियों को दूर करना

परिमार्जनीय–*सं०* (वि०) जो परिमार्जन योग्य हो

परिमार्जित–*सं०* (वि०) जिसका परिमार्जन हुआ हो

परिमित–*सं०* (वि०) 1 जिसे मापा जा चुका हो 2 परिमाण में जो किसी विशेष बिंदु, संख्या आदि से कम हो 3 जो परिमाण में निश्चित बिंदु न बढ़ सकता हो। ~**कथी** (वि०) नपे-तुले शब्द कहनेवाला अल्पभाषी; ~**ता** (स्त्री०) परिमित होने की अवस्था; ~**व्यय** (पु०) कम ख़र्च; ~**व्ययी** (वि०) कम ख़र्च करनेवाला, मितव्ययी

परिमितायु–*सं०* (वि०) अल्पायु, कम उम्र का

परिमिताहार–*सं०* (वि०) कम खानेवाला, अल्पाहारी

परिमिति–*सं०* (स्त्री०) 1 परिमित होने की स्थिति 2 परिमाण 3 सीमा, हद

परिमिलन–*सं०* (पु०) 1 संयोग 2 मिलन

परिमिलित–*सं०* (वि०) 1 मिला हुआ 2 व्याप्त

परिमुग्ध–*सं०* (वि०) आकर्षक, सुंदर

परिमूढ़–*सं०* (वि०) घबराया हुआ, व्याकुल
परिमृष्ट–*सं०* (वि०) 1 साफ़ किया हुआ 2 अधिकार में लाया हुआ, अधिकृत
परिमेय–*सं०* (वि०) 1 जिसका परिमाण जाना जा सके 2 सीमित 3 तौल, माप आदि में कम
परिमोक्ष–*सं०* (पु०) 1 पूर्ण मोक्ष, निर्वाण, 2 परित्याग
परिमोष–*सं०* (पु०) 1 चोरी 2 डाका
परिमोषक–*सं०* (पु०) 1 चोर 2 डाकू
परिमोषण–*सं०* (पु०) 1 चुराना 2 डाका डालना 3 सब कुछ छीन लेना
परिमोषी–*सं०* (पु०) = परिमोषक
परिमोहन–*सं०* (पु०) पूर्णतः मुग्ध कर देना
परियत्त–*सं०* (वि०) जो चारों तरफ़ से घिरा हो, घिरा हुआ
परिया–I (पु०) दक्षिण भारत की एक अस्पृश्य जाति II (वि०) 1 अछूत, अस्पृश्य 2 क्षुद्र, तुच्छ
परियाण–*सं०* (पु०) 1 चारों ओर घूमना 2 पर्यटन
परियात–*सं०* (वि०) जो घूम फिरकर लौट आया हो
परियुक्ति–*सं०* (स्त्री०) काम, बात आदि निश्चित करने के लिए किसी को नियुक्त करने की क्रिया
परियुद्धक–*सं०* (पु०) वह देश जो अपने हितों के रक्षार्थ युद्धकाल में दूसरे देश से लड़ रहा हो
परियोजना–*सं०* (स्त्री०) नियमित एवं व्यवस्थित रूप से स्थिर किया गया विचार एवं स्वरूप
परिरंभ, परिरंभण–*सं०* (पु०) प्रगाढ़ आलिंगन, कसकर गले मिलना
परिरक्षक–*सं०* (वि०) हर तरफ़ से रक्षा करनेवाला
परिरक्षण–*सं०* (पु०) हर तरह से रक्षा करना
परिरक्षा–*सं०* (पु०) हर तरह से रक्षा करना
परिरक्षित–*सं०* (वि०) जिसकी अच्छी तरह से रक्षा की गई हो
परिरक्षी–*सं०* (वि०/पु०) पूरी तरह से रक्षा करनेवाला
परिरथ्या–*सं०* (स्त्री०) रथ चलने योग्य चौड़ा मार्ग
परिरब्ध–*सं०* (वि०) आलिंगन किया हुआ
परिरूप–*सं०* (पु०) 1 कला, शिल्प आदि में वह कलापूर्ण रेखाचित्र जिसके आधार एवं अनुकरण पर कोई रचना बनाई जाय 2 रेखाचित्र के आधार एवं अनुकरण पर बनाई गई रचना आदि
परिरेखा–*सं०* (स्त्री०) तिकोने, चौकोर आदि क्षेत्र के सब ओर पड़नेवाली रेखा
परिरोध–*सं०* (पु०) चारों तरफ़ से छेंकना
परिलंघन–*सं०* (पु०) लाँघना
परिलक्षित–*सं०* (वि०) अच्छी तरह देखाभाला हुआ
परिलघु–*सं०* (वि०) 1 अत्यधिक छोटा 2 बहुत हल्का
परिलब्धि–*सं०* (स्त्री०) वेतन के अतिरिक्त दिया जानेवाला धन, भत्ता
परिलाभ–*सं०* (पु०) वेतन, पुरस्कार आदि के रूप में होनेवाला लाभ
परिलिखन–*सं०* (पु०) रगड़कर चिकना करना, चिकना बनाना
परिलिखित–*सं०* (वि०) 1 चिकना बनाया हुआ 2 वृत्त आदि से घेरा हुआ
परिलुप्त–*सं०* (वि०) 1 खोया हुआ 2 क्षतिग्रस्त
परिलूत–*सं०* (वि०) 1 काटा हुआ 2 काटकर अलग किया हुआ
परिलेख–*सं०* (पु०) 1 रेखा-चित्र, ख़ाका 2 चित्र, तस्वीर 3 चित्र अंकित करने की क़लम, कूँची
परिलेखन–*सं०* (पु०) 1 वस्तु के चारों ओर रेखाएँ बनाना 2 लिखना 3 चित्र अंकित करना
परिलोप–*सं०* (पु०) 1 लुप्त हो जाना 2 नाश 3 उपेक्षा
परिवंचन–*सं०* (पु०) धोखा देना, ठगना
परिवत्सर–*सं०* (पु०) पूरा वर्ष, पूरा साल
परिवदन–*सं०* (पु०) निंदा, बुराई
परिवर्जन–*सं०* (पु०) परित्याग करना, त्यागना
परिवर्जित–*सं०* (वि०) त्यागा हुआ
परिवर्त–*सं०* (पु०) 1 अदला-बदली 2 घुमाव, चक्कर 3 युग का अंत 4 ग्रंथ का अध्याय, परिच्छेद
परिवर्तक–*सं०* (वि०) 1 घूमनेवाला 2 घुमानेवाला 3 विनिमय करनेवाला
परिवर्तन–*सं०* (पु०) 1 एक वस्तु के बदले दूसरी वस्तु देना (जैसे-मैं पुस्तकों का परिवर्तन पसंद नहीं करता) 2 एक के स्थान पर दूसरे के आने का भाव (जैसे-प्रकृति में **ऋतु-परिवर्तन अवश्यंभावी है)**। 3 आकृति, गुण, रूप आदि में होनेवाला फेर-बदल **(जैसे-युद्ध के बाद सम्राट् का हृदय-परिवर्तन हो गया)**। 4 सुधार होने की क्रिया (जैसे-समय-सारिणी में कुछ परिवर्तन किया गया है) 5 घुमाव, चक्कर। ~**काल** (वि०) परिवर्तन का समय; ~**कारी** (पु०) परिवर्तन करनेवाला ~**वादी** (पु०) परिवर्तन को अच्छा समझनेवाला व्यक्ति ~**शील** (वि०) जिसमें परिवर्तन होता रहे
परिवर्तनीय–*सं०* (वि०) परिवर्तन के योग्य
परिवर्तित–*सं०* (वि०) 1 बदला हुआ 2 परिवर्तन किया गया 3 रूपांतरित 4 बदले में मिला हुआ
परिवर्ती–*सं०* (वि०) 1 बराबर बदलता रहनेवाला, परिवर्तनशील 2 परिवर्तन करनेवाला
परिवर्तुल–*सं०* (वि०) ठीक एवं पूरा गोल
परिवर्त्य–*सं०* (वि०) बदला जाने योग्य
परिवर्द्धन–*सं०* (पु०) बढ़ाया जाना, सम्यक् वृद्धि
परिवर्द्धित–*सं०* (वि०) जिसे बढ़ाया गया हो (जैसे-पुस्तक का नवीन संस्करण परिवर्द्धित हो गया है)
परिवहन–*सं०* (पु०) माल, यात्रियों आदि को एक स्थान से दूसरे स्थान पर ले जाने का कार्य (जैसे-ट्रक, मोटर आदि परिवहन के अन्तर्गत आते हैं)
परिवा–(स्त्री०) = प्रतिपदा
परिवाद–*सं०* (पु०) 1 शिक़ायत 2 मिथ्या दोषारोपण, झूठी निंदा
परिवादी–*सं०* (वि०) 1 निंदा करनेवाला 2 आरोप लगानेवाला 3 शिक़ायत करनेवाला
परिवापित–*सं०* मूँढ़ा हुआ, मुंडित
परिवार–*सं०* (पु०) 1 एक घर में और एक के ही संरक्षण में रहनेवाले लोग 2 एक ही पूर्व पुरुष के वंशज। ~**आयोजन,** ~**नियोजन** (पु०) आवश्यकता से अधिक संतान उत्पन्न न करने की योजना, फैमिली प्लानिंग

परिवारण–सं० (पु०) 1 ढकना 2 आवरण, आच्छादन
परिवारित–सं० (वि०) घेरा हुआ, आवेष्टित
परिवारी–I सं० (पु०) परिवार के लोग II (वि०) पारिवारिक
परिवार्षिक–सं० (वि०) जो पूरे वर्ष भर चलता रहे (जैसे-परिवार्षिक नाला कभी सूखता नहीं है)
परिवास–सं० (पु०) 1 ठहरना, टिकना 2 घर, मकान 3 सुगंध, सुवास
परिवाह–सं० (पु०) 1 पानी का उमड़कर चारों तरफ़ बहना 2 जल निकासी का मार्ग
परिवाही–सं० (वि०) छलककर बहनेवाला
परिविद्ध–सं० (वि०) चारों ओर से बिधा हुआ
परिविष्ट–सं० (वि०) 1 घेरा हुआ 2 घिरा हुआ
परिवीक्षण–सं० (पु०) 1 अच्छी तरह देखना 2 चारों तरफ़ ध्यानपूर्वक देखना
परिवीत–सं० (वि०) 1 लपेटा हुआ 2 छिपाया हुआ 3 ढका हुआ, आच्छादित
परिवृत–सं० (वि०) 1 घेरा हुआ 2 उलटा-पलटा हुआ
परिवृत्ति–सं० (स्त्री०) 1 घेरा, वेष्टन 2 घुमाव, चक्कर 3 अंत, समाप्ति 4 विनिमय
परिवृद्ध–सं० (वि०) चारों ओर से बढ़ा हुआ
परिवृद्धि–सं० (स्त्री०) परिवृद्ध होने की अवस्था
परिवेद–सं० (पु०) 1 पूर्ण ज्ञान 2 अनेक विषयों का ज्ञान
परिवेदन–सं० (पु०) 1 बड़े भाई से पूर्व छोटे भाई का विवाह 2 विवाह, शादी 3 व्यापक ज्ञान 4 सर्वत्र विद्यमानता 5 कष्ट, विपत्ति
परिवेदना–सं० (स्त्री०) 1 विवेक शक्ति 2 चतुराई
परिवेधन–सं० (पु०) छेद करना
परिवेश–सं० (पु०) 1 वेष्टन, परिधि 2 सूर्य, चंद्रमा के चारों तरफ़ दिखाई देनेवाला घेरा 3 प्रकाश पिंडों के चारों तरफ़ कुछ दूरी तक दिखाई पड़नेवाला मंडलाकार प्रकाश 4 महान् पुरुषों, देवी-देवताओं के चित्रों में उनके मुख मंडल के चारों तरफ़ दिखलाया जानेवाला प्रकाश का घेरा, प्रभा मंडल
परिवेष–सं० (पु०) भोजन परोसना, भोजन परसना
परिवेषण–सं० (पु०) भोजन परोसने का काम
परिवेष्टक–सं० (वि०) भोजन परोसनेवाला
परिवेष्टन–सं० (पु०) 1 चारों ओर से घेरना 2 छिपानेवाली वस्तु, आच्छादन
परिवेष्टित–सं० (वि०) 1 आच्छादित, ढका हुआ 2 घेरा हुआ 3 घिरा हुआ
परिव्यक्त–सं० (वि०) अति स्पष्ट
परिव्यय–सं० (पु०) 1 ख़र्च, लागत 2 पारिश्रमिक 3 शुल्क
परिव्याप्त–सं० (वि०) अच्छी तरह से समाया हुआ
परिव्याप्ति–सं० (स्त्री०) समाने की अवस्था
परिव्रज्या–सं० (स्त्री०) 1 भ्रमण 2 तपस्या 3 भिक्षा माँगकर जीवन निर्वाह करने का नियम
परिव्राज, परिव्राजक–सं० (पु०) 1 संन्यासी 2 परिव्रज्या व्रत ग्रहण करके भिक्षा माँगकर जीवन निर्वाह करनेवाला संन्यासी
परिशयन–सं० (पु०) बहुत अधिक सोना
परिशिष्ट–I सं० (वि०) छूटा हुआ, बाकी बचा हुआ, अवशिष्ट II (पु०) 1 पुस्तकों के अंत में दी जानेवाली पूरक बातें 2 दे० अनुसूची
परिशीलन–सं० (पु०) गंभीर अध्ययन; ~**कर्ता** (वि०) गंभीर अध्ययन करनेवाला
परिशीलित–सं० (वि०) जिसका परिशीलन किया गया हो
परिशुद्ध–सं० (वि०) 1 बिल्कुल शुद्ध, खरा 2 बिल्कुल ठीक
परिशुद्धि–सं० (स्त्री०) पूर्ण शुद्धि, सम्यक् शुद्धि
परिशून्य–I सं० (वि०) जो बिल्कुल शून्य हो II (पु०) वह पदार्थ जिसमें से वायु निकाल दी गई हो
परिशेष–I सं० (वि०) जो अब भी शेष हो II (पु०) बचा हुआ तत्व
परिशोध–सं० (पु०) अच्छी तरह शुद्ध करना
परिशोधन–सं० (पु०) पूर्णतः शुद्ध करने की क्रिया
परिशोधित–सं० (वि०) शुद्ध किया हुआ (जैसे-ग्रंथ का नवाँ संस्करण परिशोधित हो चुका है)
परिश्रम–सं० (पु०) मेहनत (जैसे-खेती करने में बहुत परिश्रम करना पड़ता है)। ~**आधिक्य** (पु०) परिश्रम की अधिकता; ~**शील** (वि०) परिश्रम करने के स्वभाववाला
परिश्रमी–सं० (वि०) मेहनती
परिश्रय–सं० (पु०) 1 परिषद, सभा 2 आश्रय 3 शरण स्थल
परिश्रांत–सं० (वि०) थका-माँदा
परिश्रांति–सं० (स्त्री०) अत्यधिक थकावट
परिश्रुत–सं० (वि०) भली भाँति सुनी हुई
परिश्लेष–सं० (पु०) आलिंगन
परिषद–सं० (स्त्री०) 1 सभा 2 वैदिक युग में राजा द्वारा बुलाई जानेवाली विद्वानों की सभा 3 सलाह देनेवाले सदस्यों की सभा (जैसे-कल से विधान-परिषद का अधिवेशन आरंभ होगा)
परिषद–सं० (पु०) 1 जुलूस में चलनेवाले अनुचर 2 दरबारी 3 सदस्य, सभासद
परिषद्य–सं० (पु०) परिषद का सदस्य
परिषिक्त–सं० (वि०) 1 अच्छी तरह से सींचा गया 2 छिड़काव किया हुआ
परिष्कर–सं० (पु०) सजावट, सज्जा
परिष्करण–सं० (पु०) साफ़ एवं सुंदर बनाने की क्रिया
परिष्करणी–सं० (स्त्री०) यंत्रों की सहायता से तेल, धातुओं आदि को शुद्ध करने का कारखाना
परिष्कार–सं० (पु०) 1 अच्छी तरह से साफ़ करने की क्रिया, पूर्णतः स्वच्छ करना 2 सुरुचि-पूर्ण, सुंदर एवं स्वच्छ बनाना 3 स्वच्छता, निर्मलता
परिष्कृत–सं० (वि०) 1 साफ़ किया हुआ 2 सुधारा हुआ (जैसे-सबको सरल एवं परिष्कृत भाषा लिखनी चाहिए)
परिष्कृति–सं० (स्त्री०) परिष्कृत होने की अवस्था
परिष्क्रिया–सं० (स्त्री०) = परिष्कार
परिष्टवन–सं० (पु०) प्रशंसा, स्तुति
परिष्ठल–सं० (पु०) आस-पास की ज़मीन
परिष्वंग–सं० (पु०) परिरंभ, आलिंगन
परिसंख्या–सं० (स्त्री०) 1 गणना, गिनती 2 अर्थालंकार जहाँ वस्तु का एक स्थान से निषेध करके अन्य स्थान में स्थापन हो 3 ऐसा विधान जहाँ विहित वस्तु से भिन्न सभी वस्तुओं को अमान्य कर दिया जाए

परिसंघ–सं० (पु०) स्वतंत्र राष्ट्र के सदस्यों से निर्मित अंतर्राष्ट्रीय संगठन
परिसंचर–सं० (पु०) प्रलय काल
परिसंचित–सं० (वि०) इकट्ठा किया हुआ
परिसंतान–सं० (पु०) तार, ताँत
परिसंपद्–सं० (पु०) व्यक्ति, संस्था आदि का वह अधिकृत धन जिसमें से उसका ऋण आदि चुकाया जा सके
परिसंवाद–सं० (पु०) तर्क संगत वाद-विवाद, विचारपूर्ण वाद-विवाद
परिसज्जा–सं० (स्त्री०) पूरी सजावट
परिसमापक–सं० (पु०) ख़त्म करनेवाला व्यक्ति
परिसमापन–सं० (पु०) खत्म करना, ख़ात्मा
परिसमाप्त–सं० (वि०) जो पूर्णतः समाप्त हो चुका हो, खत्म
परिसमाप्ति–सं० (स्त्री०) = परिसमापन
परिसर–I सं० 1 चारों ओर बहनेवाला 2 फैला हुआ, विस्तृत II (पु०) 1 खुला मैदान 2 भूमि
परिसरण–सं० (पु०) चारों तरफ़ बहना
परिसर्प–सं० (पु०) 1 चारों ओर घूमना, परिक्रमण 2 घूमना-फिरना
परिसार–सं० (पु०) = परिसरण
परिसीमन–सं० (पु०) सीमा निर्धारित करना
परिसीमा–सं० (स्त्री०) चरमसीमा, अंतिम सीमा
परिसीमित–सं० (वि०) जिसका परिसीमन किया जा चुका हो
परिस्तरण–सं० (पु०) 1 छितराना 2 फैलाना 3 लपेटना, ढकना
परिस्तान–फ़ा० (पु०) 1 अप्सराओं का देश, अप्सरालोक, परी लोक 2 ऐसा स्थान जहाँ सुंदर स्त्रियों का जमघट हो
परिस्थिति–सं० (स्त्री०) 1 व्यक्ति के चारों ओर वो बातें जिनके परिणाम स्वरूप वो कार्य करने को विवश होता है (जैसे-आर्थिक परिस्थिति के कारण उसे कर्ज़ लेना पड़ा) 2 चारों तरफ़ से उत्पन्न होनेवाली संकट की अवस्था (जैसे-देश-काल की परिस्थितियाँ और भी विषम होती जा रही हैं)। ~**वश** (क्रि० वि०) परिस्थिति के कारण; ~**विज्ञान** (पु०) प्राणि विज्ञान की वह शाखा जो देश-काल की परिस्थितियों का जीव-जंतुओं पर पड़नेवाले प्रभावों का अध्ययन कराता है
परिस्पर्धा–सं० (स्त्री०) = प्रतिस्पर्धा
परिस्फुट–सं० (वि०) 1 भली-भाँति व्यक्त, स्पष्ट 2 पूर्ण विकसित
परिस्फुरण–सं० (पु०) 1 कल्लों आदि का निकलना 2 कंपन
परिस्यंद–सं० चूना, रिसना
परिस्रुत–सं० (वि०) 1 चूता हुआ, चुआया हुआ 2 टपकाया हुआ
परिहत–I (स्त्री०) हल की वह लकड़ी जिसे हाथ से पकड़े रहना पड़ता है
परिहत–II सं० (वि०) 1 मारा हुआ 2 नष्ट
परिहरण–सं० (पु०) बलपूर्वक किया गया अधिकार
परिहाण–सं० (पु०) हानि उठाना
परिहार–सं० (पु०) 1 त्यागना, छोड़ना 2 दोष आदि को दूर करना 3 त्याग करने की क्रिया
परिहारी–सं० (वि०) परिहरण करनेवाला
परिहार्य–सं० (वि०) 1 त्यागने योग्य 2 निवारण योग्य
परिहास–सं० (पु०) 1 ज़ोरों की हँसी 2 हँसी-मजाक। ~**रसिक** (वि०) हँसी-मज़ाक का रस लेनेवाला; ~**शील** (वि०) जो परिहास प्रकृति का हो
परिहास्य–सं० (वि०) परिहास के योग्य
परिहित–सं० (वि०) 1 आवृत्त, आच्छादित 2 पहना हुआ
परिहीण–सं० (वि०) 1 अत्यंत हीन 2 त्यागा हुआ, उपेक्षित
परिहृत–सं० (वि०) 1 त्यागा हुआ 2 नष्ट किया हुआ
परी–फ़ा० (स्त्री०) अप्सरा। ~**कथा** +सं० (स्त्री०) परियों की कहानी
परीक्षक–सं० (पु०) परीक्षा करनेवाला, परीक्षा लेनेवाला
परीक्षण–सं० (पु०) परीक्षा लेने की क्रिया, जाँच, परख। ~**काल** (पु०) नौकरी आदि पर जाने के लिये व्यक्ति की क्षमता की परीक्षा का समय; ~**केंद्र** (पु०) 1 परीक्षा देने का स्थान 2 परीक्षा लेने का स्थान; ~**गृह** (पु०) परीक्षा भवन; ~**नलिका** (स्त्री०) परखनली
परीक्षणात्मक–सं० (वि०) परीक्षण संबंधी
परीक्षणिक–सं० (वि०) जो परीक्षण काल में हो
परीक्षा–सं० (स्त्री०) 1 योग्यता, क्षमता आदि को परखना (जैसे-मुझे डाक्टरी परीक्षा के लिए चिकित्सालय जाना है) 2 इम्तहान (जैसे-कल से हाई स्कूल की परीक्षा-आरंभ होगी) 3 प्रयोग आदि के द्वारा वस्तु के गुण को निश्चय करना (जैसे-गंधक की रासायनिक परीक्षा की विधि क्या है) 4 तर्क-प्रमाण आदि द्वारा वस्तु के तत्व को निश्चय करना 5 न्यायालय में अभियुक्त एवं साक्षी आदि के सच्चे एवं झूठे होने का पता लगाने की क्रिया 6 जाँच-पड़ताल 7 देखभाल
परीक्षात्मक–सं० (वि०) परीक्षा संबंधी
परीक्षामूलक–सं० (वि०) परीक्षा पर आधारित
परीक्षार्थ–सं० (अ०) परीक्षा के उद्देश्य से
परीक्षार्थी–सं० (वि०) परीक्षा देनेवाला
परीक्षित–सं० (वि०) 1 जिसकी परीक्षा ली गयी हो 2 परीक्षार्थी
परीक्षितव्य, परीक्ष्य–सं० (वि०) 1 परीक्षा किये जाने योग्य 2 परखने योग्य
परीक्ष्यमाण–सं० (वि०) = परीक्षणिक
परीच्छा–बो० (स्त्री०) = परीक्षा
परीज़ाद–फ़ा० (वि०) 1 जो परियों से उत्पन्न हो, जो परियों की संतान हो 2 अत्यधिक सुंदर
परीवाह–सं० (पु०) = परिवाह
परुष–सं० (वि०) 1 कठोर एवं कर्कश 2 उग्रतापूर्ण, तीव्र 3 नीरस, रसहीन 4 दयाहीन
परुषोक्ति–सं० (स्त्री०) कठोर वचन, कड़ी बात
परेंद्रिय-ज्ञान–सं० (पु०) वह अतींद्रिय ज्ञान जिससे दूर के लोगों के साथ भी मानसिक संबंध स्थापित कर सकते हैं
परे–अ० 1 उस ओर (जैसे-यहाँ नहीं परे जाकर खेलो) 2 और आगे (जैसे-परे हटकर देखो वहाँ क्या लटक रहा है) 3 बहुत दूर (जैसे-उनका मकान जंगल की सीमा के परे है) 4 बाद, पीछे। ~**बैठाना** अयोग्य सिद्ध करना
परेग–(स्त्री०) लोहे की छोटी कील

परेट, परेड–*अं०* (स्त्री०) 1 सैनिक शिक्षा 2 सैनिक शिक्षा देने का मैदान

परेता–(पु०) 1 बाँसी की पतली तीलियों का बना बेलन 2 सूत लपेटने के काम आनेवाला जुलाहों का आला

परेवा–(पु०) 1 कबूतर 2 पंडुकी पक्षी, फ़ाख्ता 3 तेज़ उड़नेवाला कोई पक्षी

परेशान–*फ़ा०* (वि०) 1 व्याकुल 2 हैरान 3 सताया हुआ

परेशानकुन–*फ़ा०* (वि०) परेशान करनेवाला

परेशानी–*फ़ा०* (स्त्री०) 1 विकलता, हैरानी 2 झंझट

परेषक–(पु०) पारसल द्वारा अपना माल भेजने वाला व्यक्ति

परेषण–(पु०) पारसल द्वारा अपना माल भेजना ~**नोट** +*अं०* (पु०) माल भेजने का नोट

परेषणी–(पु०) ऐसा व्यक्ति जिसके नाम पार्सल भेजा जाये

परेषित–(वि०) किसी के नाम पार्सल भेजा गया

परेषिती–(पु०) माल भेजनेवाला

परेह–(पु०) बेसन आदि का पकाया हुआ घोल

परेहा–*बो०* (पु०) जोती एवं सींची गई ज़मीन

परोक्त-दोष–*सं०* (पु०) न्यायालय में ग़लत बयान देने का अपराध

परोक्ष–I *सं०* (वि०) 1 जो आँखों के सामने न हो, आँखों से ओझल 2 जो सामने उपस्थित न हो, ग़ैरहाज़िर 3 छिपा हुआ, गुप्त 4 जिसका किसी से प्रत्यक्ष संबंध न हो, अप्रत्यक्ष संबंधवाला 5 अपरिचित, अनजान II (पु०) 1 आँखों के सामने न रहने की अवस्था, अनुपस्थिति 2 वर्तमान न होने की स्थिति, भूतकाल 3 *व्या०* पूर्ण भूतकाल III *अ०* ग़ैरहाज़िरी में, पीठ-पीछे (जैसे-परोक्ष में किसी की निंदा करना कायरता है)। ~**दर्शन** (पु०) अतींद्रिय दृष्टि; ~**निर्वाचन** (पु०) जनता द्वारा नहीं अपितु जनता के प्रतिनिधियों द्वारा किया गया चुनाव; ~**श्रवण** (पु०) अतींद्रिय श्रवण

परोक्षार्थ–*सं०* (वि०) रहस्यपूर्ण अर्थवाला

परोपकार–*सं०* (पु०) दूसरों के हित का काम

परोपकारिता–*सं०* (स्त्री०) परोपकार करने का भाव

परोपकारी–*सं०* (वि०) भलाई करनेवाला

परोपकृत–*सं०* (वि०) जिसका उपकार किया गया हो

परोपजीविता–*सं०* (स्त्री०) दूसरे के सहारे जीवन बिताना

परोपजीवी–*सं०* (वि०) दूसरे के सहारे जीवित रहनेवाला

परोल–*अं०* (पु०) सशर्त कारामुक्ति

परोसना–(स० क्रि०) थाली आदि में खाद्य पदार्थ रखना

परोसा–(पु०) एक आदमी को खाने के लिए दिये जानेवाला भोजन

परोसैया–(पु०) भोजन परोसनेवाला व्यक्ति

परोहन–(पु०) 1 वह पशु जिसपर सवारी की जाये 2 वह पशु जिस पर बोझ लादा जाये

परोहा–*बो०* (पु०) 1 बाँस-बाल्टी आदि से लटकाई गई दौरी की सहायता से पानी उठाकर सींचने का प्रकार 2 पानी निकालनेवाली दौरी 3 मोट, चरसा

पर्चा–*फ़ा०* (पु०) = परचा *फ़ा०*

पर्जन्य–*सं०* (पु०) बरसनेवाला बादल, मेघ

पर्ण–*सं०* (पु०) पेड़ का पत्ता, पत्र (जैसे-साधु-संन्यासी पर्ण-कुटियों में रहते हैं)। ~**कुटी** (स्त्री०), ~**कुटीर** (पु०) पत्तों को बनी छाजनवाली कुटिया; ~**रखना**, ~**शाला** (स्त्री०) = पर्णकुटी

पर्णन–*सं०* (पु०) पत्ते आना

पर्णिका–*सं०* (स्त्री०) शालपर्णी

पर्णी–*सं०* (पु०) वृक्ष, पेड़

पर्त– *बो०* (पु०) =परत

पर्दा–*फ़ा०* (पु०) = परदा। ~**फ़ाश** (पु०) भेद प्रकट कर देना

पर्धा–(वि०) 1 आधे से कुछ कम 2 आधे से कुछ अधिक

पर्पटी–*सं०* (स्त्री०) एक प्रकार की सुगंधित मिट्टी जो सौराष्ट्र आदि प्रदेशों में पाई जाती है

पर्यंक–*सं०* (पु०) पलंग

पर्यंत–I *सं०* घिरा हुआ (जैसे-वह उनकी सेवा जीवनपर्यंत करता रहा)

पर्यटक–*सं०* (पु०) दूसरे देशों में घूमने फिरनेवाला। ~**शिविर**, ~**स्थल** (पु०) सैलानियों के लिए रुकने का स्थान

पर्यटन–*सं०* (पु०) विस्तृत भू-भाग में किया जानेवाला भ्रमण। ~**दल** (पु०) सैलानियों का दल; ~**शील** (वि०) भ्रमणशील

पर्यय–*सं०* (पु०) चारों ओर चक्कर लगाना

पर्यवदात–*सं०* (वि०) 1 पूर्णतः निर्मल एवं शुद्ध 2 ज्ञात एवं परिचित

पर्यवरोध–*सं०* (पु०) चारों ओर से होनेवाली बाधा

पर्यवलोकन–*सं०* (पु०) 1 चारों ओर देखना 2 निरीक्षणात्मक दृष्टि से देखना

पर्यवसान–*सं०* (पु०) 1 अंत, समाप्ति 2 अंतर्भाव

पर्यवसायी–*सं०* (वि०) समाप्त करनेवाला

पर्यवसित–*सं०* (वि०) 1 समाप्त 2 निश्चित

पर्यवस्था–*सं०* (स्त्री०) 1 विरोध 2 प्रतिपक्षवाद, खंडन

पर्यवेक्षक–*सं०* (पु०) काम की देखभाल करनेवाला अधिकारी

पर्यवेक्षण–*सं०* (पु०) निगरानी करने का काम। ~**चौकी** + *हिं०* (स्त्री०) निगरानी करने के लिए पुलिस चौकी

पर्यश्रु–*सं०* (वि०) 1 आँसुओं से भीगा हुआ 2 जिसकी आँखों में आँसू भरे हों

पर्यसन–*सं०* (पु०) 1 निकालना, बाहर करना 2 हटाना 3 रद्द करना

पर्यस्त–*सं०* (वि०) जिसे निकाल दिया गया हो

पर्याकुल–*सं०* (वि०) 1 घबराया हुआ 2 अस्त-व्यस्त 3 गंदला 4 क्षुब्ध

पर्याण–*सं०* (पु०) घोड़े की ज़ीन, काठी

पर्याप्त–*सं०* (वि०) 1 काफ़ी, यथेष्ट (जैसे-इस कार्य हेतु सौ रुपए पर्याप्त हैं) 2 पाया हुआ, प्राप्त 3 सीमित

पर्याप्ततः–*सं०* (क्रि० वि०) पर्याप्त रूप में

पर्याप्ति–*सं०* (स्त्री०) 1 यथेष्टता 2 प्राप्ति, मिलना 3 तृप्ति, संतुष्टि

पर्याय–*सं०* (पु०) 1 समानार्थक शब्द 2 क्रम, सिलसिला 3 प्रकार, भेद 4 अनेक आश्रय ग्रहण करनेवाला एक अर्थालंकार। ~**क्रम** (पु०) 1 पद, मान आदि के विचार से स्थिर किया जानेवाला क्रम 2 उत्तरोत्तर होनेवाली वृद्धि;

~**वचन** (पु०) समानार्थक शब्द; ~**वाचक,** ~**वाची** (वि०) समानार्थक (जैसे-सूरज के तीन पर्यायवाची शब्द लिखो); ~**शब्द** (पु०) = पर्याय वचन; ~**सेवा** (स्त्री०) बारी-बारी से सेवा करना

पर्यायकी–*सं०* (स्त्री०) भाषा विज्ञान का वह अंग जिसमें पर्याय शब्दों के पारस्परिक सूक्ष्म अंतरों और भेद-प्रभेदों का अध्ययन किया जाता है

पर्यायात्मक–*सं०* (वि०) समानार्थक

पर्यायार्थी–*सं०* (वि०) समान अर्थवाला

पर्यायी–*सं०* (वि०) = पर्यायवाची

पर्यायोक्ति–*सं०* (स्त्री०) एक अर्थालंकार जिसमें बात को चमत्कारिक और विलक्षण पूर्ण ढंग से व्यक्त किया जाता है

पर्यालोचन–*सं०* (पु०), **पर्यालोचना** (स्त्री०) 1 सम्यक् विवेचन 2 अच्छी तरह से की जानेवाली देख-भाल

पर्यावरण–*सं०* (पु०) 1 वातावरण 2 परिस्थिति

पर्यावर्त–*सं०* (पु०) वापस आना, लौटना

पर्यास–*सं०* (पु०) 1 गिरना, पतन 2 नाश 3 वध, हत्या

पर्युत्थान–*सं०* (पु०) उठ खड़ा होना

पर्युपस्थान–*सं०* (पु०) सेवा

पर्युपासक–*सं०* (पु०) 1 उपासक 2 सेवक

पर्युपासन–*सं०* (पु०) 1 उपासना 2 सेवा

पर्युप्त–*सं०* (वि०) जो बोया गया हो

पर्युप्ति–*सं०* (स्त्री०) बोआई

पर्युषित–*सं०* (वि०) जो ताज़ा न हो, बासी

पर्येषणा–*सं०* (स्त्री०) 1 तर्क युक्त पूछ-ताछ 2 छान-बीन, जाँच-पड़ताल

पर्येष्टि–*सं०* (स्त्री०) 1 अन्वेषण, खोज 2 पूछ-ताछ

पर्व–*सं०* (पु०) 1 उत्सव, त्योहार 2 धार्मिक कृत्य करने का दिन (जैसे-आज महा शिवरात्रि का पर्व है) 3 विशिष्ट अंश (जैसे-राम चरित मानस में राम-जानकी का परिणय पर्व पठनीय है) 4 भाग (जैसे-महाभारत में अठारह पर्व हैं) 5 संधिस्थान, जोड़। ~**संधि** (स्त्री०) 1 पूर्णिमा एवं प्रतिपदा का संधिकाल 2 अमावस्या एवं प्रतिपदा का संधिकाल 3 चंद्र ग्रहण का समय 4 सूर्य ग्रहण का समय; ~**समारोह** (पु०) त्योहार का उत्सव

पर्वक–*सं०* (पु०) घुटना

पर्वणी–*सं०* (स्त्री०) पूर्णिमा

पर्वत–*सं०* (पु०) 1 पहाड़ 2 अनेक वस्तुओं का बना हुआ बहुत ऊँचा ढेर। ~**क्षेत्र** (पु०) पहाड़ी इलाका; ~**नंदिनी** (स्त्री०) पार्वती; ~**माला** (स्त्री०) पर्वत श्रेणी; ~**शिखर** (पु०) पर्वत की चोटी; ~**शृंखला** (स्त्री०) = पर्वत माला; ~**शृंग** (पु०) = पर्वत शिखर; ~**श्रेणी** (स्त्री०) = पर्वत माला

पर्वतारोहण–*सं०* (पु०) पहाड़ पर चढ़ना

पर्वतारोही–*सं०* (वि०) पहाड़ पर चढ़नेवाला

पर्वतीय–*सं०* (वि०) 1 पहाड़ का 2 पहाड़ पर रहनेवाला, पहाड़ी

पर्वतेश्वर–*सं०* (पु०) हिमालय

पर्वरिश–*फ़ा०* (स्त्री०) परवरिश

पर्वा–*फ़ा०* (स्त्री०) = परवाह, परवा

पर्शियन–*अं०* (वि०) फ़ारस का रहनेवाला

पर्स–*अं०* (पु०) बटुवा

पर्हेज़–*फ़ा०* (पु०) = परहेज़

पलंग–(पु०) निवार की बुनी हुई बड़ी एवं मज़बूत चारपाई। ~**तोड़** (वि०) आलसी एवं निकम्मा; ~**पोश** + *फ़ा०* (पु०) पलंग पर बिछाई जानेवाली चादर; ~**को लात मारकर खड़ा होना** कड़ी बीमारी से उठना, विकट रोग से अच्छा होना; ~**तोड़ना** निठल्ला रहना; ~**लगाना** बिस्तर लगाना

पलंगड़ी–(स्त्री०) छोटा पलंग

पल–I *सं०* (पु०) समय का बहुत ही छोटा भाग। ~**भर में** बहुत ही कम समय में, तुरंत (जैसे-मेरे पहुँचते ही वह पल भर में गायब हो गया)

पल–II (पु०) पलक

पलक–*फ़ा०* (स्त्री०) आँख के ऊपर का पतला आवरण (जैसे-मरणासन्न अवस्था में प्रायः पलकें खुली रह जाती हैं)। ~**दरिया** (वि०) अति उदार; ~**झपकना** 1 पलक का नीचे-ऊपर गिरना, खुलना-बंद होना 2 नींद आना; ~**पसीजना** दयार्द्र होना; ~**पाँवड़े बिछाना** श्रद्धा से स्वागत करना; ~**भँजना** आँख का इशारा होना; ~**भाँजना** आँख से इशारा करना; ~**मारना** 1 पलक गिराना 2 झपकी लेना 3 आँख से इशारा करना; ~**लगना** नींद आना; ~**लगाना** 1 सोने के लिए आँख बंद करना, आँख बन्द करना; ~**से पलक न लगना** टकटकी लगी रहना, नींद न आना; **पलकों से ज़मीन झाड़ना, पलकों से तिनके चुनना** अति श्रद्धा भाव से सेवा करना

पलटन–*अं०* (स्त्री०) 1 सैनिकों का समूह, सैनिक दल, फौज 2 झुंड (जैसे-चौपायों की पलटन के पीछे लट्ठ लिए भागना

पलटना–I (अ० क्रि०) 1 उलट जाना 2 एकदम बदल जाना 3 मुड़ना 4 वापस आना, लौटना II (स० क्रि०) 1 उलटना (जैसे-इस चादर को फिर से पलटना पड़ेगा) 2 एकदम बदल देना 3 अदल-बदल करना

पलटनिया–I *अं०* + *हिं०* (वि०) पलटन का II (पु०) सैनिक

पलटा–(पु०) 1 पलटने की क्रिया 2 बदला 3 प्रतिफल। ~**खाना** पूर्णतः परिवर्तित हो जाना

पलटाव–(पु०) पलट जाने की क्रिया

पलटे–(अ०) *बो०* बदले में, प्रतिफल स्वरूप

पलड़ा–(पु०) 1 तराजू के दोनों लटकते भागों में प्रत्येक, तराजू का प्रत्येक पल्ला 2 दो पक्षों में से एक की शक्ति। ~**भारी होना** अधिक शक्ति संतुलन होना

पलथी–(स्त्री०) दाहिने और बायें पैर के पंजे को क्रम से बायीं और दाहिनी जाँघों के नीचे दबाकर बैठने का एक आसन

पलना–(अ० क्रि०) पालित होना, पाला-पोसा जाना (जैसे-प्रकृति की गोद में पलना अत्यंत रमणीय है)

पलवाना–(स० क्रि०) 1 किसी को पालने में प्रवृत्त करना 2 पालन कराना

पलवैया–*बो०* (वि०) पालन-पोषण करनेवाला

पलस्तर–*अं०* (पु०) 1 दीवारों फर्श आदि पर सीमेंट, बालू आदि का लेप 2 कोई मोटा लेप (जैसे-सड़क पर तारकोल का

पलस्तर किया गया है)। ~**कारी** + *फ़ा०* (स्त्री०) पलस्तर करने की क्रिया; ~**ढीला करना** पस्त करना; ~**ढीला होना** 1 शिथिल होना 2 पस्त होना; ~**बिगड़ना** जर्जर होना

पलान–(पु०) काठी, ज़ीन

पलानी–(स्त्री०) छप्पर

पलायक–*सं०* (वि०/पु०) 1 भागनेवाला, भगोड़ा 2 भागा हुआ

पलायन–*सं०* (पु०) भागना, अन्यत्र, चले जाना। ~**वाद** (पु०) सृष्टि की सभी वस्तुएँ एवं बातें अपने प्रस्तुत रूप से विरक्त होकर नवीनता की ओर प्रवृत्त होती हैं ऐसा सिद्धांत; ~**वादी** (वि०) 1 पलायनवाद संबंधी 2 पलायनवाद को माननेवाला; ~**वेग** (पु०) वस्तु का पृथ्वी की गुरुत्वाकर्षण शक्ति की पकड़ से छूटकर अन्य आकाशीय पिंड की गुरुत्वीय आकर्षण की पकड़ में आ जाना

पलायमान्–*सं०* (वि०) भागता हुआ

पलायित–*सं०* (वि०) भागा हुआ

पलाल–*सं०* (पु०) 1 धान का सूखा डंठल 2 पौधे का सूखा डंठल

पलाव–*सं०* (पु०) मछली फँसानेवाली बंसी, कटिया, काँटा

पलाश–*सं०* (पु०) 1 पलास, टेसू 2 पलास का फूल

पलाशी–I *सं०* (वि०) पत्तों से युक्त II (स्त्री०) लाख

पलास–(पु०) = पलाश

पलिघ–*सं०* (पु०) काँच का घड़ा

पलित–I *सं०* (वि०) 1 वृद्ध, बुड्ढा 2 पका हुआ, सफ़ेद II (पु०) 1 सिर के बालों का सफ़ेद होना 2 असमय बाल पकने का एक रोग

पलिहर–(पु०) चैती फ़सल की बोआई हेतु परती छोड़ा गया खेत

पली–(स्त्री०) 1 तेल नापने की छोटी एवं गहरी कटोरी 2 तेल की कटोरी में भरे हुए तेल की मात्रा। ~**पली जोड़ना** थोड़ा-थोड़ा करके संगृहीत करना

पलीता–*अ०* (पु०) 1 चिराग़ की बत्ती 2 बत्ती के आकार का बारूद लगा छोटा डोरा। ~**लगाना** ऐसी बात कहना जिससे झगड़ा शुरु हो जाए

पलीती–*अ०* + *हिं०* (स्त्री०) = छोटा पलीता

पलीद–I *फ़ा०* (वि०) 1 अपवित्र, गंदा नापाक 2 दुष्ट, नीच 3 घृणित विचार एवं आचरणवाला II (पु०) भूत, प्रेत

पलुआ–I *बो०* (पु०) सन की जाति का पौधा II (वि०) पाला हुआ

पलेट–*अं०* (स्त्री०) 1 तश्तरी 2 पट्टी 3 कमीज़ आदि में कड़ापन लाने के लिए लगाई जानेवाली कपड़े की पट्टी

पलेथन–(पु०) सूखा आटा जिसे रोटी बेलने के पहले चौके पर बिखेरते हैं, परथन

पलेनर–*अं०* (पु०) काठ का चौड़ा एवं चिपटा टुकड़ा

पलोटना–I (अ० क्रि०) लोट-पोट करना

पलोटना–II (स० क्रि०) पैर दबाना

पल्प–*अं०* (पु०) लुग़दी

पल्लड़–(पु०) झुंड, समूह

पल्लव–*सं०* (पु०) नया एवं कोमल पत्ता। ~**ग्राही** (वि०) जिसमें पल्लव लगे हों, पल्लव युक्त

पल्लवक–*सं०* (पु०) नया हरा पत्ता

पल्लवन–*सं०* (पु०) 1 विकास करना 2 बढ़ाना, लंबा चौड़ा हुआ

पल्लविक–*सं०* (वि०) = पल्लवक

पल्लवित–*सं०* (वि०) 1 जिसमें पल्लव लगे हों 2 विकसित (जैसे-उनका हृदय चमन पुष्पित-पल्लवित होता रहा) 3 हरा-भरा एवं लहराता हुआ

पल्लवी–I *सं०* (वि०) नए पत्तों से युक्त II (पु०) वृक्ष, पेड़

पल्ला–I (पु०) किवाड़ (जैसे-दरवाज़े का पल्ला)

पल्ला–II (पु०) 1 तराज़ू के दोनों पलड़ों में से प्रत्येक 2 तराज़ू 3 दो प्रतियोगी पक्षों में से प्रत्येक। ~**झुकना** किसी पक्ष का अधिक ताकतवर होना; ~**दबना** विवश होना; ~**भारी होना** = पल्ला झुकना

पल्ला–III (पु०) कैंची के दो भागों में से एक भाग

पल्ला–IV (पु०) 1 आँचल, छोर 2 ओढ़नी 3 चादर। ~**करना** घूँघट करना; ~**छुड़ाना** बंधन से निकलना; ~**पकड़ना** साथ होना, साथ करना; ~**पसारना** अनुग्रह करना; **पल्ले बाँधना** 1 सौंपना 2 ब्याहना

पल्ली–*सं०* (स्त्री०) 1 छोटा गाँव, पुरवा 2 कुटी, झोपड़ी

पल्लू–(पु०) = पल्ला IV

पल्लेदार–I *हिं०* + *फ़ा०* (वि०) जिसमें पल्ले लगे हों II (पु०) 1 अनाज तौलने का काम करनेवाला 2 अनाज ढोनेवाला मज़दूर

पल्लेदारी–हिं० + फ़ा० (स्त्री०) 1 पल्लेदार का काम 2 पल्लेदार की मज़दूरी

पवन–*सं०* (पु०) हवा, वायु। ~**चक्की** + *हिं०* (स्त्री०) पवन के वेग से चलनेवाली चक्की; ~**चक्र** (पु०) चक्रवात, बवंडर

पवर्ग–*सं०* (पु०) *व्या०* प, फ, ब, भ, म इन पाँच अक्षरों की सामूहिक संज्ञा

पवाँरना–(स० क्रि०) = पँवारना

पवाई–(स्त्री०) 1 जूतों की जोड़ी का प्रत्येक जूता 2 चक्की के दो पाटों में प्रत्येक पाट

पवाड़ा–(पु०) = पँवाड़ा

पवित्र–I *सं०* (वि०) 1 निर्मल, स्वच्छ 2 निश्छल (जैसे-वह पवित्र हृदय का व्यक्ति है) II (पु०) शुद्ध करनेवाली वस्तु। ~**ता** (स्त्री०) 1 निर्मलता 2 निश्छलता; ~**हृदय** (वि०) शुद्ध हृदयवाला

पवित्रात्मा–*सं०* (वि०) शुद्ध हृदयवाला

पवित्रित–*सं०* (वि०) शुद्ध किया हुआ

पवित्रीकरण–*सं०* (पु०) पवित्र बनाना

पशम–*फ़ा०* (पु०) 1 पुरुष-स्त्रियों के जननेंद्रिय पर के बाल 2 उम्दा और नरम ऊन। ~**उखाड़ना** 1 कुछ भी नुक़सान न पहुँचा सकना 2 व्यर्थ समय नष्ट करना; ~**तक न उखड़ना** कुछ भी काम न हो सकना; ~**पर मारना,** ~**समझना** बिल्कुल तुच्छ समझना

पशमी–*फ़ा०* (वि०) पशम का

पशमीना–*फ़ा०* (पु०) ऊन का बना हुआ कपड़ा, ऊन का मुलायम कपड़ा

पशव्य–I *सं०* (वि०) 1 पशुओं का 2 पशुओं की तरह का II (पु०) पशुओं का झुंड

पशु–*सं०* (पु०) 1 जानवर, चौपाया (जैसे-शेर खूँख्वार एवं निर्भीक पशु है) 2 जंतु, प्राणी (जैसे-सभी पशु मांसाहारी नहीं होते)। ~**उत्पादन** (पु०) पशुओं की उत्पत्ति करना; ~**कर्म** (पु०), ~**क्रिया** (स्त्री०) 1 पशुओं का होनेवाला बलिदान 2 मैथुन; ~**चर** (पु०) पशुओं के चरने हेतु सुरक्षित भूमि; ~**चारण** (पु०) पशु चराना; ~**चिकित्सक** (पु०) पशुओं का इलाज करनेवाला, पशु डाक्टर; ~**चिकित्सा** (स्त्री०) पशुओं के रोगों एवं उनके निदान का कार्य एवं पद्धति; ~**चिकित्सालय** (पु०) पशुओं का दवाख़ाना; ~**जगत्** (पु०) जीव-जंतु; ~**जन्य** (वि०) पशु से उत्पन्न; ~**जीवी** (वि०) 1 पशु का मांस खाकर जीनेवाला 2 पशु पालन करके उनसे प्राप्त वस्तुओं से जीविका चलानेवाला; ~**ता** (स्त्री०) 1 पशु होने की अवस्था 2 पशुओं का सा स्वभाव; ~**ता-मय** (वि०) = पशव्य; ~**तुल्य** (वि०) जो पशु के समान आचरण करे; ~**धन** (पु०) वो पालतू पशु जो आर्थिक उत्पादन एवं सुरक्षा दृष्टि से उपयोगी हैं; ~**धर्म** (पु०) पशुवत आचरण; ~**पति** (पु०) महादेव; ~**पाल**, ~**पालक** I (वि०) पशुओं को पालनेवाला II (पु०) ग्वाला, अहीर; ~**पालन** (पु०) पशु पालने की क्रिया; ~**पालन-फ़ार्म** *+ अं०* (पु०) पालतू पशुओं के रहने का स्थान; ~**बल** (पु०) पशु शक्ति; ~**भाव** (पु०) पशुता, जानवरपन; ~**रति** (स्त्री०) 1 शुद्ध काम वासना की तृप्ति हेतु पशु के समान की जानेवाली रति 2 पशु वर्ग के किसी प्राणी के साथ मनुष्य द्वारा की गई रति; ~**राज** (पु०) पशुओं के स्वामी, सिंह, शेर; ~**वध** (पु०) पशु-हत्या; ~**विक्रेता** (पु०) पशु बेचनेवाला; ~**विशेषज्ञ** (पु०) पशुओं का अच्छा जानकार; ~**वृत्ति** (स्त्री०) पशुवत् आचरण; ~**शाला** (स्त्री०) पशुओं के रहने की जगह, पशु गृह; ~**संहार** (पु०) पशु वध; ~**सुधार** (पु०) पशुओं की नस्ल का सुधार; ~**हृदय** (वि०) पशु के से हृदयवाला, स्वार्थी और निर्दय

पशुत्व–*सं०* (पु०) = पशुता

पशुवत्–*सं०* (वि०) पशु के स्वभाववाला, पशु तुल्य

पश्च–*सं०* (वि०) पिछला (जैसे-सामयिक पत्र का पश्च अंक गलत छपा था) 2 बाद का, परवर्ती 3 पश्चिम का, पश्चिमी। ~**गमन** (पु०) 1 पीछे की ओर चलना 2 अवनति होना, पतनोन्मुख होना; ~**गामी** (वि०) 1 पीछे हटनेवाला 2 अवनति; ~**दर्शन** (पु०) पीछे मुड़कर देखना; ~**प्रभाव** (पु०) समय बीतने पर दिखाई देनेवाला प्रभाव; ~**लेख** (पु०) पत्र लिखने के बाद लिखा जानेवाला कोई अंश, लेखांश

पश्चात्–I *सं० अ०* पीछे से, बाद में, उपरांत (जैसे-मेरे पश्चात् आपको दौड़ना पड़ेगा) II (पु०) अंत, समाप्ति

पश्चाताप–*सं०* (पु०) पछतावा, दुःख

पश्चातापी–*सं०* (वि०) पश्चाताप करनेवाला

पश्चाद्वर्ती–*सं०* (वि०) 1 पीछे रहनेवाला 2 अनुसरण करनेवाला

पश्चार्द्ध–*सं०* (पु०) 1 पीछेवाला आधा भाग 2 पश्चिमी भाग

पश्चिम–I *सं०* (वि०) अंतिम, पिछला II (पु०) सूर्य के अस्त होने की दिशा, प्रतीची, पश्चिम। ~**यूरोपीय** *+ अं० + सं०* (वि०) पश्चिम यूरोप का; ~**सागर** (पु०) एटलांटिक या अतलांतक महासागर

पश्चिमांचल–*सं०* (पु०) अस्ताचल

पश्चिमा–*सं०* (स्त्री०) पश्चिम दिशा

पश्चिमात्य–*सं०* (वि०) पाश्चात्य, पश्चिमी

पश्चिमी, पश्चिमीय–*सं०* (वि०) 1 पश्चिम दिशा का 2 पश्चिम देशों में रहनेवाला 3 पछवाँ (जैसे-सागर से चलनेवाली पश्चिमी हवाएँ गर्म होती हैं)

पश्चिमोत्तर–*सं०* (वि०) पश्चिम एवं उत्तर दिशाओं के मध्य स्थित। ~**सीमा-प्रदेश** (पु०) पाकिस्तान में पश्चिम उत्तर की सीमा में पड़नेवाला प्रांत

पश्तो–(स्त्री०) एक प्राचीन आर्यभाषा जो भारत की पश्चिमोत्तर से लेकर अफगानिस्तान, तक बोली जाती है

पश्म–*फ़ा०* (पु०) = पशम

पश्मीना–*फ़ा०* (पु०) = पशमीना

पश्यंती–*सं०* (स्त्री०) विशेष प्रकार की ध्वनि

पश्यतोहर–I *सं०* (वि०) देखते-देखते चतुरता से कोई वस्तु चुरा लेनेवाला II (पु०) स्वर्णकार, सुनार

पसंगा–*बो०* (पु०) = पासंग

पसंद–*फ़ा०* (वि०) 1 रुचिकर लगनेवाली 2 रुचि के अनुकूल (जैसे-यह कपड़ा मेरी पसंद का है) 3 वरण की हुई, चुनी हुई (जैसे-दर्शनशास्त्र मेरे पसंद का विषय है)

पसंदगी–*फ़ा०* (स्त्री०) पसंद आने का भाव

पसंदीदा–*फ़ा०* (वि०) पसंद आनेवाला, पसंद किया हुआ

पस–I *फ़ा० अ०* 1 अंत में, बाद में 2 पुनः, फिर 3 अतः, इसलिए 4 बेशक, निःसंदेह

पस–II *अं०* (पु०) ज़ख्म से निकलनेवाला लसीला तरल पदार्थ, मवाद

पस-ग़ैबत–*फ़ा० + अ०* (क्रि० वि०) अनुपस्थिति में

पसनी–*बो०* (स्त्री०) बच्चे को पहले-पहल अन्न चटाना, अन्नप्राशन

पस-माँदा–*फ़ा०* (वि०) बचा हुआ, शेष

पसर–I (पु०) 1 आधी अंजलि 2 अंजलि में भरी हुई वस्तु

पसर–II (पु०) 1 पशुओं के चरने की भूमि, चरागाह 2 चढ़ाई, आक्रमण

पसरना–(अ० क्रि०) 1 लेटना 2 फैलना

पसरहट्टा–(पु०) = पँसरहट्टा

पसराना–(स० क्रि०) 1 फैलवाना 2 पसरने में प्रवृत्त करना

पसली–(स्त्री०) स्तनपायी जीवों की छाती के दोनों ओर की गोलाकार हड्डियों में से प्रत्येक। ~**फड़क उठना**, ~**फड़कना** मन में उत्साह पैदा होना, जी में उमंग होना; **पसलियाँ ढीली करना, पसलियाँ तोड़ना** बुरी तरह पीटना

पसा–(पु०) पसर I

पसाना–I (स० क्रि०) 1 पके हुए चावल से माड़ निकालना 2 जलीय अंश निकालना II (अ० क्रि०) प्रसन्न होना

पसार–(पु०) 1 पसरने की क्रिया 2 फैलाव, विस्तार

पसारना–(स० क्रि०) 1 फैलाना (जैसे-भिखारी ने राजा के सामने झोली पसार दी) 2 आगे बढ़ाना (जैसे-प्रसाद के लिए हाथ पसारना) 3 विस्तृत करना। **अपने पैर पसारना**

1 आराम के लिए लेटना 2 शक्ति के अनुसार कार्य करना; **हाथ पसारना** दीनता पूर्वक माँगना

पसिंजर–*अं०* (पु०) यात्री। ~**गाड़ी** *+ हिं०* (स्त्री०), ~**ट्रेन** (स्त्री०) सवारी गाड़ी

पसीजना–(अ० क्रि०) 1 अति ताप के प्रभाव से जलकणों का निकलना 2 दया भाव उमड़ना, करुणार्द्र होना

पसीना–(पु०) 1 गरमी लगने से शरीर से निकलनेवाले जल बिंदु, स्वेद 2 अधिक श्रम करने से उत्पन्न जल कण, श्रम जल। ~**छूटना** अत्यधिक परेशान होना, घबरा जाना; **पसीने-पसीने होना** पसीने से तर होना

पसूज–(स्त्री०) सीधे टाँके

पसूजना–(स० क्रि०) टाँके लगाना

पसेरी–(स्त्री०) 1 पाँच सेर का बाट, पंसेरी 2 पाँच सेर की तौल (जैसे-दस पसेरी दाल लेते आना)

पसेव–(पु०) 1 कच्ची अफीम को सुखाने से प्राप्त तरल पदार्थ 2 जलांश, पसीना

पसोपेश–*फ़ा०* (पु०) सोच-विचार, असमंजस (जैसे-अधिक पसोपेश में पड़कर काम बिगड़ गया)

पस्त–*फ़ा०* (वि०) 1 थका हुआ 2 हारा हुआ 3 दबा हुआ, झुका हुआ। **क़द** *+ अ०* (वि०) ठिंगना, नाटा; ~**हिम्मत** *+ अ०* (वि०) हारा हुआ, हतोत्साह; ~**हिम्मती** *+ अ० + फ़ा०* (स्त्री०) कम हिम्मती

पस्ती–*फ़ा०* (स्त्री०) पस्त होने की अवस्था

पहँसुल–(पु०) हँसिया के आकार का छोटा उपकरण

पहचनवाना–(स० क्रि०) 1 पहचानने का काम कराना

पहचान–(स्त्री०) पहचानने की क्रिया 2 वस्तु के गुण-दोष, स्वाद आदि को जानने की शक्ति (जैसे-फल, वस्त्र, अनाज आदि की पहचान करना आसान नहीं है)

पहचानना–(स० क्रि०) 1 पूर्व परिचित वस्तु, व्यक्ति आदि को देखते ही जान लेना

पहनना–(स० क्रि०) शरीर पर वस्त्र गहने आदि धारण करना (जैसे-शादी में कीमती पोशाक पहनना भी एक शान है)

पहनवाना–(स० क्रि०) 1 पहनाने में प्रवृत्त करना (जैसे-मालकिन ने नौकर से बच्चे को कपड़े पहनवाने को कहा) 2 पहनने के लिए विवश करना

पहनाई–(स्त्री०) 1 पहनने का ढंग 2 पहनने-पहनाने का पारिश्रमिक

पहनाना–(स० क्रि०) धारण कराना (जैसे-आपको अँगूठी पहनानी पड़ेगी)

पहनाव, पहनावा–(पु०) 1 पोशाक 2 विशेष प्रकार का वेश 3 पहनने का विशेष वस्त्र

पहपट–(पु०) 1 शोरगुल, हल्ला 2 निंदात्मक चर्चा, बदनामी। ~**बाज़** *+ फ़ा०* (वि०/पु०) 1 शोरगुल मचानेवाला 2 छलिया, धोखेबाज़ 3 निंदा करनेवाला

पहर–(पु०) 1 समय 2 तीन घंटे का समय। ~**रात** (स्त्री०) रात के तीन घंटे का समय

पहरना–(स० क्रि०) *बो०* = पहनना

पहरा–I (पु०) 1 आदमी, वस्तु आदि की सुरक्षा हेतु किसी व्यक्ति को नियुक्त करने की स्थिति 2 रक्षक का रक्षा कार्य में लगा हुआ समय (जैसे-पहरे में यहाँ कौन आया था) 3 सावधान करनेवाली पहरेदार की आवाज़ (जैसे-कल रात में पहरा नहीं सुनाई पड़ा)। ~**देना** रखवाली करना, निगरानी करना; ~**पड़ना** पहरा दिया जाना; ~**बदलना** निश्चित समय समाप्त होने पर दूसरे पहरेदार का आना; ~**बैठाना** पहरेदार नियुक्त करना; **पहरे में रखना** हिरासत में रखना; **पहरे में होना** हिरासत में रखा जाना

पहरा–II (पु०) विशेष व्यक्ति के अस्तित्व, आगमन, सत्ता आदि का समय, पौरा

पहराना–(स० क्रि०) *बो०* = पहनाना

पहरावनी–(स्त्री०) 1 पहनावा 2 शुभ अवसर पर छोटों को दिए जानेवाले कपड़े

पहरावा–*बो०* (पु०) = पहनावा

पहरी–(पु०) पहरा देनेवाला व्यक्ति, पहरेदार

पहरुआ–*बो०* (पु०), **पहरू** *बो०* (पु०) = पहरी, प्रहरी

पहरेदार–*हिं० + फ़ा०* (पु०) 1 चौकीदार 2 रक्षक (जैसे-देश की सीमा के पहरेदार)

पहरेदारी–*हिं० + फ़ा०* (स्त्री०) 1 चौकीदारी 2 चौकीदार का पद

पहल–I (पु०) 1 कोनों के बीच का तल, पार्श्व 2 पहलू, बगल 3 मोटी तह, परत। ~**दार** *+ फ़ा०* (वि०) पहलोंवाला

पहल–II (स्त्री०) नए कार्य का पहली बार होनेवाला आरंभ। ~**क़दमी** *+ अ० + फ़ा०* (स्त्री०) पहल, आरंभ

पहलवान–I *फ़ा०* (पु०) 1 वह व्यक्ति जो कुश्ती लड़ना सिखाए 2 मोटा-ताज़ा, हट्टा-कट्टा II (वि०) अत्यधिक बलवान् और मोटा-ताज़ा

पहलवानी–I *फ़ा०* (वि०) 1 पहलवानों से संबंध रखनेवाला 2 पहलवानों की तरह का II (स्त्री०) 1 पहलवान होने की अवस्था 2 पहलवान का पेशा

पहला–(वि०) 1 समयानुसार जो आदि में हो (जैसे-राम दशरथ की पहली संतान थे) 2 प्रारंभिक अंशवाला (जैसे-पुस्तक का पहला अध्याय पढ़ो) 3 जो सबसे आगे बढ़ गया हो (जैसे-उसने दौड़ में पहला स्थान पाया) 4 वर्तमान से पूर्व का, विगत (जैसे-अब पहला ज़माना कहाँ रहा)

पहलू–*फ़ा०* (पु०) 1 पार्श्व, बगल 2 करवट, बल (जैसे-लेटने पर भी किसी पहलू आराम नहीं मिलता) 3 गुण-दोष की दृष्टि से कोई पक्ष (जैसे-युद्ध के सभी पहलुओं पर विचार करना) 4 समतल पृष्ठ, पहल (जैसे-इसका एक भी पहलू चौकोर नहीं है)। ~**दार** (वि०) जिसके कई पहलू हों। ~**गरम करना** शरीर से सटकर बैठना; ~**गरम कराना** शरीर से सटाकर बैठाना; ~**दबाना** 1 आक्रांत कर देना 2 पीछे हटाना; ~**बचाना** बगल से निकल जाना; ~**बसाना** पड़ोस में जाकर रहना; ~**में बैठना** सटकर बैठना; ~**में रहना** बहुत करीब रहना

पहले–(क्रि० वि०) 1 शुरू में, सर्वप्रथम 2 आगे, पूर्व (जैसे-मकान के पहले शिव जी का मंदिर है) 3 पूर्व काल में (जैसे-पहले जैसा खान-पान अब नहीं रह गया)। ~**पहल** (अ०) 1 सबसे पहले 2 जीवन में पहली बार (जैसे-मैंने पहले-पहल कुतुब मीनार देखा था)

पहलौठा–(वि०) जो सबसे पहले जन्मा हो, प्रथम प्रसव

पहलौठी–(स्त्री०) बच्चा जनने की पहली क्रिया

पहाड़–(पु०) 1 प्राकृतिक रूप से उठी हुई पृथ्वी तल के ऊपर पत्थर, चूने आदि की बड़ी-बड़ी चट्टानें जो प्रायः ऊबड़-खाबड़ रूप में होती हैं, पर्वत 2 वस्तु का बहुत बड़ा भारी ढेर 3 अत्यधिक कठिन कार्य की स्थिति (जैसे-आज के युग में चार-पाँच लड़कियों की शादी करना पहाड़ ढकेलना है)। ~**उठाना** अत्यधिक भारी काम करना, बहुत बड़ी ज़िम्मेदारी लेना; ~**काटना** 1 विकट कार्य कर डालना 2 संकट दूर करना; ~**टूटना** बहुत बड़ी विपत्ति आ पड़ना; ~**से टक्कर लेना** अपने से अधिक शक्तिशाली व्यक्ति से भिड़ना

पहाड़ा–(पु०) अंक की गुणन-सूची (जैसे-चार का पहाड़ा याद करो)

पहाड़िन–(स्त्री०) पहाड़ी औरत

पहाड़िया, पहाड़ी–I *बो०* (वि०) 1 पहाड़ संबंधी (जैसे-जंगलों से होकर एक पहाड़ी रास्ता गुज़रता है) 2 पहाड़ पर मिलनेवाला (जैसे-पहाड़ी जड़ी-बूटियाँ औषध मय होती हैं) 3 पहाड़ पर रहनेवालों से संबंधित (जैसे-कश्मीर में पहाड़ी बोली भी बोली जाती है) II (पु०) पहाड़ पर रहनेवाला व्यक्ति (जैसे-पहाड़ी चौकीदार बहुत ज़िंदादिल होता है) III (स्त्री०) छोटा पहाड़

पहिचान–(स्त्री०) = पहचान

पहिचानना–(स० क्रि०) = पहचानना

पहिनना–(स० क्रि०) = पहनना

पहिया–(पु०) 1 धुरी पर घूमनेवाला गाड़ी, यान आदि का मुख्य आधार जिसके घूमने से गाड़ी आगे बढ़ती है, चक्का 2 यंत्र आदि में लगा हुआ गोलाकार चक्र (जैसे-इस मशीन में दाँतेदार पहिया लगा है)। ~**कुर्सी** *+ अ०* (स्त्री०) पहिएदार कुर्सी

पहिरना–(स० क्रि०) = पहनना

पहिला–(वि०) = पहला

पहिले–(वि०) = पहले

पहुँच–(स्त्री०) 1 पहुँचने की क्रिया 2 पहुँचने की शक्ति 3 पहुँच जाने की खबर 4 समझने की सामर्थ्य 5 जानकारी 6 प्रवेश, पैठ

पहुँचना–(अ० क्रि०) 1 एक स्थान से चलकर दूसरे स्थान पर जाना (जैसे-रेलगाड़ी कानपुर से नागपुर पहुँच गई) 2 उपस्थित होना (जैसे-मुझे चार बजे अधिकारी के यहाँ पहुँचना है) 3 दक्ष, पारंगत (जैसे-वह चित्रकला में बहुत पहुँचा हुआ है) 4 प्राप्त होना, मिलना (जैसे-कल रात तक यह संदेश पहुँचना अति आवश्यक है) 5 सीमा तक जाना (जैसे-आग मकान की छत तक पहुँच गई) 6 बराबर होना, समान होना (जैसे-सभी लोग आसमान पर पहुँचना चाहते हैं) 7 प्रविष्ट होना, घुसना 8 प्रभावित होना (जैसे-शरीर में गर्मी पहुँच गई) 9 एक दशा से दूसरी दशा को प्राप्त होना

पहुँचा–(पु०) कलाई, गट्टा। ~**पकड़ना** बलपूर्वक हाथ पकड़कर काम करने को मना करना; **उँगली पकड़ के ~पकड़ना** अनुकूल देखकर स्वार्थ सिद्धि हेतु उसके पीछे पड़ जाना

पहुँचाना–(स० क्रि०) 1 वस्तु आदि को एक स्थान से दूसरे स्थान पर ले जाना 2 थोड़ी दूर तक किसी के संग चलकर उसे छोड़ने जाना 3 विशिष्ट पद, अवस्था आदि तक ले जाना (जैसे-आपने ही मुझे अधिकारी के पद पर पहुँचाया है) 4 प्रविष्ट कराना

पहुँची–(स्त्री०) 1 कलाई पर पहनने का गहना 2 कलाई पर पहना जानेवाला आवरण

पहुनाई–(स्त्री०) 1 अतिथि सत्कार, आतिथ्य सत्कार 2 सेवा-सत्कार आदि कराने की क्रिया। ~**करना** दूसरों के आतिथ्य पर सुख-चैन से दिन गुज़ारना

पहुन्नी–(स्त्री०) लकड़ी चीरते समय चिरे हुए अंश के बीच लगाया जानेवाला पच्चर

पहेटना–(स० क्रि०) 1 पकड़ने के लिए पीछा करना 2 सान पर रगड़ना 3 अनुचित रूप से ले लेना

पहेली–(स्त्री०) 1 प्रश्नात्मक उक्ति जिसमें बात का लक्षण बतलाते हुए यह कहा जाता है कि बताओ वह कौन-सी बात है 2 कोई गूढ़ बात जिसका निराकरण सहजपूर्ण न हो। ~**बुझाना** घुमाव-फिराव की बात जिससे लोग चक्कर में आ जाएं

पाँक–(पु०) = पंक

पांक्तेय–*सं०* (वि०) पंक्ति में बैठनेवाला

पाँख–(पु०) = पंख

पाँखी–(स्त्री०) 1 फतिंगा 2 पक्षी, चिड़िया

पाँगा-नोन–(पु०) समुद्री नमक

पाँच–I (वि०) जो चार से अधिक तथा छह से कम हो II (पु०) पाँच की संख्या जो इस प्रकार लिखी जाती है-5। ~**पंच** (पु०) मुख्य-मुख्य लोग (जैसे-पाँच-पँच का कहना ही मान्य होगा); ~**सात** (वि०) बहुत कम, थोड़े से; ~**साला** *+ फ़ा०* (वि०) पाँच साल का; **पाँचों उँगलियाँ घी में होना** हर काम में सफलता प्राप्त होना; **पाँचों सवारों में नाम लिखाना** ज़बरदस्ती अपने को श्रेष्ठ मनुष्यों में गिनना

पाँचजन्य–*सं०* (पु०) = पंचजन्य

पाँचवाँ–(वि०) पाँच के स्थान पर पड़ने वाला। ~**सवार बनना** ज़बरदस्ती अपने को श्रेष्ठ लोगों में गिनना

पाँचा–(पु०) पाँच दाँतोंवाला भूसा बटोरने के काम में आनेवाला बेंटदार आला

पांचाल–I *सं०* (वि०) 1 पंचाल देश का 2 पंचाल देश में होनेवाला II (पु०) 1 पंचाल नाम का देश 2 पंचाल जाति के लोग

पांचालिका–*सं०* (स्त्री०) = पंचालिका

पांचाली–*सं०* (स्त्री०) 1 पंचाल देश की स्त्री 2 पंचाल देश की राजकुमारी एवं पाँचों **पांडवों** की पत्नी द्रौपदी

पाँचेक–*बो०* (वि०) 1 पाँच के लगभग 2 थोड़े से

पाँजना–(स० क्रि०) धातुओं के टुकड़ों को जोड़ने हेतु टाँका लगाना, झालना

पाँजर–I (अ०) पास, समीप II (पु०) निकटता, सामीप्य

पांटून–*अं०* (पु०) पीपा (जैसे-पांटून ब्रिज)

पांडर–*सं०* (पु०) 1 कुंद का वृक्ष और फूल 2 सफ़ेद रंग। ~**वायस** (पु०) सफ़ेद कौआ, असंभव बात

पांडरेतर–*सं०* (वि०) सफ़ेद से भिन्न

पांडव–I *सं०* (वि०) पांडु संबंधी, पांडु का II (पु०) 1 पांडु के पुत्र 2 पंजाब का एक प्राचीन प्रदेश 3 पांडु **प्रदेश** का निवासी

पांडवायन–*सं०* (पु०) श्रीकृष्ण

पांडित्य–*सं०* (पु०) 1 पंडित होने की अवस्था 2 विद्वान् को होनेवाला ज्ञान, विद्वता। ~**प्रदर्शन** (पु०) विद्वता का दिखावा करना

पांडु–I *सं०* (वि०) हल्के पीला रंग का II (पु०) 1 सफ़ेद रंग 2 लालिमा युक्त पीला रंग 3 पीलिया। ~**ता** (स्त्री०) पीलापन; ~**रोग** (पु०) पीलिया नामक रोग; ~**लिपि** (स्त्री०) पुस्तक की हस्तलिखित प्रति; ~**लेख** (पु०) मसविदा; ~**लेखक** (पु०) पांडुलिपि लिखनेवाला; ~**लेखन** (पु०) पांडुलिपि का काम; ~**वर्ण** (वि०) पीला रंग

पांडुर–I *सं०* (वि०) सफ़ेद, श्वेत II (पु०) 1 लालिमा युक्त पीला रंग 2 सफ़ेद रंग

पांडुरिमा–*सं०* (स्त्री०) हल्का पीलापन

पाँडे, पांडेय–(पु०) 1 ब्राह्मणों की एक उपाधि 2 अध्यापक, शिक्षक

पाँत–(स्त्री०) 1 पंक्ति, कतार 2 पंगत 3 समूह

पाँति–(स्त्री०) 1 एक साथ खानेवालों का समूह 2 कतार, अवली 3 स्वजन वर्ग

पांथ–I *सं०* (वि०) पथिक II (पु०) सूर्य। ~**शाला** (स्त्री०) पथिकों के विश्राम हेतु ठहरने का स्थान, धर्मशाला आदि

पाँव–(पु०) 1 पैर 2 कोई आधार (जैसे-मैं आपके पाँव सहारे खड़ा रह सकता हूँ अन्यथा मेरा कोई नहीं)। ~**अड़ाना** व्यर्थ दख़ल देना; ~**उखड़ जाना** युद्ध में न ठहर सकना; ~**उठाकर चलना** तेज चलना; ~**कट जाना** 1 शक्ति नष्ट हो जाना 2 चल बसना; ~**का खटका** पैर की आहट; ~**की जूती** तुच्छ सेवक; ~**की बेड़ी** जंजाल, झंझट; ~**गाड़ना** 1 जमकर खड़ा रहना 2 डटा रहना; ~**घिसना** थक जाना; ~**जमना** 1 दृढ़तापूर्वक स्थित रहना 2 स्थिति मज़बूत होना; ~**डिगना** स्थिर न रह सकना; ~**तले की धरती खसकना** अत्यधिक घबड़ा जाना; ~**तले की धरती सरक जाना** स्तब्ध रह जाना; ~**तोड़कर बैठना** आना-जाना बंद कर देना; ~**तोड़ना** थका देना; ~**धरती पर न पड़ना,** ~**धरती पर न रखना** घमंड में चूर रहना; ~**धरना** पदार्पण करना, पधारना; ~**धोकर पीना** 1 अत्यधिक सम्मान करना 2 चरणामृत लेना; **(किसी के)** ~**न होना** ठहरने की शक्ति न होना, दृढ़ता का अभाव होना; ~**निकलना** बदनामी होना; ~**निकालना** 1 मनमानी करना 2 हैसियत से बढ़कर काम करना 3 बुरे कर्म में प्रवृत्त होना; ~**पकड़ना** 1 दीनता एवं विनय प्रकट करना 2 माफ़ी माँगना; ~**पड़ना** 1 दैन्य भाव से विनय करना 2 चरणों पर गिरना, पैर छूना 3 क्षमा याचना करना; ~**पर पाँव रखकर बैठना** बेख़बर होना, निश्चिंत रहना; ~**पसारना** 1 अधिकार करना 2 ठाट-बाट करना; ~**पीटना** 1 छटपटाना 2 परेशान होना; ~**पूजना** 1 अत्यधिक आदर-सम्मान करना 2 विवाह में कन्या कुल के लोगों का वर का पूजन करना एवं कन्या दान में योग देना, वर पूजन करके कन्या वर को समर्पित करना; ~**फूलना** भय आदि के कारण ठिठकना; ~**फेरने जाना** विवाहिता का पहले-पहल ससुराल जाना; ~**फैलाना** 1 अधिक पाने के लिए प्रयास करना 2 लोभ करना; ~**बढ़ाना** 1 और अधिक गति में चलना 2 कब्ज़ा करना; ~**बाहर निकलना** ≠ पाँव निकलना; ~**भारी होना** गर्भवती होना; **(किसी से)** ~**भी न धुलवाना** अति तुच्छ समझना; ~**में बेड़ी पड़ना** जंजाल में फँसना; ~**में मेंहदी लगना** काम करने हेतु बाहर न जाना; ~**रोपना** 1 प्रण करना, प्रतिज्ञा करना 2 शर्त लगाना; ~**लगना** चरण स्पर्श कर प्रणाम करना; ~**समेटना** 1 पैर सिकोड़ना 2 अलग रहना; ~**से पाँव बाँधकर रखना** सदा अपने पास रखना

पाँवड़ा–(पु०) 1 आदरणीय व्यक्ति के मार्ग पर बिछाया गया कपड़ा जिसपर वह पैर रखकर चलता है 2 पैर पोंछने के लिए बिछाया गया कपड़ा, पायंदाज, पाँवदान

पाँवड़ी, पाँवरी–(स्त्री०) 1 खड़ाऊँ 2 जूता 3 सीढ़ी, सोपान

पांशन–I *सं०* (वि०) 1 कलंकित करने वाला, भ्रष्ट करनेवाला 2 दुष्ट II (पु०) अपमान, तिरस्कार

पांशु–*सं०* (स्त्री०) 1 धूलि, रज 2 बालू 3 गोबर की खाद। ~**ज** (पु०) पाँगा नमक

पांशुल–I *सं०* (वि०) 1 गर्द युक्त, धूल-धूसरित 2 अपवित्र 3 लंपट, व्यभिचारी II (पु०) 1 व्यभिचारी पुरुष 2 पूरितकंज

पांशुला–*सं०* (स्त्री०) व्यभिचारिणी, पुंश्चली

पाँस–(स्त्री०) 1 राख, गोबर आदि की खाद 2 ख़मीर 3 शराब निकाला हुआ महुआ

पाँसना–(स० क्रि०) खेतों में खाद डालना

पाँसा–(पु०) = पासा

पाँसी–(स्त्री०) रस्सी की बनी हुई जाली

पाइंट–*अं०* (स्त्री०) दे० प्वाइंट

पाइका–*अं०* (पु०) 12 प्वाइंट टाइप

पाइट–(स्त्री०) बाँस आदि का बनाया गया वह ढाँचा जिस पर खड़े होकर राजगीर दीवार आदि बनाने एवं पलस्तर आदि का काम करते हैं

पाइप–*अं०* (पु०) 1 नल (जैसे-नल बंद हो गया) 2 नल जिसमें से होकर पानी एक स्थान से दूसरे स्थान को जाता है (जैसे-दस फुट का पाइप कुएँ में लगाया गया है) 3 तम्बाखू पीने की नली 4 बाँसुरी की तरह का बाजा। ~**लाइन** (स्त्री०) ज़मीन के अंदर दूर तक जानेवाली नल वाहिका

पाइरिया–*अं०* (पु०) दाँत में कीड़ा लगने का रोग

पाइलट–*अं०* (पु०) वायुयान चालक

पाईंबाग़–*फ़ा०* (पु०) घर के साथ लगा हुआ बाग़, नज़रबाग़

पाई–I (स्त्री०) 1 खड़ी लकीर, सीधी लकीर 2 हिंदी वाक्यों आदि के अंत में लगाया जानेवाला पूर्ण विराम का संकेत करनेवाली रेखा, पूर्ण विराम सूचक चिह्न

पाई–II *अं०* (स्त्री०) कचौड़ी

पाई–III (स्त्री०) एक सबसे छोटा पुराना सिक्का (एक पैसे में तीन पाई होती थी)

पाउंड–I *अं०* (पु०) इंग्लैंड तथा कुछ अन्य देशों की सबसे बड़ी मुद्रा

पाउंड–II *अं०* (पु०) एक बाट जो लगभग 400 ग्राम का होता है

पाउडर–*अं०* (पु०) 1 चेहरे पर लगाया जानेवाला सुगंधित चूर्ण 2 बुकनी, चूर्ण

पाक–I *सं०* (पु०) 1 भोजन आदि पकाने की क्रिया 2 पकाया हुआ भोजन, रसोई II (वि०) 1 छोटा 2 प्रशंसनीय 3 जो परिपुष्ट एवं पूर्ण अवस्था प्राप्त हुआ हो। ~**गृह** (पु०) रसोईघर; ~**नैपुण्य** (पु०) पकाने की दक्षता या निपुणता; ~**विज्ञान** (पु०) = पाक कला; ~**शाला** (स्त्री०) = पाक गृह; ~**शास्त्र** (पु०) = पाक कला

पाक–*फ़ा०* (वि०) 1 निर्मल, पवित्र 2 साफ़, स्वच्छ 3 निर्दोष (जैसे-उस पाक दिल को व्यर्थ कलंकित करना पाप है)। ~**दामन** (वि०) जिसका चरित्र बिल्कुल निष्कलंक हो; ~**दामिनी** (स्त्री०) पाक दामन होने का भाव; ~**साफ़** *+ अ०* (वि०) 1 साफ़ सुथरा, निर्मल 2 निर्दोष, निष्पाप

पाकठ–(वि०) 1 पका हुआ 2 दक्ष, होशियार 3 दृढ़, मज़बूत

पाकना–I (अ० क्रि०) पकना II (स० क्रि०) पकाना

पाकर–(पु०) बरगद की तरह का एक प्रकार का बड़ा पेड़

पाकागार–*सं०* (पु०) = पाक गृह

पाकाभिमुख–*सं०* (वि०) जो पक रहा हो

पाकिस्तानी–*फ़ा०* I (वि०) 1 पाकिस्तान का 2 पाकिस्तान में होनेवाला II (पु०) पाकिस्तान में रहनेवाला व्यक्ति

पाकीज़गी–*फ़ा०* (स्त्री०) 1 सफ़ाई 2 शुद्धता 3 निर्दोषता

पाकीज़ा–*फ़ा०* (वि०) 1 पवित्र, शुद्ध 2 निर्दोष

पाकेट–*अं०* (पु०) जेब। ~**ख़र्च** *+ फ़ा०* (पु०) जेब ख़र्च; ~**बुक** (स्त्री०) जेब क़िताब; ~**मनी** (स्त्री०) जेब ख़र्च; ~**मार** *+ हिं०* (पु०) गिरहकट, जेबकतरा; ~**मारी** *+ हिं०* (स्त्री०) गिरहकटी; ~**वाच** (पु०) जेब घड़ी

पाक्य–I *सं०* (वि०) 1 पकाये जाने योग्य 2 पचने योग्य II (पु०) 1 काला नमक 2 साँभर नमक 3 शोरा

पाक्ष–I *सं०* (वि०) = पाक्षिक II (पु०) = पक्ष। ~**पातिक** (वि०) 1 पक्षपात करनेवाला, फूट डालनेवाला 2 पक्षपात रूप में होनेवाला

पाक्षिक–I *सं०* (वि०) 1 जो एक पक्ष में एक बार होता हो 2 चांद्र मास के पक्ष से संबंध रखनेवाला 3 पक्षपात करनेवाला, तरफ़दार II (पु०) 1 बहेलिया 2 शिकारी

पाखंड–*सं०* (पु०) 1 आडंबर, ढकोसला 2 वेद विरुद्ध किया जानेवाला आचरण 3 छल, वंचना 4 मिथ्या धर्माचरण, धर्म का झूठा आचार व्यवहार। ~**फैलाना** आडंबरपूर्ण थोथे उपाय करना, ढोंग रचना

पाखंडी–*सं०* (वि०) 1 ढोंगी, छली 2 वेद विरुद्ध आचरण करनेवाला, वेद-निंदक 3 मिथ्या धर्माचरण करनेवाला, प्रवंचक

पाख–(पु०) 1 पंद्रह दिन का समय 2 चांद्र मास का कोई पक्ष 3 पंख, पर

पाखर–(स्त्री०) युद्ध के हाथी-घोड़ों की रक्षा हेतु पहनाई जानेवाली लोहे की झूल 3 ज़ीन

पाख़ाना–*फ़ा०* (पु०) 1 मल, गू 2 शौचालय। ~**निकलना** अत्यधिक भयभीत होना; ~**फिरना** मल त्याग करना ~**लगना** मल त्यागने की प्रवृत्ति होना

पाग–I (स्त्री०) पगड़ी

पाग–II (पु०) 1 चाशनी 2 चाशनी में डुबाई गई मिठाई

पागना–I (स० क्रि०) चाशनी में डुबाना II (अ० क्रि०) शराबोर, होना, मग्न होना

पागल–(वि०) 1 बावला, विक्षिप्त 2 मनोविकार की अतिशयता में जो अविवेकी हो गया हो (जैसे-प्रेयसी के वियोग में वह पागल हो गया है) 3 जिसे कुछ भी सुध-बुध न हो, आसक्त हो गया हो (जैसे-तरुणी के रूप सौंदर्य को देखते ही वह पागल हो गया) 4 जो प्रायः विक्षिप्तों की तरह व्यवहार करे (जैसे-तुम बिल्कुल पागल हो गए हो क्या)। ~**ख़ाना** *+ फ़ा०* (पु०) वह स्थान जहाँ विक्षिप्त लोगों का उपचार किया जाता है; ~**पन** (पु०) 1 विक्षिप्त होने की अवस्था 2 पागलों के समान किया जानेवाला आचरण 3 बेवकूफ़ी, मूर्खता

पागलिनी–(स्त्री०) पगली, विक्षिप्त स्त्री

पागुर–*बो०* (पु०) जुगाली

पाचक–I *सं०* (वि०) पाचन की क्रिया करनेवाला II (पु०) 1 पकानेवाला, रसोइया 2 पाचन शक्ति बढ़ानेवाली

पाचन–I *सं०* (पु०) पचाने की क्रिया 2 भोजन पचानेवाली औषध 3 भोजन का पचाया जाना 4 भोजन बनाना II (वि०) 1 भोजन पकानेवाला 2 भोजन पचानेवाला। ~**प्रणाली** (स्त्री०) शरीर में खाने को पचाने की शक्ति 2 हाज़मा

पाचनीय–*सं०* (वि०) 1 जो पचाया जा सके 2 जो पकाया जा सके

पाचिका–*सं०* (स्त्री०) रसोई बनानेवाली स्त्री

पाच्य–*सं०* (वि०) = पाचनीय

पाछ–I (स्त्री०) 1 चीरा लगाकर रक्त आदि निकालने की क्रिया 2 किया गया घाव

पाछ–II (पु०) पिछला भाग, पीछा

पाछना–(स० क्रि०) हल्का घाव करना

पाजामा–*फ़ा०* (पु०) कमर से एड़ी तक का भाग ढकनेवाला एक प्रकार का सिला हुआ वस्त्र जिसके ऊपरी भाग के नेफ़े में नारा डालकर कमर में बाँधा जाता है (जैसे-चूड़ीदार पाजामा साफ़ कर देना)

पाजी–I (पु०) 1 पैदल सिपाही, प्यादा 2 पैदल चलनेवाला व्यक्ति II (वि०) दुष्ट, लुच्चा। ~**पन** (पु०) दुष्टता, बदमाशी

पाजेब–*फ़ा०* (स्त्री०) नूपुर, पायल

पाटंबर–*सं०* (पु०) रेशमी कपड़ा, रेशमी वस्त्र

पाट–(पु०) 1 रेशम 2 रेशम का बटा हुआ महीन डोरा 3 रेशम का कीड़ा 4 पटसन 5 कपड़ा, वस्त्र 6 पीढ़ा 7 पत्थर की पटिया 8 तख़्ता 9 चौड़ाई का विस्तार (जैसे-यमुना नदी का पाट गंगा नदी से अधिक है) 10 चक्की के दोनों पल्लों में से प्रत्येक। ~**कृमि** *+ सं०* (पु०) रेशम के कीड़े पालनेवाला

पाटच्चर–*सं०* (वि०) चुरानेवाला

पाटन–I (पु०) चीरने-फाड़ने, तोड़ने-फोड़ने की क्रिया II (स्त्री०) 1 पाटने की क्रिया 2 पटाव 3 दीवारों को पाटकर बनाई गई छत 4 मकान के ऊपर का दूसरा खंड

पाटना–(स० क्रि०) 1 गड्ढे आदि को समतल करना 2 मकान की छत बनाना 3 भरमार करना (जैसे-सारी दुकान कपड़ों से पाट दी गई है)

पाटल–I *सं०* (पु०) 1 गुलाब 2 पाढर का वृक्ष II (वि०) 1 गुलाब का 2 गुलाब के रंग का। ~**वर्ण** (वि०) गुलाबी रंग का, गुलाबी

पाटला–I *सं०* (स्त्री०) 1 पाढर वृक्ष 2 जल कुंभी

पाटला–II (पु०) बढ़िया और साफ़ सोना

पाटलिपुत्र–*सं०* (पु०) मगध की प्रसिद्ध ऐतिहासिक नगरी

पाटव–*सं०* (पु०) 1 पटुता 2 दृढ़ता 3 शीघ्रता, जल्दी

पाटा–(पु०) 1 काठ का पीढ़ा 2 लंबी धरन की तरह आयताकार लकड़ी जिससे जुते हुए खेत की मिट्टी को समतल करते हैं (जैसे-किसान खेत में पाटा चला रहा है) 3 आयताकार लकड़ी का छोड़ा टुकड़ा जो पलस्तर को समतल करने के काम आता है

पाटी–(स्त्री०) 1 पाठ, सबक 2 माँग पट्टी 3 पलंग आदि के चौखट की लंबाई के बल की लकड़ी 4 चट्टान, शिला ~**पढ़ना** 1 पाठ पढ़ना, सबक लेना 2 अनुचित बात ग्रहण करना; ~**पारना,** ~**बैठाना** सिर के बालों को कंघी से सँवारना

पाटी–*सं०* (स्त्री०) 1 परिपाटी, रीति 2 हिसाब, गणित शास्त्र 3 पंक्ति, श्रेणी। ~**गणित** (पु०) *ग०* ज्ञात अंकों की सहायता से अज्ञात अंकों को जानने की विद्या

पाठ–*सं०* (पु०) 1 पढ़नेवाला विषय 2 पढ़ने की क्रिया, पढ़ाई 3 सबक (जैसे-पढ़ाया गया पाठ याद करके आना) 4 धर्म ग्रंथ पढ़ने की क्रिया (जैसे-पुत्र कामना हेतु रामायण पाठ करना)। ~**दोष** (पु०) शब्दों के वर्णों तथा वाक्यों के शब्दों की भ्रामक योजना; ~**पद्धति** (स्त्री०) पढ़ने की रीति या ढंग; ~**भेद** (पु०) एक ही ग्रंथ की दो प्रतियों के पाठ में मिलनेवाला अंतर, पाठांतर; ~**मिलान** *+ हिं०* (पु०) एक ही कृति के पाठों को जाँचना; ~**विज्ञान** (पु०) पाठालोचन; ~**शाला** (स्त्री०) जहाँ विद्यार्थियों को पढ़ना-लिखना सिखाया जाए, स्कूल (जैसे-आजकल प्राथमिक पाठशालाएँ जर्जर होती जा रही हैं)

पाठक–I *सं०* (वि०) 1 पाठ पढ़नेवाला 2 पाठ करनेवाला 3 पाठ पढ़ानेवाला II (पु०) 1 विद्यार्थी 2 अध्यापक 3 धर्मोपदेशक

पाठन–*सं०* (पु०) 1 पाठ पढ़ाना 2 पढ़कर सुनाना

पाठशालीय–*सं०* (वि०) पाठशाला का

पाठांतर–*सं०* (पु०) = पाठ-भेद

पाठांश–*सं०* (पु०) पाठ का एक भाग

पाठा–I (स्त्री०) पाढ़ा नाम की लता II (वि०) 1 पट्ठा, जवान 2 हृष्ट-पुष्ट III (पु०) 1 जवान बकरा 2 जवान बैल 3 जवान भैंसा

पाठालय–*सं०* (पु०) = पाठशाला

पाठालोचना–*सं०* (स्त्री०) 1 ग्रंथ के मूल एवं वास्तविक पाठ का वह रूप एवं निर्धारण जो छान-बीन करके निश्चित किया जाता है 2 साहित्यिक क्षेत्र में वैज्ञानिक अनुसंधान के द्वारा मूल ग्रंथ के वास्तविक स्वरूप एवं कृति की विवेचना करना

पाठावली–*सं०* (स्त्री०) अनेक पाठोंवाली पुस्तक

पाठिक–*सं०* (वि०) जो मूल पाठ के अनुरूप हो, जो मूल पाठानुकूल हो

पाठिका–I *सं०* (वि०) 1 पाठ पढ़नेवाली 2 पाठ पढ़ानेवाली 3 पाठ करनेवाली II (स्त्री०) पाठा, पाढ़ा

पाठित–*सं०* (वि०) पढ़ाया हुआ

पाठी–*सं०* (वि०) पढ़नेवाला, पाठक

पाठ्य–*सं०* (वि०) 1 जो पढ़ाया जाने योग्य हो 2 जिसे पढ़ा जा सके। ~**काल** (पु०) पढ़ाई की अवधि; ~**क्रम** (पु०) निर्धारित विषय एवं उनकी पुस्तकें (जैसे-परीक्षा का पाठ्यक्रम बदल दिया गया है); ~**ग्रंथ** (पु०) = पाठ्य पुस्तक; ~**चर्या** (स्त्री०) निर्धारित विषयों एवं तत्संबंधी पाठ्यक्रमों की विवरण पुस्तिका; ~**पुस्तक** (स्त्री०) पढ़ाई की पुस्तक; ~**सामग्री** (स्त्री०) पढ़ने-लिखने की आवश्यक वस्तुएँ (जैसे-कापी-किताब, क़लम-दवात ये सभी पाठ्य सामग्री के रूप हैं)

पाड़–(पु०) 1 धोती, साड़ी आदि का किनारा 2 मचान 3 लकड़ी की ठठरी 4 तख़्ता, टिकठी 5 बासों का ढाँचा 6 पाटा

पाड़ा–I (वि०) 1 मुहल्ला, टोला 2 खेत की सीमा, हद II (पु०) भैंस का नर बच्चा, पँड़वा

पाड़ी–(स्त्री०) 1 भैंस की बच्ची, पड़िया

पाढ़–(पु०) 1 पीढ़ा 2 पाटा 3 गहनों पर नक्काशी करने का एक उपकरण

पाढ़ा–(पु०) छोटा बारहसिंघा जिसकी भूरे रंग की खाल पर सफ़ेद चित्तियाँ होती हैं, चित्रमृग

पाण–*सं०* (पु०) 1 व्यापार, व्यवसाय 2 व्यापारी

पाणि–*सं०* (पु०) हाथ, कर। ~**ग्रहण** (पु०) 1 स्त्री को पत्नी रूप में स्वीकारने हेतु उसका हाथ पकड़ना 2 हिंदू विवाह की एक रस्म जिसमें वह भावी पत्नी का हाथ पकड़ता है; ~**ग्रहणिक** (पु०) विवाह संबंधी, विवाह के समय का; ~**गृहीत** (वि०) हाथ पकड़ा हुआ पत्नी रूप में स्वीकार किया हुआ; ~**ग्राहक** I (वि०) हाथ पकड़नेवाला, पत्नी बनानेवाला II (पु०) विवाह के समय कन्या का हाथ पकड़नेवाला वर

पात–(पु०) 1 पत्ता, पत्र (जैसे-इक दिन तन-तरुवर के सभी पात झरि जैंहे) 2 पत्ते के आकार का कान में पहना जानेवाला गहना। **पातों आ लगना** पतझड़ होना, पतझड़ का समय आना

पात–*सं०* (पु०) 1 पतन 2 गिराने की क्रिया 3 उचित स्थान से नीचे आने की क्रिया (जैसे-अधःपात होना) 4 पड़ने की क्रिया (जैसे-सौन्दर्य पर दृष्टिपात होते ही मैं मुग्ध हो गया)

पातक–I *सं०* (वि०) गिरानेवाला II (पु०) नरक में गिरानेवाला पाप

पातकी–*सं०* (वि०) अत्यधिक पाप करनेवाला, घोर पापी

पातन–*सं०* (पु०) गिराने की क्रिया

पातव्य–*सं०* (वि०) जो गिराए जाने योग्य हो

पाताल–*सं०* (पु०) 1 अत्यधिक गहरा और नीचा स्थान 2 पृथ्वी के नीचे कल्पित लोक। नाग लोक। ~**गंगा** (स्त्री०) भूगर्भ में बहनेवाली नदी; ~**जल** (पु०) ज़मीन के अंदर बहुत गहराई में मिलनेवाला पानी

पातालीय–*सं०* (वि०) पाताल संबंधी

पाति–*बो०* (स्त्री०) 1 पाती, चिट्ठी 2 पत्ती

पातित–*सं०* (वि०) 1 गिराया हुआ 2 झुकाया हुआ

पातित्य–*सं०* (पु०) 1 गिरावट 2 अधः पतन

पातिव्रत, पातिव्रत धर्म–*सं०* (पु०) पति के प्रति होनेवाली पूर्ण निष्ठा भावना

पातिव्रत्य–*सं०* (पु०) पतिव्रता होने की अवस्था

पात्र–I *सं०* (पु०) 1 बरतन 2 पानी पीने का बर्तन 3 पानी रखने

का बरतन (जैसे-जल पात्र गिरने से टूट गया) 4 यज्ञ में काम आनेवाले उपकरण (जैसे-सभी यज्ञ पात्र साफ़ कर लेना) 5 उपन्यास, नाटक आदि में काम करनेवाले व्यक्ति (जैसे-गोदान उपन्यास का प्रमुख पात्र होरी है, इस नाटक में कई पात्रों ने भाग लिया) II (वि०) जिसे योग्यता के कारण चुना जा सके। ~**गण** (पु०) पात्रों का समूह; ~**ता** (स्त्री०) पद, कार्य आदि की योग्यता; ~**परिचय** (पु०) नाटक में आनेवाले पात्रों की पहचान; ~**वर्ग** (पु०) = पात्र गण

पात्री–I *सं०* (वि०)/(पु०) 1 जिसके पास बर्तन हो, बर्तनवाला 2 जिसके पास सुयोग्य पात्र हो

पात्री–II *सं०* (स्त्री०) 1 पात्र का स्त्री रूप 2 छोटा पात्र 3 साहित्यिक रचना का स्त्री पात्र 4 अभिनेत्री

पाथ–*सं०* (पु०) 1 जल 2 सूर्य 3 अग्नि 4 आकाश 5 वायु 6 अन्न

पाथना–(स० क्रि०) गीली मिट्टी आदि को थपथपाते हुए छोटे-छोटे पिंड बनाना (जैसे-ईंधन के लिए गोबर पाथना)

पाथेय–I *सं०* (वि०) पथ संबंधी, पथ का II (पु०) रास्ते का भोजन

पाद–*सं०* (पु०) चरण, पैर। ~**चारी** I (वि०) 1 पैरों से चलनेवाला 2 पैदल चलनेवाला II (पु०) प्यादा; ~**क्षेप** (पु०) चलते समय पैर रखना; ~**चिह्न** (पु०) चलने से ज़मीन पर बने तलुवों के निशान; ~**ज** I (वि०) पैर से उत्पन्न II (पु०) शूद्र; ~**टिप्पणी**, ~**टीका** (स्त्री०) ग्रंथ के पृष्ठ के निचले भाग में सूचना एवं निर्देश हेतु लिखी गई बात, तलटीप; ~**तल** (पु०) पैर का तलवा; ~**दलित** (वि०) = पद दलित; ~**पथ** (पु०) पैदल चलने का रास्ता; ~**पीठ** (पु०), ~**पीठिका** (स्त्री०) पीढ़ा, चौकी; ~**पूरण** (पु०), ~**पूर्ति** (स्त्री०) 1 श्लोक आदि के चरण को पूरा करना 2 पाद पूर्ति वह अक्षर, शब्द जिससे किसी श्लोक पद की पूर्ति होती हो; ~**प्रणाम** (पु०) पाँव छूकर प्रणाम करना, साष्टांग दंडवत्; ~**प्रहार** (पु०) लात मारना; ~**विक्षेप** (पु०) पैर घुमाना; ~**शब्द** (पु०) पैर की आहट

पादक–I *सं०* (वि०) खूब चलनेवाला II (पु०) छोटा पैर

पादना–(अ० क्रि०) 1 मलद्वार से शब्द करती हुई वायु निकालना 2 खेल में भगाया एवं परेशान किया जाना

पादप–*सं०* (पु०) वृक्ष, पेड़

पादरी–*पु०* (पु०) मसीही धर्मानुयायियों का धर्मगुरु, मसीही धर्मोपदेशक। ~**समुदाय** + *सं०* (पु०) मसीही धर्मोपदेशकों का संगठन या वर्ग

पादशाह–*फ़ा०* (पु०) बादशाह, सम्राट

पादशाही–I *फ़ा०* (वि०) बादशाह का II (स्त्री०) राज्य, शासन

पादांक–*सं०* (पु०) = पाद चिह्न

पादांत–*सं०* (पु०) पैर का अंतिम भाग

पादाक्रांत–*सं०* (वि०) पैरों से कुचला हुआ, पद दलित

पादाग्र–*सं०* (पु०) पैर का अगला भाग

पादाघात–*सं०* (पु०) = पाद प्रहार

पादाति–*सं०* पैदल सिपाही, प्यादा

पादारविंद–*सं०* (पु०) चरण रूपी कमल, चरण कमल

पादाहति–*सं०* (स्त्री०) पैर से लगाई जानेवाली ठोकर

पादिक–I *सं०* (वि०) जो वस्तु के चौथाई अंश के बराबर हो II (पु०) किसी वस्तु का चतुर्थांश

पादी–I *सं०* (वि०) 1 पैरवाला 2 चार चरणोंवाला II (पु०) पैरोंवाला कोई जीव 2 चौथाई अंश का मालिक

पादुका–*सं०* (स्त्री०) 1 खड़ाऊँ 2 जूता 3 पैरों में पहनने का कोई उपकरण, पद त्राण

पादोदक–*सं०* (पु०) 1 वह जल जिसमें पाँव धुलाया गया हो, चरणोदक 2 चरणामृत

पाद्य–I *सं०* (वि०) पैर से संबंध रखनेवाला, पैर का II (पु०) पैर धोने के लिए रखा गया जल

पाद्यार्घ–*सं०* (पु०) 1 हाथ-पैर धोने एवं धुलाने का जल 2 देव पूजन की सामग्री

पाधा–(पु०) 1 उपाध्याय 2 आचार्य

पान–*सं०* (पु०) पीना (जैसे-मद्यपान स्वास्थ्य के लिए हानिकारक है)। ~**गोष्ठी** (स्त्री०) मद्य पान करनेवालों की मंडली; ~**दोष** (पु०) शराब पीने की लत

पान–(पु०) 1 कत्था, चूना आदि लगाकर खाए जानेवाला एक प्रसिद्ध लता का पत्ता, ताम्बूल 2 लगा हुआ पान का पत्ता, गिलौरी, बीड़ा। ~**दान** + *फ़ा०* (पु०) = पनडब्बा; ~**पत्ता** (पु०) 1 पान का पत्ता 2 पान आदि; ~**खाने को देना** 1 रिश्वत, घूस देना 2 इनाम रूप में धन आदि देना; ~**खिलाना** विवाह के विषय में वर पक्षवालों को वचन देना; ~**चीरना** व्यर्थ का काम करना; ~**फेरना** पानों को उलट-पुलटकर देखना; ~**बनाना**, ~**लगाना** गिलौरी बनाना

पानक–*सं०* (पु०) आम आदि को भूनकर बनाया गया खट-मीठा पेय पदार्थ, पना

पानड़ी–(स्त्री०) एक लता जिसकी पत्तियाँ पेय पदार्थों तथा उबटन आदि में सुगंध हेतु डाली जाती हैं

पानप–*सं०* (पु०) शराबी, मद्यपी

पाना–(स० क्रि०) किसी वस्तु का अपने अधिकार में आना, हासिल करना (जैसे-भाग्य से मैंने अच्छा घर, उसने पूवर्जों से अच्छी ख़ासी जायदाद पाई है) 2 प्राप्त होना, मिलना (जैसे-पुरस्कार पाने के लिए परिश्रम करना पड़ता है) 3 हस्तगत करना (जैसे-मैंने यह अँगूठी सड़क पर पड़ी पाई थी) 4 मानसिक उपलब्धि करना (जैसे-उसने विश्वविद्यालय से उच्च शिक्षा पाई है) 5 जानकारी हासिल करना (जैसे-चोर का पता पाना बहुत मुश्किल है) 6 अचानक किसी स्थिति में देखना सामना होना (जैसे-मैंने उन्हें बड़े कमरे में जूआ खेलते पाया) 7 भोक्ता बनना (जैसे-उसे कुकर्म की सज़ा पाना ज़रूरी है) 8 समर्थ होना 9 समान होना

पानागार–*सं०* (पु०) शराब पीने की जगह

पानात्यय–*सं०* (पु०) अधिक मदिरापान से उत्पन्न रोग

पानी–(पु०) 1 जल 2 जल का ऐसा रूप जो अन्य पदार्थ में से आपसे आप निकला हो (जैसे-शिव पिंड पर नारियल का पानी चढ़ा देना) 3 वर्षा, मेह (जैसे-कल रात में बहुत पानी बरसा था) 4 पानी की तरह गीला, ठंडा पदार्थ (जैसे-भोजन बिल्कुल पानी कर डाला) 5 पानी की तरह फीका पदार्थ (जैसे-दूध निरा पानी हो गया) 6 पुरुष वीर्य 7 मान-प्रतिष्ठा की

भावना, अभिमान, पुरुषत्व (जैसे-ऐसा व्यक्ति किस काम जिसमें कुछ भी पानी न हो) 7 पदार्थ का विशेष गुण जिसके कारण वह आभायुक्त बना रहता है (जैसे-हीरे का पानी)। ~**कल** (स्त्री०) जलकल; ~**तराश** + *फ़ा०* (पु०) जहाज़ के पेंदे में लगी वह लकड़ी जो पानी को चीरती हुई आगे बढ़ती है; ~**दार** + *फ़ा०* (वि०) 1 जिसमें आभा हो, कांतिमय (जैसे-पानीदार हीरा अब नहीं मिलता) 2 पानी चढ़ाया हुआ (जैसे-पानीदार तलवार की धार बहुत तेज़ है) 3 मान-प्रतिष्ठावाला, स्वाभिमानी (जैसे-पानीदार आदमी की सभी क़द्र करते हैं); ~**देवा** I (वि०) तर्पण, श्राद्ध आदि करनेवाला II (पु०) 1 पुत्र 2 अपने कुल का व्यक्ति; ~**फल** + *सं०* (पु०) सिंघाड़ा; ~**रोक** (वि०) जो पानी को इधर-उधर न जाने दे। ~**उठाना** 1 पानी सोखना 2 पानी अटाना; ~**उतरना** 1 पानी घटना 2 आब कम होना; ~**करना** सहज कर डालना; ~**काटना** 1बाँध काटना 2 मेड़ काटना 3 डाँड़ से पानी चीरना; ~**का बताशा,** ~**का बुलबुला** जो तुरंत नष्ट हो जाए वह पदार्थ, क्षण भंगुर पदार्थ; ~**के मोल** बहुत सस्ता; ~**चढ़ाना** चमक लाना; ~**छानना** चेचक की बीमारी में पानी छानने का एक कृत्य; ~**छूना** आबदस्त लेना; ~**जाना** अपमानित होना; ~**दिखाना** चौपायों को पानी पिलाना; ~**देना** 1 तर्पण करना 2 सींचना; ~**न माँगना** तत्काल मर जाना; ~**न रह जाना** इज़्ज़त ख़ाक में मिल जाना; ~**निकलना** वर्षा बंद होना; ~**पड़ना** वर्षा होना; ~**पड़ा** जिसमें कसावट न हो, ढीलाढाला; ~**पर नींव डालना** कार्य, आयोजन आदि का स्थिर न होना, स्थायित्व का अभाव होना; ~**पर लकीर खींचना** बेकार काम करना; ~**पानी करना** 1 अत्यधिक लज्जित करना, लजवाना 2 क्रोध शांत करना; ~**पानी होना** बहुत लज्जित होना, झेंपना; ~**पीकर जाति पूछना** काम करने के बाद उसके औचित्य पर विचार करना; ~**पी पीकर कोसना** बहुत देर तक कोसना; ~**फिरना** चौपट होना, बरबाद होना; ~**फेरना,** ~**फेर देना** चौपट कर देना; ~**बचाना,** ~**रखना** मर्यादा की रक्षा करना; ~**बाँधना** बाँध आदि के द्वारा पानी को रोक रखना; ~**भरना** 1 अत्यधिक तुच्छ सिद्ध होना 2 फीका पड़ना; ~**भरी खाल** क्षण भंगुर शरीर; ~**मरना** 1 बेइज़्ज़ती होना 2 पानी जज्ब होना; ~**मारना** दोषी ठहराना; ~**में आग लगाना** 1 असंभव कार्य कर डालना 2 जहाँ लड़ाई-झगड़े की संभावना न हो वहाँ भी झगड़ा करवा देना; ~**में फेंकना,** ~**में बहाना** नष्ट कर देना, बरबाद कर देना; ~**लगना** 1 पानी जम जाना 2 पानी से दाँतों में टीस होना; ~**लेना** बेइज़्ज़त करना; ~**से पतला** 1 अति तुच्छ 2 बदनाम 3 आसान; ~**से पहले पुल बाँधना** अनागत विपत्ति का पहले से ही प्रतिकार करने लगना, अनिष्ट संभावना न होने पर भी आशंकावश सुरक्षा का उपाय करना; ~**से पहले मोजा उतारना** = पानी से पहले पुल बाँधना; ~**होना** 1 धातु आदि का तरल अवस्था में परिणत होना; 2 क्रोध शांत होना

पानीपत–(पु०) 1 दिल्ली से उत्तर की ओर स्थित एक नगर 2 दिल्ली के उत्तर ओर स्थित नगर के समीप का एक प्रसिद्ध क्षेत्र जहाँ अनेक बड़े-बड़े युद्ध हो चुके हैं

पानीय–I *सं०* (वि०) जो पीने योग्य हो II (पु०) पीने के काम आनेवाला पदार्थ

पाप–I *सं०* (पु०) 1 धर्म एवं नीति विरुद्ध किया जानेवाला आचरण, गुनाह (जैसे-गो हत्या जघन्य पाप है) 2 अपराध, क़सूर (जैसे-भगवान् मुझे किस पाप की सज़ा देते हो) 3 अनिष्ट, अहित 4 बुरी बुद्धि (जैसे-किसी पर कुदृष्टि डालना पाप को जन्म देता है) II (वि०) 1 पाप करनेवाला, पापी (जैसे-न जाने कहाँ से घर में पाप ने जन्म ले लिया) 2 दुराचारी 3 दुष्ट, पाजी 4 कमीना, नीच। ~**कर्म** I (पु०) बुरा एवं निंदनीय कार्य II (वि०) पापी; ~**कर्मी** (वि०) पाप करनेवाला, पापी; ~**ग्रह** (पु०) कष्ट एवं दुःख देनेवाले अशुभ ग्रह; ~**दर्शी** (वि०) बुरी निगाहवाला; ~**दृष्टि** I (वि०) 1 अशुभ दृष्टिवाला 2 पाप दृष्टि से देखनेवाला II (स्त्री०) 1 पाप पूर्ण दृष्टि 2 कुदृष्टि; ~**नाशी** (वि०) पाप नाश करनेवाला; ~**बुद्धि** (वि०) जो सदा पाप कर्म में रत हो; ~**मति** (वि०) सदा पापाचार करनेवाला, पापचेता; ~**मोचन** (पु०) पाप को नष्ट करना; ~**रहित** (वि०) जो पाप से दूर हो, जिसने कोई पाप न किया हो; ~**लोक** (पु०) 1 नरक 2 जहाँ पापकर्मों की अधिकता हो; ~**वासना** (स्त्री०) पाप करने की भावना; ~**विनाशन** (वि०) = पापमोचन; ~**शील** (वि०) पाप में लिप्त; ~**शोधन** (पु०) पापनिवारण; ~**उदय होना** दुर्दशा के दिन आना; ~**कटना** पाप का अंत होना; ~**काटना** पाप को नाश करना; ~**की गठरी** जन्म भर के सब पाप; ~**बटोरना** पापमय कार्य करना, दुष्कर्म करना; ~**मोल लेना** जान-बूझकर बखेड़े आदि में पड़ना; ~**लगना** पाप का भागी होना

पापघ्न–*सं०* (वि०) पाप का नाश करनेवाला

पापड़–I (पु०) आलू, उर्द की दाल आदि को उबालकर एवं पीसकर बनाई गई मसालेदार पतली चपाती जिसे तलकर, भूनकर खाया जाता है II (वि०) 1 पापड़ की तरह पतला 2 पापड़ की तरह सूखा एवं भुरभुरा

पापमय–*सं०* पापयुक्त

पापा–(पु०) जौ, बजरे आदि में लगनेवाला एक तरह का बरसाती कीड़ा

पापा–*फ़ा०* (पु०) बाप, पिता

पापाचार–I *सं०* (वि०) पापपूर्ण आचरण करनेवाला; पापी II (पु०) पापपूर्ण आचरण

पापाचारी–*सं०* (वि०) पापकर्म करनेवाला

पापात्मा–*सं०* (वि०) घोर पापी, बहुत बड़ा पापी

पापिष्ठ–*सं०* (वि०) 1 सबसे बड़ा पापी 2 अति पापी, अत्यंत पापमय

पापी–I *सं०* (वि०) 1 पाप में रत रहनेवाला, पापानुरक्त, पातकी 2 निर्मोही, निर्दय II (पु०) पाप करनेवाला व्यक्ति

पापोश–*फ़ा०* (स्त्री०) जूता, उपानह

पाबंद– *फ़ा०* (वि०) 1 बंधन में पड़ा हुआ 2 नियम, वचन आदि का पालन करनेवाला (जैसे-वह समय का बहुत पाबंद है) 3 जिसके पैर बँधे हुए हों II (पु०) नौकर, सेवक

पाबंदी–*फ़ा०* (स्त्री०) 1 पाबंद होने की अवस्था, बद्धता 2 नियम, सिद्धांत आदि को पालने की ज़िम्मेदारी

पाम आयल–*अं०* (पु०) गरी का तेल

पामर–*सं०* (वि०) 1 अत्यधिक दुष्ट एवं नीच, अधम 2 पापी 3 नीच कुल में उत्पन्न हुआ

पामरी–(स्त्री०) उपरना, दुपट्टा

पामाल–*फ़ा०* (वि०) 1 तबाह, बरबाद 2 पद-दलित

पायँचा–(पु०) पायजामें की टाँग

पायंट–I *अं०* (स्त्री०) = पाइंट I

पायंट–II *अं०* (स्त्री०) = पाइंट II

पायँता–(पु०), **पायँती** (स्त्री०) 1 पैताना 2 वह दिशा जिधर पैर फैलाकर सोया जाए

पाँयते–(क्रि० वि०) पैताने की ओर, पैताने

पायख़ाना–*फ़ा०* (पु०) = पाख़ाना

पायजेब–*फ़ा०* (स्त्री०) = पाजेब

पायठ–(स्त्री०) = पाइट

पायतख़्त–*फ़ा०* (पु०) राजधानी

पायताना–(पु०) = पायँता

पायताबा–*फ़ा०* (पु०) मोजा, पातावा

पायदान–*फ़ा०* (पु०) = पावदान

पायदार–*फ़ा०* (वि०) टिकाऊ और मज़बूत

पायदारी–*फ़ा०* (स्त्री०) दृढ़ता एवं मज़बूती

पायन–*सं०* (पु०) पिलाने की क्रिया

पायना–*सं०* (स्त्री०) 1 सींचना 2 तर करना 3 सान धरना

पायनियर–*अं०* (पु०) अग्रणी, अग्रदूत

पायमाल–*फ़ा०* (वि०) = पामाल

पायरा–(पु०) घोड़े की ज़ीन

पायल–I (स्त्री०) 1 पैर में पहनने का घुँघरूदार गहना, पाजेब 2 नूपुर II (वि०) जन्म के समय जिसके पैर बाहर निकले हों

पायलट–*अं०* (पु०) = पाइलट

पायस–*सं०* (पु०) खीर

पाया–*फ़ा०* (पु०) 1 पावा, पैर (जैसे-पलंग का पाया टूट गया है) 2 खंभा, स्तम्भ 3 बुनियाद, नींव 4 दरजा, पद 5 घोड़ों के पैर का रोग। ~**बुलंद होना** पदोन्नति होना

पायी–*सं०* (वि०) पीनेवाला (जैसे-स्तनपायी प्राणी हर तरह की जलवायु में रह सकते हैं)

पायेदार–*फ़ा०* (वि०) = पायदार

पायोनियर–*अं०* (पु०) = पायनियर

पारंगत–*सं०* (वि०) 1 अत्यधिक ज्ञान प्राप्त करनेवाला 2 जो पार जा चुका हो

पारंगामिता–*सं०* (स्त्री०) पार जाने की सामर्थ्य

पारंपरिक–*सं०* (वि०) परंपरागत

पार–I *सं०* (पु०) 1 नदी, समुद्र आदि का दूसरी ओर का किनारा 2 वस्तु आदि का दूसरा किनारा 3 वस्तु के दो किनारों में से एक 4 बात, काम आदि का छोर, सिरा (जैसे-उनकी करतूतों का कोई आर-पार नहीं है) II (क्रि० वि०) अलग और दूर (जैसे-मुझे संकट में डालकर वो पार हो गए)। ~**गत** (वि०) = पारंगत; ~**गमन** (पु०) एक स्थान से दूसरे स्थान पर जाने की क्रिया; ~**दर्शक** (वि०) 1 जिसमें से दूसरी तरफ़ की वस्तु आदि को देखा जा सके 2 पारदर्शी; ~**दर्शकता**, ~**दर्शिता** (स्त्री०) आर पार देखने की अवस्था; ~**दर्शी** (वि०) 1 दूरदर्शी 2 दूसरे किनारों को दिखानेवाला, पारदर्शक; ~**देशिक** I (वि०) दूसरे देश का, विदेशी II (पु०) 1 दूसरे देश का निवासी 2 यात्री; ~**द्रष्टा** (वि०) पारलौकिक बातों को भी जान सकनेवाला; ~**पत्र** (पु०) विदेशों में जाने हेतु दिया जानेवाला अनुज्ञा पत्र; ~**प्रेषण** दूर भेजना; ~**बैंगनी** *+हिं०* = पार नील लोहित; ~**वहन** (पु०) एक स्थान से दूसरे स्थान पर ले जाने की क्रिया, भाव; ~**उतरना** 1 नदी के उस पार जाना 2 कार्य समाप्त करके छुट्टी पाना 3 कार्य में सफलता प्राप्त करना 4 भवबंधन से मुक्त होना; ~**उतारना** 1 दूसरे किनारे पुहँचाना (जैसे-केवट राज मुझे उस पार उतार देना) 2 उद्धार करना; ~**पाना** अंत का पहुँचना; ~**लगाना** 1 उद्धार करना 2 नदी के पार पहुँचाना

पारखी–(पु०) परखने की योग्यता रखनेवाला व्यक्ति

पारग–*सं०* (वि०) 1 पार जानेवाला 2 विषय का पूरा जानकार 3 काम पूरा करनेवाला

पारचा–*फ़ा०* (पु०) 1 टुकड़ा, खंड 2 कपड़ा, वस्त्र 3 रेशमी कपड़ा 4 पोशाक, पहनावा

पारण–*सं०* (पु०) 1 पार करने की क्रिया 2 पार ले जाने की क्रिया 3 उपवास के बाद भोजन 4 व्रत के बाद का पहला भोजन करने की क्रिया 5 उत्तीर्ण होना। ~**पत्र** 1 स्थान, सभागृह आदि के भीतर एवं बाहर आने-जाने का अनुमति पत्र 2 यात्रा करने का अनुमति पत्र

पारणक–*सं०* (वि०) पारण करनेवाला

पारणीय–*सं०* (वि०) पारण के योग्य

पारतंत्र्य–*सं०* (पु०) परतंत्रता

पारत्रिक–*सं०* (वि०) पारलौकिक

पारद–*सं०* (पु०) पारा

पारदिक–*सं०* (वि०) पारे से संबंधित

पारधि, पारधी– I (पु०) 1 बहेलिया, व्याध 2 शिकारी 3 वधिक

पारधी–II (स्त्री०) आड़, ओट। ~**पड़ना** आड़ में होकर कुछ देखना-सुनना आदि

पारना–(स० क्रि०) 1 गिराना 2 डालना 3 लेटाना 4 पछाड़ना

पारमाण्विक–*सं०* (वि०) = परमाणु संबंधित

पारमार्थिक–*सं०* (वि०) 1 परमार्थ संबंधित, परमार्थ का (जैसे-पारमार्थिक ज्ञान सबको सुलभ नहीं हो सकता) 2 परमार्थ का शुभ फल दिलानेवाला (जैसे-पारमार्थिक कृत्य निरा आसान नहीं है

पारमार्थ्य–*सं०* (पु०) 1 परमार्थ की योग्यता, परमार्थ का गुण 2 परम सत्य

पारमिक–*सं०* (वि०) 1 मुख्य, प्रधान 2 उत्तम, सर्वश्रेष्ठ 3 परम

पारमिता–*सं०* (स्त्री०) सीमा, हद

पारमेश्वर–*सं०* (वि०) परमेश्वर संबंधी

पारलौकिक–I *सं०* (वि०) परलोक संबंधी, परलोक का II (पु०) अंत्येष्टि क्रिया

पारवर्ग्य–*सं०* (वि०) अन्य वर्ग से संबंध रखनेवाला

पारवश्य–*सं०* (पु०) = परवशता

पारशव–I *सं०* (पु०) 1 लोहा 2 ब्राह्मण पिता एवं शूद्र माता से उत्पन्न पुत्र 3 पराई स्त्री के गर्भ से उत्पन्न करके प्राप्त किया हुआ पुत्र II (वि०) लौह संबंधी

पारस–I (पु०) 1 लोहे से सोना बनानेवाला एक कल्पित पत्थर 2 बहुत लाभदायक और उपयोगी वस्तु

पारस–II (पु०) फ़ारस, ईरान का पुराना नाम

पारसल–*अं०* (पु०) डाक, रेल आदि द्वारा किसी के नाम भेजी जानेवाली वस्तु

पारसा–*फ़ा०* (वि०) पवित्र एवं शुद्ध चरित्र एवं उदात्त विचारोंवाला, धर्मात्मा एवं सदाचारी

पारसाल–*फ़ा०* (पु०) 1 गत वर्ष 2 आगामी वर्ष

पारसी–I *फ़ा०* (पु०) फ़ारस देश का रहनेवाला व्यक्ति (वि०) फ़ारस देश से संबंध रखनेवाला, फ़ारस का

पारस्परिक–*सं०* (वि०) आपस का, आपसी (जैसे-पारस्परिक सहायता के बिना काम नहीं होगा। **~ता** (स्त्री०) पारस्परिक होने का भाव

पारा–(पु०) प्रसिद्ध चमकदार एवं सफ़ेद धातु जो आनुपातिक तौर पर बहुत वजनी होता है तथा साधारण गर्मी एवं सरदी में द्रव रूप में रहता है, पारद। **~चढ़ना** गुस्से से बेहाल होना; **~पिलाना** 1 पारा भरना 2 अत्यधिक भारी करना

पारापार–*सं०* (पु०) 1 समुद्र 2 इधर और उधर का किनारा

पारायण–*सं०* (पु०) 1 धार्मिक ग्रंथ का किया जानेवाला पाठ 2 अनुष्ठान की समाप्ति

पारावत–*सं०* (पु०) पर्वत, पहाड़

पारावार–*सं०* (पु०) समुद्र

पारिज–*अं०* (पु०) दलिया

पारिजात–*सं०* (पु०) 1 हरसिंगार का वृक्ष 2 कचनार 3 फरहद 4 सुगंध

पारिणामिक–*सं०* (वि०) 1 परिणाम संबंधी 2 जिसक विकास हो सके 3 जो पचाया जा सके

पारिणाह्य–*सं०* (पु०) घर गृहस्थी के सामान

पारित–*सं०* (वि०) 1 जिसका पारण हुआ हो 2 जो उत्तीर्ण हो गया हो 3 जो स्वीकृत किया जा चुका हो

पारितोषिक–*सं०* (पु०) पुरस्कार, इनाम। **~वितरण** (पु०) पुरुस्कार बाँटना

पारिध्वजिक–*सं०* (पु०) झंडा लेकर चलनेवाला व्यक्ति

पारिपार्श्व, पारिपार्श्विक–*सं०* (पु०) अनुचर, सेवक

पारिप्लव–I *सं०* (वि०) 1 तैरनेवाला 2 हिलने-डुलनेवाला, लहरानेवाला II (पु०) 1 अस्थिरता 2 विकलता 3 नाव, जलयान

पारिभाव्य–*सं०* (पु०) जमानत करने की अवस्था

पारिभाषिक–*सं०* (वि०) परिभाषा संबंधी

पारिभाषिकी–*सं०* (स्त्री०) पारिभाषिक शब्दों की सूची

पारिमिता, पारिमित्य–*सं०* (पु०) सीमा, हद

पारिमुखिक–*सं०* (वि०) 1 जो मुख के सामने हो 2 जो समीप हो

पारिवारिक–*सं०* (वि०) 1 परिवार से संबंध रखनेवाला 2 परिवार का (जैसे-पारिवारिक झंझटों से वह परेशान हो चुका था)

पारिशेष्य–*सं०* (पु०) शेष, बचा हुआ पदार्थ आदि

पारिश्रमिक–*सं०* (पु०) मज़दूरी, उजरत

पारिषद–*सं०* (पु०) परिषद का सदस्य

पारिस्थितिक–*सं०* (वि०) 1 परिस्थिति संबंधी 2 जो परिस्थिति के अनुरूप किया गया हो

पारिस्थितिकी–*सं०* (स्त्री०) परिस्थिति संबंधी विज्ञान

पारिस्थितीय–*सं०* (वि०) = पारिस्थितिक

पारिहारिक–I *सं०* (वि०) 1 हरण करनेवाला 2 घेरनेवाला II (पु०) 1 हरण करनेवाला व्यक्ति 2 हार आदि तैयार करनेवाला व्यक्ति

पारिहास्य–*सं०* (पु०) = परिहास

पारी–(स्त्री०) 1 अवसर, बारी (जैसे-अभी मेरी पारी नहीं आई है) 2 पाली

पारुष्य–*सं०* (पु०) परुष होने की अवस्था, परुषता

पारेषक–I *सं०* (वि०) भेजनेवाला II (पु०) विद्युत द्वारा समाचार भेजनेवाले यंत्रों के वे अंग जिससे समाचार भेजे जाते हैं

पारेषण–*सं०* (पु०) भेजना

पारेषित–*सं०* (वि०) भेजा हुआ

पारोक्ष–*सं०* (वि०) 1 रहस्यमय 2 गुप्त 3 अस्पष्ट

पारोक्ष्य–*सं०* (पु०) रहस्य

पार्क–*अं०* (पु०) सार्वजनिक उपवन

पार्किंग–*अं०* (स्त्री०) गाड़ी ठहरना; **~प्लेस** (पु०) गाड़ी ठहरने का स्थान

पार्ट–*अं०* (पु०) 1 अंश, हिस्सा 2 कर्तव्य का निर्वाह। **~टाइम** (वि०) अल्प कालिक

पार्टनर–*अं०* (पु०) भागीदार, साझीदार

पार्टनरशिप–*अं०* (स्त्री०) हिस्सेदारी, भागीदारी

पार्टी–I *अं०* (स्त्री०) 1 दल, मंडली (जैसे-समाजवादी पार्टी के सिद्धांत बहुत अच्छे हैं) 2 वादी पक्ष 3 प्रतिवादी। **~तोड़क** *+हिं०* (वि०) दल को बिगाड़नेवाला; **~द्रोही** *+सं०* (वि०) दल में फूट डालनेवाला; **~प्रोग्राम** (पु०) दल का कार्यक्रम; **~बाज़ी** *+ फ़ा०* (स्त्री०) दलबंदी, गुटबंदी; **~मेंबर** (पु०) दल के सदस्य; **~संगठन** *+ सं०* (पु०) दल का गठन। **~सदस्य** *+सं०* (पु०) = पार्टी मेंबर

पार्टी–II *अं०* (स्त्री०) प्रीतिभोज

पार्थ–*सं०* (पु०) अर्जुन

पार्थक्य–*सं०* (पु०) 1 पृथक होने की अवस्था 2 अंतर 3 जुदाई। **~वाद** (पु०) अलगाववाद

पार्थिव–I *सं०* (वि०) 1 पृथ्वी से संबंध रखनेवाला 2 पृथ्वी से उत्पन्न 3 पृथ्वी पर शासन करनेवाला 4 पृथ्वी पर उत्पन्न वस्तुओं से बना हुआ II (पु०) 1 काया, देह, शरीर 2 पृथ्वी से उत्पन्न पदार्थ

पार्यंतिक–*सं०* (वि०) अंतिम

पार्याप्तिक–*सं०* (वि०) पर्याप्त, यथेष्ट

पार्लमेंट–*अं०* (स्त्री०) संसद

पार्लमेंटरी–*अं०* (वि०) संसद संबंधी, संसदीय

पार्लर–*अं०* (पु०) कक्ष, कमरा

पार्लामेंट–*अं०* (स्त्री०) = पार्लमेंट; **~वाद** *सं०* (पु०) = पार्लमेंटगीरी

पार्लमेंटी–*अं०+हिं०* (वि०) = पार्लमेंटरी

पार्वण–I *सं०* (वि०) 1 पर्व पर होनेवाला 2 अमावस्या पर किया जानेवाला II (पु०) 1 अमावस्या पर किया जानेवाला श्राद्ध 2 पर्व पर किया जानेवाला श्राद्ध

पार्वत–*सं०* (वि०) 1 पहाड़ पर होनेवाला 2 पहाड़ पर रहनेवाला 3 जहाँ पहाड़ हो

पार्वतिक–*सं०* (पु०) पर्वतमाला, पर्वत श्रेणी

पार्वती–*सं०* (स्त्री०) हिमालय पर्वत की पुत्री, गिरिजा

पार्वत्य–*सं०* (वि०) = पार्वत

पार्श्व–*सं०* (पु०) 1 छाती के दाहिने और बाएँ भागों में से प्रत्येक भाग, बगल 2 अगल-बगल की जगह 3 सामीप्य 4 हाशिया 5 वस्तु के क्षेत्र का वह अंग जो एक ओर पड़ता हो 6 पंजर, पाँजर। **~आकृति** (स्त्री०) एक तरफ़ का चित्र; **~गत** I (वि०) बगल में आया हुआ II (पु०) जिसकी रक्षा की गई हो; **~चर** (वि०) पास में रहकर साथ चलनेवाला; **~टिप्पणी** (स्त्री०) हाशिये में लिखी गई टिप्पणी; **~नायक** (पु०) 1 एक साथ अभिनय आदि करनेवाला, सहनायक 2 वायुसेना के दो-तीन दस्तों की बनी टुकड़ी का नायक; **~भूमि** (स्त्री०) बग़ल की भूमि, आस-पास की ज़मीन; **~रक्षक** (वि०) अंगरक्षक; पार्श्व की रक्षा करनेवाला; **~शूल** (पु०) पाँजर में होनेवाला दर्द 2 पार्श्वदेश में होनेवाली सूजन; **~संगीत** (पु०) चल चित्र में परोक्ष रूप में गाया जानेवाला गाना 2 अभिनय के साथ-साथ परोक्ष रूप में होनेवाला संगीत

पार्श्वक–*सं०* (पु०) वह चित्र जिसमें किसी आकृति का एक ही पार्श्व दिखलाया गया हो

पार्श्वग–I *सं०* (वि०) 1 साथ में रहनेवाला 2 साथ में चलनेवाला II (पु०) नौकर, सेवक

पार्श्ववर्ती–*सं०* (वि०) पास रहनेवाला

पार्श्वस्थ–*सं०* (वि०) जो पार्श्व में स्थित हो

पार्श्वागत–*सं०* (वि०) = पार्श्वगत

पार्श्वासिन्न–*सं०* (वि०) पार्श्व में बैठा हुआ

पार्श्वास्थि–*सं०* (स्त्री०) पसली

पार्श्विक–*सं०* (वि०) पार्श्व संबंधी

पार्षद–*सं०* (स्त्री०) परिषद्, सभा

पार्सल–*अं०* (पु०) = पारसल

पाल–I (पु०) फलों को पकाने की विधि जिसमें फलों को पत्तों पर रखकर उन्हें पत्तों-भूसों से ही ढक दिया जाता है। **~डालना** फलों को पकाना

पाल–II (पु०) 1 नाव के मस्तूल के सहारे ताना जानेवाला कपड़ा जिसमें हवा के भरने से नाव चलती है 2 शामियाना, तंबू। **~दार** *+फ़ा०* (वि०) जो पाल युक्त हो; **~नौका** *सं०* (स्त्री०) पालवाली नाव

पाल–III (स्त्री०) मेड़

पाल–*सं०* (पु०) पालनेवाला, पालक

पाल–*सं०* (वि०) 1 पालन करनेवाला, पालक 2 संज्ञाओं के अंत में लगनेवाला एक शब्द जिसके अनेक अर्थ होते हैं (जैसे-गोपाल, राज्यपाल, लेखपाल आदि)

पालक–I *सं०* (वि०) पालन करनेवाला II (पु०) 1 पालकर अपने पास रखा हुआ लड़का 2 प्रधान शासक, राजा

पालक–*सं०* (पु०) एक तरह का प्रसिद्ध साग जिसकी तरकारी बनती है (जैसे-पालक की पकौड़ी खिलाओ)

पालकरी–(स्त्री०) पलंग आदि के पायों के नीचे रखा जानेवाला लकड़ी का छोटा टुकड़ा

पालकी–(स्त्री०) एक प्रकार की प्रसिद्ध सवारी जिसे कहार अपने कंधे पर उठाकर चलते हैं। **~गाड़ी** (स्त्री०) पालकी के आकार की घोड़ागाड़ी

पालट–I (पु०) गोद लिया हुआ लड़का, दत्तक पुत्र

पालट–II (पु०) 1 पलटने की क्रिया, पलट 2 पटेबाज़ी में एक प्रकार का प्रहार

पालतू–(वि०) जो पकड़कर पाला गया हो (जैसे-गाय एक पालतू पशु है)

पालथी–(स्त्री०) = कमलासन, पद्मासन

पालन–*सं०* (पु०) 1 भरण-पोषण करने की क्रिया 2 आज्ञा, कर्तव्य आदि का निर्वाह 3 पशु आदि को पालकर उनके वंश, सामर्थ्य एवं उपज आदि को बढ़ाने का काम (जैसे-कृषि के लिए पशु पालन करना, अंडा हेतु मुर्गीपालन करना)। **~पोषण** (पु०) पालना पोसना

पालना–I (स० क्रि०) 1 पालन करना, भरण-पोषण करना 2 व्यवहार करना, आचरण करना 3 खिलाना-पिलाना (जैसे-खेती के लिए गाय-बैल आदि पशुओं को पालना पड़ता है) 4 रक्षा करना।

पालना–II (पु०) छोटा झूला, हिंडोला

पालनीय–*सं०* (वि०) पालन करने योग्य

पालयिता–*सं०* (पु०) पालन-पोषण करनेवाला

पाला– I (पु०) हवा में मिले हुए भाप के सूक्ष्म कण जो अधिक ठंड पड़ने पर सफ़ेद तह के रूप में पेड़-पौधों आदि पर जम जाते हैं, तुषार (जैसे-पाला गिरने से सारी फ़सल नष्ट हो गई) 2 अत्यधिक ठंड। **~पड़ना** बुरी तरह नष्ट हो जाना

पाला–II (पु०) किसी प्रकार के व्यवहार का अवसर, साबिका। **~पड़ना** साबिका होना, काम पड़ना

पाला–III (पु०) 1 कोठला 2 अखाड़ा 3 कबड्डी आदि खेलों में अलग-अलग निर्धारित क्षेत्र (जैसे-हमारे पाले में आने के लिए हिम्मत चाहिए)

पालागन–(स्त्री०) पैर छूने की क्रिया, चरण-स्पर्श

पालाश–I *सं०* (वि०) 1 पलाश से संबंध रखनेवाला 2 पलाश का बना हुआ 3 हरा II (पु०) 1 हरा रंग 2 तेज पत्ता

पालि– I *सं०* (स्त्री०) 1 कान के नीचे लटकने वाला कोमल मांस खंड, कान की लौ 2 वस्तु का किनारा II एक प्राचीन भाषा जिसमें बौद्ध साहित्य मिलता है

पालिक–(पु०) = पालकी

पालिका–*सं०* (स्त्री०) 1 पालन करनेवाली स्त्री 2 पदों के अंत में लगकर अनेक अर्थ देनेवाला शब्द (जैसे-नगर पालिका, राज्यपालिका आदि)

पालित–*सं०* (वि०) पाला हुआ

पालिनी–*सं०* (वि०) भरण पोषण करनेवाली

पालिश–*अं०* (स्त्री०) 1 चमकाने हेतु लगाया जानेवाला लेप (जैसे-जूते में पालिश करवाना है) 2 चमक। **~दार** *+फ़ा०* (वि०) चमकदार, चमकवाला

पालिसी– I *अं०* (स्त्री०) नीति-रीति II बीमा संबंधी प्रतिज्ञा पत्र। **~होल्डर** (पु०) बीमा कंपनी की पालिसी रखनेवाला व्यक्ति

पाली–I (स्त्री०) 1 देग, बटलोई 2 पालि भाषा

पाली–II (स्त्री०) तीतर, बटेर आदि लड़ाने की जगह
पाली–III (वि०) = पैदल
पाली–IV (स्त्री०) 1 श्रमिकों के एक दल के लिए बँधा हुआ काम करने का समय 2 खेलों में खिलाड़ियों के दल का पहली बार खेलना, पारी
पालू–(वि०) = पालतू (जैसे-यह मेरा पालू कुत्ता है)
पालोंवाला–(वि०) = पालवाला
पाल्य–सं० (वि०) पालन के योग्य
पाँव– (पु०) = पाँव
पाव–(पु०) 1 तौल में एक सेर का चौथाई भाग, चार छटाँक 2 सेर के चौथाई भाग का बटखरा 3 पदार्थ आदि का चौथाई अंश
पावक–I सं० (वि०) पवित्र करनेवाला II (पु०) आग, अग्नि
पावती–(स्त्री०) 1 वस्तु के पहुँचने की लिखित सूचना, प्राप्ति की स्वीकृति 2 दी जानेवाली पक्की रसीद। ~**पत्र** सं० (पु०) पैसे का भुगतान करने पर मिलने वाली रसीद
पावदान–फ़ा० (पु०) 1 पाँव रखने का स्थान (जैसे-रेलगाड़ी के पावदान पर मत खड़े होना) 2 पैर पोंछने के लिए जटा, सन आदि का बनाया गया चौकोर टुकड़ा
पावन–I सं० (वि०) 1 पवित्र, शुद्ध 2 पवित्र करनेवाला (जैसे-साधुओं का हृदय पतित पावन होता है) II (पु०) पावक अग्नि, पावकाग्नि। ~**ता** (स्त्री०) पवित्रता
पावना–I (पु०) 1 प्राप्त किया जानेवाला अधिकार 2 प्राप्त किया जानेवाला धन II (स० क्रि०) प्राप्त करना, पाना
पावनेदार–हिं०+फ़ा० (पु०) पानेवाला व्यक्ति
पावर–अं० (पु०) 1 यंत्र चालक शक्ति (जैसे-विद्युत पावर का उपयोग बढ़ता जा रहा है) 2 अधिकार 3 शक्ति 4 सैन्यबल 5 शासनिक शक्ति। ~**गृह** सं०, ~**प्लांट** (पु०) वह स्थान जहाँ वितरण हेतु विद्युत तैयार की जाती है; ~**सप्लाई** (स्त्री०) विद्युत वितरण; ~**स्टेशन** ~**हाउस** (पु०) = पावर गृह
पावरोटी–(स्त्री०) डबल रोटी
पावस–(स्त्री०) 1 वर्षा काल, बरसात (जैसे-पावस ऋतु में आना-जाना असंभव है) 2 वर्षा, वृष्टि
पाश–सं० (पु०) 1 वह वस्तु जिसमें कोई वस्तु आदि फँसाई जा सके 2 रस्सी से बनाया गया घेरा 3 बंधन (जैसे-वह नाग पाश से मुक्त नहीं हो सका) II (पु०) खंड, टुकड़ा
पाशन–सं० (पु०) 1 रस्सी 2 बंधन
पाशव–I सं० 1 पशु संबंधी, पशुओं का 2 पशुओं की तरह का, पशुओं का सा II (पु०) पशुओं का झुंड। ~**ता** (स्त्री०) = पशुता
पाशविक–सं० (वि०) पशुवत् आचरण करनेवाला; ~**ता** (स्त्री०) पशुवत् आचरण
पाशांत–सं० (पु०) सिले हुए कपड़े का पीछेवाला भाग
पाशित–सं० (वि०) पाशबद्ध
पाशुपत–I सं० (वि०) 1 पशुपति संबंधी 2 पशुपति का, शिव का II (पु०) शिव के उपासक, शैव
पाशुपतास्त्र–सं० (पु०) शिव का अस्त्र
पाश्चात्य–सं० (वि०) 1 पीछे का, पिछला 2 पश्चिमी देशों का (जैसे-पाश्चात्य दर्शन में अरस्तू का विशेष योगदान रहा है) 3 पश्चिम दिशा का
पाश्चात्यीकरण–सं० (पु०) देश-जाति को पाश्चात्य ढंग का बनाना
पाषंड–सं० (पु०) 1 छलयुक्त धार्मिक कृत्य, ढोंग 2 वेद विरुद्ध कार्य
पाषंडी–सं० (वि०) 1 वेद विरुद्ध आचरण करनेवाला 2 धर्म के नाम पर छल करनेवाला, ढोंगी
पाषाण–I सं० (पु०) पत्थर, शिला II (वि०) निर्दय, कठोर (जैसे-पाषाण हृदयवाला)। ~**प्रतिमा,** ~**मूर्ति** (स्त्री०) पत्थर की मूर्ति; ~**युग** (पु०) पत्थर काल; ~**लेख** (पु०) पत्थर पर खुदा लेख ~**हृदय** (वि०) क्रूर हृदयवाला, निर्दय
पाषाणमय–सं० (वि०) अत्यंत कठोर, निष्ठुर
पाषाणी–I सं० (स्त्री०) पत्थर का बटखरा II (वि०) कठोर हृदयवाली
पाषाणीय–सं० (वि०) 1 जो पाषाण का बना हो 2 जिसका हृदय अति कठोर हो, निर्दय
पासंग–फ़ा० (पु०) 1 तराजू के दोनों पल्लों पर बिना कोई वजन रखे होनेवाला सूक्ष्म अंतर, पसंगा 2 दोनों पल्लों के इस सूक्ष्म अंतर को दूर करने हेतु अंतर युक्त पल्ले के विपरीत पल्ले में बाँधा गया पत्थर आदि का छोटा टुकड़ा। ~**भी न होना** मुकाबले में कुछ भी न होना
पास–I (पु०) = पाश
पास–II (क्रि० वि०) 1 निकट, समीप 2 अधिकार में (जैसे-मेरे पास दस गाएँ हैं) II (पु०) निकटता, सामीप्य; ~**पड़ोस** (पु०) आसपास रहनेवाला व्यक्ति; ~**पास** अ० एक-दूसरे के निकट
पास–III अं० I पार पत्र, पारक (जैसे-रेलगाड़ी का पास साथ लेना मत भूलना) II (वि०) 1 उत्तीर्ण (जैसे-वह इण्टर की परीक्षा पास कर गया) 2 आगे बढ़ने योग्य (जैसे-संसद ने दहेज संबंधी कानून पास कर दिया)
पास–IV अं० (पु०) स्वीकृत किया गया, माना गया (जैसे-कर्मचारी का वेतन-भत्ता पास कर दिया गया)
पासपोर्ट–अं० (पु०) अनुमति पत्र, पार पत्र
पासबान–फ़ा० (पु०) पहरा देनेवाला व्यक्ति, द्वारपाल
पासबानी–फ़ा० (स्त्री०) 1 द्वारपाल का पद एवं काम 2 पहरेदारी
पासबुक–अं० (स्त्री०) = लेखा पुस्तिका
पासशुदा–अं०+फ़ा० (वि०) जिसके पास अनुमति पत्र हो
पासा–(पु०) चौपड़ का खेल, चौसर का खेल। ~**पड़ना** जीत का दाँव पड़ना; ~**पलटना** चौसर में हार-जीत का दाँव पड़ना; ~**फेंकना** भाग्य की परीक्षा करना, किस्मत की आजमाइश करना
पासी–I (पु०) 1 सूअर पालने आदि का पेशा करनेवाली एक जाति 2 बहेलिया
पासी–II (स्त्री०) 1 पिछाड़ी 2 घास बाँधने की रस्सी की जाली
पाहन–बो० (पु०) पत्थर
पाहि–सं० (क्रि० वि०) रक्षा करो, बचाओ। ~**माम्** (क्रि० वि०) मेरी रक्षा करो, त्राहिमाम्
पाहुना–(पु०) 1 अतिथि, मेहमान 2 दामाद
पाहुनी–(स्त्री०) 1 मेहमानदारी 2 रखेली स्त्री
पाहुर–बो० (पु०) 1 बैना, बापन 2 भेंट, नज़र

पिंग–I *सं०* (वि०) 1 पीलापन लिये हुए भूरा 2 भूरापन लिये हुए लाल, तामड़ा II (पु०) भैंसा 2 चूहा 3 हरताल

पिंग पांग–*अं०* (पु०) मेज़ पर छोटी बाल से खेला जानेवाला टेनिस की तरह का एक खेल

पिंगल–I *सं०* (वि०) 1 पीला 2 भूरापन लिये हुए पीला रंग 3 भूरापन लिये हुए लाल रंग II (पु०) छंद शास्त्र। ~**पढ़ाना** उल्टी-सीधी बातें समझाना; ~**साधना** 1 टालमटोल करना 2 नखरा करना, इतराना

पिंगला–*सं०* (स्त्री०) हठयोग में चर्चित एक नाड़ी, सूर्य नाड़ी

पिंगिमा–*सं०* (स्त्री०) भूरापन लिए हुए लाल रंग

पिंजड़ा–(पु०) = पिंजरा

पिंजर–I (वि०) 1 लालिमा युक्त पीले रंग का 2 पीला 3 सुनहला II (पु०) 1 पिंजरा 2 पंजर 3 हरताल

पिंजरा–(पु०) धातु आदि की तीलियों का बना हुआ बक्स की तरह का आधान

पिंजरापोल–(पु०) 1 पशुशाला 2 गोशाला

पिंजरित–*सं०* (वि०) पीले रंग का

पिंजा–I *बो०* (स्त्री०) 1 हल्दी 2 रूई II (पु०) = पिंजारा

पिंजाई–(स्त्री०) धुनने का काम और मज़दूरी

पिंजाना–(स० क्रि०) धुनवाना

पिंजारा–(पु०) धुनिया

पिंजिका–*सं०* (स्त्री०) रूई की पूनी

पिंड–I *सं०* (वि०) 1 धन, ठोस 2 घना II (पु०) 1 ठोस वस्तु का छोटा प्रायः गोलाकार खंड, ढेला 2 गोलाकार पदार्थ (जैसे-नेत्र पिंड की रक्षा पलक करती है) 3 श्राद्ध में पितरों को तर्पण किया जानेवाला आटे, भात आदि का बनाया हुआ गोलाकार खंड (जैसे-आज गंगा स्नान करके पिंड दान करना होगा)4 मांस, गोश्त 5 गर्भ की आरंभिक अवस्था 6 मनुष्य का शरीर, देह 7 पैर की पिंडली। ~**खर्जूर** (पु०) 1 खजूर की जाति का एक पेड़ 2 खजूर की जाति का एक फल; ~**ज** (पु०) गर्भ से उत्पन्न होनेवाला; ~**दान** (पु०) कर्म कांड के अनुसार पितरों को पिंड देने का कर्म; ~**भार** (पु०) शरीर का वज़न; ~**रोग** (पु०) *चि०* 1 ऐसा मर्ज जिसने शरीर में घर कर लिया हो और जल्दी न छूटता हो 2 कोढ़; ~**छोड़ना** परेशान करने से बाज आना, पीछा छोड़ना; ~**पड़ना** 1 स्वार्थ साधन हेतु पीछे पड़ना 2 स्त्री का गर्भधारण करना

पिंडक–*सं०* (पु०) 1 गोलाकार पिंड, गोला 2 पिंडालू

पिंडली–(स्त्री०) घुटने के पीछे का निचला मांसल भाग

पिंडस्थ–*सं०* (वि०) 1 जो शरीर में स्थित हो, गर्भ में स्थित 2 जो पिंड के रूप में लाया गया हो

पिंडा–I (पु०) 1 ठोस वस्तु का टुकड़ा 2 गीली वस्तु का टुकड़ा 3 लोंदा II (स्त्री०) हल्दी। ~**पानी** (पु०) श्राद्ध और तर्पण; ~**फीका होना** तबीयत खराब होना

पिंडारी–(पु०) कर्नाटक की लूटमार करनेवाली एक जाति

पिंडालू–(पु०) एक प्रकार का शकरकंद जिसके ऊपर कड़े सूत की तरह रेशे होते हैं, पिंडिया

पिंडिका–*सं०* (स्त्री०) = पिंडी

पिंडिया–(स्त्री०) पदार्थ आदि की पिंडी (जैसे-उसे गुड़ की दो चार पिंडिया दे देना)

पिंडी–*सं०* (स्त्री०) गीली वस्तु का गोलमटोल टुकड़ा, लुगदी

पिंडीकरण–*सं०* (पु०) पिंड का रूप देना

पिअरी–*बो०* (स्त्री०) 1 हल्दी के रंग में रंगी गई धोती जो विवाह के समय वर-वधू को पहनाई जाती है 2 गंगा आदि को चढ़ाई जानेवाली धोती (जैसे-केवल पियरी चढ़ाने देने से धर्म पूरा नहीं हो जाता)

पिक–*सं०* (पु०) कोयल

पिकी–*सं०* (स्त्री०) मादा कोयल

पिक्चर–*अं०* (स्त्री०) चलचित्र

पिघलना–(अ० क्रि०) 1 द्रव रूप में बदलना (जैसे-सारा घी पिघलकर ज़मीन पर गिर गया) 2 द्रवित होना, पसीजना (जैसे-भिखारी की पंगु दशा देखकर उसका हृदय पिघल गया)

पिघलाऊ–(वि०) पिघलानेवाला

पिघलाना–(स० क्रि०) 1 पिघलने में प्रवृत करना (जैसे-भट्टी में शीशा पिघलाना) 2 कोमल करना (जैसे-पत्नी की रुग्णावस्था निर्दय पति के हृदय को पिघलाने में सफल हो गई)

पिचकना–(अ० क्रि०) फूले हुए अंग के उभार का कम होना

पिचकाना–(स० क्रि०) पिचकने में प्रवृत्त करना

पिचकारी–(स्त्री०) 1 नली के आकार का धातु का बना उपकरण जिस के मुँह पर बने छोटे-छोटे छिद्रों से नली में भरा तरल पदार्थ दबाव से बाहर आता है 2 पिचकारी से निकलने वाली द्रव की पतली धार 3 मरीज आदि को सूई लगाने का एक छोटा यंत्र। ~**चलाना**, ~**छोड़ना** 1 रंग छिड़कना 2 सुगंधित द्रव डालना; ~**छूटना** द्रव पदार्थ का वेग से बाहर आना (जैसे-सिर से रक्त पिचकारी की तरह निकल रहा था); ~**मारना** = पिचकारी छोड़ना

पिच-पिचा– *बो०* (वि०) 1 जो पिचकता रहता हो 2 दबा और गुलगुला

पिचपिचाना–(अ० क्रि०) पिचपिच शब्द करते हुए रिसना (जैसे-फोड़े का पिचपिचाना देखकर उसे उल्टी हो गई)

पिचुकिया–*बो०* (स्त्री०) 1 छोटी पिचकारी 2 गुड़ एवं सोंठ भरी हुई गुझिया

पिचोतर सौ–I (पु०) एक सौ पाँच की संख्या II जो गिनती में सौ से पाँच अधिक हो

पिच्चट–I *सं०* (वि०) चिपटा किया हुआ II (पु०) 1 सीसा 2 राँगा

पिच्चित–(वि०) पिचका हुआ

पिच्छ–*सं०* (पु०) 1 पशु की बालदार पूँछ, बालदार दुम, लांगूल 2 मोर की दुम 3 मोर की चोटी

पिच्छक–*सं०* (पु०) पूँछ, दुम

पिच्छल–I *सं०* फिसलनेवाला II (पु०) 1 सर्प 2 शीशम का पेड़ 3 मोचरस 4 आकाश बेल

पिच्छिल–I *सं०* (वि०) 1 सरस एवं स्निग्ध, गीला और चिकना 2 इतना चिकना जिसपर पैर फिसलता हो 3 जिसके सिर पर चोटी हो 4 जिसके सिर पर जूड़ा हो 5 *चि०* जो खट्टा, कोमल फूला हुआ और कफकारी हो II (पु०) 1 लिसोड़ा 2 सरस एवं स्निग्ध व्यंजन, सालन

पिछड़ना–(अ० क्रि०) 1 पीछे रह जाना (जैसे-राम को श्याम से दौड़ में पिछड़ना अच्छा नहीं लगा) 2 उन्नति न कर सकने

के कारण पीछे रह जाना (जैसे-विषमताओं के परिणाम स्वरूप देश का पिछड़ना निश्चित है)

पिछड़ा–(वि०) 1 जो पीछे रह गया हो 2 जो उन्नति न कर सका हो

पिछलगा–I (वि०) 1 पीछे-पीछे लगा रहनेवाला 2 अनुगमन करनेवाला 3 आश्रित II (पु०) सेवक, दास

पिछलगी–(स्त्री०) 1 पिछलगा होने की अवस्था 2 अनुगमन, अनुसरण

पिछलगुआ–(वि०) = पिछलगा। ~**पन** (पु०) अनुगामिता

पिछलगू, पिछलग्गू–(वि०) = पिछलगा

पिछलत्ती–(स्त्री०) 1 पशुओं का पीछे पैर से आघात करने की क्रिया 2 पीछे पैर से किया गया आघात

पिछलना–(अ० क्रि०) *बो०* 1 पीछे हटना 2 = फिसलना

पिछला–(वि०) 1 पीछे का (जैसे-मकान का पिछला हिस्सा टूटा पड़ा है) 2 पहले होनेवाला (जैसे-अभी आपने पिछला हिसाब चुकता नहीं किया) 3 पूर्व काल में होनेवाला (जैसे-पिछले जमाने के लोगों ने हवाई जहाज़ नहीं देखा होगा) 4 बीता हुआ (जैसे-सज्जन पिछली घटनाओं को भूल जाते हैं)। ~**पहर** 1 दोपहर का समय 2 आधी रात के बाद का समय; **पिछली रात** रात में आधी रात के बाद का और प्रभात के कुछ पहले का समय

पिछवाई–(स्त्री०) मूर्तियों, सिंहासनों आदि के पीछे लटकाया जानेवाला बेल-बूटेदार परदा

पिछवाड़ा–(पु०) 1 घर का पृष्ठ भाग 2 घर के पीछेवाले भाग के पास की ज़मीन 3 घर के पीछे पास का मकान

पिछवाड़े–(क्रि० वि०) पीछे के भाग में

पिछाड़ी–(स्त्री०) 1 पिछला भाग, पीछे का हिस्सा 2 घोड़े के पिछले दोनों पैर बाँधने की रस्सी

पिछेलना–(स० क्रि०) 1 पीछे छोड़ देना 2 पीछे हटाना

पिछौरा–*बो०* (पु०) पुरुषों की चादर या दुपट्टा

पिछौरी–(स्त्री०) स्त्रियों की चादर या दुपट्टा

पिटंत–(स्त्री०) 1 पीटने की क्रिया 2 पीटे जाने की अवस्था 3 पड़नेवाली मार

पिटक–*सं०* (पु०) 1 पिटारा 2 कोठार 3 फुंसी

पिटका–*सं०* (स्त्री०) 1 पिटारी 2 छोटी फुंसी

पिटना–I (अ० क्रि०) 1 पीटा जाना 2 हारना 3 गोटी, मोहरे आदि का मारा जाना 4 मार खाना (जैसे-शतरंज के खेल में वजीर से बादशाह का पिटना) II (पु०) पीटनेवाला उपकरण (जैसे-छत का पिटना कहाँ रख दिया)

पिट-पिट–(स्त्री०) लगातार पीटने से उत्पन्न होनेवाला शब्द

पिट-पिटाना–(अ० क्रि०) 1 लाचार होकर यों ही रह जाना 2 छटपटाना

पिटवाना–(स० क्रि०) पीटने का काम दूसरे से कराना

पिटाई–(स्त्री०) 1 पीटने की क्रिया 2 पीटने की मज़दूरी (जैसे-छत की पिटाई पचास रुपये हुई) 3 पिंटत, मार

पिटा-पिटाया–(वि०) 1 मार खाया हुआ 2 पीटा हुआ 3 बेकार

पिटारा–(पु०) बाँस, बेंत आदि के नर्म छिलकों से बना हुआ ढक्कनदार बड़ा पात्र

पिटारी–(स्त्री०) छोटा पिटारा। ~ **का ख़र्च** 1 स्त्रियों को पानदान ख़र्च हेतु दिया जानेवाला धन 2 व्यभिचारणी को व्यभिचार कराने पर मिलनेवाला थोड़ा धन

पिटीशनर–*अं०* (पु०) प्रार्थी, फ़रियादी

पिट्टक–*सं०* (पु०) दाँतों की जड़ों में जमी मैल

पिट्टस–(स्त्री०) 1 दुःख से छाती पीटने की क्रिया 2 पिटंत

पिट्टू–(वि०) 1 जो बराबर मार खाता हो 2 जो मार खाकर ही सीधे रास्ते पर आता हो

पिट्ठी–(स्त्री०) = पीठी

पिट्ठू–(पु०) 1 पिछलगा, अनुयायी 2 लुक-छिपकर मदद करनेवाला 3 साथी (जैसे- मेरा पिट्ठू कहाँ गया)

पिठौरी–(स्त्री०) 1 पीठी की पकौड़ी 2 पीठी की बरी

पिड़क–*सं०* (पु०) छोटा फोड़ा

पिड़की–(स्त्री०) = पेंडुकी

पिढ़ई– *बो०* (स्त्री०) छोटा पीढ़ा

पितर–*सं०* (पु०) परलोकवासी पूर्वज

पितराईंध, पितराइं–(स्त्री०) पीतल के बर्तन में खट्टी वस्तु रखने तथा उसके विकार युक्त होने पर निकलनेवाली दुर्गंध

पितरिहा–I (वि०) 1 पीतल संबंधी 2 पीतल का बना हुआ II (पु०) पीतल का घड़ा

पिता–*सं०* (पु०) जनक, बाप। ~**तुल्य** (वि०) जो पिता के समान हो (जैसे-राजा ने सीता की पिता-तुल्य देखभाल की थी)

पितामह–*सं०* (पु०) पिता का पिता, दादा (स्त्री० पितामही)

पितिया–(पु०) बाप का भाई, चाचा (स्त्री० पितियानी)। ~**ससुर** (पु०) चचिया ससुर; ~**सास** (स्त्री०) चचिया सास

पितृ–*सं०* (पु०) 1 पिता 2 मृत पूर्वज। ~**ऋण** (पु०) पुत्र उत्पन्न करने से होनेवाली ऋण मुक्ति; ~**कर्म** (पु०) पितरों के उद्देश्य से किया जानेवाला तर्पण आदि कर्म; ~**कल्प** (पु०) श्राद्धादि कर्म; ~**कानन** (पु०) श्मशान, मरघट; ~**कुल** (पु०) बाप, दादा आदि का कुल, परिवार, खानदान; ~**कृत्य** (पु०) पितरों से संबंधित कर्म; ~**गृह** (पु०) 1 पिता का घर 2 श्मशान; ~**घात** (पु०) पिता की हत्या; ~**घाती** (पु०) पिता का हत्यारा; ~**तंत्र** (पु०) पितृ प्रधान शासन व्यवस्था; ~**तर्पण** (पु०) 1 पितरों के उद्देश्य से किया गया जलदान 2 गया नामक तीर्थ; ~**ता** (स्त्री०) पितृ भाव; ~**तिथि** (स्त्री०) अमावस्या; ~**तीर्थ** (पु०) गया तीर्थ; ~**दत्त** (वि०) पितरों को तर्पण किया हुआ; ~**दाय** (पु०) पिता का धन, पैतृक सम्पत्ति; ~**दिन** (पु०) = पितृ तिथि; ~**देश** (पु०) पूर्वजों के रहने का देश; ~**निष्ठ** (वि०) 1 पिता पर आश्रित 2 पिता में विश्वास करनेवाला; ~**पक्ष** (पु०) 1 कृष्ण पक्ष 2 पितृ कुल; ~**पति** (पु०) यमराज; ~**पद** (पु०) 1 पितरों का देश 2 पितर होने की स्थिति; ~**पैतामह** (वि०) बाप-दादों का; ~**प्रधान** (वि०) जहाँ पिता मुखिया हो; ~**प्रसू** (स्त्री०) पिता को जन्म देनेवाली, दादी; ~**प्राप्त** (वि०) जो पिता से मिला हो; ~**भक्ति** (स्त्री०) पिता के प्रति होनेवाली श्रद्धा; ~**भूमि** (स्त्री०) मातृभूमि; ~**भोजन** (पु०) पितरों को अर्पित किया जानेवाला भोजन; ~**यज्ञ** (पु०) = पितृ तर्पण; ~**याण** (पु०) पितरों के चलने का मार्ग; ~**लोक** (पु०) पितरों का निवास-स्थान; ~**वत्** (वि०) पिता के समान; ~**वन** (पु०)

श्मशान, मरघट; ~**वित्त** (पु०) पैतृक संपत्ति; ~**सत्ता** (स्त्री०) पितृ प्रधान राज्य; ~**हत्या** (पु०) = पितृघात

पितृक–*सं०* (वि०) 1 पैतृक 2 पितरों का

पितृव्य–*सं०* (पु०) 1 पिता तुल्य आदरणीय व्यक्ति 2 चाचा

पितृष्वसा–*सं०* (स्त्री०) बूआ, फूफी

पित्त–*सं०* (पु०) यकृत में बननेवाला तरल पदार्थ ~**कोष** (पु०) दे० पित्ताशय; ~**क्षोभ** (पु०) पित्त के बिगड़ने से उत्पन्न विकार; ~**ज** (वि०) पित्त से उत्पन्न; ~**ज्वर** (पु०) *चि०* पित्त बिगड़ने से होनेवाला बुखार; ~**पथरी** *+हिं०* (स्त्री०) पित्ताशय में पित्त की कंकड़ियाँ बनने का रोग; ~**प्रकृति** (वि०) जिसमें वात और कफ की अपेक्षा पित्त की अधिकता हो; ~**उबलना** बहुत क्रोध आना; ~**उभरना** पित्त का विकार उत्पन्न होना; ~**गरम होना** स्वभावतः क्रोधी होना; ~**डालना** कै करना

पित्तघ्न–*सं०* (वि०) पित्त को नाश करनेवाला

पित्तल–I *सं०* (वि०) 1 जिसमें पित्त की बहुलता हो 2 जिससे पित्त का विकार पैदा हो II (पु०) 1 पीतल 2 भोजपत्र

पित्ता–(पु०) 1 पित्त एकत्र होने की थैली, पित्ताशय 2 शरीर में पाया जानेवाला पित्त। ~**मार** (वि०) क्रोध दबानेवाला; ~**उबलना** अत्यधिक क्रोध उत्पन्न होना; ~**निकलना** अत्यधिक परिश्रम, कष्ट आदि के कारण शरीर की दुर्दशा होना; ~**मारना** 1 मन में दूषित भाव उमड़ने न देना 2 मन की उमंग आदि को दबाकर रखना

पित्तासर–*सं०* (पु०) = पित्त ज्वर

पित्ताशय–*सं०* (पु०) शरीर के अंदर यकृत के पीछे की ओर रहनेवाली थैली के आकार का वह अंग जिसमें पित्त एकत्र होता है, पित्त-कोष

पित्ती–(स्त्री०) 1 रक्त में अति उष्णता होने से पित्त प्रकोप के कारण शरीर के अंगों में निकलनेवाले ददोरे 2 अंभौरी। ~**उछलना** पित्ती की बिमारी होना

पित्रार्जित–*सं०* (वि०) पिता की संपत्ति

पित्र्य–I *सं०* (वि०) पिता का II (पु०) 1 पिता की प्रकृति 2 बड़ा भाई 3 माघ मास

पिद्दी–(स्त्री०) 1 बया की तरह एक सुंदर छोटी चिड़िया 2 अत्यंत तुच्छ जीव

पिधान–*सं०* (पु०) 1 पर्दा 2 आच्छादन, आवरण 3 ढक्कन 4 तलवार का कोष, म्यान

पिन–*अं०* (स्त्री०) काग़ज़ नत्थी करने की धातु की पतली पिन, आलपीन

पिनकना–(अ० क्रि०) 1 अफीमची का पीनक लेना 2 निद्रा के कारण सिर का रह-रहकर झुक पड़ना

पिनकी– (पु०) वह व्यक्ति जो अफीमचियों की तरह बैठे-बैठे सोता हो और रह-रहकर नीचे को सिर झुकता हो

पिन-पिन–(स्त्री०) बच्चों के रह-रहकर रोने पर होनेवाला अनुनासिक और अस्पष्ट शब्द

पिन-पिनहाँ–(वि०) पिन-पिन करनेवाला, जो हमेशा रोया करे

पिनपिनाना–(अ० क्रि०) 1 रोते समय पिन-पिन स्वर निकालना 2 रुक-रुककर रोना

पिनाक–*सं०* (पु०) शिव का धनुष

पिनाकी–*सं०* (पु०) शिव, महादेव

पिन्नी–(स्त्री०) 1 आटे में चीनी, मसाले आदि को मिलाकर तैयार किया गया लड्डू 2 धागे आदि को लपेटकर बनाया गया गोलाकार पिंड

पिन्हाना–(स० क्रि०) *बो०* = पहनाना

पिपरमिंट–*अं०* (पु०) 1 पुदीने की जाति का पौधा जो प्रायः दवा के काम आता है 2 इस पौधे का सत्त

पिपासा–*सं०* (स्त्री०) 1 प्यास, तृष्णा 2 इच्छा, लोभ

पिपासाकुल–*सं०* (वि०) जो प्यास से व्याकुल हो

पिपासित–*सं०* (वि०) जिसे प्यास लगी हो, प्यासा

पिपासु–*सं०* (वि०) 1 जो प्यासा हो 2 पीने का इच्छुक 3 जो उग्र कामना युक्त हो

पिपियाना–(अ० क्रि०) *बो०* पीप पैदा होना, मवाद भरना

पिपीलक–*सं०* (पु०) चींटा

पिपीलिका–*सं०* (स्त्री०) चींटी

पिप्पल–*सं०* (पु०) पीपल का पेड़

पिप्पलक–*सं०* (पु०) स्तनमुख, चूचुक

पियक्कड़–(पु०) (शराब) पीनेवाला

पियराना–*बो०* (अ० क्रि०) पीला पड़ना

पियरी–*बो०* (स्त्री०) 1 पीले रंग में रंगी हुई धोती 2 पीलापन

पिया–(पु०) = पिय

पियाज़–*फ़ा०* (पु०) = प्याज

पियादा–*फ़ा०* (पु०) = प्यादा

पियानो–*अं०* (पु०) हारमोनियम की तरह का मेज़ के आकार का बड़ा अंग्रेज़ी बाजा। ~**वादक** *+सं०* (पु०) पियानो बजानेवाला; ~**वादन** *+सं०* पियानो बजाना; ~**वादिका** *+सं०* (स्त्री०) पियानो बजाने वाली स्त्री

पियारा–(वि०)/*बो०* (पु०) = प्यारा

पियाला–*फ़ा०* (पु०) = प्याला

पिरकी–*बो०* (स्त्री०) फुंसी

पिराक–(स्त्री०) गुझिया नामक पकवान

पिराना–(अ० क्रि०) *बो०* 1 पीड़ा होना, दर्द करना 2 दुःख अनुभव करना 3 दुःख से दुःखी होना

पिरामिड–*अं०* (स्त्री०) मिस्र के त्रिकोणाकार प्राचीन समाधि स्थल

पिरोना–(स० क्रि०) 1 धागा डालना (जैसे-सूई में धागा पिरोना) 2 एक साथ नत्थी करना (जैसे-माला पिरोना)

पिलई–(स्त्री०) 1 शरीर के भीतर का तिल्ली नामक अंग 2 प्लीहा नामक रोग

पिलचना–(अ० क्रि०) 1 दो आदमियों का आपस में भिड़ना, गुथना 2 काम में लीन रहना, तत्पर होना

पिलना–(अ० क्रि०) 1 भिड़ जाना (जैसे-क्रोध में आकर दोनों पिल पड़े) 2 अंदर की ओर वेगपूर्वक धँसना (जैसे-दरवाज़ा खुलते ही लोग सिनेमाहाल में पिल पड़े) 3 पूरी शक्ति से कार्य में लगना

पिलपिला–(वि०) अत्यधिक कोमल, पिचपिचा (जैसे-पिलपिला आम फेंक दो)

पिलपिलाना–I (अ० क्रि०) पिलपिला होना II (स० क्रि०) चारों ओर से दबाकर पिलपिला बनाना

पिलपिलाहट–(स्त्री०) पिलपिलापन

पिलवाना–I (स० क्रि०) पिलाने के काम में दूसरे को लगाना (जैसे-मेहमानों को शर्बत पिलवाना)

पिलवाना–II (स० क्रि०) पेरने के काम में दूसरे को लगाना (जैसे-कोल्हू में तिल पिलवाना)

पिलाई–(स्त्री०) 1 पिलाने की क्रिया 2 तरल पदार्थ को इस तरह उड़ेलना कि छिद्रों में समा जाय (जैसे-सड़क पर अलकतरे की पिलाई करना) 3 गोली आदि गड्ढे में डालना 4 स्तन का दूध पिलानेवाली दाई

पिलाना–(स० क्रि०) 1 पीने में प्रवृत्त करना (जैसे-रोगी को दवा पिलाना) 2 तरल पदार्थ उड़ेलना (जैसे-कान में सीसा पिलाना) 2 बात अच्छी तरह जमाना, बात बैठाना 4 गड्ढे में गोली डालना

पिल्ला–(पु०) कुत्ते का बच्चा

पिल्लू–(पु०) सड़े हुए फलों एवं घावों आदि में होनेवाला सफ़ेद कीड़ा, ढोला

पिवाना–(स० क्रि०) = पिलाना

पिशंग–I *सं०* (पु०) लालिमा युक्त भूरा रंग II (वि०) लालिमा युक्त भूरे रंग का

पिशाच–*सं०* (पु०) भूत, प्रेत। ~**बाधा** (स्त्री०) पिशाच के कारण होनेवाला कष्ट

पिशाचघ्न–*सं०* (वि०) पिशाच को नष्ट या दूर करनेवाला

पिशाचिका, पिशाचिनी–*सं०* (स्त्री०) पिशाच योनि की स्त्री

पिशाची–*सं०* (स्त्री०) पिशाच स्त्री

पिशित–*सं०* (पु०) कीमा

पिशुन–I *सं०* (वि०) 1 नीच 2 चुगलखोर II (पु०) 1 गर्भिणी स्त्रियों को बाधा पहुँचानेवाला प्रेत 2 लड़ाई लगानेवाला व्यक्ति। ~**ता** (स्त्री०) 1 चुग़लख़ोरी 2 पिशुन अवस्था

पिष्ट–I *सं०* (वि०) पिसा हुआ, पीसा हुआ II (पु०) पानी के साथ पिसा अन्न। ~**पेषण** (पु०) पुनः पीसना; ~**प्रेषित** (वि०) पुनः भेजा हुआ

पिष्टक–*सं०* (पु०) 1 पीठी का बना खाद्य पदार्थ 2 तिल का चूर्ण

पिष्टान्न–*सं०* (पु०) पिसे हुए अन्न का बना पकवान

पिष्टि–*सं०* (स्त्री०) 1 अन्नचूर्ण 2 पीठी

पिसनहारा–(पु०) अन्न पीसकर जीविकोपार्जन करनेवाला व्यक्ति (स्त्री० पिसनहारी)

पिसना–(अ० क्रि०) 1 पीसा जाना (जैसे-चक्की में गेहूँ पिसना) 2 बुरी तरह दबाया जाना, कुचला जाना (जैसे-वह ट्रक से पिस गया) 3 अत्यधिक काम करने से शिथिल हो जाना 4 शोषित होना

पिसवाना–(स० क्रि०) पीसने की क्रिया में अन्य को प्रवृत्त करना

पिसाई–(स्त्री०) 1 पीसने की क्रिया 2 पीसने की मज़दूरी 3 चक्की पीसने का व्यवसाय 4 अत्यधिक परिश्रम करने की अवस्था

पिसान–*बो०* (पु०) पीसा हुआ अन्न, आटा

पिसाना–I (स० क्रि०) = पिसवाना II (अ० क्रि०) पिसना

पिसानी–*बो०* (स्त्री०) पेशानी

पिस्टन–*अं०* (पु०) मशीन को गति प्रदान करनेवाला एक सिलिंडर

पिस्तई–*फ़ा०* I (वि०) पिस्ते के रंग का पीलापन युक्त हरे रंग का II (पु०) पिस्ते का रंग

पिस्ता–*फ़ा०* (पु०) 1 एक प्रकार का प्रसिद्ध मेवा 2 मेवा का पेड़

पिस्तौल–*अं०* (स्त्री०) गोली चलाने की छोटी बंदूक, तमंचा

पिस्सू–(पु०) 1 मच्छर की तरह रक्त चूसनेवाला उड़नेवाला कीड़ा 2 मच्छर

पिहकना–(अ० क्रि०) कोयल, मोर आदि का पी-पी करके चहकना, पी-पी करके बोलना

पिहान–(पु०) ढकना, ढक्कन

पिहित–I *सं०* (वि०) 1 ढका हुआ 2 छिपा हुआ II अर्थालंकार जिसमें क्रिया के वर्णन द्वारा मन के गुप्त भाव को समझ लेना दर्शाया जाता

पींग–(स्त्री०) दे० पेंग

पींजना–I (स० क्रि०) रूई धुनना. पिंजना II (पु०) = धुनिया

पींड–(पु०) 1 वृक्ष का तना 2 गीली मिट्टी का बनाया हुआ घेरा 3 चरखे का मध्यभाग, बेलन 4 दे० पिंड 5 दे० पिंड खजूर

पी–I (पु०) प्रियतम, कांत

पी–II (स्त्री०) पपीहे के बोलने का शब्द

पीक–(स्त्री०) थूक। ~**दान** *+फ़ा०* (पु०) थूकने का पात्र, उगालदान

पीकना–(अ० क्रि०) पी-पी शब्द करना

पीका–*बो०* (पु०) वृक्ष का नया कोमल पत्ता, कोंपल

पीच–(स्त्री०) चावल उबालने पर बचा हुआ तरल पदार्थ, माँड़

पीछा–(पु०) 1 पीठ की ओर का भाग, पृष्ठ भाग 2 वस्तु के पीछे की ओर का फ़ैलाव 3 पीछे-पीछे चलने की क्रिया में साथ देने की अवस्था। ~**छुड़ाना** अप्रिय व्यक्ति आदि से संबंध छुड़ाना, पिंड छुड़ाना; ~**छूटना** 1 अप्रिय वस्तु आदि से जान छूटना, पिंड छूटना; ~**छोड़ना** काम से ध्यान छोड़ना; ~**पकड़ना** साथी बनाना; ~**भारी होना** 1 अधिक कष्ट साध्य होना 2 सहायक अंश का पीछे की तरफ़ ज्यादा होना

पीछे–(क्रि० वि०) 1 पीठ की ओर, पृष्ठ देश में (जैसे-हम लोग अन्य दर्शकों के पीछे बैठे थे) 2 अनुपस्थिति, अविद्यमानता (जैसे-पीठ पीछे बुराई करना कायरता है) 3 मर जाने पर, मरणोपरांत (जैसे-आदमी अपने पीछे अपना यश-अपयश ही छोड़ जाता है) 4 बाद में, उपरांत (जैसे-इसके पीछे उनकी संपति में वृद्धि होने लगी, पंक्ति में लोग एक दूसरे के पीछे चल रहे थे) 5 वास्ते, लिए 6 विचार से, हिसाब से। ~**चलना** अनुगमन करना, अनुयायी होना; ~**छूटना** पिछड़ जाना; ~**छोड़ना** हरा देना (जैसे-मैंने उन्हें दौड़ में पीछे छोड़ दिया); ~**पड़ना** 1 समाप्त करने के लिए तुल जाना 2 निरंतर प्रयास करना; ~**लगना** 1 आश्रय लेना 2 पीछे-पीछे चलना 3 साथ न छोड़ना (जैसे-वह शराब के पीछे पड़ गया है)

पीटना–I (स० क्रि०) 1 आघात करना (जैसे-कुत्ते को डंडे से मत पीटना) 2 निरंतर प्रहार करना (जैसे-हथौड़ी से पत्थर पीटना) 3 अपने शरीर के अंग पर अपने हाथ से जोरों से

आघात करना (जैसे-पति मृत्यु का समाचार सुनते ही वह छाती पीटने लगी) 4 विपक्ष की गोट मारना (जैसे-वजीर से प्यादा पिटना) 5 जैसे-तैसे कोई काम पूरा होना II (पु०) 1 मृत्यु, शोक (जैसे-उनके घर किसी का रोना-पीटना पड़ा है) 2 मुसीबत, आपद

पीठ–I *सं०* (पु०) 1 लकड़ी, पत्थर आदि का बना हुआ बैठने का आधार, आसन 2 मूर्ति स्थापित करने का नीचे का स्थान 3 उपदेश, शिक्षा आदि देने का स्थान (जैसे-धर्मपीठ, विद्यापीठ) 4 सम्मानित व्यक्ति के बैठने का स्थान (जैसे-हिंदी की उच्च शिक्षा हेतु पीठ की स्थापना करना) 5 न्यायाधीशों का वर्ग 6 न्यायाधीश 7 राजसिंहासन 8 वेदी 9 व्रतियों के बैठने का आसन।

पीठ–II (स्त्री०) प्राणियों के शरीर में छाती एवं पेट आदि की विपरीत दिशा में पड़नेवाला भाग जिसमें लंबाई के बल रीढ़ होती है। **~दर्द** *+फ़ा०* (पु०) पीठ में होनेवाली पीड़ा; **~मर्द** *+फ़ा०* (पु०) प्रणय प्रसंग में नायक का सखा;। **~मर्दिका** *+फ़ा०+ हिं०* (स्त्री०) प्रणय प्रसंग में नायिका की सखी; **~का** सहोदर के पीछे जन्मा हुआ; **~का कच्चा** (घोड़ा) जो सवारी का काम ठीक तरह से न देता हो; **~का सच्चा** (घोड़ा) जो अच्छी तरह से सवारी का काम देता हो; **~चारपाई से लगना** बीमार का उठने-बैठने में असमर्थ होना; **~ठोंकना** 1 शाबासी देना 2 बढ़ावा देना; **~ठोंकना;** भाग जाना, डर जाना; **~देना** 1 साथ छोड़ देना 2 लेटना; **~पर हाथ फेरना** दे० पीठ दिखाना; **(किसी की) पीठ लगना** कुश्ती में चित किया जाना, पछाड़ा जाना; **~लगाना** चित कर देना, पछाड़ देना

पीठा–(पु०) आटे की लोई में पीठी भरकर बनाया जानेवाला पकवान

पीठासीन–*सं०* (वि०) जो अध्यक्ष के आसन पर बैठा हो। **~होना** अध्यक्ष का स्थान ग्रहण करना

पीठिका–(स्त्री०) 1 छोटा पीढ़ा, पीढ़ी 2 वह आधार जिस पर देवमूर्ति आदि लगाई गई हो 3 ग्रंथ के विशिष्ट भागों में से कोई एक (जैसे-पूर्व पीठिका, उत्तर पीठिका)

पीठी–(स्त्री०) भींगी दाल को पीसकर तैयार किया गया रूप (जैसे-उड़द की पीठी)

पीड़क–*सं०* (वि०) 1 पीड़ा देनेवाला 2 अत्याचारी, जुल्मी

पीड़न–*सं०* (पु०) 1 तकलीफ़ देना 2 दबाना

पीड़ा–*सं०* (स्त्री०) 1 तकलीफ़, वेदना (जैसे-अपने मृत पति की याद आते ही उसे असह्य पीड़ा होती है) 2 दर्द (जैसे-घाव में ज़ोर की पीड़ा हो रही है) 3 कष्टदायक अवस्था। **~कर, ~कारी, ~जनक** (वि०) जिससे पीड़ा पहुँचे

पीड़ित–*सं०* (वि०) 1 जो पीड़ा से ग्रस्त हो (जैसे-ज्वर पीड़ित) 2 जो जुल्म आदि से आक्रांत हो (जैसे-वह समाज के अनुचित व्यवहार से अत्यंत पीड़ित है) 3 जो सताया गया हो 4 जो नष्ट कर दिया गया हो (जैसे-भूकंप पीड़ित क्षेत्र एवं जन)

पीढ़ा–(पु०) लकड़ी का पाएदार छोटा आसन

पीढ़ी–I (स्त्री०) 1 कुल, वंश परंपरा में क्रम-क्रम से बढ़नेवाली संतान की प्रत्येक कड़ी (जैसे-पीढ़ी दर पीढ़ी विचारों एवं पहनावों में अंतर आता गया) 2 किसी पीढ़ी के अंतर्गत आनेवाले व्यक्तियों का समुदाय (जैसे-दादा की पीढ़ी में दस लोगों का परिवार था) 3 विशिष्ट काल के प्रायः समान अवस्था के लोगों का समूह (जैसे-पुरानी पीढ़ी लगभग समाप्त हो चली) 4 परंपरागत स्थिति

पीढ़ी–II (स्त्री०) छोटा पीढ़ा

पीत–I *सं०* पीले रंग का, पीला II (पु०) पीला रंग III (वि०) पीया हुआ। **~कंद** (पु०) गाजर; **~ता** (स्त्री०) पीलापन; **~मणि** (पु०) पुखराज; **~रक्त** I (पु०) पीलापन लिये लाल रंग; II (वि०) पीलापन लिये लाल रंग का, **~राग** I (पु०) 1 पद्म केसर 2 पीला रंग II (वि०) पीले रंग का; **~वर्ण** (पु०) पीलारंग

पीतक–I (पु०) ज़रदी (अंडे की) II (वि०) पीले रंग का, पीला

पीतल–*सं०* (पु०) ताँबे एवं जस्ते के मेल से बनी प्रसिद्ध धातु (जैसे-पीतल का गगरा खरीदना है)

पीतशाल–*सं०* (पु०) विजयसार नाम का पेड़

पीतांबर–I *सं०* (पु०) 1 पीले रंग का वस्त्र, पीला कपड़ा 2 पीला वस्त्र धारण करनेवाला व्यक्ति II (वि०) पीला वस्त्र धारण करनेवाला

पीताभ–I *सं०* (वि०) जिसमें पीला रंग झलक रहा हो II (पु०) पीला चंदन

पीन–I *सं०* (वि०) 1 पुष्ट 2 भरा-पूरा, संपन्न II (पु०) स्थूलता, मोटाई

पीनक–(स्त्री०) = पिनक

पीनस–*सं०* (पु०) सर्दी या जुकाम

पीना–(स० क्रि०) 1 मुँह के द्वारा तरल पदार्थ को आत्मसात करना 2 वनस्पतियों का जड़ों द्वारा पानी आदि तरल पदार्थ सोखना 3 धूम्रपान करना (जैसे-चिलम पीना, सिगरेट पीना) 4 मनोविकार को दबा लेना (जैसे-उसके गाली देने पर भी वह सारा गुस्सा पीकर रह गया) 5 निंदनीय घटना, बात को चुपचाप दबा लेना (जैसे-रक्षा घोटाले के मामले को सरकार पी गई)। **घोलकर पी जाना** पूर्णतः खत्म कर देना (जैसे-सारी लज्जा तो तुम घोलकर पी गई हो)

पीप–(स्त्री०) मवाद (जैसे-फोड़े से पीप बहना)

पीपल–I (पु०) बरगद की जाति का एक प्रसिद्ध वृक्ष, चलदल, बोधिद्रुम

पीपल–II (स्त्री०) एक लता जिसकी कलियाँ औषधि के रूप में काम आती हैं, पिप्पली

पीपलामूल–(पु०) एक प्रसिद्ध औषधि जो पीपल नामक लता की जड़ है

पीपा–*पु०* (पु०) काठ, लोहे का ढोल के आकार का बना हुआ बड़ा पात्र (जैसे-तेल का पीपा कहाँ रखा है)

पीब–(स्त्री०) = पीप

पीयूष–*सं०* (पु०) अमृत, सुधा

पीर–I *फ़ा०* (वि०) 1 बड़ा और पूज्य, बुजुर्ग 2 वृद्ध, बुड्ढा

पीर–II *फ़ा०* (पु०) 1 मार्गदर्शक, धर्म गुरु 2 महात्मा एवं सिद्ध पुरुष। **~मर्द** (पु०) बुजुर्ग आदमी

पीर–III (स्त्री०) 1 दर्द, वेदना 2 तकलीफ़, दुःख 3 पीड़ा, कष्ट

पीरज़ाल–*फ़ा०* (स्त्री०) अत्यंत बूढ़ी स्त्री

पीरी–*फ़ा०* (स्त्री०) 1 वृद्धावस्था 2 पीर होने की अवस्था 3 शिष्य बनाने का पेशा 4 चमत्कारपूर्ण कार्य करने की शक्ति 5 विशेषाधिकार

पील–*फ़ा०* (पु०) 1 हाथी, गज 2 शतरंज के खेल का हाथी का मोहरा। ~**पाँव** *+हिं०* (पु०) *(चि०)* = फील पाँव

पीलपाया–*फ़ा०* (पु०) 1 आश्रय हेतु लगाए जानेवाली टेक, थूनी 2 किलों आदि की दीवारों के नीचे बनी हुई मोटी दीवार

पीलवान–*फ़ा०* (पु०) = फीलवान

पीला–I (वि०) 1 पीत (जैसे-पीला कपड़ा खरीदना) 2 रक्त की कमी के कारण हल्का सफ़ेद (जैसे-लंबी बीमारी से उसका शरीर पीला पड़ गया) 3 भय, लज्जा आदि के कारण जिसके चेहरे का रंग उड़ गया हो (जैसे-दरोगा को देखते ही उनका चेहरा पीला पड़ गया) 4 हल्दी के रंग का II (पु०) पीला रंग। ~**पन** (पु०) 1 पीला होने की अवस्था, पीतता, जर्दी 2 रक्त अल्पता के कारण शरीर की होनेवाली रंगत

पीलाई, पीलाहट–(स्त्री०) = पीलापन

पीलिया–(पु०) *चि०* कमल रोग

पीली– (स्त्री०) प्रभात के समय आकाश में दिखाई देनेवाली पीलापन युक्त लाली, प्रभात वेला की पीलापन लिए हुए लालिमा। ~**फटना** पौ फटना, प्रभात होना

पीलू–(पु०) 1 दक्षिण भारत में होनेवाला काँटेदार वृक्ष जिसकी पत्तियाँ औषधि के काम आती हैं 2 पिल्लू नामक कीड़ा

पीवर–I *सं०* 1 भरा-पूरा 2 स्थूल 3 पुष्ट II (पु०) कछुवा III (वि०)/(स्त्री०) भरे-पूरे स्तनोंवाली

पीवरी–*सं०* (स्त्री०) 1 युवती स्त्री 2 गाय, गौ

पीसना–I (स० क्रि०) 1 चूर्ण रूप में करना, बिल्कुल महीन (जैसे-चक्की में गेहूँ पीसना 2 कुचलना, दबाना (जैसे-दरोगा ने चोर पैरों तले पीस-पीसकर मारा) 3 दबाते हुए रगड़ना (जैसे-क्रोध में दाँत पीसना) 4 कठोर परिश्रम करना (जैसे-कोल्हू के बैल की तरह पीसते जाना) II (पु०) पीसने की क्रिया

पीहर–(पु०) विवाहिता के माता-पिता का घर, मैका, मायका

पुं०–*सं०* (पु०) 1 पुलिंग शब्द 2 *व्या०* पुलिंग

पुंकेसर–*सं०* (पु०) स्त्री केसर से संयोग करनेवाला फूलों का पुंसत्व युक्त केसर

पुंख–*सं०* (पु०) बाण का पिछला भाग

पुंग–*सं०* (पु०) बहुत बड़ा ढेर

पुंगफल–(पु०) = पुंगीफल

पुंगल–*सं०* (पु०) आत्मा

पुंगव–I *सं०* (पु०) बैल, साँड II (वि०) उत्तम, श्रेष्ठ

पुंगीफल–(पु०) सुपारी

पुँछल्ला–(पु०) = पुछल्ला

पुंज–*सं०* (पु०) 1 ढेर 2 राशि, समूह

पुंजन–*सं०* (पु०) राशि बनाने की क्रिया

पुंजशः–*सं० अ०* ढेरों

पुंजि–*सं०* (स्त्री०) = पुंज

पुंजित–*सं०* (वि०) 1 ढेर के रूप में लगाया हुआ 2 संचित

पुंजीभूत–*सं०* (वि०) जो राशि रूप में हो गया हो

पुंजोत्पादन–*सं०* (पु०) यंत्र आदि की सहायता से वस्तुओं को अधिक मात्रा में तैयार करना

पुंड–*सं०* (पु०) चंदन आदि का टीका, तिलक

पुंडरीक–*सं०* (पु०) 1 सफ़ेद कमल, श्वेत कमल 2 कमल

पुंडरीकाक्ष–*सं०* (वि०) कमलवत् नेत्रोंवाला-

पुंड्र–*सं०* (पु०) 1 लाल रंग का मोटा गन्ना 2 सफ़ेद कमल

पुलिंग–I *सं०* (पु०) 1 *व्या०* संज्ञा शब्दों में नरों का सूचक शब्द 2 पुरुष लिंग 3 पुरुष का चिह्न II (वि०) पुरुष वाचक

पुंवत–I *सं०* (वि०) पुरुष जैसा II (अ०) पुरुष की तरह

पुंश्चली–I *सं०* (वि०) पर पुरुषों से गुप्त संबंध रखनेवाली, व्यभिचारिणी II (स्त्री०) कुलटा, व्यभिचारिणी स्त्री

पुंश्चलीय–*सं०* (पु०) व्यभिचारिणी की संतान

पुंसत्व–*सं०* (पु०) 1 पुरुषत्व 2 पुरुष की काम शक्ति

पुंसवन–*सं०* (वि०) पुत्र उत्पन्न करनेवाला

पुंस्त्व–*सं०* (पु०) = पुंसत्व

पुआल–(पु०) 1 इमारतों के काम में आनेवाली जंगली पेड़ की पीली लकड़ी 2 पयाल

पुकार– (स्त्री०) 1 ज़ोर से नाम लेकर संबोधित करने की क्रिया 2 उपस्थित होने के लिए ज़ोर से बुलाना (जैसे-राम सेवक की कचहरी में पुकार हो रही है) 3 आत्मरक्षा हेतु ज़ोर से चिल्लाना (जैसे-आग लगने पर उसने चारों तरफ़ जोर से पुकार की) 4 फरियाद 5 किया जानेवाला निवेदन (जैसे-भिखारी ने मकान-मालिक को देखते ही पुकार की) 6 देर तक चलनेवाला ऊँचा स्वर (जैसे-शहनाई की पुकार सुनते ही ग्राम बालाएँ घरों से निकल पड़ी)

पुकारना–(स० क्रि०) 1 नाम लेकर बुलाना 2 आवाहन करना (जैसे-भारत माता नवयुवकों को पुकारती है) 3 धुन लगाना, रटना (जैसे-ईश्वर का नाम पुकारने से ही काम नहीं हो जाएगा) 4 चिल्लाकर माँगना (जैसे-भिखारी कभी से पुकारता है) 5 चिल्लाना (जैसे-उसका पुकारना सुनकर सभी लोग उसकी तरफ़ दौड़ पड़े)

पुक्कस–I *सं०* (वि०) अधम, नीच II (पु०) निषाद पिता एवं शूद्रा माता से उत्पन्न एक प्राचीन जाति

पुखराज–(पु०) वृहस्पति ग्रह का दोष दूर करनेवाला पीले रंग का एक रत्न

पुख़्ता–*फ़ा०* (वि०) 1 पक्का, मजबूत 2 जानकार, अनुभवी (जैसे-वह पुख़्ता इंसान है) 3 स्थिर एवं निश्चित किया हुआ 4 पूरी उम्र का, प्रौढ़

पुगाना–(स० क्रि०) 1 पहुँचाना 2 निश्चित सीमा तक पहुँचाना (जैसे-गड्ढे में गोली पुगाना) 3 भरना (जैसे-महाजन का कर्जा पुगाना)

पुचकार–(स्त्री०) पुचकारने की क्रिया, चुमकार

पुचकारना–(स० क्रि०) प्यार जतलाते हुए मुँह से पुच-पुच शब्द करना

पुचकारी–(स्त्री०) = पुचकार

पुचारा–(पु०) 1 पोतने का काम 2 गीले कपड़े से ज़मीन झाड़कर पोंछने का काम 3 वह गीला कपड़ा जिससे पोताई आदि का काम हो 4 पोतने का तरल पदार्थ, घोल 5 खुशामद 6 उत्साह वर्धक वचन

पुच्छ–*सं०* (स्त्री०) 1 दुम, पूँछ 2 पिछला एवं प्रायः नुकीला भाग। ~**पद** (पु०) पिछला भाग

पुच्छल–(वि०) 1 जिसमें दुम हो, दुमदार 2 जिसमें पूँछ की

तरह पीछे प्रायः व्यर्थ का अंग लगा हो (जैसे-पुच्छलवाली पतंग उड़ाओ)। ~**तारा** (पु०) धूमकेतु

पुच्छी–I *सं०* (वि०) पूँछवाला, दुमदार II (पु०) 1 आक, मदार 2 मुरगा

पुछल्ला–(पु०) 1 लंबी दुम 2 पूँछ की तरह जोड़ी गई लंबी चीज़

पुछवाना–(स० क्रि०) पूछने का काम कराना

पुछवैया–(वि०) 1 पूछनेवाला 2 खोज-खबर लेनेवाला

पुछार, पुछैया–*बो०* (वि०) 1 हाल-चाल पूछनेवाला 2 कुछ बात पूछनेवाला

पुजना–(अ० क्रि०) 1 पूजा जाना 2 सम्मानित होना

पुजवना–(स० क्रि०) 1 पूरा करना 2 सफल करना

पुजवाना–(स० क्रि) 1 पूजन कराना 2 आवभगत कराना 3 भेंट चढ़वाना, सेवा आदि कराना (जैसे-शिष्यों से पैर पुजवाना गुरु अपना अधिकार समझता है)

पुजाई–I (स्त्री०) 1 पूजने की क्रिया (जैसे-गंगा पुजाई के लिए लड्डू लेना है) 2 पुजाने का पारिश्रमिक (जैसे-गंगा पुजाई दस रुपये देने पड़े)

पुजाई–II (स्त्री०) 1 सफल करने की क्रिया 2 सफल करने का पारिश्रमिक

पुजाना–I (स० क्रि०) 1 पूजा कराना 2 आदर सम्मान कराना 3 दबा और फुसलाकर वसूल करना

पुजाना–II (स० क्रि०) 1 पूरा करना, पूर्ति करना 2 सफल करना, सिद्ध करना

पुजापा–(पु०) पूजन की सामग्री। ~**फैलाना** आडंबरपूर्ण व्यवस्था करना

पुजारिन–(स्त्री०) पूजा करनेवाली स्त्री

पुजारी–(पु०) 1 पूजा करनेवाला व्यक्ति 2 देव तुल्य मानकर भक्ति करनेवाला व्यक्ति

पुजाही–(स्त्री०) 1 पूजन सामग्री रखने का झोला 2 पुजापा

पुजैया–I (वि०) पूजनेवाला, पूजक II (स्त्री०) पुजाई III (वि०) पूरा करनेवाला, भरनेवाला IV (स्त्री०) पूरा करने-कराने की क्रिया

पुट–I (पु०) 1 तरल पदार्थ का छीटा 2 हल्के रंग में डुबाना 3 थोड़ी सी मिलावट। ~**पाक** (पु०) औषध पकाने की एक क्रिया

पुट–II *सं०* (पु०) 1 खाली स्थान 2 बनाया गया आधान 3 ढकनेवाला आवरण

पुटक–*सं०* (पु०) 1 कमल 2 दोना

पुटकी–I (स्त्री०) छोटी गठरी, पोटली

पुटकी–II (स्त्री०) 1 यकायक होनेवाली मृत्यु 2 आकस्मिक दैवी विपत्ति, आफत 3 आलन। ~**पड़ना** 1 चट पट मर जाना 2 भारी विपत्ति आना

पुटित–*सं०* (वि०) पुट रूप में लाया हुआ

पुटी–I *सं०* (स्त्री०) 1.छोटा होना 2 खाली स्थान II (वि०) जो पुट पाक विधि में प्रस्तुत हो

पुटीन–*अं०* (पु०) लकड़ी की दरारों आदि में भरने का मसाला

पुट्ठा–(स्त्री०) बड़ा झाबा

पुट्ठा–(पु०) 1 चूतड़ के ऊपर का माँसल भाग 2 चौपायों विशेषकर घोड़े का चूतड़। **पुट्ठे पर हाथ न रखने देना** सवार को पास न आने देना; **पुट्ठे पर हाथ रखना** राजी कर लेना

पुठवार–*अ०* 1 पीछे 2 बगल में

पुड़ा–I (पु०) 1 बड़ी पुड़िया 2 गौ का गर्भाशय II ढोल मढ़ा जानेवाला चमड़ा। (पु०) ~**टूटना** गाय को गर्भ ठहरना

पुड़िया–(स्त्री०) 1 कागज़ को विशेष प्रकार से मोड़कर एक नया रूप देना जिसमें कोई चीज़ बंद हो जाय (जैसे-उसने दवा की एक पुड़िया फेंक दी) 2 पुड़िया में लपेटी हुई दवा (जैसे-सुबह-शाम एक-एक पुड़िया खाना है)

पुड़ी–I (स्त्री०) ढोल मढ़ने का चमड़ा

पुड़ी–II (स्त्री०) = पुड़िया

पुण्य–I *सं०* (वि०) 1 पवित्र, शुद्ध 2 मंगलकारक, शुभ 3 उत्तम फल देनेवाला II (पु०) 1 धर्म विहित कर्म, सुकृत 2 अच्छा एवं भला कार्य (जैसे-गरीबों को दान देना पुण्य कार्य है) 3 विशिष्ट कर्म से प्राप्त फल (जैसे-गरीबों को दान देने से मुझे सुख शांति का पुण्य प्राप्त हुआ) 4 अच्छे एवं पवित्र कार्यों का संचित रूप जिसका फल आगे मिलता हो (जैसे-बड़े पुण्य से उन्हे पुत्र रत्न प्राप्त हुआ)। ~**कर्ता** (पु०) पुण्य कार्य करनेवाला; ~**कर्म,** ~**कार्य** (पु०) शुभ काम, भला काम; ~**काल** (पु०) अच्छे-भले कार्य करने का समय; ~**कीर्ति** I (वि०) जिसके यशोगान से पुण्य हो II (स्त्री०) पुण्यात्मक यश; ~**कृत** (पु०) पुण्य करनेवाला; ~**कृत्य** (पु०) पुण्य कर्म; ~**क्षेत्र** (पु०) ऐसा स्थान जहाँ जाने से पुण्य होता हो; ~**जन** (पु०) धर्मात्मा, सज्जन; ~**ता** (स्त्री०) पुण्य होने का भाव; ~**तिथि** (स्त्री०) = पुण्यकाल; ~**तीर्थ** (पु०) = पुण्य क्षेत्र; ~**पर्व** (पु०) शुभ त्योहार; ~**भाव** (स्त्री०) उत्तम विचार; ~**भूमि** (स्त्री०) 1 तीर्थ स्थान 2 पुत्रवती स्त्री; ~**योग** (पु०) पूर्वजन्म के किये गये शुभ कर्मों का फल; ~**वान्** (वि०) शुभ कर्म करनेवाला; ~**शती** (स्त्री०) मरने के बाद की शताब्दी; ~**श्लोक** (वि०) शुभ चरित्र; ~**स्थान** (पु०) = पुण्य क्षेत्र

पुण्यात्मा–*सं०* (वि०) पुण्य कर्म करनेवाला, पुण्यशील

पुण्यार्थ–I *सं०* (वि०) 1 पुण्य के विचार से किया जानेवाला 2 जो लोकोपकारी कार्य हेतु दिया गया हो II शुभफल की प्राप्ति के विचार से III (पु०) 1 लोकोपकार की भावना 2 लोकोपकार की भावना से दिया जानेवाला धन; ~**निधि** (स्त्री०) 1 धार्मिक कार्य हेतु दी गई संपत्ति 2 लोकोपकार के लिए दिया गया धन

पुण्योदय–*सं०* (पु०) सौभाग्य का उदय

पुतना–(अ० क्रि०) पुताई होना

पुतला–(पु०) कागज़, कपड़े आदि की पुरुष की बनाई गई आकृति। ~**जलाना** निंदा करने के उद्देश्य से पुतला बनाकर जलाना; ~**बाँधना** अपयश फैलाना, बदनामी करना

पुतली–I (स्त्री०) आँख के बीच का वह काला भाग जिसके मध्य में प्रकाश की किरणें प्रवेश करती हैं तथा जिसके फलस्वरूप मस्तिष्क में पदार्थ का प्रतिबिंब उभरता है। ~**फिर जाना** 1 आँखें पथरा जाना 2 घमंड होना

पुतली–II (स्त्री०) 1 लकड़ी, धातु आदि की बनी हुई स्त्री आकृति 2 सुंदर और कोमलांगी स्त्री 3 कपड़ा बुनने का यंत्र ~**घर** (पु०) कपड़ा बनाने की मिल

पुतवाना–(स० क्रि०) पुताई का काम कराना

पुता–(वि०) जिसे पोता गया हो (जैसे-यह मकान सफेद चूने से पुता है)

पुताई–(स्त्री०) 1 पोतने की क्रिया 2 पोतने की मज़दूरी

पुत्तलक–*सं०* (पु०) = पुतला

पुत्र–*सं०* (पु०) 1 बेटा 2 प्यारा बच्चा। ~**कलत्र** (पु०) बच्चे और बीबी; ~**वत्** (वि०) पुत्र के समान; ~**वती** (स्त्री०) पुत्रवाली, बेटोंवाली माँ; ~**वधू** (स्त्री०) पुत्र की पत्नी, पतोहू; ~**वान्** (वि०) बेटोंवाला; ~**प्रसू** (वि०) पुत्र उत्पन्न करनेवाली

पुत्रक–*सं०* (पु०) पुत्र, बेटा

पुत्रार्थी–*सं०* (वि०) पुत्र प्राप्ति की इच्छा करनेवाला

पुत्रिका–*सं०* स्त्री० 1 बेटी 2 पुत्र के समान मानी गयी लड़की

पुत्री–*सं०* (स्त्री०) लड़की, बेटी

पुत्रोत्सव–*सं०* (पु०) पुत्र जन्म पर मनाया जानेवाला उत्सव

पुदीना–*फ़ा०* (पु०) एक तरह का सुगंधित पौधा जिसकी पत्तियों से चटनी बनती है

पुनः–*सं०* (क्रि० वि०) फिर, दोबारा (जैसे-पुनः लिखना, पुनः पढ़ना)। ~**एकीकरण** (पु०) फिर एक कर देना; ~**करण** (पु०) फिर से कार्य करना, दोहराना; ~**कल्पन** (पु०) यंत्र आदि के कल-पुर्जों को अलग-अलग करके फिर से ठीक करना; ~**पंजीयन** (पु०) फिर से रजिस्टर में दर्ज करना; ~**पर्यादान** (पु०) फिर से वसूलना; ~**पुनः** (क्रि० वि०) बार-बार, फिर-फिर; ~**प्रकाशन** (पु०) फिर से प्रकाशित करना; ~**प्राप्ति** (स्त्री०) दोबारा प्राप्त की गई वस्तु; ~**रचना** (स्त्री०) फिर से बनाना; ~**शस्त्रीकरण** (पु०) दोबारा हथियार बंदी; ~**संगठन** (पु०) दोबारा गठन करना; ~**संगठित** (वि०) दोबारा गठन किया हुआ; ~**संस्थापन** (पु०) = पुनः संगठन; ~**सैनिकीकरण** (पु०) = पुनः शस्त्रीकरण; ~**स्थापना** (पु०) = पुनः संगठन; ~**स्थापित** (वि०) = पुनः संगठित; ~**स्वास्थ्य** (पु०) दोबारा स्वस्थ होना

पुनना–(स० क्रि०) गालियां देना, दुर्वचन कहना

पुनर–*सं०* (अ०) एक बार और, फिर

पुनरपि–*सं०* (अ०) 1 फिर भी 2 बार-बार

पुनरभ्यास–*सं०* (पु०) फिर से, बार-बार करना

पुनरवलोकन–*सं०* (पु०) 1 फिर से देखना 2 दुबारा जाँचना

पुनरस्त्रीकरण–*सं०* (पु०) = पुनः शस्त्रीकरण

पुनरागमन–*सं०* (पु०) दोबारा आना

पुनरारंभ–*सं०* (पु०) फिर से शुरू करना

पुनरावर्तक–I *सं०* पुनः पुनः आनेवाला II (पु०) पुनः पुनः आनेवाला ज्वर

पुनरावर्तन–*सं०* (पु०) फिर से लौटकर आना

पुनरावृत्त–*सं०* (वि०) 1 फिर से घूमकर आया हुआ 2 फिर से दोहराया हुआ, किया हुआ

पुनरावृत्ति–*सं०* (स्त्री०) 1 फिर से घूमकर आना 2 किये गये काम की फिर से होनेवाली आवृत्ति, काम का दोहराया जाना

पुनरावेदक–*सं०* (पु०) फिर से आवेदन करनेवाला

पुनरावेदन–*सं०* (पु०) फिर से प्रार्थना करना। ~**न्यायालय** (पु०) अपील कोर्ट

पुनरीक्षण–*सं०* (पु०) 1 दुबारा देखना 2 पुनरावलोकन

पुनरीक्षित–*सं०* (वि०) पुनरीक्षण किया हुआ

पुनरुक्त–I *सं०* (वि०) फिर से कहा हुआ II (पु०) *साहि०* कही हुई बात को पुनः कहने का दोष

पुनरुक्ति–*सं०* (स्त्री०) 1 कही गई बात को फिर से कहना 2 दुबारा कही गयी बात

पुनरुज्जीवन–*सं०* (पु०) फिर से जीवित होना

पुनरुज्जीवित–*सं०* (वि०) जिसने पुनः जीवन प्राप्त किया हो

पुनरुत्थान–*सं०* (पु०) 1 फिर से उठना 2 पुनः उन्नति करना। ~**काल** (पु०) पुनः उन्नति करने का समय

पुनरुत्थित–*सं०* (वि०) पुनरुत्थान हुआ

पुनरुत्पत्ति–*सं०* (स्त्री०) फिर उत्पन्न होना

पुनरुपनयन–*सं०* (पु०) महापाप के प्रायश्चित स्वरूप किया गया दुबारा ज़नेऊ-संस्कार

पुनरुत्पादन–*सं०* (पु०) दोबारा माल या उपज तैयार करना

पुनरुद्धार–*सं०* (पु०) टूटी-फूटी वस्तु को फिर से सुधारना

पुनरुन्नयन–*सं०* (पु०) पुनः उन्नति करना

पुनर्गठन–*सं०* (पु०) फिर से गठन करना

पुनर्ग्रहण–*सं०* (पु०) फिर से ग्रहण करना

पुनर्जन्म–*सं०* (पु०) पुनः होनेवाला जन्म। ~**वाद** (पु०) यह सिद्धांत कि आत्मा एक शरीर छोड़ने पर पुनः दूसरे शरीर में प्रवेश कर जाती है

पुनर्जागरण–*सं०* (पु०) फिर से जागना

पुनर्जागृति–*सं०* (वि०) फिर से जागा हुआ

पुनर्जात–*सं०* (वि०) जिसने पुनः जन्म लिया हो

पुनर्जीवन–*सं०* 1 = पुनरुज्जीवन 2 = पुनर्जन्म

पुनर्जीवित–*सं०* (वि०) = पुनरुज्जीवित

पुनर्दर्शन–*सं०* (पु०) फिर से देखना

पुनर्दर्शनीय–*सं०* (वि०) जो फिर से देखे जाने योग्य हो

पुनर्देशावर्तन–*सं०* (पु०) फिर से देश लौटना

पुनर्नव–*सं०* (वि०) जो फिर से नया हो गया हो, पुनः नया किया हुआ

पुनर्नवा–*सं०* (स्त्री०) औषधि के काम आनेवाली एक विशेष वनस्पति

पुनर्नवीकरण–*सं०* (पु०) फिर से नया कर देना

पुनर्नियुक्ति–*सं०* (स्त्री०) फिर से नियुक्त करना या होना

पुनर्निरीक्षण–*सं०* (पु०) = पुनः देखना, दोबारा जाँचना

पुनर्निर्धारण–*सं०* (पु०) फिर से निश्चय करना

पुनर्निर्माण–*सं०* (पु०) फिर से बनाना (जैसे-पुल के पुनर्निर्माण का कार्य शुरू हो गया है)

पुनर्निर्यात–*सं०* (पु०) फिर से माल बाहर भेजना

पुनर्निर्वाचन–*सं०* (पु०) फिर चुनाव करना

पुनर्न्याय-प्रार्थना–*सं०* (स्त्री०) पुनः न्याय करने के लिए आवेदन करना

पुनर्न्यायार्थी–*सं०* (वि०) पुनः न्याय का इच्छुक, न्याय की पुनः इच्छा रखनेवाला

पुनर्परीक्षण–*सं०* (पु०) पुनः परीक्षण करना, दोबारा जाँचना

पुनर्प्रकाशन–*सं०* (पु०) = पुनः प्रकाशन

पुनर्प्रेषण–*सं०* (पु०) फिर से भेजना

पुनर्भव–*सं०* (वि०) फिर से उत्पन्न

पुनर्भाव–*सं०* (पु०) पुनर्जन्म
पुनर्भू–*सं०* (स्त्री०) पति के मरने पर पुनः विवाह करनेवाली स्त्री
पुनर्भोग–*सं०* पूर्व कर्मों का प्राप्त होनेवाला फल, भोग
पुनर्मिलन–*सं०* (पु०) फिर से मिलना, पुनः मिलाप होना
पुनर्मुद्रण–*सं०* (पु०) फिर से छापना 2 पुनः प्रकाशन
पुनर्मुद्रणाधिकार–*सं०* (पु०) फिर छापने का अधिकार
पुनर्मुद्रित–*सं०* (वि०) पुनः छापा हुआ
पुनर्मूल्यन–*सं०* (पु०) फिर से दाम लगाना
पुनर्मूल्यांकन–*सं०* (पु०) फिर से मूल्य आँकना
पुनर्रचना–*सं०* (पु०) = पुनः रचना
पुनर्वचन–*सं०* (पु०) = पुनरुक्ति
पुनर्वरण–*सं०* (पु०) फिर से चुनना
पुनर्वर्गीकरण–*सं०* (पु०) फिर से वर्गों में बाँटना
पुनर्वाद–*सं०* (पु०) पुनः कोई बात उसी रूप में कहना
पुनर्वादी–*सं०* (वि०) 1 फिर से कहनेवाला 2 फिर से विचार हेतु प्रार्थना करनेवाला
पुनर्वास–*सं०* (पु०) 1 फिर से बसना 2 फिर से बसाना, आबाद करना; ~**मंत्री** (पु०)
पुनर्वासन–*सं०* (पु०) फिर से बसाने की क्रिया
पुनर्विचार–*सं०* (पु०) फिर से विचार करना (जैसे-मुकदमे पर पुनर्विचार की अनुमति दी जानी चाहिये)। ~**न्यायालय** (पु०) वह अदालत जहाँ पुनर्विचार किया जाय; ~**प्रार्थना** (स्त्री०) पुनर्विचार हेतु की गई विनती, निवेदन; ~**प्रार्थी** (वि०) पुनर्विचार की प्रार्थना करनेवाला
पुनर्वितरण–*सं०* (पु०) फिर से बाँटना
पुनर्विधान–*सं०* (पु०) फिर से बनाना
पुनर्विधायन–*सं०*(पु०)विधान को नए सिरे से पुनःनया रूप देना
पुनर्विनियोजन–*सं०* (पु०) 1 फिर से भाग करना 2 फिर से अर्पण करना
पुनर्विभाजन–*सं०* (पु०) विभाजित की गई वस्तु का पुनः विभाजन करना
पुनर्विलोकन–*सं०* (पु०) फिर से देखना, दुबारा देखना
पुनर्विवाह–*सं०* (पु०) दूसरा ब्याह
पुनर्विहित–*सं०* (वि०) 1 जिसका फिर से विधान हुआ हो 2 नए विधान के रूप में लाया हुआ
पुनश्च–I *सं०* (अ०) 1 इसके बाद, फिर 2 दूसरी बार, दोबारा 3 जो कुछ कहा जा चुका है उसके बाद II (पु०) कह चुकने के बाद कही गई बात
पुनश्चर्या–*सं०* (स्त्री०) काम को दोहराना
पुनश्चित्रण–*सं०* (पु०) दोबारा चित्रित करना
पुनश्शस्त्रीकरण–*सं०* (पु०) = पुनः शस्त्रीकरण
पुनस्संघटन, पुनस्संस्थापन–*सं०* (पु०) = पुनः संगठन
पुनीत–*सं०* (वि०) 1 पवित्र 2 उत्तम (जैसे-दान करना पुनीत कर्तव्य है)
पुपली–*सं०* (स्त्री०) *बो०* 1 आम की गुठली को घिसकर बनाया गया बाजा, सीटी 2 बाँस की पतली एवं पोली नली
पुरः–*सं०* (अ०) 1 समक्ष, सामने 2 पहले, पूर्वी 3 पूर्व दिशा का, पूर्वी। ~**दत्तः** (वि०) पहले से दिया हुआ; ~**दान** (पु०) नियत समय से पहले देना; ~**प्रत्यय** (पु०) *व्या०* प्रत्यय जो शब्द के पहले लगकर अर्थ में नवीनता उत्पन्न करता है (जैसे-अनुगमन में 'अनु' पूर्व प्रत्यय है); ~**सर** I (वि०) 1 मिला हुआ, युक्त 2 साथ होनेवाला II (पु०) आगे-आगे चलनेवाला, अगुआ; ~**स्थ** (वि०) आगे रखा हुआ; ~**स्थापन** (पु०) आगे रखना
पुरंदर–*सं०* (पु०) इंद्र
पुर–I *सं०* (वि०) भरा हुआ, पूर्ण II (पु०) 1 बस्ती 2 घर 3 नगर 4 अटारी, कोठा। ~**द्वार** (पु०) 1 नगर का फाटक 2 पुर का मुख्य दरवाज़ा; ~**वासी** (पु०) नगर का रहनेवाला, नागरिक
पुर–(पु०) कुएँ से पानी खींचने का मोट, चरसा। ~**लेना** पानी भरा पुरवट खींचकर उसका पानी गिराना
पुर–*फ़ा०* (वि०) भरा हुआ, पूर्ण। ~**अमन** *+अ०* (वि०) शांतिमय, शांतिपूर्ण; ~**असर** *+अ०* (वि०) प्रभावपूर्ण; ~**ज़ोर** (वि०) 1 जोरदार 2 ओजपूर्ण; ~**जोश** (वि०) जोश में भरा हुआ, जोशपूर्ण; ~**मज़ाक** *+अ०* (वि०) हास्यपूर्ण; ~**शोर** (वि०) शोरगुलवाला, कोलाहलपूर्ण
पुरखा–(पु०) 1 पूर्वज 2 सयाना और वृद्ध व्यक्ति (स्त्री० पुरखिन)। **पुरखे तर जाना** पूर्वजों को उत्तम गति प्राप्त होना, कृत्य-कृत्य होना
पुरचक–(सतरी०) 1 चुमकार, पुचकार 2 बढ़ावा, प्रेरणा, उकसाना 3 पृष्टपोषण
पुरज़ा–*फ़ा०* (पु०) 1 टुकड़ा, खंड 2 काटकर निकाला हुआ टुकड़ा, कतरन 3 काग़ज़ के टुकड़े पर लिखी सूचना 4 हाथ में भेजी हुई चिट्ठी 5 यंत्र का कोई अंग, अंश (जैसे-घड़ी का पुरजा खराब हो गया)। **पुरज़े-पुरज़े उड़ाना** टुकड़े-टुकड़े करना, खंड-खंड कर देना
पुरतः–*सं०* (अ०) आगे, सामने
पुरबला–(वि०) *बो०* 1 पूर्व का, पहले का 2 पूर्व जन्म का
पुरबिया–I 1 पूरब का, पूर्व देश का 2 पूर्व दिशा से आनेवाला II (पु०) पूर्वी देश का निवासी
पुरवट–*बो०* (पु०) चरसा, मोट
पुरवा–I (पु०) छोटा गाँव
पुरवा–II (स्त्री०) पूरब की ओर से बहनेवाली हवा
पुरवा–III (पु०) प्याले के आकार का मिट्टी का बर्तन, कुल्हड़
पुरवाई, पुरवैया–(स्त्री०) = पुरवा II
पुरश्चरण–*सं०* (पु०) काम की पहले से की जानेवाली तैयारी
पुरसाँ–*फ़ा०* (वि०) खोज-ख़बर लेनेवाला।
पुरसा–(पु०) उँचाई, गहराई नापने की नाप जो हाथ उठाकर खड़े आदमी के या लगभग पाँच हाथ के बराबर होती है (जैसे- यह कूआँ पाँच पुरसा गहरा है)
पुरस्कार–*सं०* (पु०) 1 इनाम 2 उपहार, भेंट। ~**विजेता** (पु०) पुरस्कार प्राप्त करनेवाला व्यक्ति; ~**वितरण** (पु०) इनाम देना
पुरस्कारणीय–*सं०* (वि०) पुरस्कार पाने योग्य
पुरस्कारार्थ–*सं०* (वि०) इनाम के लिए
पुरस्कृत–*सं०* (वि०) जिसने पुरस्कार प्राप्त किया हो
पुरस्सर–*सं०* (वि०) = पुरः सर, अगुआ, साथी
पुरा–I (स्त्री०) छोटी बस्ती, गाँव
पुरा–II *सं०* (अ०) 1 पुराने समय में 2 थोड़े समय में 3 अब-तक। ~**कथा** (स्त्री०) 1 इतिहास 2 पुरानी कहानी;

~**कल्प** (पु०) प्राचीन समय, पुराना युग; ~**कालीन** (वि०) 1 बहुत पुराना 2 अत्यधिक प्राचीन युग का; ~**कृत** I (वि०) पूर्व काल में किया हुआ II (पु०) पूर्व जन्म में किये गये कर्म; ~**कोश** (पु०) ऐसा शब्दकोश जिसमें प्राचीन भाषाओं के अत्यधिक पुराने शब्दों की व्याख्या हो; ~**गत** (वि०) पूर्वगामी; ~**जीव** (पु०) = दे० जीवाश्म; ~**जीव-कल्प** (पु०) = पुरा कल्प; ~**जीव-शास्त्र** (पु०) = पुरा जैविकी; ~**जीव-शास्त्रज्ञ** (पु०) जीवाश्म विज्ञान को जाननेवाला वैज्ञानिक; ~**जीव संग्रहालय** (पु०) पुराने ज़माने के जीव जंतुओं का अजायबघर; ~**जैविकी** (स्त्री०) = जीवाश्म विज्ञान; ~**तत्व** (पु०) प्राचीन अनुसंधान एवं अध्ययन से संबंधित ज्ञान; ~**तत्वज्ञ** (पु०) पुरातत्व विद्या को जाननेवाला व्यक्ति; ~**तत्व-वेत्ता** (वि०) प्राचीन संबंधी खोजों एवं विद्याओं को जाननेवाला; ~**तत्व-शास्त्र** (पु०) = पुरातत्व; ~**तत्व शास्त्रीय** (वि०) = पुरातात्विक; ~**तात्विक** (वि०) पुरातत्व संबंधी; ~**पाषाण** (वि०) पत्थर युग से पहले का; ~**भूगोल** (पु०) भूगोल से पहले का ज्ञान; ~**लिपि** (स्त्री०) प्राचीन लिपि; ~**लेख** (पु०) प्राचीन स्मृति चिह्न पर अंकित किया हुआ लेख; ~**वनस्पति विज्ञान** (पु०) प्राचीनकाल के वनस्पतियों से संबंधित विज्ञान; ~**विद्** (वि०) प्राचीन इतिहास आदि विषयों को जाननेवाला; ~**वृत्त** (पु०) प्राचीन युग का वृत्तांत

पुराण–I *सं०* (वि०) 1 पुराना, प्राचीन 2 जीर्ण-शीर्ण II (पु०) हिन्दुओं के अनेक धार्मिक ग्रंथ (जैसे-विष्णु पुराण, गरुड़ पुराण आदि) ~**ता** (स्त्री०) प्राचीनता, पुरानापन; ~**पंथी** *+हिं०* (वि०) जो पुराण आदि धर्म ग्रथों का अनुयायी हो; ~**पाषाणयुग** (पु०) अति प्राचीन पत्थर का समय; ~**वाद** (पु०) = पुरातनमतवाद; ~**वादी** (वि०) = पुरातन पंथी; ~**विज्ञान** (पु०) पुरा कथा शास्त्र

पुरातन–*सं०* (वि०) 1 पुराना, प्राचीन 2 सबसे पहले का, आद्य। ~**पंथी** *+हिं०* (वि०) प्राचीन धर्म एवं संस्कृति को माननेवाला; ~**मतवाद** (पु०) यह सिद्धांत कि प्राचीन मत ही श्रेष्ठ हैं; ~**मतवादी** (वि०) = पुरातन पंथी

पुराना–I (वि०) 1 प्राचीन काल का, बहुत पहले का (जैसे-यह सभ्यता अब पुरानी है) 2 दीर्घ काल का (जैसे-यह बहुत पुराना काव्य है) 3 जीर्ण शीर्ण (जैसे-यह पुराना कपड़ा है) 4 यथेष्ट रूप में परिपक्व, पूर्ण अनुभव प्राप्त (जैसे-यह कारीगर अब पुराना हो गया है) 5 जिसका प्रचलन समाप्त हो गया हो (जैसे-यह पुराना पहनावा है) II (स० क्रि०) 1 पूरा करना 2 निर्वाह करना, पालन करना। ~**चिराना**, ~**घिराना** (वि०) जीर्ण-शीर्ण, बेकार; ~**पन** (पु०) पुराना होने की अवस्था; ~**खुर्राट** बहुत बड़ा अनुभवी; ~**घाघ** बहुत बड़ा चालाक

पुरी–*सं०* (स्त्री०) छोटा पुर, नगरी

पुरीष–*सं०* (पु०) मल, विष्ठा

पुरु–I *सं०* (वि०) बहुत अधिक, विपुल II (पु०) देवलोक, स्वर्ग

पुरुष–*सं०* (पु०) 1 नर, मर्द 2 मानव जाति 3 स्त्री का पति 4 *व्या०* वक्ता की दृष्टि से सर्वनामों का वर्गीकरण (जैसे-प्रथम पुरुष में 'मैं' हम)। ~**कार** (पु०) 1 पुरुषार्थ, पौरुष 2 उद्योग; ~**पुंगव** (पु०) श्रेष्ठ व्यक्ति; ~**युगल** (पु०) पुरुषों का जोड़ा; ~**वाचक** (वि०) पुरुष का बोध करानेवाला

पुरुषत्व–*सं०* (पु०) पुरुष होने की अवस्था (जैसे-उसमें पुरुषत्व के लक्षण हैं)

पुरुषानुक्रम–*सं०* (पु०) वंशधरों की परंपरा

पुरुषानुक्रमिक–*सं०* (वि०) पुरुषों के क्रम से होनेवाला

पुरुषायित–*सं०* (क्रि० वि०) 1 पुरुष जैसा आचरण 2 स्त्री का काम संबंधों में पुरुष जैसा आचरण

पुरुषार्थ–*सं०* (पु०) 1 पुरुष के उद्देश्य एवं लक्ष्य का विषय 2 मनुष्योचित बल, पौरुष

पुरुषार्थी–*सं०* (वि०) 1 पुरुषार्थ करनेवाला 2 उद्योगी 3 बली

पुरुषोचित–*सं०* (वि०) जो पुरुषों के लिए उचित हो

पुरुषोत्तम–I *सं०* (वि०) जो पुरुषों में सबसे उत्तम हो, जो सर्वश्रेष्ठ हो II (पु०) सर्वश्रेष्ठ पुरुष

पुरोगत–*सं०* (वि०) 1 जो पहले गया हो 2 जो सामने हो

पुरोगमन–*सं०* (पु०) 1 आगे बढ़ना 2 उन्नति की ओर प्रवृत्त होना

पुरोगामी–I *सं०* (वि०) 1 अगुआ, अग्रगामी 2 बराबर उन्नति करता हुआ II (पु०) 1 नायक 2 अग्रदूत

पुरोदर्शन–*सं०* (पु०) 1 सामने की ओर से दिखाई देनेवाला रूप 2 वास्तु रचना में वह चित्र जो उसके सामनेवाले भाग को दिखाता हो

पुरोधा–*सं०* (पु०) पुरोहित

पुरोभाग–*सं०* (पु०) अगला हिस्सा, अग्रभाग

पुरोभागी–*सं०* (वि०) आगे की ओर होनेवाला, अग्रभाग का

पुरोवर्ती–*सं०* (वि०) पहले आनेवाला

पुरोहित–I *सं०* (वि०) धार्मिक कृत्य करनेवाला II (पु०) धार्मिक कर्म संपन्न करानेवाला याजक। ~**तंत्र** (पु०) वह शासन प्रणाली जिसमें पुरोहित की प्रधानता हो

पुरोहिताई–*सं०+हिं०* (स्त्री०) पुरोहित का काम एवं पद

पुरोहितानी–*सं०+हिं०* (स्त्री०) पुरोहित की पत्नी

पुरोहिती–I *सं०* (वि०) पुरोहित का II (स्त्री०) = पुरोहिताई

पुर्ज़ा–*फ़ा०* (पु०) = पुरज़ा

पुर्ज़ी–*फ़ा०* (स्त्री०) छोटा पुर्ज़ा

पुर्तगाली–*अं०+हिं०* I (वि०) पुर्तगाल देश का II (पु०) पुर्तगाल देश का निवासी III (स्त्री०) पुर्तगाल देश की भाषा

पुर्तगीज़–*अं०* (वि०) = पुर्तगाली

पुल–*फ़ा०* I (पु०) खाइयों, नदी-नालों, रेलवाइनों आदि के ऊपर आर-पार जाने के लिए बनाई गई वास्तु रचना, सेतु (जैसे-पुल के नीचे नदी बहती है) 2 बात आदि का बहुत लंबा क्रम, झड़ी ताँता (जैसे-तारीफ के पुल बाँधना) II (वि०) 1 बहुत अधिक 2 अतिविशाल, विस्तृत। **प्रशंसा के पुल बाँधना** प्रशंसा की झड़ी लगा देना; **हवाई पुल बाँधना** अलभ्य एवं असंभाव्य कल्पनाएँ करना

पुलक–*सं०* (पु०) 1 हर्ष, भय आदि मनोविकारों की प्रबलता में रोंगटे खड़े होना, रोमांच 2 कामना, वासना। ~**प्रकंपित** (वि०) रोमांच के कारण काँपता हुआ; ~**प्रद** (वि०) रोमांचकारी

पुलकित–*सं०* (वि०) प्रेम, हर्ष आदि से गदगद, रोमांचित

पुलकी–*सं०* (वि०) जिसे रोमांच हुआ हो

पुलटिस–*अं०* (स्त्री०) फोड़े आदि पर लगाया जानेवाला अलसी, रेंडी आदि का लेप

पुलपुला–(वि०) 1 ढीला और मुलायम 2 दे० पोला

पुलपुलाना–I (स० क्रि०) हाथ से दबाकर पुलपुला करना II (अ० क्रि०) पुलपुला होना

पुलपुलाहट–(स्त्री०) 1 पुलपुलापन 2 पोलापन

पुलाक–*सं०* (पु०) 1 भात 2 माँड़ 3 पुलाव 4 कदन्न

पुलाव–(पु०) 1 मांस एवं चावल के मिश्रण से बना व्यंजन, मांसोदन 2 पकाया हुआ मीठा चावल

पुलिंदा–(पु०) कागज़, कपड़े आदि की बँधी बड़ी गठरी

पुलिन–*सं०* (पु०) 1 गीली भूमि 2 रेतीला किनारा, तट 3 नदी में पड़ी रेत का ढूह

पुलिनमय–*सं०* (वि०) जो बहते हुये पानी से तर हो

पुलिया–*फ़ा०+हिं०* (स्त्री०) छोटा पुल

पुलिस–*अं०* (स्त्री०) 1 अपराधियों को पकड़ने के लिए बनाया गया राजकीय विभाग 2 अपराधियों को पकड़ने हेतु राजकीय विभाग के लोगों का दल 3 सिपाही (जैसे-चोर को पुलिस ने पकड़ा)। ~**अधीक्षक** *+सं०* (पु०) पुलिस सुपरिंटेंडेंट; ~**चौकी** *+हिं०* (स्त्री०) वह स्थान जहाँ निगरानी हेतु पुलिस के कुछ आदमी रहते हों; ~**निरीक्षक** *+सं०* (पु०) पुलिस इंस्पेक्टर; ~**पदाधिकारी** *सं०* (पु०) पुलिस अफ़सर ~**महानिरीक्षक** *+सं०* (पु०) इंस्पेक्टर जनरल पुलिस; ~**मैन** (पु०) पुलिस का कर्मचारी, सिपाही; ~**राज** *+हिं०* (पु०) पुलिस द्वारा अत्याचारी शासन; ~**स्टेशन** (पु०) थाना

पुली–*फ़ा०+हिं०* (स्त्री०) छोटा पुल

पुली–*अं०* (स्त्री०) 1 वह पहिया जिस पर रस्सा रखकर भार खींचा जाता है 2 वह पहिया जिस पर यंत्र आदि का पट्टा रखा जाता है (जैसे-चक्की की पुली पर से पट्टा गिर गया) 3 पहियों का सामूहिक यांत्रिक रूप

पुलोवर–*अं०* (पु०) स्वेटर

पुवाल–*बो०* (पु०) = पयाल

पुश्त–*फ़ा०* (स्त्री०) 1 पीढ़ी (जैसे-पुश्त-दर पुश्त शत्रुता बढ़ती गई) 2 पिछला भाग, पीछा। ~ **नामा** (पु०) वंशावली

पुश्तक–*फ़ा०* (स्त्री०) पिछले दोनों पैरों से किया गया आघात, दोलत्ती

पुश्ता–*फ़ा०* (पु०) 1 ईंट, पत्थर आदि की ढालुई वास्तु रचना 2 किताब की जिल्द के पीछे लगा हुआ मोटा चमड़ा आदि। ~**पुश्त** (अ०) 1 कई पीढ़ियों से 2 कई पीढ़ियों तक; ~**बंदी** (स्त्री०) पुश्ता बाँधने का काम

पुश्ती–*फ़ा०* (स्त्री०) 1 टेक, सहारा 2 सहायता, मदद 3 पक्षपात, तरफदारी 4 तकिया, मसनद। ~**बान** तख्ते आदि में पीछे की ओर लगाई जानेवाली लकड़ी, थूनी

पुश्तैनी–*फ़ा०+हिं०* (वि०) 1 जो कई पीढ़ियों से चला आ रहा हो (जैसे-हमारा पुश्तैनी मकान बिक गया) 2 जो कई पीढ़ियों तक चला जाय (जैसे-क्षय पुश्तैनी रोग है)

पुषित–*सं०* (वि०) जिसका पोषण किया गया हो, पुष्ट

पुष्कर–*सं०* (पु०) 1 जलाशय, पोखरा 2 जल 3 कमल 4 नील कमल

पुष्करिणी–*सं०* (स्त्री०) छोटा जलाशय

पुष्कल–I *सं०* (पु०) 1 भिक्षा 2 एक प्रकार की वीणा II (वि०) 1 बहुत, प्रचुर 2 परिपूर्ण, पर्याप्त 3 श्रेष्ठ, उत्तम

पुष्ट–*सं०* (वि०) 1 मोटा ताजा एवं बलवान, बलिष्ठ (जैसे-हृष्ट-पुष्ट शरीरवाला) 2 जिसमें कोई कोर-कसर न हो, पक्का 4 सब तरह से पूरा, परिपूर्ण

पुष्टई–*सं०+हिं०* (स्त्री०) पुष्टता

पुष्टांग–*सं०* (वि०) पुष्ट अंगवाला

पुष्टि–*सं०* (स्त्री०) 1 दृढ़ता, मजबूती 2 पोषण 3 बढ़ती 4 पुष्ट किया गया तर्क 5 कही हुई बात का अनुमोदन, समर्थन (जैसे-आपकी बात से संदेह की पुष्टि हो गई)। ~**कर** (वि०) 1 पुष्ट करनेवाला 2 पुष्टि करनेवाला 3 बलवर्द्धक ~**कारक** (वि०) 1 पोषण करनेवाला 2 शक्ति बढ़ानेवाला; ~**मार्ग** (पु०) शुद्धाद्वैत मत की साधना व्यवस्था (जैसे-बल्लभाचार्य ने पुष्टि-मार्ग चलाया था)

पुष्टीकरण–*सं०* (पु०) कही गई बात, काम आदि का समर्थन करते हुए पुष्टि करना, कन्फर्मेशन

पुष्टीकृत–*सं०* (वि०) जिसकी पुष्टि की गई हो

पुष्प–*सं०* (पु०) फूल, कुसुम। ~**कीट** (पु०) 1 फूल का कीड़ा 2 भौंरा, भ्रमर; ~**गृह** (पु०); ~**धन्वा** (पु०) कामदेव; ~**पूर्ण** (वि०) फूलों से भरा हुआ, पुष्प पूरित, पुष्पमय; ~**माला** (स्त्री०) फूलों की माला, फूलों का हार; ~**रज**, ~**रस** (पु०) पराग; ~**राग** (पु०) पुखराज नाम का रत्न; ~**रेणु** (पु०) पुष्परज, पराग; ~**वाटिका** (स्त्री०) फुलवारी; ~**वृष्टि** (स्त्री०) पुष्पवर्षा; ~**शय्या** (स्त्री०) फूलों की सेज; ~**सार** (पु०) 1 पुष्प का मधु, पुष्परस 2 फूलों का इत्र; ~**हार** (पु०) = पुष्पमाला; ~**हास** (पु०) फूलों का खिलना

पुष्पक–*सं०* (पु०) 1 कुबेर का विमान 2 फूल, पुष्प

पुष्पांजलि–*सं०* (स्त्री०) फूलों से भरी अंजलि (जैसे-देव प्रतिमा पर पुष्पांजलि अर्पित करना)

पुष्पागम–*सं०* (पु०) बसंत ऋतु

पुष्पान्वित–*सं०* (वि०) पुष्पित

पुष्पाभरण–*सं०* (पु०) फूलों के गहने, गजरा

पुष्पायुध–*सं०* (पु०) फूल ही जिसका अस्त्र हो ऐसा व्यक्ति, कामदेव

पुष्पिका–*सं०* (स्त्री०) ग्रंथ के अध्याय का समापक वाक्य

पुष्पित–*सं०* (वि०) 1 पुष्पों से युक्त 2 उन्नत एवं समृद्ध

पुष्पोद्यान–*सं०* (पु०) फुलवारी, पुष्पवाटिका

पुष्पोहार–*सं०* (पु०) फूलों की बनाई हुई माला, पुष्पहार, पुष्पमाला

पुसाना–(अ० क्रि०) 1 पोषण होना, पोसा जाना 2 पूरा पड़ना 3 उचित जान पड़ना, भला लगना

पुस्त–*सं०* (पु०) 1 मिट्टी, लकड़ी, लोहे आदि से बनाई गई वस्तु 2 कारीगरी, शिल्पकारी 3 किताब, पुस्तक। ~**डाक** (स्त्री०) डाक द्वारा पुस्तक भेजने की विधि; ~**पाल** (पु०) = पुस्ताकाध्यक्ष

पुस्तक–*सं०* (स्त्री०) 1 किताब, ग्रंथ 2 हाथ की लिखी हुई पोथी। ~**डाक** +हिं० (स्त्री०) = पुस्तडाक; ~**प्रकाशक** (पु०) पुस्तक छपवाकर प्रकट करनेवाला, पब्लिशर; ~**प्रणयन** (पु०) पुस्तक निर्माण; ~**प्रदर्शनी** (स्त्री०) पुस्तकों की नुमाइश, पुस्तकों का मेला; ~**प्रेमी** (पु०) पुस्तकों से प्रेम

रखनेवाला; ~**भांडार** (पु०) पुस्तकालय; ~**माला** (स्त्री०) एक ही प्रकार की पुस्तक श्रेणी; ~**लेखक** (पु०) किताब लिखनेवाला; ~**विक्रय** (पु०) किताब बेचना; ~**विक्री** (स्त्री०) पुस्तक बेचने की क्रिया; ~**विक्रेता** (पु०) पुस्तक बेचनेवाला; ~**संपादक** (पु०) पुस्तक को संपादित कर प्रकाशन के योग्य बनानेवाला व्यक्ति

पुस्तकाकार–*सं०* (वि०) पुस्तक के आकार का (जैसे-उनके निबंध पुस्तकाकार रूप में छप गये)

पुस्तकागार–*सं०* (पु०) = पुस्तकालय

पुस्तकाध्यक्ष–*सं०* (पु०) पुस्तकपाल, लाइब्रेरियन

पुस्तकालय–*सं०* (पु०) वह भवन जहाँ अध्ययन हेतु पुस्तकों का संग्रह किया गया हो (जैसे-सार्वजनिक पुस्तकालय में दस हजार पुस्तकें हैं)। ~**विज्ञान** (पु०) वह भवन जहाँ विज्ञान संबंधी किताबों का संग्रह किया गया हो

पुस्तकालयाध्यक्ष–*सं०* (पु०) पुस्तकालय का प्रधान अधिकारी

पुस्तकास्तरण–*सं०* (पु०) 1 पुस्तक की बेठन 2 पुस्तक पर चढ़ाया जानेवाला कागज

पुस्तकी–*सं०* (स्त्री०) पुस्तिका

पुस्तकीय–*सं०* (वि०) 1 पुस्तक संबंधी, पुस्तक से प्राप्त होनेवाला (जैसे-पुस्तकीय ज्ञान)

पुस्तिका–*सं०* (स्त्री०) छोटी पुस्तक। ~**कार** (वि०) छोटी पुस्तक की तरह का

पुहना–I (अ० क्रि०) गुँथा जाना, पोहा जाना II (स० क्रि०) = पोहना

पुहुप–(पु०) फूल, पुष्प

पुहुमी–(स्त्री०) 1 पृथ्वी 2 भूमि

पूँगी–(स्त्री०) सुपारी

पूँछ–(स्त्री०) पुच्छ, लांगूल, दुम (जैसे-घोड़े की पूँछ, कुत्ते की पूँछ)। ~**दार** + *फ़ा०* (वि०) पूँछवाला (जैसे-पूँछदार जानवर)। ~**पकड़कर चलना** 1 अनुयायी बनकर चलना 2 सहारा लेकर चलना; ~**हिलाना** दीनता प्रकट करना

पूँजी–(स्त्री०) 1 जमा किया हुआ धन (जैसे-पूँजी का संचय) 2 आय देने हेतु व्यवसाय में लगाया धन (जैसे-औद्योगिक पूँजी) 3 मूलधन 4 रुपया-पैसा, द्रव्य (जैसे-वित्तीय पूँजी) 5 विषय की योग्यता, ज्ञान (जैसे-साहित्यिक पूँजी का योगदान)। ~**करण** + *सं०* (पु०) पूँजी बनाना; ~**गत** + *सं०* (पु०) पूँजी संबधी; ~**जीवी** + *सं०* (पु०) पूँजी पर गुज़ारा करनेवाला; ~**दार** + *फ़ा०* (पु०) धनवान व्यक्ति, धनी व्यक्ति; ~**दारी** + *फ़ा०* (स्त्री०) पूँजीदार होने की अवस्था; ~**नियोजन** + *सं०* (पु०) पूँजी लगाना; ~**निर्गमन** + *सं०* (पु०) पूँजी निकालना; ~**निर्माण** + *सं०* (पु०) पूँजी बनाना ~**निवेश** + *सं०* (पु०) पूँजी लगाना; ~**पंथी** (वि०) = पूँजीवादी; ~**पति** + *सं०* (पु०) अत्यधिक धनी व्यक्ति; ~**पतिक** (वि०) पूँजीपति संबंधी; ~**पति वर्ग** + *सं०* (पु०), ~**पति श्रेणी** + *सं०* (स्त्री०) धनी व्यक्तियों का समूह, धनिक वर्ग; ~**परस्त** + *फ़ा०* (वि०) = पूँजीवादी; ~**परिचलन** + *सं०* (पु०) पूँजी का चालू रहना; ~**परिव्यय** + *सं०* (पु०) पूँजी की लागत; ~**प्रधान** + *सं०* (वि०) = पूँजीवादी; ~**वाद** + *सं०* (पु०) ऐसी आर्थिक प्रणाली जिसमें धनिक वर्ग उत्पादन साधनों पर अधिकार कर श्रमिकों का शोषण करता है, कैपिटलिज्म; ~**वादी** + *सं०* (वि०) 1 पूँजीवाद सिद्धांत को माननेवाला 2 पूँजीवाद संबंधी; ~**वादी-ज़मींदार** + *सं०* + *फ़ा०* (पु०) पूँजी जमा करने के पक्ष में रहनेवाला ज़मींदार; ~**विनियोग** + *सं०* (पु०) पूँजी लगाना; ~**विनियोजक** + *सं०* (वि०) पूँजी लगानेवाला; ~**विनियोजन** + *सं०* (पु०) पूँजी लगाना; ~**शाही** + *फ़ा०* (स्त्री०) पूँजीपतित्व; ~**संचय** + *सं०* (पु०) धन एकत्र करना, धन जुटाना

पूआ–(पु०) पूरी की तरह का मीठा पकवान

पूग–*सं०* (पु०) 1 सुपारी का पेड़ एवं फल 2 कटहल 3 शहतूत का पेड़

पूगना–(अ० क्रि०) 1 पूरा होना 2 चौसर आदि के खेल में गोट, पासे आदि का नियत मार्ग से होते हुए घर में पहुँचना

पूगी–I (पु०) सुपारी का पेड़ II (स्त्री०) सुपारी

पूछ–(स्त्री०) 1 पूछने की क्रिया, जिज्ञासा 2 चाह, तलब। ~**गाछ** (स्त्री०) *बो०*, ~**ताछ** (स्त्री०), ~**पाछ** (स्त्री०) *बो०* पक्की जानकारी हेतु प्रश्न पूछना, वास्तविकता का पता लगाने के लिए बार-बार किसी से पूछना, प्रश्न करना (जैसे-पुलिस ने मुज़रिम से पूछ-ताछ की) 2 अनुसंधान आदि के लिए जिज्ञासा प्रकट करना

पूछना–(स० क्रि०) 1 जिज्ञासा करना (जैसे-कुशल समाचार पूछना) 2 प्रश्न करना (जैसे-परीक्षा में अनेक तरह की बातें पूछना) 3 हाल-चाल, खोज-खबर लेना (जैसे-मरीज़ को चार दिनों से कोई पूछने भी नहीं आया) 4 उचित ध्यान देना (जैसे-इस जमाने में कौन किसको पूछेगा) 5 कदर करना, आँकना (जैसे-अब पैसों के आगे योग्यता को कौन पूछता है) 6 जवाब-तलब करना 7 टोकना (जैसे-सीधे ऊपर चढ़ जाना कोई कुछ नहीं पूछेगा)

पूछा-पाछी, पूछा-ताछी–(स्त्री०) = पूछ-ताछ

पूजक–*सं०* (वि०) पूजा करनेवाला

पूजन–*सं०* (पु०) 1 आराधना एवं वंदना 2 आदर, सम्मान

पूजना–I (स० क्रि०) 1 पूजन करना 2 सेवा-सत्कार करना 3 प्रसन्न करने हेतु कुछ धन आदि देना (जैसे-रिश्वत देकर पूजना) 4 खूब मारना-पीटना (जैसे-घबड़ाओ मत आज तुम्हारी मजे में पूजा होगी)

पूजना–II (अ० क्रि०) 1 पूरा होना, भरना (जैसे-घाव पूजना) 2 पूर्ति होना (जैसे-कर्ज पूजना) 3 अवधि पूरा होना (जैसे-किस्त पूजना) 4 बराबर होना, समतुल्य होना

पूजनीय–*सं०* (वि०) 1 पूजने योग्य, अर्चनीय, वंदनीय 2 आदरणीय, सम्माननीय

पूजमान–(वि०) पूजित होनेवाला, पूज्य

पूजयिता–*सं०* (वि०)/(पु०) पूजा करनेवाला

पूजा–*सं०* (स्त्री०) 1 अर्चना, पूजन 2 यथेष्ट आदर सत्कार, आव-भगत 3 संतुष्ट करने हेतु किया जानेवाला कार्य 4 रिश्वत, घूस (जैसे-अधिकारी को उसने सौ रुपये पूजा है) 5 दंडित करने का भाव। ~**गृह** (पु०), ~**घर** + *हिं०* (पु०) 1 उपासना मंदिर 2 देवालय, मंदिर; ~**पाठ** (पु०) भजन-कीर्तन, वंदना पाठ; ~**पात्र** (पु०) 1 वह जिसकी अर्चना की जाय 2 सम्मान किए जाने योग्य व्यक्ति, आदर का

पात्र; ~**विधि** (स्त्री०) वंदना करने का तरीका

पूजित–*सं०* (वि०) जिसे पूजा गया हो

पूजितव्य–*सं०* (वि०) = पूजनीय, पूज्य

पूजोपकरण–*सं०* (पु०) पूजन सामग्री, पूजा सामग्री

पूज्य–*सं०* (वि०) 1 पूजा किए जाने योग्य 2 आदर योग्य, माननीय। ~**ता** (स्त्री०) पूज्य होना; ~**पाद** (वि०) पूजनीय; ~**मान्** (वि०) जो पूजा जाता हो, सेव्यमान; ~**वर** (वि०) पूज्य और बड़ा

पूटरी–*बो०* (स्त्री०) खाँड़ बनने से पूर्व ईख के रस की अवस्था

पूठा–*बो०* (पु०) = पुट्ठा

पूड़ा–(पु०) पूआ

पूड़ी–(स्त्री०) दे० पूरी

पूत–I (पु०) पुत्र, बेटा (जैसे-इक लख पूत सवा लख नाती)

पूत–II *सं०* (वि०) पवित्र, शुद्ध

पूतात्मा–*सं०* (वि०) पवित्र अंतःकरणवाला, शुद्ध हृदयवाला

पूर्ति–*सं०* (स्त्री०) 1 पवित्रता, शुद्धता 2 दुर्गंध। ~**व्रण** (पु०) अत्यंत दुर्गंधवाला एक फोड़ा

पूतिक–I *सं०* (पु०) 1 दुर्गंध 2 विष्ठा, मल II (वि०) जो दुर्गंध से भरा हो, बदबूदार

पूती–(स्त्री०) 1 गाँठ रूप में पौधों की जड़ 2 लहसुन आदि की गाँठ

पूतीकरण–*सं०* (पु०) पवित्र करने की क्रिया

पूनी–(स्त्री०) 1 सूत कातने की रूई की बत्ती

पूनो–*बो०* (स्त्री०) = पूर्णिमा

पूप–*सं०* (पु०) मीठी पूरी

पपूली–*सं०* (स्त्री०) छोटा पूआ

पूयन–*सं०* (पु०) फोड़े का पीप, मवाद। ~**रक्त** (पु०) 1 नाक से पीव मिला रक्त निकलने का रोग 2 पीव मिला रक्त

पूर–I (पु०) 1 पकवान के अंदर भरा जानेवाला मसाला 2 कार्य पूरा करने की क्रिया II (वि०) पूर्ण

पूरक–*सं०* (वि०) 1 पूरा करनेवाला 2 तुष्ट करनेवाला (जैसे-वे एक दूसरे के पूरक हैं)

पूरण–I *सं०* (पु०) 1 पूरा करने की क्रिया 2 पूर्ति करना II (वि०) पूरा करनेवाला

पूरणीय–*सं०* (वि०) पूर्ण किए जाने योग्य

पूरन-पूरी–(स्त्री०) मीठी कचौरी

पूरना–I (स० क्रि०) 1 कमी को दूर करना, कमी को पूरा करना 2 अच्छी तरह भरना 3 आच्छादित करना, ढाँकना 4 सफल करना 5 पवित्र स्थान पर चौक बनाना (जैसे-चौक पूरना) 6 बटकर तैयार करना (जैसे-सेवई पूरना) II (अ० क्रि०) 1 पूरा होना 2 व्याप्त होना, ओत-प्रोत होना 3 समाप्त होना

पूरब–I (पु०) 1 सूर्य उदित होने की दिशा, पूर्व, प्राची 2 पूर्व में पड़नेवाला क्षेत्र, प्रदेश, स्थान II (वि०) = पूर्व III (क्रि० वि०) पूर्व, पहले

पूरबी–(वि०) 1 पूरब का, पूरब संबंधी 2 पूर्व दिशा से आनेवाला

पूरयिता–*सं०* (पु०) पूर्ण कर्ता, पूरक

पूरा–I (वि०) 1 भरा हुआ, परिपूर्ण 2 यथेष्ट, भरपूर 3 समग्र, समूचा सारा 4 जो विस्तृत एवं व्याप्त हो 5 जिसमें कुछ भी कोर-कसर न हो, पक्का (जैसे-वह काम में पूरा होशियार है) 6 पूर्णतः संपन्न, पूर्णतः संपादित (जैसे-इस ग्रंथ को पूरा करने में पाँच वर्ष लगे) 7 जो कार्यतः ठीक सिद्ध हो (जैसे-अध्यापक का कहना पूरा होकर रहेगा) 8 समय व्यतीत करना (ज़िंदगी के कुछ ही दिन अब पूरे करने हैं) 9 संतोषजनक रूप में सफल होना (जैसे-मेरी सभी कामनाएँ पूरी हो गईं) II (क्रि० वि०) पूर्ण रूप से, पूरी तरह से। ~**उतरना** भली-भाँति संपन्न होना; ~**पड़ना** 1 समा जाना, अँट जाना 2 कमी न होना; **दिन पूरे होना,** आयु, अवधि आदि का समाप्त होना

पूरित–*सं०* (वि०) 1 पूर्ण किया हुआ, परिपूर्ण 2 भरा हुआ, लबालब 3 तृप्त

पूरी–I (स्त्री०) रोटी की तरह तेल, घी में छाना हुआ प्रसिद्ध पकवान II (वि०) 'पूरा' का स्त्री० (जैसे-वह पूरी पुस्तक पढ़ गया) III (स्त्री०) घास आदि का छोटा पूला

पूर्ण–*सं०* (वि०) 1 पूर्णतः भरा हुआ (जैसे-जल पूर्ण कलश) 2 पूरी तरह से युक्त (जैसे-पूर्ण अधिकार प्राप्त) 3 हर प्रकार से तृप्त और संतुष्ट (जैसे-मेरी सभी मनोकामनाएँ पूर्ण हो गईं) 4 सब का सब, समूचा, पूरा, समस्त (जैसे-पूर्ण योजनाएं अच्छी तरह सफल हो गईं) 5 सफल, सिद्ध (जैसे-संकल्प पूर्ण होना) 6 समाप्तप्राय होना (जैसे-आयु पूर्ण होना, दंड की अवधि पूर्ण होना)। ~**काम** (वि०) 1 जिसकी कामनाएँ पूर्ण हो गई हों 2 कामना रहित, निष्काम; ~**कालिक** (वि०) जो पूरे समय का हो (जैसे-पूर्ण कालिक रोज़गार, पूर्ण कालिक योजना); ~**क्रिया द्योतक** (वि०) पूर्ण क्रिया का बोध करानेवाला; ~**गर्भा** (स्त्री०) जिस स्त्री के गर्भ के दिन पूरे हो चुके हों; ~**चंद्र** (पु०) पूर्णिमा का चंद्रमा; ~**ता** (स्त्री०) पूर्ण होने की अवस्था; ~**भूत** (पु०) किसी क्रिया का भूतकाल में पूर्ण होने का रूप; ~**मासी** (स्त्री०) = पूर्णिमा, पूनो; ~**रूपेण** (वि०) पूरी तरह से; ~**वयस्क** (वि०) पूरा बालिग़; ~**विराम** (पु०) वाक्य की समाप्ति का सूचक चिह्न, फुल स्टाप; ~**सत्ता** (स्त्री०) पूरा अधिकार

पूर्णतः, **पूर्णतया**–*सं०* (अ०) = पूर्ण रूपेण

पूर्णांक–*सं०* (पु०) 1 पूरी संख्या 2 प्रश्न पत्र के लिए निर्धारित अंक 3 *ग०* अविभक्त संख्या

पूर्णांश–*सं०* (वि०) पूरा भाग

पूर्णाभिलाष–*सं०* (वि०) 1 जिसकी अभिलाषाएँ पूर्ण हो चुकी हों 2 तृप्त, संतुष्ट

पूर्णायु–I *सं०* (वि०) पूरी उम्रवाला, सौ वर्ष का II (स्त्री०) पूरी आयु, सारा जीवन

पूर्णावतार–*सं०* (पु०) सोलहों कलाओं से युक्त अवतार

पूर्णाहुति–*सं०* (स्त्री०) 1 यज्ञ समाप्ति पर दी जाने-वाली आहुति 2 कार्य समाप्ति पर किया जानेवाला अंतिम कृत्य

पूर्णिमा–*सं०* (स्त्री०) चांद्र मास के शुक्ल पक्ष की अंतिम तिथि पूर्णमासी

पूर्णोपमा–*सं०* (पु०) उपमा अलंकार का पहला भेद जो उपमेय, उपमान, वाचक और धर्म सभी अंगों से युक्त रहता है

पूर्त–I *सं०* (वि०) 1 पूरी तरह भरा हुआ 2 ढका हुआ II (पु०) पूर्णता। ~**विभाग** (पु०) सरकारी विभाग जो सड़क, पुल, नहर आदि का निर्माण कराता है; ~**संस्था**

(स्त्री०) लोकोपयोगी कार्य को पूरा करनेवाली संस्था, विभाग

पूर्ति–*सं०* (स्त्री०) 1 पूरा होने की क्रिया, पूर्णता 2 अपेक्षित, अभाव वस्तुओं को लाकर प्रस्तुत करना, कमी पूरा करने का काम (जैसे-जल समस्या की पूर्ति) 3 आवश्यकतानुसार कुछ लिखने, भरने का काम (जैसे-प्रश्न पत्र में रिक्त स्थानों की पूर्ति) 4 गुणा करने की क्रिया, गुणन

पूर्य–*सं०* (वि०) 1 जिसे पूर्ण करना उचित हो, पूरणीय 2 जो पूर्ण किए जाने को हो 3 परिपालन योग्य

पूर्व–I *सं०* (वि०) 1 जो सबसे आगे हो 2 सबसे पहले होनेवाला 3 अति प्राचीन, पुराना II (पु०) सूर्य उदित होने की दिशा (जैसे-पूर्व दिशा का प्रकाश) पश्चिम के सामने की दिशा, पूरब III (अ०) पहले, आगे (जैसे-पूर्वगामी, पूर्व दृष्टा)। ~**अनुमति** (स्त्री०) पहले ली गई आज्ञा; ~**इतिहास** (पु०) पहले का इतिहास; ~**इतिहास काल** (पु०) इतिहास से पहले का काल; ~**कथन** (पु०) 1 पहले कही गई बात 2 आमुख; ~**कर्म** (पु०) 1 पहला काम 2 पहले जन्म के किए हुए कर्म 3 रोगोत्पत्ति के पहले किया जानेवाला काम; ~**कल्प** (पु०) प्राचीन काल; ~**कल्पना** (स्त्री०) पहले किया गया अनुमान; ~**कल्पित** (वि०) पूर्व अनुमानित; ~**काय** (पु०) शरीर का ऊपरी भाग, नाभि से ऊपर का भाग; ~**काल** (पु०) 1 बीता हुआ समय 2 पुराना जमाना; ~**कालिक** (वि०) 1 जिसका जन्म पूर्वकाल में हुआ हो 2 जो प्राचीन काल से संबंद्ध हो 3 पुराने जमाने का; ~**कालिक क्रिया** (स्त्री०) *व्या०* क्रिया विशेषण की तरह प्रयोग होनेवाला धातु से बना कृदंत; ~**कालीन** (वि०) 1 पूर्व काल संबंधी 2 प्राचीन 3 पहले का; ~**कृत** (वि०) पहले किया हुआ; ~**क्रयाधिकार** (पु०) भूमि या मकान को खरीदने का पहला अधिकार; ~**गत्** (वि०) 1 जो पहले गया हो 2 बीता हुआ (जैसे-पूर्वगत समाचार); ~**गामी** (वि०) पहले जानेवाला, पहले गया हुआ; ~**ग्रस्त** (वि०) 1 जिसके संबंध में मन में पहले पहले से ही कोई ग्रह हो 2 जिसके मन में किसी विषय के संबंध में पहले से कोई ग्रह हो,प्रेजुडिस्ड; ~**ग्रह** (पु०) किसी विषय के संबंध से वह आग्रहपूर्ण धारणा जो पहले से बिन सोचे-समझे मन में स्थिर कर ली गई हो, प्रेजुडिस; ~**ज** I (वि०) जो पहले उत्पन्न हुआ हो II (पु०) 1 पुरखा 2 बड़ा भाई, अग्रज; ~**जन्म** (पु०) पिछला जन्म; ~**जन्मा** (पु०) बड़ा भाई; ~**जा** (स्त्री०) बड़ी बहन; ~**ज्ञान** (पु०) 1 पूर्व जन्म की बात का ज्ञान 2 पहले का ज्ञान; ~**ता** (स्त्री०) पहल; ~**तिथि** (स्त्री०) पहले की तारीख; ~**तिथित** (वि०) जिस पर पहले की तारीख अंकित हो; ~**दत्त** (वि०) पहले का दिया हुआ; ~**दर्शन** (पु०) = पूर्वज्ञान; ~**दशा** (स्त्री०) पहली हालत; ~**दान** (पु०) पहले ही चुका देना, पेशगी देना; ~**दिन** (पु०) दोपहर से पहले का समय; ~**दिश्य** (वि०) पूर्व दिशा से संबंध रखनेवाला; ~**दिष्ट** (पु०) पूर्व जन्म के परिणाम स्वरूप मिलनेवाला सुख-दुःख; ~**दृष्टि** (स्त्री०) वह विचार शक्ति जिसके द्वारा होनेवाली बात के सभी पहलुओं को पहले से ही समझ लिया जाता है; ~**दैहिक** (वि०) पूर्व जन्म में किया हुआ; ~**धारणा** (स्त्री०) पहले से निश्चित किया गया मत; ~**नियत** (वि०) पहले से निश्चित; ~**निरूपण** (पु०) 1 पहले से किया जानेवाला निरूपण 2 तकदीर, भाग्य; ~**निर्मित** (वि०) पहले से बना हुआ; ~**निश्चित** (वि०) जो पहले से निश्चय हो; ~**पक्ष** (पु०) 1 शास्त्रीय विषय आदि के संबंध में उठाये गए प्रश्न, शंका आदि का दूसरे पक्ष द्वारा समाधान करना 2 अभियोग, व्यवहार आदि में वादी द्वारा उपस्थित किया हुआ अभियोग, बात, मुद्दई का दावा 3 कृष्ण पक्ष; ~**पक्षी** (पु०) 1 पूर्वपक्ष उपस्थित करनेवाला व्यक्ति 2 न्यायालय में अभियोग उपस्थित करनेवाला व्यक्ति, मुद्दई; ~**पक्षीय** (वि०) पूर्व पक्ष का; ~**पद** (पु०) 1 समास में पहला पद 2 पहला स्थान; ~**पीठिका** (स्त्री०) भूमिका; ~**पुरुष** (पु०) पूर्वज; ~**प्रज्ञा** (स्त्री०) अतीत का ज्ञान, स्मृति; ~**प्रत्यय** (पु०) शब्द के पहले लगाया जानेवाला प्रत्यय; ~**प्रयोग** (पु०) पहले का प्रयोग; ~**भाग** (पु०) पहला हिस्सा; ~**भाषी** (वि०) पहले बोलनेवाला, पहले बोलने का इच्छुक; ~**मंज़ूरी** *अ०* + *फ़ा०* (स्त्री०) = पूर्व-अनुमति; ~**मध्य-काल** (पु०) मध्यकाल; ~**मीमांसा** (स्त्री०) मीमांसा दर्शन का वह भाग जिसमें कर्मकांड की व्याख्या की गई है; ~**योजित** (वि०); ~**रंग** (पु०) नाटक शुरु होने से पहले की जानेवाली स्तुति; ~**राग** (पु०) साहित्य में प्रिय को देखे बिना उसके रूप, गुण आदि को सुनकर उसके प्रति मन में उत्पन्न हुआ प्रेम; ~**रूप** (पु०) 1 पहले का रूप आकार, रंग-ढंग आदि (जैसे-इस ग्रंथ का पूर्व रूप कुछ बदल गया है) 2 वस्तु के बनने से पहले का रूप (जैसे-इमारत का पूर्व खाका इस तरह का होगा) 3 एक अर्थालंकार जिसमें किसी के विनष्ट रूप, गुण आदि के पुनः लौट आने का उल्लेख होता है; ~**लेख** (पु०) पहले दिया गया लेख; ~**वत्** I (अ०) 1 जिस प्रकार पहले हुआ हो उसी प्रकार 2 पहले की ही तरह, ज्यों का त्यों II (पु०) कार्य का वह अनुमान जो उसके कारणों को समझकर उसके होने से पहले ही किया जाता है; ~**वत्करण** (पु०) पहले जैसा बना देना; ~**वर्ती** (वि०) पहले रहनेवाला, पहले होनेवाला; ~**वाद** (पु०) व्यवहार शास्त्र के अनुसार वह पहला अभियोग जिसे न्यायालय आदि में प्रस्तुत किया जाए, पहला दावा, नालिश; ~**वादी** (पु०) वादी, मुद्दई; ~**विवेचन** (पु०) पहले से सोचने-समझने की क्रिया; ~**विहित** (वि०) 1 जिसका विधान पहले ही किया जा चुका हो 2 पहले का जमा किया हुआ; ~**वृत्त** (पु०) पूर्वकाल की बातें, इतिहास; ~**वैदिक** (वि०) वैदिक काल से पहले का; ~**शर्त** + *अ०* (स्त्री०) पहले की शर्त; ~**संध्या** (स्त्री०) प्रातः काल; ~**संयोजित** (वि०) पहले से जोड़ा हुआ; ~**संस्कार** (पु०) पहले के संस्कार; ~**समय** (पु०) पहले का समय; ~**सम्मति** (स्त्री०) पहले की गई सलाह = पूर्व अनुमति; ~**सर** (वि०) आगे चलनेवाला, अग्रगामी; ~**सर्ग** (पु०) दे० उपसर्ग; ~**साचित्य** (पु०) रक्षा हेतु पहले से सोच-विचारकर किया जानेवाला उपाय आदि; ~**सूचन** (पु०) पहले से सूचना, चेतावनी देना; ~**सूचना** (स्त्री०) पहले दी गई सूचना; ~**स्थ** (वि०) पहले का स्थित; ~**स्थिति** (स्त्री०) पहले की अवस्था; ~**स्मृति** (स्त्री०) पहले की याद; ~**स्वीकृत** (वि०) पहले स्वीकार किया हुआ; ~**स्वीकृति** (स्त्री०) पहले से ली मंज़ूरी

पूर्वक–*सं०* (अ०) सहित् या साथ जैसे-ध्यानपूर्वक, नम्रतापूर्वक

पूर्वतः–*सं०* (अ०) 1 पहले 2 सामने

पूर्वा–*सं०* (स्त्री०) 1 पूर्व दिशा, पूरब 2 राजाओं आदि के महान् कार्यों का उल्लेख, **प्रशस्ति**

पूर्वाकलन–*सं०* (पु०) पूर्व की गणना

पूर्वागम–*सं०* (पु०) भाषा विज्ञान में शब्द के आदि में रहनेवाले व्यंजन के साथ स्वाभाविक रूप से 'इ', 'उ' स्वर का लगना (जैसे-'स्त्री' का उच्चारण 'इस्त्री' के रूप में पूर्वागम का प्रयोग है)

पूर्वाग्रह–*सं०* (पु०) पहले से निश्चित कर रखा गया मत

पूर्वाग्रही–*सं०* (वि०) पहले से मत निश्चित कर रखनेवाला

पूर्वादेश-*सं०* (पु०) 1 पहले से दिया हुआ आदेश 2 पहले से बतलाई हुई कार्यप्रणाली

पूर्वाधिकारी–*सं०* (पु०) जो व्यक्ति पहले से अधिकारी के रूप में रह चुका हो

पूर्वानिल–*सं०* (पु०), पूरब से आनेवाली हवा, पुरवा

पूर्वानुमान–*सं०* (पु०) पहले से की जानेवाली कल्पना, पूर्वकल्पना (जैसे-घटना का पूर्वानुमान)

पूर्वानुराग–*सं०* (पु०) = पूर्व-राग

पूर्वापर–I *सं०* (अ०) आगे-पीछे II (वि०) आगे का और पीछे का III (पु०) आगा-पीछा, ऊँच-नीच बात (जैसे-पूर्वापर तथ्यों पर विचार करना)

पूर्वापेक्षया–*सं०* (क्रि० वि०) पहले की तुलना में

पूर्वाभास–*सं०* (पु०) पूर्वज्ञान

पूर्वाभिनय–*सं०* (पु०) नियत समय से किया जानेवाला यथा-तथ्य अभ्यास, रिहर्सल

पूर्वाभिमुख–I *सं०* (वि०) जिसका मुँह, रुख पूरब की ओर हो II (अ०) पूरब की ओर मुँह करके

पूर्वाभ्यास–I *सं०* (पु०) किसी कार्य आदि को दर्शकों के समक्ष प्रस्तुत करने के पहले उसका किया जानेवाला अभ्यास, रिहर्सल II (वि०) दे० पूर्वाभिनय

पूर्वार्जित–*सं०* (वि०) पहले का अर्जित किया हुआ, पहले का कमाया हुआ

पूर्वार्द्ध–*सं०* (पु०) शुरु का आधा हिस्सा (जैसे-मैच के पूर्वार्द्ध में गोल नहीं हुआ)

पूर्वावश्यक–*सं०* (वि०) जो पहले ज़रूरी हो। ~**ता** (स्त्री०) पहले की ज़रूरत

पूर्वावस्था–*सं०* (स्त्री०) = पूर्व स्थिति

पूर्वाह्न–*सं०* (पु०) सबेरे से दोपहर तक का समय, दिन का पहला भाग (जैसे-वह **पूर्वाह्न** में ही आगरा प्रस्थान कर गए)

पूर्विका–*सं०* (स्त्री०) नजीर रूप में पहले की घटना

पूर्वी–*सं०* (वि०) पूरब का, पूरबी (जैसे-पूर्वी देश उन्नति प्रधान देश हैं)

पूर्वीण–*सं०* (वि०) 1 पुराना 2 पैतृक

पूर्वीय–*सं०* (वि०) = पूर्वी

पूर्वोक्त–*सं०* (वि०) जो पहले कहा जा चुका हो

पूर्वोत्तर–*सं०* (वि०) पूर्व और उत्तर के बीच का (जैसे-पूर्वोत्तर रेलवे)

पूर्वोत्तरा–*सं०* (स्त्री०) पूर्व और उत्तर के मध्य की दिशा

पूर्वोत्तरीय–*सं०* (वि०) पूरब-उत्तर से संबंधित

पूर्वोदाहरण–*सं०* (पु०) = पूर्विका

पूर्वोदित–*सं०* (वि०) = पूर्वोक्त

पूर्वोपाय–*सं०* (पु०) पहले से किया जानेवाला उपाय

पूर्वोपायी–*सं०* (वि०) पहले से उपाय करनेवाला

पूला–(पु०) घास-फूस आदि का बँधा गट्ठर

पूली–(स्त्री०) = छोटा पूला

पूष–*सं०* (पु०) पौष का महीना

पूस–(पु०) विक्रमी संवत् का दसवाँ महीना, पौष

पृक्का–*सं०* (स्त्री०) **असवर्ग** नाम का गंधद्रव्य

पृक्त–*सं०* (वि०) 1 मिला हुआ, मिश्रित 2 संबद्ध, भरा हुआ

पृक्ति–*सं०* (स्त्री०) 1 संबंध, लगाव 2 स्पर्श 3 मिलन

पृक्थ–*सं०* (पु०) धन, संपत्ति

पृच्छक–*सं०* (वि०) 1 प्रश्न करनेवाला 2 जिज्ञासु

पृच्छन–*सं०* (पु०) पूछना

पृच्छय–*सं०* (वि०) पूछने योग्य

पृच्छा–*सं०* (पु०) सवाल, प्रश्न

पृथक्–*सं०* (वि०) 1 अलग, भिन्न 2 हटाया हुआ (जैसे-उसे उच्च श्रेणी से पृथक् कर दिया गया)। ~**ता** (स्त्री०) पार्थक्य; ~**ता वाद** (पु०) अलगाववाद; ~**ता वादी** (वि०) अलगाववादी

पृथक्करण–*सं०* (पु०) 1 अलग करने की क्रिया 2 काटकर अंग अलग करना 3 पद से हटाना

पृथक्कारी–*सं०* (वि०) अलग करनेवाला

पृथक्त्व–*सं०* (पु०) अलगाव, पार्थक्य

पृथगात्मा–*सं०* (वि०) भिन्न, विशिष्ट

पृथगात्मिका–*सं०* (स्त्री०) व्यक्तिगत सत्ता

पृथग्भाव–*सं०* (पु०) 1 भिन्न अवस्था 2 अंतर, भिन्नता

पृथग्वासन–*सं०* (पु०) अलग-अलग बसाने का काम

पृथग्विध–*सं०* (वि०) अनेक प्रकार का

पृथिवी–*सं०* (स्त्री०) = पृथ्वी

पृथु, पृथुल–*सं०* (वि०) 1 अधिक विस्तारवाला, विस्तीर्ण 2 बड़ा, महान् 3 अगणित, अत्यधिक 4 चतुर, होशियार 5 महत्वपूर्ण। ~**दर्शी** (वि०) दूरदर्शी; ~**लोचन** (वि०) बड़ी-बड़ी आँखोंवाला

पृथूदर–*सं०* (वि०) बड़े पेटवाला

पृथ्वी–*सं०* (स्त्री०) 1 धरती, ज़मीन, स्थल 2 सौर मंडल का प्रसिद्ध ग्रह जिसपर मर्त्यलोक स्थित है 3 स्वर्ग और नरक से भिन्न हमारा विश्व जिसमें हम लोगों की सत्ता है। ~**तल** (पु०) 1 जमीन का ऊपरी धरातल जिसपर सभी चर, अचर जीवधारियों एवं वस्तुओं का अस्तित्व है 2 दुनिया, संसार; ~**नाथ** (पु०) राजा; ~**परिक्रमा** (स्त्री०) पृथ्वी का चक्कर

पृश्नि–*सं०* (वि०) 1 दुबला-पतला, कृश 2 चितकबरा 3 साधारण, मामूली

पृषोदर–*सं०* (वि०) छोटे पेटवाला

पृष्ट–*सं०* (वि०) 1 पूछा हुआ 2 जिससे पूछा गया हो

पृष्ठ–*सं०* (पु०) 1 पन्ना (जैसे-किताब का अंतिम पृष्ठ फटा है) 2 वस्तु, पदार्थ आदि के पीछे का भाग, पीठ (जैसे-आलमारी का पृष्ठ भाग टूट गया है) 3 पदार्थ का ऊपरी तल (जैसे-पलंग का पृष्ठ भाग बहुत चिकना है)। ~**करण**

(पु०) पदार्थ आदि का ऊपरी तल चौरस, बराबर करना; **~गत** (वि०) पीछे की ओर का, पीछे का; **~गामी** (वि०) पीछे चलनेवाला, अनुयायी; **~ज** (वि०) पीछे जन्म लेनेवाला, जो बाद में पैदा हो; **~पट** (पु०) = पृष्ठ भूमि; **~पोषक** (वि०) पृष्ठ पोषण करनेवाला, सहायक; **~पोषण** (पु०) सहायता करना; **~पोषित** (वि०) जिसकी मदद की गई हो; **~भाग** (पु०) 1 पिछला भाग, पिछला अंश 2 पीठ; **~भूमि** (स्त्री०) 1 पीछे का हिस्सा (जैसे-मकान की पृष्ठ-भूमि) 2 भूमिका (जैसे-साहित्यिक पृष्ठ-भूमि); **~भौमिक** (वि०) पृष्ठ भूमि से संबंधित; **~मर्म** (पु०) पीठ पर का मर्म स्थान; **~मांसाद** (पु०) पीठ पीछे बुराई करनेवाला व्यक्ति, चुग़लख़ोर व्यक्ति; **~रक्षक** (वि०) पीठ पर रहकर रक्षा करनेवाला; **~रक्षण** (पु०) पीछे रहकर रक्षा करना; **~लग्न** (वि०) 1 पीछे लगा रहनेवाला 2 अनुयायी; **~वंश** (पु०) रीढ़; **~शीर्षक** (पु०) दे० पताका शीर्षक;

पृष्ठक–*सं०* (पु०) पिछला भाग, पीछे का हिस्सा

पृष्ठतः–*सं०* (अ०) 1 पीछे 2 पीछे से 3 चुपके से

पृष्ठांकन–*सं०* (पु०) धनादेश आदि की पीठ पर कुछ लिखना और हस्ताक्षर करना

पृष्ठांकित–*सं०* (वि०) हुंडी आदि में पीछे हस्ताक्षर किया हुआ

पृष्ठाधार–*सं०* (पु०) पीठ के लिए टेक

पृष्ठानुग–*सं०* (वि०) अनुगमन करनेवाला, अनुगामी

पृष्ठास्थि–*सं०* (स्त्री०) पीठ की लंबी हड्डी, रीढ़

पृष्ठिका–*सं०* (स्त्री०) 1 पिछला भाग 2 घटना के पहले की बातें, पृष्ठ भूमि

पृष्ठ्य–I *सं०* (वि०) 1 पृष्ठ संबंधी, पीठ का, पीछे का 2 पुस्तक आदि के पन्ने से संबंधित II (पु०) लदुआ घोड़ा

पें–(स्त्री०) रोने आदि की क्रिया के फलस्वरूप निकलनेवाला पें-पें शब्द

पेंग–(स्त्री०) झूला झूलते समय उसका इधर-उधर जाना। **~बढ़ाना, ~मारना** ज़ोर पहुँचाकर झूले को तेज़ गति देना

पेंच–(पु०) = पेच

पेंट–*अं०* (पु०) रोग़न

पेंटर–*अं०* (पु०) रंगसाज़, चित्रकार

पेंटिंग–*अं०* (स्त्री०) चित्रकारी, चित्रकला

पेंडुकी–(स्त्री०) 1 पंडुक पक्षी, फाख्ता 2 सुनारों की फुँकनी 3 गुझिया नामक पकवान

पेंडुलम–*अं०* (पु०) लोलक

पेंदा–(पु०) 1 वस्तु का निचला भाग, तला (जैसे-बाल्टी का पेंदा टूटा है) 2 गहरी वस्तु का निचला भाग, स्तर। **पेंदे के बल बैठना** 1 पलथी मारकर बैठना 2 हार मानकर चुप हो जाना

पेंदी–(स्त्री०) 1 वस्तु का बिल्कुल निचलाभाग, सबसे निचला हिस्सा 2 ऐसा आधार जिसके सहारे कोई वस्तु टिकी हो। **बिना पेंदी का लोटा** 1 ऐसा व्यक्ति जिसका कोई सिद्धांत न हो 2 वह व्यक्ति जिसकी मति सदैव बदला करे 3 वह व्यक्ति जो कभी इधर कभी उधर करता रहे, अदल-बदल करते रहनेवाला व्यक्ति

पेंशन–*अं०* (स्त्री०) पूर्ण अवकाश प्राप्त होने पर दिया जानेवाला वेतन, निवृत्ति वेतन। **~ख़ोर, ~याफ़्ता** + *फ़ा०* (पु०) वह व्यक्ति जो पेंशन प्राप्त करता है

पेंसिल–*अं०* (स्त्री०) सीसे की लेखनी

पेंसिलिन–*अं०* (पु०) पेनिसिलिन

पे–*अं०* (स्त्री०) वेतन। **~ऑफिस** (पु०) वेतन कार्यालय, वेतन घर

पेउसी–*बो०* (स्त्री०) 1 ब्याई हुई गाय, भैंस के शुरू के पाँच-छः दिनों का दूध 2 ब्याई गाय आदि पशु के प्रारंभिक पाँच-छः दिनों के दूध में पकाया हुआ सोंठ आदि मसाला

पेग–*अं०* (पु०) 1 शराब एवं सोडावाटर के मिश्रण का पान 2 पीने के लिए शराब की एक नाप 3 एक बार में पी जानेवाली शराब की निश्चित मात्रा

पेच–*फ़ा०* (पु०) 1 एक तरह की कील जिसमें चूड़ी की तरह कई घुमाव, चक्कर होते हैं, चूड़ीदार कील, स्क्रू 2 घुमाव-फिराव, हेर-फेर की स्थिति (जैसे-जब देखो-तब पेच की बातें करते हो) 3 कठिनाइयाँ (जैसे-जो भी काम किया जाए उसमें पेच ज़रूर मिलेगा) 4 पतंग की डोर का परस्पर रगड़ खाकर किसी की डोर का काट जाना 5 पतंग की डोर का परस्पर उलझाने की क्रिया (जैसे-आओ दो चार पेच लड़ाये जाएँ) 6 कुश्ती का दाँव 7 चालाकी से भरी युक्ति 8 फरेब, धोखा 9 पेट में होनेवाली पेचिश, मरोड़ 10 चारों ओर लपेटी जानेवाली वस्तु का प्रत्येक फेरा (जैसे-पगड़ी का पेच)। **~कश** (पु०) 1 बढ़इयों, लोहारों आदि का वह उपकरण जिससे वे पेच कसते एवं निकालते हैं 2 लोहे का बना हुआ घुमावदार पेचदार उपकरण; **~ताब** (पु०) 1 विवशता आदि के कारण न प्रकट किया जा सकनेवाला ग़ुस्सा, अव्यक्त क्रोध 2 बेचैनी, विकलता; **~दार** I (वि०) पेचवाला 2 जिसमें अनेक चक्कर, घुमाव हो, पेचीला 3 जिसमें घुमाव-फिराव, हेर-फेर हो (जैसे-पेचदार बातें मत किया करो) II (पु०) कसीदे का काम जिसमें सीधी रेखा के इधर-उधर फंदे भी लगाए जाते हैं; **~पुर्जा** (पु०) नट-बोल्ट आदि; **~वान** (पु०) 1 हुक्के, फरशी में लगाई जानेवाली बड़ी एवं लंबी सटक 2 बड़ा हुक्का

पेचक–*फ़ा०* (स्त्री०) तागे की गुच्छी, गोली

पेचक–*सं०* (पु०) 1 उल्लू पक्षी 2 जूँ नाम का कीड़ा

पेचिश–*फ़ा०* (स्त्री०) अमाशय में मरोड़ की बिमारी

पेचीदगी–*फ़ा०* (स्त्री०) 1 पेचीलापन 2 घुमावदार 3 उलझन

पेचीदा–*फ़ा०*, **पेचीला** *फ़ा०* + *हिं०* (वि०) 1 घुमाव-फिराववाला 2 चक्करदार 3 उलझनवाला 4 अत्यंत कठिन एवं जटिल (जैसे-अंतर्राष्ट्रीय परिस्थितियाँ बहुत ही पेचीली हैं)

पेज–*अं०* (पु०) पुस्तक, पत्रिका, कापी आदि के पृष्ठ का एक ओर का भाग, वरक, पन्ना (जैसे-अपनी किताब का दसवाँ पेज पढ़ो)

पेट–(पु०) 1 शरीर के अंग का वह ऊपरी एवं मध्य भाग जो छाती के नीचे और पेड़ू के ऊपर रहता है 2 शरीर के अंग का वह भीतरी भाग जिसमें भोजन पचता है, आमाशय, उदर 3 गर्भाशय 4 अंतकरण, मन (जैसे-औरत के पेट में बात नहीं पचती) 5 किसी खोखली वस्तु का भीतरी भाग। **~चोट्टी** (स्त्री०) वह स्त्री जो गर्भिणी होते हुए भी गर्भमय न जान पड़े **~दर्द** + *फ़ा०* (पु०) उदर पीड़ा; **~पूजा** + *सं०* (स्त्री०)

भोजन करना, खाना; ~**वाली** (वि०)/(स्त्री०) गर्भवती। ~**का गहरा** भेद प्रकट न करनेवाला; ~**काटना** 1 कंजूसी करना 2 कम पारिश्रमिक देना; ~**का धंधा** जीविका; ~**का पानी न पचना** कोई बात पूछे बिना न रहा जाना; ~**का पानी न हिलना** कुछ भी श्रम न करना; ~**का हल्का** जो गंभीर न हो; ~**का हाल** तहे दिल की बात; ~**की आग** भूख, क्षुधा; ~**की आग बुझाना** भूख शांत करना, भूख मिटाना; ~**की बात** रहस्य की बात; ~**की मार मारना** आहार न देना, भूखा रखना; ~**खलाना** 1 भूखा होने का संकेत करना 2 अत्यधिक दीनता प्रकट करना; ~**गदराना** गर्भ का लक्षण प्रकट होना; ~**गिरना** गर्भपात होना; ~**गिराना** गर्भपात करना; ~**चलना** दस्त होना; ~**छँटना** पेट का मल रहित होना; ~**छूटना** = पेट चलना; ~**जलना** भर पेट भोजन न मिलना; ~**दिखाना** भूखे रहने का संकेत करना; ~**देना** भेद की बात बताना; ~**पालना** किसी तरह पेट का निर्वाह करना; ~**पीठ एक हो जाना** बहुत कमज़ोर हो जाना; ~**पीठ से लगना** क्षीण हो जाना; ~**फूलना** 1बेचैन हो उठना 2 गर्भ रहना; ~**मसोसकर रह जाना** कुढ़कर रह जाना; ~**मसोसना** भूखा रहना; ~**मारकर मरना** आत्महत्या करना; ~**में घुसना** भेद जानने के लिए घनिष्ठ मित्र बनाना; ~**में चूहे कूदना,** ~**में चूहे दौड़ना** भूख से व्याकुल होना, बहुत ज़ोर से भूख लगना; ~**डालना** खा जाना, हड़प जाना; ~**में दाढ़ी होना** अल्प आयु में अत्यधिक बुद्धिमान होना; ~**रखना** गर्भवती कर देना; ~**रहना** गर्भ रहना; ~**से पाँव निकालना** भले आदमी का कुमार्ग में प्रवृत्त होना

पेटक–*सं०* (पु०) 1 पिटारा, मंजूषा 2 संदूक

पेटकैयाँ–(क्रि० वि०) पेट के बल

पेटल--(वि०) बहुत बड़े पेटवाला, तोंदल

पेटा–(पु०) 1 गहरी वस्तु का मध्य भाग, बीच का हिस्सा 2 वस्तु का भीतरी भाग 3 गर्भ 4 घेरा, वृत्त 5 फैलाव, विस्तार 6 शीर्षक के अंतर्गत होनेवाला अंश 7 शीर्षक के अंतर्गत लिखा हुआ विवरण 8 वह गड्ढा जिसमें नदी बहती है 9 नदी का पाट 10 उड़ती पतंग का वह भाग जो ढीला पड़कर नीचे लटक जाता है। ~**छोड़ना** उड़ती हुई पतंग का बीच में से झूल जाना; ~**तोड़ना** अपनी पतंग की डोर से दूसरे की पतंग की डोर काट देना

पेटारा–(पु०) = पिटारा

पेटारी–(स्त्री०) = पिटारी

पेटिका–*सं०* (स्त्री०) 1 छोटी पेटी 2 छोटी पिटारी

पेटिया–(पु०) दैनिक भत्ता

पेटी–I (स्त्री०) 1 मानव शरीर में छाती एवं पेड़ के मध्य का उभार जो प्रायः कुछ आगे निकल आता है तथा जिसमें त्रिबली की तरह दो-तीन बल पड़ जाते हैं 2 कमर में लपेटकर बाँधने का तस्मा, कमरबंद 3 चपरास लगा हुआ तस्मा 4 बुलबुल के कमर में बाँधा जानेवाला तागा। ~**दार** + *फ़ा०* (वि०)

पेटी–II (स्त्री०) 1 छोटा संदूक, संदूकची 2 छोटी पिटारी

पेटी कोट–*अं०* (पु०) साड़ी के नीचे पहना जानेवाला छोटे घेरेवाला घाघरा, साया

पेटू–(वि०) 1 बहुत अधिक खानेवाला 2 जो हमेशा खाने के ही चक्कर में पड़ा रहे, भुक्खड़

पेटेंट–*अं०* (वि०) जो किसी विशिष्ट नाम से प्रसिद्ध हो तथा जिसे उक्त विशिष्ट नाम से बनाने एवं बेचने का एकाधिकार प्राप्त हो (जैसे-पेटेंट दवाएँ)

पेट्रोल–I *अं०* (पु०) वाहन आदि के चलने हेतु प्रयोग किया जानेवाला खनिज तेल (जैसे-मोटर में दस लीटर पेट्रोल डाल देना)

पेट्रोल–II *अं०* (पु०) 1 घूम-घूम कर पहरा देना 2 पहरा देनेवाला सैनिक

पेट्रोलियम–*अं०* (पु०) पेट्रोल

पेठा–(पु०) 1 सफ़ेद कुम्हड़ा 2 सफ़ेद कुम्हड़े की मिठाई

पेड़–(पु०) वृक्ष, दरख्त। ~**काट के पल्लव सींचना** अनुपयुक्त काम करना; **बोये पेड़ बबूल का तो आम कहाँ से खाय** कर्म के अनुसार फल प्राप्त होना

पेडल–*अं०* (पु०) साइकिल आदि का वह अंग जिसपर पैर रखा जाता है

पेड़ा–(पु०) खोए और चीनी के मिश्रण से बनी एक प्रसिद्ध गोलाकार चिपटी टिकिया के आकार की मिठाई

पेड़ी–(स्त्री०) 1 छोटा पेड़-पौधा 2 पान की पुरानी बेल 3 ऐसा खेत जिसमें से ऊख की फसल कट चुकी हो और जिसे जोतकर गेहूँ आदि बोने के योग्य बनाया गया हो

पेड़ू–(पु०) 1 मानव शरीर में नाभि के नीचे तथा मूत्रेंद्रिय से ऊपर का स्थान 2 गर्भाशय। ~**की आँच** 1 स्त्री के मन में होनेवाली काम वासना 2 केवल कामुकता के कारण पुरुष के साथ होनेवाली आसक्ति

पेदड़ी–*बो०* (स्त्री०) = पिद्दी

पेन–*अं०* (पु०) धातु की निब लगी कलम

पेनल–*अं०* (पु०) = पैनल। ~**कोड** (पु०) दंड संहिता

पेनल्टी–*अं०* (स्त्री०) दंड। ~**अंक** + *सं०* दंड स्वरूप कटा अंक

पेनिसिलिन–*अं०* (पु०) एक प्रतिजैविक दवाई

पेन्शन–*अं०* (स्त्री०) निवृत्ति वेतन। ~**याफ़्ता** +*फ़ा०* (पु०) पेंशन पाया हुआ, निवृत्त

पेन्शनर–*अं०* (पु०) निवृत्ति वेतन भोगी

पेन्सिल–*अं०* (स्त्री०) मसाले की बत्ती भरी हुई लकड़ी का बना पतला गोलाकार लंबा उपकरण (जैसे-काग़ज़-पेंसिल लाओ)

पेपर–*अं०* (पु०) 1 काग़ज़ 2 समाचार पत्र, अख़बार 3 दस्तावेज आदि विधिक पत्र 4 प्रश्न पत्र। ~**बोर्ड** (पु०) दफ़्ती, गत्ता

पेपरमाशी–*फ्रैंच* (पु०) काग़ज़ की लुगदी से बनाई गई कलाकृतियाँ

पेपरमिंट–*अं०* (स्त्री०) = पिपरमिंट

पेमेंट–*अं०* चुकाया जाना, भुगतान

पेम्फ़्लेट–*अं०* (पु०) = पम्फ़्लेट

पेय–I *सं०* (वि०) जो पीने योग्य हो **II** (पु०) पीने योग्य तरल पदार्थ। ~**जल** (पु०) पीने का पानी

पेयूष–*सं०* (पु०) 1 गाय के ब्याने के दिन से सात दिन तक का दूध, पेउस 2 ताजा घी 3 अमृत

पेरना–I (स० क्रि०) कोल्हू आदि में दबाकर पदार्थ का रस निकालना **II** (स० क्रि०) प्रेरित करना

पेराई–(स्त्री०) 1 पेरने की क्रिया 2 पेरने की मजदूरी

पेरोल–*अं०* (पु०) कारावास में रखे गए दंडित अपराधी को कुछ नियत अवधि तक खुला छोड़ना

पेलना–(स० क्रि०) 1 दबाकर, ढकेलकर अंदर घुसाना, धँसाना 2 धक्का देना, ढकेलना 3 बल प्रयोग करना 4 अप्राकृतिक संभोग करना

पेला–(पु०) 1 पिल पड़ने की क्रिया 2 मार-पीट, हाथा-बाँही 3 झगड़ा, तकरार

पेवस–(पु०) = पेयूष

पेश–*फ़ा० अ०* उपस्थिति में, सामने, समक्ष। ~**क़दमी** *+ अ० + फ़ा०* (स्त्री०), ~**कश** (पु०) 1 उपहार, नज़र, भेंट 2 सौगात, तोहफा; ~**कार** (पु०) 1 न्यायालय का एक कर्मचारी जो न्यायाधीश के समक्ष काग़ज़-पत्र उपस्थित करता हो 2 पेश करनेवाला व्यक्ति; ~**कारी** (स्त्री०) 1 पेशकार का काम 2 पेशकार का पद; ~**खेमा** *+ अ०* (पु०) 1 मंजिल, पड़ाव पर पहुँचने से पहले लगाया गया खेमा 2 सेना का आगेवाला भाग; ~**गी** (स्त्री०) 1 किसी वस्तु के मूल का वह अंश जो काम करनेवाले को पहले ही दे दिया जाता है 2 नियत तिथि के पहले ही दे दिया गया वेतन आदि का अंश, अगौड़ी, अग्रिम; ~**गोई** (स्त्री०) भविष्यवाणी; ~**तर** (अ०) पहले, पूर्व; ~**दस्त** (वि०) पेश करनेवाला, पेशकार; ~**बंद** (पु०) चारजामे में लगा दोहरा बंद जो घोड़े की गर्दन पर से लाकर दूसरी ओर बाँध दिया जाता है; ~**बंदी** (स्त्री०) रक्षार्थ हेतु पहले से किया गया प्रबंध, पूर्व की गई व्यवस्था; ~**राज** *+ हिं०* (पु०) राज की मदद करनेवाला मज़दूर, पत्थर, ईंट आदि ढोनेवाला मज़दूर

पेशल–I *सं०* (वि०) 1 मनोमुग्धकारी, मनोहर 2 कुशल, प्रवीण 3 चालाक 4 मुलायम II (पु०) विष्णु

पेशवा–*फ़ा०* (पु०) 1 सरदार, नेता 2 दक्षिण भारत के महाराष्ट्र साम्राज्य के प्रधान मंत्रियों की उपाधि

पेशवाई–*फ़ा०* (स्त्री०) 1 नेतृत्व 2 पेशवाओं की शासन प्रणाली, शासन काल 3 आगे बढ़कर अतिथियों का किया जानेवाला आदर-सत्कार

पेशवाज–*फ़ा०* (स्त्री०) बड़े घेरे का लँहगा जो नाचते समय स्त्रियाँ पहनती हैं

पेशा–*फ़ा०* (पु०) 1 जीविकोपार्जन का साधन, धंधा, काम (जैसे-वह किस पेशे में लगा है) 2 वेश्यावृत्ति (जैसे-पेशा अख़्तियार कर लेना)। ~**कमाना** वेश्यावृत्ति करना, वेश्या का काम करना

पेशानी–*फ़ा०* (स्त्री०) 1 मस्तक, माथा, ललाट, किसी पदार्थ का अगला और ऊपरी भाग

पेशाब–*फ़ा०* (पु०) मूत्र, मूत। ~**ख़ाना** (पु०), ~**घर** *+ हिं०* (पु०) पेशाब करने के लिए बनाई गई जगह ~**करना** 1 अत्यंत तुच्छ समझना 2 लानत भेजना; ~**का चिराग़ जलना** बहुत प्रतापी एवं प्रभावशाली होना; ~**की राह बहा देना** भोग-विलास में धन नष्ट करना; ~**बंद होना** अत्यंत डर जाना

पेशावर–*फ़ा०* (वि०) पेशा करनेवाला (जैसे-पेशावर साहित्यकार, पेशेवर स्त्री)

पेशी–I *फ़ा०* (स्त्री०) 1 पेश होने की अवस्था 2 उपस्थित होना (जैसे-पेशी की तारीख कब पड़ेगी) 3 वकील, मुख्तार आदि को दिया जानेवाला धन (जैसे-वकील ने चार सौ पेशी दीं।)

पेशी–II *सं०* (स्त्री०) 1 शरीर के भीतर मांस के रेशों की गुलथी 2 गर्भ का आंतरिक रूप 3 मांस खंड, मांस का टुकड़ा

पेशीनगो–*फ़ा०* (पु०) भविष्यवक्ता

पेशीनगोई–*फ़ा०* (स्त्री०) भविष्यवाणी

पेशेवाला–*फ़ा० + हिं०* (वि०) = पेशावर

पेशोपस–*फ़ा०* (वि०) = पसोपेश

पेश्तर–*फ़ा०* (क्रि० वि०) = पेशतर

पेषक–*सं०* (वि०) पीसनेवाला

पेषण–*सं०* (पु०) 1 पीसना 2 पिसाई

पेषणी–*सं०* (स्त्री०) सिल

पेस्ट–*अं०* (पु०) लेई

पेस्टल–*अं०* (पु०) रंग की बत्ती

पेस्ट्री–*अं०* (स्त्री०) केक की तरह का एक खाद्य

पेहँटा–(पु०) मक्के आदि के खेतों में होनेवाली एक लता जिसके फूल की कचरी एवं तरकारी बनाई जाती है

पैंच–(स्त्री०) धनुष की डोरी, प्रत्यंचा

पैंचना–(स० क्रि०) 1 अनाज फटकना, पछोरना 2 पलटना, फेरना

पैंचा–(पु०) 1 अदला-बदली, हेर-फेर 2 मंगनी, हाथ-उधार

पैंट–*अं०* (पु०) पाजामे की तरह का अंग्रेज़ी पहनावा, पतलून। ~**कोट** (पु०) सूट

पैंट्री–*अं०* (स्त्री०) रसोई का भंडार

पैंठ–(स्त्री०), **पैंठौर** (पु०) 1 वह खुला स्थान जहाँ निश्चित दिन छोटे व्यापारी अपना माल बेचने के लिए बैठते हों 2 सप्ताह का वह ख़ास दिन जिसमें विशेष स्थान पर दुकान, हाट लगती हों 3 छोटी दुकान 4 खोई हुई हुंडी के स्थान पर लिखी गई दूसरी हुंडी

पैंड़–(पु०) 1 रास्ता 2 डग। ~**भरना** कदम उठाकर चलना, डग भरना

पैंड़ा–(पु०) 1 चली गई दूरी, चला हुआ रास्ता 2 नियत रूप से आने-जाने की प्रथा, चलन। ~**मारना** दूर तक पैदल चलकर कहीं जाना (जैसे-तुम्हारे लिए मुझे इतनी दूर तक पैंडा मारना पड़ा); **पैंड़े पड़ना** बाधा खड़ी करना, परेशान करना

पैंतरा–(पु०) 1 तलवार आदि चलाने, कुश्ती आदि में पहलेवाली मुद्रा से दूसरी ओर अधिक उपयुक्त मुद्रा में आना 2 चालाकी से भरी हुई कोई चाल 3 पैर का निशान

पैंतरेबाज़–*हिं० + फ़ा०* (स्त्री०) 1 जो हथियार आदि चलाने का सही ढंग जानता हो 2 जो समयानुसार रंग-ढंग बदलना जानता हो

पैंतालीस–I (वि०) चालीस से पाँच अधिक II (पु०) 45 की संख्या

पैंती–(स्त्री०) 1 कुश का छल्ला जिसे तर्पण आदि करते समय उँगली में पहनते हैं 2 ताँबे आदि का बना छल्ला

पैंतीस–I (वि०) तीस से पाँच अधिक II (पु०) 35 की संख्या

पैंसठ–I (वि०) साठ से पाँच ज्यादा II (पु०) 65 की संख्या

पै–*फ़ा०* (पु०) कमान, गुलेल आदि में लगाई जानेवाली ताँत

पैकर–*अं०* (पु०) पैकिंग करनेवाला व्यक्ति

पैकार–*फ़ा०* (पु०) युद्ध, लड़ाई

पैकिंग–*अं०* (स्त्री०) 1 मजबूती एवं हिफाजत से बाँधने की क्रिया 2 पैकिंग करने का पारिश्रमिक (जैसे-दाम डाक और पैकिंग ख़र्च सहित)
पैकेट–*अं०* (पु०) किसी चीज़ का बना हुआ छोटा पुलिंदा
पैक्ट–*अं०* (पु०) समझौता, वचन पत्र
पैख़ाना–*फ़ा०* (पु०) = पाख़ाना
पैग़ंबर–*फ़ा०* (पु०) वह पूज्य व्यक्ति जो ईश्वर का संदेश सुनानेवाला माना जाता है तथा किसी नए धर्म, संप्रदाय का प्रवर्तक होता है, धर्मप्रवर्तक (जैसे-मोहम्मद साहब मुस्लिम पैग़ंबर थे)
पैग़ंबरी–I *फ़ा०* (वि०) पैग़ंबर से संबंध रखनेवाला II (स्त्री०) पैग़ंबर होने की अवस्था
पैग़ाम–*फ़ा०* (पु०) संदेश, समाचार
पैजनी–(स्त्री०) = पैंजनी
पैज़ार–*फ़ा०* (स्त्री०) जूता, पनही
पैटर्न–*अं०* (पु०) 1 नमूना 2 नक्शा
पैट्रोल–*अं०* (पु०) = पेट्रोल I
पैट्रोलियम–*अं०* (वि०) = पेट्रोलियम
पैठ–(स्त्री०) 1 पैठने की क्रिया 2 पहुँच (जैसे-क्या राजा साहब के यहाँ तुम्हारी पैठ है)
पैठना–(अ० क्रि०) 1 घुसना 2 बैठना
पैठाना–(स० क्रि०) बल पूर्वक अंदर ले जाना, प्रवेश कराना
पैठार–(पु०) 1 प्रवेश, पैठ 2 प्रवेश द्वार, फाटक
पैड–*अं०* (पु०) 1 पत्र आदि लिखने के काम में आनेवाले काग़ज़ की गद्दी 2 स्याही सोखनेवाला काग़ज़ की मोटी गद्दी 3 छोटी मुलायम गद्दी (जैसे-मोहर का इंक पैड कहाँ रख दिया)
पैडल–*अं०* (पु०) = पैडिल
पैडा–(पु०) खड़ाऊँ
पैडिक–*सं०* (वि०) फुंसी संबंधी
पैडिल–*अं०* (पु०) पैर से गति देने का एक उपकरण
पैड़ी–(स्त्री०) मकान आदि की सीढ़ी, जीना
पैतरा–(पु०) = पैंतरा
पैतरी–I (स्त्री०) रेशम फेरने की परेती II (स्त्री०) पग-तरी, जूता
पैतरेबाज़–हिं० + फ़ा० (पु०) = पैंतरेबाज़
पैतरेबाज़ी–हिं० + फ़ा० (स्त्री०) = पैंतरेबाज़ी
पैतला–(वि०) = दे० पैथला
पैताना–(पु०) = पायँता
पैतामह–*सं०* (वि०) पितामह संबंधी
पैतामहिक–*सं०* (वि०) पितामह से प्राप्त (धनादि)
पैतृक–*सं०* (वि०) 1 पिता संबंधी 2 पुरखों का, पुश्तैनी (जैसे-पैतृक संपत्ति)
पैतृमत्य–*सं०* (पु०) अविवाहिता का पुत्र
पैत्तल–*सं०* (वि०) पीतल का
पैत्तिक–*सं०* (वि०) 1 पित्त संबंधी 2 पित्त का रोग
पैत्रिक–*सं०* (वि०) = पैतृक
पैथला–(वि०) उथला
पैदल–I (वि०) अपने पैरों से चलनेवाला, जो पैरों से चलता हो (जैसे-राजा पैदल चला जा रहा था) II (पु०) पाँव-पाँव चलना (जैसे-पैदल का रास्ता) 2 पैदल चलनेवाला सिपाही 3 शतरंज में एक गोट जो पैदल का प्रतीक है (जैसे-पैदल से हाथी मारना)
पैदा–I *फ़ा०* (वि०) 1 नव प्रसूत, उत्पन्न (जैसे-कल उसको लड़का पैदा हुआ) 2 जो अभी प्रकट हुआ हो (जैसे-कौन सी नई बिमारी पैदा हो गई) 3 यत्न पूर्वक अर्जित किया हुआ (जैसे-खेत में अच्छी फसल पैदा हुई) II (स्त्री०) आय, आमदनी (जैसे-परिश्रम से पैदा किया पैसा)
पैदाइश–*फ़ा०* (स्त्री०) 1 उत्पत्ति 2 जन्म 3 पैदावार, उपज 4 आय (जैसे-सौ रुपए रोज की पैदाइश होना)
पैदाइशी–*फ़ा०* (वि०) जन्म जात (जैसे-पैदाइशी दाग, निशान, पैदाइशी बिमारी)
पैदायश–*फ़ा०* (स्त्री०) = पैदाइश
पैदावार–*फ़ा०* (स्त्री०) 1 उपज (जैसे-फ़सल की पैदावार अच्छी रही) 2 उत्पादन (जैसे-उद्योग की पैदावार)
पैन–*अं०* (पु०) = पेन, लेखनी
पैनल–*अं०* (पु०) 1 नाम सूची, नामिका 2 दिलहा
पैना–I (वि०) 1 धारदार, चोखा तेज (जैसे-यह चाकू बहुत पैना है) 2 तीक्ष्ण, तीव्र (जैसे-पैनी बुद्धि) II (पु०) छोटी छड़ी
पैनाना–(स० क्रि०) चोखा करना, टेना
पैनापन–(पु०) तीक्ष्णता, तीखापन, तेज़ी
पैनिसिलीन–*अं०* (पु०) = पैनिसिलीन
पैमाईश–*फ़ा०* (स्त्री०) ज़मीन आदि नापने की क्रिया
पैमाना–*फ़ा०* (पु०) 1 मानदंड (जैसे-तौल का आधुनिक पैमाना) 2 शराब का प्याला (जैसे-पैमाना गिरकर टूटना)
पैर–I (पु०) 1 पाँव, चरण (जैसे-पिता के पैर छूना) 2 पैर से बना निशान, चरण-चिह्न (जैसे-बिस्तर पर किसका पैर पड़ा है)। ~**गाड़ी** (स्त्री०) पैर से चलाई जानेवाली गाड़ी; ~**उखड़ जाना** टिक न सकना, पराजित होना; ~**उठाना** 1 रवाना होना 2 तेज़ी से चलना; ~**काँपना** शक्ति एवं साहस न होना; ~**छूटना** अधिक रजःस्राव होना; ~**छूना** = दे० पाँव छूना; ~**जमना** दृढ़ता पूर्वक खड़े होना; ~**जमाना** अपनी स्थिति मजबूत करना; ~**टिकना** 1 आश्रय मिलना 2 स्थिर भाव से रहना; ~**डगमगाना,** ~**डिगना** विचलित होना, स्थिर न रहना; ~**तले ज़मीन खिसकना** होश-हवास गायब होना; ~**तोड़ना** कुछ करने-धरने में असमर्थ करना; ~**दबाना** सेवा टहल करना; ~**दबाकर चलना** आहट तक न मिलना; ~**न उठना** साहस न होना; ~**न रखना** 1 घमंड में साधारण आचरण-व्यवहार की जगह बड़े लोगों का ढोंग करना 2 अत्यधिक प्रसन्नता के कारण सुध-बुध भूल जाना; ~**पकड़ना** = दे० पाँव धरना; ~**पड़ना** 1 झुककर प्रणाम करना 2 दीनतापूर्वक आग्रह करना; ~**पसार देना** हतोत्साह होकर चुपचाप बैठ रहना 2 मर जाना; ~**फैलाना** 1 अधिक पाने के लिए हठ करना 2 शक्ति एवं सामर्थ्यानुसार कार्य करना; ~**भारी होना** गर्भवती होना, हमल रहना; ~**में बाँधकर रखना** दूर न होने देना; **फूँक-फूँककर पैर रखना** बहुत सँभलकर काम करना
पैर–II (पु०) 1 खलिहान 2 खेत से काटकर लाए हुए अनाज का ढेर, राशि

पैरना–(अ० क्रि०) तैरना (जैसे नदी में पैरना)
पैरवी–*फ़ा०* (स्त्री०) 1 खुशामद 2 अनुगमन 3 आज्ञा पालन 4 कोशिश। ~**कार** (पु०) पैरवी करनेवाला व्यक्ति
पैरहन–(पु०) लबादा जैसा लंबा पहनावा
पैरा–*अं०* (पु०) = पैराग्राफ़
पैरा–I (पु०) 1 आया हुआ कदम 2 पैर में पहना जानेवाला कड़ा II (वि०) पैरोंवाला
पैराई–(स्त्री०) 1 तैरने की क्रिया 2 तैरने की कला
पैराक–(पु०) तैरनेवाला, तैराक
पैराग्राफ़–*अं०* (पु०) लेख आदि का वह अंश जितने में कोई बात कही गई हो तथा दूसरे अंश में कुछ जगह छोड़कर लिखा गया हो, अनुच्छेद
पैराटूपर–*अं०* (पु०) छतरी सैनिक
पैरानो–(स० क्रि०) पैरने में प्रवृत्त करना, तैराना
पैराफ़िन–*अं०* (पु०) एक तरह का गाढ़ा चिकना पदार्थ जो कोमल लकड़ियों से निकाला जाता है तथा जो मोमबत्ती आदि बनाने के काम में आता है
पैरामीटर–*अं०* (पु०) *ग०* ऐसा स्वतंत्र चर जिसके पदों में किसी समीकरण के चरों को व्यक्त किया जा सके, प्राचल
पैराव–(पु०) अधिक जलवाला गहरा स्थान
पैराशूट–*अं०* (पु०) हवाई छतरी
पैरी–(स्त्री०) 1 काँसे आदि का बना हुआ पैर में पहनने का चौड़ा गहना 2 दौनी हेतु फैलाए गए फसल के पौधे 3 अनाज की दौनी, दवाँई, दौरी
पैरेलल–*अं०* (वि०) समानांतर
पैरोकार–*फ़ा०* (पु०) = पैरवीकार
पैला–(पु०) 1 नाँद के आकार का मिट्टी का बड़ा पात्र, बड़ी पैली 2 टोकरी, दौरी 3 अनाज नापने का चार सेर का बर्तन
पैवंद–*फ़ा०* (पु०) फटे हुए कपड़े पर लगाई जानेवाली चकती, थिगली
पैवंदी–*फ़ा०* (वि०) 1 जिसमें पैवंद लगाया गया हो, पैवंद लगा हुआ 2 दोगला, वर्णसंकर
पैवस्त–*फ़ा०* (वि०) अच्छी तरह सोखा एवं समाया हुआ
पैवीलियन–*अं०* (पु०) मंडप
पैशाच–I*सं०* (वि०) 1 पिशाच का 2 पिशाच देश का II (पु०) पिशाच
पैशाचिक–*सं०* (वि०) 1 पिशाच संबंधी 2 पिशाचों की तरह वीभत्स (जैसे-पैशाचिक अत्याचार)
पैशाचिकी–*सं०* (स्त्री०) राक्षसों के बारे में अध्ययन
पैशाची–I *सं०* (स्त्री०) प्राकृत भाषा का वह रूप जिससे दरद वर्ग की बोलियाँ निकली हैं II (वि०) पिशाचों की तरह का
पैशाच्य–*सं०* (पु०) पिशाचों का सा क्रूर एवं निर्दय स्वभाव
पैशुन्य–*सं०* (पु०) चुगलखोरी, पिशुनता
पैष्ट–*सं०* (वि०) आटे का बना हुआ
पैसा–(पु०) 1 ताँबे का चलता सिक्का जो अब रुपए का सौवाँ भाग है) 2 धन-संपत्ति, दौलत (जैसे-वह बहुत पैसेवाला आदमी है)। ~**कमाऊ** (वि०) पैसा कमानेवाला; ~**धेला**, ~**टका** (पु०) धन
पैसार–*बो०* (पु०) 1 प्रवेश द्वार 2 प्रवेश, पैठ
पैसिंजर–*अं०* (पु०) यात्री। ~**गाड़ी** + *हिं०* (स्त्री०) सवारीगाड़ी जिसमें यात्री लोग यात्रा करते हैं; ~**ट्रेन** (स्त्री०) सवारी गाड़ी
पैसेवाला–(वि०) मालदार, धनवान, दौलतमंद
पैहम–*फ़ा०* (अ०) निरंतर, लगातार
पों–(स्त्री०) 1 भोंप 2 भोंपा से निकलनेवाला पों शब्द (जैसे-पों-पों मत करो)। ~**बजाना** बिना समझे-बूझे समर्थन करना
पोंकना–(अ० क्रि०) 1 पतला पाखाना फिरना 2 बहुत डरकर पों पों शब्द करना
पोंका–(पु०) बड़ा फतिंगा, बोंका
पोंगला, पोंगा–I (पु०) 1 बाँस की नली 2 धातु की नली II (वि०) 1 ना-समझ, निरा मूर्ख, बेवकूफ 2 निकम्मा, बेकाम 3 पोला, खोखला। ~**पंथी** I (वि०) वज्र मूर्ख II (स्त्री०) मूर्खतापूर्ण आचरण, व्यवहार
पोंछन–(स्त्री०) 1 पोंछने की क्रिया 2 पोंछकर निकाला गया अंश 3 पोंछने के काम आनेवाला कपड़ा। **पेट की पोंछन** स्त्री की अंतिम संतान
पोंछना–I (स० क्रि०) 1 कपड़े से नमी, आर्द्रता सोखना (जैसे-रुमाल से आँसू पोंछना, तौलिया से पसीना पोंछना) 2 रगड़ते हुए फेरना (जैसे-फर्श की काई पोंछना, स्लेट पोंछना) II (पु०) 1 पोंछने के काम में आनेवाली वस्तु (जैसे-पैर-पोंछना) 2 पोंछने से निकलनेवाली वस्तु
पोंटा–(पु०) नाक की मैल
पोआ–(पु०) साँप का छोटा बच्चा, संपोला
पोआना–(स० क्रि०) पोने का काम कराना
पोइया–(स्त्री०) घोड़े की सरपट चाल
पोई–(स्त्री०) पान की तरह हरी मोटी पत्तियोंवाली प्रसिद्ध लता जिसके साग पकौड़े आदि बनते हैं
पोखर, पोखरा–(पु०) छोटा ताल
पोखराज–(पु०) = पुखराज
पोखरी–(स्त्री०) तलैया
पोगंड–*सं०* (पु०) पाँच से दस वर्ष तक की उम्र का बालक
पोच–*फ़ा०* (वि०) 1 खराब, निकृष्ट 2 तुच्छ, क्षुद्र 3 निःसार 4 आवारा
पोचाई–*बो०* (स्त्री०) देशी शराब
पोज़ीशन–*अं०* (स्त्री०) 1 स्थिति 2 पद 3 प्रतिष्ठा
पोट–I (स्त्री०) 1 घर की नींव 2 मिलान, मेल
पोट–II (स्त्री०) 1 टाट, कपड़े की बनी गठरी 2 ढेर, राशि
पोट–III (स्त्री०) पुस्तकों की सिलाई में उसका पुट्ठा
पोटलक–(पु०) गठरी
पोटली–(स्त्री०) 1 छोटी गठरी 2 छोटी थैली
पोटा–I (पु०) पेट की थैली, उदराशय। ~**तर होना** प्रसन्नता एवं निश्चिंतता होना
पोटा–II (पु०) 1 पुरुषों के लक्षणोंवाली 2 सेविका
पोटाश–*अं०* (पु०) एक तेज़ क्षार
पोटैशियम–*अं०* (पु०) पोटाश का धात्विक आधार
पोडु–*सं०* (स्त्री०) खोपड़ी की ऊपरी हड्डी
पोढ़ना–(अ० क्रि०) 1 मजबूत होना, दृढ़ होना 2 निश्चित होना, पक्का होना
पोढ़ा–(वि०) पुष्ट, मजबूत

पोत–I *सं०* (पु०) जलयान (जैसे-विमान वाहक पोत)। **~घाट** + *हिं०* (पु०) जहाज़ खड़ा करने का किनारा; **~धारी** (पु०) जहाज़ का अधिकारी, मालिक; **~ध्वज** (पु०) जहाज़ पर लगा राष्ट्र सूचक झंडा; **~नायक** (पु०) जहाज़ का कप्तान; **~निर्माण** (पु०) जहाज़ बनाना; **~पति** (पु०) जहाज़ का मालिक; **~भंग** (पु०) जहाज़ का नष्ट हो जाना; **~भार** (पु०) जहाज़ पर लादा जानेवाला सामान, माल; **~भारक** (पु०) भार, माल ढोनेवाला जलयान; **~वाह** (पु०) मल्लाह; **~वाहिनी** (स्त्री०) = पोत्य; **~संतरण** (पु०) जहाज़ का तैरना

पोत–II (पु०) पुताई (जैसे-दीवार पोत देना)

पोत–III *फ़ा०* (पु०) ज़मीन का लगान, भूमि कर। **~दार** (पु०) कर इकट्ठा करनेवाला व्यक्ति 2 खजांची

पोतक–*सं०* (पु०) छोटा बच्चा

पोतड़ा– (पु०) छोटे बच्चों के नीचे बिछाया जानेवाला कपड़ा। **पोतड़ों के अमीर** संपन्न घर में उत्पन्न होनेवाला

पोतन–(वि०) 1 शुद्ध करनेवाला 2 पवित्र

पोतना–I (स० क्रि०) 1 लेप करना (जैसे-दरवाज़े पर रंग पोतना) 2 लगाना (जैसे-गुलाल पोतना, मुँह पर कालिख पोतना) 3 पवित्र करने के उद्देश्य से लीपकर साफ करना (जैसे-आँगन को गोबर से पोतना 4 छिपाना (जैसे-सरकार ने भ्रष्टाचार के सभी मामले पोत डाले) II (पु०) पोतने का कपड़ा 2 पोतने का अन्य साधन, उपकरण

पोतला–(पु०) तवे पर घी पोतकर सेंकी हुई चपाती, पराँठा

पोतांगन–*सं०* (पु०) = पोत-आगार

पोता–I (पु०) बेटे का बेटा, पौत्र

पोता–II *फ़ा०* (पु०) फ़ोता, अंडकोष

पोता–III (पु०) पोतने या पोछने का कपड़ा

पोताई–(स्त्री०) = पुताई

पोताध्यक्ष–*सं०* (पु०) = पोत-पति

पोताश्रय–*सं०* (पु०) बंदरगाह

पोती–I (स्त्री०) बेटे की बेटी, पौत्री

पोती–II (स्त्री०) पोतने का काम (जैसे-लीपा पोती)

पोत्या–*सं०* (स्त्री०) जलयानों का समूह

पोथा–(पु०) 1 बहुत बड़ी पुस्तक 2 काग़ज़ों का बहुत बड़ा पुलिंदा

पोथी–I (स्त्री०) छोटी पुस्तक। **~ख़ाना** + *फ़ा०* (पु०) पुस्तकालय

पोथी–II (स्त्री०) प्याज, लहसुन आदि की गाँठ

पोदना–(पु०) 1 छोटी चिड़िया 2 ठिंगना, नाटा आदमी

पोना–I (स० क्रि०) 1 गुँधे आटे से रोटी का आकार देना (जैसे-आटा पोना) 2 पकाना, सेंकना

पोना–II (स० क्रि०) = पिरोना

पोप–*अं०* (पु०) कैथोलिक धर्मगुरु। **~लीला** + *सं०* (स्त्री०); **~शाही** + *फ़ा०* (स्त्री०)

पोपला–(वि०) 1 पिचका एवं सिकुड़ा हुआ 2 जिसके सभी दाँत टूट गए हों (जैसे-पोपला मुँह)

पोपलाना–(अ० क्रि०) पोपला होना

पोया–(पु०) 1 वृक्ष का नरम पौधा 2 बहुत छोटा बच्चा

पोर–(स्त्री०) 1 उँगली, अँगूठे आदि का कोई जोड़ 2 उँगली, अँगूठे आदि के जोड़ों के बीच का अंश 3 वस्तु के दो भागों, जोड़ों के बीच का भाग (जैसे-ईख का पोर)

पोरा–(पु०) लकड़ी का गोल कुंदा 2 दे० पोर

पोरिया–(स्त्री०) उँगलियों के पोरों पर पहनने का गहना

पोर्चुगीज़–*अं०* (पु०) = पुरचगीज़

पोर्ट–*अं०* (पु०) पत्तन (जैसे-सी पोर्ट, एअर पोर्ट)

पोर्टफ़ोलियो–*अं०* (पु०) 1 मंत्रिपद 2 पत्राधान

पोर्टमेंटो–*अं०* (पु०) 1 सूटकेस 2 कपड़े टाँगने का रैक

पोर्टर–*अं०* (पु०) 1 रेलवे कुली 2 जहाज़ का कुली

पोर्टिको–*अं०* (पु०) द्वार मंडप, ड्योढ़ी

पोर्टेबल–*अं०* (वि०) 1 सफ़री 2 जिसे उठाकर इधर-उधर ले जाया जा सके

पोल–I (स्त्री०) निःसारता, खोखलापन

पोल–II (पु०) प्रवेश द्वार

पोल–III *अं०* (पु०) 1 खंभा 2 लग्गा

पोल–IV *अं०* (पु०) ध्रुव (जैसे-नार्थ पोल)

पोल–V (पु०) साढ़े पाँच गज़ की जरीब

पोलक–(पु०) बिगड़े हाथी को डराने के लिए लंबे बाँस के छोर पर चरखी में बँधा पयाल जिसे लुक की तरह जलाते हैं

पोला–(वि०) 1 खोखला (जैसे-पोला बाँस) 2 जो कड़ा एवं ठोस न हो (जैसे-पोली ज़मीन) 3 जिसमें कोई तत्त्व, सार न हो, थोथा

पोलाव–(पु०) = पुलाव

पोलिंग–*अं०* (स्त्री०) वोट डालना, मतदान **~स्टेशन** (पु०) मत दान केंद्र

पोलिटिकल–*अं०* (वि०) राजनीतिक

पोलिया–(पु०) पैर में पहना जानेवाला पोला गहना

पोलियो-रोग–*अं० + सं०* (पु०) *चि०* (बच्चों का) टाँगों का अधरंग हो जाने का रोग

पोलीक्लीनिक–*अं०* (स्त्री०) अनेक रोगों का चिकित्साकेंद्र

पोलीटेक्निकल–*अं०* (वि०) बहु प्राविधिक

पोलो–*अं०* (पु०) चौगान जैसा एक खेल

पोशाक–*फ़ा०* (स्त्री०) 1 पहनने का कपड़ा, परिधान 2 पहनावा (जैसे-विद्यालय की पोशाक)। **~पहनावा** + *हिं०* (पु०) विशेष रूप से पहना जानेवाला वस्त्र (जैसे-सैनिक पोशाक)

पोशीदगी–*फ़ा०* (स्त्री०) छिपाव, गुप्त

पोशीदी–*फ़ा०* (वि०) 1 ढका हुआ 2 छिपाया हुआ 3 गुप्त

पोष–*सं०* (पु०) 1 पोषण, पुष्टि 2 उन्नति 3 तृप्ति, संतोष, तुष्टि

पोषक–*सं०* (पु०)/(वि०) 1 पोषण करनेवाला 2 बढ़ानेवाला 3 सहायक

पोषण–*सं०* (पु०) 1 पोसने की क्रिया, पालन 2 बढ़ाने की क्रिया, वृद्धन 3 सहायता देना। **~वृत्ति** (स्त्री०) भरण पोषण हेतु दी गई वृत्ति

पोषणीय–*सं०* (वि०) पोषण योग्य

पोषयिता–*सं०* (वि०)/(पु०) पोषण करनेवाला

पोषाहार–*सं०* (पु०) पोषण एवं वर्द्धन करनेवाला तत्व, पदार्थ

पोषिका–*सं०* (स्त्री०) पोषण करनेवाली स्त्री

पोषित–*सं०* (वि०) 1 पाला हुआ 2 पोषण किया हुआ

पोष्टा–*सं०* (वि०) = पोषक

पोष्य–I *सं०* (वि०) 1 पालने योग्य 2 पाला हुआ, गोद लिया हुआ II (पु०) सेवक, नौकर

पोसना–(स० क्रि०) 1 पालना 2 पालन करना 3 दुर्व्यसन आदि की आदत को बनाए रखना

पोस्ट–I *अं०* (स्त्री०) 1 पद 2 स्थान, जगह

पोस्ट–II *अं०* (स्त्री०) डाक विभाग। **~आफिस** (पु०) डाक कार्यालय; **~कार्ड** (पु०) डाक टिकट लगा कार्ड; **~टिकट** (पु०) डाक का स्टाम्प; **~बक्स** (पु०) जिसमें डाक टिकट लगा पत्र डाला जाए, पत्र पेटिका; **~मास्टर** (पु०) डाकघर का प्रधान अधिकारी; **~मैन** (पु०) डाकिया, पत्रवाहक

पोस्ट-मार्टम–*अं०* (पु०) शव-परीक्षा

पोस्टर–*अं०* (पु०) काग़ज़ पर बड़े अक्षरों में छपी हुई नोटिस जिसे जनता की जानकारी हेतु जगह-जगह दीवारों आदि पर चिपका दिया जाता है (जैसे-सिनेमा का पोस्टर लगाना)। **~बाज़ी** + *फ़ा०* (स्त्री०) बार-बार पोस्टर निकालते रहना

पोस्टल–*अं०* (वि०) 1 डाक विभाग संबंधी (जैसे-पोस्टल गाइड) 2 डाक विभाग के माध्यम से आने-जानेवाला (जैसे-पोस्टल आर्डर)

पोस्टिंग–*अं०* (स्त्री०) नियुक्ति

पोस्टेज–*अं०* (पु०) डाक खर्च। **~स्टांप** (पु०) डाक टिकट

पोस्त–*फ़ा०* (पु०) 1 पोस्ता 2 त्वचा 3 पेड़ की छाल 4 पोस्ते का डोडा

पोस्ता–*फ़ा०* (पु०) एक तरह का पौधा जिसके डोडों से अफीम बनायी जाती है

पोस्ती–*फ़ा०* (पु०) 1 अफ़ीम खानेवाला 2 मदक पीनेवाला 3 सुस्त आदमी

पोस्तीन–*फ़ा०* (पु०) 1 गर्म एवं मुलायम रोएँवाले जानवरों की खाल 2 गर्म एवं मुलायम रोएँ की खाल का बना पहनावा

पोहना–I (स० क्रि०) 1 पिरोना, गूँथना 2 आर-पार छेद करना (जैसे-माला की गुरिया पोहना) 3 जमाना, बैठाना 4 चढ़ाना, लगाना II (वि०) पोहनेवाला

पोहर–*बो०* (पु०) 1 पशुओं के चरने की जगह 2 चारा, चरी

पोहा–*बो०* (पु०) पशु, चौपाया

पोहिया–*बो०* (पु०) चरवाहा

पौंचा–(पु०) साढ़े पाँच पहाड़ा

पौंड–*अं०* (पु०) = पाउंड

पौंडा–*पु०* एक प्रकार का मोटा गन्ना

पौंश्चल्य–(पु०) स्त्री का व्यभिचार

पौ–I (स्त्री०) भोर का प्रकाश

पौ–II (स्त्री०) पासे का एक दाँव

पौआ–(पु०) 1 एक सेर का चौथाई भाग, पाव 2 पाव भर के मान का बटखरा 3 नापने का ऐसा पात्र जिसमें पाव भर तरल पदार्थ आता है

पौगंड–*सं०* (पु०) पाँचवें वर्ष से लेकर सोलवें वर्ष तक की अवस्था

पौडर–*अं०* (पु०) = पाउडर

पौढ़ना–I (अ० क्रि०) *बो०* आराम करने के लिए लेटना

पौढ़ना–II (अ० क्रि०) 1 तैरना 2 झूलना

पौढ़ाना–I (स० क्रि०) लेटाना, सुलाना

पौढ़ाना–II (स० क्रि०) हिलाना-डुलाना, झुलाना

पौतिक–*सं०* (वि०) *चि०* जो विषाक्त कीटाणुओं के उत्पन्न होने के कारण सड़ने लगा हो, पूति दूषित, सेप्टिक

पौत्र–*सं०* (पु०) लड़के का लड़का, पोता

पौत्रिक–*सं०* (वि०) 1 पुत्र संबंधी 2 पौत्र संबंधी

पौत्री–*सं०* (स्त्री०) लड़के की लड़की, पोती

पौद–(स्त्री०) 1 निकलता हुआ नया पौधा 2 एक ज़गह से उखाड़कर दूसरी ज़गह लगाया जानेवाला छोटा पौधा 3 संतान 4 उपज

पौदर–(स्त्री०) 1 पैर का निशान 2 पैदल चलने का रास्ता 3 पगडंडी

पौदा–(पु०) = पौधा। **~गाह** + *फ़ा०* (स्त्री०) वह जगह जहाँ छोटे पौधे लगे हों

पौध–(स्त्री०) = दे० पौद। **~घर, ~शाला** + *सं०* (स्त्री०) (पौधों की) नर्सरी

पौधा–(पु०) छोटा पेड़

पौन–I (वि०) पूरे में चौथाई कम, तीन चौथाई (जैसे-पौन घंटे में काम होगा)

पौन–II (पु०) 1 हवा, वायु 2 जीव, प्राण 3 जादू-टोना 4 भूत-प्रेत। **~पानी** (पु०) हवा और जल; **~चलाना**, **~मारना** जादू टोना करना

पौनरुक्त्य–*सं०* (पु०) दुबारा कहने की अवस्था

पौनर्वादिक–*सं०* (वि०) 1 पुनर्वाद संबंधी, पुनर्वाद का 2 पुनर्वाद के विचार के परिणाम स्वरूप होनेवाला

पौना–I (पु०) पौने का पहाड़ा II (वि०) पौन

पौना–II (पु०) कलछी

पौनार–(स्त्री०) कमल के फूल की नाल, डंठल

पौनी–I (स्त्री०) छोटा पौना II (पु०) वे लोग जिन्हें मंगल अवसरों पर नेग मिलता है (जैसे-धोबी, कुम्हार, नाई को मिलनेवाली पौनी)

पौने–(वि०) पौन, पौना का वह रूप जो उसे संख्यावाचक शब्दों के पहले लगने पर प्राप्त होता है (जैसे-पौने चार बजा है, पौने तीन सेर चीनी है)। **~सोलह आने** बहुत अधिक अंशों में (जैसे-आपकी बात पौने सोलह आने सच है)

पौरंदर–*सं०* (वि०) पुरंदर संबंधी

पौर–I *सं०* (वि०) 1 पुर का, नगर संबंधी 2 पुर में उत्पन्न होनेवाला II (पु०) नगर निवासी, नागरिक। **~जन** (पु०) नागरिक

पौर–(स्त्री०) 1 ड्योढ़ी 2 दरवाज़ा

पौरव–I *सं०* (वि०) 1 पुरु संबंधी, पुरु का 2 पुरु के वंश का II(पु०) पुरु का वंशज, संतान

पौरा–(पु०) घर में नए व्यक्ति का होनेवाला आगमन (जैसे-बहू का पौरा अच्छा है)

पौराणिक–I *सं०* (वि०) 1 पुराण संबंधी, पुराण का 2 जिसका उल्लेख पुराण में हुआ हो (जैसे-पौराणिक कथा) 3 प्राचीन काल का, पुराना II (पु०) पुराण को जाननेवाला विद्वान, पुराण ज्ञाता

पौरिक–I *सं०* (पु०) 1 पुर में रहनेवाला व्यक्ति, नागरिक 2 नगर का प्रधान शासक II (वि०) नगर से संबंध रखनेवाला, नगर संबंधी

पौरिया–(पु०) द्वारपाल, ड्योढ़ीदार, दरबान

पौरी–(स्त्री०) ड्योढ़ी

पौरुष–I *सं०* (वि०) 1 पुरुष की शक्ति 2 पुरुष से संबंध रखनेवाला II (पु०) 1 पुरुष होने का भाव 2 पुरुष में सामान्य रूप से होनेवाले गुण (जैसे-शौर्य तो पौरुष का प्रतीक है) 3 पुरुष का कर्म, पुरुषार्थ

पौरुषेय–I *सं०* (वि०) 1 पुरुष संबंधी, पुरुष का 2 मनुष्य निर्मित, मनुष्यकृत II (पु०) 1 पुरुष कर्म, पुरुषार्थ 2 जनसमुदाय

पौरुष्य–*सं०* (पु०) = पौरुष

पौरेय–*सं०* (पु०) नगर के समीप का स्थान

पौरोहित्य–*सं०* (पु०) 1 पुरोहित का काम 2 पुरोहितों का समाज

पौर्णमासिक–*सं०* (वि०) 1 पूर्णिमा संबंधी 2 पूर्णिमा के दिन होनेवाला

पौर्णमासी–*सं०* (स्त्री०) = पूर्णिमा

पौर्वदैहिक–I *सं०* (वि०) 1 पूर्व जन्म-संबंधी 2 पूर्व जन्म में किया हुआ

पौर्वदैहिक–II *सं०* (वि०) पूर्वार्द्ध संबंधी

पौर्वपदिक–*सं०* (वि०) पूर्वपद से संबंध रखनेवाला

पौर्वात्य–*सं०* (वि०) 'पाश्चात्य' के अनुकरण पर बना हुआ अशुद्ध शब्द, दे० शुद्ध रूप 'पौरस्त्य'

पौर्वापर्य–*सं०* (पु०) 1 पूर्वापर का भाव, पूर्वापरता 2 अनुक्रम, सिलसिला

पौर्विक–*सं०* (वि०) 1 पहले का 2 जो पहले किया जाने को हो

पौरु–(स्त्री०) 1 पोल 2 बड़ा दरवाज़ा

पौला–(पु०) एक प्रकार की खड़ाऊँ जिसमें खूँटी की जगह रस्सी लगी होती है

पौलिया–(पु०) = पौरिया

पौली–I (स्त्री०) पौरी, ड्योढ़ी

पौली–II (स्त्री०) 1 पैर का तलुआ 2 पैर का निशान, पद-चिह्न

पौष्कर–*सं०* (वि०) पुष्कर संबंधी

पौष्टिक–I *सं०* (वि०) शक्तिवर्द्धक, पुष्ट करनेवाला II (पु०) धन-जन की वृद्धि करनेवाले कर्म। ~**ता** (स्त्री०) शक्तिवर्द्धकता

पौष्प–I *सं०* (वि०) पुष्प संबंधी, फूल का II (पु०) 1 फूलों के रस से बनाया जानेवाला मद्य 2 पुष्प रेणु, पराग

पौसरा, पौसला–(पु०) जहाँ लोगों को परोपकार की दृष्टि से पानी पिलाया जाता है ऐसा स्थान, प्याऊ

पौसार–(स्त्री०) करघे में की वह लकड़ी जिसे पैर से दबाने पर राछ ऊँचा-नीचा होता है

पौसेरा–(पु०) 1 पाव सेर की तौल 2 एक पाव का बाट

पौहारी–I (वि०) जो केवल दूध पीता हो II (पु०) केवल दूध पीनेवाला व्यक्ति

प्याऊ–I (पु०) = पौसला II (वि०) पानी पिलानेवाला

प्याज़–*फ़ा०* (पु०) 1 एक प्रसिद्ध छोटा पौधा जिसमें गुच्छे के रूप में सफेद फूल लगता है 2 उक्त पौधे का गोल गाँठ के रूप में लगनेवाला कंद

प्याज़ी–I *फ़ा०* (वि०) प्याज़ के ऊपरी छिलके के रंग का, हल्का गुलाबी II (पु०) हल्का गुलाबी रंग

प्यादा–I *फ़ा०* (पु०) 1 पैदल चलनेवाला व्यक्ति, पदाति 2 पैदल चलनेवाला सैनिक 3 शतरंज की एक गोट, पैदल II (वि०) जो पैदल चल रहा हो

प्यानो–*अं०* (पु०) एक तरह का पश्चिमी बाजा

प्यायन–I *सं०* (पु०) वृद्धि, वर्द्धन II (वि०) शक्ति-वर्द्धक

प्यायित–*सं०* (वि०) 1 जिसकी वृद्धि हुई हो, बढ़ा हुआ 2 जिसकी शक्ति बढ़ गई हो 3 जो मोटा हो गया हो 4 जो तृप्त किया गया हो

प्यार–(पु०) 1 प्रीति, मुहब्बत 2 प्रेम पूर्वक किया जानेवाला आलिंगन, चुंबन आदि, प्रेम सूचक स्पर्श 3 लाड़-प्यार

प्यारा–(वि०) 1 जिसे प्यार किया जाए, जो प्रेम का पात्र देखने में अच्छा एवं भला लगे (जैसे-उनके गोद में एक प्यारा बच्चा सो रहा था) 3 जिसके प्रति अत्यधिक प्रेम एवं मोह हो (जैसे-जीवन सबको प्यारा होता है)

प्याला–*फ़ा०* (पु०) 1 चीनी मिट्टी, धातु आदि का बना कटोरी के आकार का पात्र (जैसे-चाय का प्याला) 2 शराब पीने का कटोरीनुमा विशेष पात्र, जाम 3 कटोरीनुमा पात्र में भरा हुआ तरल पदार्थ (जैसे-प्याला छलक गया) 4 जुलाहों का नरी भिगोने का बर्तन 5 भिक्षा-पात्र। ~**वाद** + *सं०* (पु०) यह मत कि प्याले पर प्याला आते रहना चाहिए; ~**वादी** + *सं०* (पु०) प्यालावाद का समर्थक। ~**देना** शराब पिलाना; ~**पीना** शराब पीना; ~**बहना** गर्भपात होना; ~**भरना** आयु पूरी होना

प्याली–*फ़ा०* + *हिं०* (स्त्री०) छोटा प्याला

प्यास–(स्त्री०) 1 पिपासा, तृष्णा 2 उत्कट इच्छा। ~**बुझाना** इच्छा की पूर्ति करना

प्यासा–(वि०) 1 जिसे प्यास लगी हो, तृषित, पिपासित 2 जिसे किसी काम, बात आदि की प्रबल कामना हो

प्यून–*अं०* (पु०) चपरासी

प्यूपा–*अं०* (पु०) कीड़े के रूपांतरण की तीसरी अवस्था

प्योरिटन–*अं०* (पु०) शुद्धतावादी, शुद्धाचारवादी

प्योंदा–*बो०* (पु०) = पैबंद

प्रकंप–*सं०* (पु०) बहुत कँपकँपी, अत्यधिक थरथराहट

प्रकंपन–I *सं०* (पु०) बहुत काँपने की क्रिया II (वि०) 1 कँपानेवाला 2 हिलानेवाला

प्रकंपमान–*सं०* (वि०) अत्यंत काँपता हुआ

प्रकंपित–*सं०* (वि०) 1 कँपाया हुआ 2 हिलाया हुआ 3 काँपता हुआ, थरथराता हुआ 4 हिलता हुआ

प्रकट–*सं०* (वि०) 1 जो सामने हो, प्रत्यक्ष 2 जाहिर, स्पष्ट 3 जिसका प्रादुर्भाव हुआ हो 4 जो गुप्त, छिपा न हो, व्यक्त

प्रकटतः–*सं०*

प्रकटित–*सं०* (वि०) 1 जो प्रकट हुआ हो 2 प्रकट किया हुआ, प्रकाशित

प्रकटीकरण–*सं०* (पु०) 1 प्रकट करने की क्रिया (जैसे-भावनाओं का प्रकटीकरण) 2 प्रकट करना

प्रकटीभवन–*सं०* (पु०) प्रकट होना

प्रकथन–*सं०* (पु०) घोषित करना

प्रकथनात्मक–*सं०* (वि०) प्रकथन का

प्रकर–*सं०* (पु०) 1 कुशल व्यक्ति 2 अगर नामक गंध द्रव्य

3 खिला हुआ फूल 4 अधिकार 5 सहायता, मदद 6 दोस्ती; मित्रता 7 गुलदस्ता

प्रकरण–*सं०* (पु०) 1 प्रसंग, संदर्भ 2 ग्रंथ पुस्तक का वह भाग जिसमें एक विषय का प्रतिपादन हो, परिच्छेद 3 निर्माण, रचना 4 वर्णन, प्रतिपादन 5 उत्पन्न करना, अस्तित्व में लाना 6 ऐसा ग्रंथ जिसमें शास्त्र के सिद्धांत का प्रतिपादन हो

प्रकरणी–*सं०* (स्त्री०) नाटिका

प्रकरी–*सं०* (स्त्री०) 1 नाटक में अवांतर कथा की सहायता से कथा-वस्तु का प्रयोजन सिद्ध करना 2 नाटक में वह छोटी-छोटी प्रासंगिक कथाओं में से एक जो समय-समय पर बीच में आकर मुख्य कथा की सहायक बनकर समाप्त हो जाती हैं, प्रासंगिक कथा वस्तु 3 एक तरह का गान

प्रकर्ष–*सं०* (पु०) 1 उत्कर्ष, उत्तमता 2 अतिरेक, अधिकता

प्रकर्षण–*सं०* (पु०) 1 पीछे ढकेलना 2 अशांत करना, क्षुब्ध करना 3 बहुतायत

प्रकर्षित–*सं०* (वि०) 1 खींचा हुआ 2 क्षुब्ध किया हुआ

प्रकर्षी–*सं०* (वि०) 1 उत्कृष्ट, श्रेष्ठ 2 नेतृत्व करनेवाला

प्रकलना–*सं०* (स्त्री०) निश्चयन

प्रकल्पित–*सं०* (वि०) 1 जिसकी प्रकल्पना हुई हो 2 निश्चित एवं स्थिर किया हुआ

प्रकल्प्य–*सं०* (वि०) 1 जो प्रकल्पना किए जाने योग्य हो 2 निश्चित किए जाने योग्य

प्रकांड–*सं०* (वि०) 1 विशाल 2 बहुत अधिक, विस्तृत 3 उत्तम, श्रेष्ठ (जैसे-प्रकांड विद्वान)

प्रकाम–I *सं०* (वि०) 1 जितना आवश्यक हो, उतना 2 यथेष्ठ 3 जिसमें अत्यधिक काम वासना हो II (पु०) 1 इच्छा, कामना 2 तृषित

प्रकार–I *सं०* (पु०) 1 भेद, किस्म 2 रीति, ढंग (जैसे-किस प्रकार करना होगा) 3 सादृश्य 4 विशेषता II (स्त्री०) प्राकार (प्राचीर)

प्रकारांतर–*सं०* (पु०) दूसरी तरह

प्रकालन–I *सं०* (वि०) 1 पीछा करनेवाला 2 हिंसक II (पु०) हिंसा करना, मार डालना

प्रकाश–I *सं०* (पु०) 1 रोशनी (जैसे-सूर्य का प्रकाश) 2 ज्योति, रोशनी (जैसे-आँखों का प्रकाश मंद पड़ गया) 3 वह स्रोत जिससे हमारी दृष्टि शक्ति वस्तु को देखने में सफल होती है (जैसे-दीपक का प्रकाश) 4 ऐसा तत्त्व जिससे किसी विषय का ज्ञान स्पष्टतः समझ में आता हो (जैसे-विद्या का प्रकाश) 5 ख्याति, प्रसिद्धि 6 सूर्य का आतप, धूप 7 किरण 8 ग्रंथ आदि का कोई अध्याय 9 ज्योतिष्मान् पदार्थों से उत्पन्न होनेवाली शक्ति जो आकाशतत्त्व के द्वारा चारों ओर फैलती है, आलोक, द्योत, उजेला II (वि०) 1 जगमगाता हुआ, दीप्त, प्रकाशित 2 खिला हुआ, विकसित 3 गोचर, प्रत्यक्ष 4 प्रसिद्ध 5 खुला हुआ, स्पष्ट। ~**काम** (वि०) ख्याति का इच्छुक; ~**कौंध** + *हिं०* (स्त्री०) रोशनी की झलक; ~**गृह** (पु०) रोशनी घर; ~**परावर्तक** (पु०) प्रकाश को परावर्तित करनेवाला; ~**पुंज** (पु०) ढेर सारी रोशनी; ~**प्रक्षेपक** (पु०) रोशनी फेंकनेवाला यंत्र; ~**मान्** (वि०) 1 चमकता हुआ, चमकीला 2 प्रसिद्ध, विख्यात; ~**रसायन** (पु०) रसायन शास्त्र की वह शाखा जिसमें प्रकाश की किरणों का विश्लेषण एवं विवेचन होता है; ~**वर्ष** (पु०) एक वर्ष में प्रकाश द्वारा तय की गई दूरी, लाइट ईयर; ~**वान्** (वि०) = प्रकाशमान; ~**व्यवस्था** (स्त्री०) रोशनी का प्रबंध; ~**शिखा** (स्त्री०) प्रकाश की लौ; ~**स्तंभ** (पु०) रोशनी का मीनार

प्रकाशक–I *सं०* (वि०) 1 प्रकाश उत्पन्न करनेवाला 2 प्रकाशित करनेवाला II (पु०) 1 सूर्य 2 समाचार पत्र, पुस्तकों आदि को प्रकाशित करनेवाला

प्रकाशकीय–*सं०* (पु०) प्रकाशक संबंधी

प्रकाशन–I *सं०* (पु०) 1 प्रकाश करने की क्रिया 2 प्रकट करने की क्रिया 3 ग्रंथ आदि छपवाकर बेचने एवं प्रचारित करने का व्यवसाय II (वि०) 1 प्रकाश करनेवाला 2 दीप्तिमान्। ~**प्रतिबंध** (पु०) प्रकाशन पर रोक; ~**प्रतिबंधक** (पु०) प्रकाशन पर रोक लगानेवाला; ~**व्यवसाय** (पु०) प्रकाशन का कार्य, धंधा; ~**शाला** (स्त्री०) जहाँ प्रकाशन कार्य होता हो, प्रेस; ~**स्वामित्व** (पु०) प्रकाशन की मिल्कियत

प्रकाशनार्थ–*सं०* (वि०) प्रकाशन के निमित्त

प्रकाशनालय–*सं०* (पु०) = प्रकाशनशाला

प्रकाशिकी–*सं०* (स्त्री०) प्रकाश विज्ञान

प्रकाशित–*सं०* (वि०) 1 प्रकाशयुक्त, प्रकाशवान् 2 जो छापा एवं प्रचारित किया गया हो 3 चमकता हुआ

प्रकाशी–*सं०* (वि०) 1 चमकता हुआ 2 प्रकाश करनेवाला

प्रकाशीय–*सं०* (वि०) रोशनी का

प्रकाश्य–I *सं०* (वि०) 1 प्रकाश में लाए जाने योग्य 2 पकट करने योग्य II (अ०) प्रकट रूप से, स्पष्ट रूप से

प्रकिरण–*सं०* (पु०) 1 फैलाना, बिखेरना 2 मिश्रण, मिलाना

प्रकीर्ण–I *सं०* (वि०) फैला हुआ, विस्तृत 2 छितराया हुआ, बिखरा हुआ 3 मिला हुआ, मिश्रित 4 अस्त-व्यस्त किया हुआ II (पु०) 1 पुस्तक का अध्याय 2 अनेक प्रकार की वस्तुओं का मिश्रण 3 बिखेरना

प्रकीर्णन–*सं०* (पु०) छितराना, बिखेरना

प्रकीर्तन–*सं०* (पु०) 1 घोषणा 2 ज़ोर-ज़ोर से कीर्तन करना 3 यश का गान, प्रशंसा

प्रकीर्तना–*सं०* (स्त्री०) उल्लेख करना, नाम लेना

प्रकीर्ति–*सं०* (स्त्री०) 1 ख्याति, यश 2 घोषणा

प्रकीर्तित–*सं०* (वि०) 1 प्रशंसित 2 जिसकी घोषणा की गई हो

प्रकुपित–*सं०* (वि०) अति क्रुद्ध

प्रकुल–*सं०* (पु०) सुंदर शरीर

प्रकृत–*सं०* (वि०) 1 जो प्रकृति से उत्पन्न हुआ हो, प्रकृतिजन्य (जैसे-प्रकृत झीलें, प्रकृत वनस्पतियाँ) 2 जिसमें कोई बनावट, कृत्रिमता न हो 3 जो स्वभाव के आधार पर हो, स्वाभाविक (जैसे-प्रकृत संवेदनशीलता) 4 सहज, साधारण, नार्मल 5 वांछनीय, संगत। ~**ज** (वि०) प्रकृत से उत्पन्न; ~**वाद** (पु०) आधुनिक साहित्य में यथार्थवाद का बढ़ा हुआ रूप जिसमें समाज के प्रायः नग्न चित्र उपस्थित करना सही समझा जाता है; ~**वादी** I (वि०) प्रकृतवाद संबंधी, प्रकृतवाद का II (पु०) प्रकृतवाद का अनुयायी

प्रकृतत्व–*सं०* (पु०) 1 प्रकृत होने की अवस्था 2 असलियत, यथार्थता

प्रकृतार्थ–I *सं०* (वि०) असल, वास्तविक II (पु०) यथार्थ और वास्तविक अर्थ

प्रकृति–*सं०* (स्त्री०) 1 स्वभाव, मिजाज 2 वह मूलतत्व जिसका परिणाम जगत् है 3 माया 4 परमात्मा 5 सदा बना रहनेवाला 6 मूल गुण, धर्म 7 स्त्री 8 चराचर संसार। ~**कृत** (वि०) प्रकृति द्वारा बनाया हुआ; ~**गत** (वि०) प्रकृति संबंधी; ~**ज** (वि०) 1 जो प्रकृति से उत्पन्न हुआ हो, प्राकृतिक 2 जो स्वभाव से ही होता हो, प्रकृतिजन्य; ~**दत्त** (वि०) जो प्रकृति द्वारा दिया गया हो; ~**देववाद** (पु०) एक प्रकार का दार्शनिक मत जो सृष्टि की रचना ईश्वर द्वारा संपन्न मानता है किंतु उस पर अपना नियंत्रण नहीं रखता, शेष सभी कार्य प्रकृति पर छोड़ देता है; ~**देववादी** (वि०) प्रकृति देववाद का समर्थन करनेवाला, प्रकृति देववाद का समर्थक; ~**पूजा** (स्त्री०) प्रकृति की आराधना, वंदना ~**प्रकोप** (पु०) दैवी प्रकोप; ~**प्रदत्त** (वि०) = प्रकृति दत्त; ~**भाव** (पु०) 1 स्वभाव 2 अविकृति एवं मूल रूप; ~**मनोहर** (वि०) जो प्राकृतिक रूप से सुंदर एवं मन लुभावन हो; ~**वश** (क्रि० वि०) स्वभाव के कारण; ~**वाद** (पु०) 1 यह सिद्धांत कि मनुष्य के सभी आचरण प्रकृति से उत्पन्न होनेवाली कामनाओं एवं प्रवृत्तियों पर आश्रित हैं 2 यह सिद्धांत जो संपूर्ण सृष्टि को प्रकृतिजन्य मानता है तथा उसमें दैवी शक्ति शून्य है 3 यह सिद्धांत जो मनुष्य में धर्म शक्ति का कारण किसी दैवी शक्ति को नहीं मानता बल्कि उसने सभी विचार प्राकृतिक जगत् से ही प्राप्त किए हैं 3 कला एवं साहित्य में प्राकृतिक एवं वास्तविक स्वरूप का ज्यों का त्यों अंकन, चित्रण किया जाने का सिद्धांत; ~**वादी** (वि०) जो प्रकृतिवाद को मानता हो, प्रकृतवाद का समर्थक; ~**विज्ञान** (पु०) 1 वह शास्त्र जिसमें सृष्टि की उत्पत्ति, विकास, लय आदि का अध्ययन किया जाता है 2 वह विज्ञान जिसमें भौतिक जगत के भिन्न-भिन्न अंगों, क्षेत्रों, रूपों आदि का विचार एवं विवेचन होता है, नैचुरल साइंस 3 लौकिक व्यवहार में वह ज्ञान जिसमें जीव-जंतुओं, वृक्षों ख़निज पदार्थों और भूगर्भ की बातों का अध्ययन एवं विवेचन होता है, नैचुरल हिस्ट्री; ~**विद्** ~**वेत्ता** (पु०) प्रकृति विज्ञान का ज्ञाता; ~**शास्त्र** (पु०) = प्रकृति विज्ञान; ~**शास्त्री** (पु०) = प्रकृति वेत्ता; ~**संभूत** (वि०) प्रकृति से उत्पन्न; ~**सिद्ध** (वि०) 1 जो प्रकृति विषयानुरूप हो 2 प्राकृतिक, नैसर्गिक 3 स्वाभाविक; ~**सुभग** (वि०) जो स्वभाव से सुंदर हो, सहज सौंदर्यवाला; ~**सुषमा** (स्त्री०) प्राकृतिक सुंदरता

प्रकृतितः–*सं०* (क्रि० वि०) स्वभावतः

प्रकृतिस्थ–*सं०* (वि०) 1 जो अपने स्वभाव एवं स्वरूप में स्थित हो, क्षोभ-विकार से रहित, जो सामान्य हालत में हो 2 जिसका चित्त उद्विग्न एवं विचलित न हो, ठहरा हुआ एवं शांत

प्रकृत्या–*सं०* (अ०) स्वभावतः

प्रकृष्ट–*सं०* (वि०) 1 उत्तम, श्रेष्ठ 2 प्रधान, मुख्य 3 खींचा हुआ, निकाला हुआ

प्रकोथ–*सं०* (पु०) सड़ने की अवस्था 2 दूषित होना 3 सूखना, शोष

प्रकोप–*सं०* (पु०) 1 अत्यधिक क्रोध 2 क्षोभ 3 उत्तेजना 4 प्रबलता (जैसे-शहर में हैजे का प्रकोप फैल गया है)

प्रकोपित–*सं०* (वि०) 1 जिसे प्रकोप उत्पन्न हुआ हो 2 क्रुद्ध किया हुआ

प्रकोष्ठ–*सं०* (पु०) 1 महल के सदर फाटक के पास का कमरा 2 इमारत के भीतर का आँगन 3 इमारतों से घिरा हुआ सहन 4 बाँह का कलाई से लेकर कोहनी तक का भाग, पहुँचा ~**वार्ता** (स्त्री०) बंद कमरे में बातचीत

प्रकोष्ठक–*सं०* (पु०) प्रासाद के मुख्य द्वार के पास का कमरा

प्रक्रम–*सं०* (पु०) 1 क्रम, सिलसिला 2 आरंभ 3 अवसर, मौका 4 प्रक्रिया। ~**शील** (वि०) प्रक्रम करने का स्वभाववाला

प्रक्रमण–*सं०* (पु०) 1 अच्छी तरह घूमना, खूब भ्रमण करना 2 आगे बढ़ना 3 पार करना 4 आरंभ करना

प्रक्रांत–*सं०* (वि०) 1 प्रकरण में आया हुआ 2 जिसका प्रकरण चल रहा है

प्रक्रिया–*सं०* (स्त्री०) 1 प्रकरण 2 क्रिया 3 अमल 4 उच्च पद 5 ग्रंथ का अध्याय 6 पुस्तक का आरंभिक अध्याय 7 विशेषाधिकार 8 प्रयोग का साधन (जैसे-वाक्य प्रयोग की प्रक्रिया)। ~**गत** (वि०) प्रक्रिया रूप में आया हुआ; ~**विधान** (पु०) पद्धतियों का नियमबद्ध अध्ययन और प्रयोग

प्रक्लिन्न–*सं०* (वि०) 1 आर्द्र, गीला 2 दयार्द्र

प्रक्लेद–*सं०* (पु०) 1 आर्द्रता, तरी 2 दयार्द्रता

प्रक्लेदन–*सं०* (पु०) तर करना, भिगोना

प्रक्वाथ–*सं०* (पु०) 1 उबालने की क्रिया 2 उबाल

प्रक्षय–*सं०* (पु०) अंत, विनाश

प्रक्षयण–*सं०* (पु०) बर्बाद करना, नष्ट करना

प्रक्षालन–*सं०* (पु०) 1 साफ करना, धोना 2 वह पानी जिसमें वस्तु धोई जाय 3 शुद्ध करने का साधन

प्रक्षालयिता-*सं०* (पु०) धोनेवाला

प्रक्षालित–*सं०* (वि०) 1 साफ किया हुआ 2 धोया हुआ, धुला हुआ 3 शुद्ध किया हुआ

प्रक्षिप्त–*सं०* (वि०) 1 फेंका हुआ 2 मिलाया हुआ 3 आगे को बढ़ा हुआ

प्रक्षीण–I *सं०* (वि०) जो पूर्णतः नष्ट हो गया हो, विनष्ट II (पु०) विनाश स्थल

प्रक्षेत्र–*सं०* (पु०)

प्रक्षेप–*सं०* (पु०) 1 आगे की ओर ज़ोर से फेंकना 2 छितराना, बिखेरना 3 ऊपर से मिलाना 4 मिलायी जानेवाली वस्तु 5 ग्रंथ में जोड़ा गया अंश, क्षेपक 6 *ग०* किसी दिए बिंदु से किसी दी हुई रेखा पर प्रक्षिप्त करने का प्रक्रम

प्रक्षेपक–*सं०* (वि०) प्रक्षेपण करनेवाला

प्रक्षेपण–*सं०* (पु०) सामने की ओर फेंकने की क्रिया 2 ऊपर से मिलाना 3 निश्चय करना

प्रक्षेपणास्त्र–*सं०* (पु०) फेंककर मारनेवाला अस्त्र, मिसाइल

प्रक्षेपणीय–*सं०* (वि०) प्रक्षेपण योग्य

प्रक्षेपास्त्र–*सं०* (पु०) = प्रक्षेपणास्त्र। ~**अड्डा** + *हिं०* (पु०) मिसाइल स्टेशन

प्रक्षेपित–*सं०* (वि०) फेंका हुआ

प्रक्षेप्य–*सं०* (वि०) फेंकने योग्य

प्रक्षोभण–*सं०* (पु०) 1 क्षोभ उत्पन्न करने की क्रिया 2 घबराहट, बेचैनी

प्रखंड–*सं०* (पु०) विभाग का छोटा विभाग

प्रखर–*सं०* (वि०) 1 तीक्ष्ण, तेज 2 उग्र, प्रचंड

प्रखल–*सं०* (वि०) अत्यंत दुष्ट

प्रखाद–*सं०* (वि०) निगलनेवाला

प्रख्या–*सं०* (स्त्री०) 1 विख्याति, प्रसिद्धि 2 समता, बराबरी 3 उपमा, तुलना

प्रख्यात–*सं०* (वि०) 1 अति प्रसिद्ध, मशहूर

प्रख्याति–*सं०* (स्त्री०) प्रसिद्धि, ख्याति

प्रख्यान–*सं०* (पु०) 1 सूचित करना 2 सूचना

प्रख्यापन–*सं०* (पु०) 1 प्रचार करना 2 सूचित करना

प्रगत–*सं०* (वि०) 1 जो चल पड़ा हो 2 आगे बढ़ा हुआ 3 जो अधिक दूरी पर हो

प्रगति–*सं०* (स्त्री०) 1 आगे की ओर बढ़ना 2 सामूहिक रूप से होनेवाली क्रमिक उन्नति। ~**बाधक** (वि०) विकास में बाधा डालनेवाला; ~**मूलक** (वि०) प्रगति पर आधारित; ~**रोधक** (वि०) = प्रगति बाधक; ~**वाद** (पु०) सामाजिक यथार्थवाद को प्रतिष्ठित करने का सिद्धांत; ~**वादी** I (वि०) प्रगतिवाद संबंधी, प्रगतिवाद का II (पु०) प्रगतिवाद का अनुयायी, समर्थक; ~**शाली** (वि०) प्रगति लानेवाला; ~**शील** (वि०) प्रगति करनेवाला

प्रगम–*सं०* (पु०) प्रेम का प्रथम उदय

प्रगमन–*सं०* (पु०) 1 आगे बढ़ना 2 उन्नति करना, तरक्की करना 3 पूर्वानुराग

प्रगल्भ–*सं०* (वि०) 1 चतुर 2 होशियार 3 प्रतिभाशाली 4 उत्साही, हिम्मती 5 वाचाल 6 निर्लज्ज 7 अभिमानी। ~**ता** (स्त्री०) 1 चतुरता 2 प्रतिभा 3 उत्साह 4 वाचालता 5 धृष्टता 6 अभिमान; ~**वचना** (स्त्री०) अपनी बातों में चतुराई प्रकट करनेवाली मध्या नायिका

प्रगल्भा–*सं०* (स्त्री०) 1 प्रौढ़ा 2 धृष्ट स्त्री

प्रगल्भित–*सं०* (वि०) 1 प्रतिभायुक्त 2 उत्साहपूर्ण 3 प्रगल्भता से युक्त

प्रगाढ़–*सं०* (वि०) 1 बहुत अधिक (जैसे-प्रगाढ़ मित्रता) 2 गहरा, बहुत गाढ़ा (जैसे-प्रगाढ़ संबंध) 3 घना 4 कठिन

प्रगाता–*सं०* (पु०) गानेवाला, गवैया

प्रगामी–*सं०* (वि०) गमन करनेवाला, जानेवाला

प्रगीत–I *सं०* (वि०) गाया हुआ II (पु०) गाना

प्रगीतात्मक–*सं०* (वि०) गीतोंभरा

प्रगुण–*सं०* (वि०) 1 गुणवान, गुणी 2 चतुर, होशियार 3 अच्छा एवं लाभदायक 4 शुभ

प्रगुणित–*सं०* (वि०) 1 सीधा किया हुआ 2 सुव्यवस्थित

प्रगुणी–*सं०* (वि०) 1 गुणवान 2 चालाक, होशियार

प्रगृहीत–*सं०* (वि०) अच्छी तरह ग्रहण किया

प्रग्रह–*सं०* (पु०) 1 अच्छी तरह पकड़ने की क्रिया 2 धारण करने की क्रिया 3 सूर्य या चंद्र ग्रहण का आरंभ, ग्रस्त होना 4 नियमन 5 बागडोर 6 बंधन

प्रग्रहण–*सं०* (पु०) 1 धारण 2 सूर्य या चंद्र ग्रहण का आरंभ 3 बंधन 4 लगाम 5 पगहा

प्रग्राह–*सं०* (पु०) 1 तराजू आदि की डोरी 2 लगाम 3 पगाहा

प्रघटक–*सं०* (पु०) 1 सिद्धांत 2 नियम

प्रघटन–*सं०* (पु०) 1 घटित होने की क्रिया 2 मामला

प्रघट्टक–I *सं०* (पु०) सिद्धांत II (वि०) प्रकट करनेवाला

प्रघण–*सं०* (वि०) 1 बहुत घना 2 अत्यधिक

प्रघात–*सं०* (पु०) 1 आघात, चोट 2 मार डालना

प्रघोर–*सं०* (वि०) 1 अत्यधिक घोर 2 अत्यधिक कठिन

प्रघोष–*सं०* (पु०) बहुत शोर

प्रचंड–*सं०* (वि०) 1 अति उग्र, अति तीव्र 2 अत्यधिक गर्म 3 भयंकर, भीषण 4 कठिन, कठोर 5 असह्य। ~**ता** (स्त्री०) 1 प्रचंड होने की अवस्था प्रबलता, उग्रता 2 भयंकरता, भीषणता 3 कठोरता, कठिनता 4 असह्यनीयता

प्रचय–*सं०* (पु०) 1 समूह, झुंड 2 ढेर, राशि 3 वृद्धि, बढ़ती 4 फल-फूल तोड़ना, चयन

प्रचर–*सं०* (पु०) 1 मार्ग, रास्ता 2 रीति-रिवाज

प्रचरण–*सं०* (पु०) 1 आगे बढ़ना, कदम बढ़ाना 2 घूमना-फिरना 3 उपभोग करना 4 प्रचलित होना

प्रचरित–*सं०* (वि०) 1 जो प्रचरण में हो, जिसका प्रचार हो 2 प्रचलित 3 अभ्यस्त

प्रचल–*सं०* (वि०) 1 अत्यंत चंचल 2 बहुत चलनेवाला

प्रचलन–*सं०* (पु०) 1 चलनसार होना 2 उपयोग-व्यवहार आदि में आना 3 प्रथा, रिवाज

प्रचला–*सं०* (स्त्री०) बैठे या खड़े होने की स्थिति में आनेवाली नींद

प्रचलित–*सं०* (वि०) 1 चलनसार 2 उपयोग-व्यवहार आदि में लाया हुआ 3 जो चल चुका हो (जैसे-प्रचलित सिक्का)

प्रचाय–*सं०* (पु०) = प्रचय

प्रचायक–*सं०* (वि०) 1 चयन करनेवाला, चुननेवाला 2 संग्रह करनेवाला 3 ढेर लगानेवाला

प्रचार–*सं०* (पु०) 1 व्यवहार में आना 2 प्रयोग 3 आचरण 4 चलन, रिवाज 5 प्रसिद्धि 6 प्रकट होना। ~**कर्ता** (पु०) प्रचार करनेवाला व्यक्ति; ~**कार्य** (पु०) प्रचार का काम, प्रोपेगेंडा; ~**प्रसार** (पु०) प्रचार करना और फैलाना

प्रचारक–*सं०* (वि०) प्रचार करनेवाला (जैसे-हिंदी भाषा प्रचारक)

प्रचारण–*सं०* (पु०) 1 प्रचार करने की क्रिया 2 फैलाना

प्रचारात्मक–*सं०* (वि०) प्रचार संबंधी

प्रचारिका–*सं०* (स्त्री०) प्रचार करनेवाली स्त्री

प्रचारिणी–*सं०* (वि०) प्रचार करनेवाली

प्रचारित–*सं०* (वि०) 1 चलाया हुआ 2 प्रचार किया हुआ 3 फैलाया हुआ

प्रचारी–*सं०* (वि०) 1 घूमने फिरनेवाला 2 प्रकट होनेवाला 3 प्रचार करनेवाला, प्रचारक

प्रचालन–*सं०* (पु०) चलाने की क्रिया

प्रचालित–*सं०* (वि०) 1 जिसका प्रचलन हुआ हो 2 प्रचलित किया हुआ

प्रचित–*सं०* (वि०) 1 चयन किया हुआ 2 एकत्र किया हुआ, संग्रहीत 3 भरा हुआ 4 अनुदात्त

प्रचुर–I *सं०* (वि०) 1 विपुल, बहुत अधिक (जैसे-प्रचुर संपत्ति का स्वामी) 2 भरा-पूरा, पूर्ण 3 पर्याप्त II (पु०) चोर ~**ता** (स्त्री०) अधिकता, विपुलता

प्रचूषण–*सं०* (पु०) 1 चूसना 2 शोषण करना, सोखना
प्रचेता–*सं०* (वि०) चतुर, बुद्धिमान
प्रचेय–*सं०* (वि०) 1 चयन के योग्य 2 संग्राह्य
प्रचोदक–*सं०* (वि०) 1 प्रेरित करना 2 उत्तेजित करनेवाला, उत्तेजक
प्रचोदन–*सं०* (पु०) 1 प्रेरित करना 2 उत्तेजित करना 3 आदेश करना 4 आदेश 5 सिद्धांत
प्रचोदित–*सं०* (वि०) 1 प्रेरित किया हुआ 2 उत्तेजित किया हुआ 3 आदिष्ट 4 घोषित 5 प्रेषित
प्रचोदी–*सं०* (वि०) 1 प्रेरित करनेवाला 2 बढ़ावा देनेवाला
प्रच्छद–*सं०* (पु०) 1 ढकनेवाला कपड़ा आदि, आच्छादन 2 बिछावन की चादर
प्रच्छन्न–I *सं०* (वि०) 1 ढका हुआ, आच्छादित 2 छिपा हुआ, आच्छन्न II (पु०) 1 चोर दरवाज़ा 2 खिड़की
प्रच्छर्दक–*सं०* (वि०) 1 कै करनेवाला 2 वमन कारक
प्रच्छर्दन–*सं०* (पु०) कै करना
प्रच्छर्दिका–*सं०* (स्त्री०) वमन कारक औषधि
प्रच्छादक–*सं०* (वि०) 1 छिपानेवाला 2 ढँकनेवाला
प्रच्छादन–*सं०* (पु०) 1 ढकने की क्रिया 2 छिपाने की क्रिया 3 उत्तरीय, ओढ़नी
प्रच्छादित–*सं०* (वि०) 1 ढका हुआ, आवृत्त 2 छिपाया हुआ
प्रच्छाय–*सं०* (पु०) 1 छायादार जगह 2 घनी छाया
प्रच्छाया–*सं०* (स्त्री०) 1 गहरी छाया 2 सूर्य के विपरीत दिशा में पड़नेवाली किसी ग्रह की छाया 3 ग्रहण काल में सूर्य या चंद्रमा पर पड़नेवाली छाया
प्रच्छेदन–*सं०* (पु०) 1 टुकड़े-टुकड़े करना 2 भेदन करना, छेदना
प्रच्यवन–*सं०* (पु०) 1 पतन 2 क्षरण, चूना 3 हटना 4 हानि
प्रच्युत–*सं०* (वि०) 1 गिरा हुआ, पतित, भ्रष्ट 2 विचलित 3 क्षरित, झरा हुआ 4 निष्कासित 5 हटाया हुआ 6 भगाया हुआ
प्रच्युति–*सं०* (स्त्री०) 1 अपने स्थान से गिरने की अवस्था, च्युति 2 पतन 3 हानि
प्रजंघा–*सं०* (स्त्री०) जाँघ का निचला भाग
प्रजन–I *सं०* (पु०) 1 गर्भ धारण हेतु जोड़ा खाना, मैथुन (पशु) 2 संतान उत्पन्न करना II (वि०) जन्म देनेवाला। ~**ऋतु** (पु०) पशुओं के गर्भ धारण का मौसम
प्रजनक–I *सं०* (वि०) उत्पन्न करनेवाला II (पु०) पिता
प्रजनन–*सं०* (पु०) 1 संतान उत्पन्न करना 2 जन्म 3 पशुओं आदि को पाल-पोसकर उनकी उन्नति एवं वृद्धि करना 4 संतान। ~**क्रिया** (स्त्री०) संतान उत्पन्न करने की क्रिया
प्रजनयिता–*सं०* (वि०)/(पु०) उत्पन्न करनेवाला
प्रजनिका–*सं०* (स्त्री०) माता, जननी
प्रजनित–*सं०* (वि०) उत्पन्न
प्रजनू–*सं०* (स्त्री०) योनि, भग
प्रजल्प, प्रजल्पना–*सं०* (पु०) इधर-उधर की बात, गप, बकवाद
प्रजा–*सं०* (स्त्री०) 1 राज्य की जनता, रिआया 2 छोटी जाति के लोग (जैसे-नाऊ, धोबी, भाट, लोहार, कुम्हार, चमार आदि प्रजा शासित हैं) 3 प्रजनन 4 संतति, औलाद 5 सृष्टिकर्ता, ब्रह्मा। ~**काम** (वि०) जिसे पुत्र की कामना हो; ~**क्षोभ** (पु०) प्रजा में हलचल या खलबली; ~**जन** (पु०) प्रजा के लोग; ~**तंतु** (पु०) 1 संतान, संतति 2 कुल, वंश 3 वंश-परंपरा; ~**तंत्र** I (पु०) प्रजा के प्रतिनिधियों द्वारा परिचालित शासन-व्यवस्था II (वि०) प्रजा के प्रतिनिधियों द्वारा परिचालित; ~**तंत्रवाद** (पु०) प्रजा के प्रतिनिधियों द्वारा बनाए गये सिद्धांत नियम आदि; ~**तंत्रवादी** (वि०) प्रजातंत्रवाद का समर्थक; ~**तंत्र-विरोधी** (वि०) प्रजातंत्र का विरोध करनेवाला; ~**तंत्रात्मक**, ~**तंत्री, तंत्रीय** (वि०) प्रजातंत्रवादी; ~**तांत्रिक** (वि०) 1 प्रजातंत्रवाद का अनुयायी 2 प्रजातंत्रवाद से संबंधित; ~**पति** (पु०) 1 सृष्टि का रचयिता, ब्रह्मा 2 राजा 3 पिता 4 स्वामी 5 जामाता, दामाद; ~**पालक** (पु०) प्रजा का पालन करनेवाला, राजा; ~**भक्त** (वि०) प्रजा के प्रति निष्ठावान्; ~**भक्ति** (स्त्री०) प्रजा के प्रति निष्ठा; ~**वती** (स्त्री०) 1 वह स्त्री जिसके बहुत से बच्चे हों 2 गर्भवती स्त्री 3 भाई की स्त्री 4 बड़े भाई की स्त्री, भौजाई, भाभी; ~**वाद** (पु०) = प्रजातंत्रवाद; ~**वादी** (वि०) = प्रजातंत्रवादी; ~**वान्** (वि०) संतानवाला; ~**सत्ता** (स्त्री०) = प्रजातंत्र; ~**सत्तात्मक** (वि०) = प्रजातंत्रवादी ~**हित** I (पु०) जल II (वि०) जो प्रजा के लिए हितकर हो
प्रजागरण–*सं०* (पु०) 1 जाग्रति 2 चौकसी
प्रजात–*सं०* (वि०) उत्पन्न किया हुआ, उत्पन्न
प्रजाता–*सं०* (स्त्री०) बच्चे को जन्म देनेवाली स्त्री, प्रसूतिका, जच्चा
प्रजाति–*सं०* (स्त्री०) मानव जाति की विभिन्न नस्लें
प्रजातीय–*सं०* (वि०) मानव जातियों से संबंधित
प्रजाद–*सं०* (वि०) 1 जन्म देनेवाला 2 बाँझपन दूर करनेवाला
प्रजापिनी–*सं०* (स्त्री०) माता
प्रजेप्सु–*सं०* (पु०) संतान का इच्छुक
प्रज्ञ–I *सं०* (वि०) 1 चतुर एवं बुद्धिमान, प्रज्ञा-शक्ति संपन्न 2 जाननेवाला, जानकार II (पु०) 1 विद्वान, पंडित 2 बुद्धिमान्। ~**ता** (स्त्री०) 1 प्रज्ञ होने की अवस्था 2 पांडित्य, विद्वता 3 अच्छी जानकारी
प्रज्ञप्त–*सं०* (वि०) जतलाया हुआ, बतलाया हुआ
प्रज्ञप्ति–*सं०* (स्त्री०) 1 सूचित करने की क्रिया 2 सूचना
प्रज्ञा–I *सं०* (स्त्री०) 1 बुद्धि 2 समझ 3 विदुषी एवं सभ्य स्त्री 4 सरस्वती। ~**चक्षु** (पु०) 1 बुद्धिरूपी नेत्र 2 अंधा व्यक्ति 3 ज्ञानी पुरुष II (वि०) जिसकी बुद्धि ही आँख हो; ~**पारमिता** (स्त्री०) पूर्ण ज्ञान की स्थिति; ~**वाद** (पु०) ऐसा मत जो सभी कार्य प्रज्ञानुसार ही किए जाने का हिमायती हो; ~**शील** (वि०) जिसमें न्याय-बुद्धि हो
प्रज्ञात–*सं०* (वि०) 1 अच्छी तरह जाना हुआ 2 जिसका प्रज्ञान हुआ हो 3 विवेचित
प्रज्ञान–*सं०* (पु०) 1 प्राप्त किया गया ज्ञान 2 विवेक, बुद्धि 3 विद्वान, चैतन्य
प्रज्ञापक–I *सं०* (वि०) सूचित करनेवाला II (पु०) छपा हुआ विज्ञापन, पोस्टर
प्रज्ञापन–*सं०* (पु०) ज्ञान कराना
प्रज्ञापित–*सं०* (वि०) 1 जिसका प्रज्ञापन हुआ हो 2 जिसे सूचना दी गई हो

प्रज्ञेय–*सं०* (वि०) जो प्रज्ञान योग्य हो
प्रज्वलंत–*सं०* (वि०) जलता हुआ, दमकता हुआ
प्रज्वलन–*सं०* (पु०) जलाना (जैसे-दीप प्रज्वलन)
प्रज्वलित–*सं०* (वि०) 1 जलाया हुआ 2 चमकता हुआ, चमकीला
प्रज्वार–*सं०* (पु०) ज्वर का ताप
प्रज्वालन–*सं०* (पु०) प्रज्वलित करना
प्रण–I (पु०) प्रतिज्ञा (जैसे-प्रण तोड़ना)
प्रण–II *सं०* (वि०) पुराना, प्राचीन
प्रणख–*सं०* (पु०) नाखून का अगला भाग
प्रणत–I *सं०* (वि०) 1 झुका हुआ 2 नम्र, विनीत 3 जो प्रणाम करने के लिए झुका हो II (पु०) 1 दास 2 नौकर, सेवक 3 उपासक, भक्त। ~**पाल**, ~**पालक** (वि०) शरणागत का रक्षक
प्रणति–*सं०* (स्त्री०) प्रणाम
प्रणमन–*सं०* (पु०) 1 प्रणाम करना 2 झुकना
प्रणम्य–*सं०* (वि०) प्रणाम के योग्य
प्रणय–*सं०* (पु०) 1 प्रेम, प्रीति 2 प्रीतियुक्त प्रार्थना 3 भरोसा, विश्वास 4 उदारता, कृपा 5 श्रृद्धा। ~**कोप** (पु०) रोष प्रकट करना, रूठ जाना; ~**सूत्र** (पु०) प्रेम का बंधन
प्रणयन–*सं०* (पु०) 1 पूरा करना 2 पहुँचाना 3 रचना (जैसे-काव्य-प्रणयन) 4 निर्माण 5 उपस्थित करना 6 अग्नि का संस्कार करना
प्रणयाकुल–*सं०* (वि०) कामातुर
प्रणयालाप–*सं०* (पु०) प्रेमपूर्वक की जानेवाली बातचीत, प्यार करनेवालों की आपसी बातचीत
प्रणयिता–*सं०* (स्त्री०) अनुरक्ति, प्रीति
प्रणयिनी–*सं०* (स्त्री०) 1 प्रेम करनेवाली, प्रेमिका 2 कांता, पत्नी।
प्रणयी–I *सं०* (वि०) 1 प्रेम करनेवाला, प्रेमी, अनुरागी 2 चाहनेवाला, इच्छुक II (पु०) 1 प्रेमी 2 प्रार्थी 3 पति
प्रणव–*सं०* (पु०) 1 ओंकार 2 परमेश्वर 3 त्रिदेव
प्रणाद–*सं०* (पु०) 1 ज़ोर की आवाज़ 2 गर्जन 3 गुहार 4 प्रसन्नता से मुंह से निकलनेवाला शब्द, शीत्कार 5 झंकार (जैसे-नूपुरों का प्रणाद)
प्रणाम–*सं०* (पु०) 1 नत-मस्तक होकर अभिवादन, नमस्कार करने का ढंग 2 झुकना, नत होना
प्रणामांजलि–*सं०* (स्त्री०) हाथ जोड़कर किया जानेवाला प्रणाम, करबद्ध प्रणाम
प्रणामी–I *सं०* (पु०) प्रणाम करनेवाला II (स्त्री०) प्रणाम करते समय दी जानेवाली दक्षिणा
प्रणायक–*सं०* (पु०) 1 पथ प्रदर्शक 2 सेनापति 3 नेता
प्रणाल–*सं०* (पु०) 1 बड़ा जलमार्ग 2 पनाला
प्रणालिका–*सं०* (पु०) परनाली
प्रणाली–*सं०* (स्त्री०) 1 परंपरा, प्रथा 2 पद्धति 3 ढंग, तरीका 4 दो बड़े जलमार्गों को मिलानेवाला छोटा जलमार्ग 5 परनाला
प्रणाश–*सं०* (पु०) 1 विनाश, बर्बादी 2 मृत्यु 3 पलायन, भागना
प्रणाशी–*सं०* (वि०) नाश करनेवाला
प्रणिधान–*सं०* (पु०) 1 देखा जाना 2 प्रयत्न 3 योग साधन में समाधि 4 श्रृद्धा एवं भक्तिपूर्ण उपासना 5 एकाग्रचित्त ध्यान 6 आग्रह, अभिनिवेश 7 कर्मफल का त्याग
प्रणिधि–I *सं०* (पु०) 1 दूत 2 भेदिया, गुप्तचर II (स्त्री०) 1 प्रार्थना 2 मन की एकाग्रता 3 तत्परता
प्रणिनाद–*सं०* (पु०) घोरध्वनि
प्रणिपात–*सं०* प्रणाम, नमन
प्रणिहित–*सं०* (वि०) 1 स्थापित 2 मिश्रित 3 पाया हुआ, प्राप्त 4 सौंपा हुआ 5 समाधिस्थ 6 कृतसंकल्प
प्रणीत–I *सं०* (वि०) 1 बनाया हुआ, निर्मित 2 फेंका हुआ 3 अलग किया हुआ 4 संशोधित, संस्कृत 5 लाया हुआ II (पु०) 1 मंत्र द्वारा संस्कार किया गया जल 2 मंत्र द्वारा संस्कृत अग्नि 3 पकाया गया पदार्थ
प्रणेता–*सं०* (वि०) 1 ले जानेवाला 2 बनानेवाला, रचयिता (जैसे-ग्रंथ का प्रणेता) 3 सिद्धांत, मत का प्रवर्तक
प्रणेय–*सं०* (वि०) 1 ले जाने योग्य 2 संस्कार के क़ाबिल
प्रणोद–*सं०* (पु०) 1 प्रेरित करना 2 भेजना, प्रेषण। ~**कक्ष** (पु०)
प्रणोदक–*सं०* (पु०) 1 प्रेरित करनेवाला व्यक्ति 2 भेजनेवाला
प्रणोदन–*सं०* (पु०) 1 भेजना, प्रेषण 2 प्रेरित करना
प्रणोदित–*सं०* (वि०) 1 प्रेरित 2 प्रेषित करना
प्रणोदित्र–*सं०* (पु०) प्रेरित करने का उपकरण
प्रणोदी–*सं०* (वि०) प्रेरित करनेवाला
प्रतन–*सं०* (वि०) पुराना, प्राचीन
प्रतनु–*सं०* (वि०) 1 बहुत पतला 2 अति सूक्ष्म 3 अत्यल्प
प्रतन्य–*सं०* (वि०) तनने योग्य
प्रतपन–I *सं०* (पु०) 1 गरम करना, गरमाहट पहुँचाना 2 तप्त करना, तपाना II (वि०) 1 गरमाहट पहुँचानेवाला 2 तपानेवाला
प्रतप्त–*सं०* (वि०) तपाया हुआ, अत्यधिक गर्म किया हुआ
प्रतरण–*सं०* (पु०) 1 तैरकर पार करना 2 तैरना
प्रतर्क–*सं०* (पु०) 1 तर्क वितर्क 2 कल्पना
प्रतर्कण–*सं०* (पु०) 1 वाद-विवाद करना, तर्क-वितर्क करना 2 अनुमान करना, कल्पना करना 3 संशय
प्रतर्क्य–*सं०* (वि०) 1 तर्क करने योग्य 2 कल्पना योग्य
प्रताड़ना–*सं०* (स्त्री०) डांट-फटकार, कष्ट पहुंचाने या सताने की क्रिया
प्रतान–I *सं०* (पु०) 1 पेड़-पौधे का नया कल्ला 2 झाड़, लता 3 लता तंतु, रेशा 4 फैलाव, विस्तार II (वि०) 1 फैला हुआ, विस्तृत 2 रेशेदार
प्रताप–*सं०* (पु०) 1 तेज 2 वीरता, प्रभुत्व आदि का प्रभाव, इकबाल 3 अत्यधिक गर्मी 4 पौरुष 5 बहादुरी, वीरता 6 साहस, हिम्मत। ~**शाली** (वि०) तेजस्वी
प्रतापी–*सं०* (वि०) 1 प्रताप संबंधी 2 दुःख देनेवाला, सतानेवाला 3 जिसके चारों ओर प्रताप फैला हो
प्रतारक–*सं०* (त्रि०) 1 प्रतारण करनेवाला, ठगनेवाला 2 चालाक 3 धूर्त 4 धोखेबाज़
प्रतारण–*सं०* (पु०) 1 ठगना 2 धोखेबाज़ी
प्रतारणा–*सं०* (स्त्री०) 1 वंचना, ठगी 2 धूर्तता 3 चालाकी 4 धोखेबाज़ी
प्रतारित–*सं०* (वि०) 1 छला हुआ 2 ठगा हुआ

प्रति–I *सं०* (अ०) संस्कृत अव्यय जो शब्दों के पहले लगकर अनेक अर्थ देता है (जैसे-प्रतिक्रिया, प्रतिद्वंद्वी, प्रतिलिपि, प्रतिरक्षा, प्रति व्यक्ति आदि) II (स्त्री०) 1 नकल (जैसे-इस ग्रंथ की सौ प्रतियाँ छपी गयी थीं) 2 किसी चीज़ की अनुकृति

प्रतिकर–*सं०* (पु०) अपकार, क्षति आदि के बदले में दिया जानेवाला धन, मुआवजा

प्रतिकरण–*सं०* (पु०) विरोध में किया जानेवाला कार्य

प्रतिकर्ता–*सं०* (वि०) प्रतिकार करनेवाला

प्रतिकर्म–*सं०* (पु०) 1 प्रतिकार 2 बदला 3 श्रृंगार, प्रसाधन

प्रतिकर्मक–*सं०* (पु०) द्रव्य के अस्तित्व की जाँच हेतु उसमें मिलाया जानेवाला द्रव्य

प्रतिक-स्वत्व–*सं०* (पु०) लेखक, कवि आदि का कृति की प्रतियाँ छपवाने आदि का स्वत्व

प्रतिकामिनी–*सं०* (स्त्री०) सौत

प्रतिकाय–*सं०* (पु०) पुतला

प्रतिकार–*सं०* (पु०) 1 बदला 2 कार्य आदि को रोकने के लिए किया जानेवाला प्रयत्न, उपाय 3 क्षति पूर्ति के निमित्त दिया जानेवाला धन 4 इलाज, चिकित्सा

प्रतिकारक–*सं०* (वि०) 1 प्रतिकार करनेवाला 2 क्रिया के प्रभाव को नष्ट करनेवाला

प्रतिकारिक–*सं०* (वि०) प्रतिकार से संबंधित

प्रतिकारी–*सं०* (वि०) विरोध करनेवाला

प्रतिकार्य–*सं०* (वि०) जिसका प्रतिकार किया जा सके

प्रतिकाश–*सं०* (पु०) 1 प्रतिरूप 2 सादृश्य

प्रतिकितव–*सं०* (पु०) जुआ खेलनेवाले का जोड़ीदार

प्रतिकूल–*सं०* (वि०) 1 विरुद्ध पक्ष का अवलंबन करनेवाला 2 जो अनुकूल न हो, विपरीत, विरुद्ध 3 जो किसी कार्य आदि में बाधक हो (जैसे-प्रतिकूल परिस्थिति)। ~**ता** (स्त्री०) 1 प्रतिकूल होने की अवस्था, विपरीतता 2 विरोध

प्रतिकूला–*सं०* (स्त्री०) सपत्नी

प्रतिकृत–*सं०* (वि०) 1 जिसका प्रतिकार हो चुका हो 2 जिसका बदला चुकाया जा चुका हो

प्रतिकृति–*सं०* (स्त्री०) 1 प्रतिरूप, प्रतिमा 2 बदला, प्रतिकार 3 सादृश्य, प्रतिबिंब 4 प्रतिनिधि

प्रतिकृत्य–I *सं०* (वि०) 1 जिसका प्रतिकार किया जा सके 2 जिसका प्रतिकार करना उचित हो II (पु०) प्रतिकार

प्रतिकृष्ट–*सं०* (वि०) 1 दोबारा ज़ोता हुआ (खेत) 2 जिसका निवारण हुआ हो 3 छिपा हुआ 4 तुच्छ, हेय

प्रतिक्रम–I *सं०* (पु०) 1 विपरीत क्रम 2 विपरीत आचरण II (वि०) जो विपरीत क्रम से लगा हो

प्रतिक्रमात–*सं०* (अ०) विपरीत क्रम से

प्रतिक्रांति–*सं०* (स्त्री०) क्रांति को रोकने के लिए होनेवाली क्रांति। ~**कारी**, ~**वादी** (वि०) 1 प्रतिक्रांति करनेवाला 2 जो प्रतिक्रांति का विरोध करे

प्रतिक्रिया–*सं०* (स्त्री०) 1 प्रतिकार, बदला 2 क्रिया के विरोध में होनेवाली घटना 3 प्राकृतिक नियम के अनुसार होनेवाली क्रिया के विपरीत स्वाभाविक क्रिया (जैसे-गेंद का दीवार से टकराकर लौट आना प्रतिक्रिया का उदाहरण है) 4 दो या दो से अधिक द्रव्यों के पारस्परिक संयोग से पड़नेवाला प्रभाव, परिणाम (जैसे-हाइड्रोजन और आक्सीजन की पारस्परिक संयोग की प्रतिक्रिया से जल की संरचना) 5 शृंगार-प्रसाधन। ~**वाद** (पु०) पहले से चली आ रही बात में सुधार करनेवालों का विरोध करने का सिद्धांत; ~**वादी** I (वि०) प्रतिक्रियावाद संबंधी II (पु०) प्रतिक्रियावाद का समर्थक; ~**शील** (वि०) जो प्रतिक्रियावाद का समर्थन करे

प्रतिक्रियात्मक–*सं०* (वि०) प्रतिक्रिया से युक्त

प्रतिक्रोश–*सं०* (पु०) नीलामी

प्रतिक्षण–*सं०* (अ०) प्रत्येक पल में, हरदम, निरंतर

प्रतिक्षय–*सं०* (पु०) अंगरक्षक

प्रतिक्षिप्त–*सं०* (वि०) 1 फेंका हुआ 2 जो अमान्य किया गया हो 3 बलपूर्वक हटाया हुआ

प्रतिक्षेप–*सं०* (पु०) 1 बलपूर्वक पीछे हटाना 2 अस्वीकृत करना 3 अलग करना 4 तिरस्कार 5 खंडन 6 रोकना

प्रतिख्यात–*सं०* (वि०) बहुत अधिक प्रसिद्ध

प्रतिख्याति–*सं०* (स्त्री०) बहुत अधिक प्रसिद्धि

प्रतिगत–I *सं०* (वि०) 1 लौटा हुआ 2 जो पुनः प्राप्त हुआ हो 3 विस्मृत, भूला हुआ II (पु०) पक्षियों की एक प्रकार की उड़ान, पक्षियों का आगे-पीछे जाते हुए उड़ना

प्रतिगमन–*सं०* (पु०) वापस आना, लौटना

प्रतिगामिता–*सं०* (स्त्री०) प्रतिगामी होना

प्रतिगामी–*सं०* (पु०) दे० प्रतिक्रियावादी

प्रतिगुंजित–*सं०* (वि०) प्रतिध्वनित

प्रतिगृहीत–*सं०* (वि०) 1 स्वीकृत किया हुआ 2 विवाहित

प्रतिगृहीता–*सं०* (स्त्री०) 1 विवाहिता स्त्री 2 धर्म पत्नी

प्रतिगृह्य–*सं०* (वि०) = प्रतिग्राह्य

प्रतिग्रह–*सं०* (पु०) 1 लेना 2 वश में करना 3 स्वीकृति, मंजूरी 4 दान आदि ग्रहण करने का अधिकार 5 उपहार, भेंट 6 अभ्यर्थना 7 धरोहर

प्रतिग्रहण–*सं०* (पु०) 1 स्वीकार करना 2 दान लेना 3 ग्रहण करना, ब्याहना

प्रतिग्रहीता–*सं०* (पु०) 1 प्रतिग्राही 2 पति

प्रतिग्राहक–*सं०* (वि०) दान लेनेवाला

प्रतिग्राह्य–*सं०* (वि०) 1 दान लेने योग्य 2 स्वीकार्य

प्रतिघ–*सं०* (पु०) 1 विरोध 2 युद्ध, लड़ाई 3 शत्रु

प्रतिघात–*सं०* (पु०) 1 आघात के बदले किया गया आघात 2 रुकावट, बाधा 3 मारण, वध

प्रतिघातक–*सं०* (पु०) प्रतिघात करनेवाला

प्रतिघातन–*सं०* (पु०) 1 प्रतिघात करने की क्रिया 2 जान से मार डालना, हत्या 3 बाधा, रुकावट

प्रतिघाती–*सं०* (वि०) 1 प्रतिघात करनेवाला 2 टक्कर मारनेवाला 3 प्रतिद्वंद्वी

प्रतिघ्न–*सं०* (पु०) काया, शरीर

प्रतिचिंतन–*सं०* (पु०) पुनर्विचार करना

प्रतिचुंबकीय–*सं०* (वि०) चुंबक विरोधी

प्रतिचिकीर्षा–*सं०* (स्त्री०) प्रतिकार करने की इच्छा

प्रतिच्छन्न–*सं०* (वि०) 1 छाया हुआ 2 ढका हुआ

प्रतिच्छवि–*सं०* (स्त्री०) प्रतिबिंब, परछाई

प्रतिच्छाया–*सं०* (स्त्री०) 1 प्रतिरूप 2 प्रतिमा 3 प्रतिबिंब 4 चित्र

प्रतिच्छायित–*सं०* (वि०) प्रतिबिंबित

प्रतिच्छेद–*सं०* (पु०) 1 बाधा, विरोध 2 प्रतिरोध 3 खंडित करना
प्रतिजल्प–*सं०* (पु०) 1 किसी के उत्तर में कही हुई बात 2 विपरीत बात
प्रतिजल्पक–I *सं०* (पु०) टाल-मटोलवाला उत्तर II (वि०) विपरीत बोलनेवाला
प्रतिजागर–*सं०* (पु०) सचेत होकर देख-भाल करना
प्रतिजिह्वा–*सं०* (स्त्री०) गले के भीतर की घंटी, कौआ
प्रतिजीव–*सं०* (पु०) जीव विरोधी
प्रतिजीवन–*सं०* (पु०) फिर से जी जाना, पुनर्जीवन
प्रतिजीवी, प्रतिजैविक–*सं०* (वि०) जीव विरोधी
प्रतिज्ञा–*सं०* (स्त्री०) 1 दृढ़ संकल्प 2 वादा 3 निश्चय। ~**कर्ता** (पु०) प्रतिज्ञा करनेवाला; ~**पत्र** (पु०) 1 ऐसा पत्र जिस पर प्रतिज्ञा लिखी हो 2 इकरारनामा; ~**पन** (पु०) विशेष रूप से ज़ोर देकर कोई बात कहना; ~**परायण** (वि०) प्रतिज्ञा पर अटल रहनेवाला; ~**पालन** (पु०) प्रतिज्ञा पूरी करना; ~**बद्ध** (वि०) वचन बद्ध; ~**भंग** (पु०) प्रतिज्ञा तोड़ देना, प्रतिज्ञा न मानना; ~**लेख** (पु०)= प्रतिज्ञा पत्र
प्रतिज्ञात–*सं०* (वि०) 1 जिसके विषय में प्रतिज्ञा की गई हो 2 घोषित किया हुआ, कहा हुआ
प्रतिज्ञाता–*सं०* (पु०) प्रतिज्ञा करनेवाला
प्रतिज्ञान–*सं०* (पु०) 1 प्रतिज्ञा 2 निष्ठापूर्वक बात कहना
प्रतितुलन–*सं०* (पु०) 1 दोनों ओर का भार समान करना 2 संतुलन, बराबर-बराबर शक्ति
प्रतिदंड–*सं०* (वि०) अवज्ञा करनेवाला, आज्ञा न माननेवाला, धृष्ट
प्रतिदत्त–*सं०* (वि०) 1 बदले में दिया हुआ 2 वापस किया हुआ
प्रतिदर्श–*सं०* (पु०) नमूना
प्रतिदान–*सं०* (पु०) 1 वापस करना 2 बदले में दूसरी वस्तु देना, विनिमय
प्रतिदारण–*सं०* (पु०) 1 फाड़ना, चीरना 2 विदीर्ण करना
प्रतिदिन–*सं०* (अ०) प्रत्येक दिन, हर रोज़ (जैसे-प्रतिदिन का कार्य)
प्रतिदीप्ति–*सं०* (स्त्री०) चौंध
प्रतिदेय–I *सं०* (वि०) जो लौटाया जा सके II (पु०) लौटाई गई वस्तु
प्रतिद्वंद्व–*सं०* (पु०) 1 बराबर शक्तियों का पारस्परिक विरोध, बराबरवालों का झगड़ा 2 प्रतिद्वंद्वी
प्रतिद्वंद्विता–*सं०* (स्त्री०) प्रतिद्वंद्वी होने की अवस्था
प्रतिद्वंद्विनी–*सं०* (स्त्री०) प्रतिद्वंद्वी स्त्री
प्रतिद्वंद्वी–I *सं०* (पु०) विपक्षी II (वि०) मुकाबला करनेवाला, प्रतिपक्षी
प्रतिधान–*सं०* (पु०) 1 धरना, रखना 2 लौटाना 3 निराकरण
प्रतिधारण–*सं०* (पु०) धारण किए रखना
प्रतिधारित–*सं०* (वि०) धारण किया हुआ
प्रतिधावन–*सं०* (पु०) आक्रमण
प्रतिध्वनि–*सं०* (स्त्री०) तल से परावर्तित होकर सुनाई पड़नेवाली ध्वनि-तरंगें, गूँज, प्रतिशब्द (जैसे-प्रतिध्वनि सुनाई पड़ना)। ~**शब्द** (पु०)
प्रतिध्वनिक–*सं०* (वि०) प्रतिध्वनि संबंधी, प्रतिध्वनि का
प्रतिध्वनित–*सं०* (वि०) गूँजा हुआ
प्रतिध्वन्यात्मक–*सं०* (वि०) प्रतिध्वनि संबंधी
प्रतिध्वान–*सं०* (पु०) प्रतिध्वनि
प्रतिनंदन–*सं०* (पु०) 1 आशीर्वाद के साथ अभिनदन करना 2 धन्यवाद देना 3 बधाई देना 4 प्रसन्नतापूर्वक स्वागत करना
प्रतिनव–*सं०* (वि०) नया, ताजा, नूतन
प्रतिनाद–*सं०* (पु०) = प्रतिध्वनि
प्रतिनादित–*सं०* (वि०) = प्रतिध्वनित
प्रतिनायक–*सं०* (पु०) नायक का प्रतिद्वंद्वी
प्रतिनारी–*सं०* (स्त्री०) प्रतिद्वंद्विनी स्त्री
प्रतिनिधान–*सं०* (पु०) 1 प्रतिनिधि मंडल 2 स्थानापन्न करना
प्रतिनिधानिक–*सं०* (वि०) 1 स्थानापन्न 2 प्रतिनिधि
प्रतिनिधानित–*सं०* (वि०) स्थानापन्न किया हुआ
प्रतिनिधि–*सं०* (पु०) 1 किसी के स्थान पर कार्य करनेवाला व्यक्ति, किसी का स्थानापन्न व्यक्ति 2 प्रतिरूप, प्रतिमा 3 संसद आदि का वह सदस्य जो निर्वाचन क्षेत्र से चुना गया हो 4 प्रतिभू, जामिन। ~**द्रव्य** (पु०) औषध के अभाव में दी गई औषध; ~**पत्र** (पु०) प्रतिनिधि की चिट्ठी; ~**पूर्ण** (वि०) जिसे प्रतिनिधित्व अधिकार प्राप्त हों; ~**मंडल** (पु०), ~**मंडली** (पु०) प्रतिनिधियों का समूह; ~**शासन** (पु०) जनता के चुने गए प्रतिनिधियों द्वारा चलाया जानेवाला राज्य; ~**संस्था** (स्त्री०) प्रतिनिधियों द्वारा चलाई गई संस्था; ~**सभा** (स्त्री०) प्रतिनिधियों की सामूहिक बैठक; ~**समूह** (पु०)
प्रतिनिधित्व–*सं०* (पु०) 1 प्रतिनिधि का कार्य 2 प्रतिनिधि का भाव
प्रतिनिनाद–*सं०* (पु०) प्रतिध्वनि
प्रतिनियम–*सं०* (पु०) सामान्य नियम
प्रतिनियुक्त–*सं०* (वि०) प्रतिनिधि के रूप में भेजा हुआ
प्रतिनियुक्ति–*सं०* (स्त्री०), **प्रतिनियोजन** (पु०) अधीनस्थ कर्मचारी के रूप में नियुक्त करना
प्रतिनिर्देश–*सं०* (पु०) पुनः उल्लेख करना, पुनः कथन करना
प्रतिनिर्यातन–*सं०* (पु०) 1 लौटाना 2 बदला लेना
प्रतिनिवर्तन–*सं०* (पु०) 1 निवारण 2 लौटाना
प्रतिनिवर्तित–*सं०* (वि०) लौटाया हुआ
प्रतिनिविष्ट–*सं०* (वि०) जो दृढ़ हो गया हो
प्रतिनिश्चय–*सं०* (पु०) विरोधी मत
प्रतिनोद–*सं०* (पु०) 1 पीछे हटाना 2 दूर भगाना
प्रतिपक्ष–*सं०* (पु०) 1 विरोधी का पक्ष, विपक्ष 2 प्रतिवादी 3 विरोधी। ~**ता** (स्त्री०) 1 प्रतिपक्षी होने की अवस्था 2 विरोध
प्रतिपक्षी–*सं०* (वि०) विरोधी पक्ष का
प्रतिपण–*सं०* (पु०) एक सा मूल्य, समान मूल्य
प्रतिपत्ति–*सं०* (स्त्री०) 1 कार्य रूप में लाना 2 अनुमान 3 प्राप्ति, पाना 4 ज्ञान 5 विषय आदि का प्रतिपादन, निरूपण 6 ग्रहण, स्वीकार
प्रतिपत्तिमान्–*सं०* (वि०) 1 बुद्धिमान 2 प्रसिद्ध 3 कार्य कुशल
प्रतिपत्र–*सं०* (पु०) किसी के स्थान पर वोट डालने का अधिकार पत्र

प्रतिपत्री–*सं०* (पु०) परोक्ष प्रतिनिधि
प्रतिपद्–*सं०* (स्त्री०) 1 बुद्धि, समझ 2 मार्ग, रास्ता 3 आरंभ
प्रतिपद–*सं०* (स्त्री०) एकम
प्रतिपदा–*सं०* (स्त्री०) पक्ष की पहली तिथि
प्रतिपन्न–*सं०* (वि०) 1 अवगत, जाना हुआ 2 स्वीकृत, अंगीकृत 3 प्रचंड 4 भरा हुआ 5 पराभूत 6 सम्मानित
प्रतिपरीक्षण–*सं०* (पु०) कही गई बात पर प्रश्न करना
प्रतिपर्ण–*सं०* (पु०) रसीद, काउंटर फॉयल
प्रतिप्राण–*सं०* (पु०) प्रतिपक्षी द्वारा दाँव पर लगाया गया धन
प्रतिपादक–*सं०* (वि०) 1 प्रतिपादन करनेवाला, निरूपक 2 प्रतिपन्न करनेवाला 3 निर्वाह करनेवाला
प्रतिपादन–*सं०* (पु०) 1 भली-भाँति ज्ञात कराना, अच्छी तरह समझाना 2 निरूपण, निष्पादन 3 प्रमाण, सबूत 4 उत्पत्ति, जन्म
प्रतिपादयिता–I *सं०* (वि०) प्रतिपादन करनेवाला II (पु०) शिक्षक
प्रतिपादित–*सं०* (वि०) 1 जिसका प्रतिपादन हो चुका हो 2 निर्धारित, निश्चित 3 जो दिया जा चुका हो, दत्त
प्रतिपाद्य–*सं०* (वि०) 1 जो प्रतिपादन योग्य हो 2 जो दिया जाने योग्य हो
प्रतिपाप–I *सं०* (वि०) अपकार के बदले अपकार करनेवाला II (पु०) बुराई के बदले बुराई करना
प्रतिपाल–I *सं०* (वि०) 1 प्रतिपालन करनेवाला 2 रक्षा करनेवाला, रक्षक II (पु०) 1 रक्षा 2 सहायता
प्रतिपालक–*सं०* (वि०) 1 पालन-पोषण करनेवाला, पोषक 2 रक्षक। ~**अधिकरण** (पु०) अल्प-वयस्क, बौद्धिक अयोग्यता वाले, शारीरिक दृष्टि से असमर्थ लोगों की संपत्ति की व्यवस्था करनेवाला राजयकीय विभाग
प्रतिपालन–*सं०* (पु०) 1 पालन करना 2 रक्षा करना, रक्षण
प्रतिपालित–*सं०* (वि०) 1 जिसका प्रतिपालन किया गया हो 2 पाला-पोसा हुआ 3 जिसकी रक्षा की गई हो, रक्षित
प्रतिपाल्य–*सं०* (वि०) 1 प्रतिपालन योग्य 2 रक्षणीय
प्रतिपिंड–*सं०* (पु०) एक पिंड का विरोधी पिंड
प्रतिपीड़न–*सं०* (पु०) पीड़ा पहुँचाना, कष्ट देना
प्रति-पुरुष–*सं०* (पु०) 1 प्रतिनिधि 2 साथी 3 आदमी का पुतला। ~**पत्र** (पु०) वह पत्र जिसमें किसी व्यक्ति को किसी के बदले कुछ काम करने का अधिकार दिया जाता है
प्रतिपुस्तक–*सं०* (स्त्री०) पुस्तक की हस्तलिखित प्रतिनकल
प्रतिपूजन–*सं०* (पु०) 1 अभिवादन के बदले अभिवादन करना 2 आवभगत करना
प्रतिपूजित–*सं०* (वि०) 1 अभिवादित 2 सम्मानित
प्रतिपूज्य–*सं०* (वि०) प्रति पूजन योग्य
प्रतिपूर्ति–*सं०* (स्त्री०) मद से ली गई पूँजी को जमा करना
प्रतिपोषक–*सं०* (वि०) मदद करनेवाला, सहायक
प्रतिपोषण–*सं०* (पु०) सहायता, मदद
प्रतिपौतिक–*सं०* (वि०) *चि०* मवाद न उत्पन्न होने देनेवाला, पूतिका मारक
प्रतिप्रणाम–*सं०* (पु०) प्रणाम के उत्तर में किया गया प्रणाम
प्रतिप्रदत्त–*सं०* (वि०) वापस दिया हुआ
प्रतिप्रदान–*सं०* (पु०) प्रतिदान 2 प्रत्यर्पण
प्रतिप्रयाण–*सं०* (पु०) वापस होना
प्रतिप्रश्न–*सं०* (पु०) प्रश्न के बदले में पूछा गया प्रश्न
प्रतिप्रसव–*सं०* (पु०) 1 अपवाद का अपवाद 2 प्रतिजन्म
प्रतिप्रस्थान–*सं०* (पु०) शत्रु के पक्ष में जाना, शत्रु से मिल जाना
प्रतिप्रहार–*सं०* (पु०) प्रहार के बदले किया गया प्रहार
प्रतिप्राप्ति–*सं०* (स्त्री०) पुनः मिलना, रिकवरी
प्रतिफल–*सं०* (पु०) 1 परिणाम 2 पुरस्कार 3 प्रतिबिंब
प्रतिफलक–*सं०* (पु०) अक्स डालने का यंत्र
प्रतिफलन–*सं०* (पु०) दे० प्रतिफल
प्रतिफलित–*सं०* (वि०) 1 जो प्रतिफल के रूप में हो 2 जो प्रतिफल दे रहा हो 3 जिसका प्रतिफल मिल रहा हो 4 प्रतिबिंबित
प्रतिबंध–*सं०* (पु०) 1 बाँधने की क्रिया, बंधन 2 रुकावट, बाधा 3 प्रतिरोध 4 सदा बना रहनेवाला संबंध
प्रतिबंधक–*सं०* (वि०) 1 प्रतिबंध लगानेवाला 2 रुकावट डालनेवाला, बाधक
प्रतिबंधात्मक–*सं०* (वि०) रुकावटवाला, पाबंदीवाला
प्रतिबंधि–*सं०* (स्त्री०) 1 दोनों पक्षों पर लागू होनेवाली दलील 2 आपत्ति
प्रतिबंधित–*सं०* (वि०) रोका हुआ, पाबंद
प्रतिबंधी–*सं०* (वि०) प्रतिबंधक
प्रतिबंधु–*सं०* (पु०) 1 जो व्यक्ति बंधु के समान हो 2 वह जो पद आदि में समान हो
प्रतिबद्ध–*सं०* (वि०) 1 बँधा हुआ 2 लगाया हुआ, जमाया हुआ 3 जिस पर प्रतिबंध हो 4 जिसमें बाधा डाली गई हो 5 जिसे अलग न किया जा सके। ~**ता** (स्त्री०) वचनबद्धता
प्रतिबल–*सं०* (वि०) 1 समान बलवाला, समबल 2 समर्थ, सशक्त
प्रतिबाधक–*सं०* (वि०) 1 बाधा खड़ा करनेवाला, बाधक 2 रुकावट पैदा करनेवाला 3 कष्ट पहुँचानेवाला
प्रतिबाधन–*सं०* (पु०) 1 विघ्न, बाधा 2 कष्ट, पीड़ा
प्रतिबाधित–*सं०* (वि०) 1 बाधित 2 पीड़ित
प्रतिबाधी–I *सं०* (वि०) 1 रोकनेवाला 2 बाधा डालनेवाला 3 कष्ट पहुँचानेवाला II (पु०) शत्रु, वैरी
प्रतिबिंब–*सं०* (पु०) 1 परछाईं, प्रतिच्छाया 2 छाया 3 प्रतिमा, प्रतिमूर्ति 4 चित्र, तस्वीर। ~**वाद** (पु०) जीव को ईश्वर का प्रतिबिंब मानने का सिद्धांत
प्रतिबिंबक–I *सं०* (वि०) छाया की तरह अनुगमन करनेवाला II (पु०) अनुगामी, अनुचर
प्रतिबिंबन–*सं०* (पु०) 1 छाया डालना 2 अनुकरण
प्रतिबिंबित–*सं०* (वि०) जिसका प्रतिबिंब पड़ता हो, जिसकी परछाईं पड़ती हो
प्रतिबिंबीकरण–*सं०* (पु०) परछाईं में बदलना
प्रतिबुद्ध–*सं०* (वि०) 1 जिसे प्रतिबोध मिला हो 2 जागा हुआ 3 चतुर, होशियार
प्रतिबोध–*सं०* (पु०) 1 जागरण, जागना 2 ज्ञान 3 चातुर्य, होशियारी
प्रतिबोधक–*सं०* (वि०) 1 प्रतिबोध करानेवाला 2 जगानेवाला 3 ज्ञान उत्पन्न करानेवाला
प्रतिबोधन–*सं०* (पु०) 1 जगाना 2 ज्ञान उत्पन्न करना

प्रतिबोधित–*सं०* (वि०) 1 जगाया हुआ 2 जिसे किसी बात का ज्ञान कराया गया हो
प्रतिबोधी–*सं०* (वि०) 1 जागता हुआ 2 शीघ्र ज्ञान प्राप्त करनेवाला
प्रतिभा–*सं०* (स्त्री०) 1 विलक्षण बौद्धिक शक्ति 2 बुद्धि 3 प्रभा, दीप्ति 4 समझ (जैसे-उनके पास उच्च कोटि की प्रतिभा है)। ~**वान्** (वि०) 1 प्रतिभाशाली 2 दीप्तिमान, चमकीला; ~**शाली** (वि०) 1 जिसमें प्रतिभा हो 2 प्रभावशाली; ~**संपन्न** (वि०) 1 जो प्रतिभामय हो 2 दीप्तिमय
प्रतिभाग–*सं०* (पु०) 1 राजकर 2 उत्पादनकर
प्रतिभात–*सं०* (वि०) 1 प्रभायुक्त चमकदार 2 ज्ञात, अवगत
प्रतिभान–*सं०* (पु०) 1 प्रभा, चमक 2 बुद्धि, समझ 3 प्रगल्भता 4 विश्वास
प्रतिभान्वित–*सं०* (वि०) 1 जिसमें प्रतिभा हो 2 असाधारण बुद्धिवाला, प्रतिभाशाली
प्रतिभाव्य–*सं०* (वि०) जिसकी जमानत हो सके
प्रतिभाषण–*सं०* (पु०) उत्तर में दिया गया भाषण
प्रतिभाषा–*सं०* (स्त्री०) 1 उत्तर जवाब 2 प्रत्युत्तर
प्रतिभास–*सं०* (पु०) 1 एकाएक होनेवाला ज्ञान 2 आभास 3 भ्रम 4 मिथ्याज्ञान
प्रतिभासन–*सं०* (पु०) 1 चमकना 2 दिखाई देना 3 जान पड़ना, भासित होना
प्रतिभिन्न–*सं०* (वि०) 1 जिसका भेदन किया गया हो 2 जो अलग किया गया हो, विभक्त
प्रतिभू–*सं०* (पु०) ज़मानत करनेवाला, ज़ामिन। ~**पत्र** (पु०) वह पत्र जिसमें जमानतदार अपने उत्तरदायित्व की स्वीकृति लिखता है
प्रतिभूत–*सं०* (वि०) जिसकी ज़मानत की गई हो 2 जो ज़मानत रूप में जमा किया गया हो 3 जो ज़मानत रूप में दी गई हो
प्रतिभूति–*सं०* (स्त्री०) 1 निश्चित आश्वासन, मुचलका, सिक्योरिटी 2 ऋण आदि संबंधित सरकारी काग़ज़, साख-पत्र 3 प्रतिभू के द्वारा दी गई ज़मानत
प्रतिभेद–*सं०* (पु०) 1 विभाग करना, विभाजन 2 रहस्य प्रकट करना, भेद खोलना
प्रतिभेदन–*सं०* (पु०) 1 अंतर उत्पन्न करना 2 विभाग करना, विभाजन
प्रतिभोग–*सं०* (पु०) उपभोग
प्रतिभोजन–*सं०* (पु०) निर्दिष्ट किया हुआ भोजन
प्रतिमंडल–*सं०* (पु०) ग्रह, नक्षत्र आदि के चारों ओर का घेरा, परिवेश प्रभा-मंडल
प्रतिमंडित–*सं०* (वि०) सजाया हुआ, अलंकृत
प्रतिमा–*सं०* (स्त्री०) 1 मूर्ति (जैसे-देव प्रतिमा) 2 जिसकी पूजा की जाती है, अनुकृति 3 प्रतिबिंब, परछाई 4 चित्र, तस्वीर। ~**निर्माणक** (पु०) प्रतिमा को बनानेवाला कारीगर
प्रतिमान–*सं०* (पु०) 1 परछाईं 2 प्रतिमा, प्रतिमूर्ति 3 चित्र, नमूना 4 मानक, स्टैंडर्ड
प्रतिमानित–*सं०* (वि०) 1 मानक रूप दिया हुआ, मानकित 2 प्रतिरूपित
प्रतिमानीकरण–*सं०* (पु०) प्रतिमान रूप में लाने की प्रक्रिया
प्रतिमास–*सं०* (क्रि० वि०) हर महीने
प्रतिमित–*सं०* (वि०) 1 प्रतिबिंबित 2 अनुकृत 3 जिसकी तुलना की गई हो
प्रतिमुक्त–*सं०* (वि०) 1 पहना हुआ 2 त्यागा हुआ, परित्यक्त 3 खुला हुआ
प्रतिमुख–*सं०* (वि०) सामने खड़ा हुआ
प्रतिमुद्रण–*सं०* (पु०) 1 यथा-तथ्य छापने की क्रिया 2 ज्यों की त्यों छापी हुई प्रति (जैसे-शिलालेख का प्रतिमुद्रण)
प्रतिमुद्रांकन–*सं०* (पु०) 1 जिस पर मुद्रांकन हो चुका हो 2 लगाई हुई मोहर
प्रतिमुद्रा–*सं०* (स्त्री०) 1 मुद्रा की छाप 2 मुद्रण से ली जानेवाली छाप
प्रतिमूर्ति–*सं०* (स्त्री०) 1 देव-मूर्ति 2 प्रतिमा
प्रतिमूल्य–*सं०* (पु०) मुआवजा
प्रतिमोक्ष–*सं०* (पु०) मोक्ष, मुक्ति
प्रतिमोक्षण–*सं०* (पु०) 1 मोक्ष 2 कर से मुक्ति
प्रतिमोचन–*सं०* (पु०) 1 बंधन-मुक्त करना 2 रिहाई 3 बदला लेना, प्रतिकार
प्रतिमोचित–*सं०* (वि०) बंधनमुक्त
प्रतियातन–*सं०* (पु०) प्रतिकार, प्रतिशोध
प्रतियोग–*सं०* (पु०) 1 विरोध 2 विरुद्ध संबंध 3 दो विरोधी तत्त्वों आदि का होनेवाला संयोग 4 प्रभाव नष्ट करनेवाला तत्त्व, मारक 5 पुनः किया जानेवाला प्रयत्न
प्रतियोगात्मक–*सं०* (वि०) द्वंद्वमय, संघर्षपूर्ण
प्रतियोगिता–*सं०* (स्त्री०) 1 प्रतिद्वंद्विता, होड़ 2 शत्रुता, दुश्मनी। ~**परीक्षा** (स्त्री०) किसी पद के उम्मेदवारों की वह परीक्षा जो उनकी योग्यता की जाँच हेतु की जाती है
प्रतियोगिनी–*सं०* (स्त्री०) प्रतियोगी स्त्री
प्रतियोगी–*सं०* (पु०) 1 प्रतिद्वंद्वी, जोड़ 2 साझेदार, हिस्सेदार 3 सामना करनेवाला व्यक्ति 4 वह जिसका किसी से प्रतिकूल संबंध हो 5 शत्रु, विरोधी 6 वह जिसका अभाव हो, बाधक
प्रतियोजना–*सं०* (स्त्री०) योजना के उत्तर में एक योजना
प्रतियोद्धा–*सं०* (पु०) 1 मुकाबले में रहकर युद्ध करनेवाला 2 विरोधी 3 शत्रु, दुश्मन
प्रतिरक्षण–*सं०* (पु०), **प्रतिरक्षा** *सं०* रक्षा, हिफ़ाजत। ~**क्षमता** (स्त्री०) 1 सामर्थ्य, रक्षा शक्ति 2 सैनिक बल; ~**मंत्रालय** (पु०) वह विभाग जहाँ रक्षा संबंधी नियम कानून बनाए जाते हैं; ~**मंत्री** (पु०) रक्षा मंत्रालय का प्रमुख; ~**व्यय** (पु०) रक्षा पर होनेवाला ख़र्च; ~**व्यवस्था** (स्त्री०) रक्षा प्रबंध
प्रतिरव–*सं०* (पु०) प्रतिध्वनि
प्रतिरात्रि–*सं०* (अ०) प्रत्येक रात, हर रात
प्रतिरुद्ध–*सं०* (वि०) 1 जिसका प्रतिरोध हुआ हो 2 रुका हुआ, अवरुद्ध 3 अटका हुआ
प्रतिरूप–I *सं०* (पु०) 1 प्रतिमा, मूर्ति 2 चित्र, तस्वीर 3 प्रतिनिधि II (वि०) नकली, जाली
प्रतिरूपक–*सं०* (पु०) जो नकली चीजें बनाता हो
प्रतिरूपात्मक–*सं०* (वि०) प्रतिरूप युक्त, प्रतिरूप संबंधी
प्रतिरोद्धा–*सं०* (वि०) 1 विरोधी 2 बाधक
प्रतिरोध–*सं०* (पु०) 1 रोक, रुकावट, बाधा 2 प्रतिबंध,

तिरस्कार 3 दुराव, छिपाव 4 विरोध 5 घेरा डालना; ~**विरोधी** (वि०) प्रतिरोध के विरुद्ध

प्रतिरोधक–I *सं०* (वि०) प्रतिरोध करनेवाला, बाधा डालनेवाला II (पु०) चोर, ठग, डाकू

प्रतिरोधित–*सं०* (वि०) 1 जो रोका गया हो 2 जिसमें बाधा डाली गई हो

प्रतिरोधी–*सं०* (वि०) 1 रोकनेवाला 2 प्रतिरोध करनेवाला 3 बाधा पहुँचानेवाला 4 घेरा डालनेवाला

प्रतिरोपण–*सं०* (पु०) पुनः रोपा जाना

प्रतिरोपित–*सं०* (वि०) जो पुनः रोपा गया हो

प्रतिलंभ–*सं०* (पु०) निंदा, इल्जाम 2 कुरीति, बुरी चाल 3 लाभ, प्राप्ति

प्रतिलक्षित–*सं०* (वि०) चिह्नित

प्रतिलाभ–*सं०* (पु०) 1 प्रति-प्राप्ति 2 पुनः प्राप्त करना

प्रतिलिपि–*सं०* (स्त्री०) लिखी हुई चीज की नकल। ~**कार** (पु०) = प्रतिलिपिक

प्रतिलिपिक–*सं०* (पु०) प्रतिलिपि बनानेवाली मशीन, अनुलिपित्र

प्रतिलिपित–*सं०* (वि०) जिसकी प्रतिलिपि तैयार हो चुकी हो

प्रतिलिप्यधिकार–*सं०* (पु०) = प्रतिक स्वत्व

प्रतिलेखन–*सं०* (पु०) लिखी हुई चीज़ की ज्यों की त्यों नकल उतारने की क्रिया

प्रतिलोम–*सं०* (वि०) 1 विपरीत, उल्टा 2 नीच, अधम। ~**ज** (पु०) 1 वह जो प्रतिलोम विवाह के फलस्वरूप पैदा हुआ हो 2 वर्ण संकर; ~**विवाह** (पु०) वह विवाह जिसमें पुरुष निम्न वर्ण तथा स्त्री उच्च वर्ण की हो

प्रतिलोमक–*सं०* (पु०) विपरीत क्रम

प्रतिलोमतः–*सं०* (अ०) उलटे क्रम से

प्रतिवक्ता–*सं०* (पु०) 1 उत्तर देनेवाला 2 व्याख्या करनेवाला

प्रतिवचन–*सं०* (पु०) 1 उत्तर, जवाब 2 गूँज, प्रतिध्वनि

प्रतिवर्णिक–*सं०* (वि०) 1 एक जैसे-रंगवाला 2 समान

प्रतिवर्तन–*सं०* (पु०) 1 लौटना 2 लौटाना 3 बदले में किया गया आचरण 4 अनुदर्शन

प्रतिवर्द्धी–*सं०* (वि०) जो मुकाबला कर सके

प्रतिवर्ष–*सं०* (अ०) प्रत्येक वर्ष, हर साल

प्रतिवस्तु–*सं०* (स्त्री०) 1 दूसरी सदृश्य वस्तु 2 उपनाम

प्रतिवहन–*सं०* (पु०) विपरीत दिशा में ले जाने की क्रिया

प्रतिवाक्य–*सं०* (पु०) प्रतिवचन

प्रतिवाद–*सं०* (पु०) 1 वादी की बात के विरोध में कही जानेवाली बात, वादी के जवाब का जवाब 2 विरोध, खंडन 3 विवाद, बहस

प्रतिवादी–I *सं०* (वि०) 1 प्रतिवाद करनेवाला 2 वादी की बात का जवाब देनेवाला 3 खंडन करनेवाला 4 प्रतिपक्षी II (पु०) 1 दूसरों द्वारा लगाए गए अभियोगों का उत्तर देनेवाला व्यक्ति 2 मुद्दालेह

प्रतिवार–I *सं०* (पु०) हटाना, निवारण II (अ०) 1 प्रतिदिन 2 हर बार

प्रतिवारण–*सं०* (पु०) 1 निवारण 2 रोकना 3 चेतावनी

प्रतिवारित–*सं०* (वि०) 1 निवारित 2 रोका हुआ 3 जिसे चेतावनी दी गई हो

प्रतिवार्ता–*सं०* (स्त्री०) उत्तर में भेजा गया संवाद, प्रत्युत्तर वृतांत

प्रतिवास–*सं०* (पु०) 1 सुगंधि, सुवास, खुशबू 2 समीप रहना, पड़ोस

प्रतिवासी–*सं०* (पु०) पड़ोसी

प्रतिविघात–*सं०* (पु०) 1 निवारण 2 रक्षण

प्रतिविधान–*सं०* (पु०) 1 प्रतिकार 2 एहतियात

प्रतिविधि–*सं०* (स्त्री०) प्रतिकार

प्रतिविरुद्ध–*सं०* (वि०) विद्रोही

प्रतिविशिष्ट–*सं०* (वि०) अति उत्तम, बहुत बढ़िया

प्रतिविष–I *सं०* (पु०) विष का प्रभाव नष्ट करनेवाला पदार्थ II (वि०) विष मारक

प्रतिविहित–*सं०* (वि०) निवारित

प्रतिवीर–*सं०* (पु०) 1 विरोधी 2 प्रतिद्वंद्वी 3 प्रतिभट

प्रतिवार्य–*सं०* (पु०) 1 जिसमें प्रतिरोध करने की यथेष्ट शक्ति हो 2 अद्वितीय, बेजोड़

प्रतिवेदन–*सं०* (पु०) 1 प्रार्थना 2 जाँच-पड़ताल के बाद तैयार किया गया विवरण, रिपोर्ट

प्रतिवेदित–*सं०* (वि०) 1 प्रार्थित 2 जताया हुआ 3 प्रतिवेदन किया हुआ

प्रतिवेदी–I *सं०* (पु०) 1 प्रतिवेदन तैयार करनेवाला व्यक्ति 2 जानने-समझनेवाला II (वि०) प्रतिवेदन संबंधी

प्रतिवेश–*सं०* (पु०) पड़ोस

प्रतिवेशी–*सं०* (पु०) पड़ोसी

प्रतिवेश्य–*सं०* (पु०) जो पड़ोस में रहता हो, पड़ोसी

प्रतिवैर–*सं०* (पु०) 1 शत्रुता के बदले में की जानेवाली शत्रुता 2 वैर का प्रतिकार

प्रतिव्यक्ति–*सं०* (वि०) = प्रतिजन

प्रतिव्यूह–*सं०* (पु०) व्यूह रचना, मोर्चाबंदी

प्रतिशंका–*सं०* (स्त्री०) 1 शंका के उत्तर में की जानेवाली दूसरी शंका 2 बराबर बनी रहनेवाली शंका, संदेह

प्रतिशत–*सं०* (अ०) हर सौ पर, फी सदी, परसेंट

प्रतिशतक–*सं०* (पु०) सौ के हिसाब से लगाया जानेवाला लेखा, परसेन्टेज

प्रतिशपथ-पत्र–*सं०* (पु०) (मुक़दमे में) शपथपत्र के उत्तर में दिया गया शपथ पत्र

प्रतिशब्द–*सं०* (पु०) 1 प्रतिध्वनि, गूँज 2 पर्याय

प्रतिशम–*सं०* (पु०) छुटकारा, निवृत्ति

प्रतिशयन–*सं०* (पु०) मनोरथ सिद्धि हेतु देवता के समक्ष निराहार पड़े रहने की अवस्था, धरना

प्रतिशयित–*सं०* (वि०) प्रतिशयन करनेवाला

प्रतिशाखा–*सं०* (स्त्री०) प्रशाखा

प्रतिशाप–*सं०* (पु०) शाप के बदले में दिया जानेवाला शाप

प्रतिशासन–*सं०* (पु०) 1 काम पर नियुक्त करना 2 विरोधी का शासन, वैरी का शासन

प्रतिशिष्ट–*सं०* (वि०) 1 काम पर नियुक्त किया हुआ 2 निराकरण किया हुआ, निराकृत 3 अस्वीकृत 4 प्रसिद्ध

प्रतिशीत–*सं०* (वि०) 1 पिघला हुआ 2 चूता हुआ, तरल

प्रतिशोध–*सं०* (पु०) प्रतिकार। ~**कामी** (पु०) बदला करने की इच्छा करनेवाला

प्रतिशोधात्मक–*सं०* (वि०) प्रतिशोध संबंधी
प्रतिशोधार्थी–*सं०* (पु०) प्रतिशोध कामी
प्रतिशतक–*सं०* (पु०) सौ के हिसाब से लगाया जानेवाला लेखा, परसेन्टेज
प्रतिश्रम–*सं०* (पु०) परिश्रम, मेहनत
प्रतिश्रय–*सं०* (पु०) 1 आश्रम 2 निवास-स्थान 3 आश्रय 4 आश्रय स्थान 5 यज्ञशाला 5 सभा
प्रतिश्रव–*सं०* (पु०) 1 प्रतिज्ञा 2 प्रतिध्वनि, गूँज
प्रतिश्रवण–*सं०* (पु०) 1 सुनना 2 प्रतिज्ञा करना
प्रतिश्रुत–*सं०* (वि०) 1 अच्छी तरह सुना हुआ 2 स्वीकृत किया हुआ 3 प्रतिज्ञात 4 जिसकी प्रतिज्ञा की गई हो
प्रतिश्रुति–*सं०* (स्त्री०) 1 प्रतिज्ञा 2 प्रतिध्वनि, गूँज
प्रतिश्रोता–*सं०* (वि०)/(पु०) 1 मंजूर करनेवाला 2 अनुमति देनेवाला 3 प्रतिश्रुति करनेवाला
प्रतिषिद्ध–*सं०* (वि०) जिसे करने से किसी को रोका गया हो
प्रतिषेध–*सं०* (पु०) 1 निषेध, मनाही 2 निवारण 3 खंडन। ~**लेख** (पु०) अंतरिम काल तक कार्य पर रोक लगाने की न्यायालय द्वारा दी गई लिखित आज्ञा
प्रतिषेधक–I *सं०* (वि०) प्रतिषेध करनेवाला II (पु०) प्रतिषेध करनेवाला व्यक्ति
प्रतिषेधाधिकार–*सं०* (पु०) वह संवैधानिक अधिकार जिससे शासन के किसी अन्य अंग की आज्ञा, प्रस्ताव आदि को रद्द किया जा सकता है, निषेधाधिकार, वीटो
प्रतिष्टंभ–*सं०* (पु०) 1 स्तब्ध करने की क्रिया 2 स्तब्ध होने की क्रिया 3 बाधा
प्रतिष्ठ–*सं०* (वि०) प्रसिद्ध, मशहूर
प्रतिष्ठा–*सं०* (स्त्री०) 1 स्थापन 2 ठहराव, स्थिति 3 मान-मर्यादा, इज़्ज़त 4 ख्याति, प्रसिद्धि 5 गौरव 6 यश, कीर्ति 7 यश की प्राप्ति जगह, स्थान। ~**ता** (पु०) प्रतिष्ठापन करनेवाला; ~**वान्** (वि०) 1 गौरवशाली 2 इज़्ज़तदार, मान-मर्यादावाला
प्रतिष्ठान–*सं०* (पु०) 1 बैठाना, स्थापन 2 देवमूर्ति की स्थापना 3 उपाधि, पदवी 4 जगह, स्थान 5 संस्था
प्रतिष्ठापक–*सं०* (पु०) = प्रतिष्ठाता
प्रतिष्ठापन–*सं०* (पु०), **प्रतिष्ठापना** *सं०* (स्त्री०) स्थापित करने की क्रिया
प्रतिष्ठापयिता–*सं०* (पु०) = प्रतिष्ठाता
प्रतिष्ठापित–*सं०* (पु०) = जिसका प्रतिष्ठापन किया गया हो
प्रतिष्ठित–I *सं०* (वि०) 1 सम्मान प्राप्त, आदर प्राप्त 2 स्थापित (जैसे-मंदिर में मूर्ति प्रतिष्ठित करना) 3 जिसे बैठाया गया हो (जैसे-आसन पर प्रतिष्ठित) II (पु०) विष्णु
प्रतिसंक्रम–*सं०* (पु०) परछाईं, प्रतिच्छाया
प्रतिसंक्रात–*सं०* (वि०) प्रतिबिंबित
प्रतिसंख्या–*सं०* (स्त्री०) 1 चेतना 2 ज्ञान की एक अवस्था
प्रतिसंगी–*सं०* (वि०) साथ लगा रहनेवाला
प्रतिसंदेश–*सं०* (पु०) संदेश के जवाब में भेजा गया संदेश
प्रतिसंधान–*सं०* (पु०) = अनुसंधान
प्रतिसंधि–*सं०* (स्त्री०) 1 वियोग, विछोह 2 तलाश, खोज 3 अंत, समाप्ति 4 दो युगों का संधिकाल
प्रतिसंविद–*सं०* (स्त्री०) सांगोपांग ज्ञान
प्रतिसंवेदक–*सं०* (वि०) विषय की पूरी जानकारी करानेवाला
प्रतिसंवेदन–*सं०* (पु०) परीक्षण
प्रतिसंहरण–*सं०* (पु०) 1 रद्द करना
प्रतिसंहार–*सं०* (पु०) 1 रद्द करना 2 त्यागना
प्रतिसंहत–*सं०* (वि०) 1 समेटा हुआ 2 त्यागा हुआ
प्रतिसम–*सं०*(वि०) 1 जो समान हो 2 जो बराबरी का हो
प्रतिसर्ग–*सं०* (पु०) 1 ब्रह्मा के मानस पुत्रों द्वारा की गई सब सृष्टियाँ 2 प्रलय 3 सृष्टि एवं प्रलय संबंधित पुराण का अंश
प्रतिसारण–*सं०* (पु०) 1 दूर करना, हटाना 2 घाव की मरहम-पट्टी करना 3 मरहम लगाने का एक औज़ार 4 मंजन। ~**शाला** (स्त्री०) रोगियों के मरहम-पट्टी करने का कमरा, ड्रेसिंग रूम
प्रतिसारणीय–*सं०* (वि०) 1 प्रतिसारण योग्य 2 जिस पर मरहम-पट्टी की जा सके
प्रतिसारी–*सं०* (वि०) उल्टी दिशा में जानेवाला
प्रतिसृष्ट–*सं०* (वि०) 1 भेजा हुआ, प्रेषित 2 निराकरण किया हुआ, निराकृत 3 मतवाला, मत्त
प्रतिसेना–*सं०* (स्त्री०) विपक्षी की सेना
प्रतिसैकड़ा–*सं०+हिं०* (वि०) प्रतिशत
प्रतिस्त्री–*सं०* (स्त्री०) परायी स्त्री
प्रतिस्थान–*सं०* (अ०) हर जगह, सर्वत्र
प्रतिस्थापन–*सं०* (पु०) 1 वस्तु के नष्ट होने पर या हट जाने पर उसी स्थान पर अन्य वस्तु का रखा जाना 2 व्यक्ति के हट जाने पर उसके पद पर दूसरा व्यक्ति नियुक्त करना
प्रतिस्थापित–*सं०* (वि०) कार्य चलाने हेतु किसी के पद पर नियुक्त किया हुआ
प्रतिस्नात–*सं०* (वि०) नहाया हुआ
प्रतिस्नेह–*सं०* (पु०) प्रेम के बदले किया गया प्रेम, प्रेम का प्रतिदान
प्रतिस्पर्द्धा–*सं०* (स्त्री०) लाग-डाट, होड़
प्रतिस्पर्द्धी–*सं०* (पु०) प्रतिद्वंद्वी
प्रतिस्पर्धात्मक–*सं०* (वि०) प्रतियोगितापूर्ण
प्रतिस्राव–*सं०* (पु०) नाक से पीला एवं गाढ़ा कफ निकलने का रोग
प्रतिस्वन, प्रतिस्वर–*सं०* (पु०) प्रतिशब्द
प्रतिहत–*सं०* (वि०) 1 ठोकर लगा हुआ 2 हटाया हुआ 3 निराश किया हुआ 4 विघ्न में पड़ा हुआ 5 निरस्त
प्रतिहति–*सं०* (स्त्री०) 1 आघात के बदले किया गया आघात, प्रतिघात 2 हटाने की क्रिया 3 रोष, क्रोध
प्रतिहनन–*सं०* (पु०) 1 प्रतिघात करना 2 हनन करनेवाले को मार डालना
प्रतिहस्त, प्रतिहस्तक–*सं०* (पु०) 1 प्रतिनिधि 2 सहायक
प्रतिहस्ताक्षरण–*सं०* (पु०) हस्ताक्षर के अनुमोदन हेतु अन्य बड़े अधिकारी का भी हस्ताक्षर पूर्व हस्ताक्षर के साथ करना
प्रतिहस्ताक्षरित–*सं०* (वि०) हस्ताक्षर के समर्थन में अन्य बड़े अधिकारी द्वारा किया गया हस्ताक्षर
प्रतिहार–*सं०* (पु०) 1 द्वारपाल, ड्योढ़ीदार 2 निवारण 3 चोबदार 4 जादूगर, ऐंद्रजालिक
प्रतिहारण–*सं०* (पु०) 1 दरवाज़ा 2 प्रवेश करने की अनुमति
प्रतिहारी–*सं०* (पु०) दरबान, द्वारपाल

प्रतिहिंसा–*सं०* (स्त्री०) हिंसा के बदले में की गई हिंसा। **~वाद** (पु०) यह मत कि हिंसा का जवाब हिंसा ही है; **~वादी** (वि०) प्रतिहिंसावाद का समर्थक

प्रतिहिंसित–*सं०* (वि०) बदले में की गई हिंसा

प्रतिहित–*सं०* (वि०) 1 रखा हुआ 2 जमाया हुआ, स्थापित किया हुआ

प्रतीक–I *सं०* किसी तरफ़ बढ़ाया हुआ 2 विपरीत रूप में लाया हुआ 3 प्रतिकूल, विरुद्ध 4 विलोम, प्रतिलोम II (पु०) 1 अंग, अवयव 2 भाग, अंश 3 आकृति, रूप 4 प्रतिमा, मूर्ति 5 प्रतिरूप 6 ऐसा वाक्य, अक्षर आदि जो पूर्णता के द्योतक हों 7 सामने का हिस्सा, सामना। **~कथा** (स्त्री०) अमूर्त तत्वों को पात्र मानकर एवं शरीरधारी मानव का रूप देकर आचरण कराए जाने की प्रवृत्ति (जैसे-कामायनी एक प्रतीक कथा है); **~वाद** (पु०) वह अभिव्यंजनात्मक प्रणाली जिसके अनुसार प्रतीकों के आधार पर भावों एवं विषयों आदि का ज्ञान कराया जा सके; **~वादी** I (वि०) प्रतीकवाद से संबंधित II (पु०) जो प्रतीकवाद का समर्थक हो

प्रतीकत:–*सं०* (क्रि० वि०) प्रतीक रूप में

प्रतीकत्व–*सं०* (पु०) प्रतीक भाव

प्रतीकात्मक–*सं०* (वि०) जो प्रतीक से संबद्ध हो, प्रतीक संबंधी

प्रतीकार–*सं०* (पु०) बदला, प्रतिकार

प्रतीकार्थ–*सं०* (पु०) प्रतीक में निहित अर्थ

प्रतीकार्य–*सं०* (वि०) प्रतिकार के योग्य

प्रतीकोपासना–*सं०* (स्त्री०) 1 प्रतीक आधार पर ईश्वरीय आराधना 2 प्रतिमा-पूजन

प्रतीक्षक–*सं०* (वि०) प्रतीक्षा करनेवाला

प्रतीक्षण–*सं०* (पु०) आसरा देखना, बाट जोहना

प्रतीक्षणीय–*सं०* (वि०) प्रतीक्षा करने योग्य

प्रतीक्षा–*सं०* (स्त्री०) आसरा इंतज़ार (जैसे-डाकिये की प्रतीक्षा करना)। **~गृह** (पु०) = प्रतीक्षालय

प्रतीक्षाकुल–*सं०* (वि०) प्रतीक्षा में परेशान

प्रतीक्षालय–*सं०* (पु०) वह स्थान जहाँ ठहरकर किसी का इंतजार किया जाय (जैसे-गाड़ी आने तक प्रतीक्षालय में बैठना)

प्रतीक्षित–*सं०* (वि०) जिसकी प्रतीक्षा की गयी हो

प्रतीक्ष्य–*सं०* (वि०) प्रतीक्षा के योग्य

प्रतीची–*सं०* (स्त्री०) पश्चिम

प्रतीच्य–*सं०* (वि०) 1 पश्चिम संबंधी 2 पश्चिम में होने वाला

प्रतीत–*सं०* (वि०) 1 ज्ञान हुआ, ज्ञात 2 प्रसिद्ध, विख्यात 3 प्रसन्न एवं संतुष्ट

प्रतीति–*सं०* (स्त्री०) 1 प्रतीत होने की क्रिया 2 जानकारी, ज्ञान 2 दृढ़ निश्चय, यकीन 4 हर्ष, प्रसन्नता

प्रतीप–I *सं०* (वि०) 1 उलटा, विलोम 2 विरुद्ध, प्रतिकूल 3 पिछड़ा हुआ 4 पीछे की ओर होनेवाला (जैसे-प्रतीप गति) 5 अप्रिय 6 बाधक 7 हठी II (क्रि० वि०) उलटे III (पु०) *साहि०* एक अलंकार जिसमें प्रसिद्ध उपमान को उपमेय बना दिया जाता है। **~गमन** (पु०) पीछे जाना; **~वचन** (पु०) प्रतिकूल कथन

प्रतीपादन–*सं०* (पु०) 1 लौटकर पुनः पूर्व स्थान पर आना 2 कष्टप्रद मनोदशा से मुक्त होकर मन की स्वाभाविक स्थिति में आनेवाली दशा

प्रतीपोक्ति–*सं०* (स्त्री०) कथन के विरुद्ध कहा गया कथन, खंडन

प्रतीयमान्–*सं०* (वि०) 1 जान पड़ता हुआ 2 जो समझ में आता हो 3 जो वास्तविक सा जान पड़े 4 जो व्यंजना द्वारा प्रकट हो (जैसे-प्रतीयमान् अर्थ)

प्रतीयमानत:–*सं०* अ० ऊपर से देखने पर, बाह्य रूप में, प्रतीयमान रूप में

प्रतुष्टि –*सं०* (स्त्री०) संतोष

प्रतोली–*सं०* (स्त्री०) 1 चौड़ी सड़क, राजमार्ग 2 गली-कूचा 3 किले के नीचे का रास्ता

प्रत्न–*सं०* (वि०) 1 प्राचीन पुराना 2 पहले का 3 परंपरागत। **~जीव-विज्ञान** (पु०) ऐसा शास्त्र जिसमें पुराने जीव-जंतुओं के रूप आदि का विवेचन होता है; **~जीव-विज्ञानी** (पु०) प्रत्न-जीव-विज्ञान को जाननेवाला

प्रत्नतत्व–*सं०* (पु०) पुरातत्व

प्रत्यंकन–*सं०* (पु०) अनुरेखन

प्रत्यंकित–*सं०* (वि०) अनुरेखित

प्रत्यंग–*सं०* (पु०) 1 शरीर का कोई छोटा अंग 2 वस्तु आदि का गौण अंश 3 ग्रंथ का अध्याय

प्रत्यंचा–*सं०* (स्त्री०) धनुष की डोरी, चिल्ला

प्रत्यक्ष–I *सं०* (वि०) 1 स्पष्ट दिखाई पड़नेवाला 2 जिसका ज्ञान इंद्रिय द्वारा स्पष्ट हो (जैसे-प्रत्यक्ष बात) 3 जिसमें घुमाव-फिराव न हो, साफ़, स्पष्ट (जैसे-प्रत्यक्ष कर) II (क्रि० वि०) आँखों के सामने। **~ज्ञान** (पु०) इंद्रिय एवं विषय के सन्निकर्ष से उत्पन्न ज्ञान; **~ता** (स्त्री०) प्रत्यक्ष होने की स्थिति; **~दर्शी** (वि०) साक्षात देखनेवाला; **~दर्शी-विवरण** (पु०) साक्षात देखा हुआ बयान; **~वाद** (पु०) इंद्रिय द्वारा प्राप्त ज्ञान ही केवल सत्य है शेष मिथ्या ऐसा मत, एम्परिसिज़्म; **~वादी** I (वि०) प्रत्यक्षवाद संबंधी, प्रत्यक्षवाद का II (पु०) प्रत्यक्षवाद को माननेवाला

प्रत्यक्षत:, प्रत्यक्षतया–*स०* (क्रि० वि०) प्रत्यक्ष रूप से

प्रत्यक्षर–*सं०* **(क्रि० वि०)** प्रत्येक अक्षर में

प्रत्यक्षरीकरण–*सं०* (पु०) 1 प्रत्यक्ष रूप देना 2 इंद्रिय द्वारा ज्ञान कराना

प्रत्यक्षी–*सं०* (वि०) 1 प्रत्यक्ष दर्शी। **~करण** (पु०) 1 स्वयं आँखों से देखना 2 इंद्रिय द्वारा ग्रहण करना; **~कृत** (वि०) 1 आँखों से देखा हुआ 2 इंद्रिय द्वारा ग्रहण किया हुआ; **~भूत** (वि०) जो प्रत्यक्ष हो चुका हो

प्रत्यग्र–*सं०* (वि०) बढ़ा हुआ। **~वय** (वि०) जो चढ़ती जवानी में हो

प्रत्यधिकार–*सं०* (पु०) एक के जवाब में दूसरे का जताया गया अधिकार

प्रत्यनंतर–I *सं०* (पु०) उत्तराधिकारी II (वि०) सन्निकट, प्रत्यासन्न

प्रत्यनुयोग–*सं०* (पु०) प्रतिप्रश्न

प्रत्यपकार–*सं०* (पु०) अहित के बदले किया गया अहित

प्रत्यब्द–*सं०* (क्रि० वि०) प्रतिवर्ष, हर साल

प्रत्यभिज्ञा–*सं०* (स्त्री०) 1 ज्ञान प्राप्त करना, जानना 2 पहचानना
प्रत्यभिज्ञात–*सं०* (वि०) 1 जाना हुआ 2 पहचाना हुआ
प्रत्यभिज्ञान–*सं०* (पु०) 1 प्रत्यभिज्ञा 2 स्मृति जन्य ज्ञान
प्रत्यभिज्ञेय–*सं०* (वि०) पहचानने योग्य
प्रत्यभिभूत–*सं०* (वि०) = पराभूत
प्रत्यभियुक्त–*सं०* (वि०) प्रत्यभियोग लगा हुआ
प्रत्यभियोग–*सं०* (पु०) प्रतिवादी की तरफ़ से वादी पर लगाया गया अभियोग
प्रत्यभिवादन–*सं०* (पु०) प्रणाम के बदले प्रणाम करना
प्रत्यमित्र–*सं०* (पु०) शत्रु, दुश्मन
प्रत्यय–*सं०* (पु०) 1 विश्वासमय दृढ़ धारणा, (आइडिया) 2 प्रमाण 3 विचार, ख्याल 4 ज्ञान 5 व्याख्यान 6 आवश्यकता 7 हेतु, कारण 8 चिहन, लक्षण। **~कारी** (वि०) विश्वास उत्पन्न करनेवाला; **~पत्र** (पु०) प्रधान अधिकारी द्वारा हस्ताक्षर कृत एवं मुहर युक्त वह प्रमाण पत्र जो किसी को अधिकारिक रूप से अमुक पद पर कार्य करने हेतु दिया जाता है; **~प्रतिभू** (पु०) मौखिक विश्वास की ज़मानत देनेवाला; **~प्रतिवचन** (पु०) निश्चित एवं स्पष्ट उत्तर; **~वाद** (पु०) आदर्शवाद, आइडियलिज़्म; **~वादी** (वि०) 1 आदर्शवाद का समर्थक (पु०) 2 प्रत्ययवाद का; **~वृत्ति** (स्त्री०) शब्द के अंत में प्रत्यय लगाकर नए शब्द बनाने की विधि, निष्पत्ति विधि
प्रत्ययांत–*सं०* (वि०) प्रत्यययुक्त (जैसे-चायवाला, दूकानदार आदि प्रत्ययांत शब्द हैं)
प्रत्ययिक–*सं०* (वि०) 1 प्रत्यय संबंधी, प्रत्यय का 2 विश्वस्त 3 आप्त
प्रत्ययिक–*सं०* (वि०) 1 विश्वास किया हुआ 2 प्रत्यय लगा हुआ
प्रत्ययी–*सं०* (वि०) 1 विश्वासयुक्त 2 प्रत्ययिक
प्रत्यर्थ–I *सं०* (वि०) उपयोगी II (पु०) 1 जवाब, उत्तर 2 विरोध
प्रत्यर्थी–*सं०* (पु०) 1 प्रतिवादी 2 प्रतिद्वंद्वी 3 शत्रु, दुश्मन
प्रत्यर्पण–*सं०* (पु०) वापस करना, लौटाना
प्रत्यर्पित–*सं०* (वि०) लौटाया हुआ
प्रत्यवरोध,प्रत्यवरोधन–*सं०* (पु०) बाधा, रूकावट डालना
प्रत्यवरोह, प्रत्यवरोहण–*सं०* (पु०) 1 उतारना, अवरोह 2 उतरना
प्रत्यवलोकन–*सं०* (पु०) लौटकर देखना
प्रत्यवसान–*सं०*(पु०) भोजन करना
प्रत्यवस्कंद–*सं०* (पु०) प्रतिवादी का जवाबदावा
प्रत्यवस्थाता–*सं०* (पु०) 1 शत्रु 2 प्रतिवादी
प्रत्यवेक्षण–*सं०* (पु०) 1 चौकसी करना 2 ध्यान रखना
प्रत्यस्त-गमन–*सं०* (पु०) अस्त होना
प्रत्यस्थ–*सं०* (वि०) खींचने पर लंबा होनेवाला, तन्यक
प्रत्याक्रमण–*सं०* (पु०) जवाबी हमला
प्रत्याक्षेप–*सं०* (पु०) = प्रत्यवस्कंद
प्रत्याख्यात–*सं०* (वि०) 1 अस्वीकृत 2 मना क्रिया हुआ 3 निवारित 4 सूचित किया हुआ 5 अतिक्रांत 6 प्रसिद्ध
प्रत्याख्यान–*सं०* (पु०) 1 इनकार 2 निराकरण 3 उपेक्षा, अवज्ञा 4 आपत्ति विरोध
प्रत्यागत–*सं०* (वि०) 1 वापस आया हुआ 2 पुनः प्राप्त हुआ
प्रत्यागति–*सं०* (स्त्री०) लौट आना, वापसी
प्रत्यागमन–*सं०* (पु०) वापस आना
प्रत्याघात–*सं०* (पु०) आघात के बदले में किया जानेवाला आघात
प्रत्याचार–*सं०* (पु०) अनुकूल व्यवहार
प्रत्यातप–*सं०* (पु०) छाया, परछाईं
प्रत्यादान–*सं०* (पु०) पुनः प्राप्त करना
प्रत्यादिष्ट–*सं०* (वि०) 1 निराकृत 2 लांछित 3 निर्देशित 4 अस्वीकृत
प्रत्यादेश–*सं०* (पु०) 1 आदेश, आज्ञा 2 घोषणा 3 इनकार 4 हिदायत, चेतावनी
प्रत्यानयन–*सं०* (पु०) वापस लाना
प्रत्यानीत–*सं०* (वि०) लौटाया हुआ
प्रत्यापत्ति–*सं०* (स्त्री०) 1 पुनरागमन 2 वैराग्य
प्रत्याभास–*सं०* (पु०) तेज, शक्ति के फलस्वरूप होनेवाला आभास (जैसे-मन में आत्मा का प्रत्याभास होना)
प्रत्याभूति–*सं०* (स्त्री०) वस्तु की वास्तविक स्थिति के विषय में विश्वास दिलाना
प्रत्याय–*सं०* (स्त्री०) 1 राजस्व, कर 2 आय
प्रत्यायक–I *सं०* (वि०) 1 विश्वास दिलनेवाला 2 प्रमाणित करनेवाला 3 व्याख्याता II (पु०) प्रत्यय-पत्र
प्रत्यायन–*सं०* (पु०) 1 विश्वास दिलाना 2 प्रमाणित करना 3 व्याख्यान 4 (वधू) लिवा ले जाना 5 सूर्यास्त होना
प्रत्यायुक्त–I *सं०* (वि०) अधीन II (पु०) प्रतिनिधि
प्रत्यायुक्ति–*सं०* (स्त्री०) प्रतिनिधित्व
प्रत्यारंभ–*सं०* (पु०) पुनरारंभ
प्रत्यारोप–*सं०* (पु०) आरोप के बदले लगाया गया आरोप (जैसे-प्रत्यारोप करना)
प्रत्यालोचना–*सं०* (स्त्री०) आलोचना की समीक्षा
प्रत्यावर्तन–*सं०* (पु०) वापस आना, लौट आना
प्रत्यावेदन–*सं०* (पु०) अपने आवेदन के बदले में दिया गया आवेदन
प्रत्याशा–*सं०* (स्त्री०) आशा, उम्मीद, भरोसा
प्रत्याशिक–*सं०* (वि०) प्रत्याशा संबंधी, प्रत्याशात्मक
प्रत्याशित–*सं०* (वि०) पूर्वानुमानित
प्रत्याशी–I *सं०* (वि०) प्रत्याशा करनेवाला II (पु०) 1 पद इच्छुक व्यक्ति 2 उम्मीदवार
प्रत्याश्रय–*सं०* (पु०) आश्रय स्थल, शरणागार
प्रत्याश्वासन–*सं०* (पु०) ढाढ़स, सांत्वना
प्रत्यासन्न–*सं०* (वि०) पास आया हुआ
प्रत्याहत–*सं०* (वि०) 1 अस्वीकृत 2 हटाया हुआ, निवारित
प्रत्याहरण–*सं०* (पु०) 1 वापस लेना 2 हटना 3 इंद्रिय निग्रह
प्रत्याहार–*सं०* (पु०) 1 पीछे खींचना, हटाना 2 आशा, वचन आदि वापस लेना 3 *व्या०* वर्णों को संक्षेप रूप में ग्रहण करना
प्रत्याहूत–*सं०* (वि०) वापस बुलाया हुआ
प्रत्याहृत–*सं०* (वि०) 1 हटाया हुआ 2 संयम में रखा गया
प्रत्याह्वान–*सं०* (पु०) 1 वापस बुलाना 2 वापस बुलाने का आदेश

प्रत्युक्त–*सं०* (वि०) 1 उत्तरित 2 उत्तर द्वारा खंडित
प्रत्युक्ति–*सं०* (स्त्री०) जवाब
प्रत्युच्चार–*सं०* (पु०) पुनः उच्चारण करना
प्रत्युज्जीवन–*सं०* (पु०) पुनरुज्जीवन
प्रत्युत–*सं०* (क्रि० वि०) बल्कि, वरन्
प्रत्युत्क्रम–*सं०* (पु०) 1 युद्ध में पहले पहल का आक्रमण 2 गौण कार्य 3 आक्रमण के बदले आक्रमण
प्रत्युत्तर–*सं०* (पु०) जवाब का जवाब
प्रत्युत्थान–*सं०* (पु०) 1 स्वागत हेतु खड़ा होना 2 सामना करने को उठ खड़ा होना
प्रत्युत्पन्न–*सं०* (वि०) 1 तत्काल उत्पन्न हुआ 2 पुनः उत्पन्न हुआ
प्रत्युदाहरण–*सं०* (पु०) प्रतिकूल उदाहरण
प्रत्युद्गमन–*सं०* (पु०) प्रत्युत्थान
प्रत्युद्यम–*सं०* (पु०) 1 विरोध में किया गया कार्य 2 प्रतिकार
प्रत्युपकार–*सं०* (पु०) नेकी के बदले की गई नेकी, हित के बदले हित
प्रत्युपकारी–*सं०* (पु०) प्रत्युपकार करनेवाला
प्रत्युपदेश–*सं०* (पु०) 1 उपदेश के बदले दिया गया उपदेश 2 राय के बदले दी गई राय
प्रत्युपमान–*सं०* 1 उपमान का उपमान
प्रत्युपस्थान–*सं०* (पु०) पड़ोस
प्रत्युप्त–*सं०* (वि०) 1 जमाया हुआ, जड़ा हुआ 2 बोया हुआ
प्रत्येक–*सं०* (वि०) हर एक
प्रथन–*सं०* (पु०) 1 विस्तार करना 2 प्रक्षेपण करना 3 प्रकाश में लाना, प्रदर्शन करना
प्रथम–I *सं०* (वि०) 1 पहला, अव्वल 2 सर्वश्रेष्ठ II (क्रि० वि०) आगे, पहले। **~ता** I (स्त्री०) 1 प्राथमिकता 2 प्रथम होने की अवस्था II (क्रि० वि०) साधारणतः देखने पर; **~वय** (पु०) बाल्यकाल
प्रथमतः– (क्रि० वि०) सबसे पहले
प्रथमवयसी–*सं०* (वि०) नई उम्र का
प्रथमा–*सं०* (स्त्री०) *व्या०* कर्ताकारक (जैसे-प्रथमा विभक्ति)
प्रथमाक्रमण–*सं०* (पु०) पहले आक्रमण करना, एग्रेशन
प्रथमाक्रमणकारी–*सं०* (पु०) पहला आक्रमण करनेवाला, एग्रेसर
प्रथमाक्षर–*सं०* (पु०) पहला अक्षर
प्रथमार्द्ध–*सं०* (पु०) दो बराबर भागों में पहला, पूर्वार्द्ध
प्रथमेतर–*सं०* (वि०) दूसरा
प्रथमोदित–*सं०* (वि०) पहले उदय हुआ
प्रथमोपचार–*सं०* (पु०) प्राथमिक उपचार
प्रथा–*सं०* (स्त्री०) 1 रीति, परिपाटी 2 प्रसिद्धि, ख्याति 3 नियम
प्रथानुकूल, प्रथानुसार–*सं०* (वि०) पारंपरिक
प्रथित–*सं०* (वि०) 1 प्रसिद्ध, मशहूर 2 लंबाचौड़ा, विस्तृत
प्रथिति–*सं०* (स्त्री०) 1 विस्तार 2 ख्याति, प्रसिद्धि
प्रथिवी–*सं०* (स्त्री०) पृथ्वी
प्रद–*सं०* (वि०) देनेवाला (जैसे-आनंदप्रद)
प्रदक्षिण–*सं०* (वि०) 1 योग्य, समर्थ 2 चतुर, होशियार
प्रदक्षिणा–*सं०* (स्त्री०) परिक्रमा (जैसे-देवता की प्रदक्षिणा)
प्रदग्ध–*सं०* (वि०) अत्यधिक जला हुआ
प्रदत्त–*सं०* (वि०) दिया हुआ
प्रदर–*सं०* (पु०) 1 तितर-बितर होना 2 तोड़ना-फोड़ना 3 स्त्रियों के गर्भाशय से निकलनेवाला लसदार गंदा तरल पदार्थ का रोग, ल्यूकोरिया 4 दरार
प्रदर्शक–I *सं०* (वि०) 1 प्रदर्शन करनेवाला 2 दिखलानेवाला II (पु०) 1 गुरु 2 दर्शक
प्रदर्शन–*सं०* (पु०) दिखलाना, दिखाना। **~कक्ष** (पु०) दिखाने का कमरा, शोरूम; **~कारी** (वि०) दिखानेवाला
प्रदर्शनात्मक–*सं०* (वि०) प्रदर्शन संबंधी
प्रदर्शनी–*सं०* (स्त्री०) 1 नुमाइश (जैसे-गिरजाघर में प्रदर्शनी लगी है) 2 नजारा (जैसे-चलती-फिरती प्रदर्शनी)
प्रदर्शिका–*सं०* (स्त्री०) प्रदर्शनशाला
प्रदर्शित–*सं०* (वि०) 1 दिखाया गया 2 जनाया हुआ 3 प्रदर्शनी में रखा हुआ
प्रदाता–*सं०* (पु०) देनेवाला, दानी, दाता
प्रदान–*सं०* (पु०) 1 देना 2 दी जानेवाली वस्तु 3 कन्यादान 4 इनाम, पुरस्कार। **~पत्र** (पु०) दानपत्र
प्रदाय–*सं०* (पु०) 1 दी गई वस्तु 2 भेंट, उपहार
प्रदायक, प्रदायी–*सं०* (वि०) देनेवाला (जैसे-सुखप्रदायक)
प्रदाह–*सं०* (पु०) 1 दाह, जलन 2 कष्ट, ताप 3 विनाश
प्रदिग्ध–*सं०* (वि०) खूब पका हुआ
प्रदिष्ट–*सं०* (वि०) 1 दिखाया हुआ 2 बताया हुआ 3 नियत किया हुआ 4 आदिष्ट, प्रेसक्राइब्ड
प्रदीप–I *सं०* (वि०) प्रकाश करनेवाला II (पु०) 1 दीया, दीपक 2 प्रकाश, रोशनी 3 संपूर्ण जाति का राग। **~स्तंभ** (पु०)
प्रदीपक–I *सं०* (वि०) प्रदीपन करनेवाला 2 रोशनी करनेवाला II (पु०) छोटा दीपक
प्रदीपन–*सं०* (पु०) 1 प्रकाश करना 2 उत्तेजित करना
प्रदीपिका–*सं०* (स्त्री०) 1 छोटा दीया 2 छोटी पुस्तक
प्रदीप्त–*सं०* (वि०) 1 जलता हुआ 2 प्रकाशित 3 उज्ज्वल, चमकीला
प्रदीप्ति–*सं०* (स्त्री०) 1 रोशनी, प्रकाश, 2 चमक
प्रदीर्घ–*सं०* (वि०) अत्यधिक दीर्घ
प्रदुष्ट–*सं०* (वि०) 1 दोष युक्त, बिगड़ा हुआ 2 दुष्ट 3 लंपट, व्यभिचारी
प्रदूषक–*सं०* (वि०) 1 अपवित्र करनेवाला 2 नष्ट करनेवाला
प्रदूषण–*सं०* (पु०) 1 नष्ट करना 2 अपवित्र करना
प्रदेय–I *सं०* (वि०) देने योग्य II (पु०) भेंट, उपहार
प्रदेश–*सं०* (पु०) 1 संघ राज्य की इकाई (जैसे-मध्य-प्रदेश) 2 प्रांत 3 अंग, अवयव 4 भू भाग का कोई खंड, भूखंड। **~गत** (वि०) = प्रदेशीय; **~वाद** (पु०) प्रदेश को प्रमुखता देने का मत; **~विदेश** (पु०) देश-विदेश, देश-परदेश
प्रदेशन–*सं०* (पु०) 1 उपहार, भेंट 2 उपदेश देना, परामर्श 3 दिखलाना,
प्रदेशनी–*सं०* (स्त्री०) तर्जनी
प्रदेशित–*सं०* (वि०) 1 दिखलाया हुआ 2 प्रदिष्ट
प्रदेशीय–*सं०* (वि०) प्रदेश संबंधी (जैसे-प्रदेशीय समस्या एवं समाधान)

प्रदेह–*सं०* (पु०) 1 फोड़े आदि पर दवा लगाना 2 लेप करना
प्रदोष–*सं०* (पु०) 1 सूर्यास्त का समय, संध्या 2 त्रयोदशी व्रत 3 बहुत बड़ा दोष
प्रदोह–*सं०* (पु०) दूध दुहना, दोहन
प्रद्योत–*सं०* (पु०) 1 किरण, रश्मि 2 आभा, चमक
प्रद्योतन–*सं०* (पु०) 1 चमकाना 2 दीप्ति
प्रद्रावण–*सं०* (पु०) भागना, पलायन करना
प्रद्वार–*सं०* (पु०) 1 दरवाज़े, फाटक के पास की जगह 2 मुख्य द्वार
प्रद्वेष, प्रद्वेषण–*सं०* (पु०) 1 अधिक द्वेष 2 घृणा, नफ़रत
प्रधर्ष –*सं०* (पु०) 1 अपमान 2 पराभव 3 किसी स्त्री का सतीत्व नष्ट करना, बलात्कार 4 आक्रमण
प्रधर्षक–*सं०* (वि०) प्रधर्ष करनेवाला
प्रधर्षण–*सं०* (पु०) 1 बेइज़्ज़ती 2 बलात्कार 3 चढ़ाई
प्रधर्षित–*सं०* (वि०) 1 अपमानित 2 आक्रमण किया गया 3 बलात्कार किया गया
प्रधान–I *सं०* (वि०) मुख्य (जैसे-सभा का प्रधान व्यक्ति) II (पु०) 1 नेता, मुखिया (जैसे-ग्राम-प्रधान) 2 सचिव 3 संस्था का सबसे बड़ा अधिकारी (जैसे-कार्यालय-प्रधान) 4 सृष्टि का उपादान कारण। ~**मंत्री** (पु०) 1 देश, राज्य का सबसे बड़ा मंत्री) (जैसे-भारत का प्रधान मंत्री 2 संस्था आदि का सबसे बड़ा मंत्री, जनरल सेक्रेटरी; ~**वाक्य** (पु०) मुख्य वाक्य; ~**सचिव** (पु०) मुख्य सचिव
प्रधानतः–*सं०* (क्रि० वि०) मुख्यरूप से
प्रधानांग–*सं०* (पु०) विषय वस्तु
प्रधानाचार्य–*सं०* (पु०) कालेज का प्रधान अधिकारी, प्रिंसिपल
प्रधानाध्यापक–*सं०* (पु०) स्कूल का सर्वप्रमुख अध्यापक, हेडमास्टर
प्रधानामात्य–*सं०* (पु०) प्रधानमंत्री
प्रधारण–*सं०* (पु०) 1 रक्षण 2 धारण करना
प्रधारणा–*सं०* (स्त्री०) ध्यान लगाना, ध्यान जमाना
प्रधावन–*सं०* (पु०) 1 प्रक्षालन, मार्जन 2 वायु
प्रधी–*सं०* (वि०) अत्यंत चतुर
प्रधूपित–*सं०* (वि०) 1 तपाया हुआ 2 संतापित 3 दीप्त
प्रधूमित–*सं०* (वि०) 1 धुआँ देनेवाला 2 अंदर ही अंदर सुलगनेवाला
प्रधृष्ट–*सं०* (वि०) 1 अपमानित 2 उद्दंड, उद्धत 3 घमंडी, अभिमानी, दंभी
प्रध्यान–*सं०* (पु०) गंभीर चिंतन, विशेष चिंतन
प्रध्वंस–*सं०* (पु०) 1 विनाश, नाश 2 पदार्थ की अतीतावस्था (सांख्य)
प्रध्वंसक–*सं०* (वि०) नाश करनेवाला
प्रध्वस्त–*सं०* (वि०) नष्ट, बर्बाद
प्रनष्ट–*सं०* (वि०) 1 विनष्ट 2 पलायित, भागा हुआ 3 लुप्त
प्रनियम–*सं०* (पु०) उपनियम
प्रन्यास–*सं०* (पु०) विशिष्ट कार्य हेतु सौंपा गया धन, विशेष ट्रस्ट
प्रन्यासी–*सं०* (पु०) विशेष ट्रस्टी
प्रपंच–*सं०* (पु०) 1 छल-कपट से भरा कार्य, छलपूर्ण कार्य 2 झंझट, बखेड़ा, लड़ाई-झगड़ा 3 मायावी एवं मिथ्या दृश्य 4 विस्तार, फैलाव 5 प्रतिकूलता। ~**वचन** (पु०) विस्तृत कथन
प्रपंचित–*सं०* (वि०) 1 ठगा हुआ 2 विस्तारित
प्रपंची–*सं०* (वि०) 1 धोखेबाज़, छलिया 2 झगड़ा करनेवाला 3 प्रपंच करनेवाला
प्रपंजी–*सं०* (स्त्री०) खाता, बही, लेजर
प्रपठन–*सं०* (पु०) 1 ज्यों का त्यों पढ़ा जाना, पाठ 2 उद्धरणी
प्रपतन–*सं०* (पु०) 1 गिरना 2 उड़ जाना 3 मृत्यु
प्रपतित–*सं०* (वि०) 1 गिरा हुआ 2 विनष्ट, क्षति प्राप्त 3 मृत 4 उड़ा हुआ
प्रपत्ति–*सं०* (स्त्री०) अनन्य भक्ति
प्रपत्र–*सं०* (पु०) छपा हुआ पत्र जिसमें पूछी गई बातें भरी जाती हैं, फार्म (जैसे-आवेदन का प्रपत्र)
प्रपथ–I *सं०* (वि०) थका-माँदा II (पु०) बड़ा एवं चौड़ा मार्ग
प्रपद–*सं०* (पु०) पंजा
प्रपन्न–*सं०* (वि०) 1 आया हुआ, पहुँचा हुआ 2 शरणागत
प्रपर्ण–*सं०* (पु०) गिरा हुआ पत्ता
प्रपलायक–*सं०* (पु०) भगोड़ा, फ़रार
प्रपलायन–*सं०* (पु०) फरार होना, भाग जाना
प्रपा–*सं०* (स्त्री०) 1 पौसरा 2 कूप, कूआँ
प्रपाक–*सं०* (पु०) 1 घाव पकना 2 प्रदाह
प्रपाठ–*सं०* (पु०) 1 सबक, पाठ 2 अध्याय
प्रपात–*सं०* (पु०) 1 तेज़ी से गिरना (जैसे-जल प्रपात) 2 झरना
प्रपातन–*सं०* (पु०) गिराना, फेंकना
प्रपाती– (पु०) ऐसी चट्टान जिसका किनारा खड़ा हो
प्रपाती–*सं०* ऊँची-नीची चट्टानों में होनेवाला जलप्रपात
प्रपाथ–*सं०* (पु०) सड़क, मार्ग
प्रपान–*सं०* (पु०) 1 पीना 2 प्रपा, पौंसला
प्रपितामह–*सं०* (पु०) पितामह, परदादा (स्त्री० प्रपितामही)
प्रपीड़क–*सं०* (वि०) 1 पेरनेवाला 2 सतानेवाला
प्रपीड़न–*सं०* (पु०) 1 पेरना 2 सताना
प्रपुंज–*सं०* (पु०) ढेर, राशि
प्रपुत्र–*सं०* (पु०) पोता I
प्रपूरक–*सं०* (वि०) 1 पूरा करनेवाला 2 तृप्त करनेवाला
प्रपूरण–*सं०* (पु०) 1 भरना 2 तृप्त करना 3 मिलाना
प्रपूरित–*सं०* (वि०) 1 भरा हुआ 2 तृप्त किया हुआ
प्रपौत्र–*सं०* (पु०) परपोता (स्त्री० प्रपौत्री)
प्रफुल्ल–*सं०* (वि०) 1 खिला हुआ, विकसित 2 जिसमें फूल लगे हों 3 प्रसन्न। ~**वदन** (वि०) प्रसन्न मुख
प्रफुल्लित–*सं०* (वि०) 1 खिला हुआ, कुसुमित 2 हँसता हुआ 3 विकसित
प्रबंध–*सं०* (पु०) 1 बाँधने की वस्तु, बंधन (जैसे-डोरी, रस्सी आदि) 2 आयोजन 3 व्यवस्था (जैसे-भोजन का प्रबंध, दावत का प्रबंध) 4 काव्य का भेद (जैसे-प्रबंध काव्य)। ~**अभिकर्ता** (पु०) प्रबंध करनेवाला संस्था का एजेंट; ~**कर्ता** (पु०) = प्रबंध अधिकारी; ~**कर्त्री** (स्त्री०) प्रबंध करनेवाली महिला; ~**कल्पना** (स्त्री०) कल्पना प्रधान कथा;

~कार (पु०) प्रबंध काव्य का लिखनेवाला; **~कारिणी** (वि०) प्रबंध करनेवाली **~कारी** (वि०) प्रबंध करनेवाला; **~कार्य** (पु०) आयोजन का काम; **~काल** (पु०) आयोजन का समय; **~काव्य** (पु०) महाकाव्य एवं खंड काव्य; **~कुशल** (वि०) प्रबंध करने में दक्ष; **~कौशल** (पु०) = प्रबंध अभिकर्ता; **~पटु** (वि०) प्रबंध कुशल; (पु०) आयोजन का खर्च; **~परिषद** (स्त्री०) संस्था का संचालन करनेवाली समिति; **~मंत्री** (पु०) संस्था का अध्यक्ष, सचिव; **~विभाग** (पु०) संस्था आदि का विभाग; **~परिव्यय, ~व्यय** (पु०) व्यवस्था का खर्च; **~संचालक** (पु०) = प्रबंध अभिकर्ता; **~संपादक** (पु०) पत्र-पत्रिकाओं आदि का संपादन करनेवाला व्यक्ति, मैनेजिंग एडिटर; **~समिति** (स्त्री०) संस्था, सभा आदि के चुने गए लोगों की समिति, प्रबंध परिषद

प्रबंधक–I *सं०* (वि०) व्यवस्था करनेवाला II (पु०) व्यवस्थापक, मैनेजर। **~एजेंसी** *+अं०* (स्त्री०) प्रबंध अभिकर्ता प्रणाली

प्रबंधन–*सं०* (पु०) 1 व्यवस्था करना 2 आयोजन करना 3 काव्य रचना आदि की शैली (जैसे-गद्य प्रबंधन की कुशलता)

प्रबंधात्मक–*सं०* (वि०) प्रबंध संबंधी

प्रबंधार्थ–*सं०* (पु०) साहित्यिक रचना में उल्लखित विषय

प्रबंधी–*सं०* (वि०) प्रबंधक

प्रबल–*सं०* (वि०) 1 बलवान 2 उग्र, तेज, प्रचंड

प्रबलक–*सं०* (वि०) बल बढ़ानेवाला

प्रबलन–*सं०* (पु०) 1 बल बढ़ाना 2 बल बढ़ाने का उपाय

प्रबलित–*सं०* (वि०) बल बढ़ाया हुआ

प्रबाधक–*सं०* (वि०) 1 निवारण करनेवाला 2 हटानेवाला

प्रबाहु–*सं०* (पु०) हाथ का अगला भाग, पहुँचा

प्रबुद्ध–I *सं०* (वि०) 1 चैतन्य, सचेत 2 जागा हुआ, जाग्रत 3 प्रबोधयुक्त 4 विकसित II (पु०) 1 ज्ञानी 2 विद्वान, पंडित

प्रबोध–*सं०* (पु०) 1 जागना 2 यथार्थज्ञान 3 ढारस, दिलासा 4 सतर्कता, चेतावनी 5 विकास

प्रबोधक–*सं०* (वि०) 1 जगानेवाला 2 सचेत करनेवाला 3 ज्ञान देनेवाला 4 सांत्वना देनेवाला

प्रबोधन–*सं०* (पु०) 1 जागरण, जागना 2 नींद से उठाना, जगाना 3 यथार्थ ज्ञान 4 जताना 5 सचेत करना, ढारस देना, तसल्ली देना 6 विकसित करना

प्रबोधित–*सं०* (वि०) 1 जगाया हुआ 2 ज्ञान दिया हुआ 3 समझाया-सिखलाया हुआ 4 ढारस दिया गया

प्रभंजन–*सं०* (पु०) 1 प्रचंड वायु 2 तोड़ना फोड़ना

प्रभव–*सं०* (पु०) 1 सृष्टि का मूल कारण 2 उत्पत्ति, जन्म 3 उत्पत्ति स्थान 4 सृष्टि 5 जगत, संसार

प्रभवन–*सं०* (पु०) 1 उत्पत्ति 2 आकार 3 उत्पत्ति स्थान

प्रभविष्णु–I *सं०* (वि०) 1 प्रभावशील 2 बलवान II (पु०) 1 प्रभु 2 विष्णु

प्रभा– (स्त्री०) 1 प्रकाश, दीप्ति 2 किरण। **~मंडल** (पु०) दीप्ति मंडल, परिवेश

प्रभाग–*सं०* (पु०) 1 विभाग का भाग 2 भिन्न का भिन्न

प्रभात–*सं०* (पु०) प्रातःकाल, सबेरा, तड़का। **~कालीन** (वि०) भोर के समय का; **~फेरी** *+हिं०* (स्त्री०) प्रचार के उद्देश्य से प्रातःकाल जुलूस बनाकर बस्तियों में घूमना; **~बेला** (स्त्री०) प्रभात; **~संस्करण** (पु०) तड़के निकलेवाला समाचार पत्र का अंक

प्रभाती–I *सं०* (स्त्री०) प्रातःकाल गाया जानेवाला गीत II (वि०) प्रभात संबंधी

प्रभामय–*सं०* (वि०) प्रकाशपूर्ण

प्रभार–*सं०* (पु०) कार्यभार, चार्ज

प्रभारी–*सं०* (वि०) कार्यभार, चलानेवाला

प्रभाव–*सं०* (पु०) 1 अस्तित्व में आना, उद्भव 2 सामर्थ्य, शक्ति 3 बुद्धिबल, चारित्रिक विशेषता आदि के परिणाम स्वरूप पड़नेवाला असर (जैसे-नैतिकता का प्रभाव, साधुता का प्रभाव) 4 अच्छा एवं बुरा परिणाम (जैसे-सिनेमा का प्रभाव, औषध का प्रभाव) 5 ग्रहों की विशिष्ट स्थिति से उत्पन्न अच्छा एवं बुरा परिणाम 6 आतंक (जैसे-शासन का प्रभाव बहुत कठोर है)। **~कर ~कारी** (वि०) असर डालनेवाला, प्रभावशाली; **~क्षेत्र** (पु०) वह क्षेत्र जिस पर किसी का प्रभाव हो; **~वाद** (पु०) यह सिद्धांत हर कार्य पर किसी पूर्व कार्य का प्रभाव रहता है; **~वादी** (वि०) प्रभाव वाद का समर्थक; **~शाली** (वि०) प्रभाववाला; **~शील** (वि०) असरदार; **~संपन्न** (वि०) प्रभावयुक्त, प्रभावमय; **~स्वरूप** (क्रि० वि०) प्रभाव के रूप में

प्रभावक–*सं०* (वि०) प्रभाव उत्पन्न करनेवाला, प्रभावशाली

प्रभावना–*सं०* (स्त्री०) 1 उद्भावना 2 प्रकाश

प्रभावान्–*सं०* (वि०) 1 प्रतापी 2 प्रभावशाली

प्रभावान्वित–*सं०* (वि०) प्रभावित

प्रभावापन्न–*सं०* (वि०) प्रभावशाली, प्रभावमय

प्रभावित–*सं०* (वि०) प्रभाव पड़ा हुआ (जैसे- भावनाओं से प्रभावित होना)

प्रभावी–*सं०* (वि०) = प्रभावक

प्रभावोत्पादक–*सं०* (वि०) प्रभावशाली

प्रभावोत्पादन–*सं०* (पु०) प्रभाव उत्पन्न करना, प्रभाव डालना

प्रभाषण–*सं०* (पु०) व्याख्या

प्रभाषी–*सं०* (वि०) व्याख्या करनेवाला

प्रभास–I *सं०* (वि०) 1 प्रभापूर्ण 2 अत्यंत चमकदार, चमकीला II (पु०) 1 ज्योति 2 दीप्ति, चमक

प्रभासन–*सं०* (पु०) 1 दीप्ति 2 दीप्ति उत्पन्न करना

प्रभिन्न–*सं०* (वि०) 1 अलग हुआ 2 अत्यधिक भेदवाला 3 विभक्त 4 विकृत 5 ढीला किया हुआ 6 खिला हुआ

प्रभु–*सं०* (पु०) 1 ईश्वर, परमात्मा 2 स्वामी, मालिक 3 आदर सूचक संबोधन (जैसे-प्रभु की जैसी इच्छा)। **~ता** (स्त्री०) 1 ईश्वरता 2 स्वामित्व, प्रभुत्व 3 महत्त्व 4 हुकूमत 5 वैभव; **~भक्त** (वि०) 1 ईश्वर का पूजक 2 वफादार; **~भक्ति** (स्त्री०) 1 ईश्वर की पूजा 2 वफादारी; **~राज्य;** (पु०) प्रभुसत्ता संपन्न वैधानिक राज्य; **~वर्ग** (पु०) स्वामी समुदाय, स्वामी लोक; **~सत्ता** (स्त्री०) संप्रभुता, पूर्ण अधिकार; **~सत्ताक** (वि०) 1 प्रभुसत्ता संपन्न, प्रभुसत्ता प्राप्त 2 बिल्कुल स्वतंत्र; **~सत्तात्मक** (वि०) 1 जिसे प्रभुसत्ता प्राप्त हो 2 पूर्ण स्वतंत्र

प्रभुत्व–*सं०* (पु०) = प्रभुता

प्रभूत–*सं०* (वि०) 1 भूत 2 उत्पन्न, उद्‌गत 3 बहुत ज्यादा, प्रचुर 4 उन्नत 5 जो अच्छी तरह हुआ हो

प्रभूति–*सं०* (स्त्री०) 1 उत्पत्ति स्थान 2 आधिक्य, प्रचुरता

प्रभृति–*सं०* (क्रि० वि०) इत्यादि, आदि, वगैरह

प्रभेद–*सं०* (पु०) 1 भेद, प्रकार, किस्म 2 अंतर 3 विभाग

प्रभेदक–*सं०* (वि०) 1 प्रभेद उत्पन्न करनेवाला 2 तोड़ने-फोड़नेवाला

प्रभेदन–*सं०* (पु०) 1 प्रभेद उत्पन्न करना 2 तोड़ना-फोड़ना

प्रमंडल–*सं०* (पु०) 1 पहिये के बाहरी हिस्से का खंड, चक्के का खंड 2 प्रदेश का अनेक मंडलोंवाला भाग, कमिश्नरी

प्रमग्न–*सं०* (वि०) निमग्न, डूबा हुआ

प्रमत–*सं०* (वि०) 1 चतुर 2 सोचा हुआ

प्रमत्त–*सं०* (वि०) 1 नशे में चूर, मतवाला 2 पागल, बावला, प्रमादयुक्त 3 लापरवाही करनेवाला, असावधान

प्रमथ, प्रमथन–*सं०* (पु०) 1 अच्छी तरह मथना 2 पीड़ित करना 3 मार डालना 4 बर्बाद करना

प्रमथित–I *सं०* (वि०) 1 अच्छी तरह मथा हुआ 2 सताया हुआ II (पु०) शुद्ध मठा

प्रमद–I *सं०* (वि०) 1 नशे में चूर, मतवाला 2 असावधान II (पु०) 1 मतवालापन 2 धतूरे का फल 3 हर्ष, आनंद। ~**वन** (पु०) विहारोद्यान

प्रमदा–*सं०* (स्त्री०) सुंदर एवं युवती स्त्री, रूपवती युवती 2 सुंदर स्त्री 3 पत्नी

प्रमन्यु–*सं०* (वि०) अत्यंत क्रुद्ध

प्रमर्दन–I *सं०* (पु०) 1 मलना, मसलना 2 दमन करना II (वि०) नष्ट करनेवाला, रौंदनेवाला

प्रमस्तिष्क–*सं०* (पु०) मस्तिष्काग्र, मस्तिष्क का सामने का बड़ा भाग

प्रमा–*सं०* (स्त्री०) चेतना, बोध

प्रमाण–I *सं०* (पु०) 1 सबूत, प्रूफ 2 साक्षी, एविडेंस 3 सत्यता, सचाई 4 पूरा एवं सच्चा ज्ञान 5 नाप-तौल आदि की नियत इकाई, इयत्ता 6 विस्तार II (वि०) 1 सिद्ध हुआ 2 जो सर्व मान्य हो III (क्रि० वि०) 1 अवधि सूचक शब्द, पर्यंत, तक 2 किसी के तुल्य, समान। ~**कर्ता** (पु०) प्रमाणित करनेवाला व्यक्ति; ~**कुशल** (वि०) वाद-विवाद में चतुर, युक्ति पटु; ~**कोटि** (स्त्री०) प्रमाणिक वस्तुओं का वर्ग; ~**पत्र** (पु०) 1 प्रमाणक, सर्टिफिकेट (जैसे-हाई स्कूल का प्रमाण पत्र) 2 प्रमाण माना जानेवाला लेख (जैसे-प्रमाण पत्र पेश करना); ~**पुरुष** (पु०) पंच; ~**पुष्ट** (वि०) प्रमाणितः ~**भूत** (वि०) जिसे प्रमाण माना गया हो, प्रमाण रूप; ~**वाद** (पु०) यह मत कि बिना प्रमाण के कोई सिद्धांत मान्य नहीं है; ~**वादी** (वि०) प्रमाण वाद का समर्थक; ~**शास्त्र** (पु०) तर्क शास्त्र; ~**शास्त्रीय** (वि०) प्रमाण शास्त्र संबंधी; ~**स्वरूप** (क्रि० वि०) प्रमाण के तौर पर; ~**हीन** (वि०) बिना सबूत का

प्रमाणक–I *सं०* (वि०) 1 समस्त पदों के अंत में विस्तार संबंधी 2 प्रमाणित करनेवाला II (पु०) 1 प्रमाणिक पत्र, सर्टिफिकेट 2 आय-व्यय संबंधी ब्योरे का पुरजा, वाउचर

प्रणाणतः– (अ०) प्रमाण के अनुसार

प्रमाणन–*सं०* (पु०) 1 प्रमाणित करना 2 प्रमाण देकर सिद्ध करना

प्रमाणांतर–*सं०* (पु०) एक और प्रमाण

प्रमाणाभाव–*सं०* (पु०) प्रमाण का न होना

प्रमाणिक–*सं०* (वि०) प्रामणिक (जैसे-प्रमाणिक शास्त्र)

प्रमाणित–*सं०* (वि०) प्रमाण द्वारा सिद्ध हुआ

प्रमाणीकरण–*सं०* (पु०) प्रमाणन

प्रमाणीकृत–*सं०* (वि०) प्रमाण स्वरूप ठहराया हुआ

प्रमाता–I *सं०* (वि०) 1 प्रमाण द्वारा ज्ञान प्राप्त करनेवाला 2 विषय का साक्षात्कार करनेवाला, विषयी

प्रमाता–II *सं०* (पु०) 1 प्रमाण को माननेवाला अधिकारी 2 न्यायाधीश 3 आत्मा, चेतन पुरुष 4 विषय भिन्न द्रष्टा, साक्षी

प्रमातामह–*सं०* (पु०) परनाना

प्रमात्रा–*सं०* (स्त्री०) आवश्यक एवं निश्चित मात्रा

प्रमाथ–*सं०* (पु०) 1 मंथन, मथना 2 बल पूर्वक हरण करना 3 कष्ट देना, पीड़न, मार डालना 4 बलात् संभोग, बलात्कार 5 नष्ट करना

प्रमाथी–*सं०* (वि०) मथनेवाला

प्रमाद–*सं०* (पु०) 1 नशा, मद 2 अनवधानता 3 भूल-चूक, गफलत 4 अंतःकरण की दुर्बलता 5 पागलपन, उन्माद 6 संकट, विपत्ति। ~**वश** (वि०)

प्रमादवान–*सं०* (वि०) 1 नशे में चूर 2 लापरवाह

प्रमादित–*सं०* (वि०) उपेक्षित

प्रमादिनी–*सं०* (स्त्री०) हिंडोल राग की एक सहचरी

प्रमादी–*सं०* (वि०) 1 प्रमादवान् 2 पागल 3 लापरवाह

प्रमापक–*सं०* (पु०) प्रमाणित करनेवाला

प्रमापन–*सं०* (पु०) 1 मार डालना 2 नाश 3 आकृति, रूप

प्रमापयिता–*सं०* (वि०) 1 घातक 2 नाशक 3 अनिष्टकारक, हानिकारक

प्रमापीकरण–*सं०* (पु०) प्रमाणित करना

प्रमार्जक–*सं०* (वि०) 1 साफ करना 2 दूर हटानेवाला

प्रमार्जन–*सं०* (पु०) 1 साफ करना 2 सुधार करना 3 दूर करना

प्रमित–*सं०* (वि०) 1 नापा हुआ, मापा हुआ 2 परिमित 3 जाना हुआ, ज्ञात 4 निश्चित 5 प्रमाणित 6 जिसका यथार्थ ज्ञान हुआ हो

प्रमिताशन–*सं०* (पु०) नपा तुला भोजन

प्रमिति–*सं०* (स्त्री०) 1 नापना 2 नाप 3 यथार्थ ज्ञान

प्रमीत–I *सं०* (वि०) 1 मृत 2 बलि चढ़ाया हुआ 3 नष्ट, बर्बाद II (पु०) बलि चढ़ाया हुआ पशु

प्रमीति–*सं०* (स्त्री०) 1 हनन, वध 2 मृत्यु 3 नाश

प्रमीलन–*सं०* (पु०) आँख बंद करना, मूँदना

प्रमीला–*सं०* (स्त्री०) 1 तंद्रा 2 शिथिलता 3 थकावट 4 मूँदना 5 अर्जुन की एक भार्या

प्रमीलिका–*सं०* (स्त्री०) नींद

प्रमीलित–*सं०* (वि०) मूँदा हुआ

प्रमुक्त–*सं०* (वि०) 1 बंधन मुक्त 2 परित्यक्त 3 प्रक्षिप्त

प्रमुक्ति–*सं०* (स्त्री०) मोक्ष, मुक्ति

प्रमुख–I *सं०* (वि०) 1 मुख्य, प्रधान 2 प्रथम 3 श्रेष्ठ 4 सम्मानित, प्रतिष्ठित 5 समस्त पदों के अंत में लगनेवाला (जैसे-राज-प्रमुख) II (पु०) 1 प्रधान 2 प्रधान शासक III

(क्रि० वि०) 1 आगे, सामने 2 उसी समय, तत्काल 3 आदि, वगैरह। ~**ता** (स्त्री०) प्रमुख होने की स्थिति

प्रमुग्ध–*सं०* (वि०) 1 अत्यंत सुंदर 2 हत-बुद्धि 3 अचेत, मूर्च्छित

प्रमुद, प्रमुदत–*सं०* (वि०) हर्षित, आनंदित

प्रमूढ़–*सं०* (वि०) 1 घबराया हुआ 2 मोहित 3 मूर्ख, मूढ़

प्रमृत–I *सं०* (वि०) 1 मरा हुआ 2 ढका हुआ 3 दृष्टि से ओझल II (पु०) 1 मृत्यु 2 कृषि, खेती

प्रमृष्ट–*सं०* (वि०) 1 साफ़ किया हुआ 2 चमकाया हुआ

प्रमेय–I *सं०* (वि०) 1 नापने योग्य 2 जिसे समझा जा सके 3 जिसे प्रमाण द्वारा सिद्ध किया जा सके II (पु०) सिद्ध करने का विषय, प्रमा का विषय, थियोरम (जैसे-पैथागोरस की प्रमेय)

प्रमेह–*सं०* (पु०) *चि०* थोड़ी-थोड़ी देर बाद धातु सहित पेशाब होने का एक रोग

प्रमेही–*सं०* (वि०) प्रमेह रोग से पीड़ित

प्रमोक्ष–*सं०* (पु०) मोक्ष

प्रमोद–*सं०* (पु०) 1 प्रसन्नता, खुशी, हर्ष 2 सुख

प्रमोदक–*सं०* (वि०) खुशी उत्पन्न करनेवाला

प्रमोदी–*सं०* (वि०) हर्षजनक

प्रमोशन–*अं०* (पु०) उन्नति, तरक्की

प्रमोह–*सं०* (पु०) 1 मोह 2 मूर्च्छा 3 मूर्खता

प्रयत–*सं०* (वि०) 1 प्रयत्नशील 2 पवित्र 3 संयत 4 दीन, नम्र

प्रयति–*सं०* (स्त्री०) संयम

प्रयत्न–*सं०* (पु०) 1 प्रयास, कोशिश 2 उद्योग, कृत्य 3 क्रियाशीलता, सक्रियता 4 सतर्कता, सावधानी। ~**पूर्वक** (क्रि० वि०) प्रयत्न करते हुए; ~**वान्** (वि०) प्रयत्न में लगा हुआ 2 उद्योगशील; ~**शील** (वि०) उद्योग में लगा हुआ

प्रयागवाल–*सं० + हिं०* (पु०) प्रयाग तीर्थ का पंडा

प्रयाचन–*सं०* (पु०) गिड़गिड़ाकर माँगना

प्रयाण–*सं०* (पु०) 1 प्रस्थान, कूच 2 यात्रा, सफर 3 अभियान, चढ़ाई 4 अनुष्ठान 5 संसार से विदा होना। ~**काल** (पु०) 1 यात्रा का समय 2 मृत्यु का समय; ~**पटह** (पु०) कूच का डंका; ~**भंग** (पु०) यात्रा के दौरान बीच में रुकना, यात्राभंग

प्रयापित–*सं०* (वि०) 1 आगे बढ़ाया हुआ 2 चलने को विवश किया हुआ

प्रयास–*सं०* (पु०) 1 उद्योग 2 प्रयत्न, कोशिश

प्रयासी–*सं०* (वि०) प्रयत्न या कोशिश करनेवाला

प्रयुक्त–*सं०* (वि०) 1 सम्मिलित, मिलाया हुआ 2 काम में लगाया हुआ 3 प्रयोग में लाया हुआ

प्रयुक्ति–*सं०* (स्त्री०) 1 प्रयुक्त होने की स्थिति 2 प्रयोग 3 प्रयोजन

प्रयोक्तव्य–*सं०* (वि०) प्रयोग करने योग्य

प्रयोक्ता–I *सं०* (वि०) 1 प्रयोग करनेवाला 2 नियुक्त करनेवाला II (पु०) 1 ऋण देनेवाला, उत्तमर्ण 2 नाटक का सूत्रधार

प्रयोग–*सं०* (पु०) 1 इस्तेमाल, व्यवहार (जैसे-शब्द का वाक्य-प्रयोग, जाड़े में गर्म कपड़ों का प्रयोग) 2 प्रत्यक्ष रूप से सिद्ध करने की क्रिया 3 जाँच, परीक्षण (जैसे-रासायनिक प्रयोग, मनोवैज्ञानिक प्रयोग) 4 विधि, ढंग 5 उपयोग, व्यवहार (जैसे-राज भाषा का प्रयोग) 6 अभिनय 7 तरकीब, युक्ति 8 परिणाम, फल। ~**कर्ता** (पु०) प्रयोग करनेवाला; ~**कृत** (वि०) प्रयोग में लाया हुआ; ~**वाद** (पु०) साहित्यिक परंपराओं को प्रयोगात्मक परीक्षण द्वारा जाँचने का आधुनिक साहित्यिक सिद्धांत; ~**वादी** I (वि०) प्रयोगवाद से संबंध रखनेवाला II (पु०) प्रयोगवाद का समर्थक, अनुयायी; ~**विधि** (स्त्री०) प्रयोग करने का ढंग; ~**शाला** (स्त्री०) वह स्थान जहाँ पदार्थ विज्ञान, रसायन विज्ञान आदि का परीक्षण किया जाता है; ~**हीन** (वि०) बिना प्रयोग का

प्रयोगत:–*सं०* (क्रि० वि०) प्रयोग द्वारा, परिणाम रूप में

प्रयोगात्मक–*सं०* (वि०) प्रयोग संबंधी

प्रयोगार्थ–*सं०* (पु०) कार्य सिद्धि हेतु किया जानेवाला गौण कार्य

प्रयोगार्ह–*सं०* (वि०) प्रयोग के योग्य

प्रयोगालय–*सं०* (पु०) प्रयोगशाला

प्रयोगावृत्ति–*सं०* (स्त्री०) प्रयोग का दोहराव

प्रयोगी–*सं०* (वि०) 1 प्रयोग करनेवाला, प्रयोग कर्ता 2 प्रेरक (जैसे-प्रयोगी संयत्र) 3 उद्देश्यवाला

प्रयोजक–*सं०* (पु०) 1 प्रयोगकर्ता 2 काम में लगानेवाला 3 प्रेरणा करनेवाला

प्रयोजन–*सं०* (पु०) 1 उपयोग, प्रयोग, व्यवहार 2 अभिप्राय, मतलब 3 साधन, उपाय 4 हेतु 5 लाभ। ~**वाद** (पु०) यह मत कि बिना मतलब कोई काम नहीं होता; ~**वादी** (वि०) प्रयोजनवाद का समर्थक, अनुयायी; ~**वान्** (वि०) 1 प्रयोजनवाला 2 खुदगर्ज 3 उपयोगी

प्रयोजनीय–*सं०* (वि०) 1 प्रयोग में लाने योग्य, उपयोगी 2 मतलब का

प्रयोज्य–I *सं०* (वि०) 1 प्रयोग में लाए जाने योग्य 2 काम में आने लायक 3 आचरित होने योग्य II (पु०) नौकर, भृत्य

प्ररक्षण–*सं०* (पु०) रक्षण

प्ररूढ़–*सं०* (वि०) 1 उगा हुआ 2 बढ़ा हुआ

प्ररूढ़ि–*सं०* (स्त्री०) बाढ़, वृद्धि

प्ररूपण–*सं०* (पु०) 1 व्याख्या करना 2 समझाना

प्ररूपी–*सं०* (वि०) प्ररूप के रूप में स्वीकार किया जानेवाला, प्रारूपिक

प्ररोचना–*सं०* (स्त्री०) 1 अभिनय के प्रति रुचि उत्पन्न करना 2 रुचि उत्पन्न करनेवाली बात

प्ररोह–*सं०* (पु०) 1 चढ़ाव, आरोह 2 अंकुरित होना, बढ़ना 3 उत्पत्ति 4 अंकुर 5 कल्ला, कोंपल

प्ररोहण–*सं०* (पु०) 1 उगना, जमना 2 उत्पन्न होना 3 बढ़ना

प्ररोही–*सं०* (वि०) 1 उगनेवाला 2 बढ़नेवाला 3 उत्पन्न होनेवाला

प्रलंब–*सं०* (वि०) 1 लटकनेवाला 2 लटकाया हुआ 3 लंबा

प्रलंबन–*सं०* (पु०) 1 लंबा करना 2 सहारा लेना, आलंबन 3 प्रलंब स्थिति में लाना

प्रलंबित–*सं०* (वि०) 1 प्रलंब रूप में लाया हुआ 2 लटका हुआ

प्रलंबी–*सं०* (वि०) 1 लटकनेवाला 2 लंबा 3 सहारा लेनेवाला, अवलंब

प्रलयंकर–*सं०* (वि०) सर्वनाशकारी, प्रलयकारी
प्रलय–*सं०* (पु०) 1 नाश, विलीनता लय 2 विस्तृत भू-भाग में होनेवाली भयंकर बर्बादी। ~**कारक,** ~**कारी** (वि०) प्रलयंकर; ~**पर्यंत** (क्रि० वि०) प्रलय काल तक
प्रलव–*सं०* (पु०) छोटा टुकड़ा
प्रलाप–*सं०* (पु०) 1 वार्तालाप 2 पागलों जैसी बात करना 3 व्यथा सुनाना 4 *साहि०* शृंगार रस के प्रसंग में विरह व्याकुल होकर विक्षिप्तों की तरह बातें करना 5 कुछ विकट रोगों की वह अवस्था जिसमें रोगी पागलों सा अंडबंड बकता है
प्रलापक–I *सं०* (पु०) सन्निपात रोग जिसमें रोगी अनाप-शनाप बकता है II (वि०) 1 प्रलाप करनेवाला 2 अंड-बंड बकनेवाला
प्रलापावस्था–*सं०* (स्त्री०) बड़बड़ाने की अवस्था
प्रलापी–*सं०* (वि०) 1 प्रलाप करनेवाला 2 अंडबंड बकनेवाला
प्रलाभ–*सं०* (पु०) विशिष्ट रूप में होनेवाला लाभ
प्रलाभी–*सं०* (वि०) 1 जिससे यथेष्ट आर्थिक लाभ हो 2 आर्थिक लाभ हेतु प्रयास करनेवाला
प्रलीन–*सं०* (वि०) 1 घुला हुआ 2 ध्वस्त एवं नष्ट-भ्रष्ट 3 छिपा हुआ, तिरोहित
प्रलुब्ध–*सं०* (वि०) 1 लोभ में पड़ा हुआ, लालच में पड़ा हुआ 2 मोहित 3 वंचक
प्रलेख–*सं०* (पु०) 1 लेख्य, दस्तावेज, डाक्यूमेंट 3 अनुबंधक पत्र
प्रलेखक–*सं०* (पु०) लेख्य लिखनेवाला कर्मचारी, अर्ज़ीनवीस
प्रलेप–*सं०* (पु०) 1 लेप चढ़ाना 2 लेप आदि चढ़ाने का मलहम
प्रलेपन–*सं०* (पु०) 1 लेप चढ़ाना 2 पोताई
प्रलेप्य–I *सं०* (वि०) लेप चढ़ाने योग्य II (पु०) घुँघराले बाल
प्रलोप–*सं०* (पु०) लोप
प्रलोभ–*सं०* (पु०) लालच, लोभ
प्रलोभक–*सं०* (वि०) 1 लालच देनेवाला 2 लुभानेवाला
प्रलोभन–*सं०* (पु०) 1 लोभ उत्पन्न करना 2 लोभ 3 लुभाना
प्रलोभित–*सं०* (वि०) 1 ललचाया हुआ 2 लुभाया हुआ
प्रलोभी–*सं०* (वि०) लालच करनेवाला, लालची
प्रवंचक–*सं०* (पु०) 1 धोखेबाज़ 2 ठग
प्रवंचन–*सं०* (पु०) 1 ठगना 2 धोखा देना
प्रवंचना–*सं०* (स्त्री०) 1 धोखेबाज़ी 2 ठगी
प्रवंचित–*सं०* (वि०) 1 धोखा खाया हुआ 2 ठगा हुआ
प्रवक्ता–I *सं०* (वि०) 1 अच्छी तरह समझानेवाला 2 प्रवचन करनेवाला II (पु०) 1 विद्वान 2 मत प्रकट करनेवाला व्यक्ति, स्पोक्समैन
प्रवचन–*सं०* (पु०) 1 विशेष रूप से कहना, समझाना 2 वेद, पुराण आदि का उपदेश करना 3 उपदेशपूर्ण भाषण। ~**कर्ता** (पु०) 1 प्रवक्ता 2 प्रवचन करनेवाला व्यक्ति; ~**पटु** (वि०) उपदेश देने में कुशल
प्रवचनीय–*सं०* (वि०) प्रवचन योग्य
प्रवण–I *सं०* (वि०) 1 नत, झुका हुआ 2 नम्र, विनीत 3 सच्चा एवं स्पष्ट व्यवहारी, खरा 4 ढालुआँ 5 उदार एवं सहृदय 6 अनुकूल, मुआफिक II (पु०) 1 ढलान 2 चौराहा
प्रवर–*सं०* (वि०) 1 श्रेष्ठ 2 अवस्था में बड़ा 3 अधिकार में बड़ा माना जानेवाला, सुपीरियर। ~**समिति** (स्त्री०) विषय की जाँच-पड़ताल एवं विचार-विमर्श के पश्चात अपनी राय देने के लिए बनाई गई समिति, सिलेक्ट कमिटी
प्रवरण–*सं०* (पु०) योग्यता के आधार पर चयन
प्रवर्ग–*सं०* (पु०) छोटा विभाग
प्रवर्त–*सं०* (पु०) अनुष्ठान, ठानना, प्रवर्तन
प्रवर्तक–*सं०* (वि०) 1 प्रवृत्त करनेवाला 2 प्रतिष्ठाता 3 प्रेरित करनेवाला 4 उकसानेवाला 5 आविष्कार करनेवाला
प्रवर्तन–*सं०* (पु०) 1 प्रवृत करना, ठानना 2 आरंभ करना 3 उसकाना 4 आविष्कार करना
प्रवर्तित–*सं०* (वि०) 1 ठाना हुआ, आरब्ध 2 चालित 3 स्थापित 4 उत्तेजित
प्रवर्द्धन–*सं०* (पु०) 1 बढ़ाना 2 वृद्धि
प्रवर्द्धित–*सं०* (वि०) बढ़ाया हुआ
प्रवर्षण–*सं०* (पु०) 1 वर्षा ऋतु की पहली वर्षा 2 वर्षा
प्रवसन–*सं०* (पु०) 1 विदेश जाकर बसना 2 अन्य स्थान पर बसना
प्रवह–*सं०* (पु०) तेज बहाव
प्रवहमान्–*सं०* (वि०) बहता हुआ
प्रवाक्–*सं०* (वि०) 1 घोषणा करनेवाला 2 बकवादी
प्रवाचक–*सं०* (पु०) प्रवचन करनेवाला व्यक्ति
प्रवाचन–*सं०* (पु०) प्रवचन करना
प्रवात–*सं०* (पु०) 1 साफ हवा 2 तेज़ हवा
प्रवाद–*सं०* (पु०) 1 बात-चीत, वार्तालाप 2 जनख, जनश्रुति 3 झूठी बदनामी
प्रवारण–*सं०* (पु०) 1 वारण करना, मनाही 2 कारणवश किया गया दान
प्रवाल–*सं०* (पु०) 1 मूँगा, विद्रूम 2 नया एवं मुलायम पत्ता, कोंपल। ~**द्वीप** (पु०) समुद्र में पाये जानेवाले मूँगे के विशाल ढूह
प्रवाली–I *सं०* (त्रि०) 1 मूँगे के रंग का, मूँगिया 2 मूँगे का II (स्त्री०) समुद्र में मूँगे की चट्टान का वृत्ताकार घेरा
प्रवास–*सं०* (पु०) 1 परदेश जाकर रहना 2 विदेश जाना। ~**गत** (वि०) विदेश गया हुआ; ~**गमन** (पु०) परदेश की यात्रा करना; ~**गृह** (पु०); ~**पत्र** (पु०) परदेश जाने का अनुमति पत्र; ~**स्थित** (वि०) परदेश में गया हुआ
प्रवासन–*सं०* (पु०) 1 विदेश में रहना 2 देश निकाला
प्रवासित–*सं०* (वि०) देश निकाला हुआ
प्रवासी–*सं०* (वि०) परदेश में रहनेवाला
प्रवास्य–*सं०* (वि०) 1 परदेश जाने योग्य 2 देश निकाले योग्य
प्रवाह–*सं०* (पु०) 1 बहाव (जैसे-नदी का प्रवाह) 2 जल आदि की धारा (जैसे-रक्त प्रवाह) 3 अटूट क्रम 4 विद्युत गति। ~**पूर्ण** (वि०) = प्रवाहमय; ~**संस्कार** (पु०) (भस्मी) बहा देने की रस्म
प्रवाहमय–*सं०* (वि०) बहता हुआ
प्रवाहित–*सं०* (वि०) 1 बहाया हुआ 2 बहता हुआ 3 प्रवाह युक्त
प्रविकट–*सं०* (वि०) अत्यंत विशाल
प्रविकीर्ण–*सं०* (वि०) छितराया हुआ

प्रविख्यात–*सं०* (वि०) अत्यधिक प्रसिद्ध

प्रविचय–*सं०* (पु०) 1 खोज, अनुसंधान 2 जाँच-पड़ताल

प्रविचित–*सं०* (वि०) 1 खोजा हुआ 2 जाँचा हुआ

प्रवितत–*सं०* (वि०) 1 फैला हुआ 2 बिखरा हुआ

प्रविद्ध–*सं०* (वि०) 1 फेंका हुआ 2 विद्ध

प्रविद्रुत–*सं०* (वि०) 1 तितर-बितर किया हुआ 2 भगाया हुआ

प्रविधान–*सं०* (पु०) व्यवस्था

प्रविधि–*सं०* (स्त्री०) 1 यंत्र निर्माण आदि क्षेत्र में कार्य करने की विशेष क्रियात्मक पारिभाषिक विधि 2 उक्त विधि द्वारा अर्जित कौशल पूर्ण दक्षता, कुशलता। ~**शास्त्र** (पु०) तकनीकी, विज्ञान; ~**ज्ञ** (पु०) प्रविधि का कुशल ज्ञाता

प्रविधिक–*सं०* (वि०) तकनीकी, प्रौद्योगिकी

प्रविध्वस्त–*सं०* (वि०) 1 क्षुब्ध 2 फेंका हुआ

प्रविष्ट–*सं०* (वि०) 1 जिसका प्रवेश हो चुका हो, प्रवेश हुआ 2 अंदर पहुँचा हुआ

प्रविष्टि–*सं०* (स्त्री०) 1 प्रवेश 2 विवरण आदि लिखना 3 विवरण

प्रवीण–*सं०* (वि०) निपुण, कुशल। ~**ता** (स्त्री०) निपुणता, कौशल

प्रवीर–*सं०* (वि०) 1 योद्धा 2 अच्छा, उत्तम

प्रवृत्त–*सं०* (वि०) 1 ग्रहण किया हुआ 2 कार्य आदि में लगा हुआ

प्रवृत्ति–*सं०* (स्त्री०) 1 मन का झुकाव 2 आरंभ 3 प्रवाह, बहाव 4 आचार-व्यवहार 5 अध्यवसाय 6 इंद्रिय आदि का विषयों में निरत होना, सांसारिक आसक्ति

प्रवृत्यात्मक–*सं०* (वि०) झुकाववाला

प्रवृद्ध–*सं०* (वि०) 1 अतिशय वृद्धि को प्राप्त 2 प्रौढ़ 3 घमंडी 4 विस्तृत

प्रवेक्षण *सं०* (पु०), **प्रवेक्षा**–(स्त्री०) प्रत्याशा

प्रवेग–*सं०* (पु०) तीव्र गति, प्रबल वेग

प्रवेश–*सं०* (पु०) 1 अंदर जाना (जैसे-गृह प्रवेश) 2 संस्था आदि में प्रवेश, एडमिशन 3 विषय आदि की जानकारी, अभिज्ञता 4 भीतर जाने का रास्ता (जैसे-प्रवेश द्वार)। ~**कारी** (वि०) 1 अंदर जानेवाला 2 प्रवेश करनेवाला 3 विषय को जाननेवाला; ~**द्वार** (पु०) अंदर जाने का रास्ता; ~**पत्र** (पु०) 1 प्रवेश करने हेतु दिया गया अनुमति पत्र, पास 2 टिकट; ~**परीक्षा** (स्त्री०) प्रवेश के पूर्व ली जानेवाली परीक्षा; ~**फ़ीस** + *अं०* (स्त्री०) = प्रवेश-शुल्क; ~**शुल्क** (पु०) संस्था आदि में प्रवेश करते समय दिया जानेवाला शुल्क

प्रवेशक–I *सं०* (वि०) प्रवेश करनेवाला II (पु०) नाटकों में दो अंकों के मध्य का एक अंक जिसमें निम्न पात्र द्वारा भावी कथांक की सूचना दी जाती है

प्रवेशार्थी–*सं०* (पु०) प्रवेश का इच्छुक व्यक्ति

प्रवेशिका–*सं०* (स्त्री०) 1 प्रवेश पत्र 2 प्रवेश शुल्क

प्रवेश्य–*सं०* (वि०) 1 प्रवेश योग्य 2 जिसका प्रवेश हो सके

प्रव्रजन–*सं०* (पु०) 1 एक जगह से दूसरी जगह जाना, माइग्रेशन 2 संन्यास लेना

प्रव्रजित–*सं०* (वि०) 1 जिसने संन्यास लिया हो 2 परदेश गया हुआ

प्रव्रज्या–*सं०* (स्त्री०) 1 विदेश गमन 2 संन्यास ग्रहण करना 3 देश निकाला। ~**ग्रहण** (पु०) संन्यास लेना

प्रशंसक–*सं०* (वि०) प्रशंसा करनेवाला

प्रशंसन–*सं०* (पु०) प्रशंसा करना, सराहना

प्रशंसनीय–*सं०* (वि०) प्रशंसा करने योग्य

प्रशंसा–*सं०* (स्त्री०) 1 तारीफ़ 2 बड़ाई। ~**पत्र** (पु०) स्तुति पत्र; ~**पूर्ण** (वि०) प्रशंसा से भरा हुआ; ~**युक्त** (वि०) प्रशंसामय; ~**सूचक** (वि०) = प्रशंसापूर्ण

प्रशंसात्मक–*सं०* (वि०) प्रशंसापूर्ण

प्रशंसिका–*सं०* (स्त्री०) प्रशंसा करनेवाली स्त्री

प्रशंसित–*सं०* (वि०) प्रशंसा किया हुआ, सराहा हुआ

प्रशंसी–*सं०* (वि०) = प्रशंसाकारी

प्रशंसोक्ति–*सं०* (स्त्री०) प्रशंसात्मक कथन

प्रशक्य–*सं०* (वि०) शक्ति के अनुरूप काम करनेवाला

प्रशम, प्रशमन–I *सं०* (पु०) 1 शांत करना 2 रोग, क्रोध आदि दबाना 3 नाशन II (वि०) शमन करनेवाला

प्रशस्त–*सं०* (वि०) 1 प्रशंसा किया हुआ 2 प्रशंसा योग्य 3 उत्तम, शुभ

प्रशस्य–*सं०* (वि०) 1 प्रशंसनीय, सराहनीय

प्रशांत–*सं०* (वि०) 1 अत्यधिक शांत, स्थिर 2 निश्चल एवं शांत वृत्तिवाला। ~**काम** (वि०) पूर्ण इच्छावाला, संतुष्ट; ~**चित्त** (वि०) शांत मनवाला; ~**चेष्ट** (वि०) जिसने प्रयत्न करना त्याग दिया हो

प्रशांति–*सं०* (स्त्री०) 1 प्रशांत होने का भाव, शांति 2 शमन

प्रशाख–*सं०* (वि०) अनेक शाखाओंवाला

प्रशाखा–*सं०* (स्त्री०) 1 शाखा से निकली हुई शाखा 2 टहनी

प्रशाखिका–*सं०* (स्त्री०) 1 छाया हुआ मंडप 2 छोटी डाल, टहनी

प्रशासक–*सं०* (पु०) 1 शासन करनेवाला अधिकारी 2 नगर, संस्था आदि का प्रधान अधिकारी (जैसे-नगर प्रशासक)

प्रशासन–*सं०* (पु०) 1 नगर, संस्था आदि के अधिकारों कर्तव्यों को कार्य रूप देना (जैसे-विद्यालय प्रशासन) 2 शासन (जैसे-जिला प्रशासन)। ~**तंत्र** (पु०) प्रशासन प्रणाली; ~**सेवा** (स्त्री०) प्रशासकीय सेवा

प्रशासनाधिकारी–*सं०* (पु०) = प्रशासक

प्रशासनिक–*सं०* (वि०) प्रशासन संबंधी, एडमिनिस्टरेटिव (जैसे-प्रशासनिक भ्रष्टाचार)

प्रशासनीय–*सं०* (वि०) प्रशासन का

प्रशासित–*सं०* (वि०) 1 जिसका प्रशासन हो 2 शासित किया हुआ

प्रशासी–*सं०* (वि०) = प्रशासनिक

प्रशिक्षक–*सं०* (पु०) प्रशिक्षण देनेवाला

प्रशिक्षण–*सं०* (पु०) नियमित रूप से दी जानेवाली व्यावहारिक शिक्षा, ट्रेनिंग। ~**कार्यक्रम** (पु०) प्रशिक्षण संबंधी कार्य एवं योजना; ~**केंद्र** (पु०) जहाँ प्रशिक्षण प्रदान किया जाए, ट्रेनिंग सेंटर; ~**विद्यालय** (पु०) प्रशिक्षण संबंधी संस्था; ~**शिविर, ~स्थल** (पु०) = प्रशिक्षण केंद्र

प्रशिक्षणार्थी–*सं०* (पु०) प्रशिक्षण पाने की चाहवाला

प्रशिक्षित–*सं०* (वि०) प्रशिक्षण प्राप्त, ट्रेंड

प्रशीत–*सं०* (वि०) 1 ठंड से जमा हुआ 2 अत्यधिक ठंडा

प्रशीतक–I *सं०* (वि०) अत्यंत ठंडा रखनेवाला II (पु०) हिमिकर, रेफ्रिजरेटर

प्रशीतन–*सं०* (पु०) ठंडा रखना

प्रशुल्क–*सं०* (पु०) आयात और निर्यात पर लगनेवाला कर

प्रशोषण–*सं०* (पु०) अच्छी तरह सोखना

प्रश्न–*सं०* (पु०) 1 सवाल (जैसे-गणित के प्रश्न) 2 पूछ-ताछ 3 पूछी जानेवाली बात 4 भविष्य संबंधी जिज्ञासा 5 विचारणीय विषय, समस्या। ~**कर्ता** प्रश्न पूछनेवाला व्यक्ति; ~**चिह्न** (पु०) प्रश्नात्मक वाक्यों के अंत में लगाया जानेवाला निशान (जैसे-आप वहाँ क्यों गए?); ~**पत्र** (पु०) प्रश्न लिखा हुआ परचा (जैसे-गणित का प्रश्न पत्र); ~**बोधक,** ~**वाचक,** ~**वाची,** ~**सूचक** (वि०) प्रश्न की सूचना देनेवाला

प्रश्नात्मक–*सं०* (वि०) प्रश्नों के रूप में होनेवाला

प्रश्नावली–*सं०* (स्त्री०) 1 प्रश्नों की सूची 2 अधिकारिक रूप से विषय की जानकारी हेतु तैयार की गई प्रश्नों की सूची

प्रश्नी–*सं०* (वि०) प्रश्न करनेवाला

प्रश्नोत्तर–*सं०* (पु०) 1 प्रश्न और उसका उत्तर, सवाल और जवाब 2 पूछ-ताछ

प्रश्नोत्तरी–*सं०* (स्त्री०) प्रश्न एवं उत्तर का संग्रह

प्रश्रय–*सं०* (पु०) 1 आश्रय स्थान 2 आधार, टेक, सहारा 3 नम्रता, विनय

प्रश्रयी–*सं०* (वि०) 1 नम्र 2 भला आदमी 3 धीर, शांत 4 शिष्ट, सज्जन

प्रश्लिष्ट–*सं०* (वि०) 1 जुड़ा हुआ, सुसंबद्ध 2 युक्तियुक्त

प्रश्लेष–*सं०* (पु०) 1 घनिष्ठ संबंध 2 *व्या०* स्वरों की संधि

प्रश्वास–*सं०* (पु०) 1 साँस बाहर निकालना 2 बाहर निकली हुई साँस

प्रष्टा–*सं०* (पु०) = प्रश्न-कर्ता

प्रष्ठ–*सं०* (वि०) 1 आगे-आगे चलनेवाला, अगुआ 2 श्रेष्ठ 3 प्रधान

प्रसंख्या–*सं०* (स्त्री०) अंकों का जोड़

प्रसंख्यान–*सं०* (पु०) 1 अंक जोड़ना 2 सत्य ज्ञान 3 ध्यान

प्रसंग–*सं०* (पु०) 1 संबंध, लगाव 2 अनुराग, आसक्ति 3 वार्तालाप का पूर्व अंश, कानटेक्सट 4 प्रकरण 5 स्त्री-पुरुष संभोग

प्रसंगी–*सं०* (वि०) 1 प्रसंग युक्त 2 अनुरागी 3 सहवास करनेवाला

प्रसंगोचित–*सं०* (वि०) प्रसंग के अनुकूल

प्रसंध–*सं०* (पु०) बहुत बड़ा समूह

प्रसंधान–*सं०* (पु०) संधि, योग

प्रसक्त–*सं०* (वि०) 1 साथ लगा हुआ, संश्लिष्ट 2 सदा साथ रहनेवाला 3 संबंद्ध 4 आसक्त 5 प्रस्तावित

प्रसक्ति–*सं०* (स्त्री०) 1 प्रसंग, संपर्क 2 आसक्ति 3 आपत्ति 4 अनुमिति 5 व्याप्ति

प्रसन्न–*सं०* (वि०) 1 खुश, हर्षित 2 संतुष्ट एवं प्रफुल्लित। ~**चित्त** (वि०) प्रसन्न मनवाला; ~**चेता** (पु०) प्रसन्न व्यक्ति; ~**ता** (स्त्री०) खुशी, हर्ष; ~**मुख** (वि०) प्रसन्न दिखाई देनेवाला

प्रसन्नात्मा–*सं०* (वि०) सदा प्रसन्न रहनेवाला

प्रसम–*सं०* (वि०) प्रसामान्य, नार्मल

प्रसमा–*सं०* (स्त्री०) प्रसामान्यक, नार्म

प्रसर–*सं०* (पु०) 1 फैलाव, विस्तार 2 आगे बढ़ना 3 वेग, तेजी 4 प्रवाह

प्रसरण–*सं०* (पु०) 1 फैलना 2 आगे बढ़ना 3 सेना का इधर-उधर घूमना

प्रसरणी–*सं०* (स्त्री०) 1 सेना द्वारा शत्रु को घेरना 2 प्रसरण

प्रसरित–*सं०* (वि०) 1 फैला हुआ 2 बढ़ा हुआ 3 विस्तृत

प्रसर्ग–*सं०* (पु०) 1 गिराना 2 फेंकना 3 अलग करना

प्रसर्जन–*सं०* (पु०) 1 गिराना 2 फेंकना 3 बरसाना

प्रसर्पण–*सं०* (पु०) 1 खिसकना 2 सेना का चारों ओर फैलना 3 घेरना 4 शरण स्थल

प्रसर्पी–*सं०* (वि०) 1 रेंगनेवाला 2 गतिशील

प्रसव–*सं०* (पु०) 1 बच्चा जनना, प्रसूति, डेलिवरी 2 जन्मा हुआ बच्चा 3 जन्म; ~**काल** (पु०) जन्म काल; ~**कालीन** (वि०) प्रसव काल संबंधी (जैसे-प्रसव-कालीन छुट्टी); ~**गृह** (पु०) बच्चा जनने का घर, सौरी; ~**वेदना** (स्त्री०) प्रसव पीड़ा

प्रसवावकाश–*सं०* (पु०) प्रसूति-छुट्टी

प्रसविता–I *सं०* (पु०) पिता, जनक II (वि०) 1 जन्म देनेवाला 2 उत्पन्न करनेवाला

प्रसविनी–I *सं०* (वि०) जन्म देनेवाली II (स्त्री०) माँ, माता

प्रसवोत्तरकाल–*सं०* (पु०) प्रसव के बाद का समय

प्रसहन–I *सं०* (पु०) 1 हिंसक पशु 2 सहनशीलता, क्षमा II (वि०) 1 हिंस्क 2 सहनशील

प्रसाद–*सं०* (पु०) 1 अनुग्रह, कृपा 2 देवता को चढ़ाई गई वस्तु 3 ईश्वरीय कृपा 4 महात्मा एवं गुरु की जूठन 5 (साहि०) काव्य का विशेष रूप से सुबोध एवं सरल होना। ~**दान** (पु०) प्रसन्न होकर दी गई वस्तु

प्रसादक–I *सं०* (वि०) 1 कृपा करनेवाला 2 प्रसन्न करनेवाला II (पु०) 1 प्रसाद 2 देवधन

प्रसादन–I *सं०* (पु०) 1 प्रसन्न रखना 2 अन्न II (वि०) 1 प्रसन्न करनेवाला 2 सुख देनेवाला

प्रसादमय–*सं०* (वि०) कृपापूर्ण

प्रसादांत–*सं०* (वि०) जिसका अंत सुखमय हो, सुखांत

प्रसादित–*सं०* (वि०) 1 आराधित 2 प्रसन्न किया हुआ

प्रसादी–I *सं०* (वि०) 1 प्रसन्न करनेवाला 2 प्रेम उत्पन्न करनेवाला, प्रीतिकर II (स्त्री०) 1 नैवेद्य, प्रसाद 2 प्रसाद का अंश

प्रसाधक–*सं०* (वि०) प्रसाधन करनेवाला

प्रसाधन–*सं०* (पु०) 1 सजाना 2 सजावट की सामग्री, टॉयलेट 3 वेश-भूषा 4 कार्य का संपादन 5 परिष्कृत करने योग्य, ड्रेसिंग 6 सज्जा, उपस्कर, इक्विपमेंट

प्रसाधित–*सं०* (वि०) 1 सजाया हुआ 2 सुसंपादित

प्रसार–*सं०* (पु०) 1 फैलाव 2 संचार 3 फैलने की सीमा। ~**क्षेत्र** (पु०) प्रसार की सीमा; ~**वाद** (पु०) अपनी सीमा बढ़ाते रहने का सिद्धांत; ~**वादी** (वि०) प्रसारवाद का

समर्थक; ~**शक्ति** (स्त्री०) प्रसार क्षमता

प्रसारक–*सं०* (वि०) फैलानेवाला

प्रसारण–*सं०* (पु०) 1 फैलाना 2 बढ़ाना (जैसे-कार्य क्षेत्र का प्रसारण) 3 दूर-दूर तक फैलाना, ब्राडकास्टिंग (जैसे-आकाशवाणी प्रसारण केंद्र)

प्रसारिणी–*सं०* (वि०) प्रसार करनेवाली

प्रसारित–*सं०* (वि०) 1 फैलाया हुआ 2 प्रसारण किया हुआ (जैसे-आकाशवाणी से प्रसारित समाचार)

प्रसार्य–*सं०* (वि०) प्रसारण योग्य

प्रसाविका–*सं०* (स्त्री०) प्रसव करानेवाली दाई, धात्री, मिड-वाइफ

प्रसाह–*सं०* (पु०) 1 सयंम 2 पराजित करना, हराना

प्रसिद्ध–I *सं०* (वि०) 1 मशहूर, ख्यात (जैसे-प्रसिद्ध इमारत, प्रसिद्ध ग्रंथ) II (क्रि० वि०) साफ़-साफ़

प्रसिद्धि–*सं०* (स्त्री०) ख्याति, मशहूरी

प्रसुप्त–*सं०* (वि०) 1 गहरी नींद में सोया हुआ, अंदर छिपा हुआ, प्रषुप्त (जैसे-प्रसुप्त कीटाणु)

प्रसुप्ति–*सं०* (स्त्री०) 1 गाढ़ी नींद 2 सुषुप्ति

प्रसूत–I *सं०* (वि०) उत्पन्न II (पु०) प्रसव-काल में होनेवाला एक रोग

प्रसूता–*सं०* (स्त्री०) नवजात शिशु की माँ (जैसे-शिशु एवं प्रसूता की सुरक्षा)

प्रसूति–*सं०* (स्त्री०) 1 शिशु को जन्म देना 2 उत्पत्ति 3 संतति 4 प्रसूता। ~**गृह** (पु०) बच्चा जनने का घर, सौरी; ~**छुट्टी** + *हिं०* (स्त्री०) प्रसवावकाश; ~**ज** (पु०) प्रसव-वेदना; ~**ज्वर** (पु०) *चि०* प्रसव के कुछ समय बाद होनेवाला बुखार; ~**भवन** (पु०) = प्रसूति गृह; ~**विज्ञान**, ~**विद्या** (स्त्री०), ~**शास्त्र** (पु०) गर्भवती, स्त्रियों को प्रसव कराने की कला का विवेचन करानेवाला शास्त्र

प्रसूतिका–*सं०* (स्त्री०) प्रसूता स्त्री

प्रसून–I *सं०* (वि०) 1 जन्मा हुआ 2 उत्पन्न, पैदा II (पु०) फूल, पुष्प

प्रसृत–I *सं०* (वि०) 1 फैला हुआ 2 बढ़ा हुआ 3 विनीत 4 संलग्न 5 प्रचलित II (पु०) अर्द्धांजलि

प्रसृति–*सं०* (स्त्री०) 1 फैलाव, प्रसार 2 फैलाई हुई अंजलि

प्रसृष्ट–*सं०* (वि०) त्यागा हुआ, परित्यक्त

प्रसेक–*सं०* (पु०) 1 सींचना 2 निचोड़ना 3 निचोड़ने पर निकलनेवाला तरल पदार्थ 4 छिड़काव 5 रसना

प्रसेकी–I *सं०* (वि०) बहनेवाला II (पु०) एक तरह का असाध्य घाव, व्रण

प्रसेव–*सं०* (पु०) 1 बीन की तूँबी 2 थैली

प्रसेवक–*सं०* (पु०) 1 थैलियाँ बनानेवाला व्यक्ति 2 प्रसेव

प्रस्कंदन–*सं०* (पु०) 1 कूदकर लाँघना 2 छलाँग

प्रस्कन्न–I *सं०* (वि०) 1 गिरा हुआ, पतित 2 पराजित II (पु०) 1 जाति-च्युत व्यक्ति 2 पापी 3 घोड़े का एक रोग

प्रस्खलन–*सं०* (पु०) पतन, गिरना

प्रस्तर–*सं०* (पु०) पत्थर। ~**अंकन** (पु०) पत्थर पर अंकित करना; ~**कला** (स्त्री०) पत्थर को काट-छाँट एवं गढकर उनकी विशेष आकृति बनाने की कला; ~**कार** (पु०) पत्थर पर काम करनेवाला; ~**मुद्रण** (पु०) विशेष प्रकार के पत्थर पर लिखकर छापने का कार्य, लीथोग्राफ; ~**मूर्ति** (स्त्री०) पत्थर की बनाई गई प्रतिमा; ~**युग** (पु०) पाषाण युग

प्रस्तरण–*सं०* (पु०) 1 फैलाना, बिछाना 2 बिछावन

प्रस्तरीभूत–*सं०* (वि०) पत्थर की तरह बेकार

प्रस्तार–*सं०* (पु०) 1 फैलाव, विस्तार 2 अधिकता 3 बिछावन, बिस्तरा 4 घास-फूस आदि का बिछौना

प्रस्ताव–*सं०* (पु०) 1 बात, प्रस्तावना, प्राक्कथन 2 शुरू, आरंभ 3 विषय-चर्चा, बात 4 विषय, प्रकरण (जैसे-पाठ्य पुस्तक का प्रस्ताव क्या है) 5 उपयुक्त समय, अवसर मौका (जैसे-बिना प्रस्ताव बोलना उचित है) 6 उद्देश्य के विचारार्थ रखी गई बात, ऑफर, प्रोप्रोज़ल। ~**कर्ता** प्रस्ताव करनेवाला व्यक्ति

प्रस्तावक–*सं०* (वि०) प्रस्ताव करनेवाला

प्रस्तावना–*सं०* (स्त्री०) 1 आरंभ 2 प्रस्ताव 3 विषय-चर्चा के पूर्व का तद्संबंधी आरंभिक संक्षिप्त कथन, भूमिका, प्राक्कथन, इंट्रोडक्शन

प्रस्तावित–*सं०* (वि०) 1 प्रस्ताव रूप में रखा गया 2 आरंभ किया हुआ 3 कथित

प्रस्तुत–I *सं०* (वि०) 1 उपस्थित 2 विशेष रूप से स्तुत 3 आरंभ किया हुआ, आरब्ध 4 अभिलाषित, इच्छित 5 तैयार II (पु०) 1 प्रकरण प्राप्त विषय 2 (साहि०) चल रही बात, चर्चा में प्रसंगवश अन्य बात का भी उल्लेख होना। ~**कर्ता** (पु०) प्रस्तुत करनेवाला व्यक्ति

प्रस्तुति–*सं०* (स्त्री०) 1 प्रस्तुत होने की अवस्था 2 प्रशंसा, स्तुति 3 प्रस्तावना, भूमिका 4 उपस्थिति 5 तैयारी

प्रस्तुतीकरण–*सं०* (पु०) प्रस्तुत करना

प्रस्तोता–I *सं०* (पु०) सामवेदी ऋत्विक् II (पु०) प्रस्ताव करनेवाला व्यक्ति, प्रस्तावक

प्रस्थ–I *सं०* (वि०) 1 प्रस्थान करनेवाला, कहीं जाकर रहनेवाला (जैसे-वानप्रस्थ)

प्रस्थान–*सं०* (पु०) 1 जाना, रवानगी 2 सेना का युद्ध क्षेत्र में जाना, कूच 3 गमन (जैसे-शुभ मुहूर्त में प्रस्थान करना) 4 मरण, मरना 5 रास्ता, मार्ग। **संसार से प्रस्थान करना** मर जाना, स्वर्गवास

प्रस्थापन–*सं०* (पु०) 1 प्रस्थान करना, भेजना 2 प्रेरणा 3 स्थापना 4 प्रतिष्ठित करना 5 व्यवहार करना 6 संस्थापन

प्रस्थापना–*सं०* (स्त्री०) 1 भेजना, प्रेषण 2 प्रस्ताव लाना 3 प्रस्तुत करना

प्रस्थापित–*सं०* (वि०) 1 प्रस्थापन किया गया 2 भेजा हुआ, प्रेषित

प्रस्थित–*सं०* (वि०) 1 प्रस्थान किया हुआ 2 स्थित 3 प्रेषित

प्रस्थिति–*सं०* (स्त्री०) 1 प्रस्थित होने की अवस्था 2 प्रस्थान, गमन

प्रस्फुट–*सं०* (वि०) 1 खिला हुआ, विकसित, स्पष्ट, प्रकट

प्रस्फुटन–*सं०* (पु०) 1 खिलना 2 व्यक्त होना, प्रकट होना

प्रस्फुटित–*सं०* (वि०) 1 खिला हुआ, विकसित 2 प्रकट हुई

प्रस्फुरण–*सं०* (पु०) 1 काँपना 2 फैलना 3 चमकना 4 स्पष्ट होना

प्रस्फुरित–*सं०* (वि०) काँपता हुआ

प्रस्फोट–*सं०* (पु०) फूटकर बाहर निकलना

प्रस्फोटक–I *सं०* (वि०) प्रस्फोट करनेवाला II (पु०) प्रस्फोट करनेवाली वस्तु, उपकरण आदि (जैसे-प्रस्फोटक पदार्थ)

प्रस्फोटन–*सं०* (पु०) 1 प्रस्फोट करना 2 अचानक फूटना 3 विकसित करना

प्रस्मृत–*सं०* (वि०) भूला हुआ, विस्मृत

प्रस्मृति–*सं०* (स्त्री०) भूलना, विस्मृत

प्रस्रव–*सं०* (पु०) 1 धारा रूप में बहना, लगातार चूना 2 बहनेवाली धारा, प्रवाह 3 स्तन से निकलता दूध 4 झरना, प्रपात 5 आँसू

प्रस्रवण–*सं०* (पु०) 1 बहना, चूना 2 पसीना, प्रस्वेद 3 सोता, झरना 4 स्तन से दूध निकलना

प्रस्राव–*सं०* (पु०) = प्रस्रव

प्रस्विन्न–*सं०* (वि०) पसीने से तर

प्रस्वेद–*सं०* (पु०) पसीना

प्रस्वेदक–I *सं०* (वि०) पसीना उत्पन्न करनेवाला II (पु०) पसीना लानेवाली दवा

प्रस्वेदित–*सं०* (वि०) 1 पसीने से भीगा हुआ 2 पसीना लानेवाला

प्रस्वेदी–*सं०* (वि०) पसीने से तर-बतर, पसीने से लथ-पथ

प्रहत–I *सं०* (वि०) मारा हुआ, हत II (पु०) आघात, प्रहार

प्रहति–*सं०* (स्त्री०) 1 प्रहत होने की अवस्था 2 प्रहार, चोट

प्रहर–*सं०* (पु०) = पहर

प्रहरक–*सं०* (पु०) = प्रहरी

प्रहरण–*सं०* (पु०) 1 छीनना 2 प्रहार, आघात 3 आक्रमण 4 परित्याग 5 अस्त्र

प्रहरी–*सं०* (पु०) 1 पहरेदार (जैसे-प्रहरी युद्ध पोत) 2 समय-समय पर घंटा बजानेवाला कर्मचारी

प्रहर्ता–*सं०* (पु०) 1 प्रहार करनेवाला व्यक्ति 2 योद्धा

प्रहर्ष–*सं०* (पु०) 1 अत्यधिक प्रसन्नता 2 हर्षजन्य रोमांच

प्रहर्षण–*सं०* (पु०) 1 हर्षित करना 2 प्रसन्नता 3 *साहि०* एक तरह का गौण अर्थालंकार जिसमें अनायास आशातिरेक फल प्राप्ति की स्थिति का उल्लेख मिलता है

प्रहर्षित–*सं०* (वि०) प्रहर्ष प्राप्त

प्रहसन–*सं०* (पु०) 1 प्रसन्नतापूर्वक हँसना 2 परिहास, दिल्लगी 3 भाण की तरह का हास्य रस प्रधान रूपक

प्रहसित–I *सं०* (पु०) जोर की हँसी, ठहाका II (वि०) हँसता हुआ

प्रहार–*सं०* (पु०) 1 आक्रमण, वार 2 चोट, आघात

प्रहारक–*सं०* (वि०) प्रहार करनेवाला

प्रहारार्त–I *सं०* (वि०) हत, आहत II (पु०) 1 प्रहार से हुआ घाव 2 उक्त घाव से उत्पन्न पीड़ा, दर्द

प्रहारी–*सं०* (वि०) प्रहार करनेवाला

प्रहारुक–*सं०* (वि०) हरण करनेवाला

प्रहास–*सं०* (पु०) 1 प्रहसन, हँसी 2 अट्टहास 3 नट

प्रहासी–*सं०* (वि०) ज़ोर से हँसानेवाला, मसखरा

प्रहित–*सं०* (वि०) 1 भेजा हुआ, प्रेरित 2 फेंका हुआ 3 निष्कासित

प्रहृत–I *सं०* (वि०) 1 फेंका हुआ 2 चलाया हुआ 3 मारा हुआ II (पु०) मार, प्रहार

प्रहृष्ट–*सं०* (वि०) अत्यंत प्रसन्न, आह्लादित। ~**चित्त** (वि०) प्रसन्न मनवाला

प्रहेलिका–*सं०* (स्त्री०) पहेली

प्रहेली–*सं०* (स्त्री०) 1 कूट प्रश्न 2 बुझौवल

प्रह्लाद–*सं०* (पु०) 1 हिरण्यकशिपु का पुत्र 2 आनंद

प्रह्लादक–*सं०* (वि०) प्रसन्न करनेवाला

प्रह्लादन–*सं०* (पु०) प्रसन्न करना

प्रह्लादित–*सं०* (वि०) प्रसन्न

प्रांगण–*सं०* (पु०) आँगन

प्रांजल–*सं०* (वि०) 1 सरल एवं स्पष्ट (जैसे-प्रांजल भाषा) 2 सच्चा 3 साफ़, स्वच्छ

प्रांजलि–I *सं०* (वि०) अंजलिबद्ध II (स्त्री०) 1 अंजलि 2 अंजलि मुद्रा

प्रांत–*सं०* (पु०) 1 प्रशासनिक इकाई (जैसे-उत्तर-प्रदेश भारत का एक प्रांत है) 2 अंत, सीमा 3 छोर, सिरा 4 तरफ़, दिशा (जैसे-दक्षिणी प्रांत को जाना)। ~**पति** (पु०) प्रांत का स्वामी; ~**वाद** (पु०) प्रांतीयता

प्रांतर–*सं०* (पु०) 1 दो प्रदेशों के बीच का स्थान 2 निर्जन पथ 3 दो गाँवों के बीच की ज़मीन

प्रांतिक–*सं०* (वि०) प्रांत का

प्रांतीय–*सं०* (वि०) प्रांत संबंधी। ~**ता** (स्त्री०) 1 प्रांतीय होने की अवस्था 2 प्रांत के प्रति होनेवाला पक्षपात, मोह, प्राविंशलिज़्म

प्राइम-मिनिस्टर–*अं०* (पु०) प्रधान मंत्री

प्राइमर–*अं०* (पु०) वर्णमाला सिखानेवाली प्रारंभिक पुस्तक, पहली किताब

प्राइमरी–*अं०* (वि०) 1 प्राइमर संबंधी 2 आरंभिक 3 प्राथमिक (जैसे-प्राइमरी पाठशाला)

प्राइमस-चूल्हा–*अं०* + *हिं०* (पु०) एक तरह का स्टोव

प्राइवेट–*अं०* (वि०) 1 निज का (जैसे-प्राइवेट सेक्रेटरी) 2 आपसी (जैसे-प्राइवेट बात) 3 गैर-सरकारी (जैसे-प्राइवेट नौकरी)

प्राक्–I *सं०* (क्रि० वि०) 1 सामने 2 पहले 3 पिछले भाग में II (वि०) पुराना III (पु०) पूर्व दिशा, पूरब

प्राकट्य–*सं०* (पु०) प्रकटता

प्राकार–*सं०* (पु०) 1 चहारदीवारी 2 घेरा; ~**युक्त**, ~**वेष्टित** (वि०) चहारदीवारी से घेरा हुआ

प्राकाश्य–*सं०* (पु०) 1 प्रकाशित होने की अवस्था 2 प्रकटता

प्राकृत–I *सं०* (वि०) 1 प्रकृति का 2 प्रकृति से उत्पन्न, नैसर्गिक 3 लौकिक, सांसारिक 4 स्वाभाविक 5 साधारण, मामूली 6 अशिक्षित II (स्त्री०) 1 संस्कृत के नाटकों में प्रयुक्त प्राचीन भाषा 2 प्रांत की बोली (जैसे-प्राकृत-भाषा)। ~**ज** प्राकृत से उत्पन्न; ~**वाद** (पु०) = प्रकृतिवाद; ~**वादी** (वि०) = प्रकृतिवादी

प्राकृतिक–*सं०* (वि०) 1 प्रकृति से उत्पन्न, नैसर्गिक 2 प्रकृति संबंधी 3 लौकिक, सांसारिक 4 प्रकृति (जैसे-आमिष पशुओं का प्राकृतिक भोजन है) 5 साधारण, सामान्य

प्राकृतीभूत–*सं०* (वि०) जो प्राकृतिक अवस्था में हो गया हो

प्राक्कथन–*सं०* (पु०) 1 प्रस्तावना 2 पहले कही गई बात

प्राक्कर्म–*सं०* (पु०) 1 पहले किया जानेवाला काम 2 पूर्व जन्म के कर्म 3 भाग्य

प्राक्कलन–*सं०* (पु०) पहले से की जानेवाली गणना, अनुमान आदि, एस्टिमेशन

प्राक्कलित–*सं०* (वि०) पूर्वानुमानित

प्राक्काल–*सं०* (वि०) पहले का युग

प्राक्कालीन–*सं०* (वि०) पूर्व युग का

प्राक्कृत–*सं०* (वि०) पहले किया हुआ

प्राक्षेपिक–*सं०* (वि०) प्रक्षेप संबंधी

प्राक्षेपिकी–*सं०* (स्त्री०) प्रक्षेप विज्ञान

प्राक्सी–*अं०* (स्त्री०) 1 प्रतिपत्र 2 प्रतिपत्री

प्राखर्य–*सं०* (पु०) प्रखरता, प्रचंडता

प्रागतिक–*सं०* (वि०) प्रगति संबंधी

प्रागनुराग–*सं०* (पु०) पूर्वानुराग

प्रागल्भ्य–*सं०* (पु०) 1 प्रगल्भता 2 साहस 3 दक्षता 4 प्रबलता 5 वाग्मिता

प्रागैतिहासिक–*सं०* (वि०) लिखित इतिहास से पहले का, प्री-हिस्टॉरिक

प्राग्भव–*सं०* (पु०) पूर्व-जन्म

प्राग्भाग–*सं०* (पु०) आगे का भाग

प्राग्वैदिक–*सं०* (वि०) वेद कालीन के पहले का

प्राचंड्य–*सं०* (पु०) = प्रचंडता

प्राचल–*सं०* (पु०) पैरामीटर

प्राचार्य–*सं०* (पु०) प्रधानाचार्य

प्राची–*सं०* (स्त्री०) पूरब

प्राचीन–*सं०* (वि०) 1 पुराना 2 पूरब का। **~कालिक, ~कालीन** (वि०) पुराने समय का; **~ता** (स्त्री०) पुरानापन; **~ता-वाद** (पु०) प्राचीन संस्कृति को श्रेष्ठ मानने का सिद्धांत; **~ता-वादी** (वि०) प्राचीनता वाद का समर्थक

प्राचीनतम–*सं०* (वि०) पुराने से पुराना

प्राचीनावीत–*सं०* (पु०) दाहिने कंधे पर से धारण किया हुआ यज्ञोपवीत

प्राचीर–*सं०* (पु०) चहारदीवारी, प्राकार

प्राचुर्य–*सं०* (पु०) प्रचुरता, आधिक्य (जैसे-प्राचुर्य धनराशि)

प्राच्य–I *सं०* (वि०) 1 पुराना, प्राचीन 2 पूरब का, पूरबी (जैसे-प्राच्य सभ्यता) II (पु०) 1 पूर्वी भूभाग 2 पूर्वी देश। **~विज्ञान** (पु०) प्राचीन देश की सभ्यता, विज्ञान एवं साहित्य आदि; **~विज्ञानी** (पु०) प्राच्य विज्ञान का ज्ञाता; **~विद्या** (स्त्री०) प्राच्य देशों की भाषा, धर्म, इतिहास, साहित्य का विवेचन करनेवाला पुरातत्त्व का अंग; **~वेत्ता** (पु०) = प्राच्य विज्ञानी, ओरिएंटलिस्ट; **~संस्थान** (पु०) प्राच्य विज्ञान एवं विद्या का अध्ययन करानेवाली संस्था

प्राज्ञ–I *सं०* (वि०) 1 बुद्धिमान 2 चतुर, दक्ष II (पु०) 1 विद्वान व्यक्ति 2 चतुर व्यक्ति। **~मानी** (वि०) अपने को बहुत बुद्धिमान माननेवाला

प्राज्ञी–*सं०* (स्त्री०) 1 बुद्धिमती स्त्री 2 बुद्धि

प्राज्य–*सं०* (वि०) 1 अधिक, प्रचुर 2 विशाल, ऊँचा

प्राटीन–*अं०* (पु०) = प्रोटीन

प्राण–*सं०* (पु०) 1 साँस, श्वास 2 जीवनी शक्ति, जान, लाइफ 3 साँस के अंदर-बाहर आने-जानेवाली हवा, वायु 4 प्राणों के समान प्रिय (जैसे-प्राण-प्रिया, प्राण-नाथ)। **~कष्ट** (पु०) मरते समय होनेवाला कष्ट, मरण काल की वेदना, यातना; **~घात** (पु०) मार डालना, मारण; **~घातक** (वि०) 1 प्राण लेनेवाला (जैसे-प्राण घातक विष) 2 मार डालनेवाला; **~घाती** (पु०) जानलेवा; **~त्याग** (पु०) मर जाना, मृत्यु; **~दंड** (पु०) मृत्यु दंड; **~दाता** (वि०) प्राण की रक्षा करनेवाला, प्राण रक्षक; **~दात्री** (स्त्री०) प्राण देनेवाली; **~दान** (पु०) 1 जीवनदान 2 प्राण की रक्षा करना 3 प्राण युक्त करना; **~दायी** (वि०) प्राण देनेवाला; **~द्रोह** (पु०) प्राण लेने हेतु किया जानेवाला दुस्साहस; **~धन** (पु०) प्रियतम, प्राणप्रिय, प्राणनाथ; **~धारी** I (वि०) प्राण धारण करनेवाला, प्राणयुक्त II (पु०) जीव, प्राणी; **~ध्वनि** (स्त्री०) *व्या०* शब्दों के उच्चारण में मुँह से निकलनेवाली ऐसी ध्वनि जिसमें स्वर के उच्चारण पूर्व श्वास पर कुछ अधिक ज़ोर पड़ता है (जैसे-'ए' के उच्चारण में प्राण-ध्वनि लगने पर हे का उच्चारण होना); **~नाथ** (पु०) = प्राण पति; **~नाश** (पु०) 1 मृत्यु 2 हत्या; **~नाशक** (वि०) = प्राण घातक; **~पखेरू** + *हिं०* (पु०) प्राण रूपी पक्षी, आत्मा; **~पण** (पु०) जान की बाज़ी; **~पति** (पु०) 1 प्राण-नाथ 2 आत्मा 3 वैद्य; **~परिक्रय** (पु०) प्राण की बाज़ी लगाना; **~प्रतिष्ठा** (स्त्री०) 1 मंत्र द्वारा देवता का उसकी प्रतिमा में निवास कराना 2 प्राण-युक्त करना, सजीव बनाना; **~प्रद** (वि०) 1 प्राण देनेवाला, प्राणदायक 2 प्राण की रक्षा करनेवाला; **~प्रिय** I (वि०) प्राण के समान प्रिय II (पु०) अत्यंत प्रिय व्यक्ति 2 प्रियतम, पति, स्वामी; **~यात्रा** (स्त्री०) 1 श्वास-प्रश्वास क्रिया 2 जीवन-निर्वाह; **~रक्षा** (स्त्री०) जान की रक्षा; **~वायु** (पु०) प्राण, श्वास, आक्सीजन; **~संकट** (पु०) जान जाने का भय; **~संचार** (पु०) जान में जान डालना; **~संदेह** (पु०) = प्राण संकट; **~संयम** (पु०) = प्राणायाम; **~संशय** (पु०) = प्राण-संकट; **~स्वरूप** (वि०) अत्यंत प्रिय, बहुत प्यारा; **~हंता** (पु०) = प्राण-घाती; **~हर** I (वि०) प्राण लेनेवाला II (पु०) प्राण लेनेवाला पदार्थ; **~हरण** (पु०) = प्राण-घात; **~हारी** (वि०) = प्राण-हर; **~हीन** (वि०) निर्जीव; **~आना** भय कम होना; **~उड़ जाना** 1 बदहवास हो जाना 2 बहुत अधिक घबरा जाना 3 अत्यंत डर जाना; **~गले तक आना** मरणासन्न होना; **~छूटना, ~जाना, ~निकलना** देहावसान होना, मरना; **~छोड़ना, त्यागना** मरना; **~डालना** जीवन संचार करना, सजीव बनाना; **~देना** 1 मरना 2 अत्यधिक कष्ट पाना 3 अत्यंत प्यार करना (जैसे-प्रेमी के लिए प्राण देना); **~बचाना** 1 जान-बचाना 2 पिंड छुड़ाना; **~मुँह को आना** दुःख से बहुत परेशान, बेचैन होना; **~मुट्ठी में लिए रहना ~हथेली पर लिए रहना** मरने को तैयार रहना; **~रखना** जिलाना; **~लेना** मार डालना; **~हरना** जान से ख़त्म करना; **~हारना** हतोत्साह होना; **~से हाथ धोना** मर जाना; **प्राणों पर आ पड़ना** जान जोखिम में होना; **प्राणों में प्राण आना** भय कम होना

प्राणकर–*सं०* (वि०) शक्ति बढ़ानेवाला, पौष्टिक

प्राणघ्न–*सं०* (वि०) = प्राण घातक

प्राणच्छेद–*सं०* (पु०) = प्राण-घात
प्राणद–*सं०* (वि०) 1 प्राण-दाता 2 प्राण की रक्षा करनेवाला 3 प्राण-शक्ति बढ़ानेवाला
प्राणमय–*सं०* (वि०) प्राण युक्त
प्राणवत्ता–*सं०* (स्त्री०) जीवित होने की अवस्था
प्राणवान्–*सं०* (वि०) जीवित, सप्राण
प्राणांत–*सं०* (पु०) मृत्यु
प्राणांतक–*सं०* (वि०) 1 जान लेनेवाला, घातक 2 मरने का-सा दुःख देनेवाला (जैसे-प्राणांतक परिश्रम)
प्राणाघात–*सं०* (पु०) = प्राण-घात
प्राणात्यय–*सं०* (पु०) = प्राणांत
प्राणाधार–*सं०* (पु०) = प्राण-पति
प्राणान्वित–*सं०* (वि०) प्राण युक्त, जीवित
प्राणाबाध–*सं०* (पु०) प्राण जाने की आशंका
प्राणायाम–*सं०* (पु०) 1 प्राण को अपने वश में करना 2 श्वास-प्रश्वास की गति का नियमन
प्राणार्पण–*सं०* (पु०) जान दे देना
प्राणाशय–*सं०* (पु०) प्राण-शक्ति
प्राणिक–I *सं०* (वि०) 1 प्राण संबंधी, प्राण का 2 बिना शोर मचाए बोलनेवाला II (वि०) जीव-धारियों से संबंध रखनेवाला, प्राणियों का
प्राणिज–*सं०* (वि०) प्राणी से उत्पन्न
प्राणि-जात–(पु०) = प्राणी-जगत्
प्राणित–*सं०* (वि०) प्राण-शक्ति से युक्त
प्राणि-भूगोल–*सं०* (पु०) जलवायु एवं प्राणि संबंधी विज्ञान
प्राणि-मंडल–*सं०* (पु०) जीव मंडल, बायोस्फीयर
प्राणि-मात्र–*सं०* (पु०) प्राणी-जगत्
प्राणि-रसायन–*सं०* (पु०) जीव रसायन
प्राणि-वाचक–*सं०* (वि०) सजीव पदार्थ का बोध करानेवाला
प्राणि-विज्ञ–*सं०* (पु०) = प्राणि-शास्त्री
प्राणि-विज्ञान–*सं०* (पु०) = प्राणि-शास्त्र
प्राणि-विद्या–*सं०* (स्त्री०) प्राणि संबंधी विज्ञान
प्राणिशाला–*सं०* (स्त्री०) = प्राणि उद्यान
प्राणि-शास्त्र–*सं०* (पु०) प्राणियों की जाति, वर्ग भेद आदि का अध्ययन करानेवाला विज्ञान, जूलॉजी
प्राणि-शास्त्री–*सं०* (पु०) प्राणिशास्त्र का ज्ञाता
प्राणि-शास्त्रीय–*सं०* (वि०) प्राणि-शास्त्र से संबंध रखनेवाला
प्राणि-संसार–*सं०* (पु०) = प्राणी-जगत्
प्राणी–I *सं०* (वि०) प्राण-धारी, जीव-धारी II (पु०) 1 प्राण युक्त शरीर 2 मनुष्य, व्यक्ति। ~**जगत्** (पु०) जीव जगत्, जीव जंतु आदि; ~**विज्ञान** (पु०) = प्राणि-शास्त्र; ~**विज्ञानी** (पु०) = प्राणि-शास्त्री
प्राणेश–*सं०* (पु०) प्राण-पति
प्राणेश्वर–*सं०* (पु०) 1 पति, स्वामी 2 परम प्रिय व्यक्ति
प्राणोत्सर्ग–*सं०* (पु०) मृत्यु
प्राणोपहार–*सं०* (पु०) प्राणों का बलिदान
प्रातः–I *सं०* (पु०) सबेरा, तड़का II (क्रि० वि०) सबेरे, तड़के। (पु०) प्रातः काल किया जानेवाला काम; ~**काल** (पु०) सबेरे का समय, प्रभात; ~**कालीन** (वि०) प्रातः काल का; ~**क्रिया** (स्त्री०) = प्रातः कर्म; ~**स्नान** (पु०) सबेरे का स्नान; ~**स्मरण** (पु०) सबेरे देवता, ईश्वर से संबंधित किया जानेवाला भजन-पाठ; ~**स्मरणीय** (वि०) प्रातः स्मरण योग्य
प्रातराश–*सं०* (पु०) प्रातः काल का जलपान, कलेवा
प्रातर्भोजन–*सं०* (पु०)सबेरे का भोजन
प्रातिकूल्य–*सं०* (पु०) प्रतिकूल होने की अवस्था
प्रातिदैवसिक–*सं०* (वि०) नित्य होनेवाला, दैनिक
प्रातिनिधिक–I *सं०* 1 प्रतिनिधि का 2 प्रतिनिधि रूप में होनेवाला II (पु०) 1 प्रतिनिधि 2 स्थानापन्न
प्रातिपक्ष्य–*सं०* (पु०) 1 विरोध, प्रतिकूलता 2 शत्रुता
प्रातिपथिक–I *सं०* (वि०) यात्रा करनेवाला II (पु०) यात्री
प्रातिपद–*सं०* (वि०) 1 प्रतिपदा संबंधी 2 प्रतिपदा के दिन होनेवाला 3 आरंभिक
प्रातिपदिक–*सं०* (पु०) धातु शब्द, मूल और रूढ़ शब्द
प्रातिभ–I *सं०* (वि०) 1 प्रतिभा संबंधी, प्रतिभा का 2 प्रतिभा से उद्भूत II (पु०) प्रतिभा संपन्न व्यक्ति
प्रातिभासिक–*सं०* (वि०) 1 भ्रममूलक अस्तित्ववाला, अवास्तविक, अव्यवहारिक
प्रातिरूपिक–*सं०* (वि०) उसी रूप का, नकली
प्रातिलोमिक–*सं०* (वि०) 1 प्रतिकूल, विरुद्ध 2 प्रतिलोम संबंधी 3 अप्रिय, अरुचिकर
प्रातिलोम्य–*सं०* (पु०) प्रतिलोम होने की अवस्था
प्रातिस्विक–*सं०* (वि०) 1 अपना-अपना, प्रत्येक का 2 निजी
प्रातीतिक–*सं०* (वि०) 1 प्रतीति करानेवाला 2 काल्पनिक
प्रात्यहिक–*सं०* (वि०) प्रतिदिन का, दैनिक
प्राथमिक–*सं०* (वि०) 1 शुरू का, आरंभिक (जैसे-प्राथमिक पाठशाला) 2 शुरू में, पहले-पहल होनेवाला (जैसे-प्राथमिक उपचार)। ~**ता** (स्त्री०) प्राथमिक अवस्था 2 प्रथमता, वरीयता
प्राथम्य–*सं०* (पु०) = प्राथमिकता
प्रादर्शनिक–*सं०* (वि०) 1 प्रदर्शन संबंधी 2 प्रदर्शनात्मक
प्रादुर्भाव–*सं०* (पु०) 1 प्रकट होना 2 उत्पत्ति 3 अस्तित्व ग्रहण, पनपना 4 विकास
प्रादुर्भूत–*सं०* (वि०) 1 प्रकट हुआ 2 उत्पन्न 3 विकसित 4 अस्तित्व में आया हुआ। ~**मनोभवा** (स्त्री०) एक प्रकार की मध्या नायिका
प्रादुष्करण–*सं०* (पु०) 1 प्रकट करना 2 उत्पन्न करना 3 अस्तित्व में लाना
प्रादुष्कृत–*सं०* (वि०) 1 प्रकट किया हुआ 2 उत्पन्न किया हुआ 3 अस्तित्व में लाया हुआ
प्रादेश–*सं०* (पु०) 1 प्रदेश 2 जगह, स्थान 3 अँगूठे के सिरे से तर्जनी के सिरे तक की दूरी
प्रादेशात्मक–*सं०* (वि०) प्रादेशानुसार होनेवाला
प्रादेशिक–*सं०* (वि०) 1 प्रदेश संबंधी (जैसे-प्रादेशिक भाषा) 2 प्रदेश के भीतरी भागों से संबंध रखनेवाला (जैसे-प्रादेशिक सेना)। ~**ता** (स्त्री०) प्रांतीयता
प्रादेशी–*सं०* (वि०) एक प्रादेश की लंबाई का
प्राधनिक–*सं०* (पु०) 1 विनाशकारी अस्त्र 2 युद्ध के अस्त्र-शस्त्र आदि उपकरण

प्राधानिक–*सं०* (वि०) 1 प्रधान संबंधित (जैसे-प्राधानिक शासन) 2 उत्तम, श्रेष्ठ 3 सुख्यात

प्राधान्य–*सं०* (पु०) 1 प्रधान होने की अवस्था 2 श्रेष्ठता, उत्तमता

प्राधिकरण–*सं०* (पु०) 1 प्राधिकार देना 2 प्राधिकारी का अधिकार

प्राधिकार–*सं०* (पु०) 1 आदेश देने का अधिकार 2 पदाधिकारी को पद के कारण प्राप्त विशेष अधिकार

प्राधिकारी–*सं०* (पु०) अधिकार प्राप्त व्यक्ति (जैसे-प्राधिकारी-वर्ग)

प्राधिकृत–*सं०* (वि०) 1 विधिविहित अधिकार प्राप्त (जैसे-प्राधिकृत अभिकर्ता) 2 जिसके लिए अधिकार प्राप्त हो (जैसे-प्राधिकृत-पूँजी)

प्राधिदत्त–*सं०* (वि०) अधिकारपूर्वक दिया हुआ

प्राधीत–*सं०* (वि०) प्रकृष्ट रूप से शिक्षित

प्राध्यापक–*सं०* (पु०) महाविद्यालय का अध्यापक, प्रोफ़ेसर। ~**पीठ** (पु०)

प्राध्यापन–*सं०* (पु०) उच्च श्रेणी के विद्यार्थियों को पढ़ाना.

प्राध्व–I *सं०* (पु०) 1 बहुत लंबा रास्ता 2 सवारी II (वि०) बहुत दूर

प्रापक–*सं०* (वि०) 1 प्राप्ति संबंधी 2 प्राप्त होनेवाला

प्रापण–*सं०* (पु०) 1 प्राप्त करना 2 पहुँचाना

प्रापणिक–*सं०* (पु०) व्यापारी

प्रापणीय–*सं०* (वि०) 1 प्राप्त करने योग्य, प्राप्य 2 पहुँचाने योग्य

प्रापयिता–*सं०* (पु०) = प्राप्ति-कर्ता

प्रापी–*सं०* (वि०) 1 प्राप्त करनेवाला 2 पहुँचानेवाला

प्राप्त–*सं०* (वि०) 1 पाया हुआ, हस्तगत 2 उपस्थित 3 अनुभूत हुआ (जैसे-सुख-प्राप्त)। ~**काल** I (पु०) 1 उचित समय 2 मृत्यु का समय II (वि०) समयोचित; ~**जीवन** (वि०) जीवन युक्त; ~**दोष** (वि०) सदोष, दोषमय; ~**बीज** (वि०) बोया हुआ; ~**बुद्धि** (वि०) 1 होश में आया हुआ 2 बुद्धिमान; ~**यौवन** (वि०) जवानी-प्राप्त; ~**रूप** (वि०) 1 सुंदर 2 आकर्षक, मनोहर 3 विद्वान

प्राप्तव्य–*सं०* (वि०) प्राप्त करने योग्य

प्राप्तांक–*सं०* (पु०) मिले हुए अंक (नंबर)

प्राप्ताधिकार–*सं०* (पु०) विशेषाधिकार

प्राप्तानुज्ञ–*सं०* (पु०) अनुज्ञप्तधारी

प्राप्तार्थ–I *सं०* (वि०) सफल II (पु०) प्राप्त धन, वस्तु आदि

प्राप्तावसर–*सं०* (पु०) = प्राप्त-काल

प्राप्ति–*सं०* (स्त्री०) 1 पाया-जाना, मिलना, उपलब्धि 2 प्रत्यक्ष होना (जैसे-सुख की प्राप्ति) 3 फ़ायदा, लाभ (जैसे-धन की प्राप्ति, व्यापार में अच्छी प्राप्ति हुई) 4 उपस्थित होना (जैसे-पत्र प्राप्ति, यौवन-प्राप्ति) 5 ग्रहण करना। ~**कर्ता** (पु०) प्राप्त करनेवाला व्यक्ति; ~**स्वीकार** (स्त्री०) पहुँच की स्वीकृति

प्राप्तिका–*सं०* (स्त्री०) पावती, रसीद

प्राप्त्याशा–*सं०* (स्त्री०) प्राप्ति की आशा, मिलने की आशा

प्राप्य–*सं०* (वि०) 1 प्राप्त करने योग्य 2 पावना, ड्यू 3 गम्य

प्राप्यक–*सं०* (पु०) 1 ऐसा पत्र जिसमें प्राप्य धन का ब्योरा हो, विपत्र 2 बीजक। ~**समाहर्ता** (पु०) प्राप्यक की शेष रक़म उगाहने का काम करनेवाला अधिकारी, बिल कलक्टर

प्राबल्य–*सं०* (पु०) प्रबलता, प्रधानता

प्राभातिक–I *सं०* (वि०) 1 प्रभात में होनेवाला 2 प्रभात संबंधी (पु०) प्रभात में गाया जानेवाला गीत

प्राभाविक–*सं०* (वि०) प्रभाव उत्पन्न करनेवाला

प्राभिकर्ता–*सं०* (पु०) विधि विहित अधिकार प्राप्त व्यक्ति

प्राभियोक्ता–*सं०* (पु०) विरोध में मामला चलानेवाला, प्रॉसीक्यूटर

प्राभियोजक–*सं०* (पु०) विरोध में अभियोग चलानेवाला

प्राभियोजन–*सं०* (पु०) विरोध में अभियोग चलाना, प्रॉसीक्यूशन

प्राभृत–*सं०* (पु०) 1 उपहार, भेंट 2 नज़राना

प्राभृतक–*सं०* (पु०) नज़र, रिश्वत

प्रामाणिक–*सं०* (वि०) 1 प्रमाण द्वारा सिद्ध 2 प्रमाण स्वरूप माना जानेवाला 3 सत्य, ठीक 4 सभी जगह ठीक माना जानेवाला 5 शास्त्र आदि से प्रमाणित (जैसे-रामायण एक प्रामाणिक ग्रंथ है)। ~**ता** (स्त्री०) प्रामाणिक होने की स्थिति

प्रामाण्य–*सं०* (पु०) 1 प्रमाण 2 प्रमाणत्व 3 विश्वसनीयता

प्रामादिक–*सं०* (वि०) प्रमादवाला, प्रमाद जनित

प्रामाद्य–*सं०* (पु०) 1 नशा, उन्माद 2 लापरवाही

प्रामिसरी-नोट–*अं०* (पु०) प्रोनोट, रुक्का

प्रामुख्य–*सं०* (पु०) प्रधानता, प्रमुखता

प्रायः–*सं०* (क्रि० वि०) 1 अक्सर 2 करीब-करीब, लगभग 3 जल्दी-जल्दी

प्राय–I *सं०* (वि०) 1 समान, अनुरूप (जैसे-नष्ट-प्राय, मृत-प्राय) 2 भरा हुआ (जैसे-कष्ट-प्राय, जल-प्राय) II (पु०) 1 मृत्यु, मौत 2 अनशन मृत्यु। ~**गत** (वि०) मरणासन्न

प्रायण–*सं०* (पु०) 1 एक स्थान से दूसरे स्थान पर जाना, प्रयाण 2 धारण करना 3 दूसरा जन्म 4 अनशन करके मरना 5 अनशन समाप्ति पर किया गया जलपान, भोजन

प्रायणीय–I *सं०* (पु०) 1 आरंभिक कृत्य 2 सोमयाग का पहला दिन II (वि०) आरंभिक (जैसे-प्रायणीय कर्म)

प्रायद्वीप–*सं०* (पु०) तीन ओर से समुद्र से घिरा भू-भाग, पेनिन्शुला

प्रायद्वीपीय–*सं०* (वि०) प्रायद्वीप से संबद्ध

प्रायशः–*सं०* (क्रि० वि०) अकसर, बहुधा

प्रायश्चित–*सं०* (पु०) 1 पाप कर्म के फल, भोग से बचने हेतु किया जानेवाला शास्त्र विहित कर्म (जैसे-दान-व्रत करके प्रायश्चित करना) 2 ग्लानिवश किया गया कठोर आचरण 3 कष्ट, हानि

प्रायश्चित्तिक–*सं०* (वि०) 1 प्रायश्चित संबंधी 2 प्रायश्चित्त योग्य

प्रायश्चित्ती–*सं०* (वि०) प्रायश्चित करनेवाला

प्रायिक–*सं०* (वि०) प्रायः होनेवाला

प्रायोगिक–*सं०* (वि०) 1 प्रयोग संबंधी 2 प्रयोग किया जानेवाला, एक्सपेरिमेंटल 3 व्यावहारिक, क्रियात्मक

प्रायोजना–*सं०* (स्त्री०) योजना का प्रस्तावित रूप

प्रायोज्य–*सं०* (वि०) प्रयोजन के योग्य, जो किसी के विशेष प्रयोजन की हो
प्रायोपयोगिक–*सं०* (वि०) प्रायिक, सामान्य
प्रायोपवेश, प्रायोपवेशन–*सं०* (पु०) 1 अनशनव्रत 2 अन्न-जल त्याग देना
प्रायोभावी–*सं०* (वि०) प्रायिक, साधारण
प्रारंभ–*सं०* (पु०) 1 शुरू का अंश 2 जारी होना (जैसे-कार्य प्रारंभ होना)
प्रारंभण–*सं०* (पु०) शुरू करना
प्रारंभिक–*सं०* (वि०) 1 शुरू का (जैसे-प्रारंभिक पाठ्य-पुस्तक) 2 प्रारंभ में होनेवाला (जैसे-प्रारंभिक शिक्षा)
प्रारंभीय–*सं०* (वि०) प्रारंभ का
प्रारक्षण–*सं०* (पु०) कार्य, बात आदि को निश्चित रूप से पहले से ही अलग करना, रिज़र्वेशन
प्रारक्षित–*सं०* (वि०) पहले से अलग किया हुआ, रिज़र्व्ड
प्रारब्ध–I *सं०* (वि०) आरंभ किया हुआ II (पु०) 1 भाग्य, तकदीर 2 पूर्व जन्म के कार्य 3 पूर्व कर्मों का फल भोग। ~**लेख** (पु०) किस्मत का लिखा
प्रारब्धि–*सं०* (स्त्री०) आरंभ
प्रारब्धी–*सं०* (वि०) भाग्यवाला, भाग्यवान्
प्रारिप्सित–*सं०* (वि०) शुरू करने की इच्छा की गई
प्रारूप–*सं०* (पु०) 1 प्राथमिक रूप, मसौदा, प्रालेख 2 पूर्वगामी रूप
प्रारूपस्थ–*सं०* (वि०) प्रारूप में लाया गया
प्रारूपिक–*सं०* (वि०) 1 प्रारूप संबंधी 2 नमूने का
प्रार्थक–*सं०* (वि०) = प्रार्थी
प्रार्थन–*सं०* (पु०) प्रार्थना करना
प्रार्थना–*सं०* (स्त्री०) 1 निवेदन 2 भक्ति एवं श्रद्धापूर्वक ईश्वर, देवता आदि से माँगना, निवेदन करना 3 अरजी, दावा। ~**पत्र** (पु०) अरजी (जैसे-प्रार्थना पत्र प्रस्तुत करना); ~**भंग** (पु०) प्रार्थना न मानना
प्रार्थनीय–*सं०* (वि०) प्रार्थित
प्रार्थयिता–*सं०* (पु०) प्रार्थी
प्रार्थित–*सं०* (वि०) प्रार्थना की गई
प्रार्थी–*सं०* (वि०) 1 प्रार्थना करनेवाला 2 प्रार्थना पत्र देनेवाला 3 उम्मीदवार
प्रार्थ्य–*सं०* (वि०) प्रार्थना योग्य
प्रालंब–*सं०* (पु०) 1 लटकनेवाली वस्तु 2 सीने तक लटकनेवाली माला
प्रालेख–*सं०* (पु०) = प्रारूप
प्रालेय–I *सं०* (पु०) 1 तुषार 2 बर्फ़, हिम II (वि०) प्रलय संबंधी
प्रांवट–*सं०* (पु०) जौ
प्रावर–*सं०* (पु०) चहारदीवारी
प्रावरण–*सं०* (पु०) 1 आवरण 2 ओढ़नी, उत्तरीय
प्रावसादन–*सं०* (पु०) 1 अकर्मण्य एवं निरुत्साह होने की अवस्था 2 पदार्थ की निष्क्रियता 3 व्यापार आदि की मंदी 4 वातावरण का तापमान गिरना, डिप्रेशन
प्रावस्था–*सं०* (स्त्री०) 1 परिवर्तन की विशेष स्थिति 2 स्वरूप
प्रावालिक–*सं०* (वि०) प्रवाल (मूँगे) का
प्रावास–*सं०* (वि०) यात्रा संबंधी
प्रावासिक–*सं०* (त्रि०) यात्रा के उपयुक्त
प्राविडंट-फंड–*अं०* (पु०) भविष्य निधि
प्रावित्र–*सं०* (पु०) 1 रक्षण 2 आश्रय
प्राविधानिक–*सं०* (वि०) प्राविधि संबंधी
प्राविधिक–*सं०* (वि०) 1 कला, शिल्प, यंत्र आदि से संबंधित (जैसे-प्राविधिक शिक्षा) 2 प्रायोगिक एवं व्यावहारिक प्रक्रिया संबंधी, तकनीकी, टेकनिकल (जैसे-प्राविधिक ज्ञान, प्राविधिक कर्मचारी)
प्राविधिज्ञ–*सं०* (पु०) तकनीकी ज्ञान रखनेवाला, टेकनिशियन
प्रावीण्य–*सं०* (पु०) = प्रवीणता
प्रावृट्–*सं०* (पु०) = प्रावृषा
प्रावृत–I *सं०* (वि०) 1 घिरा हुआ, आवृत 2 ढका हुआ II (पु०) 1 ओढ़ने का कपड़ा 2 ढकने का कपड़ा, आच्छादन
प्रावृषा–*सं०* (स्त्री०) वर्षा ऋतु
प्रावेशिक–*सं०* (वि०) 1 प्रवेश संबंधी 2 प्रवेश का साधन रूप
प्रावैगिक–*सं०* (वि०) प्रवेग संबंधी
प्रावैधिक–*सं०* (वि०) = प्राविधिक
प्राव्राज्य–I *सं०* (वि०) संन्यास संबंधी II (पु०) संन्यासी जीवन
प्राश–*सं०* (पु०) भोजन करना
प्राशक–*सं०* (वि०) भोजन करनेवाला
प्राशन–*सं०* (पु०) भोजन करना
प्राशनीय–*सं०* (वि०) प्राश्य
प्राशस्त्य–*सं०* (पु०) प्रशस्तता
प्राशित–I *सं०* (वि०) 1 खाया हुआ 2 उपभोग किया हुआ II (पु०) 1 तर्पण, पितृ यज्ञ 2 खाना, भक्षण
प्राशी–*सं०* (वि०) = प्राशक
प्राश्निक–I *सं०* (त्रि०) 1 प्रश्न पूछनेवाला 2 प्रश्न रूप में होनेवाला 3 प्रश्न लिखा हुआ, प्रश्न युक्त II (पु०) प्रश्न-कर्ता
प्राश्य–*सं०* (वि०) प्राशन योग्य
प्रासंगिक–*सं०* (वि०) 1 प्रसंग का 2 प्रसंग से संबंध रखनेवाला 3 प्रसंग-प्राप्त (जैसे-प्रासंगिक कथा-वस्तु)
प्रास–*सं०* (पु०) 1 फेंकना 2 फेंकी जानेवाली वस्तु की क्षैतिज दूरी, मार 3 अनुप्रास
प्रासक–*सं०* (पु०) 1 प्रास नामक अस्त्र 2 जूआ खेलने का पासा, पाशक
प्रासविक–*सं०* (वि०) प्रसव संबंधी
प्रासाद–*सं०* (पु०) 1 राज-भवन, राज-महल 2 देवमंदिर, देवालय
प्रासादिक–*सं०* (वि०) 1 दया करनेवाला 2 प्रसाद रूप में दिया जानेवाला 3 प्रासाद संबंधी
प्रासादीय–*सं०* (वि०) 1 राजमहल संबंधी 2 भव्य एवं सुसज्जित
प्रासायन–*सं०* (पु०) तोप आदि के निकलने का अर्ध चंद्राकार मार्ग, ट्रेजेक्टरी
प्रासिक्यूटर–*अं०* (पु०) अभियोजक, अभियोक्ता

प्रास्तविक–*सं०* (वि०) 1 प्रस्ताव रूप में होनेवाला 2 प्रासंगिक, प्रसंग प्राप्त

प्रास्थानिक–*सं०* (वि०) 1 प्रस्थान संबंधी 2 जो प्रस्थान के लिए शुभ हो

प्रास्पेक्टस–*अं०* (पु०) भविष्य

प्राहारिक–*सं०* (पु०) 1 चौकीदार, पहरुआ 2 प्रहरियों का प्रधान

प्रिंटर–*अं०* (पु०) छापनेवाला, मुद्रक

प्रिंटिंग–*अं०* (स्त्री०) छपाई, मुद्रण। ~**आफ़िस** (पु०) मुद्रण-कार्यालय; ~**इंक** (स्त्री०) छपाई के काम आनेवाली स्याही; ~**प्रेस** (पु०) छापाख़ाना; ~**मशीन** (स्त्री०) छपाई की मशीन

प्रिंस–*अं०* (पु०) 1 राजा 2 राजकुमार, शाहजादा 3 राजकुल का पुरुष

प्रिंसिपल–*अं०* (पु०) 1 प्राचार्य 2 सूद पर दिया गया धन, मूलधन

प्रियंवद–*सं०* (वि०) प्रियभाषी, मधुरभाषी

प्रिय–I *सं०* (वि०) 1 अत्यंत प्यारा 2 संबोधक विशेषण (जैसे-प्रिय मित्र) 3 शुभ II (पु०) 1 प्रेमी 2 पति ; ~**कलत्र** (पु०) अपनी पत्नी को प्यार करनेवाला पुरुष; ~**कांक्षी** (वि०) भला चाहनेवाला; ~**काम** (वि०) शुभ चाहनेवाला, हितैषी; ~**कारक** (वि०) = प्रियकर; ~**ता** (स्त्री०) प्रिय होने का भाव (जैसे-लोक-प्रियता); ~**दर्शन** (वि०) भला एवं सुंदर लगनेवाला; ~**दर्शी** (वि०) प्रेमपूर्वक दूसरों को देखनेवाला; ~**निवेदन** (पु०) सुसंवाद; ~**निवेदयिता** (पु०) संवाद वाहक; ~**पात्र** (वि०) प्रेम-पात्र, प्यारा; ~**भाव** (पु०) प्रेम; ~**भाषी** (वि०) प्रिय बोलनेवाला, प्रियवादी; ~**वचन** (वि०) मधुर वचन, मीठी बात; ~**वर** (वि०) अत्यंत प्यारा; ~**वादी** (वि०) मृदुभाषी; ~**व्रत** (वि०) जिसे व्रत प्रिय हो; ~**संगमन** (पु०) प्रेमी एवं प्रेमिका के मिलने का स्थान, प्रिय एवं प्रिया का मिलन-स्थल; ~**सत्य** (पु०) प्यारा लगनेवाला सत्य

प्रियकर–*सं०* (वि०) 1 हर्ष उत्पन्न करनेवाला, हर्षप्रद 2 हित करनेवाला

प्रियतम–I *सं०* (वि०) परम-प्रिय II (पु०) पति, स्वामी (स्त्री० प्रियतमा)

प्रिया–*सं०* (स्त्री०) नारी, स्त्री 2 प्रेमिका 3 पत्नी, भार्या

प्रियात्मा–*सं०* (पु०) उदार एवं सरल हृदयवाला

प्रियैषी–*सं०* (वि०) प्रियकांक्षी

प्रियोक्ति–*सं०* (स्त्री०) मधुर कथन

प्रिवी-कौंसिल–*अं०* (स्त्री०) सम्राट के परामर्शदाताओं की परिषद

प्रिवी-पर्स–*अं०* (पु०) शाही भत्ता

प्रीणित–*सं०* (वि०) प्रसन्न एवं संतुष्ट किया हुआ

प्रीतम–*सं०* (वि०) = प्रियतम

प्रीति–*सं०* (स्त्री०) 1 प्यार, प्रेम 2 हर्ष, आनंद। ~**कारक** (वि०) = प्रीतिकर; ~**दान** (पु०) प्रेम पूर्वक दी जानेवाली वस्तु; ~**पात्र** (पु०) प्यारा, प्रेम पात्र; ~**पूर्वक** (क्रि० वि०) प्यार के साथ; ~**भोज** (पु०) दावत; ~**भोज्य** (वि०) प्रेम से खाए जानेयोग्य; ~**रीति** (स्त्री०) प्रेम से संबंधित कार्य; ~**वाद** (पु०) मैत्रीपूर्ण वाद; ~**विवाह** (पु०) = प्रेम विवाह; ~**सम्मेलन** (पु०) स्नेह पूर्वक किया जानेवाला सम्मेलन, स्नेह सम्मेलन (जैसे-विद्यालय का वार्षिक प्रीति सम्मेलन)

प्रीतिकर–*सं०* (वि०) प्रसन्नता उत्पन्न करनेवाला

प्रीत्यर्थ–*सं०* (क्रि० वि०) प्रेम के कारण

प्रीमियम–*अं०* (पु०) 1 बीमा किस्त 2 अधिमूल्य, बढ़ौती

प्रीमियर–*अं०* (पु०) 1 सर्वश्रेष्ठ व्यक्ति 2 प्रधान मंत्री 3 (सिनेमा का) प्रथम प्रदर्शन

प्रुष्ट–*सं०* (वि०) जला हुआ, दग्ध

प्रूफ़–*अं०* (पु०) 1 संशोधन हेतु छपाई का आरंभिक नमूना (जैसे-प्रूफ़ पढ़ना) 2 प्रमाण। ~**रीडर** (पु०) प्रूफ़ पढ़नेवाला व्यक्ति; ~**रीडिंग** (स्त्री०) प्रूफ़ पढ़ना; ~**शोधक** + *सं०* (पु०) = प्रूफ़ रीडर; ~**शोधन** + *सं०* (पु०) प्रूफ़ रीडिंग; ~**संशोधक** + *सं०* (पु०) = प्रूफ़ रीडर

प्रूम–(पु०) समुद्र, नदी आदि की गहराई नापने का शीशे का निर्मित यंत्र

प्रेंखण–*सं०* (पु०) झूलना

प्रेक्षक–*सं०* (पु०) दर्शक

प्रेक्षण–*सं०* (पु०) देखना, निगरानी। ~**कूट** (पु०) आँख का डेला; ~**चौकी** + *हिं०* (स्त्री०) निगरानी चौकी; ~**शाला** (स्त्री०) वेधशाला

प्रेक्षणीय–*सं०* (वि०) = प्रेक्ष्य

प्रेक्षा–*सं०* (स्त्री०) 1 देखना 2 दृष्टि, निगाह 3 विवेक, बुद्धि। ~**कारी** (वि०) सोच समझकर काम करनेवाला; ~**गार**, ~**गृह** (पु०) 1 मंत्रणागृह 2 रंगशाला; ~**प्रपंच** (पु०) नाटक का अभिनय; ~**समाज** (पु०) दर्शक समुदाय

प्रेक्षावान–*सं०* (वि०) = प्रेक्षाकारी

प्रेक्षित–*सं०* (वि०) ध्यानपूर्वक देखा हुआ

प्रेक्षिता–*सं०* (स्त्री०) दर्शक, प्रेक्षक

प्रेक्ष्य–*सं०* (वि०) देखे जाने योग्य

प्रेज़ीडेंसी–*अं०* (स्त्री०) = प्रेसीडेंसी

प्रेत–I *सं०* (वि०) मरा हुआ, मृत II (पु०) 1 मृतात्मा 2 मृत व्यक्ति का शरीर, शव, लाश 3 प्रेत शरीर 4 नर्क में रहनेवाला प्राणी 5 कठिन काव्य रचनेवाला (जैसे-काव्य का प्रेत) 6 चालाक व्यक्ति। ~**कर्म**, ~**कार्य** मृतक संबंधी कार्य, दाह-पिंड आदि कर्म; ~**गृह** (पु०) श्मशान; ~**तर्पण** (पु०) मृतक के लिए पिंडदान; ~**दाह** (पु०) शव जलाना; ~**पति** (पु०) यम; ~**पिंड** (पु०) प्रेत के निमित्त पारा गया पिंडा; ~**भूमि** (स्त्री०) = प्रेत गृह; ~**राज** (पु०) = प्रेतपति; ~**लोक** (पु०) यमपुर, यम-लोक; ~**वाहित** (वि०) भूत के प्रभाव से ग्रस्त, भूताविष्ट; ~**विद्या** (स्त्री०) प्रेत संबंधी ज्ञान; ~**विधि** (स्त्री०) = प्रेत-कर्म

प्रेतनी–*सं०* + *हिं०* (स्त्री०) प्रेत की स्त्री

प्रेतात्मवाद–*सं०* (पु०) प्रेतात्मा में विश्वास करने की बात

प्रेतात्मवादिक–*सं०* (वि०) प्रेतात्मवाद से संबद्ध

प्रेतात्मवादी–*सं०* (वि०) प्रेतात्मा में विश्वास करनेवाला

प्रेतात्मविद्या–*सं०* (स्त्री०) प्रेतात्माओं से संबंध स्थापित करनेवाली विद्या, साइकिक्स

प्रेतात्मा–*सं०* (स्त्री०) मृत्योपरांत प्राप्त होनेवाली आत्मा की अवस्था, स्पिरिट

प्रेताशौच–*सं०* (पु०) मृत्यु के कारण होनेवाला अशौच

प्रेप्सा–*सं०* (स्त्री०) प्राप्त करने की इच्छा

प्रेप्सु–*सं०* (वि०) प्राप्त करने का इच्छुक

प्रेम–*सं०* (पु०) 1 प्रीति, प्यार 2 माया, लोभ 3 लगाव (जैसे-साहित्य के प्रति प्रेम)। **~कथा** (स्त्री०) प्रेम कहानी; **~कलह** (पु०) प्रेम में होनेवाला झगड़ा; **~गर्विता** (स्त्री०) प्रेम पर गर्व करनेवाली नायिका; **~गाथा** (स्त्री०) प्रेम-कहानी; **~जल** (पु०) प्रेम के कारण आँखों से निकले आँसू, प्रेमाश्रु; **~निवेदन** (पु०) प्रेम में की गई याचना या प्रार्थना; **~पत्र** (पु०) प्रेम में लिखा गया पत्र; **~पात्र** (पु०) प्रिय-पात्र; **~पाश** (पु०) 1 प्रेम का फंदा 2 आलिंगन; **~पुलक** (स्त्री०) प्रेम जन्य रोमांच; **~पूर्ण** (वि०) प्रेम से व्याप्त, प्रेम युक्त; **~बंधन** (पु०) प्रेम का बंधन; **~भक्ति** (स्त्री०) प्रेम भाव से की गई भक्ति; **~भाजन** (पु०) प्रेम पात्र; **~भाव** (पु०) प्रेम का भाव; **~मार्ग** (पु०) भक्ति के अंतर्गत भगवान से प्रेम करने की पद्धति; **~मूलक** (वि०) प्रेम पर आधारित; **~लक्षणा** (स्त्री०) कृष्ण के चरणों की प्रेम मूलक भक्ति; **~वृत्तांत** (पु०) प्रेम का वर्णन; **~शिथिलता** (स्त्री०) प्रेम का ढीला पड़ जाना; **~शैथिल्य** (पु०) प्रेम का ढीलापन; **~सूत्र** (पु०) प्रेम की डोरी

प्रेममय–*सं०* (वि०) प्रेमपूर्ण

प्रेमाकांक्षा–*सं०* (स्त्री०) प्रेम की इच्छा

प्रेमाख्यान–*सं०* (पु०) = प्रेम-गाथा

प्रेमाख्यानक–*सं०* प्रेम-कहानी

प्रेमातिशयता–*सं०* (स्त्री०) प्रेम की अधिकता

प्रेमानुभूति–*सं०* (स्त्री०) प्रेम में होनेवाला अनुभव, प्रेम अनुभूति

प्रेमानुराग–*सं०* (पु०) प्रेम और अनुराग

प्रेमाभिनय–*सं०* (पु०) प्रेम का अभिनय

प्रेमालाप–*सं०* (पु०) प्रेम में होनेवाली बातचीत (जैसे-प्रेमी एवं प्रेमिका का प्रेमालाप)

प्रेमालिंगन–*सं०* (पु०) 1 प्रेम में गले लगाना 2 नायक-नायिका का पारस्परिक आलिंगन

प्रेमाश्रयी–*सं०* (वि०) प्रेम मार्गी

प्रेमाश्रु–*सं०* (पु०) प्रेम-जल

प्रेमिक–*सं०* (पु०) प्रेमी

प्रेमिका–*सं०* (स्त्री०) 1 प्रेम करनेवाली स्त्री 2 प्रेम की जानेवाली स्त्री (जैसे-राधा कृष्ण की प्रेमिका है)

प्रेमी–I *सं०* (वि०) प्रेम करनेवाला II (पु०) 1 प्रेम करनेवाला व्यक्ति (जैसे-देश-प्रेमी) 2 स्त्री से प्रेम करनेवाला व्यक्ति

प्रेमोन्मत्त–*सं०* (वि०) प्रेम में पागल

प्रेय, प्रेयस्–I *सं०* (वि०) अत्यधिक प्रिय II (पु०) 1 परम-प्रिय व्यक्ति 2 पति 3 प्रेमी 4 सांसारिक सुख। **~वाद** (पु०) सुखवाद, भोगवाद

प्रेयसी–*सं०* (स्त्री०) 1 प्रेमिका 2 पत्नी

प्रेरक–*सं०* (वि०) 1 प्रेरित करनेवाला 2 भेजनेवाला। **~शक्ति** (स्त्री०) प्रेरणा-शक्ति

प्रेरण–*सं०* (पु०) 1 उत्साहित करना 2 काम में प्रवृत्त करना

प्रेरणा–*सं०* (स्त्री०) 1 काम में लगाना 2 मन में उत्पन्न भाव, विचार 3 संकेत (जैसे-अध्यापक की प्रेरणा से जाना)। **~दाता** (पु०) प्रेरणा देनेवाला व्यक्ति; **~प्रद** (वि०) = प्रेरणात्मक; **~मूलक** (वि०) प्रेरणा पर आधारित; **~स्फूर्त** (वि०) = प्रेरणामय

प्रेरणात्मक–*सं०* (वि०) प्रेरणा संबंधी

प्रेरणामय–*सं०* (वि०) प्रेरणायुक्त

प्रेरणार्थक–*सं०* (वि०) प्रेरणा रूप में होनेवाला। **~क्रिया** (स्त्री०) *व्या०* प्रेरणा देकर कराई या करवाई जानेवाली क्रिया

प्रेरणास्पद–*सं०* (वि०) = प्रेरणामय

प्रेरणीय–*सं०* (वि०) प्रेरणा-योग्य

प्रेरयिता–*सं०* (पु०) प्रेरणा-दाता

प्रेरित–*सं०* (वि०) 1 प्रेरणा-प्राप्त 2 प्रेषित

प्रेषक–*सं०* (पु०) भेजनेवाला

प्रेषण–*सं०* (पु०) भेजना। **~कर्मी** (पु०) प्रेषण कर्मचारी; **~पुस्तक** (स्त्री०) पत्रपार्सल आदि का ब्यौरा लिखी जानेवाली बही

प्रेषणीय–*सं०* (वि०) प्रेषितव्य। **~ता** (स्त्री०) यह गुण कि कोई कृति पाठक तक पहुँचती है

प्रेषित–*सं०* (वि०) भेजा हुआ

प्रेषितव्य–*सं०* (वि०) भेजा जाने योग्य

प्रेषिती–*सं०* (पु०) 1 पानेवाला 2 वह व्यक्ति जिसके नाम माल भेजा जाय

प्रेषित्र–*सं०* (पु०) दूर विक्षेपक यंत्र, प्रेषी

प्रेष्य–I *सं०* (वि०) जिसे भेजा जाय II (पु०) नौकर, सेवक 2 दूत। **~ता** (स्त्री०) = प्रेषणीयता

प्रेस–*अं०* (पु०) 1 छापाख़ाना, मुद्रणालय (जैसे-सरकारी प्रेस) 2 समाचार पत्रों का समुदाय (जैसे-प्रेस-विज्ञप्ति)। **~कर्मचारी** + *सं०* (पु०) प्रेस में काम करनेवाला कर्मचारी; **~कांफ़्रेंस** (स्त्री०) प्रेस सम्मेलन; **~कामगार-संघ** + *हिं* + *फ़ा०* + *सं०* (पु०) प्रेस में काम करनेवालों का वर्ग, समूह; **~गैलरी** (स्त्री०) पत्रकारों के बैठने का स्थान; **~प्रतिनिधि** + *सं०* (पु०) पत्रकार; **~मज़दूर** + *फ़ा०* (पु०) प्रेस में कार्य करनेवाले मज़दूर, श्रमिक; **~मैन** (पु०) = प्रेस मज़दूर; **~सम्मेलन** + *सं०* (पु०) = प्रेस कांफ़्रेंस

प्रेसिडेंट–*अं०* (पु०) 1 अध्यक्ष 2 सभापति 3 राष्ट्रपति

प्रेसीडेंसी–*अं०* (स्त्री०) 1 प्रेसिडेंट का पद एवं कार्य 2 गवर्नर की अधीनता में शासन का एक निश्चित भाग

प्रैक्टिस–*अं०* (स्त्री०) 1 अभ्यास 2 डॉक्टर, वकील का व्यवसाय, पेशा 3 व्यवहार

प्रैष–*सं०* (पु०) 1 क्लेश, कष्ट 2 प्रेरणा करना 3 उन्माद, नशा

प्रोंछन–*सं०* (पु०) 1 पोंछना 2 चुनना

प्रोंठ–*सं०* (पु०) पीकदान

प्रोक्त–I *सं०* (वि०) कहा हुआ, कथित II (पु०) कही गई बात, उक्ति

प्रोक्यूरेटर–*अं०* (पु०) अभिकर्ता, मुख़्तार

प्रोक्षण–*सं०* (पु०) 1 छिड़काव 2 बलि से पूर्व पशु पर जल छिड़कना 3 हत्या, वध

प्रोक्षित–I *सं०* (वि०) 1 सींचा हुआ 2 बध किया गया 3 जल छिड़का गया II (पु०) यज्ञ हेतु संस्कृत किया गया मांस
प्रोक्षितव्य–*सं०* (वि०) छिड़काव करने योग्य
प्रोग्राम–*अं०* (पु०) 1 कार्यक्रम 2 कार्यक्रम छपा हुआ पत्र
प्रोजैक्ट–*अं०* (स्त्री०) प्रायोजना, निर्माण योजना
प्रोजैक्टर–*अं०* (पु०) चित्र प्रक्षेपी यंत्र
प्रोटान–*अं०* (पु०) धन-विद्युत आवेश युक्त छोटा, सूक्ष्म कण
प्रोटीन–*अं०* (स्त्री०) खाद्य-पदार्थ में पाया जानेवाला शक्तिवर्धक तत्त्व (जैसे-दाल में प्रोटीन अधिक होती है)
प्रोटेस्टेंट–*अं०*(पु०) 1 विरोध करनेवाला 2 इसाई संप्रदाय 3 इस संप्रदाय का अनुयायी
प्रोटोकल–*अं०* (पु०) अधिकारिक लेख, विज्ञप्ति
प्रोटोप्लाज़्म–*अं०* (पु०) जीवद्रव्य
प्रोत–I *सं०* (वि०) 1 मिला हुआ (जैसे-ओत-प्रोत) 2 पिरोया हुआ 3 छिपा हुआ, गुप्त II (पु०) कपड़ा
प्रोत्कंठ–*सं०* (वि०) उत्कंठित
प्रोत्कट–*सं०* (वि०) 1 उत्कट 2 बहुत बड़ा
प्रोत्तेजन–*सं०* (पु०) 1 प्रोत्साहन 2 तीव्र उत्तेजन
प्रोत्थित–*सं०* (वि०) उठाया हुआ 2 बढ़ा हुआ, निकला हुआ
प्रोत्फुल्ल–*सं०* (वि०) 1 खिला हुआ 2 अत्यंत प्रसन्न, हर्षित
प्रोत्सारण–*सं०* (पु०) 1 निकालना 2 हटाना
प्रोत्साह–*सं०* (पु०) उत्साह, उमंग
प्रोत्साहक–*सं०* (वि०) उत्साह देनेवाला
प्रोत्साहन–*सं०* (पु०) 1 उत्साह बढ़ाना 2 हिम्मत बँधाना
प्रोत्साहित–*सं०* (वि०) 1 उत्साहित 2 हिम्मत बँधाया हुआ
प्रोथ–*सं०* (पु०) 1 घोड़े की नाक के आगे का भाग 2 सूअर का थूथन 3 स्त्री गर्भाशय
प्रोदक–*सं०* (वि०) गीला, आर्द्र
प्रोदर–*सं०* (वि०) तोंदवाला
प्रोद्गत–*सं०* (वि०) आगे निकला हुआ
प्रोद्दीप्त–*सं०* (वि०) जलता हुआ, प्रज्वलित
प्रोद्धरण–*सं०* (पु०) 1 लेख, पुस्तक आदि का कोई अंश पढ़कर सुनाना 2 लेख, पुस्तक आदि का कोई अंश
प्रोद्भवन–*सं०* (पु०) निकलना
प्रोद्भूत–*सं०* (वि०) निकला हुआ
प्रोनोट–*अं०* (पु०) रुक्का
प्रोपगेंडा–*अं०* (पु०) प्रचार
प्रोन्नत–*सं०* (वि०) उन्नत, बढ़ा चढ़ा
प्रोन्नति–*सं०* (स्त्री०) उन्नति
प्रोप्राइटर–*अं०* (पु०) मालिक
प्रोफ़ेशन–*अं०* (पु०) पेशा, व्यवसाय
प्रोफ़ेशनल–*अं०* (वि०) पेशेवर
प्रोफ़ेसर–*अं०* (पु०) विश्वविद्यालय, महाविद्यालय का अध्यापक
प्रोफ़ेसरी–*अं० + हिं०* (स्त्री०) प्रोफ़ेसर का कार्य
प्रोमोशन–*अं०* (पु०) प्रोन्नति
प्रोलेटेरियट–*अं०* (पु०) श्रमजीवी वर्ग
प्रोष–I *सं०* (पु०) 1 जलना 2 संताप. कष्ट, दुःख, II (वि०) 1 जलता हुआ 2 दुःखी, संतप्त
प्रोषित–I *सं०* (पु०) *साहि०* श्रृंगार रस का आलंबन प्रवासी नायक II (वि०) 1 प्रवासी 2 बीता हुआ (जैसे-प्रोषित यौवन)। ~**नायिका**, ~**पतिका** (स्त्री०) पति के परदेश चले जाने पर दुःखी स्त्री; ~**मरण** (पु०) विदेश में मरना
प्रोष्ण–*सं०* (वि०) अत्यधिक गर्म
प्रोसेशन–*अं०* (पु०) जुलूस
प्रोस्पेक्टस–*अं०* (पु०) विवरण पत्रिका
प्रौढ़–*सं०* (वि०) 1 पूर्णतः बढ़ा हुआ, (जैसे-प्रौढ़ बुद्धि, प्रौढ़ व्यक्तित्व) 2 मध्य अवस्था को प्राप्त (जैसे-प्रौढ़ उम्र) 3 शक्तिशाली 4 दृढ़, मजबूत 5 गंभीर, गूढ़। ~**ता** (स्त्री०) प्रौढ़ होने की अवस्था, प्रौढ़ावस्था. वयस
प्रौढ़त्व–*सं०* (पु०) = प्रौढ़ता
प्रौढ़ा–*सं०* (स्त्री०) 1 प्रौढ़ वयसवाली स्त्री 2 *साहि०* प्रौढ़ वयस प्राप्त नायिका। ~**अधीरा** ऐसी प्रौढ़ा नायिका जो पति पर विलास सूचक चिह्न देखकर प्रत्यक्ष कोप करे; ~**धीरा** (स्त्री०) ताना देकर कोप प्रकट करनेवाली प्रौढ़ा; ~**धीराधीरा** (स्त्री०) अपने प्रेमी या पति पर स्त्री रमण के चिह्न देखकर प्रत्यक्ष तथा व्यंग्यपूर्ण कोप करनेवाली प्रोढ़ा
प्रौढ़ावस्था–*सं०* (स्त्री०) प्रौढ़ अवस्था
प्रौढ़ि–*सं०* (स्त्री०) 1 प्रौढ़ता 2 शक्ति, सामर्थ्य 3 धृष्टता 4 साहस
प्रौढ़ोक्ति–*सं०* (स्त्री०) 1 प्रबल उक्ति 2 *साहि०* एक काव्यालंकार जहाँ उत्कर्ष का कारण न होने पर भी उसका कारण बताया जाय
प्रौढ़ोपयोगी–*सं०* (वि०) प्रौढ़ व्यक्तियों के काम का
प्रौद्योगिक–*सं०* (वि०) कला विशेष से संबंधित (जैसे-प्रौद्योगिक शिक्षा)
प्रौद्योगिकी–*सं०* (स्त्री०) प्राविधिकी
प्लक्ष–*सं०* (पु०) 1 पुराणानुसार एक द्वीप 2 पाकड़ का पेड़ 3 पीपल, अश्वत्थ
प्लग–*अं०* (पु०) सुराख़ को बंद करने का एक उपकरण
प्लवक–*सं०* (वि०) तैरनेवाला, तैराक
प्लवन–*सं०* (पु०) 1 उछलना, कूदना 2 तैरना
प्लांट–*अं०* (पु०) षंगयंत्र, कारख़ाना
प्लाइवुड–*अं०* (पु०) एकाधिक पतली लकड़ी की चादरों से जुड़ी एक चादर
प्लाज़्मा–*अं०* (पु०) जीवद्रव्य
प्लाट–*अं०* (पु०) 1 ज़मीन का टुकड़ा 2 उपन्यास, नाटक आदि की कथावस्तु 3 षड़यंत्र
प्लाटून–*अं०* (पु०) पलटन। ~**कमांडर** (पु०) पलटन का ऊँचा अधिकारी
प्लाव–*सं०* (पु०) 1 जलाशय में लंगर आदि के सहारे पीपे की तरह की कोई तैरती वस्तु 2 रबर आदि का खोखला गोलाकार पट्टा 3 गोता, डुबकी
प्लावन–*सं०* (पु०) 1 उमड़कर बहना 2 बाढ़, सैलाव 3 डुबांना 4 तैरना
प्लावित–*सं०* (वि०) 1 डूबा हुआ (जैसे-जल प्लावित) 2 बाढ़ में समाया हुआ
प्लाव्य–*सं०* (वि०) तैरने योग्य
प्लास्टर–*अं०* (पु०) 1 सूजन, फोड़े, हड्डी टूटने पर लगाई जानेवाली लेई जैसी दवा (जैसे-कलाई पर प्लास्टर चढ़ाना)

2 दीवाल पर चढ़ाया जानेवाला सीमेंट, बालू आदि के मिश्रण का लेप (जैसे-दीवार पर प्लास्टर करवाना)

प्लास्टिक–*अं०* (पु०) ढलकर बना हुआ एक प्रकार का कड़ा पदार्थ

प्लीडर–*अं०* (पु०) वकील

प्लीहा–*अं०* (स्त्री०) 1 पेट के अंदर की तिल्ली 2 तिल्ली के सूजकर बढ़ने का रोग

प्लुत–I *सं०* (वि०) तीन मात्राओंवाला II (पु०) *व्या०* तीन मात्राओंवाला स्वर, ओडम्

प्लेग–*अं०* (पु०) महामारी (जैसे-प्लेग का प्रकोप)

प्लेट–*अं०* (पु०) 1 तश्तरी 2 अंकित, लिखा हुआ धातु आदि का पत्तर (जैसे-नंबर प्लेट) 3 कपड़ों की पट्टी 4 फोटो लेने के काम का शीशा

प्लेटफ़ार्म–*अं०* (पु०) चौकोर चौरस तथा ऊँचा चबूतरा (जैसे-रेलवे स्टेशन का प्लेटफ़ार्म)

प्लेटिनम–*अं०* (पु०) सफ़ेद रंग की प्रसिद्ध एवं बहुत कड़ी धातु, एक बहुमूल्य धातु

प्लैटफ़ार्म–*अं०* (पु०) प्लेटफ़ार्म

प्लैटिनम–*अं०* (पु०) प्लेटिनम

प्लैनेटेरियम–*अं०* (पु०) तारामंडल घर

प्वाइंट–*अं०* (पु०) 1 बिंदु 2 निशान 3 अंक 4 दशमलव चिह्न 5 नोक, अनी 6 तर्क संगत बात

फ

फंक–(स्त्री०) 1 फाँक 2 फंकी

फंका–(पु०) 1 एक बार में खाई जानेवाली पदार्थ की निश्चित मात्रा 2 निर्धारित मात्रा को एक बार में फाँकने की क्रिया। ~**करना** नाश करना, नष्ट करना; ~**मारना** मुँह में रखकर फाँकना

फंकी–(स्त्री०) 1 फाँकने की क्रिया 2 फाँककर खाई जानेवाली वस्तु 3 एक बार में फाँकी जानेवाली निर्धारित मात्रा

फंड–*सं०* (पु०) उदर, जठर

फंड–*अं०* (पु०) सुरक्षित धन राशि, कोश

फँद–(पु०) 1 फंदा, फाँस 2 जाल, पाश 3 कपट, छल 4 क्लेश, दुःख

फँदना–I (अ० क्रि०) 1 जाल मे फँसना 2 धोखे में आना (स० क्रि०) 1 जाल बिछाना 2 फंदे में फँसना

फँदना–II (अ० क्रि०) मुग्ध होना

फँदवार–(वि०) 1 जाल मे फँसानेवाला 2 जाल बिछानेवाला

फँदा–(पु०) 1 रस्सी में गाँठ लगाकर बनाया गया घेरा (जैसे-फाँसी का फंदा) 2 रस्सियों आदि का बुना हुआ जाल (जैसे-फँदा डालना) 3 छल, प्रपंच, धोखा (जैसे-फँदे में आना) 4 दुःख, कष्ट (जैसे-फँदे में डालना)। ~**छुड़ाना** कैद से मुक्त करना ; ~**मारना** जाल मे फँसाना

फँदाना–(स० क्रि) = फँदना

फँफाना– (अ० क्रि०) 1 हकलाना 2 उबाल आना

फँसना–(अ० क्रि०) 1 फंदे में पड़ना 2 उलझना 3 धोखा खाना (जैसे-माया जाल में फँसना)

फँसनी–(स्त्री०) गगरे आदि का गला बनाने की हथौड़ी

फँसरी–(स्त्री०) 1 फंदा फाँस 2 फाँसी

फँसवार–*बो०* (पु०) = फंदा

फँसाना–(स० क्रि०) 1 फंदे में लाना, उलझाना 2 वश में करना 3 अटकाना (जैसे-काग फँसाना) 4 अनुचित संबंध स्थापित करना

फँसाव–(पु०) 1 फँसने की क्रिया 2 फँसाने की वस्तु 3 फँसाने की बात

फँसिहारा–(वि०) फँसानेवाला

फक–(वि०) जिसके चेहरे का रंग उड़ गया हो (जैसे- उसका चेहरा फक हो गया)

फकड़ी–(स्त्री०) 1 फक्कड़पन 2 दुर्दशा, दुर्गति

फ़क़त–*अ०* 1 बस इतना ही 2 केवल, सिर्फ

फकार–*सं०* (पु०) 'फ' वर्ण

फ़क़ीर–*अ०* (पु०) 1 महात्मा 2 संत, साधु 3 परम दरिद्र, कंगाल 4 भिखारी। **पुरानी लकीर का फ़क़ीर** दक़ियानूसी, परंपरावादी

फ़क़ीरनी–(अ० + हिं०) (स्त्री०) भीख माँगनेवाली औरत

फ़क़ीराना–(अ० + फ़ा०) (वि०) फ़कीरों जैसा

फ़क़ीरी–I *अ० + फ़ा०* (स्त्री०) 1 फ़कीर होने की अवस्था 2 कंगालपन, निर्धनता II (वि०) फ़क़ीर का (जैसे-फ़क़ीरी इलाज)

फ़कीह–*अं०* (पु०) इस्लामी धर्म शास्त्र का पंडित

फकोड़िया–(पु०) = फक्कड़बाज़

फक्कड़–I (पु०) 1 उच्छृंखल एवं उद्धत व्यक्ति 2 लापरवाह एवं निश्चिंत व्यक्ति। ~**बाज़** + *फ़ा०* (पु०) दुर्वचन कहनेवाला व्यक्ति; (पु०) ~**तौलना** गाली-गुफ़्ता बकना

फक्कड़–II (पु०) 1 भिखमंगा 2 फ़कीर

फक्किका–*सं०* (स्त्री०) 1 कूट प्रश्न 2 अनुचित व्यवहार 3 धोखेबाज़ी

फ़क्कुलरेहन–*अ०* (पु०) रेहन रखी हुई चीज़ छुड़ाना

फ़ख़र, फ़ख़्र–*अ०* (पु०) सात्विक अभिमान, गौरवजन्य गर्व (जैसे-फ़ख़र करना)

फगुआ–(पु०) 1 होली 2 होली के अवसर पर होनेवाला आमोद-प्रमोद

फगुआना–I (स० क्रि०) होली खेलना II (अ० क्रि०) उच्छृंखल एवं मस्त होना

फगुनहट–(स्त्री०) 1 फागुन में होनेवाली वर्षा 2 फागुन मास की तेज़ हवा

फगुहरा, फगुहारा–(पु०) 1 फाग खेलनेवाला व्यक्ति 2 फाग नामक गीत गानेवाला व्यक्ति

फ़जर–*अ०* (स्त्री०) 1 प्रातःकाल, सवेरा 2 प्रातःकाल पढ़ी जानेवाली नमाज। **हुई फ़जर चूल्हे पर नज़र** सुबह होते ही पेट की चिंता पड़ जाती है

फ़ज़ल–*अ०* (पु०) कृपा, मेहरबानी (जैसे-फ़ज़ल करना)

फ़ज़ीलत–*अ०* (स्त्री०) 1 उत्कृष्टता, श्रेष्ठता 2 प्रधानता। ~**की पगडी** सर्वोत्तम उपाधि

फ़ज़ीहत, *अ०* **फ़ज़ीहती–** *अ० + फ़ा०* (स्त्री०) 1 अत्यधिक दुर्दशा 2 घृणित तकरार (जैसे-फ़ज़ीहत पैदा करना)
फ़ज़ूल–I *अ०* (वि०) निरर्थक (जैसे-फ़ज़ूल की बातें मत करो) II *अ०* व्यर्थ, बे फ़ायदा (जैसे-फ़ज़ूल का काम)। **~ख़र्च** *+ फ़ा०* I (वि०) अधिक एवं व्यर्थ का ख़र्च करनेवाला, अपव्ययी II (पु०) व्यर्थ का व्यय, अपव्यय; **~ख़र्ची** *+ फ़ा०* (स्त्री०) व्यर्थ ख़र्च करना, अपव्यय
फट–(स्त्री०) 1 फटने की क्रिया 2 वस्तु के फटने से उत्पन्न शब्द, मशीन आदि के चलने से उत्पन्न होनेवाला शब्द। **~से** अति शीघ्र, तत्काल
फटक–I (स्त्री०) *बो०* फटकने की क्रिया
फटक–II (पु०) *बो०* स्फटिक (अ०) फट से, तुरंत
फटकन–(स्त्री०) फटकने से निकला हुआ सारहीन पदार्थ, रद्दी अंश
फटकना–I (स० क्रि०) 1 फट-फट शब्द करना 2 कपड़े आदि को फाड़ना 3 पटकना 4 सूप में अनाज लेकर उछालना। **~पछोरना** (स० क्रि०) 1 सूप द्वारा अन्न साफ़ करना 2 देखभाल कर दोष या त्रुटि का पता लगाना
फटकना–II (अ० क्रि०) 1 उपस्थित होना (जैसे-उसे दरवाजे पर फटकने न देना 2 फटफटाना
फटकवाना–(स० क्रि०) फटकने का काम अन्य से कराना
फटका–(पु०) 1 फटफटाने की क्रिया 2 रूई आदि धुनने के धुनकी 3 फाटक
फटकाना–(स० क्रि०) 1 फटकवाना 2 अलग करना
फटकार–(स्त्री०) 1 फटकारने की क्रिया 2 झिड़की, डाँट, दुतकार (जैसे-फटकार खाना)
फटकारना–(स० क्रि०) 1 क्रोधपूर्वक कड़ी बातें कहना 2 छितराना 3 पटकना, पछारना (जैसे-चादर फटकारना) 4 झटकारना
फटकी–(स्त्री०) चिड़िया रखने का झाबा
फटन–(स्त्री०) 1 फटने का भाव 2 दरार या रेखाकार चिह्न
फटना–(अ० क्रि०) 1 विभक्त हो जाना 2 दरार पड़ जाना 3 अलग हो जाना, विकृत हो जाना (जैसे-दूध फटना) 4 पीड़ा होना (जैसे-सिर फटना) 5 उचट जाना (जैसे-चित फटना)। **फट पड़ना** 1 सहसा आ पड़ना 2 अधिकता होना
फट-फट–(स्त्री०) फट-फट शब्द (जैसे-चप्पल की फट-फट)
फटफटाना–I (स० क्रि०) फट-फट शब्द उत्पन्न करना II (अ० क्रि०) मारा-मारा फिरना
फटफटिया–(स्त्री०) मोटर-साइकिल
फटहा–*बो०* (वि०) फटा हुआ
फटा–(वि०) जो फट गया हो (जैसे-फटा वस्त्र)। **~पुराना** (वि०) जीर्ण शीर्ण
फटाका–(पु०) फट की तरह होनेवाला ज़ोर का शब्द
फटाव–(पु०) फटी हुई जगह, दरार
फटिक–(पु०) 1 स्फटिक 2 संगमरमर (जैसे-फटिक शिला)
फटिका–(स्त्री०) जौ आदि के खमीर से बनी शराब
फटीचर–(वि०) 1 फटे-पुराने कपड़े पहननेवाला 2 अत्यंत तुच्छ
फटेहाल–*हिं० + अ०* (क्रि० वि०) दुर्दशाग्रस्त रूप में
फटैला–(वि०) फटनेवाला
फट्टा–I (पु०) 1 छोटा तख्ता 2 बाँस का पतला खंड
फट्टा–II (पु०) टाट (जैसे-फट्टा उलटना)। **~उलटना** दिवाला निकालना
फड़–I (स्त्री०) = फट
फड़–II (पु०) 1 दुकानदार का वह कपड़ा जिसे वह ज़मीन पर बिछाकर अपनी विक्रय सामग्री सजाता है 2 बिछावना, बिछौना 3 जूआ खेलने का स्थान। **~बाज़** *+ फ़ा०* जुआरी; **~बाज़ी** *+ फ़ा०* (स्त्री०) जूआ खेलना
फ़ड़–III (पु०) 1 गाड़ी का हरसा 2 तोप रखने की गाड़ी, चरख
फड़क–(स्त्री०) फड़कने की क्रिया
फड़कन–I (स्त्री०) 1 फड़कने की क्रिया, फड़फडाहट 2 धड़कन II (वि०) भड़कनेवाला (जैसे-फड़कन बैल)
फड़कना–(अ० क्रि०) 1 इधर-उधर हिलना 2 उभरना-दबना 3 फड़फड़ाना
फड़काना–(स० क्रि०) 1 फड़कने की क्रिया में किसी को लगाना 2 भड़काना 3 हिलाना-डुलाना
फड़-फड़–(स्त्री०) = फट
फड़फड़ाना–I (अ० क्रि०) 1 फड़-फड़ शब्द होना 2 चंचल होना II (स० क्रि०) फड़फड़ ध्वनि उत्पन्न करना (जैसे-पंख फड़फड़ाना)
फड़वाना–(स० क्रि०) फाड़ने का काम किसी अन्य व्यक्ति से कराना
फड़िया–(पु०) 1 फुटकर अन्न बेचनेवाला बनिया 2 फड़बाज़
फड़ी–(स्त्री०) ईंट-पत्थरों का परिमाण स्थिर करने के लिए लगाया गया ढेर
फडुई–(स्त्री०) = फरुही
फड़ोलना–(स० क्रि०) *बो०* उलटना-पलटना, नीचे-ऊपर करना
फण–*सं०* (पु०) साँप का सिर (जैसे-फण उठाना)। **~धर** (पु०) साँप
फणाकृति–*सं०* साँप के फन के आकार का
फणिकन्या–*सं०* (स्त्री०) नागकन्या
फणिजिह्वा–*सं०* (स्त्री०) 1 महाशतावरी 2 कंघी नाम का पौधा
फणिपति–*सं०* (पु०) वासुकि
फणिमुक्ता–*सं०* (स्त्री०) साँप की मणि
फ़तवा–*अ०* (पु०) शास्त्रीय लिखित आदेश (जैसे-फ़तवा देना)
फ़तह–*अ०* (स्त्री०) 1 विजय, जीत 2 सफलता, कामयाबी (जैसे-फ़तह की खुशी)। **~नसीब** (वि०) 1 विजयी 2 सफल; **~नामा** *+ फ़ा०* (पु०) जीत की खुशी में की गई रचना, विजयगान; **~निशान** *+ फ़ा०* (पु०) जीत का झंडा, विजय पताका; **~पेच** *+ हिं०* (पु०) 1 पगड़ी बाँधने का ढंग 2 स्त्रियों के बाल गूँथने का ढंग 3 एक तरह का हुक्के का नैचा; **~मंद** *+ फ़ा०* (वि०) 1 विजयी 2 सफल; **~मंदी** *+ फ़ा०* (स्त्री०) सफलता; **~याब** *+ फ़ा०* (वि०) 1 सफल 2 जिसने विजय हासिल की हो; **~याबी** *+ फ़ा* (स्त्री०) 1 कामयाबी 2 विजय प्राप्ति
फतिंगा–(पु०) 1 आग की लपट के चारों तरफ़ घूमनेवाला पाँवोंवाला छोटा कीड़ा 2 पाँवोंवाला छोटा कीड़ा

फ़तीलसोज़–*अ० + फ़ा०* (पु०) 1 धातु की चौमुखी दीअट 2 दीअट

फ़तीला–*अ०* (पु०) 1 दीये की बत्ती 2 बत्ती 3 ज़रदोजी का काम करनेवालों की वह तीली जिसपर कारीगर तार को लपेटते हैं 3 बंदूक में दी जानेवाली बत्ती

फ़तूर–*अ०* (पु०) 1 दोष, विकार 2 उत्पात, उपद्रव 3 बाधा, विघ्न (जैसे-फ़तूर डालना)

फ़तूरिया–*अ० + हिं०* (वि०) 1 उपद्रवी 2 शरारती

फ़तूह–*अ०* (स्त्री०) 1 विजय 2 लूट में मिली संपत्ति

फ़तूही–I *अ० + फ़ा०* (स्त्री०) बंडी II (स्त्री०) लूट-पाट में प्राप्त किया गया धन

फ़तेह–*अ०* (स्त्री०) = फ़तह

फदकना–(अ० क्रि०) फद-फद शब्द होना, खद-बद करना (जैसे-दाल फदकना)

फदका–*बो०* (पु०) गुड़ का वह भाग जो बहुत अधिक गाढ़ा न हो

फद-फद–(स्त्री०) गाढ़े पानी में होनेवाला शब्द

फदफदाना–(अ० क्रि०) 1 फद-फद शब्द होना 2 गरमी से शरीर में दाने निकल आना 3 फदकना

फन–I (पु०) = फण। ~**मारना** आवेश में विशेष प्रयत्न करना

फ़न–II *अ०* (पु०) 1 गुण 2 कला 3 कौशल 4 विद्या। **हरफ़न मौला** अत्यंत कुशल व्यक्ति

फनकना–(अ० क्रि०) 1 फन-फन शब्द करना (जैसे-साँप का फनकना) 2 तेज़ चलने से हवा से वस्त्र का फनफन शब्द करना

फनकार–(स्त्री०) फन-फन होनेवाला शब्द

फनगना–(अ० क्रि०) 1 अंकुर युक्त होना 2 उन्नति करना

फनना–(अ० क्रि०) *बो०* 1 फंदा बनना 2 फंदा लगना 3 कार्य आरंभ होना

फन-फन–(स्त्री०) = फनकार

फनफनाना–(अ० क्रि०) 1 फन-फन शब्द करना (जैसे-साँप का फनफनाना) 2 तेज़ी से इधर-उधर हिलना

फ़ना–I *अ०* (स्त्री०) 1 लीन होना 2 पूर्ण विनाश, बरबादी II (वि०) नष्ट, बरबाद। ~**फ़िल्ला** (वि०) ईश्वर में लीन

फन्नी–(स्त्री०) 1 कपड़ा बुनने का औज़ार 2 पच्चर

फपकना–(अ० क्रि०) बढ़ना, पुष्ट होना

फप्फस–(वि०) अत्यधिक मोटा एवं भद्दे शरीरवाला

फफकना–(अ० क्रि०) रुक रुककर फफ-फफ ध्वनि में रोना

फफदना–(अ० क्रि०) *बो०* इधर-उधर फैलना (जैसे-घाव फफदना)

फफसा–I (पु०) फेफड़ा II (वि०) 1 फूला हुआ और पोला 2 स्वाद रहित, फीका

फफूँद–(स्त्री०) भुकड़ी। ~**नाशक** *+ सं०* (पु०) फफूँद को नष्ट करनेवाली दवा आदि; ~**विज्ञान** *+ सं०* (पु०) भुकड़ी लगने के कारणों, निरोधक आदि पर विचार करने की विद्या

फफूँदी–(स्त्री०) भुकड़ी

फफोला–(पु०) 1 जलने से त्वचा पर पड़नेवाला छाला (जैसे-फफोला पड़ना) 2 शारीरिक विकार के कारण होनेवाला छाला 3 पानी का बुलबुला। **दिल के फफोले फोड़ना** रोष प्रकट करना

फबकना–(अ० क्रि०) = फफदना

फबती–(स्त्री०) व्यंग्यात्मक एवं हास्यपूर्ण बात। ~**उड़ाना**, ~**कसना** चुटकी लेना

फबन–(स्त्री०) 1 फबने का भाव 2 शोभा, सौंदर्य

फबना–(अ० क्रि०) 1 शोभा देना, सजना 2 भला मालूम होना

फबाना–(स० क्रि०) 1 सुंदर लगने के लिए उपयुक्त स्थान पर रखना 2 सुंदर बनाना

फबीला– जो फब रहा हो, फबता हुआ

फ़र–I *अ०* (पु०) देवदारु

फ़र–II *अ०* (पु०) लोमवाला चमड़ा

फ़रऊन–*अ०* (पु०) 1 मिस्त्र के प्राचीन राजाओं की उपाधि 2 अत्यंत अत्याचारी, अभिमानी तथा उद्दंड व्यक्ति

फ़रक–*अ०* (पु०) 1 अलगाव, पार्थक्य 2 विषमता 3 अंतर 4 फासला 5 भेद-भाव, दुराव (जैसे-फ़रक करना, फ़रक रखना)

फ़रकना–*अ० + हिं० बो०* 1 फड़कना 2 अलग होना, दूर होना

फरका–(पु०) 1 बँडेर पर रखा जानेवाला छप्पर 2 दरवाज़े पर लगाया जानेवाला टट्टर

फरकिल्ला–(पु०) गाड़ी में हरसे से बाहर पटरी में लगाया जानेवाला खूँटा जिसके सहारे ऊपर का ढाँचा बनाया जाता है

फरकी–*बो०* (स्त्री०) लासायुक्त लकड़ी

फरचा–*बो०* (वि०) 1 जो जूठा न हो 2 साफ़ 3 शुद्ध

फरचाई–*बो०* (स्त्री०) 1 शुद्धता 2 सफ़ाई

फरचाना–(स० क्रि०) *बो०* 1 साफ़ करना 2 शुद्ध करना

फ़रज़ंद–*फ़ा०* (पु०) पुत्र, बेटा

फ़रज़ंदी–*फ़ा०* (स्त्री०) पुत्र भाव, पितापुत्र का संबंध। ~**में लेना** बेटा बनाना

फ़रज़ानगी–*फ़ा०* (स्त्री०) बुद्धिमानी

फ़रज़ाना–*फ़ा०* (वि०) बुद्धिमान

फ़रजाम–*फ़ा०* 1 अत, समाप्ति 2 परिणाम, फल

फ़रज़ी–I *फ़ा०* (पु०) 1 शतरंज का मोहरा जिसे रानी कहते हैं 2 वज़ीर कहे जानेवाला शतरंज का मोहरा II (वि०) 1 नकली 2 माना हुआ 3 काल्पनिक। ~**बंद** (पु०) 1 पैदल के ज़ोर पर पड़नेवाली वजीर की शह 2 वजीर के ज़ोर पर बैठा हुआ मोहरा

फ़रतूत–*फ़ा०* (वि०) अत्यधिक वृद्ध, बहुत बूढ़ा

फ़रद–I *अ०* (स्त्री०) 1 हिसाब-किताब लिखा जानेवाला रजिस्टर 2 सूची, तालिका II (पु०) 1 अकेला आदमी 2 एक साथ काम में आनेवाली वस्तुओं में से प्रत्येक III (वि०) 1 अकेला 2 बेजोड़

फ़रदा–*फ़ा०* (पु०) आनेवाला दिन, कल

फरफंद–(पु०) 1 दाँव-पेंच, छल-कपट 2 झूठा आचरण 3 नखरा, चोचला

फरफंदी–(वि०) 1 फरफंद करनेवाला, चालबाज़ 2 नखरेबाज़, नखरीला

फ़र-फ़र–I (पु०) वस्तु, पदार्थ, पक्षी आदि के उड़ने, हिलने, फड़कने से उत्पन्न होनेवाला फर-फर शब्द II (क्रि० वि०) फर-फर शब्द करते हुए (जैसे-फ़र-फ़र उड़ाना)

फरफराना–I (अ० क्रि०) फर-फर शब्द उत्पन्न करना II (क्रि० वि०) फर-फर शब्द करते हुए हिलना (जैसे-पतंग का फरफराना)

फ़रमाँ–*फ़ा०* (पु०) 1 अधिकारिक आदेश 2 आदेश लिखा हुआ पत्र, आदेश पत्र। ~**गुज़ार** (वि०) आज्ञाकारी; ~**गुज़ारी** (स्त्री०) आज्ञाकारिता; ~**देह** (वि०) = फ़रमाँगुज़ार; ~**देही** (स्त्री०) = फ़रमागुज़ारी

फ़रमाँबरदार–*फ़ा०* (वि०) आज्ञाकारी

फ़रमाँबरदारी–*फ़ा०* (स्त्री०) आज्ञाकारिता

फ़रमाँरवा–*फ़ा०* (वि०) = फ़रमाँगुज़ार

फ़रमाँरवाई–*फ़ा०* (स्त्री०) = फरमाँगुज़ारी

फ़रमा–*अं०* (पु०) 1 डौल, साँचा 2 कलाबतू 3 काग़ज़ का पूरा तख़्ता जो एक बार में प्रेस में जाता है 4 एक बार में छपनेवाला पुस्तक आदि का निश्चित अंश 5 छापेखाने में ढाँचे में कसी हुई छपनेवाली सामग्री

फ़रमाइश–*फ़ा०* (स्त्री०) 1 आज्ञा, आदेश 2 ऐसी वस्तु जिसके लिए अनुरोध किया गया हो (जैसे-फ़रमाइश क़बूल करना)

फ़रमान–*फ़ा०* (पु०) 1 राजकीय आज्ञा, आज्ञापत्र 2 अस्थायी राजकीय आज्ञा

फ़रमाना–*फ़ा० + हिं०* (स० क्रि०) कहना, आज्ञा करना

फरराना–(अ० क्रि०/स० क्रि०) *बो०* = फहराना

फ़रलांग–*अं०* (पु०) दूरी की 220 गज की एक नाप

फ़रलो–*अं०* (स्त्री०) आधी तनख़्वाह पर दी गई लंबी छुट्टी

फ़रवरी–*अं०* (पु०) ईसवी सन् का दूसरा महीना

फरवार–*बो०* (पु०) खलिहान

फरवारी–*बो०* (स्त्री०) बढ़ई, नाई, ब्राह्मण आदि को दिया जानेवाला फ़सल का भाग

फरवी–(स्त्री०) भूना हुआ चावल, लाई

फ़रश–*अ०* (पु०) फ़र्श

फ़रशी–*अ० + फ़ा०* (वि०) फ़र्शी

फ़रसंग–*फ़ा०* (पु०) 18000 फुट की फासले की एक नाप

फरसा–(पु०) 1 परशु 2 फावड़ा

फ़रसूदा–*फ़ा०* (वि०) घिसा हुआ, जीर्ण

फ़रहंग–*फ़ा०* (पु०) 1 कोश 2 टीका, व्याख्या 3 कुंजी

फ़रहत–*अ०* (स्त्री०) प्रसन्नता, खुशी। ~**बख़्श** *+ फ़ा०* (वि०) फ़रहत देनेवाला

फरहर–*बो०* (वि०) तेज़, चालाक

फरहरा–I (पु०) पताका

फरहरा–II (वि०) फरहर

फरही–*बो०* (स्त्री०) ठठेर का लकड़ी काटने का चौड़ा भाग

फरा–*बो०* (पु०) खौलते पानी में पकाया गया एक व्यंजन

फ़राऊन–*अ०* (पु०) = फ़रअन

फ़राख़–*फ़ा०* (वि०) चौड़ा, विस्तृत। ~**दिल** (वि०) उदार हृदयवाला; ~**दिली** (स्त्री०) उदारता, उदार हृदयता

फ़राख़ी–*फ़ा०* (स्त्री०) 1 फ़राख़ होना, फैलाव 2 ख़ुशहाली 3 बहुलता

फ़राग़त–*अ०* (स्त्री०) 1 छुटकारा 2 बेफ़िक्री; ~**ख़ाना** *+ फ़ा०* (पु०) शौचालय, पाख़ाना

फ़राज़–I *फ़ा०* (वि०) ऊँचा II (पु०) ऊँचाई, बुलंदी

फ़रामोश–*फ़ा०* (वि०) भूला हुआ, विस्मृत। ~**कार** (वि०) विस्मरणशील

फ़रामोशी–*फ़ा०* (स्त्री०) भूल-चूक, विस्मृति

फ़रार–*अ०* (वि०) भागा हुआ, पलायित (जैसे-फ़रार व्यक्ति)

फ़रारी–I *अ० + फ़ा* (वि०) भाग गया II (पु०) भागा हुआ अपराधी

फ़राहम–*फ़ा०* (वि०) इकट्ठा किया हुआ

फ़राहमी–*फ़ा०* (स्त्री०) इकट्ठा करना, जुटाना

फरिया–(स्त्री०) 1 लहँगा 2 ओढ़नी

फ़रियाद–*फ़ा०* (स्त्री०) 1 शिकायत 2 दुहाई 3 नालिश (जैसे-अदालत में फ़रियाद करना)

फ़रियादी–I *फ़ा०* (वि०) नालिश करनेवाला II (पु०) अभियोक्ता

फरियाना–I (अ० क्रि०) *बो०* 1 साफ़ होना 2 निर्णीत होना II (स० क्रि०) 1 निर्णय करना 2 साफ़ करना

फ़रिश्ता–*फ़ा०* (पु०) 1 देवदूत 2 देवता 3 लोकोपकारी तथा सात्विक वृत्तिवाला व्यक्ति

फरी–*बो०* (स्त्री०) चमड़े की ढाल

फ़रीक़–*अ०* (पु०) 1 जुदा करनेवाला 2 वादी-प्रतिवादी पक्ष का कोई व्यक्ति 3 जमात। ~**औवल** (पु०) मुद्दई; ~**सानी** (पु०) मुद्दालेह; ~**बंदी** *+ फ़ा०* (स्त्री०) गुटबंदी, तरफ़दारी; ~**सालिस** (पु०) तीसरा पक्ष

फ़रीक़े-अव्वल–*अ० + फ़ा० + अ०* (पु०) = फ़रीक़ अव्वल

फ़रीके सानी–*अ० + फ़ा० + अ०* (पु०) = फ़रीक़ सानी

फ़रीक़ैन–*अ०* (पु०) उभय पक्ष

फ़रीज़ा–*अ०* (पु०) ख़ुदा का हुक्म, ईश्वरीय आदेश

फरुआ–*बो०* (पु०) फावड़ा

फरुई–(स्त्री०) फरुही

फरुहा–*बो०* (पु०) फावड़ा

फरुही–I *बो०*(स्त्री०) छोटा फावड़ा II भूना हुआ चावल, लाई

फ़रेफ़्ता–*फ़ा०* (वि०) 1 मोहित, मुग्ध 2 प्रेमी, आशिक

फ़रेब–I *फ़ा०* (पु०) छल, धोखा II (वि०) (समास के अंत में) लुभानेवाला, ठगनेवाला (जैसे-दिल फ़रेब, नज़र फ़रेब)। ~**कार** (वि०) धोखेबाज़, ठगनेवाला

फ़रेबी–*फ़ा०* (वि०) फ़रेब करनेवाला

फरेरा–*बो०* (पु०) झंडा, पताका

फ़रोख़्त–*फ़ा०* (स्त्री०) बिक्री, विक्रय (जैसे-खरीद फ़रोख़्त)

फ़रोख़्ता–*फ़ा०* (वि०) बिका हुआ

फ़रोश–*फ़ा०* (वि०) (समास के अंत में) बेचनेवाला (जैसे-दवाफ़रोश, हुस्नफ़रोश)

फ़रोशी–*फ़ा०* (स्त्री०) 1 बेचना 2 बेचने से प्राप्त धन, बिक्री

फ़र्क़–*अ०* (पु०) = फ़रक़

फ़र्ज़ंद–*फ़ा०* (पु०) = फ़रज़ंद

फ़र्ज़–*अ०* (पु०) 1 कर्तव्य, कर्म 2 शास्त्र विहित कर्म 3 ज़िम्मेदारी 4 कल्पना

फ़र्ज़ी–*अ०* (वि०) 1 फ़र्ज़ किया हुआ, काल्पनिक 2 आवश्यक कर्तव्य

फ़र्ज़ी–*फ़ा०* (पु०) = फ़रज़ी

फ़र्ज़े मुहाल–*अ० + फ़ा० + अ०* (पु०) असंभव को संभव मान लेना

फ़र्टिलाइज़र–*अं०* (पु०) उर्वरक (खाद)

फ़र्द–I *अ०* (वि०) 1 अकेला 2 बेजोड़ II (स्त्री०) 1 सूची 2 चिट्ठा III (पु०) अकेला व्यक्ति। ~**जुर्म** (स्त्री०) अभियोग सूची; ~**तालिक़ा** (स्त्री०) कुर्क किए गए माल की सूची; ~**सज़ा** *+ फ़ा०* (स्त्री०) दंडपत्र; ~**हक़ूक़** (स्त्री०) अधिकारपत्र; ~**हिसाब** (स्त्री०) हिसाब का चिट्ठा

फ़र्दन-फ़र्दन–*अ०* (क्रि० वि०) अलग-अलग, हर आदमी से

फ़र्देजुर्म–*अ० + फ़ा० + अ०* (स्त्री०) फ़र्दजुर्म

फ़र्देसज़ा–*अ० + फ़ा०* (स्त्री०) = फ़र्दसज़ा

फ़र्नीचर–*अं०* (पु०) मेज़-कुर्सी आदि

फ़र्म–*अं०* (पु०) व्यापारिक संस्था (जैसे-अनुषंगी फ़र्म, निजी फ़र्म)

फ़र्मा–*अं०* (पु०) फ़रमा

फ़र्रा–(पु०) गेहूँ या धान की फ़सल का एक रोग

फर्राटा–(पु०) वेग, तेज़ी

फ़र्राश–*अ०* (पु०) 1 फ़र्श बिछानेवाला 2 खेमा लगानेवाला। ~**ख़ाना** *+ फ़ा०* (पु०) खेमा आदि सामान रखने का कमरा

फ़र्राशी–*अ० + फ़ा०* (स्त्री०) फ़राशं का काम

फर्सी–(स्त्री०) पतली ईंट

फ़र्श–*अ०* (पु०) 1 धरातल 2 कंकर आदि पीटकर पक्की की गई ज़मीन 3 ज़मीन पर बिछाई जानेवाली वस्तु 4 बिछावन

फ़र्शी–*अ० + फ़ा०* (वि०) फ़र्श का, फ़र्श सबंधी

फ़र्शेज़मीं–*अ० + फ़ा०* (स्त्री०) धरातल

फ़र्स्ट–*अं०* (वि०) पहला, प्रथम। ~**क्लास** (स्त्री०) प्रथम श्रेणी

फल–I *सं०* (पु०) 1 नतीजा, परिणाम (जैसे-परीक्षाफल, झगड़े का फल) 2 सुख-दुःख का भोग (जैसे-कर्मफल) 3 पेड़ पौधों का गूदेदार बीजकोश (जैसे आम का फल, केले का फल) 4 गणित क्रिया से प्राप्त अंक। ~**कंटक** (पु०) कटहल; ~**काम** (वि०) फल की कामना करनेवाला; ~**कामना** (स्त्री०) फल की इच्छा; ~**काल** (पु०) फल का मौसम; ~**कोष** (पु०) पौधे का वह कोष जिसमें से फल निकलता है; ~**खंडन** (पु०) फल की अप्राप्ति, निराशा; ~**त्रय** (पु०) 1 द्राक्षा, परुष और काश्मीरी इन तीनों फलों का समाहार 2 त्रिफला; ~**त्रिक** (पु०) 1 सोंठ, पीपल और काली मिर्च 2 त्रिफला; ~**दाता** (वि०) फल देनेवाला; ~**दान** (पु०) ब्याह निश्चित होने पर वर को रुपए आदि देने की रस्म; ~**दायक** (वि०) फल देनेवाला; ~**दार** I *+ फ़ा०* (वि०) 1 फलनेवाला 2 फलयुक्त (जैसे-फलदार वृक्ष); ~**परिणाम** (पु०) फल का पूर्णतः पक जाना; ~**परिरक्षण** (पु०) फल को हानि, सड़ने-गलने से बचाना; ~**पूर** (पु०) बिजौरा, नीबू; ~**पूर्ण** (वि०) 1 फलयुक्त 2 फलदायक; ~**प्रद** (वि०) फल देनेवाला; ~**प्राप्त** (वि०) 1 फलयुक्त 2 फल मिला हुआ, परिणाम को प्राप्त; ~**प्राप्ति** (स्त्री०) 1 सफलता, क़ामयाबी 2 भोग; ~**प्रिय** (वि०) फल पसंद करनेवाला; फिलारी *+ हिं०* (स्त्री०) कई तरह के फल, मेवे; ~**फूल** *+ हिं०* (पु०) फल और फूल; ~**भागी** (वि०) = फल भोगी; ~**भित्ती** (स्त्री०) फल का आवरण; ~**भूमि** (स्त्री०) कर्मफल भोगने का स्थान; ~**भोग** (पु०) कर्मफल का भोग; ~**भोगी** (वि०) कर्मफल का भोग भोगनेवाला; ~**भोज़ी** ~**भोजी** (वि०) फल खानेवाला; ~**योग** (पु०) फलागम, फल-प्राप्ति; ~**वंध्य** (वि०) फलरहित; ~**वर्ति** (स्त्री०) घाव में भरने की मोटी बत्ती; ~**विक्रयी** (पु०) फल बेचनेवाला; ~**वृक्ष** (पु०) फल देनेवाला पेड़; ~**शर्करा** (स्त्री०) फलों में रहनेवाली चीनी; ~**श्रुति** (स्त्री०) 1 सत्कर्म विशेष का फल बतानेवाला वाक्य 2 इस तरह के वाक्य का श्रवण; ~**साधन** (पु०) अभीष्टसिद्धि का साधन; ~**सिद्धि** (स्त्री०) फल-प्राप्ति; ~**स्वरूप** (क्रि० वि०) परिणामतः, परिणाम स्वरूप

फल–II *सं०* (पु०) 1 तीर, बर्छी आदि का अगला भाग 2 तलवार आदि की धार। ~**दार** *फ़ा०* (वि०) धारदार, धारवाला

फलक–I *सं०* (पु०) 1 तख़्ता 2 पटल ~**यंत्र** (पु०) ज्योतिष संबंधी यंत्र

फ़लक–I *अ०* (पु०) 1 आकाश 2 स्वर्ग। ~**ज़दा** *+ फ़ा०* (वि०) मुसीबत का मारा; ~**सैर** (वि०) वायु वेगवाला

फलका–*बो०* (पु०) फफोला

फ़लकी–*अ०* (वि०) आकाशीय

फलतः–*सं०* (क्रि० वि०) फलस्वरूप, इसलिए

फलतः–(क्रि० वि०) फलस्वरूप, परिणाम स्वरूप

फलद–*सं०* (वि०) फल देनेवाला

फलन–*सं०* (पु०) 1 फलना 2 परिणाम उत्पन्न करना

फलना–(अ० क्रि०) 1 फल आना, फलयुक्त होना 2 फल देना (जैसे-आम का पेड़ फलने लगा) 3 संतानवती होना। ~**फूलना** (अ० क्रि०) 1 फलयुक्त होना 2 सुख-सौभाग्ययुक्त होना

फलवती–*सं०* (स्त्री०) फलवाली

फलवान्–*सं०* (वि०) फलयुक्त

फ़लसफ़ा–*अ०* (पु०) 1 ज्ञान, विद्या 2 दर्शन शास्त्र, तर्क विद्या

फ़लसफ़ी–*अ०* (वि०) 1 फ़लसफ़ा संबंधी 2 फ़लसफ़ा जाननेवाला, दार्शनिक

फलहरी–*बो०* (स्त्री०) = फरेरी

फ़लाँ–*अ०* (वि०) अमुक (जैसे-फ़लाँ व्यक्ति)

फलाँग–(स्त्री०) 1 छलाँग 2 छलाँग में तय की गई दूरी

फलाँगना–(अ० क्रि०) छलाँग मारना, कूदना

फलांश–*सं०* (पु०) तात्पर्य, सारांश

फलाकांक्षा–*सं०* (स्त्री०) फल की इच्छा

फलागम–*सं०* (पु०) 1 फल आना 2 फल आने का काल 3 फलयोग

फलादन–*सं०* (वि०) = फलाशन

फलादेश–*सं०* पु० ग्रहों आदि का फल बताना

फलाना–(स० क्रि०) फलने का कारण होना

फ़लाना–*अ०* (वि०) = फ़लाँ

फलानुबंध–*सं०* (पु०) परिणाम का अनुक्रम

फलानुमेय–*सं०* (वि०) फल से जानने योग्य

फलान्वेषी–*सं०* (वि०) फल का आकांक्षी

फलापेक्षा–*सं०* (स्त्री०) फल कामना

फला-फूला–(वि०) 1 संपन्न, समृद्ध 2 विकसित

फलाम्लिक–I *सं०* (वि०) खट्टे फल से बना II (पु०) इमली आदि की चटनी

फलार–*बो०* (पु०) फलाहार
फलारिष्ट–*सं०* (पु०) फल का काढ़ा या अर्क
फलार्थी–*सं०* (वि०) फल की कामना करनेवाला
फ़लालीन, फ़लालेन–*अं०* (स्त्री०) एक तरह का मुलायम ऊनी कपड़ा
फलावरण–*सं०* (पु०) = फल-भित्ती
फलाशन–I *सं०* (वि०) फलभोजी II (पु०) तोता
फलाशी–*सं०* (वि०) फलाहारी
फलासंग–*सं०* (पु०) फल के प्रति आसक्ति
फलासक्त–*सं०* (वि०) फलार्थी
फलाहार–I *सं०* (पु०) फल का आहार II (वि०) फल खाकर रहनेवाला
फलाहारी–*सं०* (वि०) 1 फलाहार करनेवाला 2 दूध आदि से निर्मित, अन्नरहित
फलिक–*सं०* (वि०) फल का उपभोग करनेवाला
फलित–I *सं०* (वि०) 1 फला हुआ 2 फलीभूत II (पु०) फल - वृक्ष। ~**ज्योतिष** (पु०) ग्रह-नक्षत्रों की गति से शुभाशुभ अदृष्ट बतानेवाला ज्योतिष का एक अंग
फलितव्य–*सं०* (वि०) फलने योग्य
फलिता–*सं०* (स्त्री०) रजस्वला स्त्री
फलितार्थ–*सं०* (पु०) 1 निचोड़, सारांश 2 तात्पर्य
फली–(स्त्री०) 1 फल के रूप में होनेवाला लंबोतरा अंग 2 फल के आकार का लंबोतरा एवं चिपटा फल, छींबी (जैसे-सेम की फली)। ~**दार** + *फ़ा०* (वि०) फलियों से युक्त
फली–*सं०* (वि०) 1 फलयुक्त, फलवाला 2 लाभदायक। ~**करण** (पु०) फटकना, माँड़ना; ~**कृत** (वि०) फटका हुआ
फ़लीता–*अ०* (पु०) 1 पलीता 2 गोटे के साथ टाँकी जानेवाली डोरी 3 बत्ती 4 ताबीज
फलीभूत–*सं०* (वि०) फल रूप में परिणत, फलित (जैसे-फलीभूत कार्य)
फलोत्पत्ति–*सं०* (स्त्री०) फल की उत्पत्ति 2 आर्थिक लाभ
फलोदय–*सं०* (पु०) 1 फल होना 2 हर्ष
फलोद्भव–I *सं०* (वि०) फल से उत्पन्न II (पु०) फल की उत्पत्ति
फलोपजीवी–*सं०* (वि०) फल-व्यवसाय से जीविका चलानेवाला
फल्क–*सं०* (वि०) फैला हुआ
फल्गु–*सं०* (वि०) 1 निस्सार 2 निरर्थक, व्यर्थ 3 क्षुद्र, तुच्छ
फल्गुन–*सं०* (पु०) फाल्गुन
फल्गुनी–*सं०* (स्त्री०) फाल्गुनी। ~**भव** (पु०) वृहस्पति
फल्य–*सं०* (पु०) 1 फूल 2 कली
फल्ला–(पु०) एक प्रकार का रेशम
फ़व्वारा–*अ०* (पु०) 1 अनेक छिद्रोंवाली टोंटी 2 इस टोंटी से निकलनेवाली अनेक धाराएँ
फसकड़ा–*बो०* (पु०) पैर फैलाकर बैठने का ढंग
फसकना–I (अ० क्रि०) 1 फट जाना, मसकना 2 धँसना II (वि०) 1 मसकनेवाला 2 धँसनेवाला
फसकाना–(स० क्रि०) 1 कपड़े का मसकना, दबाकर फाड़ना 2 धँसाना

फ़सद–*अ०* (स्त्री०) फ़स्द
फ़सल–*अ०* (स्त्री०) 1 अनाज आदि की पैदावार (जैसे-रबी की फ़सल) 2 खड़े अनाज के पौधे (जैसे-फ़सल पक गई) 3 मौसम, ऋतु। ~**क्षेत्र** + *सं०* (पु०) फ़सलवाला खेत; ~**बंधक** + *सं०* (पु०) फ़सल गिरवी रखना
फ़सली–I *अ०* + *फ़ा०* (वि०) 1 फ़सल संबंधी, फ़सल का 2 विशेष ऋतु में होनेवाला II (स्त्री०) हैजा नामक रोग
फ़साद–*अ०* (पु०) 1 लड़ाई-झगड़ा 2 उत्पात, उपद्रव 3 बिगाड़, ख़राबी। ~**का घर** झगड़े की जड़
फ़सादी–*अ०* + *फ़ा०* (वि०) फ़साद करनेवाला, झगड़ालू, उपद्रवी
फ़सादे-ख़ून–*अ०* + *फ़ा०* (पु०) खून की ख़राबी, खून ख़राबी
फ़साना–*फ़ा०* (पु०) 1 कल्पित साहित्यिक रचना 2 उपन्यास 3 कहानी। ~**नवीस**, ~**निगार** (पु०) 1 कहानीकार 2 उपन्यासकार
फ़साहत–*अ०* (स्त्री०) भाषा का सरल एवं स्वाभाविक गुण
फ़सील–*अ०* (स्त्री०) चहारदीवारी
फ़सीह–*अ०* (वि०) स्वाभाविक बोलचाल के शब्दों तथा प्रयोगों की बहुलता से युक्त
फ़स्द–*अ०* (स्त्री०) रगों से विकारग्रस्त, गंदा रक्त निकालने की क्रिया। ~**खुलवाना** 1 शरीर का गंदा खून निकलवाना 2 पागलपन का इलाज़ करवाना
फ़स्लेइस्तादा–*अ०* + *फ़ा०* (स्त्री०) खड़ी फ़सल
फ़स्लेख़रीफ़–*अ०* + *फ़ा०* + *अ०* (स्त्री०) सावनी फ़सल
फ़स्लेबहार–*अ०* + *फ़ा०* (स्त्री०) बसंत ऋतु
फ़स्लेरबी–*अ०* + *फ़ा०* + *अ०* (स्त्री०) असाढ़ी फ़सल
फ़हम–*अ०* (स्त्री०) 1 ज्ञान 2 बुद्धि, समझ 3 तमीज़
फ़हमाइश–*अ०* + *फ़ा०* (स्त्री०) 1 शिक्षा, सीख 2 आज्ञा, हुकुम 3 चेतावनी
फहरना–(अ० क्रि०) फर-फर करके उड़ना
फहरान–(स्त्री०) फहराना, उड़ान, उड़ना
फहराना–I (स० क्रि०) इस तरह फैलाना कि फर-फर करते हुए लहराए (जैसे-धोती फहराना) II (अ० क्रि०) इधर-उधर हिलना (जैसे-हवा में झंडा फहराना)
फ़हश–*फ़ा०* (वि०) फूहड़, अश्लील
फ़ाँक–(स्त्री०) 1 फल आदि का लंबोतरा टुकड़ा (जैसे-आम की फाँक) 2 नारंगी, चकोतरे आदि का प्राकृतिक रूप में विभाजित अंश
फाँकड़ा–(वि०) 1 बाँका, तिरछा 2 तगड़ा
फाँकना–(स० क्रि०) 1 चूर्ण पदार्थ को झटके से मुँह में डालना (जैसे-सत्तू फाँकना) 2 भुने दाने खाना
फ़ाँका–(पु०) 1 = फंका। ~**कशी** + *फ़ा०* (स्त्री०) भूखों रहना
फाँकी–I *बो०* (स्त्री०) 1 फंका 2 = फाँक
फाँकी–II (स्त्री०) छल, धोखा
फाँट–I (स्त्री०) कई भागों में बाँटना 2 बाँटे गए भाग। ~**बंदी** + *फ़ा०* (स्त्री०) कई भागों में बांटने की क्रिया
फ़ाँट–II (वि०) आसानी से तैयार किया जानेवाला
फाँटना–I (स० क्रि०) कई भागों में बाँटना II उबालना
फाँटा–(पु०) कोनिया

फ़ाँड़ा–(पु०) फेंटा; ~**पकड़ना** भागने से रोकना

फाँद–I (पु०) = फँदा II (स्त्री०) फाँदना, लाँघना

फाँदना–I (स० क्रि०) 1 कूदकर लाँघना (जैसे-नाला फाँदना) 2 जाल में फँसाना

फाँदना–II (अ० क्रि०) कूदना, उछलना (जैसे-रस्सी फाँदना)

फाँदी–(स्त्री०) 1 रस्सी 2 गट्ठा

फाँफ–(स्त्री०) संधि, दरज

फाँफी–(स्त्री०) 1 बहुत महीन झिल्ली, बारीक तह 2 माँड़ा

फाँस–I (स्त्री०) 1 रस्सी का फंदा 2 फाँसा

फाँस–II (स्त्री०) 1 सूखी लकड़ी आदि का सूक्ष्म किंतु कड़ा तंतु (जैसे-फाँस गड़ना) 2 अप्रिय बात, गाँस 3 पतली तीली

फाँसना–(स० क्रि०) 1 फंदे में फँसाना 2 फंदे में कसना 3 दाँव-पेंच में बाँधना

फाँसा–(पु०) लंबा रस्सा

फाँसी–(स्त्री०) 1 रस्सी आदि का फंदा 2 फंदा लगाकर दिया जानेवाला प्राणदंड (जैसे-मुज़रिम को फाँसी दी गई) 3 संकटपूर्ण बंधन (जैसे-प्रेम की फाँसी)। ~**काठ** (पु०) फाँसी का तख़्ता; ~**घर** (पु०) फाँसी देने का स्थान; ~**चढ़ना** फाँसी चढ़ाया जाना; ~**चढ़ाना**, ~**देना** फंदे से गला घोंटकर मौत की सज़ा देना; ~**पड़ना** फाँसी की सज़ा पाना; ~**लगना** फंदे से गला कसना

फाइटर–*अं०* (पु०) योद्धा

फ़ाइन–I *अं०* (पु०) अर्थ दंड II (वि०) बढ़िया, सुंदर

फ़ाइनल–*अं०* (वि०) 1 अंतिम (जैसे-फ़ाइनल परीक्षा) 2 निष्कर्ष

फ़ाइबर–*अं०* (पु०) 1 रेशा 2 तंतु

फ़ाइल–I *अं०* (स्त्री०) 1 काग़ज़ों की नत्थी, मिसिल 2 दफ़्ती आदि की जिल्द मात्र

फ़ाइल–II *अं०* (स्त्री०) सेना की टुकड़ी

फ़ाइल–III *अं०* (स्त्री०) रेती

फ़ाइलिंग–*अं०* (स्त्री०) फ़ाइल करना

फाउंटेन-पेन–*अं०* (पु०) नलिकादार क़लम (जैसे-फाउंटेन पेन में स्याही भरना)

फ़ाक़ा–*अ०* (पु०) उपवास, अनाहार (जैसे-फ़ाक़ा करना)। ~**कश** + *फ़ा०* (वि०) फ़ाक़ा करनेवाला, क्षुधा पीड़ित; ~**कशी** + *फ़ा०* (स्त्री०) भूखों मरना; ~**मस्त** + *फ़ा०* (वि०) भूखा होने पर भी निश्चिंत रहनेवाला। **फ़ाक़ों मरना** भूखों मरना

फ़ाख़्तई–I *अ०* + *फ़ा०* (वि०) भूरापन युक्त लाल II (पु०) भूरापन लिये लाल रंग

फ़ाख़ता, फ़ाख़्ता–*अ०* (स्त्री०) पंडुक नामक पंक्षी। ~**उड़ जाना** 1 घबड़ा जाना 2 बेहोश होना

फाग–(पु०) 1 फागुन माह का उत्सव 2 फागुन माह के उत्सव का गीत

फागुन–(पु०) माघ के बाद का महीना, फागुन माह

फागुनी–(वि०) फागुन का

फ़ाजिर–*अ०* (वि०) दुश्चरित्र, बदकार

फ़ाजिरा–*अ०* (स्त्री०) दुश्चरित्र स्त्री, बदकार औरत

फ़ाज़िल–*अ०* (वि०) 1 आवश्यकता से अधिक 2 बहुत बड़ा विद्वान्, स्नातक (जैसे-फ़ाज़िल इंसान)। ~**बाक़ी** (स्त्री०) शेष रक़म

फाट–(पु०) खंड

फाटक–I (पु०) 1 बड़ा दरवाज़ा, सिंहद्वार 2 मवेशीख़ाना, काँजीहौस। ~**दार** + *फ़ा०* (पु०) काँजीहौस का प्रबंधक; ~**बंदी** + *फ़ा०* (स्त्री०) काँजीहौस में बंद करना; ~**में देना** काँजीहौस में बंद करना

फाटक–II *बो०* (पु०) पछोड़न, फटकन

फाटका–(पु०) सट्टा, खेला, स्पेक्युलेशन। ~**बाज़** + *फ़ा०* (पु०) = फाटकेबाज़

फाटकी–(स्त्री०) फिटकरी

फाटकेबाज़–*हिं०* + *फ़ा०* (पु०) सट्टेबाज़

फाड़–(पु०) फाड़ना (जैसे-चीर-फाड़)। ~**खाऊ** (वि०) फाड़ खानेवाला, कटखन्ना

फाड़न–(स्त्री०) 1 फाड़ना 2 फाड़ने से निकला हुआ टुकड़ा, पदार्थ 3 जलीय भाग (जैसे-दूध की फाड़न)

फाड़ना–(स० क्रि०) 1 चीरना (जैसे-लकड़ी फाड़ना) 2 टुकड़े करना (जैसे-काग़ज़ फाड़ना) 3 फैलाना, बढ़ाना (जैसे-हाथी का मुँह फाड़ना, आँखे फाड़कर देखना) 4 जलीय अंश अलग करना (जैसे-दूध फाड़ना)। **फाड़ खाना** 1 चीरकर खा जाना 2 झल्लाना

फ़ातिहा–*अ०* (स्त्री०) 1 आरंभ 2 प्रार्थना 3 कुरान की पहली आयत (जैसे-मरने पर फ़ातिहा पढ़ना)। ~**ख़्वानी** + *फ़ा०* (स्त्री०) फ़ातिहा पढ़ने की रस्म; ~**पढ़ना** निराश होना

फानना–I (स० क्रि०) धुनना

फानना–II (स० क्रि०) *बो०* शुरू करना

फ़ानी–*अ०* (वि०) नश्वर

फ़ानूस–*अ०* (पु०) 1 शीशे की चिमनी 2 छत पर लटकाया जानेवाला शीशे का शमादान 3 मोमबत्ती जलाने का शीशे का गिलास 4 ग्लोबदार शमादान, पिंजरे के आकार की कंदील

फाफा–(स्त्री०) पोपली बुढ़िया। ~**कुटनी** (स्त्री०) झगड़ा लगानेवाली बुढ़िया

फ़ायदा–*अ०* (पु०) 1 लाभ, नफ़ा 2 प्राप्ति (जैसे-व्यापार में सौ रुपये का फ़ायदा हुआ) 3 अच्छा असर, प्रभाव (फ़ायदा होना)

फ़ायदेमंद–*अ०* + *फ़ा०* (वि०) लाभदायक, उपकारक

फ़ायर–*अं०* (पु०) 1 आग 2 दागना, फैर (जैसे-बंदूक-फ़ायर)। ~**अलार्म** (पु०) आग लगने की सूचना अपने आप मिल जाने की व्यवस्था; ~**आर्म** (पु०) आग्नेय अस्त्र; ~**इंजन** (पु०) आग बुझाने की मशीन, दमकल; ~**प्रूफ़** (वि०) अग्निसह; ~**प्लग** (पु०) आग बुझाने का नलका; ~**बाक्स** (पु०) बॉयलर, भट्ठी; ~**ब्रिक** (पु०) पकी हुई ईंट; ~**ब्रिगेड** (पु०) आग बुझानेवालों का दस्ता; ~**मैन** (पु०) 1 आग बुझानेवाला व्यक्ति 2 भट्ठी, इंजन भट्ठी में कोयला डालनेवाला व्यक्ति

फ़ायरिंग–*अं०* (स्त्री०) = फ़ायर (जैसे बंदूक की फ़ायरिंग)। ~**ग्राउंड** (पु०) चांदमारी का मैदान

फाया–*बो०* (पु०) = फाहा

फ़ारख़ती–*अ०* + *फ़ा०* (स्त्री०) 1 रसीद 2 बेबाकी की रसीद

फ़ारम–I *अं०* (पु०) 1 प्रार्थना पत्र का विहित रूप

(जैसे-नौकरी का फ़ारम देखना) 2 किसी रूप का छपा हुआ काग़ज़ (जैसे कोरा फ़ारम) 3 शारीरिक एवं मानसिक स्वस्थ स्थिति (जैसे-खिलाड़ी फ़ारम में नहीं है)

फ़ारम–II *अं०* (पु०) = फ़ार्म I

फ़ारमूला–*अं०* (पु०) सूत्र

फ़ारसी–I *फ़ा०* (वि०) फ़ारस का II (स्त्री०) आधुनिक ईरान की भाषा। ~**दान** (पु०) फ़ारसी पढ़ा हुआ व्यक्ति; ~**दानी** (स्त्री०) फ़ारसी भाषा का ज्ञान; ~**पन** + *हिं०* (पु०) फ़ारसी प्रयोग; ~**बघारना** बेमौके विद्वत्ता प्रदर्शित करना

फारा–*बो०* (पु०) 1 = फार 2 फरा

फ़ारिग–*अ०* (वि०) 1 मुक्त (जैसे-काम से फ़ारिग होना) 2 अवकाश प्राप्त। ~**ख़ती** *फ़ा०* (स्त्री०) = फ़ारखती

फ़ार्म–I *अं०* (पु०) 1 खेत 2 बड़े रकबे का खेत (जैसे-सरकारी फ़ार्म)

फ़ार्म–II *अं०* (पु०) = फ़ारम I

फ़ार्मिंग–*अं०* (स्त्री०) खेती

फ़ार्मूला–*अं०* (पु०) = फ़ारमूला

फ़ार्मेसी–*अं०* (स्त्री०) 1 औषधशाला 2 औषध निर्माण विज्ञान

फाल–I (स्त्री०) कटी सुपारी

फाल–II (पु०) 1 डग 2 एक डग का फ़ासला

फाल–III *सं०* (स्त्री०) 1 ठोस वस्तु का टुकड़ा 2 कुसी (जैसे-हल की फाल)। ~**कृष्ट** (वि०) जोता गया खेत

फ़ाल–*अ०* (स्त्री०) शकुन। ~**नामा** + *फ़ा०* (पु०) शकुन संबंधी एक ग्रंथ

फ़ालतू–(वि०) 1 बेकार, निरर्थक 2 निकम्मा

फालसई–I (वि०) फालसे के रंग का, ललाईयुक्त काला II (पु०) ललाईयुक्त काला रंग

फ़ालिज–*अ०* (पु०) लकवा, पक्षाघात। ~**ज़दा** + *फ़ा०* (वि०) लकवे से मारा हुआ

फ़ालूदा–*फ़ा०* (पु०) सेवई की तरह का शर्बत के साथ पीया जानेवाला एक खाद्य

फ़ालेज़–*फ़ा०* (पु०) खरबूज़े-ककड़ी का खेत

फाल्गुन–*सं०* (पु०) फागुन

फाल्गुनिक–I *सं०* (वि०) 1 फाल्गुनी नक्षत्र संबंधी 2 फाल्गुनी की पूर्णिमा से संबद्ध II (पु०) फाल्गुन मास

फाल्गुनी– *सं०* (स्त्री०) 1 फाल्गुनी मास की पूर्णिमा 2 पूर्वा फाल्गुनी एवं उत्तरा फाल्गुनी नक्षत्र

फावड़ा–(पु०) फरसा ~**बजना** खुदाई का काम शुरू होना

फावड़ी–(स्त्री०) 1 छोटा फावड़ा 2 काठ की कुदाल

फ़ाश–*फ़ा०* (वि०) 1 खुला हुआ, प्रकट 2 अनावृत (जैसे-पर्दाफ़ाश करना)

फ़ासफ़रस–*अं०* (पु०) ज्वलनशील मूल तत्व

फ़ासला–*अ०* (पु०) अंतर (जैसे-चार मील का फ़ासला)

फ़ासिज्म–*अं०* (पु०) साम्यवाद के विरोध में मुसोलिनी द्वारा चलाया गया इतालवी राष्ट्रीय आंदोलन।~**विरोधी** (वि०) फ़ासिज्म का विरोध करनेवाला

फ़ासिद–*अ०* (वि०) 1 दंगा-फ़साद करनेवाला 2 विकार पैदा करनेवाला 3 बुरा, खोटा

फ़ासिल–*अ०* (वि०) अंतर करनेवाला, जुदा करनेवाला

फ़ासिला–*अ०* (पु०) दूरी, अंतर

फ़ासिस्ट–*अं०* साम्यवाद के विरोधी उग्र मतावलंबी। ~**वाद** + *सं०* (पु०) साम्यवाद का विरोधी उग्र मत; ~**वादी** + *सं०* (वि०) फ़ासिस्टवाद को माननेवाला; ~**विरोधी** + *सं०* (वि०) = फ़ासिज़्म-विरोधी

फ़ासिस्टी–*अं०* + *हिं०* (वि०) = फ़ासिस्टवादी

फ़ास्फ़ेट–*अं०* (पु०) एक रासायनिक उर्वरक

फाहा–(पु०) 1 इत्र, घी आदि में तर की गई रूई 2 मलहम लगी पट्टी (जैसे-घाव पर फाहा रखना)

फ़ाहिश–*अ०* (वि०) 1 दूषित, बहुत बुरा 2 हेय, घृणित

फ़ाहिशा–*अ०* (स्त्री०) कुलटा, पुंश्चली

फिंकरना–(अ० क्रि०) *बो०* गीदड़ का बोलना

फिंकवाना–(स० क्रि०) फेंकने का काम कराना

फिंगा–(पु०) एक चिड़िया, फेंगा

फ़िक़रा–*अ०* (पु०) 1 छलभरी बात 2 व्यंग्यपूर्ण बात। ~**बंदी** + *फ़ा०* (स्त्री०) तुकबंदी; ~**चल जाना** चकमे का काम कर जाना; ~**बताना** धोखा देना, चकमा देना; **फ़िक़रे सुनाना** आवाज़ कसना, व्यंग्य भरी बातें कहना

फ़िकरेबाज़–*अ०* + *फ़ा०* (वि०) 1 चकमा देनेवाला, धोखेबाज़ 2 व्यंग्य कसनेवाला

फ़िकरेबाज़ी–*अ०* + *फ़ा०* (स्त्री०) चकमा देना, धोखेबाज़ी

फिकैत–(पु०) 1 गतका-फरी, पटेबाज़ 2 भाला फेंककर लड़नेवाला योद्धा

फिकैती–(स्त्री०) 1 पटेबाज़ी 2 भाला आदि फेंककर चलाने की कला

फ़िक्र–*अं०* (स्त्री०) 1 चिंता 2 ध्यान 3 विचार। ~**मंद** + *फ़ा०* (वि०) चिंतित, चिंताकुल; ~**मंदी** + *फ़ा०* (स्त्री०) चिंताकुलता

फ़िक्रे-मआश–*अ०* + *फ़ा०* + *अ०* (स्त्री०) जीविका की चिंता

फ़िक्स–*अं०* (वि०) 1 नियत 2 पक्का, स्थायी

फ़िक्सचर–*अं०* (पु०) अनुलग्नी

फिचकुर–(पु०) झाग, फेन (जैसे-फिचकुर निकलना)

फ़िज़िकल–*अं०* (वि०) शारीरिक (जैसे-फिज़िकल ट्रेनिंग)

फ़िज़िक्स–*अं०* (स्त्री०) भौतिक विज्ञान

फ़िजूल–*अ०* (वि०) फ़ज़ूल

फिट–I *बो०* (अ०) दुत्कारने का शब्द, थुड़ी

फ़िट–II *अं०* (वि०) 1 ठीक, उपयुक्त 2 दुरुस्त, बिल्कुल तैयार

फ़िट–III *अं०* (पु०) 1 बीमारी का दौरा 2 बेहोशी

फिटकार–(स्त्री०) धिक्कार, लानत

फिटकिरी–(स्त्री०) दवा आदि के काम आनेवाला एक प्रसिद्ध सफ़ेद रंग का खनिज पदार्थ, एलम

फिटकी–(स्त्री०) 1 कपड़े की बुनावट में निकले छोटे-छोटे फुचरे 2 छींटा

फिटन–*सं०* (स्त्री०) एक पुराने ढंग की घोड़ा गाड़ी

फ़िटर–*अं०* (पु०) मशीन में कल-पुर्जों को यथास्थान बैठानेवाला मिस्तरी (जैसे-फ़िटर की नौकरी)

फ़िटिंग–*अं०* (स्त्री०) लगवाई-जुड़ाई

फिट्टा–(वि०) निर्लज्ज, बेहया

फ़िडरेशन–*अं०* (पु०) परिसंघ

फिड्डा–(वि०) पाँव रगड़कर चलनेवाला

फ़ितना–*अ०* (पु०) 1 अचानक होनेवाला उपद्रव 2 दंगा-फ़साद। ~**अंगेज** + *फ़ा०* (वि०) झगड़ालू, फ़सादी; ~**अंगेजी** + *फ़ा०* (स्त्री०) झगड़ालूपन; ~**अंदाज** + *फ़ा०* (वि०) झगड़ा उठानेवाला, फ़सादी; ~**अंदाजी** + *फ़ा०* (स्त्री०) झगड़ा उठाना; ~**परदाज़** + *फ़ा०* (वि०) = फ़ितनाअंदाज़

फ़ितरत–*अ०* (स्त्री०) 1 स्वभाव, प्रकृति 2 चालाकी, चालबाज़ी 3 शरारत 4 धूर्तता

फ़ितरतन–*अ०* (क्रि० वि०) स्वभावतः

फ़ितरती–*अ०* + *फ़ा०* (वि०) 1 चतुर, चालाक 2 शरारती 3 प्रकृतिगत 4 धूर्त

फ़ितरी–*अ०* (वि०) 1 प्राकृतिक 2 जन्मगत

फ़ितूर–*अ०* (पु०) = फ़तूर

फ़ितूरी–*अ०* + *फ़ा०* (वि०) = फ़तूरिया

फ़िदवी–*अ०* (वि०) 1 स्वामी-भक्त, आज्ञाकारी 2 निछावर, बलिदान

फ़िदा–I *अ०* (पु०) 1 बलिदान करना (जैसे-देश पर सर्वस्व फ़िदा करना) 2 आत्म-बलिदान करना (जैसे-प्यार में फ़िदा होना) 3 आसक्त भाव II (वि०) 1 आत्म बलिदान करनेवाला 2 बलिदान करनेवाला 3 पूर्णतः आसक्त, मुग्ध (जैसे-किसी के रूप-यौवन पर फ़िदा होना)

फ़िदाई–*अ०* (वि०) 1 प्राणोत्सर्ग करनेवाला 2 प्रेम में पागल होनेवाला

फ़िनायल–*अं०* (पु०) कोलतार से बना एक कीटनाशक द्रव

फिनिया–(स्त्री०) कान में पहनने का एक गहना

फ़िरंग–*फ़ा०* (पु०) 1 यूरोप का देश, फिरंगिस्तान 2 गर्मी नामक रोग

फ़िरंगी–I *फ़ा०* (वि०) 1 फिरंग देश में उत्पन्न 2 फिरंग देश से संबद्ध 3 फिरंग रोग से संबंधित II (पु०) फिरंग देश का निवासी

फ़िरंट–(वि०) प्रतिकूल, विरुद्ध

फिरंदर–(वि०) इधर-उधर घूमनेवाला

फिर–(क्रि० वि०) 1 एक बार और, दोबारा 2 भविष्य में किसी समय 3 अनंतर, उपरांत, बाद 4 इसके सिवाय

फ़िरऔन–I *अं०* (पु०) मिश्र के प्राचीन बादशाहों की उपाधि II (वि०) घमंडी, सरकश

फिरक–(स्त्री०) एक प्रकार की छोटी गाड़ी

फिरकना–(अ० क्रि०) 1 फिरकी की तरह घूमना 2 थिरकना, नाचना

फ़िरक़ा–*अ०* (पु०) 1 जाति 2 वर्ग 3 गिरोह, जत्था (जैसे-फ़िरका परस्त)। ~**परस्त** + *फ़ा०* (वि०) साम्प्रदायिक; ~**परस्ती** + *फ़ा०* (स्त्री०) साम्प्रदायिकता ~**बंदी** + *फ़ा०* (स्त्री०) जमात बनाना, गिरोहबंदी; ~**वाराना** + *फ़ा०* (वि०) सांप्रदायिक, संप्रदायगत

फिरकी–(स्त्री०) 1 दफ़्ती आदि का गोल, चक्राकार टुकड़ा 2 फिरहरी, भँभीरी 3 चकई, चकरी नामक खिलौना

फ़िरकेबंदी–*फ़ा०* (स्त्री०) दलबंदी

फिरता–I (वि०) 1 लौटा हुआ 2 लौटाया (जैसे-फिरता माल) 3 घूम-फिर कर काम करनेवाला II (पु०) 1 लौटने का भाव 2 लौटना-लौटाना

फ़िरदौस–*अ०* (पु०) 1 वाटिका, बाग 2 स्वर्ग, बहिश्त

फिरना–(अ० क्रि०) 1 लौटना, पलटना 2 बदलना 3 लौटाया जाना 4 घूमना; भ्रमण करना 5 मंडलाकर घूमना (जैसे-पहिया फिरना, माला फिरना) 6 घुमाया जाना (जैसे-डुग्गी फिरना) 7 मुड़ना (जैसे-पीछे फिरना) 8 दशा बदलना (जैसे-किस्मत फिरना) 9 हीन अवस्था को प्राप्त होना (जैसे-बुद्धि फिरना) 10 मुकरना (जैसे-वचन देकर वह फिर गया) 11 मल त्यागना 12 पोता जाना

फिरनी–(स्त्री०) चीनी, मेवे आदि से युक्त एक प्रकार का खाद्य

फिरवा–(पु०) 1 गले में पहनने का एक आभूषण 2 सोने के तार से कई लपेट देकर बनाई गई अँगूठी

फिरवाना–(स० क्रि०) फेरने का काम कराना

फिराऊ–(वि०) 1 लौटनेवाला 2 जिसे लौटाया जा सके (जैसे-फिराऊ रेहन)

फ़िराक़–*अ०* (पु०) 1 वियोग, जुदाई 2 सोच, चिंता (जैसे-नौकरी के फ़िराक़ में इधर-उधर घूमना)

फिराना–(स० क्रि०) 1 फिरने में प्रवृत्त करना 2 घुमाना, टहलाना 3 चक्कर देना 4 वापस करना, लौटाना

फिराव–(पु०) 1 वापसी 2 घुमाव

फ़िरासत–*अ०* (स्त्री०) समझदारी, बुद्धिमानी

फ़िरियाद–*फ़ा०* (स्त्री०) = फ़रियाद

फ़िरियादी–*फ़ा०* (वि०) = फ़रियादी

फ़िरिश्ता–*फ़ा०* (पु०) = फ़रिश्ता

फ़िरिहरी–*बो०* (स्त्री०) फिरकी नामक खिलौना

फिरौती–(स्त्री०) 1 फेरना, लौटाना 2 लौटाने का पारिश्रमिक 3 बेची गई वस्तु को लौटाते समय दुकानदार द्वारा विक्रय मूल्य में काटा गया धन

फ़िर्क़ा–*अ०* (पु०) = फ़िरक़ा

फ़िर्दोस–*अ०* (पु०) = फ़िरदौस

फ़िलफ़ौर–*अ०* (क्रि० वि०) फ़ौरन, तुरंत

फ़िलमाना–*अं०* + *हिं०* (स० क्रि०) फ़िल्माना

फ़िलहक़ीक़त–*अ०* (क्रि० वि०) सचमुच

फ़िलहाल–*अ०* (क्रि० वि०) अभी, इसी समय

फ़िलामेंट–*अं०* (पु०) तंतु, रेशा

फ़िलासफ़ी–*अं०* (स्त्री०) दर्शन-शास्त्र

फ़िल्टर–*अं०* (पु०) छन्ना, छन्नी

फ़िल्म–*अं०* (स्त्री०) 1 चल-चित्र 2 एक्स-रे की छाया चित्र पट्टी (जैसे-फ़िल्म तैयार करना)। ~**उत्सव** + *सं०* (पु०) चलचित्र समारोह; ~**उद्योग** + *सं०* (पु०) सिनेमा व्यवसाय; ~**एक्टर** (पु०) चल-चित्र अभिनेता; ~**एक्ट्रेस** (स्त्री०) चल-चित्र अभिनेत्री; ~**डायरेक्टर** (पु०) चल-चित्र निर्देशक; ~**तारिका** + *सं०* सिनेमा अभिनेत्री; ~**निर्देशक** + *सं०* (पु०) = फ़िल्म-डायरेक्टर; ~**प्रदर्शन** *सं०* (पु०) चल-चित्र दिखाना; ~**शूटिंग** (स्त्री०) चल-चित्र के लिए फोटो खींचना; ~**शो** (पु०) सिनेमा का प्रदर्शन; ~**समारोह** + *सं०* (पु०) = फ़िल्म-उत्सव

फ़िल्मांतरण–*अं०* + *सं०* (पु०) चलचित्र का रूप देना

फ़िल्माना–*अं०* + *हिं०* (स० क्रि०) चलचित्र बनाना

फ़िल्मी–*अं० + हिं०* (वि०) फ़िल्म संबंधी, फ़िल्म का 2 सिनेमा संबंधी (जैसे-फ़िल्मी गीत)। ~**करण** + *सं०* (पु०) फ़िल्म का रूप देना

फिल्ली–*बो०* (स्त्री०) पिंडली

फिश–(क्रि० वि०) धिक्, छी

फ़िस–(वि०) सारहीन, कुछ नहीं

फिसड्डी–(वि०) 1 निकम्मा 2 पिछड़ा हुआ

फिसफिसाना–(अ० क्रि०) 1 ढीला पड़ना 2 कमज़ोर हो जाना

फिसलन–(स्त्री०) फिसलने की जगह

फिसलना–I (अ० क्रि०) 1 रपटना (जैसे-पैर फिसलना) 2 प्रवृत होना (जैसे-निगाह फिसलना) II (वि०) फिसलनवाला (फिसलना पत्थर)

फिसलाऊ–(वि०) फिसलनवाला

फिसलाना–(स० क्रि०) फिसलने के काम में लगाना

फिसलाव–(पु०), **फिसलाहट** (स्त्री०) 1 फिसलन 2 फिसलने का भाव

फ़िहरिस्त–*फ़ा०* (स्त्री०) सूची

फींचना–(स० क्रि०) कचारना (जैसे-कपड़ा फींचना)

फ़ी–*अ०* (क्रि० वि०) हर एक, प्रत्येक

फी–(स्त्री०) दोष, ऐब

फीका–(वि०) 1 बेमज़ा, बेस्वादवाला, हल्का 2 धूमिल, मलिन 3 व्यर्थ। ~**पन** (पु०) 1 हल्कापन 2 मलिनता 3 फीका होने का भाव

फ़ीचर–I *अं०* (पु०) 1 रूपक 2 लक्षण, विशेषता II (स० क्रि०) 1 रूपरेखा प्रस्तुत करना, लक्षण बताना 2 सदृश होना

फ़ीता–(पु०) 1 सूत आदि की पतली पट्टी 2 इंच, सेंटीमीटर आदि के चिह्न बने हुऐ कपड़े आदि की पट्टी, टेप 3 जूता बाँधने का फ़ीता

फ़ीरनी–*फ़ा०* (स्त्री०) = फ़िरनी

फ़ीरोज़–*फ़ा०* (वि०) 1 हरापन लिये पीला रंग का 2 विजयी 3 सफल

फ़ीरोज़ा–*फ़ा०* (पु०) हरापन से युक्त नीले रंग का कीमती पत्थर। ~**चश्म** (वि०) नीली आँखोंवाला

फ़ीरोज़ी–I *फ़ा०* (वि०) हरापन लिये नीला II (पु०) हरापन युक्त नीला रंग

फ़ील–*फ़ा०* (पु०) हाथी। ~**ख़ाना** (पु०) हाथीख़ाना; ~**दंदाँ** I बड़े-बड़े दाँतोंवाला II (पु०) हाथीदाँत; ~**पाँव** *+ हिं०* (पु०) *चि०* पैर सूजने का एक रोग; ~**पा** (पु०) = फ़ीलपाँव; ~**पाया** (पु०) 1 ईंट का बना बड़ा खंभा 2 पाँव सूजने का एक रोग; ~**बान** (पु०) हाथीवान, महावंत

फ़ीला–*फ़ा०* (पु०) शतरंज के खेल में हाथी नामक मोहरा

फीली–(स्त्री०) पिंडली

फ़ील्ड–*अं०* (पु०) मैदान। ~**अस्पताल** (पु०) रणक्षेत्र का चिकित्सालय; ~**गिलास** (पु०) दूरबीन; ~**मार्शल** (पु०) सेना का सर्वोच्च पदाधिकारी

फ़ीस–*अं०* (स्त्री०) 1 शुल्क (जैसे-परीक्षा फ़ीस) 2 पारिश्रामेक रूप में दिया गया धन (जैसे-वकील की फ़ीस) 3 कर

फुंकना–I (अ० क्रि०) 1 भस्म होना (जैसे शव फुंकना) 2 बर्बाद होना (जैसे- रुपया फुंकना) 3 फूंककर हवा देना (जैसे-अँगीठी फुंकना) II (पु०) धातु आदि की पतली पोली नली

फुँकनी–(स्त्री०) बाँस, धातु आदि की लंबी, पतली नली

फुँकरना–(अ० क्रि०) फूँ-फूँ शब्द करना

फुँकवाना, फुँकाना–(स० क्रि०) फूँकने का काम कराना

फुँकार–(स्त्री०) = फुफकार

फुँकारना–(अ० क्रि०) = फुँकरना

फुँकैया–(पु०) 1 फूँकनेवाला 2 बर्बाद करनेवाला

फुँदना–(पु०) 1 सूत, ऊन आदि का गुच्छा, 2 झब्बा 3 सूत आदि की गाँठ (जैसे-तराजू की डंडी का फुँदना)

फुँदनेदार–*हिं० + फ़ा०* (वि०) फुँदनेवाला

फुँदिया–(स्त्री०) = फुँदना

फुँदी–I (स्त्री०) फंदा, गाँठ

फुँदी–II (स्त्री०) बिंदी, टीका

फुँसी–(स्त्री०) त्वचा पर निकलनेवाला मवादयुक्त छोटा दाना

फुआ–(स्त्री०) पिता की बहन, बूआ

फुकना–I(अ० क्रि०) = फुँकना II (पु०) हवा फूँकनेवाली नली

फुकनी–(स्त्री०) बाँस आदि की पतली नली

फुचड़ा–(पु०) बुनावट. में बाहर निकला हुआ सूत, रेशा

फ़ुज़ला–*अ०* (पु०) 1 जूठन 2 रद्दी अंश

फुट–(वि०) टूटा हुआ

फ़ुट–*अं०* (पु०) 1 लंबाई नापने का एक उपकरण (जैसे-बारह इंच बराबर एक फ़ुट) 2 इस लंबाई का मान

फुटकर, फुटकल–(वि०) 1 अकेला, अलग, अयुग्म 2 कई मेल का (जैसे-फुटकर कविता, फुटकर दूकान) 3 थोक में न होनेवाला (जैसे-फुटकर बिक्री)

फुटका–I (पु०) 1 फफोला, छाला 2 फफोले के आकार का दाग, धब्बा

फुटका–II (पु०) ऊख का रस पकाने का बड़ा कड़ाहा

फुटकी–(स्त्री०) 1 बहुत छोटी अंठी 2 गाढ़ी चीज़ का छींटा 3 एक छोटी चिड़िया, फुदकी

फ़ुटनोट–*अं०* (पु०) पाद टिप्पणी

फ़ुटपाथ–*अं०* (पु०) पगडंडी

फ़ुटबाल–*अं०* (पु०) पैर से मारकर खेले जानेवाला हवा भरा रबर का बड़ा गेंद (जैसे-फुटबाल मैच खेलना)। ~**ग्राउंड** (पु०) फ़ुटबाल खेलने का मैदान; ~**प्रेमी** *+ सं०* (पु०) फ़ुटबाल का शौकीन; ~**मैच** (पु०) फ़ुटबाल प्रतियोगिता

फ़ुटबोर्ड–*अं०* (पु०) पावदान

फुट-मत–*हिं० + सं०* (पु०) मत-भेद

फुटेहरा–(पु०) मटर आदि का भूना हुआ दाना

फुटैल–(वि०) = फुट्टैल

फुट्ट –(वि०) फुट

फुट्टैल–(वि०) 1 अलग हुआ 2 अलग रहनेवाला 3 हतभाग्य, बदकिस्मत

फुड़िया–(स्त्री०) = फोड़िया

फुतूर–*अ०* (पु०) फ़तूर

फुतूरी–*अ० + फ़ा०* (वि०) फ़तूरिया

फुत्कार–*सं०* (पु०) = फूत्कार

फुत्कृत–*सं०* (वि०) फूँका हुआ

फुत्कृति–*सं०* (अ० क्रि०) फुत्कारना
फुदकना–(अ० क्रि०) 1 उछलते हुए चलना, कूदना (जैसे-मेंढक का फुदकना) 2 उमंग में उछलना, इधर-उधर आना (बच्चा फुदकता है)
फुदकी–(स्त्री०) 1 उछलना 2 एक छोटी चिड़िया
फुनंग–(स्त्री०) = फुनगी
फुनकार–(स्त्री०) = फुत्कार
फुनगी–(स्त्री०) 1 पेड़ की शाखा का अग्र भाग 2 शाखा के अंत की कोमल पत्ती और टूँसा
फुनना–*बो०* (पु०) फुँदना
फुप्फुस–*सं०* (पु०) फेफड़ा। ~**क्षय** (पु०) फेफड़ा खराब होना; ~**प्रदाह** (पु०) निमोनिया
फुफँदी–(स्त्री०) 1 साड़ी कसने की डोरी 2 धोती में पेडू पर लगाई गई गाँठ 3 भुकड़ी
फुफकार–(स्त्री०) फूत्कार
फुफकारना–(अ० क्रि०) क्रोध में फूँ-फूँ करना, फूत्कार करना (जैसे-साँप का फुफकारना)
फुफिया–(वि०) फूफी के संबंध का (जैसे-फुफिया ससुर)
फुफू–*बो०* (स्त्री०) = फूफी
फुफेरा–(वि०) 1 फूफा से संबंध रखनेवाला 2 फूफा से उत्पन्न (जैसे-फुफेरा भाई)
फुर–(स्त्री०) पक्षियों के उड़ने पर पंख से उत्पन्न ध्वनि, आवाज़
फ़ुरक़त–*अ०* (स्त्री०) वियोग, जुदाई
फुरकाना–(स० क्रि०) = फड़काना
फुरती–(स्त्री०) 1 चुस्ती 2 जल्दी 3 तेज़ी ~**बाज़** *+ फ़ा०* (वि०) 1 तेज़ी से काम करनेवाला 2 फुरती दिखानेवाला
फुरतीला–(वि०) 1 चुस्त 2 तेज़ 3 फुरती से काम करनेवाला
फुर-फुर–(स्त्री०) परों के फड़फड़ाने से उत्पन्न शब्द (जैसे-फुर-फुर करके उड़ना)
फुरफुराना–I (अ० क्रि०) फुर-फुर शब्द होना II (स० क्रि०) 1 फड़फड़ाना 2 फुर-फुर शब्द करना
फुरफुराहट–(स्त्री०) फुर-फुर शब्द होना
फुरफुरी–(स्त्री०) फुर-फुर शब्द
फ़ुरसत–*अ०* (स्त्री०) अवकाश
फुरहरी–(स्त्री०) 1 फुरफुराहट 2 पंख फड़फड़ाने का शब्द 3 थरथराहट
फुरेरी–I *बो०* (स्त्री०) सींक के सिरे पर लपेटी गई रूई
फुरेरी–II (स्त्री०) थरथरी, रोमांच
फुरेरू–(स्त्री०) 1 आवेश, जोश 2 साहस
फुर्ती–(स्त्री०) फुरती
फुर्तीला–(वि०) स्फूर्तिवान्
फुर्र–(पु०) पक्षी के उड़ने का शब्द
फ़ुर्सत–*अ०* (स्त्री०) = फ़ुरसत
फुलई–(स्त्री०) फूल लगा सींका
फुलका–I (वि०) फूल जैसा (जैसे-हलका-फुलका)
फुलका–II (पु०) चपाती (जैसे-दाल के साथ दो फुल्के खाना)
फुलकारी–(स्त्री०) 1 फूल-पत्तियाँ बनाने का काम 2 फूल-बूटियोंवाला मलमल का कपड़ा
फुलचुही–(स्त्री०) = फुलसुँघी
फुलझड़ी–(स्त्री०) 1 फूल सी चिंगारियाँ निकलनेवाली पतली डंडी की आतिशबाज़ी (जैसी-फुलझड़ी का खेल) 2 झगड़ा लगानेवाली बात
फुलरा–(पु०) = फुँदना
फुलवर–(पु०) = फुलकारी
फुलवारी–(स्त्री०) 1 पुष्प-वाटिका 2 बाल-बच्चे
फुलसुँघी–(स्त्री०) नीलापन युक्त काले रंग की एक प्रसिद्ध चिड़िया
फुलस्केप–*अं०* (पु०) कागज़ का एक साइज़ 17″ × $13\frac{1}{2}$″ ~**कागज़** *+ फ़ा०* (पु०) उक्त नाप का कागज़
फुलहारा–(पु०) नाली
फुलहारी–(स्त्री०) मालिन
फुलाई–(स्त्री०) 1 फूलने की अवस्था 2 फुलाना
फुलाना–(स० क्रि०) 1 पुष्पित करना 2 हवा भरकर फैलाना (जैसे-गुब्बारा-फुलाना) 3 गर्व उत्पन्न करना 4 प्रसन्न करना
फुलायल–(पु०) = फुलेल
फुलाव–(पु०) फूलने का भाव
फुलावट–(स्त्री०) 1 फैलाव, उभार 2 फूलने की अवस्था
फुलावा–(पु०) बाल गूँथने की डोरी, खजुरा
फुलिया–(स्त्री०) 1 फूल की तरह फूला गोल सिरा 2 छत्राकार सिरेवाला काँटा 3 कान में पहनने की लौंग
फुलुरिया–(स्त्री०) पोतड़ा
फुलरा–(पु०) फूल की बनी छतरी
फुलेल, फुलेला–(पु०) सुगंधित तेल
फुलेली–(स्त्री०) फुलेल रखने का बर्तन
फुलेहरा–*बो०* (पु०) 1 रेशम आदि का बना बंदनवार 2 फुलेरा
फुलौरा–(पु०) बेसन आदि से बना पकौड़ा
फुलौरी–(स्त्री०) छोटा फुलौरा
फुल्ल–I *सं०* (वि०) 1 विकसित 2 प्रसन्न II (पु०) फूल। ~**नेत्र** (वि०) हर्षित नेत्रोंवाला
फुल्ली–(स्त्री०) 1 फूल की तरह का आभूषण 2 दे० फुलिया 3 दे० फूली
फुवारा–(पु०) = फुहारा
फुस–(स्त्री०) अत्यंत धीमी आवाज़
फुसकी–(स्त्री०) 1 कान में धीरे से कहना 2 बिना आवाज़ की अपानवायु, ठुसकी
फुसड़ा–(पु०) = फुचड़ा
फुस-फुस–(स्त्री०) 1 कान में बहुत धीमे से कहना 2 काना-फूसी
फुस-फुसर–(पु०) काना-फूसी
फुसफुसा–(वि०) 1 कमज़ोर और नरम 2 मंद
फुसफुसाना–(अ० क्रि०) अत्यंत मंद स्वर में कहना
फुसफुसाहट–(स्त्री०) = फुस-फुस
फुसलाऊ–(वि०) फुसलानेवाला
फुसलाना–(स० क्रि०) 1 अनुकूल बनाना 2 मनाना
फुसलाव, फुसलाह–(पु०) फुसलाने का भाव
फुहार–(स्त्री०) 1 नन्हीं-नन्हीं बूँदों की झड़ी, झींसी 2 तरल पदार्थ की छोटी-छोटी बूँदें (जैसे-गुलाब जल की फुहार)
फुहारना–(स० क्रि०) फुहार डालना
फुहारा–(पु०) 1 फुहार डालने का एक यंत्र, जल-यंत्र 2 जल, या तरल पदार्थ की तेज़ धार (जैसे-नल का फुहारा)

फुहुँकना–(अ० क्रि०) फुफकारना

फूँ–(स्त्री०) ओंठों से हवा निकलने की आवाज़

फूँक–(स्त्री०) 1 मुँह से तेज़ गति में निकली हवा 2 श्वास-प्रश्वास 3 मंत्र पढ़कर छोड़ी जानेवाली वायु (जैसे-फूँक मारना)

फूँकना–(स० क्रि०) 1 मुँह से तेज़ हवा फेंकना, फूँक मारना 2 मंत्र पढ़कर मुँह से हवा छोड़ना 3 फूँककर बजाना 4 फूँककर जलाना (जैसे-चूल्हा फूँकना) 5 भस्म करना 6 बर्बाद करना (जैसे-पैसा फूँकना) 7 फैलाना। ~**तापना** (स० क्रि०) फूँकना और तापना

फूँका–(पु०) 1 फूँक मारना 2 फूँक मारने की नली

फूँद–(स्त्री०) फुँदना

फूई–(स्त्री०) फूही

फूजना–(अ० क्रि०) अस्त-व्यस्त होना, बिखरना

फूट–(स्त्री०) 1 आपसी अनबन, बिगाड़ (जैसे-घर में फूट पैदा हो गई) 2 फूटना (जैसे-घड़ा फूट गया) 3 एक प्रकार की बड़ी ककड़ी। *सं०* (वि०) आपसी झगड़े में पड़ा हुआ; ~**नीति** *सं०* (स्त्री०) फूट डालने की नीति, चाल; ~**परस्त** *+ फ़ा०* (वि०) फूटवादी; ~**परस्ती** *फ़ा०* (स्त्री०) फूटवाद; ~**वाद** *+ सं०* (पु०) फूट डालकर काम निकालने का सिद्धांत; ~**वादी** I *+ सं०* (वि०) फूटवाद संबंधी II (पु०) फूटवाद का समर्थक

फूटन–(स्त्री०) 1 फूटने का भाव 2 फूटकर अलग हुआ टुकड़ा 3 शरीर के जोड़ में होनेवाला दर्द (जैसे-हड़फूटन)

फूटना–(अ० क्रि०) 1 टूटना (जैसे-घड़ा का फूटना) 2 भग्न होना (जैसे-सिर फूटना) 3 फटना (जैसे-गुब्बारा फटना) 3 भेदकर बाहर आना (जैसे-फ़ोडा फूटना) 5 ख़राब हो जाना (जैसे-आँख फूटना, किस्मत फूटना) 6 उगना, अंकुरित होना 7 शाखा रूप में निकलना 8 खिलना (जैसे-कली फूटना) 9 अलग होना 10 बिगाड़ होना (जैसे-घर फूटना) 11 विस्फोट होना (जैसे-बम फूटना) 12 स्पष्ट होना (जैसे-किरणें फूटना) 13 शरीर के अंगों में बहुत दर्द होना, फटना (जैसे-शरीर फूटना) 14 उच्चारित होना (जैसे-मुँह से शब्द फूटना) 15 प्रकट होना (जैसे-बात फूटकर चारों तरफ़ फैल गई)। ~**पड़ना** बिगाड़ होना (जैसे-घर में फूट पड़ गई) ~**फूटकर रोना** बिलख बिलखकर रोना

फूटा–I (पु०) 1 टूटकर खेतों में गिरनेवाली फ़सल की बालें 2 शरीर के अंग का दर्द II (वि०) 1 फूटा हुआ 2 बिगड़ा हुआ। **फूटी आँखों का तारा** अत्यंत प्यारी वस्तु, अति प्रिय संतान; **फूटी आँखों न देख सकना** देखना भी पसंद न करना; **फूटी आँखों न भाना** ज़रा भी अच्छा न लगना; **फूटी कौड़ी न होना** कुछ भी न होना **फूटे मुँह से न बोलना** पूर्ण उपेक्षा करना

फूत्कार–*सं०* (पु०) फूँक, फुफकार (जैसे-साँप की फूत्कार)

फूत्कृति–*सं०* (स्त्री०) फू-फू, साँप की फुफकार

फूफा–(पु०) बुआ का पति

फूफी–(स्त्री०) पिता की बहन, बुआ

फूल–I (पु०) 1 पुष्प, सुमन, फ्लावर (जैसे-फूलों की माला) 2 शरीर पर पड़नेवाला लाल सफ़ेद धब्बा 3 फुल के आकार सी वस्तु 4 दीपक की बत्ती पर पड़े गोल दमकते दाने, गुल 5 फूल के आकार की बनाई गई रचना (जैसे नाक में पहनने का फूल, कर्णफूल 6 फूल के आकार के बेल-बूटे। ~**कारी** (स्त्री०) बेल-बूटे बनाना, गुलकारी; ~**गोभी** (स्त्री०) फूल के आकार का एक बड़ा पिंड (जैसे-फूलगोभी की तरकारी); ~**डोल** (पु०) चैत्र-शुक्ला एकादशी को होनेवाला एक उत्सव; ~**दान** *+ फ़ा०* (पु०) गुलदस्ता रखने का पात्र, गुलदान; ~**दार** *+ फ़ा०* (वि०) फूलोंवाला; ~**पत्ती** (स्त्री०) फूल और पत्ती; ~**पान** (वि०) अत्यंत कोमल, नाजुक; ~**बिरंज** (पु०) एक तरह का बढ़िया धान; ~**माला** *+ सं०* (स्त्री०) फूल और माला (जैसे-देव प्रतिमा पर फूल-माला चढ़ाना) ~**वाला** I (वि०) 1 फूलों से युक्त 2 बेल-बूटों से युक्त II (पु०) माली; ~**आना** फूल लगना; ~**उतारना** फूल चुनना; ~**चुनना** फूल तोड़कर एकत्र करना; ~**झड़ना** मुँह से मीठे शब्द निकलना; ~**सूँघकर जीना** अल्पाहारी होना;~**की सेज पर सोना** सुख-चैन से पूर्ण स्थिति

फूल–II (स्त्री०) 1 फुलावट 2 प्रसन्नता, खुशी (जैसे-तारीफ़ करने से वह और भी फूल गया)

फूलना–(अ० क्रि०) 1 पुष्पित होना, कुसुमित होना 2 कली का खिलना 3 गर्व से इतराना 4 अत्यंत खुश होना 5 हवा भरने से फैलना (जैसे-गुब्बारा फूलना) 6 मोटा होना 7 नाराज़ होना, रूठना 8 विकार आदि से शरीर के अंग का बढ़ना (जैसे-पेट फूलना) 9 असाधारण रूप से स्थूल होना (जैसे शरीर का फूलना। ~**फलना** (अ० क्रि०) धनधान्य एवं बाल-बच्चों से सुखी होना। **फूलकर कुप्पा हो जाना** 1 अत्यधिक प्रसन्न होना, अत्यंत गर्व करना 2 बहुत मोटा हो जाना; **फूला-फूला फिरना** गर्व से इतराते हुए घूमना; **फूले न समाना** खुशी में आपे से बाहर होना

फूला–I (पु०) खीला, लावा

फूला–II (पु०) गन्ने का रस पकाने का कड़ाहा

फूला–III (पु०) पुतली पर सफ़ेद दाग़ पड़ जाने का एक रोग

फूली–(स्त्री०) आँख की पुतली पर पड़ा सफ़ेद दाग़

फूस–I (पु०) 1 सूखी घास (जैसे-फूस की झोपड़ी) 2 तिनका, तृण II (वि०) अत्यंत तुच्छ, हीन

फूहड़–(वि०) 1 अश्लील एवं हेय (जैसे-फूहड़ गीत) 2 गँवार (जैसे-फूहड़ आदमी) 3 अत्यंत निकम्मा। ~**पन** (पु०) 1 भद्दापन, बेढंगापन 2 फूहड़ होने का भाव

फूहा–(पु०) फाहा

फूही–(स्त्री०) 1 महीन जल-कण, छींटा 2 झींसी, फुहार

फेंक–I (स्त्री०) फेंकने की स्थिति II (वि०) फेंकनेवाला (जैसे-दिल-फेंक औरत)

फेंकना–(स० क्रि०) 1 झटके से छोड़ना (जैसे-भाला फेंकना) 2 छोड़ देना, गिरा देना (जैसे-नाली में कूड़ा फेंकना) 3 उछालना (जैसे- सिक्का फैंकना) 4 वेगपूर्वक पहुँचाना (जैसे-क्रिकेट की गेंद फेंकना) 5 दूर हटाना (जैसे-उसने पुराने कपड़े फेंक दिए) 6 व्यर्थ व्यय करना (जैसे-सड़ी-गली सब्जियाँ लेकर रुपए फेंक आए) 7 पटकना (जैसे-नींद में हाथ-पैर फेंकना) 8 अस्त-व्यस्त करना (जैसे-किताबें क्यों फेंक दीं)

फेंट–I (स्त्री०) 1 कमर के चारों ओर का घेरा 2 फेंटा 3 घुमाव, फेरा, लपेट

फेंट–II (स्त्री०) फेंटना (जैसे-ताश के पत्तों की फेंट)
फेंटना–(स० क्रि०) 1 हाथ की उँगलियों से मिलाना (जैसे-दही में चीनी फेंटना, दवा में शहद फेंटना) 2 अच्छी तरह मिलाना (जैसे-ताश के पत्ते फेंटना)
फेंटा–(पु०) 1 कमर का घेरा 2 कमर पर लपेटा हुआ कपड़ा, कमरबंद 3 कमर पर लपेटा हुआ धोती का भाग 4 पगड़ी 5 सूत की बड़ी अंटी
फेंटी–(स्त्री०) अटेरन पर लपेटा हुआ सूत
फेकरना–(अ० क्रि०) 1 फूट-फूट कर रोना 2 गीदड़, सियार का रोना
फेकारना–(स० क्रि०) खोलकर झटकारना
फेकैत–(पु०) = फिकैत
फेट–(स्त्री०) = फेंट I
फेटना–(स० क्रि०) = फेंटना
फेटा–(पु०) = फेंटा
फेन–*सं०* (पु०) झाग (जैसे-साबुन का फेन)। **~पिंड** (पु०) 1 बुदबुद 2 निरर्थक; **~युक्त** (वि०) फेन से भरा; **~वाही** (पु०) छानने के काम आनेवाला कपड़ा
फेनक–I *सं०* (पु०) 1 फेन, झाग 2 फेन उत्पन्न करनेवाला पदार्थ II (वि०) फेन उत्पन्न करनेवाला
फेनल–*सं०* (वि०) = फेन-युक्त
फेनाग्र–*सं०* (पु०) बुलबुला
फेनाना–(अ० क्रि०) फेनयुक्त होना
फेनिल–I *सं०* (वि०) झागयुक्त II (पु०) रीठा
फेनी–(स्त्री०) लच्छे की तरह मैदे की एक प्रसिद्ध मिठाई
फेफड़ा–(पु०) फुफ्फुस (जैसे-क्षय रोग से फेफड़ा सड़ गया)
फेफड़ी–(स्त्री०) ओंठों पर पड़नेवाली पपड़ी
फेफरी–(स्त्री०) ओंठों पर पड़ी पपड़ी
फ़ेयरवेल–*अं०* (पु०) विदाई
फेरंड–*सं०* (पु०) गीदड़, सियार
फेर–(पु०) 1 फेरना 2 घुमाव, चक्कर 3 क्रम, सिलसिला 4 कुछ से कुछ हो जाना, परिवर्तन (जैसे-उलट-फेर) 5 धोखा, छल (जैसे-फेरबाज़ी का काम) 6 अनिश्चिय, दुविधा की स्थिति 7 छलपूर्ण युक्ति 8 उपाय, तरकीब 9 जंजाल, झंझट (जैसे-प्रेम का फेर बुरा होता है)। **~पलटा** (पु०) गौना; **~फार** (पु०) 1 उलट-फेर, महान् परिवर्तन 2 घुमाव-फिराव, चक्कर 3 धूर्तता का व्यवहार; **~बदल** + *अ०* (पु०) परिवर्तन
फेर–*सं०* (पु०) = फेरंड
फेरना–(स० क्रि०) 1 घुमाना (जैसे-माला फेरना) 2 इधर-उधर ले जाना, पोतना (जैसे-दीवार पर रंग फेरना) 3 वापस करना (जैसे-सौदा फेरना) 4 लौटाना 5 अभ्यास करना (जैसे-मुग्दर फेरना) 6 इस बल से उस बल करना (जैसे-करवट फेरना) 7 सबके सामने लेकर जाना (जैसे-अतिथियों के सामने पान-इलायची फेरना) 8 बार-बार उच्चारण करना (जैसे-पाठ फेरना)
फेरब–(पु०) गीदड़
फेरव–I *सं०* (वि०) 1 चालबाज़ 2 हिंसक II (पु०) 1 राक्षस 2 गीदड़
फेरवट–(स्त्री०) 1 चक्कर, फेरा 2 घुमाव-फिराव 3 फेरने का भाव 4 अंतर, फ़र्क़
फेरवा–I (पु०) लपेटा हुआ तार II (पु०) = फेरा
फेरा–(पु०) 1 चक्कर, परिक्रमण 2 लपेटना 3 लपेट (जैसे-रस्सी का सौ फेरा देना) 4 बार-बार आना-जाना 5 मंडल, घेरा 6 विवाह में की जानेवाली परिक्रमा, भाँवर। **~फारी, ~फेरी** I (स्त्री०) 1 उलट-पलट 2 क्रम बदलना II (क्रि० वि०) 1 बारी-बारी से 2 रह-रहकर
फेरी–(स्त्री०) 1 परिक्रमा, प्रदक्षिणा 2 भाँवर 3 चक्कर 4 बार-बार आन-जाना 5 रस्सी पर ऐंठन देने की चरखी। **~दार** + *फ़ा०* **~वाला** (पु०) घूम-घूमकर सौदा बेचनेवाला व्यापारी
फेरुआ–*बो०* (पु०) = फेरवा
फेरौरी–*बो०* (स्त्री०) खपरैल बदलने का काम
फेल–*सं०* (पु०) 1 जूठा भोजन 2 जूठन
फ़ेल–*अ०* (पु०) 1 बुरा कर्म 2 काम, क्रिया
फ़ेल–*अं०* (वि०) 1 अनुत्तीर्ण 2 विफल 3 अनुपयुक्त, अनुपयोगी
फेला, फेलिका–*सं०* (स्त्री०) = फेल
फ़ेलो–*अं०* (पु०) 1 सहयोगी 2 संस्था का सदस्य
फ़ेल्ट–*अं०* (पु०) नमदा। **~टोपी** + *हिं०* (स्त्री०) नमदे का बना हैट
फेहरिस्त–*फ़ा०* (स्त्री०) = फ़िहरिस्त
फ़ैंसी–*अं०* (वि०) 1 अलंकृत एवं सुंदर 2 उत्कृष्ट
फ़ैकल्टी–*अं०* (स्त्री०) संकाय (जैसे-आर्ट्स फ़ैकल्टी)
फ़ैक्टर–*अं०* (पु०) 1 *ग०* गुणनखंड 2 घटक, कारक
फ़ैक्टरी–*अं०* (स्त्री०) कारखाना, निर्माणशाला
फ़ैज़–*अ०* (पु०) 1 दानशीलता 2 उपकार, भलाई 3 यश, कीर्ति। **~बख़्श** + *फ़ा०* (वि०) उपकारी
फ़ैज़े आम–*अ०* + *फ़ा०* + *अ०* (पु०) परोपकार
फ़ैन–I *अं०* (पु०) पंखा II प्रशंसक, अंधभक्त
फ़ैमिली–*अं०* (स्त्री०) परिवार
फ़ैयाज़–*अ०* (वि०) 1 उदार दिल 2 दानी
फ़ैयाज़ी–*अ०* + *फ़ा०* (स्त्री०) 1 दानशीलता 2 उदारता
फ़ैर–*अं०* (पु०) = फ़ायर
फैलना–(अ० क्रि०) 1 विस्तार से युक्त होना 2 अधिक ज़गह घेरना (जैसे-लताओं का फैलना) 3 प्रभावपूर्ण एवं सक्रिय होना (जैसे-शहर में हैजा फैलना) 4 आकार, रूप आदि में परिवर्तन होना (जैसे-आबादी बढ़ने से बस्ती का फैलना) 5 कार्यक्षेत्र की सीमा बढ़ना (जैसे-देश विदेशों में व्यापार फैलना) 6 चर्चा का विषय बनना (जैसे-हड़ताल की ख़बर फैलना) 7 बिखरा होना (जैसे-कमरे में सामान क्यों फैला है) 8 प्रचार में आना 9 दूर-दूर तक जानकारी होना (जैसे-यश-अपयश फैलना) 10 हठ करना, ज़िद्द करना
फ़ैलसूफ़–I *अ०* (वि०) 1 फ़िज़ूलखर्च, अपव्ययी 2 फ़रेबी और धूर्त II (पु०) दार्शनिक
फ़ैलसूफ़ी–*अ०* + *फ़ा०* (स्त्री०) 1 अपव्यय, फ़िज़ूलख़र्ची 2 चालाकी एवं धूर्तता
फैलाना–(स० क्रि०) 1 विस्तार बढ़ाना, पसारना (जैसे-कपड़ा फैलाना, हाथ फैलाना) 2 आगे बढ़ाना, तानना (जैसे-रबर का

तार फैलाना) 3 ज़गह घेरना (जैसे-मेज़ पर कॉपी-किताब फैलाना) 4 मर्यादा, कार्य का विस्तार करना (जैसे-देश-विदेश में व्यापार फैलाना) 5 दूर-दूर तक जानकारी करना (जैसे-नेकी बदनामी फैलाना) 6 ध्यान आकर्षित कराना (जैसे-ढोंग फैलाना) 7 विवर आदि विस्तार बढ़ाना (जैसे-मुँह फैलाना, झोली फैलाना)

फैलाव–(पु०) 1 विस्तार, प्रसार 2 प्रचार 3 लंबाई-चौड़ाई (जैसे-ज़मीन का फैलाव कम है)। ~**दार** + *फ़ा०* (वि०) फैलाववाला, फैलनेवाला (जैसे-फैलावदार पेड़)

फैलावट–(स्त्री०) = फैलाव

फ़ैशन–*अं०* (पु०) 1 कपड़े आदि का प्रचलित ढंग, बनाव-श्रृंगार 2 रीति, प्रथा। ~**गृह** + *सं०* (पु०) प्रसाधनशाला; ~**दार** + *फ़ा०* (वि०) फ़ैशनवाला, फ़ैशन से युक्त; ~**परस्त** + *फ़ा०* (वि०) फ़ैशन में डूबा हुआ, फ़ैशन करनेवाला; ~**परस्ती** + *फ़ा०* (स्त्री०) फ़ैशन करना; ~**वाला** + *हिं०* (वि०) = फ़ैशनपरस्त

फ़ैशनेबल, फ़ैशनेबुल–*अं०* (वि०) फ़ैशन करनेवाला, फ़ैशन योग्य

फ़ैसल–*अ०* (पु०) निर्णय, निबटारा

फ़ैसला–*अ०* (पु०) 1 निर्णय, निश्चय (जैसे-फ़ैसला करना)

फ़ैसिज़्म–*अं०* (पु०) दे० फ़ासिस्टवाद

फ़ैसिस्टवाद–*अं०* + *सं०* (पु०) = फ़ासिस्टवाद

फ़ैसिस्टवादी–*अं०* + *सं०* (वि०) = फ़ासिस्टवादी

फोंक–(पु०) तीर का पिछला भाग

फोंका–(पु०) लंबा एवं पोला चोंगा

फोंफर–I (वि०) खोखला, पोला II (पु०) आर-पार देखने की जगह, छेद (जैसे-दीवार में फोंफर करना)

फोंफी–(स्त्री०) 1 छोटा चोंगा 2 नली

फोक–I (पु०) 1 नीरस अंश, सीठी (जैसे-गन्ने की फोक) 2 निरर्थक वस्तु II (पु०) एक तरह का साग

फोकट–(वि०) 1 निस्सार 2 मुफ़्त का

फोकला–(पु०) फल आदि का छिलका

फोकली–(स्त्री०) छिलका

फ़ोकस–*अं०* (पु०) केंद्र

फोका–(वि०) 1 रसहीन और बेस्वाद 2 बिना मिठास का 3 खोखला, पोला

फोट–(पु०) फूटने का भाव

फोटा–(पु०) 1 गोल बिंदी 2 गोलाकार चिह्न

फ़ोटो–*अं०* (पु०) 1 छाया-चित्र, अक्स (जैसे-फ़ोटो खींचना) 2 छाया-चित्र लेनेवाली पट्टी, पत्र। ~**ग्राफ़** (पु०) = छायाचित्र; ~**ग्राफ़र** (पु०) छायाचित्र उतारनेवाला; ~**ग्राफ़ी** (स्त्री०) छायाचित्र उतारने की कला; ~**चित्र** + *सं०* (पु०) = फ़ोटो; ~**चित्रकार** + *सं०* फ़ोटोग्राफ़र; ~**चित्रण** + *सं०* (पु०) = फ़ोटोग्राफ़ी; ~**नक़ल** + *अ०* (स्त्री०) फ़ोटो स्टेट की प्रति; ~**भीति** + *सं०* (स्त्री०) *चि०* प्रकाश भय; ~**संवाद-दाता** + *सं०* (पु०) फ़ोटो के समाचार भेजनेवाला; ~**संश्लिष्ट** + *सं०* (वि०) प्रकाश द्वारा जुड़ा हुआ; ~**संश्लेषण** + *सं०* (पु०) प्रकाश द्वारा जोड़ना; ~**स्टूडियो** (पु०) चित्रशाला, छाया चित्र गृह; ~**स्टैट** (पु०) फ़ोटो द्वारा चित्रांकन

फोड़ना–(स० क्रि०) 1 तोड़ना 2 विदीर्ण करना 3 कड़े छिलके तोड़ना (जैसे-नारियल फोड़ना) 4 सेंध लगाना (जैसे-दीवार फोड़ना) 5 खराब करना (जैसे-आँख फोड़ना) 6 बहका कर अपने पक्ष में करना (जैसे-गवाह फोड़ना) 7 प्रकट करना, खोल देना (जैसे-भंडा फोड़ना)। ~**फाड़ना** (स० क्रि०) पूर्णतः नष्ट करना

फोड़ा–(पु०) शरीर पर मवादयुक्त घाव (जैसे-फोड़ा दर्द करना, फोड़ा बहना; ~**फुंसी** (स्त्री०) छोटे और बड़े फोड़े

फोड़िया–(स्त्री०) छोटा फोड़ा

फ़ोता–*फ़ा०* (पु०) 1 अंड-कोश 2 थैली, कोश

फ़ोतेख़ाना–*फ़ा०* (पु०) ख़ज़ाना, कोष

फ़ोतेदार–*फ़ा०* (पु०) 1 ख़ज़ांची, कोषाध्यक्ष 2 रोकड़िया

फ़ोन–*अं०* (पु०) दूरभाष, टेलीफ़ोन

फ़ोनीम–*अं०* (पु०) ध्वनिग्राम

फ़ोनोग्राफ़–*अं०* (पु०) ध्वनि को अंकित करनेवाला एक यंत्र, ग्रामोफ़ोन

फ़ोनोग्राम–*अं०* (पु०) ध्वनि समूह इकाई, फ़ोनीम

फोया–(पु०) = फाहा

फ़ोरमैन–*अं०* (पु०) कारख़ाने आदि में काम करनेवालों का मुखिया, सरदार (जैसे-लोको फ़ोरमैन)

फ़ोल्डर–*अं०* (पु०) चौपत्रा

फोहा–(पु०) = फाहा

फ़ौंडरी–*अं०* (स्त्री०) ढलाईघर

फ़ौज–*अ०* (स्त्री०) 1 सेना 2 झुंड (जैसे-बच्चों की फ़ौज)। ~**कशी** + *फ़ा०* (स्त्री०) चढ़ाई, आक्रमण; ~**दार** + *फ़ा०* (पु०) सेना का छोटा अधिकारी; ~**दारी** + *फ़ा०* I (वि०) मार-पीट, हत्या आदि से संबंध रखनेवाला (जैसे-फ़ौजदारी अदालत) II (स्त्री०) 1 फ़ौजदार का काम एवं पद 2 गहरी मार-पीट, खून-कत्ल; ~**भरती** + *हिं०* (स्त्री०) रंगरूट भरना

फ़ौजी–*अ०* + *फ़ा०* (वि०) 1 फ़ौज का (जैसे-फ़ौजी अफ़सर) 2 फ़ौजों में होनेवाला (जैसे-फ़ौजी लड़ाई)

फ़ौत–I *अ०* (स्त्री०) मृत्यु, मौत II (वि०) 1 मरा हुआ, मृत 2 नष्ट

फ़ौती–I *अ०* + *फ़ा०* (वि०) 1 मृत्यु का 2 मृत II (स्त्री०) मृत्यु, मौत। ~**नामा** + *फ़ा०* (पु०) 1 मृत व्यक्तियों की सूची 2 मृत्यु का समाचार; ~**रजिस्टर** + *फ़ा०* + *अं०* (पु०) मृत व्यक्तियों से संबंधित पुस्तिका, कॉपी

फ़ौरन्–*अ०* (क्रि० वि०) 1 तुरंत, जल्दी ही 2 तत्काल, उसी समय

फ़ौरी–*अ०* (वि०) तुरंत किया जानेवाला

फ़ौलाद–*फ़ा०* (पु०) असली लोहा। ~**तन** (वि०) दृढ़ एवं मज़बूत शरीरवाला

फ़ौलादी–*फ़ा०* (वि०) 1 फ़ौलाद का बना 2 बहुत पक्का (जैसे-फ़ौलादी शरीर)

फ़ौवारा–*अ०* (पु०) = फ़व्वारा

फ्यूज–*अं०* (पु०) विद्युत परिपथ में लगाया जानेवाला धातु का छोटा टुकड़ा

फ्राँसीसी–I *फ़्र०* + *हिं०* (वि०) फ़्रांस का II (पु०) फ़्रांस देश का निवासी III (स्त्री०) फ़्रांस देश की भाषा

फ़्राक–*अं०* (पु०) छोटी आस्तीन का लंबा कुर्ता (जैसे-लड़की को फ़्राक पहना देना)

फ़्रायडवाद–*अं० + सं०* (पु०) फ्रायड का मनोविश्लेषण सिद्धांत

फ़्री–*अं०* (वि०) स्वतंत्र, आज़ाद

फ़्रेंच–*अं०* (वि०) फ़्रांस देश का, फ़्रासीसी

फ़्रेम–*अं०* (पु०) 1 फ़ोटो आदि को मढ़वाने का चोकठा 2 ढाँचा। ~**युक्त** *+ सं०* (वि०) फ़्रेमवाला (जैसे-फ़्रेमयुक्त चित्र)

फ़्रैक्चर–*अं०* (पु०) *चि०* अस्थि-भंग (जैसे-फ़्रैक्चर होना, फ़्रैक्चर जोड़ना)

फ़्लाइंग-बोट–*अं०* (स्त्री०) उड़न नौका

फ़्लाइंग-लेफ़्टिनेंट–*अं०* (पु०) वायु सेना का एक अधिकारी

फ़्लास्क–*अं०* (पु०) सुराई नुमा बोतल

फ़्लू–*अं०* (पु०) इन्फलुएंजा

फ़्लूट–*अं०* (पु०) बाँसुरी, वंशी, मुरली

फ़्लैग-स्टेशन–*अं०* (पु०) झंडी स्टेशन

फ़्लैनल–*अं०* (पु०) फलालैन (कपड़ा)

फ़्लैश-लाइट–*अं०* (स्त्री०) कौंध प्रकाश, कौंध बत्ती

ब

बंक–(वि०) 1 तिरछा, टेढ़ा 2 वीर, पराक्रमी 3 दुर्गम, विकट

बंक–*अं०* (पु०) = बैंक। ~**घर** *+ हिं०* (पु०) बैंक

बंकनाल–(स्त्री०) = बाँकनल

बंकर–*अं०* (पु०) खाई

बंकशाह–*अं० + फ़ा०* (पु०) = बैंकशाह

बंकसाल–(स्त्री०) मस्तूलों की रस्सियों के लिए स्थान

बंका–*बो०* (वि०) 1 टेढ़ा, तिरछा 2 दुर्गम 3 बाँका

बंकाई–(स्त्री०) टेढ़ापन, तिरछापन

बंकिम–(वि०) टेढ़ा, तिरछा

बंकिमा–(स्त्री०) = बंकाई

बंगसार–(स्त्री०) जहाज़ पर चढ़ने के लिए बना चबूतरा

बँगला–I (वि०) 1 बंगाल प्रदेश का 2 बंगाल में होनेवाला (जैसे-बँगला मिठाई) II (स्त्री०) 1 बंगाल देश की भाषा 2 इस भाषा की लिपि III (पु०) 1 खुली जगह में बना सुंदर छोटा हवादार मकान 2 ऊपर की छत पर बना हवादार कमरा

बँगलिया–(पु०) 1 एक तरह का धान 2 एक तरह की मटर

बँगली–*बो०* (स्त्री०) एक तरह का पान

बंगसार–(पु०) समुद्र में बनाया गया चबूतरा

बंगालिन–(स्त्री०) बंगाल की औरत

बंगाली–I (पु०) बंगाल का निवासी II (वि०) बंगाल देश का III (स्त्री०) बंगला भाषा

बंचक–*सं०* (वि०) ठग

बंचन–*सं०* (पु०) ठगना

बँचवाना–(स० क्रि०) पढ़वाना (जैसे-लड़के से चिट्ठी बँचवाना)

बंजर–(वि०) अनुपजाऊ, ऊसर (जैसे-बंजर भूमि)। ~**क़दीम** *+ अ०* (पु०) पुरानी बंजर ज़मीन; ~**जदीद** *+ अ०* (पु०) नई बंज़र ज़मीन

बंजारा–(पु०) बनजारा

बंझा–(वि०/स्त्री०) बाँझ

बँटना–(अ० क्रि०) 1 बाँटा जाना 2 विभाजित होना

बँटवाई–(स्त्री०) बँटवाने का काम

बँटवाना–(स० क्रि०) बाँटने का काम कराना

बँटवारा–(पु०) 1 बाँटने का काम 2 अलगोझा, विभाजन (जैसे-खेत का बँटवारा)

बंटा–I (पु०) पान आदि रखने का डिब्बा II (वि०) छोटे क़द का, नाटा III (पु०) दाग़, कलंक

बंटी–(स्त्री०) हिरनों के लिए फंदा

बँटाई–(स्त्री०) 1 बाँटने का काम 2 बाँटने का पारिश्रमिक 3 ज़मीन बंदोबस्त की एक रीति, बटाई

बँटाधार–*बो०* (वि०) पूर्णतः नष्ट, सत्यानाश

बँटाना–(स० क्रि०) 1 बटवारा कराना 2 अपना हिस्सा लेना 3 शामिल होना (जैसे-दुःख बँटाना)

बँटैया–I (वि०) बाँटनेवाला II (वि०) बँटवाकर अपना हिस्सा ले लेनेवाला

बंडल–*अं०* (पु०) 1 पुलिंदा 2 गट्ठा, पूला

बँडवा–*बो०* (वि०) बाँड़ा

बंडा–I (पु०) अरुई जाति की लता 2 इस लता का कंद

बंडा–II (पु०) अनाज रखने का बखार

बंडी–(स्त्री०) 1 बिना आस्तीन की कुर्ती, फतूही 2 बगलबंद नामक पहनने का कपड़ा

बँड़ेर, बँड़ेरा–*बो०* (पु०), **बड़ेरी** *बो०* (स्त्री०) छाजन के बीचोबीच लगाया जानेवाला बल्ला

बंद–I *फ़ा०* (पु०) 1 बाँधनेवाली वस्तु 2 लोहे आदि की लंबी पट्टी 3 वास्तु रचना में पत्थर की पटियाँ 4 बाँध 5 फीता (जैसे-जूता बंद) 6 बंधन, नियंत्रण II (वि०) 1 चारों तरफ़ से घिरा हुआ (जैसे-सारा सामान कमरे में बंद है) 2 जिसमें रुकावट हो (जैसे-आम जनता के यह मार्ग बंद है) 3 बाधक, अवरुद्ध (जैसे-नाली का मुँह बंद पड़ा है) 4 संपुटित (जैसे-कमल रात में बंद हो जाता है) 5 स्थगित, रोक दिया गया (जैसे-रात में दूकानें बंद रहती हैं) 6 थमा हुआ (जैसे-वर्षा बंद हो गई) 7 कार्य-व्यापार आदि का समाप्त हो जाना (जैसे-उन्होंने रोज़गार बंद कर दिया) 8 व्यवहार आदि ख़त्म हो जाना (जैसे-आपस का लेन-देन बंद है) 9 कविता का एक भाग III (वि०) शब्द के अंत में प्रत्यय रूप में लगने पर जड़ने, बाँधने, लगानेवाला (जैसे-कमर बंद, नाल बंद)। ~**गोभी** *+ हिं०* (स्त्री०) 1 करमकल्ला, पातगोभी का पौधा 2 पातगोभी के पौधे का फल

बंदगी–*फ़ा०* (स्त्री०) 1 अधीनता एवं दीनता स्वीकृत करना 2 ईश्वरीय आराधना 3 नमस्कार, अभिवादन

बंदन–(पु०) 1 रोचन, रोली 2 सिंदूर

बंदनवार–(पु०) फूल-पत्तों से बनाई गई झालर (जैसे-बंदनवार सजाना)

बंदनवीस–*फ़ा०* (पु०) कविता का भाग लिखनेवाला
बंदनी–(स्त्री०) सिर पर आगे की ओर पहना जानेवाला स्त्रियों का एक आभूषण। ~**माल** (स्त्री०) घुटनों तक लटकनेवाली माला
बंदर–(पु०) एक प्रसिद्ध स्तनधारी चौपाया, मर्कट, कपि (जैसे-बंदर का नाच)। ~**खत** (पु०) बंदर के शरीर में होनेवाला घाव; ~**घुड़की** (स्त्री०) झूठी धमकी; ~**बाँट** (स्त्री०) अन्यायपूर्ण बँटवारा; ~**भबकी** (स्त्री०) बंदर घुड़की
बंदर–*फ़ा०* (पु०) बंदरगाह। ~**अधिकारी** + *सं०* (पु०) बंदरगाह का स्वामी, प्रधान कर्मचारी; ~**गाह** (स्त्री०) समुद्र के किनारे ज़हाज़ों के ठहरने का स्थान
बंदरिया, बंदरी–(स्त्री०) मर्कटी, वानरी
बंदरी–*फ़ा०* (वि०) बंदरगाह संबंधी
बंदली–*बो०* (पु०) एक प्रकार का धान
बंदवान–(पु०) क़ैदख़ाने का प्रधान अधिकारी
बंदसाल–(पु०) क़ैदख़ाना
बंदा–*फ़ा०* (पु०) 1 दास, सेवक 2 भक्त। ~**निवाज़** (वि०) बंदों पर कृपा करनेवाला; ~**निवाज़ी** (स्त्री०) अनुग्रह, कृपा; ~**परवर** (वि०) बंदों को पालनेवाला; ~**परवरी** (स्त्री०) = बंदानिवाज़ी; ~**फ़रोश** (पु०) गुलाम बेचनेवाला; ~**फ़रोशी** (स्त्री०) गुलामों को बेचने का धंधा
बंदारु–*सं०* (वि०) आदरणीय एवं पूज्य, वंदनीय
बंदिग्राह–*सं०* (पु०) सेंध मारनेवाला चोर
बंदिनी–*सं०* (स्त्री०) कैदी महिला
बंदि-प्रत्यक्षीकरण–*सं०* (पु०) बंदी की न्यायालय में न्यायार्थ पुकार
बंदिश–*फ़ा०* (स्त्री०) 1 बंधन, रुकावट 2 शब्द योजना, रचना 3 साजिश, षड्यंत्र 4 उपाय (जैसे-काम की बंदिश करना)
बंदी–I (स्त्री०) सिर का एक गहना, बंदनी
बंदी–II *फ़ा०* (स्त्री०) 1 बाँधना 2 क़ैद करना
बंदी–III *सं०* (पु०) क़ैद। ~**ख़ाना** + *फ़ा०*, ~**गृह**, ~**घर** + *हिं०* (पु०) ~**शिविर** (पु०) क़ैदख़ाना
बंदी–IV *सं०* (पु०) भाट, चारण। ~**जन** (पु०) यशोगान करनेवाला
बंदूक़–*अ०* (स्त्री०) कारतूस भरकर छोड़ा जानेवाला एक प्रसिद्ध अस्त्र। ~**ची** + *तु०* (पु०) 1 बंदूक चलानेवाला सिपाही 2 बंदूक चलानेवाला व्यक्ति; ~**धारी** *सं०* (वि०) बंदूक धारण करनेवाला
बंदोबस्त–*फ़ा०* (पु०) 1 प्रबंध, व्यवस्था 2 खेतों की हदबंदी आदि का काम। ~**इस्तमरारी** + *अ०* (पु०) पक्की एवं निश्चित कृषि व्यवस्था; ~**दवामी** + *अ०* + *फ़ा०* (पु०) बंदोबस्त इस्तमरारी
बंध–*सं०* (पु०) 1 बंधन 2 बाँधने का साधन 3 बाल बाँधने की चोटी 4 ज़ंज़ीर 5 रचना करना (जैसे-पद बंध) 6 निर्माण (जैसे-सेतु बंध) 7 व्यवस्था
बंधक–I *सं०* (वि०) 1 बाँधनेवाला II (पु०) रेहन, गिरवी। ~**ऋण** (पु०) गिरवी के बदले दिया गया ऋण; ~**कर्ता** (पु०) रेहन रखनेवाला व्यक्ति; ~**गृहीता**, ~**ग्राही** (पु०) बंधक, रेहन रखनेवाला महाजन, रेहनदार; ~**पत्र** (पु०) गिरवी का दस्तावेज़; ~**बैंक** + *अं०* (पु०) गिरवी रखनेवाला बैंक; ~**मोचन** (पु०) गिरवी छुड़ाना; ~**करण** (पु०) गिरवी रखना; ~**संपत्ति** (स्त्री०) गिरवी रखी गई संपत्ति
बंधकी–*सं०* (स्त्री०) 1 व्यभिचारिणी स्त्री 2 पुंश्चली 3 वेश्या
बंधकी–(वि०) बंधक रूप में रखा हुआ
बंधन–*सं०* (पु०) 1 बाँधना 2 क़ैद 3 बाँधने का साधन, तत्त्व, बात आदि 4 रोक, बाधा (जैसे-समाज का बंधन, प्रेम का बंधन) 5 बाँधकर तैयार करना, निर्माण (जैसे-सेतु बंधन)। ~**ग्रंथी** 1 शरीर में जोड़ पर पड़नेवाली हड्डी 2 पशुओं को बाँधने की डोरी, रस्सी 3 फाँस; ~**ग्रस्त** (वि०) बाँधा हुआ, फँसा हुआ; ~**पालक** (पु०) = बंदवान; ~**स्तंभ** (पु०) पशुओं के बाँधने का खूँटा; ~**स्थ** (पु०) कैदी
बँधना–I (अ० क्रि०) 1 बंधन में आना, बाँधा जाना 2 नियम, प्रतिज्ञा आदि से युक्त होना (जैसे-अपनी बातों में बँधना) 3 कैद होना 4 रचित होना 5 निर्धारित होना (जैसे-नियम-क़ानून से बँधना) 6 कुछ समय तक एक ही रूप में बने रहना (जैसे-ख़्याल बँधना)
बँधना–II (पु०) बाँधने की वस्तु
बँधनागार–*सं०* (पु०) बंदी गृह
बंधनी–*सं०* (स्त्री०) 1 शरीर के संधि स्थानों को बाँधनेवाली नसें 2 बाँधने का साधन
बंधव–(पु०) = बांधव
बँधवाना–(स० क्रि०) 1 बाँधने का काम कराना 2 नियत कराना, मुकर्रर करना 3 कैद करवाना (जैसे-चोर को बँधवाना)
बँधाई–(स्त्री०) 1 बाँधने का काम 2 बाँधने की मज़दूरी
बंधान–(पु०) लेन देन की परिपाटी
बँधाना–(स० क्रि०) बँधवाना
बँधा-बँधाया–(वि०) बाँधकर तैयार रखा हुआ
बंधित–*सं०* (वि०) 1 बाँझ 2 क़ैद किया हुआ
बँधिया–(स्त्री०) 1 छोटा बाँध 2 छोटी मेड़
बंधी–(स्त्री०) 1 बँधा हुआ काम 2 बंधेज
बंधु–*सं०* (पु०) 1 भाई, भ्राता 2 आत्मीय व्यक्ति। ~**कृत्य** (पु०) संबंधी का कर्तव्य; ~**जन** (पु०) भाई-बंद; ~**ता** (स्त्री०) बंधुत्व; ~**बांधव** (पु०) स्वजन संबंधी, भाई-बंद; ~**भाव** (पु०) भाईचारा, बंधुता; ~**वर** (पु०) पूज्य बंधु; ~**हीन** (वि०) असहाय, बेसहारा
बँधुआ–I (वि०) 1 बँधा रहनेवाला 2 बाँधकर रखा हुआ II (पु०) क़ैदी, बंदी
बंधुका–*सं०* (स्त्री०) व्यभिचारिणी स्त्री
बंधुकी–(स्त्री०) व्यभिचारिणी औरत
बंधुत्व–*सं०* (पु०) 1 भाईचारा 2 दोस्ती, मित्रता 3 स्वजनों का वर्ग 4 बंधु होने का भाव
बंधुदत्त–*सं०* (पु०) बंधु द्वारा कन्या को दिया गया धन
बंधुदा–*सं०* (स्त्री०) 1 बदचलन औरत 2 वेश्या
बंधूक–(पु०) दुपहरिया पौधा या फूल
बंधूर–*सं०* (पु०) गुलदुपहरिया
बंधेज–(पु०) 1 प्रतिबंध, रुकावट 2 नियत एवं परंपरागत प्रथा (जैसे-शादी आदि का बंधेज)
बंध्य–*सं०* (वि०) 1 बाँधने योग्य, बंधनीय 2 बाँझ 3 कारावास

के योग्य। ~**करण** (पु०) *चि०* 1 ख़स्सी करना 2 नसबंदी; ~**फल** (वि०) फलहीन

बंध्या–*सं०* (स्त्री०) बाँझ स्त्री। ~**पुत्र** (पु०) अनहोनी बात

बंपुलिस–*अं०* (स्त्री०) सार्वजनिक शौचालय

बंब–(पु०) 1 'बम-बम' शब्द 2 रणनाद 3 डंका, नगाड़ा

बंबा–(पु०) 1 पानी का नल (जैसे-बंबा बंद कर दो) 2 जलकल 3 सोता

बँबाना–(अ० क्रि०) रँभाना

बंबू–(पु०) 1 बाँस की नली 2 नली

बँभनाई–*बो०* (स्त्री०) 1 ब्राह्मणत्व, ब्राह्मणपन 2 ब्राह्मणों की यजमानी

बंसदिया–(पु०) कुलदीपक, कुलदीप

बंसलोचन– (पु०) बाँस का गोद, तवाशीर

बंसवाड़ी–(पु०) ऐसा स्थान जहाँ बाँस की बहुत कोठिया हों

बंसी–I (स्त्री०) बाँसुरी, बंशी

बंसी–II (स्त्री०) मछली फँसाने की कँटिया

बँसोड़, बँसोर–(पु०) बाँस की चटाई, टोकरी आदि बनानेवाली एक जाति

बँहगी–(स्त्री०) = बहँगी

बँहूटा–(पु०) = बहूँटा

बँहोली–*बो०* (स्त्री०) आस्तीन

बक–(स्त्री०) 1 बकना 2 बकवाद (जैसे-बक-बक करना) 3 बात, वचन। ~**झक** (स्त्री०) 1 बकवाद, प्रलाप 2 कहासुनी (जैसे-बक-झक करना); ~**बक** (स्त्री०) अनाप-शनाप बकना; ~**वाद** (स्त्री०) व्यर्थ की बात; ~**वादी** (वि०) व्यर्थ की बात करनेवाला

बक–I *सं०* (पु०) बगुला II (वि०) बगुले के समान (जैसे-बक-दंत)। ~**चर** (पु०) (बगुले की तरह) ढोंगी व्यक्ति; ~**ध्यान** (पु०) 1 साधुता का ढोंग 2 दिखाऊ मुद्रा; ~**ध्यानी** (वि०) बकध्यान लगानेवाला; ~**मौन** I (पु०) बकध्यान II (वि०) बकध्यानी; ~**यंत्र** (पु०) अर्क आदि खींचने का एक आयुर्वेदोक्त यंत्र; ~**वृत्ति,** ~**व्रती** I (स्त्री०) पाखंड II (वि०) ठगनेवाला, पाखंडी

बकचा–(पु०) = बकुचा

बकठाना–(अ० क्रि०) *बो०* ऐंठना

बकतर–*फ़ा०* (पु०) लोहे के जाल का बना कवच। ~**पोश;** ~**बंद** (वि०) कवचधारी

बकना–I (स० क्रि०) बोलना (जैसे-गालियाँ बकना) II (अ० क्रि०) बड़बड़ाना, बकवास करना। ~**झकना** (अ० क्रि०) बड़बड़ाना

बक़र–*अ०* (पु०) गाय, बैल। ~**ईद** (स्त्री०) मुस्लिम पर्व जिसमें पशु बलि का विधान है; ~**क़साब** (पु०) कसाई

बकरना–I (अ० क्रि०) बड़बड़ाना II (स० क्रि०) दोष स्वीकार करना

बकर बकर–(क्रि० वि०) चकित होकर बोलते रहना

बकरम–*अं०* (पु०) गोंद आदि से कड़ा किया गया कपड़ा

बकखाना–(स० क्रि०) अपराध स्वीकार कराना

बकरा–(पु०) एक प्रसिद्ध नर पशु, अज, छाग

बकराना–(स० क्रि०) = बकरवाना

बकरी–(स्त्री०) मादा बकरा

बक़रीद–*अ०* (स्त्री०) = बक़र-ईद

बकल–(पु०) = बकला

बकलस–*अं०* (पु०) बकसुआ

बकला–(पु०) 1 पेड़ की छाल 2 फल का छिलका

बकवाना–(स० क्रि०) बकने में प्रवृत्त करना

बकवास–(स्त्री०) = बकवाद

बकवासिन–(स्त्री०) बकवाद करनेवाली स्त्री

बकवासी–(वि०) = बकवादी

बकस–*अं०* (पु०) संदूक

बकसरत–*फ़ा०+ अ०* (क्रि० वि०) अधिकता से, बहुतायत से

बकसुआ–*अं० + हिं० बो०* (पु०) पीतल आदि का बना चौकोर छल्ला

बक़ा–*अ०* (स्त्री०) 1 नित्यता 2 अनश्वरता

बकाना–(स० क्रि०) 1 बकने में प्रवृत्त करना 2 कहलाना

बकायन–*फ़ा०* (पु०) नीम की जाति का पेड़

बक़ाया–*अ०* (वि०) बचा हुआ, शेष

बकार–*अ०* (पु०) धुरी

बकारी–(स्त्री०) मुँह से निकलनेवाला शब्द

बकावली–(स्त्री०) बगुलों की पंक्ति

बकीया–*अ०* (वि०) = बक़ाया

बकुचा–(पु०) 1 छोटी गठरी 2 ढेर 3 गुच्छा

बकुची–(स्त्री०) 1 सवा हाथ ऊँचा औषधि के काम में आनेवाला एक पौधा 2 छोटी गठरी

बकुल–I *सं०* (पु०) मौलसिरी II (वि०) टेढ़ा

बकुला–*बो०* (पु०) = बगला

बकेन–*बो०* (स्त्री०) पाँच-छः महीने की ब्याई गाय, धेनु

बकैयाँ–(पु०) घुटनों के बल चलना

बकोट–(स्त्री०) 1 बकोटने की क्रिया 2 बकोटने से बना निशान 3 बकोटने के लिए बनाई गई उँगलियों एवं हथेली की मुद्रा

बकोटना–(स० क्रि०) 1 नोचना 2 वसूल करना

बकोटा–(पु०) = बकोट

बक़ौल–*फ़ा० + अ०* (क्रि० वि०) कथनानुसार

बक़्क़म–*अ०* (पु०) एक तरह का छोटे आकार का कँटीला पेड़, पतंग

बक्कल–(पु०) बकला

बक्का–*बो०* (पु०) धान की फ़सल में लगनेवाला एक सफ़ेद कीड़ा

बक़्क़ाल–*अ०* (पु०) 1 कुँजड़ा 2 बनिया

बक्की–I (वि०) बकवादी

बक्की–II (स्त्री०) भादों में तैयार होनेवाला धान

बक्कुर–*बो०* (पु०) बोल, वचन

बक्खर–(पु०) 1 पत्तियों एवं जड़ी आदि से तैयार खमीर 2 गाय-बैल बाँधने का बाड़ा

बक्स–*अं०* (पु०) = बकस। ~**वाला** *+ हिं०* संदूकवाला

बखत–*अ०* (पु०) वक़्त, समय

बखत–*फ़ा०* (पु०) बख़्त

बख़रा–*फ़ा०* (पु०) हिस्सा, भाग

बख़रैत–*फ़ा० + हिं०* (वि०) हिस्सेदार, साझीदार

बखान–(पु०) 1 तारीफ़, प्रशंसा 2 विस्तार रूप में किया गया वर्णन

बखानना–(स० क्रि०) 1 विस्तारपूर्वक कहना 2 प्रशंसा करना
बखार–*बो०* (पु०) गोल एवं विस्तृत घेरा
बखारी–(स्त्री०) छोटा बखार
बख़िया–*फ़ा०* (पु०) 1 महीन और मज़बूत सिलाई 2 शक्ति, सामर्थ्य 3 गति, पहुँच 4 योग्यता
बखियाना–*फ़ा० + हिं०* (स० क्रि०) बखिया करना
बखीर–*बो०* (स्त्री०) गन्ने के रस में पकी खीर
बख़ील–*अ०* (वि०) कंजूस, सूम
बख़ीली–*अ० + फ़ा०* (स्त्री०) कंजूसी
बख़ीली–*अ० + फ़ा०* (स्त्री०) कंजूसी
बखुशी–*फ़ा०* (क्रि० वि०) प्रसन्नतापूर्वक
बखूबी–*फ़ा०* (क्रि० वि०) भली-भाँति, अच्छी तरह से
बखेड़ा–(पु०) 1 आडंबर 2 झगड़ा, विवाद
बखेड़िया–(वि०) बखेड़ा करनेवाला
बखेरना–(स० क्रि०) बिखेरना
बख़ैर–*फ़ा० + अ०* (क्रि० वि०) कुशलतापूर्वक
बख़ैरियत–*फ़ा० + अ०* (क्रि० वि०) कुशलता से
बख़्त–*फ़ा०* (पु०) किस्मत, भाग्य
बख़्तर–*फ़ा०* (पु०) = बकतर। ~**बंद** (वि०) = बकतरबंद
बख़्तावर–*फ़ा०* (वि०) भाग्यवान्
बख़्श–*फ़ा०* (वि०) 1 पदों के अंत में लगने पर 'देने' प्रदान करनेवाला (जैसे-जाँ-बख़्श) 2 क्षमा करनेवाला, (जैसे-ख़ता-बख़्श) 3 नाम के अंत में बख़्शिश, देन (जैसे-मौला-बख़्श, ख़ुदा-बख़्श)। ~**नामा** (पु०) बख़्शिशनामा
बख़्शना–*फ़ा० + हिं०* (स० क्रि०) 1 दान देना 2 क्षमा करना 3 छोड़ देना
बख़्शवाना–*फ़ा०+हिं,* **बख़्शाना**–*फ़ा०+हिं* (स० क्रि०) 1 दिलाना 2 माफ करना
बख़्शिश–*फ़ा०* (स्त्री०) 1 दानशीलता 2 दान 3 इनाम, पुरस्कार 4 क्षमा। ~**नामा** (पु०) दान-पत्र
बख़्शी–*फ़ा०* (पु०) 1 ख़ज़ांची 2 वेतन देनेवाला कर्मचारी
बग–*बो०* (पु०) बगला
बगई–*बो०* (स्त्री०) 1 कुकरमाछी 2 पतली एवं लंबी घास
बगछुट, बगटुट–I (वि०) बाग़, लगाम से मुक्त II (क्रि० वि०) सरपट, बे-तहाशा
बगड़–(पु०) बाड़ा, घेरा
बगदना–(अ० क्रि०) *बो०* 1 बिगड़ना, खराब होना 2 भटकना 3 मार्ग-च्युत होना
बगदर–*बो०* (पु०) मच्छर
बगदाना–(स० क्रि०) *बो०* 1 ख़राब करना, बिगाड़ना 2 कर्तव्य से हटना
बगना–(अ० क्रि०) *बो०* 1 घूमना-फिरना 2 दौड़ना 3 भागना
बगमेल–I (पु०) 1 पंक्तिबद्ध होकर धावा बोलना 2 समानता, बराबरी 3 बाग़ मिलाकर चलनेवाले घुड़सवारों का दस्ता II (क्रि० वि०) 1 बाग मिलाए हुए 2 साथ रहते हुए
बग़ल–*फ़ा०* (स्त्री०) 1 पहलू, पार्श्व 2 समीप का स्थान (जैसे-मेरी बग़ल मत बैठो) 3 काँख 4 कुरते आदि में कंधे के नीचे लगाया जानेवाला कपड़े का टुकड़ा, बग़ली। ~**गीर** (वि०) 1 पास में रहनेवाला, पार्श्ववर्ती 2 आलिंगित; ~**गीरी** (स्त्री०) 1 पास में रहना 2 आलिंगन। ~**गरम करना** सहवास, संभोग करना; ~**गीर होना** आलिंगन करना; ~**में** पास में; ~**में ईमान दबाना** बेईमानी करना; ~**में दबाना**, ~**में दाबना** 1 छिपा लेना 2 कब्ज़े में करना; ~**बजाना** अत्यधिक प्रसन्न होना, ख़ुश होना
बगला–(पु०) सारस की जाति का सफ़ेद रंग का एक पक्षी। ~**भगत** (पु०) अत्यधिक धूर्त एवं कपटी; ~**भगती** (स्त्री०) पाखंड
बग़लियाना–I *फ़ा० + हिं०* (अ० क्रि०) कतराकर निकल जाना II (स० क्रि०) 1 बग़ल में करना 2 बग़ल में दबाना 3 अलग करना
बगली–(स्त्री०) 1 अँगरखे आदि में कंधे के नीचे लगाया जानेवाला टुकड़ा 2 सूई, तागा रखने की थैली, तिलेदानी 3 सेंध (जैसे-बगली लगाकर चोरी करना)
बग़ली–*फ़ा०* (वि०) 1 बग़ल का 2 एक ओर का
बगलौहाँ–*फ़ा० + हिं० बो०* बग़ल की ओर झुका हुआ, तिरछा
बगार–*बो०* (पु०) गो-शाला
बग़ावत–*अ०* (स्त्री०) विद्रोह
बग़िया–*फ़ा० + हिं०* (स्त्री०) छोटा बाग़
बग़ीचा–*फ़ा०* (पु०) फुलवारी
बगुला–(पु०) = बगला। ~**भगत** (पु०) = बगला भगत
बगूला–(पु०) बवंडर, चक्रवात
बगेरी–(स्त्री०) खाकी रंग की एक चिड़िया, बगौधा, भरुही
बग़ैर–*फ़ा० + अ०* (क्रि० वि०) बिना। ~**हाज़िरी** *+ फ़ा०* (क्रि० वि०) बिना उपस्थिति के
बग्गी, बग्घी–*अं०* (स्त्री०) चार पहियों की घोड़ा-गाड़ी
बघंबर–(पु०) बाघ की खाल
बघछाला–(पु०) = बाघंबर
बघनखा–(पु०) 1 बाघ के नख के आकार का एक अस्त्र, शेरपंजा 2 गले में पहना जानेवाला एक तरह का गहना
बघार–(पु०) 1 बघारने की क्रिया 2 तड़का, छौंक (जैसे-सब्ज़ी बघार देना) 3 बघारने से उत्पन्न सोंधी गंध 4 शेखी चर्चा, व्यर्थ का पांडित्य प्रदर्शन
बघारना–(स० क्रि०) 1 छौंकना 2 निरर्थक प्रदर्शन करना (जैसे-शेखी बघारना, अंग्रेज़ी की शान बघारना)
बघेरा–*बो०* (पु०) लकड़बग्घा
बघेलखंडी–I (वि०) बघेलखंड संबंधी II बघेलखंड का रहनेवाला III (स्त्री०) बघेलखंड की बोली, बघेली
बच–(स्त्री०) पर्वतीय प्रदेश के जलाशयों के तट पर होनेवाला एक पौधा
बचकाना–(वि०) 1 बच्चों के काम आनेवाला (जैसे-बचकाना टोपी) 2 बच्चों की नाप का 3 बच्चों के स्वभाव का (जैसे-बचकानी बुद्धि)
बचत–(स्त्री०) 1 बचने का भाव 2 बचाव 3 बची हुई रक़म 4 लाभ, नफ़ा। ~**पत्र** *+ सं०* (पु०) बचत का प्रमाण पत्र; ~**बैंक** *+ अं०* (पु०) सेविंग बैंक
बचन–(पु०) 1 वचन, बात 2 वाणी 3 प्रतिज्ञा, शपथ (जैसे-बचन पर अडिग रहना) 4 निवेदन। ~**देना** काम करने का वचन देना; ~**बाँधना** दृढ़ प्रतिज्ञा करना; ~**माँगना**

वचन पालन करने हेतु प्रार्थना करना; ~**हारना** प्रतिज्ञा पालन के हेतु विवश होना

बचना–I (अ० क्रि०) 1 शेष रहना (जैसे-केवल दस रुपए बचे हैं) 2 सुरक्षित रहना (जैसे-वह नदी में डूबने से बच गया) 3 प्रभाव आदि से अछूता रहना (जैसे-झूठ बोलने से बचना) 4 सामना न करना (जैसे-दुश्मन से बचना) II (स० क्रि०) कहना, बोलना

बचपन–(पु०) लड़कपन, बाल्यावस्था

बचपना–(पु०) सयाने लोगों द्वारा किया गया शिशु-कार्य

बचवा–*बो०* (पु०) बच्चा, बालक

बचवैया–(वि०) रक्षक

बचश्म–*फ़ा०* (क्रि० वि०) आँखों से

बचा-खुचा–(वि०) अवशिष्ट, रहा-सहा

बचाना–(स० क्रि०) 1 शेष रखना, बचा लेना (जैसे-ख़र्च करते समय कुछ रुपए बचाना) 2 रक्षा करना 3 अलग रखना 4 छिपाना 5 संपर्क में न आने देना (जैसे-आँख बचाना)

बचा-बचाया–(वि०) जो कुछ बचा या बचाया हुआ

बचाव–(पु०) 1 बचने की अवस्था 2 रक्षा, त्राण 3 बचने हेतु किया गया प्रयत्न। ~**घर** (पु०) रक्षा-गृह; ~**पक्ष** + *सं०* (पु०) सफ़ाई पेश करनेवाले लोग

बचून–(पु०) भालू का बच्चा, कलंदर

बच्चा–I *फ़ा०* (पु०) 1 नवजात शिशु (जैसे-बिल्ली का बच्चा) 2 मानव जाति का कम अवस्था का प्राणी (जैसे-तीन वर्ष का बच्चा) II (वि०) 1 कम उमरवाला 2 नादान। ~**कश** (वि०) बहुत बच्चे जननेवाली; ~**कशी** (स्त्री०) बार-बार बच्चे देना; ~**कुशी** (स्त्री०) शिशु हत्या; ~**ख़ाना** (पु०) बालघर; ~**गाड़ी** + *हिं०* (स्त्री०) बाबागाड़ी; ~**घर** + *हिं०* (पु०) बच्चा-ख़ाना; ~**बाज़** (वि०) लौंडेबाज़; ~**बाज़ी** (स्त्री०) लौंडेबाज़ी

बच्चू–(पु०) अरे बेटा

बच्चे-कच्चे–(पु०) छोटे-बड़े बच्चे

बच्छ, बच्छा, बछड़ा–(पु०) गाय का बच्चा, बछवा

बछिया–(स्त्री०) गाय का मादा बच्चा। ~**का ताऊ** 1 सीधा-सादा 2 मूर्ख

बछेड़ा–(पु०) घोड़े का बच्चा

बछेड़ी–(स्त्री०) घोड़े का मादा बच्चा

बछौंटा–*बो०* (पु०) हिस्से के मुताबिक लगाया गया चंदा

बजंत्री–(पु०) 1 बाजा बजानेवाला, बजनियाँ 2 बाजा बजानेवालों की मंडली

बजकना–(अ० क्रि०) *बो०* बजबजाना

बजका–*बो०* (पु०) = बचका

बजट–*अं०* (पु०) आय-व्यय का लेखा, आय-व्यय पत्रक। ~**अधिवेशन** + *सं०* (पु०) आय व्यय पर विचार करने हेतु बुलाई गई बैठक; ~**प्रणाली** + *सं०* (स्त्री०) आय-व्यय की व्यवस्था; ~**व्यवस्था** + *सं०* (स्त्री०) आय-व्यय संबंधी प्रबंध

बजड़ना–(स० क्रि०) *बो०* 1 टकराना 2 पहुँचना

बजड़ा–(पु०) = बजरा I

बजना–I (अ० क्रि०) 1 ध्वनि निकलना (जैसे-घंटा बजना) 2 आघात लगना (जैसे-सिर पर डंडा बजना) 3 बाजे से आवाज़ निकलना (जैसे-शहनाई बजना) 4 प्रसिद्ध होना (जैसे-किसी के नाम का डंका बजना) 5 घंटे की सूचना देना (जैसे-दस बजने में पाँच मिनट बाक़ी हैं) II (वि०) बजनेवाला

बजना–II (पु०) 1 बाजा 2 बजनेवाली वस्तु

बजनियाँ–(पु०) = बजंत्री

बजनी–I *बो०* (वि०) बजनेवाला

बजनी–II (स्त्री०) मार-पीट, उठा-पटक

बजनूँ–(वि०) = बजनी I

बजबजाना–(अ० क्रि०) सड़ने आदि के कारण बुलबुले उठना (जैसे-दही का बजबजाना)

बजमारा–*बो०* (वि०) 1 वज्र से आहत 2 बहुत अभागा

बजरंग–I (वि०) 1 अत्यंत शक्तिशाली एवं हृष्ट-पुष्ट 2 वज्र के समान कठोर अंगोंवाला II (पु०) हनुमान। ~**बली** (पु०) हनुमान

बजर–I (वि०) 1 बहुत मज़बूत, पक्का 2 कठोर II (पु०) = वज्र। ~**बट्टू** (पु०) एक प्रकार के वृक्ष के फूल का दाना; ~**हड्डी** (स्त्री०) घोड़े का एक रोग

बजरा–I (पु०) कमरे के आकार की बड़ी नाव

बजरा–II (स्त्री०) बाजरा

बज़रिया–*फ़ा०* + *अ०* (अ०) के द्वारा

बजरी–I (स्त्री०) 1 कंकड़ी 2 ओला 3 छोटा कंगूरा

बजरी–II *बो०* (स्त्री०) बाजरा

बजवाई–(स्त्री०) 1 बाजा बजवाने का कार्य 2 बाजा बजवाने का पारिश्रमिक

बजवाना–(स० क्रि०) 1 बाजा बजाने में प्रवृत्त करना 2 बजाने का काम करवाना

बजवैया–(पु०) = बजंत्री

बजा–*फ़ा०* (वि०) 1 उचित 2 दुरुस्त एवं शुद्ध

बज़ाज़–*अ०* (पु०) कपड़े का व्यापारी (जैसे-बज़ाज़ की दुकान)

बज़ाज़ा–*अ०* + *फ़ा०* (पु०) कपड़ों का बाज़ार

बज़ाज़ी–*अ०* + *फ़ा०* (स्त्री०) 1 बज़ाज़ का काम 2 कपड़ा बेचने का व्यवसाय

बजान–*फ़ा०* (क्रि० वि०) जान से

बजाना–I (स० क्रि०) 1 आवाज़ निकालना (जैसे-सीटी बजाना) 2 आघात से ध्वनि उत्पन्न करना (जैसे-घंटा बजाना) 3 लड़ाई-झगड़ा करना (जैसे-लाठियाँ बजाना) 4 जाँचना-परखना (जैसे-ठोंकना-बजाना)

बजाना–II *फ़ा०* + *हिं०* (स० क्रि०) पालन करना (जैसे-हुक्म बजाना)

बजाय–*फ़ा०* (क्रि० वि०) बदले में

बजिंस–*फ़ा०* + *अ०* (क्रि० वि०) हूबहू, ज्यों का त्यों

बजूखा–(पु०) 1 बिजूखा 2 बिजूका

बज़ोर–*फ़ा०* (क्रि० वि०) ज़बरदस्ती, बलपूर्वक (जैसे-बज़ोर छीन लेना)

बज्जात–(वि०) 1 बदज़ात, दुष्ट 2 कमीना

बज़्म–*फ़ा०* (स्त्री०) 1 सभा 2 गोष्ठी

बझना–(अ० क्रि०) *बो०* 1 बँधना 2 उलझना, फँसना 3 ज़िद करना, हठ करना

बझवट–*बो०* (स्त्री०) 1 बाँझ स्त्री 2 बाँझ मादा पशु
बझाना–(स० क्रि०) 1 फँसाना, उलझाना 2 बंधन में डालना
बझाव–(पु०) 1 फँसाव, उलझाव 2 फँसाने, बझाने की वस्तु
बझावट–(स्त्री०) 1 बझने-बझाने की स्थिति 2 उलझन 3 उलझाने की चीज़
बट–I (पु०) वट का पेड़
बट–II (पु०) = बटन I
बट–III (पु०) मार्ग, रास्ता। **~पार** (पु०) II (पु०) बटमार; **~पारी** (स्त्री०) = बटमारी; **~मार** (पु०) राह में लूटनेवाला, राहज़न; **~मारी** (स्त्री०) बटमार का पेशा; **~वार** (पु०) 1 पहरा देनेवाला 2 रास्ते का कर वसूलनेवाला
बट–IV (पु०) बाट का संक्षिप्त रूप (जैसे-बट-खरा)
बट–V *अं०* (पु०) बंदूक का कुंदा
बटई–(स्त्री०) = बटेर
बटखरा–(पु०) बाट, वजन
बटन–I (स्त्री०) 1 रस्सी आदि ऐंठना 2 ऐंठन
बटन–II *अं०* (पु०) 1 सींप, सींग आदि की बनी कमीज़ आदि के काज़ में लगाने की वस्तु, बुताम (जैसे-काज़-बटन) 2 बिजली आदि की घुंडी, स्विच (जैसे-बटन दबाना)
बटना–I (स० क्रि०) ऐंठन देकर मिलाना (जैसे-रस्सी बटना)
बटना–II (अ० क्रि०) 1 पिसना, पिसा जाना 2 बँट जाना, समाप्त होना
बटना–III (पु०) 1 रस्सी बटने का आला, यंत्र 2 उबटन (जैसे-बटना मलना)
बटम–*बो०* (पु०) बटन
बटला–(पु०) बड़ी बटलोई
बटली, बटलोई–(स्त्री०) दाल आदि पकाने की देगची
बटवाना–I (स० क्रि०) पीसने का काम कराना II (स० क्रि०) बँटवाना
बटवार–(पु०) 1 पहरा देनेवाला व्यक्ति 2 रास्ते का कर वसूलनेवाला
बटवारा–(पु०) = बँटवारा
बटा–(पु०) *ग०* छोटी एवं सीधी क्षैतिज रेखा (जैसे-तीन बटा चार, 3/4)
बटाई–I (स्त्री०) फ़सल का बँटवारा
बटाई–II (स्त्री०) 1 बटने या ऐंठन डालने का काम 2 बटने की मज़दूरी
बटाऊ–I *बो०* (पु०) राही, पथिक II (पु०) 1 बाँटनेवाला व्यक्ति 2 बँटवारा करानेवाला व्यक्ति
बटाना–I (स० क्रि०) बाँटने का काम कराना II बटने या ऐंठने का काम कराना
बटालियन–*अं०* (पु०) पैदल सेना का एक विभाग (जैसे-बटालियन का निरीक्षण करना)
बटाली–*बो०* (स्त्री०) बढ़ई का एक औज़ार, रुखानी
बटिया–I (स्त्री०) छोटा गोल-मटोल टुकड़ा (जैसे-शालिगराम की बटिया) II पतला रास्ता, पगडंडी III बट्टी (जैसे-साबुन की बटिया)
बटी–(स्त्री०) 1 गोली, वटी 2 पीठी का बना एक पकवान, बड़ी
बटु–*सं०* (पु०) ब्रह्मचारी
बटुआ–(पु०) 1 छोटा खानेदार थैला 2 बड़ी बटलोई (जैसे-बटुआ में दाल पकाना)
बटुई–(स्त्री०) = बटलोई
बटुरना–(अ० क्रि०) *बो०* 1 एकत्र होना 2 सिमटना 3 बटोरा जाना (जैसे-कूड़ा बटुरना)
बटुली–(स्त्री०) = बटलोई
बटुवा–(पु०) = बटुआ
बटे–(पु०) = बटा
बटेर–(स्त्री०) तीतर की जाति की एक छोटी चिड़िया (जैसे-तीतर-बटेर की लड़ाई, आधा तीतर-आधा बटेर)। **~बाज़** + *फ़ा०* (पु०) बटेर पालनेवाला व्यक्ति; **~बाज़ी** + *फ़ा०* (स्त्री०) बटेर पालने का काम
बटेलियन–*अं०* (पु०) = बटालियन
बटैया–(पु०) बाँटनेवाला
बटैरी–(स्त्री०) हिंदू विवाह की एक रस्म
बटोई–I (पु०) = बटोही II (स्त्री०) = बटलोई
बटोर–(पु०) 1 बटोरना 2 इकट्ठा करना 3 ढेर
बटोरन–(स्त्री०) 1 बटोरने का भाव 2 बटोरकर इकट्ठा किया गया सामान आदि
बटोरना–(स० क्रि०) 1 साफ़ करना (जैसे-कूड़ा बटोरना) 2 इकट्ठा करना (जैसे-अनाज बटोरना) 3 समेटना (जैसे-चादर बटोरना)
बटोही–(पु०) पथिक, राहगीर, मुसाफ़िर
बट्ट–I (पु०) 1 बटा, गोला 2 बटखरा, बाट II (पु०) 1 बट, ऐंठन 2 सिलवट, शिकन
बट्टा–I (पु०) 1 रुपए, नोट, हुंडी आदि भुनाने या बदलने पर उसके मूल्य से काटी गई रक़म 2 कमी, घाटा (जैसे-बट्टा लगना)। **~खाता** (पु०) घाटे का खाता
बट्टा–II (पु०) 1 गोल लंबोतरा पत्थर, लोढ़ा 2 पत्थर का चिकना छोटा गोला। **~ढाल** (वि०) खूब चौरस एवं चिकना
बट्टी–(स्त्री०) 1 छोटा बट्टा 2 टिकिया 3 भेली (जैसे-गुड़ की बट्टी)
बट्टू–I (पु०) 1 बजरबट्टू 2 बोड़ा II 1 धारीदार चारख़ाना 2 लोहे का गोला, नट
बट्टेबाज़–I *हिं०* + *फ़ा०* (पु०) 1 नज़रबंद का खेल करनेवाला जादूगर 2 बहुत बड़ा चालाक एवं धूर्त व्यक्ति II (वि०) दुश्चरित्रा, पुंश्चली
बठिया–(स्त्री०) उपलों का ढेर
बडंगा–(पु०) = बँडेर
बड़–I (पु०) = बट I। **~कौला, ~बट्टा** (पु०) बरगद का गोदा
बड़–II (स्त्री०) 1 बड़-बड़ शब्द उत्पन्न करना 2 व्यर्थ की बात, प्रलाप। **~बड़** (स्त्री०) प्रलाप करना
बड़–III (वि०) 'बड़ा' का संक्षिप्त रूप (जैसे-बड़ भाग्य, बड़-बोला)। **~दंता** (वि०) बड़े दाँतवाला; **~दुमा** + *फ़ा०* + *हिं०* (पु०) लंबी पूँछवाला हाथी; **~पेटू** (वि०) बड़े पेटवाला; **~बोल, ~बोला** (वि०) डींग मारनेवाला; **~भागी** + *सं०* (वि०) खुशनसीब, भाग्यशाली; **~मुँहा** (वि०) 1 लंबे मुँहवाला 2 बड़बोला
बड़कन्ना–(वि०) बड़े कानवाला
बड़का–*बो०* (वि०) सबसे बड़ा

बड़कुइयाँ–(स्त्री०) कच्चा कूआँ

बड़नक्का–(वि०) बड़ी नाकवाला

बड़प्पन–(पु०) श्रेष्ठता, महानता

बड़बड़ाना–(अ० क्रि०) 1 धीरे-धीरे बोलना 2 बक-बक करना

बड़बड़िया–(वि०) बकवाद करनेवाला

बड़राना–(अ० क्रि०) = बर्राना

बड़वा–(स्त्री०) घोड़ी

बड़वानल–*सं०* (पु०) समुद्र के अंदर की अग्नि

बड़वारी–(स्त्री०) 1 बड़प्पन 2 प्रशंसा, बड़ाई

बड़हार–(पु०) ब्याह के बाद कन्या पक्ष की ओर से बरातियों की होनेवाली ज्योनार

बड़होंटा–(वि०) बड़े होंटवाला

बड़ा–I (वि०) 1 डील-डौलवाला 2 उम्र में अधिक 3 पद, प्रतिष्ठा, अधिकार आदि में अधिक 4 कठिन 5 विस्तार परिणामवाला 6 बहुत ज़्यादा

बड़ा–II (पु०) मसाला घोलकर उर्द की पीठी से बनाया गया एक पकवान (जैसे-दही-बड़ा)

बड़ाई–(स्त्री०) 1 बड़ा होना, बड़ापन 2 प्रशंसा, तारीफ़ 3 श्रेष्ठता 4 मान-मर्यादा, महिमा। ~**छुटाई** (स्त्री०) बड़ा और छोटा होना (जैसे-चार वर्ष की बड़ाई-छुटाई)

बड़ापन–(पु०) = बड़प्पन

बड़ी–(स्त्री०) कुम्हड़ौरी

बढ़इन–(स्त्री०) बढ़ई की स्त्री

बढ़ई–(पु०) 1 लकड़ी का काम करनेवाली एक हिंदू जाति 2 इस जाति का व्यक्ति। ~**गिरी** + *फ़ा०* (स्त्री०) बढ़ई का काम

बढ़कर–(क्रि० वि०) तुलना में अधिक

बढ़ती–(स्त्री०) अधिकता, वृद्धि

बढ़ना–(अ० क्रि०) 1 अधिक होना 2 धन-धान्य आदि की वृद्धि होना 3 आगे जाना 4 दूसरे से आगे निकल जाना 5 लाभ होना (जैसे-व्यापार में सौ रुपए बढ़ना) 6 महँगा होना (जैसे-बाज़ार भाव बढ़ गया) 7 उन्नति करना (जैसे-नौकरी में आगे बढ़ना)

बढ़ाई–(स्त्री०) = बढ़ाव

बढ़ा-चढ़ाकर–(क्रि० वि०) अतिशयोक्ति पूर्वक

बढ़ाना–(स० क्रि०) 1 आकार, परिमाण आदि में वृद्धि करना 2 ऊपर उठाना 3 मान-मर्यादा आदि की वृद्धि करना 4 तरक्की देना, उन्नति कराना 5 महँगा करना 6 आगे करना 7 आगे निकालना (जैसे-घोड़ा बढ़ाना) 8 सराहना, बढ़ावा देना (जैसे-उसे आपने ही बढ़ाया है)। ~**चढ़ाना** (स० क्रि०) अतिशयोक्तिपूर्ण रूप में कहना

बढ़ा-बढ़ी–(स्त्री०) 1 मर्यादा आदि का उल्लंघन 2 होड़, प्रतिद्वंद्विता

बढ़ाव–(पु०) 1 बढ़ने का भाव 2 फैलाव, विस्तार 3 बढ़ती, बाढ़

बढ़ावा–(पु०) 1 प्रोत्साहन 2 हौसला बढ़ानेवाली बात 3 उत्तेजन

बढ़िया–(वि०) बहुत अच्छा, उम्दा

बढ़ेल–(स्त्री०) भेड़

बढेला–(पु०) जंगली सूअर

बढ़ैया–I (वि०) 1 बढ़ानेवाला 2 उन्नति करनेवाला II (वि०) उन्नतिशील

बढ़ोतरी–(स्त्री०) 1 उत्तरोत्तर होनेवाली वृद्धि, बढ़ती 2 उन्नति, तरक्की 3 व्यापार में होनेवाला लाभ

बणिक–*सं०* (पु०) 1 रोज़गारी, व्यवसायी, व्यापारी 2 सौदागर। ~**सभा** (स्त्री०) व्यापारियों की सभा

बणिग्वृत्ति–*सं०* (स्त्री०) वणिक का पेशा, व्यापार

बणिज्–*सं०* (पु०) = वणिक्

बत, बतक–*फ़ा०* (स्त्री०) = बतख़

बत–(स्त्री०) 'बात' का संक्षिप्त रूप। ~**कहा** (वि०) बात कहनेवाला; ~**कही** (स्त्री०) बातचीत; ~**चल** (वि०) बकवादी; ~**छुट** (वि०) जो मुँह में आए कह देनेवाला; ~**धर** (वि०) बात पकड़नेवाला; ~**बढ़ाव** (पु०) बात का बढ़ जाना; ~**बाती** (स्त्री०) बे सिर पैर की बात, बकवाद; ~**रस** (पु०) बात में मिलनेवाला आनंद; ~**रसिया** (वि०) बात में रस लेनेवाला

बतक्कड़–(वि०) बहुत बात करनेवाला

बतख़–*फ़ा०* (स्त्री०) हंस की जाति का एक जल पक्षी (जैसे-बतख़ का अंडा)

बतलाना, बताना–I (स० क्रि०) 1 कहना, बयान करना 2 जताना, समझाना 3 सूचित करना, प्रकट करना 4 ख़बर लेना, मरम्मत करना

बताना–II (पु०) फटी-पुरानी पगड़ी

बताना–III (पु०) हाथ का कड़ा

बतारीख़–*फ़ा०* + *अ०* (क्रि० वि०) अमुक तिथि को

बताशा–(पु०) = बतासा

बतास–(स्त्री०) 1 हव, वात के प्रभाव से उत्पन्न रोग 2 हवा, वायु

बतास-फेनी–(स्त्री०) टिकिया के आकार की एक मिठाई

बतासा–(पु०) ख़ालिस शक्कर की बनी एक तरह की मिठाई

बतिया–*बो०* (स्त्री०) छोटा, कच्चा एवं ताज़ा हरा फल

बतियाना–(अ० क्रि०) *बो०* 1 बात करना 2 पेड़ में फल लगना

बतीसा–(पु०) = बत्तीसा

बतीसी–(पु०) = बत्तीसी

बतोला–(पु०) 1 छल भरी बात 2 धोखा, झाँसा

बतौर–*फ़ा०* + *अ०* (क्रि० वि०) 1 किसी तरह 2 के समान

बत्तक–*फ़ा०* (पु०) = बतख़

बत्तर–(वि०) बदतर

बत्ती–(स्त्री०) 1 रूई आदि से बनाई गई पूनी 2 बुना हुआ निवाड़ जैसा फीता 3 कपड़े की ऐंठी कड़ी धज्जी (जैसे-घाव में बत्ती करना) 4 दीपक, चिराग़ 5 रोशनी, प्रकाश 6 पलीता, फलीता (जैसे-आग लगाने की बत्ती) 7 अगरबत्ती 8 मोमबत्ती। ~**दान** + *फ़ा०* (पु०) बत्ती रखने का पात्र

बत्तीस–I (वि०) तीस से दो अधिक II (पु०) 32 की संख्या

बत्तीसा–(पु०) बत्तीस मसालेवाला एक तरह का लड्डू

बत्तीसी–(स्त्री०) 1 बत्तीस चीज़ों का समूह 2 मनुष्य के मुँह में बत्तीस दाँतों का समूह (जैसे-बत्तीसी तोड़ना)

बथान–I *बो०* (पु०) पशुओं के बाँधे जाने की जगह, पशुशाला II (स्त्री०) दर्द

बथुआ–(पु०) एक चिकने पत्तोंवाला साग

बद–I (स्त्री०) 1 गिल्टी 2 चौपायों के मुँह से लार बहने का संक्रामक रोग

बद–II *फ़ा०* (वि०) 1 दुराचारी 2 ख़राब, बुरा। **~अक़ीदा** + *अ०* (पु०) बुरा विश्वास; **~अक़्ल** + *अ०* (वि०) दुर्गति, दुर्बुद्धि; **~अक़्ली** + *अ०* + *फ़ा०* (स्त्री०) दुष्ट बुद्धि, कुमति, कुबुद्धि; **~अमली** + *अ०* + *फ़ा०* (स्त्री०) कुशासन, अराजकता; **~इंतज़ामी** + *अ०* + *फ़ा०* (स्त्री०) अव्यवस्था, कुप्रबंध; **~कार** (वि०) कुकर्मी, व्यभिचारी; **~कारी** (स्त्री०) व्यभिचार; **~क़िस्मत** + *अ०* (वि०) अभागा, दुर्भाग्यशाली; **~क़िस्मती** + *अ०* + *फ़ा०* (स्त्री०) दुर्भाग्य; **~ख़त** + *अ०* (वि०) खराब लिखनेवाला, खराब अक्षरोंवाला; **~ख़ती** + *अ०* + *फ़ा०* (स्त्री०) बुरी लिखावट; **~ख़्वाह** (वि०) बुराई चाहनेवाला; **~ख़्वाही** (स्त्री०) बुराई; **~गुमान** (वि०) 1 बुरी धारणा रखनेवाला 2 संदेह करनेवाला, शक्की; **~गुमानी** (स्त्री०) 1 कुधारणा 2 शक; **~गो** (वि०) 1 चुग़लख़ोर 2 गाली गलौज़ करनेवाला; **~गोई** (स्त्री०) 1 निंदा करनेवाला 2 गाली-गलौज़; **~चलन** + *हिं०* (वि०) दुराचारी, कुमार्गी; **~चलनी** + *हिं०* (स्त्री०) दुराचारिता, बुरा चाल-चलन; **~ज़बान** (वि०) 1 गाली-गलौज़ करनेवाला मुँहफट (जैसे-बदज़बान औरत); **~ज़बानी** (स्त्री०) 1 बुरे शब्द कहना 2 गाली गलौज़; **~ज़ात** + *अ०* (वि०) खोटा, नीच, कमीना; **~तमीज़** + *अ०* (वि०) 1 असभ्य 2 गँवार; **~तमीज़ी** + *अ०* (स्त्री०) असभ्यता, अशिष्टता; **~तर** (वि०) अत्यधिक बुरा; **~दिमाग़** + *अ०* (वि०) 1 घमंडी, अभिमानी 2 ज़रा सी बात पर बुरा माननेवाला; **~दिमाग़ी** (स्त्री०) 1 घमंड 2 ज़रा सी बात पर बुरा मानने की आदत; **~दिल** (वि०) 1 निराश, भग्नहृदय 2 अप्रसन्न; **~दुआ** + *अ०* (स्त्री०) शाप (जैसे-बददुआ देना); **~नज़र** + *अ०* (वि०) बुरी नज़रवाला; **~नसल** + *अ०* (वि०) बुरी नसल का, कमीना, नीच; **~नसीब** + *अ०* (वि०) = बदक़िस्मत; **~नसीबी** + *अ०* + *फ़ा०* (स्त्री०) बदक़िस्मती; **~नाम** (वि०) कुख्यात (जैसे-बदनाम व्यक्ति); **~नामी** (स्त्री०) कुख्याति, अपकीर्ति; **~निगाह** (वि०) = बदनज़र; **~नीयत** + *अ०* (वि०) 1 बुरी नीयतवाला, बेईमान 2 लालची; **~नीयती** + *अ०* + *फ़ा०* (स्त्री०) 1 इरादे का खोटा, बेईमानी 2 लालच; **~नुमा** (वि०) = बदसूरत; **~परहेज़** (वि०) खाने-पीने में परहेज़ न करनेवाला; **~परहेज़ी** (स्त्री०) 1 खाने-पीने में परहेज़ न करना 2 कुपथ्य का भोग; **~बख़्त** (वि०) अभागा; **~बू** (स्त्री०) दुर्गंध; **~बू दार** (वि०) दुर्गंधयुक्त; **~मज़गी** (स्त्री०) 'बदमज़ा' होने का भाव; **~मज़ा** (वि०) बुरा स्वादवाला, फीका; **~मस्त** (वि०) 1 मदहोश 2 कामुक; **~मस्ती** (स्त्री०) 1 बदमस्त होने की अवस्था 2 नशा; **~माश** + *अ०* (वि०) 1 बुरा एवं निकृष्ट कर्म करनेवाला, दुर्वृत 2 कुमार्गी, बदचलन 3 गुंडा एवं लुच्चा; **~माशी** + *अ०* + *फ़ा०* (स्त्री०) 1 बदचलनी 2 गुंडापन एवं लुच्चई 3 दुष्टता; **~मिज़ाज़** + *अ०* (वि०) चिड़चिड़े स्वभाव का; **~मिज़ाजी** + *अ०* + *फ़ा०* (स्त्री०) बुरा स्वभाव, चिड़चिड़ापन; **~रंग** (वि०) 1 बुरे रंगवाला 2 फीका (जैसे-बदरंग पड़ना) 3 ख़राब, खोटा; **~रंगी** (स्त्री०) 1 फीकापन, भद्दापन 2 बदरंग होने का भाव 3 ख़राबी, खोटाई; **~राह** (वि०) 1 बुरे मार्ग पर चलनेवाला, कुपथगामी 2 दुष्ट, पाजी; **~लगाम** (वि०) मुँहज़ोर, मुँहफट; **~वज़ा** + *अ०* (वि०) 1 बदसूरत 2 बिना अच्छे तौर-तरीके का; **~शऊर** (वि०) 1 बदतमीज़ 2 मूर्ख; **~शकल** + *अ०* (वि०) कुरूप, बेडौल; **~शगूनी** (स्त्री०) शगुन का ख़राब होना; **~सलीका** (वि०) = बदशऊर; **~सलूकी** + *अ०* + *फ़ा०* (स्त्री०) बुरा व्यवहार, अशिष्ट व्यवहार; **~सूरत** + *अ०* (वि०) भद्दी सूरतवाला, कुरूप; **~सूरती** + *अ०* + *फ़ा०* (स्त्री०) बदसूरत होने की अवस्था; **~हज़मी** + *अ०* + *फ़ा०* (स्त्री०) अपच, अजीर्ण; **~हवास** + *अ०* (वि०) 1 बौखलाया हुआ 2 विकल 3 अचेत, बेहोश; **~हाल** + *अ०* (वि०) 1 दुर्दशाग्रस्त 2 पीड़ित 3 कंगाल; **~हाली** + *अ०* + *फ़ा०* (स्त्री०) बदहाल होने की स्थिति, दुर्दशावस्था (जैसे-बदहाली का शिकार होना)

बदन–*फ़ा०* (पु०) शरीर, देह। **~टूटना** जोड़ों में हलका दर्द होना, तनाव होना; **~ढीला करना** बदन का तनाव दूर करना; **~तख़्ता होना** बदन अकड़ जाना; **~दुहरा होना** बदन झुक जाना; **~में आग लगना** बहुत क्रोध होना; **~साँचे में ढला होना** प्रत्येक अंग सुंदर एवं सही होना; **~सूखकर काँटा हो जाना** अत्यंत दुबला हो जाना; **~हरा होना** बदन का तर एवं ताज़ा होना

बदना–(स० क्रि०) 1 ठहराना (जैसे-कुश्ती की बाज़ी बदना) 2 पक्का करना, नियत 3 शर्त लगाना 4 गिनना, समझना (जैसे-मैं उसे कुछ नहीं बदता) 5 मानना (जैसे-गवाह बदना)

बदनी–I (स्त्री०) शर्तनामा

बदनी–II *फ़ा०* शारीरिक

बदर–*फ़ा०* (क्रि० वि०) दरवाज़े पर (जैसे-दर-बदर भीख माँगना)

बदरा–*बो०* (पु०) बादल, मेघ

बदराई–*बो०* (स्त्री०) बदली

बदल–*अ०* (पु०) 1 फेर-फार, परिवर्तन 2 बदला, एवज़

बदलना–I (अ० क्रि०) 1 एक दशा से दूसरी दशा में जाना (जैसे-मौसम बदलना) 2 एक स्थान से दूसरे स्थान को जाना (जैसे-मकान बदलना) 3 आकार-प्रकार, गुण-धर्म, रूप-रंग का पहले से भिन्न हो जाना (जैसे-शक्ल बदलना, धर्म बदलना) 4 बात से हटना, मुकरना (जैसे-वादा बदलना, शर्त बदलना) II (स० क्रि०) 1 दूसरा रंग-रूप देना, फेर-फार करना 2 एक के बदले दूसरी चीज़ लेना (जैसे-मकान बदलना) 3 बदला करना (जैसे-छाता बदलना)

बदलवाना–(स० क्रि०) बदलने का काम कराना (जैसे-किवाड़ बदलवाना, कपड़े बदलवाना)

बदला–*अ०* + *हिं०* (पु०) 1 बदलने की क्रिया 2 आदान-प्रदान (जैसे-घड़ी का बदला करना) 3 क्षति-पूर्ति (जैसे-पुस्तक खोने के बदले में मैंने रुपए दिए) 4 प्रतिकार, पलटा (जैसे-बुराई का बदला भलाई से देना) 5 प्रतिफल (जैसे-कुकर्म का बदला मिलना) 6 मुआवज़ा, एवज़ (जैसे-सेवाओं का बदला साधारण पुरुस्कार नहीं है)। **~देना**

भलाई करना, प्रत्युपकार करना; ~**लेना** प्रत्यपकार करना, अहित करना

बदलाई–(स्त्री०) 1 अदल-बदल 2 क्षति पूर्ति 3 बदले में दी गई वस्तु

बदलाना–I (स० क्रि०) = बदलवाना II (अ० क्रि०) = बदलना

बदलाव–(पु०) = बदली II

बदली–I (स्त्री०) छाए हुए बादल, घटा। ~**बादल** (पु०) बदली और बादल; ~**युक्त** + *सं०* (वि०) बादलों से घिरा हुआ (जैसे-बदली युक्त मौसम)

बदली–II *अ० + हिं०* (स्त्री०) तबादला, स्थानांतरण (जैसे-अधिकारी की बदली दिल्ली हो गई)

बदले में–*अ०* (क्रि० वि०) के स्थान पर

बदस्तूर–*फ़ा०* (क्रि० वि०) 1 पहले की तरह से, पूर्ववत् , उसी प्रकार 2 बिना परिवर्तन के, यथावत्

बदा–I (वि०) भाग्य में लिखा हुआ, नियत II (पु०) अदृष्ट, नियति

बदान–(स्त्री०) बदा जाना

बदि–I *बो०* (स्त्री०) बदला, एवज़ II (क्रि० वि०) 1 बदले में, एवज़ में 2 लिए, वास्ते

बदी–I (स्त्री०) कृष्ण पक्ष, अँधेरा पाख

बदी–II *फ़ा०* (स्त्री०) ख़राबी, बुराई

बदौलत–*फ़ा० + अ०* (क्रि० वि०) 1 सहारे से, कृपा से (जैसे-आपकी बदौलत मैं बच गया) 2 कारण से (जैसे-उसकी बदौलत मुझे हारना पड़ा)

बद्दू–I *फ़ा० + हिं० बो०* (वि०) = बदनाम

बद्दू–II *अ०* (पु०) अरब में लूटपाट करनेवाली एक जाति

बद्ध–*सं०* (वि०) 1 बँधा हुआ (जैसे-कर बद्ध) 2 भव बंधन में फँसा हुआ (जैसे-प्रेम-बद्ध) 3 जुड़ा हुआ (जैसे-अंजलिबद्ध) 4 घेरे में बंद (जैसे-सीमा-बद्ध) 5 प्रतिबंधित (जैसे-प्रतिज्ञा-बद्ध) 6 स्थित (जैसे-पंक्ति-बद्ध) 7 विशेष रूप में लाया हुआ (जैसे-छंद-बद्ध) 8 रुका हुआ (जैसे-कोष्ठ बद्ध)। ~**कोप** (वि०) क्रोध दबानेवाला; ~**कोष्ठ** I (वि०) कब्ज़ से पीड़ित II (पु०) कब्ज़, कब्ज़ियत; ~**कोष्ठता** (स्त्री०) कब्ज़ावस्था, कब्ज़ियत; ~**चित्त** (वि०) एकाग्र; ~**जिह्व** (वि०) मौन, चुप; ~**दृष्टि** (वि०) टकटकी लगाए हुए; ~**परिकर** (वि०) तैयार, तत्पर; ~**प्रतिज्ञ** (वि०) वचन-बद्ध; ~**मुष्टि** (वि०) 1 कंजूस 2 बँधी मुट्ठीवाला; ~**मूल** (वि०) 1 जड़ पकड़ा हुआ 2 दृढ़ और अटल; ~**शिख** (वि०) 1 बँधी चोटीवाला 2 अल्पवयस्क

बद्धांजलि–*सं०* (वि०) कर-बद्ध

बद्धी–(स्त्री०) डोर, रस्सी। ~**दार** + *फ़ा०* (वि०) बद्धीवाला (जैसे-बद्धीदार खड़ाऊँ)

बद्धोत्सव–*सं०* (वि०) उत्सव का आनंद लेनेवाला, उत्सव मनानेवाला

बद्धोदर–*सं०* (पु०) = बद्ध-कोष्ठता

बध–(पु०) दे० वध

बधना–(स० क्रि०) हत्या करना, मार डालना

बधाई–(स्त्री०) 1 मुबारकबाद 2 उत्सव, बधावा 3 मंगलाचार (जैसे-बधाई गीत) 4 उत्सव गीत 5 उपहार (जैसे-सफलता पर बधाई मिलना)। ~**पत्र** + *सं०* (पु०) मुबारकवाद का ख़त

बधाना–(स० क्रि०) हत्या करवाना, मरवाना

बधावना–*बो०* (पु०), **बधावा** (पु०) = बधाई

बधिक–(पु०) 1 वध करनेवाला, ज़ल्लाद 2 बहेलिया, व्याध

बधिया–I (वि०) नपुंसक किया हुआ (जैसे-बधिया पशु) II (पु०) नपुंसक किया गया बैल आदि

बधियाना–(स० क्रि०) बधिया करना

बधिर–*सं०* (पु०) बहरा

बधिरित–*सं०* (वि०) बहरा किया हुआ

बधिरिमा–*सं०* (स्त्री०) बहरापन

बधूरा–*बो०* (पु०) = बगूला

बन–I *सं०* (पु०) जंगल, कानन (जैसे-बन-उपवन)। ~**खंड** (पु०) जंगल का कोई भाग; ~**खंडी** I (स्त्री०) वन का छोटा भाग II (वि०) जंगल में रहनेवाला, जंगल में होनेवाला; ~**चर** I (पु०) 1 जंगल में रहनेवाला पशु, वन्य पशु 2 जंगली मनुष्य II (वि०) वन में रहनेवाला; ~**पति** (पु०) शेर; ~**पथ** (पु०) जंगल से होकर जानेवाला रास्ता; ~**पशु** (पु०) जंगल में पाए जानेवाले पशु; ~**पाल** (पु०) जंगल की देख-रेख करनेवाला कर्मचारी; ~**बास** (पु०) जंगल में बसना; ~**बासी,** ~**वासी** (वि०) जंगल में रहनेवाला जंगली; ~**माली** I (वि०) बनमाला पहनानेवाला II (पु०) कृष्ण

बन–II (वि०) जंगली, जंगल का। ~**कंडा** (पु०) अपने आप सूखा हुआ गोबर; ~**ककड़ी** (स्त्री०) एक तरह का पौधा जिसका गोंद दवा के काम आता है; ~**कटाई** (स्त्री०) जंगल को काटना; ~**बिलाव** (पु०) बिल्ली की जाति का एक जंगली जंतु; ~**मानस** (पु०) आदमी की शक्ल से मिलता-जुलता एक तरह का बंदर

बनक–(स्त्री०) 1 बाना, भेष 2 बनावट

बनज–*बो०* (पु०) व्यापार, वाणिज्य

बनजरिया–(स्त्री०) खेती के उपयुक्त बनाया गया जंगल का भाग

बनजारन–(स्त्री०) बनजारा की स्त्री

बनजारा–(पु०) 1 टाँडा लादनेवाला व्यक्ति, टँड़ैया, टँड़वरिया 2 सौदागर, व्यापारी

बनजी–(पु०) 1 व्यापारी 2 व्यापार

बनत–(स्त्री०) 1 बनावट 2 मेल

बनताई–*बो०* (स्त्री०) 1 वन की सघनता 2 जंगल की भयंकरता

बनना–(अ० क्रि०) 1 तैयार होना (जैसे-कल-कारखानों में माल आदि बनना) 2 काम के योग्य होना (जैसे-भोजन बनना) 3 नई चीज़ तैयार होना (जैसे-रूई से सूत बनना) 4 संबंध स्थापित होना (जैसे-मित्र बनना, दत्तक पुत्र बनना) 5 सफल होना (जैसे-काम बनना) 6 साफ़ होना, फटका जाना (जैसे-अनाज बनना) 7 लाभ होना (जैसे-आज हमारे सौ रुपए बने) 8 रूप धारण करना (जैसे-नाटक में तुम दरोगा बनना) 9 अधिक योग्य समझना (जैसे-अंधों में काना राजा बना है) 10 मरम्मत होना (जैसे-यह घड़ी दस रुपए में बनी

है)। ~**ठनना** (अ० क्रि०) सजना-सँवरना; ~**बिगड़ना** (अ० क्रि०) बनना और बिगड़ना; ~**सँवरना** (अ० क्रि०) = बनना-ठनना

बनफ़्शई–I *फ़ा०* (वि०) 1 नीले रंग का 2 हलका हरा II (पु०) 1 नीला रंग 2 हरा रंग

बनफ़्शा–*फ़ा०* (पु०) दवा के काम में आनेवाला एक तरह का पौधा

बनरा–(पु०) 1 दूल्हा 2 विवाह के समय का गीत 3 *बो०* बंदर

बनरी–I (स्त्री०) दुलहिन, नववधू

बनरी–II *बो०* (स्त्री०) बंदरिया

बनवा–(पु०) 1 पनडुब्बी 2 एक तरह का बछनाग (विष)

बनवाई–(स्त्री०) 1 बनवाने का काम 2 बनवाने की मज़दूरी

बनवाना–(स० क्रि०) बनाने का काम कराना, तैयार कराना

बनवैया–I (वि०) बनानेवाला II बनवाने वाला

बना-ठना–(वि०) सजा-सँवरा (जैसे-बना-ठना आदमी)

बनात–(स्त्री०) बढ़िया रंगीन ऊनी कपड़ा

बनाती–(वि०) 1 बनात का बना हुआ 2 बनात संबंधी

बनाना–(स० क्रि०) 1 अस्तित्व में लाना, रचना (जैसे-ईश्वर ने संसार बनाया, सरकार ने क़ानून बनाया) 2 तैयार करना (जैसे-मकान बनाना, कपड़ा बनाना) 3 प्रस्तुत करना (जैसे-कविता बनाना) 4 लाभ करना (जैसे-रोज़गार में मैंने खूब रुपए बनाए) 5 परिवर्तन करना (जैसे-गुड़ से चीनी बनाना, आटे से रोटी बनाना) 6 विपरीत रूप देना (जैसे-मित्र को शत्रु बनाना) 7 अच्छे रूप में लाना (जैसे-अनाज बनाना) 8 मरम्मत करना (जैसे-मशीन बनाना) 9 नए रूप में प्रस्तुत करना, आविष्कार करना (जैसे-हवाई-जहाज़ बनाना) 10 मान-मर्यादा आदि से युक्त करना (जैसे-सभापति बनाना) 11 संबंध स्थापित करना (जैसे-भाई बनाना) 12 व्यंग्य द्वारा उपहास करना 13 संपन्न करना। ~**पछोड़ना** (स० क्रि०) अनाज साफ़-सुथरा करना

बनाफर–(पु०) राजपूत क्षत्रियों की एक शाखा

बना-बनत–(स्त्री०) वर-कन्या की जन्म-पत्रियों का मिलान

बना-बनाया–(वि०) बनकर तैयार

बनाम–*फ़ा०* (क्रि० वि०) 1 नाम पर 2 किसी के प्रति

बनारसी–I (वि०) बनारस नगर से संबंधित II (पु०) बनारस का निवासी

बनाव–(पु०) 1 बनावट 2 बनना सँवरना। ~**सँवार**, ~**सिंगार** (पु०) बनना-सँवरना

बनावट–(स्त्री०) 1 रचना, गठन 2 रूप, शृंगार 3 आडंबर, पाखंड, दिखावा

बनावटी–(स्त्री०) 1 दिखाऊ 2 नक़ली

बनावन–(पु०) 1 अनाज आदि साफ़ करने पर निकला हुआ कूड़ा-कर्कट

बनिक–(पु०) 1 वणिक्, बनिया 2 अनाज साफ़ करना

बनिज–(पु०) 1 रोज़गार, व्यापार 2 व्यापार की वस्तु

बनिता–*सं०* (स्त्री०) 1 स्त्री, औरत 2 पत्नी

बनिया–(पु०) 1 व्यापारी, वैश्य 2 आटा-दाल आदि बेचनेवाला। ~**शाही** + *फ़ा०* (स्त्री०) 1 बनियों का आधिपत्य 2 केवल पैसे से मतलब रखना

बनियाइन–I (स्त्री०) बनिया की स्त्री II गंजी (जैसे-आधी बाँह की बनियाइन)

बनिस्बत–*फ़ा० + अ०* (क्रि० वि०) अपेक्षया

बनिहार–(पु०) खेतिहर मज़दूर

बनिहारी–(स्त्री०) खेतीबारी

बनी–I (स्त्री०) दुल्हन, वधू II 1 वनस्थली 2 कपास III (पु०) बनिया

बनीनी–*बो०* (स्त्री०) 1 वैश्य जाति की स्त्री 2 बनिया की स्त्री

बनेठी–(स्त्री०) दोनों ओर लट्टू लगी छड़ी

बनैला–I (वि०) जंगली II (पु०) जंगली सुअर

बनौट–(स्त्री०) = बिनवट

बनौटा–I (वि०) कपास के फूल सा, कपासी II (पु०) कपास की तरह का रंग

बनौरी–*बो०* (स्त्री०) ओला

बन्ना–*बो०* (पु०) 1 दूलहा, वर 2 एक लोकगीत, बनड़ा

बन्नी–I (स्त्री०) दुलहिन II अन्न रूप में मिलनेवाली दैनिक मज़दूरी

बपंस–*बो०* (पु०) 1 पिता की संपत्ति से पुत्र को मिलनेवाला अंश 2 पिता से पुत्र को प्राप्त गुण

बपतिस्मा–*पु०* (पु०) ईसाई धर्म की दीक्षा के समय किया जानेवाला एक संस्कार

बपमार–(वि०) 1 पिता की हत्या करनेवाला 2 बड़े एवं पूज्य व्यक्तियों के साथ द्रोह करनेवाला

बपौती–(स्त्री०) बाप दादा की संपत्ति। ~**अधिकार** + *सं०* (पु०) बाप-दादा के बाद पुत्र को मिलनेवाला अधिकार; ~**माल** + *अ०* (पु०) बाप-दादा की ज़ायदाद

बप्पा–*बो०* (पु०) पिता, बाप

बफारा–(पु०) 1 भाप 2 दवा मिले पानी की भाप से शरीर को सेंकना 3 पानी में उबालनेवाली दवा

बबकना–(अ० क्रि०) = बमकना

बबर–*फ़ा०* (पु०) 1 बड़ा शेर 2 बिल्ली की जाति का बिना पूँछ का एक वनपशु

बबूल–(पु०) एक प्रसिद्ध कँटीला पेड़ (जैसे-बबूल का काँटा)

बबूला–I (पु०) = बगुला

बबूला–II (पु०) = बुलबुला

बभूत–*बो०* (स्त्री०) = भभूत

बभ्रु–I *सं०* (वि०) 1 गहरे भूरे रंग का 2 गंजा, खल्वाट II (पु०) गहरा भूरा रंग

बम–I (पु०) इक्के, ताँगे के आगे लगे हुए बाँस II शिव को प्रसन्न करने के लिए उच्चारित शब्द (जैसे-बम भोले) III *अं०* (पु०) एक तरह का विस्फोटक रासायनिक गोला (जैसे-बम का धड़ाका, हवाई जहाज़ से बम गिरना)। ~**कांड** + *सं०* (पु०) बम का प्रहार; ~**गोला** + *हिं०* (पु०) बम का गोला; ~**बचाव घर** + *हिं०* (पु०) बम से बचने के लिए एकत्र होने का स्थान; ~**बाज़** + *फ़ा०* (वि०) बम बरसानेवाला (जैसे-बमबाज़ हवाई जहाज़); ~**बाज़ी** + *फ़ा०* (स्त्री०) बम वर्षा; ~**बार** + *फ़ा०* (वि०) = बमबाज़; ~**बारी** + *फ़ा०* (स्त्री०) = बमबाज़ी; ~**मार** + *हिं०* (वि०) = बमबाज़; ~**मारी** + *हिं०* (स्त्री०) = बमबाज़ी; ~**वर्षक** + *सं०* (वि०) = बमबाज़; ~**वर्षण** + *सं०*

(पु०), ~**वर्षा** + *सं०* (स्त्री०) बमों की वर्षा करना, बहुत अधिक बम फेंकना; ~**वर्षी** + *सं०* (वि०) = बमबाज़; ~**विस्फोट** + *सं०* (पु०) बम फटना; ~**वृष्टि** + *सं०* (स्त्री०) बम की वर्षा

बमकना–(अ० क्रि०) 1 ज़ोर से बोलना 2 डींग हाँकना

बंमपुलिस–*अं०* (स्त्री०) = बंपुलिस

बमलाना–(स० क्रि०) बोलने के लिए बढ़ावा देना

बमीठा–(पु०) बाँबी

बमुश्किल–*फ़ा०* + *अ०* (क्रि० वि०) कठिनता से

बमूजिब–*फ़ा०* + *अ०* (क्रि० वि०) अनुसार

बयँहत्था–(पु०) बाएँ हाथ से काम करनेवाला

बया–I (पु०) गौरैया से मिलती-जुलती एक चिड़िया (जैसे-बया का घोंसला)

बया–II (पु०) अनाज तौलनेवाला, तौलैया

बयाई–(स्त्री०) 1 बया का काम 2 तौलने की मज़दूरी, तौलाई

बयान–*अ०* (पु०) 1 चर्चा, ज़िक्र 2 हाल, वृत्तांत 3 अदालत में दिया गया वक्तव्य (जैसे-बयान देना)

बयाना–*अ०* + *फ़ा०* (पु०) पेशगी, अग्रिम धन

बयाबान–*फ़ा०* (पु०) 1 सुनसान जगह 2 जंगल

बयाबानी–*फ़ा०* (वि०) 1 जंगली 2 वनवासी

बयार–(स्त्री०) हवा, पवन

बयारा–(पु०) 1 हवा का झोंका 2 अंधड़, तूफ़ान

बयाला–(पु०) 1 बाहरी दृश्य देखने के लिए दीवार में बनाया गया छेद 2 आला, ताखा 3 किले की दीवार पर तोप रखने का बना स्थान 4 पाटे हुए स्थान के नीचे की खाली जगह

बयालीस–I (वि०) चालीस से दो अधिक II (पु०) 42 की संख्या

बयासी–I (वि०) अस्सी से दो अधिक II (पु०) 82 की संख्या

बरंगा–*बो०* (पु०) 1 पत्थर की पटिया 2 धरन पर लगाई जानेवाली लकड़ी

बर–I (पु०) 1 दूल्हा, वर 2 अभिलाषा, कामना की पूर्ति हेतु कहा गया वचन, वरदान, आशीर्वाद

बर–II (पु०) बरगद, वट वक्ष

बर–III *फ़ा०* (पु०) वृक्ष का फल

बर–IV *फ़ा०* (वि०) 1 फल से युक्त 2 उत्तम, श्रेष्ठ। ~**क़रार** + *अ०* (वि०) 1 स्थिर, कायम 2 मौजूद, उपस्थित 3 जीवित 4 दृढ़; ~**ख़ास्त** (वि०) 1 पदच्युत (जैसे-नौकरी से बरख़ास्त किया जाना) 2 समाप्त; ~**ख़ास्तगी** (स्त्री०) 1 समाप्ति 2 बरख़ास्त होने की अवस्था; ~**ख़िलाफ** + *अ०* I (क्रि० वि०) उलटे, प्रतिकूल, विपरीत II (वि०) ख़िलाफ़; ~**ज़बान** (वि०) रटा हुआ, कंठस्थ; ~**तर** (वि०) अधिक अच्छा, श्रेष्ठतर; ~**तरफ़** + *अ०* I (वि०) 1 अलग 2 पद से बरख़ास्त किया हुआ II (क्रि० वि०) एक ओर, अलग, दूर; ~**तरफ़ी** + *अ०* + *फ़ा०* (स्त्री०) 1 पद-च्युति 2 पद से हटाया जाना; ~**तरी** (स्त्री०) उच्चता, श्रेष्ठता; ~**दार** (वि०) उठानेवाला; ~**दारी** (स्त्री०) ढोना, उठाना; ~**दाश्त** (स्त्री०) सहनशीलता, सहन; ~**बाद** (वि०) 1 नष्ट 2 तबाह, चौपट नाश हुआ; ~**बादी** (स्त्री०) विनाश, तबाही; ~**वक़्त** + *अ०* (क्रि० वि०) समय पर, मौक़े पर

बरई–*बो०* (पु०) तमोली

बरक़ंदाज़– *अ०* + *फ़ा०* (पु०) 1 चौकीदार 2 बंदूकधारी सिपाही

बरकत–*अ०* (स्त्री०) 1 बढ़ती, वृद्धि 2 लाभ 3 अनुग्रह, कृपा (जैसे-गुरु के क़दमों की बरकत) 4 बहुतायत

बरकती– *अ०* + *फ़ा०* (वि०) 1 बरकतवाला 2 बरकत के रूप में माना जानेवाला (जैसे-बरकती रुपया)

बरकना–(अ० क्रि०) 1 अलग रखा जाना 2 घटित न होना 3 बचाया जाना

बरकरार–*फ़ा०* (वि०) कायम, स्थिर

बरकाना–(स० क्रि०) 1 बचाना, निवारण करना (जैसे-झगड़ा बरकाना) 2 अलग रखना 3 रोकना, मना करना

बरकाव–(पु०) बचाव (जैसे-वार का बरकाव कर देना)

बरखा–(स्त्री०) 1 वर्षा, बारिश 2 बरसात (जैसे-बरखा होना, बरखा का मौसम)

बरखाना–(स० क्रि०) बरसाना

बरख़ुरदार–I *फ़ा०* (वि०) 1 आज्ञाकारी 2 संपन्न II (पु०) पुत्र

बरगद–(पु०) बड़ का पेड़, बट-वृक्ष

बरगा–(वि०) प्रकार का, तरह

बरगेल–(पु०) एक प्रकार का लवा पक्षी

बरचर–(पु०) देवदार की एक जाति

बरच्छा–(पु०) विवाह निश्चित करने की एक रस्म

बरछा–(पु०) भाला नामक अस्त्र

बरछी–(स्त्री०) छोटा बरछा

बरछेदार–*हिं०* + *फ़ा०* (पु०) बरछा धारण करनेवाला व्यक्ति

बरछैत–(पु०) बरछा रखनेवाला

बरजना–*बो०* (स० क्रि०) 1 मना करना, रोकना 2 त्यागना 3 प्रयोग न करना

बरज़ोर–(वि०) 1 प्रबल 2 अत्याचारी 3 ज़बरदस्ती 4 बहुत कठिन

बरज़ोरी–(स्त्री०) बल प्रयोग

बरटना–*बो०* (अ० क्रि०) सड़ना

बरत–I (स्त्री०) डोरी, रस्सी

बरत–II (पु०) = व्रत

बरतन–(पु०) 1 धातु, मिट्टी आदि का बना पात्र (जैसे-थाली, लोटा, कुल्हड़ आदि को बरतन कहते हैं)। ~**भाँड़ा** (पु०) बरतन आदि

बरतना–I (अ० क्रि०) बर्ताव किया जाना II (स० क्रि०) 1 व्यवहार में लाना 2 बर्ताव करना

बरतनी–(स्त्री०) शब्द का वर्णक्रम

बरताना–(स० क्रि०) बाँटना

बरताव–(पु०) व्यवहार

बरदना, बरदाना–I (स० क्रि०) गाय, भैंस आदि पशुओं का संभोग कराना, जोड़ा खिलाना II जोड़ा खाना, गाभिन होना

बरदाफ़रोश–*फ़ा०* (पु०) दासों, गुलामों का व्यापारी

बरदाफ़रोशी–*फ़ा०* (स्त्री०) दास व्यापार, गुलाम-पेशा

बरदौर–(पु०) = बथान

बरध-मुतान–(स्त्री०) गो-मूत्रिका

बरधा–*बो०* (पु०) बैल

बरधाना–(अ० क्रि०/स० क्रि०) = बरदाना

बरन–I (पु०) वर्ण II (क्रि० वि०) तरह, प्रकार III (क्रि० वि०) बल्कि, वरन्

बरनर–अं० (पु०) = बर्नर

बरना–I (स० क्रि०) 1 वरण करना, ब्याहना 2 नियुक्त करना 3 चुनना 4 दान देना II (अ० क्रि०) जलना (जैसे-आग बरना)

बरनेत–(स्त्री०) विवाह के मुहूर्त से कुछ पहले वर पक्ष के लोगों को मंडप में बुलाकर गणेश आदि का पूजन कराने की एक रस्म

बरपा–*फ़ा०* (वि०) 1 उठ खड़ा हुआ 2 अपने पैरों पर खड़ा 3 उपस्थित 4 मचा हुआ

बरफ़–*फ़ा०* (स्त्री०) = बर्फ़। ~**बारी** (स्त्री०) = बर्फ़बारी

बरफ़ानी–*फ़ा० + हिं०* (वि०) = बर्फ़ानी

बरफ़ी–*फ़ा०* (स्त्री०) = बर्फ़ी। ~**दार** (वि०) बरफ़ी की शकल का

बरफ़ीला–*फ़ा० + हिं०* (वि०) = बर्फ़ीला

बरबंड–(वि०) 1 बलवान् 2 प्रतापशाली 3 उद्दंड 4 बहुत तेज़

बर-बर–(स्त्री०) बड-बड़, बकवाद

बरबर–I *अ०* (वि०) = बर्बर

बरबर–II *अं०* (वि०) = बर्बर। ~**ता** + *सं०* (स्त्री०) = बर्बरता

बरबरियत–*अ०* (स्त्री०) जंगलीपन

बरबरी–I *अ०* (वि०) बर्बर का II (स्त्री०) एक प्रकार की बकरी

बरबस–I (क्रि० वि०) 1 ज़बरदस्ती, बलपूर्वक 2 निरर्थक, व्यर्थ II (वि०) लाचार

बरमा–(पु०) 1 लकड़ी आदि में छेद करने का एक औज़ार 2 वमदिश

बरमाना–(स० क्रि०) बरमे से छेद करना

बरमी–I (स्त्री०) बरमा की भाषा

बरमी–II (वि०) 1 बरमा का 2 बरमा संबंधी

बरवट–*बो०* (स्त्री०) तिल्ली

बरवै–(पु०) एक छंद जिसमें 12, 14, 12, 14 मात्राएँ होती हैं

बरस–(पु०) 1 वर्ष, साल (जैसे-सौ बरस का जीवन) 2 अवस्था, उम्र (जैसे-आपका बच्चा कितने बरस का है)। ~**गाँठ** (स्त्री०) 1 साल-गिरह, जन्म-दिन 2 साल-गिरह पर मनाया जानेवाला उत्सव; ~**दिन** (पु०) त्योहार; ~**दिन का दिन** ख़ुशी का दिन, बड़ा त्योहार

बरसना–(अ० क्रि०) 1 वर्षा होना 2 वर्षा के समान गिरना (जैसे-फूलों का बरसना) 3 लगातार आना (जैसे-लाठियाँ बरसना, रुपए बरसना) 4 डाँटना-डपटना (जैसे-ज़रा सी बात पर नौकर पर बरसना)

बरसाइत–*बो०* (स्त्री०) वर्षा ऋतु

बरसाऊ–(वि०) बरसनेवाला, वर्षा करनेवाला

बरसात–(स्त्री०) 1 पानी बरसने का समय (जैसे-बरसात में छाता लेकर जाओ) 2 वर्षा ऋतु (जैसे-बरसात आ गई) 3 वर्षा

बरसाती–I (वि०) 1 बरसात संबंधी, बरसात का (जैसे-बरसाती हवा, बरसाती ठंड) 2 वर्षाकाल में होनेवाला (जैसे-बरसाती सब्ज़ी) II (स्त्री०) 1 प्लास्टिक का बना ढीला-ढाला कोट (जैसे-बरसाती पहनकर जाओ) 2 मकान आदि के सामने बना हुआ छतदार फाटक III (पु०) बरसात में होनेवाला घोड़े का एक रोग

बरसाना–(स० क्रि०) 1 वर्षा करना 2 लगातार प्रहार करना (जैसे-लाठियाँ बरसाना) 3 वर्षा के समान गिराना (जैसे-फूल बरसाना)

बरसी–(स्त्री०) 1 मृत्यु की प्रथम वार्षिक तिथि 2 मृतक का वार्षिक श्राद्ध

बरसीला–(वि०) बरसनेवाला

बरसोदिया–*बो०* (पु०) वर्ष, साल भर काम करने के लिए नियुक्त किया गया नौकर

बरसोलिया–(पु०) = बरसोदिया

बरसौंड़ी–(स्त्री०) वर्ष के वर्ष दिया जानेवाला कर

बरहँटा–(पु०) कड़वे भंटे का पौधा और फल

बरहा–I (पु०) खेतों की सिंचाई हेतु बनाई गई नाली

बरहा–II (पु०) मोटा रस्सा

बरहा–III (पु०) मोर

बरही–(स्त्री०) 1 संतान उत्पन्न होने से बारहवाँ दिन 2 शिशु जन्म के बारहवें दिन प्रसूता को कराया जानेवाला स्नान एवं तत्संबंधी उत्सव आदि

बरांडी–*अं०* (स्त्री०) ब्रांडी

बरा–I (पु०) उड़द की पीसी हुई दाल से टिकिया के आकार का बना एक पकवान, बड़ा (जैसे-दही और बरा)

बरा–II (पु०) बरगद, बाँह पर पहनने का गहना

बराक–I (पु०) युद्ध II (वि०) 1 शोचनीय 2 अधम, नीच 3 बेचारा

बराट–I (पु०) कौड़ी II (वि०) विराट

बरात–(स्त्री०) 1 वर के साथ कन्या पक्ष के यहाँ जानेवालों का समूह, जनेत 2 दूल्हे की सवारी का जुलूस 3 भीड़, मजमा

बराती–I (वि०) 1 बरात संबंधी 2 बरात में शामिल होनेवाला II (पु०) बरात में आनेवाले लोग (जैसे-घराती-बराती)

बराना–I (स० क्रि०) 1 प्रसंग आने पर कहना 2 जान-बूझकर अलग करना, बचाना 3 रक्षा करना II चुनना, छाँटना III *बो०* जलाना, बालना IV 1 सींचना 2 पानी एक नाली से दूसरी नाली में ले जाना

बराबर–I *फ़ा०* (वि०) 1 समान (जैसे-वज़न में बराबर, क़ानून में सभी बराबर हैं) 2 समतल (जैसे-मैदान बराबर कर दो) 3 उपयुक्त एवं ठीक 4 चुकता किया हुआ (जैसे-ऋण बराबर हो गया) II (क्रि० वि०) 1 लगातार, सदा 2 एक सीध में 3 बग़ल, पार्श्व (जैसे-प्रेमी के बराबर प्रेमिका की क़ब्र बनेगी) 4 समानांतर (जैसे-बराबर रेखा खींचना)। ~**वाला** + *हिं०* (वि०) साथवाला

बराबरी–*फ़ा० + हिं०* (स्त्री०) 1 समानता, तुल्यता 2 मुक़ाबला, प्रतिस्पर्द्धा

बरामद–I *फ़ा०* (वि०) 1 बाहर आया हुआ (जैसे-बरामद माल) 2 सामने लाया हुआ (जैसे-चोर बाज़ारी का माल बरामद हुआ II (स्त्री०) 1 बाहर जानेवाला माल, निर्यात 2 माल की वसूली

बरामदा–*फ़ा०* (पु०) 1 ओसारा, दालान 2 बारजा, छज्जा

बराय–*फ़ा०* (क्रि० वि०) लिए, वास्ते

बराव–(पु०) परहेज़, बचाव

बरास–(पु०) अत्यधिक सुगंधित कपूर, भीमसेनी कपूर

बराह–I (पु०) = वराह

बराह–II *फ़ा०* (क्रि० वि०) 1 मार्ग से, रास्ते से 2 ज़रिए से, द्वारा 3 के तौर पर, के रूप में 4 के विचार से

बरियार–(वि०) बलवान्, शक्तिशाली

बरिस्टर–*अं०* (पु०) बारिस्टर

बरी–I (स्त्री०) = बड़ी

बरी–II (स्त्री०) कंकड़ का चूना

बरी–III *अ०* (वि०) 1 मुक्त, आज़ाद 2 निर्दोष

बरुआ–I *बो०* (पु०) 1 उपनयन 2 ब्रह्मचारी 3 उपनयन के समय गाया जानेवाला गीत

बरुआ–II (पु०) मूँज का छिलका

बरुनी–*बो०* (स्त्री०) = बरौनी

बरेंड़ा–*बो०* (पु०) 1 छाजन के नीचे लंबाई के बल लगी हुई लकड़ी, बलींडा 2 छाजन के बीचवाला सबसे ऊँचा भाग

बरेखी–(स्त्री०) 1 बाँह पर पहनने का एक गहना 2 विवाह की ठहरौनी, मँगनी

बरेजा–(पु०) पान का भीटा

बरेठा–(पु०) धोबी

बरेठिन–(स्त्री०) धोबी की स्त्री, धोबिन

बरेता–(पु०) सन का मोटा रस्सा, नार

बरेदी–(पु०) चरवाहा

बरोक–(पु०) 1 विवाह संबंध निश्चित होने के पहले होनेवाला एक कृत्य, बरच्छा 2 इस अवसर पर कन्या पक्ष द्वारा वर पक्ष को दिया जानेवाला धन आदि

बरोठा–(पु०) 1 ड्योढ़ी, पौरी 2 बैठक

बरौधा–*बो०* (पु०) ऐसा खेत जिसमें पिछली फ़सल कपास की हुई हो

बरौंछी–(स्त्री०) सूअर के बाल से बनी कूँची

बरौनी–(स्त्री०) पलकों के आगे की बालों की पंक्ति

बर्क़–I *अ०* (स्त्री०) बिजली II (वि०) तेज़

बर्क़ी–*अ० + फ़ा०* (वि०) विद्युत का

बर्ख़ास्त–*फ़ा०* (वि०) = बरख़ास्त। ~**शुदा** (वि०) कार्यमुक्त, काम से हटाया हुआ

बर्तन–(पु०) = बरतन (जैसे-पीतल का बर्तन)

बर्तना–(स० क्रि०) = बरतना

बर्ताव–(पु०) = बरताव (जैसे-बर्ताव करना)

बर्थ–*अं०* (पु०) लेटने की सीट (जैसे- ऊपर की बर्थ)

बर्थ कंट्रोल–*अं०* (पु०) जन्म दर पर नियंत्रण, परिवार-नियोजन

बर्द–(पु०) = बैल

बर्दाश्त–*फ़ा०* (स्त्री०) = बरदाश्त

बर्नर–*अं०* (पु०) एक प्रकार का छोटा दीपक

बर्फ़–I *फ़ा०* (स्त्री०) 1 जमा हुआ पानी 2 वायुमंडल की नमी, पाला, हिम 3 कृत्रिम उपाय से जमा हुआ पानी (जैसे-बर्फ़ का पानी पीना) II (वि०) अत्यंत ठंडा। ~**ख़ाना** (पु०) बर्फ़घर; ~**फ़रोश** (पु०) बर्फ़ बेचनेवाला; ~**बारी** (स्त्री०) बर्फ़ गिरना; ~**हाकी** *+ अं०* (स्त्री०) बर्फ़ पर खेलनेवाली हॉकी का खेल

बर्फ़ाच्छादित–*फ़ा० + सं०* (वि०) बर्फ़ से ढका हुआ

बर्फ़ानी–*फ़ा० + हिं०* (वि०) बर्फ़ से युक्त (जैसे-बर्फ़ानी तूफ़ान, बर्फ़ानी चोटी)

बर्फ़िस्तान–*फ़ा०* (पु०) बर्फ़ युक्त स्थान

बर्फ़ी–*फ़ा०* (स्त्री०) 1 खोए आदि से बनी एक तरह की मिठाई 2 बर्फ़ी के आकार के चौकोर खंड

बर्फ़ीला–*फ़ा० + हिं०* (वि०) 1 बर्फ़ से युक्त 2 बर्फ़ के समान ठंडा (जैसे-बर्फ़ीली हवा)

बर्बर–*सं०* (वि०) असभ्य एवं जंगली। ~**ता** (स्त्री०) असभ्यता एवं जंगलीपन

बर्मी–I (स्त्री०) = बरमी I

बर्मी–II (वि०) = बरमी II

बर्र–(स्त्री०) भिड़, भिर्र

बर्राक–(पु०) 1 सफ़ेद 2 चमकीला 3 तेज़ 4 चालाक 5 पूर्णतः अभ्यस्त

बर्राना–(अ० क्रि०) 1 बड़-बड़ करना, बकना 2 नींद में व्यर्थ की बातें करना

बर्राहट–(स्त्री०) बकवास

बर्रै–*बो०* (पु०) भिड़ (बर्रै का डंक, बर्रै का छत्ता)

बर्सर–*अं०* (पु०) ख़ज़ांची, कोषाध्यक्ष

बलंद–*फ़ा०* (वि०) = बुलंद

बलंदी–*फ़ा०* (स्त्री०) = बुलंदी

बल–I *सं०* (पु०) 1 शारीरिक शक्ति, ताक़त 2 सेना 3 भरोसा, सहारा। ~**कारक** (वि०) बल देनेवाला; ~**दार** *+ फ़ा०* (वि०) ताक़तवाला; ~**नीति** (स्त्री०) बल प्रयोग की नीति; ~**पूर्वक** (क्रि० वि०) 1 ज़बरदस्ती 2 बल लगाकर; ~**पौरुष** (पु०) 1 अनुचित दबाव 2 इच्छा विरुद्ध कार्य करने के लिए शक्ति का प्रयोग; ~**बूता** *+ हिं* (पु०) ताक़त, ज़ोर; ~**मुख्य** (पु०) सेनानायक; ~**वर्जित** (वि०) निर्बल; ~**वर्धक** (वि०) बल देनेवाला; ~**वर्धन** (पु०) बल देना; ~**वर्धी** (वि०) = बल-वर्धक; ~**विन्यास** (पु०) सेना व्यूहन; ~**व्यसन** (पु०) सेना की पराजय, हार; ~**शाली** (वि०) बलयुक्त, ताक़तवर; ~**साम्य** (पु०) शक्ति-संतुलन; ~**स्थिति** (स्त्री०) 1 सेना की स्थिति 2 शिविर, छावनी; ~**स्वराघात** (पु०) अक्षर पर पड़नेवाला उच्चारण गत बल; ~**हीन** (वि०) कमज़ोर, निर्बल; **(किसी के) ~पर कूदना** किसी के भरोसे इतराना; ~**भरना** ताक़त दिखलाना

बल–II (पु०) 1 पहलू, बग़ल, करवट 2 ऐंठन 3 शिकन 4 फेरा 5 टेढ़ापन 6 फ़र्क। ~**दार** *+ फ़ा०* (वि०) 1 शिकनदार 2 ऐंठनदार; ~**आना** 1 शिकन पड़ना 2 फ़र्क आना; ~**उतरना** शिकन दूर होना; ~**की बात** शरारत की बात; ~**की लेना** घमंड करना; ~**खाना** 1 नाराज होना 2 टेढ़ा होना 3 लचकना 4 घाटा सहना; ~**खुलना** सीधा होना; ~**देना** ऐंठना, मरोड़ना; ~**निकालना** 1 टेढ़ापन दूर करना 2 शिकन हटाना; ~**पड़ना** 1 घाटा होना 2 फ़र्क होना 3 शिकन आना

बलकाना–(अ० क्रि०) 1 उबलना, खौलना 2 जोश में आना, उमगना 3 बलबलाना

बलकाना–(स० क्रि०) 1 उबालना, खौलना 2 उभाड़ना 3 उमंग में लाना

बलग़म–*अ०* (पु०) कफ़, श्लेष्मा
बलद–I *सं०* (पु०) 1 बैल 2 जीवक 3 गृहाग्नि का एक भेद II (वि०) बल देनेवाला
बलदिया–(पु०) 1 चरवाहा 2 बनजारा
बलना–(अ० क्रि०) जलना, दहकना
बलबलाना–I (अ० क्रि०) ऊँट का बोलना II(अ० क्रि०) बड़बड़ाना III (अ० क्रि०) उफनना
बलबलाहट–I (स्त्री०) बलबलाने से होनेवाला शब्द II (स्त्री०) बिलबिलाहट III (स्त्री०) बड़बड़ाहट
बलभी–(स्त्री०) 1 सबसे ऊपर की छत 2 सबसे ऊपर का कमरा
बलमीक–(पु०) बाँबी
बलवत्–*सं०* (वि०) = बलवान्
बलवती–*सं०* (स्त्री०)/(वि०) अत्यंत प्रबल (जैसे-बलवती इच्छा)
बलवत्ता–*सं०* (स्त्री०) शक्तिमत्ता
बलवा–*फ़ा०* (पु०) 1 दंगा-फ़साद, उपद्रव 2 बग़ावत विप्लव, विद्रोह
बलवाई–*फ़ा० + हिं०* (पु०) 1 बलवा करनेवाला 2 विद्रोही, बाग़ी
बलवान्–*सं०* (वि०) 1 ताक़तवाला 2 मज़बूत
बलसुम–(वि०) बलुआ
बलस्थ–I *सं०* (वि०) मज़बूत II (पु०) सिपाही
बला–*अ०* (स्त्री०) 1 आपत्ति, आफ़त 2 भूत-प्रेत-बाधा 3 रोग-व्याधि 4 अत्यधिक कष्ट देनेवाली वस्तु, व्यक्ति। ~**उतरना** विपत्ति आना, दैवकोप होना; ~**का** गजब का; **(मेरी)** ~**जाने** मैं न तो जानता हूँ और न जानने की गरज़ है; ~**टलना** विपत्ति से छुटकारा मिलना; ~**पीछे लगना** बखेड़ा साथ होना; ~**मोल लेना** जान-बूझकर झंझट-झमेले में पड़ना; **(मेरी)** ~**से** कुछ परवा नहीं; **बलायें लेना** किसी का संकट अपने ऊपर लेना
बलाक–*सं०* (पु०) बगला
बलाका–(स्त्री०) मादा बगला
बलाघात–*सं०* (पु०) 1 कार्य, वस्तु आदि पर साधारण से कुछ अधिक बल लगाने का भाव 2 मनोभावों, विचार आदि के महत्त्व को समझाने हेतु उनपर विशेष ज़ोर देना 3 स्वराघात
बलात्–*सं०* (क्रि० वि०) 1 बलपूर्वक 2 हठपूर्वक। ~**कार** (पु०) 1 ज़बरदस्ती करना 2 बल-प्रयोग 3 स्त्री की इच्छा विरुद्ध बलपूर्वक किया गया संभोग; ~**कृत** (वि०) बलात्कार किया गया
बलात्काराभिगम–*सं०* (पु०) बलपूर्वक किया जानेवाला संभोग
बलात्मक–*सं०* (वि०) बलपूर्ण
बलात्सत्तापहरण–*सं०* (पु०) बलपूर्वक सत्ता छीन लेना, कूडेटा
बलादवतरण–*सं०* (पु०) हवाई जहाज़ का हठात् भूमि पर उतर पड़ना
बलादवतरित–*सं०* (वि०) भूमि पर उतरने को बाध्य हुआ
बलादग्रहण–*सं०* (पु०) बलपूर्वक ले लेना
बलाधिक–*सं०* (वि०) अधिक बलवाला
बलाधिकरण–*सं०* (पु०) 1 सैनिकबल 2 सैनिक कार्रवाई
बलाधिकृत–*सं०* (पु०) सेना का सर्वोच्च पदाधिकारी
बलाधिक्य–*सं०* (पु०) बल की अधिकता
बलाध्यक्ष–*सं०* (पु०) सेनापति
बलान्वित–*सं०* (वि०) 1 बल से युक्त 2 बलशाली
बलाबल–*सं०* (पु०) बल एवं बल का अभाव
बलि–*सं०* (पु०) 1 कृष्ण द्वारा छला गया पाताल लोक का राजा एवं विरोचन का पुत्र 2 नैवेद्य, भोग 3 देवता पर चढ़ाई गई वस्तु, चढ़ावा 4 बलिपशु 5 आत्मबलि 6 बल, सिकुड़न। ~**कर** (वि०) बलि चढ़ानेवाला; ~**कर्म** (पु०) बलि देने का काम; ~**ग्रास** (पु०) बलि के रूप में दिया जानेवाला कौर; ~**दान** (पु०) 1 देवता के उद्देश्य से किया गया पशुवध 2 कुर्बानी 3 पूजन सामग्री का अर्पण; ~**दानी** *+ हिं०* I (वि०) 1 बलिदान का 2 बलिदान करनेवाला II (स्त्री०) बलिदान; ~**पशु** (पु०) देवता के नाम पर वध किया जानेवाला पशु; ~**प्रदान** (पु०) = बलिदान; ~**मंदिर** (पु०) पाताल लोक; ~**वेदी** (स्त्री०) बलि चढ़ाने का चबूतरा
बलिष्ठ–*सं०* (वि०) सर्वाधिक शक्तिशाली
बलिष्ठातिजीवन–*सं०* (पु०) सामाजिक एवं प्राकृतिक जीवन संघर्ष में केवल बलिष्ठ एवं योग्य लोगों का जीवित रहना, सर्वाइवल ऑफ दी फिटेस्ट
बलिहारी–(स्त्री०) कुर्बान जाना, निछावर होना
बली–*सं०* (वि०) बलशाली, बलवाला
बलीन–I *सं०* (पु०) **बिच्छू** II (वि०) बलवान्
बलुआहा–(पु०) बालू का मैदान
बलुआ–I (वि०) बालू मिला हुआ II (वि०) रेतीली भूमि
बलूच–(पु०) बलूचिस्तान में बसनेवाली एक जाति
बलूची–I (पु०) बलूचिस्तान का निवासी II (स्त्री०) बलूचिस्तान की भाषा
बलूत–*अ०* (पु०) माजूफल जाति का एक पेड़
बलून–*अं०* (पु०) बेलून
बलूला–(पु०) बुलबुला
बलेंडा–(पु०) छप्पर की मेंड़ या बीच का बड़ा बाँस
बलैया–*अ० + हिं०* (स्त्री०) बला, बलाय। ~**लेना** बलिहारी जाना
बलोच–(पु०) = बलूच
बल्कस–*सं०* (पु०) आसव की तलछट
बल्कि–*फ़ा०* (क्रि० वि०) 1 प्रत्युत, वरन् (जैसे-मैं नहीं बल्कि आप ही वहाँ जाइएगा) 2 अच्छा हो कि
बल्ब–*अं०* (पु०) 1 बिजली की बत्ती युक्त पतले शीशे का खोखला लट्टू (जैसे-बल्ब जलना) 2 शीशे की नली का चौड़ा भाग
बल्य–I *सं०* (वि०) 1 बलकारक 2 बलवान् II (पु०) वीर्य, शुक्र
बल्लम–(पु०) बरछा, भाला। ~**धारी** *+ सं०* (पु०) बल्लम धारण करनेवाला; ~**बरदार** *+ फ़ा०* (पु०) बल्लम लेकर चलनेवाला अनुचर
बल्लमटेर–*अं०* (पु०) स्वयंसेवक सैनिक

बल्ला–(पु०) 1 गेंद मारने का चपटा डंडा, बैट 2 लंबी, सीधी एवं मोटी लकड़ी, लट्ठा 3 नाव खेने का डंडा
बल्ली–(स्त्री०) 1 छोटा बल्ला 2 नाव खेने का बाँस.
बल्लेबाज़–*हिं० + फ़ा०* (पु०) (क्रिकेट के खेल में) बल्ले से खेलनेवाला
बल्लेबाज़ी–*हिं० + फ़ा०* (स्त्री०) बल्ले से खेलना
बवँड़ना–(अ० क्रि०) *बो०* इधर-उधर घूमना, मारा-मारा फिरना
बवंडर–(पु०) 1 आँधी-तूफ़ान 2 चक्रवात 3 उपद्रव
बवँड़ियाना–(अ० क्रि०) = बवँड़ना
बवाई–(स्त्री०) पैर की एड़ी फटने का एक रोग
बवाल–(पु०) झंझट
बवासीर–*अ०* (स्त्री०) गुदेन्द्रिय में मसे निकलने का रोग, पाइल्स
बशर्तेकि–*फ़ा० + अ० + फ़ा०* (क्रि० वि०) शर्त यह है कि
बसंत–*सं०* (पु०) वसंत ऋतु
बस–I (पु०) अधिकार, शक्ति (जैसे-यह काम मेरे बस का नहीं है)
बस–II *फ़ा०* (क्रि० वि०) 1 पर्याप्त है कि 2 समाप्ति सूचक एक अव्यय (जैसे-अब बस करो) 3 केवल, सिर्फ़ (जैसे-बस पाँच रुपए देना) **बस** III (वि०) 1 पर्याप्त, यथेष्ट 2 समाप्त, खत्म
बस–IV *अं०* (स्त्री०) बड़ी मोटर गाड़ी (जैसे-परिवहन निगम की बस)। ~**कंडक्टर** (पु०) बस का गार्ड; ~**कंडक्टरी** *+ हिं०* (स्त्री०) बस गार्ड का काम; ~**चालक** *+ सं०* (पु०) बस चलानेवाला व्यक्ति; ~**सर्विस** (स्त्री०) बस की नौकरी; ~**स्टाप** (पु०) बस अड्डा; ~**स्टैंड** (पु०) बस के खड़े होने का स्थान
बसना–I (अ० क्रि०) 1 निवास करना, रहना (जैसे-गाँव से नगर में बसना) 2 टिकना ठहरना (जैसे-रात को होटल में बसना) 3 आबाद होना (जैसे-जंगल में भी लोग जाकर बस गए) 4 स्थित होना (जैसे-प्रेमिका की सूरत आँखों में बसना) 5 बैठना, जमना (जैसे-आपकी बात में मन में बस गई) महक से भरना (जैसे-इत्र से बसे हुए कपड़े) II 1 बेठन 2 थैली 3 रुपए रखने की थैली
बसनी–(स्त्री०) रुपए रखने की लंबी थैली
बसर–(स्त्री०) 1 जीवन निर्वाह 2 गुज़ारा
बसवार–(पु०) छौंक, बघार
बसवास–(पु०) 1 निवास, रहना 2 ढंग, रहन-सहन
बसह–(पु०) बैल
बसाँधा–(वि०) सुगंधित, सुवासित
बसा–I (स्त्री०) 1 बर्रै, भिड़
बसा–II **(स्त्री०)** वसा, चरबी
बसात–*अ०* (स्त्री०) = बिसात
बसाना–I (स० क्रि०) 1 जीवन निर्वाह हेतु उचित साधन देना (जैसे-शरणार्थियों को बसाना) 2 व्यवस्था करना (जैसे-शहर बसाना) 3 घर-गृहस्थी से युक्त करना (जैसे-परिवार बसाना) 4 टिकाना, ठहराना (जैसे-इन्हें धर्मशाला में बसा देना) 5 स्थान देना (जैसे-दिल में बसाना) 6 दृढ़तापूर्वक स्थित करना (जैसे-उपदेश को मन में बसाना) 7 आबाद करना 8 स्थापित करना II (स० क्रि०) गंध से युक्त करना
बसाव–(पु०) नित्रास
बसियाना–I (अ० क्रि०) *बो०* बासी होना II (स० क्रि०) बासी करना III (अ० क्रि०) गंधयुक्त होना
बसीठ–(पु०) 1 दूत 2 पैगंबर
बसीठी–(स्त्री०) दूत का काम
बसूला–(पु०) लकड़ी छीलने और गढ़ने का एक औज़ार
बसूली–(स्त्री०) 1 छोटा बसूला 2 ईंट गढ़ने का एक औज़ार
बसेरा–I (पु०) 1 मार्ग में ठहरने की जगह 2 अस्थायी निवास 3 पक्षियों के रात बिताने का स्थान (जैसे-बसेरा करना) II (वि०) विश्राम हेतु ठहरनेवाला
बसोबास–(पु०) 1 निवास 2 निवास-स्थान
बसौंधी–(स्त्री०) रबड़ी
बस्ट–*अं०* (पु०) मुख एवं छाती के ऊपरी भाग की बनाई गई आकृति
बस्ता–*फ़ा०* (पु०) 1 पुस्तक आदि रखने का कपड़े का चौकोर टुकड़ा, बेठन 2 बेठन में बँधी पुस्तकें, काग़ज़-पत्र 3 बेठन के आकार का उपकरण
बस्ती–(स्त्री०) 1 आबादी (जैसे-घनी बस्ती) 2 गाँव (जैसे-हरिजन बस्ती)
बहँगा (पु०), **बहँगी**–(स्त्री०) काँवर। ~**बरदार** *+ फ़ा०* (पु०) काँवर उठानेवाला, कहार
बहक–(स्त्री०) 1 बहकने का भाव 2 पथभ्रष्टता 3 बढ़-बढ़कर की जानेवाली बातें, बड़बड़ाहट
बहकना–(अ० क्रि०) 1 पथभ्रष्ट होना 2 भुलावे में आना, धोखा खाना 3 बढ़-बढ़कर बोलना, अंड-बंड बकना
बहकाना–(स० क्रि०) 1 बहकने में प्रवृत्त करना 2 चकमा देना, धोखा देना, भरमाना 3 बहलाना (जैसे-बच्चे को बहकाना)
बहकावट–(स्त्री०) बहकाने का भाव
बहकावा–(पु०) भुलावा
बहत्तर–I (वि०) सत्तर से दो अधिक II (पु०) 72 की संख्या
बहन–(स्त्री०) = बहिन
बहना–(अ० क्रि०) 1 प्रवाहित होना (जैसे-खून बहना, जल बहना) 2 धारा में आगे बढ़ना (जैसे-नदी में नाव बहना) 3 मवाद रसना (जैसे-फोड़ा बहना) 4 हवा चलना 5 आचरण भ्रष्ट होना (जैसे-वह लड़का तो अब बह चला) 6 अत्यधिक व्यय होना (जैसे-रुपए बहना) 7 पतित होना, विकृत होना 8 डूब जाना (जैसे-लड़का नदी में बह गया)
बहनापा–(पु०) बहिन का नाता, संबंध
बहनेला–(पु०) बहन का संबंध
बहनेली–(स्त्री०) बनाई गई बहन
बहनोई–(पु०) बहन का पति
बहनौता–(पु०) बहन का लड़का, भांजा
बहनौरा–*बो०* (पु०) बहन की ससुराल
बहर-सूरत *फ़ा० + अ०*, **बहर-हाल**–*फ़ा० + अ०* (क्रि० वि०) हर हालत में, जैसे भी हो
बहरा–(वि०) 1 न सुननेवाला (जैसे-जन्म से बहरा) 2 अनसुनी करनेवाला, ध्यान न देनेवाला 3 ऊँचा सुननेवाला। ~**पन** (पु०) बहरा होने का भाव; ~**बनना** अनसुनी करना
बहराना–I (स० क्रि०) 1 बहलाना 2 बहरियाना II (पु०)

बो॰ नगर की सीमा के बाहर का भाग

बहरियाना–I (स॰ क्रि॰) *बो॰* 1 बाहर करना 2 अलग करना, जुदा करना II (अ॰ क्रि॰) 1 बाहर होना 2 अलग होना

बहरी–(स्त्री॰) बाज़ जैसा एक शिकारी पक्षी

बहरूप–(पु॰) 1 बैलों का व्यवसाय करनेवाला व्यक्ति 2 बैलों का पेशा करनेवाली एक जाति

बहल–(स्त्री॰) बैलगाड़ी, बहली। ~**ख़ाना** + *फ़ा॰* (पु॰) गाड़ीख़ाना

बहलना–(अ॰ क्रि॰) मनोरंजन होना (जैसे-मन-बहलना)

बहलवान–(पु॰) बहल हाँकनेवाला

बहलाना–(स॰ क्रि॰) 1 दिल खुश करना, मनोरंजन करना 2 भुलावा देना, बहकाना (जैसे-बच्चे को बहलाना)

बहलाव–(पु॰) मन का बहलना

बहलावा–(पु॰) बहकावा

बहली–(स्त्री॰) सवारी बैलगाड़ी

बहस–*अ॰* (स्त्री॰) 1 बातचीत, तर्क-वितर्क 2 सवाल-जवाब (जैसे-अदालत में बहस करना) 3 लड़ाई-झगड़ा (जैसे-मूर्खों से बहस मत करो)। ~**मुबाहिसा** (पु॰) वाद-विवाद, शास्त्रार्थ

बहसा-बहसी–*अ॰ + हिं॰* (स्त्री॰) वाद विवाद

बहा–(पु॰) नहर

बहाउ–*बो॰* (पु॰) = बहाव

बहाऊ–(वि॰) 1 बहाए जाने योग्य 2 बहानेवाला

बहादुर–*फ़ा॰* (वि॰) वीर, शूर

बहादुराना–I *फ़ा॰* (वि॰) वीरों का, वीरों जैसा II (क्रि॰ वि॰) वीरतापूर्वक

बहादुरी–*फ़ा॰* (स्त्री॰) वीरता, शूरता

बहाना–I (स॰ क्रि॰) 1 धारा रूप में चलाना (जैसे-जल बहाना, दूध बहाना) 2 ढालना (जैसे-आँसू बहाना) 3 बहने के लिए धारा में डालना (जैसे-नाले में कूड़ा बहाना) 4 बर्बाद करना (जैसे-व्यर्थ के सामान में पैसा बहाना) 5 बहुत ही गया-बीता कर देना (जैसे-इसकी काली करतूतों ने घर बहा दिया)

बहाना–II *फ़ा॰* (पु॰) अवास्तविक बात, मिथ्या बात (जैसे-पेट में दर्द का बहाना करना)

बहानेबाज़ी–*फ़ा॰* (स्त्री॰) बहाना करना

बहार–*फ़ा॰* (स्त्री॰) 1 बसंत ऋतु (जैसे-फूलों की बहार) 2 आनंद, प्रफुल्लता 3 खिलती हुई जवानी, उभरता यौवन 4 शोभा, सुंदरता (जैसे-संगीत की बहार)

बहारना–(स॰ क्रि॰) = बुहारना

बहाल–*फ़ा॰ + अ॰* (वि॰) 1 पूर्व स्थिति को प्राप्त (जैसे-हड़ताली कर्मचारियों को बहाल करना) 2 ज्यों का त्यों (जैसे-अदालत ने फ़ैसला बहाल रखा) 3 प्रफुल्लित एवं प्रसन्न (जैसे-प्रभु दर्शन से तबीयत का बहाल रहना) 4 भला-चंगा, स्वस्थ (जैसे-बहाल रहना)

बहाली–I *बो॰* (स्त्री॰) 1 धोखे में रखना 2 धोखे की बात, झाँसा-पट्टी 3 बहाना

बहाली–II *फ़ा॰ + अ॰* (स्त्री॰) 1 बहाल करना 2 पूर्व स्थिति में लाना 3 प्रसन्नता 4 आरोग्य, तंदुरुस्ती

बहाव–(पु॰) 1 प्रवाह 2 धारा (जैसे-नदी का बहाव) 3 गति (जैसे-हवा का बहाव)

बहिः–*सं॰* (क्रि॰ वि॰) बाहर। ~**स्थ** (वि॰) बाहर का

बहिन–(स्त्री॰) = बहन

बहिनापा–(पु॰) = बहनापा

बहिया–(स्त्री॰) नदी की बाढ़

बहिर:–*सं॰* (वि॰) = बहि। ~**रंग** I (वि॰) बाहरी, बाहर का II (पु॰) 1 बाहरी अंग (जैसे-अंतरंग एवं बहिरंग) 2 औपचारिक कृत्य 3 ऊपर का काम, ऊपरी काम; ~**गत** (वि॰) 1 बाहर निकला हुआ 2 बाहरवाला, बाहर का 3 अलग, जुदा; ~**गमन** (पु॰) बाहर जाना; ~**गमन द्वार** (पु॰) बाहर जाने का दरवाज़ा; ~**गामी** (वि॰) बाहर जानेवाला; ~**जगत्** (पु॰) बाह्य जगत्; ~**द्वारी** (वि॰) घर के बाहर का; ~**भारतीय** (वि॰) बाहर रहनेवाला भारतीय; ~**भूत** (वि॰) 1 बाहर हुआ 2 बाहर का, बाहरी 3 अलग, पृथक्; ~**भूमि** (स्त्री॰) बाहर की भूमि; ~**मनस्क** (वि॰) मनका दूसरी तरफ़ लगा हुआ; ~**मुख, ~मुखी** (वि॰) 1 बाहर की ओर मुँह किया हुआ 2 विमुख 3 विपरीत; ~**यात्रा** (स्त्री॰) विदेश यात्रा; ~**रति** (स्त्री॰) बाहरी अंगों के साथ कामवासना (जैसे-चुंबन, स्पर्श, आलिंगन, कुच मर्दन; ~**रेखा** (स्त्री॰) आकार, रूप बतानेवाली रेखा; ~**लंब** I (वि॰) अधिक कोणवाला II (पु॰) अधिक कोण त्रिभुज; ~**वाणिज्य** (पु॰) विदेश से होनेवाला व्यापार; ~**वासी** (वि॰) बाहर रहनेवाला; ~**व्यसन** (पु॰) लंपटता; ~**व्यसनी** (वि॰) लंपट, व्यभिचारी

बहिला–*बो॰* (वि॰) बच्चा न देनेवाली (गाय, भैंस आदि पशु)

बहिश्–*सं॰* (वि॰) = बहिः

बहिश्चर–I *सं॰* (वि॰) 1 बाहरी 2 बाहर जानेवाला II (पु॰) भेदिया

बहिश्त–*फ़ा॰* (पु॰) = बिहिश्त

बहिष–*सं॰* (वि॰) = बहिः। ~**करण** (पु॰) 1 बाहर करना 2 अलग करना; ~**कार** (पु॰) 1 बाहर निकालना 2 दूर करना 3 त्याग (जैसे-सामाजिक बहिष्कार); ~**कृत** (वि॰) बहिष्कार किया गया

बही–(स्त्री॰) हिसाब-किताब लिखने की पुस्तक। ~**खाता** (पु॰) हिसाब की किताबें

बहीर–(स्त्री॰) 1 सेना के साथ चलनेवाली भीड़ 2 सैनिक सामग्री

बहीरा–(पु॰) = बहेड़ा

बहु–*सं॰* (वि॰) अधिक, अनेक। ~**उत्पादन** (पु॰) अधिक उपज; ~**उद्देश्यीय** (वि॰) अनेक उद्देश्यवाली; ~**करण** (पु॰) बहुत बना देना; ~**कालव्यापी** (वि॰) अधिक समय तक व्याप्त रहनेवाला; ~**कालीन** (वि॰) लंबे समय का (जैसे-बहु कालीन योजना); ~**कुटुंबी** (वि॰) बड़ा परिवारवाला ~**कोशिकी** (वि॰) अनेक कोशोंवाला; ~**क्षम** (वि॰) बहुत सहनेवाला, अत्यंत सहनशील; ~**क्षीरा** बहुत दूध देनेवाली (गाय); ~**खंडी, ~खंडीय** (वि॰) अनेक खंडोंवाला; ~**गुण** (वि॰) 1 अनेक सूतोंवाला 2 अनेक गुणों से संपन्न; ~**गुना** + *हिं॰* (पु॰)

चौड़े मुँह का एक बर्तन; **~ग्रंथि** (पु०) झाऊ का पौधा; **~चरणी, ~चरणीय** (वि०) अनेक पदोंवाला; **~चर्चित** (वि०) जिसकी बहुत चर्चा हुई हो; **~जन** (पु०) अनेक लोग; **~जनन** (पु०) बहुत पैदा करना; **~जन-मान्य** (वि०) बहुत लोगों द्वारा स्वीकृत; **~जल्प** (वि०) बहुत बोलनेवाला, वाचाल; **~जल्पिता** (वि०) बड़बड़िया; **~जातिक, ~जातीय** (वि०) अनेक जाति का; **~ज्ञ** (वि०) 1 अनेक विषयों का ज्ञाता 2 बहुत जाननेवाला; **~ज्ञ-ता** (स्त्री०) अनेक विषयों की जानकारी; **~तंत्री** (वि०) बहुत से तंतुओंवाला; **~तंत्रीक** (वि०) बहुत से तारोंवाला; **~दर्शिता** (स्त्री०) बहुदर्शी होने की अवस्था; **~दर्शी** (वि०) 1 दूरदर्शी 2 बहुज्ञ; **~दायी** (वि०) उदार; **~दिन-व्यापी** (वि०) अनेक दिन तक बना रहनेवाला; **~दुग्धा** (स्त्री०) दुधार गाय; **~देवतावाद, ~देववाद** (पु०) अनेक देवी-देवताओं को माननेवाला धर्म; **~देवोपासना** (स्त्री०) अनेक देवी-देवताओं की आराधना; **~धंधी** + *हिं०* (वि०) 1 अनेक कामों में फँसा रहनेवाला 2 अनेक काम का (जैसे-बहुधंधी योजना); **~धन** (वि०) बहुत धनवाला; **~नामा** (वि०) अनेक नामवाला; **~पक्षी, ~पक्षीय** (वि०) अनेक पक्षोंवाला; **~पठित** (वि०) बहुत पढ़ा हुआ; **~पतिक** (वि०) अनेक पतिवाली; **~पतित्व** (पु०), **~पति-प्रथा** (स्त्री०) अनेक पुरुषों से विवाह कर सामाजिक जीवन व्यतीत करने की प्रथा; **~पत्नीक** (वि०) अनेक पत्नीवाला; **~पत्नीत्व** (पु०), **~पत्नी-प्रथा** (स्त्री०) अनेक स्त्रियों से विवाह कर सामाजिक जीवन व्यतीत करने की प्रथा; **~पद** I (वि०) अनेक पैरोंवाला II (पु०) बरगद; **~पदी** (वि०) अनेक पदवाली; **~परिमाण** (वि०) बहुत लंबा चौड़ा; **~पाद** (पु०) = बहुपद; **~पुत्र** I (वि०) बहुत पुत्रोंवाला II (पु०) सप्तपर्ण; **~पुत्रक** (वि०) अनेक पुत्रवाला; **~प्रकार** (क्रि० वि०) अनेक प्रकार से; **~प्रचलित** (वि०) जिसका चलन अधिक हो; **~प्रतीक्षित** (वि०) जिसकी अधिक प्रतीक्षा की गई हो; **~प्रयोजनीय** (वि०) = बहुउद्देश्यीय; **~प्रसू** (स्त्री०) बहुत से बच्चों की माँ; **~प्राविधिक** (वि०) = बहुशिल्पी; **~प्रिय** (वि०) अत्यंत प्यारा; **~प्रियता** (स्त्री०) बहुत लोगों द्वारा प्रिय होना; **~बल** (वि०) बहुत ताक़तवर; **~भाग** (पु०) अनेक खंड; **~भाज** (पु०) = बहुलक; **~भाषज्ञ** (पु०) अनेक भाषा बोलनेवाला; **~भाषा-भाषी** (वि०) अनेक भाषा बोलनेवाला; **~भाषाविद्** (पु०) = बहुभाषज्ञ; **~भाषिता** (स्त्री०) बहुत बोलना; **~भाषी** (वि०) 1 बहुत बोलनेवाला 2 बकवादी; **~भाषीय** (वि०) अनेक भाषाओंवाला; **~भुज** (वि०) अनेक भुजाओंवाला; **~भुज क्षेत्र** (पु०) *ज्या० ग०* चार से अधिक रेखाओं से घिरा क्षेत्र; **~भुजा** (स्त्री०) दुर्गा; **~भूमिक** (वि०) कई मंज़िलवाला; **~भोक्ता** (वि०) बहुत खानेवाला; **~भोग्या** (स्त्री०) वेश्या; **~भोजी** (वि०) = बहुभोक्ता; **~मंज़िल** + *अं०*, **~मंज़िला** + *अ०* + *हिं०* (वि०) अनेक मंज़िलवाला; **~मत** I (वि०) 1 कई मत रखनेवाला 2 अति सम्मानित II (पु०) 1 अनेक लोगों का मत 2 अनेक मत; **~मत प्राप्त** (वि०) बहुत मत पानेवाला; **~मति** (स्त्री०) इज़्ज़त; **~मल** I (पु०) सीसा नामक धातु II (वि०) अत्यंत मैला; **~मात्र** (वि०) बहुत अधिक मानवाला, ढेर सा; **~मान** (पु०) अत्यधिक मान-सम्मान; **~मानी** (वि०) अत्यंत आदरणीय; **~मान्य** (वि०) सम्मानित; **~मार्ग** I (वि०) अनेक रास्तोंवाला II (पु०) चौराहा; **~मुख** (वि०) 1 कई तरह की बातें कहनेवाला 2 अनेक दिशा में जानेवाला 3 अनेक विषय का ज्ञाता, जानकार; **~मुखी** (वि०) अनेक विषय, दिशा आदि में प्रयुक्त होनेवाली (जैसे-बहुमुखी प्रतिभा); **~मूत्र** (पु०) पेशाब अधिक होने का रोग; **~मूत्र रोगी** (पु०) पेशाब अधिक करनेवाला मरीज; **~मूल** (वि०) अनेक जड़वाला; **~मूल्य** (वि०) अधिक क़ीमतवाला, बेशक़ीमत; **~रंगा** + *हिं०*, **~रंगी** + *हिं०* I (वि०) 1 अनेक रंगोवाला 2 मन-मौज़ी II (पु०) बहुरूपिया; **~राष्ट्रीय** (वि०) अनेक राष्ट्रों का; **~रूप** (वि०) अनेक रूप धारण करनेवाला; **~रूपता** (स्त्री०) बहुरूप होने का भाव; **~रूप-दर्शक** (पु०) अनेक रूप दिखानेवाला (यंत्र); **~रूपिमिक** (वि०) जिसमें अनेक रूपिम (पद या शब्दखंड) हों; **~रूपिया** + *हिं०* I (वि०) 1 अनेक तरह के रूपोंवाला 2 अनेक प्रकार के रूप धारण करनेवाला II (पु०) अनेक रूप धारण करके जीविका चलानेवाला व्यक्ति; **~वचन** (पु०) *व्या०* संज्ञा आदि का एक से अधिक का बोध करानेवाला रूप; **~वार्षिक** (वि०) कई वर्ष तक चलनेवाला; **~विद्** (वि०) = बहुज्ञ; **~विध** I (वि०) अनेक प्रकार का II (क्रि० वि०) अनेक प्रकार से; **~विवाह** (पु०) अनेक विवाह करना; **~व्ययी** (वि०) अधिक ख़र्च करनेवाला, उड़ाऊ; **~व्यापक** (वि०) अधिक विस्तारवाला; **~व्रीहि** (पु०) *व्या०* समास का वह प्रकार जिसमें सभी पदों के योग से भिन्न अर्थ ग्रहण किया जाय (जैसे-चंद्रमौलि, बहुबाहु); **~शक्ति** (वि०) अधिक ताक़तवाला; **~शाखीय** (वि०) कई शाखाओंवाला; **~शिल्प, ~शिल्पी** (वि०) अनेक कलाओंवाला; **~श्रुत** (वि०) 1 अनेक विषय का ज्ञान सुनने एवं उनका स्मरण रखनेवाला 2 विद्वान्, पंडित; **~संख्यक** (वि०) 1 कई संख्यावाला 2 बड़ी संख्यावाला (जैसे-बहुसंख्यक दल); **~संख्या** (स्त्री०) संख्या में अधिकता; **~संतति** (वि०) अधिक संतानवाला; **~संयोजनशील, ~संश्लेषणात्मक** (वि०) जिसमें अनेक शब्द एक में जुड़ गए हों; **~सत्तावाद** (पु०) ये सिद्धांत कि सत्ता एक जगह केंद्रित न होनी चाहिए; **~सम्मति** (स्त्री०) कई राय, अनेक सलाह; **~सोपानीय** (वि०) अनेक सीढ़ियोंवाला; **~स्तरीय** (वि०) अनेक स्तरोंवाला; **~स्वप्न** (पु०) 1 उल्लू 2 शंख; **~स्वामिक** (वि०) अनेक मालिकवाला; **~हेतुक** (वि०) अनेक हेतुओंवाला

बहुटनी–(स्त्री०) बाँह पर पहनने का एक गहना

बहुत–I (वि०) 1 अधिक, ज़्यादा (जैसे-आपसे बहुत दिनों पर भेंट हुई है) 2 उचित से अधिक (जैसे-बहुत बोलना अच्छा नहीं होता) 3 यथेष्ट (जैसे-आधा सेर दूध बहुत है) II (क्रि० वि०) अधिक मात्रा में, ज़्यादा

बहुतांश–*हिं०* + *सं०* (पु०) ज़्यादा भाग

बहुता–*सं०* (स्त्री०) = बहुत्व

बहुताइत, बहुतात, बहुतायत–(स्त्री०) अधिकता, ज़्यादती

बहुतेरा–I (वि०) 1 मान में बहुत अधिक 2 प्रचुर, यथेष्ट II (क्रि० वि०) अनेक प्रकार से

बहुतेरे–(वि०) अत्यधिक, बहुत ज़्यादा

बहुत्व–*सं०* (पु०) आधिक्य, अधिकता। ~**वाद** (पु०) बहुत्ववाद, प्रपंचवाद, ये सिद्धांत कि सृष्टि अनेक तत्त्वों से बनी है

बहुधा–*सं०* (क्रि० वि०) अक्सर, प्रायः

बहुरना–(अ० क्रि०) 1 वापस आना, लौटाना 2 फिर से प्राप्त होना, मिलना

बहुरि–(क्रि० वि०) 1 फिर, पुनः 2 उपरांत

बहुरिया–(स्त्री०) *बो०* नई दुल्हन

बहुरी–*बो०* (स्त्री०) भूना हुआ खड़ा अन्न, चबेना

बहुल–*सं०* (वि०) अधिक, बहुत। ~**ता** (स्त्री०) प्रचुरता, अधिकता; ~**वाद** (पु०) = बहुत्ववाद

बहुलांश–*सं०* (पु०) अधिक भाग, ज़्यादा अंश

बहुलित–*सं०* (वि०) बढ़ाया हुआ

बहुलीकरण–*सं०* (पु०) = बहुकरण

बहुलीकृत–*सं०* (वि०) बढ़ाया हुआ

बहुशः–*सं०* (क्रि० वि०) 1 बहुत बार 2 बहुत तरह से

बहुसंख्य–*सं०* (स्त्री०) अधिक संख्या वाले लोग, मेजोरिटी

बहूटा–*पुं०* बाँह पर पहनने का एक प्रकार का गहना

बहू–(स्त्री०) 1 पुत्र की पत्नी, पतोहू 2 पत्नी, जोरू 3 नव विवाहिता स्त्री, दुलहिन। ~**बेटी** (स्त्री०) बहू और बेटी

बहूपमा–*सं०* (स्त्री०) *साहि०* किसी उपमेय के अनेक उपमानों से युक्त एक अलंकार

बहेंत–(स्त्री०) *बो०* बहकर इकट्ठा हुई मिट्टी

बहेड़ा–(पु०) एक जंगली पेड़ एवं उसका फल (जैसे-हींग-बहेड़ा)

बहेतू–(वि०) 1 इधर-उधर मारा-मारा फिरनेवाला 2 अत्यंत तुच्छ

बहेरी–(स्त्री०) *बो०* बहाना, हीला

बहेलिया–(पु०) चिड़ीमार

बहोरना–(स० क्रि०) *बो०* 1 लौटाना 2 हाँकना

बह–I *अ०* (स्त्री०) शेर का वजन, छंद

बह–II *अ०* (पु०) महासमुद्र

बह्वर्थक–*सं०* (वि०) अनेकार्थक

बाँ–I (पु०) गाय के रँभाने का शब्द II (पु०) बार, दफा

बाँक–I (पु०) 1 टेढ़ापन, वक्रता 2 सरौते की शक्ल का एक औज़ार 3 टेढ़ी छुरी II (वि०) 1 घुमावदार, टेढ़ा 2 बाँका। ~**पन** (पु०) टेढ़ापन

बाँकड़ी–(स्त्री०) सुनहला फीता

बाँकनल–(पु०) सुनारों की फूँक मारने की नली

बाँकना–I (स० क्रि०) *बो०* टेढ़ा करना II (अ० क्रि०) टेढ़ा होना

बाँका–I (वि०) टेढ़ा, तिरछा 2 अनोखा एवं सुंदर (जैसे-बाँकी नज़र) 3 वीर एवं साहसी (जैसे-बाँका सिपाही) II (पु०) 1 लोहे का टेढ़ा एक तरह का हथियार 2 बाँका रखनेवाला बदमाश 3 बदमाश और लुच्चा। ~**तिरछा** (वि०) टेढ़ा मेढ़ा

बाँकिया–(पु०) नरसिंघा नाम का बाजा

बाँकी–I (स्त्री०) छोटा बाँका II (वि०/स्त्री०) = बाक़ी

बाँकुर– (वि०) 1 टेढ़ा 2 नुकीला 3 चतुर

बाँग–*फ़ा०* (स्त्री०) 1 आवाज़ 2 अजान

बाँगड़–(स्त्री०) हरियानी

बाँगडू–(वि०) असभ्य, उजड्ड और पूरा गँवार

बाँगर–(पु०) 1 बाढ़ में न डूबनेवाली ज़मीन, ऊँची ज़मीन 2 एक तरह का बैल

बाँगा–(पु०) *बो०* कपास

बाँगुर–(पु०) फँदा, जाल

बाँचना–I (स० क्रि०) *बो०* 1 पढ़ना 2 पढ़कर सुनाना II (अ० क्रि०) बचना III (स० क्रि०) बचाना

बाँछा–(स्त्री०). वांछा, इच्छा

बाँझ–(स्त्री०) वंध्या। ~**पन** (पु०) बाँझ होना, बंध्यत्व

बाँट–(स्त्री०) 1 बटवारा 2 हिस्सा, भाग 3 ताश आदि पत्तों का बाँटा जाना। ~**चूँट** (स्त्री०) बटवारा, हिस्सा-बखरा; ~**बूँट** (स्त्री०) = बाँट-चूँट

बाँटना–(स० क्रि०) 1 हिस्सा करना, कई भाग करना 2 वितरण करना (जैसे-प्रसाद बाँटना)

बाँटा–(पु०) 1 बाँट 2 हिस्सा, भाग 3 गाने बजानेवालों का अपना अपना पुरस्कार

बाँड–*अं०* (पु०) ऋणपत्र

बाँड़–(पु०) दो नदियों के संगम के बीच की भूमि

बाँड़ा–I (पु०) 1 पूँछ कटा पशु 2 असहाय व्यक्ति II (वि०) 1 पूँछ कटा, बिना दुमवाला 2 असहाय

बाँड़ी–(स्त्री०) 1 बिना पूँछ की गाय 2 छोटी लाठी। ~**बाज़** (पु०) 1 लट्ठबाज़, लठैत 2 शरारती

बाँदी–(स्त्री०) दासी, लौंडी। ~**का बेटा** 1 तुच्छ, हीन 2 अधीन किया हुआ 3 दोगला, वर्णसंकर

बाँध–(पु०) 1 जलाशय का जल रोकने हेतु पत्थर आदि का बनाया गया धुस, बंद, पुश्ता, डैम (जैसे-नदी पर बाँध बनाना) 2 बंधन 3 बाँधने का भाव

बाँधना–(स० क्रि०) 1 लपेटना (जैसे-ज़ख्म पर पट्टी बाँधना) 2 आबद्ध करना (जैसे-कमर में पेटी बाँधना) 3 संबद्ध करना 4 फंदे में फँसाना (जैसे-गाय बाँधना) 5 सीमा में बंद रखना (जैसे-नदी पर बाँध बाँधना) 6 बंधन में डालना, बंधुआ बनाना 7 तंत्र-मंत्र के द्वारा नियंत्रित करना 8 वश में करना (जैसे-प्रेम सूत्र में बाँधना) 9 सोच-समझकर स्थिर करना (जैसे-मंसूबा बाँधना) 10 नियत करना (जैसे-मज़ूरी बाँधना) 11 व्यवस्थित करना 12 जोड़ना, बटोरना (जैसे-दल बाँधना) 13 बनाना (जैसे-मोरचा बाँधना) 14 ढाँचा खड़ा करना (जैसे-रूपक बाँधना)। ~**छाँदना** (स० क्रि०) बाँधना बूँधना

बाँधनू–(पु०) 1 उपक्रम, मंसूबा 2 मन में बनाई गई योजना 3 मनगढ़ंत बात 4 झूठा अभियोग 5 बाँधकर रंगा गया कपड़ा 6 लहरियादार रँगाई में कपड़े को जगह-जगह बाँधना, टाई एंड डाई)

बांधव–*सं०* (पु०) 1 भाई बंधु 2 नाते-रिश्ते के लोग, संबंधीजन 3 घनिष्ठ मित्र

बांधवक–*सं०* (वि०) बांधव संबंधी

बांधव्य–*सं०* (पु०) 1 बंधु होने का भाव, बंधुता 2 रक्त-संबंध

बाँब–(स्त्री०) साँप के आकार की एक मछली

बाँबी–(स्त्री०) 1 दीमकों द्वारा बनायी गयी मिट्टी की रेखाकार आकृति, बँबीठा 2 सर्प का बिल

बाँस–(पु०) 1 तिनके की जाति का एक लंबा, सीधा, गिरहदार पौधा 2 सवा तीन गज की लंबाई की एक नाप, लाठी। ~**पूर** (पु०) एक तरह का बढ़िया महीन मलमल; ~**फल** (पु०) एक प्रकार का धान, बाँसी

बाँसली–(स्त्री०) एक तरह की जालीदार लंबी पतली थैली

बाँसा–I (पु०) 1 रीढ़ की हड्डी 2 नाक के ऊपर की हड्डी। (पु०) ~**फिर जाना** नाक की हड्डी का टेढ़ा हो जाना

बाँसा–II (पु०)1 बाँस का बना चोंगेके आकार का एक छोटा नल, अरना 2 पियाबाँसा नाम का पौधा 3 इस पौधे का फूल

बाँसी–(स्त्री०) 1 एक तरह का छोटा, पतला और मुलायम बाँस 2 हल्के काले बालवाला गेहूँ 3 एक प्रकार का सुगंधित, मुलायम और स्वादिष्ट धान 4 एक तरह की मोटे एवं कड़े डंठलवाली घास

बाँसुरी– (स्त्री०) वंशी, मुरली

बाँह–(स्त्री०) 1 कंधे से लेकर कलाई के बीच का भाग, भुजा, बाहु 2 कमीज़, कुरते आदि का बाँह ढकनेवाला अंश 3 भरोसा, शरण। ~**कटा** (वि०) बिना बाँह का; ~**बोल** (पु०) रक्षा करने का वचन; ~**की छाँह लेना** शरण में आना; ~**गहना,** ~**पकड़ना** 1 भरण-रक्षण की ज़िम्मेदारी लेना 2 अपनाना 3 विवाह करना; ~**चढ़ाना** 1 लड़ने को तैयार होना 2 काम करने को उद्यत होना; ~**बुलंद होना** 1 साहस करना 2 उदार होना; ~**में भरना** 1 आलिंगन करना 2 गले लगाना

बाँहाँ-जोड़ी–I (क्रि० वि०) साथ-साथ II (स्त्री०) कंधे से कंधा मिलाकर खड़े होने की मुद्रा

बा–I *फ़ा०* (क्रि० वि०) साथ, सहित (जैसे बा-अदब, बा-असर) II (स्त्री०) बाई का संक्षिप्त रूप। ~**असर** + *अ०* (वि०) प्रभावशाली; ~**क़ायदा** + *अ०* I (वि०) नियमित II (क्रि० वि०) नियम के अनुरूप, नियमानुसार (जैसे-बाक़ायदा सलाम करना); ~**ज़ाब्ता** + *अ०* I (क्रि० वि०) नियम के अनुरूप (जैसे-बाज़ाब्ता नक़ल करना) II (वि०) नियमयुक्त; ~**मुराद** + *अ०* (वि०) पूर्ण कामनावाला; ~**मुहावरा** + *अ०* (वि०) मुहावरायुक्त

बाइगी–(स्त्री०) व्यर्थ की बात, बकवाद

बाइबल, बाइबिल–*अं०* (स्त्री०) ईसाइयों की प्रसिद्ध धर्म पुस्तक

बाइस–*अ०* (पु०) कारण, सबब, वज़ह

बाइसिकिल–*अं०* (स्त्री०) दो पहियों की पैर से चलनेवाली गाड़ी, साइकिल

बाइस्कोप–*अं०* (पु०) तस्वीर दिखाने का एक यंत्र, चित्रदर्शी

बाईं–(स्त्री०) बायाँ

बाई–I (स्त्री०) 1 स्त्रियों का एक आदरसूचक शब्द (जैसे-लक्ष्मीबाई, जोधाबाई) 2 नाचने-गानेवाली वेश्याओं के साथ लगनेवाला शब्द (जैसे-चंपाबाई, चमेलीबाई) II 1 हवा, वायु 2 वात व्याधि

बाईकाट–*अं०* (पु०) = बायकाट

बाईस–I (वि०) बीस से दो ज़्यादा II (पु०) 22 की संख्या

बाउर–(वि०) 1 बावला, पागल 2 भोला-भाला 3 मूर्ख, बेवकूफ़ 4 गूँगा

बाऊ–(पु०) हवा, पवन

बाएँ–(क्रि० वि०) बाएँ हाथ की तरफ़ (जैसे-बाएँ घूमना)

बाकरख़ानी–(स्त्री०) एक तरह की मुसलमानी रोटी

बाकल–(पु०) *बो०* छाल, वल्कल

बाकली–(स्त्री०) एक प्रकार का वृक्ष जिसके पत्ते रेशम के कीड़े खाते हैं

बाकिरा–*अ०* (स्त्री०) 1 कुमारी 2 अनबिधा मोती

बाक़ी–I *अ०* (वि०) 1 बचा हुआ, शेष 2 बिना चुकाया हुआ 3 लेन-देनवाला (जैसे-खाते में सौ रुपए हमारे नाम बाक़ी है) 4 व्यतीत न हुआ हो (जैसे-महीना ख़त्म होने में चार दिन बाक़ी हैं) 5 सबसे अंत में होनेवाला (जैसे-अब तो मरना बाक़ी है) II (स्त्री०) 1 *ग०* घटाना (जैसे-जोड़ बाक़ी) 2 *ग०* बड़ी तथा छोटी संख्या का अंतर (जैसे-सात में पाँच गया बाक़ी बचा दो) 3 न वसूली गई रक़म 4 अवशेष III (क्रि० वि०) परंतु , मगर। ~**दार** + *फ़ा०* (वि०) लगान देनेवाला; ~**दारी** + *फ़ा०* (स्त्री०) लगान देना

बाकुंभा–(पु०) कुंभी के फूल का सुखाया केसर

बाक्सिंग–*अं०* (स्त्री०) मुक्केबाज़ी

बाग–(स्त्री०) लगाम, रास। ~**डोर** (स्त्री०) लगाम में बाँधी जानेवाली रस्सी; ~**उठाना** चल पड़ना; ~**हाथ से छूटना** 1 बेकाबू होना 2 मौक़ा हाथ से निकल जाना

बाग़–*फ़ा०* (पु०) उपवन, वाटिका। ~**दार** (पु०) बाग़ का स्वामी; ~**बाग़** (वि०) अत्यधिक प्रसन्न, प्रमुदित; ~**बान** (पु०) माली; ~**बानी** (स्त्री०) बाग़बान का काम

बागड़–(पु०) उजाड़ क्षेत्र

बागर–(पु०) नदी के किनारे की वह ऊँची भूमि जहाँ बाढ़ का पानी भी न पहुँच सके

बागा–(पु०) एक पुराना लंबा पहनावा

बाग़ान–*फ़ा०* (पु०) बग़ीचे (विशेषकर चाय के)। ~**मज़दूर** (पु०) (चाय के) बगीचों के मज़दूर

बाग़ी–*अ०* (पु०) 1 बग़ावत करनेवाला, विद्रोही 2 न दबनेवाला, सरकश

बाग़ीचा–*फ़ा०* (पु०) छोटा बाग़

बाघंबर–(पु०) 1 बाघ की खाल 2 रोयेंदार कंबल

बाघ–(पु०) शेर की जाति का उससे छोटा हिंसक पशु, व्याघ्र

बाघनी–(स्त्री०) व्याघ्री, मादा बाघ

बाघी–(स्त्री०) जाँघ के जोड़ में होनेवाली एक तरह की गिल्टी

बाचना–I (स० क्रि०) बचाना II (स० क्रि०) बाँधना, पढ़ना

बाचना–III (अ० क्रि०) बचना

बाछ–I (स्त्री०) ओंठों का कोना

बाछ–II (पु०) 1 बाछने का काम 2 चंदे, मालगुज़ारी आदि का आनुपातिक पड़ता, बछौरा

बाछ–III (पु०) = बाछा

बाछना–(स० क्रि०) चुनना, छाँटना

बाछा–(पु०) 1 गाय का बच्चा, बछड़ा 2 बच्चों का प्यार का संबोधन। ~**बाछी** (स्त्री०)बाल बच्चे

बाज–I (पु०) घोड़ा II (क्रि० वि०) बिना

बाज़–I *फ़ा०* (पु०) प्रसिद्ध शिकारी एवं हिंसक पक्षी

बाज़–II *फ़ा०* 1 (वि०) 1 वंचित, रहित III प्रत्यय जो शब्द के अंत में लगकर अनेक अर्थ देता है (जैसे-बहानेबाज़, चालबाज़, नशेबाज़)। ~**दावा** *अ०* (पु०) दावा वापस लेना

बाज़–IV *अ०* (वि०) 1 कोई-कोई 2 कुछ-थोड़े V (क्रि० वि०) बग़ैर, बिना

बाजड़ा–(पु०) = बाजरा

बाजना–I (अ० क्रि०) जाना, पहुँचना II (अ० क्रि०) 1 लड़ाई-झगड़ा करना 2 बहस करना III (अ० क्रि०) 1 कहना, बोलना 2 पुकारा जाना 3 आघात लगना

बाजरा–(पु०) अन्न का एक प्रसिद्ध पौधा एवं उसके दाने (जैसे-बाजरे की रोटी)

बाजा–(पु०) बजाने का यंत्र। ~**गाजा** (पु०) अनेक प्रकार के एक साथ बजनेवाले बाजे, धूमधाम

बाज़ाब्ता–(क्रि० वि०) नियमपूर्वक

बाज़ार–फ़ा० (पु०) 1 हाट, मंडी 2 पैंठ। ~**दर** + *हिं०* (स्त्री०) = बाज़ार भाव; ~**बट्टा** + *हिं* (पु०) दे० बट्टा; ~**भाव** + *सं०* बेचने एवं ख़रीदने की प्रचलित दर; (पु०) ~**करना** सामान खरीदने या बेचने हेतु बाज़ार जाना; ~**का गज** इधर-उधर मारा-मारा फिरनेवाला व्यक्ति; ~**की मिठाई** 1 आसानी से मिलनेवाली वस्तु 2 वेश्या; ~**गरम होना** बाज़ार में चहल-पहल होना; **(किसी चीज़ का)** ~**गर्म होना** प्रबलता होना (जैसे-रिश्वत का बाज़ार); ~**गिरना** मंदी होना; ~**तेज़ होना** भाव चढ़ना, बहुत माँग होना; ~**मंदा होना** 1 दाम घटना 2 कम बिक्री होना; ~**में आग लगना** चीज़ों के दाम चढ़ जाना

बाज़ारी–फ़ा० (वि०) 1 बाज़ार का 2 बाज़ार में प्रचलित (जैसे-बाज़ारी बोल-चाल) 3 बाज़ार में बैठनेवाला (जैसे-बाज़ारी औरत) 4 साधारण

बाज़ारू–फ़ा० + *हिं०* (वि०) 1 बाज़ार से संबंधित 2 सभ्य समाज में न होनेवाला 3 घटिया (जैसे-बाज़ारू औरत, बाज़ारू माल)

बाज़ी–I *फ़ा०* (स्त्री०) 1 शर्त 2 दाँव बारी 3 करतब, तमाशा 4 खेल (जैसे-शतरंज की बाज़ी) II (स्त्री०) 1 'बाज' होने का भाव 2 शौकीन होने का भाव (जैसे-पतंगबाज़ी)। ~**गर** (पु०) जादूगर; ~**गरी** (स्त्री०) जादूगर का काम

बाज़ू–फ़ा० (पु०) 1 बाहु, बाँह (जैसे-दाहिना बाज़ू) 2 पक्ष, पार्श्व 3 बाजूबंद नाम का गहना 4 पक्षियों का डैना। ~**बंद** (पु०) भुजबंद; ~**बीर** + *हिं०* (पु०) *बो०* = बाजूबंद

बाझना–(अ० क्रि०) 1 उलझना 2 हाथा बाँही करना

बाट–I (पु०) रास्ता; ~**करना** रास्ता करना; ~**का रोड़ा** बाधक; ~**जोहना,** ~**देखना** प्रतीक्षा करना; ~**परना** डाका पड़ना; ~**पारना** रास्ते में डाका डालना, लूट लेना; ~**लगाना** 1 रास्ता दिखलाना 2 मूर्ख बनाना

बाट–II (पु०) 1 बटखरा 2 बट्टा

बाट–III (स्त्री०) 1 डोरी आदि का बटना 2 ऐंठन बल IV (स्त्री०) पीसने की क्रिया

बाटना–I (स० क्रि०) पीसना, चूर्ण करना

बाटना–II (स० क्रि०) बटना

बाटनी–अं० (स्त्री०) वनस्पति शास्त्र

बाटली–I *अं०* (स्त्री०) जहाज़ के पाल में ऊपर लगा रस्सा II बोतल

बाटी–(स्त्री०) 1 गोली, पिंड 2 सेंका हुआ आटे का गोलाकार लोंदा (जैसे-बाटी दाल) 3 चौड़े मुँह की बड़ी कटोरी

बाड़–(स्त्री०) झाड़बंदी (जैसे-काँटेदार तारों की बाड़)

बाड़ा–(पु०) 1 घेरा 2 पशुशाला

बाडिस–अं० (स्त्री०) स्त्रियों की विलायती ढंग की अँगिया

बाड़ी–(स्त्री०) 1 वाटिका, फुलवारी 2 घर, मकान (जैसे-ठाकुर बाड़ी)

बाडी–अं० (स्त्री०) चोली, अँगिया

बाडी-गार्ड–अं० (पु०) अंगरक्षक

बाढ़–I (स्त्री०) नदी आदि के जल का फैलना, सैलाव 2 बढ़ाव, वृद्धि 3 बहुतायत, अधिकता। ~**ग्रस्त** + *सं०* (वि०) बाढ़ पीड़ित; ~**पीड़ित** + *सं०* (वि०) बाढ़ से दुःखी, बाढ़ में फँसा हुआ

बाढ़–II (स्त्री०) धार (जैसे-चाकू की बाढ़)। ~**दार** + *फ़ा०* (वि०) धारवाला

बाढ़ी–(स्त्री०) 1 बढ़ती, वृद्धि 2 ब्याज 3 लाभ

बाढ़ीवान–(पु०) *बो०* धार तेज़ करनेवाला

बाण–सं० (पु०) 1 तीर, शर, सायक (जैसे-धनुष-बाण) 2 बाण का फल, गाँसी 3 निशाना, लक्ष्य

बात–I (स्त्री०) 1 सार्थक वाक्य, कथन, वचन 2 चर्चा, प्रसंग 3 विषय, मामला 4 घटना 5 संयोग, प्रसंग 6 बहाना (जैसे-बात बनाना) 7 मतलब, तात्पर्य 8 आदेश (जैसे-बड़ों की बात मानना) 9 संदेशा (जैसे-सारी बात बता देना) 10 इच्छा, कामना। ~**चीत** (स्त्री०) वार्तालाप (जैसे-बातचीत करना) ~**फ़रोश** (पु०) बात गढ़नेवाला; ~**आँचल में बाँधना** दे० बात गाँठ बाँधना; ~**आना** चर्चा छिड़ना; **(किसी पर)** ~**आना** दोषारोप होना; ~**आ पड़ना** 1 प्रसंग आना 2 संयोग उपस्थित होना; ~**उठना** चर्चा चलना, ज़िक्र होना; ~**उठाना** 1 चर्चा करना 2 बात न मानना; ~**उड़ना** चर्चा फैलना; ~**उड़ाना** बात टालना; ~**उलटना** 1 बात पलटना 2 विरुद्ध बात कहना; ~**कहते** तुरत, झट; ~**का ओर-छोर** बात का मतलब; ~**काटना** बीच में बोलना, टोकना; ~**का धनी,** ~**का पूरा** कहे को करनेवाला; ~**कान पड़ना** बात की जानकारी होना; ~**का बतंगड़ करना, बनाना** ज़रा सी बात को तूल देना, तिल का ताड़ बनाना; ~**की तह** तात्पर्य; ~**की पुड़िया** बहुत बातूनी; ~**की** ~ तुरंत; ~**खुलना** छिपी बात प्रकट होना; ~**गढ़ना** बात बनाना; ~**गाँठ बाँधना** बात दिल में बैठाना; ~**घूँट जाना** बात पी जाना; ~**चबा जाना** 1 बात बीच में उड़ा जाना 2 बात का रुख़ बदल देना; ~**जाना** 1 साख जाना 2 विश्वास उठना; ~**टलना** कहे मुताबिक न होना; ~**टालना** बात न मानना, अवज्ञा करना; ~**ठहराना** ब्याह निश्चित करना; ~**दुहराना** उलटकर जवाब देना; **(मुँह से)** ~**न आना** मुँह से बोल न निकलना; ~**न करना** घमंड के मारे न बोलना; ~**न पूछना** 1 खोज-ख़बर न लेना 2 ध्यान न देना 3 तुच्छ समझना; ~**निकलना** चर्चा चलना; ~**नीचे डालना** अपनी बात का आग्रह त्यागना; ~**पकड़ना** 1 कथन में गलती बताना 2 नुक्ताचीनी करना; ~**पचना** सुनी बात

किसी अन्य से न कहना; **~पर आना** अपनी बात का पक्ष करना; **~पर जाना** किसी के कहे पर विश्वास करना; **~पर धूल डालना** बात पर ध्यान न देना; **~पर ~निकलना** प्रसंगवश बात कहा जाना; **~पलटना** बात बदलना; **~पाना** असल मतलब समझना; **~पी जाना** बात को सह लेना; **~पूछना** खोज-खबर लेना; **~फेरना** बात पलटना; **~फैलना** चर्चा फैलना; **~बढ़ना** 1 बात का बहस में बदल जाना 2 मामले का तूल पकड़ना 3 सम्मान बढ़ना; **~बढ़ाना** 1 झगड़ा करना 2 मामले को तूल देना; **~बदलना** 1 बात पर कायम न रहना 2 बात का पहलू बदलना; **~बनना** 1 काम बनना 2 मान-साख बढ़ना; **~बनाना** 1 बहाना करना 2 काम सँभालना; **~बात में** हर बात में; **~बिगड़ना** 1 काम बिगड़ना 2 साख नष्ट होना; **~मारना** 1 असल बात छिपा लेना 2 व्यर्थ बोलना; **~मुँह पर लाना** बात बोलना; **~में फ़र्क आना** बात झूठी ठहरना; **~में ~निकालना** बाल की खाल निकालना, खींचना; **~रखना** 1 कहा मान लेना, बात का सम्मान करना 2 मान रखना 3 अपने वचन का पालन करना 4 दुराग्रह करना, हठ करना; **~रहना** 1 वचन का पालन होना 2 प्रतिष्ठा बनी रहना; **~लगना** बात से आहत होना; **~बनाना** 1 बहाना करना 2 चापलूसी करना; **~मिलाना** हाँ में हाँ करना; **~सुनना** कटु वचन सुनना; **~में आना** धोखा खाना; **~में उड़ाना** हँसी में टालना; **~में लगाना** बहलाना

बात–II (पु०) = वात

बाती–(स्त्री०) बत्ती

बातुल–I (वि०) पागल, सनकी

बातुल–(वि०) 1 बकवादी 2 बातूनी

बाथ–*अं०* (पु०) नहाना, स्नान, नहान। **~रूम** (पु०) स्नानागार

बाथू–(पु०) बथुआ नाम का साग

बाद–I *फ़ा०* (पु०) हवा, वायु (जैसे-बाद से बातें करना)। **~बान** (पु०) जहाज़ का पाल, पोतपट; **~बानी** (वि०) 1 बादबान संबंधी 2 बादबान के द्वारा चलनेवाला

बाद–II *अ०* (क्रि० वि०) 1 पीछे, अनंतर 2 अतिरिक्त, सिवा

बादर–*सं०* (वि०) 1 बेर नामक फल का 2 कपास से संबंधित 3 भारी, मोटा

बादल–(पु०) 1 वायुमंडल में संचित घनीभूत वाष्पकण, मेघ (जैसे-आकाश में बादल छा गए) 2 चारों तरफ़ छाया रहनेवाला (जैसे-दुःख के बादल)। **~उठना, ~चढ़ना** बादलों का फैलना; **~गरजना** बादलों के संघर्ष से घोर ध्वनि उत्पन्न होना; **~घिरना** मेघों का छाना; **~छँटना, ~फटना** घटा का बिखरना; **~में थिगली लगाना** कठिन काम करना; **बादलों से बातें करना** आकाश से बातें करना, बहुत ऊँचा होना

बादला–(पु०) कामदानी का तार

बादशाह–*फ़ा०* (पु०) 1 सम्राट् 2 सुल्तान, राजा 3 शतरंज का एक मोहरा 4 ताश का एक पत्ता 5 सरदार। **~ज़ादा** (पु०) राजकुमार, राजपुत्र; **~ज़ादी** (स्त्री०) राजकुमारी, राजपुत्री

बादशाहत–*फ़ा० + अ०* (स्त्री०) 1 बादशाह का पद 2 राजत्व 3 हुकूमत

बादशाही–I *फ़ा०* (वि०) 1 बादशाह का 2 राजोचित II (स्त्री०) 1 राज्य, शासन 2 मनमाना व्यवहार

बादाम–*फ़ा०* (पु०) एक प्रसिद्ध मेवा तथा उसका पेड़ (जैसे-बादाम तोड़ना)

बादामी–*फ़ा०* (वि०) 1 बादाम के रंग का 2 बादाम के आकार-प्रकार का

बादी–I *फ़ा०* (वि०) वायु संबंधी II (स्त्री०) वातकारक उत्पन्न रोग। **~पन** *+ हिं०* (पु०) *चि०* 1 वायु-विकार 2 वायुकारक, वातकारक होना

बादुर–(पु०) चमगादड़

बाध–I *सं०* (पु०) 1 अड़चन, बाधा 2 कठिनता 2 दिक्कत, मुश्किल II (पु०) मूँज की रस्सी

बाधक–*सं०* (वि०) 1 रुकावट डालनेवाला 2 कष्ट देनेवाला 3 अड़चन डालनेवाला

बाधन–*सं०* (पु०) 1 बाधा उत्पन्न करना 2 कष्ट देना 3 अड़चन डालना

बाधयिता–*सं०* (पु०) बाधा डालनेवाला

बाधा–*सं०* (स्त्री०) 1 रुकावट, विघ्न 2 पीड़ा, कष्ट 3 डर, भय। **~दौड़** *हिं०* (स्त्री०) रुकावटों को पार करने की दौड़

बाधित–*सं०* (वि०) 1 अवरुद्ध 2 सीमित 3 ग्रस्त (जैसे-प्रेतबाधित)

बाधिर्य–*सं०* (पु०) बधिरता, बहरापन

बाधी–(वि०) बाधक

बाध्य–*सं०* (वि०) 1 पीड़ित 2 मजबूर, विवश 3 रोकने योग्य

बान–I (स्त्री०) आदत

बान–II (पु०) बाण, तीर

बान–III (पु०) 1 रंग, वर्ण 2 आभा, चमक

बान–IV (पु०) जड़हन के खेत में रोपी हुई धान की जूरी

बान–V (पु०) मूँज की रस्सी, बाध

बान–VI (पु०) 1 वेष 2 सजधज

बानक–I (पु०) 1 भेस, वेष 2 सजावट 3 ढंग, तरीका

बानक–II (पु०) संयोग

बानगी–(स्त्री०) नमूना, सैंपुल

बानर–*सं०* (पु०) बंदर

बानरी–*सं०* (स्त्री०) बंदरिया

बानवे–I (वि०) नब्बे से दो अधिक II (पु०) 92 की संख्या

बाना–I (स० क्रि०) 1 बजाना 2 फैलाना

बाना–II (पु०) 1 पहनावा, पोशाक 2 वेष-विन्यास 3 युद्ध भूमि में पहनने की पोशाक (जैसे-केसरिया बाना) 4 विशेष वस्तुओं का वर्ग (जैसे-बनारसी बाना)

बाना–III (पु०) 1 बुनावट, बुनाई 2 बटा हुआ महीन रेशम 3 पहली जोताई

बाना–IV (पु०) भाले जैसा एक हथियार

बानात–(स्त्री०) = बनात

बानिन–(स्त्री०) बनिया की स्त्री

बानी–I (स्त्री०) 1 वचन (जैसे-मधुर बानी) 2 प्रतिज्ञा रूप में कही गई बात 3 उपदेशात्मक बात

बानी–II *अ०* (वि०) 1 संस्थापक 2 मूल प्रवर्तक

बानू–*फ़ा०* (स्त्री०) भद्र महिला, कुलांगना

बानैत–I (पु०) 1 बाना चलानेवाला व्यक्ति 2 वेष धारण

करनेवाला व्यक्ति II (पु०) 1 तीरंदाज़ 2 सैनिक, योद्धा
बाप–(पु०) पिता, जनक। ~**दादा** पुरखे, पूर्वज; ~**का** पैतृक; ~**की चीज़ समझना** अपनी मिल्कीयत समझना; ~**दादा का नाम डुबाना** कुल की इज़्ज़त मिटाना; ~**बखानना** पूर्वजों को अपशब्द कहना, गाली देना; ~**दादा से** पीढ़ियों से; ~**बनाना** 1 सम्मान करनां 2 चापलूसी करना; ~**रे**, ~**रे बाप** भय सूचक उद्‌गार
बापा–(पु०) बाप, पिता। ~**बैर** (पु०) पुश्तैनी अदावत
बापुरा–(वि०) 1 गरीब 2 बेचारा 3 तुच्छ
बापू–(पु०) 1 बाप, पिता 2 पिता तुल्य वृद्ध पुरुष
बाफ–(स्त्री०) *बो०* भाप
बाबत–I *अ०* (स्त्री०) 1 संबंध 2 विषय II (क्रि० वि०) 1 संबंध में 2 विषय में
बाबरी–(स्त्री०) 1 सिर के लंबे बाल 2 जुल्फ़
बाबा–(पु०) 1 पितामह, दादा 2 वृद्ध पुरुष के लिए किया जानेवाला आदरसूचक संबोधन 3 साधु-महात्माओं के लिए प्रयुक्त आदर सूचक संबोधन 4 लड़कों के लिए प्रयुक्त स्नेहसूचक शब्द
बाबिन–*अं०* (पु०) फिरकी
बाबी–(स्त्री०) *बो०* 1 साधु स्त्री, संन्यासिनी 2 लड़के एवं लड़कियों के लिए स्नेह सूचक संबोधन
बाबुल–(पु०) 1 बाबू 2 पिता
बाबू–(पु०) 1 क्लर्क 2 पिता 3 सम्मानित व्यक्ति। ~**गिरी** + *फ़ा०* (स्त्री०) क्लर्क का काम
बाबूड़ा–(पु०) *बो०* बाबू के लिए उपेक्षा सूचक शब्द
बाबूना–*फ़ा०* (पु०) औषध के काम आनेवाला एक पौधा
बाभन–(पु०) *बो०* 1 ब्राह्मण 2 भूमिहार
बाम–I (स्त्री०) साँप के आकार की एक मछली
बाम–II *फ़ा०* (पु०) 1 अटारी, कोठा, छत 2 साढ़े तीन हाथ का एक पैमाना, पुरसा
बायँ–I (वि०) 1 चूका हुआ 2 बायाँ II (स्त्री०) पशु आदि के मुँह से निकलनेवाला बाँ-बाँ शब्द
बायकाट–*अं०* (क्रि० वि०) बहिष्कार
बायबिल–*अं०* (स्त्री०) = बाइबल
बायलर–*अं०* (पु०) = बैलर
बायला– *बो०* (वि०) वायु का विकार बढ़ानेवाला
बायस्काउट–*अं०* (पु०) बालचर
बायस्कोप–*अं०* (पु०) परदे पर चल-चित्र दिखलाने का एक प्रसिद्ध यंत्र
बायाँ–I (वि०) 1 दाहिना का उलटा, वाम (जैसे-बायाँ अंग) 2 प्रतिकूल, विरुद्ध II (पु०) बाँये हाथ से बजाया जानेवाला तबला। **बाँयें हाथ का काम** बहुत आसान काम
बायोलाजी–*अं०* (स्त्री०) प्राणिविज्ञान
बारंबार–*सं०* (क्रि० वि०) अनेक बार, पुनः-पुनः। ~**ता** (स्त्री०) बारंबार होने का भाव
बार–I *फ़ा०* (स्त्री०) दफ़ा, मर्तबा (जैसे-पहली बार)
बार–II *फ़ा०* (पु०) 1 बोझ, भार 2 माल, सामान 3 फ़सल। ~**गीर** I (वि०) बोझ ढोनेवाला II (पु०) 1 भारवाहक पशु, जानवर 2 घसियारा; ~**दाना** (पु०) 1 रसद 2 बोझ रखने का पात्र आदि; ~**बरदार** I (वि०) बोझ ढोनेवाला II (पु०) मज़दूर; ~**बरदारी** (स्त्री०) 1 सामान ढोने का काम 2 भार की ढुलाई, मज़दूरी 3 ढोने का साधन
बार–III (पु०) दरवाज़ा, द्वार
बार–IV *सं०* (पु०) बाहर (जैसे-घर बार)
बार–V *अं०* (पु०) वकीलों का समूह
बार–VI *अं०* (पु०) मदिरालय। ~**रूम** शराबख़ाना
बारगाह–*फ़ा०* (स्त्री०) 1 इयोढ़ी 2 खेमा, डेरा, तंबू 3 कचहरी, राजदरबार 4 राजमहल
बारजा–(पु०) छतदार बरामदा
बारह–I (वि०) दस से दो अधिक II (पु०) 12 की संख्या। ~**दरी** *फ़ा० + हिं०* (स्त्री०) बारह दरवाज़ोंवाला कमरा; ~**मासा** (पु०) ऐसा पद्य जिसमें बारहों महीने की प्राकृतिक विशेषताओं का वर्णन हो; ~**मासी** (वि०) 1 बारहों मास होनेवाला 2 हमेशा होता रहनेवाला 3 सदाबहार (जैसे-बारहमासी जंगल); ~**वफ़ात** + *अं०* (स्त्री०) रबीउल-औवल की बारहवीं तिथि; ~**सिंगा** (पु०) अनेक सींगोंवाला नर जाति का हिरन; ~**बच्चेवाली** 1 बहु प्रसवा स्त्री 2 शूकरी; ~**बाट करना** 1 तितर-बितर करना 2 बर्बाद करना; ~**बाट जाना** 1 तितर-बितर होना 2 बर्बाद होना
बारहखड़ी–(स्त्री०) बारह अक्षर और उनकी मात्राएँ
बारहाँ–I (वि०) बारहवाँ II (वि०) बारह लोगों में सर्वाधिक प्रबल III (वि०) बहादुर, वीर
बारहा–*फ़ा०* (क्रि० वि०) अनेक बार, प्रायः
बारही– (स्त्री०) = बरही
बारहों–(पु०) 1 मृतक का बारहवाँ दिन 2 बरही
बारा–(वि०) छोटी अवस्था का, अल्पवयस्क
बारात–(स्त्री०) = बरात
बाराती–(पु०) = बराती
बारान–I *फ़ा०* (पु०) 1 मेह, वृष्टि 2 बरसात II (वि०) बरसनेवाला
बारानी–I *फ़ा०* (वि०) वर्षा संबंध, बरसाती II (स्त्री०) 1 वर्षा के जल से सींची गई ज़मीन 2 वर्षा के जल से सींची गई ज़मीन से उत्पन्न फ़सल
बारिक–*अ०* (स्त्री०) = बारक
बारिश–*फ़ा०* (स्त्री०) 1 वर्षा 2 वर्षा ऋतु
बारिस्टर–*अं०* (पु०) इंग्लैंड की वकालत की परीक्षा में उत्तीर्ण वकील
बारिस्टरी–*अं०* वकालत
बारी–I (स्त्री०) पारी (जैसे-बारी बाँधना)
बारी–II (स्त्री०) 1 बड़ पेड़ों का बाग़ 2 घेरा 3 धार, बाढ़ (जैसे-चाकू की बारी)
बारी–III 1 बाग़, उपवन (जैसे-आम की बारी) 2 क्यारी 3 मकान, घर
बारी–IV (स्त्री०) बाली, नवयुवती, किशोरी
बारी–V (पु०) दोने-पत्तल आदि बनाने का काम करनेवाली एक हिंदू जाति
बारीक–*फ़ा०* (वि०) 1 महीन 2 पतला 3 छोटा (जैसे-बारीक अक्षर) 4 बहुत सूक्ष्म (जैसे-बारीक आटा) 5 गूढ़ (जैसे-बारीक बात) 6 जटिल
बारीका–*फ़ा०* (पु०) महीन क़लम

बारीकी–*फ़ा०* (स्त्री०) 1 सूक्ष्मता 2 गूढ़ता 3 जटिलता (जैसे-तथ्य की बारीकी)

बारी-ताला–*अं०* (पु०) खुदावंद

बारूद–*फ़ा०* (स्त्री०) गंधक, शोरे, कोयले आदि का मिश्रण (जैसे-बारूद का गोला)। ~**ख़ाना** (पु०) बारूद तैयार करने की ज़गह; ~**गोला** + *हिं०* (पु०) अस्त्र शस्त्र, सारा तोपख़ाना

बारूदी–*फ़ा०* (वि०) बारूद संबंधी (जैसे-बारूदी सुरंग)

बारे–I *फ़ा०* (क्रि० वि०) 1 आखिरकार, अंततः 2 अस्तु, खैर

बारे–II *फ़ा०* (क्रि० वि०) लेकिन

बारोठा–(पु०) = बरोठा

बार्डर–*अं०* (पु०) 1 किनारा, छोर 2 धोती के किनारे की पट्टी 3 सीमा, हद

बार्ह–*सं०* (वि०) मोर संबंधी

बाल–I (पु०) जीव-जंतुओं के शरीर में त्वचा में से निकले सूक्ष्म तंतु, केश (जैसे-सिर के बाल, मूँछ के बाल)। ~**कटवाई** (स्त्री०) 1 बाल कटवाना 2 कटवाने का पारिश्रमिक; ~**सफ़ा** + *अं०* (वि०) बालों को उड़ा देनेवाला ~**उगना** बाल जमना; ~**की खाल खींचना, निकालना** बहुत छानबीन करना; ~**खिचड़ी होना** सफ़ेद बाल अधिक होना; ~**धूप में पकाना** अनुभव से कोरा होना; ~**बराबर** 1 बहुत बारीक 2 ज़रा सा,रत्ती भर; ~**बाँका न होना** 1 ज़रा भी कष्ट न होना 2 कुछ भी हानि न होना; ~**बाल** 1 पूरा 2 सिर से पैर तक; ~**बाल गजमोती पिरोना** खूब सजना सँवरना; ~**बाल बचना** साफ़-साफ़ बचना

बाल–II (स्त्री०) कुछ अनाज के पौधों के डंठल का अगला भाग (जैसे-गेहूँ की बाल पकना)। ~**दार** *फ़ा०* (वि०) बाल से युक्त (जैसे-बालदार, फ़सलदार फ़सल)

बाल–III *फ़ा०* (पु०) दरार, **चटक।** (पु०) ~**आना** दरार पड़ना

बाल–IV *सं०* (पु०) 1 बच्चा, बालक (जैसे-बाल गोपाल) 2 सोलह वर्ष से कम उम्र का बालक 3 पशु का बच्चा 4 नेत्रवाला, सुगंधवाला \ (वि०) 1 नासमझ 2 नवोदित (जैसे-बाल इंदु, बाल रवि) 3 बाढ़ को न पहुँचा हुआ। ~**कक्ष** (पु०) बालकों की कक्षा, कमरा; ~**कमानी** (स्त्री०) घड़ी का अत्यंत छोटा स्प्रिंग; ~**कल्याण संस्था** (स्त्री०) बच्चों के भले के लिए बनाई गई संस्था; ~**काल** (पु०) शैशव काल; ~**केलि,** ~**क्रीड़ा** (स्त्री०) बच्चों का खेल; ~**गृह** (पु०) शिशु मंदिर; ~**गोपाल** (पु०) 1 बाल-बच्चे 2 बालकृष्ण; ~**गोविंद** (पु०) बालक कृष्ण; ~**घात** *हिं०* (पु०) शिशु हत्या; ~**चंद्र** (पु०) दूज का चंद्रमा; ~**चपलता** (स्त्री०) बच्चों जैसा चंचल स्वभाव; ~**चर** (पु०) ब्वाय स्काऊट; ~**भवन** (पु०) शिशु मंदिर; ~**चर्या** (स्त्री०) = बाल शुश्रूषा; ~**छड़** *हिं०* (स्त्री०) जटामांसी; ~**छतरी** + *हिं०* (स्त्री) 1 चुटिया 2 कबूतरों की छतरी; ~**तंत्र** (पु०) धात्रीकर्म; ~**तोड़** *हिं०* बाल टूटने से होनेवाला फोड़ा; ~**दिन,** ~**दिवस** (पु०) बच्चों के कल्याणार्थ मनाया जानेवाला एक पर्व; ~**पक्षाघात** (पु०) बच्चों को होनेवाला पक्षाघात; ~**पन** *हिं०* (पु०) बचपन; ~**पुत्रक** (पु०) अल्पवयस्क पुत्र; ~**पुष्पी** (स्त्री०) जूही; ~**पुस्तक** (स्त्री०) बालपोथी; ~**पुस्तकालय** (पु०) बाल पुस्तक घर; ~**पोथी** *हिं०* (स्त्री०) बच्चों की किताब; ~**प्रेम** + *हिं०* (पु०) बच्चों का स्नेह, शिशु स्नेह; ~**बच्चे** + *हिं०* (पु०) संतान; ~**बच्चेदार** *हिं०* + *फ़ा०* (वि०) संतानवाला; ~**बुद्धि** I (वि०) 1 बच्चों के समान बुद्धिवाला 2 अल्पबुद्धिवाला II (स्त्री०) 1 नासमझी 2 बालोचित बुद्धि; ~**बोध** (वि०) बालकों की समझ में आनेवाला, आसान, सरल; ~**भाव** (पु०) बचपन; ~**भोग** (पु०) प्रातःकाल का जलपान; ~**भोज्य** I (वि०) बालकों के लिए उपयुक्त II (पु०) चना; ~**मित्र** (पु०) बच्चों का दोस्त; ~**मूलक** (पु०) छोटी एवं कच्ची मूली, ~**रखा** + *हिं० बो०* (पु०) 1 खेतों में बना ऊँचा चबूतरा 2 खेत के फ़सल की रखवाली करने की मज़दूरी; ~**राँड** + *हिं०* (स्त्री०) = बाल-विधवा; ~**राज** + *हिं०* (पु०) वैदूर्यमणि; ~**रोग** (पु०) बच्चों को होनेवाला रोग; ~**लीला** (स्त्री०) बाल क्रीड़ा; ~**बध** (पु०) बालघात; ~**बाड़ी** + *हिं०* (स्त्री०) = बालोद्यान; ~**विधवा** (स्त्री०) बचपन में ही विधवा हो जानेवाली; ~**विधु** (पु०) शुक्ल पक्ष की द्वितीया का चंद्रमा; ~**विनोद** + *हिं०* (पु०) बच्चों का मनोरंजन; ~विवाह (पु०) बाल्यावस्था में होनेवाली शादी; ~**विहार** (पु०) = बालगृह; ~**व्यजन** (पु०) चँवर; ~**व्याधि** (स्त्री०) = बालरोग; ~**शिक्षक** (पु०) बालकों को पढ़ानेवाला, अध्यापक; ~**शुश्रूषा** (स्त्री०) बच्चों की सेवा; ~**सदन** (पु०) = बालगृह; ~**सहचर** (पु०) = बाल-मित्र; ~**साहित्य** (पु०) बालकों के मनोरंजन हेतु लिखी गई पुस्तकें; ~**सुलभ** (वि०) बालोचित (जैसे-बाल सुलभ चंचलता); ~**सूर्य** (पु०) प्रातःकाल का उगता सूर्य; ~**सेवा** (स्त्री०) बच्चों की सेवा; ~**हठ** (पु०) बच्चे की ज़िद्द; ~**हत्या** (स्त्री०) = बालघात; ~**हत्यारा** + *हिं०* (वि०) बालवध करनेवाला; ~**हित** (पु०) बच्चों के भलाई; ~**हितकारी** (वि०) बच्चों की भलाई करनेवाल

बाल–VI *अं०* (पु०) गेंद

बाल–VII *अं०* (पु०) यूरोपीय ढंग का नाच

बालक–*सं०* (पु०) = बाल। ~**बुद्धि** (वि०) = बाल बुद्धि; ~**वृद्ध** *हिं०* (पु०) बच्चे बूढ़े सब

बालकनी–*अं०* (स्त्री०) बारजा

बाल-कमानी–*हिं०* + *फ़ा०* (स्त्री०) घड़ी के बैलेंस में लगाई जानेवाली कमानी

बालकी–*सं०* (स्त्री०) कन्या, लड़की

बालकोनी–*अं०* (स्त्री०) दे० बालकनी

बालकोपयोगी–*सं०* (वि०) बालकोचित

बालटी–*पु०* (स्त्री०) पानी आदि लाने का डोल जैसा पात्र

बालटू–*अं०* + *हिं०* (पु०) पेचदार छल्ला

बालना–(स० क्रि०) जलाना

बालपेन–*अं०* (पु०) नली में भरी गाढ़ी स्याहीवाली क़लम

बालम–(पु०) 1 प्रेमी 2 पति

बालधि–(स्त्री०) पूंछ, दुम

बाला–I (पु०) 1 कान में पहनने का छल्ला

बाला–II (पु०) गेहूँ, जौ की फ़सल में लगनेवाला एक कीड़ा

बाला–III (वि०) 1 कमसिन 2 बालस्वभाव, भोला

3 निश्चल, निष्कपट। ~**भोला** (वि०) सीधासादा, सरल

बाला–IV *फ़ा०* (वि०) 1 सबसे ऊपर (जैसे-बदमाशों का बोलबाला) 2 सबसे बढ़िया, श्रेष्ठ

बाला–V *सं०* (स्त्री०) 1 बारह वर्ष से सत्रह वर्ष तक की उम्रवाली लड़की 2 जवान स्त्री, युवती 3 औरत, स्त्री 4 लड़की, बच्ची 5 कन्या, पुत्री 6 सुगंधवाला। ~**नशीन** + *फ़ा०* (वि०) सबसे बड़ा

बालाई–I *फ़ा०* (वि०) 1 ऊपर का, ऊपरी 2 ऊपरी (जैसे-बालाई आमदनी) II (स्त्री०) मलाई

बालार्क–*सं०* (पु०) बालरवि, प्रातःकालीन सूर्य

बालावस्था–*सं०* (स्त्री०) बचपन, बालपन

बालि–*सं०* (पु०) किष्किंधा का एक प्रसिद्ध राजा

बालिका–*सं०* (स्त्री०) कन्या, लड़की

बालिग़–*अ०* (वि०) वयस्क, जवान (जैसे-बालिग़ मताधिकार)

बालिश–I *फ़ा०* (पु०) तकिया, सिरहाना

बालिश–II *सं०* (पु०) 1 शिशु 2 मूर्ख व्यक्ति III (वि०) अबोध, नासमझ

बालिश्त–*फ़ा०* (पु०) बित्ता

बाली–I (स्त्री०) स्त्रियों का कान में पहनने का एक आभूषण

बाली–II (स्त्री०) अनाजों के डंठल का ऊपरी भाग

बालिश्य–*सं०* (पु०) 1 बाल्यावस्था 2 बचपना 3 बच्चों जैसी बेवकूफ़ी

बालुका–*सं०* (स्त्री०) बालू, रेत। ~**यंत्र** (पु०) दवा फूँकने का एक यंत्र; ~**स्वेद** (पु०) बालू से सेंकने पर होनेवाला पसीना

बालू–(पु०) रेत। ~**काग़ज़** +*फ़ा०* (पु०) सरेस काग़ज़; ~**बुर्द** + *फ़ा०* I (वि०) बालू में दबा हुआ II (पु०) बालू मिश्रित भूमि; ~**शाही** (स्त्री०) मैदे की बनी एक प्रसिद्ध मिठाई

बालेंदु–*सं०* (पु०) द्वितीया का चाँद

बालोचित–*सं०* (वि०) बच्चे के लिए उचित (जैसे-बालोचित ज्ञान)

बालोद्यान–*सं०* (पु०) बाल वाटिका

बालोपचार–*सं०* (पु०) बच्चों की चिकित्सा

बालोपयोगी–*सं०* (वि०) बालकोपयोगी

बाल्टी–*पु०* (स्त्री०) बालटी

बाल्य–I *सं०* (वि०) 1 बालक का 2 बचपन का (जैसे-बाल्यकाल) 3 बालकों का सा (जैसे-बाल्य-स्वभाव) II (पु०) 1 बाल का भाव 2 लड़कपन। ~**काल** (पु०) = बाल-काल; ~**बंधु** (पु०) = बाल-मित्र; ~**विवाह** (पु०) = बाल-विवाह; ~**सखा** + *हिं०* (पु०) = बाल-मित्र

बाल्यावस्था–*सं०* (स्त्री०) लड़कपन, बचपन

बाव–(पु०) 1 हवा, पवन 2 बाई 3 पाद। ~**गोला,** ~**सूल** (पु०) तिल्ली का दर्द

बावजूद–*फ़ा०* + *अ०* (क्रि० वि०) 1 यद्यपि 2 इतना होने पर भी

बावड़ी– (स्त्री०) = बावली, जलाशय

बावन–I (वि०) पचास से दो अधिक II (पु०) 52 की संख्या

बावफ़ा–*फ़ा०* (वि०) वफ़ादार

बावरचिन–*फ़ा०* + *तु०* + *हिं०* (स्त्री०) रसोइया

बावरचिनी–(स्त्री०) बावरची की स्त्री

बावरची–*फ़ा०* + *तु०* (पु०) खाना पकानेवाला, रसोइया। ~**ख़ाना** *फ़ा०* (पु०) रसोई, पाकशाला

बावरा–(वि०) 1 पागल 2 वातरोग उत्पन्न करनेवाला

बावरी–(स्त्री०) जलाशय, बावली

बावला–(वि०) पागल, विक्षिप्त। ~**पन** (पु०) पागलपन, झक

बावली–(स्त्री०) 1 सोपानयुक्त छोटा तालाब 2 पगली

बाशिंदा–I *फ़ा०* (पु०) निवासी II (वि०) रहनेवाला

बासंतिक–*सं०* (वि०) 1 बसंतऋतु-संबंधी 2 बसंत ऋतु में होनेवाला

बास–I *सं०* (पु०) 1 निवास 2 वास स्थान 3 वस्त्र, कपड़ा

बास–II *सं०* (स्त्री०) 1 गंध, महक (जैसे-फूल की बास) 2 बहुत थोड़ा अंश

बास–III *सं०* (पु०) दिन

बासकसज्जा–*सं०* (स्त्री०) सजधज करके नायक से मिलने वाली नायिका

बासन–(पु०) बरतन

बासठ–I (वि०) साठ से दो अधिक II (पु०) 62 की संख्या

बासना–I (स्त्री०) = वासना

बासना–II (स्त्री०) 1 गंध, महक 2 हल्की गंध

बासना–III (स० क्रि०) सुगंधित करना

बासर–(पु०) 1 दिन, 2 प्रातः काल, सवेरा

बाससी–(पु०) कपड़ा, वस्त्र

बासा–(पु०) भोजनालय

बासित–I *सं०* (वि०) कपड़े से ढका हुआ II (वि०) सुगंधित

बासी–I (वि०) 1 एक या कई दिन पहले का बना हुआ (जैसे-बासी रोटी) 2 कई या एक दिन पहले पेड़ से तोड़ा गया (जैसे-बासी फल) 3 कुछ समय तक यों ही पड़ा रहनेवाला (जैसे-बासी पानी, बासी मुँह) 4 सूखा हुआ (जैसे-बासी फूल)। ~**ऊसी** (स्त्री०) देर का बचा हुआ भोजन; ~**तिबासी** (वि०) कई दिनों का; ~**ईद** ईद का दूसरा दिन; ~**कढ़ी में उबाल आना** 1 बुढ़ापे में जवानी का जोश आना 2 समय बीत जाने पर कुछ करने की इच्छा होना 3 अशक्त का सशक्त सा आचरण करना; ~**बचे न कुत्ता खाय** गुंजाइश न रहना, कुछ भी न शेष रहना; ~**भात में ख़ुदा का साझा** कठिनाई से प्राप्त वस्तु में अचानक बँटवारा होना

बासी–II *सं०* (वि०) निवासी

बासुकी–I (स्त्री०) सुगंधित पुष्पमाला

बासुकी–II *सं०* (पु०) वासुकि नाग

बास्केटबाल–*अं०* (पु०) टोकरेदार जाल में गेंद डालने का एक खेल

बाहड़ी–(स्त्री०) मसाला एवं कुम्हड़ौरी डाल कर पकाई गई खिचड़ी

बाहना–I (स० क्रि०) 1 वहन करना 2 ढोकर ले जाना 3 फेंकना 4 हाँकना 5 धारण करना 6 स्वीकार करना II (अ० क्रि०) इधर-उधर घूमना, भटकना

बाहम–*फ़ा०* (क्रि० वि०) आपस में, परस्पर

बाहमी–*फ़ा०* (वि०) आपस का, आपसी
बाहर–(क्रि० वि०) 1 सीमा के पार (जैसे-मकान के बाहर, चहारदीवारी के बाहर) 2 अलग 3 दूर (जैसे-बाहर जाकर बैठो)। ~**भीतर** (क्रि० वि०) बाहर और अंदर (जैसे-बाहर-भीतर आना-जाना); ~**वाला** (वि०) बाहर (जैसे-बाहरवाला मकान)
बाहरला–*बो०* (वि०) बाहरवाला
बाहरी–(वि०) 1 बाहर की ओर का 2 पराया और भिन्न (जैसे-बाहरी आदमी) 3 दिखाऊ (जैसे-बाहरी ठाट-बाट) 4 बिल्कुल अलग एवं भिन्न (जैसे-बाहरी सभ्यता, बाहरी काव्य एवं दर्शन)
बाहाँ बाँही–(स्त्री०) बाहुयुद्ध
बाहाँ-जोरी–(क्रि० वि०) हाथ से हाथ मिलाकर
बाहा–I *बो०* (पु०) रस्सी
बाहा–II *बो०* (पु०) 1 नहर 2 कोल्हू का छेद
बाहिज–I (क्रि० वि०) ऊपर से II (वि०) बाहरी, बाह्य
बाहु–*सं०* (स्त्री०) भुजा, बाँह। ~**पाश** (पु०) भुज पाश; ~**प्रलंब** (वि०) लंबी बाँहवाला, आजानुबाहु; ~**बंधन** (पु०) = बाहुपाश; ~**बल** (पु०) 1 भुजबल 2 पराक्रम, वीरता; ~**मूल** (पु०) कंधे और बाँह का जोड़; ~**युद्ध** (पु०) कुश्ती; ~**विस्फोट** (पु०) ताल ठोंकना; ~**व्यायाम** (पु०) दंड, कसरत
बाहुरूप्य–*सं०* (पु०) बहुरूपता
बाहुल्य–*सं०* (पु०) अधिकता, ज्यादती, बहुतायत
बाहुश्रुत्य–*सं०* (पु०) बहुश्रुत होने का भाव
बाह्य–*सं०* (वि०) 1 बाहरी 2 गैर, बेगाना 3 बहिर्गत, बहिष्कृत 4 ऊपरी, दिखाऊ। ~**जगत्** (पु०) दृश्य जगत्; ~**नाम** (पु०) पता, ठिकाना; ~**नामिक** (वि०) पतावाला; ~**पटी** (स्त्री०) नाटक का परदा, यवनिका; ~**वासी** I (वि०) बस्ती के बाहर रहनेवाला II (पु०) चांडाल
बाह्यतः–*सं०* (क्रि० वि०) बाहर से, बाहरी तौर पर
बाह्यांचल–*सं०* (पु०) बस्ती के बाहर की ज़गह
बाह्यांतर–I *सं०* (वि०) बाहर और अंदर दोनों का II (क्रि० वि०) बाहर और अंदर दोनों ओर
बाह्यरण, बाह्याचार–*सं०* (पु०) ढकोसला
बाह्यडंबर–*सं०* (पु०) बाहर का दिखावा, बाहरी ढोंग
बाह्ययाम–*सं०* (पु०) धनुस्तंभ रोग, धनुषटंकार
बाह्यवरण–*सं०* (पु०) बाहरी खोल
बाह्येंद्रिय–*सं०* (स्त्री०) आँख, नाक, कान, त्वचा एवं जीभ ये पाँच इंद्रिय
बिंग–*बो०* (पु०) = व्यंग्य
बिंजन–*बो०* (पु०) = व्यंजन
बिंद–*बो०* (पु०) 1 बूँद 2 भ्रूमध्य 3 बिंदी
बिंदा–(पु०) 1 बड़ी बिंदी 2 बिंदी के आकार
बिंदिया–(स्त्री०) बिंदी
बिंदी–(स्त्री०) 1 माथे पर लगाया जानेवाला गोल टीका 2 सुन्ना, सिफर 3 टिकुली
बिंदु–*सं०* (पु०) 1 बूँद (जैसे-जल-बिंदु, हिम-बिंदु) 2 पदार्थ का बहुत सूक्ष्म कण 3 सिफर, शून्य 4 अत्यंत सूक्ष्म गोलाकार निशान 5 *ज्या० ग०* गोलाकार वह सूक्ष्म अंकन जो अविभाज्य हो (जैसे-बिंदु की परिभाषा) 6 अनुस्वार सूचक बिंदी 7 दंत क्षत 8 भौंहों एवं ललाट के मध्य का भाग। ~**चित्र** (पु०) एक तरह का चित्तीदार हिरन; ~**फल** (पु०) मोती; ~**रेखा** (स्त्री०) बिंदुओं के योग से बनी रेखा; ~**बासर** (पु०) स्त्री के गर्भाधान का दिन
बिंदुकित–*सं०* (वि०) बिंदु लगा हुआ
बिंधना–(अ० क्रि०) 1 बींधा जाना, छेदा जाना 2 उलझना, फँसना
बिंधिया–(पु०) मोती में छेद करनेवाला कारीगर
बिंब–*सं०* (पु०) 1 पारदर्शक पदार्थ में दिखाई देनेवाली आकृति की झलक 2 परछाँही 3 प्रतिमूर्ति 4 गोलाकार चिह्न, मंडल, 5 झलक 6 *साहि०* शब्द लक्षणा, व्यंजना शक्ति से निकलनेवाला अर्थ (जैसे-बिंब-प्रधान काव्य)। ~**ग्रहण** (पु०) भाषा विज्ञान या मनोविज्ञान की एक मानसिक प्रक्रिया; ~**प्रतिबिंब भाव** (पु०) प्रतिबिंब रूप में जान पड़ने की अवस्था
बिंबक–*सं०* (पु०) चंद्रमा और सूर्य का मंडल
बिंबा, बिंबाधर–*सं०* (पु०) बिंबाफल के समान लाल होंठ
बिंबित–*सं०* (वि०) प्रतिबिंब पड़ा हुआ
बिंबु–*सं०* (पु०) सुपारी का पेड़
बिकना–(अ० क्रि०) 1 मूल्य देकर दिया जाना, बिक्री होना 2 दास होना
बिकवाना–(स० क्रि०) बेचने का काम कराना
बिकवाल–*बो०* (पु०) बेचनेवाला, बिक्रेता
बिकसना–(अ० क्रि०) 1 विकसित होना, खिलना 2 अत्यधिक प्रसन्न होना
बिकसाना– (स० क्रि०) विकसित करना
बिकाऊ–(वि०) बिक्री के योग्य
बिकाना–I *बो०* (अ० क्रि०) = बिकना II (स० क्रि०) = बिकवाना
बिकारी–I (स्त्री०) मन, सेर, रुपए आदि के चिह्न, टेढ़ी पाई II (वि०) 1 विकारयुक्त, विकृत 2 विकार उत्पन्न करनेवाला
बिक्रमाजीत–(पु०) = विक्रमादित्य
बिक्रय–(पु०) = विक्रय। ~**भंडार** (पु०) = विक्रय भंडार
बिक्री–(स्त्री०) 1 बिकने का भाव 2 बेचने का भाव 3 वस्तुओं के बिकने पर प्राप्त धन। ~**एजेंट** + *अं०* (पु०) बेचनेवाला दलाल; ~**कर** + *सं०* (पु०) वस्तुओं की बिक्री पर लगनेवाला राजकीय कर, सेल्स टैक्स; ~**पत्र** + *सं०* (पु०) क्रय पत्र; ~**प्रतिनिधि** + *सं०* (पु०) = बिक्री एजेंट; ~**भंडार** (पु०) = विक्रय भंडार; ~**योग्य** + *सं०* (वि०) = बिकाऊ; ~**व्यवस्था** + *सं०* (स्त्री०) बेचने का प्रबंध; ~**संगठन** + *सं०* (पु०) बेचने के लिए बनाया वर्ग
बिक्रू–(वि०) = बिकाऊ
बिख–(पु०) विष, ज़हर
बिखरना–(अ० क्रि०) 1 फैल जाना 2 दूर-दूर होना (जैसे-परिवार-बिखरना)
बिखराना–(स० क्रि०) =बिखेरना
बिखराव–(पु०) 1 बिखरे होने की अवस्था 2 आपस की फूट
बिखेरना–(स० क्रि०) 1 फेंकना (जैसे-बीज बिखेरना) 2 फैलाकर रखना (जैसे-पुस्तकें बिखेरना)

बिगड़ना–(अ० क्रि०) 1 ख़राब होना (जैसे-दूध बिगड़ना) 2 काम योग्य न रहना (जैसे-मशीन बिगड़ना) 3 दुर्गति को प्राप्त होना (जैसे-शासन व्यवस्था बिगड़ना) 4 सुगमतापूर्वक निर्वाह न होना (जैसे-आपस का व्यवहार बिगड़ना) 5 दोष उत्पन्न होना (जैसे-चरित्र बिगड़ना, आदत बिगड़ना) 6 नाराज़ होना (जैसे-अध्यापक का बिगड़ना)

बिगहा–*बो०* (पु०) = बीघा

बिगाड़–(पु०) 1 विकार, 2 ख़राबी, दोष 3 आपस का द्वेष 4 नुक़सान

बिगाड़ना–(स० क्रि०) 1 ख़राब करना (जैसे-मशीन बिगाड़ना) 2 विकार पैदा करना 3 कुमार्ग पर लगाना, पथभ्रष्ट करना (जैसे-लड़के को बिगाड़ना) 4 दुर्गत करना

बिगाना–*फ़ा० बो०* (वि०) बेगाना

बिगुल–*अं०* (पु०) तुरही

बिगोना–(स० क्रि०) 1 बिगाड़ना 2 दुरुपयोग करना 3 छिपाना, चुराना 4 तंग करना 5 बहकाना 6 धोखा देना 7 बिताना

बिघन–*बो०* (पु०) = विघ्न

बिचकना–(अ० क्रि०) चिढ़ना

बिचकाना–(स० क्रि०) चिढ़ाना

बिचलना–I (अ० क्रि०) 1 विचलित होना 2 हतोत्साह होना 3 अलग होना II (अ० क्रि०) 1 बिछलना 2 बिछड़ना 3 मचलना

बिचला–(वि०) 1 बीच का 2 मध्यम श्रेणी का

बिचलाना–(स० क्रि०) 1 विचलित करना, डिगाना 2 बहकाना 3 तितर-बितर करना

बिचवई–I (पु०) बीच-बचाव करनेवाला, मध्यस्थ II (स्त्री०) मध्यस्थता

बिचवान–(पु०), **बिचवानी** (स्त्री०) मध्यस्थ। ~**गुट** (पु०) मध्यस्थों का दल

बिचाली–(स्त्री०) घोड़े के स्थान में बिछाई जानेवाली घास

बिचेत–*बो०* (वि०) बेहोश, अचेत

बिचौला–(वि०) = बिचला

बिचौलिया, बिचौली–(पु०) 1 मध्यस्थ 2 दलाल

बिच्छी–(स्त्री०) मादा बिच्छू

बिच्छू–(पु०) एक छोटा एवं ज़हरीला जंतु (जैसे-बिच्छू का डंक)

बिच्छेप–*बो०* (पु०) = विक्षेप

बिछड़ना–(अ० क्रि०) 1 अलग होना, जुदा होना (जैसे-परिवार से बिछड़ना) 2 वियोग होना (जैसे-प्रेमिका से बिछड़ना)

बिछना–(अ० क्रि०) फैलाया जाना

बिछलन–(स्त्री०) फिसलन

बिछलना–(अ० क्रि०) फिसलना

बिछलाना–(अ० क्रि०) फिसल पड़ना

बिछलाहट–(स्त्री०) फिसलाहट

बिछवाना–(स० क्रि०) बिछाने का काम कराना

बिछाई–(स्त्री०) 1 बिछाने का काम 2 बिछाने की मज़दूरी

बिछाना–(स० क्रि०) 1 फैलाना (जैसे-खटिया पर चादर बिछाना) 2 मारकर गिरा देना

बिछावन–(पु०) बिछौना

बिछिया–(स्त्री०) पाँव की उँगलियों का एक गहना

बिछुड़न–*बो०* (स्त्री०) 1 जुदाई 2 वियोग

बिछुड़ना–(अ० क्रि०) = बिछड़ना

बिछुवा–(पु०) 1 पाँव का एक गहना 2 एक तरह की छुरी, कटार

बिछोड़ा–(पु०) बिछुड़न, वियोग

बिछोह–(पु०) 1 अलग होना 2 वियोग

बिछोही–(वि०) 1 अलग हुआ 2 वियुक्त

बिछौना–(पु०) बिस्तर

बिजना–(पु०) पंखा

बिज़नेस–*अं०* (पु०) व्यापार। ~**मैन** (पु०) व्यापार करनेवाला, व्यापारी

बिजली–(स्त्री०) 1 विद्युत 2 तड़ित 3 रासायनिक शक्ति से प्राप्त शक्ति विशेष। ~**इंजीनियर** + *अं०* (पु०) विद्युत अभियंता; ~**घर** (पु०) वह स्थान जहाँ से विद्युत कल-कारख़ानों, घरों आदि जगह पहुँचाई जाती है; ~**चालित** + *सं०* (वि०) बिजली से चलनेवाला; ~**धारिता** + *सं०* (स्त्री०) विद्युत-क्षमता; ~**प्रणाली** + *सं०* (स्त्री०) = बिजली व्यवस्था; ~**बत्ती** (स्त्री०) बल्ब; ~**बल** + *सं०* = बिजली शक्ति; ~**मिस्त्री** + *पु०* (पु०) = बिजलीसाज़; ~**व्यवस्था** + *सं०* (स्त्री०) बिजली का प्रबंध; ~**शक्ति** + *सं०* (स्त्री०) = विद्युत शक्ति; ~**साज़** + *फ़ा०* (पु०) बिजली मिस्त्री; ~**स्टेशन** + *अं०* (पु०) = बिजलीघर

बिजहन–(पु०) निर्जीव बीज, अनुपजाऊ बीज

बिजाई–(स्त्री०) बोआई

बिजाती–(वि०) 1 दूसरी जाति का 2 जाति से बहिष्कृत

बिजायठ–(पु०) बाजूबंद

बिजूका, बिजूखा–*बो०* (पु०) 1 पुतला 2 धोखा, छल

बिजोरा–I (पु०) एक तरह का नींबू II (वि०) बीज से उत्पन्न होनेवाला

बिजोरा–III *बो० फ़ा० + हिं०* (वि०) कमज़ोर

बिजौरा–(पु०) = बिजोरा I

बिजौरी–(स्त्री०) बड़ी कुम्हड़ौरी

बिज्जू–(पु०) बिल्ली की तरह का एक जंगली जानवर, बीजू

बिझरा–*बो०* (पु०) मटर, गेहूँ, चना, जौ का मिश्रण

बिटक–*सं०* (पु०) फोड़ा

बिटारना–(स० क्रि०) 1 घँघोलना 2 घँघोलकर गंदा करना

बिटिया–(स्त्री०) बेटी

बिटुआ–(पु०) बेटा

बिट्ठल–(पु०) विष्णु

बिठलाना, बिठाना–(स० क्रि०) बैठाना

बिड–(पु०) मल, विष्ठा

बिड़ई–(स्त्री०) गेंडुरी, इँडुरी

बिड़ाल, बिडाल–*सं०* (पु०) बिल्ली, बिलाव। ~**वृत्तिक** (वि०) लोभी, कपटी

बिडालक–*सं०* (पु०) 1 आँख का गोलक, नेत्र-पिंड 2 नर बिड़ाल, बिल्ला

बिताना–(स० क्रि०) व्यतीत करना

बित्ता–(पु०) हाथ के अँगूठे एवं कनिष्ठिका के सिरों के बीच की अधिकतम दूरी, बालिश्त

बित्ती–I (स्त्री०) आय आदि से धर्म-कार्य हेतु निकाला गया धन

बित्ती–II (स्त्री०) लड़कों का एक दौड़ का खेल

बिथकना–(अ० क्रि०) 1 थकना 2 चकित होना 3 मोहित होना

बिथरना–(अ० क्रि०) *बो०* 1 छितराना 2 अलग-अलग होना 3 नष्ट-भ्रष्ट होना

बिथारना–(स० क्रि०) 1 बिखेरना 2 बोना

बिथुरना–(अ० क्रि०) = बिथरना

बिदकना– (अ० क्रि०) 1 भड़कना 2 फटना 3 घायल होना

बिदकाना–(स० क्रि०) 1 भड़काना 2 फाड़ना 3 घायल करना

बिदर–I (पु०) विदर्भ देश II (पु०) 1 ताँबे एवं जस्ते के मेल से बनी उपधातु 2 इस धातु से बना बर्तन। ~**साज़** + *फ़ा०* (पु०) बिदर का काम करनेवाला

बिदरी–(स्त्री०) बिदर के बर्तन बनाने का काम

बिदा–*अ०* (स्त्री०) 1 रवानगी, रुख़सत 2 गौना (जैसे-लड़की विदा हो गई)। ~**ई** + *हिं०* (स्त्री०) 1 रुख़सती 2 विदा के समय दिया जानेवाला रुपया आदि

बिदारना–(स० क्रि०) *बो०* 1 फाड़ना, विदीर्ण करना 2 नष्ट करना

बिदारी कंद–*सं०* (पु०) बिलाई कंद

बिदेस–(पु०) परदेस, विदेश

बिदेसी–(वि०) = विदेशी

बिदोरना–(स० क्रि०) *बो०* दीनतापूर्वक दाँत खोलकर दिखाना

बिध–I (स्त्री०) 1 तरह, प्रकार 2 जमा एवं ख़र्च की मदों को मिलाना

बिध–II (पु०) हाथी का चारा

बिधना–I (पु०) ब्रह्मा, विधाता

बिधना–II (अ० क्रि०) = बिंधना

बिन–(क्रि० वि०) बग़ैर, बिना। ~**ब्याहा** (वि०) जिसका विवाह न हुआ हो

बिनकार–(पु०) जुलाहा, बुनकर

बिनत–(वि०) नम्र, झुका हुआ

बिनती–(स्त्री०) प्रार्थना, अर्ज़

बिनन–I (स्त्री०) चुनना, बिनना 2 कूड़ा-कर्कट II बुनावट, बुनाई

बिनना–I (स० क्रि०) छाँटना, चुनना II बुनना (जैसे-खटिया बिनना)

बिनवट–(स्त्री०) 1 बुनावट 2 बनेठी भाँजने की क्रिया

बिनवाना–I (स० क्रि०) चुनवाना (जैसे-फूल बिनवाना) II बुनवाना (जैसे-खटिया बिनवाना)

बिना–I (क्रि० वि०) 1 बग़ैर 2 अतिरिक्त, सिवा 3 न रहने की दशा में

बिना–II *अ०* (स्त्री०) 1 नींव, बुनियाद 2 कारण, सबब

बिनाई–I (स्त्री०) 1 चुनने का काम 2 चुनने, बिनने का पारिश्रमिक II = बुनाई

बिनावट–*बो०* (स्त्री०) = बुनावट

बिनौरिया–*बो०* (स्त्री०) खरीफ़ के खेतों में पैदा होनेवाली एक तरह की घास

बिनौरी–(स्त्री०) बिनौले के छोटे टुकड़े

बिनौला– कपास का बीज

बिपता–*बो०* (स्त्री०) विपत्ति, मुसीबत

बिफरना–(अ० क्रि०) 1 नाराज़ होना 2 हठ करना 3 अभिमान में फूलना 4 लड़ने को तैयार होना

बिमौरा–(पु०) बाँबी

बियत–*सं०* (पु०) 1 आकाश 2 एकांत स्थान

बियर–*अं०* (स्त्री०) जौ के रस को सड़ाकर बनाया गया शीतल पेय

बियाज–*बो०* (पु०) ब्याज, सूद

बियाजू–*बो०* (वि०) 1 सूद संबंधी 2 ब्याज पर दिया जानेवाला

बियाड़–(पु०) वह खेत जिसके पौधे उखाड़ कर अन्य खेतों में रोपे जाने को हों

बियाना– ब्याना, पशुओं का बच्चा देना

बियाबान–*फ़ा०* (पु०) जंगल, वन

बियाबानी–*फ़ा०* (वि०) 1 जंगल संबंधी 2 जंगली

बियालू–*बो०* (स्त्री०) = ब्यालू

बियावर–(वि०)/(स्त्री०) शीघ्र ही बच्चा देनेवाली (जैसे-बियावर गाय)

बिरंग–(वि०) 1 अनेक रंगवाला 2 बिना रंग का

बिरंज–I *फ़ा०* (पु०) 1 चावल 2 भात

बिरंज–II *फ़ा०* (पु०) पीतल

बिरंजारी–*फ़ा०* + *हिं०* (पु०) गल्ले का व्यापारी

बिरंजी–I *फ़ा०* (स्त्री०) छोटी कील II (वि०) पीतल का

बिरगिड–*अं०* (पु०) = ब्रिगेड

बिरजिस–*अं०* (पु०) शिकारी पतलून

बिरता–(पु०) बूता, सामर्थ्य

बिरतिया–(पु०) वैवाहिक संबंध स्थिर करने एवं सामाजिक तथा आर्थिक स्थिति की जानकारी हेतु किसी पक्ष से दूसरे पक्ष की ओर भेजा गया व्यक्ति

बिरदैत–I (वि०) प्रसिद्ध, मशहूर II (पु०) यशस्वी योद्धा

बिरव, बिरवा–(पु०) 1 पौधा 2 पेड़, वृक्ष

बिरवाही–(स्त्री०) पौधों का समूह

बिरहा–(पु०) दो पंक्तियोंवाला भोजपुरी एक प्रसिद्ध लोकछंद

बिरही–(वि०) = विरही

बिराजना–(अ० क्रि०) 1 बैठना 2 शोभित होना 3 स्थित होना

बिराजमान–(वि०) = विराजमान

बिरादर–*फ़ा०* (पु०) भाई, भ्राता। ~**ज़ादा** (पु०) भतीजा; ~**ज़ादी** (स्त्री०) भतीजी

बिरादरी–*फ़ा०* (स्त्री०) 1 भाई चारा, बंधुत्व 2 जाति (जैसे-हिंदु बिरादरी)

बिराना–I (स० क्रि०) *बो०* चिढ़ाना

बिराना–II (वि०) = बेगाना, पराया

बिरियाँ–I (स्त्री०) समय, वक्त, बेला

बिरियाँ–II (स्त्री०) 1 बार, दफा 2 पारी, बारी

बिरिया–*बो०* (स्त्री०) छोटी कटोरी के आकार का कान का एक गहना, ढार

बिरोजा–(पु०) गंधा बिरोजा

बिल–I *सं०* (पु०) दीवाल, ज़मीन में बना लंबा छेद (जैसे-चूहे का बिल)

बिल–II *अं०* (पु०) प्राप्यक (जैसे-बिल चुकाना, बिल अदा करना)

बिलकुल–*अ०* (क्रि० वि०) 1 सब, कुल, सारा (जैसे-उनका हिसाब बिलकुल साफ़ हो गया) 2 निरा, निपट (जैसे-वह बिलकुल बेवकूफ़ है) 3 तनिक भी, कुछ भी

बिलखना–(अ० क्रि०) 1 विलाप करना, रोना 2 दुःख की चर्चा करना

बिलखाना–I (स० क्रि०) *बो०* संतप्त करना II (अ० क्रि०) बिलखना

बिलग–I (वि०) पृथक्, अलग II (पु०) 1 अलगाव, पार्थक्य 2 परायापन

बिलगाना–I (अ० क्रि०) अलग होना, दूर होना II (स० क्रि०) 1 अलग करना 2 चुनना, छाँटना

बिलगाव–(पु०) अलगाव, पार्थक्य

बिलटना–I (अ० क्रि०) *बो०* 1 विपरीत होना 2 तहस-नहस होना, विनष्ट होना 3 विफल होना II (स० क्रि०) बिलटाना

बिलटी–*अं०* (स्त्री०) रेल की पार्सल रसीद

बिलनी–(स्त्री०) 1 आँख पर होनेवाली फुंसी 2 मिट्टी की बाँबी बनानेवाली काली भौंरी

बिलपना–(अ० क्रि०) = बिलखना

बिलबिलाना–(अ० क्रि०) 1 रोना-चिल्लाना 2 प्रलाप करना 3 कीड़ों का रेंगना, कुलबुलाना

बिलल्ला–(वि०) निरा मूर्ख

बिलल्लापन–(पु०) मूर्खता, बेवकूफ़ी

बिलवाना–(स० क्रि०) 1 खो देना, खोवाना 2 नष्ट करना

बिलसना–I (स० क्रि०) उपयोग में लाना, भोग करना (जैसे-सुख बिलसना) II (अ० क्रि०) बहुत शोभा देना

बिलहरा–(पु०) बाँस की पतली तिलियों का बना हुआ छोटा डिब्बा

बिला–*अ०* (क्रि० वि०) बिना, बगैर

बिलाई–(स्त्री०) 1 बिल्ली 2 सिटकनी 3 बिलैया। ~**कंद** (पु०) बिदारी कंद

बिलाना–(अ० क्रि०) 1 खो जाना 2 नष्ट होना 3 छिपना, लुकना

बिलार–(स्त्री०) बिल्ली

बिलाव–(पु०) बिलार, बिडाल

बिलियर्ड–*अं०* (पु०) लंबी छड़ी एवं गोली से मेज़ पर खेला जानेवाला खेल, अंटा

बिलिया–(स्त्री०) गाय, बैल आदि पशुओं के गले की एक बीमारी

बिलिश–(पु०) 1 मछली फँसाने का काँटा 2 इस काँटे में लगाया जानेवाला चारा

बिलैया–(स्त्री०) 1 बिल्ली 2 काठ की सिटकनी 3 कुएँ में गिरा बर्तन आदि निकालने का काँटा 4 कद्दुकश। ~**भगत** (पु०) कपटी, छली

बिलोड़ना–(स० क्रि०) *बो०* बिलोना

बिलोना–I (स० क्रि०) 1 घंघोलना 2 मथना 3 गिराना, बहाना 4 अस्त-व्यस्त करना II (वि०) बिना नमक का, अलोना

बिलौर–(पु०) बिल्लौर

बिल्कुल–*अ०* (वि०) = बिलकुल

बिल्टी–*अं०* (स्त्री०) = बिलटी

बिल्डिंग–*अं०* (पु०) भवन, इमारत

बिल्ला–I (पु०) बिल्ली का नर II संस्था आदि की सदस्यता सूचक पट्टी, बैज

बिल्लाना–(अ० क्रि०) विलाप करना

बिल्ली–(स्त्री०) चीते आदि की जाति का एक मांसाहारी पालतू जंतु। ~**लोटन** (स्त्री०) बिल्ली को मस्त करनेवाली एक तरह की बूटी

बिल्लूर–(पु०) = बिल्लौर, स्फटिक

बिल्लौर–(पु०) शीशे जैसा सफ़ेद पारदर्शक पत्थर

बिल्लौरी–(वि०) 1 बिल्लौर का बना हुआ 2 बिल्लौर की सी चमकवाला

बिल्व–(पु०) बेल का वृक्ष और फल

बिवाई–(स्त्री०) पाँव के तलुए का चमड़ा फटने का एक रोग

बिशप–*अं०* (पु०) मसीही धर्म का आचार्य

बिस–(पु०) विष, ज़हर। ~**खपरा** (पु०) गोह की जाति का एक विषैला सरीसृप जंतु

बिसटी–*बो०* (स्त्री०) बेगार

बिसनी–I (वि०) किसी काम का शौकीन, व्यसनी II (पु०) 1 छैला 2 दुर्व्यसनी

बिसमिल–*अ०* (वि०) 1 घायल 2 आशिक़

बिसमिल्ला–*अ०* (क्रि० वि०) = बिस्मिल्ला

बिसरना–I (अ० क्रि०) भूलना II (स० क्रि०) भुला देना

बिसराना–(स० क्रि०) भुला देना, विस्मृत करना

बिसवार–(पु०) नाई का हज़ामत का सामान रखने का छोटा बक्सा, किसबत

बिसहर–(पु०) साँप, सर्प

बिसहरू–*बो०* (पु०) ग्राहक

बिसात–*अ०* (स्त्री०) 1 फैलाव 2 फैलाई जानेवाली वस्तु 3 सामर्थ्य, औकात 4 पूँजी, संपत्ति। ~**ख़ाना** *+ फ़ा०* (पु०) बिसाती की दुकान; ~**बाना** *+ हिं०* (पु०) बिसाती की दुकान पर मिलनेवाला सामान

बिसाती–*अ० + हिं०* (पु०) 1 फुटकर सामान बेचनेवाला 2 सामान फैलाकर बेचनेवाला

बिसाना–I (अ० क्रि०) *बो०* वश चलना II (अ० क्रि०) ज़हरीला होना III (स० क्रि०) ज़हरीला करना, विषयुक्त करना

बिसायँध–(वि०) मांस की सी गंधवाला

बिसारना–(स० क्रि०) भुलाना

बिसारा–(वि०) ज़हरीला

बिसासी–(वि०) 1 विश्वासघाती 2 कपटी

बिसाह–(पु०) बिसाहने का काम

बिसाहना–I (स० क्रि०) ख़रीदना II (पु०) सौदा

बिसाहनी–(स्त्री०) 1 व्यापार 2 सौदा-सामान

बिसुनी–I (स्त्री०) अमर बेल II (वि०) बिसनी

बिसूरना–I (अ० क्रि०) 1 सोच करना, खेद करना 2 चुपके-चुपके रोना II (पु०) चिंता, फ़िक्र

बिसेसर–*बो०* (पु०) विश्वेश्वर

बिसैला–I (वि०) विषैला II (पु०) उँगली पर होनेवाला एक तरह का ज़हरीला घाव

बिस्तर–*फ़ा०* (पु०) बिछावन, बिछौना; ~**बंद** (पु०) कैनवस आदि का बना होलडाल

बिस्तरा–*फ़ा० + हिं०* (पु०) बिस्तर
बिस्तारना–(स० क्रि०) *बो०* 1 फैलाना 2 विस्तार पूर्वक वर्णन करना
बिस्तुइया–(स्त्री०) छिपकली
बिस्वाँसी–(स्त्री०) बिसवा का बीसवाँ भाग
बिस्वा–(पु०) एक बीघे का बीसवाँ भाग (जैसे-चार बिस्वा ज़मीन)
बिहँसना–(अ० क्रि०) *बो०* 1 मुस्कराना 2 हँसना 3 प्रसन्न होना
बिहँसाना–I (स० क्रि०) *बो०* हँसाना II (अ० क्रि०) 1 मुस्कराना 2 खिलना
बिहरना–I (अ० क्रि०) 1 विचरना 2 विहार करना
बिहरना–II (अ० क्रि०) फटना
बिहरी–*बो०* (स्त्री०) बेहरी
बिहाग–(पु०) ओड़व संपूर्ण जाति का राग
बिहागड़ा–(पु०) संगीत में बिहाग राग का एक भेद
बिहान–(पु०) 1 सबेरा 2 आगामी कल
बिहाने–(क्रि० वि०) 1 सवेरे 2 कल
बिहारना–(अ० क्रि०) *बो०* विहार करना
बिहारी–I (पु०) बिहार राज्य का निवासी II (स्त्री०) बिहार की बोली III (वि०) 1 बिहार का 2 बिहार में होनेवाला
बिहिश्त–*फ़ा०* (पु०) स्वर्ग, बैकुंठ
बिहिश्ती–I *फ़ा०* (वि०) स्वर्गीय II (पु०) स्वर्ग का वासी
बिहिश्ती–III *बो०* (पु०) = भिश्ती
बिही–I *फ़ा०* (स्त्री०) 1 अमरूद 2 नाशपाती की शक्ल का एक फल एवं इसका पेड़ II (स्त्री०) भलाई। ~**दाना** (पु०) बिही नामक फल का बीज
बींड–(पु०) एक के ऊपर एक रखे गए रुपयों का ढेर
बींड़ा–(पु०) 1 पयाल का बना गोल आसन 2 गेंडुरी 3 गोल पिंड, लुंडा
बींड़िया–*बो०* (पु०) गाड़ी में जुते तीन बैलों में से सबसे आगेवाला बैल
बींड़ी–(स्त्री०) 1 एक तरह की रस्सी 2 गेंडुरी
बींधना–I (स० क्रि०) छेदना, बेधना II (अ० क्रि०) 1 आबद्ध होना 2 उलझा रहना
बी–*फ़ा०* (स्त्री०) बीबी
बीकर–*अं०* (पु०) कीपनली
बीग–*बो०* (पु०) भेड़िया
बीगना–(स० क्रि०) 1 छितराना 2 फेंकना
बीघा–(पु०) एक एकड़ का 3/5वाँ भाग
बीच–I (पु०) 1 केंद्रीय अंश (जैसे-दो मकानों के बीच एक कुआँ है) 2 जगह, स्थान 3 अंतर, फ़र्क 4 मध्यस्थता (जैसे-विरोधियों के बीच में अच्छा नहीं है) 5 दूरी, अवकाश 6 मौक़ा, अवसर (बीच में टपक पड़ना, बोल पड़ना) II (क्रि० वि०) अंदर, दरमियान, में। ~**बचाव** (पु०) = बीच बिचाव; ~**बिचाव** (पु०) मध्यस्थता, बिचवई; ~**वाला** (वि०) मध्यस्थ, बिचुआ; ~**करना** बिचवई करना; ~**खेत** खुल्लमखुल्ला, डंके की चोट; ~**पड़ना** फ़र्क होना; ~**पारना** भेद, बिलगाव करना; ~**बीच में** थोड़ी-थोड़ी देर पर; ~**में कूदना** दख़ल देना, टाँग अड़ाना; ~**में डालना** मध्यस्थ बनाना; ~**में देना** साक्षी बनाना; ~**में पड़ना** 1 बिचवई करना 2 ज़िम्मेदार बनना; ~**रखना** 1 भेद करना 2 छिपाना
बीच–III (स्त्री०) = वीचि, लहर
बीचों-बीच–(क्रि० वि०) बिलकुल बीच में
बीछी–*बो०* (स्त्री०) बिच्छू
बीज–*सं०* (पु०) 1 बोने के लिए कोई दाना (जैसे-फल का बीज, अन्न का बीज) 2 वीर्य, शुक्र 3 मूल कारण 4 कथा वस्तु का मूल 5 अज्ञात राशि का सूचक अक्षर (जैसे-बीजगणित)। ~**केंद्र** (पु०) 1 वह मध्यभाग जिसके चारों ओर वस्तुएँ बाद में इकट्ठी हों 2 वह मध्यभाग जिसमें बीज रहता है; ~**कोश,** ~**कोष** (पु०) वनस्पति का वह अंश जिसके अंदर उसके बीज बंद हों; ~**क्रिया** (स्त्री०) बीजगणित की क्रिया; ~**खाद** *+ हिं०* (पु०) किसानों को बीज-खाद हेतु दी जानेवाली रक़म; ~**गणित** (पु०) गणित का एक भेद जिसमें संख्या की जगह अक्षरों का प्रयोग करते हैं; ~**दर्शक** (पु०) नाटकों के अभिनय की व्यवस्था करनेवाला व्यक्ति, परिदर्शक; ~**द्रव्य** (पु०) पदार्थ का मूल तत्त्व; ~**धान्य** (पु०) धनियाँ; ~**पुरुष** (पु०) कुल आदि का पुरुष; ~**पूर** (पु०) बिजौरा; ~**पेशिका** (स्त्री०) अंडकोश; ~**भाषा** (स्त्री०) 1 कूट भाषा 2 मूल भाषा; ~**मंत्र** (पु०) 1 देवता के लिए निश्चित मंत्र 2 मूल मंत्र, गुर; ~**रेचन** (पु०) जमालगोटा; ~**लेख** (पु०) कूट लेख; ~**वपन** (पु०) 1 बीज बोना 2 खेत; ~**शोधन** (पु०) बीजों की सफ़ाई
बीजक–*सं०* (पु०) 1 बिजौरा नींबू 2 बीज, दाना 3 संत, महात्मा के प्रामाणिक पदों का संग्रह (जैसे-कबीर का बीजक) 4 सूची 5 भेजे जानेवाले माल की सूची
बीजत्व–*सं०* (पु०) 'बीज' होने की अवस्था, बीजपन
बीजना–(स० क्रि०) 1 बीज बोना 2 काम आदि का बीजारोपण करना
बीजांक–*सं०* (पु०) = बीज-भाषा
बीजांकुर–*सं०* (पु०) बीज से निकलनेवाला अंकुर। ~**न्याय** (पु०) बीज से अंकुर और अंकुर से बीज की उत्पत्ति का अनादि प्रवाह
बीजांड–*सं०* (पु०) 1 भ्रूण का आरंभिक रूप 2 बीज का आरंभिक रूप
बीजाक्षर–*सं०* (पु०) मंत्र का पहला अक्षर
बीजाणु–*सं०* (पु०) वीर्यकण
बीजारोपण–*सं०* (पु०) 1 बीज बोना 2 काम करना
बीजावस्था–*सं०* (स्त्री०) मूलावस्था
बीजी–I *सं० + हिं०* (वि०) 1 बीजों से युक्त 2 बीज संबंधी II (स्त्री०) 1 गिरी 2 गुठली
बीजोदक–*सं०* (पु०) ओला
बीज्य–*सं०* (वि०) 1 अच्छे बीज से उत्पन्न 2 कुलीन
बीझना–I (अ० क्रि०) बझना, फँसना
बीझना–II (स० क्रि०) फँसाना
बीट–(स्त्री०) 1 पक्षियों का गुह, विष्ठा 2 मल, गुह 3 तुच्छ वस्तु
बीटा-किरणें–*अं० + सं०* (स्त्री०) एटम के एक कण से उत्पन्न धारा
बीड़–(स्त्री०) एक पर एक रखे हुए सिक्कों का थाक
बीड़ा–(पु०) 1 गिलौरी (जैसे-पान का बीड़ा) 2 म्यान के मुँह

के पास बँधी डोरी। ~**उठाना** काम की ज़िम्मेदारी लेना; ~**देना** भार सौंपना, ज़िम्मेदारी सौंपना

बीड़िया–(वि०) बीड़ा उठानेवाला, अगुआ

बीड़ी–(स्त्री०) 1 पत्ती लपेटकर बनाई हुई सिगरेट जैसी वस्तु 2 छोटा बीड़ा 3 तंबाकू 4 मिस्सी

बीतना–(अ० क्रि०) 1 घटना, कम होना (जैसे-समय बीतना, दिन बीतना) 2 फल भोग सहन किया जाना (जैसे-उस गरीब पर क्या बीतेगी) 3 समाप्त होना, अंत होना

बीती–(स्त्री०) 1 घटित घटना 2 वृत्तांत (जैसे-अपनी बीती सुनाना)

बीदर–(पु०) = बिदर

बीदरी–(वि०) = बिदरी

बीधा–(पु०) मालगुज़ारी निश्चित करना

बीन–I (स्त्री०) 1 वीणा 2 तूमड़ी 3 तूमड़ी से निकलनेवाला शब्द 4 बाँसुरी II (वि०) देखनेवाला (जैसे-तमाशबीन)। ~**कार** + *फ़ा०* (पु०) वीणावादक

बीनना–(स० क्रि०) 1 चुनना (जैसे-फूल बीनना) 2 बुनना (जैसे-खटोला बीनना)

बीफै–(पु०) वृहस्पतिवार

बीभत्स–I *सं०* (वि०) घृण्य, गंदा II (पु०) रस जिसमें घृणा जाग्रत हो

बीभत्सा–*सं०* (स्त्री०) घृणा

बीबी–*फ़ा०* (स्त्री०) 1 पत्नी 2 महिला 3 स्त्रियों का आदर सूचक शब्द

बीम–I *फ़ा०* (पु०) डर, भय

बीम–II *अं०* (पु०) मस्तूल, शहतीर

बीमा–*फ़ा०* (पु०) 1 ज़मानत 2 ठेका 3 ज़िम्मेदारी, इंश्योरेंस (जैसे-जीवन बीमा)। ~**एजेंट** + *अं०* (पु०) बीमा कंपनी का दलाल; ~**कंपनी** + *अं०* (स्त्री०) जीवन बीमा करनेवाली संस्था; ~**कर्ता** + *सं०* (पु०) बीमा करनेवाला; ~**क़िस्त** + *अ०* (स्त्री०) बीमा की धनराशि का एक अंश; ~**कृत** + *सं०* (वि०) बीमा किया गया; ~**दार** (पु०) बीमा करानेवाला, पालिसी होल्डर; ~**पत्र** + *सं०* (पु०) = बीमा पालिसी; ~**पत्रक** + *सं०* (पु०) बीमा करनेवाली संस्था एवं बीमा करानेवाले व्यक्ति के बीच हुए समझौते का लिखित पत्र; ~**पालिसी** + *अं०* (स्त्री०) बीमा करने का इक़रारनामा; ~**शुदा** (वि०) बीमावाला

बीमार–I *फ़ा०* (पु०) मरीज II (वि०) रोगी। ~**ख़ाना** (पु०) रोगीघर, रुग्णालय; ~**दार** (वि०) रोगी की सेवा करनेवाला; ~**दारी** (स्त्री०) रोगी की सेवा

बीमारी–*फ़ा०* (स्त्री०) 1 रोग, मर्ज 2 लत, दुर्व्यसन 3 झंझट

बीया–I (पु०) बीज II (वि०) दूसरा

बीर–I *सं०* (वि०) बहादुर, वीर II (पु०) वीर पुरुष

बीर–III (स्त्री०) 1 स्त्रियों में प्रचलित सखी का संबोधन 2 बिरिया नामक कान का गहना

बीर–IV (स्त्री०) = 1 चारागाह 2 चराने का कर

बीर–V *अं०* (स्त्री०) = बियर

बीर-बहूटी–(स्त्री०) किलनी की जाति का गहरे लाल रंग का एक बरसाती कीड़ा

बील–I (वि०) खोखला, पोला

बील–II (पु०) पानी इकट्ठा होने की नीचे की ज़मीन

बीवर–*अं०* (पु०) ऊदबिलाव

बीवी–*फ़ा०* (स्त्री०) बीबी, पत्नी

बीस–I (वि०) दस का दूना, उन्नीस से एक अधिक II (पु०) 20 की संख्या

बीस–III (वि०) तुलना में बढ़कर, अच्छा (जैसे-वीरता में वह तुमसे बीस है)

बीसना–(स० क्रि०) शतरंज आदि के खेल में बिसात बिछाना, फैलाना

बीसी–(स्त्री०) 1 एक प्रकार की बीस वस्तुओं का समूह 2 भूमि की एक नाप 3 पूरे बीघे के हिसाब से लगनेवाला लगान

बीहड़–(वि०) 1 ऊबड़ खाबड़, विषम (जैसे-बीहड़-भूमि) 2 बहुत विकट (जैसे-बीहड़ काम)

बुँदकी–(स्त्री०) 1 छोटी गोल बिंदी 2 छोटा गोल निशान 3 छोटा बुंदा। ~**दार** + *फ़ा०* (वि०) बुँदकीवाला

बुंदा–(पु०) 1 कान में पहनने का एक गहना, लोलक 2 बड़ी टिकली के आकार का गोदना

बुँदिया–(स्त्री०) एक प्रकार की मिठाई

बुंदी–(स्त्री०) छोटा बुंदा। ~**दार** + *फ़ा०* (वि०) बिंदिया लगी हुई

बुंदेलखंडी–I (वि०) बुंदेलखंड का II (पु०) बुंदेलखंड का निवासी III (स्त्री०) बुंदेलखंड की बोली

बुंदेला–(पु०) 1 बुंदेलखंड में रहनेवाले एक तरह के राजपूत 2 बुंदेलखंड के निवासी

बुंदेली–(स्त्री०) बुंदेलखंड की बोली

बुआ–(स्त्री०) = बूआ

बुआई–(स्त्री०) = बोआई

बुक–*अं०* (स्त्री०) किताब। ~**डिपो** (पु०) किताबघर; ~**पोस्ट** (पु०) पुस्तक डाक; ~**सेलर** (पु०) पुस्तक विक्रेता; ~**स्टाल** (पु०) किताब की छोटी दुकान; ~**स्टोर** (पु०) पुस्तक भंडार

बुक़चा–*फ़ा०* (पु०) कपड़े की गठरी

बुक़ची–*फ़ा०* (स्त्री०) 1 छोटा बुक़चा 2 दर्ज़ी की सूई, धागा आदि रखने की थैली

बुकटा–(पु०) बकोट

बुकनी–(स्त्री०) महीन पीसा हुआ चूर्ण

बुकवा–*बो०* (पु०) 1 उबटन 2 बुक्का

बुकस–(पु०) भंगी, मेहतर

बुकार–*बो०* (पु०) बरसात के बाद नदी के तट पर जमा हुई बालू, भाट

बुक्का–(पु०) 1 पीसा हुआ चूर्ण 2 अबरक का चूर्ण

बुख़ार–*अ०* (पु०) 1 ज्वर (जैसे-बुख़ार आना) 2 दिल का गुबार, भड़ास

बुख़ारी–I *अ०* + *फ़ा०* (स्त्री०) 1 बखार 2 दीवार में बनाई गई अँगीठी

बुख़ारी–II *फ़ा०* (वि०) बुख़ारा का रहनेवाला

बुग–I (पु०) मच्छर II (स्त्री०) कपड़ा, बुक

बुग़चा–*फ़ा०* (पु०) = बुक़चा

बुगदर–*बो०* (पु०) = बुग

बुग़दा–*फ़ा०* (पु०) कसाई का छुरा

बुगिअल–*बो०* (पु०) चरी, चरागाह
बुग्गी–*अं०* (स्त्री०) = बग्गी
बुज़–*फ़ा०* (पु०) बकरी, बूचड़। **~कसाव** (पु०) बक़रकसाव, कसाई; **~दिल** (वि०) डरपोक, भीरु; **~दिली** (स्त्री०) कायरता, भीरुता, डरपोकपन
बुज़ुर्ग–I *फ़ा०* (वि०) वृद्ध II (पु०) पूर्वज, पुरखे
बुज़ुर्गी–*फ़ा०* (स्त्री०) बड़प्पन
बुझना–(अ० क्रि०) 1 जलना बंद हो जाना (जैसे-लकड़ी बुझना) 2 गर्म वस्तु का पानी में पड़कर ठंडा होना (जैसे-पानी में चूना बुझना, गर्म धातु का पानी में बुझना) 3 शांत होना (जैसे-प्यास बुझना) 4 मंद पड़ना (जैसे-दिल बुझना)
बुझाई–(स्त्री०) बुझाने का काम
बुझाना–I (स० क्रि०) 1 जलती वस्तु को ठंडा करना (जैसे-चूल्हे की लकड़ी बुझाना) 2 गुल करना (जैसे-चिराग़ बुझाना) 3 पानी में डालकर ठंडा करना (जैसे-तपा लोहा पानी में बुझाना) 4 ज़हरीला बनाना (जैसे-ज़हर में बुझाना) 5 शांत करना, मिटाना (जैसे-प्यास बुझाना)
बुझाना–II (स० क्रि०) 1 बुझने का काम कराना (जैसे-पहेली बुझाना) 2 बोध कराना, समझाना (जैसे-समझा-बुझाकर ठीक रास्ते पर लाना) 3 समझाकर संतुष्ट करना
बुझारत–(स्त्री०) 1 वार्षिक आय-व्यय आदि का लेखा 2 पहेली
बुझावा–(पु०) बूझने की बात, प्रश्न
बुझौवल–(स्त्री०) पहेली
बुड़क–(स्त्री०) गोता। **~बुड़क** (स्त्री०) पानी में डूबने की आवाज़
बुड़का–(पु०) गोता
बुड़की–(स्त्री०) डुबकी
बुड़बुड़ाना–(अ० क्रि०) बड़बड़ करना, बड़बड़ाना
बुड़ाना–(स० क्रि०) *बो०* डुबाना
बुड्डी–(स्त्री०) = बुड़की
बुड्ढा–(वि०) बूढ़ा
बुढ़ऊ–(पु०) बुड्ढा आदमी
बुढ़ाई–(स्त्री०) बुढ़ापा, वृद्धावस्था
बुढ़ाना–(अ० क्रि०) *बो०* बूढ़ा होना
बुढ़ापन, बुढ़ापा– वृद्धावस्था, बुढ़ाई। **~पेंशन** + *अं०* (स्त्री०) बुढ़ापे में दिया जानेवाला निवृत्ति वेतन; **~भत्ता** (पु०) बुढ़ापे में दिया जानेवाला अलाउंस
बुढ़ाई–(स्त्री०) बूढ़ी औरत
बुढ़ौती–(स्त्री०) = बुढ़ाई
बुत–I *फ़ा०* (पु०) 1 प्रतिमा, मूर्ति 2 आकृति के अनुसार बना हुआ चित्र 3 प्रेम-पात्र, माशूक़ II (वि०) 1 मूर्ति की तरह मौन और निश्छल 2 बेहोश (जैसे-शराब के नशे में बुत है)। **~ख़ाना** (पु०) मंदिर; **~तराश** (पु०) मूर्तियाँ बनानेवाला; **~परस्त** (पु०) मूर्ति पूजक; **~परस्ती** (स्त्री०) मूर्ति पूजा; **~शिकन** (पु०) 1 मूर्तिभंजक 2 मूर्तिपूजा का घोर विरोधी
बुताना–I (स० क्रि०) बुझाना II (अ० क्रि०) बुझना
बुताम–*अं०* (पु०) बटन
बुत्ता–(पु०) झाँसा, चकमा
बुदबुद, बुदबुदा–(पु०) बुलबुला
बुदबुदाना–(अ० क्रि०) बुलबुले आना
बुद्ध–I *सं०* (वि०) 1 जारित 2 ज्ञान-संपन्न, ज्ञानी 3 पंडित II (पु०) बौद्धधर्म के प्रवर्तक सिद्धार्थ गौतम
बुद्धि–*सं०* (स्त्री०) 1 समझ, अक़्ल, मनीषा 2 अंतःकरण की निश्चयात्मक वृत्ति। **~गम्य, ~ग्राह्य** (वि०) समझ में आने योग्य; **~जीवी** (वि०) 1 विचारशील 2 बुद्धि से जीविका चलानेवाला; **~जीवीवर्ग, ~जीवी समूह** (पु०) शिक्षित लोगों का समुदाय; **~तत्त्व** (पु०) महत्त्व; **~पर** (वि०) बुद्धि की पहुँच से दूर; **~पूर्ण** (वि०) अक़्लवाला; **~पूर्वक** (क्रि० वि०) समझ से; **~बल** (पु०) बुद्धि की शक्ति; **~भ्रंश** (पु०) अक़्ल का मारा जाना; **~मंद** (वि०) मंद बुद्धिवाला, कम समझ का; **~मंदती** (स्त्री०) बुद्धि की कमी; **~मत्ता** (स्त्री०) समझदारी, अक़्लमंदी; **~मोह** (पु०) दिमाग़ का घबड़ा जाना; **~रोचक** (वि०) बुद्धि को पसंद करनेवाला; **~लाघव** (पु०) तुरंत समझ जाना; **~वाद** (पु०) 1 बुद्धि द्वारा ही समस्त ज्ञान प्राप्त होने का सिद्धांत 2 बुद्धि एवं युक्ति की दृष्टि से उचित मानी गई बात; **~वादिता** (स्त्री०) बुद्धिवाद की अवस्था; **~वादी** I (वि०) बुद्धिवाद संबंधी II (पु०) बुद्धिवाद का अनुयायी; **~विलास** (पु०) 1 कल्पना 2 मन बहलाना; **~शाली** (वि०) = बुद्धिमान्; **~शैथिल्य** (पु०) अक़्ल का ढीला पड़ जाना; **~संगत** (वि०) बुद्धि के अनुरूप; **~हीन** (वि०) निर्बुद्धि; **~का अंधा** मूर्ख, बेवक़ूफ़; **~का मारा** अक़्ल का दुश्मन; **~ठिकाने होना** होश में रहना; **~दौड़ाना** दे० अक़्ल दौड़ाना; **~पर पत्थर पड़ना** अक़्ल का मारा जाना, अक़्ल काम न करना; **~सठियाना** पागल होना; **~हीन** (वि०) मूर्ख, अज्ञानी; **~हीनता** (स्त्री०) अज्ञानता, मूर्खता
बुद्धिमान्–*सं०* (वि०) समझदार, अक़्लमंद
बुद्धिमानी–*सं०* + *हिं०* (स्त्री०) = बुद्धिमत्ता
बुद्धू–(पु०) नासमझ व्यक्ति
बुद्धेतर–*सं०* (वि०) बुद्धि से भिन्न
बुध–*सं०* (पु०) 1 सौर जगत् का सबसे छोटा ग्रह 2 बुद्धिमान् एवं विद्वान् व्यक्ति 3 देवता। **~वार** (पु०) मंगलवार एवं गुरुवार के बीच का वार
बुनकर–(पु०) कपड़ा बुननेवाला कारीगर
बुनना–(स० क्रि०) 1 धागे से कपड़ा बनाना (जैसे-दरी बुनना) 2 सलाई आदि के द्वारा वस्त्र का रूप देना (स्वेटर बुनना) 3 तार आदि द्वारा नया रूप देना (जैसे-कुरसी बुनना)
बुनवाना–(स० क्रि०) बुनने का काम कराना
बुनाई–(स्त्री०) 1 बुनने का काम 2 बुनने का पारिश्रमिक 3 बुनने का ढंग। **~मिल** + *अं०* (स्त्री०) बुनाई का कारख़ाना
बुनावट–(स्त्री०) सूतों के बुनने का प्रकार
बुनियाद–*फ़ा०* (स्त्री०) 1 आधार, नींव 2 जड़ मूल 3 आरंभ
बुनियादी–*फ़ा०* (वि०) 1 बुनियाद संबंधी 2 आरंभिक 3 बुनियाद रूप में होनेवाला
बुबुकना–(अ० क्रि०) ज़ोर-ज़ोर से रोना
बुबुकारी–(स्त्री०) ज़ोर-ज़ोर से रोने का शब्द
बुभुक्षा–*सं०* (स्त्री०) खाने की इच्छा, भूख

बुभुक्षित–*सं०* (वि०) भूखा
बुभुत्सा–*सं०* (स्त्री०) जानने की इच्छा, आतुरता
बुभुत्सु–*सं०* (वि०) जिज्ञासु
बुभूषा–*सं०* (स्त्री०) यश की इच्छा
बुरकना–I (स० क्रि०) छिड़कना
बुरकना–II (पु०) खड़िया मिट्टी घोलकर रखने की दवात
बुरक़ा–*अ०* (पु०) नकाब (जैसे-बुरक़ा पहनना)। ~**पोश** + *फ़ा०* (वि०) बुरक़ा पहननेवाली; ~ **बुरक़े में छीछड़े खाना** परदे में कुकर्म करना, बदचलनी करना
बुरकी–(स्त्री०) 1 मंत्र आदि के समय प्रयुक्त धूल, राख 2 धूल-राख से किया गया जादू-टोना
बुरदू–*अं०* (पु०) 1 बग़ल, पार्श्व 2 जहाज़ का पीछेवाला भाग
बुरा–(वि०) 1 ख़राब, निकृष्ट 2 दूषित 3 अनुचित एवं निंदनीय। ~**भला** (वि०) अच्छा-बुरा; ~**बुरा करना** 1 अनुचित काम करना 2 नुक़सान पहुँचाना; ~**कहना** निंदा करना, बदनाम करना; ~**चाहना** बुराई चाहना, अनिष्ट की कामना करना; ~**बनना** 1 बुराई लेना, दोषी बनना 2 बदनाम होना; ~**मानना** 1 दुःखी होना 2 नाराज़ होना; ~**लगना** नागवार लगना; ~**हाल होना** 1 तबाह होना 2 भीषण संकट में पड़ना 3 हालत बिगड़ना (जैसे-रोगी का बुरा हाल होना); **बुरे दिन का साथी** संकट में साथ देनेवाला दोस्त
बुराई–(स्त्री०) 1 बुरा होना, ख़राबी होना 2 खुटाई, दुष्टता 3 निंदा, बदगोई 4 अवगुण, दोष। ~**भलाई** (स्त्री०) नेकी-बदी, अच्छा-बुरा काम
बुरादा–*अ०* (पु०) 1 लकड़ी का चूरा 2 चूर्ण, चूरा
बुरुश–*अं०* (पु०) ब्रश
बुर्ज–*अ०* (पु०) 1 गड़गज 2 मीनार 3 गुंबद। ~**तोप** + *फ़ा०* (स्त्री०) बुर्ज में लगाई गई तोप
बुर्जवा–*अं०* **(वि०) बुर्जुआ, अवसरवादी मध्यम वर्ग**
बुर्जी–*अ०* + *हिं०* (स्त्री०) छोटा बुर्ज
बुलंद–*फ़ा०* (वि०) 1 बहुत ऊँचा (जैसे-बुलंद दरवाज़ा) 2 उन्नत (जैसे-सेहरा बुलंद होना)। ~**इकबाल** + *अ०* (वि०) भाग्यवान, सौभाग्यशाली; ~**हिम्मत** + *अ०* (वि०) ऊँची हिम्मतवाला
बुलंदी–*फ़ा०* (स्त्री०) 1 ऊँचाई 2 उत्कर्ष
बुलक्कड़–(पु०) ज़्यादा बोलनेवाला
बुलडाग–*अं०* (पु०) मझोले आकार के डरावनी सूरतवाले कुत्ते की एक जाति
बुलडोज़र–*अं०* (पु०) मिट्टी आदि खोदकर समतल करनेवाला एक यंत्र
बुलबुल–*अ०* (स्त्री०) मधुर आवाज़ करनेवाली एक प्रसिद्ध चिड़िया। ~**बाज़** + *फ़ा०* (स्त्री०) बुलबुल पालने वाला; ~**बाज़ी** + *फ़ा०* (स्त्री०) बुलबुल पालने का शौक
बुलबुला–(पु०) बुल्ला, बुदबुदा
बुलवाना–(स० क्रि०) 1 बोलने में प्रवृत्त करना 2 बुलाने का काम कराना
बुलाक़–*तु०* (पु०) 1 नाक की बीचवाली हड्डी 2 नाक में पहनी जानेवाली नथ
बुलाना–(स० क्रि०) 1 पुकारना 2 बोलने में प्रवृत्त करना
बुलावा–(पु०) 1 आवाहन, निमंत्रण 2 बुलाने का भाव
बुलाह–(पु०) घोड़ा जिसकी गर्दन और पूँछ के बाल पीले हों
बुलाहट–(स्त्री०) = बुलावा
बुलेटिन–*अं०* (पु०) संक्षिप्त सूचना पत्र
बुलौआ–*बो०* (पु०) = बुलावा
बुल्ला–(पु०) बुलबुला
बुवाना–(स० क्रि०) बोआई कराना
बुशर्ट, बुशशर्ट–*अं०* (पु०) खुले कालर और आधी आस्तीन की एक कमीज
बुशल–*अं०* (पु०) आठ गैलन की माप
बुसना–(अ० क्रि०) बासी खाने में दुर्गंध पैदा होना
बुहारना–(स० क्रि०) झाड़ू लगाना, साफ़ करना, झाड़ना (जैसे-कमरा बुहारना)
बुहारनी–(स्त्री०) झाड़ू
बुहारा–(पु०) ताड़ की सींकों का बना बड़ा झाड़ू
बुहारी–(स्त्री०) झाड़ू, बढ़नी
बूँद–(स्त्री०) 1 तरल पदार्थ का कण, कतरा (जैसे-पानी की बूँद) 2 वीर्य। ~**चुराना** स्त्री का गर्भवती होना
बूँदा–(पु०) बड़ी टिकली, बुंदा
बूँदा-बाँदी–(स्त्री०) हल्की वर्षा
बूँदी–(स्त्री०) 1 बुंदिया 2 वर्षा के जल की बूँद
बू–*फ़ा०* (स्त्री०) 1 बदबू, दुर्गंध 2 गंध, महक (जैसे-खुशबू)। ~**उड़ना,** ~**फैलाना** कलंक का प्रसिद्ध हो जाना
बूआ–(स्त्री०) पिता की बहन, फूफी
बूई–(स्त्री०) एक तरह की वनस्पति
बूक–(पु०) बकोटा, चंगुल
बूकना–(स० क्रि०) 1 पीसकर चूर्ण करना 2 छाँटना, बघारना (जैसे-अंग्रेज़ी बूकना)
बूका–(पु०) हृदय, कलेजा
बूचड़–*अं०* (पु०) कसाई। ~**ख़ाना** + *फ़ा०* (पु०) कसाईख़ाना
बूचा–(वि०) 1 कनकटा 2 नंगा
बूजना–(स० क्रि०) छिपाना
बूझ–(स्त्री०) 1 बूझने का भाव 2 समझ, बुद्धि। ~**बुझौवल** (स्त्री०) पहेली; ~**बुझक्कड़** (वि०) अटकल से बतानेवाला
बूझना–(स० क्रि०) 1 जानना और समझना 2 गूढ़ बात जानना (जैसे-पहेली बूझना)
बूट–I (पु०) 1 हरा चना 2 चने का पौधा
बूट–II *अं०* (पु०) मोटे तल्ले का अंग्रेज़ी जूता (जैसे-बूट पालिश)
बूटा–(पु०) 1 छोटा वृक्ष, पौधा 2 कपड़े आदि पर बनी हुई फूल-पत्ती
बूटी–(स्त्री०) 1 दवा में काम आनेवाली एक जंगली वनस्पति 2 भंग 3 कपड़े पर बने बेल-बूटे 4 ताश के पत्तों पर बनी हुई बिंदी। ~**भाँग** (स्त्री०) भाँग की बूटी
बूड़ना–*बो०* (अ० क्रि०) 1 डूबना (जैसे-नदी में बूड़ना) 2 लीन होना, निमग्न होना (जैसे-काम में बूड़ गया)
बूड़ा–*बो०* (पु०) 1 बाढ़ 2 डुबाव (जैसे-नदी में हाथी तक का बूड़ा है)

बूड़िया–*बो०* (पु०) गोताखोर, डुब्बा
बूढ़ा–I (पु०) बुड्ढा, वृद्ध II (स्त्री०) बुढ़िया, वृद्धा स्त्री
बूत, बूता–(पु०) 1 बल, पराक्रम 2 शक्ति, सामर्थ्य
बूथ–*अं०* (पु०) 1 मतदान कोष्ठ 2 छोटी सी दुकान
बूथड़ी–(स्त्री०) 1 आकृति 2 चेहरा, सूरत
बूना–(पु०) चनार नामक वृक्ष
बूबक–(पु०) मूर्ख व्यक्ति, नासमझ
बूबास–*फ़ा०* + *सं०* (स्त्री०) गंध, महक
बू-बू–(स्त्री०) बड़ी बहन
बूर–I *बो०* (स्त्री०) भग, योनि II (पु०) 1 गाय भैंस आदि पशुओं का दूध बढ़ानेवाली एक तरह की घास, खोई 2 कटा हुआ चारा
बूरा–(पु०) 1 शक्कर 2 बाढ़िया चीनी 3 महीन चूर्ण
बृहत्, बृहत–*सं०* (वि०) 1 बहुत बड़ा, विशाल 2 दृढ़, पक्का 3 शक्तिशाली 4 घना, निविड़ 5 पर्याप्त, यथेष्ट 6 ऊँचा (स्वर)। ~**काय** (वि०) बड़े डील-डौलवाला, विशालकाय; ~**कीर्ति** (वि०) बहुत यशस्वी; ~**तर** (वि०) 1 और अधिक बड़ा 2 अधिक विस्तार का; ~**परिमाणीय** (वि०) बहुत बड़े मार्प का; ~**पाद** (पु०) बरगद; ~**प्रदर्शक** (पु०) किसी वस्तु को बड़ा करके दिखाने-वाला यंत्र
बृहत्तर–*सं०* (वि०) 1 और बड़ा 2 मूल के अतिरिक्त और भी अंश
बृहदंग–*सं०* (पु०) बड़ा अंग
बृहद्–*सं०* (वि०) = बृहत्
बृहद्धन–*सं०* (वि०) बहुत भारी संपत्तिवाला
बृहद्वयस्–*सं०* (वि०) लंबी उम्रवाला
बृहस्पति–*सं०* (पु०) 1 सौरमंडल का पाँचवा और सबसे बड़ा ग्रह 2 देवताओं के गुरु। ~**वार** (पु०) बुधवार और शुक्रवार के बीच का दिन, गुरुवार, बीफै
बेंग–(पु०) मेढक
बेंगत–*बो०* (पु०) फ़सल की अमानत में दिया जानेवाला उधार
बेंच–*अं०* (स्त्री०) 1 लकड़ी, लोहे आदि की लंबी कम चौड़ी चौकी 2 जज का आसन, पद 3 संसद में सदस्यों के बैठने का स्थान
बेंजीन–*अं०* (पु०) एक वर्णहीन ज्वलनशील और ज़हरीला द्रव
बेंट, बेंठ–*बो०* (स्त्री०) मूठ, दस्ता
बेंड़–I (स्त्री०) भेड़ा II *बो०* (पु०) चाँड़, टेक
बेंड़ना–(स० क्रि०) बेढ़ना
बेंड़ा–*बो०* (वि०) 1 तिरछा, आड़ा 2 कठिन
बेंड़ी–(स्त्री०) बाँस की छिछली टोकरी
बेंत–(पु०) 1 मज़बूत और लचीले डंठलवाली लता 2 बेत की छड़ी। ~**की तरह काँपना** डर से बहुत काँपना
बेंदली–*बो०* (स्त्री०) बिंदी, टिकली
बेंदा–(पु०) 1 बड़ी टिकली 2 माथे पर का एक गहना 3 टीका, तिलक
बेंदी–(स्त्री०) 1 टिकली, बिंदी 2 माथे पर पहनने का एक गहना
बें-बें–(पु०) भेंड़ की आवाज़
बेंवड़ा–(पु०) = ब्योड़ा
बे–I (क्रि० वि०) अरे, अबे
बे–II *फ़ा०* (क्रि० वि०) बिना, बग़ैर (जैसे-बेक़सूर, बेदाग़)। ~**अक़ल** + *अ०* (वि०) नासमझ, निर्बुद्धि; ~**अक़ली** + *अ०* + *फ़ा०* (स्त्री०) नासमझी, मूर्खता; ~**अक्ल** + *अ०* (वि०) = बेअक़्ल; ~**अदब** + *अ०* (वि०) 1 अदब न करनेवाला, अशिष्ट 2 गुस्ताख़; ~**अदबी** + *अ०* + *फ़ा०* (स्त्री०) 1 अशिष्टता 2 गुस्ताख़ी; ~**असर** + *अ०* (वि०) प्रभावहीन; ~**असल** + *अ०* (वि०) 1 ग़लत 2 जाली; ~**आब** (वि०) आभारहित; ~**आबरू** (वि०) अपमानित और तिरस्कृत; ~**आबी** (स्त्री०) मलिनता, निस्तेजता; ~**आस** + *हिं०* (वि०) निराश्रय; ~**आसरा** + *हिं०* (वि०) निराश्रय; ~**इंतिहा** + *अ०* (वि०) अपार, असीम; ~**इंसाफ़** + *अ०* (वि०) अन्यायी; ~**इंसाफ़ी** + *अ०* + *फ़ा०* (स्त्री०) अन्याय; ~**इख़्तियार** + *अ०* (वि०) 1 बेबस 2 बहुत ही; ~**इज़्ज़त** + *अ०* (वि०) 1 अपमानित 2 प्रतिष्ठा रहित, ज़लील; ~**इज़्ज़ती** + *अ०* + *फ़ा०* (स्त्री०) 1 अप्रतिष्ठा 2 अपमान; ~**इल्म** + *अ०* (वि०) अपढ़; ~**इल्मी** + *अ०* + *फ़ा०* (स्त्री०) विद्या का अभाव; ~**ईमान** + *अ०* (वि०) 1 अविश्वसनीय 2 बदनीयत 3 अधर्मी; ~**ईमानी** + *अ०* + *फ़ा०* (स्त्री०) अविश्वसनीयता 2 झुठाई 3 बदनीयती; ~**उसूल** + *अ०* I (क्रि० वि०) बिना किसी सिद्धांत के II (वि०) सिद्धांतहीन; ~**एतिबार** + *अ०* I (पु०) अविश्वास II (वि०) अविश्वसनीय; ~**एतिबारी** + *अ०* + *फ़ा०* (स्त्री०) अविश्वसनीयता; ~**ऐब** + *अ०* (वि०) निर्दोष; ~**औलाद** (वि०) निःसंतान; ~**क़दर** + *अ०* (वि०) = बेक़द्र; ~**क़दरी** + *अ०* + *फ़ा०* (स्त्री०) अनादर; ~**क़द्र** + *अ०* (वि०) बिना आदर का, सम्मानरहित; ~**क़द्री** + *अ०* + *फ़ा०* (स्त्री०) बेइज़्ज़ती; ~**क़रार** + *अ०* (वि०) 1 बेचैन, विकल 2 अत्यंत उत्सुक; ~**क़रारी** + *अ०* + *फ़ा०* (स्त्री०) 1 व्याकुलता 2 अत्यधिक उत्सुकता; ~**कस** (वि०) 1 असहाय 2 दीन, विवश; ~**कसी** (स्त्री०) 1 असहायावस्था 2 दीनता, विवशता; ~**क़सूर** + *अ०* (वि०) निरपराध; ~**कहा** + *हिं०* (वि०) 1 न कहा हुआ 2 स्वच्छंद; ~**क़ानूनी** + *अ०* + *फ़ा०* (वि०) अवैध; ~**क़ाबू** (वि०) 1 विवश, लाचार 2 अनियंत्रित; ~**काम** + *हिं०* (वि०) 1 निकम्मा 2 रद्दी (जैसे-बेकाम की चीज़); ~**क़ायदगी** + *अ०* + *फ़ा०* (स्त्री०) अनियमितता; ~**कार** (वि०) 1 निठल्ला, निकम्मा 2 बेरोज़गार 3 निरर्थक (क्रि० वि०) व्यर्थ, बेफ़ायदा; ~**कारी** (स्त्री०) 1 बेकार होना 2 बेरोज़गारी; ~**कारी वेतन** + *सं०* (पु०) बेरोज़गारों को दिया जानेवाला भत्ता; ~**क़ीमत** + *अ०* (वि०) 1 बिना क़ीमत का, अमूल्य; ~**क़ुसूर** + *अ०* (वि०) 1 निरपराध 2 निर्दोष; ~**खटक, ~खटके** + *हिं०* (क्रि० वि०) बिना संकोच के, बेधड़क; ~**ख़बर** + *अ०* (वि०) 1 असावधान, लापरवाह 2 अनजान; ~**ख़बरी** + *अ०* + *फ़ा०* (स्त्री०) 1 अज्ञानता 2 लापरवाही; ~**ख़ौफ़** + *अ०* I (वि०) निडर II (क्रि० वि०) बिना डरे; ~**ग़म** + *अ०* (वि०) निश्चिंत, ~**ग़रज़** + *अ०* I (वि०) बिना ग़रज़ का II (क्रि० वि०) निःस्वार्थ रूप से; ~**ग़रज़ी** + *अ०* + *फ़ा०* I (स्त्री०) बेग़रज़ होने का भाव II (वि०) = बिना ग़रज़वाला (जैसे-बेग़रज़ी

सैंया); **~गानगी** (स्त्री०) परायापन; **~गाना** (वि०) 1 गैर, पराया 2 अनजान (जैसे-बेगाना दोस्त); **~गार** (स्त्री०) बिना मज़दूरी के बलपूर्वक करवाया जानेवाला काम; **~गुन** + *हिं०* (वि०) 1 गुणरहित; **~गुनाह** I (वि०) निरपराध, बेक़सूर II (क्रि० वि०) बिना अपराध के, अकारण; **~घर, ~घरबार** + *हिं०* (वि०) बिना घर का; **~घर-बेदर** + *हिं०* + *फ़ा०* (वि०) गृहहीन; **~घरा** + *हिं०* (वि०) = बेघर; **~चैन** + *हिं०* (वि०) व्याकुल, बेकल; **~चैनी** + *हिं०* (स्त्री०) व्याकुलता, बेकली; **~चोबा** (पु०) बिना खंभे का खीमा; **~जड़** + *हिं०* (वि०) निर्मूल; **~ज़बान** (वि०) 1 न बोलनेवाला, मूक 2 दीन; **~ज़मीन** (वि०) भूमिरहित; **~जला** + *हिं०* (वि०) बिना जली हुई (जैसे-बेजला सिगरेट); **~जा** (वि०) अनुचित (जैसे-बेजा हरकत); **~जान** (वि०) 1 निर्जीव, मृत 2 बेदम, अशक्त; **~ज़ाब्ता** (वि०) अवैध, क़ानून विरोधी; **~ज़ार** (वि०) 1 अप्रसन्न 2 खिन्न 3 नाराज़, विमुख; **~जून** + *हिं०* (क्रि० वि०) कुसमय, बेमौका; **~जोड़** + *हिं०* (वि०) 1 बिना जोड़ का 2 लाजवाब 3 बेमेल; **~जोत** + *हिं०* (वि०) बिना जोता हुआ; **~झिझक** + *हिं०* (क्रि० वि०) निःसंकोच; **~टिकट** + *अं०* (वि०) बिना टिकट का (जैसे-बेटिकट यात्री); **~ठिकाने** + *हिं०* I (वि०) 1 अपने स्थान पर न रहनेवाला, स्थानच्युत 2 बिना ठौर-ठिकाने का 3 असंगत II (क्रि० वि०) 1 अनुपयुक्त अवसर पर, बेमौक़े 2 अनुपयुक्त स्थान पर; **~ठीक** + *हिं०* (वि०) 1 अनुपयुक्त 2 अनुचित; **~ठौर, ~ठौर-ठिकाने** + *हिं०* (वि०) = बेठिकाने; **~डौल** + *हिं०* (वि०) भद्दा, कुरूप; **~ढंगा** + *हिं०* (वि०) 1 बुरे ढंग का 2 अव्यवस्थित 3 भद्दा; **~ढब** + *हिं०* I (वि०) 1 निराले ढंग का 2 भद्दा, भोंडा II (क्रि० वि०) 1 अनुचित रूप में 2 अनुपयुक्त रूप से 3 अनावश्यक रूप से; **~तकल्लुफ़ी** (स्त्री०) सादगी, सरलता; **~तकसीर** (वि०) निर्दोष, निरपराध; **~तमीज़ी** + *अं०* (वि०) = बेअदब; **~तमीज़** + *अ०* + *फ़ा०* (स्त्री०) = बेअदबी; **~तरतीब** + *अ०* (वि०) क्रमरहित, अव्यवस्थित; **~तरह** + *अ०* (क्रि० वि०) 1 विकट रूप से 2 असाधारण रूप से; **~तहाशा** + *अ०* (क्रि० वि०) 1 अचानक और वेगपूर्वक 2 बिना सोचे-समझे; **~ताज** (वि०) बिना मुकुट का (जैसे-बेताज बादशाह); **~तादाद** + *अ०* (वि०) बेशुमार, अनगिनत; **~ताब** (वि०) 1 बिना सब्र का 2 व्याकुल, विकल 3 परम उत्सुक; **~ताबी** (स्त्री०) 1 बेताब होने की अवस्था 2 विकलता 3 परम उत्सुकता; **~तार** + *हिं०* (वि०) बिना तार का (जैसे-बेतार का तार, बेतार का यंत्र); **~ताला** + *हिं०* (वि०) 1 बिना ताल का गाने बजानेवाला 2 ताल के अनुसार न होनेवाला; **~तुका** + *हिं०* (वि०) 1 बेमेल, असंगत 2 बिना अवसर का (जैसे-बेतुकी बात) 3 अनुचित बात कहनेवाला (जैसे-बेतुका इंसान) 4 तुकरहित; **~तुकी** + *हिं०* (स्त्री०) असंगत बात; **~दख़ल** + *अ०* (वि०) पदच्युत, अधिकार च्युत; **~दख़ली** + *अ०* + *फ़ा०* (स्त्री०) अधिकार च्युत करना, पदच्युत करना; **~दम** (वि०) 1 अत्यंत दुर्बल 2 निर्जीव, मुर्दा; **~दर्द** (वि०) 1 निर्दय 2 ज़ालिम; **~दर्दी** (स्त्री०) निर्दयता; **~दाग़** (वि०) निष्कलंक, निर्दोष; **~दाढ़ी** + *हिं०* बिना दाढ़ीवाला; **~दाना** I (वि०) बिना दानों का; बिना बीज का; II पतले छिलकेवाला अनार 2 एक तरह का शहतूत; **~दाम** + *हिं०* I (वि०) बिना क़ीमत का II (क्रि० वि०) बिना मूल्य दिए; **~दिल** (वि०) उदास, खिन्न; **~दिली** (स्त्री०) उदासी, खिन्नता; **~दीदा** (वि०) अंधा; **~दीन** + *अ०* (वि०) धर्म को न माननेवाला; **~धड़क** + *हिं०* I (क्रि० वि०) 1 निर्भय होकर 2 बिना सोचे समझे II (वि०) 1 निडर 2 निर्द्वंद्व; **~धर्म** + *सं०* (वि०) धर्मभ्रष्ट; **~ध्यानी** + *सं०* + *हिं०* (स्त्री०) असावधानी; **~नक़ाब** (वि०) 1 नंगा 2 बेशर्म; **~नज़ीर** + *अ०* (वि०) = बेमिसाल; **~नमक** (वि०) बेमज़ा, फीका; **~नसीब** + *अ०* (वि०) भाग्यहीन, अभागा; **~नाग़ा** (क्रि० वि०) लगातार, नित्य; **~नाप** + *हिं०* बिना नाप का; **~नाम** (वि०) गुमनाम; **~नामोनिशान** (वि०) बेपता; **~पढ़ा-लिखा** + *हिं०* (वि०) अनपढ़; **~नियाज़** (वि०) निःस्पृह; **~पता** + *हिं०* (वि०) बिना ठौर-ठिकाने का; **~पनाह** (वि०) 1 निराश्रय 2 बिना रक्षा का; **~पर** (वि०) बिना पंख का; **~परदा** (वि०) 1 परदे से बाहर 2 प्रकट, खुला 3 निर्लज्ज (जैसे-बेपरदा औरत); **~परवा** (वि०) 1 बेफ़िक्र 2 लापरवाह; **~परवाई** (स्त्री०) 1 बेफ़िक्री 2 लापरवाई; **~परवाह** + *हिं०* (वि०) = बेपरवा; **~परवाही** + *हिं०* + *फ़ा०* (स्त्री०) = बेपरवाई; **~बाप** + *सं०* (वि०) बिना पिता का; **~पीर** I + *हिं* (वि०) = **बेरहम, निर्दय;** II (वि०) निगुरा; **~पेंदी** + *हिं०* (वि०) बिना तली का (जैसे-बेपेंदी का लोटा); **~फ़ायदा** + *अ०* (वि०) बिना लाभ का, बेकार; **~फ़िक्र** + *अ०* (वि०) निश्चिंत, **बेपरवा;** **~फ़िक्री** + *अ०* + *फ़ा* (स्त्री०) निश्चिंतता; **~बस** + *हिं०* (वि०) विवश, लाचार; **~बसी** + *हिं०* (स्त्री०) विवशता, लाचारी; **~बाक** (वि०) निडर, ढीठ; **~बाकी** (स्त्री०) निडरता, धृष्टता; **~बुनियाद** (वि०) 1 बेजड़, निर्मूल 2 आधार रहित; **~भाव** + *सं०* I (क्रि० वि०) बेहिसाब II (वि०) बहुत अधिक, बेहद; **~मज़ा** (वि०) 1 नीरस और फीका 2 आनंद रहित 3 रंग में भंग हुआ; **~मतलब** + *अ०* I (क्रि० वि०) निष्प्रयोजन, बेकार II (वि०) निरर्थक, व्यर्थ का; **~मन** + *हिं०* I (क्रि० वि०) बिना मन लगाए II (वि०) बिना मन का; **~मानी** + *अ०* (वि०) 1 अर्थरहित 2 बेकार, **बेमतलब;** **~मिसाल** + *अ०* (वि०) अद्वितीय, अनुपम; **~मुरुव्वत** + *अ०* (वि०) 1 बेलिहाज़ 2 तोताचश्म; **~मेल** + *हिं०* (वि०) अनमेल, बेजोड़; **~मौक़ा** + *अ०* I (वि०) मौक़े पर न होनेवाला II (क्रि० वि०) बिना मौक़े का III (पु०) उपयुक्त अवसर का अभाव; **~मौक़े** + *अ०* (क्रि० वि०) असमय; **~मौसम** + *अ०* (वि०) बिना मौसम का; **~रंग** (वि०) निर्लज्ज, बेशर्म; **~रस** + *सं०* (वि०) रसहीन, बेमज़ा; **~रहम** + *अ०* (वि०) निर्दय, निष्करुण; **~रहमी** + *अ०* + *फ़ा०* (स्त्री०) निर्दयता, सख्ती; **~राह** (वि०) 1 पथभ्रष्ट 2 कुचाली; **~रुखी** (स्त्री०) नाराज़गी; **~रेशा** (वि०) बिना रेशे का; **~रोक, ~रोकटोक** + *हिं०* I (वि०) बिना रुकावट का II (क्रि० वि०) स्वच्छंद रूप में; **~रोज़गार**

(वि०) व्यवसायहीन, बेकार; ~**रोज़गारी** (स्त्री०) बेकारी; ~**रोब** + *अ०* (वि०) बिना धाक का; ~**रोबी** + *अ०* + *फ़ा०* (स्त्री०) 1 धाक का न होना 2 शर्मिंदगी; ~**रौनक़** + *अ०* (वि०) 1 बिना चहल-पहल का 2 श्रीहीन, शोभाहीन; ~**लगाम** (वि०) 1 बिना लगाम का 2 सरकंश, मुँहज़ोर; ~**लगाव** + *हिं०* (वि०) अनासक्त; ~**लज्ज़त** (वि०) 1 स्वाद रहित 2 नीरस, फीका 3 आनंदहीन; ~**लाग** + *हिं०* (वि०) 1 रू-रिआयत न करनेवाला, खरा 2 दोटूक (बात); ~**लाग-लपेट** + *हिं०* (वि०) साफ़-साफ़; ~**लिहाज़** + *अ०* (वि०) 1 बेमुरौवत 2 निर्लज्ज; ~**वक़ूफ़** + *अ०* (वि०) नासमझ, निर्बुद्धि; ~**वक़ूफ़ी** + *अ०* + *फ़ा०* (स्त्री०) नासमझी, मूर्खता; ~**वजह** (क्रि० वि०) अकारण; ~**वक़्त** + *अ०* (क्रि० वि०) असमय; ~**वफ़ा** + *अ०* (वि०) 1 कृतघ्न 2 धोखा देनेवाला; ~**वफ़ाई** + *अ०* + *फ़ा०* (स्त्री०) 1 कृतघ्नता 2 बेमुरौवती; ~**शऊर** + *अ०* (वि०) 1 फूहड़ 2 बेअक़्ल; ~**शक** + *अ०* (क्रि० वि०) निःसंदेह, ज़रूर; ~**शरम** (वि०) निर्लज्ज; ~**शरमी** (स्त्री०) निर्लज्जता; ~**शुमार** (वि०) 1 अगणित 2 बेहिसाब; ~**सबब** + *अ०* (क्रि० वि०) अकारण, बेवज़ह; ~**सब्र** + *अ०* (वि०) अधीर; ~**सब्री** + *अ०* + *फ़ा०* (स्त्री०) अधीरता; ~**समझ** + *हिं०* (वि०) नासमझ; ~**समझी** + *हिं०* (स्त्री०) नासमझी, मूर्खता; ~**सरा** (वि०) आश्रयहीन; ~**सहारा** + *हिं०* (वि०) निराश्रय; ~**सामान** (वि०) 1 सामानरहित 2 दरिद्र, कंगाल; ~**सिर-पैर** + *हिं०* (वि०) निर्मूल; ~**सिलसिले** + *अ०* (क्रि० वि०) बिना क्रम के; ~**सुध** + *हिं०* (वि०) 1 अचेत, बेहोश 2 आत्म विस्मृति; ~**सुधी** + *हिं०* (स्त्री०) 1 आत्मविस्मृति 2 बेहोशी; ~**सुर, ~सुरा** + *हिं०* (वि०) बिना स्वर का, बेरोग; ~**सोचे-समझे** + *हिं०* (क्रि० वि०) बिना सोच-विचार किए; ~**स्वाद** + *सं०* (वि०) बेमज़ा; ~**हथियार** + *हिं०* (वि०) बिना हथियार का, निहत्था; ~**हथियारबंदी** + *हिं०* + *फ़ा०* (स्त्री०) निरस्त्रीकरण; ~**हद** + *अ०* (वि०) 1 असीम 2 बहुत अधिक; ~**हया** + *अ०* (वि०) बेशर्म; ~**हयाई** + *अ०* + *फ़ा०* (स्त्री०) बेशर्मी; ~**हवा** + *अ०* (वि०) निर्वात; ~**हाथ** + *हिं०* (वि०) 1 बिना हाथ का 2 वश के बाहर का; ~**हाल** + *अ०* (वि०) 1 दुर्दशाग्रस्त 2 मरणासन्न 3 अचेत, बेहोश 4 परेशान, विकल; ~**हाली** + *अ०* + *फ़ा०* (स्त्री०) 1 व्याकुलता बेचैनी 2 बेहाल होने की स्थिति; ~**हिसाब** + *अ०* I (क्रि० वि०) अत्यधिक II (वि०) असंख्य, अगणित; ~**हुनर, ~हुनरा** + *हिं०* (वि०) अनाड़ी, बेशऊर; ~**हुनरी** (स्त्री०) बेशऊरपन; ~**हुरमत** + *अ०* (वि०) बेइज़्ज़त; ~**हुरमती** + *अ०* (स्त्री०) बेइज़्ज़ती; ~**हूदगी** (स्त्री०) 1 बेहूदापन 2 अशिष्टता, असभ्यता; ~**हूदा** (वि०) 1 असंगत, बेतुका 2 अशिष्ट, भद्दा; ~**होश** (वि०) अचेत; ~**होशी** (स्त्री०) अचेतपन, मूर्च्छा

बेआरा–*बो०* (पु०) जौ और चना का मिश्रण

बेकरी–*अं०* (स्त्री०) डबलरोटी, बिस्कुट आदि पकाने की भट्टी

बेकली–(स्त्री०) बेचैनी

बेख–*फ़ा०* (स्त्री०) जड़, नींव

बेखुद–*फ़ा०* (वि०) बेसुध

बेगड़ी–(पु०) 1 हीरा तराश 2 जौहरी

बेगम–*फ़ा०* (स्त्री०) 1 महिला, संभ्रांत स्त्री 2 बादशाह की पत्नी 3 ताश का एक पत्ता (जैसे-पान की बेगम)

बेचवाल–(पु०) सौदा बेचनेवाला

बेचारा–*फ़ा०* (वि०) 1 दीन और निस्सहाय, ग़रीब 2 साधनरहित, निरुपाय

बेचू–(पु०) विक्रेता, बेचनेवाला

बेजू–*अं०* (पु०) डेढ़-दो हाथ लंबा एक तरह का जंगली जानवर

बेझड़–(पु०) कई तरह का मिश्रित अन्न

बेटा–(पु०) पुत्र, सुत

बेटी–(स्त्री०) पुत्री, सुता। ~**वाला** (पु०) कन्या का पिता; ~**व्यवहार** + *सं०* (पु०) विवाह-संबंध; ~**देना** बेटी की शादी करना

बेटे-पोते–(पु०) पुत्र पौत्र

बेठ–(पु०) 1 ऊसर ज़मीन 2 ऋण के रूप में लिया गया पेशगी धन

बेठन–(पु०) पुस्तक आदि पर लपेटा गया कपड़ा, खोल (जैसे-पोथी का बेठन)। ~**का बेठन** 1 अनपढ़ 2 पढ़ा-लिखा मूर्ख

बेड–*अं०* (स्त्री०) बिस्तरा, बैड। ~**टी** (स्त्री०) बिस्तरी चाय

बेड़–(पु०) बाड़, थला

बेड़ना–(स० क्रि०) 1 थाला बनाना 2 मेड़ बनाना

बेड़ा–I (पु०) 1 लट्ठों, लकड़ियों को बाँधकर उसपर टट्टर बिछाकर बनाई गई नाव 2 नावों, जहाज़ों का समूह (जैसे-जहाज़ी बेड़ा) 3 नाव। ~**डूबना** नाव डूबना; ~**पार होना** 1 काम पूरा होना 2 संकट कटना

बेड़ा–II (वि०) 1 कठिन, मुश्किल (जैसे-बेड़ा काम) 2 आड़ा, तिरछा

बेड़िन–(स्त्री०) नाचने-गाने का पेशा करनेवाली स्त्री, नटिनी

बेड़ी–I (स्त्री०) पाँव की ज़ंज़ीर (जैसे-चोर को बेड़ी पहनाना)। ~**कटना** आज़ाद होना; ~**पड़ना** 1 क़ैद होना 2 शादी कर लेना

बेड़ी–II (स्त्री०) 1 छोटा बेड़ा 2 छोटी नाव

बेढ़–I (स्त्री०) घेरा, बाढ़

बेढ़–II (पु०) 1 नाश, बर्बादी 2 अंकुरित बीज

बेढ़ई–(स्त्री०) कचौड़ी

बेढ़ना–(स० क्रि०) 1 घेरना, रूँधना 2 पशुओं को हाँकना

बेढ़ा–(पु०) 1 हाथ में पहनने का एक प्रकार का कड़ा 2 मकान की बारी

बेत–(पु०) = बेंत

बेद–*फ़ा०* (पु०) बेंत

बेदार–*फ़ा०* (वि०) 1 जागता हुआ, जागरूक चौकन्ना

बेदारी–*फ़ा०* (स्त्री०) जागरूकता, जागरण

बेध–*सं०* (पु०) 1 छेद 2 मोती, मूँगे आदि में किया गया छेद 3 दे० वेध

बेधक–*सं०* (वि०) वेधनेवाला

बेधना–(स० क्रि०) 1 छेदना, भेदना (जैसे-मोती बेधना) 2 घाव करना

बेधिया–I *सं०* (पु०) अंकुश II (वि०) बेधनेवाला
बेन–*बो०* (पु०) महुवर, वेणु
बेनट–*अं०* (स्त्री०) संगीन
बेना–(पु०) बाँस के छिलके का बना पंखा
बेनिया–(स्त्री०) 1 पंखी 2 किवाड़ के पल्ले के किनारे दूसरे पल्ले को रोकने के लिए लगाई जानेवाली लकड़ी
बेनी–(स्त्री०) 1 स्त्रियों की चोटी 2 दूसरे पल्ले को रोकने हेतु किवाड़ के एक पल्ले के किनारे लगाई जानेवाली लकड़ी
बेनु–(पु०) वेणु
बेपार–*बो०* (पु०) व्यापार
बेपारी– *बो०* (पु०) व्यापारी
बेयरर चेक–*अं०* (पु०) धनीजोग चेक
बेयरा–*अं०* (पु०) = बैरा
बेर–I (स्त्री०) 1 बार, दफा 2 देर, विलंब
बेर–II (पु०) एक प्रसिद्ध पेड़ तथा उसका फल
बेरवा– *बो०* 1 कलाई पर पहनने का एक प्रकार का कड़ा 2 ब्योरा, विवरण
बेरा–I *बो०* (स्त्री०) 1 समय, वक्त, बेला 2 प्रभात का समय, तड़का 3 दफा, बार
बेरा–II (पु०) 1 मिला हुआ जौ और चना 2 बेड़ा, नाव 3 पोत समूह
बेरा–III *अं०* (पु०) बैरा
बेरी– (स्त्री०) 1 सरसों और अलसी का मिश्रण 2 बेर का पेड़
बेल–I (स्त्री०) 1 बिना तने का पौधा, लता (जैसे-अंगूर की बेल) 2 कपड़े आदि पर रंग रेशम आदि से बनाए गए लता की शक्ल के फूल-पत्ते (जैसे-बेलदार किनारे की साड़ी) 3 कपड़े पर टाँका जानेवाला फीता 4 वंश परंपरा। **~दार** *+फ़ा०* (वि०) बेल-बूटेवाला
बेल–II *बो०* (पु०) बेला नाम का पौधा और उसका फूल
बेल–III *+फ़ा०* (पु०) एक तरह की कुदाल। **~दार** फावड़ा चलानेवाला मज़दूर
बेल–IV *अं०* (पु०) गाँठ, बड़ी गठरी
बेलक–*फ़ा०* (स्त्री०) 1 फरसा, फावड़ा 2 डाँड़ा
बेलकी–(पु०) चरवाहा
बेलचा–*फ़ा०* (पु०) 1 छोटी कुदाल 2 लंबा खुरपा
बेलट–*अं०* (पु०) बैलेट। **~पेपर** (पु०) मतदान पत्र
बेलन–(पु०) 1 पत्थर, लौह आदि का बना भारी गोल दंड के आकार का खंड, रोलर 2 यंत्र आदि में लगा इसी आकार का एक पुरज़ा (जैसे-मशीन का बेलन) 3 रोटी आदि बेलने का एक उपकरण, धातु आदि का लंबा गोल दस्ता 4 कोल्हू का जाठ
बेलना–I (पु०) काठ, पीतल आदि का बना हुआ एक प्रकार का लंबा गोलाकार उपकरण (जैसे-चकला-बेलना)
बेलना–II (स० क्रि०) चकले पर बेलने से रोटी, पूरी आदि बनाना (जैसे-रोटी बेलना)
बेलनाकार–हिं० + सं० (वि०) बेलन के आकारवाला
बेलनी–(स्त्री०) कपास ओटने की चरखी
बल-बूटा–(पु०) वस्तु पर अंकित लताओं, पेड़-पौधों आदि के चित्र (जैसे-बेल-बूटा काढ़ना)
बेलवाना–(स० क्रि०) बेलने का काम कराना
बेला–I (स्त्री०) समय
बेला–II (पु०) चमेली की जाति का एक पौधा और फूल
बेला–III *अं०* (स्त्री०) सारंगी की तरह का एक पाश्चात्य बाजा
बेला–IV (स्त्री०) दे० बेला
बेलाई–(स्त्री०) 1 बेलने का काम 2 बेलने की मज़दूरी
बेलिफ़–*अं०* (पु०) अपराधी को गिरफ़्तार और उसका माल कुर्क करनेवाला एक कर्मचारी
बेलिया–(स्त्री०) छोटी कटोरी
बेली–(पु०) रक्षक और सहायक
बेलून–*अं०* (पु०) गुब्बारा
बेले–*अं०* (पु०) नृत्यरूपक
बेल्ट–*अं०* (पु०) पेटी
बेवहरिया–*बो०* (पु०) 1 महाजन 2 लिपिक, मुनीम
बेवा–*फ़ा०* (स्त्री०) विधवा स्त्री, राँड
बेवाई–*बो०* (स्त्री०) = बिवाई
बेश–I *फ़ा०* (वि०) अधिक, ज़्यादा (जैसे-बेशक़ीमती) II (क्रि० वि०) ऐसा ही सही, अच्छा III (पु०) भेस, वेष
बेशी–*फ़ा०* (स्त्री०) 1 अधिकता, ज़्यादती 2 लाभ, नफ़ा
बेसन–(पु०) चने का आटा
बेसनी– (वि०) 1 बेसन का बना (जैसे-बेसनी लड्डू) 2 बेसन मिश्रित (जैसे-बेसनी रोटी)
बेसर–I (स्त्री०) नाक में पहनने का एक प्रकार का गहना
बेसर–II (पु०) 1 गधा 2 खच्चर 3 एक अंत्यज जाति
बेसरा–I *बो०* (पु०) एक प्रकार की चिड़िया
बेसरा–II *फ़ा०* (वि०) आश्रयहीन
बेसवा–*बो०* (स्त्री०) वेश्या, रंडी
बेसा–I *बो०* (स्त्री०) रंडी, वेश्या II (पु०) भेस
बेसिक–*अं०* (वि०) प्रारंभिक, शुरू का (जैसे-बेसिक कक्षाएँ)
बेसिन–*अं०* (स्त्री०) 1 चिलमची 2 द्रोणीक्षेत्र, नदीपात्र
बेहंगम–(वि०) 1 बेढंगा 2 बेढब 3 विकट
बेह–*फ़ा०* (वि०) अच्छा, भला। **~तर** (वि०) अधिक अच्छा; **~तरी** (स्त्री०) भलाई, हित
बेहड़–I (पु०) विकट स्थान II (वि०) बीहड़
बेहन–*बो०* (पु०) अनाज का बीज
बेहना–*बो०* (पु०) 1 जुलाहों की एक उपजाति 2 धुनिया
बेहरा–*बो०* (वि०) अलग, जुदा
बेहरी–(स्त्री०) *बो०* चंदा
बैंक–*अं०* (पु०) 1 महाजनी कोठी 2 रुपया जमा करके ब्याज सहित लौटाने का कारोबार करनेवाली कोठी। **~ऋण** *+ सं०* (पु०) बैंक से लिया गया कर्ज़ा; **~ड्राफ़्ट** (पु०) बैंक की हुंडी; **~दर** *+ हिं०* (स्त्री०) बैंक के कमीशन की दर; **~पूँजी** *+ हिं०* (स्त्री०) बैंक का कुल धन; **~वाला** *+ हिं०* (पु०) = बैंकर; **~व्यवस्था** (स्त्री०) बैंक का प्रबंध
बैंकिंग–*अं०* (स्त्री०) बैंक का कारोबार
बैंगन–(पु०) 1 भंटा 2 भंटा का फल (जैसे-बैंगन की कलौंजी)
बैंगनी–(वि०) बैंगन के रंग का, बैंजनी
बैंच–*अं०* (स्त्री०) = बेंच

बैंजनी–(वि०) बैंगनी
बैंड–I *अं०* (पु०) 1 अंग्रेज़ी बाजा बजानेवालों का जत्था 2 अंग्रेज़ी बाजा। ~**मास्टर** (पु०) बैंड का संचालक
बैंड–II *अं०* (पु०) पट्टा
बैंडज–*अं०* (पु०) पट्टी
बैड़ना–(स० क्रि०) बेड़ना
बै–*अ०* (स्त्री०) बेचना, बिक्री
बैक–*अं०* (पु०) पार्श्व, नेपथ्य पीछे (जैसे-पीछे का खिलाड़ी)
बैकवर्ड–*अं०* (पु०) पिछड़ा
बैकुंठ–*सं०* (पु०) = वैकुंठ
बैक्टिरिया–*अं०* (पु०) रोगाणु
बैगन–(पु०) = बैंगन
बैगनी–(वि०) = बैंगनी
बैच–*अं०* (पु०) वर्ग, ग्रुप
बैजंती–(स्त्री०) 1 विजयमाल 2 झंडा, पताका
बैज–*अं०* (पु०) 1 कपड़े आदि का फीता जो पद का चिह्न हो, चपरास 2 बिल्ला
बैट–*अं०* (पु०) बल्ला (जैसे-बैट-बाल)। ~**मैन** (पु०) बल्लेबाज़
बैटरी–*अं०* (स्त्री०) रासायनिक पदार्थों के योग से विद्युत उत्पन्न करने का एक यंत्र (जैसे-बिजली की बैटरी)
बैटा–*बो०* (स्त्री०) रूई ओटने की चरखी, ओटनी
बैटिंग–*अं०* (स्त्री०) बल्लेबाज़ी
बैट्समैन–*अं०* (पु०) बल्लेबाज़
बैठ–(पु०) 1 राजकीय कर 2 राजकीय दर
बैठक–(स्त्री०) 1 बैठने का कमरा, चौपाल 2 बैठने का आसन 3 बैठने का ढंग 4 अधिवेशन (जैसे-संसद की बैठक) 5 बैठकी (जैसे-बैठकबाज़ी) 6 उठने-बैठने की कसरत। ~**ख़ाना** + *फ़ा०* (पु०) बैठने, मिलने-जुलने का कमरा; ~**बाज़** + *फ़ा०* (पु०) अड्डेबाज़; ~**बाज़ी** + *फ़ा०* (स्त्री०) अड्डेबाज़ी
बैठका–(पु०) बैठने, मिलने-जुलने का कमरा
बैठकी–I (स्त्री०) 1 बैठने का आसन, बैठक 2 उठना-बैठना 3 जान-बूझकर चुपचाप बैठे रहना (जैसे-श्रमिकों की बैठकी) II (वि०) बैठने से संबंध रखनेवाला (जैसे-बैठकी हड़ताल)
बैठना–(अ० क्रि०) 1 आसीन होना (जैसे-कुर्सी पर बैठना, सिंहासन पर बैठना) 2 सवार होना, चढ़ना (जैसे-घोड़े पर बैठना) 3 इजलास करना (जैसे-जज महोदय बैठ गए) 4 छोटा-बड़ा न होना, फिट आना (जैसे-मशीन में पट्टा बैठ गया) 5 अवैध संबंध स्थापित करना (जैसे-विधवा होने पर भी देवर के घर बैठ गई) 6 यथा-स्थान आना (जैसे-टूटी हड्डी का बैठना) 7 धाराशायी होना (जैसे-भीषण वर्षा से मकान बैठना) 8 नष्ट होना (जैसे-कारोबार बैठना) 9 निथर कर तल में लगना (जैसे-पानी में चूना बैठना) 10 पिचकना (जैसे-शीतला के प्रकोप से आँख बैठना, बुढ़ापे में गाल बैठना) 11 लक्ष्य पर जा लगना (जैसे-निशाने पर गोली बैठना) 12 चरितार्थ होना (जैसे-कहावत का ठीक बैठना) 13 अभ्यस्त होना (जैसे-तबले पर उसका हाथ ठीक बैठता है)
बैठनी–(स्त्री०) कपड़ा बुनते समय जुलाहों के बैठने का स्थान, आसन
बैठवाँ–(वि०) बैठा हुआ, चिपटा
बैठवाना–(स० क्रि०) बैठाने का काम कराना
बैठ-हड़ताल–(स्त्री०) बैठे रहने का धरना
बैठाना–(स० क्रि०) 1 बैठने में प्रवृत्त करना, आसीन करना (जैसे-सिंहासन पर बैठाना) 2 नियुक्त करना (जैसे-प्रबंधक बनाकर बैठाना, पंचायत बैठाना) 3 ससम्मान स्थान देना (जैसे-अतिथि को बैठाना) 4 यथा स्थान करना (जैसे-टूटी हड्डी बैठाना, मशीन का पुरज़ा बैठाना) 5 सवारी पर आसीन करना (जैसे-जहाज़ पर बैठाना) 6 चूल्हे पर चढ़ाना (जैसे-दूध बैठाना) 7 दबाना (जैसे-अनाज के बोझ ने कमरा बैठा दिया) 8 बेकार करना, निकम्मा करना 9 उपपत्नी बनाकर घर में रखना 10 अभ्यास करना (जैसे-चित्रकारी में हाथ बैठाना) 11 लक्ष्य जमाना (जैसे-निशाना बैठाना) 12 हिसाब करना
बैडमिंटन–*अं०* (पु०) चिड़िया और रैकेट का एक खेल
बैत–*अ०* (स्त्री०) शेर या पद्य के दोनों चरण
बैताल–I (पु०) = वैताल
बैताल–II (पु०) = बेताल
बैद–*बो०* (पु०) वैद्य
बैदई–*बो०* (स्त्री०) वैद्य का काम
बैन–*बो०* (पु०) 1 वचन, बोल 2 रो-रोकर गुणगान करना
बैनर–*अं०* (पु०) प्रतीक चिह्न
बैना–(पु०) विवाह आदि उत्सव में बाँटी जानेवाली मिठाई
बैनामा–*अ०* + *फ़ा०* (पु०) विक्रय-पत्र (जैसे-मकान का बैनामा)
बैरंग–*अं०* (वि०) 1 बिना टिकट लगा (जैसे-बैरंग लिफाफा, बैरंग चिट्ठी) 2 विफल
बैर–I *सं०* (पु०) 1 शत्रुभाव, दुश्मनी 2 विरोध, बुराई। ~**काढ़ना**, ~**लेना** बदला लेना; ~**ठानना** शत्रुता करना; ~**पड़ना** कष्ट देना; ~**मोलना** शत्रुता करना
बैर–II *बो०* (पु०) बेर का पेड़ और उसका फल
बैरक–*अं०* (स्त्री०) छावनी
बैरक़–*तु०* (पु०) छोटा झंडा, झंडी
बैरन–I (स्त्री०) महिला शत्रु
बैरन–II *अं०* (पु०) लार्ड
बैरा–*अं०* (पु०) होटल आदि में अभ्यागतों को भोजन आदि पहुँचानेवाला व्यक्ति; ~**गीरी** + *फ़ा०* (स्त्री०) बैरा का काम
बैराग–*बो०* (पु०) = वैराग्य
बैरागी–*बो०* (पु०) = वैरागी
बैरिन–(स्त्री०) 1 शत्रुतापूर्ण व्यवहार करनेवाली स्त्री 2 सौत
बैरिस्टर–*अं०* (पु०) = बारिस्टर
बैरी–I *सं०* (वि०) 1 विरोधी 2 शत्रुता रखनेवाला II (पु०) दुश्मन, शत्रु
बैरोमीटर–*अं०* (पु०) वायुमंडल का दाब नापने का एक उपकरण (जैसे-निर्द्रव बैरोमीटर)
बैल–(पु०) 1 गौ जाति का नर 2 मूर्ख व्यक्ति (जैसे-तुम निरा बैल हो)। ~**गाड़ी** (स्त्री०) बैल से खींचा जानेवाला छकड़ा
बैलट–*अं०* (पु०) = बैलेट। ~**पत्र** + *सं०* (पु०) मतपत्र

बैलून–*अं०* (पु०) = बेलून

बैलेंस–*अं०* (पु०) 1 रोकड़बाक़ी 2 संतुलन। **~सीट** (स्त्री०) तुलन पत्र

बैले–*अं०* (पु०) बेले

बैलेट–*अं०* (पु०) नृत्य रूपक

बैस–I (स्त्री०) 1 उम्र, वयस 2 जवानी

बैस–II (पु०) क्षत्रियों का एक भेद

बैस–III *बो०* (पु०) वैश्य

बैसवाड़ी–(स्त्री०) बैसवाड़ की बोली

बैसा–(पु०) = बेंट

बैसाख–(पु०) जेठ और चैत के बीच पड़नेवाला महीना, वैशाख

बैसाखी–I (स्त्री०) वैशाख की पूर्णिमा II लँगड़े लोगों के चलने के लिए एक प्रकार का डंडा (जैसे-बैसाखी के बल चलना)

बोंक–(पु०) लोहे की मोटी कील

बोंड़ा–(पु०) बारूद में आग देने का पलीता

बोंडी–*बो०* (स्त्री०) = बौंड़ी

बोआई–(स्त्री०) 1 बोने का काम 2 बोने की मज़दूरी

बोआना–(स० क्रि०) बोने का काम कराना

बोक–*बो०* (पु०) बकरा

बोका–I (पु०) 1 बकरे की खाल 2 चमड़े का ढोल II (वि०) मूर्ख

बोगदा–(पु०) ऊँचे पहाड़ों के बीचोबीच बनाया गया रास्ता, टनेल

बोगस–*अं०* (वि०) 1 नकली 2 बेकार, रद्दी 3 झूठा, जाली

बोझ–(पु०) 1 भार, वज़न 2 भारी वस्तु 3 भारी लगनेवाला काम 4 कार्यभार, ज़िम्मेदारी (जैसे-परिवार का बोझ) 5 एक खेप में ढोई जा सकनेवाली वस्तु। **~उठाना** 1 कठिन काम की ज़िम्मेदारी लेना; **~उतरना** 1 ज़िम्मेदारी से मुक्त होना 2 जी हलका होना

बोझना–(स० क्रि०) भार रखना, लादना

बोझा–(पु०) बोझ

बोझाई–(स्त्री०) 1 बोझ लादने का काम 2 बोझ लादने का पारिश्रमिक

बोझिल–(वि०) 1 भारी वज़नदार 2 विकट

बोट–*अं०* (स्त्री०) 1 नाव, नौका 2 जहाज़

बोटा–(पु०) 1 कुंदा 2 खंड, टुकड़ा

बोटिंग–*अं०* (स्त्री०) नौका-विहार

बोटी–(स्त्री०) मांस का टुकड़ा। **~करना** छोटे-छोटे टुकड़े करना; **~फड़कना** चुलबुलापन होना

बोड़री–*बो०* (स्त्री०) तोंदी, नाभि

बोड़ा–I (पु०) लोबिया, बजरबट्टू

बोड़ा–II *बो०* (पु०) अजगर

बोड़ी–(स्त्री०) 1 बहुत छोटी रक़म 2 दमड़ी

बोतल–*अं०* (स्त्री०) काँच का बना लंबी गर्दन का एक पात्र, शीशी (जैसे-दवा की बोतल, शराब की बोतल)। **~चढ़ाना** शराब पीना

बोतली–I *अं०* + *हिं०* (स्त्री०) छोटी बोतल II (वि०) बोतल के रंग का

बोता–(पु०) ऊँट का बच्चा जिसपर अभी सवारी न की जाती हो

बोदर–*बो०* (स्त्री०) पतली छड़ी

बोदा, बोद्दा–(वि०) 1 कम समझवाला 2 दब्बू 3 सुस्त

बोध–*सं०* (पु०) 1 ज्ञान 2 जानकारी 3 तसल्ली, धीरज। **~गम्य** (वि०) समझ में आने लायक

बोधक–I *सं०* (वि०) 1 ज्ञान करानेवाला 2 जतानेवाला II (पु०) शृंगार रस में संकेत द्वारा मनोगत भावों को दर्शाने का एक भाव

बोधन–*सं०* (पु०) 1 ज्ञान कराना 2 जताना

बोधव्य–*सं०* (वि०) ज्ञान प्राप्त करने योग्य

बोधिवृक्ष–*सं०* (पु०) एक पीपल का पेड़ जिसके नीचे बुद्ध ने ज्ञान प्राप्त किया था

बोधिसत्व–*सं०* (पु०) बुद्धत्व प्राप्त करने का अधिकारी

बोनस–*अं०* (स्त्री०) लाभांश

बोना–(स० क्रि०) 1 ज़मीन में डालना (जैसे-सेम का बीज बोना) 2 सूत्रपात करना

बोनी–(स्त्री०) 1 बोने का काम 2 बोने का मौसम

बोबा–*बो०* (पु०) 1 थन 2 चूँची, स्तन 2 माँ का दूध पीनेवाला शिशु 3 घर-गृहस्थी का सामान, अंगड़-खंगड़

बोरका–(पु०) 1 मिट्टी की दवात 2 दवात

बोरना–(स० क्रि०) *बो०* 1 डुबाना (जैसे-पानी में बोरना) 2 नष्ट करना, नाश करना (जैसे-कुल का नाम बोरना) 3 डुबाकर तर करना 4 युक्त करना

बोरसी–*बो०* (स्त्री०) अँगीठी, गोरसी

बोरा– (पु०) टाट का बना थैला (जैसे-बोरों में अनाज भरना)। **~बंदी** + *फ़ा०* (स्त्री०) 1 अनाज बोरे आदि में बंद करना 2 बोरा भरा अनाज बेचने का प्रकार

बोरिंग–I *अं०* (स्त्री०) छिद्रण, वेधन

बोरिंग–II *अं०* (पु०) छिद्र

बोरिक–*अं०* (पु०) सुहागा

बोरियत–*अं०* + *अ०* (स्त्री०) ऊब

बोरिया–I (स्त्री०) छोटा बोरा

बोरिया–II *फ़ा०* (पु०) 1 चटाई 2 बिस्तर, बिछौना। **~बँधना** + *हिं०* (पु०) घर-गृहस्थी का बहुत कम सामान; **~बिस्तर** (पु०) घर के कुछ सामान और बिछौना आदि; **~उठाना, ~बाँधना, ~समेटना** प्रस्थान करना; **~सम्हालना** चलने की तैयारी करना

बोरी–(स्त्री०) छोटा बोरा

बोर्जुआ–*अं०* (वि०) = बुर्जुआ

बोर्ड–I *अं०* (पु०) 1 समिति (जैसे-बोर्ड की स्थापना) 2 कमेटी II 1 लकड़ी आदि का तख्ता 2 मोटी दफ़्ती, गत्ता

बोर्डिंग-स्कूल–*अं०* (पु०) छात्रावासी विद्यालय

बोर्डिंग-हाउस–*अं०* (पु०) छात्रावास

बोल–I (पु०) 1 बात, वचन 2 शब्द (जैसे-गीत के बोल) 3 ताना, बोली (जैसे-बोल बोलना) 4 बाजे की ध्वनि (जैसे-बाँसुरी के बोल)। **~चाल** (स्त्री०) 1 बातचीत, वार्तालाप 2 बातचीत करने का ढंग (जैसे-बोलचाल से तो वह शरीफ़ है); **~पट** + *सं०* (पु०) ऐसा चलचित्र जिसमें पात्रों के कथोपकथन तथा गीत आदि भी सुनाई दे सके; **~बाला** + *फ़ा०* (पु०) 1 मान-प्रतिष्ठा होना (जैसे-शहर में नेताजी का

बोल-बाला है) 2 सर्वोपरि महत्त्व की बात ~**मारना** व्यंग्य करना, ताना कसना

बोल–II *बो०* (पु०) एक प्रकार का कड़ुआ सुगंधित गोंद

बोलता–I (पु०) 1 ज्ञान करानेवाला और बोलनेवाला तत्त्व, आत्मा (जैसे-बोलते को पहचान, बोलता कहे सो मान) 2 जीवन शक्ति, प्राण 3 सार्थक बातें कहनेवाला प्राणी II (वि०) 1 बोलनेवाला (जैसे-बोलता सिनेमा) 2 वाक्पटु 3 बकवादी

बोलती–(स्त्री०) 1 वाणी 2 बोलने में पटु, जीभ (जैसे-अपनी बोलती बंद करो)। ~**बंद होना** 1 बोल न सकना 2 लज्जा के कारण बोल न निकलना; ~**मारी जाना** बकवाद बंद करना

बोलना–I (अ० क्रि०) 1 उच्चारित करना (जैसे-जय जयकार बोलना) 2 विचार प्रकट करना (जैसे-झूठ बोलना) 3 संबंध बनाए रखना (जैसे-क्षमा माँगने पर ही मैं उनसे बोलूँगा) 4 रोक-टोक करना, बाधक होना (जैसे-काम के वक़्त व्यर्थ का बोलना) II (स० क्रि०) 1 जवाब देना 2 पुकारना 3 बुलवाना। **बोल जाना** 1 ख़तम हो जाना 2 जवाब देना 3 हिम्मत हार जाना; **बोलि पठाना** बुला भेजना

बोलवाना–I (स० क्रि०) 1 उच्चारण कराना 2 कहवाना II (स० क्रि०) बुलवाना

बोलशेविक–रू० (पु०) श्रमिक वर्ग के अधिनायक का समर्थक

बोला-चाली–(स्त्री०) 1 बातचीत 2 बातचीत का संबंध

बोली–(स्त्री०) 1 बोल, वचन 2 भाषा, बोलचाल 3 नीलाम की आवाज़ 4 व्यंग्य, कटाक्ष। ~**ठोली** (स्त्री०) कटाक्ष, व्यंग्य; ~**दार** + *फ़ा०* (पु०) ऐसा असामी जिसे बिना लिखा-पढ़ी किए खेत जोतने को दिया गया हो; ~ **कसना** आवाज़ें कसना, ताने देना; ~**बोलना** 1 व्यंग्य करना, फबती कसना 2 नीलाम में वस्तुओं के दाम लगाना; ~**मारना** = बोली कसना

बोल्ट–अं० (स्त्री०) 1 सिटकनी 2 काबला

बोवाई–(स्त्री०) = बोआई

बोवाना–(स० क्रि०) बोने का काम कराना

बोसा–फ़ा० (पु०) चुम्मा, चुंबन

बोह–(स्त्री०) गोता, डुबकी

बोहड़–बो० (पु०) बरगद, बड़

बोहतान–अ० (पु०) झूठा अभियोग

बोहनी–(स्त्री०) पहली बिक्री

बोहरा–(पु०) 1 व्यापार करनेवाली मुस्लिम जाति 2 रोज़गारी, व्यापारी

बोहित–(पु०) नाव, जहाज़

बौड़ी–(स्त्री०) 1 कच्चा और छोटा फल, डोडा 2 फली, छीमी

बौआना–(अ० क्रि०) 1 स्वप्नावस्था में प्रलाप करना 2 बड़बड़ाना

बौखल–(वि०) 1 बौखलाया हुआ 2 पागल, सनकी

बौखलाना–(अ० क्रि०) 1 अंड-बंड बकना 2 पागलों सा आचरण करना

बौखलाहट–(स्त्री०) 1 बदहवासी, पागलपन 2 क्रोधावेश

बौखा–(स्त्री०) हवा का तेज़ झोंका

बौछाड़, बौछार–(स्त्री०) 1 हवा के झोंके से वर्षा की तिरछी आती हुई बूँदों का समूह (जैसे-बौछार पड़ना) 2 भरमार

बौछारी–(वि०) बौछाड़वाला

बौड़म–(पु०) पागल, सनकी

बौहड़ा–(वि०) बावला, पागल

बौता–(पु०) समुद्र में तैरता हुआ निशान

बौद्ध–सं० (वि०) 1 बुद्ध संबंधी 2 बुद्ध द्वारा प्रचारित (जैसे-बौद्ध मत) 3 गौतम बुद्ध के धर्म के अनुयायी। ~**धर्म** (पु०) बुद्ध द्वारा चलाया गया धर्म; ~**भिक्षु** (पु०) बौद्ध साधु; ~**मत** (पु०) = बौद्ध धर्म; ~**मतावलंबी** (पु०) बौद्ध धर्म का अनुयायी; ~**संघ** (पु०) बौद्ध धर्म के अनुयायियों का समूह, संगठन

बौद्धिक–सं० (वि०) 1 बुद्धि संबंधी 2 बुद्धि के योग्य

बौना–(पु०) बहुत ही छोटे क़द का आदमी

बौर–(पु०) आम की मंजरी

बौरना–(अ० क्रि०) आम का फूलना

बौरा–I (वि०) 1 बावला, पागल 2 भोला-भाला, सीधा-सादा 3 गूँगा

बौरा–II अं० (पु०) = बैरा

बौराना–(अ० क्रि०) 1 पागल हो जाना 2 उन्मत्त होना (जैसे-नशे में बौराना)

बौहरगत–बो० (स्त्री०) सूद पर रुपए उधार देने का व्यवसाय, सूदखोरी

बौहरा–(पु०) = ब्याज़खोर

ब्याज–सं० (पु०) मूलधन के अतिरिक्त दिया जानेवाला धन, सूद। ~**खोर** + *फ़ा०* ब्याज की कमाई खानेवाला; ~**खोरी** + *फ़ा०* (स्त्री०) ब्याज की कमाई; ~**दर** + *हिं०* (स्त्री०) सूद की दर; ~**बट्टा** + *हिं०* (पु०) नफ़ा-नुक़सान; ~**मुक्त** (वि०) सूद से बरी

ब्याजू–सं० + *हिं०* (वि०) 1 ब्याज संबंधी 2 सूद पर दिया गया (रुपया)

ब्यान–I (पु०) मादा पशु का प्रसव करना II (पु०) बयान, वर्णन

ब्याना–I (अ० क्रि०) मादा पशु में संतान का प्रसव होना II (स० क्रि०) मादा पशु का बच्चा जनना

ब्यापना–(स० क्रि०) फैलना, व्याप्त होना

ब्यारी–(स्त्री०) = ब्यालू

ब्यालीस–(वि०/पु०) बयालीस

ब्यालू–(पु०) संध्या समय किया जानेवाला भोजन

ब्याह–(पु०) विवाह, शादी। ~**कराई** (स्त्री०) 1 शादी कराना 2 शादी कराने का पारिश्रमिक; ~**ता** I (वि०) ब्याह कर लाई गई II (पु०) पति III (स्त्री०) पत्नी

ब्याहना–(स० क्रि०) ब्याह करना (जैसे-लड़की ब्याहना)

ब्यूरो–अं० (पु०) 1 केंद्र 2 कार्यालय

ब्यूरोक्रेसी–अं० (स्त्री०) 1 नौकरशाही 2 दफ़्तरशाही

ब्योंगा–(पु०) चमड़ा रगड़कर साफ़ करने का चमारों का लकड़ी का बना राँपी की तरह का एक औज़ार

ब्योंच–(स्त्री०) नस आदि का अपने स्थान से हट जाना, मोच

ब्योंचना–(अ० क्रि०) मोच आना

ब्योंची–(स्त्री०) उलटी, कै

ब्योंत–(स्त्री०) 1 कपड़े की काँट-छाँट (जैसे-कतर-ब्योंत) 2 तरीका, विधि 3 उपाय, युक्ति 4 तैयारी, इंतजाम, प्रबंध

ब्योंतना–(स० क्रि०) 1 नाप से कपड़ा काटना 2 मारना-पीटना

ब्योंताना–(स० क्रि०) नाप के अनुसार कपड़ा कटवाना

ब्योरना–(स० क्रि०) 1 ब्योरेवार बात बतलाना 2 उलझे बाल सुलझाना

ब्योरा–(पु०) 1 बात या घटना का उल्लेख, कथन, वर्णन 2 सारा वृत्तांत, सार हाल

ब्योरेबाज़–*हिं+फा०* (वि०) 1 युक्तिपूर्वक काम करनेवाला 2 धूर्त तथा चालाक

ब्योरेवार–*हिं०+फ़ा०* (वि०) विस्तार के साथ, विवरण युक्त

ब्योहर–(पु०) = व्यवहार

ब्योहरा–(पु०) ब्याजख़ोर

ब्योहरिया–(पु०) रुपए का लेन-देन करनेवाला, महाजन

ब्यौरा–(पु०) = ब्योरा

ब्रजभाषा–*हिं०+सं०* (स्त्री०) = व्रजभाषा

ब्रश–*अं०* (पु०) बुरुश

ब्रह्म–*सं०* (पु०) 1 सच्चिदानंदस्वरूप जगत् का मूल तत्त्व 2 ईश्वर, परमात्मा 3 अंतरात्मा, विवेक 4 पदों के शुरू में लगनेवाला शब्द (जैसे-ब्रह्मज्ञान, ब्रह्महत्या)। **~कल्प** (वि०) ब्रह्म के समान, ब्रह्म तुल्य; **~काष्ठ** (पु०) शहतूत; **~गाँठ** *+हिं* (स्त्री०) जनेऊ की मुख्य गाँठ; **~ग्रंथि** (स्त्री०) = ब्रह्मगाँठ; **~घात** (पु०) = ब्रह्म हत्या; **~घातक, ~घाती** (वि०) ब्राह्मणों की हत्या करनेवाला; **~चर्य** (पु०) 1 अष्टविध मैथुन से बचना, वीर्यरक्षा 2 उपनयन पश्चात् वेदाध्ययन करने का समय, वेदाध्ययन काल 3 वर्णाश्रमी हिंदू के लिए विहित चार आश्रमों में से प्रथम 4 ब्रह्म के साक्षात्कार क़ी साधना; **~व्रत** (पु०) ब्रह्मचर्य रहने का संकल्प; **~चारिणी** (स्त्री०) ब्रह्मचर्य व्रत का पालन करनेवाली स्त्री; **~चारी** (पु०) ब्रह्मचर्य व्रत धारण करनेवाला पुरुष; **~ज** I (वि०) ब्रह्मा से उत्पन्न II (पु०) संपूर्ण जगत्; **~जन्म** (पु०) उपनयन संस्कार; **~ज्ञान** (पु०) 1 ब्रह्म को जानना 2 परम तत्त्व का ज्ञान; **~ज्ञानी** (पु०) 1 परमार्थ तत्त्व का ज्ञाता, तत्वज्ञ 2 आत्मज्ञानी; **~दिन** (पु०) ब्रह्मा का दिन; **~देशीय** (वि०) ब्रह्म लोक का; **~द्रुम** (पु०) पलास, टेसू; **~द्रोही** (वि०) ब्राह्मण द्रोही; **~द्वार** (पु०) = ब्रह्मरंध्र; **~निर्वाण** (पु०) परमात्मा में लय होना, मोक्ष; **~निष्ठ** (वि०) ब्रह्म ज्ञान से युक्त, ब्रह्म ज्ञान में लय होना, मोक्ष; **~पद** (पु०) मोक्ष, अमरपद; **~पवित्र** (पु०) कुश; **~भट्ट** (पु०) वेदों का ज्ञाता; **~प्राप्ति** (स्त्री०) मृत्यु; **~भाव** (पु०) 1 ब्रह्म में लीन होना 2 मृत्यु; **~भोज** (पु०) ब्राह्मण भोजन; **~यज्ञ** (पु०) वेदों का अध्ययन और अध्यापन; **~रंध्र** (पु०) मस्तिष्क के ऊपरी भाग में सुषुम्ना, इंगला, पिंगला आदि नाड़ियों का मिलन बिंदु या स्थल; **~रेखा** (स्त्री०) भाग्य-लिपि; **~लिखित** (पु०) भाग्यलेख; **~लीन** (वि०) 1 ईश्वर में निमग्न 2 मृत्यु; **~लेख** (पु०) भाग्य लेख; **~लोक** (पु०) 1 ब्रह्मा का निवास स्थान 2 मोक्ष; **~वक्ता** (पु०) वेद पढ़ानेवाला आचार्य; **~वद्य** (पु०) वेदपाठ; **~वर्चस्व, ~वर्चस** (पु०) ब्रह्मतेज; **~वर्चस्वी** (पु०) तेजस्वी; **~वाद** (पु०) ब्रह्ममीमांसा, वेदांत; **~वादी** I (वि०) ब्रह्मवाद से संबद्ध II (पु०) ब्रह्मवाद का अनुयायी; **~विज्ञान** (पु०) अध्यात्म ज्ञान; **~विद्** (वि०) 1 ब्रह्म को जानने-समझनेवाला 2 वेदों का ज्ञाता; **~विद्या** (स्त्री०) उपनिषद् विद्या; **~वेद** (पु०) 1 ब्रह्मज्ञान 2 वेदांत; **~वैवर्त्त** (पु०) 1 ब्रह्म का विवर्त जगत् 2 अठारह पुराणों में से एक; **~सूत्र** (पु०) 1 जनेऊ, यज्ञोपवीत 2 व्यास कृत वेदांत सूत्र; **~सूत्री** (वि०) उपनयन संस्कार से युक्त; **~स्व** (पु०) 1 ब्रह्मण का धन 2 ब्राह्मण का अंश; **~हत्या** (स्त्री०) ब्राह्मण को मार डालने का पाप

ब्रह्मण्य– I (वि०) 1 ब्रह्म संबंधी 2 ब्राह्मण संबंधी II (पु०) ब्राह्मण होने का भाव

ब्रह्मर्षि–*सं०* (पु०) मंत्र द्रष्टा ऋषि

ब्रह्मांड–(पु०) 1 संपूर्ण लोक, विश्व 2 खोपड़ी, कपाल (जैसे-ब्रह्मांड फूटना)। **~उड़ान** *+हिं* (स्त्री०) अंतरिक्ष में उड़ना; **~किरणें** (स्त्री०) = ब्रह्मांड रश्मियाँ; **~गामी** (वि०) अंतरिक्ष में जानेवाला; **~चालक, ~नाविक, ~यात्री** (पु०) अंतरिक्ष की यात्रा करनेवाला; **~यान** (पु०) अंतरिक्ष यान; **~रश्मियाँ** (स्त्री०) अंतरिक्ष से आनेवाली रेडियो सक्रिय किरणें, कास्मिक रेज़

ब्रह्मांडानुसंधान–*सं०* (पु०) अंतरिक्ष की खोज

ब्रह्मांडीय–*सं०* (वि०) संपूर्ण विश्व में होनेवाला, विश्वक (जैसे-ब्रह्मांडीय गति)

ब्रह्मा–*सं०* (पु०) हिंदू धर्म के तीन देवताओं में एक और प्रथम, पहले देवता

ब्रह्माक्षर–*सं०* (पु०) ऊँकार मंत्र

ब्रह्मानंद–*सं०* (पु०) ब्रह्म ज्ञान से उत्पन्न आत्मतृप्ति

ब्रह्माध्यास–*सं०* (पु०) वेदाध्ययन

ब्रह्मावर्त–*सं०* (पु०) सरस्वती और दृषद्वती नदियों के बीच का देश

ब्रह्मासन–*सं०* (पु०) ब्रह्मध्यान के उपयुक्त माना जानेवाला आसन

ब्रह्मास्त्र–*सं०* (पु०) 1 ब्रह्म शक्ति से परिचालित अमोघ अस्त्र 2 मंत्र से पवित्र करके चलाया गया अस्त्र

ब्रह्मिष्ठ–*सं०* (वि०) वेदों का पूर्ण ज्ञाता

ब्रह्मीभूत–*सं०* (वि०) ब्रह्म में लीन

ब्रह्मोपदेश–*सं०* (पु०) ब्रह्मज्ञान क़ी शिक्षा

ब्रांकाइटिस–*अं०* (स्त्री०) श्वांस नली की सूजन, श्वसनी शोथ

ब्रांच–*अं०* (स्त्री०) शाखा

ब्रांडी–*अं०* (स्त्री०) एक तरह की विलायती शराब

ब्राडकास्ट–*अं०* (पु०) प्रसारण

ब्राडकास्टिंग–*अं०* (स्त्री०) प्रसारण करना। **~ स्टेशन** (पु०) प्रसारण केन्द्र

ब्राह्म–I *सं०* (वि०) ब्रह्मा का (जैसे - ब्राह्म दिन) II (पु०) हिंदू धर्म के आठ प्रकार के विवाहों में एक। **~धर्म** (पु०) एकेश्वरवादी धर्म; **~ मुहूर्त** (पु०) सूर्योदय के पूर्व का काल, प्रातःकाल; **~विवाह** (पु०) कन्यादान विवाह; **~समाज** (पु०) एकेश्वरवादी पंथ; **~समाजी** I (वि०) ब्रह्म समाज संबंधी II (पु०) ब्रह्म समाज का समर्थक और अनुयायी

ब्राह्मण–*सं०* (पु०) 1 हिंदुओं के चार वर्णों में एक वर्ण (जैसे - ब्राह्मण समूह) 2 इस जाति का व्यक्ति 3 वेद के मंत्र से भिन्न विभाग। ~**चांडाल** (पु०) 1 शास्त्र-निषिद्ध कर्म करने वाला, हीन ब्राह्मण 2 ब्राह्मण स्त्री तथा शूद्र पिता से उत्पन्न व्यक्ति; ~**द्वेषी** (वि०) ब्राह्मण से द्वेष करने वाला; ~**भोजन** (पु०) अनेक ब्राह्मणों को एक साथ खिलाया जाने वाला भोजन; ~**वध** (पु०) ब्रह्म हत्या

ब्राह्मणक–*सं०* (पु०) बुरा, निंदनीय ब्राह्मण

ब्राह्मणत्व–*सं०* (पु०) ब्राह्मण भाव

ब्राह्मणिक–*सं०* (वि०) ब्राह्मण संबंधी

ब्राह्मणी–*सं०* (स्त्री०) 1 ब्राह्मण स्त्री 2 ब्राह्मण की पत्नी

ब्राह्मणेतर–*सं०* (वि०) ब्राह्मण से भिन्न

ब्राह्मण्य–*सं०* (पु०) 1 ब्राह्मण का धर्म 2 ब्राह्मणों का वर्ग, समाज

ब्राह्मी–*सं०* (स्त्री०) 1 ब्रह्मा की शक्ति 2 ब्राह्म विधि से विवाहिता स्त्री 3 भारतवर्ष की एक प्रकार की पुरानी लिखावट। ~**लिपि** (स्त्री०) देवनागरी की अत्यंत प्राचीन जननी लिपि

ब्रिगेड–*अं०* (पु०) 1 सेना का एक विभाग 2 विशेष प्रकार के कार्य-कर्ताओं का दल (जैसे-फ़ायर ब्रिगेड)

ब्रिगेडियर–*अं०* (पु०) ब्रिगेड का नायक। ~**जनरल** (पु०) ब्रिगेड का महानायक

ब्रिज–*अं०* (पु०) 1 पुल, सेतु 2 ताश का एक खेल

ब्रिटिश–*अं०* (वि०) 1 अँगरेज़ों का 2 ब्रिटेन संबंधी। ~**कमनवेल्थ आफ़ नेशंस** (पु०) ब्रिटिश राष्ट्र मंडल

ब्रीडा–*सं०* (स्त्री०) = व्रीड़ा

ब्रुश–(पु०) ब्रश।

ब्रेक–*अं०* (पु०) गतिचक्र की गति को रोकनेवाला उपकरण यंत्र (जैसे-ब्रेक टूट गया)। ~ **वान** (पु०) रेलवेगार्ड का ब्रेक लगा डिब्बा

ब्रेक-डाउन–*अं०* (स्त्री०) 1 विध्वंस 2 खराबी, विकार

ब्रेकफ़ास्ट–*अं०* (पु०) सुबह का जलपान, कलेवा

ब्रेल–*अं०* (पु०) उत्कीर्ण लेख

ब्रैकेट–*अं०* (पु०) कोष्ठक

ब्रोकर–*अं०* (पु०) दलाल

ब्लड–*अं०* (पु०) खून, रक्त। ~**प्रेशर** (पु०) *चि०* रक्त चाप; ~**बैंक** (पु०) रक्तकोष

ब्लाउज़–*अं०* (पु०) विलायती ढंग की ज़नाना कुरती (जैसे-पूरी आस्तीन का ब्लाउज़)

ब्लाक–I *अं०* (पु०) 1 भूमिखंड 2 गृह समूह (जैसे-ब्लाक का नंबर) 3 बड़े मकान का पूर्ण खंड। ~**कमिटी** (स्त्री०) प्रखंड समिति

ब्लाक–II *अं०* (पु०) चित्र, लिखावट आदि छापने का ठप्पा

ब्लाटिंग-पेपर–*अं०* (पु०) सोख्ता काग़ज़

ब्लीचिंग पाउडर–*अं०* (पु०) विरंजक चूर्ण

ब्लीडिंग–*अं०* (स्त्री०) रक्त स्राव

ब्लेड–*अं०* (पु०) इस्पात का चौकोर पतला पत्तर, पत्ती

ब्लैक-आउट–*अं०* (पु०) प्रकाश को बाहर जाने से रोक देना

ब्लैक-बोर्ड–*अं०* (पु०) श्यामपट

ब्लैक-मार्केट–*अं०* (पु०) काला बाज़ार

ब्लैकमेल–*अं०* (पु०) भय दिखाकर पैसा ऐंठना

ब्लैक-लिस्ट–*अं०* (स्त्री०) काली सूची

ब्वाय–*अं०* (पु०) बैरा

भ

भंकार–(पु०) 1 भीषण शब्द 2 भनभनाहट

भंग–I (स्त्री०) भाँग

भंग–II *सं०* (पु०) 1 टूटना, खंडित होना 2 खंड, विघटन 3 ध्वंस, नाश (जैसे-राज्यभंग, सत्वभंग) 4 पराजय 5 संकोच 6 कुटिलता, टेढ़ापन 7 छल 8 बाधा, विघ्न 9 भय, डर 10 कुछ समय के लिए रुकना और उचित ढंग से न चल सकना (जैसे-शांति-भंग)

भंगड़–जिसे भाँग पीने की लत हो ऐसा व्यक्ति, भँगेड़ी

भँगड़ा–(पु०) बड़े ढोल के ताल पर होनेवाला एक पंजाबी लोकनृत्य

भंगना–I (अ० क्रि०) *बो०* 1 टूटना 2 दबना II (स० क्रि०) 1 तोड़ना 2 दबाना

भंगराज–(पु०) कोयल के तरह की एक प्रकार की चिड़िया

भँगार–I (पु०) गड्ढा 2 कूआँ बनाते समय पहले खोदा जानेवाला गड़ढ़ा

भँगार–II (पु०) 1 घास-फूस 2 कूड़ा-करकट

भंगि–*सं०* (स्त्री०) 1 भंग होने का भाव, विच्छेद 2 कुटिलता, टेढ़ापन

भंगिमा–*सं०* (स्त्री०) 1 कलापूर्ण शारीरिक मुद्रा, अदा (जैसे-अंग भंगिमा) 2 कुटिलता, वक्रता (जैसे-भाव-भंगिमा)

भंगियाना–I (अ० क्रि०) भाँग के नशे में चूर होना II (स० क्रि०) भाँग पिलाकार नशे में चूर करना

भंगी–I वि०) 1 भंग करनेवाला 2 नष्ट होनेवाला II (स्त्री०) 1 रेखाओं के झुकाव से खींचा हुआ चित्र 2 मनोभाव प्रकट करनेवाली शारीरिक मुद्रा, अंग संचालन III (वि०) भाँग पीनेवाला, भँगेड़ी

भंगी–II (पु०) झाड़ू देनेवाला तथा मैला उठानेवाला व्यक्ति

भंगुर–*सं०*(वि०) 1 टेढ़ा 2 खंडित (जैसे-भंगुर पदार्थ) 3 भंग होनेवाला 4 नाशवान् (जैसे-क्षण भंगुर)। ~**ता** (स्त्री०) 1 नष्ट होने की स्थिति 2 टेढ़ापन 3 खंडित अवस्था 4 भंग होने की अवस्था

भँगेड़ी–(पु०) = भंगड़

भँगेला–(पु०) भाँग की छाल का बना कपड़ा

भंग्य–(वि०) भंग किए जाने योग्य

भंजक–(वि०) भंग करनेवाला

भंजन–I *सं०* (पु०) भंग करना II (वि०) = भंजक

भँजना–(अ० क्रि०) 1 टुकड़े-टुकड़े होना 2 मोड़ा जाना (जैसे-काग़ज़ भँजना) 3 भँजाया जाना 4 भुनना (जैसे-दस का नोट भँजना)

भँजाई–I (स्त्री०) 1 भाँजने का काम 2 भाँजने की उज़रत
भँजाई–II (स्त्री०) 1 काग़ज़ की परतों को मोड़ना 2 मोड़ने की मज़दूरी
भँजाना–(स० क्रि०) 1 भाँजने में प्रवृत्त करना 2 भँजवाना (जैसे-नोट भँजाना)
भंझा–(पु०) कूएँ के किनारे के खंभों पर आड़ी रखी गई लकड़ी
भंटा–*बो०* (पु०) बैंगन
भंठी–*बो०* (स्त्री०) 1 बाधा, विघ्न 2 अड़चन
भंड–I (पु०) भाँड़ा
भंड–I *सं०* (वि०) 1 गंदी बातें बकनेवाला 2 पाखंडी II (पु०) भांड
भँड़-ताल–(पु०) एक तरह का नृत्ययुक्त गाना
भंडना–*स० क्रि०* 1 हानि पहुँचाना 2 बिगाड़ना 3 बदनाम करना
भंडफोड़–(पु०) 1 मिट्टी के बर्तन तोड़ना-फोड़ना 2 रहस्योद्‌घाटन करना, भेद खोलना
भँड़भाँड़–(पु०) एक तरह का कटीला पौधा (जैसे-भँड़भाँड़ का पौधा)
भँडरिया–I (स्त्री०) दीवार में बनी खानेदार तथा पल्लोंवाली छोटी आलमारी
भँडरिया–II (वि०) ढोंगी, पाखंडी
भँडसाल–(स्त्री०) एकत्रित अन्न के रखने का स्थान, खत्ती, खत्ता
भंडा–(पु०) 1 बर्तन, पात्र, 2 भंडार 3 भेद (जैसे-भंडा फोड़ना)। ~**फोड़** I (पु०) भेद प्रकट होना II (वि०) भेद खोलनेवाला; ~**फूटना** भेद खुलना
भंडार–*हिं०+सं०* (पु०) 1 कोष, खज़ाना 2 कोठार (जैसे-अन्न-भंडार) 3 पाकशाला 4 पेट। ~**गृह** *+सं०* ~**घर** (पु०) अन्न रखने का घर, मकान
भंडारा–(पु०) 1 साधुओं का भोज 2 भंडार
भंडारित–(वि०) भंडार में भरा हुआ
भंडारी–I (पु०) 1 भंडार का प्रबंधक 2 रसोइया
भंडारी–II (स्त्री०) 1 कोष, खजाना 2 छोटी कोठरी
भँडाना–(स० क्रि०) 1 उछलकूद मचाना, उपद्रव करना 2 तोड़ना फोड़ना
भंडिमा–(स्त्री०) धोखा, छल
भँड़िहाई–I (स्त्री०) भाँड़ों सा आचरण II (क्रि० वि०) चोरी से, छिपे-छिपे
भँडेरियापन–(पु०) 1 ढोंग, मक्कारी 2 चालाकी, धूर्तता
भँड़ैती–(स्त्री०) 1 भाँडों का पेशा 2 भाँड़ों सा हास-परिहास
भँड़ौआ–(पु०) भाँड़ों के गाने गीत
भँबूरी–*बो०* (स्त्री०) फुलाही (वृक्ष)
भँभरना–(अ० क्रि०) डरना
भंभा–I (पु०) 1 बिल, छेद 2 सूराख II (स्त्री०) डुग्गी
भंभाका–I (पु०) बहुत बड़ा छेद II (वि०) मोटा और स्थूलकाय
भँभाना–(अ० क्रि०) गाय-भैंस आदि का चिल्लाना, रँभाना
भँभीरा, भँभीरी–(स्त्री०) 1 एक तरह का बरसाती फतिंगा 2 फिरकी, फिरैरी
भँवना–(अ० क्रि०) 1 चक्कर लगाना 2 घूमना, फिरना
भँवर–(पु०) 1 लहरों का चक्कर, जलावर्त 2 भ्रमर, भौंरा। ~**जाल** *+सं०* (पु०) सांसारिक, झंझट; ~**भीख** (स्त्री०) घूम-घूमकर माँगी जानेवाली भीख, मधुकरी; ~**में पड़ना** बखेड़े में पड़ना, घबड़ा जाना
भँवरा–(पु०) भौंरा
भँवरी–(स्त्री०) घूम-फिरकर सौदा बेचना
भँवारा–*बो०* (वि०) प्रायः घूमने-फिरनेवाला
भंसा–*बो०* (पु०) रसोईघर, चौका
भइया–(पु०) भाई
भक–(स्त्री०) आग के एकाएक भभकने से उत्पन्न शब्द
भकड़ना–(अ० क्रि०) भगरना
भक-भक–I (स्त्री०) 1 रह-रहकर होनेवाली चमक, 2 रह-रहकर वेग से निकलनेवाले धुएँ का शब्द II (क्रि० वि०) 1 रह-रहकर होनेवाली चमक 2 रह-रहकर धुएँ के निकलने के शब्द के साथ
भकभकाना–I (अ० क्रि०) 1 भक-भक शब्द करके जलना 2 चमकना II (स० क्रि०) 1 चमकाना 2 जलाना
भकराँध–*बो०* (स्त्री०) सड़े अनाज की गंध
भकराँधा–*बो०* (वि०) सड़ा हुआ और दुर्गंधयुक्त
भकसना, भकसाना–(अ० क्रि०) *बो०* पदार्थ का सड़कर दुर्गंधमय हो जाना
भकाऊँ–(पु०) डरावनी चीज़, हौआ
भकार–*सं०* (पु०) 'भ' वर्ण
भकुआ–(वि०) 1 मूर्ख, मूढ़ 2 घबराया हुआ
भकुआना–I (अ० क्रि०) 1 मूर्ख बनना 2 घबरा जाना II (स० क्रि०) 1 मूर्ख बनाना 2 घबराहट में डालना
भकुरना–(अ० क्रि०) *बो०* नाराज़ होना
भकोसना–(स० क्रि०) जल्दी-जल्दी खाना, ठूँसना
भकोसू–(वि०) 1 भकोसनेवाला 2 हज़म करनेवाला
भक्त–*सं०* (वि०) 1 अनुरागी 2 अनुगत 3 भक्तियुक्त (जैसे-ईश्वर भक्त)। ~**वत्सल** (वि०) भक्तों पर कृपा और स्नेह करनेवाला
भक्ति–*सं०* (स्त्री०) 1 सेवा, आराधना 2 अत्यंत अनुराग 3 श्रद्धा (जैसे-पितृ भक्ति, गुरुभक्ति)। ~**कर** (वि०) भक्तिभाव पैदा करनेवाला; ~**काल** (पु०) 1 भक्तियुग 2 भक्ति का समय; ~**प्रवण** (वि०) भक्ति में लीन; ~**भाजन** (वि०) श्रद्धेय; ~**भावना** (स्त्री०) श्रद्धापूर्ण भाव; ~**मार्ग** (पु०) मोक्ष प्राप्ति के तीन मार्गों मे से एक मार्ग; ~**वाद** (पु०) यह सिद्धांत कि भक्ति द्वारा ईश्वर और मोक्ष प्राप्त किया जा सकता है
भक्तिमान्–*सं०* (वि०) भक्तियुक्त
भक्त्यात्मक–*सं०* (वि०) भक्तिपूर्ण
भक्ष–*सं०* (पु०) 1 भोजन करना 2 भोजन
भक्षक–*सं०* (वि०) 1 भोजन करनेवाला, खादक 2 खा जानेवाला (जैसे-नर-भक्षक)
भक्षण–*सं०* (पु०) 1 भोजन करना 2 दाँतों से काटकर खाना
भक्षणीय–*सं०* (वि०) खाने योग्य
भक्षित–*सं०* (वि०) खाया हुआ
भक्षी–(वि०) खानेवाला, आहारी
भक्ष्य–I *सं०* (वि०) खाए जाने योग्य II (पु०) खाद्य पदार्थ
भक्ष्याभक्ष्य–*सं०* (पु०/वि०) खाद्य और अखाद्य (पदार्थ)

भख–*बो०* (पु०) भोजन, आहार
भखी–*बो०* (स्त्री०) एक तरह की घास
भगंदर–(पु०) गुदावर्त के किनारे का नासूर के आकार का एक फोड़ा
भग–I *सं०* (पु०) 1 सूर्य 2 चंद्रमा 3 धन-संपत्ति 4 इच्छा, कामना 5 सौभाग्य
भग–II *सं०* (स्त्री०) स्त्री योनि। **~काम** (वि०) संभोग का इच्छुक
भगई–(स्त्री०) लँगोटी
भगत–I (वि०) 1 भक्त 2 विचारवान् II (पु०) साधु-संन्यासी
भगतिन–I (स्त्री०) भक्त स्त्री II (स्त्री०) रंडी, वेश्या
भगतिया–(पु०) नाचने-गाने और वेश्यावृत्ति करनेवाली राजपूताने की एक जाति
भगदड़–(स्त्री०) इधर-उधर भागना (जैसे-भगदड़ मचना)
भगर–I (पु०) सड़ा अन्न II (पु०) 1 छल, कपट 2 ढोंग
भगरना–(अ० क्रि०) अनाज सड़ना
भगल–(पु०) 1 धोखा, छल 2 आडंबर, ढोंग
भगलिया–(पु०) 1 ढोंगी, पाखंडी 2 कपटी, छलिया
भगली–(वि०) 1 छली 2 ढोंग करनेवाला
भगवंत–*सं०* (पु०) भगवान्
भगवत्–I *सं०* (वि०) 1 ऐश्वर्यशाली 2 पूज्य II (पु०) भगवान्
भगवती–*सं०* (स्त्री०) 1 देवी 2 दुर्गा
भगवदीय–*सं०* (वि०) भगवत् संबंधी
भगवद्गीता–*सं०* (स्त्री०) अठारह अध्यायों में श्रीकृष्ण द्वारा अर्जुन को दिये गए कर्मयोग संबंधी उपदेशों का ग्रंथ
भगवद्भाव–*सं०* (पु०) भक्ति
भगवा–(पु०) 1 एक रंग, काषाय 2 इस रंग मे रँगा हुआ वस्त्र
भगवान्–I *सं०* (वि०) 1 ऐश्वर्यशाली 2 पूज्य, मान्य II (पु०) ईश्वर
भगांकुर–*सं०* (पु०) अर्शरोग, बवासीर
भगाड़–(पु०) पोली ज़मीन के धँसने से बना गड्ढा
भगाना–(स० क्रि०) 1 भगाने का काम करना, खदेड़ना 2 फुसलाकर ले जाना (जैसे-लड़की भगाना), प्रेमिका को भगाना) 3 दूर करना, हटाना
भगिनिका–*सं०* (स्त्री०) छोटी बहन
भगिनी–*सं०* (स्त्री०) बहन। **~पति** (पु०) बहनोई; **~पुत्र** (पु०) भानजा
भगीरथ–I *सं०* (पु०) सूर्यवंशी राजा दिलीप के पुत्र II (वि०) भगीरथ की तपस्या के समान अत्यंत विशाल (जैसे-भगीरथ कर्म)। **~प्रयत्न, ~प्रयास** (पु०) असाधारण प्रयत्न
भगेड़ू, भगेलू, भगोड़ा–I (वि०) भागा हुआ, डरपोक II (पु०) कायर व्यक्ति
भगौहाँ–(वि०) 1 क़ायर, डरपोक 2 भागनेवाला 3 भगवा
भग्गा–(वि०) डरकर भागा हुआ (पशु या पक्षी)
भग्गी–(स्त्री०) भगदड़
भग्गू–(वि०) 1 भागनेवाला 2 डरपोक
भग्न–*सं०* (वि०) 1 टूटा हुआ, खंडित 2 पराजित 3 हताश (जैसे-भग्न हृदय)। **~चित्त** (वि०) निराश; **~संधि** (स्त्री०) हड्डी का जोड़ पर से टूट जाना
भग्नप्राय–(वि०) लगभग टूटा हुआ
भग्नमना–*सं०* (वि०) टूटे दिल का
भग्नांश–*सं०* (पु०) मूल द्रव्य का अलग किया गया अंश
भग्नावशेष–*सं०* (पु०) 1 टूटी-फूटी वस्तु के बचे टुकड़े 2 खँडहर
भग्नाश–*सं०* (वि०) हताश
भचक–(स्त्री०) भचकने की अवस्था
भचकना–I (अ० क्रि०) आश्चर्य में निमग्न होना II लँगड़ाते हुए चलना
भचकाना–(स० क्रि०) आश्चर्य में डालना
भजन–(पु०) 1 सेवा, आराधना 2 ईश्वर की स्तुति करना 3 स्मरण (जैसे-ईश भजन)। **~कीर्तन** (पु०) पूजा-उपासना; **~पूजन** (पु०) पूजा-आराधना
भजना–(स० क्रि०) 1 जप करना (जैसे-राम का नाम भजना) 2 सेवा-सुश्रूषा करना 3 स्मरण करना 4 भक्ति करना
भजनालय–*सं०* (पु०) भजन करने की जगह, मंदिर
भजनी–(पु०) भजन करनेवाला व्यक्ति
भजनीक–(पु०) भजन गाकर उपदेश करनेवाला
भजनीय–*सं०* (वि०) सम्मान्य, पूज्य
भट–*सं०* (पु०) योद्धा
भटई–(स्त्री०) 1 भाट होने की अवस्था 2 भाट का काम
भटकना–(अ० क्रि०) 1 इधर-उधर घूमना-फिरना 2 रास्ता भूलना 3 तलाश में फिरना 4 भ्रम में पड़ना
भटकटैया–(स्त्री०) दवा के काम आनेवाला एक कटीला पौधा
भटका–(पु०) 1 व्यर्थ घूमना 2 चक्कर
भटकाना–(स० क्रि०) ग़लत रास्ता बताना, बहकाना
भटकैया–(पु०) 1 भटकनेवाला 2 भटकानेवाला
भटधर्मा–*सं०* (वि०) वीर धर्म का पालन करनेवाला
भटनास–(स्त्री०) एक फलीदार लता जो पूर्वी एशिया में होती है
भटा–(पु०) = भंटा
भटियारा–(पु०) = भठियारा
भटू–*बो०* (स्त्री०) 1 स्त्रियों का आदर सूचक संबोधन 2 सहेली, सखी
भट्ट–*सं०* (पु०) 1 ब्राह्मणों की एक उपाधि 2 भट 3 भाट
भट्टाचार्य–*सं०* (पु०) 1 दर्शन शास्त्र का पंडित 2 बंगाली ब्राह्मणों की एक जाति
भट्टारक–I *सं०* (वि०) माननीय II (पु०) 1 राजा 2 मुनि 3 पंडित
भट्टारिका–*सं०* (स्त्री०) सम्मान्य स्त्री, देवी
भट्टिनी–*सं०* (स्त्री०) अनभिषिक्त नारी
भट्ठी–(स्त्री०) = भट्टी
भट्ठा–(पु०) बड़ी भट्ठी
भट्ठी–(स्त्री०) 1 ईंटें आदि पकाने का पजावा 2 बड़ा चूल्हा। ~दार
भठियाना–(अ० क्रि०) *बो०* समुद्र के पानी का नीचे उतरना, भाटा आना
भठियारख़ाना–*हिं०-फ़ा०* (पु०) 1 भठियारों के रहने का स्थान 2 कमीने और असभ्य लोगों की बैठक

भठियारपन–(पु०) भठियारों की तरह गालियाँ बकना
भठियारा–(पु०) सराय का मालिक
भठियारिन, भठियारी, (स्त्री०) 1 भठियारे की स्त्री 2 लड़ाकी औरत
भठियाल–(पु०) समुद्र के पानी का नीचे उतरना, भाटा
भठुली–*बो०* (स्त्री०) मिट्टी की बनी छोटी भट्ठी
भड़बा–(पु०) 1 दिखावटी ठाट-बाट, आडंबर 2 व्यर्थ का बखेड़ा
भड़क–I (स्त्री०) भड़कने की अवस्था II (स्त्री०) तीव्र चमक-दमक। ~**दार** *+फ़ा०* (वि०) चमकवाला, चमकीला
भड़कना–(अ० क्रि०) 1 सहसा ज़ोर से जल उठना 2 मनोभावों का सहसा प्रबल होना (जैसे-गुस्सा भड़कना) 3 चौंकना, बिदकना (जैसे-किसी को देखते ही भड़कना)
भड़काऊ–(वि०) भड़कानेवाला
भड़काना–(स० क्रि०) 1 प्रज्वलित करना 2 उत्तेजित करना 3 बहकाना 4 चौंकाना, डराना
भड़काव–(पु०) भड़ी
भड़कीला–(वि०) भड़कदार
भड़कैल–(वि०) भड़कानेवाला
भड़-भड़–(स्त्री०) 1 आघातों का शब्द 2 हो हल्ला
भड़भड़ाना–I (अ० क्रि०) भड़भड शब्द उत्पन्न होना II (स० क्रि०) भड़-भड़ शब्द उत्पन्न करना
भड़भड़िया–(वि०) 1 व्यर्थ की बातें करनेवाला 2 भेद प्रकट कर देनेवाला 3 डींग मारनेवाला (जैसे-भड़भड़िया व्यक्ति)
भड़भूँजा–(पु०) दाना भूनने का काम करनेवाली एक हिंदू जाति, भुजवा
भड़वा–(पु०) भड़ुआ
भड़साईं–(स्त्री०) भड़भूँजे का भाड़, भट्ठी
भड़ास–(स्त्री०) मानसिक असंतोष, गुबार
भड़ी–(स्त्री०) ग़लत उद्देश्य के लिए उकसावा
भड़ुआ–(पु०) 1 वेश्याओं का दलाल 2 सफ़रदाई
भड़ेरिया–(पु०) भड्डरी
भड़ैत–(पु०) 1 किराएदार 2 भाड़े पर काम करनेवाला व्यक्ति
भड़ौआ–(पु०) वेश्याओं का दलाल
भड्डर–(पु०) फलित ज्योतिष बताकर जीविकोपार्जन करनेवाली एक ब्राह्मण जाति
भड्डरी–(पु०) शकुन बतानेवाला
भणन–*सं०* (पु०) 1 कथन 2 वार्तालाप
भणित–I *सं०* (वि०) कहा हुआ II (स्त्री०) कही गई बात
भणिति–*सं०* (स्त्री०) 1 कथन 2 वार्ता 3 वाणी
भतवान–(पु०) ब्याह के संबंध में होनेवाली कच्ची ज्योनार
भतीजा–(पु०) भाई का पुत्र (स्त्री० भतीजी)
भतुला–(पु०) आग पर पकाई गई बाटी
भत्ता–(पु०) वेतन के अतिरिक्त दिया गया धन
भदंत–I (वि०) 1 सम्मानित, पूजित 2 संन्यस्त II (पु०) बौद्धभिक्षु
भदईं–I (वि०) 1 भादों का 2 भादों में होनेवाला II (स्त्री०) भादों में होनेवाली फ़सल
भदभद–I (स्त्री०) फल के गिरने की आवाज़
भदभद–I (वि०) 1 बहुत मोटा 2 भद्दा
भदभदाना–(स० क्रि०) 1 दो वस्तुओं को टकराकर बजाना 2 पेड़ से फल गिराना
भदरंगा–(वि०) भद्दे रंग का
भदाक–*सं०* (पु०) सौभाग्य
भदेस–I *बो०* (पु०) ख़राब देश II (वि०) कुरूप, भद्दा
भदेसिया–(वि०) 1 गँवार 2 भद्दा, भोंडा 3 भदेस में रहनेवाला
भद्द, भद्दा–(वि०) 1 कुरूप, ख़राब 2 बेढंगा, भोंडा 3 अशिष्ट 4 अश्लील, फूहड़
भद्र–I *सं०* (वि०) 1 सभ्य और सुशिक्षित 2 कल्याण करनेवाला, शुभ 3 सुंदर 4 श्रेष्ठ, उत्तम 5 भला, साधु II (पु०) कल्याण, मंगल। ~**अवज्ञा** (स्त्री०) सविनय कानून भंग; ~**ता** (स्त्री०) शिष्टता
भद्रकाली–*सं०* (स्त्री०) 1 दुर्गा का एक रूप 2 कात्यायनी
भद्रवान्–I *सं०* (वि०) मंगलमय II (पु०) देवदारु
भद्रश्रय–*सं०* (पु०) चंदन
भद्रा–*सं०* (स्त्री०) 1 कल्याणकारिणी शक्ति 2 फलित ज्योतिष में एक अशुभ योग 3 अनिष्टकर बात। **सिर ~उतरना** अत्यंत दुर्गति होना, दुर्दशा होना
भद्री–*सं०* (वि०) भाग्यवान्
भनक–(स्त्री०) 1 मंद ध्वनि 2 उड़ती ख़बर
भनपैरा–(वि०) ख़राब और बुरे पैरोंवाला
भनभन–(स्त्री०) गुंजार
भनभनाना–I (स० क्रि०) भनभन शब्द करना, गुंजारना II (अ० क्रि०) भनभन शब्द होना
भनभनाहट–(स्त्री०) गुंजार
भन्नाना–(अ० क्रि०) भनभनाना
भपाड़ा–(पु०) धोखा
भपारा–(पु०) भाप (जैसे-पानी का भपारा)
भबकना–(अ० क्रि०) = भभकना
भबका–(पु०) भभका
भबकी–(स्त्री०) भभकी
भबूका–(वि०) भभूका
भब्भड़–(स्त्री०) भीड़भाड़, धक्कमधक्का
भभक–(स्त्री०) भभकने की अवस्था
भभकना–(अ० क्रि०) 1 भड़कना 2 ज़ोर से फूट पड़ना 3 ज़ोर से बाहर आना (जैसे-नाले से दुर्गंध भभकना)
भभका–(पु०) अर्क खींचने का यंत्र
भभकी–(स्त्री०) झूठी धमकी
भभरना–(अ० क्रि०) 1 भयभीत होना 2 घबरा जाना 3 भ्रम में पड़ना 4 कांतिहीन होना
भभूका–I (पु०) ज्वाला II (वि०) अंगारे के समान लाल, प्रज्वलित
भभूत–(स्त्री०) भस्म
भभ्भड़–(स्त्री०) भब्भड़
भयंकर–*सं०* (वि०) 1 डरावना तथा उग्र 2 अत्यधिक भीषण (जैसे-भयंकर गर्मी)
भय–*सं०* (पु०) 1 डर, ख़ौफ़ 2 ख़तरा। ~**कर** (वि०) डरावना, ख़तरनाक; ~**ग्रस्त** (वि०) भय से पीड़ित; ~**प्रतीकार** (पु०) भय दूर करना; ~**प्रद** (वि०) डरावना; ~**प्रदर्शन** (पु०) भय दिखाना, डराना; ~**भीत** (वि०) डरा

हुआ; ~**सूचना** (स्त्री०) डर की ख़बर ~**हारी** (वि०) भय दूर करनेवाला; ~**हेतु** (पु०) भय का कारण

भयाकुल–*सं०* (वि०) = भयभीत

भयातिसार–(पु०) अत्यधिक भय

भयातुर–*सं०* (वि०) = भयभीत

भयानक–*सं०* (वि०) डरावना

भयावना–*सं०+हिं०* (वि०) जिससे भय उत्पन्न हो

भयावह–*सं०* (वि०) = भयानक

भयोत्पादक–*सं०* (वि०) = भयप्रद

भय्या–(पु०) भाई

भर–I (क्रि० वि०) 1 अवकाश, परिमाण, वय आदि की संपूर्णता को किसी इकाई के रूप में सूचित करते हुए (जैसे-थाली भर चावल, उम्र भर याद करना) 2 तक, पर्यंत 3 अच्छी तरह से। ~**पाई** (स्त्री०) 1 चुकता होने का भाव 2 भरपाने की रसीद; ~**पूर** I (वि०) परिपूर्ण II (क्रि० वि०) पूर्णतः; ~**पेट** (क्रि० वि०) पेट भरकर

भर–II *सं०* (क्रि० वि०) सहायता से III (पु०) पूर्णता, यथेष्टता IV (वि०) कुल, पूरा

भरका–(पु०) 1 नदी के किनारे की बंजर और ऊबड़-खाबड़ भूमि 2 खार, बीहड़

भरण–I *सं०* (पु०) 1 भरना 2 पालन-पोषण (जैसे-जीवन भरण) II (वि०) भरण पोषण करनेवाला। ~**पोषण** (पु०) पालना पोसना (जैसे-बालक का भरण-पोषण करते रहना)

भरणी–*सं०* (स्त्री०) एक नक्षत्र का नाम

भरत–I (पु०) सारे भारत में पाये जानेवाले लवा पक्षी का एक भेद II (पु०) भरने की वस्तु III (पु०) भाड़ा IV (पु०) मालगुज़ारी

भरता–(पु०) चोखा (जैसे-बैगन का भरता)

भरतार–(पु०) 1 पति 2 स्वामी

भरतिया–I (वि०) काँसे का बना हुआ II (पु०) ठठेरा

भरती–(स्त्री०) 1 प्रवेश (जैसे-सेना में भरती होना) 2 दाख़िला, नाम लिखा जाना (जैसे-कालेज में भरती होना) 3 भराव, भराई 4 पच्चीकारी। ~**वाला** (वि०) दाख़िला करनेवाला 2 प्रवेश करनेवाला (जैसे-भरतीवाला अधिकारी)

भरदूल–(पु०) भरत पक्षी

भरद्वाज–*सं०* (पु०) भरत पक्षी

भरनज़र–*हिं०+अ०* (क्रि० वि०) अच्छी तरह से (जैसे-भर नज़र देख पाना)

भरना–I (स० क्रि०) 1 खाली स्थान पर गिराना, उँडेलना (जैसे-घड़े में पानी भरना) 2 स्थापित करना (जैसे-चित्र में रंग भरना, लिफाफे में चिट्ठी भरना) 3 स्थान की पूर्ति करना (जैसे-नौकरी में भाई-भतीजों को भरना) 4 सींचना (जैसे-खेत में पानी भरना) 5 सूचनाएँ अंकित करना (जैसे-फार्म भरना) 6 तुष्टि भावना उत्पन्न करना (जैसे-प्रेम व्यवहार से मन भरना) 7 अपेक्षित समर्थन की पूर्ति करना (जैसे-हामी भरना) 8 विद्रोहभाव बैठाना, जमाना (जैसे-उसने आपके मन में क्या भर दिया) 9 चुकाना (जैसे ऋण भरना) 10 काम के योग्य बनाना (जैसे-घड़ी में चाबी भरना) 11 भोगना (जैसे-करनी-भरनी) II (अ० क्रि०) 1 युक्त होना (जैसे-वर्षा जल से तालाब भरना) 2 धीरे-धीरे हृष्ट-पुष्ट होना (जैसे-शरीर भरना) 3 अच्छा होना (जैसे-ज़ख्म भरना) 4 मन का क्रोध, क्षोभ आदि से पूर्ण होना 5 आवश्यकता पूर्ण होना (जैसे-पेट भरना) 6 गले लगना (जैसे-कंठ भरना) 7 मादा पशु का गर्भवती होना III (पु०) 1 भरने का काम 2 भरने की मज़दूरी 3 घूस, रिश्वत

भरनी–(स्त्री०) 1 भरने का काम 2 भरी जानेवाली वस्तु 3 काम की दशा (जैसे-जैसी करनी वैसी भरनी)

भरभराना–(अ० क्रि०) 1 रोमांच होना 2 घबड़ाना, आँखों में जल भर आना

भरभराहट–(स्त्री०) भरभराने की अवस्था

भरभेंटा–(पु०) 1 सानना, मुठभेड़ 2 गले मिलना

भरमाना–(स० क्रि०) 1 भ्रम में डालना 2 मोहित करना

भरमार–(स्त्री०) व्यर्थ की चीज़ों की अधिकता

भरमौहाँ–(वि०) भ्रम उत्पन्न करनेवाला

भरराना–I (अ० क्रि०) 1 अरराना 2 पिल पड़ना II (स० क्रि०) 1 भरर शब्द के साथ गिराना 2 पिल पड़ने में प्रवृत्त करना

भरवाना–(स० क्रि०) भरने का काम कराना

भरसक–(क्रि० वि०) यथासाध्य (जैसे-भरसक प्रयास करना)

भरा–(वि०) 1 पूर्ण (जैसे-जल से भरा घड़ा) 2 यथेष्ट मात्रा से युक्त (जैसे-भरी सभा, भरा बाज़ार) 3 पूर्णता को प्राप्त (जैसे-भरी जवानी) 4 क्रोध, क्षोभ, खीझ से परिपूर्ण (जैसे-वह पहले से ही भरा बैठा था)। ~**पूरा** (वि०) सब तरह से संपन्न (जैसे-भरा-पूरा परिवार)

भराई–(स्त्री०) 1 भरने का काम 2 भरने का पारिश्रमिक

भराना–(स० क्रि०) भरने का काम कराना (जैसे-गड्ढा भराना, फ़ार्म भराना)

भराव–(पु०) 1 भरे होने का भाव 2 भरती 3 क़शीदे में पत्तियों आदि का काम

भरित–(वि०) 1 भरा हुआ 2 भरण पोषण किया गया

भरिया–I (वि०) 1 भरनेवाला 2 कर्ज़ चुकानेवाला

भरिया–II (पु०) ढलाई करनेवाला, ढालिया III (पु०) भार ढोनेवाला मज़दूर 2 कहार

भरी–(स्त्री०) I दस माशे की तौल एक तरह की घास

भरुआ–(पु०) टसर

भरुका–(पु०) पुरवे के आकार का मिट्टी का बना छोटा पात्र, चुक्कड़

भरेठ–(पु०) पटाव

भरैत–*बो०* (पु०) किराएदार

भरोटा–(पु०) घास आदि का गट्ठा, बोझ

भरोसा–(पु०) 1 पक्की आशा 2 सहारा, आसरा 3 विश्वास

भरोसेदार, भरोसेमंद–*हिं०+फ़ा०* (वि०) विश्वसनीय

भरौती–(स्त्री०) 1 भरने-भराने का काम 2 भरपाई का काग़ज़ 3 भरती

भरौना–(वि०) भारी, वज़नी, बोझिल

भर्तव्य–*सं०* (वि०) 1 भरण पोषण के योग्य 2 वहन करने योग्य

भर्ता–(पु०) = भरता

भर्ता–I *सं०* (वि०) भरण पोषण करनेवाला II (पु०) 1 स्त्री का पति 2 स्वामी, मालिक

भर्त्सन, भर्त्सना–*सं०* (स्त्री०) 1 डाँट 2 निंदा, लानत मलामत
भर्त्सनामय–*सं०* (वि०) भर्त्सना से युक्त
भर्त्सनीय–*सं०* (वि०) भर्त्सना के योग्य
भर्त्सित–*सं०* (वि०) भर्त्सना की गई, निंदित
भर्रा–(पु०) 1 झाँसा 2 पक्षियों की उड़ान 3 एक प्रकार की चिड़िया
भर्राटा–I (पु०) 1 भरभर शब्द होने की अवस्था 2 बराबर होनेवाला भरभर शब्द II (क्रि० वि०) 1 भरभर शब्द करते हुए 2 बहुत जल्दी से, तेज़ी से
भर्राना–I (अ० क्रि०) भर्र-भर्र शब्द होना (जैसे-आवाज़ भर्राना II (स० क्रि०) भर्र-भर्र शब्द उत्पन्न करना
भर्राहट–(स्त्री०) भर्र-भर्र का शब्द
भलका–*बो०* (पु०) 1 नथ में जड़ा जानेवाला सोने आदि का टुकड़ा 2 एक प्रकार का बाँस
भलभल–(स्त्री०) तरल पदार्थ के बहने का शब्द
भलभलाना–(अ० क्रि०) भल भल शब्द करते हुए बहना
भलमनसाहत, भलमनसी–(स्त्री०) सज्जनता, शराफ़त
भला–I (वि०) 1 अच्छा, नेक 2 सुंदर (जैसे-अच्छा लगना) II (पु०) भलाई, मंगल (जैसे-किसी का भला करना)। ~**ई** (स्त्री०) 1 अच्छाई 2 हित; ~**चंगा** (वि०) अच्छा-खासा; ~**बुरा** (वि०) 1 अच्छा और खराब (जैसे-भला-बुरा आदमी) 2 खरी-खोटी (जैसे-भला-बुरा कथन, भली-बुरी बात)
भले–(क्रि० वि०) 1 भली-भाँति, अच्छी तरह 2 खूब, वाह
भल्ल–(पु०) भाला
भल्लूक–(पु०) भालू
भव–*सं०* (पु०) 1 संसार, जगत् (जैसे-भव बंधन) 2 उत्पत्ति 3 होना (जैसे-आयुष्मान् भव)। ~**कूप** (पु०) संसार रूपी कुआँ; ~**केतु** (पु०) पुच्छल तारा; ~**चक्र** (पु०) संसार चक्र; ~**जाल** (पु०) सांसारिक प्रपंच, मायाजाल; ~**धारा** (स्त्री०) संसारचक्र; ~**बंधन** (पु०) जन्म-मरण का चक्र; ~**विलास** (पु०) 1 माया 2 लौकिक सुख (जैसे-भव विलास में डूबना); ~**सागर**, ~**सिंधु** (पु०) संसार रूपी समुद्र
भवदीय–*सं०* (वि०) आपका
भवदीया–*सं०* (वि०) आपकी
भवन–*सं०* (पु०) 1 वास स्थान, घर, मकान 2 महल (जैसे-आनंद भवन, संसद भवन) 3 आश्रय का स्थान (जैसे-करुणा भवन) उत्पत्ति, जन्म। ~**कर** (पु०) मकान का टैक्स; ~**निर्माण** (पु०) मकान बनाना; ~**निर्माण कला** (स्त्री०) मकान बनाने की विद्या; ~**निर्माता** (पु०) मकान बनानेवाला
भवनापचरण–*सं०* (पु०) अवैध रूप से मकान में घुसना, अवैध रूप से प्रवेश करना
भवनिष्ठ–*सं०* (वि०) आपस में विश्वास रखनेवाला
भवांतर–*सं०* (पु०) आगे होनेवाला
भवानी–*सं०* (स्त्री०) पार्वती
भवितव्य–*सं०* होनहार, अवश्यंभावी। ~**ता** (स्त्री०) 1 होनी, होनिहार 2 भाग्य; ~**दर्शिता** (स्त्री०) भविष्य ज्ञान
भविष्य–*सं०* (पु०) 1 आनेवाला कल 2 आनेवाला **समय** (जैसे-भविष्य काल)। ~**कथन** (पु०) भविष्यवाणी; ~**काल** (पु०) क्रिया के तीन कालों में से एक (जैसे-वर्तमान, भूत और भविष्य काल); ~**ज्ञान** (पु०) होनेवाली बात की जानकारी; ~**दर्शी** (वि०) भविष्य को जाननेवाला; ~**द्रष्टा** (पु०) ज्योतिषी; ~**निधि** (स्त्री०) 1 संचित कोष, संचित संपत्ति 2 निर्वाह निधि, प्राविडेंट फंड; ~**वक्ता** (पु०) = भविष्यद्वक्ता; ~**वाणी** (स्त्री०) = भविष्यद्वाणी; ~**वाद** (पु०) भविष्यवाणी करना; ~**वादी** (वि०) भविष्यवाणी करनेवाला
भविष्यत्–*सं०* (वि०) होनेवाला, भावी
भविष्यद् द्रष्टा–*सं०* (पु०) भविष्य का दर्शन करनेवाला, ऋषि, ज्योतिषी
भविष्यद्वक्ता–*सं०* (पु०) ज्योतिषी
भविष्यद्वाणी–*सं०* (स्त्री०) भविष्य कथन
भवेश–*सं०* (पु०) संसार का स्वामी, ईश्वर
भव्य–*सं०* (वि०) 1 शानदार, आलीशान (जैसे-भव्य स्वागत, भव्य इमारत) 2 सुंदर 3 योग्य, उपयुक्त 4 सत्य (जैसे-देवता का भव्य रूप) 5 मंगल दायक, शुभ (जैसे-भव्य-वाणी, भव्य कथन)। ~**ता** (स्त्री०) सुंदरता
भसना–*बो०* (अ० क्रि०) 1 तैरना 2 डुबाया जाना 3 धँसना
भसम–(पु०) = भस्म। ~**पत्ती** (स्त्री०) गाँजा
भसमा–I (पु०) पीसा आटा
भसमा–II *अ०* (पु०) 1 ख़िजाब 2 नील की पत्तियों का चूरा
भसान–*बो०* (पु०) 1 जल में डुबाना 2 नदी में प्रवाहित करना
भसाना–*बो०* (स० क्रि०) 1 तैरने के लिए छोड़ना 2 पानी में डुबाना
भसिंड–*बो०* (पु०) कमलनाल
भसुर–(पु०) पति का बड़ा भाई, जेठ
भसूँड़–(पु०) हाथी का सूँड़
भस्त्रा–*सं०* (स्त्री०) धौंकनी
भस्म–*सं०* (पु०) राख। ~**वेधक** (पु०) कपूर; ~**सात्** (वि०) = भस्मीभूत; ~**स्नान** (पु०) पूरे शरीर में भस्म मलना
भस्मक–*सं०* (पु०) 1 भस्माग्नि 2 सदा लगी रहनेवाली भूख
भस्मसात्–*सं०* (वि०) जलकर राख हुआ
भस्माच्छादित–*सं०* (वि०) राख से ढका हुआ
भस्मावशेष–I *सं०* (वि०) जलकर राख हुआ II (पु०) राख के रूप में बचा अंश
भस्मासुर–*सं०* (पु०) एक प्रसिद्ध राक्षस
भस्मित–*सं०* (वि०) = भस्मीभूत
भस्मीकरण–*सं०* (पु०) राख कर देना
भस्मीकृत–*सं०* (वि०) जलाकर राख किया हुआ
भस्मीपात्र–*सं०* (पु०) मृतक के फूल रखने का बर्तन
भस्मीभूत–*सं०* (वि०) जलकर राख हुआ
भस्सड़–(वि०) बहुत मोटा और भद्दा
भस्सी–(स्त्री०) कोयले आदि का महीन चूर्ण
भहराना–(अ० क्रि०) 1 एकाएक गिर पड़ना 2 एकाएक वेगपूर्वक टूट पड़ना
भहूँ–(स्त्री०) = भौंह I
भाँई–(पु०) खरादनेवाला, खरादी

भाँग–(स्त्री०) 1 गाँजे की जाति का एक पौधा और इस पौधे की पत्तियाँ 2 इन पत्तियों से बनाया गया पेय। **~खा जाना** नशे की सी बातें करना; **~छानना** भाँग का नशा करना; **(घर में) भूँजी भाँग न होना** कंगाल होना

भाँगर–*बो०* (स्त्री०) धातु आदि की गर्द, छोटे-छोटे कण

भाँज–I (स्त्री०) 1 भाँजने का काम 2 मोड़, तह II भुनाई (जैसे-सौ रुपए का भाँज)

भाँजना–(स० क्रि०) 1 मोड़ना, तह करना 2 एक में मिलाकर बँटना 3 घुमाना

भाँजा–(पु०) = भानजा

भाँजी–(स्त्री०) 1 चुग़ली 2 रुष्ट करनेवाली बात। **~मार** (पु०) चुग़ली करनेवाला व्यक्ति

भाँटा–(पु०) = भंटा

भाँड–I (पु०) 1 भाँड़ा, बर्तन 2 कुप्पा II 1 मसखरा 2 विदूषक 3 निर्लज्ज व्यक्ति 4 उपद्रव, हो हल्ला, शोरगुल

भाँड़पन–*सं०* (पु०) 1 मसखरापन 2 निर्लज्जता

भाँड–*सं०* (पु०) बर्तन, पात्र। **~शाला** (स्त्री०) भंडार (जैसे-भांडशाला में देखना)

भाँड़ा–(पु०) बर्तन, बासन

भांडागार–*सं०* (पु०) 1 भंडार, गोदाम 2 खज़ाना

भांडागारिक–*सं०* (पु०) भंडार का प्रधान अधिकारी

भांडार–*सं०* (पु०) 1 भंडार 2 कोष, खज़ाना। **~पंजी** (स्त्री०) भण्डार में रखी गई वस्तुओं की सूची, स्टाक बुक; **~पाल** (पु०) 1 भांडार का मुख्य अधिकारी 2 भांडार का स्वामी, भंडारी

भांडारी–*सं०* (पु०) भंडार का रक्षक, भंडारी। **~करण** (पु०) भंडार में भरना

भाँति–(स्त्री०) 1 तरह, प्रकार (जैसे-भाँति-भाँति की वस्तुओं की ख़रीद) 2 चाल-ढाल, रंग-ढंग 3 प्रथा, रीति 4 आचार व्यवहार आदि की मर्यादा

भाँपना–(स० क्रि०) 1 अनुमान करना 2 ताड़ना

भाँपू–(वि०) भाँपनेवाला

भाँय-भाँय–(पु०) सन्नाटे में होनेवाली हवा की आवाज़ (जैसे-भाँय-भाँय करके बहना)

भाँवना–I *बो०* (स० क्रि०) 1 खरादन, कुनना 2 सुंदर और सुडौल बनाना 3 खराद आदि पर घुमाना II (अ० क्रि०) 1 फेरा लगाना 2 व्यर्थ इधर-उधर घुमाना

भाँवर–(स्त्री०) 1 घुमरी लेना 2 परिक्रमा, फेरी 3 विवाह के समय, वर-वधू द्वारा की जानेवाली अग्नि परिक्रमा 4 खेत जोतते समय एक बार खेत के चारों ओर घूम आना

भा–*सं०* (स्त्री०) 1 चमक, दीप्ति 2 प्रकाश, रोशनी 3 शोभा, छवि। **~मंडल** (पु०) प्रभामंडल

भाई–(पु०) 1 एक ही माँ-बाप का पुत्र या बेटा, सहोदर, भ्राता 2 चाचा या ताऊ आदि संबंधियों का लड़का (जैसे-चचेरा भाई, ममेरा भाई) 3 जाति, समाज में भाई की तरह व्यवहार किया जानेवाला व्यक्ति (जैसे-जाति भाई)। **~चारा** (पु०) भाई का नाता, बंधुत्व; **~चारापन** (पु०) = भाईपन; **~चारापूर्ण** *+ सं०* (वि०) बंधुत्व से भरा हुआ; **~दूज** (स्त्री०) भैयादूज; **~पन** (पु०) 1 भाई होने का भाव, भ्रातृत्व 2 बंधुता; **~बंद** (पु०) 1 भाई और मित्र बंधु आदि 2 कुल कुटुंब के लोग, जाति जन; **~बंदी** (स्त्री०) = भाईचारा; **~बंधु** *+ सं०* (पु०) = भाईबंद; **~बिरादरी** *+ फ़ा०* (स्त्री०) = एक ही जाति और समाज के लोग, जातीय भाईबंधु; **~भतीजावाद** *+ सं०* (पु०) स्वजनपक्षपात

भाकसी–(स्त्री०) 1 भट्ठी 2 भाड़, भड़साई

भाखा–*बो०* (स्त्री०) 1 बात, कथन 2 भाषा, बोली

भाग–*सं०* (पु०) 1 हिस्सा, अंश 2 बँटवारा 3 *ग०* संख्या विशेष को कई अंश में बाँटने की क्रिया (जैसे-आठ में दो से भाग देना) 4 भाग्य, तकदीर। **~दार** *+ फ़ा०* (पु०) दे० भागीदार; **~दौड़** *+ हिं०* (स्त्री०) दौड़धूप (जैसे-आज अधिकारी के यहाँ भाग दौड़ मची है); **~फल** (पु०) *ग०* भाग देने पर प्राप्त संख्या (जैसे-आठ को दो से भाग देने पर भागफल चार होगा); **~बटाई** *+ हिं०* (स्त्री०) हिस्सों में बँटवारा; **~भरा** *+ हिं०* (वि०) 1 भाग्यवान् 2 भाग्यवान् बनानेवाला, सौभाग्यपूर्ण (पदार्थ); **~खुलना, ~जागना** भाग्योदय होना, तक़दीर चमकना; **~फूटना** दुर्दिन आना

भागक–*सं०* (पु०) भाग देनेवाली संख्या, भाजक

भागड़–(स्त्री०) भगदड़

भागधेय–*सं०* (पु०) तक़दीर, भाग्य

भागना–(अ० क्रि०) 1 दौड़कर दूर निकल जाना, पलायन करना (जैसे-सिपाही को देखकर चोर भाग गया) 2 पीछा छुड़ाना (जैसे-काम से भागना) 3 दूर रहना (जैसे-कुकर्म से भागना)

भागनेय–*सं०* (पु०) भानजा

भागमभाग–(पु०) दौड़धूप, जल्दी

भागवंत–(वि०) भाग्यवान्

भागवत्–I *सं०* (वि०) 1 भगवत् संबंधी 2 भगवत् की सेवा और उपासना करनेवाला II (पु०) 1 हरि भक्त 2 अठारह पुराणों में से एक प्रसिद्ध पुराण (जैसे-श्रीमद्‌भागवत)

भागवती–(स्त्री०) एक तरह की कंठी

भागवान–(वि०) भाग्यशाली

भागहारी–I (वि०) हिस्सेदार II (पु०) उत्तराधिकारी

भागा-भाग–I (स्त्री०) भाग दौड़, भागड़ II (क्रि० वि०) 1 दौड़ते हुए 2 तेज़ी से

भागार्थी–*सं०* (वि०) हिस्सा चाहनेवाला

भागिता–*सं०* (स्त्री०) हिस्सेदारी, साझेदारी

भागिनेय–*सं०* (पु०) भानजा

भागिनेयी–*सं०* (स्त्री०) भानजी

भागी–I *सं०* (वि०) 1 हिस्सेदार 2 शामिल (जैसे-पाप का भागी) 3 मालिक, अधिकारी II (पु०) हिस्सेदार। **~दार** *+ फ़ा०* (वि०) हिस्सेदार, भागवाला; **~दारी** *+ फ़ा०* (स्त्री०) भागिता

भागीरथ–*सं०* (पु०) = भगीरथ

भागीरथी–*सं०* (स्त्री०) भगीरथ के प्रयत्न से अवतरित गंगा नदी

भागू–I (पु०) भगोड़ा II (वि०) भागनेवाला

भाग्य–I *सं०* (वि०) हिस्से का अधिकारी II (पु०) किस्मत, तक़दीर, नसीब। **~क्रम** (पु०) भाग्य का फेर; **~दा** (स्त्री०) चिट्ठी निकालकर टिकट ख़रीदनेवालों में इनाम बाँटने की पद्धति, लाटरी; **~नक्षत्र** (पु०) किस्मत का सितारा;

~**निर्णय** (पु०) भाग्य का फ़ैसला; ~**निर्णायक** (वि०) भाग्य का फ़ैसला करनेवाला; ~**पत्रक** (पु०) वह चिट्ठी जिसे उठाकर बँटवारे का फ़ैसला किया जाता है; ~**परायण** (वि०) भाग्यवादी; ~**फूटा** + *हिं०* (वि०) दुर्भाग्यशाली, भाग्यहीन; ~**योग** (पु०) भाग्योदय का समय; ~**लिपि** (स्त्री०) भाग्य में लिखी गई बातें; ~**वश** (क्रि० वि०) किस्मत से; ~**वाद** (पु०) भाग्यानुसार शुभाशुभ मानने का सिद्धांत; ~**वादी** I (वि०) भाग्यवाद संबंधी II (पु०) भाग्यवाद को माननेवाला व्यक्ति; ~**विधाता** (पु०) भाग्य निश्चित करनेवाला, अदृष्ट का नियंता; ~**विधात्री** (स्त्री०) भाग्य बनानेवाली; ~**शाली** (वि०) भाग्यवान्; ~**विप्लव** (पु०), ~**संपद** (स्त्री०) सौभाग्य; ~**संपन्न** (वि०) भाग्यशाली, खुशकिस्मत; ~**हीन** (वि०) भाग्य फूटा; ~**हीनता** (स्त्री०) दुर्भाग्य, बदकिस्मती

भाग्यवान्–*सं०* (वि०) भाग्यशाली, खुशकिस्मत

भाग्याधीन–*सं०* (वि०) भाग्य पर आश्रित

भाग्योदय–*सं०* (पु०) भाग्य जागना

भाजक–I *सं०* (वि०) 1 बाँटनेवाला 2 विभाग करनेवाला II (पु०) *ग०* संख्या जिससे भाग दिया जाए

भाजन–*सं०* (पु०) 1 विभाग करना 2 अधिकारी (जैसे-कृपा भाजन, क्रोध भाजन) 3 *ग०* भाग करना 4 बर्तन

भाजी–(स्त्री०) तरक़ारी, सब्ज़ी (विशेषकर पकाई हुई)

भाज्य–I *सं०* (पु०) जिसका विभाजन हो सके II (पु०) *ग०* वह अंक जिसमें भाग दिया जाए

भाट–I (पु०) 1 चरण, बंदी 2 राजाओं का यशगान करनेवाली एक जाति 3 खुशामदी व्यक्ति

भाट–II (पु०) = भाठ

भाटक–*सं०* (पु०) 1 भाड़ा, किराया 2 लगान। ~**अधिकारी** (पु०) 1 भाड़े की उगाही करनेवाला अधिकारी 2 मकान संबंधी विवाद का निर्णय करनेवाला राज्य अधिकारी

भाटा– (पु०) 1 समुद्र के पानी का चढ़ाव के बाद वेगपूर्वक पीछे हटना 2 भंटा

भाठ–(पु०) 1 नदी की बाढ़ में बहकर आनेवाली मिट्टी 2 कछार 3 धारा

भाठा– (पु०) 1 गड्ढा 2 भाटा (जैसे-ज्वार भाटा)

भाठी–(स्त्री०) समुद्र के पानी का उतार

भाड़–I (पु०) भँड़भूजों की भट्ठी (जैसे-भाड़ में झोंकना)। ~**झोंकना** 1 तुच्छ काम करना 2 निरर्थक श्रम करना; ~**में जाय** नष्ट हो जाए; ~**में झोंकना**, ~**में डालना** 1 नष्ट करना 2 त्यागना

भाड़–II (पु०) वेश्या की कमाई

भाड़ा–I (पु०) 1 किराया (जैसे-रिक्शा भाड़ा, टाँगा भाड़ा) 2 गाड़ी आदि का किराया (जैसे-रेल भाड़ा, मकान का भाड़ा)। **भाड़े का टट्टू** धन लेकर काम करनेवाला

भाड़ा–II (पु०) 1 एक हाथ की ऊँचाईवाली घास 2 हवा बहने की दिशा

भाड़ू–(पु०) भड़ूआ

भाड़ैत–*बो०* (वि०) भाड़े का काम करनेवाला

भाण–*सं०* (पु०) हास्य रस प्रधान नाटक

भात–(पु०) 1 उबला चावल 2 ब्याह की एक रस जिसमें वर का पिता कन्या के पिता के घर जाकर कच्ची रसोई खाता है

भाता–(पु०) हलवाहे को दिया जानेवाला उपज का अंश

भाथा–(पु०) तरकश

भाथी–(स्त्री०) चमड़े की धौंकनी

भादों–(पु०) भाद्रपद मास

भाद्र–*सं०* (पु०) भादों का महीना, सावन के बाद का महीना। ~**पद** (पु०) भादों का महीना

भान–*सं०* (पु०) 1 प्रकाश, रोशनी (जैसे-सूर्यभान, चंद्रभान) 2 दीप्ति, चमक 3 ज्ञान, बोध 4 आभास, प्रतीति

भानजा–(पु०) बहिन का लड़का (स्त्री० भानजी)

भानमती–(स्त्री०) जादूगरनी (जैसे-भानमती का पिटारा)

भानवीय–(वि०) भानु संबंधी, भानु का

भाना–I (अ० क्रि०) 1 आभास होना, जान पड़ना 2 अच्छा लगना, पसंद आना 3 फबना, शोभित होना II (स० क्रि०) 1 चमकाना 2 प्रकाशमान करना

भानु–*सं०* (पु०) 1 सूर्य 2 प्रकाश (जैसे-सूर्यभानु)। ~**तनया** (स्त्री०) यमुना (नदी); ~**सुत** (पु०) 1 यम 2 कर्ण; ~**सुता** (स्त्री०) = भानु तनया

भानुजा–*सं०* (स्त्री०) 1 यमुना 2 राधिका

भानुमति–*सं०* (स्त्री०) जादूगरनी, मायाविनी

भाप–(स्त्री०) 1 खौलते जल का वाष्पीय रूप (जैसे-पानी की भाप) 2 तरल पदार्थ का गैसीय रूप (जैसे-भाप से चलनेवाला इंजन, भाप उड़ना)। ~**टर्बाइन** + *अं०* (स्त्री०) भाप की मशीन; ~**स्नान** + *सं०* (पु०) भाप से शरीर सेकना (जैसे-भाप स्नान करना)

भाफ–(स्त्री०) भाप

भाभरी–(स्त्री०) 1 गर्म राख 2 धूल

भाभी–(स्त्री०) बड़े भाई की पत्नी

भामक–*सं०* (पु०) बहनोई

भामा–*सं०* (स्त्री०) 1 स्त्री, 2 क्रुद्ध स्त्री

भामिनी–*सं०* (स्त्री०) 1 शीघ्र क्रुद्ध हो जानेवाली स्त्री 2 कामिनी

भामी–I *सं०* (वि०) नाराज़, क्रुद्ध II (स्त्री०) क्रुद्ध नारी

भायप–(पु०) भाईपन, भाईचारा

भारंगी–*सं०* (स्त्री०) एक प्रकार का पौधा, भृंगजा

भार–I *सं०* (पु०) 1 बोझ (जैसे-दो मन का भार) 2 वज़न (जैसे-आपका भार क्या है) 3 उत्तरदायित्व (जैसे-परिवार का भार, कार्यभार) 4 आश्रय, सहारा। ~**केंद्र** (पु०) गुरुत्व का केंद्र; ~**क्षमता** (पु०) भार उठाने की सामर्थ्य; ~**ग्रस्त** (वि०) भार से पीड़ित; ~**जीवी** (पु०) भारवाहक, मज़दूर; ~**धारक** (वि०) 1 बोझ उठानेवाला 2 उत्तरदायित्व वहन करनेवाला; ~**मापी** (पु०) 1 वज़न तौलने का एक प्रकार का यंत्र 2 पदार्थ का विशिष्ट गुरुत्व जानने का एक यंत्र; ~**वहन** (पु०) = भारवाहन; ~**वाहक** (वि०) बोझ ढोनेवाला (जैसे-भार वाहक पशु); ~**वाहन** (पु०) बोझ ढोने का काम; ~**वाही** (वि०) = भारवाहक; ~**हीन** (वि०) बिना वज़न का; ~**हीनता** (स्त्री०) भारहीन होने की अवस्था

भार–II (क्रि० वि०) = ओर, बल (जैसे-मुँह के भार गिरना)

भारत–*सं०* (पु०) 1 भारतवर्ष 2 भरत वंश में उत्पन्न। ~**उपमंत्री** (पु०) स्वतंत्र भारत देश का सहायक मंत्री;

~**तत्त्व** (पु०) = भारत विद्या; ~**तत्त्व विशारद** (पु०) = भारत विद्याविद्; ~**दफ़्तर** + *अं०* (पु०) स्वतंत्र भारत देश के सभी कार्यालय; ~**यूरोपीय** + *अं०* + *सं०* (पु०) भारत और यूरोप की भाषाओं का समूह; ~**रत्न** (पु०) भारत के महान् आदर्श पुरुष; एक उपाधि जो स्वतंत्र भारत की सर्वोच्च उपाधि है; ~**वर्षीय** (वि०) भारतवर्ष का; ~**वासी** (पु०) भारत का निवासी; ~**विद्या** (स्त्री०) भारतीय इतिहास, संस्कृति और साहित्य; ~**विद्याविद्** (पु०) भारत विद्या का ज्ञाता; ~**विभाग** (पु०) = भारत दफ़्तर; ~**विभाजन** (पु०) भारत वर्ष का बँटवारा होना; ~**व्यापी** (वि०) भारत में फैला हुआ; ~**सरकार** + *फ़ा०* (स्त्री०) भारतीय शासन

भारती–I *सं०* + *हिं०* (पु०) = भारतीय

भारती–II *सं०* (स्त्री०) 1 वचन, वाणी 2 सरस्वती

भारतीय–I *सं०* (वि०) भारत संबंधी II (पु०) भारतवासी। ~**करण** (पु०) 1 भारतीय बनाना 2 भारतीयों को प्रधानता देना; ~**ता** (स्त्री०) भारतीय होने का भाव

भारथी–I (पु०) सैनिक, योद्धा II (स्त्री०) भारती

भाराकुल–*सं०* (वि०) बोझ से परेशान

भाराक्रांत–*सं०* (वि०) भार से व्यथित, पीड़ित, बोझ से दबा हुआ

भारावतारण–*सं०* (पु०) बोझ उतारना

भारावनत–*सं०* (वि०) बोझ से झुका हुआ

भारित–*सं०* (वि०) 1 बोझ युक्त 2 ऋणयुक्त

भारी–I *सं०* (वि०) 1 कठिन (जैसे-भारी काम) 2 गहरा (जैसे-भारी गड्ढा) 3 अधिक भारवाला (जैसे-भारी शरीर) 4 कष्टकर (जैसे-भारी बर्तन, भारी आवाज़) 5 बड़ा (जैसे-भारी बर्तन, भारी बक्सा) II (क्रि० वि०) अत्यधिक, बहुत ज़्यादा (जैसे-बोझ भारी करना, होना); ~**पन** + *हिं०* (पु०) भारी होने की अवस्था; ~**भरकम** (वि०) बड़े डील डौलवाला (जैसे-भारी भरकम शरीर); ~**पड़ना** ज़बर्दस्त पड़ना; ~**पैर,** ~**होना** गर्भवती होना

भारु–(वि०) = भारी

भारोत्तोलक–*सं०* (पु०) भार उठानेवाला यंत्र

भारोत्तोलन–*सं०* (पु०) भार उठाना

भारोपीय–*सं०* + *अं०* + *सं०* (वि०) = भारत-यूरोपीय

भार्गवी–*सं०* (स्त्री०) पार्वती

भार्य–*सं०* (वि०) भरण पोषण के योग्य

भार्या–*सं०* (स्त्री०) पत्नी, जोरू। ~**जित** (वि०) पत्नीभक्त

भाल–I (पु०) 1 भाला 2 गाँसी

भाल–II *सं०* (पु०) 1 माथा, ललाट, मस्तक 2 तेज। ~**चंद्र,** ~**नेत्र** (पु०) शिव

भालना–(स० क्रि०) 1 ध्यानपूर्वक देखना (जैसे-देखना-भालना) 2 तलाश करना, ढूंढ़ना

भाला–(पु०) बरछा, नेजा। ~**बरदार** + *फ़ा०* (पु०) भाला धारण करनेवाला, बरछैत

भालिया–*बो०* (पु०) भाता

भालू–(पु०) मोटे लंबे काले बालोंवाला एक हिंसक पशु

भाव–I (पु०) दर, मूल्य (जैसे-अनाज का भाव, दूध का भाव) 2 कीमत (जैसे-कपड़े का भाव, सोने का भाव)

भाव–II *सं०* (पु०) 1 सत्ता, अस्तित्व 2 जन्म, उत्पत्ति 3 चित्त में उत्पन्न होनेवाला विकार, हर्ष, शोक, ईर्ष्या आदि मनोविकार 4 भावना (जैसे-प्रेम का भाव) 5 ख़याल, विचार 6 शब्द, वाक्य आदि का अर्थ, आशय (जैसे-पद्य का भाव) 7 भाव सूचक अंग चेष्टा, भंगी (जैसे-शारीरिक भाव) 8 अवस्था, दशा (जैसे-करुण भाव, प्रेम भाव) 9 स्वभाव (जैसे-भाव पसंद आना) 10 वस्तु का गुणात्मक तत्त्व जो वस्तु की मूल प्रकृति का सूचक हो (जैसे-शीतल की भाववाचक संज्ञा शीतलता होगी)। ~**गत** (वि०) विचारात्मक; ~**गति** (स्त्री०) 1 इच्छा, इरादा 2 विचार; ~**गम्य** (वि०) सद्भाव से जानने योग्य ~**गीत** (पु०) भाव प्रधान गीत; ~**चित्र** (पु०) कल्पना को व्यक्त करनेवाला चित्र; ~**ज्ञ** (वि०) मनोभाव समझनेवाला; ~**ता** I (वि०) अच्छा लगनेवाला, मोहक, लुभावना II (पु०) प्रियतम; ~**दशा** (स्त्री०) मनः स्थिति, मूड; ~**धारा** (स्त्री०) भावना का प्रवाह; ~**पक्ष** (पु०) *साहि०* काव्यगत भावनाओं, कल्पनाओं तथा विचारों से युक्त पक्ष; ~**परिग्रह** (पु०) धन संचय की अभिलाषा; ~**पूर्ण,** ~**प्रद,** ~**प्रधान** (वि०) 1 भाव की प्रधानता से युक्त (जैसे-भावपूर्ण कविता, भाव प्रधान काव्य) 2 तीव्र भावानुभूतिवाला; ~**प्रवण** (वि०) भावुक; ~**बोधक** (वि०) भाव प्रकट करनेवाला; ~**भंगी** (स्त्री०) मनोभावों को प्रकट करनेवाला अंग संचालन, अंग विक्षेप; ~**भरा** + *हिं०* (वि०) भवमय; ~**मुग्ध** (वि०) भावना में खोया हुआ; ~**मैथुन** (पु०) मन में मैथुनिक विचार होना; ~**वाचक** (वि०) वस्तु, व्यक्ति और स्थान का भाव, धर्म, गुण आदि बतानेवाला (जैसे-भाववाचक संज्ञा); ~**वाची** (वि०) भाव का अर्थ देनेवाला; ~**वाच्य** (पु०) *व्या०* क्रिया का वह रूप जिसमें वाक्य का उद्देश्य क्रिया व्यापार का ही बोध कराए (जैसे-हाथ से क़लम उठने लगी); ~**वाहक,** ~**वाही** (वि०) भावना में बहनेवाला, भावना से ओत-प्रोत; ~**विह्वल** (वि०) भाव से आतुर, भावातुर; ~**व्यंजक** (वि०) स्पष्ट भाव प्रकट करनेवाला; ~**व्यंजन** (पु०) स्पष्ट भाव प्रकट करना; ~**शबलता** (स्त्री०) अनेक भावों का एक साथ वर्णन; ~**स्थ** (वि०) भाव में लीन; ~**शील,** ~**संपन्न** (वि०) भावनाओं से युक्त; ~**हरण** (पु०) साहित्यिक चोरी

भावक–(वि०) 1 भाव उत्पन्न करनेवाला 2 भावना करनेवाला 3 भक्त, प्रेमी

भावज–(स्त्री०) भाभी

भावना–I *सं०* (स्त्री०) 1 मन की कल्पना, ख़याल, विचार 2 चिंतन, ध्यान 3 कामना, चाह (जैसे-प्रेम की भावना) 4 चिंता, फ़िक्र (जैसे-भावनाओं में डूबना-उतराना) II (वि०) अच्छा लगनेवाला, भावन (जैसे-भावनामय, भावनापूर्ण हृदय) III (अ० क्रि०) अच्छा लगना, भाना (जैसे-मन भावना)

भावनात्मक–*सं०* (वि०) भावमय, भावपूर्ण (जैसे-भावनात्मक एकता)। ~**ता** (स्त्री०) भावनात्मक होने की अवस्था, भावनात्मक स्थिति

भावनीय–*सं०* (वि०) विचार करने योग्य

भावमय–*सं०* (वि०) भावनाओं में निमग्न

भावयिता–*सं०* (पु०) पालन पोषण करनेवाला

भावरी–(स्त्री०) भृकुटी

भावांतर–*सं०* (पु०) 1 मन की अवस्था का बदलना 2 अर्थांतर

भावाकुल, भावातुर–*सं०* (वि०) 1 भावनाओं के कारण अशांत 2 भावों से भरा हुआ, भावुक

भावात्मक–*सं०* (वि०) भावमय

भावानुवाद–*सं०* (पु०) भावार्थ, सरल और वास्तविक अर्थ

भावाभिव्यक्ति–*सं०* (स्त्री०) भाव प्रकट करना

भावार्थ–*सं०* (पु०) 1 अभिप्राय, आशय (जैस-पद्य का भावार्थ लिखना) 2 मतलब, तात्पर्य

भावावेग, भावावेश–*सं०* (पु०) भावों की प्रबलता, भावुकता

भाविक–I *सं०* (वि०) 1 भाव संबंधी, भाव का 2 भावी 3 भाव जाननेवाला II (पु०) भावी अनुमान

भावित–*सं०* (वि०) 1 सोचा हुआ, विचारा हुआ 2 अधिकार में आया हुआ, प्राप्त 3 भेंट किया हुआ 4 मिलाया हुआ

भावी–I *सं०* (वि०) 1 भविष्य में होनेवाला 2 किस्मत में बदा हुआ II (स्त्री०) 1 भविष्यत् काल 2 अवश्य होनेवाली बात, भवितव्यता

भावुक–I *सं०* (वि०) 1 सोचने-समझनेवाला, भावना करनेवाला 2 भावों के वशीभूत होनेवाला (व्यक्ति) 3 उत्तम भावना करनेवाला II (पु०) भला आदमी, सज्जन। ~**ता** (स्त्री०) भावुक होने का भाव; ~**तावाद** (पु०) अतिभावुकता

भावेप्रयोग–*सं०* (पु०) व्याकरण में क्रिया का ऐसा प्रयोग कि उसका संबंध न कर्ता से हो न कर्म से

भावोत्कर्ष–*सं०* (पु०) भाव समृद्धि

भावोत्तेजक–*सं०* (वि०) भावनाओं को उकसानेवाला

भावोद्गार–*सं०* (पु०) भावाभिव्यक्ति

भावोद्रेक–*सं०* (पु०) भावावेश

भावोन्मत्त–*सं०* (वि०) भाव विह्वल

भावोन्मेष–*सं०* (पु०) भावों का उदय

भावोपयुक्त–*सं०* (वि०) भाव व्यंजक

भाव्य–*सं०* (वि०) 1 अवश्य होनेवाला, अवश्यंभावी 2 भावना, योग्य। ~**ता** (स्त्री०) होनी, भावी

भाषण–*सं०* (पु०) 1 धाराप्रवाह रूप में किया गया विवरण (जैसे-देश की एकता पर भाषण देना) 2 वार्तालाप (जैसे-व्यर्थ का भाषण) 3 कथन, कही गई बात 4 बोलना, बात कहना। ~**कर्ता** (पु०) = भाषण दाता; ~**कर्त्री** (स्त्री०) भाषण देनेवाली महिला; ~**कला** (स्त्री०) वक्तृता; ~**दाता** (पु०) भाषण देनेवाला; ~**ध्वनि** (स्त्री०) भाषण की आवाज़; ~**प्रतियोगिता** (स्त्री०) विषय विशेष पर बोलने की प्रतियोगिता; ~**स्वतंत्रता** (स्त्री०) भाषण की आज़ादी, छूट

भाषणाभिलाषी–*सं०* (वि०) भाषण का इच्छुक

भाषणावयव–*सं०* (पु०) बोलने के अंग

भाषांतर–*सं०* (पु०) 1 अनुवाद करना 2 अनुवाद। ~**कार** (पु०) अनुवाद करनेवाला, अनुवादक

भाषांतरीय–*सं०* (वि०) भाषांतर संबंधी

भाषा–*सं०* (स्त्री०) 1 बोली, ज़बान (जैसे-हिंदी भाषा, अंग्रेज़ी भाषा) 2 बोली (जैसे-पक्षियों की भाषा) 3 देश, क्षेत्र आदि में बोली जानेवाली बोली (जैसे-प्रांतीय भाषा, ग्रामीण भाषा) 4 शैली (जैसे-गद्य की भाषा, कवि की भाषा)। ~**कुल** (पु०) भाषा परिवार; ~**गत** (वि०) भाषायी; ~**तत्त्व** (पु०) = भाषा विज्ञान; ~**तत्त्वविद्** (पु०) = भाषा विज्ञानी; ~**तात्विक** (वि०) = भाषापरक; ~**निर्माण** (पु०) भाषा की रचना; ~**नीति** (स्त्री०) भाषा संबंधी सिद्धांत; ~**परक** (वि०) भाषायी, भाषागत; ~**परिवार** (पु०) भाषाओं के कुल; ~**बद्ध** (वि०) भाषा में लिखित; ~**वाद** (पु०) अपनी भाषा को अलग मानने का सिद्धांत; ~**वार** + *फ़ा०* (क्रि० वि०) भाषा के आधार पर; ~**विज्ञ** (पु०) भाषा विज्ञानी; ~**विज्ञान** (पु०) वह विज्ञान जिसमें भाषा की उत्पत्ति और उसके विकास आदि का वैज्ञानिक रूप से अध्ययन किया जाता है; ~**विज्ञानी** (पु०) भाषा विज्ञान का ज्ञाता; ~**विद्** (पु०) 1 अनेक भाषाओं का ज्ञाता 2 भाषा का जानकार; ~**वेत्ता** (पु०) 1 भाषाविद् 2 भाषा विज्ञानी; ~**वैज्ञानिक** (वि०) 1 भाषा विज्ञान से संबंधित 2 भाषा विज्ञानी; ~**शास्त्र** (पु०) भाषा विज्ञान; ~**शास्त्री** (पु०) = भाषा विज्ञानी; ~**शैली** (स्त्री०) भाषा लिखने का ढंग; ~**समूह** (पु०) भाषाओं के वर्ग; ~**साम्य** (पु०) भाषाओं की परस्पर समानता

भाषात्मक–*सं०* (वि०) भाषा संबंधी, भाषागत

भाषायी–*सं०* (वि०) भाषा संबंधी, भाषा का (जैसे-भाषायी विभाजन)

भाषिक–*सं०* (वि०) भाषा से संबद्ध

भाषिकी–*सं०* (स्त्री०) भाषाविज्ञान

भाषिणी–*सं०* (वि०/स्त्री०) बोलनेवाली (जैसे-मृदु भाषिणी)

भाषित–I *सं०* (वि०) कहा हुआ, कथित II (पु०) 1 कथन, उक्ति 2 वार्तालाप

भाषी–*सं०* (वि०) बोलनेवाला (जैसे-बंगला भाषी, मृदु भाषी)

भाष्य–*सं०* (पु०) 1 कथन 2 सूत्र ग्रंथों की विस्तृत व्याख्या 3 गूढ़ बात की विस्तृत व्याख्या। ~**कार** (पु०) सूत्रों की व्याख्या करनेवाला लेखक

भास–*सं०* (पु०) 1 चमक 2 प्रकाश 3 किरण 4 मिथ्या ज्ञान

भासमान–*सं०* (वि०) दिखाई देता हुआ

भासित–*सं०* (वि०) 1 प्रकाशमान 2 चमकदार

भासुर–I *सं०* (पु०) 1 कुष्ठ रोग की औषधि, कोढ़ की दवा II (वि०) चमकदार, चमकीला

भास्कर–*सं०* (पु०) सूर्य

भास्वर–I *सं०* (पु०) दिन, सूर्य II (वि०) 1 दीप्त 2 चमकदार

भिंगाना–(स० क्रि०) भिगोना (जैसे-कपड़े भिंगाना)

भिंगोरा–*बो०* (पु०) 1 भंगरा नामक पौधा 2 भृंगराज पक्षी

भिंगोरी–(स्त्री०) भृंगराज नाम का पंछी

भिंचना–(अ० क्रि०) बंद होना, मूँदना

भिंजाना–*बो०* (स० क्रि०) भिगोना

भिंडी–(स्त्री०) 1 एक प्रकार का पौधा (जैसे-भिंडी की फली) 2 इस पौधे के फल की सब्जी

भिक्षा–*सं०* (स्त्री०) भीख (जैसे-भिक्षा माँगना)। ~**जीवी** (वि०) भीख माँगकर जीविकोपार्जन करनेवाला; ~**पात्र** I (पु०) भीख माँगने का बर्तन II (वि०) भिक्षा योग्य

(जैसे-भिक्षा पात्र का अधिकारी); ~**वृत्ति** (स्त्री०) भिक्षा माँगना

भिक्षाक–*सं०* (पु०) = भिक्षुक

भिक्षाटन–*सं०* (पु०) भिक्षा हेतु दरवाज़े-दरवाज़े जाना

भिक्षार्थी–I *सं०* (वि०) भीख माँगनेवाला II (पु०) भिखारी

भिक्षार्ह–*सं०* (वि०) भिक्षा पाने योग्य

भिक्षित–*सं०* (वि०) भीख में मिला हुआ

भिक्षु–*सं०* (पु०) 1 भिखमंगा 2 साधु-संन्यासी 3 गोरख मुंडी। ~**संघ** (पु०) 1 भिखमंगों का समूह 2 साधु-संन्यासियों का संगठन, दल

भिक्षुक–I *सं०* (पु०) भिक्षु II (वि०) भीख माँगनेवाला

भिक्षुकी–*सं०* (स्त्री०) भिक्षुक स्त्री

भिक्षुणी–*सं०* (स्त्री०) बौद्ध संन्यासिनी

भिखमंगा–(पु०) भीख माँगनेवाला, भिखारी

भिखमंगिन–(स्त्री०) भीख माँगनेवाली स्त्री

भिखारिणी, भिखारिन–(स्त्री०) भिक्षुकी

भिखारी–(पु०) भिखमंगा

भिगाना–(स० क्रि०) भिगोना

भिगोना–(स० क्रि०) 1 गीला करना, तर करना (जैसे-कपड़े भिगोना) 2 पानी में भिगोकर नरम करना (जैसे-चने भिगोना)

भिचना–(अ० क्रि०) दबना, मूँदना

भिजवाना–I (स० क्रि०) भिगोने का काम कराना II (स० क्रि०) भेजने का काम कराना

भिजाना– (स० क्रि०) 1 भिगोना 2 भेजवाना

भिटनी–(स्त्री०) स्तन का अग्रभाग, चूँची, चूचुक

भिड़ंत–(स्त्री०) मुठभेड़

भिड़–(स्त्री०) बर्रें, ततैया

भिड़ना–(अ० क्रि०) 1 टकराना 2 लड़ना (जैसे-साँड़ों का भिड़ना) 3 सवाल-जवाब करना 4 सटना (जैसे-दरवाज़े के पल्लों का भिड़ना)

भिड़ाई–(स्त्री०) 1 भिड़ना 2 टक्कर

भिड़ाना–(स० क्रि०) 1 भिड़ने में प्रवृत्त करना 2 सटाना 3 लड़ाई-झगड़ा कराना

भितरिया– *बो०* (वि०) भीतर रहनेवाला, अंतरंग

भितल्ला–I (पु०) भीतर की परत, अस्तर II (वि०) भीतर का, अंदर का

भितल्ली–(स्त्री०) चक्की के नीचें का पाट

भित्ति–I *सं०* (स्त्री०) 1 दीवार 2 चित्र बनाने का आधार, चित्राधार 3 नींव। ~**कला** (स्त्री०) दीवार पर चित्र बनाने का काम; ~**चित्र** (पु०) दीवार पर बना चित्र; ~**चित्रकला** (स्त्री०) भित्ति कला; ~**चित्रकार** (पु०) दीवार पर चित्र बनानेवाला; ~**चित्रकारी** (स्त्री०) दीवार पर चित्र बनाना; ~**पत्रक** (पु०) दीवार पर चिपकाया जानेवाला पोस्टर आदि

भित्ति–II *सं०* (स्त्री०) भय, डर

भित्तिका–*सं०* (स्त्री०) दीवार

भिदना–(अ० क्रि०) 1 छेदा जाना 2 धँसना, घुसना

भिनकना–(अ० क्रि०) 1 भिन-भिन शब्द करना (जैसे-मक्खियाँ भिनकना) 2 घृणा पैदा होना (जैसे-जी भिनकना)

भिन भिन–(स्त्री०) मक्खियों की आवाज़

भिनभिनाना–(अ० क्रि०) भिन भिन शब्द होना

भिनभिनाहट–(स्त्री०) भिन भिन

भिनसार–*बो० पु०* सबेरा

भिन्न–I *सं०* (वि०) 1 अलग, पृथक् (जैसे-भिन्न पदार्थ) 2 अलग किया हुआ (जैसे-छिन्न भिन्न) 3 अलग तरह का (जैसे-भिन्न विषय) 4 दूसरा, और (जैसे-भिन्न व्यक्ति) II (पु०) *ग०* इकाई का छोटा अंश (जैसे-1/4)। ~**गुणन** (पु०) भिन्नों का गुणों करना; ~**जातीय** (वि०) अलग जाति का; ~**ता** (स्त्री०)भिन्न होने की अवस्था; ~**भाषित्व** (पु०) भिन्न भाषी होने का भाव; ~**भिन्न** (वि०) अलग, अलग; ~**मतावलंबी** (वि०) दूसरे सिद्धांत को माननेवाला; ~**मर्याद** (वि०) मर्यादा भंग करनेवाला, अनियंत्रित; ~**वर्ग** (पु०) दूसरे वर्ग का पदार्थ आदि; ~**वर्ण** (वि०) 1 अन्य जाति का 2 विवर्ण; ~**व्यवकलन** (पु०) भिन्नों का घटाव; ~**हृदय** (वि०) दुःखी हृदयवाला

भिन्नाना–(अ० क्रि०) सिर चकराना

भिन्नार्थ, भिन्नार्थक–*सं०* (वि०) 1 भिन्न उद्देश्यवाला 2 स्पष्ट अर्थवाला

भिन्नोदर–*सं०* (पु०) सौतेला भाई

भिन्नोदरी–*सं०* (स्त्री०) सौतेली बहन

भिलनी–(स्त्री०) भील जाति की स्त्री

भिल्ल–(पु०) एक जंगली जाति, भील

भिश्ती–(पु०) मशक से पानी ढोनेवाला व्यक्ति

भिषक–*सं०* (पु०) हकीम, वैद्य

भिष्टा–(स्त्री०) मल

भींगना–(अ० क्रि०) = भीगना

भींगी–(पु०) भौंरा

भींचना–(स० क्रि०) 1 दबाना 2 बंद करना (जैसे-आँख भींचना) 3 खींचना (जैसे-भींचकर गले लगाना)

भी–(क्रि० वि०) 1 अवश्य 2 तक 3 अधिक

भीख–(स्त्री०) 1 भिक्षा (जैसे-भीख माँगना) 2 भीख में मिली वस्तु

भीगना–(अ० क्रि०) 1 गीला होना, तर होना (जैसे-पसीने से भीगना) 2 दयार्द्र होना (जैसे-उसका हृदय करुणा से भीग गया) 3 फूलना (जैसे-सारा अन्न पानी में भीग गया)

भीगा–(वि०) 1 तर हुआ (जैसे-भीगा वस्त्र) 2 दयार्द्र हुआ (जैसे-करुणा से भीगा व्यक्ति) 3 फूला हुआ (जैसे-पानी में भीगा चना)। **भीगी बिल्ली** दीन-हीन बना हुआ; **भीगी रात** अधिक ठंडी रात, आधी रात के बाद की रात

भीट, भीटा– (पु०) 1 टीला, ढूह 2 टीले की शक्ल की ज़मीन

भीड़–(स्त्री०) 1 जन समूह, मजमा (जैसे-प्रदर्शनकारियों की भीड़) 2 अधिकता (जैसे-काम की भीड़)। ~**भड़क्का**; ~**भड़ाका** (पु०). ~**भाड़** (स्त्री०) 1 भीड़, जनसमूह 2 धक्कम धक्का (जैसे-मेले में भीड़-भाड़ होना)

भीत–I (स्त्री०) दीवार

भीत–II *सं०* (वि०) डरा हुआ, भयभीत

भीतर–I (क्रि० वि०) 1 अंदर (जैसे-घर के भीतर) 2 मन में (जैसे-भीतर झाँकना) II (पु०) 1 अंदरवाला भाग 2 मन 3 अंतःपुर

भीतरिया–I *बो०* (पु०) मंदिर में रहनेवाला पुजारी II (वि०) भीतरी

भीतरी–(वि०) 1 अंदर का (जैसे-भीतरी बरामदा, भीतरी कमरा) 2 छिपा हुआ (जैसे-भीतरी सामान, भीतरी बात)

भीति–(स्त्री०) डर, भय। ~**कर**, ~**कारी** (वि०) भयंकर, भयावना

भीनना–(अ० क्रि०) 1 एकरस होना (जैसे-कपड़े में रंग भीनना) 2 सम्मिलित होना (जैसे-हवा में सुगंध भिनना) 3 भीगना

भीना–(वि०) बहुत मंद (जैसे-भीनी सुगंध)

भीम–I *सं०* (वि०) 1 बहुत बड़ा 2 भयंकर, भीषण 3 बहादुर, वीर II (पु०) कुंती पुत्र भीमसेन। ~**ता** (स्त्री०) भयंकरता; ~**तिथि** (स्त्री०) भीमसेनी एकादशी

भीमाकार–*सं०* (वि०) अति विशाल

भीरु–*सं०* (वि०) 1 डरा हुआ 2 कायर, डरपोक। ~**ता** (स्त्री०) 1 कायरता 2 डर, भय; ~**सत्व** (वि०) स्वभावतः डरपोक

भील–(पु०) 1 एक जंगली जाति 2 इस जंगली जाति का पुरुष

भीलनी–(स्त्री०) भील की स्त्री

भीली–I (वि०) भील संबंधी II (स्त्री०) भीलों की बोली

भीषण–*सं०* (वि०) 1 भयानक, डरावना 2 विकट, बहुत बुरा (जैसे-भीषण परिणाम)

भीषणाकार–*सं०* (वि०) भीमाकार

भीषिका–*सं०* (स्त्री०) विकट विपत्ति की आशंका

भीष्म–I *सं०* (वि०) डरावना, भयंकर II (पु०) राजा शांतनु का पुत्र। ~**पितामह** (पु०) भीष्म; ~**प्रतिज्ञा** (स्त्री०) कठोर प्रतिज्ञा

भीष्माष्टमी–*सं०* (स्त्री०) माघ शुक्ल की अष्टमी, भीष्म के प्राण त्यागने का दिन

भुँइहरा–*बो०* (पु०) 1 भूमि के नीचे बनाया गया स्थान 2 तहख़ाना

भुंटा–*बो०* (पु०) भुट्टा

भुड़ली–(स्त्री०) कँटीले और ज़हरीले बालोंवाला एक कीड़ा, पिल्ला

भुंडा–I (वि०) बिना सींग का II (वि०) भद्दा, भोंडा

भुकड़ी–*बो०* (स्त्री०) 1 बिना मूँछ की छोटी मछली 2 सड़ी चीज़ों पर जमनेवाली सफ़ेद रंग की काई, फफूँदी

भुकराँद–(स्त्री०) सड़ायँध

भुक्खड़–(वि०) 1 अत्यंत भूखा 2 लालची 3 कंगाल, दरिद्र

भुक्त–*सं०* (वि०) 1 खाया हुआ 2 भोग किया हुआ। ~**भोगी** (वि०) दुष्परिणाम भोगनेवाला; ~**शेष** (वि०) खाने के बाद बचा (भोजन)

भुक्ति–*सं०* (स्त्री०) 1 भोजन, आहार 2 भोग 3 लौकिक सुख

भुखमरा–(वि०) भूख से मरनेवाला

भुखमरी–(स्त्री०) भूख से मरने की अवस्था

भुखमुआ–*बो०* (वि०) = भुखमरा

भुखाना–I *बो०* (अ० क्रि०) भूखा होना II (स० क्रि०) भूखा रखना

भुखालू–*बो०* (वि०) भूखा

भुगतना–(स० क्रि०) 1 भोगना (जैसे-सज़ा भुगतना) 2 उत्तरदायित्व निभाना (जैसे-शादी का सारा ख़र्च हम भुगत लेंगे)

भुगतान–(पु०) 1 भुगतने का भाव 2 चुकाने की अवस्था (जैसे-ऋण का भुगतान)

भुगताना–(स० क्रि०) 1 भोगने में प्रवृत्त करना 2 भुगतान करना, चुकाना 3 समाप्त करना

भुगाना–(स० क्रि०) = भोगाना

भुग्गा–I (वि०) मूर्ख, बेवकूफ

भुग्गा–II (पु०) चूर्ण

भुग्न–*सं०* (वि०) 1 टेढ़ा, वक्र 2 बीमार, रोगी

भुच्च, भुच्चड़–(वि०) गँवार और मूर्ख

भुजंग, भुजंगी–*सं०* (स्त्री०) सर्पिणी

भुजंगम–*सं०* (पु०) साँप, सर्प। ~**पति** (पु०) वासुकि; ~**भुज**, ~**भोजी** (पु०) 1 गरुड़ 2 मोर, मयूर; ~**लता** (स्त्री०) पान की बेल

भुजंगा–(पु०) काले रंग की एक चिड़िया, भुजैटा

भुज–*सं०* (पु०) बाहु, बाँह, भुजा (जैसे-भुजबंध)। ~**दंड** (पु०) लंबी बाँह; ~**पाश** (पु०) आलिंगन; ~**बंध** (पु०) भुजाओं में बाँधने का एक गहना; ~**बल** (पु०) बाहुबल, भुजा की ताक़त; ~**मूल** (पु०) कंधा; ~**लता** (स्त्री०) लता जैसी लंबी पतली बाँह; ~**स्तम्भ** (पु०) बाँह अकड़ जाना

भुजगांतक–*सं०* (पु०) 1 गरुड़ 2 मोर 3 नेवला

भुजगेश–*सं०* (पु०) वासुकि

भुजच्छाया–*सं०* (स्त्री०) निर्भय आश्रय

भुजवा–(पु०) = भड़भूँजा

भुजा–*सं०* (स्त्री०) बाँह, बाहु। ~**उठाना** प्रतिज्ञा करना

भुजाली–(स्त्री०) छोटी कटार, खुखरी

भुजिया–I (वि०) भूनकर बनाया हुआ (जैसे-भुजिया आलू) II (पु०) सूखी सब्ज़ी (जैसे-आलू की भुजिया)

भुजेना–*बो०* (पु०) भूना हुआ दाना, चबैना

भुजैल–(पु०) = भुजंगा

भुट्टा–(पु०) मक्के की हरी बाल। ~**सा उड़ना** साधारण झटके से ही कटकर दूर गिरना

भुतनी–(स्त्री०) = भूतनी

भुनगी–(स्त्री०) ईख के पौधों में लगनेवाला एक कीड़ा

भुनना– (अ० क्रि०) 1 भूना जाना (जैसे-भुट्टा भुनना, सब्ज़ी भुनना) 2 नोट आदि का सिक्कों में बदलना

भुनभुन–(स्त्री०) कुढ़ने की ध्वनि

भुनभुनाना–I (अ० क्रि०) भुन भुन शब्द होना II (स० क्रि०) 1 भुन भुन शब्द करना 2 कुढ़कर धीरे-धीरे बातें करना

भुनवाई–I (स्त्री०) 1 भूनने का काम 2 भूनने की उज़रत (जैसे-दाना भुनवाई)

भुनवाई–II (स्त्री०) भुनाने के बदले दी गई रकम, भाँज

भुनवाना– (स० क्रि०) 1 भूनना 2 भुनाना

भुनाई–I (स्त्री०) = भुनवाई II भुनाई

भुनाना– (स० क्रि०) 1 भूनने का काम कराना 2 भूनने में प्रवृत्त करना 3 सिक्कों में बदलवाना

भुनुगा–(पु०) = भुनगा

भुन्नासी–(पु०) एक तरह का बड़ा देशी ताला

भुमिया–*बो०* (पु०) = भुमिया
भुरकना–I (अ० क्रि०) भुरभुरा हो जाना II (स० क्रि०) बुरकना, छिड़कना
भुरकस–I (पु०) बुकनी, चूर्ण II (वि०) चूर्ण किया हुआ
भुरका–*बो०* (पु०) 1 चूर्ण 2 अबीर 3 मिट्टी का कसोरा, प्याला 4 मिट्टी की दवात
भुरकाना–*बो०* (स० क्रि०) 1 छिड़कना, भुरभुराना 2 बहकाना
भुरकी–(स्त्री०) 1 छोटा कोठिला 2 पानी का छोटा गड्ढा 3 हौज
भुरकुटा–(पु०) कीड़ा मकोड़ा
भुरकुन–*बो०* (पु०) चूरा, चूर्ण
भुरकुस–(पु०) = भुरकस
भुरता–(पु०) चोखा (जैसे-बैगन का भुरता)
भुरभुरा–(वि०) अलग-अलग होनेवाला (जैसे-भुरभुरा पदार्थ, भुरभुरी मिट्टी)
भुर्रा–I (वि०) अत्यंत काला II (पु०) एक तरह की चीनी
भुलक्कड़–(वि०) भूलनेवाला
भुलभुला–(पु०) गर्म राख
भुलवाना–(स० क्रि०) 1 भूलने में प्रवृत्त करना 2 धोखे में डालना
भुलसना–(अ० क्रि०)/(स० क्रि०) झुलसना
भुलाना–I (स० क्रि०) 1 स्मृति पथ से उतरना 2 स्मरण शक्ति में न लाना 3 भ्रम में डालना II (अ० क्रि०) 1 भूलना 2 भुलावे में आना 3 भटकना
भुलावा–(पु०) छलपूर्ण बात
भुवन–*सं०* (पु०) संसार। ~**कोश** (पु०) 1 भूमंडल, पृथ्वी 2 समस्त ब्रह्माण्ड; ~**त्रय** (पु०) स्वर्ग, मर्त्य और पाताल ये तीन लोक; ~**भावन** (पु०) भुवन की सृष्टि करनेवाला, परमेश्वर
भुवनेश्वर–*सं०* (पु०) 1 लोकों का स्वामी, ईश्वर 2 उड़ीसा में एक प्रसिद्ध तीर्थ
भुस–*बो०* (पु०) भूसा
भुसुंड–*सं०* (स्त्री०) सूँड़
भुसौला–(पु०) भूसावाली कोठरी
भूँकना–(अ० क्रि०) 1 भूँ-भूँ शब्द करना (जैसे-कुत्तों का भूँकना) 2 झूठ-मूठ बकना
भूँजना– *बो०* (स० क्रि०) 1 भूनना 2 भोगना
भूँजा–*बो०* (पु०) भड़भूँजा
भूँडरी–(स्त्री०) नाऊ, बारी आदि को माफ़ी मिलनेवाली ज़मीन
भूँडिया–(पु०) मँगनी के हल बैल से खेती करनेवाला व्यक्ति
भू–I *बो०* (स्त्री०) भौंह, भ्रू
भू–II *सं०* (स्त्री०) 1 ज़मीन 2 पृथ्वी (जैसे-भूपाल, भू स्वामी)। ~**अंकन** (पु०) ज़मीन की नाप-जोख करना; ~**अभिलेख** (पु०) ज़मीन का पट्टा ~**आगम** (पु०) भूमि से होनेवाली आय; ~**कंप** (पु०) भूचाल; ~**कंपग्रस्त** (वि०) भूकंप से पीड़ित; ~**कंप प्रहार** (पु०) भूचाल का धक्का; ~**कंप मापक,** ~**मापी** (पु०) भूचाल की शक्ति और गति मापने का एक यंत्र; ~**कंपलेख** (पु०) भूकंप की गतिविधियाँ, वेग आदि से संबंधित लेख या अंकन; ~**कंप लेखी** (पु०) भूकंप की गतिविधियाँ जानने का यंत्र; ~**कंप विज्ञान** (पु०) ऐसा विज्ञान जिसमें भूकंपों के कारणों, गतिविधियों आदि का अध्ययन होता है; ~**कंप विज्ञानी** (पु०) भूकंप विज्ञान का ज्ञाता; ~**कंप सूचक** (वि०) भूकंप की सूचना देनेवाला (भूकंप सूचक यंत्र); ~**कंपी** (वि०) भूकंप संबंधी, भूचाल का; ~**कंपीय** (वि०) भूकंप का, भूकंप संबंधी; ~**कर** (पु०) ज़मीन का लगान; ~**कर्ण** (पु०) पृथ्वी का व्यास; ~**क्षरण** (पु०) ज़मीन का अपरदन या कटाव; ~**क्षेत्र** (पु०); ~**खंड** (पु०) भूभाग; ~**गणित** (पु०) पृथ्वी के आकार और विस्तार के अध्ययन करने की विद्या; ~**गर्भ** (पु०) पृथ्वी का भीतरी भाग; ~**गर्भगृह** (पु०) तहखाना, तलगृह; ~**गर्भ भौतिक** (पु०), ~**गर्भ भौतिकी** (स्त्री०) = भू भौतिकी; ~**गर्भ विज्ञ** (पु०) = भूविज्ञानी; ~**गर्भ विद्या** (स्त्री०) = भूविज्ञान; ~**गर्भशास्त्र** (पु०) वह विज्ञान जिसमें पृथ्वी की मिट्टी, पत्थर चट्टानों तथा खनिजों का अध्ययन किया जाता है; ~**गर्भ शास्त्री** (पु०) = भूविज्ञानी; ~**गर्भ शास्त्रीय** (वि०) भू वैज्ञानिक; ~**गर्भस्थ** (वि०) = भू गर्भीय; ~**गर्भित** (वि०) पृथ्वी के अंदर पड़ा हुआ; ~**गर्भी,** ~**गर्भीय** (वि०) पृथ्वी के अंदर होनेवाला (जैसे-भू गर्भीय विस्फोट); ~**गोल** (पु०) 1 ऐसा शास्त्र जिसमें पृथ्वी तल के ऊपरी स्वरूप, प्राकृतिक राजनीतिक विभागों का अध्ययन तथा विवेचन किया जाता है 2 पृथ्वी; ~**गोलक** (पु०) भूमंडल; ~**गोल विज्ञान,** ~**गोल विद्या** (स्त्री०), ~**गोल शास्त्र** = भूगोल, भूशास्त्र; ~**गोल शास्त्री** (पु०) भूगोल का ज्ञाता; ~**चक्र** (पु०) 1 पृथ्वी की परिधि 2 विषुवत् रेखा 3 क्रांति वृत्त; ~**चर** (त्रि०) स्थलचर; ~**चाल** + *हिं०* (पु०) पृथ्वी के धरातल पर होनेवाला प्राकृतिक कंपन; ~**चित्र** (पु०) 1 पृथ्वी का मानचित्र 2 ज़मीन का नक्शा; ~**चित्रावली** (स्त्री०) मानचित्रावली, एटलस; ~**छाया** (स्त्री०) धरती की छाया; ~**डोल** + *हिं०* (पु०) = भूकंप; ~**तत्त्व,** ~**तत्त्व विज्ञान** (पु०), ~**तत्त्व विद्या** (स्त्री०) पृथ्वी के तत्त्वों से संबंधित शास्त्र; ~**तत्त्वीय** (वि०) भू वैज्ञानिक; ~**तल** (पु०) पृथ्वी की सतह; ~**ताप** (पु०) पृथ्वी के भीतर की गर्मी; ~**तेल** (पु०) पृथ्वी से निकलनेवाला तेल, मिट्टी का तेल; ~**दान** (पु०) ज़मीन आदि का दान करना; ~**दान पत्र** (पु०) भूदान संबंधी कागज़ात; ~**दानयज्ञ** (पु०) लोकहित के विचार से ज़मीन दान करने का काम; ~**दानी** (पु०) भू दान करनेवाले लोग; ~**दास** (पु०) कृषि दास; ~**दासत्व** (पु०) कृषि दास होने का भाव; ~**दृश्य** (पु०) 1 भूखंड का अंकित चित्र 2 एक जगह से देखा जा सकनेवाला भूखंड; ~**धर** (पु०) पहाड़; ~**धृति** (स्त्री०) कुछ धन देकर दूसरों की भूमि का उपभोग करना; ~**पति** (पु०) राजा, नरेश; ~**पतित** (वि०) पृथ्वी पडा हुआ, धराशायी; ~**परिधि** (स्त्री०) पृथ्वी का घेरा; ~**परिमाप** (पु०) = भू मापन; ~**परिमापक** (पु०) =भू मापक; ~**पाल** (पु०) राजा, भूपति; ~**पुत्र** (पु०) 1 मंगल ग्रह 2 नरकासुर; ~**पुत्री** (स्त्री०) जनक तनया, सीता; ~**प्रबंध** (पु०) ज़मीन का बंदोबस्त; ~**फिसलाव** + *हिं०* (पु०) भू स्खलन; ~**भाग** (पु०) भूखंड; ~**भौतिक** (वि०) पृथ्वी और उसके पर्यावरण से संबंधित; ~**भौतिकी** (स्त्री०) पृथ्वी और इसके पर्यावरण में

होनेवाली परिघटनाओं का विवेचन करनेवाला शास्त्र; ~**भौतिकीविद्** (पु०) भूभौतिकी का जानकार; ~**मंडल** (पु०) भूगोल, धरती; ~**मंडल व्यापी** (वि०) संपूर्ण पृथ्वी पर पाया जानेवाला; ~**मध्यरेखा** (स्त्री०) पृथ्वी के मध्य से जानेवाली रेखा, विषुवत् रेखा; ~**मध्य रेखीय** (वि०) भूमध्य रेखा से संबंद्ध; ~**मध्य सागरीय**(वि०) भूमध्य सागर से संबंद्ध; ~**मध्यस्थ**(वि०) भूमि के बीच स्थित; ~**मध्याकर्षण**(पु०) पृथ्वी के बीच की आकर्षण शक्ति; ~**मापक** (पु०) पृथ्वी की माप करनेवाला यंत्र; ~**मापन** (पु०) भूमि या खेत की नाप जोख करना; ~**मिति** (स्त्री०) 1 भूमि या खेत नापने की क्रिया 2 ज्यामिति के आधार पर सीमा निर्धारण हेतु माप करना; ~**रचना** (स्त्री०) पृथ्वी की बनावट; ~**रसायन** (पु०) पृथ्वी पर रासायनिक क्रियाओं से संबंधित शास्त्र; ~**राजस्व** (पु०) भू कर; ~**रासायनिक** (वि०) भू रसायन से संबंधित; ~**रूप विज्ञान** (पु०) पृथ्वी के आकार प्रकार से संबंधित शास्त्र; ~**लेखा** + *हिं०* (पु०) 1 पृथ्वी का हिसाब 2 ज़मीन का हिसाब; ~**लोक** (पु०) पृथ्वी; ~**विज्ञान** (पु०), ~**विद्या** (स्त्री०) वह विज्ञान जिसमें पृथ्वी की मिट्टी और पत्थर की तहों आदि की रचना तथा उनके स्वरूप का विस्तृत विवेचन होता है, भौमिकी; ~**व्यवस्था** (स्त्री०) ज़मीन का प्रबंध; ~**शायी** (वि०) 1 पृथ्वी पर लेटा या पड़ा हुआ 2 मृतक; ~**शास्त्र** (पु०) = भू विज्ञान; ~**शास्त्री** (पु०) = भूविज्ञानी; ~**शुल्क** (पु०) भूमि संपत्ति पर लगनेवाला कर; ~**संपत्ति** (स्त्री०) ज़मीन के रूप में होनेवाली ज़ायदाद; ~**सर्वे** + *अं०* (पु०) = भूमापन; ~**सर्वेक्षण** (पु०) भूमि की जाँच करना; ~**सुता** (स्त्री०) सीता जी, जानकी; ~**स्खलन** (पु०) मिट्टी और पत्थर के बड़े-बड़े ढेरों का खिसककर नीचे गिरना; ~**स्वामी** (पु०) राजा

भूआ–(पु०) रूई जैसा रेशेदार पदार्थ

भूई–(स्त्री०) 1 रूई का छोटा गाला 2 पूनी

भूख–(स्त्री०) 1 भोजन की इच्छा, क्षुधा 2 इच्छा (जैसे-प्यार की भूख)। ~**प्यास** (स्त्री०) भूख और प्यास; ~**हड़ताल** (स्त्री०) विरोध में भोजन त्यागना (जैसे-भूख हड़ताल करना); ~**हड़ताली** (पु०) भूख हड़ताल करनेवाले लोग; ~**मरना** 1 क्षुधा नष्ट होना 2 भूख न लगना; ~**भूखों मरना** भूख से पीड़ित होना

भूखर–*बो०* (स्त्री०) 1 भूख, क्षुधा 2 कामना, इच्छा

भूखा–(वि०) 1 जिसे भूख लगी हो (जैसे-भूखा व्यक्ति) 2 अत्यधिक इच्छुक (जैसे-प्यार का भूखा) 3 दरिद्र। ~**अधभूखा** (वि०); ~**नंगा** (वि०) अन्न-वस्त्र के कष्ट से पीड़ित और दरिद्र; ~**प्यासा** (वि०) भूख और प्यासवाला (जैसे-भूखा प्यासा यात्री)

भूजी–(स्त्री०) भुजिया

भूटानी–I (वि०) भूटान देश का II (पु०) भूटान देश का निवासी III (स्त्री०) भूटान देश की बोली

भूटिया–I (वि०) भूटान संबंधी II (पु०) भूटान का रहनेवाला

भूड़– (स्त्री०) 1 बलुई ज़मीन 2 कुएँ का सोता

भूत–I *सं०* (वि०) 1 बीता हुआ, अतीत (जैसे-भूत काल) 2 वस्तुतः घटित 3 उत्पन्न 4 अवस्था विशेष को प्राप्त (जैसे-घनीभूत, पुँजीभूत) 5 पुराना, पहले का (जैसे-भूतपूर्व मंत्री) II (पु०) 1 प्रेत, पिशाच 2 *व्या०* क्रिया का एक काल, भूतकाल (जैसे-वह चला गया)। ~**काल** (पु०) बीता हुआ समय, गतकाल; ~**कालिक** (वि०) भूत काल संबंधी; ~**कालिक कृदंत** (पु०) *व्या०* क्रिया का भूत कालिक रूप; ~**ख़ाना** + *फ़ा०* (पु०) अत्यंत मैला-कुचैला स्थान; ~**ग्रस्त** (वि०) भूत पीड़ित; ~**दया** (स्त्री०) प्राणियों के प्रति दया भाव; ~**नाथ** (पु०) शिव; ~**नायिका** (स्त्री०) दुर्गा; ~**पक्ष** (पु०) कृष्ण पक्ष, अँधेरा पाख; ~**पूर्णिमा** (स्त्री०) शरद् पूर्णिमा, आश्विन की पूर्णिमा; ~**पूर्व** (वि०) 1 पहलेवाला, प्राचीन 2 गत; ~**प्रेत** (पु०) भूत, प्रेत, पिशाच आदि की योनियाँ; ~ **भावन** (पु०) शिव; ~**यज्ञ** (पु०) भूत बलि; ~**लक्ष्मी** (वि०) पूर्व व्यापित; ~**वाद** (पु०) 1 पंचभूतों को सृष्टि का कर्ता माननेवाला एक नास्तिक दार्शनिक संप्रदाय 2 भौतिकवाद; ~**वादी** I (वि०) भूतवाद संबंधी II (पु०) भूतवाद का अनुयायी; ~**विक्रिया** (स्त्री०) *चि०* भूतप्रेतों के कारण होनेवाली बाधा, प्रेत बाधा; ~**विद्या** (स्त्री०) भूत प्रेतों के प्रभाव और उसके निराकरण संबंधी आयुर्वेद; ~**विनायक** (पु०) शिव; ~**संचार** (पु०) भूतोन्माद नामक रोग; ~**संप्लव** (पु०) प्रलय

भूतनी–(स्त्री०) 1 भूत योनि की स्त्री 2 डाकिनी 3 अस्त-व्यस्त रूप अथवा कर्कश स्वभाववाली स्त्री

भूतात्मा–*सं०* (पु०) 1 परमात्मा 2 शरीर 3 शिव 4 जीवात्मा

भूतानुकंपा–*सं०* (स्त्री०) भूत की कृपा

भूतावास–*सं०* (पु०) 1 पंच भूतों द्वारा निर्मित शरीर 2 संसार

भूताविष्ट–*सं०* (वि०) भूत प्रेतों से ग्रस्त

भूति–*सं०* (स्त्री०) 1 उत्पत्ति, होना 2 अस्तित्व में आना

भूती–(पु०) भूत-प्रेतों की उपासना करनेवाला, भूतोपासक

भूतेश–*सं०* (पु०) शिव

भूतोन्माद–*सं०* (पु०) = भूत संचार

भूनना–(स० क्रि०) 1 सेंकना (जैसे-मांस भूनना, पापड़ भूनना) 2 अन्न कणों को पकाना (जैसे-दाना भूनना) 3 अत्यधिक सताना (जैसे-हमेशा भूनते रहना)

भूप–*सं०* (पु०) राजा

भूभल–(स्त्री०) 1 चिनगारियों से युक्त गर्म राख 2 गर्म रेत

भूम–I *सं०* (पु०) पृथ्वी II (स्त्री०) भूमि

भूमा–*सं०* (स्त्री०) ऐश्वर्य

भूमि–*सं०* (स्त्री०) 1 धरती, पृथ्वी 2 ज़मीन 3 स्थान, क्षेत्र (जैसे-आर्य भूमि) 4 देश (जैसे-भारत भूमि) 5 उत्पत्ति स्थान (जैसे-जन्म-भूमि)। ~**कंप** (पु०) = भूकंप; ~**कर** (पु०) = भूकर; ~**क्षरण** (पु०) = भूक्षरण; ~**गत** (वि०) भूमि के अंदर छिपा; ~**तल** (पु०) = भूतल; ~**दान** (पु०) = भूदान; ~**दाहा** + *हिं०* (वि०) जलकर मिट्टी हो गया; ~**धर** (पु०) 1 शेषनाग 2 पहाड़, पर्वत; ~**पति** (पु०) = भूपति; ~**परिमाप** (पु०) = भू मापन; ~**परिमापक** (पु०) = भू मापक; ~**परिमापन** (पु०) = भू मापन; ~**पुत्र** (पु०) = भू पुत्र; ~**बंधक बैंक** + *अं०* (पु०) भूमि को गिरवी रखकर पैसा देनेवाला बैंक; ~**भाग** (पु०) = भूभाग; ~**मार्ग** (पु०) सड़क; ~**लवण** (पु०)

शोरा; ~**विभाजन** (पु०) ज़मीन का बाँटना; ~**व्यवस्था** (स्त्री०) = भू व्यवस्था; ~**सात्** (वि०) भूमि में मिल जानेवाला; ~**सीमा** (स्त्री०) ज़मीन की हद; ~**सीमा निर्धारण** (पु०) = भू मापन; ~**सुधार** + *हिं०* (पु०) भूमि को उपज के योग्य बनाना; ~**स्वामी** (पु०) = भू स्वामी; ~**हथियाओ आंदोलन** + *हिं०* + *सं०* (पु०) भूमि पर अनाधिकार, अवैध ढंग से कब्ज़ा करना; ~**हस्तांतरण** (पु०) भूमि को दूसरे के हाथ में देना; ~**हीन** (वि०) बिना भूमि का

भूमिका–*सं०* (स्त्री०) 1 पृष्ठभूमि, बैकग्राउंड (जैसे-नाटक की भूमिका) 2 पुस्तक के प्रारंभ में लेखक का वक्तव्य, आमुख (जैसे-ग्रंथ की भूमिका)। ~**गत** (पु०) नाटकीय वस्त्र पहननेवाला; ~**लेखक** (पु०) पुस्तक की भूमिका लिखनेवाला

भूमिया–(पु०) 1 ज़मींदार 2 ग्राम देवता

भूमिहार–*सं०* (पु०) खेती बारी करनेवाली और ब्राह्मण कहलानेवाली एक जाति

भूम्याधिकारी–*सं०* (पु०) = भू स्वामी

भूम्युच्च–*सं०* (पु०) ग्रह का अपनी कक्षा में घूमते हुए पृथ्वी से बहुत दूर चला जाना

भूय–*सं०* (अ०) फिर, पुनः

भूयशः–*सं०* (अ०) अधिकता से

भूयसी–*सं०* (स्त्री०) बहुत अधिक

भूर–I (वि०) बहुत अधिक II (पु०) बालू, रेत

भूरा–I (वि०) मटमैले रंग का, खाकी II (पु०) मिट्टी सा मटमैला रंग

भूरि–(वि०) प्रचुर, बहुत। ~**धन** (वि०) बहुत धनी; ~**भाग्य** (वि०) बहुत भाग्यशाली

भूर्ज–*सं०* (पु०) भोजपत्र का वृक्ष। ~**पत्र** (पु०) भोजपत्र

भूल–(स्त्री०) 1 भूलने का भाव 2 अज्ञानता, ग़लती (जैसे-भूल से गाली देना) 3 अशुद्धि (जैसे-भूल सुधारना) 4 कसूर, दोष, अपराध (जैसे-मेरी भूल माफ़ कर दीजिए)। ~**चूक** (स्त्री०) 1 भूल, भ्रम 2 त्रुटि 3 गलती; ~**भुलैयाँ** (स्त्री०) इमारत के आसपास की चक्करदार गलियाँ; ~**सुधार** (पु०) भ्रम संशोधन; ~**स्वीकार** + *सं०* (पु०) ग़लती मानना

भूलना–I (अ० क्रि०) 1 याद न रहना, विस्मृत होना 2 भूल करना, त्रुटि करना (जैसे-कभी मत भूलना) 3 इधर उधर होना, भटकना (जैसे-रास्ता भूलना) 4 खो जाना II (स० क्रि०) 1 याद न रखना (जैसे-मैं पुरानी आदतों को भूल गया) 2 ध्यान न रहना (जैसे-मैं पत्र लिखना ही भूल गया) 3 इधर-उधर जाना, विचलित होना (जैसे-वह अपना रास्ता भूल गया) 4 खो देना (जैसे-मैं स्टेशन पर घड़ी भूल आया)

भूलना–II (वि०) भूलनेवाला, विस्मरणशील

भूला चूका–(वि०) भूला भटका

भूला भटका–(वि०) अपना रास्ता भूला हुआ

भूषण–*सं०* (पु०) 1 गहना, जेवर 2 सजावट 3 शोभाजनक वस्तु।

भूषा–*सं०* (स्त्री०) 1 गहना (जैसे-वेश-भूषा) 2 सजावट, शृंगार

भूषाचार–*सं०* (पु०) कपड़े आदि पहनने का ढंग

भूषित–*सं०* (वि०) 1 सजा हुआ 2 अलंकृत

भूस–(पु०) = भूसा

भूसना–(अ० क्रि०) = भूँकना

भूसा–(पु०) गेहूँ, जौ आदि पौधों के डंठलों के सूखे छोटे-छोटे टुकड़े। ~**घर** (पु०) भूसा भरने का स्थान

भृंग–*सं०* (पु०) 1 भौंरा 2 भँगरा 3 भृंगराज पक्षी

भृंगारि–*सं०* (स्त्री०) केवड़ा

भृकुटी–*सं०* (स्त्री०) भौंह

भृत–I *सं०* (पु०) 1 सेवक, नौकर 2 दास II (वि०) 1 भरा हुआ, पूरित 2 पाला पोसा हुआ, पोषित 3 चुकाया हुआ

भृतक–I *सं०* (पु०) वेतन भोगी नौकर II (वि०) वेतन पर रखा हुआ

भृतकाध्यापक–*सं०* (पु०) वेतन पर अध्यापन कार्य करनेवाला व्यक्ति

भृति–*सं०* (स्त्री०) 1 भरने का काम 2 पालन पोषण 3 नौकरी 4 मज़दूरी। ~**कर्मकर** (पु०) 1 मज़दूर 2 नौकर; ~**भोगी** (वि०) वेतन पर काम करनेवाला

भृत्य–*सं०* (पु०) भृतक

भृत्या–*सं०* (स्त्री०) 1 दासी 2 वेतन

भृष्ट–*सं०* (वि०) भूना हुआ

भेंगा–(वि०) ऐंचाताना। ~**पन** (पु०) आँख का टेढ़ापन

भेंट–(स्त्री०) 1 उपहार, सौगात स्वरूप दी गई वस्तु 2 मुलाक़ात (जैसे-कई महीनों के बाद भेंट हुई)। ~**पत्र** + *सं०* (पु०) मुलाकाती कार्ड; ~**मुलाक़ात** + *अ०* (स्त्री०) मेल मुलाकात; ~**वार्ता** + *सं०* (स्त्री०) मिलने पर की जानेवाली बातचीत; ~**स्वरूप** + *सं०* (क्रि० वि०) उपहार के रूप में

भेंटना– 1 मुलाक़ात करना 2 आलिंगन रूप में मिलना

भेक–(पु०) मेंढक

भेवना–*बो०* (स० क्रि०) भिगोना

भेजना–(स० क्रि०) 1 जाने में प्रवृत्त करना (जैसे-नौकर भेजना) 2 सामान आदि हेतु जाने का आदेश देना (जैसे-नौकर को बाज़ार भेजना) 3 अन्य स्थान को किसी साधन द्वारा पहुँचाना (जैसे-पत्र भेजना)

भेजवाना–(स० क्रि०) भेजने का काम कराना (जैसे-नौकर से पत्र भेजवाना)

भेजा–I (पु०) खोपड़ी के अंदर का गूदा, मगज़

भेजा–II (पु०) भेजा जानेवाला पदार्थ (जैसे-जो कुछ आपने भेजा था, मिल गया)

भेड़–(स्त्री०) बकरी के आकार का एक प्रसिद्ध घने बालोंवाला पालतू चौपाया (जैसे-भेड़ का ऊन)। ~**चाल** (स्त्री०) भेड़िया धँसान; ~**पालन** + *सं०* (पु०) भेड़ पालना; ~**बकरी** (स्त्री०) भेड़ और बकरी

भेड़ना–(स० क्रि०) 1 बंद करना (जैसे-दरवाज़ा भेड़ना) 2 सटाकर भिड़ाना

भेड़ा–(पु०) नर भेड़, मेढ़ा

भेड़िया–I (पु०) कुत्ते से बड़ा एक हिंसक जंगली पशु II (वि०) भेड़ का सा। ~**चाल**; ~**धँसान** (स्त्री०) भेड़ों सा अंध अनुसरण

भेड़िहर–*बो०* (पु०) गड़ेरिया

भेद–*सं०* (पु०) 1 छेदना 2 अंतर, बिलगाव (जैसे-मत भेद) 3 छिपा हुआ, मर्म 4 रहस्य (जैसे-गुप्त भेद) 5 तरह, प्रकार (जैसे-नायिका भेद)। ~**कारी** (वि०) भेद करनेवाला; ~**नीति** (स्त्री०) फूट डालने की नीति; ~**पूर्ण** (वि०) रहस्य से भरा हुआ, रहस्य पूर्ण; ~**प्रभेद** (पु०) प्रकार और प्रकारांतर; ~**बुद्धि** (स्त्री०) अंतर करनेवाली बुद्धि, द्वैतभाव; ~**भरा** + *हिं०* (वि०) रहस्य से भरा, रहस्यमय; ~**भाव** (पु०) 1 मतैक्य का अभाव 2 अंतर, फ़र्क़; ~**भाव पूर्ण** (वि०) = भेदपूर्ण; ~**भावमूलक** (वि०) भेद भाव पैदा करनेवाला; ~**युक्त** (वि०) = भेदमय; ~**वाद** (पु०) द्वैतवाद; ~**वादी** (वि०) द्वैतवादी; ~**साक्षी** (पु०) इक़बाली गवाह

भेदक–*सं०* (वि०) 1 भेद करनेवाला 2 छेदन करनेवाला 3 नष्ट करनेवाला

भेदकातिशयोक्ति-*सं०* (स्त्री०) *साहि०* वह अतिशयोक्ति अलंकार जहाँ उपमेय और उपमान में भेद होने पर भी अभेद दिखाया जाए

भेदड़ी–*बो०* (स्त्री०) रबड़ी

भेदन–(पु०) 1 छेदन 2 तोड़ना

भेदना–(स० क्रि०) छेदना, बेधना

भेदित–*सं०* (वि०) भेदा हुआ

भेदिनी–*सं०* (स्त्री०) भेदने की शक्ति

भेदिया–*सं०* + *हिं०* (पु०) 1 गुप्तचर 2 भेद जाननेवाला व्यक्ति

भेदी–I *सं०* + *हिं०* (वि०) भेदन करनेवाला, भेदक II (पु०) भेदिया (जैसे-घर का भेदी)

भेदी–*सं०* (वि०) भेदक

भेद्य–I *सं०* (वि०) भेदे जाने योग्य II (पु०) चीर फाड़, शल्य क्रिया

भेना–(स० क्रि०) तर करना, भिगोना

भेरवा–(पु०) एक तरह का खजूर (वृक्ष और फल)

भेरी–*सं०* (स्त्री०) बड़ा ढोल (जैसे-रणभेरी)

भेलना–(स० क्रि०) 1 अस्त व्यस्त करना 2 तोड़ना फोड़ना 3 लूटना

भेला–(पु०) 1 भेंट, मुलाक़ात 2 भिड़ंत, मुठभेड़ 3 बड़ा गोला, तिंड

भेली–(स्त्री०) 1 गुड़ का छोटा टुकड़ा 2 गुड़ 3 किसी वस्तु का पिंड

भेषज–*सं०* (पु०) 1 निरोग करना 2 दवा, औषध। ~**करण** (पु०) दवा बनाना; ~**विज्ञान** (पु०) औषध शास्त्र; ~**संग्रह** (पु०) ऐसा प्रकाशित प्रामाणिक ग्रंथ जिसमें मान्य औषधों की सूची, उनके गुण, धर्म आदि का विवरण रहता है

भेषजांग–*सं०* (पु०) दवा के साथ खाए जानेवाला पदार्थ

भेषजागार–*सं०* (पु०) औषधालय

भेषजीय–*सं०* (वि०) औषधि संबंधी, ओषधीय

भेषज्य–*सं०* (वि०) नीरोग करनेवाला

भेस–(पु०) 1 पहनावा 2 वेशभूषा (जैसे-भेस बदलना)

भैंस–(स्त्री०) प्रायः काले रंग की गाय की तरह का पालतू मादा पशु

भैंसा–(पु०) 1 भैंस का नर 2 हट्टा कट्टा आदमी

भैंसाव–(पु०) भैंस और भैंसे का जोड़ा खाना

भैंसोरी–(स्त्री०) भैंस का चमड़ा

भैक्ष–*सं०* (पु०) भिक्षा। ~**वृत्ति** (स्त्री०) भीख माँगना

भैक्षान्न–*सं०* (पु०) भिक्षा में प्राप्त अन्न

भैक्षाशी–I *सं०* (वि०) भिक्षान्न खानेवाला II (पु०) भिखमंगा

भैक्ष्य–*सं०* (पु०) भीख, भिक्षा

भैया–(पु०) 1 भाई, भ्राता 2 व्यवहार में किया जानेवाला एक संबोधन (जैसे-रामू भैया जयराम)। ~**चारा** (पु०), ~**चारी** (स्त्री०) = भाईचारा; ~**दूज** (स्त्री०) दिवाली के बाद दूज का त्योहार (जैसे-भैया दूज की मिठाई)

भैरव–I *सं०* (वि०) 1 भयानक 2 घोर विनाश करनेवाला 3 अत्यंत उग्र II (पु०) 1 महादेव, शिव 2 शिव के गण

भैरवी–*सं०* (स्त्री०) तांत्रिकों की एक देवी, चामुंडा

भैरो–(पु०) = भैरव

भैषज–*सं०* (पु०) दवा, औषध

भैषजिक–*सं०* (वि०) औषध संबंधी

भैषजिकी–*सं०* (स्त्री०) औषध विद्या

भैषज्य–*सं०* (पु०) दवा

भोंकना–I (स० क्रि०) धँसाना (जैसे-छुरा भोंकना)

भोंकना–II (अ० क्रि०) भूँकना

भोंगाल–*अं०* (पु०) भोंपा

भोंचाल–(पु०) = भूकंप

भोंडा–(वि०) 1 कुरूप 2 अनगढ़, बेहूदा 3 बेडौल 4 अशिष्ट

भोंतला–*बो०* (वि०), **भोथरा**–(वि०) = भोंथरा

भोंदू–(वि०) अत्यंत सीधा-सादा और बेवक़ूफ़

भोंपा, भोंपू–(पु०) 1 फूँककर बजाया जानेवाला एक तरह का बाजा 2 कल कारख़ानों में बजनेवाली ऊँची सीटी 3 मोटर, गाड़ी आदि में शब्द उत्पन्न करनेवाला यंत्र

भों भों–(स्त्री०) भूँकने की आवाज़

भोकार–(स्त्री०) ज़ोर-ज़ोर से रोना

भोक्तव्य–*सं०* (वि०) भोगा जाने योग्य

भोक्ता–*सं०* (वि०) भोग करनेवाला (जैसे-सुख भोक्ता, कर्मफल भोक्ता)

भोग–*सं०* (पु०) 1 भोगने का भाव 2 उपयोग में लाना (जैसे-संपत्ति का भोग) 3 देवताओं को अर्पित खाद्य पदार्थ, नैवेद्य (जैसे-भोग लगाना) 4 कर्मफल (जैसे-भोग भोगना) 5 भोजन करना, खाना 6 संभोग, मैथुन (जैसे-स्त्री सुख भोग)। ~**काल** (पु०) 1 भोगने का पूरा समय 2 घटना के घटित होने का समय; ~**गृह** (पु०) अंतःपुर, ज़नानख़ाना; ~**तृष्णा** (स्त्री०) भोग की प्रबल इच्छा; ~**देह** (पु०) मरणोपरांत सुख दुःख भोगनेवाली देह; ~**पिशाचिका** (स्त्री०) भूख; ~**बंधक** (पु०) रेहन रखने का वह प्रकार जिसमें रेहन रखी गई वस्तु के भोग का अधिकार भी महाजन को रहता है; ~**भृतक** (पु०) केवल भोजन और वस्त्र लेकर काम करनेवाला नौकर; ~**लिप्सा** (स्त्री०) भोग की तृष्णा; ~**वाद** (पु०) खाओ-पीओ मौज़ उड़ाओ ऐसा मत; ~**विलास** (वि०) मौज़ मस्ती, ऐश; ~**वेतन** (पु०) धरोहर रखने के बदले में दिया जानेवाला धन

भोगना–(स० क्रि०) 1 सुख-दुःख का अनुभव करना

2 भुगतना 3 संभोग करना 4 लुत्फ़ उठाना, ऐश करना

भोगवाना–(स० क्रि०) भोग कराना

भोगांत–*सं०* (पु०) भोग का अंत

भोगाधिकार–*सं०* (पु०) भोग करने का उत्तराधिकार

भोगाधिकारी–*सं०* (पु०) भोग का उत्तराधिकारी

भोगान्ना–(स० क्रि०) भोगने में प्रवृत्त करना

भोगिक–*सं०* (पु०) 1 गाँव का मुखिया 2 साईस

भोगी–I *सं०* (वि०) 1 भोगनेवाला 2 इंद्रिय सुखभोग की इच्छा करनेवाला, विषयासक्त 3 विषयी, व्यसनी II (पु०) 1 गृहस्थ 2 राजा

भोग्य–*सं०* (वि०) 1 भोग करने योग्य 2 सहने योग्य, सह्य। ~**भूमि** (स्त्री०) 1 मर्त्यलोक 2 क्रीड़ा स्थल

भोग्या–*सं०* (स्त्री०) वेश्या

भोज–(पु०) दावत (जैसे-भोज देना)

भोजन–*सं०* (पु०) 1 खाना, भक्षण करना 2 खाए जानेवाला खाद्य पदार्थ, खाद्य सामग्री 3 विशेष अवस्था में खाई जानेवाली वस्तु (जैसे-रात्रि भोजन)। ~**ख़र्च** + *फ़ा०* (पु०) = भोजन व्यय; ~**गृह** (पु०) भोजनशाला; ~**ग्राही** (वि०) भोजन ग्रहण करनेवाला; ~**चतुर** (पु०) 1 पेटू 2 भोजन परखने में होशियार; ~**छाजन** + *हिं०* (पु०) खाना और मकान; ~**नलिका** (स्त्री०) ग्रास नली, आहार नली; ~**भट्ट** (पु०) बहुत अधिक खानेवाला व्यक्ति; ~**भात** (पु०) सहभोज; ~**वस्त्र** (पु०) भोजन छाजन; ~**विलासी** (पु०) भोजन चतुर; ~**व्यय** (पु०) भोजन का ख़र्च; ~**शाला** (स्त्री०) भोजनालय; ~**सूची** (स्त्री०) *होटल में* खाद्यों की तालिका।

भोजनागार–*सं०* (पु०) भोजनशाला

भोजनाच्छादन–*सं०* (पु०) भोजन छाजन

भोजनालय–*सं०* (पु०) 1 रसोई घर, पाकशाला 2 मूल्य देकर भोजन मिलने की जगह, रेस्टोरेंट

भोजनावकाश–*सं०* (पु०) खाना खाने की छुट्टी

भोजनीय–*सं०* (वि०) खाया जाने योग्य, खाद्य

भोजनोत्तर–*सं०* (वि०) भोजन के बाद खाया जानेवाला

भोजपत्र–*सं०* (पु०) 1 लिखने के काम में आनेवाली एक वृक्ष की छाल 2 एक विशेष वृक्ष जिसके पत्र लिखने के काम आते थे

भोजपुरी–I *सं०* (वि०) भोजपुर संबंधी II (पु०) भोजपुर का निवासी III (स्त्री०) पूर्वी उत्तर-प्रदेश और बिहार प्रांत में बोली जानेवाली बोली (जैसे-वह भोजपुरी जानता है)

भोजयिता–*सं०* (वि०) खिलानेवाला

भोजी–*सं०* (पु०) भोजन करनेवाला (जैसे-मांस भोजी)

भोज्य–I *सं०* (वि०) खाए जाने योग्य II (पु०) खाद्य पदार्थ। ~**पदार्थ** (पु०) खाने की सामग्री

भोट–*सं०* (पु०) 1 भूटान देश 2 भूटान का निवासी। ~**भाषा** (स्त्री०) भूटान देश की भाषा

भोटिया–I (वि०) भूटान देश का II (पु०) भूटान देश का निवासी III (स्त्री०) भूटान देश की भाषा। ~**बादाम** + *फ़ा०* (पु०) 1 मूँगफली 2 आलूबुखारा

भोटी–I (वि०) भूटान देश का II (पु०) भोट

भोडर–*बो०* (पु०) 1 अबरक 2 अबरक का चूरा, बुक्का

भोथरा–(वि०) कुंद धारावाला (जैसे-भोथरा चाकू)

भोथराना–(अ० क्रि०) कुंद होना

भोपा–(पु०) भोंपू (जैसे-भोपा बजाना)

भोमीरा–(स्त्री०) मूँगा

भोर–(पु०) सबेरा, तड़का (जैसे-भोर का तारा, भोर में जाना)

भोला–(वि०) सीधासादा, सरल (जैसे-वह बहुत भोला है)। ~**पन** (पु०) सिधाई; ~**भाला** (वि०) सरल हृदय का, निश्छल और निरीह

भोलेपन–(पु०) भोलापन

भोसर–(वि०) मूर्ख

भौं–(स्त्री०) भौंह

भौंकना–(अ० क्रि०) भूँकना

भौंडा–*बो०* (वि०) भोंडा

भौंड़ी–*बो०* (स्त्री०) 1 पहाड़ी 2 टीला

भौंतुवा–(पु०) वायुरोग

भौंरा– (पु०) 1 लट्टू जैसा डंडीदार एक खिलौना 2 भाँवर 3 फूलों का रस चूसनेवाला एक काला पतंगा, भ्रमर

भौंरी– (स्त्री०) 1 लिट्टी, बाटी 2 पशुओं के शरीर पर होनेवाला रोओं का मंडलाकार छोटा घेरा 3 दे० भाँवर 4 दे० भँवर

भौंह–I (स्त्री०) आँख के ऊपर की हड्डी पर के बाल, भृकुटी, भौं (जैसे-भौंह चढ़ाना)

भौंह–II (स्त्री०) भों भों

भौकन–*बो०* (स्त्री०) 1 आग की लपट, ज्वाला 2 जलन, ताप

भौका–*बो०* (पु०) बड़ी दौरी

भौगर्भिक–*सं०* (वि०) पृथ्वी के भीतरी भाग में होनेवाला

भौगोलिक–*सं०* (वि०) भूगोल संबंधी, भूगोल का

भौचक, भौचक्का–(वि०) हक्का बक्का, हैरान

भौचाल–*बो०* (पु०) भूकंप

भौजाई–(स्त्री०) भाभी

भौजी–(स्त्री०) बड़े भाई की पत्नी, भाभी

भौटा–*बो०* (पु०) टीला, भीटा

भौतिक–*सं०* (वि०) 1 सांसारिक, लौकिक (जैसे-भौतिक संपदा, भौतिक उन्नति) 2 शरीर संबंधी (जैसे-भौतिक आवश्यकताएँ, भौतिक इच्छाएँ) 3 प्राकृतिक नियमों, सिद्धांतों से संबंध रखनेवाला (जैसे-भौतिक विज्ञान, भौतिक शास्त्र) 4 पंचभूतों से बना हुआ (जैसे-भौतिक शरीर)। ~**ता** (स्त्री०) भौतिक होने की अवस्था; ~**वाद** (पु०) 1 यह मत के पंचभूतों से बना यह संसार ही वास्तविक और सत्य है इसीलिए सांसारिक सुख ही भोगने योग्य हैं 2 यथार्थवाद; ~**वादी** I (वि०) भौतिकवाद का II (पु०) भौतिकवाद का अनुयायी; ~**विज्ञान** (पु०) भौतिकी; ~**विज्ञानी** (पु०) भौतिकी विज्ञ; ~**शास्त्र** (पु०) भौतिकी; ~**शास्त्री** (पु०) भौतिकी विज्ञ

भौतिकी–*सं०* (स्त्री०) वह विज्ञान जिसमें अजैव सृष्टि ताप, ध्वनि, विद्युत आदि पदार्थों का वैज्ञानिक अध्ययन किया जाता है, फ़िज़िक्स। ~**विज्ञ** (पु०) भौतिकी का ज्ञाता

भौम–*सं०* (वि०) 1 भूमि का (जैसे-सार्वभौम) 2 भूमि से उत्पन्न, भूमिज 3 भूमि पर रहनेवाला। ~**वार** (पु०) मंगलवार

भौमिक–*सं०* (पु०) भूमि का स्वामी (जैसे-सार्वभौमिक)

भौमिकी–*सं०* (स्त्री०) 1 भूगोल 2 भू विज्ञान
भौम्य–*सं०* (वि०) 1 भूमि संबंधी 2 पृथ्वी पर होनेवाला
भौरिक–*सं०* (पु०) 1 राजकीय कोष का प्रधान अधिकारी 2 कोषाध्यक्ष
भौरिकी–*सं०* (स्त्री०) 1 कोषागार 2 टकसाल
भौलिया–(स्त्री०) ऊपर से ढकी एक तरह की छोटी नाव
भौसा–(पु०) 1 जनसमूह 2 शोरगुल
भ्रंश–I *सं०* (पु०) 1 नीचे गिरना, पतन 2 नाश, ह्रास, ध्वंस II (वि०) भ्रष्ट
भ्रंशी–*सं०* (वि०) भ्रष्ट होनेवाला
भ्रकुटि–*सं०* (स्त्री०) 1 भौंह 2 भौंह सिकुड़ना
भ्रम–*सं०* (पु०) संदेह, संशय (जैसे-भ्रम में पड़ना, भ्रम दूर करना)। ~**कारी,** ~**जनक** (वि०) भ्रम उत्पन्न करनेवाला; ~**जन्य** (वि०) भ्रम से उत्पन्न; ~**मूलक** (वि०) भ्रम के कारण उत्पन्न; ~**वश** (क्रि० वि०) भ्रम के कारण; ~**संशोधन** (पु०) भूलसुधार
भ्रमण–*सं०* (पु०) 1 घूमना फिरना 2 देशाटन (जैसे-देश भ्रमण) 3 यात्रा, सफ़र। ~**कारी** (वि०) भ्रमण करनेवाला; ~**पथ** (पु०) भ्रमण का मार्ग, रास्ता; ~**वृत्तांत** (पु०) देशाटन का विवरण; ~**शील** (वि०) भ्रमणीय
भ्रमणार्थी–*सं०* (पु०) भ्रमण का इच्छुक व्यक्ति
भ्रमणी–*सं०* (स्त्री०) घूमना फिरना
भ्रमणीय–*सं०* (वि०) 1 घूमने योग्य 2 चलने फिरने योग्य
भ्रमर–*सं०* (पु०) भौंरा, मधुप। ~**गीत** (पु०) गोपियों और उद्धव का संवाद संबंधी गीत
भ्रमरक–*सं०* (पु०) 1 भँवर, भ्रमर 2 जुल्फ़
भ्रमरावली–*सं०* (स्त्री०) भौंरों की पंक्ति
भ्रमात्मक–*सं०* (वि०) संदिग्ध, भ्रमयुक्त
भ्रमित–*सं०* (वि०) 1 शंकित 2 भ्रम में फँसा हुआ
भ्रमी–I *सं०* (स्त्री०) घूमना फिरना, भ्रमण II (वि०) 1 भ्रम में पड़ा हुआ 2 भौचक
भ्रष्ट–*सं०* (वि०) 1 मार्ग से विचलित 2 ध्वस्त 3 बुरे आचरणवाला। ~**ता** (स्त्री०) भ्रष्ट होने की अवस्था
भ्रष्टा–*सं०* (स्त्री०) भ्रष्ट चरित्रवाली स्त्री, कुलटा
भ्रष्टाचरण–*सं०* (पु०) भ्रष्टाचार करना
भ्रष्टाचार–I *सं०* (वि०) आचरण भ्रष्ट II (पु०) दूषित और निंदनीय आचार विचार
भ्रष्टाचारिता–*सं०* (स्त्री०) भ्रष्टाचार
भ्रष्टाचारी–*सं०* (वि०) शीलभ्रष्ट
भ्रांत–*सं०* (वि०) 1 भ्रम में पड़ा हुआ 2 घबराया हुआ, विकल
भ्रांति–*सं०* (स्त्री०) 1 भ्रम, अयथार्थ ज्ञान 2 चक्कर 3 संदेह 4 घबड़ाहट। ~**कारक** (वि०) भ्रमकारी; ~**मूलक** (वि०) भ्रमात्मक; ~**वश** (क्रि० वि०) भ्रमवश
भ्रांतिमान्–*सं०* (वि०) 1 भ्रमयुक्त 2 चक्कर खाता हुआ
भ्राजक–*सं०* (वि०) चमकानेवाला
भ्राजन–*सं०* (पु०) चमकाना
भ्राजी–*सं०* (वि०) चमकानेवाला, दीप्तियुक्त
भ्राता–*सं०* (पु०) भाई
भ्रातृज–*सं०* (पु०) भतीजा
भ्रातृजा–*सं०* (स्त्री०) भतीजी
भ्रातृजाया–*सं०* (स्त्री०) भाभी, भाई की पत्नी
भ्रातृत्व–*सं०* (पु०) भ्रातृ-भाव
भ्रातृ प्रेम–*सं०* (पु०) भाई का प्यार
भ्रातृभाव–*सं०* (पु०), भ्रातृ भावना–*सं०* (स्त्री०) भाई का व्यवहार
भ्रातृवत्–*सं०* (वि०) भाई की तरह
भ्रातृहत्या–*सं०* (स्त्री०) भाई की हत्या
भ्रात्रीय–*सं०* (वि०) भ्राता संबंधी, भाई का
भ्राम–I *सं०* (पु०) धोखा, भ्रम 2 भूल चूक II (वि०) भ्रमयुक्त
भ्रामक–*सं०* (वि०) 1 भ्रम उत्पन्न करनेवाला 2 संदेह उत्पन्न करनेवाला
भ्रामर–I *सं०* (वि०) भ्रमर संबंधी, भ्रमर का II (पु०) भ्रमर से उत्पन्न होनेवाला मधु, शहद
भ्रामरी–*सं०* (वि०) अपस्मार रोग से पीड़ित
भ्रू–*सं०* (स्त्री०) भौंह। ~**भंग** (पु०) त्यौरी चढ़ाना; ~**विक्षेप** (पु०) नाराज़गी दिखाना
भ्रूण–*सं०* (पु०) 1 गर्भ में पहले चार महीने की अवस्था, एम्ब्रीयो 2 स्त्री का गर्भ। ~**विज्ञान** (पु०) जीव विज्ञान की वह शाखा जिसमें भ्रूण के रूप और विकास का अध्ययन होता है; ~**विज्ञानी** (पु०) भ्रूण विज्ञान का ज्ञाता; ~**हत्या** (स्त्री०) गर्भस्थ शिशु की हत्या
भ्रौण हत्या–*सं०* (स्त्री०) = भ्रूण हत्या
भ्रौणिकी–*सं०* (स्त्री०) भ्रूण विज्ञान

म

मंखी–(स्त्री०) बच्चों के गले का एक गहना
मंग–I *बो०* (स्त्री०) माँग
मंग–II *सं०* (पु०) मंदान
मंगता–I (पु०) भिखमंगा, भिक्षुक II (वि०) प्रायः माँगनेवाला
मंगन–(पु०) याचक, भिखारी
मँगनी–(स्त्री०) 1 माँगने का भाव 2 माँगी गई वस्तु 3 विवाह पक्का करने की रस्म
मंगल–I *सं०* (पु०) 1 सौर जगत् का एक ग्रह 2 सात वारों में से एक (जैसे-मंगलवार) 3 विवाह (जैसे-पार्वती मंगल) II (वि०) 1 शुभ, अच्छा (जैसे-मंगल कार्य) 2 शुभ करनेवाला (जैसे-मंगलकारी)। ~**असीस** + *हिं०* (स्त्री०) मंगलवाद; ~**कल्याण** (पु०) कुशलमंगल; ~**काम** (वि०) शुभचिंतक; ~**कामना** (स्त्री०) कल्याण कामना; ~**कारक,** ~**कारी** (वि०) कल्याणकारी; ~**कार्य** (पु०) शुभकार्य; ~**गान** (पु०) शुभ अवसर पर होनेवाला गाना बजाना; ~**ग्रह** (पु०) 1 मंगल नामक ग्रह 2 शुभ ग्रह; ~**घट** (पु०) देवता को अर्पित जलपूरित कलश; ~**जनक**

(वि०) मंगलकारी; ~**देवता** (पु०) शुभकारी देवता, इष्टदेव; ~**द्वार** (पु०) प्रासाद का मुख्य द्वार; ~**पत्र** (पु०) तावीज़; ~**पाठ** (पु०) = मंगलाचरण; ~**प्रद** (वि०) मंगलकारक, शुभ; ~**प्रार्थना** (स्त्री०) कल्याण कामना; ~**भाषण** (पु०) शुभ कथन; ~**वाद** (पु०) आशीर्वाद, आशीष; ~**वार** (पु०) सोमवार के बाद का दिन; ~**सूचक** (वि०) भाग्योदय का द्योतक; ~**सूत्र** (पु०) कलाई पर बाँधा जानेवाला डोरा; ~**स्नान** (पु०) शुभ अवसर पर किया गया स्नान

मंगलमय–I *सं०* (वि०) कल्याणमय, मंगलरूप II (पु०) परमेश्वर

मंगला–*सं०* (पु०) 1 पार्वती 2 पतिव्रता स्त्री

मंगलाचरण–*सं०* (पु०) 1 कार्यारम्भ के पूर्व की जानेवाली मंगल स्तुति, मांगलिक मंत्र 2 ग्रंथ के आरंभ में लिखा जानेवाला मांगलिक पद

मंगलाचार–*सं०* (पु०) 1 कार्य के पूर्व होनेवाला मंगलगान 2 शुभानुष्ठान

मंगलाभोग–*सं०* (पु०) आरती के पहले देवता का भोग

मंगलायतन–*सं०* (पु०) शुभ स्थान

मंगलाष्टक–*सं०* (पु०) विवाह समय वर वधू की कल्याण कामना हेतु किया गया मंत्रोच्चारण

मंगली–*सं०* (वि०) मंगल ग्रह योग में उत्पन्न

मंगलीय–*सं०* (वि०) 1 मंगलकारक 2 भाग्यवान

मंगलेच्छु–*सं०* (वि०) शुभ की कामना करनेवाला

मंगल्य–I *सं०* (वि०) मंगलकारक II (पु०) चंदन

मँगवाना–(स० क्रि०) 1 मँगाने का काम कराना (जैसे-पार्सल से सामान मँगवाना) 2 दूसरे हाथ मँगाना (जैसे-नौकर से पत्र मँगवाना, लड़के से चाय मँगवाना)

मँगाना–(स० क्रि०) मँगाने के कार्य में प्रवृत्त करना

मँगियाना–(स० क्रि०) 1 सिर के बालों में कंघी से मांग निकालना 2 विभक्त करना

मँगेतर–(वि०) 1 जिसकी मँगनी हो चुकी हो 2 जिसका विवाह होना निश्चित हो

मंच–*सं०* (पु०) 1 रंगमंच 2 ऊँचा बना हुआ स्थान (जैसे-सभा मंच) 3 क्रिया कलापों के उपयुक्त क्षेत्र (जैसे-राजनीतिक मंच)। ~**मंडप** (पु०) मचान

मंचन–*सं०* (पु०) मंच पर अभिनय करना

मंची–(स्त्री०) खड़े बल से लगाई हुई लकड़ियों, खंभों आदि की वह रचना जिसपर अन्य भारी वस्तु टिकाई गई हो

मंचीय–*सं०* (वि०) मंच संबंधी, मंच का

मंजन–(पु०) दाँत साफ़ करने का चूर्ण (जैसे-दंत मंजन, मंजन करना)

मँजना–(अ० क्रि०) 1 मंजन से साफ़ किया जाना 2 साफ़ किया (जैसे-बर्तन मँजना) 3 अच्छी तरह संपन्न होना (जैसे-मँजी हुई कविता पढ़ना) 4 अभ्यास होना (जैसे-लिखने में हाथ मँजना)

मंजर–*सं०* (पु०) 1 फूलों का गुच्छा 2 मोती

मंजरित–*सं०* (वि०) 1 मंजरियों से युक्त 2 पुष्पित

मंजरी–*सं०* (स्त्री०) 1 कल्ला, कोंपल 2 लता (जैसे-पुष्प मंजरी) 3 तुलसी

मँजाई–(स्त्री०) 1 माँजने का काम 2 माँजने की मज़दूरी। ~**घिसाई** (स्त्री०) माँजना और घिसना (जैसे-बर्तन की मँजाई घिसाई)

मँजाना–(स० क्रि०) 1 माँजने में प्रवृत्त करना 2 अच्छी तरह साफ़ कराना 3 अभ्यास कराना (जैसे-लिखने में हाथ मँजाना)

मँजावट–(स्त्री०) माँजने का ढंग

मँजार–*बो०* (स्त्री०) बिल्ली

मंजि–*सं०* (स्त्री०) मंजरी, लता

मंजिमा–*सं०* (स्त्री०) सुंदरता, मनोहरता

मंज़िल–*अ०* (स्त्री०) 1 पड़ाव, मुक़ाम 2 मकान 3 पांथशाला 4 मकान का दर्जा, छत 5 एक दिन का सफ़र

मंज़िला–*अ० + हिं०* (वि०) तल्लेवाला

मंजीर–*सं०* (पु०) 1 नूपुर, घुँघरू 2 वह खंभा जिसमें मथानी का डंडा बँधा हो

मँजीरा–(पु०) मजीरा

मंजु–*सं०* (वि०) सुंदर, मनोहर। ~**गमन** (वि०) सुंदर चाल चलनेवाला; ~**घोष** (वि०) मनोहर बोलवाला; ~**भाषी** (वि०) मृदुभाषी; ~**वादी** (वि०) मधुरभाषी; ~**स्वर** (वि०) = मंजुघोष

मंजुल–*सं०* (वि०) = मंजु

मंज़ूर–*अ०* (वि०) स्वीकृत (जैसे-दरख़्वास्त मंजूर करना)। ~**शुदा** *+ फ़ा०* (वि०) स्वीकार किया हुआ

मंज़ूरी–*अ० + फ़ा०* (स्त्री०) स्वीकृति (जैसे-मंज़ूरी रद्द करना)

मंजूषा–*सं०* (स्त्री०) 1 पिटारी 2 पिंजरा

मँझ–(क्रि० वि०) मध्य, बीच में। ~**धार** I (स्त्री०) नदी के बीच की धारा II (क्रि० वि०) धारा के बीच में

मँझला–(वि०) बीच का (जैसे-मँझला भाई)

मंझा–(पु०) माँझा

मँझियार–*बो०* (वि०) मध्य का

मँझोला–(वि०) बीच (जैसे-मँझोला कद)

मंठ–*सं०* (पु०) माठ

मंड–*सं०* (पु०) 1 सजावट 2 आभूषण

मँड़ई–*बो०* (स्त्री०) झोंपड़ी, कुटिया (जैसे-साधु की मड़ई)

मंडन–I *सं०* (पु०) सजाना II (वि०) सजानेवाला

मंडप–*सं०* (पु०) 1 छाया हुआ 2 मँड़वा (जैसे-शादी का मंडप, यज्ञ मंडप) 3 चंदोआ, शामियाना (जैसे-मंडप की सजावट)

मंडपक–*सं०* (पु०) छोटा मंडप

मंडपी–*सं०* (स्त्री०) 1 छोटा मंडप 2 मढ़ी

मँडरना–I (अ० क्रि०) चारों ओर से घिरना II (स० क्रि०) चारों ओर से घेरना

मँडराना–(अ० क्रि०) 1 घेरा बाँधकर छा जाना 2 चक्कर लगाते रहना (जैसे-किसी के पीछे मँडराना)

मँडरी–(स्त्री०) पवाल की चटाई

मंडल–*सं०* (पु०) 1 गोलाई, वृत्त (जैसे-रास मंडल) 2 गोलाकार आकृति (जैसे-भूमंडल) 3 घेरा (जैसे-सूर्य का प्रभा मंडल) 4 गोलाकार अंश (जैसे-सूर्य मंडल, **मुख** मंडल) 5 सैनिक व्यूह रचना (जैसे-सेना मंडल) 6 समिति, मंडली (जैसे-युवा मंडल, ज्ञान मंडल)। ~**नृत्य** (पु०) वृत्ताकार नाच

मंडलक–*सं०* (पु०) मंडलाकार रचना
मंडलाकार–*सं०* (वि०) गोलाकार
मंडलाधीश–*सं०* (पु०) मंडलेश्वर
मंडलायित–*सं०* (वि०) = मंडलित
मँडलाना–(अ० क्रि०) = मँडराना
मंडलायुक्त–*सं०* (पु०) मंडलेश्वर
मंडलित–*सं०* (वि०) वर्तुलाकार बनाया हुआ
मंडली–I *सं०* (स्त्री०) 1 गोष्ठी सभा (जैसे-विद्वानों की मंडली 2 झुंड, दल (जैसे-गो मंडली) 3 समूह (जैसे-भजन मंडली)
मंडली–II *सं०* (पु०) 1 मंडल बनानेवाला, घेरा बनानेवाला 2 मंडलाधीश
मंडलीय–*सं०* (वि०) मंडल संबंधी
मंडलेश्वर–*सं०* (पु०) मंडल का अधिपति
मँडवा–(पु०) = मंडप
मंडा–I *बो०* (पु०) बड़ी मंडी
मंडा–II *सं०* (स्त्री०) सुरा
मंडान–(स्त्री०) 1 मंडित करना 2 व्यवस्था, प्रबंध
मंडार–*बो०* (पु०) 1 गड्ढा 2 टोकरा
मंडित–*सं०* (वि०) 1 सजाया हुआ, विभूषित 2 छाया हुआ, आच्छादित (जैसे प्रभा मंडित) 3 भरा हुआ, पूरित (जैसे-पुष्प मंडित वाटिका)
मँड़ियार–(पु०) कँकरीली झाड़ी
मंडी–I (स्त्री०) थोक माल बेचने की अनेक दुकानें (जैसे-अनाज मंडी, सब्जी मंडी)
मंडी–II (स्त्री०) दो बिस्वे के बराबर ज़मीन की एक नाप
मँड़ुआ–(पु०) = मड़ुआ
मंडूक–*सं०* (पु०) मेंढक
मंडूर–*सं०* (पु०) 1 गलाए हुए लोहे की मैल 2 लौह किट्ट
मंढा–(पु०) 1 कमख्वाब बुनने का एक औज़ार 2 मंडप (जैसे-मंढा छवाना)
मंत–*बो०* (पु०) 1 परामर्श, सलाह 2 मंत्र
मंतर जंतर–(पु०) मंत्र यंत्र
मंतव्य–I *सं०* (वि०) मान्य, माननीय II (पु०) 1 मत 2 प्रस्ताव 3 निर्णय 4 संकल्प
मंत्र–*सं०* (पु०) 1 स्तुति से युक्त प्रार्थना 2 वेदों का वह संहिता नामक भाग जो उक्त मंत्रों से समाहित हो 3 दैवी शक्ति से युक्त शब्द, वाक्य पाठ आदि 4 मंत्रणा, सलाह कार्य सिद्धि का ढंग, नीति (जैसे-प्रेम का मंत्र, झाड़ फूँक का मंत्र)। ~**कार** (पु०) मंत्र रचनेवाला, मंत्र दृष्टा; ~**गूढ़** (पु०) गुप्तचर, भेदिया, जासूस; ~**तंत्र** (पु०) जादूटोना; ~**दाता** (पु०) गुरु; ~**दृष्टा** (वि०) मंत्रों का अर्थ जानने और बतानेवाला ऋषि; ~**धर** (पु०) मंत्री; ~**पाठ** (पु०) वेदमंत्रों का पाठ; ~**पूत** (वि०) मंत्रों से पवित्र किया हुआ; ~**प्रयोग** (पु०) मंत्र से काम लेना; ~**बल** (पु०) मंत्र की शक्ति; ~**बीज** (पु०) मंत्र का पहला पद; ~**भेद** (पु०) गुप्त वार्ता का प्रकट किया जाना; ~**भेदक** (पु०) गुप्त वार्ता प्रकट करनेवाला व्यक्ति; ~**मुग्ध** (वि०) 1 मंत्र से मोहित 2 जड़वत्; ~**यंत्र** (पु०) मंत्रवाला तावीज़; ~**वादी** (वि०) मंत्रोच्चारण करनेवाला, मंत्रज्ञ; ~**विद्या** (स्त्री०), ~**शास्त्र** (पु०) तंत्र मंत्र को सिद्ध करने का शास्त्र; ~**संस्कार** (पु०) 1 मंत्र विधि से किया गया संस्कार 2 मंत्र ग्रहण करने के पूर्व उसका किया जानेवाला संस्कार; ~**संहिता** (स्त्री०) वेदों का मंत्रों से संग्रहित अंश; ~**सूत्र** (पु०) मंत्र पढ़कर पहनाया गया डोरा, गंडा
मंत्रण–*सं०* (पु०) 1 मंत्रणा करना, सलाह करना 2 परामर्श
मंत्रणा–*सं०* (स्त्री०) 1 विचार विमर्श, सलाह 2 विचार विमर्श के बाद स्थिर मत। ~**कक्ष**, ~**गृह** (पु०) विचार विमर्श करने का कमरा, जगह आदि; ~**दाता** (पु०) मंत्रणा अधिकारी; ~**परिषद्** (स्त्री०) सलाहकार समिति; ~**सदन** (पु०) मंत्रणा गृह
मंत्रालय–*सं०* (पु०) मंत्री का कार्यालय (जैसे-गृह मंत्रालय, वित्त मंत्रालय)
मंत्रि–*सं०* (पु०) मंत्री के लिए समास में प्रयुक्त शब्द (जैसे-मंत्रि परिषद्)। ~**ता** (स्त्री०) मंत्री होने का भाव; ~**पति** (पु०) प्रधान मंत्री; ~**पद** (पु०) मंत्री का पद; ~**परिषद्** (स्त्री०) राज्य आदि के मंत्रियों का समूह, कैबिनेट; ~**मंडल** (पु०) राज्य आदि के मंत्रियों का वर्ग, समूह, मिनिस्टरी; ~**मंडलीय** (वि०) मंत्रिमंडल से संबंधित (जैसे-मंत्रिमंडलीय वार्ता, मंत्रि मंडलीय कार्यकलाप) ~**स्तरीय** (वि०) मंत्री के स्तर का
मंत्रिणी–*सं०* (स्त्री०) 1 मंत्री की पत्नी 2 मंत्री का काम करनेवाली स्त्री
मंत्रित–*सं०* (वि०) 1 मंत्र दिया गया 2 मंत्र द्वारा संस्कृत
मंत्रित्व–*सं०* (पु०) मंत्री का पद और कार्य, मंत्रीपद
मंत्री–*सं०* (पु०) 1 राजा का प्रधान सलाहकार, अमात्य 2 आदेश और सलाह देनेवाला राज्य का मुख्य व्यक्ति (जैसे-गृह मंत्री, शिक्षा मंत्री) 3 संस्था, सभा का प्रधान अधिकारी (जैसे-कांग्रेस दल का मंत्री, साहित्य सम्मेलन का मंत्री) 4 शतरंज के खेल में वज़ीर नामक गोटी
मंत्रोक्त–*सं०* (वि०) मंत्र में उल्लेख किया हुआ
मंत्रोदक–*सं०* (पु०) अभिमंत्रित जल
मंथ–*सं०* (पु०) 1 मथना 2 हिलाना 3 मारना-पीटना
मंथन–*सं०* (पु०) 1 मथना, बिलोना 2 मथानी (जैसे-समुद्र मंथन) 3 गूढ़ तत्त्व की छान-बीन (जैसे-शास्त्रों का मंथन)। ~**घट** (पु०) दही मथने का मटका
मंथनी–(स्त्री०) मटकी
मंथर–*सं०* (वि०) 1 धीमा, मंद (जैसे-मंथर गति) 2 सुस्त 3 मंद बुद्धि, कम समझ। ~**गति** (वि०) मंद गति; ~**ज्वर** (पु०) हल्का बुख़ार; ~**विवेक** (वि०) कम समझवाला, अल्पबुद्धि का
मंथरित–*सं०* (वि०) मंद किया हुआ
मंथिता–*सं०* (वि०) मथनेवाला
मंथिनी–*सं०* (स्त्री०) = मंथनी
मंद–*सं०* (वि०) 1 धीमा 2 सुस्त 3 हल्का थोड़ा, कम (जैसे-मंद ज्योति)। ~**कर्ण** (पु०) कम सुननेवाला; ~**कांत** (वि०) मंद ज्योतिवाला; ~**गति** (वि०) धीमी चालवाला; ~**गमन** (वि०) धीमी चाल चलनेवाला; ~**चेता** (वि०) बुद्धू; ~**ता** (स्त्री०) 1 धीमापन 2 सुस्ती आलस्य; ~**बल** (वि०) 1 कम शक्तिवाला 2 कमज़ोर ~**बुद्धि** (वि०) कम अक़्लवाला, मोटी अक़्ल का;

~भागी, ~भाग्य (वि०) अभागा, दुर्भाग्यशाली; ~मंद (क्रि० वि०) धीरे-धीरे; ~स्मित (पु०) हल्की मुस्कान; ~हास्य (पु०) हलकी हँसी
मंदक–*सं०*(वि०) मंद बुद्धि
मंदग–*सं०* (वि०) मंद गति
मंदन–*सं०* (पु०) धीमा करना
मँदरा–I (वि०) नाटा, ठिंगना II (पु०) एक तरह का बाजा
मंदा–(वि०) 1 मंद, धीमा 2 ढीला, शिथिल 3 बिगड़ा हुआ, विकृत 4 बिना तेज़ी का (जैसे-मंदा भाव)
मंदाकिनी–*सं०* (स्त्री०) स्वर्ग की गंगा
मंदाग्नि–*सं०* (स्त्री०) पाचन शक्ति का कमज़ोर होना
मंदादर–*सं०* (वि०) उपेक्षा करनेवाला
मंदान–(पु०) जहाज़ का अगला भाग
मंदारक–*सं०* (पु०) 1 मदार, आक 2 एक देव वृक्ष
मंदिमा–*सं०* (स्त्री०) 1 धीमापन, मंदता 2 सुस्ती, शिथिलता 3 अल्पता, कमी
मंदिर–*सं०* (पु०) 1 देवालय 2 मकान 3 विशेष भवन (जैसे-विद्या मंदिर)
मंदिरा–*सं०* (स्त्री०) 1 घुड़साल, अश्वशाला 2 मँजीरा
मंदी–(स्त्री०) मंद होने का भाव (जैसे-बाज़ार मंदी पर है)
मंदील–(पु०) जरदोजी के कामवाला एक प्रकार का सिरबंद
मंदुरा–*सं०* (स्त्री०) 1 अश्वशाला, घुड़साल 2 चटाई
मंदोदरी–*सं०* (स्त्री०) रावण की पत्नी
मंदोन्माद–*सं०* (पु०) हलका पागलपन
मंदोष्ण–*सं०* (वि०) कम गरम, कुनकुना
मंद्र–I *सं०* (पु०) ज़ोर का शब्द, गंभीर ध्वनि II (वि०) 1 सुंदर, मनोहर 2 प्रसन्न 3 गंभीर 4 मंद, धीमा; ~ध्वनि (स्त्री०) गंभीर ध्वनि, गर्जन
मंशा–*अ०* (स्त्री०) 1 इच्छा, इरादा 2 अभिप्राय, उद्देश्य
मंसब–*अ०* (पु०) 1 पद, ओहदा 2 कर्तव्य। ~दार + *फ़ा०* (पु०) ओहदेदार, पदधारी
मंसूख़–*अ०* (वि०) रद्द किया हुआ
मंसूख़ी–*अ०* + *फ़ा०* (स्त्री०) रद्द किया जाना
मंसूबा–*अ०* (पु०) इरादा
मंसूर–*अ०* (वि०) 1 विजयी 2 ईश्वरीय सहायता प्राप्त
मइका–*बो०* (पु०) = मायका
मई–*अं०* (स्त्री०) अंग्रेज़ी, ईसवी सन् का पाँचवां महीना। ~दिवस (पु०) मई माह की पहली तारीख़ को मनाया जानेवाला अंतर्राष्ट्रीय समारोह
मउर–*बो०* (पु०) = मौर। ~छोराई *बो०* (स्त्री०) = मौर छौराई
मकई–(स्त्री०) 1 मक्का 2 मक्का का दाना
मकड़ जाल–*हिं०* + *सं०* (पु०) 1 मकड़ी का बुना जाला 2 फँसाने अथवा धोखा देने हेतु बनाई गई युक्ति, छल प्रधान रचना
मकड़ा–I(पु०) एक प्रकार की घास, खमकरा II (पु०) नर मकड़ी
मकड़ाना–(अ० क्रि०) 1 मकड़ी की तरह चलना 2 अकड़कर चलना
मकड़ी–(स्त्री०) 1 अपने मुँह से निकले लार से जाला बुननेवाला एक प्रसिद्ध कीड़ा (जैसे-मकड़ी का जाला)
मकतब–*अ०* (पु०) 1 पाठशाला, मदरसा 2 विद्यारम्भ
मक़दूर–*अ०* (पु०) 1 ताक़त, शक्ति 2 वश
मकना–(पु०) मकुना
मक़नातीस–*अ०* (पु०) 1 चुंबक पत्थर 2 चुंबक
मक़बरा–*अ०* (पु०) क़ब्र पर बनी इमारत, गुंबद
मक़बूल–*अ०* (वि०) 1 स्वीकृत 2 मान्य और सर्वप्रिय 3 पसंद किया हुआ
मक़बूलियत–*अ०* (स्त्री०) 1 क़बूल किए जाने का भाव 2 लोकप्रियता, सर्वप्रियता 3 पसंद, रुचि
मकरंद–*सं०* (पु०) 1 फूल का रस 2 फूल का केसर 3 कुंद का पौधा और फूल
मकर–I *अ०* (पु०) छल कपट। ~चकर + *हिं०* (पु०) धोखाधड़ी; ~चाँदनी + *हिं०* (स्त्री०) = मक्र चाँदनी
मकर–II *सं०* (पु०) 1 मगर नामक जलजंतु 2 घड़ियाल 3 मछली 4 बारह राशियों में से दसवीं राशि। ~चक्कर + *हिं०* (पु०) = मकर रेखा; ~मंडल (पु०) = मकर रेखा; ~राशि (स्त्री०) = मकर; ~रेखा (स्त्री०) भूमध्य रेखा से $23\frac{1}{2}$ दक्षिणी अक्षांश; ~संक्रांति (स्त्री०) माघ मास की संक्रांति जब सूर्य उत्तरायण होता है (जैसे-मकर संक्रांति का स्नान)
मकरा–I (पु०) = मकड़ा
मकरा–II (पु०) = मडुआ
मकरी–I (स्त्री०) = मकड़ी
मकरी–II *सं०* (स्त्री०) 1 मादा मगर 2 मछली
मक़रूज़–*अ०* (वि०) कर्ज़दार, ऋणी
मकरेड़ा–*बो०* (पु०) मक्के के पौधे का डंठल
मक़सद–*अ०* (पु०) 1 उद्देश्य 2 मनोरथ 3 अभिप्राय
मक़सूद–*अ०* I (वि०) 1 अभिप्रेत 2 उद्दिष्ट II (पु०) मकसद
मक़सूम–*अ०* I (वि०) बाँटा हुआ, विभक्त II (पु०) 1 भाग्य, किस्मत 2 भाग, हिस्सा
मकई–*बो०* (स्त्री०) मकई
मकान–*अ०* (पु०) 1 घर, गृह 2 निवास स्थान 3 मूल निवास स्थान। ~दार + *फ़ा०* (पु०) मकान मालिक; ~भाड़ा + *हिं०* (पु०) मकान का किराया; ~मालकिन + *हिं०* (स्त्री०) मकान मालिक की स्त्री; ~मालिक (पु०) मकानदार
मक़ाम–*अ०* (पु०) = मुक़ाम
मक़ामी–*अ०* + *फ़ा०* (वि०) = मुक़ामी
मकार–*सं०* (पु०) 'म' वर्ण
मकुष्ठ–*सं०* (पु०) 1 एक प्रकार का धान 2 मोठ नामक अन्न
मकूनी–(स्त्री०) = मकुनी
मकूलक–*सं०* (पु०) 1 कली 2 दंती का पेड़
मक़ूला–*अ०* (पु०) 1 उक्ति, कथन 2 कहावत, लोकोक्ति
मकेरा–(पु०) ज्वार या बाजरे का खेत
मको–(स्त्री०) मकोय
मकोइया–I (वि०) मकोय के रंग के समान, ललाई युक्त पीला II मकोय का रंग
मकोड़ा–(पु०) 'कीड़ा' का अनुकरणवाचक शब्द (जैसे-कीड़ा-मकोड़ा)

मकोय–(स्त्री०) डेढ दो हाथ ऊँचा एक प्रकार का पौधा और उसका फल
मक्कड़–(पु०) मकड़ा। ~**जाला** (पु०) = मकड़ जाला
मक्का–(पु०) मकई
मक्कार–*अ०* (वि०) 1 कपटी, छली 2 मक्र करनेवाला
मक्कारी–*अ० + फ़ा०* (स्त्री०) 1 मक्कार होने का भाव 2 छल से भरा कार्य, धोखेबाज़ी
मक्खन–(पु०) दूध, दही आदि को मथने से प्राप्त स्निग्ध (चिकना) पदार्थ, नवनीत (जैस-मक्खन मलाई)
मक्खी– (स्त्री०) 1 सर्वत्र पाया जानेवाला एक परदार कीड़ा, मक्षिका 2 मधुमक्खी। ~**चूस** (वि०) बहुत कंजूस; ~**मार** I (वि०) घिनौना II (पु०) एक छोटा जंतु; ~**मार काग़ज़** *+ फ़ा०* (पु०) चेपदार काग़ज़; ~**लेट** (स्त्री०) एक तरह की जाली; ~**छोड़ना हाथी निगलना** छोटे दोष से बचना और बड़ा करना; ~**पर मक्खी मारना** बे समझे; **मक्खियाँ मारना** बेकार बैठना, कुछ न करना
मक्र–*अ०* (पु०) = मकर I। ~**चाँदनी** *+ हिं०* (स्त्री०) 1 धोखा देनेवाली चाँदनी 2 धोखा देनेवाली कोई वस्तु
मक्सी–(पु०) 1 काले दागवाला सब्जा घोड़ा 2 बिल्कुल काला घोड़ा
मक्षिका–*सं०* (स्त्री०) 1 मक्खी 2 शहदवाली मक्खी
मख–*सं०* (पु०) यज्ञ। ~**क्रिया** (स्त्री०) यज्ञ की विधि; ~**वेदी** (स्त्री०) यज्ञवेदी; ~**शाला** (स्त्री०) यज्ञशाला; ~**धारी** (पु०) यज्ञ करनेवाला
मखतूल–(पु०) काला रेशम
मखतूली–(वि०) काले रेशम का
मखनिया–I (वि०) मक्खन संबंधी II (पु०) मक्खन विक्रेता
मख़फ़ी–*अ०* (वि०) छिपा हुआ, गुप्त
मख़मल–*अ०* (पु०) एक तरह का बढ़िया महीन चिकना तथा रोएँदार कपड़ा (जैसे-मख़मल का गद्दा)
मख़मली–*अ०* (वि०) 1 मख़मल का बना हुआ (जैसे-मख़मली टोपी) 2 मख़मल सा कोमल और चमकदार
मख़मूर–*अ०* (वि०) नशे में चूर
मख़सूस–*अ०* (वि०) 1 ख़ास, विशेष 2 प्रमुख, प्रधान
मखाग्नि–*सं०* (स्त्री०) यज्ञ की संस्कृत अग्नि
मखीर–*बो०* (पु०) शहद, मधु
मखौल–(पु०) मजेदार व्यंग्यपूर्ण बात, मज़ाक, ठट्ठा (जैसे-मखौल उड़ाना, मखौल भरी बात)
मग–I (पु०) रास्ता, मार्ग (जैसे-मग जोहना)
मग–II *अं०* (पु०) मग्गा
मग़ज़–*फ़ा०* (पु०) 1 दिमाग़, मस्तिष्क 2 फल आदि की गिरी (जैसे-बादाम का मग़ज़। ~**चट** *+ हिं०* (पु०) बकवादी, बकनेवाला; ~**चट्टी** *+ हिं०* (स्त्री०) बकवाद, बकबक
मग़ज़ी–*फ़ा०* (स्त्री०) कपड़े के किनारे लगी पतली गोट
मगद–(पु०) मगदल (मिठाई)
मगध–*सं०* (पु०) 1 दक्षिण बिहार का प्राचीन नाम 2 मगध का निवासी
मगन–(वि०) = मग्न
मगना–(अ० क्रि०) 1 लीन होना 2 डूबना
मगर–I (पु०) 1 = घड़ियाल 2 मगर या मछली के आकार का कान में पहनने का एक गहना 3 मछली। ~**बाँस** (पु०) एक तरह का कटीला बाँस; ~**मच्छ** (पु०) 1 मगर 2 बहुत बड़ी मछली
मगर–II *फ़ा०* (क्रि० वि०) 1 लेकिन, परंतु (जैसे-अगर मगर करना) 2 किसी प्रकार भी
मगरा–(वि०) 1 अभिमानी, घमंडी 2 ढीठ, धृष्ट 3 ढीला, सुस्त 4 अकर्मण्य 5 उद्दंड
मग़रिब–*अ०* (पु०) सूर्यास्त की दिशा, पश्चिम। ~**ज़दा** *+ फ़ा०* (वि०) पश्चिमी सभ्यता से प्रभावित
मग़रिबी–*अ०* (वि०) पश्चिमी
मग़रूर–*अ०* (वि०) घमंडी, अभिमानी
मग़रूरी–*अ० + फ़ा०* (स्त्री०) अभिमान, घमंड
मगस–(पु०) मक्खी
मगसिर–*बो०* (पु०) मार्गशीर्ष
मग्ज़–*फ़ा०* (पु०) = मग़ज़। ~**रोशन** (पु०) सुँघनी
मग्न–*सं०* (वि०) 1 डूबा हुआ 2 तन्मय, लीन 3 नशे में चूर, मदमस्त
मघवा–*सं०* (पु०) इंद्र
मघा–(स्त्री०) मेघ से संबंधित एक नक्षत्र
मघाभव–*सं०* (पु०) शुक्र (ग्रह)
मचक–(स्त्री०) मचकने की क्रिया
मचकना–I (अ० क्रि०) मच मच शब्द उत्पन्न होना II (स० क्रि०) 1 मच मच शब्द उत्पन्न करना 2 इस तरह दबाना कि मच मच शब्द होने लगे
मचका–I (पु०) 1 झोंका 2 धक्का
मचका–II (पु०) झूले की पेंग
मचकाना–(स० क्रि०) 1 मच मच शब्द उत्पन्न करना 2 मच मच शब्द उत्पन्न करने में प्रवृत्त करना
मचना–(अ० क्रि०) 1 धूम धाम से शुरू होना (जैसे-होली मचना) 2 छा जाना (जैसे-धूम मचना)
मचमचाना–I (अ० क्रि०) अत्यधिक कामातुर होना II (स० क्रि०) इस प्रकार दबाना कि मच मच शब्द उत्पन्न हो (जैसे-पलंग मचमचाना)
मचल–(स्त्री०) 1 मचलने का भाव (दिल मचल गया) 2 मचलापन
मचलना–(अ० क्रि०) 1 आतुर होना 2 हठ करना (जैसे-दिल का मचलना)
मचला–(वि०) 1 मचलनेवाला 2 जानबूझकर अनजान बननेवाला
मचलाना–(अ० क्रि०) मतली मालूम होना (जैसे-जी मचलाना)
मचली–(स्त्री०) मतली, वमन का उसवास
मचवा–(पु०) खटिया का पावा
मचान–(स्त्री०) 1 बाँस आदि की सहायता से बनाया गया ऊँचा आसन 2 मंच
मचाना–(स० क्रि०) 1 कराना 2 साधक होना (जैसे-दंगा फ़साद मचाना)
मचामच–I (स्त्री०) मचक
मचामच–II (वि०) ठँसकर भरा हुआ
मचिया–(स्त्री०) 1 छोटी खाट 2 बैठने की पीढ़ी

मचोर–(स्त्री०) हिचकोला, धक्का
मच्छ–(पु०) बहुत बड़ी मछली, मत्सय
मच्छड़–I (पु०) मच्छर
मच्छड़–II (वि०) कंजूस
मच्छर–(पु०) उड़नेवाला रक्त शोषक प्रसिद्ध कीड़ा (जैसे-मच्छर ने खून चूस लिया)। ~**दानी** + *फ़ा०* + *हिं०* (स्त्री०) मसहरी
मच्छी–(स्त्री०) 1 दे० मछली 2 दे० मक्खी। ~**मार** (पु०) मछुआ, मछेरा
मछरंगा–(पु०) मछली खानेवाला एक जल पक्षी
मछरिया–(स्त्री०) मछली
मछली–(स्त्री०) 1 खाए जानेवाला तथा गलफड़े से साँस लेनेवाला एक प्रसिद्ध जल जंतु, मत्स्य (जैसे-मछली का काँटा) 2 मछली के आकार का बना गहना आदि। ~**पालन** + *सं०* (पु०) मछली पालने का पेशा; ~**मार** (पु०) मछुआ
मछवा–(पु०) = मछुआ
मछवैनी–(स्त्री०) मछुए की पत्नी
मछियार–(पु०) मछली पकड़नेवाला
मछुआ–(पु०) मछली पकड़ने का पेशा करनेवाला, मछुवा। ~**गिरी** + *फ़ा०* (स्त्री०) मछुआ का पेशा; ~**जहाज़** + *अं०* (पु०), ~**नाव** (पु०) मछली पकड़ने का जहाज़
मछुआइन–(स्त्री०) मछुए की औरत
मछेह–*बो०* (पु०) शहद की मक्खी का छत्ता
मज़कूर–*अ०* (वि०) कहा हुआ, कथित
मज़कूरी–*अ०* + *फ़ा०* (पु०) 1 ताल्लुकेदार 2 चपरासी
मज़दूर–*फ़ा०* (पु०) 1 पैसे पर शारीरिक श्रम करनेवाला व्यक्ति 2 शरीर श्रम से जीविका करनेवाला व्यक्ति (जैसे-मज़दूर संगठन)। ~**आंदोलन** + *सं०* (पु०) मज़दूर द्वारा की जानेवाली क्रांति; ~**जमात** + *अ०* (स्त्री०) = मज़दूर वर्ग; ~**दल** + *सं०* (पु०) मज़दूरों का समूह; ~**दलीय** + *सं०* (वि०) मज़दूर दल का; ~**दुश्मन** (वि०) = मज़दूर विरोधी; ~**लेखक** + *सं०* (पु०) अपने को मज़दूर माननेवाले लेखक; ~**वर्ग** + *सं०* (पु०) श्रमिक वर्ग; ~**विरोधी** + *सं०* (वि०) मज़दूरों का विरोध करनेवाला; ~**श्रेणी** (स्त्री०) = मज़दूर वर्ग; ~**संघ** + *सं०* मज़दूरों का संगठन (जैसे-भारतीय मज़दूर संघ); ~**सभा** + *सं०* (स्त्री०) विशेष कार्य हेतु मज़दूरों का एक जगह एकत्र होना
मज़दूरी–*फ़ा०* (स्त्री०) 1 मज़दूर का काम 2 परिश्रम के बदले मज़दूर को दिया गया धन।
मजनूँ–I *अ०* (वि०) पागल, विक्षिप्त II (पु०) 1 अरब देश का एक प्रसिद्ध प्रेमी (जैसे- लैला-मजनूँ) 2 कमज़ोर व्यक्ति
मज़बूत–*अ०* (वि०) 1 दृढ़, पुख्ता (जैसे-मज़बूत द्वार) 2 शक्तिशाली
मज़बूती–*अ०* + *फ़ा०* (स्त्री०) 1 मज़बूत होने का भाव, दृढ़ता, पक्कापन 2 ताक़त, बल। ~**करण** + *फ़ा०* + *सं०* (पु०) मज़बूत बनाना
मजबूर–*अ०* (वि०) 1 जिस पर जब्र किया गया हो, विवश, लाचार 2 निःसहाय
मजबूरन–*अ०* (क्रि० वि०) विवशतापूर्वक
मजबूरी–*अ०* + *फ़ा०* (स्त्री०) 1 विवशता, लाचारी 2 निःसहायता
मज़मज़ा–*फ़ा०* (पु०) हिलाना डुलाना
मजमा–*अ०* (पु०) भीड़भाड़
मजमुआ–I *अ०* (वि०) जमा किया हुआ, संगृहीत II (पु०) 1 संग्रह 2 ख़जाना। ~**दार** + *फ़ा०* (पु०) अभिलेख पाल
मज़मून–*अ०* (पु०) 1 लेखादि का विषय 2 विषय, लेख। ~**नवीस** + *फ़ा०* (पु०) लेख लिखनेवाला, निबंधकार; ~**नवीसी** + *फ़ा०* (स्त्री०) लेख लिखने का काम; ~**निगार** + *फ़ा०* (पु०) = मज़मूननवीस; ~**निगारी** + *फ़ा०* (स्त्री०) = मज़मूननवीसी
मज़म्मत–*अ०* (स्त्री०) 1 निंदा 2 तिरस्कार
मज़रूआ–*अ०* (वि०) जोता और बोया हुआ
मजरूह–*अ०* (वि०) घायल, आहत, ज़ख्मी
मजल–*बो०* (स्त्री०) = मंज़िल
मजलिस–*अ०* (स्त्री०) 1 बैठने की जगह 2 सभा 3 जलसा (जैसे-गाने-बजाने की मजलिस)
मजलिसी–I *अ०* + *फ़ा०* (पु०) मजलिस में आमंत्रित व्यक्ति II (वि०) मजलिस संबंधी, मजलिस का
मज़लूम–*अ०* (वि०) अत्याचार से पीड़ित
मज़हब–*अ०* (पु०) 1 धर्म 2 धार्मिक संप्रदाय
मज़हबी–*अ०* (वि०) धार्मिक
मज़ा–*फ़ा०* (पु०) 1 आनंद, सुख, लुत्फ़ (जैसे-प्रेम में मज़ा आना) 2 स्वाद, रस, ज़ायका (जैसे-खाने का मज़ा) 3 चसका (जैसे-पीने का मज़ा कुछ और है)। ~**किरकिरा होना** रसभंग होना, कार्य का आनंद न मिलना; ~**चखना**, ~**पाना** 1 लुत्फ़ उठाना 2 दंड भोगना (जैसे-करनी का मज़ा चखना); ~**चखाना** दंड देना; ~**लूटना** सुख भोगना; **मज़े की बात** लुत्फ़ की बात; **मज़े से** सुखपूर्वक, मौज़ से
मज़ाक–*अ०* (पु०) 1 हँसी ठट्ठा, परिहास 2 स्वाभाविक रुचि। ~**पसंद** + *फ़ा०* (वि०) हँसोड़
मज़ाकन–*अ०* (क्रि० वि०) मज़ाक तौर पर
मज़ाकिया–*अ०* + *हिं०* (वि०) 1 मज़ाक संबंधी 2 मज़ाक पसंद
मजाज़ी–I *अ०* (वि०) 1 अवास्तविक, कल्पित 2 बनावटी, कृत्रिम 3 सांसारिक, लौकिक (जैसे-मजाज़ी इश्क़)
मजाज़ी–II *अ०* + *हिं०* (वि०) अधिकार प्राप्त
मज़ार–*अ०* (पु०) 1 महापुरुष की कब्र 2 दरगाह
मजाल–*अ०* (स्त्री०) शक्तिमत्ता, सामर्थ्य
मजिस्ट्रेट–*अं०* (पु०) फौज़दारी अदालत का अफ़सर
मजिस्ट्रेटी–*अं०* + *हिं०* (स्त्री०) मजिस्ट्रेट होने की अवस्था 2 मजिस्ट्रेट का पद और कार्य 3 मजिस्ट्रेट की अदालत
मजीठ–(स्त्री०) एक प्रकार की लता जिसके फलों से लाल रंग बनाया जाता है
मजीठी–I (वि०) मजीठ के रंग का, लाल II (पु०) मजीठ का रंग
मजीरा–(पु०) ताल नामक बाजा
मजूर, मजूरा–*फ़ा०* *बो०* (पु०) = मज़दूर
मजूरी–*फ़ा०* *बो०* (स्त्री०) = मज़दूरी
मज़ेदार–*फ़ा०* (वि०) मज़ावाला
मज़ेदारी–*फ़ा०* (स्त्री०) मज़ेदार होने का भाव
मज्जका–(पु०) शरीर की हड्डी के अंदर का गूदा

मज्जन–*सं०* (पु०) स्नान

मज्जा–*सं०* (स्त्री०) शरीर के अंदर की नलीदार हड्डी के अंदर का गूदा

मझ–(वि०) = मँझ। ~**धार** (स्त्री०) बीचधारा

मझक्का–*बो०* (पु०) विवाहोपरांत दुलहिन का मुँह देखने की प्रथा, रस्म

मझला–(वि०) मध्य

मझुआ–(पु०) कलाई पर अन्य गहनों के बीच का गहना

मझेला–I (पु०) जूता सीने का सूजा

मझेला–II *बो०* (पु०) झमेला

मझोला–(वि०) 1 मध्यम आकार का 2 मध्य का

मझोली–(स्त्री०) 1 एक प्रकार की बैलगाड़ी 2 टेकुरी की तरह का औज़ार

मटक–(स्त्री०) मटकने की क्रिया। ~**चटक** (स्त्री०) नाज़ नखरा; ~**चाल** (स्त्री०) मटक कर चलना

मटकना–(अ० क्रि०) 1 नाज़ नखरे तथा गर्वपूर्वक अंगों का लचकना, हिलना 2 इधर उधर होना (जैसे-अंग मटकना)

मटका–(पु०) मिट्टी का घड़ा

मटकाना–(स० क्रि०) 1 मटकाने में प्रवृत्त करना 2 अंग संचालन करना (जैसे-कमर मटकाना, आँखें मटकाना)

मटकी–I (स्त्री०) छोटा मटका

मटकी–II (स्त्री०) मटक

मटकीला–(वि०) 1 मटकनेवाला 2 मटकयुक्त

मटकौअल–(स्त्री०झ) मटकने की क्रिया

मटना–(पु०) एक प्रकार की ईख

मटमैला–(वि०) मिट्टी के रंग का, खाकी

मटर–(पु०) 1 गोल दानोंवाला एक प्रसिद्ध पौधा (जैसे-मटर की फली) 2 इस पौधे की फली। ~**गश्त** + *फ़ा०* (पु०) 1 धीरे-धीरे घूमना 2 इधर-उधर घूमना; ~**गश्ती** + *फ़ा०* (स्त्री०) मटरगश्त होने का भाव; ~**बोर** (पु०) मटर के बराबर घुँघरू

मटराला–(पु०) मटर और जौ के दाने का मिश्रण

मटलनी–*बो०* (स्त्री०) कच्ची मिट्टी का बर्तन

मटा–*बो०* (पु०) लाल रंग का च्यूँटा

मटिया–I (वि०) 1 मिट्टी का सा 2 मिट्टी का बना 3 खाकी, मटमैला II (पु०) मिट्टी का बर्तन III (स्त्री०) मिट्टी। ~**ठस** (वि०) आलसी, सुस्त; ~**फूस** (वि०) अत्यंत जर्जर, वृद्ध और कमज़ोर; ~**मसान** I (वि०) 1 अत्यंत तुच्छ, गया बीता 2 नष्ट भ्रष्ट II (पु०) खँडहर; ~**मेट** (वि०) नष्ट, बर्बाद

मटियाना–(स० क्रि०) 1 मिट्टी लगाना 2 मिट्टी से साफ़ करना (जैसे-हाथ मटियाना)

मटियार–(पु०) चिकनी मिट्टीवाला अत्यधिक उपजाऊ खेत

मटियाला–(वि०) = मटमैला

मटुका–*बो०* (पु०) = मटका

मट्ठर–(वि०) काहिल, सुस्त

मट्ठरी–(स्त्री०) = मठरी

मट्ठा–I (पु०) पानी मिलाकर मथा हुआ दही (जैसे-मट्ठा पीना)

मट्ठा–II (वि०) 1 धीमा, मंद 2 सुस्त, ढीला

मट्ठी–(स्त्री०) = मठरी

मठ–*सं०* (पु०) 1 साधु संन्यासियों के रहने का स्थान 2 मंदिर (जैसे-मठ का स्वामी)। ~**धारी**, ~**पति** (पु०) मठाधीश

मठरना–I *बो०* (पु०) सुनारों तथा कसेरों का एक औज़ार II (अ० क्रि०) उक्त उपकरण से पीटा जाना

मठरी–(स्त्री०) मैदे आदि की तली हुई टिकिया

मठा–(पु०) मक्खन निकला दही का घोल

मठाधीश–*सं०* (पु०) मठ का प्रधान, महंत

मठान–(पु०) मठरना

मठारना–I (स० क्रि०) 1 चद्दरों को मठरना नामक औज़ार से पीटना 2 पीटकर गोलाई में लाना

मठारना–II (स० क्रि०) 1 गूँथे आटे को मसलना 2 बना सँवारकर बात कहना

मठिया–I (स्त्री०) छोटा मठ II काँसे की बनी चूड़ी

मठी–I (स्त्री०) = मठिया

मठी–II *सं०* (पु०) = मठाधीश

मठुलिया, मठुली–(स्त्री०) मठरी

मठूसा– उदास, खिन्न

मठीठा–*बो०* (पु०) कूएँ की जगत

मठोर–*बो०* (स्त्री०) 1 बड़ी मटकी 2 नील पकाने का मठ

मठोरना–(स० क्रि०) *बो०* रंदा लगाकर ठीक करना

मठौरा–(पु०) एक प्रकार का रंदा

मड़ई–*बो०* (स्त्री०) झोंपड़ी

मड़क–*बो०* (स्त्री०) भीतरी सूक्ष्म आशय

मड़मड़ाना–(अ० क्रि०) = मरमराना

मड़राना–(अ० क्रि०) = मँडराना

मडला–*बो०* (पु०) अनाज की छोटी टोकरी

मडलाना–(अ० क्रि०) = मँडराना

मड़वा–I (पु०) = मंडप

मड़वा–II (पु०) = मड़ुआ

मड़हा–I (पु०) = मढ़ी

मड़हा–II (पु०) भूना हुआ चना

मड़ा–(पु०) 1 कमरा 2 माँडा (नेत्र रोग)

मड़ुआ–(पु०) बाजरे की जाति का एक मोटा अनाज, कदन्न

मड़ुवा–(पु०) = मड़ुआ

मड़ैया–(स्त्री०) मड़ई, मढ़ी (जैसे-घास फूस की मड़ैया)

मढ़–(वि०) अड़कर बैठनेवाला

मढ़ना–I (स० क्रि०) 1 जड़ना, सटाना, चिपकाना (जैसे-फ्रेम में शीशा मढ़ना, बोर्ड पर तस्वीर मढ़ना) 2 बलपूर्वक आरोप लगाना (जैसे-कलंक मढ़ना) 3 ज़िम्मे लगाना (जैसे-सारा काम मुझ पर ही मढ़ दिया) 4 लादना (जैसे-गहनों से मढ़ना)

मढ़ना–II (अ० क्रि०) मँडराना

मढ़वाना–(स० क्रि०) मढ़ने का काम कराना

मढ़ाई–(स्त्री०) 1 मढ़ने का काम 2 मढ़ने का पारिश्रमिक

मढ़ाना–(स० क्रि०) = मढ़वाना

मढ़ी–(स्त्री०) 1 छोटा मठ 2 छोटा मंदिर 3 कुटिया, झोंपड़ी 4 छोटा मंडप

मढ़ैया–I (स्त्री०) कुटिया, झोंपड़ी II (वि०) मढ़नेवाला

मणि–*सं०* (स्त्री०) 1 बहुमूल्य रत्न, जवाहिर 2 सर्वश्रेष्ठ पदार्थ या व्यक्ति। ~**कर्णिका** (स्त्री०) मणियों से जड़ा हुआ कान

में पहनने का गहना; ~**धर** (पु०) नाग; ~**पूर** (पु०) नाभि; ~**बंध** (पु०) कलाई; ~**माला** (स्त्री०) रत्नों की माला; ~**युक्त** (वि०) = मणिमय; ~**राज** (पु०) हीरा; ~**श्याम** (पु०) = नीलम

मणिभ–*सं०* (पु०) तरल घोल को सुखाकर बनाए गए कण, रवा

मणिभीकरण–*सं०* (पु०) निश्चित और ठोस आकार धारण करना

मणिमय–*सं०* (वि०) मणियों से युक्त

मणीचक–*सं०* (पु०) चंद्रकांत मणि

मतंग–*सं०* (पु०) 1 बादल 2 हाथी 3 शबरी के गुरु और ऋषि

मतंगी–*सं०* (पु०) हाथी का सवार

मत–I (क्रि० वि०) नहीं, न (जैसे-मत बोलो)

मत–II (स्त्री०) मति, बुद्धि (जैसे-मत मारी जाना, मत के फेर में)

मत–III *सं०* (वि०) 1 सम्मत, अभिप्रेत 2 माना हुआ 3 सम्मानित 4 बराबर किया हुआ IV (पु०) 1 राय, सम्मति 2 विचार 3 अभिप्राय 4 वोट (चुनाव में अपना मत देना)। ~**खंडन** (पु०) राय को रद्द करना; ~**गणक** (पु०) मत की गणना करनेवाला; ~**गणना** (स्त्री०) मतों की गिनती; ~**ग्रहण** (पु०) = मत संग्रह; ~**दाता** (पु०) मत देनेवाला; ~**दाता सूची** (स्त्री०) वोटरों की नामावलि; ~**दान** (पु०) मत देना; ~**दान कक्ष** (पु०) मतदान का कमरा; ~**दान केंद्र** (पु०) वोट देने का स्थान; ~**दान कोष** (पु०) = मतदान कक्ष; ~**दान पत्र** (पु०) मतपत्र; ~**दान पेटिका** (स्त्री०) मतपेटी; ~**दान बैलेट** + *अं०* (पु०) = मतपत्र; ~**दान स्थल** (पु०) = मतदान केंद्र; ~**पत्र** (पु०) मतदान की परची; ~**परिवर्तन** (पु०) दूसरा मत ग्रहण करना; ~**पेटिका**, ~**पेटी** + *हिं०* (स्त्री०) मत पत्र डालने की पेटी; ~**प्रचार** (पु०) वोट संग्रह हेतु प्रचार; ~**प्रचारक** (पु०) मत प्रचार करनेवाला; ~**प्रवर्त्तक** (पु०) 1 अपना सिद्धांत प्रस्तुत करनेवाला 2 संप्रदाय का संस्थापक; ~**प्रार्थी** (पु०) मतानुयायी; ~**भेद** (पु०) मत की भिन्नता, राय न मिलना; ~**मतांतर** (पु०) अनेक मत या संप्रदाय; ~**वाद** (पु०) वह मत जो वाद का रूप ग्रहण कर ले; ~**विधायी** (वि०) राय बनानेवाला; ~**विभाजन** (पु०) = मतभेद; ~**वैभिन्य** (पु०) मत का समान रूप न होना; ~**वैषम्य** (पु०) = मतभेद; ~**संग्रह** (पु०) मतों का इकट्ठा किया जाना; ~**स्वातंत्र्य** (पु०) विचार की स्वतंत्रता, मत की आज़ादी

मतदानाधिकार–*सं०* (पु०) मताधिकार

मतरूक–*अ०* (वि०) त्यागा हुआ, परित्यक्त

मतलब–*अ०* (पु०) 1 अभिप्राय, उद्देश्य 2 स्वार्थ (जैसे-मतलब साधना) 3 वास्ता, संबंध

मतलाना–(अ० क्रि०) मिचलाना

मतली–(स्त्री०) मिचली

मतवार–*सं०* (पु०) मतवाला

मतवाला–I (वि०) 1 नशे में चूर, मस्त 2 मस्त और लापरवाह 3 पागल, उन्मत्त (जैसे-मतवाला यौवन)। ~**पन** (पु०) पागलपन

मतवाला–II (पु०) किले की दीवार से शत्रु पर लुढ़काया जानेवाला भारी पत्थर

मतांकन–*सं०* (पु०) मत गणना

मतांतर–*सं०* (पु०) दूसरा मत

मताग्रह–*सं०* (पु०) मत पर अडिग रहना

मताग्रही–*सं०* (वि०) मत पर अडिग रहनेवाला

मताचार–*सं०* (पु०) अपने संप्रदाय के अनुसार आचरण करना

मताधिकार–*सं०* (पु०) वोट, मत देने का हक़ (जैसे-मताधिकार से वंचित रहना)। ~**आयु** (स्त्री०) मताधिकार की उम्र

मताधिकारावस्था–*सं०* (स्त्री०) मताधिकार आयु

मताधिकारी–*सं०* (पु०) मत देने का अधिकारी, वोटर

मतानुयायी–*सं०* (पु०) मत का अनुयायी, मतावलंबी (जैसे-इसलाम क मतानुयायी)

मतानुसार–*सं०* (क्रि० वि०) मत के अनुसार

मतारी–*बो०* (स्त्री०) माँ, अम्मा

मतार्थना–*सं०* (स्त्री०) मत माँगने का काम, अपने अनुकूल करना

मतार्थी–*सं०* (पु०) वोट चाहनेवाला

मतावलंबी–*सं०* (पु०) मत का अनुयायी (जैसे-जैन धर्म का मतावलंबी)

मति–I *सं०* (स्त्री०) 1 बुद्धि, अक़्ल 2 राय, सम्मति 3 इच्छा, कामना II (वि०) 1 बुद्धिमान् 2 चतुर, चालाक। ~**दर्शन** (पु०) दूसरों का भाव समझने की शक्ति; ~**द्वैध** (पु०) मतभेद; ~**पूर्वक** (क्रि० वि०) सोच-समझकर; ~**भ्रंश** (पु०) 1 बुद्धि की असमर्थता 2 पागलपन; ~**भ्रम** (पु०) बुद्धि का भ्रम, अक़्ल का उलटफेर; ~**मंद** (वि०) मूर्ख; ~**मांद्य** (पु०) मतिमंद होने की अवस्था; ~**विपर्यय** (पु०) भ्रम

मतिमंत–*सं०* (वि०) चतुर, बुद्धिमान्

मतीरा–(पु०) तरबूज़

मतैक्य–*सं०* (पु०) मत की एकता, समानता

मत्त–*सं०* (वि०) 1 मस्त 2 अविवेकी 3 मतवाला (जैसे-रण मत्त) 4 पागल, उन्मत्त

मत्तला–*अ०* (पु०) कविता की प्रारंभिक पंक्ति

मत्था–(पु०) माथा, ललाट, मस्तक

मत्सर–*सं०* (पु०) 1 द्वेष, विद्वेष 2 ईर्ष्यापूर्ण मानसिक अवस्था 3 क्रोध, गुस्सा

मत्सरी–*सं०* (पु०) 1 क्रोध करनेवाला व्यक्ति 2 द्वेष भाव रखनेवाला व्यक्ति

मत्स्य–*सं०* (पु०) 1 मछली 2 विष्णु के दस अवतारों में से एक अवतार (जैसे-मत्स्य अवतार)। ~**आखेट** (पु०) मछली पकड़ना; ~**उत्पादन** (पु०) मछली पालन· ~**जाल** (पु०) मछली पकड़ने का जाल; ~**नारी** (स्त्री०) 1 सत्यवती 2 वह मछली जो आकृति में आधी मछली हो आधी नारी; ~**नाशक** (पु०) कुरर पक्षी; ~**न्याय** (पु०) 1 यह मान्यता कि मछली के समान ही सबल दुर्बल को नष्ट कर देता है 2 अत्याचारियों का राज्य; ~**पालन** (पु०) मछलियाँ पालने का पेशा; ~**विज्ञ** (पु०) = मत्स्य विद्; ~**विज्ञान** (पु०) मछलियों से संबंधित विज्ञान; ~**विद्** (पु०) मत्स्य के विषय में ज्ञान

रखनेवाला, मत्स्य ज्ञाता; ~**संवर्धन** (पु०) मत्स्य पालन का काम
मत्स्याद–*सं०* (वि०) मछली खानेवाला
मत्स्यावतार–*सं०* (पु०) विष्णु का एक अवतार
मत्स्योपजीवी–*सं०* (पु०) मछुवा, धीवर
मथन–I *सं०* (पु०) मथने का काम, बिलोना II (वि०) 1 नष्ट करनेवाला 2 बध करनेवाला
मथना–I (स० क्रि०) 1 हिलाना, आलोडन करना (जैसे-दही मथना) 2 बार-बार सोचना, विचारना 3 खोजना, ढूंढ़ना II (पु०) मथानी, रई
मथनी–(स्त्री०) मथानी
मथवाह–I *बो०* (पु०) सिर में होनेवाला दर्द II (पु०) महावत
मथानी–(स्त्री०) दही मथने का एक उपकरण
मथाव–(पु०) मथन
मथित–*सं०* (वि०) मथा हुआ
मथूल–*बो०* (पु०) मस्तूल
मथौली–*बो०* (स्त्री०) सिर पर पहनने का स्त्रियों का एक गहना
मद–I *अ०* (स्त्री०) 1 खाता (जैसे-रुपया हमारे मद में जमा करना) 2 शीर्षक
मद–II *सं०* (पु०) 1 नशा 2 निंदनीय अहंकार, गर्व (जैसे-संपत्ति का मद) 3 उन्मत्तता, पागलपन 4 मतिभ्रम 5 मस्ती (जैसे-यौवन का मद छाना) 6 मद्य, शराब II (वि०) मतवाला, मत्त। ~**प्रद** (वि०) = मदनीय; ~**भरा** + *हिं०* (वि०) 1 मतवाला 2 नशे में धुत; ~**मत्त** (वि०) नशे में चूर; ~**माता** + *हिं०* (वि०) मतवाला; ~**मोहित** (वि०) 1 नशे में चूर 2 घमंड से भरा
मदक–(स्त्री०) अफ़ीम के संत्त और पान के योग से बना एक नशीला पदार्थ। ~**ची** + *तु०* (वि०) मदक पीनेवाला; ~**बाज़** + *फ़ा०* (वि०) मदक का सेवन करनेवाला
मदकर–*सं०* (वि०) नशा उत्पन्न करनेवाला
मदकल–*सं०* (वि०) मतवाला, मदोन्मत्त
मदकी–(पु०) = मदकची
मदगल–(वि०) = मतवाला, मस्त
मदद–*अ०* (स्त्री०) सहायता (जैसे-आर्थिक मदद)। ~**ख़र्च** + *फ़ा०* (स्त्री०) 1 सहायता हेतु दिया गया धन 2 पेशगी; ~**गार** + *फ़ा०* (वि०) सहायक
मदन–*सं०* (पु०) 1 कामदेव 2 काम 3 रतिक्रीड़ा, संभोग 4 आलिंगन का एक भेद। ~**चतुर्दशी** (स्त्री०) चैत्र शुक्ल चतुर्दशी; ~**त्रयोदशी** (स्त्री०) चैत्र शुक्ल त्रयोदशी; ~**द्वादशी** (स्त्री०) चैत्र शुक्ल द्वादशी; ~**ध्वजा** (स्त्री०) चैत्र की पूर्णिमा; ~**फल** (पु०) मैनफल; ~**रिपु** (पु०) कामदेव का शत्रु, शिव; ~**लहरी** (स्त्री०) काम वासना का दौरा
मदना–*सं०* (स्त्री०) 1 सुरा 2 कस्तूरी 3 मैना
मदनातुर–*सं०* (वि०) कामातुर
मदनी–*सं०* (स्त्री०) 1 शराब, मद्य 2 कस्तूरी
मदनीय–*सं०* (वि०) नशा उत्पन्न करनेवाला, मादक
मदनोत्सव–*सं०* (पु०) मदन महोत्सव
मदयंती–*सं०* (स्त्री०) वनमल्लिका
मदरसा–*अ०* (पु०) पाठशाला, विद्यालय
मदरासी–I (वि०) मद्रास का II (पु०) मद्रास का निवासी
मदहोश–*अ०* (वि०) 1 मतवाला 2 हैरान (जैसे-मदहोश होना)
मदहोशी–*अ०* + *फ़ा०* (स्त्री०) 1 मतवालापन 2 हैरानी (जैसे-मदहोशी का आलम)
मदांध–*सं०* (वि०) 1 मतवाला 2 अविवेकी
मदाख़िलत–*अ०* (स्त्री०) 1 प्रवेश, दाख़िल होना 2 दख़ल देना
मदाढ्य–*सं०* (पु०) ताड़
मदात्यय–*सं०* (पु०) अत्यधिक शराब पीने से उत्पन्न शारीरिक विकार
मदापनय–*सं०* (पु०) नशा उतारना
मदार–I (पु०) आक नामक पौधा और उसका फल 2 मदारी
मदार–II *अ०* (पु०) 1 दौरा करने का रास्ता, भ्रमण मार्ग 2 ग्रहों के भ्रमण का मार्ग, कक्षा 3 आधार, आश्रय
मदारिया, मदारी–(पु०) 1 बंदर, भालू आदि नचाकर जीविकोपार्जन करनेवाला, कलंदर 2 बाजीगर
मदालस–*सं०* (वि०) नशे के कारण सुस्त
मदालापी–*सं०* (पु०) कोकिला, कोयल
मदिया–*फ़ा०* + *हिं०* (स्त्री०) मादा पशु
मदिर–I *सं०* (स्त्री०) लाल खैर II (वि०) मद से भरा हुआ (जैसे-मदिर नयन)
मदिरा–*सं०* (स्त्री०) 1 शराब (जैसे-मदिरा पान) 2 नशीला तरल पदार्थ। ~**पान** (पु०) शराब पीना; ~**सेवन** (पु०) मद्यपान; ~**शाला** (स्त्री०) = मदिरालय
मदिरालय–*सं०* (पु०) शराबख़ाना
मदिरोन्मत्त-*सं०* (वि०) 1 मतवाला 2 शराब के नशे में चूर
मदीय–*सं०* (वि०) मेरा
मदीला–(वि०) 1 मदयुक्त, मदिर 2 नशीला। ~**पन** (पु०) मतवालापन
मदोद्धत–*सं०* (वि०) 1 मदोन्मत्त 2 बहुत घमंडी
मदोन्मत्त–*सं०* (वि०) 1 नशे में पागल, मदांध 2 अभिमानी, दंभी
मद्द–*अ०* (स्त्री०) मद, विभाग
मद्दे नज़र–*फ़ा०* + *अ०* (क्रि० वि०) ध्यान में
मद्धम–(वि०) = मद्धिम
मद्धिक–*सं०* (पु०) दाख से बनाई गई शराब, द्राक्ष
मद्धिम–(वि०) 1 हलका (जैसे-मद्धिम प्रकाश) 2 मंदा, मंद (जैसे-मद्धिम गति)
मद्धे–(क्रि० वि०) 1 बीच में, मध्य में 2 में 3 क्षेत्र या मद में (जैसे-मकान मद्धे सौ रुपए का ख़र्द)
मद्य–*सं०* (पु०) शराब, मदिरा। ~**निषेध** (पु०) शराब पीने की मनाही; ~**पान** (पु०) मदिरापान; ~**पान निषेधक** (वि०) मद्यपान रोकनेवाला (जैसे-मद्यपान निषेधक क़ानून); ~**पाशन** (पु०) मद्य के साथ खाई जानेवाली चटपटी चीज़, चाट आदि; ~**बीच** (पु०) 1 शराब के लिए उठाया गया ख़मीर 2 ख़मीर उठाने का पदार्थ; ~**भंडार** (पु०) शराबख़ाना; ~**मंड** (पु०) 1 शराब का फेन 2 मद्यपाशन; ~**विक्रय** (पु०) शराब की बिक्री; ~**संधान** (पु०) भभके

से शराब खींचना; ~**सार** (पु०) अल्कोहल; ~**सारीय** (वि०) अल्कोहल संबंधी

मद्यप–*सं०* (वि०) शराबी

मद्याक्षेप–*सं०* (पु०) शराब पीने की लत

मद्रंकर–*सं०* (वि०) मंगलकारी

मधु–*सं०* (पु०) 1 शहद 2 शराब, मद्य 3 फूलों का रस, मकरंद 4 वसंत ऋतु। ~**उद्यान** (पु०) अंगूरों का बागीचा; ~**ऋतु** (स्त्री०) वसंत ऋतु; ~**कंठ** (पु०) कोयल; ~**कर** (पु०) 1 भौंरा 2 कामी पुरुष 3 रसिक व्यक्ति; ~**करी** (स्त्री०) 1 भ्रमरी 2 भिक्षा; ~**कार** (पु०) 1 मधुमक्खी 2 मधुपर्णी; ~**कोष** (पु०) शहद की मक्खी का छत्ता, मधु चक्र; ~**घोष** (पु०) कोकिल, कोयल; ~**चंद्र** (पु०) नव विवाहित वर वधू का रमणीक स्थान पर आनंद भोग करना, हनीमून; ~**जीवन** (पु०) बहेड़ा (वृक्ष); ~**तृण** (पु०) ईख; ~**द्रुम** (पु०) 1 महुआ 2 आम्र, आम का पेड़; ~**पटल** (पु०) मधुमक्खियों का छत्ता; ~**पर्क** (पु०) दही, घी, जल, शहद और शक्कर का योग; ~**पवन** (पु०) वासंती हवा; ~**पर्क** (पु०) दही, घी, शहद और चीनी का मिश्रण; ~**पायी** I (वि०) मधु पीनेवाला II (पु०) भौंरा; ~**प्राशन** (पु०) नवजात शिशु को मधु चटाने का एक संस्कार; ~**बीज** (पु०) अनार; ~**भाषी** (वि०) = मधुर भाषी; ~**मक्खी** + *हिं०* (स्त्री०) शहद की मक्खी ~**मक्खी घर** + *हिं०* (पु०) मधुमक्खी का छत्ता; ~**मक्खी पालक** + *हिं०* + *सं०* (पु०) मधुमक्खी पालकर अपनी जीविका चलानेवाला व्यक्ति; ~**मक्खी पालन** + *हिं०* – *सं०* (पु०) मधुमक्खी पालने का पेशा; ~**मक्षी** (स्त्री०) = मधु मक्खी; ~**मज्जन** (पु०) अखरोट का पेड़ और फल; ~**मत्त** (वि०) शराब के नशे में चूर; ~**मयता** (स्त्री०) माधुर्य, मिठास; ~**मालती** (स्त्री०) मालती (लता); ~**मूल** (पु०) रतालू नामक कंद; ~**मेह** (पु०) *चि०* पेशाब में शक्कर जाने का रोग, शर्करा प्रमेह; ~**मेही** (वि०) मधुमेह का रोगी; ~**यामिनी** (स्त्री०) वर वधू की प्रथम मिलन रात्रि; ~**रस** I (वि०) मीठा II (पु०) ईख; ~**राज** (पु०) भौंरा; ~**वात** (पु०) बसंत की हवा; ~**वार** (पु०) 1 शराब पीने का दिन 2 शराब का दौर; ~**विक्रेता** (पु०) शराब बेचनेवाला; ~**शर्करा** (स्त्री०) शहद से बनाई गई शकर; ~**शाला** (स्त्री०) = मदिरालय; ~**शेष** (पु०) मोम; ~**संचय** (पु०) शहद का संग्रह; ~**सख** (पु०) कामदेव; ~**सूदन** (पु०) विष्णु

मधुक–*सं०* (पु०) 1 महुए का पेड़ 2 महुए का फल 3 मुलेठी

मधुकरी–(स्त्री०) भिक्षा

मधुका–*सं०* (स्त्री०) 1 मुलेठी 2 शहद 3 कृष्णपर्णी लता

मधुत्व–*सं०* (पु०) मधु की मिठास

मधुप–*सं०* (पु०) 1 भौंरा 2 शहद की मक्खी

मधुमान–*सं०* (वि०) 1 मीठा 2 मधुयुक्त 3 प्रिय

मधुर–I *सं०* (वि०) 1 मीठा (जैसे-मधुर फल, मधुर रस) 2 कटुता रहित (जैसे-मधुर वाणी) 3 प्रिय और भला (जैसे-मधुर नयन) 4 धीमा, मंद (जैसे-मधुर स्वर, मधुर गति) II (पु०) मीठा रस। ~**ता** (स्त्री०) मधुर होने का भाव, मिठास; ~**भाषी** (वि०) मृदुभाषी

[illegible]–*सं०* (पु०) मधुरता

मधुरान्न–*सं०* (पु०) 1 मिठाई 2 मीठा अन्न

मधुरिका–*सं०* (स्त्री०) सौंफ

मधुरित–*सं०* (वि०) मिठास युक्त

मधुरिन–*सं०* (पु०) ग्लिसरीन (तरल पदार्थ)

मधुरिमा–I *सं०* (स्त्री०) मधुरता II (वि०) मधुर

मधूक–*सं०* (पु०) महुए का पेड़, फूल और फल

मधूकरी–(स्त्री०) भ्रमरी

मधूत्थ–*सं०* (पु०) मोम

मधूत्सव–*सं०* (पु०) 1 चैत्र की पूर्णिमा 2 वसंतोत्सव

मध्य–I *सं०* (पु०) 1 वस्तु के बीच का भाग 2 शरीर का मध्य भाग, कटि, कमर 3 तटस्थ, निष्पक्ष 4 दूरी, फ़रक (जैसे-चार पाँच मील के मध्य एक बग़ीचा है) II (वि०) 1 बीच का (जैसे-मध्य वासिनी, मध्य बालिका) 2 काम लायक (जैसे-मध्य पोशाक)। ~**कल्प** (पु०) बीच का युग; ~**काल** (पु०) मध्ययुग; ~**कालिक,** ~**कालीन** (वि०) मध्ययुगी, मध्ययुगीन; ~**गत** (वि०) बीच में स्थित, बीच का; ~**जन** (पु०) बीच के लोग; ~**ता** (स्त्री०) मध्य होने का भाव; ~**दिन,** ~**दिवस** (पु०) मध्याह्न; ~**देश** (पु०) 1 बीचवाला भाग 2 शरीर का मध्य भाग; ~**भाग** (पु०) 1 बीच का हिस्सा 2 कमर, कटि; ~**मार्गी** (वि०) बीच का रास्ता पकड़नेवाला; ~**युग** (पु०) 1 प्राचीन और अर्वाचीन काल के बीच का समय 2 भारत के इतिहास में मुस्लिम काल का समय 3 एशिया और यूरोप के इतिहास में ईसवी छठी से पंद्रहवी शताब्दी तक का समय; ~**युगीय** (वि०) मध्ययुग से संबद्ध; ~**रात्रि** आधी रात; ~**वयस्क** (वि०) अधेड उम्रवाला; ~**वर्ग** (पु०) बीच की श्रेणी के लोग; ~**वर्गी,** ~**वर्गीय** मध्य वर्ग संबंधी; ~**वर्ती** (वि०) बीच में स्थित; ~**सर्ग** (पु०) मध्य प्रत्यय; ~**स्थ** I (वि०) 1 बीच का 2 बिचौलिया II (पु०) 1 तटस्थ, उदासीन 2 बिचुआ; ~**स्थता** (स्त्री०) मध्यस्थ होने की अवस्था; ~**स्थ निकाय** (पु०) मध्यस्थता समिति; ~**स्थ निर्णय** (पु०) पंचाट; ~**स्थल** (पु०) 1 मध्य प्रदेश 2 कमर; ~**स्थित** (वि०) मध्यस्थ; ~**स्थिति** (स्त्री०) बीच की अवस्था; ~**स्थीय** (वि०) मध्यस्थ का; ~**स्वरागम** (पु०) शब्द के बीच में स्वर ध्वनि आ जाना

मध्यम–I *सं०* (वि०) 1 मध्य का, बीच का 2 मँझला न बढ़िया न घटिया II (वि०) मद्धिम III (पु०) 1 सात स्वरों में से चौथा 2 तीन प्रकार के नायकों में से एक 3 कमर। ~**पुरुष** (पु०) पुरुषवाचक सर्वनाम के तीन भेदों में से एक (जैसे-प्रथम पुरुष, मध्यम पुरुष तथा उत्तम पुरुष); ~**मार्ग** (पु०) 1 बुद्ध द्वारा प्रतिपादित सिद्धांत 2 मध्यमा प्रतिपदा 3 सामंजस्यपूर्ण जीवन पद्धति; ~**रात्र** (पु०) आधी रात; ~**वयस्क** (वि०) अधेड़, मध्यम वयवाला; ~**वर्ग** ((पु०) = मध्य वर्ग; ~**वर्गी** (वि०) = मध्यवर्गी; ~**स्थ** (वि०) मध्यस्थ

मध्यमा–*सं०* (स्त्री०) 1 बीचवाली उँगली 2 आगत यौवना

मध्यमाहरण–*सं०* (पु०) आयत्त मान निकालना

मध्यमीय–*सं०* (वि०) मध्यस्थ

मध्यांतर–*सं०* (पु०) 1 बीच का अंतर 2 मध्यावकाश, इंटरवल (जैसे-मध्यांतर होना)

मध्या–*सं०* (स्त्री०) 1 *साहि०* स्वकीया नायिका के तीन भेदों में से एक (जैसे-मुग्धा, प्रगल्भा और मध्या नायिका) 2 बीच की उँगली, मध्यमा

मध्यावकाश–*सं०* (पु०) मध्यांतर

मध्यावधि–*सं०* (वि०) बीच के समय का (जैसे-मध्यावधि चुनाव)

मध्याह्न–*सं०* (पु०) दोपहर। ~**भोजन** (पु०) दोपहर का भोजन

मध्याह्नोत्तर–*सं०* (पु०) मध्याह्न के बाद का समय, तीसरा पहर

मध्वासव–*सं०* (पु०) महुए की शराब

मनः–*सं०* (पु०) मन। ~**कल्पित** (वि०) मनगढंत; ~**प्रिय** (वि०) मन को प्रिय; ~**विश्लेषण** (पु०) मनोविश्लेषण; ~**शक्ति** (स्त्री०) मन की ताक़त, मनोबल, आत्मबल; ~**शास्त्र** (पु०) मनोविज्ञान; ~**शुद्धि** (स्त्री०) मन की पवित्रता; ~**श्रांति** (स्त्री०) मन का थक जाना, थकान; ~**संकल्प** (पु०) मनोकामना; ~**स्थिति** (स्त्री०) मन की दशा

मन–I (पु०) 1 अंतःकरण, चित्त की संकल्प और विकल्प करनेवाली वृत्ति 2 इच्छा, जी (जैसे-पढ़ने का मन नहीं है)। ~**गढ़ंत** (वि०) कल्पित; ~**चला** (वि०) 1 मनमौजी 2 निडर 3 हौसलेवाला, साहसी 4 कामुक और रसिक स्वभाववाला (जैसे-मन चला युवक); ~**चाहता** (वि०) 1 मन के अनुकूल 2 प्रिय (जैसे-मन चाहता खिलौना); ~**चाहा**, ~**चाही** (वि०) 1 मन को चाहनेवाली (जैसे-मन चाहा काम, मनचाही नौकरी) 2 इच्छानुकूल किया हुआ (जैसे-मनचाही शादी); ~**चीता** (वि०) = मन चाहता; ~**चोर** (पु०) मन को चुरानेवाला, चित्तचोर; ~**चोरनी** (स्त्री०) दिल को चुरानेवाली; ~**पसंद** + *फ़ा०* (वि०) मन को पसंद, प्रिय (जैसे-मन पसंद अभिनेत्री); ~**बहलाव** (पु०) मनोरंजन; ~**भरौती** (स्त्री०) खुशामद, चापलूसी; ~**भाया** (वि०) 1 मन को अच्छा लगनेवाला 2 प्रिय, प्यारा (जैसे-मनभाया सपना, मनभाया काम), ~**मति** + *सं०* (वि०) स्वेच्छा से काम करनेवाला; ~**मर्ज़ी** + *अ०* (स्त्री०) मन की इच्छा; ~**मानता**, ~**माना** (वि०) 1 मन को भानेवाला, प्रियकर 2 मनचाहा; ~**मानी** (स्त्री०) मनमाना काम; ~**मुटाव**, ~**मोटाव** (पु०) मन में दुर्भाव आना, वैमनस्य (जैसे-पारस्परिक मन मुटाव); ~**मोदक** + *सं०* (पु०) ख़याली पुलाव; ~**मोहन** + *सं०* (वि०) मन को मोहनेवाला, प्यारा; ~**मौज** + *अ०* (स्त्री०) 1 मन की तरंग 2 हार्दिक खुशी; ~**मौजी** + *अ०* + *फ़ा०* (वि०) अपनी इच्छानुसार काम करनेवाला; ~**वांछित** + *सं०* (वि०) मनोवांछित; ~**स्थिति** + *सं०* (स्त्री०) = मनः स्थिति; ~**अटकना**, ~**उलझना** किसी पर दिल आना, प्रेम होना; ~**आना** दिल आना; ~**कच्चा करना** दिल छोटा करना, हिम्मत हारना; ~**करना** इच्छा होना, जी चाहना; ~**का कच्चा** कमज़ोर दिल का; ~**का मारा** खिन्न हृदय; उदास हृदय, ~**का मैल** दुर्भावना; ~**का मैला** बुरे दिल का; ~**की मन में रहना** इच्छा पूर्ण न होना, मनचाहा न होना; ~**की मौज** मन की लहर; ~**के लड्डू खाना** ख़याली पुलाव पकाना; ~**चलना** जी चाहना, इच्छा होना; ~**डोलना** 1 इच्छा होना, ललचाना 2 विचलित होना (जैसे-नायिका को देखकर नायक का मन डोल गया); ~**देना** मन लगाना; ~**धरना** ध्यान देना; ~**फटना** प्रीति न रहना, विरक्ति होना; ~**बढ़ना** हौसला बढ़ना, उत्साहित होना; ~**बढ़ाना** उत्साह बढ़ाना, बढ़ावा देना; ~**भरना** 1 तृप्ति होना 2 अघाना, तुष्टि; ~**भाना** अच्छा लगना; ~**मानना** 1 संतोष होना 2 निश्चय होना 3 दिल मिलना, प्रीति होना; ~**मारना** इच्छाओं को दबाना; ~**मारे हुए** उदास होकर; ~**मिलना** 1 रुचि, प्रवृत्ति में समानता होना 2 प्रीति होना (जैसे-नायक नायिका का मन मिलना); ~**में आना** 1 ख़याल उठना 2 इच्छा होना; ~**में मैल आना** दुर्भाव पैदा होना; ~**मैला करना** 1 उदास होना 2 दुर्भाव लाना; ~**मैला होना** ख़याल का ख़राब होना; ~**मोहना** मन लुभाना; ~**से उतरना** 1 मन में उपेक्षा होना 2 ध्यान न रहना; ~**हरना** मन मोहना; ~**ही मन** अंदर ही चुपचाप; ~**होना** इच्छा होना

मन–II (पु०) चालीस सेर की तौल 2 उक्त तौल का बाट

मनकना–(अ० क्रि०) हिलना डोलना, चेष्टा करना

मनका–(पु०) माला, मोती

मनक़ूला–*अ०* (वि०) दूसरी ज़गह ले जाने योग्य (जैसे-मनक़ूला जायदाद)

मनन–*सं०* (पु०) 1 सोचना 2 विचार करना (जैसे-चिंतन मनन)

मननाना–(अ० क्रि०) गूँजना, गुंजारना

मननीय–*सं०* (वि०) मनन करने योग्य

मनवाना–(स० क्रि०) 1 मानने को प्रेरित करना 2 मानने का काम कराना (जैसे-रूठे बालक को मनवाना)

मनशा–*अ०* (स्त्री०) 1 मतलब, आशय 2 उद्देश्य, प्रयोजन 3 इच्छा, इरादा

मनश्चिकित्सा–*सं०* (स्त्री०) मानसिक रोगों का उपचार

मनसब–*अ०* (पु०) = मंसब। ~**दार** + *फ़ा०* (पु०) = मंसबदार

मनसबी–*अ०* + *फ़ा०* (वि०) ओहदेदारी

मनसा–I *सं०* (वि०) मन संबंधी, मन का II (क्रि० वि०) मन के द्वारा, मन से (जैसे-मनसा, वाचा, कर्मणा)

मनसाकर–(वि०) मनोकामना पूर्ण करनेवाला

मनसाना–I (अ० क्रि०) उमंग में आना II (स० क्रि०) मनसने में प्रवृत्त करना

मनसिज–*सं०* (पु०) कामदेव

मनसूख़–*अ०* (वि०) = मंसूख़

मनसूख़ी–*अ०* + *फ़ा०* (स्त्री०) = मंसूख़ी

मनसूबा–*अ०* (पु०) = मंसूबा

मनस्क–*सं०* (वि०) 1 मन लगा हुआ (जैसे-अन्यमनस्क) 2 अनुरक्त, इच्छा युक्त

मनस्तल–*सं०* (पु०) हृदय

मनस्ताप–*सं०* (पु०) 1 मन का दुःख 2 अनुताप, पछतावा

मनस्तोष–*सं०* (पु०) मन का संतोष

मनस्विता–*सं०* (स्त्री०) मनस्वी होने का भाव

मनस्वी–*सं०* (वि०) उच्च विचारवाला, बुद्धिमान्

मनहार–(वि०) = मनोहर

मनहूस–*अ०* (वि०) 1 अशुभ, बुरा 2 अभागा, बदकिस्मत (जैसे-मनहूस आदमी)

मनहूसियत–*अ०* (स्त्री०) 1 मनहूस होने की अवस्था 2 बदकिस्मती, अभागापन
मना–*अ०* (वि०) निषिद्ध, रोका गया (जैसे-अंदर जाना मना है)
मनाई–*अ०* (स्त्री०) = मनाही
मनादी–*अ०* (स्त्री०) = मुनादी
मनाना–(स० क्रि०) 1 राज़ी करना 2 प्रसन्न करना (जैसे-रूठी नायिका को मनाना) 3 प्रार्थना करना (जैसे-संतान हेतु ईश्वर को मनाना)
मनाल–(पु०) चकोर पक्षी
मनावन–*बो०* (पु०) मनाने का काम
मनाही–*अ०* (स्त्री०) 1 मना करने का भाव 2 रोक, निषेध
मनिया–(स्त्री०) 1 माला का दाना, गुरिया 2 माला
मनिहार–(पु०) चूड़ी बनानेवाला, चूड़िहारा
मनिहारिन, मनिहारी– (स्त्री०) 1 चूड़िहारा की स्त्री 2 चूड़ी बनाने और बेचने का पेशा करनेवाली स्त्री
मनिहारी–(स्त्री०) मनिहार का काम
मनी–*अं०* (पु०) रुपया पैसा। ~**आर्डर** (पु०) 1 डाकख़ाने द्वारा अन्यत्र रुपया भेजने की व्यवस्था 2 इस कार्य हेतु भरा जानेवाला एक विशेष पत्र (जैसे-मनीआर्डर फ़ार्म, मनीआर्डर देना); ~**चेंज** (पु०) रेज़गारी, फुटकर; ~**बैग** (पु०) रुपए पैसे रखने का छोटा थैला, बटुआ
मनीषा–*सं०* (स्त्री०) 1 बुद्धि, अक़्ल 2 इच्छा, कामना, अभिलाषा
मनीषित–*सं०* (वि०) मनोभिलाषित, वांछित
मनीषिता–*सं०* (स्त्री०) बुद्धिमत्ता
मनीषी–*सं०* (वि०) 1 ज्ञानी, विद्वान् 2 विचारशील 3 बुद्धिमान्
मनु–*सं०* (पु०) 1 ब्रह्मा के मानक पुत्र (जैसे-मनु की कल्पना पौराणिक है) 2 मनुष्य। ~**ज** (पु०) मनुष्य; ~**स्मृति** (स्त्री०) आदि मनु का बनाया धर्म शास्त्र
मनुष्य–*सं०* (पु०) आदमी, इंसान, नर। ~**कृत** (वि०) मनुष्य का बनाया हुआ, मनुष्य निर्मित; ~**गणना** (स्त्री०) मर्दुमशुमारी, जनगणना; ~**घात** (पु०) नर हत्या; ~**जाति** (स्त्री०) मानव समाज; ~**ता** (स्त्री०) 1 मनुष्य होने की अवस्था, आदमीपन 2 शिक्षित और सभ्य समाज के लिए उचित और आवश्यक बातें 3 आवश्यक और उपयोगी गुणों का समूह; ~**द्रोह** (पु०) मानव के प्रति वैर भाव; ~**द्रोही** (वि०) मनुष्य द्रोह रखनेवाला; ~**बिक्री** + *हिं०* (स्त्री०) मनुष्य का व्यापार; ~**भक्षी** (पु०) आदमख़ोर; ~**मात्र** (पु०) = मनुष्य जाति; ~**राशि** (स्त्री०) जनसमूह; ~**रूप** (पु०) मनुष्य की आकृति; ~**वध** (पु०) मनुष्य घात; ~**विज्ञान** (पु०) वह विज्ञान या शास्त्र जिसमें मनुष्य के जन्म, विकास आदि तथ्यों का विवेचन किया जाता है; ~**वैज्ञानिक** (पु०) मनुष्य विज्ञान का ज्ञाता; ~**संतति** (स्त्री०) मानव संतान; ~**समाज** (पु०) मानव वर्ग
मनुष्यत्व–*सं०* (पु०) = मनुष्यता
मनुष्याकृति–*सं०* (वि०) मनुष्य की आकृतिवाला (जैसे-मनुष्याकृति बंदर)
मनुष्योचित–*सं०* (वि०) मनुष्य के लिए उचित
मनुस–*बो०* (पु०) 1 मनुष्य 2 जवान, मर्द
मनुसाई–*बो०* (स्त्री०) पुरुषार्थ, मर्दानगी
मनुहार–(स्त्री०) 1 मनाने का ढंग, यत्न 2 विनती, ख़ुशामद 3 आदर सत्कार
मनेजर–*अं०* (पु०) = मैनेजर
मनोकांक्षा–*सं०* (स्त्री०) मन की इच्छा, अभिलाषा
मनोकांक्षित–*सं०* (वि०) इच्छित, अभिलाषित
मनोकामना–*सं०* (स्त्री०) मन की कामना, अभिलाषा
मनोगत–*सं०* (वि०) मन में आया हुआ
मनोगति–*सं०* (स्त्री०) 1 मन की गति 2 इच्छा
मनोग्रंथि–*सं०* (स्त्री०) मन में आचार व्यवहार की गाँठ
मनोग्राहक–*सं०* (वि०) मन को आकर्षित करनेवाला
मनोग्राही–*सं०* (वि०) मन को अपनी ओर खींचनेवाला
मनोज–*सं०* (पु०) कामदेव, मदन
मनोज्ञ–*सं०* (वि०) प्रिय, सुंदर
मनोदशा–*सं०* (स्त्री०) मन की प्रवृत्ति
मनोदाही–*सं०* (वि०) मन में संताप उत्पन्न होनेवाला
मनोदुष्ट–*सं०* (वि०) बुरे स्वभाववाला
मनोदेवता–*सं०* (पु०) अंतरात्मा
मनोदौर्बल्य–*सं०* (पु०) मन की दुर्बलता
मनोधारा–*सं०* (स्त्री०) मनोगति
मनोनयन–*सं०* (पु०) 1 पसंद करना 2 सोचना
मनोनिग्रह–*सं०* (पु०) मन को वश में रखना
मनोनियोग–*सं०* (पु०) मनोयोग
मनोनिवेश–*सं०* (पु०) मन लगाना, एकाग्रता
मनोनीत–*सं०* (वि०) 1 पसंद किया हुआ 2 चुना हुआ
मनोनुकूल–*सं०* (वि०) मन के अनुकूल (जैसे-मनोनुकूल कथन)
मनोबल–*सं०* (पु०) 1 आत्मशक्ति 2 मानसिक बल
मनोभंग–*सं०* (पु०) 1 मन की शांति में उत्पन्न बाधा 2 उदासी 3 नैराश्य
मनोभव–*सं०* (पु०) कामदेव
मनोभाव–*सं०* (पु०) मन का भाव
मनोभावना–*सं०* (स्त्री०) मन का विचार
मनोभाविक–*सं०* (वि०) मनोवृत्ति संबंधी
मनोभिलाष–*सं०* (पु०) मन की इच्छा
मनोभ्रंश–*सं०* (पु०) = मनोदौर्बल्य, मतिभ्रम
मनोमय–*सं०* (वि०) 1 मन से युक्त 2 मानसिक
मनोमालिन्य–*सं०* (पु०) मन का दुर्भाव, मनमुटाव
मनोमुग्धकर–*सं०* (वि०) मन को मोहित करनेवाला
मनोमोही–*सं०* (वि०) = मनोहर
मनोयोग–*सं०* (पु०) मन लगाना (जैसे-मनोयोग से काम करना)
मनोरंजक–*सं०* (वि०) मनोरंजन करनेवाला। ~**ता** (स्त्री०) मनोरंजक भाव
मनोरंजन–*सं०* (पु०) दिल बहलाव, इंटरटेनमेंट
मनोरंजनार्थ–*सं०* (क्रि० वि०) मन बहलाव के लिए
मनोरथ–*सं०* (पु०) इच्छा
मनोरम–*सं०* (वि०) 1 = मनोहर 2 सुंदर
मनोरा–(पु०) गोबर की मूर्ति
मनोराग–(पु०) प्रेम

मनोराज–(पु०) = मनोराज्य
मनोराज्य–*सं०* (पु०) ख़याली पुलाव, जागते का सपना
मनोरोग–*सं०* (पु०) मानसिक रोग, दिमाग़ी बीमारी। ~**चिकित्सक** (पु०) मानसिक रोगों का डॉक्टर
मनोलीला–*सं०* (स्त्री०) = मनोराज्य
मनोलौल्य–*सं०* (पु०) 1 मनमौज 2 मन की चंचलता
मनोल्लास–*सं०* (पु०) मन की उमंग, उत्साह
मनोवांछा–*सं०* (स्त्री०) = मनोकामना
मनोवांछित–*सं०* (वि०) मन का चाहा
मनोवाद–*सं०* (पु०) मानसिक क्रिया
मनोविकार–*सं०* (पु०) मन का आवेग। ~ **ग्रस्त** (वि०) मनोविकार से पीड़ित
मनोविज्ञान–*सं०* (पु०) वह विज्ञान या शास्त्र जिसमें मानव मन की विभिन्न अवस्थाओं और क्रियाओं का तथा उनके प्रभावों का अध्ययन किया जाता है, साइकॉलोजी
मनोविनोद–*सं०* (पु०) = मनोरंजन
मनोविज्ञानी–*सं०* (वि०) मनोरंजन करनेवाला
मनोविश्लेषक–(पु०) मन का विश्लेषण करनेवाला
मनोविश्लेषण–*सं०* (पु०) आधुनिक मनोविज्ञान की एक शाखा जिसमें विशिष्ट रोगों और विकारों का उपचार संबंधी विवेचन किया जाता है
मनोवृत्ति–*सं०* (स्त्री०) मन की स्वाभाविक स्थिति
मनोवेग–*सं०* (पु०) मन का आवेग
मनोवैकल्प–*सं०* (पु०) = मनोदौर्बल्य
मनोवैज्ञानिक–I *सं०* (वि०) मनोविज्ञान संबंधी II (पु०) मनोविज्ञान का ज्ञाता। ~**ता** (स्त्री०) मनोवैज्ञानिक अवस्था
मनोव्यथा–*सं०* (स्त्री०) मनस्ताप
मनोव्याधि–*सं०* (स्त्री०) मनोरोग
मनोव्यापार–*सं०* (पु०) मन के संकल्प विकल्प का विचार
मनोहत–*सं०* (वि०) निराश
मनोहर–*सं०* (वि०) 1 मन हरनेवाला 2 सुंदर
मनोहारी–*सं०* (वि०) = मनोहर
मनौअल–(स्त्री०) मन में कोई विचार धारण करना
मनौती–*बो०* (स्त्री०) 1 मनुहार 2 मन्नत
मन्नत–(स्त्री०) मानता, संकल्प
मन्मथलेख–*सं०* (पु०) प्रेमपत्र
मन्मथी–I *सं०* (पु०) 1 कामदेव 2 कामवासना II(वि०) कामी, कामुक
मन्वंतर–*सं०* (पु०) 1 मनु का अधिकार काल 2 दुर्भिक्ष, अकाल
मफ़रूर–*अ०* (वि०) भागा हुआ, पलायित
मफ़लर–*अं०* (पु०) गुलूबंद
मम–*सं०* (सर्व०) मेरा। ~**कार** (पु०) 1 अपना समझना, ममता 2 निजी संपत्ति
ममता–*सं०* (स्त्री०) 1 अपनी समझना 2 अपनापन 3 स्नेह (जैसे-माँ की ममता) 4 मोह (जैसे-मन की ममता)
ममतामय–*सं०* (वि०) ममता से युक्त
ममतालु–(वि०) ममतावाला
ममत्व–*सं०* (पु०) = ममता
ममरी–(स्त्री०) बनतुलसी
ममाना–(पु०) मामा का घर
ममिया–(वि०) मामा से संबंधित (जैसे-ममिया ससुर)
ममियौरा–*बो०* (पु०) = ममाना
ममी–*अं०* (स्त्री०) परिरक्षित शव
ममीरा–(पु०) हल्दी की जाति का एक पौधा
ममेरा–(वि०) मामा संबंधी (जैसे-ममेरा भाई)
ममोला–(पु०) 1 धोबिन नामक छोटा पक्षी 2 छोटा प्यारा बच्चा
मयंक–*सं०* (पु०) चंद्रमा
मय–I *फ़ा०* (स्त्री०) = मदिरा। ~**कश** (पु०) = शराबी, मद्यप; ~**कशी** (स्त्री०) शराब पीना, मदिरापान; ~**ख़ाना** (पु०) मदिरालय; ~**ख़्वार** (पु०) = मयकश; ~**ख़्वारी** (स्त्री०) मदिरापान, मयकशी; ~**परस्त** (वि०) शराबी; ~**परस्ती** (स्त्री०) मद्यपान, शराब पीना
मय–II *अ०* (अ०) सहित, समेत (जैसे-मय बाल बच्चे)
मय–III *सं०* (प्र०) वाला (जैसे-शांतिमय, आनंदमय)
मयार–(वि०) दयालु, कृपायुक्त
मयारी–(स्त्री०) 1 हिंडोले की रस्सी लटकाई जानेवाली शाखा, धरन 2 धरन, खंभा
मयूख–*सं०* (पु०) 1 किरण 2 दीप्ति
मयूर–*सं०* (पु०) मोर। ~**चूड़ा** (स्त्री०) मयूर शिखा नामक क्षुप; ~**जंघ** (पु०) सोनापाढ़ा; ~**पुच्छ** (पु०) मोर का पंख; ~**शिखा** (स्त्री०) मोर की कलगी
मयूरी–*सं०* (स्त्री०) मोरनी
मर–*सं०* (पु०) 1 मृत्यु 2 मृत्युलोक, संसार
मरक–I *बो०* (स्त्री०) 1 भेद, रहस्य 2 खिंचाव, आकर्षण 3 द्वेष, वैर 4 मन की उमंग
मरक–II *सं०* (पु०) महामारी
मरकज़–*अ०* (वि०) 1 वृत्त का केंद्र 2 केंद्र स्थल
मरकज़ी–*अ०* (वि०) केंद्रीय
मरकट–(पु०) = मर्कट
मरकत–*सं०* (पु०) पन्ना नामक रत्न
मरकताल–(पु०) समुद्र की तरंगों के उतार की सबसे अंतिम अवस्था, भाटा की चरम अवस्था
मरकहा–(वि०) मारनेवाला (जैसे-मरकहा बैल)
मरखना–(वि०) 1 गुस्से में आकर मारनेवाला (जैसे-मरखना साँड़) 2 मारने पीटने का आदी
मरगी–*बो०* (स्त्री०) महामारी
मरघट–(पु०) चिता जलाने का स्थान, मसान। ~**का मुतना** डरावनी शक्ल का आदमी
मरज़–*अ०* (पु०) 1 रोग, बीमारी 2 खराब आदत, बुरी लत (जैसे-शराब पीने का मरज़)
परजिया–I (पु०) गोताखोर II (वि०) 1 मरकर जीनेवाला 2 मृतप्राय 3 मरने जीने से लापरवाह
मरज़ी–*अ०* (स्त्री०) 1 इच्छा, कामना (जैसे-अपनी मरज़ी से काम करना) 2 अनुकूल मनोभाव (जैसे-मरज़ी के ख़िलाफ़ काम करना)
मरण–*सं०* (पु०) 1 मरना, मृत्यु 2 *साहि०* मरणासन्न अवस्था का सूचक एक संचारी भाव। ~**कारक** (वि०) मारनेवाला, मारक; ~**काल** (पु०) = मृत्यु क्षण; ~**धर्मा** (वि०)

मरनेवाला; ~**पर्यंत** (क्रि० वि०) उम्र भर; ~**शील** (वि०) मरना ही जिसका धर्म हो, मरणधर्मा; ~**शुल्क** (पु०) मृत्यु कर; ~**समय** (पु०) = मृत्यु क्षण, मृत्यु की घड़ी
मरणांतक–*सं०* (वि०) जानलेवा
मरणोत्तर–*सं०* (क्रि० वि०) मरने के बाद
मरणोन्मुख–*सं०* (वि०) = मरणासन्न
मरतबा–*अ०* (पु०) 1 दफा, पारी, बार 2 पद, पदवी
मरतबान–(पु०) चीनी मिट्टी का बना एक प्रसिद्ध पात्र
मरता–(वि०) मरने के करीब (जैसे-मरता क्या न करता)। (मु०) ~**क्या न करता** जीवन से निराश व्यक्ति सब कुछ करने को तैयार हो जाता है; **मरते को मारना** दुःखी व्यक्ति या पशु को और भी सताना; **मरते दम तक** आख़िरी समय तक, ज़िंदगी भर; **मरते समय** मौत के पास पहुँचकर
मरतेजीते–(क्रि० वि०) ज्यों त्यों करके, किसी तरह
मरदई–*फ़ा० + हिं० बो०* (स्त्री०) = मर्दानगी
मरदनिया–*बो०* (पु०) मालिश करनेवाला आदमी
मरदानगी–*फ़ा०* (स्त्री०) = मर्दानगी
मरदाना–*फ़ा०* (वि०) = मर्दाना
मरदूद–*अ०* (वि०) 1 निकाला हुआ 2 रद्द किया हुआ 3 तिरस्कृत 4 निकम्मा
मरना–I (अ० क्रि०) 1 समाप्त होना, मृत्यु को प्राप्त होना (जैसे-रोगी का मरना निश्चित है) 2 कुम्हला जाना (जैसे-अधिक गर्मी से सारे फूल पौधे मर गए) 3 कष्ट उठाना, दुःख भोगना (जैसे-मरकर भी जीविकोपार्जन न कर पाना) 4 कष्ट सहन करना (जैसे-इज़्ज़त के लिए मरना) 5 परेशान, विकल होना (जैसे-रूप यौवन पर मर मिटना, प्रेम विरह में मरना) 6 योग्य न रहना (जैसे-कबड्डी में खिलाड़ियों का मरना, शतरंज में वज़ीर का मरना) 7 नष्ट होना, खत्म होना (जैसे-लज्जा का मरना, शील संकोच का मर जाना) 8 मंद पड़ना (जैसे-भूख मरना, उत्साह मरना II (वि०) 1 मरनेवाला 2 मरणासन्न। ~**जीना** (पु०) 1 जीवन मरण 2 जीवन मरण का चक्र (जैसे-मरना जीना सांसारिक विधान है)
मरनी–(स्त्री०) 1 मौत, मृत्यु 2 मृत्युशोक, ग़मी (जैसे-मरनी करनी से कौन बचा है) 3 अत्यंत दुःख, परेशानी (जैसे-ग़रीब के घर हमेशा मरनी छाई रहती है)। ~**करनी** (स्त्री०) अंत्येष्टि क्रिया
मरभुक्खा–(वि०) 1 भूख का मारा हुआ 2 भुक्खड़ 3 कंगाल
मरमर–*फ़ा०* (पु०) एक तरह का सफ़ेद पत्थर
मरमरा–I (वि०) सहज में टूट जानेवाला
मरमरा–II *बो०* (पु०) एक प्रकार का पक्षी
मरमराना–I (अ० क्रि०) मर मर की आवाज़ करना II (स० क्रि०) मर मर शब्द उत्पन्न करना
मरमराहट–(स्त्री०) चरमराहट
मरम्मत–*अ०* (स्त्री०) 1 बिगड़ी वस्तु को सुधारना, दुरुस्त करना (जैसे-घड़ी की मरम्मत, मकान की मरम्मत) 2 शारीरिक दंड (जैसे-बदमाश की मरम्मत करना)
मरम्मती–*अ० + फ़ा०* (वि०) 1 मरम्मत के लायक 2 मरम्मत संबंधी
मरवाना–(स० क्रि०) 1 मारने पीटने में प्रवृत्त करना (जैसे-दुश्मन को मरवाना) 2 हत्या कराना
मरसा–(पु०) एक प्रकार का कोमल साग
मरसिया–(पु०) शोक गीत
मरहठा–(पु०) = मराठा
मरहठी–(वि०) = मराठी
मरहम–*फ़ा०* (पु०) ज़ख्म पर लगाया जानेवाला गाढ़ा और चिकना लेप (जैसे-मरहम पट्टी करना)। ~**पट्टी** *+ हिं०* (स्त्री०) 1 मरहम लगाकर पट्टी बाँधना 2 ज़ख्म का इलाज करना
मरहला–*अ०* 1 पड़ाव, ठिकान 2 कुटिया, झोपड़ी 3 कठिन काम
मरहूम–*अ०* (वि०) मरा हुआ, दिवंगत
मराठा–(पु०) महाराष्ट्र राज्य का निवासी
मराठी–I (स्त्री०) महाराष्ट्र राज्य की भाषा II (वि०) मराठों का
मराना–(स० क्रि०) 1 मरवाना 2 संभोग कराना
मराल–*सं०* (पु०) हंस
मरिच–*सं०* (पु०) काली मिर्च
मरिचा–बड़ी लाल मिर्च
मरियल–(वि०) बेदम (जैसे-मरियल टट्टू)
मरी–(स्त्री०) 1 महामारी 2 एक प्रकार का भूत
मरीचि–*सं०* (पु०) 1 किरण, रश्मि 2 प्रभा, कांति
मरीचिका–*सं०* (स्त्री०) मृग तृष्णा
मरिचिजल–*सं०* (पु०) भ्रामक दृश्य
मरीची–I *सं०* (वि०) किरण युक्त II (पु०) सूर्य 2 चंद्रमा
मरीज़–*अ०* (वि०) रोगी, बीमार
मरु–*सं०* (पु०) 1 रेगिस्तान (जैसे-मरुभूमि) 2 जल रहित पर्वत। ~**द्वीप** (पु०) मरुस्थल के बीच का हरा भरा क्षेत्र; ~**भूमि** (स्त्री०), ~**स्थल** रेतीला और जलरहित प्रदेश, रेगिस्तान
मरुआ–(पु०) 1 बनतुलसी जाति का एक पौधा 2 *बो०* 1 बँड़ेर 2 लकड़ी का धरन 3 माँड, पीच
मरुत्–*सं०* (पु०) हवा, वायु
मरेठी–*बो०* (स्त्री०) 1 मोटी और मज़बूत रस्सी 2 मुलेठी
मरोड़–(स्त्री०) 1 मरोड़ने की क्रिया (जैसे-रस्सी मरोड़ कर रख देना) 2 मरोड़ने से पड़नेवाला बल 3 चक्कर, घुमाव फिराव (जैसे-मरोड़ देना) 4 ऐंठन (जैसे-पेट में मरोड़ से उत्पन्न दर्द) 5 कपट, क्षोभ। ~**बाज़** *+ फ़ा०* (पु०) अकड़बाज़, छैला; ~**की बात** छल कपट की बात; ~**की बात कहना** घमंड भरी बात कहना; ~**खाना** 1 पीड़ा होना 2 क्षुब्ध रहना
मरोड़ना–(स० क्रि०) 1 घुमाना (जैसे-हाथ मरोड़ना) 2 तनाव में लाना (जैसे- अंग मरोड़ना, अंगड़ाई लेना) 3 दुःख पहुँचाना
मरोड़ा–(पु०) = मरोड़
मरोड़ी–(स्त्री०) 1 ऐंठन, घुमाव 2 खींचातानी
मर्कट–*सं०* (पु०) बंदर
मर्कटी–*सं०* (स्त्री०) बंदरिया
मर्ग–*फ़ा०* (स्त्री०) मृत्यु
मर्चेंट–*अं०* (पु०) व्यापारी
मर्ज़–*अ०* (पु०) = मरज़

मर्ज़ी–*अ०* (स्त्री०) = मरज़ी
मर्तबा–*अ०* (पु०) = मरतबा
मर्तबान–(पु०) = मरतबान
मर्त्य–I *सं०* (पु०) 1 मनुष्य 2 शरीर II (वि०) मरणशील। ~**काया** (स्त्री०) मरणशील देह; ~**लोक** (पु०) मनुष्य लोक, भूलोक
मर्द–I *फ़ा०* (पु०) 1 मनुष्य, प्राणी 2 पौरुष संपन्न व्यक्ति II (वि०) वीर और साहसी। ~**बाज़** I (स्त्री०) बदचलन स्त्री II (वि०) पुंश्चली (जैसे-मर्दबाज़ होना)
मर्दन–I *सं०* (पु०) 1 मलना, रगड़ना 2 कुचलना, रौंदना 3 नष्ट भ्रष्ट करना 4 पीसना II (वि०) 1 मर्दन करनेवाला 2 कुचलनेवाला (जैसे-अहि मर्दन)
मर्दनी–*सं०* (स्त्री०/वि०) मर्दन करनेवाली
मर्दाना–I *फ़ा०* (वि०) 1 पुरुष संबंधी, मर्दों का 2 पुरुषोचित 3 बहादुर 4 जवाँमर्द II (पु०) मर्द के बैठने का स्थान (जैसे-मर्दाना डिब्बा)
मर्दित–*सं०* (वि०) 1 मर्दन किया हुआ 2 नष्ट किया हुआ 3 रौंदा हुआ
मर्दी–*फ़ा०* (स्त्री०) 1 मर्दानगी 2 पुंसतव
मर्दुआ–*फ़ा० + हिं०* (पु०) 1 तुच्छ आदमी 2 मर्द, पति
मर्दुम–*फ़ा०* (पु०) मनुष्य। ~**ख़ोर** (पु०) नरभक्षी; ~**ख़ोरी** (स्त्री०) मानव भक्षण; ~ **शुमारी** (स्त्री०) जनगणना
मर्दुमी–*फ़ा०* (स्त्री०) 1 मनुष्यता 2 पौरुष, वीरता 3 पुंसता
मर्म–*सं०* 1 भेद, रहस्य (जैसे-हृदय का मर्म) 2 स्वरूप (जैसे-जीवन का मर्म निराला है) 3 शरीर का अत्यंत नाजुक स्थान (जैसे-मर्म पर आघात करना)। ~**ग्राही** (वि०) रहस्य को समझनेवाला; ~**घाती** (वि०) मर्म पर आघात करनेवाला; ~**ज्ञ** (वि०) गूढ़ अर्थ, रहस्य को जाननेवाला; ~**प्रहार** (पु०) मर्म स्थल पर किया गया आघात; ~**भेदक** (वि०) 1 मर्म छेदनेवाला 2 हृदय विदारक; ~**भेदी** (वि०) 1 मर्म पर आघात करनेवाला (जैसे-मर्मभेदी बाण) 2 संतप्त करनेवाला; ~**वचन** (पु०) 1 कठोर वचन 2 गूढ़ बात; ~**वाद** (पु०) रहस्यवाद; ~**वादी** (वि०) रहस्यवादी; ~**वेदना** (स्त्री०) = मनस्ताप; ~**वेदी** (वि०) मर्मज्ञ रहस्य जाननेवाला; ~**वेधक** (वि०) = मर्मभेदी; ~**व्यथा** (स्त्री०) = मनस्ताप; ~**स्थल** (पु०) = मर्म स्थान; ~**स्थल वेधी** (वि०) = ~भेदी; ~**स्थान** (पु०) शरीर का अत्यंत नाजुक भाग; ~**स्पर्शी** (वि०) दिल को लगनेवाली, मर्मभेदी (जैसे-मर्मस्पर्शी कथन, मर्मस्पर्शी वाक्य)
मर्ममय–*सं०* (वि०) मर्मयुक्त
मर्मर–I *फ़ा०* (पु०) = मरमर
मर्मर–II *सं०* (पु०) खड़खड़ाहट (जैसे-पत्तों की मर्मर)। ~**ध्वनि** (स्त्री०) मर्मर की आवाज़ (जैसे-मर्मर ध्वनि उत्पन्न करना)
मर्मरित–*सं०* (वि०) मर्मर ध्वनि करता हुआ
मर्मांग–*सं०* (पु०) = मर्म स्थल
मर्मांतक–*सं०* (वि०) मर्मभेदी
मर्माघात–*सं०* (पु०) मर्मस्थल पर होनेवाला आघात
मर्मान्वेषण–*सं०* (पु०) रहस्य का पता लगाना
मर्माहत–*सं०* (वि०) मर्म पर चोट पहुँचा हुआ
मर्मिक–*सं०* (वि०) = मर्मज्ञ
मर्मी–*सं०* (वि०) मर्म का ज्ञाता
मर्मोद्‌घाटन–*सं०* (पु०) रहस्य प्रकट करना
मर्याद *बो०* (स्त्री०), **मर्यादा**–*सं०* (स्त्री०) 1 गौरव, प्रतिष्ठा, मान (जैसे-कुल की मर्यादा) 2 सीमा, हद (जैसे- मर्यादा का उल्लंघन, मर्यादा तोड़ना) 3 लोक प्रचलित व्यवहार और नियम (जैसे-लोक मर्यादा, खान-पान की मर्यादा)। ~**पुरुषोत्तम** (पु०) राम; ~**व्यतिक्रम** (पु०) मर्यादा का उल्लंघन
मर्यादित–*सं०* (वि०) 1 प्रतिष्ठित 2 सीमित
मर्यादी–*सं०* (वि०) 1 मर्यादा युक्त 2 सीमित। ~**करण** (पु०) मर्यादा में रहने की अवस्था
मर्री–(स्त्री०) कर्ज़दारों के द्वारा सूद के बदले महाजन को दी जानेवाली भूमि
मर्शन–*सं०* (पु०) 1 रगड़ना 2 सलाह देना 3 विचार करना
मर्ष–*सं०* (पु०) 1 क्षमा 2 सहनशीलता
मर्षण–I *सं०* (पु०) 1 सहना 2 क्षमा करना II (वि०) 1 नाश करनेवाला 2 दूर करनेवाला
मर्हून–*अ०* (वि०) = मरहून
मल–I *सं०* (पु०) 1 मैल, कीट (जैसे-धातुओं का मल) 2 मैल, विकार (जैसे- कफ़, पसीना) 3 विष्ठा, गुह 4 दोष, विकार 5 पाप (जैसे-मन का मल धोना) II (वि०) गंदा, मलिन (जैसे-शरीर से निकला मल, मल पदार्थ)। ~**त्याग** (पु०) शौच करना; ~**द्वार** (पु०) गाँड, गुदा; ~**परीक्षा** (स्त्री०) टट्टी की जाँच; ~**पात्र** (पु०) कमोड; ~**मास** (पु०) दो संक्रांतियों के बीच पड़नेवाला चांद्रमास ~**मूत्र** (पु०) टट्टी और पेशाब; ~**युग** (पु०) कलियुग; ~**रोधन** (पु०) = मलावरोध; ~**वाहक** (वि०) मल ले जानेवाला (जैसे-मलवाहक गाड़ी); ~**विसर्जन** (पु०) = मलत्याग; ~**वेग** (पु०) अतीसार; ~**शुद्धि** (स्त्री०) मल का बाहर निकलना
मलकना–(अ० क्रि०) *बो०* 1 हिलना डोलना 2 मटकना 3 इतराना
मलका–*फ़ा०* (स्त्री०) 1 अत्यंत सुंदर स्त्री 2 महारानी 3 रानी
मलकाना–I (अ० क्रि०) इतराना
मलकाना–II (स० क्रि०) 1 हिलाना डुलाना 2 ठमक ठमककर बातें करना (जैसे-युवती का मलकाना देखो)
मलकुलमौत–*अ०* (पु०) मौत का फ़रिश्ता
मलखंभ, मलखम–(पु०) 1 एक तरह की कसरत करने का लकड़ी का बना खंभा (जैसे-मलखंभ की कसरत) 2 मलखंभ पर की जानेवाली कसरत
मलट–*अं०* (पु०) लकड़ी का हथौड़ा
मलता–(वि०) घिसा हुआ
मलना–(स० क्रि०) 1 रगड़ना (जैसे-साबुन मलना) 2 लेप करना (जैसे-मलहम मलना) 3 हाथ फेरना (जैसे-आँख मलना) 4 रगड़ते हुए इधर उधर करना (जैसे-हाथ मलना) 5 उमेठना (जैसे-कान मलना)
मलबा–(पु०) 1 कूड़ा कर्कट 2 गिरे हुए मकान के ईंट-पत्थर आदि (जैसे-मलबा साफ़ करना)
मलमल–(स्त्री०) एक तरह का बढ़िया महीन सूती कपड़ा

मलमला–I (वि०) 1 अत्यंत कोमल 2 उदास, खिन्न
मलमला–II (पु०) कुलफे का साग़
मलमलाना–(स० क्रि०) 1 धीरे-धीरे मलना 2 बार बार खोलना और बंद करना (जैसे-आँख मलमलाना) 3 बार बार आलिंगन करना 4 पछताना
मलमलाहट–(स्त्री०) 1 मल मल होने की अवस्था 2 उदासी, खिन्नता 3 पछतावा
मलमा–*बो०* (पु०) = मलबा
मलय–I *सं०* (पु०) चंदन। ~**ज** (वि०) मलय से उत्पन्न; ~**द्रुम** (पु०) = मंगल्य, नारियल वृक्ष
मलय–II (पु०) दक्षिण भारत का एक पर्वत, मलयगिरि
मलयानिल–*सं०* (पु०) मलय समीर
मलयालम–(स्त्री०) केरल की भाषा
मलयालि–(पु०) मलयालम की एक पहाड़ी जाति
मलयाली–I (वि०) मलयालम क्षेत्र का II (स्त्री०) मलयालम की भाषा III (पु०) मलयालम क्षेत्र का निवासी
मलवाना–(स० क्रि०) मलने का काम कराना (जैसे-तेल मलवाना)
मलसा–(पु०) एक तरह का बड़ा कुप्पा
मलसी–(स्त्री०) मिट्टी का खाने-पकाने का बर्तन
मलहटी–(स्त्री०) = मुलेठी
मलहम–*फ़ा०* (पु०) = मरहम
मलहर–*सं०* (पु०) जमालगोटा
मलाई–I (स्त्री०) दूध या दही की साढ़ी (जैसे-मलाई जमना, मलाई निकाला दूध)। ~**दार** + *फ़ा०* (वि०) मलाई से युक्त
मलाई–II (स्त्री०) 1 मलने की क्रिया 2 मलने की मज़दूरी
मलाट–(पु०) एक तरह का मोटा और मज़बूत काग़ज़
मलामत–*अ०* (स्त्री०) 1 निंदा, भर्त्सना 2 झिड़की, डाँट 3 मल, गंदगी
मलायावासी–*हिं० + सं०* (पु०) मलय का निवासी
मलार–(पु०) वर्षा काल में गाया जानेवाला एक राग, मल्लार
मलाल–*अ०* (पु०) 1 दुःख, रंज 2 पश्चाताप 3 उदासीनता
मलावरोध–*सं०* (पु०) *चि०* 1 मल का रुकना 2 कब्ज़ियत (जैसे-मलावरोध की शिक़ायत)
मलाशय–*सं०* (पु०) बड़ी आँत का निचला भाग, शरीर में मल इकट्ठा होने का स्थान
मलाहत–*अ०* (स्त्री०) 1 सलोनापन, सौंदर्य 2 कोमलता
मलिंद–(पु०) भ्रमर, भौंरा
मलिक–*अ०* (पु०) बादशाह, राजा
मलिका–*अ०* (स्त्री०) महारानी, मलका
मलिन–*सं०* (वि०) 1 मैला, मलयुक्त 2 मैला कुचैला, गंदा (जैसे-मलिन वस्त्र) 3 ख़राब, बुरा (जैसे-मलिन हृदय) 4 पाप करनेवाला, पापी (जैसे-मलिन पुरुष) 5 धीमा, मंद (जैसे-मलिन प्रकाश) 6 उदास, म्लान (जैसे-मलिन नायिका, मलिन मुख); ~**ता** (स्त्री०) गंदगी; ~**प्रभ** (वि०) मलिन प्रभावाला; ~**मुख** (वि०) उदास; ~**हृदय** (वि०) दुःखी, संतप्त
मलिनावास–*सं०* (पु०) गंदी बस्तियाँ
मलिनीकरण–*सं०* (पु०) मलिन करने का काम
मलिया–(स्त्री०) तंग मुँह का मिट्टी का एक प्रकार का बर्तन। ~**मेट** मिट्टी में मिला हुआ, सर्वनाश
मलिष्ठ–*सं०* (वि०) 1 अत्यधिक मलिन 2 पापी
मलीदा–I *फ़ा०* (पु०) 1 चूरमा 2 आटे में मिला हुआ गुड़ II (वि०) मला हुआ, मर्दित
मलीन–(वि०) = मलिन
मलेच्छ–(वि०) = म्लेच्छ
मलेपंज–(पु०) बूढ़ा घोड़ा
मलेरिया–*अं०* (पु०) जाड़ा देकर आनेवाला बुख़ार
मलैया–*बो०* (पु०) जाड़े के दिनों में दूध को रात भर ओस में रखने के बाद उसमें शकर, केशर आदि मिलाकर मथने से निकला फेन, नमश
मलोत्सर्ग–*सं०* (पु०) = मल त्याग, शौच
मलोलना–(अ० क्रि०) पछताना
मल्ल–*सं०* (पु०) 1 कुश्ती लड़नेवाला, पहलवान 2 एक प्राचीन व्रात्य क्षत्रिय जाति। ~**क्रीड़ा** (स्त्री०) मल्ल युद्ध; ~**खंभ** + *हिं०* (पु०) = मलखम; ~**भूमि** (स्त्री०) अखाड़ा; ~**युद्ध** (पु०) कुश्ती; ~**विद्या** (स्त्री०) कुश्ती के दाँव पेंच; ~**शाला** (स्त्री०) = मल्ल भूमि
मल्लार–*सं०* (पु०) मलार
मल्लाह–*अ०* (पु०) केवट, माँझी
मल्लाही–I *अ० + फ़ा०* I (वि०) मल्लाह का II (स्त्री०) 1 मल्लाह का काम 2 मल्लाहों सी भद्दी और गंदी गालियाँ (जैसे-मल्लाही सुनाना)
मल्लिका, मल्ली–*सं०* (स्त्री०) 1 मोतिया 2 एक प्रकार का बेला
मल्हनी–*बो०* (स्त्री०) एक तरह की नाव
मल्हाना–(स० क्रि०) *बो०* चुमकारना
मल्हार–I (पु०) = मलार
मल्हार–II (पु०) लाड़ प्यार, दुलार
मल्हारना–(स० क्रि०) = मल्हाना
मवक्किल–*अ०* (पु०) वकील का आसामी
मवाज़ी–*अ०* (वि०) 1 बराबर 2 बराबरी का
मवाद–*अ०* (पु०) ज़ख्म से निकलनेवाला पीब, पस (जैसे-फोड़े में मवाद आना)
मवाली–(पु०) 1 दक्षिण भारत की एक अर्ध सभ्य जाति 2 इस जाति का व्यक्ति
मवास–(पु०) 1 आश्रय स्थान 2 गढ़, दुर्ग (जैसे-मवास तोड़ना)
मवासी–I (स्त्री०) छोटा गढ़ II (पु०) किलेदार III (वि०) किले का
मवेशी–*अ०* (पु०) गाय, बैल आदि चौपाया। ~**ख़ाना** *अ० + फ़ा०* (पु०) 1 मवेशियों के रहने का स्थान 2 कांजीहाउस, पशुबंदी गृह
मशक–I *फ़ा०* (स्त्री०) खाल का बना पानी भरने का थैला
मशक–II *सं०* (पु०) मच्छर। ~**कुटी** (स्त्री०) मच्छर हाँकने की चौंरी
मशकूक–*अ०* (वि०) संदिग्ध
मशक़्क़त–*अ०* (स्त्री०) 1 कड़ी मेहनत 2 कष्ट, दुःख
मशग़ला–*अ०* (पु०) 1 व्यापार 2 दिल बहलाव

मशगूल–*अ०* (वि०) लगा हुआ, व्यस्त
मशविरा–*अ०* (पु०) परामर्श, सलाह
मशहूर–*अ०* (वि०) प्रसिद्ध (जैसे-मशहूर कवि)
मशाल–*अ०* (स्त्री०) ऐसी लकड़ी या लोहे की छड़ जिसके एक सिरे पर रोशनी हेतु कपड़ा लपेटा हो (जैसे-मशाल की आग)। ~**ची** + *तु०* (पु०) मशाल दिखानेवाला
मशीन–*अं०* (स्त्री०) यंत्र, कल (जैसे-आग बुझाने की मशीन, कपड़ा सिलने की मशीन)। ~**आपरेटर** (पु०) मशीन चलानेवाला; ~**गन** (स्त्री०) चक्राकार बंदूक; ~**गनर** (पु०) मशीन गन चलानेवाला; ~**निर्माण** + *सं०* (पु०) मशीन बनाना (जैसे-मशीन गन उद्योग); ~**निर्माण उद्योग** + *सं०* (पु०) मशीन बनाने का धंधा, पेशा; ~**मैन** (पु०) मशीनवाला; ~**शाप** (स्त्री०) मशीन की दुकान
मशीनरी–*अं०* (स्त्री०) 1 मशीनों का समूह 2 मशीन के कल पुर्ज़े
मशीनी–*अं+हिं०* मशीन संबंधी (जैसे-मशीनी सामान)
मशीर–*अ०* (पु०) सलाहकार, परामर्शदाता
मश्क़–*अ०* (स्त्री०) अभ्यास
मषि–*सं०* (स्त्री०) 1 स्याही 2 काजल
मषी–*सं०* (स्त्री०) 1 सुरमा 2 स्याही
मष्ट–(वि०) मौन, चुप
मस–(स्त्री०) 1 रोमावली 2 बालों की हल्की रेखा
मसक–I *फ़ा०* = मशक
मसक–II (पु०) = मशक़
मसकना–I (अ० क्रि०) 1 फट जाना (जैसे-पसीने से कपड़ा मसकना) 2 दुःखी होना (जैसे-अब मसकने से भी क्या होगा) II (स० क्रि०) 1 फाड़ना, चीरना (जैसे-कपड़ा मसकना) 2 तोड़ देना, तोड़ना (जैसे-गर्दन मसकना)
मसक़ला–*अ०* (पु०) 1 तलवार आदि चमकाने का लोहे का एक उपकरण 2 तलवार आदि चमकाना
मसका–*फ़ा०* (पु०) मक्खन, नवनीत (जैसे-मसका लगाना)। ~**लगाना** ख़ुशामद, चापलूसी करना
मसख़रा–*अ०* (पु०) 1 परिहास प्रिय व्यक्ति 2 विदूषक। ~**पन** + *हिं०* (पु०) मसख़रा होने का भाव (जैसे-मसख़रेपन की बात)
मसख़री–*अ०* + *फ़ा०* (स्त्री०) हँसी ठट्ठा, दिल्लगी, चुहुलबाज़ी
मसजिद–*अ०* (स्त्री०) मुसलमानों का उपासना गृह (जैसे-जामा मसजिद में सिज़दा करना)
मसनद–*अ०* (स्त्री०) 1 गोल लंबोतरा तथा बड़ा तकिया 2 अमीरों के बैठने की गद्दी
मसनवी–*अ०* (स्त्री०) *साहि०* उर्दू में वह कविता जिसमें तुकबंद रहित कई शेर होते हैं, प्रबंधकाव्य
मसना–(स० क्रि०) *बो०* = मसलना
मसनूई–*अ०* + *फ़ा०* (वि०) 1 बनावटी, कृत्रिम 2 मिथ्या
मसरूफ़–*अ०* (वि०) काम में लगा हुआ, संलग्न
मसल–*अ०* (स्त्री०) 1 कहावत, लोकोक्ति 2 मिसाल
मसलन–*अ०* (क्रि० वि०) उदाहरण के रूप में
मसलना–(स० क्रि०) 1 मलना, रगड़ना (जैसे-पैर से कीड़ा मसलना) 2 सानना (जैसे-मिट्टी मसलना)
मसलहत–*अ०* (स्त्री०) 1 हितकर सलाह 2 भलाई की दृष्टि से 3 भलाई, हित
मसला–*अ०* (पु०) 1 कहावत, लोकोक्ति 2 समस्या
मसवासी–(स्त्री०) वेश्या; रंडी
मसविदा–*अ०* (पु०) मसौदा
मसहरी–(स्त्री०) मच्छरदानी
मसा–I (पु०) बिंदु के आकार का शरीर पर होनेवाला निशान (जैसे-मसा निकलना)
मसा–II (पु०) मच्छर
मसान–I (पु०) श्मशान घाट, मरघट। ~**घाट** (पु०) मुर्दा जलाने का स्थान। ~**जगाना** तांत्रिक प्रयोग से भूत पिशाच को सिद्ध करना
मसान–II (पु०) भूत-पिशाच की छाया
मसाना–*अ०* (पु०) मूत्राशय
मसानिया–I (वि०) मसान संबंधी II (पु०) 1 तांत्रिक 2 डोम
मसानी–(स्त्री०) डाकिनी, पिशाचिनी
मसार–*सं०* (पु०) महानील
मसाल–*अ०* (स्त्री०) = मशाल। ~**दानी** + *फ़ा०* + *हिं०* (स्त्री०) मसाले रखने का पात्र
मसाला– *अ०* (पु०) 1 गुण, स्वाद आदि बढ़ाने की सामग्री (जैसे-सब्ज़ी का मसाला) 2 धनिया, लौंग, मिर्च, तेजपत्ता आदि का मिश्रण 3 मकान बनाने का मसाला (जैसे-सीमेंट बालू मिलाकर मसाला तैयार करो) 4 सामग्री (जैसे-किताब लिखने का मसाला तैयार करना) 5 जवान सुंदर किंतु दश्चरित्र स्त्री 6 रासायनिक द्रव्यों का मिश्रण (जैसे-पान का मसाला)
मसाली–(स्त्री०) रस्सी, डोरी
मसालेदार–*अ०* + *फ़ा०* (वि०) 1 मसाला पड़ा हुआ (जैसे-मसालेदार तरकारी) 2 बढ़ा चढ़ाकर कही जानेवाली बात
मसावात–*अ०* (स्त्री०) 1 समानता 2 समीकरण
मसिंजर–*अं०* (पु०) संदेशवाहक
मसि–*सं०* (स्त्री०) 1 स्याही, रोशनाई 2 काजल 3 कालिख। ~**कूपी** (स्त्री०) दवात; ~**जीवी** *सं०* (पु०) लेखक, पत्रकार; ~**दानी** + *फ़ा०* + *हिं०* (स्त्री०) मसिपात्र, दवात; ~**धान** (पु०) स्याही और काग़ज़, लिखने पढ़ने का सामान; ~**बुंदा** + *हिं०*, ~**विंदु** (पु०) दिठौना
मसियाना–I (अ० क्रि०) शरीर का मांसल होना II (स० क्रि०) शरीर को मांसल बनाना
मसिल–*बो०* (पु०) दे० मैनसिल
मसी–*सं०* (स्त्री०) = मषि
मसीना–I *सं०* (स्त्री०) अलसी
मसीना–II (पु०) मोटा अनाज, कदन्न
मसीह–*अ०* (पु०) हजरत ईसा
मसीहा–*अ०* + *फ़ा०* (पु०) 1 ईसामसीह 2 मृतकों को जीवित और रोगियों को स्वस्थ करनेवाला व्यक्ति 3 प्रेम पात्र की संज्ञा
मसीहाई–*अ०* + *फ़ा०* (स्त्री०) 1 मसीहा का काम 2 मसीहा सी अलौकिक शक्ति
मसीही–I *अ०* (वि०) ईसा मसीह संबंधी II (पु०) ईसाई
मसुरिया–*बो०* (स्त्री०) = मसूरिका

मसुरी–(स्त्री०) = मसूर
मसूड़ा–(पु०) दाँतों के नीचे ऊपर का मांस
मसूर–*सं०* (पु०) दाल के काम आनेवाला अन्न (जैसे-मसूर की खेती)
मसूरा–I (पु०) = मसूड़ा
मसूरा–II *सं०* (स्त्री०) = मसूर
मसूरिका–*सं०* (स्त्री०) 1 खसरा 2 कुटनी, दूती
मसूरी–*सं०* (स्त्री०) मसूरिका नामक रोग
मसूला–(पु०) एक तरह की पतली लंबी नाव
मसृण–*सं०* (वि०) 1 चिकना 2 मुलायम
मसेवरा–*बो०* (पु०) मांस की बनी वस्तु
मसोढ़ा–(पु०) *बो०* 1 मसूड़ा 2 सोना चाँदी आदि गलाने की घरिया
मसोलियम–*अं०* (पु०) मक़बरा
मसोसना–(अ० क्रि०) 1 मन ही मन कुढ़ना 2 मनोवेग को दबाना, रोकना (जैसे-दिल का मसोसना)
मसोसा–(पु०) 1 मानसिक दुःख 2 पश्चाताप, पछतावा
मसौदा–*अ०* (पु०) मसविदा, पांडुलिपि। ~**गाँठना** सोच समझकर तरक़ीब निकालना
मस्का–*फ़ा०* (पु०) मक्खन। ~**लगाना** खुशामद करना
मस्त–*फ़ा०* (वि०) 1 नशे में चूर (जैसे-शराब में मस्त) 2 नशे से प्रभावित (जैसे-मस्त आँखें) 3 मद युक्त (जैसे-मस्त यौवन) 4 रीझा हुआ, अनुरक्त, लुब्ध (जैसे-नायिका के रूप लावण्य को देखते ही नायक मस्त हो गया) 5 पूर्णतः तल्लीन (जैसे-काम में मस्त) 6 निश्चिंत और लापरवाह (जैसे-मस्त आदमी)। ~**मौला** + *अ०* लापरवाह आदमी
मस्तक–*सं०* (पु०) 1 माथा, ललाट 2 सिर (जैसे-मस्तक फोड़ देना)
मस्तरी–*बो०* (स्त्री०) धातु गलाने की भट्टी
मस्ताना–I *फ़ा० + हिं०* (अ० क्रि०) मस्ती में आना II (स० क्रि०) मस्ती में लाना
मस्ताना–II *फ़ा०* (वि०) 1 मस्तों का सा (जैसे-मस्ताना ढंग, मस्तानी चाल) 2 मस्त, मत्त
मस्तिष्क–I *सं०* (पु०) 1 दिमाग़ (जैसे-मस्तिष्क का प्रयोग) 2 मस्तक का अंदरी गूदा। ~**स्तंभन** (पु०) दिमाग़ का ठस हो जाना
मस्ती–*फ़ा०* (स्त्री०) 1 मतवालापन 2 संभोगेच्छा, काम वासना की प्रबलता (जैसे-मस्ती छाना) 3 नशा (जैसे-शराब की मस्ती) 4 जवानी का नशा 5 गर्व (जैसे-मस्ती की चाल)। ~**झड़ना** अक़्ल ठिकाने आना; ~**झाड़ना** गर्व दूर करना; ~**पर आना** मस्त होना
मस्तूल–*पुर्त०* (पु०) नाव में पाल बाँधने का लट्ठा
मस्सा–I (पु०) = मसा
मस्सा–II (पु०) = मसा
महँकना–(अ० क्रि०) = महकना
महँगा–(वि०) अधिक दाम का (जैसे-महँगा सामान) 2 बहुमूल्य, अत्यधिक कीमती (जैसे-महँगा आभूषण)। ~**ई** (स्त्री०) 1 महँगा होने का भाव (जैसे-महँगाई बढ़ती जा रही है) 2 महँगी का भत्ता (जैसे-सरकार ने वेतन के साथ महँगाई भी दे दी); ~**ई भत्ता** (पु०) चीज़ों के महँगे होने का कारण, दिया गया अलाउंस
महँगी–(स्त्री०) महँगाई
महँड़ा–*बो०* (पु०) भुना हुआ चना
महंत–(पु०) 1 मठ का प्रधान 2 मुखिया
महंती–(स्त्री०) महंत का काम
महक–(स्त्री०) 1 सुगंध (जैसे-इत्र की महक) 2 गंध (जैसे-तंबाकू की महक)। ~**दार** + *फ़ा०* (वि०) 1 गंध युक्त 2 सुगंध युक्त (जैसे-महकदार फूल, महकदार पाउडर)
महकना–(अ० क्रि०) महक देना
महकमा–*अ०* (पु०) विभाग (जैसे-पुलिस महकमा)
महकान–*बो०* (स्त्री०) = महक
महकीला–(वि०) = महकदार
महकूम–I *अ०* (वि०) 1 हुक्म दिया हुआ 2 शासित II (पु०) प्रजा, रिआया
महज़–*अ०* (क्रि० वि०) 1 केवल, निरा (जैसे-महज़ प्यार की बात करना) 2 सिर्फ़, मात्र (जैसे-महज़ पाँच रुपए का सवाल है)
महत्–*सं०* (वि०) 1 महान् 2 सर्वश्रेष्ठ
महता–(पु०) गाँव का मुखिया, महतो
महताब–*फ़ा०* (पु०) चंद्रमा
महताबी–*फ़ा०* (स्त्री०) एक आतिशबाज़ी, सुरसुरी
महतारी–*बो०* (स्त्री०) माता, माँ
महती–I *सं०* (स्त्री०) महिमा, बड़ाई II (वि०) बड़ी (जैसे-महती कृपा)। ~**द्वादशी** (स्त्री०) श्रवण की भाद्र शुक्ल द्वादशी
महतो–(पु०) 1 मालिक, स्वामी 2 गाँव का प्रधान
महत्तम–*सं०* (वि०) सबसे बड़ा
महत्तर–*सं०* (वि०) अधिक महत्त्ववाला
महत्ता–*सं०* (स्त्री०) महत्व। ~**चर्चा** (स्त्री०) काम की बात, महत्वपूर्ण विषय
महत्त्व–*सं०* (पु०) 1 बड़े होने का भाव 2 बड़ाई, श्रेष्ठता 3 गुरुता 4 अधिक परिणाम जनक। ~**पूर्ण** (वि०) अधिक महत्त्व का (जैसे- महत्वपूर्ण सवाल, महत्वपूर्ण आदमी); ~**प्रिय** (वि०) = महत्त्वाकांक्षी; ~**प्रियता** (स्त्री०) = महत्वाकांक्षा ; ~**शाली** (वि०) महत्त्ववाला; ~**संपन्न** (वि०) 1 महत्वपूर्ण 2 जिसमें बड़ाई हो
महत्वांकन–*सं०* (पु०) महत्त्व का लेखा-जोखा करना
महत्वाकांक्षा–*सं०* (स्त्री०) बड़ा बनने की आकांक्षा
महत्वाकांक्षी–*सं०* (वि०) बड़ा बनने की इच्छा रखनेवाला
महदंतर–*सं०* (पु०) बहुत बड़ा अंतर
महदाशय–*सं०* (वि०) उच्च विचारवाला
महदाशा–*सं०* (स्त्री०) उच्च कामना
महदूद–*अ०* (वि०) 1 सीमित 2 घिरा हुआ
महना–*बो०* (पु०) मथानी। ~**मत्थन** (पु०) 1 बार-बार तर्क करना 2 तकरार, हुज्जत
महनिया–(पु०) 1 मखनिया 2 मथनेवाला
महनीय–*सं०* (वि०) 1 पूज्यनीय, मान्य 2 महान्
महफ़िल–*अ०* (स्त्री०) 1 सभा, समाज 2 नाच-रंग का स्थान (जैसे-महफ़िल में जाना) 3 साधना, उपासना का स्थान

महफ़ूज़–*अ०* (वि०) रक्षित
महबूब–*अ०* (पु०) प्रिय, प्रेमपात्र, प्रेमी
महबूबा–*अ०* (स्त्री०) प्रिया, प्रेयसी
मह मह–(क्रि० वि०) सुगंधि के साथ
महमहा–(वि०) महकदार, सुगंधित
महमहाना–(अ० क्रि०) सुगंधि देना, महकना
महमान–*फ़ा०* (पु०) = मेहमान
महर–I (वि०) = महकदार
महर–II *बो०* (पु०) मुखिया
महर–III *अ०* (पु०) निक़ाह के समय दुलहिन को दी जानेवाली रक़म
महरबान–*फ़ा०* (वि०) = मेहरबान
महरम–I *अ०* (पु०) निकट संबंधी जिससे मुसलिम कन्या का ब्याह ज़ायज़ न हो II (वि०) भेद जाननेवाला व्यक्ति
महरम–III (स्त्री०) 1 अंगिया 2 अंगिया की कटोरी
महरा–I (पु०) 1 कहार 2 मुखिया 3 पूज्य व्यक्ति II (वि०) प्रधान, मुख्य 2 पूज्य और श्रेष्ठ
महराज–(पु०) = महाराज
महराजिन–(स्त्री०) खाने बनानेवाली नौकरानी
महराना–(पु०) 1 महरों के रहने की जगह 2 महाराणा
महराब–*अ०* (स्त्री०) = मेहराब
महरि–*बो०* (स्त्री०) स्त्रियों को पुकारने का आदर सूचक शब्द
महरी–(स्त्री०) 1 कहारिन 2 बर्तन माँजने का काम करनेवाली
महरू–(पु०) चंडू पीने की नली
महरूम–*अ०* (वि०) 1 अभागा 2 वंचित
महर्षि–*सं०* (पु०) महान् ऋषि
महल–*अ०* (पु०) 1 राजाओं का मकान, प्रासाद 2 बड़ा मकान। ~**सरा** + *फ़ा०* (स्त्री०) ज़नानख़ाना, अंतःपुर
महल्ला–*अ०* (पु०) शहर का छोटा भाग, टोला
महल्लेदार–*अ० + फ़ा०* (पु०) 1 टोला मुहल्ला में रहनेवाला आदमी 2 महल्ले का प्रधान 3 चमार, भंगी, मेहतर आदि
महसूल–*अ०* (पु०) 1 शुल्क, कर 2 लगान (जैसे-खेती का महसूल)। ~**घर** + *हिं०* (पु०) चुंगीघर; ~**डाक** + *हिं०* (पु०) डाक का शुल्क; ~**सड़क** + *हिं०* (पु०) मार्गकर
महसूली–I *अ०* (वि०) महसूल के योग्य II (स्त्री०) लगानवाली भूमि
महसूस–*अ०* (वि०) जिसका अनुभव किया जाए
महा–*सं०* (वि०) 1 बहुत अधिक 2 बड़ा, महान् 3 सर्वश्रेष्ठ (जैसे-महादेव, महारात्रि)। ~**अन्वेषक** (पु०) महान् खोज कर्ता; ~**कल्प** (पु०) ब्रह्म कल्प; ~**कवि** (पु०) 1 महान् कवि (जैसे-महाकवि की कृति) 2 महाकाव्य का रचयिता; ~**काय** (वि०) बहुत बड़ा शरीरवाला; ~**कारा निरीक्षक** (पु०) जेल का इंसपेक्टर जनरल; ~**काल** (पु०) शिव; ~**काली** (स्त्री०) 1 दुर्गा 2 शिव की पत्नी; ~**काव्य** (पु०) बहुत बड़ा और विस्तृत काव्य ग्रंथ (महाभारत महाकाव्य व्यास की रचना है); ~**कुमार** (पु०) युवराज; ~**कुल** I (पु०) उच्च कुल II (वि०) उच्च कुल का; ~**कुलीन** (वि०) उच्च कुल में जन्मा हुआ; ~**कृति** (स्त्री०) महान् रचना (जैसे-रामचरितमानस तुलसीदास की महाकृति है); ~**क्षय** (वि०) घोर विनाश, महान् क्षति; ~**खर्व** (पु०) सौ खर्व की संख्या; ~**खात** (पु०) बड़ा गड्ढा; ~**ख्यात** (वि०) बहुत प्रसिद्ध; ~**गज** (पु०) दिग्गज; ~**गणक** (पु०) = महालेखापाल; ~**गुण** (वि०) अति गुणकारी; ~**चक्रवर्ती** (पु०) बहुत बड़ा चक्रवर्ती राजा, सम्राट्; ~**जड़** (वि०) अत्यंत बुद्धू; ~**जन** (पु०) 1 श्रेष्ठ जन, बड़ा आदमी 2 श्रेणी विशेष का मुखिया 3 जन समूह, जनता 4 साहूकार; ~**जनशाही** + *फ़ा०* (स्त्री०) महाजन का पद और कार्य; ~**जनी** I + *हिं०* (स्त्री०) महाजनों की एक लिपि II महाजनों का पेशा, व्यवसाय; ~**जाल** (पु०) 1 बहुत बड़ा जाल 2 धोखा देने की बहुत बड़ी युक्ति; ~**जोख़िम** + *हिं०* (स्त्री०) बहुत बड़ा ख़तरा; ~**डाकपाल** + *हिं०* + *सं०* (पु०) = महापत्र पाल; ~**तेजा** I (वि०) 1 अति तेजस्वी 2 अत्यधिक पराक्रमी II (पु०) वीर; ~**दंड** (पु०) 1 यम के हाथ का दंड 2 कठोर दंड; ~**दंड नायक** (पु०) = महाधर्माध्यक्ष; ~**दंत** (वि०) बड़े दाँतोंवाला; ~**दान** (पु०) 1 बहुत बड़ा दान 2 ग्रहण आदि के समय दिया जानेवाला दान; ~**दारु** (पु०) देवदारु; ~**दुःखी** (वि०) अत्यधिक उदास, अति खिन्न; ~**देव** (पु०) 1 सबसे बड़ा देवता 2 शिव; ~**देवी** (स्त्री०) 1 सबसे बड़ी रानी, पटरानी 2 पार्वती; ~**देश** (पु०) 1 बहुत बड़ा देश 2 पृथ्वी के पाँच बड़े स्थल भागों में से प्रत्येक; ~**देशीय** (वि०) महादेश का; ~**द्वीप** (पु०) 1 समुद्र द्वारा आपस में कटे हुए बड़े-बड़े भू भाग 2 बहुत बड़ा द्वीप; ~**द्वीपी**, ~**द्वीपीय** (वि०) महाद्वीप से संबंद्ध, महाद्वीप का; ~**धन** I (वि०) 1 बहुत बड़ा धनी 2 बहुमूल्य II (पु०) 1 सोना, स्वर्ण 2 खेती बारी, कृषि; ~**धमनी** (स्त्री०) शरीर की बड़ी नाड़ी; ~**धातु** (पु०) सोना, स्वर्ण; ~**नगर** (पु०) बहुत बड़ा नगर; ~**नगर पालिका** (स्त्री०) = महापालिका; ~**नदी** (स्त्री०) 1 बहुत बड़ी और विशेष पवित्र नदी (जैसे-गंगा, यमुना आदि महानदियाँ हैं) 2 बंगाल की खाड़ी में गिरनेवाली एक नदी का नाम; ~**नवमी** (स्त्री०) आश्विन शुक्ला नवमी; ~**नाटक** (पु०) दस अंकवाला नाटक; ~**निद्रा** (स्त्री०) मृत्यु; ~**नियुक्तक** (पु०) = महान्यायवादी; ~**निर्देशक** (पु०) = महानिदेशक; ~**निर्वाण** (पु०) मोक्ष; ~**निशा** (स्त्री०) 1 प्रलय की रात 2 रात का मध्य भाग; ~**न्याय अधिवक्ता** (पु०) = महान्यायाधिवक्ता; ~**न्यायाधिकारी** (पु०) न्याय करनेवाला बड़ा अधिकारी; ~**न्यायाधिवक्ता** (पु०) न्याय करनेवाला बड़ा वकील; ~**न्यायालय** (पु०) बड़ी अदालत, हाई कोर्ट; ~**पंडित** (पु०) बहुत बड़ा ज्ञानी; ~**पत्र पाल** (पु०) पोस्ट मास्टर जनरल; ~**पथ** (पु०) 1 बहुत बड़ा रास्ता 2 राजपथ 3 महाप्रस्थान का पथ 4 मृत्यु; ~**पथ गमन** (पु०) मरण, मृत्यु; ~**पद्म** (पु०) 1 सफ़ेद कमल 2 सौ पद्म की संख्या; ~**पातक** (पु०) बहुत बड़ा और घोर पाप; ~**पातकी** (पु०) बहुत बड़ा पापी; ~**पात्र** (पु०) 1 मृतक का दाह कर्म करनेवाला ब्राह्मण 2 महामंत्री; ~**पाप** (पु०) बहुत बड़ा पाप; ~**पालिका** (स्त्री०) 1 बहुत बड़े नगर की स्वायत्त शासनिक इकाई, सिटी कारपोरेशन 2 नगर महापालिका द्वारा शासित भू भाग; ~**पुत्र** (पु०) पुत्र का पुत्र, पोता; ~**पुरुष** (पु०) 1 बहुत बड़ा तथा उच्च विचारोंवाला व्यक्ति 2 दुष्ट व्यक्ति 3 नारायण; ~**पूजा** (स्त्री०) आश्विन के

नवरात्र में की जानेवाली दुर्गा पूजा; ~**पौर** (पु०) महापालिका का अध्यक्ष, मेयर; ~**प्रभाव** (वि०) रोब गाँठनेवाला; ~**प्रभु** (पु०) 1 ईश्वर 2 राजा; ~**प्रयाण** (पु०) = महापथ गमन; ~**प्रलय** (पु०) संपूर्ण सृष्टि का नाश; ~**प्रसाद** (पु०) देवी देवताओं को चढ़ाया गया प्रसाद; ~**प्रस्थान** (पु०) = महापथ गमन; ~**प्राज्ञ** (पु०) महापंडित; ~**प्राण** (पु०) व्याकरण के अनुसार वह वर्ण जिसके उच्चारण में प्राण वायु का विशेष व्यवहार करना पड़ता है; ~**प्राणत्व**, ~**प्राणीकरण** (पु०) ध्वनि को महाप्राण बनाना; ~**फल** (वि०) 1 अधिक फलवाला 2 उत्तम परिणामवाला; ~**बलशाली** (वि०) = महाबली; ~**बलाधिकृत** (पु०) = महासेनापति; ~**बली** (वि०) बहुत बड़ा बलवान्; ~**बाहु** (वि०) 1 बड़ी भुजावाला 2 शक्तिशाली, बलवान्; ~**ब्राह्मण** (पु०) = महापात्र; ~**भाग**, ~**भागी** (वि०) अत्यंत भाग्यवान्; ~**भारत** (पु०) 1 वेदव्यास द्वारा रचित एक महाकाव्य का नाम 2 कौरवों और पांडवों का बहुत बड़ा युद्ध 3 बहुत बड़ा युद्ध या लड़ाई झगड़ा (जैसे-इस घर में हमेशा महाभारत होता रहता है, महाभारत मचना); ~**भीम** (वि०) अत्यंत भयंकर; ~**भीरु** (वि०) अत्यधिक डरपोक; ~**भूत** (पु०) पाँच तत्त्व; ~**मंत्री** (पु०) 1 सबसे बड़ा मंत्री 2 साम्राज्य का प्रधान मंत्री; ~**मना** (वि०) उदारचित; ~**मरण** (पु०) = महामारी; ~**महिम** (वि०) अधिक महिमावाला (जैसे-महामहिम राष्ट्रपति); ~**महोपाध्याय** (पु०) बहुत बड़ा विद्वान्; ~**माई** *+ हिं०* (स्त्री०) 1 दुर्गा 2 कालि; ~**मान्य** (वि०) परम् माननीय, अति सम्मानवाला; ~**माया** (स्त्री०) जगत् की कारण भूता अविद्या; ~**मारी** (स्त्री०) मरक, मरी (जैसे-हैजा, चेचक महामारी का रूप है); ~**मूल्य** I (वि०) 1 कीमती, बहुमूल्य 2 मँहगा II (पु०) माणिक; ~**मोह** (पु०) अत्यंत मोह; ~**यशस्वी** (वि०) अत्यंत यशवाला; ~**यात्रा** (स्त्री०) मृत्यु; ~**यान** (पु०) उत्तम, प्रशस्त और श्रेष्ठ मार्ग; ~**युग** (पु०) चार युगों का समूह; ~**युद्ध** (पु०) व्यापक भू-भाग में लड़ा जानेवाला युद्ध (जैसे-प्रथम महायुद्ध); ~**रक्त** (पु०) मूँगा; ~**रजत** (पु०) 1 सोना, स्वर्ण 2 धतूरा; ~**रत्न** (पु०) 1 बहुमूल्य रत्न 2 हीरा, मोती, वैदूर्य, पद्मराग, गोमेद, पुखराज, पन्ना, नीलम और मूँगा में से प्रत्येक; ~**रथी** (पु०) बहुत बड़ा योद्धा; ~**राज** (पु०) 1 बहुत बड़ा राजा, प्रधान राजा 2 गुरु, धर्माचार्य आदि के लिए प्रयुक्त संबोधन 3 शासनकाल में राजाओं को दी गई उपाधि; ~**राजाधिराज** (पु०) 1 राजाओं का राजा, सम्राट 2 अंग्रेज़ों द्वारा राजाओं को दी जानेवाली उपाधि; ~**राणा** (पु०) मेवाड़, चित्तौर और उदयपुर के राजाओं की उपाधि; ~**रात्र** (पु०) आधी रात; ~**रात्रि** (स्त्री०) 1 महाप्रलय 2 आधी रात के बाद दो मुहूर्त का रात्रिकाल; ~**रानी** *+ हिं०* (स्त्री०) सम्राट् की पत्नी; ~**राष्ट्र** (पु०) 1 दक्षिण पश्चिम भारत का एक प्रदेश 2 इस प्रदेश का निवासी, मराठा 3 बहुत बड़ा राष्ट्र; ~**राष्ट्री** (स्त्री०) 1 प्राकृत भाषा 2 मराठी; ~**राष्ट्रीय** (वि०) महाराष्ट्र संबंधी, महाराष्ट्र का; ~**रोग** (पु०) बहुत बड़ा रोग; ~**रोगी** (वि०) महारोग से पीड़ित; ~**लक्ष्मी** (स्त्री०) 1 लक्ष्मी देवी की एक प्रतिमा 2 नारायण की एक शक्ति 3 दुर्गा का रूप धारण करनेवाली कन्या; ~**लेखक** (पु०) बहुत बड़ा लेखक; ~**लेखापाल** (पु०) सबसे बड़ा लेखपाल, लेखपालों का प्रधान, अकाउटैंट जनरल; ~**वट** *+ हिं०* I (पु०) बहुत बड़ा वट वृक्ष II (स्त्री०) माघ के महीने में होनेवाली वर्षा; ~**वन** (पु०) बहुत बड़ा जंगल; ~**वाक्य** (पु०) 1 महदअर्थ प्रकाशक वाक्य 'अहं ब्रह्मास्मि,' तत्वमसि, 'अयमात्मा ब्रह्म' आदि उपनिषद्वाक्य 2 दान के समय का मंत्र; ~**वाणिज्यदूत** (पु०) अन्य देश की राजधानी में रहनेवाला किसी देश का वाणिज्य दूत; ~**वात** (पु०) बहुत तेज़ चलनेवाली हवा; ~**वारुणी** (स्त्री०) गंगा स्नान का एक पर्व; ~**विद्या** (स्त्री०) तांत्रिकों की सिद्ध देवियाँ; ~**विद्यालय** (पु०) वह बड़ा विद्यालय जहाँ उच्च शिक्षा प्रदान की जाए; ~**वीर** I (वि०) बहुत बड़ा वीर, योद्धा II (पु०) हनुमान्; ~**वीरचक्र** (पु०) भारतीय सैनिक को वीरता हेतु दिया गया पुरस्कार ~**व्याधि** (स्त्री०) = महारोग; ~**व्यावहारिक** (पु०) = महाधिवक्ता; ~**व्रत** (पु०) कठिनव्रत; ~**व्रती** (वि०) महाव्रत धारण करनेवाला; ~**शंख** (पु०) 1 बहुत बड़ा शंख 2 ललाट 3 सौ शंख की संख्या; ~**शक्ति** (स्त्री०) 1 विश्व की रचना करनेवाली मूल शक्ति 2 प्रकृति; ~**शक्तिशाली** (वि०) = महाबली; ~**शांति** (पु०) = महाकाश; ~**श्वास** (पु०) 1 श्वास रोग का एक भेद 2 मरने के समय की अंतिम श्वास; ~**संस्कार** (पु०) मृतक की अंत्येष्टि क्रिया; ~**संहार** (पु०) = महायुद्ध; ~**सती** (स्त्री०) परम साध्वी, पतिव्रता; ~**सत्ता** (स्त्री०) = महाशक्ति; ~**सभा** (स्त्री०) 1 बड़ा जलसा 2 महासंघ (जैसे-संयुक्त राष्ट्र की महासभा); ~**सभाई** *+ हिं०* (पु०) महासभा का कार्यकर्ता; ~**समर** (पु०) = महायुद्ध; ~**समुद्र** (पु०) = महासागर; ~**सर्ग** (पु०) प्रलय के उपरांत होनेवाली सृष्टि; ~**सह** (वि०) अत्यंत सहनशील; ~**सागर** (पु०) 1 संपूर्ण पृथ्वी को घेरनेवाली समस्त जल राशि (जैसे-प्रशांत महासागर, हिंद महासागर आदि); ~**साहस** (पु०) 1 अति साहस 2 ज़बरदस्ती; ~**साहसिक** I (वि०) अत्यंत साहसी II (पु०) चोर; ~**सेनापति** (पु०) सबसे बड़ा सेनापति, प्रधान सेनापति; ~**स्नायु** (स्त्री०) = महाधमनी; ~**स्पद** (वि०) = महाबली; ~**हास** (पु०) अट्टहास

महांतक–*सं०* (पु०) मृत्यु

महाजर–*अ०* (पु०) शरणार्थी

महाड़ी–(स्त्री०) महल, राजप्रसाद

महात्मा–*सं०* (पु०) 1 पवित्र आत्मा 2 उच्च विचारोंवाला व्यक्ति (जैसे-महात्मा बुद्ध, महात्मा गाँधी) 3 बहुत बड़ा विरक्त तपस्वी, साधु सन्यासी 4 ईश्वर 5 पितरों का एक वर्ग

महाधिकार पत्र–*सं०* (पु०) स्वतंत्रता प्रदान करनेवाला अधिकार पत्र, मैग्ना कार्टा

महाधिवक्ता–*सं०* (पु०) राज्य का प्रमुखतम अधिकारी, एडवोकेट जनरल

महान्–*सं०* (वि०) 1 बहुत बड़ा, विशाल 2 उच्चकोटि का (जैसे-महान् ग्रंथ)

महानतम–*सं०* (वि०) सबसे बड़ा और श्रेष्ठ (जैसे-महानतम विचार और कर्म)

महानता–*सं०* (स्त्री०) = महत्व
महानुभाव–*सं०* (पु०) 1 महापुरुष 2 उच्च विचारवाला और सत्यनिष्ठ व्यक्ति (जैसे-आप महानुभाव की देश को ज़रूरत है)। **~ता** (स्त्री०) महानुभाव होने का भाव
महानुभावी–*सं०* (वि०) = महामना
महाभिकर्ता–*सं०* (पु०) = महाघटक
महाभियोग–*सं०* (पु०) बहुत बड़ा दोष
महारत–*अ०* (स्त्री०) 1 अभ्यास 2 योग्यता
महार्थ–*सं०* (वि०) महामूल्य। **~ता** (स्त्री०) महँगाई
महार्थक–*सं०* (वि०) गहरे अर्थवाला, महत्त्वपूर्ण
महाल–*अ०* (पु०) 1 महल्ला, टोला 2 अनेक पट्टियोंवाली ज़मींदारी 3 विभाग
महावत–(पु०) हाथीवान, फीलवान
महावर–(पु०) लाख से तैयार किया गया गहरा लाल रंग (जैसे-महावर लगाना)
महावराह–*सं०* (पु०) विष्णु का वाराह रूप में लिया गया तीसरा अवतार
महावरी–I (वि०) 1 महावर के रंग का 2 महावर संबंधी II (स्त्री०) महावर लगाने का फाहा
महाशय–*सं०* (पु०) सज्जन (जैसे-एक महाशय दरवाज़े पर खड़े हैं)
महाश्वेता–*सं०* (स्त्री०) सरस्वती (देवी)
महाष्टमी–*सं०* (स्त्री०) आश्विन शुक्ला अष्टमी
महासन–*सं०* (पु०) सिंहासन
महासिल–*अ०* (पु०) 1 प्राप्त धन 2 मालगुजारी, लगान 3 आय, आमदनी
महिका–*सं०* (स्त्री०) पृथ्वी
महिमा–*सं०* (स्त्री०) 1 बड़ाई, गौरव (जैसे-रामायण में राम की महिमा) 2 प्रसिद्धि (जैसे-ग्रंथ की महिमा) 3 प्रभावोत्पादकता (जैसे-प्रयागतीर्थ की महिमा)। **~युक्त** (पु०) = महिमावान्; **~समन्वित** (वि०) महिमा से भरा हुआ, महिमापूर्ण
महिमान्वित–*सं०* (वि०) महिमा से युक्त
महिमामय–*सं०* (वि०) महिमावाला
महिमावान्–*सं०* (वि०) गौरवशाली, बड़ा (जैसे-महिमावान् पुजारी)
महियाउर–*बो०* (पु०) = महेश
महिला–*सं०* (स्त्री०) 1 औरत, स्त्री 2 स्त्री के लिए प्रयुक्त एक आदर सूचक शब्द। **~अंतरिक्ष यात्री** (स्त्री०) अंतरिक्ष में जानेवाली औरत; **~दीर्घा** (स्त्री०) महिलाओं की गैलरी; **~प्रेमी** (वि०) स्त्री से प्रेम करनेवाला; **~संघ** (पु०) महिला समुदाय, समूह
महिष–*सं०* (पु०) 1 भैंसा 2 शास्त्रानुसार अभिषिक्त राजा, सम्राट। **~मर्दिनी** (स्त्री०) दुर्गा
महिषी–*सं०* (स्त्री०) 1 भैंस 2 महिष, सम्राट् की पत्नी
महिष्ठ–*सं०* (वि०) 1 बहुत बड़ा 2 महिमापूर्ण
मही–I(स्त्री०) मट्ठा
मही–II*सं०* (स्त्री०) पृथ्वी। **~कंप** (पु०) भूकंप; **~तल** (पु०) पृथ्वी, संसार; **~धर** (पु०) पर्वत; **~पति, ~पाल** (पु०) राजा सम्राट; **~प्रकंप** (पु०) = महीकंप
महीज–*सं०* (पु०) 1 मंगल ग्रह 2 अदरक
महीन–(वि०) 1 अत्यंत पतला, बारीक (जैसे-महीन सूत) 2 सूक्ष्म (जैसे-महीन निशान)
महीना–(पु०) 1 मास, माह (जैसे-फागुन का महीना) 2 स्त्रियों का मासिक धर्म (जैसे-बहू महीना से है) 3 वर्ष का बारहवाँ अंश (जैसे-चार महीना बाद)
महीनेवार–*हिं० + फ़ा०* (क्रि० वि०) मासिक
महीनेवारी–*हिं० + फ़ा०* (स्त्री०) मासिक धर्म
महीप–*सं०* (पु०) राजा
महीर–I(स्त्री०) महेरा
महीर–II(स्त्री०) मक्खन गर्म करने पर निकलनेवाली तलछट
महीश–*सं०* (पु०) मही पति
महुअर–I(पु०) तुमड़ी, तूँबी
महुअर–II*बो०* (स्त्री०) 1 कालापन युक्त लाल रंग का भेड़ का ऊन 2 पीसे गए महुए से बनी रोटी
महुअरी–*बो०* (स्त्री०) महुए के रस में सानकर पकाई गई रोटी
महुआ–(पु०) बलुई भूमि में होनेवाला एक प्रसिद्ध वृक्ष और उसका फल (जैसे-महुए के फल से बनी शराब)
महुआरी–(स्त्री०) महुए के अनेक वृक्षोंवाला स्थान
महुवा–(पु०) दे० महुआ
महूरत–(पु०) = मुहूर्त
महेंद्र–*सं०* (पु०) 1 विष्णु 2 इंद्र
महेर–(पु०) 1 छाछ में बनी चावल 2 लपसी
महेरा–(पु०) 1 मट्ठे में पकाया गया चावल 2 मठा
महेरी–I(वि०) 1 झगड़ा बखेड़ा खड़ा करनेवाला 2 व्यर्थ देर लगानेवाला
महेरी–II(स्त्री०) = महेरा
महेला–(पु०) पशुओं को खिलाया जानेवाला एक पुष्टिकारक पदार्थ
महेश–*सं०* (पु०) 1 शिव 2 ईश्वर
महेश्वर–*सं०* (पु०) 1 शंकर जी 2 परमेश्वर
महेसिया–(पु०) बढ़िया अगहनी धान
महैला–*सं०* (स्त्री०) बड़ी इलायची
महोरवा–(पु०) कौए के आकार का एक पक्षी
महोगनी–*अं०* (पु०) एक सदाबहार पेड़
महोच्छव–*बो०* (पु०) = महोत्सव
महोती–(स्त्री०) महुए का फल
महोत्पल–*सं०* (पु०) 1 सारस पक्षी 2 पद्म
महोत्सव–*सं०* (पु०) समारोह, जलसा
महोदय–*सं०* (पु०) = महाशय
महोदर–*सं०* (वि०) बड़े पेटवाला
महोदार–*सं०* (वि०) अत्यंत उदार
महोन्नत–*सं०* (वि०) बहुत अधिक उन्नत
महोघ–*सं०* (पु०) समुद्री तूफान
महौजा–*सं०* (वि०) बहुत अधिक तेजस्वी
महौषध–*सं०* (पु०) अति गुणकारी दवा
महौषधी–*सं०* (स्त्री०) 1 श्रेष्ठ औषधि 2 संजीवनी
माँ–(स्त्री०) अम्मा, माता, जननी
मांगलिक–*सं०* (वि०) मंगल करनेवाला
माँग–I(स्त्री०) 1 याचना 2 चाह, इच्छा 3 अधिकार रूप में की

गई याचना 4 आवश्यकता। ~**पत्र** + सं० (पु०) माँग संबंधी परचा, आर्डर फार्म
माँग–II (स्त्री०) सिर के बालों को विभक्त करके बनाई गई रेखा (जैसे-माँग में सिंदूर भरना)। ~**चोटी** (स्त्री०) स्त्रियों का केश विन्यास; ~**जली** (स्त्री०) विधवा, राँड़; ~**टीका** (पु०) मोतियों की लड़ी से युक्त एक तरह का माँगफूल; ~**पट्टी** (स्त्री०) = माँग चोटी; ~**फूल** (पु०) = माँग टीका; ~**भरी** (स्त्री०) सुहागिन
माँगना–(स० क्रि०) 1 याचना करना 2 प्रार्थना करना (जैसे-छुट्टी का आवेदन पत्र माँगना) 3 शादी का प्रस्ताव करना (जैसे-कन्या माँगना) 4 हाथ पसारना (जैसे-भीख माँगना) 5 प्रस्तुत करना (जैसे-दुकानदार से फल आदि माँगना)। ~**ताँगना** (स० क्रि०) माँगकर लेना; ~**मूँगना** (स० क्रि०) माँगना
मांगलगीत–हिं० + सं० (पु०) = मंगलगान
मांगलिक–*सं०* (वि०) = मंगलकारी। ~**ता** (स्त्री०) मंगल होने की अवस्था
माँगल्य–*सं०* (पु०) = मंगलकारी। ~**कामना** (स्त्री०) मंगलकारी इच्छा (जैसे-मित्र की तरक्की हेतु मांगल्य कामना)
माँगा–I(पु०) मँगनी माँगने का भाव II(वि०) मँगनी का
माँचना–(अ० क्रि०) *बो०* 1 प्रसिद्ध होना 2 लीन होना 3 शुरू होना (जैसे-प्यार माँचना)
माँची–(स्त्री०) बैलगाड़ी में सामान रखने की जालीदार झोली
माँछ–(पु०), **माँछली** *बो०* (स्त्री०) = मछली
माँछी–*बो०* (स्त्री०) = मक्खी
माँज–(स्त्री०) 1 दलदली भूमि 2 कछार, तराई
माँजना–(स० क्रि०) 1 रगड़ना (जैसे-बर्तन माँजना) 2 अभ्यास करना (जैसे-लिखने में हाथ माँजना) 3 चमकाना (जैसे-फर्श माँजना) 4 साफ़ करना
माँजा–(पु०) पहली वर्षा का फेन
माँ जाई–(स्त्री०) बहन
माँ जाया– (पु०) भाई
मँजिष्ठ–I *सं०* (वि०) 1 मजीठ के रंग का 2 लाल II (पु०) लाल रंग
माँझा–(पु०) 1 नदी के बीच की सूखी ज़मीन 2 हल्दी लगाने के बाद वर कन्या को पहनाया गया पीला कपड़ा 3 पेड़ का तना 4 फेन 5 मंझा 6 पतंग की डोर जो कांच के पिसे लेप युक्त हो
माँझी–(पु०) केवट, मल्लाह
माँठ–(पु०) 1 मटका 2 कुंडा
माँड़–(पु०) पकाए गए चावल का बचा हुआ गाढ़ा पानी, पसाव
मांडना–(स० क्रि०) *बो०* 1 मसलना 2 गूँधना, सानना
माँड़ना–(स० क्रि०) *बो०* 1 मसलना 2 गूँधना, सानना (जैसे-आटा माँड़ना)
माँड़नी–(स्त्री०) माँड़ने का काम
मांडलिक–*सं०* (पु०) = मंडलेश्वर
माँड़ा–(पु०) *चि०* 1 आँख में झिल्ली पड़ने का एक रोग 2 आँख में पड़नेवाली झिल्ली
माँड़ी–(स्त्री०) 1 भात का पसाव 2 कलफ़
माँढ़ा–(पु०) = मंडप
मांत्र–*सं०* (वि०) मंत्र संबंधी, मंत्र का
मांत्रिक–*सं०* (पु०) 1 मंत्र का पाठ करने में पारंगत व्यक्ति 2 मंत्र तंत्र का अच्छा ज्ञाता
माँथ–(पु०) सिर, माथा। ~**बंधन** (पु०) सिर के बाल बाँधने का फीता
मांथर्य–*सं०* (पु०) 1 मंथर होने की अवस्था, मंथरता, धीमापन 2 सुस्ती
माँद–I(वि०) 1 मलिन 2 फीका, श्री हीन 3 हलका
माँद–II(स्त्री०) सूखे गोबर का ढेर
माँद–III(स्त्री०) प्राकृतिक सुरंग (जैसे-शेर की माँद)
माँदगी–*फ़ा०* (स्त्री०) 1 माँदा होने की अवस्था 2 बीमारी, रोग 3 थकावट
माँदर–(पु०) मृदंग का एक भेद
माँदा–*फ़ा०* (वि०) 1 रोग से पीड़ित (जैसे-थका माँदा) 2 बचा हुआ, शेष
मांद्य–(पु०) 1 मंद होने का भाव 2 दुर्बलता 3 कमी, न्यूनता 4 रोग 5 मूर्खता
माँपना–(स० क्रि०) *बो०* = मापना
माँ बहन–(स्त्री०) माँ और बहन
माँ बाप–(पु०) माता और पिता
मांस–*सं०* (पु०) प्राणियों के शरीर का मुलायम चिकना और हड्डी तथा रक्त से भिन्न अंश, आमिष, गोश्त। ~**कंदी** (स्त्री०) मांस की सूजन, ददोरा; ~**कीलक** (पु०) बवासीर का मसा; ~**खोर** + *फ़ा०* (वि०) मांसाहारी; ~**पिंड** (पु०) मांस का लोथड़ा; ~**पेशी** (स्त्री०) शरीर के भीतर परस्पर जुड़े हुए मांसपिंड; ~**भक्षण** (पु०) मांस खाना; ~**भक्षी** (वि०) = मांसाहारी; ~**भोजी** (वि०) मांस का सेवन करनेवाला; ~**मंड** (पु०) गोश्त का रसा, शोरबा; ~**विक्रयी** (पु०) मांस बेचने का पेशा करनेवाला, कसाई; ~**स्नेह** (पु०) चर्बी, वसा
मांसल–*सं०* (वि०) 1 मांस युक्त 2 गुदगुदा (जैसे-मांसल देह) 3 मोटा ताज़ा, हृष्ट पुष्ट (जैसे-मांसल शरीर)। ~**ता** (स्त्री०) 1 मांसल अवस्था 2 मोटा ताज़ा होने का भाव या अवस्था
मांसाष्टका–*सं०* (स्त्री०) माघ कृष्णाष्टमी
मांसाहार–*सं०* (पु०) मांस युक्त भोजन
मांसाहारी–*सं०* (वि०) = मांस भक्षी
मांसोदन–*सं०* (पु०) मांस युक्त पका चावल, पुलाव
मा–(स्त्री०) = माँ
माइक–*अं०* (पु०) ध्वनि वर्धक यंत्र
माइका–I(पु०) = मायका
माइका–II*अं०* (पु०) अभ्रक (एक धातु)
माइक्रोकापी–*अं०* (स्त्री०) सूक्ष्मप्रति
माइक्रोफ़ोन–*अं०* (पु०) = माइक
माइक्रोस्कोप–*अं०* (पु०) सूक्ष्मदर्शी
माइन–*अं०* (पु०) खान
माइनारिटी–*अं०* (स्त्री०) अल्पसंख्यक, अल्पमत
माई–I(स्त्री०) माता
माई–II(स्त्री०) औरत

माई–(स्त्री०) 1 माता, माँ 2 माता तुल्य कोई बूढ़ी स्त्री 3 औरत, स्त्री
माउंट पुलिस–*अं०* (स्त्री०) घुड़सवार पुलिस
माउंटेनियर–*अं०* (पु०) पर्वतारोही
माउंटेनियरिंग–*अं०* (स्त्री०) पर्वतारोहण
माउथ आर्गन–*अं०* (पु०) मुँह से बजानेवाला बाजा
माक़ूल–*अ०* (वि०) 1 उचित, ठीक 2 यथेष्ट 3 योग्य, लायक 4 उत्तम, अच्छा
माक़ूलीयत–*अ०* (स्त्री०) माक़ूल होने का भाव
माखन–(पु०) = मक्खन। ~**चोर** (पु०) मक्खन चुरानेवाला, कृष्ण
मागध–*सं०* (पु०) चारण, भाट
मागधक–*सं०* (पु०) 1 मगध देश का निवासी 2 मागध, भाट
माघ–I(पु०) कुंद का फूल
माघ–II *सं०* (पु०) हिंदी साल का ग्यारहवाँ महीना
माघी–I(वि०) माघ संबंधी II (स्त्री०) माघ मास की पूर्णिमा
माघ्य–*सं०* (पु०) माघ I
माचा–(पु०) = माँचा। ~**ख़र** + *फ़ा०* (पु०) बुद्धू, मूर्ख; ~**तोड़** (पु०) चारपाई तोड़, पलंग तोड़, सुस्त और घरघुसू आदमी
माचिस–*अं०* (स्त्री०) दीयासलाई
माची–(स्त्री०) 1 मचिया 2 हल में का जूआ
माछर–*बो०* (पु०) = मच्छर
माछी–I*बो०* (स्त्री०) = मक्खी
माछी–II*बो०* (स्त्री०) = मछली
माजरा–*अ०* (पु०) 1 हाल, घटना 2 घटना का विवरण 3 विशिष्ट किंतु अज्ञात बात
मा जाया–(पु०) = माँ जाया
माज़ू–*फ़ा०* (पु०) 1 यूनान और फ़ारस में पाई जानेवाली एक प्रकार की झाड़ी 2 इस झाड़ी का औषध उपयोगी फल। ~**फल** +*सं०* (पु०) माज़ू नामक झाड़ी का गोंद
माजून–*अ०* (स्त्री०) शहद, शक्कर आदि के योग से बना दवाओं का अवलेह
माझ–(वि०) मध्य
माट–I(पु०) 1 मिट्टी का बड़ा बर्तन 2 मटकी
माट–II(पु०) = मरसा
माटा–(पु०) लाल रंग का च्यूँटा
माटी–(स्त्री०) 1 मिट्टी 2 लाश, शव
माठ–I(पु०) मटकी
माठ–II(पु०) एक प्रकार की मिठाई
माठा–I(पु०) मट्ठा
माठा–II(वि०) 1 मधुर 2 गंभीर 3 कंजूस
माठू–I(पु०) 1 बंदर, वानर 2 तोता II(वि०) मूर्ख, निर्बुद्धि
माड़–*सं०* (पु०) ताड़ की जाति का एक पेड़
माड़ना–I(स० क्रि०) माँडना
माड़ना–II(स० क्रि०) *बो०* 1 भूषित करना, मंडित करना 2 धारण करना, पहनाना 3 आदर सम्मान करना 4 मसलना 5 रौंदना
माड़ना–III(अ० क्रि०) *बो०* घूमना फिरना, टहलना
माडरेटर–*अं०* (पु०) नरम करनेवाला, मंथकरक
मार्डन–*अं०* (वि०) आधुनिक (जैसे-मार्डन फ़ैशन)
माडल–*अं०* (पु०) = माडेल
माड़व–*बो०* (पु०) मंडप (जैसे-माड़व छाना)
माड़ा–*बो०* (वि०) 1 ख़राब, निकम्मा 2 दुबला-पतला
माडेल–*अं०* (पु०) 1 नमूना 2 आदर्श (जैसे-माडेल स्कूल)
माढ़ी–*बो०* (स्त्री०) 1 मढ़ी 2 मचिया
माणक–*सं०* (पु०) = मानकंद
माणव–*सं०* (पु०) 1 मनुष्य 2 बालक, लड़का
माणवक–*सं०* (पु०) 1 सोलह वर्ष की अवस्थावाला युवक 2 तुच्छ व्यक्ति
माणविका–*सं०* (स्त्री०) बालिका, किशोरी
माणिक, माणिक्य–*सं०* I(पु०) लाल नामक रत्न II(वि०) सर्वश्रेष्ठ
मणिबंध, माणिमंथ–*सं०* (पु०) सेंधा नमक
मातंग–*सं०* (पु०) 1 हाथी 2 एक ऋषि
मात–*फ़ा०* I(वि०) 1 मरा हुआ 2 हारा हुआ, पराजित II(स्त्री०) 1 शतरंज के खेल में बादशाह को मिलनेवाली शह 2 पराजय
मातदिल–*अ०* (वि०) 1 न अधिक गर्म और न अधिक ठंडा, समशीतोष्ण 2 मध्यम प्रकृति का, संतुलित
मातम–*अ०* (पु०) 1 मृत्यु शोक 2 रोना पीटना 3 अशुभ घटना का दुःख। ~**ख़ाना** + *फ़ा०* (पु०) मृत्यु संतप्त गृह; ~**दार** + *फ़ा०* (वि०) मातम मनानेवाला, सोगी; ~**पुर्सी** + *फ़ा०* (स्त्री०) मृतक संबंधियों के प्रति समवेदना प्रकट करना
मातमी–*अ०* + *फ़ा०* (वि०) 1 मातम संबंधी 2 शोकसूचक
मातरि पुरुष–*सं०* (पु०) केवल माँ के सामने अपनी वीरता का बखान करनेवाला पुरुष
मातहत–*अ०* I(वि०) अधीन II (पु०) मातहत कर्मचारी
मातहती–*अ०* + *फ़ा०* (स्त्री०) मातहत होने का भाव
माता–*सं०* (स्त्री०) 1 माँ, जननी 2 आदरणीय बड़ी स्त्री 3 वेश्याओं का पालन पोषण करनेवाली स्त्री, खाला। ~**पिता** (पु०) = माँ बाप
मातमह–*सं०* (पु०) नाना (स्त्री० मातामही)
मातुल–*सं०* (पु०) मामा। ~**पुत्रक** (पु०) मामा का पुत्र
मातुला, मातुली–*सं०* (स्त्री०) मामी
मातुलेय–*सं०* (पु०) = मातुल पुत्रक, मामा का लड़का
मातृ–*सं०* (स्त्री०) माता। ~**कुल** (पु०) = मातृपक्ष; ~**गण** (पु०) सात या आठ मातृकाओं का समूह; ~**गत** (वि०) = मातृक; ~**गृह** (पु०) माँ का घर; ~**घातक** (पु०) माँ का हत्यारा; ~**चक्र** (पु०) मातृकाओं का समूह; ~**तंत्र** (पु०) मातृसत्ता; ~**देव** (पु०) माता को देवता माननेवाला; ~**देश** (पु०) मातृभूमि; ~**निष्ठ** (वि०) मातृसत्तात्मक; ~**पक्ष** (पु०) माता का कुल, नाना, मामा आदि; ~**पूजन** (पु०) माँ देवी की पूजा; ~**पूजा** (स्त्री०) 1 माता की पूजा 2 विवाह के दिन से पूर्व पितरों का किया जानेवाला पूजन; ~**प्रणाली** (स्त्री०) = मातृ सत्ता; ~**प्रधान** (वि०) मातृ सत्तात्मक; ~**प्रेम** (पु०) माता का प्रेम, माँ का स्नेह; ~**बंधु** (पु०) मामा; ~**भक्त** (वि०) माँ की पूजा करनेवाला; ~**भक्ति** (स्त्री०) माँ की पूजा; ~**भाव** (पु०) माता का प्यार; ~**भाषा** (स्त्री०) 1 अपने घर में बोली जानेवाली भाषा

2 राष्ट्र भाषा (जैसे-हिंदी हमारी मातृभाषा है); ~**भूमि** (स्त्री०) जन्मभूमि; ~**माता** (स्त्री०) मातामही; ~**मूलक** (वि०) मातृसत्तात्मक; ~**ष्वसा** (स्त्री०) मौसी; ~**सत्ता** (स्त्री०) मातृ प्रधान प्रभुत्व; ~**स्नेह** (पु०) मातृप्रेम; ~**हत्या** (स्त्री०) माँ का खून, कत्ल

मातृक–I *सं०* (वि०) 1 माता संबंधी, माता का 2 माता के पक्ष से होनेवाला II (पु०) 1 मामा 2 ननिहाल

मातृका–*सं०* (स्त्री०) 1 जननी, माता 2 दूध पिलानेवाली दाई, धाय 3 सौतेली माँ, उपमाता

मातृत्व–*सं०* (पु०) 1 संतानवती होने की अवस्था (जैसे-मातृत्व बोझ, मातृत्व बंधन) 2 माँ का पद। ~**लाभ** (पु०) माता बनना

मातृवत्–*सं०* (वि०) माँ के समान

मात्र–*सं०* (क्रि० वि०) इतने से अधिक नहीं (जैसे-मात्र दस रुपए, मात्र दो दिन)

मात्रक–*सं०* (पु०) 1 इकाई (जैसे-ऊर्जा की मात्रक) 2 स्वतंत्र सत्तावाला (जैसे-धर्म एक इकाई है) 3 समूह की एक वस्तु

मात्रा–*सं०* (स्त्री०) 1 परिमाण (जैसे-सौ किलोग्राम की मात्रा) 2 खुराक (जैसे-दवा की मात्रा) 3 अक्षर में लगाई जानेवाली स्वर सूचक रेखा (जैसे-रात में आ की मात्रा लगाओ, क पर मात्रा लगाओ)। ~**काल** (पु०) ह्रस्व वर्ण के उच्चारण में लगनेवाला समय

मात्रिक–*सं०* (वि०) 1 मात्रा संबंधी 2 एक इकाई से संबंध रखनेवाला, एकात्मक 3 जिसमें मात्राओं की गणना हो (जैसे-मात्रिक छंद)

मात्सर–*सं०* (वि०) मत्सर युक्त

मात्सर्य–*सं०* (पु०) ईर्ष्या, डाह

मात्स्य–*सं०* (वि०) मछली का, मछली से संबंधित (जैसे-मात्स्यि विभाग)

मात्स्यिक–*सं०* (पु०) मछुआ

माथा–(पु०) 1 सिर का अगला भाग, मस्तक (जैसे-माथा फोड़ना) 2 वस्तु का अगला भाग 3 ऐसा चित्र जिसमें केवल मुख और मस्तक बना हो। ~**पच्ची** (स्त्री०) = मगज़ पच्ची; ~**पिट्टन** (पु०) सिर खपाना, मग़ज़पच्ची; ~**कूटना** सिर पीटना; ~**घिसना** अनुनय विनय करना; ~**टेकना** भूमि से सिर लगाकर प्रणाम करना; ~**ठनकना** अनिष्ट की आशंका होना; ~**पच्ची करना** 1 देर तक सोचना समझना 2 विशेष परिश्रम से समझाना; ~**मारना** सिर मारना, माथापच्ची करना; ~**रगड़ना** दे० माथा घिसना; **माथे पर बल पड़ना** चेहरे से रोष, अप्रसन्नता प्रकट होना

माथुर–*सं०* I(पु०) 1 मथुरा का निवासी 2 कायस्थों की एक जाति II(वि०) मथुरा का

माद–*सं०* (पु०) 1 अभिमान 2 प्रसन्नता, हर्ष 3 मद, मत्तता

मादक–*सं०* I(वि०) नशीला (जैसे-मादक द्रव्य) II(पु०) नशा उत्पन्न करनेवाला पदार्थ। ~**ता** (स्त्री०) नशा, उन्माद

मादन–*सं०* (पु०) 1 उन्माद करनेवाला 2 कामदेव

मादनी–*सं०* (स्त्री०) 1 भाँग 2 मदिरा 3 नशीली वस्तु

मादर–*फ़ा०* (स्त्री०) माँ, माता। ~**ज़ाद** (वि०) 1 जन्म का 2 एक ही माँ से उत्पन्न, सहोदर, सगा 3 जैसा जन्म के समय रहा हो (जैसे-मादरज़ाद नंगा); ~**वतन** + *अ०* (पु०) = मातृभूमि

मादरी–*फ़ा०* (वि०) माता का

मादा–*फ़ा०* (स्त्री०) स्त्री जाति का प्राणी (जैसे-साँड़ की मादा गाय है)

मादी–*फ़ा०* + *हिं०* (स्त्री०) भौतिक

मादीन–*फ़ा०* + *हिं०* (स्त्री०) दे० मादा

माद्दा–*अ०* (पु०) 1 योग्यता 2 समझ 3 *व्या०* शब्द की व्युत्पत्ति 4 सृष्टि का मूल तत्त्व 5 पदार्थ का मूल रूप

माद्दी–*अ०* (वि०) 1 मादा का 2 भौतिक, जड़ 3 पैदायशी

माधव–*सं०* I(वि०) 1 मधु संबंधी 2 मधु ऋतु संबंधी II(पु०) 1 कृष्ण 2 वसंत ऋतु

माधुर–*सं०* (पु०) मल्लिका, चमेली

माधुरी–*सं०* (स्त्री०) 1 मधुरता, मिठास 2 मिठाई

माधुर्य–*सं०* (पु०) 1 मधुर होने का भाव, मधुरता शोभा युक्त सुंदरता

माध्यंदिन–*सं०* (पु०) = मध्याह्न

माध्य–*सं०* I(वि०) = मध्य II(पु०) औसत (जैसे-माध्य ज्ञात करना)

माध्यम–I *सं०*(वि०) मध्यम का, बीचवाला II(पु०) 1 साधन, उपाय 2 भाषा (जैसे-हिंदी या अंग्रेज़ी माध्यम में परीक्षा देना) 3 आधार, सहायता (जैसे-कला का माध्यम) 4 द्वारा (जैसे-अधिकारी के माध्यम से काम होगा)। ~**भाषा** (स्त्री०) साधन रूप भाषा

माध्यमिक–*सं०* (वि०) मध्य का (जैसे-माध्यमिक शिक्षा, माध्यमिक विद्यालय)

माध्यस्थ–*सं०* (वि०) = मध्यस्थ

माध्यस्थ्य–*सं०* (पु०) = मध्यस्थता

माध्याकर्षण–*सं०* (पु०) = गुरुत्वाकर्षण

माध्याह्निक–I *सं०* (वि०) मध्याह्न का II (पु०) मध्याह्न का कर्म

मान–I*सं०* (पु०) 1 नापने की क्रिया 2 परिमाण, मापफल (जैसे-इस गठरी का मान पाँच किलो है) 3 तौल, नाप आदि जानने का साधन 4 समानता, तुल्यता 5 योग्यता, शक्ति (जैसे-यह काम हमारे मान का नहीं है)। ~**दंड** (पु०) 1 नापने का डंडा 2 पैमाना

मान–II*सं०* (पु०) 1 सम्मान, इज़्ज़त (जैसे-मान अपमान) 2 आत्म गौरव का भाव (जैसे-अपने मान पर विचार करना) 3 घमंड, शेखी (जैसे-झूठा मान) 4 मन में उत्पन्न क्षणिक विकार, रूठने का भाव (जैसे-नायिका का मान करना)। ~**अभिमान** (पु०) इज़्ज़त और बेइज़्ज़त; ~**कंद** (पु०) एक तरह का मीठा कंद; ~**चित्र** (पु०) नक्शा; ~**चित्रकार** (पु०) मान चित्र बनानेवाला व्यक्ति; ~**चित्रण** (पु०) मान चित्र बनाना; ~**ता** (स्त्री०) मनौती; ~**देय** (पु०) सम्मानार्थ दिया गया मेहनताना; ~**धन** (वि०) मान का धनी; ~**पत्र** (पु०) अभिनंदन पत्र; ~**पान** (पु०) मान सम्मान; ~**भंग** (पु०) 1 मानहानि 2 बेइज़्ज़त होना; ~**भाव** (पु०) चोचला; ~**मंदिर** (पु०) कोप भवन; ~**मनौती** + *हिं०* (स्त्री०) 1 रूठना और मनाना 2 मन्नत; ~**मर्यादा** (पु०) मान प्रतिष्ठा, इज़्ज़त; ~**महत** + *हिं०* (पु०) मान प्रतिष्ठा; ~**मान्यता**

(स्त्री०) मान सम्मान; ~**मोचन** (पु०) मान भंग करना; ~**सम्मान** (पु०) मान बड़ाई, गौरव; ~**हानि** (स्त्री०) मान अपमान

मानक–I*सं०* (पु०) नापने का मानदंड, रूप

मानक–II*सं०* (पु०) मानकंद

मानकीकरण–*सं०* (पु०) मानक रूप स्थिर करना

मानकीकृत–*सं०* (वि०) मानक रूप में लाया हुआ

मानद–*सं०* (वि०) मान प्रतिष्ठा देनेवाला

मानना–I(स० क्रि०) 1 स्वीकार करना (जैसे-ग़लती मानना) 2 धारण को स्थिर करना (जैसे-बात का बुरा मानना) 3 सम्मान करना (जैसे-मानना जानना) 4 श्रद्धा, विश्वास रखना (जैसे-धर्म को मानना) 5 कर्तव्य पालन करना (जैसे-गुरु का कहना मानना) 6 मन्नत करना 7 समझना II(अ० क्रि०) 1 समझना 2 राज़ी होना

माननीय–*सं०* (वि०) मानने योग्य, सम्माननीय, आदरणीय

मानव–I *सं०*(पु०) 1 मनुष्य 2 मनुष्य जाति II(वि०) 1 मनु से उत्पन्न 2 मनु संबंधी। ~**इतिहास** (पु०) मनुष्य के विकास की कहानी; ~**कृत** (वि०) मनुष्य द्वारा निर्मित (जैसे-मानवकृत उपग्रह); ~**जाति** (स्त्री०) = मनुष्य जाति; ~**जाति विज्ञान** (पु०) वह विज्ञान जिसमें मनुष्य के सांस्कृतिक विकास, रूप तथा जाति संबंधी अन्य बातों का अध्ययन किया जाता है; ~**जाति वैज्ञानिक** (पु०) मानव जाति विज्ञान का ज्ञाता; ~**ता** (स्त्री०) मनुष्यता; ~**ता वाद** (पु०) वह वाद जिसमें संसार के सभी मनुष्य की मंगल कामना का विधान हो; ~**वादी** I(वि०) मानवता संबंधी II(पु०) मानवतावाद का समर्थक; ~**द्रोही** (वि०) = मनुष्य द्रोही; ~**धर्म** (पु०) मनुष्योचित कर्म और धर्म; ~**निर्मित** (वि०) मानव द्वारा रचित; ~**प्रकृति** (स्त्री०) मनुष्य का स्वभाव; ~**युक्त** (वि०) जिसमें मनुष्य हो; ~**रहित** (वि०) जिसमें मनुष्य न हो; ~**वंश** (पु०) मनुष्य योनि; ~**वंश शास्त्र** (पु०) = मानव जाति विज्ञान; ~**वंश शास्त्री** (पु०) मानव जाति वैज्ञानिक; ~**वाद** (पु०) = मानवतावाद; ~**वादी** (वि०)/(पु०) = मानवतावादी; ~**विज्ञान** (पु०) = मनुष्य विज्ञान; ~**वैज्ञानिक** (पु०) = मनुष्य वैज्ञानिक; ~**शत्रु** (पु०) = मनुष्य द्रोही; ~**शत्रुता** (स्त्री०) = मनुष्य द्रोह; ~**शास्त्र** (पु०) = मनुष्य विज्ञान; ~**शास्त्री** (पु०) = मनुष्य वैज्ञानिक ~**शास्त्रीय** (वि०) 1 मनुष्य विज्ञान का ज्ञाता 2 मनुष्य विज्ञान से संबद्ध (जैसे-मानव शास्त्रीय ज्ञान); ~**शोषक** (वि०) मनुष्य का शोषण करनेवाला; ~**समाज** (पु०) = मनुष्य समाज; ~**सहित** (वि०) = मानव युक्त; ~**हित** (पु०) मनुष्य की भलाई

मानवक–*सं०* (पु०) = माणवक

मानवाधिकार–*सं०* (पु०) मनुष्य का अधिकार

मानवी–*सं०* (वि०) मानुषिक

मानवीकरण–*सं०* (पु०) मनुष्य बनाना, मनुष्य रूप देना (जैसे-साहित्य में किया गया जड़ पदार्थ का मानवीकरण)

मानवीय–*सं०* (वि०) मानुषिक। ~**ता** (स्त्री०) = मनुष्यता

मानवोचित–*सं०* (वि०) मनुष्योचित

मानस–*सं०* I(पु०) 1 मन 2 मन में उत्पन्न संकल्प विकल्प II(वि०) 1 मन में उत्पन्न 2 मन में विचारा हुआ (जैसे-मानस चित्र, मानस पुत्र)। ~**चिकित्सक** (पु०) मनोरोग चिकित्सक; ~**जगत्** (पु०) कल्पित संसार; ~**ता** (स्त्री०) 1 मन का भाव 2 मनोवृत्ति; ~**पट,** ~**पटल** (पु०) मन रूपी तख़्ती; ~**पुत्र** (पु०) शारीरिक संभोग से अलग मात्र इच्छा से उत्पन्न पुत्र; ~**रोग** (पु०) = मनोरोग; ~**रोग चिकित्सक** (पु०) = मनोरोग चिकित्सक; ~**विज्ञान** (पु०) = मनो विज्ञान; ~**वेग** (पु०) = मनोवेग; ~**शास्त्र** (पु०) = मनोविज्ञान; ~**शास्त्री** (पु०) मनोविज्ञान का जानकार

मानसरोवर–*सं०* (पु०) हिमालय में स्थित एक पवित्र झील

मानसिक–*सं०* (वि०) 1 मन की कल्पना से उत्पन्न 2 मन संबंधी (जैसे-मानसिक रोग, मानसिक यातना) 3 अधिक सोच विचारवाला (जैसे-मानसिक कार्य)

मानसून–*अं०* (पु०) बरसाती हवा

मानापमान–*सं०* (पु०) = मान या अपमान

मानाभिषेक–*सं०* (पु०) प्रधान व्यक्ति का पदारूढ़ होना (जैसे-राष्ट्रपति का मानाभिषेक)

मानाथ–*सं०* (पु०) लक्ष्मी के पति, विष्णु

मानिंद–*फ़ा०* (वि०) समान, सदृश

मानिक–(पु०) = माणिक्य। ~**जोड़** (पु०) एक तरह का बड़ा बगुला; ~**रेत** (स्त्री०) मानिक का चूरा

मानिटर–*अं०* (पु०) = मानीटर

मानित–*सं०* (वि०) सम्मानित

मानिता–*सं०* (स्त्री०) 1 सम्मान, गौरव 2 घमंड

मानिनी–*सं०* (स्त्री०) मान करनेवाली स्त्री, मानवती

मानी–I*सं०* (स्त्री०) नौकरानी

मानी–II*अ०* (स्त्री०) 1 अर्थ, मतलब 2 हेतु

मानी–III*सं०* (वि०) 1 मानवाला 2 मान प्रतिष्ठा का ध्यान रखनेवाला 3 अभिमानी, घमंडी 4 माननीय, मान्यवर

मानीटर–*अं०* (पु०) 1 छात्र नायक 2 सलाहकार

मानुख–*बो०* (पु०) = मनुष्य

मानुष–*सं०* I(वि०) मनुष्य का II(पु०) मनुष्य। ~**ता** (स्त्री०) = मनुष्यता

मानुषक, मानुषिक–*सं०* (वि०) 1 मनुष्य संबंधी 2 मनुष्य का सा (जैसे-मानुषिक कर्म)

मानुषी–I(वि०) मनुष्य की (जैसे-मानुषी चिकित्सा)

मानुषी–II*सं०* (स्त्री०) औरत, स्त्री

मानुषीय–*सं०* (वि०) = मानुषिक

मानुष्य–*सं०* (पु०) मनुष्यता

मानुस–*बो०* (पु०) = मनुष्य

माने–*अ०* (पु०) अर्थ, आशय

मानों–(क्रि० वि०) 1 अनुरूपता, तुल्यता (जैसे-वह मनुष्य क्या मानों देवता था) 2 मान लो कि (जैसे-मानों हम सब राजा हैं)

मानोपाधि–*सं०* (स्त्री०) सम्मानित करने के लिए दिया जानेवाला ख़िताब

मान्य–*सं०* (वि०) 1 माने जाने योग्य 2 प्रार्थनीय 3 जिसका सम्मान करना उचित हो (जैसे-मान्यवर, गणमान्य)। ~**ता** (स्त्री०) 1 मान्य होने का भाव 2 सिद्धांत, मत (जैसे-भारतीय

दर्शन की मान्यता) 3 बात, तथ्य प्रथा (जैसे-सामाजिक मान्यता) 4 प्रामाणिक मान लेना (जैसे-संस्था को मान्यता प्रदान करना); ~**ता प्राप्त** (वि०) जिसे मान्यता दी गई हो (जैसे-मान्यता प्राप्त विद्यालय); ~**वर** (वि०) 1 श्रेष्ठ 2 श्रद्धेय

मापी–(स्त्री०) 1 नाप (जैसे-माप तौल) 2 परिमाण, मात्रा, मान 3 पदार्थ नापने का मान (जैसे-दस किलो का माप)। ~**उपकरण** *+ सं०* (पु०) नापने का उपकरण (जैसे-बाट, नपना आदि माप उपकरण हैं); ~**जोख** (स्त्री०) नापना और वज़न लेना; ~**तौल** (स्त्री०) नापना और तौलना; ~**दंड** *+ सं०* (पु०) मानक, स्टैंडर्ड

मापक–*सं०* (पु०) 1 मापनेवाला 2 पैमाना 3 बाट 4 अनाज तौलनेवाला, बया

मापन–*सं०* (पु०) 1 नापना 2 तराजू

मापना–(स० क्रि०) पदार्थ का विस्तार, वज़न, क्षेत्रफल घनत्व आदि मालूम करना, नापना (जैसे-खेत का क्षेत्रफल मापना, सीमेंट की बोरी का वज़न मापना)

मापनी–(स्त्री०) = मापन

मापांक–*सं०* (पु०) मान, परिमाण

माफ़–*अ०* (वि०) क्षमा किया हुआ

माफ़क़त–*अ०* (स्त्री०) 1 अनुकूलता 2 मेल, मैत्री

माफ़िक़–*अ०* (वि०) 1 अनुकूल, अनुसार 2 उपयुक्त (जैसे-मन माफ़िक़, लड़के के माफ़िक़)

माफ़िया–*अं०* (पु०) विधि विरोधी

माफ़ी–*अ० + फ़ा०* (स्त्री०) 1 क्षमा (जैसे-माफ़ी मिलना) 2 वह भूमि जिसका लगान माफ़ हो। ~**दार** (पु०) जिसके पास माफ़ी की ज़मीन हो; ~**नामा** (पु०) क्षमापत्र

मा बाप–(पु०) = माँ बाप

मामक–*सं०* (वि०) मेरा

मामता–(स्त्री०) = ममता

मामला–*अ०* (पु०) 1 बात (जैसे-आपस का मामला) 2 घटना (जैसे-कैसे मामला था) 3 विवाद, मुकदमा (जैसे-मामले की सुनवाई) 4 काम काज, धंधा (जैसे-सारा मामला निपट गया) 5 युवती और सुंदर स्त्री (जैसे-मामले में फँसना, मामला फँस गया) 6 स्त्री प्रसंग

मामा–I(पु०) माँ का भाई, मातुल

मामा–II*फ़ा०* (स्त्री०) 1 माता 2 वृद्धा 3 नौकरानी

मामी–I(स्त्री०) मामा की पत्नी

मामी–II(स्त्री०) अपना दोष न मानना

मामूँ–(पु०) = मामा

मामूली–*अ० +फ़ा०* (वि०) 1 औसत दरजे का, साधारण 2 प्रायः होता रहनेवाला 3 नित्य नियम संबंधी

मायक–(वि०) = मायावी

मायका–(पु०) विवाहित स्त्री के माँ का घर, पीहर, नैहर

मायल–*अ०* (वि०) 1 किसी पर अनुरक्त होना 2 आसक्त

माया–I*बो०* (स्त्री०) दया, ममता

माया–II*बो०* (स्त्री०) माँ

माया–III*सं०* (स्त्री०) 1 अविद्या, प्रकृति 2 मोहकारिणी शक्ति 3 इंद्रजाल, जादू 4 कपट, धोखा (जैसे-स्त्री की माया) 5 भ्रमवश होनेवाला प्रेम, अनुराग (जैसे-रूप की माया) 6 ममत्व, ममता 7 भ्रम (जैसे-माया मृग) 8 ईश्वरीय शक्ति (जैसे-प्रभु की माया)। ~**कार** (पु०) = मायाजीवी; ~**चार** (पु०) मायावी; ~**जाल** (पु०) धोखे का जाल; ~**देवी** (स्त्री०) गौतम बुद्ध की माँ; ~**धर** (पु०) = मायावी; ~**पात्र** (पु०) धनवान्, अमीर; ~**प्रयोग** (पु०) छल का प्रयोग, धूर्तता; ~**मृग** (पु०) कपट मृग, धोखे का हिरन; ~**मोह** (पु०) = माया जाल; ~**यंत्र** (पु०) मोहनी विद्या; ~**वाद** (पु०) ब्रह्म को सत्य और जगत् को मिथ्या मानने का सिद्धांत; ~**वादी** I(पु०) मायावाद को माननेवाला व्यक्ति II(वि०) मायावाद संबंधी

माया–IV*सं०* (स्त्री०) धन, रुपया पैसा

मायामय–*सं०* (वि०) माया से युक्त

मायावान्–*सं०* (वि०) मायावी, मायावाला

मायाविनी–*सं०* (स्त्री०) 1 छल छद्म करनेवाली स्त्री 2 माया स्वरूपिणी 3 माया में कुशल स्त्री

मायावी–*सं०* I(वि०) 1 माया संबंधी 2 माया रूप में होनेवाला 3 जादू आदि से संबद्ध II (पु०) अनेक प्रकार की माया रचनेवाला व्यक्ति

मायिक–*सं०* (वि०) 1 माया संबंधी 2 माया दिखानेवाली

मायी–*सं०* (पु०) 1 माया का अधिष्ठाता, ईश्वर 2 मायावी 3 जादूगर

मायूर–I *सं०* (पु०) मोर, मयूर II (वि०) मयूर संबंधी

मायूस–*अ०* (वि०) निराश, हताश, उदास

मायूसी–*अ० +फ़ा०* (स्त्री०) निराशा, उदासी

मार–I (स्त्री०) 1 मारने की क्रिया, मारना (जैसे-उसे दो तमाचे मार) 2 मारपीट, लड़ाई 3 निशाना (जैसे-हवाई जहाज़ की मार एक हज़ार गज़ की है) 4 कष्ट, क्लेश, दुःख (जैसे-ग़रीब की मार)। ~**कटाई,** ~**काट** (स्त्री०) 1 मारना और काटना 2 युद्ध; ~**धाड़** (स्त्री०) लड़ाई; ~**पिटाई, मारपीट** (स्त्री०) लड़ाई झगड़ा, दंगा फसाद; ~**पेच** *+ फ़ा०* (पु०) छल कपट, जाल फ़रेब

मार–II (क्रि० वि०) बहुत अधिक, अत्यंत (जैसे-मार आफ़त मचाना)

मार–III *फ़ा०* (पु०) साँप

मार–IV *सं०* (पु०) 1 मारण, वध 2 मृत्यु 3 विघ्न 4 कामदेव (जैसे-मार की पीड़ा सहना)

मारक–(वि०) 1 मारनेवाला 2 प्रतिकारक, ऐंटिडोट

मारका–I *अ०* (पु०) 1 युद्ध, लड़ाई 2 महत्त्वपूर्ण कार्य 3 महत्त्वपूर्ण घटना

मारका–II *अं०* (पु०) 1 चिह्न, निशान 2 छाप (जैसे-ट्रेड मारका)

मारकीन–*अं०* (स्त्री०) एक तरह का साधारण कपड़ा

मारख़ोर–*फ़ा०* (पु०) अफ़गानिस्तान में बहुत बड़े सींगवाला एक तरह का बकरा

मारण–*सं०* (पु०) 1 मार डालना 2 प्राण लेने के उद्देश्य से किया गया तांत्रिक प्रयोग (जैसे-मारण मंत्र)

मारतौल–*पुर्त०* (पु०) एक प्रकार का बड़ा हथौड़ा

मारना–(स० क्रि०) 1 अंत करना (जैसे-जान मारना) 2 प्रहार करना (जैसे-लात मारना) 3 फेंकना (जैसे-पत्थर मारना 4 शिकार करना (जैसे-शेर मारना) 5 जख़्म करना (जैसे-डंक

मारना) 6 यथा साध्य प्रयत्न करना (जैसे-पक्षियों का पर मारना) 7 भस्म आदि तैयार करना (जैसे-सोना मारना, पारा मारना) 8 बर्बाद करना, नष्ट करना (जैसे-उसे तो ऐयाशी ने मारा है) 9 परेशान करना (जैसे-नौकर को दौड़ा मारना) 10 पराजित करना (जैसे-चुनाव में मैंने उसे दे मारा) 11 विजय प्राप्त करना (जैसे-बाज़ी मारना) 12 गोट आदि जीतना (जैसे-शतरंज में हाथी से ऊँट मारना) 13 आवेग रोकना, दबाना (जैसे-मन मारना, भूख प्यास मारना) 14 बलपूर्वक अधिकार में करना (जैसे-गठरी मारना, रुपया मारना) 15 कार्य के संबंध में संपन्न करना (जैसे-पानी में गोता मारना) 16 संभोग करना (जैसे-कोठेवाली को मारना)

मारफ़त–*अ०* (क्रि० वि०) 1 माध्यम से (जैसे-डाकिए के मारफ़त रुपया प्राप्त हुआ) 2 द्वारा (जैसे-नौकर के मारफ़त)

मारफ़ीन–*अं०* (स्त्री०) अफ़ीम का सत्त

मारबल–*अं०* (पु०) संगमरमर

मारवाड़ी–I (पु०) मारवाड़ देश का निवासी II (स्त्री०) मारवाड़ देश की बोली III (वि०) मारवाड़ देश का, मारवाड़ संबंधी

मारशल–*अं०* (पु०) = मार्शल

मारा–(वि०) 1 मारा हुआ 2 पीड़ित, ग्रस्त (जैसे-आफ़त का मारा)। **~मार, ~बाँधा** I (क्रि० वि०) बहुत अधिक तेज़ी से II (स्त्री०) 1 बहुतायत 2 हलचल, भगदड़ 3 दौड़धूप 4 मारपीट

मारात्मक–*सं०* (वि०) 1 हिंसक 2 प्राणनाशक 3 दुष्ट

मारित–*सं०* (वि०) 1 जो मार डाला गया हो 2 नष्ट किया हुआ 3 भस्म किया हुआ

मारी–(स्त्री०) महामारी

मारुत–*सं०* (पु०) 1 पवन, वायु 2 पवनदेव

मारुति–*सं०* (पु०) पवनपुत्र, हनुमान

मारू–(वि०) 1 जान मारनेवाला (जैसे-जान मारू) 2 मर्म स्थान पर आघात करनेवाला 3 मारने पीटनेवाला। **~बाजा** (पु०) एक वाद्य

मारूफ़–*अ०* (वि०) प्रसिद्ध

मारे–(क्रि० वि०) कारण, वज़ह से (जैसे-डर के मारे भागना)

मार्क–*अं०* (पु०) 1 छाप (जैसे-ट्रेड मार्क) 2 लक्षण

मार्का–I *अ०* (पु०) = मारका I

मार्का–II *अं०* (पु०) = मारका II

मार्केट–*अं०* (पु०) बाज़ार

मार्केटिंग–*अं०* (स्त्री०) विपणन, बाज़ार करना

मार्ग–*सं०* (पु०) 1 रास्ता, पथ 2 भ्रमण पथ 3 गुदा, मलद्वार। **~कर** (पु०) पथ कर; **~चिह्न** (पु०) मार्ग दिखाने के संकेत; **~तोरण** (पु०) रास्ते में बनाया गया झंडे का फाटक; **~दर्शक** (वि०)/(पु०) मार्ग दिखानेवाला, रहनुमा पथप्रदर्शक; **~दर्शन** (पु०) 1 रास्ता दिखलाना 2 पथ प्रदर्शन; **~दर्शन प्रणाली** (स्त्री०) मार्ग दर्शन का ढंग; **~निर्देशक** (पु०) = मार्ग प्रदर्शक; **~निर्देशन** (पु०) = मार्ग प्रदर्शन; **~पत्र** (पु०) राहदारी का परवाना; **~प्रदर्शक** (पु०) 1 रास्ता दिखलानेवाला व्यक्ति 2 रहनुमा, पथ प्रदर्शक; **~प्रदर्शन** (पु०) रास्ता दिखलाना; **~बंध** (पु०) रास्ता रोकना; **~सुधार** + *हिं०* (पु०) मार्ग की मरम्मत करना

मार्गणा–*सं०* (स्त्री०) 1 अन्वेषण, खोज 2 याचना

मार्गशिर, मार्गशीर्ष–*सं०* (पु०) अगहन का महीना

मार्गी–*सं०* (पु०) यात्री, बटोही

मार्च–I *अं०* (पु०) ईसवी संवत् का तीसरा महीना (मार्च में 31 दिन होते हैं) II *अं०* (पु०) दल बाँधकर आगे बढ़ना (जैसे-मार्च करना)

मार्जन–*सं०* (पु०) 1 सफ़ाई 2 भूल, दोष आदि का परिहार

मार्जना–*सं०* (स्त्री०) 1 सफ़ाई 2 क्षमा, माफ़ी

मार्जनी–*सं०* (स्त्री०) झाड़ू

मार्जनीय–*सं०* (वि०) मार्जन के योग्य

मार्जार–*सं०* (पु०) बिल्ली

मार्जित–*सं०* (वि०) साफ़ किया हुआ

मार्जिन–*अं०* (पु०) 1 हाशिया 2 किनारा 3 सीमा, हद (जैसे-मार्जिन में प्रवेश करना)

मार्तंड–*सं०* (पु०) सूर्य

मार्दव–*सं०* (पु०) 1 मृदुता 2 हृदय की कोमलता और सरसता 3 अहंकार रहित होने का भाव

मार्फ़त–*अ०* (क्रि० वि०) = मारफ़त

मार्फ़िया–*अं०* (पु०) = मारफ़ीन

मार्मिक–*सं०* (वि०) 1 मर्म संबंधी 2 मर्म को आंदोलित करनेवाला (जैसे-मर्म वचन) 3 विचार से होनेवाला (जैसे-मार्मिक विवेचन, मार्मिक व्याख्या)

मार्शल–*अं०* (पु०) सेना का उच्च अधिकारी, फ़ौजी अफ़सर। **~ला** (पु०) 1 वह आदेश जिसके तहत देश की शासन व्यवस्था सेना के अधीन हो जाती है 2 सैनिक शासन

माल–I (स्त्री०) माला

माल–II *अ०* (पु०) क़ीमती वस्तु 2 धन संपत्ति, रुपया पैसा (जैसे-माल लूटना, लूट का माल) 3 लगान के रूप में दिया गया धन (जैसे-माल गुज़ारी) 4 सुंदर और स्वादिष्ट भोजन (जैसे-माल खिलाना) 5 युवती और सुंदर स्त्री (जैसे-माल के पीछे भागना) 6 क्रय विक्रय का सामान। **~असबाब** (पु०) सामान; **~ख़ाना** + *फ़ा०* (पु०) गोदाम; **~गाड़ी** + *हिं०* (स्त्री०) सामान ढोने की गाड़ी; **~गुज़ार** + *फ़ा०* (पु०) 1 मालगुज़ारी देनेवाला व्यक्ति 2 ज़मींदार; **~गुज़ारी** + *फ़ा०* (स्त्री०) 1 लगान 2 टैक्स, कर; **~गोदाम** + *हिं०* (पु०) माल असबाब का संग्रह स्थान; **~घर** + *हिं०* (पु०) गोदाम; **~ज़ादा** + *फ़ा०* (पु०) वेश्या पुत्र; **~ज़ादी** + *फ़ा०* + *हिं०* (स्त्री०) 1 वेश्या पुत्री 2 व्यभिचारिणी औरत; **~ज़ामिन** (पु०) नगदी ज़मानत देनेवाला; **~टाल** + *हिं०* (पु०) = माल असबाब; **~डिब्बा** + *हिं०* (पु०) माल गाड़ी का डिब्बा; **~ढुलाई** + *हिं०* (स्त्री०) 1 माल की ढुलाई, माल ढोने का काम 2 माल ढोने का पारिश्रमिक; **सूची** + *हिं०* (स्त्री०) ख़रीद फरोख्त के सामान की सूची; **~दार** + *फ़ा०* (वि०) धनी, धनवान्; **~निर्यात** + *सं०* (पु०) माल बाहर भेजना (जैसे-विदेशों में माल निर्यात); **~न्यायालय** + *सं०* (पु०) राजस्व संबंधी झगड़ों का न्यायालय; **~बाबू** + *हिं०* (पु०) माल को भेजने के संबंध में लिखा पढ़ी करनेवाला लिपिक, पार्सल क्लर्क; **~बोर्ड** + *अं०* (पु०) राजस्व परिषद्; **~भंडारी** + *हिं०* (पु०) माल गोदाम का निरीक्षक; **~मंत्री** + *सं०* (पु०) राजस्व मंत्री; **~मता** (पु०) = माल

असबाब; ~**मसाला** (पु०) कुल सामग्री; ~**मस्त** + *फ़ा०* (वि०) धन, संपत्ति के नशे में मत्त; ~**महकमा** (पु०) राजस्व का प्रबंध करनेवाला सरकारी विभाग; ~**मारू** + *हिं०* (वि०) माल चुरानेवाला, गबन करनेवाला; ~**मोटर** + *अं०* (स्त्री०) = मोटर लारी; ~**वाहक** + *सं०* (वि०) माल ढोनेवाला, माल ले जानेवाला (जैसे-मालवाहक जहाज़); ~**विभाग** + *सं०* (पु०) = माल महकमा ; ~**उड़ाना** 1 तर माल खाना 2 रुपया गायब करना; ~**काटना** 1 दूसरे का पैसा हथियाना 2 रिश्वत लेना, घूस लेना (जैसे-दफ़्तर के बाबू खूब माल काटते हैं) 3 ग़लत ढंग से पैसा पैदा करना; ~**मारना** 1 दूसरे का धन हथियाना 2 रिश्वत आदि से रक़म पैदा करना

मालकँगनी–(स्त्री०) 1 एक प्रकार की लता 2 इस लता का बीज (जैसे-मालकँगनी का तेल)

मालखंभ–(पु०) लकड़ी या खंभे के सहारे की जानेवाली एक तरह की कसरत

मालटा–(पु०) मुसम्मी की जाति का एक तरह का बढ़िया फल और उसका पेड़

मालती–*सं०* (स्त्री०) 1 सफ़ेद रंग के फूलवाली एक लता 2 इस लता का फूल 3 छः अक्षरों की एक तरह की वर्णवृत्ति (जैसे-मालती छंद) 4 युवती स्त्री 5 ज्योत्सना

मालदह–(पु०) 1 पूर्वी बिहार का एक नगर 2 मालदह के आस पास होनेवाला क़लमी आम

मालन–(स्त्री०) = मालिन

मालपूआ–(पु०) घी में तला एक तरह का मीठा पकवान (जैसे-हलुआ और मालपूआ)

मालबरी–(स्त्री०) एक प्रकार की ईख

मालविका–*सं०* (स्त्री०) निसोथ,ऊंचे पहाड़ों की एक लता

माला–*सं०* (स्त्री०) 1 हार, गजरा (जैसे-फूलों की माला) 2 गले में पहनने का हार, एक आभूषण (जैसे-सोने की माला) 3 धार्मिक उद्देश्य से पहना जानेवाला मनकों का हार (जैसे-रुद्राक्ष आदि की माला, माला जपना) 4 समूह, झुंड (जैसे-मेघमाला) 5 श्रेणी, पंक्ति, अवली (जैसे-पर्वत माला)

मालामाल–*अ० + फ़ा० + अ०* (वि०) 1 धन धान्य से संपन्न, समृद्ध 2 भरपूर

मालिक–*अ०* (पु०) 1 ईश्वर (जैसे-संसार का मालिक एक है) 2 स्वामी, अधिकारिक, अधिपति (जैसे-आप ही हमारे मालिक हैं) 3 संपत्ति आदि का स्वामी, अध्यक्ष (जैसे-खज़ाने का मालिक) 4 पति, शौहर (जैसे-पत्नी का मालिक कौन है)। ~**पन** + *हिं०* (पु०) मालिक होने का भाव

मालिका–*सं०* (स्त्री०) 1 फूलों आदि की माला 2 गले में पहनने का एक गहना

मालिकाना–*अ० + फ़ा०* I (पु०) 1 स्वामित्व 2 जमींदारी का हक़ II (वि०) मालिक जैसा III (क्रि० वि०) मालिक के रूप में

मालिकिन–*अ० + हिं०* (स्त्री०) स्वामिनी

मालित–*सं०* (वि०) 1 माला पहना हुआ 2 घेरा हुआ

मालिन–(स्त्री०) 1 माली की स्त्री 2 माली का काम करनेवाली स्त्री

मालिन्य–*सं०* (पु०) मलिनता, मैलापन

मालियत–*अ०* (स्त्री०) 1 क़ीमत 2 धन, संपत्ति 3 क़ीमती वस्तु

मालिया, मालियाना–(पु०) माल गुज़ारी

मालिश–*फ़ा०* (स्त्री०) 1 शरीर पर तेल आदि लगाना 2 बार-बार हाथ से मलना

माली–I *अ०* (वि०) आर्थिक (जैसे-माली हालत)

माली–II *सं०* (पु०) 1 माला बनाने और बेचने का काम करनेवाला 2 बाग़वान 3 माला बनाने का काम करनेवाली एक हिंदू जाति

मालीखूलिया–*अ०* (पु०) एक प्रकार का मानसिक रोग, उन्माद

मालीदा–*फ़ा०* (पु०) = मलीदा

मालुमात–*अ०* (स्त्री०) ज्ञान, जानकारी

मालूम–*अ०* (वि०) 1 ज्ञात, विदित 2 प्रकट, स्पष्ट

मालोपमा–*सं०* (स्त्री०) *साहि०* उपमा अलंकार का एक भेद जिसमें एक ही उपमेय के अनेक उपमान होते हैं

माल्य–*सं०* (पु०) = माला

माल्वान्–*सं०* (वि०) = मालित

माल्यार्पण–*सं०* (पु०) माला पहनाना

मावा–(पु०) 1 माँड़, पीच 2 सार भाग, सत्त 3 दूध का खोआ

माशा–(पु०) आठ रत्ती मान की एक तौल। ~**तोला** (वि०) परिवर्तनशील, चपल

माशा अल्लाह–*अ०* (क्रि० वि०) 1 जैसा अल्लाह चाहे 2 क्या कहना है

माशी–(वि०) उरद के रंग का

माशूक़–*अ०* (पु०) प्रेम पात्र, प्रेमी, प्रिय

माशूक़ा–*अ०* (स्त्री०) प्रेम पात्री, प्रेमिका

माशूक़ाना–*अ० + फ़ा०* (वि०) 1 माशूक़ संबंधी 2 माशूक़ की तरह का 2 प्रेयसियों की तरह का (जैसे-माशूक़ाना मिज़ाज)

माष–I *सं०* (पु०) 1 माश 2 माशा 3 मसा II (वि०) मूर्ख। ~**वटी** (स्त्री०) उड़द की बड़ी

माषाद–*सं०* (पु०) कछुआ

मास–*सं०* (पु०) महीना (जैसे-दो मास के भीतर, पिछला मास)। ~**कालिक** (वि०) मासिक; ~**प्रवेश** (पु०) महीने का आरंभ

मासांत–*सं०* (पु०) 1 महीने का अंत 2 मास का आखिरी दिन

मासा–(पु०) = माशा

मासावधिक–*सं०* (वि०) मासिक

मासिक–I *सं०* (वि०) 1 मास संबंधी, मास का 2 मास मास पर नियमित रूप होनेवाला (जैसे-मासिक धर्म) II (पु०) मासिक धर्म। ~**धर्म** (पु०) रजोधर्म, रजस्राव

मासी–(स्त्री०) = मौसी

मासूम–*अ०* (वि०) 1 निरपराध, बेगुनाह 2 पाप रहित 3 निर्दोष और दया का पात्र (जैसे-मासूम बच्चा)

मासूमियत, मासूमी–*अ० + फ़ा०* (स्त्री०) मासूम होने का भाव

मासूर–*सं०* (वि०) 1 मसूर का 2 मसूर जैसा

मास्क–*अं०* (पु०) मुखौटा

मास्टर–*अं०* (पु०) 1 शिक्षक, अध्यापक 2 मालिक, स्वामी 3 कला, विद्या, गुण आदि में निष्णात व्यक्ति (जैसे-कला का मास्टर, संगीत मास्टर) 4 उस्ताद 5 बच्चों के लिए प्रेम सूचक

संबोधन। ~**की** (स्त्री०) एक तरह के सभी तालों को खोलनेवाली कुंजी

मास्टरनी–*अं० + हिं०* (स्त्री०) मास्टर की पत्नी

मास्टरी–*अं० + हिं०* (स्त्री०) 1 अध्यापक का काम और पद 2 कला, गुण आदि में निष्णात होने का भाव

माह– I *बो०* (पु०) माघ

माह–II *फ़ा०* (पु०) 1 चाँद 2 महीना, मास। ~**ताब** (पु०) चाँद; ~**ताबी** (स्त्री०) 1 एक तरह की आतिशबाज़ी 2 चाँदनी रात का मज़ा लेने के लिए बैठने हेतु बनाया गया चबूतरा; ~**नामा** (पु०) मासिक पत्र; ~**बमाह** (क्रि० वि०) हर महीने; ~**वार** I (क्रि० वि०) प्रति मास II (पु०) मासिक वेतन III (वि०) मासिक; ~**वारी** (वि०) मासिक

माहत–(स्त्री०) महिमा, महत्ता

माहर–(पु०) इंद्रयान

माहली–(पु०) 1 अंतः पुर का सेवक 2 सेवक

माहात्म्य–*सं०* (पु०) महिमा, गौरव

माहाना–*फ़ा०* (वि०) मासिक

माहियत–*अ०* (स्त्री०) 1 भीतरी और वास्तविक तत्त्व 2 प्रकृति 3 विवरण

माहियाना–I *फ़ा०* (वि०) माहवारी II (पु०) मासिक वेतन

माहिर–*अ०* (वि०) अच्छा जानकार, विशेषज्ञ

माहिरी–*अ० + फ़ा०* (स्त्री०) विशेषज्ञता, दक्षता

माही–*फ़ा०* (स्त्री०) मछली। ~**गीर** (पु०) मछुआ; ~**गीरी** (स्त्री०) मछुआ का काम

माहुर–(पु०) विष, ज़हर

माहेश्वर–*सं०* (पु०) शिवोपासक

माहौल–*अ०* (पु०) वातावरण

मिंट–I *अं०* (पु०) टकसाल II (पु०) मिनट। ~**हाउस** (पु०) टकसाल

मिंड़ाई–(स्त्री०) 1 मिंड़ने-मींड़ने की अवस्था 2 मींड़ने का पारिश्रमिक, मजूरी

मिंबर–*अ०* (पु०) मस्जिद में इमाम के बैठने की जगह

मिक़दार–*अ०* (स्त्री०) 1 मात्रा 2 तौल

मिक़नातीस–*अ०* (पु०) चुंबक पत्थर

मिकेनिक–*अं०* (पु०) = मेकेनिक

मिक्सचर–*अं०* (पु०) घोल, मिश्रण

मिचकना–(अ० क्रि०) बार-बार खुलना और बंद होना (जैसे-आँख मिचकना)

मिचकाना–(स० क्रि०) बार-बार खोलना और बंद करना (जैसे-आँख मिचकाना)

मिचकी–I (स्त्री०) 1 आँखें मिचकने या मिचकाने की अवस्था 2 आँख का इशारा (जैसे-मिचकी मारना) II (स्त्री०) 1 छलांग, उछाल 2 झूले की पेंग

मिचना–(अ० क्रि०) बंद होना (जैसे-आँख मिचना)

मिचराना–(अ० क्रि०) बिना भूख के खाना

मिचलाना–(अ० क्रि०) मतली आना

मिचली–(स्त्री०) जी मिचलाने की अवस्था

मिचवाना–(स० क्रि०) मीचने का काम कराना

मिचौनी–(स्त्री०) मूँदने की क्रिया (जैसे-आँख मिचौनी का खेल)

मिचौली–(स्त्री०) दे० मिचौनी

मिज़राब–*अ०* (स्त्री०) सितार बजाने का एक तरह का छल्ला

मिज़ाज–*अ०* (पु०) 1 प्रकृति 2 स्वभाव (जैसे-नायिका का मिज़ाज, तुनकमिज़ाज) 3 आदत (जैसे-लड़के का मिज़ाज अच्छा नहीं है) 4 गर्व, घमंड (जैसे-मिज़ाज में बात करना) 5 तबीयत (जैसे-आज सुबह मिज़ाज ठीक नहीं है)। ~**दार** *+ फ़ा०* (वि०) घमंडी; ~**दारी** *+ फ़ा०* (स्त्री०) मिज़ाजदार होने का भाव; ~**पुरसी** *+ फ़ा०* (स्त्री०) मिज़ाज पूछना; ~**आली,** ~**मुबारक** ~**शरीफ़** मिज़ाज कैसा है; ~ **न मिलना** इतराना; ~**पहचानना** रुचि स्वभाव को समझना; ~**पाना** स्वभाव पहचान लेना; ~**पूछना** कुशल प्रश्न करना; ~**में आना** दिल में आना; ~**सातवें आसमान पर होना** अत्यधिक घमंड होना; ~**होना** अभिमान होना

मिज़ाजी–*अ० + फ़ा०* (वि०) मिज़ाजदार

मिटना–(अ० क्रि०) 1 पोंछा जाना (जैसे-पत्र के अक्षर मिटना) 2 नष्ट होना 3 बर्बाद होना (जैसे-आपस की लड़ाई में सब कुछ मिटना)

मिटाना–(स० क्रि०) 1 नष्ट करना (जैसे-उसने कुल मर्यादा को मिटा दिया) 2 लुप्त करना, साफ़ करना (जैसे-लिखावट मिटाना) 3 रद्द करना

मिटिया–*बो०* (वि०) मिट्टी के रंग का। ~**फूस** (वि०) कमज़ोर; ~**महल** *+ फ़ा०* (पु०) मिट्टी का घर

मिटियाना–(स० क्रि०) मिट्टी रगड़कर साफ़ करना

मिट्टी–(स्त्री०) 1 ज़मीन के ऊपरी भाग में पाया जानेवाला भुरभुरा और मुलायम तत्त्व (जैसे-मिट्टी में पौधा लगाना, मिट्टी का घर बनाना) 2 विशिष्ट स्थान पर पाया जानेवाला उक्त पदार्थ (जैसे-पीली मिट्टी, बलुई मिट्टी) 3 सभी प्राणियों का शरीर जो मूलतः मिट्टी का ही बना है (जैसे-शरीर के पंच तत्त्व में एक तत्त्व मिट्टी भी है) 4 मृत शरीर (जैसे-मिट्टी में शामिल होना)। ~**ख़राबी** *+ अ० + फ़ा०* (स्त्री०) 1 बर्बादी, विनाश 2 दुर्गति, दुर्दशा; ~**तेल** (पु०) एक प्रसिद्ध खनिज तरल पदार्थ (लालटेन में मिट्टी का तेल भरना, मिट्टी के तेल से अँगीठी जलाना); ~**विशेषज्ञ** *+ सं०* (पु०) मिट्टी की परख करनेवाला; ~**शिल्प** *+ सं०* (पु०) मिट्टी से चीज़ें मूर्ति आदि बनाने की कला। ~**उठना** लाश, ज़नाज़ा उठना; ~**करना** बर्बाद करना; ~**का पुतला** मनुष्य; ~ **की मूरत** मानव शरीर; ~**के माधव** मूर्ख, भोंदू; ~**के मोल** बहुत सस्ता; ~**ख़राब होना** अंत्येष्टि कर्म का सही ढंग से न होना; ~**ठिकाने लगना** अंत्येष्टि कर्म सही तरीक़े से होना; ~**डालना** दोष पर परदा डालना; ~**देना** 1 लाश दफ़न करना 2 लाश को कब्र में रखने के बाद उसपर थोड़ी-थोड़ी मिट्टी डालना; ~**पकड़ना** अच्छी तरह जम जाना; ~**पलीद होना** 1 दुर्दशा होना 2 बेइज़्ज़त होना 3 अंत्येष्टि का ठीक से न होना; ~**में मिलना** नष्ट होना; ~**से मिट्टी मिलना** मुर्दे का दफ़न होना

मिट्ठी–(स्त्री०) चुंबन, चूमा

मिट्ठु–(वि०) मीठी बात बोलनेवाला, मिष्ट भाषी

मिठबोला–(वि०) मृदुभाषी, मिष्ट भाषी

मिठलोना–(वि०) कम नमकवाला

मिठाई–(स्त्री०) 1 मिठास 2 खाने की मीठी चीज़ (जैसे-पेड़ा, बरफ़ी, लड्डू आदि स्वादिष्ट मिठाइयाँ हैं) ~**कारख़ाना** + *फ़ा०* (पु०) मिठाई बनाने का एक निश्चित और बड़ा स्थान; ~**वाला** (पु०) मिठाई का पेशा करनेवाला II (स० क्रि०) मीठा करना

मिठास–(स्त्री०) मीठापन

मिठौरी–(स्त्री०) एक तरह की बरी

मिडवाइफ़–*अं०* (वि०) दाई, धाय

मिड़ाई–(स्त्री०) = मिंड़ाई

मिडिल–I *अं०* (वि०) बीच का, मध्यवर्ती (जैसे-मिडिल क्लास, मिडिल पार्ट) II (पु०) 1 मध्य 2 साधारणतया 5 से 8 तक के दरजों का समाहार (जैसे-मिडिल कक्षा)। ~**ची** + *तु०* (वि०) मिडिल पास

मिढुलिया–*बो०* (स्त्री०) मढ़िया, कुटी

मित–*सं०* (वि०) 1 नपा तुला 2 सीमित 3 कम, थोड़ा (जैसे-मितभाषी)। ~**भाषिणी** (स्त्री०)/(वि०) कम बोलनेवाली; ~**भाषी** (वि०) 1 कम बोलनेवाला 2 कम तथा आवश्यकतानुसार बोलनेवाला; ~**भोजी** (वि०) कम खानेवाला; ~**मति** (वि०/पु०) अल्प बुद्धि; ~**व्यय** I (वि०) कम ख़र्च करनेवाला, मितव्ययी II (पु०) अधिक ख़र्च न करना; ~**व्ययता**, ~**व्ययिता** (स्त्री०) कम ख़रची; ~**व्ययी** (वि०) कम ख़र्च करेनेवाला

मितली–(स्त्री०) मिचली, कै की इच्छा

मिताचरण–*सं०* (पु०) संयम

मिताचार–*सं०* (पु०) संयत व्यवहार, संयम

मिताशन–*सं०* (पु०) 1 थोड़ा भोजन करना 2 अल्पाहार

मिताहार–I *सं०* (पु०) कम खाना II (वि०) मिताहारी

मिति–*सं०* (स्त्री०) 1 परिणाम, मान 2 नापने जोखने की क्रिया प्रणाली (जैसे-अम्ल मिति, क्षार मिति) 3 सीमा, हद 4 नियम, मर्यादा आदि का बंधन

मिती–*सं०* (स्त्री०) 1 चांद्र मास के किसी पक्ष अथवा सौर मास की तिथि 2 दिन, दिवस 3 ब्याज देने तक की तिथि। ~**काटा** + *हिं०* (पु०) ब्याज काटने का एक ढंग

मित्र–*सं०* (पु०) दोस्त, सखा। ~**ता** (स्त्री०) दोस्ती; ~**ता पूर्ण** (वि०) दोस्ती से भरा (जैसे-मित्रता पूर्ण बर्ताव); ~**ता बंधुता** (स्त्री०) दोस्ती और भाईचारा; ~**द्रोह** (पु०) मित्र के प्रति विश्वासघात; ~**द्रोही** (वि०) मित्र के प्रति विश्वासघात करनेवाला; ~**भाव** (पु०) मैत्री; ~**मंडली** (स्त्री०) मित्रों का समूह; ~**राज्य**, ~**राष्ट्र** (पु०) ऐसा राज्य जिनका आपस में दोस्ती का संबंध हो; ~**राष्ट्रीय** (वि०) मित्र राष्ट्र का; ~**वत्सल** (वि०) मित्र का प्रेमी; ~**शक्ति** (स्त्री०) दोस्त की ताक़त (जैसे-मित्र शक्ति का भरोसा करना); ~**सेना** (स्त्री०) दोस्त की सेना

मित्रघ्न–*सं०* (वि०) मित्र द्रोही

मित्रत्व–*सं०* (पु०) मित्रता

मित्रवत्–*सं०* (वि०) मित्र के समान

मित्रवर–*सं०* (पु०) मित्र में श्रेष्ठ

मित्रोचित–*सं०* (वि०) मित्र के लिए उचित, मैत्रीपूर्ण

मिथः–*सं०* (क्रि० वि०) आपस में

मिथुन–*सं०* (पु०) 1 स्त्री और पुरुष का युग्म 2 संयोग, समागम, मैथुन 3 बारह राशियों में से तीसरी राशि। ~**राशि** (स्त्री०) तीसरी राशि

मिथुनीकरण–*सं०* (पु०) जोड़ा खिलाना, संभोग कराना

मिथ्या–*सं०* (वि०) 1 असत्य, झूठा 2 बनावटी, कृत्रिम 3 निराधार (जैसे-मिथ्या आग्रह) 4 नीति के विरुद्ध (जैसे-मिथ्या आचरण)। ~**करण** (पु०) झूठा करना; ~**कारी** (वि०) झूठा करनेवाला; ~**चरण** (पु०), ~**चर्या** (स्त्री०) कपटाचरण, मक्कारी; ~**ज्ञान** (पु०) भ्रम; ~**दृष्टि** (स्त्री०) नास्तिकता; ~**धर्म** (पु०) = मिथ्या विश्वास; ~**प्रतिज्ञ** (वि०) प्रतिज्ञा का पालन न करनेवाला; ~**प्रशंसक** (पु०) झूठी बड़ाई करनेवाला; ~**भाषी** (वि०) = मिथ्यावादी; ~**मति** (स्त्री०) भ्रांति, मिथ्या ज्ञान; ~**वाद** (पु०) असत्य कथन, झूठी बात; ~**वादी** (वि०) झूठ बोलनेवाला; ~**शपथ** (स्त्री०) झूठी प्रतिज्ञा; ~**साक्षी** (पु०) झूठा गवाह

मिथ्याचार–*सं०* (पु०) 1 कपटपूर्ण आचरण 2 इस तरह का आचरण करनेवाला व्यक्ति

मिथ्यात्व–*सं०* (पु०) 1 झूठ होने की अवस्था 2 माया

मिथ्यापवाद–*सं०* (पु०) = मिथ्याभियोग

मिथ्याभास–*सं०* (पु०) भ्रमित चेतना के कारण अयथार्थ वस्तु आदि देखना

मिथ्याभिमान–*सं०* (पु०) झूठा घमंड

मिथ्याभियोग–*सं०* (पु०) झूठा इल्ज़ाम, दोष

मिथ्यारोपण–*सं०* (पु०) झूठा दोष लगाना

मिथ्यार्थ–*सं०* (पु०) ग़लत आशय, मिथ्या अभिप्राय

मिथ्याहार–*सं०* (पु०) प्रकृति विरुद्ध आहार

मिथ्योपचार–*सं०* (पु०) 1 झूठी सेवा 2 झूठा इलाज

मिनकना–(अ० क्रि०) डरते-डरते बोलना

मिनट–*अं०* (पु०) साठ सेकेंड का समय

मिनती–*बो०* (स्त्री०) विनती

मिन मिन–(क्रि० वि०) अस्पष्ट तथा धीमे स्वर से

मिनमिनाना–(अ० क्रि०) 1 अस्पष्ट तथा धीमे स्वर में बोलना 2 नकियाना

मिनहा–*अ०* (वि०) घटाया हुआ

मिनहाई–*अ०* + *फ़ा०* (स्त्री०) घटाना

मिनिट–*अं०* (पु०) = मिनट

मिनिस्कर्ट–*अं०* (स्त्री०) छोटा घाघरा, घुटनों के ऊपर तक का लहँगा

मिनिस्टर–*अं०* (पु०) मंत्री (जैसे-रेल मंत्री)

मिनिस्टरी–*अं०* (पु०) मंत्री का पद और कार्य (जैसे-होम मिनिस्टरी)

मिनिस्ट्री–*अं०* (स्त्री०) 1 मंत्री का विभाग 2 मंत्रिमंडल

मिन्नत–*अ०* (स्त्री०) 1 विनती 2 चापलूसी। ~**गुज़ार** + *फ़ा०* (वि०) मिन्नत करनेवाला; ~**समाजत** (स्त्री०) चिरौरी, प्रार्थना, विनय

मिमियाना–(अ० क्रि०) 1 में में शब्द करना (जैसे-बकरी का मिमियाना) 2 बकरी की तरह में में करना 3 चापलूसी करना

मियाँ–*फ़ा०* (पु०) 1 स्वामी, मालिक 2 स्त्री का पति (जैसे-आपके मियाँ जी घर पर हैं) 3 बच्चों के लिए प्रयुक्त

स्नेह सूचक संबोधन 4 मुसलमान शिक्षक (जैसे-मियाँ जी से उर्दू पढ़ना) 5 मुसलमान (जैसे-मियाँ की दौड़ मस्ज़िद तक)। ~**जीगरी** *+ हिं० + फ़ा०* (स्त्री०) मास्टरी, अध्यापकी; ~**बीबी** (पु०) पति-पत्नी (जैसे-मियाँ बीबी का झगड़ा); ~**मिट्ठू** (वि०) मृदुभाषी 2 सीधा सादा, भोला (जैसे-अपने मुँह मियाँ मिट्ठू बनना)

मियाद–*अ०* (स्त्री०) = मीआद

मियान–*फ़ा०* (पु०) = म्यान

मियाना–*फ़ा०* (वि०) मझोले आकार का

मियानी–*फ़ा०* (स्त्री०) = म्यानी

मिरगिया–(पु०) मिरगी से ग्रस्त व्यक्ति

मिरगी–(स्त्री०) 1 हाथ पैर ऐंठने और बेहोश हो जाने का एक स्नायविक रोग 2 अपस्मार

मिरचा–(पु०) फली के रूप में होनेवाली लाल या हरी मिर्च (जैसे-मिरचा का पौधा)

मिरज़ई–*फ़ा०* (स्त्री०) बंददार कुरती, अंगा

मिरज़ा–I *फ़ा०* (पु०) 1 अमीर का बेटा 2 राजकुमार 3 मुगलों की एक उपाधि II (वि०) कोमल व्यक्ति

मिरज़ाई–I *फ़ा०* (स्त्री०) 1 मिरज़ा का पद और कार्य 2 नेतृत्व 3 अभिमान

मिरिच–(स्त्री०) मिर्च

मिर्गी–(स्त्री०) मिरगी

मिर्च–(स्त्री०) एक तिक्त फली

मिल–*अं०* (स्त्री०) कारख़ाना (जैसे-कपड़ा मिल) ~**कमेटी** (स्त्री०) कारख़ाने की समिति; ~**बंदी** *+ फ़ा०* (स्त्री०) लॉक आउट

मिलक–*अं०* (स्त्री०) = मिल्क

मिलकियत–*अं०* (स्त्री०) = मिल्कियत

मिलगत–(स्त्री०) आर्थिक प्राप्ति

मिलता जुलता–(वि०) लगभग समान, एक सा

मिलन–*सं०* (पु०) 1 मिलने की क्रिया 2 मिलाप, भेंट 3 मिलावट, मिश्रण। ~**बिंदु** *+ सं०* (पु०) मिलन स्थल

मिलनसार–(वि०) 1 सुशीलता 2 प्यार मुहब्बतवाला (जैसे-मिलनसार मित्र)

मिलनसारी–(स्त्री०) 1 सुशीलता 2 मिलनसार होने की अवस्था

मिलना–(अ० क्रि०) 1 एकाकार होना (जैसे-दूध और पानी का मिलना, पानी में चीनी मिलना) 2 साधारण रूप से आकर पड़ना (जैसे-गेहूँ और चना का मिल जाना) 3 सट जाना (जैसे-चौराहों का मिलना) 4 साक्षात्कार, सामना होना (जैसे-अधिकारी से मिलना, रास्ते में मित्र से मिलना) 5 सामने आना (जैसे-गाँव जाते समय नदी मिलना) 6 अभीष्ट सिद्ध होना (जैसे-दवा से आराम मिलना) 7 प्राप्त होना (जैसे-रासायनिक खोज़ में नई दवा मिल गई) 8 हस्तगत होना (जैसे-रास्ते में सौ रुपए का नोट मिलना, अदालत से सज़ा मिलना) 9 दल बनाना (जैसे-डाकुओं का मिलना, नेताओं का मिलना) 10 विरोधी दल में शामिल होना (जैसे-नौकर का डाकू से मिल जाना) 11 संबद्ध होना (जैसे-प्रेमिका से आँख मिलना) 12 समानता होना (जैसे-सूरत मिलना) 13 भेद भाव दूर होना (जैसे-गंगा और यमुना दोनों नदियों का मिलना, ब्राह्मण और शूद्र का मिलना) 14 संगीत के स्वर आदि का एक सा प्रतीत होना (जैसे-तबले में सारंगी मिलना, पखावज मिलना)। ~**जुलना** (अ० क्रि०) भेंट मुलाक़ात, राहोरस्म (जैसे-परिवार में मिलना जुलना, रिश्तेदारों का मिलना जुलना)

मिलनी–(स्त्री०) 1 विवाह के समय की एक रस्म 2 वर पक्ष को कन्या पक्ष से मिलन रस्म पर दी गई रक़म, भेंट आदि (जैसे-सौ रुपया मिलनी का है) 3 मिलना, मिलन

मिलवाई–(स्त्री०) 1 मिलवाने की क्रिया 2 मिलवाने के फलस्वरूप मिलनेवाला पुरस्कार

मिलवाना–(स० क्रि०) 1 मिलाने का काम कराना 2 आपस में मेल कराना (जैसे-नायक को नायिका से मिलवाना) 3 परिचय कराना (जैसे-मित्र से मिलवाना)

मिला–(वि०) मिश्रित (जैसे-पानी मिला दूध)

मिला जुला–(वि०) 1 आपस में मिला हुआ (जैसे-मिला जुला पदार्थ) 2 सटा हुआ (जैसे-मिला जुला कमरा) 3 गड्ड मड्ड (जैसे-मिली जुली भाषा, मिली जुली बोली)

मिलाई–(स्त्री०) 1 मिलाने का काम 2 मिलनी

मिलान–(पु०) 1 मिलाने की क्रिया 2 तुलनात्मक रूप से देखा जाना (जैसे-लिखावट का मिलान, रुपयों पैसों का मिलान, कपड़ों आदि का मिलान) 3 तुलना (जैसे-स्वभाव और चरित्र का मिलान)। ~**कर्ता** *+ सं०* (पु०) मिलान करनेवाला व्यक्ति; ~**केंद्र** *+ सं०* (पु०) दूरभाष कार्यालय

मिलाना–(स० क्रि०) 1 सम्मिलित करना (जैसे-दाल में नमक मिलाना, आलू में मसाला मिलाना) 2 सटाना (जैसे-दीवार से दीवार मिलाना) 3 पास पहुँचाना (जैसे-भटके हुए बालक को उसके माँ बाप से मिलाना) 4 अनुकूल बनाना, वैरभाव दूर करना (जैसे-डाकू को साधु से मिलाना, शत्रु को दोस्त से मिलाना) 5 संबंध, सहयोग स्थापित करना (जैसे-नज़र मिलाना) 6 गुण आदि की तुलना करना (जैसे-कपड़ा मिलाना, रुपया-पैसा का हिसाब मिलाना) 7 संभोग कराना (जैसे-गाय को साँड़ से मिलाना) 8 स्वर, ध्वनि मिलाना (जैसे-सारंगी से तबला मिलाना) 9 गाँठ लगाकर एक करना (जैसे-चाँदनी शामियाना में कपड़ा मिलाना)

मिलाप–(पु०) 1 मेल 2 भेंट 3 दोस्ती

मिलापी–(वि०) मिलनसार

मिलाव (पु०), **मिलावट**–(स्त्री०) 1 मिलाए जाने का भाव 2 मिश्रण (जैसे-दूध में पानी की मिलावट) 3 मेल (जैसे-कच्चे और पके फल की मिलावट)

मिलावटी–(वि०) मिश्रित, मिलावट वाला

मिलिंग मशीन–*अं०* (स्त्री०) 1 कपड़ा बनाने की मशीन 2 पीसने की मशीन

मिलिंद–*सं०* (पु०) भौंरा, भ्रमर

मिलिटरी–I *अं०* (वि०) 1 सेना का, सैनिक फ़ौजी (जैसे-मिलिटरी शासन) 2 युद्ध का, सामरिक II (स्त्री०) फ़ौज, पलटन

मिलित–*सं०* (वि०) मिला हुआ

मिलीग्राम–*अं०* (पु०) ग्राम का हज़ारवाँ हिस्सा

मिलीभगत–(स्त्री०) आपस में किसी के विरुद्ध रचा गया षड्यंत्र, धूर्त और कपट भरी चाल

मिलीमीटर–*अं०* (पु०) मीटर का हज़ारवाँ हिस्सा

मिलोना–(स० क्रि०) 1 मिलाना 2 दूध दूहना
मिलौनी–(स्त्री०) 1 मिलाई 2 मिलावट 3 मिलनी
मिल्क–*अं०* (स्त्री०) दूध। ~**पाउडर** (पु०) दूध का चूर्ण (जैसे-पानी में मिल्क पाउडर फेंटना)
मिल्कियत–*अ०* (स्त्री०) 1 ज़मींदारी 2 जागीर 3 स्वामित्व 4 धन संपत्ति
मिल्लत–I (स्त्री०) मेलजोल, मिलाप
मिल्लत–II *अ०* (स्त्री०) मुसलमानी समाज
मिशन–*अं०* (पु०) 1 उद्देश्य 2 संस्था
मिशनरी–*अं०* (पु०) 1 लोक सेवा के भाव से अन्य देश में जानेवाला या रहनेवाला व्यक्ति 2 ईसाई पादरी 3 कोई पादरी
मिश्र–I *सं०* (वि०) 1 अनेक योगों से बना हुआ (जैसे-मिश्र धातु, मिश्र गैस) 2 मिला हुआ, संयुक्त (जैसे-मिश्र अनुपात मिश्र वाक्य) II (पु०) विशिष्ट वर्गीय ब्राह्मण III (पु०) मिस्र (देश)। ~**ज** (पु०) खच्चर; ~**जाति** (वि०) दोगला; ~**धातु** (स्त्री०) अनेक धातु के संयोग से बनी धातु (जैसे-पीतल एक मिश्र धातु है); ~**वाक्य** (पु०) व्याकरण में तीन प्रकार के वाक्यों में से एक
मिश्रक–*सं०* (वि०) मिलावट करनेवाला
मिश्रण–*सं०* (पु०) मिलावट
मिश्रित–*सं०* (वि०) मिलाया हुआ
मिश्री–(स्त्री०) जमाई हुई चीनी
मिष–*सं०* (पु०) 1 छल, कपट 2 बहाना, मिस 3 ईर्ष्या, डाह 4 स्पर्द्धा, होड़ 5 सींचना, सिंचन
मिष्ट–*सं०* (वि०) मिठास युक्त। ~**भाषण** (पु०) मीठा बोलना; ~**भाषी** (वि०) मिट्ठू
मिष्टान्न, मिष्ठान्न–*सं०* (पु०) मिठाई
मिस–I (पु०) बहाना, ढोंग II (क्रि० वि०) बहाने से
मिस–I *अं०* (स्त्री०) खोना III *अं०* (स्त्री०) कुमारी कन्या
मिसकना–(अ० क्रि०) = मिनमिनाना
मिसकीन–*अ०* (वि०) 1 दीन हीन 2 दरिद्र, निर्धन 3 भोलाभाला 4 विनम्र
मिसन–(स्त्री०) 1 रेतीली भूमि 2 बलुई मिट्टी
मिसरा–*अ०* (पु०) उर्दू, फ़ारसी आदि की कविता में आधारभूत पहला चरण। ~**तरह** (पु०) रचना पूर्ति के लिए दी हुई समस्या
मिसरी–I *अ०* (वि०) मिस्र नामक देश II (पु०) मिस्र का निवासी III (स्त्री०) मिस्र की भाषा
मिसरी– *अ०* (स्त्री०) थाल आदि में जमाई गई चीनी (जैसे-मिसरी और पानी)
मिसल–*अ०* (स्त्री०) कहावत
मिसाइल–*अं०* (पु०) प्रक्षेपास्त्र
मिसाल–*अ०* (स्त्री०) 1 उदाहरण, दृष्टांत 2 उपमा 3 कहावत, लोकोक्ति
मिसाली–*अ०* (वि०) उदाहरण रूप में होनेवाला
मिसिल–*अ०* (स्त्री०) 1 एक साथ रखे गए कागज़ पत्र 2 फ़ाइल 3 सिलाई हेतु फरमों को एक साथ लगाया जाना
मिसिली–*अ०* + *फ़ा०* (वि०) 1 मिसल संबंधी 2 सजा प्राप्त (जैसे-मिसली डाकू)
मिसेज़–*अं०* (स्त्री०) श्रीमती
मिस्की–(स्त्री०) कोमल और मंद स्वर में गाना
मिस्कीन–*अ०* (वि०) = मिसकीन
मिस्टर–*अं०* (पु०) श्रीमन, श्रीमान
मिस्तर–I (पु०) गच्च पीटने का पिटना II (पु०) मेहतर
मिस्तर–II *अ०* (पु०) पैमाना, स्केल
मिस्तरी–*पुर्त०* (पु०) शिल्पकार
मिस्मार–*अ०* (वि०) नष्ट
मिस्र विद्या–*अ* + *सं०* (स्त्री०) मिस्र की संस्कृति से संबंधित शास्त्र
मिस्रा–*अ०* (पु०) मिसरा
मिस्री–I *अ०* (वि०) मिस्र देश का
मिस्री–II *अ०* (स्त्री०) जमाई हुई चीनी
मिस्ल–*अ०* (वि०) मिसल
मिस्सा–(पु०) 1 मूँग, मोठ आदि का भूसा 2 कई दालों को एक साथ पीसकर तैयार किया गया आटा
मिस्सी–(स्त्री०) 1 दाँत साफ़ करने का एक तरह का मंजन 2 नथिया उतरने की एक रस्म (मुस्लिम वेश्या की)। ~**काजल** (पु०) स्त्रियों का बनाव शृंगार; ~**दानी** + *फ़ा०* + *हिं०* (स्त्री०) मिस्सी रखने का पात्र; ~**सुरमा** + *फ़ा०* (पु०) = मिस्सी काजल
मिहनत–*अ०* (स्त्री०) = मेहनत
मिहमान–*फ़ा०* (पु०) = मेहमान
मिहरबान–*फ़ा०* (क्रि० वि०) = मेहरबान
मिहराब–*अ०* (स्त्री०) = मेहराब
मिहिर–I *सं०* (पु०) सूर्य II (वि०) बुड्ढा, वृद्ध
मींगी–(स्त्री०) बीज के अंदर का गूदा
मींजना–(स० क्रि०) 1 मलना (जैसे-आँख मींजना) 2 मर्दन करना (जैसे-छाती मींजना)
मींड–(स्त्री०) मींड़ने की अवस्था
मींड़ना–(स० क्रि०) 1 गूँधना (जैसे-आटा मींड़ना) 2 मसलना
मीआद–*अ०* (स्त्री०) समय, अवधि
मीआदी–*अ०* + *फ़ा०* (वि०) नियत अवधि तक का
मीचना–(स० क्रि०) बंद करना (जैसे-आँखें मीचना)
मीज़ान–*अ०* (स्त्री०) 1 तुला, तराजू 2 संख्याओं आदि का जोड़, योग
मीटर–I *अं०* (पु०) 1 मापक (जैसे-बिजली का मीटर) 2 मापका (जैसे-गाडी का मीटर) II *अं०* (पु०) लंबाई नापने हेतु दाशमिक प्रणाली की एक इकाई (जैसे-पाँच मीटर कपड़ा)
मीटरी–*अं०* + *हिं०* (वि०) मीटर का
मीटिंग–*अं०* (पु०) 1 बैठक 2 सभा, समिति का अधिवेशन (जैसे-पार्लियामेंट की मीटिंग)
मीठा–I (वि०) 1 चीनी सा स्वादवाला, मधुर (जैसे-मीठा फल, मीठा कद्दू) 2 स्वादिष्ट (जैसे-मीठा भोजन, मीठा रस) 3 अनुकूल और प्रिय (जैसे-मीठी नज़र, मीठी नींद) 4 हलका, मंद, धीमा (जैसे-मीठी चुभन, मीठा दर्द) 5 सुशील और सौम्य (जैसे-मीठा व्यवहारवाला) II (पु०) मिठाई। ~**आलू** (पु०) शकरकंद। **मीठी छुरी** विश्वासघाती
मीडियम–*अं०* (पु०) माध्यम

मीत–*बो०* (पु०) मित्र, दोस्त

मीन–*सं०* (पु०) 1 मछली 2 बारह राशियों में एक राशि, अंतिम राशि

मीन मेख–(पु०) असमंजस, सोच विचार

मीना–I *फ़ा०* (पु०) 1 रंग बिरंगा शीशा 2 सोने चाँदी आदि पर बनाया जानेवाला रंगीन काम 3 शराब की बोतल या सुराही 4 शराब। ~**कार** (पु०) सोने चाँदी पर रंग बिरंगा काम करनेवाला कारीगर; ~**कारी** (स्त्री०) सोने चाँदी पर रंग बिरंगा काम; ~**बाज़ार** (पु०) 1 जौहरी बाज़ार 2 सुंदर चीज़ों का बाज़ार 3 वह बाज़ार जिसमें केवल स्त्रियाँ ही क्रय और विक्रय करती हों

मीना–II (पु०) 1 नीलारंग 2 नीलाथोथा

मीनाक्षी–*सं०* (स्त्री०) दुर्गा

मीनार–*अ०* (स्त्री०) लाट (जैसे-पीसा की मीनार, कुतुबमीनार)

मीनू–*अं०* (पु०) (होटल में) खानों की सूची

मीमांसक–*सं०* (पु०) मीमांसा शास्त्र का ज्ञाता

मीमांसन–*सं०* (पु०) मीमांसा करना

मीमांसा–*सं०* (स्त्री०) 1 गंभीर मनन और विचार 2 एक प्रकार का भारतीय दर्शन

मीमांसित–*सं०* (वि०) मीमांसा की गई

मीमांस्य–*सं०* (वि०) मीमांसा योग्य

मीयाद–*अ०* (स्त्री०) मीआद

मीयादी–*अ० + फ़ा०* (वि०) मीआदी

मीर–*फ़ा०* (पु०) 1 नेता, सरदार 2 इस्लाम धर्म का आचार्य 3 बादशाह 4 विजेता। ~**काफ़िला** (पु०) कारवाँ का सरदार; ~**बख़्शी** (पु०) मुस्लिम काल में कर्मचारियों को वेतन बाँटनेवाला एक कर्मचारी; ~**भुचड़ी** *+ हिं०* (पु०) हिजड़ों द्वारा पूजित एक कल्पित वीर पुरुष; ~**मंज़िल** *+ अ०* (पु०) शाही फ़ौज के पहुँचने के पहले पड़ाव का प्रबंध करनेवाला एक मुसलमान कर्मचारी; ~**मजलिस** *+अं०* (पु०) सभापति; ~**मुंशी** *+ अ०* (पु०) पेशकार; ~**मुशायरा** *+ अ०* (पु०) कवि सम्मेलन का अध्यक्ष; ~**शिकार** (पु०) राजाओं के शिकार का प्रबंधक; ~**सामान** (पु०) राजाओं की पाकशाला का प्रबंधक; ~**हाज** *+ अ०* (पु०) हाजियों का सरदार

मीरास–*अ०* (स्त्री०) बपौती। ~**दार** *+ फ़ा०* (पु०) उत्तराधिकारी

मीरासी–*अ० + फ़ा०* (पु०) एक तरह के मुसलमान भाट

मीरी–I *फ़ा०* (स्त्री०) मीर होने का भाव II (पु०) मीर

मील–*अं०* (पु०) 1760 गज की दूरी, 8 फर्लांग की दूरी। ~**पत्थर** *+ हिं०* (पु०) 1 सड़क के किनारे पर लगा विशिष्ट स्थानों की दूरी का संकेत देनेवाला पत्थर 2 विशिष्ट घटना, राष्ट्र, जाति आदि के इतिहास में संकेत देनेवाली स्थिति बिंदु

मीलन–*सं०* (पु०) 1 मूँदना 2 सिकोड़ना

मीलित–I *सं०* (वि०) बंद किया हुआ, मूँदा हुआ II (पु०) *साहि०* एक अलंकार जो सादृश्य में भेद नहीं करता

मीसना–(स० क्रि०) 1 मिलाना 2 धीरे-धीरे दबाना और मसलना

मुँगरा–(पु०) लकड़ी की बड़ी हथौड़ी (जैसे-घंटा बजाने का मुँगरा)

मुँगौछी–*बो०* (स्त्री०) मूँग का बना एक पकवान

मुँगौरी–(स्त्री०) मूँग के दाल की बरी

मुंड–I *सं०* (पु०) 1 सिर , मूँड़ 2 कटा सिर (जैसे-मुंडमाला) II (वि०) 1 मुँड़ा हुआ 2 अधम, नीच। ~**माला** (स्त्री०) काटे गए सिरों की माला; ~**मालिनी** (स्त्री०) काली; ~**माली** (पु०) शिव

मुंडकरी–(स्त्री०) घुटनों के बीच सिर रखकर बैठने की मुद्रा

मुंडचीरा–(पु०) भीख न मिलने पर किसी औज़ार से अपने शरीर के किसी अंग को काटकर खून निकालनेवाला मुसलमान

मुंडन–*सं०* (पु०) 1 बच्चे के बाल पहली बार मूँड़े जाने का संस्कार 2 इस अवसर पर होनेवाला उत्सव 3 उस्तरे से सिर के बाल मूँड़ना

मुँड़ना–(अ० क्रि०) 1 मुंडन होना 2 बुरी तरह ठगा जाना

मुंडा–I(वि०) 1 मुंडित 2 गंजा 3 बिना सींग का (बैल, बकरा)

मुंडा–II (पु०) 1 बिना नोक का जूता 2 एक आदिवासी जाति

मुँड़ाई– (स्त्री०) 1 मूँड़ने का काम 2 मूँड़ने की मज़दूरी

मुँड़ाना– (स० क्रि०) मूँड़ने का काम कराना

मुँड़ासा– *बो०* (पु०) सिर पर बाँधने का साफा। ~**बंद** *+ फ़ा०* (पु०) दस्तार बंद

मुंडित–*सं०* (वि०) मुंडन हुआ (जैसे-मुंडित मस्तक)

मुंडी–I (स्त्री०) 1 सिर मुँड़ी स्त्री 2 विधवा 3 बिना नोकदार जूती

मुंडी–II*सं०* (पु०) 1 मुंडन हुआ व्यक्ति, मुंडित व्यक्ति 2 नाई, नापित

मुँडेर–(स्त्री०) 1 मुँडेरा 2 खेत की मेंड़

मुँडेरा–(पु०) 1 छत के चारों ओर उठा हुआ दीवार का ऊपरी भाग 2 पुश्ता

मुंडो–(स्त्री०) 1 मुंडित स्त्री 2 विधवा, राँड़ 3 स्त्रियों के लिए उपेक्षासूचक संबोधन (जैसे-घर में दिया न बाती, मुंडो फिरे इतराती)

मुंतख़िब–*अ०* (वि०) 1 चुना हुआ 2 बढ़िया

मुंतज़िम–*अ०* (पु०) प्रबंधक, व्यवस्थापक

मुंतज़िर–*अ०* (वि०) प्रतीक्षा करनेवाला

मुँदना–(अ० क्रि०) 1 बंद होना (जैसे-आँखें मुँदना) 2 समाप्त होना, मर जाना (जैसे-उनकी आँखें सदा के लिए मुँद गईं)

मुँदरा–(पु०) 1 कुंडल 2 कान में पहनने का एक प्रकार का गहना (जैसे-मुँदरा बनवाना)

मुँदरी–(स्त्री०) अँगूठी

मुंशियाना–*अ० + फ़ा०* (वि०) मुंशियों की तरह का

मुंशी–*अ०* (पु०) 1 लिपिक 2 लेखक (जैसे-मुंशी प्रेमचंद)। ~**ख़ाना** *+ फ़ा०* (पु०) मुंशियों के बैठने की ज़गह, दफ़्तर; ~**गिरी** *+ फ़ा०* (स्त्री०) मुंशी का काम और पद

मुंसरिम–*अ०* (पु०) 1 प्रबंधक 2 दफ़्तर का प्रधान

मुंसिफ़–I *अ०* (वि०) न्याय करनेवाला II (पु०) सब जज से छोटा दीवानी विभाग का एक न्यायाधिकारी (जैसे-मुंसिफ़ मजिस्ट्रेट)

मुंसिफ़ाना–*अ० + फ़ा०* (वि०) न्यायसंगत

मुंसिफ़ी–*अ० + फ़ा०* (स्त्री०) 1 इंसाफ़ करने का काम

2 मुंसिफ़ का पद और काम 3 मुंसिफ़ की कचहरी

मुँह–(पु०) 1 मुख (जैसे-मुँह से रोटी खाना, मुँह से बोलना) 2 चेहरा (जैसे-मुँह पर पाउडर लगाना) 3 छेद, विवर (जैसे-नली का मुँह, फोड़े का मुँह, बर्तन का मुँह) 4 सामने का भाग (जैसे-मकान का मुँह) 5 योग्यता, सामर्थ्य (जैसे-पहले अपना मुँह तो देख लो) 6 मनोवृत्ति, शील (जैसे-मुँह देखकर काम करना) 7 ऊपरी सिरा (जैसे-घड़ा मुँह तक भर गया) 8 माँग (जैसे-वकीलों का मुँह बहुत बड़ा होता है)। **~अँधेरे, ~उजाले** (क्रि० वि०) बहुत तड़के (जैसे-मुँह अँधेरे चल देना); **~काला** (पु०) बदनामी; **~चंग** (पु०) = मुरचंग; **~चटौवल** (स्त्री०) 1 चूमाचाटी 2 बकवाद; **~चढ़ा** (वि०) = मुँह लगा; **~चुथौवल** (स्त्री०) = मुँह चटौवल; **~चोर** (वि०) 1 दूसरों के सामने जाने से बचनेवाला, संकोची 2 झेंपू; **~चोरी** (स्त्री०) 1 मुँहचोर होना, संकोची 2 झेंपू; **~छुआई** (स्त्री०) पूछने की रस्म; **~छुट** (वि०) = मुँहफट; **~ज़बानी** + *फ़ा०* I (क्रि० वि०) मौखिक रूप से II (वि०) कंठस्थ; **~जला** (वि०) = मुँह झौंसा; **~ज़ोर** + *फ़ा०* (वि०) 1 लड़ाका 2 बदलगाम; **~ज़ोरी** + *फ़ा०* (स्त्री०) 1 लड़ाकापन 2 बदलगामी; **~झौंसा** (वि०) 1 अशुभ तथा बुरी बात कहनेवाला 2 मुँह जला हुआ, मुँह जले के समान (गाली); **~तोड़** (वि०) परास्त करनेवाला, नीचा दिखानेवाला (जैसे-मुँहतोड़ ज़वाब देना); **~दिखाई, ~देखनी** (स्त्री०) 1 मुँह दिखाने का काम 2 मुँह दिखाने की रस्म 3 उक्त रस्म पर बहू को मिलनेवाला धन, रुपया पैसा; **~देखा** (वि०) 1 स्वयं देखा हुआ (जैसे-मुँह देखी घटना) 2 संकोच वश होनेवाला (जैसे-मुँह देखा प्यार) 3 आज्ञा की प्रतीक्षा में मुँह देखनेवाला; **~नाल** (स्त्री०) 1 मुँह में लगाकर हुक्का पीने की नली 2 म्यान के सिरे पर लगा धातु का टुकड़ा; **~पड़ा** (पु०) मशहूर, प्रसिद्ध; **~पेट** (स्त्री०) कै और दस्त; **~फट** (वि०) बद ज़बान; **~फटई** (स्त्री०) बद ज़बानी; **~बंद** + *फ़ा०* (वि०) 1 बंद मुँहवाला (जैसे-मुँहबंद बोतल) 2 जो खिला न हो (जैसे-मुँहबंद कली) 3 अक्षत योनि, कुमारी; **~बोला** (वि०) वचन द्वारा संबंध स्थापित किया हुआ (जैसे-मुँह बोला भाई); **~भराई** (स्त्री०) 1 मुँह भरने का काम 2 रिश्वत, घूस; **~माँगा** (वि०) 1 मुँह से माँगा हुआ, स्वयं माँगा हुआ 2 मनोभिलाषित (जैसे-मुँहमाँगा वरदान); **~मुलाहजा** + *अ०* (पु०) पारस्परिक वार्ता में शील और संकोच का ध्यान रखना, शील संकोच की स्थिति; **~लगा** (वि०) 1 ढीठ, शोख (जैसे-मुँह लगा दोस्त, मुँह लगा नौकर); **~आँसुओं से धोना** बहुत रोना; **~इतना सा निकल आना** 1 बहुत कमज़ोर हो जाना 2 चेहरे का रंग, आब उतर जाना; **~उजला होना** इज़्ज़त रह जाना; **~उठाकर कहना** साहस पूर्वक बोलना (जैसे-समाज में मुँह उठाकर कहना); **~उठाए चले जाना** बेधड़क चले जाना; **~उतरना** 1 मुँह पर तेज, कांति न रहना 2 चेहरे से उदासी प्रकट होना; **~औंधाकर लेटना** दुःख से अलग जाकर पड़ना; **~करना** फोड़े का फूटना; **~का कच्चा** 1 जिसकी बात का भरोसा न हो, अविश्वासी 2 जो बात को गुप्त न रख सके; **~का कड़ा** 1 मुँहज़ोर 2 अंकुश न माननेवाला (जैसे-मुँहज़ोर घोड़ा); **~का कौर** बहुत आसान काम; **~का कौर छीनना** किसी की रोटी छीनना; **~का मीठा** 1 ऊपर भला दिल का खोटा 2 चिकनी चुपड़ी बातें करनेवाला; **~काला करना** 1 व्यभिचार करना 2 फिर मुँह न दिखाना 3 बेइज़्ज़ती करना, लानत भेजना; **~काला होना** बेइज़्ज़त होना (जैसे-घूसखोरी में उसका मुँह काला हो गया); **~की खाना** 1 थप्पड़ खाना, पिटना 2 किए का फल पाना 3 पराजित होना 4 अपमानित होना, ज़लील होना (जैसे-लड़की से छेड़खानी करते हुए उसे मुँह की खानी पड़ी); **~की बात छीनना** किसी बात को किसी व्यक्ति के कहने के पूर्व उसी बात को कह देना; **~के कौए उड़ जाना** 1 चेहरे पर हवाइयाँ उड़ने लगना 2 हवास ग़ायब हो जाना; **~के बल गिरना** 1 आतुर होना 2 धोखा खाना; **~खुलवाना** 1 बोलने को लाचार करना, विवश करना 2 गुस्ताख़ बनाना; **~खोलकर रह जाना** कुछ कहते कहते चुप हो जाना; **~चाटना** 1 प्यार करना 2 ख़ुशामद करना; **~चिढ़ाना** मुखाकृति आदि की नक़ल करना; **~चूम लेना** अपने से बड़ा मानना (जैसे-तैरना सीख लो तो मैं तुम्हारा मुँह चूम लूँगा); **~छिपाना, ~छुपाना** लज्जित होना; **~जूठा करना** खाने का नाम करना; **~जोड़ना** कानाफूसी करना; **~ताक के रह जाना** चकित होकर चुप रहना; **~ताकना** 1 आस लगाए बैठे रहना 2 चकित होकर देखना; **~ताकने लगना** चकित होकर देखने लगना; **~तोड़कर ज़वाब देना** ऐसा जवाब देना कि दूसरा चुप रह जाए; **~तोड़ जवाब** चुप करा देनेवाला जवाब; **~दिखाना** सामने आना; **~देखकर** लिहाज़ करके; **~देखकर बात कहना** चापलूसी की बातें करना; **~देखकर उठना** आँख खुलते ही किसी पर निगाह पड़ना; **~देखी करना** पक्षपात करना (जैसे-मुँह देखी करना मानवता के खिलाफ है; **~देखी बात** तरफ़दारी, चापलूसी की बात (जैसे-मुँह देखी करना); **~पकड़ना** बोलने से रोकना; **~पर** 1 सामने (जैसे-मुँह पर कहना) 2 ज़बान (जैसे-मुँह पर आई बात) 3 चेहरे पर (जैसे-मुँह पर क्रीम लगाना); **~पर ताला लग जाना** 1 ज़बान बंद हो जाना 2 चुप्पी साध लेना; **~पर थूकना** 1 अपमानित करना 2 घृणा भाव प्रकट करना; **~पर न थूकना** बहुत तुच्छ और घृणित समझना (जैसे-मैं उसके मुँह पर भी नहीं थूकूंगा); **~पर नाक न होना** निर्लज्ज होना; **~पर फेंक देना, ~पर फेंक मारना** खफ़ा होकर देना; **~पर मुहर लगना** चुप्पी साध लेना; **~पर लाना** कहना, बयान करना; **~पर हवाइयाँ उड़ना** भय आदि के कारण चेहरे का पीला पड़ना; **~पसारकर दौड़ना** कोई चीज़ पाने के लिए लपकना; **~पसारना** 1 मुँह फैलाना 2 अधिक क़ीमत माँगना; **~पेट चलना** कै, दस्त होना; **~फुलाना** नाराज़ होना, रूठना; **~फूँकना** लानत भेजना; **~फेर लेना, ~बनाना** 1 चेहरे से रोष प्रकट करना 2 मुँह चिढ़ाना; **~बिगाड़ना** 1 चेहरे से नाराज़गी प्रकट करना 2 स्वाद बिगाड़ देना (जैसे-दवा ने मुँह बिगाड़ दिया) **~भर के** 1 लबालब 2 यथेच्छ 3 भरपूर; **~भरना** घूस देना (जैसे-अधिकारियों का मुँह भरना); **~मारना** मात करना; **~मीठा करना** 1 मिठाई खिलाना 2 घूस आदि देना; **~मीठा होना** 1 कुछ मिलना, प्राप्त होना 2 मँगनी होना; **~में कालिख पुतना** अत्यधिक बदनामी

होना, कलंक का टीका लगना; **~में खून लगना** चसका लगना; **~में गुड़ घी या घी शक्कर** तुम्हारा मुँह मीठा हो; **~में ज़बान न रखना** गूँगा होना; **~में थूकना** बेइज़्ज़त करना; **~में दाँत न पेट में आँत** अत्यंत वृद्ध होना; **~में पानी भर आना** राल टपकना, ललचाना; **~में लगाम न होना** ज़बान पर अंकुश न होना; **~मोड़ना** 1 बेरुखी करना, ध्यान न देना 2 अलग हो जाना 3 इनकार करना; **~लगना** 1 उलझना 2 ढिठाई करना 3 चस्का लगना; **~लगाना** ढीठ बनाना; **~लटकाना** 1 मुँह फुलाना 2 उदास होना 3 निराश होना; **~लाल होना** अत्यंत क्रुद्ध होना; **~लेकर रह जाना** लज्जित होकर चुप रहना, खिसियाकर रह जाना; **~सँभालना** सोच समझकर बोलना; **~सीना** चुप लगा लेना; **~सूखना** 1 घबरा जाना 2 ज़ोर की प्यास लगना; **~से** ऊपरी मन से, दिखावे के रूप में (जैसे-मुँह से हाल पूछ लेना); **~से दूध टपकना** नादान होना, नासमझ होना; **~से निकलना** अचानक कहा जाना; **~से फूल झड़ना** बोली में कोमलता होना; **~से बात न निकलना** भय से आवाज़ न निकलना; **~से लार टपकना** अत्यंत लोभ होना; **~स्याह होना** दे० मुँह काला होना; **~ही ~में** चुपके चुपके

मुँहामुँह–(क्रि० वि०) बिल्कुल ऊपर तक

मुँहामुँही–(क्रि० वि०) भरपूर लबालब

मुँहासा–(पु०) युवावस्था में चेहरे पर निकलनेवाले दाने

मुअज़्ज़न–*अ०* (पु०) 1 मस्जिद में अज़ान देनेवाला व्यक्ति 2 नमाज़ का बुलावा

मुअत्तल–*अ०* (वि०) 1 खाली 2 अलग किया हुआ, पदच्युत (जैसे-नौकरी से मुअत्तल करना)

मुअत्तली–*अ०* (स्त्री०) निलंबन

मुअम्मा–*अ०* (पु०) 1 रहस्य की बात, भेद 2 बुझौवल, पहेली 3 घुमाव फिराव की बात

मुअल्ला–*अ०* (वि०) प्रतिष्ठित, सम्मानित

मुअल्लिम–*अ०* (पु०) 1 शिक्षक 2 अध्यापक 3 इल्म देनेवाला व्यक्ति

मुआ–(वि०) 1 मरा हुआ, मृत 2 निगोड़ा, नाकारा (जैसे-मुआ कहीं का)

मुआफ़िक़–*अ०* (वि०) 1 अनुकूल 2 तुल्य, समान 3 इच्छानुसार (जैसे-मन मुआफ़िक़)

मुआफ़िक़त–*अ०* (स्त्री०) 1 अनुकूलता 2 मेल जोल

मुआफ़ी–*अ० + फ़ा०* (स्त्री०) माफ़ी

मुआयना–*अ०* (पु०) निरीक्षण

मुआवज़ा–*अ०* (पु०) 1 हर्जाना 2 वस्तु आदि का मूल्य (जैसे-मकान का मुआवज़ा देना)

मुआहिदा–*अ०* (पु०) पक्का करार, इक़रारनामा

मुकटा–*बो०* (पु०) पूजा के वक़्त पहनी जानेवाली एक प्रकार की रेशमी धोती

मुक़दमा–*अ०* (पु०) 1 दावा, नालिश 2 अदालत में पेश किया गया मामला, अभियोग (जैसे-मुक़दमा करना, मुक़दमा की सुनवाई)। **~बाज़** *+ फ़ा०* (पु०) = मुक़दमेबाज़; **~बाज़ी** *+ फ़ा०* (स्त्री०) = मुक़दमेबाज़ी

मुक़दमेबाज़–*अ० + फ़ा०* (पु०) मुक़दमा लड़नेवाला

मुक़दमेबाज़ी–*अ० + फ़ा०* (स्त्री०) मुक़दमा लड़ना

मुक़द्दम–I *अ०* (वि०) 1 पुरानी, प्राचीन 2 सबसे अच्छा 3 प्रधान, मुख्य II (पु०) गाँव का मुखिया, चौधरी

मुक़द्दमा–*अ०* (पु०) मुक़दमा

मुक़द्दर–*अ०* (पु०) भाग्य, किस्मत (जैसे-मुक़द्दर आज़माना, मुक़द्दर की बात)

मुक़द्दस–*अ०* (वि०) परम पवित्र और पूज्य

मुक़म्मल–*अ०* (वि०) 1 संपूर्ण 2 समाप्त

मुक़रना–(*अ०* क्रि०) 1 हटना (जैसे-बात से मुक़रना) 2 इनकार करना (जैसे-वादे से मुक़रना)

मुकरी–(स्त्री०) एक पद्य जिसमें पहले हाँ कहा जाए फिर उसका खंडन किया जाए

मुकर्रम–*अ०* (वि०) 1 सम्मानित 2 पूज्य

मुकर्रर–I *अ०* (वि०) 1 निश्चित 2 नियुक्त किया गया II (क्रि० वि०) फिर से, दोबारा

मुक़र्रर–*अ०* I (वि०) तै किया हुआ, नियुक्त II (क्रि० वि०) अवश्य, निश्चय

मुक़र्ररी–*अ० + फ़ा०* (स्त्री०) 1 नियुक्ति 2 निश्चित किया गया वेतन

मुक़ाबला–*अ०* (पु०) 1 बराबरी करना 2 बराबरी, समानता 3 आमना सामना 4 मिलान 5 विरोध (जैसे-शत्रु से मुक़ाबला करना)

मुक़ाबिल–I *अ०* (वि०) 1 सामनेवाला 2 तुल्य, समान II (पु०) 1 विरोधी 2 प्रतिद्वंद्वी 3 दुश्मन, शत्रु III (क्रि० वि०) सम्मुख, सामने

मुक़ाबिला–*अ०* (वि०) = मुक़ाबला

मुक़ाम–*अ०* (पु०) 1 पड़ाव 2 ज़गह, स्थान 3 ठहराव, विराम 4 घर

मुक़ामी–*अ० + फ़ा०* (वि०) मुक़ाम संबंधी

मुकियाना–(स० क्रि०) मुक्कों से मारना

मुकुंद–*सं०* (पु०) विष्णु

मुकुट–*सं०* (पु०) ताज (जैसे-मुकुट धारण करना)। **~धारी** (वि०) मुकुट धारण करनेवाला (राजा)

मुकुर–*सं०* (पु०) शीशा, दर्पण

मुकुल–*सं०* (पु०) कली

मुकुलित–*सं०* (वि०) 1 खिला हुआ (जैसे-मुकुलित यौवन) 2 अधखुला (जैसे-मुकुलित नयन) 3 कलियों से युक्त

मुक्का–(पु०) 1 घूँसा (जैसे-मुक्का मारना) 2 घूँसे का आघात (जैसे-ज़ोर का मुक्का)

मुक्की–(स्त्री०) 1 घूँसेबाज़ी 2 धीरे-धीरे मुक्के लगाना

मुक्केबाज़–*हिं० + फ़ा०* (पु०) मुक्का चलानेवाला

मुक़्क़ैशी–(वि०) 1 बादले का बना हुआ 2 ज़रदोजी या ज़री के काम का बना हुआ (जैसे-मुक़्क़ैशी रूमाल)

मुक्खी–(पु०) एक तरह का क़बूतर जिसका सारा शरीर काला, हरा या लाल हो

मुक्त–*सं०* (वि०) 1 स्वतंत्र, आज़ाद 2 छूटा हुआ (जैसे-कर मुक्त, कैद मुक्त) 3 खुला हुआ (जैसे-मुक्त वेणी) (जैसे-मुक्त कंठ, मुक्त हस्त) 4 मुक्ति प्राप्त (जैसे-भव सागर से मुक्त)। **~कंठ** (वि०) 1 ज़ोर से बोलनेवाला 2 निडर होकर बोलनेवाला 3 सीमा को न माननेवाला (जैसे-मुक्त कंठ से प्रशंसा करना); **~छंद** (पु०) चरणों,

मात्राओं तथा अनुप्रास आदि से अलग कविता; **~ता** (स्त्री०) छुटकारा; **~द्वार** (वि०) निर्बाध; **~पुरुष** (पु०) मोक्ष प्राप्त व्यक्ति; **~विचार** (वि०) स्वच्छंद विचारवाला; **~व्यापार** I (पु०) स्वतंत्र व्यापार II (वि०) संसार त्यागी; **~संग** I (वि०) विषय वासना से रहित II (पु०) परिव्राजक; **~हस्त** (वि०) खुले हाथ दान देनेवाला

मुक्तक–*सं०* (पु०) 1 *साहि०* काव्य का वह भेद जिसमें वर्णित बातों का कोई पूर्वापर संबंध न हो (जैसे-बिहारी सतसई मुक्तक काव्य है) 2 छंद शास्त्र में कवित्त का वह प्रकार जिसमें गणों का कोई बंधन न हो (जैसे-मुक्तक छंद)। **~ऋण** (पु०) ज़बानी बातचीत पर दिया गया ऋण

मुक्ता–*सं०* (स्त्री०) मोती। **~फल** (पु०) 1 कपूर 2 मोती; **~लता** (स्त्री०) मोतियों की माला

मुक्तात्मा–*सं०* (वि०) 1 मोक्ष प्राप्त 2 सांसारिक बंधनों से रहित

मुक्ताभ–*सं०* (वि०) मोती की तरह चमकदार

मुक्तावली–*सं०* (स्त्री०) मुक्तालता

मुक्ति–*सं०* (स्त्री०) 1 मुक्त होने की अवस्था 2 मोक्ष (जैसे-सांसारिक मुक्ति) 3 दायित्व, देन आदि से छुटकारा (जैसे-कर्तव्य से मुक्ति पाना)। **~आंदोलन** (पु०) आज़ादी की लड़ाई; **~दाता** (पु०) मुक्ति देनेवाला; **~दायक, ~दायी** (वि०) मुक्ति प्रदान करनेवाला, मोक्ष देनेवाला; **~धाम** (पु०) 1 तीर्थस्थान 2 स्वर्ग; **~फ़ौज** + *अ०* (स्त्री०) = मुक्ति सेना; **~मार्ग** (पु०) मुक्ति का रास्ता; **~युद्ध** (पु०) = मुक्ति संग्राम; **~लाभ** (पु०) मोक्ष; **~वाहिनी** (स्त्री०) = मुक्तिसेना, मुक्ति फ़ौज; **~संग्राम** (पु०) आज़ादी की लड़ाई; **~सेना** (स्त्री०) विरक्त ईसाइयों का संगठन, ईसाई धर्म का प्रचार करनेवालों का समूह

मुक्तीकरण–*सं०* (पु०) मोक्ष प्राप्त करना

मुख–*सं०* (पु०) 1 प्राणी का मुँह (जैसे-मुख से रोटी खाना, मुख बंद कर लेना) 2 चेहरा (जैसे-मुख पर दाग़ होना) 3 पदार्थ का खुला भाग (जैसे-बर्तन का मुख, बोरी का मुख, गुफ़ा का मुख) 4 आदि, शुरू का भाग या अंश (जैसे-रजनी मुख)। **~गुहा** (स्त्री०) = मुख विवर; **~चपल** (वि०) वाचाल; **~चित्र** (पु०) मुखपृष्ठ पर छपा चित्र; **~चुंबन** (पु०) मुख चूमना; **~चूर्ण** (पु०) मुँह पर लगाने का चूर्ण, पाउडर; **~छवि** (स्त्री०) = मुख रुचि; **~द्वार** (पु०) प्रवेश द्वार; **~पट** (पु०) 1 घूँघट 2 बुरका; **~पत्र** (पु०) संस्था के नियम और सिद्धांत आदि विवरण से युक्त पत्र; **~पिंड** (पु०) 1 कौर, ग्रास 2 मृतक की अंत्येष्टि क्रिया से पहले दिया जाने वाला पिंड; **~पृष्ठ** (पु०) पुस्तक, ग्रंथ आदि का सबसे ऊपर का पृष्ठ, आवरण पृष्ठ; **~प्रसाधन** (पु०) चेहरे पर लगाने के पाउडर क्रीम आदि द्रव्य; **~प्रिय** (वि०) स्वादिष्ट; **~बंध** (पु०) ग्रंथ, पुस्तक आदि की प्रस्तावना, भूमिका; **~मंडल** (पु०) चेहरा (जैसे-मुख मंडल की छवि); **~मुद्रा** (स्त्री०) मुख की आकृति; **~रुचि** (स्त्री०) मुख कांति; **~रोधन** (पु०) मुँह बंद करना; **~लेप** (पु०) सुंदरता के लिए मुख पर लगाया जानेवाला लेप; **~वाद्य** (पु०) मुँह से बजाया जानेवाला बाजा; **~विवर** (पु०) मुख का छेद; **~शुद्धि** (स्त्री०) 1 मुख साफ़ करना 2 मुख साफ़ करने की वस्तु; **~शोष** (पु०) 1 मुख का सूखा होना 2 मुख सूखने का कारण 3 व्यास; **~सुख** (पु०) उच्चारण की सरलता और सुंदरता; **~स्थ** (वि०) 1 कंठस्थ 2 मुख में आया हुआ; **~स्राव** (पु०) लार

मुखड़ा–(पु०) 1 चेहरा, मुख 2 अति सुंदर मुख हेतु प्रशंसा और प्रेम सूचक शब्द (जैसे-चाँद सा मुखड़ा, चंचल मुखड़ा)

मुख़्तार–*अ०* (पु०) 1 विशिष्ट अवसरों पर प्रतिनिधि के रूप में कार्य करनेवाला व्यक्ति 2 वकील से छोटा क़ानूनी सलाहकार 3 एजेंट। **~आम** (पु०) हर तरह का अधिकार प्राप्त व्यक्ति; **~ख़ास** (पु०) विशेष कार्य हेतु नियुक्त किया गया प्रतिनिधि; **~नामा** + *फ़ा०* (पु०) मुख़्तार का अधिकार पत्र

मुख़्तारी–*अ०* + *फ़ा०* (स्त्री०) 1 मुख़्तार होने का भाव 2 मुख़्तार का पद या पेशा 3 प्रतिनिधित्व 4 एक तरह की क़ानूनी परीक्षा

मुख़न्नस–*अ०* (वि०) हिजड़ा, नपुंसक

मुख़बिर–*अ०* (पु०) जासूस (जैसे-पुलिस का मुख़बिर, मुख़बिर का काम)

मुख़बिरी–*अ०* + *फ़ा०* (स्त्री०) मुख़बिर का काम या पद

मुख़म्मस–I *अ०* (वि०) पँचकोना II (पु०) पाँच चरणों का पद्य

मुखर–(वि०) 1 वाचाल, वाक्पटु 2 बातूनी, बकवादी

मुखरित–*सं०* (वि०) ध्वनित, शब्दायमान

मुखाकृति–*सं०* (स्त्री०) मुखमुद्रा

मुखाग्र–I *सं०* (पु०) 1 वस्तु का अगला भाग 2 होंठ II (वि०) कंठस्थ

मुख़ातिब–*अ०* (वि०) 1 जिससे कुछ कहा जाए, संबोध्य 2 किसी की ओर प्रवृत्त

मुखापेक्षा–*सं०* (स्त्री०) दूसरों का मुँह ताकना

मुखापेक्षी–*सं०* (वि०) मुँह ताकनेवाला, पराश्रित

मुख़ालिफ़–I *अ०* (वि०) 1 विरोधी 2 प्रतिद्वंद्वी II (पु०) शत्रु

मुख़ालिफ़त–*अ०* (स्त्री०) 1 मुख़ालिफ़ होने की अवस्था 2 विरोध 3 शत्रुता

मुखावरण–*सं०* (पु०) घूँघट

मुखिया–(पु०) 1 प्रधान (जैसे-गाँव का मुखिया) 2 सभापति (जैसे-दल का मुखिया)। **~गिरी** + *फ़ा०* (स्त्री०) मुखिया का पद और कार्य

मुखी–(वि०) मुखवाला (जैसे-चंद्रमुखी)

मुखौटा–(पु०) 1 छोटा मुँह 2 मुख के आकार का बना खंड (जैसे-बंदर का मुखौटा)

मुख़्तलिफ़–*अ०* (वि०) 1 भिन्न, पृथक् 2 अनेक प्रकार का

मुख़्तसर–*अ०* (वि०) 1 संक्षिप्त, छोटा किया हुआ 2 थोड़ा, अल्प 3 संक्षेप में लाया हुआ

मुख़्तार–*अ०* (पु०) = मुख़तार

मुख्य–*सं०* (वि०) 1 ख़ास, प्रधान 2 सबसे बड़ा (जैसे-मुख्य न्यायाधीश)। **~ता** (स्त्री०) मुख्य होने का भाव; **~द्वार** (पु०) प्रवेश द्वार; **~पात्र** (पु०) प्रधान पात्र, विशेष व्यक्ति (जैसे-उपन्यास का मुख्य पात्र); **~पृष्ठ** (पु०) = मुख पृष्ठ; **~मंत्री** (पु०) राज्य का सबसे बड़ा मंत्री (जैसे-उत्तर प्रदेश

का मुख्य मंत्री); ~**यान** (पु०) = मूल यान

मुख्यकर–*सं० + हिं०* **मुख्यतः** (क्रि० वि०) 1 प्रधानतः 2 ख़ास तौर से

मुख्यतः, मुख्यतया–*सं०* (क्रि० वि०) मुख्य रूप से

मुख्यांश–*सं०* (पु०) मुख्य भाग

मुख्याधिकारी–*सं०* (पु०) प्रधान अधिकारी

मुख्याधिष्ठाता–*सं०* (पु०) प्रधान संस्थापक, व्यवस्थापक

मुख्याध्यापक–*सं०* (पु०) प्रधान अध्यापक

मुख्यायुक्त–*सं०* (पु०) प्रधान कमिश्नर

मुख्यार्थ–*सं०* (पु०) मुख्य अर्थ, मुख्य आशय

मुख्यालय–*सं०* (पुं०) प्रधान कार्यालय

मुख्यावास–*सं०* (पु०) मुख्य निवास स्थान

मुगदर–(पु०) व्यायाम के लिए लकड़ी की बनी मुँगरी, जोड़ी (जैसे-मुगदर घुमाना, मुगदर भाजना)

मुग़ल–*फ़ा०* (पु०) 1 मंगोल देश का निवासी 2 मंगोल वंशज जो तातार देश में बसकर मुसलमान बन गए थे 3 मुसलमान के चार वर्गों में से एक 4 काबुल तथा उसके आस पास के पठान

मुग़लाई–I *फ़ा० + हिं०* (वि०) 1 मुग़लों का सा, मुग़ली II (स्त्री०) रूपहला गोटा लगा हुआ एक कपड़ा

मुग़लानी–*फ़ा० + हिं०* (स्त्री०) 1 मुग़ल जाति की स्त्री 2 मुसलमान रईसों के कपड़े सीनेवाली स्त्री 3 दासी, नौकरानी

मुग़लिया–*फ़ा० + हिं०* (वि०) 1 मुग़लों का (जैसे-मुग़लिया ख़ानदान) 2 मुग़लों का सा

मुग़ली–*फ़ा०* (वि०) 1 मुग़लों का सा (जैसे-मुग़ली टोपी) 2 मुगलों का (जैसे-मुग़ली घराना)

मुग़ायर–*अ०* (वि०) भिन्न

मुग़ालता–*अ०* (पु०) धोखा

मुग्धम–(पु०) बिना हार जीत की दाँव की अवस्था

मुग्ध–*सं०* (वि०) 1 मोहित, लुब्ध (जैसे-नारी सौंदर्य को देखते ही वह मुग्ध हो गया) 2 सरल, भोला (जैसे-मुग्ध यौवन) 3 सुंदर (जैसे-मुग्ध बालिका)। ~**कर** (वि०) मोहित करनेवाला; ~**बुद्धि** (वि०) 1 मूर्ख, नासमझ 2 भोला

मुग्धवत्–*सं०* (क्रि० वि०) मुग्ध होकर

मुग्धा–*सं०* (स्त्री०) *साहि०* यौवन को प्राप्त हो रही मुग्ध नायिका

मुचक–*सं०* (पु०) लाख, लाह

मुचलका–*तुर्क०* (पु०) विशेष प्रतिज्ञा पत्र

मुच्चा–*बो०* (पु०) कच्चे मांस का टुकड़ा

मुच्छाड़िया, मुछंदर–(वि०) 1 बड़ी-बड़ी मूँछोंवाला 2 भोंड़ी शक्लवाला और भोंदू

मुछ मुँडा–(वि०) मुँड़ी मूँछवाला, सफाचट

मुछैल–(वि०) = मुछंदर

मुज़क्कर–*अ०* (वि०) पुरुष संबंधी, पुलिंग

मुजरा–I *अ०* (पु०) 1 महफिल आदि में वेश्या का गाया जानेवाला गाना (जैसे-मुजरा सुनना, मुजरा सुनाना) 2 झुककर किया जानेवाला अभिवादन II (वि०) 1 जारी किया गया 2 देय में से काटा हुआ

मुजराई–*अ० + फ़ा०* (स्त्री०) 1 मुजरा करने का काम 2 मुजरा की रक़म

मुजरिम–*अ०* (वि०) अपराधी

मुजरिमाना–*अ० + फ़ा०* (वि०) अपराधी

मुजर्रद–*अ०* (वि०) 1 अकेला, एकाकी 2 विरक्त 3 अविवाहित, कुँआरा

मुजर्रब–*अ०* (वि०) 1 आज़माया हुआ 2 अनुभूत

मुजल्लद–*अ०* (वि०) जिल्ददार

मुजव्वज़ा–*अ०* (वि०) 1 तज़बीज किया हुआ, प्रस्तावित 2 निर्णीत

मुजव्विज़–*अ०* (पु०) 1 तज़बीज करनेवाला, प्रस्तावक 2 निर्णायक

मुज़हिर–*अ०* I (वि०) स्पष्ट करनेवाला II (पु०) 1 गवाह, साक्षी 2 गुप्तचर

मुज़ायक़ा–*अ०* (पु०) हानि, नुक़सान

मुजावर–*अ०* (पु०) 1 पड़ोसी 2 दरगाह की चढ़त लेनेवाला फ़क़ीर

मुजाहिद–*अ०* (पु०) 1 कोशिश करनेवाला 2 जिहाद करनेवाला, धर्म युद्धक

मुज़िर–*अ०* (वि०) हानिकर

मुझ–(सर्व०) 'मैं' का वह रूप जो कर्ता और संबंध कारक के अतिरिक्त शेष कारकों में विभक्ति के योग से प्राप्त होता है (जैसे-मुझको, मुझसे, मुझपर)

मुझे–(सर्व०) 'मैं' का कर्म और संप्रदान कारक का रूप (जैसे-उसने मुझे रुपया दिया, मुझे क्या दोगे)

मुटका–I (पु०) एक प्रकार का रेशमी वस्त्र II (वि०) मोटा

मुटल्ला–(वि०) मोटा

मुटाई–(स्त्री०) = मोटाई

मुटाना–(अ० क्रि०) 1 मोटा हो जाना (जैसे-शरीर मुटाना) 2 अभिमानी होना (जैसे-इतना मुटाना भी अच्छा नहीं है)

मुटापा–(पु०) मोटाई

मुटार–(स्त्री०) डुबकी, गोता

मुटासा–(वि०) अभिमानपूर्ण आचरण करनेवाला

मुटिया–(पु०) बोझ ढोनेवाला मज़दूर

मुट्ठा–(पु०) 1 मुट्ठी में आने लायक पूला, पुलिंदा 2 दस्ता, मुठिया, मूठ (जैसे-तलवार का मुट्ठा)

मुट्ठा मुहेर–*बो०* (स्त्री०) युवा स्त्री

मुट्ठी–(स्त्री०) 1 बँधी हुई हथेली, मुश्त, मुष्टि 2 मुट्ठी में आने भर वस्तु (जैसे-एक मुट्ठी आटा देना) 3 पकड़, क़ब्ज़ा (जैसे-मुट्ठी ढीली करना)। ~**गरम करना** घूस देना; ~**में आना** काबू में आना, वश में आना

मुठभेड़–(स्त्री०) 1 भिड़ंत 2 सामना (जैसे-मुठभेड़ होना)

मुठमरद–हिं० + फ़ा० (पु०) बटमार

मुठिका–(स्त्री०) 1 मुट्ठी 2 घूँसा

मुठिया–(स्त्री०) 1 क़ब्ज़ा, दस्ता (जैसे-तलवार की मुठिया) 2 धुनियों का बेलन

मुड़कना–(अ० क्रि०) = मुरकना

मुड़नशील–*हिं० + सं०* (वि०) मुड़नेवाला

मुड़ना–(अ० क्रि०) 1 झुक जाना (जैसे-तार मुड़ना, लोहा मुड़ना) 2 दूसरी दिशा को घूमना (जैसे-दौड़ते हुए लड़के का मुड़ना, सड़क का पूरब को मुड़ना) 3 लौटना, वापस आना (जैसे-घर को मुड़ना) 4 विरत होना (जैसे-पढ़ाई से मन मुड़ना)

मुड़वाना–(स० क्रि०) = मुंडवाना

मुड़वारी–(स्त्री०) 1 मुँडेरा 2 सिरहाना 3 सिर की ओर का भाग

मुड़हर–(पु०) 1 सिर पर पड़नेवाला साड़ी का अंश 2 सिर का अगला भाग

मुड़ाना–(स० क्रि०) = मुँड़ाना

मुड़िया–I *बो०* (पु०) 1 मुँडा सिर 2 सिर मुँडा संन्यासी

मुड़िया–II(स्त्री०) एक प्रकार की मछली

मुड़ेरा–(पु०) = मुँडेरा

मुड्ढ–(पु०) 1 प्रधान व्यक्ति 2 बहुत बड़ा धूर्त

मढ्ढा–(पु०) कंधा

मुतअल्लिक–I *अ०* (वि०) संबंधित, संबद्ध II (क्रि० वि०) संबंध में, विषय में

मुतक्का–*अ०* (पु०) तक़िया लगाने की जगह

मुतफ़र्रिक़–*अ०* (वि०) 1 विभिन्न 2 कई प्रकार का

मुतफ़र्रिक़ात–*अ०* (स्त्री०) 1 फुटकल चीज़ें 2 फुटकल ख़र्चों की मद

मुतबन्ना–I *अ०*(वि०) गोद लिया हुआ II (पु०) दत्तक पुत्र

मुतरद्दिद–*अ०* (वि०) चिंतित

मुतलक़–*अ०* (क्रि० वि०) तनिक भी, ज़रा भी II (वि०) बिल्कुल, निपट

मुतवज्जह–*अ०* (वि०) सावधान

मुतवल्ली–*अ०* (पु०) नाबालिग और उसकी संपत्ति का रक्षक

मुतसद्दी–*अ०* (पु०) 1 लेखक, मुंशी 2 पेशकार, दीवान

मुतसिरी–*बो०* (स्त्री०) मोतियों की कंठी

मुताबक़त–*अ०* (स्त्री०) 1 अनुरूपता, सादृश्य 2 मुताबिक़ होने का भाव

मुताबिक़–I *अ०* (क्रि० वि०) अनुसार (जैसे-काम के मुताबिक़) II (वि०) 1 अनुकूल 2 समान (जैसे-दिल का मुताबिक़ होना, मुताबिक़ दिल)

मुतालबा–I *अ०* (पु०) 1 बाक़ी रुपया 2 तलब कराना II (वि०) तलब किया जानेवाला

मुतास–(स्त्री०) पेशाब करने की इच्छा

मुताह–*अ०* (पु०) मुसलमानों में होनेवाला अस्थायी विवाह

मुताही–*अ० + हिं०* (स्त्री०) 1 अस्थायी विवाहिता स्त्री 2 रखेली (जैसे-मियाँ की मुताही)

मुतलाडू–*बो०* (पु०) = मोती चूर

मुत्तफ़िक़–*अ०* (वि०) सहमत

मुत्तला–*अ०* (वि०) आगाह किया हुआ

मुत्तहिद, मुत्तहिदा–*अ०* (वि०) 1 इत्तिहाद रखनेवाला 2 संबद्ध 3 मेल मिलाप करानेवाला

मुद–*सं०* (पु०) = मोद

मुदब्बिर–*अ०* (वि०) 1 बुद्धिमान् 2 प्रबंध कुशल

मुदर्रिस–*अ०* (स्त्री०) अध्यापक

मुदा–(क्रि० वि०) 1 मतलब यह कि 2 लेकिन (जैसे-मुदा बात यह है)

मुदाख़लत–*अ०* (स्त्री०) 1 दख़ल देना, हस्तक्षेप 2 रोक टोक

मुदित–*सं०* (वि०) प्रसन्न (जैसे-मन मुदित)

मुदिता–*सं०* (स्त्री०) 1 मोद, हर्ष 2 *साहि०* प्रिय की प्राप्ति से अत्यधिक प्रसन्न होनेवाली नायिका, मनोवांछित स्थिति के होने पर प्रसन्न नायिका

मुद्गर–*सं०* (पु०) मोंगरी, गदा

मुद्दआ–I *अ०* (पु०) मतलब, अभिप्राय, इच्छा II (वि०) चाहा हुआ, दावा किया हुआ

मुद्दई–*अ०* (पु०) दावेदार (जैसे-मुद्दई चुस्त गवाह सुस्त)

मुद्दत–*अ०* (स्त्री०) 1 समय, अवधि 2 दीर्घ काल (जैसे-मुद्दत के बाद मिलना) 3 देर, विलंब। ~**दराज़** + *फ़ा०* (स्त्री०) लंबा समय

मुद्दती–*अ० + फ़ा०* (वि०) सावधि, मीआदवाला

मुद्दा–*अ०* (पु०) 1 अभिप्राय 2 आशय

मुद्दालेह–*अ०* (पु०) प्रतिवादी

मुद्दी–(स्त्री०) एक प्रकार की गाँठ

मुद्र–*सं०* (पु०) सीसे का अक्षर। ~**धातु** (स्त्री०) सीसे के योग से बनी धातु; ~**लेख** (स्त्री०) टाइप; ~**लेखक** (पु०) टाइप करनेवाला; ~**लेखन** (पु०) टाइप करना; ~**लेखन यंत्र** (पु०) टाइपमशीन; ~**लेखिका** (स्त्री०) टाइप करनेवाली

मुद्रक–*सं०* (पु०), (वि०) छापनेवाला, मुद्रण करनेवाला

मुद्रण–*सं०* (पु०) छापना। ~**उद्योग** (पु०) छापने का धंधा, पेशा; ~**कार्य** (पु०) छापने का काम; ~**यंत्र** (पु०) छापने की मशीन; ~**स्वातंत्र्य** (पु०) छापने की आज़ादी

मुद्रणालय–*सं०* (पु०) छापाख़ाना, प्रेस

मुद्रांक–*सं०* (पु०) 1 अर्ज़ी आदि लिखने का सरकारी काग़ज़, स्टांप 2 डाक का टिकट 3 छाप, मोहर

मुद्रांकन–*सं०* (पु०) 1 मुद्रण 2 चिह्न लगाना

मुद्रांकित–*सं०* (वि०) 1 मुद्रांकन युक्त 2 मोहर लगाया हुआ। ~**पत्र** (पु०) मोहर लगी चिट्ठी

मुद्रा–*सं०* (स्त्री०) 1 मोहर, सील 2 सिक्का 3 अँगूठी 4 रुपया 5 मुख, हाथ, गर्दन आदि की विशेष भाव सूचक स्थिति 6 मुखचेष्टा 7 शरीर पर अंकित चिह्न 8 देवपूजन में होनेवाला अंग विन्यास (जैसे-हाथ जोड़ने की मुद्रा) 9 सीसे के ढले अक्षर 10 *साहि०* एक अलंकार जिसमें प्रकृत अर्थ के अलावा और भी साभिप्राय नाम लिखते हैं। ~**अवमूल्यन** (पु०) मुद्रा के भाव में कमी आना, रुपये की क़ीमत कम होना (जैसे-कालाबाज़ारी से मुद्रा अवमूल्यन निश्चित है); ~**कार** (पु०) मुहर बनानेवाला; ~**कोष** (पु०) रुपये पैसे का ख़ज़ाना; ~**चलन** (पु०) रुपए पैसे का प्रचार; ~**तत्त्व** (पु०) मुद्रा विज्ञान; ~**प्रणाली** (स्त्री०) मुद्रा व्यवस्था, मुद्रा पद्धति; ~**प्रसार** (पु०) = मुद्रा चलन; ~**बाहुल्य** (पु०) = मुद्रा स्फीति; ~**यंत्र** (पु०) = मुद्रण यंत्र; ~**लिपि** (स्त्री०) = मुद्रण; ~**विज्ञान** (पु०) वह शास्त्र जिसमें पुराने सिक्कों के सहारे देश विशेष का प्राचीन इतिहास ज्ञात किया जाता है; ~**विनिमय** (पु०) मुद्रा का लेन देन; ~**विस्तार** (पु०) = मुद्रा स्फीति; ~**शास्त्र** (पु०) = मुद्रा विज्ञान; ~**स्फीति** (स्त्री०) देश की व्यापारिक आवश्यकता से अधिक मुद्रा का प्रचलन होना; ~**स्फीति रोधक** (वि०) मुद्रा स्फीति को रोकनेवाला (जैसे-मुद्रा स्फीति रोधक क़ानून, मुद्रा स्फीति रोधक उपाय)

मुद्राक्षर–*सं०* (पु०) 1 मुहर का अक्षर 2 टाइप

मुद्राध्यक्ष–*सं०* (पु०) पासपोर्ट, पारपत्र देने का अधिकारी

मुद्रिका–*सं०* (स्त्री०) 1 अँगूठी 2 तर्पण आदि के समय पहनी जानेवाली कुश की अँगूठी 3 सिक्का

मुद्रित–*सं०* (वि०) 1 मुद्रण किया हुआ 2 छापा हुआ

मुधा–I *सं०* (क्रि० वि०) व्यर्थ II (वि०) 1 असत्य, मिथ्या 2 व्यर्थ (जैसे-मुधा की बात) III (पु०) असत्यता, व्यर्थता

मुनक़्क़ा–*अ०* (पु०) सूखा अंगूर

मुनगा–(पु०) सहिंजन

मुनमुना–I (पु०) मैदे का बना एक पकवान II (वि०) बहुत थोड़ा, अत्यल्प

मुनहसिर–*अ०* (वि०) आश्रित, अवलंबित

मुनादी–*अ०* (स्त्री०) 1 डुग्गी, ढिंढोरा 2 डुग्गी बजाकर दी जानेवाली सूचना

मुनाफ़ा–*अ०* (पु०) लाभ, नफ़ा (जैसे-व्यापार में मुनाफ़ा ज़्यादा है)। ~**ख़ोर** + *फ़ा०* (पु०) अधिक मुनाफ़ा लेनेवाला व्यापारी; ~**ख़ोरी** + *फ़ा०* (स्त्री०) अधिक मुनाफ़ा लेना

मुनाल–(पु०) एक बहत सुंदर सिर पर कलँगी युक्त पहाड़ी पक्षी

मुनासिब–*अ०* (वि०) उचित (जैसे-मुनासिब दाम)

मुनि–*सं०* (पु०) 1 मनन करनेवाला, व्यक्ति, मननशील महात्मा (जैसे-भृगु मुनि, जैन मुनि आदि)। ~**व्रत** (पु०) तपस्या

मुनीब, मुनीम–*अ०* (पु०) 1 प्रतिनिधि 2 अभिकर्ता 3 हिसाब किताब लिखनेवाला कर्मचारी

मुनीश–*सं०* (पु०) मुनियों में श्रेष्ठ

मुनीश्वर–*सं०* (पु०) मुनियों में उत्तम

मुन्ना–I (पु०) छोटे बच्चे के लिए प्यार का संबोधन II (वि०) प्यारा, प्रिय

मुन्नी–(स्त्री०) छोटी बच्ची

मुन्नू–(पु०) = मुन्ना

मुफ़रद–*अ०* (वि०) 1 अकेला 2 एक

मुफ़र्रह–*अ०* (वि०) उत्साहित करनेवाला

मुफ़लिस–*अ०* (वि०) ग़रीब, निर्धन

मुफ़लिसी–*अ०* + *फ़ा०* (स्त्री०) ग़रीबी, निर्धनता

मुफ़स्सल–I *अ०*(वि०) 1 ब्योरे के रूप में लाया हुआ 2 स्पष्ट II (पु०) बड़े शहर के आसपास की छोटी बस्तियाँ

मुफ़ीद–*अ०* (वि०) 1 लाभकारी 2 उपयोगी

मुफ़्त–*अ०* (वि०) 1 बिना मूल्य का प्राप्त होनेवाला 2 बिना प्रयास मिल जानेवाला। ~**ख़ोर** + *फ़ा०* (वि०) मुफ़्त में दूसरों का माल पानेवाला; ~**ख़ोरी** + *फ़ा०* (स्त्री०) 1 मुफ़्तख़ोर होने की अवस्था 2 मुफ़्त में खाने की आदत

मुफ़्ती–I*अ०* (पु०) फतवा देनेवाला मौलवी

मुफ़्ती–II*अ०* (स्त्री०) वर्दी पहननेवाले सिपाही, अधिकारी और सैनिक आदि के साधारण और सादे कपड़े

मुफ़्ती–III *अ०* + *हिं०* (वि०) मुफ़्त का

मुबतिला–*अ०* (वि०) 1 कष्ट में पड़ा हुआ 2 मुग्ध, आसक्त

मुबलिग़–I *अ०* (वि०) 1 खरा किंतु खोटा न होनेवाला 2 रुपये आदि की संख्या का वाचक विशेषण (जैसे-मुबलिग़ सौ रुपये ही वसूल सका) II (वि०) भेजनेवाला

मुबारक–I *अ०* (वि०) 1 कल्याण करनेवाला 2 शुभ 3 बरकत का हेतु II (क्रि० वि०) शुभ अवसर पर बधाई देनेवाला एक पद (जैसे-मुबारक देना, मुबारक हो)। ~**बाद** + *फ़ा०* I (क्रि० वि०) मुबारक हो II (स्त्री०)/(पु०) बधाई, शुभकामना; ~**बादी** + *फ़ा०* (स्त्री०) 1 मुबारक पेश करना, मंगल कामना प्रकट करना 2 बधाई के गीत; ~**सलामत** (स्त्री०) मुबारक देने के साथ चिरंजीव होने की भी कामना करना

मुबारकी–*अ०* + *फ़ा०* (स्त्री०) मुबारकवादी, बधाई

मुबालग़ा–*अ०* (पु०) बढ़कर कही गई बात, अतिशयोक्ति

मुबाहिसा–*अ०* (पु०) 1 बहस, तर्क-वितर्क 2 वाद-विवाद

मुब्तला–*अ०* (वि०) 1 पकड़ा हुआ 2 फँसा हुआ

मुमकिन–*अ०* (वि०) 1 होनेवाला 2 संभाव्य

मुमतहिन–*अ०* (पु०)/(वि०) परीक्षा लेनेवाला, परीक्षक

मुमताज़–*अ०* (वि०) 1 विशिष्ट 2 प्रतिष्ठित 3 चुनकर अलग किया हुआ

मुमलकत–*अ०* (स्त्री०) सल्तनत, राज्य

मुमानियत–*अ०* (स्त्री०) मनाही

मुमानी–(स्त्री०) मामी

मुमुक्षा–*सं०* (स्त्री०) मोक्ष की कामना

मुमुक्षु–*सं०* (वि०) मोक्ष की कामना करनेवाला

मुमूर्षा–*सं०* (स्त्री०) मरने की इच्छा

मुमूर्षु–*सं०* (वि०) मरनेवाला

मुयस्सर–*अ०* (वि०) 1 आसानी से मिलनेवाला 2 उपलब्ध 3 प्रस्तुत

मुरंडा–(पु०) भूने गेहूँ में गुड़ मिलाकर बनाया गया लड्डू

मुर–I*सं०* (पु०) 1 बेठन, वेष्टन 2 कृष्ण द्वारा मारा गया एक दैत्य

मुर–II (क्रि० वि०) *बो०* दोबारा, फिर III (पु०) मुंड

मुरकना–(अ० क्रि०) 1 मुड़ना 2 मोच खाना 3 लौटना 4 हिचकना

मुरकी–(स्त्री०) 1 कान में पहनने की छोटी बाली 2 कान की लौ

मुरग़ा–*फ़ा०* + *हिं०* (पु०) कलँगीदार प्रसिद्ध पालतू नर पक्षी, मुर्ग (जैसे-मुर्गे का गोश्त)

मुरग़ाबी–*फ़ा०* (स्त्री०) मुर्गे की जाति का एक पक्षी, जलमुरग़ा

मुरग़ी–*फ़ा०* + *हिं०* (स्त्री०) मुरग़े की मादा

मुरचंग–(पु०) मुँह से फूँककर बजाया जानेवाला एक तरह का बाजा, मुँहचंग

मुरचा–*फ़ा०* (पु०) = मोरचा II

मुरछा–*बो०* (स्त्री०) = मूर्च्छा

मुरझाना–(अ० क्रि०) 1 कुम्हलाना 2 उदास होना (जैसे-मुख मुरझाना) 3 शिथिल तथा अशक्त होना (जैसे-शरीर मुरझाना)

मुरड़ना–(अ० क्रि०) *बो०* = मुरकना

मुरडा–(पु०) = मुरंडा

मुरत्तब–*अ०* (वि०) 1 क्रमबद्ध 2 प्रस्तुत किया हुआ, संपादित 3 तर किया हुआ

मुरदा–I *फ़ा०* (पु०) मृत प्राणी, शव II (वि०) 1 मृत, मरा हुआ 2 मरे के समान। ~**ख़ोर** (वि०) मुरदा खानेवाला; ~**घर** + *हिं०* (पु०) शव रखने की जगह, शव रखने का कमरा; ~**दिल** (वि०) निरुत्साह; ~**दिली** (स्त्री०)

मुरदादिल होना; ~**बाद** (अ०) नाश हो; ~**उठना** 1 ज़नाज़ा उठना 2 मरना; ~**उठाना** मुरदे को अंत्येष्टि हेतु, दाह दफ़्न के लिए ले जाना; ~**कर देना** 1 मार डालना 2 अधमरा कर देना; ~**निकले** मर जाए (जैसे-दुश्मन का मुरदा निकले); **मुरदे का माल** लावारिस माल; **मुरदे की कब्र पहचानना** 1 दूसरे की चालाकी समझना 2 अत्यंत चतुर होना; **मुरदे की नींद सोना** निश्चिंत होकर सोना

मुरदार–I *फ़ा०* (वि०) 1 मरा हुआ 2 बेजान 3 अपवित्र, नापाक II (पु०) अपनी मौत से मरा जानवर। ~**ख़ोर** (वि०) = मुरदाख़ोर; ~**संग** (पु०) सीसे और सिंदूर का मिश्रण

मुरब्बा–I *अ०* (पु०) चीनी की चाशनी में पकाया गया फल (जैसे-आँवले का मुरब्बा)

मुरब्बा–II *अ०* (वि०) चौकोर

मुरमुरा–I (पु०) 1 भुना हुआ चावल, लाई 2 मकई का भुना दाना II (वि०) मुरमुर शब्द करनेवाला

मुरमुराना–I (अ० क्रि०) 1 ऐंठन खाकर टूट जाना, चुरमुर हो जाना 2 मुरमुर शब्द करते हुए टूटना II (स० क्रि०) 1 चुरमुर करना 2 मुरमुर शब्द करते हुए तोड़ना

मुररिया–*बो०* (स्त्री०) मुर्री

मुरली–*सं०* (स्त्री०) बाँसुरी। ~**धर** (पु०) श्रीकृष्ण

मुरवा–I (पु०) 1 एड़ी के ऊपर की हड्डी 2 इस उभरी हड्डी के चारों ओर का स्थान II (पु०) मोर

मुरव्वत–*अ०* (स्त्री०) = मुरौवत

मुरशिद–*अ०* (पु०) 1 गुरु, पीर 2 धूर्त आदमी (जैसे-वह बहुत घुटा मुरशिद है)

मुरस्सा–*अ०* (वि०) रत्न जटित, जड़ाऊ। ~**कार** I (पु०) आभूषण बनानेवाला, जड़िया II (वि०) जड़ाऊ

मुरहा–(वि०) 1 मूल नक्षत्र में पैदा होनेवाला 2 अनाथ 2 नटखट, उपद्रवी

मुराड़ा–(पु०) एक सिरे पर जलती लकड़ी, लुआठा

मुराद–*अ०* (स्त्री०) 1 अभिलाषा (जैसे-मन की मुराद) 2 अभिप्राय, आशय (जैसे-फ़कीर की मुराद कौन जाने) 3 मनौती, मन्नत। ~**पाना**, ~**बर आना** मनोरथ सिद्ध होना; **मुरादों के दिन** युवावस्था, जवानी का समय

मुरादी–*अ०* + *फ़ा०* (वि०) मुराद रखनेवाला, अभिलाषी (जैसे-इश्क़ का मुरादी)

मुरार–(पु०) कमल की जड़, कमलनाल

मुरीद–*अ०* (पु०) 1 शिष्य, चेला 2 अनुगमन करनेवाला, अनुगामी

मुरेठा–(पु०) छोटी पगड़ी, साफ़ा

मुरेरना–(स० क्रि०) *बो०* = मरोड़ना

मुरौवज–*अ०* (वि०) लागू , प्रचलित

मुरौवत–*अ०* (स्त्री०) 1 उदारता 2 इनसानियत, मानवता 3 दूसरों का लिहाज़ 4 सौजन्य

मुर्ग़–*फ़ा०* (पु०) मुरग़ा। ~**केश** + *सं०* (पु०) 1 मरसे की जाति का एक पौधा जिसमें मुर्ग़े की चोटी की तरह चौड़े और उन्नाबी रंग के बड़े फूल होते हैं, जटाधारी 2 कराँकुल नाम का पक्षी। ~**ख़ाना** (पु०) मुरग़ों के रहने की ज़गह; ~**बाज़** (पु०) मुरग़े लड़ानेवाला; ~**बाज़ी** (स्त्री०) मुरग़े लड़ाना; ~**मुसल्लम** + *अ०* (पु०) समूचा पकाया गया मुर्ग़ा

मुर्ग़ा–*फ़ा०* + *हिं०* (स्त्री०) = मुरग़ा

मुर्ग़ाबी–*फ़ा०* (स्त्री०) = मुरग़ाबी

मुर्ग़ी–*फ़ा०* + *हिं०* (स्त्री०) = मुरग़ी। ~**ख़ाना** + *फ़ा०* (पु०) = मुर्ग़ख़ाना; ~**पालक** + *सं०* (पु०) मुर्ग़ी पालने का पेशा करनेवाला; ~**पालन** + *सं०* (पु०) मुर्ग़ी पालने का पेशा

मुर्चा–*फ़ा०* (पु०) = मोरचा II

मुर्दा–*फ़ा०* (पु०) = मुरदा। ~**दिल** (वि०) = मुरदादिल; ~**दिली** (स्त्री०) = मुरदादिली

मुर्रा–I (पु०) 1 मरोड़ फली (औषधि) 2 मरोड़, ऐंठन

मुर्रा–II (स्त्री०) कुंडलाकार सींगोंवाली भैंस

मुर्री–(स्त्री०) 1 ऐंठन 2 कपड़ों आदि को मरोड़कर उनमें डाला जानेवाला बल (जैसे-धोती कमर पर मुर्री देकर पहनना) 3 कपड़े आदि को मरोड़कर बटी हुई बत्ती 4 चिकन या क़शीदे की एक प्रकार की उभारदार कढ़ाई। ~**दार** + *फ़ा०* (वि०) ऐंठनदार

मुलक–*अ० बो०* (पु०) मुल्क

मुलज़िम–*अ०* (वि०) अभियुक्त

मुलतवी–*अ०* (वि०) स्थगित

मुलतानी–I (वि०) 1 मुलतान संबंधी 2 मुलतान प्रदेश में होनेवाला II (पु०) मुलतान का निवासी III (स्त्री०) मुलतान की भाषा

मुलमची–*अ०* + *तुर्क०* (पु०) गिलट करनेवाला

मुलम्मा–I *अ०*(वि०) चमकता हुआ II (पु०) 1 रासायनिक क्रिया द्वारा किया गया लेप (जैसे-मुलम्मा करवाना) 2 कलई 3 मुलम्मे का काम 4 दिखावा, टीमटाम। ~**साज़** + *फ़ा०* (पु०) मुलम्मा करनेवाला कारीगर, मुलमची

मुलहठी–*बो०* (स्त्री०) = मुलेठी

मुलाक़ात–*अ०* (स्त्री०) 1 साक्षात्कार, भेंट 2 जान पहचान, परिचय (जैसे-मुलाक़ात कराना)

मुलाक़ाती–*अ०* + *हिं०* (वि०) 1 परिचित 2 जान पहचानवाला (जैसे-मुलाक़ातियों का आना जाना)

मुलाज़िम–I *अ०*(पु०) नौकर, सेवक II (वि०) 1 सेवा में रहनेवाला 2 हाज़िर रहनेवाला

मुलाज़िमत–*अ०* (स्त्री०) 1 नौकरी, सेवा 2 सेवा में रहना 3 हाज़िर रहना

मुलायम–*अ०* (वि०) 1 कोमल (जैसे-मुलायम शरीर) 3 कठोरता, कर्कशता से रहित (जैसे-मुलायम वाणी, मुलायम स्वभाव)

मुलायमत–*अ०* (स्त्री०) 1 नरमी, कोमलता 2 सुकुमारता

मुलायमी–*अ०* + *फ़ा०* (स्त्री०) मुलायम होने का भाव

मुलाहज़ा–*अ०* (पु०) 1 देखना, निरखना 2 लिहाज़, मुरौवत (जैसे-मुलाहज़ा तौर पर)

मुलाहिज़ा–*अ०* (पु०) देखभाल, निरीक्षण

मुलेठी–(स्त्री०) 1 काली मिट्टी में होनेवाली एक लता 2 उक्त लता की जड़

मुल्क–*अ०* (पु०) 1 बड़ा देश 2 प्रदेश, प्रांत 3 संसार (जैसे-सारा मुल्क बर्बादी के कगार पर है)। ~**गीर** + *फ़ा०*

(पु०) देश विजय करनेवाला; ~**गीरी** + *फ़ा०* (स्त्री०) देश जीतना; ~**फ़रोश** *फ़ा०* (पु०) गद्दार

मुल्की–*अ०* (वि०) मुल्क का, मुल्क संबंधी

मुल्तवी–*अ०* (वि०) = मुलतवी

मुल्लह–I *बो०* (वि०) अत्यंत सीधा सादा, मूर्ख II (पु०) कुट्टा, मुल्ला

मुल्ला–*अ०* (पु०) 1 मुस्लिम धर्मशास्त्र का आचार्य 2 मुसलमान शिक्षक (जैसे-मुल्ला जी उर्दू पढ़ाएँगें)। ~**की दौड़ मस्जि़द तक** घूम फिरकर एक ही जगह जाना

मुल्लाना–*अ०* (पु०) 1 मुल्ला के लिए प्रयुक्त उपेक्षा सूचक शब्द 2 कट्टर मुसलमान (स्त्री० मुल्लानी)

मुवक्कल–*अ०* (पु०) 1 वह व्यक्ति जिसे काम सौंपा जाए 2 रखवाला 3 कार्य विशेष पर नियुक्त फरिश्ता

मुवक्किल–*अ०* (पु०) 1 अपना वकील करनेवाला 2 काम के लिए नियुक्त करने वाला

मुवाफ़िक़–*अ०* (वि०) = मुआफ़िक़

मुशफ़िक़–*अ०* (वि०) 1 कृपालु, मेहरबान 2 दयालु

मुशाबहत–*अ०* (स्त्री०) एकरूपता

मुशायरा–*अ०* (पु०) उर्दू फ़ारसी का कवि सम्मेलन

मुश्क–I (स्त्री०) भुजा, बाँह

मुश्क–II *फ़ा०* (पु०) कस्तूरी। ~**नाफ़ा** (पु०) कस्तूरी मृग की नाभि; ~**बिलाई** + *हिं०* (स्त्री०) वह जंगली बिलाव जिसके अंडकोश का पसीना बहुत सुगंधित होता है, गंध बिलाव; ~**बू** (वि०) 1 कस्तूरी सी गंधवाला 2 सुगंधित; ~**नाभ** (पु०) वह हिरन जिसकी नाभि में कस्तूरी होती है

मुश्किल–I *अ०* (वि०) कठिन, दुष्कर II (स्त्री०) 1 कठिनता 2 संकट, विपत्ति

मुश्की–I *फ़ा०* (वि०) 1 कस्तूरी के रंग का 2 कस्तूरी से युक्त (जैसे-मुश्की तमाकू) 3 मुश्क जैसा सुगंधवाला II (पु०) स्याह रंग का घोड़ा

मुश्त–*फ़ा०* (पु०) 1 मुट्ठी 2 घूँसा, मुक्का

मुश्तबहा–*अ०* + *हिं०* (वि०) संदिग्ध

मुश्तमिल–*अ०* (वि०) 1 सम्मिलित 2 व्यापक

मुश्तरक–*अ०* (वि०) संयुक्त, शामिल

मुश्तरका–*अ०* (वि०) साझे का

मुश्तरी–*अ०* (पु०) ख़रीददार

मुश्ताक़–*अ०* (वि०) 1 इच्छुक, आकांक्षी 2 शौक रखनेवाला (जैसे-मुश्ताक़ दिल)

मुषल–*सं०* (पु०) मूसल

मुषा–*सं०* (स्त्री०) = मूषा

मुष्क–I *सं०* (पु०) 1 अंडकोश 2 चोर II (वि०) मांसल

मुष्ट–*सं०* (वि०) चुराया हुआ

मुष्टामुष्टि–*सं०* (स्त्री०) घूँसेबाज़ी

मुष्टि–*सं०* (स्त्री०) 1 मुट्ठी 2 घूँसा, मुक्का 3 चोरी। ~**द्वंद्व**, ~**युद्ध** (पु०) = मुक्केबाज़ी; ~**योग** (पु०) छोटा और सहज उपाय

मुसकराना–(अ० क्रि०) होठों में हँसना, मंद मंद हँसना (जैसे-नायिका का मुसकराना)

मुसकराहट–(स्त्री०) मंद हास (जैसे-प्रेमिका की मुसकराहट, मुसकराहट का मज़ा)

मुसका–(पु०) पशुओं के मुँह पर बाँधी जानेवाली जाली, जाला

मुसकान–(स्त्री०) = मुसकराहट (जैसे-चेहरे की मुसकान, दिल लुभानेवाली मुसकान)

मुसकाना, मुसकुराना–(अ० क्रि०) = मुसकराना

मुसजर–*अ०* (पु०) मुशज्जर

मुसटी–(स्त्री०) चुहिया

मुसद्दस–I *अ०* (वि०) छः भुजाओंवाला II (पु०) उर्दू में छः चरणों की कविता

मुसना–(अ० क्रि०) 1 लूटा जाना 2 छिपना, लुकना

मुसन्ना–*अ०* (पु०) 1 असल की ठीक नक़ल 2 दूसरी प्रति 3 रसीद का आधा भाग

मुसन्निफ़–*अ०* (पु०) लेखक, रचयिता

मुसब्बर–(पु०) घीकुआर का जमाकर सुखाया रस

मुसम्मात–*अ०* (स्त्री०) औरत

मुसरा–*बो०* (पु०) मूसला

मुसर्रत–*अ०* (स्त्री०) प्रसन्नता, ख़ुशी

मुसल–(पु०) = मूसल

मुसलमान–*फ़ा०* (पु०) इस्लाम धर्म को माननेवाला

मुसलमानियत–*फ़ा०* + *अ०* (स्त्री०) मुसलमान होने का भाव

मुसलमानी–I *फ़ा०* (वि०) मुसलमान संबंधी (जैसे-मुसलमानी मज़हब) II (स्त्री०) मुसलमान होने का भाव

मुसलाधार–(वि०) = मूसलाधार

मुसलिम–I *अ०* (वि०) मुसलमान का (जैसे-मुसलिम समाज, मुसलिम धर्म) II (पु०) मुसलमान

मुसल्लम–*अ०* (वि०) पूरा, अखंड (जैसे-मुर्ग़ मुसल्लम)

मुसल्ला–*अ०* (पु०) नमाज पढ़ने का आसन

मुसव्विर–I *अ०* (पु०) चित्रकार II (वि०) सचित्र

मुसहर–(पु०) एक प्रकार की जंगली जाति

मुसाफ़िर–*अ०* (पु०) यात्री, पथिक। ~**ख़ाना** + *फ़ा०* (पु०) 1 धर्मशाला 2 सराय; ~**गाड़ी** + *हिं०* (स्त्री०) यात्री गाड़ी

मुसाफ़िरी–*अ०* + *फ़ा०* (स्त्री०) 1 मुसाफ़िर होने की अवस्था 2 प्रवास, यात्रा

मुसाहब–*अ०* (पु०) 1 बड़े आदमी के पास उठने बैठनेवाला व्यक्ति 2 दरबारी 3 सहवासी

मुसाहबत–*अ०* (स्त्री०) मुसाहब होने का भाव या अवस्था

मुसाहबी–*अ०* + *फ़ा०* (स्त्री०) मुसाहब का काम

मुसाहिब–*अ०* (पु०) = मुसाहब

मुसीबत–*अ०* (स्त्री०) 1 कष्ट 2 संकट। ~**ज़दा** + *फ़ा०* (वि०) आपदग्रस्त, संकट का मारा हुआ

मुस्कराना–(अ० क्रि०) = मुसकराना

मुस्कान–(स्त्री०) = मुसकराहट

मुस्की–*बो०* (स्त्री०) मुसकराने का भाव

मुस्टंडा–(वि०) 1 मोटा ताज़ा, तगड़ा 2 बदमाश

मुस्तक़बिल–I *अ०* (वि०) आगे आनेवाला, भावी II (पु०) भविष्यत् काल

मुस्तक़िल–*अ०* (वि०) 1 अटल, स्थिर 2 दृढ़, पक्का (जैसे-मुस्तक़िल इरादा) 3 स्थायी (जैसे-मुस्तक़िल नियुक्ति)

मुस्तग़ीस–*अ०* (पु०) 1 फ़रियादी 2 दावेदार

मुस्तनद–*अ०* (वि०) 1 प्रमाण रूप में माना गया 2 विश्वस्त

मुस्तहक़–*अ०* (वि०) 1 अधिकारी, हक़दार 2 योग्य, उपयुक्त 3 ज़रूरतमंद

मुस्तैद–*अ०* (वि०) 1 कटिबद्ध, सन्नद्ध 2 तेज़, स्फूर्तिवान

मुस्तैदी–*अ०* (स्त्री०) 1 कटिबद्धता 2 तेज़ी

मुहकम–*अ०* (वि०) 1 पक्का, दृढ़, मज़बूत 2 अटल

मुहतमिम–I *अ०*(पु०) प्रबंधक II (वि०) प्रबंध करनेवाला, इंतज़ामकार

मुहतरम–*अ०* (वि०) 1 सम्मानित 2 आदरणीय

मुहताज–*अ०* (वि०) 1 अभाववाला, ज़रूरतमंद 2 इच्छा रखनेवाला 3 दूसरों पर आश्रित 4 ग़रीब (जैसे-हर तरह से मुहताज)

मुहताजी–*अ०* + *फ़ा०* (स्त्री०) मुहताज होना

मुहनाल–(स्त्री०) = मुँहनाल

मुहब्बत–*अ०* (स्त्री०) 1 प्रेम, इश्क 2 चाह, प्रीति, प्यार 3 स्नेह, मित्रता (जैसे-मुहब्बत में सब कुछ सहना, दिली मुहब्बत)। ~**नामा** + *फ़ा०* (पु०) प्रेम पत्र, प्रियजन का पत्र; ~**परस्त** + *फ़ा०* (वि०) प्रेम पुजारी; ~**उछलना** प्रेम का आवेश होना; ~**की नज़र**, ~**की निग़ाह** प्रेम सूचक दृष्टि

मुहब्बती–*अ०* + *फ़ा०* (वि०) 1 प्रेमी 2 स्नेहशील

मुहम्मदी–I *अ०*(वि०) मुहम्मद का II (पु०) मुहम्मद साहब का अनुयायी, मुसलमान

मुहय्या–*अ०* (वि०) = मुहैया

मुहर–*फ़ा०* (स्त्री०) 1 मुद्रा (जैसे-मुहर लगाना) 2 छाप (जैसे-नाम की मुहर) 3 अँगूठी (जैसे-प्यार की मुहर)। ~**दार** (वि०) मुहरवाला; ~**बंद** (वि०) मुहर लगी हुई, मुद्रित; ~**बरदार** (वि०) मुद्रा रक्षक

मुहरकन–*फ़ा०* (पु०) मुहर खोदनेवाला, मुहरदार

मुहरा–I (पु०) = मोहरा

मुहरा–II*फ़ा०* (पु०) = मोहरा Iआगे का भाग

मुहरी–I (स्त्री०) = मोहरा II

मुहरी–II (स्त्री०) = मोरी

मुहर्रम–I *अ०* (वि०) हराम ठहराया हुआ, निषिद्ध II (पु०) 1 इस्लामी वर्ष का पहला महीना, इमाम हुसेन के शहीद होने का महीना 2 शोककाल। ~**की पैदायश होना** सदा चिंतित और दुःखी रहना

मुहर्रमी–*अ०* + *फ़ा०* (वि०) 1 मुहर्रम संबंधी, मुहर्रम का 2 शोक सूचक 3 दुःखी और मनहूस

मुहर्रिर–*अ०* (पु०) 1 लिपिक 2 वकील का मुंशी। ~**थाना** + *हिं०* (पु०) थाने का मुंशी

मुहलत–*अ०* (स्त्री०) = मोहलत

मुहल्ला–*अ०* (पु०) = महल्ला

मुहसिन–*अ०* (पु०) भलाई करनेवाला व्यक्ति, परोपकारी 2 सहायक

मुहाना–(पु०) नदी मुख

मुहाफ़िज़–*अ०* I (वि०) हिफ़ाज़त करनेवाला, रक्षक II (पु०) 1 अभिभावक 2 संरक्षक। ~**ख़ाना** + *फ़ा०* (पु०) कचहरी में निर्णीत मामलों की मिसलें रखने की जगह; ~**दफ़्तर** (पु०) मुहाफ़िज़ ख़ाने का निरीक्षक

मुहार–*अ०* (स्त्री०) ऊँट आदि पशु की नकेल

मुहारा–*बो०* (पु०) 1 आगे की ओर का भाग 2 प्रवेश द्वार

मुहाल–*अ०* (वि०) 1 कठिन, दुष्कर 2 असंभव

मुहाला–(पु०) हाथी के दाँत पर चढ़ाई गई पीतल की चूड़ी

मुहावरा–*अ०* (पु०) रूढ़ वाक्यांश

मुहावरेदार–*अं०* + *फ़ा०* (वि०) मुहावरे से युक्त (जैसे-मुहावरेदार भाषा, मुहावरेदार शैली)

मुहासा–(पु०) = मुँहासा

मुहासिरा–*अ०* (पु०) 1 चारों तरफ़ से घेरना 2 हदबंदी

मुहिब्ब–*अ०* (पु०) 1 दोस्त 2 प्रियतम

मुहिम–*अ०* (स्त्री०) 1 कठिन काम 2 युद्ध, समर

मुहूर्त–*सं०* (पु०) 1 कार्य हेतु निश्चित किया गया विशिष्ट समय 2 काल गणना के अनुसार कार्य हेतु निश्चित किया गया समय

मुहैया–*अ०* (वि०) इकट्ठा किया हुआ, प्रस्तुत (जैसे-शादी का सामान मुहैया करना)

मूह्यमान–*सं०* (वि०) 1 मूर्च्छित 2 मोहयुक्त

मूँग–(पु०) एक प्रसिद्ध अन्न (जैसे-मूँग की दाल)

मूँगफली–(स्त्री०) 1 चिनिया बादाम 2 एक प्रकार का क्षुप और उसका फल

मूँगा–(पु०) समुद्र से प्राप्त एक प्रकार का रत्न, पुखराज

मूँगिया–(वि०) मूँग के दानों के रंग का

मूँछ–(स्त्री०) 1 मनुष्य तथा अन्य प्राणियों के ऊपर के ओंठ और नासिका के बीच के भाग पर जमे बाल 2 कुछ विशिष्ट जंतुओं के ओठों पर जमेबाल। ~**का बाल** बहुत करीबी आदमी; ~**नीची होना** लज्जित होना; ~**मूँछें उखड़वाना** ज़लील करना; ~**मूँछें उखाड़ना** गर्व नष्ट करना

मूँछी–(स्त्री०) एक प्रकार की कढ़ी

मूँज–(स्त्री०) सरकंडों के ऊपरी भाग का छिलका (जैसे-मूँज की रस्सी)

मूँड़–*बो०* (पु०) सिर, कपाल। ~**कटा** (वि०) सिर कटा

मूँड़न–(पु०) = मुंडन। ~**छेदन** + *सं०* (पु०) मुंडन और कनछेदन

मूँड़ना–(स० क्रि०) 1 मुंडन करना 2 ठगना 3 शिष्य बनाना

मूँड़ा–(वि०) जिसे मूड़ा गया हो (गाली)

मूँड़ी–(स्त्री०) सिर, मूँड़। ~**काटा** (वि०) सिर कटा

मूँदना–(स० क्रि०) 1 छिपाना 2 ढक देना, ढकना (जैसे-सब्ज़ी मूँद देना, दाल मूँदना) 3 बंद करना (जैसे-सुराख मूँदना) 4 बंद कर लेना (जैसे-आँखें मूँदना)

मूँदर–*बो०* (स्त्री०) = मुँदरी

मू–*फ़ा०* (पु०) 1 बाल 2 केश 3 रोआँ

मूआ–(वि०) मुआ

मूक–*सं०* (वि०) 1 गूँगा 2 लाचार (जैसे-मूक वाणी) 3 चुप (जैसे-मूक रहना, मूक होना)। ~**अभिनय** (पु०) बिना संवाद का अभिनय; ~**ता** (स्त्री०) 1 गूँगापन 2 लाचारी 3 मूक होने की अवस्था; ~**बधिर** (वि०) गूँगा और बहरा; ~**भाव** (पु०) = मूकता; ~**विद्यालय** (पु०) गूँगों की पाठशाला

मूकवत्–*सं०* (क्रि० वि०) गूँगे की तरह (जैसे-मूकवत् आचरण करना)

मूका–I *बो०* (पु०) = मोखा

मूका–II *बो०* (पु०) = मुक्का
मूकिमा–*सं०* (स्त्री०) = मूकता
मूछ–(स्त्री०) = मूँछ
मूज़ी–*अ०* (वि०) 1 सतानेवाला, अत्याचारी 2 दुष्ट, ज़ालिम
मूठ–(स्त्री०) 1 मुट्ठी 2 उपकरण आदि का हत्था (जैसे-तलवार की मूठ) 3 मुठिया, दस्ता, क़ब्ज़ा 4 मुट्ठी में समाई वस्तु (जैसे-एक मूठ चावल) 5 जादू टोना। ~**मारना** टोना करना
मूठा–(पु०) = मुट्ठा
मूड–*अं०* (पु०) 1 मनोदशा 2 वृत्ति 3 मिज़ाज
मूढ़–*सं०* (वि०) मूर्ख। ~**गर्भ** (पु०) बिगड़ा हुआ गर्भ; ~**ग्राह** (पु०) 1 ग़लत धारणा 2 ख़ब्त; ~**ग्राही** (वि०) दुराग्रही; ~**ता** (स्त्री०) मूर्खता; ~**ता वश** (वि०) मूर्खतावश; ~**बुद्धि** (वि०) मूर्ख; ~**वात** (पु०) बँधी हुई वायु; ~**विश्वास** (पु०) मूर्खतापूर्ण विश्वास
मूढात्मा–*सं०* (वि०) बहुत बड़ा मूर्ख
मूढ़ा–*बो०* (स्त्री०) चावल की लाई
मूत–(पु०) मूत्र, पेशाब
मूतना–(अ० क्रि०) पेशाब करना
मूत्र–*सं०* (पु०) प्राणियों के जननेंद्रिय मार्ग से निकलने वाला तरल पदार्थ, मूत, पेशाब। ~**कक्ष** (पु०) मूत्रालय; ~**कारक** (वि०) मूत्र वर्द्धक; ~**कृच्छ** (पु०) मूत्र रुक रुककर होने का एक रोग; ~**क्षय** (पु०) = मूत्राघात; ~**दोष** (पु०) मूत्र संबंधी कष्ट; ~**नलिका,** ~**नाली** (स्त्री०) उपस्थ के अंदर पेशाब निकलने वाली नाली; ~**पथ** (पु०) मूत्र मार्ग; ~**परीक्षा** (स्त्री०) पेशाब की वैज्ञानिक जाँच; ~**मार्ग** (पु०) = मूत्रनाली; ~**रोध** (पु०) = मूत्राघात; ~**वर्द्धक** (वि०) पेशाब बढ़ानेवाला; ~**विज्ञान,** ~**शास्त्र** (पु०) वह विज्ञान जिसमें मूत्र संबंधी तथ्यों का ज्ञान प्राप्त किया जाता है
मूत्रागार–*सं०* (पु०) = मूत्रालय
मूत्राघात–*सं०* (पु०) *चि०* कुछ समय के लिए पेशाब बनना बंद हो जाना
मूत्रालय–*सं०* (पु०) पेशाब करने की जगह, पेशाब करने का कमरा
मूत्राशय–*सं०* (पु०) नाभि के नीचे मूत्र संचित होने की एक थैली, मसाना
मूत्रित–*सं०* (वि०) 1 मूत्र रूप में निकला हुआ 2 पेशाब लगने से गंदा
मूत्रीय–*सं०* (वि०) मूत्र संबंधी
मूरख–*बो०* (वि०) = मूर्ख
मूरचा–*फ़ा०* (पु०) = मोरचा
मूरछा–(स्त्री०) = मूर्च्छा
मूरत–*बो०* (स्त्री०) = मूर्ति
मूर्ख–*सं०* (वि०) मूढ़, नासमझ। ~**ता** (स्त्री०) 1 मूढ़ता, नासमझी 2 मूर्ख होने का भाव; ~**ता वश** (क्रि० वि०) मूर्खता के कारण; ~**पंडित** (पु०) पढ़ा लिखा मूर्ख
मूर्खत्व–*सं०* (पु०) = मूर्खता
मूर्खिमा–*सं०* (स्त्री०) बेवकूफ़ी
मूर्च्छन–*सं०* (पु०) मूर्च्छित होना या मूर्च्छित करना
मूर्च्छना–*सं०* (स्त्री०) संगीत के स्वरों का आरोह-अवरोह
मूर्च्छा–*सं०* (स्त्री०) बेहोशी (जैसे-मूर्च्छा आना)
मूर्च्छाल–*सं०* (वि०) = मूर्च्छित
मूर्च्छावस्था–*सं०* (स्त्री०) = मूर्च्छा
मूर्च्छित–*सं०* (वि०) 1 बेहोश 2 निष्क्रिय 3 अयोग्य और अशक्त
मूर्छित–*सं०* (वि०) मूर्च्छायुक्त
मूर्त–*सं०* (वि०) आकारवाला, साकार (जैसे-मूर्त रूप देना, मूर्त रूप में)। ~**प्रत्यक्षीकरण** (पु०) अमूर्त को मूर्त रूप देना; ~**विधान** (पु०) कल्पना के आधार पर घटनाओं, कार्यों आदि के स्वरूप चित्र बनाने का भाव
मूर्ति–I *सं०* (स्त्री०) 1 मूर्तता, ठोसपन 2 आकृति, शक्ल, सूरत 3 देह, शरीर 4 प्रतिमा (जैसे-देव मूर्ति, सरस्वती की मूर्ति) II (वि०) विषय विशेष का ज्ञाता (जैसे-न्यायमूर्ति, देवमूर्ति)। ~**करण** (पु०); साकार रूप देना; ~**कर्ता** (पु०) = मूर्तिकार; ~**कर्त्री** (स्त्री०) मूर्ति बनानेवाली; ~**कर्म** (पु०) ~**कला** (स्त्री०) मूर्तियाँ बनाने की विद्या, हुनर; ~**कार** (पु०) 1 मूर्ति बनानेवाला 2 चित्रकार; ~**निर्माण कला** (पु०) मूर्ति कला; ~**पूजक** (पु०) मूर्ति को पूजनेवाला; ~**पूजन** (पु०) मूर्ति पूजना; ~**पूजा** (स्त्री०) मूर्ति की पूजा करना (जैसे-देव की मूर्ति पूजा); ~**भंजक** (पु०)/(वि०) मूर्तियाँ तोड़नेवाला; ~**भंजन** (पु०) मूर्तियाँ तोड़ना; ~**विज्ञान** (पु०) मूर्ति संबंधी विशेष ज्ञान; ~**शिल्प** (पु०) मूर्ति कला
मूर्तित–*सं०* (वि०) साकार बनाया हुआ
मूर्तिप–*सं०* (पु०) पुजारी
मूर्तिमत्ता–*सं०* (स्त्री०) साकारता
मूर्तिमान्–*सं०* (वि०) 1 मूर्तिविशिष्ट 2 सगुण और साकार 3 प्रत्यक्ष, साक्षात
मूर्तीकरण–*सं०* (पु०) मूर्त रूप देना
मूर्द्ध–*सं०* (पु०) = मूर्द्धा
मूर्द्धन्य–*सं०* (वि०) मूर्द्धा से संबंध। ~**घटित** (वि०) मूर्द्धन्य रूप में होनेवाला
मूर्द्धन्यीकरण–*सं०* (पु०) मूर्द्धन्य ध्वनि में परिवर्तित करना, तवर्ग से टवर्ग बनाना
मूर्द्धा–*सं०* (पु०) 1 *व्या०* मुख के भीतर बीच का स्थान जहाँ से मूर्धन्य वर्णों का उच्चारण होता है (जैसे-ट, ठ, ड, ढ, ण आदि) 2 सिर, मस्तक
मूर्द्धाभिषिक्त–*सं०* (वि०) 1 सिर पर अभिषेक किया हुआ 2 श्रेष्ठ 3 सर्वमान्य (मत, नियम)
मूर्धाभिषेक–*सं०* (पु०) सिर पर किया जानेवाला अभिषेक
मूल–I *सं०* (पु०) 1 जड़ (जैसे-वृक्ष की मूल, मूल सींचना) 2 आदि कारण (जैसे-सृष्टि का मूल) 3 आरंभ (जैसे-मूल सृष्टि) 4 बुनियाद, नींव 5 ग्रंथकार की मूल शब्दावली 6 मूलधन 7 हाथ-पैर आदि का आदि भाग (जैसे-भुज मूल) II (वि०) 1 असल और पहला 2 प्रधान, मुख्य (जैसे-युद्ध का मूल कारण क्या था) III (क्रि० वि०) निकट, पास। ~**कर्म** (पु०) जड़ी बूटियों के मूल से होनेवाला टोना टोटका; ~**कारण** (पु०) आदि कारण, प्रधान हेतु; ~**कारिका** (स्त्री०) 1 सूत्र ग्रंथ की श्लोक बद्ध विवृत्ति 2 मूलधन का ब्याज; ~**काल** (पु०) मुख्य समय; ~**गत** (वि०)

मौलिक; ~**ग्रंथ** (पु०) मूल रचना, असल किताब; ~**चित्र** (पु०) असल तस्वीर; ~**छेदन** (पु०) = मूलोच्छेद; ~**तत्त्व** (पु०) 1 मूल पदार्थ 2 आधार भूत सिद्धांत; ~**द्रव्य** (पु०) व्यापार आदि में लगाई गई पूँजी, मूलधन, मूलतत्त्व; ~**द्वार** (पु०) प्रवेश द्वार; ~**धन** (पु०) पूँजी (जैसे-मूलधन वापस करना); ~**धातु** (स्त्री०) शरीर के अंदर की मज्जा; ~**ध्वनि** (स्त्री०) वास्तविक ध्वनि; ~**निवासी** (पु०) आदिवासी; ~**पत्र** (पु०) मुख्य पत्र; ~**पदार्थ** (पु०) भौतिक जगत् का उपादान भूत अयौगिक पदार्थ, तत्त्व; ~**पाठ** (पु०) लेखक के लेख्य में उसके वाक्य की मूल शब्दावली; ~**पुरुष** (पु०) वंश का आदि पुरुष; ~**प्रकृति** (स्त्री०) आद्या शक्ति; ~**भाषा** (स्त्री०) आदि भाषा; ~**भूत** (वि०) 1 मूल से संबंधित 2 असल, मौलिक (जैसे-मूलभूत सिद्धांत, मूल भूत अधिकार); ~**मंत्र** (पु०) कुंजी, मूल तत्त्व; ~**रूप** (पु०) प्रधान आकृति; ~**लेख** (पु०) मुख्य लेख; ~**वर्ती** (वि०) मूल में होनेवाला; ~**वस्तु** (स्त्री०) मूलपदार्थ; ~**व्याधि** (स्त्री०) मुख्य रोग, असल गर्ज़; ~**व्रती** (पु०) केवल कंद, मूल खाकर रहनेवाला; ~**शब्द** (पु०) वास्तविक शब्द; ~**सिद्धांत** (पु०) मुख्य मत नियम; ~**सूची** (स्त्री०) प्रधान तालिका (जैसे-अंकों की मूल सूची); ~**स्थान** (पु०) 1 आदि स्थान 2 बाप दादा की जगह, पूर्वजों का निवास स्थान 3 प्रधान स्थान; ~**स्रोत** (पु०) 1 झरना, नदी आदि का उद्गम स्थान 2 मुख्य धारा; ~**स्वरूप** (पु०) मूल तत्त्व

मूलक–I *सं०* (वि०) 1 मूल में होनेवाला (जैसे-विधिमूलक, ज्ञानमूलक) 2 उत्पन्न करनेवाला (जैसे-पापमूलक) II (पु०) मूल स्वरूप

मूलच्छेदन–*सं०* (पु०) जड़ से नाश करना

मूलतः–*सं०* (क्रि० वि०) मूल रूप में, आदि में (जैसे-मूलतः कारण, मूलतः परिणाम)

मूलतया–*सं०* (क्रि० वि०) प्रथमतः, आदि में

मूलांश–*सं०* (पु०) मूल अंश, मूल तत्त्व

मूलाधार–*सं०* (पु०) हठयोग के षट्चक्रों में से एक

मूलावस्था–*सं०* (स्त्री०) शुरू की स्थिति

मूलिक–*सं०* (वि०) 1 मूल संबंधी 2 मूल रूप में पाया जानेवाला

मूलिका–*सं०* (स्त्री०) 1 जड़ 2 जड़ी 3 जड़ों का ढेर

मूलिनी–*सं०* (स्त्री०) औषधि, जड़ी

मूली–(स्त्री०) खाने योग्य मुलायम जड़वाला एक पौधा (जैसे-मूली और नींबू का सलाद)। ~**गाजर समझना** बहुत ही तुच्छ समझना

मूलोच्छेद–*सं०* (पु०) जड़ से काटना

मूलोद्देश्य–*सं०* (पु०) मुख्य उद्देश्य

मूल्य–I *सं०* (पु०) 1 दाम, क़ीमत (जैसे-कपड़े का मूल्य, किताब का मूल्य) 2 भाव (जैसे-सोने-चाँदी का मूल्य) 3 गुण, तत्त्व (जैसे-चरित्र का मूल्य, मानवता का मूल्य) II (वि०) प्रतिष्ठा के योग्य, क़दर के लायक (जैसे-इंसाफ का मूल्य, समाज में अध्यापकों का मूल्य)। ~**घटाव** *+ हिं०* (पु०) = मूल्यापकर्ष; ~**तल** (पु०) = मूल्य स्तर; ~**तालिका** (स्त्री०) मूल्य सूची; ~**देय** (वि०) मूल्यादेय; ~**नियंत्रण** (पु०) मूल्य वृद्धि को रोकना; ~**निरूपण** (पु०) मूल्यांकन; ~**निर्धारण** (पु०) मूल्य निश्चित करना; ~**वृद्धि** (स्त्री०) भाव में तेज़ी आना, मूल्य बढ़ना; ~**सूचनांक** (पु०) क़ीमतें बतानेवाले आँकड़े; ~**स्थिरीकरण** (पु०) मूल्य स्थिर करना; ~**ह्रास** (पु०) = मूल्यापकर्ष

मूल्यन–*सं०* (पु०) दाम आँकना, मूल्यांकन

मूल्यवती–*सं०* (स्त्री०) क़ीमती वस्तु

मूल्यवान्–*सं०* (वि०) अधिक क़ीमतवाला

मूल्यांकन–*सं०* (पु०) मूल्य का अनुमान करना, मूल्य आँकना (जैसे-अर्थ मूल्यांकन, चरित्र का मूल्यांकन)। ~**कर्ता** (पु०) मूल्यांकन करनेवाला

मूल्यांकित–*सं०* (वि०) मूल्य आँका हुआ

मूल्यादेय–*सं०* (वि०) मूल्य से पाया जानेवाला

मूल्याधिरोह–*सं०* (पु०) = मूल्य वृद्धि

मूल्यानुपाती–*सं०* (क्रि० वि०) क़ीमत के अनुपात में

मूल्यानुसार–*सं०* (क्रि० वि०) मूल्य के अनुसार

मूल्यापकर्ष–*सं०* (पु०) क़ीमतों का घटना (गिरना)

मूल्यावरोहण–*सं०* (पु०) क़ीमतें गिरना

मूल्यावली–*सं०* (स्त्री०) = मूल्य तालिका

मूल्योत्कर्ष–*सं०* (पु०) मूल्य वृद्धि

मूवी कैमरा–*अं०* (पु०) चल चित्र खींचनेवाला कैमरा

मूश–*फ़ा०* चूहा (जैसे-मूश का बिल)। ~**दान** (पु०) चूहा फँसाने का पिंजड़ा

मूष–*सं०* (पु०) चूहा। ~**दान** *फ़ा०* (पु०) = मूशदान

मूषक–*सं०* (पु०) 1 छोटा चूहा 2 चोर। ~**वाहन** (पु०) गणेश

मूषण–*सं०* (पु०) मूसना, चुराना

मूषा–*सं०* (स्त्री०) 1 चुहिया 2 गवाक्ष 3 घरिया, कुल्हिया 4 देवताड़

मूषिक विषाण–*सं०* (पु०) चूहे का सींग, अनहोनी बात

मूषिका–*सं०* (स्त्री०) चुहिया

मूस–(पु०) मूश। ~**दानी** *+फ़ा० +हिं०* (स्त्री०) = मूशदान

मूसना–(स० क्रि०) 1 चुराना 2 ठगना 3 लूटना

मूसल–(पु०) धान कूटने का एक प्रसिद्ध उपकरण। ~**चंद** (पु०) 1 गँवार, असभ्य 2 अपढ़, मूर्ख 3 हट्टा कट्टा परंतु निकम्मा आदमी, मुस्तंडा और निकम्मा व्यक्ति 4 धींगड़ा ~**धार** (क्रि० वि०) मूसल के समान मोटी धार में

मूसला–(पु०) मूल जड़

मूसली–(स्त्री०) हल्दी की जाति का एक पौधा

मूसा–(पु०) = मूश

मूसाई–I *अं० +फ़ा०* (पु०) मूसा धर्म का अनुयायी, यहूदी II (वि०) मूसा सबंधी

मूसीक़ी–*अ०* (स्त्री०) संगीत कला। ~**दान** *+फ़ा०* संगीतज्ञ, संगीतकार

मृग–*सं०* (पु०) 1 हिरन (जैसे-मृग का शिकार) 2 पशु, जंगली जानवर 3 मृग शिरा नक्षत्र (जैसे-मृग राशि)। ~**चर्म** (पु०) हिरन की खाल; ~**चर्या** (स्त्री०) मृग की तरह आतमनिग्रह का जीवन; ~**छाल** *+हिं०* (पु०) हिरन की बिछाई अथवा ओढ़ी जानेवाली छाल; ~**छौना** *+हिं* (पु०) = ~**जल** (पु०) = मृग तृष्णा; ~**जल स्नान**

(पु०) मृग जल में स्नान, अनहोनी बात; ~**तृषा,** ~**तृष्णा** (स्त्री०) 1 ऐसी तृष्णा जो प्रायः संभव न हो 2 मृग मरीचिका; ~**दाव** (पु०) अनेक मृगोंवाला वन; ~**नाभि** (पु०) कस्तूरी, मृगमद; ~**पति** (पु०) = मृगराज; ~**मरीचिका** (स्त्री०) मृग को मरु में जल दिखाई देने की भ्रांति; ~**राज** (पु०) शेर, सिंह; ~**लोचनी** (स्त्री०) मृग के समान चंचल नेत्रोंवाली स्त्री; ~**शावक** (पु०) मृगछौना, हिरन का बच्चा; ~**शिरा** (पु०) नक्षत्रों में से पाँचवाँ नक्षत्र; ~**शीर्ष** (पु०) 1 मृग शिरा 2 माघ का महीना

मृगया–*सं०* (स्त्री०) 1 शिकार, आखेट 2 शिकार हेतु वन गमन

मृगांक–*सं०* (पु०) चंद्रमा

मृगाक्षी–*सं०* (वि०) मृग सी सुंदर आखोंवाली, मृगनयनी

मृगेंद्र–*सं०* (पु०) शेर, सिंह

मृगी–*सं०* (स्त्री०) मादा हिरन, हिरनी

मृग्य–*सं०* (वि०) 1 जिसका पीछा किया जाए 2 खोज या अन्वेषण के योग्य

मृण्मूर्ति–*सं०* (स्त्री०) मिट्टी की मूर्ति। ~**कला** (स्त्री०) मृण्मूर्ति बनाने की विद्या, हुनर

मृत–*सं०* (वि०) मरा हुआ, मुर्दा। ~**कल्प** (वि०) = मृतप्राय; ~**गृह** (पु०) कब्र; ~**जीव** (पु०) मरा हुआ प्राणी; ~**जीवनी** (स्त्री०) मुर्दा जिलाने की विद्या; ~**प्राय** (क्रि० वि०) मरने के करीब; ~**मत्त** (पु०) श्रृगाल, गीदड़; ~**लेखा** *+हिं०* (पु०) = मृत्युपत्र; ~**संजीवनी** (स्त्री०/वि०) मुर्दे को जिलानेवाली (औषधि); ~**सूतक** (पु०) मरा बच्चा जनना; ~**स्नान** (पु०) 1 मृतक को कराया जानेवाला स्नान 2 मृतक के मरने पर किया जानेवाला स्नान

मृतक–I *सं०* (पु०) मृत शरीर II (वि०) मरा हुआ। ~**कर्म** (पु०) मृतक की शुद्ध गति के निमित्त किया गया कृत्य, प्रेत कर्म; ~**जुलूस** *+अं०* (पु०) शवयात्रा; ~**भोज** (पु०) श्राद्ध

मृताशन–*सं०* (वि०) = मुरदाख़ोर

मृताशौच–*सं०* (पु०) किसी के मरने पर पारिवारिक अशौच

मृति–*सं०* (स्त्री०) = मृत्यु। ~**रेखा** (स्त्री०) उम्र का अनुमान लगाने की हथेली की रेखा

मृतोत्थित–*सं०* (वि०) मरकर जी उठनेवाला

मृत्कला–*सं०* (स्त्री०) मिट्टी की चीज़ें बनाने की कला

मृत्तिका–*सं०* (स्त्री०) मिट्टी। ~**उद्योग** (पु०) मिट्टी की वस्तुएँ बनाने का उद्योग

मृत्पात्र–*सं०* (पु०) मिट्टी का बर्तन

मृत्पिंड–*सं०* (पु०) मिट्टी का ढेला

मृत्यु–*सं०* (स्त्री०) 1 मौत, मरण 2 अंतिम अवस्था (जैसे-राजनीतिक मृत्यु, अत्याचारी शासक की मृत्यु)। ~**कर** (पु०) मृतक की संपति पर लगनेवाला कर; ~**काल** (पु०) मौत की घड़ी ~**कालीन** (वि०) मौत के समय की (जैसे-मृत्युकालीन स्मृति); ~**क्षण** (पु०) मौत का पल; ~**गत** (वि०) मृत्यु को प्राप्त; ~**जनक** (वि०) घातक; ~**दंड** (पु०) मौत की सज़ा; ~**दर** *+हिं०* (स्त्री०) मरणगति; ~**दूत** (पु०) मौत की ख़बर लानेवाला; ~**पत्र** (पु०) मृत्यु का प्रमाण पत्र; ~**पाश** (पु०) यम का पाश; ~**प्राय** (वि०) = मृत प्राय; ~**भोज** (पु०) = मृतक भोज; ~**योग** (पु०) ग्रह नक्षत्रों का मृत्यु कारक योग; ~**राज** (पु०) यमराज; ~**लेख** (पु०) = मृत्य पत्र; ~**लोक** (पु०) = मर्त्य लोक; ~**शय्या** (स्त्री०) वह बिस्तर जिसपर व्यक्ति मरणासन्न रूप में पड़ा हो; ~**शोक** (पु०) मरने का दुःख; ~**संख्या** (स्त्री०) दुर्घटना, महामारी आदि में मरनेवालों की संख्या; ~**समाचार** (पु०) मरने की ख़बर

मृदंग–*सं०* (पु०) ढोलक की तरह का एक प्रसिद्ध बाजा (जैसे-मृदंग और शहनाई)। ~**कार,** ~**वादक** (पु०) मृदंग बजानेवाला

मृदंगिया–*सं०+हिं०* (पु०) = मृदंग वादक

मृदा–*सं०* (स्त्री०) मिट्टी

मृदित–*सं०* (वि०) मसला हुआ, कुचला हुआ

मृदु–*सं०* (वि०) 1 कोमल, मुलायम 2 प्रिय और सुहावना, मधुर 3 हलका, धीमा। ~**करण** (पु०) नर्म करना; ~**ता** (स्त्री०) 1 कोमलता 2 धीमापन, मंदता 3 मधुरता; ~**भाषिनी** (स्त्री०/वि०) कोमल स्वर में बोलनेवाली; ~**भाषी** (वि०) मृदु वचन बोलनेवाला; ~**मंद** (वि०) मधुर

मृदुल–*सं०* (वि०) 1 कोमल, मुलायम 2 दयालु (जैसे-मृदुल स्वभाव)

मृन्मय–*सं०* (वि०) मृण्मय

मृषा–I *सं०* (क्रि० वि०) झूठ मूठ, व्यर्थ II (वि०) असत्य, झूठा। ~**भाषी** (वि०) झूठ बोलनेवाला; ~**वाद** (पु०) मिथ्या वाक्य 2 चापलूसी, खुशामद; ~**वादी** (वि०) 1 झूठा 2 ख़ुशामदी

मृषार्थिक–*सं०* (वि०) झूठे अर्थवाला

मृष्ट–*सं०* (वि०) शुद्ध किया हुआ

मृष्टि–*सं०* (स्त्री०) शुद्ध करना

में–I *अ०* के अंदर (जैसे-मकान में, बिल में) II (स्त्री०) बकरी के बोलने का शब्द

मेंगनी–(स्त्री०) गोलियों के रूप में पशु की विष्ठा, मल, गू

मेंटलपीस–*अं०* (पु०) = मैंटलपीस

मेंड़–(स्त्री०) = मेड़। ~**बंदी** *+फ़ा०* (स्त्री०) = मेड़बंदी

मेंड़रा–*बो०* (पु०) 1 गोल चक्कर 2 मेंडुरी 3 गोल वस्तु का उभरा किनारा 4 मंडलाकार ढाँचा (जैसे-चलनी का मेंड़रा)

मेंढक–(पु०) = मेंढक

मेंढकी–(स्त्री०) = मेंढकी

मेंढ़ा–(पु०) भेड़ा

मेंबर–*अं०* (पु०) सदस्य

मेंबरी–*अं०+फ़ा०* (स्त्री०) सदस्यता

में में–(स्त्री०) मेमने के बोलने का शब्द

मेंह–(पु०) 1 वर्षा 2 वर्षा का जल

मेंहदी–(स्त्री०) = मेहँदी

मेअराज–*अ०* (स्त्री०) = मेराज

मेक–*सं०* (पु०) बकरा

मेकअप–*अं०* (पु०) सजना सँवरना, प्रसाधन। ~**रूम** (पु०) प्रसाधन का कमरा, श्रृंगार कक्ष

मेकेनिक–*अं०* (पु०) अभियांत्रिक

मेकेनिकल–*अं०* (वि०) अभियांत्रिकी (जैसे-मेकेनिकल इंजीनियर)

मेकेनिक्स–*अं०* (स्त्री०) अभियांत्रिकी
मेख़–I *फ़ा०* (स्त्री०) कील
मेख–II (पु०) = मेष
मेखड़ा–(पु०) झाबे आदि के मुँह पर बाँधने की बाँस की फट्टी का घेरा
मेखला–*सं०* (स्त्री०) 1 करधनी, किंकणी 2 धागे आदि की करधनी 3 कमरबंध, पेटी
मेखली–(स्त्री०) 1 गले में डालकर पहना जानेवाला पहनावा 2 करधनी
मेख़ी–*फ़ा०* (वि०) मेख़ से किया गया छेद
मेगज़ीन–I *अं०* (पु०) सामयिक पत्र
मेगज़ीन–II *अं०* (पु०) बंदूक आदि में गोली रखने की जगह (जैसे-मैगज़ीन भरना)
मेगनी–(स्त्री०) = मेंगनी
मेगनीशियम–*अं०* (पु०) = मैगनीशियम
मेगनेटिक–*अं०* (वि०) = मैगनेटिक
मेगाटन–*अं०* (पु०) = मैगाटन
मेगावाट–*अं०* (पु०) दस लाख वाट की विद्युत शक्ति
मेघ–*सं०* (पु०) बादल (जैसे-मेघ से घिरा आसमान)। ~**काल** (पु०) वर्षाऋतु; ~**गर्जन** (पु०), ~**गर्जना** (स्त्री०) बादलों का गरजना; ~**घटा** (स्त्री०) घना बादल; ~**जाल** (पु०) मेघसमूह; ~**ज्योति** (स्त्री०) बिजली; ~**डंबर** (पु०) = मेघ गर्जन; ~**द्वार** (पु०) = मेघ मंडल; ~**धनु**, ~**धनुष** (पु०) इंद्रधनुष; ~**नाथ**, ~**पति** (पु०) = मेघराज; ~**नाद** (पु०) = मेघराज; ~**मंडल** (पु०) आकाश; ~**माला** (स्त्री०) बादलों की पंक्ति; ~**माली** (वि०) बादलों से घिरा; ~**राज** (पु०) इंद्र; ~**राशि** (स्त्री०) = मेघमाला; ~**लीला** (स्त्री०) बादलों का उमड़ना घुमड़ना; ~**वर्त** (पु०) प्रलयकारी मेघ; ~**श्याम** (वि०) बादलों के रंग की तरह, आसमानी; ~**संघात** (पु०) बादलों का जमावड़ा
मेघांत–*सं०* (पु०) वर्षा का अंत
मेघागम–*सं०* (पु०) वर्षा का आरंभ
मेघाच्छन्न–*सं०* (वि०) बादलों से ढका हुआ
मेघाच्छादित–*सं०* (वि०) मेघ से छाया हुआ
मेघाडंबर–*सं०* (पु०) बादलों की गरज
मेघारि–*सं०* (पु०) वायु, हवा, पवन
मेघावरण–*सं०* (पु०) मेघ का छाया होना, मेघ का परदा
मेघोदय–*सं०* (पु०) आकाश में बादल छाना
मेचक–I *सं०* (पु०) 1 अँधेरा 2 मेघ **II** (वि०) काले रंग का, काला
मेज़–*फ़ा०* (स्त्री०) लकड़ी आदि की बनी चौकी, टेबुल (जैसे-मेज़ कुर्सी)। ~**पोश** (पु०) मेज़ पर बिछाने का कपड़ा; ~**बान** (पु०) मेहमानदारी, आतिथ्य करनेवाला; ~**बानी** (स्त्री०) मेहमानदारी, अतिथि सत्कार
मेजर–*अं०* (पु०) सेना का एक उच्च पद और उस पद का अधिकारी ~**जनरल** (पु०) लेफ्टेनेंट जनरल के नीचे का सैनिक अधिकारी
मेजिक लालटेन–*अं०* (स्त्री०) बाइस्कोप
मेस्मेरिज़्म–*अं०* (पु०) सम्मोहन, जादू करना
मेट–*अं०* (पु०) 1 मज़दूरों का प्रधान 2 एक प्रकार का ज़हाज़ी कर्मचारी
मेटना–(स० क्रि०) *बो०* = मिटाना
मेट माट–(स्त्री०) झगड़े, विवाद आदि का निपटारा
मेटा–*बो०* (पु०) = मटका
मेटिया–*बो०* (स्त्री०) छोटा मटका
मेटुवा–*बो०* (वि०) 1 मिटानेवाला 2 कृतघ्न
मेट्रन–*अं०* (स्त्री०) अधीक्षिका
मेट्रिकुलेशन–*अं०* (स्त्री०) हाईस्कूल
मेट्रो–*अं०* (पु०) भूगर्भ रेल
मेठ–*अं०* (पु०) = मेट
मेड़–I *अं०* (स्त्री०) नौकरानी
मेड़–(स्त्री०) 1 खेत की हदबंदी 2 खेत के इर्द गिर्द मिट्टी का बनाया हुआ घेरा, डाँडा (जैसे-मेड़ बनाना)। ~**बंदी** *+फ़ा०* (स्त्री०) मेड़ बनाना
मेडक–(पु०) = मेढक
मेड़री–(स्त्री०) = मेंड़रा
मेडल–*अं०* (पु०) पदक, तमगा
मेडिकल–*अं०* (वि०) चिकित्सा शास्त्र संबंधी
मेड़िया–(स्त्री०) मढ़ी
मेडिसिन–*अं०* (स्त्री०) चिकित्सा शास्त्र, दवा
मेढक–(पु०) जल और स्थल दोनों में रहनेवाला एक छोटा जंतु, मंडूक (स्त्री० मेढकी)
मेढ़ा–(पु०) भेड़ का नर, मेष
मेथी–*सं०* (स्त्री०) 1 एक प्रसिद्ध पौधा जिसकी खेती होती है 2 इस पौधे का बीज
मेथौरी–(स्त्री०) मेथी का साग मिलाकर बनाई गई बरी
मेद–*सं०* (पु०) 1 चरबी, वसा 2 चरबी बढ़ने और मोटा होने का रोग 3 कस्तूरी
मेदस्वी–*सं०* (वि०) बहुत मोटा, अधिक, अधिक चरबीवाला
मेदा–*अ०* (पु०) पेट, पाकाशय
मेदुर–*सं०* (वि०) चिकना, स्निग्ध
मेदोवृद्धि–*सं०* (स्त्री०) 1 चरबी का बढ़ना 2 अंडकोश बढ़ने का रोग
मेध–*सं०* (पु०) 1 यज्ञ, हवि 2 यज्ञ बलि का पशु
मेधा–*सं०* (स्त्री०) 1 धारण शक्ति 2 बुद्धि। ~**कर** (वि०) बुद्धि बढ़ानेवाला
मेधावान्–*सं०* (वि०) बहुत बुद्धिमान्, मेधायुक्त
मेधावी–*सं०* (वि०) 1 ज्ञानी 2 तीव्र बुद्धिवाला (जैसे-मेधावी छात्र)
मेध्य–*सं०* (वि०) 1 बुद्धि बढ़ानेवाला, मेधाजनक 2 पवित्र
मेनू, मेन्यू–*अं०* (पु०) (होटल में) खाने की सूची
मेम–*अं०* (स्त्री०) 1 विवाहिता अंग्रेज़ स्त्री 2 ताश का एक पत्ता (जैसे-पान की मेम)। ~**साहबा** *+अ०* (स्त्री०) प्रतिष्ठित अंग्रेज़ महिला
मेमार–*अ०* (पु०) इमारत बनानेवाला, राजगीर
मेमारी–*अ०+फ़ा०* (स्त्री०) मेमार का काम
मेमो–*अं०* (पु०) मेमोरंडम का संक्षिप्त रूप
मेमोरियल–*अं०* (पु०) स्मारक, यादगार

मेमोरंडम–*अं०* (पु०) 1 याददाश्त या स्मरण पत्र 2 व्यापारिक लिखा पढ़ी में लिखा जानेवाला एक प्रकार का पत्र

मेय–*सं०* (वि०) 1 नाप तौल किया जानेवाला 2 नापा जोखा जाने योग्य

मेयर–*अं०* (पु०) महापालिका का निर्वाचित अध्यक्ष (जैसे-मेयर का भाषण)

मेरा–(वि०) 'मैं' का संबंध सूचक विभक्ति से संयुक्त सार्वनामिक विशेषण रूप (जैसे-मेरा मकान, मेरी कमीज़)। ~**तेरा करना** अपना पराया का भेदभाव करना

मेराज–*अ०* (स्त्री०) 1 सीढ़ी 2 ऊपर चढ़ने का साधन

मेरी–(वि०) हिंदी 'मेरा' का स्त्रीलिंग रूप (जैसे-मेरी सखी, मेरी किताब)

मेरु–*सं०* (पु०) 1 सुमेरु 2 पृथ्वी के उत्तरी और दक्षिणी ध्रुवों में प्रत्येक, पोल 3 देव मंदिर। ~**ज्योति** (स्त्री०) पृथ्वी के दोनों ध्रुवों में रात में बीच बीच में दिखाई देनेवाली एक ज्योति; ~**दंड** (पु०) रीढ़ (जैसे-मेरु दंड प्राणी); ~**दंडी** (वि०) रीढ़वाला

मेल–I *सं०* (पु०) 1 मिले होने की अवस्था (जैसे-यह रंग कई रंगों के मेल से बना है) 2 मिलाप, संयोग, समागम (जैसे-गंगा और यमुना का मेल, दो गाड़ियों का मेल होना) 3 प्रेम व्यवहार (जैसे-परिवार का पारस्परिक मेल, मेल से रहना) 4 मित्रता का संबंध (जैसे-दो राष्ट्रों का मेल) 5 समता, बराबरी (जैसे-पति और पत्नी का मेल, मेल का कपड़ा) 6 मिलावट (जैसे-दूध में पानी का मेल)। ~**जोल**, ~**मिलाप** *+हिं०* (पु०) प्रीति संबंध, घनिष्ठता; ~**मुलाक़ात** *+अं०* (स्त्री०) मेल मिलाप, प्रेम बर्ताव, मिलना जुलना; ~**मुलाहज़ा** *+अं०* (पु०) मेल मिलाप; ~**खाना**, ~**बैठना** 1 अनुकूलता होना 2 संगति के उपयुक्त होना

मेल–II *अं०* (स्त्री०) 1 रेलवे की डाकगाड़ी (जैसे-कालका मेल, पंजाब मेल) 2 डाक (जैसे-रेलवे मेल सर्विस)। ~**ट्रेन** (स्त्री०) डाकगाड़ी

मेलन–*सं०* (पु०) 1 मिलन 2 मिलावट 3 आदमियों का जमावड़ा 4 मिलाने का भाव

मेला–I (पु०) 1 उत्सव, देव दर्शन आदि शुभ अवसर पर एकत्र भीड़ 2 चौपायों के क्रय विक्रय के निमित्त होनेवाला व्यापारियों का जमावड़ा 3 तीर्थ स्थान पर होनेवाला जमाव (जैसे-माघ मेला, कुम्भ मेला) 4 लोगों की भीड़, जमावड़ा II (स्त्री०) 1 मिलन 2 जमाव (जैसे-देखते ही देखते बड़ा मेला लग गया)। ~**ठेला**, ~**तमाशा** *+अं०* (पु०) 1 सैर-तमाशा, मेला (जैसे- मेला तमाशा देखना) 2 भीड़ भाड़वाला सार्वजनिक स्थान (जैसे-मेला ठेला में कहाँ जाओगे)

मेली–(वि०) 1 मेल जोल वाला 2 किसी से मिल जानेवाला, यारबाश। ~**मुलाक़ाती** *+अ०+फ़ा०* (पु०) संगी साथी, मित्र, यार दोस्त

मेवा–*फ़ा०* (पु०) 1 सुखाया हुआ फल 2 किशमिश, बादाम, अखरोट आदि सूखे फल 3 उत्तम और बहुमूल्य पदार्थ। ~**दार** (वि०) 1 मेवा से युक्त 2 फलदार (जैसे-मेवादार वृक्ष); ~**फ़रोश** (पु०) फल और मेवा बेचनेवाला, दूकानदार

मेवाटी–(स्त्री०) किशमिश, बादाम आदि से युक्त एक प्रकार का पकवान

मेवाड़ी–I (वि०) 1 मेवाड़ का 2 मेवाड़ संबंधी II (पु०) मेवाड़ का निवासी III (स्त्री०) मेवाड़ की बोली

मेवाती–I (स्त्री०) मेवात प्रदेश की बोली II (स्त्री०) मेवाड़ की बोली

मेवाती–III (पु०) मेवात का रहनेवाला IV (वि०) मेवात का

मेष–*सं०* (पु०) 1 भेड़ 2 बारह राशियों में पहली राशि (जैसे-मेष का उदय होना)। ~**पाल** (पु०) गड़रिया; ~**संक्रांति** (स्त्री०) सूर्य के मेष राशि में प्रवेश तथा सौर वर्ष के प्रारंभ का दिन (जैसे-मेष संक्रांति का स्नान)

मेस–*अं०* (पु०) भोजनालय

मेहँदिया–I (वि०) मेंहदी के रंग का II (पु०) मेंहदी का हरापन युक्त लाल रंग

मेहँदी–(स्त्री०) 1 हाथ पैर को रंग से सजानेवाली पत्तियोंवाली एक झाड़ी, हिना 2 ब्याह की एक रस्म 3 इस झाड़ी की पत्तियों का पीसा हुआ चूर्ण (जैसे- हाथ पैर में मेहँदी लगाना)

मेह–*सं०* (पु०) 1 वर्षा 2 बादल

मेहतर–*फ़ा०* (पु०) 1 बहुत बड़ा और प्रतिष्ठित व्यक्ति, बुजु र्ग 2 भंगी

मेहतरानी–*फ़ा०+हिं०* (स्त्री०) भंगिन

मेहनत–*अ०* (स्त्री०) शारीरिक श्रम। ~**कश** *+फ़ा०* (वि०) मेहनत करनेवाला; ~**मज़दूरी** *+फ़ा०* (स्त्री०) मेहनत और मज़दूरी; ~**ठिकाने लगना** श्रम का सफल होना

मेहनताना–*अ०+फ़ा०* (पु०) 1 पारिश्रमिक, मज़दूरी (जैसे-दस रुपये मेहनताना हुआ), वकील की फ़ीस

मेहनती–*अ०+फ़ा०* (वि०) परिश्रमी

मेहमान–*फ़ा०* (पु०) अतिथि, अभ्यागत। ~**ख़ाना** (पु०) अतिथिशाला; ~**दार** (पु०) आतिथ्य सत्कार करनेवाला; ~**दारी** (स्त्री०) आतिथ्य सत्कार, मेहमानी; ~**नवाज़** (वि०) अतिथि का स्वागत करनेवाला; ~**नवाज़ी** (स्त्री०) = मेहमानदारी; ~**बाज़ी** (स्त्री०) मेहमान का सम्मान करना; ~**सराय** (स्त्री०) = मेहमानख़ाना

मेहमानिन–*फ़ा०+हिं०* (स्त्री०) महिला अतिथि

मेहमानी–*फ़ा०* (स्त्री०) = मेहमानदारी

मेहर–I *फ़ा०* (स्त्री०) दया, कृपा

मेहर–II (स्त्री०) = मेहरी

मेहरबान–*फ़ा०* (वि०) दयालु, कृपालु

मेहरबानी–*फ़ा०* (स्त्री०) दयालुता, कृपालुता

मेहरा–(पु०) स्त्री स्वभाववाला (जैसे-वह बहुत मेहरा है)

मेहराना–(अ० क्रि०) *बो०* नम होना, आर्द्र होना

मेहराब–*अ०* (स्त्री०) 1 दरवाज़े के ऊपर बना अर्धमंडलाकार भाग 2 डाटवाला गोल दरवाज़ा (जैसे-मेहराब टूटना)। ~**दार**, ~**नुमा** *+फ़ा०* (वि०) मेहराबवाला (जैसे-मेहराबदार इमारत)

मेहराबी–*अ०+फ़ा०* (वि०) मेहराबदार

मेहरारू–*बो०* (स्त्री०) = मेहरी

मेहरिया–(स्त्री०) 1 पत्नी 2 औरत

मेहरी–(स्त्री०) पत्नी, स्त्री, जोरू (जैसे-मेहरी के वश में होना)

मै–*फ़ा०* (स्त्री०) शराब, मदिरा। ~**कश** (पु०) शराब पीनेवाला, मद्यप; ~**कशी** (स्त्री०) शराब पीना, मद्यपान; ~**ख़ाना** (पु०) शराबख़ाना, मदिरालय; ~**ख़ोर** (पु०) मद्यप; ~**ख़ोरी** (स्त्री०) मद्यपान; ~**परस्त** (पु०) मद्य व्यसनी; ~**परस्ती** (स्त्री०) मद्य पान का व्यसन, शराब की लत; ~**फ़रोश** (पु०) शराब विक्रेता; ~**फ़रोशी** (स्त्री०) मद्य विक्रय

मैका–(पु०) = मायका

मैगनेट–*अं०* (पु०) चुंबक (जैसे- मैगनेट बनाना)

मैगनेटिक–*अं०* (वि०) चुंबकीय

मैगाटन–*अं०* (पु०) दस लाख टन

मैच–*अं०* (पु०) प्रतियोगिता का खेल (जैसे-हाकी मैच खेलना)

मैचबाक्स–*अं०* (स्त्री०) दियासलाई की डिबिया

मैजिक–*अं०* (पु०) जादू। ~**लालटेन** (स्त्री०) = मेजिक लालटेन

मैजिस्ट्रेट–*अं०* (पु०) 1 फ़ौजदारी मामलों का जज (जैसे-न्यायिक मैजिस्ट्रेट) 2 दंडाधीश

मैटल–*अं०* (पु०) धातु

मैट्रिक–*अं०* (वि०) हाई स्कूल पास। ~**पास** (वि०) हाई स्कूल पास

मैट्रिकुलेट–*अं०* (वि०) हाई स्कूल पास

मैडम–*अं०* (स्त्री०) = मेम

मैत्र–I *सं०* (पु०) मित्रता (जैसे-मैत्र भाव) II (वि०) 1 मित्र संबंधी 2 मित्रों में होनेवाला

मैत्री–*सं०* (स्त्री०) 1 मित्रता, दोस्ती 2 मेलजोल 3 सम्मानता (जैसे-मैत्री भावना, वर्ण मैत्री)। ~**पूर्ण** (वि०) = मित्रता पूर्ण; ~**भाव** (पु०) मित्रता का भाव

मैत्रेयिका–*सं०* (स्त्री०) मित्रों में होनेवाला संघर्ष, मित्रयुद्ध

मैत्र्य–*सं०* (पु०) मित्रता

मैथमेटिक्स–*अं०* (स्त्री०) गणित

मैथिली–I *सं०* (स्त्री०) मिथला देश की बोली (जैसे-मैथिली साहित्य) II (वि०) मिथिला का

मैथुन–*सं०* (पु०) 1 संभोग, रति क्रीड़ा (जैसे-मैथुन कामना) 2 जोड़ा खाना। ~**ज** (वि०) मैथुन से उत्पन्न (जैसे-मैथुनज रोग); ~**भाव** (पु०) संभोग

मैथुनिक–*सं०* (वि०) 1 मैथुन का 2 यौन, लैंगिक

मैथुनिकी–*सं०* (स्त्री०) मैथुन संबंधी चिकित्सा प्रणाली की एक शाखा

मैथुनी–*सं०* (वि०) मैथुन करनेवाला

मैदा–*फ़ा०* (पु०) बहुत महीन आटा

मैदान–*फ़ा०* (पु०) 1 चौड़ी और सपाट ज़मीन 2 युद्ध क्षेत्र, रण भूमि (जैसे-मैदान से भागना) 3 अखाड़ा। ~**छोड़ना** रणक्षेत्र से भागना; ~**जाना** शौच हेतु बाहर जाना; ~**जीतना,** ~**मारना** लड़ाई जीतना; ~**में उतरना** 1 अखाड़े में आना 2 कार्य क्षेत्र में आना; ~**साफ़ कर देना** 1 विघ्न बाधाओं को दूर करना 2 सबको मार भगाना; ~**साफ़ होना** 1 मार्ग में विघ्न बाधा न होना 2 अकेला होना; ~**हाथ रहना** युद्ध में विजय पाना

मैदानी–I *फ़ा०* (वि०) 1 मैदान का 2 मैदान में काम आनेवाला (जैसे-मैदानी तोप) II *फ़ा०* (स्त्री०) आँगन में टाँगी या लटकाई जानेवाली लालटेन

मैदाने जंग–*फ़ा०* (पु०) रणक्षेत्र, युद्ध भूमि

मैनसिल–(स्त्री०) दवा के काम लायक एक खनिज द्रव्य

मैनहोल–*अं०* (पु०) सीवर गड्ढा

मैना–(स्त्री०) काले रंग और पीली चोंचवाली एक प्रसिद्ध चिड़िया, सारिका (जैसे तोता-मैना की मीठी बोली)

मैनिन्जाइटिस–*अं०* (पु०) *चि०* मस्तिष्क शोथ

मैनुअल–*अं०* (पु०) नियम पुस्तिका

मैनेजमेंट–*अं०* (स्त्री०) प्रबंध, व्यवस्था

मैनेजर–*अं०* (पु०) प्रबंधक, व्यवस्थापक

मैमथ–*अं०* (पु०) विशालकाय हाथी

मैयत–*अ०* (स्त्री०) 1 मौत 2 शव, लाश 3 मृतक का अंतिम संस्कार

मैया–(स्त्री०) माँ

मैयार–I *अ०* (पु०) 1 नापने तौलने का उपकरण 2 कसौटी

मैयार–II (पु०) एक तरह की बंजर भूमि

मैर–(स्त्री०) रह रहकर होनेवाली कसक

मैरा–*बो०* (पु०) खेत में स्थित मचान

मैरीन–*अं०* (वि०) समुद्री

मैल–(स्त्री०) 1 शरीर, वस्त्र आदि पर जमी गर्द, धूल (जैसे-मैल साफ़ करना) 2 दोष, विकार (जैसे-मन का मैल)। ~**ख़ोरा** *+फ़ा०+हिं०* I (वि०) मैल छिपानेवाला (जैसे-मैल ख़ोरा कपड़ा) II (पु०) 1 काठी, जीन के नीचे रखा जानेवाला कपड़ा 2 साबुन

मैला–I (वि०) 1 मैल युक्त, गंदा (जैसे-मैला कपड़ा, मैला मन) II (पु०) 1 गू, विष्ठा 2 कूड़ा, कर्कट। ~**कुचैला** (वि०) 1 अत्यंत मैला (जैसे-मैला कुचैला कपड़ा) 2 मैला कुचैला वस्त्र पहना हुआ; ~**घर** (पु०) कूड़ा कर्कट फेंकने का सार्वजनिक स्थान

मैलापन–(पु०) मलिनता, गंदापन

मैहर–I *बो०* (पु०) =मायका II *बो०* (पु०) 1 मक्खन तपाने पर निकला मट्ठा 2 घी की तलछट

मोंगरा–I (पु०) मुँगरा II (पु०) = मोगरा

मोंछ–(स्त्री०) = मूँछ

मोंठ–(स्त्री०) मोठ

मोंढ़ा–(पु०) 1 माँचा 2 बाँस, बेंत का बना आसन

मोई–(स्त्री०) घी में सना आटा

मोका–I (पु०) = मोखा

मोका–II *अ०* (पु०) मौक़ा

मोक्ष–*सं०* (पु०) 1 मुक्ति (जैसे-मोक्ष प्राप्त करना) 2 छुटकारा (जैसे-नोक्ष मिलना, सांसारिक मोक्ष)। ~**दाता** (पु०) मोक्ष देनेवाला; ~**दायक,** ~**दायी** (वि०) मोक्ष प्रदान करनेवाला; ~**प्राप्ति** (स्त्री०) मोक्ष पाना, मोक्ष मिलना; ~**वाद** (पु०) वह सिद्धांत जो जीवन का मूल श्रेय या लक्ष्य मोक्ष प्राप्त करना मानता है; ~**विद्या** (स्त्री०) अध्यात्म विद्या; ~**शिला** (स्त्री०) स्वर्ग; ~**साधन** (पु०) मोक्ष का उपाय

मोक्षक–*सं०* (वि०) = मोक्षदायक

मोक्षण–*सं०* (पु०) मोक्ष देने का भाव

मोक्षद–*सं०* (वि०) =मोक्षदायक
मोक्षित–*सं०* (वि०) मोक्ष प्राप्त
मोक्ष्य–*सं०* (वि०) मोक्ष पाने योग्य
मोखा–(पु०) रोशनदान, झरोखा
मोगरा–I (पु०) 1 बेले का पौधा 2 इस पौधे का फूल (जैसे-मोगरा खिलना) II (पु०) लकड़ी की बड़ी हथौड़ी
मोघ–*सं०* (वि०) 1 काम न देनेवाला 2 व्यर्थ
मोच–(स्त्री०) शरीर के जोड़ की नस का अपने स्थान से इधर उधर खिसक जाना (जैसे-गर्दन में मोच आ गई)
मोचक–*सं०* (वि०) 1 मोचन करनेवाला 2 हरण करनेवाला (जैसे-संकट मोचक)
मोचन–*सं०* (पु०) 1 छुड़ाना, मुक्त करना 2 दूर हटाना, दूर करना (जैसे-संकट मोचन)
मोचना–I (पु०) 1 हज्जाम की चिमटी 2 लोहार का एक औज़ार II (स० क्रि०) 1 मोचन करना 2 छोड़ना 3 बाहर निकालना
मोचनी–(स्त्री०) छोटी मोचना
मोचयिता–*सं०* (वि०) छुटकारा देनेवाला
मोचाद–*सं०* (पु०) 1 केला 2 केले का गाभ
मोची–I (पु०) जूता सीनेवाला
मोची–II *सं०* (वि०) 1 दूर करनेवाला 2 छुड़ानेवाला
मोछ–(स्त्री०) = मूँछ
मोजा–*फ़ा०* (पु०) पैर में पहनने का कपड़े का बना आवरण, जुर्राब (जैसे-मोजा जूता)
मोजिज़ा–*अ०* (पु०) अलौकिक चमत्कार
मोट–I (पु०) चरसा
मोट–II (स्त्री०) गठरी
मोटन–*सं०* (पु०) पीसना, मलना, रगड़ना
मोटर–*अं०* (स्त्री०) 1 पेट्रोल, डीजल आदि से सड़क पर चलनेवाली चार पहियोंवाली गाड़ी 2 विद्युत, पेट्रोल की शक्ति से चलनेवाली एक मशीन (जैसे-मोटर जल गई)। ~**उद्योग** *सं०* (पु०) मोटर बनाने का धंधा, काम, पेशा; ~**कार** (स्त्री०) मोटर, हवागाड़ी; ~**ख़ाना** *फ़ा०* (स्त्री०) मोटर रखने का स्थान, मोटर गेरेज; ~**गाड़ी** *+हिं०* (स्त्री०) = मोटर; ~**चालक** (पु०) *+सं०* (पु०) मोटर चलानेवाला; ~**ट्रक** (पु०) = मोटर लारी; ~**ड्राइवर** (पु०) = मोटर चालक; ~**निर्माण** *+सं०* मोटर बनाना; ~**निर्माता** *सं०* (पु०) मोटर का निर्माण करनेवाला; ~**नौका** *+सं०* (स्त्री०) मोटर वोट; ~**पोत** *सं०* (पु०) =मोटर बोट; ~**बस** (स्त्री०) आदमी आदि ढोनेवाली मोटर इंजन से परिचालित गाड़ी; ~**बाइसिकिल** (स्त्री०) मोटर साइकिल; ~**बोट** (स्त्री०) मोटर इंजन से चालित नाव; ~**मार्ग** *+सं०* (पु०) मोटर सड़क; ~**यातायात** *सं०* (पु०) मोटर द्वारा यात्रा करना; ~**रैली** (स्त्री०) मोटर दौड़ की प्रतियोगिता; ~**लारी** (स्त्री०) माल ढोने की मोटर इंजन से परिचालित गाड़ी; ~**वाहित** *+सं०* (वि०) मोटर द्वारा ले जाया गया; ~**सराय** *+फ़ा०* (स्त्री०) = मोटरख़ाना; ~**साइकिल** (स्त्री०) मोटर इंजन से चलनेवाली साइकिल, फटफटिया; ~**साइकिलिस्ट** (पु०) मोटर साइकिल चलानेवाला; ~**स्टैंड** (पु०) बस अड्डा
मोटरी–(स्त्री०) गठरी
मोटा–(वि०) 1 अधिक स्थूल (जैसा-मोटा आदमी, मोटा शरीर) 2 घनता से युक्त (जैसे- मोटा कपड़ा, मोटा गद्दा) 3 जो अधिक महीन न हो (जैसे-मोटा आटा) 4 विशेष उत्तम गुणों से रहित (जैसे-मोटा अनाज, मोटा उत्तर)। ~**झोटा** (वि०) घटिया, मामूली; ~**ताज़ा** *+फ़ा०* (वि०) हृष्ट-पुष्ट तगड़ा; ~**बौना** (पु०) मोटा और छोटे कद का
मोटाई–(स्त्री०) मोटा होने की अवस्था
मोटाना–I (अ० क्रि०) 1 मोटा होना 2 घमंडी होना 3 धनी होना II (स० क्रि०) मोटा होने का उपाय करना
मोटापन–(पु०) = मोटाई
मोटापा–(पु०) मोटा होने का भाव
मोटिफ–*अं०* (पु०) मूल विषय, मूलभाव
मोटिया–I (पु०) मोटा और खुरदुरा देशी कपड़ा, खद्दड़, सल्लम II (पु०) बोझ ढोनेवाला मज़दूर
मोट्टायित–*सं०* (पु०) अंतर्मन के अनुराग को छिपाने की चेष्टा करने पर भी अनुराग का प्रकट हो जानेवाला नायिका का एक भाव
मोठ–(स्त्री०) मूँग की तरह का एक प्रसिद्ध छोटा अन्न, मुगानी, बनमूँग
मोड़–(पु०) 1 घुमाव (जैसे-सड़क का मोड़) 2 मुड़ने की अवस्था (जैसे-कपड़े आदि का मोड़)। ~**तोड़** (पु०) 1 घुमाव, चक्कर 2 मरोड़ 3 चालाकी से भरी बात (जैसे-मोड़-तोड़ का रास्ता अपनाना); ~**मुड़क** (स्त्री०) चित्रकला में अंगों की ऐसी स्थिति जो चित्र को सुंदरता प्रदान कर सके
मोड़ना–(स० क्रि०) 1 घुमाना (जैसे-गली में रिक्शा मोड़ना) 2 टेढ़ी करना (जैसे-लोहे की छड़ मोड़ना) 3 परत लगाना (जैसे-कपड़ा मोड़ना) 4 काम करने से रोकना 5 इधर उधर करना (जैसे-अंग मोड़ना, हाथ पैर मोड़ना)
मोड़ा–(पु०) लड़का, बालक
मोड़ी–(स्त्री०) 1 घसीट लिखाई 2 दक्षिण भारत की एक लिपि
मोढ़ा–(पु०) = मोंढ़ा
मोण–*सं०* (पु०) 1 सूखा फल 2 मगर 3 झावा, टोकरा
मोतदिल–*अ०* (वि०) मातदिल
मोतबर–*अ०* (वि०) एतबार, भरोसेमंद, विश्वसनीय
मोतिया–(वि०) 1 मोती संबंधी 2 मोती सा। ~**बिंद** (पु०) आँखों में मैल जमने से झिल्ली बनने का एक रोग
मोती–I (पु०) समुद्री सीपी से निकलनेवाला एक अत्यंत क़ीमती रत्न, मुक्ता II (स्त्री०) मोती पिरोई कान में पहनने की बाली। ~**चूर** (पु०) बेसन की बनी छोटी मीठी बुँदिया (जैसे-मोती चूर का लड्डू); ~**झिरा** (पु०) छोटी शीतला माता का रोग; ~**बेल** (स्त्री०) मोतिया का लतायुक्त पौधे का एक भेद; ~**भात** (पु०) एक विशेष प्रकार का मीठा भात; ~**लड्डू** (पु०) = मोतीचूर; ~**सिरी** (स्त्री०) *बो०* मीठी बूँदी का लड्डू
मोथरा–(वि०) भोथरा, कुंद
मोथा–(पु०) 1 जलीय भूमि में होनेवाला एक क्षुप 2 औषध के काम में आनेवाली उक्त क्षुप की जड़

मोद–*सं०* (पु०) हँसी मज़ाक। ~**जनक** (वि०) = मोदक; ~**मय** (वि०) मोद युक्त

मोदक–*सं०* (वि०) हँसी मज़ाक करनेवाला

मोदन–*सं०* (पु०) हँसी मज़ाक करना

मोदी–(पु०) दाल, चावल आदि बेचनेवाला, परचूनिया। ~**खाना** + *फ़ा०* (पु०) अन्न का भंडार

मोधू–*बो०* (वि०) मूर्ख

मोना–I (स० क्रि०) भिगोना, तर करना

मोना–II *बो०* (पु०) मूँज आदि का झाबा, पिटारा

मोनिया–*बो०* (स्त्री०) ढक्कनदार छोटी पिटारी

मोनोग्राम–*अं०* (पु०) नाम का संक्षिप्त और अलंकृत रूप

मोपला–(पु०) मालाबार प्रदेश की एक मुसलमान जाति

मोम–*फ़ा०* (पु०) 1 हलके पीले रंग का पिघलनेवाला पदार्थ जो मधुमक्खी के छत्ते से मिलता है 2 जमाया हुआ मिट्टी का तेल (जैसे-मोमबत्ती)। ~**जामा** (पु०) मोम का रोगन चढ़ाया हुआ एक कपड़ा; ~**ढाल** + *हिं०* (स्त्री०) *बो०* मोमजामा; ~**दिल** (वि०) अत्यंत कोमल हृदयवाला, परम दयालु; ~**बत्ती** + *हिं०* (स्त्री०) मोटे धागे पर मोम चढ़ाकर बनाई गई बत्ती; ~**रोग़न** मोम और तेल का मिश्रण ; ~**की नाक** अस्थिर चित्त व्यक्ति, बे पेंदी का लोटा; ~**की मरियम** अत्यंत सुकुमार स्त्री; ~**होना** कठोर हृदय का द्रवित होना, दयालु होना

मोमना–*फ़ा०* + *हिं०* (वि०) *बो०* मोम का सा

मोमिन–*अ०* (पु०) 1 मुसलमान पुरुष 2 एक तरह का मुसलमान जुलाहा

मोमिया–*फ़ा०* (स्त्री०) 1 मसाला लगाकर रखी गई लाश 2 एक विशेष लेप

मोमियाई–*फ़ा०* (स्त्री०) मोम की तरह चिकनी काले रंग की एक दवा

मोमी–*फ़ा०* (वि०) 1 मोम का बना हुआ 2 मोम सा मुलायम

मोयन–(पु०) गूँथे हुए आटे, मैदे, बेसन आदि में डाला जानेवाला घी या तेल। ~**दार** + *फ़ा०* (वि०) मोयन पड़ा हुआ

मोर–(पु०) मयूर (जैसे-मोर का पंख)। ~**चंद्रिका** + *सं०* (स्त्री०) मोर पंख के ऊपर बनी हुई चंद्राकार बूटियाँ; ~**पंख** (पु०) 1 मोर का पंख 2 मोर के पंख की बनाई हुई कलगी; ~**पंखी** I (वि०) मोर के पंख के रंग का II (पु०) मोर के पंख की तरह का गहरा चमकीला नीला रंग III (स्त्री०) 1 मोर की आकृति बनी हुई एक नाव 2 एक तरह का मोर पंख आकृति का छोटा पंखा; ~**मुकुट** + *सं०* (पु०) मोरपंखों से युक्त मुकुट

मोरचा–I *फ़ा०* (पु०) 1 किले के चारों तरफ़ खोदी गई खाई 2 युद्ध के लिए खोदी गई खाई 3 मोरचे पर या उसके भीतर रहनेवाली सेना। ~**बंद** (वि०) मोरचे से घिरा हुआ; ~**बंदी** मोरचा बनाना

मोरचा–II *फ़ा०* (पु०) 1 जंग (जैसे-लोहे में मोरचा लगना) 2 आईने, शीशे पर जमी मैल

मोरछल–(पु०) मोर पंख का बना चँवर

मोरछली–(पु०) 1 मोरछल बनानेवाला 2 मोरछल हिलानेवाला

मोरनी–(स्त्री०) 1 मादा मोर 2 मोर के आकार का लटकन 3 मोरनी सी गतिवाली बनी ठनी सुंदर युवती (जैसे-मोरनी सा रूप देखकर उसका मन डोल गया)

मोरवा–*बो०* (पु०) मोर, केकी

मोरी–(स्त्री०) 1 तंग रास्ता, तंग द्वार 2 पनाली

मोर्चा–*फ़ा०* (पु०) = मोरचा I

मोर्स कोड–*अं०* (पु०) तार संकेत

मोल–(पु०) मूल्य, दाम। ~**चाल**, ~**तोल** ~**भाव** + *सं०* (पु०) सौदा तब करना

मोलना–*अ०* (पु०) *बो०* = मौलाना

मोलवी–*अ०* (पु०) = मौलवी

मोल्ड–*अं०* (पु०) साँचा

मोल्डिंग–*अं०* (स्त्री०) साँचे में ढालना

मोष–*सं०* (पु०) 1 चोरी 2 लूट-खसोट 3 चोरी का धन

मोह–*सं०* (पु०) 1 अज्ञान, नासमझी 2 मूर्खता, बेवकूफ़ी 3 अविद्या 4 ममता (जैसे-मोह माया, धन दौलत का मोह) 5 भ्रांति (जैसे-सांसारिक मोह)। ~**निद्रा** (स्त्री०) 1 बेहोशी 2 भ्रम, अज्ञानतावश वास्तविक स्थिति की उपेक्षा करनेवाली अवस्था (जैसे-मोह निद्रा में डूबना); ~**भंग** (पु०) अज्ञान और भ्रांति का नाश होना; ~**मंत्र** (पु०) मोह में डालनेवाला मंत्र; ~**मग्न** (वि०) मोह में फँसा हुआ या डूबा हुआ; ~**रात्रि** (स्त्री०) प्रलय की रात; ~**शास्त्र** (पु०) मोह, अज्ञान, भ्रम आदि उत्पन्न करनेवाला ग्रंथ या शास्त्र

मोहक–*सं०* (वि०) 1 मोह उत्पन्न करनेवाला 2 मोहित करनेवाला, लुभावना (जैसे-शिशु का मोहक रूप)

मोहड़ा–*बो०* (पु०) 1 पात्र का ऊपरी खुला भाग 2 मुख 3 मोहरा 4 अगला भाग

मोहतमिम–*अ०* (पु०) = मुहतमिम

मोहताज–*अ०* (वि०) = मुहताज

मोहन–*सं०* (वि०) 1 मोह लेनेवाला (जैसे-मन मोहन) 2 मोहित करनेवाला। ~**माला** (स्त्री०) सोने के दानों की बनी माला

मोहनजोदड़ो–(पु०) = मोहिंनजोदड़ो

मोहना–I (अ० क्रि०) 1 मोहित होना 2 मोह के वश में होना 3 भ्रम में पड़ना II (स० क्रि०) 1 मोहित करना 2 भ्रम में डालना

मोहनी–*सं०* (स्त्री०) 1 माया 2 लुभावनी और सुंदर स्त्री 3 एक अप्सरा का नाम II (वि०) मोहित करनेवाली

मोहर–*फ़ा०* (स्त्री०) मुहर

मोहरा–I (पु०) 1 बरतन आदि का मुँह 2 ऊपर या सामने का भाग 3 सेना का बढ़ाव 4 सेना का अग्र भाग 5 शतरंज की गोटी 6 अँगिया का बंद

मोहरा–II *फ़ा०* (पु०) 1 कौड़ी 2 माला आदि की गुरिया (जैसे-मोहरा बैठाना)

मोहरी–(स्त्री०) 1 पाजामे के नीचे की ओर का मुँह, पायँचा 2 ऊपरी खुला हुआ भाग

मोहर्रिर–*अ०* (पु०) = मुहर्रिर

मोहलत–*अ०* (स्त्री०) 1 अवकाश, फ़ुरसत 2 छुट्टी 3 नियत अवधि (जैसे-चार दिन की मोहलत)

मोहल्ला–*अ०* (पु०) = महल्ला

मोहाछन्न–*सं०* (वि०) = मोहित

मोहार–*बो॰* (पु॰) 1 मुँह 2 द्वार

मोहित–*सं॰* (वि॰) 1 मोह प्राप्त, मुग्ध (जैसे-मोहित कन्या) 2 लुभाया हुआ 3 भ्रम में पड़ा हुआ (जैसे-जग मोहित)

मोहिनी–I *सं॰* (वि॰) मोहित करनेवाली (जैसे-जगत मोहिनी) II (स्त्री॰) 1 माया, मोह 2 समुद्र मंथन से प्राप्त अमृत बाँटने के लिए असुरों को मोहित करने हेतु धारण किया गया भगवान विष्णु का सुंदर रमणीवाला रूप

मोही–*सं॰* (वि॰) 1 अज्ञानी 2 मोह करनेवाला 3 मोह युक्त 4 लोभी (जैसे-धन का मोही, मोही व्यक्ति)

मोहेला–(पु॰) एक प्रकार का चलता गाना

मौंज–*सं॰* (वि॰) 1 मूँज संबंधी 2 मूँज का बना हुआ

मौंजिबंधन–*सं॰* (पु॰) यज्ञोपवीत संस्कार, जनेऊ

मौंजी–*सं॰* (स्त्री॰) मूँज की बनी मेखला

मौक़ा–*अ॰* (पु॰) 1 अवसर, सुयोग (जैसे-शादी ब्याह का मौक़ा) 2 अवधि, मोहलत 3 अवकाश, फ़ुरसत 4 घटना स्थल (जैसे-दारोगा मौक़े पर तुरंत पहुँच गया)। **~परस्त** + *फ़ा॰* (पु॰) अवसरवादी; **~परस्ती** + *फ़ा॰* (स्त्री॰) अवसरवादिता; **~बाज़** + *फ़ा॰* (पु॰) = मौक़ापरस्त; **~बाज़ी** + *फ़ा॰* (स्त्री॰) = मौक़ापरस्ती **~तकना, ~देखना** घात में रहना; **~देना** अवकाश देना, मोहलत देना; **मौक़े पर** ऐन वक़्त पर; **मौक़े से** यथावसर, उचित समय से

मौक़ूफ़–*अ॰* (वि॰) 1 स्थगित 2 पदच्युत, बर्ख़ास्त 3 रद्द (जैसे-मौक़ूफ़ होना) 4 आश्रित

मौक़ूफ़ी–अ॰ + फ़ा॰ (स्त्री॰) मौक़ूफ़ होने का भाव

मौक़े बेमौक़े–*अ॰ + फ़ा॰ + अ॰* (क्रि॰ वि॰) समय कुसमय (जैसे-मौक़े बेमौक़े चले आना)

मौक्तिक–I *सं॰* (पु॰) मोती II (वि॰) मोती का

मौक्य–*सं॰* (पु॰) = मूकता

मौख–*सं॰* (वि॰) 1 मुख का 2 मुख से निकलनेवाला (जैसे-गालियाँ बकना मौख पाप है)

मौखर्य–*सं॰* (पु॰) मुखरता, वाचालता

मौखिक–*सं॰* (वि॰) 1 मुख संबंधी 2 बोला जानेवाला, ज़बानी (जैसे-मौखिक कविता, मौखिक संगीत)

मौखिकी–*सं॰* (स्त्री॰) मौखिक परीक्षा

मौगा–*बो॰* (वि॰) मूर्ख

मौघ्य–*सं॰* (पु॰) मोघता, निरर्थकता

मौज़–*अ॰* (स्त्री॰) 1 तरंग, हिलोर (जैसे-दरिया ए मौज) 2 उमंग (जैसे-मन की मौज़) सुख, आनंद (जैसे-मौज़ प्राप्त होना, मौज़ का समय)

मौज़ी–*अ॰ + फ़ा॰* (वि॰) 1 मनमाना करनेवाला 2 सुख भोगनेवाला

मौज़ूँ–I *अ॰* (वि॰) 1 तौला हुआ 2 ठीक, उपयुक्त II (क्रि॰ वि) ठीक ठाक

मौजूद–*अ॰* (वि॰) 1 हाज़िर, उपस्थित 2 प्रस्तुत 3 विद्यमान। **~गी** + *फ़ा॰* (स्त्री॰) 1 उपस्थिति 2 मौजूद होने की अवस्था

मौजूदा–*अ॰* (वि॰) 1 वर्तमान काल का (जैसे-मौजूदा हालत) 2 विद्यमान (जैसे-मौजूदा सामान)

मौत–*अ॰* (स्त्री॰) 1 मृत्यु (जैसे-मौत होना) 2 मृत्यु का समय (जैसे-मौत आना) 3 शामत, मुसीबत (जैसे-मौत साम्ने है)। **~आना** आफ़त आना; **~का घर देख जाना** बार-बार मृत्यु की आशंका होना; **~का ढलका** आसन्नमरण; **~का तमाचा** मौत की याद दिलानेवाली बात; **~का सामना** भयानक मुसीबत का सामना, प्राणभय; **~का सिर पर खेलना** मौत करीब आना; **~की घड़ी** मृत्युकाल; **~के घाट उतारना** मार डालना; **~के दिन पूरे करना** कष्ट से दिन काटना, कठिनाई से जीना; **~के मुँह में जाना** ख़तरे में पड़ना, जान जोखिम में डालना; **~माँगना** मुसीबत से ऊबकर मौत माँगना

मौद्रिक–*सं॰* (वि॰) मुद्रा संबंधी

मौन–I *सं॰* (पु॰) 1 न बोलना, चुप्पी (जैसे-मौन धारण करना) II (वि॰) चुप (जैसे-मौन व्यक्ति)। **~पठन** (पु॰) मन ही मन पढ़ना; **~भंग** (पु॰) ख़ामोशी तोड़ना, बोलना; **~भंजक** (वि॰) ख़ामोशी तोड़नेवाला, बोलनेवाला; **~भाव** (पु॰) चुप रहने की स्थिति, न बोलना; **~मुद्रा** (स्त्री॰) चुप्पी; **~व्रत** (पु॰) न बोलने का संकल्प; **~व्रतधारी ~व्रती** (वि॰) = मौनी

मौनत्व–*सं॰* (पु॰) = मौन भाव

मौनावलंबन–*सं॰* (पु॰) चुप्पी साधना

मौनी–*सं॰* (वि॰) 1 चुप रहनेवाला 2 मौन व्रतधारी

मौर–(पु॰) विवाह के समय वर को पहनाया जानेवाला ताड़पत्र का बना मुकुट, शिरोभूषण। **~छोराई** (स्त्री॰) 1 विवाह के उपरांत मौर खोलने की रस्म 2 इस अवसर पर प्राप्त धन

मौरना–(अ॰ क्रि॰) बौर लगना

मौरी–(स्त्री॰) विवाह में वधू के सिर पर बाँधा जानेवाला छोटा मौर

मौरूसी–*अ॰ + फ़ा॰* (वि॰) पैतृक (जैसे-मौरूसी ज़ायदाद, मौरूसी बीमारी)

मौर्य–*सं॰* (पु॰) मगध का एक प्रसिद्ध भारतीय राजवंश

मौर्वी–*सं॰* (स्त्री॰) धनुष की डोरी, प्रत्यंचा

मौल–I *सं॰*(वि॰) 1 मूल संबंधी 2 मौरूसी II (पु॰) बड़ा ज़मींदार

मौलना–(अ॰ क्रि॰) फूलना

मौलवी–*अ॰* (पु॰) 1 अरबी भाषा का पंडित 2 इस्लाम धर्म का आचार्य 3 मुसलमान शिक्षक। **~गिरी** + *फ़ा॰* (स्त्री॰) मौलवी का काम

मौला–*अ॰* (पु॰) 1 स्वामी 2 ईश्वर 3 आज़ाद किया हुआ गुलाम। **~ई** + *हिं॰* (स्त्री॰) 1 स्वामित्व, सरदारी 2 मौला होने का भाव; **~दौला** + *हिं॰* (वि॰) 1 भोलाभाला 2 बेपरवाह 3 बड़ा दानी

मौलाना–*अ॰* (पु॰) 1 इस्लाम के सिद्धांतों का पंडित 2 अरबी भाषा का पंडित

मौलि–*सं॰* (पु॰) 1 चोटी, सिरा 2 मस्तक, सिर 3 मुकुट, किरीट। **~मणि** (स्त्री॰) मुकुट में जड़ित मणि; **~मुकुट** (पु॰) ताज़

मौलिक–*सं॰* (वि॰) 1 मूल संबंधी 2 असली, वास्तविक 3 मूलभूत (जैसे-मानव के मौलिक सिद्धांत)। **~ता** (स्त्री॰) मौलिक होने का भाव

मौली–I (स्त्री॰) लाल रंग में रँगा मांगलिक डोरा

मौली–II *सं०* (वि०) मुकुटधारी
मौसम–अ० (पु०) = मौसिम
मौसमी–अ०+फ़ा० = मौसिमी
मौसर–अ० (वि०) *बो०*=मुयस्सर
मौसा–(पु०) मौसी का पति
मौसिम–अ० (पु०) 1 ऋतु (जैसे-गर्मी का मौसिम) 2 काल, समय (जैसे-अमरूद का मौसिम)। ~**विशेषज्ञ** + *सं०* (पु०) मौसिम का विशेष ज्ञाता; ~**सूचक** + *सं०* (वि०) मौसिम की सूचना देनेवाला
मौसिमी–अ०+फ़ा० (वि०) 1 काल के अनुरूप 2 विशेष काल, मौसिम में होनेवाला
मौसिया–I *बो०* (पु०) मौसा II (वि०) मौसेरा
मौसी–(स्त्री०) माँ की बहन, मासी
मौसूल–अ० (वि०) 1 मिलाया हुआ 2 मिला हुआ, प्राप्त
मौसेरा–(वि०) मौसी से संबद्ध (जैसे-मौसरा भाई, मौसेरी बहिन)
मौहूर्त–सं० (पु०) ज्योतिषी
मौहूर्तिक–I *सं०* (वि०) 1 मुहूर्त संबंधी 2 मुहूर्त से उत्पन्न II (पु०) ज्योतिषी
म्याँवँ, म्याऊँ–(स्त्री०) बिल्ली की बोली। ~**की ठौर** बिल्ली का मुँह; ~**की ठौर पकड़ना** सबसे अधिक ख़तरे का काम करना; ~**म्याँव करना** डर के कारण अत्यंत मंद स्वर में बोलना
म्यान–फ़ा० (पु०) तलवार रखने का कोष, खोल (जैसे-म्यान से तलवार खींचना)
म्याना–(वि०) बीच का
म्यानी–फ़ा० (स्त्री०) पाजामे के दोनों पल्लों को जोड़नेवाले कपड़े का एक टुकड़ा
म्युनिसिपल–अं० (वि०) नगरपालिका का
म्युनिसिपैलिटी–अं० (स्त्री०) = म्युनिसिपलिटी
म्यूज़िक–अं० (पु०) संगीत
म्यूज़ियम–अं० (पु०) अजायबघर, संग्रहालय
म्यूनिसिपल–अं० (वि०) = म्युनिसिपल
म्रियमाण–सं० (वि०) मरा हुआ सा, मृतप्राय
म्लान–सं० (वि०) 1 मलिन, मैला 2 कुम्हलाया हुआ 3 कमज़ोर, दुर्बल
म्लानि–सं० (स्त्री०) 1 मलिनता 2 ग्लानि 3 उदासी (जैसे-मुख ग्लानि देखकर वह रो पड़ा)
म्लिष्ट–सं० (वि०) 1 अस्पष्ट (जैसे-म्लिष्ट वाणी) 2 अस्पष्ट रूप से बोलनेवाला
म्लेच्छ–सं० I (पु०) अनार्य 2 आर्य सदाचार का पालन न करनेवाला II (वि०) 1 नीच 2 पापी (जैसे-म्लेच्छ कहीं का)। ~**भाषा** 1 अनार्य भाषा 2 विदेशी भाषा (जैसे-म्लेच्छ भाषा का विकसित रूप)

य

यंत्र–सं० (पु०) 1 किसी अन्य बात, चीज़ शक्ति आदि को संघटित, नियंत्रित और संबद्ध करनेवाली शक्ति या बात (जैसे-डोरी, ताला, हथकड़ी आदि) 2 शल्य चिकित्सा में काम आनेवाले उपकरण (जैसे-सँड़सी, चिमटी आदि) 3 औज़ार 4 मशीन 5 वाद्य (जैसे-सितार, हारमोनियम)। ~**करंडिका** (स्त्री०) बाजीगर की पेटी; ~**कार** (पु०) यंत्र का परिचालन करनेवाला तथा यंत्र विद्या का कुशल ज्ञाता; ~**कार शास्त्र** (पु०) = यांत्रिकी; ~**कारी** + *हिं०* (स्त्री०) यंत्रकार का पद और काम; ~**गृह** (पु०) 1 यंत्रणा गृह 2 वेधशाला 3 यंत्रशाला; ~**चातुर्य** (पु०) मशीन चलाने की कुशलता; ~**चालित** (वि०) यंत्र संचालित; ~**जात** + अ (पु०) = यंत्र तंत्र; ~**ज्ञ** (पु०) यंत्र का ज्ञाता; ~**तंत्र** (पु०) जादू टोना; ~**नाल** (स्त्री०) कुँए से पानी निकालने का नल; ~**निर्माण** (पु०) यंत्र बनाने का काम; ~**निर्माता** (पु०) यंत्र बनानेवाला; ~**पुत्रक** (पु०) यंत्रादि की सहायता से काम करनेवाली पुतली, ~**मंत्र** (पु०) जादू टोना; ~**मानव** (पु०) मानव आकृति यंत्र; ~**रचना** (स्त्री०) मशीनें बनाना; ~**विज्ञान** (पु०) यांत्रिकी; ~**विद्या** (स्त्री०) यंत्रों के निर्माण और चलाने की कला; ~**शाला** (स्त्री०) यंत्र गृह; ~**शास्त्र** (पु०) यांत्रिकी; ~**शिल्पी** (पु०) = यंत्रक; ~**संचालित** (वि०) यंत्र से चलनेवाला; ~**सज्ज** (वि०) यंत्रित; ~**सज्जन** (पु०) = यंत्रीकरण; ~**समुच्चय** (पु०) यंत्र तंत्र, ~**स्थ** (वि०) मुद्रण आधीन, मुद्रणाधीन
यंत्रक–सं० (पु०) 1 घाव पर बाँधी जानेवाली पट्टी 2 यंत्रकार
यंत्रण–सं० (पु०) 1 बाँधकर रोक रखना 2 नियम, विधान आदि के द्वारा रोकना 3 यंत्र आदि की सहायता से दबाना
यंत्रणा–सं० (स्त्री०) यातना, पीड़ा (जैसे-मानसिक और शारीरिक यंत्रणा
यंत्रवत्–सं० (वि०) यंत्र के समान (जैसे-यंत्रवत् कार्य करना)
यंत्रविद्–सं० (पु०) अभियंता
यंत्रांग–सं० (पु०) यंत्र रचना
यंत्रानुवाद–सं० (पु०) मशीन द्वारा भाषांतर
यंत्रालय–सं० (पु०) = यंत्रगृह
यंत्रिका–I *सं०* (स्त्री०) 1 छोटा यंत्र 2 ताला II *सं०* (स्त्री०) छोटी साली
यंत्रित–सं० (वि०) 1 यंत्र योग से बाँधा हुआ, ताला लगाया हुआ 3 जकड़ा हुआ
यंत्री–सं० (पु०) 1 यंत्र मंत्र करनेवाला, तांत्रिक 2 बाजा बजानेवाला 3 नियंत्रण करनेवाला। ~**करण** (पु०) मशीनीकरण; ~**कृत** (वि०) = यंत्रित
यंत्रोपकरण–सं० (पु०) मशीन के पुर्ज़े
यक–फ़ा० (वि०) 1 एक 2 अकेला। ~**अंगी** + *सं०* (वि०) एकांगी; ~**क़लम** + *अ०* (क्रि० वि०) 1 एक ही बार क़लम चलाकर 2 पूरी तरह से 3 अचानक; ~**चश्म** (वि०) 1 एक निग़ाह से देखनेवाला 2 एक रुखी (तस्वीर); ~**ज़बान** (वि०) 1 बात का पक्का 2 एक भाषा भाषी; ~**ज़रबी** *अ०* + *फ़ा०* (वि०) एक नाली; ~**जा** (क्रि०)

इकट्ठा, मिला जुला; ~**जाई** (वि०) 1 एक में मिला हुआ 2 एक ही पक्ष में रहनेवाला; ~**जान** (वि०) एक दिल; ~**तरफ़ा** *+ अ० + हिं०* (वि०) एक तरफ़ का (जैसे-यकतरफ़ा फ़ैसला); ~**ता** (वि०) अनुपम, अद्वितीय; ~**ताई** (स्त्री०) 1 अद्वितीयता 2 अद्वैत; ~**तारा** *+ हिं०* (पु०) इक तारा (बाजा); ~**दिल** (वि०) = यकजान; ~**फ़र्दी**, ~**फ़सली** *+ अ० + फ़ा०* (वि०) साल में एक ही फ़सल पैदा करनेवाली (भूमि); ~**वयक** ~**बारगी** (क्रि० वि०) एक बारगी, एकाएक; ~**मंज़िला** *+ अ० + हिं०* (वि०) एक मंज़िल का; ~**मुश्त** (क्रि० वि०) एक बार में; ~**रंग**, ~**रंगा** *+ हिं०* (वि०) एक ही रंग का, अंदर बाहर से समान; ~**रंगी** (स्त्री०) एक रंग होने का भाव; ~**रुख़ी** (वि०) एक तरफ़ का, एक रुख़ का; ~**रोज़ा** (वि०) एक दिन का; ~**लख़्त** (वि०) = यकक़लम; ~**सर** (वि०) 1 अकेला 2 इकट्ठा, कुल; ~**साँ** (वि०) एक सा, एक प्रकार का; ~**सानी** (स्त्री०) सदृशता, यकसाँ होना; ~**साला** (वि०) एक साल का; ~**सू** (वि०) 1 एक ओर 2 ठहरा हुआ 3 एकाग्र; ~**सू मिज़ाज** *+ अ०* (वि०) एक स्वभाववाला

यकायक–*फ़ा०* (क्रि० वि०) 1 एकाएक 2 यकक़लम

यकार–*सं०* (पु०) 'य' नामक वर्ण

यक़ीन–*अ०* (पु०) 1 विश्वास 2 प्रतीति। ~**आना** विश्वास होना; ~**करना** विश्वास करना; ~**जानना** एतबार करना; ~**मानो** सच जानो

यक़ीनन–*अ०* (क्रि० वि०) निःसंदेह (जैसे-यक़ीनन ऐसी घटना घटी)

यक़ीनी–I *अ०* (वि०) असंदिग्ध II (क्रि० वि०) = यक़ीनन

यकुम–*फ़ा०* (स्त्री०) महीने की पहली तारीख

यकृत्–*सं०* (पु०) 1 पेट में दाहिनी ओर पाचन रस की थैली, जिगर, तिल्ली 2 यकृत में होनेवाला एक रोग 3 पक्वाशय। ~**शोथ** (पु०) *चि०* जिगर की सूजन

यक्ष–*सं०* (पु०) 1 कुबेर के गणों और उनकी निधियों की रक्षा करनेवाली एक प्रकार की देवयोनि 2 कुबेर के सेवक 3 कुबेर। ~**रात्रि** (स्त्री०) दीपावली; ~**वित्त** (पु०) धन की केवल रक्षा करनेवाला पुरुष, कंजूस

यक्षण–*सं०* (पु०) 1 पूजा करना 2 भक्षण, खाना

यक्षु–*सं०* (पु०) यज्ञ करनेवाला

यक्ष्म–*सं०* (पु०) = यक्ष्मा। ~**ग्रस्त** (वि०) क्षय रोग से ग्रस्त

यक्ष्मा–*सं०* (पु०) क्षयरोग, तपेदिक, टीबी

यक्ष्मी–*सं०* (वि०) यक्ष्मा से ग्रस्त

यख़–I *फ़ा०* (पु०) बर्फ़, हिम II (वि०) अति शीतल, अत्यंत ठंडा

यख़नी–*फ़ा०* (स्त्री०) उबले मांस का रसा, शोरबा। ~**पुलाव** (पु०) मांसरस मिला पुलाव

यगानगी–*फ़ा०* (स्त्री०) 1 आत्मीयता 2 समीपता 3 अनोखापन

यगाना–I *फ़ा०* (वि०) 1 आत्मीय 2 अकेला, एकाकी 3 अनुपम, बेजोड़ II (पु०) नातेदार

यजन–*सं०* (पु०) 1 यज्ञ करना 2 यज्ञ स्थल

यजमान–*सं०* (पु०) 1 यज्ञ करनेवाला व्यक्ति 2 ब्राह्मणों से धार्मिक कृत्य करानेवाला व्यक्ति (जैसे-आप हमारे पुराने यजमान हैं)। ~**ता** (स्त्री०) = यजमानी

यजमानी–*सं० + हिं०* (स्त्री०) 1 यजमान होने का भाव 2 यजमान का काम 3 यजमानों का वासस्थान

यजी–*सं०* (पु०) = यजमान

यज़ीद–*अ०* (पु०) करबला का युद्ध करानेवाला उम्मिया ख़ानदान का दूसरा ख़लीफ़ा

यजुः–*सं०* (पु०) 1 वेद के गद्य मंत्र 2 यजुर्वेद

यजुर्विद्–*सं०* (पु०) 1 यजुर्वेद का ज्ञाता और पंडित 2 यजुर्वेद जाननेवाला

यजुर्वेद–*सं०* (पु०) चार वेदों में से एक और दूसरा वेद

यजुर्वेदी–I *सं०* (पु०) यजुर्वेद को जाननेवाला II (वि०) यजुर्वेद संबंधी

यज्ञ–*सं०* (पु०) 1 हवन पूजन युक्त एक वैदिक कृत्य (जैसे-पंच महायज्ञ) 2 धार्मिक कृत्य (जैसे-पुत्र कामना हेतु किया गया यज्ञ) 3 शुभ अनुष्ठान या काम (जैसे-वेद यज्ञ, विवाह आदि में किया जानेवाला यज्ञ)। ~**कर्ता** (पु०) = यजमान; ~**कर्म** (पु०) यज्ञ संबंधी; ~**कीलक** (पु०) यज्ञ के बलिपशु को बाँधने का खूँटा; ~**कुंड** (पु०) हवन की आहुति डालने का पात्र या गड्ढा; ~**क्रिया** (स्त्री०) = यज्ञ कर्म; ~**दक्षिणा** (स्त्री०) यज्ञ कराने के उपलक्ष्य में ब्राह्मणों को दिया गया धन; ~**पति** (पु०) = यजमान; ~**पशु** (पु०) यज्ञ में बलि दिया जानेवाला पशु; ~**पात्र** (पु०) हवन करने का काठ आदि का बना पात्र; ~**भाग** (पु०) 1 देवताओं को मिलनेवाला यज्ञ का हिस्सा 2 यज्ञ उपहार; ~**भूमि** (स्त्री०) यज्ञ के लिए नियत स्थान; ~**भूषण** (पु०) कुश; ~**मंडल** (पु०) यज्ञ हेतु घेरा गया स्थान; ~**याग** (पु०) यज्ञ हवन आदि; ~**वृक्ष** (पु०) वट वृक्ष; ~**शाला** (स्त्री०) यज्ञ करने का स्थान, यज्ञ मंडप; ~**शास्त्र** (पु०) वह शास्त्र जिसमें यज्ञों और उनके कृत्यों का विवेचन रहता है; ~**शील** (पु०) यज्ञ करनेवाला व्यक्ति; ~**संस्तर** (पु०) = यज्ञ भूमि; ~**सूत्र** (पु०) = यज्ञोपवीत; ~**स्तंभ** (पु०) यज्ञ कीलक

यज्ञक–*सं०* (पु०) = यज्ञकर्ता

यज्ञागार–*सं०* (पु०) = यज्ञशाला

यज्ञाग्नि–*सं०* (स्त्री०) यज्ञ की अग्नि

यज्ञीय–*सं०* (वि०) 1 यज्ञ का 2 यज्ञ में होनेवाला

यज्ञोपकरण–*सं०* (पु०) यज्ञ में काम आनेवाले पात्र हवन संबंधी सामग्री आदि

यज्ञोपवीत–*सं०* (पु०) 1 जनेऊ, उपनयन 2 जनेऊ, यज्ञ सूत्र। ~**संस्कार** (पु०) जनेऊ पहनाने का संस्कार, जनेऊ पहनाने का उत्सव

यज्य–I *सं०* (पु०) यजमान II (वि०) यज्ञ करनेवाला

यज्या–*सं०* (स्त्री०) यज्ञ

यत–*सं०* (वि०) 1 नियमित 2 दमन किया हुआ 3 रोका हुआ। ~**चित्त** (वि०) नियंत्रित मनवाला; ~**व्रत** (वि०) संयमी

यतन–*सं०* (पु०) यत्न करना

यतनीय–I *सं०* (वि०) यत्न करने योग्य

यतमान–*सं०* (वि०) यत्न करता हुआ, चेष्टावान्

यतात्मा–*सं०* (वि०) संयमी, यतव्रत

यति–I *सं०* (स्त्री०) 1 रोक, रुकावट 2 मनोविकार। ~**भंग**

(पु०) 1 दोष युक्त छंद रचना 2 कविता के पढ़ने में विराम संबंधी काव्य दोष

यति–II *सं०* (पु०) 1 जितेंद्रिय 2 संन्यासी 3 योगी। **~धर्म** (पु०) संन्यास

यतित्व–*सं०* (पु०) यति होने का भाव

यतिनि–*सं०* (स्त्री०) 1 संन्यासिनी 2 विधवा

यती–I *सं०* (स्त्री०) = यति I

यती–II *सं०* (पु०) = यति II

यतीम–*अ०* (पु०) अनाथ। **~ख़ाना** + *फ़ा०* (पु०) अनाथालय

यतीमी–*अ०* + *फ़ा०* (स्त्री०) अनाथता

यत्किंचित्–*सं०* (क्रि० वि०) थोड़ा सा, कुछ

यत्न–*सं०* (पु०) 1 कोशिश, प्रयत्न 2 उपाय, युक्ति 3 सुरक्षित रखना (जैसे-बड़े यत्न से पाला गया बच्चा, सामान को यत्न से रखना) 4 उपचार, चिकित्सा (जैसे-काफ़ी यत्न करने के बाद बच्चा बच पाया) 5 दिक़्क़त, कठिनता (जैसे-बड़े यत्न का काम है)। **~शील** (वि०) = यत्नवान्

यत्नवान्–*सं०* (वि०) प्रयत्नशील, सचेष्ट

यत्र–*सं०* (क्रि० वि०) 1 जहाँ 2 जब। **~तत्र** (क्रि० वि०) 1 जहाँ तहाँ, इधर उधर 2 ज़गह ज़गह

यत्रु–*सं०* (स्त्री०) छाती के ऊपर और गले के नीचे की मंडलाकार हड्डी, हँसली

यथांश–I *सं०* (क्रि० वि०) 1 भाग के अनुकूल 2 यथायोग्य (जैसे-यथांश प्राप्त होना) II (पु०) निश्चित किया हुआ हिस्सा, कोटा

यथा–*सं०* (क्रि० वि०) 1 जिस प्रकार 2 जैसे। **~कथित** (वि०) जैसे पहले कहा गया हो; **~कर्तव्य** (क्रि० वि०) कर्तव्य के अनुसार; **~कर्म** (क्रि० वि०) कर्म के अनुसार; **~काम** (क्रि० वि०) मनमाने ढंग से; **~कामी** (पु०) मनमाना आचरण करनेवाला, स्वेच्छाचारी; **~कार्य** (क्रि० वि०) यथा कर्तव्य; **~काल** (क्रि० वि०) समयानुसार; **~कृत** (वि०) नियमानुसार किया हुआ; **~क्रम** (क्रि० वि०) क्रमानुसार; **~जात** (वि०) 1 मूर्ख 2 नीच; **~ज्ञान** (क्रि० वि०) ज्ञान के अनुसार; **~तथ** + *हिं०* (वि०) ज्यों का त्यों, यथा तथ्य, हूबहू; **~तथा** (क्रि० वि०) जैसे का तैसा; **~तथ्य** (वि०) ज्यों का त्यों; **~तथ्यवाद** (पु०) यह मत कि बात को ज्यों का त्यों वर्णित कर देना चाहिए; **~तथ्यवादी** (वि०) बात को सच सच बतानेवाला; **~तथ्यात्मक** (वि०) ज्यों का त्यों; **~तृप्ति** (क्रि० वि०) जी भरकर; **~नियम** (क्रि० वि०) नियमानुसार; **~न्याय** I (क्रि० वि०) न्यायानुसार II (वि०) न्याय के अनुकूल (जैसे-यथान्याय सज़ा दी गई); **~पूर्व** (क्रि० वि०) पहले की तरह, हूबहू (जैसे-यथापूर्व करना); **~प्रयोग** (क्रि० वि०) प्रयोग के अनुसार; **~प्रीति** (क्रि० वि०) प्रेम के अनुरूप; **~बल** (क्रि० वि०) शक्ति के अनुसार; **~बुद्धि** (क्रि० वि०) बुद्धि के अनुसार; **~भाग** (क्रि० वि०) 1 हिस्से के मुताबिक़ 2 यथोचित; **~मति** (क्रि० वि०) = यथा बुद्धि; **~मूल्य** (क्रि० वि०) मूल्य के अनुरूप; **~यथ** I (क्रि० वि०) यथोचित रूप से II (वि०) यथोचित; **~योग्य** I (क्रि० वि०) यथोचित, मुनासिब II (पु०) पत्र व्यवहार में प्रयुक्त पात्रानुसार आशय सूचक शब्द; **~रीति** (वि०) प्रचलित प्रथा के अनुकूल (जैसे-यथारीति उत्सव); **~रुचि** (क्रि० वि०) रुचि के अनुसार; **~रूप** (क्रि० वि०) = यथा कर्तव्य; **~लब्ध** (क्रि० वि०) प्राप्ति के अनुसार; **~लाभ** (क्रि० वि०) मिलने के अनुसार; **~विधि** (क्रि० वि०) विधिपूर्वक; **~विहित** (क्रि० वि०) विधि विधान के अनुसार; **~शक्ति** (क्रि० वि०) = यथाबल; **~शक्य** (क्रि० वि०) शक्ति के अनुरूप; **~शीघ्र** (क्रि० वि०) जितनी जल्दी हो सके उतनी जल्दी; **~संभव** (क्रि० वि०) = यथा शक्ति; **~समय** (क्रि० वि०) निश्चित समय पर; **~साध्य** (क्रि० वि०) = यथा शक्ति; **~स्थान** (क्रि० वि०) ठीक ज़गह पर; **~स्थित** (वि०) जिस रूप में अब तक चल रहा हो; **~स्थितिवाद** (पु०) यह मंतव्य कि वस्तु को यथापूर्व स्थिति में रहने देना चाहिए; **~स्थितिवादी** (वि०) यथा स्थितिवाद का समर्थक

यथाख्यान–*सं०* (पु०) पहले जैसा कहना

यथानुपूर्व–*सं०* (क्रि० वि०) परंपरानुसार

यथापराध–*सं०* (क्रि० वि०) अपराध के अनुसार (जैसे-यथापराध दंड भुगतना)

यथापेक्षित–*सं०* (वि०) जैसी अपेक्षा थी

यथाभिलाषित–I *सं०* (वि०) इच्छा के अनुरूप II (क्रि० वि०) इच्छानुसार

यथाभिष्ट–I (वि०) इच्छा के अनुरूप II (क्रि० वि०) इच्छानुरूप

यथार्थ–*सं०* (क्रि० वि०) 1 जैसा होना चाहिए ठीक वैसा (जैसे-यथार्थ दर्शन) 2 वाज़िब, उचित (जैसे-यथार्थ चित्रण) 3 सत्यपूर्वक (जैसे-यथार्थ ज्ञान, यथार्थ दृष्टि)। **~ता** (स्त्री०) 1 यथार्थ होने का भाव 2 सत्यता, सचाई 3 वास्तविकता (जैसे-प्रेम की यथार्थता से मुख मोड़ना); **~दर्शिता** (स्त्री०) यथार्थ रूप में देखना; **~परक** (क्रि० वि०) वास्तविकता पर आधारित; **~वाद** (पु०) यह सिद्धांत कि किसी चीज़ को उसके वास्तविक रूप में ही वर्णित किया जाए; **~वादिता** (स्त्री०) यथार्थवादी होने का भाव; **~वादी** I (वि०) यथार्थवाद संबंधी II (पु०) यथार्थवाद का अनुयायी

यथार्थतः–*सं०* (क्रि० वि०) 1 वस्तुतः सचमुच 2 यथानुरूप

यथार्थोन्मुख–*सं०* (वि०) = यथार्थपरक

यथार्ह–*सं०* (वि०) यथायोग्य, उपयुक्त

यथावकाश–*सं०* (क्रि० वि०) अवसर के अनुसार

यथावत्–*सं०* (क्रि० वि०) 1 ज्यों का त्यों, जैसे का तैसा 2 अच्छी तरह से (जैसे-यथावत् संपन्न कार्य)

यथावश्यकता–*सं०* (क्रि० वि०) आवश्यकता के अनुरूप

यथावसर–*सं०* (क्रि० वि०) अवसर के अनुसार

यथावस्थित–*सं०* (क्रि० वि०) 1 जैसा था वैसा ही 2 अचल, स्थिर

यथास्व–*सं०* (वि०) = यथार्थ

यथेच्छ–*सं०* (क्रि० वि०) इच्छा के अनुरूप, मनमाने ढंग से (जैसे-यथेच्छ कार्य करना)

यथेच्छाचार–*सं०* (पु०) मनमाना काम करना

यथेच्छाचारी–*सं०* (वि०) मनमौजी

यथेच्छित–*सं०* (वि०) मनचाहा
यथेप्सित–*सं०* (वि०) = यथेच्छ
यथेष्ट–*सं०* (वि०) जितना चाहिए उतना (जैस-यथेष्ट धन, यथेष्ट सम्मान)
यथेष्टाचरण, यथेष्टाचार–*सं०* (पु०) मनमाना आचरण
यथेष्टाचारी–*सं०* (वि०) मनमाना आचरण करनेवाला
यथोक्त–*सं०* (क्रि० वि०) कहे हुए के अनुसार। ~**कारी** (वि०) 1 शास्त्रानुसार काम करनेवाला 2 आज्ञापालक
यथोचित–*सं०* (वि०) जैसा चाहिए वैसा (जैसे-यथोचित कर्म, यथोचित सम्मान)
यदा–*सं०* (क्रि० वि०) 1 जिस समय, जब 2 जहाँ। ~**कदा** (क्रि० वि०) जब तब, कभी-कभी
यदि–*सं०* (क्रि० वि०) अगर, जो
यदुनंदन–*सं०* (पु०) कृष्ण कन्हैया
यदुराज–*सं०* (पु०) यदुवंश के राजा श्रीकृष्ण
यदुवंश–*सं०* (पु०) यदु का वंश
यदुवंशी–I *सं०* (वि०) यदु वंश का II (पु०) श्रीकृष्ण
यदृच्छया–*सं०* (क्रि० वि०) 1 अकस्मात्, अचानक 2 इत्तफ़ाक़ से 3 मनमाने ढंग से
यदृच्छा–*सं०* (स्त्री०) 1 स्वेच्छानुसार किया गया व्यवहार, मनमानापन 2 आकस्मिक संयोग, इत्तफ़ाक़
यद्यपि–*सं०* (क्रि० वि०) अगर ऐसा है भी
यद्वा तद्वा–*सं०* (क्रि० वि०) 1 जब तब 2 कभी कभी 3 जैसे तैसे, किसी प्रकार
यम–*सं०* (पु०) 1 मृत्यु के देवता (जैसे-यमराज) 2 यमराज (जैसे-यम वाणी)। ~**घंट** (पु०) 1 दीपावली का दूसरा दिन 2 एक दुष्ट योग; ~**ज**, ~**जात** (वि०) जुड़वाँ II (पु०) जुड़वाँ बच्चे; ~**दूत** (पु०) यम का दूत; ~**दूतिका** (स्त्री०) इमली; ~**द्वितीया** (स्त्री०) भैयादूज; ~**धार** (पु०) दुधारी तलवार; ~**पाश** (पु०) यम की फाँस; ~**पुर** (पु०) यमलोक; ~**राज** (पु०) यमों के राजा; ~**लोक** (पु०) 1 वह लोक जहाँ मृत्यु के बाद मनुष्य आदि प्राणी जाते हैं 2 नरक; ~**व्रत** (पु०) राजा का दंड विधान; **यमपुर पहुँचाना** मार डालना
यमक–*सं०* (पु०) *साहि०* शब्दालंकार का एक भेद जिसमें एक शब्द की अनेक बार आवृत्ति होने पर भी सबका विभिन्न अर्थ होता है
यमनी–I *अ०* (स्त्री०) एक क़ीमती पत्थर, रत्न II (वि०) यमन देश संबंधी III (पु०) 1 यमन देश का निवासी 2 यमन देश की कृति
यमल–I *सं०* (पु०) जुड़वाँ या युग्म संतान II (वि०) जुड़वाँ
यमली–*सं०* (स्त्री०) 1 जोड़ी 2 घाघरा और चोली (जैसे-यमली पोशाक)
यमारि–*सं०* (पु०) विष्णु
यमी–I *सं०* (स्त्री०) यमुना (नदी) (पु०) संयमी
यरक़ान–*अ०* (पु०) *चि०* कमल (रोग)
यरक़ानी–*अ०* (पु०) कमल रोग से ग्रस्त व्यक्ति
यव–*सं०* (पु०) 1 जौ 2 जौ का पौधा 3 एक जौ की तौल। ~**चतुर्थी** (स्त्री०) वैशाख शुक्ला चतुर्थी; ~**दोष** (पु०) रत्नों को सदोष करनेवाली यवाकार रेखा; ~**नाल** (पु०) 1 जौ के सूखे डंठल 2 जुआर का पौधा 3 जुआर का दाना; ~**मंड** (पु०) जौ का माँड; ~**मंथ** (पु०) जौ का सत्तू; ~**रस** (पु०) जौ आदि अनाज के दानों को पानी में फुलाकर उसका निकाला गया सार भाग; ~**शर्करा** (स्त्री०) जौ से बनाई गई चीनी
यवक–*सं०* (पु०) जौ
यवक्षार *सं०* (पु०) जवाखर
यवन–I *सं०* (पु०) 1 तेज़ घोड़ा 2 वेग, तेज़ी II 1 यूनान का निवासी, मुसलमान 2 कालयवन नामक राजा
यवनानी–*सं०* (वि०) = यूनानी
यवनिका–*सं०* (स्त्री०) 1 परदा 2 रंगमंच का परदा। ~**पट** (पु०) पर्दे का कपड़ा
यवनी–*सं०* (स्त्री०) 1 यूनान देश की स्त्री 2 यवन जाति की स्त्री 3 मुसलमान औरत
यवागू–*सं०* (पु०) = यवमंड
यविष्ठ–I *सं०* (पु०) 1 छोटा भाई 2 अग्नि II (वि०) 1 सबसे छोटा, कनिष्ठ 2 युवा, नौजवान
यश–*सं०* (पु०) 1 ख्याति, प्रसिद्धि (जैसे-यश प्राप्त होना, यश मिलना) 2 प्रशंसा, महिमा (जैसे-यश कामना, यश गाना)। ~**गाना** 1 प्रशंसा करना 2 कृतज्ञ होना; ~**मानना** उपकार मानना
यशदीकरण–*सं०* (पु०) लोहे आदि धातुओं को जंग से बचाने हेतु उनपर विद्युत आदि की सहायता से जस्ते का पानी चढ़ाना
यशम–*अ०* (पु०) एक प्रकार का हरा पत्थर, संगे यशब
यशस्कर–*सं०* (वि०) यशदायक
यशस्काम–*सं०* (वि०) यश कामी
यशस्वान्–*सं०* (वि०) यशवाला
यशस्विनी–*सं०* (स्त्री०) ख्याति प्राप्त स्त्री
यशस्वी–*सं०* (वि०) सुख्यात, कीर्तिमान्
यशार्जन–*सं०* (पु०) यश प्राप्त करना
यशी–*सं० + हिं०* (वि०) = यशस्वी
यशोगाथा–*सं०* (स्त्री०) कीर्तिगान, गौरवकथा
यशोगान–*सं०* (पु०) यश की कथा
यशोघ्न–*सं०* (वि०) यश का नाश करनेवाला
यशोदा–*सं०* (स्त्री०) 1 नंद की पत्नी 2 दिलीप की माँ का नाम। ~**नंदन** (पु०) कृष्ण
यशोलिप्सा–*सं०* (स्त्री०) कीर्ति पाने की लालसा
यष्टि–*सं०* (स्त्री०) 1 लाठी, छड़ी 2 पताका का डंडा 3 डाल, शाखा 4 मोतियों का हार। ~**यंत्र** (पु०) समय बतानेवाली ज़मीन में गाड़ी गई खूँटी
यष्टिका–*सं०* (स्त्री०) 1 छोटी छड़ी 2 छोटी माला
यष्टी–*सं०* (स्त्री०) गले में पहनने का एक प्रकार का हार
यसार–*अ०* (पु०) अधिक
यह–I (सर्व०) निकटस्थ वस्तु का निर्देशक सर्वनाम (जैसे-यह तो मेरी क़लम है) II (वि०) 'यह' के साथ संज्ञा होने पर विशेषण (जैसे-यह मकान)
यहाँ–(क्रि० वि०) इस स्थान पर, इस जगह। ~**वहाँ** (क्रि० वि०) इधर-उधर
यहीं–(क्रि० वि०) इसी जगह
यही–(क्रि० वि०) निश्चित रूप से, यह ही

यहूद–*अ०* (पु०) यहूदी लोग
यहूदिन–*अ० + हिं०* (स्त्री०) यहूदी की स्त्री
यहूदी–I *अ०* (पु०) 1 यहूद देश का निवासी 2 इस देश की शामी जाति II (वि०) यहूद देश का III (स्त्री०) यहूद देश की भाषा
यांचा–(स्त्री०) याचना, माँगना
यांत्रिक–I *सं०* (वि०) 1 यंत्र संबंधी 2 यंत्रवत् चलनेवाला II (पु०) मशीनों का रहस्य जाननेवाला कारीगर
यांत्रिकी–*सं०* (स्त्री०) यंत्र संबंधी ज्ञान और कला आदि (जैसे-विद्युतीय यांत्रिकी, खगोलीय यांत्रिकी)
यांत्रीकरण–*सं०* (पु०) = यंत्रीकरण
या–I *फ़ा०* (अ०) विकल्प सूचक शब्द, अथवा (जैसे-पढ़ो या सो जाओ)
या–II *अ०* (अ०) संबोधन सूचक हे, ऐ (जैसे-या इलाही)
याक–(पु०) तिब्बत और मध्य एशिया में होनेवाला जंगली भैंसा
याक़ूत–*अ०* (पु०) लाल रंग का एक बहुत क़ीमती पत्थर, लाल
याक़ूती–I *अ० + फ़ा०* (वि०) याक़ूत का II (स्त्री०) याक़ूत की भस्म युक्त एक अवलेह
याक्ष्मिक–*सं०* (वि०) यक्ष्मा का
याक्ष्मिकी–*सं०* (स्त्री०) चिकित्सा की वह शाखा जिसमें यक्ष्मा की रोक-थाम के बारे में विवेचन होता है
याग–*सं०* (पु०) = यज्ञ
याचक–I *सं०* (वि०) 1 माँगनेवाला 2 प्रार्थी II (पु०) भिक्षुक, भिखारी
याचन–*सं०* (पु०) 1 भीख माँगना 2 नम्रता पूर्वक कुछ माँगना
याचना–I (स० क्रि०) माँगना II *सं०* (स्त्री०) प्रार्थना करना (जैसे-ईश्वर से याचना करना, देव याचना)
याचमान–*सं०* (वि०) याचक
याचिका–*सं०* (स्त्री०) आवेदन पत्र, प्रार्थना पत्र
याचित–*सं०* (वि०) 1 माँगा हुआ 2 प्रार्थित
याचितक–*सं०* (पु०) मँगनी की वस्तु
याचिता–*सं०* (पु०) 1 भिखारी 2 प्रार्थी
याचिष्णु–*सं०* (वि०) प्रायः याचना करनेवाला
याच्य–*सं०* (वि०) याचना के योग्य
याजक–*सं०* (पु०) यज्ञ करने या करानेवाला
याजन–*सं०* (पु०) यज्ञ करना या कराना
याजी–*सं०* (वि०) यज्ञ करनेवाला
याजुष–I *सं०* (वि०) यजुर्वेद संबंधी II (पु०) यजुर्वेद का ज्ञाता, यजुर्वेद का अनुयायी
याजूज माजूज–*अ०* (पु०) 1 हजनूह वंश के याजूज और माजूज नाम के दो भाई और उनकी संतान 2 दो अत्यंत उपद्रवी और दुष्ट व्यक्तियों का जोड़ा
याज्य–I *सं०* (वि०) यज्ञ के योग्य II (पु०) यज्ञ में प्राप्त दक्षिणा
याज्ञ–*सं०* (वि०) = यज्ञीय
याज्ञिक–*सं०* (पु०) 1 यज्ञ करने या करानेवाला व्यक्ति 2 गुजराती ब्राह्मणों की एक जाति
यात–I *सं०* (वि०) 1 गत 2 व्यतीत II (पु०) 1 गमन 2 कूच 3 भूतकाल। ~**याम** (वि०) पुराना
यातन–*सं०* (पु०) 1 बदला, परिशोध 2 इनाम, पारितोषिक
यातना–*सं०* (स्त्री०) कष्ट (जैसे-मानसिक यातना, घोर यातना)। ~**दायी** (वि०) यातना देनेवाला
याता–I *सं०* (स्त्री०) 1 पति के भाई की स्त्री, जेठानी 2 देवरानी II *सं०* (वि०) जानेवाला
यातायात–*सं०* (पु०) 1 आना जाना, गमनागमन 2 आने जाने का साधन (जैसे-यातायात समाप्त करना, यातायात को काट देना)। ~**जाल** (पु०) आवागमन के साधनों का प्रसार; ~**नियम** (पु०) आने जाने से संबद्ध नियम; ~**पुलिस** + *अं०* (स्त्री०) चौराहे आदि पर खड़ा मार्ग निर्देशक सरकारी कर्मचारी; ~**मार्ग** (पु०) आने जाने का रास्ता; ~**विभाग** (पु०) यातायात संबंधी एक सरकारी कार्यालय; ~**साधन** (पु०) आने जाने का साधन, आवागमन का उपाय प्रबंध; ~**सूचक** (पु०) आवागमन की सूचना देनेवाला
यातु–I *सं०* (वि०) 1 आनेवाला 2 पथिक II (पु०) 1 राक्षस 2 काल
यातुधान–*सं०* (पु०) राक्षस, निशाचर
यात्रा–*सं०* (स्त्री०) 1 एक स्थान से अन्य स्थान को जाना (जैसे-रेल द्वारा यात्रा, बस यात्रा) 2 प्रस्थान, प्रयाण (जैसे-तीर्थयात्रा, रथ यात्रा) 3 देव मंदिर को पूजन, दर्शन आदि के उद्देश्य से जाना 4 व्यवहार (जैसे-जीवन यात्रा) 5 उत्सव (जैसे-राम लीला की यात्रा)। ~**प्रसंग** (पु०) तीर्थ यात्रा; ~**भत्ता** + *हिं०* (पु०) यात्रा का ख़र्च; ~**वर्णन** (पु०) यात्रा का वृत्तांत; ~**विमान** (पु०) यात्री विमान; ~**विवरण** (पु०) यात्रा वर्णन
यात्रावल–*सं० + हिं०* (पु०) देवदर्शन करानेवाला पंडा
यात्रिक–I *सं०* (पु०) 1 यात्रा करनेवाला व्यक्ति, यात्री 2 सफ़र का सामान II (वि०) 1 यात्रा का 2 परंपरागत
यात्री–*सं०* (पु०) यात्रा करनेवाला, मुसाफ़िर। ~**गाड़ी** + *हिं०* (स्त्री०) सवारी गाड़ी; ~**जहाज़** + *अ०* (पु०) यात्रियों को ले जानेवाला जहाज़; ~**निवास** (पु०) मुसाफ़िरों के रहने की जगह; ~**बंधु** (पु०) सहयात्री; ~**विमान** (पु०) यात्रियों को ले जानेवाला हवाई जहाज़
याथातथ्य–*सं०* (पु०) = यथार्थता
याथार्थ्य–*सं०* (पु०) 1 यथार्थ होने का भाव 2 उपयुक्तता
याद–*फ़ा०* (स्त्री०) स्मरण, स्मृति। ~**अल्ला** + *अ०* (स्त्री०) खुदा की याद, ईश स्मरण; ~**आवरी** (स्त्री०) याद करना, हाल-चाल जानना; ~**गार** (स्त्री०) स्मारक, स्मृति चिह्न; ~**दाश्त** (स्त्री०) 1 स्मरण 2 स्मरण शक्ति; ~**होना** जान पहचान होना; ~**करोगे** स्मरण करोगे, पछताओगे; ~**किया है** बुलाया है; ~**फ़रमाना** उच्चपदाधिकारी का किसी को बुलाना
यादव–I *सं०* (पु०) 1 यदु का वंशज 2 श्रीकृष्ण II (वि०) यदु संबंधी, यदु का
यादवी–(स्त्री०) यदु कुल की स्त्री
यादवीय–*सं०* (वि०) यादव संबंधी 2 देश जाति का आपसी लड़ाई झगड़ा
यादृच्छिक–*सं०* (वि०) 1 स्वतंत्र 2 ऐच्छिक 3 अप्रत्याशित। ~**आधि** बिना ऋण शोध के न लौटाई जानेवाली गिरवी वस्तु

यान–*सं०* (पु०) 1 सवारी, घोड़ा गाड़ी आदि वाहन 2 आकाश यान, विमान। ~**तोड़क** *+ हिं०* (वि०) विमान तोड़नेवाला (जैसे-यान तोड़क तोप); ~**भंग** (पु०) पोतभंग; ~**भत्ता** *+ हिं०* (पु०) सवारी अलाउंस

यानांतरण–*सं०* (पु०) यान बदलना, सवारी या गाड़ी बदलना

यानी–*अ०* (अ०) अर्थात् मतलब यह है

याने–*अ०* (अ०) यह आशय है कि

यापक–*सं०* (पु०) (समय) व्यतीत करनेवाला

यापन–*सं०* (पु०) 1 चलाना 2 व्यतीत करना, गुज़ारना (जैसे-जीवन यापन) 3 निपटाना

यापना–*सं०* (स्त्री०) 1 हाँकना 2 व्यवहार 3 जीविका निर्वाह हेतु दिया गया धन

यापित–*सं०* (वि०) व्यतीत किया हुआ

याप्य–*सं०* (वि०) 1 यापन योग्य 2 गोपनीय

याफ़्त, याफ़्ता–*फ़ा०* (स्त्री०) 1 प्राप्ति 2 आय, आमदनी 3 लाभ (जैसे-याफ़्त का माल)

याफ़्तनी–*फ़ा०* (वि०) 1 मिलनेवाला 2 प्राप्त करने योग्य

याफ़्ता–*फ़ा०* (वि०) 1 पाया हुआ (जैसे-सज़ा याफ़्ता) 2 विशेष अनुभव, ज्ञान पाया हुआ (जैसे-तालीम याफ़्ता)

याब–*फ़ा०* (पु०) 1 पानेवाला 2 मिलनेवाला

याबू–*फ़ा०* (पु०) 1 टट्टू 2 छोटा घड़ा

याम–I *सं०* (पु०) 1 तीन घंटे का समय, पहर 2 काल, समय II (वि०) यम संबंधी III (स्त्री०) यामि, रात। ~**घोषा** (स्त्री०) घड़ियाल; ~**वृत्ति** (स्त्री०) 1 रात में पहरा देने का काम 2 पहरा देने का पारिश्रमिक

यामल–*सं०* (पु०) 1 जुड़वाँ बच्चे 2 तंत्र शास्त्र का एक ग्रंथ

यामवती–*सं०* (स्त्री०) रात, निशा

यामा–*सं०* (स्त्री०) रात, निशा

यामाता–*सं०* (पु०) जामाता, दामाद

यामार्द्ध–*सं०* (पु०) पहर का आधा भाग

यामि–*सं०* (स्त्री०) 1 कुल वधु, कुल स्त्री 2 बहन 3 रात, रात्रि

यामिक–*सं०* (पु०) रात में पहरा देनेवाला व्यक्ति

यामिका–*सं०* (स्त्री०) रात

यामिनी–*सं०* रात्रि, रात

यामुन–I *सं०* (वि०) 1 यमुना संबंधी 2 यमुना में होनेवाला II (पु०) यमुना तट के निवासी, रहनेवाले

यामेय–*सं०* (पु०) 1 यामिका पुत्र 2 भांजा

याम्य–*सं०* (वि०) 1 यम का 2 दक्षिणी। ~**द्रुम** (पु०) सेमल का पेड़

याम्या–*सं०* (स्त्री०) दक्षिण दिशा।

याम्यायन–*सं०* (पु०) दक्षिणायन

याम्योत्तर–*सं०* (वि०) दक्षिण से उत्तर की ओर होनेवाली (जैसे-याम्योत्तर रेखा)

यायावर–*सं०* (पु०) घूमने फिरनेवाला आदमी, घुमक्कड़

यायावरी–*सं०* (स्त्री०) घुमक्कड़ी

यार–*फ़ा०* (पु०) 1 मित्र, दोस्त 2 प्रेमी। ~**बाज़** (वि०) सबसे दोस्ती करनेवाला; ~**बाज़ी** (स्त्री०) यार-दोस्त बनाने का काम; ~**बाश** (वि०) = यारबाज़; ~**मंद** (पु०) सच्चा मित्र; ~**मंदी** (स्त्री०) सच्ची मित्रता; ~**मार** *+ हिं०* (वि०) मित्र द्रोह; ~**मारी** *+ हिं० + फ़ा०* (स्त्री०) 1 धोखेबाज़ी 2 मित्र द्रोह

यारकंद–*तु०* (पु०) 1 कालीन में बनाया जानेवाला एक प्रकार का बेल बूटा 2 चीनी तुर्किस्तान का एक प्राचीन नगर

यारनी–*फ़ा० + हिं०* (स्त्री०) महिला मित्र

याराना–I *फ़ा०* (पु०) 1 यार होने का भाव, दोस्ती 2 पर स्त्री और पर पुरुष का अनुचित प्रेम या संबंध II (वि०) मित्रता का

यारी–*फ़ा०* (स्त्री०) 1 मित्रता 2 स्त्री पुरुष का अनुचित संबंध (जैसे-यारी गाँठना, यारी करना)

यार्ड–*अं०* (पु०) प्रांगण, अहाता (जैसे-रेलवे यार्ड)

यार्न–*अं०* (पु०) धागा, तागा, डोरा

याल–*तु०* (स्त्री०) 1 गरदन 2 घोड़े की गरदन पर के लंबे बाल

याव–I *सं०* (वि०) 1 यव संबंधी, यव का 2 यव का बना II (पु०) जौ का सत्तू

यावज्जन्म–*सं०* (क्रि० वि०) सारा जीवन, जीवन भर

यावज्जीवन–*सं०* (क्रि० वि०) जन्म भर, आजीवन

यावत्–I *सं०* (वि०) 1 जितना 2 सब II (क्रि० वि०) जहाँ तक

यावन–*सं०* (वि०) 1 यवन संबंधी, यवनों का 2 मुसलमानों का

यावनक–*सं०* (पु०) लाल रेंड़

यावर–*फ़ा०* (वि०) सहायक, मददगार

यावरी–*फ़ा०* (स्त्री०) सहायता, मदद

यावा–*फ़ा०* (वि०) बेहूदा, अनर्गल

यासमन, यासमीन–*फ़ा०* (स्त्री०) चमेली का फूल

यियक्षु–*सं०* (वि०) यज्ञ का इच्छुक

यियप्सु–*सं०* (वि०) संभोग का इच्छुक

यियासा–*सं०* (स्त्री०) जाने की इच्छा

यियासु–*सं०* (वि०) जाने को इच्छुक

यीशु–(पु०) ईसामसीह

युक्त–*सं०* (वि०) 1 जुड़ा हुआ 2 सम्मिलित 3 नियुक्त 4 संपन्न। ~**कर्मा** (वि०) जिसे काम सौंपा गया हो; ~**मना** (वि०) 1 दत्तचित 2 सावधान; ~**रसा** (स्त्री०) 1 गंध-नाकुली 2 रासना; ~**रूप** (वि०) उचित ~**वाद** (पु०) उचित बात; ~**वादी** (वि०) उचित बात कहनेवाला

युक्ताक्षर–*सं०* (पु०) संयुक्त वर्ण

युक्तार्थ–*सं०* (वि०) 1 अर्थयुक्त 2 अर्थगर्भ 3 ज्ञानी

युक्ति–*सं०* (स्त्री०) 1 मिलन, योग 2 ढंग, तरक़ीब 3 उचित विचार, दलील 4 कौशल, चातुरी 5 *साहि०* अर्थालंकार का एक भेद जिसमें किसी रहस्य को छिपाने की कला कौशल का उल्लेख रहता है। ~**कर** (वि०) = युक्तिपूर्ण; ~**निपुण** (वि०) युक्ति में कुशल; ~**पूर्ण** (वि०) विचार पूर्ण, तर्क से भरा; ~**मूलक** (वि०) विचार से युक्त; ~**युक्त** (वि०) 1 उचित 2 चतुर 3 प्रमाणित; ~**वाद** (पु०) बुद्धि को प्रधान मानने का मत; ~**वादी** I (वि०) युक्तिवाद संबंधी II (पु०) युक्तवाद का समर्थक; ~**विरुद्ध** (वि०) तर्क के विरुद्ध, तर्क विरोधी; ~**शास्त्र** (पु०) तर्क शास्त्र; ~**संगत** (वि०) = युक्तिपूर्ण

युक्लिप्टस–*अं०* (पु०) = युकेलिप्टस

युगंकर–*सं०* (वि०) युग प्रवर्तक

युग–I *सं०* (पु०) 1 काल, समय (जैसे-ऐतिहासिक युग, प्राचीन युग) 2 काल गणना के अनुसार कल्प के चार उप विभागों में से हर एक (जैसे-सत्य युग, कलि युग आदि)। ~**क्षय** (पु०) युग का अंत; ~**चेतना** (स्त्री०) काल विशेष की विशिष्ट प्रवृत्ति; ~**धर्म** (पु०) समयानुकूल आचरण; ~**नद्ध** (वि०) 1 स्त्री पुरुष रूप 2 आलिंगन बद्ध; ~**परिवर्तनकारी** (वि०) = युग प्रवर्तक; ~**पुरुष** (पु०) युग का महान् व्यक्ति; ~**प्रतीक** (पु०) युग का प्रतिनिधि, श्रेष्ठतम व्यक्ति; ~**प्रवर्तक** (वि०) युग को आरंभ करनेवाला (जैसे-भारतेंदु को आधुनिक हिंदी का युगप्रवर्तक कहा जाता है); ~**बाहु** (वि०) लंबी भुजावाला; ~**युगांतर** (पु०) अनेक युग (जैसे-युग युगांतर तक जीना); ~**विधायक** (वि०) = युग प्रवर्तक; ~**विभाजन** (पु०) काल का वर्गीकरण

युग–II *सं०* (पु०) जोड़ा, युग्म

युगपत्–I *सं०* (अ०) एक ही समय में, साथ-साथ II (वि०) एक ही समय में और एक साथ होनेवाला

युगल–*सं०* (पु०) एक साथ और एक ही गर्भ से उत्पन्न दो जीव, युग्म। ~**गान** (पु०) दो से एक साथ गाया जानेवाला गीत; ~**बंदी** (विशेषतः संगीत में) जोड़ा बनाना; ~**शब्द** (पु०) जोड़ा शब्द

युगलक–*सं०* (पु०) 1 जोड़ा 2 *साहि०* पद्यों का वह जोड़ा जिसका अन्वय एक साथ हो

युगांत–*सं०* (पु०) 1 युग का अंत 2 युग का अंतिम समय 3 प्रलय

युगांतक-*सं०* (पु०) 1 प्रलय 2 प्रलयकाल

युगांतर–*सं०* (पु०) 1 दूसरा युग 2 दूसरा समय। ~**कारिणी** (स्त्री०) दूसरा युग लानेवाली; ~**कारी** (वि०) दूसरा युग लानेवाला

युगांशक–I *सं०* (पु०) वर्ष, साल II (वि०) युग का विभाजक

युगादि–I *सं०* (पु०) 1 सृष्टि का आरंभ 2 युग का आरंभ II (वि०) 1 युग के आरंभ का 2 अत्यंत प्रचीन

युगाद्या–*सं०* (स्त्री०) युगारंभ की तिथि (जैसे-वैशाख शुक्ल तृतीया, कार्तिक शुक्ल नवमी, भाद्र कृष्णा त्रयोदशी और पौष अमावस्या क्रमशः सत्ययुग, त्रेतायुग, द्वापर युग और कलियुग के आरंभ की तिथि है)

युगानुरूप–*सं०* (क्रि० वि०) युग के अनुसार

युगारंभ–*सं०* (पु०) युग की शुरुआत, युग का आरंभ

युगावतार–*सं०* (पु०) युग का अवतारी महान् पुरुष

युग्म, युग्मक–*सं०* (पु०) 1 जोड़ा 2 अन्योन्याश्रय संबद्ध युक्त वस्तुएँ 3 युगलक

युग्मज–I *सं०* (पु०) एक ही समय में एक ही गर्भ से उत्पन्न दो जीव II (वि०) जोड़े के रूप में उत्पन्न

युग्मन–*सं०* (पु०) 1 दो वस्तुओं को मिलाकर रखना 2 युग्म बनाना

युग्मेच्छा–*सं०* (स्त्री०) संभोग की इच्छा

युग्य–I *सं०* (पु०) 1 दो बैल या घोड़ों से जुती गाड़ी 2 जोड़ी II (वि०) जोते जाने योग्य। ~**वाह** (पु०) 1 गाड़ीवान 2 जोड़े हाँकनेवाला

युज्य–I *सं०* (पु०) संयोग, मिलाप II (वि०) 1 मिला हुआ 2 मिलाने योग्य 3 उचित

युत–*सं०* (वि०) मिला या मिलाया हुआ, युक्त

युतक–*सं०* (पु०) 1 जोड़ा, युग्म 2 आँचल 3 संदेह, संशय

युति–*सं०* (स्त्री०) 1 मिलना, सटना 2 योग 3 नाधा (जैसे-जूआ और हरिस को जोड़ने की युति)

युद्ध–*सं०* (पु०) 1 रण, संग्राम (जैसे-दो देशों का युद्ध, कौरव और पांडव का युद्ध) 2 आपस में होनेवाली लड़ाई (जैसे-गदा युद्ध, वाक् युद्ध)। ~**अपराधी** (पु०) युद्ध का दोषी, मुज़रिम; ~**अभ्यास** (पु०) युद्ध का अभ्यास, युद्ध सीखना; ~**कला** (स्त्री०) = युद्ध कौशल; ~**काररवाई** + *फ़ा०* (स्त्री०) = युद्ध कार्रवाई; ~**कारी** (वि०) युद्ध करनेवाला, युद्धरत; ~**कार्य** (पु०) युद्ध का काम; ~**कार्रवाई** + *फ़ा०* (स्त्री०) युद्ध में किया गया काम; ~**कारी** (वि०) युद्धरत; ~**काल** (पु०) युद्ध का समय; ~**कालीन** (वि०) युद्ध काल का (जैसे-युद्ध कालीन घटना); ~**कौशल** (पु०) युद्ध की कुशलता, निपुणता; ~**क्षमता** (स्त्री०) युद्ध की सामर्थ्य, शक्ति; ~**क्षेत्र** (पु०) रण भूमि; ~**क्षेत्रीय** (वि०) रणभूमि से संबद्ध; ~**ख़र्च** + *फ़ा०* (पु०) युद्ध व्यय; ~**ख़ोर** + *फ़ा०* (पु०) योद्धा; ~**घोषणा** (स्त्री०) युद्ध का एलान; ~**जर्जर** (वि०) युद्ध से पीड़ित, क्षत; ~**ज्वर** (पु०) युद्ध की गर्मी, लड़ाई का जोश; ~**तत्पर** (वि०) = युद्धशाली; ~**तैयारी** + *अ०* + *फ़ा०* (स्त्री०) युद्ध के लिए तैयार होना; ~**नीति** (स्त्री०) युद्ध संचालन के आधारभूत सिद्धांत; ~**परिषद्** (स्त्री०) = युद्ध समिति; ~**पीड़ित** (वि०) युद्ध ग्रस्त (जैसे-युद्ध पीड़ित क्षेत्र); ~**पोत** (पु०) युद्ध का जहाज़; ~**पोषक** (वि०); ~**प्रचार** (पु०) युद्ध फैलाना, युद्ध बढ़ना; ~**प्रदेश** (पु०) युद्ध क्षेत्र; ~**प्रवण** (वि०) युद्ध में लगा हुआ; ~**प्रवीण** (वि०) युद्ध में दक्ष, कुशल; ~**प्राप्त** I (वि०) युद्ध में पकड़ा गया, पाया गया (जैसे-युद्ध प्राप्त सामग्री) II (पु०) युद्धबंदी; ~**प्रिय** (वि०) युद्ध का प्रेमी, युद्धक; ~**प्रेमी** (पु०) = युद्ध लिप्सु; ~**बंदी** (पु०) युद्ध में शत्रुपक्ष का पकड़ा गया व्यक्ति, सैनिक; ~**बंदी** + *फ़ा०* (स्त्री०) युद्ध बंद होना; ~**बल** (पु०) = युद्ध शक्ति; ~**भूमि** (स्त्री०) युद्ध क्षेत्र; ~**मंत्रालय** (पु०) युद्ध क्षेत्र संबंधी परामर्श करने का एक विभाग; ~**मैदान** + *अ०* (पु०) युद्ध का क्षेत्र; ~**मोर्चा** + *फ़ा०* (पु०) वह स्थान जहाँ से शत्रु से लड़ाई की जाती है; ~**योग्य** (वि०) लड़ाई के योग्य; ~**रंग** (पु०) रणभूमि; ~**रेखा** (स्त्री०) युद्ध की सीमा; ~**लिप्स** (वि०) युद्धरत; ~**लिप्सा** (स्त्री०) युद्ध करने की इच्छा; ~**लिप्सु** (पु०) युद्ध का इच्छुक व्यक्ति; ~**लोलुप** (वि०) = युद्ध शाली; ~**विद्या** (स्त्री०) रणशास्त्र; ~**विनष्ट** (वि०) युद्ध में बर्बाद; ~**विरति** (स्त्री०) युद्ध से अलग होना; ~**विराम** (पु०) युद्ध रोकना (जैसे-युद्ध विराम की घोषणा); ~**विराम संधि** (स्त्री०) युद्ध बंद करने का समझौता; ~**विरोधी** (वि०) युद्ध का विरोध करनेवाला; ~**विशेषज्ञ** (वि०) युद्ध का अच्छा जानकार; ~**वीर** (पु०) रणयोद्धा; ~**वीरता** (स्त्री०) लड़ाई करने में बहादुरी; ~**व्यय** (पु०)

युद्ध का ख़र्च; ~**व्यवसायी** (पु०) युद्ध संबंधी धंधे करनेवाला; ~**व्यसनी** (पु०) लड़ाई का अभ्यस्त व्यक्ति; ~**शक्ति** (स्त्री०) युद्ध करने की क्षमता, ताक़त; ~**शाली** (वि०) युद्ध प्रेमी; ~**शास्त्र** (पु०) = युद्ध विद्या; ~**शिक्षा** (स्त्री०) युद्ध की शिक्षा, युद्ध कला सिखाना; ~**शिक्षा प्राप्त** (वि०) जिसे युद्ध शिक्षा मिली हो; ~**शिविर** (पु०) युद्ध के समय रणभूमि के क़रीब डाला गया सैनिक पड़ाव; ~**संचालन** (पु०) 1 युद्ध का नियंत्रण करना 2 युद्ध को गति प्रदान करना; ~**संवाददाता** (पु०) युद्ध के समाचार भेजनेवाला; ~**सज्जा** (स्त्री०) युद्ध सामग्री; ~**सन्नद्धता** (स्त्री०) युद्ध की तैयारी; ~**सामग्री** (स्त्री०) युद्ध का सामान; ~**सिंहावलोकन** (पु०) युद्ध में मुड़कर देखना; ~**स्थगन** (पु०) = युद्ध विराम; ~**स्थल** (पु०) = युद्ध क्षेत्र

युद्धक–*सं०* (पु०) 1 योद्धा 2 युद्ध (जैसे-युद्धक विमान)

युद्धमय–*सं०* (वि०) = युद्धशाली

युद्धमान्–*सं०* (वि०) = युद्ध करनेवाला

युद्धरत–*सं०* (वि०) युद्ध में लगा हुआ

युद्धाचार्य–*सं०* (पु०) युद्ध की शिक्षा देनेवाला शिक्षक, आचार्य

युद्धात्मक–*सं०* (वि०) युद्ध संबंधी

युद्धापराधी–*सं०* (पु०) = युद्ध अपराधी

युद्धाभ्यास–*सं०* (पु०) = युद्ध अभ्यास

युद्धायोजन–*सं०* (पु०) युद्ध का प्रबंध

युद्धारंभ–*सं०* (पु०) युद्ध की शुरुआत

युद्धावसान–*सं०* (पु०) = युद्ध विराम

युद्धास्त्र–*सं०* (पु०) युद्ध के हथियार

युद्धोत्तर–*सं०* (वि०) युद्ध के बाद का

युद्धोत्तेजक–*सं०* (पु०) = युद्ध लिप्सु

युद्धोत्तेजन–*सं०* (पु०) **युद्धोत्तेजना** *सं०* (स्त्री०) युद्ध को भड़काना

युद्धोद्देश्य–*सं०* (पु०) युद्ध का लक्ष्य

युद्धोन्मत्त–*सं०* (वि०) युद्ध में उन्मत्त

युद्धोन्माद–*सं०* (पु०) युद्ध का नशा

युद्धोन्मुख–*सं०* (वि०) = युयुत्सु

युद्धोपकरण–*सं०* (पु०) युद्ध सामग्री

युद्धोपयोगी–*सं०* (वि०) युद्ध के लिए उपयोगी

युधान–*सं०* (पु०) 1 योद्धा 2 शत्रु

युधिष्ठिर–*सं०* (पु०) कुंती से उत्पन्न राजा पांडु के सबसे बड़े पुत्र

युध्म–*सं०* (पु०) 1 युद्ध, संग्राम 2 धनुष बाण 3 अस्त्र-शस्त्र 4 योद्धा

युयुत्सा–*सं०* (स्त्री०) 1 युद्ध की प्रबल अभिलाषा 2 दुश्मनी, शत्रुता

युयुत्सु–*सं०* (पु०) योद्धा

युरेशियन–*अं०* (पु०) यूरोप और एशिया का संकर व्यक्ति

युरोप निवासी–*अं० + सं०* (पु०) यूरोप का रहनेवाला, यूरोप का निवासी

युरोपवाला–*अं० + हिं०* (पु०) युरोप का रहनेवाला

युरोपियन–I *अं०* (वि०) यूरोप संबंधी II (पु०) युरोप का निवासी

युरोपीय–*अं० + सं०* (वि०) युरोप का

युवक–*सं०* (पु०) नौजवान व्यक्ति। ~**आंदोलन** (पु०) युवक क्रांति; ~**संघ** (पु०) नौजवान व्यक्तियों का समूह; ~**समुदाय** (पु०) = युव जन; ~**साम्यवादी दल** (पु०) = युवा कम्यूनिस्टलीग

युवगंड–*सं०* (पु०) मुहाँसा

युवजन–*सं०* (पु०) नवयुवक और नवयुवतियों का समूह या वर्ग

युवती–I *सं०* (स्त्री०) जवान स्त्री II (वि०) ज़वान, प्राप्त यौवना (जैसे-युवती बालाएँ)

युवराज–*सं०* (पु०) राजपुत्र, राजकुँवर

युवराजत्व–*सं०* (पु०) यौवराज्य

युवराजी–*सं० + हिं०* (स्त्री०) युवराज का पद

युवराज्ञी–*सं०* (स्त्री०) युवराज की पत्नी

युवराज्याभिषेक–*सं०* (पु०) = यौवराज्याभिषेक

युववाणी–*सं०* (स्त्री०) युवा लोगों की वाणी

युवा–*सं०* (वि०) जवान। ~**तुर्क** *+ फ़ा०* (पु०) युवानेता; ~**समूह** (पु०) = युवजन

युवावस्था–*सं०* (स्त्री०) युवा काल

यूँ– (अ०) यों। ~**त्यूँ** (अ०) = यों त्यों

यूक–*सं०* (पु०) चीलर, ढील

यूकरेनियन–*अं०* (वि०) = यूक्रेनियन

यूका–(स्त्री०) जूँ

यूकेलिप्टस–*अं०* (पु०) एक गंधयुक्त पत्तीवाला सदाबहार पेड़

यूति–*सं०* (स्त्री०) मेल, मिश्रण

यूथ–*सं०* (पु०) समूह, जत्था। ~**चारी** (वि०) झुंड में चलनेवाला; ~**नाथ,** ~**पति** (पु०) 1 यूथ का सरदार 2 सेनापति; ~**भ्रष्ट** (वि०) यूथ से निकला या निकाला हुआ

यूथप–*सं०* (पु०) यूथ नाथ

यूथिका–*सं०* (स्त्री०) 1 जूही 2 जूही का फूल

यूनानी–I *अ०* (वि०) 1 यूनान से संबद्ध 2 यूनान में होनेवाला II (पु०) यूनान का निवासी III (स्त्री०) 1 यूनान की भाषा 2 यूनान की प्रसिद्ध चिकित्सा प्रणाली, हकीमी (जैसे-यूनानी दवा, यूनानी इलाज)

यूनिट–*अं०* (पु०) इकाई

यूनिफ़ार्म–*अं०* (पु०) वरदी (जैसे-सैनिकों का यूनिफ़ार्म, छात्रों का यूनिफ़ार्म)

यूनियन–*अं०* (स्त्री०) संघ, सभा। ~**गवर्नमेंट** (स्त्री०) केंद्रीय सरकार, संघ सरकार; ~**जैक** (पु०) ब्रिटिश झंडा; ~**मिनिस्टर** (पु०) संघीय मंत्री, केंद्रीय मंत्री

यूनिवर्सिटी–*अं०* (स्त्री०) विश्वविद्यालय

यूप–*सं०* (पु०) 1 बलि पशु को बाँधने का खंभा 2 विजय आदि के उपलक्ष में निर्मित स्तंभ, विजय स्तंभ, कीर्ति स्तंभ

यूपा–*बो०* (पु०) जुआ, द्यूत कर्म

यूरिक–*अं०* (वि०) मूत्रीय। ~**एसिड** (पु०) मूत्राम्ल

यूरिया–*अं०* (पु०) एक रासायनिक उर्वरक

यूरेनियम–*अं०* (पु०) एक भारी और शुभ्र धातु

यूरोपियन–*अं०* (वि०) = युरोपियन

यूरोपीय–*अं० + सं०* (वि०) युरोप संबंधी
यूष–*सं०* (पु०) दाल आदि का पानी, जूस
ये–(सर्व०) यह सब (जैसे-ये हमारा क्या करेंगे)
येती–(पु०) एक प्रकार का कल्पित जंतु
येन–(पु०) एक प्रकार का जापानी सिक्का
येनकेन प्रकारेण–*सं०* (अ०) किसी न किसी प्रकार
यों–(अ०) 1 इस प्रकार से 2 साधारण रूप में
यो–(सर्व०) *बो०* यह
योक्तव्य–*सं०* (वि०) लगाने योग्य या जोड़ने योग्य
योक्ता–*सं०* (पु०/वि०) 1 जोड़नेवाला, मिलानेवाला 2 उभाड़नेवाला
योक्त्र–*सं०* (पु०) 1 रस्सी 2 रस्सी बाँधने का पेंच
योग–*सं०* (पु०) 1 मिलाप, मेल 2 मिलन, संयोग 3 संबंध, लगाव 4 तपस्या 5 ध्यान 6 प्रयोग, व्यवहार 7 परिणाम, फल, नतीजा 8 उपाय, युक्ति 9 उपयुक्त समय, सुभीता 10 जोड़ (जैसे-दो और चार का योग क्या होगा) 11 पास-पास स्थित होना (जैसे-अनेक ग्रहों का योग)। ~**क्षेम** (पु०) अभाव की पूर्ति करना तथा प्राप्त वस्तु की रक्षा करना; ~**गति** (स्त्री०) 1 मूलदशा 2 संयोग; ~**तत्त्व** (पु०) योग का धर्म या प्रभाव; ~**तारा** (स्त्री०) 1 परस्पर मिले हुए तारे 2 नक्षत्र का प्रधान तारा; ~**दर्शन** (पु०) महर्षि पतंजलिकृत 'योगसूत्र' नामक दर्शन ग्रंथ; ~**दान** (पु०) 1 सहायता देना 2 योग की दीक्षा 3 कपट भाव से किया गया दान; ~**धर्मी** (पु०) योगी; ~**निद्रा** (स्त्री०) 1 समाधि निद्रा, अर्ध समाधि और निद्रा 2 युग के अंत में प्रलयकालीन विष्णु निद्रा; ~**पट्ट** (पु०) 1 एक प्राचीन पहनावा 2 साधुओं का अँचला; ~**फल** (पु०) दो या दो से अधिक संख्याओं का जोड़; ~**बल** (पु०) योग शक्ति; ~**भ्रष्ट** (वि०) योग मार्ग से च्युत; ~**माया** (स्त्री०) 1 दार्शनिक और धार्मिक क्षेत्र में ईश्वर की सृष्टि मूलक शक्ति 2 यशोदा की कन्या; ~**यात्रा** (स्त्री०) यात्रा हेतु उपयुक्त समय; ~**युक्त** (वि०) योग में लीन; ~**युक्ति** (स्त्री०) 1 योग की आसक्ति 2 समाधि में लीन होना; ~**योगी** (पु०) समाधि में लीन योगी; ~**रूढ़** (वि०) जो रचना में यौगिक होने पर रूढ़ अर्थ दे; ~**रूढ़ि** (स्त्री०) दो शब्दों के योग से निर्मित सामान्य से भिन्न अर्थ बतानेवाला शब्द; ~**रोचना** (स्त्री०) ऐंद्रजालिक लेप; ~**वाह** (पु०) अनुस्वार और विसर्ग; ~**वाही** (पु०) औषध आदि मिलाकर खाने का माध्यम; ~**विक्रय** (पु०) बेइमानी के द्वारा होनेवाली बिक्री; ~**शक्ति** (स्त्री०) योग के द्वारा प्राप्त शक्ति; ~**शरीरी** (पु०) योगी; ~**शास्त्र** (पु०) योग दर्शन नामक ग्रंथ; ~**सार** (पु०) 1 स्वस्थ करनेवाला उपचार 2 तपस्या; ~**सिद्ध** (पु०) सिद्ध योगी; ~**सूत्र** (पु०) योग दर्शन; ~**स्थ** (वि०) योग में स्थित, योगयुक्त
योगजफल–*सं०* (पु०) दो अंकों को जोड़ने से प्राप्त फल, जोड़
योगवान्–*सं०* (पु०) योगी
योगविद्–*सं०* (पु०) योग शास्त्र ज्ञाता
योगांग–*सं०* (पु०) योग के आठ अंगों में से प्रत्येक (जैसे-यम, नियम, आसन आदि)
योगांजन–*सं०* (पु०) आँखों का एक प्रकार का अंजन
योगांतराय–*सं०* (पु०) योग में विघ्न डालनेवाला आलस्य आदि
योगाकर्षण–*सं०* (पु०) परमाणु के जुड़े होने तथा अविभाज्य माने जाने की शक्ति
योगागम–*सं०* (पु०) योग दर्शन
योगाचार–*सं०* (पु०) योग का आचरण, योग साधन (जैसे-योगाचार के नियम)
योगाचार्य–*सं०* (पु०) योग के आचार्य, शिक्षक
योगात्मक–*सं०* (वि०) योग के लायक (जैसे-योगात्मक भाषा, योगात्मक नियम)
योगात्मा–*सं०* (पु०) योगी
योगानुशासन–*सं०* (पु०) योग दर्शन
योगाभ्यास–*सं०* (पु०) योग शास्त्र के अनुसार योग के अंगों का अनुष्ठान या साधन
योगाभ्यासी–*सं०* (पु०) योग साधन करनेवाला योगी (जैसे-योगाभ्यासी का जीवन)
योगारूढ़–*सं०* (पु०) निष्काम योगी
योगाश्रम–*सं०* (पु०) योग करने का स्थल, स्थान
योगासन–*सं०* (पु०) योग साधने की मुद्रा, ढंग
योगित–*सं०* (वि०) 1 योग का अभिचार किया गया 2 मंत्र मुग्ध 3 सम्मोहित 4 पागल
योगिता–*सं०* (स्त्री०) योगी होने का भाव
योगिनिद्रा–*सं०* (स्त्री०) झपकी, हलकी नींद
योगिनी–*सं०* (स्त्री०) 1 योग साधना करनेवाली स्त्री 2 जादूगरनी
योगी–I *सं०* (पु०) 1 आत्मज्ञानी 2 योग साधना करनेवाला व्यक्ति II (वि०) संबंधित, जुड़ा हुआ (जैसे-कर्म योगी)
योगीश, योगेश्वर–*सं०* (पु०) 1 योगियों में श्रेष्ठ, सर्वश्रेष्ठ योगी 2 महादेव
योग्य–*सं०* (वि०) 1 क़ाबिल, लायक (जैसे-विद्या योग्य, काम योग्य) 2 उचित, मुनासिब (जैसे-शादी योग्य, कन्या योग्य) 3 अधिकारी, पात्र (जैसे-नौकरी के योग्य) 4 समर्थ (जैसे-रण योग्य) 5 सुंदर (जैसे-योग्य वर, योग्य प्रेमी) 6 आदरणीय, मान्य (जैसे-योग्य अध्यापक, योग्य पुरुष)। ~**ता** (स्त्री०) 1 योग्य होने की अवस्था 2 काबिलीयत 3 बड़प्पन, महत्ता 4 शक्ति, सामर्थ्य 5 इज़्ज़त, प्रतिष्ठा
योग्यतानुसार–*सं०* (क्रि० वि०) योग्यता के मुताबिक (जैसे-योग्यतानुसार नौकरी पाना, योग्यतानुसार काम करना)
योग्यतापूर्वक–*सं०* (क्रि० वि०) दक्षता से
योग्या–*सं०* (स्त्री०) 1 काम करने का अभ्यास 2 स्त्री
योजक–*सं०* (पु०) मिलानेवाला
योजन–*सं०* (पु०) 1 जोड़ना, मिलाना 2 दूरी नापने का एक पैमाना। ~**पर्णी** (स्त्री०) मंजीठ
योजनांतर्गत–*सं०* (वि०) योजनाबद्ध
योजना–*सं०* (स्त्री०) 1 कार्य करने की रूपरेखा 2 प्रबंध 3 योग होना 4 प्रयोग, व्यवहार। ~**आयोग** (पु०) राजकीय योजनाओं का संचालन करनेवाली प्रशासकीय संस्था; ~**काल** (पु०) योजना का कार्य काल, योजना की एक निश्चित अवधि ~**पूर्ण** (वि०) योजना से भरा हुआ, योजनाबद्ध; ~**बद्ध** (वि०) योजन में बँधा हुआ, योजनामय;

~**बाज़** + फ़ा० (पु०) योजना बनानेवाला व्यक्ति; ~**बाज़ी** + फ़ा० (स्त्री०) योजना बनाना; ~**युक्त** (वि०) = योजनापूर्ण; ~**समिति** (स्त्री०) = योजना आयोग

योजनीय–*सं०* (वि०) 1 योजना के योग्य 2 योज्य

योजिका–*सं०* (स्त्री०) लेखन शैली में विशेष पदों के बीच लगाया जानेवाला चिह्न, योजक चिह्न, हाइफ़न (जैसे-पति-पत्नी, जीवन-ज्योति आदि में लगा हुआ चिह्न)

योजित–*सं०* (वि०) 1 मिलाया हुआ, युक्त 2 बनाया हुआ 3 योजना रूप में लाया हुआ 4 नियम बद्ध

योजी–*सं०* (वि०) मिलानेवाला

योज्य–I *सं०* (वि०) 1 मिलाए जाने योग्य 2 व्यवहार के योग्य II (पु०) गणित में जोड़ी जानेवाली संख्याएँ

योद्धव्य–*सं०* (वि०) 1 युद्ध करने योग्य 2 युद्ध करनेवाला

योद्धा–*सं०* (पु०) सैनिक, सिपाही

योधन–*सं०* (पु०) 1 लड़ाई का सामान 2 लड़ाई, युद्ध

योधा–*बो०* (पु०) = योद्धा

योध्य–*सं०* (वि०) युद्ध के योग्य

योनि–*सं०* (स्त्री०) 1 स्त्री जननेंद्रिय, गर्भाशय और भग 2 स्त्री जाति के जीव जंतुओं का अपना वंश उत्पन्न करनेवाला अंग 3 शरीर, देह (जैसे-पुरुष योनि, पशु योनि) 4 उत्पत्ति का स्थान (जैसे-नक्षत्र योनि)। ~**ज** I (पु०) योनि से उत्पन्न जीव II (वि०) योनि से उत्पन्न; ~**दोष** (पु०) उपदंश रोग, गरमी, आतशक; ~**मुक्त** (वि०) जन्म मरण के बंधन से मुक्ति पाया हुआ, मुक्ति प्राप्त; ~**संकर** (पु०) वर्ण संकर; ~**संकोचन** (पु०) योनि का सिकुड़ना; ~**संभव** (वि०) योनि से उत्पन्न, योनिज

योनिक–*सं०* (वि०) योनि संबंधी, यौन

योम–*अ०* (पु०) 1 दिन, रोज़ 2 तारीख़, तिथि

योषा–*सं०* (स्त्री०) नारी, स्त्री

योषिता–*सं०* (स्त्री०) स्त्री, नारी

यौं–*बो०* यों

यौ–(सर्व०) *बो०* यह

यौक्तिक–I *सं०* (वि०) 1 युक्ति रूप में होनेवाला, युक्तिसंगत II (पु०) नर्मसखा, क्रीड़ा, खेल का साथी

यौग–I *सं०* (पु०) योग दर्शन का अनुयायी II (वि०) योग संबंधी

यौगक–*सं०* (वि०) योग का, योग संबंधी

यौगिक–I *सं०* (वि०) 1 मिला हुआ (जैसे-यौगिक पद) 2 योग से संबंधित (जैसे-यौगिक गुणनखंड) II (पु०) *व्या०* 1 प्रकृति और प्रत्यय से बना शब्द 2 दो शब्दों के मेल से बना पद

यौजनिक–*सं०* (वि०) 1 योजन संबंधी, योजन का 2 एक योजन तक जानेवाला

यौतक–*सं०* (पु०) दहेज़

यौतुक–*सं०* (पु०) 1 विवाह के समय मिला धन 2 चढ़ावा 3 उपहार

यौथिक–*सं०* (वि०) 1 यूथ संबंधी, समूह का 2 यूथ में रहनेवाला

यौद्धिक–*सं०* (वि०) युद्ध संबंधी

यौधेय–*सं०* (पु०) योद्धा

यौन–*सं०* (वि०) 1 योनि संबंधी 2 स्त्री-पुरुष की जननेंद्रिय से संबंधित (जैसे-यौन विज्ञान, यौन संसर्ग)। ~**ता** (स्त्री०) 1 यौन भाव 2 लिंगिता; ~**तृप्ति** (स्त्री०) यौन के तृप्त होने का भाव; ~**विकार** (पु०) 1 अतृप्त वासना की कुंठा से उत्पन्न संभोग की अप्राकृतिक प्रवृत्तियाँ जो यौन विसंगतियों को जन्म देती हैं 2 विकृत रति; ~**विकृत** (वि०) यौन विकृतिवाला; ~**विकृति** (स्त्री०) काम वासना की अस्वाभाविक प्रवृत्ति (जैसे-आत्मरति, समलिंगी रति); ~**विज्ञान** (स्त्री०) = यौनिकी; ~**विज्ञानी** (पु०) यौन विज्ञान का ज्ञाता; ~**वृत्ति** (स्त्री०) व्यभिचार द्वारा जीविका चलाना; ~**व्याधि** (स्त्री०) यौन संबंधी रोग; ~**संबंध** (पु०) संभोग समागम

यौनकी–*सं०* (स्त्री०) यौन विद्या

यौनाकर्षण–*सं०* (पु०) यौन की ओर झुकाव होना

यौनिकी–*सं०* (स्त्री०) यौन विज्ञान

यौवत–*सं०* (पु०) युवती स्त्रियों का समूह

यौवतेय–*सं०* (पु०) युवती स्त्री का पुत्र

यौवन–*सं०* (पु०) 1 युवावस्था 2 बाल्यावस्था की समाप्ति और वृद्धावस्था के आदि के मध्य का काल, जवानी 3 जोबन। ~**कंटक** (पु०) मुँहासा; ~**काल** (पु०) = युवा काल; ~**लक्षण** (पु०) 1 चेहरे पर की चमक, कांति 2 यौवन प्रारंभ होने की विशेषताएँ 3 स्तन

यौवनवती–*सं०* (स्त्री०) युवती

यौवनाधिरूढ़ा–*सं०* (स्त्री०) युवती, जवान स्त्री

यौवनावस्था–*सं०* (स्त्री०) युवाकाल

यौवनिक–*सं०* (वि०) यौवन संबंधी

यौवनीकरण–*सं०* (पु०) फिर से युवा बनाना, कायाकल्प

यौवनोद्रेक–*सं०* (पु०) जवानी की उमंग

यौवराजिक–*सं०* (वि०) युवराज संबंधी

यौवराज्य–*सं०* (वि०) युवराज होने की अवस्था 2 युवराज का पद

यौवराज्याभिषेक–*सं०* (पु०) राज्य के उत्तराधिकारी राजकुमार का अभिषेक कृत्य

र

रंक–*सं०* (वि०) 1 ग़रीब, दरिद्र 2 कंजूस, कृपण 3 सुस्त, मंद, आलसी

रंग–I *सं०* (पु०) 1 केवल आँखों से अनुभव होनेवाला पदार्थ के आकार और रूप से भिन्न एक गुण, वर्ण (जैसे-नीला रंग, काला रंग आदि) 2 विशिष्ट रासायनिक क्रियाओं से चीज़ को रंगने के काम आनेवाला पदार्थ (जैसे-तैल रंग, जल रंग) 3 पदार्थ अथवा शरीर का ऊपरी वर्ण, रंगत (जैसे-चेहरे का रंग, मुँह का रंग) 4 रौनक, शोभा (जैसे-युवती का रंग देखो) 5 अनुराग, प्रेम (जैसे-अपने रंग में मिलाना) 6 मनोविनोद हेतु

की गई क्रीड़ा तथा उससे प्राप्त आनंद या मौज (जैसे-नृत्य कला में रंग प्राप्त करना) 7 यौवन, जवानी (जैसे-उसका रंग देखने लायक है) 8 धाक, रोब, आतंक (जैसे-इस क्षेत्र में दारोगा का रंग है) 9 अद्‌भुत दृश्य (जैसे-आख़िर तुमने एक रंग दिखा ही दिया) 10 नृत्य, संगीत आदि उत्सव (जैसे-नाच रंग) 11 अभिनय स्थल, नाट्य स्थल (जैसे-रंगमंच) 12 दशा, हालत, अवस्था (जैसे-रंग-ढंग) 13 अनेक प्रकार (जैसे-रंग बिरंगा) 14 लड़ाई, युद्ध (जैसे-रंग भूमि)। **~कर्मी** (पु०) नाटक करनेवाला; **~ग्रह, ~घर** *+ हिं०* (पु०) रंग शाला; **~चित्र** (पु०) विशेष प्रकार के रंगों के घोल से तूलिका से बनाया गया चित्र; **~चित्रण** (पु०) रंग चित्र बनाना; **~जननी** (स्त्री०) लाख, लाक्षा; **~ढंग** *+ हिं०* (पु०) 1 गतिविधि आदि की प्रवृत्ति 2 तौर तरीक़ा 3 आसार, लक्षण; **~जीवी** (वि०) रंगशाला में कार्य करके जीवनोपार्जन करनेवाला; **~ढंग** (पु०) 1 गतिविधि, कार्यकलाप 2 तौर तरीक़ा 3 आसार, लक्षण; **~दार** *+ फ़ा०* (वि०) रंगवाला; **~दृढ़ा** (स्त्री०) फिटकरी; **~नाटक** (पु०) रंगमंच के उपयुक्त नाटक; **~पत्री** (स्त्री०) नीली नाम का पेड़; **~पीठ** (पु०) = रंगशाला; **~पुष्पी** (स्त्री०) = रंगपत्री; **~प्रवेश** (पु०) रंग मंच पर अभिनेता आदि पात्र का आना; **~बाज़** *+ फ़ा०* (वि०) 1 आतंक जमानेवाला 2 मौज मस्ती करनेवाला; **~बिरंगा** *+ हिं०* (वि०) 1 अनेक रंगों का 2 कई तरह का; **~भरिया** *+ हिं०* (पु०) = रंग साज़; **~भवन** (पु०) रंगमहल; **~भूमि** (स्त्री०) युद्धभूमि; **~भेद** (पु०) रंग के आधार पर जाति भेद का (जैसे-काले गोरे का भेद); **~भेद नीति** (स्त्री०) रंग के आधार पर जातिभेद सिद्धांत; **~भेदी** (वि०) रंग भेद करनेवाला; **~मंच** (पु०) 1 नाटक आदि खेला जाने का ऊँचा स्थान (जैसे-रंगमंच बनाना) 2 कार्य हेतु आधार तैयार करने का भाव; **~मंचीय** (वि०) रंग मंच संबंधी; **~मंडप** (पु०) रंगभूमि, नाट्यशाला; **~मल्ली** (स्त्री०) वीणा, बीन; **~महल** (पु०) भोग विलास का भवन, ऐशभवन; **~माता** (स्त्री०) कुटनी; **~मातृका** (स्त्री०) लाख; **~रली** (स्त्री०) आमोद प्रमोद, क्रीड़ा; **~रस** *+ हिं०* (पु०) आमोद प्रमोद; **~रसिया** *+ हिं०* (पु०) विलासी पुरुष; **~रूप** (पु०) सूरत, शक्ल; **~लेप** (पु०) रंग चढ़ाना, रँगाई; **~विद्या** (स्त्री०) अभिनयादि की कला; **~शाला** (स्त्री०) नाट्यशाला; **~शिल्प** (पु०) रंगमंच संबंधी कारीगरी; **~स्थल** (पु०) = रंगमंच; **~आना, ~चढ़ना** अधिक सुंदर लगना; **~उड़ना, ~उतरना** रंग हलका पड़ना; **~खेलना, ~डालना, ~फेंकना** होली पर्व पर परस्पर रंग डालना, होली खेलना; **~निखरना** चेहरे पर रौनक़ आना (जैसे-जवानी में एक बार सबका रंग निखरता है); **~फ़ीका पड़ना** = रंग उतरना; **~बाँधना** लंबी चौड़ी हाँकना; **~मचना** भयंकर संग्राम छिड़ना, घमासान युद्ध होना; **~मचाना** 1 घमासान युद्ध करना 2 धूम मचाना; **~में भंग करना** आनंद में बाधा डालना; **~में रँगना** अनुकूल होना

रंग–II *सं०* (पु०) 1 राँगा नामक धातु 2 खदिर सार

रंगत–(स्त्री०) 1 रंग से युक्त होने का भाव 2 झलक (जैसे-हुस्न की रंगत) 3 मज़ा, आनंद (जैसे-प्यार की रंगत) 4 अवस्था, दशा (जैसे-जवानी की-रंगत) 5 प्रभाव, छाप (जैसे-शराब की रंगत, साक़ी की रंगत)

रंगतरा–(पु०) बड़ी और मीठी नारंगी, संगतरा

रंगद–*सं०* (पु०) 1 सोहागा 2 खदिर सार

रंगदा–*सं०* (स्त्री०) फिटकरी

रँगना–I (अ० क्रि०) 1 रंग से युक्त होना 2 प्रेम में लिप्त होना, आसक्त होना **II** (स० क्रि०) 1 रंग से युक्त करना (जैसे-आलमारी रँगना) 2 लीपा पोती करना (जैसे-कॉपी किताब रँगना) 3 प्रेम में फँसाना, अनुरक्त करना (जैसे-प्यार में रँगना) 4 अनुकूल बनाना 5 भीषण आघात से रक्त बहाना (जैसे-उसने गुंडे का सिर रँग दिया) 6 प्रभाव युक्त करना (जैसे-मित्रता के भावों में रँगना)

रंग बिरंगा–*फ़ा० + हिं०* (वि०) अनेक रंगों का, रंगीन

रंग महल–*फ़ा० + अ०* (पु०) 1 भोग विलास करने का महल 2 अंतःपुर (जैसे-रंगमहल में शत्रु का प्रवेश)

रंगरली–(स्त्री०) आमोद प्रमोद, आनंद

रंगरेज़–*फ़ा०* (पु०) कपड़ा रँगनेवाला

रंगरेज़ी–*फ़ा०* (स्त्री०) कपड़े रँगना

रंगरेली–*बो०* (स्त्री०) = रंगरली

रँगवाई–(स्त्री०) = रँगाई

रँगवाना–(स० क्रि०) रँगने का काम कराना

रंगसाज़–*फ़ा०* (पु०) 1 रंग तैयार करनेवाला कारीगर 2 रंग चढ़ानेवाला कारीगर

रंगसाज़ी–*फ़ा०* (स्त्री०) रंगसाज़ का काम

रंगांगण–*सं०* (पु०) = रंगमंच

रंगांगा–*सं०* (स्त्री०) = रंगदा

रँगा–(वि०) जिसपर रंग चढ़ा हो (जैसे-रँगा कपड़ा)

रँगाई–(स्त्री०) 1 रंगने का काम 2 रँगने की मज़दूरी (जैसे-कपड़े की रँगाई)। **~घर** (पु०) कपड़े रँगने का स्थान

रंगाजीव–*सं०* (पु०) = रंगसाज़

रँगाना–(स० क्रि०) रँगवाना

रंगामेज़ी–*फ़ा०* (स्त्री०) 1 तरह तरह के रंग भरने का काम 2 तरह-तरह की वस्तुएँ बनाना 3 अपनी तरफ़ से कुछ बातें बढ़ाना

रंगारंग–I (वि०) 1 अनेक रंगोंवाला 2 तरह-तरह का (जैसे-रंगारंग खिलौने) **II** (पु०) रंगारंग कार्यक्रम

रंगा रँगाया–I (वि०) 1 अनेक रंगोंवाला 2 तरह-तरह की वस्तुएँ बनाना 3 अपनी तरफ़ से कुछ बातें बढ़ाना

रँगा रँगाया–(वि०) 1 रंगा हुआ (जैसे-रँगा रँगाया कपड़ा) 2 बहुरूपिया, धूर्त (जैसे-रँगा रँगाया सियार)

रंगारि–*सं०* (पु०) कनेर

रंगालय–*सं०* (पु०) 1 रंगभूमि 2 रंगशाला

रँगावट–(स्त्री०) रँगाई

रंगावतरण–*सं०* (पु०) रंगमंच पर आना

रंगावतारक–*सं०* (पु०) 1 रँगरेज़ 2 अभिनेता, नट

रंगावली–*सं०* (स्त्री०) फर्श पर अनेक रंगों से बनाया गया चित्र, रँगौली, अल्पना

रँगिया–*बो०* (पु०) 1 रंगसाज़ 2 कपड़ा रंगनेवाला

रंगी–(वि०) 1 विनोदी स्वभाव का 2 मनमौजी

रंगीन–*फ़ा०* (वि०) 1 रँगा हुआ (जैसे-रंगीन साड़ी) 2 आमोद

प्रिय और विलासी (जैसे-रंगीन आदमी, रंगीन मिज़ाज) 3 चमत्कारपूर्ण (जैसे-रंगीन दृश्य)

रंगीनी–*फ़ा०* (स्त्री०) 1 रंगीन होने का भाव 2 बनाव सिंगार, सजावट 3 विनोदप्रिय और रसिक स्वभाव होने का भाव

रँगीला–(वि०) 1 रसिया 2 मौजी (जैसे-रँगीला स्वभाव) 3 आकर्षक और सुंदर (जैसे-रंग रँगीला दृश्य)

रंगोज्ज्वल–*सं०* (वि०) रंगों के कारण निखरा हुआ

रंगौंधी–(स्त्री०) *चि०* रंग न पहचान सकने का नेत्र रोग, वर्णांधता

रंच–(वि०) थोड़ा, ज़रा

रंज–*फ़ा०* (पु०) 1 दुःख शोक (जैसे-माँ के मरने का रंज) 2 अप्रसन्नता, नाराज़गी (जैसे-रंज में पड़े रहना, फेल होने पर रंज प्रकट करना)

रंजक–I *सं०* (वि०) 1 रंगनेवाला 2 प्रसन्न रहनेवाला और आनंद करनेवाला (जैसे-मनोरंजक) II (पु०) 1 रंगसाज़ 2 रंगरेज़ 3 ईंगुर 4 मेहंदी

रंजक–II *फ़ा०* (स्त्री०) 1 बंदूक, तोप की बारूद की प्याली 2 बंदूक, तोप की प्याली में रखी जानेवाली बारूद 3 गाँजा, तमाखू का दम 4 उत्तेजक बात 5 चटपटा चूर्ण

रंजन–I *सं०* (पु०) 1 प्रसन्न करना (जैसे-मन रंजन) 2 रंगना (जैसे-चित्र रंजन) II (वि०) मन प्रसन्न करनेवाला। ~**कारी** (वि०) प्रसन्न करनेवाला (जैसे-मनोरंजनकारी)

रंजनक–*सं०* (पु०) कटहल

रंजित–*सं०* (वि०) 1 रंगा हुआ 2 प्रसन्न 3 अनुरक्त (जैसे-रंजित मन)

रंजिश–*फ़ा०* (स्त्री०) 1 मन मुटाव, वैमनस्य 2 अप्रसन्नता 3 रंज (जैसे-मुझे कुछ भी रंजिश नहीं है)

रंजीदगी–*फ़ा०* (स्त्री०) नाराज़गी, अनबन

रंजीदा–*फ़ा०* (वि०) 1 दुःखित 2 नाराज़

रंड–*सं०* (वि०) 1 चालाक और धूर्त 2 विकल, बेचैन

रंडक–*सं०* (पु०) फलहीन वृक्ष

रंडा–*सं०* (वि०/स्त्री०) राँड़, विधवा, बेवा

रंडापा–(पु०) विधवापन, बेवापन

रंडी–(स्त्री०) 1 धन लेकर व्यभिचार करानेवाली स्त्री, वेश्या 2 विधवा। ~**ख़ाना** *+ फ़ा०* (पु०) वेश्यालय, चकलाघर; ~**बाज़** *+ फ़ा०* (पु०) वेश्यागामी; ~**बाज़ी** *+ फ़ा०* (स्त्री०) वेश्यागमन

रँडुआ–(पु०) जिसकी पत्नी मर गई हो, विधुर

रँडोरा–*बो०* (पु०) मृत पत्नी का पति

रँडोरी–*बो०* (स्त्री०) विधवा, राँड़

रंति–*सं०* (स्त्री०) 1 केलि, क्रीड़ा 2 विराम

रंतु–*सं०* (पु०) 1 सड़क 2 नदी

रंद–(पु०) 1 रोशनदान, झरोखा 2 किले की दीवार में बना मोखा

रँदना–(स० क्रि०) 1 रंदे से लकड़ी की सतह समतल और चिकनी करना 2 छीलना, तरांशना

रंदा–(पु०) बढ़ई का लकड़ी की सतह चिकनी और समतल करने का एक औज़ार। ~**मशीन** *+ अं०* (स्त्री०) लकड़ी की सतह को चिकना करने की मशीन

रंधक–I *सं०* (पु०) रसोइया II (वि०) नष्ट करनेवाला, नाशक

रंधन–*सं०* (पु०) 1 रसोई बनाना 2 नष्ट करना

रंधित–*सं०* (वि०) 1 पकाया हुआ 2 नष्ट

रंध्र–*सं०* (पु०) सूराख, छेद

रंभन–*सं०* (पु०) आलिंगन

रंभा–(पु०) लोहे का लंबा मोटा और चिपटे सिरेवाला डंडा

रँभाना–(अ० क्रि०) गाय का शब्द करना

रंभित–*सं०* (वि०) 1 शब्द किया हुआ 2 बजाया हुआ

रंभोरु–*सं०* (वि०) 1 कदली स्तंभ जैसी जाँघोवाली 2 सुंदर जाँघोंवाली

रई–I (स्त्री०) मथानी II दरदरा आटा

रईस–*अ०* (पु०) संपन्न और प्रतिष्ठित व्यक्ति

रईसी–*अ० + फ़ा०* (स्त्री०) संपन्नता

रक़बा–*अ०* (पु०) 1 क्षेत्रफल 2 अहाता

रक़म–*अ०* (स्त्री०) 1 संपत्ति, दौलत 2 रुपया पैसा (जैसे-यह सारी रक़म लुट गई) 3 बही खाते में लिखी जानेवाली संख्या (जैसे-रक़म बही में लिख दो) 4 गहना, जेवर (जैसे-सारी रक़म चोर उठा कर ले गए) 5 तरह, प्रकार (जैसे-अनेक रक़म की चीज़ें दावत में बनी थीं)

रकाब–*अ०* (स्त्री०) घोड़े की काठी का झूलता पावदान। ~**दार** *+ फ़ा०* (पु०) 1 हलवाई 2 ख़ानसामा 3 ख़ासाबरदार 4 साईस

रकाबत–*अ०* (स्त्री०) रक़ीब होने की अवस्था

रकाबी–*फ़ा०* (स्त्री०) छिछली गोल छोटी थाली; ~**चेहरा** (पु०) गोल मुँह, चौड़ा मुँह; ~**मज़हब** *+ अ०* (पु०) खुशामदी, चाटुकार; ~**सामना** *+ हिं०* (पु०) = रकाबी चेहरा

रकार–*सं०* (पु०) 'र' वर्ण बोधक अक्षर, र

रक़ीक़–I *अ०* (वि०) 1 तरल द्रव 2 कोमल, नरम II (पु०) गुलाम, दास

रक़ीब–*अ०* (पु०) 1 प्रेमिका का दूसरा प्रेमी 2 प्रतिद्वंद्वी, प्रतिस्पर्धी

रक़्क़ासा–*अ०* (पु०) नाचनेवाली, नर्तकी

रक्त–I *सं०* (वि०) 1 लाल रंग का, सुर्ख (जैसे-रक्त कमल, रक्त नेत्र) 2 रँगा हुआ (जैसे-रक्त कलश) 3 अनुरक्त, प्रेम युक्त (जैसे-नायिका के रक्त मय नेत्र) II (पु०) खून, रुधिर, लहू (जैसे-रक्त नलिका कट गई, रक्त दान)। ~**कंद** (पु०) मूँगा, विद्रुम; ~**कंदल** (पु०) मूँगा रत्न; ~**कण** (पु०) 1 खून की बूँद 2 खून का थक्का; ~**कदली** (स्त्री०) चंपा केला; ~**काश** (पु०) फेफड़े से रक्त का मुँह से बाहर आने का रोग; ~**कृमिजा** (स्त्री०) लाख, लाह; ~**क्षय** (पु०) रक्त का क्षय होना; ~**क्षीणता** (स्त्री०) रक्त की कमी हो जाना; ~**चाप** *+ हिं०* (पु०) खून का दबाव 2 रक्त दाब संबंधी एक रोग, ब्लड प्रेशर; ~**ताप** (पु०) रक्त के अधिक गर्म होने की अवस्था (जैसे-ज्वर में रक्त ताप बढ़ जाता है); ~**दबाव** *+ हिं०* (पु०) = रक्त चाप; ~**दान** (पु०) रक्त देना; ~**दानी** (पु०) रक्त दान करनेवाला; ~**दिग्ध** (वि०) खून से लथपथ; ~**धातु** (स्त्री०) 1 गेरू 2 ताँबा; ~**नली** *+ हिं०* (स्त्री०) वो नसें जिनसे खून जाता

है; ~**न्यूनता** (स्त्री०) = रक्त क्षीणता; ~**परिभ्रमण** (पु०) शरीर में खून का बहना, रक्त संचरण; ~**परिवहन** (पु०) खून का शरीर में प्रवाहित होना; ~**पाणि** (वि०) खून से सने हाथोंवाला; ~**पात** (पु०) 1 खून बहना, रक्त स्राव 2 खून ख़राबी, मारकाट; ~**पाषाण** (पु०) रक्त धातु; ~**पिंड** (पु०) = रक्त कण; ~**पित्त** (पु०) मुँह, नाक, कान, गुदा योनि आदि इंद्रियों से रक्त बहने का रोग; ~**पिपासा** (स्त्री०) खून की प्यास; ~**पिपासु** (वि०) 1 खून का प्यासा 2 जानी दुश्मन; ~**प्रतिश्याय** (पु०) जुकाम में नाक से खून जाना; ~**प्रदर** (पु०) *चि०* स्त्री योनि से रक्त बहने का एक रोग; ~**बिंदु** (पु०) खून की बूँद; ~**बीज** (पु०) = रक्त बीज; ~**मिश्रण** (पु०) खून की मिलावट; ~**मोचन** (पु०) शरीर से खून निकालना; ~**रंजित** (वि०) खून से लथपथ, खून में रंगी हुई; ~**वटी** (स्त्री०) चेचक; ~**वमन** (पु०) खून की उल्टी; ~**वर्ण** (वि०) लाल रंग का; ~**वाहिका** (स्त्री०) शरीर में रक्त संचार की नलियाँ, नसें; ~**विकार** (पु०) खून की खराबी; ~**विज्ञान** (पु०) रक्त संबंधी ज्ञान; ~**वीज** (पु०) अनार; ~**शर्करा** (स्त्री०) रक्त में निहित शर्करा का तत्त्व, ब्लड शुगर; ~**शून्य** (वि०) *चि०* बिना खून का; ~**शोषण** (पु०) खून चूसना (जैसे-कीट पतंगों द्वारा रक्त शोषण); ~**श्वेताणुमयता** (स्त्री०) *चि०* खून में सफ़ेद कणों का होना; ~**संचार** (पु०) 1 रक्त स्राव 2 रक्त परिभ्रमण; ~**संबंध** (पु०) पारिवारिक संबंध, कुलगत संबंध; ~**संसर्ग** (पु०) खून का संबंध; ~**सिंचित** (वि०) रक्त से सींचा हुआ, जी जान से पोषित (जैसे-रक्त सिंचित संतान); ~**स्तंभन** (पु०) रक्त रोकना; ~**स्राव** (पु०) रक्त बहना; ~**हीन** (वि०) 1 बिना खून का 2 जो लाल न हो (जैसे-रक्त हीन पुष्प) 3 उदास, प्रेम रहित (जैसे-रक्तहीन नेत्र) 4 काँतिहीन, शोभा रहित (जैसे-रक्तहीन मुखमंडल)

रक्तप–*सं०* (वि०) लहू पीनेवाला

रक्तपा–*सं०* (स्त्री०) 1 जोंक 2 डाकिनी

रक्तांग–*सं०* (वि०) लाल अंगवाला

रक्ताक्त–*सं०* (वि०) 1 लाल रंग में रंगा हुआ 2 खून से भरा

रक्ताक्ष–*सं०* (वि०) लाल आँखोंवाला

रक्तातिसार–*सं०* (पु०) *चि०* खून के दस्त होने का रोग

रक्ताधान–*सं०* (पु०) = रक्त क्षेपण

रक्ताभ–*सं०* (वि०) = रक्तिम

रक्तार्श–*सं०* (पु०) खूनी बवासीर

रक्ताल्पता–*सं०* (स्त्री०) = रक्त क्षीणता

रक्तावरोधक–*सं०* (वि०) रक्त रोकनेवाला

रक्तासेचन–*सं०* (पु०) = रक्त मोचन

रक्ति–*सं०* (स्त्री०) 1 अनुराग, प्रेम 2 घुँघची, रत्ती

रक्तिम–*सं०* (वि०) ललाई लिए हुए, लाल

रक्तिमा–*सं०* (स्त्री०) ललाई, लाली

रक्तिमामय–*सं०* (वि०) लालिमा युक्त

रक्तोत्पल–*सं०* (पु०) लाल कमल

रक्तोपदंश–*सं०* (पु०) आतशक रोग

रक्तोपल–*सं०* (पु०) लाल (क़ीमती पत्थर)

रक्ष–*सं०* (पु०) 1 रक्षक, रखवाला 2 रक्षा, रखवाली, हिफ़ाज़त

रक्षक–*सं०* (पु०) 1 रक्षा करनेवाला (जैसे-धर्म रक्षक, अंग रक्षक) 2 पहरेदार (जैसे-दुर्ग का रक्षक) 3 पालन पोषण करनेवाला (जैसे-संरक्षक)। ~**दल** (पु०) रक्षक समूह; ~**पाँत** *+ हिं०* (स्त्री०) रक्षकों की पंक्ति; ~**वर्ग** (पु०) = रक्षा सैन्य दल

रक्षण–*सं०* (पु०) 1 रक्षा करना, रखवाली 2 पालन पोषण करना (जैसे-संरक्षण) 3 रक्षक

रक्षणीय–*सं०* (वि०) रक्षा किए जाने योग्य

रक्षा–*सं०* (स्त्री०) 1 हिफ़ाज़त, बचाव, सुरक्षा (जैसे-संकट से रक्षा, घर की रक्षा, देश की रक्षा आदि) 2 विशेष अवसर पर बाँह, कलाई पर बाँधा जानेवाला धागा, सूत्र (जैसे-रक्षा बंधन) 3 कवच। ~**कवच** (पु०) तंत्र मंत्र विधि से बनाया गया यंत्र (जैसे-रक्षा कवच पहनना); ~**कारी** (वि०) रक्षा करनेवाला; ~**क्षमता** (स्त्री०) रक्षा करने की सामर्थ्य, शक्ति; ~**क्षेत्र** (पु०) वह क्षेत्र जिसकी रक्षा की जाए; ~**ख़र्च** *+ फ़ा०* (पु०) रक्षा पर होनेवाला व्यय; ~**गृह** (पु०) 1 चौकी (जैसे-सैनिक रक्षा गृह) 2 सूतिका गृह, जच्चा ख़ाना 3 विश्राम भवन; ~**टुकड़ी** *+ हिं०* (स्त्री०) रक्षक दल; ~**पंक्ति, ~पंक्ति रेखा** (स्त्री०) वह सीमा जहाँ बचाव के लिए सैनिक नियुक्त होते हैं; ~**पति** (पु०) नगरवासियों का रक्षक, नगर का एक प्राचीन रक्षा अधिकारी; ~**पाँत** *+ हिं०* (स्त्री०) = रक्षा पंक्ति; ~**पुरुष** (पु०) पहरेदार, प्रहरी; ~**फ़ौज** *+ अ०* (स्त्री०) रक्षा करनेवाली सेना, रक्षक दल; ~**बंधन** (पु०) 1 रक्षा सूत्र बाँधना 2 श्रावण शुक्ला पूर्णिमा को होनेवाला एक हिंदू त्योहार (जैसे-आज रक्षा बंधन का पर्व है); ~**भूषण** (पु०) = रक्षा कवच; ~**मंगल** (पु०) भूत प्रेतादि बाधा से बचने हेतु किया जानेवाला अनुष्ठान; ~**मंत्रालय** (पु०) रक्षा विभाग; ~**मंत्री** (पु०) रक्षा विभाग का मंत्री; ~**मणि** (पु०) ग्रह के प्रकोप से बचने के लिए धारण किया जानेवाला रत्न; ~**मेडल** *+ अं०* (पु०) रक्षा में वीरता दिखाने का पदक; ~**रत्न** (पु०) = रक्षा मणि; ~**विभाग** (पु०) रक्षा संबंधी कार्यालय; ~**व्यवस्था** (स्त्री०) रक्षा प्रबंध; ~**शक्ति** (स्त्री०) = रक्षा क्षमता; ~**सचिव** (पु०) रक्षा मंत्रालय का सेक्रेटरी; ~**सूत्र** (पु०) राखी; ~**सैन्य दल** (पु०) = रक्षा फ़ौज, रक्षक दल

रक्षात्मक–*सं०* (वि०) रक्षा से संबद्ध (जैसे-रक्षात्मक उद्देश्य)

रक्षापेक्षक–*सं०* (पु०) 1 पहरेदार, प्रहरी 2 अभिनेता

रक्षिक–*सं०* (पु०) 1 रक्षक 2 पहरेदार, संतरी

रक्षित–*सं०* (वि०) 1 रक्षा किया हुआ 2 पालित, पोषित 3 सँभालकर रखा हुआ (जैसे-रक्षित संपत्ति, रक्षित हथियार) 4 निश्चित किया हुआ (जैसे-रक्षित सेना, रक्षित क़ानून)

रक्षिता–*सं०* (स्त्री०) 1 रखनी, रखेली स्त्री 2 रक्षा, हिफ़ाजत

रक्षी–*सं०* (पु०) 1 रक्षक 2 पहरेदार, प्रहरी। ~**दल** (पु०) सिपाहियों का समूह, पुलिस बल

रक्ष्य–*सं०* (वि०) रक्षणीय

रक्ष्यमाण–*सं०* (वि०) रक्षा योग्य

रख–(स्त्री०) चर्रा

रखना–(स० क्रि०) 1 धरना (जैसे-मेज़ पर गिलास रखना) 2 लादना (जैसे-घोड़े पर बोझा रखना) 3 नियुक्त करना (जैसे-घर में नौकर रखना) 4 प्रस्तुत करना (जैसे-अदालत में सबूत रखना) 5 वश में करना (जैसे-मैंने सौ रुपए रख लिए

है) 6 प्रकट न करना (जैसे-मन में रखना) 7 संग्रह करना (जैसे-दूकानदार ने बहुत सा धन रखा है) 8 व्यवस्था करना (जैसे-बँगले में बारात को रखना) 9 बंधक में देना, गिरवी में देना (जैसे-ज़ेवर रखकर रुपये लाना) 10 रखैल, उपपत्नी के रूप में ग्रहण करना (जैसे-विधवा होकर भी नौकर को रखना) 11 रक्षा करना (जैसे-उसने लड़के को छिपा रखा है) 12 धारण करना (जैसे-आशा रखना) 13 आश्रित करना (जैसे-दीवारों में छत रखना)

रखनी–(स्त्री०) रखेली, सुरैतिन

रख रखाव–(पु०) 1 रक्षा, हिफ़ाज़त 2 मर्यादा, परंपरा आदि का उचित निर्वाह 3 पालन पोषण (जैसे-रख रखाव की ज़िम्मेदारी)

रखवाई–(स्त्री०) 1 रखवाली, चौकीदारी 2 रखवाली करने की मज़दूरी

रखवाना–(स० क्रि०) 1 रखने का काम कराना 2 रखने को विवश करना

रखवाला–(पु०) 1 पहरेदार, चौकीदार 2 दूसरे के सामान की रक्षा करनेवाला

रखवाली–(स्त्री०) 1 रखनेवाले का काम, हिफ़ाज़त 2 चौकीदारी, पहरेदारी

रखाई–(स्त्री०) 1 रखवाली 2 रखवाली के बदले में मिलनेवाला पारिश्रमिक

रखाना–(स० क्रि०) रखने का काम कराना

रखियाना–(स० क्रि०) 1 राखी लगाना 2 राखी लगाकर साफ़ करना

रखैया–(वि०) 1 रखनेवाला 2 रक्षा करनेवाला, रक्षक

रखैल–(स्त्री०) रखनी

रखैली–(स्त्री०) उपपत्नी, सुरैतिन

रखौंत, रखौंना–(पु०) गोचर भूमि, चरी

रग–*फ़ा०* (स्त्री०) शरीर की नस, नाड़ी। ~**पट्टा** + *हिं०* (पु०) असल नसल इत्यादि का पता होना; ~**रेशा** (पु०) 1 असल नसल 2 पत्तियों की नसें 3 शरीर के भीतरी अंग; ~**उतरना** 1 ज़िद दूर होना 2 क्रोध उतरना 3 आँत उतरना; ~**खड़ी होना** नस फूल जाना; ~**चढ़ना** 1 क्रोध आना 2 हठ के वश होना; ~**दबना** 1 डरना 2 दबाव मानना; ~**पहिचानना** भेद जानना; ~**पाना** असल बात मालूम करना; ~**फड़कना** अनिष्ट की आशंका होना, माथा ठनकना; ~**मिलना** रहस्य ज्ञात होना; ~**रग फड़कना** उत्साह, आवेश के लक्षण प्रकट होना; ~**रग में** सारे शरीर में; ~**रग से वाक़िफ़ होना** पूरी तरह जानना; **रगें निकल जाना** अत्यंत दुबला-पतला होना

रगड़–(स्त्री०) 1 रगड़ने का काम 2 रगड़े जाने का भाव 3 रगड़ जाने से लक्षित चिह्न 4 कठिन परिश्रम (जैसे-नौकरी के लिए रगड़ करना) 5 झगड़ा, तक़रार (जैसे-रगड़-झगड़) 6 धक्का (जैसे-भीड़ में रगड़ खाना)। ~**झगड़** (स्त्री०)लड़ाई झगड़ा

रगड़ना–I (अ० क्रि०) अत्यंत श्रम करना II (स० क्रि०) 1 बार-बार दबाते हुए चलाना (जैसे-एड़ी रगड़ना) 2 पीसना (जैसे-भाँग रगड़ना) 3 निरंतर परिश्रमपूर्वक काम करना (जैसे-क़लम रगड़ना) 4 निरंतर अभ्यास करना 5 परेशान करना 6 संभोग करना

रगड़ा–(पु०) 1 रगड़, घर्षण 2 अति परिश्रम 3 झगड़ा, वैर विरोध। ~**झगड़ा** (पु०) रगड़ झगड़, लड़ाई झगड़ा

रगड़ान–(स्त्री०) रगड़ने का काम, रगड़ा

रगड़ी–(वि०) लड़ाई झगड़ा करनेवाला, झगड़ालू

रगण–(पु०) ऐसा वर्ण समूह जिसमें क्रमशः गुरु लघु गुरु वर्ण ऽ।ऽ हों

रग़बत–*अ०* (स्त्री०) 1 इच्छा, कामना 2 रुचि, प्रवृत्ति 3 ख़्वाहिश, आरज़ू

रगाना–I (अ० क्रि०) *बो०* 1 चुप होना 2 शांत होना II (स० क्रि०) 1 चुप कराना 2 शांत कराना

रगी–(स्त्री०) एक तरह का मोटा अनाज

रगीला–(वि०) हठी, जिद्दी

रगेदना–(स० क्रि०) 1 धक्का देकर दूर हटाना 2 भगाना, खदेड़ना

रघु–*सं०* (पु०) 1 सूर्यवंशी राजा दिलीप के पुत्र और श्री राम के परदादा 2 रघु के वंश में उत्पन्न व्यक्ति। ~**नाथ** (पु०) श्री रामचंद्र; ~**वंश** (पु०) 1 महाराज रघु का ख़ानदान 2 कालिदास द्वारा रचित एक प्रसिद्ध महाकाव्य

रचक–*सं०* (पु०) रचयिता

रचन–*सं०* (पु०) = रचना II

रचना–I (स० क्रि०) 1 तैयार करना, बनाना 2 स्वरूप स्थिर करना 3 प्रस्तुत करना (जैसे-पुस्तक रचना) 4 उत्पन्न करना 5 अनुष्ठान करना, ठानना 6 सजाना सँवारना (जैसे-वेणी रचना) 7 उचित क्रम में लगाना

रचना–II *सं०* (स्त्री०) 1 निर्माण (जैसे-फूल की रचना) 2 बनावट (जैसे-भवन, मकान की रचना) 3 कृति (जैसे-कवि की रचना) 4 सजावट (जैसे-केश रचना) 5 विशेष कौशल, चमत्कार। ~**कार** (पु०) = रचयिता; ~**काल** (पु०) रचना का समय; ~**कौशल** (पु०) रचना की निपुणता; ~**विधान** (पु०) रचना के नियम; ~**शैली** (स्त्री०) रचना ढंग

रचना–III (अ० क्रि०) 1 प्रेम में फँसना, अनुरक्त होना 2 रँगा जाना 3 सुंदर रूप में प्रस्तुत होना, फबना (जैसे-हाथ पैर में मेंहदी रचना)

रचनात्मक–*सं०* (वि०) रचना से संबद्ध (जैसे-रचनात्मक कार्य)

रचनावली–*सं०* (स्त्री०) रचनाओं की पुस्तक (जैसे-निबंध रचनावली)

रचयिता–*सं०* (वि०) रचना करनेवाला

रचयित्री–*सं०* (स्त्री०) रचना करनेवाली महिला

रचवाना–(स० क्रि०) 1 रचना कार्य कराना 2 रँगवाना

रचाना–(स० क्रि०) 1 आयोजन करना (जैसे-शादी रचाना) 2 रँगाना 3 लगाना (जैसे-मेंहदी रचाना)

रचित–*सं०* (वि०) बनाया हुआ, निर्मित

रच्छा–*बो०* (स्त्री०) = रक्षा

रज–I *सं०* (पु०) स्त्रियों का मासिक रक्तस्राव II *सं०* (पु०) 1 गर्द, धूल (जैसे-रज कण) 2 पराग 3 ज्योति। ~**कण** (पु०) 1 धूलिकण 2 रजः कण, गर्द

रजक–*सं०* (पु०) धोबी

रजत–I *सं०* (पु०) चाँदी II (वि०) 1 चाँदी के रंग का,

उज्वल 2 चाँदी का बना। ~**जयंती** (स्त्री०) 25वीं वर्षगाँठ; ~**पट** (पु०) चलचित्र का पर्दा; ~**पदक** (पु०) चाँदी का तमगा (मेडल) ~**पात्र** (पु०) चाँदी का बर्तन

रजतमय–*सं०* (वि०) चाँदी का बना

रजताचल–*सं०* (पु०) चाँदी का पहाड़

रजन–*अं०* (स्त्री०) राल नामक गोंद

रजना–(अ० क्रि०) 1 रँगा जाना 2 रंग में डुबाया जाना II (स० क्रि०) 1 रंग से युक्त करना, रँगना 2 रंग में डुबाना

रजनी–*सं०* (स्त्री०) रात। ~**कर** (पु०) चंद्रमा; ~**गंधा** (स्त्री०) 1 रात में ख़ुशबू देनेवाला एक पुष्पवृक्ष 2 रातरानी; ~**चर** I (वि०) रात में चलनेवाला II (पु०) 1 राक्षस 2 चंद्रमा; ~**जल** (पु०) 1 ओस 2 कोहरा; ~**मुख** (पु०) संध्या

रजपूती–*बो०* (स्त्री०) 1 वीरता 2 राजपूत होने का भाव

रजबहा–(पु०) = राजबहा

रजवंती, रजवती–(वि०) = रजस्वला

रजवाड़ा–(पु०) 1 देशी रियासत 2 राजा

रजस्, रजस् गुण–*सं०* (पु०) भोग विलास की वृत्ति

रजस्वला–*सं०* (वि०/स्त्री०) 1 प्रवाहित रजवाली, ऋतुमती 2 गँदला और मटमैला

रज़ा–*अ०* (स्त्री०) 1 इच्छा, मरज़ी 2 आज्ञा, अनुमति 3 छुट्टी, रुख़सत 4 प्रसन्नता। ~**कार** + *फ़ा०* (पु०) स्वयं सेवक; ~**मंद** + *फ़ा०* (वि०) राज़ी, सहमत; ~**मंदी** + *फ़ा०* (स्त्री०) सहमति

रज़ाई–*फ़ा०* (स्त्री०) छोटा लिहाफ़, दुलाई

रजायस–(स्त्री०) 1 राजा की आज्ञा 2 आदेश, आज्ञा 3 अनुमति

रजिया–I (स्त्री०) 1 डेढ़ सेर का बाँट 2 डेढ़ सेर मान, नापने का डेढ़ सेर का मान

रजिया–II (स्त्री०) दूध शरीक बहन

रजिस्टर–*अं०* (पु०) 1 आय व्यय आदि लिखने की बही, पंजीयन 2 उपस्थिति बही (जैसे-हाज़िरी का रजिस्टर)। ~**शुदा** + *फ़ा०* (वि०) = रजिस्टर्ड

रजिस्टरी–I *अं०* + *हिं०* (स्त्री०) 1 पंजीकृत करना 2 रजिस्टर पर चढ़वाना II (स्त्री०) डाक से पत्र भेजने का एक ढंग

रजिस्टर्ड–*अं०* (वि०) पंजीकृत

रजिस्ट्रार–*अं०* (पु०) 1 विधिक लेख्यों को राजकीय पंजियों में निबंधित करनेवाला अधिकारी 2 विश्वविद्यालय कार्यालय का प्रधान अधिकारी

रजिस्ट्री– I *अं०* + *हिं०* (स्त्री०) = रजिस्टरी

रजिस्ट्री–II *अं०* (स्त्री०) = रजिस्टरीII। ~**शुदा** + *फ़ा०* (वि०) = रजिस्टर्ड

रजिस्ट्रेशन–*अं०* (पु०) रजिस्ट्री

रज़ील–*अ०* (वि०) अधम, कमीना, नीच

रजोगुण–*सं०* (पु०) = रजस् गुण, भोग विलास और राजसी ठाठ बाठ

रजोदर्शन–*सं०* (पु०) पहली बार स्त्री का रजस्वला होना

रजोधर्म–*सं०* (पु०) स्त्रियों का मासिक धर्म

रजोनिवृत्ति–*सं०* (स्त्री०) सदा के लिए मासिक धर्म का बंद हो जाना

रजोविरति–*सं०* (स्त्री०) *चि०* मासिक धर्म का बंद होना

रज्जु–*सं०* (स्त्री०) डोरी, रस्सी। ~**मार्ग** (पु०) रस्सी से बनाया गया रास्ता

रज़्ज़ाक–I *अ०* (त्रि०) रोज़ी देनेवाला, अन्नदाता II (पु०) ईश्वर, अल्लाह

रज्जु–*सं०* (स्त्री०) रस्सी

रज़्म–*फ़ा०* (स्त्री०) लड़ाई, युद्ध

रटंत, रट–(स्त्री०) बार-बार पढ़ना, रटाई

रटन–I (स्त्री०) रट लगाना II (पु०) ज़ोर-ज़ोर से बोलना, कहना

रटना–(स० क्रि०) बार-बार ज़ोर-ज़ोर से जल्दी-जल्दी उच्चारण करना (जैसे-अंग्रेज़ी का माने रटना)

रटाना–(स० क्रि०) रटने में प्रवृत्त करना

रटा रटाया–(वि०) कंठस्थ

रटित–(वि०) 1 रटा हुआ 2 जो रटा जा रहा हो

रट्टू–(वि०) रटनेवाला (जैसे-रट्टू तोता)

रठ–*बो०* (वि०) रूखा, शुष्क

रड़क–(स्त्री०) 1 चुभने और पीड़ा देने का भाव 2 हलका दर्द, कसक

रड़कना–(अ० क्रि०) 1 हलका दर्द होना 2 चुभनेवाली वस्तु कष्टदायक अनुभूति होना

रड़काना–(स० क्रि०) धक्का देकर निकालना

रडार–*अं०* (पु०) किसी वस्तु की स्थिति जानने का एक यंत्र

रढ़िया–I *बो०* (स्त्री०) साधारण देशी कपास

रढ़िया–II (वि०) हठी, ज़िद्दी

रण–*सं०* (पु०) युद्ध, संग्राम (जैसे-घमासान रण होना)। ~**कामी** (वि०) = रण प्रिय; ~**कारी** (वि०) युद्ध करनेवाला; ~**कौशल** (पु०) युद्ध की चतुराई; ~**क्षेत्र** (पु०) युद्धभूमि ~**क्षेत्री**, ~**क्षेत्रीय** (वि०) युद्ध भूमि का (जैसे-रण क्षेत्रीय तोप); ~**चंडी** (स्त्री०) मारकाट करानेवाली देवी; ~**नीति** (स्त्री०) युद्ध के नीति नियम; ~**नीतिक** (वि०) रण नीति का; ~**पोत** (पु०) लड़ाई का जहाज़; ~**प्रशिक्षण** (पु०) युद्ध की शिक्षा देना; ~**प्रिय** (वि०) युद्ध का प्रेमी, युद्ध करनेवाला; ~**बाँकुरा** + *हिं०* (पु०) योद्धा; ~**भूमि** (स्त्री०) = रण क्षेत्र; ~**मत्त** (वि०) युद्ध में मस्त; ~**मद** (पु०) युद्ध का नशा; ~**रंग** (पु०) युद्ध का मज़ा; ~**लक्ष्मी** (स्त्री०) = विजय लक्ष्मी; ~**लोलुप** (वि०) रण की इच्छा करनेवाला; ~**वाद्य** (पु०) युद्ध का बाजा; ~**संकुल** (पु०) घमासान युद्ध; ~**सज्जा** (स्त्री०) युद्ध की तैयारी; ~**सहाय** (पु०) युद्ध में सहायक, मित्र; ~**सामग्री** (स्त्री०) युद्ध के सामान (जैसे-बंदूक, तोप, भाला आदि); ~**सिंघा** + *हिं०* (पु०) तुरही नामक बाजा; ~**स्तंभ** (पु०) विजय का स्मारक; ~**स्थल** (पु०) = रण क्षेत्र; ~**हुंकार** (पु०) युद्ध की ललकार

रणत्कार–*सं०* (पु०) झनझनाहट

रणन–*सं०* (पु०) बजाना

रणांगण–*सं०* (पु०) = रण क्षेत्र

रणाभिलाषी–*सं०* (वि०) = रण प्रिय

रत–I *सं०* (पु०) 1 मैथुन, प्रसंग 2 प्रीति, प्रेम II (वि०) मनोयोग से लगा हुआ, आसक्त (जैसे-कार्य रत, प्रेम रत)

रतजगा–(पु०) रात में होनेवाला जागरण
रतन–(पु०) = रत्न
रतनारा–(वि०) लाल रंग का; सुर्ख
रतनारी–I (पु०) एक प्रकार का धान II (स्त्री०) लाली, सुर्ख़ी
रत हिंडक–*सं०* (पु०) 1 स्त्रियाँ चुरानेवाला व्यक्ति 2 कामुक और लंपट व्यक्ति
रता–*बो०* (स्त्री०) भुकड़ी
रतार्थी–*सं०* (पु०) लंपट, कामी
रतालू–(पु०) 1 पिंडालू 2 बराही कंद
रति–*सं०* (स्त्री०) 1 रत होने का भाव 2 आनंद, तृप्ति (जैसे-प्रेम रति, काम रति) 3 *साहि०* शृंगार रस का स्थायी भाव 4 संभोग, मैथुन (जैसे-सृष्टि रति प्रधान है) 5 प्रेम, प्रीति (जैसे-रतिमय, रतिमग्न) 6 शोभा, छवि (जैसे-आनंद रति, रतिमय दृश्य)। ~**कर** I (वि०) 1 आनंद वर्द्धक 2 प्रेम वर्द्धक II (पु०) कामुक और लंपट व्यक्ति; ~**कर्म** (पु०) संभोग; ~**कलह** (पु०) मैथुन, संभोग; ~**कुहर** (पु०) योनि, भग; ~**केलि** (स्त्री०) मैथुन, संभोग; ~**क्रिया** (स्त्री०) समागम क्रिया, मैथुन; ~**ज्ञ** (पु०) 1 रति क्रिया में चतुर व्यक्ति 2 स्त्रियों को प्रेम में फँसाने की कला में चतुर व्यक्ति; ~**तस्कर** (पु०) = रति हिंडक; ~**पति** (पु०) कामदेव; ~**प्रिय** I (वि०) कामुक II (पु०) कामदेव; ~**प्रीता** (स्त्री०) 1 कामिनी 2 रति से आनंदित स्त्री; ~**बंध** (पु०) संभोग के समय का आसन; ~**भवन** (पु०) रति संबंधी कमरा; ~**भाव** (पु०) 1 स्त्री और पुरुष का आपस का प्रेम 2 प्रेम, प्रीति; ~**मंदिर** (पु०) रति भवन; ~**मदा** (स्त्री०) अप्सरा; ~**रमण** (पु०) 1 रति क्रीड़ा, मैथुन 2 कामदेव; ~**राज** (पु०) कामदेव; ~**शक्ति** (स्त्री०) संभोग शक्ति; ~**साधन** (पु०) पुरुष लिंग
रतिगर–*बो०* (अ०) प्रातः काल, सबेरे
रतून–(पु०) पेड़ी का गन्ना
रतौंधी–(स्त्री०) *चि०* रात में न दिखाई पड़ने का नेत्र संबंधी रोग
रत्ती–I (स्त्री०) 1 माशे के आठवें अंश के बराबर की एक तौल 2 इस तौल का बटखरा II (वि०) बहुत ही थोड़ा
रत्थी–(स्त्री०) अरथी
रत्न–*सं०* (पु०) 1 बहुमूल्य और चिकना पदार्थ (जैसे-हीरा, पन्ना, माणिक आदि) 2 अपने वर्ग, जाति में श्रेष्ठ, उत्तम (जैसे-सभा का रत्न, ग्रंथ रत्न) 3 धन (जैसे-पुत्र रत्न)। ~**कार** (पु०) जौहरी; ~**जटित** (वि०) रत्न जड़ा हुआ (जैसे-रत्न जटित मुकुट); ~**धर** (वि०) धनवान, अमीर; ~**माला** (स्त्री०) रत्नावली; ~**राशि** (स्त्री०) रत्नों का समूह; ~**शाला** (स्त्री०) रत्नों के रखने का स्थान; ~**शिल्पी** (पु०) रत्नकार
रत्नाकर–*सं०* (पु०) 1 रत्नों की खान 2 समुद्र, सागर
रत्नाधिपति–*सं०* (पु०) कुबेर
रत्नाभूषण–*सं०* (पु०) रत्न का बना आभूषण
रत्नावली–*सं०* (स्त्री०) 1 रत्नों की श्रेणी 2 रत्नों की माला 3 *साहि०* एक अर्थालंकार जिसमें बात को श्लिष्ट शब्दों में कहने से प्रस्तुत अर्थ के अलावा अन्य अर्थ भी ज़ाहिर होता हो (जैसे-आप चतुरास्य, लक्ष्मीपति और सर्वज्ञ हैं)
रथ–*सं०* (पु०) एक तरह की प्राचीन गाड़ी, बहल (जैसे-रथ में घोड़े जोतना)। ~**कार** (पु०) रथ बनानेवाला कारीगर; ~**महोत्सव** (पु०), **रथ यात्रा** (स्त्री०) आषाढ़ शुक्ल द्वितीया को होनेवाला एक हिंदू पर्व (जैसे-जगन्नाथ की रथ यात्रा); ~**वाह** (पु०) 1 सारथि 2 घोड़ा; ~**शाला** (स्त्री०) रथ रखने का स्थान
रथवान्–*सं०* (पु०) सारथि
रथांग–*सं०* (पु०) 1 रथ का पहिया 2 चक्र
रथिक–*सं०* (पु०) रथ पर सवार व्यक्ति, रथी
रथी–I *सं०* (पु०) 1 योद्धा 2 रथ पर सवार व्यक्ति
रथी–II (स्त्री०) अरथी
रथोत्सव–*सं०* (पु०) = रथ यात्रा
रथ्य–*सं०* (पु०) 1 रथ में जोता जानेवाला घोड़ा 2 रथ चलानेवाला, सारथि
रथ्या–*सं०* (स्त्री०) 1 रथों का समूह 2 रथ के चलने से बना मार्ग 3 रथ चलने का मार्ग
रद–I *सं०* (पु०) दंत, दाँत। ~**दान** (पु०) दाँतों का निशान लगाना; ~**पट** (पु०) ओंठ, अधर
रद–II *अ०* (वि०) रद्द। ~**बदल** (पु०) =रद्दोबदल
रदक्षत–*सं०* (पु०) सहवास काल में दाँतों के गड़ने का निशान, दंतक्षत
रदच्छद–*सं०* (पु०) अधर, ओष्ठ, होंठ
रदन–*सं०* (पु०) दाँत, दंत
रदीफ़–*अ०* (स्त्री०) 1 घोड़े पर पीछे बैठनेवाला व्यक्ति 2 पीछे की ओर रहनेवाली सेना 3 ग़ज़ल आदि में हर क़ाफ़िए के बाद में आनेवाला शब्द या शब्द समूह। ~**वार** + *फ़ा०* (क्रि० वि०) 1 रदीफ़ के अनुसार 2 अक्षर क्रम से
रद्द–*अ०* (वि०) 1 बदला हुआ 2 ख़राब, निकम्मा 3 बेकार किया गया, अनुपयुक्त। ~**बदल** (पु०) उलट फेर, परिवर्तन
रद्दा–(पु०) 1 लंबाई में एक ईंट की जोड़ाई 2 गरदन पर कुहनी और कलाई के बीच की हड्डी से आघात करना (जैसे-एक रद्दा जमाना)। ~**जमाना**, ~**लगाना** ईंट की एक तह पर दूसरी तह जमाना
रद्दी–I *अ०* + *फ़ा०* (वि०) अनुपयोगी (जैसे-रद्दी सामान, रद्दी कपड़ा) II (स्त्री०) पुराने और बेकार के काग़ज़ (जैसे-रद्दी बेचना) ~**खाना** + *फ़ा०* (पु०) रद्दी रखने का स्थान
रद्दोबदल–*अ०* + *फ़ा०* + *अ०* (पु०) उल्टा-पल्टी, झगड़ा-टंटा
रन–*अं०* (पु०) क्रिकेट के खेल में बल्लेबाज़ द्वारा एक सिरे से दूसरे सिरे तक लगाई जानेवाली दौड़। ~**बाँकुरा** (पु०) योद्धा; ~**संख्या** + *सं०* (स्त्री०) बल्लेबाज़ द्वारा लगाए रन की संख्या, योग (जैसे-उस खिलाड़ी ने सौ रन बनाए)
रनर–*अं०* (पु०) दौड़ाक। ~**अप** (पु०) विजय में दूसरे स्थान पर आनेवाला
रनवास–(पु०) रानियों का महल, अंतःपुर
रनवे–*अं०* (पु०) दौड़पथ, धावन पथ
रनिवास–(पु०) = रनवास
रपट–I (स्त्री०) 1 रपटने का भाव 2 फिसलने की जगह 3 तेज़ चलने की क्रिया
रपट–II *अं०* (स्त्री०) रिपोर्ट

रपटना–(अ० क्रि०) 1 फिसलना, सरकना 2 जल्दी जल्दी चलना

रपटाना–(स० क्रि०) 1 रपटने में प्रवृत्त करना 2 जल्दी से पूरा करना

रपटा रपटी–(स्त्री०) 1 झपटा झपटी 2 जल्दी

रपटीला–(वि०) फिसलनेवाला

रपट्टा–(पु०) 1 फिसलन, फिसलाव 2 चपेट, झपट्टा 3 दौड़ धूप

रफ़–*अं०* (वि०) 1 खुरदरा (जैसे-रफ़ धरातल) 2 नमूने के तौर पर बनाया गया (जैसे-रफ़ फ़ोटो, रफ़ लिखावट)

रफ़ता रफ़ता–*फ़ा०* (क्रि० वि०) धीरे-धीरे

रफल–I *अं०* (पु०) एक तरह की ऊनी मोटी चादर

रफल–II *अं०* (स्त्री०) रायफ़ल

रफ़ा–*अ०* (वि०) 1 हटाया हुआ 2 मिटाया हुआ 3 समाप्त ~**दफ़ा** (वि०) 1 फ़ैसला करना 2 ख़त्म करना 3 तयशुदा बात 4 फ़ैसला

रफ़ाक़त–*अ०* (स्त्री०) 1 संग 2 मेल जोल 3 वफ़ादारी 4 एकता

रफ़ू–*अ०* (पु०) जले या फटे कपड़े के छोटे सुराख़ में तागे भरकर बराबर करना, जाली लगाना। ~**गर** + *फ़ा०* (पु०) रफ़ू करनेवाला कारीगर; ~**गरी** + *फ़ा०* (स्त्री०) रफ़ू करने का काम; ~**चक्कर** + *हिं०* (वि०) चंपत, गायब

रफ़्तनी–I + *फ़ा०* (स्त्री०) 1 जाने का भाव 2 निकासी, निर्यात II (वि०) जानेवाला

रफ़्तार–*फ़ा०* (स्त्री०) 1 गति, चाल 2 प्रगति (जैसे-पढ़ने की रफ़्तार) 3 दशा, हालत। ~**गुफ़्तार** (स्त्री०) चाल चलन, तौर तरीका

रफ़्ता-रफ़्ता–*फ़ा०* (अ०) = रफ़ता रफ़ता

रब–*अ०* (पु०) 1 ईश्वर 2 मालिक

रबड़–*अं०* (पु०) 1 एक वृक्ष के रस को पकाकर बनाया जानेवाला एक लचीला पदार्थ 2 रबड़ की बनी वस्तु। ~**उद्योग** + *सं०* (पु०) रबड़ का काम, धंधा; ~**छंद** + *सं०* (पु०) मात्रा आदि के बंधन से मुक्त छंद

रबड़ना–I (अ० क्रि०) घूमना, चलना II (स० क्रि०) 1 घुमाना, चलाना 2 फेंटना 3 अधिक परिश्रम करना

रबड़ा–*अ०* + *हिं०* (पु०) = रबड़

रबड़ी–(स्त्री०) गाढ़ा किए गए दूध का लच्छेदार रूप। ~**मलाई** (स्त्री०) देशी आइसक्रीम

रबदा–(पु०) 1 बार-बार आने जाने से होनेवाला श्रम 2 कीचड़

रबर–*अं०* (पु०) रबड़

रबाब–*अ०* (पु०) एक तरह की सारंगी

रबाबिया–*अ०* + *हिं०* (पु०) रबाब बजानेवाला

रबी–*अ०* (स्त्री०) 1 वसंत ऋतु 2 वसंत ऋतु की फ़सल

रब्त–*अ०* (पु०) 1 अभ्यास, मश्क, मुहावरा 2 संबंध, रिश्ता। ~**ज़ब्त** (पु०) 1 मेल-जोल 2 आमद रफ़्त 3 ज़ब्त करना 4 निरोध करना

रब्बा–*फ़ा० बो०* (पु०) तोपख़ाने की गाड़ी

रब्बानी–*अ०* (वि०) ईश्वरीय

रभस–I *सं०* (पु०) 1 आवेश 2 औत्सुक्य 3 वेग 4 शोक, अनुताप 5 मिलन 6 हर्ष 7 प्रबल कामना II (वि०) 1 वेग युक्त 2 प्रबल 3 हर्ष युक्त

रम–*अं०* (पु०) विलायती शराब

रमक–I (स्त्री०) 1 तरंग, लहर 2 पेंग

रमक–II *सं०* (पु०) 1 प्रेम पात्र 2 प्रेमी 3 उपपति

रमक़–*अ०* (स्त्री०) 1 अंतिम श्वास 2 अंतिम जीवन 3 नशे का असर 4 थोड़ा सा अंश

रमकना–I (अ० क्रि०) 1 हिंडोले पर झूलना, पेंग मारना 2 झूमते हुए चलना II (अ० क्रि०) प्रभाव दिखाई देना

रमचेरा–(पु०) सेवक, टहलुआ

रमज़ान–*अ०* (पु०) 1 अरबी वर्ष का नवाँ महीना, रोज़ा का महीना

रमज़ानी–*अ०* (वि०) 1 रमज़ान का 2 रमज़ान में उत्पन्न

रमझोला–(पु०) घुंघरू, नूपुर

रमण–I *सं०* (पु०) 1 मन प्रसन्न करने की क्रिया, क्रीड़ा, विलास 2 स्त्री प्रसंग, मैथुन (जैसे-स्त्री रमण) 3 घूमना फिरना, विहार 4 स्त्री का पति 5 कामदेव (जैसे-रमण देव, रमण स्वामी) II (वि०) 1 विहार करनेवाला 2 रमण के योग्य 3 प्रिय (जैसे-रमण दृश्य, रमण भाव)

रमणी–*सं०* (स्त्री०) 1 युवती और सुंदर स्त्री (जैसे-रमणी के साथ विलास करना) 2 औरत, नारी (जैसे-रमणी की करुण कथा) 3 सुगंध बाला

रमणीक–(वि०) मनोहर (जैसे-रमणीक स्थान)

रमणीय–*सं०* (वि०) 1 रमण योग्य (जैसे-रमणीय कुंज) 2 सुंदर। ~**ता** (स्त्री०) 1 रमणीय होने का भाव 2 सुंदरता

रमण्या–*सं०* (स्त्री०) नारी

रमता–(वि०) घूमता फिरता (जैसे-रमता जोगी बहता पानी)

रमना–I (अ० क्रि०) 1 रमण करना 2 ठहरना 3 मज़ा लेना 4 रति क्रीड़ा करना (जैसे-अधिक रमना स्वास्थ्य के लिए अहितकर है) 5 अनुरक्त या लीन होना (जैसे-प्यार में रमना) 6 चक्कर लगाना, घूमना फिरना (जैसे-जोगी का गाँव में रमना) 7 व्याप्त होना (जैसे-आत्मा का सभी प्राणियों में रमना) 8 प्रसन्न होना (जैसे-मन का रमना) II (पु०) 1 चरागाह 2 उपवन

रमल–*अ०* (पु०) 1 पासे की बिंदियों की गणना के आधार पर किया गया घटना संबंधी भविष्य कथन 2 इस प्रकार के कथन से संबंधित ज्ञान

रमा–*सं०* (स्त्री०) लक्ष्मी (जैसे-रमापति)। ~**कांत** (पु०) विष्णु

रमात्मक–*सं०* (वि०) रमा संबंधी। ~**ता** (स्त्री०) रमात्मक भाव

रमाना–(स० क्रि०) 1 रमण कराना 2 अनुरक्त बनाना, लुभाना (जैसे-प्रेम में रमाना) 3 अनुकूल बनाना (जैसे-नायिका ने रूठे नायक को रमा लिया) 4 संयुक्त करना, लगाना (जैसे-काम में मन रमाना) 5 लगाना, पोतना (जैसे-भभूत रमाना)

रमूज़–*अ०* (स्त्री०) 1 इशारा 2 कटाक्ष 3 पहेली 4 भेद, रहस्य

रमेश–*सं०* (पु०) विष्णु

रमैती–(स्त्री०) 1 काम करने के बदले काम करने की प्रथा 2 इस प्रकार के काम में लगा समय, दिन

रम्ज़–*अ०* (स्त्री०) = रमूज़

रम्माल–*अ०* (पु०) रमल विद्या का ज्ञाता
रम्य–*सं०* (वि०) रमणीय (जैसे-रम्य दृश्य)
रम्या–(स्त्री०) रात
रम्हाना–(अ० क्रि०) रभाँना
रय–I *बो०* (पु०) धूल, रज
रय–II *सं०* (पु०) 1 वेग, तेज़ी 2 प्रवाह, बहाव
रय्यत–*अ० बो०* (स्त्री०) प्रजा, रिआया
ररकना–(अ० क्रि०) *बो०* = रड़कना
ररा–I (वि०) 1 झगड़ालू 2 अधम नीच
रलना–(अ० क्रि०) 1 घुल मिल जाना (जैसे-दूध में चीनी रलना) 2 सम्मिलित होना (जैसे-दो दलों का रलना)
रव–*सं०* (पु०) 1 आवाज़, शब्द (जैसे-कलरव) 2 शोर गुल, होहल्ला (जैसे-जन रव)
रवकना–(अ० क्रि०) 1 तेज़ी से आगे बढ़ना 2 झपटना 3 उछलना
रवताई–(स्त्री०) 1 रावत होने का भाव 2 रावत का कर्तव्य 3 स्वामित्व, प्रभुत्व
रवन्ना–*फ़ा०* (पु०) 1 घरेलू नौकर (जैसे-अन्ना रवन्ना) 2 रवाना किए गए माल का ब्योरा लिखने का कागज़ 3 अनुमति पत्र (जैसे-चुंगी चुकाने की प्राप्त रवन्ना)
रवाँ–*फ़ा०* (वि०) 1 अभ्यस्त 2 प्रचलित 3 प्रवाहित 4 तेज़ धारवाला 5 रवाना
रवाँस–(पु०) बोड़े की जाति का एक पौधा और उसकी फली
रवा–I (पु०) 1 कण, दाना (जैसे-चीनी का रवा 2 कोणाकार या लंबोतरे टुकड़े, केलास 3 घुँघरू में आवाज़ करनेवाले दाने। ~**दार** + *फ़ा०* (वि०) रवा से युक्त
रवा–II *फ़ा०* (वि०) 1 उचित 2 प्रचलित। ~**दार** (वि०) 1 उदारचेता 2 शुभचिंतक 3 सहनशील
रवानगी–*फ़ा०* (स्त्री०) प्रस्थान
रवाना–*फ़ा०* (वि०) 1 प्रस्थित 2 भेजा गया
रवानी–*फ़ा०* (स्त्री०) 1 रवाँ होने का भाव, रवाना होना 2 बहाव 3 प्रस्थान
रवाब–*अ०* (पु०) = रबाब
रवाबिया–I (पु०) लाल बलुआ पत्थर
रवाबिया–II *अ० + हिं०* (पु०) = रबाबिया
रवायत–*अ०* (स्त्री०) = रिवायत
रवारवी–*फ़ा०* (स्त्री०) 1 शीघ्रता, जल्दी 2 भाग दौड़ 3 चल चलाव
रवि–*सं०* (पु०) सूर्य। ~**कर** (पु०) सूर्य किरण; ~**कुल** (पु०) सूर्य वंश; ~**चक्र** (पु०) = रवि मंडल; ~**तनय** (पु०) 1 यमराज 2 शनि; ~**तनया** (स्त्री०) यमुना; ~**दिन** (पु०) = रविवार; ~**मंडल** (पु०) सूर्य के चारों ओर दिखाई देनेवाला लाल मंडलाकार बिंब; ~**वार** (पु०) शनिवार और सोमवार के बीच का वार, इतवार; ~**वारीय** (वि०) रविवार का
रविश–*फ़ा०* (स्त्री०) 1 गति, चाल 2 आचार व्यवहार 3 तौर तरीका, रंग ढंग 4 शैली 5 बग़ीचे में चलने के लिए बना छोटा मार्ग
रवेदार–*हिं० + फ़ा०* (वि०) रवे के रूप में होनेवाला
रवैया–*फ़ा०* (पु०) 1 आचार व्यवहार 2 चाल चलन (जैसे-अपना रवैया बदल दो) 3 तौर तरीक़ा, रंग ढंग
रशना–(स्त्री०) 1 रस्सी 2 लगाम
रश्क–*फ़ा०* (पु०) ईर्ष्या, जलन
रशियन–I *अं०* (वि०) रूसी **II** (पु०) रूस का निवासी, रूसी **III** रूस की भाषा
रश्की–*फ़ा०* (वि०) 1 जलन से संबद्ध 2 ईर्ष्यालु 3 कुढ़न संबंधी 4 हसदवाला
रश्मि–*सं०* (स्त्री०) 1 किरण 2 बरौनी (जैसे-नेत्र रश्मि) 3 घोड़े की लगाम, बाग। ~**चित्रण** (पु०) = रेडियो चित्रण; ~**चित्र पट** (पु०) = रंगावली; ~**माली** (पु०) सूर्य
रस–*सं०* (पु०) 1 स्वाद (जैसे-भोजन का रस, फल का रस) 2 जलीय अंश (जैसे-गन्ने का रस, संतरे का रस) 3 जूस, शोरबा (जैसे-सब्ज़ी का रस, पके गोश्त का रस) 4 *साहि०* शृंगार, हास्य, करुण, वीर, वीभत्स, रौद्र भयानक, शांत और अद्‌भुत में प्रत्येक भाव (जैसे-शृंगार रस का स्थायी भाव रति है) 5 आनंद, मौज (जैसे-सिनेमा का रस लूटना, प्रेम का रस लेना) 6 सुखद तत्व (जैसे-काव्य रस) 8 प्रकार, तरह (जैसे-एक रस, सम रस) 8 प्रीति-प्रेम (जैसे-जीवन रस) 9 यौवन काल में उत्पन्न अनुराग, प्रेम (जैसे-रस में डूबना, रस की उत्पत्ति)। ~**कपूर** *हिं०* (पु०) औषधोपयोगी सफ़ेद रंग की एक धातु; ~**केलि** (स्त्री०) 1 हँसी दिल्लगी 2 क्रीड़ा, विहार; ~**खीर** (स्त्री०) मीठा भात; ~**गुल्ला** (पु०) छेने से बनाई जानेवाली एक मिठाई; ~**घन I** (वि०) अत्यधिक स्वादयुक्त **II** (पु०) कृष्ण; ~**ज** (पु०) 1 गुड़ 2 शराब की तलछट 3 रसौत; ~**ज्ञ** (वि०) 1 रस का ज्ञाता 2 काव्य रस का ज्ञाता 3 निपुण; ~**ज्ञता** (स्त्री०) रसज्ञ होने की अवस्था; ~**दार** + *फ़ा०* (वि०) रसयुक्त; ~**द्रव्य** (पु०) रासायनिक प्रक्रियाओं से बना रस; ~**पति** (पु०) चंद्रमा; ~**पाकज** (पु०) = राब; ~**पाचक** (पु०) = रसोइया; ~**पान** (पु०) 1 रस पीना 2 आनंद लेना; ~**बतियाव** (पु०) = रसवाद; ~**बत्ती** (स्त्री०) बंदूक, तोप आदि दाग़ने का पलीता; ~**भरी** + *हिं०* (स्त्री०) मकोय; ~**भस्म** (पु०) पारे का भस्म; ~**भीना** + *हिं०* (वि०) रस में डूबा; ~**मल** (पु०) शरीर से निकलनेवाला मल; ~**रंग** (पु०) 1 प्रेम रस 2 प्रेम क्रीड़ा; ~**राज** (पु०) 1 शृंगार रस 2 रसौत 3 वैद्यक में एक औषध; ~**वत्ता** (स्त्री०) 1 रसीलापन 2 माधुर्य; ~**वाद** (पु०) 1 प्रेम, आनंद की बातचीत 2 हास परिहास 3 प्रेमी प्रेमिका के बीच की बक़वास 4 *साहि०* रस का ध्यान रखते हुए साहित्य रचना करने का सिद्धांत; ~**विक्रयी** (पु०) शराब बेचनेवाला; ~**विदग्ध** (वि०) = रसज्ञ; ~ **विरोध** (पु०) 1 एक ही पद्य में होनेवाली दो परस्पर प्रतिकूल रसों की स्थिति 2 स्वाद बिगाड़ने वाले रसों का मिश्रण; ~**संप्रदाय** (पु०) रसवादी वर्ग; ~**सिद्ध** (वि०) रसाभिव्यक्ति करने में कुशल (कवि)
रसघ्न–*सं०* (पु०) सुहागा
रसद–I (वि०) 1 रस देनेवाला 2 स्वादिष्ट 3 सुख देनेवाला
रसद–II *फ़ा०* (स्त्री०) 1 खाद्य सामग्री, अनाज 2 बाँट। ~**ख़ाना** (पु०) खाद्य भंडार; ~**पानी** + *हिं०* (पु०) दाना पानी, भोजन और जल; ~**बंदी** (स्त्री०) खाद्य सामग्री का प्रबंध; ~**विभाग** + *सं०* (पु०) खाद्य विभाग

रसन–*सं०* (पु०) स्वाद लेना, आस्वादन, चखना
रसना–I (अ० क्रि०) 1 रस मग्न होना 2 खुश होना, हर्षित होना 3 टपकना 4 धीरे-धीरे बहना (जैसे-घड़े से पानी रसना)
रसना–II *सं०* (स्त्री०) जीभ, ज़बान
रसनेंद्रिय–*सं०* (स्त्री०) रस ग्रहण करने की इंद्रिय, जीभ, रसना
रसम–*अ०* (स्त्री०) = रस्म
रसमय–*सं०* (वि०) रस में डूबा। ~**मयता** (स्त्री०) रसमय होने का भाव
रसरा–(पु०) = रस्सा
रसवत्ता–*सं०* (स्त्री०) 1 रसीलापन 2 माधुर्य, मिठास 3 सुंदरता
रसा–I (पु०) 1 शोरबा (जैसे-तरकारी का रसा) 2 जूस, रस। ~**दार** + *फ़ा०* (वि०) रसवाला
रसा–II *सं०* (स्त्री०) भूमि, पृथ्वी। ~**तल** (पु०) पृथ्वी के नीचे के सात लोकों में से छठा
रसाई–*फ़ा०* (स्त्री०) 1 पहुँच 2 दाख़िला 3 शक्ति
रसाकर्षण–*सं०* (पु०) रस खींचना
रसात्मक–*सं०* (वि०) 1 रसयुक्त 2 सुंदर। ~**ता** (स्त्री०) 1 रसात्मक होने का भाव 2 सुंदरता
रसाधिका–*सं०* (स्त्री०) किशमिश
रसानुभूति–*सं०* (स्त्री०) रस की अनुभूति
रसाभास–*सं०* (पु०) *साहि०* साहित्यिक रचना में रस की पूर्ण निष्पत्ति न होकर केवल आभास मात्र प्रतीत होना
रसायन–*सं०* (पु०) 1 पदार्थ का तत्वगतज्ञान, रसायन शास्त्र 2 जरा व्याधिनाशक औषधि 3 ताँबे से सोना बनाने का कल्पित योग 4 धातुओं को भस्म करने की विद्या। ~**ज्ञ** (पु०) रसायन विद्या को जाननेवाला; ~**विज्ञान** (पु०) रसायन शास्त्र; ~**विद्या** (स्त्री०) = रसायन; ~**शास्त्र** (पु०) विज्ञान की वह शाखा जिसके अंतर्गत पदार्थों के गुण और उनकी अन्य प्रतिक्रियाओं का ज्ञान प्राप्त किया जाता है, कैमिस्ट्री; ~**शास्त्री** (पु०) रसायन शास्त्र का ज्ञाता
रसायनिक–*सं०* (वि०) रसायन संबंधी (जैसे-पदार्थ का रासायनिक गुण)
रसायनिकी–*सं०* (स्त्री०) रसायन संबंधी
रसायनी–*सं०* (स्त्री०) 1 बुढ़ापे को दूर करनेवाली औषधि 2 अमृत संजीवनी (जैसे-रसायनी बूटी)
रसाल–I *सं०* (वि०) 1 रसपूर्ण 2 मीठा, मधुर 3 रसिक, सहृदय II (पु०) आम ~**शर्करा** (स्त्री०) गन्ने के रस से बनी चीनी
रसालय–*सं०* (पु०) 1 रसशाला 2 आमोद प्रमोद का स्थान 3 आम का पेड़
रसाला–*सं०* (स्त्री०) 1 सिखरन 2 श्रीखंड 3 दही में मिला सत्तू 4 एक तरह की चटनी
रसाव–(पु०) 1 रसने की क्रिया 2 रसकर निकला पदार्थ (जैसे-फोड़े का रसाव)
रसावर, रसावल–(पु०) = रसौर
रसावा–*बो०* (पु०) ऊख का रस भरा मटका
रसास्वादन–*सं०* (पु०) 1 रस चखना 2 सुख लेना
रसास्वादी–*सं०* (वि०) 1 स्वाद लेनेवाला 2 मज़ा लेनेवाला 3 रस लेनेवाला
रसिआउर–*बो०* (पु०) रस में पका चावल
रसिक–I *सं०* (पु०) प्रेमी II (वि०) 1 रस पान करनेवाला 2 काव्य मर्मज्ञ 3 सहृदय 4 काव्य रस से आनंदित होनेवाला। ~**ता** (स्त्री०) 1 रसिक होने का भाव 2 हँसी मज़ाक करने की प्रवृत्ति
रसिका–*सं०* (स्त्री०) 1 दही का शरबत 2 ईख का रस
रसित–I *सं०* (वि०) रस से बना हुआ, रसयुक्त II (पु०) अंगूर की शराब
रसिया–(पु०) 1 रस लेने का शौक़ीन व्यक्ति (जैसे-गाने बजाने का रसिया) 2 कामुक और व्यसनी व्यक्ति (जैसे-रसिया के फेर में पड़ना) 3 प्रेमी (जैसे-सबका रसिया, तेरा रसिया कहाँ गया) 4 होली में गाया जानेवाला हास-परिहास मूलक एक गीत
रसियाव–(पु०) = रसौर
रसीद–*फ़ा०* (स्त्री०) 1 प्राप्ति, पहुँच (जैसे-पार्सल की रसीद, कपड़े की रसीद) 2 वस्तु आदि के मिलने का प्रमाण पत्र (जैसे-शुल्क की रसीद, चुंगी की रसीद)। ~**बही** + *फ़ा०* (स्त्री०) रसीद की किताब
रसीला–(वि०) 1 रस से भरा, रसयुक्त 2 स्वादिष्ट (जैसे-रसीला भोजन) 3 रसिया, रसिक 4 बाँका निराला (जैसे-रसीला जवान, रसीली आँखें)
रसूख़–*अ०* (पु०) 1 प्रभाव 2 पहुँच
रसूम–*अ०* (पु०) 1 रस्म 2 नियम, क़ानून 3 नेग 4 नज़राना। ~**अदालत** (पु०) सरकारी न्याय के लिए मुक़दमा दायर करते समय दिया जानेवाला धन, कोर्टफीस, स्टांप
रसूल–*अ०* (पु०) ईश्वर का दूत, पैगंबर
रसोइया–(पु०) रसोई बनानेवाला
रसोई–(स्त्री०) भोजन। ~**खाना** + *फ़ा०*, ~**घर** (पु०) भोजनालय, चौका; ~**दार** + *फ़ा०* (पु०) = रसोइया; ~**दारी** + *फ़ा०* (स्त्री०) भोजन बनाने का पद और काम; ~**बरदार** + *फ़ा०* (पु०) भोजन ले जानेवाला
रसोद्रेक–*सं०* (पु०) रसनिष्पत्ति, आनंद की प्राप्ति
रसोल्लास–*सं०* (पु०) आनंद की उमंग
रसौर–*बो०* (पु०) ईख के रस में पका चावल
रसौली–(स्त्री०) *चि०* भौंहों के पास आँख के ऊपर गिल्टी निकलने का रोग
रस्ता–*फ़ा०* (पु०) = रास्ता
रस्म–*अ०* (स्त्री०) 1 परिपाटी, प्रथा (जैसे-शादी-ब्याह की रस्म) 2 बर्ताव, बात व्यवहार। ~**अदायगी** + *फ़ा०* (स्त्री०) रस्म निभाना; ~**रिवाज** (पु०) 1 बात व्यवहार 2 परंपरा, प्रथा (जैसे-धार्मिक और सामाजिक रस्म रिवाज)
रस्मी–*अ०* (वि०) 1 रस्म संबंधी 2 साधारण
रस्सा–(पु०) 1 मूँज, सन आदि का बटा हुआ मोटा रूप 2 ज़मीन की एक नाप जो 75 हाथ लंबी और 75 हाथ चौड़ी होती है, एक बीघा (जैसे-खेत का चार रस्सा अलग करना)। ~**कशी** + *फ़ा०* (स्त्री०) 1 एक प्रकार का व्यायाम मूलक खेल 2 आपस की खींचातानी (जैसे-रस्साकशी करना)
रस्सी–(स्त्री०) डोरी, रज्जु (जैसे-रस्सी से बाँधना, रस्सी टूट गई)। ~**बाट** (पु०) रस्सी बनानेवाला
रहँट–(पु०) कुएँ से पानी निकालने का यंत्र विशेष (जैसे-रहँट चलाना)

रहँटा–(पु०) सूत कातने का चर्खा

रहट–(पु०) = रहँट

रहठा–(पु०) अरहर के पौधे का सूखा डंठल, कड़िया

रहन–I (स्त्री०) 1 रहने का भाव 2 रहना 3 रहने का ढंग 4 रहने और निभाने का व्यवहार। ~**सहन** (स्त्री०) 1 तौर तरीक़ा, ढंग 2 आचरण 3 जीवन निर्वाह का ढंग (जैसे-उनका रहन सहन औसत दर्जे का है)

रहन–II *अ०* (पु०) गिरवी रखना, रेहन

रहना–(अ० क्रि०) 1 ठहरना, स्थित होना (जैसे इन्हीं खंभों पर छत रहेगी) 2 स्थिर होना (जैसे-गर्भ रहना) 3 निवास करना (जैसे-मकान में रहना) 4 समय बिताना (जैसे-धर्मशाला में रहना) 5 विद्यमान होना (जैसे-मेरे रहते तुम्हें कुछ ख़तरा नहीं) 6 निर्वाह करना (जैसे-मुझे इस नौकरी में चार वर्ष रहना पड़ा) 7 रखेली बनकर रहना 8 अच्छा और ठीक आचरण करना 9 बाक़ी बचना (जैसे-मेरे पास केवल दो रुपए रह गए) 10 पीछे रह जाना (जैसे-मैं सिनेमा जाने से भी रह गया) 11 बाक़ी निकलना

रहनी गहनी–(स्त्री०) = रहन I

रहनुमा–*फ़ा०* (पु०) = राहनुमा

रहनुमाई–*फ़ा०* (स्त्री०) = राहनुमाई

रहम–*अ०* (पु०) 1 करुणा, दया 2 अनुग्रह, कृपा। ~**दिल** *फ़ा०* (वि०) करुणापूर्ण, सहृदय

रहमान–*अ०* (वि०) दयालु, कृपालु

रहमोकरम–*अ०* (पु०) दयामाया

रहरी–*बो०* (स्त्री०) = अरहर

रहरू–(स्त्री०) खाद ढोने की छोटी देहाती गाड़ी

रहल–*अ०* (स्त्री०) दराज़दार छोटी चौकी

रहस्–*सं०* (पु०) 1 गुप्त, भेद 2 छिपी बात

रहस बधावा–(पु०) वर के संग नववधू की जनवासे में आने की एक रस्म

रहस्य–I *सं०* (पु०) गुप्त बात 2 मर्म, राज़ 3 छिपी हुई बात 4 अध्यात्म संबंधी गुप्त तत्व या भेद II (वि०) 1 जो सर्वविदित न हो 2 छिपाकर किया जानेवाला। ~**भरा** *+ हिं०* (वि०) रहस्य से पूर्ण; ~**भेदन** (पु०) रहस्योद्घाटन; ~**वाद** (पु०) ईश्वर और सृष्टि के परम तत्व पर आश्रित तथा सात्विक आत्मानुभूति से संबद्ध सिद्धांत; ~**वादिता** (स्त्री०) ~**वादी** I (वि०) रहस्यवाद संबंधी II (पु०) रहस्यवाद का अनुयायी

रहस्यमय–*सं०* (वि०) रहस्य युक्त

रहस्यात्मक–*सं०* (वि०) = रहस्य मय

रहस्योद्घाटन–*सं०* (पु०) रहस्य प्रकट करना

रहस्योन्मुख–*सं०* (वि०) रहस्य की ओर बढ़ता हुआ

रहाइश–(स्त्री०) = रिहाइश

रहाई–(स्त्री०) 1 रहने का ढंग 2 सुखपूर्वक रहने का भाव 3 आराम, चैन

रहा सहा–(वि०) बचा बचाया थोड़ा सा

रहित–*सं०* (वि०) 1 के बिना, के विहीन (जैसे-धन रहित, ज्ञान रहित) 2 अभावपूर्ण 3 अलग और मुक्त (जैसे-कर्म और धर्म से रहित)

रहिला–(पु०) चना

रहीम–I *अ०* (वि०) = रहमान II (पु०) ईश्वर

रहुवा–*बो०* (पु०) टुकड़ख़ोर, परमुखापेक्षी

राँकड़–*बो०* (स्त्री०) कम उपजाऊ भूमि

रांकव–*सं०* (पु०) रंक नामक मृग के रोओं से बना

राँग–(पु०) राँगा

राँगड़ी–*बो०* (स्त्री०) एक प्रकार का चावल

राँगा–(पु०) सफ़ेद रंग की एक प्रसिद्ध नरम धातु

राँचना–I (अ० क्रि०) 1 रंग से युक्त होना 2 प्रेम में अनुरक्त होना II (स० क्रि०) 1 प्रेम में अनुरक्त करना 2 रँगना

राँजना–I (स० क्रि०) रंजित करना II (स० क्रि०) राँगा का टाँका लगाना

राँटा–I *बो०* (पु०) रहट

राँटा–II *बो०* = रहँटा

राँड–(स्त्री०) = रंडा

राँढ़ना–*बो०* (स० क्रि०) विलाप करना, रोना

राँध–I (पु०) पड़ोस, बग़ल II *अ०* पास, समीप III (स्त्री०) राँधने का भाव। ~**पड़ोस** (पु०) पास पड़ोस, आस पास

राँधना–(स० क्रि०) पकाना

राँपी–(स्त्री०) पतली खुरपी के आकार का मोचियों का औज़ार

राँभना–(अ० क्रि०) रँभाना

राइटिंग टेबुल–*अं०* (पु०) लिखने की मेज़

राइफ़ल–*अं०* (स्त्री०) घोड़ेदार बंदूक

राई–(स्त्री०) 1 एक प्रकार की बहुत छोटी सरसों 2 बहुत कम मात्रा (जैसे-राई भर नमक दे दो)

राउंड–*अं०* (स्त्री०) गोल। ~**टेबुल कांफ़रेंस** (स्त्री०) गोल मेज़ सभा

राउल–*अं०* (पु०) राजकुल में उत्पन्न व्यक्ति

राकड़–(स्त्री०) राँकड़

राका–*सं०* (स्त्री०) पूर्णिमा की रात

राकेट–*अं०* (पु०) किसी अस्त्र को दूर तक फेंकने के लिए प्रयुक्त एक यंत्र, अग्निबाण। ~**अड्डा** *+ हिं०* (पु०) राकेट के खड़ा होने का स्थान; ~**इंजीनियर** (पु०) राकेट का अभियंता; ~**चालित** *हिं०* (वि०) राकेट से चलाया हुआ

राक्षस–*सं०* (पु०) 1 दैत्य, निशाचर, असुर 2 दुष्ट प्रकृति का और निर्दय व्यक्ति। ~**विवाह** (पु०) युद्ध द्वारा कन्या प्राप्त करने का विवाह

राक्षसी–I *सं०* (स्त्री०) 1 राक्षस की स्त्री 2 राक्षस स्त्री II (वि०) 1 राक्षस का 2 राक्षस की तरह का (जैसे-राक्षसी अत्याचार)

राख–(स्त्री०) जले पदार्थ का अवशेष, भस्म (जैसे-कोयले की राख)। ~**दानी** *+ फ़ा० + हिं०* (स्त्री०) राख रखने की रकाबी, राख रखने की प्याली

राखी–I (स्त्री०) रक्षा बंधन पर्व पर बहन द्वारा भाई को बाँधा जानेवाला सूत्र

राखी–II *बो०* (स्त्री०) = राख

राग–*सं०* (पु०) 1 विशिष्ट गान प्रकार (जैसे-संगीत में भैरव, पंचम आदि राग) 2 अनुराग, प्रेम 3 इच्छा, कामना 4 सुखद अनुभूति (जैसे-शिशु के प्रति होनेवाला राग भाव) 5 क्रोध, गुस्सा 6 ईर्ष्या, द्वेष 7 प्रसन्न होने का भाव। ~**द्वेष** (पु०) प्रेम और ईर्ष्या; ~**रंग** (पु०) 1 आनंद मंगल 2 आनंद और ख़ुशी

का उत्सव; **~रंजन** (पु०) हर्ष, आनंद मनाना; **~विवाद** (पु०) गाली गलौज़

रागात्मक, रागात्मिक–*सं०* (वि०) प्रेममय प्रीतिवर्धक

रागान्वित–*सं०* (वि०) 1 प्रेमयुक्त 2 क्रोधयुक्त 3 अप्रसन्न, नाराज़

रागारुण–*सं०* (वि०) राग के कारण अरुण हुआ

रागिनी–*सं०* (स्त्री०) 1 संगीत में राग की पत्नी (जैसे-राग-रागिनी) 2 चतुर और विदग्धा स्त्री (जैसे-काम रागिनी, रागिनी के प्रेम में फँसना)

रागी–*सं०* (वि०) 1 राग से युक्त 2 अनुरक्त, आसक्त 3 लाल, सुर्ख 4 विषय वासना में फँसा हुआ (जैसे-रागी पुरुष)

राछ–(पु०) 1 कारीगरों का औज़ार 2 लकड़ी के भीतर का साल, हीर 3 चक्की के बीच का खूँटा 4 हथौड़ा (जैसे-राछ का प्रहार)

राज–I (पु०) 1 राज्य (जैसे-राज का स्वामी) 2 राजकीय शासन, हुकूमत। **~ऋण** + *सं०* (पु०) शासन द्वारा दिया गया क़र्ज़; **~कर** + *सं०* (पु०) राज्य कर, राज्य का महसूल; **~कर्ता** *सं०* (पु०) राजनीतिज्ञ; **~कर्मचारी** + *सं०* (पु०) शासन का कार्यकर्ता; **~कार्य** *सं०* (पु०) शासन का काम; **~कोष** + *सं०* (पु०) = राज्यकोष; **~कोषीय** + *सं०* (वि०) राजकोष का; **~क्षमा** + *सं०* (स्त्री०) राज्य द्वारा दे गई माफ़ी; **~चिह्न** + *सं०* (पु०) = राज्य चिह्न; **~च्युत** + *सं०* (वि०) राज्य च्युत; **~तंत्र** + *सं०* (पु०) 1 = राज्य तंत्र 2 राजा का शासन, राजा द्वारा शासन; **~तंत्रवाद** + *सं०* (पु०) राजा का शासन उत्तम होता है; **~तंत्रवादी** + *सं०* I (वि०) राजतंत्रवाद का II (पु०) राजतंत्रवाद का अनुयायी; **~दंड** + *सं०* (पु०) राज्य द्वारा दी गई सज़ा; **~दूत** + *सं०* (पु०) राज्य का विदेश में प्रतिनिधि; **~दूतालय, ~दूतावास** + *सं०* (पु०) राजदूत के रहने का आवास; **~दूतीय** + *सं०* (वि०) राजदूत का; **~द्रोह** + *सं०* (पु०) राज्य के प्रति वैर; **~द्रोही** +*सं०* (वि०) राजद्रोह करनेवाला; **~नायक** + *सं०* (पु०) राजनीतिज्ञ, राजनीति का ज्ञाता; **~नीति** + *सं०* (स्त्री०) राज्य के नीति नियम; **~नीतिचिंतक** + *सं०* (पु०) राजनीति पर विचार करनेवाला; **~नीति विशारद** + *सं०* (पु०) राजनीतिज्ञ; **~नेता** + *सं०* (पु०) राज्य का रहनुमा; **~पत्र** + *सं०* (पु०) राजाज्ञा, शासनादेश, गज़ट; **~पद्धति** + *सं०* (स्त्री०) शासन प्रणाली; **~पाट** + *सं०* (पु०) राजगद्दी; **~प्रशासन** + *सं०* (पु०) राज्य का शासन प्रबंध; **~बंदी** (पु०) सरकारी क़ैदी; **~भाषा** + *सं०* (स्त्री०) राज्य की भाषा (जैसे-हिंदी राजभाषा है); **~मुद्रा** + *सं०* (स्त्री०) राज्य में प्रचलित सिक्का; **~लक्ष्म** +*सं०* (पु०) राजचिह्न; **~लक्ष्मा** + *सं०* राज लक्षणों से युक्त पुरुष; **~वाद** + *सं०* (पु०) राजतंत्रवाद; **~वादी** + *सं०* (वि०) राजतंत्रवादी; **~विद्या** + *सं०* (स्त्री०) राजनीति; **~विद्रोह** + *सं०* (पु०) = राजद्रोह; **~विद्रोही** + *सं०* (वि०) = राजद्रोही; **~व्यवस्था** +*सं०* (स्त्री०) = राज्य व्यवस्था; **~शक्ति** + *सं०* (स्त्री०) = राजसत्ता; **~संचालक** +*सं०* (वि०) राज्य का संचालन करनेवाला, **~सत्ता** + *सं०* (स्त्री०) 1 राजतंत्र 2 शासन व्यवस्था; **~सत्तात्मक** + *सं०* (वि०) राजसत्ता संबंधी; **~सत्तावादी** + *सं०* (वि०) = राजतंत्रवादी; **~सेवक** + *सं०* (पु०) राज्य कर्मचारी

राज–II (पु०) राजा। **~अभिभावक** + *सं०* (पु०) राजा का संरक्षक; **~कथा** + *सं०* (स्त्री०) 1 राजा की कथा 2 इतिहास; **~कन्या** + *सं०* (स्त्री०) राजकुमारी; **~कुमारी** + *सं०* (स्त्री०) राजा की पुत्री; **~कुल** + *सं०* (पु०) राजवंश; **~गद्दी** (स्त्री०) 1 राजसिंहासन 2 राज्याभिषेक 3 राज्याधिकार; **~गामी** + *सं०* (वि०) राजा के पास जानेवाला; **~गायक** +*सं०* (पु०) दरबारी कवि; **~गुरु** + *सं०* (पु०) राजघराने का गुरु; **~गृह** +*सं०* (पु०) राज भवन; **~दया** + *सं०* (स्त्री०) राजा की कृपा; **~दर्शन** + *सं०* (पु०) राजा का दर्शन; **~द्वार** + *सं०* (पु०) राजा की ड्योढ़ी; **~द्वारिक** + *सं०* (पु०) राजा का दरबान; **~पति** + *सं०* (पु०) = राजाधिराज; **~पत्नी** + *सं०* (स्त्री०) राजा की पत्नी, साम्राज्ञी; **~पद** + *सं०* (पु०) राजा का पद; **~पुत्र** + *सं०* (पु०) = राजकुमार; **~पुत्रिका** *सं०* (स्त्री०) = राजकुमारी **~पुरुष** + *सं०* (पु०) राजकर्मचारी; **~प्रभुत्व** + *सं०* (पु०) राजा की सत्ता, राजा का अधिकार; **~प्रासाद** + *सं०* (पु०) = राजभवन; **~बाड़ी** (स्त्री०) राजा का उद्यान, राजवाटिका; **~भवन** + *सं०* (पु०) राजमहल; **~मंत्री** *सं०* (पु०) राजा का सलाहकार; **~मत** + *सं०* (पु०) राजा का मत; **~महल** + *अ०* (पु०) राजा के रहने का भव्य भवन, प्रासाद; **~महिषी** + *सं०* (स्त्री०) पट्टरानी; **~माता** + *सं०* (स्त्री०) राजा की माता; **~मुकुट** + *सं०* (पु०) राजा का मुकुट **~मुनि** + *सं०* (पु०) = राजर्षि; **~यान** + *सं०* (पु०) 1 राजा की सवारी 2 पालकी; **~रथ** + *सं०* (पु०) = राजयान; **~राजेश्वर** + *सं०* (पु०) राजाओं का राजा, महाराजा; **~लक्ष्मी** + *सं०* (स्त्री०) 1 राजा का वैभव 2 राजा की सुख संपदा और शोभा; **~वंश** + *सं०* (पु०) राजा का कुल; **~वंश्य** + *सं०* (वि०) राजवंश का; **~वसति** + *सं०* (स्त्री०) = राजभवन; **~श्री** + *सं०* (स्त्री०) = राज लक्ष्मी; **~संरक्षक** + *सं०* (पु०) राजा की रक्षा करनेवाला; **~सभा, ~समाज** + *सं०* (स्त्री०) राजा का दरबार; **~साक्षी** + *सं०* (पु०) शाही गवाह; **~सिंहासन** *सं०* (पु०) राजगद्दी; **~सुत** + *सं०* (पु०) राजकुमार; **~सूय** + *सं०* (पु०) सम्राट पद का अधिकारी बनने हेतु राजा द्वारा किया गया एक विशेष यज्ञ; **~सेवक** + *सं०* (पु०) राजा का सेवक; **~हर्म्य** + *सं०* (पु०) राजमहल

राज–III (वि०) 1 बड़ा 2 सर्वोच्च, श्रेष्ठ (जैसे-मणिराज, ग्रहराज आदि)। **~पथ** + *सं०* (पु०) = राजमार्ग; **~मार्ग** + *सं०* (पु०) बड़ी सड़क; **~मार्ग निर्माण** + *सं०* (पु०) राजमार्ग की रचना; **~योग** + *सं०* (पु०) अष्टांग योग (जैसे-आसन, प्राणायाम ,यम, नियम आदि); **~वीथी** + *सं०* (स्त्री०) = राजपथ; **~संस्करण** + *सं०* (पु०) पुस्तक का बहुत बढ़िया संस्करण; **~हंस** + *सं०* (पु०) सोना पक्षी नामक बड़ा हंस

राज़–IV *फ़ा०* (पु०) रहस्य, भेद

राजकरण–*सं०* (पु०) अदालत, न्यायालय

राजकीय–*सं०* (स्त्री०) राज्य संबधी, राज्य का (जैसे-राजकीय आदेश, राजकीय अधिकारी)

राजगीर–*हिं० + फ़ा०* (पु०) मकान बनानेवाला कारीगर या मिस्त्री

राजगीरी–*हिं० + फ़ा०* (स्त्री०) राजगीर का पद और काम

राजत–*सं०* (वि०) रजत संबधी, चाँदी का

राजता–*सं०* (स्त्री०) राजा का पद

राजत्व–*सं०* (पु०) राजा होने का भाव। ~**काल** (पु०) = राज्य काल

राजदंत–*सं०* (पु०) सामने के नीचे और ऊपर के दो दो बड़े दाँत, चौका

राजधानी–*सं०* (स्त्री०) 1 राज्य का वह नगर जहाँ राजा का स्थायी निवास हो 2 राज्य का शासन केंद्र (जैसे-देश की राजधानी)

राजधुस्तूरक–*सं०* (पु०) 1 एक प्रकार का बड़े फूलवाला धतूरा 2 कनक धतूरा

राजनय–*सं०* (पु०) = राज नीति

राजनयज्ञ–*सं०* (पु०) = राजनीतिज्ञ

राजनयिक–*सं०* (वि०) = राजनीतिक

राजनीतिक–*सं०* (वि०) राजनीति से संबंधित (जैसे-राजनीतिक क्षेत्र, राजनीतिक पुरुष)

राजनीतिज्ञ–*सं०* (पु०) 1 राजनीति करनेवाला पुरुष 2 राजनीति का ज्ञाता

राजनैतिक–*सं०* (वि०) = राजनीतिक

राजन्य–*सं०* (पु०) 1 क्षत्रिय 2 राजा

राजप–*सं०* (पु०) 1 राजा की अल्पवयस्कता अथवा असमर्थता के कारण जिसे राज्य का कार्यभार सौंपा जाए वह व्यक्ति, शून्यपाल 2 सर्वप्रधान अधिकारी

राजपत्रित–*सं०* (वि०) राजपत्र से संबंधित

राजपूत–(पु०) 1 क्षत्रिय वंश 2 क्षत्रिय वीर

राजपूती–(वि०) राजपूत संबंधी

राजबाहा–(पु०) नहर

राजमान–*सं०* (वि०) शोभित

राजयक्ष्मा–*सं०* (स्त्री०) तपेदिक, टी० बी०

राजयक्ष्मी–*सं०* (वि०) क्षयरोगी

राजर्षि–*सं०* (पु०) राजवंश या क्षत्रिय वंश में उत्पन्न ऋषि

राजस–*सं०* (वि०) रजोगुण से उत्पन्न। **राजसात् करना** (स० क्रि०) राज्य में मिला लेना

राजसिक–*सं०* (वि०) रजोगुणी

राजसी–I (वि०) राजाओं का सा 2 राजा के योग्य (जैसे-राजसी वैभव)

राजसी–II *सं०* (वि०) रजोगुण युक्त

राजसूय–*सं०* (पु०) चक्रवर्ती बनने की इच्छा से और दिग्विजय की कामना से राजा द्वारा किया गया एक यज्ञ, नृपाध्वर

राजस्व–*सं०* (पु०) 1 राज्य की आय 2 रुपया पैसा (जैसे-राजस्व विभाग)

राजस्वी–*सं०* (वि०) राजस्व संबंधी

राजा–*सं०* (पु०) 1 भूप, नृपति 2 स्वामी, अधिपति 3 अत्यधिक संपन्न व्यक्ति 4 परम प्रिय के लिए प्रयुक्त संबोधन। ~**भक्त** (वि०) राजा की भक्ति करनेवाला

राजाज्ञा–*सं०* (स्त्री०) 1 राजा की आज्ञा 2 राज्य का आदेश

राजाधिकारी–*सं०* (पु०) 1 राज्य का अधिकारी 2 न्यायाधीश

राजाधिदेय–*सं०* (पु०) राजा को दी जानेवाली सरकारी रक़म

राजाधिराज–*सं०* (पु०) राजाओं का राजा, सम्राट्

राजाधिष्ठान–*सं०* (पु०) = राजधानी

राजानक–*सं०* (पु०) छोटा राजा

राजापहरण–*सं०* (पु०) = राज्यसात्करण, राजा का अपहरण

राजाभियोग–*सं०* (पु०) राजा द्वारा लगाया गया अभियोग

राजाभिषेक–*सं०* (पु०) = राज्याभिषेक

राजार्हण–*सं०* (पु०) 1 राजा का दिया गया उपहार 2 राजा द्वारा दिया गया दान

राजाश्रय–*सं०* (पु०) 1 राजा की शरण 2 राज्य की शरण

राजाश्रित–*सं०* (वि०) राजा या राज्य की शरण में आया हुआ

राजासन–*सं०* (पु०) = राजसिंहासन

राजि–*सं०* (स्त्री०) 1 पंक्ति, कतार 2 रेखा, लकीर

राजिका–*सं०* (स्त्री०) 1 क्यारी 2 पंक्ति 3 रेखा

राजित–*सं०* (वि०) शोभित

राजी–*सं०* (स्त्री०) = राजि

राज़ी–*अ०* (वि०) 1 प्रसन्न और संतुष्ट (जैसे-राज़ी ख़ुशी) 2 अनुकूल, सहमत। ~**नामा** *+ फ़ा०* (पु०) 1 सुलहनामा 2 स्वीकृत पत्र

राजीव–*सं०* (पु०) कमल

राजेंद्र–*सं०* (पु०) बादशाह, सम्राट्, राजाधिराज

राजेश्वर–*सं०* (पु०) = राजाधिराज

राजोपजीवी–*सं०* (पु०) = राजकर्मचारी

राज्ञी–*सं०* (स्त्री०) रानी

राज्य–*सं०* (पु०) 1 संघ राज्य की इकाई (जैसे-उत्तर प्रदेश) 2 निश्चित सीमाओंवाला प्रभुसत्तात्मक भूखंड (जैसे-भारत एक विशाल राज्य है) 3 शासन (जैसे-बिहार राज्य का प्रबंध)। ~**कर** (पु०) शासन द्वारा लगाया गया कर; ~**कर्ता** (पु०) 1 शासक 2 राज कर्मचारी; ~**कार्यालय** (पु०) शासन का कार्य विभाग; ~**काल** (पु०) शासन अवधि (जैसे-राज्यकाल में घटी हुई घटनाओं का वर्णन); ~**कोष** (पु०) सरकार का ख़ज़ाना; ~**क्रांति** (स्त्री०) राज्य आंदोलन; ~**क्षेत्र** (पु०)व्यवस्थित राज्य के अंतर्गत आनेवाली सीमा; ~**क्षेत्रातीत** (वि०) राज्य के बाहर का होनेवाला; ~**गत** (वि०) राज्य में होनेवाला, राज्यघटित; ~**चिह्न** (पु०) राष्ट्र का चिह्न विशेष (जैसे-भारत का राज्य चिह्न अशोक की लाट है); ~**च्युत** (वि०) राजगद्दी से हटाया हुआ; ~**च्युति** (स्त्री०) राजगद्दी से हटाना; ~**तंत्र** (पु०) राज्य की शासंन प्रणाली; ~**तिलक** (पु०) = राज्याभिषेक; ~**त्याग** (पु०) राज्य का अधिकार छोड़ना; ~**ध्वज** (पु०) राष्ट्र पताका, राज्य का झंडा; ~**निधि** (स्त्री०) = राजकोष; ~**निष्ठा शपथ** (स्त्री०) राष्ट्र के प्रति आस्था की सौगंध; ~**परिषद्** (स्त्री०) 1 राज्य सभा 2 राजसभा; ~**पाल** (पु०) राज्य का प्रधान शासक, गवर्नर; ~**प्रबंध** (पु०) = राज्य संगठन; ~**बीमा** *+ फ़ा०* (पु०) राज्य की ओर से बीमा; ~**भाषा** (स्त्री०) 1 राष्ट्र की भाषा 2 राज्य की भाषा; ~**मंत्रिमंडल** (पु०) राज्य सरकार; ~**मंत्री** (पु०) राज्य का मंत्री; ~**मशीनरी** *+ अं०* (स्त्री०) राज्य के काम करनेवाले

अंग आदि; ~**यंत्र** (पु०) राज्य के उद्योग धंधे आदि; ~**विस्तार** (पु०) राज्य का फैलाव; ~**व्यवस्था** (स्त्री०) राज्य का प्रबंध; ~**शक्ति** (स्त्री०) राज सत्ता; ~**शासन** (पु०) = राज प्रशासन; ~**संगठन** (पु०) राज्यों का संघ; ~**संघ** (पु०)राज्यों का समूह; ~**संचालन** (पु०) = राज प्रशासन; ~**संपति** (स्त्री०) राष्ट्र का धन; ~**संरक्षक** (पु०) = राज संरक्षक; ~**संस्था** (स्त्री०) राजकीय विद्यालय आदि; ~**सत्ता** (स्त्री०) = राजसत्ता; ~**सरकार** *+ फ़ा०* (स्त्री०) राज्य की शासन व्यवस्था करनेवाला; ~**सात्करण** (पु०) राज्य में मिला लेना; ~**सिंहासन** (पु०) = राजगद्दी; ~**सीमा रेखा** (स्त्री०) राज्य की हद; ~**सूत्र** (पु०) राज्य की बागडोर; ~**सेवा** (स्त्री०) राज्य की सेवा, राज्य का काम;

राज्यत्व–*सं०* (पु०) राजा होने का भाव

राज्याधिकार–*सं०* (पु०) 1 राजसत्ता 2 राजसेवा

राज्याधिकारी–*सं०* (वि०) राज्य करनेवाला

राज्याभरण–*सं०* (पु०) राज्य के भूषण

राज्याभिषिक्त–*सं०* (वि०) राज्याभिषेक किया गया

राज्याभिषेक–*सं०* (पु०) 1 राज्यगद्दी पर बैठाने की एक रीति, राज्यारोहण 2 राज्यारोहण के समय होनेवाला उत्सव

राज्यारूढ़–*सं०* (वि०) राजसिंहासन पर बैठा हुआ

राज्यारोहण–*सं०* (पु०) गद्दी पर बैठना

राज्याश्रय–*सं०* (पु०) राज्य की शरण

राज्याश्रित–*सं०* (वि०) राज्य पर आश्रित

राज्यीय–*सं०* (वि०) राजकीय

राटुल–(पु०) बड़ा तराजू

राठौर–(पु०) 1 एक प्रसिद्ध राजवंश 2 राजवंश का क्षत्रिय

राड़–(वि०) 1 निकम्मा 2 कायर 3 नीच

राडर–*अं०* (पु०) = रडार

राड़ा–(पु०) 1 सरसों 2 एक तरह की घास, राढ़ी

राडार–*अं०* (पु०) = रडार

राढ़–(स्त्री०) = रार

रात–(स्त्री०) 1 निशा, रजनी 2 निराशामयी स्थिति (जैसे-दुःख की रात)। ~**दिन** (क्रि० वि०) 1 हर समय (जैसे-रात दिन सोना) 2 सदा हमेशा (जैसे-रात दिन खेलना); ~**राजा** *+ सं०* (पु०) उल्लू; ~**वास** *+ सं०* ~**वासा** (पु०) रैन बसेरा

रातिब–*अ०* (पु०) 1 एक दिन की खुराक 2 पशु का दैनिक आहार

रातुल–(पु०) = राटुल

रात्रिचर–I *सं०* (पु०) = राक्षस, निशाचर II (वि०) रात में घूमनेवाला

रात्रि–*सं०* (स्त्री०) निशि। ~**आक्रमण कारक** (वि०) रात में हमला करनेवाला (जैसे-रात्रि आक्रमण कारक यान); ~**उड़ान** *+ हिं०* (स्त्री०) रात में उड़ान; ~**कार** (पु०) चंद्रमा; ~**चर** I (पु०) राक्षस II (वि०) रात में घूमने फिरनेवाला; ~**जल** (पु०) ओस; ~**भोज,** ~**भोजन** (पु०) रात का खाना

रात्रिक–*सं०* (वि०) रात का

रात्र्यंत–*सं०* (पु०) रात का अंत, प्रभात

रात्र्यंध–*सं०* (वि०) 1 रात को देखने में असमर्थ 2 रतौंधी का रोगी

राद्ध–*सं०* (वि०) 1 राँधा हुआ 2 पूरा किया हुआ 3 सिद्ध

राधन–*सं०* (पु०) 1 साधन 2 मिलना 3 संतोष

राधा–*सं०* (स्त्री०) 1 श्रीकृष्ण की सर्वाधिक प्रिय सखी और प्रेयसी 2 कर्ण को पालनेवाली एक सूत महिला 3 प्रीति, प्रेम। ~**वल्लभी** (पु०) 1 राधा वल्लभ नाम का एक वैष्णव संप्रदाय 2 इस संप्रदाय का अनुयायी

राध्य–*सं०* (वि०) आराधना के योग्य

रान–*फ़ा०* (स्त्री०) जंघा, जाँघ

राना–*अ०* (वि०) सुंदर, प्रिय

रानी–(स्त्री०) 1 राजा की पत्नी 2 स्त्रियों के नाम के आगे प्रयुक्त आदर सूचक शब्द (जैसे-देवकी रानी, राधिका रानी) 3 प्रेयसी या पत्नी के लिए प्रेमपूर्ण संबोधन 4 ताश का एक पत्ता, बेगम (जैसे-हुक्म की रनी)। ~**काजर** (पु०) एक प्रकार का धान; ~**मक्खी,** ~**माँ** (स्त्री०) मधुमक्खियों के छत्ते की केवल अंडा देनेवाली मक्खी, जननी मक्खी

राब–(स्त्री०) खाँड, गाढ़ा सीरा

राबड़ी–(स्त्री०) रबड़ी

राबना–(स० क्रि०) विशेष ढंग से खाद डालना

राम–(स० क्रि०) राजा दशरथ के सबसे बड़े पुत्र। ~**कहानी** *हिं०* (स्त्री०) 1 घटनाओं का विस्तृत वर्णन 2 अपने जीवन का सुनाया जानेवाला वृत्तांत; ~**काँटा** *+ हिं०* (पु०) एक प्रकार का बबूल; ~**चंद्र** (पु०) = राम; ~**जना** *हिं०* (पु०) 1 दोगला 2 वेश्यावृत्ति करनेवाली एक संकर जाति; ~**जनी** *+ हिं०* (स्त्री०) 1 राम जना जाति की स्त्री 2 वेश्या, रंडी 3 जिसका पिता अज्ञात हो वह स्त्री; ~**जौ** *+ हिं०* (पु०) जौ के दाने के आकार के एक प्रकार की जई; ~**झोल** *+ हिं०* (पु०) पायल; ~**तिल** *+ हिं०* (पु०) एक प्रकार का तिल; ~**दल** (पु०) 1 राम की बानरी सेना 2 बड़ी और अजेय सेना; ~**दूत** (पु०) हनुमान्; ~**धनुष** (पु०) इंद्रधनुष; ~**नवमी** *+ हिं०* (स्त्री०) रामचंद्र का जन्म दिन, चैत्र शुक्ल नवमी; ~**नामी** *+ हिं०* (स्त्री०) 1 कंठहार 2 राम नाम से छपी चादर; ~**बँटाई** *हिं०* (स्त्री०) आधे आध की बँटाई; ~**बाँस** *+ सं०हिं०* (पु०) 1 एक तरह का मोटा बाँस 2 केतकी की जाति का एक पौधा; ~**बाण** (पु०) = रामवाण; ~**भक्त** (वि०) राम का उपासक; ~**रज** (स्त्री०) पीली मिट्टी (जैसे-राम रज का तिलक लगाना); ~**रस** (पु०) नमक; ~**राज्य** (पु०) 1 राम का शासन 2 निश्चित, संपन्न और सुखी राज्य; ~**राम** *+हिं०* I (पु०) नमस्कार II (स्त्री०) भेंट, मुलाकात III घृणा, आश्चर्य, दुःख आदि का सूचक अव्यय; ~**रौला** *+ हिं०* (पु०) व्यर्थ का शोरगुल; ~**लीला** (स्त्री०) 1 राम के चरित्र का अभिनय 2 राम के चरित्र अभिनय हेतु होनेवाला समारोह; ~**वल्लभी** (पु०) एक वैष्णव संप्रदाय; ~**वाण** I (पु०) अजीर्ण के लिए उपयोगी एक रसौषध II (वि०) शीघ्र गुणकारी, उपयोगी, अमोघ (औषध); ~**सनेही** *+ हिं०* I (पु०) एक वैष्णव संप्रदाय II (वि०) राम से स्नेह रखनेवाला

रामणीयक–I *सं०* (पु०) मनोहरता II (वि०) रमणीय

रामदाना–(पु०) मारसा के बीज

रामा–*सं०* (स्त्री०) 1 सुंदर स्त्री 2 नाचने गाने में प्रवीण स्त्री 3 लक्ष्मी

रामानंदी–I (पु०) रामानंद के संप्रदाय का अनुयायी II (वि०) 1 रामानंद संबंधी 2 रामानंद के संप्रदाय से संबद्ध

रामायण–*सं०* (पु०) 1 राम का चरित्र 2 राम के चरित्र से संबंधित ग्रंथ

रामायणी–I *सं०* (पु०) 1 रामायण का ज्ञाता 2 रामायण की कथा सुनानेवाला व्यक्ति II (वि०) रामायण का

रामायुध–*सं०* (पु०) धनुष

रामावत–*सं०* (पु०) रामानंद द्वारा चलाया गया एक वैष्णव संप्रदाय

राय–I (पु०) 1 हिंदुओं को दी जानेवाली उपाधि (जैसे-राय बहादुर, रायसाहब) 2 सरदार, सामंत 3 राजा

राय–II *अ०* (स्त्री०) 1 सलाह, सम्मति (जैसे-राय देना, पूछना) 2 समझ, विचार (जैसे-आपकी राय में) 3 सुझाव (जैसे- आपकी राय उचित है)

रायज–*अं०* (वि०) प्रचलित

रायता–(पु०) दही में साग, कद्दू के छोटे-छोटे बारीक़ टुकड़े तथा नमक, मिर्च, ज़ीरा आदि मिलाकर बनाया गया खाद्य पदार्थ

रायफ़ल–*अं०* (स्त्री०) = राइफ़ल। ~**ची** + *तु०*, ~**मैन** (पु०) रायफ़ल चलानेवाला व्यक्ति

रायफ़िल–*अं०* (स्त्री०) = रायफ़ल

राय बहादुर–*हिं० + फ़ा०* (पु०) हिंदू राजभक्त की उपाधि

रायल–I *अं०* (वि०) राजकीय ठाठ बाटवाला II (पु०) छापे की कलों तथा कागज़ की 20 × 25 इंच की नाप

रायल्टी–*अं०* (स्त्री०) स्वत्व शुल्क

रायसाहब–*हिं० + अ०* (पु०) = राय बहादुर

रार–(स्त्री०) झगड़ा, तक़रार

राल–I *सं०* (स्त्री०) 1 जंगलों में पाया जानेवाला एक प्रकार का सदाबहार पेड़ 2 इस पेड़ का सुगंधित निर्यास

राल–II (स्त्री०) मुँह से निकलनेवाला पतला रस, लार (जैसे-राल टपकना)

राली–(स्त्री०) छोटे दानों का बाजरा

राव–I (पु०) 1 सरदार 2 धनी

राव–II *सं०* (पु०) 1 गुंजार 2 चिल्लाहट

राव चाव–(पु०) 1 नाच गान का उत्सव, राग रंग 2 लाड़ प्यार 3 अनुराग, प्रेम 4 प्रेमपूर्ण व्यवहार

रावट–(पु०) = राजभवन

रावटी–(स्त्री०) 1 कपड़े का बना डेरा, छौलदारी 2 कपड़े का बना छोटा घर 3 बारहदरी

रावण–*सं०* (पु०) दूसरों को रुलानेवाला

रावत–(पु०) 1 सरदार, सामंत 2 छोटा राजा 3 शूरवीर

रावल–I (पु०) अंतः पुर

रावल–II (पु०) 1 राजा 2 राजपूताने के कुछ राजाओं की उपाधि 3 आदरपूर्ण संबोधन

राव साहब–*हिं० + अ०* (पु०) = राय बहादुर

राशन–*अं०* (पु०) 1 खाने पीने का सामान, रसद (जैसे-घर में राशन ख़त्म है) 2 नियंत्रित मूल्य तथा मात्रा में वस्तुओं के वितरण की व्यवस्था। ~**कटौती** + *हिं०* (स्त्री०) राशन कम करना; ~**कार्ड** (पु०) राशन संबंधी विवरण पत्र, रसद पत्र

राशनाभाव–*अं० + सं०* (पु०) राशन की कमी

राशनिंग–*अं०* (स्त्री०) वस्तुओं को निश्चित मूल्य पर बेचने का नियंत्रण। ~**कार्ड** (पु०) = राशन कार्ड

राशनी–*अ० + हिं०* (वि०) राशन संबंधी

राशि–*सं०* (स्त्री०) 1 समूह, पुंज (जैसे-रत्नराशि, जल राशि) 2 गणित में गुणा, भाग आदि से संबंधित संख्या 3 क्रांति वृत्त में पड़नेवाला विशिष्ट तारा समूह (जैसे-मेष, वृष, मिथुन, कर्क आदि)। ~**कृत** (वि०) ढेर किया हुआ; ~**चक्र** (पु०) 1 ग्रहों के चलने का मार्ग 2 राशियों का मंडल

राशी–*अं०* I (पु०) रिश्वत लेनेवाला व्यक्ति (वि०) रिश्वत लेनेवाला, घूसख़ोर

राष्ट्र–*सं०* (पु०) 1 देश (जैसे-भारत एक विशाल राष्ट्र है) 2 राज्य (जैसे-सबको राष्ट्र भाषा का सम्मान करना चाहिए) 3 जाति (जैसे-हम एक देश और राष्ट्र के निवासी हैं)। ~**ऋण** (पु०) = राज ऋण; ~**कर्मी** (पु०) = राजनीतिज्ञ, ~**कर्षण** (पु०) राष्ट्र-प्रजा को कष्ट देना, प्रजा पर अत्याचार करना; ~**कवि** (पु०) ऐसा कवि जिसकी रचनाएँ राष्ट्र की आकांक्षाओं और आदर्शों की प्रतीक हों (जैसे-दिनकर और मैथिलीशरण गुप्त को राष्ट्र कवि कहा जाता है); ~**कुल** (पु०) = राष्ट्रमंडल; ~**कुलीय** (वि०) राष्ट्रमंडलीय; ~**गत** (वि०) राष्ट्रीय; ~**गान,** ~**गीत** (पु०) देशगान; ~**चिह्न** (पु०) = राज चिह्न; ~**तंत्र** (पु०) = राज्य तंत्र; ~**द्रोह** (पु०) राष्ट्र के विरुद्ध विद्रोह करना = राजद्रोह; ~**द्रोही** (वि०) = राजद्रोही; ~**ध्वज** (पु०) = राज्यध्वज; ~**निर्माण** (पु०) राष्ट्र बनाना; ~**पति** (पु०) 1 राष्ट्र का स्वामी 2 बहुमत द्वारा निवार्चित राष्ट्र का सर्वप्रधान शासक; ~**पति भवन** (पु०) राष्ट्रपति के रहने का बँगला; ~**पति शासन** (पु०) राष्ट्रपति का शासन; ~**पिता** (पु०) राष्ट्र के निर्माता या जनक (जैसे-महात्मागाँधी); ~**भक्ति** (स्त्री०) देशभक्ति; ~**भारती,** ~**भाषा** (स्त्री०) सार्वजनिक कार्यों में प्रयोग होनेवाली एक मुख्य भाषा (जैसे-भारत की राष्ट्रभाषा हिंदी है); ~**मंडल** (पु०) अनेक राष्ट्रों का समूह; ~**मंडली** ~**मंडलीय** (वि०) राष्ट्रमंडल से संबधित; ~**मंत्री** (पु०) = राज्य मंत्री; ~**मुक्ति आंदोलन** (पु०) देश को गुलामी से मुक्त करने का आंदोलन; ~**मुद्रा** (स्त्री०) = राजमुद्रा; ~**रक्षा** (स्त्री०) देश रक्षा; ~**लिपि** (स्त्री०) राष्ट्रीय कार्यों के लिए मान्य वर्णमाला; ~**वाद** (पु०) राष्ट्र के प्रति निष्ठा, उसकी प्रगति और उसके प्रति सभी नियम आर्दशों को बनाए रखने का सिद्धांत; ~**वादी** I (वि०) राष्ट्रवाद संबंधी II (पु०) राष्ट्रवाद का समर्थक; ~**वासी** (पु०) राष्ट्र में रहनेवाला; ~**विप्लव** (पु०) विद्रोह, बलवा; ~**विरोधी** (वि०) राष्ट्र का शत्रु; ~**वीर** (पु०) देश का बहादुर व्यक्ति ~**व्यापी** (वि०) संपूर्ण देश में होनेवाला (जैसे-राष्ट्र व्यापी हड़ताल); ~**संघ** (पु०) विश्व राष्ट्रों का संघ;

राष्ट्रक–I *सं०* (पु०) 1 राज्य 2 देश II (वि०) राष्ट्रसंबंधी

राष्ट्रपतीय–*सं०* (वि०) राष्ट्रपति का (जैसे-राष्ट्रपतीय चुनाव)

राष्ट्राध्यक्ष–*सं०* (पु०) राष्ट्र नेता

राष्ट्रिक–I *सं०* (वि०) राष्ट्र का II (पु०) 1 राजा 2 प्रजा ~**ता** (स्त्री०) = राष्ट्रीयता

राष्ट्रीयकरण–*सं०* (पु०) राष्ट्रीय बनाना, राष्ट्र की संपत्ति के रूप में ले लेना

राष्ट्रीकृत–*सं०* (वि०) राष्ट्र का बनाया हुआ

राष्ट्रीय–*सं०* (वि०) राष्ट्र का (जैसे-राष्ट्रीय झंडा)। ~**करण** (पु०) = राष्ट्रीकरण; ~**कृत** (वि०) = राष्ट्रीकृत; ~**ता** (स्त्री०) राष्ट्रीय होने का भाव; ~**ता वाद** (स्त्री०) = राष्ट्रवाद; ~**ता वादी** (वि०) = राष्ट्रवादी; ~**ता विरोधी** (वि०) राष्ट्रीय भावना का विरोध करनेवाला;

राष्ट्रीयत्व–*सं०* (पु०) = राष्ट्रीयता

राष्ट्रोत्थान–*सं०* (पु०) राष्ट्र का उत्थान, राष्ट्र की उन्नति

राष्ट्रोन्माद–*सं०* (पु०) अपने राष्ट्र को बड़ा मानने का पागलपन

रास–I *सं०* (स्त्री०) आनंदमय क्रीड़ा, विलास। ~**क्रीड़ा** (स्त्री०) विलास क्रीड़ा; ~**धारी** (पु०) रासलीला करनेवालों का समूह; ~**यात्रा** (स्त्री०) शरत् पूर्णिमा के दिन मनाया जानेवाला उत्सव; ~**रंग** (पु०) = रास क्रीड़ा; ~**लीला** (स्त्री०) कृष्ण और गोपियों की प्रेममयी लीलाएँ; ~**विलास** (पु०) = रास क्रीड़ा

रास–II(स्त्री०) समूह, ढेर राशि (जैसे-गेहूँ की रास)

रास–III (स्त्री०) 1 रस्सी 2 लगाम

रास–IV (स्त्री०) (ज्योतिष की) राशि। ~**चक्र** (पु०) राशियाँ दिखाने की कुंडली

रास–V *अं०* (वि०) 1 उचित, ठीक 2 अनुकूल

रासक–*सं०* (पु०) हास्यरस प्रधान उपरूपक

रासन–I *सं०* (वि०) स्वादिष्ट

रासन–II*अं०* (पु०) = राशन

रासभ–*सं०* (पु०) गधा

रासा–(पु०) 1 लड़ाई झगड़ा 2 रासो काव्य

रासायनिक–*सं०* (वि०) = रसायनिक

रासी–(वि०) 1 ख़राब, नकली 2 मिलावटवाला

रासेरस–*सं०* (पु०) 1 गोष्ठी 2 रास क्रीड़ा 3 सजावट 4 हँसी ठठ्ठा 5 उत्सव

रासो–(पु०) राजा का पद्यमय जीवन चरित्र (जैसे-पृथ्वीराज रासो, रासो काव्य)

रास्त–*फ़ा०* (वि०) 1 दाहिना 2 सीधा, सरल। ~**गो** (वि०) सत्य बोलनेवाला; ~**बाज़** (वि०) सच्चा, ईमानदार; ~**बाज़ी** (स्त्री०) सच्चाई, ईमानदारी

रास्ता–*फ़ा०* (पु०) 1 मार्ग, राह 2 प्रथा, रीति 3 उपाय, तरक़ीब (जैसे-बचाव का एक ही रास्ता है)। ~**काटना** रास्ता तय होना, मंजिल पर आ पहुँचना; ~**काटना** चलते राही के सामने से निकल जाना (जैसे-बिल्ली का रास्ता काटना); ~**देखना** प्रतीक्षा करना; ~**बताना** टालना, हटाना; रास्ते पर लाना 1 उचित मार्ग पर लाना 2 ठीक करना

राह–*फ़ा०* (स्त्री०) 1 रास्ता, पथ 2 उचित ढंग 3 प्रथा, रीति (जैसे-किस राह काम किया जाए)। ~**ख़र्च** (पु०) मार्ग व्यय; ~**गीर** (पु०) 1 पथिक 2 यात्री; ~**चलता** *हिं०* (पु०) 1 रास्ता चलनेवाला 2 पथिक 3 साधारण आदमी 4 अजनबी; ~**चौरंगी** + *हिं०* *बो०* चौरस्ता, चौमुहानी; ~**ज़न** (पु०) लुटेरा, डाकू; ~**ज़नी** (स्त्री०) लूट, डकैती; ~**दार** (पु०) 1 रास्ते की रक्षा करनेवाला 2 यात्रियों से कर वसूलनेवाला; ~**दारी** (स्त्री०) 1 राह का कर 2 चुंगी; ~**नुमा** (पु०) (वि०) पथ प्रदर्शक; ~**नुमाई** (स्त्री०) पथ प्रदर्शन; ~**रस्म** + *अं०*, ~**रीति** + *सं०* (स्त्री०) 1 मेल जोल, व्यवहार 2 चाल, प्रथा। (मु०) ~**ताकना**, ~**देखना** प्रतीक्षा करना; ~**पड़ना** डाका पड़ना; ~**लगाना** काम देखना

राहत–*अं०* (स्त्री०) 1 आराम, चैन 2 सुख करार

राहना–(स० क्रि०) *बो०* 1 खुरदुरा करना (जैसे-चक्की का पाटा राहना, रेती आदि को खुरदरा बनाना)

राहर–*बो०* (पु०) अरहर (अन्न)

राहा–*बो०* (पु०) चक्की के नीचे का पाट बैठाने के लिए मिट्टी का बना चबूतर

राहित्य–*सं०* (पु०) अभाव, न होना

राहिन–I *सं०* (पु०) रेहन रखनेवाला व्यक्ति II (वि०) बंधक रखनेवाला

राही–*फ़ा०* (पु०) मुसाफ़िर, राहगीर, पथिक

राहु–*सं०* (पु०) 1 नौ ग्रहों में एक ग्रह 2 कष्टदायक व्यक्ति या पदार्थ (जैसे-क्या आज तुम्हें राहु ने बाँध रखा है)। ~**ग्रसन** (पु०) ग्रहण; ~**ग्रस्त** (वि०) ग्रहण लगा हुआ; ~**ग्रौ** (पु०) = राहु ग्रसन; ~**दशा** (स्त्री०) राहु की स्थिति; ~**शत्रु** (पु०) चंद्रमा; ~**स्पर्श** (पु०) ग्रहण

राहे रास्त–*फ़ा०* (पु०) सीधा रास्ता, सन्मार्ग

रिंग–*अं०* (स्त्री०) 1 छल्ला 2 अँगूठी 3 चूड़ी 4 वलय, घेरा

रिंगण–*सं०* (पु०) 1 रेंगना 2 फिसलना 3 खिसकना, सरकना 4 डिगना

रिंगाना–(स० क्रि०) = रेंगाना

रिंच–*अं०* (पु०) नट, बोल्ट खोलने का एक उपकरण

रिंद–*फ़ा०* (पु०) धार्मिक बंधनों को न माननेवाला, स्वच्छंद, मनमौजी व्यक्ति

रिआयत–*अ०* (स्त्री०) 1 रहम, नरमी 2 मेहरबानी 3 ख़याल 4 कृपापूर्ण बर्ताव करना 5 लिहाज़ 6 तरफ़दारी (जैसे-रिआयत करना)

रिआयती–*अ०* + *फ़ा०* (वि०) रिआयत किया हुआ

रिआया–*अ०* (स्त्री०) प्रजा, जनता

रिएक्टर–*अं०* (पु०) नाभिकीय भट्ठी

रिकशा–*अं०* (पु०) आदमी द्वारा खींची जानेवाली एक तरह की छोटी गाड़ी। ~**चालक** + *सं०* (पु०) रिकशा चलानेवाला

रिकाब–*अ०* (स्त्री०) = रक़ाब

रिकाबी–*फ़ा०* (स्त्री०) = रकाबी

रिकार्ड–*अं०* (पु०) 1 अभिलेख 2 कीर्तिमान। ~**कीपर** (पु०) अभिलेख पाल; ~**होल्डर** (पु०) कीर्तिमानधारी

रिकार्डिंग–*अं०* (स्त्री०) अभिलेखन

रिक्त–*सं०* (वि०) खाली, शून्य (जैसे-रिक्त स्थान, रिक्त घड़ा)। ~**ता** (स्त्री०) रिक्त होने का भाव; ~**हस्त** (वि०) 1 निर्धन 2 खाली हाथ

रिक्ति–*सं०* (स्त्री०) = रिक्तता

रिक्थ–*सं०* (पु०) उत्तराधिकार में प्राप्त धन

रिक्थी–*सं०* रिक्थ पानेवाला

रिक्षा–*सं०* (स्त्री०) 1 जूँ का अंडा, लीख 2 त्रसरेणु

रिज़र्व–*अं०* (वि०) 1 रक्षित (जैसे-रिजर्व सेना, रिजर्व फ़ौज)

2 मिश्चित किया हुआ। ~**खिलाड़ी** + *हिं०* (पु०) मिश्चित खिलाड़ी; ~**पुलिस** (स्त्री०) विशेष कार्य हेतु रखी गई पुलिस
रिज़र्विस्ट–*अं०* (पु०) 1 रक्षित सेना 2 सुरक्षित सैनिक
रिज़र्वेशन–*अं०* (पु०) रिजर्व करना
रिज़ल्ट–*अं०* (पु०) 1 परिणाम, फल 2 परीक्षाफल
रिजेंट–*अं०* (पु०) रियासतों में सरकारी प्रतिनिधि, प्रतिशासक
रिझाना–(स० क्रि०) 1 प्रसन्न करना, लुभाना 2 अनुरक्त करना, अनुरक्त बनाना (जैसे-अपने प्रिय को रिझाना)
रिटर्न टिकट–*अं०* (पु०) वापसी टिकट
रिटर्निंग आफ़िसर–*अं०* (पु०) चुनाव काल में मत गणना करके फल की घोषणा करनेवाला अधिकारी
रिटायर–*अं०* (वि०) अवकाश प्राप्त
रिटायरमेंट–*अं०* (वि०) अवकाश ग्रहण
रिटायरमेंट–*अं०* (स्त्री०) अवकाश प्राप्ति
रिटायर्ड–*अं०* (वि०) अवकाश प्राप्त
रिटेल क़ीमत–*अं०* + *अ०* (स्त्री०) खुदरा मूल्य
रिटेल स्टाकिस्ट–*अं०* (पु०) खुदरा भंडारी
रित–*बो०* (स्त्री०) = ऋतु
रिनी–(वि०) ऋणी
रिपब्लिक–*अं०* (स्त्री०) गणतंत्र, प्रजातंत्र
रिपब्लिकन–*अं०* (वि०) प्रजातंत्रीय
रिपु–*सं०* (पु०) शत्रु, दुश्मन। ~**ता** (स्त्री०) शत्रुता, दुश्मनी
रिपेयर–*अं०* (पु०) मरम्मत, सुधार ~**पार्ट** (पु०) मरम्मत किया हुआ पुर्ज़ा
रिपोर्ट–*अं०* (स्त्री०) 1 कार्य विवरण 2 विवरण, प्रतिवेदन 3 ज्ञातव्य बातों का विवरण
रिपोर्टर–*अं०* (पु०) संवाददाता
रिपोर्टाज, रिपोर्ताज–*अं०* (पु०) रिपोर्ट के रूप में घटनाओं का विवरण, क्रमिक घटना वर्णन से पूर्ण साहित्यिक रचना
रिफ़रेंडम–*अं०* (पु०) जनमत संग्रह
रिफ़ाइनरी–*अं०* (स्त्री०) परिष्करणशाला
रिफ़ाक़त–*अं०* (स्त्री०) = रफ़ाक़त
रिफ़ार्म–*अं०* (पु०) सुधार
रिफ़ार्मर–*अं०* (पु०) सुधारक
रिफ़ार्मेटरी–*अं०* (स्त्री०) अल्पवयस्क अपराधियों को सुधार हेतु क़ैद में रखने की ज़गह
रिफ़्यूजी–*अं०* (पु०) शरणार्थी
रिफ़्रीज़रेटर–*अं०* (पु०) प्रशीतक, फ्रिज़
रिफ़्रेक्टरी–*अं०* (पु०) दुर्गलनीय पदार्थ
रिबन–*अं०* (पु०) 1 पतली पट्टी 2 फीते की तरह चौड़ी पट्टी 3 टाइप राइटर का रिबन
रिम झिम–(स्त्री०) हल्की फुहार पड़ना
रिमांड–*अं०* (पु०) (हवालात) वापस भेजना
रिमार्क–*अं०* (पु०) मत प्रकट करना
रियर एडमिरल-*अं०* (पु०) सह नौ सेनाध्यक्ष
रियर गार्ड–*अं०* (पु०) (चंदावल) दस्ता
रिया–*अ०* (स्त्री०) 1 पाखंड 2 प्रदर्शन, दिखावा
रिआई–*अ०* + *फ़ा०* (पु०) मक्क़ार
रियाज़–*अं०* (पु०) 1 तपस्या 2 अभ्यास 3 मेहनत, श्रम और बारीक काम (जैसे-रियाज़ करना) (मु०) ~**मारना** 1 व्यायाम करना 2 परिश्रम करना
रियाज़ी–*अ०* I (स्त्री०) गणित की विद्या II (वि०) रियाज़ से मिलनेवाली। ~**दान** + *फ़ा०* (पु०) गणितज्ञ
रियायत–*अ०* (स्त्री०) = रिआयत
रियायती–*अ०* + *फ़ा०* (वि०) = रिआयती
रियासत–*अ०* (स्त्री०) 1 राज्य 2 अमीरी, वैभव
रियासती–*अ०* + *हिं०* (वि०) रियासत का
रियाह–*अ०* (स्त्री०) *चि०* पेट की वायु
रिरना–(अ० क्रि०) दीनता प्रकट करना
रिरियाना–(अ० क्रि०) गिड़गिड़ाना
रिला–(पु०) = रेला
रिले दौड़–*अं०* + *हिं०* (स्त्री०) चौकी दौड़
रिले स्टेशन–*अं०* (पु०) प्रसारण केंद्र
रिवाज़–*अ०* (पु०) प्रथा
रिवायत–*अ०* (स्त्री०) 1 सुनी सुनाई बात कहना 2 सुनी सुनाई बात 3 कहावत
रिवाल्वर–*अं०* (पु०) तमंचा। ~**धारी** + *सं०* तमंचा धारण करनेवाला, तमंचा रखनेवाला
रिव्यू–*अं०* (स्त्री०) 1 समीक्षा, आलोचना 2 नज़रसानी
रिश्ता–*फ़ा०* (पु०) 1 नाता (जैसे-शादी ब्याह का रिश्ता) 2 संबंध (जैसे-पारिवारिक रिश्ता)
रिश्तेदार–*फ़ा०* (पु०) 1 संबंधी 2 नातेदार
रिश्तेदारी–*फ़ा०* (स्त्री०) 1 नातेदारी, नाता 2 संबंध
रिश्तेमंद–*फ़ा०* (पु०) = रिश्तेदार
रिश्वत–*अ०* (स्त्री०) घूस, उत्कोच। ~**ख़ोर** + *फ़ा०* (पु०) घूस लेनेवाला व्यक्ति; ~**ख़ोरी** + *फ़ा०* (स्त्री०) 1 रिश्वत लेने का भाव 2 रिश्वत लेने की लत
रिश्वती–*अ०* + *फ़ा०* (पु०) = रिश्वत ख़ोर
रिस–(स्त्री०) 1 नाराज़गी 2 रोष
रिसना–(अ० क्रि०) रसना (जैसे-पानी रिसना)
रिसर्च स्कालर–*अं०* (पु०) शोध छात्र
रिसवाना–(स० क्रि०) *बो०* रिसाने में प्रवृत्त करना
रिसहा–*बो०* (वि०) बात बात में क्रोध करनेवाला
रिसहाया–*बो०* (वि०) क्रोधित, अप्रसन्न, नाराज़
रिसाना–I (अ० क्रि०) गुस्सा होना II (स० क्रि०) गुस्सा करना
रिसालदार–*अ०* + *फ़ा०* 1 घुड़सवार, सैनिकों का नायक, सेनानायक 2 ख़ज़ाने में कर पहुँचानेवाला
रिसाला–*अ०* (पु०) 1 अश्वारोही सेना 2 सामरिक पत्र, पत्रिका
रिसीवर–*अं०* (पु०) 1 चोंगा 2 पानेवाला, प्राप्त कर्ता
रिसौहाँ–*बो०* (वि०) क्रोध युक्त
रिस्ट वाच–*अं०* (स्त्री०) कलाई घड़ी
रिहन–*अ०* (पु०) रेहन
रिहर्सल–*अं०* (पु०) 1 अभ्यास के रूप में किया गया अभिनय 2 अभ्यास
रिहल–*अ०* (स्त्री०) काठ की बनी कैंचीनुमा चौकी
रिहा–*फ़ा०* (वि०) 1 मुक्त 2 अवकाश प्राप्त
रिहाइश–*फ़ा०* (स्त्री०) 1 निवास स्थान 2 रहन सहन
रिहाई–*फ़ा०* (स्त्री०) मुक्ति, छुटकारा

रिहायशी–*फ़ा०* (वि०) निवास योग्य
रींधना–(स० क्रि०) 1 पकाना, उबालना 2 राँधना
री–(अ०) सखियों के लिए प्रयुक्त संबोधन शब्द, अरी, एरी (जैसे-सुन री सखी)
रीछ–(पु०) भालू
रीझ–(स्त्री०) 1 प्रसन्न होने का भाव 2 मोहित होने का भाव
रीझना–(अ० क्रि०) 1 मुग्ध होना (जैसे-सुंदरता पर रीझना) 2 प्रसन्न होना (जैसे-मन रीझना)
रीठा–(पु०) 1 एक तरह का जंगली पेड़ 2 इस पेड़ का फल (जैसे-रीठा से कपड़े धोना)
रीडर–*अं०* (स्त्री०) 1 उपाचार्य (यूनिवर्सिटी) 2 पेशकार (अदालत) 3 पाठ्य पुस्तक (विद्यार्थी)
रीडिंग रूम–*अं०* (पु०) अध्ययन कक्ष, वाचनालय
रीढ़–(स्त्री०) 1 मेरुदंड 2 मूलाधार (जैसे-समाज की रीढ़ तोड़ देना)। ~**तोड़** (वि०) रीढ़ तोड़नेवाला
रीत–(स्त्री०) = रीति
रीतना–(अ० क्रि०) खाली होना
रीता–(वि०) 1 खाली (जैसे-रीता पात्र, रीता घड़ा) 2 अभाव वाला, शून्य (जैसे-रीता स्थान, रीता हाथ)
रीति–*सं०* (स्त्री०) 1 क़ायदा, नियम 2 रस्म रिवाज 3 ढंग, तरीक़ा (जैसे-उचित रीति से कार्य करना)। ~**काव्य** (पु०) (हिंदी में) ऐसा काव्य जिसमें रस, अलंकार, ध्वनि, नायिका भेद आदि तत्त्वों को ध्यान में रखकर लिखा गया हो; ~**नीति** (स्त्री०) = रस्म रिवाज; ~**बद्ध** (वि०) नियमबद्ध (जैसे-रीति बद्ध कवि); ~**मुक्त** (वि०) रीति से अलग (जैसे-रीति मुक्त कवि, रीति मुक्त रचना); ~**रस्म** + *अ०*, ~**रिवाज** + *अ०* (पु०) = रस्म रिवाज; ~**वाद** (पु०) 1 परंपरागत नियमों तथा सिद्धांतों को दृढ़ता से मानने का सिद्धांत 2 काव्य के क्षेत्र में अलंकार, रस, नायिका भेद आदि नियमों के आधार पर काव्य रचना का सिद्धांत
रीम–*अं०* (पु०) 500 ताववाली काग़ज़ की गड्डी
रीस–I (स्त्री०) = रिस II (स्त्री०) प्रतिस्पर्धा, होड़
रुंड–*सं०* (पु०) 1 बिना सिर का धड़, कबंध 2 बिना हाथ पाँव का शरीर। ~**मुंड** (पु०) धड़ और सिर
रुँदवाना–(स० क्रि०) = रौंदना
रुँधना–(अ० क्रि०) 1 बंद किया जाना 2 अवरुद्ध होना (जैसे-कंठ रुँधना) 3 काम में लगना (जैसे-कृषि कार्य में रुँधना)
रुआँसा–(वि०) रोने को होनेवाला
रुआब–*अ०* (पु०) = रोब
रुई–(स्त्री०) = रूई
रुकना–(अ० क्रि०) 1 ठहरना 2 स्थगित होना (जैसे-किताब के बिना पढ़ाई का रुकना) 3 चलते काम का बंद होना 4 क्रम टूटना, क्रम का बंद होना (जैसे-घड़ी का रुकना)
रुकवाना–(स० क्रि०) रोकने में प्रवृत्त करना
रुकाव (पु०), **रुकावट**–(स्त्री०) 1 अवरोध, अटकाव 2 बाधा, विघ्न (जैसे-मार्ग में रुकावट डालना)
रुक्क़ा–*अ०* (पु०) 1 परचा, पुरज़ा 2 हुंडी
रुक्म–*सं०* (पु०) 1 सोना, स्वर्ण 2 धतूरा। ~**कारक** (पु०) सुनार, स्वर्णकार
रुक्मिणी–*सं०* (स्त्री०) कृष्ण की पटरानियों में पहली रानी
रुक्ष–*सं०* (वि०) 1 रूखा 2 नीरस। ~**ता** (स्त्री०) 1 रुखापन, रुखाई 2 नीरसता 3 असहृदयता
रुख़–*फ़ा०* (पु०) 1 चेहरा (जैसे-रुख़ से नक़ाब हटाना) 2 कपोल, गाल (जैसे-रुख़ की लालिमा)
रुख़सत–*अ०* I (स्त्री०) विदा होने का भाव II (वि०) प्रस्थान किया हुआ
रुख़सताना–*अ०* + *फ़ा०* (पु०) रुख़सत के समय दिया जानेवाला धन
रुख़सती–*अ०* + *फ़ा०* I (वि०) 1 रुख़सत संबंधी 2 रुख़सत प्राप्त II (स्त्री०) 1 विदाई 2 रुख़सत होना 3 रुख़सत के समय मिला धन
रुख़सार–*फ़ा०* (पु०) कपोल, गाल (जैसे-रुख़सार की लाली)
रुखाई–(स्त्री०) 1 रूखापन, रुखावट 2 कठोरता और नीरसता, बेमुरौवती
रुखानी–(स्त्री०) 1 बढ़ई का लकड़ी छीलने का एक धारदार उपकरण 2 संगतराशों की टाँकी
रुखावट–(स्त्री०) = रुखाई
रुग्ण–*सं०* (वि०) 1 बीमार 2 दूषित (जैसे-रुग्ण पदार्थ)। ~**सेवा** (स्त्री०) बीमार की सेवा
रुग्णतावकाश–*सं०* (पु०) बीमारी की छुट्टी
रुग्णावकाश–*सं०* (पु०) बीमारी की छुट्टी, मेडिकल लीव
रुग्णावस्था–*सं०* (स्त्री०) बीमार होने की स्थिति
रुचना–(अ० क्रि०) प्रिय तथा भला लगना
रुचा–*सं०* (स्त्री०) 1 इच्छा, कामना 2 शोभा छवि 3 प्रकाश, दीप्ति
रुचि–*सं०* (स्त्री०) 1 इच्छा 2 अनुराग, प्रेम (जैसे-खेल के प्रति रुचि होना) 3 पसंद, प्रवृत्ति (जैसे-गाने में रुचि का अभाव) 4 आसक्ति (जैसे-प्रेम में रुचि पैदा होना)। ~**कर** (वि०) 1 प्रिय 2 उम्दा; ~**कारक** (वि०) 1 रुचि पैदा करनेवाला 2 स्वादिष्ट; ~**कारी** (वि०) = रुचिकर; ~**वर्धक** (वि०) रुचि बढ़ानेवाला
रुचित–I *सं०* (वि०) इच्छित, मनचाहा II (पु०) 1 इच्छा 2 मधुर और रुचिकर पदार्थ
रुचिमय–*सं०* (वि०) रुचियुक्त
रुचिमान–*सं०* (वि०) रुचिवाला
रुचिर–*सं०* (वि०) 1 रुचि के अनुकूल 2 मनोहर, सुंदर 3 मधुर, मीठा
रुचिवान्–*सं०* (वि०) रुचिवाला
रुच्य–*सं०* (वि०) 1 रुचिकर 2 मनोहर, सुंदर
रुज–*सं०* (पु०) 1 अस्थिभंग होने का भाव 2 कष्ट 3 घाव। ~**ग्रस्त** (वि०) रोगी
रुजा–*सं०* 1 (स्त्री०) टूटने फूटने का भाव 2 रोग, बीमारी 3 पीड़ा, कष्ट 4 कोढ़। ~**कर** (वि०) रोग उत्पन्न करनेवाला
रुजी–*सं०* (वि०) रुग्ण, रोगी
रुजू–*अ०* I (पु०) झुकाव होना II (वि०) झुकनेवाला
रुझना–(अ० क्रि०) घाव भरना, घाव पूजना
रुझान–*अ०* (पु०) झुकाव (जैसे-मन की रुझान)
रुठाना–(स० क्रि०) नाराज़ करना
रुत–I *बो०* (स्त्री०) ऋतु

रुत–II *सं०* (पु०) 1 कलरव 2 ध्वनि, शब्द
रुतबा–*अ०* (पु०) 1 ओहदा, दरजा 2 बड़ाई, महत्ता 3 इज़्ज़त। ~**दार** + *फ़ा०* (वि०) प्रतिष्ठित, श्रेष्ठ
रुदन–(पु०) रोना, विलाप
रुदित–*सं०* (वि०) 1 रोआ हुआ 2 रोता हुआ
रुद्ध–*सं०* (वि०) 1 रोका हुआ 2 रुका हुआ 3 आवृत्त, बंद 4 मुँदा हुआ 5 जिसकी गति रुकी हुई हो। ~**कंठ** (वि०) जिसका गला भर आया हो। ~**मूत्र** (पु०) मूत्रकृच्छ (रोग)
रुद्र–I *सं०* (वि०) डरावना, भयंकर II (पु०) 1 शिव का एक रूप 2 *साहि०* रौद्र रस। ~**भूमि** (स्त्री०) 1 श्मशान, मरघट 2 एक विशेष प्रकार की भूमि
रुद्राक्ष–*सं०* (पु०) 1 एक प्रकार का वृक्ष 2 इस वृक्ष का फल (जैसे-रुद्राक्ष की माला) ~**माला** (स्त्री०) रुद्राक्ष की बनी माला
रुद्राणी–*सं०* (स्त्री०) शिव की पत्नी
रुद्रारि–*सं०* (पु०) कामदेव
रुधिर–*सं०* (पु०) रक्त, लहू, खून (जैसे-अंग से रुधिर बहना)। ~**न्यूनता** (स्त्री०) रक्त क्षीणता; ~**पान** (पु०) रक्त पीना; ~**पायी** I (वि०) रक्त पीनेवाला II (पु०) राक्षस; ~**वाहक** (वि०) रक्त ले जानेवाली (जैसे-रक्त वाहक धमनियाँ); ~**विज्ञान** (पु०) रुधिर में रहनेवाले तत्त्वों और उनमें उत्पन्न होनेवाले कीटाणुओं या विकारों के ज्ञान से संबंधित शास्त्र; ~**स्राव** (पु०) रक्त बहना
रुधिराक्त–*सं०* (वि०) 1 खून से भरा हुआ 2 खून की तरह लाल 3 खून से तर
रुधिराभिसरण–*सं०* (पु०) = रक्त परिभ्रमण
रुधिरामय–*सं०* (पु०) रक्तपित्त
रुधिराशि–*सं०* (वि०/पु०) रुधिर का आहार करनेवाला
रुन झुन–(स्त्री०) 1 नूपुर की ध्वनि 2 झनकार
रुपना–(अ० क्रि०) 1 रोपा जाना 2 लगाया जाना
रुपया–(पु०) 1 सौ नए पैसे के मूल्य का नोट या सिक्का 2 चाँदी का सिक्का 3 संपत्ति, धन दौलत (जैसे-हज़ारों रुपया बर्बाद करना)
रुपहरा *बो०* (वि०), **रुपहला**–(वि०) चाँदी का सा, उज्ज्वल तथा चमकीला (जैसे-रुपहरा तार)
रुपैया–*बो०* (पु०) = रुपया
रुबाई–(स्त्री०) चार पंक्तियों की एक कविता
रुमाल–*फ़ा०* (पु०) = रूमाल
रुमाली–*फ़ा०* + *हिं०* (स्त्री०) 1 तिकोना लँगोट 2 मुगदर घुमाने का एक ढंग
रुराई–(स्त्री०) सुंदरता
रुरुआ–(पु०) एक तरह का उल्लू
रुलना–(अ० क्रि०) 1 भटकना 2 इधर-उधर मारा-मारा फिरना 3 उठाई पटका
रुलाई–(स्त्री०) 1 रोने का भाव 2 रोने की प्रवृत्ति
रुलाना–(स० क्रि०) रोने में प्रवृत्त करना (जैसे-बच्चे को रुलाना)
रुल्ल, रुल्ला–(स्त्री०) वह भूमि जिसकी उर्वरा शक्ति कम हो गई हो
रुवाई–(स्त्री०) = रुलाई
रुवाब–*अ०* (पु०) = रोब
रुष (पु०), **रुषा**–*सं०* (स्त्री०) क्रोध, गुस्सा
रुषित–*सं०* (वि०) 1 क्रुद्ध, नाराज़ 2 दुःखित
रुष्ट–*सं०* (वि०) 1 क्रुद्ध 2 अप्रसन्न। ~**ता** (स्त्री०) रुष्ट होने का भाव; ~**पुष्ट** (वि०) हृष्ट-पुष्ट, हट्टा कट्टा
रुष्टि–*सं०* (स्त्री०) 1 रुष्टता 2 रोष
रुसवा–*फ़ा०* (वि०) बदनाम, बेइज़्ज़त
रुसवाई–*फ़ा०* (स्त्री०) बदनामी, बेइज़्ज़ती
रुसूख–*अ०* (पु०) 1 प्रेम व्यवहार 2 प्रभाव
रुसूम–*अ०* (पु०) = रसूम
रुस्तम–*फ़ा०* (पु०) शूर-वीर
रुस्तमे हिंद–*फ़ा०* (पु०) भारत का श्रेष्ठ पहलवान
रूँखड़–(पु०) 'अलख-अलख' कहकर भीख माँगनेवाला साधु
रूँगा–(पु०) ख़रीददार को अतिरिक्त दिया गया सामान
रूँदना–(स० क्रि०) 1 रौंदना 2 रूँधना
रूँध–(स्त्री०) रूँधने का भाव
रूँधना–(स० क्रि०) 1 विघ्न डालना 2 घेरना
रू–*फ़ा०* (पु०) चेहरा, मुँह। ~**रिआयत** *'अ०* (स्त्री०) तरफ़दारी, लिहाज़
रूई–(स्त्री०) 1 कपास के कोश के अंदर का घूआ, तूल 2 बीजों आदि के ऊपर का रोआँ। ~**दार** + *फ़ा०* (वि०) रूई से युक्त
रूक्ष–*सं०* = रूखा
रूख–I (पु०) पेड़
रूख–II (वि०) जो चिकना न हो, खुरदरा
रूखड़ा–I (वि०) रूखा II (पु०) पेड़, वृक्ष
रूखरा–I (पु०) रूखड़ा II (वि०) रूखा
रूखा–(वि०) 1 नीरस, शुष्क 2 खुरदरा 3 कठोर 4 प्रेम शून्य 5 विरक्त, उदासीन। ~**पन** (पु०) 1 रूखा होना 2 नीरसता 3 उदासीनता 4 कड़ाई, कठोरता; ~**सूखा** (वि०) बिना घी मसाले का बना हुआ
रूज–*अं०* (पु०) 1 एक तरह का विशेष पाउडर 2 सोने-चाँदी पर कलई करने की विशेष बुकनी
रूट–*अं०* (पु०) रास्ता, मार्ग
रूटीन–*अं०* (पु०) नित्यक्रम, नित्यचर्या
रूठ–(स्त्री०) 1 क्रोध, गुस्सा 2 रूठने की क्रिया
रूठन–(स्त्री०) रूठने की क्रिया
रूठना–(अ० क्रि०) अप्रसन्न होना (जैसे-बच्चे का रूठना)
रूढ़–*सं०* (वि०) 1 आरूढ़ 2 प्रसिद्ध 3 प्रचलित 4 यौगिक से भिन्न अन्य अर्थ में प्रयुक्त (जैसे-शब्द का रूढ़ अर्थ) 5 कठोर, कड़ा
रूढ़ि–*सं०* (स्त्री०) 1 चढ़ाई, चढ़ाव 2 उठान, उभार 3 आविर्भाव, उत्पत्ति 4 प्रसिद्धि 5 प्रथा (जैसे-रूढ़िवाद) 6 रूढ़ अर्थ का ज्ञान करानेवाली शब्द शक्ति। ~**गत** (वि०) = ~**ग्रस्त**, ~**प्रिय** (वि०) = रूढ़िवादी; ~**प्रियता** (स्त्री०), ~**बद्ध** (वि०) रूढ़ि में फँसा हुआ; ~**वाद** (पु०), ~**वादिता** (स्त्री०) परंपरागत बातों को मानते चले आने का सिद्धांत; ~**वादी** (वि०) रूढ़िवाद का अनुयायी

रूढ़ोक्ति–*सं०* (स्त्री०) रूढ़ि कथन

रूदाद–*फ़ा०* (स्त्री०) 1 समाचार, हाल 2 दशा, अवस्था 3 विवरण 4 प्रबंध 5 कार्यवाही

रूनुमा–*फ़ा०* (वि०) मुँह दिखानेवाला

रूनुमाई–*फ़ा०* मुँह दिखाई

रूप–I *सं०* (पु०) 1 सूरत, शक्ल 2 प्रकृति, स्वभाव 3 प्रकार, भेद 4 नमूना 5 सौंदर्य 6 शरीर, देह II (वि०) खूबसूरत, सुंदर III (अ०) समान। ~**गत** (वि०) रूप संबंधी; ~**गर्विता** (स्त्री०) *साहि०* अपने रूप पर गर्व करनेवाली नायिका; ~**ग्राम** (पु०) *व्या०* शब्दों का रूप समूह, रूपिम; ~**ता** (स्त्री०) खूबसूरती, सौंदर्य; ~**तालिका** (स्त्री०) शब्दों के रूपों की तालिका; ~**दर्शन** (पु०) सौंदर्य दर्शन; ~**धर** (वि०) सुंदर; ~**धेय** (पु०) ठोस की समूची रूप रेखा; ~**नाशक** (वि०) रूप नष्ट करनेवाला; ~**निर्माण** (पु०) रूप की रचना, सजना सँवरना; ~**परिवर्तन** (पु०) रूप का बदलना; ~**प्रसाधन** (पु०) बनना सँवरना; ~**भेद** (पु०) रूप में किया गया आंशिक परिवर्तन; ~**भेदित** (वि०) रूप भेद किया गया; ~**रंग** (पु०) शक्ल सूरत; ~**रचना** (स्त्री०) रूप की रचना, रूप बनाना; ~**रचनात्मक** (वि०) रूप रचना से संबद्ध; ~**राशि** (वि०) अत्यंत सुंदर, रूपवती; ~**रेखा** (स्त्री०) 1 रेखा के रूप में बनाया गया चित्र 2 आकृति का रेखामय रूप; ~**लावण्य** (पु०) रूप की सुंदरता; ~**लावण्यमयी** (वि०) रूप लावण्य से युक्त; ~**विचार**, ~**विज्ञान**, ~**विधान** (पु०) भाषा विज्ञान और व्याकरण का वह अंग जिसमें शब्दों की प्रकृति, रचना तथा उनमें उत्पन्न विकारों आदि का विवेचन होता है; ~**विषयक** (वि०) रूप संबंधी; ~**शाली** (वि०) सुंदर, रूपवान्; ~**साधक** (वि०) शब्दों का रूप साधन करनेवाला; ~**साधन** (पु०) रूप बनाने का भाव; ~**साम्य** (पु०) रूप में होनेवाली पारस्परिक समानता

रूपक–I *सं०* (वि०) रूप से युक्त, रूपी II (पु०) 1 मूर्ति 2 चिह्न, लक्षण 3 भेद, प्रकार 4 नाटक 5 *साहि०* अर्थालंकार का एक भेद जिसमें साम्य के आधार पर प्रस्तुत में अप्रस्तुत का आरोप किया जाता है, उपमेय का उपमान के रूप में ही वर्णन होता है। ~**कथा** (स्त्री०) नाटक की कथा; ~**काव्य** (पु०) काव्य नाटक

रूपण–*सं०* (पु०) 1 आरोप करना 2 परीक्षा

रूपमती–*सं०* (वि०) रूपवती

रूपमय–*सं०* (वि०) अत्यंत सुंदर

रूपमान–*सं०* (वि०) = रूपवान्

रूपवंत–*सं०* (वि०) = रूपवान्

रूपवती–*सं०* (वि०) रूपवाली

रूपवान्–*सं०* (वि०) रूपवाला

रूपश्री–*सं०* (स्त्री०) सौंदर्य, शोभा

रूपसी–(स्त्री०) = रूपवती स्त्री

रूपस्वी–*सं०* (वि०) सुंदर

रूपांक–*सं०* (पु०) डिज़ाइन, रूपरेखा

रूपांकक–*सं०* (पु०) अभिकल्पक, डिज़ाइनर

रूपांकन–*सं०* (पु०) अभिकल्पन, डिज़ाइनिंग

रूपांतर–*सं०* (पु०) 1 रूप का बदलना 2 प्राप्त होनेवाला दूसरा रूप। ~**कार** (पु०) रूपांतर करनेवाला

रूपांतरण–*सं०* (पु०) रूपांतर करना

रूपांतरित–*सं०* (वि०) रूपांतर हुआ

रूपा–*सं०* (स्त्री०) रूपवती स्त्री, सुंदरी

रूपाजीव–*सं०* (स्त्री०) रंडी, वेश्या

रूपात्मक–*सं०* (वि०) रूप संबंधी

रूपाधिबोध–*सं०* (पु०) 1 दृश्य या अदृश्य पदार्थ 2 इस पदार्थ का इंद्रिय से प्राप्त ज्ञान

रूपानुभव–*सं०* (पु०) रूप का अनुभव

रूपायन–*सं०* (पु०) 1 रूप प्रस्तुत करना 2 कार्य रूप में परिणत करना

रूपायित–*सं०* (वि०) रूप दिया गया

रूपावली–*सं०* (स्त्री०) रूप तालिका

रूपाश्रय–*सं०* (वि०) रूपवान्, सुंदर

रूपास्त्र–*सं०* (पु०) कामदेव

रूपित–*सं०* (वि०) जिसे रूप दिया गया हो

रूपिम–*सं०* (पु०) रूपग्राम

रूपी–*सं०* (वि०) 1 आकार प्रकारवाला 2 रूपधारी, सुंदर 3 समान (जैसे-कमल रूपी)

रूपेंद्रिय–*सं०* (स्त्री०) आँख, चक्षु

रूपोपजीविनी–*सं०* (स्त्री०) वेश्या, रंडी

रूपोपजीवी–*सं०* (पु०) बहुरूपिया

रूपोश–*फ़ा०* (वि०) 1 मुँह छिपानेवाला 2 भागा हुआ

रूपोशी–*फ़ा०* (स्त्री०) रूपोश होने का भाव

रूप्य–*सं०* (वि०) खूबसूरत, सुंदर

रूप्यक–*सं०* (पु०) रुपया

रूबकार–I *फ़ा०* (पु०) 1 सामने लाना, पेशी 2 आज्ञापत्र, हुक्मनामा II (वि०) दत्त चित्त

रूबकारी–*फ़ा०* (स्त्री०) 1 सामने लाने का भाव 2 मुकदमें की पेशी 3 दत्त चित्त होने का भाव

रू-बरू –*फ़ा०* (अ०) आमने सामने, समक्ष

रूबल–*रूसी* (पु०) रूस की सरकारी मुद्रा

रूम–*अं०* (पु०) कमरा, कक्ष

रूमानी–*अ०* (वि०) = रोमांटिक

रूमाल–*फ़ा०* (पु०) 1 कपड़े का छोटा चौकोर टुकड़ा 2 चौकोर शाल का टुकड़ा

रूमाली–*फ़ा० + हिं०* (स्त्री०) 1 छोटा रूमाल 2 रुमाली

रूमी–I *फ़ा०* (वि०) 1 रूम देश का 2 रूम देश से आनेवाला II (पु०) रूम देश का निवासी III (स्त्री०) रूम देश की भाषा

रूरना–(अ० क्रि०) 1 गरजना, दहाड़ना 2 चिल्लाना

रूरा–(वि०) 1 उत्तम, अच्छा 2 खूबसूरत, सुंदर

रूल–*अं०* (पु०) 1 नियम, क़ायदा 2 शासन 3 सीधी खींची गई रेखा 4 सीधी रेखा के लिए प्रयुक्त पट्टी, रूलर। ~**दार** + *फ़ा०* (वि०) सीधी रेखाओंवाला (जैसे-रूलदार काग़ज़)

रूलर–*अं०* (पु०) 1 शासक 2 लकीर खींचने की पट्टी, सलाका, पटरी

रूसना–(अ० क्रि०) = रूठना

रूसी–I *फ़ा०* (वि०) 1 रूस देश का, रूस देश संबंधी 2 रूस देश में उत्पन्न

रूसी–II (स्त्री०) सिर पर भूसी की तरह जमी मैल
रूह–*अ०* (स्त्री०) 1 आत्मा 2 अंतःकरण 3 प्राणवायु। ~**अफ़ज़ा** (वि०) प्राण वर्धक
रूहड़–(स्त्री०) पुरानी रूई
रूहानियत–*अ०* (स्त्री०) 1 अध्यात्मवाद 2 आत्मवाद
रूहानी–*अ०* (वि०) 1 आत्मा संबंधी, आत्मिक 2 अंतःकरण संबंधी, दिली
रेंक–(स्त्री०) रेंकने की क्रिया
रैंक–*अं०* (पु०) दर्जा
रेंकना–(अ० क्रि०) 1 गधे का बोलना 2 बुरी तरह से चिल्लाना, बोलना
रेंग–(स्त्री०) रेंगने की क्रिया
रेंगटा–*बो०* (पु०) गधे का बच्चा
रेंगना–(अ० क्रि०) 1 खिसकना (जैसे-साँप का रेंगना) 2 बच्चों की तरह धीरे-धीरे और लड़खड़ाते हुए चलना
रेंगाना–(स० क्रि०) 1 रेंगने की क्रिया कराना 2 बच्चे को धीरे-धीरे चलाना 3 चलाना, दौड़ाना
रेंज–*अं०* (पु०) 1 प्रभाव क्षेत्र 2 दायरा, पहुँच
रेंट–(पु०) नाक का मल
रेंड़–(पु०) 1 कम उँचाई का एक तरह का पौधा 2 इस पौधे का बीज (जैसे-रेंड़ का तेल)
रेंड़ी–(स्त्री०) रेड़ का बीज
रें रें–I (क्रि० वि०) लड़कों के रोने का शब्द II (स्त्री०) ज़िद या हठ सूचक शब्द
रे–(अ०) अरे का संक्षिप्त रूप (जैसे-रे मन, अब हरि नाम जप)
रेकान–(पु०) ऐसी भूमि जहाँ नदी की बाढ़ का पानी न पहुँच सके
रेक्टर–*अं०* (पु०) 1 संकायाध्यक्ष 2 पादरी
रेख–(स्त्री०) 1 रेखा, लकीर 2 निशान, चिह्न 3 भाग्य लेख 4 रेखा के रूप में निकली मूँछ
रेख़ता–I *फ़ा०* (वि०) 1 टपका हुआ 2 आप से आप निकला हुआ 3 मज़बूत II (पु०) 1 अरबी फ़ारसी मिश्रित हिंदी का गाना, ग़ज़ल 2 उर्दू का आरंभिक नाम
रेखांकन–*सं०* (पु०) रेखाएँ अंकित करना
रेखांकित–*सं०* (वि०) 1 रेखाओं से बना हुआ 2 रेखांकन किया गया
रेखांश–*सं०* (पु०) 1 देशांतर 2 याम्योत्तर वृत्त का कोई अंश, द्राधिमांश
रेख, रेखा–*सं०* (स्त्री०) 1 लकीर (जैसे-कापी पर रेखा खींचना) 2 लकीर के आकार का चिह्न (जैसे-मस्तक की रेखा) 3 कतार, पंक्ति 4 कर्म रेख, भाग्य रेख 5 आकृति, रूप। ~**गणित** (पु०) ज्यामिति; ~**चित्र** (पु०) 1 रेखाओं से अंकित चित्र, ड्राइंग 2 संक्षिप्त जीवन वृत्त; ~**चित्रकला** (स्त्री०) कला जो रेखा चित्र द्वारा निर्मित हो; ~**लेख** (पु०) 1 चित्र के रूप में होनेवाला परिकल्पनाओं, विचारों का अकन, आरेख 2 = रेखा चित्र; ~**शास्त्र** (पु०) हाथ माथे आदि की रेखाओं से संबंधित शास्त्र
रेखानुकृति–*सं०* (स्त्री०) अनुरेखण
रेखित–*सं०* (वि०) रेखा के रूप में अंकित या लिखित
रेग–*फ़ा०* (स्त्री०) रेत
रेगज़ार–*सं०* (पु०) रेगिस्तान
रेगमाल–*फ़ा०* (पु०) सरेस काग़ज़
रेगिस्तान–*फ़ा०* (पु०) बालू से भरा प्राकृतिक भूखंड, मरुदेश
रेगुलर–*अं०* (वि०) 1 नियमित 2 व्यवस्थित
रेचक–I *सं०* (वि०) दस्तावर II (पु०) जमाल गोटा 2 जवाखार 3 खींची गई साँस को विधिपूर्वक बाहर निकालने की क्रिया, प्राणायाम की एक क्रिया
रेचन–*सं०* (पु०) 1 दस्त लाना 2 जुलाब
रेज़गारी, रेज़गी–*फ़ा०* (स्त्री०) 1 रुपए के मूल्य के छोटे सिक्के 2 छोटे सिक्के
रेज़र–*अं०* (पु०) उस्तरा
रेज़ा–*फ़ा०* (पु०) 1 बहुत छोटा टुकड़ा, ज़र्रा 2 रत्न आदि का छोटा टुकड़ा, नग
रेजिडेंट–*अं०* (पु०) = रेज़ीडेंट
रेजिमेंट–*अं०* (स्त्री०) 1 सैन्यदल 2 शासन 3 शासित क्षेत्र (जैसे-रेजिमेंट में प्रवेश करना)
रेज़िश–*फ़ा०* (स्त्री०) जुकाम
रेज़ीडेंट–*अं०* (पु०) रियासतों में ब्रिटिश सरकार का प्रतिनिधि
रेट–*अं०* (स्त्री०) 1 मूल्य, क़ीमत 2 चाल, गति
रेड–*अं०* (वि०) लाल
रेडक्रास–*अं०* (पु०) युद्ध तथा प्राकृतिक संकट के समय जन सेवा करनेवाली एक अंतर्राष्ट्रीय संस्था
रेडार–*अं०* (पु०) दे० राडार
रेडिअम–*अं०* (पु०) एक प्रसिद्ध बहुमूल्य खनिज
रेडिएटर–*अं०* (पु०) विकिरक
रेडिकल–*अं०* (वि०) मौलिक, मूलभूत
रेडियम–*अं०* (पु०) = रेडिअम। ~**धर्मिता** + *सं०* (स्त्री०) विघटनाभिकता, रेडियो ऐक्टिविटि; ~**धर्मी** + *सं०* (वि०) विघटनाभिक रेडियोएक्टिव
रेडियेशन–*अं०* (पु०) 1 विकिरण 2 प्रसारण
रेडियो–*अं०* (पु०) 1 ध्वनि ग्रहण यंत्र 2 आकाशवाणी (जैसे-रेडियो द्वारा समाचार सुनना)। ~**आपरेटर** (पु०) रेडियो बजानेवाला; ~**एक्टिव** (वि०) = रेडियम धर्मी; ~**केंद्र** + *सं०* (पु०) आकाशवाणी केंद्र; ~**चिकित्सा** + *सं०* (स्त्री०) रेडियो की रश्मियों द्वारा रोग का उपचार करना; ~**चित्रण** + *सं०* (पु०) रेडियो की रश्मियों द्वारा चित्र लेना, एक्स रे चित्रण; ~**नाटक** + *सं०* (पु०) रेडियो पर सुनाया गया नाटक; ~**प्रेमी** + *सं०* (पु०) रेडियो का शौकीन; ~**यंत्र** + *सं०* (पु०) = रेडियो सेट; ~**रिले स्टेशन** (पु०) रेडियो प्रसारण केंद्र; ~**रूपक** + *सं०* (पु०) रेडियो पर सुनाया जानेवाला रूपक, नाटक; ~**वक्ता** + *सं०* (पु०) रेडियो पर बोलनेवाला; ~**सेट** (पु०) रेडियो यंत्र; ~**स्टेशन** (पु०) आकाशवाणी केंद्र
रेडियोलाज़ी–*अं०* (स्त्री०) एक्स किरण चिकित्सा विज्ञान
रेडीमेड–*अं०* (वि०) बना हुआ, तैयार (जैसे-रेडीमेड कपड़ा)
रेडेटर–*अं०* (पु०) = रेडिएटर
रेणु–*सं०* (स्त्री०) 1 धूल 2 कण
रेणुका–*सं०* (स्त्री०) 1 बालू 2 रज, धूल 3 पृथ्वी 4 परशुराम की माता का नाम

रेत–(स्त्री०) 1 बालू (जैसे-रेत का ढेर)

रेतना–(स० क्रि०) 1 रेतकर सुडौल बनाना 2 धार रगड़ना (जैसे-आरी से रेतना) 3 रगड़ते हुए काटना (जैसे-मुर्गे का गला रेतना) 4 कष्ट देना

रेतला–(वि०) = रेतीला

रेता–(पु०) 1 बालू 2 धूल, गर्द 3 बलुआ मैदान

रेतिया–I (पु०) रेतनेवाला कारीगर II (वि०) रेतीला

रेती–(स्त्री०) एक तरह का दानेदार औज़ार

रेतीला– (वि०) 1 रेतयुक्त (जैसे-रेतीली मिट्टी) 2 जहाँ रेत पाई जाए (जैसे-रेतीला प्रदेश)

रेनी–(स्त्री०) 1 रंग देनेवाली वस्तु 2 अलगनी

रेनु–(पु०) = रेणु

रेप–*अं०* (पु०) बलात्कार

रेफ–I *सं०* (पु०) 1 शब्द के बीच में आनेवाला 'र' का ठीक बादवाले स्वरांत व्यंजन के ऊपर लगा रूप (जैसे-कर्म, नर्तक) 2 'र' अक्षर II (वि०) 1 अधम, नीच निंदनीय, कुत्सित

रेफ़री–*अं०* (पु०) अभिनिर्णायक

रेफ़रेंस बुक–*अं०* (स्त्री०) संदर्भ पुस्तिका

रेफ्रीजिरेटर–*अं०* (पु०) प्रशीतक, फ्रिज़

रेयन–*अं०* (पु०) कृत्रिम रेशम

रेरुआ–(पु०) बड़ा उल्लू

रेल–I (स्त्री०) = रेल पेल। ~**ठेल**, ~**पेल** (स्त्री०) 1 भीड़ भाड़ 2 धक्कम धक्का

रेल–II *अं०* (स्त्री०) 1 ज़मीन पर बिछी लोहे की पटरी 2 रेलगाड़ी (जैसे-रेलमार्ग, रेलयात्रा)। ~**किराया** + *फ़ा०* (पु०) रेल यात्रा का भाड़ा; ~**गाड़ी** + *हिं०* भाप, बिजली, डीजल आदि की सहायता से लोहे की पटरियों पर चलनेवाली गाड़ी; ~**डिब्बा** + *हिं०* (पु०) रेलगाड़ी का डिब्बा; ~**दुर्घटना** + *सं०* (स्त्री०) रेलगाड़ी का क्षत विक्षत होना; ~**पथ** + *सं०* (पु०) रेलवे लाइन; ~**पेल** (स्त्री०) 1 भारी भीड़ 2 भरमार; ~**भाड़ा** + *हिं०* (पु०) = रेल किराया; ~**मार्ग** + *सं०* (पु०) = रेलवे लाइन; ~**यातायात** + *सं०* (पु०) रेल द्वारा आवागमन; ~**यात्री** + *सं०* (पु०) रेल का मुसाफ़िर; ~**लाइन** (स्त्री०) रेलवे लाइन; ~**सड़क** + *हिं०* (स्त्री०) = रेलवे लाइन

रेलना–(स० क्रि०) 1 धक्का देना 2 बहा ले जाना 3 ठूसकर भरना 4 बहुत अधिक भोजन करना

रेलवे–*अं०* (स्त्री०) 1 रेल विभाग 2 रेलमार्ग। ~**इंजन** (पु०) रेल का इंजन; ~**कर्मचारी** + *सं०* (पु०) रेल विभाग में काम करनेवाला व्यक्ति; ~**क्रासिंग** (स्त्री०) (रेल का) चौफटका; ~**जंकशन** (पु०) अनेक रेल का संगम; ~**टाइम टेबुल** (पु०) रेल समय सारणी; ~**ट्रेन** (स्त्री०) = रेल गाड़ी; ~**मैन** (पु०) रेलवे कर्मचारी; ~**यार्ड** (पु०) रेलवे प्रांगण; ~**वर्कशाप** (स्त्री०) रेलवे कार्यशाला; ~**स्टेशन** (पु०) रेल अड्डा

रेला–(पु०) 1 प्रबल प्रवाह (जैसे-भीड़ का रेला, पानी का रेला) 2 धक्कम धक्का 3 आक्रमण, चढ़ाई 4 बहुतायत, अधिकता

रेलिंग–*अं०* (पु०) शोभा और सुरक्षा हेतु छत के सिरों पर बनाई गई रचना

रेवड़–(पु०) 1 भेड़ बकरियों का झुंड 2 समूह

रेवड़ी–(स्त्री०) पगी हुई चीनी या गुड़ की सफ़ेद तिल मिश्रित छोटी टिकिया। (पु०) ~**के फेर में आना** लोभ में पड़ना; ~**के लिए मस्जिद ढाना** तुच्छ लाभ के लिए बड़ी हानि करना

रेवेन्यू–*अं०* (पु०) राजस्व, मालगुज़ारी। ~**आफ़िसर** (पु०) राजस्व अधिकारी

रेशम–*फ़ा०* (पु०) 1 उम्दा, मज़बूत और चमकदार रेशा, कौशेय 2 रेशम का सूत 3 रेशम का कपड़ा (जैसे-रेशम पहनना)। ~**कोष** + *सं०* (पु०) कोया; ~**पालन** + *सं०* (पु०) रेशम क कीड़ा पालना; ~**मिल** + *अं०* (स्त्री०) रेशम का कारखाना

रेशमी–*फ़ा०* (वि०) 1 रेशम का बना (जैसे-रेशमी कुर्ता) 2 रेशम की तरह (जैसे-रेशमी बाल)

रेशा–*फ़ा०* (पु०) 1 महीन सूत, तंतु (जैसे-रेशम का रेशा, मूली का रेशा, फल का रेशा) 2 बुनावट के रूप में पाया जानेवाला तत्व, फाइबर 3 शरीर के अंदर की नस, रग

रेशियो–*अं०* (पु०) अनुपात

रेशेदार–*फ़ा०* (वि०) रेशा युक्त

रेस–*अं०* (स्त्री०) दौड़। ~**कोर्स** (पु०) घुड़दौड़ का मैदान

रेसर–*अं०* (पु०) दौड़ लगाने वाला

रेस्टोरेंट, रेस्तराँ–*अं०* (पु०) भोजनालय

रेस्पांडेंट–*अं०* (पु०) प्रतिवादी

रेह–(स्त्री०) खार मिली धूल

रेहन–*अ०* (पु०) बंधक, गिरवी। ~**दार** *फ़ा०* (पु०) बंधक रखनेवाला व्यक्ति, जिसके पास रेहन रखा हो। ~**दार** + *फ़ा०* (वि०) रेहन रखनेवाला; ~**नामा** + *फ़ा०* (पु०) रेहन की शर्त लिखा काग़ज़

रेहल–*अ०* (स्त्री०) = रिहल

रैंक–*अं०* (पु०) रेंक II

रैक–*अं०* (पु०) 1 टाँड़ 2 खुली आलमारी

रैडर–*अं०* (पु०) = रडार

रैण–(स्त्री०) = रैन

रैतुवा–(पु०) = रायता

रैन, रैनि–(स्त्री०) रात। ~**बसेरा** (पु०) रात बिताने की जगह (जैसे-पक्षियों का रैन बसेरा)

रैपर–*अं०* (पु०) बेठन, लपेटन

रैयत–*अ०* (स्त्री०) प्रजा

रैया राव–(पु०) 1 छोटा राजा 2 राजाओं द्वारा सरदारों को दी गई पदवी

रैल–(स्त्री०) 1 राशि 2 समूह, झुंड

रैली–*अं०* (स्त्री०) जमाव

रैशनिंग–*अं०* (स्त्री०) = राशनिंग

रैहर–(पु०) लड़ाई झगड़ा

रैहाँ–*अ०* (पु०) 1 एक प्रकार की सुगंधित वनस्पति, बालगू 2 कोई सुगंधित घास 3 अरबी फ़ारसी की सुंदर लेख प्रणाली

रोंगटा–(पु०) रोम, रोआँ

रोंगटी–(स्त्री०) 1 खेल में की जानेवाली बेईमानी 2 खेल में रंज होने की अवस्था

रोंआँ–(पु०) = रोयाँ

रोआँस–(स्त्री०) रोने की प्रवृत्ति

रोआँसा–(वि०) रोने को उद्यत

रोएदार–*हिं० + फ़ा०* (वि०) रोयेंदार

रोक–I *सं०* (पु०) रोकड़

रोक–II (स्त्री०) 1 रोकने का भाव 2 रोकने की वस्तु 3 मनाही, निषेध (जैसे-रोक टोक)। ~**झोंक** (स्त्री०) 1 बाधा, अवरोध 2 मनाही; ~**टीप** (स्त्री०) नकदी पुर्ज़ा; ~**टोक** (स्त्री०) = रोक झोंक; ~**थाम** (स्त्री०) रोकने का भाव

रोकड़–(स्त्री०) 1 नक़द रुपया 2 जमा पूँजी। ~**पाल** *+ सं०* (पु०) = रोकड़िया; ~**बही** (स्त्री०) रुपयों के लेनदेन का हिसाब संबंधी बही; ~**बाक़ी** *+ अ०* (स्त्री०) शेष रक़म; ~**बिक्री** (स्त्री०) नक़द दाम पर की गई बिक्री

रोकना–(स० क्रि०) 1 जाने न देना (जैसे-उस लड़के को रोकना) 2 चाल बंद करना (जैसे-मोटर को रोकना, पानी की धार रोकना) 3 रुकावट खड़ी करना, अड़चन डालना (अनाज बाहर जाने से रोकना, जुलूस रोकना) 4 बंद करना (जैसे-बाल विवाह रोकना) 5 प्रहार को बचाना (जैसे-तलवार का वार रोकना) 6 वश में रखना (जैसे-मनोवेग रोकना) 7 छेंकना (जैसे-सूर्य का प्रकाश रोकना)

रोग–*सं०* (पु०) मर्ज़, बीमारी। ~**कारक** (वि०) रोग पैदा करनेवाला; ~**कारी** (वि०) रोग फैलानेवाला; ~**कीट**, ~**कीटाणु** (पु०) रोग के कीड़े; ~**ग्रस्त** (वि०) रोग से पीड़ित; ~**नाशक** (वि०) रोग नाश करनेवाला; ~**निदान** (पु०) रोग परीक्षण; ~**निरोधक** (वि०) = रोग रोधक; ~**निवारक** (वि०) = रोग नाशक; ~**युक्त** (वि०) = रोग ग्रस्त; ~**रोधक** (वि०) रोग रोकनेवाला; ~**लक्षण** (पु०) रोग के चिह्न; ~**विज्ञान** (पु०) रोग की प्रकृति और उससे उत्पन्न विकारों का शास्त्र; ~**विज्ञानी** (पु०) रोग विज्ञान का ज्ञाता; ~**विषयक** (वि०) रोग संबंधी; ~**शय्या** (स्त्री०) रोगी का बिस्तर; ~**शास्त्र** (पु०) = रोग विज्ञान; ~**शीर्ण** (वि०) रोग से कमज़ोर; ~**संचार** (पु०) रोग का फैलना; ~**संचारक** (वि०) रोग फैलानेवाला; ~**हर** (वि०) = रोग नाशक

रोग़न–*फ़ा०* (पु०) 1 लाख आदि का बना मसाला 2 वारनिश। ~**दार** (वि०) रोग़न चढ़ाया हुआ

रोग़नी–*फ़ा०* (वि०) 1 रोग़न युक्त 2 रोग़नदार

रोगाक्रांत–*सं०* (वि०) = रोगग्रस्त

रोगाणु–*सं०* (पु०) = रोग कीट; ~**नाशन** (पु०) रोग कीट को नाश करना; ~**रहित** (वि०) जिसमें रोगकीट न हो; ~**रोधक** (वि०) रोग कीट को रोकनेवाला

रोगाणु–*सं०* (पु०) रोग को जन्म देनेवाले विषाक्त अणु, जीवाणु, बैक्टीरिया

रोगातुर–*सं०* (वि०) रोग से परेशान

रोगार्त–*सं०* (वि०) रोग से दुःखी

रोगिणी–*सं०* I (वि०) रोग से पीड़ित II (स्त्री०) रोग से पीड़ित स्त्री

रोगित–*सं०* (वि०) रोग युक्त, रोगी

रोगिया–(पु०) रोगी

रोगी–*सं०* (वि०) बीमार, अस्वस्थ। ~**परिचारिका** *+ सं०* (स्त्री०) रोगी की सेवा करनेवाली, नर्स; ~**वाहक** *+ सं०* (वि०) रोगी को ले जानेवाला (जैसे-रोगी वाहक गाड़ी)

रोगोपचार–*सं०* (पु०) रोग का उपचार

रोचक–*सं०* (वि०) 1 मनोरंजक 2 प्रिय। ~**ता** (स्त्री०) रोचक होने की अवस्था

रोचन–*सं०* (वि०) 1 रुचनेवाला 2 चमकीला 3 फबनेवाला

रोचमान–*सं०* (वि०) 1 चमकता हुआ 2 शोभायुक्त

रोज़–I *फ़ा०* (पु०) दिवस, दिन (जैसे-किस रोज़) II *+ अ०* प्रतिदिन (जैसे-रोज़ आना)। ~**नामचा** (पु०) 1 दैनिक पुस्तिका, दैनंदिनी, डायरी 2 प्रतिदिन का हिसाब लिखने की बही 3 पुलिस का रजिस्टर 4 पटवारी की बही; ~**नामा** (पु०) 1 तिथिपत्र 2 दैनिक पत्र; ~**बरोज़** *+ अ०* 1 प्रतिदिन, हर रोज़ 2 लगातार; ~**मर्रा** I अ० हर रोज़, प्रत्येक दिन II (पु०) नित्य प्रति होनेवाला काम

रोज़गार–*फ़ा०* (पु०) व्यापार

रोज़गारी–*फ़ा०* (पु०) सौदागर, व्यापारी

रोज़ा–*फ़ा०* (पु०) 1 उपवास, व्रत 2 रमजान के महीने में रखा जानेवाला प्रत्येक दिन का उपवास 3 रमजान का प्रत्येक दिन (जैसे-आज पाँचवाँ रोज़ा है)। ~**ख़ोर** (पु०) रोज़ा न रखनेवाला व्यक्ति

रोज़ाना–*फ़ा० अ०* प्रत्येक दिन, नित्य

रोज़ी–*फ़ा०* (स्त्री०) 1 काम धंधा, व्यापार 2 रोज़ का खाना, नित्य का भोजन (जैसे-रोज़ी का प्रबंध)। ~**दार** *+ फ़ा०* (वि०) रोज़ी में लगा हुआ; ~**बिगाड़** *+ हिं०* 1 लगी रोज़ी बिगाड़नेवाला 2 निकम्मा; ~**रोटी** *हिं०* (स्त्री०) आजीविका (जैसे-रोज़ी रोटी का प्रबंध करना)

रोज़ीना–*फ़ा०* I (वि०) रोज़ का II अ० हर रोज़, प्रत्येक दिन

रोट–(पु०) 1 मोटी रोटी 2 महुए के रस में बनी रोटी 3 हाथी का रातिब

रोटी–(स्त्री०) 1 गेहूँ, जौ, बाजरे, मक्का आदि के आटे की गूँधकर आँच में पकाई गई चिपटी और वर्तुलाकार वस्तु, चपाती (जैसे-रोटी पर मक्खन लगाना) 2 रसोई (जैसे-रोटी बनाने के लिए नौकरानी रखना) 3 जीविका निर्वाह का साधन (जैसे-रोज़ी रोटी के लिए परेशान व्यक्ति)। ~**कपड़ा** (पु०) भोजन और वस्त्र; ~**दाल** (स्त्री०) 1 कच्ची रसोई 2 साधारण जीविका (जैसे-रोटी दाल पर गुज़र करना); ~**बेटी** (स्त्री०) वैवाहिक और सामाजिक संबंध (जैसे-रोटी बेटी का रिश्ता)। ~**कमाना** जीविकोपार्जन करना; **रोटियों का मारा** भूखा

रोड–*अं०* (स्त्री०) सड़क

रोडवेज़–*अं०* (पु०) सड़क परिवहन

रोड़ा–(पु०) 1 टुकड़ा (जैसे-ईंट का रोड़ा) 2 बाधक वस्तु, बाधक तत्व

रोड़ी–(स्त्री०) छोटा टुकड़ा

रोदन–*सं०* (पु०) = रुदन

रोदा–*फ़ा०* (पु०) 1 धनुष की डोर, प्रत्यंचा 2 सूक्ष्म ताँत

रोध–*सं०* (पु०) 1 रोकनेवाली वस्तु, रोकनेवाली बात 2 घेरा 3 बाँध, किनारा। ~**अधिकार** (पु०) निषेधाधिकार

रोधक–*सं०* (वि०) रोकनेवाला

रोधन–*सं०* (पु०) बाधा, रुकावट

रोधनादेश–*सं०* (पु०) 1 रोधन आदेश, मना करना 2 रोकना

रोना–(अ० क्रि०) कष्ट दुःख से आँसू बहाना, रुदन करना।

~**कलपना,** ~**गाना,** ~**धोना** (अ० क्रि०) अत्यंत विलाप करना; ~**पीटना** (अ० क्रि०) बहुत विलाप करना
रोनी–(वि०) रोनेवाली, रोने जैसी (जैसे-रोनी सूरत)
रोनीधोनी–(स्त्री०) 1 रोने धोने की वृत्ति 2 दुःख की स्थिति 3 मनहूसी (जैसे-रोनी धोनी सूरत बनाना)
रोप–*सं०* (पु०) = रोपण
रोपक–*सं०* (वि०) 1 रोपनेवाला 2 स्थापना करनेवाला
रोपण–*सं०* (पु०) 1 लगाना (जैसे-रोपण विधि, रोपण प्रणाली) 2 स्थापित करना 3 तैयार करना 4 मोहित करना 5 लेप करना
रोपना–(स० क्रि०) 1 लगाना (जैसे-धान रोपना, पौधा रोपना) 2 पसारना (जैसे-हाथ रोपना) 3 वार सहना, ओड़ना
रोपनी–(स्त्री०) 1 रोपने का भाव 2 धान के रोपने का समय
रोपित–*सं०* (वि०) 1 लगाया हुआ 2 स्थापित 3 मुग्ध किया हुआ 4 उठाया हुआ
रोब–*अ०* (पु०) 1 दबदबा, धाक 2 तेज, प्रताप 3 आतंक (जैसे-रोब पैदा करना)। ~**दाब** *हिं०* (पु०) आतंक और उसका प्रभाव; ~**दार** + *फ़ा०* (वि०) रोबवाला
रोबीला–*अ०* + *हिं०* (वि०) = रोबदार
रोमंथ–*सं०* (पु०) जुगाली, पागुर
रोम–I *सं०* (पु०) 1 शरीर पर का छोटा, पतला तथा नरम बाल, रोआँ 2 सूराख। ~**कूप,** ~**द्वार** शरीर में रोआँ निकलने वाले छिद्र; ~**पुलक,** ~**हर्ष** (पु०) = रोमांच; ~**हर्षक** (वि०) रोंगटे खड़ा करनेवाला, दारुण, भीषण; ~**हर्षण** I (पु०) सिहरन, रोमांच, II (वि०) रोमांच दारुण; ~**रोम में** पूर्ण तथा शुद्ध मन से (जैसे-रोम रोम से आशीर्वाद देना)
रोम–II *सं०* (पु०) रोम देश
रोमन–I *अं०* (वि०) रोम का II रोम देश का निवासी III (स्त्री०) रोम देश की लिपि। ~**कैथोलिक** (पु०) ईसा मसीह की पूजा करनेवालों का एक संप्रदाय
रोमराजि–*सं०* (स्त्री०) रोमावली, रोमलता
रोमांच–*सं०* (पु०) हर्ष, आश्चर्य, भय आदि के कारण शरीर के रोओं का खड़ा होना (जैसे-रोमांच हो आया)। ~**कारी** (वि०) रोंगटे खड़े कर देनेवाला
रोमांचित–*सं०* (वि०) जिसे रोमांच हो आया हो, पुलकित (जैसे-रोमांचित देह)
रोमांटिक–*अं०* (वि०) 1 कल्पना प्रधान 2 कल्पित 3 स्वच्छंद
रोमाँस–*अं०* (पु०) 1 प्रेमाख्यान 2 रोमांचक घटना 3 प्रेम लीला। ~**वाद** + *सं०* (पु०) स्वच्छंदतावाद
रोमानी–*अं०* (वि०) = रोमांटिक
रोमाली, रोमावली–*सं०* (स्त्री०) रोओं की पंक्ति
रोमिका–*सं०* (स्त्री०) छोटा रोआँ
रोमिल–(वि०) रोएँदार, बालोंवाला
रोयाँ–(पु०) रोंगटा, रोआँ
रोयेंदार–*हिं०* + *फ़ा०* (वि०) रोओंवाला (जैसे-रोयेंदार कंबल)
रोर–(स्त्री०) 1 शोरगुल, हल्ला 2 उपद्रव, उत्पात
रोल–I (पु०) रोलने का काम
रोल–II *अं०* (पु०) 1 (अभिनेता की) भूमिका 2 कार्य
रोल–III *अं०* (पु०) 1 हाज़िरी रजिस्टर 2 गोला 3 बेलना
रोलर–*अं०* (पु०) 1 ढुलकनेवाली वस्तु 2 बेलन, बेलना
रोला–*सं०* (पु०) एक प्रकार का छंद जिसमें 11 + 13 के विश्राम से 24-24 मात्राओं सहित चार चरण होते हैं
रोलिंग–*अं०* (स्त्री०) 1 बेलन फेरना 2 परिभ्रमण 3 लुंठन। ~**मिल** (स्त्री०) बेलन मिल, बेलन कारख़ाना; ~**विभाग** + *सं०* (पु०) चल विभाग; ~**स्टाक** (पु०) चल स्टाक, रेल के डिब्बे आदि
रोली–(स्त्री०) हल्दी और चूने के योग से बनी बुकनी
रोवनहार–I (वि०) रोनेवाला II (पु०) शोक मनानेवाला उत्तराधिकारी
रोवना–I (वि०) 1 रोनेवाला 2 बुरा माननेवाला II (अ० क्रि०) रोना
रोवनी धोवनी–(स्त्री०) रोनी धोनी, रोना धोना
रोवाँ–(पु०) = रोयाँ
रोवाँसा–(वि०) = रोआँसा
रोशन–*फ़ा०* (वि०) 1 जलता हुआ, प्रदीप्त (जैसे-चिराग़ रोशन होना) 2 प्रकाशमान् 3 आनंद मंगल, चहल पहल (जैसे-महफ़िल रोशन होना) 4 प्रसिद्ध, विख्यात (जैसे-नाम रोशन होना) 5 प्रकट, विदित। ~**ख़याल** + *अ०* (वि०) प्रबुद्धमना; ~**दान** (पु०) झरोखा; ~**दिमाग़** + *अ०* (पु०) अक़्लमंद, बुद्धिमान्
रोशनाई–*फ़ा०* (स्त्री०) लिखने की स्याही, मसि
रोशनी–*फ़ा०* (स्त्री०) 1 प्रकाश, उजाला 2 दीपक, चिराग 3 दीपोत्सव 4 ज्ञान आदि का प्रकाश (जैसे-ज्ञान की रोशनी)। ~**मीनार** (स्त्री०) प्रकाश स्तंभ
रोष–*सं०* (पु०) 1 क्रोध, गुस्सा 2 कुढ़न 3 वैर विरोध (जैसे-रोष प्रकट करना)
रोषण–*सं०* (वि०) 1 रोष उत्पन्न करनेवाला 2 मन में रोष करनेवाला 3 क्रुद्ध
रोषानल–*सं०* (पु०) क्रोध रूपी अग्नि
रोषान्वित–*सं०* (वि०) नाराज़, क्रुद्ध
रोषित–*सं०* (वि०) क्रोधित, नाराज़
रोषी–*सं०* (वि०) क्रोधी
रोह–*सं०* (पु०) ऊपर चढ़ना, चढ़ाई
रोहण–*सं०* (पु०) 1 चढ़ना 2 सवार होना
रोहा–(पु०) आँख की एक बीमारी
रोहिणी–*सं०* (स्त्री०) एक विशेष नक्षत्र
रोहित–I *सं०* (वि०) लाल रंग का, रक्त वर्ण का II (पु०) लाल रंग
रोही–*सं०* (वि०) 1 चढ़नेवाला 2 ऊपर की ओर जानेवाला
रोहू–*सं०* (पु०) एक बड़ी मछली
रौंद–*अं०* (स्त्री०) पहरेदार या सिपाहियों का गश्त लगाना
रौंदना–(स० क्रि०) 1 दबाना 2 पैर से कुचलना 3 बर्बाद करना
रौंस–*फ़ा०* (स्त्री०) 1 गति, चाल 2 चाल ढाल, रंग ढंग
रौंसा–(पु०) = केवाँच
रौ–I *फ़ा०* (स्त्री०) 1 गति, चाल 2 पानी का बहाव 3 धुन (जैसे-रौ में बढ़ते जाना) II (वि०) 1 चलनेवाला 2 आगे बढ़नेवाला 3 उत्पन्न होनेवाला (जैसे-ख़ुद रौ)
रौक्ष्य–*सं०* (पु०) रूखापन रूखाई
रौग़न–*फ़ा०* (पु०) = रोग़न

रौग़नी–*फ़ा०* (वि०) = रोग़नी
रौज़ा–*अ०* (पु०) 1 बाग़ बगीचा 2 मक़बरा, समाधि (जैसे-ताज बीबी का रौज़ा)
रौताईन–(स्त्री०) 1 रावत की पत्नी, ठकुराइन 2 स्त्रियों के लिए आदर सूचक संबोधन
रौताई–(स्त्री०) 1 रावत होने का भाव 2 अकड़, ऐंठ
रौद्र–I *सं०* (वि०) 1 रुद्र का 2 भीषण, विकट 3 अत्यंत क्रोध का परिचायक II (पु०) क्रोध, गुस्सा। ~**ता** (स्त्री०) 1 भयंकरता 2 प्रखरता 3 रुद्रभाव; ~**दर्शन** (वि०) भीषण आकृतिवाला ~**रस** (पु०) एक रस जिसका स्थायी भाव क्रोध है
रौद्री–*सं०* (स्त्री०) रुद्र की पत्नी, गौरी
रौनक़–*अ०* (स्त्री०) 1 सुंदर वर्ण और आकृत्ति 2 चमक दमक और शोभा 3 जमघट, बहार (जैसे-शाम को बाज़ार की रौनक़ बढ़ जाती है)
रौप्य–I *सं०* (पु०) चाँदी, रूपा II (वि०) चाँदी का बना हुआ
रौब–*अ०* (पु०) = रोब
रौरव–I *सं०* (वि०) 1 भयंकर 2 भीषण, घोर 3 धूर्त और बेईमान II (पु०) भीषण नरक
रौरा–*बो०* (पु०) रौला
रौल चौल–(स्त्री०) हल्ला, हुल्लड़
रौला–(पु०) हलचल (जैसे-रौला मचाना)
रौशन–*फ़ा०* (पु०) रोशन
रौस–*फ़ा०* (स्त्री०) 1 गति, चाल 2 चाल ढाल, रंग ढंग 3 बाग़ीचे की क्यारियों के बीच का मार्ग
रौसली–(स्त्री०) एक तरह की चिकनी और उपजाऊ मिट्टी

ल

लंक–I (स्त्री०) कमर, कटि II (स्त्री०) लंका (द्वीप)
लंक लाट–*अं०* (पु०) एक प्रकार का चिकना और मोटा कपड़ा
लंका–*सं०* (स्त्री०) भारत के दक्षिण का एक प्रसिद्ध द्वीप। ~**नाथ**, ~**पति** (पु०) लंकाधिपति
लंकाधिपति–(पु०) लंका का राजा, रावण
लंकेश–*सं०* (पु०) रावण
लंग–I (स्त्री०) लाँग
लंग–II *फ़ा०* (पु०) लँगड़ापन
लँगड़, लँगड़ा–(वि०) 1 जिसका एक पैर बेकार हो 2 पैर के दोष के कारण लचककर चलनेवाला 3 अच्छी तरह खड़ा न हो सकनेवाला 4 टेढ़ा। ~**लूला** (वि०) लँगड़ा और टुंडा
लँगड़ाना–(अ० क्रि०) लँगड़े होने के कारण कुछ दबते और कुछ उचकते हुए चलना
लँगर–(वि०) 1 नटखट 2 दुष्ट, पाजी
लंगर–I *फ़ा०* (पु०) 1 लोहे का बहुत बड़ा काँटा 2 गाय आदि पशु के गले में बाँधा जानेवाला लकड़ी का कुंदा 3 लोहे की भारी और मोटी ज़ंजीर 4 बहुत लोगों का भोजन एक साथ पकने का स्थान II (वि०) भारी, वज़नी। ~**खाना** (पु०) वह स्थान जहाँ बना बनाया भोजन बँटता हो; ~**गाह** (स्त्री०) बंदरगाह
लँगराई –(स्त्री०) नटखटी, शरारती
लँगराना–(अ० क्रि०) *बो०* = लँगड़ाना
लँगरैया–(स्त्री०) = लँगराई
लंगल–*सं०* (पु०) हल
लंगी–(स्त्री०) कुश्ती में अपनी एक टाँग लँगड़ी करके दूसरे की टाँग में फँसाकर विपक्षी को गिराने की विधि
लंगूर–(पु०) 1 हाथ, पैर और काले मुँहवाला तथा लंबी दुमवाला एक बंदर 2 दुम, पूँछ। ~**फल** (पु०) नारियल
लंगूल–(पु०) = पूँछ, दुम
लँगोट–(पु०) कमर में बाँधने का एक प्रकार का उपस्थ और नितंब को ढकने का वस्त्र। ~**बंद** + *फ़ा०* (वि०) ब्रह्मचारी; ~**का ढीला** कामी; ~**का सच्चा** स्त्री सहवास से बचा रहनेवाला
लँगोटा–(पु०) = लँगोटी
लँगोटियायार–(पु०) = बालमित्र
लँगोटी–(स्त्री०) छोटा लँगोट। ~**पर फाग खेलना** कुछ न होने पर भी भोग विलास करना; ~**बँधवाना** दरिद्र बना देना; ~**बाँध लेना** 1 दरिद्र होना 2 सांसारिक सुख का त्याग; ~**में मस्त** ग़रीबी में भी खुश रहनेवाला
लंघक–*सं०* (वि०) 1 लाँघनेवाला 2 नियम भंग करनेवाला
लंघन–*सं०* (पु०) 1 लाँघने का भाव, उल्लंघन
लंघनीय–*सं०* (वि०) लाँघने योग्य
लँघाना–(स० क्रि०) लाँघने में प्रवृत्त करना
लंघित–*सं०* (वि०) 1 लाँघा हुआ 2 अतिक्रमित 3 उपेक्षित, तिरस्कृत
लंघ्य–*सं०* (वि०) लाँघने योग्य
लंच–*अं०* (पु०) दोपहर का भोजन
लंठ–(वि०) 1 परम मूर्ख 2 उजड्ड
लंठई–(स्त्री०) लंठ होने का भाव, लंठपन
लंड–I (पु०) पुरुष की जननेंद्रिय, शिश्न, लिंग
लंड–II *सं०* (पु०) गू, विष्ठा
लँडूरा–(वि०) 1 कटी पूँछवाला 2 बिना पूँछ का 3 जिसका कोई शोभाजनक अंग नष्ट हो गया हो
लंतरानी–*अ०* (स्त्री०) लंबी चौड़ी और आत्मप्रशंसात्मक बात, शेखीभरी लंबी चौड़ी बात, डींग, शेखी
लंप–*अं०* (पु०) लैंप
लंपट–I *सं०* I (वि०) कामी, व्यभिचारी II (पु०) कामी पुरुष। ~**ता** (स्त्री०) दुराचार, कुकर्म
लंपाक–*सं०* (पु०) दुराचारी, लंपट
लंब–I *सं०* (वि०) 1 आधार से समकोण बनाती हुई ऊपर जानेवाली (रेखा) 2 नीचे को लटकता हुआ II (पु०) किसी रेखा पर खड़ी और सीधी रेखा। ~**कर्ण** (वि०) लंबे कानोंवाला; ~**ग्रीव** (वि०) लंबी गर्दनवाला; ~**तड़ंग** (वि०) 1 ताड़ के समान लंबा, बहुत लंबा 2 विशालकाय और हृष्ट पुष्ट
लंबन–*सं०* (पु०) 1 लंबा करना 2 झूलना 3 सहारा 4 नाभि तक लटकनेवाला हार
लंबमान–*सं०* (वि०) दूर तक फैला हुआ

लंबर–*अं० बो०* (पु०) नंबर। ~**दार** + *फ़ा०* (पु०) नंबरदार, मुखिया

लंबवत्–*सं०* (वि०) सीधा खड़ा (जैसे-लंबवत् रेखा)

लंबा–(वि०) 1 चौड़ाई से अधिक विस्तारवाला (जैसे-लंबा बाँस) 2 अधिक ऊँचा (जैसे-लंबा पेड़) 3 अधिक विस्तारवाला (जैसे-गरमी के दिन और जाड़े की रातें लंबी होती हैं) 4 दीर्घ (जैसे-लंबा ख़र्च)। ~**हाथ** (पु०) अधिक प्राप्त होनेवाली चाल या दाँव

लंबाई–(स्त्री०) 1 लंबा होने का भाव 2 लंबान का परिमाण। ~**चौड़ाई** (स्त्री०) लंबान चौड़ान का परिमाण

लंबान–(स्त्री०) = लंबाई

लंबायमान–(वि०) 1 बहुत लंबा 2 लेटा हुआ

लंबित–*सं०* (वि०) 1 लटकता हुआ 2 अवलंबित

लंबी–(वि०) 'लंबा' का स्त्रीलिंग रूप

लंबू–I (वि०) अधिक ऊँचा

लंबू–II (पु०) मृत का दाह कर्म

लंबोतरा–(वि०) गोलाईयुक्त लंबा (जैसे-लंबोतरा मोती, लंबोतरा बर्तन)

लंबोदर–*सं०* (वि०) 1 लंबे या मोटे पेटवाला 2 बहुत अधिक खानेवाला, पेटू

लंबोष्ठ–I *सं०* (वि०) लंबे होठोंवाला II (पु०) ऊँट

लकड़बग्घा–(पु०) भेड़िये की जाति का एक जंगली जानवर

लकड़हारा–(पु०) जंगल आदि से लकड़ियाँ तोड़कर बेचनेवाला

लकड़हारिन–(स्त्री०) लकड़हारा की स्त्री

लकड़ा–(पु०) लकड़ी का मोटा कुंदा

लकड़ाना–(अ० क्रि०) 1 सख़्त होना 2 लकड़ी की तरह दुबला पतला हो जाना 3 ऐंठकर लकड़ी की तरह कड़ा होना

लकड़ी–(स्त्री०) 1 काठ, काष्ठ 2 ईंधन। ~**देना** मुरदा जलाना; ~**सा** बहुत दुबला; ~**होना** दुबला और कमज़ोर होना

लक़दक़–*फ़ा०* (पु०) बंजर, वीरान

लक़ब–*अ०* (पु०) उपाधि, पदवी

लक़लक़–I *अ०* (पु०) लंबी गर्दनवाला एक जल पक्षी II (वि०) बहुत दुबला पतला

लक़वा–*अ०* (पु०) 1 एक प्रसिद्ध वात रोग 2 पक्षाघात

लकसी–(स्त्री०) अँकुसी लगी लग्गी

लकार–*सं०* (पु०) 'ल' वर्ण

लकीर–(स्त्री०) 1 रेखा (जैसे-लकीर खींचना) 2 ज़मीन पर बनाई गई रेखा (जैसे-इस लकीर को मिटा दो) 3 प्रथा, रीति। ~**का फ़क़ीर** बिना सोचे समझे पुराने ढर्रों, ढंग पर चलनेवाला

लकीरी–(वि०) लकीर का

लकुट–*सं०* (पु०) 1 लाठी, छड़ी 2 लुकाठ

लकुटिया–*बो०* (स्त्री०), **लकुटी**–(स्त्री०) छड़ी

लक्कड़–(पु०) = लकड़ा

लक्खा–(वि०) लाखों में एक, बहुत बढ़ा चढ़ा

लक्खी–(वि०) 1 लाखों का, लखपति 2 लाख के रंग का

लक्ष–I *सं०* (वि०) लाख, सौ हज़ार

लक्ष–II *सं०* (पु०) लाख, चपड़ा

लक्षण–*सं०* (पु०) 1 आसार, निशान (जैसे-वर्षा के लक्षण दिखाई देना) 2 विशेषता सूचक शब्द (जैसे-यह तो प्रतिभा के लक्षण हैं) 3 परिभाषा (जैसे-साहित्य में अलंकार के लक्षण) 4 शरीर के शुभाशुभ चिह्न 5 लच्छन (जैसे-उसके लक्षण अच्छे नहीं दिखाई देते) 6 ढंग, प्रकार। ~**कार्य** (पु०) 1 गुणों का वर्णन 2 परिभाषा; ~**ग्रंथ** (पु०) वह ग्रंथ जिसमें रस, छंद, अलंकार के लक्षण बताए गए हों; ~**युक्त** (वि०) लक्षणवाला

लक्षणा–*सं०* (स्त्री०) 1 सामान्य अर्थ से भिन्न अर्थ देनेवाली शक्ति 2 उद्देश्य, लक्ष्य

लक्षणी–*सं०* (वि०) 1 लक्षणोंवाला 2 लक्षण जाननेवाला

लक्षणीय–*सं०* (वि०) 1 देखने योग्य 2 परिभाषा देने योग्य

लक्षाधिपति–*सं०* (पु०) लखपति

लक्षाधीश–*सं०* (पु०) लखपति

लक्षित–I *सं०* (वि०) 1 ध्यान में आया हुआ 2 निर्दिष्ट 3 चिह्न युक्त II (पु०) शब्द की लक्षण शक्ति द्वारा ज्ञात अर्थ

लक्षितव्य–*सं०* लक्ष्य करने योग्य

लक्षिता–*सं०* (स्त्री०) *साहि०* वह नायिका जिसके लक्षणों से पर पुरुष प्रेम जानकर सखी ने उसी पर प्रकट कर दिया हो

लक्षितार्थ–*सं०* (पु०) शब्द की लक्षणा शक्ति से निकला अर्थ

लक्ष्मण–I *सं०* (पु०) चिह्न II (वि०) चिह्न युक्त। ~**रेखा** (स्त्री०) पार न करने योग्य सीमा

लक्ष्मी–*सं०* (स्त्री०) 1 धन संपत्ति, दौलत 2 शोभा, श्री (जैसे-गृह लक्ष्मी) 3 विष्णु की पत्नी। ~**नारायण** (पु०) लक्ष्मी और नारायण की युगल मूर्ति; ~**पति** (पु०) विष्णु, नारायण

लक्ष्य–I *सं०* (पु०) 1 निशान (जैसे-लक्ष्य साधना) 2 उद्देश्य (जैसे-धन संग्रह का लक्ष्य) 3 अनुमान योग्य वस्तु, अनुमेय 4 लक्षणा शक्ति से निकलनेवाला अर्थ II (वि०) 1 देखने योग्य, दर्शनीय 2 लाख। ~**ता** (स्त्री०) लक्ष्य होने का भाव; ~**भेद** (पु०) = लक्ष्य वेध; ~**भ्रष्ट** (वि०) निशाने से चूका हुआ; ~**वेध** (पु०) निशाना लगाना; ~**वेधी** (वि०) निशाना लगानेवाला; ~**साधन** (पु०) लक्ष्य साधना; ~**सिद्धि** (स्त्री०) ध्येय की प्राप्ति; ~**हीन** (वि०) बिना लक्ष्य का

लक्ष्यत्व–*सं०* (पु०) = लक्ष्यता

लक्ष्यांक–*सं०* (पु०) निशाने का चिह्न

लक्ष्यार्थ–*सं०* (पु०) = लक्षितार्थ

लखन–(स्त्री०) लखने की क्रिया

लखना–(स० क्रि०) 1 अनुमान करना 2 समझ लेना 3 देखना

लखपती–*सं०* (पु०) बहुत अमीर

लखपेड़ा–(वि०) अत्यधिक पेड़ोंवाला

लख़लख़ा–*फ़ा०* (पु०) अंबर, कस्तूरी, अगर का मिश्रण

लखलखाना–(अ० क्रि०) भूख प्यास से बिलखना

लखाना–(स० क्रि०) दिखलाना

लखी–(पु०) लाख के रंग का घोड़ा

लखेरा–(पु०) 1 लाख की चूड़ियाँ बनानेवाला कारीगर 2 इस तरह का काम करनेवाली हिंदू जाति

लखोखा–(पु०) कई लाख

लखौट–(स्त्री०) लाख की चूड़ी

लखौटा–I (पु०) 1 बढ़िया उबटन 2 टिकली, सिंदूर आदि रखने का डिब्बा

लखौटा–II *बो०* (पु०) लिखावट

लखौरी–I (स्त्री०) भ्रमरी या भृंगी का मिट्टी का घर

लखौरी–II (स्त्री०) पुराने जमाने की एक छोटी और पतली ईंट

लंगत–(स्त्री०) 1 आसक्त होना, लगना 2 संभोग करना

लग–I (स्त्री०) 1 लगने का भाव 2 धुन, लगन II (अ०) 1 निकट, पास 2 तक

लगढग–(अ०) लगभग

लगदी–*बो०* (स्त्री०) छोटे बच्चों के बिस्तर पर बिछाया जानेवाला कपड़ा

लगन–I (स्त्री०) 1 लगने का भाव 2 ध्यान लगाना (जैसे-पढ़ने की लगन) 3 प्रगाढ़ प्रेम (जैसे-दिल की लगन)

लगन–II (पु०) 1 विवाह के लिए स्थिर किया गया शुभ दिन, साइत (जैसे-लगन धरना) 2 विवाह का दिन, सहालग। ~**पत्री** (स्त्री०) विवाह तिथि सूचक चिट्ठी

लगन–III *फ़ा०* (पु०) ब्याह की एक रीति जिसमें विवाह पूर्व वर के यहाँ मिठाइयाँ भेजी जाती हैं

लगनवट–(स्त्री०) प्रेम संबंध

लगना–(अ० क्रि०) 1 सटना, संलग्न होना (जैसे-दीवार पर तस्वीर लगना, गले लगना) 2 सटाया जाना, जोड़ा जाना (जैसे-लिफ़ाफ़े पर टिकट लगना, खिड़की में पल्ला लगना) 3 स्थित होना (जैसे-नाव में पाल लगना) 4 पोता जाना, जमाया जाना (जैसे-हाथ में मेंहदी लगना, दीवार पर रंग लगना) 5 रगड़ खाना (जैसे-साइकिल का पहिया रिम से लगना) 6 शामिल होना (जैसे-चोर के पीछे पुलिस लगना) 7 संलग्न होना (जैसे-भूत प्रेत का लगना) 8 यथास्थान बैठना (जैसे-किवाड़ लगना) 9 काम में आकर समाप्त होना (जैसे-शादी में हज़ारों रुपए लगना) 10 संपादन करना (जैसे-काम में लगना) 11 कर्तव्य से संबद्ध होना (जैसे-नौकरी में लगना) 12 प्रहार होना, आघात होना (जैसे-सिर पर लाठी लगना) 13 असर होना (जैसे-मन में बात लगना) 14 प्रभाव होना (जैसे-इस मर्ज़ में कोई दवा नहीं लगती) 15 छेड़छाड़ करना (जैसे-बदमाशों के मुँह लगना) 16 कुछ समय तक बना रहना (जैसे-कचहरी में दरबार लगना) 17 आरोप होना (जैसे-कलंक होना) 18 भागी बनना (जैसे-हत्या लगना) 19 प्रतीति होना (जैसे-डर लगना, मीठा लगना) 20 प्रवृत्त होना (जैसे-काम में मन लगना) 21 घटित होना (जैसे-ग्रहण लगना) 22 संबद्ध होना (जैसे-रिश्ते में भाई लगना) 23 आशय समझ में आना (जैसे-श्लोक का अर्थ लगना) 24 ठीक तरह से हिसाब होना (जैसे-जोड़ बाक़ी लगना) 25 हिस्सा लगना (जैसे-जुर्माना लगना) 26 ठहरना, रुकना (जैसे-दरवाज़े पर पालकी लगना, प्लेटफ़ार्म पर गाड़ी लगना) 27 अंकुरित होना (जैसे-फल-फूल लगना) 28 क्षीण होना (जैसे-दीवार में लोना लगना) 29 दुहा जाना (जैसे-गाय, भैंस लगना) 30 मूल्यांकन होना (जैसे-अँगूठी का दाम लगना)

लगनी–(स्त्री०) छोटी रिक़ाबी, तश्तरी

लगभग–(अ०) अनुमानित मात्रा या अवधि

लगमात–(स्त्री०) व्यंजन वर्णों में जोड़े जानेवाला स्वर चिह्न

लगलग–I *फ़ा०* (वि०) अत्यंत सुकुमार

लगलग–II (स्त्री०) 1 हल्का रूप 2 चलती बात चीत

लगवाना–(स० क्रि०) लगाने में प्रवृत्त करना

लगवार–(पु०) उपपति, यार, आशना

लगवारी–(स्त्री०) आशनाई, यारी

लगा–(पु०) तुच्छ व्यक्ति

लगाई बुझाई–(स्त्री०) झगड़ा कराके शांत करना

लगाई लुतराई–(स्त्री०) चुग़लख़ोरी

लगातार–(अ०) निरंतर, सिलसिलेवार

लगान–(स्त्री०) भूकर, राजस्व (जैसे-लगान जमा करना)। ~**बंदी** *+ फ़ा०* (स्त्री०) राजस्व लगाने का काम; ~**वसूली** *+ अ० + फ़ा०* (स्त्री०) लगान वसूल करना

लगाना–(स० क्रि०) 1 सटाना (जैसे-दीवार पर पोस्टर लगाना) 2 जोड़ना, टाँकना (जैसे-कमीज़ में बटन लगाना, दरवाज़े में शीशा लगाना) 3 स्थित करना, यथा स्थान खड़ा करना (जैसे-दरवाज़े में परदा लगाना, नाव में पाल लगाना) 4 पोतना, लेप करना (जैसे-दरवाज़े में रंग लगाना, हाथ में मेंहदी लगाना) 5 नियुक्त करना (जैसे-चोर के पीछे जासूस लगाना) 6 संलग्न करना (जैसे-दुर्व्यसन लगाना) 7 रुकावट हेतु आवरण लगाना (जैसे-कमरे में दरवाज़ा लगाना) 8 पहुँचाना (जैसे-नदी के तट पर नाव लगाना) 9 काम में व्यस्त रखना (जैसे-किसी की नौकरी लगाना) 10 उपयोग में लाना (जैसे-पान लगाना) 11 धारण करना (जैसे-सिर पर टोपी लगाना) 12 व्यय करना (जैसे-शादी में रुपए लगाना) 13 नियुक्त करना (जैसे-पहरा लगाना) साधना (जैसे-गोली का निशाना लगाना) 14 कान भरना (जैसे-इधर की उधर लगाना) 15 आरोप करना (जैसे-कलंक लगाना) 16 प्रवृत्त करना (जैसे-पढ़ने में मन लगाना) 17 आशय समझकर स्थिर करना (जैसे-श्लोक का अर्थ लगाना) 18 संपन्न करना (जैसे-जोड़ बाक़ी लगाना) 19 दायित्व स्थिर करना (जैसे-कर लगाना) 20 स्थापित करना (जैसे-वृक्ष लगाना) 21 दुहना (जैसे-गाय-भैंस लगाना) 22 मूल्यांकन करना (जैसे-अँगूठी का दाम लगाना) 23 काम करने योग्य बनाना (जैसे-गन्ना पेरने की मशीन लगाना) 24 काम में प्रवृत्त करना (जैसे-मज़दूर लगाना) 25 संबंध स्थापित करना (जैसे-भाई का रिश्ता लगाना)। ~**बुझाना** (स० क्रि०) झगड़ा कराके सुलह कराना

लगाम–*फ़ा०* (स्त्री०) घोड़े के मुँह में लगाया जानेवाला बाग समेत छड़। ~**कड़ी करना** कार्यादि का नियंत्रण करना; ~**ढीली करना** कार्यादि पर नियंत्रण न रखना; ~**लिए फिरना** पीछा करना; ~**हाथ में लेना** संचालन सूत्र हाथ में लेना

लगामी–*फ़ा० + हिं०* (स्त्री०) घोड़े, बैल आदि पशुओं के मुँह में बाँधी जानेवाली जाली

लगार–I (स्त्री०) 1 क्रम, सिलसिला 2 लगाव, संबंध 3 प्रेम, प्रीति II (वि०) लगा रहनेवाला

लगा लगाया–(वि०) लगाकर बिल्कुल तैयार किया हुआ

लगा लगी–(स्त्री०) 1 प्रेम संबंध 2 मेल जोल, हेल मेल 3 लाग डाँट

लगाव–(पु०) 1 संबंध, वास्ता 2 प्रेम संबंध (जैसे-किसी से लगाव होना)
लगावट–(स्त्री०) 1 लगे होने का भाव 2 प्रेम संबंध
लगा सगा–(पु०) 1 संपर्क, संबंध 2 अनुचित या गुप्त संबंध
लगी–(स्त्री०) 1 प्रेम 2 ख़्वाहिश 3 भूख़ 4 आग। ~**बदी** (स्त्री०) 1 प्रेमपूर्ण या मित्रतापूर्ण अवस्था 2 लाग डाँट
लगुड–*सं०* (पु०) 1 लाठी, डंडा 2 छोटा लौहदंड
लगे–(क्रि० वि०) 1 निकट, पास 2 तक, पर्यंत
लगेज–*अं०* (पु०) सामान। ~**घर** *+ हिं०* (पु०) सामान घर
लग्गो–*अ०* (वि०) लग़्व, बेकार
लग्गत–*बो०* (स्त्री०) = लागत
लग्गा–I (पु०) 1 अँकसीदार लंबा पतला बाँस 2 लंबा बाँस 3 नाव खेने का बाँस 4 कीचड़ हटाने का फरसा
लग्गा–II (पु०) 1 आरंभ करना, हाथ लगाना (जैसे-काम का लग्गा लगाना, काम में लग्गा लगाना) 2 मुक़ाबला, बराबरी की टक्कर
लग्गी–(स्त्री०) छोटा लग्गा
लग्गू–I *बो०* (पु०) उपपति, यार II (वि०) लगनेवाला (जैसे-पिछलग्गू)। ~**बझ्झू** (पु०) लगुआ भगुआ; ~**भग्गू** (पु०) बड़े लोगों के साथ हाँ में हाँ मिलानेवाले लोग
लग्घा–I (पु०) = लग्गा I
लग्घा–II (पु०) = लग्गा II
लग्घी–(स्त्री०) = लग्गी
लग्न–I *सं०* (पु०) 1 शुभ कार्य करने का मुहूर्त 2 विवाह, शादी। ~**कंकण** (पु०) विवाह पूर्व वर और कन्या के हाथ में बाँधा जानेवाला मंगल सूत्र; ~**कुंडली** (स्त्री०) जन्म कुंडली; ~**दंड** (पु०) लाग डाँट; ~**पत्र** (पु०), ~**पत्रिका** विवाह कृत्य तथा तिथि संबंधी पत्र; ~**शोधन** (पु०) शुभ मुहूर्त तय करना
लग्न–II (वि०) 1 मिला हुआ 2 आसक्त
लग्नक–*सं०* (पु०) जमानत करनेवाला व्यक्ति, जामिन
लग्नेश–*सं०* (पु०) लग्न का स्वामी ग्रह
लघिमा–*सं०* (स्त्री०) = लघुता
लघु–I *सं०* (वि०) 1 छोटा 2 कोमल, हलका (जैसे-लघु स्वर) 3 तीव्र गतिवाला 4 अच्छा, बढ़िया 5 सुंदर 6 थोड़ा, कम 7 दुर्बल II (पु०) ह्रस्व स्वर। ~**उद्योग** (पु०) छोटा व्यवसाय; ~**कथा** (स्त्री०) छोटी कहानी; ~**करण** (पु०) संक्षिप्त करना; ~**काय** (वि०) छोटे शरीरवाला; ~**काल व्यापी**, ~**कालीन** (वि०) अल्प काल का; ~**कोष्ठक** (पु०) छोटा ब्रैकेट (); ~**क्रम** (पु०) तेज चाल; ~**गति** (वि०) तेज़ चलनेवाला; ~**गणक** (पु०) आधार पर दिया गया घातांक; ~**गुणकीय** (वि०) लघुगणक संबंधी; ~**गीत** (पु०) छोटा गाना, छोटा गीत; ~**चित्त**, ~**चेता** (वि०) 1 चंचल चित्तवाला 2 नीच, हय; ~**तरंगीय** (वि०) लघु तरंग संबंधी; ~**ता** (स्त्री०) लघुत्व, छोटाई; ~**ता बोधक**, ~**ता वाचक** (वि०) लघुता का ज्ञान करानेवाला; ~**पाक** (वि०) शीघ्र पकनेवाला; ~**प्रयत्न** (वि०) आलसी, काहिल; ~**मति** (वि०) मंद बुद्धिवाला, मूर्ख; ~**मानव** (पु०) छोटा व्यक्ति; ~**राष्ट्र** (पु०) छोटा देश; ~**रेखा** (स्त्री०) छोटी रेखा; ~**लिपि** (स्त्री०) आशुलिपि, शार्टहैंड; ~**शंका** (स्त्री०) पेशाब करना; ~**सुत** (पु०) छोटा पुत्र; ~**हस्त** (वि०) 1 अच्छा धनुर्धर 2 फुर्ती से काम करनेवाला
लघुतम–*सं०* (वि०) सबसे छोटा। ~**समापवर्त्य** (पु०) *ग०* दो या दो से अधिक संख्याओं से विभक्त हो जानेवाली सबसे छोटी संख्या (जैसे-[20] 2, 4, 5, 10 का लघुतम समापवर्त्य है)
लघुत्व–*सं०* (पु०) = लघुता
लघुमना–*सं०* (वि०) तुच्छ मनवाला
लघ्वार्थक–*सं०* (वि०) छुटाई का अर्थ देनेवाला
लच, लचक–(स्त्री०) 1 झुकाव 2 झुकने का गुण। ~**दार** *+ फ़ा०* (वि०) लचीला
लचकना–(अ० क्रि०) 1 मुड़ना, झुकना 2 चलने में झुकना (जैसे-कमर का लचकना)
लचका–(पु०) 1 लचकने से होनेवाला आघात 2 लचक 3 जल विहार नौका
लचकाना–(स० क्रि०) झुकाना, लचाना
लचकीला, लचकौहाँ–(वि०) = लचीला
लचन–(स्त्री०) = लचक
लचना–(अ० क्रि०) = लचकना
लचर–(वि०) कमज़ोर
लचलचा–(वि०) = लचीला
लचाना–(स० क्रि०) = लचकाना
लचीला–(वि०) 1 लचकनेवाला 2 मुड़नेवाला
लच्छण–(पु०) 1 स्वभाव 2 लक्षण
लच्छन–(पु०) 1 निशानी, लक्षण 2 तौर तरीका
लच्छमी–(स्त्री०) = लक्ष्मी
लच्छा–(पु०) 1 समूह (जैसे-रेशम का लच्छा) 2 उलझे सूत के टुकड़े (जैसे-प्याज़ का लच्छा) 3 गाढ़ी चीज़ के लंबोतरे अंश (जैसे-रबड़ी का लच्छा) 4 पतली और हलकी ज़ंजीर से बना एक प्रकार का गहना (जैसे-चाँदी का लच्छा)
लच्छी–(स्त्री०) छोटा लच्छा
लच्छेदार–(वि०) लच्छों से युक्त (जैसे-लच्छेदार पायल, लच्छेदार मलाई)
लछमी–(स्त्री०) लक्ष्मी
लज–(स्त्री०) = लाज
लजना–(अ० क्रि०) लज्जित होना
लजलजा–(वि०) पिलपिला
लजवंत–(वि०) = लाजवंत
लजवंती–(स्त्री०) लाजवंती
लजवाना–(स० क्रि०) लज्जित करना
लजाधुर–*बो०* (वि०) = लजीला
लजाना–I (अ० क्रि०) लज्जित होना II (स० क्रि०) लज्जित करना
लजालू–(वि०) लजीला
लजावनहार–(पु०) लज्जित करनेवाला
लजावना–(वि०) लजीला
लजियाना–(अ० क्रि०/स० क्रि०) = लजाना
लज़ीज़–*अ०* (वि०) स्वादिष्ट
लजीला–(वि०) शर्मानेवाला

लजुरी–(स्त्री०) 1 रस्सी 2 डोरी

लज़्ज़त–*अ०* (स्त्री०) 1 लज़ीज़ होने का भाव 2 ज़ायका, स्वाद। ~**दार** + *फ़ा०* (वि०) = लज़ीज़

लज्जा–*सं०* (स्त्री०) 1 शर्म, हया, लाज 2 मर्यादा, मान। ~**जनक**, ~**प्रद** (वि०) शर्मिंदा करनेवाला; ~**युक्त** (वि०) = लजीला; ~**शील** (वि०) लज्जावाला; ~**शून्य** (वि०) बेशर्म; ~**हीन** (वि०) बेशर्म, बेहया

लज्जारुण–*सं०* (वि०) शर्म से लाल

लज्जालु–*सं०* (वि०) = लजीला

लज्जावंत–*सं०* (वि०) शर्मानेवाला

लज्जावती–*सं०* (वि०) शर्मानेवाली

लज्जावान्–*सं०* (वि०) शर्म करनेवाला

लज्जास्पद–*सं०* (वि०) = लज्जा जनक

लज्जित–*सं०* (वि०) लज्जा युक्त, शर्मिंदा

लट–(स्त्री०) 1 ज़ुल्फ़, अलका 2 सिर के उलझे हुए बाल (जैसे-लट सुलझाना)

लटक–(स्त्री०) 1 झुकाव, लचक 2 अंगचेष्टा, ठसक

लटकन–(पु०) 1 लटकने का भाव 2 नाक में झूलनेवाला एक प्रकार का गहना

लटकना–(अ० क्रि०) 1 पदार्थ का किसी आधार में फँसकर नीचे को झूलना (जैसे-खूँटी में तार लटकना, तार पर कमीज़ लटकना) 2 झुकना (जैसे-बारजा लटकना) 3 असमंजस में पड़ा रहना (जैसे-अदालत में मुक़दमा अटकना) 4 अनुत्तीर्ण होना (जैसे-वह इस नवीं कक्षा में लटक गया)

लटकवाना–(स० क्रि०) लटकाने का काम कराना

लटका–(पु०) 1 बातचीत का बनावटी ढंग 2 टोटका 3 एक तरह का चलता गाना

लटकाना–(स० क्रि०) 1 लटकाने में प्रवृत्त करना 2 झुकाना 3 काम को अनिश्चित दशा में छोड़ देना 4 दुविधा में डालना (जैसे-उसने मुझे लटका रखा है)

लटकाव–(पु०) लटकने का भाव

लटकीला–(वि०) लटकता और लहराता हुआ

लटकेदार–*हिं०* + *फ़ा०* (वि०) 1 ढबदार 2 नखरे की चालवाला

लटकौवा–(वि०) = लटकीला

लटजीरा–(पु०) अगहन में होनेवाला एक प्रकार का धान और उसका चावल

लटना–(अ० क्रि०) 1 अशक्त और असमर्थ होना 2 विकल होना

लटपट–(स्त्री०) 1 लटपटाने की अवस्था 2 अनुचित उद्देश्य हेतु होनेवाला नया-नया मेल-जोल या संबंध

लटपटा–(वि०) 1 ठीक और सीधे रास्ते न चलनेवाला 2 ढीलाढाला 3 अंडबंड, अव्यवस्थित 4 शिथिल और हारा हुआ 5 मला मसला, गींजा हुआ, सलवटदार

लटपटान–(स्त्री०) 1 लड़खड़ाहट 2 आकर्षक और मनोहर गति

लटपटाना–(अ० क्रि०) 1 लड़खड़ाना 2 विचलित होना, डिगना 3 आसक्त होना (जैसे-प्रेम में लटपटाना) 4 लीन होना (जैसे-काम में लटपटाना)

लटा–(वि०)1 लोलुप, लंपट और व्यभिचारी 2 बदमाश, लुच्चा

लटापटी–(स्त्री०) 1 लटपटाने की क्रिया 2 लड़ाई झगड़ा 3 गुत्थम गुत्था, भिड़ंत

लटिया–(स्त्री०) सूत आदि का छोटा लच्छा, लच्छी

लटी–(स्त्री०) 1 बुरी बात 2 झूठी और व्यर्थ की बात, गप 3 वेश्या 4 भक्तिन

लटूरा–I *बो०* (पु०) कुप्पा II (वि०) जटावाला

लट्टपट्ट–(वि०) = लथपथ

लट्टू–(पु०) 1 लकड़ी का एक गोल खिलौना (जैसे-लट्टू नचाना) 2 बिजली का बल्व 3 उत्कट प्रेमी और इस प्रेम के कारण बावला व्यक्ति

लट्ठ–I (पु०) मोटा लंबा डंडा II (वि०) परम मूर्ख। ~**बंद** + *फ़ा०* (वि०) लाठीधारी; ~**बाज़** + *फ़ा०* (वि०) लाठी चलानेवाला; ~**बाज़ी** + *फ़ा०* (स्त्री०) लाठी चलाना; ~**मार** (वि०) 1 लाठी मारनेवाला 2 कठोर, कड़ी (जैसे-लट्ठमार बात)

लट्ठम लट्ठा–(स्त्री०) लाठियों से मार पीट

लट्ठा–I (पु०) 1 बल्ला 2 धरन 3 साढ़े पाँच फुट लंबा बाँस। ~**बंदी** + *फ़ा०* (स्त्री०) लट्ठे से नापी गई ज़मीन की नाप

लट्ठा–II (पु०) मोटा कपड़ा

लठ–(पु०) लट्ठ

लठियल–(वि०) लट्ठबंद

लठिया–(स्त्री०) छोटी लाठी

लठियाव–(पु०) लट्ठबाज़ी

लठैत–(वि०) लट्ठबाज़

लठैती–(स्त्री०) लट्ठबाज़ी

लडंग–(पु०) झुंड, समूह

लड़ंत–(स्त्री०) 1 लड़ाई झगड़ा 2 लड़ने का भाव 3 मुक़ाबला, सामना

लड़–(स्त्री०) 1 माला (जैसे-मोतियों की लड़) 2 कतार, पंक्ति 3 बटा हुआ लंबा खंड (जैसे-तीन लड़ का रस्सा)

लड़कई–*बो०* (स्त्री०) = लड़कपन

लड़कखेल–(पु०) 1 बालकों का खेल 2 साधारण काम

लड़कपन–(पु०) 1 बाल्यावस्था 2 लड़कों सा आचार व्यवहार (जैसे-लड़कपन करना)

लड़कबुद्धि–+ *सं०* (स्त्री०) 1 नासमझी, अज्ञानता 2 बाल बुद्धि

लड़कबुध–(स्त्री०) बालक की बुद्धि

लड़का–(पु०) 1 बालक 2 बेटा, पुत्र (जैसे-अपने लड़के को समझा लेना)। ~**बाला** (पु०) 1 संतान, औलाद 2 परिवार, पुत्र कलत्रादि

लड़की–(स्त्री०) 1 बालिका 2 पुत्री, बेटी। ~**लड़का** (पु०) लड़की और लड़का; ~**वाला** (पु०) 1 कन्या का पिता या संरक्षक 2 कन्यापक्ष

लड़कोरी, लड़कौरी–(वि०) *स्त्री०* जिसकी गोद में बच्चा हो, पुत्रवती

लड़खड़ाना–(अ० क्रि०) 1 डगमगाना, डिगना 2 डगमगाकर गिरना 3 विचलित होना

लड़खड़ाहट–(स्त्री०) डगमगाहट

लड़ना–(अ० क्रि०) 1 घात प्रतिघात करना, लड़ाई करना 2 नीचा दिखाने का प्रयास करना (जैसे-मुकद्दमा लड़ना)

3 परास्त करने का उपाय करना (जैसे-अखाड़े में पहलवानों का लड़ना, विद्वानों का शास्त्रार्थ में लड़ना) 4 झगड़ना (जैसे-ज़रा सी बात में लड़ना) 5 टकराना, भिड़ना 6 रगड़ खाना 7 अनुकूलता होना (जैसे-आँखें लड़ना); **~झगड़ना, ~भिड़ना** (अ० क्रि०) लड़ाई झगड़ा करना

लड़बड़ा–(वि०) 1 लटपटा 2 नपुंसक

लड़बड़ाना–(अ० क्रि०) = लड़खड़ाना

लड़बावरा, लड़बावला–(वि०) निरा अल्हड़ और मूर्ख

लड़बौरा–(वि०) = लड़बावला

लड़वाना–(स० क्रि०) लड़ने के लिए प्रेरित करना

लड़ाई–(स्त्री०) 1 आपस में लड़ने का भाव 2 टक्कर भिड़ंत 3 युद्ध (जैसे-दो देशों की लड़ाई) 4 मल्लयुद्ध, कुश्ती 5 कलह, झगड़ा 6 अनबन, वैर विरोध (जैसे-पड़ोसी से लड़ाई होना) 7 क़ानूनी दाँव पेच करना। **~झगड़ा** (पु०) लड़ने झगड़ने का काम; **~बंदी** + *फ़ा०* (स्त्री०) लड़ाई के लिए सेना तैयार करना; **~भिड़ाई** (स्त्री०) = लड़ाई

लड़ाऊ–(वि०) लड़नेवाला (जैसे-लड़ाऊ जहाज़)

लड़ाका–(वि०) 1 लड़नेवाला, योद्धा 2 झगड़ालू

लड़ाकू–(वि०) युद्ध करनेवाला (जैसे-लड़ाकू हवाई जहाज़)

लड़ाना–I (स० क्रि०) 1 लड़ाई कराना 2 झगड़ा कराना 3 फँसाना, उलझाना 4 भिड़ाना, तरक़ीब सोचना (जैसे-बुद्धि लड़ाना) 5 परीक्षा के लिए होड़ में प्रवृत्त करना 6 परीक्षा करना, बराबरी करना (जैसे-हाथ लड़ाना, आँखें लड़ाना)

लड़ाना–II (स० क्रि०) लाड़ प्यार करना, प्रेम से पुचकारना

लड़ी–(स्त्री०) 1 कतार, पंक्ति 2 गुच्छा (जैसे-तार की छड़ी) 3 माला

लड़ैत–(वि०) 1 लाड़ प्यार से पला 2 लाड़ला

लड़ैता–I (वि०) 1 प्यारा, प्रिय 2 लाड़ला

लड़ैता–II (वि०) लड़नेवाला

लड्डू–(पु०) 1 छोटी गोल मिठाई, मोदक 2 शून्य संख्या सूचक शब्द (जैसे-गणित में उसे लड्डू मिला है) 3 अच्छी और लाभदायक बात (जैसे-वहाँ जाने से लड्डू नहीं मिल जाएगा)। **~बतासा** (पु०) मिठाई; **~खिलाना** उत्सव करना; **~मिलना** लाभ होना; **मन के ~ खाना** मन ही मन झूठी आशा में प्रसन्न होना

लढ़ा–(पु०) बैलगाड़ी

लढ़िया–(स्त्री०) छोटी बैलगाड़ी

लत–(स्त्री०) 1 बुरी टेक (जैसे-शराब पीने की लत) 2 'लात' का संक्षिप्त रूप। **~ख़ोर** + *फ़ा०* (वि०) 1 हमेशा लात खानेवाला 2 नीच; **~ख़ोरा** + *फ़ा०* (पु०) 1 पायदान 2 लतख़ोर; **~मर्दन** + *सं०* (स्त्री०) 1 पैरों से कुचलना 2 पैर का आघात

लतपत–(वि०) = लथपथ

लतर–(स्त्री०) 1 लता, बेल 2 चित्रकला में लता की आकृति का अंकन

लतरी–I (स्त्री०) 1 मटर के साथ बोए जानेवाली एक प्रकार की घास 2 मोठ

लतरी–II (स्त्री०) 1 हलकी जूती 2 फटा पुराना जूता

लतहा–(वि०) लात मारनेवाला (जैसे-लतहा घोड़ा)

लता–*सं०* (स्त्री०) 1 बेल (जैसे-अंगूर की बेल) 2 कोमल शाखा (जैसे-पद्म लता) 3 सुंदर स्त्री। **~गृह** (पु०) लताओं से मंडप की तरह बना स्थान; **~पता** + *हिं०* (पु०) 1 लता और पत्ते, पेड़ पौधे 2 हरियाली 3 जड़ी बूटी 4 निकम्मी चीज़ें; **~मंडप** (पु०) = गृह

लताड़–(स्त्री०) 1 लताड़ने का भाव 2 दे० लथाड़

लताड़ना–(स० क्रि०) 1 रौंदना 2 लातों से मारना 3 परेशान करना (जैसे-ग़रीब को लताड़ना)

लताफ़त–*अ०* (स्त्री०) 1 सूक्ष्मता 2 कोमलता, सुंदरता 4 उत्तमता

लतिका–*सं०* (स्त्री०) छोटी लता

लतियल–(वि०) लात खानेवाला, लतख़ोर

लतियाना–(स० क्रि०) 1 रौंदना 2 पैरों से दबाना 3 लात मारना (जैसे-दारोग़ा ने चोर को खूब लतियाया)

लती–(वि०) बुरी आदतवाला, दुर्व्यसनी

लतीफ़–*अ०* (वि०) 1 साफ़ सुथरा 2 बारीक 3 अच्छा, बढ़िया 4 कोमल, मुलायम ज़ायकेदार, स्वादिष्ट 5 सुपाच्य

लतीफ़ा–*अ०* (पु०) 1 चुटकुला 2 हँसी मज़ाक की बात (जैसे-लतीफ़ा उड़ाना)

लतीफ़ेबाज़–*अ० + फ़ा०* (पु०) लतीफ़ा कहनेवाला

लत्ता–(पु०) 1 फटा पुराना कपड़ा, चीथड़ा 2 कपड़े का टुकड़ा

लत्ती–I (स्त्री०) तैरने में लातों का हिलना डोलना

लत्ती–II (स्त्री०) 1 कपड़े की लंबी धज्जी 2 पतंग के नीचे कोने में बाँधी जानेवाली धज्जी 3 लट्टू की डोरी

लथड़ना–(अ० क्रि०) लथाड़ा जाना

लथ पथ–(वि०) 1 भीगा हुआ, तर (जैसे-खून से लथपथ) 2 सना हुआ (जैसे-कीचड़ से लथपथ)

लथाड़–(स्त्री०) 1 लथाड़ने की क्रिया 2 गहरी डाँट फटकार (जैसे-साहब की लथाड़ सुनना) 3 बुरी हार

लथाड़ना–I (स० क्रि०) लथेड़ना II लताड़ना

लथेड़ना–(स० क्रि०) 1 गंदा करना 2 घसीटना 3 दुर्गति करना 4 अपमानित करना 5 परेशान करना (जैसे-नौकरी के लिए लथेड़ना)

लदना–(अ० क्रि०) 1 भार युक्त होना 2 रखा जाना (जैसे-गाड़ी में सामान लदना) 3 भारी वस्तु का दूसरी वस्तु पर बोझ रूप में रखा जाना (जैसे-पीठ पर बोरा लदना) 4 मर जाना 5 क़ैद होना 6 कर्ज़ युक्त होना (जैसे-उनके हज़ारों रुपए मुझपर लद गए)

लदनी–*बो०* (स्त्री०) 1 व्यापार, कारबार 2 लदाव, लदन

लद लद–(अ०) लद लद शब्द करते हुए (जैसे-आँधी से पेड़ों का लद लद गिरना)

लदवाना–(स० क्रि०) लादने का काम कराना

लदाई–(स्त्री०) 1 लादने का काम 2 लादने की मज़दूरी (जैसे-अनाज की लदाई)

लदाऊ–(वि०) लद्दू

लदान–(पु०) 1 लादने का काम 2 एक बार में लादा जानेवाला सामान

लदाना–(स० क्रि०) लदाने का काम कराना

लदा फँदा–(वि०) बोझ से भरा हुआ

लदाव–(पु०) 1 लादने का भाव 2 लादा हुआ बोझ 3 छत आदि का पटाव

लदुआ, लदुवा–(वि०) लादनवाला, लद्दू

लद्दू–(वि०) 1 बोझ ढोनेवाला, लदुआ 2 भार ढोनेवाला

लद्धड़–(वि०) सुस्त, काहिल। **~पन** (पु०) सुस्ती, ढिलाई (जैसे-लद्धड़पन दिखाना)

लप–I (स्त्री०) 1 लचकने का भाव 2 पदार्थ के लचकने का गुण 3 चमक (जैसे-लप लप कर बिजली जलना)

लप–II (पु०) 1 अंजलि 2 अंजलि भर वस्तु

लपक–I (स्त्री०) 1 चमक (जैसे-बिजली की लपक) 2 लपट (जैसे-आग की लपक) II लपककर चलने का भाव। **~झपक, ~पन** (पु०) लपककर उठाने का भाव

लपकना–I (अ० क्रि०) 1 सहसा तेज़ी से आगे बढ़ना (जैसे-चोर को पकड़ने के लिए लपकना) 2 झटपट चल पड़ना II (स० क्रि०) फ़ुर्ती से बढ़कर उठाना (जैसे-अँगूठी लपकना)

लपका–(पु०) 1 लपकने की क्रिया 2 उचक्का 3 आवारा और लुच्चा अदमी 4 बुरा चस्का, लत

लपकाना–(स० क्रि०) फुर्ती से आगे बढ़ना, प्रवृत्त करना

लपकी–(स्त्री०) 1 लपकाने की क्रिया 2 एक तरह की सीधी सिलाई

लपकेबाज़ी–*हिं + फ़ा०* (स्त्री०) = लपकनपन

लपझप–I (वि०) 1 चंचल, चपल 2 अधीर और उतावला 3 तेज़, फुर्तीला 4 बेढंगा और भद्दा (जैसे-लप झप चाल) II (अ०) 1 तेज़ी से 2 बेढंगे रूप से III (स्त्री०) लपकपन

लपट–(स्त्री०) 1 अग्नि शिखा 2 लू का झोंका

लपटना–(अ० क्रि०) लिपटना

लपटा–(पु०) 1 गाढ़ी गीली वस्तु 2 लगाव, संबंध

लपटाना–I (स० क्रि०) 1 लिपटाना, चिपटाना 2 आलिंगन करना 3 घेरना 4 लपेटना II (अ० क्रि०) 1 सटना, लगना 2 उलझना, फँसना

लपटीला–(वि०) रह रहकर लपटनेवाला

लपना–(अ० क्रि०) 1 लचना 2 झुकना। **~झपना** (स० क्रि०) हैरान होना

लपलप–(पु०) हिलाने की क्रिया

लपलपाना–I (अ० क्रि०) 1 हिलना डुलना 2 चमकना (जैसे-तलवार का लपलपाना) 3 झुकना II (स० क्रि०) 1 चमकाना (जैसे-तलवार लपलपाना) 2 हिलाना डुलाना (जैसे-जीभ लपलपाना)

लपलपाहट–(स्त्री०) 1 लपलपाने की क्रिया 2 चमक (जैसे-तलवार की लपलपाहट) 3 लचकना (जैसे-छड़ी की लपलपाहट)

लपसी–(स्त्री०) 1 पतला हलुआ 2 गाढ़ा तरल पदार्थ (जैसे-लपसी का स्वाद लेना, लपसी बनाना)

लपाना–(स० क्रि०) 1 लपने में प्रवृत्त करना 2 इधर-उधर लचाना 3 सरकाना

लपित–*सं०* (वि०) कहा हुआ, कथित, उक्त

लपेट–(स्त्री०) 1 लपटने का भाव 2 लपेटे हुए होने की अवस्था 3 लपेटी गई वस्तु का प्रत्येक फेरा (जैसे-लटाई में सूत के सौ लपेट हैं) 4 ऐंठन, बल 5 चक्कर, उलझन (जैसे-मुकदमे की लपेट में आना) 6 घेरा, परिधि (जैसे-बल्ली की लपेट दो फुट है)। **~झपेट** (स्त्री०) उलझने, फँसने की स्थिति (जैसे-उत्पात की लपेट झपेट में आना)

लपेटन–I (स्त्री०) 1 लपेट 2 घुमाव, फेरा 3 उलझन 4 ऐंठन (जैसे-रस्सी की लपेटन) II (पु०) 1 लपेटनेवाली वस्तु 2 बेठन

लपेटना–(स० क्रि०) 1 घेरा देकर बाँधना 2 समेटना 3 बेठन आदि में बाँधना 4 वश में करना 5 फँसाना (जैसे-क़त्ल के मामले में सबको लपेटना) 6 पोतना (जैसे-पूरे शरीर में भभूत लपेटना, कीचड़ लपेटना)

लपेटनी–(स्त्री०) जुलाहों के काते सूत को लपेटने का एक उपकरण, तूर

लपेटवाँ–(वि०) 1 लपेटा हुआ 2 लपेटा जा सकने योग्य 3 चक्करदार, घुमावदार (जैसे-लपेटवी बातचीत)

लपेटा–(पु०) = लपेट

लप्पड़–(पु०) = थप्पड़

लफ़ंगा–(वि०) 1 लंपट, व्यभिचारी 2 चरित्रहीन, दुश्चरित्र 3 लुच्चा, शोहदा

लफ़्ज़–*अ०* (पु०) 1 सार्थक शब्द 2 बात

लफ़्ज़ी–*अ०* (वि०) 1 शाब्दिक 2 बात से संबद्ध

लफ़्टेंट–*अं०* (पु०) = लेफ़्टिनेंट। **~गवर्नर** (पु०) = लेफ़्टिनेंट गवर्नर

लफ़्फ़ाज़–*अ०* (वि०) 1 बातूनी 2 डींग हाँकनेवाला

लफ़्फ़ाज़ी–*अ० + फ़ा०* (स्त्री०) 1 वाचालता 2 आडंबर पूर्ण शब्दावली का प्रयोग

लब–*फ़ा०* (पु०) 1 होंठ, ओष्ठ (जैसे-लब हिलाना, लब खोलना) 2 थूक (जैसे-लब लगाकर लिफ़ाफ़ा बंद करना)

लबड़ धोंधों–(स्त्री०) 1 झूठ मूठ का हल्ला 2 झूठ मूठ इधर उधर की कही गई बात 3 झूठ मूठ की बात करनेवाला व्यक्ति 4 कुव्यवस्था 5 अन्याय, अंधेर

लबड़ना–(अ० क्रि०) 1 झूठ बोलना 2 गप हाँकना

लबरा–(वि०) झूठ बोलनेवाला

लबलहका–(वि०) अधीर और लालची

लबाड़–(वि०) 1 झूठा, मिथ्यावादी 2 गप्पी

लबाड़िया–(वि०) 1 मिथ्यावादी, झूठ बोलनेवाला 2 गप्पी

लबाड़ी–I (स्त्री०) 1 गप 2 झूठ मूठ की बातें II (वि०) लबाड़िया

लबादा–*अ०* (पु०) 1 रूईदार चोगा, दगला 2 भारी और लंबा पहनावा, चोगा

लबाब–*अ०* (वि०) शुद्ध

लबार–(वि०) बकवादी, मिथ्यावादी, गप्पी

लबारी–(स्त्री०) = लबाड़ी

लबालब–*फ़ा०* (वि०) पूर्णतः भरा हुआ (जैसे-लबालब भरा हुआ दूध का भगोना)

लबी–(स्त्री०) खाँड़, राब

लबेद–I (पु०) रूढ़ि रीति II (वि०) वेद विरुद्ध बातें कहनेवाला

लबेदा–(पु०) मोटा तथा बड़ा डंडा

लबे सड़क–*फ़ा० + हिं०* (क्रि० वि०) सड़क के किनारे पर

लबोलहजा–*फ़ा० + अ०* (पु०) उच्चारण

लब्ध–*सं०* (वि०) 1 प्राप्त 2 कमाया हुआ, उपार्जित। **~काम** (वि०) प्राप्त किया हुआ; **~प्रतिष्ठ** (वि०) सम्मानित

लब्धव्य–*सं०* (वि०) प्राप्त करने योग्य

लब्धांक–*सं०* (पु०) भागफल

लब्धि–*सं०* (स्त्री०) 1 प्राप्ति 2 भागफल

लभन–*सं०* (पु०) प्राप्त करना, पाना

लभ्य–*सं०* (वि०) 1 पाया जा सकने योग्य 2 उचित

लभ्यांश–*सं०* (पु०) लाभ, मुनाफ़ा

लमकना–(अ० क्रि०) *बो०* 1 लंबाई के बल नीचे की ओर लटकना 2 लपकना

लमगोड़ा–(वि०) = लमटंगा

लमघिचा–(वि०) लंबी गर्दनवाला

लमछड़ा–(वि०) पतला और लंबा

लमटंगा–(वि०) लंबी टाँगोंवाला

लमतड़ंग–(वि०) बहुत लंबा और हृष्ट पुष्ट (जैसे-लमतड़ंग आदमी)

लमहा–*अ०* (पु०) पल, क्षण

लय–I *सं०* (स्त्री०) 1 गति, सामंजस्य (जैसे-एक लय में कविता पढ़ना) 2 गाने का प्रकार (जैसे-मधुर लय में गाना)। ~**ताल** (पु०) संगीत का सुर ताल; ~**बद्ध** (वि०) सुरयुक्त

लय–II *सं०* (पु०) 1 समा जाना, विलय होना 2 मिलना, संश्लिष्ट होना 3 परिणत होना, समाविष्ट होना 4 प्रलय (जैसे-सृष्टि लय) 5 विनाश 6 वंचित होना 7 ध्यानमग्न होना (जैसे-आत्म लय) 8 स्थिरता 9 मूर्च्छा (जैसे-चेतना का लय होना)। ~**कारी** (वि०) लय करनेवाला

लयक–*सं०* (वि०) 1 लय संबंधी 2 लय के अनुरूप होनेवाला

लयन–*सं०* (पु०) 1 लय होने की अवस्था 2 विश्राम 3 शांति 4 आड़ में होने का भाव 5 शरण, आश्रय का स्थान

लयात्मक–*सं०* (वि०) = लयबद्ध

लरज़ना–*फ़ा० + हिं०* (अ० क्रि०) 1 काँपना, थरथराना (जैसे-दिल लरज़ना) 2 दहल जाना, डरना 3 इधर उधर हिलना (जैसे-पेड़ की टहनी का लरज़ना)

लरज़ाँ–I *फ़ा०* (वि०) काँपता हुआ, कंपित II (पु०) 1 कँपकँपी, थरथराहट 2 भूकंप, भूचाल 3 जूड़ी बुख़ार

लरज़िश–*फ़ा०* (स्त्री०) थरथराहट, कँपकँपी

ललक–(स्त्री०) ललकने का भाव

ललकना–(अ० क्रि०) = ललचना

ललकार–(स्त्री०) चुनौती

ललकारना–(स० क्रि०) चुनौती देना

ललकित–(वि०) गहरी चाह से भरा हुआ

ललचना–(अ० क्रि०) 1 लोभ ग्रस्त होना 2 आसक्त होना, मोहित होना (जैसे-नारी के रूप के प्रति ललचना) 3 अधीर होना

ललचाऊ–(वि०) ललचानेवाला, लालच उत्पन्न करनेवाला (जैसे-ललचाऊ फल)

ललचाना–(स० क्रि०) 1 अधीर करना 2 लालच देना 3 मोहित करना, मुग्ध करना (जैसे-रूप से ललचाना)

ललचाया–(वि०) 1 अधीर हुआ 2 लालच ग्रस्त 3 मुग्ध, मोहित (जैसे-ललचाया यौवन)

ललचौंहाँ–(वि०) 1 लालच से भरा 2 मोहित करनेवाला (जैसे-ललचौंहाँ नारी)

ललछौंहाँ–(वि०) हलके लाल रंग की झलकवाला

ललन–*सं०* (पु०) 1 प्यारा बालक, दुलारा लड़का 2 लड़का, बालक 3 प्रेमी के लिए प्रयुक्त प्रेम सूचक संबोधन

ललना–*सं०* (स्त्री०) सुंदर नारी

लला–(पु०) 1 लाल का संबोधनकारक वाला रूप 2 दुलारा लड़का 3 लड़का, बालक 4 प्रेमी का प्रेम संबोधन

ललाई–(स्त्री०) लाली, लालिमा (जैसे-मुख की ललाई)

ललाट–*सं०* (पु०) 1 माथा, भाल 2 भाग्य, तक़दीर (जैसे-ललाट रेखा)। ~**रेखा** (स्त्री०) भाग्य लेख

ललाटिका–*सं०* (स्त्री०) 1 माथे पर का टीका नामक गहना 2 टीका, तिलक

ललाम–*सं०* (वि०) 1 सुंदर, मनोहर 2 बढ़िया, अच्छा

ललामी–I *सं० + हिं०* (स्त्री०) सुंदरता, लाली, सुर्खी II कान में पहनने का एक गहना

ललित–I *सं०* (वि०) 1 मनोहर, सुंदर 2 कोमल 3 अभिलाषित, इच्छित 4 प्यारा, प्रिय II (पु०) 1 शृंगार रस का एक कायिक भाव 2 *साहि०* एक अलंकार जिसमें वर्ण्य वस्तु से संबद्ध कथ्य को न कहकर उसके प्रतिबिंब रूप का उल्लेख किया जाता है। ~**कला** (स्त्री०) सर्जनात्मक और सौंदर्यशास्त्रीय दृष्टि से प्रेरित कला

ललिता–*सं०* (स्त्री०) कामिनी

लली–(स्त्री०) 1 लड़की के लिए प्यार का शब्द 2 दुलारी बेटी 3 प्रेमिका के लिए प्रेम का संबोधन

लल्ला–(पु०) = लला

लल्लू–(पु०) 1 लड़कों का सामान्य संबोधन 2 लड़का

लल्लो–(स्त्री०) जीभ, ज़बान। ~**चप्पो**, ~**पत्तो** (स्त्री०) चिकनी चुपड़ी बात, ठकुरसुहाती

लवंग–*सं०* (पु०) लौंग नामक वृक्ष और उसकी कलियाँ

लव–*सं०* (पु०) थोड़ा अंश, अल्प मात्रा

लवण–I *सं०* (पु०) नमक, लोन II (वि०) 1 नमकीन 2 खारा। ~**जल** I (वि०) खारे पानीवाला II (पु०) समुद्र; ~**विलयन** (पु०) नमक का घुल जाना

लवन–*सं०* (पु०) 1 काटना 2 फ़सल की कटाई 3 फ़सल की कटाई के बदले मिलनेवाला धन

लवनी–(स्त्री०) 1 फ़सल काटना 2 फ़सल काटने का पारिश्रमिक

लवलीन–(वि०) प्रेम में मग्न

लव लेश–*सं०* (पु०) 1 अत्यंत अल्प मात्रा 2 नाम मात्र का संबंध (जैसे-प्रेम का लवलेश भी न होना)

लवा–(पु०) तीतर जाति का एक पक्षी

लवाई–(स्त्री०) = लवन

लवाक–*सं०* (पु०) हँसिया

लवारा–(पु०) गाय का बच्चा

लवेंडर–*अं०* (पु०) फूल से तैयार किया गया एक सुगंधित तरल पदार्थ

लशकर–*फ़ा०* (पु०) 1 सेना, फ़ौज 2 दल, समूह 3 छावनी 4 जहाज़ पर काम करनेवाले लोगों का समूह। ~**गाह** (स्त्री०/पु०) छावनी, शिविर

लशकरी–I *फ़ा०* (वि०) 1 लशकर संबंधी, फ़ौजी 2 लशकर में काम करनेवाला II (पु०) 1 सैनिक, सिपाही 2 जहाज़ पर काम करनेवाला आदमी, जहाज़ी III (स्त्री०) जहाज़ पर काम करनेवालों की बोली

लशटम पशटम–(वि०) = लस्टम पस्टम

लशुन–*सं०* (पु०) लहसुन

लस–(पु०) 1 चिपकने का गुण 2 चिपकानेवाली चीज़, गोंद,

लासा 3 चिपचिपाहट 4 आकर्षण । ~दार + फ़ा० (वि०) लसवाला

लसना–I (अ० क्रि०) 1 चिपकना 2 फबना, शोभित होना II (स० क्रि०) चिपकाना (जैसे-किताब पर जिल्द लसना)

लसरका–(पु०) अत्यंत साधारण

लसलसा–(वि०) चिपचिपा, लसीला (जैसे-लसलसा पदार्थ)

लसलसाना–(अ० क्रि०) चिपकना

लसलसाहट–(स्त्री०) चिपचिपाहट

लसिका–*सं०* (स्त्री०) 1 थूक 2 पेशी

लसित–*सं०* (वि०) 1 शोभित 2 क्रीड़ाशील

लसी–(स्त्री०) 1 चेप, लस 2 लोभ 3 साधारण मेल जोल (जैसे-पड़ोसी के प्रति लसी भाव होना)

लसीका–*सं०* (स्त्री०) 1 थूक, लार 2 पेशी । ~**ग्रंथि** (स्त्री०) लार बनानेवाली ग्रंथि

लसीला–I (वि०) लसदार II (वि०) सुंदर

लस्टम पस्टम–(अ०) जैसे तैसे, मंद और साधारणतः (जैसे-लस्टम पस्टम काम चल रहा है)

लस्त–(वि०) 1 अशक्त, कमज़ोर 2 थका हुआ, ढीला, शिथिल (जैसे-काम से लस्त)

लस्सान–*अ०* (वि०) 1 अधिक बोलनेवाला, वाचाल 2 लच्छेदार बात कहनेवाला

लस्सानी–*अ० + फ़ा०* (स्त्री०) 1 वाचालता 2 ख़ुशबयानी

लस्सी–(स्त्री०) दही का घोल

लहँगा–(पु०) 1 घाघरा 2 साया

लहक–(स्त्री०) 1 लहकने की क्रिया 2 आग की लपट 3 चमक 4 शोभा

लहकना–(अ० क्रि०) 1 लहराना 2 दहकना, धधकना (जैसे-अँगीठी लहकना) 3 हवा का झोंका आना 4 ललकना (जैसे-मिठाई हेतु लहकना)

लहकाना–(स० क्रि०) 1 हिलना, डुलना, झोंका खिलाना 2 दहकाना, प्रज्वलित करना 3 उकसाना, भड़काना 4 लालच देना

लहकारना–(स० क्रि०) 1 उभाड़ना 2 प्रोत्साहित करना

लहकौर–(स्त्री०) 1 वर और कन्या का एक दूसरे को अपने हाथ कुछ खिलाने की एक वैवाहिक रस्म 2 इस अवसर पर गाया जानेवाला गीत 3 वर वधू को कोहबर में खेलाए जानेवाले खेल

लहज़ा–I *अ०* (पु०) 1 बोलने का ढंग 2 शब्दों के उच्चारण का खास ढंग

लहज़ा–II *अ०* (पु०) 1 पल, क्षण 2 निमेष

लहठी–(स्त्री०) लाख की चूड़ी

लहनदार–*हिं० + फ़ा०* (पु०) प्राप्य धन पाने का अधिकारी व्यक्ति

लहना–I (पु०) 1 उधार दिया हुआ धन (जैसे-लहना चुकाना) 2 काम के बदले मिला धन (जैसे-मालिक से लहना लेना) 3 भाग्य II (स० क्रि०) 1 प्राप्त करना, पाना 2 लाभ करना III (अ० क्रि०) सहायक होना (जैसे-यहाँ मेरी तरक़ीब लह गई) । ~**पावना** (पु०) प्राप्त होनेवाला धन; ~**बही** (स्त्री०) लहना संबंधी रजिस्टर

लहनी–(स्त्री०) = लहना

लहबर–(पु०) लंबी और ढीली पोशाक, चोगा

लहमा–*अ०* (पु०) क्षण, पल, निमेष

लहर–(स्त्री०) 1 तरंग 2 कंप (जैसे-हवा बहने से धान के पौधों में लहर उठना) 3 उमंग, जोश, उत्साह (जैसे-मन की लहर) 4 हर्ष, प्रसन्नता, मौज मस्ती (जैसे-प्रेम की लहर, मन की लहर में आकर काम करना) 5 उतार चढ़ाव की गति (जैसे-साँप का लहर मारकर चलना) 6 रह रहकर हलकी और तेज़ पीड़ा (जैसे-साँप के काटने से लहर उठना) 7 तरंग के आकार की रूप रेखा (जैसे-धूप छाँह के कपड़े में कई रंगों की लहरें उठती हैं) । ~**दार** + *फ़ा०* (वि०) 1 लहर जैसी आकृतिवाला (जैसे-लहरदार केश) 2 लहर सी आकृति बनी हुई (जैसे-लहरदार कपड़ा, लहरदार बेल बूटे); ~**पटोर** (पु०) 1 लहरियादार रेशमी कपड़ा 2 लहँगा और चोली; ~**बहर** (स्त्री०) 1 आंनद, मौज 2 वैभव और परम सुख की स्थिति

लहरना–(अ० क्रि०) = लहराना

लहरा–(पु०) 1 तरंग, लहर 2 आनंद, मौज 3 केवल ताल स्वरों की लय से युक्त बाजों की गत 4 बादलों का कुछ समय तक ज़ोर से बरसना

लहराना–I (अ० क्रि०) 1 तरंगित होना 2 कंपयुक्त गति होना (जैसे-धान की बालियाँ लहराना, हवा में झंडा लहराना) 3 लहरों-सा बढ़ना (जैसे साँप का लहराना, आग की लपटें लहराना) 4 उल्लास में आना (जैसे-मन का लहराना) 5 शोभायुक्त होना (जैसे-प्रकृति का लहराना) II (स० क्रि०) 1 हिलाना डुलाना (जैसे-सिर के बाल लहराना) 2 झोंके खाते हुए बढ़ना

लहरिया–(पु०) 1 लहर की आकृति की रेखाओं का समूह 2 लहरों की आकृति युक्त कपड़ा । ~**दार** + *फ़ा०* (वि०) लहरिया बना हुआ

लहरिल–(वि०) = लहरदार

लहरी–I (स्त्री०) तरंग, लहर II (वि०) 1 मन की तरंग के अनुसार काम करनेवाला 2 सदा प्रसन्न रहनेवाला, खुश मिज़ाज

लहलहा–(वि०) 1 फूल पत्तों से भरा और सरस, हरा भरा 2 परम प्रसन्न, आनंदमय

लहलहाना–(अ० क्रि०) 1 हरा भरा होना 2 अत्यंत प्रसन्न होना 3 हृष्ट पुष्ट होना

लहली–*बो०* (स्त्री०) जलाशय के सूखने पर होनेवाला दलदल

लहसुन–(पु०) मसाले के काम आनेवाली प्याज के तरह की एक गाँठ और उसका पौधा

लहसुनियां–(पु०) एक विशेष रत्न

लहालोट–(वि०) 1 हँसी से लोटता हुआ 2 प्रसन्नता से भरा हुआ 3 प्रेम विभोर

लहासी–(स्त्री०) मोटी रस्सी

लहू–(पु०) रक्त, खून, रुधिर । ~**पसीना** (पु०) कठोर परिश्रम; ~**लुहान** (वि०) खून से लथपथ । ~**उबलना** बहुत गुस्सा आना; ~**उभर आना** थोड़ा थोड़ा खून निकलना; ~**का घूँट पीकर रह जाना** गुस्सा सह जाना; ~**का प्यासा** जानी दुश्मन; ~**पसीना एक करना** बहुत कष्ट उठाना; ~**पानी एक होना** गुस्से के कारण शरीर में भोजन पानी का प्रभाव न पड़ना; ~**पानी होना** 1 खून का पतला होना 2 अत्यंत क्रुद्ध होना; ~**पी जाना** क़त्ल करना; ~**पीना** कष्ट देना; ~**पी पीकर रह जाना** क्रोध को चुपचाप सह लेना; ~**बिगड़ना** खून का ख़राब होना; ~**बोलना** हत्या का खुद

प्रकट हो जाना; ~**में नहाना** क्षत विक्षत होना; ~**सफ़ेद हो जाना** दया न रहना
लाँक–I (स्त्री०) कमर, लंक II (स्त्री०) ताज़ी कटी हुई फ़सल
लाँग–(स्त्री०) काछ (जैसे-लाँग खुलना)
लांगल–*सं०* (पु०) 1 हल 2 शुक्ल पक्ष की द्वितीया के चंद्रमा के दोनों ओर का नुकीला भाग
लांगूल–*सं०* (पु०) पूँछ, दुम
लाँघना–(स० क्रि०) 1 छलाँग लगाकर पार करना (जैसे-घोड़े का नाला लाँघना) 2 डग भरकर पार करना (जैसे-भोजन की थाली लाँघना)
लाँच–*बो०* (स्त्री०) घूस, रिश्वत
लांच–*अं०* (पु०) 1 महानौका 2 विहार नौका
लांछन–*सं०* (पु०) 1 कलंक 2 दाग़, धब्बा
लांछना–*सं०* (पु०) कलंक लगाना
लांछित–*सं०* (वि०) कलंकित
लांडरी–*अं०* (स्त्री०) कपड़ा धुलने की दुकान
लांपट्य–*सं०* (पु०) 1 लंपटता 2 व्यभिचार
लाइट–*अं०* (स्त्री०) 1 प्रकाश (जैसे-लाइट दिखाना, लाइट करो) 2 बत्ती। ~**हाउस** (पु०) दीपगृह
लाइटर–*अं०* (पु०) बत्ती आदि जलाने का एक छोटा-सा उपकरण
लाइन–*अं०* (स्त्री०) 1 रेखा (जैसे-सीधी लाइन, लाइन खींचना) 2 मार्ग, रास्ता, पटरी (जैसे-रेल लाइन) 3 कतार, पंक्ति (जैसे-लाइन में खड़ा होना)। ~**क्लियर** (पु०) रास्ता साफ़ के लिए हरी झंडी का संकेत; ~**मैन** (पु०) तार मिस्त्री
लाइनोटाइप–*अं०* (पु०) टाइप की पूरी पंक्ति ढालनेवाली मशीन
लाइनोटाइपिस्ट–*अं०* (पु०) लाइनोटाइप करनेवाला
लाइंसमैन–*अं०* (पु०) टेनिस या फुटबाल में सीमा रेखा का ध्यान रखनेवाला
लाइफ़बोट–*अं०* (स्त्री०) जीवन नौका
लाइब्रेरियन–*अं०* (पु०) पुस्तकालयाध्यक्ष
लाइब्रेरी–*अं०* (स्त्री०) पुस्तकालय
लाइसेंस–*अं०* (पु०) अनुज्ञा पत्र। ~**दार** + *फ़ा०* (पु०) लाइसेंस रखनेवाला व्यक्ति; ~**धारी** + *सं०* (वि०) लाइसेंस रखनेवाला
लाई–I (स्त्री०) धान, बाजरे आदि को भूनकर बनाया गया खाद्य पदार्थ, लावा
लाई–II (स्त्री०) चुग़ली (जैसे-लाई लगाना)। ~**लुतरी** (स्त्री०) 1 शिक़ायत 2 चुग़ली
लाउड स्पीकर–*अं०* (पु०) बिजली की सहायता से चलनेवाला एक प्रकार का ध्वनि विस्तारक यंत्र
लाऊ–*बो०* (पु०) लौकी
लाक–*अं०* (पु०) ताला
लाकेट–*अं०* (पु०) 1 लटकन से युक्त गले में पहने जानेवाली स्वर्णमाला 2 ज़ंजीर आदि में लगाया जानेवाला लटकन
लाक्स–*अं०* (पु०) द्रव आक्सीजन
लाक्षणिक–I *सं०* (वि०) 1 लक्षण संबंधी 2 लक्षण युक्त 3 लक्षणा शक्ति पर आश्रित (जैसे-लाक्षणिक भाव) II (पु०) 1 लक्षणों का ज्ञाता 2 बत्तीस मात्राओंवाला एक छंद
लाक्षण्य–*सं०* (वि०) लक्षण संबंधी
लाक्षा–*सं०* (स्त्री०) = लाख II
लाक्षिक–*सं०* (वि०) 1 लाख का 2 लाख का बना हुआ
लाख–I (वि०) 1 सौ हज़ार, बहुत ज्यादा 2 (पु०) सौ हज़ार की संख्या 3 (अ०) हद से ज्यादा
लाख–II (स्त्री०) लाह, चपड़ा। ~**मोहर** + *फ़ा०* (स्त्री०) लाख पर लगाया गया ठप्पा
लाखना–(स० क्रि०) 1 लाख लगाकर बंद करना 2 लाख के घोल का लेप करना
लाखा–I (पु०) 1 होंठों पर लगाने का लाख का बना एक प्रकार का रंग 2 गेहूँ के पौधों में लगनेवाला एक रोग II (वि०) लाख के रंग का (जैसे-लाखी गाय)
लाख़िराज–*अ०* (वि०) कर या लगान से मुक्त
लाखी–I (वि०) लख के रंग का, मटमैला II (पु०) मटमैला लाल रंग
लाग–I (स्त्री०) 1 लगाव, संपर्क 2 लगन, अनुराग, प्रेम 3 होड़, प्रतिस्पर्द्धा 4 दुश्मनी, शत्रुता 5 गुप्त तरक़ीब, गुप्त उपाय (जैसे-लाग का खेल) 6 शुभ अवसरों पर ब्राह्मण, नाऊ, कहार आदि को दिया जानेवाला धन 7 लगान, कर II (अ०) 1 तक, पर्यंत 2 निकट, पास 3 लिए, वास्ते III (वि०) काम में लगने योग्य। ~**डांट** (स्त्री०) प्रतिस्पर्द्धापूर्ण स्थिति; ~**लपेट** (स्त्री०) संबंध, लगाव
लागत–(स्त्री०) 1 व्यय (जैसे-इस मकान पर दस हजार की लागत बैठी) 2 विक्रय हेतु बनाई गई वस्तु पर पड़ा व्यय (जैसे-रेडियो की लागत सात सौ रुपए है)। ~**निर्धारण** + *सं०* (पु०) ख़र्च तय करना; ~**पूँजी** (स्त्री०) ख़र्च की गई पूँजी
लागबुक–*अं०* (स्त्री०) 1 *ग०* लघुगणक पुस्तिका 2 यात्रा दैनिकी
लागू–(वि०) 1 प्रयुक्त होने के योग्य, चरितार्थ होनेवाला 2 संबद्ध 3 शत्रु, वैरी
लाघव–I *सं०* (पु०) 1 लघु होने का भाव, लघुता 2 अल्पता, कमी 3 फुर्ती, तेज़ी 4 सफ़ाई (जैसे-हस्त लाघव) 5 आरोग्य 6 हलकापन II *अ०* जल्दी से
लाघविक–*सं०* (वि०) 1 लघु रूप में लाया हुआ 2 संक्षिप्त
लाघवी–*सं०* (स्त्री०) 1 फुर्ती, शीघ्रता 2 सफ़ाई
लाचार–I *अ० + फ़ा०* (वि०) मजबूर, निरुपाय 2 असमर्थ II (अ०) विवश होकर
लाचारी–*अ० + फ़ा०* (स्त्री०) 1 विवशता 2 असमर्थतापूर्ण स्थिति
लाचीदाना–*हिं० + फ़ा०* (पु०) इलायचीदाना
लाज–I (स्त्री०) 1 लज्जा, शर्म 2 मान सम्मान, प्रतिष्ठा (जैसे-कुल की लाज)
लाज–II *सं०* (पु०) 1 रस्सी 2 रस्सा
लाजक–*सं०* (पु०) धान का लावा
लाजवंत–(वि०) लज्जाशील, शर्मीला
लाजवंती–(स्त्री०) लज्जालु नारी, शर्मीली स्त्री
लाजवर्द–*फ़ा०* (पु०) 1 नीले रंग का एक पत्थर, राजावर्त 2 एक तरह का विलायती नीला रंग

लाजवर्दी–*फ़ा०* (वि०) गहरा नीला

लाजवाब–*अ०* (वि०) 1 अनुपम, बेजोड़ 2 निरुत्तर 3 जिसका उत्तर न दिया जा सके

लाजा–*सं०* (स्त्री०) 1 चावल 2 लावा

लाज़िम–*अ०* (वि०) आवश्यक और उचित

लाज़िमी–*अ० + फ़ा०* (वि०) अपरिहार्य

लाट–I (स्त्री०) 1 ऊँचा, बड़ा और मोटा खंभा 2 मीनार (जैसे-कुतुबमीनार की लाट) 3 वास्तु रचना (जैसे-अशोक की लाट)

लाट–II *अं०* (पु०) गवर्नर (जैसे-लाट साहब)

लाट–III *अं०* (पु०) पुरानी वस्तुओं का ढेर, समूह

लाटरी–*अं०* (स्त्री०) रुपए या सामान रूप में पुरस्कार देने की व्यवस्था

लाठ–(स्त्री०) 1 कोल्हू में लगी, बल्ली 2 लाट = I

लाठी–(स्त्री०) 1 बड़ा और मोटा डंडा 2 सहारा (जैसे-बूढ़े की लाठी)। **~चार्ज** + *अं०* (पु०) लाठियाँ चलाना (जैसे-भीड़ में पुलिस ने लाठी चार्ज कर दी); **~प्रहार** + *सं०* (पु०) = लाठी चार्ज; **~बाज़** + *फ़ा०* (वि०) लठैत, लट्ठबाज़; **~मार** (स्त्री०) लाठी मारना; **~राज** (पु०) दंगा फ़साद; **~वर्षा** + *सं०* (स्त्री०) = लाठी चार्ज। **~चलना** लाठी से मार पीट होना; **~चलाना** लाठी से मार पीट करना; **~बाँधना** लाठी साथ रखना

लाडो–(स्त्री०) लाड़ प्यार से पाली गई स्त्री या लड़की

लाड़–(पु०) दुलार । **~प्यार** (पु०), **~लड़ैता** (वि०) अत्यंत प्यारा

लाड़ला–(वि०) प्यारा, दुलारा

लाड़ा–*बो०* (पु०) दूल्हा, वर

लाड़िला–(वि०) = लाड़ला

लाड़ी–*बो०* (स्त्री०) दुलहन, नव विवाहिता स्त्री

लाढ़िया–(पु०) दूकानदार से मिला दलाल

लात–(स्त्री०) 1 पाँव 2 पदाघात। **~मुक्की** (स्त्री०) घूँसा और लात। **~खाना** 1 मार खाना 2 पैर की ठोकर से मारा जाना; **~चलाना** लात से मारना; **~मारकर खड़ा होना** प्रसव के बाद स्त्री का चलने फिरने योग्य होना 2 निरोग होकर चलना फिरना; **~मारना** उपेक्षा करना, घृणा करना

लातर–*बो०* (स्त्री०) पुराना जूता

लातादाद–*अ०* (वि०) बेशुमार, अनगिनत

लातालूती–(स्त्री०) मारपीट

लाद–I (स्त्री०) पेट, उदर (जैसे-लाद फूलना) 2 आँत, अँतड़ी (जैसे-लाद निकलना)

लाद–II (स्त्री०) लदाई। **~फाँद** (स्त्री०) लादने और बाँधने का काम

लादना–(स० क्रि०) 1 बोझ रखना (जैसे-गाड़ी में माल लादना) 2 भार रखना (जैसे-पीठ पर चीनी का बोरा लादना) 3 दायित्व सौंपना (जैसे-सारा काम मुझपर लाद दिया)

लादिया–(पु०) बोझ लादकर ले जानेवाला

लादी–(स्त्री०) 1 बोझ 2 गठरी

लादू–(वि०) बोझ ढोनेवाला (जैसे-लादू जहाज़)

लाधा–*बो०* (वि०) अच्छा, बढ़िया

लान–*अं०* (पु०) घासयुक्त समतल मैदान। **~टेनिस** (पु०) मैदान में खेले जानेवाला गेंद का एक तरह का खेल

लानत–*अ०* (स्त्री०) तिरस्कारपूर्ण बात। **~मलामत** (स्त्री०) धिक्कार, फटकार। **~पड़ना** बेइज्जत होना; **~का मारा** 1 घृणित, कुत्सित 2 अभागा; **~की बौछार** लगातार भर्त्सना; **~बरसना** 1 मनहूसी होना 2 लानत की बौछार होना; **~भेजना** 1 धिक्कारना 2 कोसना 3 ठुकराना

लानती–*अ० + फ़ा०* (वि०) 1 लानत का मारा 2 लानत के योग्य

लाना–(स० क्रि०) 1 ले आना 2 उपस्थित करना

लापता–*अ० + हिं०* (वि०) 1 खोया हुआ 2 बिना पते का 3 छिपा हुआ

लापरवाह–*अ० + फ़ा०* (वि०) 1 निश्चिंत, बेफ़िक्र 2 असावधान

लापरवाही–*अ० + फ़ा०* (स्त्री०) 1 बेफ़िक्री 2 असावधानी

लॉबी–*अं०* (स्त्री०) सभा का उप कोष्ठ

लाभ–*सं०* 1 मिलना, प्राप्ति 2 हित, उपकार, फ़ायदा (जैसे-दवा से लाभ) 3 मुनाफ़ा (जैसे-व्यापार में लाभ होना)। **~कर** (पु०) लाभ पहुँचानेवाला (जैसे-दवा आदि); **~कारक**, **~कारी** (वि०) फ़ायदेमंद; **~खोरी** + *फ़ा०* (स्त्री०) लाभ लेना, मुनाफ़ाखोरी; **~जनक**, **~दायक**, **~दायी** (वि०) लाभ देनेवाला; **~धन** (पु०) लाभ में मिला धन; **~प्रद** (वि०) = लाभकारक; **~प्राप्ति** (स्त्री०) मुनाफ़ा लेना, लाभ लेना; **~लिप्सा** (स्त्री०) लाभ लेने का लालच; **~वितरण**, **~विभाजन** (पु०) लाभ का बँटवारा; **~हानि** (स्त्री०) लाभ और हानि

लाभांश–*सं०* (पु०) लाभ का हिस्सा

लाभान्वित–*सं०* (वि०) 1 लाभ हुआ 2 लाभ में प्राप्त

लाभार्जन–*सं०* (पु०) लाभ कमाना

लाभार्थ–*सं०* (वि०) लाभ के लिए

लाभार्थी–*सं०* (वि०) लाभ का इच्छुक

लाभालाभ–*सं०* (पु०) हानि और लाभ

लाम–I (पु०) 1 फ़ौज का दस्ता 2 समूह II (क्रि० वि०) दूर, दूरी पर। **~बंद** *फ़ा०* (वि०) लड़ाई के लिए तैयार; **~बंदी** + *फ़ा०* (स्त्री०) युद्ध के लिए सेना की तैयारी, सेना को युद्ध में भेजना

लाम काफ़–*अ०* (पु०) 1 खरी खोटी, अपशब्द 2 बेहूदा बातें

लामा–(पु०) तिब्बत का बौद्ध आचार्य

लामिसाल–*अ०* (वि०) अनुपम, अद्वितीय

लामे–*अ० बो०* 1 कुछ दूरी पर 2 एक ओर हटकर (जैसे-लामे रखना)

लायक़–*अ०* (वि०) 1 उचित, ठीक 2 उपयुक्त, मुनासिब 3 गुणी (जैसे- लायक़ आदमी) 4 समर्थ, योग्य (जैसे-वह खेलने के लायक़ नहीं रहा)

लायक़ी–*अ० + फ़ा०* (स्त्री०) 1 लायक़ होने का भाव 2 योग्यता, शक्ति

लायब्रेरी–*अं०* (स्त्री०) = लाइब्रेरी

लायसेंस–*अं०* (पु०) = लाइसेंस

लार–I (स्त्री०) 1 थूक (जैसे-मिठाई देखकर लार आना) 2 लुआब। **~ग्रंथि** + *सं०* (स्त्री०) लार बनानेवाली ग्रंथि

लारवा–*अं०* (पु०) डिंभक, इल्ली

लारियेट–*अं०* (पु०) 1 भूषित व्यक्ति 2 राजकवि, पोएट लारिएट

लारी–*अं०* (स्त्री०) ट्रक (जैसे-लारी गड्ढे में गिर गई); ~**ड्राइवर** (पु०) ट्रक चलानेवाला

लारु–(पु०) लड्डू

लार्ड–*अं०* (पु०) 1 मालिक 2 ज़मींदार 3 उच्च कार्य कर्ताओं को प्रदान की गई उपाधि 4 ईश्वर (जैसे-ओ लार्ड)

लाल–I (वि०) 1 सुर्ख (जैसे-लाल ओंठ, लाल कमल) 2 क्रोध, आवेश, लज्जा आदि के कारण चेहरे का रंग लाल हो जाना (जैसे-लाल आँखें, गुस्से में चेहरे का लाल होना) 3 नियत स्थान पर पहुँची हुई (जैसे-गोट लाल होना) 4 परम सुखी (जैसे-लालो लाल होना)। ~**फीता** +पुर्त० (पु०) सरकारी कार्यलयों में टालमटोल के कारण कार्य का आगे बढ़ने में होनेवाला विलंब, रेडटेप; ~**फ़ीताशाही** *+ पुर्त० + फ़ा०* (स्त्री०) कागज़ातों को लाल फीते के अंदर बंद रखे रहना। ~**बुझक्कड़** (पु०) अनुमान और अटकल से प्रश्न और समस्या को बूझने की मूर्खता करनेवाला व्यक्ति; ~**आँखें दिखाना**, ~**आँखें निकालना** गुस्से से देखना; ~**पड़ना**, ~**होना** क्रोध करना; ~**पीला होना** क्रोध में आना, क्रुद्ध होना; ~**होना** निहाल होना

लाल–II (वि०) प्यारा (पु०) 1 छोटा और प्रिय बालक, प्यारा बच्चा 2 पुत्र, बेटा

लाल–III *फ़ा०* (पु०) माणिक नामक रत्न

लालक–*सं०* I (वि०) दुलार, प्यार करनेवाला II (पु०) विदूषक

लालच–(पु०) लोभ

लालचहा, लालची–(वि०) लोभी

लालटेन–*अं०* (स्त्री०) हाथ में लटकाने लायक चिमनीदार लैंप

लालड़ी–(स्त्री०) नथ, बाली आदि में लगाया जानेवाला एक तरह का नग

लालन–I *सं०* (पु०) 1 लाड़ प्यार करना 2 लाड़ प्यार। ~**पालन** (पु०) प्यार करना और पालना

लालन–II (पु०) 1 प्यारा बेटा 2 लड़का, बालक

लालनीय–*सं०* (वि०) लालन-पालन योग्य

लालरी–(स्त्री०) = लालड़ी

लालसा–*सं०* (स्त्री०) इच्छा, साध (जैसे- माँ के दर्शन की लालसा)

लाला–I (पु०) 1 आदरसूचक संबोधन (जैसे-लाला लाजपत राय, लाला साहब) 2 कायस्थ, खत्री आदि जातियों का सूचक शब्द 3 छोटे, प्रिय व्यक्ति के लिए संबोधन शब्द। ~**भइया** (पु०) बेटा

लाला–II (वि०) लाल

लाला–III *सं०* (स्त्री०) लार, थूक ~**ग्रंथि** (स्त्री०) = लार ग्रंथि

लाला–IV *फ़ा०* (पु०) पोस्ते का लाल रंग का फूल, गुले लाला

लालायित–*सं०* (वि०) 1 ललचाया हुआ 2 प्यारा

लालित–*सं०* (वि०) दुलारा हुआ

लालित्य–*सं०* (पु०) 1 ललित होने का भाव 2 रमणीयता 3 हाव भाव

लालिमा–(स्त्री०) लाल होने का भाव, लाली

लाली–(स्त्री०) 1 ललाई, अरुणता, लालपन, सुर्खी (जैसे-चेहरे की लाली कपोलों की लाली) 2 इज़्ज़त, सम्मान (जैसे-आपके आने से मेरे चेहरे की लाली बच गई) 3 यश, कीर्ति (जैसे-प्रेम की लाली)

लाल्य–*सं०* (वि०) =, लालनीय

लाव–I *बो०* (स्त्री०) 1 मोटा रस्सा 2 एक दिन में एक चरसे से सींची जानेवाली भूमि या खेत। ~**चलाना** चरसे से खेत सींचना। ~**दार** - *फ़ा०* 1 (वि०) दागने को तैयार 2 (पु०) तोप में बत्ती लगाने वाला

लाव–II (पु०) ऋण के रूप में दिया गया धन। ~**उठाना** बंधक रखकर रुपया उधार देना; ~**लगाना** अन्नादि देकर ऋण चुकाना

लवक–*बो०* (पु०) काटनेवाला

लावणिक–I *सं०* (त्रि०) 1 लवण संबंधी 2 लवण युक्त 3 सुंदर II (पु०) 1 नमक का व्यापारी 2 नमकदान

लावण्य–*सं०* (पु०) 1 सलोनापन, सुंदरता 2 नमकपन 3 स्वभाव की उत्तमता

लावण्यमय–*सं०* (वि०) लावण्यवाला

लावनी–(स्त्री०) एक तरह का चलता गाना

लावबाली–*अ० + फ़ा०* I (वि०) निडर, बेफ़िक्र II (स्त्री०) आवारगी, बेफ़िक्री

लावलश्कर–*अ० + फ़ा०* (पु०) फ़ौज और उसका सामान

लावल्द–*अ०* (वि०) निःसंतान

लावा–I (पु०) 1 फसल काटनेवाला मज़दूर 2 ज्वार, धान आदि को भूनने पर तैयार खाद्य पदार्थ (जैसे-लावा देना, लावा पछोरना) ~**लुतरा** (पु०) लड़ाई लगानेवाला व्यक्ति। ~**मेलना** मंत्र आदि पढ़कर वश में करना

लावा–II *अं०* (पु०) ज्वालामुखी पर्वत के मुँह से निकलनेवाला राख, पत्थर, धातु आदि मिश्रित पदार्थ

लावारिस–*अ०* (वि०) बिना उत्तराधिकारी का (जैसे-लावारिस संपत्ति, लावारिस संतान)

लावारिसी–*अ० + फ़ा०* I (स्त्री०) लावारिस होने का भाव II (वि०) जिसका कोई उत्तरदायी न हो

लाश–*फ़ा०* (स्त्री०) शव, मृत शरीर (जैसे-घोड़े की लाश)। ~**उठना** मर जाना; ~**पर**~**गिरना** लाशों का ढेर लगना

लासा–(पु०) 1 लसीला पदार्थ 2 चेंप 3 फँसाने का साधन। ~**लगाना** फँसाने की युक्ति रचना; ~**होना** सदा साथ लगे रहना

लासानी–*अ०* (वि०) अद्वितीय, बेजोड़

लासिक–*सं०* (वि०) नाचनेवाला

लासिका–*सं०* (स्त्री०) नर्तकी

लास्य–I *सं०* (पु०) नाच, नृत्य II (वि०) कोमल और मधुर

लाह–(स्त्री०) 1 लाख 2 चमक

लाहन–(पु०) 1 महुए का फल 2 महुए का खमीर 3 खमीर

लाहिजाब–*अ०* (वि०) बेपरदा

लिंग–*सं०* (पु०) 1 चिह्न 2 लक्षण 3 प्रतीक 4 पुरुष और स्त्री वाले दो विभागों से प्रत्येक, सेक्स 5 काम वासना को तृप्त करनेवाला तत्व 6 *व्या०* संज्ञा और सर्वनाम का वह वर्गीकरण जो पुरुष और स्त्री का बोध कराएँ 7 पुरुष जननेंद्रिय, शिश्न

8 पुरुष जननेंद्रिय सूचक शिव का एक विशेष प्रतीक (जैसे-शिवलिंग)। ~**ता** (स्त्री०) लिंग से युक्त होने का भाव; ~**देह** (पु०) 1 लिंग शरीर 2 आत्मा का बहुत सूक्ष्म स्वरूप 3 मृत्योपरांत आत्मा को आवृत्त रखनेवाला सूक्ष्म शरीर; ~**नाश** (पु०) 1 लक्षण न पहचानने की अवस्था 2 अंधता, अंधापन; ~**पूजक** (पु०) लिंग पूजनेवाला व्यक्ति; ~**पूजा** (स्त्री०) लिंग की पूजा करना (जैसे-शिवलिंग की पूजा); ~**भेद** (पु०) स्त्री पुरुष का अंतर; ~**वाचक** (वि०) लिंग भेद बतानेवाला; ~**विकार** (पु०) लिंग में दोष होना; ~**वृत्ति** I (पु०) आडंबरी II (वि०) ढोंगी III (स्त्री०) ढोंग रचना

लिंगन–*सं०* (पु०) आलिंगन

लिंगवान्–I *सं०* (वि०) लक्षणयुक्त II (पु०) लिंगायत संप्रदाय

लिंगस्थ–*सं०* ब्रह्मचारी

लिंगादिबोधक–*सं०* (वि०) लिंग का ज्ञान करानेवाला

लिंगायत–*सं०* (पु०) एक शैव संप्रदाय

लिंगार्चन–*सं०* (पु०) = लिंग पूजा

लिंगिता–*सं०* (स्त्री०) चिह्नित होने का भाव

लिंगी–*सं०* (वि०) लिंगधारी

लिंगेंद्रिय–*सं०* (पु०) पुरुष जननेंद्रिय

लिंगोपासना–*सं०* (स्त्री०) = लिंग पूजा

लिंट–*अं०* (पु०) एक तरह का मुलायम जालीदार कपड़ा

लिंफ–*अं०* (पु०) 1 शुद्ध जल 2 लसीका 3 टीका

लिए–*अ०* प्रयोजन हेतु प्रयुक्त संप्रदान कारक की विभक्ति (जैसे-मेरे लिए, उसके लिए)

लिक्खाड़–(पु०) बहुत लिखनेवाला लेखक

लिक्षा–*सं०* (स्त्री०) जूँ का अंडा

लिखत–(स्त्री०) 1 लिखने की क्रिया 2 लिखे होने की अवस्था 3 दस्तावेज़। ~**पढ़त** (स्त्री०) लिखा पढ़ी का काग़ज़

लिखतम–(स्त्री०) 1 लिखावट 2 लिखा पढ़ी

लिखन–*सं०* (पु०) 1 लिखना 2 लेख 3 लिखावट

लिखना–(स० क्रि०) 1 लिपिबद्ध करना 2 रचना करना (जैसे-उपन्यास लिखना) 3 अंकित करना (जैसे-शार्ट हैंड में लिखना)। ~**पढ़ना** लिखने पढ़ने का काम करना

लिखनी–(स्त्री०) 1 लेखनी, क़लम 2 होनी, प्रारब्ध

लिखवाई–(स्त्री०) = लिखाई

लिखवाना–(स० क्रि०) लिखने का काम कराना (जैसे-पत्र लिखवाना)

लिखाई–(स्त्री०) 1 लिखने का काम 2 लिखी हुई लिपि और उसकी बनावट 3 चित्र अंकित करना। ~**पढ़ाई** (स्त्री०) विद्योपार्जन

लिखाना–(स० क्रि०) 1 लिखने का काम कराना, लिखना सिखाना, लिखने का अभ्यास कराना

लिखा पढ़ा–(वि०) शिक्षित (जैसे-लिखा पढ़ा आदमी)

लिखा पढ़ी–(स्त्री०) 1 लिखना पढ़ना, अध्ययन करना 2 पत्र व्यवहार 3 अनुबंध, शर्त आदि

लिखावट–(स्त्री०) 1 लिखने का ढंग 2 लिपि, लेख

लिखित–I *सं०*(वि०) लिखा हुआ (जैसे-लिखित दस्तावेज़) II (पु०) 1 लिखित बात 2 प्रमाण पत्र

लिखितानुसार–*सं०* (क्रि० वि०) लिखे हुए के अनुसार (जैसे-लिखितानुसार पढ़ना)

लिखिया–(पु०) लिखनेवाला

लिचलिचाना–(अ० क्रि०) = लसलसाना

लिजलिजा–(वि०) पिलपिला

लिटमस–*अं०* (पु०) क्षार और अम्ल परखने का एक काग़ज़

लिटर–*अं०* (पु०) एक माप जो एक सेर से कुछ ज्यादा होता है

लिटाना–(स० क्रि०) लेटने में प्रवृत्त करना, पौढ़ाना

लिट्ट–(पु०) बड़ी लिट्टी

लिट्टी–(स्त्री०) टिकिया के आकार की गोल छोटी रोटी

लिडार–I *बो०* (वि०) कायर, डरपोक II (पु०) गीदड़

लिडौरी–(स्त्री०) फ़सल पीटने के बाद डाँठ में लगे रह जानेवाले दाने

लिथड़ना–(अ० क्रि०) = लथड़ना

लिथाड़ना–(स० क्रि०) = लथेड़ना

लिथोछापाख़ाना–*अं० + हिं + फ़ा०* (पु०) पत्थर की छपाई का प्रेस

लिनेन–*अं०* (पु०) सन

लिपटना–(अ० क्रि०) 1 आलिंगन करना 2 सट जाना 3 तल्लीन होना

लिपटाना–(स० क्रि०) 1 गले लगाना 2 सटाना

लिपड़ा–(वि०) चिपचिपा

लिपड़ी–(स्त्री०) लेई की तरह गीला पदार्थ

लिपना–(अ० क्रि०) 1 लेप से युक्त होना 2 लेपा जाना (जैसे-दीवार लिपना)। ~**पुतना** (स० क्रि०) लीपा पोती करना

लिपवाना–(स० क्रि०) लीपने का काम कराना

लिपस्टिक–*अं०* (पु०) ओठों की सुर्ख़ी

लिपाई–(स्त्री०) 1 लीपने लिपाने की क्रिया, पोताई 2 पोतने की मजूरी या मज़दूरी। ~**पुताई** (स्त्री०) लीपना और पोतना

लिपाना–(स० क्रि०) लेप कराना, पुताना (जैसे-आँगन को गोबर से लिपाना)

लिपा पुता–(वि०) साफ़ सुथरा (जैसे-लिपा पुता मकान)

लिपि–*सं०* (स्त्री०) 1 लिखने की क्रिया 2 लघुतम ध्वनि का सूचक अक्षर (जैसे-क् ख् ग् आदि) 3 भाषा के लघुतम ध्वनि अक्षरों का समूह। ~**कर,** ~**कर्ता,** ~**कार** (पु०) = लिपिक; ~**काल** (पु०) ग्रंथ, लेख का समय; ~**कृत** (वि०) = फलक ~**फलक** (पु०) काठ, धातु, पत्थर आदि का लेखबद्ध पटरा, टुकड़ा; ~**बद्ध** (वि०) 1 लिखित 2 लिखा पढ़ी से युक्त; ~**युक्त** (वि०) लेख रूप में लाया हुआ (जैसे-लिपि युक्त भाषण); ~**विज्ञान** (पु०) लिखावट संबंधी शास्त्र; ~**विज्ञानी** (पु०) लिपि विज्ञान का ज्ञाता; ~**सज्जा** (स्त्री०) लिखने का साधन

लिपिक–*सं०* (पु०) कार्यालय में पत्र और उनकी प्रतिलिपियाँ लिखनेवाला बाबू, मुहर्रिर, क्लर्क

लिपिका–*सं०* (स्त्री०) लिखावट, लिपि

लिप्त–*सं०* (वि०) लगा हुआ (जैसे-वासना में लिप्त)

लिप्तक–I *सं०* (पु०) विष में बुझा बाण II (वि०) विष में बुझाया हुआ

लिप्ति–*सं०* (स्त्री०) लिप्त होना

लिप्यंतरण–*सं०* (पु०) दूसरी लिपि में बदलना
लिप्सा–*सं०* (स्त्री०) चाह, इच्छा
लिप्सु–*सं०* (वि०) इच्छुक (जैसे-ज्ञान और कर्म लिप्सु)
लिफ़ाफ़ा–*अ०* (पु०) 1 काग़ज़ की चौकोर थैली (जैसे-लिफ़ाफ़े में चिट्ठी रख देना) 2 खोल 3 दिखाऊ सामान, ठाटबाट। ~**खुलना** भेद प्रकट होना; ~**बदलना** नई वेश-भूषा धारण करना; ~**बनाना** ठाट बनाना
लिफ़ाफ़िया–*अ० + हिं०* (वि०) दिखाऊ और कमज़ोर ~**पन** *हिं०* (पु०) दिखावा
लिफ़्ट–*अं०* (स्त्री०) बड़ी इमारतों में ऊपर ले जानेवाला यानस्वरूप यंत्र
लिबड़ना–I (अ० क्रि०) चिपकना, लगना II (स० क्रि०) लथ पथ करना
लिबड़ी–*अं०* (स्त्री०) 1 हस्तांतरण 2 भत्ता 3 पहनावा 4 वेशधारी सेवक
लिबरल–*अं०* (वि०) उदार नीतिवाला
लिबास–*अ०* (पु०) पोशाक
लियाक़त–*अ०* (स्त्री०) 1 योग्यता 2 शालीनता 3 गुण 4 सामर्थ्य 4 पात्रता
लिये दिये–(अ० क्रि०) ले देकर
लिलार–(पु०) 1 कुएँ का सिरा जहाँ मोट का पानी गिराया जाता है 2 माथा (जैसे-लिलार फोड़ना)
लिली–*अं०* (स्त्री०) कुमुदिनी
लिलोही–(वि०) लालची, लोभी
लिवर–*अं०* (पु०) = लीवर, ज़िगर
लिवाना–(स० क्रि०) साथ लेते आना (जैसे- बहू को लिवा आना)
लिवाल–(वि०) = लेवाल
लिसलिसा–(वि०) = लसदार
लिसोड़ा–(पु०) छोटे-छोटे खट्टे फलवाला एक पेड़
लिस्ट–*अं०* (स्त्री०) सूची (जैसे-सामान की लिस्ट)
लिहाज़–*अ०* (पु०) 1 संकोच, अदब 2 लज्जा 3 रिआयत 4 ख़याल, ध्यान
लिहाज़ा–*अ०* (क्रि० वि०) इसलिए, अतः
लिहाड़ा–(वि०) 1 बेहूदा और वाहियात 2 निकम्मा
लिहाड़ी–(स्त्री०) मज़ाक (जैसे-लिहाड़ी लेना)
लिहाफी–*अ०* (पु०) छोटी रज़ाई
लीक–(स्त्री०) 1 लंबी रेखा 2 सर्प आदि के चलने से बनी रेखा 3 पगडंडी 4 मर्यादा 5 लोकरीति 6 जूँ का अंडा। ~**खींचना** दृढ़ निश्चय करना; ~**पीटना** पुरानी रीति रस्म पर चलते जाना; ~**चलना** 1 रास्ते पर चलना 2 पुरानी रस्म पर चलना; ~**से बेलीक होना** 1 गुमराह होना 2 पुरानी चाल छोड़ना
लीख–(स्त्री०) जूँ का अंडा
लीग–I *अं०* (स्त्री०) 1 सभा 2 संघ। ~**आफ़ नेशंस** (स्त्री०) संयुक्त राष्ट्र संघ, राष्ट्र संघ
लीग–II *अं०*(स्त्री०) स्थल पर 3 मील और समुद्र पर लगभग $3\frac{1}{2}$ मील की नाप
लीगी–*अं० + हिं०* (वि०) लीग से संबधित
लीचड़–(वि०) 1 सुस्त, काहिल 2 निकम्मा, फ़ालतू 3 तुच्छ स्वभाववाला। ~**पन** (पु०) 1 निकम्मापन 2 तुच्छता 3 सुस्ती
लीची–(स्त्री०) एक प्रसिद्ध पेड़ और उसका फल
लीझी–(स्त्री०) 1 उबटन आदि लगाने से शरीर से निकलनेवाली मैल 2 सीठी, फोक
लीडर–*अं०* (पु०) नेता। ~**शिप** (स्त्री०) नेतृत्व, नेतागिरी
लीडरी–*अं०* (स्त्री०) नेतृत्व
लीतड़ा–(पु०) फटा पुराना जूता
लीथो–*अं०* (पु०) पत्थर का छापा। ~**ग्राफ़** (पु०) लीथो की छपाई; ~**ग्राफ़र** (पु०) लीथो की छपाई करनेवाला; ~**ग्राफ़ी** (स्त्री०) पत्थर पर छपाई की कला
लीद–(स्त्री०) गधे, घोड़े, खच्चर आदि पशुओं का मल
लीन–*सं०* (वि०) 1 समाया हुआ 2 तन्मय (जैसे-अध्ययन में लीन) 3 तत्पर (जैसे-कर्तव्य में लीन) 4 ध्यानमग्न (जैसे-आत्मलीन) 5 संलग्न (जैसे-कर्म में लीन) 6 लुप्त (जैसे-आकाश में लीन)। ~**ता** (स्त्री०) 1 आसक्ति 2 तन्मयता
लीनोटाइप मशीन–*अं०* (स्त्री०) पूरी पंक्ति को ढालकर कंपोज करने की मशीन
लीपइयर–*अं०* (पु०) 1 अधिवर्ष 2 साल जिसमें 366 दिन हों
लीपना–(स० क्रि०) 1 लेप करना (जैसे-चौके को गोबर से लीपना) 2 फैलाना (जैसे-किताब स्याही से लीप दिया) 3 बर्बाद करना (जैसे-सारा किया धरा लीप दिया)। ~**पोतना** (स० क्रि०) सफ़ाई करना
लीपा पोती–(स्त्री०) 1 पोतना, साफ़ सुथरा करना 2 चौपट करना
लीलक–(पु०) देशी जूतों की नोक पर लगाया जानेवाला हरा चमड़ा
लीलना–(स० क्रि०) 1 निगलना 2 हड़प कर जाना
लीलया–*सं०* (क्रि० वि०) 1 लीला के रूप में 2 खेलवाड़ रूप में 3 अनायास
लीला–*सं०* (स्त्री०) 1 क्रीड़ा, खेल 2 खेलवाड़ 3 विलास, विहार (जैसे-प्रेम लीला) 4 जीवन का कार्य कलाप 5 अभिनय (जैसे-रामलीला) 6 रहस्य से भरा कार्य (जैसे-सृष्टि तो ईश्वर की एक लीला है)। ~**कलह** (पु०) प्रणय कलह, बनावटी झगड़ा; ~**भूमि** (स्त्री०) जीवन के कार्य कलाप का क्षेत्र; ~**स्थल** (पु०) लीला की जगह
लीलामय–*सं०* (वि०) लीला से युक्त (जैसे-लीलामय दृश्य, लीलामय भगवान)
लीवर–*अं०* (पु०) उत्तोलक
लीह–(स्त्री०) 1 रेखा, लकीर 2 निशान 3 लकीर की तरह का छोटा, पतला और लंबा रास्ता
लुँगाड़ा–(पु०) 1 लुच्चा 2 आवारा और बदचलन
लुंगी–(स्त्री०) तहमत (जैसे-लुंगी पहनना)
लुंचन–*सं०* (पु०) 1 नोचना, उखाड़ना (जैसे-केश लुंचन) 2 काटना, तराशना
लुंचित–*सं०* (वि०) नोचा हुआ, उखाड़ा हुआ। ~**केश** (वि०) जिसके बाल नुचे हैं
लुँज–(वि०) 1 बिना हाथ पैर का, लँगड़ा, लूला 2 कुछ भी काम न करनेवाला (जैसे-तुम तो निरे लुँज से जान पड़ते हो) 3 पत्रादि से रहित। ~**पुंज** (वि०) लँगड़ा लूला
लुंठक–*सं०* (पु०) लुटेरा

लुंठन–*सं०* (पु०) 1 लूटना 2 लुढ़कना
लुंठित–*सं०* (वि०) 1 लूटा हुआ 2 लुढ़का हुआ (जैसे-भू लुंठित)
लुंड मुंड–(वि०) 1 सिर, हाथ पैर से रहित 2 लँगड़ा लूला 3 ठूँठ
लुंडा–I (वि०) 1 पुच्छ पंखहीन 2 जिसकी पूँछ पर बाल न हों II (पु०) बड़ा गोला (जैसे-ऊन का लुंडा)
लुँडियाना–(स० क्रि०) *बो०* गोले के रूप में लाना (जैसे-सूत लुँडियाना)
लुंडी–(स्त्री०) सूत आदि की गोल पिंडी
लुआठा–(पु०) एक सिरे पर जलती हुई लंबी लकड़ी
लुआब–*अ०* (पु०) चिपचिपा अंश। ~**दार** + *फ़ा०* चिपचिपा, लसदार
लुक–I (पु०) रोग़न, वार्निश
लुक–II (पु०) लौ, शोला
लुकना–(अ० क्रि०) आड़ में होना, छिपना
लुक़्मा–*अ०* (पु०) कौर, ग्रास
लुका छिपा–(वि०) जिसे देखा न जा सके, ग़ायब
लुका छिपी–(स्त्री०) लुकने छिपने का एक खेल
लुकाना–I (स० क्रि०) छिपाना II (अ० क्रि०) छिपना
लुकाव–(पु०) छिपाव, दुराव
लुके छिपे–(क्रि० वि०) गुप्त रूप से (जैसे- लुके छिपे मिलना, लुके छुपे आना जाना)
लुक्का–(पु०) दुष्ट व्यक्ति
लुखिया–(स्त्री०) 1 धूर्त औरत 2 पुंश्चली 3 कुलटा
लुगड़ा–(पु०) 1 कपड़ा 2 ओढ़नी
लुगड़ी–(स्त्री०) निंदा, चुग़ली
लुग़त–*अ०* (स्त्री०) 1 शब्द 2 भाषा 3 शब्दकोश
लुगदा–(पु०) लुगदी–(स्त्री०) किसी भी चीज़ का लौंद (जैसे-काग़ज़ की लुगदी)
लुग़वी–*अ०* (वि०) 1 लुगत संबंधी, शब्दकोश का 2 कोशगत
लुगाई–(स्त्री०) 1 औरत 2 पत्नी। ~**बाज़** + *फ़ा०* (स्त्री०) औरत बाज़ी ~**बाज़ी** + *फ़ा०* (स्त्री०) औरतबाज़ी
लुग्गा–(पु०) कपड़ा
लुचुई–(स्त्री०) मैदे की पूरी
लुच्चा–(वि०) 1 चाईं 2 कमीना, बदमाश 3 लफंगा, शोहदा, दुराचारी
लुच्ची–I (स्त्री०) = लुचुई
लुच्ची–II (वि०) दुराचारिणी
लुटना–(अ० क्रि०) 1 लूट लिया जाना 2 हाथ से निकल जाना (जैसे-गले का हार लुटना)
लुटरना–(अ० क्रि०) 1 लोटना 2 लुढ़कना 3 छिटकना
लुटाऊ–(वि०) लुटानेवाला
लुटाना–I (स० क्रि०) 1 लूटने देना 2 बर्बाद करना (जैसे-पैसा लुटाना) 3 अंधाधुंध खर्च करना (जैसे-शादी ब्याह में पैसा लुटाना)
लुटाना–II (स० क्रि०) लुढ़काना (जैसे-लुटाकर मारना)
लुटिया–(स्त्री०) छोटा लोटा। ~**डुबोना** सारा काम बिगड़ना; ~**डूबना** सारा काम बुरी तरह बिगड़ जाना
लुटे पिटे–(वि०) लुट पिट गए
लुटेरा–I (वि०) लूटनेवाला II (पु०) 1 डाकू चोर 2 डंडी मारनेवाला दूकानदार
लुड़कना–(अ० क्रि०) = लुढ़कना
लुड़काना–(स० क्रि०) = लुढ़काना
लुड़खुड़ाना–(अ० क्रि०) = लड़खड़ाना
लुढ़कना–(अ० क्रि०) 1 चक्कर खाते हुए बढ़ना, गिरना (जैसे-पत्थर लुढ़कना, सीढ़ी से लुढ़कना) 2 मर जाना (जैसे-ज़मीन पर गिरते ही वह लुढ़क गया) 3 झुकना, आकृष्ट होना (जैसे-रुपए के लोभ में वह विपक्षी की तरफ लुढ़क गया)। ~**पुढ़कना** –(अ० क्रि०) लुढ़कते चले जाना
लुढ़कनी–(स्त्री०) 1 कलाबाज़ी 2 लोटनी
लुढ़काना–(स० क्रि०) लुढ़काने में प्रवृत्त करना
लुतरा–(वि०) 1 चुग़लखोर 2 दुष्ट, पाज़ी
लुत्फ़–*अ०* (पु०) 1 मज़ा, आनंद (जैसे-इश्क बाज़ी का लुत्फ़ उठाना) 2 अनुग्रह, कृपा
लुनना–(स० क्रि०) 1 लुनाई करना 2 चुनना 3 हटाना 4 बर्बाद करना
लुनाई–(स्त्री०) 1 सलोनापन 2 फ़सल की कटाई 3 फ़सल काटने की मज़दूरी
लुनेरा–(पु०) फ़सल काटनेवाला मज़दूर
लुप्त–*सं०* (वि०) 1 गायब 2 अदृश्य 3 छिपा हुआ (जैसे-लुप्त धन)
लुप्तोपमा–*सं०* (स्त्री०) (साहि०) एक उपमा अलंकार जिसमें उसका कोई अंग लुप्त हो
लुब्ध–*सं०* (वि०) 1 आसक्त (जैसे-प्रेम में लुब्ध) 2 मोहित (जैसे-रूप लुब्ध) 3 लोभ में पड़ा हुआ (जैसे-धन दौलत में लुब्ध)
लुब्धक–*सं०* (पु०) 1 बहेलिया, व्याध 2 शिकारी
लुभाना–I (अ० क्रि०) 1 लालच में पड़ना 2 मोहित होना (जैसे-मन का लुभाना) 3 आसक्त होना, सुध बुध खोना (जैसे-प्रेम में लुभाना, मन का विलासिता में लुभाना) II (स० क्रि०) 1 लालसा उत्पन्न करना 2 लोभ पैदा करना (जैसे-धन संपत्ति दिखाकर लुभाना) 3 मोहयुक्त करना, फँसाना (जैसे-प्यार में लुभाना)
लुभावना–(वि०) मनोहर, सुंदर (जैसे-लुभावना दृश्य)
लुभित–*सं०* (वि०) 1 मोहित, मुग्ध 2 लोभ में आया हुआ
लुरकी–I (स्त्री०) कान की बाली II (स्त्री०) लुढ़की
लुरियाना–(अ० क्रि०) *बो०* 1 प्रेमपूर्वक स्पर्श करना 2 थपथपाना 3 एकाएक आ जाना
लुरी–(स्त्री०) थोड़े दिन पूर्व ब्याई गाय
लुलन–*सं०* (पु०) हिलना डुलना, झूलना
लुलित–*सं०* (वि०) 1 झूलता हुआ 2 अशांत
लुहार–(पु०) = लोहार
लुहारिन– (स्त्री०) = लोहारिन
लुहारीन–(स्त्री०) 1 लुहार का काम 2 लोहे का सामान बनाने का काम 3 लोहार जाति की स्त्री
लू–(स्त्री०) अत्यंत गर्म हवा (जैसे-लू का झोंका)। ~**लपट** (स्त्री०) बहुत गर्म हवा; ~**मारना,** ~**लगना** गर्म हवा से पीड़ित होकर ज्वर ग्रस्त होना

लूक–I (स्त्री०) अग्नि ज्वाला 2 जलती लकड़ी
लूक–II (स्त्री०) आकाश से गिरनेवाला तारा
लूका–(पु०) 1 आग की लौ 2 लुआठी
लूकी–बो० (स्त्री०) 1 आग की चिंगारी 2 = लूका
लूगा–(पु०) 1 कपड़ा, वस्त्र 2 फटा पुराना कपड़ा 3 धोती
लूट–(स्त्री०) 1 लूटने का काम, डकैती 2 अनुचित लाभ कमाना (जैसे-दुकानदारों ने खूब लूट मचा रखी है) 3 लूट में प्राप्त धन। **~कांड** + सं० (पु०) डकैती; **~खसोट** (स्त्री०) 1 लूटमार 2 आर्थिक शोषण; **~खूँद** (स्त्री०) = लूटमार; **~पाट, ~मार** (स्त्री०) 1 लूटना और मारना 2 शारीरिक यंत्रणा देकर धन छीनना
लूटक–बो० (पु०) = लुटेरा
लूटना–(स० क्रि०) 1 छीन लेना 2 उठा ले जाना (जैसे-गुंडों ने सारी दुकानें लूट ली) 3 हस्तगत करना (जैसे-पतंग लूटना) 4 अपहरण करना (जैसे-नौकर साहब का सामान लूट ले गया) 5 अधिक दाम में बेचना, ठगना (जैसे-वह दुकानदार बहुत लूटता है) 6 वशीभूत करना, मुग्ध करना (जैसे-उसने उस बेचारे को प्यार में लूट लिया)
लूटा मारी–(स्त्री०) = लूट मार
लूता–सं० (स्त्री०) 1 मकड़ी 2 मकड़ी के मूत से उत्पन्न त्वचा का रोग, फफोले 3 चींटी
लूती–अ० (पु०) अस्वाभाविक मैथुन करनेवाला, लौंडेबाज़
लून–सं० (वि०) कटा हुआ
लूनिक–रू० (पु०) = ल्यूनिक
लूम–I अं० (पु०) कपड़ा बुनने का करघा
लूम–II सं० (पु०) 1 पूँछ, दुम 2 चक्कर, घेरा, फेरा 3 संपूर्ण जाति का शुद्ध स्वरोंवाला एक राग
लूमर–(वि०) वयस्क
लूर–(पु०) शऊर, ढंग
लूला–(वि०) कटे हाथवाला
लू लू–I (वि०) बिल्कुल मूर्ख, परम मूर्ख II (पु०) बच्चों को डराने के लिए एक कल्पित भयानक जीव की संज्ञा
लूह–(स्त्री०) = लू
लेंड–(पु०) = लेंड़ी
लेंडलार्ड–अं० (पु०) मकान मालिक
लेंड़ी–(स्त्री०) बँधा हुआ मल (जैसे-बकरी की लेंड़ी)
लेंस–अं० (पु०) रोशनी को केंद्रित करने का एक पारदर्शी शीशा
लेंहड़ा–(पु०) जानवरों का झुंड, समूह
ले–I अ० तक, पर्यंत II (अ०) संबोधन रूप में प्रयुक्त शब्द (जैसे-ले मैं ही चला जाता हूँ, ले कैसा मज़ा आया)
ले आउट–अं० (पु०) नक्शा, मान चित्र
लेई–(स्त्री०) 1 लसीला पदार्थ (जैसे-आटा की लेई) 2 गारा। **~पूँजी** (स्त्री०) सारी धन संपत्ति
लेकिन–फ़ा० (अ०) परंतु
लेक्चर–अं० (पु०) 1 व्याख्यान 2 भाषण, प्रवचन। **~बाज़** + फ़ा० (पु०) 1 व्याख्यान देनेवाला 2 भाषण देनेवाला; **~बाज़ी** + फ़ा० (स्त्री०) 1 व्याख्यान देना 2 बकवाद करना; **~शिप** (स्त्री०) प्राध्यापक पद
लेक्चरर–अं० (पु०) 1 विश्वविद्यालय का उप प्राध्यापक 2 व्याख्याता
लेख–सं० (पु०) 1 लिखावट 2 लिखे हुए अक्षर 3 लिखी बात, विचार, विषय 4 सामयिक निबंध (जैसे-राजनीतिक लेख, पाँच पृष्ठ का एक लेख लिखिए) 5 ताम्र पत्र, शिला आदि पर खुदा विवरण (जैसे-बौद्ध कालीन शिलालेख)। **~पत्र** (पु०) 1 लिखित पत्र 2 दस्तावेज़; **~पाल** (पु०) खेत और उपज संबंधी लेखा जोखा रखनेवाला एक सरकारी कर्मचारी; **~प्रणाली** (स्त्री०) = लेखन शैली; **~बद्ध** (वि०) लिखा हुआ
लेखक–सं० (पु०) 1 लेखन कार्य करनेवाला (जैसे-उपन्यास लेखक, समाचार लेखक) 2 साहित्य जीवी 3 कृति का रचयिता (जैसे-ग्रंथ का लेखक, काव्य का लेखक)। **~संघ** (पु०) लेखकों का समूह
लेखकी–सं० (स्त्री०) लेखक का काम
लेखन–सं० (पु०) 1 लिखना, अक्षर विन्यास 2 लिखने की कला (जैसे- लेखन शैली) 3 चित्रांकन 4 अंकन (जैसे-नख लेखन)। **~कला** (स्त्री०) लिखने का ढंग; **~कार्य** (पु०) लिखने का काम; **~प्रणाली** (स्त्री०) लिखने का तरीक़ा; **~भाषण** (पु०) लिखना और व्याख्यान देना (जैसे-लेखन भाषण की स्वतंत्रता); **~शैली** (स्त्री०) लिखने की कला, ढंग; **~सामग्री** (स्त्री०) लिखने के काम आनेवाली वस्तुएँ (जैसे-क़लम, कापी आदि)
लेखना–(स० क्रि०) 1 लिखना 2 महत्त्वपूर्ण समझना 3 सोचना समझना, निश्चित करना 4 हिसाब लगाना
लेखनी–सं० (स्त्री०) 1 क़लम 2 तूलिका। **~मित्र** (पु०) पत्राचार द्वारा बननेवाला मित्र। **~उठाना, ~चलाना** लिखना शुरू करना
लेखनीय–सं० (वि०) लिखने योग्य
लेखहार–(पु०) पत्र वाहक
लेखा–(पु०) 1 हिसाब, एकाउंट (जैसे-लेखा जोखा करना, लेखा विभाग) 2 अंदाज़, कूत, अनुमान 3 विचार 4 दशा, स्थिति (जैसे-जीवन निर्वाह आदि का लेखा)। **~कर्म** + सं० (पु०) आय व्यय आदि का हिसाब रखने का काम; **~कार** + सं० (पु०) = लेखापाल; **~गणित** + सं० (पु०) = लेखाकर्म; **~चित्र** + सं० (पु०) अनेक रेखाओंवाला बड़ा चौकोर अंकन, ग्राफ़; **~जोखा** (पु०) आय व्यय का हिसाब (जैसे-लेखा जोखा प्रस्तुत करना); **~पत्र** + सं० (पु०) आय व्यय का परचा; **~परीक्षक** + सं० (पु०) 1 लेखा परीक्षा लेनेवाला 2 लेखा की जाँच करनेवाला, आडीटर **~परीक्षण** + सं० (पु०) लेखा परीक्षा करना; **~पाल** (पु०) बही खाता लिखनेवाला कर्मचारी; **~पुस्तिका** + सं० **~बही** (स्त्री०) हिसाब किताब संबंधी बही, रोकड़ बही; **~लेखक** + सं० (पु०) = लेखापाल; **~शास्त्र** + सं० (पु०) हिसाब रखने का तौर तरीक़ा, ढंग से संबंधित विद्या
लेखाकार–सं० (पु०) = लेखापाल
लेखागार–सं० (पु०) दफ़्तर, कार्यालय
लेखाध्यक्ष–सं० (पु०) = लेखापाल
लेखिका–सं० (स्त्री०) स्त्री लेखक

लेखित–*सं०* (वि०) लिखवाया हुआ, लेखबद्ध
लेखी–(स्त्री०)/(वि०) लिखनेवाला
लेखोन्माद–*सं०* (पु०) लिखने की सनक या झक
लेख्य–I *सं०* (वि०) 1 लिखने योग्य 2 प्रामाणिक, दस्तावेज़ी II (पु०) 1 विषय, लेख 2 दस्तावेज़। ~**स्थान** (पु०) कार्यालय, दफ़्तर
लेख्यात्मक–*सं०* (वि०) लेख्य संबंधी
लेज़म–*फ़ा०* (स्त्री०) धनुष, कमान
लेज़र–*अं०* (पु०) बही
लेजिस्लेचर–*अं०* (पु०) विधान मंडल
लेजिस्लेटिव–*अं०* (वि०) विधान संबंधी
लेजुर–(स्त्री०) रस्सी, डोरी
लेट–(पु०) सुर्ख़ी, कंकड़ और सीमेंट का मिश्रण
लेटना–(अ० क्रि०) 1 पौढ़ना 2 आराम करना 3 मर जाना (जैसे-ज़मीन पर गिरते ही वह मानो लेट गया)
लेटर–*अं०* (पु०) 1 पत्र, चिट्ठी 2 अक्षर। ~**पेपर** (पु०) पत्र लिखने का काग़ज़; ~**बक्स** (पु०) पत्र पेटी
लेटाना–(स० क्रि०) 1 लेटने में प्रवृत्त करना (जैसे-बच्चे को लेटाना) 2 वस्तु को टेढ़े ढंग में रखना
लेटिन–*अं०* (वि०) लैटिन
लेड–*अं०* (पु०) 1 सीसा नामक एक धातु 2 दो अंगुल चौड़ी सीसे की ढली पतली पटरी
लेडी–*अं०* (स्त्री०) 1 महिला 2 ब्रिटिश अधिकारी की पत्नी के नाम के आगे लगनेवाली उपाधि (जैसे-लेडी मिंटो)
लेथ–*अं०* (पु०) ख़राद
लेदर–*अं०* (पु०) चमड़ा
ले दे–(स्त्री०) 1 लेन देन 2 सांसारिक काम धंधे और झगड़े बखेड़े
ले देकर–(क्रि० वि०) कुल
लेन–(पु०) 1 लेना (जैसे-सामान का लेन देन) 2 पावना, लहना (जैसे-हमारा लेन चुकता कर दो)। ~**दार** + *फ़ा०* (पु०) 1 लेनेवाला व्यक्ति 2 महाजन; ~**देन** (पु०) 1 आदान प्रदान 2 ऋण लेने देने का काम 3 महाजनी
लेना–(स० क्रि०) 1 प्राप्त करना, ग्रहण करना 2 हस्तगत करना (जैसे-कपड़ा लेना, मकान लेना) 3 रखना (जैसे-बच्चा गोद लेना) 4 सेवन करना (जैसे-रोगी का दवा लेना) 5 स्वीकार करना (जैसे-शपथ लेना) 6 इकट्ठा करना (जैसे-होली का चंदा लेना) 7 स्मरण करना (जैसे-ईश्वर का नाम लेना) 8 संभोग करना (जैसे-आजकल तुम कोठे पर किसकी ले रहे हो)। ~**देना** (पु०) लेन देन; ~**उड़ना** 1 लेकर भाग जाना 2 बिना समझे बूझे बात का बतंगड़ करना; ~**डालना** 1 नष्ट करना 2 हराना 3 निबटाना; ~**डूबना** अपने साथ दूसरों को भी बर्बाद करना; ~**देकर** 1 जोड़ जोड़कर 2 कठिनाई से; ~**दे करना** 1 हुज्जत, तकरार करना 2 अत्यधिक परिश्रम करना; ~**एक न देना दो** कोई मतलब न होना; **लेने के देने पड़ना** लाभ के बदले हानि होना; **ले पालना** गोद, दत्तक लेना; **ले बैठना** कारबार का नष्ट हो जाना; ~**ले मरना** अपने साथ बर्बाद करना; ~**ले रखना** खरीदकर रखना
लेनिनी, लेनिन+ *हिं०* (वि०) = लेनिनवादी
लेप–*सं०* (पु०) 1 पोतने का काम 2 पोतने के काम आनेवाली वस्तु 3 पोती गई वस्तु की परत (जैसे-दीवार पर की लेप कुछ मोटी है)। ~**कामिनी** (स्त्री०) साँचे में ढली स्त्री की मूर्ति, ~**कार** (पु०) लेपक
लेपक–I *सं०* (वि०) पोतनेवाला II (पु०) पोताई करनेवाला कारीगर
लेपन–*सं०* (पु०) 1 पोतना 2 चूना छूना
लेपना–(स० क्रि०) लीपना, पोतना
लेपालक–(पु०) गोद लिया लड़का, दत्तक पुत्र
लेफ़्ट इन–*अं०* (पु०) मैदान में बाँयी तरफ़ अंदर का खिलाड़ी
लेफ़्टिनेंट–I *अं०* (पु०) 1 कप्तान के ठीक नीचे का एक सैनिक पद 2 उक्त पद पर काम करनेवाला अधिकारी II (वि०) कप्तान की अधीनता में काम करनेवाला (जैसे-लेफ़्टिनेंट गवर्नर)। ~**कमांडर** (पु०) कमांडर का सहायक; ~**कर्नल** (पु०) कर्नल का सहायक; ~**गवर्नर** (पु०) गवर्नर का सहायक; ~**जनरल** (पु०)जनरल का सहायक
लेबर–*अं०* (पु०) 1 श्रमिक वर्ग 2 श्रम
लेबिल, लेबुल–*अं०* (पु०) 1 विवरण पत्र (जैसे-शीशी पर लेबिल चिपकाना) 2 नामपत्र, अंकितक
लेबोरेटरी–*अं०* (स्त्री०) प्रयोगशाला
लेमनचूस–*अं०* (पु०) नींबू का सत मिली शक्कर की टिकिया
लेमन स्कवैश–*अं०* (पु०) नींबू का रस
लेमनेड, लेमोनेड–*अं०* (पु०) नींबू का शरबत
लेरुवा–(पु०) गाय, भैंस, बकरी, भेड़ आदि का बच्चा
लेव–(पु०) 1 मिट्टी का लेप 2 लेप
लेवा–I (पु०) 1 गिलावा 2 लेप
लेवा–II (वि०) लेनेवाला (जैसे-नाम लेवा)। ~**देई** (स्त्री०) लेन देन
लेवाल–(वि०) 1 लेनेवाला 2 ख़रीदनेवाला
लेवी–*अं०* (स्त्री०) उपकर
लेश–I *सं०* (पु०) 1 अंश 2 अणु 3 सूक्ष्मता 4 निशान 5 लगाव, संबंध 6 *साहि०* अर्थालंकार का एक भेद जिसमें अच्छाई और बुराई, गुण और अवगुण दोनों का उल्लेख रहता है II (वि०) थोड़ा, कम
लेशोक्त–*सं०* (वि०) संक्षेप में कहा हुआ
लेसना–I (स० क्रि०) जलाना (जैसे-दीया लेसना) II (स० क्रि०) 1 चिपकाना, सटाना (जैसे-दीवार पर काग़ज़ लेसना) 2 चुग़लख़ोरी
लेसर–*अं०* (पु०) = लेज़र
लेहन–*सं०* (पु०) जीभ से चाटना
लेहना–(पु०) मज़दूरी के रूप में दिया जानेवाला कटे हुए फ़सल का कुछ अंश
लैंग, लैंगिक–I *सं०* (वि०) 1 लिंग द्वारा प्राप्त होनेवाला, लिंग संबंधी 2 योनि संबंधी, सेक्सुअल II (पु०) लिंग द्वारा प्राप्त ज्ञान
लैंडस्केप–*अं०* (पु०) दृश्यभूमि। ~**चित्र** + *सं०* (पु०) दृश्यभूमि चित्र
लैंप–*अं०* (पु०) दीपक, चिराग़, लंप
लैंस–*अं०* (पु०) = लेंस
लैटर–*अं०* (पु०) = लेटर

लैटिन–I *अं०* (स्त्री०) रोमनकाल में प्रचलित इटली की प्राचीन भाषा II (वि०) प्राचीन रोम नगर से संबंधित

लैतोलाल–*अ०* (स्त्री०) टालमटोल, हीलाहवाला

लैन–*अं०* (स्त्री०) = लाइन

लैफ़्टिनेंट–*अं०* (पु०) = लेफ़्टिनेंट

लैबोरेटरी–*अं०* (स्त्री०) = लेबोरेटरी

लैरू–(पु०) बछड़ा

लैसंस–*अं०* (पु०) = लाइसेंस। ~**दार** + *फ़ा०* = लाइसेंसदार

लैस–I (वि०) 1 सजा हुआ (जैसे-हथियार से लैस) 2 हर तरह से युक्त, कटिबद्ध, तैयार II (पु०) 1 एक तरह का सिरका 2 कमानी 3 नौकदार लंबी तीर

लैस–III *अं०* (पु०) 1 फीता 2 बेल (जैसे-कुर्ते में लैस टाँकना)

लोंद–(पु०) अधिमास

लोंदा–(पु०) गीले पदार्थ का पिंड

लो–(अ०) ध्यान आकृष्ट हेतु प्रयुक्त शब्द (जैसे-लो राजा भी फ़ेल हो गया)

लोई–I (स्त्री०) साने गए आटे की गोली (जैसे-रोटी बेलने के लिए लोई बनाना)

लोई–II (स्त्री०) एक तरह का ऊनी कंबल

लोक–*सं०* (पु०) 1 संसार (जैसे-तीनों लोक का स्वामी) 2 जगह (जैसे-प्रत्येक लोक में निवास करना) 3 विश्व का कोई विशेष भाग (जैसे-देवलोक, ब्रह्मलोक, मर्त्यलोक) 4 प्रजा, लोग (जैसे-राज लोक) 4 प्रजा, लोग (जैसे-राजलोक) 5 लोगों में प्रचलित प्रथा या प्रणाली (लोक व्यवहार, लोक कर्म)। ~**कंटक** I (पु०) दुष्ट प्राणी II (वि०) जन साधारण को कष्ट देनेवाला; ~**कथा** (स्त्री०) लोक में प्रचलित प्राचीन गाथाएँ; ~**कर्ता** (पु०) 1 ब्रह्मा 2 विष्णु 3 महेश; ~**कल्याण** (पु०) विश्व का हित; ~**कार** (पु०) = लोक कर्ता; ~**काव्य** (पु०) जनता में प्रचलित काव्य; ~**गण तंत्र,** ~**गण राज्य** (पु०) प्रजातंत्र; ~**गत** (वि०) लोक में प्रचलित और प्रिय; ~**गाथा** (स्त्री०) परंपरा से चले आ रहे गीत; ~**गीत** (पु०) जन समुदाय में प्रचलित परंपरागत गीत; ~**घोषणा** (स्त्री०) सर्व साधारण हेतु की जानेवाली घोषणा; ~**ज्ञ** (वि०) 1 लोक के मनोभावों को जाननेवाला 2 दुनियादार; ~**तंत्र** (पु०) प्रजातंत्र; ~**तंत्रवाद** (पु०) जनता का राज्य हो ऐसा मत; ~**तंत्रवादी** (वि०) लोकतंत्रवाद का अनुयायी, समर्थक; ~**तंत्रशासन** (पु०) = लोक तंत्र; ~**तंत्रात्मक** (वि०) लोक तंत्र से संबद्ध; ~**तंत्री** + *हिं०* (वि०) लोकतंत्र से संबंधित; ~**तंत्रीकरण** (पु०) प्रजातंत्रीय रूप देना; ~**तंत्रीय** (वि०) = लोकतंत्रात्मक; ~**तत्त्व** (पु०) मानवजाति का ज्ञान; ~**तांत्रिक** (वि०) = लोकतंत्रात्मक; ~**त्रय** (पु०) तीनों लोक (जैसे-आकाश, पाताल और पृथ्वी); ~**निर्माण विभाग** (पु०) = लोक वास्तु, पब्लिक वर्क्स; ~**निर्वाचित** (वि०) प्रजा द्वारा चुना गया; ~**नृत्य** (पु०) शास्त्रीय संगीत से अलग होनेवाला नाच; ~**नेता** (पु०) शिव; ~**पथ** (पु०) दुनिया का तौर तरीक़ा, चाल ढाल; ~**पद** (पु०) राजकीय पद; ~**परलोक** (पु०) स्वर्ग नर्क; ~**पाल** (पु०) राजा, नरेश; ~**प्रवाद** (पु०) 1 लोक में फैली बदनामी 2 अफ़वाह; ~**प्रसिद्ध** (वि०) लोक में विख्यात; ~**प्रिय** (वि०) 1 जन साधारण को पसंद आनेवाला (जैसे-लोकप्रिय अभिनेता, लोकप्रिय वाणी) 2 लोक में प्रचलित (जैसे-लोकप्रिय कथा, लोकप्रिय गीत); ~**प्रियता** (स्त्री०) लोक प्रिय होने का भाव; ~**भाषा** (स्त्री०) सर्वसाधारण में बोली जानेवाली भाषा; ~**मत** (पु०) जनमत, पब्लिक ओपीनियन; ~**मत संग्रह** (पु०) जनमत तैयार करना; ~**मान्य** (वि०) लोक में सम्मानित; ~**यात्रा** (स्त्री०) 1 विश्व की यात्रा 2 लोक व्यापार 3 आचरण, व्यवहार; ~**रंजक** (वि०) 1 लोक को प्रसन्न करनेवाला 2 सुखदायी; ~**रीति** (स्त्री०) लोक में प्रचलित प्रथाएँ और मान्यताएँ; ~**रुचि** (स्त्री०) जनाकांक्षा, जनेच्छा; ~**लज्जा** (स्त्री०) लोक की मान मर्यादा (जैसे-लोक लज्जा को त्यागना); ~**लीक** (स्त्री०) लोक में प्रचलित प्रथाएँ और मर्यादा; ~**वाद** (पु०) अफ़वाह; ~**वार्ता** (स्त्री०) इतिहास, पुरातत्व आदि का प्राचीन प्रथाओं, धारणाओं से संबद्ध अंश, फ़ोकलोर; ~**वास्तु** (पु०) = लोक हेतु सड़कें, इमारतें, नहरें आदि साधनों को उपलब्ध करानेवाला राजकीय विभाग; ~**वाहक** जनता का सामान ढोनेवाली गाड़ियाँ; ~**विरुद्ध** (वि०) लोक मत से अलग, लोक भिन्न (जैसे-लोक विरुद्ध आचरण); ~**विश्रुत** (वि०) = लोक प्रसिद्ध; ~**वृत्त** (पु०) = लोक रीति; ~**व्यवहार** (पु०) लोकाचार; ~**व्यापी** (वि०) विश्व में समाया हुआ, विश्व में व्याप्त; ~**शांति** (स्त्री०) विश्व शांति; ~**शासन** (पु०) = लोक तंत्र; ~**शिक्षण** (पु०), ~**शिक्षा** (स्त्री०) जन साधारण को शिक्षित करना; ~**संख्या** (स्त्री०) जनसंख्या, आबादी; ~**संग्रह** (पु०) 1 लोक कल्याण का भाव 2 व्यावहारिक अनुभव 3 अपनी ओर मिलाए रखना; ~**संग्रही** (वि०) लोक संग्रह करनेवाला; ~**सत्ता** (स्त्री०) = लोकतंत्र; ~**सत्तात्मक** (वि०) लोक तंत्रात्मक; ~**सत्तावाद** (पु०) जनता का राज्य होना चाहिए यह मत; ~**सत्तावादी** (वि०) = लोकतंत्रवादी; ~**सदन,** (पु०) ~**सभा** (स्त्री०) 1 जनसाधारण द्वारा चुने गए प्रतिनिधियों की सभा 2 भारत में इस तरह की केंद्रीय सभा; ~**सभासद्** (पु०) लोक सभा के सदस्य; ~**सम्मत** (वि०) पंचायत द्वारा अनुमोदित; ~**सम्मान** (पु०) समाज द्वारा मिलनेवाली प्रतिष्ठा, इज़्ज़त; ~**साहित्य** (पु०) जनता में प्रचलित साहित्य; ~**सिद्ध** (वि०) जनसामान्य में मान्य और प्रचलित; ~**सुलभ** (वि०) जनता को आसानी से मिलनेवाला; ~**सेवक** (पु०) 1 जनता का सेवक, प्रजा का हितैषी 2 राजकीय कर्मचारी, पब्लिक सर्वेंट; ~**सेवा** (स्त्री०) 1 जनता का हित 2 शासकीय सेवा, पब्लिक सर्विस; ~**सेवा आयोग** (पु०) राज्य द्वारा नियुक्त कुछ व्यक्तियों का आयोग, पब्लिक सर्विस कमीशन; ~**स्वास्थ्य** (पु०) जन साधारण का स्वास्थ्य; ~**हित** (पु०) = लोक सेवा; ~**हितकर** (वि०) विश्व का कल्याण करनेवाला; ~**हितैषी** (वि०) लोक मंगल चाहनेवाला

लोकना–(स० क्रि०) 1 गिरती वस्तु को हवा में पकड़ लेना (जैसे-क्रिकेट की गेंद लोकना) 2 दख़ल देना (जैसे-किसी

की बात लोकना) 3 रास्ते में ही उड़ा लेना, हड़प लेना

लोकल–*अं०* (वि०) 1 सीमा के अंदर होनेवाला (जैसे-लोकल पालिटिक्स) 2 विशेष नगर, गाँव आदि से संबंधित (जैसे-लोकल पोस्टकार्ड)

लोकांतरण–*सं०* (पु०) परलोक में अंतरित करना

लोकांतर–*सं०* (पु०) परलोक। ~**गमन** (पु०) मृत्यु को प्राप्त होना, स्वर्गवास

लोकांतरित–*सं०* (वि०) 1 लोकों के बीच अवस्थित 2 मृत्यु प्राप्त

लोकाचार–*सं०* (पु०) संसार का चाल चलन

लोकाचारी–*सं०* (वि०) 1 लोकाचार का पालन करनेवाला 2 ढोंगी 3 दुनियादार

लोकातीत–*सं०* (वि०) असाधारण

लोकात्मा–*सं०* (पु०) विश्वात्मा

लोकाधिक–*सं०* (वि०) संसार के परे, असामान्य

लोकाना–(स० क्रि०) 1 उछालना 2 उछालकर देना

लोकानुग्रह–*सं०* (पु०) = लोकहित

लोकानुरंजन–*सं०* (पु०) जनता का मनबहलाव

लोकापवाद–*सं०* (पु०) लोक निंदा, बदनामी

लोकाभ्युदय–*सं०* (पु०) संसार की उन्नति

लोकायत–*सं०* (पु०) 1 दूसरे लोक को न माननेवाला व्यक्ति 2 चार्वाक दर्शन

लोकायतिक–I *सं०* (वि०) लोकायत का II (पु०) 1 नास्तिक 2 चार्वाक का अनुयायी

लोकायन–*सं०* (पु०) नारायण

लोकाराधन–*सं०* (पु०) लोक की सेवा

लोकैषणा–*सं०* (स्त्री०) 1 सामाजिक प्रतिष्ठा और यश की कामना 2 स्वर्ग सुख की कामना

लोको–*अं०* (पु०) = लोकोमोटिव

लोकोक्ति–*सं०* (स्त्री०) 1 कहावत, मसल 2 *साहि०* लोकोक्ति के प्रयोग से काव्य में रोचकता उत्पन्न करनेवाला एक अलंकार

लोकोत्तर–*सं०* (वि०) असाधारण, विलक्षण (जैसे-लोकोत्तर दृश्य)

लोकोत्सव–*सं०* (पु०) आम जनता का पर्व

लोकोपकार–*सं०* (पु०) जनसाधारण का हित

लोकोपकारी–*सं०* (वि०) 1 लोकोपकार संबंधी 2 लोक का उपकार करनेवाला (जैसे- लोकोपकारी राजा या शासक)

लोकोपयोगी–*सं०* (वि०) सर्व साधारण के लिए उपयुक्त (जैसे-लोकोपयोगी सेवा)

लोकोमोटिव–*अं०* (पु०) रेल इंजन

लोखर–(पु०) 1 नाई के औज़ार 2 बढ़ई, लोहार आदि के उपकरण 3 दुकानदार का बटखरा

लोग–(पु०) मनुष्यों का समूह, दल। ~**बाग** (पु०) जन साधारण; ~**लुगाई** (स्त्री०) स्त्री पुरुष

लोगाई–(स्त्री०) 1 स्त्री 2 पत्नी

लोच–(स्त्री०) 1 लचक (जैसे-कमर की लोच देखना) 2 कोमलता, मृदुता (जैसे-प्यार की लोच, वाणी की लोच) 3 कोमलता पूर्ण सौंदर्य। ~**दार** + *फ़ा०* (वि०) लोचवाला, लोचयुक्त; ~**लचक** (स्त्री०) लचीलापन; ~**शील** + *सं०* (वि०) = लोचदार

लोचन–*सं०* (पु०) आँख, नेत्र, नयन। ~**पथ**, ~**मार्ग** (पु०) दृष्टि के अंदर पड़नेवाला क्षेत्र

लोचीला–(वि०) = लचीला

लोचून–(पु०) = लोह चूर्ण

लोट–(स्त्री०) लोटने का भाव, लुढ़कना (जैसे-ज़मीन पर लोट मारना)। ~**पटा** (पु०) 1 विवाह में वर वधू के पीढ़े को बदलने की एक रस्म 2 उलटफेर, दाँवपेंच; ~**पोट** I (स्त्री०) लेटे लेटे करवट बदलना II (वि०) 1 लोट जानेवाला (जैसे-हँसते हँसते वह लोट पोट हो गया, लोट पोट का खेल) 2 अत्यधिक प्रसन्न 3 उलटा पलटा हुआ। ~**पोट होना** हँसते हँसते गिर पड़ना; ~**मारना** 1 लेटना 2 प्रेम में अधीर होना; ~**लगाना** 1 लुढ़कना 2 लेट जाना 3 आशिक़ होना 4 ज़िद करना; ~**हो जाना** रीझना 2 व्याकुल होना

लोटन–I (वि०) 1 लोटनेवाला 2 लुढ़कनेवाला II (स्त्री०) 1 लोटने का भाव 2 लुढ़कना

लोटना–(अ० क्रि०) 1 लेटना, आराम करना (जैसे-बिस्तर पर लोटना) 2 इधर उधर गिरना पड़ना (जैसे-खुशी से फ़र्श पर लोटना)। ~**पोटना** (अ० क्रि०) लेटना

लोटनी–(स्त्री०) 1 लुढ़कनी 2 कलाबाज़ी

लोटा–(पु०) जल रखने का धातु का बना एक पात्र। **बे पेंदी का** ~ अस्थिर चित्त और सिद्धांतहीन व्यक्ति

लोटिया–(स्त्री०) छोटा लोटा, लुटिया

लोटी–(स्त्री०) = लोटा

लोड–*अं०* (पु०) वज़न, भार

लोड़न–(पु०) 1 हिलाने डुलाने की क्रिया 2 मंथन

लोढ़ना–(स० क्रि०) 1 तोड़ना 2 ओटना

लोढ़ा–(पु०) सिर पर पीसने के लिए बना पत्थर का गोल लंबा टुकड़ा। ~**ढाल** (वि०) चौपट

लोढ़िया–(स्त्री०) छोटा लोढ़ा

लोथ–(स्त्री०) शव, लाश

लोथड़ा–(पु०) मांस का बड़ा टुकड़ा, मांस पिंड

लोथारी लंगर–*हिं० + फ़ा०* (पु०) जहाज़ का सबसे छोटा लंगर

लोन–(पु०) नमक, लवण। ~**न मानना** कृतघ्न होना; ~**निकालना** कृतघ्नता का फल भोगना

लोना–I (वि०) 1 नमकीन, सलोना 2 सुंदर II (पु०) क्षार, नोना (जैसे-दीवार पर लोना लगना) III (स० क्रि०) लुनना, काटना IV (स्त्री०) एक जादूगरनी

लोनाई–(स्त्री०) सुंदरता, लावण्यता

लोनिया–I (पु०) नमक बनाने और बेचने का व्यवसाय करनेवाली एक जाति II (स्त्री०) लोनी साग

लोप–*सं०* (पु०) 1 न रहने का भाव (जैसे-कार्यों का लोप होना) 2 अभाव 3 अदृश्य होने की अवस्था, अदर्शन

लोपन–*सं०* (पु०) 1 लोप करना 2 छिपाना

लोपांजन–*सं०* (पु०) एक तरह का कल्पित अंजन, अदृश्य करनेवाला अंजन

लोफ़र–*अं०* (पु०) 1 आवारा 2 लफंगा

लोबान–*अ०* (पु०) एक प्रकार के वृक्ष का सुगंधित गोंद

लोबिया–(पु०) सफ़ेद बोड़ा। ~**कंजई** I (पु०) गहरा हरा रंग II (वि०) गहरा हरा रंग का

लोभ–*सं०* (पु०) 1 लालच (जैसे-पैसे का लोभ) 2 लालसा, कामना (जैसे-पुत्र का लोभ) 3 अधीरता। ~**परायण** (वि०) लोभी

लोभन–(पु०) 1 ललक 2 सोना, स्वर्ण

लोभना–I (अ० क्रि०) मुग्ध होना, लुभाना II (स० क्रि०) मोहित करना, लुभा लेना

लोभनीय–*सं०* (वि०) 1 लोभ के योग्य 2 मनोहर, आकर्षक (जैसे-लोभनीय वस्तु, लोभनीय दृश्य)

लोभित–*सं०* (वि०) लुभाया हुआ

लोभी–*सं०* (वि०) 1 लालची 2 लुब्ध

लोम–*सं०* (पु०) 1 रोम 2 केश, बाल। ~**ज** (वि०) लोम से उत्पन्न

लोमड़ी–(स्त्री०) 1 कुत्ते की जाति का एक जंगली हिंसक पशु 2 चालाक औरत (जैसे-तुम जैसी लोमड़ी का क्या ठिकाना)

लोमश–*सं०* (वि०) बड़े बड़े रोओंवाला

लोरी–(स्त्री०) छोटे बच्चों को सुलाने हेतु माँ द्वारा गाया जानेवाला गीत

लोल–I *सं०* (वि०) 1 कंपायमान 2 चंचल 3 उत्सुक II (पु०) बड़ी और ऊँची लहर

लोलक–*सं०* (पु०) 1 लटकन 2 कान की लौ

लोलकी–(स्त्री०) कान के नीचे का कोमल भाग

लोलुप–*सं०* (वि०) 1 लालची, लोभी (जैसे-धन लोलुप) 2 परम उत्सुक (जैसे-विद्या लोलुप)। ~**ता** (स्त्री०) लोलुप होने का भाव

लोवा–I (स्त्री०) = लोमड़ी

लोवा–II (पु०) = लवा

लोशन–*अं०* (पु०) घोल

लोष्ट–*सं०* (पु०) 1 मिट्टी का ढेला 2 जंग, मोरचा 3 चिह्न का काम देनेवाली कोई वस्तु

लोष्टवत–*सं०* (वि०) लोथ या लोष्ट की तरह

लोह–*सं०* (पु०) 1 लोहा नामक धातु 2 रक्त, लहू। ~**कार** (पु०) लोहार; ~**चुंबक** (पु०) ~**चूर्ण** (पु०) लोहे का चूरा, लोहे का बुरादा; ~**जाल** (पु०) लोहे की बनी जाली; ~**पत्थर** *+ हिं०*, ~**पाषाण** (पु०) लोहा पत्थर; ~**पाषाण क्षेत्र** (पु०) लोहे का पत्थर मिलने का क्षेत्र; ~**लंगर** *+ फ़ा०* (पु०) जहाज़ का लंगर; ~**सार** (पु०) फौलाद, इस्पात

लोहमय–*सं०* (वि०) लोहे जैसा दृढ़

लोहस–(वि०) जिसमें लोहे का अंश हो, लोहे के अंश से युक्त

लोहाँगी–(स्त्री०) सिरे पर लोहा लगी लाठी

लोहा–I (पु०) 1 एक प्रसिद्ध धातु (जैसे-लोहे का कारखाना, लोहे का व्यापार) 2 लोहे का बना अस्त्र 3 लोहे का बना उपकरण II (वि०) अत्यंत कठोर (जैसे-लोहे सी देह)। ~**करना** इस्तरी करना; ~**गहना** 1 युद्ध करना 2 युद्ध हेतु तैयार होना; ~**बजना** युद्ध होना; ~**बरसना** घमासान युद्ध होना; ~**मानना** 1 प्रभुत्व मानना 2 हार मानना; ~**लेना** लड़ना, सामना करना; **लोहे का दिल** निष्ठुर दिल, कठोर हृदय; **लोहे का पानी** तलवार आदि पर चढ़ाया जानेवाला पानी; **लोहे की छाती** सख्त दिल; **लोहे के चने चबाना** बहुत कठिन कार्य करना

लोहाना–(अ० क्रि०) लोहे का स्वाद और रंग आना

लोहार–(पु०) लोहे का काम करनेवाली एक जाति। ~**ख़ाना** *+ फ़ा०* (पु०) लोहारों के काम करने की जगह

लोहारिन–(स्त्री०) लोहार जाति की स्त्री

लोहारी–(स्त्री०) लोहार का काम

लोहित–I *सं०* (वि०) 1 लाल रंग का, लाल 2 ताँबे का बना हुआ II (पु०) 1 लाल रंग 2 लाल चंदन। ~**चंदन** (पु०) केसर

लोहितिमा–*सं०* (स्त्री०) लालिमा, लाली

लोहिया–I (वि०) 1 लोहे का बना हुआ 2 लाल रंग का II (पु०) लोहे का रोज़गारी

लोही–(वि०) लाल रंग का, सुर्ख

लोहू–(पु०) लहू। ~**लुहान** (वि०) = लहू लुहान

लौंग–(पु०) = लवंग। ~**चिड़ा** (पु०) बेसन के मेल से बनाया जानेवाला कबाब; ~**लता** (स्त्री०) एक बँगला मिठाई

लौंजी–(स्त्री०) कच्चे आम की फाँकों का अचार

लौंठा–(पु०) हृष्ट पुष्ट नासमझ युवक

लौंडा–(पु०) 1 अबोध और नासमझ नवयुवक 2 ऐसा युवक जिसके साथ अस्वाभाविक मैथुन हो 3 छोकरा, लड़का। ~**पन** (पु०) 1 लौंडा होने का भाव 2 छिछोरेपन से युक्त नासमझी

लौंडिया–(स्त्री०) लड़की

लौंडी–(स्त्री०) दासी। ~**बच्चा** (पु०) दासी पुत्र

लौंडेबाज़–*हिं० + फ़ा०* I (पु०) बालकों से अप्राकृतिक मैथुन करनेवाला II (वि०) नवयुवकों से प्रेम रखनेवाली (प्रौढ़ा)

लौंडेबाज़ी–*हिं० + फ़ा०* (स्त्री०) 1 लौंडेबाज़ का अप्राकृतिक कार्य 2 लौंडेबाज़ होने का भाव

लौंडोघेरी–*बो०* (स्त्री०) = लौंडेबाज़

लौंद–(पु०) 1 अधिमास 2 मलमास

लौंदरा–(पु०) ग्रीष्म ऋतु में वर्षा आरंभ होने से पूर्व बरसनेवाला पानी

लौ–I (स्त्री०) 1 आग की लपट, ज्वाला 2 दीपशिखा II लगन (जैसे-काम करने की लौ, पढ़ने की लौ)

लौकिक–*सं०* (वि०) 1 लोक संबंधी 2 सांसारिक 3 व्यावहारिक। ~**ता** (स्त्री०) 1 लौकिक होने का भाव 2 सांसारिकता 3 व्यावहारिक होने की अवस्था

लौकी–(स्त्री०) कद्दू, घीआ

लौक्य–*सं०* (वि०) 1 लौकिक 2 सामान्य

लौछार–(स्त्री०) 1 व्यंग्य, कटाक्ष आदि की हलकी रंगत 2 व्यंग्य, कटाक्ष

लौज़–*अ०* (स्त्री०) 1 बादाम 2 बादाम की बरफ़ी

लौट–(स्त्री०) 1 लौटने की क्रिया 2 घुमाव। ~**पौट** (स्त्री०) 1 दो रुखी छपाई 2 उलटने पलटने का काम; ~**फेर** (पु०) 1 इधर उधर हो जाना 2 उलटफेर

लौटना–(अ० क्रि०) 1 वापस आना 2 मुड़ना

लौटान–(स्त्री०) = लौट

लौटाना–(स० क्रि०) 1 वापस भेजना 2 वापस देना

लौटानी–(स्त्री०) लौटाने की क्रिया

लौनी–(स्त्री०) 1 कटाई, लवनी 2 फ़सल के कटे डंठलों का मुट्ठा
लौलीन–(वि०) मग्न, तल्लीन
लौल्य–*सं०* (पु०) चंचलता
लौस–*अं०* (स्त्री०) लगाव
लौह–I *सं०* (पु०) 1 लोहा 2 शस्त्रास्त्र II (वि०) लोहे का, लौह संबंधी। ~**कार** (पु०) लोहार; ~**खनिज** (पु०) = लोहा पत्थर; ~**ज** (वि०) 1 लोहे से निकला हुआ 2 लोहे का बना; ~**पट** (पु०) लोहे का परदा; ~**युग** (पु०) लोहे का प्राचीन युग; ~**विहीन** (वि०) बिना लोहे का; ~**व्यवसाय** (पु०) लोहे का व्यापार
ल्यूकेमिया–*अं०* (पु०) अधि श्वेतरक्तता

व

वंक–*सं०* (वि०) 1 टेढ़ा, वक्र 2 कुटिल
वंकट–(वि०) 1 बाँका, टेढ़ा 2 विकट, दुर्गम
वंकर–(पु०) नदी का मोड़
वंका–*सं०* (स्त्री०) चारजामे का अगले हिस्से का उठा हुआ किनारा
वंकिम–I *सं०* (वि०) 1 झुका हुआ (जैसे-वंकिम नेत्र) 2 टेढ़ा II (पु०) आवारा आदमी
वंकिल–*सं०* (पु०) कंटक, काँटा
वंक्षण–*सं०* (पु०) पेड़ू और जाँघ के बीच का अंश
वंग–*सं०* (पु०) बंगाल। ~**भंग** (पु०) बंगाल का बँटवारा
वंगीय–*सं०* (वि०) बंगाल का
वंचक–I *सं०* (वि०) 1 ठगनेवाला 2 धोखेबाज़ II (पु०) ठग 2 धूर्त और धोखा देनेवाला व्यक्ति। ~**ता** (स्त्री०) वंचक होने का भाव
वंचन–*सं०* (पु०) 1 धोखा देना 2 ठगी, धूर्तता
वंचना–I *सं०* (स्त्री०) धोखा देना, ठगना II (स० क्रि०) 1 छलपूर्वक व्यवहार करना 2 ठगना। ~**पंडित** (पु०) ठगी में कुशल व्यक्ति
वंचनीय–*सं०* (वि०) 1 त्यागने योग्य 2 ठगने योग्य
वंचित–*सं०* (वि०) ठगा हुआ, धोखा खाया हुआ
वंट–I *सं०* (पु०) 1 अंश, भाग 2 अविवाहित पुरुष II (वि०) 1 कटी दुमवाला 2 कुँआरा
वंटक–*सं०* (वि०) बाँटनेवाला
वंटन–*सं०* (पु०) 1 बाँटना 2 हिस्सा करना
वंटनीय–*सं०* वंटन के योग्य
वंटितांश–*सं०* (पु०) बाँटा गया अंश
वंडर–I *सं०* (पु०) 1 कंजूस, सूम 2 अंतःपुर का रक्षक II (स्त्री०) पुंश्चली स्त्री
वंदन–*सं०* (पु०) वंदना, स्तुति
वंदक–*सं०* (पु०) स्तुतिकर्ता, चारण
वंदना–*सं०* (स्त्री०) 1 स्तुति 2 पूजन
वंदनीय–*सं०* (वि०) वंदना के योग्य
वंदारु–I *सं०* (पु०) 1 स्तुतिकर्ता भाट 2 स्तोत्र
वंदारु–II *सं०* (वि०) नम्र
वंदित–*सं०* (वि०) वंदना की गई
वंदी–*सं०* (पु०) 1 चारण, भाट 2 क़ैदी
वंद्य–*सं०* (वि०) = वंदनीय
वंधुर–*सं०* (पु०) सारथि के बैठने की जगह
वंध्य–*सं०* (वि०) 1 अनुत्पादक 2 अनुर्वर
वंध्यकरण–*सं०* (पु०) *चि०* 1 अनुर्वरीकरण 2 बाँझ बना देना
वंध्या–*सं०* (स्त्री०) निःसंतान स्त्री, बाँझ। ~**पुत्र** (पु०) 1 पुत्र जैसी असम्भव वस्तु 2 आकाश कुसुम
वंश–I *सं०* (पु०) 1 बाँस 2 बाँस की बनी बाँसुरी
वंश–II *सं०* (पु०) कुल, खानदान। ~**क्रम** (पु०) वंश की तालिका; ~**क्रमानुसार** I (क्रि० वि०) वंश के क्रम के अनुरूप II (वि०) वंश के क्रम के अनुसार होनेवाला (जैसे-वंश क्रमानुसार जन्म कुंडली); ~**गत** (वि०) वंश संबंधी; ~**चरित** (पु०) वंश का इतिहास; ~**ज** I (वि०) वंश में उत्पन्न II (पु०) वंश में उत्पन्न व्यक्ति (जैसे-रघुकुल वंशज); ~**तालिका** (पु०) = वंशवृक्ष; ~**धर** (पु०) = वंशज; ~**नाथ** (पु०) वंश का प्रधान पुरुष; ~**नाश** (पु०) 1 कुल का अंत 2 फलित ज्योतिष के अनुसार एक योग; ~**परंपरा** (स्त्री०) 1 वंश तालिका 2 वंश से चलीआती हुई रीति; ~**परंपरागत** (वि०) वंश परंपरा से चला आता हुआ; ~**मर्यादा** (स्त्री०) कुल का सम्मान, कुल की प्रतिष्ठा; ~**वर्धन** (पु०) वंश की वृद्धि करनेवाला; ~**वृक्ष** (पु०) वृक्ष के आकार का मूल पुरुष से लेकर उसके परवर्ती वंशजों का क्रमागत रेखाचित्र; ~**वृद्धि** (स्त्री०) कुलोन्नति; ~**शाखा** (स्त्री०) उपकुल; ~**संहार** (पु०) सारे कुल का नाश; ~**हीन** (वि०) 1 संतानहीन 2 जिसके वंश में कोई न हो
वंशांकुर–*सं०* (पु०) बाँस का अंकुर
वंशागत–*सं०* (वि०) 1 वंश परंपरा से प्राप्त 2 उत्तराधिकार में प्राप्त
वंशानुक्रम–*सं०* (पु०) = वंशावली
वंशानुगत–*सं०* (वि०) = वंश परंपरागत
वंशानुचरित–*सं०* (पु०) वंश वृत्त
वंशावली–*सं०* (स्त्री०) = वंश तालिका
वंशी–I *सं०* (स्त्री०) मुरली, बाँसुरी II (वि०) विशिष्ट वंश में उत्पन्न (जैसे-सूर्यवंशी)। ~**धर** (पु०) श्री कृष्ण; ~**वट** (पु०) वह बरगद का पेड़ जिसके नीचे कृष्ण वंशी बजाते थे
वंशीय–*सं०* (वि०) वंश से संबंधित
वंशोद्भव–*सं०* (वि०) 1 वंश में उत्पन्न 2 कुलोद्भव
व–*फ़ा०* (अ०) और (जैसे-अमीर व ग़रीब)
वक–*सं०* (पु०) बगला नामक पक्षी। ~**वृत्ति** (स्त्री०) धोखा देकर काम निकालना
वक़अत–*अ०* (स्त्री०) 1 ताक़त, शक्ति 2 मान मर्यादा 3 महत्त्व

वकयंत्र–*सं०* (पु०) भबके से आसव आदि उतारने के लिए यंत्र
वकार–*सं०* (पु०) 'व' वर्ण
वकालत–*अ०* (स्त्री०) 1 वकील होने का भाव 2 वकील का काम 3 पैरवी करना 4 प्रतिनिधित्व। ~**नामा** + *फ़ा०* (पु०) वकील होने का प्रमाण पत्र, पैरवी करने का अधिकार पत्र
वकालतन–*अ०* (अ०) वकील के माध्यम से
वकील–*अ०* (पु०) 1 प्रतिनिधि 2 मुक़दमे की पैरवी करनेवाला 3 वकालत करने का अधिकारी 4 राजप्रतिनिधि
वक़ूफ़–*अ०* (पु०) 1 जानकारी, ज्ञान 2 बुद्धि, समझ 3 ढंग, शऊर, सलीका
वक़्त–*अ०* (पु०) 1 समय, काल 2 अवसर, मौक़ा 3 निश्चित समय 4 कार्य संपादन में लगा हुआ समय 5 फ़ुरसत, अवकाश 6 मृत्यु का समय (जैसे-वक़्त आने पर कौन रुका है)। ~**आ जाना** मौत की घड़ी आ जाना; ~**गुज़ारना** समय नष्ट करना; ~**तंग होना** काल का प्रतिकूल होना; ~**देना** समय नियत करना; ~**पड़ना** मुसीबत में पड़ना; ~**पड़े पर** संकट में; ~**पर** 1 मौक़े पर 2 कठिन समय में; ~**बेवक़्त काम आना** ज़रूरत के समय काम आना
वक्तव्य–I *सं०* (पु०) 1 कथन 2 कहे जाने योग्य बात II (वि०) 1 ~**ता** (स्त्री०) उत्तर देने का दायित्व, कहने योग्य 2 कहे जाने योग्य।
वक्ता–*सं०* (वि०/पु०) भाषण आदि देनेवाला
वक्तृक, वक्तृता–*सं०* (स्त्री०) 1 वक्ता होने का भाव 2 भाषण, व्याख्यान
वक्तृत्व–*सं०* (पु०) 1 अच्छे वक्ता होने का भाव 2 कथन, वक्तव्य। ~**कला** (स्त्री०) प्रभावशाली ढंग से भाषण देने की कला; ~**शास्त्र** (पु०) वह शास्त्र जिसमें यह विवेचन किया जाता है कि दूसरों को किस तरह की बातों से प्रभावित किया जाए
वक्त्र–*सं०* (पु०) मुँह, मुख। ~**तुंड** (पु०) गणेश
वक्त्री–*सं०* (स्त्री०) भाषण आदि देनेवाली
वक़्फ़–*अ०* (पु०) 1 ख़ुदा के नाम पर अर्पित वस्तु 2 लोकोपकारार्थ दिया गया धन। ~**नामा** + *फ़ा०* (पु०) 1 दान पत्र 2 वह लेख जिसपर वक़्फ़ का प्रमाण हो
वक़्फ़ा–*अ०* (पु०) 1 समय, अवकाश 2 देर, विलंब
वक्र–*सं०* (वि०) 1 टेढ़ा 2 तिरछा 3 कुटिल (जैसे-वक्र नेत्र) 4 निर्दय, क्रूर 5 बेईमान। ~**गति** I (स्त्री०) टेढ़ी चाल II (वि०) 1 टेढ़ी मेढ़ी चालवाला 2 कुटिल; ~**गामी** (वि०) 1 कुटिल और धूर्त 2 वक्र गतिवाला; ~**ता** (स्त्री०) 1 टेढ़ापन 2 कुटिलता और धूर्तता; ~**दृष्टि** (स्त्री०) 1 टेढ़ी दृष्टि 2 क्रोधपूर्ण दृष्टि; ~**पाद** (वि०) टेढ़े पैरवाला; ~**बुद्धि** (वि०) धूर्त, बेईमान; ~**भाव** (पु०) 1 धूर्तता 2 टेढ़ापन; ~**मति** I (वि०) टेढ़ी बुद्धिवाला II (स्त्री०) धूर्तता, बेईमानी, मक्कारी
वक्रित–*सं०* (वि०) टेढ़ा किया हुआ
वक्रिम–*सं०* (वि०) 1 टेढ़ा 2 कुटिल
वक्रिमा–*सं०* (स्त्री०) कुटिलता, टेढ़ापन
वक्री–*सं०* (वि०) टेढ़े मार्ग पर चलनेवाला
वक्रोक्ति–*सं०* (स्त्री०) 1 चमत्कारपूर्ण उक्ति 2 *साहि०* अर्थालंकार का एक भेद जिसमें कही गई बात का श्लेष के आधार पर अन्य भाव निकलता हो 3 काकु अलंकार से युक्त उक्ति
वक्रोष्ठि, वक्रोष्ठिका–*सं०* (स्त्री०) मुसकान, मंद हँसी
वक्षःस्थल–*सं०* (पु०) छाती, उर
वक्ष–*सं०* (पु०) उरस्थल
वक्षोज–*सं०* (पु०) स्त्री का स्तन, कुच
वक्षोरुह–*सं०* (पु०) स्तन, कुच
वग़ैरह–*अ०* (अ०) आदि, इत्यादि
वचन–*सं०* (पु०) 1 वाणी (जैसे-मृदु वचन) 2 बात (जैसे-वचन का पक्का) 3 *व्या०* संज्ञा की संख्या का बोधक तत्त्व (जैसे-एकवचन का कर्ता)। ~**कारी** (वि०) आज्ञाकारी; ~**दान** (पु०) वचन देना; ~**पटु** (वि०) बोलने में कुशल; ~**बंध** (पु०) वचन में बँधना; ~**बद्ध** (वि०) प्रतिज्ञा किया हुआ; ~**भंग** (पु०) प्रतिज्ञा पूरी न करना; ~**वक्रता** (स्त्री०) टेढ़ी बात
वचनानुग–*सं०* (वि०) = वचनकारी
वचनावली–*सं०* (स्त्री०) वचनों का संग्रह
वचनीय–*सं०* (वि०) कथनीय
वचसा–*सं०* (अ०) वचन द्वारा
वचस्कर–*सं०* (वि०) 1 आज्ञाकारी 2 बोलनेवाला
वचस्वी–*सं०* (वि०) बोलने में पटु, प्रवक्ता
वज़न–*अ०* (पु०) 1 भार, बोझ 2 भार का परिमाण, तौल 3 भारीपन (जैसे-सोने का वज़न) 4 मान मर्यादा का सूचक, महत्त्व (जैसे-आपकी बात का क्या वज़न होगा)। ~**दार** + *फ़ा०* (वि०) 1 भारी 2 महत्त्व का; ~**मशीन** + *अं०* (स्त्री०) वज़न ज्ञात करने का यंत्र
वज़नी–*अ०* + *फ़ा०* (वि०) = वज़नदार
वज़ह–*अ०* (स्त्री०) 1 कारण, हेतु 2 प्रकृति, तत्त्व
वज़ा–I *अ०* (स्त्री०) 1 बनावट का ढंग 2 रचना 3 सजधज 4 ढंग, प्रणाली, रीति 5 दशा, अवस्था II (वि०) 1 घटाया हुआ 2 निकाला हुआ। ~**दार** + *फ़ा०* (वि०) 1 सुंदर बनावटवाला, सजधज से युक्त 2 अपनी रीति नीति न छोड़नेवाला; ~**दारी** + *फ़ा०* (स्त्री०) 1 सजावट का उत्तम ढंग 2 वस्त्र आदि पहनने का सुंदर ढंग, फ़ैशन
वज़ारत–*अ०* (स्त्री०) वज़ीर का पद और कार्य
वज़ीफ़ा–*अ०* (पु०) 1 सहायता, वृत्ति 2 छात्रवृत्ति। ~**दार** + *फ़ा०* (पु०) वज़ीफ़ा प्राप्त करनेवाला व्यक्ति
वज़ीर–*अ०* (पु०) मंत्री, अमात्य
वज़ीरे आज़म–*अ०* + *फ़ा०* + *अ०* (पु०) प्रधानमंत्री
वज़ू–*अ०* (पु०) ननाज़ पढ़ने से पहले हाथ पैर धोना
वजूद–*अ०* (पु०) 1 अस्तित्व, सत्ता 2 सृष्टि 3 ज़िंदगी
वजूहात–*अ०* (स्त्री०) 'वज़ह' का बहुवचन रूप
वज्र–I *सं०* (वि०) 1 कठोर, सख़्त 2 उग्र, तीव्र 3 जिसपर प्रभाव न पड़ सके (जैसे-वज्र मूर्ख) II (पु०) 1 भाले के आकार का एक शस्त्र, कुलिश 2 आकाश से गिरनेवाली बिजली (जैसे-वज्र पात)। ~**घात** (पु०) 1 वज्र की चोट 2 वज्र की चोट के समान भयंकर चोट; ~**घोष** (पु०) 1 बिजली की कड़क के समान भीषण ध्वनि 2 बिजली की कड़क; ~**देह** (वि०) वज्र के समान कठोर शरीरवाला;

~**धर** I (वि०) वज्र धारण करनेवाला II (पु०) इंद्र; ~**नख** (पु०) नृसिंह; ~**निर्घोष** (पु०) वज्र के गिरने की आवाज़, बिजली कड़कना; ~**पात** (पु०) 1 आकाश से बिजली गिरना 2 भीषण संकट; ~**प्रहार** (पु०) वज्र का आघात; ~**मुट्ठी** *+ हिं०*, ~**मुष्टि** (स्त्री०) 1 वाण चलाने की विशेष हस्त मुद्रा 2 इंद्र; ~**यान** (पु०) बौद्धधर्म का एक तांत्रिक संप्रदाय; ~**वार** *+ हिं०* (पु०) = वज्रपात; ~**वारक** (पु०) वज्र से वार करनेवाला; ~**सार** I (वि०) अत्यंत कठोर II (पु०) हीरा; ~**हृदय** (वि०) अत्यंत कठोर दिल का, बेरहम

वज्रमय–*सं०* (वि०) 1 कठोर, कठिन 2 क्रूर हृदयवाला

वज्राकर–*सं०* (पु०) हीरे की खान

वज्राकार–*सं०* (वि०) 1 वज्र जैसा 2 वज्र के आकार का

वज्राघात–*सं०* (पु०) 1 वज्रपात 2 वज्र की चोट

वट–*सं०* (पु०) बरगद का पेड़

वटक–*सं०* (पु०) 1 बड़ी टिकिया, बट्टा 2 पकौड़ी आदि पकवान 3 आठ माशे की एक तौल

वटिक–*सं०* (पु०) शतरंज का मोहरा

वटिका–*सं०* (स्त्री०) टिकिया

वटी–*सं०* (स्त्री०) गोली

वटु, वटुक–*सं०* (पु०) 1 बालक 2 ब्रह्मचारी

वटेश्वर–(पु०) शिव, महादेव

वठर–I *सं०* (पु०) चिकित्सक II (वि०) 1 मूर्ख 2 शरारती, शठ 3 धीमा, मंद

वडव–*सं०* (पु०) घोड़ी जैसा घोड़ा

वडवा–*सं०* (स्त्री०) घोड़ी 2 दासी 3 वेश्या 4 ब्राह्मण जाति की स्त्री

वणिक्–*सं०* (पु०) 1 व्यवसाय से जीविकोपार्जन करनेवाला व्यक्ति (जैसे-वणिक् समुदाय) 2 वैश्य, बनिया (जैसे-वणिक् बुद्धि, वणिक् कर्म)। ~**पोत** (पु०) व्यापारी जहाज़

वत्–*सं०* (अ०) शब्दों के अंत में प्रयुक्त होनेवाला एक प्रत्यय जो समानता का सूचक है (जैसे-विधिवत्, चंद्रवत्, पुत्रवत्)

वतन–*अ०* (पु०) 1 अपना देश, स्वदेश 2 जन्म स्थान। ~**दोस्त** *+ फ़ा०* (पु०) देश हितैषी; ~**दोस्ती** *+ फ़ा०* (स्त्री०) = वतनपरस्ती; ~**परस्त** *+ फ़ा०* (पु०) देशभक्त; ~**परस्ती** *+ फ़ा०* (स्त्री०) देशभक्ति; ~**फ़रोश** *+ फ़ा०* (पु०) देशद्रोही

वतनी–*अ० + हिं०* अपने देश का निवासी

वत्स–*सं०* (पु०) बच्चा, शिशु

वत्सर–*सं०* (पु०) वर्ष, साल

वत्सल–I *सं०* (वि०) 1 बच्चों से प्रेम करनेवाला, शिशु स्नेही 2 प्रेम करनेवाला (जैसे-भक्त वत्सल) II (पु०) 1 पुत्र आदि के प्रति उत्पन्न रतिभाव 2 प्यार। ~**ता** (स्त्री०) (बाल बच्चों का) प्यार

वदंती–*सं०* (स्त्री०) कथन, बात

वद–*सं०* (वि०) बोलनेवाला (जैसे-प्रियंवद)

वदतोव्याघात–*सं०* (पु०) तर्क में कथन संबंधी एक दोष

वदन–*सं०* (पु०) 1 कहना, बोलना 2 मुख, मुँह (जैसे-चंद्र वदन)

वदान्य–*सं०* (वि०) बात से संतुष्ट करनेवाला

वदावद–*सं०* (वि०) बहुत बात करनेवाला, वाचाल बड़बड़िया

वदि–I *सं०* (अ०) चाँद्र मास के कृष्ण पक्ष में II (पु०) कृष्ण पक्ष

वदितव्य–*सं०* (वि०) कहे जाने योग्य

वध–*सं०* (पु०) 1 हत्या 2 हत्या करना। ~**जीवी** (पु०) वध करके जीविकोपार्जन करनेवाला व्यक्ति; ~**मंच** (पु०) वध करने का चबूतरा; ~**शाला** (स्त्री०) = वधालय

वधक–I *सं०* (पु०) हत्या करनेवाला, हिंसक II (वि०) हिंसा करनेवाला

वधालय–*सं०* (पु०) बूचड़खाना

वधिर–*सं०* (वि०) बहरा

वधू–*सं०* (स्त्री०) 1 दुलहन 2 पत्नी। ~**वस्त्र** (पु०) विवाह के समय कन्या को दिया गया वस्त्र

वधूटी–*सं०* (स्त्री०) 1 पुत्रवधू 2 नवयुवती (जैसे-ग्राम वधूटी)

वध्य–*सं०* (वि०) वध किए जाने योग्य। ~**स्थल** (पु०) = वध स्थान

वन–*सं०* (पु०) 1 जंगल (जैसे-वन प्रदेश) 2 उपवन, बाग़ (जैसे-वन वाटिका की शोभा)। ~**खंड** (पु०) जंगल का टुकड़ा, वनस्थली; ~**गमन** (पु०) 1 संन्यास ग्रहण 2 वन की यात्रा करना; ~**गोचर** (वि०) वन में घूमने फिरनेवाला; ~**चर** I (वि०) वन में भ्रमण करनेवाला II (पु०) जंगली प्राणी; ~**चर्या** (स्त्री०) वनवास या वन भ्रमण; ~**ज** (वि०) वन में उत्पन्न; ~**जीवी** (पु०) 1 लकड़हारा 2 बहेलिया; ~**देव, ~देवता** (पु०) जंगल का अधिष्ठाता देवता; ~**देवी** (स्त्री०) वन की अधिष्ठात्री देवी; ~**द्रुम** (पु०) जंगली पेड़ पौधा; ~**नाशन** (पु०) वन को बर्बाद करना; ~**पशु** (पु०) जंगली जानवर; ~**पाल** (पु०) वन की रक्षा करनेवाला सरकारी कर्मचारी; ~**प्रदेश, ~प्रांत** (पु०) जंगल का इलाका; ~**मंडल** (पु०) वनप्रदेश, जंगल का इलाका; ~**मंडलाधिकारी** (पु०) वनपाल; ~**महोत्सव** (पु०) वनों के विस्तार से संबद्ध कार्यक्रम; ~**मानुष** (पु०) एक तरह का बंदर; ~**माला** (स्त्री०) 1 जंगली फूलों की माला 2 घुटनों तक लंबी ऋतु कुसुमों की माला; ~**माली** (वि०) वनमाला धारण करनेवाला; ~**रक्षक** (पु०) = वनपाल; ~**राज** (पु०) सिंह, शेर; ~**राजि** (स्त्री०) वनसमूह; ~**रोपण** (पु०) पेड़ पौधे लगाना, वनाच्छादन; ~**वास** (पु०) जंगल में रहना; ~**वासी** (वि०) जंगल में रहनेवाला; ~**विज्ञान** (पु०), ~**विद्या** (स्त्री०) दे० वानिकी; ~**समूह** (पु०) घना जंगल; ~**स्थ** (वि०) वन में रहनेवाला; ~**स्थली** (स्त्री०) वनों से घिरा प्रदेश

वनमय–*सं०* (वि०) जंगलवाला

वनस्पति–*सं०* (स्त्री०) ज़मीन से उगनेवाले पेड़, पौधे, लताएँ आदि। ~ **उद्यान** (पु०) पेड़ पौधों का बग़ीचा; ~**घी** *+ हिं०* (पु०) घी की तरह का चिकना पदार्थ; ~**जगत्** (पु०) पेड़ पौधे; ~**जन्य** (वि०) वनस्पति से उत्पन्न; ~**जात** (वि०) वनस्पति से उत्पन्न होनेवाला; ~**तेल** *+ हिं०* (पु०) = वनस्पति घी; ~**मिल** *+ अं०* (स्त्री०) वनस्पति से संबद्ध पदार्थ बनाने का कारख़ाना; ~**विज्ञान, ~शास्त्र** (पु०) विज्ञान की एक शाखा जिसमें वनस्पतियों के उद्भव,

विकास तथा आकार प्रकार का अध्ययन किया जाए; ~**शास्त्री** (पु०) वनस्पति शास्त्र का ज्ञाता
वनांत–*सं०* (पु०) जंगली भूमि
वनाग्नि–*सं०* (स्त्री०) वन की आग, दावानल
वनाधिकारी–*सं०* (पु०) = वनपाल
वनाश्रम–*सं०* वानप्रस्थ आश्रम
वनाश्रमी–*सं०* (पु०) वानप्रस्थी, तपस्वी
वनिका–*सं०* (स्त्री०) छोटा वन, उपवन
वनित–*सं०* (वि०) 1 माँगा हुआ, याचित 2 चाहा हुआ, अभिलाषित 3 पूजित 4 सेवित
वनिता–*सं०* (स्त्री०) 1 स्त्री, औरत 2 अनुरक्त स्त्री, प्रिया, प्रेमिका। ~**द्विष** (पु०) रमणी द्वेषी; ~**विलास** (पु०) स्त्रियों की क्रीड़ा
वनी–*सं०* (स्त्री०) = वनिका
वनेचर–*सं०* (वि०) = वनचर
वन्य–*सं०* (वि०) 1 वन में उत्पन्न होनेवाला 2 जंगली (जैसे-वन्य पशु)
वफ़ा–*अ०* (स्त्री०) 1 वचन पालना 2 निष्ठा। ~**दार** + *फ़ा०* (वि०) 1 वचन पालन करनेवाला 2 निष्ठ; ~**दारी** + *फ़ा०* (स्त्री०) वफ़ादार होना
वफ़ात–*अ०* (स्त्री०) मौत, मृत्यु
वबा–*अ०* (स्त्री०) महामारी
वबाल–*अ०* (पु०) 1 भार, बोझ 2 विपत्ति, संकट 3 झंझट 4 दैवी प्रकोप
वमन–*सं०* (पु०) 1 कै करना, उलटी करना 2 कै किया हुआ पदार्थ। ~**कारी** (वि०) कै लानेवाला
वमि–*सं०* (स्त्री०) वमन रोग
वमित–*सं०* (वि०) वमन किया हुआ
वयः क्रम–*सं०* (पु०) = उम्र, वय
वयः परिणति–*सं०* (स्त्री०) अवस्था की प्रौढ़ता
वयः संधि–*सं०* (स्त्री०) बाल्यावस्था तथा यौवनावस्था के मध्य की स्थिति, बाल्यावस्था और यौवनावस्था के बीच का समय
वय–(स्त्री०) 1 उम्र, अवस्था 2 जवानी (जैसे-वय किशोर)
वयन–*सं०* (पु०) बुनना
वयस्क–I *सं०* (वि०) शारीरिक विकास तथा पूर्णता को प्राप्त, सयाना (जैसे-वयस्क व्यक्ति, वयस्क अवस्था) II (पु०) 1 विवाह के योग्य युवक-युवती 2 निर्वाचन संबंधी अधिकार प्राप्त व्यक्ति। ~**मताधिकार** (पु०) चुनाव आदि में मत देने का अधिकार
वयस्कत्व–*सं०* (पु०) बालिग़पन। ~**प्राप्ति** (स्त्री०) बालिग़ होना
वयस्थ–*सं०* (वि०) उम्रवाला, उम्र का
वयस्य–I *सं०* (पु०) मित्र II (वि०) बराबर की उमरवाले
वयस्यक–*सं०* (पु०) 1 समसामयिक व्यक्ति 2 मित्र, सखा
वयस्या–*सं०* (स्त्री०) सखी
वयोवृद्ध–*सं०* (वि०) अधिक उमरवाला, वृद्ध
वरंच–*सं०* (अ०) बल्कि, अपितु
वरंडा–I *बो०* (पु०) बरामदा
वरंडा–II *सं०* (स्त्री०) 1 कटारी 2 बत्ती
वर–I *सं०* (वि०) 1 उत्तम, श्रेष्ठ (जैसे-कविवर, मान्यवर) 2 पसंद करने योग्य II (पु०) 1 देवता से प्रसाद रूप में कुछ माँगना 2 देवता ने प्रसाद रूप में माँगी गई वस्तु 3 नव विवाहिता स्त्री का पति 4 विवाह योग्य पुरुष 5 बालक, लड़का। ~**कन्या** (स्त्री०) दूल्हा-दुल्हिन; ~**दक्षिणा** (स्त्री०) दहेज़, दायज, दइया; ~**दाता** (वि०) वर प्रदान करनेवाला; ~**दान** (पु०) 1 देवता, ऋषियों आदि से प्राप्त वर 2 फलसिद्धि 3 शुभ फलदायिनी; ~**दानी** (पु०) वर प्रदान करनेवाला, वरदायक; ~**दायक** (वि०) वर देनेवाला; ~**पक्ष** (पु०) लड़केवाले लोग; ~**प्रद** (वि०) वर देनेवाला; ~**प्रदान** (पु०) इच्छा पूर्ण करना, वर देना; ~**यात्रा** (स्त्री०) 1 विवाह हेतु वर का वधू के यहाँ जाना 2 बरात; ~**योग्य** (वि०) 1 वरदान के योग्य 2 विवाह के योग्य
वरक़–*अ०* (पु०) 1 धातु का पतला पत्तर 2 पृष्ठ, पन्ना। ~**गरदानी** + *फ़ा०* (स्त्री०) 1 पुस्तक को उलट पलटकर देखना 2 पढ़ने का ढोंग करना
बरग़लाना–*फ़ा० + हिं०* (स० क्रि०) गुमराह करना, बहकाना
वरज़िश–*फ़ा०* (स्त्री०) कसरत, व्यायाम
वरण–*सं०* (पु०) 1 चुनना 2 चुनाव 3 अर्चन, [illegible] 4 सत्कार। ~**माला** (स्त्री०) जयमाल
वरणीय–*सं०* (वि०) वरण योग्य
वरद–*सं०* (वि०) वर देनेवाला
वरदी–(स्त्री०) विशेष पहनावा (जैसे-पुलिस वर्दी, सेना की वर्दी)
वरन्–(अ०) 1 ऐसा नहीं 2 बल्कि
वरना–*फ़ा०* (अ०) नहीं तो
वरांगना–*सं०* (स्त्री०) सुंदर स्त्री
वराट–*सं०* (पु०) 1 रस्सी 2 कौड़ी
वराटिका–*सं०* (स्त्री०) तुच्छ वस्तु
वरासत–*अ०* (स्त्री०) 1 वारिस होने का भाव 2 उत्तराधिकार 3 मृतक की संपत्ति। ~**नामा** (पु०) उत्तराधिकार पत्र
वरासतन–*अ०* (अ०) उत्तराधिकार होने का भाव
वरासन–*सं०* (पु०) श्रेष्ठ आसन
वराह–*सं०* (पु०) सूअर, शूकर
वरिष्ठ–*सं०* (वि०) 1 श्रेष्ठ, पूज्य 2 महान्
वरीय–*सं०* (वि०) 1 सर्वश्रेष्ठ 2 ग्रहण योग्य। ~**ता** (स्त्री०) 1 सर्वश्रेष्ठता 2 वरीय होने का भाव
वरु–(अ०) बल्कि
वरुण–*सं०* (पु०) जल (जैसे-वरुण देव) 2 सौर जगत का एक ग्रह
वरूथ–*सं०* (पु०) 1 सेना, फ़ौज 2 बख़्तर
वरेण्य–*सं०* (वि०) 1 प्रधान, मुख्य 2 पूजनीय 3 कामना के योग्य
वर्क–*अं०* (पु०) काम, कार्य। ~**शाप** (स्त्री०) कार्यशाला
वर्कर–*अं०* (पु०) कर्मचारी
वर्किंग कमिटी–*अं०* (स्त्री०) कार्यकारिणी समिति
वर्ग–*सं०* (पु०) 1 श्रेणी (जैसे-साहित्यिक वर्ग, छात्र वर्ग) 2 स्पर्श व्यंजन वर्णों का समूह (जैसे-कवर्ग, चवर्ग) 3 ग्रंथ आदि का प्रकरण, परिच्छेद 4 *ग०* समान अंकों का घात 5 जमात, कक्षा। ~**एकता** (स्त्री०) श्रेणियों की परस्पर

एकता; ~**कोष्ठक** (पु०) बड़ा कोष्ठक, बड़ा ब्रैकेट; ~**गत** (वि०) वर्ग में आया हुआ; ~**चेतना** (स्त्री०), ~**चैतन्य** (पु०) जाति की चेतना; ~**द्वेष** (पु०) = वर्ग विद्वेष; ~**निष्ठ** (वि०) = वर्गगत; ~**पद** (पु०) = वर्गमूल; ~**पहेली** *+ हिं०* (स्त्री०) वर्ग बनाकर अंकों या शब्दों के भरने की बुझौवले; ~**फल** (पु०) समान राशियों का गुणनफल; ~**भेद** (पु०) जाति भेद; ~**भ्रष्ट** (वि०) जाति से भ्रष्ट; ~**मूल** (पु०) भाग देकर वर्गांक निकालनेवाली राशि; ~**युक्त** (वि०) = वर्गगत; ~**युद्ध** (पु०) जातियों का परस्पर युद्ध; ~**वाद** (पु०) 1 जातिवाद 2 श्रेणीवाद; ~**वादी** (वि०) वर्गवाद को माननेवाला; ~**विद्वेष** (पु०) जाति संबंधी वैरभाव; ~**विभाजन** (पु०) वर्ग में विभक्त करना, वर्ग में बाँटना; ~**विभेद** (पु०) = वर्ग भेद; ~**विरोध** (पु०) जातियों का परस्पर विरोध; ~**विशेषता** (स्त्री०) जातिगत विशेषता; ~**शत्रु** (पु०) वर्ग का दुश्मन; ~**संगठन** (पु०) 1 श्रेणी संगठन 2 जाति का संगठन; ~**सहयोग**, ~**साहचर्य** (पु०) जाति का सहयोग; ~**स्वरूप** (पु०) = वर्ग तत्व; ~**स्वार्थ**, ~**हित** (पु०) वर्ग की भलाई; ~**हीन** (वि०) बिना वर्ग का

वर्ग़लाना–*फ़ा० + हिं०* (स० क्रि०) = वरग़लाना

वर्गशः–*सं०* (क्रि० वि०) वर्ग के अनुसार

वर्गाकार–*सं०* (वि०) वर्ग के आकार का (जैसे-वर्गाकार चतुर्भुज)

वर्गानुसारी–*सं०* (वि०) अपने वर्ग का अनुसरण करनेवाला

वर्गित–*सं०* (वि०) वर्गीकृत

वर्गीकरण–*सं०* (पु०) वर्ग के अनुसार विभाग करना

वर्गीकृत–*सं०* (वि०) वर्ग में बाँटा हुआ

वर्गीय–*सं०* (वि०) 1 वर्ग का (जैसे-क वर्गीय) 2 कक्षा का (जैसे-एक वर्गीय) 3 वर्ग संबंधी

वर्ग्य–*सं०* (वि०) वर्ग बनाने योग्य

वर्चस्व–*सं०* (पु०) 1 तेज 2 प्राबल्य

वर्चस्वी–*सं०* (वि०) तेजस्वी

वर्जक–*सं०* (वि०) वर्जन करनेवाला

वर्जन–*सं०* (पु०) 1 छोड़ना, त्याग 2 मनाही

वर्जना–(स्त्री०) निषेध

वर्जनीय–*सं०* (वि०) = वर्ज्य

वर्जित–*सं०* (वि०) 1 मना किया हुआ 2 त्यागा हुआ, परित्यक्त

वर्जिश–*फ़ा०* (स्त्री०) व्यायाम, कसरत

वर्ज्य–*सं०* (वि०) वर्जनीय

वर्ण–*सं०* (पु०) 1 रंग (जैसे-पीत वर्ण, श्याम वर्ण) 2 शरीर के रंग के आधार पर किया गया विभाग (जैसे-गौर वर्ण, कृष्ण वर्ण) 3 जाति (जैसे-शूद्र वर्ण) 4 अक्षर (जैसे-स्वर और व्यंजन वर्ण) 5 भेद, प्रकार (जैसे-समाज के अनेक वर्ण करना)। ~**क्रम** (पु०) 1 वर्णमाला के अक्षरों का क्रम (जैसे-वर्णक्रम से सूची तैयार करना) 2 रंगों का क्रम; ~**क्रम चित्र** (पु०) रंगों के क्रम से बना चित्र; ~**क्रम दर्शक** (पु०) = वर्णक्रमदर्शी; ~**क्रमदर्शिकी** (स्त्री०) = वर्णक्रमिकी; ~**क्रम दर्शी** (पु०) वर्णों का क्रम बतलानेवाला एक यंत्र; ~**क्रम मापी** (वि०) वर्णक्रम मापने का यंत्र; ~**गत** (वि०) रंगा हुआ; ~**चित्र** (पु०) रंगीन चित्र; ~**तूलिका** (स्त्री०) क़लम; ~**धर्म** (पु०) जाति विशेष का पेशा; ~**नाश** (पु०) = वर्णपात; ~**पात** (पु०) अक्षर का शब्द से लुप्त होना; ~**पात्र** (पु०) रंग का डिब्बा, रंग की डिबिया; ~**भेद** (पु०) जातिगत भेदभाव (जैसे-वर्ण भेद समाप्त करना); ~**मापी** (पु०) रंग मापने का यंत्र; ~**मापीय** (वि०) रंग नापने का; ~**माला** (स्त्री०) लिपि के वर्णों की सूची; ~**मिति** (स्त्री०) रंग नापना; ~**राशि** (स्त्री०) = वर्णमाला; ~**विकार** (पु०) किसी वर्ण का दूसरे वर्ण का रूप ग्रहण करना; ~**विचार**, ~**विज्ञान** (पु०) व्याकरण का वह भाग जिसमें वर्णों के आकार, उच्चारण, संधियों आदि के नियम का वर्णन हो; ~**विद्वेष** (पु०) = वर्ण भेद; ~**विन्यास** (पु०) अक्षरों का जोड़ना, वर्तनी; ~**विपर्यय** (पु०) 1 शब्द के वर्णों की अदला बदली 2 अक्षरों का एक दूसरे का स्थान लेने की स्थिति; ~**विभाग** (पु०) = वर्ण व्यवस्था; ~**वृत्त** (पु०) वह पद्य जिसके चरणों में वर्णों की संख्या तथा लघु गुरु का क्रम निश्चित हो; ~**वैचित्र्य** (पु०) रंगों की विलक्षणता, रंग विरंगापन; ~**व्यवस्था** (स्त्री०) वर्ण विभाग; ~**संकर** (पु०) 1 दोगला 2 व्यभिचार से उत्पन्न व्यक्ति; ~**संकरी** (वि०) वर्णसंकर संबंधी; ~**स्थान** (पु०) वर्णों के उच्चारण का स्थान; ~**हीन** (वि०) 1 वर्ण च्युत 2 वर्ण से अलग

वर्णक–*सं०* (पु०) 1 नक़ाब 2 पोशाक 3 रंग 4 चित्रकार

वर्णच्छटा–*सं०* (स्त्री०) = वर्णक्रम

वर्णन–*सं०* (पु०) 1 विस्तारपूर्ण कथन 2 प्रशंसा, गुण कथन। ~**पटु** (वि०) वर्णन में कुशल; ~**विधान** (पु०) वर्णन करने का तरीक़ा

वर्णनातीत–*सं०* (वि०) जिसका वर्णन न हो सके

वर्णनात्मक–*सं०* (वि०) वर्णनवाला

वर्णनीय–*सं०* (वि०) वर्णन के योग्य

वर्णांकन–*सं०* (पु०) रंग भरना

वर्णांध–*सं०* (वि०) वर्णांधता रोग का रोगी, कलर ब्लाइंड। ~**ता** (स्त्री०) रंग न पहचान पाने का एक नेत्र रोग

वर्णात्मक–*सं०* (वि०) वर्ण के योग्य

वर्णानुक्रम–*सं०* (पु०) वर्णों का नियत क्रम

वर्णानुक्रमणिका–*सं०* (स्त्री०) वर्णमाला के अक्षरों के क्रम से तैयार की गई सूची

वर्णावलि–*सं०* (स्त्री०) = वर्ण क्रम

वर्णावृत्ति–*सं०* (स्त्री०) वर्ण का फिर फिर आना

वर्णाश्रम–*सं०* (पु०) जाति और आश्रम। ~**धर्म** (पु०) वर्ण और आश्रम संबंधी कर्तव्य

वर्णाश्रमी–*सं०* (वि०) वर्णाश्रम संबंधी

वर्णिक–I *सं०* (पु०) लेखक II (वि०) 1 वर्ण संबंधी 2 छंद जिसमें वर्णों की गणना मुख्य हो

वर्णिका–*सं०* (स्त्री०) स्याही, रोशनाई

वर्णित–*सं०* (वि०) वर्णन किया गया

वर्णी–I *सं०* (वि०) वर्णयुक्त II (पु०) 1 लेखक 2 चित्रकार 3 किसी वर्ण का व्यक्ति

वर्णोच्चारण–*सं०* (पु०) वर्ण का उच्चारण

वर्ण्य–*सं०* (वि०) 1 वर्णन योग्य 2 वर्ण संबंधी। ~**वस्तु**

(स्त्री०), ~**विषय** (पु०) वर्णन करने का विषय
वर्तन–*सं०* (पु०) 1 चारों ओर घूमना 2 चलना फिरना, गति 3 स्थिति 4 बरताव 5 जीविका 6 उलट फेर
वर्तनी–*सं०* (स्त्री०) 1 शब्द के वर्ण, उनका क्रम तथा उच्चारण विधि 2 मार्ग, रास्ता
वर्तमान–I *सं०* (वि०) 1 सत्ता में रहनेवाला 2 विद्यमान 3 वर्तमान काल। ~**काल** (पु०) *व्या०* क्रिया के तीन कालों में से एक; ~**कालिक** (वि०) वर्तमान काल का
वर्ति–*सं०* (स्त्री०) बत्ती। ~**लेख** (पु०) खर्रा
वर्तिका–*सं०* (स्त्री०) 1 सलाई 2 तूलिका 3 रंग 4 बत्ती
वर्तित–*सं०* (वि०) 1 घुमाया हुआ 2 संपादित 3 बिताया हुआ 4 दुरुस्त किया हुआ
वर्त्ती–I *सं०* (वि०) 1 वर्तन करनेवाला 2 होनेवाला (जैसे-सुदूरवर्ती II (स्त्री०) 1 बत्ती 2 सलाई
वर्तुल–*सं०* (वि०) गोल, वृत्ताकार
वर्तुलाकार–*सं०* (वि०) वृत्त के आकार का (जैसे-वर्तुलाकार मैदान)
वर्त्म–*सं०* (पु०) 1 मार्ग, रास्ता 2 लीक 3 प्रथा 4 आँख की पलक 5 आधार
वर्त्स–*सं०* (पु०) दाँत और मसूड़े के मिलने की जगह
वर्त्सर्य–*सं०* (वि०) जो जीभ को वर्त्स पर रखने पर बोला जाए
वर्दी–(स्त्री०) = वरदी। ~**धारी** + *सं०* (वि०) पोशाक धारण करनेवाला
वर्द्धक–*सं०* (वि०) वृद्धि करनेवाला (जैसे-स्वास्थ्य वर्द्धक)
वर्द्धन–I *सं०* (पु०) वृद्धि करना 2 बढ़ती, वृद्धि II (वि०) वृद्धि करनेवाला (जैसे-आनंद वर्द्धन)। ~**क्षम** (वि०) बढ़ने की क्षमतावाला
वर्द्धनी–*सं०* (स्त्री०) झाड़ू, बुहारी
वर्द्धमान–*सं०* (वि०) 1 बढ़ता हुआ 2 वर्द्धनशील
वर्द्धित–*सं०* (वि०) वृद्धि को प्राप्त
वर्धक–*सं०* (वि०) = वर्द्धक
वर्ना–*फ़ा०* (अ०) = वरना
वर्नाक्यूलर–*अं०* (पु०) देशी बोली
वर्म–*सं०* (पु०) कवच, बख़्तर
वर्मा–*सं०* (पु०) कायस्थ और खत्री आदि जातियों की एक उपाधि
वर्वर–*सं०* (पु०) 1 नीच जाति 2 मूर्ख 3 जाति भ्रष्ट व्यक्ति
वर्ष–*सं०* (पु०) बारह महीने का समय, साल (जैसे-मैं चार वर्ष तक नहीं लौटूँगा)। ~**गाँठ** + *हिं०* (स्त्री०) जन्मदिन (का उत्सव); ~**प्रतिबंध** (पु०) सूखा, अवर्षण; ~**प्रवेश** (पु०) नए वर्ष की शुभाशुभ सूचित करनेवाली कुंडली; ~**बोध** (पु०) अब्दकोश, कैलेंडर
वर्षक–*सं०* (वि०) 1 वर्षा करनेवाला 2 बरसानेवाला (जैसे-बम वर्षक जहाज़)
वर्षण–*सं०* (पु०) 1 वर्षा 2 बरसना
वर्षांक–*सं०* (पु०) दिनांक की तरह (जैसे-वर्षांक 1961, वर्षांक 1962)
वर्षा–*सं०* (स्त्री०) 1 वृष्टि 2 गिरना (जैसे-पुष्प वर्षा) 3 निरंतर होनेवाला क्रम (जैसे-गोलियों की वर्षा) 4 बरसात। ~**ऋतु**, ~**काल** (पु०) वर्षा का काल, वर्षा का मौसम (जैसे-वर्षा ऋतु का आगमन); ~**कालीन** (वि०) वर्षा काल का (जैसे-वर्षा कालीन फ़सल); ~**मापक** (पु०) वर्षा मापने का एक यंत्र, रेनगेज
वर्षागम–*सं०* (पु०) वर्षा ऋतु का आगमन
वर्षाना–*सं०* + *हिं०* (स० क्रि०) वर्षा करना (जैसे-जहाज़ से गोला वर्षाना, बम वर्षाना
वर्षानुवर्षी–*सं०* (वि०) साल-ब-साल होनेवाला
वर्षारंभ–*सं०* (पु०) 1 वर्ष का आरंभ 2 वर्षा की शुरुआत (जैसे-वर्षारंभ में नैनीताल जाऊँगा)
वर्षाशन–*सं०* (पु०) वर्ष भर के लिए दिया गया अन्न
वर्षीय–*सं०* (वि०) 1 वर्ष से संबंधित 2 वर्षों का (जैसे-पंच वर्षीय योजना)
वलन–*सं०* (पु०) 1 घूमना 2 चक्कर लगाना
वलभी–*सं०* (स्त्री०) 1 गुमटी 2 घर का ऊपरी भाग 3 छत
वलय–*सं०* (पु०) 1 कंगन 2 वृत्त की परिधि 3 मंडल
वलयाकार–*सं०* (वि०) वलय के आकार का
वलयित–*सं०* (वि०) लपेटा हुआ, वेष्टित
वलवला–*अ०* (पु०) 1 शोरगुल 2 आवेश (जैसे-वलवला उठना)
वलि–*सं०* (पु०) 1 चंदन आदि से निर्मित रेखा या चिह्न 2 रेखा, लकीर 3 देवताओं आदि को चढ़ाई गई वस्तु 4 देवताओं के उद्देश्य से मारे जानेवाला पशु 5 सिकुड़न, झुर्री 6 पंक्ति, कतार 7 विष्णु द्वारा छला गया एक दैत्य
वलित–*सं०* (वि०) 1 घूमा हुआ 2 घेरा हुआ, परिवृत्त 3 आच्छादित
वली–I *सं०* (स्त्री०) 1 शिकन, झुर्री 2 पंक्ति, अवली 3 लकीर, रेखा 4 पेट पर पड़नेवाली रेखा (जैसे-त्रिवली) 5 चंदन आदि से निर्मित चिह्न
वली–II *अ०* (पु०) 1 सिद्ध पुरुष 2 स्वामी 3 संरक्षक 4 अल्लाह का प्यारा। ~**अहद** (पु०) युवराज
वल्क–*सं०* (पु०) 1 पेड़ की छाल 2 मछली की चोई
वल्कल–*सं०* (पु०) 1 वृक्ष की छाल 2 वृक्ष की छाल का कपड़ा
वल्गन–*सं०* (पु०) 1 उछलना-कूदना 2 व्यर्थ की उछल-कूद और बकवाद
वल्गर–*अं०* (वि०) भोंडा, अशिष्ट
वल्गा–*सं०* (स्त्री०) लगाम, रास, बाग़
वल्द–*अ०* (पु०) बेटा, पुत्र
वल्मीक–*सं०* (पु०) दीमक, चींटी आदि की चाली हुई मिट्टी का ढेर, बिमौट
वल्लकी–*सं०* (स्त्री०) वीणा
वल्लभ–I *सं०* (वि०) अत्यंत प्रिय, प्रियतम II (पु०) 1 अत्यंत प्रिय व्यक्ति 2 स्त्री का पति (जैसे-राधा वल्लभ) 3 स्वामी, मालिक (जैसे-प्राण वल्लभ)
वल्लभा–I *सं०* (वि०) प्यारी II (स्त्री०) प्रियतमा, प्रेयसी (जैसे-प्रणय वल्लभा)
वल्लरी–*सं०* (स्त्री०) 1 लता 2 मंजरी
वल्लाह–*अ०* (अ०) 1 ईश्वर की शपथ लेते हुए 2 सचमुच
वल्लि–*सं०* (स्त्री०) लता
वल्लिका–*सं०* (स्त्री०) लता

वल्ली–*सं०* (स्त्री०) = वल्लरी

वल्लूर–*सं०* (पु०) 1 धूप में सुखाया गया मांस 2 सूअर का मांस 3 ऊसर 4 जंगल 5 वीरान, उजाड़

वशंवद–*सं०* (वि०) 1 वशवर्ती 2 आज्ञाकारी

वश–I *सं०* (पु०) समर्थता, काबू II (वि०) 1 अधीन 2 आज्ञानुवर्ती 3 नीचा दिखलाया हुआ 4 मुग्ध किया हुआ (जैसे-मंत्र वश, प्रेम वश)। ~**वर्ती** (वि०) वश में होनेवाला

वशग–*सं०* (वि०) आज्ञाकारी

वशिष्ठ–*सं०* (पु०) वसिष्ठ

वशी–*सं०* (वि०) 1 वश में आया हुआ, अधीन 2 वश में रखनेवाला। ~**कर** (वि०) वश में करनेवाला (जैसे-वशीकर मंत्र); ~**करण** (पु०) वश में लाना; ~**करणीय** (वि०) वश में करने योग्य; ~**कृत** (वि०) 1 वश में किया हुआ 2 मंत्र द्वारा वश में किया हुआ 3 मोहित, मुग्ध

वशीभूत–*सं०* (वि०) 1 अधीन 2 पराधीन

वश्य–*सं०* (वि०) 1 वश में किया गया 2 अधीनस्थ 3 वश में करने योग्य। ~**ता** (स्त्री०) अधीनता

वसंत–*सं०* (पु०) 1 वर्ष की छः ऋतुओं में से एक ऋतु 2 फूलों का गुच्छा। ~**पंचमी** (स्त्री०) 1 माघ महीने की शुक्ल पंचमी 2 माघ माह की शुक्ल पंचमी के दिन होनेवाला त्योहार; ~**महोत्सव** (पु०) होलिकोत्सव; ~**सखा** (पु०) कामदेव, मदन

वसंती–I (वि०) 1 वसंत ऋतु संबंधी, वसंत का (जैसे-वसंती मौसम) 2 वसंती रंग का (जैसे-वसंती चोली, वसंती साड़ी) II (पु०) हलका पीला रंग

वसंतोत्सव–*सं०* (पु०) 1 वसंत पंचमी के दिन मनाया जानेवाला उत्सव 2 होली का उत्सव

वसअत–*अ०* (स्त्री०) 1 फैलाव, विस्तार 2 समाई, गुंजाइश 3 शक्ति, सामर्थ्य

वसति–*सं०* (स्त्री०) आबादी, बस्ती

वसती–*सं०* (स्त्री०) 1 वास, रहना 2 घर

वसन–*सं०* (पु०) कपड़ा

वसवास–*अ०* (पु०) 1 अविश्वास 2 संदेह, संशय 3 आगा पीछा, दुविधा

वसवासी–*अ०* (वि०) 1 विश्वास न करनेवाला, शक्की 2 धोखा देनेवाला, धूर्त

वसा–*सं०* (स्त्री०) 1 चरबी, फैट 2 मज्जा

वसित–I *सं०* (वि०) बसा हुआ II (पु०) वास स्थान

वसितव्य–*सं०* (वि०) 1 धारण करने योग्य 2 निवास के योग्य

वसिष्ठ–*सं०* (पु०) 1 सूर्यवंशी राजाओं के पुरोहित 2 सप्तर्षि मंडल का एक तारा

वसीक़ा–*अ०* (पु०) 1 ऋण पत्र 2 दस्तावेज़ 3 इक़रारनामा

वसीक़ेदार–*अ० + फ़ा०* (पु०) वसीका पानेवाला

वसीयत–*अ०* (स्त्री०) वारिस संबंधी लिखित आदेश (जैसे-वसीयत लिख देना)। ~**नामा** *+ फ़ा०* (पु०) इच्छापत्र

वसीला–*अ०* (पु०) 1 लगाव, संबंध 2 साधन, ज़रिया 3 सहारा, सहायता

वसुंधरा–*सं०* (स्त्री०) पृथ्वी

वसु–I *सं०* (पु०) 1 सूर्य 2 कुबेर II (वि०) सब में निवास करनेवाला

वसुदेव–*सं०* (पु०) श्री कृष्ण के पिता

वसुधा–*सं०* (स्त्री०) पृथ्वी। ~**तल** (पु०) पृथ्वीतल

वसुमती–*सं०* (स्त्री०) वसुंधरा

वसूल–I *अ०* (वि०) 1 प्राप्त हुआ 2 उगाहा हुआ 3 प्रतिफल रूप में प्राप्त II (पु०) 1 उगाही 2 प्राप्ति। ~**याबी** *+ फ़ा०* (स्त्री०) उगाहकर प्राप्त करना

वसूली–I *अ० + फ़ा०* (स्त्री०) 1 प्राप्ति 2 उगाही II (वि०) वसूल किया जानेवाला

वस्ति–*सं०* (स्त्री०) 1 नाभि के नीचे का भाग, पेड़ू 2 मूत्राशय 3 पिचकारी। ~**कर्म** (पु०) लिंग, गुदा आदि में पिचकारी देना

वस्तु–*सं०* (स्त्री०) 1 गोचर पदार्थ 2 चीज़ 3 विषय 4 कथावस्तु। ~**गत** (वि०) वस्तु निष्ठ, वस्तु परक; ~**जगत्** (पु०) संसार, विश्व; ~**जात** (पु०) वस्तुओं का योग; ~**निर्देष** (पु०) 1 कथा का संकेत देनेवाला मंगलाचरण 2 सूची; ~**निर्माण** (पु०) = वस्तु रचना; ~**निष्ठ** (वि०) 1 भौतिक पदार्थों से संबंध रखनेवाला, जो आत्मनिष्ठ न हो 2 वस्तुपरक, ऑब्जेक्टिव; ~**परक** (वि०) वस्तु पर आधारित, वस्तुगत; ~**बल** (पु०) वस्तु का गुण; ~**भाड़ा** *+ हिं०* (पु०) सामान की क़ीमत, वस्तु का दाम; ~**मूलक** (वि०) दे० वस्तुपरक; ~**रचना** (स्त्री०) 1 शैली 2 कथावस्तु का विकास; ~**रूप** (पु०) वास्तविक रूप; ~**वाद** (पु०) जगत् को यथार्थ और सत्य मानने का सिद्धांत; ~**विनिमय** (पु०) वस्तुओं का अदल बदल; ~**विनिमय व्यापार** (पु०) वस्तु विनिमय का पेशा; ~**व्यापार** (पु०) वस्तु का स्वभाव और धर्म; ~**शून्य** (वि०) 1 नक़ली 2 यथार्थरहित; ~**संकलन** (पु०) 1 वस्तु एकत्र करना 2 कथावस्तु तैयार करना; ~**स्थिति** (स्त्री०) 1 वास्तविक स्थिति 2 परिस्थिति

वस्तुतः–*सं०* (अ०) 1 यथार्थतः 2 असल में

वस्त्य–*सं०* (पु०) बसने की जगह, बस्ती

वस्त्र–*सं०* (पु०) कपड़ा (जैसे-रेशमी वस्त्र)। ~**विन्यास** (पु०) कपड़े पहनने का ढंग; ~**विहीन** (वि०) नंगा; ~**व्यवसाय** (पु०) वस्त्र का व्यापार या पेशा

वस्त्रागार–*सं०* (पु०) कपड़े की दुकान

वस्त्राभूषण–*सं०* (पु०) वस्त्र और आभूषण

वस्त्रोत्पादन–*सं०* (पु०) वस्त्र का उत्पादन

वस्त्रोद्योग–*सं०* (पु०) वस्त्र व्यवसाय

वस्फ़–*अ०* (पु०) 1 प्रशंसा 2 सिफ़त

वस्ल–*अ०* (पु०) 1 मिलन (जैसे-वस्ल की रात) 2 संयोग, मिलाप 3 संभोग 4 मृत्यु

वह–(सर्व०) बात चीत में दूर स्थित, परोक्ष व्यक्ति के संकेत का शब्द

वहन–*सं०* (पु०) 1 भार ढोना 2 निर्वाह करना 3 ले जाने का साधन।

वहनीय–*सं०* (वि०) वहन करने योग्य

वहम–*अ०* (पु०) 1 मिथ्या संदेह 2 शक, शंका

वहमी–*अ०* (वि०) शक्की

वहशत–*अ०* (स्त्री०) 1 पागलपन 2 उजड्डपन 3 बर्बरता 4 मानसिक विक्षेप

वहशियाना–*अ० + फ़ा०* (वि०) वहशियों की तरह का

वहशी–*अ०* (वि०) 1 बर्बर 2 जंगली, वन्य

वहाँ–(अ०) 1 उस जगह 2 उस स्थिति पर (जैसे-दुर्घटना के समय वहाँ मैं क्या करता)

वहा–*सं०* (स्त्री०) 1 नदी 2 पानी की धारा का बहाव। ~**मापी** (पु०) धारा की गति को नापनेवाला यंत्र

वहाबी–*अ०* (पु०) 1 कुरान को माननेवाला एक मुस्लिम संप्रदाय 2 इस संप्रदाय का अनुयायी

वहीं–(अ०) 1 उसी जगह 2 उसी स्थिति पर

वही–(सर्व०) निश्चित रूप से पूर्वोक्त

वांछक–*सं०* (वि०) अभिलाषी, इच्छुक

वांछन–*सं०* (पु०) चाहना, इच्छा करना

वांछनीय–*सं०* (वि०) चाहने योग्य

वांछा–*सं०* (स्त्री०) चाह, अभिलाषा

वांछातीत–*सं०* (वि०) इच्छा के परे, जिसकी अभिलाषा न की जा सके

वांछित–*सं०* (वि०) चाहा हुआ, इच्छित

वांशिक–*सं०* 1 बाँस काटनेवाला 2 बाँसुरी बनानेवाला

वा–*सं०* (अ०) अथवा, या

वाइंडिंग–*अं०* (स्त्री०) जिल्द

वाइज़–*अ०* (पु०) 1 नसीहत देनेवाला 2 उपदेश देनेवाला

वाइदा–*अ०* (पु०) = वादा

वाइन–*अं०* (स्त्री०) शराब, मद्य

वाइरस–*अं०* (पु०) 1 विष 2 विषाणु। ~**रोग** *+ सं०* (पु०) विषाणु रोग; ~**विज्ञान** *+ सं०* (पु०) विषाणु विज्ञान; ~**विज्ञानी** *+ सं०* (पु०) विषाणु विज्ञान का जानकार

वाइस–*अं०* (पु०) प्रतिनिधि के रूप में काम करनेवाला व्यक्ति। ~**एडमिरल** (पु०) नौसेना का उप मुख्याधिकारी; ~**चांसलर** (पु०) कुलपति; ~**प्रिंसीपल** (पु०) उप प्रधानाचार्य; ~**प्रेसिडेंट** (पु०) 1 उपाध्यक्ष 2 उपराष्ट्रपति

वाइसराय–*अं०* (पु०) बड़ा लाट

वाउचर–*अं०* (पु०) आधार पत्र

वाक आउट–*अं०* (पु०) भवन छोड़कर बाहर चला जाना

वाक़ई–*अ०* (अ०) वास्तव में

वाक़या–*अ०* (पु०) 1 घटना 2 हाल। ~**नवीस** *+ फ़ा०* (पु०) संवाददाता

वाक़यी–*अ०* (अ०) = वाक़ई

वाक़ा–I *अ०* (वि०) 1 घटित हुआ 2 किसी स्थान पर स्थित II (पु०) वाकया

वाक़िफ़–*अ०* (वि०) 1 परिचित 2 जानकार

वाक़िफ़ियत–*अ०* (स्त्री०) 1 जानकारी 2 परिचय

वाकोपवाक, वाकोवाक्य–*सं०* (पु०) 1 कथोपकथन, बातचीत 2 तर्क-वितर्क

वाक्–*सं०* (स्त्री०) 1 शब्द 2 वाणी 3 कथन 4 वाद 5 बोलने की इंद्रिय 6 सरस्वती। ~**कलह** (पु०) 1 कहासुनी 2 झगड़ा, विवाद; ~**चतुर** (वि०) बात करने में होशियार या कुशल; ~**चपल** बकवादी; ~**चातुरी** (स्त्री०) ~**चातुर्य** (पु०) वाणी की चतुरता; ~**छल** (पु०) 1 टाल मटोल की बात, बहाना 2 न्याय शास्त्रानुसार छल के तीन भेदों में से एक; ~**तीक्ष्ण** (वि०) वाणी का तीखा; ~**पटु** (वि०) बातचीत में चतुर; ~**प्रहार** (पु०) वाणी से चोट करनेवाला; ~**यंत्र** (पु०) बोलने के अवयव; ~**संयम** (पु०) व्यर्थ की बात न करना; ~**स्वातंत्र्य** (पु०) बोलने की आज़ादी

वाक्य–*सं०* (पु०) सार्थक शब्द समूह, जुमला, सेंटेंस (जैसे-दो-चार वाक्य लिखना)। ~**कुशल** (वि०) = वाक्पटु; ~**खंड** (पु०) उपवाक्य; ~**निपुण** (वि०) = वाक्पटु; ~**पद्धति** (स्त्री०) वाक्य बनाने का नियम; ~**मूलक** (वि०) वाक्य रचनागत; ~**रचना** (स्त्री०) वाक्य बनाना; ~**वक्रता** (स्त्री०) वाणी की लाक्षणिकता; ~**वाण** (पु०) बोली के तीर; ~**विचार** (पु०) = वाक्य विन्यास; ~**विच्छेद** (पु०) = वाक्य विश्लेषण; ~**विज्ञान** (पु०) वाक्यों की गठन, उनके क्रम आदि का विज्ञान; ~**विन्यास** (पु०) वाक्य बनाना; ~**विश्लेषण** व्याकरण का एक अंग जिसके अंतर्गत वाक्य के शब्दों के प्रकार, भेद, रूप आदि का विवेचन होता है; ~**शक्ति** (स्त्री०) = वाक् चातुर्य

वाक्यांतर्गत–*सं०* (वि०) वाक्य के अंदर आया हुआ

वाक्यांश–*सं०* (पु०) वाक्य का अंश

वाक्यार्थ–*सं०* (पु०) 1 वाक्य का अर्थ 2 वाक्य प्रमाण के बल पर प्राप्त किया हुआ वाक्य का अभिप्राय

वागिंद्रिय–*सं०* (स्त्री०) जिह्वा, जीभ

वागीश–I *सं०* (पु०) कवि II (वि०) वक्ता

वागीशा–*सं०* (स्त्री०) वाणी, सरस्वती

वागीश्वर–I *सं०* (पु०) 1 ब्रह्मा 2 कवि II (वि०) बहुत अच्छा वक्ता

वाग्जाल–*सं०* (पु०) घुमाव फिराव की बातें

वाग्दंड–*सं०* (पु०) झिड़की, भर्त्सना

वाग्दत्त–*सं०* (वि०) वचन दिया हुआ

वाग्दत्ता–*सं०* (स्त्री०) वह कन्या जिसकी शादी पक्की हो चुकी हो

वाग्दान–*सं०* (पु०) वचन देना

वाग्दोष–*सं०* (पु०) 1 बोलने की त्रुटि 2 व्याकरण संबंधी भूल 3 गाली

वाग्धारा–*सं०* (स्त्री०) = वाक्यधारा

वाग्बद्ध–*सं०* (वि०) मौन, चुप

वाग्मिता–*सं०* (स्त्री०) वाक् चातुर्य

वाग्मी–*सं०* (पु०) 1 अच्छा वक्ता 2 विद्वान्, पंडित

वाग्युद्ध–*सं०* (पु०) बहुत अधिक कहा सुनी

वाग्विदग्ध–*सं०* (वि०) वाक् चतुर

वाग्विदग्ध–I *सं०* 1 पंडित 2 बात में चतुर

वाग्विलास–*सं०* (पु०) आनंदपूर्वक बातचीत करना

वाग्वैचित्र्य–*सं०* (पु०) वाणी की विलक्षणता, वाणी का चमत्कार

वाग्वैदग्ध्य–*सं०* (पु०) 1 वाग्विदग्ध होने का भाव 2 चमत्कार भरा तत्त्व

वाग्वैभव–*सं०* (पु०) वाणी की शक्ति

वाग्व्यवहार–*सं०* (पु०) मुहावरा

वाङ्मय–I *सं०* (पु०) साहित्य II (वि०) 1 वचन संबंधी

2 वचन द्वारा किया हुआ (जैसे-वाङ्मय पाप) 3 वाक्यात्मक

वाङ्मुख–*सं०* (पु०) ग्रंथ की भूमिका

वाचक–I *सं०* (वि०) 1 बोलनेवाला 2 बोध करानेवाला (जैसे-संबंध वाचक) 3 सुनानेवाला (जैसे-कथा वाचक) II (पु०) नाम, संज्ञा। ~**ता** (स्त्री०) वाचक होने का भाव

वाचन–*सं०* (पु०) 1 पढ़ना, पठन (जैसे-कथा वाचन) 2 कहना, बताना 3 प्रतिपादन

वाचनक–*सं०* (पु०) पहेली

वाचना–*सं०* (स्त्री०) 1 पाठ 2 पाठ का अंश 3 अध्याय

वाचनाभिरुचि–*सं०* (स्त्री०) पढ़ने की अभिरुचि

वाचनालय–*सं०* (पु०) सार्वजनिक पुस्तकालय

वाचस्पति–*सं०* (पु०) बहुत बड़ा विद्वान्

वाचा–I *सं०* (स्त्री०) 1 वाणी 2 शपथ II (अ०) वचन से। ~**पत्र** (पु०) प्रतिज्ञा पत्र; ~**बंध** (पु०) वचनबद्ध

वाचाघात–*सं०* (पु०) वाग्लोप, अफ़ेज़िया

वाचाल–*सं०* (वि०) 1 वाक्‌पटु 2 बकवादी 3 उद्दंडतापूर्वक बोलनेवाला

वाचिक–I *सं०* (वि०) 1 वाणी सम्बन्धी 2 मुँह से कहा हुआ II (पु०) संदेश रूप में कही गयी बात

वाची–*सं०* (वि०) 1 वाचा संबंधी 2 वाचा के रूप में होनेवाला 3 बोध करानेवाला 4 वाचन करनेवाला

वाच्य–I *सं०* (वि०) 1 वाचन के योग्य 2 जिसका अभिधा शक्ति द्वारा बोध हो, अभिधेय 3 निंदनीय, बुरा II (पु०) वाच्यार्थ

वाच्यार्थ–*सं०* (पु०) वाचक शब्द का अर्थ, मुख्यार्थ

वाज–*सं०* (पु०) 1 घी, घृत 2 यज्ञ

वाजपेयी–*सं०* (पु०) कान्यकुब्ज ब्राह्मणों के एक प्रतिष्ठित वर्ग की उपाधि

वाजिब–*अ०* (वि०) 1 उचित 2 संगत

वाजिबी–*अ० + फ़ा०* (वि०) उचित, ठीक, मुनासिब

वाजिशाला–*सं०* (स्त्री०) घुड़साल

वाजी–*सं०* (पु०) घोड़ा। ~**करण** (पु०) औषध द्वारा कामोद्दीपन

वाज़ूँ–*अ०* (वि०) उल्टा, अधोमुख

वाट–I *सं०* (पु०) रास्ता, मार्ग

वाट–II *अं०* (पु०) बिजली के चालन शक्ति की इकाई

वाटक–*सं०* (पु०) उद्यान, बाग़ उपवन

वाटर–*अं०* (पु०) जल, पानी। ~**कलर** (पु०) 1 पानी और गोंद के मिश्रण से बना रंग 2 इस रंग से बना चित्र; ~**प्रूफ़** (वि०) जिसपर पानी का असर न हो (जैसे-वाटर प्रूफ़ कोट, वाटर प्रूफ़ सिमेंट); ~**मार्क** (पु०) पानी की सतह, गहराई का सूचक चिह्न, जल चिह्न या जलांक नोटों आदि पर लगाया जानेवाला चिह्न

वाटिका–*सं०* (स्त्री०) बगीचा

वाड़वाग्नि–*सं०* (स्त्री०) 1 समुद्र के अदर की आग 2 समुद्री आग

वाड़वानल–*सं०* (पु०) समुद्र में लगी आग

वाण–*सं०* (पु०) दे० बाण। ~**मुख** (पु०) बाण की नोक

वाणिज्य–*सं०* (पु०) व्यापार। ~**अभिकर्ता** (पु०) व्यापारी; ~**चिह्न** (पु०) व्यापारिक माल पर अंकित पार्थक्य सूचक निशान, मार्कैंटाइल मार्क; ~**दूत** (पु०) दूसरे देश में रहनेवाला अन्य देश का वाणिज्य संबंधी राजकीय दूत, कांसल; ~**दूतावास** (पु०) वाणिज्य दूत का निवास; ~**पथ** (पु०) व्यापार का मार्ग; ~**प्रधान** (वि०) जिसमें व्यापार की प्रमुखता हो; ~**वाद** (पु०) ऐसा मत जिसमें जनसाधारण की अपेक्षा व्यापारियों का विशेष ध्यान रखा जाता था; ~**विभाग** (पु०) वाणिज्य संबंधी कार्यालय; ~**व्यवसाय** (पु०) व्यापार और उद्योग

वाणिज्यिक–*सं०* (वि०) वाणिज्य संबंधी

वाणी–*सं०* (स्त्री०) 1 वचन, बात 2 जीभ, रसना 3 बातचीत करने की शक्ति। ~**दोष** (पु०) बोलने में कोई ऐब

वात–*सं०* (पु०) हवा, वायु। ~**चक्र** (पु०) बवंडर, चक्रवात; ~**मार्ग** (पु०) वायुपथ, आकाश; ~**रोग** (पु०) वायु का प्रकोप; ~**हत** (वि०) 1 वायु रोग से पीड़ित 2 उन्माद ग्रस्त; ~**हीन** (वि०) बिना हवा का, निर्वात

वातानुकूलन–*सं०* (पु०) हवा के तापमान को अनुकूल बनाना

वातानुकूलित–*सं०* (वि०) वातानुकूल बनाया गया

वातायन–*सं०* (पु०) झरोखा, खिड़की। ~**व्यवस्था** (स्त्री०) हवा के आने जाने की प्रणाली

वातालि, वाताली–*सं०* (स्त्री०) आँधी, तूफ़ान

वातावरण–*सं०* (पु०) 1 पृथ्वी के चारों ओर की वायु 2 परिस्थिति (जैसे-घर का वातावरण अच्छा है)

वातावरणिक–*सं०* (वि०) 1 वातावरण संबंधी 2 वातावरण का

वाताहत–*सं०* (वि०) वायुकंपित

वातीय–*सं०* (वि०) वायु संबंधी

वातुल–I *सं०* (वि०) 1 बात संबंधी 2 वात के प्रकोप से होनेवाला II (पु०) बावला, पागल

वातोन्माद–*सं०* (पु०) अपतंत्रक नामक राग

वात्य–*सं०* (वि०) भार

वात्या–*सं०* (स्त्री०) प्रचंड वायु, बहुत तेज़ हवा। ~**चक्र** (पु०) बवंडर

वात्सरिक–I *सं०* (पु०) ज्योतिषी II (वि०) 1 वर्ष संबंधी 2 वार्षिक

वात्सल्य–*सं०* (पु०) प्रेम, स्नेह (जैसे-पुत्र वात्सल्य)

वाद–*सं०* (पु०) 1 कहना, बोलना 2 कथन, उक्ति 3 दलील 4 तर्क वितर्क 5 अफवाह, किंवदंती 6 मुकदमा, अभियोग 7 व्यवस्थित मत या सिद्धांत (जैसे-प्रगतिवाद, प्रकृतिवाद)। ~**ग्रस्त** (वि०) वाद में फँसा हुआ, अनिश्चित, अनिर्णित; ~**पत्र** (पु०) दावानामा, इस्तग़ासा; ~**पद** (पु०) विवादास्पद और विचारणीय तथ्य, तनकीह; ~**प्रतिवाद** (पु०) 1 उत्तर प्रत्युत्तर, बहस 2 कथोपकथन; ~**मूल** (पु०) मूल कारण; ~**विवाद** (पु०) झगड़ा, बहस; ~**विषय** (पु०) नालिश का प्रसंग; ~**व्यय** (पु०) नालिश का ख़र्च; ~**साधन** (पु०) तर्क का प्रमाण; ~**स्थगन** (पु०) नालिश का टालना

वादक–*सं०* (वि०) 1 बोलनेवाला 2 वाद विवाद करनेवाला 3 बजानेवाला (जैसे-वीणा वादक, सितार वादक) 3 वादक

वादन–*सं०* (पु०) 1 कहना 2 बाजा बजाना (जैसे-सितार वादन) 3 वादक

वादरायण—*सं०* (पु०) व्यासदेव, वेदव्यास
वादा—*अ०* (पु०) वचन, प्रतिज्ञा, इक़रार (जैसे-वादा का पक्का, वादा करना); ~**ख़िलाफ़ी** + *फ़ा०* (स्त्री०) वचन भंग
वादानुवाद—*सं०* (पु०) वाद प्रतिवाद
वादाम—(पु०) बादाम
वादित—*सं०* (वि०) बजाया हुआ
वादित्र—*सं०* (पु०) बाजा
वादी—I *सं०* (वि०) वक्ता II (पु०) फरियादी, मुद्दई
वाद्य—*सं०* (पु०) 1 बाजा बजाना 2 बाजा। ~**कार** (पु०) बाजा बजानेवाला; ~**मंडली** (स्त्री०), ~**वृंद** (पु०) बाजा बजानेवालों का समूह; ~**संगीत** (पु०) केवल बाजे से उत्पन्न ध्वनि
वान—*अं०* (पु०) गाड़ी
वानप्रस्थ—*सं०* (पु०) 1 भारतीय आर्यों के चार जीवन विभागों में से तीसरा 2 संन्यासी
वानप्रस्थाश्रम—*सं०* (पु०) भारतीय आर्यों के जीवन यापन के चार आश्रमों में एक
वानप्रस्थाश्रमी—*सं०* (वि०) वानप्रस्थ धारण करनेवाला
वानप्रस्थी—*सं०* (वि०) वानप्रस्थ के योग्य, विरक्त, सर्वत्यागी
वानप्रस्थ्य—*सं०* (पु०) वानप्रस्थ की अवस्था
वानर—*सं०* (पु०) बंदर
वानरी—*सं०* (वि०) वानर संबंधी
वानस्पतिक—*सं०* (वि०) 1 वनस्पति का 2 वनस्पति द्वारा होनेवाला
वानस्पत्य—I *सं०* (वि०) वृक्ष संबंधी 2 वृक्ष से प्राप्त होनेवाला II (पु०) 1 पौधा 2 फल फूल देनेवाला वृक्ष 3 वृक्षों का समूह
वानिकी—*सं०* (स्त्री०) पेड़ पौधों तथा वनों आदि की जानकारी देनेवाला विज्ञान, फॉरिस्ट्री
वापस—*अ०* (वि०) 1 लौटा हुआ 2 फेरा हुआ
वापसी—I *फ़ा०* + *हिं०* (वि०) 1 लौटाया हुआ 2 वापस से संबंधित (जैसे-वापसी टिकट) II (स्त्री०) वापस करने का भाव
वापिस—*फ़ा०* (वि०) = वापस
वापी—*सं०* (स्त्री०) 1 बावली 2 तालाब
वाम—*सं०* (वि०) 1 बायाँ 2 विरुद्ध। ~**ता** (स्त्री०) प्रतिकूलता, विपरीतता; ~**पंथी** + *हिं०*, ~**पक्ष** (पु०) विपक्ष; ~**पक्षी** (वि०) विपक्षी; ~**मार्ग** (पु०) वेद विरुद्ध तंत्रमत
वामत—*सं०* (क्रि० वि०) बाईं ओर, बाईं तरफ़
वामन—*सं०* (वि०) 1 ठिंगना 2 नाटा, बौना, खर्ब
वामांगिनी, वामांगी—*सं०* (स्त्री०) पत्नी, भार्या
वामाँदा—*फ़ा०* (वि०) 1 पीछे छूटा हुआ 2 बचा हुआ 3 लाचार, विवश
वामा—*सं०* (स्त्री०) 1 स्त्री 2 मनोहारिणी स्त्री
वायदा—*अ०* (पु०) वादा, वचन
वायरलेस—*अं०* (पु०) बेतार का तार
वायविक—*सं०* (वि०) = वायवीय
वायवी—*सं०* (वि०) = वायव्य
वायवीय—*सं०* (वि०) 1 वायु संबंधी 2 वायु द्वारा परिचालित
वायव्य—I *सं०* (वि०) 1 वायु से संबंध रखनेवाला 2 वायु संबंधी II (पु०) पश्चिमी और उत्तर दिशाओं के बीच का कोण
वायस—*सं०* (पु०) कौआ
वायु—*सं०* (स्त्री०) हवा। ~**अनुकूलन** (पु०) वातानुकूलन; ~**अनुकूलित** (वि०) वातानुकूलित; ~**कोण** (पु०) = वायव्य; ~**गति सूचक** (पु०) = वायु वेग मापी; ~**छिद्र** (पु०) समुद्रतट की चट्टानों में कहीं कहीं पाए जानेवाले छेद, ब्लो होल; ~**दाब** + *हिं०* (पु०) हवा का दबाव; ~**दाब मापी** + *हिं०* + *सं०* (पु०) वायु के दाब को नापने का एक यंत्र; ~**दुर्घटना** (स्त्री०) वायुयान की दुर्घटना; ~**नली** (स्त्री०) श्वास नली; ~**पथ** (पु०) वायु मार्ग (जैसे-वायु पथ गमन); ~**परिवहन** (पु०) वायु मार्ग से यात्रा करना; ~**पोत** (पु०) हवाई जहाज़; ~**प्रतिरोधक** (वि०) = वायुबंद; ~**भार** (पु०) = वायुदाब; ~**भार मापक** (पु०) = वायु दाब मापी; ~**मंडल** (पु०) 1 आकाश 2 वातावरण; ~**मंडलीय** (वि०) वायु मंडल का; ~**मापी** (पु०) वायु की शुद्धि और उसमें व्याप्त आक्सीज़न की माप बतलानेवाला यंत्र; ~**मार्ग** (पु०) = वायु पथ; ~**यात्रा** (स्त्री०) हवाई जहाज़ से की जानेवाली यात्रा; ~**यान** (पु०) हवाई जहाज़; ~**यान चालक** (पु०) वायुयान चलानेवाला; ~**यान तोड़क** + *हिं०* (वि०) = वायु यान घातक; ~**यान निर्माण** (पु०) वायुयान बनाना; ~**यान मारक** (वि०) = वायुयान घातक; ~**यान मार्ग** (पु०) = वायु पथ; ~**यान वाहक** (वि०) वायुयानों को ले जानेवाला; ~**यान वेधी** (वि०) = वायु यान घातक; ~**रहित** (वि०) = वायु शून्य; ~**रोधी** (वि०) हवा को रोकनेवाला; ~**वेग** (पु०) हवा का ज़ोर; ~**वेग मापी** (पु०) वायु वेग मापने का एक यंत्र; ~**शून्य** (वि०) वायुहीन, निर्वात; ~**संचार** (पु०) हवा का आना जाना; ~**सेना** (स्त्री०) वायुयान से गोला फेंकनेवाली सेना; ~**सेनाध्यक्ष** (पु०) वायु सेना का सर्वोच्च अधिकारी; ~**सैनिक** (वि०) वायु सेना से संबंधित; ~**स्तंभ** (पु०) हवा का रुक जाना; ~**स्नान** (पु०) नग्न बदन हवा में टहलना या रहना
वायोलिन—*अं०* (स्त्री०) एक प्रकार का अंग्रेज़ी बाजा; ~**मंडली** + *सं०* (स्त्री०) वायोलिन बजानेवालों का समूह
वारंट—*अं०* (पु०) विशेष आज्ञा पत्र। ~**अफ़सर** (पु०) वारंट देने का अधिकारी; ~**गिरफ़्तारी** + *फ़ा०* (पु०) गिरफ़्तार करने के लिए दिया गया अधिकार पत्र; ~**तलाशी** (पु०) तलाशी लेने हेतु दिया गया अधिकार पत्र; ~**रिहाई** + *फ़ा०* (पु०) मुक्त करने हेतु दिया गया अधिकार पत्र
वारंवार—(अ०) बार बार, बारंबार। ~**ता** + *सं०* (स्त्री०) गिनती में अनेक बार होना
वार—I (पु०) आघात, प्रहार (जैसे-शत्रु पर वार करना, वार बचाना)
वार—II *सं०* (पु०) 1 नियत काल या समय, बार, अवसर (जैसे-इस वार तुम्हारा काम होगा) 2 कालावधिक सूचक शब्द (जैसे-सोमवार, मंगलवार)

वारक–*सं०* (वि०) 1 मना करनेवाला 2 रुकावट डालनेवाला

वारण–*सं०* (पु०) 1 निवारण 2 प्रतिरोध 3 निषेध 4 प्रतिरोध का साधन

वारणिक–*सं०* (वि०) वारण संबंधी

वारदात–*अ०* (स्त्री०) 1 घटना 2 दुर्घटना

वारना–I (सं० क्रि०) निछावर करना II (पु०) निछावर

वारनिश–*अं०* (स्त्री०) वार्निश

वार पार–I (पु०) 1 इस पार और उस पार के दोनों किनारे 2 समूचा विस्तार II (अ०) इस किनारे से उस किनारे तक

वार फेर–(स्त्री०) निछावर, बलि

वारयिता–*सं०* (पु०) पति

वारवधू–*सं०* (स्त्री०) वेश्या, रंडी

वारांगना–*सं०* (स्त्री०) रंडी, वेश्या

वारा–I (पु०) 1 बचत, किफ़ायत 2 लाभ 3 नदी आदि का इधर का किनारा II (वि०) 1 सस्ता 2 निछावर किया गया। ~**न्यारा** (पु०) निपटार, फ़ैसला; ~**पार** (पु०) = वार पार; ~**फेरा** (पु०) = वार फेर; ~**पड़ना,** ~**बैठना** बचत होना; ~**होना** निछावर होना

वाराह–*सं०* (पु०) = वराह

वारि–*सं०* (पु०) पानी, जल

वारित–*सं०* (वि०) मना किया हुआ

वारिद–*अ०* (वि०) सामने आया हुआ, उपस्थित

वारिदात–*अ०* (स्त्री०) = वारदात

वारियाँ–I (स्त्री०) निछावर, बलि

वारिस–*अ०* (पु०) उत्तराधिकारी, स्वत्वाधिकारी

वारिसी–*अ० + फ़ा०* (स्त्री०) = 1 विरासत 2 वारिस होने का भाव

वारी फेरी–(स्त्री०) = वार फेर

वारुणी–*सं०* (स्त्री०) शराब, मदिरा

वार्ड–*अं०* (पु०) 1 हिफ़ाज़त 2 रक्षा 3 घेरा हुआ स्थान 4 अलग विभाग (जैसे-जेंटस वार्ड)। ~**ब्वाय** (पु०) (अस्पताल में) वार्ड का बैरा

वार्डन–*अं०* (पु०) 1 रक्षक 2 अभिभावक 3 अधीक्षक

वार्डर–*अं०* (पु०) पहरेदार (जैसे-जेल का वार्डर)

वार्ता–*सं०* (स्त्री०) 1 बातचीत 2 विषय बोध करानेवाला कथन। ~**कार** (पु०) बातचीत करनेवाला

वार्तालाप–*सं०* (पु०) कथोपकथन

वार्तिक–I *सं०* (पु०) 1 किसान 2 व्यवसायी 3 दूत II (वि०) 1 वार्ता संबंधी 2 व्याख्यात्मक। ~**कार** (पु०) कात्यायन

वार्द्धक्य–*सं०* (पु०) वृद्धावस्था

वार्निश–*अं०* (स्त्री०) एक चमकदार द्रव

वार्षिक–I *सं०* (वि०) 1 प्रति वर्ष होनेवाला 2 एक वर्ष तक चलता रहनेवाला II (अ०) प्रति वर्ष के हिसाब से

वार्षिकी–*सं०* (स्त्री०) 1 प्रति वर्ष दी जानेवाली वृत्ति, अनुदान 2 प्रतिवर्ष होनेवाला प्रकाशन 3 बरसी

वार्षिकोत्सव–*सं०* (पु०) साल में होनेवाला उत्सव

वालंटियर–*अं०* (पु०) स्वयं सेवक

वालिद–*अ०* (पु०) पिता, बाप

वालिदा–*अ०* (स्त्री०) माता, माँ

वालिदैन–*अ०* (पु०) माँ-बाप, माता-पिता

वालीबाल–*अं०* (पु०) 1 ऊँचे जाल के आर पार बड़े गेंद से हाथ द्वारा खेला जानेवाला एक खेल 2 इस खेल का गेंद

वालुका–*सं०* (स्त्री०) 1 वृक्ष की शाखा, डाल 2 बालू

वाल्मीकि–*सं०* (पु०) संस्कृत भाषा के आदि कवि तथा रामायण के रचयिता

वाल्मीकीय–I *सं०* वाल्मीकि संबंधी II (स्त्री०) वाल्मीकि की बनाई गई रचना आदि

वाल्व–*अं०* (पु०) कपाट

वावदूक–*सं०* (पु०) 1 अच्छा बोलनेवाला, वक्ता 2 बकवादी

वावैला–*अ०* (पु०) 1 रोना पीटना, विलाप 2 शोर गुल, हो हल्ला

वाशक–*सं०* (वि०) 1 चिल्लानेवाला 2 रोनेवाला

वाशन–*सं०* (पु०) 1 पक्षियों का बोलना 2 मक्खियों का भिनभिनाना 3 चिल्लाना

वाष्प–*सं०* (पु०) भाप (जैसे-जल वाष्प, वाष्प इंजन)। ~**चालित** *+ हिं०* (वि०) वाष्प से चलनेवाला; ~**दाब** *+ हिं०* (पु०) भाप का दबाव; ~**पुंज** (पु०) वाष्प का समूह, वाष्प राशि; ~**यंत्र** (पु०) वाष्प द्वारा चालित यंत्र; ~**यान** (पु०) वाष्प से चलनेवाला यंत्र; ~**शील** (वि०) वाष्प बननेवाला (जैसे-वाष्पशील द्रव)

वाष्पन–*सं०* (पु०) = वाष्पीकरण

वाष्पायन–*सं०* (पु०) वाष्प रूप में आना

वाष्पीकरण–*सं०* (पु०) वाष्प में बदलना (जैसे-द्रव का वाष्पीकरण)

वाष्पीय–*सं०* (वि०) वाष्प होने योग्य

वासंतिक–*सं०* (वि०) 1 वसंत संबंधी 2 वसंत ऋतु में होनेवाला

वास–*सं०* (पु०) 1 निवास (जैसे-कल्पवास, कारावास, स्वर्गवास) 2 घर, मकान 3 गंध। ~**गृह** (पु०) = वास भवन; ~**त्याग** (पु०) घर त्याग देना, घर छोड़ना; ~**भवन** (पु०) 1 अंतः पुर 2 शयनागार 3 रहने का घर; ~**योग्य** (वि०) निवास करने लायक ~**स्थान,** (पु०) निवास स्थान, आवास

वासक–*सं०* (वि०) सुवासित करनेवाला

वासन–*सं०* (पु०) 1 निवास करना, बसना 2 कपड़ा, वसन

वासना–*सं०* (स्त्री०) 1 कामना, इच्छा (जैसे-मन की वासना) 2 भावना (जैसे-काम वासना) 3 अज्ञान (जैसे-वासना का तिरोहित होना)

वासनात्मक, वासनामय–*सं०* (वि०) वासना से संबद्ध

वासनोत्तेजक–*सं०* (वि०) वासना को उभारनेवाला (जैसे-वासनोत्तेजक द्रव्य का सेवन)

वासर–*सं०* (पु०) दिन, दिवस

वासित–*सं०* (वि०) 1 सुगंध युक्त (जैसे-सुवासित कक्ष) 2 ठहराया हुआ

वासिल–*अ०* (वि०) 1 संयोग हुआ 2 प्राप्त। ~**बाक़ी** (स्त्री०) प्राप्त और बची रक़म

वासिलात–*अ०* (पु०) प्राप्त रक़म

वासी–I *सं०* (वि०) रहनेवाला, बसनेवाला II (स्त्री०) तक्षणी, बसूला

वासुदेव–*सं०* (पु०) 1 वसुदेव के पुत्र श्री कृष्ण 2 पीपल का पेड़

वासोख़्त–*फ़ा०* (पु०) 1 मानसिक संताप 2 मुसद्दस रूप में लिखित काव्य

वास्कट–*अं०* (स्त्री०) बिना आस्तीन की कुरती

वास्तव–*सं०* (वि०) यथार्थ, सत्य। **~वाद** (पु०) = यथार्थवाद; **~वादी** (वि०) = यथार्थवादी

वास्तविक–*सं०* (वि०) वास्तव में होनेवाला। **~ता** (स्त्री०) वास्तविक होने का भाव; **~ता-वादी** (वि०) = वास्तववादी

वास्तव्य–I *सं०* 1 निवास करने योग्य 2 रहनेवाला 3 आबाद II (पु०) बस्ती

वास्ता–*अ०* (पु०) 1 संबंध, लगाव (जैसे-प्रेम का वास्ता) 2 नाता 3 ज़रिया 4 काम

वास्तु–*सं०* (पु०) 1 इमारत बनाने योग्य स्थान 2 इमारत, मकान। **~अलंकार** (पु०) इमारत की सजावट; **~कर्म** (पु०) इमारत बनाने का काम; **~कर्मकार**, **~कर्मज्ञ** (पु०) = वास्तुकार; **~कला** (स्त्री०) इमारत, मकान आदि बनाने की कला, आर्किटेक्चर **~कला विशारद**, **~कार** (पु०) इमारत महल आदि बनानेवाला कारीगर; **~पूजा** (स्त्री०) वास्तुदेव की पूजा; **~विज्ञान** (पु०), **~विद्या** (स्त्री०), **~शास्त्र**, **~शिल्प** (पु०) = वास्तुकला; **~शिल्पी** (पु०) = वास्तुकार; **~सामग्री** (स्त्री०) मकान बनाने का सामान

वास्ते–*अ०* 1 लिए, निमित्त (जैसे- मेरे वास्ते किताब लाना) 2 हेतु, सबब (जैसे-प्यार के वास्ते सब कुछ सहना)

वाह–*फ़ा०* (अ०) 1 प्रशंसा सूचक शब्द, धन्य (जैसे-अरे वाह! तुम पास हो गए) 2 आश्चर्य, घृणा आदि का सूचक शब्द (जैसे-वाह! यह कैसी ज़िद)। **~वाह** (अ०) धन्य धन्य; **~वाही** (स्त्री०) वाह वाह होना, साधुवाद (जैसे-वाहवाही लूटना, वाहवाही लेना)

वाहक–I *सं०* (वि०) ढोकर ले जानेवाला II (पु०) 1 कुली 2 सारथि

वाहन–*सं०* (पु०) 1 ढोना 2 सवारी

वाहित–*सं०* (वि०) 1 ढोया हुआ 2 चालित 3 प्रवाहित

वाहिनी–*सं०* (स्त्री०) 1 सेना, फ़ौज 2 नली (जैसे-रक्त वाहिनी) 3 नदी

वाहिनीय–*सं०* (वि०) शरीर के अंदर की वाहिनियों से संबंध रखनेवाला

वाहियात–*अ०* (वि०) 1 व्यर्थ, निरर्थक 2 अश्लील, बेहूदी (जैसे-वाहियात फ़िल्म) 3 निक्कमा, तुच्छ (जैसे-वाहियात आदमी)

वाही–*अ०* (वि०) 1 निक्कमा 2 सुस्त, ढीला 3 अश्लील, गंदा और भद्दा 4 आवारा 5 बेवकूफ़, मूर्ख 6 बेहूदा। **~तबाही** + *फ़ा०* (वि०) निरर्थक, बेहूदा

विंग–*अं०* (पु०) 1 कक्ष, खंड 2 सेना का स्कंध। **~कमांडर** (पु०) सेना का स्कंधाध्यक्ष

विंदु–I *सं०* (पु०) 1 तरल पदार्थ का कण, बूँद (जैसे-जल विंदु, प्रस्वेद विंदु) 2 छोटा गोलाकार चिह्न, बिंदी 3 अनुस्वार का चिह्न 4 शून्य का चिह्न, सिफ़र 5 (ज्या०) अविभाज्य स्थिति, केंद्र (जैसे-वृत्त का मध्य विंदु) 6 अत्यंत छोटा टुकड़ा, कण, कनी II (वि०) 1 ज्ञाता, जानकार (जैसे-भाग्य विंदु, मर्म विंदु) 2 जानने योग्य। **~रेख** (पु०), **~रेखा** (स्त्री०) विंदुओं के मिलाने से बनी रेखा (जैसे-विंदु रेखा चित्र)

विंश–I *सं०* (वि०) बीसवाँ II (पु०) बीसवाँ भाग

विंशति–I *सं०* (स्त्री०) 1 बीस की संख्या 2 बीस की संख्या का सूचक अंक II (वि०) दस का दूना

विकंपन–*सं०* (पु०) 1 काँपना 2 गति, चाल

विकंपित –*सं०* (वि०) काँपता हुआ, अस्थिर

विकच–*सं०* (वि०) 1 विकसित 2 केशहीन

विकट–*सं०* (वि०) 1 भयंकर, भयानक 2 भद्दा, भोंडा (जैसे-विकट रूप) 3 दुर्गम (जैसे-विकट स्थिति 4 दुस्साध्य 5 कठिन, मुश्किल 6 टेढ़ा, वक्र (जैसे-विकट मार्ग)

विकटाकार–*सं०* (वि०) भीषण रूपवाला

विकरण–I *सं०* (पु०) *व्या०* धातु और प्रत्यय के मध्य होनेवाला वर्णागम II (वि०) इंद्रियों से रहित

विकराल–*सं०* (वि०) = विकट

विकर्ण–I *सं०* (पु०) (ज्या०) बहुभुज के असंलग्न शीर्ष बिंदुओं को मिलानेवाली रेखा, डायगनल II (वि०) बिना कान का

विकर्म–*सं०* (पु०) 1 दूषित कर्म 2 विविध कर्म

विकर्षक –*सं०* (वि०) परे हटानेवाला

विकर्षण–*सं०* (पु०) दूर हटाना

विकल–*सं०* (वि०) 1 व्याकुल, परेशान 2 असमर्थ 3 प्रभाव, शक्ति आदि से रहित 4 क्षोभ, भय आदि से युक्त

विकलन–*सं०* (पु०) मद में किसी के नाम रक़म लिखना, डेबिट

विकलांग–*सं०* (वि०) 1 अंग से हीन 2 बेकाम अंगवाला

विकलाना–I (अ० क्रि०) व्याकुल होना, घबराना II (स० क्रि०) परेशान करना

विकलित–*सं०* (वि०) 1 विकल किया हुआ 2 विकल 3 पीड़ित

विकल्प–*सं०* (पु०) 1 विभिन्नता 2 उपाय (जैसे-समस्या का अब कुछ भी विकल्प नहीं है) 3 भेदयुक्त ज्ञान 4 अनिश्चय, संदेह (जैसे-विकल्प अवस्था) 5 भूल, त्रुटि 6 अज्ञान (जैसे-विकल्प से परे रहना) 7 वक्तव्य, कथन 8 धारणा 9 चिंतन 10 भ्रम, धोखा

विकल्पन–*सं०* (पु०) 1 विकल्प करना 2 संदेह करना

विकल्पात्मक–*सं०* (वि०) जिसमें विकल्प हो

विकल्पित–*सं०* (वि०) अनिश्चित और संदिग्ध 2 अनियमित

विकसन–*सं०* (पु०) 1 विकास करना 2 फूलों आदि का खिलना

विकसना–(अ० क्रि०) 1 विकसित होना 2 फूल आदि का खिलना

विकसाना–(स० क्रि०) 1 विकास रूप में लाना 2 खिलाना

विकसित–*सं०* (वि०) 1 विकास हुआ 2 खिला हुआ (जैसे-विकसित कुसुम कली) 3 प्रसन्न (जैसे-विकसित मुखमंडल)

विकांक्ष–*सं०* (वि०) निष्काम, इच्छा रहित

विकांक्षा–*सं०* (स्त्री०) इच्छा का अभाव
विकार–*सं०* (पु०) 1 रूप, धर्म आदि का स्वाभाविक परिवर्तन 2 परिवर्तन 3 भावना 4 वासना (जैसे-काम विकार) 5 क्षोभ (जैसे-मानसिक विकार) 6 विकृत होना (जैसे-शारीरिक विकार) 7 विचारों में होनेवाला परिवर्तन 8 मल 9 रोग (जैसे-विकार ग्रस्त)। ~**ग्रस्त** (वि०) विकार से पीड़ित
विकारमय–*सं०* (वि०) विकार से युक्त
विकारित–*सं०* (वि०) 1 ख़राब किया हुआ 2 परिवर्तित
विकारी–*सं०* (वि०) 1 विकारवाला 2 परिवर्तन युक्त (जैसे-विकारी और अविकारी शब्द)
विकार्य–*सं०* (वि०) परिवर्तनशील
विकाल–*सं०* (पु०) 1 दिनांत, संध्या 2 अतिकाल 3 उपयुक्त समय के बाद का समय
विकाश–*सं०* (पु०) 1 प्रकाश, रोशनी 2 फैलाव, विस्तार 3 बढ़ती, वृद्धि
विकाशन–*सं०* (पु०) विकाश करना
विकास–(पु०) 1 व्यक्त करना 2 खिलना 3 खुलना 4 बढ़ते बढ़ते पूरा रूप धारण करना (जैसे-शरीर का विकास, पेड़ पौधों का विकास)। ~**कारी** (वि०) विकास करनेवाला; ~**कार्य** (पु०) विकास संबंधी काम; ~**क्रम** (पु०) विकास होने का क्रम; ~**परक** (वि०) = विकासमान्; ~**मूलक** (वि०) विकास पर आधारित; ~**वाद** (पु०) डार्विन द्वारा प्रतिपादित एक सिद्धांत जिसमें प्रणियों का प्रादुर्भाव एक ही मूल तत्व से हुआ माना जाता है; ~**वादी** I (पु०) विकास वाद का अनुयायी II (वि०) विकासवाद से संबंधित; ~**शील** (वि०) = विकासमान्
विकासमान्–*सं०* (वि०) विकास करता हुआ
विकासात्मक–*सं०* (वि०) विकास वाला
विकासार्थ–*सं०* (वि०) विकास करनेवाला
विकिरक–I *सं०* (पु०) ताप, भाप प्रकाश आदि बिखेरनेवाला यंत्र II (वि०) विकीर्ण करनेवाला
विकिरण, विकिरणन–*सं०* (पु०) 1 फैलाना, छितराना, किरणों का एकत्रीकरण। ~**कारी** (वि०) फैलानेवाला, छितरानेवाला; ~**चिकित्सक** (पु०) किरणों द्वारा चिकित्सा करनेवाला; ~**चिकित्सा** (स्त्री०) किरणों द्वारा की जानेवाली चिकित्सा; ~**ता** (स्त्री०) विकिरण होने की अवस्था; ~**मापी** (पु०) किरणों को नापने का एक यंत्र; ~**मिति** (स्त्री०) किरणों को नापना; ~**विज्ञान** (पु०) किरणों से संबंधित विद्या; ~**शील** (वि०) फैलता हुआ, फैलनेवाला
विकीर्ण–*सं०* (वि०) 1 फैलाया हुआ, छितराया हुआ 2 भरा हुआ 3 मशहूर, प्रसिद्ध
विकीर्णक–*सं०* (पु०) फैलानेवाला
विकीर्णन–*सं०* (पु०) फैलाना
विकुंचन–*सं०* (पु०) मुड़ना, सिकुड़ना
विकुंठ–*सं०* (वि०) 1 तेज़ और नुकीला 2 अत्यधिक भुथरा
विकृत–*सं०* (वि०) 1 बेडौल 2 अप्राकृतिक (जैसे-विकृत रूप) 3 असाधारण 4 अपूर्ण, अधूरा 5 विकार युक्त 6 कुरूप 7 बीभत्स। ~**चित्त** (वि०) विकार युक्त मनवाला; ~**दृष्टि** (वि०) बुरी दृष्टि वाला; ~**रूप** (पु०) बिगड़ा हुआ रूप, भद्दा चेहरा (जैसे-विकृत रूपवाला)

विकृति–*सं०* (स्त्री०) 1 विकृत होने का भाव 2 ख़राबी, विकार 3 विकार के उपरांत प्राप्त रूप 4 क्षोभ 5 काम वासना 6 शत्रुता, वैर (जैसे-विकृति भाव)। ~**करण** (पु०) विद्रूपण; ~**विज्ञान** (पु०) रोग विज्ञान, पैथालोजी; ~**करण** (पु०) विकृति करना
विकृष्ट–*सं०* (वि०) 1 खींचा हुआ 2 फैलाया हुआ
विकेंद्रित–*सं०* (वि०) फैलाया हुआ, केंद्र से हटाया हुआ
विकेंद्रीकरण–*सं०* (पु०) केंद्र से हटाना
विकेंद्रीकृत–*सं०* (वि०) = विकेंद्रित
विकेंद्रीयकरण–*सं०* (पु०) = विकेंद्रीकरण
विकेट–*अं०* (पु०) 1 क्रिकेट के खेल में गुल्लियाँ रखने के डंडे 2 बल्लेबाज़ (जैसे-अभी तीन विकेट गिरे हैं) 3 दोनों ओर के विकेटों के बीच की जगह (जैसे-विकेट पर दौड़ना)। ~**कीपर** (पु०) विकेट के पीछे खड़ा होनेवाला खिलाड़ी; ~**डोर** (पु०) चक्कदार फाटक
विक्टोरिया–I *अं०* (स्त्री०) फिटन से मिलती जुलती एक प्रकार की घोड़ा गाड़ी 2 ब्रिटेन की विख्यात रानी II (पु०) एक छोटा ग्रह
विक्रम–I *सं०* (पु०) 1 वीरता 2 शक्ति 3 वश में करना 4 बल, पौरुष 5 बिना क्रम या प्रणाली का वेदपाठ II (वि०) 1 बिना क्रम का 2 उत्तम, श्रेष्ठ। ~**संवत्** (पु०) विक्रमादित्य के नाम से चलाया हुआ संवत्
विक्रमण–*सं०* (पु०) 1 चलना 2 साहसपूर्वक आगे बढ़ना 3 डग भरना, क़दम बढ़ाना
विक्रमाजीत–(पु०), विक्रमादित्य– (पु०) उज्जयिनी के प्रसिद्ध प्रतापी राजा
विक्रमाब्द–*सं०* (पु०) विक्रम संवत्
विक्रमी–I *सं०* (पु०) पराक्रमी II (वि०) 1 विक्रम संबंधी, विक्रम का 2 विक्रमाब्द संबंधी
विक्रय–*सं०* (पु०) दाम लेकर चीज़ देना, बेचना (जैसे-क्रय विक्रय)। ~**कर** (पु०) बिक्रीकर, सेल टैक्स; ~**कर्ता** (पु०) विक्रेता; ~**कला** (स्त्री०), ~**चातुर्य** (पु०) बेचने का ढंग; ~**धन** (पु०) बेचने का सामान; ~**पत्र** (पु०) 1 विक्रय की रसीद 2 बैनामा; ~**भंडार** (पु०) बिक्री के लिए रखा माल गोदाम; ~**मूल्य** (पु०) बेचने की क़ीमत; ~**लेख** (पु०) = विक्रय पत्र; ~**शील** (वि०) बेचा जानेवाला
विक्रयक–*सं०* (पु०) = विक्रेता
विक्रयण–*सं०* (पु०) बेचना
विक्रयागार–*सं०* (पु०) = विक्रय भंडार
विक्रयार्थ–*सं०* (वि०) बिक्री के लिए
विक्रयिक–*सं०* (पु०) = विक्रेता
विक्रयी–*सं०* (पु०) बेचनेवाला
विक्रांत–I *सं०* (वि०) 1 प्रतापी 2 तेजस्वी 3 वीर II (पु०) 1 बहादुर, वीर 2 शेर 3 साहस, हिम्मत
विक्रिया–*सं०* (स्त्री०) 1 विकार 2 प्रतिक्रिया
विक्रीत–*सं०* (वि०) बेचा हुआ
विक्रेता–*सं०* (पु०) विक्रय करनेवाला
विक्रेय–*सं०* (वि०) बिकाऊ
विक्लव–*सं०* (वि०) 1 विकल 2 क्षुब्ध 3 भयभीत 4 दुःखी, संतप्त

विक्षत–*सं०* (वि०) 1 घायल, ज़ख्मी 2 खराश से युक्त
विक्षिप्त–*सं०* (वि०) 1 पागल, सिड़ी 2 परेशान
विक्षिप्तालय–*सं०* (पु०) पागलखाना
विक्षिप्तावस्था–*सं०* (स्त्री०) पागलपन
विक्षिप्ति–*सं०* (स्त्री०) विक्षिप्त होने का भाव
विक्षुब्ध–*सं०* (वि०) क्षोभ से भरा हुआ
विक्षेप, विक्षेपण–*सं०* (पु०) 1 फेंकना 2 झटका देना
विक्षोभ–*सं०* (पु०) 1 उद्विग्नता 2 मन का आवेग 3 आतंक, डर 4 उथल पुथल। ~**कारक** (वि०) विक्षोभ उत्पन्न करनेवाला
विक्षोभी–*सं०* (वि०) विक्षोभकारी, क्षोभकारी
विखंडन–*सं०* (पु०) तोड़ना फोड़ना, खंड खंड करना
विख्यात –*सं०* (वि०) प्रसिद्ध, मशहूर
विख्याति–*सं०* (स्त्री०) प्रसिद्धि, शोहरत
विख्यापन–*सं०* (पु०) 1 प्रसिद्ध करना 2 सार्वजनिक रूप से घोषणा करना
विख्यापित–*सं०* (वि०) विख्यापन किया गया
विगंध–*सं०* (वि०) 1 गंधहीन 2 दुर्गंधयुक्त
विगठन–(पु०) = विघटन
विगणन–*सं०* (पु०) 1 हिसाब लगाना, लेखा करना 2 ऋण मुक्त होना
विगत–*सं०* (वि०) 1 बीता हुआ (जैसे-विगत दिन) 2 निष्प्रभ (जैसे-विगत यौवन) 3 गत से ठीक पहले का (जैसे-विगत वर्ष, विगत रात) 4 नष्ट
विगति–*सं०* (स्त्री०) दुर्गति, दुर्दशा
विगम–*सं०* (पु०) 1 प्रस्थान, प्रयाण 2 पार्थक्य 3 अनुपस्थिति 4 त्याग 5 नाश 6 मोक्ष
विगर्हणा, विगर्हा–*सं०* (स्त्री०) डाँट फटकार, भर्त्सना
विगर्हित –*सं०* (वि०) 1 भर्त्सना की गई 2 बुरा, ख़राब 3 निषिद्ध
विगर्ही–*सं०* (वि०) विगर्हण करनेवाला
विगर्ह्य–*सं०* (वि०) निंदा किए जाने के योग्य, निंदनीय
विगलन–*सं०* (पु०) 1 पिघलना 2 रिसना 3 आर्द्र होना 4 शिथिल होना
विगलित–*सं०* (वि०) 1 पिघला हुआ 2 गिरा हुआ, पतित 3 शिथिल 4 विकृत
विगुण–*सं०* (वि०) 1 गुण रहित, गुण विहीन 2 निर्गुण
विगूढ़–*सं०* (वि०) 1 गुप्त 2 निंदित
विग्रह–*सं०* (पु०) 1 विभाग, टुकड़ा 2 *व्या०* यौगिक शब्दों अथवा पदों को अलग करना 3 लड़ाई झगड़ा और वैर विरोध (जैसे-पारिवारिक विग्रह) 4 अलग करना। ~**नीति** (स्त्री०) झगड़े की नीति
विग्रहात्मक–*सं०* (वि०) झगड़ेवाला
विघटन–*सं०* (पु०) 1 अलग करना 2 तोड़ना 3 नाश, बर्बादी (जैसे-सामाजिक विघटन)। ~**कारी** (पु०) विघटन करनेवाला; ~**वाद** (पु०) विघटन करने का मत या सिद्धांत; ~**वादी** (वि०) विघटनवाद संबंधी
विघटनात्मक–*सं०* (वि०) विघटनकारी
विघटित–*सं०* (वि०) 1 विभक्त 2 नष्ट किया हुआ
विघात–*सं०* (पु०) 1 आघात, चोट 2 विनाश 3 निवारण, रोक 4 बाधा 5 अंतर्ध्वंस 6 नाश 6 हत्या
विघातक–*सं०* (वि०) विघात करनेवाला
विघातन–*सं०* (पु०) 1 विघात करना 2 हत्या करना
विघूर्णन–*सं०* (पु०) 1 इधर से उधर घूमना 2 चारों ओर घूमना
विघोषण–*सं०* (पु०) ऊँची आवाज़ में कहना, चिल्लाना
विघोषित–*सं०* (वि०) चिल्लाया हुआ
विघ्न–*सं०* (पु०) 1 बाधा, अड़चन 2 विरोध। ~**कारी** (वि०) विघ्न डालनेवाला; ~**नाशक** (वि०) विघ्नों को नाश करनेवाला
विघ्नक–*सं०* (वि०) विघ्नकारी
विघ्नित –*सं०* (वि०) 1 बाधित 2 विघ्न डाला गया
विचकित–*सं०* (वि०) 1 चकित 2 घबराया हुआ
विचक्षण–*सं०* (वि०) 1 तीव्र दृष्टिवाला 2 प्रकाशमान 3 बुद्धिमान्, समझदार 4 कुशल, दक्ष II (पु०) पंडित विद्वान्
विचय–*सं०* (पु०) 1 इकट्ठा करना, जमा करना 2 जाँच पड़ताल करना
विचयन–*सं०* (पु०) 1 एकत्र करना 2 परखना, जाँचना 3 तलाशी। ~**प्रकाश** (पु०) खोज बत्ती
विचरण–*सं०* (पु०) 1 घूमना फिरना 2 घूमना, चलना
विचरना–(अ० क्रि०) 1 चलना फिरना 2 घूमना फिरना
विचरित–*सं०* (वि०) घूमता फिरता हुआ
विचल–*सं०* (वि०) 1 अस्थिर 2 डिगा हुआ। ~**ता** (स्त्री०) विचल होने का भाव
विचलन–*सं०* (पु०) 1 पथ भ्रष्ट होना (जैसे-मनुष्य का नैतिक विचलन) 2 विचार, सिद्धांत आदि पर दृढ़ न रहना (जैसे-कर्तव्य पथ से विचलित होना) 3 इधर उधर आना जाना (जैसे-प्रकाश का विचलन)
विचलना–(अ० क्रि०) 1 इधर उधर होना 2 अधीर होना 3 संकल्प आदि से हटना, डिगना
विचलाना–(स० क्रि०) विचलित करना
विचलित–*सं०* (वि०) 1 डिगा हुआ 2 अस्थिर, चंचल 3 विकल (जैसे-प्रेम में क्यों विचलित हो गए)
विचार–*सं०* (पु०) 1 मन ही मन तर्क वितर्क करते हुए सोचना, समझना (जैसे-क्या विचार कर रहे हो) 2 आगा-पीछा निश्चित करना (जैसे-सब बातों पर विचार कर लेना) 3 ख़्याल (जैसे-आपका अपना विचार कैसा है) 4 फ़ैसले के लिए मुकदमे की सुनवाई (जैसे-न्यायाधीश स्वंय विचार करेंगे) 5 वाद विवाद (जैसे-राजनीतिक विचार) 6 संदेह (जैसे-इस तरह का विचार ग़लत है)। ~**कर्ता** (पु०) 1 सोचने विचारनेवाला 2 न्यायाधीश, विचाराध्यक्ष; ~**कारक** (वि०) विचार पैदा करनेवाला; ~**क्रम** (पु०) विचारों का सिलसिला, विचारों को निरंतरता; ~**क्रिया** (स्त्री०) विचार करना; ~**क्षेत्र** (पु०) सोचने समझने का दायरा; ~**गत** (वि०) विचार किया गया; ~**गोष्ठी** (स्त्री०) विद्वानों की सभा; ~**तत्व** (पु०) विचार करने का विषय; ~**दृष्टि** (स्त्री०) विचार करने की शक्ति; ~**धारा** (स्त्री०) 1 विचार पद्धति 2 सिद्धांत; ~**धारात्मक** (वि०) सिद्धांतमूलक; ~**नेता** (पु०) जनसाधारण के विचारों का नेतृत्वकर्ता; ~**पति** (पु०) 1 न्यायाधीश 2 विचारक; ~**पद्धति** (स्त्री०)

विचार करने का ढंग; ~**पूर्ण** (वि०) विचारों से भरा हुआ; ~**पूर्वक** (क्रि० वि०) विचार करके (जैसे-विचारपूर्वक देख लेना); ~**प्रक्रिया,** ~**प्रणाली** (स्त्री०) विचार पद्धति; ~**भूमि** (स्त्री०) न्यायालय, अदालत, कोर्ट; ~**मूढ़** (वि०) सोचने समझने की शक्ति से असमर्थ; ~**मूलक** (वि०) = विचारपूर्ण; ~**मग्न** (वि०) विचारों में डूबा हुआ, विचारों में तल्लीन; ~**वाद** (पु०) ~**वादी** (वि०) विचारवाद संबंधी, विचारवाद का; ~**विज्ञ** (पु०) विचारक; ~**वितर्क** (पु०) विचार विमर्श; ~**विनिमय** (पु०) विचारों का आदान-प्रदान; ~**विभिन्नता** (स्त्री०) विचारों की विविधता; ~**विमर्श** (पु०) राय मशविरा, सोचना समझना; ~**शक्ति** (स्त्री०) सोचने समझने की शक्ति; ~**शील** (वि०) विचार करता हुआ (जैसे-विचारशील व्यक्ति); ~**शैली** (स्त्री०) विचार करने का तरीक़ा; ~**शृंखला** (स्त्री०) विचारों की परंपरा या कड़ी; ~**सरणी** (स्त्री०) = विचार पद्धति ; ~**सूत्र** (पु०) विचारों का क्रम; ~**स्वतंत्रता** (स्त्री०) विचार प्रकट करने की छूट; ~**स्वतंत्रवाद** (पु०) सर्वसाधारण को अपने विचारों को प्रकट करने का सिद्धांत; ~**स्वतंत्रवादी** I (वि०) विचार स्वतंत्रवाद से संबंधित II (पु०) विचार स्वतंत्रवाद का समर्थक; ~**स्वातंत्र्य** (पु०) = विचार स्वतंत्रता; ~**हीन** (वि०) = विचारमूढ़

विचारक–I *सं०* (वि०) विचार करनेवाला II (पु०) 1 विचार कर्ता 2 न्याय कर्ता, न्यायाधीश

विचारण–*सं०* (पु०) विचारने का काम, सोचना, समझना

विचारणा–*सं०* (स्त्री०) 1 सोचना समझना 2 सोची समझी बात

विचारणीय–*सं०* (वि०) 1 विचार करने योग्य, चिंत्य 2 संदिग्ध

विचारना–(अ० क्रि०) 1 सोचना समझना (जैसे-विचारना पद्धति) 2 पूछना

विचारवती–*सं०* (स्त्री०) विचार करनेवाली स्त्री (जैसे-विचारवती पत्नी)

विचारवान–*सं०* (वि०) विचारवाला

विचारात्मक–*सं०* (वि०) = विचारपूर्ण

विचाराधिकार–*सं०* (पु०) विचार करने का अधिकार

विचाराधीन–*सं०* (वि०) जिस पर विचार हो रहा हो (जैसे-यह प्रश्न अभी विचाराधीन है)

विचाराध्यक्ष–*सं०* (पु०) = विचारपति

विचारानुसार–*सं०* (क्रि० वि०) विचार के अनुसार

विचारार्थ–*सं०* (वि०) विचार के लिए

विचारालय–*सं०* (पु०) न्यायालय, कचहरी

विचारावली–*सं०* (स्त्री०) विचारों का संग्रह

विचारित–*सं०* (वि०) 1 विचार किया हुआ 2 संदिग्ध

विचारी–I *सं०* (पु०) चलने का मार्ग II (वि०) 1 घूमने फिरनेवाला 2 विचारशील 3 विचारक

विचारोत्तेजक–*सं०* (वि०) विचारों को उभारनेवाला

विचार्य–*सं०* (वि०) = विचारणीय

विचालन–*सं०* (पु०) 1 इधर उधर चलाना 2 हटाना 3 विचलित करना

विचिंतन –*सं०*(पु०) खूब सोचना समझना

विचिंतनीय–*सं०* (वि०) चिंतन योग्य

विचिंता–*सं०* (स्त्री०) = विचिंतन

विचिकित्सा–*सं०* (स्त्री०) 1 शंका, संदेह 2 भूल

विचित्र–*सं०* (वि०) 1 रंग बिरंगा 2 अजीब, अनोखा (जैसे-विचित्र घटना, विचित्र दृश्य) 3 नया और विलक्षण (जैसे-विचित्र महल, विचित्र बात) 4 चकित करनेवाला (जैसे-विचित्र नारी, विचित्र सिनेमा) 5 सुंदर, खूबसूरत। ~**ता** (स्त्री०) विचित्र होने की स्थिति; ~**शाला** (स्त्री०) अजायबघर

विचित्रित–*सं०* (वि०) रंगा हुआ 2 सजाया हुआ

विचुंबित–*सं०* (वि०) चूमा हुआ, चुंबन किया हुआ

विचूर्ण–*सं०* (वि०) चूर-चूर किया हुआ

विचेतनक–*सं०* (वि०) *चि०* संज्ञा नाशक

विचेतना–*सं०* (स्त्री०) 1 संज्ञाहीनता, अचेतनता 2 व्याकुलता, अधीरता

विचेष्ट–*सं०* (वि०) 1 जो सचेष्ट न हो 2 अक्रिय 3 गतिहीन, अचल

विच्छर्दन–*सं०*(पु०) 1 वमन, कै 2 उपेक्षा 3 क्षय 4 अवमानना

विच्छित्ति–*सं०* (स्त्री०) 1 काटकर अलग करना 2 भंग करना 3 विनाश 4 बाधा, रोक

विच्छिन्न–*सं०* (वि०) 1 काटकर अलग किया हुआ 2 विभक्त 3 अलग 4 निवारित

विच्छेद–*सं०* (पु०) 1 काटकर अलग करना 2 टुकड़े टुकड़े करना 3 नाश, क्षति 4 अलगाव

विच्छेदक–*सं०*(वि०) विच्छेद करनेवाला

विच्छेदन–*सं०* (पु०) विच्छेद करने का काम

विच्छेदित–*सं०* (वि०) विच्छेद किया हुआ

विच्छेदी–*सं०* (वि०) = विच्छेदक

विच्युत–*सं०* (वि०) 1 इधर उधर गिरा हुआ 2 च्युत, भ्रष्ट 3 कटकर अलग हुआ 4 नष्ट

विच्युति–*सं०* (स्त्री०) विच्युत होने का भाव

विछोह–(पु०) 1 वियोग 2 विरह, दुःख

विजड़ित–(वि०) 1 स्थिर, अडोल 2 जड़ा हुआ, जटित

विजन–I *सं०* (वि०) 1 जनहीन 2 एकांत II (पु०) व्यजन, पंखा। ~**ता** (स्त्री०) 1 एकांतता 2 विजन अवस्था

विजनन–*सं०* (पु०) 1 प्रसव 2 स्त्री-पुरुष के संयोग बिना प्रयोगशाला में संतान उत्पन्न करना (जैसे-विजनन प्रक्रिया)

विजन्मा–*सं०* (पु०) 1 जारज संतान 2 जाति भ्रष्ट

विजन्या–*सं०* (वि०/स्त्री) गर्भवती, गर्भिणी (स्त्री०)

विजय–*सं०* (स्त्री०) जीत (जैसे-शत्रु पर विजय पाना, रण विजय)। ~**कलश** (पु०) पुरुस्कार स्वरूप दिया गया कप; ~**जन्य** (वि०) विजय से उत्पन्न; ~**दशमी** (स्त्री०) = विजयादशमी; ~**ध्वजा** (स्त्री०) = विजयपताका; ~**निनाद** (पु०) विजय की घोषणा ; ~**पताका** (स्त्री०) 1 विजय के समय फहराई जानेवाली पताका 2 विजय सूचक चिह्न; ~**पर्व** (पु०) = विजयोत्सव; ~**पूर्ण** (वि०) विजय से भरा हुआ; ~**प्राप्ति** (स्त्री०) विजय प्राप्त करना; ~**यात्रा** (स्त्री०) विजय प्राप्त करने के उद्देश्य से की गई यात्रा; ~**लक्ष्मी** (स्त्री०) विजय की अधिष्ठात्री देवी; ~**लिप्सा** (स्त्री०) = विजिगीषा; ~**शील** (वि०) = विजयपूर्ण; ~**श्री** (स्त्री०) = विजय लक्ष्मी; ~**सूचक** (वि०) विजय

की सूचना देनेवाला; ~**स्तंभ** (पु०) विजय स्मारक के रूप में खंभा

विजयक–*सं०* (वि०) विजय प्राप्त करनेवाला

विजया–*सं०* (स्त्री०) 1 दुर्गा 2 विजयोत्सव। ~**दशमी** (स्त्री०) 1 आश्विन मास शुक्ल पक्ष की दशमी 2 हिंदुओं का एक विशेष पर्व दशहरा

विजयाकांक्षी–*सं०*(वि०) विजय की आकांक्षा करनेवाला (जैसे-विजयाकांक्षी युद्ध)

विजयार्थी–*सं०* (वि०) विजय चाहनेवाला

विजयास्त्र–*सं०* (पु०) विजय प्राप्त करने का अस्त्र

विजयिनी–*सं०* (स्त्री०) विजयी स्त्री

विजयी–*सं०* (वि०) विजय प्राप्त करनेवाला (जैसे-विजयी सेना)

विजयोत्सव–*सं०* (पु०) 1 विजय प्राप्त होने पर मनाया जानेवाला उत्सव 2 विजय दशमी का उत्सव

विजयोन्मत्त–*सं०* (वि०) विजय में मस्त (जैसे-विजयोन्मत्त योद्धा)

विजयोपहार–*सं०* (पु०) विजय का पुरस्कार

विजयोल्लास–*सं०* (पु०) विजय की ख़ुशी

विजर–*सं०* (वि०) 1 जराहीन 2 नया

विजल–I *सं०* (वि०) जल से रहित, निर्जल II (पु०) सूखा, अनावृष्टि

विजल्प–*सं०* (पु०) बकवाद

विजात–*सं०* (वि०) दोगला, वर्ण संकर

विजातीय–*सं०* (वि०) पराई जाति का

विज़ारत–*अ०* (स्त्री०) 1 वज़ीर का पद और काम 2 मंत्रिमंडल।

विजिगीषा–*सं०* (स्त्री०) विजय पाने की इच्छा

विज़िट–*अं०* (स्त्री०) 1 जाना 2 भेंट, मुलाक़ात

विज़िटर, विज़िटर्स–*अं०* (पु०) आगंतुक। ~**बुक** (स्त्री०) आगंतुक पुस्तिका; ~**रूम** (पु०) आगंतुक कक्ष

विज़िटिंग कार्ड–*अं०* (पु०) किसी का नाम पता से युक्त छोटा कार्ड (जैसे-विज़िटिंग कार्ड दिखाना)

विजित–*सं०* (वि०) जीता हुआ

विजिति–*सं०* (स्त्री०) 1 विजय 2 प्राप्ति

विजेतव्य–*सं०* (वि०) जीतने के योग्य

विजेता–*सं०* (वि०) विजयी

विजेय–*सं०* (वि०) जीतने के योग्य

विज्ञ–*सं०* (वि०) 1 जाननेवाला 2 समझदार और पढ़ालिखा (जैसे-विशेषज्ञ)। ~**ता** (स्त्री०) विज्ञ होने का भाव

विज्ञत्व–*सं०* (पु०) विज्ञता

विज्ञप्त–*सं०* (वि०) 1 जानकारी दी गई 2 विज्ञप्ति रूप में प्रकाशित

विज्ञप्ति–*सं०* (स्त्री०) 1 जानकारी देना 2 विज्ञापन (जैसे-रेल सेवा की विज्ञप्ति) 3 कार्यालय से प्रकाशित सूचना (जैसे-सरकारी विज्ञप्ति)

विज्ञात–*सं०* (वि०) जाना हुआ

विज्ञाता–*सं०* (पु०) विज्ञ

विज्ञान–*सं०* (पु०) 1 जानकारी (जैसे-ज्ञान विज्ञान) 2 दक्षता, योग्यता 3 सांसारिक कार्य व्यापार का अनुभव और सही और पूरा ज्ञान 4 प्राकृतिक नियमों पर आधारित क्रमबद्ध तथा व्यवस्थित ज्ञान (जैसे-प्रकृति विज्ञान, भौतिक विज्ञान) 5 अध्यात्म संबंधी अनुभव, आत्मा का अनुभव (जैसे-आत्मा ज्ञान)। ~**जगत्** (पु०) विज्ञान के समस्त उपकर आदि; ~**ता** (स्त्री०) विज्ञान का धर्म; ~**परिषद्** (स्त्री०) = विज्ञान अकादमी; ~**वाद** (पु०) = विचारवाद; ~**वादी** (वि०) = विचारवादी; ~**वेत्ता** (पु०) = विज्ञानी; ~**शाला** (स्त्री०) विज्ञान संबंधी प्रयोगशाला; ~**संकाय** (पु०) विज्ञान विभाग

विज्ञानी–*सं०* (पु०) 1 वैज्ञानिक 2 ज्ञानी

विज्ञानीय–*सं०* (वि०) विज्ञान संबंधी

विज्ञापक–*सं०* (वि०) दूसरों को जानकारी करानेवाला

विज्ञापन–*सं०* (पु०) 1 जानकारी कराना, सूचित करना 2 प्रकाशित सूचना (जैसे-व्यापारिक विज्ञापन) 3 सूचना पत्र (जैसे-राजकीय विज्ञापन)। ~**चित्र** (पु०) विज्ञापन संबंधी तस्वीर; ~**छपाई** + *हिं०* (स्त्री०) विज्ञापन हेतु छापना; ~**दाता** (पु०) विज्ञापन देनेवाला; ~**बाज़** + *फ़ा०* (वि०) विज्ञापन करनेवाला; ~**बाज़ी** + *फ़ा०* (स्त्री०) विज्ञापनबाज़ का काम (जैसे-विज्ञापनबाज़ी का शौक)

विज्ञापना–*सं०* (स्त्री०) विज्ञप्त करना, बतलाना

विज्ञापनीय–*सं०* (वि०) विज्ञापन के योग्य (जैसे-विज्ञापनीय कार्य)

विज्ञापित–*सं०* (वि०) 1 जतलाया हुआ 2 सूचित किया गया

विज्ञेय–*सं०* (वि०) 1 जानने या समझने के योग्य 2 सम्मान्य

विज्वर–*सं०* (वि०) 1 ज्वर मुक्त 2 क्लेश मुक्त

विट–*सं०* (पु०) 1 कामुक 2 लंपट 3 धूर्त आदमी 4 वेश्या प्रेमी 5 विदूषक की श्रेणी का एक नाटकीय पात्र, नायक का सखा

विटप–*सं०* (पु०) वृक्ष, पेड़

विट्ठल–*सं०* (पु०) विष्णु का अवतार

विटामिन–*अं०* (पु०) अनाज तथा सब्ज़ियों में पाया जानेवाला स्वास्थ्यवर्द्धक नव-आविष्कृत तत्व (जैसे-नींबू में विटामिन सी पाया जाता है)। ~**युक्त** **सं०** (वि०) विटामिन वाला (जैसे-विटामिन युक्त पदार्थ)

विटैमिन–*अं०* (पु०) = विटामिन

विडंबक–*सं०* (वि०) 1 अनुकरण करनेवाला 2 नक़ल करनेवाला 3 निंदा करनेवाला

विडंबन *सं०* (पु०), **विडंबना**–*सं०* (स्त्री०) 1 नक़ल, उतारना 2 चिढ़ाना 3 निंदा करना 4 छलना 5 उपहास का विषय

विडंबिका–*सं०* (स्त्री०) 1 अनुकरण करनेवाली 2 निंदा या परिहास करनेवाली

विडंबित–*सं०* (वि०) विडंबना की गई

विडंबी–*सं०* (पु०) = विडंबक

विडाल–*सं०* (पु०) 1 बिल्ली 2 गंध बिलाव

वितंडा–*सं०* (स्त्री०) 1 निरर्थक दलील 2 हुज्जत, लड़ाई झगड़ा 3 अपने पक्ष की स्थापना। ~**वाद** (पु०) निरर्थक दलील का सहारा लेना

वितत–*सं०* (वि०) फैला हुआ, विस्तृत

वितथ–*सं०* (वि०) झूठा, मिथ्या

वितरक–*सं०* (वि०) बाँटनेवाला

वितरण–*सं०* (पु०) बाँटना। ~**व्यापार** (पु०) वितरण का काम

वितरणात्मक–*सं०* (वि०) वितरण संबंधी

वितरित–*सं०* (वि०) बाँटा गया

वितर्क–*सं०* (पु०) 1 कुतर्क करना 2 तर्क के विपरीत दिया गया तर्क (जैसे-वितर्क)

वितर्कण–*सं०* (पु०) 1 वाद-विवाद 2 संदेह

वितर्क्य–*सं०* (वि०) 1 विचारणीय 2 संदिग्ध 3 विलक्षण

विताड़ित–*सं०* (वि०) 1 मारा हुआ 2 जिसे डाँटा गया हो

वितान–*सं०* (पु०) 1 चँदोआ, तंबू 2 विस्तार, फैलाव

वितुष्ट–*सं०* (वि०) 1 असंतुष्ट 2 अप्रसन्न

वितृण–*सं०* (वि०) तृष्णा से रहित

वितृष्णा–*सं०* (स्त्री०) 1 तृष्णा का अभाव 2 विकट तृष्णा

वित्त–*सं०* (पु०) 1 धन संपत्ति 2 रुपया पैसा (जैसे-वित्त विभाग)। ~**नियोजन,** ~**पोषण** (पु०) विभागानुसार धन का प्रबंध करना; ~**प्रबंधक** (पु०) धन का प्रबन्धकर्ता; ~**मंत्रालय** (पु०) वित्त संबंधी मंत्री का कार्यालय; ~**मंत्री** (पु०) = वित्त सचिव, वित्तीय सचिव; ~**वर्ष** (पु०) वर्ष जिसके लिए वित्त की व्यवस्था हो (जैसे-1 अप्रैल से 31 मार्च); ~**विधेयक** (पु०) वित्त संबंधी क़ानून; ~**विवरण** (पु०) वित्त संबंधी लेखा जोखा; ~**व्यवस्था** (स्त्री०) वित्त का प्रबंध करना; ~**सचिव** (पु०) वित्त संबंधी एक राजकीय उच्च अधिकारी; ~**साधन** (पु०) धन प्राप्ति का उपाय करना

वित्ति–*सं०* (स्त्री०) 1 लाभ 2 प्राप्ति

वित्तीय –*सं०* (वि०) वित्त संबंधी (जैसे-वित्तीय प्रबंध, वित्तीय व्यवस्था)

वित्तैष्णा–*सं०* (स्त्री०) पैसे की चाह, धन की लालसा

वित्रास–*सं०* (पु०) भय, डर

वित्रासन–I *सं०* (पु०) डराना, त्रासन II (वि०) डरावना, भयानक (जैसे-वित्रासन रूप)

विथराना–(स० क्रि०) छितराना

विथारना–(स० क्रि०) 1 फैलाना 2 छितराना

विदग्ध–*सं०* (वि०) 1 तपा हुआ 2 जला हुआ 3 कष्ट सहा हुआ 4 चतुर, निपुण 5 रसिक। ~**ता** (स्त्री०) 1 विदग्ध होने का भाव 2 चातुर्य,निपुणता, कौशल

विदग्धा–*सं०* (स्त्री०) *साहि०* चतुरता पूर्वक पर पुरुष को अनुरक्त करनेवाली परकीया नायिका

विदलन–*सं०* (पु०) मलना, दबाना 2 रगड़ना

विदलित–*सं०* (वि०) दलन किया हुआ

विदा–(स्त्री०) प्रस्थान, रवाना होना (जैसे-बरात विदा हो गई)। ~**विदाई** (स्त्री०) विदा होने या करने का कार्य; ~**वेला** + *सं०* (स्त्री०) विदा का समय

विदाई–(स्त्री०) 1 प्रस्थान 2 प्रस्थान के समय प्राप्त धन 3 विदा के समय शुभ कामना हेतु एकत्र होना

विदाप–*सं०* (पु०) = विदा

विदारक–*सं०* (वि०) विदारण करनेवाला (जैसे-हृदय विदारक)

विदारित–*सं०* (वि०) = विदीर्ण

विदारी–*सं०* (वि०) = विदारक

विदाह–*सं०* (पु०) जलन

विदाही–*सं०* (वि०) विदाह करनेवाला

विदित–*सं०* (वि०) अवगत, ज्ञात

विदीर्ण–*सं०* (वि०) 1 टूटा हुआ 2 निहत

विदुषी–*सं०* (स्त्री०) विद्वान् स्त्री

विदूर–*सं०* (वि०) बहुत दूर का

विदूषक–*सं०* (पु०) 1 हँसी उड़ानेवाला व्यक्ति 2 मसखरा 3 भाँड 4 कामुक व्यक्ति

विदूषण–*सं०* (पु०) 1 भ्रष्ट करना 2 निंदा करना 3 दोषारोप करना 4 कोसना

विदूषना–I*सं०* + *हिं०* (अ० क्रि०) दुःखी होना II (स० क्रि०) 1 सताना 2 दोषी ठहराना

विदेव–*सं०* (पु०) राक्षस, दैत्य

विदेश–*सं०* (पु०) पराया देश। ~**गत** (वि०) परदेश गया हुआ; ~**नीति** (स्त्री०) विदेश संबधी नियम क़ानून; ~**मंत्रालय** (पु०) = विदेश कार्यालय; ~**मंत्री** (पु०) विदेश से संबंध बनाए रखनेवाला मंत्री; ~**मंत्री सम्मेलन** (पु०) विदेश मंत्रियों का इकट्ठा होना; ~**यात्रा** (पु०) विदेश को जाना; ~**व्यापार मंत्रालय** (पु०) विदेश मंत्री का व्यापार संबंधी कार्यालय; ~**व्यापार मंत्री** (पु०) विदेश व्यापार से संबंधित मंत्री; ~**स्थ** (वि०) 1 परदेश में होनेवाला 2 परदेश में स्थित

विदेशाधिकरण–*सं०* (पु०) = विदेश कार्यालय

विदेशी–*सं०* (वि०) दूसरे देश का (जैसे-विदेशी माल)। ~**पन** + *हिं०* (पु०) विदेशी होने का भाव

विदेशीय–*सं०* (वि०) विदेश का

विदेह–I *सं०* (वि०) 1 बिना शरीर का 2 सांसारिक बातों से विरक्त II (पु०) 1 राजा जनक 2 जिसकी उत्पत्ति माता पिता से न हुई हो ऐसा प्राणी (जैसे-भूत प्रेत आदि)

विद्–*सं०* (पु०) 1 जानकर 2 पंडित विद्वान्

विद्ध–*सं०* (वि०) 1 बेधा हुआ (जैसे-विद्ध हृदय) 2 घायल (जैसे-विद्ध पुरुष) 3 बँधा हुआ 4 साथ लगा हुआ

विद्यमान्–*सं०* (वि०) अस्तित्व में होनेवाला

विद्या–*सं०* (स्त्री०) 1 ज्ञान, इल्म 2 व्यवस्थित ज्ञान (जैसे-सामाजिक विद्या) 3 चातुर्य से भरा ज्ञान (जैसे-ठग विद्या) 4 गंभीर और ज्ञातव्य विषय का कोई विभाग। ~**उपाधि** (स्त्री०) विद्या पूरी करने पर प्राप्त डिग्री; ~**केंद्र** (पु०) विद्या प्राप्त करने का स्थान; ~**गुरु** (पु०) शिक्षक; ~**गृह** (पु०) विद्यालय, पाठशाला; ~**दाता** (पु०) = विद्या गुरु; ~**दान** (पु०) विद्या देना; ~**धर** (पु०) एक देवयोनि; ~**पीठ** (पु०) 1 शिक्षा का बड़ा और प्रमुख केंद्र 2 महा विद्यालय; ~**रसिक** (पु०) विद्या का प्रेमी; ~**विरुद्ध** (वि०) विद्या का विरोधी; ~**व्यवसायी** (वि०) = विद्यावान्; ~**व्यसनी** (पु०) = विद्या रसिक (जैसे-विद्या व्यसनी को मित्र बनाना)

विद्यात्व–*सं०* (पु०) विद्या का भाव

विद्याध्ययन–*सं०* (पु०) विद्या पढ़ना

विद्याभ्यास–*सं०* (पु०) विद्या का अभ्यास

विद्यारंभ–*सं०* (पु०) विद्या की शुरुआत

विद्यार्जन–*सं०* (पु०) विद्या प्राप्त करना

विद्यार्थिनी–*सं०* (स्त्री०) महिला छात्र, छात्रा

विद्यार्थी–*सं०* (पु०) छात्र। ~**जीवन** (पु०) छात्र का विद्या प्राप्त करने का समय; ~**परिषद्** (स्त्री०) छात्रों की सभा

विद्यालय–*सं०* (पु०) शिक्षण संस्था, पाठशाला (जैसे-उच्चतर माध्यमिक विद्यालय, महाविद्यालय, सैनिक विद्यालय)

विद्यालयीय–*सं०* (वि०) विद्यालय संबंधी

विद्यावान्–*सं०* (वि०) विद्यावाला

विद्युत्चालक–*सं०* (पु०) = विद्युत् चालक। ~**ता** (स्त्री०) विद्युत् चालकता

विद्युज्जनित्र–*सं०* (पु०) बिजली का जनरेटर

विद्युतन–*सं०* विद्युतीकरण

विद्युतीकरण–*सं०* (पु०) विद्युत रूप में लाना, बिजली दौड़ाना

विद्युतीकृत–*सं०* (वि०) बिजली लगा हुआ

विद्युतीय–*सं०* (वि०) विद्युत संबंधी (जैसे-विद्युतीय उपकरण, विद्युतीय चुंबक)

विद्युत–*सं०* (स्त्री०) बिजली (जैसे-विद्युत घंटी)। ~**उत्पादक** (वि०) बिजली पैदा करनेवाला (जैसे-विद्युत उत्पादक संयंत्र); ~**उत्पादन** (पु०) विद्युत पैदा करना; ~**उद्योग** (पु०) बिजल संबंधी उद्योग (जैसे-विद्युत् उद्योग की आवश्यकता); ~**चालक** (पु०) वह पदार्थ जिसमें से बिजली दौड़ सकती है; ~**चालकता** (स्त्री०) विद्युत चालक होने की अवस्था; ~**चिकित्सा** (स्त्री०) *चि०* विद्युत से की जानेवाली चिकित्सा; ~**चुंबक** (पु०) बिजली से युक्त चुंबक ~**चुंबकीय** (वि०) विद्युत चुंबक संबंधी; ~**चूल्हा** *+ हिं०* (पु०) बिजली की भट्टी; ~**जेनरेटर** *+ अं०* (पु०) विद्युत् उत्पादक यंत्र; ~**ज्वाला** (स्त्री०) 1 बिजली की लपट 2 बिजली का ताप; ~**तरंग** (स्त्री०) बिजली की धारा; ~**दाब** *+ हिं०* (पु०) बिजली का दबाव; ~**धारा** (स्त्री०) बिजली की लहर, बिजली का प्रवाह; ~**प्रकाश** (पु०) बिजली की रोशनी; ~**प्रतिष्ठान** (पु०) बिजली लगाना; ~**प्रवाह** (पु०) बिजली का बहाव; ~**प्रेषक** (वि०) विद्युत् प्रवाहित करनेवाला; ~**बल्ब** *+ अं०* (पु०) बिजली का लट्टू; ~**भ्राष्ट्र** (पु०) = विद्युत् चूल्हा; ~**यंत्र** (पु०) बिजली की मशीन; ~**रासायनिक** (वि०) विद्युत रसायन संबंधी; ~**रेलगाड़ी** *अं० + हिं०* (स्त्री०) बिजली से चलनेवाली गाड़ी; ~**रोध** (पु०) बिजली रोकना; ~**रोधी** (वि०) बिजली के झटके को रोकनेवाला, इंसुलेटर; ~**लेखा** (स्त्री०) 1 आकाश में चमकनेवाली बिजली की रेखा 2 विद्युत्माला; ~**विच्छेदन,** ~**विश्लेषण** (पु०) बिजली द्वारा अलग करना; ~**शक्ति** (स्त्री०) बिजली की शक्ति; ~**शवदाह** (पु०) बिजली द्वारा मुर्दा जलाना; ~**शवदाह गृह** (पु०) बिजली द्वारा मुर्दा जलाने का स्थान, विद्युत् मुर्दाघर; ~**सज्जा** (स्त्री०) बिजली की सजावट

विद्युदणु–*सं०* (पु०) बिजली के कण

विद्युदघात–*सं०* (पु०) बिजली का धक्का

विद्युदर्शी–*सं०* (पु०) = विद्युत दर्शक यंत्र

विद्युद्धारक–*सं०* (पु०) विद्युत् धारण करनेवाला

विद्युद्वाहक–*सं०* (पु०) विद्युत् प्रवाहित करनेवाला

विद्युद्विश्लेष्य–*सं०* (वि०) विद्युत् अपघट्य

विद्युल्लता–*सं०* (स्त्री०) बिजली, विद्युत्

विद्योतन–I *सं०* (पु०) बिजली II (वि०) चमकानेवाला

विद्योपार्जन–*सं०* (पु०) विद्या प्राप्त करना, अध्ययन

विद्रधि–*सं०* (स्त्री०) पेट का फोड़ा

विद्रूय, विद्रूपण–*सं०* (पु०) उपहास, मज़ाक उड़ाना

विद्रूपात्मक–*सं०* (वि०) विद्रूप संबंधी

विद्रोह–*सं०* (पु०) 1 उपद्रव 2 क्रांति

विद्रोहात्मक–*सं०* (वि०) विद्रोह संबंधी

विद्रोही–*सं०* (वि०) विद्रोह करनेवाला। ~**नेता** (पु०) क्रांतिकारी नेता

विद्रोहोन्मुख–*सं०* (वि०) विद्रोह की ओर उन्मुख

विद्वज्जन–*सं०* (पु०) विद्वान्

विद्वत्ता–*सं०* (स्त्री०) पांडित्य। ~**पूर्ण** (वि०) पांडित्य से भरा (जैसे-विद्वत्तापूर्ण बात)

विद्वत्व–*सं०* (पु०) = विद्वत्ता

विद्वत्समाज–*सं०* (पु०) पढ़े लिखे लोगों का समाज, विद्वानों का समाज

विद्वन्मंडली–*सं०* (स्त्री०) शिक्षित वर्ग, विद्वानों का संघ या समूह

विद्वान–I *सं०* (पु०) शिक्षित व्यक्ति II (वि०) 1 शिक्षित 2 पंडित 3 तत्वज्ञ

विद्विष–*सं०* (पु०) = विद्वेषी

विद्विष्ट–*सं०* (वि०) = विद्वेषजनक

विद्वेष–*सं०* (पु०) 1 शत्रुता, वैर 2 जलन। ~**जनक** (वि०) = विद्वेषी

विद्वेषक–*सं०* (वि०) शत्रुता रखनेवाला, वैरी

विद्वेषण–*सं०* (पु०) विद्वेष

विद्वेषानल–*सं०* (वि०) = वैर की आग

विद्वेषी–*सं०* (वि०) = विद्वेषक

विद्वेष्टा–*सं०* (पु०) विद्वेष करनेवाला

विद्वेष्य–*सं०* (वि०) वैर के योग्य, द्वेष योग्य

विधन–*सं०* (वि०) धनहीन, बिना धन का

विधना–I *सं०* (स० क्रि०) 1 बेधना 2 प्राप्त करना II (अ० क्रि०) 1 बेधा जाना 2 फँसाया जाना

विधना–(स्त्री०) होनी, अदृष्ट (जैसे-विधना का विधान कठिन होता है)

विधमन–*सं०* (पु०) धौंकना

विधरण–*सं०* (पु०) 1 पकड़ना 2 अवज्ञा करना

विधर्म–I *सं०* (वि०) 1 धर्महीन 2 अन्यायपूर्ण 3 अवैध II (पु०) धर्म से अलग दूसरा धर्म

विधर्मी–*सं०* (पु०) धर्मभ्रष्ट (जैसे-वह विधर्मी हो गया)

विधवा–*सं०* (स्त्री०) वेवा, राँड, मृतभर्तृका। ~**पन** *+हिं०* (पु०) रँड़ापा, वैधव्य; ~**विवाह** (पु०) विधवा से विवाह करना

विधवावस्था–*सं०* (स्त्री०) = विधवापन

विधवाश्रम–*सं०* (पु०) विधवाओं के रहने का स्थान या आश्रम

विधा–*सं०* (स्त्री०) 1 रीति, ढंग 2 प्रकार, भाँति

विधातव्य–*सं०* (वि०) 1 विधान योग्य 2 कर्तव्य

विधाता–I *सं०* (पु०) 1 सृष्टि की रचनात्मक शक्ति 2 ब्रह्मा

II (वि०) 1 विधान करनेवाला 2 रचनेवाला, बनानेवाला (जैसे-भाग्य विधाता, विधाता की दृष्टि)

विधात्री–*सं०* (स्त्री०/वि०) 1 विधान करनेवाली 2 बनानेवाली, रचनेवाली

विधान–*सं०* (पु०) 1 निर्माण, रचना 2 व्यवहार प्रयोजन 3 प्रणाली, ढंग 4 नियम, क़ायदा 5 क़ानून 6 उपसर्ग, प्रत्यय आदि लगाने की रीति या क्रिया (जैसे-शब्दों का रूप विधान)। ~**ज्ञ** (पु०) 1 विधान का ज्ञाता 2 आचार्य, अध्यापक; ~**निर्माता** (वि०) विधान करनेवाला; ~**निर्मात्री** (स्त्री०) विधान निर्माण करनेवाली सभा, संस्था आदि; ~**पंथी** *+हिं०* (वि०) = विधानवादी; ~**परिषद** (स्त्री०) राज्य में क़ानून बनानेवाली सभा, लेजिसलेटिव कौंसिल; ~**मंडल** (पु०) राज्य के दोनों सदनों, विधान सभा और विधान परिषद का सामूहिक नाम; ~**मंडलीय** (वि०) विधान मंडल संबंधी; (वि०) ~**युक्त** विधि के अनुकूल; ~**शास्त्र** (पु०) 1 नीतिशास्त्र 2 व्यवस्था संबंधी विज्ञान; ~**सभा** (स्त्री०) राज्य में क़ानून बनानेवाली एक सभा, लेजिसलेटिव असेंबली; ~**सभाई** *+सं०+हिं०* (वि०) विधान सभा संबंधी; ~**सम्मेलन** (पु०) = विधान सभा

विधानतः–*सं०* (क्रि० वि०) विधान के अनुसार

विधानात्मक–*सं०* (वि०) विधान संबंधी

विधानी–*सं०* (वि०) 1 विधान जाननेवाला, विधानज्ञ 2 विधानपूर्वक काम करनेवाला

विधायक–I *सं०* (वि०) 1 विधान करनेवाला 2 कार्य संपादन करनेवाला 3 रचना करनेवाला II (पु०) विधान सभा, विधान परिषद का सदस्य (जैसे-विधायक से मुलाक़ात करना)। ~**दल** (पु०) विधायक संघ या समूह

विधायन–*सं०* (पु०) 1 विधान करने का कार्य 2 क़ानून का निर्माण 3 अधिनियम, विधियाँ। ~**संग्रह** (पु०) संहिता, कोड (जैसे-बंगाल और पंजाब का विधायन संग्रह)

विधायिका–*सं०* (स्त्री०/वि०) विधान निर्मात्री (संस्था) (जैसे-विधान परिषद, विधान सभा, लोक सभा, राज्य सभा आदि)। ~**सभा** (स्त्री०) विधान, क़ानून बनानेवालों की सभा

विधायित–*सं०* (वि०) क़ानून द्वारा नियमित किया हुआ

विधायिनी–*सं०* (स्त्री०) निर्मात्री

विधायी–I *सं०* (वि०) विधायक II (पु०) संस्थापक, निर्माता

विधारण–*सं०* (पु०) 1 रोकना 2 वहन करना

विधि–I *सं०* (स्त्री०) 1 व्यवस्था आदि का ढंग, प्रणाली 2 अनुकूलता, संगति 3 व्यवस्था (जैसे-धार्मिक विधि विधान) 4 आचार व्यवहार 5 तरह, भाँति 6 क़ानून (जैसे-विधि के अनुसार कार्य करना, विधि का उल्लंघन)। ~**करण** (पु०) क़ानून बनाना; ~**कर्ता** (पु०) क़ानून बनानेवाला; ~**ज्ञ** (पु०) क़ानून का ज्ञाता; ~**तंत्र** (पु०) 1 कार्य करने की प्रणाली 2 तकनीक 3 रीति, मेथाडोलॉजी; ~**नियम** (पु०) नियम और क़ानून; ~**निर्माण** (पु०) = विधिकरण; ~**निषेध** (पु०) करने या न करने का शास्त्रीय निर्देश; ~**परामर्शी** (पु०) विधि सलाहकार; ~**पूर्वक** (क्रि० वि०) नियमतः, क़ानून रूप में; ~**भंग** (पु०) क़ानून तोड़ना; ~**मंत्री** (पु०) क़ानून मंत्री (जैसे-विधि मंत्री की रिपोर्ट); ~**वक्ता** (पु०) क़ानून बतानेवाला; ~**विज्ञान** (पु०) विधि संबंधी तथ्यों की जानकारी देनेवाला विज्ञान; ~**विधान** (पु०) क़ानून बनाना; ~**विरोधी** (वि०) क़ानून का विरोध करनेवाला; ~**विहित** (वि०) विधि में शामिल, विधिपूर्ण; ~**वेत्ता** (पु०) = विधिज्ञ; ~**शास्त्र** (पु०) विधि विज्ञान; ~**शास्त्री** (पु०) = विधिज्ञ; ~**संकाय** (पु०) = विधि नियम

विधि–II *सं०* (पु०) ब्रह्मा (जैसे-विधि का विधान अनोखा है)

विधिक–*सं०* (वि०) 1 विधि संबंधी 2 विधि के रूप में होनेवाला

विधिघ्न–*सं०* (वि०) विधि को न माननेवाला

विधितः–*सं०* (क्रि० वि०) विधि के अनुसार

विधिवत्–*सं०* (क्रि० वि०) नियम और क़ानून के अनुरूप (जैसे-विधिवत् पालन करना)

विधु–*सं०* (पु०) चंद्रमा। ~**मंडल** (पु०) चंद्रमा का घेरा; ~**मास** (पु०) चांद्रमास

विधुर–I *सं०* (वि०) रँडुआ II (पु०) जिस पुरुष की पत्नी मर गई हो

विधूत–*सं०* (वि०) 1 कंपित 2 परित्यक्त 3 दूर किया हुआ

विधूनन–*सं०* (पु०) कंपन, काँपना

विधेय–I *सं०* (वि०) 1 प्राप्त करने योग्य 2 देने योग्य 3 विधान के योग्य II (पु०) *व्या०* वाक्यांश या पद जिसके संबंध में कुछ बतलाया जाए (जैसे-उद्देश्य और विधेय, 'राम पुस्तक पढ़ता है' में 'पढ़ता है' विधेय है) ~**ता** (स्त्री०) 1 विधेय होने का भाव 2 अधीनता; ~**पूरक** (पु०) *व्याकरण* में) विधेय की क्रिया का पूरक शब्द; ~**विशेषण** *व्या०* (पु०) विशेषण जो विधेय का काम दे

विधेयक–*सं०* (पु०) क़ानून (जैसे-दहेज संबंधी विधेयक पारित करना)

विधेयत्व–*सं०* (पु०) = विधेयता

विधेयात्मक–*सं०* (वि०) विधेय संबंधी

विध्यनुकूल–*सं०* (क्रि० वि०) विधि के अनुकूल

विध्यात्मक–*सं०* (वि०) विधि से संबंधित

विध्वंस–*सं०* (पु०) विनाश, बर्बादी (जैसे-विध्वंस लीला, विध्वंस करना)। ~**कारक,** ~**कारी** (वि०) बर्बाद करनेवाला (जैसे-विध्वंसकारी सेना)

विध्वंसक–I *सं०* (वि०) विध्वंस करनेवाला II (पु०) विनाशक पोत

विध्वंसात्मक–*सं०* (वि०) विध्वंस से संबंधित

विध्वंसी–*सं०* (वि०) 1 नाश होनेवाला 2 नाशक 3 दुश्मन, शत्रु

विध्वस्त–*सं०* (वि०) नष्ट, बर्बाद किया गया (जैसे-शत्रुओं ने महल को विध्वस्त कर डाला)

विनत–*सं०* (वि०) 1 झुका हुआ 2 विनीत, नम्र 3 संकुचित (जैसे-विनत भाव, विनत हृदय)

विनति–*सं०* (स्त्री०) 1 झुकाव 2 नम्रता, अनुनय, विनय। ~**पत्र** (पु०) प्रार्थना पत्र

विनती–*सं०* (स्त्री०) प्रार्थना

विनम्र–*सं०* (वि०) 1 विनीत और सुशील 2 झुका हुआ। ~**ता** (स्त्री०) विनम्र होने का भाव

विनय–*सं०* (पु०) प्रार्थना (जैसे-अनुनय विनय)। ~**पूर्ण** (वि०) प्रार्थना से भरा हुआ; ~**प्रार्थना** (स्त्री०) विनती; ~**शील** (वि०) प्रकृति से विनम्र (जैसे-विनयशील बालक)

विनयवान्–*सं०* (पु०) = विनयशील, शिष्ट

विनयावनत–*सं०* (वि०) = विनम्र

विनयी–*सं०* (वि०) = विनयशील

विनशन–*सं०* (पु०) विनाश

विनश्वर–*सं०* (वि०) विनाश होनेवाला

विनष्ट–*सं०* (वि०) बर्बाद, नाश होना

विनष्टि–*सं०* (स्त्री०) बर्बादी, नाश होना

विनायक–*सं०* (पु०) गणेश

विनाश–*सं०* (पु०) बर्बाद, नाश, ध्वंस (जैसे-विनाश लीला, सृष्टि का विनाश हो जाना) 2 दुर्दशा 3 अदर्शन, लोप (जैसे-विनाश की अवस्था) 4 खराबी, विकार आम विनाश के साधन)। ~**कर,** ~**कारी** (वि०) विनाश करनेवाला (जैसे-विनाशकारी जंतु, विनाशकारी ज्वाला); ~**लीला** (स्त्री०) बर्बादी का दृश्य

विनाशक–*सं०* (वि०) = विनाशकारी

विनाशन–*सं०* (पु०) विनाश करना

विनाशित–*सं०* (वि०) विनष्ट

विनाशी–*सं०* (वि०) विनाश करनेवाला (जैसे-विनाशी जीव, विनाशी तोप)

विनाशोन्मुख–*सं०* (वि०) विनाश की ओर बढ़ता हुआ

विनाश्य–*सं०* (वि०) विनाश के योग्य

विनिंदा–*सं०* (स्त्री०) बहुत अधिक निंदा

विनिंदित–*सं०* (वि०) निंदा की गई

विनिघ्न–*सं०* (वि०) नष्ट, बर्बाद

विनिद्र–*सं०* (वि०) 1 उनींदा, अनिद्र 2 खिला हुआ, उन्मीलित

विनिधान–(पु०) 1 अलग रखना 2 हिदायत

विनिध्वस्त–*सं०* (वि०) नष्ट बर्बाद

विनिपात–*सं०* (पु०) 1 विनाश 2 पतन 3 संकट 4 दुर्घटना

विनिबंध–*सं०* (पु०) लगाव होना, संबंध रखना

विनिमय–*सं०* (पु०) 1 अदल-बदल 2 लेन-देन (जैसे-विचार विनिमय 3 आदान प्रदान (जैसे-व्यापार विनिमय)। ~**अधिकोष** (पु०) = विनिमय बैंक; ~**करण** (पु०) अदल बदल करना; ~**दर** +*हिं०* (स्त्री०) मुद्रा के विनिमय का मूल्य; ~**पत्र** (पु०) व्यापार संबंधी पत्र; ~**प्रणाली** (स्त्री०) विनिमय विधि; ~**बिल** + *अं०* = विनिमय पत्र; ~**साध्य** (वि०) विनिमय द्वारा हो सकनेवाला

विनियंत्रण–*सं०* (पु०) नियंत्रण का न होना

विनियंत्रित–*सं०* (वि०) बिना नियंत्रण का

विनियम–*सं०* (पु०) 1 रोक 2 नियंत्रण 3 संयम

विनियमन–*सं०* (पु०) 1 रोकना 2 नियंत्रण करना

विनियुक्त–*सं०* (वि०) 1 काम में लगा हुआ, नियोजित 2 कार्य से मुक्त

विनियोक्ता–*सं०* (पु०/वि०) नियुक्त करनेवाला

विनियोग–*सं०* (पु०) 1 विभाग 2 नियुक्ति 3 कार्यभार 4 प्रयोग। ~**व्यय** (पु०) नियुक्ति पर होनेवाला खर्च

विनियोजक–*सं०* (वि०) विनियोग करनेवाला

विनियोजन–*सं०* (पु०) विनियोग करना

विनियोजित–*सं०* (वि०) नियुक्त, लगाया हुआ

विनिर्गत–*सं०* (वि०) 1 बाहर निकाला हुआ 2 बीता हुआ, व्यतीत 3 मुक्त

विनिर्गम–*सं०* (पु०) 1 बाहर निकलना 2 प्रस्थान

विनिश्चय–*सं०* (पु०) निर्णय

विनिश्चायक–*सं०* (वि०) पूरा निश्चय करानेवाला

विनिषिद्ध–*सं०* (वि०) पक्की तरह मना किया हुआ

विनीत–*सं०* (वि०) 1 विनय से युक्त 2 नम्र और शिष्ट (जैसे-विनीत भाव)

विनीति–*सं०* (स्त्री०) 1 विनय 2 सद्व्यवहार

विनोद–*सं०* (पु०) 1 मनोरंजन 2 क्रीड़ा 3 मनोरंजक बात 4 प्रबल इच्छा (जैसे-मनोविनोद)। ~**गृह** (पु०) मनोरंजन गृह, मनोरंजन स्थल; ~**पूर्ण** (वि०) विनोद से भरा; ~**प्रिय** (वि०) विनोद प्रेमी; ~**रंजित** (वि०) = विनोदपूर्ण; ~**वृत्ति** (स्त्री०) = विनोद भावना; ~**शील** (वि०) = विनोदपूर्ण

विनोदन–*सं०* (पु०) मनोरंजन करना

विनोदमय–*सं०* (वि०) = विनोदपूर्ण

विनोदात्मक–*सं०* (वि०) विनोद से पूर्ण

विनोदित–*सं०* (वि०) मनोरंजन किया हुआ

विनोदी–*सं०* (वि०) = विनोदपूर्ण

विन्यस्त–*सं०* (वि०) 1 स्थापित 2 सजाकर रखा हुआ 3 जमा किया हुआ 4 व्यवस्थित

विन्यास–*सं०* (पु०) 1 जमाकर रखना 2 सजाना सँवारना (जैसे-केश विन्यास, वस्तु विन्यास)

विपक्ष–**I** *सं०* (वि०) 1 विरोधी 2 प्रतिकूल, उलटा 3 पक्षपाती रहित 4 बिन पंख का **II** (पु०) 1 विरोधी पक्ष 2 प्रतिवादी

विपणन–*सं०* (पु०) विक्रय, व्यापार

विपणि, विपणी–*सं०* (स्त्री०) 1 बाज़ार, हाट 2 क्रय विक्रय 3 बिक्री का माल

विपत्तन–*सं०* (पु०) देश निकाला

विपत्ति–*सं०* (स्त्री०) 1 संकट, आफ़त 2 यातना 3 दुःख (जैसे-विपत्ति भोगना)। ~**काल** (पु०) विपत्ति का समय; ~**ग्रस्त** (वि०) विपत्ति में फँसा हुआ; ~**जनक** (वि०) विपत्ति पैदा करनेवाला; ~**उठाना,** ~**झेलना** मुसीबत सहना; ~**काटना** दुःख के दिन बिताना; ~**ढहना** सहसा भारी दुःख आ पड़ना; ~**भोगना** कष्ट सहना; ~**में डालना** दुःख देना; ~**में पड़ना** संकटग्रस्त होना; ~**मोल लेना** जानबूझकर संकट में पड़ना; ~**सिर पर लेना** दिक्कत में पड़ना

विपत्र–*सं०* (पु०) = विप्यक (बिल)

विपथ–*सं०* (पु०) 1 भिन्न मार्ग 2 गलत रास्ता। ~**गामी** (वि०) कुमार्गी

विपथन–*सं०* (पु०) मार्ग से इधर उधर होना

विपद्–*सं०* (स्त्री०) = विपत्ति। ~**ग्रस्त** (वि०) = विपत्ति ग्रस्त; ~**लीला** (स्त्री०) विपत्तियों की माया

विपदा–*सं०* (स्त्री०) विपत्ति

विपन्न–*सं०* वि०) 1 विपत्तिग्रस्त 2 दुःखी, आर्त 3 अभागा,. भाग्यहीन

विपन्नावस्था–*सं०* (स्त्री०) विपन्न होने का भाव

विपरिणाम–*सं०* (पु०) 1 परिवर्तन 2 प्रौढ़ होना

विपरीत–*सं०* (वि०) 1 उलटा 2 मेल न खानेवाला 3 असत्य, मिथ्या (जैसे-विपरीत तर्क)। ~**गामी** (वि०) विपरीत चलनेवाला; ~**चेता** (वि०) उलटी बुद्धिवाला; ~**ता** (स्त्री०) विपरीत होने का भाव

विपरीतार्थक–*सं०* (वि०) उलटा अर्थ बतानेवाला

विपर्यय–*सं०* (पु०) 1 प्रतिकूलता 2 विपरीतता 3 व्यतिक्रम 4 परिवर्तन 5 अव्यवस्था

विपर्यस्त–*सं०* (वि०) 1 परिवर्तित 2 अस्त व्यस्त 3 उलटा पलटा

विपर्याय–*सं०* (पु०) = विपरीतार्थक

विपर्यास–*सं०* (पु०) 1 उलटा, पुलटा, व्यतिक्रम 2 प्रतिकूलता, विपरीतता 3 मिथ्या ज्ञान

विपाक–*सं०* (पु०) 1 परिपक्व होना,पकना 2 परिणाम, चोटी 3 कर्मफल 4 विपत्ति

विपादन–*सं०* (पु०) 1 वध, हत्या 2 क्षय, नाश

विपादित–*सं०* (वि०) 1 मारा हुआ 2 नष्ट

विपिन–*सं०* (पु०) 1 वन, जंगल 2 उपवन, बाग़

विपुंसी–*सं०* (स्त्री०) पुरुष की-सी हाव भाव प्रकट करनेवाली स्त्री, मर्दानी औरत

विपुल–*सं०* (वि०) 1 अत्यधिक विशाल 2 बहुत अधिक (जैसे-विपुल धन राशि)। ~**ता** (स्त्री०) आधिक्य, बहुतायत

विप्र–I *सं०* (पु०) 1 कर्मनिष्ठ और धार्मिक व्यक्ति 2 पुरोहित II (वि०) 1 मेधावी 2 विद्वान्। ~**ता** (स्त्री०) विप्र होने का भाव

विप्रतिपत्ति–*सं०* (स्त्री०) 1 मतभेद का संघर्ष 2 आपत्ति 3 भूल 4 भ्रांतधारणा 5 संदेह

विप्रयुक्त–*सं०* (वि०) 1 अलग किया गया 2 वंचित

विप्रयोग–*सं०* (पु०) 1 वियोग, अलगाव 2 अभाव 3 कलह, मतभेद

विप्रलंभ–*सं०* (पु०) 1 निराश होना 2 *साहि०* प्रेमी प्रेमिका का वियोग 3 विच्छेद, कलह 4 छला जाना

विप्रलंभक–*सं०* (पु०) धूर्त व्यक्ति, वंचक

विप्रलंभन–*सं०* (पु०) छल करना

विप्रलंभी–*सं०* (पु०) धूर्त, धोखेबाज़

विप्रलब्ध–*सं०* (वि०) 1 छला हुआ 2 निराश 3 वंचित 4 वियुक्त

विप्रलब्धा–(स्त्री०) 1 *साहि०* जिसका प्रिय अपने वचनानुसार मिलन स्थल पर न आया हो ऐसी नायिका 2 प्रिय द्वारा वचन भंग किए जाने पर दुःखी नायिका

विप्रलाप–*सं०* (पु०) 1 व्यर्थ की बकवाद, प्रलाप 2 झगड़ा 3 दुर्वचन

विप्रेषित–*सं०* (वि०) 1 परदेश में रहनेवाला 2 निष्कासित

विप्लव–*सं०* (पु०) 1 उत्पात, उपद्रव 2 हलचल 3 आफ़त, विपत्ति 4 उथल पुथल

विप्लवक–*सं०* (वि०) विप्लव करनेवाला

विप्लवात्मक–*सं०* (वि०) = विप्लव संबंधी

विप्लवी–*सं०* (वि०) 1 क्षणभंगुर, अस्थायी 2 विप्लव करनेवाला

विप्लाव–*सं०* (पु०) 1 उपद्रव मचाना 2 हो हल्ला 3 घोड़े की सरपट चाल 4 पानी की बाढ़

विप्लावक–*सं०* (वि०) 1 विप्लवकारी 2 उपद्रव मचानेवाला

विप्लावी–*सं०* (पु०) उपद्रव करनेवाला

विप्लुत–*सं०* (वि०) 1 अस्त व्यस्त 2 हक्का बक्का 3 आचार भ्रष्ट, चरित्रहीन 3 नष्ट भ्रष्ट

विफल–*सं०* (वि०) 1 बिना फल का 2 निरर्थक

विबुध–I *सं०* (पु०) 1 पंडित, बुद्धिमान् 2 देवता II (वि०) ज्ञानियों या विद्वानों से रहित

विबोध–*सं०* (पु०) 1 जागना, जागरण 2 अच्छा और पूरा ज्ञान 3 चेतनता, होश हवाश

विभंग–*सं०* (पु०) 1 टूटना 2 विन्यास 3 विभाग 4 भ्रूभंग 5 मनोभाव प्रकट करनेवाली चेष्टा

विभक्त–*सं०* (वि०) 1 अलग किया हुआ 2 बांटा हुआ 3 विभाजित

विभक्ति–*सं०* (स्त्री०) 1 विभाग, बाँट 2 अलगाव, पार्थक्य। ~**परक** (वि०) विभक्ति प्रधान; ~**प्रत्यय** (पु०) कारकीय चिह्न

विभव–*सं०* (पु०) 1 ऐश्वर्य 2 बल, शक्ति। ~**शाली** (वि०) संपत्तिशाली 2 शक्तिशाली

विभववान्–*सं०* (वि०) = विभवशाली

विभवी–*सं०* (वि०) प्रतापी, ऐश्वर्यवान्

विभाँति–I *सं०* (स्त्री०) प्रकार, क़िस्म II (वि०) अनेक प्रकार का III (अ०) अनेक प्रकार से

विभा–*सं०* (स्त्री०) 1 प्रभा, कांति 2 किरण, रश्मि 3 छवि, शोभा

विभाग–*सं०* (पु०) 1 बँटवारा 2 हिस्सा 3 अंश 4 पार्थक्य 5 खंड 6 महकमा, क्षेत्र (जैसे-आप किस विभाग में कार्यरत हैं)। ~**कृत** (वि०) विभाग किया हुआ

विभागक–*सं०* (वि०) = विभाजक

विभागशः–*सं०* (क्रि० वि०) विभाग के अनुरूप

विभागाध्यक्ष–*सं०* (पु०) विभाग का प्रधान कार्यकर्ता

विभागी–*सं०* (वि०) विभाग संबंधी। ~**करण** (पु०) विभागों में बाँटना

विभागीय–*सं०* (वि०) विभाग से संबंधित (जैसे-विभागीय कार्रवाई)

विभागेतर–*सं०* (वि०) विभाग से अलग

विभाजक–*सं०* (वि०) 1 विभाग करनेवाला 2 बाँटनेवाला

विभाजन–*सं०* (पु०) 1 बाँटना 2 विभाग करना। ~**रेखा** (स्त्री०) अलग करने की लाइन

विभाजयिता–*सं०* (वि०) विभाजन करनेवाला

विभाजित–*सं०* (वि०) विभाजित किया हुआ

विभाज्य–*सं०* (वि०) विभाग करने योग्य

विभात–*सं०* (पु०) प्रभात, सबेरा

विभाति–*सं०* (स्त्री०) शोभा, सुंदरता

विभाव–*सं०* (पु०) *साहि०* आश्रय में भाव उद्दीप्त करनेवाला हेतु

विभावन–*सं०* (पु०) 1 सोचना 2 अनुभूति 3 *साहि०* नायकादि के साथ पाठक या श्रोता का तादात्म्य होना, साधारणीकरण
विभावनीय–*सं०* (वि०) = विभाव्य
विभावरी–*सं०* (स्त्री०) 1 रात 2 तारोंवाली रात
विभावित–*सं०* (वि०) 1 कल्पित 2 निश्चित
विभावी–*सं०* (वि०) 1 भाव जाग्रत करनेवाला 2 व्यक्त करनेवाला
विभाव्य–*सं०* (वि०) विभावना हेतु उपयुक्त
विभाषा–*सं०* (स्त्री०) 1 बोली 2 चुनाव की स्वतंत्रता
विभाषीय–*सं०* (वि०) विभाषा से संबंधित
विभास–*सं०* (पु०) चमक, दीप्ति
विभिन्न–*सं०* (वि०) 1 पृथक 2 अलग किया हुआ (जैसे-विभिन्न पदार्थों का संबंध)
विभीषक–*सं०* (वि०) भयानक, देशद्रोही
विभीषण–*सं०* (वि०) अत्यंत भीषण, रावण का भाई, देशद्रोही
विभीषा–*सं०* (स्त्री०) भीरुता, भयातुरता
विभीषिका–*सं०* (स्त्री०) 1 भय या डर दिखाना 2 त्रास
विभु–I *सं०* (वि०) 1 सर्वव्यापक 2 महान् 3 नित्य 4 अचल, अटल 5 सशक्त II (पु०) 1 ब्रह्म 2 जीवात्मा 3 ईश्वर 4 स्वामी। ~**ता** (स्त्री०) 1 सर्वव्यापकता 2 ऐश्वर्य, वैभव 3 प्रभुत्व 4 शक्ति
विभूति–*सं०* (स्त्री०) 1 विपुलता 2 वृद्धि 3 ऐश्वर्य, विभव 4 दौलत, धन संपत्ति
विभूषण–*सं०* (पु०) 1 गहनों से सजाना 2 आभूषण 3 सौंदर्य
विभूषा–*सं०* (स्त्री०) 1 गहनों, आभूषणों से की गई सजावट 2 अलंकारों से युक्त होने का भाव
विभूषित–*सं०* (वि०) 1 अलंकृत 2 शोभित
विभेद–*सं०* (पु०) 1 खंड, विभाग 2 बाधा 3 मत भिन्नता 4 फूट, पार्थक्य 5 अंतर, प्रकार 6 विरोध
विभेदक–*सं०* (वि०) 1 भेदन करनेवाला 2 मतभेद करनेवाला 3 विभेद उत्पन्न करनेवाला
विभेदन–*सं०* (पु०) 1 भेदना 2 काटना 3 टुकड़े करना 4 अंतर उत्पन्न करना 5 फूट डालना
विभेदीकरण–*सं०* (पु०) विभेद करना, अंतर करना
विभ्रम–*सं०* (पु०) 1 भ्रांति 2 संदेह, शक 3 और का और समझना, गलतफ़हमी 4 *साहि०* संयोग शृंगार में स्त्रियों का एक भाव 5 निर्मूल भ्रम 6 घबड़ाहट
विभ्रांत–*सं०* (वि०) 1 घबराया हुआ 2 अस्थिर, चंचल
विभ्रांति–*सं०* (स्त्री०) 1 घबराहट 2 भ्रम
विभ्राट–I *सं०* (पु०) 1 संकट 2 उत्पात II (वि०) चमकीला
विमंडन–*सं०* (पु०) विभूषण
विमत–I *सं०* (पु०) दुर्विचार II (वि०) बुरे विचारवाला
विमति–I *सं०* (वि०) 1 मूर्ख 2 दुर्बुद्धिवाला II (स्त्री०) 1 विरुद्ध मत 2 बुरी मति 3 असहमति
विमध्य–*सं०* (वि०) केंद्र से इधर उधर हटा हुआ, उत्केंद्र
विमन–*सं०* (वि०) उदास, अनमना
विमनस्क–*सं०* (वि०) 1 व्याकुल 2 खिन्न
विमर्दन–*सं०* (पु०) 1 अच्छी तरह मलना 2 रौंदना 3 नष्ट करना 4 पीड़ित करना
विमर्दिनी–*सं०* (त्रि०/स्त्री०) नाश करनेवाली
विमर्श–*सं०* (पु०) 1 विचार, विवेचन 2 परीक्षण 3 समीक्षा 4 तर्क
विमर्ष–*सं०* (पु०) 1 विचारण 2 आलोचना 3 व्याकुलता 4 क्षोभ 5 उद्वेग
विमल–*सं०* (वि०) 1 मलरहित, निर्मल 2 साफ़ और पारदर्शक (जैसे-विमल जल) 3 दोषरहित (जैसे-विमल चित्र) 4 दर्शनीय, सुंदर (जैसे-विमल छवि)। ~**कीर्ति** (पु०) निर्मल यश; ~**ता** (स्त्री०) 1 निर्मलता, स्वच्छता 2 पवित्रता, शुद्धता 3 रमणीयता
विमला–*सं०* (स्त्री०) विमल होने का भाव
विमलात्मक–*सं०* (वि०) शुद्ध, साफ़, विमल
विमलीकरण–*सं०* (पु०) विमल करना
विमा–*सं०* (स्त्री०) आयाम
विमाता–*सं०* (स्त्री०) सौतेली माँ
विमान–*सं०* (पु०) वायुयान। ~**अड्डा** *+हिं०* (पु०) विमान के खड़े होने का स्थान, एयरोड्रोम; ~**अपहरण** (पु०) विमान हरण करना, विमान चुराना; ~**अपहर्ता** (पु०) विमान चुरानेवाला; ~**अवतरण** (पु०) विमान का उतरना; ~**उद्योग** (पु०) विमान का काम धंधा; ~**कर्मचारी,** ~**कर्मी.** (पु०) विमान में काम करनेवाला व्यक्ति; ~**गृह,** ~**घर** *+हिं०* (पु०) वह स्थान जहाँ विमान रखा जाता हो; ~**चालक** (पु०) विमान चलानेवाला; ~**चालन** (पु०) विमान चलाना ~**चालन विज्ञान** (पु०) वैमानिकी; ~**डाक** *+ हिं०* (पु०) विमान द्वारा पत्रों का आना जाना (जैसे-विमान डाक सेवा); ~**तोपची** *+फ़ा०+तु०* (पु०) विमान से तोप बरसानेवाला; ~**नाविक** (पु०) = विमान चालक; ~**निर्माण** (पु०) विमान बनाना; ~**पत्तन** (पु०) हवाई अड्डा; ~**पथ** (पु०) वायुयान मार्ग; ~**परिचारिका** (स्त्री०) विमान में यात्रियों की सेवा करनेवाली सेविका; ~**परिवहन** (पु०) विमान द्वारा यात्रा करना; ~**पोत** (पु०) = हवाई जहाज़; ~**बंदर** *+फ़ा०* (पु०) = विमान पत्तन; ~**बल** (पु०) वायुसेना; ~**भंजक,** ~**भेदी** (वि०) विमान को तोड़नेवाला (जैसे-विमान भेदी तोप); ~**मार्ग** (पु०) = विमान पथ; ~**मैदान** *+अ०* (पु०) = विमान अड्डा; ~**यातायात** (पु०) विमान द्वारा आवागमन; ~**यात्री** (पु०) विमान से यात्रा करनेवाला; ~**वाहक** (वि०) विमान को ले जानेवाला (जैसे-विमान वाहक पोत); ~**वाहिनी** (स्त्री०) = विमान सेना; ~**संचालन** (पु०) = विमान चालन; ~**सेना** (स्त्री०) हवाई जहाज़ पर से युद्ध करनेवाली सेना; ~**सेनाधिकारी** (पु०) वायु सेना का एक उच्च अधिकारी; ~**स्थल** (पु०) = विमान अड्डा
विमानन–*सं०* (पु०) विमान चलाने की कला
विमानाक्रमण–*सं०* (पु०) विमान से आक्रमण करना
विमानास्थान–*सं०* (पु०) = विमान केंद्र
विमार्ग–*सं०* (पु०) 1 कुमार्ग 2 बुरा आचारण
विमित–*सं०* (वि०) 1 भिन्न मतवाला 2 असंगत
विमित–*सं०* (स्त्री०) सीमित, परिमित
विमितीय–*सं०* (वि०) विमीय
विमिश्र–*सं०* (वि०) 1 मिला जुला 2 विशुद्ध

विमिश्रित–*सं०* (वि०) मिलाई गई
विमीय–*सं०* (वि०) विमा संबंधी
विमुक्त–*सं०* (वि०) 1 आजाद, स्वतंत्र 2 छोड़ा गया 3 कार्यभार से मुक्त
विमुक्ति–*सं०* (स्त्री०) 1 विमुक्त करना 2 विछोह 3 छुटकारा 4 मोक्ष
विमुख–*सं०* (वि०) 1 विरत 2 प्रतिकूल 3 वंचित 4 उदासीन (जैसे-विमुख मन)
विमुग्ध–*सं०* (वि०) 1 भ्रमित 2 मोहित (जैसे-विमुग्ध नायिका)
विमुग्धक–*सं०* (वि०) विमुग्ध करनेवाला
विमुद्रीकरण–*सं०* (पु०) मुद्रा का मूल्य घटाना
विमूढ़–*सं०* (वि०) 1 अत्यंत मोहित 2 भ्रम में पड़ा हुआ (जैसे-विमूढ़ नायिका) 3 बड़ा या बहुत नासमझ
विमूल–*सं०* (वि०) 1 बिना ज़ड़ का 2 बर्बाद
विमूलन–*सं०* (पु०) उखाड़ना
विमूल्यन–*सं०* (पु०) मूल्य कम करना (जैसे-रुपए का विमूल्यन)
विमृश्य–*सं०* (वि०) विमर्श के योग्य
विमोक–I *सं०* (वि०) 1 दुर्वासना से मुक्त 2 स्पष्ट, साफ़ II (पु०) मुक्ति, छुटकारा
विमोक्ष–*सं०* (पु०) 1 छुटकारा 2 मुक्ति
विमोचक–*सं०* (वि०) मुक्त करनेवाला
विमोचन–*सं०* (पु०) 1 छुड़ाना 2 बाहर करना (जैसे-कर्म विमोचन)
विमोचित–*सं०* (वि०) मुक्त किया हुआ
विमोह–*सं०* (पु०) 1 मतिभ्रम 2 भ्रम 3 अज्ञान 4 आसक्ति (जैसे-काम विमोह)
विमोहक–*सं०* (वि०) 1 मोहित करनेवाला 2 ललचानेवाला (जैसे-विमोहक चित्र) 3 सुध बुध भुलानेवाला
विमोहन–*सं०* (पु०) 1 लुभाना 2 ललचाना 3 सुध-बुध भूलना
विमोहित–*सं०* (वि०) 1 आसक्त (जैसे-काम विमोहित) 2 बेसुध 3 भ्रम में पड़ा हुआ, भ्रमित
वियुक्त–*सं०* (वि०) 1 अलग किया हुआ, परित्यक्त 2 वंचित 3 अभाव ग्रस्त
वियुग्म–*सं०* (वि०) 1 अकेला 2 अस्वाभाविकतावाला
वियोग–*सं०* (पु०) 1 पार्थक्य 2 विच्छेद 3 विरह, दुःख 4 अभाव 5 छुटकारा
वियोगांत–*सं०* (वि०) दुःखांत
वियोगात्मक–*सं०* (वि०) वियोग संबंधी
वियोगावस्था–*सं०* (स्त्री०) वियोग होने का भाव
वियोगी–*सं०* (वि०) विरही, दुःखी
वियोजक–I *सं०* (वि०) अलग करनेवाला II (पु०) *ग०* बड़ी संख्या में से घटाई जानेवाली छोटी संख्या
वियोजन–*सं०* (पु०) 1 योग का अभाव 2 जुदाई, वियोग 3 घटाना
वियोजित–*सं०* (वि०) 1 वियोग हुआ 2 वंचित 3 जुदा किया गया
विरंग–*सं०* (वि०) 1 रंगहीन 2 अनेक रंगोवाला
विरंजक–*सं०* (वि०) रंग उड़ा देनेवाला
विरंजन–*सं०* (पु०) रंजन से रहित रहना
विरक्त–*सं०* (वि०) 1 आसक्तिरहित 2 भोग विलास आदि से दूर रहनेवाला 3 उदास, खिन्न (जैसे-विरक्त भाव, विरक्त नायिका)। ~**ता** (स्त्री०) विरक्ति
विरक्ता–*सं०* (स्त्री०) दुखियारी औरत
विरक्ति–*सं०* (स्त्री०) 1 विरक्त होने का भाव 2 वैराग्य 3 उदासीनता, खिन्नता। ~**जनक** (वि०) विरक्ति पैदा करनेवाला
विरचन–*सं०* (पु०) निर्माण, बनाना
विरचयिता–*सं०* (पु०) निर्माण करनेवाला
विरचित–*सं०* (वि०) 1 निर्मित 2 पूरा किया हुआ
विरज–*सं०* (वि०) 1 धूल, गर्द आदि से रहित 2 स्वच्छ, निर्मल
विरत–*सं०* (वि०) 1 अंत हुआ 2 अनुरक्त 3 संलग्न, लीन (जैसे-कर्म विरत योगी) 4 विरक्त
विरति–*सं०* (स्त्री०) 1 उदासीनता 2 वैराग्य
विरद–(पु०) 1 बड़ा और सुंदर नाम 2 कीर्ति, यश
विरदावली–(स्त्री०) = विरुदावली
विरमण–*सं०* (पु०) 1 रुकना, ठहरना 2 त्याग करना 3 रमना 4 भोग विलास
विरल–*सं०* (वि०) 1 जो घना न हो (जैसे-विरल बुनावटवाला कपड़ा) 2 पतला 3 अल्प, थोड़ा
विरला–(वि०) बहुत कम मिलनेवाला
विरव–I *सं०* (वि०) बिना शब्द का 2 निःशब्द, नीरव II (पु०) अनेक प्रकार के शब्द
विरस–*सं०* (वि०) 1 फीका (जैसे-नीरस फल) 2 बिना रुचि का 3 *साहि०* बिना रस के परिपाक के। ~**ता** (स्त्री०) नीरसता, फीकापन
विरसा–*अ०* (पु०) मृतक की संपत्ति
विरह–*सं०* (पु०) 1 वियोग 2 अभाव 3 अविद्यमानता
विरहिणी–*सं०* (स्त्री०) प्रिय या पति से बिछुड़ी हुई दुःखिनी नायिका
विरहित–*सं०* (वि०) 1 शून्य 2 परित्यक्त
विरही–*सं०* (वि०) = वियोगी
विराग–I *सं०* (पु०) 1 राग का अभाव 2 अरुचि 3 विरक्ति II (वि०) रागहीन, उदासीन। ~**वादी** (वि०) राग आदि से दूर रहनेवाला
विरागी–*सं०* (वि०) 1 अनुरागरहित 2 विरक्त
विराजना–(अ० क्रि०) 1 प्रकाशित होना, शोभित होना 2 विद्यमान होना
विराजमान–*सं०* (वि०) 1 प्रकाशमान 2 उपस्थित
विराट्–*सं०* (वि०) अत्यंत विशाल (जैसे-विराट् सभा)
विराम–*सं०* (पु०) 1 अटकाव 2 विश्राम। ~**काल** (पु०) विश्राम का समय; ~**चिह्न** (पु०) लेखन आदि में प्रयुक्त चिह्न; ~**दायिनी** (वि०/स्त्री०) ~**विहीन** (वि०) = विरामहीन; ~**संधि** (स्त्री०) विश्राम देनेवाली, आराम पहुँचानेवाली; अस्थायी शांति संधि; ~**हीन** (वि०) बिना अटकाव का
विराव–I *सं०* 1 शब्द, आवाज़ 2 शोरगुल, हो हल्ला II (वि०) शब्द रहित
विरावी–*सं०* (वि०) 1 शब्द करनेवाला 2 गूँजने वाला

विरासत–*अ०* (स्त्री०) उत्तराधिकार में मिला धन
विरक्ति–*सं०* (वि०) 1 खाली किया हुआ 2 साफ़ किया गया
विरुद–*सं०* (पु०) 1 कीर्ति, गाथा 2 प्रशंसासूचक पदवी
विरुदावली–*सं०* (स्त्री०) विस्तृत यशोगान
विरुद्ध–*सं०* (वि०) 1 बाधित 2 अवरुद्ध 3 विरोधी 4 असंगत। ~**कर्मा** (पु०) विरुद्ध कर्म करनेवाला व्यक्ति ~**कर्मा,** ~**गामी** (वि०) उलटी ओर चलनेवाला
विरुद्धार्थक–*सं०* (वि०) विरोधी अर्थवाला। ~**ता** (स्त्री०) 1 विरूद्ध होने का भाव 2 विपरीतता
विरूप–I *सं०* (वि०) 1 कई रूपोंवाला 2 शोभारहित 3 भद्दे रूपवाला, बदसूरत 4 विपरीत 5 अप्रकृत II (पु०) बिगड़ी सूरत। ~**करण** (पु०) कुरूप बनाने का काम
विरूपण–*सं०* (पु०) रूप बिगाड़ना
विरूपा–*सं०* (स्त्री०) (वि०) कुरूप, बदसूरत
विरूपित–*सं०* (वि०) रूप बिगाड़ा हुआ
विरूपी–*सं०* (वि०) 1 कुरूपा, बदसूरत 2 भद्दे रूपवाला
विरेचक–*सं०* (वि०) दस्तावर
विरेचन–*सं०* (पु०) 1 दस्तावर दवा 2 दस्त लाना
विरोचन–I *सं०* (पु०) चमकना II (वि०) प्रकाश करनेवाला
विरोध–*सं०* (पु०) 1 बाधा 2 प्रतिरोध 3 विपक्षता 4 रोक, प्रतिरोध 5 विपरीतता। ~**जनक** (वि०) विरोध पैदा करनेवाला; ~**पक्ष** (पु०) विपक्ष; ~**पत्र** (पु०) विरोध प्रकट करने का पत्र; ~**परिहार** (पु०) विरोध दूर करना; ~**पीठ** (पु०) विरोधियों के बैठने का स्थान; ~**सूचक** (वि०) विरोध की सूचना देनेवाला
विरोधाचरण–*सं०* (पु०) विरोध आचरण
विरोधाभास–*सं०* (पु०) *साहि०* विरोधमूलक अर्थालंकार जिसमें विरोध का वर्णन होते हुए भी विरोध का आभास हो
विरोधाभासात्मक–*सं०* (वि०) विरोधाभासी
विरोधाभासी–*सं०* (वि०) विरोधाभास संबंधी
विरोधिता–*सं०* (स्त्री०) = विरोध
विरोधी–*सं०* (वि०) 1 विरोध करनेवाला 2 उलटा
विरोध्य–*सं०* (वि०) विरोध के योग्य
विरोपण–*सं०* (पु०) रोपना
विरोपित–*सं०* (वि०) रोपा हुआ
विलंघन–*सं०* (पु०) 1 लाँघकर पार करना 2 वंचित रखना
विलंब–*सं०* (पु०) देर। ~**शुल्क** (पु०) लेट फ़ीस
विलंबन–*सं०* (पु०) देर करना
विलंबित–*सं०* (वि०) 1 विलंब हुआ 2 देर करनेवाला
विलंबी–*सं०* (वि०) देर लगनेवाला
विलक्ष–*सं०* (वि०) 1 बिना लक्षण का 2 बिना लक्ष्य का
विलक्षण–*सं०* (वि०) 1 लक्षणरहित 2 अत्यंत लक्षणोंवाला (जैसे-विलक्षण प्रतिभा)
विलग–(वि०) अलग, पृथक्
विलगाना–I (अ० क्रि०) अलग होना II (स० क्रि०) अलग करना
विलग्न–*सं०* (वि०) 1 संलग्न 2 बाँधा हुआ। ~**ता** (स्त्री०) संलग्न होने का भाव
विलज्ज–*सं०* (वि०) निर्लज्ज, बेहया
विलपन–*सं०* (पु०) 1 विलाप करना 2 गप शप करना
विलब्ध–*सं०* (वि०) 1 पाया हुआ 2 अलग पाया हुआ
विलय–*सं०* (पु०) 1 घुलना 2 विलीन होना, समा जाना 3 मिलना (जैसे-लोकदल का जनता पार्टी में विलय हो गया) 4 समाहित होना (जैसे-आत्मा का परमात्मा में विलय) 5 ध्वंस, नाश (जैसे-सृष्टि का विलय)
विलयन–*सं०* (पु०) 1 विलीन होना 2 मिश्रित होना 3 विलय
विलसन–*सं०* (पु०) 1 विलास 2 चमकना
विलाना–I (अ० क्रि०) नष्ट होना II (स० क्रि०) नष्ट करना (जैसे-लड़के ने सारी संपत्ति विला दी)
विलाप–*सं०* (पु०) बिलख बिलखकर रोना
विलायक–*सं०* (वि०) घोलनेवाला (जैसे-पानी)
विलायत–*अ०* (पु०) पराया देश, विदेश
विलायती–*अ०* (वि०) 1 विदेशी 2 परदेश में रहनेवाला (जैसे-विलायती आदमी)
विलास–*सं०* (पु०) 1 प्रणय क्रीड़ा 2 हावभाव 3 सौंदर्य 4 सुखोपभोग 5 आकर्षक और कोमल चेष्टा (जैसे-भ्रू विलास)। ~**कुंज** (पु०) मौज मेला करने का कुंज; ~**प्रिय** (वि०) 1 प्रणय क्रीड़ा का प्रेमी 2 सौंदर्य प्रेमी 3 सुंदर और कोमल हावभाव वाला; ~**विनोद** (पु०) मौज मस्ती; ~**सामग्री** (स्त्री०) विलास का सामान, विलास प्रसाधन
विलासमयी–*सं०* (वि०) क्रीड़ाशील, कामवती
विलासवती–*सं०* (स्त्री०) स्वेच्छाचारिणी या कामुक स्त्री
विलासांध–*सं०* (वि०) विलास में अंधा
विलासिता–*सं०* (स्त्री०) विलास भाव। ~**कर** (पु०) विलास सामग्री पर लगनेवाला टैक्स या कर
विलासितामय–*सं०* (वि०) विलासिता में डूबा हुआ, विलासिता में आबद्ध
विलासिनी–I *सं०* (स्त्री०) 1 कामिनी 2 वेश्या, रंडी II (वि०) विलासिता प्रिय
विलासी–*सं०* (त्रि०) 1 सुख भोग प्राप्त करनेवाला 2 कामुक 3 आराम तलब
विलिखन–*सं०* (पु०) 1 लिखना 2 अंकित करना
विलिखित–*सं०* (वि०) 1 लिखा हुआ 2 अंकित
विलिष्ट–*सं०* (वि०) 1 टूटा हुआ, खंडित 2 अस्त व्यस्त
विलीन–*सं०* (वि०) 1 लुप्त हुआ, अदृश्य 2 ओझल 3 मिल गया (जैसे-ईश्वर में विलीन आत्मा)
विलीनीकरण–*सं०* (पु०) समा लेना
विलीनीकृत–*सं०* (वि०) विलीन हुआ
विलुंठित–*सं०* (वि०) 1 लोटा हुआ 2 लूटा गया
विलुप्त–*सं०* (त्रि०) 1 छिपा हुआ, अदृश्य 2 नष्ट
विलून–*सं०* (वि०) अलग किया गया
विलेख–*सं०* (पु०) 1 अनुमान, कल्पना 2 सोच विचार 3 दस्तावेज़
विलेप–*सं०* (पु०) 1 शरीर पर लगानेवाला लेप 2 दीवार पर का पलस्तर
विलोकन–*सं०* (पु०) 1 देखना 2 ध्यान देना 3 तलाश करना
विलोकित–*सं०* (वि०) 1 देखा हुआ 2 निरीक्षित
विलोचन–*सं०* (पु०) नेत्र, आँख
विलोड़न–*सं०* (पु०) 1 मथना 2 हिलाना
विलोड़ित–*सं०* (वि०) 1 मथित 2 हिलाया हुआ

विलोप–*सं०* (पु०) 1 रुकावट 2 लोप 3 बाधा 4 नाश 5 हानि 6 संकट, आपत्ति

विलोपन–*सं०* (पु०) 1 भंग करना 2 अलग करना 3 नष्ट करना 4 लूटना 5 लुप्त करना

विलोपीकरण–*सं०* (पु०) विलोप करना

विलोभ–I *सं०* (पु०) प्रलोभन II (वि०) लोभ से रहित

विलोभन–*सं०* (पु०) 1 विलोभ 2 प्रलोभन

विलोम–I *सं०* (वि०) उलटा, विपरीत 2 रीतिविरुद्ध 3 पीछे का II (पु०) उलटा क्रम

विलोमक–*सं०* (वि०) विपरीत क्रम में चलनेवाला

विलोमतः–*सं०*(अ०) विपरीत दिशा में

विलोमन–*सं०* (पु०) विपरीत क्रम में रखना

विलोमित–*सं०* (वि०) उलटा हुआ

विलोमी–*सं०* (स्त्री०) आँवला

विलोल–*सं०* (वि०) 1 लहराता हुआ 2 अस्थिर

विल्व–*सं०* (पु०) बेल का पेड़ और फल

विवक्षा–*सं०* (स्त्री०) 1 अभिप्राय, 2 इच्छा 3 संदेह, हिचक

विवक्षित–*सं०* (वि०) कहे जाने योग्य

विवदनीय–*सं०* (वि०) विवाद करने योग्य

विवर–*सं०* (पु०) 1 छिद्र, बिल 2 कंदरा, गुफा

विवरण–*सं०* (पु०) 1 व्याख्या 2 स्पष्ट करना 3 वर्णन (जैसे-घटना का विवरण)। ~**चिह्न** (पु०) कोलन डैश(:-); ~**पत्र** (पु०) विवरण लिखा पत्र; ~**पत्रिका** (स्त्री०) विवरण संबंधी पत्रिका

विवरणात्मक–*सं०* (वि०) = विवरण संबंधी

विवरणी–*सं०* (स्त्री०) = विवरण पत्र

विवर्जन–*सं०* (पु०) 1 त्याग 2 उपेक्षा 3 निषेध

विवर्ण–*सं०* (वि०) 1 रंगहीन 2 कांतिहीन 3 रंग बिरंगा 4 जाति च्युत। ~**ता** (स्त्री०) विवर्ण होने का भाव

विवर्त–*सं०* (पु०) 1 घूमना, मुड़ना 2 चक्कर लगाना, परिक्रमा करना 3 आकाश 4 परिवर्तन 5 भ्रम, धोखा। ~**वाद** (पु०) संपूर्ण सृष्टि को असत् या मिथ्या मानने का सिद्धांत

विवर्तन–*सं०* (पु०) 1 चक्कर लगाना, परिक्रमा करना 2 लुढ़कना 3 नाचना 4 विकास 5 घूमना

विवर्तनिक–*सं०* (वि०) चक्करवाला

विवर्द्धित–*सं०* (वि०) 1 उन्नत किया हुआ 2 बढ़ाया हुआ

विवश–*सं०* (वि०) 1 लाचार 2 शक्तिहीन 3 अधीन। ~**ता** (स्त्री०) 1 विवश होने का भाव 2 लाचारी 3 शक्तिहीनता 4 अधीनता

विवसन–*सं०* (वि०) विवस्त्र

विवस्त्र–*सं०* (वि०) वस्त्रहीन, निर्वस्त्र, नग्न

विवाचन–*सं०* (पु०) मध्यस्थता

विवाद–*सं०* (पु०) 1 कहासुनी, तक़रार 2 मतभेद (जैसे-वाद विवाद)। ~**ग्रस्त** (वि०) विवाद में फँसा हुआ; ~**निवारक** (वि०) विवाद रोकनेवाला; ~**पूर्ण** (वि०) विवाद से भरा हुआ; ~**वस्तु** (स्त्री०) विवाद का विषय; ~**शील** (वि०) विवादी स्वभाववाला

विवादस्पद–*सं०* (वि०) = विवादग्रस्त

विवादी–*सं०* (वि०) 1 विवाद करनेवाल 2 झगड़ालू 3 मुकदमेबाज़

विवाह–*सं०* (पु०) 1 शादी 2 दांपत्य बंधन (जैसे-वर-कन्या का विवाह संपन्न हो गया)। ~**क्रिया** (स्त्री०) विवाह करना; ~**भंग** (पु०) = विवाह विच्छेद; ~**मंडप** (पु०) वर-वधू की शादी का घेराकार स्थान; ~**विच्छेद** (पु०) विवाह संबंध का टूटना, तलाक; ~**विषयक** (वि०) विवाह संबंधी; ~**संबंध** (पु०) विवाह का रिश्ता; ~**संस्कार** (पु०) विवाह की रस्म

विवाहना–(स० क्रि०) शादी कराना, ब्याहना

विवाहित–*सं०* (वि०) ब्याहा हुआ

विवाहिता–I *सं०* (वि०) ब्याही हुई II (स्त्री०) ब्याही गई स्त्री (जैसे-विवाहिता का सौंदर्य देखने क़ाबिल है)

विवाहोचित वयस–*सं०* (वि०) विवाह के योग्य उम्रवाला

विवाहोत्सव–*सं०* (वि०) विवाह का उत्सव

विविक्त–*सं०* (वि०) 1 पृथक् 2 अस्त व्यस्त 3 पवित्र 4 विवेकी

विविक्ति–*सं०* (स्त्री०) 1 विवेकपूर्वक कार्य करना 2 अलगाव 3 विभाग। ~**वाद** (पु०) विवेकपूर्ण कार्य करने का सिद्धांत; ~**वादी** (वि०) विविक्तिवाद संबंधी

विविध–I *सं०* (वि०) विभिन्न प्रकार का, कई तरह का II (पु०) विभिन्न प्रकार का काम। ~**ता** (स्त्री०) विविध होने का भाव

विवृत–I *सं०* (वि०) 1 विस्तृत 2 खुला हुआ, प्रत्यक्ष II *व्या०* उच्चारण की एक अवस्था जिसमें मुखद्वार पूरा खुलता है

विवृति–*सं०* (स्त्री०) 1 भाष्य, टीका 2 प्रकटीकरण

विवृत्त–*सं०* (वि०) 1 घूमता हुआ, चलता हुआ 2 ऐंठा हुआ 3 अनावृत्त 4 खुला हुआ

विवृत्ति–*सं०* (स्त्री०) 1 फैलाव, विकास 2 चक्कर खाना, घूमना 3 विवृत्त होने का भाव

विवेक–*सं०* (पु०) 1 भले बुरे का ज्ञान 2 समझ (जैसे-विवेक से काम करना) 3 सत्यज्ञान। ~**ता** (स्त्री०) विवेक भाव, ज्ञान; ~**पूर्ण** (वि०) विवेकवाला, विवेकमय; ~**शील** (वि०) = विवेकवान्; ~**शून्य** (वि०) विवेक रहित; ~**संगत** (वि०) विवेकवाला

विवेकतः–*सं०* (क्रि० वि०) विवेक के अनुसार

विवेकवान्–*सं०* (वि०) सद्विवेकवाला, विवेकपूर्ण

विवेकाधीन–*सं०* (वि०) विवेक के आधीन

विवेकी–*सं०* (वि०) 1 विवेकशील 2 बुद्धिमान् 3 न्यायशील

विवेचक–*सं०* (वि०) विवेचन करनेवाला

विवेचन–*सं०* (पु०) 1 सदसत् का निर्णय 2 अनुसंधान 3 मीमांसा 4 परीक्षण। ~**शैली** (स्त्री०) विवेचन का ढंग, विवेचन विधि

विवेचनात्मक–*सं०* (वि०) विवेचन संबंधी

विवेचनीय–*सं०* (वि०) = विवेच्य

विवेचित–*सं०* (वि०) 1 निश्चित 2 विवेचन किया हुआ 3 अनुसंधान किया हुआ

विवेच्य–*सं०* (वि०) विवेचन करने योग्य

विशद–*सं०* (वि०) 1 स्वच्छ, निर्मल 2 उज्जवल 3 चिंतारहित, शांत तथा स्थिर 4 सुंदर। ~**ता** (स्त्री०) 1 विशद होने का भाव 2 स्वच्छता, निर्मलता 3 सुंदरता

विशदीकरण–*सं०* (पु०) साफ़ करना, (विषय को) और खोलना

विशारद–*सं०* (पु०) 1 विषय का विशेषज्ञ (जैसे-साहित्य का विशारद, चिकित्सा विशारद) 2 उत्तम, श्रेष्ठ 3 पंडित, विद्वान् (जैसे-संगीत विशारद)

विशाल–*सं०* (वि०) 1 बहुत बड़ा (जैसे-विशाल वृक्ष) 2 शक्तिशाली (जैसे-विशाल सेना)। ~**काय** (वि०) विशाल शरीरवाला; ~**ता** (स्त्री०) 1 बड़प्पन 2 विस्तार, फैलाव; ~**स्कंधीय** (वि०) बड़े कंधोंवाला (जैसे-विशाल स्कंधीय पुरुष)

विशालित–*सं०* (वि०) विशाल किया गया

विशिष्ट–*सं०* (वि०) 1 विशेषता युक्त 2 असाधारण 3 उत्तम (जैसे-विशिष्ट नारी) 4 विशेष रूप से शिष्ट (जैसे-विशिष्ट पुरुष)। ~**ता** (स्त्री०) 1 विशिष्ट होने का भाव 2 विशेषता; ~**सेवा मेडल** + *अं०* (पु०) विशेष सेवा हेतु दिया गया तमगा

विशिष्टांग–*सं०* (पु०) विशिष्टता

विशिष्टाद्वैत–*सं०* (पु०) रामानुज द्वारा चलाया गया एक मत जो जगत् और जीवात्मा को ब्रह्म से भिन्न मानता हुआ भी ब्रह्म से ही उद्भूत मानता है

विशिष्टाधिकार–*सं०* (पु०) = विशेषाधिकार

विशिष्टिकरण–*सं०* (पु०) = विशेषीकरण

विशिष्टीकृत–*सं०* (वि०) = विशेषीकृत

विशीर्ण–*सं०* (वि०) 1 क्षीण 2 भग्न 3 तितर बितर 4 संकुचित 5 दुबला पतला

विशील–*सं०* (वि०) 1 बुरे शीलवाला 2 दुश्चरित्र

विशुद्ध–*सं०* (वि०) 1 शुद्ध, खरा 2 सच्चा, सत्य (जैसे-विशुद्ध भाव)। ~**ता** (स्त्री०) विशुद्ध होने का भाव; ~**ता-वाद** (पु०) शुद्ध आचरण पर बल देने का सिद्धांत; ~**ता-वादी** (वि०) विशुद्धतावाद संबंधी

विशुद्धि–*सं०* (स्त्री०) 1 विशुद्धता 2 भूल का सुधार। ~**वाद** (पु०) दूषित भावों से दूर रहने का सिद्धांत; ~**वादी** (वि०) 1 विशुद्धिवाद का माननेवाला 2 विशुद्धिवाद से संबंधित

विशूचिका–*सं०* (स्त्री०) = विषूचिका, हैजा

विशून्य–*सं०* (वि०) पूर्णतः रिक्त

विशृंखल–*सं०* (वि०) 1 बंधनहीन 2 अदम्य। ~**ता** (स्त्री०) विशृंखल होने का भाव

विशृंखलित–*सं०* (वि०) मुक्त, आजाद

विशेष–*सं०* (वि०) 1 असाधारण, असामान्य, विपुल 2 प्रचुर 3 अधिक (जैसे-विशेष धन राशि) 4 विचित्र, विलक्षण (जैसे-विशेष आकृति)। ~**कर** (क्रि० वि०) विशेषतः, विशेषतया, ख़ासतौरपर; ~**ज्ञ** (वि०) विषय का विशेष ज्ञान रखनेवाला; ~**ता** (स्त्री०) विशेष होने का भाव

विशेषक–*सं०* (वि०) विशिष्टता उत्पन्न करनेवाला

विशेषण–*सं०* (पु०) 1 विशेषता सूचित करनेवाला शब्द 2 *व्या०* संज्ञा की विशेषता बतलाने वाला विकारी शब्द (जैसे-नील कमल में नील शब्द विशेषण है)

विशेषतः–*सं०* (क्रि० वि०) विशेष प्रकार से

विशेषतया–*सं०* (क्रि० वि०) विशेष रूप से

विशेषांक–*सं०* (पु०) विशेष अवसर पर प्रकाशित सामयिक पत्र का विशेष अंक (जैसे-साहित्यिक विशेषांक)

विशेषाधिकार–*सं०* (पु०) अधिकारी या अन्य व्यक्ति को प्राप्त विशेष अधिकार (जैसे-दंड देने का विशेषाधिकार)। ~**प्राप्त** (वि०) जिसे विशेषाधिकार दिया गया हो; ~**वादी** (वि०) विशेषाधिकार से संबद्ध

विशेषाधिवेशन–*सं०* (पु०) बड़ी सभा के बैठकों का विशेष समूह

विशेषार्थक–*सं०* (वि०) विशेष अर्थवाला

विशेषित–*सं०* (वि०) = विशेषीकृत

विशेषीकरण–*सं०* (पु०) साधारण को विशेष बनाना

विशेषीकृत–*सं०* (वि०) विशेष बनाया हुआ

विशेषोक्ति–*सं०* (स्त्री०) एक अर्थालंकार जहाँ कारण के होते हुए भी कार्य का अभाव हो

विशेष्य–*सं०* (पु०) *व्या०* विशेषण द्वारा सूचित किया जानेवाला पद या शब्द (जैसे-पीत वसन में वसन विशेष्य है)

विशोक–*सं०* (वि०) शोक रहित। ~**ता** (स्त्री०) विशोक होने का भाव

विशोधन–*सं०* (पु०) विशुद्ध करना

विश्रंभ–*सं०* (पु०) 1 दृढ़ तथा पूर्ण विश्वास 2 प्रेम में उत्पन्न झगड़ा 3 प्रेम, प्यार 4 आत्मीयता

विश्रंभी–*सं०* (वि०) 1 विश्वासी, विश्वसनीय 2 प्रेम संबंधी 3 गोपनीय

विश्रब्ध–*सं०* (वि०) 1 विश्वसनीय 2 निडर, निर्भय 3 शांत और सुशील 4 दृढ़ 5 धीर

विश्रांत–*सं०* (वि०) विश्राम किया हुआ 2 क्लांत 3 शांत 4 वंचित 5 समाप्त

विश्रांति–*सं०* (स्त्री०) 1 विश्राम, आराम 2 थकावट। ~**काल** (पु०) विश्राम का समय; ~**गृह** (पु०) = विश्राम गृह

विश्राम–*सं०* (पु०) 1 आराम 2 आराम हेतु मिलनेवाला अवकाश 3 चैन, सुख। ~**गृह**, ~**घर** + *हिं०*, ~**भवन** (पु०) विश्राम करने का स्थान

विश्रामालय–*सं०* (पु०) 1 पांथशाला 2 यात्रियों के विश्राम करने का स्थान

विश्रुत–*सं०* (वि०) 1 सुना हुआ 2 विख्यात

विश्रुति–*सं०* (स्त्री०) विश्रुत होने का भाव

विश्लिष्ट–*सं०* (वि०) 1 विश्लेषण किया गया 2 अलग किया हुआ 3 प्रकट, व्यक्त 4 मुक्त

विश्लेष–*सं०* (पु०) 1 अलग होना 2 वियोग 3 थकावट, शिथिलता 4 विरक्ति

विश्लेषक–*सं०* (पु०) विश्लेषण करनेवाला

विश्लेषण–*सं०* (पु०) 1 अलग करना 2 छान बीन करना 3 जाँच करना

विश्लेषणात्मक–*सं०* (वि०) विश्लेषण संबंधी

विश्लेषित–*सं०* (वि०) 1 अलग किया हुआ 2 वियुक्त

विश्लेष्य–*सं०* (वि०) विश्लेषण के योग्य

विश्वंभर–I *सं०* (पु०) विष्णु II (वि०) विश्व का भरण पोषण करनेवाला

विश्वंभरा–*सं०* (स्त्री०) पृथ्वी

विश्व–I *सं०* (वि०) समस्त, कुल II (पु०) 1 ब्रह्मांड

2 जगत, संसार। ~**आधिपत्य** (पु०) संसार का स्वामित्व; ~**आबादी** + *फ़ा०* (स्त्री०) संसार की जनसंख्या; ~**कर्ता**, ~**कर्मा** (पु०) विश्व का स्वामी, ईश्वर; ~**कल्याण** (पु०) संसार का हित; ~**कवि** (पु०) सर्वश्रेष्ठ कवि; ~**कोश** (पु०) 1 ऐसा कोश जिसमें विश्वभर के पदार्थ संग्रहीत हों 2 ऐसा विशाल ग्रंथ जिसमें विश्व भर की समस्त महत्त्वपूर्ण बातों का विवरण हो; ~**कोशीय** (वि०) विश्व कोश से संबंधित; ~**क्रांति** (स्त्री०) विश्व आंदोलन; ~**छवि** (स्त्री०) संसार की शोभा; ~**जनता** (स्त्री०) विश्व जनसंख्या; ~**जयी** (वि०) संसार को जीतनेवाला; ~**ज्ञान कोश** (पु०) = विश्वकोश; ~**धर्मों सम्मेलन** (पु०) संसार के सभी धर्मों का सम्मेलन; ~**नाथ** (पु०) विश्व का स्वामी, शिव; ~**परिस्थिति** (स्त्री०) = विश्व स्थिति; ~**पाल** (पु०) ईश्वर; ~**पूजित** (वि०) विश्व द्वारा पूज्य; ~**प्रदर्शनी** (स्त्री०) विश्व महोत्सव; ~**प्रभुत्व** (पु०) = विश्व आधिपत्य; ~**बंधु** I (पु०) शिव II (वि०) विश्व का मित्र; ~**बंधुत्व** (पु०) विश्व बंधु होने का भाव; ~**बाज़ार** + *फ़ा०* संसार भर का बाजार ~**ब्रह्मांड** (पु०) संपूर्ण जगत्; ~**भर्ता** (पु०) ईश्वर; ~**भ्रमण** (पु०) संसार की यात्रा, दुनिया की सैर; ~**मंच** (पु०) संसार; ~**माता** (स्त्री०) दुर्गा; ~**युद्ध** (पु०) विश्व में होनेवाली लड़ाई; ~**राजनीति** (स्त्री०) विश्व से संबंधित नियम क़ानून; ~**रूप** (वि०/पु०) सर्वव्यापक; ~**रूपिणी** (स्त्री०) महाशक्ति; ~**वाद** (पु०) 1 ऐसा मत कि सारा विश्व एक स्वतंत्र सत्ता है तथा निश्चित नियमों के अनुसार विकास पथ पर चलता है 2 ऐसा सिद्धांत कि तत्त्वज्ञान संबंधी सभी बातें सारे विश्व में पाई जाती है, युनिवर्सलिज़्म; ~**वादी** (वि०) विश्ववाद से संबंधित; ~**वास** (पु०) संसार, जगत्; ~**वासी** (वि०) = विश्ववादी; ~**विख्यात** (वि०) विश्व में प्रसिद्ध; ~**विजयी** (वि०) विश्व को जीतनेवाला; ~**विजेता** (पु०) संसार पर विजय प्राप्त करनेवाला योद्धा; ~**विदित** (वि०) 1 विश्व विख्यात 2 जिसे विश्व जानता हो; ~**विद्यापीठ** (पु०) विश्व विद्यालय; ~**विद्यालय** (पु०) सर्वोच्च शिक्षा देनेवाली वह बड़ी संस्था जिसके अधीन अनेक महाविद्यालय भी आते हैं, यूनीवर्सिटी; ~**विद्यालय खेल** + *हिं०* (पु०) विश्वविद्यालय स्तर पर खेले गए खेल; ~**विद्यालय प्रबंध समिति** (स्त्री०) विश्वविद्यालय की व्यवस्था आदि करनेवाली समिति या संगठन; ~**विद्यालयीय** (वि०) विश्व विद्यालय से संबंधित; ~**विश्रुत** (वि०) = विश्व विख्यात; ~**वेदा** (वि०) सबकुछ जाननेवाला, सर्वज्ञ; ~**व्यापार** (पु०) विश्व में देश विदेश से होनेवाला व्यापार; ~**व्यापक**, ~**व्यापी** (वि०) विश्व में व्याप्त; ~**शांति** (स्त्री०) पूरे संसार में अमन चैन; ~**शांति परिषद्** (स्त्री०) विश्व में शांति स्थापित करनेवाली सभा; ~**समस्या** (स्त्री०) संसार की समस्या; ~**सृष्टि** (स्त्री०) संसार की रचना; ~**हिंदू परिषद्** (स्त्री०) विश्व हिंदू सभा

विश्वक–*सं०* (वि०) 1 विश्व संबंधी 2 विश्वव्यापी

विश्वतः–(अ०) चारो ओर, सभी ओर, सर्वत्र

विश्वमय–*सं०* (वि०) विश्वरूप

विश्वसनीय–*सं०* (वि०) विश्वास के योग्य

विश्वस्त–*सं०* (वि०) 1 विश्वास किए जाने योग्य 2 विश्वास किया गया

विश्वात्मा–*सं०* (पु०) 1 ब्रह्मा 2 विष्णु 3 शिव

विश्वामित्र–*सं०* (वि०) जो विश्व का मित्र हो

विश्वास–*सं०* (पु०) 1 निश्चित धारणा, यक़ीन 2 भरोसा (जैसे-लंपट स्त्री का विश्वास करना मूर्खता है)। ~**कारक** (वि०) विश्वास करनेवाला; ~**घात** (पु०) धोखा, द्रोह (जैसे-मित्र के प्रति विश्वासघात अक्षम्य है); ~**घातक** (वि०) = विश्वासघाती; ~**घातिनी** (स्त्री०) विश्वासघात करनेवाली स्त्री; ~**घाती** (वि०) विश्वासघात करनेवाला; ~**पात्र** (वि०) विश्वसनीय; ~**प्रवण** (वि०) जो जल्दी से विश्वास कर ले

विश्वासिक–*सं०* (वि०) = विश्वसनीय

विश्वासी–*सं०* (वि०) विश्वास किए जाने योग्य (जैसे-विश्वासी मित्र)

विश्वासोत्पादक–*सं०* (वि०) = विश्वासकारक

विश्वास्य–*सं०* (वि०) = विश्वसनीय

विश्वोत्पत्ति–*सं०* (स्त्री०) विश्व की उत्पत्ति

विष–*सं०* (पु०) 1 ज़हर, हलाहल 2 नाशक पदार्थ या तत्त्व (जैसे-धूम्रपान स्वास्थ्य हेतु विष है)। ~**कन्या** (स्त्री०) ऐसी विषाक्त कन्या जिसके साथ संभोग करनेवाले की मृत्यु हो जाती है; ~**ता** (स्त्री०) = विषत्व; ~**धर** I (वि०) विषैला II (पु०) साँप, सर्प; ~**पान** (पु०) विष पीना; ~**मार** + *हिं०* (पु०) विष के प्रभाव को खत्म करनेवाला पदार्थ; ~**वमन** (पु०) विष की उल्टी; ~**विज्ञान** (पु०) ऐसी विद्या जिसके अंतर्गत विष और विष संबंधी तत्त्वों की जानकारी की जाती है; ~**हीन** (वि०) बिना ज़हर का, विष रहित

विषण्ण–*सं०* (वि०) उदास, दुःखी

विषण्णमना–*सं०* (वि०) उदास, मन से दुःखी

विषत्व–*सं०* (स्त्री०) *चि०* विष का भाव, ज़हरीलापन

विषम–*सं०* (वि०) 1 असमान (जैसे-विषम गति) *ग०* दो से भाग देने पर पूर्ण विभक्त न होनेवाली संख्या, 2 विकट (जैसे-विषम कार्य, विषम स्थिति) 3 भीषण, प्रचंड (जैसे-विषम ज्वाला) 4 भयंकर 5 तीव्र, तेज़ (जैसे-विषम ज्वर)। ~**ता** (स्त्री०) विषम होने का भाव

विषमय–*सं०* (वि०) विषयुक्त

विषमांग–*सं०* (वि०) विषम अंगवाला

विषमीकरण–*सं०* (पु०) सम को विषम बनाना

विषय–*सं०* (पु०) 1 ज्ञानेंद्रियों द्वारा प्राप्त रस, पदार्थ या तत्त्व (जैसे-गंध और स्वाद का विषय) 2 आधारिक कल्पना (जैसे-कहानी का विषय क्या होगा) 3 बात (जैसे-मेरे आते ही आपने विषय बदल दिया) 4 अध्ययन की सामग्री, सब्ज़ेक्ट आदि (जैसे-परीक्षा विषय, कक्षा दस में पाँच विषय हैं) 5 विवेचन, विचार, मैटर (जैसे-रामायण का विषय क्या है) 6 विषय वासना, इंद्रिय सुख 7 भोग विलास की सामग्री (जैसे-विषय वासना में पैसा ख़र्च करना) ८ स्थान, जगह। ~**गत** (वि०) विषय में आया हुआ; ~**ज्ञान** (पु०) 1 सांसारिक ज्ञान 2 विषय की जानकारी; ~**निर्धारिणी समिति** (स्त्री०) विषय निश्चित करनेवाली समिति या संगठन; ~**प्रधान** (वि०) जो मुख्यतः किसी निश्चित विषय

से संबंधित हो; ~**प्रवेश** (पु०) विषय का प्रारंभ; ~**प्रसंग** (पु०) भोग विलास में रत; ~**भोग** (पु०) 1 इंद्रिय सुख प्राप्त करना 2 काम वासना का सुख भोगना; ~**भोगवाद** (पु०) खाओ पीओ मौज करो का सिद्धांत; ~**भोगवादी** (वि०) विषयभोगवाद संबंधी; ~**लोलुप** (वि०) काम वासना का लोभी, कामुक; ~**वस्तु** (स्त्री०) आधारिक और मूल विचार; ~**वस्तुगत** (वि०) = विषयगत; ~**वार** + फ़ा० (क्रि० वि०) विषयानुरूप; ~**वासना** (स्त्री०) काम वासना, ऐंद्रिक सुखभोग; ~**सूची** (स्त्री०) विषय अनुक्रमणिका; ~**स्थापना** (स्त्री०) अपने विषय का पुष्टिकरण

विषयक–*सं०* (वि०) 1 विषय संबंधी 2 विषय रूप में होनेवाला

विषयपरक–*सं०* (वि०) = विषयगत

विषयांतर–*सं०* (वि०) 1 पड़ोस का 2 पास का

विषयात्मक–*सं०* (वि०) विषय संबंधी

विषयानुक्रमणिका–*सं०* (स्त्री०) = विषयसूची

विषयाभिमुख–*सं०* (वि०) = विषय प्रधान

विषयासक्त–*सं०* (वि०) विषय में लगा हुआ

विषयी–*सं०* (वि०) 1 भोग विलास में रत रहनेवाला 2 कामुक

विषयोपभोग–*सं०* (पु०) विषय भोग

विषाक्त–*सं०* (वि०) विष से युक्त, विष में बुझा हुआ

विषाण–*सं०* (पु०) सींग

विषाणी–I *सं०* (स्त्री०) सींगवाला पशु II (वि०) सींगवाला

विषाणु–*सं०* (पु०) रोग पैदा करनेवाले विषाक्त तत्त्व। ~**रोग** (पु०) विषाणु से उत्पन्न रोग; ~**विज्ञान** (पु०) विषाणुओं के विषय में ज्ञान प्राप्त करनेवाली विद्या; ~**विज्ञानी** (पु०) विषाणु विज्ञान का ज्ञाता; ~**संक्रमण** (पु०) विषाणुओं का फैलना

विषाद–*सं०* (पु०) 1 दुःख, अवसाद, उदासी 2 ग़म 3 नैराश्य 4 उत्साहहीनता

विषादिता–*सं०* (स्त्री०) विषाद होने की स्थिति

विषादी–*सं०* (वि०) 1 दुःखी 2 उदास

विषी–I *सं०* (वि०) ज़हरीला, विषैला II (पु०) विषैला पदार्थ

विषुव–*सं०* (पु०) दिन और रात का मान बराबर होने का समय

विषुवत्–I *सं०* (वि०) बीच का, मध्यस्थित II (पु०) = विषुव

विषुवद्रेखा–*सं०* (स्त्री०), **विषुवद्वृत्त**–(पु०) विषुवरेखा; भूमध्यरेखा

विषूचिका–*सं०* (स्त्री०) हैजा

विषैला–*सं०* (वि०) विषयुक्त, विषमय (जैसे-विषैला द्रव, विषैली गैस)

विष्कंभ–*सं०* (पु०) 1 अड़चन, बाधा 2 नाटक आदि का मध्य अंश (जैसे-चंडावली नाटिका का विष्कंभ) 3 ज्योतिष का एकयोग

विष्कंभक–*सं०* (वि०) सहायता देनेवाला

विष्टंभ–*सं०* (पु०) 1 स्थिर करना 2 रोकना 3 रुकावट

विष्टा–*सं०* (स्त्री०) = विष्ठा

विष्टि–*सं०* (स्त्री०) 1 बेगार 2 पेशा 3 प्राप्ति

विष्ठा–*सं०* (स्त्री०) 1 मल, गुह 2 त्याज्य वस्तु

विष्णु–*सं०* (पु०) त्रिदेवों में से एक, लक्ष्मीपति

विसंक्रमण–*सं०* (पु०) संक्रमण रोकना

विसंगठन–(पु०) विघटन, संगठन हटा देना

विसंगत–*सं०* (वि०) बे मेल, असंगत

विसंगति–*सं०* (स्त्री०) विसंगत होना, असंगति

विसंज्ञ–*सं०* (वि०) बेहोश

विसंज्ञन–*सं०* (पु०) बेहोश होना

विसंपर्क–*सं०* (पु०) संपर्क का अभाव

विसंभूत–*सं०* (वि०) 1 उत्पन्न 2 निर्मित

विसंभूति–*सं०* (स्त्री०) विसंभूत होने का भाव

विसंवादी–I *सं०* (वि०) 1 वचन भंग करनेवाला 2 धोखा देनेवाला 3 निराश करनेवाला 4 खंडन करनेवाला (पु०) (संगीत) कभी कभी लगनेवाला स्वर

विसदृश–*सं०* (वि०) 1 भिन्न 2 अनोखा

विसम्मति–*सं०* (स्त्री०) विमत होना

विसरण–*सं०* (पु०) फैलना

विसर्ग–*सं०* (पु०) 1 परित्याग 2 फेंकना 3 निपटाना

विसर्गी–*सं०* (वि०) 1 विसर्ग से युक्त 2 रुकनेवाला (जैसे-विसर्गी ज्वर)

विसर्जन–*सं०* (पु०) 1 त्यागना 2 दान 3 अंत, समाप्ति

विसर्जित–*सं०* (वि०) विसर्जन किया गया

विसर्जन–*सं०* (पु०) 1 छोड़ना, परित्याग 2 समाप्ति, अंत

विसर्जनीय–*सं०* (वि०) 1 त्यागने योग्य 2 विसर्जन के योग्य

विसर्जयिता–*सं०* (वि०) विसर्जन करनेवाला

विसर्पी–*सं०* (वि०) 1 फैलनेवाला 2 तेज़ चलनेवाला 3 लहरियेदार 4 रेंगता हुआ आगे बढ़ना

विसा–*अं०* (पु०) पारपत्र (जैसे-विसा मिल गया)

विसाल–*अ०* (पु०) 1 मिलन 2 संयोग

विसिल–*अं०* (स्त्री०) सीटी

विसूचिका–*सं०* (स्त्री०) = विषूचिका

विसूरण–*सं०* (पु०) 1 दुःख, रंज 2 चिंता

विसृत–*सं०* (वि०) 1 फैलाया हुआ 2 कथित

विसृष्ट–*सं०* (वि०) 1 सृष्टि हुई 2 त्यागा हुआ

विसैन्यकृत–*सं०* (वि०) सेना हटा दी गई

विसैन्यकरण–*सं०* (पु०) सेना हटा देना

विसैन्यीकृत–*सं०* (वि०) = विसैन्यकृत

विस्तर–I *सं०* (वि०) अधिक, बहुत II (पु०) विस्तार

विस्तरण–*सं०* (पु०) विस्तृत करना

विस्तार–*सं०* (पु०) फैलने का भाव, फैलाव (जैसे-नदी का विस्तार, आँगन का विस्तार) 2 लंबाई और चौड़ाई 3 विस्तृत विवरण (जैसे-कहानी का विस्तार)। ~**ता** (स्त्री०) फैलाव; ~**पूर्ण** (वि०) विस्तार से भरा हुआ; ~**पूर्वक** (क्रि० वि०) = विस्तारशः; ~**योजना** (स्त्री०) विस्तार हेतु बनाई गई योजना; ~**वाद** (पु०) विस्तार करने का सिद्धांत; ~**वादी** I (वि०) विस्तारवाद से संबंधित (जैसे-विस्तारवादी नीति) II (पु०) विस्तारवाद का समर्थक

विस्तारक–*सं०* (वि०) विस्तार करनेवाला

विस्तारण–*सं०* (पु०) विस्तार करना

विस्तारशः–*सं०* (क्रि० वि०) विस्तार रूप में (जैसे-विस्तारशः वर्णन करना)

विस्तारित–*सं०* (वि०) विस्तार किया हुआ
विस्तारीकरण–*सं०* (पु०) विस्तार करने का कार्य
विस्तीर्ण–*सं०* (वि०) = विस्तृत
विस्तृत–*सं०* (वि०) 1 विस्तारवाला 2 विस्तारपूर्वक बताई गई (जैसे-विस्तृत कथा)
विस्तृति–*सं०* (स्त्री०) 1 फैलाव 2 व्याप्ति
विस्थापन–*सं०* (पु०) हटाना
विस्थापित–*सं०* (वि०) हटाया गया
विस्पष्ट–*सं०* (वि०) जो साफ़ या स्पष्ट न हो
विस्फारण–*सं०* (पु०) 1 फैलाना 2 खोलना
विस्फारित–*सं०* (वि०) खोला हुआ (जैसे-विस्फारित नयन)
विस्फीति–*सं०* (स्त्री०) मुद्रा स्फीति को रोकना
विस्फुरण–*सं०* (पु०) 1 कंपन 2 स्पंदन 3 कौंध
विस्फूर्जन–*सं०* (पु०) 1 विकास 2 गरजना
विस्फोट–*सं०* (पु०) 1 फूटकर बाहर निकलना (जैसे-ज्वालामुखी का विस्फोट) 2 ज़ोर का शब्द (जैसे-कारख़ाने में बम का विस्फोट)
विस्फोटक–*सं०* (वि०) विस्फोट करनेवाला (जैसे-विस्फोटक पदार्थ)
विस्फोटन–*सं०* (पु०) विस्फोट करना
विस्मय–*सं०* (पु०) 1 आश्चर्य 2 अचंभा 3 *साहि०* अद्‌भुत रस का स्थायी भाव। **~कारी, ~जनक** विस्मय उत्पन्न करनेवाला; **~बोधक** (वि०) *व्या०* विस्मय का ज्ञान करानेवाला (जैसे-विस्मय बोधक चिह्न)
विस्मयातिरेक–*सं०* (पु०) आश्चर्य की अधिकता
विस्मयादिबोधक–*सं०* (पु०) *व्या०* अव्यय का भेद जो अविकारी शब्द का सूचक है (जैसे-हाय! राजा की मृत्यु हो गई)
विस्मयोत्पादक–*सं०* (वि०) = विस्मयकारी
विस्मरण–*सं०* (पु०) भूलना, विस्मृति। **~शील** (वि०) विस्मरण होनेवाला (जैसे-विस्मरणशील स्वभाव)
विस्मित–*सं०* (वि०) विस्मयवाला
विस्मृत–*सं०* (वि०) भुलाया हुआ
विस्मृति–*सं०* (स्त्री०) भूल जाना
विस्वर–*सं०* (वि०) 1 स्वरहीन 2 बेमेल 2 कर्कश
विहंग–*सं०* (पु०) पंछी, पक्षी
विहंगम दृष्टि–*सं०* (स्त्री०) सरसरी निगाह
विहंगावलोकन–*सं०* (पु०) सरसरी तौर पर देखना
विहँसना–(अ०-क्रि०) हँसना
विहग–*सं०* (पु०) विहंग
विहत–*सं०* (वि०) 1 मारा हुआ 2 विदीर्ण
विहरना–(अ० क्रि०) 1 विहार 2 घूमना फिरना
विहसन–*सं०* (पु०) 1 हास्य 2 मज़ाक उड़ाना
विहसित–*सं०* (वि०) उपहसित
विहार–*सं०* (पु०) 1 घूमना (जैसे-वन विहार) 2 रति क्रीड़ा 3 रति क्रीड़ा स्थल
विहारी–*सं०* (वि०) 1 घूमनेवाला 2 आनंद लेनेवाला 3 कृष्ण
विहिंसक–*सं०* (वि०) 1 क्षति 2 हानि पहुंचाने वाला
विहित–*सं०* (वि०) 1 उचित, मुनासिब 2 विधि के अनुरूप होनेवाला (जैसे-कर्म विहित फल)
विहीन–*सं०* (वि०) 1 बिना, बग़ैर 2 त्यागा हुआ। **~ता** (स्त्री०) विहीन होने का भाव
विह्वल–*सं०* (वि०) 1 अशांत 2 क्षुब्ध 3 व्याकुल 4 हतबुद्धि 5 कष्टग्रस्त 6 आपे से बाहर 7 हताश 8 द्रवित (जैसे-करुणा विह्वल)। **~कारी** (वि०) व्याकुल करनेवाला; **~ता** (स्त्री०) विह्वल होने का भाव
वीक्ष–*सं०* (पु०) दृष्टि
वीक्षक–*सं०* (वि०) देखनेवाला
वीक्षण–*सं०* (पु०) निरीक्षण, देखना
वीक्षणीय–*सं०* (वि०) वीक्ष्य, दर्शनीय
वीक्ष्य–*सं०* (वि०) देखे जाने योग्य
वीक्षा–*सं०* (स्त्री०) = वीक्षण
वीज–*सं०* (पु०) 1 बीज, बीआ 2 वीर्य, शुक्र 3 अंकुर 4 वनस्पति आदि की गुठली या दाना (जैसे-आम का बीज, अनार का बीज) 5 फल 6 आधार 7 मूल कारण (जैसे-घटना का बीज बोना, लड़ाई का बीज बोना) 8 तत्त्व। **~कोश** (पु०) फलों, पौधों का बीजवाला भाग; **~गणित** (पु०) सांकेतिक अक्षरों की सहायता से राशियों की गणना करने की विद्या
वीज़ा–*अं०* (पु०) = विसा
वीजारोपण–*सं०* (पु०) 1 बीज लगाना 2 नींव रखना
वीटो–*अं०* (पु०) निषेधाधिकार
वीणा–*सं०* (स्त्री०) सितार की तरह का एक प्राचीन भारतीय बाजा। **~वादिनी** (स्त्री०) सरस्वती
वीत–*सं०* (वि०) 1 बीता हुआ 2 अलग किया हुआ 3 रहित, मुक्त (जैसे-वीतराग)। **~राग** (पु०) राग रहित, निस्पृह व्यक्ति; **~रागता** (स्त्री०) वीतराग होने का भाव
वीथिका, वीथी–*सं०* (स्त्री०) 1 मार्ग पथ 2 कतार 3 बाज़ार, हाट
वीप्सा–*सं०* (स्त्री०) 1 व्याप्ति 2 शब्द की आवृत्ति 3 शब्दालंकार का एक भेद जिसमें घृणा, हर्ष, शोक आदि प्रसंग में उपर्युक्त शब्दों की पुनरावृत्ति होती है (जैसे-रीझि रीझि, रहसि रहसि)
वीभत्स–*सं०* (वि०) दे० बीभत्स
वीर–I *सं०* (वि०) 1 बहादुर 2 शूर 3 शक्तिशाली 4 बढ़ा-चढ़ा 5 श्रेष्ठ II (पु०) 1 योद्धा 2 *साहि०* नौ रसों में से एक रस जिसका स्थायी भाव उत्साह है। **~कर्म** (पु०) वीरता पूर्ण कार्य; **~काव्य** (पु०) ऐसा ऐतिहासिक काव्य जिसमें वीर और श्रेष्ठ पुरुष की गाथा हो (जैसे-पृथ्वीराज रासौ एक वीर काव्य है); **~गति** (स्त्री०) युद्ध भूमि में प्राण देना; **~गति प्राप्त** (वि०) युद्ध भूमि में मर गया, शुभ मृत्यु को प्राप्त; **~गाथा** (स्त्री०), **~गीत** (पु०) वीरतापूर्ण कवित्वमयी गाथा; **~गीतात्मक** (वि०) वीरगाथा से संबंधित; **~चक्र** (पु०) भारत शासन द्वारा वीरतापूर्ण कार्य हेतु सैनिकों को दिया जानेवाला एक पदक; **~चरित** (पु०) = वीर कर्म; **~ता** (स्त्री०) वीर होने का भाव; **~ता पूर्ण** (वि०) वीरता से भरा हुआ (जैसे-वीरता पूर्ण कार्य); **~दर्प** (पु०) वीरता का जोश या उमंग; **~नगरी** (स्त्री०) वीरों का नगर; **~पत्नी** (स्त्री०) 1 वीर पुरुष की स्त्री 2 वीर नारी; **~पूजा** (स्त्री०) वीरों की पूजा; **~प्रयत्न** (पु०) वीर का

प्रयास, वीर की कोशिश; ~**प्रसविनी,** ~**प्रसू** (वि०) वीर को जन्म देनेवाली; ~**भार्या** (स्त्री०) वीर की पत्नी ~**भाव** (पु०) वीर का स्वभाव; ~**रस** (पु०) *साहि०* नौ रसों में से एक रस; ~**रसात्मक** (वि०) वीर रसवाला; ~**वाक्य** (पु०) ललकार; ~**शय्या** (स्त्री०) वीरों की सेज

वीरत्व–*सं०* (पु०) = वीरता

वीरत्वावेश–*सं०* (पु०) वीरता का आवेश

वीरांगना–*सं०* (स्त्री०) वीर नारी

वीरान–*फ़ा०* (वि०) 1 उजड़ा हुआ, जनहीन 2 तबाह, बर्बाद

वीराना–*फ़ा०* (पु०) निर्जन प्रदेश

वीरानी–*फ़ा०* (स्त्री०) वीरान होने का भाव

वीरासन–*सं०* (पु०) बैठने का एक ढंग जो प्रायः प्राचीन योद्धाओं, योगियों और तांत्रिकों द्वारा अपनाया जाता है

वीरुध–*सं०* (पु०) 1 वनस्पति 2 पेड़ पौधे

वीरेंद्र–*सं०* (पु०) श्रेष्ठ वीर

वीरेश–*सं०* (पु०) श्रेष्ठ योद्धा

वीरेश्वर–*सं०* (पु०) शिव

वीरोचित–*सं०* (वि०) वीरतापूर्ण

वीर्य–*सं०* (पु०) 1 वीरता, पौरुष 2 शक्ति, बल 3 शरीर की एक धातु , शुक्र 4 साहस। ~**पतन,** ~**पात** (पु०) वीर्य का गिरना, वीर्य क्षरण; ~**सेचन** (पु०) वीर्य अंदर पहुँचाना (प्रायः कृत्रिम ढंग से)

वीसा–*अं०* (पु०) पारपत्र

वृंत–*सं०* (पु०) 1 स्तन का अगला भाग, चूचुक 2 डंठल 3 कच्चा और छोटा फल

वृंद–I *सं०* (पु०) समूह II (वि०) बहु संख्यक। ~**वादन** (पु०) सामूहिक रूप से वाद्य यंत्रों को बजाना; ~**वाद्य** (पु०) कई वाद्यों का एक साथ बजनेवाला समूह, आर्केस्ट्रा

वृक–*सं०* (पु०) 1 भेड़िया 2 गीदड़

वृक्क–*सं०* (पु०) गुर्दा किडनी

वृक्ष–*सं०* (पु०) पेड़ (जैसे-वृक्ष का खोखला भाग)। ~**निर्यास** (पु०) पेड़ से निकलनेवाला गोंद; ~**पाल** (पु०) वन का रक्षक; ~**पालन** (पु०) पेड़ की रक्षा करना; ~**रोपक** (पु०) वृक्षादि लगानेवाला व्यक्ति; ~**रोपण** (पु०) पेड़ लगाना; ~**वाटिका** (स्त्री०) बाग़, उपवन; ~**वासी** (वि०) वृक्ष पर रहनेवाला; ~**विज्ञान** (पु०) पेड़ों से संबंधित विद्या; ~**शून्य,** ~**हीन** (वि०) जहाँ एक भी वृक्ष न हो

वृक्षाच्छादित–*सं०* (वि०) वृक्ष से ढका हुआ

वृक्षायुर्वेद–*सं०* (पु०) वृक्ष संबंधी चिकित्सा शास्त्र

वृक्षारोपण–*सं०* (पु०) = वृक्ष रोपण

वृक्षावली–*सं०* (स्त्री०) वृक्षों की कतार

वृत्त–I *सं०* (पु०) 1 इतिहास 2 वृत्तांत (जैसे-जीवन वृत्त) 3 समाचार (जैसे-घटना वृत्त) 4 जीविका 5 आचरण, चाल चलन 6 सुकर्म 7 विहित नियम 8 गोल, मंडल II (वि०) 1 अस्तित्व में आया हुआ 2 घटित 3 गोल। ~**खंड** (पु०) वृत्त का कोई भाग; ~**चित्र** (पु०) विशेष घटना के मुख्य-मुख्य अंग-उपांग को ब्योरेवार सिनेमा के रूप में दिखाया जानेवाला चित्र; ~**पत्र** (पु०) 1 दैनिक पंजी 2 सामयिक पत्र; ~**मुखी** (वि०) वृत्ताकार; ~**रूपक** (पु०) विवरण उपस्थित करनेवाला नाट्य रूप

वृत्तांत–I *सं०* (पु०) 1 समाचार 2 विवरण 3 घटना 4 आख्यान 5 विषय 6 वर्णन 7 अवसर II (वि०) एकांत, एकाकी

वृत्तांश–*सं०* (पु०) वृत्त खंड

वृत्ताकार–I *सं०* (वि०) वृत्त के आकार का (जैसे-वृत्ताकार चित्र II (क्रि० वि०) (जैसे-वृत्ताकार बैठना)

वृत्ति–*सं०* (स्त्री०) 1 मन अथवा चित्त का व्यापार (जैसे-मानसिक वृत्ति, हृदय की वृत्ति) 2 कार्य, व्यापार 3 प्रकार, ढंग (जैसे-कर्म वृत्ति, कार्य वृत्ति, जीवन वृत्ति) 4 आचार शास्त्र 5 पेशा, धंधा (जैसे-वेश्यावृत्ति, सेवावृत्ति) 6 नियमित रूप से दी गई मदद या सहायता (जैसे-छात्र वृत्ति) 7 शब्द शक्ति 8 प्रकृति, स्वभाव 9 हाल वृत्तांत। ~**कर** (पु०) पेशे पर लगनेवाला कर; ~**ता** (स्त्री०) वृत्ति का भाव; ~**दान** (पु०) रोज़ी रोटी देना

वृत्तिकार–(पु०) ग्रंथ की आलोचनात्मक व्याख्या लिखनेवाला, टीकाकार

वृत्यनुप्रास–*सं०* (पु०) एक शब्दालंकार जिसमें पद में वृत्ति के अनुकूल वर्णों की आवृत्ति होती है

वृत्युपाय–*सं०* (पु०) रोज़ी रोटी का साधन

वृथा–I *सं०* (वि०) व्यर्थ, फ़जूल II (अ०) बिना प्रयोजन के

वृद्ध–*सं०* (वि०) बुड्ढा। ~**काल** (पु०) बुढ़ापा; ~**ता** (स्त्री०) वृद्ध होना; ~**प्रपितामह** (पु०) परदादा का पिता; ~**युवती** (स्त्री०) अधेड़ कुमारी

वृद्धप्राय–*सं०* (क्रि० वि०) वृद्ध होने के करीब; वृद्धावस्था के करीब

वृद्धा–I *सं०* (स्त्री०) 1 बूढ़ी औरत 2 बुड्ढी II (वि०) बुढ़िया (जैसे-वृद्धा की आयु)

वृद्धावस्था–*सं०* (स्त्री०) बुढ़ापा

वृद्धाश्रम–*सं०* (पु०) वृद्ध लोगों के रहने का स्थान

वृद्धि–*सं०* (स्त्री०) 1 अभ्युदय, समृद्धि 2 वृद्धि होने का भाव 3 विकास, प्रगति। ~**क्रम** (पु०) बढ़ता हुआ क्रम; ~**गत** (वि०) वृद्धि हुई; ~**जीवक** (पु०) महाजन

वृद्धिमान्–*सं०* (वि०) उन्नतिशील

वृश्चिक–*सं०* (पु०) 1 बिच्छू 2 एक राशि जिसका आकार बिच्छू-सा होता है 3 केकड़ा 4 मार्गशीर्ष मास

वृष–*सं०* (पु०) 1 साँड़ 2 काम शास्त्रानुसार चार प्रकार के पुरुषों में से एक 3 स्वामी

वृषण–*सं०* (पु०) अंडकोश

वृषभ–*सं०* (पु०) 1 साँड, बैल 2 काम शास्त्रानुसार शंखिनी स्त्री के लिए उपयुक्त श्रेष्ठ पुरुष

वृषभानुजा–*सं०* (स्त्री०) राधा, कृष्ण की एक प्रेमिका

वृषल–I *सं०* (वि०) 1 शूद्र 2 नर्तक 3 बैल II (वि०) 1 कुकर्मी और पापी 2 शूद्र

वृषलत्व–*सं०* (पु०) वृषल होने का भाव

वृषली–*सं०* (स्त्री०) 1 रजस्वला स्त्री 2 शूद्र पत्नी 3 बाँझ स्त्री 4 मृत संतान को जन्म देनेवाली स्त्री

वृष्टि–*सं०* (स्त्री०) 1 पानी बरसना 2 वर्षा का जल 3 वर्षा समान छोटी छोटी वस्तु का गिरना (जैसे-सुमन वृष्टि)। ~**मान,** ~**मापक** (पु०) वर्षा नापने का यंत्र

वृहत–*सं०* (वि०) विशाल (जैसे-हिंदी वृहत कोश)

वृहत्सभा–*सं०* (स्त्री०) विशाल सभा
वृहद्–*सं०* (वि०) = वृहत्
वेंटिलेटर–*अं०* (पु०) खिड़की, झरोखा
वे–*सर्व०* 'वह' का बहुवचन
वेक्यूम–*अं०* (वि०) निर्वात, शून्य। ~**क्लीनर** (पु०) कूड़ा साफ़ करने की निर्वात मशीन
वेक्षण–*सं०* (पु०) 1 देखना 2 ढूँढना
वेग–*सं०* (पु०) 1 प्रबल मनोवेग 2 प्रवाह (जैसे-नदी का वेग, वेगमय) 3 शीघ्रता 4 वृद्धि, बढ़ती 5 प्रचंडता 6 शक्ति (जैसे-शारीरिक वेग, मनोवेग)। ~**क्षय** (पु०) शक्ति का नाश; ~**धारण** (पु०) वेग रोकना; ~**मापी** (पु०) वेग नापने का यंत्र; ~**मिति** (स्त्री०) वेग नापना; ~**युक्त** (वि०) वेगवाला, वेगवान्; ~**रोधक** (वि०) वेग रोकनेवाला; ~**वृद्धि** (स्त्री०) वेग का बढ़ना; ~**शील** (वि०) = वेगवान्
वेगतः–*सं०* (क्रि० वि०) वेग के अनुरूप
वेगवान्–*सं०* (वि०) वेग से युक्त (जैसे-वेगवान् रथ)
वेगी–*सं०* (वि०) वेगवाला
वेजीटेबिल–*अं०* I (स्त्री०) सब्ज़ी II (वि०) वनस्पति (जैसे-वेजीटेबिल तेल)
वेटर–*अं०* (वि०) बैरा
वेट लिफ्टिंग–*अं०* (स्त्री०) वज़न उठाना
वेटिंग रूम–*अं०* (पु०) प्रतीक्षालय
वेणी–*सं०* (स्त्री०) बालों की गूँथी हुई चोटी कवरी (जैसे-शिशु माँ की वेणी खींचता है)
वेणु–*सं०* (पु०) बाँस की वंशी, मुरली। ~**पत्र** (पु०) बाँस का पत्ता; ~**वादक** I (वि०) बाँसुरी बजानेवाला II (पु०) श्री कृष्ण; ~**वादन** (पु०) बाँसुरी बजाना; ~**वादिनी** (वि०/स्त्री०) वीणा बजानेवाली ~**शय्या** (स्त्री०) बाँस की बनी शय्या
वेतन–*सं०* (पु०) 1 पारिश्रमिक (जैसे-दैनिक वेतन) 2 तनख़्वाह (जैसे-आपका वेतन कितना है)। ~**कर** (पु०) वेतन पर लगनेवाला टैक्स; ~**क्रम** (पु०) वेतनमान; ~**दाता** (पु०) वेतन देनेवाला; ~**निधि** (स्त्री०) वेतन स्वरूप मिला धन; ~**भत्ता** +*हिं०* (पु०) वेतन और भत्ता; ~**भोक्ता** (वि०) = वेतन भोगी; ~**भोगी** (वि०) वेतन पर निर्वाह करनेवाला; ~**मान** (पु०) वेतन के दर्जा ब दर्जा वृद्धि का क्रम; ~**लेखा** + *हिं०* (पु०) = वेतन फलक; ~**वृद्धि** (स्त्री०) वेतन बढ़ाना; ~**सूची** (स्त्री०) = वेतन फलक
वेतनी–*सं०* (वि०) वेतन पानेवाला, वेतनभोगी
वेतस–*सं०* (पु०) बेंत
वेताल–*सं०* (पु०) 1 संतरी 2 भूत योनि
वेत्ता–*सं०* (वि०) पूर्ण ज्ञाता (जैसे-इतिहास वेत्ता, पुरातत्त्व वेत्ता)
वेत्र–*सं०* (पु०) 1 बेंत 2 डंडा
वेद–*सं०* (पु०) 1 हिंदुओं के आदि धर्म ग्रंथ (जैसे-ऋग्वेद, यजुर्वेद आदि) 2 धार्मिक ज्ञान 3 ज्ञान। ~**कालीन** (वि०) वेद काल का; ~**घोष** (पु०) वेदध्वनि; ~**ज्ञ** (पु०) वेद का ज्ञाता; ~**तत्त्व** (पु०) वेद का प्रमुख उद्देश्य; ~**ध्वनि** (स्त्री०) सस्वर वेदपाठ से होनेवाली आवाज़; ~**पाठ** (पु०) वेद का पढ़ना; ~**वाक्य** (पु०) 1 वेद का वचन 2 पूर्णतः प्रामाणिक कथन या बात
वेदन–*सं०* (पु०) 1 संवेदन 2 पीड़ा
वेदना–*सं०* (स्त्री०) 1 कष्ट 2 व्यथा (जैसे-मानसिक वेदना, वेदना की अनुभूति)। ~**निग्रह** (पु०) कष्ट दूर करना; ~**विहीन** (वि०) कष्ट रहित, पीड़ा रहित
वेदांग–*सं०* (पु०) 1 वेद के प्रत्येक अंग 2 वेद के छः अंग
वेदांत–*सं०* (पु०) 1 ब्रह्मविद्या 2 छः दर्शनों में से अंतिम दर्शन, उत्तर मीमांसा (जैसे-वेदांत परिचय)
वेदांती–*सं०* (पु०) वेदांत का ज्ञाता, ब्रह्मवादी
वेदाध्ययन–*सं०* (पु०) वेद का अध्ययन
वेदानुयायी–*सं०* (पु०) वेद का अनुयायी
वेदाभ्यास–*सं०* (पु०) = वेदाध्ययन
वेदिका–*सं०* (स्त्री०) छोटी वेदी
वेदी I–*सं०* (पु०) 1 विद्वान्, पंडित 2 जानकार
वेदी–II *सं०* (स्त्री०) धार्मिक कार्य हेतु बनाया मंडप
वेदोक्त–*सं०* (वि०) वेदविहित
वदोत्तचारण–*सं०* (पु०) = वेद पाठ
वेदोपरांत–*सं०* (वि०) वेद के बाद का
वेध–*सं०* (पु०) 1 धँसना, बेधना 2 आहत करना 3 ग्रहों की गति, स्थिति आदि का पता लगाना
~**शाला** (स्त्री०) जहां नक्षत्रों का अध्ययन किया जाता है
वेधक–*सं०* (पु०) 1 वेध करनेवाला 2 वेधनेवाला
वेधन–*सं०* (पु०) 1 वेधना, छेद करना 2 आहत करना
वेधनी–*सं०* (स्त्री०) 1 अंकुश 2 वेधन यंत्र
वेधालय–*सं०* (पु०) = वेधशाला
वेधिनी–*सं०* (वि०) छेदनेवाली
वेधी–*सं०* (वि०) 1 वेधन करनेवाला 2 नक्षत्र आदि की गति का पर्यवेक्षण करनेवाला 3 भेदनेवाला (जैसे-वायुयान वेधी तोप)
वेनिटि बैग–*अं०* (पु०) सिंगारदान
वेपन–*सं०* (पु०) 1 काँपना, कंप 2 वात रोग
वेला–*सं०* (स्त्री०) 1 समय (जैसे-संध्या वेला) 2 निश्चित समय (जैसे-भोजन की वेला) 3 अवसर (जैसे-मृत्यु की वेला)
वेल्डर–*अं०* (पु०) झाल लगानेवाला
वेल्डिंग–*अं०* (स्त्री०) झाल लगाना
वेल्लि, वेल्ली–*सं०* (स्त्री०) बेल, लता
वेश–*सं०* (पु०) 1 प्रवेश 2 प्रवेश द्वार 3 चकला, वेश्यालय 4 मकान, घर 5 वेश्या का बर्ताव 6 कार बार 7 भेस (जैसे-राजा का वेश धारण करना) 8 खेमा, तंबू। ~**धारी** (वि०) वेश धारण करनेवाला; ~**भूषा** (स्त्री०) पहनावा, पोशाक; ~**विन्यास** (पु०) वेश बनाना
वेश्मांत–*सं०* (पु०) अंतःपुर, ज़नानख़ाना
वेश्या–*सं०* (स्त्री०) 1 धन लेकर लोगों से संभोग करानेवाली स्त्री, गणिका 2 तवायफ़। ~**गामी** (पु०) रंडीबाज़; ~**पन** + *हिं०* (पु०), ~**वृत्ति** (स्त्री०) वेश्या का काम, कसब कमाना, प्रॉस्टिट्यूशन
वेश्याचार्य–*सं०* (पु०) रंडियों का दलाल, भड़ुआ

वेश्यालय–*सं०* (पु०) वेश्याओं का घर
वेष–*सं०* (पु०) 1 वेश 2 नेपथ्य 3 वेश्यालय 4 कर्म 5 भेस (जैसे-वेष रचना)। ~**धारी** (वि०) = वेशधारी; ~**भूषा** (स्त्री०) = वेशभूषा
वेष्टन–*सं०* (पु०) लपेटने की वस्तु, वेठन
वेष्टित–*सं०* (वि०) लपेटा हुआ
वेसिलीन–*अं०* (पु०) चेहरे पर लगाने का एक लेप
वैकट्य–*सं०* (पु०) विकटता
वैकल्प–*सं०* (पु०) अनिश्चयता, विकल्पता
वैकल्पिक–*सं०* (वि०) 1 ऐच्छिक 2 संदिग्ध
वैकल्य–*सं०* (पु०) 1 विकलता 2 उत्तेजना 3 दोष 4 न्यूनता 5 दुर्बलता 6 कातरता
वैकसीन–*अं०* (पु०) *चि०* चेचक का टीका
वैकाल–*सं०* (पु०) 1 दिन का तीसरा पहर 2 संध्या, शाम
वैकुंठ–*सं०* (पु०) स्वर्ग (जैसे-वैकुंठ सिधार जाना)। ~**पुरी** (स्त्री०) विष्णु की नगरी; ~**लोक** (पु०) विष्णुलोक, स्वर्गपुरी
वैकुअम–*अं०* (वि०) = वेक्यूम
वैकृत–I *सं०* (वि०) 1 परिवर्तनशील 2 विकार के कारण उत्पन्न II (पु०) विकार, ख़राबी
वैक्रमाब्द–*सं०* (पु०) = विक्रमाब्द
वैक्सीन–*अं०* (पु०) = वैकसीन
वैखानस–*सं०* (पु०) वानप्रस्थ आश्रम में प्रवृत्त व्यक्ति
वैखरी–*सं०* (स्त्री०) 1 मुँह से उच्चारित शब्द 2 बोलने की शक्ति
वैगन–*अं०* (पु०) मालगाड़ी का डिब्बा
वैगुण्य–*सं०* (पु०) 1 विगुणता 2 नीचता 3 दोष, अपराध
वैग्रहिक–*सं०* (पु०) शारीरिक
वैचक्षण्य–*सं०* (पु०) विचक्षणता
वैचारिक–*सं०* (वि०) विचार संबंधी
वैचारिकी–*सं०* (स्त्री०) विचारधारा
वैचारिकीय–*सं०* (वि०) वैचारिक
वैचित्र्य–*सं०* (पु०) विचित्रता
वैजन्य–*सं०* (पु०) विजनता, एकांत
वैजयंती–*सं०* (स्त्री०) 1 झंडा, पताका 2 मोतियों की पचरंगी माला 3 विजयमाल
वैजयिक–*सं०* (वि०) विजय संबंधी
वैजात्य–*सं०* (पु०) 1 विजातीय होने का भाव 2 लंपटता, बदचलनी
वैज्ञानिक–I *सं०* (वि०) विज्ञान संबंधी II (पु०) विज्ञान का ज्ञाता। ~**चिंतक** (पु०) विज्ञान के ढंग से सोचनेवाला
वैटेरिनरी–*अं०* (वि०) पशु रोग संबंधी (जैसे-वैटेरिनरी डॉक्टर)
वैडाल–*सं०* (वि०) विडाल का। ~**व्रत** (पु०) पाप और कुकर्म रत रहकर भी साधु बने रहने का ढोंग; ~**व्रती** (पु०) वैडालव्रत को अपनानेवाला व्यक्ति, अत्यंत दुष्ट और नीच व्यक्ति
वैतंडिक–*सं०* (पु०) बहुत बड़ा लड़ाका व्यक्ति
वैतनिक–*सं०* (वि०) 1 वेतन संबंधी 2 वेतन का 3 वेतन लेकर काम करनेवाला (जैसे-वैतनिक कर्मचारी, वैतनिक मंत्री)
वैतरणी–*सं०* (पु०) परलोक की नदी
वैताल–I *सं०* (पु०) स्तुति पाठक II (वि०) वेताल का
वैतालिक–*सं०* (पु०) 1 जादूगर 2 स्तुति पाठक 3 वैताल उपासक
वैतृष्णय–*सं०* (पु०) वितृष्ण होने का भाव
वैत्तिक–*सं०* (वि०) वित्त संबंधी
वैदग्ध, वैदग्धा–*सं०* (पु०) 1 पांडित्य, विद्वत्ता 2 दक्षता, पटुता (जैसे-वाग वैदग्ध) 3 चालाकी 4 हाव भाव (जैसे-नायिका का काम वैदग्ध)
वैदिक–*सं०* (वि०) 1 वेद संबंधी, वेद का (जैसे-वैदिक काल, वैदिक धर्म) 2 वेद में कहा गया (जैसे-वैदिक उक्ति)
वैदिकी–*सं०* (स्त्री०) वेदानुसार कर्मकांड का अनुष्ठान (जैसे-वैदिकी प्रणाली)
वैदिकोत्तर–*सं०* (वि०) वैदिक के बाद का
वैदुष्य–*सं०* (पु०) विद्वता
वैदूर्य–*सं०* (पु०) लहसुनिया नामक रत्न
वैदेशिक–I *सं०* (वि०) विदेश संबंधी II (पु०) विदेशी व्यक्ति
वैदेश्य–*सं०* (वि०) विदेश का
वैदेही–*सं०* (स्त्री०) वेदेहराज जनकपुत्री सीता
वैद्य–*सं०* (पु०) 1 आयुर्वेद का ज्ञाता 2 आयुर्वेद चिकित्सा पद्धति द्वारा इलाज करना। ~**शास्त्र** (पु०) आयुर्वेद
वैद्यक–*सं०* (पु०) 1 आयुर्वेद या चिकित्साशास्त्र 2 चिकित्सक
वैद्युत्–*सं०* (वि०) विद्युत संबंधी, बिजली की
वैद्युतिक–*सं०* (वि०) विद्युत संबंधी
वैद्रुम–*सं०* (वि०) मूँगे का
वैध–*सं०* (वि०) 1 विधि सम्मत 2 विधि के अनुकूल। ~**ता** (स्त्री०) वैध होने की अवस्था
वैधर्म्य–*सं०* (पु०) 1 विधर्मी होने का भाव 2 नास्तिकता
वैधव्य–*सं०* (पु०) विधवापन, रँड़ापा
वैधानिक–*सं०* (वि०) विधान संबंधी
वैधिक–*सं०* (वि०) = वैध
वैधी–*सं०* (स्त्री०) विधि के अनुसार की गई भक्ति
वैधीकरण–*सं०* (पु०) क़ानूनी रूप देना
वैन–*अं०* (पु०) = वान
वैनीला–*अं०* (पु०) एक पौधा और उससे निकाला गया सुगंधित पदार्थ
वैनीलीन–*अं०* (पु०) बैनीला का सुगंधि सूत्र
वैपरीत्य–*सं०* (पु०) विपरीतता
वैपित्र–*सं०* (वि०) एक ही माता किंतु विभिन्न पिताओं से उत्पन्न (जैसे-वैपित्र संतान)
वैपुल्य–*सं०* (पु०) विपुलता
वैफल्य–*सं०* (पु०) विफलता
वैभव–*सं०* (पु०) 1 ऐश्वर्य, धन-दौलत, सुख-शांति 2 शान-शौक़त 3 शक्ति, सामर्थ्य। ~**पति** (पु०) ऐश्वर्य का स्वामी; ~**शाली** (वि०) 1 ऐश्वर्यवाला 2 अत्यधिक समर्थ
वैभविक–*सं०* (वि०) 1 वैभव संबंधी 2 वैभवशाली
वैभागिक–*सं०* (वि०) विभाग संबंधी

वैभाषिक–*सं०* (वि०) 1 विभाषा संबंधी 2 वैकल्पिक
वैभिन्य–*सं०* (पु०) भिन्नता
वैमत्य–*सं०* (पु०) 1 फूट, मतभेद 2 अंतर
वैमनस्य–*सं०* (पु०) 1 अन्यमनस्क होने का भाव 2 मानसिक शैथिल्य, उदासी 3 शत्रुता, वैर
वैमल्य–*सं०* (पु०) विमलता
वैमात्र–*सं०* (वि०) सौतेला (जैसे-वैमात्र संतान)
वैमात्रेय–*सं०* (वि०) विमाता का (जैसे-वैमात्रेय व्यवहार)
वैमानिक–I *सं०* (वि०) 1 विमान संबंधी 2 विमान में उत्पन्न (जैसे-वैमानिक विस्फोट) II (पु०) 1 विमानरोही 2 विमान चालक, पायलट
वैमानिकी–*सं०* (स्त्री०) हवाई जहाज़ चलाने की विद्या या शास्त्र, एयरोनाटिक्स
वैमुख्य–*सं०* (पु०) 1 विमुखता 2 विरक्ति 3 घृणा 4 पलायन
वैयक्तिक–*सं०* (वि०) = व्यक्तिगत। **~ता** (स्त्री०) = व्यक्तित्व; **~ता वाद** (पु०) अपने को महत्त्व देने का सिद्धांत अहंवाद; **~ता वादी** (वि०) वैयक्तिकतावाद संबंधी, अहंवादी
वैयर्थ्य–*सं०* (पु०) व्यर्थता
वैयाकरण–I *सं०* (वि०) व्याकरण संबंधी, व्याकरण का II (पु०) 1 व्याकरण का ज्ञाता 2 व्याकरण की रचना करनेवाला
वैर–*सं०* (पु०) विरोध, शत्रुता (जैसे-वैर भाव)। **~भाव** (पु०) वैर की भावना; **~विरोध** (पु०) वैर और विरोध, दुश्मनी; **~शुद्धि** (स्त्री०) वैर का बदला
वैरागिनी–*सं०* (स्त्री०) संन्यासिनी
वैरागी–I *सं०* (पु०) उदासी II (वि०) विरक्त
वैराग्य–*सं०* (पु०) विरक्ति
वैराज्य–*सं०* (पु०) 1 दो राजाओं का संयुक्त शासन, दुराज 2 विदेशी शासन
वैरी–*सं०* (पु०) शत्रु, दुश्मन (जैसे-वैरी से जा मिलना, वैरी से बदला लेना)
वैरूप्य–*सं०* (पु०) 1 विरूपता 2 विकृति 3 बेढंगापन
वैलक्षण्य–*सं०* (पु०) 1 विलक्षणता, विचित्रता, 2 विभिन्नता 3 अंतर
वैलिंग्य–*सं०* (पु०) लिंगहीनता
वैवर्त–*सं०* (पु०) पहिए की तरह घूमना
वैवश्य–*सं०* (पु०) 1 विवशता 2 दुर्बलता
वैवाह–*सं०* (वि०) विवाह संबंधी, विवाह का
वैवाहिक–I *सं०* (वि०) 1 विवाह संबंधी 2 विवाह के फलस्वरूप होनेवाला (जैसे-वैवाहिक जलपान, वैवाहिक उत्सव) II (पु०) 1 विवाह संबंधी तैयारी, विवाहोत्सव 2 विवाह के फलस्वरूप होनेवाला संबंध
वैविध्य–*सं०* (पु०) = वैरूप्य। **~पूर्ण** (वि०) विविध, भिन्न भिन्न
वैशाख–(पु०) चाँद्र वर्ष का चैत्र के बाद पड़नेवाला एक मास (जैसे-वैशाख का दिन)
वैशिष्ट्य–*सं०* (पु०) विशिष्टता
वैशेषिक–*सं०* (पु०) 1 पदार्थ विद्या 2 पदार्थ विद्या का अनुयायी
वैश्य–*सं०* (पु०) हिंदुओं में तीसरे वर्ण (जाति) का व्यक्ति
वैश्लेषिक–*सं०* (वि०) विश्लेषण संबंधी
वैश्वानर–*सं०* (पु०) आग, अग्नि
वैश्वासिक–*सं०* (वि०) विश्वास संबंधी
वैषम्य–*सं०* (पु०) विषम होने का भाव
वैषिक–*सं०* (वि०) 1 विष संबंधी 2 विषजन्य
वैष्णव–*सं०* (वि०) 1 विष्णु संबंधी (जैसे-वैष्णव विचार) 2 विष्णु का उपासक
वैष्णवी–*सं०* (स्त्री०) 1 विष्णु की शक्ति 2 दुर्गा
वैसलीन–*अं०* (पु०) = वेसिलीन
वैसा–I (वि०) 1 उसी तरह का 2 ऐसा II (अ०) उस प्रकार
वैसादृश्य–*सं०* (पु०) असमानता, विषमता
वैसे–(अ०) 1 उस तरह से 2 यों
वोट–*अं०* (पु०) 1 मत (जैसे-वोट देना) 2 सामूहिक निर्णय (जैसे-शांति प्रस्ताव और युद्ध बंदी के प्रस्ताव पर वोट लेना)। **~आफ सेंसर** (पु०) निंदात्मक प्रस्ताव; **~दाता** + *सं०* (पु०) वोटर; **~दान** + *सं०* (पु०) वोट देना; **~दान पद्धति** + *सं०* (स्त्री०) वोट देने की प्रणाली
वोटर–*अं०* (पु०) मतदाता
वोटाधिकार–*अं०* + *सं०* (पु०) मत देने का अधिकार
वोटिंग–*अं०* (स्त्री०) = वोट दान
वोल्ट–*अं०* (स्त्री०) विद्युतशक्ति की इकाई; **~ता** + *सं०* (स्त्री०) विद्युतशक्ति; **~मापी** + *सं०* (पु०) विद्युतशक्ति मापने का यंत्र
वोल्टेज–*अं०* (पु०) = वोल्टता
व्यंकुश–*सं०* (वि०) निरंकुश
व्यंग–I *सं०* (वि०) 1 अंगरहित 2 विकलांग 3 लँगड़ा 4 अव्यवस्थित II (पु०) 1 विकलांग व्यक्ति 2 ताना
व्यंग्य–*सं०* (पु०) 1 शब्द की व्यंजना शक्ति द्वारा निकला अर्थ, गूढ़ार्थ 2 ताना (जैसे-व्यंग्य कसना)। **~कार** (पु०) 1 कार्टून बनानेवाला 2 व्यंग्यपूर्ण रचना करनेवाला; **गति** (स्त्री०) उपहासात्मक गीत या कविता; **~चित्र** (पु०) कार्टून; उपहासात्मक और सांकेतिक चित्र; **~चित्रकार** (पु०) व्यंग्य चित्र बनानेवाला; **~पूर्ण** (वि०) व्यंग्यवाला; **~व्यंजक** (वि०) व्यंग्य प्रकट करनेवाला
व्यंग्यपरक–*सं०* (क्रि० वि०) व्यंग्य रूप में
व्यंग्याकृति–*सं०* (स्त्री०) व्यंग्य प्रधान आकृति
व्यंग्यात्मक–*सं०* (वि०) = व्यंग्य संबंधी
व्यंग्योक्ति–*सं०* (स्त्री०) व्यंग्यभरी बात
व्यंजक–I *सं०* (वि०) व्यक्त करनेवाला II (पु०) 1 व्यंजना द्वारा अर्थ प्रकट करनेवाला शब्द 2 आंतरिक भाव प्रकट करनेवाली चेष्टा या हाव भाव, आंतरिक भाव प्रदर्शन
व्यंजन–I *सं०* (पु०) देवनागरी वर्ण मात्रा में 'क' से 'ह' तक वर्णों का समूह। **~गुच्छ** (पु०) व्यंजनों का संयोग (जैसे-श्रेष्ठ, ज्योत्स्ना); **~द्वित्व** (पु०) व्यंजन की दो बार ध्वनि (जैसे-क्क, ग्ग, च्च); **~संधि** (स्त्री०) व्यंजन वर्णों का संयोग
व्यंजन–II *सं०* (पु०) भोजन। **~कला** (स्त्री०) पाक विद्या
व्यंजनांत–*सं०* (वि०) जिसके अंत में व्यंजन हो
व्यंजना–*सं०* (स्त्री०) 1 भाव प्रकट करने की एक शब्द शक्ति

2 प्रकट करने का भाव। ~**पूर्ण** (वि०) व्यंजना से व्याप्त, व्यंजनामय
व्यंजनात्मक–*सं०* (वि०) = व्यंजना संबंधी
व्यंजित–*सं०* (वि०) अभिव्यक्त
व्यक्त–*सं०* (वि०) 1 प्रकट किया गया (जैसे-व्यक्त वाणी, व्यक्त विचारधारा) 2 साफ़, स्पष्ट (जैसे-अपने विचारों को व्यक्त करना)
व्यक्ति–*सं०* (पु०) 1 मनुष्य, आदमी (जैसे-व्यक्ति समूह) 2 व्यष्टि। ~**गत** (वि०) निजी; ~**चित्रण** (पु०) व्यक्ति का चरित्रांकन; ~**तंत्र** (पु०) राज व्यवस्था; ~**निष्ठ** (वि०) 1 व्यक्तिपरक 2 स्वानुभूतिमूलक; ~**निष्ठा** (स्त्री०) 1 व्यक्तिपरकता 2 स्वानुभूतिपरकता; ~**पूजा** (स्त्री०) व्यक्ति की पूजा; ~**प्रधान** (वि०) जिसमें व्यक्ति की प्रधानता हो (जैसे-व्यक्ति प्रधान समाज); ~**प्रमुख** (वि०) जिसमें व्यक्ति प्रमुख हो; ~**वाचक** (वि०) व्यक्ति का बोध करानेवाला; ~**वाद** (पु०) व्यक्ति को महत्त्व देनेवाला सिद्धांत; ~**वादी** I (वि०) व्यक्तिवाद संबंधी II (पु०) व्यक्तिवाद का समर्थक; ~**वैचित्र्य** (पु०) एक व्यक्ति की दूसरे से विचित्रता या भिन्नता
व्यक्तितः–*सं०* (क्रि० वि०) व्यक्तिगत रूप से
व्यक्तित्व–*सं०* (पु०) 1 व्यक्ति की विशेषता या गुण (जैसे-व्यक्तित्व परिचय) 2 विशेष गुण, असामान्य विशेषता (जैसे-महान् पुरुषों का व्यक्तित्व अनुकरणीय है)। ~**पूजा** (स्त्री०) = व्यक्ति पूजा; ~**प्रधान** (वि०) = व्यक्ति प्रधान; ~**वाद** (पु०) ये सिद्धांत कि प्रत्येक व्यक्ति का व्यक्तित्व निराला होता है
व्यक्तिपरक–*सं०* (वि०) = व्यक्तिगत
व्यक्तिशः–*सं०* (क्रि० वि०) = व्यक्तितः
व्यक्तीकरण–*सं०* (पु०) व्यक्त करना
व्यग्र–*सं०* (वि०) 1 व्याकुल, परेशान 2 डरा हुआ, भयभीत 3 अस्थिर (जैसे-व्यग्र मन)। ~**हस्त** (वि०) काम में फँसा हुआ
व्यजन–*सं०* (पु०) पंखा
व्यतिकर–I *सं०* (पु०) 1 मिलन, संयोग 2 लगाव, संपर्क 3 व्यसन 4 नाश, अंत II (वि०) 1 व्यति करनेवाला 2 परस्पर अनुवर्ती 3 व्यापक
व्यतिक्रम–*सं०* (पु०) 1 बाधा, रुकावट 2 उल्लंघन 3 रीति भंग 4 उपेक्षा 5 क्रम विपर्यय
व्यतिक्रमण–*सं०* (पु०) 1 उलट फेर होना 2 क्रम भंग करना (जैसे-व्यतिक्रमण रोकना, व्यतिक्रमण विरोध)
व्यतिक्रांत–*सं०* (वि०) 1 वाधित 2 उल्लंघित 3 भग्न 4 बिताया हुआ
व्यतिरिक्त–I *सं०* (वि०) 1 भिन्न, अलग 2 बढ़ा हुआ II (क्रि० वि०) अतिरिक्त, सिवा
व्यतिरेक–*सं०* (पु०) 1 अभाव 2 अंतर, भेद 3 बढ़ती, वृद्धि 4 अतिक्रमण 5 *साहि०* एक अर्थालंकार जिसमें उपमान की अपेक्षा उपमेय को गुण विशेष के कारण उत्कर्ष माना गया है
व्यतिरेकी–*सं०* (वि०) 1 भेद उत्पन्न करनेवाला 2 अतिक्रमण करनेवाला
व्यतिव्यस्त–*सं०* (वि०) अस्त व्यस्त
व्यतिहार–*सं०* (पु०) 1 गाली-गलौज़ 2 अदला-बदली, विनिमय 3 मारपीट
व्यतीत–*सं०* (वि०) बीता हुआ, गुज़र गया (जैसे-अब तो खेल व्यतीत हो गया) 2 मरा हुआ 3 उपेक्षित 4 परित्यक्त
व्यत्यय–*सं०* (पु०) 1 व्यतिक्रम 2 विचलन
व्यत्यस्त–*सं०* (वि०) 1 विपरीत क्रम में रखा हुआ 2 विपरीत 3 असंगत 4 एक दूसरे को काटता हुआ
व्यथक–*सं०* (वि०) व्यथित करनेवाला
व्यथन–*सं०* (पु०) व्यथा पहुँचाना
व्यथयिता–*सं०* (वि०) व्यथित करनेवाला
व्यथा–*सं०* (स्त्री०) आंतरिक क्लेश या दुःख। ~**वेदना** (स्त्री०) आंतरिक दुःख और पीड़ा
व्याथातुर–*सं०* (वि०) पीड़ित
व्यथित–*सं०* (वि०) 1 व्यग्र 2 क्लेशित 3 दुःखी (व्यथित हृदय)
व्यपकर्ष–*सं०* (पु०) निंदा, अपवाद
व्यपकृष्ट–*सं०* (वि०) 1 हटाया गया 2 अलग किया हुआ
व्यपगत–*सं०* (वि०) 1 गया हुआ 2 वंचित, रहित
व्यपगति–*सं०* (स्त्री०) 1 प्रस्थान 2 लोप 3 राहित्य
व्यपगमन–*सं०* (पु०) 1 जाना 2 लोप होना
व्यभिचार–*सं०* (पु०) 1 निकृष्ट आचरण 2 कुमार्ग गमन 3 अनुचित यौन संबंधी, छिनाला, एडल्टरी 4 दुराचार, दुष्कर्म, पाप। ~**प्रिय** (वि०) व्यभिचार करनेवाला
व्यभिचारिणी–*सं०* (स्त्री०/वि०) 1 पुंश्चली 2 कुलटा 3 स्थिर न रहनेवाली (बुद्धि) 5 व्यभिचार करनेवाली
व्यभिचारी–*सं०* (वि०) 1 व्यभिचार संबंधी 2 व्यभिचार करनेवाला 3 अस्थिर (जैसे-व्यभिचारी बुद्धि)
व्यय–*सं०* (पु०) 1 ख़र्च (जैसे-मासिक व्यय) 2 क्षय, नाश (जैसे-संपत्ति का व्यय)। ~**कर** (पु०) व्यय पर लगनेवाला टैक्स; ~**परिमाण** (पु०) ख़र्च की मात्रा; ~**शील** (वि०) अपव्ययी
व्ययक–*सं०* (पु०) 1 जो व्यय करना हो वह वस्तु आदि 2 ख़र्च, ऐक्सपेंडिचर
व्ययी–*सं०* (वि०) अधिक ख़र्च करनेवाला
व्यर्थ–I *सं०* (वि०) 1 बेकार, फ़ालतू (जैसे-व्यर्थ की सामग्री, व्यर्थ की बात) 2 निरर्थक (जैसे-व्यर्थ का काम, व्यर्थ गाली बकना) II (अ०) बे वज़ह, अकारण (जैसे-व्यर्थ ज़लील करना, व्यर्थ रोना)
व्यर्थन–*सं०* (पु०) 1 व्यर्थ सिद्ध करना 2 रद्द करना
व्यर्थीकरण–*सं०* (पु०) व्यर्थ करना
व्यवकलन–*सं०* (पु०) 1 *ग०* घटाना 2 घटाव 3 पार्थक्य, जुदाई
व्यवच्छिन्न–*सं०* (वि०) 1 काटकर अलग किया हुआ 2 विभक्त 3 निश्चित, निर्धारित
व्यवच्छेद–*सं०* (पु०) 1 अलगाव, पार्थक्य 2 खंड, विभाग (जैसे-कर्म व्यवच्छेद)
व्यवच्छेदक–*सं०* (वि०) व्यवच्छेद करनेवाला
व्यवदान–*सं०* (पु०) 1 सफ़ाई 2 संस्कार
व्यवधान–*सं०* (पु०) 1 बाधा 2 परदा, ओट 3 बीच में पड़नेवाला

व्यवसर्ग–*सं०* (पु०) 1 विभाजन 2 छुटकारा, मुक्ति
व्यवसाय–*सं०* (पु०) 1 काम धंधा, पेशा 2 व्यापार, रोज़गार 3 अभिप्राय, मतलब 4 उद्योग। ~**कर्म** (पु०) व्यवसाय का काम; ~**पति** (पु०) व्यवसाय का स्वामी; ~**प्रधान** (वि०) जिसमें व्यवसाय की महत्ता अधिक हो; ~**प्रबंध** (पु०) व्यवसाय का इंतज़ाम; ~**प्रशिक्षण** (पु०) व्यवसाय की शिक्षा देना; ~**बुद्धि** (स्त्री०/वि०) दृढ़ निश्चय; ~**वर्ती** (वि०) दृढ़ निश्चय के साथ काम करनेवाला; ~**वाद** (पु०) = व्यवहारवाद; ~**वार** + *फ़ा०* (क्रि० वि०) व्यवसाय के अनुरूप; ~**संघ** (पु०) 1 श्रमिक संघटन 2 व्यापारिक समूह
व्यवसायिक–*सं०* (वि०) व्यवसाय संबंधी (जैसे-व्यवसायिक शिक्षा)
व्यवसायी–I *सं०* (वि०) व्यवसाय करनेवाला II (पु०) 1 व्यवसाय में लगा व्यक्ति 2 व्यापारी (जैसे-कपड़े का व्यवसायी)। ~**करण** (पु०) व्यवसाय के रूप में बदलना
व्यवस्था–*सं०* (स्त्री०) 1 इंतज़ाम, प्रबंध 2 ढंग, तरीक़ा 3 स्थिरता 4 दृढ़ता 5 अध्यवसाय 6 विधान (जैसे-सरकारी व्यवस्था)। ~**कार** (पु०) = व्यवस्थापक; ~**कार्य** (पु०) व्यवस्था संबंधी काम; ~**घातक** (पु०) व्यवस्था को नष्ट करनेवाला; ~**पत्र** (पु०) शास्त्रीय व्यवस्था लिखित पत्र; ~**पालक** (पु०) व्यवस्था का पालन कर्ता; ~**पालन** (पु०) व्यवस्था का निर्वाह करना; ~**भंग** (पु०) व्यवस्था तोड़ना या बिगाड़ना; ~**शून्य** (वि०) बे इंतज़ाम का, व्यवस्थारहित
व्यवस्थान–*सं०* (पु०) व्यवस्था करना
व्यवस्थापक–*सं०* (वि०) व्यवस्था करनेवाला
व्यवस्थापकीय–*सं०* (वि०) व्यवस्था संबंधी (जैसे-व्यवस्थापकीय कार्यालय)। ~**सभा** (स्त्री०) विधान सभा
व्यवस्थापन–*सं०* (पु०) व्यवस्था करना
व्यवस्थापित–*सं०* (वि०) 1 व्यवस्थित 2 निर्धारित 3 व्यवस्थापन किया गया
व्यवस्थित–*सं०* (वि०) व्यवस्था की गई
व्यवस्थिति–*सं०* (स्त्री०) व्यवस्था का भाव
व्यवस्थीकरण–*सं०* (पु०) व्यवस्था का रूप देना
व्यवहार–*सं०* (पु०) 1 बर्ताव 2 काम में लाना, प्रयोग 3 महाजनी 4 क्रिया, काम 5 आचरण (जैसे-नैतिक व्यवहार) 6 संबंध (जैसे-प्रेम व्यवहार, पड़ोसी से व्यवहार बनाना) 7 विवाद (जैसे-बात-व्यवहार बढ़ाना) 8 प्रथा, रिवाज 9 विषय 10 कारबार 11 मुकदमे का विचार। ~**अदालत** *अ०* (स्त्री०) = व्यवहार न्यायालय; ~**कर्ता** (पु०) व्यवहार करनेवाला; ~**कुशल** (वि०) व्यवहार में चतुर, व्यवहार में दक्ष (जैसे-व्यवहार कुशल व्यक्ति); ~**ज्ञ** (पु०) = व्यवहारक; ~**निरीक्षक** (पु०) व्यवहार का निरीक्षण कर्ता; ~**न्यायाधीश** (पु०) दीवानी मुकदमे का फ़ैसला करनेवाला जज; ~**न्यायालय** (पु०) दीवानी अदालत; ~**पटु** (वि०) = व्यवहार कुशल; ~**प्रक्रिया** (स्त्री०) व्यवहार की विधि या क्रिया; ~**प्रक्रिया संहिता** (स्त्री०) दीवानी कार्रवाई संबंधी नियमावली; ~**प्राप्त** (वि०) व्यवहार किया हुआ; ~**विधि** (स्त्री०) = व्यवहार शास्त्र; ~**विवाद** (पु०) दीवानी झगड़ा; ~**शक्ति** (स्त्री०) व्यवहार की समर्थता; ~**शास्त्र** (पु०) ऐसा शास्त्र जिसमें अपराध और अपराध संबंधी दंड देने की व्यवस्था का विवेचन हो, धर्म शास्त्र; ~**शास्त्री** (पु०) व्यवहार शास्त्र का ज्ञाता
व्यवहारक–*सं०* (पु०) 1 व्यवहार से जीविका चलानेवाला व्यक्ति 2 व्यापारी
व्यवहारतः–*सं०* (अ०) व्यवहार के विचार से
व्यवहारांग–*सं०* (पु०) व्यवहार के दो अंग दीवानी और फ़ौजदारी
व्यवहारालय–*सं०* (पु०) = व्यवहार न्यायालय
व्यवहारासन–*सं०* (पु०) जज का आसन
व्यवहारास्पद–*सं०* (पु०) नालिश, फ़रियाद
व्यवहारिक–*सं०* (वि०) व्यवहार योग्य
व्यवहारी–*सं०* (वि०) = व्यावहारिक
व्यवहारोपयोगी–*सं०* (वि०) व्यवहार के लिए उपयोगी
व्यवहार्य–*सं०* (वि०) व्यवहार के योग्य
व्यवहित–*सं०* (वि०) छोड़ा हुआ
व्यवहृत–*सं०* (वि०) व्यवहार में लाया गया
व्यवहृति–*सं०* (स्त्री०) व्यवहार में लाना
व्यष्टि–*सं०* (स्त्री०) समष्टि का सदस्य या व्यक्ति। ~**गत** (वि०) व्यष्टि में आया हुआ; ~**वाद** (पु०) व्यष्टि की स्वतंत्र सत्ता का सिद्धांत; ~**वादी** I (वि०) व्यष्टिवाद से संबद्ध II (पु०) व्यष्टिवाद का समर्थक; ~**सत्ता** (स्त्री०) एक व्यक्ति का प्रभुत्व
व्यसन–*सं०* (पु०) 1 बुरी आदत, लत (जैसे-जुआ खेलने का व्यसन) 2 पाप, दुराचरण (जैसे-रंडीबाज़ी का व्यसन)
व्यसनार्त–*सं०* (वि०) विपत्ति में पड़ा हुआ, संकटापन्न, संकट ग्रस्त
व्यसनी–*सं०* (वि०) 1 विषयासक्त 2 पापी 3 व्यसन में पड़ा हुआ 4 दुराचारी
व्यस्त–*सं०* (वि०) 1 लगा हुआ (जैसे-कार्य में व्यस्त) 2 तितर-बितर किया हुआ (जैसे-अस्त-व्यस्त) 3 अव्यवस्थित (जैसे-ग़रीबों का जीवन सदा व्यस्त होता है)। ~**पद** (पु०) 1 समास रहित पद 2 अव्यवस्थित बयान (न्यायालय)
व्याकरण–*सं०* (पु०) 1 वह विद्या जिसके अंतर्गत बोलचाल और साहित्य में प्रयुक्त भाषा के स्वरूप, उसके गठन, अवयवों तथा प्रकारों, उनके पारस्परिक संबंधों और रचनाविधान तथा रूप परिवर्तन का विवेचन किया जाता है 2 भाषा संबंधी नियमों से संबद्ध पुस्तक। ~**कार** (पु०) 1 व्याकरण का ज्ञाता 2 व्याकरण की रचना करनेवाला; ~**गत** (वि०) व्याकरण में आया हुआ (जैसे-व्याकरणगत पाठ, व्याकरणगत शब्दावली); ~**सम्मत** (वि०) व्याकरण के नियमों के अनुरूप
व्याकरणाचार्य–*सं०* (पु०) = व्याकरणकार
व्याकरणात्मक–*सं०* (वि०) = व्याकरणगत
व्याकरणिक–*सं०* (वि०) व्याकरण संबंधी
व्याकरणी–*सं०* (वि०) व्याकरणगत
व्याकुल–*सं०* (वि०) 1 बेचैन, परेशान 2 व्यस्त
व्याकृत–*सं०* (वि०) 1 पृथक् किया हुआ 2 विकृत 3 परिवर्तित, रूपांतरित

व्याकृति–*सं०* (स्त्री०) 1 प्रकाशन 2 पृथक्करण

व्याक्रोश–*सं०* (पु०) 1 फटकार 2 चिल्लाहट

व्याख्या–*सं०* (स्त्री०) 1 विवेचन, विवरण 2 टीका 3 अनुवचन, अर्थयन। ~**कार** (पु०) 1 टीकाकार 2 व्याख्या करनेवाला; ~**गम्य** I (वि०) व्याख्या किए जाने योग्य II अस्पष्ट बयान

व्याख्यात–*सं०* (वि०) 1 व्याख्या की गई 2 वर्णित

व्याख्याता–*सं०* (वि०/पु०) 1 व्याख्या करनेवाला 2 भाषण करनेवाला

व्याख्यात्मक–*सं०* (वि०) व्याख्या संबंधी

व्याख्यान–*सं०* (पु०) 1 टीका करना 2 भाषण, वक्तृता 3 वर्णन (जैसे-संपूर्ण व्याख्यान)। ~**दाता** (पु०) = व्याख्याता; ~**पीठ** (पु०) = व्याख्यान मंच; ~**बाज़ी** + *फ़ा०* (स्त्री०) व्याख्यान देना; ~**भवन** (पु०) = व्याख्यानालय; ~**मंच** (पु०) व्याख्यान देने का स्टेज; ~**शाला** (स्त्री०) = व्याख्यान भवन

व्याख्यानात्मक–*सं०* (वि०) व्याख्यान संबंधी

व्याख्यानालय–*सं०* (पु०) व्याख्यान देने का कमरा

व्याख्यापन–*सं०* (पु०) व्याख्या करना

व्याख्यापरक–*सं०* (वि०) व्याख्या की अपेक्षा करनेवाला

व्याघात–*सं०* (पु०) 1 आघात 2 बाधा 3 धक्का

व्याघ्र–*सं०* (पु०) बाघ। ~**नख** (पु०) बघनखा

व्याज–*सं०* (पु०) कपट, फ़रेब, धोखा। ~**निंदा** (स्त्री०) 1 स्तुति की ओट में निंदा 2 *साहि०* एक अलंकार जिसमें एक की निंदा करने से दूसरे की निंदा प्रकट हो; ~**स्तुति** (स्त्री०) 1 निंदा के बहाने स्तुति 2 *साहि०* एक अलंकार जिसमें कोई कथन अभिधा शक्ति की दृष्टि से निंदा सूचक हो

व्यादेश–*सं०* (पु०) विशेष आदेश

व्याध–*सं०* (पु०) 1 बहेलिया 2 शिकारी

व्याधि–*सं०* (स्त्री०) 1 रोग 2 पीड़ा

व्यापक–*सं०* (वि०) 1 फैला हुआ 2 छाया हुआ 3 विस्तृत (जैसे-व्यापक कार्य पद्धति)

व्यापन–*सं०* (पु०) 1 फैलाना 2 घेरना

व्यापना–*सं०* (अ० क्रि०) 1 व्याप्त होना 2 समाना

व्यापादक–*सं०* (वि०) 1 नाशकारी 2 घातक

व्यापादन–*सं०* (पु०) 1 अपकार चिंता 2 हत्या करना 3 नष्ट करना

व्यापार–*सं०* (पु०) 1 पेशा, काम-धंधा, रोज़गार 2 वाणिज्य 3 उद्योग 4 कार्य, काम। ~**कर** (पु०) व्यापार पर लगाया गया टैक्स; ~**क़रार** + *अ०* (पु०) व्यापारिक समझौता; ~**चिह्न** (पु०), ~**छाप** + *हिं०* (स्त्री०) व्यापार संबंधी विशेष चिह्न, ट्रेड मार्क (जैसे-व्यापार चिह्न देखकर सामान लेना); ~**नीति** (स्त्री०) व्यापार संबंधी नियम और क़ानून; ~**प्रधान** (वि०) = व्यवसाय प्रधान; ~**मंडल** (पु०) व्यापारिक संघ; ~**वृद्धि** (स्त्री०) व्यापार का बढ़ना; ~**संघ** (पु०) = व्यापार मंडल; ~**संवर्द्धन** (पु०) = व्यापार वृद्धि

व्यापारण–*सं०* (पु०) 1 आज्ञा देना 2 काम में लगाना

व्यापारिक–*सं०* (वि०) व्यापार संबंधी, व्यापार का। ~**संघ** (पु०) व्यापारियों का संगठन

व्यापारी–*सं०* (पु०) व्यापार करनेवाला

व्यापी–*सं०* (वि०) 1 व्याप्त (जैसे-सर्वव्यापी) 2 आच्छादक 3 सर्वत्र फैलनेवाल

व्याप्ति–*सं०* (स्त्री०) व्याप्त होने का भाव

व्याम–*सं०* (पु०) लंबाई की एक माप

व्यामिश्र–I *सं०* (पु०) मिलाना II (वि०) 1 मिलाया हुआ 2 अन्यमनस्क, क्षुब्ध

व्यामोह–*सं०* (पु०) 1 मोह, अज्ञान 2 घबड़ाहट

व्यायाम–*सं०* (पु०) 1 कसरत 2 अभ्यास 3 श्रम। ~**शाला** (स्त्री०) व्यायाम करने की जगह या स्थान; ~**शिक्षक** (पु०) व्यायाम शिक्षा देनेवाला, व्यायाम सिखानेवाला

व्यायामिक–*सं०* (वि०) 1 व्यायाम संबंधी, व्यायाम का 2 व्यायाम के फलस्वरूप होनेवाला

व्यायामी–*सं०* (पु०) 1 कसरती 2 परिश्रमी, मेहनती 3 व्यायाम से पुष्ट (शरीर)

व्यायोग–*सं०* (पु०) वीररस प्रधान एक ही अंक का एक प्रकार का रूपक

व्याल–*सं०* (पु०) 1 सर्प, साँप 2 दुष्ट हाथी

व्यावरण–*सं०* (पु०) 1 विकृत होना 2 घेरना

व्यावर्तक–*सं०* (वि०) 1 चारों ओर से घूमनेवाला 2 पीछे आनेवाला

व्यावर्तन–*सं०* (पु०) 1 चारों ओर घूमना 2 लौटना 3 घुमाव 4 मोड़

व्यावसायिक–*सं०* (वि०) व्यवसाय संबंधी। ~**ता** (स्त्री०) व्यावसायिक होने का भाव

व्यावहारिक–*सं०* (वि०) 1 व्यवहार संबंधी 2 व्यवहार में आने योग्य 3 व्यवहारशील। ~**ता** (स्त्री०) व्यावहारिक रूप में होने की स्थिति

व्यावृत्ति–*सं०* (स्त्री०) 1 घेरना 2 ढकना 3 पृथक् करना 4 अनावृत करना

व्यासंग–*सं०* (पु०) 1 घनिष्ठ संपर्क 2 आसक्ति 3 मनोयोग 4 जोड़, योग 5 पार्थक्य

व्यास–*सं०* (पु०) 1 कथावाचक 2 *ज्या०* केंद्र को स्पर्श करती हुई परिधि के दो बिंदुओं को मिलानेवाली रेखा। ~**पीठ** (पु०) वह गद्दी जिसपर कथावाचक बैठकर कथा कहता है, व्यास की गद्दी

व्यासक्त–*सं०* (वि०) अत्यधिक आसक्त

व्यासक्ति–*सं०* (स्त्री०) विशेष आसक्ति

व्यासार्द्ध–*सं०* (पु०) केंद्र से परिधि तक की दूरी, त्रिज्या

व्यासासन–*सं०* (पु०) = व्यास पीठ

व्यासिद्ध–*सं०* (पु०) 1 निषिद्ध 2 वर्जित

व्यासेध–*सं०* (पु०) 1 निषेध 2 वर्जन 3 रोक

व्याहत–*सं०* I (वि०) 1 निवारित, निषिद्ध 2 व्यर्थ, निरर्थक II (पु०) *साहि०* अर्थदोष

व्याहित–*सं०* (स्त्री०) बाधा, विघ्न

व्याहरण–*सं०* (पु०) 1 उक्ति, कथन 2 कहानी, किस्सा

व्याहार–*सं०* (पु०) 1 वाक्य, जुमला 2 पूछना

व्याहृत–*सं०* (वि०) 1 कथित 2 खाया हुआ, भुक्त

व्याहृति–*सं०* (स्त्री०) 1 कथन, उक्ति 2 भूः भुवः आदि सप्त लोकात्मक मंत्र

व्युच्छिति–*सं०* (स्त्री०) = व्युच्छेद

व्युच्छिन्न–*सं०* (वि०) 1 उन्मूलित 2 विनष्ट
व्युच्छेद–*सं०* (पु०) 1 उन्मूलन 2 विनाश
व्युति–*सं०* (स्त्री०) 1 बुनना-सीना आदि क्रिया 2 बुनने-सीने आदि की मज़दूरी
व्युत्क्रम–*सं०* (पु०) 1 व्यतिक्रम 2 अपराध 3 मृत्यु 4 अस्तव्यस्तता
व्युत्थान–*सं०* (पु०) 1 खड़े होना 2 विरोध में खड़े होना
व्युत्पत्ति–*सं०* (स्त्री०) 1 उत्पत्ति 2 मूल, उद्‌गम 3 शब्द का मूल रूप, विकास 4 बहुज्ञता, पांडित्य। ~**लभ्य** (वि०) = व्युत्पत्तिक; ~**विज्ञान** (पु०) शब्दों की उत्पत्ति से संबंधित शास्त्र
व्युत्पत्तिक–*सं०* (वि०) 1 व्युत्पत्ति से संबंधित 2 व्युत्पत्ति रूप में होनेवाला
व्युत्पत्यात्मक–*सं०* (वि०) = व्युत्पत्तिक
व्युत्पन्न–*सं०* (वि०) 1 उत्पन्न 2 (शब्द) जिसकी उत्पत्ति ज्ञात हो
व्युत्पादक–*सं०* (वि०) उत्पन्न करनेवाला
व्युत्पादन–*सं०* (पु०) 1 उत्पन्न करना 2 व्युत्पत्ति
व्यूह–*सं०* (पु०) 1 समूह, जमघट 2 सैनिकों का विशेष क्रम में खड़ा करना 3 योजना। ~**बद्ध** (वि०) व्यूह में फँसा हुआ; ~**रचना** (स्त्री०) व्यूह का निर्माण
व्यूहन–*सं०* (पु०) 1 व्यूह रचने का भाव 2 रचना, विस्थापन
व्योम–*सं०* (पु०) आकाश, अंतरिक्ष, आसमान। ~**गंगा** (स्त्री०) आकाश गंगा; ~**चारी** I (वि०) आकाश में विचरण करनेवाला, आकाशचारी II (पु०) 1 देवता 2 पक्षी; ~**बाला** (स्त्री०) = अप्सरा; ~**मंडल** (पु०) 1 आकाश, आसमान 2 झंडा, पताका; ~**मार्ग** (पु०) = वायु पथ; ~**यात्रा** (स्त्री०) आकाश की यात्रा, अंतरिक्ष यात्रा; ~**यात्री** (पु०) अंतरिक्ष यात्री; ~**यान** (पु०) 1 हवाई जहाज़ 2 अंतरिक्ष यान, स्पेस शिप
व्रज–*सं०* (पु०) 1 मार्ग, सड़क 2 समूह, झुंड 3 गोपों की बस्ती
व्रजन–*सं०* (पु०) गमन, जाना
व्रज्या–*सं०* (स्त्री०) भ्रमण, पर्यटन
व्रण–*सं०* (पु०) घाव। ~**कारक** (वि०) घाव पैदा करनेवाला
व्रत–*सं०* (पु०) 1 संकल्प 2 उपवास 3 नियम। ~**चारी** (पु०) व्रत करनेवाला; ~**धारी** (वि०) व्रत का पालन करनेवाला; ~**पालन** (पु०) व्रत का पालन करना, व्रत करना; ~**भंग** (पु०) प्रतिज्ञा या नियम का टूटना
व्रती–*सं०* (पु०) 1 व्रत धारण कर्ता (जैसे-वेद व्रती) 2 संन्यासी 3 यजमान
व्रात्य–I *सं०* (पु०) 1 संस्कारहीन हिंदू वर्णसंकर II (वि०) व्रत का
व्रात्या–*सं०* (स्त्री०) संस्कारहीन हिंदू स्त्री
व्रीडा–*सं०* (स्त्री०) लज्जा, शर्म
व्रीहि–*सं०* (पु०) 1 अनाज, अन्न 2 धान, चावल 3 धान का खेत

श

शंकनीय–*सं०* (वि०) शंकायोग्य
शंकर–I *सं०* (पु०) 1 शिव 2 शंकराचार्य 3 संगीत का एक राग II (वि०) कल्याणकारी, शुभंकर
शंका–*सं०* (स्त्री०) 1 आशंका, भय 2 संशय 3 आपत्ति, जिज्ञासा आदि का उत्पन्न होना (जैसे-आपके इस कथन में मुझे एक शंका है) 4 *साहि०* एक संचारी भाव जिसमें शरीर में तथा भावों में विकार उत्पन्न हो जाता है। ~**बीज** (पु०) शक का कारण, शक का आधार; ~**वाद** (पु०) प्रत्येक बात को शक की दृष्टि से देखने का नियम; ~**वादी** I (वि०) शंकावाद से संबंधित II (पु०) शंकावाद का समर्थक; ~**शील** (वि०) शंका करनेवाला, शक्की
शंकाभियोग–*सं०* (पु०) संदेह का दोषारोपण
शंकालु–*सं०* (वि०) प्रायः संदेह करनेवाला, शंकाशील
शंकास्पद–*सं०* (वि०) संदेह, खटका या भय का विषय
शंकित–*सं०* (वि०) 1 शंका हुई 2 भीत (जैसे-शंकित हृदय)
शंकु–*सं०* (पु०) एक प्रकार का घन पदार्थ जिसका अधोभाग गोलाकार होता है और जो क्रमशः पतला हुआ सर्वोच्च भाग नुकीला हो जाता है, कोन। ~**आकार** (वि०) शंकु की आकृति का; ~**रूप** (वि०) शंकु की आकृति या रूप का
शंक्वाकार–*सं०* (वि०) = शंकु आकार
शंख–*सं०* (पु०) 1 समुद्र में उत्पन्न एक जंतु का खोल 2 समुद्री घोंघा 3 एक लाख करोड़ की संख्या, दस खर्व की संख्या 4 हाथी का गंडस्थल 5 युद्ध का नगाड़ा (जैसे-शंख की आवाज़)। ~**नाद** (पु०) शंख की ध्वनि
शंखचूड़–*सं०* (पु०) काली विंदियोंवाला एक अत्यंत ज़हरीला साँप
शंखिनी–*सं०* (स्त्री०) कामशास्त्र के अनुसार स्त्रियों के चार भेदों में से एक नायिका जो अत्यंत काम पीड़ित, पर पुरुष की रमण इच्छुक कर्कश तथा चुग़लख़ोर स्वभाववाली होती है
शंड–*सं०* (पु०) सांड़
शंपा–*सं०* (स्त्री०) बिजली, विद्युत्
शंबूक–*सं०* (पु०) 1 घोंघा 2 शंख 3 हाथी के सूँड़ की नोक 4 त्रेता युग में रामराज्य का एक शूद्र तपस्वी
शंभु–I *सं०* (पु०) शिव II (वि०) कल्याण करने और सुख देनेवाला
शंसन–*सं०* (पु०) 1 प्रशंसा करना 2 मंगल कामना करना 3 पाठ करना
शंसनीय–*सं०* (वि०) 1 प्रशंसनीय 2 मंगल करनेवाला 3 कथनीय
शंसित–*सं०* (वि०) 1 निश्चित 2 स्तुत 3 कथित 4 इच्छित
शंस्य–*सं०* (वि०) 1 प्रशंसा के योग्य 2 अभिलाषित 3 कहा हुआ, कथित
शऊर–*अ०* (पु०) 1 तरीक़ा, ढंग 2 सामान्य योग्यता या लियाक़त 3 विवेक, बुद्धि। ~**दार** + *फ़ा०* (वि०) 1 शऊरवाला 2 विवेकी, बुद्धिवाला
शक–I*सं०* (पु०) 1 प्राचीन काल में शकद्वीप में रहनेवाली एक समृद्ध जाति 2 तातार देश के निवासी, तातारी 3 शकों का एक

राजा शालिवाहन। ~**संवत्** (पु०) शालिवाहन द्वारा 78 ई० में प्रवर्तित संवत्

शक–II*अ०* (पु०) 1 संदेह, शंका (जैसे-पुलिस को इस बदमाश पर पुनः शक हो गया) 2 भय (जैसे-शक दूर कर देना)

शकट–*सं०* (पु०) 1 छकड़ा 2 गाड़ी

शकटी–*सं०* (पु०) बैलगाड़ी हाँकनेवाला व्यक्ति

शकर–*फ़ा०* (स्त्री०) शक्कर, चीनी। ~**कंद** + *सं०* (पु०) मोटी मूली की तरह का एक मीठा कंद; ~**दानी** + *हिं०* (स्त्री०) शक्कर रखने का पात्र

शकरपारा–*फ़ा०* (पु०) 1 एक तरह का फल 2 आटे या मैदे का एक पकवान

शकल–I*अ०* (स्त्री०) 1 आकृति, रूप (जैसे-पहले शीशे में शकल देख लो) 2 चेहरे की बनावट (जैसे-रोने की शकल, हँसने की शकल) 3 आकृति, बनावट (जैसे-गधे की शकल)

शकल–II*सं०* (पु०) 1 चमड़ा, त्वचा 2 छिलका, छाल

शकाब्द–*सं०* (पु०) शक संवत्

शकार–I*सं०* (पु०) 1 शक वंशीय व्यक्ति, शक वंश का आदमी

शकार–II*सं०* (पु०) 'श' की ध्वनि

शकील–*अ०* (वि०) अच्छी शकलवाला, अच्छी सूरतवाला, खूबसूरत, सुंदर

शकुंत–*सं०* (पु०) खग, विहंग, पक्षी

शकुन–*सं०* (पु०) 1 शुभ-अशुभ की पूर्व सूचना, सगुन 2 शुभ घड़ी या शुभ अवसर पर होनेवाला मंगल कार्य संबंधी गीत। ~**ज्ञ** I (वि०) शकुन जाननेवाला II (पु०) ज्योतिषी

शकृत्–*सं०* (पु०) मल विष्ठा

शक्कर–*फ़ा०* (स्त्री०) 1 कच्ची चीनी, खाँड़ 2 चीनी। ~**खोरा** (पु०) हलवा पूरी खानेवाला; ~**मिल** + *अं०* (स्त्री०) चीनी मिल

शक्की–*अ०* + *फ़ा०* (वि०) शक करनेवाला, शंकाशील

शक्त–*सं०* (वि०) 1 समर्थ 2 पटु

शक्ति–*सं०* (स्त्री०) 1 ताक़त, पराक्रम 2 बल, योग्यता (जैसे-मानसिक शक्ति, नैतिक शक्ति) 3 क्षमता, पावर (जैसे-यांत्रिक शक्ति, विद्युत् शक्ति) 4 वश (जैसे-मेरी शक्ति से बाहर का काम है) 5 माया, प्रकृति (जैसे-ईश्वर की शक्ति) 6 प्रभुता (जैसे-राज शक्ति) 7 शब्द शक्ति (जैसे-अभिधा, और व्यंजना)। ~**चालित** (वि०) शक्ति से चलनेवाला; ~**ता** (स्त्री०) शक्ति का भाव; ~**तुला** (स्त्री०) = शक्ति संतुलन; ~**दायी** (वि०) शक्ति देनेवाला; ~**धर** (पु०) स्कंद, कार्तिकेय; ~**पूजक** (वि०) शक्ति का पुजारी या शक्ति का उपासक; ~**पूजा** (पु०) शाक्त द्वारा की जानेवाली पूजा; ~**बोध** (पु०) शब्द शक्ति का ज्ञान; ~**यंत्र** (पु०) शक्ति द्वारा चलनेवाला यंत्र; ~**वर्द्धक** (वि०) = शक्तिदायी; ~**वैकल्य** (पु०) शक्ति का नाश; ~**शालिनी** (स्त्री०) ताक़तवाली स्त्री; ~**शाली** (वि०) 1 ताक़तवर, शक्तिवाला 2 बलवान् (जैसे-शक्तिशाली आदमी); ~**शून्यता** (स्त्री०) शक्ति शून्य होने का भाव; ~**संग्रह**, ~**संचय** (पु०) शक्ति का एकत्रीकरण; ~**संपन्न** (वि०) = शक्तिशाली (जैसे-शक्तिसंपन्न राष्ट्र); ~**सामंजस्य** (पु०) = शक्ति संतुलन; ~**हीन** (वि०) शक्ति रहित, शक्ति शून्य

शक्तितः–*सं०* (क्रि० वि०) शक्ति के अनुसार

शक्तिमती–*सं०* (स्त्री०/वि०) = शक्तिमान्

शक्तिमत्ता–*सं०* (स्त्री०) शक्ति संपन्नता

शक्तिमान्–*सं०* (वि०) ताक़तवर, बलिष्ठ

शक्य–*सं०* (वि०) 1 हो सकने योग्य 2 जो शब्द शक्ति से प्राप्त हो सके। ~**ता** (स्त्री०) 1 शक्य होने का भाव 2 क्षमता

शक्र–I *सं०* (पु०) इंद्र II (वि०) समर्थ। ~**चाप** (पु०) इंद्रधनुष

शक्ल–*अ०* (स्त्री०) = शकल I

शख़्स–*अ०* (पु०) व्यक्ति, आदमी

शख़्सियत–*अ०* (स्त्री०) व्यक्तित्व

शख़्सी–*अ०* (वि०) 1 मनुष्य का 2 वैयक्तिक

शग़ल–*अ०* (पु०) 1 मन बहलाव का काम, हॉबी 2 काम धंधा

शगुन–(पु०) = शकुन

शगुनियाँ–(पु०) 1 ज्योतिषी 2 सगुन

शगूफ़ा–*फ़ा०* (पु०) 1 खिला फूल 2 विलक्षण बात

शचि, शची–*सं०* (स्त्री०) 1 इंद्र की पत्नी 2 बुद्धि, प्रज्ञा 3 वाग्मिता

शजर–*अ०* (पु०) वृक्ष, दरख़्त

शजरा–*अ०* (पु०) 1 वंश वृक्ष 2 खेत का नक़शा

शठ–I *सं०* (वि०) 1 स्वभावतः दुष्ट 2 मूर्ख II (पु०) 1 *साहि०* वह नायक जो अपनी स्त्री से प्रेम का स्वाँग रचकर पर स्त्री से प्रेम करता हो 2 मध्यस्थ। ~**ता** (स्त्री०) 1 धूर्तता 2 बदमाशी, पाजीपन

शण–*सं०* (पु०) सन, सनई

शत–I *सं०* (वि०) 1 सौ 2 असंख्य II (पु०) 1 सौ का सूचक अंक, (100) 2 एक ही तरह की सौ वस्तुओं का संग्रह (जैसे-नीति शतक) 3 शताब्दी, शती III (वि०) सौ अंशवाला। ~**दल** (पु०) शतपत्र, कमल; ~**पत्र** I (पु०) 1 मोर 2 कमल II (वि०) 1 सौ पत्तोंवाला 2 सौ पंखोंवाला; ~**पदी** (स्त्री०) गोजर; ~**मख** (पु०) 1 इंद्र 2 उल्लू; ~**वर्ष** (पु०) = शताब्दी; ~**वार्षिक** (वि०) सौ वर्ष पर होनेवाला (जैसे-शत वार्षिक उत्सव); ~**वार्षिकी** (स्त्री०) सौ वर्ष पर किया जानेवाला कार्य, उत्सव आदि; ~**शत** (वि०) सैकड़ों, अनंत; ~**सहस्र** (पु०) सौ हज़ार की संख्या, एक लाख की संख्या

शतक–*सं०* (पु०) शती

शतघ्नी–*सं०* (स्त्री०) एक प्राचीन प्रक्षेपास्त्र

शतधा–*सं०* (अ०) सौ प्रकार से

शतरंज–*फ़ा०* (पु०) चौंसठ खानों की बिसात पर बत्तीस गोटियों से खेला जानेवाला एक प्रसिद्ध खेल। ~**बाज़** (पु०) 1 शतरंज का शौकीन 2 शतरंज का खिलाड़ी; ~**बाज़ी** (स्त्री०) शतरंज खेलना

शतरंजी–*फ़ा०* (स्त्री०) 1 शतरंज का खिलाड़ी 2 शतरंज खेलने की बिसात

शतशः–*सं०* (अ०) = शतधा

शतांश–*सं०* (पु०) सौवाँ हिस्सा

शताधिक–*सं०* (वि०) सौ से अधिक

शताब्दी–I *सं०* (स्त्री०) 1 शती (जैसे-बीसवीं शताब्दी का समारोह) 2 सौ वर्ष की अवधि की सूचक संज्ञा II (वि०) सौ वर्ष के उपरांत होनेवाला (जैसे-शताब्दी समारोह)

शतायु–*सं०* (वि०) सौ वर्ष की आयुवाला

शतावधान–*सं०* (पु०) सौ काम एक साथ करनेवाला व्यक्ति

शती–*सं०* (स्त्री०) 1 सौ का समूह, सैंकड़ा 2 शताब्दी

शत्रु–*सं०* (पु०) 1 दुश्मन, वैरी 2 अमंगलकारी व्यक्ति। ~**घाती** (वि०) शत्रु का नाश करनेवाला; ~**ता** (स्त्री०) शत्रु होने का भाव, दुश्मनी, वैर; ~**देश** (पु०) = शत्रु राज्य; ~**संहार** (पु०) शत्रु को मार डालना; ~**सेना** (स्त्री०) दुश्मन की फ़ौज

शत्रुघ्न–*सं०* (वि०) शत्रु को मारनेवाला

शत्रुत्व–*सं०* (पु०) = शत्रुता

शदीद–*अ०* (वि०) 1 कठिन 2 प्रबल

शद्द–*अ०* (पु०) 1 शब्द पर ज़ोर देना 2 द्वित्व अक्षर

शनाख़्त–*फ़ा०* (स्त्री०) पहचान

शनाख़्ती–*फ़ा०* + *हिं०* (वि०) पहचान करनेवाला (जैसे-शनाख़्ती कुत्ता)

शनासा–*फ़ा०* (वि०) पहचाननेवाला

शनासाई–*फ़ा०* (स्त्री०) जान पहचान, परिचय

शनि–*सं०* (पु०) 1 सौर जगत् का सातवाँ ग्रह, शनैश्चर 2 सप्ताह का अंतिम दिन, शनिवार

शनिवार–*सं०* (पु०) सप्ताह में शुक्र और रवि क बीच का दिन

शनिश्चर–*सं०* (पु०) = शनि

शनैः–*सं०* (अ०) धीरे, आहिस्ता

शनैश्चर–*सं०* (पु०) शनि नामक ग्रह

शपथ–*सं०* (स्त्री०) 1 कसम, सौगंध (जैसे-शपथ का निर्वाह करना)। ~**ग्रहण** (पु०) शपथ लेना 2 प्रतिज्ञा (जैसे-शपथ लेना); ~**ग्रहण समारोह** (पु०) शपथ ग्रहण का उत्सव; ~**त्याग** (पु०) शपथ का पालन न करना; ~**पत्र** (पु०) हलफ़नामा, एफ़िडेविट; ~**पूर्वक** (क्रि० वि०) शपथ के अनुसार; ~**बद्ध** (वि०) 1 प्रतिज्ञा बद्ध 2 शपथ लिया हुआ; ~**संयोजन** (पु०) शपथ जोड़ना

शपन–*सं०* (पु०) 1 शपथ 2 दुर्वचन, गाली

शपित–*सं०* (वि०) अभिशप्त

शफ़क़–*अ०* (स्त्री०) क्षितिज पर की लाली (जैसे-शफ़क़ का टुकड़ा)

शफ़्फ़ाफ़–*अ०* (स्त्री०) 1 अनुग्रह, मेहरबानी 2 प्रेम, मुहब्बत

शफ़्फ़ाफ़–*अ०* (वि०) उजला, धवल

शफ़ा–*अ०* (स्त्री०) 1 स्वास्थ्य, तंदुरुस्ती 2 आरोग्य। ~**ख़ाना** + *फ़ा०* (पु०) 1 अस्पताल, चिकित्सालय 2 स्वास्थ्यवर्द्धक स्थान

शफ़ीक़–*अ०* I (वि०) 1 अनुग्रह करनेवाला 2 प्रिय लगनेवाला II (पु०) प्रिय मित्र

शब–*फ़ा०* (स्त्री०) रात, निशा। ~**का राना** आस गिरन।

शबनम–*फ़ा०* (स्त्री०) ओस, तुषार

शबबरात–*फ़ा०* (स्त्री०) हिज़री सन् के शाबान माह की चौदहवीं रात

शबर–*सं०* (पु०) एक वन्य जाति, भील

शबरी–*सं०* (स्त्री०) भीलनी, भिलनी

शबल–I *सं०* (वि०) 1 चितकबरा 2 रंग बिरंगा II (पु०) 1 अनेक रंग के मिश्रण से बना 2 एक तरह का धार्मिक कृत्य

शबाब–*अ०* (पु०) यौवन काल, जवानी

शबाहत–*अ०* (स्त्री०) 1 रूप 2 आकृति, सूरत 3 अनुरूपता, समानता

शबेइंतज़ार–*अ०* + *फ़ा०* (स्त्री०) प्रतीक्षा की रात

शबेजवानी–*अ०* + *फ़ा०* (स्त्री०) युवावस्था का उन्माद

शबेबरात–*फ़ा०* (स्त्री०) = शबबरात

शबेवस्ल–*अ०* + *फ़ा०* (स्त्री०) नायक और नायिका के मिलने की रात

शबोरोज़–*फ़ा०* (अ०) 1 रातदिन 2 हर समय 3 लगातार

शब्द–*सं०* (पु०) 1 आवाज़, ध्वनि, (जैसे-क्रोध भरे शब्द में कहना, बच्चे के रोने का शब्द) 2 सार्थक ध्वनि, लफ़्ज, वर्ड (जैसे-मधुर शब्द, आशीर्वाद के दो शब्द कहना) 3 आप्त वचन। ~**कार** (वि०) शब्द करनेवाला; ~**कोष** (पु०) शब्दों के वर्ण विन्यास, अर्थ, प्रयोग तथा पर्याय आदि से संबंधित ग्रंथ; ~**कौशल** (पु०) = शब्द चातुर्य; ~**क्रम** (पु०) वाक्य में शब्दों के रखने का क्रम; ~**गत** (वि०) शब्दों में निहित; ~**चमत्कार** (पु०) शब्दों द्वारा रचना में लाई गई विचित्रता; ~**चातुर्य** (पु०) शब्द प्रयोग की कला या बोलने के ढंग की निपुणता; ~**चित्र** (पु०) 1 अनुप्रास नामक अलंकार 2 चुने हुए शब्दों में किसी दृश्य का सजीव वर्णन 3 सजीव वर्णन से युक्त रचना; ~**चोर** (पु०) अन्य की रचना से शब्द, प्रयोग आदि को लेकर अपनी रचना में प्रयोग करनेवाला; ~**जाल** (पु०) किसी सरल बात को घुमा फिराकर कहने का रूप, शब्दाडंबर; ~**ता** (स्त्री०) शब्द का भाव; ~**निर्माण** (पु०) शब्द की रचना; ~**पहेली** + *हिं०* (स्त्री०) वर्गों में खाली स्थान पर शब्द भरने की बुझौवल; ~**प्रमाण** (पु०) 1 मौखिक प्रमाण 2 आप्त प्रमाण; ~**प्रयोग** (पु०) शब्द का प्रयोग करना, शब्दों में कहना; ~**प्रसारक** (वि०) शब्द को प्रसारित करनेवाला (जैसे-शब्द प्रसारक यंत्र); ~**प्रहेलिका** (स्त्री०) = शब्द पहेली; ~**बद्ध** (वि०) 1 वचन में बँधा हुआ 2 शब्दों में लिखित; ~**बल** (पु०) शब्द शक्ति; ~**बाहुल्य** शब्दों की अधिकता, शब्दाडंबर; ~**बोध** (पु०) 1 शब्द का ज्ञान 2 शब्द से होनेवाला ज्ञान; ~**ब्रह्म** (पु०) 1 शब्द निहित अध्यात्म ज्ञान 2 प्रणव ओंकार; ~**भांडार** (पु०) शब्द संपत्ति; ~**भेद** (पु०) *व्या०* कार्य, स्थिति तथा संबंध आदि के आधार पर किया शब्दों का विभाजन; ~**भेदी** (वि०) शब्द के आधार पर ही लक्ष्य भेद करनेवाला; ~**माधुर्य** (पु०) शब्द की मधुरता; ~**योजना** (स्त्री०) = शब्द रचना; ~**योनि** (स्त्री०) 1 शब्द की उत्पत्ति 2 धातु 3 मूल रूप में रहनेवाला शब्द; ~**रचना** (स्त्री०) शब्द का निर्माण; ~**रचनात्मक** (वि०) शब्द रचना संबंधी; ~**विद्या** (स्त्री०) व्याकरण, शब्दशास्त्र; ~**विज्ञान** (पु०) वह विद्या जिसमें शब्दों के रूप, रचना विधान आदि का विवेचन किया जाता है; ~**विन्यास** (पु०) शब्द जोड़ना; ~**विरोध** (पु०) शब्द द्वारा किया गया विरोध; ~**वृत्ति** (स्त्री०) शब्द की शक्ति; ~**वेधी** (पु०) ध्वनि को निशाना बनाकर वेधना; ~**व्युत्पत्ति** (स्त्री०) 1 शब्द की उत्पत्ति 2 जड़, मूल; ~**शक्ति** (स्त्री०)

शब्द की विशेष अर्थ बोधक शक्ति (जैसे-अभिधा, लक्षणा तथा व्यंजना); ~**शास्त्र** (पु०) व्याकरण; ~**शुद्धि** (स्त्री०) शब्दों को सही करना; ~**शूर** (पु०) केवल बात करने में वीरता दिखानेवाला; ~**श्लेष** (पु०) शब्द से भिन्न अर्थ निकालना; ~**संकेत** (पु०) शब्द से इशारा करना; ~**संग्रह** (पु०) = शब्दकोष; ~**संपत्ति** (स्त्री०) = शब्द भांडार; ~**समूह** (पु०) दे० शब्द भांडार; ~**साधन** (पु०) = शब्द व्युत्पत्ति; ~**हीन** I (वि०) ध्वनि रहित II (पु०) अप्रचलित शब्द का प्रयोग

शब्दशः–*सं०* (अ०) प्रत्येक शब्द के अनुसार

शब्दांत–*सं०* (पु०) शब्द का अंत होना

शब्दांश–*सं०* (पु०) शब्द का अंश

शब्दाडंबर–*सं०* (पु०) 1 = शब्द जाल 2 शब्दों का घटाटोप

शब्दानुकूलन–*सं०* (पु०) शब्द के अनुकूल होना

शब्दानुशासन–*सं०* (पु०) व्याकरण

शब्दायमान–*सं०* (वि०) शब्द करता हुआ

शब्दार्थ–*सं०* (पु०) शब्द का अर्थ। ~**विज्ञान** (पु०) शब्दों के अर्थों से संबंधित शास्त्र

शब्दार्थी–*सं०* (वि०) शब्दों के अर्थ से संबंधित

शब्दालंकार–*सं०* (पु०) *साहि०* अलंकार के दो प्रमुख भेदों में से एक जिसमें अर्थ की अपेक्षा केवल वर्ण चमत्कार ही प्रधान होता है

शब्दावली–*सं०* (स्त्री०) 1 शब्दों का समूह 2 वाक्य आदि में शब्दों का प्रकार और क्रम 2 पारिभाषिक शब्दों की सूची, टर्मिनालॉजी 4 प्रचलित शब्द समूह, वोकेबुलरी

शब्दित–I *सं०* (वि०) 1 ध्वनित 2 वादित 3 आहूत 4 जनाया हुआ 5 व्याख्या किया गया II (पु०) शोर

शम–*सं०* (पु०) 1 शांति 2 मोक्ष 3 निवृत्ति, छुटकारा 4 (साहि०) शांत रस का स्थायी भाव 5 क्षमा 6 उपचार

शमक–*सं०* (वि०) शमन करनेवाला

शमन–*सं०* (पु०) 1 शांति 2 शांत करना 3 बुझाना (जैसे-अग्नि शमन) 4 दबाना 5 आघात कर्म 6 हिंसा (जैसे-दुष्टों का शमन दमन) 7 दूर करना (जैसे-वासना का शमन)

शमनीय–*सं०* (वि०) शमन करने योग्य

शमशेर–*फ़ा०* (स्त्री०) 1 तलवार 2 बीच से झुकी तलवार, खड्ग

शमा–*अ०* (स्त्री०) 1 दीया 2 मोम 3 मोमबत्ती। ~**दान** + *फ़ा०* (पु०) मोम बत्ती रखने का पात्र

शमित–*सं०* (वि०) 1 शमन किया हुआ 2 शांत

शमीकरण–*सं०* (पु०) 1 शांत करना 2 आत्मसंयम

शयन–*सं०* (पु०) 1 सोना, निद्रा (जैसे-शयन के लिए कमरे में जाना) 2 शय्या 3 बिस्तर, बिछौना। ~**कक्ष** (पु०) सोने का कमरा; ~**काल** (पु०) सोने का समय; ~**गाड़ी** + *हिं०* (स्त्री०) ऐसी सवारी जिसमें सोने का भी प्रबंध हो; ~**गृह** (पु०) = शयन कक्ष

शयनस्थ–*सं०* (वि०) बिस्तर पर बैठा या सोया हुआ

शयनागार–*सं०* (पु०) = शयन कक्ष

शयनिका–*सं०* (स्त्री०) रेलगाड़ी में सोने का डिब्बा, स्लीपर कोच

शय्या–*सं०* (स्त्री०) 1 पलंग 2 बिछौना। ~**व्रण** (पु०) चारपाई पर पड़े-पड़े रोगी को हो जानेवाला घाव

शर–*सं०* (पु०) 1 बाण, तीर 2 बरछी या भाले का फल। ~**संधान** (पु०) बाण द्वारा लक्ष्य साधना, निशाना लगाना

शरअ–*अ०* (स्त्री०) 1 सीधी राह 2 ईश्वर द्वारा बनाया गया और बंदों के लिए बताया गया सीधा रास्ता 3 इस्लामी धर्मशास्त्र, शरीअत, 4 दस्तूर, प्रथा

शरई–*अ०* (वि०) 1 शरअ के अनुसार किया जानेवाला 2 शरअ की दृष्टि से उचित 3 शरअ का पालन करनेवाला

शरच्चंद्र–*सं०* (पु०) 1 शरत् ऋतु का चंद्रमा 2 शरत् पूर्णिमा का चाँद

शरण–*सं०* (स्त्री०) 1 पनाह, रक्षा का भाव 2 अधीनस्थ व्यक्ति, मातहत 3 रक्षित स्थान (जैसे-राजनीतिक शरण देना)। ~**काल** (पु०) शरण का समय; ~**क्षेत्र** (पु०) = शरण स्थल; ~**गामी** (पु०) शरण में जानेवाला; ~**गृह** (पु०) आश्रय स्थन; ~**स्थल**, ~**स्थान** (पु०) ऐसा स्थान जहाँ लोग शरण लेते हों

शरणागत–*सं०* (वि०) शरण में आया हुआ

शरणागति–*सं०* (स्त्री०) शरण में आना

शरणापन्न–*सं०* (त्रि०) = शरणागत

शरणार्थी–*सं०* (पु०) असहाय और विस्थापित व्यक्ति (जैसे-शरणार्थियों का भारत में प्रवेश)

शरण्य–*सं०* (वि०) शरण देनेवाला, शरण के योग्य

शरत्–*सं०* (स्त्री०) 1 क्वार से कार्तिक तक रहनेवाली एक ऋतु 2 वत्सर, वर्ष

शरत्कालीन–*सं०* (वि०) शरत् काल से संबंधित

शरद–*सं०* (स्त्री०) = शरत्

शरबत–*अ०* (पु०) 1 पानी और शक्कर का घोल, मीठा पेय (जैसे-दो गिलास शरबत लाना) 2 फलादि के रस में मिलाई गई शक्कर आदि का घोल, पेय 3 फूल, औषधि आदि का शक्कर में पकाया गया अर्क

शरबती–*अ०* + *फ़ा०* (वि०) 1 शरबत की तरह का मीठा (जैसे-शरबती आम, शरबती मलाई) 2 शरबत की तरह रसपूर्ण, मधुर तथा प्रिय (जैसे-शरबती आँखें) 3 शरबत बनाने के लायक (जैसे-शरबत नींबू, शरबती बेल) 4 गुलाबी (जैसे-शरबती होंठ)

शरभ–*सं०* (पु०) 1 हाथी का बच्चा 2 शेर, सिंह 3 टिड्डी 4 टिड्डा 5 फतिंगा

शरम–*फ़ा०* (स्त्री०) शर्म, हया, गैरत

शरमसार–*फ़ा०* (वि०) 1 लज्जावाला, हयादार 2 लज्जित, शरमिंदा

शरमसारी–*फ़ा०* (स्त्री०) 1 लज्जा, शरमिंदगी 2 पछतावा, पश्चाताप

शरमाऊ–*फ़ा०* + *हिं०* *बो०* (वि०) शरमीला

शरमाना–I *फ़ा०* + *हिं०* (अ० क्रि०) 1 लजाना 2 लज्जित होना (जैसे-अधिक शरमाना) II (स० क्रि०) लज्जित करना, शरमिंदा करना

शरमालू–*फ़ा०* + *हिं०* (वि०) = शरमीला

शरमाशरमी–*फ़ा०* (वि०) = शर्माशर्मी

शरमिंदगी–*फ़ा०* (स्त्री०) लाज, झेंप

शरमिंदा–*फ़ा०* (वि०) लज्जा से झुका हुआ

शरमीला–*फ़ा० + हिं०* (वि०) लाज से युक्त (जैसे-शरमीला युवक, शरमीली आँखे)

शरमीली–*फ़ा० + हिं०* (स्त्री०/वि०) शरमानेवाली

शरह–*अ०* (स्त्री०) 1 अच्छी तरह स्पष्ट और विस्तृत रूप से कहना 2 व्याख्या 3 ग्रंथ की टीका या भाष्य 4 दर, भाव। **~बंदी** *+ फ़ा०* (स्त्री०) 1 दर निश्चित करना 2 भावों की तालिका; **~लगान** *+ हिं०* (स्त्री०) लगान की दर

शराकत–*अ०* (स्त्री०) हिस्सेदारी, साझा। **~नामा** *+ फ़ा०* (पु०) साझा पत्र

शराफ़त–*अ०* (स्त्री०) 1 भलमनसी 2 भद्रता 3 कुलीनता

शराब–*अ०* (स्त्री०) दारू, मद्य, मदिरा। **~कबाब** (पु०) मांस मदिरा, भोग विलास; **~ख़ाना** *+ फ़ा०* (पु०) मदिरालय; **~ख़ोर** *+ फ़ा०* (पु०) शराब पीनेवाला; **~ख़ोरी** *+ फ़ा०* (स्त्री०) शराब पीना; **~बंदी** *+ फ़ा०* (स्त्री०) मद्यपान निषेध

शराबी–*अ० + फ़ा०* (वि०) शराब पीनेवाला

शराबोर–(वि०) तरबतर

शरारत–*अ०* (स्त्री०) पाजीपन, दुष्टता

शरारती–*अ० + फ़ा०* (वि०) दुष्ट

शरासन–*सं०* (पु०) धनुष

शरीअत–*अ०* (स्त्री०) 1 मज़हबी क़ानून 2 न्याय

शरीक–I *अ०* (पु०) 1 साथी 2 हिस्सेदार II (वि०) 1 शामिल, सम्मिलित 2 साथ देनेवाला

शरीफ़–I *अ०* (पु०) सज्जन और सभ्य व्यक्ति II (वि०) भला मानस

शरीफा–*सं०* (पु०) एक फल जिसके ऊपर आँख के आकार के दाने और सफेद गूदा होता है

शरीफ़ाना–*अ० + फ़ा०* (वि०) सज्जनतापूर्ण

शरीयत–*अ०* (स्त्री०) = शरीअत

शरीर–I *सं०* (पु०) जिस्म, तन, बदन (जैसे-शरीर की सुंदरता)। **~क्रिया विज्ञान** (पु०) = शरीर विज्ञान; **~क्रिया वेत्ता** (पु०) शरीर विज्ञानी; **~ताप** (पु०) 1 शरीर की गर्मी 2 शारीरिक कष्ट; **~त्याग** (पु०) मृत्यु, मौत; **~दंड** (पु०) शारीरिक दंड; **~पतन, ~पात** (पु०) 1 शरीर का धीरे-धीरे क्षीण होना 2 मौत, मृत्यु; **~रक्षक** (पु०) अंगरक्षक; **~रक्षा** (स्त्री०) शरीर की रक्षा करना; **~रचना** (स्त्री०) शरीर की बनावट; **~रचना विज्ञान, ~विज्ञान, ~शास्त्र** (पु०) शरीर के बाहरी-भीतरी अवयवों की रचना, क्रिया आदि की विवेचना करनेवाला शास्त्र; **~संताप** (पु०) = शारीरिक दुःख

शरीर–II *अ०* (वि०) दुष्ट प्रकृति

शरीरांत–*सं०* (पु०) मृत्यु

शरीरी–*सं०* (वि०) शरीर से संबंधित

शर्करा–*सं०* (स्त्री०) शक्कर

शर्ट–*अं०* (स्त्री०) कमीज़

शर्त–*अ०* (स्त्री०) 1 बाज़ी (जैसे-शर्त हार जाना) 2 प्रतिज्ञा (जैसे-मैच खेलने की शर्त)। **~नामा** *+ फ़ा०* (पु०) अनुबंध पत्र; **~बंध** *+ फ़ा०*, **~बँधा** *+ हिं०* (वि०) शर्त में बँधा हुआ, संकल्प किया हुआ

शर्तिया–*अ०* (अ०) दृढ़तापूर्वक, निश्चय ही

शर्ती–*अ०* (अ०) निश्चयपूर्वक

शर्बती–*अ० + फ़ा०* (वि०) = शरबती

शर्मंदगी–*फ़ा०* (स्त्री०) = शरमिंदगी

शर्मंदा–*फ़ा०* (वि०) = शरमिंदा

शर्म–*फ़ा०* (स्त्री०) 1 लज्जा, हया (जैसे-बिना शर्म के) 2 इज़्ज़त, लाज (जैसे-शर्मदार लड़की)। **~गाह** (स्त्री०) 1 गोपनीय अंग 2 भग; **~नाक** (वि०) लज्जाजनक; **~वाला** *+ हिं०* (वि०) = शरमीला; **~सार** (वि०) 1 लज्जित 2 लज्जावान; **~सारी** (स्त्री०) लजाना; **~आना** लाज लगना; **~करना** 1 लज्जित होना 2 लिहाज करना; **~की बात** लज्जाजनक कार्य; **~खाना** लज्जा अनुभव करना; **~से गठरी हो जाना** लाज के मारे ज़मीन में गड़ जाना, अत्यंत लज्जित होना

शर्मा–*सं०* **(पु०) ब्राह्मणों के नाम के अंत में लगनेवाली** उपाधि

शर्माना–(अ० क्रि०) = शरमाना

शर्माशर्मी–*फ़ा०* (अ०) लज्जावश, संकोचवश

शर्मिंदगी–*फ़ा०* (स्त्री०) शर्मिंदा होना

शर्मिंदा–*फ़ा०* (वि०) लजानेवाला

शर्मीला–*फ़ा० + हिं०* (वि०) लज्जालु, लज्जावान

शर्मीली–*फ़ा० + हिं०* (वि०/स्त्री०) शरमीली

शर्वरी–*सं०* (स्त्री०) रात, निशा

शलग़म, शलजम–*अ०* (पु०) तरकारी के उपयोग में आनेवाला एक प्रकार का कंद

शलजमी–*अ० + फ़ा०* (वि०) शलजम संबंधी

शलभ–*सं०* (पु०) 1 शरभ 2 फतिंगा

शलाका–*सं०* (स्त्री०) 1 सलाखा 2 सलाई। **~पत्र** (पु०) मत पत्र, बैलट पेपर; **~पद्धति** (स्त्री०) पर्ची से वोट देने की प्रणाली; **~पुरुष** (पु०) बौद्धों के त्रेसठ देव पुरुषों में एक

शलूका–(पु०) आधी बाँह की कुरती

शल्क–*सं०* (पु०) टुकड़ा, खंड

शल्य–*सं०* (पु०) चीर फाड़ द्वारा की जानेवाली चिकित्सा (जैसे-फोड़े की शल्य क्रिया)। **~कर्ता, ~कार** (पु०) = शल्य चिकित्सक; **~कारी** (स्त्री०) = शल्य चिकित्सा; **~क्रिया** (स्त्री०) चीर फाड़ द्वारा चिकित्सा करना; **~चिकित्सक** (पु०) शल्य चिकित्सा करनेवाला; **~चिकित्सा** (स्त्री०) चीर फाड़ से इलाज; **~विज्ञान** (पु०), **~विद्या** (स्त्री०), **~शास्त्र** (पु०) वह विज्ञान, जिसमें चीर-फाड़ संबंधी इलाज का विवेचन किया गया हो

शल्योपचार–*सं०* (पु०) शल्य क्रिया द्वारा किया जानेवाला इलाज

शल्ल–*अ०* (वि०) 1 शिथिल 2 सुन्न

शव–*सं०* (पु०) लाश। **~गृह** (पु०) मुर्दाघर; **~छेद** (पु०) = शव परीक्षा; **~ता** (स्त्री०) निष्प्राणता, निर्जीवता; **~दाह** (पु०) मुर्दा जलाना; **~परीक्षणालय** (पु०) शव की परीक्षा करने का स्थान; **~परीक्षा** (स्त्री०) शव की जाँच करना; **~भस्म** (पु०) चिता की राख; **~मंदिर** (पु०) = श्मशान; **~यात्रा** (स्त्री०) अरथी, जनाज़ा; **~यान** (पु०) 1 टिकठी 2 शव ढोनेवाली गाड़ी; **~रथ** (पु०) = शव यान; **~शयन** (पु०) मरघट, श्मशान; **~संस्कार** (पु०) शव

की अंत्येष्टि; ~**समाधि** (स्त्री०); ~**साधन** (पु०) तांत्रिकों द्वारा शव की साधना करना

शवल–*सं०* (वि०) = शबल

शवाग्नि–*सं०* (स्त्री०) चिता की आग

शवाच्छादन–*सं०* (पु०) कफ़न, शवावरण

शवाधानी–*सं०* (स्त्री०), **शवाधार**–*सं०* (पु०) ताबूत

शश, शशक–*सं०* (पु०) खरगोश। ~**शृंग** (पु०) असंभव और अनहोनी बात, आकाशकुसुम की सी असंभव बात

शशपंज–*फ़ा०* (पु०) दुविधा

शशमाही–*फ़ा०* (वि०) छमाही

शशांक–*सं०* (पु०) चंद्रमा

शशि–*सं०* (पु०) चाँद। ~**कला** (स्त्री०) चंद्रमा की सोलह कलाओं में एक; ~**प्रभा** (स्त्री०) चाँदनी, ज्योत्सना; ~**मुख** (वि०) शशि के समान मुखवाली; ~**लेखा** (स्त्री०) चंद्रकला

शस्त्र–*सं०* (पु०) हथियार। ~**कार** (पु०) शस्त्र बनानेवाला; ~**कोष** (पु०) शस्त्र रखने का खाना; ~**क्रिया** (स्त्री०) शस्त्र कर्म, शल्य कारी; ~**गृह** (पु०) = शस्त्रागार; ~**चिकित्सा** (स्त्री०) = शल्य चिकित्सा; ~**जीवी** (पु०) योद्धा, सैनिक; ~**धारी** (वि०) शस्त्र धारण करनेवाला; ~**बल** (पु०) हथियारों की ताक़त; ~**शाला** (स्त्री०) = शास्त्रागार; ~**शून्य** (वि०) बिना हथियार के

शस्त्रागार–*सं०* (पु०) शस्त्र रखने का स्थान

शस्त्रालय–*सं०* (पु०) सिलहख़ाना

शस्त्रास्त्र–*सं०* (पु०) शस्त्र और अस्त्र

~**भांडार** (पु०) = शस्त्रागार; ~**शून्य** (वि०) = शस्त्र शून्य

शस्त्रीकरण–*सं०* (पु०) हथियारबंदी

शस्त्रोपचार–*सं०* (पु०) = शल्य चिकित्सा

शस्त्रोपजीवी–*सं०* (पु०) = शस्त्रजीवी

शस्य–I *सं०* (पु०) नई घास, कोमल तृण

शस्य–II *सं०* (वि०) 1 प्रशंसनीय 2 बढ़िया

शस्यागार–*सं०* (पु०) खलिहान

शहंशाह–*फ़ा०* (पु०) = शाहंशाह

शहंशाही–*फ़ा०* (वि०) = शाहंशाही

शह–*फ़ा०* (स्त्री०) 1 भड़काने की क्रिया, उकसाना, उभारना 2 शतरंज में बादशाह को दी गई किश्त

शहकार–*फ़ा०* (पु०) सर्वोत्कृष्ट कृति

शहकारा–*फ़ा०* (स्त्री०) बदचलन औरत, पुंश्चली स्त्री

शहज़ादा–*फ़ा०* (पु०) = शाहज़ादा

शहज़ादी–*फ़ा० + हिं०* (स्त्री०) = शाहज़ादी

शहज़ोर–*फ़ा०* (स्त्री०) (वि०) अत्यंत बली

शहज़ोरी–*फ़ा०* (स्त्री०) 1 बलवान होना 2 ज़बरदस्ती

शहतीर–*फ़ा०* (पु०) बड़ा और लंबा लट्ठा

शहतूत–*फ़ा०* (पु०) 1 तूत का पेड़ और उसका फल 2 इस वृक्ष की मीठी फली

शहद–I *अ०* (पु०) मधुमक्खियों द्वारा बनाया गया पुष्परस का रूपांतर II (वि०) अति मधुर (जैसे-शहद भरी बात) ~**की छुरी** ज़बान का मीठा किंतु दिल का खोटा; ~**की मक्खी** पीछा न छोड़नेवाला लोभी व्यक्ति; (ज़ुबान में) शहद घुलना मिठास से भर जाना; (कानों में) शहद घोलना अति मधुर बोलना; ~**लगाकर अलग हो जाना** झगड़ा लगाकर आप अलग हो जाना

शहना–*अ०* (पु०) 1 खेत की चौकसी करनेवाला 2 खेतिहरों से राजकर उगाहनेवाला अधिकारी

शहनाई–*फ़ा०* (स्त्री०) मुँह से फूँककर बजाया जानेवाला एक प्रसिद्ध बाजा, नफ़ीरी

शहबाला–*फ़ा० + हिं०* (पु०) विवाह के समय दूल्हे के साथ पालकी में बैठनेवाला बालक

शहमात–*फ़ा०* (स्त्री०) शतरंज में बादशाह को दी गई वह मात जब बादशाह को चलने के लिए एक भी स्थान न खाली हो

शहर–*फ़ा०* (पु०) नगर। ~**वाला** *+ हिं०* (पु०) नगर में रहनेवाला; ~**वासी** *+ सं०* (पु०) नगर का निवासी

शहराती–*फ़ा० + अ०* (वि०) शहर में लगनेवाला (जैसे-शहराती भाषा)

शहरी–*फ़ा०* (वि०) शहर का

शहवत–*अ०* (स्त्री०) 1 भोग विलास की इच्छा 2 काम वासना 3 संभोग कामना

शहवती–*अ० + फ़ा०* (वि०) शहवत संबंधी

शहादत–*अ०* (स्त्री०) 1 शहीद होने का भाव 2 गवाही, साक्ष्य

शहाना–*फ़ा०* (वि०) = शाहाना

शहाब–*फ़ा०* (पु०) गहरा लाल रंग

शहीद–*अ०* (वि०) 1 धर्म हेतु मारा गया 2 खुद की बलि देनेवाला

शहीदी– *+ हिं०* (त्रि०) 1 शहीद संबंधी 2 शहीद होने को तैयार

शांत–I *सं०* (वि०) 1 मौन, चुप 2 निःशब्द 3 सुनसान (जैसे-शांत वातावरण) 4 विनम्र (जैसे-शांत स्वभाव) 5 संतुष्ट (जैसे-रुपए मिलने पर वह शांत हो गया) II (पु०) *साहि०* एक रस जिसका स्थायीभाव निर्वेद है। ~**चित्त** (वि०) शांत हृदयवाला; ~**प्रकृति** (वि०) शांत स्वभाव का; ~**स्वभाव** (वि०) = शांत प्रकृति

शांति–*सं०* (स्त्री०) 1 निःशब्दता, सूनापन 2 मन की स्थिरता 3 तसल्ली, सांत्वना 4 आराम, चैन। ~**इच्छा** (स्त्री०) शांति की कामना; ~**कामना** (स्त्री०) = शांति इच्छा; ~**कामी** (वि०) = शांति प्रेमी; ~**काल** (पु०) शांति का समय; ~**कालीन** (वि०) शांति काल से संबंधित; ~**दस्तख़त** *+ फ़ा० + अ०* (पु०) = शांति हस्ताक्षर; ~**दाता** (पु०) शांति देनेवाला व्यक्ति; ~**दायक,** ~**दायी** (वि०) शांति देनेवाला; ~**दूत** (पु०) शांति का प्रचारक; ~**परस्त** *+ फ़ा०* (पु०) शांति चाहनेवाला व्यक्ति; ~**परिषद** (स्त्री०); = शांति कमेटी; ~**पूर्ण** (वि०) = शांतिमय; ~**प्रयास** (पु०) शांति के लिए कोशिश; ~**प्रयासी** (पु०) = शांति समर्थक; ~**प्रस्ताव** (पु०) शांति का विषय; ~**प्रिय** (वि०) शांति चाहनेवाला (जैसे-शांति प्रिय व्यक्ति); ~**प्रियता** (स्त्री०) शांति प्रिय होने का भाव; ~**प्रेमी** (वि०) शांति चाहनेवाला (जैसे-शांति प्रेमी राष्ट्र); ~**भंग** (पु०) शांति को नष्ट करना; ~**भंजक** (वि०) शांति भंग करनेवाला; ~**रक्षक** (वि०) शांति की रक्षा करनेवाला; ~**वाद** (पु०) शांति बनाए रखने का सिद्धांत; ~**वादी** (वि०) शांतिवाद से संबंधित; ~**वार्ता** (स्त्री०) शांति संबंधी बातचीत; **विरोधी** (वि०) शांति का

विरोध करनेवाला; ~**शर्ते** + *अं०* (स्त्री०) शांत बनाए रखने का संकल्प; ~**संधि** (स्त्री०) शांति हेतु मेल करना; ~**समय** (पु०) = शांति काल; ~**समर्थक** (पु०) शांति चाहनेवाला, शांति का समर्थन करनेवाला; ~**सुलह** + *अ०* (स्त्री०) = शांति संधि; ~**सैनिक** (पु०) शांति बनाए रखनेवाली सेना; ~**स्थापक** (पु०) शांति की स्थापना करनेवाला; ~**स्थापन** (पु०), ~**स्थापना** (स्त्री०) शांति बनाए रखना; ~**हरण** (पु०) शांति नष्ट करना

शांतिमय–*सं०* (वि०) शांति की ओर अग्रसित (जैसे-शांतिमय संघर्ष)

शाइरी–*अ०* + *फ़ा०* (स्त्री०) = शायरी

शाइस्तगी–*फ़ा०* (स्त्री०) शाइस्ता होने का भाव

शाइस्ता–*फ़ा०* (वि०) 1 शिष्ट तथा सभ्य 2 नम्र तथा सुशील

शाकँभरी–*सं०* (स्त्री०) दुर्गा

शाक–I *सं०* (पु०) वनस्पति। ~**भक्ष** (पु०) = शाकाहारी; ~**भाजी** (स्त्री०) साग सब्ज़ी; ~**भोजी** (वि०) शाक खानेवाला (जैसे-शाक भोजी प्राणी); ~**सब्ज़ी** + *फ़ा०* (स्त्री०) तरकारी

शाक–II *सं०* (वि०) 1 शक जाति संबंधी 2 शक राजा का 3 शक संवत् संबंधी

शॉक–III *अं०* (पु०) सदमा, चोट, धक्का

शाकट–I *सं०* (पु०) गाड़ी खींचनेवाला पशु II (वि०) गाड़ी संबंधी

शाकाहार–*सं०* (पु०) अनाज या फल फूल का भोजन

शाकाहारी–*सं०* (वि०) निरामिष भोजी (जैसे-शाकाहारी भोजनालय)

शाकिर–*अ०* (वि०) 1 कृतज्ञ 2 संतोष करनेवाला, संतोषी

शाकी–*अ०* (वि०) 1 शिक़ायत करनेवाला 2 फ़रियाद करनेवाला 3 चुग़ल खोर

शाक्त–*सं०* (पु०) शक्ति संबंधी, बल संबंधी

शाक्य–*सं०* (पु०) गौतम बुद्ध के वंश का नाम

शाख़–*फ़ा०* (स्त्री०) डाली, शाखा। ~**दार** (वि०) शाख़वाला

शाख़साना–*फ़ा०* (पु०) 1 झगड़ा 2 तर्क वितर्क, बहस 3 व्यर्थ का दोष निकालना

शाखा–*सं०* (स्त्री०) 1 डाल, टहनी (जैसे-वृक्ष की शाखा टूटकर गिर गई) 2 वस्तु आदि का भाग या अंग (जैसे-नदी की शाखा, बैंक की शाखा) 3 वर्ग, संप्रदाय (जैसे-हिंदू समाज की शाखा) 4 विभाग, हिस्सा 5 सिद्धांत, प्रणाली (जैसे-विज्ञान की शाखा, वेद की शाखा)। ~**संक्रमण** (पु०) एक डाल से दूसरी डाल पर जाना

शाखी–*सं०* (वि०) शाखा संबंधी

शाखोच्चार–*सं०* (पु०) विवाह मंडप में पाणिग्रहण के अवसर पर वर तथा कन्या पक्ष के पुरोहितों द्वारा अपने-अपने यजमान की कुलीनता के आधार पर वंशावली का बखान

शागिर्द–*फ़ा०* (पु०) शिष्य, चेला। ~**पेशा** (पु०) 1 नौकर चाकर 2 ख़िदमतगार 3 अधीनस्थ कर्मचारी

शागिर्दी–*फ़ा०* (स्त्री०) शिष्यता, चेलापन

शाट–I *सं०* (पु०) 1 कपड़े का टुकड़ा 2 ढीला ढाला पहनावा

शाट–II *अं०* (पु०) गेंद पर किया गया ज़ोर का आघात

शाटक–*सं०* (पु०) कपड़ा

शाठ्य–*सं०* (पु०) 1 शठता, दुष्टता 2 कपट, छल

शाण–I *सं०* (पु०) 1 हथियार की धार तेज़ करने का पत्थर 2 कसौटी नामक काला पत्थर II (वि०) सन का बना III (पु०) सन के रेशे का बना कपड़ा

शात–*सं०* (वि०) 1 सान पर तेज़ किया हुआ 2 बारीक, पतला

शातिर–I *अ०* (पु०) परम धूर्त II (वि०) काइयाँ, चालाक

शाद–*फ़ा०* (वि०) खुश, प्रसन्न

शादियाना–*फ़ा०* (वि०) 1 आनंद मंगल के समय बजनेवाले बाजे 2 शुभ अवसर पर गाए जानेवाले गीत 3 बधावा, बधाई

शादी–*फ़ा०* (स्त्री०) विवाह। ~**ब्याह** + *हिं०* (पु०) आनंदोत्सव; ~**शुदा** (वि०) विवाहित (जैसे-शादीशुदा आदमी, वह शादीशुदा है)

शाद्वल–I *सं०* (वि०) हराभरा II हरीघास

शान–I *अ०* 1 ठाट-बाट (जैसे-शान से बरात आई) 2 वैभव, गर्व आदि सूचित करनेवाली स्थिति (जैसे-शान से जीवन बिताना, शान से बातें करना) 3 मान-मर्यादा, प्रतिष्ठा (जैसे-ख़ानदान की शान पर धब्बा न लगना) 4 महत्त्व, विशालता (जैसे-ख़ुदा की शान)। ~**दार** + *फ़ा०* (वि०) 1 शानवाला 2 बहुत विशाल (जैसे-शानदार मकान) 3 प्रशंसनीय; ~**शौकत** (स्त्री०) ठाट-बाट (जैसे-शान शौकत की कमी न होने पाए); ~**में बट्टा लगना** प्रतिष्ठा घटना, हेठी होना

शान–II *सं०* (पु०) = शाण

शाना–*फ़ा०* (पु०) 1 कंघा, कंघी 2 कंधा, मोढ़ा

शाप–*सं०* (पु०) 1 अनिष्ट कामना से कहा गया कथन 2 उक्त सूचक बात 3 धिक्कार, भर्त्सना 4 बुरी कसम। ~**ग्रस्त** (वि०) = शापित; ~**मुक्ति** (स्त्री०) शाप से छुटकारा; ~**मोचन** (पु०) शाप को नष्ट करनेवाला

शापित–*सं०* (वि०) शाप से पीड़ित

शापोद्धार–*सं०* (पु०) = शाप मुक्ति

शाबाश–*फ़ा०* (अ०) एक प्रशंसा सूचक शब्द

शाबाशी–*फ़ा०* (स्त्री०) वाहवाही, साधुवाद

शाब्द–I *सं०* (वि०) 1 शब्द संबंधी 2 शब्द करता हुआ II (पु०) 1 वैयाकरण 2 शब्द शास्त्र का ज्ञाता

शाब्दानुवाद–*सं०* (पु०) शब्द का अनुवाद

शाब्दिक–*सं०* (वि०) 1 शब्द का (जैसे-शाब्दिक अर्थ) 2 मौखिक (जैसे-शाब्दिक अभिव्यक्ति) 3 शब्द रूप में होनेवाला (जैसे-शाब्दिक सहानुभूति)

शाब्दी व्यंजना–*सं०* (स्त्री०) शब्द के प्रयोग पर निर्भर व्यंजना

शाम–I *बो०* (स्त्री०) छड़ी के नीचे लगा हुआ छल्ला

शाम–II *फ़ा०* (स्त्री०) साँझ, सायं (जैसे-शाम का खाना, शाम की गाड़ी)

शामक–*सं०* (वि०) शमन करनेवाला (दवा)

शामत–*अ०* (स्त्री०) 1 विपत्ति (जैसे-शामत आना) 2 दुर्भाग्य (जैसे-शामत का मारा)। ~**ज़दा** + *फ़ा०* (वि०) 1 संकट में फँसा हुआ, विपदग्रस्त 2 अभागा, बदनसीब; ~**सवार होना** दुर्दशा का समय आना

शामती–*अ०* + *फ़ा०* (वि०) = शामतज़दा

शामन–*सं०* (पु०) 1 शमन 2 शांति 3 हत्या

शामियाना–*फ़ा०* (पु०) तंबू

शामिल–*अ०* (वि०) 1 सम्मिलित (जैसे-जुलूस में शामिल अभिनेता) 2 इकट्ठा

शामिलात–*अ०* (स्त्री०) साझी ज़ायदाद

शामी–*अ०* (वि०) (कबाब) विशेष प्रकार से मसाले डालकर बनाया हुआ

शायक–*सं०* (पु०) 1 तीर, बाण 2 तलवार

शायक़–*अ०* (वि०) 1 शौक़ीन 2 इच्छुक

शायद–*फ़ा०* (अ०) संभव है कि, कदाचित्

शायर–*अ०* (पु०) 1 उर्दू, फ़ारसी में शेर की रचना करनेवाला 2 काव्य रचनाकार

शायराना–*अ० + फ़ा०* (वि०) 1 शायर संबंधी 2 शायरों जैसा (जैसे-शायराना मिज़ाज)

शायरी–*अ० + फ़ा०* (स्त्री०) 1 कविता करना 2 कविता, काव्य

शायिका–*सं०* (स्त्री०) 1 नींद, निद्रा 2 शयन

शायित–*सं०* (वि०) सुलाया हुआ

शायिनी–*सं०* (स्त्री०) शयन करनेवाली स्त्री (जैसे-अंक शायिनी)

शायी–*सं०* (वि०) 1 सोनेवाला (जैसे-पर्यंक शायी) 2 गिरनेवाला (जैसे-धरा शायी)

शारद–*सं०* (वि०) 1 शरद संबंधी 2 शरद ऋतु में होनेवाला

शारदा–*सं०* (स्त्री०) 1 दुर्गा 2 सरस्वती

शारदीय–*सं०* (वि०) शरद ऋतु संबंधी

शारदीया–*सं०* (स्त्री०) शरद ऋतु की पूर्णिमा

शारीर–*सं०* (वि०) = शरीरी। ~**विज्ञान**, ~**शास्त्र** (पु०) = शरीर विज्ञान

शारीरक, शारीरिक–*सं०* (वि०) शरीर संबंधी (जैसे-शारीरिक कष्ट, शारीरिक बल)

शार्क मछली–*अं० + हिं०* (स्त्री०) एक प्रकार की समुद्री मछली

शार्ङ्ग–I *सं०* (वि०) धनुर्धर II (पु०) धनुष। ~**पाणि** (पु०) 1 धनुषधारी 2 विष्णु, कृष्ण; ~**भंजिका** (स्त्री०) 1 वेश्या 2 कठपुतली

शार्टवेव–*अं०* (पु०) लघु तरंग

शार्टहैंड–*अं०* (पु०) आशुलिपिक

शार्दूल–*सं०* (पु०) शेर , सिंह

शाल–I *सं०* (पु०) कक्ष, हॉल

शाल–II *फ़ा०* (स्त्री०) गरम चादर (जैसे-शाल ओढ़ना, शाल से बच्चे को ढकना)

शालग्राम–*सं०* (पु०) गोलाकार पत्थर का टुकड़ा

शालदोज़–*फ़ा०* (पु०) शाल के किनारे बेल बूटे बनानेवाला

शालबाफ़–*फ़ा०* (पु०) 1 शाल बुननेवाला 2 एक तरह का रेशमी कपड़ा

शालबाफ़ी–*फ़ा०* (स्त्री०) 1 शाल बुनने का काम 2 शाल बुनने का पारिश्रमिक

शालभ–I *सं०* (पु०) बिना सोचे समझे कूद पड़ना II (वि०) शलभ संबंधी

शाला–*सं०* (स्त्री०) 1 घर, मकान 2 विशेष स्थान, विशेष मकान (जैसे-अश्व शाला, गोशाला)

शालिनी–*सं०* (स्त्री०) गृह स्वामिनी

शालिहोत्र–*सं०* (पु०) घोड़े आदि पशुओं की चिकित्सा

शालीहोत्री–*सं०* (पु०) घोड़े आदि पशुओं का चिकित्सक

शाली–*सं०* (प्र०) शब्द के अंत में प्रयुक्त एक प्रत्यय

शालीन–*सं०* (वि०) 1 लज्जाशील 2 नम्र 3 ससम्मान, सादृश्य। ~**ता** (स्त्री०) 1 शालीन होने का भाव 2 नम्रता 3 समानता

शालीहोत्री–*सं०* (पु०) घोड़े आदि पशुओं का चिकित्सक

शालेय–*सं०* (वि०) शाल का, शाल संबंधी

शाल्मलि, शाल्मली–*सं०* (स्त्री०) सेमर

शावक–*सं०* (पु०) पशु-पक्षी का बच्चा (जैसे-शश शावक)

शाश्वत–*सं०* (वि०) सदा रहनेवाला। ~**ता** (स्त्री०) निरंतरता

शाश्वतिक–*सं०* (वि०) = शाश्वत

शासक–*सं०* (पु०) शासन कर्ता। ~**मंडल** (पु०) शासन करनेवालों का समूह

शासकीय–*सं०* (वि०) शासक संबंधी

शासन–*सं०* (पु०) 1 हुकूमत का कार्य, हुक्म 2 सरकारी हुक्म 3 नियंत्रण 4 अनुशासन 5 वश में रखना। ~**कर्ता** (पु०) = शासक; ~**कारी** (वि०) शासन करनेवाला; ~**कार्य** (पु०) शासन का काम; ~**काल** (पु०) 1 शासन का निर्धारित समय 2 शासन का समय (जैसे-मुग़ल शासन काल की गौरव गाथा); ~**घोषणा** (स्त्री०) सरकारी आदेश, सरकारी हुक्म; ~**तंत्र** (पु०) राज्य शासन प्रणाली; ~**पद्धति** (स्त्री०) = शासन शास्त्र; ~**परिषद्** (स्त्री०) = शासन निकाय; ~**प्रणाली** (स्त्री०) = शासन तंत्र; ~**प्रबंध** (पु०) शासन की व्यवस्था आदि; ~**विधान** (पु०) शासन के नियम क़ानून आदि बनाना; ~**व्यवस्था** (स्त्री०) शासन तंत्र; ~**शक्ति** (स्त्री०) = शासन सत्ता; ~**संकट** (पु०) शासन की विपत्ति, शासन में उत्पन्न व्यवधान; ~**संचालन** (पु०) शासन चलाना; ~**संस्था**; (स्त्री०) ~**सत्ता** (स्त्री०) शासन की स्थिति या अधिकार; ~**सुधार** *+ हिं०* (पु०) सरकारी प्रबंध के दोष दूर करना

शासनांतर्गत–*सं०* (वि०) शासन के अंदर आया हुआ (जैसे-शासनांतर्गत सीमा क्षेत्र)

शासनात्मक–*सं०* (वि०) शासन संबंधी

शासनादिष्ट–*सं०* (वि०) शासन द्वारा आदेश किया हुआ

शासनादेश–*सं०* (पु०) शासन का हुक्म

शासनाधिकार–*सं०* (पु०) शासन की शक्ति

शासनाधीन–*सं०* (वि०) = शासनांतर्गत

शासनाध्यक्ष–*सं०* (पु०) शासन का अध्यक्ष

शासनारूढ़–*सं०* (वि०) शासन पर बैठा हुआ

शासनिक–*सं०* (वि०) शासन संबंधी

शासनी–*सं०* (स्त्री०) धर्मोपदेश करनेवाली स्त्री

शासनीय–*सं०* (वि०) शासन योग्य

शासित–*सं०* (वि०) शासन किया हुआ

शासी–*सं०* (वि०) शासन करनेवाला

शास्ता–*सं०* (पु०) 1 अधिनायक, तानाशाह 2 शासक 3 राजा

शास्ति–*सं०* (स्त्री०) 1 शासन 2 दंड, सज़ा

शास्त्र–*सं०* (पु०) 1 विवेचनात्मक ज्ञान विषयक ग्रंथ

(जैसे-भौतिक शास्त्र) 2 गंभीर विषय संबंधी सिद्धांत (जैसे-दर्शन शास्त्र, अध्यात्म शास्त्र) 3 आचार-व्यवहार तथा विधि विधान संबंधी ग्रंथ (जैसे-धर्म शास्त्र, वेद शास्त्र)। ~**कार** (पु०) शास्त्र की रचना करनेवाला; ~**चर्चा,** ~**चिंतन** (स्त्री०) 1 शास्त्र का अनुशीलन 2 शास्त्र पर विचार विमर्श; ~**ज्ञ** (पु०) 1 शास्त्र का ज्ञाता 2 धर्मशास्त्र का आचार्य; ~**पारंगत** (पु०) शास्त्र विशेषज्ञ, शास्त्र वेत्ता; ~**विद्** (पु०) = शास्त्रज्ञ; ~**विधान** (पु०) शास्त्र संबंधित आचार-विचार आदेश आदि, अनुशासन; ~**विहित** (वि०) शास्त्र सम्मत

शास्त्रानुमोदित–*सं०* (वि०) = शास्त्र विहित

शास्त्रार्थ–*सं०* (पु०) 1 शास्त्र का अर्थ, अभिप्राय 2 वाद विवाद (जैसे-शास्त्रार्थ करना)

शास्त्रार्थी–*सं०* (वि०) शास्त्रार्थ करनेवाला

शास्त्री–*सं०* (पु०) = शास्त्रज्ञ

शास्त्रीकरण–*सं०* (पु०) शास्त्र का रूप देना

शास्त्रीय–*सं०* (वि०) शास्त्र संबंधी। ~**ता** (स्त्री०) शास्त्रीय होने का भाव

शास्त्रोक्त–*सं०* (वि०) = शास्त्र विहित

शाहंशाह–*फ़ा०* (पु०) सम्राट्, बादशाह

शाहंशाही–I *फ़ा०* (वि०) 1 शहंशाहों का सा (जैसे-शाहंशाही दिमाग़) 2 शहंशाह संबंधी II (स्त्री०) शहंशाह होने का भाव

शाह–I *फ़ा०* (पु०) बादशाह II (वि०) 1 बहुत बड़ा या श्रेष्ठ 2 शाहों का सा। ~**कार** (पु०) कला संबंधी कोई महान् कृति; ~**ख़र्च** (वि०) बहुत ख़र्च करनेवाला; ~**ख़र्ची** (स्त्री०) शाहख़र्च होने का भाव, अंधाधुंध ख़र्च; ~**ज़ादा** (पु०) राजकुमार; ~**ज़ादी** + *हिं०* (स्त्री०) राजकुमारी; ~**दरा** (पु०) महल या किले के आस पास की बस्ती; ~**दिल** (वि०) उदार हृदय, खुले दिलवाला; ~**दिली** (स्त्री०) उदार हृदयता; ~**परस्त** (पु०) राजभक्त; ~**बलूत** + *अ०* (पु०) बलूत का एक भेद; ~**बाज़** I (पु०) बड़ा बाज II (वि०) राजसी; ~**बाला** + *हिं०* (पु०) = शहबाला; ~**राह** (स्त्री०) राजमार्ग

शाहाना–*फ़ा०* (वि०) 1 शाहों का 2 शाहों का सा 3 शाहों के योग्य 4 बहुत बढ़िया

शाहिद–I *अ०* (पु०) शहादत देनेवाला, गवाह II (वि०) मनोहर, सुंदर

शाही–I *फ़ा०* (वि०) 1 शाह का 2 शाहों का सा 3 राजसी (जैसे-शाही बंदोबस्त) II (स्त्री०) अधिकारिक व्यवहार या स्वरूप (जैसे-नादिरशाही, नौकरशाही)

शिंगरफ़–*फ़ा०* (पु०) इंगुर, हिंगुल

शिंगरफ़ी–I *फ़ा०* (वि०) 1 शिंगरफ़ संबंधी 2 लाल, सुर्ख II (पु०) लाल रंग

शिंजन–*सं०* (पु०) झनकार

शिंजिका–*सं०* (स्त्री०) करधनी, मेखला

शिंजिनी–*सं०* (स्त्री०) 1 धनुष की डोरी, प्रत्यंचा 2 पायल, नूपुर

शिंबा–*सं०* (पु०) छीमी, सेभ

शिंबिका–*सं०* (स्त्री०) = शिंबी

शिंबी–*सं०* (स्त्री०) 1 सेम 2 छीमी 3 केवाँच

शिशुमार–*सं०* (पु०) = सूसमार

शिकंजा–*फ़ा०* (पु०) कसने का यंत्र

शिकन–*फ़ा०* (स्त्री०) सिकुड़न, सिलवट

शिकम–*फ़ा०* (पु०) पेट, उदर

शिकमी–*फ़ा०* (वि०) 1 शिकम संबंधी 2 अपना

शिकरा–*फ़ा०* (पु०) बाज़ से छोटा एक शिकारी पक्षी

शिकवा–*अ०* (पु०) 1 शिकायत 2 उलाहना 3 ग्लानि। ~**शिकायत** (स्त्री०) उलाहना, शिक़ायत

शिकस्त–*फ़ा०* (स्त्री०) 1 पराजय, हार 2 विफलता

शिकायत–*अं०* (स्त्री०) 1 शिक़ायत 2 उलाहना 3 ग्लानि।

शिकस्त–*फ़ा०* (स्त्री०) 1 पराजय, हार 2 विफलता

शिकायत–*अ०* (स्त्री०) 1 असंतोष 2 ग़लत बात 3 कष्ट (जैसे-बुख़ार की शिकायत) 4 असंतोष दूर करने हेतु किया गया निवेदन (जैसे-अधिकारी से शिकायत करना)

शिकार–*फ़ा०* (पु०) 1 आखेट, मृगया 2 गोश्त (जैसे-शिकार खाना, शिकार बनाना) 3 फँसाया गया व्यक्ति (जैसे-आज एक शिकार घर पर आया था, मुवक्किल तो वकीलों के शिकार हैं) 4 भोजन, आहार (जैसे-शेर को अपना शिकार मिल गया)। ~**गड़हा** + *हिं०* (पु०) शिकार हेतु बनाया गया गड्ढा; ~**गाह** (स्त्री०) शिकार खेलने की जगह; ~**निषिद्ध** + *सं०* (वि०) शिकार के लिए मना किया गया (जैसे-शिकार निषिद्ध क्षेत्र); ~**बंद** (पु०) घोड़े की दुम के पास चारजामे के पीछे लगाया गया तसमा; ~**वर्जित** + *सं०* (वि०) = शिकार निषिद्ध

शिकारा–*फ़ा०* (पु०) एक तरह की बड़ी नाव, हाउस बोट

शिकारी–I *फ़ा०* (पु०) अहेरी, आखेटक II (वि०) 1 शिकार संबंधी 2 शिकार करनेवाला (जैसे-शिकारी कुत्ता)

शिक्षक–*सं०* (पु०) 1 विद्या या ज्ञान सिखलानेवाला व्यक्ति (जैसे- राजनीतिक शिक्षक, कला शिक्षक) 2 अध्यापक 3 गुरु (जैसे-आध्यात्मिक शिक्षक)

शिक्षण–*सं०* (पु०) शिक्षा, तालीम। ~**कार्य** (पु०) शिक्षा देने का काम; ~**विज्ञान** (पु०) वह विज्ञान जिसमें शिक्षा कार्य संबंधी सिद्धांतों का विवेचन हो; ~**विद्यालय** (पु०) शिक्षा देने का स्थान; ~**शास्त्र** (पु०) = शिक्षण विज्ञान; ~**संस्था** (स्त्री०) = शिक्षालय

शिक्षणाधीन–*सं०* (वि०) शिक्षा के आधीन

शिक्षणालय–*सं०* (पु०) शिक्षा देने की जगह

शिक्षा–*सं०* (स्त्री०) 1 विद्या, ज्ञान (जैसे-धर्म की शिक्षा, भाषा विज्ञान की शिक्षा) 2 नसीहत, उपदेश (जैसे-नैतिक शिक्षा, कर्तव्य पालन की शिक्षा) 3 पाठ, सबक 4 दंड। ~**क्रम** (पु०) = शिक्षा प्रणाली; ~**दायक** (वि०) = शिक्षाप्रद; ~**दीक्षा** (स्त्री०) चारित्रिक और बौद्धिक विकास के उद्देश्य से दी गई शिक्षा; ~**पद्धति** (स्त्री०) = शिक्षा प्रणाली; ~**परिषद्** (स्त्री०) शिक्षा का प्रबंध करनेवाली समिति या सभा; ~**प्रचार** (पु०) शिक्षा को फैलाना; ~**प्रणाली** (स्त्री०) शिक्षा की विधि; ~**प्रद** (वि०) शिक्षादायक (जैसे-शिक्षाप्रद कहानियाँ) ~**प्रसार** (पु०) = शिक्षा प्रचार; ~**प्राप्त** (वि०) जिसने शिक्षा प्राप्त की हो (जैसे-शिक्षा प्राप्त युवक); ~**प्राप्ति** (स्त्री०) शिक्षा प्राप्त करना; ~**विज्ञान**

(पु०) = शिक्षण विज्ञान; **~विद्** (पु०) = शिक्षा शास्त्री; **~विधि** (स्त्री०) शिक्षा देने का ढंग, शिक्षा पद्धति; **~विभाग** (पु०) शिक्षा संबंधी कार्यालय; **~वृत्ति** (स्त्री०) शिक्षण कार्य; **~शक्ति** (स्त्री०) शिक्षा ग्रहण करने का सामर्थ्य; **~शास्त्र** (पु०) = शिक्षण विज्ञान; **~शास्त्री** (पु०) शिक्षा संबंधी ज्ञान विशारद; **~संबंधी** (वि०) शिक्षा से संबंध रखनेवाला; **~संस्था** (स्त्री०) = शिक्षालय; **~हीन** (वि०) शिक्षा रहित

शिक्षात्मक–*सं०* (वि०) शिक्षा संबंधी

शिक्षारंभ–*सं०* (पु०) शिक्षा की शुरुआत

शिक्षार्थी–*सं०* (पु०) शिक्षा का इच्छुक

शिक्षालय–*सं०* (पु०) पाठशाला, विद्यालय

शिक्षावधि–*सं०* (स्त्री०) शिक्षा का समय

शिक्षित–*सं०* (वि०) शिक्षा प्राप्त, पढ़ा लिखा (जैसे-शिक्षित युवक, शिक्षित समाज)

शिक्षोन्नति–*सं०* (स्त्री०) शिक्षा की उन्नति

शिक्षोपयोगी–*सं०* (वि०) शिक्षा के उपयुक्त, शिक्षा के योग्य (जैसे-शिक्षोपयोगी वातावरण, शिक्षोपयोगी स्थान)

शिक्ष्यमाण–*सं०* (वि०) सिखाया जानेवाला, शिक्षा पानेवाला

शिखंड–*सं०* (पु०) 1 मयूर पुच्छ, मोर की पूँछ 2 चोटी, शिखा 3 काक पक्ष, काकुल

शिखर–*सं०* (पु०) 1 सिर, चोटी 2 पर्वत चोटी। **~मंज़िल** + *अ०* (स्त्री०) इमारत की चोटी; **~वार्ता** (स्त्री०) अनेक राष्ट्रों के उच्चतम अधिकारियों का परस्पर विनिमय; **~सम्मेलन** (पु०) अनेक राष्ट्र के सर्वोच्च अधिकारियों की बैठक

शिखरस्थ–*सं०* (वि०) चोटी पर स्थित

शिखांत–*सं०* (पु०) शिखा का सबसे ऊपरी भाग

शिखा–*सं०* (स्त्री०) 1 चुंदी, चोटी 2 पंखो का ऊपरी गुच्छा, कलगी 3 लौ (जैसे-दीप शिखा)

शिखी–*सं०* (वि०) शिखा युक्त

शिगाफ़–*फ़ा०* (पु०) 1 दरार, दरज 2 सूराख़, छेद

शिगूफ़ा–*फ़ा०* (पु०) = शगूफ़ा

शित–*सं०* (वि०) सान पर तेज़ किया हुआ 2 नुकीला

शिताब–*फ़ा० +अ०* झटपट, जल्द, शीघ्र

शिताबी–*फ़ा०* (स्त्री०) 1 शीघ्रता 2 उतावली

शितिकंठ–*सं०* (पु) 1 मोर 2 शिव

शिथिल–*सं०* (वि०) 1 ढीला (जैसे-शिथिल प्रत्यंचा) 2 थका माँदा (जैसे-शिथिल शरीर) 3 आलसी, सुस्त (जैसे-शिथिल कार्यकर्ता या शिथिल कर्मचारी) 4 पाबंदरहित (जैसे-शिथिल क़ानून, नियम) **~ता** (स्त्री०) 1 शिथिल होने का भाव 2 ढीलापन 3 सुस्ती, आलस्य

शिथिलन–*सं०* ढीला छोड़ देना, ढीला करना

शिथिलित–*सं०* (वि०) शिथिल हुआ

शिथिलीकरण–*सं०* (पु०) शिथिल करना

शिथिलीकृत–*सं०* (वि०) शिथिल किया हुआ

शिथिलीभूत–*सं०* (वि०) = शिथिलित

शिद्दत–*अं०* (स्त्री०) 1 कठिनाई 2 कष्ट 3 कठोरता 4 अधिकता, प्रबलता (जैसे-शिद्दत की गर्मी)

शिनाख़्त–*फ़ा०* (स्त्री०) = शनाख़्त

शिफ़ा–*अ०* (स्त्री०) 1 रोग आदि से मुक्ति 2 स्वास्थ्य, आरोग्य। **~ख़ाना** + *फ़ा०* (पु०) अस्पताल, चिकित्सालय

शिफ़्ट–*अं०* (स्त्री०) पारी

शिया–*अ०* (पु०) मुसलमानों का एक संप्रदाय जो हजरत अली को मुहम्मद साहब का प्रत्यक्ष उत्तराधिकारी मानता है

शिर–*सं०* (पु०) 1 सिर, कपाल, खोपड़ा 2 मस्तक, माथा 3 ऊपरी भाग, चोटी 4 सिरा, अगला भाग। **~पेंच** (पु०) = सिरपेंच; **~फूल** (पु०) सिर में पहनने का एक स्त्री आभूषण सीसफूल; **~मौर** (पु०) 1 सिरमौर, मुकुट 2 मुख्य व्यक्ति

शिरकत–*अ०* (स्त्री०) = शराकत

शिरकती–*अ० + फ़ा०* (वि०) शिरकत संबंधी

शिरश्चछेद–*सं०* (पु०) सिर काटना। **~यंत्र** (पु०) सिर काटने का औज़ार

शिरसा–*सं०* (अ०) आदरपूर्वक

शिरस्क–*सं०* (पु०) 1 पगड़ी 2 शिरस्त्राण

शिरस्त्राण–*सं०* (पु०) लोहे का टोप

शिरा–*सं०* (स्त्री०) खून की नाड़ी या नली

शिराकत–*अ०* (स्त्री०) = शराकत। **~नामा** + *फ़ा०* (पु०) साझे का शर्तनामा

शिराच्छादन–*सं०* (पु०) सिर को ढकना

शिराजाल–*सं०* (पु०) शरीर में फैला शिराओं का तंत्र

शिरावरोध–*सं०* (पु०) *चि०* शिरा में रक्त कणों की गाँठ बनने का एक रोग, थ्राम्बोसिस

शिरोधार्य–*सं०* (क्रि० वि०) अंगीकार (जैसे-भाई की आज्ञा शिरोधार्य करना)

शिरोभूषण–*सं०* (पु०) 1 सिर पर पहनने का गहना, सीसफूल 2 मुकट (जैसे-राजा का शिरोभूषण धारण करना)

शिरोमणि–*सं०* (पु०) 1 चूड़ामणि 2 मान्य और श्रेष्ठ व्यक्ति

शिरोरेखा–*सं०* (स्त्री०) शब्दों के ऊपर दी गई रेखा

शिरोविंदु–*सं०* (पु०) सिर के ऊपर आकाश में पड़नेवाला विंदु या स्थान

शिरोवेष्टन–*सं०* (पु०) पगड़ी

शिलांकित–*सं०* (वि०) = शिलोत्कीर्ण

शिला–*सं०* (स्त्री०) 1 पत्थर, पाषाण 2 चट्टान, सिल। **~खंड** (पु०) पत्थर का बड़ा टुकड़ा; **~गृह** (पु०) कंदरा, गुहा; **~चित्र** (पु०) पत्थर पर बनाया गया चित्र; **~जीत** (स्त्री०) विशिष्ट चट्टान के अत्यधिक तपने पर उसमें से निकलनेवाला एक प्रकार का काले रंग का रस; **~न्यास** (पु०) नींव डालना (जैसे-ताजमहल का शिलान्यास); **~न्यासक** (वि०) शिलान्यास करनेवाला; **~पट्ट** (पु०) 1 पत्थर की चट्टान 2 मसाला पीसने की सिल; **~पुष्प** (पु०) = शिलाजीत; **~बंध** (पु०) पत्थर की चहार दीवारी; **~मुद्रण** (पु०) पत्थर पर अंकित लिपि के माध्यम से छपाई करना; **~मुद्रित** (वि०) शिला मुद्रण किया हुआ; **~रोपण** (पु०) = शिलान्यास; **~लिपि** (स्त्री०); **~लेख** (पु०) 1 पत्थर पर खोदा गया लेख 2 लेखयुक्त पत्थर; **~वृष्टि** (स्त्री०) 1 ओलों का गिरना 2 पत्थर फेंकना; **~वेश्म** (पु०) गुफ़ा, कंदरा

शिलाक्षर–*सं०* (पु०) पत्थर पर खोदकर लिखे गए अक्षर

शिलिंग–*अं०* (पु०) इंग्लैंड में प्रचलित चाँदी का एक सिक्का

शिलीपद–*सं०* (पु०) फीलपाँव नामक रोग

शिलीभूत–*सं०* (वि०) जो जमकर पत्थर हो गया हो
शिलोत्कीर्ण–*सं०* (वि०) चट्टान पर उकेरा हुआ
शिल्प–*सं०* (पु०) हस्तकला, दस्तकारी। ~**कला** (स्त्री०) दस्तकारी का कौशल; ~**कार** (पु०) 1 शिल्पी, कारीगर 2 मकान बनानेवाला राज; ~**कारिका** (स्त्री०) शिल्प का काम; ~**कारी** (पु०) = शिल्पकार; ~**गत** (वि०) शिल्प संबंधी; ~**गृह** (पु०) शिल्प का काम करने की ज़गह, शिल्पकार्य स्थल; ~**ज्ञ** (पु०) शिल्प का ज्ञाता; ~**ता** (स्त्री०) = शिल्पत्व; ~**लिपि** (स्त्री०) पत्थर, ताँबे आदि पर अक्षर खोदने की कला; ~**विद्या** (स्त्री०) शिल्प की कला; ~**विद्यालय** (पु०) शिल्प सिखाने की पाठशाला; ~**विधान** (पु०), ~**विधि** (स्त्री०) साहित्यिक रचना ढंग; ~**वैज्ञानिक** (वि०) शिल्प विज्ञान को जाननेवाला; ~**शास्त्र** (पु०) = शिल्प विद्या; ~**शिक्षा** (स्त्री०) शिल्प का ज्ञान
शिल्पत्व–*सं०* (पु०) शिल्प् का भाव या धर्म
शिल्पिक–I *सं०* (वि०) शिल्प संबंधी (जैसे-शिल्पिक संस्थान) II (पु०) शिल्पी, कारीगर
शिल्पिता–*सं०* (स्त्री०) शिल्पी होने का भाव
शिल्पि संघ–*सं०* (पु०) दस्तकारों का संगठन
शिल्पी–*सं०* (पु०) 1 शिल्पकार, कारीगर 2 राज मेमर 3 चित्रकार
शिव–I *सं०* (पु०) 1 कल्याण, मंगल 2 महादेव, शंकर जी (जैसे-शिव पार्वती की पूजा) II (वि०) 1 शुभ, मांगलिक 2 भाग्यवान्। ~**गंगा** (स्त्री०) शिव मंदिर के समीप बहनेवाली नदी; ~**तांडव** (पु०) शिव का प्रलय नाच; ~**ता** शिव होने का भाव 2 मोक्ष, अमरता; ~**नामी** + *हिं०* (स्त्री०) शिव नाम से अंकित चादर; ~**पीठिका** (स्त्री०) शिवलिंग स्थापित किए जाने का आधार; ~**रात्रि** (स्त्री०) फाल्गुन बदी चतुर्दशी; ~**लोक** (पु०) कैलास; ~**वृषभ** (पु०) नंदी
शिवत्व–*सं०* (पु०) = शिवता
शिवा–*सं०* (स्त्री०) 1 दुर्गा 2 पार्वती, गिरिजा
शिवालय–*सं०* , **शिवाला** (पु०) शिव का मंदिर
शिविका–*सं०* (स्त्री०) पालकी, डोली
शिविर–*सं०* (पु०) 1 सैनिक पड़ाव 2 खेमा 3 दुर्ग, किला। ~**नायक** (पु०) कैंप का मुखिया
शिश्नेंद्रिय–*सं०* (पु०) = शिश्न
शिशिर–I *सं०* (पु०) 1 जाड़ा, शीतकाल 2 हिम, पाला II (वि०) 1 शीतल 2 ठंड से जमा हुआ। ~**कालीन** (वि०) शिशिर ऋतु का; ~**ता** (स्त्री०) 1 अत्यधिक ठंड 2 शिशिर होने का भाव; ~**यामिनी** (स्त्री०) जाड़े की रात
शिशिरांत–*सं०* (पु०) वसंत
शिशु–*सं०* (पु०) 1 बच्चा (जैसे-शिशु का स्तन पान) 2 पशु आदि का बच्चा 3 सात-आठ वर्ष तक का बालक (जैसे-शिशु क्रीड़ा, शिशु की आकृति)। ~**कल्याण संस्था** (स्त्री०) = शिशुओं की भलाई करनेवाली संस्था; ~**काल** (पु०) शैशवावस्था; ~**गृह** (पु०) 1 नर्सरी 2 बालवाड़ी; ~**घाती** (वि०) शिशु हत्या करनेवाला; ~**जनोचित** (वि०) बच्चों के लिए उपयुक्त; ~**ता** (स्त्री०) शिशु होने का भाव; ~**पन** + *हिं०* (पु०) शिशु अवस्था, शिशुता; ~**पालन** (पु०) शिशु को पालना; ~**पालनशाला** (स्त्री०) = शिशुगृह; ~**पुस्तकालय** (पु०) बच्चों की लाइब्रेरी; ~**मार** (पु०) = सूसमार; ~**मृत्यु** (स्त्री०) शिशु का मर जाना; ~**वध** (पु०) शिशु की हत्या करना; ~**शाला** (स्त्री०) = शिशुगृह; ~**संस्था** (स्त्री०) बच्चों का स्कूल, नर्सरी स्कूल
शिश्न–*सं०* (पु०) पुरुष की जननेंद्रिय, लिंग
शिष्ट–*सं०* (वि०) 1 सभ्य 2 धीर और शांत 3 आज्ञाकारी 4 बुद्धिमान् 5 श्रेष्ठ (जैसे-शिष्ट समाज, शिष्ट वर्ग, शिष्ट जन)। ~**ता** (स्त्री०) 1 सभ्यता 2 शिष्ट आचरण 3 उत्तमता, श्रेष्ठता 4 आज्ञाकारिता; ~**मंडल** (पु०) 1 सभ्य लोगों का समूह 2 श्रेष्ठ लोगों का संगठन; ~**सभा** (स्त्री०) शिष्ट परिषद्; ~**सम्मत** (वि०) शिष्टों द्वारा अनुमोदित
शिष्टत्व–*सं०* (पु०) शिष्टता
शिष्टाचार–*सं०* (पु०) 1 शिष्टतापूर्ण आचरण और व्यवहार 2 दिखावटी सभ्य व्यवहार 3 सत्कार, आवभगत
शिष्टाचारी–*सं०* (पु०) शिष्ट आचरण करनेवाला सदाचारी
शिष्टि–*सं०* (स्त्री०) 1 आज्ञा, आदेश 2 शासन, हुकूमत 3 सहायता 4 सुधार 5 दंड, सज़ा
शिष्य–*सं०* (पु०) 1 विद्यार्थी 2 चेला, शार्गिद, डिसाइपुल। ~**ता** (स्त्री०) शिष्य होने का भाव; ~**परंपरा,** ~**मंडली** (स्त्री०) गुरु के संप्रदाय की परंपरागत शिष्य मंडली
शिष्यत्व–*सं०* (पु०) = शिष्यता
शिष्या–*सं०* (स्त्री०) महिला शिष्य
शिस्त–*फ़ा०* (स्त्री०) 1 काँटा, बंसी 2 निशाना 3 अंगुश्ताना
शीकर–*सं०* (पु०) 1 पानी की बूँद 2 ओस 3 वर्षा की फुहार
शीघ्र–*सं०* (अ०) 1 बिना विलंब किए 2 तुरंत, तत्क्षण (जैसे-ख़बर पाते ही शीघ्र चल देना)। ~**कारी** (वि०) 1 शीघ्र काम करनेवाला, फुरतीला 2 शीघ्र असर डालनेवाला 3 उग्र, तीव्र; ~**कोपी** (वि०) 1 जल्दी गुस्सा होनेवाला 2 चिड़चिड़े स्वभाववाला; ~**गामी** (वि०) तेज़ चलनेवाला; ~**चेतन** (वि०) द्रुत चेतना युक्त; ~**ता** (स्त्री०) 1 जल्दी 2 तेज़ी 3 जल्दबाज़ी, उतावलापन; ~**पतन** (पु०) स्तंभनशक्ति का अभाव; ~**लिपि** (स्त्री०), ~**लेखन** (पु०) आशुलिपि, शार्टहैंड
शीघ्रत्व–*सं०* (पु०) = शीघ्रता
शीघ्रातिशीघ्र–*सं०* (क्रि० वि०) बहुत जल्दी, अविलंब
शीत–I *सं०* (वि०) ठंडा, शीतल II (पु०) 1 जाड़ा, ठंड 2 जाड़े का मौसम (जैसे-शीत का ज्वार, शीत ज्वर)। ~**ऋतु** (पु०) जाड़े का मौसम; ~**कटिबंध** (पु०) भूमंडल के उत्तरी तथा दक्षिणी अंशों के दो कल्पित विभाग; ~**करण यंत्र** (पु०) शीत उत्पन्न करनेवाला यंत्र या मशीन; ~**कारी** (वि०) शीत उत्पन्न करनेवाला (जैसे-शीतकारी यंत्र); ~**काल** (पु०) ठंड का समय; ~**कालीन** (वि०) शीतकाल संबंधी; ~**ज्वर** (पु०) विषम ज्वर, जूड़ी; ~**तरंग** (स्त्री०) 1 उग्र ठंड 2 अत्यंत शीत लहरी, कोल्ड वेव; ~**ताप नियंत्रण** (पु०) शीत और ताप को नियंत्रित करना; ~**ताप नियंत्रित** (वि०) शीत और ताप को नियंत्रण में रखा हुआ; ~**निद्रा** (स्त्री०) सरदी के मौसम में सो जाना; ~**प्रधान** (वि०) जहाँ ठंड ज्यादा पड़े (जैसे-शीत प्रधान प्रदेश), ~**युद्ध** (पु०) हर राष्ट्र का स्वयं को सशक्त तथा प्रभावशाली

बनाए रखने हेतु खेली जानेवाली राजनीतिक चालें, कोल्डवार; ~**वस्त्र** (पु०) जाड़े के गरम कपड़े (जैसे-ऊनी कोट, स्वेटर आदि)

शीतक–I *सं०* ठंड उत्पन्न करनेवाला II (पु०) जाड़े का मौसम, शीतकाल

शीतन–*सं०* (पु०) ठंडा करना

शीतल–*सं०* (वि०) ठंडा (जैसे-शीतल जल)। ~**पाटी** + *हिं०* (स्त्री०) चिकनी, पतली और बढ़िया चटाई

शीतलक–*सं०* (वि०) शीतल करनेवाला

शीतलन–*सं०* (पु०) = शीतन

शीतला–*सं०* (स्त्री०) 1 शरीर पर फफोले निकल आने का एक प्रसिद्ध रोग चेचक (माता) 2 इस रोग की अधिष्ठात्री देवी

शीतलाष्टमी–*सं०* (स्त्री०) चैत कृष्ण पक्ष की अष्टमी

शीतलित–*सं०* (वि०) शीतल किया हुआ

शीतांग–*सं०* (पु०) सर्दी से वात, पित्त और कफ़ का जुड़ जाना

शीतागार–*सं०* (पु०) 1 ठंडा गोदाम, कोल्ड स्टोरेज 2 सर्दख़ाना

शीतातप–*सं०* (पु०) जाड़ा और गरमी

शीतावकाश–*सं०* (पु०) जाड़े की छुट्टी

शीतोष्ण–*सं०* (वि०) ठंडा और गरम (जैसे-शीतोष्ण जल-वायु)। ~**मापक** (पु०) शीतोष्ण नापनेवाला एक यंत्र

शीर–*फ़ा०* (पु०) दूध, क्षीर। ~**ख़ोरा** (वि०) दूध पीनेवाला (बच्चा); ~**गर्म** (वि०) गुनगुना, कुनकुना; ~**माल** (पु०) घी देकर पकाई गई ख़मीरी रोटी

शीरा–*फ़ा०* (पु०) चाशनी

शीराज़ा–*फ़ा०* (पु०) 1 किताब की सिलाई की छोर पर लगाया जानेवाला फीता 2 सिलाई, सीयन 3 प्रबंध, इंतज़ाम 4 सिलसिला, क्रम

शिराज़ी–I *फ़ा०* (वि०) शीराज़ का II (पु०) शीराज़ का निवासी

शीरीं–*फ़ा०* (वि०) 1 मधुर, मीठा 2 प्रिय, रुचिकर

शीरीन–*फ़ा०* (वि०) मीठा, मधुर

शीरीनी–*फ़ा०* (स्त्री०) 1 मिठास, मधुरता, मधुरिमा 2 मिठाई, मिष्ठान

शीर्ण–*सं०* (वि०) 1 खंड-खंड, टुकड़े-टुकड़े 2 फटा पुराना (जैसे-जीर्ण-शीर्ण वस्त्र) 3 दुबला-पतला, कृश (जैसे-जीर्ण-शीर्ण शरीर) 4 मुरझाया हुआ 5 गिरा हुआ

शीर्ष–*सं०* (पु०) 1 उन्नत सिरा 2 सिर 3 मस्तक, ललाट (जैसे-शरीर का शीर्ष भाग) 4 सबसे ऊँचा हिस्सा (जैसे-हिमालय पर्वत का शीर्ष) 5 दो तरफ़ से आकर मिलनेवाली तिर्यक रेखाओं का मिलन बिंदु (जैसे-त्रिभुज का शीर्ष, शीर्ष कोण)। ~**नाम** (पु०) लेख आदि का मुख्य पृष्ठ पर अंकित नाम; ~**पट्ट** (पु०) 1 सिर में लपेटने का कपड़ा 2 पगड़ी, मुरेठा, साफ़ा; ~**विंदु** (पु०) 1 आँख का मोतिया बिंद नामक रोग 2 सिर का सबसे ऊपरी स्थान, शिरोविंदु; ~**स्थान** (पु०) 1 माथा 2 सिर 3 सर्वोच्च स्थान; ~**स्थानीय** (वि०) = शीर्षस्थ

शीर्षक–*सं०* (पु०) लेखों आदि के ऊपर दिया जानेवाला नाम, हेडिंग (जैसे-पुस्तक का शीर्षक, विषय का शीर्षक)

शीर्षस्थ–*सं०* (वि०) प्रधान, चोटी का

शीर्षासन–*सं०* (पु०) व्यायाम में एक प्रकार की मुद्रा या आसन

शील–*सं०* (पु०) 1 नैतिक आचरण और व्यवहार 2 मन की स्थायी वृत्ति, स्वभाव 3 सद्वृत्ति 4 संकोची प्रकृति। ~**ता** (स्त्री०) शालीनता; ~**त्याग** (पु०) सदाचार को छोड़ना; ~**वृत्ति** (स्त्री०) सदाचार, भलमनसी, ~**हीन** (वि०) बिना शील का; ~**तोड़ना** बे मुरौवत होना, निःसंकोच होना; ~**निभाना** 1 सत्स्वभाव को न त्यागना 2 सद्व्यवहार निभाते जाना; ~**मर जाना** बे मुरौवत होना 2 दुर्वृत्त होना; ~**रखना** 1 सद्व्यवहार बनाए रखना 2 संकोच बनाए रखना

शीलत्व–*सं०* (पु०) = शीलता

शीलन–*सं०* (पु०) 1 अभ्यास 2 विवेचना 3 ग्रहण करना 4 धारण करना

शीलवान्–*सं०* (वि०) शीलवाला

शीश–*सं०* (पु०) सिर, शिर, सर

शीशम–*सं०* (पु०) = सीसम

शीश महल–*फ़ा०* + *अ०* (पु०) 1 शीशे का बना मकान 2 शीशा जड़ा हुआ कमरा। ~**का कुत्ता** बावला आदमी

शीशा–*फ़ा०* (पु०) 1 आईना, दर्पण 2 काँच (जैसे-शीशे का बरतन)

शीशी–*फ़ा०* + *हिं०* (स्त्री०) बोतल के आकार का छोटा पात्र

शुंठी–*सं०* (स्त्री०) सोंठ

शुंड–*सं०* (पु०) सूँड़

शुंडा–*सं०* (स्त्री०) 1 कुटनी 2 सूँड़

शुंडाकार–*सं०* (वि०) सूँड के आकार का (जैसे-शुंडाकार स्तंभ, शुंडाकार छड़ी)

शुंडिका–*सं०* (स्त्री०) ललरी, घाँटी

शुंडी–*सं०* (पु०) हाथी

शुक–*सं०* (पु०) तोता, सुग्गा

शुक्त–*सं०* (वि०) स्वच्छ, निर्मल

शुक्ति–*सं०* (स्त्री०) 1 सीप, सीपी 2 सुतुही 3 शंख

शुक्तिका–*सं०* (स्त्री०) 1 आँख का शुक्ति नामक रोग 2 सीप

शुक्र–I *सं०* (पु०) 1 वीर्य 2 सौर ग्रह का एक प्रमुख तथा बहुत चमकीला ग्रह। ~**ग्रंथि** (स्त्री०) वह ग्रंथि जिसमें वीर्य रहता है; ~**दोष** (पु०) नपुंसकता

शुक्र–II *अ०* (पु०) कृतज्ञता प्रकाश, उपकार मानना (जैसे-खुदा का शुक्र मनाइए कि आप बाल-बाल बच गए)। ~**गुज़ार** + *फ़ा०* (वि०) एहसान माननेवाला; ~**गुज़ारी** + *फ़ा०* (स्त्री०) कृतज्ञता प्रकट करना

शुक्रवार–*सं०* (पु०) हफ़्ते का पाँचवा दिन, बृहस्पतिवार तथा शनिवार के बीच का दिन

शुक्राणु–*सं०* (पु०) पुरुष के वीर्य का वह अंश जो गर्भ का कारण बनता है (जैसे-शुक्राणु की जाँच करना)

शुक्राना–*अ०* + *फ़ा०* (पु०) शुक्रिया अदा करते समय दिया जानेवाला धन

शुक्रिया–I *अ०* (अ०) धन्यवाद (जैसे-शुक्रिया अदा करना II (पु०) उपकार मानना

शुक्ल–*सं०* (वि०) सफ़ेद, श्वेत, शुभ्र (जैसे-शुक्ल वर्णा, शुक्ल पक्ष)। ~**ता** (स्त्री०) 1 शुक्ल का भाव 2 सफ़ेदी, श्वेतता; ~**पक्ष** (पु०) चाँदना पक्ष (जैसे-शुक्ल पक्ष में घर से विदा होना)

शुक्लत्व–*सं०* (पु०) = शुक्लता

शुचि–*सं०* (वि०) 1 शुद्ध, पवित्र 2 साफ़, स्वच्छ 3 निर्दोष 4 निष्कपट, निश्छल (जैसे-शुचि हृदय, शुचि मन)। ~**कर्मा** (वि०) सदाचारी; ~**ता** (स्त्री०) 1 शुचि होने का भाव 2 निष्कपटता 3 निर्मलता 4 पवित्रता, शुद्धता

शुची–*सं०* (वि०) पवित्र करनेवाला

शुजा–*अ०* (वि०) दिलेर, शूरवीर

शुजाअत–*अ०* (स्त्री०) वीरता, शूरता

शुतुर–*फ़ा०* (पु०) ऊँट। ~**मुर्ग़** (पु०) लंबी गर्दनवाला मुर्गे की जाति का एक बड़ा पक्षी

शुदनी–*फ़ा०* (स्त्री०) 1 भावी, होनहार, होनी 2 आकस्मिक दुर्घटना

शुद्ध–*सं०* (वि०) 1 पवित्र 2 निर्मल, साफ़ 3 निर्दोष (जैसे-शुद्ध मन, शुद्ध हृदय) 4 सही, ठीक (जैसे-शुद्ध वाक्य) 5 बिना मिलावट का (जैसे-शुद्ध दूध, शुद्ध घी) 6 अनुपम, बेजोड़ 7 निष्पाप (जैसे-शुद्ध कर्म)। ~**ता** (स्त्री०) शुद्ध होने का भाव; ~**ता वाद** (पु०) शुद्ध रूप और व्यवहार पर बल देनेवाला सिद्धांत; ~**ता वादी** (वि०) शुद्धतावाद संबंधी; ~**पक्ष** (पु०) = शुक्ल पक्ष; ~**हृदय** (वि०) पवित्र मनवाला (जैसे-शुद्ध हृदय की गाथा)

शुद्धत्व–*सं०* (पु०) = शुद्धता

शुद्धाशुद्ध सूची–*सं०* (स्त्री०) = शुद्धि पत्र

शुद्धि–*सं०* (स्त्री०) 1 शुद्धता 2 सफ़ाई, स्वच्छता 3 पवित्रता (जैसे-मन की शुद्धि) 4 परिशोध (जैसे-ऋण परिशोध)। ~**कर** शुद्ध करनेवाला; ~**कारक** (वि०) पवित्र करनेवाला; ~**पत्र** (पु०) ग्रंथ आदि के अंत में लगाया गया शुद्ध और अशुद्ध संबंधी पत्र; ~**वाद** (पु०) = शुद्धतावाद; ~**वादी** (वि०) = शुद्धतावादी

शुद्धीकरण–*सं०* (पु०) = शुद्धि

शुबहा–*अ०* (पु०) 1 संदेह, शक़ 2 धोखा, भ्रम

शुभंकर–*सं०* (वि०) 1 शुभ या मंगल करनेवाला 2 प्रसन्न करनेवाला

शुभ–I *सं०* (वि०) 1 मंगलमय, कल्याणकर 2 अनुकूल 3 अच्छा (जैसे-शुभ घड़ी) II (पु०) कल्याण, मंगल। ~**कर** (वि०) मंगलकारी, कल्याणकारी; ~**कामना** (पु०) मंगल कामना; ~**चिंतक** (वि०) भलाई चाहनेवाला, हितैषी; ~**लक्षण** (पु०) अच्छे लक्षण; ~**समाचार** (पु०) शुभ संदेश; ~**सूचक** (वि०) शुभ की सूचना देनेवाला

शुभा–*सं०* (स्त्री०) = शोभा, कांति, छवि

शुभाकांक्षा–*सं०* (स्त्री०) शुभ इच्छा

शुभाकांक्षी–*सं०* (वि०) 1 शुभ आकांक्षा करनेवाला 2 शुभ चिंतक

शुभागमन–*सं०* (पु०) मंगलप्रद और सुखद आगमन

शुभारंभ–*सं०* (पु०) अच्छी शुरुआत

शुभाशुभ–*सं०* 1 भला और बुरा 2 पवित्र और अपवित्र

शुभेच्छा–*सं०* (स्त्री०) शुभ इच्छा (जैसे-शुभेच्छाएं प्रकट करना)

शुभेच्छु–*सं०* (वि०) = शुभ चिंतक

शुभेतर–*सं०* (वि०) बुरा, ख़राब 2 अशुभ, अमांगलिक

शुभैषिणी–*सं०* (वि०) शुभ चाहनेवाली

शुभैषी–*सं०* (पु०) शुभ का इच्छुक

शुभ्र–*सं०* (वि०) 1 श्वैत, सफ़ेद (जैसे-शुभ्र कमल, शुभ्र वर्णा) 2 उज्ज्वल (जैसे-शुभ्र तारा)। ~**ता** (स्त्री०) 1 शुभ्र होने का भाव 3 उज्ज्वलता

शुभ्रक–*सं०* (वि०) शुभ्र करनेवाला

शुमार–*फ़ा०* (पु०) 1 संख्या 2 हिसाब, लेखा 3 गिनती

शुमारी–*फ़ा०* (पु०) गणना कार्य

शुमाल–*अ०* (पु०) 1 बायाँ हाथ 2 उत्तर दिशा

शुरू–*अ०* (पु०) आरंभ, प्रारंभ

शुरूआत–*अ०* (स्त्री०) शुरू करना

शुल्क–*सं०* (पु०) 1 कर 2 पढ़ने आदि की फ़ीस (जैसे-प्रवेश शुल्क, परीक्षा शुल्क) 3 क़ीमत

शुल्कार्ह–*सं०* (वि०) शुल्क के योग्य

शुश्रुषण–*सं०* (पु०) शुश्रूषा करने की क्रिया, कला या विद्या

शुश्रूसा–*सं०* (स्त्री०) 1 परिचर्या, सेवा 2 कर्तव्यपरायणता। ~**ता** (स्त्री०) 1 सूखापन 2 नीरसता 3 निस्सारता 4 कठोरता

शुष्क–*सं०* (वि०) 1 सूखा, अनार्द्र 2 नीरस (जैसे-शुष्क हृदय, शुष्क कार्य)। 3 निष्प्रयोजन, निस्सार 4 कठोर (जैसे-शुष्क लकड़ी) ~**तर्क** (पु०) बेकार की बहस; ~**भूमि** (स्त्री०) सूखी ज़मीन

शुष्कन–*सं०* (पु०) 1 शुष्कीकरण 2 सुखाने की क्रिया

शुहदा–*अ०* (पु०) = शोहदा

शुहरत–*अ०* (स्त्री०) = शोहरत

शूक–*सं०* (पु०) 1 वस्तु का चिकना, नुकीला अग्र भाग 2 जौ आदि की बाल का नुकीला हिस्सा, टूँड़ 3 काँटा 4 लिंग वर्द्धक औषधियों के लेप से उत्पन्न एक रोग। ~**कीट** (पु०) नुकीले रोओंवाला एक कीड़ा

शूकर–*सं०* (पु०) सूअर। ~**पालन** (पु०) सूअर पालना; ~**मांस** (पु०) सूअर का मांस

शूकरी–*सं०* (स्त्री०) सुअरी

शूट–*अं०* (पु०) 1 निशाना मारना 2 चित्र लेना

शूटिंग–*अं०* (स्त्री०) 1 गोली मारना 2 फ़ोटो लेना, छायांकन

शूद्र–I *सं०* (पु०) 1 हिंदुओं के चार प्रमुख वर्णों में से एक 2 उक्त वर्ण का व्यक्ति 3 सेवक II (वि०) अत्यंत बुरा, निकृष्ट (जैसे-शूद्र कर्म, शूद्र व्यक्ति)

शूद्रा–*सं०* (स्त्री०) शूद्र जाति की स्त्री, शूद्राणी

शून्य–I *सं०* (वि०) 1 खाली (जैसे-शून्य गर्भ) 2 निराकार 3 अस्तित्वहीन 4 अवास्तविक, असत् 5 रहित (जैसे-ज्ञान शून्य, हृदय शून्य) II (पु०) 1 खाली स्थान 2 आकाश 3 विंदु, बिंदी 4 अभाव 5 *ग०* अभाव सूचक चिह्न 6 ईश्वर (जैसे-आत्मा का शून्य में लीन होना)। ~**ता** (स्त्री०) शून्य होने का भाव; ~**दृष्टि** (स्त्री०) भावहीन दृष्टि; ~**बहरी** + *हिं०* (स्त्री०) शरीर के किसी अंग को निस्पंद करनेवाला एक रोग; ~**मध्य** (वि०) जिसका बीच का हिस्सा खाली हो (जैसे-नल, नलिका आदि); ~**वाद** (पु०) संसार को शून्य और उसके सभी पदार्थ को सत्ताहीन मानने का सिद्धांत; ~**वादी** I (पु०) 1 शून्यवाद का अनुयायी 2 नास्तिक II (वि०) शून्यवाद संबंधी; ~**विभक्ति** (स्त्री०) जिसमें कोई कारक नहीं लगता; ~**हृदय** (वि०) अनमना

शून्यत्व–*सं०* (पु०) = शून्यता

शून्यमय–*सं०* (वि०) निष्फल, व्यर्थ
शून्याकाश–*सं०* (वि०) निराकार
शूर–*सं०* (पु०) 1 वीर, बहादुर 2 योद्धा, सूरमा 3 बढ़ चढ़कर (जैसे-दान शूर, शब्द शूर)। **~ता** (स्त्री०) 1 शूर होने का भाव 2 शूर का धर्म; **~वीर** (पु०) 1 वीर व्यक्ति 2 योद्धा; **~वीरता** (स्त्री०) शौर्य, शूरता, बहादुरी
शूरत्व–*सं०* (पु०) = शूरता
शूरमानी–*सं०* (पु०) अपने को वीर माननेवाला
शूर्य–*सं०* (पु०) अनाज फटकने का सूप
शूल–*सं०* (पु०) विकट पीड़ा। **~पाणि** (पु०) शिव
शूली–(स्त्री०) शूलधारी, शिव
शृंखल–I *सं०* (पु०) 1 बेड़ी और हथकड़ी नियम, कायदा II (वि०) 1 व्यवस्थित और ठीक 2 नियम आदि के अधीन। **~ता** (स्त्री०) क्रमबद्ध होने का भाव
शृंखला–*सं०* (स्त्री०) 1 क्रम से आनेवाली घटनाएं, वस्तुएं आदि 2 कतार, श्रेणी 3 मेखला, करधनी। **~बद्ध** (वि०) क्रम युक्त
शृंखलात्मक–*सं०* (वि०) शृंखला संबंधी
शृंखलित–*सं०* (वि०) शृंखला में बँधा हुआ
शृंग–I *सं०* (पु०) 1 सींग 2 चोटी, शिखर (जैसे-पर्वत शृंग) II (वि०) तेज़, तीक्ष्ण
शृंगार–*सं०* (पु०) 1 सजावट (जैसे-नारी का शृंगार) 2 सुंदरता, शोभा आदि को निखारनेवाला तत्त्व (जैसे-लज्जा तो नारी का शृंगार है) 3 सजावट का सामान (जैसे-शृंगार प्रसाधन) 4 *साहि०* एक रस जिसमें प्रेमी और प्रेमिका के पारस्परिक प्रेम की चर्चा होती है (जैसे-संयोग शृंगार और वियोग शृंगार)। **~काव्य** (पु०) प्रेम प्रधान काव्य; **~रस** (पु०) = शृंगार; **~हाट** *+ हिं०* (स्त्री०) ऐसी दुकान जहाँ सौंदर्य प्रसाधन उपलब्ध हों
शृंगारिक–*सं०* (वि०) श्रृंगार संबंधी। **~ता** (स्त्री०) शृंगारिक भाव
शृंगारित–*सं०* (वि०) शृंगार किया हुआ
शृंगारिया–*सं० + हिं०* (पु०) 1 शृंगार की कला में निपुण व्यक्ति 2 बहुरूपिया
शृंगी–I *सं०* (पु०) सींगवाला जानवर II (वि०) 1 शृंग संबंधी 2 शृंग युक्त
शृगाल–*सं०* (पु०) 1 सियार, गीदड़ 2 कायर या डरपोक व्यक्ति (जैसे-शृगाल जैसी बातें मत करो) 3 खुल, दुष्ट (जैसे-श्रृगाल कहीं का)
शेअरहोल्डर–*अं०* (पु०) = शेयरहोल्डर
शेख़–*अ०* (पु०) 1 इस्लाम धर्म का उपदेशक 2 वृद्ध और पूज्य व्यक्ति पीर (जैसे-शेख़ साहब का उपदेश सुनना) 3 पैगंबर मुहम्मद के वंशजों की उपाधि। **~चिल्ली** *+ हिं०* (पु०) 1 कल्पित मूर्ख व्यक्ति 2 मूर्ख व्यक्ति; **~सद्दो** *+ हिं०* (पु०) मुसलमान स्त्रियों के उपास्य एक कल्पित पीर
शखर–*सं०* (पु०) 1 शीर्ष, सिर, माथा 2 मुकुट 3 शिखर 4 श्रेष्ठता का सूचक पद
शेख़ी–*अ० + फ़ा०* (स्त्री०) 1 अभिमान, घमंड, दर्प 2 झूठी शान, अकड़ (जैसे-शेख़ी दिखाना, शेख़ी झाड़ना) 3 डींग (जैसे-शेख़ी मारना)। **~बाज़** *+ फ़ा०* (पु०) शेख़ी बघारनेवाला व्यक्ति
शेड–*अं०* (पु०) छाजन, छाया
शेयर–*अं०* (पु०) हिस्सा, भाग। **~पूँजी** *+ हिं०* (स्त्री०) हिस्से की पूँजी; **~बाज़ार** *+ फ़ा०* (पु०) सट्टा बाज़ार; **~होल्डर** (पु०) हिस्सेदार, अंशधारी
शेर–I *अ०* (पु०) फ़ारसी, उर्दू आदि की दो चरणों की कविता (जैसे-ग़ालिब के शेर)
शेर–II *फ़ा०* (पु०) सिंह (जैसे-शेर की माँद)। **~गढ़ी** *+ हिं०* (स्त्री०) शेर की माँद; **~पंजा** (पु०) शेर का पंजा; **~बच्चा** (पु०) 1 शेर का बच्चा 2 बहादुर व्यक्ति; **~बबर** (पु०) सिंह, केसरी (जैसे-शेर बबर की आवाज़); **~मर्द** (वि०) शेर की तरह शक्तिशाली; **~मर्दी** (स्त्री०) शेर की तरह शक्ति; **~की नज़र घूरना** कोपभरी दृष्टि से देखना; **~के मुँह में जाना** जान जोखिम में डालना; **~के मुँह से शिकार लेना** ज़बरदस्ती छीन लेना; **~बकरी का एक घाट पानी पीना** एक सा व्यवहार होना; **~होना** हौसला बढ़ना
शेरनी–*फ़ा० + हिं०* (स्त्री०) शेर की मादा
शेरवानी–(स्त्री०) अचकन जैसा कोट
शेल्फ़–*अं०* (स्त्री०) आलमारी का ख़ांना, टाँड़
शेव–*अं०* (पु०) हजामत
शेवाल–*सं०* (पु०) सेंवार, काई, शैवाल
शेविंग–*अं०* (स्त्री०) हजामत बनाना, दाढ़ी बनाना। **~ब्रुश** (पु०) दाढ़ी बनाने का ब्रुश
शेष–I *सं०* (वि०) 1 बचा हुआ, बाक़ी (जैसे-शेष रुपए को बैंक में जमा कर देना) 2 छोड़ा हुआ (जैसे-शेष धन राशि) 3 उच्छिष्ट (जैसे-थाली का शेष भोजन) II (पु०) 1 अवशिष्ट अंश 2 *ग०* बड़ी संख्या में से छोटी संख्या को घटाने पर बची हुई संख्या (जैसे-भाग देने पर कितना शेष बचा); **~ता** (स्त्री०) शेष का भाव; **~नाग** (पु०) सर्पराज शेष; **~पर्यंक शायी** (पु०) = शेषशायी; **~भाग** (पु०) बचा हुआ अंश; **~शायी** (पु०) विष्णु
शेषत्व–*सं०* (पु०) शेषता
शेषांश–*सं०* (पु०) = शेष भाग
शेषोक्त–*सं०* (वि०) अंत में कहा हुआ
शैक्षणिक–*सं०* (वि०) 1 शिक्षा संबंधी 2 शिक्षाप्रद
शैक्षिक–*सं०* (वि०) शिक्षा का
शैतान–*अ०* (पु०) 1 दुष्टदेव योनि, भूत-प्रेत आदि 2 अत्यधिक दुष्ट व्यक्ति (जैसे-शैतान के मुँह क्यों लगता है) 3 उपद्रव खड़ा करानेवाला; **~का बच्चा** दुष्ट व्यक्ति; **~की आँत** लंबी कथा; **~की खाला** कलह करने वाली स्त्री; **~के कान काटना** शैतानी में शैतान से बढ़ जाना; **~चढ़ना**, **~लगना** भूत-प्रेत आदि का आवेश होना; **~सवार होना** 1 गुस्सा चढ़ना 2 बुराई पर आमादा होना 3 ज़िद चढ़ना
शैतानी–I *अ० + फ़ा०* (वि०) शैतान संबंधी II (स्त्री०) शरारत, दुष्टता
शैत्य–*सं०* (पु०) शीतलता, ठंडक
शैथिल्य–*सं०* (पु०) शिथिलता
शैल–I *सं०* (वि०) 1 पत्थर का 2 पथरीला 3 कड़ा, कठोर II

(पु०) 1 पहाड़, पर्वत 2 चट्टान। ~**माला** (स्त्री०) पर्वत श्रेणी; ~**विज्ञान** (पु०) = शिला विज्ञान
शैलिकी–*सं०* (स्त्री०) शैल विज्ञान
शैली–*सं०* (स्त्री०) 1 ढंग, तरीक़ा 2 *साहि०* विचार प्रकट करने का ढंग (जैसे-भारतेंदु की काव्य और गद्य शैली) 3 वस्तु निर्माण का कलापूर्ण ढंग (जैसे-मुग़ल शैली, पहाड़ी शैली)। ~**कार** (पु०) नई शैली का प्रचलन करनेवाला; ~**गत** (वि०) शैली संबंधी; ~**विज्ञान** (पु०) शैली की भिन्नताओं से संबंधित विज्ञान; ~**शिल्प** (पु०) कारीगरी करने की रीति
शैलूष–*सं०* (पु०) अभिनेता, नट
शैलेय–*सं०* (वि०) 1 पथरीला 2 शैल संबंधी
शैल्पिक–*सं०* (वि०) शिल्प संबंधी
शैल्य–*सं०* (वि०) 1 पत्थर का 2 पहाड़ी 3 पथरीला
शैव–*सं०* (वि०) शिव संबंधी, शिव का (जैसे-शैव दर्शन)। ~**कालीन** (वि०) शैव काल का
शैवाल–*सं०* (पु०) = सेवार
शैशव–*सं०* (वि०) शिशु संबंधी, बच्चों का। ~**काल** (पु०) = शिशु काल
शैशवावस्था–*सं०* (स्त्री०) शिशु की अवस्था
शैशविकी–*सं०* (स्त्री०) शिशुओं से संबंधित विज्ञान
शैशिर–*सं०* (वि०) 1 शिशिर संबंधी 2 शिशिर ऋतु में होनेवाला
शो–*अं०* (पु०) प्रदर्शन, दिखावा। ~**केस** (पु०) प्रदर्शन मंजूषा
शोक–*सं०* (पु०) दुःख। ~**कारक** (वि०) शोक उत्पन्न करनेवाला; ~ **गीत** (पु०) दुःखभरा गीत; ~**ग्रसित** (वि०) = 1 शोकाकुल; ~**ग्रस्त** (वि०) शोक में डूबा हुआ; ~**जनक** (वि०) दुःख देनेवाला; ~**दुःख** (पु०) = शोक; ~**प्रकाश** (पु०) शोक प्रकट करना; ~**संगीत** (पु०) दुःखभरा संगीत; ~**संतप्त** (वि०) = शोकाकुल; ~**संताप** (पु०) = शोक; ~**संवेदना** (स्त्री०) = शोक प्रकाश; ~**सभा** (स्त्री०) किसी की मृत्यु पर शोक प्रकट करने के लिए बैठक; ~**सूचक** (वि०) दुःख की सूचना देनेवाला; ~**हारी** (वि०) दुःख हरनेवाला
शोकांत–*सं०* (पु०) शोक का अंत
शोकाकुल–*सं०* (वि०) शोक से व्याकुल
शोकातुर–*सं०* (वि०) शोक से विह्वल
शोकार्त–*सं०* (वि०) शोक से विकल
शोकाविष्ट–*सं०* (वि०) अत्यंत संतप्त और व्याकुल
शोख़–*फ़ा०* (वि०) 1 नटखट, चंचल, चपल (जैसे-शोख़ बालिका, शोख़ अदाएं, शोख़ नयन) 2 तेज़, चटकीला 3 ढीठ और निडर (जैसे-शोख़ युवती)
शोख़ी–*फ़ा०* (स्त्री०) शोख़ होने का भाव
शोच–*सं०* (पु०) 1 दुःख, रंज 2 चिंता, फ़िक्र
शोचनीय–*सं०* (वि०) शोच करने योग्य
शोच्य–*सं०* (वि०) 1 दुःख के योग्य 2 चिंता के योग्य
शोण–I *सं०* (वि०) लाल II (पु०) लाल रंग
शोणित–I *सं०* (वि०) लाल रक्त वर्ण का II (पु०) रक्त, खून
शोथ–*सं०* (पु०) सूजन
शोध–*सं०* (पु०) 1 शुद्ध करना 2 खोज करना। ~**कर्ता** (पु०) शोध करनेवाला; ~**कार्य** (पु०) शोध का काम; ~**ग्रंथ** (पु०) = शोध निबंध; ~**छात्र** (पु०) शोध करनेवाला विद्यार्थी; ~**निबंध** (पु०) खोज प्रबंध, थिसिस; ~**परक,** ~**पूर्ण** (वि०) खोजमूलक; ~**प्रणाली** (स्त्री०) शोध करने की विधि; ~**प्रदर्शक** (वि०) = शोध पूर्ण; ~**प्रबंध** (पु०) = शोध निबंध; ~**मूलक** (वि०) = शोधपूर्ण; ~**शाला** (स्त्री०) = शोधन शाला; ~**संस्थान** (पु०) अनुसंधान केंद्र
शोधक–*सं०* (वि०) शोध करनेवाला
शोधन–*सं०* (पु०) शोध करना। ~**शाला** (स्त्री०) शोध कार्य करने की जगह (जैसे-पेट्रोलियम की शोधनशाला); ~**शेष** (पु०) कर चुकाने के बाद की बाक़ी
शोधना–*सं० + हिं०* (स० क्रि०) 1 साफ़ करना 2 खोजना, ढूँढ़ना
शोधनाक्षम–*सं०* (वि०) कर चुकाने में असमर्थ, दिवालिया
शोधार्थी–*सं०* (वि०) शोध करनेवाला
शोधित–*सं०* (वि०) शोध किया हुआ
शोफ़र–*फ़्रैंच०* (पु०) ड्राइवर, चालक
शोभन–*सं०* (वि०) 1 शोभा से युक्त 2 शोभा बढ़ानेवाला
शोभा–*सं०* (स्त्री०) 1 सुंदरता 2 चमक, कांति 3 शान, सजावट। ~**यात्रा** (स्त्री०) उत्सव, पर्व आदि पर निकाला गया जुलूस
शोभान्वित–*सं०* (वि०) शोभा से युक्त, सुंदर
शोभामय–*सं०* (वि०) शानवाला
शोभायमान–*सं०* (वि०) शोभा देता हुआ, सुंदर
शोभित–*सं०* (वि०) 1 शोभा से युक्त, सुंदर 2 सजा हुआ (जैसे-सुशोभित वाटिका, शोभित गृह)
शोर–*फ़ा०* (पु०) 1 हल्ला, कोलाहल 2 धूम, प्रसिद्धि 3 उन्माद। ~**ग़ुल** (पु०) हल्ला; ~**शराबा** (पु०) = शोर
शोरबा–*फ़ा०* (पु०) सब्ज़ी, माँस आदि का रसा (जैसे-मछली का शोरबा)
शोरबेदार–*फ़ा०* (वि०) शोरबा युक्त
शोरा–*फ़ा०* (पु०) सफ़ेद क्षार। ~**पुश्त** (वि०) 1 उद्दंड 2 लड़ाका; **शोरे की पुतली** अति गौर वर्ण युवती
शोरिश–*फ़ा०* (स्त्री०) 1 खलबली, हलचल 2 बग़ावत, विद्रोह
शोला–*अ०* (पु०) आग की लपट, ज्वाला
शोशा–*फ़ा०* (पु०) 1 नोक 2 अनोखी बात 3 व्यंग्यपूर्ण बात। ~**निकालना** झगड़ा खड़ा करनेवाली बात कहना
शोष–*सं०* (पु०) 1 सूखने की क्रिया 2 शुष्कता, खुश्की 3 बच्चों का सुखंडी नामक रोग
शोषक–I *सं०* (वि०) सोखनेवाला II (पु०) दूसरों का धन आदि हरण करनेवाला व्यक्ति। ~**श्रेणी** (स्त्री०) ग़रीब तथा कमज़ोर वर्ग के लोगों का श्रम और धन का शोषण करनेवाला समूह
शोषण–*सं०* (पु०) 1 सोखना (जैसे-जल शोषण) 2 दूसरे के श्रम का अनुचित लाभ उठाना (जैसे-ग़रीबों का शोषण) 3 क्षीण या दुबला करना। ~**दोहन** (पु०) शोषण करके निचोड़ लेना; ~**मुक्त** (वि०) = शोषणहीन; ~**यंत्र** (पु०) सुखाने की मशीन; ~**हीन** (वि०) बिना शोषण का

शोषित–*सं०* (वि०) 1 सोखा हुआ 2 अनुचित फ़ायदा उठाया हुआ। ~**दलित** (वि०) जिसको शोषण करके कुचला गया हो

शोहदा–*अ०* (वि०) 1 व्यभिचारी, लंपट 2 बदमाश, लुच्चा 3 आवारा और गुंडा। ~**पन** *, हिं०* (पु०) 1 शोहदा होने का भाव 2 शोहदा होने की हरकत

शोहरत–*अ०* (स्त्री०) ख्याति, प्रसिद्धि 2 ज़ोरों की चर्चा

शौंडिक–I *सं०* (पु०) पिप्पलीमूल II (वि०) शराब बनाने और बेचनेवाला

शौक़–*अ०* (पु०) 1 लालसा 2 सुख भोग 3 मन पसंद खेल (जैसे-क्रिकेट का शौक़) 4 शुभ आकांक्षा 5 चसका (जैसे-शराब का शौक़, जुआ खेलने का शौक़) 6 रुचि (जैसे-पढ़ने का शौक़)। ~**करना** भोग करना; ~**चर्राना** इच्छा का तीव्र होना; ~**से** 1 रुचिपूर्वक 2 ख़ुशी से 3 निस्संकोच

शौक़त–*अ०* (स्त्री०) 1 बल, शक्ति 2 दबदबा, ठाठ बाट 3 शानदार 4 गौरव (जैसे-शान शौकत से बात करना)

शौक़िया–I *अ०* (वि०) शौक़ से भरा हुआ II (क्रि० वि०) शौक़ के कारण

शौक़ीन–*अ० + फ़ा०* (वि०) 1 शौक़ रखनेवाला (जैसे-खाने पीने का शौक़ीन) 2 बना ठना, सजा-सवाँरा (जैसे-शौक़ीन आदमी)

शौक़ीनी–*अ० + फ़ा०* (स्त्री०) 1 शौक़ीन होने का भाव 2 बने-ठने रहने की इच्छा

शौच–*सं०* (पु०) 1 प्रातः उठते ही किया जानेवाला कृत्य 2 पाखाने जाना, टट्टी जाना। ~**गृह** (पु०) पाखाना

शौचागार–*सं०* (पु०) = शौच गृह

शौचालय–*सं०* (पु०) शौच करने का घर

शौरसेनी–*सं०* (स्त्री०) प्रसिद्ध प्राचीन प्राकृत नाम की एक साहित्यिक भाषा (जैसे-शौरसेनी से खड़ी बोली का विकास)

शौर्य–*सं०* (पु०) = शूरता। ~**चक्र** (पु०) वीरता हेतु प्रदान किया जानेवाला चक्र; ~**वीर्य** (पु०) पराक्रम; ~**शाली** (वि०) 1 ताक़तवाला, बली 2 पराक्रमी, वीर

शौल्क–*सं०* (वि०) शुल्क संबंधी, शुल्क का

शौहर–*फ़ा०* (पु०) पति, खाविंद

श्मशान–*सं०* (स्त्री०) 1 मरघट 2 कब्रिस्तान। ~**यात्रा** (स्त्री०) मृतक की अंतिम यात्रा

श्मश्रु–*सं०* (पु०) दाढ़ी और मूँछें

श्मश्रुल–*सं०* (वि०) दाढ़ी और मूछोंवाला

श्यान–*सं०* (वि०) जमा हुआ गाढ़ा

श्याम–*सं०* (वि०) 1 काला साँवला (जैसे-श्याम रंग का लड़का)। ~**ता** (स्त्री०) 1 कालापन 2 साँवलापन; ~**पट्ट** (पु०) ब्लैकबोर्ड; ~**वर्ण** (वि०) काले रंगवाला

श्यामल–*सं०* (वि०) साँवला

श्यामांग–*सं०* (वि०) 1 काले शरीरवाला 2 साँवले बदन का

श्यामा–I *सं०* (वि०) श्याम रंगवाली II (पु०) 1 यमुना नदी 2 सुंदर स्त्री

श्याल–*सं०* (पु०) साला

श्यालक–*सं०* (पु०) पत्नी का भाई

श्याव–*सं०* (वि०) कालापन से युक्त पीला, कपिश

श्येन–*सं०* (पु०) 1 बाज़ (पक्षी) 2 हिंसा

श्रद्धांजलि, श्रद्धांजली–*सं०* (स्त्री०) श्रद्धा प्रकट करने हेतु कहे गए शब्द

श्रद्धा–*सं०* (स्त्री०) 1 आदरपूर्ण आस्था या विश्वास (जैसे-गुरु के प्रति श्रद्धा) 2 प्रसन्नता (जैसे-कर्म के प्रति उत्पन्न श्रद्धा) 3 इच्छाएँ और वासनाएँ 4 घनिष्ठता (जैसे-मित्रों में होनेवाली श्रद्धा) 5 स्पृहा, कामना (जैसे-मन की श्रद्धा)

श्रद्धालु–*सं०* (वि०) 1 श्रद्धा युक्त 2 कामना युक्त

श्रद्धावनत–*सं०* (वि०) श्रद्धा से झुका हुआ

श्रद्धावान्–*सं०* (वि०) = श्रद्धालु

श्रद्धास्पद–*सं०* (वि०) श्रद्धेय

श्रद्धेय–*सं०* (वि०) श्रद्धा के योग्य, श्रद्धास्पद। ~**ता** (स्त्री०) श्रद्धेय होने का भाव

श्रम–*सं०* (पु०) 1 मेहनत (जैसे-श्रम करना) 2 काम (जैसे-जीविका हेतु श्रम करना) 3 थकावट, क्लांति (जैसे-अत्यधिक श्रम होना) 4 प्रयास (जैसे-बिना श्रम सफलता प्राप्त करना) 5 कसरत, व्यायाम (जैसे-शरीर को स्वस्थ रखने हेतु श्रम करना)। ~**असमर्थ** (वि०) श्रम करने में असमर्थ; ~**कण** (पु०) = श्रम बिंदु; ~**काल** (पु०) श्रम करने का समय; ~**कौशल** (पु०) श्रम की कुशलता; ~**क्रिया** (स्त्री०) मेहनत मज़दूरी; ~**क्षमता** (स्त्री०) श्रम करने की शक्ति; ~**जर्जर** (वि०) मेहनत कर कर के थका हुआ; ~**जीवी** I (वि०) 1 श्रम से जीविका चलानेवाला II (पु०) मज़दूर; ~**दान** (पु०) निर्माण कार्य में स्वेच्छा से सहयोग देना; ~**दानी** (वि०) श्रमदान करनेवाला; ~**बहुल** (वि०) = श्रम साध्य; ~**बिंदु** (पु०) श्रम करने से उत्पन्न पसीना; ~**विंदु** (पु०) = श्रम बिंदु; ~**विभाग** (पु०) श्रम का विभाग; ~**विभाजन** (पु०) श्रम का बँटवारा; ~**विवाद** (पु०) श्रम संबंधी विवाद या झगड़ा; ~**शक्ति** (स्त्री०) श्रम करने की क्षमता; ~**शिक्षा** (स्त्री०) श्रम की शिक्षा; ~**शील** (वि०) मेहनती; ~**संघ** (पु०) मज़दूरों का समूह; ~**संबंधी** (वि०) श्रम से संबंध रखनेवाला (जैसे-श्रम संबंधी क़ानून); ~**समर्थ** (वि०) श्रम के योग्य; ~**सहिष्णु** (वि०) मेहनती, परिश्रमी; ~**साध्य** (वि०) परिश्रम से होनेवाला

श्रमण–*सं०* (पु०) 1 श्रम 2 बौद्ध भिक्षु

श्रमायुक्त–*सं०* (पु०) लेबर कमिश्नर

श्रमिक–*सं०* (वि०) = श्रमजीवी। ~**आंदोलन** (पु०) = श्रम आंदोलन; ~**नियम** (वि०) = श्रम अनुशासन; ~**वर्ग** (पु०) श्रम करनेवालों का समूह; ~**श्रेणी** (स्त्री०) मज़दूर वर्ग; ~**संघ** (पु०) = श्रम संघ

श्रमित–*सं०* (वि०) = श्रांत

श्रमी–*सं०* (वि०) श्रम करनेवाला। ~**संघ** (पु०) = श्रम संघ

श्रयण–*सं०* (पु०) आश्रय

श्रवण–*सं०* (पु०) 1 सुनना 2 कान। ~**गत** (वि०) सुना हुआ; ~**माधुर्य** (पु०) सुनने की मिठास; ~**संबंधी** (वि०) श्रवण से संबंध रखनेवाला

श्रवणीय–*सं०* (वि०) श्रव्य। ~**ता** (स्त्री०) सुनाई देने की योग्यता

श्रवणेंद्रिय–*सं०* (स्त्री०) सुनने की इंद्रिय, कान

श्रव्य–*सं०* (वि०) 1 सुना हुआ (जैसे-श्रव्य काव्य) 2 सुनने योग्य (जैसे-श्रव्य गीत)। ~**ता** (स्त्री०) श्रव्य होने का भाव, आडिबिलिटी

श्रांत–*सं०* (वि०) 1 थका हुआ 2 दुःखी, खिन्न

श्रांति–*सं०* (स्त्री०) 1 थकान 2 खेद

श्राद्ध–I *सं०* (पु०) पितरों की प्रसन्नता हेतु श्रद्धा से किया जानेवाला कार्य II (वि०) श्रद्धा से युक्त। ~**तर्पण** (पु०) पितरों का श्राद्ध और जलदान

श्राद्धिक–*सं०* (वि०) श्राद्ध संबंधी

श्राप–(पु०) = शाप

श्रापित–(वि०) = शापग्रस्त

श्रावक–I *सं०* (वि०) सुननेवाला, श्रोता II (पु०) 1 बौद्ध संन्यासी 2 जैन संन्यासी

श्रावण–I *सं०* (पु०) चांद्र वर्ष के बारह महीनों में से पाँचवाँ, सावन II (वि०) 1 श्रवण संबंधी 2 श्रवण नक्षत्र का

श्रावणी–*सं०* (स्त्री०) श्रावण पूर्णिमा रक्षाबंधन का दिन

श्रावित–*सं०* (वि०) 1 सुनाया हुआ 2 कथित

श्राव्य–*सं०* (वि०) सुनाई पड़ने योग्य

श्री–I *सं०* (स्त्री०) 1 लक्ष्मी 2 सरस्वती 3 ऐश्वर्य, वैभव 4 यश, कीर्ति 5 चमक, कांति II (वि०) 1 योग्य 2 शुभ 3 सुंदर 4 श्रेष्ठ। ~**कंठ** (पु०) शिव का विशेषण; ~**खंड** (पु०) चंदन; ~**मुख** (पु०) 1 सुशोभित मुख 2 वेद; ~**वृद्धि** (स्त्री०) धन की बढ़ती; ~**संपन्न** (वि०) धनी, अमीर; ~**हीन** (वि०) म्लान, फ़ीका (जैसे-श्रीहत मुखमंडल, श्रीहीन चेहरा)

श्री गणेश–*सं०* (पु०) 1 कार्य का आरंभ 2 गणेश एक हिंदु देवता

श्रीमंत, श्रीमत्–*सं०* (वि०) 1 श्री युक्त 2 संपन्न 3 'श्री' की तरह एक आदरसूचक शब्द

श्रीमती–*सं०* (स्त्री०) 1 विवाहित स्त्रियों के नाम के पूर्व जोड़ा जानेवाला आदरसूचक शब्द 2 पत्नी (जैसे-श्रीमती से पूछ लेना)

श्रीमत्ता–*सं०* (स्त्री०) 1 श्रीमान होने की अवस्था, धनवत्ता 2 शोभा, गौरव

श्रीमान्–I *सं०* (वि०) 1 शोभा से युक्त 2 गौरववाला II (पु०) 1 पुरुषों के नाम के पूर्व लगनेवाला आदरसूचक शब्द 2 पति (जैसे-आपके श्रीमान् जी कहाँ गए हैं?)

श्रीयुत–*सं०* (वि०) 1 शोभा से युक्त 2 श्रीमान् (जैसे-श्रीयुत प्रधानाचार्य जी)

श्रुत–*सं०* (वि०) 1 सुना हुआ 2 प्रसिद्ध। ~**पूर्व** (वि०) पहले सुना हुआ; ~**लेख** (पु०) इमला, डिक्टेशन

श्रुतानुश्रुत–*सं०* (वि०) सुना सुनाया

श्रुताश्रुत–*सं०* (वि०) सुना-अनसुना

श्रुति–*सं०* (स्त्री०) 1 सुनना 2 कान 3 कही या सुनी हुई बात 4 अफ़वाह, किंवदंती, जनश्रुति 5 उक्ति, कथन (जैसे-वेद श्रुति)। ~**कटु** (वि०) सुनने में कड़ुवा लगनेवाला, कर्कश (जैसे-श्रुति कटु वाणी); ~**पथ** (पु०) श्रवण मार्ग; ~**परंपरा** (स्त्री०) वेद की परंपरा; ~**मधुर** (वि०) सुनने में मीठा, प्रिय; ~**माधुर्य** (पु०) = श्रवण माधुर्य

श्रेढी–*सं०* (स्त्री०) गणना की एक विधि

श्रेणि–*सं०* (स्त्री०) 1 कतार, पंक्ति 2 शृंखला, सिलसिला, क्रम 3 वर्ग 4 दल, समूह। ~**गत** (वि०) श्रेणि में आया हुआ

श्रेणी–*सं०* (स्त्री०) = श्रेणि। ~**करण** (पु०) श्रेणी बनाना; ~**कृत** (वि०) श्रेणी बनाया हुआ; ~**बद्ध** (वि०) श्रेणी में बँधा हुआ; ~**भेद** (पु०) श्रेणी का अंतर; ~**युद्ध** (पु०) वर्ग युद्ध, वर्ग संघर्ष; ~**वाद** (पु०) वर्गवाद, जातिवाद; ~**विभाजन** (पु०) श्रेणी का बँटवारा; ~**विभेद** (पु०) = श्रेणी भेद; ~**विरोध** (पु०) वर्ग-जाति का विरोध; ~**संघर्ष** (पु०) = श्रेणी युद्ध; ~**समूह** (पु०) वर्ग संगठन, जाति संगठन; ~**हित** (पु०) श्रेणी की भलाई

श्रेय–I *सं०* (वि०) 1 उत्तम, श्रेष्ठ 2 बेहतर, अधिक बढ़कर 3 वांछनीय, मंगलकारक 4 शुभ II (पु०) 1 उत्तमता, श्रेष्ठता 2 कल्याण, मंगल 3 यश 4 शुभ आचरण

श्रेयस्कर–*सं०* (वि०) मंगलकारी, कल्याणकर

श्रेष्ठ–*सं०* (वि०) 1 अति उत्तम, उत्कृष्ट 2 अत्यंत प्रिय

श्रेष्ठतम–*सं०* (वि०) सर्वश्रेष्ठ

श्रेष्ठावस्था–*सं०* (स्त्री०) श्रेष्ठ होने का भाव

श्रेष्ठि–*सं०* (पु०) = श्रेष्ठी। ~**चत्वर** (पु०) व्यापारियों का परस्पर बैठकर बातचीत लेन-देन करने का चबूतरा; ~**वर्ग** (पु०) सेठ लोग

श्रेष्ठी–*सं०* (पु०) 1 व्यापारियों, व्यवसायियों का प्रधान 2 अत्यंत धनी व्यक्ति 3 सेठ

श्रोणी–*सं०* (स्त्री०) नितंब, कूल्हा, कटि। ~**सूत्र** (स्त्री०) मेखला, करधनी

श्रोत–*सं०* (पु०) = श्रवणेंद्रिय

श्रोतव्य–*सं०* (वि०) सुना जाने योग्य

श्रोता–*सं०* (वि०)/(पु०) सुननेवाला (जैसे-श्रोतागण)। ~**गण** (पु०) सुननेवालों का समूह; ~**वर्ग** (पु०) श्रोता संगठन

श्रोतृबोधक–*सं०* (वि०) श्रोता का ज्ञान करानेवाला

श्रोतृ मंडली–*सं०* (स्त्री०) सुननेवालों का समूह, श्रोतागण

श्रोत्र–*सं०* (पु०) 1 कान 2 श्रोत्रिय कर्म 3 वेदों का ज्ञान

श्रौत–*सं०* (वि०) 1 श्रुति संबंधी 2 कान का

श्लथ–*सं०* (वि०) 1 शिथिल, ढीला 2 छूटा हुआ

श्लथन–*सं०* (पु०) 1 ढीला छोड़ना 2 शिथिलीकरण

श्लाघन–*सं०* (पु०) 1 चापलूसी करना 2 प्रशंसा करना, तारीफ़ करना

श्लाघनीय–*सं०* (वि०) प्रशंसनीय

श्लाघा–*सं०* (स्त्री०) 1 चापलूसी 2 प्रशंसा

श्लाघित–*सं०* (वि०) प्रशंसा किया हुआ, प्रशंसित

श्लाघ्य–*सं०* (वि०) = श्लाघनीय

श्लिषा–*सं०* (स्त्री०) = श्लेष

श्लिष्ट–*सं०* (वि०) 1 आलिंगित 2 सम्मिलित, संयुक्त 3 अनेकार्थक (जैसे-श्लिष्ट पद)

श्लीपद–*सं०* (पु०) *चि०* फीलपाँव

श्लीपदी–*सं०* (वि०) श्लीपद संबंधी

श्लील–*सं०* (वि०) 1 जो अश्लील न हो 2 सभ्योचित 3 श्रेष्ठ 4 शोभायुक्त (जैसे-श्लील अभिनेत्री, श्लील प्रतिमा)

श्लेष–*सं०* (पु०) 1 *साहि०* एक शब्दालंकार जिसमें एक शब्द के द्वारा अनेक अर्थ व्यक्त किए जाते हैं (जैसे-'सुबरन को

ढूढ़त फिरै कवि, कामी अरु चोर' में अनेक अर्थों में श्लेष है) 2 संयोग 3 आलिंगन 4 लगाव

श्लेषण–*सं०* (पु०) 1 संयोग करना, मिलाना 2 आलिंगन 3 साथ जोड़ना

श्लेषोपमा–*सं०* (स्त्री०) ऐसा श्लेष जिसका अर्थ उपमेय और उपमान दोनों में लग जाता है

श्लेष्मा–*सं०* (पु०) 1 बलगम 2 रस्सी, डोरी

श्लोक–*सं०* (पु०) 1 संस्कृत का कोई छंद या पद्य 2 प्रशंसा, स्तुति 3 कीर्ति, यश। ~**बद्ध** (वि०) श्लोक रूप में आया हुआ

श्वपच–I *सं०* (वि०) कुत्ते का मांस खानेवाला II (पु०) चांडाल (जैसे-श्वपच कहीं का)

श्वशुर–*सं०* (पु०) ससुर

श्वश्रू–*सं०* (स्त्री०) पति या पत्नी की माता, सास

श्वसन–*सं०* (पु०) 1 साँस लेना 2 आह भरना। ~**यंत्र** (पु०) साँस दिलाने का उपकरण; ~**रंध्र** (पु०) नाक का छेद

श्वसित–*सं०* (वि०) 1 श्वासयुक्त 2 आह भरनेवाला

श्वसुर–(पु०) = ससुर

श्वान–*सं०* (पु०) कुत्ता। ~**निद्रा** (स्त्री०) हलकी नींद

श्वास–*सं०* (पु०) 1 साँस 2 आह। ~**गति** (स्त्री०) श्वसन; ~**तंत्र** (पु०) = श्वास प्रणाली; ~**नलिका** (स्त्री०) साँस लेने की नली; ~**निरोध** (पु०) = श्वासावरोध; ~**प्रणाली** (स्त्री०) साँस लेने की प्रक्रिया; ~**प्रश्वास** (पु०) साँस लेना और निकालना; ~**मार्ग** (पु०) = श्वास प्रणाली; ~**यंत्र** (पु०) = श्वसन यंत्र; ~**रोधक** (वि०) श्वास रोकनेवाला

श्वासावरोध–*सं०* (पु०) दम घुटना

श्वासोच्छ्वास–*सं०* (पु०) वेगपूर्वक साँस लेना और छोड़ना

श्वित्र–*सं०* (पु०) सफ़ेद कोढ़

श्वेत–*सं०* (वि०) 1 उजला, धवल, सफ़ेद 2 गोरा 3 निर्मल, ~**काक** (पु०) सफेद कौआ अर्थात् असंभव बात; ~**कुष्ठ** (पु०) *चि०* सफ़ेद कोढ़; ~**कृष्ण** (पु०) एक विषैला कीड़ा; ~**ता** (स्त्री०) सफ़ेदी, उज्ज्वलता; ~**पत्र** (पु०) महत्त्वपूर्ण चर्चाओं से संबंधित प्रकाशित की गई राजकीय विज्ञप्ति; ~**प्रदर** (पु०) *चि०* स्त्री योनि से सफेद रंग का निकलनेवाला गाढ़ा और बदबूदार पानी का रोग, ल्यूकोरिया; ~**सार** (पु०) 1 जलांक 2 खदिर, खैर 3 सफ़ेद सत्त, स्टार्च

श्वेतन–*सं०* (पु०) सफ़ेद करना

श्वेतांग–*सं०* (वि०) गौरवर्ण का, गौरांग

श्वेतांबर–*सं०* (पु०) 1 सफ़ेद वस्त्र 2 एक प्रमुख जैन संप्रदाय

श्वेताणु–*सं०* (पु०) खून की सफ़ेद कणिकाएँ। ~**वृद्धि** (स्त्री०) *चि०* (रोग के कारण) सफ़ेद कणिकाओं का बढ़ जाना

श्वेतिमा–*सं०* (स्त्री०) शुभ्रता, श्वेतता

ष

षंड–*सं०* (पु०) 1 साँड़, बैल 2 नपुंसक 3 ढेर, राशि

षंडत्व–*सं०* (पु०) नपुंसकता

षकार–*सं०* (पु०) 'ष' वर्ण

षट्–I *सं०* (वि०) पाँच से एक अधिक II (पु०) छः का सूचक अंक। ~**कर्म** (पु०) यजन, याजन, अध्ययन, अध्यापन, दान और प्रतिग्रह ये छः कर्म; ~**कोण** (वि०) 1 छः कोणवाला 2 छपहला; ~**कोणाकार** (वि०) षट्कोण के आकार का; ~**चक्र** (पु०) मूलाधार, स्वाधिष्ठान, मणिपूर, अनाहत, विशुद्ध और आज्ञा योग के ये छह चक्र; ~**पद** (वि०) छः पैरोंवाला; ~**पदी** (स्त्री०) छः पंक्तियों का श्लोक; ~**भुज** (पु०) जया० छः भुजाओंवाली आकृति; ~**रस** (पु०) मधुर, तीक्ष्ण, तिक्त, कटु, कषाय और अम्ल ये छः स्वाद; ~**वर्षीय** (वि०) छः वर्ष का; ~**शास्त्र** (पु०) = षड् दर्शन; ~**शास्त्री** (पु०) षट्शास्त्र का ज्ञाता

षडंग–*सं०* (पु०) 1 शिक्षा, व्याकरण, निरुक्त, छंद, कल्प और ज्योतिष ये छः वेदांग 2 शरीर के दो हाथ, दो पैर सिर और धड़ ये छः अंग

षड्–*सं०* (वि०) = षट्। ~**ज** (पु०) संगीत के सात स्वरों में से पहला स्वर; ~**दर्शन** (पु०) सांख्य, योग, न्याय, वैशेषिक, पूर्व मीमांसा और उत्तर मीमांसा ये छः दर्शन; ~**यंत्र** (पु०) 1 दुरभिसंधि 2 साजिश; ~**यंत्र कर्ता** (पु०) षड्यंत्र करनेवाला व्यक्ति; ~**यंत्र कारिणी** (वि०) षड्यंत्र करनेवाली; ~**यंत्रकारी** (वि०) षड्यंत्र करनेवाला; ~**रस** (पु०) मीठा, नमकीन कड़ुवा, तीता, कसैला और खट्टा ये छः रस; ~**रिपु** (पु०) काम, क्रोध, लोभ, मद, मोह और मत्सर ये छः शत्रु

षष्टि–I *सं०* (वि०) साठ II (पु०) साठ की संख्या (60)। ~**पूर्ति** (स्त्री०) साठ वर्ष का पूरा होना

षष्ठ–*सं०* (वि०) छठा (जैसे-षष्ठ मंडल)

षष्ठांश–*सं०* (पु०) छठा भाग

षष्ठी–*सं०* (स्त्री०) 1 पक्ष की छठी तिथि 2 संतानोत्पत्ति के दिन से छठा दिन

षाड्यंत्रिक–*सं०* (वि०) साज़िश का

षाण्मासिक–*सं०* (वि०) 1 छः महीने की उम्र का 2 छः मास की अवधि का

षोडश–I *सं०* (वि०) सोलह II (पु०) 16 की संख्या। ~**कला** (स्त्री०) अमृता, मानदा, पूषा, पुष्टि, तुष्टि, रति, धृति, शातिनी, चंद्रिका, कांति, ज्योत्स्ना, श्री, प्रीति, अंगदा, पूषणा और पूर्णा चंद्रमा की ये सोलह कलाएँ; ~**मातृका** (स्त्री०) गौरी, पद्मा, शची, मेधा, सावित्री, विजया, जया, देवसेना, स्वधा, स्वाहा, शालि, पुष्टि, तुष्टि, मातृ तथा आत्मदेवता सोलह मातृ कलाओं का समूह; ~**शृंगार** (पु०) उबटन, स्नान, वस्त्र धारण, केश प्रसाधन, अंजन, सिंदूर, महावर, तिलक, ठोड़ी पर तिल बनाना, मेंहदी, सुगंधित द्रव्य, आभूषण, पुष्पहार, पान और मिस्सी ये सोलह श्रृंगार

षोडशी–I *सं०* (वि०) सोलह वर्ष की II (स्त्री०) सोलह वर्ष की युवती या कन्या

स

संकट–*सं०* (पु०) 1 आफ़त, विपत्ति (जैसे-संकट आने पर मित्र की सहायता करना) 2 ख़तरा (जैसे-संकट का सामना करना) 3 कठिनाई (जैसे-काम करने में संकट आना, संकट दूर करना) 4 सँकरा रास्ता, तंग रास्ता (जैसे-गिरि संकट, मेले में संकट से गुज़रना) 5 मुसीबत (जैसे-औद्योगिक संकट)। ~**काल** (पु०) संकट का समय; ~**कालीन** (वि०) संकट काल संबंधी; ~**ग्रस्त** (वि०) संकट में फँसा हुआ; ~**जनक** (वि०) संकट उत्पन्न करनेवाला

संकटमय–*सं०* (वि०) संकट में फँसा हुआ

संकटस्थ–*सं०* (वि०) 1 संकट में पड़ा हुआ 2 दुःखी

संकटापन्न–*सं०* (वि०) 1 संकटपूर्ण 2 संकटग्रस्त

संकटावस्था–*सं०* (स्त्री०) संकट की अवस्था

संकटी–*सं०* (वि०) = संकटापन्न

संकटोत्तीर्ण–*सं०* (वि०) संकट मुक्त

संकर–I *सं०* (पु०) 1 दोगला 2 मिश्रण 3 योग 4 *साहि०* दो या अधिक अलंकारों का संयोग II (वि०) 1 मेल से बना हुआ (जैसे-संकर राग) 2 दोगला (जैसे-संकर संतान)। ~**क्रिया** (स्त्री०) = संकरण; ~**ज** (वि०) मिश्र जाति से उत्पन्न; ~**जातीय** (वि०) संकर संबंधी; ~**ता** (स्त्री०) 1 मिलावट, घालमेल 2 संकर होने का भाव; ~**पद** (पु०) दो भाषाओं के योग से बना पद; ~**शब्द** (पु०) दो भाषाओं के योग से बना शब्द

संकरक–*सं०* (वि०) संकर रूप में लानेवाला

संकरण–*सं०* (पु०) संकर अथवा मिलाने की क्रिया

सँकरा–I (वि०) 1 कम चौड़ाई का (जैसे-सँकरा रास्ता) 2 तंग (जैसे-सँकरा पायजामा)

सँकरा–II *बो०* (पु०) संकट की स्थिति

संकरित–*सं०* (वि०) मिलाया हुआ, मिश्रित

संकरी–*सं०* (पु०) संकर, दोगला। ~**करण** (पु०) 1 मिलाना 2 जाति का अवैध मिश्रण 3 नौ प्रकार के पापों में से एक

संकर्षण–*सं०* (पु०) 1 खींचकर निकालना 2 संयोग का साधन 3 पास लाना

संकल–*बो०* (स्त्री०) साँकल, जंजीर

संकलन–*सं०* (पु०) इकट्ठा करना, एकत्रीकरण (जैसे-सूर के पदों का संकलन)। ~**कर्ता** (पु०) संकलन करनेवाला व्यक्ति; ~**त्रय** (पु०) देश, काल और घटना का एक एक होना

संकलयिता–*सं०* (पु०) = संकलनकर्ता

संकलित–*सं०* (वि०) संकलन किया हुआ

संकल्प–*सं०* (पु०) 1 दृढ़ निश्चय (जैसे-शराब न पीने का संकल्प) 2 विचार, इरादा (जैसे-बुरे संकल्प का त्याग) 3 प्रतिज्ञा (जैसे-संकट में मदद या सहायता करने का संकल्प करना)। ~**ज** (वि०) संकल्प से उत्पन्न; ~**पत्र** (पु०) प्रतिज्ञा पत्र; ~**व्रती** (वि०) संकल्प करनेवाला

संकल्पक–*सं०* (वि०) संकल्प करनेवाला

संकल्पना–*सं०* (स्त्री०) 1 संकल्प करना 2 धारणा 3 इच्छा

संकल्पात्मक–*सं०* (वि०) संकल्प से युक्त

संकल्पित–*सं०* (वि०) संकल्प किया हुआ

संकाय–*सं०* (स्त्री०) विशिष्ट विभाग या शाखा (जैसे-कला संकाय, विज्ञान संकाय)

संकायाध्यक्ष–*सं०* (पु०) संकाय का प्रधान अधिकारी, डीन ऑफ़ फ़ैकल्टी

संकार–*बो०* (स्त्री०) इशारा, संकेत

संकाश–I *सं०* (क्रि० वि०) पास, निकट

संकाश–II *सं०* (पु०) 1 प्रकाश, रोशनी 2 चमक, दीप्ति

संकीर्ण–I *सं०* (वि०) 1 सँकरा, तंग 2 मिश्रित, संयुक्त 3 तुच्छ, नीच 4 छोटा 5 जो उदार न हो (जैसे-संकीर्ण हृदय, संकीर्ण विचार) II (पु०) संकट, विपत्ति। ~**ता** (स्त्री०) संकीर्ण होने का भाव; ~**हृदय** (वि०) तंगदिल

संकीर्तन–*सं०* (पु०) 1 यश गान 2 कीर्तन-भजन

संकुचक–*सं०* (वि०) संकुचित करनेवाला, सिकोड़नेवाला

संकुचन–*सं०* (पु०) सिकुड़ना, संकोचन

संकुचित–*सं०* (वि०) 1 संकोच युक्त, लज्जित (जैसे-संकुचित नायिका, संकुचित दृष्टि) 2 सिकुड़ा हुआ (जैसे-संकुचित पुष्प) 3 तंग, सँकरा, संकीर्ण (जैसे-संकुचित मार्ग) 4 अनुदार (जैसे-संकुचित हृदय)। ~**वाद** (पु०) = संकीर्णतावाद

संकुल–I *सं०* (वि०) 1 घना 2 पूर्ण 3 सारा, समूचा II (पु०) 1 जन समूह, भीड़ 2 जनता 3 असंगत वाक्य। ~**ता** (स्त्री०) संकुलित होने का भाव

संकुलित–*सं०* (वि०) 1 घना किया हुआ 2 भरा हुआ 3 इकट्ठा किया हुआ

संकेंद्रण–*सं०* (पु०) 1 एक केंद्र पर लाना 2 एक ही विषय पर विचार, भाव आदि को लाना (जैसे-सद्वृत्तियों का संकेंद्रण)

संकेत–*सं०* (पु०) 1 इशारा, इंगित (जैसे-आँख से संकेत करना) 2 निशान, चिह्न (जैसे-किताब में पदों पर संकेत लगाना) 3 प्रतीक, बात (जैसे-घटना का संकेत) 4 यादगार हेतु दी गई वस्तु 5 संकेत स्थल। ~**चिह्न** (पु०) 1 शब्द का संक्षिप्त रूप (जैसे-म० प्र० मध्य प्रदेश का संकेत चिह्न है) 2 शब्द के संक्षिप्त रूप के आगे लगाया गया चिह्न; ~**पूर्वक** (क्रि० वि०) संकेत रूप में; ~**रूप** (पु०) = संकेत चिह्न; ~**लिपि** (स्त्री०) गूढ़ संहिता लिखने की लिपि; ~**लिपिक** (पु०) संकेत रूप में लिखनेवाला, संकेत लिपि लिखनेवाला; ~**वाचक** (वि०) संकेत बतानेवाला (जैसे-संकेतवाचक सर्वनाम); ~**वाची** (वि०) संकेत का बोध करानेवाला; ~**सूत्र** (पु०) संकेत रूप में सूत्र (जैसे-कार्बन डाई ऑक्साइड का संकेत सूत्र-Co_2 है); ~**स्थल** 1 (पु०) *साहि०* प्रेमी-प्रेमिका का मिलन स्थल 2 नियत या स्थिर किया हुआ स्थान

संकेतक–*सं०* (वि०) संकेत करनेवाला

संकेतन–*सं०* (पु०) संकेत करना

संकेताक्षर–*सं०* (पु०) संकेत रूप में लिखे गए अक्षर, साइफ़र

संकेतात्मक–*सं०* (वि०) संकेत संबंधी

संकेतार्थ–*सं०* (पु०) क्रिया का भाव जो 'शर्त' का बोधक हो

संकेतार्थक–*सं०* (वि०) 'शर्त' का बोधक

संकेतित–*सं०* (वि०) 1 संकेत रूप में लाया हुआ 2 इशारा किया हुआ

संकोच–*सं०* (पु०) 1 असमंजस, आगा पीछा 2 हिचक 3 लज्जा (जैसे-नववधू का संकोच, संकोच होना) 4 बंद होना, मुँदना (जैसे-नेत्र संकोच) 5 भय (जैसे-बात करने में संकोच लगना या होना) 6 सिकुड़ना 7 *साहि०* एक तरह का अलंकार जिसमें वस्तु का प्रतिक्षण संकोच भाव दिखाई देता है। ~**वश** (वि०) संकोच में पड़ा हुआ; ~**वाद** (पु०) = संकीर्णतावाद; ~**शील** (वि०) = संकोची

संकोचन–*सं०* (पु०) 1 सिकुड़ने की क्रिया 2 सिकोड़ना

संकोचमय–*सं०* (वि०) संकोच में पड़ा हुआ

संकोचित–*सं०* (वि०) 1 संकोचयुक्त 2 लज्जित, शर्मिंदा (जैसे-संकोचित नायिका)

संकोची–*सं०* (वि०) 1 संकोच करनेवाला 2 संकोचशील

संक्रम, संक्रमण–*सं०* (पु०) 1 आगे बढ़ना 2 अतिक्रमण, लाँघना 3 घूमना फिरना 4 रोग का फैलना। ~**काल** (पु०) एक अवस्था से दूसरी अवस्था में जाने का समय; ~**कालीन** (वि०) संक्रमण काल संबंधी; ~**नाशक** (वि०) रोग संक्रमण से मुक्त करनेवाला

संक्रमित–*सं०* (वि०) 1 संक्रमण हुआ 2 सम्मिलित (जैसे-संक्रमित वाक्य) 3 प्रवेश या प्रविष्ट किया हुआ

संक्रांति–*सं०* (स्त्री०) 1 सूर्य का एक राशि से दूसरे राशि में जाना 2 सूर्य का एक राशि से दूसरी राशि में जाने का समय 3 एक विशेष हिंदू पर्व (जैसे-संक्राति स्नान) 4 हस्तांतरण। ~**काल** (पु०) = संक्रमण काल; ~**कालीन** (वि०) = संक्रमण कालीन

संक्राम–*सं०* (पु०) = संक्रमण

संक्रामक–*सं०* 1 संक्रमण करनेवाला 2 छूत फैलानेवाला (जैसे-संक्रामक रोग)। ~**रोग** छूत से फैलनेवाला रोग

संक्रामी–*सं०* (वि०) = संक्रामक

संक्षय–*सं०* (पु०) 1 नाश 2 प्रलय

संक्षारण–*सं०* (पु०) पदार्थ का धीरे-धीरे नष्ट होना

संक्षिप्त–*सं०* (वि०) 1 संक्षेप में कहा हुआ 2 संक्षेप में लिखा हुआ 3 छोटा किया हुआ 4 लघु, छोटा (जैसे-शब्द का संक्षिप्त रूप)। ~**लिपि** (स्त्री०) = संकेत लिपि

संक्षिप्तत्व–*सं०* (पु०) संक्षिप्त होने का भाव

संक्षिप्ति–*सं०* (स्त्री०) घटाना, संक्षेपीकरण

सक्षिप्तीकरण–*सं०* (पु०) संक्षेप करना

संक्षुब्ध–*सं०* (वि०) बहुत बेचैन, अत्यंत अशांत

संक्षेप–*सं०* (पु०) 1 थोड़े में कोई बात कहना 2 कम करना, घटाना 3 छोटा रूप

संक्षेपक–*सं०* (वि०) संक्षिप्त रूप में लानेवाला

संक्षेपण–*सं०* (पु०) संक्षिप्तीकरण

संक्षेपतः–*सं०* (क्रि० वि०) संक्षेप रूप में

संक्षेपीकरण–*सं०* (पु०) संक्षेप करना

संक्षोभ–*सं०* (पु०) 1 उत्तेजन 2 चंचलता 3 अस्त-व्यस्त, उलट-पलट 4 आघात, धक्का, शॉक 5 कंपन

संखा–*बो०* (पु०) चक्की हत्था

संखिया–(पु०) अत्यंत ज़हरीली प्रसिद्ध उपधातु

संख्यक–*सं०* (वि०) संख्यावाला (जैसे-अल्प संख्यक)

संख्यांकन–*सं०* (पु०) संख्या सूचक अंक लगाना

संख्या–*सं०* (स्त्री०) 1 गिनती, तादाद 2 सामयिक पत्र का कोई अंक। ~**गत** (वि०) संख्या रूप में आया हुआ; ~**वाचक** (वि०) संख्या का बोध करानेवाला; ~**विभाग** (पु०) जनन, मरण, उत्पादन आदि संबंधी आँकड़े तैयार करने का विभाग

संख्यातीत–*सं०* (वि०) 1 असंख्य 2 बहुत

संख्यात्मक–*सं०* (वि०) संख्या से संबंधित

संख्यान–*सं०* (पु०) 1 गणना 2 गिनती

संख्याशास्त्रीय–*सं०* (वि०) अंकगणित संबंधी

संख्येय–*सं०* (वि०) 1 गणनीय 2 विचारणीय

संग–I *सं०* (पु०) 1 साथ, सहवास, सोहबत 2 मिलन 3 अनुराग, आसक्ति (जैसे-नारी का संग, जीवन संग) 4 मैत्री 5 संबंध II (क्रि० वि०) सहित, हमराह। ~**साथ** + *हिं०* (पु०) = संग

संग–II *फ़ा०* I (पु०) पत्थर, पाषाण (जैसे-संगमरमर) II (वि०) पत्थर की तरह का, अत्यंत कठोर (जैसे-संगदिल)। ~**तराश** (पु०) 1 पत्थर गढ़नेवाला 2 पत्थर काटने का एक औज़ार; ~**दिल** (वि०) निर्दयी; ~**दिली** (स्त्री०) निर्दयता, कठोर हृदयता

संगठक–(पु०) = संगठनकर्ता

संगठन–(पु०) 1 बिखरी हुई शक्तियों को इकट्ठा करना 2 संघ। ~**कर्ता** + *सं०* (पु०) संगठन करनेवाला; ~**कर्त्री** + *सं०* (स्त्री०) संगठन करनेवाली; ~**केंद्र** + *सं०* (पु०) संगठित होने का स्थल; ~**चातुर्य** + *सं०* (पु०) = संगठन शक्ति; ~**बद्ध** + *सं०* (वि०) संगठित; ~**शक्ति** + *सं०* (स्त्री०) संगठन की ताक़त; ~**समिति** + *सं०* (स्त्री०) संगठन दल या मंडल; ~**सिद्धांत** + *सं०* (पु०) संगठन के नियम-क़ानून

संगठनात्मक–*हिं०* + *सं०* (वि०) संगठन संबंधी

संगठित–(वि०) एकत्रित, जोड़ा हुआ

संगणक–*सं०* (पु०) हिसाब आदि करनेवाली मशीन

संगणन–*सं०* (पु०) हिसाब आदि करना। ~**यंत्र** (पु०) = संगणक

संगत–I *सं०* (वि०) 1 मिला हुआ 2 संगति युक्त 3 मेल खानेवाला (जैसे-तर्क संगत) 4 उपयुक्त (जैसे-न्याय संगत) 5 मिलाया हुआ (जैसे-जाति संगत) II (स्त्री०) 1 संग रहना, साथ, सोहबत (जैसे-दुष्ट की संगत से दूर रहना) 2 मंडली, दल (जैसे-गाने बजानेवालों की संगत) 3 लगाव, संसर्ग, संपर्क (जैसे-महापुरुषों की संगत में आना)। ~**कार** (पु०) संगतिया

संगति–*सं०* (स्त्री०) 1 संगत होने का भाव 2 मेल मिलाप 3 संग, साथ 4 संबंध, संपर्क 5 *साहि०* मेल खाना (जैसे-विचार भावनाओं की संगति) 6 तालमेल, सामंजस्य 7 सभा, समाज (जैसे-बुद्धिमानों की संगति) 8 जानकारी, ज्ञान (जैसे-बुद्धि संगति)

संगतिया–*सं०* + *हिं०* (पु०) 1 गाने बजानेवालों की मंडली में शामिल व्यक्ति 2 संगी, साथी

संगम–*सं०* (पु०) 1 मेल, मिलाप, संयोग (जैसे-जीवन संगम) 2 दो धाराओं का मिलन स्थल (जैसे-गंगा-यमुना का

संगम) 3 दो या दो से अधिक वस्तुओं का मिलन स्थान, जंक्शन 4 संभोग, मैथुन (जैसे-प्रणय संगम) 5 संग, साथ (जैसे-महान् पुरुषों का संगम)। ~**बिंदु** (पु०) मिलन बिंदु; ~**स्थल** (पु०) मिलने का स्थान

संगमन–*सं०* (पु०) मेल मिलाप और व्यवहार

संगमरमर–*फ़ा०* (पु०) एक तरह का चिकना, मुलायम और सफ़ेद पत्थर

संगमरमरी–*फ़ा० + हिं०* (वि०) संगमरमर जैसा, संगमरमर की तरह का

संगयशब–*फ़ा०* (पु०) एक तरह का नीले, हरे सफ़ेद रंग का बहुमूल्य पत्थर

संगर–I *फ़ा०* (पु०) 1 रक्षा हेतु सैनिक पड़ाव के चारों तरफ़ बनाई गई खाई, दीवार आदि 2 मोरचेबंद

संगर–II *सं०* (पु०) 1 युद्ध, समर 2 विपत्ति, संकट 3 प्रतिज्ञा 4 रज़ामंदी, अंगीकरण 5 सवाल, प्रश्न। ~**बद्ध** (वि०) संगर में बँधा हुआ

संगरोध–*सं०* (पु०) संक्रामक रोग को रोकने के लिए की गई व्यवस्था

संगलित–*सं०* (वि०) अच्छी तरह गला हुआ, नष्ट

संगसार–*फ़ा०* (पु०) (अपराधी को) दीवार में चुनवा देना

संगाती–*बो०* (पु०) 1 संगी, साथी 2 दोस्त, मित्र

संगायन–*सं०* (पु०) 1 साथ-साथ गाना 2 धर्म सभा

संगिनी–(स्त्री०) 1 सहचरी 2 पत्नी, भार्या

संगी–I (पु०) 1 साथी 2 दोस्त

संगी–II *फ़ा०* (वि०) पत्थर का

संगीत–*सं०* (पु०) मधुर ध्वनियों या स्वरों का विशिष्ट नियमों के अनुसार लय में होनेवाला प्रस्फुटन (जैसे-कंठ्य संगीत, वाद्य संगीत)। ~**कार** (पु०) संगीत का रचनाकार; ~**गोष्ठी** (स्त्री०) संगीत सभा; ~**ज्ञ** (पु०) संगीत का ज्ञाता; ~**नाटक** (पु०) 1 संगीत प्रधान नाटक 2 रेडियो से प्रसारित गीत प्रधान लघु रूपक या नाटक; ~**निर्देशक** (पु०) संगीत का निर्देशन करनेवाला; ~**निर्देशन** (पु०) 1 संगीत का संकेत करना 2 संगीत का संचालन करना; ~**प्रतिभा** (स्त्री०) संगीत का ज्ञान; ~**भवन** (पु०) = संगीतशाला; ~**रचना** (स्त्री०) = संगीत खंड; ~**लिपि** (स्त्री०) स्वरांकन, स्वर लिपि; ~**वाद्य** (पु०) संगीत के बाजे (जैसे-सितार, हारमोनियम आदि); ~**विद्या** (स्त्री०) वह विद्या जिसमें संगीत संबंधी विषयों का अध्ययन किया जाए; ~**विद्यालय** (पु०) संगीत सीखने और सिखाने का स्कूल; ~**विलासी** (पु०) संगीत का शौकीन व्यक्ति; ~**विशेषज्ञ** (पु०) = संगीतज्ञ; ~**शाला** (स्त्री०) संगीत सीखने सिखाने की जगह; ~**शास्त्र** (पु०) = संगीत विद्या; ~**साधक** (पु०) = संगीत का अभ्यास करनेवाला

संगीतक–*सं०* (पु०) 1 गान, नृत्य और वाद्य द्वारा लोगों का मनोरंजन 2 अभिनयात्मक तथा संगीतमय नृत्य

संगीताचार्य–*सं०* (पु०) संगीत का आचार्य

संगीतात्मक–*सं०* (वि०) संगीत संबंधी। ~**ता** (स्त्री०) संगीतमय होने का भाव

संगीतालय–*सं०* (पु०) = संगीत विद्यालय

संगीति–*सं०* (स्त्री०) 1 बातचीत 2 संगीत। ~**कार** (पु०) संगीतकार

संगीतिका–*सं०* (स्त्री०) गेय नाटक, सांगीत

संगीन–I *फ़ा०* (वि०) 1 घोर तथा दंडनीय (जैसे-संगीन जुर्म) 2 पत्थर का बना (जैसे-संगीन इमारत) 3 पत्थर की तरह कठोर (जैसे-संगीन हृदय)

संगीन–II *फ़ा०* (स्त्री०) लोहे का एक प्रकार का तिपहला तथा नुकीला अस्त्र (जैसे-संगीन से हत्या करना)। ~**जुड़ा** *+ हिं०* (वि०) संगीन से लगा हुआ (जैसे-संगीन जुड़ी रायफ़ल)

संगी सहपाठी–*हिं० + सं०* (पु०) एक साथ पढ़ने वाला मित्र

संगुंफन–*सं०* (पु०) अच्छी तरह आपस में उलझाना

संगृहीत–*सं०* (वि०) 1 एकत्र किया हुआ 2 संकलित

संगृहीता–*सं०* (पु०) जमा करनेवाला, संग्रहकर्ता

संगोष्ठि–*सं०* (स्त्री०) विचार सभा

संग्रंथन–*सं०* (पु०) अच्छी तरह गाँठना

संग्रह–*सं०* (पु०) 1 जमा करना, एकत्र करना 2 (ग्रंथादि का) संकलन 3 पकड़ना 4 ग्रहण करना 5 जमघट, जमावड़ा 6 कल्याण (जैसे-लोक संग्रह) 7 निग्रह, संयम। ~**कर्ता** (पु०) संग्रह करनेवाला

संग्रहण–*सं०* (पु०) 1 ग्रहण करना 2 प्राप्त करना 3 संकलन करना 4 इकट्ठा करना

संग्रहणी–*सं०* (स्त्री०) बार-बार दस्त होने की बीमारी

संग्रहणीय–*सं०* (वि०) 1 संग्रह योग्य 2 (औषध या औषधि रूप में) सेवन के योग्य

संग्रहालय–*सं०* (पु०) 1 संग्रह करने का स्थान 2 संग्रह भवन, म्यूज़ियम

संग्रहालयाध्यक्ष–*सं०* (पु०) संग्रहालय का प्रधान अधिकारी

संग्रही–*सं०* (वि०) = संग्राहक

संग्राह्य–*सं०* (पु०) = संग्रहकर्ता

संग्राम–*सं०* (पु०) 1 युद्ध, लड़ाई (जैसे-भीषण संग्राम) 2 कठिनाई (जैसे-जीवन संग्राम)। ~**कारी** (वि०) युद्ध करनेवाला, लड़नेवाला; ~**भूमि** (स्त्री०) युद्ध क्षेत्र; ~**वाद** (पु०) यह सिद्धांत कि कुछ समस्याओं का समाधान केवल युद्ध से ही होता है; ~**वादी** (पु०) संग्रामवाद का समर्थक

संग्राहक–*सं०* (वि०) संग्रह करनेवाला

संग्राह्य–*सं०* (वि०) = संग्रहणीय

संघ–*सं०* (पु०) 1 समुदाय, समूह (जैसे-जन संघ, श्रमिक संघ) 2 वर्ग (जैसे-भिक्षु संघ) 3 संघठन, फेडरेशन 4 मठ (जैसे-बौद्ध संघ) 5 घनिष्ठ संपर्क (जैसे-मित्र संघ)। ~**चारी** (वि०) 1 संघ में रहनेवाला 2 समूह या झुंड में घूमनेवाला; ~**चालक** (पु०) संघ का संचालनकर्ता; ~**न्यायालय** (पु०) संघ राज्य का सर्वोच्च न्यायालय; ~**पक्षी** (पु०) पक्षियों का झुंड; ~**पति** (पु०) दल का नायक; ~**बद्ध** (वि०) संघ में शामिल; ~**राज्य** (पु०) केंद्रित राज्य सत्ता; ~**वाद** (पु०) ये मत कि संघ राज्य उत्तम होता है; ~**वादी** (पु०) संघवाद का समर्थक; ~**वृत्ति** (स्त्री०) संघ में रहने का भाव; ~**सरकार** *+ फ़ा०* (स्त्री०) केंद्रीय सरकार

संघट–*सं०* (पु०) समूह, राशि, ढेर

संघटक–*सं०* (पु०) पूरी रचना के अवयव

संघटन–*सं०* (पु०) 1 संयोग 2 मेल 3 तैयार करना (जैसे-सेना का संघटन) 4 इकाई का रूप लेना (जैसे-श्रमिक संघटन) 5 गठन, रचना (जैसे-काव्य संघटन)

संघटित–*सं०* (वि०) संघटन किया हुआ

संघट्ट, संघट्टन–*सं०* (पु०) 1 संघर्ष 2 गठन, बनावट

संघट्टित–*सं०* (वि०) 1 एकत्र किया हुआ 2 रचित 3 चलाया हुआ

संघनक–*सं०* (पु०) घना या गाढ़ा करनेवाला

संघनन–*सं०* (पु०) घना या गाढ़ा करना, जमाना

संघनित–*सं०* (वि०) गाढ़ा किया हुआ

संघनित्र–*सं०* (पु०) = संघनक

संघर्ष–*सं०* (पु०) 1 टकराव, स्ट्रगल (जैसे-दो दलों में संघर्ष) 2 स्पर्द्धा 3 होड़ 4 चेष्टा, प्रयत्न (जैसे-जीवन संघर्ष, संघर्ष करते रहना) 5 रगड़ खाना 6 द्वेष (जैसे-पारस्परिक संघर्ष)। ~**निरत** (वि०) संघर्ष से विरक्त; ~**रत** (वि०) संघर्ष में लगा हुआ; ~**शाली** (वि०) द्वेष करनेवाला; ~**शील** (वि०) संघर्ष करनेवाला

संघर्षण–*सं०* (पु०) 1 संघर्ष करना 2 रगड़ होना

संघर्षमय–*सं०* (वि०) = संघर्षरत

संघर्षात्मक–*सं०* (वि०) संघर्ष संबंधी

संघर्षी–*सं०* (वि०) संघर्ष करनेवाला (जैसे-संघर्षी व्यंजन)

संघाटी–*सं०* (स्त्री०) चीवर

संघात–*सं०* (पु०झ) 1 आघात 2 टक्कर

संघातक–*सं०* (वि०) संघात करनेवाला

संघातन–*सं०* (पु०) संघात करना

संघाती–(पु०) = संघातक

संघात्मक–*सं०* (वि०) संघात संबंधी

संघाराम–*सं०* (पु०) मठ, विहार

संघी–I (वि०) संघ संबंधी II (पु०) संघ का सदस्य

संघीय–*सं०* (वि०) संघ का, संघ संबंधी, फेडरल (जैसे-संघीय व्यवस्था, संघीय सरकार)

संघेला–*बो०* (पु०) 1 साथी, सहचर 2 दोस्त, मित्र

संघोष–*सं०* (पु०) ज़ोर का शब्द

संचय–*सं०* (पु०) 1 इकट्ठा करना 2 जमा करना (जैसे-धन संचय) 3 संकलन (जैसे-ग्रंथों का संचय, ग्रंथ संचय)। ~**ख़ोर** + *फ़ा०* (वि०) संचय करनेवाला

संचयन–*सं०* (पु०) = संचय

संचयिता–*सं०* (पु०) संचय करनेवाला

संचयी–*सं०* (पु०) 1 संचय करनेवाला 2 कृपण, कंजूस

संचरण–*सं०* (पु०) 1 चलना, गमन 2 फैलना (जैसे-जल संचरण) 3 काँपना (जैसे-तरंग संचरण)। ~**पथ** (पु०) संचरण का मार्ग या रास्ता

संचायक–*सं०* (पु०) संग्रह करनेवाला

संचार–*सं०* (पु०) 1 फैलना (जैसे-विद्युत संचार व्यवस्था) 2 चलना 3 चलाना 4 संक्रमण (जैसे-ग्रहों का संचार) 5 फैलने या बहने का मार्ग (जैसे-शरीर में रक्त संचार)। ~**व्यवस्था** (स्त्री०) संबंध स्थापित करने का साधन, संचार प्रणाली (जैसे-संचार व्यवस्था में सुधार करना)

संचारक–*सं०* (वि०) संचार करनेवाला

संचारण–*सं०* (पु०) प्रसारण, फैलाना

संचारित–*सं०* (वि०) संचार किया हुआ

संचारी–I *सं०* (वि०) संचरण करनेवाला II (पु०) *साहि०* वो भाव जो रस में संचार करते हुए उसके परिपाक में उपयोगी होते हैं, व्यभिचारी भाव

संचालक–I *सं०* (वि०) गति देनेवाला, परिचालक II (पु०) निदेशक (जैसे-कार्य संचालक)

संचालन–*सं०* (पु०) 1 परिचालन 2 नियंत्रण 3 निर्देशन (कार्य संचालन)

संचालिका–*सं०* (स्त्री०) संचालन करनेवाली महिला, निदेशिका

संचालित–(वि०) संचालन किया हुआ

संचित–*सं०* (स्त्री०) 1 संचय किया हुआ 2 नत्थी किया हुआ

संचिति–*सं०* (स्त्री०) 1 संचय 2 तह लगाना

संचेतन–*सं०* (पु०) होश में लाना

संचेत्य–*सं०* (वि०) होश में आने योग्य

संचेय–*सं०* (वि०) संचय करने योग्य

संजन–*सं०* (पु०) 1 बाँधना, बंधन 2 संघठन

संजनन–I *सं०* (पु०) 1 उत्पादन 2 रचना II (वि०) उत्पन्न करनेवाला

संजनित–*सं०* (वि०) 1 उत्पादित 2 रचित

संजा–*सं०* (स्त्री०) बकरी

संजात–*सं०* (वि०) 1 उत्पन्न (जैसे-वात संजात) 2 प्राप्त (जैसे-जल संजात)

संजाफ़–*फ़ा०* (स्त्री०) 1 झालर, किनारा 2 मगजी

संजाफ़ी–*फ़ा०* (वि०) 1 झालरदार 2 गोटेदार

संजीदगी–*फ़ा०* (स्त्री०) 1 संजीदा होने का भाव 2 आचरण-विचार की गंभीरता 3 शिष्टता और सौम्यता

संजीदा–*फ़ा०* (वि०) 1 गंभीर और शांत 2 समझदार

संजीव–*सं०* (पु०) पुनः जीवन देना

संजीवन–I *सं०* (पु०) 1 अच्छी तरह जीवन बिताना 2 नया जीवन देना II (वि०) जीवन देनेवाला

संजीवनी–*सं०* (स्त्री०) 1 पुनर्जीवित करनेवाली एक कल्पित ओषध 2 पुनजीवित करने की विद्या

संजीवित–*सं०* (वि०) पुनः जीवित किया गया

संजुग–*सं०* (पु०) संग्राम, युद्ध

संजुत–*सं०* (वि०) संयुक्त

सँजोना–(स० क्रि०) *बो०* 1 सज्जित करना, सजाना 2 क्रम से रखना

सँजोवा–*बो०* (पु०) 1 सजावट, शृंगार 2 जमावड़ा

संज्ञक–*सं०* (वि०) संज्ञा से युक्त

संज्ञा–*सं०* (स्त्री०) 1 चेतना शक्ति, होश 2 ज्ञान 3 बुद्धि 4 *व्या०* वास्तविक या कल्पित वस्तु का बोधक शब्द (जैसे-राम, नदी, करुणा आदि)। ~**पद** (पु०) नाम वाचक पद; ~**पन** (पु०) 1 सूचित करना, ज्ञान कराना 2 सूचना पत्र 3 कथन; ~**हीन** (वि०) चेतना रहित, बेसुध, बेहोश; ~**हीनता** (स्त्री०) 1 मूर्च्छा 2 चेतना रहित अवस्था, बेहोशी

संज्ञात–*सं०* (वि०) समझा हुआ, जाना हुआ

संज्ञावत्, संज्ञावान्–*सं०* (वि०) 1 नामयुक्त 2 होशदार, चेतनामय

सँझला–*बो०* (वि०) 1 संध्या संबंधी 2 मँझले से छोटा और छोटे से बड़ा
सँझवाती–I (स्त्री०) शाम का दीपक, चिराग II (वि०) संध्या का
संझा–*बो०* (स्त्री०) संध्या, शाम
संझोखा–I (पु०) संध्या का समय, संध्याकाल, सायंकाल II (वि०) शाम का, संध्या कालीन
संटी–(स्त्री०) बेंत, चाबुक
संड–(पु०) साँड़। ~**मुसंड** (वि०) हट्टा-कट्टा, मोटा-ताजा (जैसे-संड मुसंड आदमी, संड मुसंड शरीर)
सँड़सा–(पु०) बड़ी सँड़सी
सँड़सी–(स्त्री०) कैंचीनुमा एक उपकरण
संडा–I (वि०) साँड़ के समान ताक़तवाला, हृष्ट पुष्ट II (पु०) बलवान् और हृष्ट पुष्ट प्राणी। ~**मुसंडा** (वि०) = संड मुसंड
संडास–(पु०) शौच कूप
संत–I *सं०* (पु०) 1 सज्जन और महात्मा 2 परम धार्मिक और साधु व्यक्ति II (वि०) बहुत ही निर्मल और पवित्र (जैसे-संत स्वभाव, संत हृदय)। ~**पन** (पु०) संत होने का भाव; ~**हृदय** (वि०) निर्मल तथा पवित्र हृदयवाला
संतत–*सं०* (अ०) सदा निरंतर
संतति–*सं०* (स्त्री०) संतान, औलाद। ~**निग्रह,** ~**निरोध** (पु०) बच्चा पैदा करने पर रोक
संतप्त–*सं०* (वि०) 1 दुःखी, उदास, खिन्न 2 दग्ध (जैसे-संतप्त मन)
संतरण–I *सं०* (पु०) तैरकर पार होना II (वि०) तारनेवाला
संतरा–*पुर्त०* (पु०) बड़ी नारंगी
संतरी–*अं०* (पु०) 1 पहरेदार 2 द्वारपाल
संतान–I *सं०* (स्त्री०) संतति, औलाद। ~**निग्रह** (पु०) = संतति निरोध; ~**निरोधक** (वि०) बच्चे को जन्म देने से रोकनेवाला; ~**वृद्धि** (स्त्री०) संतान बढ़ना; ~**हीन** (वि०) बिना बाल बच्चे का (जैसे-संतानहीन दंपति); ~**हीनता** (स्त्री०) निःसंतान होने की स्थिति (जैसे-संतानहीनता का दुःख, संतानहीनता में जीवन गुज़ारना)
संतान–II *सं०* (पु०) 1 अविच्छिन्न क्रम, पंक्ति 2 शाखा, प्रशाखा 3 विस्तार, फैलाव
संतानवान्–*सं०* (वि०) संतानवाला
संतानोत्पत्ति–*सं०* (स्त्री०) संतान का जन्म
संतानोत्पादन–*सं०* (पु०) संतान होना
संताप–*सं०* (पु०) 1 दुःख, क्लेश 2 ज्वर, ताप, बुखार 3 आत्मग्लानि, अनुताप। ~**कारी** (वि०) संताप करनेवाला
संतापन–I *सं०* (पु०) 1 जलाना 2 संतप्त करना II (वि०) संतप्त करनेवाला
संतापित–*सं०* (वि०) = संतप्त
संतापी–*सं०* (वि०) संताप देनेवाला
संतुलन–*सं०* (पु०) 1 अच्छी तरह तौलना 2 सभी पक्षों का यथा स्थान होना
संतुलित–*सं०* (वि०) 1 संतुलन हुआ 2 बिल्कुल ठीक 3 समान प्रभाववाला (जैसे-संतुलित विचार और भावना)
संतुष्ट–*सं०* (वि०) 1 संतोष किया गया 2 राजी किया गया (जैसे-संतुष्ट अधिकारी)
संतुष्टि–*सं०* (स्त्री०) 1 संतुष्ट होने का भाव 2 तृप्ति 3 प्रसन्नता
संतुष्टिकरण–*सं०* (पु०) संतुष्ट करना
संतृप्त–*सं०* (वि०) 1 पूर्णतः तृप्त 2 घनीकृत, गाढ़ा
संतृप्ति–*सं०* (स्त्री०) 1 पूर्णतः तृप्त होने का भाव 2 गाढ़ापन
संतोष–*सं०* (पु०) 1 तृप्ति 2 प्रसन्नता, हर्ष 3 धैर्य। ~**जनक** (वि०) संतोष देनेवाला; ~**दायक** (वि०) संतोष देनेवाला; ~**प्रद** (वि०) संतोष प्रदान करनेवाला
संतोषक–*सं०* (वि०) 1 संतुष्ट करनेवाला 2 प्रसन्न करनेवाला
संतोषणीय–*सं०* (वि०) संतोष करने योग्य
संतोषमय–*सं०* (वि०) संतोष युक्त
संतोषित–*सं०* (वि०) 1 प्रसन्न किया हुआ 2 संतोष कराया हुआ
संतोषी–*सं०* (वि०) = संतुष्ट
संतोष्य–*सं०* (वि०) = संतोषणीय
संत्रस्त–*सं०* (वि०) 1 अत्यंत डरा हुआ 2 संतापित
संत्राण–*सं०* (पु०) रक्षा
संत्रास–*सं०* (पु०) 1 अत्यंत भय, आतंक 2 दुःख
संथा–(स्त्री०) सबक, पाठ
संद–*बो०* (स्त्री०) दरार, छेद
संदर्प–*सं०* (पु०) घमंड
संदर्भ–*सं०* (पु०) 1 वर्णित प्रसंग 2 विवेचनात्मक ग्रंथ 3 संबंध निर्वाह 4 व्यापक अर्थ में स्थिति 5 संकलन करना। ~**ग्रंथ** (पु०) प्रामाणिक आकार ग्रंथ; ~**युक्त** (वि०) संदर्भ से पूर्ण; ~**साहित्य** (पु०) प्रामाणिक जानकारी प्राप्त करने का ग्रंथ आदि; ~**सूची** (स्त्री०) = संदर्भिका
संदर्भिका–*सं०* (स्त्री०) संदर्भ ग्रंथों की सूची
संदर्श–*सं०* (पु०) झलक, दृश्य
संदल–*अ०* (पु०) चंदन
संदली–*अ०* (वि०) चंदन का
संदिग्ध–*सं०* (वि०) संदेहयुक्त। ~**ता** (स्त्री०) = संदिग्धत्व; ~**बुद्धि** (वि०) संदेही; ~**भूत** (पु०) भूतकाल का रूप जिससे कार्य के संदेह का बोध हो (जैसे-गया होगा); ~**वर्तमान** (पु०) वर्तमान काल का वह रूप जिससे संदेह का बोध हो (जैसे-जाता होगा)
संदिग्धत्व–*सं०* (पु०) संदिग्ध भाव
संदिग्धार्थ–*सं०* (वि०) संदिग्ध अर्थवाला
संदिष्ट–*सं०* (वि०) 1 कहा हुआ 2 संदेह के रूप में कहा हुआ
संदी–*सं०* (स्त्री०) शय्या, पलंग, खाट
संदीपक–*सं०* (वि०) उद्दीपक
संदीपन–*सं०* (पु०) उद्दीपन
संदीप्त–*सं०* (वि०) 1 प्रज्वलित 2 प्रकाशित
संदुष्ट–*सं०* (वि०) 1 कलुषित 2 दुष्ट, कमीना
संदूक़–*अ०* (पु०) बकस, बक्सा, पेटी। ~**चा** *+ फ़ा०* (पु०) छोटा संदूक़; ~**ची** *+ फ़ा० + हिं०* (स्त्री०) छोटा संदूक़चा; ~**नुमा** *+ फ़ा०* (वि०) संदूक़ के आकार का
संदूक़ड़ी–*अ० + हिं०* (स्त्री०) छोटा बकस
संदूक़ी–*अ० + फ़ा०* (वि०) = संदूक़नुमा
संदूषण–*सं०* (पु०) कलुषित करना
संदूषित–*सं०* (वि०) कलुषित किया हुआ
संदृष्ट–*सं०* (वि०) 1 भली भाँति देखा हुआ 2 निर्दिष्ट

संदेग्धा–*सं०* (वि०) शक्की स्वभाव का, संदेहालु

संदेश–*सं०* (पु०) 1 समाचार, खबर 2 विचार 3 आज्ञा, आदेश 4 कथन। ~**काव्य** (पु०) विरही की विरह वेदना को संदेश के रूप में प्रिय के पास पहुँचाने से संबंधित काव्य; ~**वाहक** (पु०) संदेश ले जानेवाला

संदेशा–(पु०) समाचार

संदेशी–(वि०) संदेश लानेवाला

संदेह–*सं०* (पु०) 1 शक़, अनिश्चय 2 ख़तरा 3 *साहि०* एक अर्थालंकार जिसे देखने पर भी वास्तविकता पर विश्वास न हो सके। ~**जनक** (वि०) = संदिग्ध; ~**मुक्त** (वि०) संदेह से मुक्ति मिलना; ~**वाद** (पु०) प्रत्येक विचार में संदेह रखने का नियम; ~**वादी** (पु०) संदेहवाद का समर्थक

संदेहात्मक–*सं०* (वि०) = संदिग्ध

संदेहार्थक–*सं०* (वि०) संदिग्ध अर्थ देनेवाला

संदेहास्पद–*सं०* (वि०) संदिग्ध

संदोह–*सं०* (पु०) 1 दूध दोहना 2 समूह, झुंड

संधा–*सं०* (स्त्री०) 1 योग, मेल 2 घनिष्ठ संबंध 3 अभिप्राय, आशय 4 निश्चय, करार 5 स्थिति 6 संध्या का समय 7 अनुसंधान, तलाश। ~**भाषा** (स्त्री०) वज्रयानी बौद्धों की गूढ़ भाषा, कूटभाषा

संधान–*सं०* (पु०) 1 निशाना बैठाना 2 मिलाना

संधाना–(पु०) अचार, खटाई

संधि–*सं०* (स्त्री०) 1 मेल, संयोग 2 जोड़ 3 गाँठ (जैसे-हड्डियों की संधि) 4 *व्या०* दो अक्षरों के मिल जाने से होनेवाला वर्ण विकार 5 अवकाश, विराम (जैसे-युग संधि, संधि बेला) 6 दो अवस्थाओं के बीच का समय (जैसे-वयः संधि) 7 नाटक की पाँचों अवस्थाओं को मिलानेवाले स्थल (जैसे-मुख संधि, प्रतिमुख संधि, गर्भ संधि, अवमर्श संधि तथा निर्वहण संधि)। ~**काल** (पु०) दो अवस्थाओं के मिलने का समय; ~**चर्चा** (स्त्री०) = संधि वार्ता; ~**चोर** (पु०) सेंध लगाकर चोरी करनेवाला; ~**चौर्य** (पु०) सेंध मारकर चोरी करना; ~**दूषण** (पु०) = संधि भंग; ~**पत्र** (पु०) सुलहनामा; ~**प्रारूप** (पु०) सुलहनामा का मसौदा; ~**भंग** (पु०) संधि का टूटना, संधि तोड़ना; ~**भंजक** (पु०) संधि तोड़नेवाला; ~**वात** (पु०) जोड़ों में वायु का रोग; ~**वार्ता** (स्त्री०) संधि की बात करना; ~**विग्रह** (पु०) संधि कार्य; ~**विग्रहक** (पु०) संधि विग्रह करनेवाला; ~**विच्छेद** (पु०) 1 संधि तोड़ना 2 व्याकरण के संधिगत शब्दों को अलग अलग करना; ~**वेला** (स्त्री०) संध्या, शाम; ~**स्थल** (पु०) 1 सुलह करने का स्थान 2 दो के मिलने की जगह

संधित–*सं०* (वि०) संधि युक्त

संध्यक्षर–*सं०* (पु०) = संधि स्वर

संध्या–*सं०* (स्त्री०) शाम। ~**काल** (पु०) सायंकाल; ~**कालीन** (वि०) संध्याकाल संबंधी; ~**भाषा** (स्त्री०) दे० संधा भाषा; ~**भोजन** (पु०) शाम का खाना; ~**वंदन** (पु०) संध्या पूजा; ~**समय** (पु०) शाम; ~**स्कूल** + *अं०* (पु०) शाम को लगनेवाला विद्यालय

संध्योपासन–*सं०* (पु०) = संध्या वंदन

संध्वनि–*सं०* (स्त्री०) ज़ोर की आवाज़

संनिविष्ट–*सं०* (वि०) अच्छी तरह रखा हुआ या बैठाया हुआ

संनिवेश–*सं०* (पु०) अच्छी तरह रखना या बैठाना

संन्यस्त–*सं०* (वि०) 1 छोड़ा हुआ 2 जमाया हुआ 3 संन्यास आश्रम में आया हुआ

संन्यास–*सं०* (पु०) 1 परित्याग करना 2 हिंदुओं के चार आश्रमों में से अंतिम 3 सीमा से बाहर न निकलने की प्रतिज्ञा (जैसे-गृह संन्यास)। ~**रोग** (पु०) मूर्च्छा, कॉमा

संन्यासाश्रम–*सं०* (पु०) संन्यास आश्रम

संन्यासिनी–*सं०* (स्त्री०) संन्यास लेनेवाली स्त्री

संन्यासी–*सं०* (पु०) त्यागी और विरक्त व्यक्ति

संपत्काल–*सं०* (पु०) ऐश्वर्य का समय, अच्छे दिन

संपत्ति–*सं०* (स्त्री०) 1 धन दौलत, जायदाद (जैसे-संपत्ति का स्वामी) 2 लाभदायक वस्तु (जैसे-पशु संपत्ति, वन संपत्ति) 3 वैभव, ऐश्वर्य। ~**कर** (पु०) संपत्ति के विचार से लगाया गया कर; ~**जीवी** (पु०) संपत्ति के आय से आजीविका चलानेवाला; ~**दान** (पु०) संपत्ति का दान करना; ~**वादी** (पु०) इस सिद्धांत का माननेवाला कि संपत्ति का संग्रह जीवन के लिए बहुत आवश्यक है; ~**शाली** (वि०) वैभववाला, ऐश्वर्यवाला; ~**हस्तांतरण** (पु०) संपत्ति का एक हाथ से दूसरे हाथ में जाना; ~**हीन** (वि०) संपत्ति के बिना

संपत्तिवान्–*सं०* (वि०) = संपत्तिशाली

संपद्–*सं०* (स्त्री०) 1 काम पूरा होना 2 संपत्ति 3 भंडार (जैसे-शब्द संपद्) 4 सुख-सौभाग्य की स्थिति

संपदा–*सं०* (स्त्री०) 1 धन दौलत 2 ऐश्वर्य, वैभव

संपन्न–*सं०* (वि०) 1 भली भाँति युक्त (जैसे-धन संपन्न, विद्या संपन्न) 2 अमीर, धनी, धनवान् (जैसे-संपन्न व्यक्ति) 3 पूर्ण, सिद्ध, साधित 4 पूरा किया हुआ (जैसे-संपन्न कार्य)। ~**ता** (स्त्री०) संपन्न होने का भाव, युक्तता

संपन्नावस्था–*सं०* (स्त्री०) संपन्न होने की अवस्था

संपरीक्षण–*सं०* (पु०) लेख आदि का अच्छी तरह से जाँच करना

संपर्क–*सं०* (पु०) 1 मेल, संयोग 2 मिश्रण, मिलावट 3 संसर्ग 4 स्पर्श 5 योग। ~**अधिकारी** (पु०) प्रजा और सरकार के मध्य संपर्क बनाए रखनेवाला एक राजकीय कर्मचारी; ~**पदाधिकारी** (पु०) = संपर्क अधिकारी; ~**भाषा** (स्त्री०) परस्पर मेल जोल के लिए भाषा

संपात–*सं०* (पु०) 1 गिरना 2 मिलने का स्थान, संगम 3 झपटना, टूट पड़ना 4 घटित होना 5 संपर्क, संसर्ग

संपादक–*सं०* (पु०) पुस्तक, सामयिक पत्र आदि को संशोधित कर प्रकाशन के योग्य बनानेवाला व्यक्ति, एडिटर। ~**ता** (स्त्री०) संपादक का कार्य

संपादकत्व–*सं०* (पु०) संपादक का कार्य और पद

संपादकी–*सं०* + *इं०* (स्त्री०) संपादक का काम

संपादकीय–*सं०* (वि०) 1 संपादक संबंधी 2 अग्रलेख

संपादन–*सं०* (पु०) 1 अच्छी तरह से पूरा करना 2 प्रस्तुत करना 3 ठीक करना 4 प्रकाशन के योग्य बनाना

संपादिका–*सं०* (स्त्री०) स्त्री संपादक

संपादित–*सं०* (वि०) संपादन किया हुआ

संपादी–*सं०* (वि०) = संपादक

संपाद्य–*सं०* (वि०) संपादन योग्य

संपीडक–*सं०* (पु०) 1 पीड़ित करनेवाला 2 दबाने या निचोड़नेवाला
संपीडन–*सं०* (पु०) 1 दबाना 2 निचोड़ना 3 मलना, मसलना 4 पीड़ित करना
संपुट–*सं०* (पु०) 1 दोना 2 कटोरे जैसी वस्तु 3 हथेली की अंजलि
संपुटिका–*सं०* (स्त्री०) 1 बंद दवा की टिकिया, कैप्सयूल 2 आभूषणपूर्ण मंजूषा
संपुटी–*सं०* (स्त्री०) 1 प्याली 2 छोटी कटोरी
संपुष्ट–*सं०* (वि०) भरा पूरा
संपुष्टि–*सं०* (स्त्री०) 1 अच्छी तरह होनेवाली पुष्टि 2 परिपुष्टि
संपूर्ण–*सं०* (वि०) 1 अच्छी तरह भरा हुआ 2 सारा, पूरा (जैसे-संपूर्ण जगत्)
संपूर्णतः, संपूर्णतया–*सं०* (क्रि० वि०) संपूर्ण रूप से
संपृक्त–*सं०* (वि०) 1 संबद्ध 2 सटा हुआ
संपृष्ट–*सं०* (वि०) जो पूछा गया हो
सँपेरा–(पु०) मदारी
सँपोला–(पु०) 1 साँप का छोटा बच्चा 2 ख़तरनाक व्यक्ति.
सँपोलिया–(पु०) = सँपेरा
संपोषण–*सं०* (पु०) पोषण करना
संप्रज्ञात–*सं०* (पु०) अच्छी तरह कहा हुआ
संप्रति–*सं०* (अ०) 1 इस समय 2 ठीक समय पर
संप्रत्यय–*सं०* (पु०) 1 दृढ़ विश्वास 2 स्वीकृति
संप्रदान–*सं०* (पु०) 1 दान देने का भाव 2 शिष्य को गुरु मंत्र देना 3 *व्या०* आठ कारकों में से चौथा कारक जिसकी विभक्ति 'को' तथा 'के लिए' है
संप्रदाय–*सं०* (पु०) 1 परंपरा से चला आया हुआ सिद्धांत या मत 2 परंपरा से चली आ रही प्रथा या रीति 3 उपदेश, मंत्र 4 धर्म के अंतर्गत कोई सिद्धांत या मत (जैसे-वैष्णव संप्रदाय) 5 विशेष धार्मिक मत (जैसे-भारत में अनेक संप्रदाय के लोग रहते हैं) 6 मार्ग, रास्ता। ~**वाद** (पु०) अपने संप्रदाय को ही महत्त्व देना; ~**वादी** I (वि०) संप्रदाय वाद संबंधी II (पु०) संप्रदाय वाद का समर्थन करनेवाला या अनुयायी
संप्रदायाचार्य–*सं०* (पु०) संप्रदाय का आचार्य
संप्रदायानुयायी–*सं०* (पु०) संप्रदाय का अनुयायी
संप्रदायिकता–*सं०* (स्त्री०) = संप्रदायवाद
संप्रदायी–*सं०* (पु०) = संप्रदायानुयायी
संप्रभु–*सं०* (वि०) सर्व प्रधान सत्ताधारी, सर्वेसर्वा (जैसे-संप्रभु राष्ट्र)
संप्रयुक्त–*सं०* (वि०) 1 जोड़ा हुआ एक साथ किया हुआ 2 मिला हुआ, संबद्ध
संप्रयोग–*सं०* (पु०) 1 एक साथ करना, मिलाना 2 मेल, समागम 3 उपयोग, प्रयोग
संप्रवाह–*सं०* (पु०) लगातार चलते रहने का क्रम
संप्रवृत्ति–*सं०* (स्त्री०) 1 आसक्ति 2 अनुकरण की इच्छा 3 संघटन
संप्रश्रय–*सं०* (पु०) शिष्टता, विनम्रता
संप्राप्त–*सं०* (वि०) 1 उपस्थित 2 प्राप्त 3 घटित हुआ 4 प्रस्तुत 5 उत्पन्न (जैसे-संप्राप्त यौवन, संप्राप्त जीवन)
संप्राप्ति–*सं०* (स्त्री०) संप्राप्त होने का भाव
संप्रेषक–*सं०* (पु०) देखनेवाला, दर्शक
संप्रेक्षण–*सं०* (पु०) 1 देखना 2 देखभाल करना (जैसे-संप्रेक्षण काल)
संप्रेक्षक–*सं०* (पु०) संप्रेषण करनेवाला यंत्र, ीटर
संप्रेषण–*सं०* (पु०) 1 भेजना 2 पहुँचाना (जैसे-विद्युत् संप्रेषण, प्रकाश संप्रेषण)
संप्रेषित–*सं०* (वि०) संप्रेषण किया हुआ
संप्रेष्य–*सं०* (वि०) संप्रेषण योग्य
संप्लव–*सं०* (पु०) 1 बाढ़ (जैसे-नदी का संप्लव) 2 आंदोलन, हलचल 3 हो हल्ला 4 समूह
संबंध–*सं०* (पु०) 1 मेल, मिलना 2 लगाव (जैसे-प्रेम संबंध) 3 रिश्ता (जैसे-पति-पत्नी का संबंध) 4 घनिष्ठता (जैसे-पारस्परिक संबंध) 5 उपयुक्तता (जैसे-पढ़ाई का संबंध) 6 मैत्री (जैसे-पड़ोसी से संबंध बनाना)। ~**चिह्न** (पु०) योजक चिह्न (-); ~**तत्त्व** (पु०) वाक्य में रचना का शाब्दिक संबंध; ~**बोधक,** ~**वाचक,** ~**वाची** (वि०) संबंध का बोध करानेवाला; ~**विच्छेद** (पु०) संबंध टूटना, संबंध तोड़ना; ~**सूचक** (वि०) = संबंध वाचक; ~**सूत्र** (पु०) मिलने का साधन
संबंधित–*सं०* (वि०) संबंध कायम हुआ
संबंधी–I *सं०* (पु०) रिश्तेदार II (वि०) संबंध रखनेवाला (जैसे-गृह संबंधी, नौकरी संबंधी, व्यापार संबंधी)
संबद्ध–*सं०* (वि०) 1 लगा हुआ 2 संबंध रखनेवाला
संबधन–*सं०* (पु०) जोड़, कनेक्शन
संबल–*सं०* (पु०) 1 सहारा 2 सहायक वस्तु
संबाध–*सं०* (पु०) 1 बाधा, अड़चन 2 भीड़, समूह 3 संघर्ष 4 कष्ट, तक़लीफ़
संबुद्ध–I *सं०* (वि०) 1 ज्ञान प्राप्त 2 जाग्रत 3 ज्ञात II (पु०) ज्ञानी
संबोध–*सं०* (पु०) 1 सम्यक् ज्ञान 2 अच्छी और पूर्ण जानकारी 3 ढारस, सांत्वना
संबोधन–*सं०* (पु०) किसी को पुकारने के लिए प्रयुक्त शब्द (जैसे-हे राम, राजू मेरी बात सुनो इनमें हे और राजू संबोधन हैं)
संबोधि–*सं०* (स्त्री०) पूर्ण ज्ञान। ~**गीत** (स्त्री०) बोध या जागृति करानेवाला गीत
संबोधित–*सं०* (वि०) 1 संबोधन किया गया 2 आकृष्ट किया गया
संभरण–*सं०* (पु०) 1 पालन पोषण 2 संचय 3 योजना, विधान 4 सामान, सामग्री 5 समायोजन, सप्लाई (जैसे-संभरण विधि, संभरण प्रणाली)
सँभलना–(अ० क्रि०) 1 बिगड़ती स्थिति को ठीक करना 2 काबू में रहना 3 सावधान होना 4 टिका रहना 5 रुकना, थमना
संभव–*सं०* (वि०) 1 हो सकने योग्य (जैसे-संभव कार्य) 2 जिसके घटित होने की संभावना हो, मुमकिन
संभवतः, संभवतया–*सं०* (अ०) 1 संभव है कि, मुमकिन है कि 2 हो सकता है कि
संभाग–*सं०* (पु०) प्रदेश या राज्य का बड़ा भाग, कमिश्नरी
संभागीय–*सं०* (वि०) संभाग संबंधी

संभार–*सं०* (पु०) 1 संचय 2 साज सामान, सामग्री 3 आयोजन, तैयारी 4 ढेर, राशि 5 पालन पोषण 6 देख रेख, निगरानी

सँभाल–(स्त्री०) 1 हिफाजत, देख रेख 2 व्यवस्था, प्रबंध 3 पोषणादि का भार

सँभालना–(स० क्रि०) 1 रोक थाम करना 2 सहारा देना 3 पालन करना 4 काबू में रखना, सहेजना 5 भार उठाना 6 संयत करना

संभावना–*सं०* (स्त्री०) हो सकने का भाव, मुमकिन होना

संभावनार्थ–*सं०* (पु०) क्रिया का वह रूप जिससे कार्य के संभव होने का बोध हो

संभावनार्थक–*सं०* (पु०) संभावना का बोध करानेवाला

संभावनीय–(वि०) 1 संभावना के योग्य 2 कल्पनीय

संभावित–*सं०* (वि०) 1 विचारित 2 प्रस्तुत किया हुआ 3 उपयुक्त, योग्य 4 संभावनीय, संभव

संभाव्य–*सं०* (वि०) 1 हो सकने योग्य 2 कल्पना योग्य, कल्पनीय

संभाषक–*सं०* (पु०) बातचीत करनेवाला

संभाषण–*सं०* (पु०) बातचीत, वार्तालाप

संभाषी–*सं०* (वि०) बातचीत करनेवाला

संभाष्य–*सं०* (वि०) बातचीत के योग्य

संभुक्त–*सं०* (वि०) 1 खाया हुआ 2 प्रयोग में लाया हुआ

संभूत–*सं०* (वि०) 1 उत्पन्न 2 सहित, युक्त 3 उपयुक्त, योग्य 4 बराबर, समान

संभूति–*सं०* (स्त्री०) 1 संभूत होने का भाव 2 अलौकिक शक्ति 3 वैभव 4 उपयुक्तता, योग्यता 5 बढ़ती, वृद्धि

संभूयकारी–*सं०* (पु०) 1 संघ में मिलकर व्यापार करनेवाला व्यापारी 2 साथ काम करनेवाला

संभूय समुत्थान–*सं०* (पु०) साझे का कारबार

संभृत–*सं०* (वि०) 1 एकत्र, इकट्ठा किया हुआ 2 भरा हुआ, पूर्ण 3 युक्त, सहित 4 सम्मानित

संभृति–*सं०* (स्त्री०) 1 एकत्र करना 2 ढेर, राशि 3 सामान 4 पालन पोषण

संभोग–*सं०* (पु०) 1 रतिं क्रीड़ा, मैथुन 2 पूर्ण उपभोग

संभोग्य–*सं०* (वि०) 1 भोगने योग्य 2 उपभोग के योग्य (जैसे-संभोग्य वस्तु)

संभोजन–*सं०* (पु०) 1 मिलकर भोजन करना 2 स्वाद लेना

संभ्रम–*सं०* (पु०) 1 बेचैनी, विकलता 2 उतावली, जल्दबाज़ी 3 सहमना, सिटपिटाना 4 ग़लती, भूल-चूक 5 चक्कर खाना

संभ्रांत–*सं०* (वि०) 1 क्षुब्ध, उत्तेजित 2 संभ्रम में पड़ा हुआ 3 चक्कर खाया हुआ 4 घबड़ाया हुआ

संभ्रांति–*सं०* (स्त्री०) 1 संभ्रांत होने का भाव 2 क्षोभ 3 चकपकाहट 4 घबड़ाहट

संमंत्रण–*सं०* (पु०) अच्छी तरह सलाह मशविरा करना

संमुद्रण–*सं०* (पु०) बहुत बढ़िया छपाई करना

संमोहन–*सं०* (पु०) मोहित करना

संयंत्र–*सं०* (पु०) 1 यंत्रों, औज़ारों आदि का समूह 2 कारख़ाना (जैसे-संयत्र की स्थापना)

संयत–*सं०* (वि०) 1 रोका हुआ 2 मर्यादित 3 व्यवस्थित 4 सीमा के अंदर आया हुआ 5 इंद्रिय निग्रही 6 बंद किया हुआ

संयम–*सं०* (पु०) 1 रोक, निग्रह, नियंत्रण 2 इंद्रिय निग्रह 3 धारणा और समाधि 4 दमन 5 धार्मिक अनुष्ठान या व्रत 6 परहेज

संयमन–*सं०* (पु०) = संयम

संयमित–*सं०* (वि०) संयत

संयमी–I *सं०* (वि०) संयम में रहनेवाला II (पु०) योगी

संयात्रा–*सं०* (स्त्री०) 1 साथ साथ यात्रा करना 2 समुद्रयात्रा

संयुक्त–*सं०* (वि०) 1 जुड़ा, मिला हुआ 2 संबद्ध 3 संबंधी से विवाहित 4 संपत्र, सहित 5 एक साथ काम करनेवाला। **~रचयिता** (पु०) एक साथ रचना करनेवाले; **~राष्ट्र संगठन, ~राष्ट्र संघ** (पु०) विश्व के सभी देशों के प्रतिनिधियों की संस्था; **~वाक्य** (पु०) *व्या०* वह वाक्य जिसमें दो या दो से अधिक स्वतंत्र उपवाक्य होते हैं, कंपाउंड सेंटेंस

संयुक्तांक–*सं०* (पु०) (पत्रिका का) एक साथ निकलनेवाला अंक

संयुक्ताक्षर–*सं०* (पु०) दो अक्षरों के मेल से बना अक्षर (जैसे-क् और त् के योग से बना 'क्त' अक्षर)

संयुक्तीकरण–*सं०* (पु०) संयुक्त करना

संयुग–*सं०* (पु०) 1 मेल, मिलाप 2 संयोग 3 भिड़ंत 4 युद्ध लड़ाई

संयुत–*सं०* (वि०) लगा हुआ

संयोग–*सं०* (पु०) 1 मिलना, मेल 2 लगाव, संबंध 3 समागम 4 रति क्रीड़ा, संभोग (जैसे-काम भावना का संयोग) 5 मिलन (जैसे-दो दिलों का संयोग) 6 आकस्मिक रूप से घटित होनेवाली कोई घटना (जैसे-संयोग वश आप भी मेरा साथ छोड़ गए)। **~प्रधान** (वि०) जिसमें संयोग से होनेवाली घटनाओं की प्रधनता हो; **~वश** (वि०) संयोग के आधीन

संयोगात्मक–*सं०* (वि०) संयोग संबंधी

संयोगावस्था–*सं०* (स्त्री०) संयोग की स्थिति

संयोगी–*सं०* (वि०) 1 संयोग हुआ 2 संयोग के फलस्वरूप होनेवाला 3 साथ साथ रहनेवाला

संयोजक–I *सं०* (वि०) संयोजन करनेवाला II (पु०) 1 *व्या०* दो शब्दों अथवा वाक्यों को जोड़नेवाला शब्द (जैसे-अथवा, और, या) 2 सभा-समितियों आदि का सदस्य

संयोजन–*सं०* (पु०) 1 जोड़ना, मिलाना 2 सम्मिलित करना 3 प्रबंध, व्यवस्था

संयोजना–*सं०* (स्त्री०) = संयोजन

संयोजनात्मक–*सं०* (वि०) संयोजन संबंधी

संयोजनीय–*सं०* (वि०) संयोजन करने योग्य

संयोजिका–*सं०* (स्त्री०) संयोजन करनेवाली स्त्री

संयोजित–*सं०* (वि०) संयोजन किया हुआ

संयोजी–*सं०* (वि०) संयोजन करनेवाला

संरक्षक–I *सं०* (पु०) 1 अभिभावक 2 संस्था आदि का प्रधान व्यक्ति II (वि०) 1 संरक्षण करनेवाला 2 पालन पोषण करनेवाला 3 आश्रय देनेवाला (जैसे-निर्बलों का संरक्षक)। **~ता** (स्त्री०) देखरेख करना

संरक्षण–*सं०* (पु०) 1 हिफ़ाज़त 2 पालना पोसना 3 रक्षा करना (जैसे-सरकारी संपत्ति का संरक्षण)। **~कर** (पु०) बाहरी माल पर लगाया जानेवाला कर; **~प्राप्त** (वि०) संरक्षित;

~वाद I (पु०) संरक्षण का सिद्धांत II (पु०) संरक्षणवाद का समर्थक; ~**शुल्क** (पु०) = संरक्षण कर
संरक्षणात्मक–*सं०* (वि०) संरक्षण संबंधी
संरक्षणीय–*सं०* (वि०) रक्षा करने योग्य
संरक्षार्थ–*सं०* (वि०) बचाव के लिए
संरक्षिका–*सं०* (स्त्री०) संरक्षक महिला
संरक्षित–*सं०* (वि०) संरक्षण किया हुआ
संरक्ष्य–*सं०* (वि०) संरक्षण के योग्य
संरचना–*सं०* (स्त्री०) 1 सूक्ष्म तत्त्व की बनावट 2 बनावट, रचना
संराधन–*सं०* (पु०) 1 आराधना 2 जय जयकार 3 समझा बुझाकर प्रसन्न करना
संरुद्ध–*सं०* (वि०) 1 रोका हुआ 2 घेरा हुआ 3 बंद किया हुआ 4 ढका हुआ 5 वर्जित 6 भरा हुआ
संरोध–*सं०* (पु०) 1 रोक, रुकावट 2 बाधा, अड़चन 3 चारों ओर से घेरना
संरोपण–*सं०* (पु०) 1 पेड़ लगाना 2 घाव भरना
संलक्षण–*सं०* (पु०) 1 लक्षण निश्चित करना 2 पहचानना
संलक्ष्य–*सं०* (वि०) 1 लक्षण से पहचाना जानेवाला 2 जो देखा जा सके
संलग्न–*सं०* (वि०) 1 मिला हुआ 2 लगा हुआ 3 जुड़ा हुआ, संबद्ध 4 जोड़ा हुआ
संलग्नक–*सं०* (पु०) साथ लगा हुआ पत्र
संलाप–*सं०* (पु०) 1 बातचीत, वार्तालाप 2 मन ही मन की जानेवाली बात (जैसे-वियोगिनी का संलाप करना)
संलेख–*सं०* (पु०) 1 लिखित पत्र (जैसे-सरकारी संलेख) 2 पूर्ण संयम 3 पूर्व लेख, प्रोटोकल (संलेख तैयार करना)
संवत्–*सं०* (पु०) 1 वर्ष, साल 2 गणना क्रमवाली काल गणना (जैसे-शक संवत्)
संवत्सर–*सं०* (पु०) वर्ष, साल
संवत्सरीय–*सं०* (वि०) संवत् संबंधी
संवदन–*सं०* (पु०) 1 बातचीत 2 संदेशा 3 आलोचनात्मक विचार 4 जाँच पड़ताल
सँवर–*बो०* (स्त्री०) 1 याद, स्मृति 2 समाचार, ख़बर 3 हाल, वृत्तांत
संवरण–*सं०* (पु०) 1 रोकना 2 निग्रह 3 छिपाना 4 बहाना करना 5 घेरा 6 छिपाव 7 चुनना
सँवरना–I (अ० क्रि०) 1 ठीक होना 2 सज्जित होना II (स० क्रि०) स्मरण करना
संवर्द्धक–*सं०* (वि०) वृद्धि करनेवाला
संवर्द्धन–I *सं०* (पु०) 1 पालन पोषण 2 उन्नत होना II (वि०) बढ़ानेवाला
संवलन–*सं०* (पु०) 1 घुमाना 2 मिलाना 3 मोड़ना 4 मिलावट 5 घटाए-बढ़ाए जाने की व्यवस्था (जैसे-वायु संवलन) 6 मुठभेड़
संवलित–*सं०* (वि०) 1 संकलन किया गया 2 युक्त 3 घिरा हुआ 4 भिड़ा हुआ
संवहन–*सं०* (पु०) ले जाना, ढोना
संवातन–*सं०* (पु०) हवादारी
संवाद–*सं०* (पु०) 1 चर्चा 2 समाचार 3 विवरण, वृत्तांत 4 वार्तालाप। ~**छविकार** (पु०) पत्रकार-फोटोग्राफ़र; ~**दाता** (पु०) 1 संवाद देनेवाला 2 अखबारों में स्थानिक घटनाओं का विवरण भेजनेवाला व्यक्ति; ~**दाता सम्मेलन** (पु०) संवाददाता की बैठक; ~**दात्री** (स्त्री०) संवाद देनेवाली महिला; ~**लेखक** (पु०) = संवाद दाता
संवादात्मक–*सं०* (वि०) संवाद संबंधी
संवादी–*सं०* (वि०) 1 बातचीत करनेवाला 2 सहमत होनेवाला
सँवारना–(स० क्रि०) 1 सजाना 2 सँभालना
संवास–I *सं०* (पु०) साथ बसना या रहना
संवास–II *सं०* (पु०) मकान, घर
संवाहक–*सं०* (वि०) ले जानेवाला, वाहक। ~**ता** (स्त्री०) संवाहक होने का भाव
संवाहन–*सं०* (पु०) ले जाना, ढोना। ~**साधन** (पु०) ढोने के साधन
संवाहित–*सं०* (वि०) ले जाया गया
संविद्–*सं०* (वि०) 1 चेतन, चैतन्य 2 ज्ञान, बोध, समझ
संविदा–*सं०* (स्त्री०) 1 इक़रार, समझौता 2 ठेका। ~**कारी** (वि०) संविदा करनेवाला; ~**पत्र** (पु०) इक़रारनामा, समझौता संबंधी पत्र; ~**बद्ध** (वि०) = संविद् में बँधा हुआ
संविदित–*सं०* (वि०) 1 पूर्णतया ज्ञात 2 निश्चित किया हुआ 3 वादा किया हुआ
संविद्जनित–*सं०* (वि०) 1 चेतना से उत्पन्न 2 समझौते या करार के परिणाम स्वरूप होनेवाला
संविद्मंत्रिमंडल–*सं०* (पु०) संविद्-सरकार
संविद्व्यतिक्रम–*सं०* (पु०) समझौते को न मानना
संविद्सरकार–*सं० + फ़ा०* (स्त्री०) समझौते के आधार पर बनी सरकार
संविधान–*सं०* (पु०) 1 क़ानून के रूप में बने हुए मौलिक नियम और सिद्धांत (जैसे-भारत का संविधान, संविधान का पालन करना) 2 उत्तम प्रबंध 3 बनावट, रचना (जैसे-सृष्टि का संविधान)। ~**असेंबली** *+ अं०* (स्त्री०) = संविधान परिषद्; ~**ज्ञ** (पु०) संविधान का ज्ञाता; ~**परिषद्** (स्त्री०) राष्ट्र या देश आदि के लिए संविधान बनाने हेतु नियुक्त परिषद् या सभा (जैसे-संविधान परिषद की शीतकालीन बैठक); ~**प्रदत्त** (वि०) = संवैधानिक; ~**वाद** (पु०) संविधान के अनुसार राष्ट्र की शासन व्यवस्था तथा उसकी समरूप गतिशीलता का सिद्धांत; ~**वादी** I (वि०) संविधान संबंधी II (पु०) संविधानवाद का समर्थक; ~**शास्त्री** (पु०) = संविधानज्ञ; ~**संशोधन** (पु०) संविधान में होनेवाला सुधार; ~**सभा** (स्त्री०) = संविधान परिषद्
संविधानक–I *सं०* (पु०) कार्य करने की विशेष विधि II (वि०) संविधान करनेवाला
संविधानिक–*सं०* (वि०) = संवैधानिक
संविधि–I *सं०* (स्त्री०) 1 व्यवस्था, तैयारी 2 विधान II (पु०) विधान सभा द्वारा पारित प्रस्ताव। ~**ग्रंथ** (पु०) प्रस्ताव संग्रह
संविधेय–*सं०* (वि०) 1 संविधान के योग्य 2 किए जा सकने योग्य
संविभाग–*सं०* (पु०) 1 ठीक तरह से किया गया विभाग 2 मंत्री का कार्यालय और विशिष्ट विभाग, पोर्टफ़ोलियो

संविभाजन–*सं०* (पु०) विभाजन
संविहित–*सं०* (वि०) 1 अच्छी तरह किया हुआ 2 अच्छी तरह नियमित
संवृत–*सं०* (वि०) 1 ढका हुआ 2 घेरा हुआ 3 लपेटा हुआ
संवृति–*सं०* (स्त्री०) संवृत होने का भाव
संवृत्त–*सं०* (वि०) 1 प्राप्त 2 घटित हुआ 3 सिद्ध किया हुआ 4 उत्पन्न
संवृद्धि–*सं०* (स्त्री०) 1 बढ़ती, वृद्धि 2 समृद्धि
संवेग–*सं०* (पु०) 1 चाल की तेज़ी 2 घबराहट, खलबली 3 अतिरेक 4 मनोवेग
संवेगात्मक–*सं०* (वि०) संवेग संबंधी
संवेदन–*सं०* (पु०) 1 सुख-दुख की अनुभूति या प्रतीति 2 शरीर के अंगों में उत्पन्न प्राकृतिक स्पंदन (जैसे-मनु का मन विकल हो उठा संवेदन से खाकर चोट)। ~**शील** (वि०) 1 अनुभवग्राही 2 भावुक, **सहृदय**
संवेदना–*सं०* (स्त्री०) 1 अनुभूति 2 सहानुभूति (जैसे-हार्दिक संवेदना) 3 समवेदना प्रकट करने का भाव 4 दुःख की अनुभूति। ~**पुस्तक** (स्त्री०) सहानुभूति पंजिका
संवेदी–*सं०* (वि०) = संवेदनशील
संवेद्य–*सं०* (वि०) 1 अनुभव करने योग्य 2 जताने योग्य 3 समझने योग्य
संवेष्टक–*सं०* (पु०) संवेष्टन कर्ता
संवेष्टण–*सं०*, **संवेष्टन**– (पु०) 1 लपेटना 2 ढकना 3 घेरना 4 लपेटने का कपड़ा, बेठन
संवेष्टित–*सं०* (वि०) चारों ओर से घेरा हुआ
संवैधानिक–*सं०* संविधान संबंधी
संशप्त–*सं०* (वि०) शाप ग्रस्त, शापित
संशय–*सं०* (पु०) = संदेह। ~**वाद** (पु०) = संदेहवाद; ~**वादी** (वि०) = संदेहवादी
संशयात्मक–*सं०* (वि०) = संदिग्ध
संशयित–*सं०* (वि०) = संशयी
संशयी–*सं०* (वि०) 1 शक्की स्वभाववाला 2 संशय युक्त 3 संशयवाला (जैसे-संशय बुद्धि या संशयी स्वभाव)
संशासन–*सं०* (पु०) उत्तम राज्य प्रबंध
संशुद्ध–*सं०* (वि०) 1 विशुद्ध 2 साफ़ किया हुआ 3 चुकाया हुआ
संशुद्धि–*सं०* (स्त्री०) संशुद्ध होने का भाव
संशोधक–*सं०* (वि०) संशोधन करनेवाला
संशोधन–*सं०* (पु०) 1 शुद्ध करना, साफ़ करना 2 ठीक करना, दुरुस्त करना 3 रूप बदलना, घटाना-बढ़ाना (जैसे-विधि, क़ानून आदि का संशोधन)। ~**कर्ता** (पु०) संशोधन करनेवाला व्यक्ति; ~**कारी** (वि०) संशोधन करनेवाला; ~**विधेयक** (पु०) किसी क़ानून में संशोधन करनेवाला ऐक्ट
संशोधित–*सं०* (वि०) संशोधन किया हुआ
संशोधी–*सं०* (वि०) संशोधन करने वाला
संशोध्य–*सं०* (वि०) संशोधन के योग्य
संशोभित–*सं०* (वि०) = सुशोभित
संशोषण–*सं०* (पु०) 1 अच्छी तरह सोखना 2 सुखाना
संशोषित–*सं०* (वि०) सोखा हुआ
संशोषी–*सं०* (वि०) 1 सोखनेवाला 2 सुखानेवाला
संशोष्य–*सं०* (वि०) सोखा जाने योग्य
संश्रय–*सं०* (पु०) 1 संयोग, मेल 2 लगाव, संपर्क 3 आश्रय, शरण 4 अवलंब, सहारा 5 आश्रय या शरण लेने की जगह
संश्रयण–*सं०* (पु०) 1 सहारा लेना 2 पनाह लेना
संश्रावित–*सं०* (वि०) सुनाया हुआ
संश्राव्य–*सं०* (वि०) 1 सुनाने योग्य 2 सुनाई पड़नेवाला
संश्रित–*सं०* (वि०) 1 संयुक्त 2 संलग्न 3 संबंध स्थापित किया हुआ
संश्रुत–*सं०* (पु०) 1 सुना हुआ 2 सुनाया हुआ
संश्लिष्ट–*सं०* (वि०) = संश्लेषित
संश्लेषण–*सं०* (पु०) 1 जोड़ना, मिलाना 2 बंधन मिलान करना (जैसे-विचारों का संश्लेषण)
संश्लेषणात्मक–*सं०* (वि०) संश्लेषण संबंधी
संश्लेषित–*सं०* (वि०) संश्लेषण किया हुआ
संसक्त–*सं०* (वि०) 1 मिला हुआ, सटा हुआ 2 संबद्ध 3 आसक्त 4 विषय वासना में लिप्त 5 युक्त, सहित
संसक्ति–*सं०* (स्त्री०) संसक्त होने का भाव
संसज्जन–*सं०* (पु०) 1 सजाना 2 अस्त्र शस्त्र से सज्जित करना
संसत्सचिव–*सं०* (पु०) = संसद सचिव
संसत्सदस्य–*सं०* (पु०) संसद सदस्य
संसद–*सं०* (स्त्री०) 1 राज्य सभा लोक सभा का संयुक्त रूप 2 समाज, सभा 3 समुदाय, निकाय। ~**पद्धति** (स्त्री०) संसदीय प्रणाली
संसदीय–*सं०* (वि०) संसद संबंधी
संसर्ग–*सं०* (पु०) 1 संयोग, प्रेम 2 मिश्रण 3 संबंध (जैसे-प्रेम संसर्ग) 4 संपर्क (जैसे-जीवन संसर्ग) 5 लगाव, कंटैक्ट 6 साथ 7 घनिष्ठता (जैसे-मैत्रिक संसर्ग) 8 समीपता, सामीप्य (जैसे-गुरुजनों का संसर्ग) 9 अवधि, समय (जैसे-दीर्घ संसर्ग, क्षणिक संसर्ग)। ~**ज** (वि०) संसर्ग से उत्पन्न; ~**जन्य** (वि०) संसर्ग से उत्पन्न होनेवाला; ~**दोष** (पु०) संसर्ग से उत्पन्न बुराई; ~**रोध** (पु०) 1 लोगों को संक्रामक रोग आदि से बचाने हेतु बाहर से आए लोगों को अलग रखना 2 इस कार्य हेतु नियत स्थान; ~**विद्या** (स्त्री०) 1 व्यवहार कुशलता 2 सामाजिक विज्ञान
संसर्गी–*सं०* (वि०) 1 संसर्ग संबंधी 2 साथी
संसाधन–*सं०* (पु०) 1 अच्छी तरह पूरा करना 2 काम की तैयारी, आयोजन
संसाध्य–*सं०* (वि०) 1 पूरा करने योग्य 2 आयोजन के लायक
संसार–*सं०* (पु०) 1 दुनिया, जगत्, मर्त्यलोक 2 जन्म-मरण (जैसे-संसार का चक्कर) 3 मायाजाल, लौकिक प्रपंच 4 गृहस्थी (जैसे-जाओ पहले अपना संसार सँभालो)। ~**गमन** (पु०) जन्म मरण का आवागमन; ~**चक्र** (पु०) भवचक्र, संसृति; ~**प्रसिद्ध** (वि०) विश्व विख्यात; ~**बंधन** (पु०) माया जाल में फँसना, संसारिक बंधन; ~**भ्रमण** (पु०) संसार की सैर; ~**मोक्ष** (पु०) संसृति से मुक्ति; ~**यात्रा** (स्त्री०) 1 संसार में रहना 2 जीवन बिताना 3 ज़िंदगी; ~**विजयी** (पु०) संसार को जीतनेवाला; ~**विरत** (वि०) संसार को त्यागा हुआ; ~**व्यापी** (वि०) संसार में व्याप्त; ~**संग** (पु०) संसार के प्रति आसक्ति या

मोह; ~**सागर** (पु०) भवसागर, संसार रूपी समुद्र; ~**सुख** (पु०) भौतिक सुख

संसारी–*सं०* (वि०) संसार संबंधी

संसिक्त–*सं०* (वि०) अच्छी तरह किया हुआ

संसूचक–*सं०* (वि०) 1 भेद प्रकट करनेवाला, रहस्योद्घाटक 2 अभिज्ञापक, डिटेक्टर

संसूचना–*सं०* (स्त्री०) 1 पत्राचार 2 संदेश

संसृति–*सं०* (स्त्री०) संसार

संसृष्ट–I *सं०* (वि०) 1 एक साथ उत्पन्न, सहजात 2 संयुक्त 3 मिश्रित 4 सम्मिलित 5 अत्यंत परिचित 6 संपन्न 7 रचित, निर्मित 8 इकट्ठा किया हुआ II (पु०) घनिष्ठता, हेलमेल

संसृष्टि–*सं०* (स्त्री०) 1 संसृष्ट होने का भाव 2 घनिष्ठता, हेलमेल 3 मिलावट 4 लगाव 5 बनावट, रचना 6 *साहि०* दो या दो से अधिक अलंकारों का इस तरह प्रयोग होना कि वे अलग अलग दिखाई दें 7 संग्रह

संसेक–*सं०* (पु०) पानी आदि का छिड़काव

संसेचन–*सं०* (पु०) वीर्य का डिंबाशय में मिलना

संसेचित–*सं०* (वि०) अच्छी तरह सींचा हुआ

संसेवन–*सं०* (पु०) 1 अच्छी सेवा 2 सेवा में उपस्थित रहना 3 उपयोग, व्यवहार 4 आदर-सत्कार

संसेवा–*सं०* (स्त्री०) 1 सेवा 2 व्यवहार, उपयोग 3 हाज़िरी 4 झुकाव, प्रवृत्ति

संस्करण–*सं०* (पु०) 1 संस्कार करना 2 सुधारना 3 अच्छा, नया और सुंदर रूप देना 4 आवृत्ति

संस्कर्ता–*सं०* (वि०) संस्कार करनेवाला

संस्कार–*सं०* (पु०) 1 व्यवस्थित करना 2 सजाना 3 सुधारना 4 शुद्धि, सफ़ाई 5 स्वभाव आदि का परिष्कार 6 अंत्येष्टि क्रिया 7 शुद्ध संबंधी कृत्य 8 मन पर पड़ी छाप 9 पूर्व जन्म के कृत्यों की वासना। ~**गत** (वि०) संस्कार किया हुआ; ~**वर्जित** (वि०) संस्कार रहित; ~**वादी** (वि०), ~**शील** (वि०) संस्कारवाला

संस्कारक–*सं०* (पु०) 1 संस्कार करनेवाला 2 सुधार करनेवाला, सुधारक

संस्कारिता–*सं०* (स्त्री०) संस्कार युक्त होने का भाव

संस्कृत–I *सं०* (वि०) 1 संस्कार किया गया 2 परिमार्जित, परिष्कृत 3 निखारा और साफ़ किया हुआ 4 सुधारा हुआ 5 सजाया सँवारा हुआ II (स्त्री०) देववाणी (जैसे -संस्कृत भाषा में लिखित रामायण)। ~**ज्ञ** (पु०) संस्कृत का ज्ञाता; ~**पन** *+हिं०* (पु०) संस्कृत होने का भाव; ~**प्रचुर** (वि०) जिसमें संस्कृत शब्दों की अधिकता हो; ~**मूलक** (वि०) जो संस्कृत पर आधारित हो; ~**वाद** (पु०) संस्कृत शब्दों को प्रयोग करने का समर्थन; ~**विद्या** (स्त्री०) संस्कृत का ज्ञान (जैसे-संस्कृत विद्या की आवश्यकता); ~**वेत्ता** (पु०) = संस्कृतज्ञ

संस्कृति–*सं०* (स्त्री०) 1 संस्कृत रूप देने की क्रिया, परिष्कृति संस्कार 2 अलंकृत करना या सजाना 3 आचरणगत परंपरा। ~**भवन** (पु०) भवन जिसमें सांस्कृतिक सामग्री का संग्रह हो

संस्कृतीकरण–*सं०* (पु०) 1 संस्कृत करने की क्रिया 2 अन्य भाषा के शब्दों को संस्कृत रूप देना

संस्कृतीकृत–*सं०* (वि०) संस्कृत रूप दिया हुआ

संस्कृतेतर–*सं०* (वि०) संस्कृत से अलग (जैसे-संस्कृतेतर शब्दावली)

संस्कृतोद्भव–*सं०* (वि०) संस्कृत का विकास

संस्तंभ–*सं०* (पु०) 1 एकबारगी रुक जाना 2 स्तब्धता 3 निश्चेष्टता 4 दृढ़ता

संस्तर–*सं०* (पु०) 1 तह, परत 2 बिस्तर

संस्तवन–*सं०* (पु०) 1 स्तुति करना 2 प्रशंसा करना

संस्तुत–*सं०* (वि०) 1 प्रशंसित 2 जिसकी स्तुति की गई हो

संस्तुति–*सं०* (स्त्री०) 1 प्रशंसा 2 भावाभिव्यक्ति की आलंकारिक शैली 3 सिफ़ारिश

संस्था–*सं०* (स्त्री०) 1 सभा 2 समिति 3 समूह, मंडली 4 सामाजिक परंपरा 5 रूढ़ि, विधि, नियम 6 राजकीय आज्ञा। ~**कृत** (वि०) निर्धारित, निश्चित; ~**गत** (वि०) संस्था में आया हुआ; ~**पन** (पु०) 1 निश्चित करना 2 स्थापित करना 3 रूप प्रदान करना 4 नियम 5 विधान 6 निर्माण करना

संस्थाध्यक्ष–*सं०* (पु०) 1 व्यापार का निरीक्षक, व्यापाराध्यक्ष 2 समाज, समिति या संस्था का प्रधान व्यक्ति

संस्थान–*सं०* (पु०) 1 संस्था 2 अस्तित्व, जीवन 3 निवास स्थान 4 सार्वजनिक स्थान

संस्थापक–I *सं०* (वि०) संस्थापन करनेवाला II (पु०) संस्था, समाज का मूल व्यक्ति

संस्थापनीय–*सं०* (वि०) स्थापित करने योग्य

संस्थापित–*सं०* (वि०) 1 स्थापित किया हुआ 2 बनाया हुआ 3 जमाकर बैठाया हुआ 4 संचित

संस्थाप्य–*सं०* (वि०) = संस्थापनीय

संस्पर्श–*सं०* (पु०) अच्छी तरह से होनेवाला स्पर्श

संस्पर्शन–*सं०* (पु०) स्पर्श करना, छूना

संस्पृष्ट–*सं०* (वि०) 1 स्पर्श किया हुआ 2 समीपस्थ

संस्मरण–*सं०* (पु०) 1 बार बार स्मरण करना 2 महत्त्वपूर्ण घटनाओं, कृत्यों आदि का उल्लेख

संस्करणात्मक–*सं०* (वि०) संस्करण संबंधी

संस्वन–*सं०* (पु०) सहध्वनि

संहत–*सं०* (वि०) 1 अच्छी तरह सटा हुआ 2 घना 3 दृढ़, मजबूत 4 मिश्रित

संहति–*सं०* (स्त्री०) 1 मिलना 2 एकत्र होना 3 ढेर, राशि 4 घनापन 5 जोड़, संधि 6 संघटन

संहर्ता–*सं०* (पु०) = संहारकर्ता

संहार–*सं०* (पु०) 1 नाश, ध्वंस 2 हत्या (जैसे-दैत्यों का संहार) 3 परिहार, निवारण। ~**कर्ता** (पु०) संहार करनेवाला; ~**कारी** (वि०) संहार करनेवाला; ~**काल** (पु०) नाश का समय; ~**शस्त्र** (पु०), ~**सामग्री** (स्त्री०) नाश करने का सामान

संहारक–*सं०* (वि०) संहार करनेवाला

संहारना–*सं०* (स० क्रि०) 1 मार डालना 2 ध्वंस करना

संहारी–*सं०* (वि०) संहार करनेवाला

संहित–*सं०* (वि०) 1 सम्मिलित 2 संबद्ध 3 संहिता रूप में लाया हुआ

संहिता–*सं०* (स्त्री०) 1 संयोग, मेल 2 संकलन, संग्रह 3 परंपरा से चला आ रहा ग्रंथ 4 वेदों का मंत्र 5 *व्या०* अक्षरों की होनेवाली संधि 6 नियम, विधियों आदि का संग्रह, कोड

(जैसे-भारतीय दंड संहिता)। ~**बद्ध** (वि०) संहिता में बँधा हुआ

संहिति–*सं०* (स्त्री०) संहति होने का भाव

सआदत–*अ०* (स्त्री०) 1 अच्छाई, भलाई 2 सौभाग्य। ~**मंद** +*फ़ा०* (वि०) 1 भला, सज्जन 2 भाग्यशाली, सौभाग्यवान्

सई–*अ०* (स्त्री०) प्रयत्न, कोशिश

सऊर–*अ० बो०* (पु०) = शऊर

सक–*अ० बो०* (पु०) संदेह

सकट–I (पु०) शकट, छकड़ा II (वि०) बुरा, नीच

सकत–I *बो०* (स्त्री०) 1 शक्ति, सामर्थ्य 2 वैभव II (अ०) यथाशक्ति, भरसक

सकता–I (स्त्री०) 1 शक्ति, ताक़त 2 बूता, क्षमता

सकता–II *अ०* (पु०) 1 बेहोशी 2 भौचक्का, 3 स्तब्धता (जैसे-सकते में रह जाना) 3 पद्य में आनेवाला विराम, यति में यति भंग नामक दोष

सकना–(अ० क्रि०) करने योग्य होना (जैसे-कह सकना, बैठ सकना, पढ़ सकना)

सकपकाना–I (अ० क्रि०) 1 चकित होना, चकपकाना 2 हिचकना 3 शरमाना 4 संकोच करना II (स० क्रि०) 1 चकित करना 2 असमंजस में डालना 3 लज्जित करना

सकर खंडी–*फ़ा०+हिं०* (स्त्री०) खाँड़, शक्कर

सकरना–(अ० क्रि०) 1 सकारा जाना, मंजूर होना 2 माना जाना

सकरिया–(स्त्री०) लाल शकरकंद

सकरुण–*सं०* (वि०) दयाशील

सकर्मक–*सं०* (वि०) 1 कर्मयुक्त 2 क्रियाशील

सकल–*सं०* (वि०) समस्त, कुल

सकलात–(पु०) 1 दुलाई, रजाई 2 उपहार, भेंट 3 सौगात

सकलाती–(वि०) 1 उपहार रूप में दिया हुआ 2 अच्छा, बढ़िया

सकसकाना–(अ० क्रि०) डर कर काँपना

सकाम–*सं०* (वि०) 1 कामनायुक्त 2 सफल मनोरथ 3 प्रेम करनेवाला, प्रेमी (जैसे-सकाम नायिका, सकाम अभिनेता) 4 कामी (जैसे-सकाम युवती)

सकामा–*सं०* (स्त्री०) कामवती स्त्री, कामपीड़िता नारी

सकामी–*सं०* (वि०) 1 वासना युक्त 2 कामुक

सकार–*सं०* (पु०) 'स' वर्ण

सकारण–*सं०* (वि०) कारण सहित

सकारना–(स० क्रि०) 1 स्वीकार करना, मंजूर करना 2 मान लेना 3 हुंडी पर हस्ताक्षर करके उसे मान लेना

सकारात्मक–*सं०* (वि०) 1 स्वीकृति का सूचक 2 निश्चयी

सकाश–*सं०* (अ०) समीप, पास

सकिलना–(अ० क्रि०) *बो०* 1 सरकना 2 सिमटना 3 समर्थ होना 4 पूरा होना

सकुँचाई–(स्त्री०) संकोच, शर्म, लज्जा

सकुचाना–I (अ० क्रि०) 1 लज्जा करना, शर्माना 2 संपुटित होना, बंद होना 3 सिकुड़ना II (स० क्रि०) लज्जित करना

सकुचीला–(वि०) 1 संकोच करनेवाला 2 शर्मीला

सकुचौहाँ–(वि०) लजीला

सकुटुंब–*सं०* (वि०) कुटुंब के साथ, सपरिवार

सकुशल–*सं०* (क्रि० वि०) कुशलतापूर्वक, ख़ैरियत से

सकूनत–*अ०* (स्त्री०) निवास स्थान

सकेत–(वि०) तंग, संकीर्ण

सकेती–(स्त्री०) कष्ट, आपत्ति

सकोच–*बो०* (पु०) = संकोच

सकोड़ना–(स० क्रि०) *बो०* = सिकोड़ना

सकोप–*सं०* (वि०) क्रोधयुक्त, कोपाविष्ट

सकोरा–*बो०* (पु०) कसोरा

सक्क़ा–*अ०* (पु०) माशकी, भिश्ती

सक्तु–(पु०) = सत्तू

सक्रिय–*सं०* (वि०) 1 क्रिया में लगा हुआ (जैसे-सक्रिया कर्मचारी) 2 क्रियात्मक रूप में होनेवाला (जैसे-सक्रिय नाटक)। ~**कारी** (वि०) किसी वस्तु को सक्रिय करनेवाला; ~**कृत** (वि०) सक्रिय किया हुआ; ~**ता** (स्त्री०) सक्रिय होने का भाव

सक्रियीकरण–*सं०* (पु०) सक्रिय करना

सक्रोध–*सं०* (वि०) क्रोधी

सक्षम–*सं०* (वि०) समर्थवान्

सखत्व–*सं०* (पु०) 1 सखापन 2 मित्रता

सखरा–I (पु०) कच्ची रसोई II (वि०) खारा

सखरी–(स्त्री०) कच्चा भोजन, कच्ची रसोई

सखा–*सं०* (पु०) 1 साथी, संगी, 2 मित्र, दोस्त 3 सहचर, सहयोगी। ~**पन** +*हिं०* (पु०) सखा होने का भाव

सख़ावत–*अ०* ((स्त्री०) 1 दानशीलता 2 आर्थिक उदारता

सखित्व–*सं०* (पु०) = सखापन

सखी–*सं०* (स्त्री०) सहेली, सहचरी। ~**भाव** (पु०) स्वयं को उपास्य देव की पत्नी मानना; ~**संप्रदाय** (पु०) स्वयं को आराध्य देव की पत्नी या सखी मानकर उपासना संबंधी एक शाखा या संप्रदाय

सख़ी–*अ०* (वि०) दाता, दानी (जैसे-सख़ी से सूम भला जो तुरत दे जवाब)

सख़ुन–*फ़ा०* (पु०) 1 बातचीत, वार्तालाप 2 कथन। ~**तकिया** (पु०) तकिया कलाम; ~**दाँ** (पु०) 1 काव्य का रसिक या प्रेमी 2 बतचीत को अच्छी तरह समझनेवाला; ~**दानी** (स्त्री०) सख़ुनदाँ होने का भाव; ~**परवर** (पु०) बात का धनी; ~**फ़हम** (वि०) काव्य मर्मज्ञ; ~**फ़हमी** +*अ०+फ़ा०* (स्त्री०) = सख़ुनदानी; ~**वर** (पु०) कवि, शायर; ~**साज़** (पु०) 1 काव्य रचना करनेवाला, शायर, कवि 2 मनगढ़ंत बात कहनेवाला; ~**साज़ी** (पु०) 1 कवि होने का भाव 2 कविता रचना

सखेद–*सं०* (क्रि० वि०) खेद के साथ, अफ़सोस के साथ

सख़्त–*फ़ा०* (वि०) 1 कठोर, कड़ा (जैसे-पत्थर की तरह सख़्त) 2 दृढ़, पक्का 3 मुश्किल, कठिन (जैसे-सख़्त काम) 4 प्रखर, तीक्ष्ण 5 निष्करुण (जैसे-सख़्त दिल, सख़्त बर्ताव) 6 अत्यधिक, बहुत ज्यादा (जैसे-सख़्त नालायकी)

सख़्ती–*फ़ा०* (स्त्री०) 1 सख़्त होने का भाव, कड़ापन 2 कठोरता 3 कठिनता 4 बेरहमी, निष्करुणा

सख्य–*सं०* (पु०) 1 सखा होने का भाव 2 मित्रता, दोस्ती 3 समानता, बराबरी 4 इष्टदेव को सखा मानकर की जानेवाली भक्ति (जैसे-सूरदास की सख्य भावना या सख्य उपासना)।

~ता (स्त्री०) सख्य होने का भाव; ~भाव (पु०) मैत्री भाव, मित्रता की भावना

सगंध–*सं०* (वि०) 1 गंध युक्त 2 खुशबूदार

सगपहती–(स्त्री०) साग मिलाकर पकाई गई दाल

सगभत्ता–*बो०* (पु०) साग मिलाकर पकाया गया भात

सगरा–I *बो०* (वि०) = सकल

सगरा–II (पु०) *बो०* 1 तालाब 2 झील 3 समुद्र

सगर्भ–*सं०* (वि०) सगा, सहोदर

सगर्भा–*सं०* (स्त्री०) 1 गर्भवती स्त्री 2 सहोदरा

सगर्व–*सं०* (वि०) अभिमानी, घमंडी

सगलगी–(स्त्री०) 1 आत्मीयता प्रदर्शन 2 खुशामद

सगवारा–*बो०* (पु०) गाँव के आसपास तथा उससे संबद्ध भूमि

सगा–(वि०) 1 एक ही गर्भ से उत्पन्न, सहोदर 2 अपने ही कुल का (जैसे-सगा चाचा)। ~**पन** (पु०) आत्मीयतापूर्ण संबंध, सगा होने का भाव; ~**संबंधी** +*सं०* (पु०) निकट के रिश्तेदार

सगाई–(स्त्री०) 1 मँगनी, विवाह का ठहराव 2 नाता, रिश्ता, संबंध 3 आत्मीयता और घनिष्ठता का संग 4 घनिष्ठ पारिवारिक संबंध

सग़ीर कबीर–*अ०* (पु०) छोटे बड़े

सगुण–*सं०* (वि०) गुणयुक्त। ~**ता** (स्त्री०) सगुण होने का भाव

सगुनाना–(स० क्रि०) शगुन से शुभ-अशुभ फलों का विचार करना

सगुनिया–(पु०) शकुन विचारनेवाला

सगुनौती–(स्त्री०) शकुन विचारने का काम

सगोती–(पु०) एक ही परिवार के लोग

सगोत्र–*सं०* (पु०) 1 एक ही पूर्वज से उत्पन्न लोग 2 कुल, वंश 3 जाति

सघन–*सं०* (वि०) 1 घना, गझिन (जैसे-सघन वन) 2 ठोस (जैसे-सघन पदार्थ)। ~**ता** (स्त्री०) निविड़ता, अविरलता

सच–(वि०), 1 वास्तविक 2 झूठ रहित, सत्य (जैसे-हम सबको सच बोलना चाहिए)

सचकित–*सं०* (वि०) आश्चर्य में पड़ा हुआ, भौचक्का

सचमुच–(अ०) 1 यथार्थतः, ठीक-ठीक 2 अवश्य, निश्चित रूप से (जैसे-सचमुच वह उत्तीर्ण हो गया)

सचराचर–*सं०* (पु०) चर और अचर सभी वस्तुएँ

सचल–*सं०* (वि०) 1 चलता हुआ 2 चंचल (जैसे-सचल नेत्र) 3 चलाने की शक्ति से युक्त (जैसे-सचल यंत्र) 4 एक स्थान से अन्य स्थान को ले जाना (जैसे-सचल चिकित्सालय)

सचाई–(स्त्री०) 1 सत्यता 2 वास्तविकता जैसे-सचाई प्रकट न करना)

सचान–(पु०) बाज, श्येन

सचावट–*बो०* (स्त्री०) = सचाई

सचिंत–*सं०* (वि०) चिंता से युक्त

सचिक्कण–*सं०* (वि०) बहुत चिकना

सचित्–*सं०* (वि०) ज्ञान युक्त

सचित्त–*सं०* (वि०) ध्यानमग्न

सचित्र–*सं०* (वि०) 1 चित्रित 2 चित्रों से युक्त (जैसे-सचित्र पुस्तक)

सचिव–*सं०* (पु०) 1 मंत्री, वजीर 2 संस्था का उत्तरदायी व्यक्ति 3 सहायक (जैसे-निजि सचिव) 4 विभाग का उच्चाधिकारी (जैसे-वित्त सचिव)

सचिवत्व–*सं०* (पु०) सचिव का पद और कार्य

सचिवाधिकार–*सं०* (पु०) सचिवों का शासनकाल

सचिवालय–*सं०* (पु०) सरकार के सचिवों, मंत्रियों तथा विभिन्न विभाग के प्रधान अधिकारियों आदि के कार्यालयों का समूह, सेक्रेटेरियट

सचेत–*सं०* (वि०) 1 चेतन युक्त 2 सावधान (जैसे-सचेत रहना)

सचेतक–I *सं०* (वि०) सजग करनेवाला II (पु०) विधायिका, संसद आदि का अनुशासन संबंधी एक अधिकारी

सचेतन–I *सं०* (पु०) विवेक युक्त प्राणी 2 चेतन II (वि०) 1 चेतना युक्त 2 सावधान 3 होशियार, चतुर

सचेती–(स्त्री०) सचेत होने का भाव

सचेष्ट–*सं०* (वि०) चेष्टा युक्त

सच्चरित्र–*सं०* (वि०) सदाचारी

सच्चा–(वि०) 1 सच बोलनेवाला, सत्यवादी (जैसे-सच्चा विद्यार्थी, सच्चा बालक) 2 विशुद्ध, खरा (जैसे-सच्चा सोना 3 दोष रहित (जैसे-सच्चा कथन) 4 असली, वास्तविक (जैसे-साड़ी पर सच्ची जरी का काम है) 5 संदेह रहित, असंदिग्ध (जैसे-बात का सच्चा)। ~**पन** (पु०) = सच्चाई

सच्चाई–(स्त्री०) सत्यता, सचाई

सच्चित–*सं०* (पु०) सत् और चित् दोनों से युक्त ब्रह्म

सच्चिदानंद–*सं०* (पु०) सत् चित् और आनंद स्वरूप प्रभु

सज–(स्त्री०) 1 सजावट 2 बनावट का ढंग 3 सुंदरता 4 शोभा (जैसे-सजधज से युक्त नारी। ~**दार** +*फ़ा०* (वि०) अच्छी आकृतिवाला, सुंदर; ~**धज** (स्त्री०) 1 ठाटबाट 2 बनाव शृंगार, सजावट

सजग–(वि०) सतर्क, सावधान। ~**कारी** + *सं०* (वि०) सजग रहनेवाला

सजन–I (पु०) 1 प्रियतम, पति 2 सज्जन 3 संबंधी II (वि०) जन सहित

सजना–I (अ० क्रि०) 1 अलंकृत होना 2 फबना, शोभित होना II (स० क्रि०) 1 सजाना 2 व्यवस्थित करना III (पु०) प्रियतम (जैसे-सजना की याद आना)

सजनी–(स्त्री०) सखी, सहेली

सजल–*सं०* (वि०) 1 जल से युक्त 2 अश्रुपूरित (जैसे-सजल नयन) 3 तरल पदार्थ से युक्त। ~**नयन** (वि०) अश्रुपूर्ण नेत्र

सजवाई–(स्त्री०) 1 सजवाने का काम 2 सजवाने का पारिश्रमिक

सजवाना–(स० क्रि०) सजाने का काम कराना

सज़ा–*फ़ा०* (स्त्री०) 1 दंड 2 बदला 3 कारावास (जैसे-हत्या की सज़ा भुगतना) 4 जुर्माना (जैसे-किताब खो जाने की सज़ा, झूठ बोलने पर सज़ा)। ~**याफ़्ता** (वि०) 1 दंड पाया हुआ, दंडित 2 सजा पानेवाला (जैसे-सज़ायाफ़्ता कैदी); ~**याब** (वि०) 1 दंड का अधिकारी 2 सज़ा का अधिकारी, सज़ा

पानेवाला; ~**वार** (वि०) 1 सज़ा के योग्य 2 दंडनीय
सजाई–(स्त्री०) = सजवाई
सजागर–*सं०* (वि०) 1 जागता हुआ 2 होशियार, चतुर, सजग
सजात–*सं०* (वि०) 1 किसी जात से उत्पन्न 2 संबंधियों से युक्त 3 समान वर्ग का (जैसे-सजात भाई बंधु)
सजाति–*सं०* (वि०) 1 जाति का 2 एक ही प्रकृति का, समान स्वभाववाला
सजातीय–*सं०* (वि०) एक ही जाति का। ~**ता** (स्त्री०) सजातीय होने का भाव
सजाना–(स० क्रि०) 1 आकर्षक और सुंदर बनाना (जैसे-बैठक का कमरा सजाना) 2 अलंकृत करना (जैसे-नायिका को सजाना)। ~**बनाना** (स० क्रि०) 1 व्यवस्थित करना 2 सुंदर बनाना
सजाव (पु०), **सजावट**–(स्त्री०) 1 शोभा 2 तैयारी 3 सज्जा, अलंकरण
सजावटी–(वि०) सजावट संबंधी
सजिल्द–*सं०+अ०* (वि०) जिल्द सहित (जैसे-सजिल्द पुस्तक)
सज़ीदा–*फ़ा०* (वि०) योग्य, लायक
सजीला–(वि०) 1 आकर्षक और सुंदर (जैसे-सजीली नायिका, सजीला नौजवान) 2 सुंदर और सुडौल
सजीव–I *सं०* (वि०) 1 जीव युक्त 2 जीवित 3 तेज़, फुर्तीला (जैसे-सजीव खिलाड़ी) II (पु०) प्राणी, जीवधारी। ~**ता** (स्त्री०) 1 तेज़ी, फुर्ती 2 सजीव होने का भाव
सजीवन–(पु०) संजीवनी नाम की बूटी
सजूरी–(स्त्री०) एक प्रकार की मीठी पूरी
सजोना–(स० क्रि०) *बो०* = सजाना
सज्जन–*सं०* (पु०) 1 भला आदमी 2 शरीफ़ 3 अच्छे कुल का व्यक्ति 4 प्रिय व्यक्ति (जैसे-सज्जनों, मेरी बात सुनिए)। ~**ता** (स्त्री०) सज्जन होने का भाव
सज्जा–*सं०* (स्त्री०) 1 साज सामान 2 सजावट (जैसे-गृह की सज्जा) 3 पोशाक (जैसे-सैनिक सज्जा)। ~**कार** (पु०) सजावट करनेवाला
सज्जित–*सं०* (वि०) 1 सजा हुआ, अलंकृत 2 सामान आदि से युक्त, तैयार (जैसे-सज्जित सेना)
सज्जी (स्त्री०), **सज्जीखार**–(पु०) मिट्टी के रंग रूप का एक प्रकार का प्रसिद्ध क्षार
सज्ञान–*सं०* (वि०) 1 ज्ञानवाला 2 समझदार 3 प्रौढ़, वयस्क, बालिग 4 सचेत, सावधान
सटक–(स्त्री०) 1 खिसकने का भाव 2 डंठल 3 मुड़नेवाला नैचा
सटकना–I (अ० क्रि०) धीरे से खिसक जाना, चंपत होना, रफूचक्कर होना II (स० क्रि०) कूटना, पीसना
सटकाना–(स० क्रि०) 'सट' 'सट' की आवाज़ पैदा करना (जैसे-कोड़ा सटकाना)
सटकारना–(स० क्रि०) 1 छड़ी आदि से मारना 2 झटकारना
सटकारी–(स्त्री०) पतली और लचकदार छड़ी
सटक्का–(पु०) झपट, दौड़ (जैसे-सटक्का मारना)। ~**मारना** तेज़ी से दौड़ना
सटना–(अ० क्रि०) 1 एक साथ लग जाना, मिल जाना 2 चिपकना
सटपट–(स्त्री०) 1 हिचकिचाहट, संकोच 2 द्विविधा
सटपटाना–I (अ० क्रि०) 1 संकोच करना, हिचकिचाना 2 भौचक्का होना 3 'सटपट' शब्द करना II (स० क्रि०) 'सटपट' ध्वनि उत्पन्न करना
सटर पटर–I (वि०) 1 बहुत मामूली 2 तुच्छ II (पु०) उलझन, झंझट या बखेड़े का काम
सटाना–(स० क्रि०) 1 एक साथ मिलाना (जैसे-पलंग को दीवार से सटाना) 2 चिपकाना (जैसे-दीवार पर पोस्टर सटा देना) 3 समीप लाना
सटिप्पण–*सं०* (वि०) टिप्पणी सहित
सटियल– (वि०) घटिया, रद्दी
सटीक–I *सं०* (वि०) टीका सहित, व्याख्यासहित (जैसे-सटीक रामायण) II (वि०) बिल्कुल ठीक, उपयुक्त
सटोरिया–(पु०) सट्टेबाज़, सट्टा खेलनेवाला
सट्टा–(पु०) 1 इक़रारनामा 2 व्यापारियों द्वारा खेला जानेवाला एक प्रकार जूआ। ~**बट्टा** (पु०) 1 चालबाज़ी 2 छलपूर्ण मेलजोल
सट्टी–(स्त्री०) जहाँ एक ही प्रकार की वस्तुओं का व्यापार हो ऐसा बाज़ार, हाट (जैसे-घास की सट्टी, तरकारी की सट्टी)
सट्टेबाज़–*हिं०+फ़ा०* (पु०) अधिक लाभ के लिए बिना जोखिम उठाए सौदा करनेवाला
सट्टेबाज़ी–*हिं०+फ़ा०* (स्त्री०) सट्टेबाज़ का काम
सठियाना–(अ० क्रि०) 1 साठ वर्ष का होना 2 बुड्ढा होना 3 मानसिक शक्ति का ह्रास होना
सठियाव–(पु०) सठिया जाने की अवस्था
सड़क–(स्त्री०) मोटर, गाड़ी, टाँगा आदि चलने का पक्का मार्ग। ~**निर्माण** + *सं०* (पु०) रास्ते का निर्माण, मार्ग बनाना
सड़न–(स्त्री०) सड़ने की अवस्था (जैसे-फल आदि की सड़न)। ~**रोक** (वि०) सड़न रोकनेवाला
सड़ना–(अ० क्रि०) 1 दुर्गंधयुक्त होना (जैसे-लाश का सड़ना) 2 काम के योग्य न रह जाना (जैसे-फल, सब्जी का सड़ना) 3 हीनावस्था में पड़े रहना (जैसे-ज़ेल में कैदियों का सड़ना)
सड़सठ–I (वि०) साठ से सात अधिक II (पु०) '67' की संख्या
सड़सी–(स्त्री०) = सँड़सी
सड़ाँध–(स्त्री०) = सड़ायँध
सड़ागला–(वि०) सड़ा और गला
सड़ान–(स्त्री०) = सड़न
सड़ाना–(स० क्रि०) 1 दुर्गंध उत्पन्न कराना (जैसे-खाद सड़ाना, आम सड़ाना) 2 दुर्गति करना (जैसे-ज़ेल में कैदियों को सड़ाना)
सड़ायँध–(स्त्री०) सड़ने से उत्पन्न बदबू, सड़ाँध
सड़ाव–(पु०) = सड़न
सड़ासड़–*अ०* 'सड़' शब्द के साथ (जैसे-सड़ासड़ मारना, सड़ासड़ कोड़े लगाना)
सड़ियल–(वि०) 1 सड़ा हुआ 2 अत्यंत निम्न कोटि का

सत्–*सं०* (वि०) 1 सच, सत्य 2 साधु, सज्जन 3 उत्तम, श्रेष्ठ (जैसे-सत् मार्ग, सत् पथ)

सत–I (वि०) यथार्थ, सत्य II (पु०) सच्चाई, यथार्थता (जैसे-सत पर अडिग रहना)। ~**गुरु** (पु०) सच्चा शिक्षक; ~**जुग** (पु०) = सत्ययुग; ~**युग** *सं०* = सत्ययुग

सत–(पु०) सात की संख्या, '7' (जैसे-सतपदी, सत कोना)। ~**कोन** (वि०) सात कोणवाला; ~**खंडा** (वि०) सात खंडवाला; ~**गुना** (वि०) सात का गुणा किया हुआ (जैसे-चार का सतगुना अट्ठाइस होगा); ~**फेरा** (पु०) = सप्तपदी; ~**रंगा** I (वि०) सात रंग का (जैसे-सतरंगा कपड़ा) II (पु०) इंद्रधनुष; ~**लड़ी** (स्त्री०) सात लड़ियों का हार

सतत–*सं०* (अ०) हमेशा, सदा, सर्वदा (जैसे-सतत परिश्रम करते रहना चाहिए)

सतथ्य–*सं०* (वि०) सच्चाई के साथ

सतनजा–I (पु०) सात भिन्न प्रकार के अनाज का मिश्रण II (वि०) अनेक प्रकार के मिश्रण से बना

सतर–I *अ०* (स्त्री०) 1 लकीर, रेखा 2 अवली, कतार, पंक्ति। ~**बंदी** *+फ़ा०* (स्त्री०) कतार में रहना, पंक्ति बद्ध रहना

सतर–II *अ०* (पु०) 1 छिपाव 2 गुप्तांग। ~**पोश** *+फ़ा०* (वि०) तन ढाँकनेवाला

सतर्क–*सं०* (वि०) 1 सचेत, सावधान 2 तर्कयुक्त, तर्कपूर्ण 3 तर्ककुशल, विवेकशील। ~**ता** (स्त्री०) सतर्क होने का भाव

सतवंती–(स्त्री०) सती और साध्वी स्त्री

सतसई–(स्त्री०) सप्तशती (जैसे-बिहारी की सतसई)

सतह–*अ०* (स्त्री०) 1 वस्तु का ऊपरी भाग या विस्तार, लेविल (जैसे-समुद्र की सतह) 2 केवल लंबाई और चौड़ाई से युक्त कोई वस्तु 3 तल। ~**ज़मीन** *+फ़ा०* (स्त्री०) पृथ्वीतल

सतहत्तर–I (वि०) सत्तर से सात अधिक II (पु०) '77' की संख्या

सतही–*अ०* (वि०) सतह संबंधी

सताना–(स० क्रि०) 1 कष्ट देना, दुःख देना (जैसे-ग़रीब को सताना) 2 परेशान करना (जैसे-मित्र को सताना)

सतालू–(पु०) 1 आड़ू का पेड़ 2 आड़ू

सतासी–(वि०/पु०) = सत्तासी

सती–*सं०* I (वि०) 1 पतिव्रता, साध्वी 2 पति की चिता संग जल जानेवाली, सहगामिनी II (स्त्री०) 1 पति परायण स्त्री, साध्वी 2 सहगामिनी स्त्री III (पु०) 1 सत्धर्म का पालनकर्ता 2 सात्विक वृत्तिवाला महात्मा, साधु (जैसे-बड़े-बड़े जोगी, जती और सती भी ईश्वर की महिमा को न जान सके)। ~**प्रथा** (स्त्री०) सती होने की परंपरा; ~**व्रता** (स्त्री०) सती होने का भाव; ~**साध्वी** (स्त्री०) पतिव्रता नारी (जैसे-सती साध्वी की साधना)

सतीत्व–*सं०* (पु०) सती का धर्म, पतिव्रत्य। ~**हरण** (पु०) 1 सती का धर्म नष्ट करना 2 सती के साथ किया गया बलात्कार

सतीर्थ–*सं०* (पु०) सह अध्यायी, सहपाठी

सतुआ–(पु०) *बो०* = सत्तू। ~**संक्रांति** *+सं०* (स्त्री०) प्रायः वैशाख में पड़नेवाली मेष की संक्रांति (जैसे-सतुआ संक्रांति का पर्व और उसका गंगा स्नान)

सतून–*फ़ा०* (पु०) खंभा, स्तंभ

सतृष्ण–*सं०* (वि०) 1 प्यासा 2 इच्छुक (जैसे-सतृष्ण आँखें)

सतेज–*सं०* (वि०) 1 कांतियुक्त (जैसे-सतेज मुखमंडल) 2 जीव शक्ति संपन्न (जैसे-सतेज बालक, सतेज प्राणी)

सतोगुण–(पु०) अच्छे और सरल कर्मों की ओर प्रवृत्त करनेवाला गुण

सतौला–(पु०) *बो०* प्रसूता स्त्री का सातवें दिन किया जानेवाला स्नान

सतौसर–(पु०) = सतलड़ी

सत्करण–*सं०* (पु०) 1 आदर सत्कार करना 2 अंत्येष्टि कर्म

सत्कर्ता–*सं०* (पु०) = सत्कारक

सत्कर्म–*सं०* (पु०) 1 अच्छा काम 2 पुण्य का काम

सत्कार–*सं०* (पु०) 1 ख़ातिरदारी तथा सेवा 2 आदर सम्मान और सेवा

सत्कारक–*सं०* (वि०) सत्कार करनेवाला

सत्कार्य–*सं०* (वि०) 1 सत्कार के योग्य 2 जिसकी अंत्येष्टि की जाए

सत्कीर्ति–*सं०* (स्त्री०) नेकनामी, यश, उत्तम कीर्ति

सत्कुल–*सं०* I (वि०) उत्तम कुल का II (पु०) उच्च कुल, बड़ा ख़ानदान

सत्कृत–*सं०* (वि०) 1 अच्छी तरह किया हुआ 2 सत्कार किया गया

सत्कृति–*सं०* (स्त्री०) उत्तम कृति, सत्कर्म

सत्त–(पु०) 1 असली तत्त्व, रस (जैसे-मुलेठी का सत्त, गेहूँ का सत्त) 2 शक्ति, बल शरीर का सत्त 3 मुख्य उपयोगी तत्त्व

सत्तम–*सं०* (वि०) 1 सबसे अधिक अच्छा 2 सर्वश्रेष्ठ

सत्तर–I (वि०) साठ से दस अधिक II (पु०) '70' की संख्या

सत्ता–I *सं०* (स्त्री०) 1 अस्तित्व, हस्ती (जैसे-मानव की सत्ता, सत्ता का होना) 2 शक्ति, सामर्थ्य (जैसे-सामाजिक सत्ता, सत्ता का अभाव) 3 अधिकार, प्रभुत्व 4 प्रभुसत्ता, सावरेनटी (जैसे-सत्ता की बागडोर सँभालना)। ~**ग्रहण** (पु०) सत्ता हथियाना; ~**च्युत** (वि०) सत्ता से हटाया हुआ; ~**धारी** (वि०) सत्ता हथियानेवाला; ~**लोलुप** (वि०) सत्ता का लालची, सत्ता चाहनेवाला; ~**वाद** (पु०) ये मत कि किसी सत्ताधारी की सभी बातें मान लेनी चाहिए; ~**शाली** (वि०) = सत्ताधारी; ~**शाही** *+ फ़ा०* (स्त्री०) एकतंत्र राज्य

सत्ता–II (पु०) ताश का सात बूटियोंवाला एक पत्ता (जैसे-पान का सत्ता)

सत्ताईस–I (वि०) बीस से सात अधिक II (पु०) '27' की संख्या

सत्ताधिकारी–*सं०* (पु०) = सत्ताधारी

सत्ताधीश–*सं०* (पु०) सत्तावाला

सत्तानवे–I (वि०) सौ से तीन कम II (पु०) '97' की संख्या

सत्तारूढ़–*सं०* (वि०) सत्ता पर आरूढ़, सत्ता प्राप्त

सत्तावन–I (वि०) पचास से सात अधिक II '57' की संख्या

सत्तासी–I (वि०) अस्सी से सात अधिक II (पु०) '87' की संख्या

सत्तू–(पु०) भुने हुए जौ, चने आदि का आटा। ~**बाँधकर**

पीछे पड़ना निरंतर चेष्टा शील रहना, पूरी तैयारी से काम में लगना (जैसे-बदला लेने के लिए वह सत्तू बाँधकर पीछे पड़ गया है)

सत्त्व–*सं०* (पु०) = सत्व

सत्थी–*बो०* (स्त्री०) जाँघ का मोटा भाग

सत्पथ–*सं०* (पु०) 1 उत्तम मार्ग 2 उत्तम पंथ 3 अच्छा आचरण, सदाचार

सत्परामर्श–*सं०* (पु०) सही सलाह मशविरा

सत्पात्र–*सं०* (पु०) 1 योग्य अधिकारी या व्यक्ति 2 श्रेष्ठ और सदाचारी व्यक्ति

सत्पुरुष–*सं०* (पु०) सदाचारी और योग्य व्यक्ति (जैसे-सत्पुरुष के लक्षण)

सत्यंकार–*सं०* (पु०) 1 वादा पूरा करना 2 पेशगी रूप में दिया गया धन 3 संविदा आदि को सत्य ठहराना

सत्य–I *सं०* (वि०) 1 सच, यथार्थ (जैसे-सत्य बोलना, सत्य वाणी) 2 यथातथ्य 3 विश्वस्त (जैसे-सत्य विचार) 4 वास्तविक, असल (जैसे-घटनाओं का सत्य निरूपण) II (पु०) 1 वास्तविक तथ्य या बात (जैसे-सत्य क्या है, ईश्वर ही जाने) 2 पारमार्थिक सत्ता (जैसे-सत्य की तलाश, सत्य की पहचान) 3 यथार्थता, सच्चाई (जैसे-सत्य की परख करना) 4 प्रमाणित सिद्धांत (जैसे-ईश्वर स्वयं ही सत्य है) 5 अच्छाई (जैसे-सत्य का अनुसरण करना)। ~**अन्वेषी** (वि०) सत्य की तलाश करनेवाला, सत्य को खोजनेवाला; ~**काम** (वि०) सत्य की कामना करनेवाला; ~**ता** (स्त्री०) 1 सत्य होने का भाव 2 वास्तविकता; ~**दर्शन** (पु०) सत्य को देखना, परखना; ~**दर्शी** (वि०) सत्यासत्य का विवेक करनेवाला; ~**निष्ठ** (वि०) सत्य में आस्था रखनेवाला; ~**निष्ठा** (स्त्री०) सत्यनिष्ठ होने का भाव; ~**परायण** (वि०) = सत्यनिष्ठ; ~**प्रतिज्ञ** (वि०) प्रतिज्ञा पर दृढ़ रहने और उसका पालन करनेवाला; ~**युग** (पु०) पौराणिक काल गणना के अनुसार चार युगों में से पहला युग; ~**युगी** (वि०) सत्ययुग से संबंधित; ~**लोक** (पु०) ब्रह्मलोक; ~**वाद** (पु०) 1 सत्य पर अडिग रहना 2 सत्य कहना; ~**वादिनी** (स्त्री०)/(वि०) सत्य बोलनेवाली; ~**वादी** (वि०) 1 सच बोलनेवाला 2 सत्यवाद संबंधी 3 सत्यनिष्ठ 4 धर्मनिष्ठ; ~**वृत्ति** (स्त्री०) सत्य का आचरण; ~**शोध** (पु०) = सत्यान्वेषण; ~**संकल्प** (वि०) दृढ़ संकल्प, दृढ़ प्रतिज्ञ; ~**साक्षी** (पु०) प्रत्यक्ष या विश्वस्त गवाह

सत्यतः–*सं०* (अ०) सचमुच, दरअसल, वस्तुतः

सत्यवान्–*सं०* (वि०) सत्यवाला

सत्यांश–*सं०* (पु०) सत्य का अंश

सत्याग्रह–*सं०* (पु०) 1 सत्य हेतु किया गया हठ 2 अहिंसात्मक कार्रवाई

सत्याग्रही–I *सं०* (वि०) सत्याग्रह करनेवाला II (पु०) सत्याग्रह करनेवाला व्यक्ति

सत्यानाश–*सं०* (पु०) सर्वनाश, बर्बादी, मटियामेट

सत्यानाशी–*सं०* (वि०) सत्यानाश करनेवाला

सत्यानास–(पु०) = सत्यानाश

सत्यानृत–*सं०* (पु०) 1 झूठ और सच का मेल 2 रोज़गार, व्यापार

सत्यान्वेषण–*सं०* (पु०) सत्य की खोज

सत्यापक–*सं०* (वि०) प्रमाणित करनेवाला

सत्यापन–*सं०* (पु०) 1 सत्य की जाँच पड़ताल 2 प्रमाणादि की जाँच करना, प्रमाणित करना

सत्यापित–*सं०* (वि०) 1 सत्यापन किया हुआ 2 प्रमाणित किया गया

सत्यासत्य–*सं०* (पु०) सत्य और असत्य

सत्येतर–*सं०* (वि०) सत्य से भिन्न, मिथ्या

सत्र–*सं०* (पु०) 1 नियत काल, सेशन 2 विकट समय (जैसे-1980 सत्र में अकाल पड़ा था) 3 ग़रीबों को भोजन मिलने का स्थान (जैसे-अन्न सत्र) 4 बैठक, अधिवेशन। ~**न्यायालय** (पु०) 1 सेशन कोर्ट 2 हत्या संबंधी निर्णय देने की अदालत

सत्रह–I (वि०) दस से सात अधिक II (पु०) '17' की संख्या

सत्रारंभ–*सं०* (पु०) सत्र का आरंभ

सत्रावसान–*सं०* (पु०) सत्र का ख़त्म होना

सत्व–*सं०* (पु०) 1 अस्तित्व 2 स्वभाव 3 प्राण वायु 4 मूल तत्व 5 सत्य, यथार्थता 6 शक्ति 7 प्रकृति के तीन गुणों में से एक और सर्वोच्च गुण। ~**गुण** (पु०) साधु और विवेकशील प्रकृति; ~**गुणी** (वि०) साधु और विवेकी

सत्संकल्प–*सं०* (पु०) अच्छे अभिप्राय वाला

सत्संग–*सं०* (पु०) 1 भली संगत, अच्छी सोहबत 2 साधु, महात्माओं का संग

सत्संगति–*सं०* (स्त्री०) 1 उत्तम साथ 2 सत्संग

सत्संगी–*सं०* (वि०) 1 सत्संग संबंधी 2 मेल जोल रखनेवाला

सत्संबंध–*सं०* (पु०) सही और सच्चा संबंध

सत्साहस–*सं०* (पु०) अच्छा काम करने की हिम्मत

सथिया–I (पु०) = स्वस्तिक चिह्न (卐)

सथिया–II (पु०) शल्य चिकित्सक, सर्जन

सदक़ा–*अ०* (पु०) 1 ईश्वर के नाम पर दी गई वस्तु 2 उतारा 3 निछावर

सदन–*सं०* (पु०) 1 निवास स्थान 2 घर, मकान 3 आश्रय स्थल (जैसे-गौ सदन) 4 सुभीते का स्थान (जैसे-सेवा सदन) 5 विधान सभा या संसद् का अधिवेशन संबंधी स्थान 6 इस स्थान पर होनेवाली सभा या बैठक या इसमें उपस्थित सदस्यगण। ~**नेता** (पु०) संसद या विधान सभा का निर्वाचित नेता; ~**सचिव** (पु०) विधान सभा या लोक सभा का वैतनिक सदस्य संसद सचिव

सदना–(अ० क्रि०) *बो०* 1 रसना, चूना 2 नाव में छेद से पानी आना

सदबर्ग–*फ़ा०* (पु०) गेंदा नामक पौधा और उसके फूल

सदमा–*अ०* (पु०) 1 धक्का, चोट, आघात 2 दिल पर लगनेवाली चोट, दुःख, शोकाघात। ~**उठाना** हृदय पर हुए आघात को सह लेना; ~**पहुँचना** चोट लगना

सदय–*सं०* (वि०) दयालु

सदर–I *अ०* (वि०) प्रधान, मुख्य (जैसे-सदर बाज़ार, सदर अमीन) II (पु०) 1 सर्वोच्च स्थान 2 सबसे बड़ा शासक, प्रधान शासक 3 सभा का सभापति 4 उच्च पदस्थ लोगों के बैठने का स्थान III (अ०) ऊपर। ~**अदालत** (स्त्री०)

मुख्य अदालत; ~**आला** (पु०) छोटा जज; ~**दरवाज़ा** मुख्य फाटक; ~**नशीन** *फ़ा०* (पु०) सभा का सभापति; ~**बाज़ार** *+ फ़ा०* (पु०) ख़ास बाज़ार; ~**मक़ाम** (पु०) मुख्यालय, हेडक्वार्टरस; ~**मालगुज़ार** *+ अ० + फ़ा०* (पु०) सरकार को मालगुज़ारी देनेवाला व्यक्ति; ~**मुक़ाम** (पु०) = सदर मक़ाम

सदरी–*अ०* (स्त्री०) बिना आस्तीन की कुरती

सदसत्–I *सं०* (वि०) 1 सत् और असत् 2 सच और झूठ 3 अच्छा और बुरा II (पु०) 1 अस्तित्व और अनास्तित्व 2 सच्ची और झूठी बात 3 अच्छाई और बुराई

सदसद्विवेक–*सं०* (पु०) अच्छे और बुरे की पहचान, भले बुरे का ज्ञान

सदस्य–*सं०* (पु०) सभा, संस्था, समाज से संबंध रखनेवाला व्यक्ति, सभासद, मेंबर (जैसे-लोक सभा का सदस्य, लोक सेवा आयोग का प्रधान सदस्य)। ~**ता** (स्त्री०) सदस्य होने का भाव; ~**ता शुल्क** (पु०) सदस्य होने का चंदा

सदस्या–*सं०* (स्त्री०) महिला सदस्य

सदस्यीय–*सं०* (वि०) सदस्य संबंधी (जैसे-बारह सदस्यीय टीम, चार सदस्यीय समिति)

सदहा–*फ़ा०* (वि०) सैकड़ों, बहुत से

सदा–I (क्रि० वि०) 1 हर समय, हर वक्त 2 लगातार, निरंतर 3 हर स्थिति में

सदा–II *अ०* (स्त्री०) 1 आवाज़ 2 पुकार

सदाक़त–*अ०* (स्त्री०) सत्यता, सच्चाई

सदाचरण–*सं०* (पु०) अच्छा चाल चलन

सदाचार–*सं०* (पु०) अच्छा व्यवहार। ~**संहिता** (स्त्री०) नैतिक आचरण की नियम पुस्तिका

सदाचारिणी–*सं०* I (स्त्री०) सच्चरित्र नारी II (वि०) अच्छे चाल चलनवाली

सदाचारिता–*सं०* (स्त्री०) सदाचारी होने का भाव

सदाचारी–*सं०* (वि०) 1 अच्छे आचरणवाला 2 सद्वृत्तिशील

सदाफल–*सं०* (वि०) सदा फल देनेवाला (वृक्ष)

सदाबहार–*सं० + फ़ा०* (वि०) 1 सदा हरा भरा रहनेवाला 2 जिसमें सदा फूल लगते रहें

सदाभव–*सं०* (वि०) हमेशा होनेवाला निरंतर

सदारत–*अ०* (स्त्री०) = सभा पतित्व

सदावर्त–(पु०) नित्य भोजन बाँटना

सदावर्ती–(वि०) सदावर्त का पालन करनेवाला

सदाशय–*सं०* (वि०) उच्च विचारोंवाला, सज्जन। ~**ता** (स्त्री०) सज्जनता

सदा सुहागिन–I (स्त्री०) सदा सौभाग्यवती रहनेवाली स्त्री II (वि०) सदा सौभाग्यवती रहनेवाली

सदाहरित–*सं०* (वि०) = सदा हरित

सदिच्छा–*सं०* (स्त्री०) हार्दिक इच्छा

सदी–*फ़ा०* (स्त्री०) 1 शताब्दी, शती (जैसे-पहली सदी, बीसवीं सदी) 2 सौ वस्तुओं का समूह, सैकड़ा

सदुद्देश्य–*सं०* (पु०) अच्छा उद्देश्य

सदुपदेश–*सं०* (पु०) 1 अच्छा उपदेश, उत्तम शिक्षा 2 बढ़िया सलाह

सदुपयोग–*सं०* (पु०) सत्यकार्य में लगाना

सदृश–*सं०* (वि०) 1 समान, एक जैसा 2 योग्य, उपयुक्त 3 उचित। ~**ता** (स्त्री०) 1 सदृश होने की स्थिति 2 समानता, तुल्यता

सदेह–I *सं०* (वि०) 1 शरीर से युक्त 2 पत्यक्ष, मूर्तिमान II (क्रि० वि०) शरीर धारण करने की अवस्था में

सदैव–*सं०* (क्रि० वि०) सदा, हमेशा

सदोष–*सं०* (वि०) 1 दोषी 2 दोषयुक्त

सद्गति–*सं०* (स्त्री०) 1 अच्छी हालत 2 मुक्ति 3 सदाचरण

सद्गुण–*सं०* (पु०) अच्छा गुण

सद्गुरु–*सं०* (पु०) 1 अच्छा और श्रेष्ठ गुरु 2 परमात्मा (जैसे-अंतर्मन में सद्गुरु का दर्शन)

सद्ग्रंथ–*सं०* (पु०) सन्मार्ग बतलानेवाली पुस्तक

सद्ज्ञान–*सं०* (पु०) अच्छा ज्ञान

सद्बुद्धि–*सं०* (स्त्री०) अच्छा विवेक

सद्भाग्य–*सं०* (पु०) अच्छा भाग्य

सद्भाव–*सं०* (पु०) शुभ भाव

सद्भावना–*सं०* (स्त्री०) 1 हित की भावना 2 छल-कपट आदि से रहित विचार

सद्भावी–*सं०* (वि०) 1 सदभाव से युक्त 2 सदाशयी

सद्म–*सं०* (पु०) 1 रहने का स्थान 2 घर

सद्यः–*सं०* (अ०) 1 आज ही 2 इसी समय, अभी 3 तुरंत, तत्काल (जैसे सद्यः प्रसूता)। ~**गृहीत** (वि०) = सद्यः प्राप्त; ~**जात** (वि०) जो तुरंत उत्पन्न हुआ हो (जैसे-सद्यः जात कन्या); ~**प्रसूत** (वि०) तुरंत का जन्मा हुआ; ~**प्रसूता** (वि०/स्त्री०) हाल ही में बच्चा जननेवाली; ~**प्राप्त** (वि०) तुरंत पाया हुआ; ~**मृत** (वि०) अभी का मरा हुआ; ~**रंजित** (वि०) तुरंत का रंगा हुआ (जैसे-सद्यः रंजित तस्वीर)

सद्यस्क–*सं०* (वि०) 1 वर्तमान काल का 2 इसी समय का 3 ताजा 4 अर्जेंट, आवश्यक

सद्योजात–*सं०* (पु०) नवजात शिशु

सद्वंशज–*सं०* (वि०) अच्छे कुल में उत्पन्न, कुलीन

सद्वृत्ति–*सं०* (स्त्री०) सद्व्यवहार, सदाचार

सद्व्यवहार–*सं०* (पु०) सदाचार, अच्छा चाल चलन

सद्व्रत–*सं०* (वि०) सदाचारी

सधना–(अ० क्रि०) 1 सिद्ध होना, पूरा होना 2 उद्देश्य पूर्ति होना, मतलब पूरा होना (जैसे-काम सधना) 3 अभ्यस्त होना (जैसें-हाथ सधना) 4 निश्चित या नियत स्थान पर लगना (जैसे-निशाना सधना) 5 कार्य हेतु उपयुक्त होना (जैसे-साइकिल पर शरीर सधना) 6 सँभलना 7 नापा जाना, साधा जाना (जैसे-तराजू सधना)

सधन्यवाद–*सं०* (क्रि० वि०) धन्यवाद के साथ

सधर्मक–*सं०* (वि०) 1 एक ही प्रकार का 2 समान, तुल्य 3 सच्चा और सरल 4 समान धर्म का अनुयायी

सधर्मा–*सं०* (वि०) समान गुण और धर्मवाला

सधर्मिणी–*सं०* (स्त्री०) पत्नी, भार्या

सधर्मी–*सं०* (वि०) समान धर्म का अनुयायी

सधवा–*सं०* (स्त्री०) सुहागिन, सौभाग्यवती

सधाना–(स० क्रि०) 1 साधने का काम कराना 2 पालतू बनाकर आचरण सिखाना 3 अनुकूल बनाने के लिए परचाना

सन्–*अ०* (पु०) साल, वर्ष
सन–I (पु०) एक प्रसिद्ध पौधा जिसके रेशे से बोरे आदि बनते हैं
सन–II (स्त्री०) वेग से निकल जाने का शब्द
सनक–(स्त्री०) 1 पागलपन, खब्त 2 धुन, झोंक। ~**आना** पागल होना; ~**चढ़ना,** ~**सवार होना** धुन सवार होना
सनकना–(अ० क्रि०) 1 पागल होना 2 पागल की बड़ बड़ करना
सनकी–I (वि०) 1 पागल 2 झक्की
सनकी–II (स्त्री०) आँख का इशारा। ~**मारना** आँख से इशारा करना
सनद–*अ०* (स्त्री०) 1 प्रमाण पत्र 2 प्रमाणिक कथन या बात। ~**प्राप्त** *+ सं०,* ~**याफ़्ता** *+ फ़ा०* (वि०) प्रमाण पत्र प्राप्त
सनदी–*अ० + फ़ा०* (वि०) 1 सनद संबंधी 2 सनद प्राप्त किया हुआ 3 प्रामाणिक
सनना–(अ० क्रि०) 1 गूँधा जाना 2 सम्मिलित किया जाना (जैसे-मुझे इस मामले में क्यों सान रहे हो) 3 लथपथ होना (जैसे-खून में सनना) 4 लीन होना
सनम–*अ०* (पु०) प्रेम पात्र, प्रिय, प्रियतम
सनशेड–*अं०* (पु०) झाँप
सनसनाना–(अ० क्रि०) 1 सनसन शब्द होना 2 सनसनाते हुए भागना 3 हिलना
सनसनाहट–(स्त्री०) सनसन की आवाज़
सनसनी–(स्त्री०) 1 झुनझुनी 2 स्तब्धता 3 सन्नाटा 4 खलबली। ~**खेज़** *+ फ़ा०* (वि०) खलबली पैदा करनेवाला
सनातन–*सं०* (वि०) 1 परंपरानुसार चला आता हुआ 2 परंपरानिष्ठ, आर्थोडाक्स 3 सदा बना रहनेवाला, शाश्वत, नित्य 4 अनादि और अनंत (जैसे-ईश्वर की सनातन लीलाएँ)। ~**काल** (पु०) प्राचीन युग; ~**धर्मी** (पु०) सनातन धर्म का अनुयायी
सनातनी–I *सं०*(पु०) सनातन धर्म का पालन करनेवाला II (वि०) सनातन संबंधी
सनाथ–*सं०* (वि०) स्वामी सहित
सनाभ–*सं०* (पु०) 1 सगा भाई 2 सगा संबंधी
सनाय–*अ०* (स्त्री०) रेचकदार एक पौधा, सोनामुखी
सनाह–(पु०) = सन्नाह
सनीचर–(पु०) 1 शनैश्चर 2 शनिवार
सनीचरवार–(पु०) शनिवार
सनीचरी–I (वि०) 1 शनि संबंधी 2 मनहूस और अशुभ (जैसे-सनीचरी सूरत) II (स्त्री०) 1 शनि की दशा 2 शनि को पैदा होनेवाली
सनेह–*बो०* (पु०) = स्नेह
सनेही–(वि०/पु०) प्रेम करनेवाला
सनोबर–*अ०* (पु०) चीड़ का पेड़
सन्न–(वि०) 1 भौचक्का, स्तब्ध 2 चुप, मौन 3 संज्ञा शून्य, संवेदना रहित, जड़
सन्नत–*सं०* (वि०) 1 अच्छी तरह झुका हुआ 2 नीचे आया हुआ 3 खिन्न (जैसे-सन्नत वाणी)
सन्नति–*सं०* (स्त्री०) 1 झुकाव 2 नम्रता 3 कृपादृष्टि 4 मन की प्रवृत्ति
सन्नद्ध–*सं०* (वि०) 1 कसकर बँधा हुआ 2 कटिबद्ध 3 उद्यत, तैयार 4 संलग्न 5 पास का
सन्नयन–*सं०* (पु०) 1 पास लाना 2 संबद्ध करना। ~**कार** (पु०) अभिहस्तांतरण करनेवाला; ~**लेखन** (पु०) सन्नयन विषयक लेख्य आदि लिखना
सन्नाटा–I (पु०) 1 स्तब्धता, चुप्पी, मौन 2 निर्जनता 3 निस्तब्धता, नीरवता
सन्नाटा–II (पु०) 1 हवा चलने का शब्द 2 सनसनाहट
सन्नादी–*सं०* I (पु०) *व्या०* स्वर की सहायता से उच्चारित अक्षर या वर्ण (जैसे-क,ख,ग, आदि) II (वि०) 1 नाद से युक्त 2 स्वर से युक्त
सन्नाह–*सं०* (पु०) 1 कवच 2 प्रयत्न, उद्योग
सन्निकट–*सं०* (अ०) बिल्कुल पास, अत्यंत समीप
सन्निकर्ष–*सं०* (पु०) 1 संबंध, लगाव 2 समीपता 3 नाता, रिश्ता 4 आधार, आश्रय
सन्निधान–*सं०* (पु०) 1 अलग अलग रखना 2 निकटता, समीपता 3 स्थापित करना
सन्निधि–*सं०* (स्त्री०) 1 अलग अलग रखने का काम 2 पास होने का भाव
सन्निपात–*सं०* (पु०) 1 उतरना, गिरना 2 संगम, मिलना 3 अनेक घटनाओं का एक साथ घटित होना 4 मिश्रण, समाहार
सन्निबद्ध–*सं०* (वि०) 1 एक में बँधा हुआ या लगा हुआ 2 व्यवस्थित
सन्निविष्ट–*सं०* (वि०) 1 अंदर आया हुआ 2 जोड़ा हुआ, लगाया हुआ 3 स्थापित किया हुआ
सन्निवेश–*सं०* (पु०) 1 प्रवेश करना 2 साथ बैठना 3 आसन 4 समूह, मंडली 5 संयोग 6 सामीप्य 7 उचित स्थान पर बैठाना 8 निर्माण, रचना 9 व्यवस्था, प्रबंध 10 आधार, आश्रय
सन्निवेशित–*सं०* (वि०) = सन्निविष्ट
सन्निहित–*सं०* (वि०) 1 पास रखा हुआ 2 समीपस्थ 3 पड़ोस का 4 तैयार, उद्यत
सन्मार्ग–*सं०* (पु०) अच्छा रास्ता
सन्मार्गी–*सं०* (वि०) सत् पथ पर चलनेवाला
सन्यास–(पु०) = संन्यास
सन्यासी–(पु०) = संन्यासी
सपक्ष–I *सं०* (वि०) 1 पक्ष में रहनेवाला 2 सहायक और साथी II (पु०) अनुकूल पक्ष
सपत्न–*सं०* I (वि०) सौत की तरह द्वेष रखनेवाला II (पु०) शत्रु, वैरी
सपत्नी–*सं०* (स्त्री०) सौत, सौतिन
सपत्नीक–*सं०* (वि०) पत्नी के साथ
सपना–(पु०) 1 स्वप्न 2 मन गढंत या कपोल कल्पित बात
सपरदाई–(पु०) समाजी, साजिंदा
सपरना–(अ० क्रि०) 1 निबटना, समाप्त होना 2 काम का हो सकना 3 निपटना, निवृत्त होना
सपराना–(स० क्रि०) 1 निबटाना, ख़त्म करना 2 समाप्त करना
सपरिवार–*सं०* (वि०) परिवार सहित

सपरिश्रम–*सं०* (वि०) मेहनत के साथ। ~**कारावास** (पु०) कड़ी क़ैद

सपाट–(वि०) 1 समतल 2 जो ऊबड़ खाबड़ न हो (जैसे-सपाट मैदान, सपाट खेत)

सपाटा–(पु०) 1 तेज़ी, झोंक 2 झपट 3 दौड़ 4 तमाचा, थप्पड़ 5 छल, धोखा

सपाद–(वि०) चरण से युक्त

सपिंड–*सं०* (पु०) 1 सामान्य पितरों को पिंड देनेवाला 2 एक ही कला के सात पीढ़ियों तक के लोग

सपिंडी–*सं०* (स्त्री०) मृतक के निमित्त किया जानेवाला कर्म

संपिडीकरण–*सं०* (पु०) मृतक को पिंडदान देने का काम या क्रिया

सपुर्द–*फ़ा०* (वि०) = सुपुर्द

सपुर्दगी–*फ़ा०* (स्त्री०) = सुपुर्दगी

सपूत–(पु०) लायक पुत्र

सपूती–(स्त्री०) 1 सपूत होने का भाव 2 सपूत को जन्म देनेवाली स्त्री

सपेरा–*बो०* (पु०) = सँपेरा

सपोला–(पु०) = सँपोला

सप्त–*सं०* (वि०) गिनती में सात (जैसे-सप्तभुज, सप्त ऋषि)। ~**ऋषि** (पु०) विश्वमित्र, यमदाग्नि, भारद्वाज, गौतम, अत्रि वशिष्ठ और कश्यप ये सात ऋषि; ~**पदी** (स्त्री०) वर वधु द्वारा अग्नि के सात चक्कर लगाना; ~**पुरी** (स्त्री०) सात पवित्र तीर्थ या नगर; ~**भुवन** (पु०) भूलोक, भुवलोक, स्वर्गलोक, महालोक, जनलोक, तपलोक तथा सत्यलोक ये सात भुवन; ~**मातृका** (स्त्री०) ब्रह्मी, माहेश्वरी, कौमारी, वैष्णवी, वाराही, इंद्राणी और चामुँडा ये सात मातृकाएँ; ~**सिंधु** (पु०) सिंधु, परुष्णी, शतुद्री, वितस्ता, यमुना, गंगा तथा सरस्वती की सामूहिक सँज्ञा; ~**स्वर** संगीत का सप्तक

सप्तक–I *सं०* (पु०) एक तरह की सात वस्तुओं का समूह 2 संगीत में सात स्वरों का समूह II (वि०) 1 सात 2 सातवाँ

सप्तम–*सं०* (वि०) सातवाँ

सप्तमी–*सं०* (स्त्री०) 1 सातवीं तिथि, सातवाँ दिन 2 *व्या०* अधिकरण कारक की विभक्ति

सप्तर्षि–*सं०* (पु०) सप्त ऋषि

सप्तशती–*सं०* (स्त्री०) 1 एक ही तरह की सात वस्तुओं का वर्ग 2 सात सौ पदों का संग्रह

सप्ताह–*सं०* (पु०) 1 सात दिन 2 सात दिनों का समय 3 सात दिन तक काम या अनुष्ठान

सप्ताहांत–*सं०* (पु०) सप्ताह का अंतिम दिन

सप्ताहारंभ–*सं०* (पु०) सप्ताह की शुरुआत

सप्रमाण–I *सं०* (वि०) 1 प्रमाण युक्त 2 प्रामाणिक II (क्रि० वि०) प्रमाण के साथ

सप्रमाणिक–*सं०* (वि०) प्रमाण सहित

सप्रयास–*सं०* (क्रि० वि०) प्रयत्न सहित

सप्राण–*सं०* (वि०) प्राण के साथ, सजीव

सप्लाई–*अं०* (स्त्री०) 1 पहुँचाना 2 प्राप्ति

सप्लायर–*अं०* (पु०) सप्लाई करनेवाला व्यक्ति

सप्लीमेंट–*अं०* (पु०) परिशिष्ट

सप्लीमेंटरी–*अं०* (वि०) पूरक

सफ़–*अ०* (स्त्री०) 1 पंक्ति, कतार 2 बिछौना

सफ़र–*अ०* (पु०) 1 यात्रा करना 2 रवाना होना 3 दूरी (जैसे-100 मील का लंबा सफ़र तय करना)। ~**नामा** + *फ़ा०* (पु०) यात्रा विवरण

सफ़री–I *अ०* (वि०) सफ़र संबंधी II (स्त्री०) रास्ते का व्यय और सामग्री

सफल–*सं०* (वि०) 1 फल से युक्त 2 (कार्य) परिणाम या फलवाला 3 उत्तीर्ण (जैसे-विद्यार्थी परीक्षा में सफल हो गया)। ~**ता** (स्त्री०) सफल होने का भाव; ~**ता मंडित** (वि०) कामयाबी से अलंकृत; ~**मनोरथ** (वि०) पूर्ण इच्छावाला

सफलित–*सं०* (वि०) = सफलीभूत

सफलीभूत–*सं०* (वि०) सफलता युक्त, सफल हुआ

सफ़हा–*अ०* (पु०) 1 तल, पार्श्व 2 पुस्तक का पृष्ठ भाग, पन्ना, वरक

सफ़ा–*अ०* (वि०) 1 साफ़ (जैसे-सफ़ा कमरा) 2 निर्मल, पवित्र 3 साफ़ करनेवाला (ज़ैसे-बालसफ़ा पाउडर) 4 खाली, रहित (जैसे-रात भर में उनका जेब सफ़ा कर दिया)

सफ़ाई–*अ०* + *फ़ा०* (स्त्री०) 1 स्वच्छता, निर्मलता 2 सफ़ा होने का भाव 3 छल कपट से रहित 4 ऋण आदि का परिशोध 5 दोष रहित होने की अवस्था। ~**पसंद** + *फ़ा०* (वि०) सफाई पसंद करनेवाला; ~**पुताई** + *फ़ा०* + *हिं०* (स्त्री०) सफ़ाई करना और पुताई करना

सफ़ाचट–*अ०* + *हिं०* (वि०) 1 चिकना (जैसे-सफ़ाचट दाढ़ी, सफ़ाचट खोपड़ी) 2 समतल (जैसे-सफ़ाचट मैदान) 3 बिल्कुल साफ़ और स्वच्छ

सफ़ाया–*अ०* (पु०) 1 संहार (जैसे-युद्ध में शत्रुओं का सफ़ाया) 2 समाप्त कर देना (जैसे-बाप की कमाई का सफ़ाया) 3 नाश करना (जैसे-किए धिए का सफ़ाया)। ~**कर देना** 1 ख़त्म कर देना, मिटा देना 2 सबको मार डालना

सफ़ीना–*अ०* (पु०) 1 किताब, नोट बुक 2 समन

सफ़ीर–*अ०* (पु०) राजदूत

सफ़ूफ़–*अ०* (पु०) 1 चूर्ण 2 चूर्ण रूप औषध

सफ़ेद–*फ़ा०* (वि०) 1 रंगहीन (जैसे-सफ़ेद बाल) 2 स्वच्छ तथा उज्जवल (जैसे-सफ़ेद पोशाक) 3 कोरा (जैसे-सफ़ेद काग़ज़) 4 साफ़, स्पष्ट। ~**पोश** I (पु०) कुलीन, शिक्षित और सभ्य व्यक्ति II (वि०) साफ़ कपड़े पहननेवाला; ~**पोशी** (स्त्री०) सफ़ेद पोश होने का भाव ~**झूठ** सरासर झूठ; ~**हाथी** (पु०) 1 बर्मा में पाया जानेवाला एक सफ़ेद हाथी 2 ऐसा व्यक्ति या संस्था जिसपर अत्यधिक ख़र्च होने पर भी अनुपयोगी ही रहे; ~**पड़ जाना** चेहरे का रंग उड़ जाना; **स्याह सफ़ेद** 1 भला बुरा 2 हानि लाभ

सफ़ेदा–*फ़ा०* (पु०) 1 एक प्रकार का ऊँचा और सीधा पेड़ 2 जस्ते का घोल

सफ़ेदी–*फ़ा०* (स्त्री०) 1 चूने की पोताई 2 धवलता

सब–(वि०) 1 कुल (जैसे-सब आदमी, सब मज़दूर) 2 सारा (जैसे-सब दिन का रोना) 3 संपूर्ण समस्त

सब इंस्पेक्टर–*अं०* (पु०) छोटा इंस्पेक्टर

सबक़–*अ०* (पु०) 1 पाठ 2 शिक्षा, नसीहत

सबकमेटी–*अं०* (स्त्री०) उपसमिति
सबज़–*फ़ा०* (वि०) = सब्ज़
सबजज–*अं०* (पु०) छोटा जज
सबट्रापिक्स–*अं०* (पु०) उपोष्ण प्रदेश
सबब–*अ०* (पु०) 1 कारण, हेतु 2 साधन
सबर–*अ०* (पु०) = सब्र
सबर्बन–*अं०* (वि०) उपनगरीय
सबल–*सं०* (वि०) बलवान, ताक़तवर
सब स्टेशन–*अं०* (पु०) अधीन स्टेशन, छोटा स्टेशन
सबा–*अ०* (स्त्री०) प्रातःकाल की हवा
सबार्डिनेट जज–*अं०* (पु०) मुंसिफ़
सबील–*अ०* (स्त्री०) 1 साधन, द्वार 2 उपाय, युक्ति 3 पौसरा, प्याऊ
सबू–*फ़ा०* (पु०) 1 मटका, गगरी 2 शराब रखने का पात्र
सबूत–*अ०* (पु०) प्रमाण। ~**पक्ष** + *सं०* (पु०) (मुकदमे का) प्रमाणक पक्ष
सबूरी–*अ०* (स्त्री०) संतोष, सब्र
सबेरा–(पु०) = सवेरा
सबेरे–(क्रि० वि०) = सवेरे
सब्ज़–*फ़ा०* (वि०) 1 हरा भरा 2 कच्चा और ताज़ा 3 भला, शुभ। ~**क़दम** + *अ०* (वि०) अशुभ चरणोंवाला, मनहूस; ~**बख़्त** (वि०) सौभाग्यशाली। ~**बाग दिखाना** धोखा देना
सब्ज़ा–*फ़ा०* (पु०) हरियाली
सब्ज़ी–*फ़ा०* (स्त्री०) 1 साग पात, हरी तरकारी 2 हरियाली। ~**फ़रोश** (पु०) सब्ज़ी बेचनेवाला; ~**मंडी** + *हिं०* (स्त्री०) साग सब्ज़ी तथा फल आदि बिकने की जगह
सब्जेक्ट–*अं०* (पु०) 1 प्रजा, रैयत 2 विषय
सब्बल–(पु०) गदाला
सब्र–*अ०* (पु०) 1 सहन, बर्दाश्त 2 धैर्य 3 तसल्ली
सभा–*सं०* (स्त्री०) 1 समिति, परिषद् (जैसे-राज सभा) 2 मंडली (जैसे-विद्वानों की सभा) 3 संस्था (जैसे-काशी नागरी प्रचारिणी सभा) 4 जमघट, समूह (जैसे-गुंडों, बदमाशों की सभा) 5 दरबार (जैसे-राजा की सभा) 6 न्यायालय ~**कक्ष** (पु०) सभा का कमरा, हाल; ~**गृह** (पु०) = सभा भवन; ~**चतुर** (वि०) सभा में बातचीत करने में कुशल; ~**चातुर्य** (पु०) सभा में बात करने की चतुरता; ~**त्याग** (पु०) सभा से बाहर चले जाना; ~**पति** (पु०) सभा का अध्यक्ष; ~**पतित्व** (पु०) सभापति का पद और कार्य; ~**पतिपद** (पु०) सभा में अध्यक्ष का पद; ~**भवन** (पु०) सभा का कमरा; ~**मंडप** (पु०) सभा लगाने का शामियाना; ~**सचिव** (पु०) = सदन सचिव
सभागा–(वि०) 1 भाग्यशाली 2 सुंदर
सभागार–*सं०* (पु०) सभागृह
सभाध्यक्ष–*सं०* (पु०) = सभापति
सभाध्यक्षा–*सं०* (स्त्री०) महिला सभापति
सभासद–*सं०* (पु०) 1 सदस्य 2 अदालत की पंचायत का सदस्य
सभी– (सर्व०) सब ही
सभेय–I *सं०* (वि०) 1 सभा के योग्य 2 विद्वान् II (पु०) 1 शिष्ट व्यक्ति 2 विद्वान्
सभों–(सर्व०) सब ने, सब को
सभ्य–I *सं०* (वि०) 1 शिष्ट, सिविल 2 संस्कृत (जैसे-सभ्य जगत्) 3 नम्र (जैसे-सभ्य और सुशील बालक) II (पु०) भला आदमी (जैसे-वह बहुत ही सभ्य है)। ~**ता** (स्त्री०) 1 सभ्य होने का भाव 2 नम्रता 3 शिष्टता
सभ्येतर–*सं०* (वि०) सभ्य से भिन्न, उजड्ड
समंजन–*सं०* (पु०) 1 जोड़ बैठाना 2 हिसाब किताब बराबर करना 3 मेल मिलाना
समंजस–*सं०* (वि०) 1 उचित, वाज़िब 2 मेल खानेवाला 3 अभ्यस्त
समंत –I *सं०* (पु०) किनारा, सिरा II (वि०) 1 समस्त, सारा 2 सार्वजनिक। ~**दर्शी** (वि०) सर्वदर्शी
समंदर–*फ़ा०* (पु०) समुद्र
सम–*सं०* (वि०) 1 एक ही, अभिन्न 2 एक सा, सदृश 3 बराबर 4 चौरस 5 *ग०* जिसमें दो से भाग देने पर कुछ न बचे, (जैसे-सम और विषम संख्याएँ) 6 निष्पक्ष (जैसे-समभाव, समदान) 7 साधारण (जैस-समरूप) 8 सीधा (जैसे-सम रेखा) 9 उपयुक्त, सुविधा जनक (जैसे-सम परिस्थिति) 10 उदासीन। ~**अवस्था** (स्त्री०) समान दशा; ~**कक्ष** (वि०) 1 समान ऊँचाई का 2 समान पदवाला 3 जोड़ या बराबरी का; ~**कालिक** (वि०) एक ही समय होनेवाला; ~**कालीन** (वि०) एक ही समय का, सम सामयिक; ~**केंद्रिक** (वि०) जिनका केंद्र एक ही हो; ~**कोण** I (वि०) बराबर कोणोंवाला II (पु०) 90° का कोण; ~**क्रमण** (पु०) एक ही समय अनेक घटनाओं का घटना; ~**चतुर्भुज** (पु०) वह समांतर चतुर्भुज जिसकी चारों भुजाएँ बराबर हों; ~**चर** (वि०) समान आचरण करनेवाला; ~**चित्त** (वि०) 1 धीर, शांत 2 उदासीन 3 एक ही विषय पर केंद्रित; ~**जातीय** (वि०) 1 समान जाति का 2 एक ही प्रकार का; ~**तल** (वि०) चौरस, हमवार (ज़ैसे-समतल भूमि); ~**तलन** (पु०) सम करने का काम; ~**ता** (स्त्री०) 1 बराबरी, तुल्यता 2 संतुलन; ~**तापमंडल** (पु०) वह क्षेत्र जहाँ ताप सदा समान रहता है; ~**तुलन** (पु०) 1 समान तौलना 2 समान रखना; ~**तुलित** (वि०) समतुलन किया हुआ; ~**तोल** + *हिं०* (वि०) समान, बराबर; ~**तोलन** (पु०) समान रखना; ~**त्रिभुज** (पु०) वह त्रिभुज जिसमें तीनों भुजाएँ बराबर हों; ~**दर्शन** I (पु०) एक समान समझना II (वि०) समदर्शी; 2 समान रखना एक समान देखनेवाला; ~**दृष्टि** (स्त्री०) = समदर्शन; ~**द्विभुज** (वि०) दो समान भुजाओंवाला (जैसे-समद्विभुज त्रिभुज); ~**धर्मा** (वि०) समान धर्म या स्वभाव का; ~**बल** (वि०) बराबर की ताकतवाला; ~**भाग** (पु०) बराबर हिस्सा; ~**भागी** (वि०) बराबर हिस्सा पानेवाला; ~**भाव** (पु०) समान मनोवृत्ति; ~**भिन्न** (पु०) वह भिन्न जिसके अंश और हर दोनों पूर्णांक हों (जैसे-2/5); ~**भुज** (वि०) समान भुजाओंवाला (जैसे-समभुज त्रिभुज); ~**भूमि** (स्त्री०) समतल ज़मीन; ~**मित** (वि०) समानता और एकरूपतावाला, सममिति से युक्त; ~**मिति** (स्त्री०) आपेक्षिक और पारस्परिक एकरूपता, ठीक और समंजित

विन्यास, सिमेट्री; ~**मूल्य** (पु०) समान भाव; ~**यौन** (वि०) = समलैंगिक; ~**यौनता** (स्त्री०) = समलिंगी रति; ~**रस** (वि०) 1 एक रसवाला 2 एक सा; ~**रसता** (स्त्री०) समरस होने का भाव; ~**रूप** (वि०) एक ही रूप का; ~**रूपीकरण** (पु०) समरूप बनाना; ~**लिंगी रति** (स्त्री०) पुरुष का पुरुष तथा स्त्री का स्त्री से होनेवाली कामवासना की तृप्ति, होमोसेक्सुअलिटी; ~**लैंगिक** (वि०) समान लिंगवाले; ~**वयस्क** (वि०) हमउम्र; ~**वर्ण** (वि०) 1 समान वर्ण या जाति का 2 समान रंगवाला ~**वर्तन** (पु०) यथोचित विभाजन; ~**वर्ती** (वि०) 1 एक सा व्यवहार करनेवाला 2 समान दूरी पर स्थित 3 पास रहनेवाला; ~**वितरण** (पु०) = सम वर्तन; ~**विभाग** (पु०) बराबर हिस्सा; ~**विषम** (वि०) 1 समान और असमान 2 ऊबड़खाबड़; ~**वेदना** (स्त्री०) सहानुभूति; ~**वेदनाशील** (वि०) समवेदना अनुभव करनेवाला; ~**शीतोष्ण** (वि०) जहाँ सर्दी और गर्मी की मात्रा बराबर हो, न अधिक उष्णता और न अधिक शीतवाला (जैसे-समशीतोष्ण प्रदेश); ~**शील** (वि०) समान आचरणवाला, समान स्वभाव का; ~**सामयिक** (वि०) = समकालीन; ~**स्तर** (वि०) समान स्तर का; ~**स्थल** (पु०) समतल भूमि; ~**स्वन** (पु०) समान ध्वनि, दे० संस्वन; ~**स्वरागम** (पु०) शब्द के विकास में स्वर का आ जाना; ~**हर** (वि०) भिन्न जिनके हर समान हों

समक्ष–I *सं०* (वि०) उपस्थित, गोचर II (अ०) सामने। ~**ता** (स्त्री०) प्रत्यक्षता, दृश्यता

समग्र–*सं०* (वि०) सब, पूरा

समज्या–*सं०* (स्त्री०) 1 मिलन स्थान 2 सभा, गोष्ठी

समझ–(स्त्री०) 1 बुद्धि, प्रज्ञा 2 विचार, ख़याल। ~**दार** + *फ़ा०* (वि०) बुद्धिमान; ~**दारी** + *फ़ा०* (स्त्री०) समझ होना; ~**बूझ** (स्त्री०) अच्छी अक्ल; ~**बूझकर** (क्रि० वि०) सोच विचार कर

समझना–(अ० क्रि०) 1 ज्ञान प्राप्त करना 2 अनुमान करना, कल्पना करना 3 समझौता करना 4 बदला लेना

समझाना–(स० क्रि०) 1 परिचित कराना 2 मन में बैठाना (जैसे-कविता का भाव समझाना)। ~**बुझाना** (स० क्रि०) 1 जतलाना 2 ज्ञान कराना (जैसे-विज्ञान के सिद्धांतों को समझाना बुझाना)

समझाव, समझावा–(पु०) समझने समझाने का भाव

समझौता–(पु०) 1 आपस का क़रार या निश्चय 2 निपटारा, निर्णय। ~**प्रेमी** + *सं०* (वि०) समझौता पसंद करनेवाला; ~**वाद** + *सं०* (पु०) ये मत कि समझौता कर लेने में ही भलाई है; ~**वार्ता** + *सं०* (स्त्री०) समझौता संबधी बातचीत

समत्व–*सं०* (पु०) = समता

समधिक–*सं०* (वि०) बहुत अधिक, अत्यधिक

समधिन–(स्त्री०) समधी की पत्नी

समधियाना–(पु०) 1 पुत्र या पुत्री की ससुराल 2 पुत्र या पुत्री के ससुरालवाले

समधी–(पु०) पुत्र या पुत्री के ससुर

समनंतर–I *सं०* (वि०) बराबरी का II (अ०) बाद, अनंतर, उपरांत

समनामता–*सं०* (स्त्री०) एक ही नाम होने की स्थिति

समनुज्ञा–*सं०* (स्त्री०) अनुमति, इजाज़त

समन्वय–*सं०* (पु०) 1 नियमित क्रम 2 संयोग 3 मेल, पटरी 4 संबद्ध फल, कार्य कारण संबंध का निर्वाह। ~**वाद** (पु०) ये मत कि विवाद से बचने के लिए मतों का समन्वय कर लेना चाहिए; ~**वादी** (वि०) समन्वयवाद संबंधी

समन्वयन–*सं०* (पु०) समन्वय होना या करना

समन्वित–*सं०* (वि०) 1 समन्वय किया गया 2 लगा हुआ, मिला हुआ

समन्वीकरण–*सं०* (पु०) समन्वय करना

समन्वेषण–*सं०* (पु०) 1 अच्छी तरह अन्वेषण करना 2 घूम-घूमकर स्थिति आदि का पता लगाना

समय–*सं०* (पु०) 1 काल 2 वक्त 3 अवसर 4 फ़ुरसत 5 उपयुक्त काल 6 अंत समय 7 संकट की स्थिति 8 प्रतिज्ञा (जैसे-अपना समय क्यों भूलते हो, समय का पालन) 9 सफलता (जैसे-समय की ख़ुशी) 10 अभ्युदय 11 कर्तव्य पालन 12 व्यवहार (जैसे-अपना समय मत भूलो) 13 ठहराव 14 प्रथा। ~**गत** (वि०) 1 बीता हुआ समय 2 समय में आया हुआ; ~**गति** (स्त्री०) समय का गुज़रना या व्यतीत होना; ~**तालिका** (स्त्री०) = समय सारिणी; ~**निष्ठ** (वि०) समय का पाबंद, समय का पालन करनेवाला; ~**पत्रक** (पु०) = समय सारिणी; ~**पालक** (वि०) = समय निष्ठ; ~**बम** + *अं०* (पु०) टाइम बम, निश्चित समय पर विस्फोट होनेवाला पदार्थ; ~**लेखक** (पु०) टाइम कीपर, कर्मियों के आनेजाने के समय का हिसाब कर्ता; ~**संकेत** (पु०) समय बताना; ~**साधक** (पु०) = समय सेवी; ~**सारणी**, ~**सारिणी** (स्त्री०) कार्य आदि संचालन के लिए निर्धारित समय की सूची, टाइम टेबिल; ~**सीमा** (स्त्री०) कार्य हेतु निश्चित किया गया समय; ~**सूचक** (वि०) समय की सूचना देनेवाला; ~**सूची** (स्त्री०) = समय सारणी; ~**सेवी** (पु०) समय का पालन कर्ता

समयांतर–*सं०* (पु०) भिन्न समय

समयानुकूल–*सं०* (क्रि० वि०) समय के अनुसार

समयानुक्रम–*सं०* (पु०) समय के अनुसार क्रम

समयानुसार–I *सं०* (वि०) समय के अनुरूप होनेवाला II (क्रि० वि०) समय के अनुसार

समयाभाव–*सं०* (पु०) समय की कमी

समयोचित–*सं०* (वि०) समयानुकूल, कालोचित

समयोत्तर–*सं०* (वि०) समय के बाद का

समयोपयोगी–*सं०* (वि०) = समयानुकूल

समर–*सं०* (पु०) युद्ध, लड़ाई। ~**क्षेत्र** (पु०) समर भूमि, युद्ध क्षेत्र; ~**तंत्र** (पु०) युद्ध संबंधी शासन; ~**नीति** (स्त्री०) युद्ध की नीति; ~**भूमि** (स्त्री०) = समरांगण; ~**शायी** (वि०) वीरगति को प्राप्त; ~**शास्त्र** (पु०) युद्ध विद्या, युद्ध की कला; ~**सज्जा** (स्त्री०) युद्ध का साज़ सामान

समरांगण–*सं०* (पु०) लड़ाई का मैदान

समरावस्था–*सं०* (स्त्री०) युद्ध की स्थिति

समर्चना–*सं०* (स्त्री०) 1 अच्छी तरह पूजा करना 2 सम्मान करना

समर्थ–*सं०* (वि०) 1 शक्तिशाली 2 योग्य 3 उपयुक्त (जैसे-समर्थ कला, समर्थ ध्वनि)। ~**ता** (स्त्री०) 1 शक्ति 2 योग्यता 3 उपयुक्तता

समर्थक–*सं०* (वि०) 1 समर्थन करनेवाला 2 पुष्टि करनेवाला

समर्थन–*सं०* (पु०) अनुमोदन। ~**पत्र** (पु०) अनुमोदन पत्र

समर्थनीय–*सं०* (वि०) समर्थन के योग्य

समर्थित–*सं०* (वि०) समर्थन किया हुआ

समर्पक–*सं०* (वि०) समर्पण करनेवाला

समर्पण–*सं०* (पु०) 1 अर्पित करना 2 सौंपना, देना 3 भेंट करना। ~**मूल्य** (पु०) बीमा की अवधि समाप्त होने के पूर्व बीमा पत्र देने पर दिया जानेवाला धन

समर्पित–*सं०* (वि०) समर्पण किया हुआ

समर्प्य–*सं०* (वि०) समर्पण किए जाने योग्य

समल–*सं०* (वि०) मैला, गंदा

समवरोध–*सं०* (पु०) चारों ओर से रोकना

समवलंब–*सं०* (पु०) = समद्विभुज

समवाय–*सं०* (पु०) 1 समूह, झुंड 2 ढेर, राशि 3 मेल, संयोग 4 घनिष्ठ और नित्य संबंध

समवायी–I *सं०* (वि०) 1 समवाय संबंध रखनेवाला 2 ढेर के रूप में लाया हुआ II (पु०) 1 अवयव, अंग 2 साझेदार, हिस्सेदार

समवेत–*सं०* (वि०) 1 एकत्र 2 संचित 3 मिलाया हुआ 4 संबद्ध

समष्टि–*सं०* (स्त्री०) 1 सामूहिकता 2 समवेत सत्ता 3 एक जैसे अंगों का समूह। ~**गत** (वि०) समष्टि रूप में लाया हुआ; ~**परक** (वि०) समाज मूलक; ~**रूपेण** (क्रि० वि०) समग्र रूप से, सब मिलाकर; ~**वाद** (पु०) समाजवाद, सोशलिज़्म; ~**वादी** (पु०) समाजवादी, सोशलिस्ट; ~**वृत्ति** (स्त्री०) समाज का कार्य व्यापार

समष्टीकरण–*सं०* (पु०) समाजीकरण

समसमुन्नत–*सं०* (वि०) समान रूप से उन्नत

समस्त–*सं०* (वि०) 1 कुल, पूरा (जैसे-समस्त भारतवासी, समस्त संसार 2 संयुक्त

समस्तिका–*सं०* (स्त्री०) सारांश

समस्थानिक–*सं०* (वि०) एक ही स्थान के

समस्थानीय–*सं०* (वि०) एक जैसे स्थान से संबंधित

समस्य–*सं०* (वि०) 1 संयुक्त करने योग्य 2 समास का रूप देने योग्य 3 पूर्ण करने योग्य

समस्यमान्–*सं०* (वि०) *व्या०* दूसरे पद के साथ मिलकर समास बनानेवाला

समस्या–*सं०* (स्त्री०) 1 कठिन या विकट प्रसंग 2 कठिन विषय। ~**ग्रस्त** (वि०) समस्या में फँसा हुआ; ~**पूर्ति** (स्त्री०) समस्या को पूरा करना

समांग–*सं०* (वि०) समान अंगवाला

समांतर–*सं०* (वि०) समानांतर

समाँ–(पु०) 1 समय, वक़्त 2 मौसम, ऋतु

समाअत–*अ०* (स्त्री०) 1 सुनना 2 ध्यान देना

समाई–(स्त्री०) गुंजाइश

समाकल–*सं०* (पु०) एक ही प्रकार की एकत्र वस्तुओं का रूप।

समाकलन–*सं०* (पु०) 1 एक प्रकार की एकत्र वस्तुओं का मिलान करके उनकी व्यवस्था को देखना समझना 2 जमा खाते में रक़म लिखना

समाकुल–*सं०* (वि०) बहुत अधिक घबराया हुआ

समागत–*सं०* (वि० 1 आया हुआ 2 उपस्थित, घटित हुआ (जैसे-समागत प्रसंग, समागत परिस्थिति)

समागम–*सं०* (पु०) 1 पहुँचना 2 एकत्र होना (जैसे-संतों का समागम) 3 स्त्री प्रसंग, मैथुन, संभोग (जैसे-समागम क्रीड़ा, समागम क्रिया)

समाघात–*सं०* (पु०) 1 युद्ध, लड़ाई 2 हत्या, वध

समाचार–*सं०* (पु०) 1 हाल चाल 2 कुशल मंगल 3 सूचना (जैसे-समाचार प्राप्त हुआ) 4 हाल की घटना की सूचना (जैसे-हत्या का समाचार)। ~**पत्र** (पु०) अख़बार, न्यूज़ पेपर; ~**पत्रीय** (वि०) समाचार पत्र का (जैसे-समाचार पत्रीय लेख)

समाज–*सं०* (पु०) 1 समुदाय, दल, समूह 2 सभा (जैसे-आर्य समाज, संगीत समाज) 3 झुंड, गिरोह, समूह (जैसे-सत्संग समाज) 4 समान कार्य कर्ताओं का समूह (जैसे-व्यापारियों का समाज) 5 संघटित संस्था 6 आयोजन, तैयारी। ~**कार्य** (पु०) समाज का काम; ~**गत** (वि०) समाज के अंदर की, समाज में आया हुआ; ~**च्युत** (वि०) = समाज बहिर्भूत; ~**तंत्रिक** (वि०) समाज व्यवस्था से संबंधित; ~**द्रोही** (वि०) समाज से द्रोह,वैर रखनेवाला; ~**पति** (पु०) समाज का प्रधान व्यक्ति; ~**बहिर्भूत** (वि०) समाज से निकाला हुआ; ~**भाषिकी** (स्त्री०) समाज के वर्गों पर आधारित भाषा वैज्ञानिक अध्ययन; ~**वाद** (पु०) सत्ता का सामूहिक रूप होने का सिद्धांत (जैसे-समाजवाद की व्याख्या); ~**वाद विरोधी** (वि०) समाजवाद का विरोध करनेवाला; ~**वादी** I (पु०) समाजवाद का समर्थन करनेवाला या अनुयायी II (वि०) समाज वद का; ~**वादी करण** (पु०) = समाजीकरण; ~**विरोधी** (वि०) समाज का विरोध करनेवाला; ~**शास्त्र** (पु०) सामाजिक प्राणी के रूप में मनुष्य का समाज के प्रति कर्तव्यों आदि का विवेचन करनेवाला शास्त्र; ~**शास्त्री** (पु०) समाज शास्त्र का ज्ञाता; ~**शास्त्रीय** (वि०) समाज शास्त्र का; ~**संशोधक** (पु०) = समाज सुधारक; ~**सुधार** *+हिं०* (पु०) सामाजिक बुराइयों को दूर करना; ~**सुधारक** *+हिं०+सं०* (पु०) समाज सुधार करनेवाला; ~**सेवक** (पु०) समाज हित में कार्य करनेवाला; ~**सेवा** (स्त्री०) समाजोपयोगी कार्य; ~**सेवी** (वि०) समाज सेवा करनेवला; ~**हितकारी** (वि०) समाज की भलाई करनेवाला

समाजी–(पु०) साज़िंदा, सपरदाई

समाजीकरण–*सं०* (पु०) पूरे समाज का बना देना

समादर–*सं०* (पु०) सत्कार, प्रतिष्ठा

समादरणीय–*सं०* (वि०) समादर के योग्य

समादृत–*सं०* (वि०) सम्मानित

समादेश–*सं०* (पु०) 1 अधिकारपूर्वक आज्ञादेना 2 आज्ञा, आदेश

समादेशक–*सं०* (पु०) समादेश देनेवाला व्यक्ति

समाधान–*सं०* (पु०) 1 संशय दूर करना 2 संकट को दूर करना 3 समस्या का निराकरण 4 नियम 5 योजना, युक्ति 6 समर्थन। ~**कारक** (वि०) समस्या का निराकरण करनेवाला

समाधि–*सं०* (स्त्री०) 1 योग का अंतिम अंग, मन को ब्रह्म पर केंद्रित करना 2 योग साधना का चरम फल 3 मनोयोग 4 तपस्या (जैसे-समाधि में लीन होना) 5 मौन (जैसे-समाधि धारण करना) 6 शव स्थल पर बनाया गया मकान आदि। ~**कारी** (पु०) समान उत्तराधिकारी; ~**क्षेत्र** (पु०) मृत शरीर को गाड़ने की जगह, कब्रिस्तान; ~**पाषाण** (पु०) कब्र पर रखा पत्थर; ~**भवन** (पु०) मकबरा; ~**लेख** (पु०) कब्र पर अंकित मृतक का परिचय; ~**स्थल** (पु०) = समाधि क्षेत्र

समाधित–*सं०* (वि०) = समाधिस्थ

समाधिस्थ–*सं०* (वि०) समाधि लगाया हुआ

समाधेय–*सं०* (वि०) समाधान किए जाने योग्य

समान–*सं०* (वि०) 1 सदृश, तुल्य, एक-सा 2 साधारण (जैसे-समान गति) 3 समान परिमाण का। ~**उत्तराधिकार** (पु०) बराबर का विरसा; ~**उत्तराधिकारी** (पु०) बराबर का विरसा पानेवाले; ~**करण** (पु०) = समानीकरण; ~**कालीन** (वि०) = समकालीन; ~**ता** (स्त्री०) समान होने का भाव; ~**धर्मा** (वि०) समान गुण, धर्म या प्रकृतिवाला; ~**वाची** (वि०) = समानार्थक

समानक–*सं०* (वि०) = समानार्थक

समानांतर–*सं०* (वि०) 1 समान अंतर पर होनेवाला (जैसे-समानांतर रेखा) 2 साथ साथ काम करनेवाला या चलनेवाला (जैसे-समानांतर सरकार)

समाना–I (अ० क्रि०) 1 भरना, अटना (जैसे-इस कनस्तर में बीस किलो आटा समाता है) 2 व्याप्त होना (जैसे-दिल में भय समाना) 3 पहुँचना (जैसे-किसी के दिल में मत समा जाना) II (स० क्रि०) अंदर करना, भरना

समानाधिकरण–*सं०* (पु०) 1 समान श्रेणी 2 समान आधार 3 *व्या०* समान कारक की विभक्ति से युक्त शब्द या पद। ~**वाक्य** (पु०) वो वाक्य जिसके उप वाक्य समान कारकीय रूप में हों; ~**समुच्चयबोधक** (पु०) समानाधिकरण वाक्यों को मिलनेवाला समुच्चयबोधक

समानाधिकार–*सं०* (पु०) 1 समान अधिकार 2 जातीय गुण या विशेषता

समानाधिकृत–*सं०* (वि०) समान अधिकार प्राप्त

समानार्थ–*सं०* (पु०) समान अर्थवाला शब्द

समानार्थक–*सं०* (वि०) समान अर्थवाला

समानार्थी–*सं०* (वि०) समान अर्थ से युक्त

समानीकरण–*सं०* (पु०) समान बनाने का भाव

समानुपात–*सं०* (पु०) वस्तु के विभिन्न अंगों में होनेवाला तुलनात्मक संबंध

समानुपातिक–*सं०* (वि०) समानुपात संबंधी (जैसे-समानुपातिक विभाजन)

समानुपातिता–*सं०* (स्त्री०) समानुपातिक होने की अवस्था

समापक–*सं०* (वि०) समापन करनेवाला। ~**अधिवेशन** (पु०) सम्मेलन की समाप्ति पर की जानेवाली बैठक; ~**भाषण** (पु०) अंतिम बैठक में दिया गया भाषण; ~**समारोह** (पु०) अधिवेशन को समाप्त करने का जलसा

समापत्ति–*सं०* (स्त्री०) 1 मिलना 2 भेंट, मिलन 3 अवसर, मौका 4 अंत, समाप्ति

समापन–*सं०* (पु०) 1 समाप्त करना 2 पूरा करना 3 समाप्ति, अंत

समापवर्तक–*सं०* (पु०) *ग०* वह राशि जिससे दो या अधिक राशियों को अलग अलग भाग देने पर शेष कुछ भी न बचे, कामन फ़ैक्टर (जैसे-24,36, 48 का समापवर्तक 12 है)

समापिका–*सं०* (स्त्री०) *व्या०* वाक्य पूर्ति के निमित्त आनेवाली क्रिया

समाप्त–*सं०* (वि०) 1 पूरा किया गया 2 अस्तित्व नष्ट कर दिया गया 3 व्यतीत हो गया (जैसे-परीक्षा का समय समाप्त हो गया) 4 मृत (जैसे-जीवन समाप्त हो गया)

समाप्ति–*सं०* (स्त्री०) 1 ख़त्म होना 2 अंत होना 3 न रह जाना। ~**काल** (पु०) समाप्त होने का समय

समाप्य–*सं०* (वि०) समाप्त किए जाने योग्य

समायुक्त –*सं०*(वि०) 1 जोड़ा हुआ 2 तैयार किया हुआ 3 संपर्क में लाया हुआ 4 नियुक्त

समायोग–*सं०* (पु०) 1 संयोग 2 जनसमूह

समायोजक–*सं०* (पु०) समायोजन करनेवाला

समायोजन–*सं०* (पु०) 1 समायोग 2 संभरण, सप्लाई

समारंभ–*सं०* (पु०) 1 आरंभ, शुरुआत 2 समारोह 3 काम, क्रिया व्यापार

समारोह–*सं०* (पु०) शुभ आयोजन, जलसा

समार्थक–*सं०* (वि०) = समानार्थक

समालोकन–*सं०* (पु०) अच्छी तरह देखना

समालोचक–*सं०* (पु०) समालोचना करनेवाला

समालोचन, समालोचना–*सं०* (स्त्री०) 1 गुण दोष का किया जानेवाला विवेचन 2 *साहि०* कृति के संबंध में की गई आलोचना, गुण दोष संबंधी कृति का विवेचन 3 गुण दोष विवेचन की कला

समालोचनात्मक–*सं०* (वि०) समीक्षात्मक

समालोचिका–*सं०* (स्त्री०) समालोचना करनेवाली

समालोच्य–*सं०* (वि०) समालोचना के योग्य

समावरण–*सं०* (पु०) संलग्नक

समावर्जन–*सं०* (पु०) 1 आकृष्ट करना 2 वश में करना 3 झुकाना, मोड़ना

समावर्तन–*सं०* (पु०) 1 वापस आना, लौटना 2 उपाधि देने से संबंधित समारोह, कान्वोकेशन

समाविष्ट–*सं०* (वि०) 1 व्याप्त 2 गृहीत, ग्रस्त 3 आसीन 4 एकाग्रचित्त

समावृत–*सं०* (वि०) 1 ढका हुआ 2 वापस आया हुआ 3 पूरा किया हुआ

समावेश–*सं०* (पु०) 1 अंतर्भाव, शामिल होना 2 व्याप्त होना 3 भावावेश 4 साथ रहना 5 मतैक्य 6 मनोनिवेश 7 प्रवेश

समावेशी–*सं०* (वि०) समावेश संबंधी

समाश्रय–*सं०* (पु०) 1 आश्रय, सहारा 2 सहायता, मदद

समाश्रित–*सं०* (वि०) 1 आश्रय लिया हुआ 2 सहारे पर टिका हुआ

समाश्वासन–*सं०* (पु०) अच्छी तरह इतमिनान कराना

समास–*सं०* (पु०) 1 योग, मेल 2 संचय, संग्रह 3 *व्या०* दो या अधिक पदों को मिलाकर एक रूप देना (जैसे-'राम लक्ष्मण' में द्वंद्व समास है)। ~**गत** (वि०) समास में आया हुआ (जैसे-समासगत नियम); ~**चिह्न** (पु०) शब्दों के जोड़ने का चिह्न, योजक चिह्न (-); ~**बद्ध** (वि०) समास में बंद; ~**युक्त** (वि०) समासवाला, समास सहित

समासक–*सं०* (पु०) समास चिह्न

समासीन–*सं०* (वि०) बैठा हुआ

समाहत–*सं०* (वि०) 1 मिला हुआ 2 मारा हुआ

समाहरण–*सं०* (पु०) 1 संग्रह 2 ढेर, राशि 3 वसूली, कलेक्शन

समाहर्ता–I *सं०* (पु०) समाहरण करनेवाला एक राज कर्मचारी II (वि०) 1 जमा करनेवाला 2 सम्मिलित होनेवाला 3 संक्षिप्त रूप देनेवाला

समाहर–*सं०* (पु०) 1 संग्रह 2 मिलन, मिलाप 3 ढेर, राशि। ~**द्वंद्व** (पु०) *व्या०* द्वंद्व समास का एक भेद जिसमें पदों के अतिरिक्त अन्य अर्थ भी निकलता है (जैसे-सेठ-साहूकार, दाल-रोटी)

समाहित–*सं०* (वि०) 1 व्यवस्थित रूप में एकत्र किया हुआ 2 व्यवस्थित 3 प्रतिपादित 4 स्वीकृत 5 समान, सदृश

समिति–*सं०* (स्त्री०) 1 सभा, समाज 2 संस्था (जैसे-जलकर समिति, सहकारी समिति)

समिद्ध–*सं०* (वि०) जलता हुआ, प्रज्वलित

समिधा–*सं०* (स्त्री०) हवन की लकड़ी

समीकरण–*सं०* (पु०) 1 समान करने की क्रिया 2 *ग०* ज्ञात राशि से अज्ञात राशि निकालना 3 राशियों के मान को बराबर सिद्ध करना

समीकृत–*सं०* (वि०) 1 समीकरण किया गया 2 बराबर किया हुआ

समीकृति–*सं०* (स्त्री०) समान करने का भाव

समीक्षक–*सं०* (पु०) समीक्षा करनेवाला, समालोचक (जैसे-समीक्षक की विचारधारा)

समीक्षण–*सं०* (पु०) = समालोचना

समीक्षा–*सं०* (स्त्री०) 1 परीक्षण 2 गुण -दोष विवेचन, समालोचन (जैसे-नाटक की समीक्षा)

समीक्षात्मक–*सं०* (वि०) समालोचनात्मक

समीक्षाधीन–*सं०* (वि०) समीक्षित होनेवाला

समीक्ष्य–*सं०* समीक्षा के योग्य

समीचीन–*सं०* (वि०) 1 यथार्थ, ठीक 2 उचित, वाज़िब 3 न्याय संगत

समीप–*सं०* (क्रि० वि०) पास, दूर, निकट। ~**ता** (स्त्री०) निकटता; ~**वर्ती** (वि०) पास में स्थित (जैसे-समीपवर्ती देश, समीपवर्ती मक़ान); ~**स्थ** (वि०) समीप में बसा हुआ

समीपावलोकन–*सं०* (पु०) पास से देखना

समीभूत–*सं०* (वि०) बराबर हुआ

समीर–*सं०* (पु०) हवा, वायु

समीरण–*सं०* (पु०) हवा

समुंदर–*बो०* (पु०) समुद्र

समुचित–*सं०* (वि०) 1 उपयुक्त 2 ठीक, उचित 3 यथेष्ट 4 पसंद आनेवाला

समुच्चय–*सं०* (पु०) समूह, राशि। ~**बोधक** (वि०) समुच्चय का ज्ञान करानेवाला; ~**सूचक** (वि०) समुच्चय की सूचना देनेवाला

समुच्चित–*सं०* (वि०) 1 संग्रहीत 2 पुंजीभूत

समुच्छेद–*सं०* (पु०) 1 उन्मूलन 2 नाश

समुज्जवल–*सं०* (वि०) चमकता हुआ

समुत्कर्ष–*सं०* (पु०) 1 आत्म उन्नति 2 गौरव

समुत्थ–*सं०* (वि०) 1 उठा हुआ, उन्नत 2 उत्पन्न

समुत्थान–*सं०* (पु०) 1 ऊपर उठाना 2 उन्नति 3 उत्पत्ति 4 स्वास्थ्य लाभ करना 5 वृद्धि

समुत्थित–*सं०* (वि०) 1 एक साथ उठा हुआ 2 अत्यंत ऊँचा

समुत्सुक–*सं०* (वि०) विशेष रूप से उत्सुक, उत्कंठित (जैसे-समुत्सुक भावनाएँ)

समुदय–I *सं०* (पु०) 1 ऊपर चढ़ना 2 उदय 3 शुभ लग्न, साइत 4 समुदाय II (वि०) सब, सारा, समस्त

समुदाय–*सं०* (पु०) 1 दल, समूह, झुंड 2 संस्था, जनसमूह 3 ढेर, राशि। ~**वाचक** (वि०) = समूहवाचक; ~**विकास योजना** (स्त्री०) समुदाय की उन्नति हेतु बनाई गई योजना

समुदित–*सं०* (वि०) 1 उन्नत 2 उत्पन्न 3 उठा हुआ, उदित 4 समुदय रूप दिया गया

समुद्धरण–*सं०* (पु०) 1 ऊपर उठाना 2 उद्धार 3 दूर करना, हटाना

समुद्भव–*सं०* (पु०) 1 उत्पत्ति, जन्म 2 पुनरुज्जीवन

समुद्यत–*सं०* (वि०) 1 अच्छी तरह तैयार 2 ऊपर उठाया हुआ

समुद्र–*सं०* (पु०) सागर, जलधि, अंबुधि। ~**कंप** (पु०) समुद्र में होनेवाला कंप, सी क्वेक; ~**गामी** (वि०) 1 समुद्र में जानेवाला 2 समुद्री व्यापार करनेवाला; ~**तट** (पु०) समुद्र का किनारा; ~**तटवर्ती** (वि०) समुद्र के किनारे का; ~**तटीय** (वि०) समुद्र के तट का; ~**तरण** (पु०) समुद्र तैरकर पार जाना; ~**तल** (पु०) समुद्र की तह; ~**पत्तन** (पु०) समुद्री बंदरगाह; ~**पथ** (पु०) = समुद्र मार्ग; ~**पारीय** (वि०) समुद्र पार का; ~**फेन** (पु०) समुद्र का झाग; ~**मंथन** (पु०) समुद्र का विलोड़न; ~**मार्ग** (पु०) समुद्र का रास्ता; ~**यात्रा** (स्त्री०) समुद्री सफ़र; ~**यान** (पु०) समुद्र में चलनेवाला जहाज़ ~**लवण** (पु०) समुद्र से पाया जानेवाला नमक

समुद्रिय–*सं०* (वि०) 1 समुद्र का 2 समुद्र से उत्पन्न

समुद्री–*सं० +हिं०* (वि०) 1 समुद्र का, समुद्र संबंधी 2 समुद्र की ओर से आनेवाली (जैसे-समुद्री हवा)

समुद्रीय–*सं०* (वि०) समुद्री

समुद्वेग–*सं०* (पु०) 1 घबड़ाहट 2 भय

समुन्नत–*सं०* (वि०) 1 खूब बढ़ा चढ़ा 2 बहुत ऊँचा

समुन्नति–*सं०* (स्त्री०) 1 ऊपर उठाना 2 उच्चता, ऊँचाई 3 गौरव

समुपस्थित–*सं०* (वि०) 1 उपस्थित, सामने आया हुआ 2 प्रकट

समुल्लास–*सं०* (पु०) 1 उल्लास, प्रसन्नता, खुशी 2 सम्यक् कांति 3 ग्रंथ का परिच्छेद

समुहा–I *बो०* (वि०) सामने स्थित II (अ०) सामने, सीधे
समूचा–(वि०) सब, कुल, पूरा (जैसे-समूची जनता, समूचा व्यापार)
समूढ–*सं०* I (वि०) 1 ढेर रूप में लाया हुआ 2 इकट्ठा हुआ, संगृहीत 3 पकड़ा हुआ II (पु०) ढेर, राशि, भंडार
समूल–*सं०* (वि०) 1 जड़ से युक्त, जड़वाला 2 कारण सहित, कारणवाला
समूल्य–*सं०* (वि०) कीमतवाला
समूह–*सं०* (पु०) 1 झुंड (जैसे-पक्षियों का समूह) 2 जमघट, समुदाय (जैसे-जन समूह, लड़कों का समूह)। ~**वाचक** (वि०) समूह का बोध करानेवाला; ~**वाची** (वि०) = समूहवाचक; ~**हितवाद** (पु०) यह मत कि व्यक्ति की हित की अपेक्षा समूह का हित अधिक आवश्यक है
समूहतः–*सं०* (क्रि० वि०) समूह के रूप में, सामूहिक रूप से
समूहन–*सं०* (पु०) 1 बहारना 2 बटोरना 3 ढेर लगाना, राशि
समूहिकीकरण–*सं०* (पु०) सामूहिक रूप देना
समृद्ध–*सं०* (वि०) 1 संपन्न, धनवान् 2 सशक्त 3 प्रभावशाली 4 अधिक, बहुत
समृद्धि–*सं०* (स्त्री०) 1 समृद्ध होने का भाव 2 अत्यधिक संपन्नता 3 ऐश्वर्य, अमीरी 4 अधिकता, बहुलता 5 शक्ति 6 प्रभावकारक प्रधानता
समेकन–*सं०* (पु०) मिलकर एक हो जाना
समेकित–*सं०* (वि०) 1 एकीकृत 2 समेकन किया गया
समेटना–(स० क्रि०) 1 इकट्ठा करना 2 धारण करना
समेत– I *सं०* (वि०) संयुक्त II (अ०) सहित, साथ
समोना–I (स० क्रि०) 1 सम्मिलित करना 2 संगृहीत करना II (अ० क्रि०) डूबना, लीन होना
समोसा–(पु०) आलू और मैदा से युक्त तेल या घी में तला एक नमकीन पकवान (जैसे-चाय के साथ समोसा खाना)
सम्मत–*सं०* (वि०) 1 एक ही राय का, सहमत 2 माना हुआ 3 विचारित
सम्मति–*सं०* (स्त्री०) 1 सलाह, राय 2 अनुज्ञा, अनुमति 3 मत, विचार 4 इच्छा, कामना (जैसे-सम्मति की अभिव्यक्ति)। ~**सूचक** (वि०) सम्मति की सूचना देनेवाला
सम्मन–*अं०* (पु०) न्यायालय में उपस्थित होने के लिए न्यायालय द्वारा प्रेषित पत्र
सम्मर्द–*सं०* (पु०) 1 युद्ध, लड़ाई 2 रगड़ना 3 झगड़ा 4 वाद विवाद
सम्माद–*सं०* (पु०) 1 पागलपन, उन्माद 2 नशा
सम्मान–*सं०* I (पु०) आदरपूर्ण भाव II (वि०) मान प्रतिष्ठा से युक्त (जैसे-सम्मान पुरुष, सम्मानजनक) III (अ०) प्रतिष्ठापूर्वक। ~**जनक** (वि०) सम्मानवाला (जैसे-सम्मानजनक स्थान, सम्मानजनक पद); ~**पत्र** (पु०) सम्मान में दिया जानेवाला पत्र; ~**पद** (पु०) इज़्ज़त का पद; ~**पूर्वक** (क्रि० वि०) सम्मान से; ~**प्रद** (वि०) सम्मान देनेवाला; ~**लालसा** (स्त्री०) सम्मान की इच्छा; ~**लिप्सा** (स्त्री०) सम्मान की कामना
सम्मानन–*सं०* (पु०) सम्मान करना, आदर करना
सम्माननीय–*सं०* (वि०) सम्मान करने योग्य
सम्मानार्थ–*सं०* (क्रि० वि०) आदर देने के लिए
सम्मानार्ह–*सं०* (वि०) = सम्मान्य
सम्मानित–*सं०* (वि०) सम्मान पाया हुआ
सम्मान्य–*सं०* (वि०) आदरणीय
सम्मार्ग–*सं०* (पु०) 1 अच्छा मार्ग 2 सत् मार्ग
सम्मार्जन–*सं०* (पु०) 1 झाड़ना-बुहारना 2 साफ़ करना
सम्मार्जनी–*सं०* (स्त्री०) झाड़ू, बुहारी, कूँचा
सम्मार्जित–*सं०* (वि०) अच्छी तरह माँजा हुआ, खूब साफ़ किया हुआ
सम्मित–*सं०* (वि०) 1 मापा हुआ 2 समान, सदृश 3 आनुपातिक एकरूपता तथा सामंजस्यवाला, सिमेट्रिकल
सम्मिति–*सं०* 1 ऊँची और बड़ी कामना, महत्त्वाकांक्षा 2 तुलना, बराबरी
सम्मिलन–*सं०* (पु०) 1 मेल मिलाप 2 सम्मेलन
सम्मिलनी–*बो०* (स्त्री०) सम्मेलन
सम्मिलित–*सं०* (वि०) 1 मिलाया हुआ 2 सामूहिक (जैसे-सम्मिलित प्रयास से काम पूरा होना) 3 एकत्र हुआ (जैसे-सम्मिलित कुटुंब)
सम्मिश्रण–*सं०* (पु०) 1 मिलाना 2 मिलावट, मेल
सम्मिश्रित–*सं०* (वि०) 1 मिलाया हुआ 2 मिलावटी
सम्मुख– I *सं०* (वि०) 1 जो सामने मौजूद हो 2 उपयुक्त II (अ०) 1 सामने, आगे 2 बिल्कुल सीधे
सम्मेलन–*सं०* (पु०) 1 सभा, संख्या आदि 2 मेल, मिलाप, जमघट (जैसे-जन सम्मेलन, राजनैतिक सम्मेलन)। ~**भवन** (पु०) वह स्थान जहाँ सम्मेलन किया जाए; ~**हाल** + *अं०* (पु०) सम्मेलन हेतु बड़ा कमरा
सम्मोद–*सं०* (पु०) 1 प्रीति, प्रेम 2 मोद, हर्ष
सम्मोदन–*सं०* (पु०) आधिकारिक स्वीकृति
सम्मोह–*सं०* (पु०) 1 मोह, प्रेम 2 भ्रम, धोखा 3 संदेह
सम्मोहक–*सं०* (वि०) सम्मोहन करनेवाला (जैसे-सम्मोहक दृष्टि, सम्मोहक वाणी)
सम्मोहन–*सं०* (पु०) 1 मुग्ध करना (जैसे-रूप का सम्मोहन, नेत्रका सम्मोहन)
सम्मोहनी–*सं०* (स्त्री०) मोह में डालनेवाली माया
सम्मोहित–*सं०* (वि०) मुग्ध किया हुआ
सम्यक्–*सं०* I (पु०) समुदाय, समूह II (वि०) 1 पूरा, सब, समस्त 2 उचित, उपयुक्त 3 मनोनुकूल III (क्रि० वि०) 1 पूरी तरह से 2 अच्छी तरह, भली-भाँति। ~**संबुद्ध** (पु०) 1 जिसे सम्यक् ज्ञान हो 2 गौतम बुद्ध
सम्यक ज्ञान–*सं०* (पु०) सच्चा ज्ञान
सम्राजना–(अ० क्रि०) 1 प्रतिष्ठत होना 2 विराजमान होना
सम्राज्ञी–*सं०* (स्त्री०) 1 साम्राज्य की स्वामिनी 2 सम्राट की पत्नी
सम्राट–*सं०* (पु०) साम्राज्य का स्वामी। ~**शाही** + *फ़ा०* (स्त्री०) बादशाही राज्य, शहनशाही राज्य
सम्हलना–(अ० क्रि०) 1 थामा जा सकना 2 ठहरा रहना 3 सचेत होना, सावधान होना 4 बचाव करना 5 पुनः सुधारना 6 निर्वाह होना
सयत्न–*सं०* (क्रि० वि०) यत्न के साथ
सयन–(पु०) 1 बिस्तर 2 सोना, लेटना
सयान–(वि०) सयाना। ~**पन** (पु०) सयाना होने का भाव

सयाना–I (वि०) 1 वयस्क (जैसे-सयाना युवक) 2 बुद्धिमान्, समझदार 3 चालाक (जैसे-सयाना बनना) 4 कपटी और धूर्त (जैसे-सयाना लड़का) II (पु०) अधिक अवस्थावाला, अनुभवी तथा बुद्धिमान् व्यक्ति। ~**पन** (पु०) **1 वयस्कता 2 कपट और धूर्तता 3 चालाकी, होशियारी**

सरंजाम–*फ़ा०* (पु०) 1 काम पूरा होना 2 प्रबंध, व्यवस्था 3 तैयारी

सर–I *सं०* (पु०) 1 बाण 2 तालाब

सर–II *+फ़ा०* (पु०) 1 सिर (जैसे-सर के बल खड़े होना) 2 ताश, गंजीफे का कोई बड़ा पत्ता (इक्का, बादशाह इत्यादि)। ~**अंजाम** (पु०) = सरंजाम; ~**कश** (वि०) 1 उद्दंड 2 बागी; ~**कशी** (स्त्री०) 1 उद्दंडता 2 विद्रोह; ~**ख़त** *+ अ०* (पु०) 1 किरायानामा 2 आज्ञापत्र; ~**ग़ना** *+ अ०* (वि०) सरदार, मुखिया; ~**गर्म** (वि०) उत्साही, मुस्तैद; ~**गर्मी** (स्त्री०) मुस्तैदी, उत्साह; ~**गोशी** (स्त्री०) 1 कानाफूसी 2 चुगली, बुराई; ~**ज़मीन** (स्त्री०) 1 देश, मुल्क 2 राज्य; ~**ज़ोर** (वि०) 1 उद्दंड, दुर्दमनीय 2 जबरदस्त; ~**ज़ोरी** (स्त्री०) 1 जबरदस्ती 2 दुर्दमनीयता, उद्दंडता; ~**जोश** (वि०) जोश या ताव में आया हुआ; ~**तराश** (पु०) 1 नाई 2 सिर मूंड़नेवाला; ~**ताज** (पु०) = सिरताज; ~**दर्द** (पु०) 1 सिर का दर्द 2 व्यथा, कष्ट; ~**दार** (पु०) 1 मुखिया, नेता 2 सेनापति 3 सिखों की पदवी; ~**दार तंत्र** *+ सं०* (पु०) सरदारों का राज्य, सामंतशाही; ~**दारनी** *+ हिं०* (स्त्री०) 1 सरदार की पत्नी 2 प्रतिष्ठित सिख महिला; ~**दारी** (स्त्री०) सरदार का पद; ~**नाम** (वि०) नामी, मशहूर; ~**नामा** (पु०) 1 प्रशस्ति 2 चिट्ठी पानेवाले का पता; ~**पंच** *+ हिं०* (पु०) पंचों का मुखिया; ~**परस्त** (वि०) 1 संरक्षक 2 सहायक; ~**परस्ती** (स्त्री०) 1 संरक्षण 2 सहायता; ~**पेंच** (पु०) 1 पगड़ी के ऊपर लगाने का एक गहना 2 एक तरह का गोटा; ~**पोश** (पु०) 1 ढकना 2 ख़्वानपोश; ~**फ़राज़** (वि०) 1 गौरवप्राप्त 2 सम्मानित 3 घमंडी; ~**फ़रोश** (वि०) जान देने को उद्धत; ~**फ़रोशी** (स्त्री०) जान देने को तैयार रहना; ~**फिरा** *+ हिं०* (वि०) पगला; ~**बसर** (अ०) एकदम ठीक, पूरा पूरा; ~**बराह** (वि०) प्रबंधकर्ता, कारिंदा; ~**बराही** (स्त्री०) प्रबंध; ~**बसर** (अ०) बराबर, सरासर; ~**बाज़** (वि०) 1 जान पर खेलनेवाला 2 निडर; ~**बाज़ी** (स्त्री०) 1 जान पर खेलना 2 निडरता; ~**बुलंद** (वि०) 1 उच्चपदस्थ 2 सम्मानित, प्रतिष्ठित 3 गौरवान्वित; ~**मस्त** (वि०) शराब के नशे में चूर, मतवाला; ~**मस्ती** (स्त्री०), मतवालापन; ~**सब्ज़** (वि०) हराभरा, लहलहाता हुआ; ~**हद** *+ अ०* (स्त्री०) सीमा (जैसे-देश या मुल्क की सरहद); ~**हदबंदी** *अ० + फ़ा०* (वि०) सरहद को बंद कर देना; ~**हदी** *अ० + फ़ा०* (वि०) सरहद संबंधी

सर–III *अं०* (पु०) 1 महोदय 2 श्रीमान्

सरकंडा–(पु०) गांठदार सरपत का एक पौधा

सरकना–(अ० क्रि०) 1 खिसकना, रेंगना 2 समय का टल जाना 3 आगे बढ़ना (जैसे-थोड़ा सा और सरकना)

सरकस–*अं०* (पु०) वह मंडल जहाँ कलाकारों और जानवरों के खेल दिखाए जाते हैं। ~**खिलाड़ी** *+हिं०* (पु०) सरकस के कलाकार

सरक़ा–I *अ०* (पु०) चोरी

सरका–II (पु०) हस्तमैथुन करना

सरकाना–(स० क्रि०) अपनी जगह से हिलाना

सरकार–I *+फ़ा०* (स्त्री०) 1 राज्य, हुकूमत 2 शासन, गवर्नमैंट 3 शासन प्रबंध 4 राजदरबार। ~**परस्त** (वि०) सरकार का पिट्ठू, सरकार भक्त

सरकार–II *फ़ा०* (पु०) 1 मालिक, स्वामी 2 राजा, सम्राट, शासक

सरकारी–*फ़ा०* (त्रि०) 1 सरकार संबंधी (जैसे-सरकारी आदेश, सरकारी काम, सरकारी कार्यालय) 2 राज्य संबंधी (जैसे-सरकारी ज़ायदाद) 3 शासन का (जैसे-सरकारी पद, सरकारी नौकरी, सरकारी मशीन, सरकारी धन या कोष)। ~**करण** *+ सं०* (पु०) सरकार का बना लेना

सरकुलर–*अं०* (पु०) = सर्क्युलर

सरगम–(पु०) 1 संगीत के षडज से निषाद तक के सात स्वरों का समूह, स्वर ग्रम 2 राग में लगनेवाले स्वरों का उच्चारण

सरचार्ज–*अं०* (पु०) अतिभार

सरजा–*फ़ा०* (पु०) 1 सरदार 2 शेर, सिंह

सरजीवन–*बो०* (वि०) 1 हरा-भरा 2 संजीवन

सरट–*सं०* (पु०) 1 गिरगिट 2 छिपकली

सरणी–*सं०* (स्त्री०) मार्ग, रास्ता (जैसे-जल सरणी)

सरतान–*अ०* (पु०) 1 केकड़ा 2 कर्कटार्बुद, कैंसर

सरद–I *+फ़ा०* (वि०) = सर्द II (स्त्री०) शरद ऋतु

सरदई–*फ़ा० + हिं०* (वि०) हरापन से युक्त पीला

सरदर–*फ़ा०* (अ०) 1 एक सिर से 2 सब मिलाकर एक साथ 3 औसत के विचार से

सरदल–*बो०* (पु०) दरवाज़े की चौखट का बाजू

सरदा–*फ़ा०* (पु०) खरबूजे की जाति का एक तरह का फल

सरदाई–*फ़ा० + हिं०* (स्त्री०) ठंडई, ठंडाई

सरदार–*फ़ा०* (पु०) 1 मंडली का नायक, अगुआ 2 सिख संप्रदाय का अनुयायी, सिखों की उपाधि

सरदारिनी–(स्त्री०) 1 प्रतिष्ठित सिख महिला 2 सरदार की पत्नी

सरदारी–*फ़ा०* (स्त्री०) 1 स्वामित्व 2 सरदार का भाव

सरदी–*फ़ा०* (स्त्री०) = सर्दी

सरन–*बो०* (स्त्री०) = शरण

सरना–(अ० क्रि०) 1 सरकना, खिसकना 2 हिलना डोलना 3 पूरा होना (जैसे-शादी ब्याह का काम सरना) 4 निभना, पटना

सरपट–I (स्त्री०) घोड़े की बहुत तेज़ चाल II (अ०) तेज़ दौड़ते हुए (जैसे-सरपट आना, सरपट जाना)

सरपत–(पु०) सरकंडा, सेंठा

सरफा–*अ०* (पु०) व्यय ख़र्च

सरबस–*बो०* (पु०) = सर्वस्व

सरमा–*फ़ा०* (पु०) शीत काल

सरमाई–*फ़ा०* (वि०) शीतकाल का

सरमाया–*फ़ा०* (पु०) धन दौलत, संपत्ति, सर्माया

सरल–*सं०* (वि०) 1 सीधा (जैसे-सरल रेखा) 2 सामान्य, साधारण (जैसे-सरल गति) 3 आसान, सहज (जैसे-सरल

उपाय, सरल भाषा) 4 सीधा और भोला (जैसे-सरल युवक, सरल मनवाला) 5 ईमानदार और सच्चा (जैसे- साधु और सरल हृदयवाला) 6 खरा, असली (जैसे-सीधी और सरल बात कहना)। ~**चित्त** (वि०) सरल हृदयवाला; ~**ता** (स्त्री०) 1 सरल होने का भाव 2 सीधापन, सिधाई 3 ईमानदारी और सच्चाई 4 आसानी, सुगमता, सहजता; ~**स्वभाव** (वि०) सीधे स्वभाववाला; ~**हृदय** (वि०) निष्कपट हृदयवाला

सरलतया–*सं०* (क्रि० वि०) सरल रूप में

सरलातिसरल–*सं०* (वि०) 1 आसान से आसान 2 अत्यंत सीधा

सरलीकरण–*सं०* (पु०) सरल बनाना

सरलीकृत–*सं०* (वि०) सरल किया हुआ

सरव–*सं०* (वि०) शब्द करता हुआ, शब्दवाला

सरवत–*अ०* (स्त्री०) अमीरी, संपन्नता

सरवर–(पु०) तालाब

सरवा–(पु०) = साला

सरवाक–(पु०) 1 प्याला 2 कसोरा 3 दीया

सरविस–*अं०* (स्त्री०) = सर्विस

सरवे–*अं०* (पु०) सर्वेक्षण

सरसंघचालक–*फ़ा० + सं०* (पु०) संघ का बड़ा निदेशक, संघ का महानिदेशक

सरस–*सं०* (वि०) 1 रसीला, रसयुक्त 2 स्वादिष्ट, ज़ायकेदार 3 प्रेमासक्त (जैसे-सरस हृदय) 4 सुंदर 5 मोहक (जैसे-सरस वाणी, सरस दृश्य) 6 रसपूर्ण (जैसे-सरस काव्य) 7 आर्द्र, गीला 8 हरा और ताजा। ~**ता** (स्त्री०) 1 रसिकता 2 मधुरता 3 सरस होने का भाव;

सरसठ–I (वि०) साठ और सात II (पु०) '67' की संख्या

सरसना–(अ० क्रि०) 1 पनपना 2 उन्मत्त होना 3 शोभित होना, सोहना 4 रसपूर्ण होना 5 पूरा होना 6 भावाविष्ट होना

सरसर–(क्रि० वि०) 1 सर सर शब्द करते हुए 2 बहुत तेज़ी या फुर्ती से

सरसराना–I (अ० क्रि०) 1 सर सर ध्वनि होना (जैसे-हवा का सरसराना) 2 जल्दी जल्दी काम करना II (स० क्रि०) सर सर शब्द उत्पन्न करना

सरसराहट–(स्त्री०) 1 सरसराने से उत्पन्न ध्वनि 2 सुरसुराहट (जैसे-शरीर में सरसराहट होना)

सरसरी–*फ़ा०* (वि०) 1 जल्दी में होनेवाला (जैसे-सरसरी नज़र डालना) 2 मोटे तौर पर होनेवाला (जैसे-सरसरी प्रक्रिया)

सरसाना–I (अ० क्रि०) *बो०* सरसना II (स० क्रि०) 1 हराभरा करना 2 रसपूर्ण करना

सरसिक–(पु०) सारस पक्षी

सरसिज–*सं०* (पु०) तालाब में होनेवाला, कमल

सरसी–*सं०* (स्त्री०) 1 छोटा जलाशय 2 बावली

सरसीरुह–*सं०* (पु०) तालाब में उत्पन्न होनेवाला, कमल

सरसेटना–(स० क्रि०) 1 फटकारना 2 खरी खोटी सुनाना

सरसों–(स्त्री०) 1 एक प्रसिद्ध फ़सल, तेलहन (जैसे-काली सरसों, पीली सरसों) 2 इस फ़सल का बीज (जैसे-सरसों का तेल, सरसों पेरना)। **आँखों में सरसों फूलना** अभिमान या प्रेम आदि के कारण हरा भरा दिखाई देना; **हथेली पर सरसों नहीं जमती** बिना किसी 'प्रयत्न' के काम आसान नहीं होता

सरस्वती–*सं०* (स्त्री०) 1 विद्या, इल्म 2 विद्या और वाणी की अधिष्ठात्री देवी

सरहंग–*फ़ा०* (पु०) 1 सेना का नायक, सेनापति 2 कोतवाल

सरहना–(स्त्री०) मछली के ऊपर का छिलका, चूईं

सरा–*फ़ा०* (स्त्री०) = सराय

सराई–*बो०* (स्त्री०) 1 कसोरा, दीया 2 सलाई

सरापना–(स० क्रि०) शाप देना

सरापा–*फ़ा०* (वि०) नख-शिख सहित, संपूर्ण

सराफ़–*अ०* (पु०) सोने-चाँदी का व्यापारी

सराफ़ा–*अ०* (पु०) सराफ़ का पेशा। ~**बाज़ार** *+ फ़ा०* (पु०) सराफ़ पेशेवरों की दुकान; ~**वायदा** (पु०) सट्टा

सराफ़ी–*अ० + फ़ा०* (स्त्री०) 1 सराफ़ का धंधा 2 महाजनी लिपि

सराब–*अ०* (पु०) 1 मृगतृष्णा 2 धोखेबाज़ी

सराबोर–(वि०) तरबतर, शराबोर

सराय–*फ़ा०* (स्त्री०) मुसाफ़िरख़ाना, धर्मशाला। ~**का कुत्ता** नीच और स्वार्थी व्यक्ति; ~**की भठियारी** बदचलन औरत

सरावग–*बो०* (पु०) श्रावक (जैन)

सरासर–*फ़ा०* (अ०) 1 एक सिरे से दूसरे सिरे तक 2 पूर्णतया, बिलकुल (जैसे-सरासर ग़लत) 3 साक्षात्, प्रत्यक्ष

सरासरी–I *फ़ा०* (स्त्री०) 1 सरासर होने का भाव 2 तीव्रता, शीघ्रता II (अ०) 1 जल्दी में 2 अनुमानतः

सराहना–I (स० क्रि०) प्रशंसा करना, बड़ाई करना II (स्त्री०) प्रशंसा, तारीफ़

सराहनीय–(वि०) प्रशंसा के योग्य

सरि–*सं०* (स्त्री०) झरना, निर्झर

सरित्–*सं०* (स्त्री०) सरिता

सरिता–(स्त्री०) नदी

सरिया–(पु०) लोहे की लंबी पतली छड़

सरियाना–(स० क्रि०) 1 समेटना (जैसे-किताब कापी सरियाना) 2 तह लगाना (जैसे-चादर सरिया देना)

सरिश्ता–*फ़ा०* (पु०) 1 अदालत, कचहरी 2 दफ़्तर, महकमा

सरिश्तेदार–*फ़ा०* (पु०) 1 सरिश्ते का प्रधान अधिकारी 2 दीवानी दफ़्तरों का एक विशेष कर्मचारी

सरी–*सं०* (स्त्री०) 1 छोटा सरोवर 2 झरना, सोता

सरीखा–(वि०) सदृश, समान (जैसे-मुझ सरीखा जवान तुम कहाँ पाओगे)

सरीसृप–*सं०* (पु०) ज़मीन पर रेंगनेवाले जीव

सरीह–*अ०* (वि०) 1 खुला हुआ, प्रकट 2 स्पष्ट

सरीहन्–*अ०* (अ०) 1 खुल्लमखुल्ला 2 खुले तौर पर

सरुज–*सं०* (वि०) रोगी

सरुष–I (वि०) कुपित II (क्रि० वि०) क्रोधपूर्वक

सरूप–*सं०* (वि०) 1 समान, सदृश 2 सुंदर रूपवाला 3 रूपवान्, रूपयुक्त। ~**ता** (स्त्री०) 1 समानता 2 सुंदरता 3 सरूप होने का भाव

सरूर–*अ०* (पु०) 1 हलका और सुखद नशा 2 खुमार 3 ख़ुशी, आनंद

सरेखना–(स० क्रि०) 1 अच्छी तरह समझना सहेजना

सरेदस्त–*फ़ा०* (अ०) 1 इस समय, अभी 2 प्रस्तुत समय में, फिलहाल

सरे बाज़ार–*फ़ा०* (अ०) खुले बाज़ार में और जनता के सामने

सरेशाम–*फ़ा०* (अ०) संध्या होते ही

सरेस–I *फ़ा०* (पु०) एक प्रसिद्ध लसदार पदार्थ, सरेश II (वि०) लसीला और चिपकनेवाला (जैसे-सरेस काग़ज़)

सरो–*फ़ा०* (पु०) एक प्रकार का सीधा छतनार पेड़, बनझाऊ

सरोकार–*फ़ा०* (पु०) 1 आपसी व्यवहार का संबंध 2 वास्ता, लगाव

सरोकारी–*फ़ा०* (वि०) सरोकार रखनेवाला

सरोज–*सं०* (पु०) कमल। ~**मुखी** (वि०/स्त्री०) कमल के समान मुखवाली, सुंदरी

सरोजिनी–*सं०* (स्त्री०) 1 कमल से भरा तालाब 2 कमल समूह 3 कमल का पौधा

सरोद–*फ़ा०* (पु०) 1 वीणा की तरह का एक बाजा 2 नाच गाना

सरोरुह–*सं०* (पु०) कमल

सरोवर–*सं०* (पु०) तालाब

सरोवरी–(स्त्री०) छोटी, तलैया, पुष्करिणी

सरोष–*सं०* (वि०) = सरुष

सरोसामान–*फ़ा०* (पु०) असबाब, सामग्री

सरौता–(पु०) 1 सुपारी काटने के काम में आनेवाला कैंची के आकार का एक उपकरण 2 आम आदि काटने का काठ में जड़ा एक औज़ार स्थान या मंडली

सरौती–(स्त्री०) छोटा सरौता

सर्कस–*अं०* (पु०) जहाँ जानवर आदि के खेल दिखाए जाते हों

सर्क़ा–*अ०* (पु०) 1 चोरी 2 भावादि का अपहरण

सर्किट हाउस–*अं०* (पु०) दौरे पर आनेवाले अधिकारियों का आवास

सर्किल–*अं०* (पु०) 1 वृत्त 2 मंडल

सर्क्युट हाउस–*अं०* (पु०) = सर्किट हाउस

सर्क्युलर–*अं०* (पु०) गश्ती चिट्ठी, परिपत्र

सर्ग–*सं०* (पु०) 1 ग्रंथ का प्रकरण या अध्याय 2 रचना, 3 स्वभाव 4 लोक सृष्टि 5 मूल, उद्गम 6 प्रकृति 7 त्याग। ~**बंध** (वि०) सर्ग में आबद्ध (जैसे-सर्गबंध काव्य)

सर्चलाइट–*अं०* (स्त्री०) अन्वेषक बत्ती

सर्च वारंट–*अं०* (पु०) तलाशी का वारंट

सर्जंट–*अं०* (पु०) हवलदार, जमादार

सर्ज–I *सं०* (पु०) 1 बड़ी जाति का शाल वृक्ष 2 सलई का पेड़ 3 धूना, राल

सर्ज–II *अं०* (स्त्री०) एक तरह का बढ़िया ऊनी कपड़ा, सरज

सर्जक–*सं०* (वि०) 1 सर्जन करनेवाला 2 रचना करनेवाला, स्रष्टा

सर्जन–I *सं०* (पु०) 1 उत्पन्न करना, जन्म देना 2 छोड़ना, त्यागना

सर्जन–II *अं०* (पु०) शल्य चिकित्सक

सर्जनात्मक–*सं०* (वि०) रचनात्मक

सर्जरी–*अं०* (स्त्री०) शल्य चिकित्सा

सर्टिफ़िकेट–*अं०* (पु०) प्रमाण पत्र। ~**ऑफ पोस्टिंग** (स्त्री०) डाक में डालने का प्रमाण पत्र

सर्द–*फ़ा०* (वि०) 1 अत्यधिक ठंडा (जैसे-सर्द हवा का झोंका) 2 सुस्त, काहिल 3 ढीला, शिथिल 4 निरुत्साह। ~**गर्म** (वि०) 1 ऊँच-नीच 2 उलट फेर; ~**बाज़ारी** (स्त्री०) बाज़ार का ठंडा होना, माँग न होना; ~**मिज़ाज** (वि०) 1 उत्साहहीन 2 रूखा 3 मुर्दादिल 4 निष्करुण

सर्दा–*फ़ा०* (पु०) = सरदा

सर्दी–*फ़ा०* (स्त्री०) ठंड, शीत। ~**ज़ुकाम** + *अ०* (पु०) ठंड

सर्प–*सं०* (पु०) साँप। ~**कला** (स्त्री०) = सर्प विद्या; ~**गति** (स्त्री०) 1 कुटिल गति 2 कपट की चाल; ~**दंश** (पु०) साँप का काटा; ~**फण** (पु०) साँप का फ़न; ~**मंत्र** (पु०) साँप के काटे का मंत्र; ~**राज** (पु०) 1 साँपों का राजा, शेषनाग 2 वासुकि; ~**विद्या** (स्त्री०) साँपों के वर्ग, जाति तथा स्वभाव आदि के विषय में ज्ञान प्राप्त करानेवाली विद्या

सर्पाकार–*सं०* (वि०) साँप के आकार का

सर्पिका–*सं०* (स्त्री०) छोटा साँप

सर्पिणी–*सं०* (स्त्री०) साँपिन

सर्पित–*सं०* (वि०) 1 सर्प रूप में लाया हुआ 2 सर्पदंश

सर्पिल–*सं०* (वि०) साँप की तरह टेढ़ा मेढ़ा, कुंडलाकार

सर्पो–(वि०) धीरे धीरे चलनेवाला, रेंगनेवाला

सर्फ़–*अ०* (वि०) व्यय किया हुआ

सर्फ़ा–*अ०* (पु०) 1 खर्च, व्यय 2 किफ़ायत, मितव्यय 3 लाभ, नफ़ा

सर्माया–*फ़ा०* (पु०) पूँजी। ~**दार** (पु०) पूँजीपति; ~**दारी** (स्त्री०) पूँजीपतित्व

सर्मायेदार–*फ़ा०* (पु०) = सर्मायादार

सर्मायेदारी–*फ़ा०* (स्त्री०) = सर्मायादारी

सर्रक–(स्त्री०) सरर्ते हुए आगे बढ़ना

सर्रसर्र–(स्त्री०) = सर्राटा

सर्राटा–(पु०) 1 हवा के तेज़ चलने से उत्पन्न शब्द 2 तेज़ चलने से उत्पन्न सरसर शब्द। **सर्राटे भरना** तेज़ी से इधर उधर आना जाना

सर्राना–(अ० क्रि०) सरसर करते हुए आगे बढ़ना

सर्राफ़–*अ०* (पु०) सोने-चाँदी का व्यापारी

सर्राफ़ा–*अ०* (पु०) 1 सर्राफ़ों का बाज़ार 2 सर्राफ़ का पेशा

सर्राफ़ी–*अ०* + *फ़ा०* (स्त्री०) 1 सर्राफ़ का रोज़गार 2 महाजनी लिपि

सर्व–*सं०* (वि०) सब, सारा, समस्त। ~**इस्लामवाद** + *अ०* + *सं०* (पु०) सब मुसलमानों को एक करने का सिद्धांत; ~**कल्याण** (पु०) सबका भला; ~**काल** (क्रि० वि०) हर समय, सदा; ~**कालिक,** ~**कालीन** (वि०) हमेशा बना रहनेवाला (जैसे-सर्वकालिक दशा, सर्वकालीन व्यवस्था); ~**क्षमा** (स्त्री०) सामूहिक रूप से बंदियों को क्षमा करना; ~**क्षार** (पु०) सबकुछ का नाश; ~**गत** (वि०) = सर्वव्यापी; ~**गुण संपन्न** (वि०) सब गुणों से युक्त; ~**ग्रास** I (वि०) सब खा जानेवाला II (पु०) खग्रास ग्रहण; ~**ग्राही** (वि०) सबकुछ ग्रहण करनेवाला; ~**जन** (वि०) 1 सार्वजनिक, सार्विक 2 सार्वदेशिक; ~**जन गृहीत** (वि०) = सर्वत्र स्वीकृत; ~**जन प्रिय** (वि०) = सर्व प्रिय; ~**जन मताधिकार** (पु०) सब लोगों को वोट देने का अधिकार; ~**जनहित** (पु०) सबकी भलाई; ~**जनीन**

(वि०) = सार्वजनिक; ~**जनीनता** (स्त्री०) सार्वजनिकता; ~**जनोपकारी** (वि०) सबकी भलाई करनेवाला; ~**जनोपयोगी** (वि०) सबके लिए उपयोगी (जैसे-सर्वजनोपयोगी साहित्य, सर्वजनोपयोगी पुस्तकालय); ~**जयी,** ~**जित** (वि०) सबको जीतनेवाला; ~**जेता** (पु०) सब पर विजय पानेवाला; ~**ज्ञ** (वि०) सबकुछ जाननेवाला; ~**ज्ञता** (स्त्री०) सबकुछ जानने का भाव; ~**तंत्र** (वि०) सर्वशास्त्र सम्मत; ~**त्यागी** (वि०) सबकुछ त्यागनेवाला; ~**दर्शी** I (वि०) सबकुछ देखनेवाला II (पु०) ईश्वर; ~**दली** *+ हिं०* (वि०) सब दल का (जैसे-सर्वदली सहयोग); ~**दलीय** (वि०) सर्वदल का; ~**दाता** (वि०) सब कुछ देनेवाला; ~**धर्मवाद** (पु०) सभी धर्मों को मानने का सिद्धांत; ~**धर्मवादी** I (वि०) सर्वधर्मवाद संबंधी II (पु०) सर्वधर्मवाद का अनुयायी; ~**नाम** (पु०) *व्या०* संज्ञा के स्थान पर प्रयुक्त शब्द; ~**नाश** (पु०) तबाही, विध्वंस; ~**नाशक,** ~**नाशकारी,** ~**नाशी** (वि०) बर्बाद या तबाह करनेवाला, विध्वंसक; ~**नियंता** (पु०) 1 सबको अपने नियम के अनुसार ले चलनेवाला 2 वश में करनेवाला; ~**पाक्षिक** (वि०) 1 सभी पक्ष का 2 सभी पक्ष में; ~**प्रकारेण** (क्रि० वि०) सर्वथा; ~**प्रथम** (क्रि० वि०) सबसे पहला, अव्वल; ~**प्रधान** (वि०) सबसे बड़ा (जैसे-सर्वप्रधान सेनापति); ~**प्रभुता** (स्त्री०) = सार्वभौमिकता; ~**प्रमुख** (वि०) = सर्वप्रधान; ~**प्रसिद्ध** (वि०) सर्वत्र विख्यात; ~**प्रिय** (वि०) 1 सबसे प्यारा 2 सबका प्यारा (जैसे-सर्वप्रिय बालक, सर्वप्रिय नेता); ~**प्रियता** (स्त्री०) सर्वप्रिय होने का भाव; ~**बोधगम्य** (वि०) सबकी समझ में आनेवाला; ~**ब्रह्मवाद** (पु०) = सर्वेश्वरवाद; ~**भक्षी** (वि०) सब कुछ खानेवाला (जैसे-सर्वभक्षी पशु, सर्वभक्षी प्राणी); ~**भारतीय** (वि०) अखिल भारतीय, आल इंडिया; ~**भोगी** (वि०) = सर्वभक्षी; ~**मान्य** (वि०) सभी के मानने योग्य; ~**योग** (वि०) कुलजोड़; ~**रूप** (वि०) जो सब रूपों में व्याप्त हो; ~**रोगहर** (वि०) सब रोगों को दूर करनेवाला; ~**वध** (पु०) = सर्व संहार; ~**वर्तुल** (वि०) (पिंड) जिसका प्रत्येक विंदु उसके मध्य विंदु से समान अंतर पर हो; ~**वाद** (पु०) = सर्वेश्वरवाद; ~**वादी** (वि०) = सर्वेश्वरवादी; ~**विद्** (वि०) = सर्वज्ञ; ~**विद्य** (वि०) समग्र विद्याओं का ज्ञाता; ~**विश्रुत** (वि०) सर्व विदित; ~**व्यापक,** ~**व्यापी** (वि०) 1 हर तरफ़ फैला हुआ 2 सबमें समाया हुआ (जैसे-सर्वव्यापी आत्मा); ~**शक्तिमत्ता** (स्त्री०) सब शक्तियों से युक्त होना; ~**शक्तिमान्** I (वि०) सबसे अधिक बलवान्, सर्वशक्तिशाली, सर्वबली II (पु०) ईश्वर; ~**शुभवाद** (पु०) 1 सभी का शुभ चाहने का सिद्धांत 2 आशावाद; ~**श्री** (वि०) सम्मान या आदर सूचक एक विशेषण (जैसे-सर्वश्री प्रसाद, पंत, सूर की कविता का पाठ होना); ~**श्रेष्ठ** (स्त्री०) (वि०) सब में अच्छा, सर्वोत्तम; ~**संहार** (पु०) सबका संहार करनेवाला काल; ~**संहारक** (वि०) सबका संहार करनेवाला; ~**सत्ता** (स्त्री०) सब तरह का अधिकार; ~**सत्ताधारी** (वि०) संपूर्ण सत्तावाला (जैसे-सर्वसत्ताधारी राज्य); ~**सत्तावाद** (पु०) सर्वसत्ता पाने का सिद्धांत; ~**सत्तावादी** (वि०) सर्वसत्तावाद संबंधी; ~**सत्ता संपन्न** (वि०) = सर्वसत्ताधारी; ~**समक्ष** (क्रि० वि०) सबके सामने; ~**समृद्ध** (वि०) हर तरह से संपन्न; ~**सम्मत** (वि०) सभी के द्वारा मान्य; ~**सम्मति** (स्त्री०) मतैक्य; ~**सम्मानित** (वि०) = सर्व मान्य; ~**सम्मिलित** (वि०) 1 सब में शामिल 2 सर्व मिश्रित; ~**सह** (वि०) = सहनशील; ~**सहमति** (स्त्री०) = सर्व सम्मति; ~**साधारण** I (पु०) आम लोग, जनता II (वि०) 1 सामान्य, कामन 2 जो सबके लिए हो (जैसे-सर्व साधारण नियम); ~**सामर्थ्यवान्** (वि०) = सर्वशक्तिमान्; ~**सामान्य** (वि०) = सर्व साधारण; ~**सिद्धि** (स्त्री०) सब कार्यों और कामनाओं का पूरा होना; ~**सुलभ** (वि०) 1 सबके लिए प्राप्त 2 सार्वजनिक (जैसे-सर्वसुलभ पुस्तकालय); ~**स्वीकृत** (वि०) सबकुछ माना हुआ; ~**हर** (वि०) सबकुछ हरण करनेवाला; ~**हारा** I (वि०) 1 सबकुछ हरण किया हुआ 2 सबकुछ खोया हुआ II (पु०) 1 समाज का निम्नतम श्रमिक वर्ग 2 अकिंचन वर्ग; ~**हारी** (वि०) सबकुछ हरनेवाला; ~**हित** (पु०) सबका कल्याण; ~**हित कर्म** (पु०) सर्वहित संबंधी कार्य आदि

सर्वज्ञा–*सं०* (वि०/स्त्री०) सबकुछ जाननेवाली

सर्वतः–*सं०* (अ०) 1 सभी ओर, चारों तरफ़ 2 सभी जगह 3 हर तरह से 4 पूर्ण रूप से

सर्वतोगामी–*सं०* (वि०) सभी दिशाओं में जानेवाला

सर्वतोदक्ष–*सं०* (वि०) अनेक कार्यों, बातों में प्रवीण या कुशल

सर्वतोभद्र–*सं०* (वि०) हर तरह से कल्याणप्रद

सर्वतोभाव–*सं०* (अ०) 1 सब प्रकार से, संपूर्ण रूप से 2 अच्छी तरह, भली भाँति

सर्वतोमुख, सर्वतोमुखी–*सं०* (वि०) 1 चारों तरफ़ मुँहवाला 2 हर तरह के कार्यों में दक्ष, आलराउंडर 3 सब ओर व्याप्त

सर्वत्र–*सं०* (क्रि० वि०) 1 सब जगह 2 हर वक्त, हमेशा। ~**गत** (वि०) सब जगह पहुँचा हुआ; ~**गामी** (वि०) सब जगह पहुँच जानेवाला; ~**स्वीकृत** (वि०) सब जगह मान्य

सर्वथा–*सं०* (क्रि० वि०) 1 हर तरह से 2 बिलकुल 3 अत्यंत, हमेशा

सर्वशः– सं० (क्रि० वि०) 1 समूचा, पूर्ण रूप से 2 पूरा-पूरा

सर्वस्व–*सं०* (पु०) 1 संपूर्ण संपत्ति 2 अमूल्य और महत्त्वपूर्ण पदार्थ

सर्वस्ववान्–*सं०* (वि०) सब कुछ रखनेवाला

सर्वस्वार्पण–*सं०* (पु०) सब कुछ अर्पित कर देना

सर्वांग–*सं०* (पु०) 1 सारा शरीर 2 संपूर्ण अंश। ~**पूर्ण** (वि०) सब तरह से पूर्ण; ~**व्यापी** (वि०) सब अंगों में व्याप्त

सर्वांगीण–*सं०* (वि०) 1 सभी अंगों में व्याप्त होनेवाला 2 सब वेदांगों से संबंधित

सर्वांत–*सं०* (पु०) हर एक का अंत

सर्वांश–*सं०* (पु०) सारा अंश

सर्वात्मवाद–*सं०* (पु०) = सर्वेश्वरवाद

सर्वात्मवादी–*सं०* (वि०) = सर्वेश्वरवादी

सर्वात्मा–*सं०* (पु०) 1 विश्व की आत्मा 2 परमात्मा

सर्वाधिक–*सं०* (वि०) सबसे अधिक (जैसे-शिक्षा पर सर्वाधिक व्यय)
सर्वाधिकार–*सं०* (पु०) 1 पूर्ण प्रभुत्व, पूरा इख़्तियार 2 सभी प्रकार के अधिकार। ~**वाद** (पु०) = सर्वसत्तावाद; ~**वादी** (वि०) = सर्वसत्तावादी
सर्वाधिकारी–*सं०* (वि०) सब अधिकारियों का अधिकारी
सर्वाधिपत्य–*सं०* (पु०) सब पर होनेवाला आधिपत्य, संप्रभुता
सर्वाधुनिक–*सं०* (वि०) आधुनिकतम
सर्वापेक्षा–*सं०* (स्त्री०) सबको प्रीतीक्षा करना
सर्वार्थ–*सं०* (पु०) सभी प्रकार के पदार्थ और योग के विषय। ~**सिद्ध** (वि०) सर्वार्थ प्राप्त; ~**सिद्धि** (स्त्री०) सारे उद्देश्यों की पूर्ति
सर्वार्पण–*सं०* (पु०) सब अर्पित करना
सर्वाशी–*सं०* (वि०) = सर्व भक्षी
सर्वास्तिवाद–*सं०* (पु०) सभी वस्तुओं की सत्ता को मानने का सिद्धांत
सर्विस–*अं०* (स्त्री०) 1 नौकरी 2 सेवा। ~**रेकार्ड** (पु०) सेवा का विवरण
सर्विसिंग–*अं०* (स्त्री०) (मशीन की) सफ़ाई-कसाई
सर्वे–*अं०* (पु०) नापजोख, पैमाइश
सर्वेक्षण–*सं०* (पु०) 1 अधिकारिक निरीक्षण (जैसे-भूमि सर्वेक्षण) 2 परिदर्शन
सर्वेश, सर्वेश्वर–*सं०* (पु०) 1 सबका स्वामी या मालिक, ईश्वर 2 स्वामी, मालिक (जैसे-कलयुग का राजा सबका सर्वेश्वर बना है)। ~**वाद** (पु०) सभी चर और अचर पदार्थ तथा प्राणियों में ईश्वर की सत्ता का होने का सिद्धांत; ~**वादी** I (वि०) सर्वेश्वरवाद संबंधी II (पु०) सर्वेश्वरवाद का अनुयायी
सर्वेसर्वा–(पु०) पूरा मालिक
सर्वोच्च–*सं०* (वि०) 1 सर्वोपरि 2 सबसे बड़ा (जैसे-सर्वोच्च न्यायालय)
सर्वोत्कृष्ट–*सं०* (वि०) सर्वश्रेष्ठ
सर्वोत्तम–*सं०* (वि०) सबसे अच्छा
सर्वोदय–*सं०* (पु०) सबकी उन्नति। ~**वादी** (वि०) सर्वोदय करनेवाला
सर्वोदयी–*सं० + हिं०* (वि०) = सर्वोदयवादी
सर्वोपरि–*सं०* (वि०) सबसे ऊपर या बढ़कर
सलज्ज–I *सं०* (वि०) लज्जाशील II (अ०) 1 लजाते हुए 2 लाज से
सलतनत–*अ०* (स्त्री०) बादशाही, राज्य
सलना–(अ० क्रि०) 1 साला जाना, छिदना 2 गड़ना 3 छिद्र में बैठाया जाना
सलमा–*फ़ा०* (पु०) सोने चाँदी का रूपहला तार, बादला। ~**कढ़ाई** *+ हिं०* (स्त्री०) सलमा काढ़ने का काम या मज़दूरी
सलवात–*अ०* (स्त्री०) 1 अनुग्रह, मेहरबानी, 2 बरकत, वृद्धि, बढ़ती 3 गाली, दुर्वचन
सलवार–*फ़ा०* (स्त्री०) एक विशेष आकार का पाजामा (जैसे-सलवार-कुर्ता)
सलहज–(स्त्री०) साले की पत्नी, पत्नी की भाभी या भौजाई
सलाई–(स्त्री०) 1 काठ, धातु आदि का छोटा और पतला छड़ (जैसे-स्वेटर बुनने की सलाई) 2 दीया सलाई (जैसे-सलाई रसोई या चौके में रख देना)
सलाक–*फ़ा०* (स्त्री०) सोने या चाँदी की सलाई
सलाख़–*फ़ा०* (स्त्री०) छड़
सलाद–*अं०* (पु०) कच्ची मूली, प्याज, टमाटर, मिर्च और नींबू आदि की कतरन का मिश्रण
सलाम–*अ०* (पु०) 1 नमस्कार, प्रणाम, बंदगी 2 अभिवादन का एक मुस्लिम ढंग। ~**अलैकुम** (क्रि० वि०) तुम सलामत रहो
सलामत–I *अ०* (क्रि० वि०) कुशलतापूर्वक, सकुशल (जैसे-खुदा करे तू सलामत रहे) II (वि०) 1 रक्षित 2 जीवित III (स्त्री०) रक्षा, बचाव (जैसे-सलामत की ज़िंदगी)
सलामती–*अ० + फ़ा०* (स्त्री०) 1 सलामत रहने का भाव 2 कुशल, क्षेम 3 उत्तम स्वास्थ्य (जैसे-किसी की सलामती हेतु दुआ करना)
सलामी–I *अ० + फ़ा०* (स्त्री०) 1 सलाम करना 2 अभिवादन करना 3 सम्मानार्थ तोप आदि दाग़ा जाना 4 नज़राना 5 भेंट II (वि०) ढालुआँ (जैसे-सलामी छत)
सलाह–*अ०* (स्त्री०) 1 राय, सम्मति 2 विचार विमर्श, परामर्श 3 इरादा, विचार 4 कुशल, क्षेम। ~**कार** *+ फ़ा०* (पु०) सलाह देनेवाला; ~**कारी** *+ फ़ा०* (वि०) 1 सलाह देनेवाली 2 सलाह करनेवाली (जैसे-सलाहकारी समिति); ~**मशविरा** (पु०) विचार विमर्श
सलाही–*अ० + फ़ा०* (पु०) = सलाहकार
सलिल–*सं०* (पु०) पानी, जल
सलीक़ा–*अ०* (पु०) 1 स्वाभाविक ढंग 2 योग्यता, लियाक़त 3 आचरण और व्यवहार 4 सभ्यता और शिष्टता 5 शऊर, तमीज, ढंग। ~**मंद** *+ फ़ा०* (वि०) 1 सलीक़ावाला 2 शिष्ट और सभ्य
सलीता–(पु०) एक तरह का मोटा मारकीन
सलीब–*अ०* (स्त्री०) सूली (जैसे-सलीब पर चढ़ा देना)
सलीबी–*अ०* (वि०) सलीब का
सलीम–*अ०* (वि०) गंभीर, शांत
सलील–I *सं०* (वि०) 1 लीलारत 2 भाव भंगिमा से युक्त 3 खिलाड़ी II (क्रि० वि०) क्रीड़ा करते हुए
सलीस–*फ़ा०* (वि०) 1 सुगम, सहज, आसान 2 हमवार, समतल सरल और शिष्टोचित
सलूक–*अ०* (पु०) 1 तौर-तरीका, ढंग 2 व्यवहार (जैसे-पति का पत्नी से अच्छा सलूक होना) 3 मेल मिलाप (जैसे-पड़ोसी से सलूक बनाए रखना)
सलोकता–*सं०* (स्त्री०) = सालोक्य
सलोतर–(पु०) 1 अश्वों का चिकित्साशास्त्र 2 पशु चिकित्साशास्त्र
सलोतरी–(पु०) 1 अश्व चिकित्सक 2 पशु चिकित्सक
सलोना–(वि०) 1 लावण्यमय, सुंदर 2 नमकीन। ~**पन** (पु०) सलोना होने का भाव
सलोनो–(पु०) रक्षा बंधन
सल्तनत–*अ०* (स्त्री०) 1 साम्राज्य, बादशाहत 2 शासन, हुकूमत 3 सुख और सुभीते की स्थिति

सल्फ़र–*अं०* (पु०) गंधक
सल्फ़ेट–*अं०* (पु०) गंधक के तेज़ाब और क्षार से बना नमक
सल्फ्यूरस–*अं०* (वि०) गंधक के तेज़ाब का
सल्फ्यूरिक–*अं०* (वि०) गंधक का
सल्यूलाइड–*अं०* (पु०) नकली हाथी दाँत या मूँगा
सल्लम–*बो०* (स्त्री०) एक तरह का मोटा कपड़ा, गजी, गाढ़ा
सल्लू–I *बो०* (स्त्री०) चमड़े की डोरी
सल्लू–II (वि०) बेवकूफ़, मूर्ख
सवत–(स्त्री०) = सौत
सवत्स–*सं०* (वि०) 1 पुत्रसहित 2 संतानयुक्त
सवधूक–*सं०* (वि०) पत्नीसहित, वधू के साथ
सवन–*सं०* (पु०) 1 यज्ञ 2 सोमरस का तर्पण और पान 3 यज्ञ स्नान 4 प्रसव 5 देना
सवनीय–*सं०* (वि०) सवन संबंधी
सवर्ग–*सं०* (वि०) समान वर्ग का
सवर्ण–*सं०* (वि०) 1 समान रूप-रंग का 2 समान जाति का 3 *व्या०* समान वर्ण का
सवाँग–*बो०* (स्त्री०) स्वाँग, भेस
सवा–(वि०) एक और चौथाई (जैसे-सवा किलो लड्डू, सवा दो बजे, सवा सौ)
सवाई–I (स्त्री०) सूद का एक भेद या प्रकार जिसमें मूलधन में उसका चतुर्थांश शामिल हो जाता है II (वि०) एक और उसका चौथाई
सवाक्–*सं०* (वि०) बोलता हुआ। ~**चित्र** (पु०) बोलता हुआ सिनेमा
सवागुना–(वि०) एक और चौथाई बार
सवाब–*अ०* (पु०) 1 पुण्य 2 नेकी, भलाई 3 शुभ फल (जैसे-सत्कर्मों का सवाब)। ~**कमाना** (पु०)पुण्य संचय करना, सत्कर्म करना; ~**बख़्शना** पुण्य फल देना
सवाया–(वि०) 1 सवागुना 2 अधिक, बढ़कर
सवार–*फ़ा०* (पु०) 1 सवारी पर चढ़नेवाला व्यक्ति, आरोही (जैसे-घोड़े पर सवार) 2 सवारी करने में कुशल (जैसे-घुड़सवार) 3 अधिकार या वश में करनेवाला व्यक्ति
सवारी–*फ़ा०* (स्त्री०) 1 सवार होने की अवस्था 2 सवार का साधन (जैसे-गाड़ी, घोड़ा, नाव, ज़हाज आदि) 3 सवार होनेवाला व्यक्ति (जैसे-सवारी के बैठ जाने पर मोटर चलेगी) 4 जुलूस (जैसे-राम-जानकी की सवारी)। ~**गाड़ी** + *हिं०* (स्त्री०) यात्री गाड़ी; ~**डिब्बा** + *हिं०* (पु०) यात्री डिब्बा
सवाल–*अ०* (पु०) 1 प्रश्न 2 पूछने का भाव 3 *ग०* प्रश्न, समस्या, क्वेश्चन (जैसे-ज्यामिति के सवाल) 4 माँगना, प्रार्थना करना (जैसे-रोज़ी रोटी का सवाल) 5 नालिश, फ़रियाद। ~**जवाब** (पु०) 1 प्रश्न और उत्तर 2 पूछ-ताछ (जैसे-सवाल जवाब करना)
सवालात–*अ०* (पु०) सवाल का बहुवचन
सवालिया–*अ०* +*हिं०* (वि०) 1 सवाल युक्त, प्रश्नात्मक (जैसे-सवालिया निशान) 2 सवाल रूप में होनेवाला
सवाली–*अ०* + *हिं* (वि०) सवाल करनेवाला
सविकल्प–*सं०* (वि०) 1 विकल्प युक्त 2 संदिग्ध 3 संशयवादी
सविता–*सं०* (पु०) सूर्य, दिनकर
सवित्री–*सं०* (स्त्री०) 1 प्रसव करानेवाली धाई या दाई 2 माता, माँ
सविद्य–*सं०* (वि०) 1 समान विषय का अध्ययन करनेवाला 2 विद्वान्, विज्ञानविद्, पंडित
सविधि–I *सं०* (वि०) विधि युक्त II (अ०) विधि के अनुसार, विधिपूर्वक
सविनय–I *सं०* (वि०) 1 विनय से पूर्ण 2 विनम्र 3 शिष्ट II (क्रि० वि०) विनम्रतापूर्वक। ~**अवज्ञा** (स्त्री०) नम्रतापूर्वक अवमानना, सिविल डिसओबीडिएंस
सविभक्तिक–*सं०* (वि०) विभक्ति सहित
सविशेष–*सं०* (वि०) विशेष गुण संपन्न
सविशेषक–*सं०* (वि०) विशेष गुणवाला
सविस्तार–*सं०* (क्रि० वि०) विस्तारपूर्वक
सवेग–I *सं०* (वि०) 1 समान वेगवाला 2 वेगशील II (क्रि० वि०) वेगपूर्वक (जैसे-सवेग दौड़ना)
सवेरा–(पु०) प्रातःकाल, सुबह
सवेरे–(क्रि० वि०) प्रातःकाल, तड़के (जैसे-कल सवेरे ही काम पर जाना है)
सवैतनिक–*सं०* (वि०) = सवेतन, वेतन के साथ कार्यरत
सवैया–(पु०) हिंदी का एक वर्णिक छंद जिसमें चार पंक्तियाँ होती हैं
सव्यंग–*सं०* (वि०) व्यंग सहित
सव्य–*सं०* (वि०) 1 वाम, बायाँ 2 दक्षिण, दाहिना 3 प्रतिकूल, विपरीत
सव्रण–*सं०* (वि०) 1 व्रणवाला 2 घायल 3 सदोष
सशंक–*सं०* (वि०) 1 शंकायुक्त, शंकित 2 भीरु, डरपोक (जैसे-सशंक युवती, सशंक नारी)
सशंकित–*सं०* (वि०) 1 संदिग्ध 2 भयभीत, डरा हुआ (जैसे-सशंकित हृदय)
सशक्त–*सं०* (वि०) समर्थ
सशपथ–*सं०* (वि०) शपथ लिया हुआ
सशब्द–*सं०* (वि०) 1 शब्द युक्त 2 शब्दित 3 घोषित
सशरीर–I *सं०* (वि०) शरीर से युक्त, मूर्त II (क्रि० वि०) शरीर के साथ
सशस्त्र–*सं०* (वि०) 1 शस्त्र लिए हुए (जैसे-सशस्त्र सैनिक) 2 शस्त्र सहित, हथियार सहित (जैसे-सशस्त्र युद्ध)
सश्रम–I *सं०* (वि०) थका हुआ, श्रमित II (क्रि० वि०) परिश्रमपूर्वक (जैसे-सश्रम कारावास)
ससंज्ञ–*सं०* (वि०) होशमंद, चेतन
ससंभ्रम–I *सं०* (वि०) घबड़ाया हुआ, क्षुब्ध II (क्रि० वि०) घबड़ाहट में
ससीम–*सं०* (वि०) सीमित
ससुर–(पु०) पति या पत्नी का पिता
ससुरा–(पु०) एक तरह की गाली (जैसे-ससुरा कहीं का)
ससुराल–(स्त्री०) 1 ससुर का घर, पति या पत्नी के पिता का घर 2 जेलख़ाना, कारागृह (जैसे-बदमाश को ससुराल भेज दिया गया)
सस्ता–(वि०) 1 अपेक्षतः कम मूल्य का (जैसे-सस्ता कपड़ा, सस्ता सामान) 2 सहज में प्राप्त (जैसे-सस्ता यश) 3 कम महत्त्व का (जैसे-सस्ता परिहास)। ~**पन** (पु०) = **सस्ताई**

सस्ताई–(स्त्री०) सस्ता होने का भाव

सस्ताना–I (अ० क्रि०) *बो०* सस्ता हो जाना II (स० क्रि०) सस्ता करना, दाम कम करना

सस्ती–(स्त्री०) सस्तापन, मंदी

सस्त्रीक–*सं०* (वि०) = सपत्नीक

सस्नेह–I *सं०* (वि०) स्नेहयुक्त (जैसे-सस्नेह चुंबन, सस्नेह आशीष) II (क्रि० वि०) स्नेहपूर्वक (जैसे-सस्नेह देना, सस्नेह लेना)

सस्पेंड–*अं०* (वि०) निलंबित

सस्पेंशन–*अं०* (पु०) निलंबन

सस्मित–I *सं०* (वि०) मुस्कानयुक्त II (क्रि० वि०) मुस्कराते हुए

सस्य–(पु०) 1 अनाज 2 पौधों, वृक्षों आदि का उत्पादन। ~**आवर्तन,** ~**वर्त** + *सं०* (पु०) बदल-बदलकर फ़सल का उत्पादन

सस्वर–*सं०* (क्रि० वि०) स्वर सहित, गाकर

सह–I *सं०* (अ०) सहित, समेत II (वि०) 1 सहन करनेवाला (जैसे-अग्नि सह) 2 सहिष्णु, सहनशील (जैसे-सह हृदय) 3 सदृश, समान 4 समर्थ, सक्षम 5 धीर III (पु०) 1 समानता, सदृश्य 2 शक्ति, सामर्थ्य। ~**अध्यक्ष** (पु०) सहकारी अध्यक्ष; ~**अपराधी** (पु०) अपराध में सहायक व्यक्ति; ~**अभियुक्त** (पु०) साथी मुलज़िम; ~**अस्तित्व** (पु०) सहजीवन; ~**करण** (पु०) साथ काम करना; ~**कर्ता,** ~**कर्मी** (पु०) 1 साथ काम करनेवाला 2 सहायक; ~**कार** (पु०) 1 साथ काम करना 2 सहायता देना; ~**कार समिति** (स्त्री०) उपभोक्ताओं की स्वयं गठित संस्था, कोआपरेटिव सोसाइटी; ~**कारिता** (स्त्री०) 1 सहकारी होना 2 सहायता; ~**कारी** (वि०) 1 सहकार संबंधी 2 सहकारिता संबंधी 3 सहायक, मददगार; ~**गमन** (पु०) साथ जाना; ~**गान** (पु०) मिलकर गाना; ~**गान दल** (पु०), ~**गान मंडली** (स्त्री०) मिलकर गानेवालों का समूह; ~**गामिनी** (स्त्री०) 1 सती होनेवाली नारी 2 पत्नी 3 सहचरी; ~**गामी** (वि०) 1 संग चलनेवाला, साथी 2 अनुसरण करनेवाला, अनुयायी; ~**चर** I (वि०) = सहगामी II (पु०) 1 मित्र 2 सेवक; ~**चरण** (पु०) = सहगमन; ~**चरित** (वि०) 1 साथ रहनेवाला 2 संगत; ~**चरी** (स्त्री०) 1 साथ चलनेवाली स्त्री, सखी 2 पत्नी, भार्या; ~**चार** (पु०) 1 साथ चलना 2 साथी, सहचर 3 संगति, सामंजस्य; ~**चारिणी** (स्त्री०) = सहगामिनी; ~**चारिता** (स्त्री०) सहचारी होने की अवस्था; ~**चारी** I (वि०) साथ चलनेवाला II (पु०) 1 संगी, साथी 2 नौकर, सेवक; ~**ज** I (वि०) एक ही समय उत्पन्न 2 जन्मजात 3 प्राकृतिक (जैसे-सहज गुण, सहज स्वभाव) 4 सामान्य, साधारण (जैसे-सहज कार्य, सहज प्रणाली) 5 आसान, सुविधाजनक (जैसे-सहज मार्ग, सहज सवाल, सहज समस्या) II (पु०) 1 स्वभाव, प्रकृति 2 सहोदर, सगा भाई; ~**ज ज्ञान** (पु०) 1 प्रकृति दत्त ज्ञान, सहज बुद्धि 2 आत्म चेतना शक्ति; ~**जन्मा** (वि०) सहजात; ~**ज बुद्धि** (स्त्री०) जन्म से ही प्राप्त बुद्धि, जन्म जात ज्ञान; ~**ज बोध्य** (वि०) सहज ज्ञान योग्य; ~**ज विश्वासी** (वि०) सहज में विश्वास करनेवाला; ~**जात** I (वि०) साथ उत्पन्न हुआ (जैसे-सहजात गुण, सहजात शिशु) II (पु०) सगा भाई, सहोदर; ~**जीवन** (पु०) 1 सह अस्तित्व 2 सभी राष्ट्रों का आपस में मिलकर रहना 3 दो विभिन्न पेड़ पौधों का मिलकर बढ़ना; ~**जीविता** (स्त्री०) सह जीवन होने का भाव; ~**जीवी** (वि०) साथ रहकर जीवन बितानेवाला; ~**धर्मिणी** (स्त्री०) पत्नी, भार्या; ~**धर्मी** (वि०) समान धर्म का पालन करनेवाला; ~**निवास** (पु०) एक साथ रहना; ~**पाठिनी** (स्त्री०) साथ पढ़नेवाली; ~**पाठी** (पु०) साथ पढ़नेवाला; ~**प्रतिवादी** (पु०) = सहोत्तरवादी; ~**भागिता** (स्त्री०) भागीदार, साझेदारी; ~**भागिनी** I (वि०) समानता के भाव से सम्मिलित होनेवाली II (स्त्री०) पत्नी, जोरू; ~**भागी** I (वि०) समानता के भाव से शामिल होनेवाला II (पु०) हिस्सेदार (जैसे-सुख-दुःख का सहभागी, व्यापार में सहभागी होना); ~**भावी** I (वि०) संबद्ध II (पु०) 1 मित्र 2 मददगार सहायक; ~**भाषा** (स्त्री०) मुख्य भाषा के बाद दूसरे स्थान पर बोली जानेवाली भाषा; ~**भोज** (पु०) एक साथ बैठकर भोजन करना; ~**भोजन** (पु०) मित्रों आदि के साथ भोजन करना; ~**भोजी** (पु०) साथ भोजन करनेवाला व्यक्ति; ~**मत** (वि०) जिसका मत दूसरे से मिलता हो; ~**मति** (स्त्री०) 1 समान विचार 2 मतैक्य 3 विचारों का मेल खाना; ~**मति सूचक** (वि०) सहमति की सूचना देनेवाला; ~**मरण** (पु०) साथ मरना, सती प्रथा; ~**यात्री** (पु०) साथ यात्रा करनेवाला व्यक्ति; ~**युक्त** (वि०) साथ जुड़ा हुआ, साथ लगा हुआ; ~**योग** (पु०) 1 सहायता 2 साथ मिलकर काम करना; ~**योगवाद** (पु०) सहयोग करने का सिद्धांत; ~**योगवादी** I (वि०) सहयोगवाद संबंधी II (पु०) सहयोगवाद का अनुयायी; ~**योग सभा,** ~**समिति** (स्त्री०) सहयोग हेतु परस्पर बनाई गई संस्था; ~**योगात्मक** (वि०) सहयोग संबंधी; ~**योगी** (वि०) 1 सहयोग करनेवाला 2 मददगार 3 साथ काम करनेवाला; ~**योजन** (पु०) विधिवत निर्वाचित न होते हुए भी कमेटी में शामिल किया जाना; ~**योजित** (वि०) सहायतार्थ मिलाया गया; ~**राज्यभाषा** (स्त्री०) साथ-साथ चलनेवाली राज्यभाषा; ~**वर्ती** (पु०) = सहभावी; ~**वसति** (स्त्री०) एक साथ रहना; ~**वाद** (पु०) 1 कथोपकथन 2 वादविवाद; ~**वास** (पु०) 1 साथ रहना 2 संभोग, मैथुन; ~**वासी** (पु०) 1 साथ बसनेवाला 2 पड़ोसी 3 साथी; ~**वेदना** (स्त्री०) = समवेदना; ~**व्रत** (वि०) समान कर्तव्ययुक्त; ~**व्रता** (स्त्री०) पत्नी; ~**शिक्षा** (स्त्री०) बालकों और बालिकाओं को एक साथ दी जानेवाली शिक्षा; ~**संजात** (वि०) साथ जन्मा हुआ; ~**संपादक** (पु०) सहायक संपादक; ~**संभव** (वि०) साथ-साथ उत्पन्न, सहज; ~**संवाद** (पु०) परस्पर की बातचीत

सहजथान–*सं०* (पु०) साधना का सहज मार्ग

सहजसमाधि–*सं०* (स्त्री०) बाह्याडंबर से शून्य बौद्ध तांत्रिकों और योगियों की सहज रूप में समाधि या स्वाभाविक ध्यान लगाने की क्रिया

सहजानुभूति–*सं०* (स्त्री०) सूक्ष्म के आकलन में समर्थ

होनेवाली केंद्रीय शक्ति या क्षमता

सहजावस्था–*सं०* (स्त्री०) इच्छा, क्रिया और ज्ञान से शून्य मन की अवस्था

सहता–*सं०* (वि०) सहन किए जाने योग्य

सहत्व–*सं०* (पु०) 1 साथ होने का भाव 2 हेल-मेल, मेल मिलाप 3 एकता

सहन–I *सं०* (पु०) 1 सहने का भाव 2 क्षमा। ~**योग्य** (वि०) = सहता; ~**शक्ति** (स्त्री०) सहने की क्षमता (जैसे-सहन शक्ति के बाहर की बात); ~**शील** (वि०) सहन करनेवाला; ~**शीलता** (स्त्री०) सहनशील होना, सहिष्णुता

सहन–II *अ०* (पु०) आँगन। ~**दार** + *फ़ा०* (वि०) आँगन से युक्त, आँगनवाला

सहना–(स० क्रि०) 1 सहन करना (जैसे-घाटा सहना) 2 झेलना (जैसे-दुःख सहना) 3 भोगना (जैसे-कर्मफल सहना, जैसा करोगे वैसा ही सहोगे) 4 ग्रहण करना (जैसे-पूरे परिवार का बोझ सहना पड़ेगा)

सहनीय–*सं०* (वि०) सहने योग्य, सहता, सह्य

सहम–*फ़ा०* (पु०) 1 डर, भय 2 संकोच, लिहाज

सहमना–*फ़ा०* + *हिं०* (अ० क्रि०) 1 भयभीत होना 2 संकोच करना (जैसे-नववधू का सहमना)

सहमाना–*फ़ा०* + *हिं०* (स० क्रि०) डराना, भयभीत करना (जैसे-साँप दिखाकर बच्चे को सहमाना)

सहर–*अ०* (पु०) प्रातःकाल, सवेरा

सहरा–*अ०* (पु०) जंगल, वन

सहराई–*अ०* (वि०) जंगली, वन्य

सहल–*अ०* (वि०) आसान, सरल

सहलाना–(स० क्रि०) 1 धीरे-धीरे हाथ फेरना, सुहराना 2 गुदगुदाना (जैसे-प्यार से सहलाना)

सहलाहट–(स्त्री०) सहलाने का भाव

सहसा–*सं०* (क्रि० वि०) 1 अचानक, एकाएक 2 हठात् (जैसे-सहसा वह भी शत्रु से भिड़ गया)

सहसाक्रामक–*सं०* (वि०) अचानक आक्रमण करनेवाला

सहसोपचार–*सं०* (पु०) मानसिक स्थिति पर प्रभाव डालकर किया जानेवाला उपचार, आक्षोभ चिकित्सा, शॉक ट्रीटमेंट

सहस्त–*सं०* (वि०) 1 हाथ से युक्त, हस्तयुक्त 2 हथियार चलाने में कुशल

सहस्र–I *सं०* (वि०) 1 हज़ार 2 अत्यधिक II (पु०) 1000 की संख्या। ~**गुण,** ~**गुना** + *हिं०* (वि०) हजार गुना

सहस्रधा–*सं०* (क्रि० वि०) 1 हज़ार भागों में 2 हज़ार तरह से 3 हजार गुना

सहस्रशः–I *सं०* (क्रि० वि०) हज़ार तरह से II (वि०) कई हज़ार, हज़ारों

सहस्राधिपति–*सं०* (पु०) 1 एक हज़ार गाँवों का शासक, राजप्रतिनिधि 2 एक हज़ार व्यक्तियों का नायक

सहस्राब्दी–*सं०* (स्त्री०) हज़ार वर्षों का समय

सहस्रायु–*सं०* (वि०) हज़ार वर्ष जीनेवाला

सहांश–*सं०* (पु०) साथ में मिलनेवाला अंश

सहांशी–*सं०* (पु०) साझीदार, हिस्सेदार

सहाध्यायी–*सं०* (पु०) = सहपाठी

सहानुगमन–*सं०* (पु०) = सहगमन

सहानुभूति–*सं०* (स्त्री०) 1 संवेदना, हमदर्दी 2 अनुकंपा, दया। ~**सूचक** (वि०) संवेदना या हमदर्दी प्रकट करनेवाला; ~**हीन** (वि०) बिना हमदर्दी का

सहानुसरण–*सं०* (पु०) = सहानुगमन

सहापराधी–*सं०* (पु०) अपराधी का साथ देनेवाला व्यक्ति

सहाय–*सं०* (पु०) 1 साथी 2 अनुयायी 3 सहायता 4 सहारा, आश्रय

सहायक–*सं०* (वि०) 1 सहायता करनेवाला 2 योग देनेवाला 3 अधीनता में काम करनेवाला (जैसे-सहायक पुलिस अधीक्षक) 4 वृद्धि करनेवाला (जैसे-गंगा की सहायक नदी)। ~**नदी** (स्त्री०) बड़ी नदी में मिलनेवाली नदी (जैसे-गंडक गंगा की सहायक नदी है)

सहायता–*सं०* (स्त्री०) 1 सहाय होने की अवस्था, मदद (जैसे-काव्य रचना में मुझे प्राचीन ग्रंथों की सहायता लेनी पड़ी) 2 अनुदान (जैसे-अध्यापन हेतु दी जानेवाली सहायता) 3 भरण पोषण हेतु दिया गया धन (जैसे-ग़रीबों को दी जानेवाली सरकारी सहायता)

सहायतार्थ–*सं०* (क्रि० वि०) मदद के लिए

सहायत्व–*सं०* (पु०) 1 मित्रता 2 सहायक 3 मित्र मंडल

सहायिका–*सं०* (स्त्री०) सहायता करनेवाली महिला (जैसे-सहायिका ने मेरा काम बिगाड़ दिया)

सहार–(स्त्री०) 1 सहना 2 सहनशीलता

सहारा–(पु०) 1 भरोसा, मदद 2 आश्रय, टेक

सहार्थ–I *सं०* (वि०) 1 समान अर्थ रखनेवाला 2 समान उद्देश्य रखनेवाला II (पु०) = सहयोग

सहार्द–*सं०* (वि०) स्नेहयुक्त

सहालग -(पु०) 1 शुभ वर्ष (ज्योतिष) 2 शादी विवाह के दिन

सहावल–(पु०) साहुल

सहास्तित्व–*सं०* (पु०) साथ-साथ रहना

सहिक–(वि०) 1 वास्तविक 2 ठीक और निश्चित 3 ठीक मानकर साफ़ साफ़ कहा गया 4 *ग०* शून्य की अपेक्षा अधिक

सहित–I *सं०* (वि०) युक्त II (क्रि० वि०) समेत, साथ (जैसे-पत्नी समेत आना, सामान सहित चला गया) III (वि०) सहन किया हुआ

सहितव्य–*सं०* (वि०) सहता

सहिष्णु–*सं०* (वि०) = सहनशील। ~**ता** (स्त्री०) सहनशीलता

सही–I (वि०) 1 यथार्थ, वास्तविक (जैसे-सही ज्ञान, सही बात) 2 सत्य, सच (जैसे-ईश्वर का सही ज्ञान) 3 बिल्कुल ठीक (जैसे-हिसाब का उत्तर सही है) II (अ०) निश्चयपूर्वक (जैसे-अच्छा भाई ऐसा ही सही, पहले आप आइए तो सही)

सही–III (स्त्री०) 1 मान्यता का सूचक कथन 2 मान्यता 3 साक्षी के रूप में किया जानेवाला हस्ताक्षर, दस्तख़त

सहीसबूत–(पु०) साक्षी, प्रमाण

सहीसलामत–*अ०* (वि०) 1 दोषरहित 2 स्वस्थ, नीरोग (जैसे-सही सलामत घर आ जाना)

सहूर–*अ०* (स्त्री०) बो० शऊर

सहूलत–*अ०* (स्त्री०) = सहूलियत

सहूलियत–*अ०* (स्त्री०) 1 आसानी, सुगमता 2 सुभीता

सहृदय–*सं०* (वि०) 1 कोमलचित्त 2 दयालु 3 सच्चा 4 समझदार 5 रसिक। **~ता** (स्त्री०) 1 सहृदय होने की स्थिति 2 दयालुता, करुणा 3 कोमलता 4 रसज्ञता

सहेजना–(स० क्रि०) 1 अच्छी तरह दिखलाकर सौंपना (जैसे-घर की सब चीज़ें सहेज देना) 2 अच्छी तरह देखना (जैसे-गहने सहेजना)

सहेजवाना–(स० क्रि०) सहजने का काम कराना

सहेतुक–*सं०* (वि०) उद्देश्यवाला, मतलबवाला

सहेलपना–(पु०) सखीपन

सहेली–(स्त्री०) सखी (जैसे-सहेली के घर चली जाना)

सहैया–(वि०) 1 सहन करनेवाला (पु०) 2 सहायता करनेवाला, सहायक

सहोदर–I *सं०* (वि०) 1 एक ही गर्भ से उत्पन्न 2 अपना और सगा II (पु०) सगा भाई

सहोदरत्व–*सं०* (पु०) सहोदर होने का भाव

सह्य–*सं०* (वि०) 1 सहने योग्य 2 प्रिय (जैसे-आपकी बात मुझे सह्य नहा है)

साँई–(पु०) 1 स्वामी, मालिक 2 परमात्मा, ईश्वर 3 पति 4 सिंधियों के प्रयुक्त आदरसूचक संबोधन

साँकड़–(स्त्री०) = साँकल

साँकड़ा–(पु०) पैरों में पहनने का कड़े के आकार का एक गहना

साँकल–(स्त्री०) 1 जंजीर, शृंखला 2 सिकड़ी (जैसे-दरवाज़े की साँकल चढ़ा देना)

सांकल्पिक–*सं०* (वि०) 1 काल्पनिक 2 संकल्प संबंधी, संकल्प का

सांकालिक–*सं०* (वि०) उसी समय का

सांकेतिक–*सं०* (वि०) 1 संकेत संबंधी 2 संकेत रूप में होनेवाला (जैसे-सांकेतिक शब्दावली, सांकेतिक परिभाषा) 3 शब्द की अभिधा शक्ति से संबद्ध (जैसे-सांकेतिक अर्थ)

सांक्रामिक–*सं०* (वि०) = संक्रामक

सांक्षेपिक–*सं०* (वि०) 1 संक्षिप्त 2 संकुचित

सांख्य–I *सं०* (पु०) भारतीय दर्शनों में से एक प्रसिद्ध दर्शन (जैसे-सांख्य के जनक महर्षि कपिल हैं) II (वि०) संख्या संबंधी, जो संख्या रूप में एक हो

सांख्यिक–*सं०* (वि०) संख्या शास्त्रीय

सांख्यिकी–*सं०* (स्त्री०) संख्या शास्त्र

सांग–*सं०* (वि०) अंगयुक्त या अंगों से युक्त

साँग–(स्त्री०) 1 बरछी 2 कुँए में पानी का सोता खोलने का एक औज़ार 3 बोझ उठाने का डंडा

सांगठनिक–(वि०) संगठन संबंधी

साँगी–(स्त्री०) 1 छोटी साँग 2 जुए पर गाड़ीवान के बैठने का स्थान 3 इक्के में बनी जाली

सांगोपांग–I (वि०) 1 अंगों, उपागों और उपनिषदों से युक्त 2 अंगों से पूर्ण II (क्रि० वि०) 1 अच्छी तरह से 2 अंगों उपांगों सहित। **~ता** (स्त्री०) सांगोपांग होने का भाव

सांग्रहिक–*सं०* (वि०) संग्रह करनेवाला

सांग्रामिक–*सं०* (वि०) संग्राम संबंधी

सांघात–*सं०* (पु०) = संघात

सांघातिक–*सं०* (वि०) 1 हनन योग्य 2 संघात संबंधी 3 जिसके फलस्वरूप मृत्यु हो जाए 4 अत्यंत ख़तरे का

सांघिक–*सं०* (वि०) संघ संबंधी, संघीय

साँच–I (पु०) सच्ची बात II (वि०) सच्चा

साँचला–*बो०* (स्त्री०) सत्यवादी

साँचा–(पु०) 1 ढाँचा (जैसे-ईंट ढालने का साँचा) 2 फरमा, कलबूत 3 प्रतिमान, मॉडल 4 रंगरजों का ठप्पा। **साँचे में ढला होना** रूप आकार में अत्यंत सुंदर होना; **साँचे में ढालना** सुंदर रूप देना

साँचिया–(पु०) 1 साँचा बनानेवाला कारीगर 2 साँचे में ढालकर वस्तुएँ बनानेवाला कारीगर

साँझ–(स्त्री०) शाम संध्या, सायंकाल। **~सबेरे** (क्रि० वि०) सुबह शाम

साँझला–*बो०* (पु०) एक हल से जोती गई भूमि

साँझा–(पु०) साझा

साँझी–(स्त्री०) मंदिर आदि पूजा स्थल पर स्त्रियों द्वारा चौक पूरने की एक लोक कला

साँट–(स्त्री०) 1 छड़ी, कोड़ा 2 छड़ी की चोट का दाग़

साँटा–(पु०) 1 कोड़ा 2 करघे का डंडा 3 डंडा 4 ईख

साँटिया–*बो०* (स्त्री०) डुग्गी पीटनेवाला

साँटी–I (स्त्री०) छोटी और पतली छड़ी

साँटी–II (स्त्री०) बदला, प्रतिकार

साँठ–I (पु०) = साँकड़ा

साँठ–II (पु०) मेल, योग। **~गाँठ** (स्त्री०) 1 गुप्त संधि 2 दुरभिसंधि, साजिश 3 हेल मेल

साँड़–(पु०) 1 बिना बधिया गाय का नर 2 शक्तिशाली व्यक्ति 3 आवारा या लंपट व्यक्ति। **~की तरह घूमना** निश्चिंत होकर घूमना; **~की तरह डकारना** ज़ोर से चिल्लाना

साँड़नी–(स्त्री०) ऊँटनी

साँड़िया–(पु०) 1 ऊँट 2 ऊँट का सवार

साँढू–(पु०) साली का पति

सांत–*सं०* (वि०) 1 अंतयुक्त 2 प्रसन्न;

सांता क्लाज–*अं०* (पु०) क्रिसमस की संध्या पर बच्चों को उपहार देनेवाला एक बाबा

सांतानिक–*सं०* (वि०) संतान का, औलाद का

सांतापिक–*सं०* (वि०) संताप उत्पन्न करनेवाला

सांत्वना–*सं०* (स्त्री०) 1 ढांढ़स बधाना 2 तसल्ली 3 तुष्ट करने का साधन 4 तुष्ट करनेवाला शब्द

सांत्ववाद–*सं०* (पु०) सांत्वना हेतु कही गई बात, सांत्वना का वचन

साँथरी–(स्त्री०) 1 चटाई 2 बिछौना, बिस्तर 3 बिछाने की गद्दी

साँद–*बो०* (स्त्री०) लंगर, ढेका

सांदर्भिक–*सं०* (वि०) संदर्भ का, संदर्भ से संबंधित

सांद्र–*सं०* (वि०) 1 गंभीर, घना 2 प्रबल, तीव्र (जैसे-सांद्र अम्ल) 3 अत्यधिक 4 प्रचंड 5 कोमल, मृदु। **~ता** (स्त्री०) सांद्र होने का भाव

सांद्रण–*सं०* (पु०) घना करना

सांद्रित–*सं०* (वि०) घना किया हुआ

सांधिक–I *सं०* (पु०) शौंडिक II (वि०) मेल करानेवाला

सांध्य–*सं०* (वि०) शाम का, संध्याकालीन। **~कुसुमा**

(स्त्री०) संध्या समय फूलनेवाला फूल, संध्या कालीन पुष्प; **~गोष्ठी** (स्त्री०) संध्या कालीन सभा

साँप–(पु०) एक प्रसिद्ध लंबा सरीसृप (जैसे-ज़हरीला साँप)। **~नाथ** + *सं०* (पु०) साँपों का राजा; **~उतारना** साँप का ज़हर दूर करना; **~छाती पर लोटना** 1 बहुत व्याकुल होना 2 भारी सदमा पहुँचना; **~का पाँव देखना** असंभव बात के लिए प्रयास करना; **~का बच्चा** दुष्ट, ज़ालिम; **~की तरह ज़मीन पकड़ना** ज़रा भी न हिलना; **~की तरह झाड़ मारकर रह जाना** वश न चलना, विफल होना; **~की सी केचुली झाड़ना** 1 साफ़ सुथरा होना 2 भद्दा रूप बदलना 3 समयानुकूल रंग रूप बदलना, अवसरवादिता; **~की लहर** सर्प दंश से उत्पन्न छटपटाहट; **~के मुँह में** खतरे में; **~को दूध पिलाना** शत्रु को सहायता देना; **~छछूँदर की गति** द्विविधा की स्थिति; **~लहराना** 1 अत्यंत व्याकुल होना 2 ईर्ष्या से जलना; **~सा लोटना** अत्यधिक व्याकुल होना; **~सूँघ जाना** निर्जीव होना; **~से खेलना** ख़तरनाक आदमी से मेल मिलाप करना

साँपड़ना–(अ० क्रि०) *बो०* प्राप्त होना, मिलना

सांपत्तिक–*सं०* (वि०) संपत्ति का (जैसे-सांपत्तिक व्यवस्था)

साँपिन–(स्त्री०) 1 साँप की मादा 2 बहुत दुष्ट स्त्री, विश्वासघातिनी स्त्री

सांप्रत–I *सं०* (अ०) 1 इसी समय, तत्काल, अभी 2 इस समय, आजकल 3 सामयिक II (वि०) मिला हुआ, युक्त

सांप्रतिक–*सं०* (वि०) 1 जो चल रहा हो 2 ठीक और उपयुक्त

सांप्रदायिक–*सं०* (वि०) 1 संप्रदाय संबंधी, संप्रदाय का 2 संप्रदाय के फलस्वरूप होनेवाला। **~ता** (स्त्री०) सांप्रदायिक होने का भाव; **~ता वादी** (वि०) सांप्रदायिकता संबंधी; **~ता विरोधी** (वि०) सांप्रदायिकता का विरोध करनेवाला

सांबंधिक–*सं०* (वि०) संबंध का, संबंधी

साँभर–I (पु०) एक प्रकार का बारहसिंघा

साँभर–II (पु०) 1 साँभर झील से बनाया गया नमक 2 सब्ज़ीवाली पतली दाल

साँय साँय–(स्त्री०) शून्य का आभास

सांयोगिक–*सं०* (वि०) संयोग संबंधी

साँवक–*बो०* (स्त्री०) एक कदन्न

साँवटा–(वि०) 1 समतल, बराबर 2 सफाचट

साँवर–*बो०* (स्त्री०) साँवला

साँवला–(वि०) हल्का काला, श्यामवर्ण का (जैसे-साँवला लड़का, साँवली लड़की)। **~पन** (पु०) वर्ण की श्यामता

साँवलिया–(वि०) साँवले रंग का

साँवाँ–(पु०) जेठ में होनेवाला कंगनी या चेना की जाति का एक अन्न

सांवादिक–*सं०* (वि०) 1 संवाद संबंधी 2 समाचार संबंधी (जैसे-सांवादिक पत्र)

सांविधानिक–*सं०* (वि०) संविधान संबंधी। **~ता** (स्त्री०) विधान संबंधी होने का भाव

सांविधिक–*सं०* संसद के प्रस्ताव (संविधि) से संबंधित

सांश–*सं०* (वि०) हिस्सोंवाला

सांशयिक–*सं०* (वि०) 1 संदिग्ध 2 संदेह करनेवाला

साँस–(स्त्री०) 1 श्वास, दम 2 जीवन शक्ति। **~अंदर की अंदर और बाहर की बाहर रह जाना** भय से स्तब्ध रह जाना; **~उखड़ना** हाँफना; **~उड़ना** दम रुकना; **~उलटी चलना** आसन्न मृत्यु होना; **~ऊपर को चढ़ना** अचानक मर जाना; **~ऊपर नीचे होना** 1 बहुत व्यस्त होना 2 साँस रुकना; **~खींचना** 1 ज़ोर से साँस लेना 2 दम साधना; **~गिनना** मृत्यु के निकट; **~चलना** जिंदा होना; **~छूटना** साँस रुक जाना; **~टूटना** साँस का नियमित रूप से न चलना; **~डकार न लेना** माल पचा जाना और पता न लगने देना; **~तक न लेना** कुछ भी न बोलना; **~न निकालना** चुप रहना; **~न लेना** तुरंत मर जाना; **~भरना** आह भरना; **~रहते** जीते जी (जैसे-मेरी साँस रहते तुम मक़ान पर कब्ज़ा नहीं कर सकते); **~रुकना** मर जाना; **~लेने की फ़ुरसत** थोड़ी सी फ़ुरसत; **ठंडी ~लेना** आह भरना

साँसत–(स्त्री०) 1 अत्यधिक कष्ट 2 यंत्रणा। **~घर** (पु०) अत्यंत अंधकारपूर्ण कोठरी

सांसद–*सं०* (वि०) संसद या संसद सदस्यों की मर्यादा के अनुकूल

सांसदी–*सं०* + *हिं०* (पु०) संसद के रीति व्यवहार में पटु और कुशल व्यक्ति

सांसर्गिक–*सं०* (वि०) 1 संसर्ग से उत्पन्न होनेवाला 2 संसर्ग संबंधी

सांसारिक–*सं०* (वि०) संसार संबंधी, लौकिक, ऐहिक (जैसे-सांसारिक मायाजाल)। **~ता** (स्त्री०) संसार से संबंधित होने की अवस्था

सांस्कृतिक–*सं०* (वि०) संस्कृति संबंधी, कलचरल, (जैसे-सांस्कृतिक कार्यक्रम)

सांस्पर्शिक–*सं०* (वि०) 1 संस्पर्श संबंधी 2 संस्पर्श से उत्पन्न होनेवाला

सा–(अ०) संबंध सूचक अव्यय जो क्रिया विशेषण और विशेषण के रूप में प्रयुक्त होता है (जैसे-कमल सा मुख, ज़रा सा नमक, फूल सा शरीर)

साइंटिफ़िक–*अं०* (वि०) वैज्ञानिक

साइंस–*अं०* (स्त्री०) विज्ञान। **~दाँ** + *फ़ा०* (पु०) विज्ञानी

साइकिल–I *अं०* (पु०) बाइसिकिल। **~चालक** + *सं०* (पु०) साइकिल चलानेवाला; **~दौड़क** + *हिं०* (पु०) साइकिल दौड़ानेवाला; **~रिक्शा** + *जा०* (पु०) बाइसिकिलवाला रिक्शा; **~सवार** + *फ़ा०* (पु०) साइकिल पर बैठनेवाला व्यक्ति, साइकिल चालक

साइकिल–II *अं०* (पु०) चक्कर

साइको अनैलिसिस–*अं०* (स्त्री०) मनोविश्लेषण

साइक्लिंग–*अं०* (स्त्री०) साइकिल चलाना

साइक्लिस्ट–*अं०* (पु०) = साइकिल चालक

साइक्लोपीडिया–*अं०* (स्त्री०) 1 एक ग्रंथ जिसमें एक विषय के सभी अंगों का वर्णन रहता है 2 विश्वकोश, इनसाइक्लोपीडिया

साइज़–*अं०* (पु०) क़द, आकार

साइज़िंग–*अं०* (स्त्री०) लंबाई के अनुसार व्यवस्थित करना

साइत–*अ०* (स्त्री०) शुभ काल, मुहूर्त (जैसे-शादी की साइत)

साइनबोर्ड–*अं०* (पु०) नाम पट्ट

साइर–*बो०* (पु०) सायर

साइरन–*अं०* (पु०) भोंपू (जैसे-साइरन की आवाज़, साइरन बजना)

साईं–(पु०) = साँईं

साई–(स्त्री०) 1 बयाना, पेशगी धन 2 गाने बजाने के लिए दिया गया धन

साईस–*अ०* (पु०) घोड़े की देखभाल करनेवाला नौकर

साईसी–*अ० + फ़ा०* (स्त्री०) साईस का काम

साउथ–*अं०* (पु०) दक्षिण दिशा

साक–(पु०) = साग

साकल्य–*सं०* (पु०) समग्रता

साका–(पु०) 1 यश, कीर्ति 2 धाक, रोब

साकार–*सं०* (वि०) 1 आकारयुक्त 2 रूप विशिष्ट 3 स्थूल, मोटा 4 अस्तित्व में आया हुआ (जैसे-स्वप्न साकार हो गए)। ~**ता** (स्त्री०) साकार होने का भाव, साकारपन

साकारोपासना–*सं०* (स्त्री०) ईश्वर को मूर्त रूप बनाकर उसकी की गई उपासना

साकिन–*अ०* (वि०) 1 अचल 2 गति रहित 3 निवासी (जैसे-महादेव साकिन कैलाश पुरी रामेश्वरम्)

साक़िया–*अ०* (पु०) शराब पिलानेवाली स्त्री

साक़ी–*अ०* (पु०) 1 शराब पिलानेवाला व्यक्ति 2 शराब पिलानेवाली प्रेमिका

साकूत–*सं०* (वि०) 1 सार्थक 2 साभिप्राय 3 क्रीड़ायुक्त

साकेट–*अं०* (पु०) खोल, खाँचा

साकेत–*सं०* (पु०) अयोध्या

साक्षर–*सं०* (वि०) पढ़ा लिखा, शिक्षित। ~**ता** (स्त्री०) शिक्षित होने का भाव

साक्षात्–I *सं०* (अ०) 1 सम्मुख, सामने 2 प्रत्यक्ष 3 शरीर रूप में (जैसे-विद्या में तो वह साक्षात् बृहस्पति है) II (वि०) मूर्तिमान्, साकार

साक्षात्कार–*सं०* (पु०) 1 सामने आना 2 प्रत्यक्ष भेंट, मुलाक़ात 3 स्पष्ट ज्ञान (जैसे-ईश्वर का साक्षात्कार, मानसिक साक्षात्कार)

साक्षात्कारी–*सं०* (वि०) साक्षात् करनेवाला

साक्षात्कृत–*सं०* (वि०) साक्षात्कार कराया हुआ

साक्षिणी–*सं०* (स्त्री०) गवाही देनेवाली

साक्षी–*सं०* (पु०) गवाही देनेवाला। ~**करण** (पु०) = साक्ष्यंकन; ~**कृत** (वि०) = **साक्ष्यांकित**; ~**परीक्षा** (स्त्री०) गवाह की परीक्षा लेना

साक्षेप–I *सं०* (वि०) 1 आपत्तिजनक, अपेक्षात्मक 2 व्यंग्य युक्त II (क्रि० वि०) आक्षेपपूर्वक

साक्ष्यंकन–*सं०* (पु०) प्रमाणीकरण

साक्ष्यांकित–*सं०* (वि०) प्रमाणित

साक्ष्य–*सं०* (पु०) 1 गवाही, शहादत 2 प्रमाण

साख–(स्त्री०) 1 धाक, रोब 2 प्रतिष्ठा, मर्यादा

साखी–I (पु०) 1 गवाह 2 मित्र और सहायक

साखी–II (स्त्री०) 1 गवाही, शहादत 2 साधूसंतों के पद

साखू–(पु०) शाल का पेड़, सखुआ

साग–(पु०) 1 शाक 2 तरकारी। ~**पात** (पु०) 1 साधारण भोजन 2 उपेक्ष्य और तुच्छ वस्तु; ~**भाजी** (स्त्री०) रूखा सूखा भोजन; ~**सब्ज़ी** + *फ़ा०* (स्त्री०) साधारण खाना

सागर–*सं०* (पु०) = समुद्र। ~**गामी** (वि०) = समुद्रगामी; ~**पारीय** (वि०) = समुद्रपारीय; ~**मंथन** (पु०) = समुद्र मंथन; ~**यात्री** (पु०) समुद्र की यात्रा करनेवाला व्यक्ति; ~**विज्ञान**, ~**शास्त्र** (पु०) = समुद्र विज्ञान; ~**संगम** (पु०) वह स्थान जहाँ सागर मिलते हैं

सागरिक–*सं०* (वि०) = समुद्री

सागरीय–*सं०* (वि०) सागर संबंधी, सागर का (जैसे-सागरीय नौका, सागरीय बेडा)

सागवन, सागवान–(पु०) = सागौन

सागू–*अं०* (पु०) ताड़ की जाति का एक पेड़। ~**दाना** + *फ़ा०* (पु०) सागू नामक वृक्ष के तने का गूदा

सागौन–(पु०) शाल वृक्ष

साग्निक–*सं०* (पु०) अग्नि से युक्त

साग्र–*सं०* (वि०) सब, कुल

साग्रह–*सं०* (क्रि० वि०) आग्रह के साथ

साघात–*सं०* (वि०) = सबल

साचिव–*सं०* (वि०) सचिव का

साचिविक–*सं०* (वि०) सचिव संबंधी

साचिव्य–*सं०* (पु०) 1 सचिव होने का भाव, सचिव का पद

साज़–I +*फ़ा०* (पु०) 1 सामान 2 गाने के साथ बजाया जानेवाला बाजा 3 सजावट की सामग्री II (वि०) बनानेवाला (जैसे-घड़ी साज़)। ~**बाज़** (पु०) 1 आवश्यक सामग्री 2 सजावट 3 हेल मेल, मेल जोल; ~**संगीत** + *सं०* (पु०) वाद्य संगीत; ~**सजावट** + *हिं०*, ~**सज्जा** + *सं०* (स्त्री०) सजावट; ~**सामान** (पु०) 1 सामग्री, असबाब (जैसे-बरात का साज़ सामान मत भूलना) 2 ठाट बाट 3 उपकरण (जैसे-वैज्ञानिक साज़ सामान); ~**सिंगार** + *हिं०* (पु०) सजावट

साजन–(पु०) 1 प्रेमी 2 पति

साजात्य–*सं०* (पु०) वर्ग की समानता

साज़िंदा–*फ़ा०* (पु०) 1 बाजा बजानेवाला 2 वेश्याओं आदि के साथ बाजा बजानेवाला

साज़िश–*फ़ा०* षड़यंत्र, कुचक्र

साज़िशी–*फ़ा०* (वि०) षड्यंत्री, कुचक्री

साज़ोसामान–*फ़ा०* (पु०) = साज़ सामान

साझा–(पु०) हिस्सेदारी, भागीदारी। ~**पत्र** + *सं०* (पु०) साझेदारी का अनुबंध पत्र; ~**भंग** + *सं०* (पु०) भागीदारी टूटना

साझी–(पु०) हिस्सेदार, भागीदार। ~**मंडी** (स्त्री०) = साझा बाज़ार

साझेदार–हिं० + फ़ा० (पु०) साझा करने

साझेदारी–हिं० + फ़ा० (स्त्री०) हिस्सेदारी

साटक–(पु०) 1 अन्न आदि का छिलका, भूसी 2 तुच्छ वस्तु

साटन–*अं०* (स्त्री०) एक रेशमी कपड़ा

साठ–I (वि०) पचास से दस अधिक II (पु०) '60' की संख्या। ~**नाठ** I (वि०) 1 धनहीन 2 रसहीन 3 छिन्न भिन्न II (स्त्री०) 1 मेल जोल 2 अनुचित संबंध 3 षड्यंत्र

साठसाती–(स्त्री०) = साढ़ेसाती

साठा–I (वि०) साठ वर्ष की उम्रवाला

साठा–II (पु०) गन्ना, ईख

साठी–(पु०) 60 दिन में तैयार होनेवाला धान

साड़ी–(स्त्री०) स्त्रियों की धोती

साढ़साती–*बो०* (स्त्री०) = साढ़ेसाती

साढ़ी–I (स्त्री०) दूध की मलाई

साढ़ी–II (स्त्री०) असाढ़ में बोई जानेवाली फ़सल

साढ़ी–III *बो०* (स्त्री०) = साड़ी

साढ़ू–(पु०) पत्नी की बहन का पति, साली का पति

साढ़े–(वि०) आधे के साथ (जैसे-साढ़े चार सौ, साढ़े पाँच बजा है)। ~**साती** (स्त्री०) शनि ग्रह की एक अनिष्टकर स्थिति

सात–I (वि०) छ से एक अधिक II (पु०) '7' की संख्या। ~**पात** (पु०) 1 चालाकी, चालबाज़ी 2 दग़ा 3 बहाना (जैसे-सात पाँच न करना, मुझे सात पाँच नहीं आता); ~**फेरी** (स्त्री०) = सप्तपदी; ~**साला** + *फ़ा०* (वि०) सात वर्ष की (जैसे- सात साला योजना); ~**की नाक कटना** सारे परिवार का बदनाम होना; ~**घर भीख माँगना** दर दर माँगना; ~**धार होकर निकलना** बिना पचे भोजन का बाहर आ जाना; ~**परदे लगना** परदे में रहना; ~**परदों में रखना** 1 छिपाकर रखना 2 बड़ी सावधानी से रखना; ~**समुंदर पार** बहुत पार

सातत्य–*सं०* (पु०) 1 निरंतरता 2 स्थायित्व

सातवाँ–(वि०) सात के स्थान पर पड़नेवाला

सात्त्विक–*सं०* (वि०) = सात्विक

सात्मक–*सं०* (वि०) 1 सात्म संबंधी 2 प्रकृति के अनुकूल

सात्मय–I *सं०* (पु०) 1 प्रकृति के अनुकूल होने का भाव 2 सारूप्य 3 अभ्यास II (वि०) प्रकृति के अनुकूल

सात्विक–*सं०* (वि०) सत्त्वगुण संपन्न। ~**ता** (स्त्री०) सात्विक होने का भाव

साथ–I (क्रि० वि०) सहित (जैसे-परिवार सहित आइएगा) II (पु०) संग (जैसे-मेरे साथ कौन चलेगा)। ~**करना** संपर्क में आना; ~**का खेला** बचपन का साथी; ~**खोना** साथ से वंचित होना; ~**घसीटना** जबरदस्ती शरीक करना; ~**छूटना** 1 विलग होना, अलग होना 2 दोस्ती टूटना; ~**देना** 1 सहायता देना 2 निबाहना 3 शरीक़ होना; ~**निबहना** निर्वाह होना; ~**रहना** संग रहना; ~**लग लेना** शरीक हो जाना; ~**लगा रहना** पीछा न छोड़ना; ~**लेकर डूबना** अपने संग दूसरों का भी नुक़सान करना; ~**सुलाना,** ~**सोना** 1 हम बिस्तर होना, सहवास करना 2 पास पास सोना; ~**सोकर मुँह छिपाना** घनिष्टता होने पर भी संकोच करना; ~**ही साथ** एक साथ; ~**होना** शरीक़ होना

साथरा–*बो०* (पु०) बिस्तर, बिछौना

साथिन–(स्त्री०) साथी औरत

साथी–(पु०) 1 मित्र, सखा 2 जीवन संगी (जैसे-नारी अपने लिए एक अच्छा साथी की कामना करती है) 3 परस्पर साथ रहनेवाला व्यक्ति। ~**पन** (पु०) 1 साथी होने का भाव 2 दोस्ती, मित्रता

सादगी–*फ़ा०* (स्त्री०) 1 सादापन 2 सरलता, भोलापन 3 आडंबर रहित

सादर–*सं०* (क्रि० वि०) आदरपूर्वक, इज़्ज़त से (जैसे-सादर नमस्कार)

सादा–*फ़ा०* (वि०) 1 ख़ालिस, बेमेल (जैसे-सादा पानी) 2 बिना सजावट का 3 कोरा, अलिखित (जैसे-सादा पत्रा) 4 भोला, सरल हृदय (जैसे-सीधा सादा आदमी) 5 बिना स्टांप या टिकट का (जैसे-सादा लिफ़ाफ़ा) 6 मूर्ख (जैसे-सादा दिमाग़)। ~**पन** + *हिं०* (पु०) = सादगी, सरलता

सादात–*अ०* (पु०) श्रेष्ठजन

सादृश्य–*सं०* (पु०) 1 समानता, तुल्यता 2 बराबरी, तुलना 3 प्रतिमूर्ति। ~**ता** (स्त्री०) सादृश्य होने की अवस्था; ~**वाचक** (पु०) समानता का बोध करानेवाला

साद्यंत–I *सं०* (वि०) सारा, संपूर्ण II (क्रि० वि०) आदि से अंत तक

साध–I (स्त्री०) आकांक्षा, अभिलाषा (जैसे-मन की साध पूरी करना)

साध–II *बो०* (वि०) अच्छा, उत्तम

साधक–I *सं०* (वि०) 1 साधना करनेवाला 2 साधनेआला II (पु०) तपस्वी

साधन–*सं०* (पु०) 1 ज़रिया, व पीला 2 सामग्री 3 आवश्यक तत्त्व 4 कार्य पूर्ति का माध्यम 5 सहायता 6 उपाय, ढंग (जैसे-कार्य पूरा करने के लिए उचित साधन अपनाना) 7 उपकरण (जैसे-वैज्ञानिक साधनों का प्रयोग) 8 पदार्थ, द्रव्य (जैसे-प्राकृतिक साधन की तलाश, प्राकृतिक साधनों को उपयोग में लाना)। ~**पत्र** (पु०) साधिका

साधना–I (स० क्रि०) 1 अभ्यास करना 2 निशाना लगाना 3 सिद्ध करना (जैसे-मंत्र साधना)

साधना–II *सं०* (स्त्री०) 1 उपासना, आराधना 2 कार्य सिद्धि 3 तुष्टीकरण। ~**शील** (वि०) साधना में लीन

साधर्म्य–*सं०* (पु०) एक धर्मता, समानधर्मता

साधार–*सं०* (वि०) 1 नींव पर स्थित 2 तथ्यपूर्ण

साधारण–*सं०* (वि०) 1 सब जगह पाया जानेवाला, आम (जैसे-साधारण दृश्य, साधारण पहनावा) 2 सामान्य, मामूली (जैसे-साधारण ज्ञान, साधारण बुद्धि) 3 सरल, आसान (जैसे-साधारण भाषा) 4 सब पर लागू होनेवाला (जैसे-साधारण नियम) 5 सदृश, समान (जैसे-साधारण कला प्रदर्शन)। ~**ता** (स्त्री०) 1 साधारण होने का भाव 2 सरलता, सुगमता 3 सामान्यता, मामूलीपन 4 समानता, सदृश्यता

साधारणतः, साधारणतया–*सं०* (क्रि० वि०) साधारण रूप में, सामान्य ढंग से

साधारणीकरण–*सं०* (पु०) 1 साधारण रूप में लाना 2 रस निष्पति की तादाम्य परक स्थिति

साधारणीभूत–*सं०* (वि०) साधारण रूप में लाया हुआ

साधारता–*सं०* (स्त्री०) आधार सहित होने की अवस्था

साधारित–*सं०* (वि०) साधार

साधिका–I *सं०* (स्त्री०) गहरी नींद II (वि०) सिद्ध करनेवाली

साधिकार–I *सं०* (क्रि० वि०) 1 अधिकार पूर्वक 2 आधिकारिक रूप से II (वि०) 1 अधिकार प्राप्त

2 आधिकारिक रूप से कहा हुआ (जैसे-साधिकार घोषणा)

साधित–*सं०* (वि०) 1 साधा हुआ 2 सिद्ध किया हुआ (जैसे-साधित मंत्र) 3 शुद्ध किया हुआ (जैसे-साधित धातु)

साधु–*सं०* (वि०) 1 अच्छा, भला 2 सच्चा (जैसे-साधु वचन) 3 उपयुक्त, योग्य (जैसे-साधु पात्र का चयन)। **~चरित्र** (वि०) अच्छे गुणोंवाला, अच्छे स्वभाव का; **~ता** (स्त्री०) 1 अच्छाई 2 योग्यता 3 सच्चाई 4 भलमनसाहत, सज्जनता; **~वाद** (पु०) शाबाशी देना; **~वादी** (वि०) 1 प्रशंसा करनेवाला 2 उचित कहनेवाला; **~वृत्त** (वि०) 1 सदाचारी 2 अच्छे स्वभाव का; **~वृत्ति** (स्त्री०) सदाचरण; **~वेशधारी** (पु०) साधु वेश में रहनेवाला व्यक्ति; **~साधु** (क्रि० वि०) 1 शाबाश 2 धन्य-धन्य (जैसे-साधु साधु कहना); **~हृदय** (वि०) अच्छे हृदयवाला

साधो–(पु०) धार्मिक पुरुष, संत, साधु

साध्य–*सं०* (वि०) साधन के योग्य। **~सिद्धि** (स्त्री०) 1 लक्ष्य की उपलब्धि 2 निष्पत्ति

साध्यवसाना–*सं०* (स्त्री०) *साहि०* लक्षणा का एक भेद जिसमें स्वयं उपमान में उपमय का तादात्म्य किया जाता है (जैसे-यह लड़का तो निरा उल्लू है)

सानंद–I *सं०* (वि०) आनंदमय II (क्रि० वि०) आनंद पूर्वक, ख़ुशी से (जैसे-आप सानंद आमंत्रित हैं)

सानंदाश्रु–*सं०* (पु०) आनंद के आँसू

सान–(पु०) 1 कुरुंड पत्थर 2 गोल पत्थर के आकार का धार करने का एक यंत्र (जैसे-सान पर चाकू तेज़ करना)। **~गुमान** + *फ़ा०* (पु०) 1 निशान 2 सुराग 3 ख़्याल 4 इशारा। **~देना, धरना, रखना** औज़ार की धार तेज़ करना

सानना–I (स० क्रि०) *बो०* 1 गूँधना, माँड़ना (जैसे-आटा सानना) 2 मिलाना 3 लपेटना, शामिल करना (जैसे-मुझे इस कुकर्म में क्यों सानते हो)

सानना–II (स० क्रि०) सान पर धार तेज करना

सानिध्य–*सं०* (पु०) = सन्निध्य

सानी–I (स्त्री०) खली कराई में सानकर दिया जानेवाला भूसा (जैसे-गाय-भैंस को सानी पानी देना)। **~पानी** (स्त्री०) खाना पीना, दाना पानी

सानी–II *अ०* (वि०) बराबर, तुल्य

सानु–*सं०* (पु०) 1 पर्वत शिखर 2 समतल भूमि

सानुनासिक–*सं०* (वि०) जिसके उच्चारण में मुँह के अतिरिक्त नाक से अनुस्वरात्मक ध्वनि निकले (जैसे-सानुनासिक व्यंजन, सानुनासिक वर्ण)

सानुपातिक–*सं०* (वि०) अनुपात सहित होनेवाला

सानुप्रास–I *सं०* (वि०) अनुप्रास से युक्त II (अ०) अनुप्रास सहित (जैसे-सानुप्रास अभिव्यक्त करना)

सानुभाव–*सं०* (वि०) अनुकूल, सदय। **~ता** (स्त्री०) अनुकूलता, सदयता

सानुरोध–*सं०* (क्रि० वि०) अनुरोध के साथ (जैसे-सानुरोध कहना)

सान्निध्य–*सं०* (पु०) 1 सामीप्य 2 सन्निकटता

सान्निपातिक–*सं०* (वि०) 1 जटिल, पेचीदा 2 त्रिदोष के कारण उत्पन्न (रोग)

सापत्नय–*सं०* (पु०) 1 सौतपन 2 सौतेलापन

सापवाद–*सं०* (वि०) अपवाद युक्त

सापेक्ष–*सं०* (वि०) किसी की अपेक्षा करनेवाला। **~ता** (स्त्री०) सापेक्ष होने का भाव; **~ता वाद** (पु०) 1 वह सिद्धांत जिसमें दो बातें या वस्तुएँ एक दूसरे पर अपेक्षित हों 2 विश्व की सारी गति सापेक्ष है ऐसा सिद्धांत

सापेक्षिक–*सं०* (वि०) = सापेक्ष

सापेक्ष्यवाद–*सं०* (पु०) = सापेक्षतावाद

साप्ताहिक–*सं०* (वि०) 1 सप्ताह संबंधी 2 सप्ताह भर का (जैसे-साप्ताहिक कार्यक्रम) 3 सप्ताह में एक दिन होनेवाला (जैसे-साप्ताहिक अवकाश)

साफ़–I *अ०* (वि०) 1 स्वच्छ, निर्मल (जैसे-साफ़ पानी, साफ़ कपड़ा) 2 उज्ज्वल बेदाग़ (जैसे-साफ़ मन, साफ़ काग़ज़) 3 पवित्र, शुद्ध 4 स्पष्ट (जैसे-साफ़ बात) 5 आसान, सरल (जैसे-साफ़ लिखावट) 6 ठीक और शुद्ध (जैसे-साफ़ न्याय) II (अ०) 1 सफ़ाई से, कुशलतापूर्वक 2 खुले तौर पर (जैसे-साफ़ कहना) 3 स्पष्ट रूप से (जैसे-साफ़ देखना) 4 सरल रूप में (जैसे-साफ़ लिखना)। **~गोई** + *फ़ा०* (स्त्री०) स्पष्टवादिता; **~दिल** + *फ़ा०* (वि०) साफ़ मनवाला, सच्चे मन का; **~दिली** (स्त्री०) 1 आत्म शुद्धि, मन की निष्कपटता 2 द्वेषरहित; **~सुथरा** + *हिं०* (वि०) स्वच्छ; **~ छूटना** बेदाग़ छूट जाना; **~बचना** तनिक भी आँच न आना; **~बनना** साधुता का ढोंग करना

साफल्य–*सं०* (पु०) 1 सफलता 2 उपयोगिता। **~मंडित** (वि०) सफलता से सुशोभित

साफ़ा–*अ०* + *हिं०* (पु०) पगड़ी

साफ़ी–I *अ०*+*फ़ा०* (स्त्री०) छानने का कपड़ा II (वि०) 1 साफ़ करनेवाला 2 ख़ून साफ़ करनेवाली (दवा)

साबर–(पु०) साँभर मृग का चमड़ा

साबिक़–*अ०* (वि०) पुराने समय का, पहले का

साबिक़ा–*अ०* (पु०) 1 जान पहचान, मुलाक़ात 2 सरोकार, वास्ता

साबित–*अ०* (वि०) 1 दृढ़, पक्का 2 सिद्ध 3 प्रमाणित 4 समूचा, अखंड

साबुन–*अ०* (पु०) नहाने धोने में प्रयुक्त एक रासायनिक पदार्थ (जैसे-कपड़ा साफ़ करने का साबुन, स्नान या नहाने का साबुन)। **~दानी** + *फ़ा०* + *हिं०* (स्त्री०) साबुन रखने का पात्र या छोटा डिब्बा

साबूत–*अ०* (वि०) अखंड, समूचा

साबूदाना–+ फ़ा० (पु०) सागूदाना

साभार–*सं०* (क्रि० वि०) कृतज्ञता प्रकट करते हुए (जैसे-साभार अभिनंदन)

साभिप्राय–I *सं०* (वि०) 1 अभिप्राय युक्त 2 विशेष प्रयोजनवाला 3 निश्चय पर दृढ़ II (क्रि० वि०) उद्देश्य सहित (जैसे-सभिप्राय देखना)

साभिमान–I *सं०* (वि०) गर्वीला, घमंडी II (अ०) घमंड के साथ

सामंजस्य–*सं०* (पु०) 1 औचित्य 2 अनुकूलता, उपयुक्तता। **~मूलक** (वि०) अनुकूलता पर आधारित

सामंजस्यात्मक–*सं०* (वि०) अनुकूलतापूर्ण

सामंत–*सं०* (पु०) बड़ा जमींदार। **~काल** (पु०) सामंत का

समय; ~**कालीन** (वि०) सामंत काल का; ~**तंत्र** (पु०) = सामंतवाद; ~**पद्धति, ~प्रथा** (स्त्री०) = सामंतवाद; ~**युग** (पु०) सामंत वाद का; ~**वाद** (पु०) वह शासन व्यवस्था जिसमें राज्य की भूमि बड़े बड़े जमींदारों के अधिकार में रहती थी; ~**वादी** (वि०) सामंतवाद संबंधी; ~**विरोधी** (वि०) सामंत का विरोध करनेवाला; ~**व्यवस्था** (स्त्री०) = सामंतवाद; ~**शाही** + *फ़ा०* (स्त्री०) = सामंतवाद

सामंतिक–*सं०* (वि०) सामंत संबंधी

सामंती–*सं०* + *हिं०* (वि०) **सामंत** संबंधी

सामंतीय–*सं०* (वि०) सामंत का

साम–I *सं०* (पु०) सामवेद

साम–II *सं०* (पु०) वैरी से मीठी मीठी बातें करके उसे मिलाने की नीति

सामग्री–*सं०* (स्त्री०) 1 समान, वस्तु 2 माल असबाब 3 उपकरण 4 साधन (जैसे-प्रमाणभूत सामग्री)

सामन–*अं०* (स्त्री०) एक लाल सी बड़ी मछली

सामना–(पु०) 1 मुक़ाबला 2 भेंट 3 होड़, प्रतियोगिता 4 अगला हिस्सा। ~**करना** मुकाबला करना

सामने–(क्रि० वि०) 1 आगे 2 मुक़ाबले में 3 मौजूदगी में, उपस्थिति में 4 रूबरू 5 सीध में (जैसे-सड़क के सामने)। ~**आना** 1 मुक़ाबले में आना 2 रूबरू होना 3 मुँह दिखाना; ~**करना** 1 पेश करना 2 आगे करना 3 मुक़ाबले में लाना; ~**का** 1 अपना देखा हुआ (जैसे-सामने की घटना का बयान) 2 मौजूदगी का; ~**पड़ना** संयोग से मिल जाना; ~**से उठ जाना** 1 मर जाना (जैसे-मेरे सामने मेरा लड़का दुनिया से उठ गया) 2 मौजूदगी में न रहना (जैसे-तुम्हारे सामने से सारा सामान उठ गया); ~**होना** 1 रूबरू होना 2 परदा न करना 3 मुक़ाबला करना 4 धृष्टतापूर्ण बर्ताव करना (जैसे-गुरु के सामने होते तुम्हें शर्म नहीं आती)

सामयिक–*सं०* (वि०) 1 समयानुसार होनेवाला (जैसे-सामयिक कार्यक्रम) 2 वर्तमान समय का (जैसे-सामयिक पत्र)

सामरिक–*सं०* (वि०) युद्ध का (जैसे-सामरिक सज्जा, सामरिक षड्यंत्र)। ~**वाद** (पु०) सैनिक दृष्टि से हमेशा शक्ति बनाए रखने का सिद्धांत; ~**वादी** (वि०) सामरिकवाद से संबद्ध

सामर्थ–*सं०* (स्त्री०) = सामर्थ्य

सामर्थी–*सं०* (वि०) 1 सामर्थ्यवाला 2 ताक़तवाला, बलवान् 3 कार्य करने में समर्थ

सामर्थ्य–*सं०* (पु०) 1 समर्थ होने का भाव 2 योग्यता, शक्ति (जैसे-यह कार्य मेरी सामर्थ्य के बाहर है) 3 *साहि०* व्यंजना शक्ति (जैसे-शब्द सामर्थ्य)। ~**शाली** (वि०) = सामर्थी

सामवेद–*सं०* (पु०) हिंदू धर्म के चार ग्रथों में पहला ग्रंथ (जैसे-सामवेद में विशाल धर्म संग्रह है)

सामवेदीय–*सं०* (वि०) सामवेद संबंधी

सामाजिक–*सं०* (वि०) 1 समाज का (जैसे-सामाजिक सुधार) 2 समाज से संबंधित (जैसे-सामाजिक रीति रिवाज़)। ~**अंध राष्ट्रवादी** (वि०) सामाजिक राष्ट्रवादी; ~**आर्थिक** (वि०) समाज और अर्थ से संबंध रखनेवाला (जैसे-सामाजिक आर्थिक व्यवस्था); ~**कार्य कर्ता** (पु०) सामाजिक कार्य करनेवाला; ~**ता** (स्त्री०) सामाजिक होने का भाव; ~**राजनीतिक** (वि०) समाज और राजनीति से संबंधित

सामाजीकरण–*सं०* (पु०) समाज का रूप देना

सामान–*फ़ा०* (पु०) 1 वस्तुएँ, असबाब 2 उपकरण, सामग्री (जैसे-युद्ध के सामान)

सामान्य–*सं०* (वि०) 1 मामूली, साधारण (जैसे-सामान्य बात, सामान्य लड़ाई झगड़ा) 2 सार्वजनिक, आम (जैसे-सामान्य भाषा, सामान्य पर्व) 3 औसत दरज़े का (जैसे-सामान्य वेशभूषा, सामान्य बुद्धि) 4 तुच्छ, महत्त्वहीन (जैसे-सामान्य वस्तु)। ~**ज्ञान** (पु०) साधारण जानकारी; ~**ता** (स्त्री०) सामान्यावस्था; ~**बुद्धि** (स्त्री०) = साधारण बुद्धि; ~**भविष्यत्** (पु०) *व्या०* भविष्य काल का एक भेद जिसमें भविष्य में होनेवाली क्रिया का रूप रहता है; ~**भूत** (पु०) *व्या०* भूतकाल का एक भेद जिसमें काल की क्रिया का साधारण रूप रहता है; ~**वर्तमान** (पु०) *व्या०* वर्तमान काल का एक भेद जिसमें क्रिया का वर्तमान काल में होना दिखलाया जाता है; ~**विधि** (स्त्री०) 1 साधारण ढंग 2 साधारण नियम; ~**शेयर** + *अं०* (पु०) साधारण हिस्से

सामान्यः, सामान्यतया–*सं०* (क्रि० वि०) 1 साधारणतः 2 आम, मामूली ढंग से

सामान्यीकरण–*सं०* (पु०) 1 सामान्य रूप देना 2 साधारणीकरण

सामारोहिक–*सं०* (वि०) समारोह संबंधी

सामासिक–*सं०* (वि०) 1 समास का 2 समास रूप में होनेवाला (जैसे-सामासिक पद)

सामिष–*सं०* (वि०) मांस से युक्त (जैसे-सामिष भोजन)

सामी–*बो०* (स्त्री०) अरबी और यहूदी जातियाँ। ~**हामी** (स्त्री०) यहूदी और मिस्त्री जातियाँ

सामीप्य–*सं०* (पु०) समीपता, निकटता

सामुदायिक–*सं०* (वि०) सामूहिक

सामुद्र–*सं०* (वि०) समुद्र संबंधी

सामुद्रिक–*सं०* (वि०) समुद्र से संबंधित। ~**वेत्ता** (पु०) समुद्र संबंधी विद्याओं का ज्ञाता; ~**शास्त्र** (पु०) समुद्र संबंधी विद्या

सामूहिक–*सं०* (वि०) 1 समूह द्वारा होनेवाला 2 समूह से संबंधित। ~**ता** (स्त्री०), ~**तावाद** (पु०) = समूहवाद

सामूहीकरण–*सं०* (पु०) = सामूहिकीकरण

सामेधिक–*सं०* (वि०) अद्‌भुत प्राकृतिक शक्ति से संपन्न

सामोद–*सं०* (वि०) प्रसन्न

साम्मुख्य–*सं०* (पु०) सामना

साम्य–*सं०* (पु०) समानता। ~**ता** (स्त्री०) साम्य भाव; ~**वाद** (पु०) वर्गहीन समुदाय के लिए सामाजिक सुव्यवस्था का सिद्धांत; ~**वाद मूलक** (वि०) = साम्यवादी; ~**वादी** (वि०) साम्यवाद संबंधी; ~**वादी करण** (पु०) साम्यवाद का रूप देना

साम्यावस्था–*सं०* (स्त्री०) समान होने का भाव

साम्राजी–(वि०) = साम्राज्यवादी

साम्राज्य–*सं०* (पु०) 1 सार्वभौम सत्ता 2 पूर्ण प्रभुता 3 आधिपत्य 4 प्राधान्य। ~**पंथी** + *हिं०* (वि०) =

साम्राज्यवाद समर्थक; ~**पक्षी** (वि०) साम्राज्यवाद का अनुयायी; ~**परस्त** + *फ़ा०* (वि०) = साम्राज्यवादी; ~**लिप्सा** (स्त्री०) साम्राज्य की चाह, साम्राज्य की आकांक्षा; ~**वाद** (पु०) 1 साम्राज्य को बढ़ाने की प्रवृत्ति या नीति 2 एक राष्ट्र का अन्य राष्ट्र को अपने अधीन कर अपना हित पूरा करने का सिद्धांत; ~**वाद विरोधी** (वि०) साम्राज्यवाद का विरोध करनेवाला; ~**वाद समर्थक** (वि०) साम्राज्यवाद का समर्थन करनेवाला; ~**वादी** (वि०) साम्राज्यवाद संबंधी (जैसे-साम्राज्यवादी नीति); ~**विरोधी** (वि०) साम्राज्यवाद विरोधी; ~**विस्तार** (पु०) साम्राज्य की वृद्धि करना; ~**शाही** + *फ़ा०* (वि०) शहनशाही; ~**सत्ता** (स्त्री०) = साम्राज्यवाद

साम्राज्यांतर्गत–*सं०* (वि०) साम्राज्य के अंदर का (जैसे-साम्राज्यातर्गत अधिमान्यता)

साम्राज्यीय–*सं०* (वि०) = साम्राज्यवादी

साम्हर–*बो०* (पु०) = साँभर

सायं–I *सं०* (वि०) संध्याकालीन II (क्रि० वि०) 1 शाम (जैसे-सायंपर्यंत) 2 शाम को। ~**काल** (पु०) शाम के समय; ~**कालीन** (वि०) शाम के समय का; ~**निवास** (पु०) शाम को रहने का घर; ~**भोजन** (पु०) शाम का खाना; ~**संध्या** (स्त्री०) 1 गोधूली, मंद प्रकाश 2 सायंकालीन उपासना; ~**होम** (पु०) संध्या समय किया जानेवाला होम

सायंतन–*सं०* (वि०) सायंकाल संबंधी

साय–*सं०* (पु०) संध्या का समय, शाम

सायक–*सं०* (पु०) तीर, बाण

सायकिल–*अं०* (स्त्री०) = साइकिल

सायक्लिंग–*अं०* (स्त्री०) साइकिल चलाना

सायक्लिस्ट–*अं०* (स्त्री०) साइकिल चलानेवाला

सायत–I *अ०* (स्त्री०) = साइत

सायत–II *फ़ा०* (क्रि० वि०) *बो०* = शायद

सायनाइड–*अं०* (पु०) एक विषैला रासायनिक अम्लीय लवण

सायवान–*फ़ा०* (पु०) छाजन

सायमाहुति–*सं०* (स्त्री०) = सायं होम

सायर–*अ०* (पु०) 1 कर मुक्त भूमि तथा नदी तालाब आदि 2 चुंगी, महसूल

सायरन–*अं०* (पु०) = साइरन

सायल–I (वि०) 1 सवाल करनेवाला, प्रश्नकर्ता 2 माँगनेवाला II (पु०) 1 प्रार्थी, फ़रियादी 2 नौकरी माँगनेवाला व्यक्ति 3 भिखारी, भिखमंगा

साया–I *फ़ा०* (पु०) 1 छाया 2 परछाँई 3 भूत, प्रेत, जिन आदि (जैसे-साया ग्रस्त) 4 आश्रय, संरक्षण (जैसे-माता-पिता का साया) 5 असर (जैसे-पाप का साया)। ~**दार** (वि०) छायायुक्त, छाँहवाला (जैसे-सायादार वृक्ष, सायादार मंडप); ~**बंदी** (स्त्री०) (मुसलमानों में) विवाह के लिए मंडप बनाना; ~**उठना** संरक्षक का मर जाना; ~**उतरना** प्रेतबाधा दूर होना; ~**पड़ना** असर होना (जैसे-लगता है तुम पर भी बदमाशों का साया पड़ गया); **साए की तरह साथ साथ फिरना** हर वक्त साथ लगे रहना; ~**से बचकर चलना** असर न पड़ने देना, बहुत दूर रहना; ~**से भागना** 1 नफ़रत या घृणा करना 2 सामीप्य से डरना

साया–II *पुर्त०* (पु०) साड़ी के नीचे पहना जानेवाला छोटा लहँगा, पेटीकोट

सायास–*सं०* (क्रि० वि०) प्रयत्नपूर्वक

सायाहन–*सं०* (पु०) शाम, संध्या

सायुक्तिक–*सं०* (वि०) युक्ति सहित होनेवाला

सायुज्य–*सं०* (पु०) 1 एक में मिल जाना 2 एकरूपता, सादृश्य (जैसे-ईश्वरीय सायुज्य)

सायुध–*सं०* (वि०) 1 सशस्त्र 2 हथियारों से लैस (आर्म्ड)

सारंग–I *सं०* (वि०) 1 रंगीन 2 सुंदर, सुहावना 3 रसीला, सरस II (पु०) 1 दीपक, दीआ 2 सूर्य 3 चंद्रमा 4 आकाश 5 मेघ, बादल 6 बिजली, विद्युत 7 सागर, समुद्र 8 तालाब, सर 9 पानी, जल 10 शंख 11 मोती 12 कमल 13 मोर 14 शेर, सिंह 15 हिरन 16 साँप, सर्प

सारंगा–(स्त्री०) 1 एक ही लकड़ी की बनी डोंगी 2 एक तरह की बड़ी नाव

सारंगिक–*सं०* (पु०) 1 चिड़िमार, बहेलिया 2 एक तरह का वर्णवृत्त

सारंगिया–(पु०) सारंगी बजानेवाला कलाकार

सार–*सं०* (पु०) 1 पदार्थ का मुख्य और मूल अंश, तत्त्व, सत्त 2 गूदा, मग्ज 3 यथार्थ बात 4 सारांश 5 शक्ति, बल 6 शौर्य 7 साहस, दृढ़ता 8 महत्त्व 9 फल नतीजा। ~**गर्भित** (वि०) 1 महत्त्वपूर्ण (जैसे-सारगर्भित कथन) 2 प्रभावकारी (जैसे-सारगर्भित भाषण); ~**ग्रहण** (पु०) सार लेना; ~**ग्राहिता** (स्त्री०) सार ग्रहण करने का भाव; ~**ग्राही** (वि०) सार ग्रहण करनेवाला; ~**तत्त्व** (स्त्री०) सार होने की अवस्था; ~**ता** (स्त्री०) सार होने का भाव; ~**भाग** (पु०) निचोड़; ~**भूत** (वि०) सर्वश्रेष्ठ, सर्वोत्तम; ~**भूमि** (स्त्री०) = सार स्थिति; ~**रूप** (पु०) सार; ~**लेख** (पु०) महत्त्वपूर्ण लेख; ~**लेखन** (पु०) महत्त्वपूर्ण लिखावट; ~**वृत्त** (पु०) संक्षिप्त विवरण; ~**संग्रह** (पु०) संक्षिप्त और सारभूत बातों का संग्रह; ~**हीन** (वि०) 1 महत्त्वहीन 2 नीरस

सारक–*सं०* (वि०) निकालनेवाला

सारकोमा–*अं०* (पु०) *चि०* हड्डियों की रसौली का इलाज

सारजेंट–*अं०* (पु०) सेना और पुलिस में एक छोटा अफ़सर, जमादार

सारण–*सं०* (पु०) हटाना, निकालना

सारणित–*सं०* (वि०) निकाला हुआ

सारणी–*सं०* (स्त्री०) तुलनात्मक अध्ययन हेतु अनेक खानोंवाला फलक (जैसे-समय सारणी)। ~**करण** (पु०) सारणी रूप में लाना

सारतः–*सं०* (अ०) प्रकृति के अनुसार, सार रूप में

सारथि, सारथी–*सं०* (पु०) रथ चलानेवाला, सूत

सारथ्य–*सं०* (पु०) सारथी का काम

सारबान–*फ़ा०* (पु०) ऊँट हाँकनेवाला

सारभाटा–(पु०) ज्वार आने के बाद लहरों की उतार अवस्था

सारल्य–*सं०* (पु०) सरलता। ~**प्रवृत्ति** (स्त्री०) सरलता का रूप होना

सारवान्–*सं०* (वि०) सारवाला

सारस–*सं०* (पु०) 1 लंबे पैरोंवाला प्रसिद्ध और बड़ा सफ़ेद पक्षी 2 हंस

सारसी–*सं०* (स्त्री०) मादा सारस

सारस्य–*सं०* (पु०) = सरसता

सारस्वत–*सं०* (वि०) 1 सरस्वती का 2 शास्त्रीय

सारांश–*सं०* (पु०) 1 सार भाग, निचोड़ 2 संक्षिप्त 3 उपसंहार 4 परिणाम, नतीजा 5 मतलब, तात्पर्य (जैसे-बात का सारांश, सारांश की बात)। ~**पत्रिका** (स्त्री०) ऐसी पत्रिका जिसमें अनेक लेखों और पुस्तकों का सारांश हो

सारांशक–*सं०* (पु०) सारांश युक्त कथन

सारा–(वि०) 1 कुल, सब 2 पूरा, समग्र

सारि–*सं०* (पु०) शतरंज या पासे की गोटी

सारिक–*सं०* (वि०) 1 सारांश संबंधी 2 संक्षिप्त 3 सारांश रूप में एकत्र किया हुआ

सारिका–*सं०* (स्त्री०) मैना (पक्षी)

सारिणी–*सं०* (स्त्री०) = सारणी

सारिणीयक–*सं०* (वि०) सारिणी से संबंधित

सारी–*सं०* (स्त्री०) = सारि

सारूप्य–*सं०* (पु०) 1 एक रूप होने का भाव 2 एकरूपता

सार्जेंट–*अं०* (पु०) = सारजेंट

सार्थ–*सं०* (वि०) 1 अर्थयुक्त 2 उद्देश्यपूर्ण

सार्थक–*सं०* (वि०) 1 अर्थवाला 2 उद्देश्यवाला। ~**त** (स्त्री०) 1 सार्थक होने का भाव 2 सफलता

सार्थवाह–*सं०* (पु०) व्यापारी

सार्ध–*सं०* (वि०) = साढ़े

सार्व–*सं०* (वि०) 1 सबका (जैसे-सार्वभौम, सार्वजनिक) 2 सबके लिए उपयुक्त (जैसे-सार्व स्थल)। ~**कालिक** (वि०) 1 सब समय के लिए उपयुक्त 2 सब काल संबंधी

सार्वजनिक–*सं०* (वि०) 1 सबसे संबंध रखनेवाला 2 सबके लिए उपयुक्त 3 सबके कामों में आनेवाला। ~**ता** (स्त्री०) सार्वजनिक होने का भाव

सार्वजन्य–*सं०* (वि०) 1 सबसे संबंधित 2 लोक हितकर

सार्वत्रिक–*सं०* (वि०) 1 सब स्थान से संबंधित 2 सभी अवस्था में होनेवाला

सार्वदेशिक–*सं०* (वि०) सब देशों से संबद्ध

सार्वनामिक–*सं०* (वि०) *व्या०* सर्वनाम संबंधी

सार्वभौम–*सं०* (वि०) 1 सारी भूमि संबंधी 2 सारी पृथ्वी पर शासन करनेवाला 3 विश्वविख्यात। ~**वाद** (पु०) सबके प्रति समान भाववाला सिद्धांत; ~**सत्ता** (स्त्री०) व्यापक शक्ति

सार्वभौमत्व–*सं०* (पु०) सार्वभौम होने का भाव

सार्वभौमिक–*सं०* (वि०) संपूर्ण पृथ्वी पर फैला हुआ (जैसे-सार्वभौमिक सत्ता)। ~**ता** (स्त्री०) सार्वभौमिक होने का भाव

सार्वराष्ट्रीय–*सं०* (वि०) सब राष्ट्रों से संबंधित

सार्वलौकिक–*सं०* (वि०) 1 सर्व व्याप्त 2 सार्वजनिक

सार्विक–*सं०* (वि०) 1 समान रूप से दिखाई पड़नेवाला 2 आम, जनरल (जैसे-सार्विक हड़ताल)

सालंकार–*सं०* (वि०) अलंकृत, आभूषण युक्त

साल–I *फ़ा०* (पु०) 1 वर्ष, बरस (जैसे-इस साल की फ़सल नष्ट हो गई) 2 बारह महीनों का समय (जैसे-इस इमारत के बनने में पूरा साल लग गया)। ~**गिरह** (स्त्री०) बरसगाँठ, वर्षगाँठ; ~**तमाम** + *अ०* (पु०) वर्ष का अंत; ~**तमामी** +*अ०* (स्त्री०) वार्षिक विवरण; ~**नामा** (पु०) पत्र-पत्रिका का विशेषांक; ~**सी** + *फ़ा०* (स्त्री०) 1 सालस होने की अवस्था 2 पंचायत

साल–II (पु०) ज़ख्म, घाव

सालन–(पु०) साग आदि की मसालेदार तरकारी (जैसे-रोटी और सालन देना)

सालना–I (अ० क्रि०) 1 पीड़ा उत्पन्न करना 2 गड़ना, चुभना II (स० क्रि०) 1 गड़ाना, धँसाना 2 चुभाना 3 दुःख देना

साल निर्यास–*सं०* (पु०) धूना, राल

सालम मिस्री–*अ०* (स्त्री०) वीर कंदा, सुधामूली

सालवेंट–*अं०* (पु०) कर्ज़ चुकाने योग्य व्यक्ति

सालस–I *अ०* (पु०) 1 पंच 2 तिसरैत

सालस–II *सं०* (वि०) आलस्ययुक्त, क्लांत

सालसा–(पु०) रक्त शोधक औषध

साला–I (पु०) 1 पत्नी का भाई 2 लोक व्यवहार में प्रचलित एक गाली II (वि०) नियत साल या वर्ष में होनेवाला (जैसे-दो साला पेड़)

सालाना–*फ़ा०* (वि०) वार्षिक

सालार–*फ़ा०* (पु०) नायक। ~**जंग** (पु०) 1 प्रधान सेनापति 2 योद्धा

सालिका–*सं०* (स्त्री०) बाँसुरी

सालियाना–*फ़ा०* (वि०) = सालाना

सालिस–I *अ०*(वि०) तीसरा II (पु०) 1 पंच 2 तिसरैत। ~**नामा** + *फ़ा०* (पु०) पंचनामा

सालिसिटर–*अं०* (पु०) = सोलीसीटर

साली–(स्त्री०) पत्नी की बहन

सालोंसाल–*फ़ा०* + *हिं०* + *फ़ा०* (क्रि० वि०) कई साल तक

सालोक्य–*सं०* (पु०) एक प्रकार की मुक्ति

सावंत–*बो०* (पु०) = सामंत

साव–*बो०* (पु०) = साह

सावक–(पु०) बौद्ध या जैन संन्यासी

सावकाश–I *सं०* (अ०) अवकाश होने पर, फ़ुरसत के समय II (पु०) अवकाश

सावधान–I *सं०* (वि०) 1 सचेत, सतर्क 2 जागरूक, ख़बरदार (जैसे-सावधान योद्धा) II (क्रि० वि०) 1 जागरूक 2 सचेत (जैसे-सावधान करना)। ~**ता** (स्त्री०) 1 जागरूकता 2 सतर्कता

सावधानी–(स्त्री०) = सावधानता

सावधि–*सं०* (वि०) निश्चित कार्य कालवाला (जैसे-सावधि जमा योजना)

सावधिक–*सं०* (वि०) सावधि संबंधी

सावन–I (पु०) असाढ़ और भाद्रपद के बीच का एक महीना, श्रावण। ~**के अंधे को हरा ही हरा सूझता है** जो जिस दशा में रह चुका हो उसे बराबर वही दशा दिखाई पड़ती है; **न ~हरे न भादों सूखे** हमेशा एक रस, सदा एक सा बना रहना

सावन–II *सं०* (पु०) सूर्योदय से लेकर चौबीस घंटे का समय

सावनी–I (वि०) 1 सावन संबंधी 2 सावन में होनेवाला II (स्त्री०) सावन में गाया जानेवाला एक प्रकार का गीत
सावयव–*सं०* (वि०) अंग सहित
सावर्ण–*सं०* (वि०) एक ही जाति या वर्ग का
सावर्ण्य–*सं०* (पु०) रंग या जाति की समानता
सावित्र–I *सं०* (वि०) 1 सूर्य संबंधी 2 सूर्य से उत्पन्न II (पु०) सूर्य
सावित्री–*सं०* (स्त्री०) मत्स्य देश के राजा अश्वपति की कन्या 2 सधवा स्त्री
सावेग–*सं०* (क्रि० वि०) शीघ्रता से झटके से
साश्चर्य–*सं०* (वि०) 1 आश्चर्य जनक, चकित करनेवाला 2 चकित
साश्रु–I *सं०* (वि०) आँसुओं से युक्त, अश्रुपूर्ण II (क्रि० वि०) आँसू भरकर (जैसे-साश्रु निवेदन करना, साश्रु प्रार्थना करना)
साष्टांग–I *सं०* (वि०) आठों अंगों से युक्त II (क्रि० वि०) आठों अंगों से (जैसे-साष्टांग प्रणाम करना)
सास–(स्त्री०) 1 पत्नी या पति की माता 2 उक्त स्थान पर पड़नेवाली स्त्री (जैसे-चचिया सास, ममिया सास)
सासत–(स्त्री०) = साँसत
सासन लेट–(स्त्री०) एक तरह का सफ़ेद जालीदार कपड़ा
सासर–*अं०* (पु०) प्लेट, तश्तरी
सासुर–*बो०* (पु०) 1 ससुर 2 ससुराल
साह–(पु०) 1 वणिक, महाजन 2 सज्जन और साधु पुरुष 3 धनी और प्रतिष्ठित व्यक्ति
साहचर्य–*सं०* (पु०) 1 संग, साथ 2 सहचर होने का भाव
साहजिक–*सं०* (वि०) 1 सहज 2 स्वाभाविक
साहब–*अ०* (पु०) 1 मालिक, स्वामी (जैसे-साहब की शादी) 2 परमात्मा (जैसे-साहब ते सब होत है बंदे ते कछु नाहिं) 3 सज्जनों के लिए प्रयुक्त आदर सूचक शब्द (जैसे-आइए साहब बैठिए, डॉक्टर साहब) 4 दफ़्तर का अधिकारी (जैसे-आज साहब के घर जाना है) 5 अंग्रेज़ निवासी। ~**ज़ादा** + *फ़ा०* (पु०) बड़े आदमी का लड़का, रईस का बेटा; ~**पन** (पु०) साहब होने का भाव, साहबी; ~**बहादुर** + *फ़ा०* (पु०) 1 अंग्रेज़ अफ़सर 2 साहबी ढंग से रहनेवाला हिंदुस्तानी अफ़सर; ~**सलामत** (स्त्री०) बंदगी, सलाम
साहबा–*अ०* (स्त्री०) महिला
साहबान–(पु०) सत्पुरुष
साहबाना–*अ० + फ़ा०* (वि०) साहब का
साहबी–I *अ०+फ़ा०* (स्त्री०) साहब होने की अवस्था II (वि०) साहब जैसा
साहबेआलम–*अ० + फ़ा० + अ०* (पु०) दुनिया का मालिक
साहस–*सं०* (पु०) 1 हिम्मत 2 उग्रता, प्रचंडता 3 जल्दी। ~**कारी** (वि०) हिम्मती, साहसी
साहसिक–*सं०* (वि०) 1 हिम्मती 2 प्रचंड, उग्र 3 निर्भीक 4 उद्धत
साहसी–*सं०* (वि०) 1 साहसपूर्ण कार्य करनेवाला 2 साहसवाला
साहस्र–*सं०* (वि०) 1 हज़ार संबंधी 2 एक हज़ारवाला 3 हज़ारगुना
साहस्रिक–I *सं०* (वि०) सहस्र संबंधी II (पु०) इकाई का हज़ारवाँ अंश
साहस्री–*सं०* (स्त्री०) एक प्रकार की एक हज़ार वस्तुओं का ढेर या समूह
साहा–(पु०) विवाह का शुभ मुहूर्त
साहाय्य–*सं०* (पु०) सहायता, मदद
साहित्य–*सं०* (पु०) 1 लिपिबद्ध विचार, ज्ञान आदि 2 ग्रंथों का समूह, वाङमय 3 काव्यशास्त्र 4 गद्यात्मक या पद्यात्मक रचना (जैसे-साहित्य का विक्रेता, साहित्य का प्रेमी) 5 साथ, मेल संयोग। ~**आलोचना** (स्त्री०) = साहित्य समीक्षा; ~**कार** (पु०) साहित्य की रचना करनेवाला; ~**गत** (वि०) = साहित्यिक; ~**ग्रंथ** (पु०) साहित्य की पुस्तक; ~**ज्ञ** (पु०) साहित्य का ज्ञाता; ~**पन** + *हिं०* (पु०) साहित्यिकता; ~**प्रेमी** (पु०) साहित्य पसंद करनेवाला व्यक्ति, साहित्य में रुचि रखनेवाला व्यक्ति; ~**विज्ञान**, ~**शास्त्र** (पु०) साहित्य के विभिन्न अंगों रस, छंद, अलंकार आदि का विवेचन करनेवाला ग्रंथ; ~**शास्त्री** (पु०) = साहित्यज्ञ; ~**समालोचक** (पु०) = साहित्य समीक्षक; ~**समालोचन** (पु०) = साहित्य समीक्षा; ~**समालोचना** (स्त्री०) = साहित्य की आलोचना; ~**समीक्षक** (पु०) साहित्य की समीक्षा करनेवाला; ~**सर्जना** (स्त्री०) = साहित्य सृष्टि; ~**सामर्थ्य** (पु०) साहित्य संबंधी योग्यता; ~**सृष्टि** (स्त्री०) साहित्य की रचना
साहित्यांग–*सं०* (पु०) साहित्य के अंग
साहित्यांश–*सं०* (पु०) साहित्य का अंश
साहित्यालोचक–*सं०* (पु०) साहित्य का आलोचक
साहित्यालोचन–*सं०* (पु०) साहित्य की आलोचना
साहित्यिक–*सं०* (वि०) 1 साहित्य संबंधी (जैसे-साहित्यिक रचना) 2 साहित्य का पारखी। ~**ता** (स्त्री०) साहित्यिक होने का भाव
साहित्यिकी–*सं०* (स्त्री०) साहित्य शास्त्र
साहित्येतर–*सं०* (वि०) साहित्य से भिन्न
साहिब–*अ०* (पु०) = साहब
साहिल–*अ०* (पु०) किनारा, तट
साही–(स्त्री०) तेज़ लंबे काटोंवाला एक पशु
साहु–(पु०) = साह
साहुल–*फ़ा०* (पु०) दीवार आदि की सीध नापने का एक उपकरण
साहू–(पु०) = साह
साहूकार–(पु०) बड़ा व्यापारी
साहूकारा–(पु०) महाजनी
साहूकारी–(स्त्री०) = साहूकारा
सिंक–*अं०* (पु०) सोख़्ता गड्ढा
सिंकना–(अ० क्रि०) सेंका जाना
सिंग–(पु०) = सींग
सिंगड़ा–(पु०) = सींगड़ा
सिंगरफ़–*फ़ा०* (पु०) = शिंगरफ़
सिंगल–*अं०* (वि०) एक मात्र, अकेला
सिंगा–(पु०) सींग के आकार प्रकार का एक बाजा
सिंगार–(पु०) 1 सजावट 2 सजधज 3 श्रृंगार रस। ~**दान**

फ़ा० (पु०) प्रसाधन सामग्री रखने का छोटा संदूक; ~**मेज़** + फ़ा० (स्त्री०) शृंगार से संबंधित एक आईनेदार मेज़; ~**हाट** (स्त्री०) वेश्याओं का निवास स्थान, चकला; ~**हार** (पु०) हरसिंगार नामक पुष्प वृक्ष

सिंगारना–(स० क्रि०) शृंगार करना, सजाना

सिंगारिया–(पु०) शृंगार करनेवाला

सिंगारिया–(पु०) शृंगार संबंधी 2 श्रृंगार करनेवाला

सिंगाल–(पु०) पहाड़ी बकरा

सिंगी–I (स्त्री०) = सिंगा

सिंगी–II (स्त्री०) = सींगी

सिंगौटी–I (स्त्री०) बैल के सींग का गहना

सिंगौटी–II (स्त्री०) = सिंगारदान

सिंघ–*बो०* (पु०) = सिंह

सिंघली–(वि०) = सिंहली

सिंघाड़ा–(पु०) 1 पानी में उत्पन्न एक तिकोना फल 2 सिंघाड़ा के आकार का एक नमकीन खाद्य पदार्थ, समोसा

सिंघी–(स्त्री०) 1 सिंगी मछली 2 सोंठ

सिंघू–(पु०) एक तरह का जीरा

सिंघेला–(पु०) 1 शेर का बच्चा 2 वीर बालक

सिंचन–*सं०* (पु०) 1 सिंचाई 2 छिड़काव

सिंचना–(अ० क्रि०) 1 सिंचाई होना 2 पानी का छिड़काव होना

सिंचाई–(स्त्री०) 1 छिड़कने का काम 2 छिड़कने का पारिश्रमिक (जैसे-सिंचाई के दस रुपए)

सिंचाना–(स० क्रि०) सींचने का काम कराना

सिंचित–*सं०* (वि०) सींचा हुआ

सिंजा–*सं०* (स्त्री०) झंकार

सिंडिकेट–*अं०* (पु०) 1 व्यापारिक संस्थाओं की समिति 2 सिनेट की प्रबंध समिति

सिंथेटिक–*अं०* (वि०) कृत्रिम, बनावटी

सिंदूर–*सं०* (पु०) ईंगुर से बना एक तरह का लाल चूर्ण (जैसे-माँग में सिंदूर भरना)। ~**दान** (पु०) विवाह के समय वर का कन्या की माँग में सिंदूर भरना; ~**दानी** + *फ़ा०* + *हिं०* (स्त्री०) सिंदूर रखने की डिबिया; ~**बंदन** (पु०) = सिंदूरदान; ~**चढ़ना** लड़की का विवाह होना; ~**पोंछना** विधवा होना; ~**भरना** पत्नी रूप में स्वीकार करना; ~**मिटना** विधवा हो जाना

सिंदूरिया–I *सं* + *हिं०* (वि०) सिंदूर के रंग का II (स्त्री०) सदासुहागिन

सिंदूरी–I *सं०* + *हिं०* (वि०) सिंदूर जैसा पीला मिश्रित लाल II (पु०) सिंदूर जैसा पीलायुक्त लाल रंग

सिंदोरा–(पु०) = सिंधोरा

सिंधी–I (वि०) सिंध देश का II (पु०) सिंध देश का निवासी III (स्त्री०) सिंध देश की भाषा

सिंधु–*सं०* (पु०) सागर, समुद्र। ~**ज** (वि०) समुद्र से उत्पन्न; ~**जा** (स्त्री०) लक्ष्मी

सिंधोरा–(पु०) सिंदूर रखने की काठ की डिबिया

सिंफ़नी–*अं०* (स्त्री०) स्वरसंगति, सुरीलापन

सिंह–*सं०* (पु०) 1 शेर 2 बारह राशियों में से एक राशि 3 बल और पराक्रम का सूचक शब्द (जैसे-पुरुष सिंह) 4 वास्तुकला में उक्त आकार की आकृति (जैसे-सिंह द्वार)। ~**कर्मा** (पु०) सिंह के समान वीर पुरुष; ~**गर्जना** (स्त्री०) शेर की आवाज़; ~**ग्रीव** (वि०) सिंह के समान गर्दनवाला; ~**द्वार** (पु०) सिंह की मूर्तिवाला दरवाज़ा; ~**नाद** (पु०) 1 सिंह गर्जन 2 युद्ध ध्वनि, ललकार 3 हुंकार 4 ज़ोर देकर बात कहना; ~**पौर** (पु०) = सिंह द्वार; ~**वाहिनी** (स्त्री०) दुर्गा

सिंहनी–*सं०* (स्त्री०) शेरनी

सिंहल–*सं०* (पु०) 1 भारत के दक्षिण स्थित एक द्वीप, लंका 2 इस द्वीप का निवासी। ~**भाषा** (स्त्री०) श्री लंका की भाषा

सिंहली–I *सं०* + *हिं* (वि०) सिंहल संबंधी II (पु०) सिंहल द्वीप का निवासी, लंका निवासी III (स्त्री०) सिंहल द्वीप की भाषा

सिंहस्थ–I *सं०* (पु०) सिंह राशि में वृहस्पति के होने का समय II (वि०) सिंह राशि में स्थित (जैसे-सिंहस्थ वृहस्पति)

सिंहाण–*सं०* (पु०) 1 नाक से निकला मल, रेंट, सीड़ 2 मोर्चा, जंग

सिंहावलोकन–*सं०* (पु०) 1 सिंह की तरह पीछे देखते हुए आगे बढ़ना 2 पुनः दृष्टिपात करना 3 पिछली बातों का संक्षिप्त वर्णन 4 छंद रचना का दूसरा चरण पहले चरण के अंतिम शब्द से शुरू करना

सिंहासन–*सं०* (पु०) राजा, देवता आदि का आसन। ~**च्युत** (वि०) सिंहासन से हटाया हुआ; ~**त्याग** (पु०) सिंहासन छोड़ना; ~**युद्ध** (पु०) राजगद्दी के लिए होनेवाली लड़ाई

सिंहासनस्थ–*सं०* (वि०) राजगद्दी पर आसीन

सिंहासनारूढ़–*सं०* (वि०) सिंहासन पर बैठा हुआ (जैसे-राजा का सिंहासनारुढ़ उत्सव)

सिंहासनारोहण–*सं०* (वि०) सिंहासन पर बैठा हुआ

सिंहिनी–*सं०* (स्त्री०) शेरनी

सिकंजबीन–*फ़ा०* (स्त्री०) नींबू के रस में बनाया गया शर्बत

सिकंदर–*फ़ा०* (पु०) एक प्रसिद्ध यूनानी सम्राट्

सिकंदरा–*फ़ा०* + *हिं०* (पु०) रेल का सिगनल

सिकटा–*बो०* (पु०) मिट्टी के बर्तन का टुकड़ा

सिकड़ी–(स्त्री०) साँकल, जंजीर

सिकता–*सं०* (स्त्री०) 1 बालू 2 बलुई ज़मीन

सिकतिल–(वि०) रेतीला, बलुआ

सिकत्तर–*अं० बो०* (पु०) = सेक्रेटरी

सिकरी–(स्त्री०) = सिकड़ी

सिक़ली–*अ०* + *फ़ा०* (स्त्री०) हथियार माँजकर तेज़ करना। ~**गर** + *फ़ा०* (पु०) 1 सिक़ली करनेवाला कारीगर 2 चमक लानेवाला

सिकहर–(पु०) छींका (जैसे-सिकहर में मटका लटका देना)

सिकाई–(स्त्री०) सेंकने का काम

सिकुड़न–(स्त्री०) 1 संकोच 2 शिकन

सिकुड़ना–(अ० क्रि०) 1 संकुचित होना 2 शिकन पड़ना (जैसे-बिस्तर कैसे सिकुड़ गया)

सिकोड़ना–(स० क्रि०) 1 संकुचित करना 2 बटोरना, समेटना 3 तंग करना

सिकोली–(स्त्री०) बेंत, बाँस आदि की डलिया

सिक्कड़–(पु०) 1 जंजीर 2 सिकड़ी

सिक्का–*अ०* (पु०) 1 मुद्रा, रुपया (जैसे-सिक्का ढालना, पाँच रुपए का सिक्का, चाँदी का सिक्का) 2 ठप्पा, छाप

3 पदक, प्रभाव (जैसे-सिक्का बैठना) 4 रुपए आदि अंकित करने का ठप्पा। ~**ढलाई** + *हिं०* (स्त्री०) सिक्का ढालने का काम और मज़दूरी; ~**चलाना** सिक्का जारी करना; ~**जमना,** ~**बैठना** रोब दाब कायम होना, अधिकार स्थापित होना; ~**जमाना,** ~**बैठाना** रोब दाब कायम करना, अधिकार स्थापित करना

सिक्की–*अं०* + *हिं०* (स्त्री०) छोटा सिक्का

सिख़्ख–(पु०) = सिख

सिक्त–*सं०* (वि०) 1 सींचा हुआ 2 गीला। ~**ता** (स्त्री०) सिक्त होने का भाव

सिक्ति–*सं०* (स्त्री०) सींचने का भाव

सिक्थ–*सं०* (पु०) मोम

सिक्यूरिटी काउंसिल–*अं०* (स्त्री०) सुरक्षा परिषद्

सिखंड–(पु०) मोर की पूँछ

सिख–(पु०) 1 शिष्य, चेला 2 गुरु नानक के पंथ का अनुयायी 3 इन अनुयायियों का एक स्वतंत्र वर्ग (जैसे-सिख समूह)

सिखर–(पु०) शिखर

सिखरन–(स्त्री०) चीनी, गरी, केसर आदि के मिश्रण से बना दही का पेय

सिखलाई–(स्त्री०) सिखाने का काम

सिखलाना–(स० क्रि०) सिखाना

सिखाना–(स० क्रि०) 1 सीखने में प्रवृत्त करना 2 प्रशिक्षित करना 3 समझाना-बुझाना (जैसे-गणित सिखाना, अंग्रेज़ी सिखाना)। ~**पढ़ाना** (स० क्रि०) समझाना बुझाना

सिखावन–(स्त्री०) शिक्षा, उपदेश, नसीहत

सिगड़ी–(स्त्री०) अँगीठी

सिगनल–*अं०* (पु०) 1 संकेत 2 रेल आदि के आवागमन का सूचक चिह्न, सिकंदरा (जैसे-सिनगल लोअर है, सिगनल नहीं है)

सिगरेट–*अं०* (पु०/स्त्री०) काग़ज़ में तंबाकू लपेटकर बनाई गई एक तरह की बत्ती (जैसे-सिगरेट, सुलगाना)। ~**केस,** ~**डब्बा** + *हिं०* (पु०) सिगरेट रखने का एक आयताकार डिब्बा; ~**लाइटर** (पु०) सिगरेट जलाने का एक यंत्र या उपकरण

सिगार–*अं०* (पु०) एक विशेष प्रकार का मोटा तथा बड़ा सिगरेट, चुरूट

सिगोन–(स्त्री०) रेत मिली लाल मिट्टी

सिच्छा–*बो०* (स्त्री०) = शिक्षा

सिजदा–*अ०* (पु०) घुटने टेककर और सिर झुकाकर किया जानेवाला प्रणाम। ~**गाह** + *फ़ा०* (स्त्री०) उपासना स्थल

सिझना–(अ० क्रि०) आँच पर पकना, सिझाया जाना

सिझान–(पु०) सीझने की स्थिति

सिझाना–(स० क्रि०) आँच पर पकाना

सिटकनी, सिटकिनी–(स्त्री०) किवाड़ अंदर से बंद करने के लिए उसमें लगा छोटा छड़, चटखनी

सिटपिटाना–(अ० क्रि०) 1 सहम जाना 2 स्तब्ध हो जाना 3 मंद पड़ जाना 4 दब जाना

सिट्टी–(स्त्री०) वाचालता। ~**पिट्टी** (स्त्री०) 1 बोलती 2 हेकड़ी; ~**बाज़** + *फ़ा०* (पु०) हेकड़ीबाज़

सिट्ठनी–(स्त्री०) = सिठनी

सिट्ठी–(स्त्री०) = सीठी

सिठाई–(स्त्री०) फीकापन

सिड़–(स्त्री०) 1 पागलपन, खब्त, सनक 2 धुन। ~**बिल्ला** (पु०) 1 पागल 2 बेवकूफ़, बुद्धू

सिड़न–(स्त्री०) सिड़ी होना

सिड़ी–(वि०) 1 पागल 2 सनकी, झक्की। ~**पन** (पु०) 1 पागलपन 2 सनक, झक

सितंबर–*अं०* (पु०) ईसवी सन् का नवाँ महीना

सित–*सं०* (वि०) 1 उजला, श्वेत 2 चमकीला और साफ़, स्वच्छ 3 विशुद्ध, निर्मल

सितम–*फ़ा०* (पु०) 1 जुल्म, अन्याय 2 अंधेर, अनर्थ 3 गज़ब, अत्याचार (जैसे-तुमने बड़ा गज़ब कर डाला)। ~**गर** (वि०) 1 अत्याचार करनेवाला, अत्याचारी 2 अन्याय करनेवाला, अन्यायी; ~**गरी** (स्त्री०) सितमगर का काम; ~**ज़दा** (वि०) सितम से उत्पन्न; ~**टूटना** अनर्थ होना, संकट आना; ~**ढाना** अत्याचार करना

सितली–(स्त्री०) कष्ट या पीड़ा से निकला पसीना

सितांबर–*सं०* (पु०) = श्वेतांबर

सिता–*सं०* (स्त्री०) 1 चाँदनी, चंद्रिका 2 चाँद्र मास का शुक्ल पक्ष

सितार–*फ़ा०* (पु०) एक प्रसिद्ध तंत्रवाद्य। ~**वादक** (पु०) सितार बजानेवाला, सितारिया; ~**वादन** + *सं०* (पु०) सितार बजाना

सितारा–*फ़ा०* (पु०) 1 तारा, नक्षत्र 2 भाग्य (जैसे-सितारा चमकना, सितारा डूबना)। ~**पेशानी** (वि०) जिसके माथे पर सितारा हो; ~**शनास** (पु०) ज्योतिषी; ~**गर्दिश में होना** दुर्भाग्य के दिन होना; ~**चमकना** भाग्य जगना; ~**बुलंद होना** सौभाग्य काल होना; ~**भारी होना** दुर्दिन का आना

सितारिया–*फ़ा०* + *हिं०* (वि०) सितार वादक

सितारे हिंद–*फ़ा०* (पु०) अंग्रेज सरकार द्वारा सम्मानित भारतीय को दी जानेवाली एक उपाधि (जैसे-राजा शिव प्रसाद को सितारे हिंद से सुशोभित किया गया)

सितावर–(पु०) मुसना का साग

सितासित–*सं०* (वि०) 1 सफ़ेद और काला 2 भला और बुरा

सितून–*फ़ा०* (पु०) 1 खंभा 2 चौड़, थूनी 3 लाट, मीनार

सिदरा–*फ़ा०* (पु०) तीन दरोंवाला कमरा या दालान

सिद्ध–*सं०* (वि०) 1 पूरा किया हुआ 2 प्राप्त, लब्ध 3 प्रमाणित 4 निश्चित 5 दृढ़, पक्का 6 सत्य माना हुआ 7 निर्णीत 8 दक्ष, विशेषज्ञ 9 अलौकिक शक्ति से संपन्न। ~**काम** (वि०) पूर्ण इच्छावाला; ~**गुटिका** (स्त्री०) एक मंत्र सिद्ध वटिका; ~**तापस** (पु०) सिद्धि प्राप्त तपस्वी; ~**दर्शन** (पु०) अलौकिक शक्ति संपन्न संत का दर्शन; ~**दोष** (वि०) जिसका दोष प्रमाणित हो गया हो; ~**रसायन** (पु०) दीर्घायु बनानेवाला रस; ~**साधक** (पु०) मनोरथ पूर्ण करनेवाला एक कल्प वृक्ष; ~**साधन** (पु०) 1 सिद्धि हेतु तांत्रिक अनुष्ठान 2 इसमें प्रयुक्त सामग्री या पदार्थ 3 प्रमाणित बात को पुनः प्रमाणित करना; ~**हस्त** (वि०) दक्ष, कुशल; ~**हस्तता** (स्त्री०) निपुणता, कौशल

सिद्धत्व–*सं०* (पु०) सिद्ध होने की अवस्था

सिद्धांजन–*सं०* (पु०) एक प्रकार का कल्पित अंजन

सिद्धांत–*सं०* (पु०) 1 निश्चित मत, उसूल 2 पक्की राय 3 अंतिम उद्देश्य या अभिप्राय। ~**कार** (पु०) मत स्थापित करनेवाला; ~**ज्ञ** (पु०) सिद्धांत का ज्ञाता; ~**त्यागी** (वि०) सिद्धांत को त्यागनेवाला; ~**निरूपण** (पु०) सिद्धांत की व्याख्या करना; ~**निष्ठा** (स्त्री०) सिद्धांत में आस्था या विश्वास; ~**प्रतिपादन** (पु०) मत की व्याख्या, मत का निरूपण; ~**वाद** (पु०) मतवाद; ~**वादी** I (वि०) सिद्धांत वाद संबंधी II (पु०) सिद्धांतवाद का अनुयायी; ~**हीन** (वि०) बिना सिद्धांत का

सिद्धांततः–*सं०* (क्रि० वि०) सिद्धांत की दृष्टि से

सिद्धांतित–*सं०* (वि०) प्रमाणित, साबित

सिद्धांती–I *सं०* (वि०) सिद्धांत जाननेवाला II (पु०) तर्क शास्त्र का ज्ञाता। ~**करण** *+हिं०* (पु०) सिद्धांत बना लेना

सिद्धाई–*सं०+हिं०* (स्त्री०) = सिद्धत्व

सिद्धार्थ–*सं०*(वि०) सफल मनोरथ, पूर्णकाम

सिद्धि–*सं०* (स्त्री०) 1 सफलता 2 निश्चय 3 प्रश्न का हल 4 पूर्ण शुद्धि 5 अलौकिक शक्तियाँ 6 दक्षता, निपुणता 7 पूर्ण ज्ञान 8 लक्ष्यवेध 9 स्पष्ट होना। ~**कारी** (वि०) सिद्धि करने या करानेवाला; ~**दायक** (वि०) सिद्धि प्रदान करनेवाला; ~**लाभ** (पु०) सिद्धि प्राप्त करना या सिद्धि मिलना

सिधाई–(स्त्री०) = सीधापन

सिधारना–(अ० क्रि०) 1 प्रस्थान करना, जाना 2 मर जाना, मृत्यु हो जाना, परलोक वासी (जैसे-पिताजी बहुत पहले ही सिधार गए) 3 स्वर्गवासी होना

सिन–*अ०* (पु०) अवस्था, उमर। ~**रसीदा** (वि०) बूढ़ा, वृद्ध

सिनक–(स्त्री०) नाक का मल, रेंट

सिनकना–(स० क्रि०) साँस के झोंके से नाक का मल निकलना, छिनकना

सिनारियो–*अं०* (पु०) = सिनेरियो

सिने उद्योग–*अं०+सं०* (पु०) सिनेमा उद्योग

सिनेट–*अं०* (स्त्री०) = सीनेट

सिनेटर–*अं०* (पु०) = सीनेटर

सिनेमा–*अं०* (पु०) 1 चलचित्र, छायाचित्र 2 सिनेमा देखने का भवन। ~**अभिनेता** *+सं०* (पु०) सिनेमा का नायक; ~**अभिनेत्री** *+सं०* (स्त्री०) सिनेमा तारिका; ~**कक्ष** *+सं०* (पु०) = सिनेमा हाल; ~**गृह** *+सं० +हिं* (पु०) सिनेमा घर; ~**चित्र** *+सं०* (पु०) चलचित्र; ~**तारिका** *+सं०* (स्त्री०) सिनेमा की नायिका; ~**लेखक** *+सं०* (पु०) सिनेमा की कथा लिखनेवाला; ~**शौकीन** *+अ०* सिनेमा पसंद करनेवाला व्यक्ति; ~**स्टूडियो** (पु०) जहाँ सिनेमा की फोटो तैयार की जाए ~**हाल** (पु०) सिनेमा देखने का बड़ा कमरा

सिनेरियो–*अं०* (पु०) पटकथा

सिपर–*फ़ा०* (स्त्री०) ढाल, शील्ड

सिपह–*फ़ा०* (स्त्री०) सिपाह का लघु रूप। ~**गरी** (स्त्री०) सिपाही का काम; ~**सालार** (पु०) सेनापति; ~**सालारी** (स्त्री०) सेनापतित्व

सिपहगिरी–*सं०* (स्त्री०) सिपाही का काम

सिपास–*फ़ा०* (स्त्री०) 1 सराहना, बड़ाई 2 कृतज्ञता का बखान या वर्णन। ~**नामा** (पु०) अभिनंदन पत्र

सिपाह–*फ़ा०* (स्त्री०) सेना, फ़ौज। ~**गरी**, ~**गिरी** (स्त्री०) 1 सिपाही का काम 2 शूरता, बहादुरी

सिपाहियाना–*फ़ा०* (वि०) सिपाही संबंधी

सिपाही–*फ़ा०* (पु०) 1 पुलिस विभाग का एक साधारण कर्मचारी, कांस्टेबल 2 फ़ौजी आदमी, सैनिक

सिपुर्द–*फ़ा०* (पु०) = सुपुर्द। ~**नामा** (पु०) = सुपुर्दनामा

सिपुर्दगी–*फ़ा०* (स्त्री०) = सुपुर्दगी

सिप्पा–(पु०) 1 युक्ति, तरकीब 2 निशाने पर किया गया वार 3 एक प्रकार की छोटी तोप। ~**जमाना** भूमिका बाँधना; ~**भिड़ना**, ~**लड़ना** मौका मिलना; ~**भिड़ाना**, ~**लड़ाना** उपाय करना; ~**मारना**, ~**लगाना** निशाना लगाना

सिफ़त–*अ०* (स्त्री०) 1 विशेषता, गुण 2 लक्षण

सिफ़र–I *अ०* (पु०) शून्य II (वि०) 1 मूल्यरहित 2 बिल्कुल अयोग्य और निकम्मा

सिफ़ला–*अ०* (वि०) 1 घटिया 2 कमीना, नीच 3 औछा, छिछोरा

सिफ़ाती–*अ०+फ़ा०* (वि०) 1 सिफ़तवाला 2 सिफ़त से प्राप्त

सिफ़ारत–*अ०* (स्त्री०) 1 राजदूत का पद या कार्य 2 राजदूत का कार्यालय, दूतावास। ~**ख़ाना** *+फां०* (पु०) राजदूत का कार्यालय या दफ़्तर

सिफ़ारती–*अ०+फ़ा०* (वि०) सिफ़ारत का

सिफ़ारिश–*फ़ा०* (स्त्री०) 1 संस्तुति, रिकमेंडेशन 2 ख़ुशामद, चिरौरी, चापलूसी (जैसे-नौकरी के लिए सिफ़ारिश करना) 3 योग्यता आदि का बयान करना। ~**नामा** (पु०) सिफ़ारिश भरा पत्र

सिफ़ारिशी–*फ़ा०* (वि०) 1 सिफ़ारिश संबंधी 2 सिफ़ारिश रूप में होनेवाला 3 ख़ुशामदी, चापलूस। ~**टट्टू** योग्यता के अभाव में सिफ़ारिश से नौकरी आदि पानेवाला व्यक्ति

सिफ़ाल–*फ़ा०* (पु०) 1 मिट्टी का बरतन 2 ठीकरा

सिफ़ाला–I *फ़ा०* (पु०) 1 खपड़ा 2 ठीकरा II (वि०) खपरैल का बना, खपरैला। ~**पोश** (वि०) खपड़े का बना खपरैला

सिमटना–(अ० क्रि०) 1 सिकुड़ना, संकुचित होना 2 सिलवट पड़ना 3 लज्जित होना 4 समाप्त होना (जैसे-शादी ब्याह का काम सिमट गया)

सिमटा सिमटाया–(वि०) संपन्न किया गया (जैसे-सिमटा सिमटाया काम)

सिमर गोला–(पु०) एक तरह की मेहराब

सिमाना–(अ० क्रि०) *बो०* ठंडा मालूम होना

सिमेंट–*अं०* (पु०) = सीमेंट

सिम्त–*अ०* (स्त्री०) दिशा

सियराना–(अ० क्रि०) ठंडा होना

सियादत–*अ०* (स्त्री०) प्रतिष्ठा

सियाना–(वि०) = सयाना

सियापा–*फ़ा०* (पु०) मातम

सियार–*बो०* (पु०) गीदड़

सियाला–(पु०) जाड़े का मौसम, शीत काल

सियालपोका–(पु०) लोनी मिट्टी में पाया जानेवाला एक प्रकार का कीड़ा

सियावड़ी–(स्त्री०) साधुओं के निमित्त खलिहान से निकाला गया अनाज का हिस्सा

सियासत–*अ०* (स्त्री०) 1 शासन प्रबंध 2 राजनीति। **~दाँ** *+ फ़ा०* (वि०) 1 शासनपटु 2 राजनीतिज्ञ

सियासी–*अ०* (वि०) 1 राजकाज से संबद्ध 2 राजनीतिक (जैसे-सियासी चाल)

सियाह–*फ़ा०* (वि०) = स्याह

सियाहत–*अ०* (स्त्री०) 1 सैर 2 पर्यटन

सियाहा–*फ़ा०* (पु०) 1 नित्य के आय व्यय का हिसाब लिखने की बही या पंजी 2 मालगुज़ारी का रजिस्टर। **~नवीस** (पु०) सियाहा लिखनेवाला कर्मचारी

सियाही–*फ़ा०* (स्त्री०) 1 रोशनाई, मसि 2 दोष 3 कालापन 4 श्यामता 5 कालिख, कालिमा 6 अंधकार 7 कलंक का टीका

सिर–I (पु०) 1 खोपड़ी, कपाल, हेड 2 दिमाग़ (जैसे मेरा सिर मत चाटो, यह लड़का एक घंटा से मेरा सिर चाट रहा है)। **~कटा** (वि०) 1 जिसका सिर कट गया हो 2 दूसरों का सिर काटनेवाला; **~खप** (वि०) 1 सिर खपानेवाला, मेहनती 2 बहादुर, वीर; **~खपी** (स्त्री०) जान लगाकर मेहनत करना; **~गिरी** (स्त्री०) पक्षियों की शिखा; **~चंद** (पु०) अर्धचंद्राकार आभूषण; **~चढ़ा** (वि०) मुँहलगा, ढीठ; **~ताज** *+फ़ा०* (पु०) 1 सरदार, मालिक 2 पति, शौहर 3 सिर का आभूषण; **~तापा** *+फ़ा०* (क्रि० वि०) सिर से पैर तक; **~तोड़** (वि०) 1 सिर तोड़नेवाला 2 जी जान से किया जानेवाला; **~दर्द** *+फ़ा०* (पु०) 1 माथे की पीड़ा 2 चिंता का कारण; **~दर्दी** *+फ़ा०* (स्त्री०) चिंता, परेशानी; **~नामा** *+फ़ा०* (पु०) 1 पत्र पर लिखा हुआ पता 2 लेखादि का शीर्षक; **~नेत** (पु०) सिर की पगड़ी; **~पच्ची** (स्त्री०) सिर खपाना, मग़ज़ पच्ची; **~पीड़ा** *+सं०* (स्त्री०) = सिर दर्द; **~पेच** *+फ़ा०* (पु०) पगड़ी; **~पोश** *+फ़ा०* (पु०) 1 सिर का आवरण 2 बंदूक का गिलाफ़ 3 गिलाफ़; **~फिरा** (वि०) जिसका दिमाग़ बिगड़ गया हो; **~फुटौवल** (स्त्री०) मारपीट, खून ख़राबा; **~फूल** (पु०) स्त्रियों का शिरोभूषण; **~फेंटा, ~बंद** *+फ़ा०* (पु०) पगड़ी; **~बंदी** *+फ़ा०* (स्त्री०) माथे का एक गहना; **~बोझी** (स्त्री०) पाटन के काम आनेवाला पतला बाँस; **~मौर** (पु०) = सिर ताज; **~अलग करना** सिर काटना; **~आँखों पर, ~आँखो से** स्वीकार है, शौक से; **~आँखो पर बैठना या बैठाना** बहुत इज़्ज़त करना; **~आँखो पर रखना** बहुत आवभगत करना; **~आँखो पर होना** ख़ुशी से स्वीकार होना; **~उठाकर चलना** इतराना, गरूर करना; **~उठाना** 1 विरोध करना 2 लज्ज़ित न होना (जैसे-आजकल की बहुँए जेठ के सामने भी सिर उठाए फिरती हैं) 3 अकड़ दिखाना, घमंड करना 4 आत्म सम्मान से रहना; **~उठाने की फ़ुरसत नहीं** ज़रा सा भी अवकाश नहीं; **~उठाने नहीं देता** ज़रा भी अवकाश नहीं देता; **~उड़ जाना** सिर कट जाना; **~उड़ाना, ~उतारना** सिर काटना; **~ऊँचा करना** आत्म सम्मान पूर्वक रहना; **~औंधाना** सिर नीचा करना; **~कटना** जान से मारा जाना; **~कदम पर रखना** 1 मिन्नत करना 2 इज़्ज़त करना; **~क़लम करना** सिर काटना; **~कहाँ फोडूँ** कहाँ तलाश करूँ; **~का पसीना पाँव को आना** बहुत ज़्यादा मेहनत करना; **~का बोझ उतरना** काम से फ़ुरसत पाना; **~का बोझ उतारना** लापरवाही से काम करना; **~का बवाल होना** जी का जंजाल होना, दूभर होना; **~की आफ़त टलना** मुसीबत दूर होना; **~की कसम** जान की कसम, जान की सौंह; **~की सुध न पाँव की बुध** लापरवाह; **~के ज़ोर** पूरी कोशिश से; **~के बल** अदब के साथ; **~के साथ** जान के साथ है; **~कोरे उस्तुरे से मूँड़ना** 1 बुराई करना 2 बेइज़्ज़त करना 3 सर्वस्व लूट लेना; **~खपाना** माथा पच्ची करना; **~खाना** 1 परेशान करना 2 शोर मचाना; **~खाली करना** 1 व्यर्थ मथा पच्ची करना 2 बकझक करना; **~खुजलाना, ~खुजाना** शामत आना; **~खुजाने की फ़ुरसत नहीं** ज़रा सा भी अवकाश नहीं; **~खोलना** 1 सिर उघाड़ना 2 बाल फैलाना; **~गंजा करना** 1 कंगाल कर देना 2 बहुत मारना; **~गिरना** 1 सिर झुकना 2 सिर कटना; **~गिराना** जान से मारना; **~गूँधना** चोटी करना; **~घुटनों में देना** 1 खिन्न होना 2 लज्जित होना; **~घूमना, ~चकराना** 1 सिर में दर्द होना 2 पागल हो जाना; **~चढ़कर** 1 निडर होकर 2 ख़ुद छेड़खानी करके; **~चढ़कर बोलना** 1 अपने आप भेद खुलना 2 भूत प्रेत आदि के आवेश में बकझक करना; **~चढ़कर लड़ना** 1 लड़ाई लेना 2 व्यर्थ छेड़खानी करना; **~चढ़ना** यार बनना; **~चढ़ाकर पटकना** आदर देकर अपमानित करना; **~चढ़ाना** 1 आदर का भाव दिखाना 2 गुस्ताख़ बनाना 3 देवी देवताओं को बलि देना; **~चला जाना** मौत होना, मरना; **~जाना** 1 किसी के जिम्मे पड़ना 2 सिर कटन; **~जोड़कर बैठना** पास पास बैटना; **~जोड़ना** 2 मेल होना 2 राय करना; **~झाड़ मुँह पहाड़** जंगली, वहशियाना; **~झुकना** सिर नीचा होना; **~झुकाना** 1 नमस्कार करना 2 लज्जा से झुक जाना 3 स्वीकार करना; **~टकराकर मर जाना** 1 दुःख भरा अंत होना 2 व्यर्थ हैरान होना; **~टकराना** 1 अत्यधिक श्रम करना 2 सिर फोड़ना; **~टीका होना** कान का किसी पर आश्रित होना; **~डालना** थोपना, मत्थे मढ़ना (जैसे-किसी का पाप मेरे सिर क्यों डालते हो); **~तोड़कर लेना** बलपूर्वक ले लेना; **~तोड़ कोशिश करना** बेहद कोशिश करना; **~तोड़ना** बहुत मारना पीटना; **~थकाना** 1 हद से ज़्यादा समझाना 2 बहुत दिमाग़ लगाना; **~थामकर बैठ जाना या बैठना** शोक, क्षोभ, आघात आदि से वेग के ग्रस्त हो विलाप करना; **~थाम लेना** अशुभ समाचार सुनकर संतप्त होना; **~थोपना** 1 इलज़ाम लगाना 2 जिम्मे करना; **~दिवारों से टकराना** अत्यंत घबड़ा जाना; **~दुःखाना** परेशान करना; **~दे दे मारना, ~दे मारना** शोकादि की प्रबलता में सुध बुध खो बैठना; **~देना** प्राण निछावर करना, जान देना; **~धरना** 1 सम्मान पूर्वक स्वीकार करना 2 जिम्मे लगाना 3 दोष या कलंक लगाना; **~धुनना** 1 शोक करना 2 पछताना; **~नंगा करना** 1 बेइज़्ज़त करना 2 सिर खोलना (जैसे-ससुर के आगे बहू का सिर नंगा करना कहाँ तक उचित है); **~न उठाने देना** 1 दम भर की मुहलत न देना, काम में लगाए रखना 2 सरकशी न करने देना 3 बोलने

की फ़ुरसत न देना; **~न पैर** बेतुका, क्रमहीन; **~नवाना** 1 दीन बनना 2 नमस्कार करना; **~न उठा सकना** उपकार के बोझ से आँख न मिला सकना; **~नीचा करना** 1 लज्जित करना 2 उदास होना; **~नीचा होना** 1 पराजित होना 2 लज्जित होना 3 घमंड चूर होना; **~पकड़कर बैठना** 1 शोकावेग से मौन होकर बैठना 2 खेद और पश्चाताप के चिह्न प्रकट करना; **~पकड़कर रह जाना** अत्यंत दुःख और आश्चर्य की स्थिति में होना; **~पकड़कर रोना** सिर पर हाथ धर के रोना; **~पचाना** सोच विचार करने में हैरान होना; **~पटकना** 1 बहुत परिश्रम करना 2 तिलमिलाना 3 सिर धुनना, पछताना 4 नाराज होना 5 घबड़ाना 6 अत्यंत दुःखी होना; **~पड़ना** 1 जिम्मे पड़ना 2 हिस्से में आना 3 मजबूरी का सौदा होना; **~पड़े का सौदा** जिम्मे पड़े का मामला, मजबूरी का सौदा; **~पर मौत का खेलना या हँसना** मृत्यु के लक्षण दिखाई देना; **~पर अहसान करना** अहसानमंद बनना; **~पर अहसान रखना** कृतज्ञ बनाना; **~पर अहसान होना** उपकार होना; **~पर आँखे न होना** अक्ल न होना; **~पर आ चढ़ना** पीछे पड़ जाना; **~पर आ जाना** बहुत समीप आ जाना; **~पर आना** बहुत पास आ जाना; **~आ पड़ना** 1 जिम्मे पड़ना 2 स्वयं पर घटित होना; **~पर आ पहुँचना** सन्निकट आना; **~पर आफ़त आना या पड़ना** विपत्ति आना; **~पर आरे चलना** अत्यंत संकट की स्थिति होना; **~पर आसमान उठाना** बहुत शोर गुल मचाना; **~पर आसमान टूटना** 1 बहुत भारी विपत्ति आना 2 दैवी प्रकोप होना; **~पर उठा लेना** बहुत शोरगुल करना, ऊधम मचाना; **~पर उठा ले जाना** मरकर साथ ले जाना; **~पर कफ़न बाँधना** मरने को तैयार होना; **~पर क़यामत टूटना** मुसीबत आना; **~पर क़यामत बरपा करना** 1 मुसीबत लाना 2 शोर या हंगामा करना; **~पर काली हाड़ी रखना** शर्मिंदा होना; **~पर कुरान उठाना** कुरान की क़सम खाना; **~पर कोई न होना** 1 कोई संरक्षक न होना 2 कोई सहायक न होना; **~पर खड़ा होना** 1 सामने रहना 2 सन्निकट होना 3 बेअदबी से खड़ा होना; **~पर ख़ाक डालना** शोक करना; **~पर ख़ून चढ़ना, ~पर ख़ून सवार होना** हत्या करने का लक्षण प्रकट होना; **~पर ख़ून होना** कत्ल का जिम्मेवार होना; **~पर खेलना** 1 प्रेत का सिर पर आकर बातें करना, 2 निकट होना 3 ज़ान ज़ोखिम में डालना; **~पर गठरी रखना** 1 सिर पर बोझ रखना 2 ज़िम्मेदारी डालना; **~पर चढ़ना** मुँह लगना; **~चढ़ाना** 1 इज़्जत करना 2 मुँहलग करना; **~पर चढ़ा रहना** पीछे लगा रहना; **~पर चिल्लाना** पास आकर शोर करना; **~पर छत उठा लेना** बहुत हल्ला गुल्ला करना, चिल्लाना; **~पर छप्पर रखना** 1 बोझ डालना 2 इलज़ाम लगाना; **~पर ज़नून चढ़ना** 1 पागलपन सवार होना 2 धुन सवार होना, ज़िद होना; **~पर जहान भर का बेड़ा उठा लेना** 1 बड़ा झगड़ा मोल लेना 2 सामर्थ्य से ज़्यादा काम ले बैठना; **~पर जिन चढ़ना** भूत प्रेत का सिर पर आना; **~पर जिन सवार होना** 1 हठ करना 2 भूत प्रेत का सिर पर आना; **~पर जूँ न रेंगना** 1 होश न होना 2 कुछ भी प्रभाव न पड़ना, टस से मस न होना; **~पर टीका होना** 1 काम की सफलता किसी पर निर्भर होना 2 प्रतिष्ठा, सम्मान पाना; **~पर टूटना** कष्ट या पीड़ा होना; **~डालना** सिर पर डालना, मत्थे मढ़ना; **~पर ढोल बजाना** 1 शोर गुल करना 2 चिल्लाना; **~पर थाली फिरना** भीड़ भाड़ होना; **~पर धरना** 1 उत्तरदायी ठहराना 2 सिर पर पहनाना; **~पर नक़्क़ारा बजना** शोरगुल होना; **~पर न रहना** संरक्षण का न रह जाना; **~पर पड़ना** माथे होना, जिम्मे होना; **~पर पत्थर ढोना** 1 बड़ी मुसीबत में ज़िंदगी बिताना, अत्यधिक कष्ट सहना 2 बहुत मेहनत करना; **~पर पहाड़ गिरना** मुसीबत आ पड़ना; **~पर पहाड़ गिराना** मुसीबत डालना; **~पर पाँव रखकर उड़ जाना** 1 बहुत ज़ल्द भाग जाना 2 उद्दंडता का व्यवहार करना; **~पर बला आना** संकट आना; **~पर बला लाना** सिर पर विपत्ति लाना; **~पर बिठाना** 1 सम्मानपूर्वक पास बैठाना 2 बहुत इज़्ज़त करना; **~पर बोझ पड़ना** 1 अहसानमंद होना 2 चिंतित होना 3 ज़िम्मेवारी पड़ना; **~पर बोझ लेना** ज़िम्मेदारी लेना; **~पर भार लेना** उत्तरदायित्व लेना; **~पर भूत सवार होना** 1 बदहवास होना 2 पागल होना 3 ज़िद होना 4 प्रेत बाधा होना; **~पर मिट्टी डालना** दुःख प्रकट करना; **~पर मौत का खेलना** मौत आना; **~पर रखना** आदर देना, प्रतिष्ठित करना; **~पर लादकर ले जाना** मरते समय सिर पर पाप का भार ले जाना; **~पर लादना** जिम्मे डालना; **~पर लिए फिरना** 1 सिर पर रखकर घूमना 2 बहुत परिश्रम करना; **~पर ले जाकर खड़ा कर देना** सामने हाज़िर कर देना; **~पर लेना** अपने जिम्मे रखना; **~पर वारना** निछावर करना; **~पर शैतान चढ़ना, सवार होना** 1 हठ करना, दुराग्रह 2 पाप वृत्ति होना; **~पर सनीचर सवार होना** मुसीबत आना; **~पर सफ़ेदी आना** बुढ़ापा आना; **~पर सवार रहना** 1 धृष्ट होना 2 साथ रहना 3 कड़ाई से निगरानी करना; **~पर सवार होना** 1 बात की धुन होना 2 प्रेतादि का प्रभाव होना; **~पर सहना** बरदाश्त करना; **~पर साया रखना** 1 कृपा रखना 2 अभिभावकत्व करना; **~पर साया रहना** अभिभावक का होना; **~पर साया होना** अभिभावक का जीवित रहना; **~पर सींग होना** विशेषता होना; **~पर हाथ धरके रोना** 1 अफ़सोस करना, पछताना 2 शोकाकुल होना; **~पर हाथ धरना** अभिभावक होना; **~पर हाथ फेरना** 1 दिलासा देना 2 प्यार करना; **~पर होना** 1 सहायक होना 2 जिम्मे पड़ना 3 अत्यंत निकट आना; **~पाँव न होना** सिलसिला न होना, बेढंगा होना; **~पाँव पर धरना** दीनता प्रकट करना; **~पीट के रोना** अत्यंत विलाप करते हुए सिर पीटने लगना; **~पीटना** क्रोध, दुःख आदि के आवेग में सिर पर प्रहार करना; **~पैर न होना** आदि और अंत का न होना; **~फटा जाता है, ~फटा पड़ता है** सिर और आँखो में अत्यंत पीड़ा होने की स्थिति; **~फिर जाना** 1 दिमाग़ परेशान होना 2 चक्कर आना 3 पागल हो जाना; **~फिरना** 1 अक्ल न रहना 2 दिमाग़ में फितूर होना 3 पागल होना; **~फेरना** कहा न मानना; **~फोड़ना** ईर्ष्या या शोक के आवेग में स्वयं को व्यथित करना; **~भारी होना** सिर में पीड़ा होना; **~भिन्नाना** सिर चकराना; **~मटकाना** ताने या व्यंग्य से सिर हिलाना; **~मढ़ना** बलपूर्वक जिम्मे लगाना; **~मारते फिरना** 1 कठिनाइयों से जान बूझकर उलझना 2 सिर टकराते फिरना; **~मारना** 1 समझाते समझाते हैरान होना 2 सोचने विचारने में

हैरान होना 3 अत्यधिक परिश्रम करना 4 चिल्लाना; **~मुँडाते ही ओले पड़ना** आरंभ में ही विघ्न बाधा पड़ना; **~मुँड़ाना** साधु हो जाना; **~मूँडना** 1 जट लेना, धोखा देना 2 मूर्ख बनाना; **~में आग लगना तलुवों में बुझना** मातम करना; **~में तेल पड़ना** शृंगार करना; **~में धमक होना** सिर भारी होना; **~में सफ़ेदी आना** बुढ़ापा आना; **~रंगना** लहू लुहान करना; **~लगना** इलज़ाम आना; **~लगाना** ज़िम्मे करना; **~लेना** जिम्मे लेना; **~व तन की ख़ैर होना** ख़बरदार होना; **~सफ़ेद होना** बूढ़ा होना; **~सलामत रहे** जिंदा रहे; **~सलामत है** जीवित है; **~सहरा रहना** प्रतिष्ठा होना; **~सहरा होना** किसी पर किसी काम का निर्भर होना; **~सहलाना** प्यार करना; **~सहलाए भेजा खाए** दोस्त बनकर हानि पहुँचाना; **~से उतारना** सिर से वारना; **~से कफ़न बाँधना** मरने को तैयार होना; **~से खेल जाना** 1 मरने के लिए तैयार हो जाना 2 बहुत दिलेरी का काम करना; **~से ज़िन उतारना** 1 क्रोध धीमा करना 2 भय दूर करना; **~से पहाड़ टालना** सिर से मुसीबत टालना; **~से पाँव तक** 1 आदि से अंत तक 2 ऊपर से नीचे तक; **~से बला टलना** विपत्ति दूर होना; **~से बला टालना** 1 मन लगाकर काम न करना 2 अप्रिय प्रसंग से जान छुड़ाना; **~से बेगार टालना** बेदिली से काम करना; **~से बोझ उतरना** झंझट दूर होना, निश्चिंतता; **~से बोझ उतारना** 1 बोझ टालना 2 उत्तरदायित्व से मुक्त होना; **~से बोझ बाँधना** नाहक़ अपने जिम्मे लेना; **~से बवाल उतारना** झंझट से रिहाई देना; **~से वारना** निछावर करना; **~से साया उठना** संरक्षक का स्वर्गवास होना; **~से साया उतरना** ज़िन आदि का असर दूर होना; **~से सेहरा बँधना** यश प्राप्त करना; **~हथेली पर धरना, रखना, लिए फिरना, लेना** वीरता से जान देने को तैयार रहना, दिलेरी से मौत का सामना करना; **~हथेली पर रहना, होना** ज़ान देने को उद्यत या तैयार रहना; **~हाथ पर रखना** मरने को तैयार होना; **~हिलना** सिर काँपना; **~हिलाना** स्वीकृति, अस्वीकृति, प्रशंसा आदि की सूचना में सिर को हलकी गति देना

सिर–*अ०* (पु०) भेद, रहस्य, राज़। **~की बात कहना** रहस्य खोलना

सिरई–*बो०* (स्त्री०) सिरहाने की पाटी

सिरका–*फ़ा०* (पु०) ईख, अंगूर आदि के रस को धूप में तपाकर बनाया गया एक खट्टा द्रव पदार्थ (जैसे-सिरका में डुबाया गया आम का अचार)। **~कश** (पु०) अर्क खींचने का एक यंत्र

सिरकी–(स्त्री०) 1 सरकंडा 2 सरकंडे की बनी टट्टी

सिरप–*अं०* (पु०) मीठा पेय, शर्बत

सिरम–*अं० बो०* (पु०) खून का लस

सिरवा–(पु०) ओसाने में हवा करने का कपड़ा

सिरवार–(पु०) 1 जमींदार की खेती का प्रबंध करनेवाला कारिंदा 2 सिवार

सिरहाना–(पु०) 1 सिर के नीचे रखा जानेवाला तकिया 2 पलंग आदि में सोते समय तकिया रखने का स्थान

सिरहाने–(क्रि० वि०) सिर की ओर

सिरा–I (पु०) 1 छोर, किनारा 2 नोक 3 अगला भाग

सिरा–II *सं०* (स्त्री०) नाड़ी, धमनी 2 नाड़ी जैसा जल का तंग सोता 3 डोल। **~जाल** (पु०) 1 नाड़ियों का जाल 2 आँख की केशिकाओं का शोथ

सिराज–*अ०* (पु०) 1 सूर्य 2 दीपक

सिराना–I (अ० क्रि०) 1 ठंडा होना 2 समाप्त होना 3 उत्साह ढीला पड़ना 4 शांत होना II (स० क्रि०) 1 ठंडा करना 2 ख़त्म करना 3 बिताना

सिराली–(स्त्री०) मोर की कलगी, मूयर शिखा

सिरावन–I *बो०* (पु०) हेंगा, पाटा II (वि०) 1 ठंडा करनेवाला 2 संताप दूर करनेवाला

सिरिंज–*अं०* (पु०) पिचकारी

सिरिश्ता–*फ़ा०* (पु०) = सरिश्ता

सिरिश्तेदार–*फ़ा०* (पु०) = सरिश्तेदार

सिरसि–(पु०) शिरीष वृक्ष

सिरोना–(पु०) मेंडरा, ईंडुरी, बिड़वा

सिरोपाव–(पु०) सिर से पैर तक का एक पहनावा

सिरोही–I *बो०* (स्त्री०) तलवार

सिरोही–II (स्त्री०) काले रंग की एक चिड़िया

सिर्फ़–I *अ०* (क्रि० वि०) केवल, महज़ II (वि०) 1 अकेला 2 केवल 3 ख़ालिस

सिल–I (स्त्री०) 1 शिला 2 चट्टान 3 मसाला आदि पीसने की पत्थर की बनी पटिया 4 इमारत में लगाई जानेवाली पटिया। **~खड़ी** (स्त्री०) 1 बर्तन बनाने के काम आनेवाला एक चिकना पत्थर 2 खरिया मिट्टी; **~बट्टा, ~लोढ़ा** (पु०) सिल और लोढ़ा

सिल–II *अ०* (पु०) क्षयरोग, तपेदिक

सिलक–(स्त्री०) 1 लड़ी, शृंखला 2 कतार, पंक्ति

सिलपट–(वि०) 1 चौरस, बराबर 2 घिसा हुआ 3 साफ़, चौपट

सिलमा–*फ़ा०* (पु०) = सलमा

सिलवट–(स्त्री०) शिकन, सिकुड़न। **~निरोधी** +*सं०* (वि०) सिलवट को रोकनेवाला

सिलवाई–(स्त्री०) = सिलाई

सिलवाना–(स० क्रि०) सीने का काम कराना

सिलसिला–*अ०* (पु०) 1 कड़ी, शृंखला 2 पंक्ति, क्रम 3 परंपरा, प्रथा (जैसे-शादी ब्याह का सिलसिला)

सिलसिलेवार–*अ० +फ़ा०* (क्रि० वि०) 1 क्रमवार 2 शृंखला के रूप में 3 परंपरानुसार (जैसे-सिलसिलेवार कार्य संपन्न होना)

सिलह–*अ०* (पु०) = सिलाह। **~ख़ाना** +*फ़ा०* (पु०) = सिलाहख़ाना

सिलहारा–(वि०) खेत में पड़े हुए दानों से जीविका चलानेवाला

सिलहिला–(वि०) रपटनवाला, चिकना

सिला–I *अ०* (पु०) 1 बदला, प्रतिकार 2 इनाम, पुरुस्कार

सिला–II (पु०) फ़सल कटने के बाद खेत में बचे खुचे अन्न के दाने

सिलाई–(स्त्री०) 1 सीने का काम 2 सीने का पारिश्रमिक (जैसे-कपड़े की सिलाई दस रुपए हुए)

सिलाना–I (स० क्रि०) सीने का काम कराना (जैसे-दर्जी से कपड़े सिलाना) II (स० क्रि०) ठंढा करना III (अ० क्रि०) सीलना

सिलाबी–*अ०+फ़ा०* (वि०) सीड़वाला, तर, नम
सिलावट–I (पु०) संग तराश
सिलावट–II *बो०* (स्त्री०) सिलने का ढंग
सिला सिलाया–(वि०) सिलकर तैयार
सिलाह–*अ०* (पु०) हथियार, अस्त्र शस्त्र। ~**खाना** *+फ़ा०* शस्त्रागार; ~**पोश** *+फ़ा०* (वि०) हथियार बंद; ~**बंद** *+फा०* (वि०) हथियार से लैस; ~**साज** *+फ़ा०* (पु०) हथियार बनानेवाला
सिलाहर–(वि०) = सिलहारा
सिलाही–*अ०* (पु०) सैनिक, सिपाही
सिलिंडर–*अं०* (पु०) एक प्रकार की गोल लंबी टंकी
सिलिका–*अं०* (पु०) काँच के निर्माण में प्रयुक्त बालू और तेज़ाब का यौगिक
सिलिया–(स्त्री०) भवन निर्माण के काम आनेवाला एक तरह का पत्थर
सिलेक्शन–*अं०* (पु०) = सेलेक्शन
सिलेट–*अं०* (स्त्री०) = स्लेट
सिलेटी–*अं०+हिं०* (वि०) = स्लेटी
सिलेनियम–*अं०* (पु०) = सेलेनियम
सिलौट–(पु०) = सिल बट्टा
सिलौटा–(पु०) = सिल लोढ़ा
सिलौटी–(स्त्री०) छोटी सिल (जैसे-सिलौटी पर भाँग पीसना)
सिल्क–*अं०* (पु०) 1 रेशम 2 रेशमी कपड़ा
सिल्ला–(पु०) = सिला II
सिल्ली–I (स्त्री०) छोटी पटिया
सिल्ली–II (स्त्री०) फटकने के लिए लगाया हुआ अनाज का ढेर
सिवईं–(स्त्री०) मैदे या आटे के सुखाए गए लच्छे (जैसे-सिवईं दूध में पकाना)
सिवा–*अ०* (क्रि० वि०) अलावा, अतिरिक्त
सिवाई–I *बो०* (स्त्री०) एक तरह की मिट्टी
सिवाई–II *बो०* (स्त्री०) = सिलाई
सिवान–(पु०) 1 गाँव की सीमावर्ती भूमि 2 सीमा पर स्थित प्रदेश
सिवाय–*अ०+फ़ा०* (क्रि० वि०) = सिवा
सिवार–(स्त्री०) एक जलीय पौधा, शैवाल
सिवाल–(स्त्री०) एक तरह की घास, सेवार
सिवाली–(पु०) हल्के रंग का पन्ना
सिविल–*अं०* (वि०) 1 जनपद या नगर संबंधी (जैसे-सिविल नियम और क़ानून, सिविल जज) 2 सभ्य, शिष्ट 3 नगर निवासियों से संबद्ध (जैसे सिविल बाज़ार) 4 आर्थिक, माली (जैसे-सिविल केस)
सिविलियन–*अं०* (पु०) शासन और प्रबंध विभाग का कर्मचारी
सिवैयाँ–(स्त्री०) = सिवईं
सिसक–(स्त्री०) = सिसकी
सिसकना–(अ० क्रि०) 1 भीतर ही भीतर रोना 2 व्याकुल होना 3 तरसना
सिसकार–(पु०) सी सी की आवाज़
सिसकारना–I (अ० क्रि०) सीत्कार करना II (स० क्रि०) लहकारना (जैसे-कुत्ते को सिसकारना)
सिसकारी–(स्त्री०) 1 सिसकारने का भाव 2 सीत्कार
सिसकी–(स्त्री०) 1 सिसकने की आवाज़ 2 सीत्कार
सिसाँद, सिसियाँद–(स्त्री०) मछली की गंध
सिस्टर–*अं०* (स्त्री०) 1 नर्स 2 बहन
सिहद्दा–*फ़ा+अ०* (पु०) तीन सरहदों का मिलन स्थल
सिहरन–(स्त्री०) कंपन (जैसे-हल्की सिहरन)
सिहरना–(अ० क्रि०) 1 काँपना 2 रोमांचित होना 3 हिचकना
सिहरा–(पु०) = सेहरा I
सिहराना–(स० क्रि०) 1 कँपाना 2 ठंड से कँपाना 3 भयभीत करना 4 सहलाना
सिहरावन–(पु०) = सिहरन
सिहरी–(स्त्री०) 1 कँपकँपी 2 रोमांच 3 जूड़ी बुखार
सिहलाना–(अ० क्रि०) 1 ठंढा होना 2 ठंढ पड़ना 3 ठंढ लगना
सिहान–(पु०) लौहमल, मंडूर
सिहाना–I (अ० क्रि०) 1 डाह करना, ईर्ष्या करना 2 ललचाना 3 मोहित होना II (स० क्रि०) ईर्ष्या या लोभ दृष्टि से देखना
सिहिकना–(अ० क्रि०) 1 सूखना 2 फ़सल सूखना
सींक–(स्त्री०) मूँज के जाति की एक तृण की तीली (जैसे-झाड़ू की सींक) 2 नाक में पहनने की कील
सींका–(पु०) पेड़ पौधों का पतला तिनका
सींकिया–(वि०) 1 सींक सा पतला 2 बहुत कमज़ोर। ~**पहलवान** *+फ़ा०* (पु०) बहुत पतला दुबला आदमी जो स्वयं को बली समझे
सींग–(पु०) गाय, बैल, हिरन आदि पशुओं के सिर के दोनों तरफ़ निकली हुई कड़ी और नुकीली शाखा, विषाण (जैसे-सींग से मारना)। ~**पूँछ** (स्त्री०); ~**कटा या तुड़ाकर बछड़ों में मिलना** बड़ी उम्र का होकर भी बच्चों सा काम करना; ~**निकलना** सनक जाना; ~**पूँछ गिरा देना** अत्यंत दीन बन जाना; ~**समाना** मौका मिलना, ठिकाना दिखाई देना; ~**सिर पर होना** कोई विशेष चिह्न होना (जैसे-क्या मूर्ख के सिर पर सींग होता है)
सींगड़ा–(पु०) 1 बारूददान 2 सींगवाला पशु 3 सिंगी नामक बाजा
सींगना–(स० क्रि०) पहचान करना
सींगी–(स्त्री०) 1 सूराखदार सींग 2 सींग का बना बाजा
सींच–(स्त्री०) 1 सिंचाई 2 छिड़काव
सींचना–(स० क्रि०) 1 सिंचाई करना 2 तर करना
सींची–(स्त्री०) सींचने का समय
सींड़–(पु०) नाक का मल
सींथ–(स्त्री०) स्त्रियों के सिर की माँग। ~**भरना** पत्नी बनाना
सी–I (स्त्री०) सीत्कार, सिसकारी II (अ०) 'सा' का स्त्रीलिंग रूप (जैसे-ज़रा सी बात पर नाराज़ होना)
सीकचा–*फ़ा०* (पु०) लोहे का छोटा छड़
सीकड़–(पु०) = सिकड़ी
सीकर–*सं०* (पु०) 1 जलकण, जलविंदु 2 पसीना
सीकल–*बो०* (पु०) डाल का पका हुआ आम
सीकस–*बो०* (पु०) ऊसर, बंजर भूमि
सीका–(पु०) सिर पर पहनने का एक गहना

सीकी–(स्त्री०) छोटा छीका, छोटा सिकहर

सीकुर–*बो०* (पु०) गेहूँ, धान आदि की बालों में से सूत की तरह के निकलनेवाले पतले और नुकीले अंग

सीक्रेट–*अं०* (वि०) गुप्त छिपा हुआ

सीख–I (स्त्री०) 1 शिक्षा, तालीम 2 सिखाई गई अच्छी बात 3 परामर्श 4 अनुभव जन्य ज्ञान (जैसे-सीख देना, सीख ग्रहण करना)

सीख़–II *फ़ा०* (स्त्री०) 1 लोहे की सलाई 2 तीली 3 सलाख। ~**चा** (पु०) छोटी सीख़; ~**पा** (वि०) पिछले पैरों पर खड़ा होनेवाला

सीखना–(स० क्रि०) 1 ज्ञान प्राप्त करना 2 कला की शिक्षा प्राप्त करना, अभ्यास करना (जैसे-सितार सीखना) 3 अनुभव प्राप्त करना (जैसे-कुछ खोकर सीखना)

सिखा पढ़ा–(वि०) 1 शिक्षित, जानकार 2 चतुर

सीखा सिखाया–(वि०) 1 शिक्षित, कुशल 2 हुनर या कला का जानकार

सीग़ा–*अ०* (पु०) 1 साँचा, ढाँचा 2 विभाग 3 मुसलमानों की शादी में कहे जानेवाले कुछ ख़ास अरबी वाक्य

सीज–(स्त्री०) = सीझ

सीज़न–*अं०* (पु०) मौसम

सीजना–(अ० क्रि०) = सीझना

सीझ–(स्त्री०) पकने की क्रिया, पकाव

सीझना–(अ० क्रि०) 1 आँच पर पकना 2 भस्म होना, जलना 3 कष्ट पाना, दुःख भोगना 4 चिकना होना (जैसे-चमड़े का सीझना)

सीट–I *अं०* (स्त्री०) 1 आसन, बैठक 2 एक आदमी के बैठने की ज़गह (जैसे-सीट रिज़र्व कराना)

सीट–II (स्त्री०) डींग। ~**पटाँग** (स्त्री०) 1 डींग 2 घमंड भरी बात

सीटना–(अ० क्रि०) डींग मारना, शेखी बघारना

सीटी–(स्त्री०) 1 मुँह से निकलनेवाली सुरीली आवाज़ 2 किसी बाजे आदि क्रिया द्वारा इस तरह की ध्वनि उत्पन्न करना (जैसे-रेल की सीटी) 3 एक तरह का छोटा ध्वनि उत्पन्न करनेवाला उपकरण (जैसे-गार्ड ने सीटी बजाई)

सीठ–(स्त्री०) = सीठी

सीठना–*बो०* (पु०) = सिठनी

सीठा–(वि०) फीका, नीरस

सीठी–(स्त्री०) 1 फल आदि का रस निचोड़ने पर बचा हुआ अंश (जैसे-आम की सीठी) 2 सारहीन पदार्थ या वस्तु

सीड़, सीड़न–(स्त्री०) = सील I

सीढ़ी–(स्त्री०) 1 वास्तु कला में वह रचना जिसपर क्रमशः पैर रखते हुए ऊपर-नीचे चढ़ा उतरा जा सकता है, जीना 2 बाँस के दो बल्लों के लंबे टुकड़ों का बना लंबा ढाँचा जिसमें थोड़ी-थोड़ी दूरी पर पैर रखने के लिए डंडे लगे रहते हैं 3 उन्नति क्रम (जैसे-जीवन की सीढ़ी पर चढ़ते जाना) 4 छापे आदि के यंत्रों में काठ की सीढ़ी के आकार का खंड। ~**नुमा** *+फ़ा०* (वि०) समसमुन्नत; ~**चढ़ना** क्रमशः ऊपर उठना, उन्नति करना

सीतल–*बो०* (वि०) = शीतल। ~**पाटी** (स्त्री०) एक तरह की बढ़िया और चिकनी चटाई; ~**बुकनी** (स्त्री०) सत्तू

सीतला–(स्त्री०) चेचक। ~**मुँहदग़ा** *फ़ा० +हिं०* (वि०) चेचकरू

सीता–*सं०* (स्त्री०) 1 जानकी, वैदेही 2 कूँड़, रेखा जो भूमि जोतते समय फाल धँसने से बनती है 3 राजा की निज की भूमि। ~**पति** (पु०) श्री रामचंद्र; ~**फल** (पु०) कुम्हड़ा; ~**हरण** (पु०) रावण द्वारा सीता का हरण

सीताध्यक्ष–*सं०* (पु०) राजा की निजि भूमि की खेती आदि का प्रबंध करनेवाला राज अधिकारी

सीत्कार–*सं०* (पु०) सी सी ध्वनि

सीद–*सं०* (पु०) सूदखोरी

सीध–(स्त्री०) 1 सीधा होने का भाव 2 ऋजुता

सीधा–I (वि०) 1 सरल, ऋजु (जैसे-सीधी रेखा) 2 खड़ा (जैसे- डंडा सीधा करना) 3 भला, सज्जन (जैसे-सीधा सादा आदमी) 4 निष्कपट और सरल प्रकृति का 5 आसान, सुविधाजनक (जैसे-सीधी बात, सीधा काम) 6 जो कटहा या मरकहा न हो (जैसे-सीधा जानवर) II (अ०) 1 ठीक सामने 2 बिना मुड़े (जैसे-सीधा चले जाना) 3 बिना और कहीं गए (जैसे-दफ़्तर से सीधा घर आना) III (पु०) 1 सामने का भाग (जैसे-इस कपड़े का सीधा-उलटा पता नहीं लगता) 2 दान दिए जाने योग्य कच्ची सामग्री। ~**पन** (पु०) = सिधाई; ~**सादा** *+फ़ा०* (वि०) भोला भाला, सरल स्वभाव का; ~**साधा** (वि०) = सीधा सादा; ~**आना** 1 सामने से आना 2 सामना करना; ~**करना** 1 वक्रता या कुटिलता दूर करना 2 लक्ष्य के सामने करना 3 ठोंक पीटकर ठीक करना; ~**ज़न्नत में जाना** सीधे स्वर्ग जाना; ~**होना** 1 सीधा किया जाना, ऐंठ दूर होना 2 आमादा होना 3 मेहरबान होना

सीधाई–(स्त्री०) 1 सीधा होने का भाव 2 छक्के पंजे से दूर रहना 3 सरलता 4 भोलापन

सीधे–(क्रि० वि०) 1 ठीक सामने 2 बिना कहीं गए (जैसे-घर से सीधे स्टेशन आ जाना) 3 सिधाई से 4 भलमनसी से। ~**पन** (पु०) = सीधापन

सीन–*अं०* (पु०) 1 दृश्य, नज़ारा 2 रंगमंच का पर्दा

सीनरी–*अं०* (स्त्री०) 1 प्राकृतिक दृश्य 2 रंगमंच की सजावट सामग्री

सीना–I (स० क्रि०) टाँका मारना, सिलाई करना (जैसे-कपड़ा सीना, कमीज सीना)। ~**पिरोना** I (स० क्रि०) सिलाई बुनाई का काम करना II (पु०) सिलाई का काम

सीना–II *फ़ा०* (पु०) 1 छाती 2 वक्षस्थल। ~**ज़न** (वि०) छाती पीटनेवाला ~**ज़ोर** (वि०) 1 ज़बरदस्त 2 अत्याचार करनेवाला; ~**ज़ोरी** (स्त्री०) 1 अत्याचार 2 विद्रोह; ~**ताने** *+हिं० (क्रि० वि०)* छाती फुलाकर, अकड़कर; ~**तोड़** *हिं०* (पु०) कुश्ती का एक पेंच ~**पनाह** (पु०) जहाज़ में लंबाई के बल दोनों ओर का किनारा; ~**बंद** (पु०) 1 अँगिया, चोली 2 घोड़े की पेटी 3 फतुही, वास्कट; ~**बसीना** I (वि०) क्रमागत रूप में मिलता रहनेवाला II (अ०) 1 क्रमागत रूप से या में 2 मुक़ाबले में, सामने; ~**साफ़** *+अ०* (वि०) साफ़ दिल का, खरा; ~**सियाह** (वि०) खोटे दिल का; ~**तानकर चलना** 1 निर्भीक होकर चलना 2 घमंड में रहना; ~**ताने खड़े होना** मुक़ाबले से पीछे न हटना; ~**सीने पर पत्थर रखना** बहुत कठोर बनना; ~**सीने पर**

साँप लोटना 1 ईर्ष्या से भर जाना 2 याद से दुःख होना; **~सीने पर सिल धरना** =सीने पर पत्थर रखना; **~सीने पर हाथ रखना** 1 तसल्ली देना 2 स्तब्ध रह जाना (जैसे-पिता की मृत्यु का समाचार सुनते ही पुत्र ने सीने पर हाथ रख लिया); **~सीने में जगह देना** 1 प्यार करना **सीने में साँस समाना** शांति मिलना; **~सीने से लगाना** प्यार करना 2 सम्मान करना;

सीना–III (पु०) सीवाँ

सीनियर–*अं०* (वि०) 1 बड़ा, वयस्क 2 श्रेष्ठ, प्रवर (जैसे-सीनियर स्टूडेंट, सीनियर खिलाड़ी)

सीनेट–*अं०* (स्त्री०) विश्वविद्यालय की कार्यकारिणी सभा

सीनेटर–*अं०* (पु०) सीनेट का सदस्य

सीप–I (पु०/स्त्री०) शंख, घोंघे आदि की जाति का एक जलचर प्राणी, शुक्ति, मुक्ता माता

सीप–II *सं०* (पु०) तर्पण आदि में व्यवहृत एक लंबोतरा जलपात्र

सीपी–(स्त्री०) सीप। **~का सा मुँह निकल आना** अत्यधिक दुर्बल हो जाना

सीमत–*सं०* (पु०) 1 सिर में निकाली गई माँग 2 हड्डियों का जोड़। **~करण** (पु०) माँग काढ़ना

सीमंतोन्नयन–*सं०* (पु०) गर्भवती के चौथे, छठे और आठवें महीने होनेवाला एक संस्कार

सीम–*फ़ा०* (पु०) चाँदी

सीमलिंग–*सं०* (पु०) हद या सीमा का निशान

सीमांकन–*सं०* (पु०) सीमा निश्चित करना

सीमांकित–*सं०* (वि०) सीमा निश्चित की गई, सीमाकंन किया गया

सीमांत–*सं०* (पु०) 1 हद, सीमा 2 सीमावर्ती स्थान। **~पूजन** (पु०) 1 सीमा की पूजा 2 गाँव की सीमा में आने पर की जानेवाली वरपूजा; **~प्रदेश** (पु०) 1 सीमा से लगे हुए प्रदेश, सरहदी इलाका 2 दो देशों के बीच का भू-भाग; **~रक्षक** (पु०) = सीमा रक्षक; **~वर्ती** (वि०) सीमा के पास का

सीमांतीय–*सं०* (वि०) = **सीमांतवर्ती**

सीमा–*सं०* (स्त्री०) 1 हद, सरहद 2 सिवान 3 खेत आदि की सीमा पर का बाँध या मेड़ 4 सीमा चिह्न 5 किनारा, कूल (जैसे-नदी की सीमा पार करना) 6 मर्यादा (जैसे-सीमा से बढ़कर बातें करना 7 चरम बिंदु (जैसे-प्यार की सीमा, उन्नति की सीमा) 8 खेत, मैदान (जैसे-सीमा से बाहर निकल जाओ)। **~कर** (पु०) सीमा पर लगनेवाला टैक्स; **~क्षेत्र** (पु०) = सीमांत प्रदेश; **~चिह्न** (पु०) 1 सीमा का संकेत करनेवाला पदार्थ 2 इतिहास की प्रमुख घटना; **~ज्ञान** (पु०) सीमा के बारे में ज्ञान का होना, सीमा का ज्ञान होना; **~निर्धारण** सीमा निश्चित करना, सीमांकन; **~पाल** (पु०) सीमा का रक्षक; **~प्रहरी** (पु०) = सीमा रक्षक; **~प्रांत** (पु०) = सीमांत प्रदेश; **~बंधन** (पु०) हदबंदी; **~बद्ध** (वि०) सीमा निश्चित की गई; **~रक्षक** (पु०) देश आदि की सीमा की रक्षा करनेवाला सैनिक समूह; **~विवाद** (पु०) सीमा संबंधी लड़ाई झगड़ा; **~शुल्क** (पु०) = सीमाकर; **~सुरक्षा** (स्त्री०) सरहद की रक्षा करना; **~सुरक्षा सेना** (स्त्री०) सीमा की रक्षा करनेवाला सैनिक दल

सीमातिक्रमण–*सं०* (पु०) = सीमोल्लंघन

सीमित–*सं०* (वि०) 1 सीमा में बद्ध 2 सीमा के अंदर

सीमिया–*अ०* (पु०) 1 इंद्रजाल विद्या 2 परकाय प्रवेश विद्या **(जैसे-सीमियाकार, सीमियागर)**

सीमी–*सं०* (वि०) चाँदी का निर्मित

सीमुर्ग़–*फ़ा०* (पु०) एक कल्पित विशालकाय जीव

सीमेंट–*अं०* (पु०) पत्थर का विशेष तरह से निर्मित चूर्ण (जैसे-सीमेंट की जुड़ाई)

सीमोल्लंघन–*सं०* (पु०) सीमा का उल्लंघन, सीमा पार करना

सीयन–*बो०* (स्त्री०) = सीवन

सीर–I (स्त्री०) 1 हिस्सेदारी, साझेदारी 2 ज़मीन जिसे स्वयं ज़मींदार जोतता है

सीर–II (स्त्री०) रक्तवाहिनी नाड़ी, नस

सीर–III *सं०* (पु०) 1 हल 2 जोता जानेवाला बैल 3 आक, मदार

सीरत–*अ०* (स्त्री०) 1 सौजन्य 2 आदत, स्वभाव

सीरनी–*फ़ा०* (स्त्री०) = शीरनी

सीरम–*अं०* (पु०) = सिरम

सीरा–I (वि०) 1 ठंढा, शीतल 2 धीर और शांत

सीरा–II *फ़ा०* (पु०) 1 चीनी आदि का शीरा 2 हलुआ

सीरा–III (पु०) 1 सिरा 2 सिरहाना

सीरियल–*अं०* (पु०) धारावाहिक

सीरीज़–*अं०* (स्त्री०) 1 श्रेणी, क्रम 2 सिलसिला

सील–I (स्त्री०) नमी, सीड़

सील–II *अं०* (पु०) मुहर, ठप्पा। **~बंद** + *फ़ा०* (वि०) मुहरबंद

सील–III *अं०* (पु०) लाख

सील–IV *बो०* (पु०) = शील

सीलन–(स्त्री०) = सील I

सीलना–(अ० क्रि०) 1 सील से प्रभावित होना (जैसे-दीवार सीलना) 2 ठंढा होकर विकृत होना

सीला–I (वि०) नम, सीलयुक्त

सीला–II (पु०) = सिला II

सीलिंग–*अं०* (स्त्री०) अंदर की छत। **~फ़ैन** (पु०) अंदर की छत पर लगा पंखा

सीवन–*सं०* (पु०) 1 सिलाई 2 सिलाई का जोड़ 3 टाँका (जैसे-सीवन टूटना)

सीवनी–*सं०* (स्त्री०) 1 सूई 2 लिंग के नीचे से गुदा तक की रेखा

सीवर–*अं०* (पु०) मलमोरी, मलप्रणाली, गंदी नाली

सीवरेज–*अं०* (पु०) गंदी नाली की व्यवस्था

सीवाँ–(पु०) एक प्रकार का कीड़ा

सीस–(पु०) सिर, माथा (जैसे-सीस झुकाना)। **~ताज** + *फ़ा०* कुलहा; **~फूल** (पु०) सिर पर पहनने का एक गहना

सीसक–*सं०* (पु०) = सीसा

सीसम–(पु०) एक प्रसिद्ध पेड़, शीशम

सीसा–(पु०) एक प्रसिद्ध मूल धातु, शीशा, लेड। **~गर** + *फ़ा०* (पु०) सीसे का काम करनेवाला

सीस्मोग्राफ–*अं०* (पु०) भूकंप लेखी (यंत्र)

सीह–(स्त्री०) गंध
सीहगोस–*फ़ा०* (पु०) स्याहगोश
सुँघनी–(स्त्री०) 1 तंबाकू के पत्ते का बारीक चूर्ण 2 सूँघने की चीज़ (जैसे-सुँघनी की शीशी)
सुँघाना–(स० क्रि०) = सूँघाना
सुंडस–(पु०) गधे की पीठ पर रखने की गद्दी
सुंडा–I (पु०) गधे की पीठ पर का गद्दा
सुंडा–II (स्त्री०) = सूँड़
सुंदर–*सं०* (वि०) 1 खूबसूरत, शोभन (जैसे-सुंदर पोशाक) 2 अच्छा, भला (जैसे-सुंदर लड़का, सुंदर विचार) 3 शुभ (जैसे-सुंदर मुहूर्त)। ~**ता** (स्त्री०) सुंदर होने का भाव; ~**वन** (पु०) गंगा के डेल्टा में स्थित वन
सुंदरापा–*सं० + हिं०* (पु०) = सुंदरता
सुंदरी–I *सं०* (वि०) रूपवती **II** (स्त्री०) सुंदर स्त्री (जैसे-सुंदरी का नाच देखो)
सुँधाई–(स्त्री०) = सौंधापन
सुँधावट–(स्त्री०) सोंधे होने की अवस्था
सुंबा–*बो०* (पु०) 1 पत्थर तोड़ने का एक भारी औज़ार 2 तोप का गज 3 इस्पंज 4 खूँटी
सुंबी–(स्त्री०) लोहा काटने की छेनी
सुंबुल–*अ०* (पु०) सुंदर और घुँघराले केश का उपमान मानी जानेवाली एक सुगंधित घास, बालछड़
सुंबुला–*अ०* (पु०) गेहूँ जौ की बाल
सुंभा–(पु०) = सुंबा
सुंभी–*बो०* (स्त्री०) = सुंबी
सु–I *सं०* (उपसर्ग) संज्ञा और विशेषण शब्दों के पहले लगनेवाला एक उपसर्ग (जैसे-'सुकर्म', 'सुकृत' में 'सु' उपसर्ग है) **II** (वि०) 1 अच्छा 2 भला
सुअर–(पु०) शूकर
सुअवसर–*सं०* (पु०) अच्छा अवसर या मौका (जैसे-सुअवसर की तलाश, सुअवसर की प्रतीक्षा करना)
सुआ–*बो०* (पु०) तोता, शुक
सुई–*बो०* (स्त्री०) = सुई
सुकंठ–*सं०* (वि०) 1 सुरीला 2 कोमल और मधुर कंठवाला
सुक–(पु०) तोता, सुग्गा। ~**नासा** (वि०) तोते की तरह नाकवाला
सुकड़ना–(अ० क्रि०) *बो०* = सिकुड़ना
सुकन्यक–*सं०* (वि०) जिसकी कन्या सुंदर हो
सुकन्या–*सं०* (स्त्री०) सुंदर कन्या
सुकर–*सं०* (वि०) सरल, आसान
सुकरा–*सं०* (स्त्री०) अच्छी और सीधी गाय
सुकर्म–*सं०* (पु०) सत्कर्म
सुकर्मी–*सं०* (वि०) 1 अच्छा कार्य करनेवाला 2 पुण्यकर्म करनेवाला 3 सदाचारी
सुकवाना–(अ० क्रि०) अचंभे में आना
सुकी–(स्त्री०) = सुग्गी
सुकीर्ति–*सं०* (स्त्री०) सुयश, नेकनामी
सुकुड़ना–(अ० क्रि०) = सिकुड़ना
सुकुमार–I *सं०* (वि०) 1 कोमल 2 नाजुक अंगोंवाला, कोमल अंगोंवाला **II** (पु०) सुंदर बालक या किशोर
सुकुमारी–I *सं०* (वि०) सुकुमारता **II** (स्त्री०) 1 कोमल और सुंदर अंगोंवाली किशोरी 2 कुमारी कन्या
सुकुल–I *सं०* (वि०) अच्छे वंश या कुलमें उत्पन्न **II** (पु०) उत्तम या श्रेष्ठ कुल
सुकुवाँर–(वि०) = सुकुमार
सुकृत–I *सं०* (वि०) 1 अच्छे ढंग से किया गया (जैसे-सुकृत कर्म) 2 पूर्ण और अच्छे रूप में किया गया (जैसे-सुकृति काव्य रचना) 3 भाग्यवान् (जैसे-सुकृति कवि) **II** (पु०) 1 सत्कार्य 2 भाग्यशाली व्यक्ति
सुकृति–*सं०* (स्त्री०) 1 सत्कर्म 2 धर्म और पुण्य का काम
सुकृतित्व–*सं०* (पु०) सुकृत भाव या कर्म
सुकृत्य–*सं०* (पु०) सत्कर्म, उत्तम कार्य
सुकेशी–*सं०* अच्छे/सुन्दर बालोंवाली
सुक्कान–*अ०* (पु०) 1 पतवार 2 नाव। ~**गीर** *+ फ़ा०* (पु०) नाव खेनेवाला
सुक्कानी–*अ० + फ़ा०* (पु०) = सुक्कानगीर
सुक्षेत्र–*सं०* (स्त्री०) सुंदर और लंबे बालोंवाली
सुखंडी–I (स्त्री०) बच्चों को होनेवाला एक रोग **II** (वि०) अत्यंत क्षीण, अशक्त और दुर्बल (जैसे-सुखंडी कहीं का)
सुख–I *सं०* (पु०) 1 आनंद (जैसे-सुख से रहना, सुख और दुःख) 2 आराम, चैन (जैसे-सुख की साँस लेना, सुखपूर्वक) 3 आमोद प्रमोद (जैसे-सुख का वातावरण) 4 कल्याण, मंगल (जैसे-सुख की कामना करना) **II** (वि०) अनुकूल और प्रिय (जैसे-सुख मन, सुखमुख)। ~**कर** (वि०) सुख देनेवाला; ~**कारक,** ~**कारी** (वि०) = सुखदायक; ~**क्रिया** (स्त्री०) 1 सुख से किया जानेवाला काम, सहज काम 2 आराम देनेवाला काम 3 आराम या सुख देना; ~**चैन** *+ हिं०* (स्त्री०) सुख और आराम; ~**जनक** (वि०) सुख देनेवाला; ~**जीवी** (पु०) 1 सुखमय जीवन बितानेवाला 2 आरामतलब; ~**द,** ~**दायक** (वि०) आनंददायक; ~**दायिनी** (वि०/स्त्री०) सुख देनेवाली, सुखदा; ~**दायी** (वि०) सुख देनेवाला; ~**दुःख** (पु०) ग़म और ख़ुशी, हर्ष और शोक; ~**दृश्य** (वि०) प्रिय लगने योग्य; ~**पूर्वक** (क्रि० वि०) 1 सुख से 2 आराम से; ~**प्रद** (वि०) सुखदायक; ~**प्रबोधक** (वि०) सहज से बोध करानेवाला; ~**प्रसवा** (वि०/स्त्री०) बिना कष्ट के बच्चा जननेवाली; ~**भोग** (पु०) सुख भोगना; ~**भोग्य** (वि०) 1 सुख के योग्य, 2 आराम के लायक; ~**मृत्यु** (स्त्री०) सुख से मरना, आराम की मौत; ~**लिप्सा** (स्त्री०) सुख की लालसा, सुखाकांक्षा; ~**वाद** (पु०) इंद्रिय सुख ही जीवन का सत्य है ऐसा मत; ~**वादी I** (वि०) सुखवाद संबंधी **II** (पु०) सुखवाद का अनुयायी या समर्थक; ~**समृद्धि** (स्त्री०) धन धान्य, ऐश्वर्य; ~**साध्य** (वि०) 1 सहज रूप में किया जाने योग्य 2 सरलता से दूर होनेवाला (जैसे-सुख साध्य रोग); ~**सुभीता** *+ हिं०* (पु०) सुविधा; ~**स्वप्न** (पु०) सुख प्रदान करनेवाला सपना
सुखमय–*सं०* (वि०) आरामदेह
सुखलाना–(स० क्रि०) = सुखाना
सुखवंत–*सं०* (वि०) 1 सुखी, खुश 2 सुखद

सुखवन–*बो०* (पु०) सूखने के लिए धूप में डाला गया अनाज आदि पदार्थ
सुखांत–*सं०* (वि०) 1 सुखमय परिणामवाला (जैसे-सुखांत नाटक) 2 सुख का नाश करनेवाला। ~**नाटक** (पु०) सुखमय नाटक का एक प्रकार, कामेडी; ~**नाटककार** (पु०) सुखांत नाटक की रचना करनेवाला
सुखांतक–*सं०* (पु०) सुख में अंत होनेवाली रचना
सुखांतिकी–*सं०* (स्त्री०) = सुखांत नाटक
सुखाधिकार–*सं०* (पु०) (मकान में) सुविधा का अधिकार या हक़
सुखाना–I (स० क्रि०) 1 नमी दूर करनेवाली क्रिया करना (जैसे-धूप में बाल सुखाना) 2 क्षीण तथा दुर्बल करना (जैसे-कठिन परिश्रम करते शरीर को सुखा डाला) 3 नष्ट करना II (अ० क्रि०) 1 सुखकर प्रतीत होना 2 अच्छा और भला लगना 3 अनुकूल तथा सह्य होना
सुखानुभव–*सं०* (पु०) सुख की अनुभूति, सुख का अनुभव
सुखानुभाव–*सं०* (पु०) = सुख भोग
सुखानुभूति–*सं०* (स्त्री०) सुख की अनुभूति
सुखाय–(वि०) सुख से प्राप्त होनेवाला
सुखार्थी–*सं०* (वि०) सुख चाहनेवाला
सुखित–(वि०) सुखी, प्रसन्न, ख़ुश
सुखिया–(वि०) हर तरह से ख़ुश
सुखिर–(पु०) साँप का बिल, बाँबी
सुखी–*सं०* (वि०) 1 प्रसन्न 2 सुख से पूर्ण, सुखमय (जैसे-सुखी जीवन)
सुखेन–(क्रि० वि०) सुखपूर्वक सहर्ष
सुखोपभोग–*सं०* (पु०) = सुख भोग
सुख्यात–*सं०* (वि०) प्रसिद्ध, मशहूर
सुख्याति–*सं०* (स्त्री०) प्रसिद्धि
सुगंध–I *सं०* (स्त्री०) 1 सुवास, खुशबू 2 सुगंधित वस्तु II (वि०) 1 गंध युक्त, सुगंधित। ~**धारी** (वि०) सुगंधवाला
सुगंधमय–*सं०* (वि०) सुगंधित
सुगंधि–*सं०* (स्त्री०) = सुगंध। ~**धारी** (वि०) = सुगंधधारी
सुगंधित–*सं०* (वि०) सुगंध से युक्त, खुशबूदार
सुगठन–*सं० + हिं०* (स्त्री०) शरीर के अंगों की अच्छी गठन, अंगसौष्ठव
सुगठित–*सं० + हिं०* (वि०) अच्छी तरह से गठा हुआ (जैसे-सुगठित शरीर या देह)
सुगढ़–*सं० + हिं०* (वि०) = सुघड़
सुगति–I *सं०* (स्त्री०) 1 कल्याण 2 सुख 3 सद्गति II (वि०) सुंदरगतिवाला
सुगना–(पु०) तोता, सूआ
सुगपुग–(स्त्री०) = सुग सुग
सुगम–*सं०* (वि०) 1 सरल (जैसे-सुगम रास्ता या मार्ग) 2 सहज में पाने योग्य (जैसे-सुगम जीवन) 3 सुखपूर्वक किए जाने योग्य (जैसे-सुगम कार्य)। ~**ता** (स्त्री०) 1 सुगम होने का भाव 2 सरलता 3 सहजता
सुगम्य–*सं०* (वि०) = सुगम
सुग सुग–(स्त्री०) कानाफूसी
सुगुरा–*बो०* (पु०) अच्छे गुरु से शिक्षा प्राप्त व्यक्ति
सुगृह–*सं०* (पु०) सुंदर मकान, बढ़िया घर
सुगृही–*सं०* (वि०) सुंदर घरवाला, अच्छा गृहस्थ
सुगृहीत–*सं०* (वि०) 1 भली भाँति समझा हुआ 2 शुभ रीति से प्रयुक्त
सुगैया–(स्त्री०) चोली, अँगिया
सुग्गा–(पु०) = सुवा I
सुग्गी–(स्त्री०) तोता की मादा, तोती
सुग्रीव–*सं०* (वि०) सुंदर गर्दनवाला
सुघट–*सं०* (वि०) सुडौल
सुघटित–*सं०* (वि०) 1 गठे हुए शरीरवाला 2 सुंदर और सुडौल
सुघट्य–*सं०* (वि०) अनुकूल रूप में लाने योग्य
सुघड़– *+ हिं०* (वि०) 1 सुडौल और सुंदर 2 कुशल, निपुण (जैसे-सुघड़ बनना)। ~**ता** (स्त्री०) 1 सुंदरता, मनोहरता 2 कुशलता, दक्षता
सुघड़ई–*सं० + हिं०* (स्त्री०) 1 सुघड़पन, सुंदरता 2 निपुणता, कुशलता
सुघड़ाई–*सं० +हिं०* (स्त्री०), सुघड़ापा–*सं० +हिं०* (पु०) 1 सुंदरता 2 कुशलता, हुनरमंदी
सुघड़ी–*सं० + हिं०* (स्त्री०) शुभ या अच्छी घड़ी
सुघर–*सं० + हिं० बो०* (वि०) = सुघड़
सुघराई–*सं० + हिं० बो०* (स्त्री०) = सुघड़ई
सुघरी–*सं० + हिं०* (स्त्री०) = सुघड़ी
सुचना–I (स० क्रि०) संचय करना, इकट्ठा करना II (अ० क्रि०) इकट्ठा किया जाना III (अ० क्रि०) विचारा जाना
सुचरित–*सं०* (वि०) 1 उत्तम रूप में किया हुआ 2 सदाचारी
सुचरित्र–*सं०* (वि०) नेकचलनवाला, सच्चरित्र (जैसे-सुचरित्र नायक)
सुचाना–(स० क्रि०) 1 सोचने समझने में प्रवृत्त करना 2 ध्यान आकृष्ट करना, सुझाना
सुचारु–*सं०* (वि०) अत्यंत सुंदर, बहुत मनोहर। ~**ता** (स्त्री०) सुंदरता
सुचाल–*सं० + हिं०* (स्त्री०) अच्छी चाल, सदाचार
सुचालक–*सं०* (वि०) सुगमता से परिचालित, सुसंवाहक, गुड कंडक्टर (जैसे-ताँबा विद्युत का सुचालक है)
सुचाली–*सं० + हिं०* (वि०) 1 अच्छी चाल का 2 अच्छे आचरण का
सुचाव–(पु०) = सुचान
सुचिंतित–*सं०* (वि०) भली भाँति सोचा हुआ
सुचित–(वि०) सुंदर चित्तवाला
सुचितई–*बो०* (स्त्री०) 1 निश्चिंतता, बेफ़िक्री 2 मन की एकाग्रता और शांति
सुचित्त–*सं०* (वि०) स्थिरचित्त, शांत। ~**ता** (स्त्री०) निश्चिंतता, इत्मीनान
सुचित्र–*सं०* (वि०) 1 रंग बिरंगा 2 अनेक प्रकार का
सुचिर–I *सं०* (वि०) 1 चिर स्थायी 2 पुराना, प्राचीन II (पु०) बहुत अधिक समय
सुचेत–*सं०* (वि०) सचेत, सावधान
सुजन–I (वि०) नेक, भला II (पु०) भला आदमी, नेक

आदमी (जैसे-सुजन मंडली)। ~**ता** (स्त्री०) सौजन्य, भद्रता, भलमनसाहत
सुजन–II (पु०) स्वजन, स्वकुल
सुजनी–*फ़ा०* (स्त्री०) बड़ी और मोटी बिछाने की चादर
सुजन्मा–*सं०* (वि०) 1 उत्तम रूप से उत्पन्न, सुजातक 2 अच्छे कुल में उत्पन्न
सुजागर–(वि०) शोभन और सुंदर
सुजात–*सं०* (वि०) 1 उत्तम कुल में उत्पन्न सुजन्मा, कुलीन 2 सुंदर
सुजाति–I *सं०* (वि०) अच्छी जाति का II (स्त्री०) अच्छी और उत्तम जाति
सुजान–I *सं०* (वि०) 1 समझदार, सयाना 2 कुशल, निपुण 3 सज्जन (जैसे-सुजान पुरुष) 4 सुविज्ञ II (पु०) 1 पति या प्रेमी 2 परमात्मा। ~**पन** (पु०) सुजान होने का भाव
सुजाना–(स० क्रि०) सूजन पैदा करना, फुलाना
सुजानी–(वि०) सुजान संबंधी
सुझाई–(स्त्री०) सुझाव
सुझाना–(स० क्रि०) 1 बताना, सूचना देना 2 दिखाना 3 नई तरकीब या युक्ति बताना
सुझाव–(पु०) 1 सुझाने की क्रिया 2 सुझाई गई बात, तजबीज़, सजेशन 3 सलाह
सुटकना–I (स० क्रि०) चाबुक लगाना II (अ० क्रि०) 1 सटकना 2 सुड़कना 3 सिकुड़ना
सुड़क–(स्त्री०) सुड़कने का भाव
सुड़कना–(स० क्रि०) तरल पदार्थ को नाक के रास्ते भीतर खींचना, नास लेना
सुड़सुड़ाना–I (स० क्रि०) सुड़सुड़ शब्द उत्पन्न करना (जैसे-हुक्का सुड़सुड़ाना) II (अ० क्रि०) सुड़सुड़ शब्द करना
सुडौल–(वि०) 1 सुंदर आकारवाला (जैसे-सुडौल मुख, सुडौल शरीर) 2 आनुपातिक सामंजस्य युक्त
सुढंग–I (वि०) सुंदर ढंग या रीति का II (पु०) अच्छा ढंग या प्रकार
सुत–*सं०* (पु०) पुत्र, आत्मज, बेटा
सुतना–I (अ० क्रि०) सोना II (वि०) बहुत सोनेवाला
सुतरी–*बो०* (स्त्री०) = सुतली
सुतल–*सं०* (पु०) सात पाताल लोकों में से एक
सुतली–*सं०* (पु०) सन या पटसन के रेशों से बटकर बनाई हुई डोरी
सुतहार–*बो०* (पु०) = सुतार
सुता–*सं०* (स्त्री०) पुत्री, बेटी
सुतार–(पु०) बढ़ई, शिल्पी
सुतारी–I (स्त्री०) जूता सीने का सूआ
सुतारी–II (स्त्री०) पुरानी चाल का एक तरह का हथियार
सुतारी–III (पु०) कारीगर, शिल्पी
सुतीक्ष्ण–*सं०* (वि०) 1 बहुत तेज़ 2 अत्यंत तीखा 3 अत्यंत पीड़ाकारक
सुतुही–*बो०* (स्त्री०) 1 सीपी 2 आम आदि के छिलके छीलने तथा अफ़ीम खुरचने की एक तरह की सीपी
सुतून–*फ़ा०* (पु०) = सितून
सुत्थना–*बो०* (पु०) = सूथन
सुथनी–(स्त्री०) = सूथनी
सुथरा–(वि०) साफ़, निर्मल, स्वच्छ। ~**पन** (पु०) सफ़ाई, निर्मलता
सुथराई–(स्त्री०) = सुथरापन
सुदक्ष–*सं०* (वि०) बहुत निपुण, अत्यंत कुशल
सुदर्शन–*सं०* (वि०) 1 अच्छा और भला, सुंदर 2 सरलता से देखा जाने योग्य
सुदि–(स्त्री०) = सुदी
सुदिन–*सं०* (पु०) शुभ दिन, अच्छा दिन
सुदी–(स्त्री०) चांद्र मास का शुक्ल पक्ष
सुदीर्घ–*सं०* (वि०) अति विस्तृत
सुदूर–I *सं०* (वि०) बहुत दूर का (जैसे-सुदूरवर्ती प्रदेश)। ~**वर्ती** (वि०) बहुत दूर बसनेवाला (जैसे-सुदूरवर्ती प्रदेश)
सुदूर–II (अ०) बहुत दूर
सुदृढ़–*सं०* (वि०) बहुत मजबूत (जैसे-सुदृढ़ बंधन)
सुदृढ़ीकरण–*सं०* (पु०) अच्छी तरह पक्का करना
सुदेव–*सं०* (पु०) उत्तम देवता
सुदेवस–(पु०) देवता का नाम लेकर किया जानेवाला (काम या बात)
सुदेह–*सं०* (पु०) सुंदर शरीर
सुदैव–*सं०* (पु०) 1 सौभाग्य 2 अच्छा संयोग
सुदृष्ट–*सं०* (वि०) सौम्य दृष्टिवाला
सुद्रष्टा–*सं०* (वि०) पैनी दृष्टिवाला
सुदौसी–(क्रि० वि०) *बो०* **शीघ्रतापूर्वक**
सुध–(स्त्री०) 1 होश, चेत खबर 2 याद। ~**बुध** (स्त्री०) होश हवाश, चेत
सुधरना–(अ० क्रि०) 1 ठीक होना, दोष आदि दूर होना 2 अच्छे आचरणों की ओर प्रवृत्त होना (जैसे-लड़के का सुधरना)
सुधराई–(स्त्री०) 1 सुधरने या सुधारने का काम 2 सुधारने का पारिश्रमिक 3 सुधार
सुधर्म–*सं०* (पु०) अच्छा और उत्तम धर्म
सुधर्मी–*सं०* (वि०) धर्मपरायण, धर्म निष्ठ
सुधा–*सं०* (स्त्री०) अमृत, पियूष
सुधाई–I (स्त्री०) सिधाई, सरलता II (स्त्री०) सोधने का काम या भाव
सुधाकर–*सं०* (पु०) चंद्रमा
सुधामय–*सं०* (वि०) अमृत स्वरूप
सुधार–*हिं०* (पु०) 1 दोष दूर करना 2 संशोधन, परिवर्तन। ~**गृह** + *सं०* (पु०) बच्चों को सुधारने का केंद्र; ~**मूलक** + *सं०* (वि०) सुधार पर आधारित; ~**वाद** + *सं०* (पु०) दंड की अपेक्षा सुधार में विश्वास रखने का मत; ~**वादी** + *सं०* I (वि०) सुधारवाद संबंधी II सुधारवाद का समर्थक; ~**शाला** + *सं०* (पु०) = सुधार गृह
सुधारक–I *हिं०* + *सं०* (वि०) सुधार के विचार से होनेवाला II (पु०) 1 सुधार करनेवाला, संशोधक 2 धर्म या समाज का सुधार करनेवाला, रिफ़ार्मर
सुधारना–(स० क्रि०) 1 ठीक करना, दुरुस्त करना (जैसे-घड़ी सुधारना) 2 दोष, विकार आदि का उन्मूलन कर सुधार लाना

3 लेख आदि की गलतियाँ दूर करना

सुधारा–(वि०) सीधा, भोला

सुधारालय–*हिं० + सं०* (पु०) अपराधियों को शिल्प आदि की शिक्षा देकर सुधारने का प्रयास करने हेतु एक तरह का बंदीगृह, रिफ़ॉर्मेटरी

सुधि–(स्त्री०) = सुध

सुधी–I (वि०) 1 बुद्धिमान्, समझदार 2 अच्छी बुद्धिवाला II (पु०) 1 पंडित, विद्वान् 2 धार्मिक विद्वान्

सुनकार–(वि०) गाना सुननेवाला

सुनगुन–(स्त्री०) 1 अस्पष्ट चर्चा, कानाफूसी 2 उड़ती हुई ख़बर 3 टोह

सुनना–(स० क्रि०) 1 ध्यान देना 2 बुरा भला सहना, फटकारा जाना (जैसे-मुझे किसी की सुनना अच्छा नहीं लगता) 3 अनुभूति होना (जैसे-दुःख सुनना) 4 प्रार्थना आदि पर सहमत होना (जैसे-फ़रियाद सुनना) 5 ध्वनि, शब्द आदि का कान के द्वारा ग्रहण करना

सुनबहरी–(स्त्री०) *चि०* एक प्रकार का कुष्ठ रोग

सुनम्य–*सं०* (वि०) नमनशील, विनम्र

सुनयना–*सं०* I (वि०) सुंदर नेत्रोंवाली, सुलोचना II (स्त्री०) सुंदर नेत्रोंवाली स्त्री

सुनवाई–(स्त्री०) 1 मुक़दमे का सुना जाना 2 विवाह आदि का सुनना 3 सुनने का भाव

सुनवैया–I (वि०) सुननेवाला II (वि०) सुनानेवाला

सुनसान–(वि०) 1 वीरान 2 निर्जन

सुनहरा, सुनहरी–(वि०) सोने का रंग का

सुनहला–(वि०) सोने के रंग सा, गोल्डेन

सुनाई–(स्त्री०) सुनने का भाव

सुनाना–(स० क्रि०) 1 कुछ कहना 2 जताना 3 खरी खोटी कहना, फटकारना

सुनाम–*सं०* (पु०) नेकनामी, कीर्ति, यश

सुनामा–*सं०* (वि०) 1 अच्छे नामवाला 2 यशस्वी

सुनार–(पु०) सोने-चाँदी का पेशा करनेवाला, स्वर्णकार। ~**की जात का भरोसा क्या** सुनारों का कोई विश्वास नहीं

सुनारिन, सुनारी–(स्त्री०) 1 सुनार का काम 2 सुनार की स्त्री 3 सुनार जात की स्त्री

सुनाल–*सं०* (पु०) लाल कमल

सुनावनी–(स्त्री०) 1 स्वजन संबंधी की मृत्यु का समाचार आना 2 सामूहिक शोक प्रकट, स्नान आदि

सुना सुनाया–(वि०) सुनकर पाया हुआ

सुनियम–*सं०* (पु०) 1 अच्छी व्यवस्था 2 उत्तम नियम

सुनिश्चित–*सं०* (वि०) दृढ़ता से निश्चय किया हुआ (जैसे-सुनिश्चित कार्य)

सुनीति–*सं०* (स्त्री०) उत्तम नीति

सुनील–*सं०* (वि०) 1 गहरा नीला 2 गहरा काला

सुन्न–(वि०) 1 संवेदनरहित (जैसे-सुन्न हृदय) 2 संज्ञाहीन (जैसे-आपरेशन से पहले हाथ सुन्न करना) 3 स्तब्ध और किंकर्तव्यविमूढ़ (जैसे-पिता की अचानक मृत्यु होते ही वह सुन्न रह गया)

सुन्नत–*अ०* (स्त्री०) लिंगेंद्रिय के अगले भाग का चमड़ा काटने की एक धार्मिक प्रथा, खतना, सरकमसीजन

सुन्ना–(पु०) शून्य, सिफर

सुन्नी–*अ०* (पु०) मुसलमानों का एक फिरका

सुपक्व–*सं०* (वि०) अच्छी तरह पका हुआ

सुपच–(वि०) अच्छी तरह पचनेवाला

सुपठ–*सं०* (वि०) सहज में पढ़ने योग्य

सुपत्नी–*सं०* (स्त्री०) सुंदर पत्नी

सुपथ–I *सं०* (पु०) अच्छा रास्ता, उत्तम मार्ग, सत्पथ II (वि०) सुंदर मार्गवाला

सुपथ्य–*सं०* (पु०) अच्छा पथ्य

सुपना–(पु०) स्वप्न, सपना

सुपर एक्सप्रेस–*अं०* (पु०) एक्सप्रेस से भी तेज़ गाड़ी

सुपर टैक्स–*अं०* (पु०) अतिरिक्त कर

सुपर बाज़ार–*अं० + फ़ा०* (पु०) ऐसा बाज़ार जहाँ हर चीज़ सुलभ हो

सुपर मार्केट–*अं०* (पु०) ऐसी मंडी जिसमें हर वस्तु सुलभ हो

सुपरवाइज़र–*अं०* (पु०) निरीक्षण करनेवाला, पर्यवेक्षक, निरीक्षक

सुपर सोनिक–*अं०* (वि०) अधिध्वानिक

सुपरिंटेंडेंट–*सं०* (पु०) अधीक्षक

सुपाच्य–*सं०* (वि०) सरलता से पचनेवाला

सुपाठ्य–*सं०* (वि०) सरलता से पढ़ने योग्य

सुपात्र–*सं०* (पु०) 1 अच्छा या उपयुक्त पात्र 2 उपयुक्त व्यक्ति (जैसे-दान सुपात्र को ही देना चाहिए) 3 सुयोग्य व्यक्ति (जैसे-सुपात्र और कुपात्र की पहचान)

सुपारी–(स्त्री०) 1 नारियल की जाति का एक ऊँचा पेड़ 2 इस वृक्ष का फल, कसैली, छालिया 3 लिंगेंद्रिय का अगला अंडाकार भाग

सुपुत्र–*सं०* (पु०), सुशील और योग्य बेटा

सुपुर्द–*फ़ा०* (वि०) सौंपा गया, सौंपा हुआ

सुपुर्दगी–*फ़ा०* (स्त्री०) 1 सौंपने का काम 2 हिरासत, गिरफ़्तारी (जैसे-पुलिस की सुपुर्दगी में रहना)

सुपुर्दनामा–*फ़ा०* (पु०) समर्पण पत्र

सुपूत–*सं० + हिं०* (पु०) अच्छा पुत्र, सपूत

सुपूती–*सं० + हिं०* (स्त्री०) अच्छे पुत्रवाली स्त्री

सुप्त–*सं०* (वि०) 1 सोया हुआ, निद्रित 2 सुन्न 3 निष्क्रिय 4 संकुचित (जैसे-पुष्प की सुप्त अवस्था) 5 अविकसित (जैसे-शिशु अभी सुप्त अवस्था में है) 6 सुस्त, शिथिल

सुप्तस्थ–*सं०* (वि०) सोया हुआ, निद्रित

सुप्तावस्था–*सं०* (स्त्री०) 1 सुप्त होने का भाव 2 निष्क्रियता 3 सुस्ती, शिथिलता

सुप्ति–*सं०* (स्त्री०) 1 निद्रा, नींद 2 निदाँस, ऊँघाई

सुप्रज्ञ–*सं०* (वि०) बहुत बुद्धिमान्

सुप्रतिष्ठ–*सं०* (वि०) 1 अच्छी प्रतिष्ठावाला 2 बहुत प्रसिद्ध

सुप्रतिष्ठा–*सं०* (वि०) अच्छी प्रतिष्ठा

सुप्रतिष्ठित–*सं०* (वि०) 1 सुंदर प्रतिष्ठायुक्त 2 सुप्रसिद्ध

सुप्रबंध–*सं०* (पु०) अच्छा इंतज़ाम

सुप्रभातम्–*सं०* (अ०) प्रातःकाल शुभ हो

सुप्रयास–*सं०* (पु०) 1 सफल प्रयास 2 अच्छा प्रयत्न

सुप्रशस्त–*सं०* (वि०) 1 खूब प्रशंसित 2 सुप्रसिद्ध

सुप्रश्न–*सं०* (पु०) कुशलक्षेम संबंधी जिज्ञासा, कुशलप्रश्न

सुप्रसिद्ध–*सं०* (वि०) अत्यंत मशहूर, अति प्रसिद्ध (जैसे-सुप्रसिद्ध कलाकार)

सुप्रीम–*अं०* (वि०) 1 सबसे बड़ा (जैसे-सुप्रीम कोर्ट, सुप्रीम जज) 2 प्रधान। ~**कोर्ट** (पु०) 1 उच्च या प्रधान न्यायालय 2 सबसे बड़ी कचहरी, सर्वोच्च न्यायालय

सुफल–*सं०* (वि०) 1 सुंदर फलवाला 2 सफल

सुफ़ेद–*फ़ा०* (वि०) सफ़ेद

सुफेर–*सं० + हिं०* (पु०) 1 शुभ या लाभदायक अवसर 2 अच्छी दशा या दिन

सुबंत–*सं०* (पु०) प्रथमा से सप्तमी तक की विभक्तियों से युक्त शब्द

सुबकना–(अ० क्रि०) हिचकियाँ लेते हुए रोना

सुबकी–(स्त्री०) सिसकी

सुबड़ा–*बो०* (पु०) ताँबा या अन्य धातु मिली हुई चाँदी

सुबल–*सं०* (वि०) शक्तिशाली, बली

सुबह–*अ०* (स्त्री०) 1 सबेरा 2 मध्याह्न से पहले तक का समय (जैसे-सुबह तक का काम)। ~**तड़के** *+ हिं०* (क्रि० वि०) भोर के समय; ~**शाम** *+ फ़ा०* (स्त्री०) दोनों समय; ~**का निकला शाम को आना** आवारागर्दी करना; ~**की पूछो शाम की कहना** बदहवास होना; ~**शाम करना** टालमटोल करना

सुबहान–*अ०* (पु०) ईश्वर को पवित्र भाव से स्मरण करना। ~**अल्लाह** (अ०) ईश्वर को पवित्र भाव से स्मरण करते हुए

सुबही–*अ० + फ़ा०* (वि०) सुबह का

सुबास–(स्त्री०) सुगंध

सुबासना–I (स्त्री०) अच्छी महक, खुशबू

सुबासना–II (स० क्रि०) सुगंधित करना, महकाना

सुबासिक–(वि०) सुगंधित, महका हुआ

सुबाहु–*सं०* (वि०) 1 सुंदर बाहोंवाला 2 सशक्त भुजाओंवाला 3 वीर, बहादुर

सुबुक–*फ़ा०* (वि०) 1 हलका 2 नाजुक 3 जो तेज न हो (जैसे-सुबुक रंग)। ~**दस्त** (वि०) हाथ का फुर्तीला; ~**दोश** (वि०) 1 भारमुक्त 2 कर्तव्य भार आदि से मुक्त 3 निश्चिंत; ~**रफ़्तार** (वि०) तेज़ रफ़्तारवाला

सुबुकना–(अ० क्रि०) = सुबकना

सुबुकी–*फ़ा०* (स्त्री०) 1 हलकापन 2 हेठी

सुबुद्धि–I *सं०* (वि०) बुद्धिमान् II (स्त्री०) अच्छी या उत्तम बुद्धि

सुबू–*अ०* (स्त्री०) सुबह, सबेरा

सुबूत–*अ०* (पु०) 1 प्रमाण 2 साक्ष्य, सबूत

सुबोध–*सं०* (वि०) सरल और बोधगम्य

सुब्रह्मण्य–*सं०* (वि०) जिसमें ब्रह्मण्य हो

सुभक्ष्य–I *सं०* (वि०) भक्षण के योग्य II (पु०) अच्छा और बढ़िया भोजन

सुभग–*सं०* (वि०) 1 भाग्यवान् 2 समृद्ध और सुखी 3 सुंदर 4 प्रिय 5 सुखद। ~**ता** (स्त्री०) सुभग होने का भाव

सुभगा–*सं०* (स्त्री०) 1 सौभाग्यवती स्त्री 2 प्रियतमा स्त्री, पतिप्रिया स्त्री। ~**सुत** (पु०) प्रियतमा पत्नी से उत्पन्न पुत्र

सुभट–*सं०* (पु०) रणकुशल योद्धा

सुभद्र–*सं०* (वि०) 1 अत्यंत भाग्यवान् 2 भला

सुभद्रा–*सं०* (स्त्री०) अर्जुन की पत्नी और अभिमन्यु की माँ

सुभाग–*सं०* (वि०) भाग्यवान्, खुशकिस्मत

सुभान अल्लाह–*अ०* ईश्वर धन्य है

सुभाषिणी–*सं०* (स्त्री०) अच्छा और मधुर बोलनेवाली, मंजुभाषिणी

सुभाषित–*सं०* (वि०) 1 अच्छे ढंग से कहा हुआ 2 सुंदर भाषण करनेवाला

सुभाषी–*सं०* (वि०) 1 अच्छी तरह से बोलनेवाला 2 प्रिय और मधुर बातें करनेवाला

सुभिक्ष–*सं०* (पु०) 1 भिक्षा की सुलभता 2 अन्न की प्रचुरता

सुभी–(वि०) शुभ कारक, मंगलकारक। ~**ता** (पु०) 1 आसानी 2 सुयोग 3 अनुकूल अवसर या परिस्थिति 4 आराम, सुख

सुभीता–(पु०) 1 आसानी 2 सुयोग 3 आराम, चैन

सुभूषित–*सं०* (वि०) अच्छी तरह अलंकृत

सुमंगली–*सं० + हिं०* (स्त्री०) 1 नव विवाहिता स्त्री, वधू 2 कन्या पक्ष के पुरोहित को मिलनेवाली सिंदूरदान की दक्षिणा

सुम–*फ़ा०* (पु०) चौपायों का खुर, टाप

सुमति–I *सं०* (वि०) 1 अच्छी बुद्धिवाला 2 बुद्धिमान्, होशियार II (स्त्री०) 1 अच्छी बुद्धि 2 मेल जोल और सद्‌भाव

सुमधुर–*सं०* (वि०) 1 बहुत मीठा या मधुर 2 बहुत कोमल (जैसे-सुमधुर ध्वनि)

सुमन–I *सं०* (वि०) 1 अच्छे हृदयवाला 2 सदा प्रसन्न रहनेवाला II (पु०) पुष्प, फूल

सुमनस–I *सं०* (वि०) 1 अच्छे हृदयवाला 2 सदा प्रसन्न रहनेवाला II (पु०) पुष्प, फूल

सुमनस्क–*सं०* (वि०) 1 प्रसन्न, खुश 2 सुखी

सुमनित–I *सं०* (वि०) सुंदर मणियों से युक्त II (वि०) फूलों से युक्त

सुमफटा–*फ़ा० + हिं०* (पु०) घोड़ों के खुर में होनेवाला एक प्रकार का रोग

सुमरनी–(स्त्री०) छोटी जपमाला

सुमान्य–I *सं०* (वि०) विशेष रूप से मान्य और प्रतिष्ठित II (पु०) विशिष्ट अधिकार प्राप्त सम्मानित व्यक्ति, शेरिफ़

सुमार्ग–*सं०* (पु०) उत्तम और श्रेयस्कर पथ या रास्ता

सुमित्रा–*सं०* (स्त्री०) राजा दशरथ की एक पत्नी तथा लक्ष्मण और शत्रुघ्न की माता

सुमिरन–*सं०* स्मरण, ध्यान

सुमिरनी–(स्त्री०) छोटी जपमाला, सुमरनी

सुमिल–*सं० + हिं०* (वि०) 1 मिलनसार 2 स्नेह का संबंध रखनेवाला

सुमुख–*सं०* (वि०) 1 सुंदर मुखवाला 2 मनोहर, सुंदर 3 प्रसन्न

सुमुखी–*सं०* (स्त्री०) सुंदर मुखवाली स्त्री

सुमुहूर्त–*सं०* (पु०) शुभ मुहूर्त

सुमेरु–I *सं०* (पु०) एक कल्पित स्वर्ण पर्वत II (वि०) सर्वश्रेष्ठ 2 अत्यधिक ऊँचा। ~**ज्योति** (स्त्री०) उत्तरी ध्रुव के आस पास कभी कभी दिखाई देनेवाला बिजली का प्रकाश

सुम्मी–(स्त्री०) सुनार का एक औजार

सुयश–I सं० (पु०) सुख्याति, सुकीर्ति II (वि०) यथेष्ट यशवाला
सुयोग–सं० (पु०) उपयुक्त तथा अनुकूल समय, बढ़िया मौका
सुयोग्य–सं० (वि०) अच्छी योग्यतावाला
सुरंग–I(स्त्री०) 1 ज़मीन के अंदर बना रास्ता 2 बारूद से दीवार आदि उड़ाने के लिए ज़मीन के अंदर बनाया गहरा और लंबा रास्ता 3 समुद्र या ज़मीन में रखा जानेवाला बारूद आदि से भरा गोला। ~**क्षेत्र** + सं० (पु०) सुरंग की जगह; ~**खोजित्र** + सं० (पु०) सुरंग खोजने का यंत्र; ~**प्रसार** + सं० (पु०) सुरंग बिछाना; ~**प्रसारक** + सं० (वि०) सुरंग बिछानेवाला; ~**प्रसारक पोत** + सं० (पु०) सुरंग बिछाने का जहाज़; ~**बुहार** (पु०) एक विशेष समुद्री जहाज़ जिससे समुद्री सुरंगें हटाई जाती हैं, माइन स्वीपर; ~**मार्जक** + सं० (पु०) = सुरंग बुहार
सुरंग–II सं० (वि०) 1 अच्छे रंग का 2 सुंदर
सुरंगा–सं० (स्त्री०) सेंध
सुरंगिका–सं० (स्त्री०) छोटी सुरंग
सुरंगी–(वि०) सुरंग रंगवाला
सुरंजन–सं० (पु०) सुपारी का पेड़
सुर–Iसं० (पु०) देवता। ~**गति** (स्त्री०) 1 देवताओं की स्थिति या अवस्था 2 दैवी गति, भावी; ~**चाप** (पु०) इंद्रधनुष; ~**जन** (पु०) देववर्ग, देव समूह; ~**तरु** (पु०) कल्पवृक्ष; ~**धाम** (पु०) देवलोक, स्वर्ग; ~**धेनु** (स्त्री०) कामधेनु; ~**नदी** (स्त्री०) 1 गंगा 2 आकाश गंगा; ~**नारी** (स्त्री०) देव वधू, देवांगना; ~**पथ** (पु०) आकाश; ~**पुर** (पु०) = सुरधाम; ~**बाला** (स्त्री०) अप्सरा; ~**मणि** (पु०) चिंतामणि नामक एक रत्न; ~**लोक** (पु०) देवलोक; ~**शयनी** (स्त्री०) देव शयनी एकादशी; ~**सरिता** (स्त्री०) गंगा; ~**साहब** + अ० (पु०) देवताओं के स्वामी इंद्र
सुर–II(पु०) स्वर , आवाज़ (जैसे-मधुर या कोमल सुर में गाना)। ~**दार** + फ़ा० (वि०) सुरवाला; ~**बहार** + फ़ा० (पु०) सितारनुमा एक बाजा; ~**लहर** (स्त्री०) (संगीत में) सुर तरंग
सुरक–सं० (पु०) नाक पर लगाया गया भाले के आकार का तिलक
सुरकना–(स० क्रि०) सुड़कना
सुरक्षण–सं० (पु०) रखवाली, हिफ़ाज़त
सुरक्षा–सं० (स्त्री०) समुचित रक्षा। ~**परिषद्** (स्त्री०) संयुक्त राष्ट्र संघ का एक रक्षा संबंधी अंग (जैसे-अमेरिका, रूस, इंग्लैंड, फ्रांस और चीन सुरक्षा परिषद् के स्थायी सदस्य हैं); ~**समिति** (स्त्री०) = सुरक्षा परिषद्
सुरक्षित–सं० (वि०) 1 सुरक्षा की गई 2 अच्छी तरह रखा हुआ
सुरक्ष्य–सं० (वि०) सुरक्षा के योग्य
सुरख़–फ़ा० (वि०) = सुर्ख़
सुरख़ा–फ़ा० (पु०) लाल दुमवाला काला घोड़ा
सुरख़ाब–फ़ा० (पु०) = सुर्ख़ाब
सुरख़ी–फ़ा० (स्त्री०) सुर्ख़ी
सुरत–I(स्त्री०) ध्यान, याद। ~**धरना** ध्यान देना; ~**बिसराना** या ~**बिसारना** बिल्कुल भूल जाना; ~**लगाना** ध्यान लगाना ~**सँभालना** होश सँभालना, चेतन अवस्था में आना
सुरत–II सं० (पु०) संभोग, काम क्रीड़ा III (वि०) अत्यंत अनुरक्त। ~**ग्लानि** (स्त्री०) सुरत जनित शिथिलता या थकावट
सुरता–Iसं० (स्त्री०) देवत्व
सुरता–II(पु०) खेत में बीज बोने के लिए प्रयुक्त बाँस की नली
सुरति–Iसं० (स्त्री०) 1 रति, कामक्रीड़ा 2 संभोग, मैथुन 3 काम वासना की तृप्ति से उत्पन्न प्रेम (जैसे-सुरति भावना)
सुरति–IIबो० (स्त्री०) = सुरत I
सुरती–(स्त्री०) 1 तंबाकू के पत्ते का चूर्ण, खैनी 2 तंबाकू का पत्ता
सुरत्त–बो० (स्त्री०) = सुरत I
सुरभि–I सं० (वि०) सुगंधित, खुशबूदार 2 सुंदर, मनोरम 3 उत्तम, श्रेष्ठ II (स्त्री०) सुगंध, ख़ुशबू। ~**मुख** (पु०) वसंत ऋतु का प्रारंभिक काल
सुरभि–IIसं० (पु०) 1 सुगंधित द्रव्य 2 वसंत ऋतु
सुरभित–सं० (वि०) सुगंधित, सुवासित
सुरभी–सं० (स्त्री०) ख़ुशबू, सुगंध
सुरमई–फ़ा० (वि०) 1 सुरमे के रंग का, नीला, सफ़ेदी लिए हलका नीला या काला 2 सुरमे के रंग में रँगा हुआ। ~**क़लम** + अ० (स्त्री०) आँखों में सुरमा लगाने की सलाई
सुरमण्य–सं० (वि०) अत्यंत सुंदर
सुरमा–फ़ा० (पु०) 1 आँखों में लगाए जानेवाला एक खनिज पदार्थ का चूर्ण 2 अंजन
सुरमीला–फ़ा० + हिं० (वि०) सुरमेवाला
सुरमेदानी–फ़ा० + हिं० (स्त्री०) सुरमा रखने की छोटी डिबिया या शीशी
सुरम्य–सं० (वि०) 1 अत्यंत मनोरम और रमणीय 2 बहुत सुंदर। ~**ता** (स्त्री०) 1 रमणीयता 2 सुंदरता
सुरवाड़ी–(स्त्री०) सूअरों के रहने का स्थान, सूअरबाड़ा
सुरवाल–फ़ा० (पु०) = सलवार
सुरस–सं० (वि०) 1 सुंदर रसवाला 2 रसीला, सरस 3 मधुर
सुर सुर–(स्त्री०) कीड़ों के रेंगने की आवाज़
सुरसुराना–I (अ० क्रि०) 1 सुर सुर करते हुए रेंगना 2 सुरसुराहट होना (जैसे-शरीर सुरसुराना) II (स० क्रि०) सुर सुर ध्वनि उत्पन्न करना
सुरसुराहट–(स्त्री०) 1 सुरसुराने की क्रिया 2 हलकी खुजली 3 गुदगुदी
सुरसुरी–(स्त्री०) सुरसुराहट
सुरहरा–(वि०) सुर सुर की आवाज़ करनेवाला
सुरही–बो० (स्त्री०) सोलह चित्ती कौड़ियाँ
सुरांगना–सं० (स्त्री०) 1 देवपत्नी, देवांगना 2 अप्सरा
सुरा–सं० (स्त्री०) शराब, मदिरा (जैसे-सुरापान, सुर-सुरा और सुंदरी)। ~**पात्र** (पु०) शराब रखने या पीने का बर्तन; ~**पान** (पु०) 1 शराब पीना 2 शराब के साथ खाद्य पदार्थ
सुराख़–Iफ़ा० (पु०) = सुराख़
सुराख़–IIफ़ा० बो० (पु०) = सुराग़
सुराग़–फ़ा० (पु०) 1 खोज 2 निशान 3 पता 4 ठिकाना

5 जिज्ञासा 6 तलाश। ~**रसाँ** (पु०) 1 जासूस 2 पता लगानेवाला

सुराग–*सं०* (पु०) 1 उत्तम प्रेम, गहरा प्यार 2 बढ़िया राग

सुरागाय–(स्त्री०) एक तरह की जंगली गाय

सुरागार–I*सं०* (पु०) = सुरालय I

सुरागार–II*सं०* (पु०) = सुरालय II

सुराज–*बो०* (पु०) 1 अच्छा राज्य **2 स्वराज्य**

सुराजी–I *बो०* (पु०) स्वराज्य चाहनेवाला II (वि०) 1 सुराज का, सुराज संबंधी 2 सुराज के लायक 3 सुराज में प्रचलित

सुराज्य–*सं०* (पु०) अच्छा राज्य

सुराथी–(स्त्री०) अनाज की बालें पीटने का डंडा

सुरार्चन–*सं०* (पु०) देवपूजा

सुरालय–I*सं०* (पु०) स्वर्ग

सुरालय–II*सं०* (पु०) शराबख़ाना

सुराव–*सं०* (पु०) अच्छी ध्वनि

सुरावट–(स्त्री०) 1 स्वरों का आरोह और अवरोह 2 सुरीलापन

सुरावती–*सं०* (स्त्री०) 1 देवताओं की माता 2 पृथ्वी

सुरासव–*सं०* (पु०) एक तरह का तीक्ष्ण आसव, स्पिरिट

सुरासार–*सं०* (पु०) एक तात्विक तरल मादक द्रव्य, अलकोहल

सुरासुर–*सं०* (पु०) सुर और असुर

सुराही–*अ०* + *फ़ा०* (स्त्री०) मिट्टी, शीशे आदि धातु का बना लंबी गर्दनवाला जल आदि तरल पदार्थ रखने का एक पात्र या बर्तन। ~**दार**, ~**नुमा** (वि०) सुराही की सी आकृतिवाला

सुरी–*सं०* (स्त्री०) = सुरनारी

सुरीला–(वि०) 1 महीन और मीठा (जैसे-सुरीला स्वर) 2 मधुर स्वरवाला (जैसे-सुरीला गाना)

सुरुख़–*सं०* + *फ़ा०* (वि०) 1 खूबसूरत, सुंदर 2 प्रसन्न और दयालु

सुरुचि–I *सं०* (स्त्री०) अच्छी और परिष्कृत रुचि II (वि०) सुंदर रुचिवाला। ~**पूर्ण** (वि०) अच्छी रुचि का परिचय देनेवाला

सुरुवा–*फ़ा०* (पु०) शोरबा

सुरूप–*सं०* (वि०) 1 अच्छी आकृतिवाला 2 सुंदर, खूबसूरत। ~**ता** (स्त्री०) सुंदरता, खूबसूरती

सुरूपा–*सं०* (वि०/स्त्री०) सुंदर रूपवाली, सुंदरी

सुरूर–*अ०* (पु०) नशा

सुरेंद्र–*सं०* (पु०) देवताओं के राजा, इंद्र

सुरेख–I *सं०* (वि०) 1 सुंदर रेखाएँ बनानेवाला 2 सुंदर रेखाओं से युक्त II (स्त्री०) सुंदर रेखा

सुरेथ–(पु०) = सूसमार

सुरेश–*सं०* (पु०) देवराज इंद्र

सुरेशी–*सं०* (स्त्री०) दुर्गा

सुरेश्वर–*सं०* (पु०) देवताओं के राजा इंद्र

सुरैत–(स्त्री०) 1 उपपत्नी, रखेल 2 वेश्या

सुरोपम–*सं०* (वि०) देवताओं के समान, देवतुल्य (जैसे-सुरोपम नायक)

सुर्ख़–I *फ़ा०* (वि०) लाल (जैसे-सुर्ख़ गाल) II (पु०) लाल रंग, रक्त वर्ण। ~**रू** (वि०) 1 कृतकार्य, सफल 2 प्रतिष्ठित; ~**रूई** (स्त्री०) 1 सफलता 2 यश, कीर्ति 3 प्रतिष्ठा; ~**सफ़ेद** (वि०) 1 सुर्ख़ी युक्त गोराईवाला 2 सुंदर

सुर्ख़ाब–*फ़ा०* (पु०) चकवा-चकवी; ~**का पर** अनोखी बात, ख़ास-खूबी

सुर्ख़ी–*फ़ा०* (स्त्री०) 1 लाल रंग 2 लाली, ललाई 3 शीर्षक (जैसे-समाचार पत्रों की सुर्ख़ियाँ) 4 ईंटों का चूर्ण (जैसे-सुर्ख़ी और चूना मिलाकर जोड़ना)। ~**मायल** + *अ०* (वि०) हलकी लालिमायुक्त

सुर्ती–(स्त्री०) = सुरती

सुर्मा–*फ़ा०* (पु०) = सुरमा

सुर्रा–*बो०* (पु०) 1 एक प्रकार की मछली 2 हवा का तेज़ झोंका

सुलक्षण–I *सं०* (वि०) 1 शुभ लक्षणोंवाला 2 भाग्यवान् II (पु०) शुभ लक्षण

सुलक्ष्य–*सं०* (वि०) अच्छी तरह लक्षित किए जाने योग्य

सुलग–I (स्त्री०) सुलगने की क्रिया II (स्त्री०) समीप होना III (क्रि० वि०) पास, समीप

सुलगन–(स्त्री०) सुलगने की क्रिया

सुलगना–(अ० क्रि०) 1 आग पकड़ना, जलने लगना 2 धुआँ देना (जैसे-सिगरेट का सुलगना) 3 ईर्ष्या से जलना 4 कुढ़ना (जैसे-किसी की उन्नति से सुलगना)

सुलगाना–(स० क्रि०) 1 आग जलाना 2 भड़काना 3 झगड़ा उकसाना

सुलग्न–I *सं०* (पु०) शुभ लग्न, अच्छी सायत II (वि०) अच्छी तरह लगा हुआ

सुलछ–*बो०* (वि०) अच्छे लक्षणोंवाला

सुलझन–(स्त्री०) सुलझाव

सुलझना–(अ० क्रि०) 1 उलझनों से मुक्त होना 2 समस्या दूर होना

सुलझाना–(स० क्रि०) 1 उलझन दूर करना 2 समस्या का समाधान करना 3 गुत्थी खोलना

सुलझाव–(पु०) = सुलझन

सुलटा–(वि०) सीधा

सुलतान–*अ०* (पु०) बादशाह, सम्राट्

सुलतानी–I *अ०* + *फ़ा०* (वि०) सुलतान का II (स्त्री०) सुलतान होने का भाव

सुलफ–(वि०) 1 लचीला 2 कोमल, मुलायम

सुलफ़ा–(पु०) 1 चरस 2 तंबाकू

सुलफ़ेबाज़–*हिं०* + *फ़ा०* (वि०) गाँजा या चरस पीनेवाला

सुलभ–*सं०* (वि०) 1 सरल, सहज 2 साधारण, मामूली 3 उपयोगी। ~**गणक** (पु०) व्यवहार गणित संबंधी प्रक्रियाओं के फलन को ज्ञात करने की सारिणी; ~**ता** (स्त्री०) सुगमता, आसानी

सुलभेतर–*सं०* (वि०) 1 सहज में प्राप्त न होने योग्य, दुर्लभ 2 कठिन

सुललित–*सं०* (वि०) अत्यंत सुंदर

सुलह–*अ०* (स्त्री०) 1 मेल मिलाप 2 संधि 3 झगड़ा समाप्ति के बाद किया गया समझौता (जैसे-सुलह करना)। ~**नामा** + *फ़ा०* (पु०) राजीनामा, संधिपत्र

सुलाखना–(स० क्रि०) *बो०* 1 छेद करना 2 सोने या चाँदी आदि को तपाकर परखना

सुलाना–(स० क्रि०) सोने में प्रवृत्त करना, शयन कराना (जैसे-बच्चे को सुलाना)
सुलिखित–*सं०* (वि०) सुंदर और स्पष्ट लिखा हुआ
सुलिपि–*सं०* (स्त्री०) उत्तम और स्पष्ट लिपि
सुलूक–*अ०* (पु०) = सलूक
सुलेख–*सं०* (पु०) अच्छी लिखावट, सुंदर हस्तलेख
सुलेखक–*सं०* (पु०) अच्छा लेखक
सुलेमानी–*अ० + फ़ा०* (वि०) एक किस्म का दोरंगा पत्थर
सुलोचन–*सं०* (वि०) सुंदर आँखोंवाला
सुलोचना–*सं०* (वि०) सुंदर आँखोंवाली
सुलोचनी–*सं०* (स्त्री०) सुंदर नेत्रोंवाली स्त्री
सुलोल–*सं०* (वि०) 1 अत्यंत लालायित 2 अत्यंत चंचल
सुल्फ़–(पु०) 1 ख़रीद फ़रोख़्त 2 असबाब
सुवक्ता–*सं०* (पु०) उत्तम व्याख्यान देनेवाला, वाक्पटु, वाग्मी
सुवचन–I *सं०* (वि०) 1 सुंदर वचन बोलनेवाला 2 मधुर भाषी II (पु०) मधुर वचन
सुवत्सा–*सं०* (स्त्री०) सुंदर तथा सौम्य वत्सवाली स्त्री
सुवदना–*सं०* (स्त्री०) सुंदर स्त्री
सुवर्ण–I *सं०* (वि०) 1 सुंदर वर्ण का 2 सुनहला II (पु०) सोना, स्वर्ण। ~**कमल** (पु०) रक्त कमल, लाल कमल; ~**कार** (पु०) = सुनार; ~**कारी** (स्त्री०) सुनारी; ~**युग** (पु०) स्वर्ण युग
सुवर्णक–*सं०* (वि०) 1 सोने का बना 2 सुनहला
सुवर्णमय–*सं०* (वि०) सोने की तरह का
सुवर्णमान–*सं०* (पु०) = स्वर्ण मान। ~**प्रणाली** (स्त्री०) = स्वर्णमान प्रणाली
सुवर्णा–*सं०* (वि०)/(स्त्री०) सुंदर वर्णवाली
सुवर्णालंकार–*सं०* (पु०) सोने के गहने
सुवहनीय–*सं०* (वि०) जो आसानी से उठाया जा सके
सुवाँग–*बो०* (पु०) = स्वाँग
सुवा–*बो०* (पु०) तोता
सुवार–*सं०* (पु०) अच्छा दिन
सुवास–I*सं०* (पु०) 1 सुगंध 2 अच्छा निवास स्थान
सुवास–II*सं०* (वि०) अच्छे कपड़े पहना हुआ
सुवासित–*सं०* (वि०) सुगंधित
सुवासिनी–*सं०* (स्त्री०) 1 पिता के घर रहनेवाली युवती या विवाहित कन्या 2 सुहागिन, सधवा स्त्री
सुविख्यात–*सं०* (वि०) बहुत प्रसिद्ध
सुविचार–*सं०* (पु०) 1 सुंदर और सूक्ष्म विचार 2 समझ बूझकर किया गया निर्णय
सुविचारित–*सं०* (वि०) अच्छी तरह से सोचा समझा हुआ
सुविज्ञ–*सं०* (वि०) 1 अच्छा जानकार 2 ज्ञानवान्
सुविद्–*सं०* (पु०) विद्वान् या चतुर व्यक्ति
सुविदा–*सं०* (स्त्री०) चतुर या गुणवती स्त्री
सुविदित–*सं०* (वि०) अच्छी तरह जाना हुआ
सुविध–*सं०* (वि०) अच्छे स्वभाव का, सुशील
सुविधा–*सं०* (स्त्री०) 1 साधन 2 आराम, चैन। ~**गम्य** (वि०) सुविधा के योग्य; ~**जनक** (वि०) सुविधा देनेवाला; ~**पूर्ण** (वि०) सुविधा से भरा पूरा; ~**प्राप्त** (वि०) जिसे सुविधा मिली हो; ~**मूलक** (वि०) सुविधा प्रधान, सुविधा जनक
सुविधान–I *सं०* (वि०) सुव्यवस्थित II (पु०) अच्छी व्यवस्था
सुविधामय–*सं०* (वि०) = सुविधापूर्ण
सुविधि–*सं०* (स्त्री०) 1 अच्छी विधि 2 सुंदर ढंग या युक्ति
सुविनय–*सं०* (वि०) 1 सुशिक्षित 2 अनुशासित
सुविनीत–*सं०* (वि०) 1 अत्यंत नम्र 2 अच्छी तरह सधाया हुआ
सुविभीषण–*सं०* (वि०) बहुत भयंकर
सुविशाल–*सं०* (वि०) बहुत बड़ा
सुविस्तर–*सं०* (वि०) 1 विस्तारवाला 2 विस्तारपूर्वक कहा हुआ
सुवीर–*सं०* (पु०) बहुत बड़ा वीर या योद्धा
सुवृत्त–*सं०* (वि०) 1 सच्चरित्र 2 गुणवान् 3 सज्जन और साधु
सुवृत्ति–I *सं०* (स्त्री०) 1 उत्तम जीविका 2 सदाचार II (वि०) 1 उत्तम जीविकावाला 2 सदाचारी
सुवृद्ध–*सं०* (वि०) अत्यंत वृद्ध
सुवेग–*सं०* (वि०) तेज गतिवाला
सुवेश–I *सं०* (वि०) 1 सुंदर वेशभूषावाला 2 सुंदर II (पु०) सुंदर वेषभूषा
सुवेशी–*सं०* (वि०) अच्छे भेषवाला
सुवेसल–*बो०* (वि०) सुंदर, मनोहर
सुवैया–*बो०* (वि०) सोनेवाला
सुव्यक्त–*सं०* (वि०) 1 बिलकुल स्पष्ट 2 साफ़
सुव्यवस्था–*सं०* (स्त्री०) अच्छी और सुंदर व्यवस्था
सुव्यवस्थित–*सं०* (वि०) अच्छी और सुंदर व्यवस्था से युक्त
सुव्यवहार–*सं०* (पु०) सुंदर व्यवहार
सुव्रत–*सं०* (वि०) 1 दृढ़ता से व्रत का पालन करनेवाला 2 धर्मनिष्ठ 3 नम्र, विनीत
सुव्रता–*सं०* (स्त्री०) गुणवती और पतिव्रता स्त्री
सुशक्त–*सं०* (वि०) शक्तिशाली
सुशांत–*सं०* (वि०) अत्यंत शांत
सुशासक–*सं०* (पु०) अच्छा राजा
सुशासन–*सं०* (पु०) उत्तम राज प्रबंध, सुराज्य
सुशासित–*सं०* (वि०) सुनियंत्रित
सुशिक्षक–*सं०* (पु०) अच्छा अध्यापक
सुशिक्षित–*सं०* (वि०) 1 सुशिक्षाप्राप्त 2 अच्छी तरह सिखाया हुआ
सुशिखा–*सं०* (स्त्री०) 1 मोर की शिखा 2 मुर्गे की कलगी या चोटी
सुशीतल–*सं०* (वि०) अत्यंत ठंढा
सुशील–*सं०* (वि०) 1 सज्जन तथा सदाचारी 2 सरल, सीधा (जैसे-सुशील बालक) 3 शीलवान्
सुशुभ–*सं०* (वि०) 1 बहुत सुंदर 2 मंगलमय 3 बहुत नेक
सुशृंगार–*सं०* (वि०) अच्छी तरह सजा हुआ
सुशोभित–*सं०* (वि०) अत्यंत शोभायमान्
सुश्राव्य–*सं०* (वि०) 1 सुनने योग्य 2 सरलता से सुना जानेवाला
सुश्री–I *सं०* (वि०) बहुत सुंदर II (स्त्री०) अविवाहित स्त्रियों

के नाम के पहले लगनेवाला आदरसूचक और शिष्टता पूर्ण संबोधन (जैसे-सुश्री संध्या सिंह)

सुश्रुत–*सं०* (वि०) अच्छी तरह सुना हुआ 2 प्रसिद्ध, मशहूर (जैसे-संतों की सुश्रुत वाणी)

सुश्लिषट–*सं०* (वि०) 1 अच्छी तरह मिला हुआ 2 उपयुक्त

सुश्लोक–*सं०* (वि०) 1 प्रसिद्ध 2 पुण्यात्मा

सुषम–*सं०* (वि०) 1 बहुत सुंदर 2 समान, तुल्य

सुषमा–*सं०* (स्त्री०) 1 अत्यधिक सुंदरता 2 नैसर्गिक शोभा, प्राकृतिक सौंदर्य

सुषुप्त–*सं०* (वि०) सोया हुआ

सुषुप्तावस्था–*सं०* (स्त्री०) = सुषुप्ति

सुषुप्ति–*सं०* (स्त्री०) सोए होने की अवस्था, प्रगाढ़ निद्रावस्था

सुषुम्ना–*सं०* (स्त्री०) 1 इड़ा और पिंगला नाड़ियों के बीच में स्थित एक नाड़ी 2 आयुर्वेद के अनुसार नाभि के मध्य में स्थित एक प्रधान नाड़ी

सुष्ट–*सं०* (वि०) अच्छा, भला, नेक

सुष्ठु–*सं०* (क्रि० वि०) 1 अतिशय, अत्यंत 2 अच्छी तरह, भली भाँति 3 यथा तथ्य 4 वास्तव में

सुसंकट–I *सं०* (वि०) जिसे करना कठिन हो II (पु०) 1 कठिन काम 2 कठिनता, दिक्कत

सुसंगत–*सं०* (वि०) बहुत उचित, युक्त

सुसंगति–*सं०* (स्त्री०) अच्छा संग-साथ, सत्संग

सुसंगम–*सं०* (पु०) अच्छा मिलन

सुसंपत्–*सं०* (स्त्री०) अति समृद्धि, सौभाग्य

सुसंपन्न–*सं०* (वि०) यथेष्ट धन संपत्तिवाला

सुसंभाव्य–*सं०* (वि०) जिसके होने की अधिक संभावना हो

सुसंस्कृत–*सं०* (वि०) 1 सुंदर संस्कारयुक्त 2 शिष्ट 3 सांस्कृतिक दृष्टि से उन्नत (व्यक्ति या समाज)

सुसंहत–*सं०* (वि०) अच्छी तरह से गठा हुआ

सुसकना–(अ० क्रि०) *बो०* = सिसकना

सुसज्जित–*सं०* (वि०) 1 अच्छी तरह सजाया हुआ, शृंगारित 2 तैयार (जैसे-सुसज्जित सेना)

सुसताना–*फ़ा० + हिं०* (अ० क्रि०) = सुस्ताना

सुसती–*फ़ा०* (स्त्री०) = सुस्ती

सुसत्व–*सं०* (वि०) 1 दृढ़, पक्का 2 वीर, बहादुर

सुसमय–*सं०* (पु०) अच्छा वक्त, सुकाल

सुसमा–*बो०* (पु०) = सुसमय

सुसमृद्ध–*सं०* (वि०) 1 अत्यंत धनी, धनवान् 2 धन धान्य से संपन्न

सुसर–*बो०* (पु०) = ससुर

सुसरा–(पु०) = ससुर

सुसराल–*बो०* (स्त्री०) = ससुराल

सुसरी–*बो०* (स्त्री०) = ससुरी

सुसाध्य–*सं०* (वि०) 1 सुख साध्य 2 सरलता से साधे जाने योग्य

सुस्त–*फ़ा०* (वि०) 1 आलसी 2 कमज़ोर 3 ढीला 4 धीमा 5 मंद बुद्धिवाला 6 उतरा हुआ, उदास (जैसे-चेहरा सुस्त दिखाई देना)। ~**क़दम** (वि०) मंदगतिवाला; ~**दिमाग़** (वि०) कमअक़्ल, नादान

सुस्तना–I *सं०* (स्त्री०) प्रथम रजोदर्शनवाली स्त्री II (वि०) सुंदर स्तनोंवाली (स्त्री)

सुस्ताना–*फ़ा० + हिं०* (अ० क्रि०) थकावट दूर करना, आराम करना

सुस्ती–*फ़ा०* (स्त्री०) 1 आलस्य 2 कमजोरी 3 ढिलाई (जैसे-काम में सुस्ती दिखाना)

सुस्थ–*सं०* (वि०) 1 अच्छी तरह से स्थित 2 स्वस्थ, भला-चंगा 3 हर तरह से सुखी

सुस्थित–*सं०* (वि०) अच्छी तरह स्थित, दृढ़, पक्का

सुस्थिर–*सं०* (वि०) 1 अच्छी तरह से स्थिर या शांत 2 दृढ़ता पूर्वक जमाया हुआ या बैठाया हुआ

सुस्वर–I *सं०* (वि०) 1 मधुर 2 सुरीला 3 उच्च या घोर (जैसे-सुस्वर में गाना) II (पु०) मधुर, सुरीला या ऊँचा स्वर

सुस्वादु–*सं०* (वि०) बहुत स्वादिष्ट

सुहबत–*अ०* (स्त्री०) = सोहबत

सुहाग–(पु०) 1 सौभाग्य, अहिवात 2 शादी पर गाया जानेवाला मांगलिक गीत 3 वर, दूल्हे का जामा 4 प्यार, प्रणय चेष्टा (जैसे-सुहाग की हिफ़ाज़त)। ~**मंदिर** + *सं०* (पु०) 1 राजमहल में राजा रानी के विहार का मकान 2 वर वधू का शयनागार; ~**रात** (स्त्री०) वर वधू के प्रणय मिलन की प्रथम रात; ~**उजड़ना** विधवा हो जाना; ~**उतरना** 1 विधवा होना 2 विधवा हो जाने पर पत्नी के शरीर से गहने आदि का उतारा जाना; ~**भरना** पत्नी की माँग में सिंदूर भरना; ~**मनाना** सौभाग्य की कामना करना

सुहागन–(स्त्री०) = सुहागिन

सुहागा–I (पु०) गंधकी सोतों से प्राप्त एक प्रकार का क्षार

सुहागा–II *बो०* (पु०) पाटा, हेंगा

सुहागिन–(स्त्री०/वि०) सुहागवाली, **सौभाग्यशालिनी**, सधवा

सुहाता–(वि०) सहने योग्य

सुहाना–(अ० क्रि०) 1 सुंदर प्रतीत होना 2 सुखद होना

सुहारी–*बो०* (स्त्री०) सादी पूरी

सुहाल–(पु०) मैदे का बना तिकोनी आकृति का परतदार एक तरह का नमकीन पकवान

सुहावना–(वि०) सुंदर और सुखद (जैसे-सुहावनी रात, सुहावनी बात)

सुहास–*सं०* (वि०) सुंदर हँसी हँसनेवाला

सुहासी–*सं०* (वि०) सुंदर हँसीवाला या हासयुक्त

सुहृद–*सं०* (पु०) मित्र, सखा

सुहृदय–*सं०* (वि०) 1 सुंदर हृदयवाला 2 स्नेही

सुहेल–*अ०* (पु०) एक कल्पित तारा

सुहेला–(वि०) 1 सुहावना 2 सुखद

सूँघना–(स० क्रि०) नाक से गंध ग्रहण करना (जैसे-फूल सूँघना)

सूँघनी–(स्त्री०) तंबाकू का चूर्ण, नसवार

सूँघा–(पु०) सूँघकर टोह लगानेवाला 2 जासूस, भेदिया

सूँड़–(स्त्री०) हाथी की स्तंभाकार नाक, शुंड

सूँडाल–I (वि०) सूँड़वाला II (पु०) शुंडाल, हाथी

सूँड़ी–(स्त्री०) फसलों में लगनेवाला एक कीड़ा

सूँतना–(स० क्रि०) साफ़ करना, काछना

सूँस–(पु०) = सूँस्मार

सूअर–(पु०) एक प्रसिद्ध स्तनपायी जंतु (जैसे-जंगली सूअर,

सूअर का मांस)। ~**बाड़ा** (पु०) सूअर के रहने का स्थान, ~**बियान** *बो०* (स्त्री०) मादा सूअर की तरह बहुत अधिक संतान प्रसव करनेवाली स्त्री; ~**कहीं का** नालायक, मूर्ख; ~**का बच्चा** हरामज़ादा (गाली) आदि

सूअरनी–(स्त्री०) शूकरी

सूआ–I (पु०) तोता

सूआ–II (पु०) बड़ी मोटी, लंबी सूई, सूजा

सूई–(स्त्री०) 1 लोहे का पतला और कुछ लंबा सिरे पर एक छिद्रयुक्त उपकरण (जैसे-सूई में धागा डालना) 2 घड़ी आदि का काँटा 3 शरीर में दवा प्रवेश कराने का एक छोटा उपकरण, सीरिंज, पिचकारी 4 सिरिंज की प्रक्रिया, इंजेक्शन (जैसे-सूई लगाने की विधि)। ~**कारी** + *फ़ा०* (स्त्री०) सूई से कढ़ाई सिलाई का काम

सूकर–*सं०* (पु०) सूअर, शूकर

सूकरी–*सं०* (स्त्री०) मादा सूअर, शूकरी

सूक्त–I *सं०* (पु०) 1 सुंदर कथन 2 वेद मंत्र II (वि०) भली भाँति कहा हुआ

सूक्ति–*सं०* (स्त्री०) अच्छी उक्ति, बढ़िया बात

सूक्ष्म–*सं०* (वि०) 1 बहुत बारीक 2 बहुत छोटा 3 कठिनाई से समझ में आने योग्य (जैसे-सूक्ष्म बात, सूक्ष्म कार्य) 4 बिल्कुल ठीक (जैसे-सूक्ष्म कथन)। ~**कोण** (पु०) *ग०* समकोण से छोटा कोण; ~**ग्राही** (वि०) बात की बारीकी को पकड़नेवाला; ~**जीव शास्त्र** (पु०) = सूक्ष्म जैविकी; ~**जैविकी** (स्त्री०) सूक्ष्म जीवों का अध्ययन; ~**ता** (स्त्री०) सूक्ष्म होने का भाव, बारीकी; ~**दर्शक** (पु०) सूक्ष्म वीक्षण यंत्र; ~**दर्शिता** (स्त्री०) सूक्ष्म दर्शी होने की अवस्था; ~**दर्शी** (वि०) सूक्ष्म बातें समझनेवाला; ~**दृष्टि** (स्त्री०) कुशाग्र बुद्धि; ~**प्राणी विज्ञान** (पु०) सूक्ष्म जैविकी; ~**मति** (वि०) तीक्ष्ण बुद्धि; ~**मापी** (पु०) सूक्ष्म वस्तुओं को मापने का उपकरण ~**शरीर** (पु०) प्राणी का अँगूठे के बराबर शरीर जो मृत्यु के बाद उसके साथ जाता है

सूक्ष्मतया–*सं०* (क्रि० वि०) सूक्ष्म रूप में

सूक्ष्मांकन–*सं०* (पु०) सूक्ष्म रूप में अंकन

सूक्ष्माकार–*सं०* (वि०) सूक्ष्म आकारवाला

सूक्ष्माणु–*सं०* (पु०) अत्यंत सूक्ष्म अणु

सूक्ष्मातिसूक्ष्म–*सं०* (वि०) बारीक से बारीक

सूखना–(अ० क्रि०) 1 गीलापन दूर होना 2 जल न रह जाना (जैसे-तालाब सूख गया) 3 रसहीन होना (जैसे-मन का सूखना)) 4 उदास होना (जैसे-चेहरा सूखना) 5 दुर्बल होना (जैसे-शरीर सूखना)। **सूखकर काँटा हो जाना** अत्यंत दुबला हो जाना; **सूख जाना** स्तब्ध या सुन्न हो जाना (जैसे-पिता को बेहोश देखकर मेरा चेहरा सूख गया)

सूखा–(वि०) 1 निर्जल, जल रहित (जैसे-सूखा तालाब) 2 शुष्क, खुश्क (जैसे-सूखा मौसम) 3 रसहीन (जैसे-सूखा फल या सूखा पेड़) 4 उदास (जैसे-सूखा चेहरा) 5 स्नेह रहित 6 रूखा (जैसे-सूखी त्वचा) 7 कोरा, दो टूक 8 बेमुरौवत, तत्व से रहित ~**ग्रस्त** + *सं०* (वि०) सूखा से पीड़ित; ~**जवाब** दो टूक इनकार, साफ़ इनकार; ~**टालना** कोरा जवाब देना; ~**पड़ना** अकाल पड़ना; ~**लगना** सूखा रोग होना

सूचक–*सं०* (वि०) सूचना देनेवाला

सूचकांक–*सं०* (पु०) मूल्य बतानेवाला आँकड़ा, इंडेक्स नंबर

सूचना–*सं०* (स्त्री०) 1 इत्तिला, जानकारी 2 विज्ञापन 3 प्रतिवेदन 4 संकेत। ~**पट्ट** (पु०) सूचना लिखने का पटल या तख्ता; ~**पत्र** (पु०) 1 इश्तहारनामा, विज्ञप्ति इत्तलानामा, ~**परक** (वि०) सूचना देनेवाला; ~**प्रद** (वि०) सूचना देनेवाला ~**फलक** (पु०) = सूचना पट, नोटिस बोर्ड

सूचनात्मक–*सं०* (वि०) सूचना संबंधी

सूचनाधिकारी–*सं०* (पु०) जन साधारण को सूचना देनेवाला एक राजकीय कर्मचारी

सूचनार्थ–*सं०* (क्रि० वि०) सूचना के लिए

सूचनालय–*सं०* (पु०) = सूचना विभाग

सूचनीय–*सं०* (वि०) सूचना के योग्य

सूचि–*सं०* (स्त्री०) = सूची

सूचिका–*सं०* (स्त्री०) सूई

सूचित–*सं०* (वि०) 1 बताया हुआ, जताया हुआ 2 ज्ञापित 3 इशारा किया हुआ, संकेतित

सूचितव्य–*सं०* (वि०) सूचना के योग्य

सूची–*सं०* (स्त्री०) 1 तालिका (जैसे-मूल्य की सूची) 2 क्रम बद्ध लेखा, अनुक्रमणिका (जैसे-पुस्तक सूची) 3 सूई, सूचि। ~**करण** (पु०) सूची बनाना; ~**गत** (वि०) सूची में आया हुआ; ~**पत्र** (पु०) 1 सूचना पत्र 2 पुस्तकों आदि की नामावली विषय, दाम इत्यादि अंकित किए जाने का पत्र; ~**प्रणाली** (स्त्री०) सूची तैयार करने की विधि; ~**बद्ध** (वि०) सूची युक्त; ~**भेद्य** (वि०) 1 बहुत घना 2 सूई से भेदने योग्य; ~**मुख** (पु०) सूई की नोक; ~**वक्त्रा** (स्त्री०) अत्यंत संकीर्ण योनि; ~**वेधन** (पु०) सूई से वेधना

सूच्य–*सं०* (वि०) सूचना के योग्य

सूच्यग्र–*सं०* (पु०) सूई की नोक

सूच्याकार–*सं०* (वि०) सूई के आकार का

सूच्यार्थ–*सं०* (पु०) व्यंजना शक्ति से निकलने वाला अर्थ, व्यंग्यार्थ

सूजन–(स्त्री०) 1 सूजने का भाव 2 शोथ (जैसे-गले की सूजन)

सूजना–(अ० क्रि०) फूल जाना (जैसे-चोट से आँख सूज गई)

सूजनी–*फ़ा०* (स्त्री०) = सुजनी

सूजा–(पु०) 1 बड़ी और मोटी सूई, सूआ 2 सूई के आकार का छिद्ररहित एक उपकरण

सूज़ाक–*फ़ा०* (पु०) मूत्रेंद्रिय का एक रोग

सूजी–(स्त्री०) गेहूँ का रवेदार आटा (जैसे-सूजी का हलवा)

सूझ–(स्त्री०) 1 सूझने का भाव 2 कल्पना 3 दृष्टि, नज़र। ~**बूझ** (स्त्री०) सोचने समझने की शक्ति, बुद्धि

सूझना–(अ० क्रि०) 1 दिखाई पड़ना 2 ध्यान में आना 3 उद्भासित होना (जैसे-पते की सूझना)

सूट–*अं०* (पु०) कोट और पतलून का जोड़ा। ~**केस** (पु०) सूट रखने का बक्स; ~**बूट** (पु०) सूट बूट आदि अंग्रेजी फैशन का पहरावा; ~**बूटधारी** + *सं०* (वि०) सूट बूट पहना हुआ

सूटा–(पु०) तंबाकू, चरस या गाँजे का धूआँ जोर से खींचने की क्रिया

सूटिंग–*अं०* (स्त्री०) सूट का कपड़ा

सूत–I (पु०) 1 डोरा, तंतु 2 रेशम आदि का बारीक तार, कच्चा धागा 3 लंबाई नापने का एक छोटा मान 4 तावीज़ बँधा डोरा 5 करधनी रूप में पहना गया डोरा 6 लकड़ी या पत्थर पर निशान लगाने की डोरी

सूत–II *सं०* (पु०) पुत्र, बेटा

सूत–III *सं०* (पु०) रथ हाँकनेवाला व्यक्ति

सूतधार–(पु०) बढ़ई

सूतक–*सं०* (पु०) जन्म के समय होनेवाला पारिवारिक अशौच

सूतका–*सं०* (स्त्री०) जच्चा, सद्यः प्रसूता। ~**शौच** (पु०) संतान जन्म के कारण लगनेवाला अशौच

सूतकी–*सं०* (वि०) जिसे **संतानोत्पति** के कारण अशौच लगा हो

सूता–I *हिं०* रेशम 2 सूत, धागा

सूता–II *सं०* (स्त्री०) जच्चा, प्रसूता

सूति–I *सं०* (स्त्री०) 1 जन्म 2 जनन, प्रसव 3 उत्पत्ति का स्थान, उद्गम। ~**काल** (पु०) प्रसव का समय; ~**वात** (पु०) प्रसव वेदना

सूतिका–*सं०* (स्त्री०) नवप्रसूता, सद्यः प्रसूता। ~**काल** (पु०) प्रसव का समय; ~**ग्रह** (पु०) = सूतिकागार

सूतिकागार–*सं०* (पु०) जच्चाखाना

सूती–I (वि०) सूत का बना (जैसे-सूती कपड़ा)

सूती–II *बो०* (स्त्री०) सीपी

सूतीगृह–*सं०*, **सूतीघर** *सं० + हिं०* (पु०) = सूतिकागार

सूत्र–*सं०* (पु०) 1 सूत, तंतु 2 तागा 3 जनेऊ 4 कटिसूत्र 5 डोरी 6 रासायनिक तत्वों को संकेत द्वारा व्यक्त करना (जैसे-आक्सीजन का रासायनिक सूत्र O_2 है) 7 गणित के सूत्र 8 सांकेतिक भाषा में तथ्यों का विवरण 9 नियम, व्यवस्था 10 सिलसिला 11 अर्थ गर्भ वाक्य (जैसे-दर्शन या वेदों के सूत्र) 12 अर्थ गर्भ वाक्यों में रचित ग्रंथ (जैसे-कल्पसूत्र, गृह्य सूत्र) 13 संकेत, सुराग 14 मूलमुद्दा 15 निमित्त 16 माध्यम, जरिया (जैसे-कार्य सिद्धि के लिए कोई सूत्र खोज निकालना)। ~**कर्ता** (पु०) सूत्रग्रंथ का रचयिता; ~**कर्म** (पु०) 1 बढ़ई का काम 2 जुलाहे का काम; ~**कार** (पु०) 1 सूत्रों का रचयिता 2 बढ़ई 3 जुलाहा 4 कार्यादि का संचालन कर्ता; ~**ग्रंथ** (पु०) सूत्र रूप में रचित ग्रंथ; ~**धार** (पु०) नाट्यशाला का व्यवस्थापक या प्रधान नट; ~**पात** (पु०) 1 कार्य का आरंभ 2 सूत से मापने का कार्य; ~**बद्ध** (वि०) सूत्ररूप में कहा हुआ; ~**संचालक** (पु०) गुप्त रूप से घटनाओं का सूत्र संचालन करनेवाला राजनीतिज्ञ, दुरभिसंधिक

सूत्राकार–*सं०* (वि०) सूत्र की शक्ल का

सूत्रात्मक–*सं०* (वि०) सूत्र के रूप में बना

सूत्रित–*सं०* (वि०) 1 नत्थी किया हुआ 2 सिलसिले से लगाया हुआ 3 सूत्र रूप में कथित

सूत्री–*सं०* (वि०) सूत्र विशिष्ट (जैसे-त्रिसूत्री योजना, दीर्घसूत्री कार्यक्रम)। ~**करण** (पु०) सूत्र का रूप देना

सूथन–(पु०) एक प्रकार का बड़ा वृक्ष

सूथनी–(स्त्री०) स्त्रियों के पहनने का पायजामा

सूद–*फ़ा०* (पु०) ब्याज, इंटरेस्ट। ~**ख़ोर** (पु०) ब्याज से जीविका चलानेवाला; ~**ख़ोरी** (स्त्री०) ब्याज बट्टे का रोजगार; ~**दर सूद** (पु०) चक्रवृद्धि ब्याज, कंपाउंड इंटरेस्ट; ~**बट्टा** *+ हिं०* (पु०) लाभ-हानि ~**शास्त्र** (पु०) = सूप शास्त्र, पाक शास्त्र

सूदन–I *सं०* (पु०) 1 नाश या हनन 2 फेंकना II (वि०) 1 मार डालनेवाला (जैसे- रिपुसूदन) 2 प्रिय, प्यारा (जैसे-मधु सूदन)

सूदी–*फ़ा०* (वि०) सूद संबंधी

सूधा–(वि०) 1 निष्कपट, भोला भाला 2 सीधा, सरल 3 जो टेढ़ा न हो 4 उल्टा न हो

सून–*सं०* (पु०) 1 पुत्र, बेटा 2 जनन, प्रसव

सूना–I (वि०) जनहीन (जैसे-सूना घर) II (पु०) एकांत स्थान। ~**पन** (पु०) शून्यता

सूनु–*सं०* (पु०) 1 पुत्र, बेटा 2 औलाद, संतान

सूनू–*सं०* (स्त्री०) पुत्री, बेटी

सूप–I *सं०* (पु०) 1 पकी हुई दाल 2 पकी दाल का पतला पानी या रस 3 रसेदार तरकारी। ~**कार** (पु०) रसोइया, पाचक; ~**रस** (पु०) सूप का स्वाद; ~**शास्त्र** (पु०) पाक शास्त्र

सूप–II (पु०) अनज पछोरने के लिए बाँस के छिलके से बना एक पात्र, छाज

सूपक–*सं०* (पु०) = सूपकार

सूफ़–*अ०* (पु०) ऊन

सूफियाना–(वि०) सूफ़ियों जैसा सादा और सुंदर

सूफ़ी–*अ०* (पु०) 1 मुसलमानों का एक रहस्यवादी संप्रदाय (जैसे-जायसी सूफ़ी की श्रेणी में आते हैं) 2 सूफ़ी संप्रदाय का अनुयायी ~**मत** *+ सं०* (पु०) एक रहस्यवादी जो यह मानता है कि तपस्या और प्रेम से ईश्वर को प्राप्त किया जा सकता है

सूबा–*अ०* (पु०) राज्य का एक विभाग, प्रांत (जैसे-पंजाब सूबा)

सूबेदार–*अ० + फ़ा०* (पु०) सूबे का प्रधान अधिकारी 2 सेना में कुछ सैनिकों का अफ़सर

सूबेदारी–*अ० + फ़ा०* (स्त्री०) सूबेदार का काम और पद

सूम–(वि०) कंजूस, कृपण

सूमड़ा–(वि०) सून

सूमनी–(स्त्री०) कंजूस औरत

सूर–(पु०) अंधा व्यक्ति

सूरज–(पु०) सूर्य। ~**बंसी** (वि०) = सूर्यवंशी; ~**मुखी** *+ सं०* (पु०) = सूर्यमुखी

सूरत–*अ०* (स्त्री०) 1 शकल, रूप 2 भेस 3 हालत, स्थिति 4 उपाय (जैसे-किसी सूरत से यह काम करना ही है) 5 ढंग, विधि 6 रंग ढंग 7 वस्तु का बाह्य रूप, ऊपरी हालत। ~**शक्ल** (स्त्री०) रूप; ~**हराम** (वि०) 1 सौंदर्य से धोखा देनेवाला 2 सुंदर किंतु निस्सार; ~**नज़र न आना** 1 उपाय न सूझना 2 दिखाई न पड़ना; ~**बनाना** 1 शक्ल बनाना 2 मुँह चिढ़ाना 3 भाव स्पष्ट न होना; ~**बिगड़ना** अवस्था बिगड़ना; ~**बिगाड़ना** 1 अप्रसन्नता प्रकट करना 2 शक्ल खराब कर देना; ~**से बेज़ार होना** अतिशय घृणा या रोष होना, देखना भी सह्य न होना

सूरन–(पु०) एक प्रसिद्ध कसैला कंद

सूरमा–(पु०) योद्धा, बहादुर

सूरसुत–*सं०* (पु०) शनिग्रह

सूरा–*अ०* (पु०) 1 अनाज का एक कीड़ा 2 अंधा व्यक्ति

सूराख–*फ़ा०* (पु०) छिद्र, छेद (जैसे-कमरे का सूराख़)। ~**दार** (वि०) जिसमें सुराख हो (जैसे-सूराख़दार कमरा)

सूरी–*सं०* (पु०) विद्वान् पंडित

सूर्य–*सं०* (पु०) सौर मंडल का प्रधान पिंड या तारा, आदित्य, भानु (जैसे-सूर्य का प्रकाश)। ~**कमल** (पु०) सूरजमुखी का एक फूल; ~**कर** (पु०) सूर्य की किरण; ~**कांत** (पु०) एक तरह का स्फटिक; ~**काल** (पु०) दिन; ~**किरण चिकित्सा** (स्त्री०) सूर्य की किरणों द्वारा इलाज; ~**ग्रहण** (पु०) चंद्रमा की छाया पड़ने से सूर्यबिंब का छिप जाना; ~**घड़ी** + *हिं०* (स्त्री०) धूप घड़ी; ~**चित्रक** (पु०) सूर्य का ताप लेने और उसके ताप की घनता नापने का यंत्र; ~**जगत्** (पु०) = सूर्य संसार; ~**ताप** (पु०) सूर्य की किरणों से उत्पन्न गर्मी; ~**ताप बैटरी** + *अं०* (स्त्री०) = सूर्य बैटरी; ~**तेज** (पु०) धूप, घाम; ~**दर्शी** (पु०) सूर्य देखने का यंत्र; ~**परिमंडल** (पु०) = सौर किरीट; ~**पर्व** (पु०) सूर्य का नई राशि में प्रवेश या सूर्य ग्रहण आदि का पुण्यकाल; ~**पुत्र** (पु०) 1 शनि 2 यम 3 वरुण 4 कर्ण; ~**पुत्री** (स्त्री०) यमुना; ~**भौतिकी** (स्त्री०) सूर्य संबंधी भौतिक विज्ञान; ~**मंडल** (पु०) सूर्य की परिधि या घेरा; ~**मुखी** (पु०/स्त्री०) सूर्य की गति के साथ ऊपर उठने और नीचे झुकनेवाला एक बड़ा पीला फूल; ~**लोक** (पु०) सौरभुवन; ~**वंश** (पु०) भारत के दो प्रमुख राजवंशों में से एक, इक्ष्वाकुवंश; ~**वंशी** I (वि०) सूर्य वंश का II (पु०) सूर्य वंश में उत्पन्न पुरुष; ~**विलोकन** (पु०) बच्चे को सूर्य दर्शन कराने की एक रस्म; ~**संक्रमण** (पु०), ~**संक्राति** (स्त्री०) सूर्य का दूसरी राशि में प्रवेश; ~**संसार** (पु०) सौरमंडल; ~**स्नान** (पु०) धूप स्नान

सूर्या–*सं०* (स्त्री०) 1 सूर्य की पत्नी 2 नवविवाहिता स्त्री, नवोढ़ा

सूर्याश्म–*सं०* (पु०) सूर्यकांत मणि

सूर्यास्त–*सं०* (पु०) सूर्य का छिप जाना

सूर्योदय–*सं०* (पु०) सूर्य का उदित होना

सूर्योन्मुख–*सं०* (वि०) सूर्य की ओर उन्मुख

सूर्योपासक–*सं०* (पु०) सूर्य का उपासक

सूर्योपासना–*सं०* (स्त्री०) सूर्य की उपासना

सूल–(पु०) = शूल

सूलना–I (अ० क्रि०) 1 गड़ना या चुभना 2 पीड़ित होना II (स० क्रि०) 1 चुभाना 2 कष्ट देना

सूली–(स्त्री०) 1 लोहे का नुकीला छड़ 2 प्राण दंड देने की एक विधि। **प्राण ~ पर टँगे रहना** दुविधा के कारण अत्यंत मानसिक कष्ट होना

सूस, सूसमार–(पु०) एक प्रकार का जलजंतु, शिशुमार

सृजन–*सं०* (पु०) 1 रचना, सर्जन 2 उत्पत्ति, सृष्टि। ~**शक्ति** (स्त्री०) रचना करने की सामर्थ्य; ~**शील** (वि०) रचना करनेवाला

सृजनात्मक–*सं०* (वि०) सृजनशील

सृज्य–*सं०* (वि०) सृजन के योग्य

सृज्यमान–*सं०* (वि०) जो रचित किया जा रहा हो

सृत–*सं०* (वि०) 1 खिसका हुआ, सरका हुआ 2 गया हुआ

सृति–*सं०* (स्त्री०) 1 खिसकना, सरकना 2 आवागमन 3 मार्ग 4 निर्माण

सृष्ट–*सं०* (वि०) 1 रचा हुआ 2 उत्पन्न किया हुआ 3 मिला हुआ

सृष्टि–*सं०* (स्त्री०) 1 निर्माण, रचना 2 उत्पत्ति, पैदाइश 3 निर्मित वस्तु 4 जगत्, संसार 5 प्रकृति। ~**कर्ता** (स्त्री०) ब्रह्मा; ~**विज्ञान**, ~**शास्त्र** (पु०) सृष्टि की रचना आदि की मीमांसा करनेवाला शास्त्र या विज्ञान

सेंक–(स्त्री०) सेंकने की क्रिया

सेंकना–(स० क्रि०) 1 आग पर पकाना (जैसे-रोटी सेंकना) 2 गरम करना (जैसे-हाथ पैर सेंकना) 3 ताप पहुँचाना (जैसे-फोड़ा सेंकना)। **आँखें**~ रूपवती स्त्री को देखकर प्रसन्नता का अनुभव करना

सेंगर–(पु०) एक प्रकार का पौधा 2 एक तरह का धान

सेंगरा–*बो०* भारी वस्तु को लटकाकर ले जाने का डंडा

सेंट–*अं०* (पु०) 1 महक, गंध 2 सुगंधियुक्त द्रव्य

सेंटर–*अं०* (पु०) 1 केंद्र 2 केन्द्र विंदु या स्थान। ~**फ़ारवर्ड** (पु०) फुटबाल और हाकी में टीम के बिल्कुल आगे बीच में खेलनेवाला खिलाड़ी ~**हाफ़** (पुं०) सेंटर के खिलाड़ियों के पीछे खेलनेवाला खिलाड़ी

सेंटीग्रेड–अं० (पुं०) ताप नापने का पैमाना (जैसे-जल का क्वथनांक 100 डिग्री सेंटीग्रेड है)

सेंट्रल–*अं०* (वि०) मुख्य, केंद्रीय (जैसे-सेंट्रल रेलवे, सेंट्रल तारघर, सेंट्रल जेल)

सेंत–(क्रि० वि०) 1 मुफ़्त में, बिना दाम चुकाए 2 नाहक। ~**मेंत** (क्रि० वि०) बिना मूल्य दिए 2 व्यर्थ, फ़जूल (जैसे-सेंत-मेंत परेशान करना)

सेंदुर–*बो०* (पु०) = सिंदूर। ~**दानी** *फ़ा०* + *हिं०* = सिंदूरदानी

सेंदुरा–(वि०) = सिंदूरी

सेंदुरिया–(वि०) सिंदूर के रंग का

सेंदुरी–I (स्त्री०) लाल रंग की गाय II (वि०) सिंदूर के रंग का

सेंद्रिय–*सं०* (वि०) 1 इंद्रियोंवाला, सजीव 2 पौरुष से युक्त या पुंसत्व

सेंध–(स्त्री०) 1 चोर द्वारा चोरी के उद्देश्य से दीवार में किया गया छेद, नकब 2 नकब या **सेंध** लगाकर की गई चोरी

सेंधना–(स० क्रि०) *बो०* चोरी के उद्देश्य से सेंध लगाना

सेंधा–(पु०) एक खनिज नमक

सेंधिया–I (पु०) सेंध लगाकर चोरी करनेवाला चोर

सेंधिया–II (पु०) ककड़ी की जाति की एक लता

सेंधी–(स्त्री०) खजूर

सेंधुर–*बो०* (पु०) = सिंदूर

सेंवई–(स्त्री०) मैदे से बनाए हुए सूत से लच्छे

सेंसर–*अं०* (पु०) 1 समाचार पत्र आदि छपने तथा पुस्तक आदि प्रकाशित होने से पूर्व उसे देखने के लिए नियुक्त एक राजकीय कर्मचारी 2 इस तरह की जाँच आदि का काम ~**बोर्ड** (पु०) सेंसर करनेवाले अधिकारियों की समिति;

~**शिप** (स्त्री०) सरकार द्वारा चिट्ठी-पत्री, सिनेमा आदि की प्रकाशन से पहले की गई जाँच पड़ताल

सेंसस–*अं०* (पु०) जनगणना

सेंहा–*बो०* (पु०) कुँआ खोदनेवाला

सेंहुड़–(पु०) थूहर, स्नुही

से–I (प्र०) करण और अपादान कारक का चिह्न, तृतीय और पंचमी की विभक्ति II (वि०) 'सा' का बहुवचन, समान, तुल्य (जैसे-बहुत से लोग, तुम्हारे से योद्धा)

सेई–*बो०* (स्त्री०) अनाज नापने का काठ का एक बर्तन

सेकंड–I *अं०* (वि०) दूसरा, द्वितीय (जैसे-सेकंड रूम, सेकंड डिविज़न) ~**हैंड** (वि०) पुराना, इस्तेमाल किया हुआ

सेकंड–II *अं०* (पु०) एक मिनट का 60वाँ भाग। ~**हैंड** (पु०) घड़ी की सबसे बड़ी सूई जो सेकेंड-सेकेंड का वक्त बताती है

सेक–*सं०* (पु०) 1 सिंचाई 2 पानी का छिड़काव 3 अभिषेक

सेकड़ा–*बो०* (पु०) पैना, चाबुक

सेकुआ–*बो०* (पु०) हलवाइयों का डौआ

सेकेंड–I *अं०* (वि०) = सेकंड I

सेकेंड–II *अं०* (पु०) = सेंकंड II . ~**सुवा** + *हिं०* (पु०) = सेकंड हैंड II

सेकेंडरी–*अं०* (वि०) 1 माध्यमिक 2 गौण

सेक्टर–*अं०* (पु०) 1 खंड, क्षेत्र 2 *ग०* अवखंड, त्रिज्य

सेक्रेटरी–*अं०* (सरकार का) सचिव 2 (सभा का) मंत्री

सेक्रेटेरियट–*तु०* (पु०) सचिवालय

सेक्शन–*अं०* (पु०) 1 विभाग 2 धारा। ~**कमांडर** (पुं०) अनुभाग सेनापति। ~**जज** (पु०) अनुभाग न्यायाधीश

सेक्स–*अं०* (पुं०) लिंग (जैसे-सेक्स विभाजन)

सेगा–*अ०* (पुं०) विभाग, शाखा

सेच–*सं०* = सींच

सेचक–*सं०* (वि०) सींचनेवाला 2 तर करनेवाला, छिड़कनेवाला II (पुं०) बादल, मेघ

सेचन–*सं०* (पु०) 1 सिंचाई करना, सिंचन 2 पानी छिड़कना

सेचनीय–*सं०* (वि०) = सेच्य

सेचित–*सं०* (वि०) 1 तर किया हुआ 2 सींचा हुआ

सेच्य–*सं०* (वि०) सेचन किए जाने योग्य

सेज–(स्त्री०) सुंदर और कोमल बिछौना या बिस्तरा, शय्या

सेट–*अं०* (पु०) एक तरह की अनेक वस्तुओं का समूह (जैसे-नक़ली दाँतों का सेट)

सेटलमेंट–*अं०* (पु०) 1 बंदोबस्त 2 उपनिवेश

सेठ–(पु०) 1 महाजन 2 धनी आदमी

सेउन–(पु०) झाड़ू, बुहारी

सेठा–(पु०) सरकंडे का निचला भाग

सेठानी–(स्त्री०) 1 महाजन स्त्री 2 सेठ की पत्नी

सेढ़–(पु०) पाल। ~**ख़ाना** + *फां०* (पु०) 1 पाल रखने की कोठरी

सेतु–*सं०* (पु०) पुल। ~**कर** (पु०) पुल का निर्माण करनेवाला; ~**कर्म** (पु०) पुल निर्माण का काम; ~**बंध** (पु०) पुल बनाने का काम, पुल बनाना

सेथिया–*बो०* (पु०) नेत्र चिकित्सक

सेध–*सं०* (पु०) मनाही, निवारण

सेधा–*सं०* (स्त्री०) साही नामक जंतु

सेन–I *बो०* (पु०) बाज पक्षी, श्येन

सेन–II *सं०* (पु०) 1 तन, शरीर 2 व्यक्तियों के नाम के आगे प्रयुक्त एक पद (जैसे-वीरसेन, शूरसेन) 3 जीवन

सेनांग–*सं०* (पु०) सेना का अंग या विभाग

सेना–I *सं०* (स्त्री०) 1 फ़ौज, पलटन, आर्मी (जैसे-भारतीय सेना, जल सेना) 2 विशेष कार्य हेतु संघटित दल (जैसे-बाल सेना, मुक्ति सेना, वानर सेना)। ~**जीवी** (पु०) सिपाही, योद्धा; ~**दार** + *फ़ां०* (पु०) = सेनापति; ~**नायक** (पु०) = सेनापति; ~**निवेश** (पु०) = सेनावास; ~**पति** (पु०) फ़ौज या सेना का नायक, सिपहसालार; ~**पतित्व** (पु०) सेनापति का पद और कार्य; ~**पत्य** (पु०) सेनापति होने की अवस्था; ~**परिधान** (पु०) 1 सेना की पोशाक 2 सेना के साथ रहनेवाली सभी आवश्यक सामग्री, लवाजमा; ~**पाल** (पु०) सेना नायक या सेनापति; ~**मुख** (पु०) सेना का अग्रभाग; ~**वास** (पु०) 1 छावनी 2 शिविर, खेमा, डेरा; ~**व्यूह** (पु०) सैनिकों की विशेष स्थानों पर स्थापना; ~**संचालक** (पु०) सेना का नेतृत्व करनेवाला सेनापति; ~**संचालन** (पु०) सेना का नेतृत्व करना

सेना–II (स० क्रि०) 1 सेवन करना 2 सेवा करना 3 औषध आदि का नियमित रूप से प्रयोग करना 4 निरंतर वास रहना (जैसे-काशी सेना) 5 अंडों पर बैठना (जैसे-मुर्गी का अंडे सेना) 6 व्यर्थ पड़े रहना (जैसे-खटिया सेना) 7 उपासना करना (जैसे-देवी देवता को सेना)

सेनाग्र–*सं०* (पु०) सेना का अगला हिस्सा

सेनाधिकारी–*सं०* (पु०) सेना का अधिकारी

सेनाधीश–*सं०* (पु०) = सेनापति

सेनाध्यक्ष–*सं०* (पु०) सेना का अफ़सर

सेनानी–*सं०* (पु०) = सेनापति, सिपहसालार

सेनी–*फ़ा०* (स्त्री०) 1 तश्तरी, रकाबी 2 नक़्क़ाशीदार छोटी थाली

सेनेट–*अं०* (स्त्री०) = सीनेट

सेनेटर–*अं०* (पु०) = सीनेटर

सेनेटोरियम–*अं०* (पु०) आरोग्य निवास, स्वास्थ्य सदन

सेफ़–*अं०* (पु०) लोहे की एक मज़बूत आलमारी, तिजोरी

सेफ़टी बेल्ट–*अं०* (पु०) बचाव पेटी

सेफ़टी वाल्व–*अं०* (पु०) 1 सुरक्षा कपाट 2 सुविधाजनक मार्ग

सेब–*फ़ा०* (पु०) 1 नाशपाती की जाति का मझोले आकार का एक पेड़ 2 इस पेड़ का प्रसिद्ध फल (जैसे-कश्मीरी सेब)

सेम–(स्त्री०) तरकारी के काम में आनेवाली एक तरह की फली, शिंबी

सेमई–I (पु०) सेम की तरह का हल्का सब्ज रंग II (वि०) सेम की तरह हल्के सब्ज रंग का

सेमर–I *बो०* (पु०) दलदली ज़मीन

सेमर–II (पु०) शाल्मलि, सेमल

सेमल–(पु०) एक तरह का रूईदार वृक्ष

सेमा–(पु०) बड़ी सेम

सेमिकोलन–*अं०* (पु०) एक विराम चिह्न, अर्द्ध विराम (;)

सेमिटिक–*अं०* (त्रि०) अरबी और यहूदी जाति का, सामी

सेमिनरी–*अं०* (पु०) 1 शिक्षणालय 2 धर्म प्रशिक्षणालय
सेमिफ़ाइनल–*अं०* (पुं०) एक प्रतियोगिता जिसमें चार टीमों के खेल में सफल हुई दो टीमें ही फ़ाइनल में जा पाती हैं
सेमीकोलन–*अं०* (पु०) एक विराम चिह्न
सेमीफ़ाइनल–*अं०* (पु०) = सेमिफ़ाइनल
सेर–I (पु०) सोलह छटाँक की एक तौल
सेर–II *फ़ा०* (वि०) 1 भरा हुआ 2 तृप्त, संतुष्ट 3 बहुत, प्रचुर। ~**चश्म** (वि०) 1 संतुष्ट 2 उदार, दानशील
सेरा–I (पु०) सिरहाने की ओर होनेवाली चारपाई की पाटी
सेरा–II *फ़ा०* (पु०) सींची हुई ज़मीन
सेराब–*फ़ा०* (वि०) सींचा हुआ
सेरी–*फ़ा०* (स्त्री०) तृप्त और संतुष्ट होने का भाव, तृप्ति
सेल–*अं०* (पु०) बिक्री, विक्रय
सेल खड़ी–(स्त्री०) = सिल खड़ी
सेलना–(अ० क्रि०) मर जाना, चल बसना
सेला–(पु०) 1 रेशमी चादर 2 उसना चावल
सेली–I (स्त्री०) गोरखपंथियो के गले में पहनने का काला धागा
सेली–II (स्त्री०) बरछी
सेलूट–*अं०* (स्त्री०) सलाम
सेलून–*अं०* (पु०) हाल कमरा
सेलूलाइड–*अं०* (पु०) कचकड़ा
सेलेक्शन–*अं०* (पु०) चुनाव, वरण
सेल्फ़ सर्विस–*अं०* (स्त्री०) स्वयं सेवा
सेल्युलोस–*अं०* (पु०) = सेलूलोज़
सेल्यूट–*अं०* (स्त्री०) = सेलूट
सेल्ला–(पु०) भाला, बरछा
सेल्सटैक्स–*अं०* (पु०) बिक्री कर
सेल्समैन–*अं०* (पु०) विक्रेता
सेव–(पु०) = सेंवई
सेवइक–*बो०* (पु०) = सेवक
सेवई–(स्त्री०) = सेंवई
सेवक–*सं०* (पु०) 1 नौकर 2 चाकर, परिचारक 3 देवता का भक्त (जैसे-राम का सेवक) II (वि०) सेवा करनेवाला (जैसे-जनता का सेवक)
सेवड़ा–(पु०) मैदे का एक प्रकार का मोटा पकवान
सेवती–*सं०* (स्त्री०) सफ़ेद गुलाब
सेवदान–*हिं०* + *फ़ा०* (पु०) = सोयाबीन
सेवन–*सं०* (पु०) 1 परिचर्या, सेवा 2 उपासना, पूजा करना, आराधना 3 इस्तेमाल, प्रयोग (जैसे-औषध का सेवन) 4 पवित्र स्थान पर रहना (जैसे-काशी सेवन) 5 उपभोग (जैसे-मद्य सेवन, नारी या स्त्री सेवन) 6 सिलाई
सेवनी–I *बो०* (स्त्री०) = सेविका
सेवनी–II *सं०* (स्त्री०) 1 सूई, सूची 2 सीअन, सीवन 3 शरीर में सीअन की तरह का जोड़
सेवनीय–*सं०* (वि०) 1 सेवा करने योग्य 2 पूज्य 3 सीए जाने योग्य
सेवा–*सं०* (स्त्री०) 1 परिचर्या, ख़िदमत 2 पूजा, आराधना 3 प्रयोग 4 उपभोग 5 चाटुकारिता, ख़ुशामद (जैसे-अधिकारी की सेवा) 6 पालन पोषण (जैसे-बाल बच्चों की सेवा) 8 लोकोपकारी कार्य (जैसे-देशसेवा, साहित्यिक सेवा) 9 आश्रम, शरण (जैसे-धार्मिक सेवा)। ~**काल** (पु०) सेवा करने की अवधि; ~**टहल** + *हिं०* सेवा सुश्रुषा खिदमतफ ~**दार** + *फ़ा०* (पु०) गुरुद्वारे में गुरुग्रंथ साहिब की पूजा के लिए नियुक्त व्यक्ति; ~**धर्म** (पु०) सेवक का धर्म; ~**धारी** (पु०) = सेवादार; ~**नियोजन** (पु०) नौकरी में लगाना; ~**निवृत्त** (वि०) सेवा मुक्त; ~**निवृत्ति** (स्त्री०) सेवा से अवकाश लेना; ~**पंजी** (स्त्री०) सेवा संबंधी मुख्य बातें लिखने की पुस्तिका; ~**पन** + *हिं०* (पु०) = सेवन; ~**परायण** (वि०) सेवा में रत रहनेवाला, सेवानिष्ठ; ~**पुस्तिका** (स्त्री०) = सेवा पंजी; ~**बंदगी** + *फ़ा०* (स्त्री०) उपासना, आराधना, पूजा; ~**भाव** (पु०) उपकार की भावना; ~**भावी** (वि०) सेवाभाव रखनेवाला, उपकार करनेवाला; ~**युक्त** (वि०) सेवा में लगा हुआ; ~**योजक** (पु०) सेवा पर नियुक्त करनेवाला; ~**योजन** (पु०) = सेवा नियोजन; ~**रत** (वि०) सेवा में लगा हुआ; ~**वृत्ति** (स्त्री०) नौकरी; ~**शुश्रूषा** (स्त्री०) 1 पालन पोषण (जैसे-शिशु की सेवा शुश्रूषा) 2 उपकार करना (जैसे-दीन दुःखियों की सेवा शुश्रूषा)
सेवाभिलेख–*सं०* (पु०) = सेवा पंजी
सेवार–(स्त्री०) लंबे, कड़े तथा तेज़ किनारोंवाली घास, शैवाल
सेविंग बैंक–*अं०* (पु०) बचत खाता
सेविका–*सं०* (स्त्री०) 1 दासी, परिचारिका 2 नौकरानी
सेवित–*सं०* (वि०) 1 जिसकी सेवा की गई हो 2 पूजित 3 प्रयुक्त 4 उपभुक्त
सेवी–*सं०* (वि०) 1 सेवा करनेवाला 2 पूजा करनेवाला
सेवोपहार–*सं०* (पु०) सेवा मुक्त होने पर दिया जानेवाला धन, आनुतोषिक
सेव्य–*सं०* (वि०) 1 सेवा के योग्य 2 आराध्य 3 पूज्य 4 व्यवहार के योग्य। ~**सेवक** (पु०) स्वामी और सेवक
सेशन–*अं०* (पु०) 1 संसद, न्यायालय आदि संस्थाओं की निश्चित अवधि 2 कुछ समय तक चलती रहनेवाली बैठक 3 स्कूल, कालेज की लगातार पढ़ाई की अवधि 4 अदालत। ~**कोर्ट** (पु०) 1 सत्र न्यायालय 2 हत्या आदि गंभीर जुल्म पर विचार करनेवाली अदालत; ~**जज** (पु०) सत्र न्यायाधीश
सेश्वर–*सं०* (वि०) 1 ईश्वर युक्त 2 ईश्वर की सत्ता माननेवाला
सेसर–(पु०) 1 ताश का एक खेल 2 जालसाज़ी, धोखेबाज़ी
सेसरिया–(पु०) छल कपट करनेवाला व्यक्ति, जालिया
सेहत–*अं०* (स्त्री०) 1 स्वास्थ्य 2 आरोग्य 3 राहत, सुख, चैन। ~**ख़ाना** + *फ़ा०* (पु०) शफ़ाख़ाना, स्वास्थ्यगृह; ~**गाह** + *फ़ा०* (स्त्री०) स्वास्थ्य गृह
सेहरा–(पु०) 1 विवाह का मुकुट, मौर 2 सेहरा बाँधने के समय गाया जानेवाला गीत। ~**बंदी** + *फ़ा०* (स्त्री०) दूल्हे के सेहरा बाँधना; ~**बँधाई** (स्त्री०) सेहरा बाँधने का नेग
सेहा–(पु०) कुआँ खोदनेवाला
सेही–(स्त्री०) = साही
सेहुँड़ा–(पु०) स्नुही, थूहर
सेहुआँ–(पु०) शरीर पर भूरी भूरी चित्तियाँ पड़ने का एक चर्म रोग या त्वचा का रोग

सैंडिल–*अं०* (पु०) चप्पल, खुला जूता

सैंतना–(स० क्रि०) *बो०* 1 संचित करना, इकट्ठा करना 2 समेटना 3 सँभाल और सहेज कर लेना 4 सँभालकर ठीक जगह पर रखना

सैंतालिस–I (वि०) चालीस और सात II (पु०) '47' की संख्या

सैंतीस–I (वि०) तीस और सात II (पु०) '37' की संख्या

सैंधव–I *सं०* (वि०) 1 सिंधु प्रदेश का 2 सिंधु या समुद्र संबंधी 3 समुद्र या सिंधु में उत्पन्न II (पु०) सिंधु देश का निवासी

सैंपुल–*अं०* नमूना (जैसे कलम का सैंपुल)

सैकड़ा–(पु०) सौ का समूह, सौ

सैकड़े–I (अ०) प्रतिशत, फीसदी II (वि०) सैकड़े रूप में होनेवाला (जैसे-चार सैकड़े आम)

सैकड़ों–(वि०) 1 कई सौ 2 बहुत अधिक (जैसे-सैकड़ों लोग बम विस्फ़ोट में मारे गए)

सैकत–I *सं०* (वि०) 1 रेत संबंधी (जैसे-सैकत तट, सैकत शय्या) 2 रेतीला, बलुआ 3 बालू का बना (जैसे-सैकत मंदिर) II (पु०) 1 रेतीला तट, रेती 2 रेतीली ज़मीन 3 रेतीली मिट्टी

सैकतिक–I *सं०* (वि०) सिकतामय II (पु०) 1 साधु, संन्यासी 2 मंगलसूत्र

सैक़ल–*अ०* (पु०) धातु के बर्तन आदि चमकाना, सिक़ली। **~गर** + *फ़ा०* (पु०) = सिक़लीगर

सैट–*अं०* (पु०) = सेट

सैडल–*अं०* (पु०) ज़ीन

सैथी–(स्त्री०) छोटा बरछा, भाला

सैद्धांतिक–*सं०* (वि०) 1 सिद्धांत से संबंधित 2 सिद्धांत जाननेवाला

सैन–(स्त्री०) 1 संकेत, इशारा 2 परिचायक चिह्न, निशान

सैनापत्य–I *सं०* (पु०) = सेनापतित्व II (वि०) सेनापति का

सैनिक–I *सं०* (वि०) 1 सेना का 2 सेना के लिए उपयुक्त II (पु०) 1 फ़ौजी आदमी 2 पहरेदार, संतरी (जैसे-सैनिक को बुलाना)। **~ता** (स्त्री०) सैनिक होने का भाव; **~वाद** (पु०) युद्ध का समर्थन करनेवाला सिद्धांत; **~वादी** I (वि०) सैनिकवाद का II (पु०) सैनिकवाद का समर्थन करनेवाला

सैनिकीकरण–*सं०* (पु०) सेना बनाना

सैनिटोरियम–*अं०* (पु०) = सेनेटोरियम

सैन–(पु०) 1 संकेत, इशारा 2 चिह्न

सैन्य–I *सं०* (वि०) सेना का II (पु०) 1 सैनिक 2 सेना 3 पहरेदार, संतरी। **~कक्ष** (पु०) सेना का पार्श्व भाग; **~क्षोभ** (पु०) सैनिक विद्रोह; **~घातक** (वि०) सेना का विनाश करनेवाला; **~द्रोह** (पु०) सेना द्वारा किया गया विरोध, सेना की बग़ावत; **~नायक, ~पति** (पु०) = सेनापति; **~परिचलन** (पु०) = सेनापतित्व; **~पृष्ठ** (पु०) सेना का पिछला भाग या हिस्सा; **~बल** (पु०) = सैनिक शक्ति; **~मुख** (पु०) सेना का अगला भाग या हिस्सा; **~वाद** (पु०) = सैनिकवाद; **~वादी** (वि०/पु०) = सैनिकवादी; **~वास** (पु०) सेना का पड़ाव, शिविर; **~विघटन, ~वियोजन** (पु०) सैन्य सेवा से अलग़ करना **~शक्ति** (स्त्री०) सैनिक की ताक़त; **~शासित** (वि०) जिस पर सेना का शासन हो (जैसे-सैन्य शासित प्रदेश या राज्य); **~शिक्षण** (पु०) सेना को सैनिक शिक्षा देना; **~शिक्षार्थी** (पु०) सैनिक विद्यालय में शिक्षा पानेवाला युवक; **~संख्या** (स्त्री०) सैनिकों की संख्या; **~संगठन** + *हिं०* (पु०) सैनिकों को एकत्र करना; **~संचालक** (पु०) सेना का संचालन करनेवाला, सेनापति; **~संचालन** (पु०) 1 सेना की व्यवस्था आदि करना 2 सेनापतित्व; **~संसज्जन** (पु०) सेना को युद्ध हेतु तैयार रखना; **~सज्जा** (स्त्री०) सेना की तैयारी; **~सत्तावाद** (पु०) = सैनिकवाद; **~सत्तावादी** (वि०/पु०) = सैनिकवादी; **~सेवा** (स्त्री०) सेना की सेवा या नौकरी

सैन्यादेश–*सं०* (पु०) फ़ौजी हुक्म

सैन्याध्यक्ष–*सं०* (पु०) = सेनापति

सैन्यीकरण–*सं०* (पु०) = सैनिकीकरण

सैयर–*अं०* (पु०) सैनिक जो खाई खोदने और किलाबंदी का काम करते हैं

सैफ़–*अ०* (स्त्री०) तलवार

सैयद–*अ०* (पु०) नेता, सरदार

सैयाद–*अ० फ़ा०* 1 बहेलिया 2 शिकारी

सैर–*अ०* (स्त्री०) 1 भ्रमण 2 मन बहलाव हेतु जाना (जैसे-कंपनी बाग की सैर) 3 मनोरंजक दृश्य 4 बहार, मौज, आनंद (जैसे-सैर करना)। **~गाह** + *फ़ा०* (स्त्री०) सैर करने के लिए उपयुक्त स्थान; **~सपाटा** + *हिं०* (पु०) 1 सैर करने के लिए इधर उधर घूमना 2 मौज मस्ती लेना

सैरबी–*अ० + फ़ा०* (पु०) दृश्य दर्शी (उपकरण)

सैल–I *अ०* (पु०) 1 पानी का बहाव 2 बाढ़, सैलाब

सैल–II *अं०* (पु०) 1 कोठरी 2 बैटरी का खोल

सैला–(पु०) 1 लकड़ी का चीरा हुआ टुकड़ा, चैला 2 पच्चड़ 3 खूँटी 4 डंठल से दाने झाड़ने का डंडा 5 पतवार का दस्ता

सैलानी–(वि०) 1 सैर करनेवाला 2 इधर उधर घूमता फिरता रहनेवाला। **~पन** (पु०) सैर करने की आदत

सैलाब–*अ० + फ़ा०* (पु०) नदी की बाढ़। **~ज़दा** (वि०) बाढ़ग्रस्त

सैलाबा–*अ० + फ़ा० + हिं०* (पु०) पानी में डूबी हुई फ़सल

सैलाबी–*अ० + फ़ा०* (वि०) सैलाब संबंधी

सोंचर नमक–*हिं० + फ़ा०* (पु०) काला नमक

सोंटा–(पु०) मोटी छड़ी। **~बरदार** + *फ़ा०* (पु०) वह असवारदार या बल्लमदार जो राजारईसों की सवारी के आगे आगे चलता है; **~चलाना** (पु०) सोंटा से मारपीट करना

सोंठ–I (स्त्री०) सूखा अदरक

सोंठ–II (वि०) 1 अत्यंत कृपण 2 जान बूझकर चुप्पी मारनेवाला

सोंठूराय–(पु०) बहुत बड़ा कंजूस

सोंठौरा–*बो०* (पु०) सोंठ, मेवा और चीनी आदि के मिश्रण से बना लड्डू

सोंधा–(वि०) 1 सुगंधित, खुशबूदार 2 सुगंध के समान (जैसे-सोंधी मिट्टी)

सोंधिया–(पु०) सुगंध तृण

सोंविनिया–(पु०) नाक में पहनने का एक आभूषण

सोंहट–*बों०* (वि०) सीधा सादा, सरल

सो–I (सर्व०) 'जो' के साथ लगनेवाला संबंध सूचक शब्द, वह II (अ०) इसलिए, अतः III (वि०) समान, भाँति

सोआ–(पु०) एक तरह का साग और उसका पौधा (जैसे-सोआ मेंथी)

सोई–I (स्त्री०) वही II (अ०) इसलिए III (वि०) समान

सोख़ता–I *फ़ा०* (पु०) = सोख़्ता I

सोख़ता–II *फ़ा०* (वि०) = सोख़्ता II

सोखन–(पु०) 1 स्याही लिए सफ़ेद रंग का बैल 2 नदी के रेतीले तट पर होनेवाला धान

सोखना–(अ० क्रि०) सोख लेना, ज़ज़्ब करना

सोख पत्र–*हिं० + सं०* (पु०) = सोख्ता I

सोखा–I *बो०* (पु०) जादूगर II (वि०) चतुर, चालाक

सोखाना–(स० क्रि०) सोखने में प्रवृत्त करना

सोख़्त–*फ़ा०* (स्त्री०) जलन, दाह

सोख़्तनी–*फ़ा०* (वि०) जलनशील, जलन योग्य

सोख़्ता–I *फ़ा०* (पु०) स्याही सोखनेवाला एक प्रकार का मोटा खुरदरा काग़ज़

सोख़्ता–II *फ़ा०* (वि०) 1 जला हुआ 2 संतप्त

सोग–(पु०) = शोक

सोगन–*बो०* (स्त्री०) सौगंध, कसम

सोगवार–(वि०) शोक से युक्त

सोगी–(वि०) दुःखी

सोच–(पु०/स्त्री०) 1 चिंता, फ़िक्र 2 दुःख, रंज 3 पश्चाताप, पछतावा। ~**विचार** *+ सं०* (पु०) सोचने और समझने का भाव

सोचना–I (अ० क्रि०) 1 विचार करना 2 चिंता में पड़ना II (स० क्रि०) अनुमान या कल्पना करना

सोज़–*फ़ा०* (पु०) 1 जलन, दाह 2 अथाह कष्ट, वेदना, मनस्ताप 3 मरसिया बयानी का ढंग 4 मरसिया या लयप्रधान शेर

सोज–(स्त्री०) सूजन, शोथ

सोझा–(वि०) सरल, सीधा

सोटा–I *बो०* (पु०) तोता

सोटा–II *बो०* (पु०) = सोंटा

सोडा–*अं०* (पु०) एक तरह का क्षार। ~**वाटर** (पु०) कारबोनिक एसिड के संयोग से बनाया गया एक पाचक पेय, खारा जल या पानी

सोढर–(वि०) 1 सहज में अनुरक्त होनेवाला, सुढर 2 मूर्ख, बेवकूफ़

सोता–(पु०) 1 झरना 2 नदी की छोटी शाखा

सोती–(स्त्री०) 1 छोटा सोता 2 नदी की लघु धारा (जैसे-गंगा की सोती)

सोते जागते–(क्रि० वि०) हर हालत में

सोत्कंठ–I *सं०* (वि०) लालसापूर्ण II (क्रि० वि०) उत्सुकता या उत्कंठा से

सोत्साह–*सं०* (क्रि० वि०) उमंग से

सोत्सुक–(वि०) = सोत्कंठ

सोदर–*सं०* (वि०) सगा

सोदरा–*सं०* (स्त्री०) सगी बहिन

सोदाहरण–*सं०* (वि०) उदाहरण सहित

सोद्देश्य–*सं०* (वि०) उद्देश्य से युक्त (जैसे-सोद्देश्य कार्य विभाजन)। ~**वाद** (पु०) यह मत कि उद्देश्य लेकर ही कार्य करना चाहिए; ~**वादी** I (वि०) सोद्देश्यवाद संबंधी, सोद्देश्यवाद का II (पु०) सोद्देश्यवाद का अनुयायी

सोद्धरण–*सं०* उद्धरण देते हुए

सोधना–(स० क्रि०) *बो०* 1 साफ़ करना 2 परीक्षा करना 3 दोष दूर करना 4 पता लगाना, ढूँढ़ना 5 गणना करना 6 ऋण चुकाना

सोन केला–(पु०) चंपा केला, पीला केला

सोन गहरा–(वि०/पु०) गहरा सुनहला (रंग)

सोन जूही–(स्त्री०) जूही का एक प्रकार

सोनवाना–*बो०* (वि०) 1 सोने का बना 2 सुनहला

सोनहला–(वि०) सोने के रंग और चमक का, स्वर्णिम

सोना–I (पु०) 1 एक प्रसिद्ध बहुमूल्य धातु, स्वर्ण (जैसे-चार तोला सोना, सोने का आभूषण) 2 अत्यंत सुंदर या बहुमूल्य पदार्थ। ~**चाँदी** (स्त्री०) धन दौलत; ~**लेकर मिट्टी तक न देना** बेईमानी करना; **सोने का घर मिट्टी हो जाना** बनी गृहस्थी का नाश हो जाना; **सोने की कटार** सुंदर किंतु घातक वस्तु; **सोने की चिड़िया** मालदार आदमी **सोने की चिड़िया हाथ से उड़ या निकल जाना** 1 सुअवसर का निकल जाना 2 मालदार आदमी का चंगुल से निकल जाना; **सोने की चिड़िया हाथ आना या लगना** 1 बहुमूल्य वस्तु प्राप्त होना 2 रईस या धनी व्यक्ति का क़ाबू में आना; **सोने के बराबर तौलना** कम मूल्य की वस्तु भी अधिक कीमती वस्तु की भाँति देना; **सोने के महल उठाना** अत्यधिक धनवान् होना; **सोने के मोल** अत्यधिक कीमत का; **सोने में सुहागा** वस्तु या व्यक्ति का उच्चतर होना; **सोने से लदे रहना या होना** बहुत गहने पहनना

सोना–II (अ० क्रि०) 1 निद्राग्रस्त होना या नींद लेना 2 लेटना 3 आराम करना

सोनापुर–(पु०) स्वर्ग

सोना पेट–(पु०) सोने की खान

सोना मक्खी–(स्त्री०) 1 एक तरह का रेशम का कीड़ा 2 माक्षिक नाम का एक खनिज पदार्थ

सोनार–*बो०* (पु०) = सुनार

सोनी–*बो०* (पु०) स्वर्णकार, सुनार

सोप–*अं०* (पु०) साबुन

सोपत–(पु०) सुविधा, सुभीता

सोपान–*सं०* (पु०) सीढ़ी, जीना

सोफता–(पु०) 1 एकांत स्थान 2 अवकाश या फ़ुरसत का समय 3 चिकित्सा के फलस्वरूप रोग में आनेवाली कमी

सोफ़ा–*अं०* (पु०) एक तरह का बढ़िया गद्देदार लंबा आसन या कोच। ~**बेड** (पु०) पलंग का भी काम देनेवाला सोफ़ा; ~**सेट** (पु०) सोफ़ा के साथ उसी तरह की दो या तीन चार कुर्सियाँ

सोफ़ियाना–*अ० + फ़ा०* (वि०) 1 सूफ़ियों का, सूफ़ी संबंधी 2 सूफ़ियों के समान सुंदर और स्वच्छ

सोम–*सं०* (पु०) 1 यज्ञ में तर्पण के काम आनेवाली एक लता

2 इस लता का रस 3 चंद्रमा 4 चंद्रवार (जैसे-सोमवार)। ~**नाथ** (पु०) बारह ज्योतिर्लिंगों में से एक; ~**प्रदोष** (पु०) सोमवार को पड़नेवाला प्रदोषव्रत; ~**वार** (पु०) रविवार तथा मंगलवार के बीच का दिन, चंद्रवार; ~**वारी** I + *हिं०* (वि०) सोमवार संबंधी, सोमवार का II (स्त्री०) सोमवती अमावस्या; ~**सुत** (पु०) बुधग्रह

सोमेश्वर–*सं०* (पु०) काशी में स्थापित एक शिवलिंग

सोयाबीन–*अं०* (पु०) सोया नाम की सब्ज़ी की फली, भटवाँस

सोर–*बो०* (स्त्री०) पेड़ की जड़, मूल

सोरठा–(पु०) अड़तालीस मात्राओं का एक छंद जिसके पहले और तीसरे चरण में ग्यारह तथा दूसरे और चौथे चरण में तेरह मात्राएँ होती हैं

सोरनी–(स्त्री०) झाड़ू, बुहारी

सोरही–(स्त्री०) = सुरही

सोराज–*बो०* (पु०) = स्वराज्य

सोलह–I (वि०) दस और छह II (पु०) '16' की संख्या। ~**सिंगार** (पु०) दे० षोडश शृंगार। ~**सिंगार सजाना** बनना ठनना; **सोलहों आने** शत प्रतिशत, पूर्णतः, बिल्कुल

सोला–(पु०) एक प्रकार की रेशमी धोती

सोलीसीटर–*अं०* (पु०) 1 प्रार्थी, याचक 2 न्यायभिकर्ता

सोलोइस्ट–*अं०* (पु०) अकेला बजानेवाला

सोल्लास–I *सं०* (वि०) आनंद पूर्ण II (क्रि० वि०) उमंग के साथ, उल्लास के साथ

सोशल–*अं०* (वि०) 1 सामाजिक 2 समाज संबंधी 3 मिलनसार (जैसे-सोशल आदमी)

सोशलिज़्म–*अं०* (पु०) समाजवाद

सोशलिस्ट–I *अं०* (वि०) समाजवादी II (पु०) समाजवाद का अनुयायी

सोष्म–*सं०* (वि०) गरम

सोसन–*अ०* (पु०) लाली लिए हुए नीले रंग का फूल

सोसनी–*अ० + फ़ा०* (पु०) लाली लिए हुए नीले रंग का

सोसायटी, सोसाइटी–*अं०* (स्त्री०) 1 समाज, मंडली 2 सार्वजनिक संस्था (जैसे-सोसाइटी से बाहर) 3 संग (जैसे-गंदी और गलत सोसाइटी का प्रभाव)

सोहगी–(स्त्री०) विवाह के पूर्व कन्या के लिए वर पक्ष द्वारा भेजी गई सुहाग की वस्तुएँ

सोहगैला–(पु०) कँगूरेदार लकड़ी का लंबा सिंधोरा

सोहन–(वि०) अच्छा, सुहावना

सोहना–I (अ० क्रि०) सुशोभित होना, फबना

सोहना–II (स० क्रि०) 1 साफ़ करना 2 निराई करना

सोहना–III (वि०) सुंदर और सुहावना

सोहनी–(स्त्री०) 1 कूँची, झाड़ू 2 निराई

सोहबत–*अ०* (स्त्री०) 1 संग, साथ, संगत 2 स्त्री प्रसंग (जैसे-किसी सोहबत में फँसना)। ~**दारी** + *फ़ा०* (स्त्री०) स्त्री प्रसंग, संभोग

सोहबती–*फ़ा०* (वि०) संगी, साथी

सोहर–(पु०) 1 बच्चे के जन्म पर गाया जानेवाला गीत 2 मांगलिक गीत

सोहला–(पु०) = सोहर

सोहाई–(स्त्री०) 1 निराई करना 2 निराई करने की मज़दूरी

सोहाग–(पु०) = सुहाग

सोहागिन–(स्त्री०) = सुहागिन

सोहान–*फ़ा०* (पु०) रेती नामक औज़ार

सोहाना–(अ० क्रि०) 1 शोभित होना 2 रुचिकर होना

सोहारी–*बो०* (स्त्री०) पूरी नाम का पकवान

सोहाली–*बो०* (स्त्री०) ऊपरी दाँत के निकलने की जगह

सोहावटी–(स्त्री०) 1 दरवाज़े या खिड़की के ऊपरी भाग पर पाटन के रूप में रखी जानेवाली पत्थर की पाटिया या लकड़ी का मोटा तख़्ता 2 पाटिया अथवा तख़्ते के रूप में ईंट आदि की जोड़ाई या अन्य रचना

सोहावना–I (वि०) सुंदर II (अ० क्रि०) 1 शोभित होना 2 अच्छा लगना, भला जान पड़ना

सौंकारा–*बो०* (पु०) सवेरा, प्रातःकाल, तड़का

सौंचन–*बो०* (स्त्री०) मल त्याग करना 2 शौच के बाद हाथ-पैर आदि धोना

सौंचर–(पु०) = सोंचर नमक

सौंचाना–(स० क्रि०) *बो०* शौच कराना (शिशु)

सौंदन–(स्त्री०) रेह मिश्रित पानी में कपड़े भिगोना

सौंदना–(स० क्रि०) सौंदन का काम करना

सौंदर्य–*सं०* (पु०) सुंदरता, खूबसूरती। ~**चेतना** (स्त्री०) = सौंदर्य भावना; ~**प्रियता** (स्त्री०) = सौंदर्यवाद; ~**बोध** (पु०) कला के सूक्ष्म सौंदर्य का ज्ञान; ~**वाद** (पु०) कला में सौंदर्य को प्राधान्य देने का मत या सिद्धांत; ~**वादी** I (वि०) सौंदर्यवाद का, सौंदर्यवाद संबंधी II (पु०) सौंदर्यवाद का अनुयायी; ~**विज्ञान**, ~**शास्त्र** (पु०) सौंदर्य, सुरुचि और कला संबंधी शास्त्र; ~**शास्त्रीय** (वि०) = सौंदर्यवादी

सौंदर्यात्मक–*सं०* (वि०) = सौंदर्यवादी

सौंदर्यानुभूति–*सं०* (स्त्री०) = सौंदर्य भावना

सौंदर्याभिरुचि–*सं०* (स्त्री०) = सौंदर्य रुचि

सौंदर्योपासक–*सं०* (पु०) = सौंदर्यवादी

सौंध–(स्त्री०) सुगंध

सौंधना–(स० क्रि०) *बो०* सुगंधित करना

सौंधा–(वि०) 1 सुगंधित 2 रुचिकर। ~**पन** (पु०) सौंधा होने का भाव

सौंपना–(स० क्रि०) 1 अधिकार में देना 2 समर्पण करना

सौंप पत्र–*हिं० + सं०* (पु०) हवाले करने का रुक्का

सौंफ़–(स्त्री०) दवा और मसाले के काम में आनेवाला सोए जैसा एक पौधा

सौंफिया–(स्त्री०) सौंफ से बनी शराब

सौंफी–I (वि०) सौंफ़ संबंधी, सौंफ़ का II (स्त्री०) = सौंफिया

सौंर–I (पु०) संतानोत्पत्ति के दसवें दिन मिट्टी के तोड़ दिए जानेवाले बर्तन

सौंर–II *बो०* (स्त्री०) = सौरी

सौंरई–*बो०* (स्त्री०) साँवलापन

सौंह–*बो०* (स्त्री०) शपथ, कसम

सौ–I (वि०) पचास का दूना, नब्बे और दस II (पु०) '100' की संख्या ~**पचास** (वि०) कई; ~**की एक बात** 1 बहुत ही उचित बात 2 सर्वमान्य बात; ~**के सवाये करना** पचीस

प्रतिशत लाभ करना; **~के सवाये होना** पचीस प्रतिशत लाभ होना; **~कोस भागना** दूर रहना, अलग रहना; **~जतन करना** बहुत प्रयत्न या कोशिश करना; **~जान से** पूरे दिल से, पूर्णतः; **~जान से आशिक़ होना** अत्यंत मुग्ध होना; **~बात सुनाना** बुरा भला कहना, लानत मलामत करना; **~मन का** बहुत भारी; **~में एक** बहुत कम; **~में कहना** बिना हिचकिचाहट के खुलकर कुछ कहना; **~सौ घड़े पानी पड़ना** अत्यंत लज्जित होना; **~फेरे करना** किसी जगह बार बार चक्कर लगाना; **~सौ बल खाना** बहुत पेंच खाना; **~सौ मन के पाँव होना** डर या घबड़ाहट के कारण चल न सकना; **~हाथ का कलेजा हो जाना** प्रसन्नता के कारण अत्यंत उत्साहित होना; **~हाथ की ज़बान होना** चटोर होना

सौकर–*सं०* (वि०) 1 सूअर संबंधी, सूअर का 2 सूअर की तरह का 3 सूअर या वाराह अवतार से संबंध रखनेवाला

सौकर्य–*सं०* (पु०) 1 सूकर होने का भाव, सूअरपन 2 सुभीता 3 सुसाध्यता, सुकरता 4 कुशलता, दक्षता

सौकुमार्य–I *सं०* (पु०) 1 सुकुमारता, कोमलता 2 यौवन, जवानी II (वि०) कोमल

सौख्य–*सं०* (पु०) 1 सुखता, सुखत्व 2 सुख, आराम

सौगंद–(स्त्री०) कसम, शपथ, सौंह

सौगंध–I *सं०* (वि०) सुगंधित, खुशबूदार

सौगंध–II (स्त्री०) कसम, शपथ

सौगंधिक–*सं०* (वि०) सुगंधयुक्त

सौगत–*सं०* (पु०) सुगत (बुद्ध) का अनुयायी

सौग़ात–*फ़ा०* (स्त्री०) भेंट, उपहार, तोहफ़ा

सौग़ाती–*फ़ा० + हिं०* (वि०) उपहार में देने योग्य

सौजना–(अ० क्रि०) *बो०* शोभा देना, सजना

सौजन्य–*सं०* (पु०) सुजनता, सज्जनता

सौत–(स्त्री०) पति की दूसरी पत्नी, सपत्नी

सौतिन–*बो०* (स्त्री०) = सौत

सौतिया–(वि०) सौत संबंधी, सौत का। **~डाह** (स्त्री०) सौतों में होनेवाली पारस्परिक ईर्ष्या या द्वेष

सौतेला–(वि०) 1 सौत का 2 सौत से उत्पन्न

सौत्रामणी–*सं०* (स्त्री०) इंद्र को प्रसन्न करने हेतु किया गया एक यज्ञ

सौदर्य–*सं०* (वि०) 1 सहोदर 2 सहोदर जैसा 3 सहोदर का

सौदा–I *फ़ा०* (पु०) 1 क्रय-विक्रय की वस्तु 2 वाणिज्य, व्यापार (जैसे-सौदा करना)। **~कारी** (स्त्री०) सौदेबाज़ी; **~गर** (पु०) व्यापारी; **~गरी** (स्त्री०) व्यापार, व्यवसाय; **~माल** *+ अ०* (पु०) व्यापार हेतु इकट्ठा किया गया सामान; **~सुलफ़** *+ अ०*, **~सूत** (पु०) बाज़ार से खरीदी गई वस्तु; **~पटना** बात पक्की होना; **~पटाना** बात पक्की करना; **~होना** सौदा पट जाना

सौदा–II *अ०* (पु०) 1 यूनानी चिकित्सा पद्धति में शरीर के चार दूषित तत्त्वों में से एक जिसका रंग काला कहा गया है 2 उन्माद या पागलपन का रोग 3 वात विकार

सौदाई–*अ० + फ़ा०* (पु०) 1 पागल 2 सनकी, झक्की, खब्ती। **~होना** पागल होना

सौदायिक–*सं०* (पु०) विवाह के समय वधू को उसके माता पिता तथा अन्य संबंधियों से प्राप्त धन 2 दहेज

सौदेबाज़ी–*फ़ा०* (स्त्री०) मोलभाव करना

सौपानिक–*सं०* (वि०) सोपान संबंधी

सौभग–*सं०* (पु०) = सौभाग्य

सौभागिनी–*सं०* (स्त्री०) सधवा स्त्री, सुहागिन

सौभाग्य–*सं०* (पु०) 1 अच्छा भाग्य 2 कल्याण, मंगल 3 सफलता 4 समृद्धि। **~वश** (क्रि० वि०) खुश किस्मती से; **~शाली** (वि०) = सौभाग्यवान्

सौभाग्यवती–*सं०* (स्त्री०) 1 सधवा, सुहागिन 2 अच्छे भाग्यवाली स्त्री

सौभाग्यवान्–*सं०* (वि०) 1 अच्छे भाग्यवाला (जैसे-सौभाग्यवान् पुरुष) 2 सुखी और संपन्न

सौमनस–*सं०* (वि०) 1 सुमन या फूल संबंधी 2 फूल जैसा सुंदर और कोमल 3 फूलों का बना

सौमनस्य–I *सं०* (पु०) 1 प्रसन्नता 2 पारस्परिक सद्‌भाव II (वि०) आनंद देनेवाला

सौमित्र–*सं०* (पु०) 1 सुमित्रा के पुत्र लक्ष्मण 2 मित्रता, दोस्ती

सौम्य–*सं०* (वि०) 1 शीतल और स्निग्ध 2 सुंदर, रमणीक 3 मृदुल, कोमल 4 चमकीला, कांतिमान् 5 प्रसन्न

सौर–*सं०* (वि०) 1 सूर्य संबंधी 2 सूर्य से प्राप्त या उत्पन्न (जैसे-सौर ऊर्जा)। **~जगत्** (पु०) = सौर मंडल; **~दिन** (पु०) एक सूर्योदय से दूसरे सूर्योदय तक का समय; **~पत** (पु०) सूर्य का उपासक; **~परिवार** (पु०) सौर जगत्; **~मंडल** (पु०) सूर्य और उसकी पक्रिमा करनेवाले नौ ग्रहों, अट्ठाइस उपग्रहों आदि का वर्ग या समूह; **~मास** (पु०) सूर्य की एक संक्रांति से सूर्य की दूसरी संक्राति तक का सारा समय; **~वर्ण क्रम** (पु०) सूरज का बिंब-प्रतिबिंब; **~वर्ष, ~संवत्सर** (पु०) सूर्य संक्रांति के अनुसार होनेवाला वर्ष, एक मेष संक्रांति से दूसरी मेष संक्रांति तक का समय, सोलर इयर

सौरभ–I *सं०* (पु०) सुगंध, महक II (वि०) सुगंधित

सौरभित–*सं०* (वि०) सौरभ युक्त, सुगंधमय

सौरी–(स्त्री०) सूतिकागार, जच्चाख़ाना

सौरीय–*सं०* (वि०) सूर्य संबंधी, सूर्य का

सौर्य–*सं०* (वि०) 1 सूर्य संबंधी 2 सूर्य से उत्पन्न

सौलक्षण्य–*सं०* (पु०) सुलक्षण होने का भाव, सुलक्षणता

सौवर्ण–I *सं०* (वि०) 1 स्वर्ण संबंधी, सोने का 2 सोने का बना 3 एक सुवर्ण कर्ष वजन का II (पु०) 1 सोना, स्वर्ण 2 सोना तौलने की एक पुरानी तौल

सौवर्ण्य–*सं०* (पु०) 1 वर्णों का शुद्ध और अच्छा उच्चारण 2 सुवर्ण होने का गुण या भाव

सौष्ठव–*सं०* (पु०) 1 सुंदरता 2 उत्तमता 3 सुघड़ता 4 दक्षता, चातुर्य 5 तेजी

सौसन–*अ०* (पु०) = सोसन

सौसेज–*अं०* (पु०) लँगोचा, गुलमा

सौहार्द–*सं०* (पु०) 1 दोस्ती, मैत्री 2 सद्‌भाव 3 हृदय की सरलता। **~पूर्ण** (वि०) सौहार्द से भरा हुआ

सौहृद–*सं०* I (पु०) मित्र II (वि०) मित्र संबंधी

स्कंद–*सं०* (पु०) 1 ध्वंस, विनाश 2 शरीर, देह 3 विद्वान, पंडित 4 राजा 5 बाहर आना, निकलना

स्कंदन–*सं०* (पु०) 1 बाहर होना, निकलना 2 रेचन 3 सोखना, शोषण

स्कंदित–*सं०* (वि०) 1 निकला हुआ, गिरा हुआ 2 स्खलित, पतित

स्कंध–*सं०* (पु०) 1 कंधा 2 ग्रंथ आदि का अध्याय (जैसे-नाटक का नवम् स्कंध) 3 सेना का कोई भाग 4 सेना का व्यूह 5 समूह, झुँड 6 युद्ध 7 मार्ग, रास्ता 8 माल का भांडार। ~**पंजी** (स्त्री०) गोदाम या भांडार में मौजूद माल का विवरण लिखने की पंजी; ~**पाल** (पु०) भांडार का निरीक्षक अधिकारी

स्कंधन–*सं०* (पु०) स्टाक (माल) जमा करना

स्कंधा–*सं०* (स्त्री०) पेड़ की डाल, शाखा

स्कंभ–*सं०* (पु०) खंभा

स्कर्ट–*अं०* (पु०) लहँगा, घाघरा

स्काउट–*अं०* (पु०) बालचर

स्कार्फ़–*अं०* (पु०) मफ़लर, गुलुबंद

स्कालर–*अं०* (पु०) 1 विद्यार्थी, छात्र 2 अध्ययनशील और विद्वान्। ~**शिप** (स्त्री०) 1 छात्रवृत्ति 2 पांडित्य

स्की–*अं०* (पु०) लंबा तंग लकड़ी का जूता जिससे बर्फ़ पर फिसलते हैं

स्कीइंग–*अं०* (स्त्री०) स्की से बर्फ़ पर फिसलना

स्कीम–*अं०* (स्त्री०) योजना

स्कूटर–*अं०* (पु०) एक ठिगनी दो पहिया मोटर साइकिल

स्कूल–*अं०* (पु०) पाठशाला, विद्यालय। ~**छात्र** + *सं०* (पु०) स्कूल में पढ़नेवाला बालक; ~**पूर्व** + *सं०* (वि०) विद्यालय जाने से पहले का; ~**मास्टर** (पु०) स्कूल का शिक्षक; ~**मास्टरी** + *हिं०* (स्त्री०) स्कूल में पढ़ाने का काम; ~**शिक्षक** + *सं०* (पु०) = स्कूल मास्टर

स्कूली–*अं०* + *हिं०* (वि०) 1 स्कूल से संबंध रखनेवाला 2 स्कूल का

स्केच–*अं०* (पु०) रूपरेखा

स्केटिंग–*अं०* (स्त्री०) पहिएदार जूते से चिकनी सतह पर फिसलना। ~**रिंक** (पु०) स्केटिंग करने का स्थान

स्केल–*अं०* (पु०) 1 पैमाना, पटरी, 2 वेतनमान

स्कैच–*अं०* (पु०) = स्केच

स्कोर–*अं०* (पु०) खिलाड़ियों द्वारा बनाए गए रनों की संख्या। ~**बोर्ड** (पु०) गणना पट्ट, योग पट्ट, अंक पट्ट

स्क्रीन–*अं०* (पु०) परदा

स्क्रू–*अं०* (पु०) चूड़ीदार एक कील, पेंच। ~**जैक** (पु०) पेचदार उत्थापक

स्क्रैप–*अं०* (पु०) 1 टुकड़ा 2 रद्दीमाल

स्क्वाड्रन–*अं०* (पु०) 1 जंगी बेड़े का एक दल 2 अश्वारोही सैन्यदल 3 सैनिक विमानों की टुकड़ी

स्क्वायर–*अं०* (पु०) वर्ग

स्क्वैड्रन–*अं०* (पु०) = स्क्वाड्रन

स्क्वैश–*अं०* (पु०) फल का रस

स्खलन–*सं०* (पु०) 1 नीचे आना, पतन 2 मार्ग से विचलित होना 3 चूना, क्षरण, स्राव 4 घर्षण, संघर्ष

स्खलित–*सं०* (वि०) 1 पतित 2 मार्ग से विचलित 3 क्षारित 4 संघर्षित

स्टंट–*अं०* (पु०) चकमा, पाखंड, कमाल, कलाबाज़ी

स्टडी रूम–*अं०* (पु०) अध्ययन कक्ष

स्टर्लिंग–*अं०* (पु०) पाउंड

स्टांप–*अं०* (पु०) 1 डाकख़ाने का टिकट 2 छाप, मोहर 3 पक्की लिखापढ़ी करने का एक विशेष काग़ज़

स्टाइल–*अं०* (स्त्री०) 1 शैली 2 पद्धति

स्टाक–*अं०* (पु०) 1 बिक्री का माल (जैसे-आज का स्टाक ख़त्म हो गया) 2 गोदाम 3 रसद 4 साझे के कारबार में लगाई गई पूँजी 5 सरकारी ऋण की हुंडी। ~**एक्सचेंज** (पु०) 1 स्टाक, शेयर खरीदने, बेचने का काम 2 दलालों की सभा; ~**ब्रोकर**–(पु०) दूसरों के लिए खरीद बिक्री का काम करनेवाल, दलाल

स्टाप–*अं०* (पु०) 1 रोकने की क्रिया 2 ठहराव

स्टाफ़–*अं०* (पु०) 1 एक ही संघटन या संस्था में काम करनेवालों का समूह (जैसे-स्कूल स्टाफ़) 2 फ़ौजी अफ़सरों का समूह। ~**आफ़िसर** (पु०) सेना के अफ़सरों का अफ़सर; ~**रिपोर्टर** (पु०) कार्यालय संवाददाता; ~**रूम** (पु०) 1 अध्यापक कक्ष 2 कर्मचारी वर्ग का कमरा

स्टार्च–*अं०* (पु०) माँड़ी, कलफ़

स्टार्ट–*अं०* (पु०) शुरू, आरंभ

स्टाल–*अं०* (पु०) छोटी दुकान

स्टिच–*अं०* (पु०) टाँका

स्टियरिंग गियर–*अं०* (पु०) = स्टीयरिंग गियर

स्टियरिंग पहिया–*अं०* + *हिं०* (पु०) = स्टीयरिंग ह्वील

स्टीम–*अं०* (पु०) भाप, वाष्प। ~**इंजिन** (पु०) भाप की शक्ति से चलनेवाला इंजन

स्टीमर–*अं०* (पु०) भाप से चलनेवाला छोटा जहाज़

स्टीरियोटाइप–*अं०* (वि०) रूढ़िबद्ध

स्टील–*अं०* (पु०) फ़ौलाद, इस्पात। ~**प्लांट** (पु०) इस्पात का कारख़ाना

स्टुडियो–*अं०* (पु०) 1 चित्र निर्माण कक्ष 2 प्रसार कक्ष

स्टूडेंट–*अं०* (पु०) विद्यार्थी, छात्र

स्टूल–*अं०* (पु०) तीन या चार पायों की छोटी चौकी

स्टेंड–*अं०* (पु०) = स्टैंड

स्टेंडर्ड–*अं०* (पु०) = स्टैंडर्ड

स्टेज–*अं०* (पु०) 1 रंगमंच 2 मंच। ~**मैनेजर** (पु०) मंच प्रबंधक; ~**रिहर्सल** (पु०) मंचीय पूर्वाभ्यास

स्टेट–I *अं०* (पु०) राज्य, प्रांत

स्टेट–II *अं०* (पु०) बड़ी ज़मींदारी

स्टेडियम–*अं०* (पु०) मैदान, अखाड़ा

स्टेथस्कोप–*अं०* (पु०) = स्टैथस्कोप

स्टेनलेस–*अं०* (वि०) जंगविरोधी (जैसे-स्टेनलेस स्टील)

स्टेनोग्राफ़र–*अं०* (पु०) आशुलिपिक

स्टेनोग्राफ़ी–*अं०* (स्त्री०) आशुलिपि

स्टेशन–*अं०* (पु०) 1 रेलगाड़ियों के ठहरने का स्थान 2 मोटर आदि सवारियों के ठहरने की जगह 3 कार्य विशेष हेतु लोगों की नियुक्ति और निवास का स्थान (जैसे-पुलिस स्टेशन, फ़ायर स्टेशन)। ~**मास्टर** (पु०) रेलवे स्टेशन का प्रधान कर्मचारी

स्टेशनरी–*अं०* (स्त्री०) लेखन सामग्री

स्टैंड–*अं०* (पु०) अड्डा
स्टैंडर्ड–I *अं०* (पु०) 1 श्रेष्ठता आदि का नियत मान 2 स्तर II (वि०) 1 आदर्श 2 श्रेष्ठता के नियत मान का
स्टैंडिंग कमेटी–*अं०* (स्त्री०) स्थायी समिति
स्टैंडिंग काउंसिल–*अं०* (स्त्री०) एडवोकेट जनरल को सहायता देनेवाला सरकारी एडवोकेट
स्टैच्यू–*अं०* (पु०) मूर्ति, प्रतिमा
स्टैथस्कोप–*अं०* (पु०) *चि०* हृत्कंप दर्शी
स्टोर–*अं०* (पु०) भंडार। ~**कीपर** (पु०) भंडारी
स्टोरेज–*अं०* (पु०) भंडारण
स्टोव–*अं०* (पु०) विशेष प्रकार का आधुनिक चूल्हा
स्ट्राइक–*अं०* (स्त्री०) हड़ताल (जैसे-रेलवे स्ट्राइक)
स्ट्रीट–*अं०* (पु०) छोटी सड़क
स्ट्रेचर–*अं०* (पु०) रोगी डोला
स्ट्रैटिफ़िकेशन–*अं०* (पु०) स्तरीकरण, स्तर विन्यास
स्ट्रैप–*अं०* (पु०) फ़ीता
स्तंभ–*सं०* (पु०) 1 खंभा 2 कार्य, संस्था, सिद्धांत आदि के आधार के रूप में तत्त्व या व्यक्ति 3 समाचार पत्रों के पृष्ठों, सारणियों आदि के अंक विभाग (जैसे-संपादकीय स्तंभ, स्थानिक स्तंभ) 4 पेड़ का तना 5 *साहि०* एक तरह का सात्विक अनुभाव 6 प्रतिबंध, रुकावट 7 जड़ता, अचलता। ~**लेखक** (पु०) समाचार पत्र में विशेष विषय पर लेखादि लिखनेवाला
स्तंभक–*सं०* (वि०) रोकनेवाला, रोधक
स्तंभन–*सं०* (पु०) रुकावट, अवरोध
स्तंभित–*सं०* (वि०) 1 निश्चल 2 निस्तब्ध, सुन्न 3 रुका हुआ
स्तन–*सं०* (पु०) स्त्रियों या मादा पशुओं की छाती। ~**चूचुक** (पु०) स्तन मुख; ~**दान** (पु०) बच्चे को दूध पिलाना; ~**धारी** (पु०) थनवाला; ~**पतन** (पु०) स्तन का ढीला पड़ना या लटकना; ~**पान** (पु०) स्तन का दूध पीना; ~**पायी** (वि०) थनों से दूध पिलानेवाला; ~**पोषित** (वि०) थनों के दूध से पाला हुआ; ~**भर** (पु०) 1 पीन पयोधर, स्थूल या पुष्ट स्तन 2 स्त्री जैसे स्तन वाला पुरुष; ~**मध्य** (पु०) 1 स्त्री के दोनों स्तनों के बीच की जगह 2 चूचुक; ~**मुख** (पु०) स्तन या कुच का अगला भाग, चूची, चूचुक
स्तनन–*सं०* (पु०) 1 ध्वनि 2 मेघशब्द 3 कराहना
स्तनांशुक–*सं०* (पु०) स्तन बाँधने या ढकने का कपड़ा
स्तनित–I *सं०* (वि०) 1 ध्वनित, शब्दायमान 2 गर्जित II (पु०) 1 मेघगर्जन 2 आवाज़, ध्वनि
स्तन्य–I *सं०* (पु०) माता का दूध II (वि०) 1 स्तन का 2 स्तन में रहनेवाला
स्तब्ध–*सं०* (वि०) सुन्न, निश्चेष्ट। ~**ता** (स्त्री०) 1 जड़ता 2 निश्चेष्टता
स्तर–*सं०* (पु०) 1 परत 2 तल, लेवेल 3 सतह 4 मान (जैसे-जीवन स्तर)
स्तरण–*सं०* (पु०) 1 फैलाना 2 बिखेरना 3 प्राकृतिक कारणों से पृथ्वी के धरातल पर की विभिन्न स्तरों की बनावट
स्तरांक–*सं०* (पु०) मानक विंदु
स्तरीकरण–*सं०* (पु०) = स्तरण
स्तव–*सं०* (पु०) प्रशंसा, स्तुति
स्तवक–*सं०* (वि०) स्तुति करनेवाला
स्तवन–*सं०* (पु०) = स्तुति
स्तावक–*सं०* (पु०) = स्तुति वादक
स्तुत–*सं०* (वि०) प्रशंसित
स्तुति–*सं०* (स्त्री०) 1 प्रशंसा 2 चाटुकारिता 3 स्तोत्र। ~**गान** (पु०) प्रशंसा या चाटुकारिता करना; ~**गीत** (पु०) = स्तुति गान; ~**पाठ** (पु०) यशोगान; ~**पाठक** (पु०) (पु०) स्तुति करनेवाला, चारण, मागध, सूत; ~**प्रिय** (वि०) खुशामद पसंद, प्रशंसा का आकांक्षी; ~**वादक** (पु०) 1 प्रशंसा करनेवाला, प्रशंसक 2 खुशामद या चापलूसी करनेवाला, खुशामदी, चाटुकारी
स्तुत्य–*सं०* (वि०) स्तुति के योग्य, प्रशंसनीय
स्तूप–*सं०* (पु०) 1 मिट्टी या पत्थर का ऊँचा ढूह 2 ऊँचा ढेर 3 शिखर 4 इमारत में लगा हुआ बहुत बड़ा स्तूप
स्तूपाकार–*सं०* (वि०) स्तूप के आकार का
स्तूपीकरण–*सं०* (पु०) स्तूप का रूप देना
स्तेय–*सं०* (पु०) 1 चोरी 2 रहजनी 3 चोरी गई हुई या चोरी जाने योग्य वस्तु 4 गोप्य वस्तु
स्तोता–*सं०* (वि०) 1 स्तुति करनेवाला 2 प्रार्थना करनेवाला
स्तोत्र–*सं०* (पु०) 1 स्तुति 2 स्तुत्यात्मक श्लोक 3 श्लोकबद्ध स्तुतिपरक ग्रंथ
स्त्रियोपयोगी–*सं०* (वि०) स्त्री के लिए उपयोगी
स्त्रींद्रिय–*सं०* (स्त्री०) स्त्री की योनि, भग
स्त्री–*सं०* (स्त्री०) 1 मनुष्य जाति की वयस्क मादा, औरत, नारी 2 मनुष्य जाति की विशेष सदस्या 3 पत्नी, जोरू। ~**करण** (पु०) 1 पत्नी बनाना 2 यौन संबंध, मैथुन। ~**गमन** (पु०) स्त्री संभोग; ~**चिह्न** (पु०) 1 स्त्री संबंधी चिह्न 2 योनि; ~**जन** (पु०) स्त्रीजाति; ~**जाति** (स्त्री०) स्त्रीवर्ग; ~**द्वेष** (पु०) स्त्रियों के प्रति वैर भाव; ~**द्वैषक** (पु०) स्त्रियों के प्रति वैर भाव रखनेवाला; ~**धन** (पु०) ऐसी संपत्ति जिस पर स्त्री का ही अधिकार हो; ~**धर्म** (पु०) स्त्रियों का कर्तव्य; ~**धर्मिणी** (स्त्री०) रजस्वला स्त्री; ~**पुरुष** (पु०) स्त्री और पुरुष, नर और नारी; ~**प्रसंग** (पु०) = स्त्री संभोग; ~**भीति** (स्त्री०) स्त्रियों से भय का भाव; ~**भोग** (पु०) = स्त्री संभोग; ~**राज्य** (पु०) स्त्री के हाथ में रहनेवाली सामाजिक और राजनीतिक व्यवस्था; ~**लिंग** (पु०) 1 *व्या०* स्त्री जाति का बोध करानेवाला लिंग (जैसे-'लड़का' का स्त्रीलिंग 'लड़की' है) 2 स्त्री का चिह्न, भग या योनि; ~**वर्ग** (पु०) स्त्रियों की श्रेणी; ~**व्रण** (पु०) योनि, भग; ~**व्रत** (पु०) एक पत्नी व्रत; ~**संग्रहण** (पु०) स्त्री के साथ बलात् संभोग करना, स्त्री के साथ किया जानेवाला व्यभिचार; ~**संभोग** (पु०) स्त्री प्रसंग, मैथुन; ~**सदृश** (वि०) स्त्री के समान; ~**समागम** (पु०) स्त्री संभोग, मैथुन; ~**सुख** (पु०) स्त्री का सुख
स्त्रीत्व–*सं०* (पु०) 1 स्त्री होने का भाव या गुण, औरतपन 2 *व्या०* शब्दों के अंत में लगनेवाला स्त्रीलिंग का सूचक प्रत्यय
स्त्रैण–*सं०* (वि०) 1 स्त्री संबंधी, स्त्रियों का 2 स्त्रियों का सा, स्त्रियों की तरह का 3 स्त्री या पत्नी के वश में रहनेवाला 4 स्त्रियों की सी प्रकृतिवाला। ~**ता** (स्त्री०) 1 जनानापन 2 स्त्रियों की अत्यंत इच्छा या लालसा

स्त्रैणकी–*सं०* (स्त्री०) जननेंद्रिय के रोगों का चिकित्साशास्त्र
स्त्रैयाजीत–*सं०* (पु०) स्त्री या स्त्रियों की संपति का भोग करनेवाला पुरुष
स्त्र्युपयोगी–*सं०* (वि०) स्त्रियों के उपयोग में आनेवाला
स्थ–*सं०* (प्र०) शब्द के अंत में प्रयुक्त होकर अनेक अर्थबोधक एक प्रत्यय (जैसे-तटस्थ, कंठस्थ, आत्मस्थ, ध्यानस्थ आदि)
स्थकित–(वि०) थका हुआ, शिथिल
स्थगन–*सं०* (पु०) 1 कुछ समय के लिए रोकना (जैसे-सभा का स्थगन) 2 विचार आदि हेतु कुछ समय तक रोकना (जैसे-प्रार्थना पत्र का स्थगन) 3 छिपाना या ढाँकना। ~**प्रस्ताव** (पु०) कार्य स्थगन के लिए उपस्थित किया गया प्रस्ताव, एडजर्नमेंट मोशन
स्थगित–*सं०* (वि०) स्थगन किया हुआ। ~**करण** (पु०) स्थगित करना, टालना
स्थल–*सं०* (पु०) 1 भूमि, ज़मीन 2 भू भाग 3 जल से रहित भूमि, खुश्की, लैण्ड (जैसे-स्थल मार्ग से यात्रा करने में समय अधिक लग जाएगा) 4 निर्जल और मरुभूमि। ~**गामी**, ~**चर** (वि०) ज़मीन पर रहनेवाला (प्राणी); ~**चर जीव** (पु०) ज़मीन पर निवास करनेवाला प्राणी; ~**चारी** (वि०) = स्थलचर; ~**ज** (वि०) स्थल से उत्पन्न; ~**डमरू मध्य** (पु०) दो तरफ़ दो बड़े और लंबे स्थलों से घिरा हुआ स्थल का लंबा भाग; ~**फ़ौज** + *अ०* (स्त्री०) स्थल सेना; ~**मार्ग** (पु०) ज़मीन या पृथ्वी पर बना रास्ता; ~**युद्ध** (पु०) भू भाग पर होनेवाली लड़ाई; ~**शक्ति** (स्त्री०) स्थल सेना; ~**सेनाध्यक्ष** (पु०) थल सेना का प्रधान सेनापति; ~**सीमा** (स्त्री०) देश या भूभाग की हद; ~**सेना** (स्त्री०) पैदल सेना, ज़मीन पर लड़नेवाली सेना
स्थली–*सं०* (स्त्री०) 1 जल शून्य भू भाग, शुष्क ज़मीन 2 जगह, स्थान 3 प्राकृतिक भूमि
स्थलीय–*सं०* (वि०) 1 स्थल का 2 स्थानीय
स्थविर–I (पु०) 1 बौद्ध भिक्षुओं का एक संप्रदाय 2 बूढ़ा व्यक्ति II (वि०) वृद्ध और पूज्य
स्थान–*सं०* (पु०) 1 जगह 2 पद, ओहदा 3 टिकाव, ठहराव 4 अवस्था, स्थिति 5 घर (जैसे-आपका निवास स्थान कहाँ है) 6 देश, भूभाग (जैसे-आप किस स्थान के निवासी हैं) 7 नगर 8 अवसर 9 वर्ण के उच्चारण की जगह। ~**च्युत** (वि०) 1 पद से हटाया हुआ 2 स्थान से अलग हुआ; ~**नामिकी** (स्त्री०) स्थानों के नामों से संबद्ध शास्त्र; ~**पदिक** (वि०) नियमित रूप से एक स्थान पर होनेवाला या पाया जानेवाला (जैसे-स्थान पदिक रोग); ~**पाल** (पु०) 1 स्थान का रक्षक 2 चौकीदार, पहरेदार; ~**भ्रष्ट** (वि०) = स्थान च्युत; ~**संकोच** (पु०) जगह की कमी; ~**सीमन** (पु०) = स्थानीकरण
स्थानकवासी–*सं०* (पु०) एक विशिष्ट जैन संप्रदाय
स्थानस्थ–*सं०* (वि०) 1 स्थान पर टिका हुआ 2 स्थानीय
स्थानांतर–*सं०* (पु०) 1 एक स्थान से अन्य स्थान पर चले जाने का भाव, बदली 2 भिन्न या दूसरा स्थान। ~**गत** (वि०) स्थानांतर से संबंधित
स्थानांतरण–*सं०* (पु०) तबादला करना, बदली करना। **कक्षा** ~ (स्त्री०) एक कक्षा से दूसरी कक्षा में जाना
स्थानांतरणीय–*सं०* (वि०) स्थानांतरण संबंधी
स्थानांतरित–*सं०* (वि०) स्थानांतरण किया हुआ
स्थानापत्ति–*सं०* (स्त्री०) 1 किसी के बदले में काम करना 2 किसी का पद ग्रहण करना
स्थानापन्न–*सं०* (वि०) 1 किसी की ग़ैरहाज़िरी में नियुक्त किया गया 2 दूसरे का स्थान ग्रहण किया हुआ
स्थानाभाव–*सं०* (पु०) स्थान का अभाव
स्थानिक–*सं०* (वि०) = स्थानीय
स्थानी–*सं०* (वि०) 1 स्थान से युक्त, पद युक्त 2 उपयुक्त 3 स्थायी। ~**करण** (पु०) बिखरे हुए कार्य व्यापार आदि को नियंत्रित करके एक केंद्र में आबद्ध करना; ~**कृत** (वि०) स्थानीकरण किया हुआ
स्थानीय–*सं०* (वि०) 1 स्थान विशेष से संबंधित 2 स्थान विशेष के लिए उपयुक्त। ~**करण** (पु०) = स्थानीकरण; ~**ता** (स्त्री०) स्थानीय होने का भाव
स्थापक–*सं०* (वि०) 1 स्थापना करनेवाला 2 स्थिर करनेवाला 3 स्थित करनेवाला
स्थापत्य–*सं०* (पु०) 1 राजगीरी, मेमारी 2 भवन बनाने की विद्या, वास्तु विज्ञान। ~**कला** (स्त्री०) वास्तु विद्या; ~**वेद** (पु०) एक वेद जिसमें वास्तु शिल्प का ज्ञान प्राप्त होता है
स्थापन–*सं०* (पु०) 1 स्थापित करना 2 स्थिर करना 3 स्थित करना 4 प्रतिपादन
स्थापना–*सं०* (स्त्री०) 1 स्थापित करने का भाव 2 मत आदि अन्य के समक्ष रखना, प्रतिपादन
स्थापनीय–*सं०* (वि०) स्थापन करने योग्य, स्थाप्य
स्थापित–*सं०* (वि०) 1 स्थापना की गई 2 प्रतिष्ठित किया हुआ 3 नियुक्त किया हुआ 4 निश्चित किया हुआ
स्थाप्य–*सं०* (वि०) 1 स्थापित करने योग्य 2 नियुक्त किए जाने योग्य
स्थायिक–*सं०* (वि०) 1 विश्वसनीय 2 स्थायी
स्थायित्व–*सं०* (पु०) 1 स्थायी होने का भाव 2 नौकरी आदि में सुरक्षित और नियत काल तक बने रहने की स्थिति
स्थायी–*सं०* (वि०) 1 हमेशा बना रहनेवाला 2 निर्धारित काल तक चलता रहनेवाला (जैसे-स्थायी नौकरी) 3 टिकाऊ 4 स्थायी भाव। ~**करण** (पु०) 1 स्थायी रूप देना 2 स्थायी रूप से नियुक्त करना; ~**भाव** (पु०) मन में सदा बने रहनेवाले मूल भाव (जैसे-रति, क्रोध, शोक, भय, विस्मय आदि)
स्थाली–*सं०* (स्त्री०) मिट्टी के बर्तन। ~**पुलाक न्याय** (पु०) पुलाव का एक दाना देखकर जान जाना कि पुलाव पक गया है या नहीं
स्थावर–I *सं०* (वि०) 1 स्थिर 2 स्थायी 3 अचल संपत्ति संबंधी 4 वानस्पतिक II (पु०) 1 अचल संपत्ति 2 पर्वत 3 अचेतन पदार्थ
स्थाविर–*सं०* (पु०) वृद्धावस्था, वार्धक्य
स्थित–*सं०* (वि०) 1 ठहरा हुआ 2 बसा हुआ 3 दृढ़, पक्का (जैसे-स्थित प्रज्ञ) 4 उपस्थित, मौजूद। ~**प्रज्ञ** (वि०) 1 स्थिर बुद्धिवाला 2 समरस और निर्विकल्प
स्थिति–*सं०* (स्त्री०) 1 ठहराव 2 दशा, हालत 3 स्वभाव,

प्रकृति 4 कर्तव्य परायणता 5 निवास स्थान 6 अस्तित्व 7 सीमा, हद 8 ढंग, तरीका। ~**गणित** (पु०) गणित की एक शाखा जिसमें सांख्यिक विवरण संगृहीत रहते हैं तथा पदार्थों की साम्यावस्था पर प्रभावी शक्तियों का अंकों में विवेचन होता है; ~**जन्य** (वि०) स्थिति से उत्पन्न; ~**देश** (पु०) देश की सीमा; ~**निर्धारण** (पु०) सीमा का निर्धारण या निश्चयीकरण; ~**शील** (वि०) सदा एक स्थिति में रहनेवाला; ~**स्थापक** (वि०) पूर्व अवस्था प्रदान करनेवाला

स्थितिमान्–*सं०* (वि०) = स्थितिशील

स्थित्यात्मक–*सं०* (वि०) स्थिति से संबंधित

स्थिर–*सं०* (वि०) 1 निश्चल, अचर 2 स्थायी 3 दृढ़, पक्का 4 शांत, धीर 5 निश्चित 6 विश्वसनीय 7 स्थायी। ~**चित्त** (वि०) स्थिर मनवाला; ~**जीवी** (वि०) लंबी उम्रवाला; ~**ता** (स्त्री०) स्थिर होने का भाव; ~**प्रतिज्ञ** (वि०) अपने वचन पर अडिग रहनेवाला; ~**बुद्धि** (वि०) ठहरी हुई बुद्धिवाला

स्थिरत्व–*सं०* (पु०) = स्थिरता

स्थिरांक–*सं०* (पु०) ऐसी राशि जो सदा एक रहती है, नियतांक

स्थिरात्मा–*सं०* (वि०) दृढ़चित्त

स्थिरीकरण–*सं०* (पु०) स्थिर करने का काम

स्थूण–*सं०* (पु०) स्तंभ, खंभा

स्थूणा–*सं०* (स्त्री०) 1 थूनी 2 खंभा 3 धरन 4 निहाई

स्थूल–*सं०* (वि०) 1 मोटा 2 घना 3 मंद बुद्धिवाला, मूर्ख 4 सूक्ष्म रहित (जैसे-स्थूल विचार) 5 सुस्त। ~**काय** (वि०) मोटे शरीरवाला; ~**ता** (स्त्री०) 1 स्थूल होने का भाव 2 मोटाई 3 घनापन; ~**दर्शक** (पु०) स्थूल करके दिखानेवाला यंत्र, सूक्ष्मदर्शी यंत्र

स्थूलांग–*सं०* (वि०) बड़े शरीरवाला

स्थूलोदर–*सं०* (वि०) तोंदवाला

स्थैतिक–*सं०* (वि०) स्थिर, गतिहीन

स्थैतिकी–*सं०* (स्त्री०) स्थिति विज्ञान

स्थैर्य–*सं०* (पु०) = स्थिरता

स्थौर–*सं०* (पु०) 1 दृढ़ता 2 स्थिरता 3 खेप

स्थौल्य–*सं०* (पु०) 1 स्थूलता 2 बुद्धि की मंदता

स्नात–*सं०* (वि०) स्नान किया हुआ

स्नातक–*सं०* (पु०) विश्वविद्यालय से उपाधि प्राप्त व्यक्ति

स्नातकीय–*सं०* (वि०) स्नातक का

स्नातकोत्तर–*सं०* (वि०) स्नातक की डिग्री के ऊपर का

स्नातिका–*सं०* (स्त्री०) महिला स्नातक

स्नान–*सं०* (पु०) 1 जल से पूरा शरीर धोना, नहाना 2 धूप, वायु आदि का सेवन 3 नियम पूर्वक किसी जलाशय में कुछ समय तक नहाना (जैसे-माघ स्नान, कार्तिक स्नान)। ~**गृह**, ~**घर** + *हिं०* (पु०) नहाने का कमरा, गुसलख़ाना, हमाम; ~**यात्रा** (स्त्री०) ज्येष्ठ पूर्णिमा को होनेवाली विष्णु जल यात्रा; ~**वस्त्र** (पु०) स्नान का कपड़ा; ~**शाला** (स्त्री०) = स्नान गृह

स्नानागार–*सं०* (पु०) स्नानघर

स्नानार्थी–*सं०* (पु०) स्नान करने का इच्छुक

स्नापन–*सं०* (पु०) स्नान कराना, नहलाना

स्नापित–*सं०* (वि०) स्नान कराया हुआ, नहलाया

स्नायविक–*सं०* (वि०) स्नायु संबंधी, स्नायु का

स्नायवीय–I *सं०* (वि०) = स्नायविक II (पु०) कर्मेंद्रिय

स्नायु–*सं०* (स्त्री०) 1 रग, नाड़ी 2 पेशी। ~**केंद्र** (पु०) तंत्रिका केंद्र; ~**प्रणाली** (स्त्री०) तंत्रिका तंत्र; ~**विकार** (पु०) तंत्रिका तंत्र में खराबी; ~**विकृति** (स्त्री०) = तंत्रिका विकार

स्नायुमय–*सं०* (वि०) तंत्रिकायुक्त

स्निग्ध–*सं०* (वि०) 1 स्नेह युक्त, प्रेममय (जैसे-स्निग्ध दृष्टि) 2 चिकना (जैसे-स्निग्ध पदार्थ) 3 आर्द्र 4 ठंढा करनेवाला (जैसे-स्निग्ध छाया)। ~**ता** (स्त्री०) 1 स्निग्ध होने का भाव 2 प्रियता 3 सौम्यता 4 आर्द्रता

स्निग्धा–*सं०* (वि०) गूदा, अस्थि मज्जा

स्नुषा–*सं०* (स्त्री०) पुत्रवधू, बहू

स्नेय–*सं०* (वि०) 1 नहलाने योग्य 2 नहाने योग्य

स्नेह–*सं०* (पु०) 1 प्रेम भाव, प्रेम, मुहब्बत 2 तेल 3 कोमलता, मुलायमत। ~**पत्र** (पु०) प्रेम की चिट्ठी, प्रेम पत्र; ~**पात्र** (पु०) जो स्नेह का पात्र हो जिसके प्रति स्नेह उत्पन्न हुआ हो; ~**मीन** (स्त्री०) काड मछली; ~**युक्त** (वि०) प्रेम से भरा, प्रेमपूर्ण; ~**शील** (वि०) = स्नेहमय; ~**सार** (पु०) मज्जा नामक धातु, अस्थिसार; ~**सिक्त** (वि०) प्रेम से सिंचित, प्रेम से आप्लावित (जैसे-स्नेह सिक्त वाणी, स्नेह सिक्त स्वर में कहना)

स्नेहक–*सं०* (वि०) 1 प्रेम करनेवाला, प्रेमी 2 चिकनापन लानेवाला

स्नेहन–*सं०* (पु०) तेल लगाना, चिकनाना, चिकना बनाना

स्नेहनीय–*सं०* (वि०) 1 प्रेम करने योग्य 2 चिकना करने योग्य 3 तेल लगाने योग्य

स्नेहमय–*सं०* (वि०) स्नेहवाला, स्नेहयुक्त

स्नेहल–*सं०* (वि०) 1 स्नेहपूर्ण 2 कोमल 3 चिकना

स्नेहांजलि–*सं०* (स्त्री०) प्रेमपूर्ण श्रद्धांजलि

स्नेहाकुल–*सं०* (वि०) प्रेम से विह्वल

स्नेहाक्त–*सं०* (वि०) 1 चिकनाया हुआ 2 तैललिप्त

स्नेहातिरेक–*सं०* (पु०) प्रेम की अतिशयता

स्नेहार्द्र–*सं०* (वि०) प्यार से पसीजा हुआ

स्नेहित–*सं०* (वि०) 1 स्नेह करनेवाला, प्रेमी 2 जिससे स्नेह किया जाए 3 तैलयुक्त

स्नेहिल–*सं०* (वि०) प्रेमयुक्त

स्नेही–*सं०* (वि०) 1 स्नेह करनेवाला, प्रेमी 2 जिससे स्नेह किया जाए 3 तैलयुक्त

स्नेह्य–*सं०* (वि०) 1 प्रेम करने योग्य 2 चिकनाने योग्य, तेल लगाने योग्य

स्पंज–*अं०* (पु०) एक जलजीव, इस्पंज

स्पंद–*सं०* (पु०) 1 कंपन, काँपना 2 विस्फुरण, फड़कना 3 गति, धड़कन (जैसे-हृदय का स्पंदन)। ~**शील** (वि०) 1 कंपनशील 2 धड़कनेवाला

स्पंदित–*सं०* (वि०) 1 काँपता हुआ 2 स्पंदनयुक्त

स्पंदिनी–*सं०* (स्त्री०) रजस्वला स्त्री

स्पंदी–*सं०* (वि०) = स्पंदित

स्पर्द्ध–*सं०* (वि०) स्पर्धावाला

स्पर्द्धन–*सं०* (पु०) स्पर्धा करना

स्पर्द्धनीय–*सं०* (वि०) स्पर्धा करने योग्य
स्पर्द्धा–*सं०* (स्त्री०) 1 होड़, प्रतियोगिता 2 अभिलाषा, तीव्र इच्छा 3 साहस, हौसला 4 चुनौती 5 बराबरी करने की इच्छा 6 ईर्ष्या
स्पर्द्धात्मक–*सं०* (वि०) स्पर्द्धा से संबंधित
स्पर्द्धी–*सं०* (वि०) स्पर्द्धा करनेवाला
स्पर्द्धा–*सं०* (स्त्री०) = स्पर्द्धा। ~**शील** (वि०) = स्पर्द्धात्मक
स्पर्श–*सं०* (पु०) 1 छूना (जैसे-चरण स्पर्श) 2 संपर्क ज्ञान (जैसे-प्रेम स्पर्श) 3 प्रभाव 4 अनुभव या ज्ञान (ताप आदि का) 5 *व्या०* उच्चारण से संबंधित वर्ण (जैसे-'क्' से 'म्' तक)। ~**कोण** (पु०) *ग०* परिधि के किसी बिंदु पर किसी सरल रेखा के स्पर्श से बननेवाला कोण; ~**क्षम** (वि०) स्पर्श किए जाने योग्य; ~**गोचर** (वि०) स्पर्श द्वारा ग्रहण करने योग्य; ~**घर्ष,** ~**घर्षी** (वि०) व्यंजन जो जीभ के स्पर्श और श्वास के घर्षण से उत्पन्न हो (जैसे-च, छ, ज, झ); ~**जन्य** (वि०) स्पर्श से उत्पन्न होनेवाला; ~**मणि** (पु०) पारस पत्थर; ~**रेखा** (स्त्री०) *ग०* परिधि के किसी बिंदु को छूनेवाली सरल रेखा, टैनजेंट; ~**रोग** (पु०) छूत की बिमारी; ~**वर्ग** (पु०) 'क्' से 'म्' तक के वर्ण; ~**वर्जन** (पु०) छूने की मनाही; ~**वर्ण** (पु०) = स्पर्श वर्ग; ~**संघर्षी** (वि०) = स्पर्शघर्षी; ~**स्नान** (पु०) ग्रहण आरंभ होने के समय का नहान
स्पर्शक–*सं०* (वि०) 1 छूनेवाला 2 अनुभव करनेवाला
स्पर्शन–*सं०* (पु०) 1 छूने की क्रिया 2 संबंध, लगाव
स्पर्शना–*सं०* (स्त्री०) छूने की शक्ति या भाव
स्पर्शनीय–*सं०* (वि०) स्पर्श योग्य
स्पर्शनेंद्रिय–*सं०* (स्त्री०) स्पर्श की इंद्रिय, त्वचा
स्पर्शा–*सं०* (स्त्री०) छिनाल, पुंश्चली, दुश्चरित्रा स्त्री
स्पर्शाक्रामक–*सं०* (वि०) संक्रामक, छुतहा
स्पर्शासह–*सं०* (वि०) जो स्पर्श को सहन न कर सके
स्पर्शास्पर्श–*सं०* (पु०) 1 स्पर्श और अस्पर्श 2 छूआछूत का भाव
स्पर्शिक–*सं०* (वि०) = स्पर्शी
स्पर्शिका–*सं०* (स्त्री०) = स्पर्श सूत्र
स्पर्शी–*सं०* (वि०) स्पर्श करनेवाला, छूनेवाला (जैसे-हृदय स्पर्शी, मर्मस्पर्शी)
स्पर्शेंद्रिय–*सं०* (स्त्री०) 1 त्वचा 2 चमड़ा
स्पष्ट–*सं०* (वि०) 1 बिल्कुल साफ़ 2 सत्यतापूर्ण। ~**ता** (स्त्री०) 1 स्पष्ट होने का भाव 2 सफ़ाई; ~**भाषी** (वि०) = स्पष्ट वादी; ~**वक्ता** (पु०) साफ़ बात कहनेवाला व्यक्ति; ~**वादिता** (स्त्री०) स्पष्टवादी होने की अवस्था; ~**वादी** (वि०) निःसंकोच बात कहनेवाला
स्पष्टतः, स्पष्टतया–*सं०* (क्रि० वि०) स्पष्ट रूप से, सफ़ाई से
स्पष्टाक्षर–*सं०* (वि०) स्पष्ट और अक्षरशः उच्चारण किया गया
स्पष्टार्थक–*सं०* (वि०) स्पष्ट अर्थवाला
स्पष्टीकरण–*सं०* (पु०) 1 स्पष्ट करना 2 विस्तृत व्याख्या करना (जैसे-किसी घटना का स्पष्टीकरण)
स्पष्टीकृत–*सं०* (वि०) स्पष्ट किया हुआ
स्पष्टोक्ति–*सं०* (स्त्री०) = स्पष्टवादिता
स्पर्द्धिक–*सं०* (वि०) = स्पर्द्धात्मक
स्पिंडल–*अं०* (पु०) 1 तकुआ 2 धुरी
स्पिटून–*अं०* (पु०) पीकदान, उगालदान, थूकदान
स्पिन–*अं०* (पु०) चक्करदार
स्पिरिट–*अं०* (स्त्री०) 1 आत्मा 2 प्रेतात्मा 3 साहस 4 जीवशक्ति 5 सूक्ष्म शरीर 6 पदार्थ का सत्त या सार (जैसे-स्पिरिट एमोनिया)
स्पीकर–*अं०* (पु०) 1 वक्ता 2 विधान सभा का अध्यक्ष या सभापति 3 उच्चभाषक की तरह का एक यंत्र
स्पीच–*अं०* (स्त्री०) 1 भाषण 2 व्याख्यान 3 प्रवचन
स्पीड–*अं०* (स्त्री०) चाल, गति। ~**काउंटर** (पु०) स्पीडोमीटर; ~**बोट** (स्त्री०) गति नौका
स्पीडोमीटर–*अं०* (पु०) गतिमापी
स्पुतनिक–*रूस०* (पु०) कृत्रिम उपग्रह
स्पृश्य–*सं०* (वि०) = स्पर्श क्षम
स्पृष्ट–I *सं०* (वि०) जिसे स्पर्श किया गया हो II (पु०) *व्या०* वर्णों के उच्चारण का एक प्रकार का आभ्यंतर प्रयत्न
स्पृष्टास्पृष्टि–*सं०* (स्त्री०) 1 एक दूसरे को छूना 2 छूआछूत
स्पृष्टि–*सं०* (स्त्री०) = स्पर्श
स्पृष्टी–*सं०* (वि०) = स्पर्शी
स्पृहण–*सं०* (पु०) प्राप्त की इच्छा
स्पृहणीय–*सं०* (वि०) प्राप्त करने योग्य, वांछनीय
स्पृहयालु–*सं०* (वि०) 1 स्पृहा करनेवाला 2 लोभी
स्पृहा–*सं०* (स्त्री०) इच्छा या कामना
स्पृहित–*सं०* (वि०) = स्पृहणीय
स्पृही–*सं०* (वि०) स्पृहा करनेवाला
स्पेक्ट्रोमीटर–*अं०* (पु०) = स्पैक्ट्रममापक
स्पेक्ट्रोस्कोप–*अं०* (पु०) = स्पैक्ट्रमदर्शी
स्पेक्ट्रोस्कोपी–*अं०* (स्त्री०) = स्पैक्ट्रास्कोपी
स्पेयर–*अं०* (वि०) अतिरिक्त, फ़ालतू
स्पेलिंग–*अं०* (स्त्री०) वर्तनी
स्पेशल–*अं०* (वि०) 1 विशेष, ख़ास 2 असाधारण 3 विशेष व्यक्ति अथवा अवसर के लिए निश्चित
स्पेशलिस्ट–*अं०* (पु०) विशेषज्ञ (जैसे-हिंदी विशेषज्ञ)
स्पैक्ट्रम–*अं०* (पु०) वर्णक्रम, बिंब-प्रतिबिंब
स्पैक्ट्रास्कोप–*अं०* (पु०) वर्णक्रम दर्शी
स्पैनर–*अं०* (पु०) एक प्रकार का रिंच, पाना
स्पोर्ट–*अं०* (पु०) खेलकूद
स्पोर्ट्समैन–*अं०* (पु०) 1 खिलाड़ी 2 निष्पक्ष व्यक्ति
स्प्रिंग–*अं०* (स्त्री०) कमानी। ~**दार** + *फ़ा०* (वि०) कमानीदार
स्प्रे यंत्र–*अं०* + *सं०* (पु०) फुहारा
स्फटिक–*सं०* (पु०) 1 एक तरह का सफ़ेद बहुमूल्य तथा पारदर्शी पत्थर, बिल्लौर 2 सूर्यकांतमणि। ~**मणि** (पु०) बिल्लौर पत्थर
स्फटिकाश्मा–*सं०* (पु०) बिल्लौर पत्थर
स्फटिकोपल–*सं०* (पु०) बिल्लौर
स्फटित–*सं०* (वि०) विदीर्ण
स्फरण–*सं०* (पु०) 1 काँपना 2 फड़कना 3 प्रवेश करना
स्फाटक–*सं०* (पु०) 1 स्फाटिक संबंधी 2 जलविंदु
स्फाटिक–*सं०* (पु०) बिल्लौर या स्फटिक का

स्फाटित–*सं०* (वि०) विदीर्ण किया हुआ

स्फार–*सं०* (वि०) 1 प्रचुर, विपुल 2 बड़ा और विस्तृत

स्फारण–*सं०* (पु०) = स्फुरण

स्फारित–*सं०* (वि०) फैलाया हुआ

स्फाल–*सं०* (पु०) कंपन, स्फुरण

स्फीत–*सं०* (वि०) 1 बढ़ा हुआ 2 फूला या उभरा हुआ (जैसे-गर्व से स्फीत वक्षःस्थल) 3 समृद्ध, संपन्न 4 प्रसन्न (जैसे-स्फीत मुखमंडल) 5 फूला हुआ। ~**ता** (स्त्री०) 1 स्फीत होने का भाव 2 वृद्धि

स्फीति–*सं०* (स्त्री०) 1 वृद्धि 2 प्रचुरता, प्राचुर्य 3 विस्तार 4 समृद्धि, संपन्नता 5 प्रसन्नता

स्फुट–*सं०* (वि०) 1 फूटा या टूटा हुआ 2 विकसित 3 स्पष्ट, व्यक्त। ~**विचार** (पु०) विविध विचार

स्फुटन–*सं०* (पु०) 1 फटना या फूटना 2 खिलना 3 विकसित होना

स्फुटा–*सं०* (स्त्री०) साँप का फन

स्फुटिका–*सं०* (स्त्री०) काटकर निकाला हुआ अंश

स्फुटित–*सं०* (वि०) 1 फूटा हुआ 2 विकसित 3 व्यक्त किया गया

स्फुटीकरण–*सं०* (पु०) व्यक्त करने का भाव

स्फुर–*सं०* (पु०) = स्फुरण

स्फुरण–*सं०* (पु०) 1 कंपन 2 फड़कना 3 स्फूर्ति

स्फुरित–*सं०* (वि०) 1 स्फुरणयुक्त, स्पंदित 2 अस्थिर

स्फुलिंग–*सं०* (पु०) अग्निकण, चिनगारी

स्फुलिंगी–*सं०* (वि०) जिसमें से चिनगारियाँ निकल रहीं हो

स्फूर्ज–*सं०* (पु०) 1 अचानक होनेवाला स्फोट 2 मेघ गर्जन 3 नायक नायिका का आनंद और भय मिश्रित प्रथम मिलन

स्फूर्त–*सं०* (वि०) स्फूर्ति के फलस्वरूप होनेवाला

स्फूर्ति–*सं०* (स्त्री०) 1 फुरती, तेज़ी 2 स्फुरण 3 उत्तेजना, मानसिक आवेश। ~**दायक** (वि०) स्फूर्ति देनेवाला; ~**शून्य** (वि०) आलसी, सुस्त

स्फूर्तिमान, स्फूर्तिवान्–*सं०* (वि०) स्फूर्तिवाला

स्फोट–*सं०* (पु०) 1 वेगपूर्वक बाहर निकलना, फटना (जैसे-ज्वालामुखी का स्फोट) 2 फोड़ा 3 फूटकर निकलना 4 शब्द श्रवण से मन में उत्पन्न भाव। ~**वाद** (पु०) यह सिद्धांत कि संपूर्ण सृष्टि की उत्पत्ति अनित्य दैवी शब्द से ही हुई है; ~**वादी** I (वि०) स्फोटवाद संबंधी II (पु०) स्फोटवाद का अनुयायी

स्फोटक–*सं०* (वि०) स्फोट उत्पन्न करनेवाला

स्फोटन–*सं०* (पु०) 1 स्फोट उत्पन्न करना 2 विदीर्ण करना, फाड़ना

स्फोटा–*सं०* (स्त्री०) साँप का फन

स्फोटिका–*सं०* (स्त्री०) पत्थर, ज़मीन आदि तोड़ने फोड़ने का काम

स्फोटित–*सं०* (वि०) स्फोट किया गया

स्मगलर–*अं०* (पु०) तस्कर

स्मगलिंग–*अं०* (स्त्री०) तस्करी

स्मर–*सं०* (पु०) 1 याद, स्मृति 2 कामदेव। ~**कथा** (स्त्री०) शृंगार रस की बातें; ~**कूप** (पु०) भग, योनि; ~**मंदिर** (पु०) योनि; ~**स्तंभ** (पु०) पुरुषेंद्रिय, शिश्न

स्मरण–*सं०* (पु०) 1 याद, स्मृति 2 *साहि०* एक अर्थालंकार जिसमें पूर्व देखी गई वस्तु के समान अन्य वस्तु के देखने या सुनने से उसका स्मरण हो आता हो। ~**पत्र** (पु०) याद दिलाने के लिए लिखा गया पत्र; ~**शक्ति** (स्त्री०) याद रखने की शक्ति

स्मरणार्थ–*सं०* (क्रि० वि०) स्मरण के लिए

स्मरणी–*सं०* (स्त्री०) जप करने की माला, सुमिरनी

स्मरणीय–*सं०* (वि०) स्मरण करने योग्य

स्मरवती–*सं०* (स्त्री०) 1 कामवती 2 प्रेमिका

स्मरातुर–*सं०* (वि०) कामातुर

स्मरारि–*सं०* (पु०) महादेव, शिव

स्मरोन्माद–*सं०* (पु०) काम मद

स्मर्य–*सं०* (वि०) = स्मरणीय

स्मारक–I *सं०* (वि०) याद दिलानेवाला II (पु०) 1 यादगार, मेमोरियल 2 स्मरण हेतु बनाई गई कोई रचना 3 स्मरण पत्र। ~**ग्रंथ** (पु०) महापुरुष की स्मृति को स्थायी रखने के लिए रचित ग्रंथ

स्मारण–*सं०* (पु०) याद दिलाना

स्मारिका–*सं०* (स्त्री०) 1 घटना या समारोह या प्रसिद्ध व्यक्ति से संबंधित स्मृति को बनाए रखनेवाली विवरणात्मक सचित्र पुस्तिका 2 घटना अथवा समारोह स्थल को रक्षित रखने के उद्देश्य से प्राप्त की गई वस्तु

स्मार्त–*सं०* (वि०) स्मृति संबंधी, स्मृति का

स्माल–*अं०* (वि०) छोटा, लघु

स्मित–I *सं०* (पु०) मंद हास्य, धीमी हँसी II (वि०) 1 हँसता हुआ 2 खिला हुआ, विकसित

स्मिति–*सं०* (स्त्री०) मंद हास्य, मुस्कराहट

स्मृत–*सं०* (वि०) 1 स्मरण किया हुआ 2 स्मृति में आया हुआ

स्मृति–*सं०* (स्त्री०) 1 याद, स्मरण 2 अनुस्मरण, दोबारा याद दिलाना 3 *साहि०* भूली हुई बात को पुनः याद करने का संचारी भाव। ~**कार** (पु०) स्मृति का निर्माता; ~**कारक** (पु०) स्मरण शक्ति को प्रबल बनानेवाली एक औषध; ~**कारी** (वि०) याद दिलानेवाला; ~**गम्य**–(वि०) याद करने योग्य; ~**चिह्न** (पु०) निशानी; ~**ज्ञ** (पु०) स्मृति (धर्म शास्त्र) का जानकार,; ~**दिवस** (पु०) याद में मनाया जानेवाला दिन; ~**पट,** ~**पटल** याद की तख़्ती; ~**पत्र** (पु०) = स्मरण पत्र; ~**भ्रंश** (पु०) स्मृति का नष्ट हो जाना, याद न रहना; ~**शास्त्र** (पु०) स्मृति नामक धर्म शास्त्र; ~**शेष** I (वि०) जिसकी केवल स्मृति ही शेष हो II (पु०) प्राचीन खंडहर

स्मृतिविद्–*सं०* (पु०) = स्मृतिज्ञ

स्यंदन–I *सं०* (पु०) 1 रथ 2 घोड़ा

स्यंदन–II *सं०* (पु०) टपकना, चूना

स्यंदनी–*सं०* (स्त्री०) लार

स्यंदी–*सं०* (वि०)· 1 रिसनेवाला 2 तेज चलनेवाला

स्यन्न–*सं०* (वि०) रिसा हुआ, टपका हुआ

स्यात्–*सं०* (अ०) शायद, कदाचित्

स्यादवाद–*सं०* (पु०) शायद हो या न हो की स्थिति से संबंधित जैन दर्शन का एक सिद्धांत, अनेकांतवाद, संशयवाद

स्याद्वाद–*सं०* (पु०) जैनों का संशयवाद, अनेकांतवाद

स्याद्वादी–I *सं०* (वि०) स्याद्वाद संबंधी II (पु०) स्याद्वाद का अनुयायी

स्यानपन–(पु०) = सयानपन

स्याना–(वि०) = सयाना

स्यानापन–(पु०) = सयानपन

स्यापा–*फ़ा०* (पु०) मृत्युशोक के कारण होनेवाला रोना पीटना। ~**पड़ना** 1 रोना चिल्लाना 2 बिलकुल उजाड़ या सुनसान हो जाना

स्यामी–(पु०) = स्वामी

स्यार–(पु०) गीदड़, सियार। ~**पन** (पु०) स्यार जैसा स्वभाव, श्रृंगाल वृत्ति

स्यारी–(स्त्री०) गीदड़ी

स्याल–I (पु०) = स्यार

स्याल–II *सं०* (पु०) पत्नी का भाई, साला

स्याली–*सं०* (स्त्री०) पत्नी की बहन, साली। ~**पति** (पु०) साली का पति, साढू

स्यालू–*बो०* (पु०) ओढ़नी, चादर

स्याह–*फ़ा०* (वि०) काला। ~**क़लम** + *अं०* (पु०) बिना रंग भरे रेखाचित्र, लाइन ड्राइंग; ~**कार** (वि०) बदकार, बदचलन; ~**दिल** (वि०) 1 खोटा मनवाला 2 कपटी; ~**पोश** (वि०) शोक की काली पोशाक पहने हुए; ~**बख़्त** (वि०) बदनसीब, अभागा; ~**बख़्ती** (स्त्री०) बदनसीबी, दुर्भाग्य; ~**सफ़ेद** (वि०) 1 काला और सफ़ेद 2 अच्छा-बुरा

स्याहा–*फ़ा०* (पु०) = सियाह। ~**नवीस** (पु०) हिसाब लिखनेवाला

स्याही–I *फ़ा०* (स्त्री०) 1 रोशनाई 2 कालापन, कालिमा 3 दाग़, कलंक 4 दोष, ऐब 5 काजल 6 अँधेरा 7 कालिख। ~**चट** + *हिं०* (पु०) सोख़्ता; ~**दान** (पु०) दवात; ~**सोख़** (पु०) = स्याही चट। ~**जाना** उम्र ढलना, जवानी बीतना; ~**दौड़ना** स्याही छा जाना; ~**धो जाना** दुर्भाग्य या दोष दूर होना; ~**लगना** कालिख पुत जाना, बदनामी होना; ~**लगाना** मुँह काला करना, बदनाम करना

स्याही–II (स्त्री०) = साही

स्यूत–*सं०* (वि०) 1 बुना हुआ 2 सिला हुआ

स्त्रव, स्त्रवण–*सं०* (पु०) 1 बहना, बहाव 2 गर्भ का समय से पहले गिरना, गर्भपात 3 प्रस्वेद। ~**क्षेत्र** (पु०) वह क्षेत्र जहाँ वर्षा का जल एकत्र होकर नदी का मूल रूप धारण कर ले, अपवाह क्षेत्र

स्त्रष्टव्य–*सं०* (वि०) सर्जन करने योग्य

स्त्रष्टा–I *सं०* (पु०) 1 ब्रह्मा 2 विष्णु 3 महेश II (वि०) 1 सृष्टि की रचना करनेवाला 2 निर्माता, रचयिता

स्त्रस्त–*सं०* (वि०) 1 गिरा हुआ 2 शिथिल, ढीला 3 अलग किया हुआ 4 धँसा हुआ (जैसे-स्त्रस्त नेत्र)

स्त्राव–*सं०* (पु०) 1 टपकना 2 क्षरण, बहाव 3 गर्भपात 4 निर्यास

स्त्रावक–*सं०* (वि०) 1 चुआनेवाला 2 बहानेवाला

स्त्रावित–*सं०* (वि०) 1 चुआया हुआ 2 बहाया हुआ

स्त्रावी–*सं०* (वि०) 1 बहानेवाला 2 चुआनेवाला

स्त्राव्य–*सं०* (वि०) स्त्राव कराने योग्य

स्त्रुत–*सं०* (वि०) बहा हुआ, क्षरित

स्त्रुति–*सं०* (स्त्री०) बहाव, क्षरण

स्त्रुवा–*सं०* (स्त्री०) आहुति डालने की करछी

स्त्रोत–(पु०) 1 जल प्रवाह, धारा 2 झरना 3 आधार या साधन 4 वंश परंपरा

स्त्रोतापत्ति–*सं०* (स्त्री०) 1 नदी में प्रवेश करना 2 निर्वाण पथ पर अग्रसित होना

स्त्रोतापन्न–*सं०* (वि०) 1 नदी में प्रवेश किया हुआ 2 निर्वाण पथ पर अग्रसित

स्लाइड–*अं०* (पु०) काँच पट्टिका

स्लाइस–*अं०* (पु०) डबलरोटी का टुकड़ा

स्लिंग–*अं०* (पु०) गलपट्टी

स्लिप–*अं०* (स्त्री०) परचा, चिट, काग़ज़ का टुकड़ा

स्लीपर–I *अं०* (पु०) एक तरह की खुली जूती, चट्टी

स्लीपर–II *अं०* (पु०) 1 रेल में यात्रियों के शयन हेतु आरक्षित डिब्बा 2 लकड़ी का चौकोर लंबा टुकड़ा

स्लेज–*अं०* (स्त्री०) बर्फ़ पर चलनेवाली बिना पहिए की एक गाड़ी

स्लेट–*अं०* (स्त्री०) लोहे या काले पत्थर की चौरस पतली पटरी या पट्टी

स्लेटी–*अं०* + *हिं०* (वि०) स्लेट संबंधी

स्वंग–*सं०* (पु०) आलिंगन

स्वंजन–*सं०* (पु०) आलिंगन करना, गले लगाना

स्वंत–*सं०* (वि०) जिसका अंत अच्छा हो

स्व–I *सं०* (वि०) 1 अपना, निज का, सेल्फ़ 2 आप से आप होनेवाला (जैसे-स्वचालित) 3 आत्मीय, अपना (जैसे-स्वजन) II शब्दों के अंत में लगनेवाला एक प्रत्यय (जैसे-निजस्व, परस्व)। ~**आलोचना** (स्त्री०) आत्मसमीक्षा; ~**कथन** (पु०) आत्म कथन; ~**कर्तव्य** (पु०) = स्वकर्म; ~**कर्तव्य पालन** (पु०) अपने कर्तव्य को पूरा करना; ~**कर्म** (पु०) अपना काम, पेशा आदि; ~**कर्मी** (वि०) स्वार्थी, खुदगरज; ~**कामी** (वि०) 1 अपने मन के अनुकूल चलनेवाला 2 स्वार्थी; ~**कार्य** (पु०) = स्वकर्म; ~**कुल** I (पु०) अपना वंश II (वि०) अपने वंश का; ~**कुल्य** (वि०) अपने कुल का; ~**कृत** I (वि०) अपना किया हुआ II (पु०) अपना कर्म; ~**गत** (वि०) 1 आत्मीय 2 अपने प्रति कथित III (अ०) आप ही आप; ~**गत कथन** (पु०) (नाटकों में) ऐसा कथन जो दूसरे पात्रों के सुनने का नहीं होता; ~**गत भाषण** (पु०) = स्वगत कथन; ~**चर,** ~**चल** (वि०) अपने आप चलनेवाला; ~**चालक** (वि०) खुद चलने या चलानेवाला (यंत्र); ~**चालन** (पु०) स्वयं चल पड़ना; ~**चालन यंत्र** (पु०) अपने आप चल पड़नेवाला यंत्र; ~**चालित** (वि०) 1 स्वतः चलनेवाली (तोप) 2 स्वतः चलनेवाला (यंत्र आदि); ~**ज** (वि०) अपने से उत्पन्न; ~**जन** (पु०) = स्वकुल; ~**जन पक्षपात** (पु०) अपने लोगों के प्रति पक्षपात रखना; ~**जनी** + *हिं०* (स्त्री०) सखी, सहेली; ~**जन्मा** (वि०) आप ही आप उत्पन्न ~**जात** I (पु०) पुत्र II (वि०) अपने से उत्पन्न; ~**जाति** I (स्त्री०) अपनी जाति या वर्ग II (वि०) अपने वर्ग का; ~**जातीय** (वि०) अपनी जाति या वर्ग का; ~**जात्यभिमान** (पु०) अपनी जाति का अहंकार;

~**जित** (वि०) आत्म निग्रही, जितेंद्रिय; ~**तंत्र** (वि०) आज़ाद, स्वाधीन; ~**तंत्रता** (स्त्री०) स्वतंत्र होने का भाव, आज़ादी, स्वाधीनता; ~**तंत्रता प्राप्ति** (स्त्री०) आज़ादी पाना; ~**तंत्रता प्रिय** (वि०) स्वतंत्रता चाहने या पसंद करनेवाला; ~**तंत्रता प्रेमी** (वि०) स्वतंत्रता से प्रेम करनेवाला; ~**तंत्र वाक्यांश** (पु०) ऐसा पदबंध जो वाक्य के और पदबंधों से अलग हो; ~**ता** (स्त्री०) स्वामित्व, हक, अधिकार; ~**देश** (पु०) अपना देश, मातृभूमि; ~**देशज** (पु०) = स्वदेश बंधु; ~**देश प्रत्यावर्तन** (पु०) अपने देश लौटना; ~**देश प्रत्यावर्तित** (वि०) अपने देश लौटा हुआ; ~**देश प्रेम** (पु०) मातृभूमि के प्रति होनेवाली भक्ति या प्रेम; ~**देश प्रेमी** (वि०) स्वदेश से प्रेम करनेवाला; ~**देश बंधु** (पु०) अपने देश के लोग; ~**देशी** (वि०) अपने देश का (जैसे-स्वदेशी व्यापार, स्वदेशी माल); ~**देशीय** (वि०) स्वदेश संबंधी; ~**धर्म** (पु०) 1 अपना धर्म 2 अपना कर्तव्य; ~**धर्म त्याग** (पु०) 1 अपना धर्म छोड़ना 2 अपने धर्म की उपेक्षा; ~**धर्म त्यागी** (पु०) अपना धर्म त्याग करनेवाला; ~**धर्म पत्नी** (स्त्री०) अपनी पत्नी; ~**धर्म वर्ती** (वि०) अपने कर्तव्य में लगा रहनेवाला; ~**धर्मस्थ** (वि०) अपने कर्तव्य में लगा हुआ; ~**नाम** (पु०) अपना नाम; ~**नाम धन्य** (वि०) जो अपने नाम के कारण धन्य हो; ~**नाश** (पु०) अपनी बर्बादी; ~**नियंत्रित** (वि०) स्वयं पर नियंत्रण रखा हुआ; ~**निर्णय** (पु०) अपना फैसला; ~**निर्णयाधिकार** (पु०) अपने भविष्य के बारे में स्वयं निर्णय करने का अधिकार; ~**निर्मित** (वि०) स्वयं बनाया हुआ; ~**पक्ष** (पु०) 1 अपना दल 2 अपना मत; ~**पक्ष त्यागी** (पु०) = स्वधर्म त्यागी; ~**पक्षीय** (वि०) स्वपक्ष का; ~**प्रधान** (वि०) स्वाधीन; ~**प्रमितिक** (वि०) अपना काम खुद करनेवाला; ~**प्रशासन** (पु०) = स्वराज्य; ~**बंधु** (पु०) 1 अपने भाई 2 अपना मित्र; ~**भाग्य** (पु०) अपना भाग्य; ~**भाग्य निर्णय** (पु०) अपने भाग्य का फ़ैसला; ~**भाव** (पु०) 1 अपनी अवस्था 2 सहज प्रकृति, नेचर 3 आदत, हैबिट; ~**भाव गत** (वि०) स्वभाव से संबंधित; ~**भावज** (वि०) प्राकृतिक; ~**भावतः**, ~**भावतया** (क्रि० वि०) प्राकृतिक रूप से; ~**भाव वश** (क्रि० वि०) स्वभाव के वश में; ~**भाव सिद्ध** (वि०) प्राकृतिक, सहज; ~**भाषा** (स्त्री०) मातृभाषा; ~**भूमि** (स्त्री०) 1 अपनी भूमि 2 जन्मभूमि 3 स्वदेश; ~**मत** (पु०) 1 अपनी राय 2 अपना धर्म; ~**मत त्यागी** (वि०) अपना धर्म छोड़ देनेवाला; ~**मानिता** (स्त्री०) अपने ऊपर मान करने का भाव; ~**रक्षा** (स्त्री०) खुद की रक्षा; ~**रक्षित** (वि०) स्वयं रक्षा की गई; ~**रचित** (वि०) स्वयं रचा हुआ; ~**रस** (पु०) आत्मानंद; ~**रुचि** (वि०) अपनी इच्छा का; ~**लक्षण** (पु०) अपनी विशेषता, अपना गुण; ~**लिखित** (वि०) खुद का लिखा हुआ; ~**वंश्य** (वि०) अपने कुल का; ~**वर्गीय** (वि०) अपने वर्ग का; ~**वश**, ~**वश्य** (क्रि० वि०) अपने अधीन होकर; ~**वासिनी** (स्त्री०) पिता के घर रहनेवाली कन्या या स्त्री; ~**विनाश** (पु०) अपनी बर्बादी, अपनी तबाही; ~**विवेक** (पु०) उचित अनुचित का विचार करने की शक्ति; ~**शासन** (पु०) = स्वराज्य; ~**शासित** (वि०) ~**संचालित** (वि०) स्व चालित; ~**संवेदन** (पु०) अपना प्राप्त किया गया ज्ञान; ~**संवेद्य** (वि०) संवेदन योग्य; ~**समान** (वि०) अपनी तरह का; ~**सम्मान** (पु०) आत्म सम्मान; ~**हस्त** (पु०) 1 अपना हाथ 2 हस्ताक्षर; ~**हस्त लेख** (पु०) 1 अपने हाथ का लिखा हुआ लेख आदि 2 हस्ताक्षर; ~**हस्त लेख** (पु०) 1 अपने हाथ का लिखा हुआ लेख आदि 2 हस्ताक्षर; ~**हस्ताक्षर** (पु०) = स्वहस्त; ~**हित** I (वि०) अपने लाभ का II (पु०) अपना हित

स्वक–I *सं०* (वि०) अपना, निजी II (पु०) 1 अपनी संपत्ति 2 स्वजन

स्वकीय–*सं०* (वि०) अपना, निजी

स्वगतोक्ति–*सं०* (स्त्री०) = स्वकथन

स्वच्छंद–I *सं०* (वि०) 1 मनमाना 2 स्वइच्छानुकूल आचरण करनेवाला II (क्रि० वि०) बिना किसी भय, विचार या संकोच के। ~**चारी** (वि०) 1 स्वेच्छाचारी 2 मनमौजी; ~**ता** (स्त्री०) स्वच्छंद होने का भाव; ~**ता वाद** (पु०) = स्वच्छंदवाद; ~**तावादी** (वि०) = स्वच्छंदवादी; ~**वाद** (पु०) साहित्य में० भावात्मकता, रोमांसवाद; ~**वादी** (पु०) स्वच्छंदवाद का समर्थक

स्वच्छंदाचारिणी–*सं०* (स्त्री०) पुंश्चली, कुलटा, स्वच्छंद विचरण करनेवाली स्त्री

स्वच्छ–*सं०* (वि०) साफ़, निर्मल, पवित्र 2 उज्ज्वल 3 शुद्ध (जैसे-स्वच्छ हवा)। ~**ता** (स्त्री०) 1 निर्मलता, पवित्रता, सफ़ाई 2 उज्ज्वलता 3 शुद्धता; ~**ता कारक** (वि०) 1 सफ़ाई करनेवाला 2 शुद्धताकारी; ~**मणि** (पु०) स्फटिक, बिल्लौर

स्वतः–*सं०* (क्रि० वि०) आप से आप, अपने आप, आप ही, स्वयं। ~**चालित** (वि०) स्वयं चलने या चलानेवाला; ~**प्रमाण**, ~**सिद्ध** (वि०) आप ही आप सिद्ध, स्वयं प्रत्यक्ष; ~**स्फूर्त** (वि०) अपने आप मन में उठनेवाला

स्वतोविरोध–*सं०* (पु०) स्वयं ही अपना विरोध करना, आप ही आप अपना विरोध

स्वतोविरोधी–*सं०* (वि०) आप ही अपना विरोध करनेवाला

स्वत्व–*सं०* (पु०) 1 अपना भाव, अपनापन 2 अधिकार, स्वामित्व। ~**त्याग** (पु०) अपना अधिकार छोड़ना; ~**धारी** (पु०) = स्वत्वाधिकारी; ~**शुल्क** (पु०) स्वत्व का उपयोग किए जाने पर मिलनेवाला शुल्क, रायल्टी; ~**हस्तांतरण** (पु०) संपत्ति आदि का अधिकार दूसरों को देना या उसके नाम लिखना

स्वत्वाधिकार–*सं०* (पु०) स्वत्व रूप में होनेवाला अधिकार

स्वत्वाधिकारी–*सं०* (पु०) स्वामी, मालिक

स्वदन–*सं०* (पु०) आस्वादन, खाना

स्वदित–*सं०* (वि०) चखा हुआ, खाया हुआ

स्वदेशागमन–*सं०* (पु०) अपने देश आना

स्वदेशागामी–*सं०* (पु०) अपने देश जानेवाला

स्वदेशानुरागी–*सं०* (पु०) = स्वदेश प्रेमी

स्वदेशाभिमान–*सं०* (पु०) अपने देश का अभिमान

स्वदेशार्पण–*सं०* (पु०) = स्वदेश प्रतिप्रेषण

स्वधिष्ठित–*सं०* (वि०) 1 ठहरने या रहने के लिए उपयुक्त 2 अच्छी तरह सिखलाया हुआ या सधाया हुआ

स्वधीत–*सं०* (वि०) अच्छी तरह से अध्ययन किया हुआ

स्वन–*सं०* (पु०) शब्द, ध्वनि, आवाज़। ~**ग्राम** (पु०) ध्वनि समूह, सर्वनिम; ~**गरामिक** (वि०) स्वनिम संबंधी

स्वनामधन्य–(वि०) जो अपने नाम से धन्य हो

स्वनिक–*सं०* (वि०) शब्द करनेवाला

स्वनित–*सं०* (वि०) ध्वनित, शब्दित

स्वनिम–*सं०* (पु०) = स्वनग्राम

स्वनिमात्मक–*सं०* (वि०) = स्वनग्रामिक

स्वपनीय–*सं०* (वि०) निद्रा योग्य

स्वप्न–*सं०* (पु०) 1 अर्द्ध सुप्तावस्था में जाग्रत् मन का व्यापार विशेष, सपना, ख़्वाब 2 मन ही मन की जानेवाली कल्पना (जैसे-अभिनेता बनने का स्वप्न देखना, रईस बनने का स्वप्न)। ~**कर** (वि०) निद्रा लानेवाला; ~**गत** (वि०) स्वप्न में आया हुआ (जैसे-स्वप्न गत विचार); ~**गृह** (पु०) सोने का कमरा; ~**ज्ञान** (पु०) स्वप्न में होनेवाली अनुभूति; ~**दर्शन** (पु०) स्वप्न में देखना; ~**दर्शी** (वि०) 1 स्वप्न देखनेवाला 2 स्वप्न दर्शन करनेवाला 3 मन ही मन बड़ी-बड़ी कल्पनाएँ करनेवाला; ~**दोष** (पु०) *चि०* निद्रावस्था में शृंगारिक स्वप्न देखने पर वीर्यपात होना; ~**परीक्षा** (स्त्री०) = स्वप्न ज्ञान; ~**राज्य** (पु०) काल्पनिक लोक; ~**लब्ध** (वि०) स्वप्न में प्राप्त, स्वप्न में दृष्ट; ~**लोक** (पु०) = स्वप्न राज्य; ~**विपर्यय** (पु०) 1 सोने का समय उलट देना 2 स्वप्न में घटित होनेवाला; ~**वृत्त** (वि०) = स्वप्न लब्ध; ~**सृष्टि** (स्त्री०) स्वप्न का निर्माण, स्वप्न रचना

स्वप्नमय–*सं०* (वि०) स्वप्नयुक्त

स्वप्नवत्–*सं०* (वि०) स्वप्न की तरह

स्वनांत–*सं०* (पु०) 1 निद्रा या स्वप्न की अवस्था 2 स्वप्न का अंत

स्वप्नालु–*सं०* (वि०) निद्रालु

स्वप्नावस्था–*सं०* (स्त्री०) स्वप्न देखने की अवस्था

स्वप्नाविष्ट–*सं०* (वि०) = स्वप्नगत

स्वप्निल–*सं०* (वि०) 1 स्वप्न रूप में होनेवाला 2 स्वप्न के समान 3 सुप्त (जैसे-स्वप्निल भाव)

स्वयं–*सं०* (क्रि० वि०) अपने आप, खुद। ~**कृत** (वि०) 1 अपना किया हुआ 2 प्राकृतिक; ~**चल** (वि०) स्वचल; ~**चालन** (पु०) = स्वचालन; ~**चालित** (वि०) = स्वचालित; ~**दूत** (पु०) ख़ुद ही अपना दूतत्व करनेवाला नायक; ~**दूती** (स्त्री०) स्वयं अपना दूतत्व करनेवाली नायिका; ~**पतित** (वि०) आप ही आप गिरा हुआ; ~**पाक** (पु०) स्वयं भोजन बनाना; ~**पाकी** (वि०) स्वयं भोजन बनानेवाला; ~**पाठ** (पु०) मूल पाठ; ~**प्रकाश** (वि०) स्वयं प्रकाशित होनेवाला; ~**प्रज्वलित** (वि०) स्वयं जलनेवाला; ~**प्रमाण** (वि०) = स्वयं सिद्ध; ~**प्रेरणा** (स्त्री०) = स्वप्रेरणा; ~**भर** (वि०) स्वयं ही रिक्त स्थान भरनेवाला (पिस्तौल या बंदूक); ~**भू** I (वि०) स्वयं ही उत्पन्न II (पु०) 1 ब्रह्मा 2 विष्णु 3 शिव; ~**वर** (पु०) 1 स्वयं पति को चुन लेना 2 स्वयं पति चुनाव का समारोह, पति चयन संबंधी उत्सव; ~**वरा** (स्त्री०) पति का स्वयं वरण करनेवाली कन्या; ~**वश** (वि०) स्वाधीन; ~**वह** (वि०) 1 स्वयं चलनेवाला (यंत्रादि) 2 स्वयं को धारण करनेवाला; ~**वादि दोष** (पु०) न्यायालय में झूठी बात दुहराने का अपराध; ~**वादी** (वि०) जिरह में झूठी बात दुहरानेवाला; ~**शिक्षक** (पु०) बिना अध्यापक के शिक्षा देनेवाली पुस्तक; ~**सिद्ध** (वि०) 1 जिसके लिए प्रमाण आवश्यक न हो 2 सर्वमान्य (जैसे-स्वयं सिद्ध विचारधारा); ~**सिद्धि** (स्त्री०) 1 सर्वमान्य सिद्धांत 2 बिना प्रमाण सिद्ध होनेवाली बात; ~**सेवक** (पु०) स्वेच्छा से काम करनेवाला; ~**सेवा** (स्त्री०) 1 अपना काम स्वयं करना 2 अंतः प्रेरणा से दूसरों की की जानेवाली सेवा; ~**सेविका** (स्त्री०) महिला स्वयं सेवक; ~**सेवी** (पु०) = स्वयं सेवक; ~**स्फूर्त** (वि०) अपने आप मन में उठनेवाला; ~**स्फूर्ति** (स्त्री०) अपने आप मन में उठना

स्वयमागत–*सं०* (वि०) आप से आप आया हुआ

स्वयमेव–*सं०* (क्रि० वि०) ख़ुद ही, अपने आप

स्वर–*सं०* (पु०) 1 आवाज़ 2 कंठध्वनि 3 *व्या०* बगैर किसी वर्ण की सहायता से उच्चारण होनेवाली वर्णात्मक ध्वनि या शब्द (जैसे-अ, आ, इ, ई, उ, ऊ, ऋ, ए, ऐ, ओ औ) 4 संगीत में षड्ज, ऋषभ, गांधार, मध्यम, पंचम, धैवत और निषाद सुरों में से प्रत्येक सुर 5 वेद पाठ में होनेवाले शब्दों का उतार-चढ़ाव 6 खर्राटा। ~**अनुरूपता** (स्त्री०) = स्वर संगति; ~**ग्राम** (पु०) संगीत में 'सा' से 'नि' तक के सातों स्वरों का समूह, सप्तक; ~**तंत्री** (स्त्री०) स्वर सूत्र; ~**दीर्घता** (स्त्री०) स्वर के उच्चारण को लंबा करने की स्थिति; ~**नादी** (पु०) मुँह से फूँक्कर बजाने का बाजा; ~**परिवर्तन** (पु०) स्वर का परिवर्तन; ~**पात** (पु०) शब्दोच्चारण में किसी वर्ण पर रुकना; ~**प्रधान** (वि०) जिसमें केवल स्वर की प्रधानता हो; ~**भंग** (पु०) 1 उच्चारण में होनेवाली बाधा या अस्पष्टता 2 आवाज़ या गला बैठना 3 हर्ष, भय, क्रोध, मद आदि के कारण गला भर आना अथवा मुँह से ऊटपटांग निकलना; ~**भंगी** (पु०) स्वर भंग का रोगी; ~**भक्ति** (स्त्री०) संयुक्त व्यंजन के बीच में स्वर लाने की घटना (जैसे-धर्म से धरम); ~**भेद** (पु०) = स्वर भंग; ~**मात्रा** (स्त्री०) उच्चारण की मात्र; ~**यंत्र** (पु०) गले से स्वर उच्चारित होनेवाला एक अवयव; ~**यंत्र मुख** (पु०) टेटुए का मुँह; ~**रचना** (स्त्री०) स्वर की बनावट; ~**लहरी** (स्त्री०) स्वर तरंग; ~**लिपि** (स्त्री०) संगीत के स्वरों को लिखने की रीति; ~**लेख** (पु०) संगीत में गीत, तान, राग, लय आदि में आनेवाले स्वरों का क्रमबद्ध लेख; ~**लोप** (पु०) स्वर का लुप्त हो जाना (जैसे-'नरक' को लोग 'नर्क' बोलते रहते हैं); ~**वाही** (पु०) स्वर उत्पन्न करनेवाला बाजा या बाजों का समूह; ~**विप्रकर्ष** (पु०) = स्वरागम; ~**शास्त्र** (पु०) = स्वानिकी; ~**शास्त्री** (पु०) = स्वर विज्ञानी; ~**संक्रम** (पु०) स्वरों का उतार और चढ़ाव; ~**संधि** (स्त्री०) स्वरों का मेल; ~**संयोग** (पु०) एक से अधिक स्वरों का जुड़ना (जैसे-भाई, लाओ, कीजिए में); ~**सप्तक** (पु०) = स्वर ग्राम; ~**सहित** (वि०) सुर के साथ, सस्वर; ~**सामंजस्य** (पु०) = स्वर संगम

स्वरांकन–*सं०* (पु०) = स्वर लिपि

स्वरांत–*सं०* (वि०) जिसके अंत में स्वर हो (जैसे-संध्या, रोटी)

स्वरांतर–*सं०* (पु०) दो स्वरों के उच्चारण के बीच का अंतर या विराम

स्वरागम–*सं०* (पु०) शब्द के बीच में नए स्वर का आ जाना

स्वराघात–*सं०* (पु०) शब्दोच्चारण में किसी व्यंजन या स्वर पर अधिक ज़ोर देना। ~**हीन** (वि०) *व्या०* जिस पर स्वराघात न हो

स्वराघाताग्र–*सं०* = स्वराघात पूर्व

स्वराघातित–*सं०* (वि०) स्वराघात किया हुआ

स्वराज–*सं० + हिं०* (पु०) = स्वराज्य

स्वराजी–*सं० + हिं०* (वि०) स्वराज संबंधी

स्वराज्य–*सं०* (पु०) अपना राज्य या देश

स्वराष्ट्र–*सं०* (वि०) अपने राज या देश का। ~**मंत्रालय** (पु०) गृह मंत्रालय; ~**मंत्री** (पु०) गृह मंत्री; ~**विभाग** (पु०) गृह मंत्री का डिपार्टमेंट

स्वरित–I *सं०* (वि०) 1 स्वर युक्त 2 ध्वनित 3 उच्चरित II (पु०) *व्या०* मध्यम भाव या सम भाव से स्वरों का होनेवाला उच्चारण

स्वरूप–I *सं०* (पु०) 1 अपनी आकृति 2 अपनी विशेषता, स्वभाव 3 प्रकार II (वि०) 1 अपनी विशेषता से युक्त 2 समान, तुल्य 3 सुंदर, मनोहर III (अ०) तौर पर या रूप में। ~**ता** (स्त्री०) स्वरूप होने का भाव; ~**संबंध** (पु०) अनुरूपता के आधार पर स्थापित संबंध

स्वरूपवान्–*सं०* (वि०) स्वरूपवाला

स्वरूपाभास–*सं०* (पु०) अभाव में स्वरूप का आभास होना

स्वरूपी–*सं०* (वि०) 1 प्राकृतिक रूप में होनेवाला 2 मूर्तिमान् 3 समरूप

स्वरैक्य–*सं०* (पु०) = स्वर संगति

स्वरोद–(पु०) = सरोद

स्वर्ग–*सं०* (पु०) 1 देवलोक 2 आकाश। ~**काम** (वि०) स्वर्ग की अभिलाषा करनेवाला; ~**गत** (वि०) स्वर्ग गया हुआ, मृत; ~**गति** (स्त्री०), ~**गमन** (पु०) स्वर्ग की यात्रा करना, मरण; ~**गामी** (वि०) = स्वर्गगत; ~**तरु** (पु०) कल्पवृक्ष; ~**धेनु** (स्त्री०) कामधेनु; ~**नदी** (स्त्री०) आकाशगंगा; ~**पति** (पु०) इंद्र; ~**पुरी** (स्त्री०) अमरावती; ~**लोक** (पु०) देवलोक; ~**वधू** (स्त्री०) अप्सरा; ~**वास** (पु०) मृत्यु (जैसे-कल गुरुजी का स्वर्गवास हो गया); ~**वासी** (वि०) स्वर्गीय; ~**स्त्री** (स्त्री०) = स्वर्ग वधू; ~**स्थ** (वि०) = स्वर्गीय

स्वर्गगामी–*सं०* (वि०) = स्वर्गगत

स्वर्गारोहण–*सं०* (पु०) 1 स्वर्ग गमन, मरण 2 स्वर्ग की ओर आरोहण

स्वर्गावास–*सं०* (पु०) = स्वर्गवास

स्वर्गिक–*सं०* (वि०) = स्वर्गीय

स्वर्गी–*सं०* (वि०) 1 स्वर्ग संबंधी 2 स्वर्ग को प्राप्त, मृत 3 स्वर्ग को जानेवाला

स्वर्गीय–*सं०* (वि०) 1 स्वर्ग का 2 अलौकिक 3 दिव्य 4 स्वर्गवासी, मृत

स्वर्ण–*सं०* (पु०) 1 सोना नामक धातु, कनक 2 सोने की मुद्रा। ~**कार** (पु०) सुनार; ~**कारी** (स्त्री०) = सुनारी; ~**जयंती** (स्त्री०) पचासवें वर्ष मनाया जानेवाला उत्सव; ~**निधि** (स्त्री०) स्वर्ण कोष; ~**नियंत्रण** (पु०) सोने का कंट्रोल; ~**पत्र** (पु०) सोने का पत्तर; ~**पदक** (पु०) सोने का तमगा या मेडल; ~**भंडार** + *हिं०* (पु०) = स्वर्ण कोष; ~**मंडित** (वि०) सोने से सजाया हुआ; ~**मान** (पु०) सोने का स्टैंडर्ड; ~**मुद्रा** (स्त्री०) सोने का सिक्का; ~**युग** (पु०) सुख समृद्धि का समय; ~**राजित** (वि०) स्वर्ण मंडित

स्वर्णमय–*सं०* (वि०) सोने का

स्वर्णाक्षर–*सं०* (पु०) सोने के अक्षर, सुनहरी अक्षर

स्वर्णाभ–*सं०* (वि०) सोने की आभावाला, सुनहला

स्वर्णिम–*सं०* (वि०) 1 सुनहला 2 स्वर्ण का

स्वल्प–*सं०* (वि०) 1 बहुत थोड़ा, बहुत कम, अत्यल्प 2 बहुत छोटा 3 संक्षिप्त 4 तुच्छ। ~**निद्रा** (स्त्री०) बहुत थोड़ी नींद; ~**बल** (वि०) कमजोर, दुर्बल; ~**भाषी** (वि०) कम बोलनेवाला, मितभाषी; ~**व्यक्ति तंत्र** (पु०) थोड़े से व्यक्तियों की शासन व्यवस्था; ~**व्यय** I (वि०) कृपण II (पु०) बहुत कम ख़र्च; ~**व्ययी** (वि०) कम ख़र्च करनेवाला; ~**स्मृति** (स्त्री०) थोड़ी सी याद

स्वल्पांतर–*सं०* (वि०) बहुत कम अंतरवाला

स्वल्पाहार–*सं०* (पु०) अल्पाहार, ब्रेकफास्ट

स्वल्पायु–*सं०* (वि०) बहुत कम उम्र का, अल्पजीवी

स्वल्पाहारी–*सं०* (वि०) कम खानेवाला

स्वल्पिष्ठ–*सं०* (वि०) 1 अत्यंत अल्प, बहुत ही कम 2 बहुत ही छोटा

स्वस्ति–I *सं०* (स्त्री०) 1 कल्याण, मंगल 2 सुख II (अ०) 1 शुभ हो 2 भला हो 3 मान्य है, ठीक है। ~**कृत** (वि०) कल्याणकारी, मंगलकारी; ~**मती** (वि०/स्त्री०) = स्वस्तिमान्; ~**वाचन** (पु०) मंगल पाठ

स्वस्तिक–*सं०* (पु०) 1 चारणों का एक प्रकार 2 शरीर या पदार्थ पर लगाया जानेवाला एक मंगल चिह्न, सथिया (जैसे-卐) 3 चौरठे से बना एक त्रिभुजाकार चित्र 4 साँप के फन पर की रेखा 5 त्रिभुजाकार मुकुटमणि

स्वस्तिका –*सं०* (स्त्री०) चमेली

स्वस्तिमान्–*सं०* (वि०) सुखी, सौभाग्ययुक्त

स्वस्त्यन –*सं०* (पु०) एक तरह का मंगलदायक धार्मिक कृत्य

स्वस्थ–*सं०* (वि०) 1 नीरोग, तंदरुस्त 2 शांत (जैसे-स्वस्थ मन) 3 संतुष्ट 4 सुखी (जैसे-स्वस्थ जीवन) 5 आत्म निर्भर 6 निर्दोष 7 स्वाधीन 8 स्वाभाविक अवस्थावाला। ~**चित्त** (वि०) शांत मनवाला; ~**ता** (स्त्री०) स्वस्थ होने का भाव; ~**प्रज्ञ** (वि०) जिसकी बुद्धि स्थिर हो

स्वाँग–(पु०) 1 भेस, रूप (जैसे-स्वाँग बनाना) 2 नकल 3 तमाशा या मज़ाक का खेल

स्वाँगी–(वि०) 1 स्वाँग करनेवाला 2 रूप धारण करनेवाला

स्वांगीकरण–*सं०* (पु०) 1 आत्मीकरण 2 पूर्णतः अपने आप में मिला लेना

स्वांगीकृत–*सं०* (वि०) अपने आप में मिलाया हुआ

स्वातःसुखाय–*सं०* (अ०) अपनी आत्मा के सुख के लिए

स्वाक्षर–*सं०* (पु०) 1 हस्ताक्षर, दस्तख़त 2 ख़ुद लिखे गए अक्षर 3 अपने हाथ से लिखा गया छोटा लेख

स्वाक्षरित–*सं०* (वि०) 1 हस्ताक्षर किया हुआ, साइंड 2 ख़ुद लिखा हुआ (जैसे-स्वाक्षरित पत्र)

स्वागत–*सं०* (पु०) 1 अभ्यर्थना, रिसेप्शन 2 यथा अवसर पर पूछा जानेवाला कुशल मंगल 3 ग्रहण या मान्य करने का भाव (जैसे-मैं आपके इन विचारों का स्वागत करता हूँ)। ~**कक्ष** (पु०) स्वागत का कमरा, रिसेप्शन रूम; ~**कर्ता** (पु०) स्वागत करनेवाला; ~**कारिणी** (वि०) स्वागत करनेवाली (जैसे-स्वागत कारिणी सभा); ~**कारी** (वि०) स्वागत करनेवाला; ~**तोरण**, ~**द्वार** (पु०) स्वागत के लिए बनाया गया सजावटी द्वार; ~**भाषण** (पु०) = स्वागत अभिभाषण; ~**वचन** (पु०) स्वागत में कहे गए वचन; ~**समारोह** (पु०) स्वागत संबंधी उत्सव; ~**समिति** (स्त्री०) स्वागत करनेवाली सभा या संस्था

स्वागताध्यक्ष–*सं०* (पु०) स्वागत समिति का प्रधान

स्वागतिक–*सं०* (वि०) स्वागत करनेवाला

स्वागतिका–*सं०* (स्त्री०) 1 स्वागत करनेवाली गृहस्वामिनी 2 विमान परिचारिका

स्वागती–*सं०* (पु०) स्वागत करनेवाला

स्वाग्रह–*सं०* (पु०) 1 अपने संबंध में होनेवाला आग्रह 2 स्वयोग्यता, अधिकार, शक्ति से संबंधित आग्रह

स्वाजीव, स्वाजीव्य–*सं०* (वि०) जीविका के लिए जहाँ साधन उपलब्ध हो

स्वातंत्र्य–*सं०* (पु०) = स्वतंत्रता। ~**प्रिय** (वि०) = स्वतंत्रता प्रिय; ~**प्रियता** (स्त्री०) स्वतंत्रता प्रिय होने का भाव; ~**प्रेमी** (वि०) = स्वतंत्रता प्रेमी; ~**युद्ध** (पु०) स्वतंत्रता की लड़ाई; ~**संग्राम**, ~**समर** (पु०) आज़ादी की लड़ाई

स्वातंत्र्योत्तर–*सं०* (वि०) स्वतंत्रता के बाद का

स्वाति–*सं०* (स्त्री०) एक नक्षत्र विशेष

स्वातिपथ–*सं०* (पु०) आकाश गंगा

स्वाद–*सं०* (पु०) 1 रसेंद्रिय से प्राप्त अनुभव, ज़ायका, टेस्ट (जैसे-नींबू का स्वाद) 2 मज़ा, लज़्ज़त सुख (जैसे-उसे निंदा करने में बड़ा स्वाद मिलता है)। ~**लिप्सा** (स्त्री०) स्वाद लेने की इच्छा

स्वादक–*सं०* (पु०) स्वाद लेनेवाला

स्वादन–*सं०* (पु०) 1 स्वाद लेना 2 आनंद लेनेवाला

स्वादनीय–*सं०* (वि०) स्वाद के योग्य, स्वादिष्ट

स्वादित–*सं०* (वि०) 1 स्वाद लिया हुआ 2 प्रसन्न किया हुआ

स्वादिमा–*सं०* (स्त्री०) 1 सुस्वादुता 2 माधुर्य

स्वादिष्ट, स्वादिष्ठ–*सं०* (वि०) अत्यंत जायकेदार, बहुत स्वादवाला

स्वादी–*सं०* (वि०) 1 स्वाद लेनेवाला 2 रसिक

स्वादीला–*सं० + हिं०* (वि०) = स्वादिष्ट

स्वादु–*सं०* (वि०) 1 स्वादयुक्त, ज़ायकेदार 2 रुचिकर 3 मधुर, मीठा 4 सुंदर

स्वादेंद्रिय–*सं०* (स्त्री०) स्वाद का ज्ञान करानेवाली इंद्रिय

स्वादेशिक–*सं०* (वि०) = स्वदेशी

स्वाद्य–*सं०* (वि०) = स्वादनीय

स्वाधिकार–*सं०* (पु०) 1 अपना अधिकार 2 अपना कर्तव्य

स्वाधिपत्य–*सं०* (पु०) परम स्वतंत्र रहने की अवस्था

स्वाधीन–*सं०* (वि०) = स्वतंत्र। ~**चेता** (पु०) स्वतंत्र विचारोंवाला व्यक्ति; ~**ता** (स्त्री०) स्वतंत्रता; ~**ता प्रेमी** (वि०) स्वतंत्रता प्रेमी; ~**संग्राम** (पु०) = स्वातंत्र्य संग्राम; ~**पतिका** (स्त्री०) नायिका जिसका पति उसके अपने वश में हो

स्वाधीनोत्तर–*सं०* (वि०) = स्वतंत्र्योत्तर

स्वाधीनी–*सं० + हिं०* (वि०) = स्वतंत्रता। ~**करण** (पु०) आज़ाद कर देना

स्वाध्याय–*सं०* (पु०) 1 वेदाध्ययन 2 विषय का अनुशीलन या अध्ययन

स्वान–*सं०* (पु०) आवाज़, शब्द

स्वानिकी–*सं०* (स्त्री०) स्वन विज्ञान

स्वानुभव–*सं०* (पु०) स्वयं प्राप्त किया गया अनुभव

स्वानुभूत–*सं०* (वि०) स्वयं अनुभव किया हुआ

स्वानुभूति–*सं०* (स्त्री०) अपना अनुभव

स्वानुरूप–*सं०* (वि०) 1 अपने अनुरूप 2 सहज, स्वाभाविक

स्वाप–*सं०* (पु०) 1 नींद, निद्रा 2 स्वप्न 3 अज्ञान

स्वापक–*सं०* (वि०) नींद लानेवाला

स्वापन–I *सं०* (पु०) सुलाना II (वि०) निद्राकारक

स्वापराध–*सं०* (पु०) अपने प्रति किया गया अपराध

स्वापी–*सं०* (वि०) = स्वापक

स्वाप्त–*सं०* (वि०) स्वयं प्राप्त

स्वाप्न–*सं०* (वि०) स्वप्न संबंधी, स्वप्न का

स्वाभाव–*सं०* (पु०) अपना अनस्तित्व

स्वाभावतया–*सं०* (क्रि० वि०) स्वाभाविक रूप से

स्वाभाविक–*सं०* (वि०) 1 प्राकृतिक, नेचुरल 2 पैदायशी (जैसे-स्वाभाविक लक्षण)। ~**ता** (स्त्री०) स्वाभाविक होने का भाव

स्वाभाविकतः, स्वाभाविकतया–*सं०* (क्रि० वि०) स्वाभाविक रूप से

स्वाभाविकेतर–*सं०* (वि०) अप्राकृतिक

स्वाभिमत–*सं०* (पु०) अपनी राय

स्वाभिमान–*सं०* (पु०) आत्म सम्मान, आत्म गौरव

स्वाभिमानी–*सं० + हिं०* (वि०) स्वाभिमानवाला

स्वामित्व–*सं०* (पु०) 1 प्रभुत्व, मालिकपन 2 राजस्व। ~**अधिकार** (पु०) हक मालिकाना

स्वामिनी–*सं०* (स्त्री०) मालिकिन

स्वामिभक्त–*सं०* (वि०) मालिक की भक्ति करनेवाला

स्वामिभक्ति–*सं०* (स्त्री०) मालिक के प्रति निष्ठा

स्वामिवात्सल्य–*सं०* (पु०) मालिक के प्रति प्रेम

स्वामिसेवा–*सं०* (स्त्री०) मालिक की सेवा

स्वामिस्व–*सं०* (पु०) 1 वस्तु के स्वामी को अधिरूप से मिलनेवाला धन 2 स्वत्व शुल्क

स्वामी–*सं०* (पु०) 1 मालिक 2 घर का प्रधान व्यक्ति, गृह स्वामी 3 पति, शौहर 4 साधु, संन्यासी 5 ईश्वर, प्रभु। ~**द्रोह** (पु०) स्वामी का अनिष्ट; ~**द्रोही** (वि०) स्वामी का अनिष्ट चाहनेवाला; ~**विहीन** (वि०) अनाथ, बिना मालिक का

स्वाम्नाय–*सं०* (वि०) परंपरागत

स्वाम्य–*सं०* (पु०) स्वामी होने का भाव

स्वायत्त–*सं०* (वि०) 1 जिसे स्थानीय स्वशासन का अधिकार प्राप्त हो 2 जिस पर अपना अधिकार हो। ~**ता** (स्त्री०) स्थानीय स्वशासन का अधिकारी; ~**शासन** (पु०) 1 स्थानिक शासन 2 लोक प्रतिनिधियों द्वारा परिचालित शासन;

~**शासी** (वि०) स्वयं शासनाधिकार प्राप्त
स्वार–*सं०* (वि०) स्वर संबंधी, स्वर का
स्वारथ–*सं०* (वि०) सफल, सिद्ध, सार्थक
स्वारसिक–*सं०* (वि०) 1 रसयुक्त, माधुर्यमय 2 प्राकृतिक, स्वाभाविक
स्वारस्य–*सं०* (पु०) 1 सरसता, रसीलापन 2 आनंद, मज़ा 3 स्वाभाविकता
स्वाराज्य–*सं०* (पु०) स्वाधीन राज्य
स्वारूप्य–*सं०* (पु०) स्वरूपता
स्वार्जित–*सं०* (वि०) स्वयं अर्जित किया हुआ
स्वार्थ–*सं०* (पु०) 1 अपना मतलब 2 अपना हित साधने की उग्र भावना 3 अपना वाच्यार्थ। ~**ता** (स्त्री०) स्वार्थ भाव, स्वार्थपरता, खुदग़रज़ी; ~**त्याग** (पु०) 1 स्वार्थ का त्याग 2 आत्मत्याग; ~**त्यागी** (वि०) स्वार्थ का त्याग करनेवाला; ~**पंडित** (पु०) स्वार्थ साधन में चतुर; ~**परता** (स्त्री०) स्वार्थी, खुदग़रज़ी; ~**परायण** (वि०) स्वार्थ सिद्धि में ही रत रहनेवाला; ~**प्रेरित** (वि०) अपने मतलब से प्रेरणा प्राप्त; ~**लिप्सा** (स्त्री०) स्वार्थ साधन की लालसा; ~**लिप्सु** (वि०) स्वार्थ साधन हेतु लालायित रहनेवाला; ~**लोलुप** (वि०) स्वार्थ का लोभी; ~**वृत्ति** (स्त्री०) = स्वार्थवाद; ~**संघर्ष** (पु०) स्वार्थों का टकराव; ~**संपादन** (पु०) = स्वार्थ साधन; ~**साधक** (वि०) अपना मतलब निकालनेवाला; ~**साधन** (पु०) अपना मतलब निकालना; ~**साधना**, ~**सिद्धि** (स्त्री०) प्रयोजन की पूर्ति, काम निकालना
स्वार्थांध–*सं०* (वि०) स्वार्थ साधन में अंधा रहनेवाला
स्वार्थिक–*सं०* (वि०) 1 स्वार्थ से संबंधित 2 जिससे काम सिद्ध हो 3 लाभदायक
स्वार्थी–*सं०* (वि०) 1 स्वार्थ की सिद्धि चाहनेवाला 2 खुदग़रज़
स्वालक्ष्य–*सं०* (वि०) सरलता से पहचाना जाने योग्य
स्वावमानना–*सं०* (स्त्री०) आत्मभर्त्सना
स्वावलंबन–*सं०* (पु०) अपना भरोसा करना
स्वावलंबी–*सं०* (वि०) 1 स्वावलंबन भावना से युक्त 2 आत्मनिर्भर
स्वाश्रय–*सं०* (पु०) = स्वावलंबन
स्वाश्रित–*सं०* (वि०) = स्वावलंबी
स्वास्थ्य–*सं०* (पु०) 1 नीरोगता, आरोग्य 2 चित्त का शांत होना। ~**कर** (वि०) 1 आरोग्य वर्द्धक 2 स्वास्थ्य प्रदान करनेवाला; ~**केंद्र** (पु०) = स्वास्थ्य स्थल; ~**गृह**, ~**घर** + *हिं०* (पु०) आरोग्यशाला; ~**दायक** (वि०) = स्वास्थ्यकर; ~**निवास** (पु०) = स्वास्थ्य गृह; ~**प्रद** (वि०) = स्वास्थ्यकर; ~**प्रमाण पत्र** (पु०) स्वस्थ होने का सर्टिफ़िकेट; ~**बुलेटिन** + *अं०* (पु०) आरोग्यता संबंधी विवरणिका; ~**लाभ** (पु०) स्वास्थ्य पाना, नीरोग होना; ~**वर्द्धक** (वि०) स्वास्थ्य बढ़ानेवाला, स्वास्थ्य कारक; ~**विज्ञान** (पु०) = स्वास्थिकी; ~**विभाग** (पु०) स्वास्थ्य की रक्षा का प्रबंध करनेवाला विभाग; ~**शाला** (स्त्री०) = स्वास्थ्य गृह; ~**संहारक**(वि०) स्वास्थ्य का नाश करनेवाला; ~**हानि** (वि०) स्वास्थ्य का गिर जाना
स्वास्थिकी–*सं०* (स्त्री०) स्वास्थ्य रक्षण संबंधी नियमों सिद्धातों, उपायों आदि का विवेचन करनेवाला शास्त्र
स्वाहा–I *सं०* (क्रि० वि०) हविर्दान के समय उच्चारण किया जानेवाला एक शब्द II (वि०) 1 जो जलकर नष्ट हो गया हो 2 पूर्णतः विनष्ट
स्वाहार–*सं०* (पु०) अच्छा खाद्य पदार्थ II (वि०) आसानी से प्राप्त होनेवाला
स्विच–*अं०* (पु०) (बिजली का) बटन
स्विदित–*सं०* (वि०) 1 जिसे पसीना निकला हो 2 पिघला या पिघलाया हुआ
स्विन्न–*सं०* (वि०) 1 पसीने से भरा हुआ 2 सीझा हुआ
स्वीकरण–*सं०* (पु०) 1 अपनाना 2 मानना
स्वीकरणीय–*सं०* (वि०) स्वीकार करने योग्य
स्वीकर्ता–*सं०* (वि०) स्वीकार करनेवाला
स्वीकार–*सं०* (वि०) अंगीकार सहमति
स्वीकारात्मक–*सं०* (वि०) 1 स्वीकार संबंधी 2 जिससे बात की पुष्टि की गई हो, अफ़र्मेटिव
स्वीकारार्थ–*सं०* (वि०) स्वीकार करने के लिए
स्वीकारोक्ति–*सं०* (स्त्री०) 1 अपराध स्वीकार करने से संबंधित कथन या बयान 2 दोष, पाप आदि की स्वीकृति, कन्फ़ेशन
स्वीकार्य–*सं०* (वि०) स्वीकार करने योग्य
स्वीकृत–*सं०* (वि०) 1 स्वीकार किया हुआ 2 मान्यता प्राप्त
स्वीकृति–*सं०* (स्त्री०) 1 स्वीकार, मंज़ूरी 2 मान लेना 3 अपनाना। ~**सूचक** (वि०) स्वीकृति की सूचना देनेवाला
स्वीय–*सं०* (वि०) = स्वकीय
स्वीयत्व–*सं०* (पु०) अपना होने का भाव, अपनत्व
स्वेच्छया–*सं०* (क्रि० वि०) स्वेच्छापूर्वक
स्वेच्छा–*सं०* (स्त्री०) अपनी इच्छा। ~**तंत्र** (पु०) निरंकुश शासन; ~**पूर्ण** (पु०) अपने मन का; ~**सैनिक** (पु०) अवैतनिक सिपाही
स्वेच्छाचार–*सं०* (पु०) मनमाना आचरण
स्वेच्छाचारिणी–*सं०* (स्त्री०) व्यभिचारिणी, कुलटा
स्वेच्छाचारिता–*सं०* (स्त्री०) निरंकुशता, मनमानी करना
स्वेच्छाचारी–*सं०* (वि०) 1 मनमाना आचरण करनेवाला, निरंकुश 2 नियम, क़ानून को न माननेवाला 3 यथेच्छाचारी
स्वेच्छानुसार–*सं०* (क्रि० वि०) अपनी इच्छा के अनुसार
स्वेच्छित–*सं०* (वि०) मन चाहा। (जैसे-स्वेच्छित सहयोग)
स्वेद–*सं०* (पु०) पसीना। ~**कण** (पु०) पसीने की बूँद; ~**ग्रंथि** (स्त्री०) पसीने की गिल्टी; ~**बिंदु** (पु०) - स्वेद कण
स्वेदक–*सं०* (वि०) पसीना लानेवाला
स्वेदन–*सं०* (पु०) 1 पसीना निकलना 2 पसीना लाना (जैसे-स्वेदन की औषधि)
स्वेदायन–*सं०* (पु०) रोम कूप, रोम छिद्र
स्वेदित–*सं०* (वि०) 1 पसीने से युक्त 2 बफारा दिया हुआ
स्वेदी–*सं०* (वि०) 1 स्वेद युक्त 2 पसीना लानेवाला
स्वैच्छिक–*सं०* (वि०) निजी इच्छा के अनुसार होनेवाला या निजी इच्छा से संबंधित
स्वैर–*सं०* (वि०) 1 मनमाना काम करनेवाला 2 मनमाना, यथेच्छा। ~**चार** (पु०) मनमाना आचरण, स्वेच्छाचार;

~**चारिणी** (स्त्री०) 1 मनमाना काम करनेवाली स्त्री 2 व्यभिचारिणी स्त्री; ~**चारिता** (स्त्री०) 1 स्वेच्छाचार 2 स्वैरचार; ~**चारी** (वि०) 1 स्वेच्छाचारी 2 स्वैर; ~**तंत्र** (पु०) निरकुंशता; ~**वर्ती** (वि०) इच्छानुसार काम करनेवाला; ~**वृत्त** (वि०) = स्वैर, स्वेच्छाचारी
स्वैराचार–*सं०* (पु०) स्वेच्छाचार, स्वैरचार
स्वैराचारी–*सं०* (वि०) स्वेच्छाचारी, स्वैर
स्वैरिणी–*सं०* (स्त्री०) व्यभिचारिणी स्त्री, पुंश्चली
स्वैरिता–*सं०* (स्त्री०) स्वैर होने का भाव
स्वैरी–*सं०* (पु०) 1 मनमाना आचरण करनेवाला 2 दुराचारी, बदचलन 3 व्यभिचारी
स्वोपार्जित–*सं०* (वि०) = स्वार्जित

ह

हँक–(स्त्री०) = हाँक
हँकड़ना–(अ० क्रि०) 1 हुँकारना 2 ज़ोर से चिल्लाना 3 साँड़ आदि का ज़ोर से चिल्लाना
हँकड़ान–(स्त्री०), हँकड़ाव–(पु०) हँकड़ाने का भाव
हँकनी–(स्त्री०) 1 पैना 2 हाँकना
हँकरना–(अ० क्रि०) = हँकड़ना
हँकरावा–*बो०* (पु०) = हँकारा
हँकवा–(पु०) 1 शोरगुल मचाकर शिकार को मचान के पास ले आना 2 हाँका
हँकवाना–(स० क्रि०) हाँकने का काम कराना
हँकवैया–*बो०* (पु०) हाँकनेवाला व्यक्ति
हँका–(पु०) = हँकार
हँकाना–(स० क्रि०) 1 हँकवाना 2 हाँकना
हँकार–(स्त्री०) 1 ललकार 2 पुकार। ~**पड़ना** पुकार मचना, चिल्लाहट मचना
हँकारना–I (स० क्रि०) 1 ललकारना 2 पुकारना 3 पास बुलाना II (अ० क्रि०) हुँकारना, हुंकार भरना
हँकारा–(पु०) 1 बुलावा 2 आमंत्रण 3 पुकारने का भाव, पुकारना
हँकारी–(पु०) 1 सेवक 2 बुलानेवाला
हंगामा–*फ़ा०* (पु०) 1 मारपीट, हुल्लड़, उपद्रव 2 हल्ला-गुल्ला, हलचल। ~**पसंद** (पु०) हल्ला गुल्ला करनेवाला, मारपीट करनेवाला, उपद्रवी, लड़ाकू
हंगोरी–(पु०) दार्जिलिंग के पहाड़ों में होनेवाला एक पेड़
हंटर–*अं०* (पु०) कोड़ा, चाबुक (जैसे-हंटर लगाना या हंटर जमाना)
हँड़कुलिया–(स्त्री०) 1 बच्चों के छोटे छोटे बर्तन 2 चूल्हे चौके का सामान
हँडना–I (अ० क्रि०) 1 घूमना फिरना 2 बे मतलब घूमना II (स० क्रि०) इधर उधर ढूँढ़ना, खोजना
हंडरवेट–*अं०* (पु०) 112 पौंड की तौल
हंडा–(पु०) पीतल आदि धातु या मिट्टी का बना घड़े जैसा बड़ा पात्र (जैसे-हंडा चोरी चला गया)
हँडाना–(स० क्रि०) घुमाना-फिराना
हँडिक–*बो०* (पु०) (सुनारों का) तौलने का बाट
हँडिया–(स्त्री०) एक तरह का मिट्टी का बर्तन (जैसे-हँडिया टूट गई)
हँडी–(स्त्री०) मिट्टी का एक बर्तन, हाँड़ी
हंड्रेडवेट–*अं०* (पु०) = हंडरवेट
हंत–*सं०* (अ०) हर्ष, विषाद, आश्चर्य आदि का आश्चर्य सूचक शब्द
हंतव्य–*सं०* (वि०) 1 हनन करने योग्य 2 हत्य करने योग्य
हंता–*सं०* (वि०) हत्यारा, संहारक
हँथौड़ा–*बो०* (पु०) = हथौड़ा
हंस–*सं०* (पु०) 1 बत्तख के आकार का एक सफ़ेद जल पक्षी (जैसे-हंस मानसरोवर झील में पाया जाता है) 2 सूर्य। ~**गति** (स्त्री०) हंस की चाल; ~**गामिनी** (स्त्री०) हंस की चालवाली स्त्री
हंसराज–*सं०* (पु०) एक प्रकार का धान
हँसन–(स्त्री०) हँसने का ढंग
हँसना–I (अ० क्रि०) वेग पूर्वक हर्ष ध्वनि निकालना, ठट्ठा मारना 2 प्रसन्न होना 3 ख़ुशी मनाना (जैसे-मैच के विजय का समाचार पाते ही सारी जनता तालियाँ बजाकर हँसने लगी) 4 मजाक करना (जैसे-किसी पर हँसना) II (स० क्रि०) उपहास करना (जैसे-किसी की ग़रीबी पर हँसना)। ~**खेलना** (अ० क्रि०) हँसना और खेलना; ~**बोलना** (अ० क्रि०) हँसना और बोलना
हँसमुख–(वि०) 1 प्रसन्न (जैसे-हँसमुख चेहरा, हँसमुख नायिका) 2 दिल्लगीबाज़, हास्य प्रिय (जैसे-हँसमुख युवक, हँसमुख कलाकार)
हँसली–(स्त्री०) 1 गले में पहना जानेवाला स्त्रियों का मंडलाकार एक आभूषण 2 गले के नीचे तथा छाती के ऊपर की धन्वाकार हड्डी
हँसाई–(स्त्री०) 1 हँसी, ठट्ठा 2 उपहास, निंदा (जैसे-जग हँसाई या जगत हँसाई)
हँसाना–(स० क्रि०) 1 हँसने में प्रवृत्त करना 2 खुश करना (जैसे-बाज़ीगर ने अपनी कला दिखाकर सबको हंसा दिया)
हंसावली–*सं०* (स्त्री०) हंस की कतार
हँसिया–(स्त्री०) लोहे का धनुषाकार एक औज़ार (जैसे-हँसिया से धान काटना)
हँसियाकार–*हिं० + सं०* (वि०) हँसिया के आकार का (जैसे-हँसियाकार कटार)
हँसी–(स्त्री०) 1 हास 2 मज़ाक़ (जैसे-हँसी उड़ाना) 3 दिल्लगी (जैसे-हँसी मज़ाक) 4 उपहास, निंदा, बदनामी (जैसे-समाज में किसी की हँसी उड़ाना)। ~**ख़ुशी** *+ फ़ा०* (स्त्री०) प्रसन्नता, आनंद (जैसे-हँसी ख़ुशी की बात, हँसी ख़ुशी का समय); ~**खेल** (पु०) 1 दिल्लगी और खेल 2 आसान काम; ~**ठट्ठा** (पु०) आनंद क्रीड़ा; ~**दिल्लगी** *फ़ा० + हिं०* (स्त्री०), ~**मज़ाक़** *+ अ०* (पु०) 1 मनोरंजन (जैसे-हँसी मज़ाक़ का खेल) 2 हँसी ठट्ठा का खेल

हंसिनी, हंसी–*सं०* (स्त्री०) हंस की मादा
हँसीला–(वि०) *बो०* = हँसोड़
हँसुआ–*बो०* (पु०) = हँसिया
हँसुली–(स्त्री०) = हँसली
हँसुवा–*बो०* (पु०) = हँसिया
हँसेल–(स्त्री०) नाव को खींचने की रस्सी, गून
हँसोड़–(वि०) 1 हँसनेवाला 2 हँसानेवाला 3 दिल्लगीबाज़, विनोदप्रिय, विनोदी
हँसौहा–(वि०) 1 हास्ययुक्त, मज़ाक़ भरा 2 हँसने की प्रकृतिवाला
हक़–*अ०* (पु०) 1 अधिकार, स्वत्व 2 दावा 3 कर्तव्य, फर्ज़ 4 उचित बात, वाज़िब बात 5 उचित पक्ष, न्याय पक्ष। ~**तलफ़ी** *+ फ़ा०* (स्त्री०) 1 हक़ मारना 2 बे इंसाफ़ी 3 नुकसान; ~**दार** *+ फ़ा०* (वि०) अधिकारी; ~**दारी** *+ फ़ा०* (स्त्री०) स्वत्व या अधिकार रखना; ~**नाहक़** *+ फ़ा० + अ०* I (पु०) न्याय-अन्याय, सत्य-असत्य II (अ०) जबरदस्ती, व्यर्थ; ~**परस्त** *+ फ़ा०* (वि०) 1 ईश्वर भक्त 2 सच्चा भक्त 3 सच्चा 4 न्यायशील; ~**परस्ती** *+ फ़ा०* (स्त्री०) हक़परस्त होना; ~**मालिकाना** *+ फ़ा०* (पु०) स्वामित्व; ~**मौरूसी** *+ फ़ा०* (पु०) आनुवंशिक अधिकार; ~**शफ़ा** *+ फ़ा० + अ०* (पु०) = हक़शुफ़ा; ~**शिनास** *+ फ़ा०* (वि०) सच्चाई को पहचाननेवाला; ~**शुफ़ा** *+ फ़ा० + अ०* (पु०) जायदाद को दूसरे से पहले खरीदने का हक़
हकबक–(क्रि० वि०) = हक्का बक्का
हकबकाना–(अ० क्रि०) भौंचक रह जाना, हक्का बक्का रह जाना
हकला–(वि०) हकलानेवाला, रुक रुककर बोलनेवाला। ~**पन** (पु०) 1 हकलाने का भाव 2 हकलाने का दोष या आदत
हकलाना–(अ० क्रि०) रुक रुककर बोलना
हकलाहट–(स्त्री०) हकलाने का भाव
हकलाहा–(वि०) *बो०* हकलानेवाला, हकला
हकार–*सं०* (पु०) 'ह' की ध्वनि
हक़ारत–*अ०* (स्त्री०) हकलापन, तुच्छता। ~**की नज़र से देखना** तुच्छ समझना, हेय समझना
हक़ीक़त–*अ०* (स्त्री०) 1 असलीयत, यथार्थता 2 सच्चाई, सच बात 3 हालत 4 हाल 5 असली व्यवहार
हक़ीक़ी–*अ०* (वि०) 1 असली 2 सच्चा 3 सगा (जैसे-भाई-बहन का हक़ीक़ी रिश्ता)
हकीम–*अ०* (पु०) यूनानी चिकित्साशास्त्री
हकीमी–*अ० + फ़ा०* (स्त्री०) हकीम का पेशा
हक़ीयत–*अ०* (स्त्री०) 1 हक़दारी 2 अधिकार 3 मिलक़ियत, ज़ायदाद
हक़ीर–*अ०* (वि०) 1 छोटा 2 तुच्छ
हक्क–(पु०) हाथी को बुलाने का शब्द, गजाह्वान
हक्का–*बो०* (पु०) लकड़ी का एक तरह का आघात
हक्काक–*अ०* (पु०) 1 नग जोड़नेवाला, नगीना साज़ 2 मुहर खोदनेवाला
हक्का बक्का–(क्रि० वि०) भौंचक, घबराया सा (जैसे-पत्नी की मृत्यु का समाचार सुनते ही वह हक्का बक्का रह गया)
हगनहटी–(स्त्री०) 1 गुदा 2 शौच करने या पाख़ाना जाने का स्थान, शौचालय
हगना–I (अ० क्रि०) शौच करना, पाख़ाना फिरना II (वि०) 1 हगनेवाला 2 अधिक हगनेवाला
हगनेटी–(स्त्री०) = हगनहटी
हगाना–(स० क्रि०) पाख़ाना फिराना। **हगा मारना** 1 बहुत थका देना 2 परेशान करना
हगास–(स्त्री०) पाख़ाने की इच्छा, शौच की इच्छा
हगोड़ा–(वि०) बार-बार शौच जानेवाला
हचकना–I (अ० क्रि०) 1 आगे पीछे हिलना डोलना 2 झोंके से इधर उधर होना II (स० क्रि०) 1 झोंका देना, हिलाना डुलाना 2 ज़ोर से मारना। **हचक देना** ज़ोर से मारना
हचक–(पु०) झोंका, धक्का (जैसे-हचक लगना, हचका देना)
हचकना–I (अ० क्रि०) धक्के से हिलना डोलना
हचकना–II (स० क्रि०) ज़ोर से मारना
हचका–(पु०) = हचक
हचकाना–(स० क्रि०) झोंके से हिलाना डुलाना
हचकोला–(पु०) हचक, हचका
हज़–*अ०* (पु०) हज्ज
हज़म–*अ०* (पु०) 1 पाचन क्रिया 2 ख़यानत, गबन, चोरी
हजयात्री–*अ० + सं०* (पु०) हाजी
हज़रत–*अ०* (पु०) 1 हुज़ूर 2 सम्मान सूचक संबोधन, ज़नाब, महोदय। ~**सलामत** (पु०) श्रीमान जी
हजाम–*अ०* (पु०) = हज्जाम
हजामत–*अ०* (स्त्री०) 1 बाल बनाने का काम 2 दाढ़ी के बाल बनाने का काम। ~**बनना** 1 सिर मूँड़ा जाना 2 ठगा जाना; ~**बनाना** 1 सिर मूँड़ना 2 ठगना, लूटना
हजामती–*अ० + फ़ा०* (वि०) हजामत संबंधी
हज़ार–I *फ़ा०* (वि०) 1 दस सौ 2 अनगिनत (जैसे-सिनेमा में हज़ारों रुपए बर्बाद करना) 3 अनेक (जैसे-हज़ारों लोगों ने राष्ट्रपिता के प्रति अपनी श्रद्धांजलि अर्पित की) II (पु०) हज़ार की संख्या, 1000 III (क्रि० वि०) चाहे जितना अधिक, कितना ही (जैसे-हज़ार कहो लेकिन वह तुम्हारी बात नहीं मानेगा)। ~**जान से** बड़े शौक से; ~**में** बहुत लोगों में
हज़ारपा–*फ़ा०* (पु०) हज़ार पाँववाला, कनखजूरा, गोजर
हज़ारहा–*फ़ा०* (वि०) हज़ारों
हज़ारा–*फ़ा०* (पु०) 1 फौव्वारा 2 छिड़काव करने को अनेक छिद्रोंवाली नलदार बालटी। ~**गुस्ल** *+ अ०* (पु०) फुहारे का स्नान
हज़ारी–*फ़ा०* (पु०) 1 हज़ार आदमियों का सरदार 2 हज़ार आदमियों की पलटन। ~**बाज़ारी** (वि०) 1 साधारण लोगों में बैठनेवाला 2 कमीना
हज़ारों–*फ़ा० + हिं०* (वि०) 1 सहस्रों 2 बहुत से, अनेक (जैसे-हज़ारों लोग युद्ध में हताहत हो गए)। ~**घड़े पानी पड़ना** अत्यंत लज्जित होना
हजूम–*अ०* (पु०) 1 जमघट, भीड़भाड़ 2 भीड़ करना
हजूर–*अ०* (पु०) हुज़ूर
हजूरी–*अ० + फ़ा०* (स्त्री०) हुज़ूरी
हजो–*अ०* (स्त्री०) 1 निंदा 2 अपकीर्ति 3 व्यंगोक्ति

हज्ज–*अ०* (पु०) 1 संकल्प करना 2 मक्के की यात्रा 3 काबे का दर्शन और प्रदक्षिणा करना

हज्जाम–*अ०* (पु०) हजामत बनानेवाला, नाई (जैसे-हज्जाम की दुकान)। ~**ख़ाना** + *फ़ा०* (पु०) नाई की दुकान

हटक–(स्त्री०) मना करने का भाव, वर्जन

हटकन–(स्त्री०) मना करना, वारण

हटकना–(स० क्रि०) बरजना, मना करना, रोकना

हटका–*बो०* (पु०) ब्योंड़ा, अर्गल

हटतार–(स्त्री०) 1 माला का सूत 2 सिलसिला, टकटकी

हटताल–(स्त्री०) *बो०* = हड़ताल

हटना–(अ० क्रि०) 1 खिसकना, सरकना (जैसे-दो कदम पीछे हटना) 2 पीछे की ओर जाना (जैसे-बम विस्फोट से सेना को हटना पड़ा) 3 जी चुराना, करने से भागना (काम से हटना, पढ़ने से हटना) 4 सामने से दूर होना (जैसे-यहाँ से हट जाओ) 5 टलना (जैसे-विवाह की तारीख़ हट गई) 6 न रह जाना, दूर होना (जैसे-संकट हटना, सूजन हटना) 7 दृढ़ न रहना 8 पद त्याग करना (जैसे-प्रधानाचार्य जी अस्वस्थता के कारण अपने पद से हट गए)। ~**बढ़ना** (अ० क्रि०) चुपके से भागना

हटवया–(पु०) दूकानदार

हटवा–(पु०) हाटवाला

हटवाई–(स्त्री०) दूकानदारी, क्रय-विक्रय

हटवाना–(स० क्रि०) हटाने का काम कराना

हटवार–*बो०* (पु०) दूकानदार

हटाना–(स० क्रि०) 1 खिसकाना (जैसे-मेज़ हटाना) 2 उपेक्षा करना (जैसे-भिखारी को हटाना) 3 सिलसिला तोड़ना 4 खदेड़ना 5 अलग करना (जैसे-नौकरी से हटाना, मंत्री पद से हटाना) 6 ध्यान न देना (जैसे-झगड़ा आदि को हटाना)

हटाव–(पु०) हटाने का भाव

हटिया–(स्त्री०) छोटा बाज़ार, छोटी हाट

हटुआ–*बो०* (पु०) 1 दूकानदार 2 अनाज तौलनेवाला, बया

हटैता–(पु०) 1 सौदा 2 हाट में लगाया गया सामान

हटौती–(स्त्री०) शरीर का ढाँचा

हट्ट–*सं०* (पु०) हाट, बाज़ार। ~**चौरक** (पु०) बाज़ार में चोरी करनेवाला, पाकेटमार

हट्टा–(पु०) शक्तिशाली व्यक्ति, ताक़तवर आदमी। ~**कट्टा** (वि०) हृष्ट-पुष्ट

हट्टी–(स्त्री०) *बो०* छोटी हाट

हठ–*सं०* (पु०) 1 जिद, दुराग्रह (जैसे-सिनेमा देखने का हठ) 2 दृढ़ प्रतिज्ञा, अटल संकल्प। ~**ता** (स्त्री०) हठ करने का भाव; ~**धर्म** (पु०) दुराग्रह, कट्टरपन (जैसे-हठधर्म का त्याग करना विवेकी का गुण है); ~**धर्मिता** (स्त्री०) हठधर्मी होने का भाव ~**धर्मी** (वि०) हठधर्म को माननेवाला; ~**पूर्वक** (क्रि० वि०) हठ के अनुसार, दुराग्रहपूर्वक; ~**योग** (पु०) योग का एक प्रकार जिसमें कठिन आसनों और मुद्राओं की साधना होती है; ~**वादिता** (स्त्री०) = हठधर्मिता; ~**वादी** =हठधर्मी; ~**शील** (वि०) हठी, जिद्दी; ~**पकड़ना** ज़िद करना, दुराग्रह करना; ~**में पड़ना** 1 किसी के दृढ़ संकल्प का शिकार होना 2 हठ करना; ~**रखना** हठ की पूर्ति करना

हठधर्मी–(स्त्री०) = हठधर्मिता

हठात्–*सं०* (क्रि० वि०) 1 बलपूर्वक 2 हठपूर्वक 3 सहसा, अचानक

हठात्कार–*सं०* (पु०) जबरदस्ती

हठी–*सं०* (वि०) = हठधर्मी, टेकी, ज़िद्दी

हठीला–*सं०* + *हिं०* (वि०) हठ करनेवाला, ज़िद्दी 2 दृढ़ प्रतिज्ञ, बात का पक्का

हड़–(स्त्री०) हर्र

हड़कंप–(पु०) 1 तहलका (जैसे-हड़कंप मचाना) 2 उथल-पुथल

हड़क–(स्त्री०) 1 जलांतक 2 उत्कट इच्छा, रट, धुन

हड़कना–(अ० क्रि०) तरसना

हड़का–(पु०) हड़कने का भाव, तरस

हड़काना–(स० क्रि०) 1 लहकारना 2 तरसाना 3 हतोत्साह करना

हड़काया–(वि०) 1 उतावला, बावला, पागल 2 घबराया हुआ

हड़काव–(पु०) = हड़क

हड़गीला–(पु०) एक प्रकार की चिड़िया, चनियारी

हड़ताल–(स्त्री०) अन्याय, अत्याचार के विरोध में कंपनी, मिलों आदि में काम काज बंद कर देना (जैसे-कल से हड़ताल चल रही है)। ~**कमेटी** + *अं०* (स्त्री०) हड़ताल करनेवालों का संगठन; ~**तोड़**, ~**तोड़क**, ~**भंजक** + *सं०* (वि०) हड़ताल तोड़नेवाला

हड़ताली–(वि०) हड़ताल करनेवाला

हड़ना–(अ० क्रि०) *बो०* तौल में जाँचा जाना

हड़प–(वि०) 1 निगला हुआ 2 गायब किया हुआ, उड़ाया हुआ। ~**करना** गायब करना, बेईमानी से लेना (जैसे-रुपया हड़प करना, मित्र की संपत्ति हड़प करना)

हड़पना–(स० क्रि०) 1 खा जाना 2 गायब करना (जैसे-रखा हुआ धन हड़पना) 3 अनुचित ढंग से ले लेना (जैसे-ज़ायदाद हड़पना)

हड़प्पा–(पु०) एक अत्यंत प्राचीन ऐतिहासिक स्थान (जैसे-हड़प्पा की खुदाई)

हड़फूटन–(स्त्री०) *बो०* हड्डियों की पीड़ा

हड़ बड़–(स्त्री०) = हड़बड़ी

हड़बड़ाना–I (अ० क्रि०) 1 जल्दी करना, आतुर होना 2 उतावलापन करना **II** (स० क्रि०) जल्दी करने के लिए प्रेरित करना

हड़बड़ाहट–(स्त्री०) = हड़बड़ी

हड़बड़िया–(वि०) 1 जल्दबाज़ 2 उतावला

हड़बड़ी–(स्त्री०) 1 शीघ्रता 2 उतावली, आतुरता। ~**में पड़ना** घबराहट में आना

हड़बोंग–(पु०) बहुत अधिक शोर

हड़हड़ाना–(स० क्रि०) 1 शीघ्रता करने के लिए उकसाना 2 हड़हड़ शब्द करना

हड़हा–*बो०* (पु०) जंगली बैल

हड़ा–(पु०) 1 चिड़ियों को उड़ाने का शब्द 2 पथरकला बंदूक

हड़ावर–I (पु०) 1 ठठरी, अस्थिपंजर 2 हड्डियों का ढेर

हड़ावर–II *बो०* (पु०) नौकर को दी जानेवाली गर्मी की पोशाक

हड़ावल–(स्त्री०) 1 हड्डियों का समूह 2 हड्डियों का ढाँचा 3 हड्डियों की माला

हड़ीला–(वि०) 1 हड्डीयुक्त 2 अत्यंत दुबला पतला

हड्ड–(पु०) हड्डी, अस्थि

हड्डी–(स्त्री०) शरीर का वह कड़ा भाग जिससे उसका ढाँचा बनता है। **~गुड्डी** (स्त्री०) हड्डी-पसली; **~चूर्ण** + *सं०* हड्डी का चूरा या चूर्ण; **~चूस** (वि०) हड्डी तोड़नेवाला; **~तोड़** (वि०) हड्डी तोड़नेवाला, ज़ोर का (बुख़ार); **~पसली** (स्त्री०) अंजर-पंजर; **~उखड़ना** हड्डियों का जोड़ खुल जाना; **~गढ़ना** बुरी तरह पीटना; **~गुड्डी तोड़ना, ~तोड़ना** बहुत बुरी तरह पीटना; **~चबाना** जबरदस्ती प्राप्त करने का प्रयत्न करना; **~बोलना** हड्डी टूटना; **~से ~बजाना** लड़ाई झगड़ा करना; **~चूसना** अशक्त व्यक्ति से काम कराना; **हड्डियाँ दिखाई पड़ना, हड्डियाँ निकल आना** अत्यंत दुर्बलता के कारण हड्डियाँ दिखाई देना; **कबाब में ~ आ पड़ना** रंग में भंग

हत–*सं०* (वि०) 1 मार डाला हुआ 2 घायल किया हुआ 3 ताड़ित 4 हताश (जैसे-हत भाग्य) 5 भ्रष्ट किया हुआ 6 सदोष (जैसे-हत चरित्र)। **~चेत, ~चेता, ~ज्ञान** (वि०) 1 अचेत, बेहोश 2 संज्ञाशून्य; **~दैव** (वि०) अभागा; **~प्रभ** (वि०) 1 निस्तेज 2 शिथिल 3 स्फूर्तिहीन; **~बल** (वि०) निर्बल, कमज़ोर; **~बुद्धि** (वि०) मूर्ख; **~भागिनी** (स्त्री०)/(वि०) बदनसीब, अभागिन; **~भागी, ~भाग्य** (वि०) अभागा, बदकिस्मत, भाग्यहीन; **~वाक** (वि०) जिसकी बोलने की शक्ति समाप्त हो गई हो; **~वीर्य** (वि०) बल रहित, शक्ति हीन; **~श्री** (वि०) 1 वैभव रहित 2 नष्ट वैभववाला; **~हृदय** (वि०) निराश, हताश

हतक–*अ०* (स्त्री०) 1 बेइज़्ज़ती 2 बे अदबी, धृष्टता

हतना–(स० क्रि०) 1 जान से मारना, वध करना 2 मारना पीटना

हतवाना–(स० क्रि०) 1 मरवा डालना 2 पिटवाना

हता–*सं०* (स्त्री०) दुश्चरित्र स्त्री, व्यभिचारिणी औरत

हताश–*सं०* (वि०) 1 निराश, दुःखी (जैसे-जीवन से हताश) 2 फल हीन

हताशा–*सं०* (स्त्री०) 1 निराशा, दुःख 2 निष्फलता। **~युक्त** (वि०) हताशा से पूर्ण

हताश्रय–*सं०* (वि०) बिना सहारा का, निराश्रय (जैसे-हताश्रय जीवन)

हताश्वास–*सं०* (वि०) निराश

हताहत–*सं०* (वि०) मारे गए और घायल

हतोत्साह–*सं०* (वि०) निरुत्साह

हतोत्साहित–*सं०* (वि०) जिसका उत्साह नष्ट हो गया हो (जैसे-हतोत्साहित व्यक्ति)

हत्था–(पु०) 1 दस्ता, मूठ 2 पंजा 3 कुर्सी की बाँही 4 हाथ का छापा 5 हाथा, हथेरा 6 निवार बुनने के काम आनेवाला लकड़ी का एक औज़ार। **~जोड़ी** (स्त्री०) = हाथा जोड़ी

हत्थी–(स्त्री०) 1 मूठ, दस्ता 2 कड़ाह में ईख का रस चलाने की लकड़ी

हत्थे–(क्रि० वि०) हाथ में। **~चढ़ना** 1 हाथ में आना, अधिकार में आना 2 वश में आना या होना

हत्या–*सं०* (स्त्री०) 1 मार डालना (जैसे-दुश्मन की हत्या) 2 हत्या करने का पाप। **~कांड** (पु०) हत्या की घटना; **~निरूपण** (पु०) 1 हत्या का अन्वेषण 2 हत्या का वर्णन; **~व्यवसायी** (वि०) पेशेवर हत्यारा; **~टलना** झंझट दूर होना; **~मोल लेना** झगड़े से संबंध स्थापित करना; **~सवार होना** मुखाकृति आदि से हत्या की प्रवृत्ति प्रकट होना, खून चढ़ना; **~सिर मढ़ना** अपराधी ठहराना; **~सिर लेना** पाप का भागी होना

हत्यारा–I *सं०+हिं* (पु०) हत्या करनेवाला व्यक्ति, खूनी II हत्या करनेवाला

हत्यारी–*सं० + हिं०* (स्त्री०) 1 हत्या करनेवाली स्त्री 2 हत्या का पाप

हथ–*बो०* (पु०) = हाथ। **~उधार** (पु०) बिना लिखा पढ़ी के कर्ज़ देना; **~कंडा** (पु०) 1 षड्यंत्र 2 चतुराई की चाल 3 धूर्तता की पद्धति; **~कड़ी** (स्त्री०) कैदियों को पहनाया जानेवाला लोहे का कड़ा (जैसे-हथकड़ी पहनाना, हथकड़ी लगाना); **~करघा** (पु०) = हाथ करघा; **~करा** (पु०) 1 चमड़े का दस्ताना 2 धुनिये की कमान में बँधा कपड़े का टुकड़ा; **~कल** (पु०) 1 सूत आदि ऐंठने का सुनारों का एक औज़ार 2 पेंचकस; **~गाड़ी** (स्त्री०) हाथ से खींची जानेवाली गाड़ी; **~गोला** (पु०) हाथ से फेंका जानेवाला विस्फोटक गोला; **~चक्की** (स्त्री०) हाथ से चलनेवाली चक्की; **~छुट** (वि०) क्रोध में तुरंत मार बैठनेवाला; **~धरी** (स्त्री०) *बो०* नाव से ज़मीन तक लगा हुआ लकड़ी का पटरा; **~फूल** (पु०) हाथ के पंजे के ऊपरी भाग में पहना जानेवाला स्त्रियों का एक आभूषण; **~फेर** I (पु०) 1 हस्त कौशल द्वारा वस्तु को गायब करने का भाव 2 शरीर पर स्नेह या प्यार से हाथ फेरना II (वि०) हाथ की सफ़ाई से चीज़ गायब करनेवाला, हथलपक; **~बेंटा** (पु०) खेत में लगा हुआ गन्ना काटने की एक कुदाली; **~रस** (पु०) = हस्त क्रिया; **~लपका** (वि०) हाथ से लपक लेनेवाला; **~लपकौवल** (पु०) हस्तगत करना, छीना झपटी करना; **~लेवा** (पु०) विवाह में कन्या का हाथ अपने हाथ में लेने की रीति, पाणिग्रहण; **~वाँस** (पु०) नाव खेने का सामान, पतवार, डाँड़ा; **~संकर** (पु०) = हथफूल

हथनी–(स्त्री०) हाथी की मादा

हथवाँसना–(स० क्रि०) *बो०* 1 काम में लाना, व्यवहार करना 2 अधिकार में ले लेना

हथसार–(स्त्री०) फीलखाना, हस्तिशाला, गजशाला

हथा–(पु०) ऐपन का छापा

हथिनी–*सं०* (स्त्री०) हाथी की मादा, हस्तिनी

हथिया–(पु०) हस्त नक्षत्र

हथियाना–(स० क्रि०) 1 अधिकार में करना, ले लेना 2 धोखा देकर ल लेना,. उड़ा लेना 3 हाथ में पकड़ना

हथियार–(पु०) 1 अस्त्र-शस्त्र 2 औज़ार। **~घर** (पु०) शस्त्रागार; **~बंद** + *फ़ा०* (वि०) सशस्त्र (जैसे-हथियार बंद सिपाही); **~बंदी** + *फ़ा०* (स्त्री०) हथियार से लैस होना या करना, शस्त्रीकरण; **~उठाना** युद्ध हेतु प्रस्तुत होना;

~**डालना** 1 लड़ाई बंद करना 2 हार मानना; ~**बाँधना** अस्त्र शस्त्र से सज्जित होना
हथुई मिट्टी–(स्त्री०) गीली मिट्टी का लेप
हथुई रोटी–(स्त्री०) हाथ से बनाई जानेवाली रोटी, वह रोटी जो बेलने से न बेल कर हाथ से बनाई जाए
हथेरा–(पु०) हाथा
हथेली–(स्त्री०) कलाई के आगे का चिकना और चौड़ा भाग, करतल। ~**का फफोला** अत्यंत कोमल वस्तु; ~**खुजलाना** 1 द्रव्य प्राप्ति का शकुन होना 2 द्रव्य प्राप्ति की पूर्व सूचना मिलना; ~**देना** हाथ का सहारा देना; ~**पर जान रखना या लेना** प्राण त्याग का डर न होना, जान देने के लिए हरदम तैयार रहना; ~**पर जान होना** जान जाने की स्थिति में होना; ~**पर दही जमाना** बहुत जल्दबाज़ी करना; ~**पर बाल जमना** असंभव घटना होना; ~**पर सिर रखना** जान देने के लिए तैयार रहना; ~**पर सरसों जमाना** असंभव कार्य को भी कर दिखाना; ~**पीटना,** ~**बजाना** ताली बजाना
हथेव–*बो०* (पु०) = हथौड़ा
हथौटी–(स्त्री०) 1 हस्त कौशल, हाथ की शैली 2 काम में हाथ लगाना
हथौड़ा–(पु०) ठोंकने, पीटने आदि के काम में आनेवाला लोहे का एक औज़ार
हथौना–*बो०* (पु०) वर-वधू के हाथ में मिठाई देने की रस्म
हद–*अ०* (स्त्री०) 1 सीमा 2 किनारा 3 पराकाष्ठा 4 अंत 5 औचित्य की सीमा 6 नियत स्थान। ~**बंदी** + *फ़ा०* (स्त्री०) सीमा निर्धारण, हद बाँधना; ~**कर देना,** ~**करना** औचित्य की सीमा लाँघना, अति कर देना; ~**से गुज़रना** 1 सीमा पार होना 2 अति हो जाना; ~**से ज़्यादा** अत्यधिक
हदस–*अ०* (स्त्री०) भय, डर, खौफ़
हदसना–*अ०* + *हिं०* (अ० क्रि०) डर जाना, डरना, खौफ़ खाना
हदीस–*अ०* (स्त्री०) मुहम्मद के कर्म कलाप और वचनों का संग्रह, मुसलमानों का धार्मिक ग्रंथ
हद्द–*अ०* (स्त्री०) = हद। ~**समाअत** + *फ़ा०* + *अ०* (स्त्री०) दावे के सुने जाने की अवधि
हन्–*सं०* (वि०) मारनेवाला, वध करनेवाला (जैसे-पुत्रहन्, ब्रह्महन्)
हनन–I *सं०* (पु०) 1 जान से मारना, कत्ल करना 2 मारना, पीटना 3 आघात करना II (वि०) हनन करनेवाला। ~**शील** (वि०) प्राण लेनेवाला, क्रूर, वधिक
हन, हनन–*सं०* (पु०) 1 मार डालना, वध करना 2 आघात करना, चोट लगाना
हनना–(स० क्रि०) *बो०* 1 वधना, कत्ल करना 2 मारना, पीटना 3 आघात करना
हननीय–*सं०* (वि०) हनन के योग्य
हनवाना–(स० क्रि०) 1 मरवाना 2 जान से ख़त्म कराना
हनीमून–*अं०* (पु०) विवाहोपरांत पति-पत्नी का आनंद विलास या प्रमोदकाल
हनु–*सं०* (स्त्री०) 1 जबड़ा 2 ठुड्डी, चिबुक 3 जीवन को क्षति पहुँचानेवाली वस्तु 4 अस्त्र, हथियार 5 व्यभिचारिणी स्त्री। ~**स्तंभ** *चि०* (पु०) जबड़ा बैठने (धनुषटंकार) का एक रोग
हनोज़–*फ़ा०* (अ०) अभी तक, अभी
हन्य, हन्यमान–*सं०* (वि०) हननीय
हप, हप झप–(पु०) मजबूती और फुर्ती से होठों को दबाने से उत्पन्न शब्द। ~**कर जाना,** ~**करना** झट से खा जाना, चटपट उड़ा जाना (जैसे-पलक झपकते ही वह सारी मलाई हप कर गया)
हप्पा–(पु०) 1 भोजन 2 कौर, ग्रास 3 घूस (जैसे-हप्पा देना)
हप्पू–I (पु०) अफ़ीम II (वि०) अधिक खानेवाला
हफ़्त–*फ़ा०* (वि०) सात। ~**गाना** (पु०) खसरा, बहीखाता, जमाबंदी, स्याहा, बुझारत, रोजनामचा और जिसवार ये सात काग़ज़
हफ़्ता–*फ़ा०* (पु०) सात दिन का समय, सप्ताह (जैसे-दो हफ़्ते बाद वह आएगा)
हफ़्तेवार–*फ़ा०* (क्रि० वि०) हफ़्ता के अनुसार, हफ़्ता के मुताबिक़
हब–*अं०* (पु०) धुरे की कटोरी
हबकना–(स० क्रि०) 1 चट से काटना 2 झपटकर दाँत से काटना
हबड़ हबड़–(क्रि० वि०) 1 जल्दी जल्दी, उतावली से 2 जल्दी के कारण
हबड़ा–(वि०) 1 बडे दाँतवाला, बड़दंता 2 कुरूप
हबर दबर–(क्रि० वि०) 1 जल्दी-जल्दी 2 हड़बड़ी के साथ
हबशन, हबशिन–*अ०* + *हिं०* (स्त्री०) 1 हबश देश की औरत 2 अत्यंत काली स्त्री
हबशी–*अ०* (पु०) हबशी देश का निवासी
हबाब–*अ०* (पु०) 1 बुल्ला, बुदबुद 2 शीशे का पतला गोला
हबाबी–*अ०* + *फ़ा०* (वि०) 1 क्षणभंगुर, निःसार 2 हबाब जैसा
हब्बा–*अ०* (पु०) 1 अन्न का दाना 2 रत्ती भर वजन 3 अत्यल्प मात्रा। ~**हब्बा** (पु०) पैसा-पैसा, कौड़ी-कौड़ी
हब्बा डब्बा–(पु०) पसली चलने का रोग
हब्स–*अ०* (पु०) 1 कैद, कारावास 2 रुकावट 3 हवा का बंद हो जाना। ~**दम** + *फ़ा०* (पु०) 1 साँस का रुकना 2 प्राणायाम 3 दमा; ~**बेजा** + *फ़ा०* (पु०) अनुचित रूप से बंदी बनाना
हम–(सर्व०) 'मैं' का बहुवचन
हम–*फ़ा०* (पु०) अहंकार, 'हम' का भाव। ~**उम्र** (वि०) समवयस्क; ~**क़दम** + *अ०* (वि०) साथ चलनेवाला, साथी; ~**कलाम** + *अ०* (पु०) साथ में बात करनेवाला; ~**कलामी** + *अ०* + *फ़ा०* (स्त्री०) बातचीत, बोलचाल; ~**क़ौम** + *अ०* (वि०) सजातीय; ~**ख़्याल** + *अ०* (वि०) समान विचारवाला; ~**ख़्याली** + *अ०* + *फ़ा०* (स्त्री०) समान विचार; ~**चश्म** (वि०) बराबरी का दर्जा रखनेवाला; ~**चश्मी** (स्त्री०) हम चश्म का भाव; ~**जिंस** + *अ०* (वि०) 1 एक सा 2 एक ही पेशे का; ~**जिंसी** + *अ०* + *फ़ा०* (स्त्री०) हम जिंस होने का भाव; ~**जोली** + *हिं०* (पु०) साथी, संगी; ~**दम** (वि०) अंत तक साथ देनेवाला मित्र; ~**दर्द** (वि०) दुःख में साथ देनेवाला (जैसे-हमदर्द दोस्त, हमदर्द साथी); ~**दर्दी** (स्त्री०) सहानुभूति, दर्दमंदी; ~**निवाला** + *अ०* (पु०) घनिष्ठ मित्र;

~**पेशा** (पु०) एक ही पेशा करनेवाला, सह व्यवसायी; ~**बिस्तर** (वि०) एक ही बिस्तर पर सोनेवाला; ~**बिस्तरी** (स्त्री०) हम बिस्तर होना; ~**मकतब** + *अ०* (पु०) उसी स्कूल में पढ़नेवाला; ~**मज़हब** + *अ०* (वि०) समान धर्म को माननेवाला; ~**मानी** + *अ०* (वि०) समानार्थक; ~**रकाब** (वि०) साथ साथ सवारी करनेवाला; ~**राज़** (वि०) रहस्य जाननेवाला मर्मज्ञ; ~**राह** I (वि०) साथ चलनेवाला II (अ०) साथ में (जैसे-हमराह ले जाना); ~**राही** (वि०) सहगामी; ~**वजूदियत** + *अ०* (स्त्री०) = हमहस्ती; ~**वतन** + *अ०* (पु०) एक ही देश का निवासी; ~**वार** (वि०) 1 बराबर, चौरस 2 एक सा; ~**शक्ल** + *अ०* (वि०) एक ही सूरत का; ~**शीरा** (स्त्री०) सगी बहन, सहोदरा; ~**सफ़र** + *अ०* (वि०) एक साथ यात्रा करनेवाला; ~**सबक** + *अ०* (वि०) एक साथ पढ़नेवाला; ~**सर** (वि०) बराबरी का; ~**सरी** (स्त्री०) बराबरी; ~**साया** (पु०) पड़ोसी; ~**सिन** + *अ०* (वि०) हमउम्र; ~**हमी** (स्त्री०) = हमाहमी

हमल–*अ०* (पु०) गर्भ (जैसे-हमल गिरना)। ~**गिरना** गर्भपात होना; ~**गिराना** गर्भपात करना; ~**रहना** गर्भ रहना, गर्भ ठहरना

हमला–*अ०* (पु०) 1 आक्रमण, धावा, चढ़ाई 2 चोट, वार। ~**बाज़** + *फ़ा०* (पु०) हमला करनेवाला, आक्रमणकारी; ~**बाज़ी** + *फ़ा०* हमला करना; ~**वर** + *फ़ा०* (वि०) हमला करनेवाला; ~**वरी** + *फ़ा०* (स्त्री०) हमला करना

हमाक़त–*अ०* (स्त्री०) 1 मूर्खता, नासमझी 2 धृष्टता

हमाम–*अ०* (पु०) हम्माम

हमामी–*अ०* (पु०) हम्मामी

हमायल–*अ०* (स्त्री०) 1 परतला 2 गले में लटकाने की वस्तु 3 गले में पहना जानेवाला एक आभूषण 4 छोटे आकार का कुरान

हमारा–*सर्व०* 'हम' शब्द का संबंध कारक रूप

हमाल–*अ०* (पु०) = हम्माल

हमें–*सर्व०* 'हम' का कर्म और संप्रदान कारक रूप (जैसे-हमें बताओ, हमें दो)

हमेल–*अ०* (स्त्री०) धातु आदि के गोल सिक्कों से बनी माला

हमेव–*बो०* (पु०) अहंकार, अभिमान

हमेशा–*फ़ा०* (अ०) सदा, सर्वदा (जैसे-हमेशा परिश्रम करना, हमेशा झूठ बोलना)

हम्द–*अ०* (पु०) ईश्वर की प्रार्थना

हम्माम–*अ०* (पु०) नहाने का स्थान, स्नानागार (जैसे-हम्माम का दरवाजा)

हम्मामी–*अ०* (पु०) स्नान करनेवाला

हम्माल–*अ०* (पु०) 1 मज़दूर 2 कुली

हम्मीर–*सं०* (पु०) संपूर्ण जाति का एक संकर राग

हय–*सं०* (पु०) घोड़ा। ~**शाला** (स्त्री०) घुड़सार, अस्तबल

हयन–*सं०* (पु०) वर्ष, साल

हयांग–*सं०* (पु०) धनु राशि

हया–*अ०* (स्त्री०) लज्जा, शर्म। ~**दार** + *फ़ा०* (वि०) लज्जावान, लज्जाशील; ~**दारी** + *फ़ा०* (स्त्री०) लज्जाशीलता

हयात–*अ०* (स्त्री०) ज़िंदगी, जीवन

हयाती–*अ०* + *फ़ा०* (वि०) हयात संबंधी

हयालय–*सं०* (पु०) = हयशाला

हयी–I *सं०* (स्त्री०) घोड़ी

हयी–II *सं०* (पु०) 1 घुड़सवार 2 घोड़ेवाला

हर–I *फ़ा०* (वि०) प्रत्येक, एक-एक (जैसे-हर व्यक्ति के पास बंदूक थी, वह हर रोज स्कूल जाता है)। ~**सूरत में** हर हालत में, हर स्थिति में

हर–II *सं०* (पु०) 1 शिव 2 हरण 3 भाजक 4 *ग०* भिन्न का नीचे का अंक (जैसे-अंश और हर)

हर–III *सं०* (वि०) 1 हरण करनेवाला 2 दूर करनेवाला (जैसे-रोगहर, पापहर)

हर–IV *बो०* (पु०) हल

हरक–I *सं०* (वि०) 1 अपहरण करनेवाला II (पु०) 1 चोर, तस्कर 2 वंचक, ठग 3 भाजक

हरकत–*अ०* (स्त्री०) 1 शरारत (जैसे-बच्चे की हरकत से पिता नाराज है) 2 गति, चेष्टा, कर्म (जैसे-हरकत उत्पन्न करना) 3 हिलना डोलना (जैसे-शरीर की हरकत)

हरकना–(स० क्रि०) *बो०* मना करना, रोकना

हरकारा–*फ़ा०* (पु०) 1 डाकिया 2 पत्र ले जानेवाला

हरखना–(अ० क्रि०) *बो०* ख़ुश होना, प्रसन्न होना

हरगिज़–*फ़ा०* (अ०) कदापि, कभी (जैसे-हरगिज़ यह काम मत करना)

हरचन्द–*फ़ा०* (अ०) 1 कितना ही, बहुत बार 2 यद्यपि, अग़रचे

हरज–*अ०* (पु०) = हर्ज

हरजा–I *अ०* + *हिं० बो०* (पु०) नुकसान, हरजाना

हरजा–II *फ़ा०* (पु०) चौरस करने की छेनी

हरजाई–I *फ़ा०* (पु०) आवारा, बहल्ला II (स्त्री०) 1 व्यभिचारिणी स्त्री, कुलटा 2 वेश्या, रंडी

हरजाना–*अ०* + *फ़ा०* (पु०) क्षतिपूर्ति

हरजोता–(पु०) हल जोतनेवाला

हरठिया–*बो०* (पु०) रहट के बैल हाँकनेवाला व्यक्ति

हरड़–*सं०* (स्त्री०) हर्रा, हड़

हरण–*सं०* (पु०) 1 लूटना, चुराना (जैसे-धन हरण, वस्त्र हरण) 2 मिटाना, दूर करना (जैसे-ज्वर हरण, पाप हरण) 3 बलपूर्वक भगा ले जाना (जैसे-सीता हरण) 4 आकृष्ट करना (जैसे-मन का हरण)

हरणीय–*सं०* (वि०) हरण करने योग्य

हरता धरता–(पु०) 1 बनाने-बिगाड़नेवाला, सर्वेसर्वा 2 सर्वशक्तिमान्

हरताल–(स्त्री०) गंधक तथा संखिया के योग से बना एक पीला खनिज द्रव्य। ~**फेरना** 1 नष्ट करना 2 रद्द करना

हरताली–(वि०) हरताल से संबंधित

हरदा–(पु०) फसल का एक रोग, गेरुई। ~**बैगनी होना** लाल पीला होना (जैसे-ज़रा ज़रा सी बात पर हरदा बैगनी होना)

हरना–I (स० क्रि०) 1 हरण कर लेना 2 दूर करना 3 आकृष्ट करना II(अ० क्रि०) 1 हार जाना, परास्त होना 2 शिथिल पड़ जाना

हरनी–(स्त्री०) हिरन की मादा

हरनेत्र–*सं०* (पु०) शिव के नेत्र

हरनौटा–(पु०) हिरन का बच्चा

हरपरेवरी–(स्त्री०) स्त्रियों द्वारा किया गया एक प्रकार का टोटका

हरपा–*बो०* (पु०) 1 सुनार का छोटा डिब्बा 2 सिंधोरा

हरपुजी–(स्त्री०) हल की पूजा

हरफ़–*अ०* (पु०) 1 अक्षर, वर्ण 2 शब्द, बात 3 व्याकरण में अव्यय, प्रत्यय 4 दोष, बुराई। ~**हरफ़** (क्रि० वि०) अक्षरशः; ~**गीर** + *फ़ा०* (वि०) 1 दोष पकड़नेवाला 2 बाल की खाल निकालनेवाला; ~**बहरफ़** + *फ़ा०* + *अ०* (क्रि० वि०) अक्षर अक्षर; ~**आना** दोष लगना; ~**उठाना** अक्षर पढ़ लेना; ~**पकड़ना** त्रुटि या गलती पकड़ना; ~**बैठाना** टाइप जमाना; ~**बनाना** 1 सुंदर अक्षर लिखना 2 अक्षर अभ्यास करना; ~**लाना** इलज़ाम लगाना

हरफा–*बो०* (पु०) लकड़ी से बनाया गया चारा रखने का घेरा

हरबा–*अ०* (पु०) अस्त्र, हथियार। ~**हथियार** + *हिं०* (पु०) अस्त्र-शस्त्र

हरबोंग–(वि०) 1 गँवार, अक्खड़ 2 मूर्ख, जड़

हरबोला–(पु०) घूम घूमकर राजाओं की गौरव गाथा का वर्णन करना

हरम–*अ०* (पु०) 1 काबे की चहारदीवारी 2 घेरा 3 जनानख़ाना, अंतःपुर 4 विवाहिता स्त्री 5 रखेली बनाई हुई बाँदी। ~**ख़ाना** + *फ़ा०* (पु०) जनानख़ाना, अंतःपुर; ~**ज़दगी** + *फ़ा०* (स्त्री०) शरारत, बदमाशी; ~**सरा** + *फ़ा०* (स्त्री०) = हरम

हरमज़दगी–*अ०* + *फ़ा०* (स्त्री०) शरारत, दुष्टता

हरयाल–*बो०* (स्त्री०) = हरियाली

हरवल–(पु०) बिना ब्याज हलवाहे को दिया गया द्रव्य

हरवली–*तु०* (स्त्री०) सेना की अध्यक्षता

हरवाना–(स० क्रि०) 1 जल्दी करना 2 उतावली करना, हड़बड़ी मचाना

हरवाह, हरवाहा–*बो०* (पु०) = हलवाहा

हरवाही–*बो०* (स्त्री०) 1 हलवाहे का काम 2 हलवाहे का पारिश्रमिक

हरसिंगार–(पु०) परजात का पेड़ और इसका फूल

हरसौधा–*बो०* (पु०) कोल्हू का पीढ़ा

हरहठ–*बो०* (वि०) = हृष्ट-पुष्ट

हरहराना–(अ० क्रि०) हर हर शब्द करते हुए द्रुत गति से बहना

हरहराहट–(स्त्री०) थरथराहट, कंपन

हरहा–*बो०* (पु०) हर में जुतनेवाला बैल

हरहाया–(वि०) हर तरफ़ घूमकर फसल की हानि करनेवाला पशु

हराँस–*बो०* (स्त्री०) 1 हरारत मंद ज्वर 2 थकावट

हरा–I (वि०) 1 घास या पत्ती के रंग का, हरित 2 अधपका (जैसे-फल अभी हरा है) 3 बिना भरा (घाव) 4 खुश, प्रफुल्ल (जैसे-हरा भरा चेहरा) 5 तरोताजा II (पु०) हरा रंग (जैसे- झंडा हरा है)। ~**पन** (पु०) हरा होने का भाव; ~**भरा** (वि०) 1 ताजा, प्रफुल्ल (जैसे-हरा भरा चेहरा, हरा भरा मुख) 2 हरियाली युक्त (जैसे-हरा भरा वातावरण); ~**करना** प्रसन्न करना; ~**दिखाई पड़ना** झूठी आशा करना; ~**बाग़** व्यर्थ आशा बँधानेवाली बात; ~**भरा परिवार** खुशहाली से युक्त परिवार

हराई–(स्त्री०) हल के एक चक्कर में जुता हुआ खेत का अंश, बाह

हराठा–*बो०* (वि०) हृष्ट-पुष्ट

हराना–(स० क्रि०) 1 परास्त करना, पछाड़ना (जैसे-शत्रु को हराना) 2 थकाना (जैसे-खिलाड़ी को हराना)

हराम–*अ०* (वि०) 1 निषिद्ध, विधि विरुद्ध 2 अनुचित, बुरा II (पु०) 1 वर्जित वस्तु या बात 2 पापकर्म 3 व्यभिचार (जैसे-हराम की कमाई, हराम का पैसा)। ~**कार** + *फ़ा०* (पु०) 1 कुकर्म करनेवाला, कुकर्मी 2 व्यभिचारी, पर-स्त्री लंपट; ~**कारी** + *फ़ा०* (स्त्री०) 1 पाप, बुराई 2 व्यभिचार, पर-स्त्री गमन; ~**ख़ोर** + *फ़ा०* (वि०) 1 हराम की कमाई खानेवाला 2 मुफ़्तख़ोर 3 आलसी, निकम्मा; ~**ख़ोरी** + *फ़ा०* (स्त्री०) 1 मुफ़्तख़ोरी 2 घूसख़ोरी 3 नमक हरामी; ~**ज़ादा** + *फ़ा०* (पु०) 1 वर्णसंकर, दोगला 2 दुष्ट, पाजी, बदमाश; ~**ज़ादी** + *फ़ा०* + *हिं०* (स्त्री०) 1 दोगली स्त्री 2 दुष्टा स्त्री; ~**करना** किसी बात का मुश्किल करना

हरामी–*अ०* +*फ़ा०* (वि०) 1 हराम संबंधी, हराम का (जैसे-हरामी कमाई) 2 हराम या व्यभिचार से उत्पन्न दोगला (जैसे-हरामी औलाद) 3 अत्यंत नीच और पापी (जैसे-हरामी दोस्त)

हरारत–*अ०* (स्त्री०) 1 हलका ज्वर 2 त. , गर्मी (जैसे-इतनी हरारत कैसी)

हरावल–*तु०* (पु०) सेना का अगला भाग

हरास–*फ़ा०* (पु०) 1 भय, डर 2 आशंका, खटका 3 दुःख, विषाद 4 निराशा, ना उम्मेदी

हरि–I *सं०* (पु०) भगवान, ईश्वर। ~**पुर** (पु०) = हरिलोक; ~**भक्त** (वि०) ईश्वर का भक्त; ~**भक्ति** (स्त्री०) ईश्वर की पूजा; ~**लोक** (पु०) बैकुंठ

हरि–II *सं०* (वि०) पीला 2 बादामी या भूरा 3 हरा

हरिअर–*बो०* (वि०) हरा

हरिअरी–*बो०* (स्त्री०) हरियाली

हरिआना–I (अ० क्रि०) *बो०* 1 हरा होना, सब्ज होना 2 ताजा होना 3 ताज़गी और प्रसन्नता से भर उठना II (स० क्रि०) हरा करना

हरिआली–*बो०* (स्त्री०) 1 घास और पेड़ पौधों का फैला हुआ समूह 2 हरेपन का विस्तार

हरिजन–*सं०* (पु०) 1 पद दलित तथा अस्पृश्य हिंदू जाति, अछूत जाति का व्यक्ति 2 भगवान का सेवक

हरिण–*सं०* (पु०) मृग, हिरन

हरिणी–*सं०* (स्त्री०) = हरिनी

हरित–*सं०* (वि०) 1 भूरे या बादामी रंग का 2 हरा 3 पीला। ~**मणि** (पु०) मरकत, पन्ना

हरिताभ–*सं०* (वि०) हरियाली युक्त

हरिद्र–*सं०* (पु०) पीत चंदन

हरिद्रा–*सं०* (स्त्री०) हल्दी

हरिन–I *अं०* (पु०) नीले और हरे रंग की एक दुर्गंधमय गैस

हरिन–II (पु०) कुरंग, मृग

हरिनी–(स्त्री०) मृगी, मादा हिरन

हरिया–*बो०* (पु०) हल जोतनेवाला, हलवाहा

हरियाणी–(वि०) = हरियानी
हरिया थोथा–(पु०) हरे रंग का तूतिया
हरियाली–(स्त्री०) 1 हरे भरे पेड़ पौधों का समूह 2 आनंद और प्रसन्नता
हरी कसीस–(पु०) हरा तूतिया
हरीकेन–*अ०* (पु०) लालटेन
हरीतकी–*सं०* (स्त्री०) हड़, हर्रे
हरीतिमा–*सं०* (स्त्री०) हरापन, हरियाली
हरीफ़–*अ०* (पु०) 1 शत्रु, दुश्मन 2 प्रतिद्वंद्वी
हरीरा–*अ०* (पु०) औटे दूध में मेवा आदि मिलाकर बनाया गया स्वादिष्ट पेय
हरीरी–(वि०) हरीरे के रंग का
हरुआ–*बो०* (वि०) = हल्का
हरुआना–I (अ० क्रि०) *बो०* हलका होना II (स० क्रि०) हलका करना
हरुए–(क्रि० वि०) *बो०* धीरे-धीरे, आहिस्ता से
हरेक–*फ़ा०+हिं०* (वि०) हर एक, प्रत्येक
हरेवा–(पु०) हरी बुलबुल
हर्गिज़–*फ़ा०* (क्रि० वि०) = हरगिज़
हर्ज–*अ०* (पु०) 1 नुक़सान, हानि 2 बाधा, रुकावट। ~**गर्ज** *+हिं०* (पु०) बाधा, अड़चन
हर्जा–*फ़ा०* (पु०) 1 व्यर्थ 2 अनर्गल
हर्जाना–*अ०* (पु०) क्षतिपूर्ति, मुआवजा
हर्तव्य–*सं०* (वि०) हरण करने योग्य
हर्ता, हर्तार–*सं०* (वि०) हरण करनेवाला
हर्निया–*अं०* (पु०) *चि०* आँत उतरने का रोग
हर्फ़–*अ०* (पु०) = हरफ़
हर्ब–*अ०* (पु०) युद्ध, संग्राम। ~**गाह** *+फ़ा०* (स्त्री०) युद्ध स्थल, रणभूमि
हर्बा–*अ०* (पु०) हथियार
हर्म्य–*सं०* (पु०) प्रासाद, महल
हर्रा– (पु०) हड़
हर्रे–(स्त्री०) बड़ी जाति का हड़
हर्रैया–(स्त्री०) हर्रे के से दानेवाला हाथ का एक गहना
हर्ष–*सं०* (पु०) 1 प्रसन्नता, ख़ुशी 2 *साहि०* संयोग शृंगार का एक स्थायी भाव 3 रोमांच। ~**कर**, ~**कारक** (वि०) 1 हर्ष प्रदान करनेवाला 2 प्रसन्न करनेवाला; ~**ज** (वि०) हर्ष के फलस्वरूप होनेवाला, हर्ष से उत्पन्न; ~**जड़** (वि०) मारे ख़ुशी के जड़वत् हो जानेवाला; ~**ध्वनि** (स्त्री०) ख़ुश होकर हँसने की आवाज़, तालियाँ; ~**युक्त** (वि०) 1 प्रसन्नता से भरा हुआ, प्रसन्न, प्रसन्नमय 2 रोमांचित
हर्षण–*सं०* (पु०) 1 प्रसन्न होना 2 रोमांच होना
हर्षणीय–*सं०* (वि०) हर्ष योग्य
हर्षातिरेक–*सं०* (पु०) हर्ष की अधिकता
हर्षातिशय–*सं०* (पु०) आनंदातिरेक
हर्षाना–I *सं०* (अ० क्रि०) हर्षित होना, प्रसन्न होना II (स० क्रि०) प्रसन्न करना
हर्षाश्रु–*सं०* (पु०) आनंद से निकले आँसू
हर्षित–I *सं०* (वि०) 1 प्रसन्नमय 2 रोमांचित II (पु०) प्रसन्नता, हर्ष
हर्षी–*सं०* (वि०) 1 प्रसन्न करनेवाला 2 प्रसन्न
हर्षोत्फुल्ल–*सं०* (वि०) ख़ुशी से फूला हुआ
हर्षोदय–*सं०* (पु०) आनंद की उत्पत्ति
हर्षोन्मत्त–*सं०* (वि०) हर्ष में उन्मत या बेसुध
हर्षोन्माद–*सं०* (पु०) हर्ष में सुध बुध खो देना
हर्षोल्लास–*सं०* (पु०) ख़ुशी और उमंग
हलंत–*सं०* (वि०) जिसके अंत में स्वर रहित व्यंजन वर्ण हो
हल–I *अ०* (पु०) 1 गणित की प्रक्रिया 2 सवाल का जवाब
हल–II *सं०* (पु०) खेत जोतने का एक प्रसिद्ध यंत्र। ~**धर** (पु०) 1 खेतिहर, किसान 2 बलराम, बलदेव
हलक–*अ०* (पु०) 1 गले की नली, कंठ 2 गर्दन। ~**तक भरना** ठूँस ठूँसकर खाना; ~**पर छुरी फेरना** 1 गर्दन काटना 2 अत्याचार करना; ~**से उतरना** मन में बैठना
हलकई–*बो०* (स्त्री०) 1 हलकापन 2 ओछापन, तुच्छता
हलकन–(स्त्री०) हिलना-डुलना
हलकना–(अ० क्रि०) हिलकोरा मारना
हलका–(वि०) 1 कम भारवाला 2 कम, थोड़ा, मामूली 3 साधारण स्थिति से कम (जैसे-हलका दर्द, हलका बुखार) 4 ओछा, तुच्छ 5 सहज, सुगम 6 ताजा, थकानरहित 7 पतला, महीन (जैसे-हलकी चासनी)। ~**पन** (पु०) 1 हलका होने का भाव 2 तुच्छता, ओछापन 3 बुराई 4 कमीनापन 5 अपमान, बेइज़्ज़ती; ~**फुलका** (वि०) 1 बहुत हलका 2 कमज़ोर; ~**करना** अपमानित करना; ~**पड़ना** मान सम्मान कम होना; ~**बनना**, ~**होना** 1 अप्रतिष्ठित होना 2 लज्जित होना 3 कमीना समझा जाना
हलका–*बो०* (पु०) पानी की तरंग, लहर
हलक़ा–*अ०* (पु०) 1 घेरा, मंडल 2 वृत्ताकार वस्तु 3 पहिया 4 परिधि
हलकाई–*बो०* (स्त्री०) = हलकापन
हलकाना–I (अ० क्रि०) *बो०* हलका होना
हलकाना–II (स० क्रि०) 1 हलका करना 2 हलकोरना
हलकारी–(स्त्री०) हलदी के रंग के योग से होनेवाली कपड़े की छपाई
हलकोरा–*बो०* (पु०) तरंग, लहर
हलचल–(स्त्री०) 1 शोरगुल 2 उपद्रव, हड़कंप 3 उथल पुथल
हलजुता–(पु०) 1 साधारण किसान 2 गँवार
हलद हाथ–(स्त्री०) विवाह के तीन या पाँच दिन पहले वर और कन्या के शरीर में हलदी लगाने की रस्म
हलदी– (स्त्री०) कड़ी गाँठ के रूप में एक प्रसिद्ध पौधे की जड़। ~**उठना**, ~**चढ़ना** विवाह पूर्व वर और कन्या को हलदी और तेल लगाना; ~**लगा के बैठना** घमंड में फूले रहना; ~**लगे न फिटकिरी** मुफ़्त में
हलफ़–*अ०* (पु०) सौगंध, शपथ। ~**नामा** *+फ़ा०* (पु०) शपथ पत्र
हलफ़न–*अ०* (क्रि० वि०) शपथपूर्वक
हलफा–(पु०) 1 लहर, हिलोर 2 तेज़ साँस
हलफ़िया–*अ०* (वि०) शपथ पूर्ण
हलफ़ी–*अ०+फ़ा०* (वि०) शपथ लेकर कहा हुआ या दिया हुआ
हलबल–*बो०* (स्त्री०) 1 हलचल 2 हड़बड़ी

हलबलाना–I (अ० क्रि०) *बो०* घबराना II (स० क्रि०) घबराने में प्रवृत्त करना
हलबलाहट–(स्त्री०) घबराहट
हलबली–(स्त्री०) हड़बड़ी
हलब्बी–*अ०* (वि०) बहुत बड़ा, भारी और मोटा
हलराना–(स० क्रि०) प्यार से हाथ पर झुलाना
हलवा–*अ०* (पु०) 1 सूजी या आटे को घी में भूनकर दूध में शक्कर के साथ पकाया गया एक पकवान, मोहन भोग 2 तर और मुलायम वस्तु 3 बहुत आसान काम। ~**निकल जाना** 1 कचूमर निकल जाना 2 गत बन जाना; ~**निकाल देना** पीटकर गत बना देना
हलवाइन–*अ०+हिं०* (स्त्री०) हलवाई की या हलवाई जाति की स्त्री
हलवाई–*अ०* (पु०) 1 मिष्ठान बनाकर बेचनेवाली एक हिंदू जाति 2 अनेक प्रकार की मिठाइयाँ बनाकर बेचनेवाला दूकानदार। ~**ख़ाना** *+फ़ा०* (पु०) हलवाई के मिठाई आदि बनाने का स्थान
हलवाह–*सं०* (पु०) दूसरे के यहाँ हल जोतने का काम करनेवाला
हलवाहा–(पु०) दूसरे के यहाँ हल जोतनेवाला व्यक्ति
हलवाही–(स्त्री०) हलवाहे का काम
हलहल–(पु०) हल जोतनेवाला
हलहलाना–I (अ० क्रि०) *बो०* काँपना, थरथराना II (स० क्रि०) झटका देकर हिलाना, झकझोरना
हलाक–*अ०* (वि०) 1 नष्ट किया हुआ 2 वध किया हुआ, हत
हलाकत–*अ०* (स्त्री०) 1 हलाक करने की क्रिया 2 विनाश 3 वध, हत्या
हलाकान–(वि०) अत्यंत परेशान
हलाकी–*अ०+हिं०* (वि०) हलाक करनेवाला
हलाकू–*अ०+हिं०* (वि०) = हलाकी
हलाभला–(पु०) 1 निबटारा, निर्णय 2 परिणाम, फल
हलाल–*अ०* (वि०) 1 उचित, जायज़ 2 धर्म के अनुकूल 3 ग्रहण अथवा भोग करने योग्य। ~**ख़ोर** *+फ़ा०* (वि०) धर्म द्वारा अनुमोदित काम करके जीविका चलानेवाला; ~**ख़ोरी** *+फ़ा०* (स्त्री०) हलाल का काम
हलाहल–*सं०* (पु०) ज़हर, विष
हली–*सं०* (पु०) = हलवाहा
हलीम–*अ०* (वि०) शांत और सहनशील
हलुआ, हलुवा–*अ०* (पु०) = हलवा
हलूक–*बो०* (स्त्री०) एक बार की कै में निकला पदार्थ
हल्क़ा–*अ०* (पु०) = हलक़ा
हल्दी–(स्त्री०) = हलदी
हल्य–*सं०* (वि०) 1 हल संबंधी 2 जोतने योग्य (भूमि)
हल्ला–(पु०) 1 कोलाहल, शोर 2 ललकार, हाँक 3 अचानक वेगपूर्वक किया गया हमला, धावा, आक्रमण (जैसे-दुश्मनों ने रात में हल्ला कर दिया)। ~**गुल्ला** (पु०) शोरगुल
हवन–*सं०* (पु०) 1 होम 2 आग, अग्नि (जैसे-सब कुछ हवन में जला देना) 3 होम करना, आहुति देना। ~**कुंड** (पु०) यज्ञ के समय आहुति डालने का कुंड
हवनीय–*सं०* (वि०) हवन के योग्य
हवलदार–*अ०+फ़ा०* (पु०) 1 सेना का एक छोटा अधिकारी 2 बादशाही ज़माने का कर संग्रह करनेवाला एक कर्मचारी
हवस–*अ०* (स्त्री०) 1 लालच 2 ख़ब्त 3 उत्कट कामना
हवा–*अ०* (स्त्री०) 1 सर्वत्र चलता रहनेवाला और संपूर्ण पृथ्वी में व्याप्त तथा साँस लेने में सहायक एक तत्त्व, वायु, समीर 2 साँस (जैसे-मुँह से हवा निकालना) 3 अफ़वाह, झूठी बात। ~**कश** *+फ़ा०* (पु०) रोशनदान; ~**ख़ोरी** *+फ़ा०* (स्त्री०) टहलना; ~**चक्की** *+हिं०* (स्त्री०) हवा के वेग से चलनेवाली चक्की; ~**दार** *+फ़ा०* (वि०) हवा से युक्त; ~**परस्त** *+फ़ा०* (वि०) इंद्रिय लोलुप; ~**पानी** *+हिं०* (पु०) जलवायु; ~**बाज़** *+फ़ा०* (पु०) वायुयान चालक; ~**बाज़ी** *+फ़ा०* (स्त्री०) विमान चालन; ~**मार** *+हिं०* (वि०) हवा में मार करनेवाला; ~**रोक** *+हिं०* (वि०) = हवाबंद; ~**उड़ना** अफ़वाह फैलना; ~**उड़ाना** झूठी बात का प्रचार करना, अफ़वाह फैलाना; ~**का गुज़र न होना** बंद होना; ~**का रुख़ जानना** परिस्थिति समझना; ~**का रुख़ देखना** ज़माने का हाल समझकर काम करना; ~**का रुख बताना** परिस्थिति का ज्ञान कराना; ~**के घोड़े पर आना** बहुत तेज़ आना; ~**के घोड़े पर सवार होना** बहुत जल्दी में होना; ~**के बबूले फोड़ना** ख़याली पुलाव पकाना; ~**के रुख़ जाना** ज़माने के मुताबिक चलना; ~**फाँककर रहना** निराहार रहना ~**बाँधना** 1 धाक जमाना 2 डींग मारना 3 बात बनाना; ~**बिगड़ना** 1 परिस्थिति खराब होना 2 साख नष्ट होना 3 रीति रिवाज बिगड़ जाना; ~**भर जाना** 1 ख़ुशी से फूल जाना 2 घमंड होना; ~**लगना** 1 दिमाग़ फिरना 2 प्रभाव में आना; ~**से बातें करना** आप बड़बड़ाना; ~**हो जाना** गायब हो जाना
हवाई–*अ०* (वि०) 1 वायु से संबद्ध 2 हवा में उड़ने, चलने, रहने या होनेवाला, वायव (जैसे-हवाई जहाज़, हवाई हमला) 3 बिलकुल काल्पनिक और निर्मूल। ~**अड्डा** (पु०) वायुयान केंद्र; ~**जहाज़** (पु०) वायुयान; ~**डाक** (पु०), हवाई जहाज़ से जानेवाली चिट्ठी; ~**फायर** *+अं०* (पु०) हवा में झूठी बंदूक चलाना; ~**बंदूक** *+फां०* नकली बंदूक; ~**बेड़ा** (पु०) युद्धक विमनों का दल; ~**मार्ग** (पु०) वायुयान के आवागमन का रास्ता; ~**हमला** *+फ़ा०* वायुयान युद्ध
हवान–(पु०) जहाज़ पर रखकर चलाई जानेवाली तोप
हवाल–*अ०* (पु०) 1 अवस्था, दशा 2 दुर्दशा 3 हाल, समाचार
हवाला–*अ०* (पु०) 1 प्रमाण का उल्लेख 2 उदाहरण, दृष्टांत 3 सुपुर्दगी
हवालात–*अ०* (स्त्री०) 1 हिरासत, कैद 3 जेलख़ाना (जैसे-हवालात में बंद कैदी)
हवालाती–*अ०+फ़ा०* (वि०) हवालात में बंद
हवाली–*अ०* (स्त्री०) आस पास की जगह।~**मवाली** (पु०) संगी साथी
हवास– (पु०) 1 चेतना, ज्ञान 2 होश 3 संवेदन
हवि–*सं०* (पु०) = हवन
हविष्य–I *सं०* (पु०) हवन के योग्य सामग्री II (वि०) हवन के लिए तैयार किया गया
हवेली–*फ़ा०* (स्त्री०) 1 पक्का और बड़ा मकान, महल 2 चहारदीवारीवाला मकान

हव्य–*सं०* (वि०) = हवनीय
हशम–*अ०* (पु०) नौकर चाकर
हशमत–*अ०* (स्त्री०) 1 गौरव, बड़ाई 2 ऐश्वर्य, वैभव
हश्र–*अ०* (पु०) 1 अंत 2 प्रलय, क़यामत 3 रोना पीटना 4 उपद्रव, आफ़त 5 कोलाहल, हो हल्ला। ~**ढाना** आफ़त मचाना; ~**बरपा होना** उपद्रव मचना; ~**में उठना** क़यामत के दिन मुर्दे का जिंदा होकर उठ बैठना
हसद–*अ०* (पु०) ईर्ष्या, डाह
हसब–*अ०* (वि०) = हस्ब
हसरत–*अ०* (स्त्री०) 1 कामना 2 वासना 3 खेद। ~**ज़दा** +*फ़ा०* (वि०) हसरत का मारा हुआ
हसीन–*अ०* (वि०) सुंदर, खूबसूरत *व्यक्ति*
हसीना–*अ०* (स्त्री०) रूपवती नारी
हसील–*बो०* (वि०) सीधा
हस्त–*सं०* (पु०) हाथ। ~**कला** (स्त्री०) हाथ से किया गया कलात्मक काम; ~**कौशल** (पु०) हाथ का काम करने की कुशलता; ~**क्रिया** (स्त्री०) 1 दस्तकारी 2 हस्त मैथुन; ~**गत** (वि०) हाथ में आया हुआ; ~**ग्रह** (पु०) 1 पाणिग्रहण, विवाह 2 काम में हाथ लगाना; ~**चापल्य** (पु०) हस्त कौशल; ~**तल** (पु०) हथेली; ~**त्राण** (पु०) दस्ताना; ~**दोष** (पु०) 1 हाथ से होनेवाली भूल 2 नाप तौल में चोरी करने का दोष; ~**निर्मित** (वि०) हाथ का बना हुआ; ~**पाद** (पु०) हाथ और पैर; ~**पुस्तिका** (स्त्री०) 1 हाथ में आ जाने लायक छोटी किताब 2 लंबे चौड़े विषय पर लिखी गई लघु पुस्तक; ~**पृष्ठ** (पु०) हथेली का पीछे का भाग; ~**प्रद** (वि०) सहायता करनेवाला, सहायक; ~ **मैथुन** (पु०) शिश्न का हाथ से संचालन कर वीर्यपात करना; ~**रेखा** (स्त्री०) हाथ की रेखाएँ; ~**रेखाविद्** (पु०) हस्तरेखा का जाननेवाला व्यक्ति; ~**लाघव** (पु०) = हस्त कौशल; ~**लिखित** (वि०) हाथ से लिखा हुआ (ग्रंथादि); ~**लिपि** (स्त्री०) 1 हाथ की लिखावट 2 पांडुलिपि; ~**लिपि विशेषज्ञ** (पु०) हस्त लिपि का ज्ञाता; ~**लेख** (पु०) हाथ की लिखावट; ~**शिल्प** (पु०) दस्तकारी; ~**श्रम** (पु०) हाथ की मेहनत; ~**सात्** (वि०) हाथ में लाया हुआ, हस्तगत; ~**सूत्र** (पु०) 1 मंगल सूत्र 2 विवाह पूर्व पहना जानेवाला हाथ का गहना
हस्तक–*सं०* (पु०) 1 हाथ 2 एक हाथ की माप 3 हाथ का सहारा 4 *संगीत* ताल 5 ताली 6 करताल नामक बाजा
हस्तक्षेप–*सं०* (पु०) 1 अनावश्यक तथा अनाधिकार दखल देना 2 फेर बदल करने के लिए कुछ कहना, दस्तंदाज़ी, इंटरफ़िअरेंस
हस्तक्षेप्य–*सं०* (वि०) हस्तक्षेप के योग्य
हस्तांक–*सं०* (पु०) 1 हाथ की लिखावट 2 हस्ताक्षर
हस्तांकन–*सं०* (पु०) हाथ से लिखना
हस्तांकित–*सं०* (वि०) हाथ से लिखा हुआ
हस्तांगुलि–*सं०* (स्त्री०) हाथ की अंगुलियाँ
हस्तांजलि–*सं०* (स्त्री०) हाथ का संपुट
हस्तांतरक–*सं०* (पु०) हस्तांतरण करनेवाला
हस्तांतर, हस्तांतरण–*सं०* (पु०) एक के हाथ से दूसरे के हाथ में आना, अंतरण
हस्तांतरणीय–*सं०* (वि०) हस्तांतरण के योग्य
हस्तांतरित–*सं०* (वि०) हस्तांतरण किया हुआ
हस्तांतरिती–*सं०* (पु०) जिस व्यक्ति के नाम हस्तांतरित किया हो
हस्ताक्षर–*सं०* (पु०) दस्तख़त, सिग्नेचर। ~**कर्ता** (पु०) हस्ताक्षर करनेवाला; ~**युक्त** (वि०) हस्ताक्षर किया हुआ
हस्ताक्षरक–*सं०* (पु०) = हस्ताक्षर कर्ता
हस्ताक्षरित–*सं०* (वि०) = हस्ताक्षर युक्त
हस्ताक्षरी–*सं०* (वि०) = हस्ताक्षर कर्ता
हस्तामलक–*सं०* (पु०) 1 हाथ में का आँवला 2 ऐसी वस्तु या विषय जिसका अंग प्रत्यंग हाथ में लिए आँवले के सदृश स्पष्ट दिखाई दे और समझ में आ जाए। ~**वत्** (वि०) हस्तामलक के समान
हस्तावलंबन–*सं०* (पु०) हाथ का सहारा
हस्ताहस्ति–*सं०* हाथापाई
हस्ति–*सं०* (पु०) हाथी। ~**दंत** (पु०) हाथी दाँत; ~**मद** (पु०) मस्त हाथी का कनपटी से बहनेवाला रस; ~**शाला** (स्त्री०) फीलखाना, हथिसार; ~**शुंड** (पु०) हाथी की सूँड़; ~**स्नान** (पु०) व्यर्थ का काम
हस्तिनी–*सं०* (स्त्री०) हथिनी, मादा हाथी
हस्ती–I *सं०* (पु०) हाथी
हस्ती–II *फ़ा०* (स्त्री०) 1 सामर्थ्य, शक्ति 2 व्यक्तित्व, अस्तित्व (जैसे-मेरे समक्ष उनकी क्या हस्ती है)
हस्ते–*सं०* (क्रि० वि०) 1 द्वारा, मारफ़त 2 हाथ में
हस्तोद्योग–*सं०* (पु०) = हस्त शिल्प
हस्ब–*अ०* (क्रि० वि०) अनुसार, मुताबिक, अनुकूल (जैसे-हस्ब क़ानून)
हहर–(स्त्री०) 1 कँपकँपी 2 डर, भय
हहरना–(अ० क्रि०) 1 काँपना, थरथराना 2 थर्राना, डर से काँपना 3 दंग या चकित हो जाना 4 परेशान होना
हहराना–I (अ० क्रि०) *बो०* = हहराना, दहलना II (स० क्रि०) हहराने में प्रवृत्त करना
हहा–I (स्त्री०) ज़ोर से हँसने का शब्द, ठहाका
हहा–II (स्त्री०) 1 गिड़गिड़ाकर दीनता प्रकट करने का भाव 2 हाहाकार। ~**खाना** बहुत गिड़गिड़ाना
हाँ–I *अ०* स्वीकृति, निश्चय, आत्मसंतोष, स्मृति आदि का सूचक शब्द। ~**नहीं**, ~**ना** (क्रि० वि०) हामी या इनकार; ~**हाँ** (अ०) स्वीकार करने के लिए प्रयुक्त शब्द; ~**हुज़ूरी** *अ०* +*फ़ा०* (स्त्री०) खुशामद; ~**जी हाँ जी करना** चापलूसी करना, खुशामद करना; ~**में हाँ मिलाना** 1 चापलूसी करना 2 बिना समझे स्वीकृति को मान लेना; ~**हाँ करना** स्वीकृति देना
हाँ–II (अ०) अच्छा, तो
हाँक–(स्त्री०) 1 ज़ोर से पुकारना 2 हुंकार
हाँका–(पु०) 1 पुकार 2 हाँक कर शिकार को ले आना
हाँकारी–(पु०) हाँ करनेवाला, पक्ष में बोलनेवाला
हाँगर–*बो०* (स्त्री०) एक तरह की बड़ी मछली
हाँड़ना–I (वि०) व्यर्थ इधर उधर घूमता फिरता रहनेवाला II (अ० क्रि०) 1 इधर उधर घूमना फिरना 2 आवारागर्दी करना

हाँड़ा–(पु०) बड़ी हाँड़ी

हाँड़ी–(स्त्री०) 1 हँड़िया 2 गुप्त परामर्श। ~**उबलना** मारे खुशी के फूलना; **काठ की**~ एक बार छल युक्ति में सफल होना, दुबारा नहीं; ~**पकना** 1 षड्यंत्र का रचा जाना 2 गप लड़ना; ~**फोड़ना** किसी के चले जाने पर प्रसन्न होना

हाँफना–(अ० क्रि०) जल्दी जल्दी और लंबी लंबी साँस लेने लगना

हाँफा–(पु०) हाँफने का रोग

हाँसी– (स्त्री०) = हँसी

हा–(अ०) 1 दुःख, भय, क्रोध आदि का सूचक शब्द 2 आश्चर्य या प्रसन्नता का सूचक शब्द

हाइजीन–*अं०* (पु०) स्वास्थ्य विज्ञान

हाइजैकर–*अं०* (पु०) (सवारी को) भगा ले जानेवाला, अपहरण करनेवाला

हाइजैकिंग–*अं०* (स्त्री०) (सवारी का) अपहरण

हाइड्रोकार्बन–*अं०* (पु०) कार्बन तथा हाइड्रोजन परमाणुओं के रासायनिक संयोग से बना यौगिक (जैसे-बेन्जीन, गैसोलिन आदि)

हाइड्रोजन–*अं०* (पु०) हवा से हलकी एक गैस

हाइड्रोलिक–*अं०* (वि०) द्रवचालित, जलचालित

हाइड्रोलिकी–*अं०+सं०* (स्त्री०) द्रवचालिकी, जल चालिकी

हाइड्रोलिक्स–*अं०* (स्त्री०) जलचालिकी

हाइपरसोनिक–*अं०* (वि०) अतिध्वनिक

हाईपोफ़िसिस–*अं०* (पु०) अधः स्फीतिका

हाइफन–*अं०* (पु०) सामासिक चिह्न, योजक चिह्न

हाई–*अं०* (वि०) 1 ऊँचा 2 बड़ा। ~**कमांड** (पु०) उच्च आदेश-समिति; ~**कमिशनर** (पु०) उच्चायुक्त; ~**कमीशन** (पु०) उच्चायोग; ~**कोर्ट** (पु०) उच्च न्यायालय; ~**जम्प** (पु०) ऊँची कूद; ~**ब्लड प्रेशर** (पु०) उच्च रक्तचाप; ~**स्कूल** (पु०) ऐसा विद्यालय जहाँ मैट्रिक तक की पढ़ाई होती है

हाईड्रोफ़ोबिया–*अं०* (पु०) पागल कुत्ता या गीदड़ के काटने से उत्पन्न जलांतक रोग

हाउ–(अ०) *बो०* हाँ

हाउस–*अं०* (पु०) 1 घर 2 सभा (जैसे-हाउस आफ़ कामंस, हाउस आफ़ लार्ड्स)

हाऊ–(पु०) = हौआ, कटाऊ, जूजू

हाकर–*अं०* (पु०) घूम घूमकर सामान आदि बेचनेवाला व्यक्ति, फेरीदार

हाकिम–*अ०* (पु०) 1 प्रधान या बड़ा अधिकारी 2 हुकूमत करनेवाला व्यक्ति, शासक

हाकिमाना–*अ०+फ़ा०* (वि०) हाकिमों के ढंग या प्रकार का

हाकिमी–*अ०+फ़ा०* I (वि०) शासन संबंधी II (स्त्री०) 1 हुकूमत 2 अफसरी

हॉकी–*अं०* (स्त्री०) 1 गेंद से खेलने की एक सिरे पर मुड़ी हुई लंबी छड़ी 2 इस छड़ी और गेंद से खेला जानेवाला एक खेल। ~**टीम** (स्त्री०) हॉकी के खेल में ग्यारह खिलाड़ियों का एक दल; ~**प्लेयर** (पु०) हॉकी के खेल का खिलाड़ी; ~**स्टिक** (पु०) हॉकी का खेल खेलने के लिए एक विशेष छड़ी

हाजत–*अ०* (स्त्री०) 1 यथाशीघ्र पूरी की जानेवाली आवश्यकता (जैसे-पाखाने या पेशाब की हाजत) 2 हवालात, कैदखाना। ~**मंद** *+फ़ा०* (वि०) ज़रूरतमंद; ~**मंदी** *+फ़ा०* (स्त्री०) ज़रूरतमंदी

हाजती–I *अ०+फ़ा०* (वि०) जिसे हाजत की आवश्यकता हो 2 हवालाती II (स्त्री०) मलमूत्र त्यागने हेतु रोगी के पास रखा गया पात्र या बर्तन

हाज़मा–*अ०* (पु०) 1 पाचन क्रिया 2 पाचन शक्ति

हाज़िम–*अ०* (वि०) हज़म करने या पचानेवाला

हाज़िर–*अ०* (वि०) 1 उपस्थित, मौजूद 2 प्रस्तुत। ~**जवाब** (वि०) उत्तर देने में निपुण; ~**जवाबी** *+फ़ा०* (स्त्री०) हाज़िर जवाब होने का भाव; ~**बाश** *+फ़ा०* (वि०) सदा सेवा में उपस्थित रहनेवाला; ~**बाशी** *+फ़ा०* (स्त्री०) चापलूसी खुशामद

हाज़िरी–*अ०+फ़ा०* (स्त्री०) 1 हाज़िर होने का भाव 2 उपस्थित होना या रहना 3 उपस्थिति

हाजी–*अ०* (पु०) हज की यात्रा करनेवाला मुसलमान

हाट–(स्त्री०) 1 बाज़ार 2 दुकान। ~**बाज़ार** *+फ़ा०* (पु०) मंडी

हाटक–*सं०* (पु०) सोना, स्वर्ण

हाड़–*बो०* (पु०) 1 शरीर की हड्डी 2 कुलीनता की मर्यादा। ~**तोड़** (वि०) हड्डी तोड़, ज़ोर का (बुखार)

हाड़ना–(स० क्रि०) *बो०* तराजू का धड़ा करना

हाड़ी–(स्त्री०) 1 ज़मीन में पत्थर गाड़कर बनाया गया गड्ढा 2 एक प्रकार का पत्थर

हाता–*अ०* (पु०) अहाता, घेरा

हातिम–*अ०* (पु०) 1 निपुण, चतुर 2 अत्यंत दानी और परोपकारी व्यक्ति

हाथ–(पु०) 1 कर, हस्त 2 दाँव 3 दस्ता, मूठ। ~**उधार** (पु०) हाथों हाथ (अलिखित कर्ज़ा); ~**पाँव** (पु०) हाथ और पैर; ~**पानी** (पु०) आबदस्त; ~**पैर** (पु०) = हाथ पाँव; ~**फूल** (पु०) = हथ फूल; ~**आँखों से लगाना** बहुत आदर सम्मान करना; ~**आगे करना** सामान लेने के लिए हाथ बढ़ाना; ~**आज़माना** शक्ति आदि की आज़माइश करना; ~**आना** 1 वश में आना, अधिकार में होना 2 फ़ायदा होना; ~**उठा उठाकर कोसना** बहुत बददुआएँ देना; ~**उठा उठाकर दुआ देना** प्रसन्नता से आशीर्वाद देना; ~**उठाकर देना** 1 स्वेच्छा से कुछ देना 2 दान देना; ~**उठाना** 1 नमस्कार करना 2 मारना; ~**उठा बैठना** 1 मार बैठना 2 असहयोग करना; ~**उठा लेना** =हाथ उठा बैठना; ~**उतरना** हाथ उखड़ना, हाथ की हड्डी का स्थान से सरक जाना; ~**ऊँचा करना** 1 आशीर्वाद देना 2 खर्चीला होना; ~**ऊँचा रहना** खर्चीला होना; ~**ऊँचा होना** 1 दानी होना 2 खर्चीला होना; ~**ओछा पड़ना** पूरी ताक़त से वार न होना; ~**कट जाना** विवश होना, बेक़ाबू होना; ~**कटा देना,** ~**कटाना,** ~**कटा लेना** = हाथ कट जाना; ~**क़लम करना** पूरा हाथ काटना; ~**क़लम होना** = पूरा हाथ कटना; ~**का झूठा** बेईमान; ~**काट देना** विवश कर देना; ~**कानों पर रखना** 1 पनाह माँगना 2 काम न करना 3 काम करने में अयोग्यता दिखलाना; ~**का मैल** तुच्छ वस्तु; ~**का सच्चा होना** ईमानदार; ~**की सफ़ाई** 1 हाथ की कारीगरी 2 वार करने का

अच्छा अभ्यास; **~के तोते उड़ जाना** 1 स्तब्ध हो जाना 2 बाधा उत्पन्न होना 3 आशा के विपरीत हो जाना; **~के नीचे आना** क़ाबू में आना; **~को हाथ नज़र न आना** घोर अंधकार या अनर्थ होना; **~खाना** 1 वार की चपेट में आना 2 वार खाना; **~खाली जाना** 1 जुए आदि में बाजी न आना 2 वार चूकना 3 युक्ति सफल न होना; **~ख़ाली न होना** काम से फुर्सत न मिलना, व्यस्त रहना; **~ख़ाली होना** बिना पैसे का होना, करने के लिए कोई काम न होना; **~खींचना** 1 सहयोग न करना 2 काम से हट जाना; **~खुजलाना** 1 द्रव्य प्राप्ति की पूर्व सूचना मिलना 2 चपत लगाने की प्रवृत्ति होना; **~खुलना** 1 दानोन्मुख होना 2 खर्चीला होना 3 हथछुट होना 4 हाथ का काम देने लगना; **~गरम होना** अर्थ की प्राप्ति होना; **~गले में डालना** 1 समवयस्क के प्रति प्रेमभाव प्रकट करना 2 छोटे को प्यार करना; **~चमकाना** औरतों की हाथ उठाकर या हिलाकर बातें करना; 2 काम का किया जाना **~चलना** 1 मारने को प्रवृत्त होना; **~चलाना** 1 काम करना 2 मारना; **~चूमना** किसी की कारीगरी से प्रभावित होकर उसके हाथ चूम लेना; **~छूटना** 1 मारने को प्रवृत्त होना 2 विवाह संबंध टूटना; **~छोड़ना** 1 मारना 2 विवाह संबंध तोड़ना; **~जड़ना** तमाचा लगाना, थप्पड़ मारना; **~जमना** 1 तमाचा पड़ना 2 काम में हाथ का अभ्यस्त होना या काम में निपुण होना; **~जमाना** 1 हाथ जड़ना 2 हाथ को काम के अभ्यस्त बनाना; **~जोड़ देना** 1 हार मान लेना 2 क्षमा माँग लेना; **~जोड़ना** 1 नमस्कार करना 2 अनुनय विनय करना 3 क्षमा याचना करना 4 संबंध विच्छेद करना; **~झाड़कर खड़ा हो जाना** पास में एक पैसा भी न होने की बात करना; **~झाड़कर जाना** खाली हाथ जाना; **~झूल जाना** हाथ टूट जाना; **~टेकना** सहायता लेना; **~टेकाना** सहारा देना; **~डालना** 1 कार्य आरंभ करना 2 कार्य में दख़ल देना; **~तंग होना** रुपए पैसे की कमी होना; **~तकना** किसी के भरोसे होना; **~दिखाना** 1 वैद्य को नाड़ी दिखाना 2 ज्योतिषी को भूत-भविष्य की जानकारी के लिए हाथ दिखाना; **~देखना** 1 नाड़ी देखना 2 भूत-भविष्य के ज्ञान के लिए किसी का हाथ देखना; **~देना** 1 सहायक होना 2 वचन देना 3 बाजी लगाना 4 मारना, पीटना 5 रुकने का इशारा करना; **~धरना** 1 सहायता देना 2 रक्षा करना 3 काम करने से रोकना 4 पाणिग्रहण करना; **~धोकर पीछे पड़ना** जी जान से किसी काम में जुट जाना; **~धो बैठना** खो देना; (पुट्ठे पर) **~न धरने देना या न रखने देना** किसी की बात न मानना; **~पकड़ते पहुँचा पकड़ना** 1 थोड़ी सी रिआयत मिलने पर ही अधिक हिलमिल जाना 2 थोड़ा सा सहारा मिल जाने पर अधिक प्राप्ति का अवसर ढूँढ़ना; **~पकड़ना** =हाथ धरना; **~पकड़ने की लाज करना या ~पकड़ने की लाज रखना** वचन देकर उसका निर्वाह करना; **~पड़ जाना** 1 बिना परिश्रम वस्तु का प्राप्त हो जाना 2 चोरी हो जाना; **~पड़ना** 1 अधिकार में होना 2 फ़ायदा होना, लाभ होना 3 लूटा जाना; **~पत्थर तले दबना** 1 संकट में पड़ना 2 विवश होना; **~पर कुरान रखना या ~पर गंगाजल रखना** कुरान या गंगाजल की कसम खिलाना; **~पर तोता पालना** अपने हाथ को ज़ख्मी रखना, ज़ख्म अच्छा न होने देना; **~पर नाग खेलना** प्राण को संकट में डालना; **~पर ~धरकर बैठ जाना** 1 निराश हो जाना 2 निरुद्यम होना 3 आलसी होना; **~पर ~मारना** 1 प्रतिज्ञा करना 2 बाज़ी लगाना; **~पल्ले न पड़ना** कोई लाभदायक परिणाम न निकलना; **~पसारना** 1 याचना करना 2 भीख माँगना; **~पसारे जाना** जगत् से ख़ाली हाथों जाना; **~पाँव का ज़वाब देना** शरीर का काम करने के योग्य न रहना; **~पाँव चलना** 1 उद्योगी होना 2 शरीर में ताक़त रहना; **~पाँव चलाना** कर्मशील होना; **~पाँव जोड़ना** गिड़गिड़ाना; **~पाँव ठंडे होना** 1 मरणासन्न होना 2 मृत्यु होना, मर जाना 3 अत्यंत डर जाना, स्तब्ध होना; **~पाँव पटकना** तड़फड़ाना, छटपटाना; **~पाँव पीटना** व्यर्थ प्रयत्न करना; **~पाँव फूलना** विपत्ति से घबड़ा जाना; **~पाँव फैलाना** कार्यक्षेत्र बढ़ाना; **~पाँव मारना** 1 खूब कोशिश करना 2 तड़फड़ाना, छटपटाना; **~पीले करना** विवाह करना; **~पैर चलाना, ~पैर मारना** 1 जीविका हेतु काम धंधा करना 2 उद्देश्य प्राप्ति का प्रयत्न करना; **~फेरना** लाड़ प्यार करना; **~फैलाना** याचना करना; **~बँटाना** सहयोग करना; **~बढ़ाना** 1 वस्तु लेने के लिए हाथ आगे फैलाना 2 अधिकार, हक, सीमा से अधिक माँगना; **~बाँधे खड़ा रहना** सेवा के लिए हर वक्त तैयार रहना; **~बिकना या बिकाना** क्रीतदास होना; **~भर का कलेजा होना** 1 अत्यधिक प्रसन्न होना 2 साहस बढ़ जाना; **~भरना** हाथ थकना; **~भरा होना** धनवान होना; **~मलना** पश्चाताप करना; **~माँजना** अभ्यास करना; **~मारना** 1 = हाथ साफ़ करना 2 बाजी लगाना 3 गायब करना, हड़पना 4 खूब खाना 5 वार करना; **(उलटा) ~मारना** वार का ज़वाब वार से देना; **~मींजना, मींडना** = हाथ मलना; **~मुँह पर रख लेना** बोलने न देना; **~में करना** 1 प्रेमपूर्वक या बलात् वश में करना 2 अधिकार करना; **~में जाना** किसी के पास पहुँचना; **~में ठीकरा देना** भिखारी बनाना; **~में ठीकरा लेना** 1 अत्यंत गरीब होना 2 भीख माँगना; **~में दिल रखना** मन को अपने वश में रखना; **~में पड़ना** = हाथ आना; **~में रखना** = हाथ में करना; **~में सनीचर आना** अत्यंत ग़रीब होना; **~में ~डालना** = हाथ पकड़ना; **~में ~देना** ब्याह कराना; **~में ~होना** 1 साथ होना 2 संरक्षण में होना; **~में हुनर होना** कारीगरी में योग्य होना; **~रोकना** 1 काम में रुकावट पैदा करना 2 काम करना बंद करना; **~लगना** 1 अधिकार में आना 2 स्पर्श हो जाना 3 कार्यारंभ होना; **~लगाना** 1 कार्य आरंभ करना 2 स्पर्श करना; **~लगाए कुम्हलाना** अत्यधिक नाजुक होना अत्यंत कोमल होना; **~लगे मैला होना** स्पर्श मात्र से गंदा हो जाना; **~लपकाना** = हाथ बढ़ाना; **~समेटना** = हाथ खींचना; **~साधना** =हाथ आज़माना; **~साफ़ करना** हड़पना; **~सिर पर रखकर रोना** 1 अत्यधिक पश्चाताप करना 2 परेशान होना; **~सिर पर रखना** सिर की कसम खाना; **~से काम निकलना** किसी के ज़रिए काम का संपन्न होना; **~से काम निकालना** किसी से काम कराना; **~से जाना, ~से निकलना** 1 हाथ से गिर जाना 2 वश के बाहर होना 3 अधिकार में न रहना; **~से दिल जाना, ~से दिल फिसलना** मुग्ध होना आशिक होना; **~हिलाते आना**

ख़ाली हाथ आना; **हाथों उछलना** खूब तड़पना; **हाथों कलेजा उछलना** 1 अत्यंत उत्साहित होना 2 अत्यधिक प्रसन्न होना; **हाथों दिल बढ़ाना** अत्यधिक साहस बढ़ाना; **हाथों में रखना** बहुत लाड़ प्यार से पालना; **(दोनों) हाथों समेटना** खूब धन एकत्र करना; **हाथों हाथ** तुरंत, शीघ्र; **हाथों हाथ उठाकर ले जाना** ऊपर ही ऊपर ले जाना; **हाथों हाथ उड़ जाना या बिक जाना** अत्यंत शीघ्र, दम मारते ही बिक जाना; **हाथों हाथ लेना** मन से स्वागत करना, सम्मानपूर्वक आवभगत करना

हाथा–(पु०) 1 खेत सींचने का एक औज़ार 2 औज़ार आदि का दस्ता, मुठिया

हाथाछाँटी–(स्त्री०) 1 चालाकी, धूर्तता, चालबाज़ी 2 लेन-देन आदि में धूर्तता करना

हाथा पाई, हाथा बाँही–(स्त्री०) उठा पटक, साधारण लड़ाई झगड़ा (जैसे-आपस की हाथा पाई)

हाथा हाथी–(क्रि० वि०) *बो०* 1 हाथोंहाथ 2 तुरंत

हाथी–(पु०) 1 एक अत्यंत विशाल स्तनपायी और सूँड़धारी पशु या चौपाया, गज, हस्ती 2 शतरंज के खेल का हाथीनुमा एक मोहरा। **~ख़ाना** *+फ़ा०* (पु०) हस्तिशाला, फ़ीलख़ाना; **~डुबाव** (पु०) हाथी के क़द जितना पानी का डुबाव; **~दाँत** (पु०) नर हाथी के मुँह के दोनों ओर निकले हुए सफ़ेद दाँत; **~नाल** (पु०) हाथी की पीठ पर रखकर ले जानेवाली पुरानी तोप, गजनाल; **~पाँव** (पु०) *चि०* फ़ीलपाँव नामक एक रोग; **~पर चढ़ना** 1 विशेष सम्मान प्राप्ति करना 2 अत्यंत धनी होना; **~पर चढ़ाना** अत्यधिक सम्मान देना; **~बाँधना** अत्यंत रईस या धनी होना; **~सा होना** बहुत मोटा होना

हाथीवान–(पु०) फ़ीलवान, महावत

हादसा–*अ०* (पु०) बुरी घटना, दुर्घटना

हानि–*सं०* (स्त्री०) 1 अनिष्ट या अपकार 2 क्षति, नुक़सान (जैसे-स्वास्थ्य की हानि, धन-मान की हानि)। **~कर** (वि०) नुक़सान पहुँचानेवाला; **~कारक, ~कारी** (वि०) क्षति पहुँचानेवाला; **~पूरक** (वि०) क्षति पूरा करनेवाला; **~प्रद** (वि०) = हानिकर

हाफ़–*अं०* (वि०) आधा

हाफ़िज़–*अ०* I (पु०) ऐसा धर्मशील व्यक्ति जिसे कुरान कंठस्थ हो II (वि०) हिफ़ाज़त करनेवाला, रक्षक

हाबिस–*बो०* (पु०) जहाज़ का लंगर उखाड़ना

हाबी–*अं०* (स्त्री०) अभिरुचि, शौक

हाबुस–(पु०) गेहूँ या जौ की बालों को भूनकर बनाया गया एक व्यंजन

हामी–I (स्त्री०) स्वीकृति, हाँ

हामी–II *अ०* (वि०) 1 हिमायत करनेवाला, पृष्ठपोषक 2 सहायक, मददगार, समर्थक

हाय–I (स्त्री०) 1 व्यथा, कष्ट 2 कष्ट की आवाज़ II (क्रि० वि०) व्यथा सूचक अव्यय। **~तोबा** *+अ०* (स्त्री०) खेद, अफ़सोस; **~हाय** I (क्रि० वि०) कष्ट, पीड़ा, शोक आदि का सूचक शब्द II (स्त्री०) व्यस्तता, परेशानी, घबराहट

हायन–*सं०* (पु०) वर्ष, साल

हार–I (स्त्री०) 1 पराजय 2 असफलता (जैसे-हार से घबराना नहीं चाहिए) 3 थकान, थकावट (जैसे-हार कर बैठ जाना)। **~जीत** (स्त्री०) जय पराजय

हार–II *सं०* (पु०) 1 माला (जैसे-हीरे का हार) 2 मुक्तमाला। **~सिंगार** (पु०) = हारसिंगार

हार–III *सं०* (पु०) 1 हरण 2 ज़ब्ती 3 हानि, क्षति

हारक–*सं०* (वि०) 1 हरण करनेवाला 2 बलपूर्वक छीननेवाला 3 कष्टआदि दूर करनेवाला

हारना–I (अ० क्रि०) 1 पराजित होना (जैसे- पाकिस्तान का भारत से युद्ध में हार जाना) 2 विफल होना 3 थक जाना, शिथिल हो जाना (जैसे-चलते चलते मेरे पैर हार गए) II (स० क्रि०) 1 खोना 2 त्यागना 3 असफल होने पर देना (जैसे-शील्ड हारना)

हारपून–*अं०* (पु०) मछली मारने का भाला, कांटेदार बर्छी

हारमोनियम–*अं०* (पु०) संदूक के आकार का एक प्रसिद्ध अंग्रेज़ी बाजा

हारावली–*सं०* (स्त्री०) मोतियों की लड़ी

हारिज़ेंटल–*अं०* (वि०) = हरिज़ांटल

हारिल–(पु०) एक तरह की चिड़िया

हारी–*सं०* (वि०) 1 हरण करनेवाला 2 प्रसन्न करनेवाला 3 ग्रहण करनेवाला

हारेगाढ़े–(क्रि० वि०) मर खपकर, किसी तरह

हारौल–*तु०* (पु०) = हरावल

हार्ट फ़ेल–*अं०* (पु०) दिल की धड़कन बंद हो जाना

हार्द–I *सं०* (पु०) 1 प्रेम, स्नेह 2 इच्छा, आकांक्षा 3 दया, कृपा II (वि०) हृदय का

हार्दिक–*सं०* (वि०) 1 हृदय में होनेवाला 2 आंतरिक, दिली (जैसे-हार्दिक प्रेम)। **~ता** (स्त्री०) आंतरिकता

हार्न–*अं०* (पु०) 1 भोंपा (जैसे-मोटर का हार्न बजाना) 2 संकेत ध्वनि

हार्बर–*अं०* (पु०) बंदरगाह

हार्मोन–*अं०* (पु०) पौधों तथा प्राणियों में पाया जानेवाला विशेष कार्बनिक रस

हार्य–*सं०* (वि०) 1 हरण करने योग्य 2 प्रसन्न करने योग्य 3 ग्रहणीय

हार्वेस्टर–*अं०* (पु०) फ़सल काटने का यंत्र

हार्सपावर–*अं०* (पु०) अश्व शक्ति

हाल–I *अ०* (पु०) 1 कुशल मंगल, समाचार (जैसे-घर का क्या हाल चाल है) 2 स्वास्थ्य (जैसे-मरीज़ का हाल कैसा है) 3 दशा, अवस्था (जैसे-वह बेचारा किस हाल में होगा) 4 अत्यंत बुरी शोचनीय स्थिति या हालत (जैसे-हाल में सुधार करना, हाल सुधारना) 5 वर्तमान से कुछ ही पहले का समय (जैसे-अभी हाल में ही मैं गाँव गया था)। **~चाल** *+हिं०* (पु०) हाल अहवाल; **~बेहाल** *+फ़ा०+अ०* (पु०) अच्छी हालत से बुरी हालत

हाल–II *अ०* (अ०) 1 अभी 2 तुरंत (जैसे-हाल का जन्मा, हाल की घटना) 3 हाल में, वर्तमान समय में (जैसे-अभी हाल आप कहाँ जाएँगे)

हाल–III *अं०* (पु०) बहुत बड़ा कमरा। **~कमरा** *+हिं०* (पु०) बड़ा कमरा

हाल–IV (स्त्री०) लकड़ी के पहिये पर चढ़ाया जानेवाला लोहे का पट्टा

हाल–V (स्त्री०) 1 झोंका, झटका 2 हिलना, कंप

हालगोला–*बो०* (पु०) गेंद

हालडोल–(स्त्री०) 1 गति 2 हलचल 3 कंप

हालत–*अ०* (स्त्री०) 1 अवस्था, दशा 2 परिस्थिति 3 समाचार 4 मौजूदा हैसियत, वर्तमान स्थिति

हालना–(अ० क्रि०) *बो०* 1 हिलना डोलना 2 काँपना 3 झूमना

हालरा–(पु०) 1 बच्चों को गोद में हिलाना 2 झटका, झोंका 3 लहर, हिलोर

हालाँकि–*अ०+फ़ा०* (अ०) यद्यपि, अगरचे

हाला–*सं०* (स्त्री०) शराब मद्य। ~**वाद** (पु०) *साहि०* वह कविता जिसमें स्वर्ण सुरा और सुंदरी की प्रधानता हो

हालात–*अ०* (पु०) 1 स्थितियाँ 2 परिस्थितियाँ

हालाहल–*सं०* (पु०) = हलाहल

हालिम–(पु०) 1 दवा के काम आनेवाला चंसुर नामक पौधा 2 इस पौधे का बीज

हाली–*बो०* (पु०) हल जोतनेवाला, हलधर, हलिया

हालीमवाली–*अ०* (पु०) संगी साथी, यार दोस्त

हालों–(पु०) चंसुर, चंद्रसुर

हाल्ट–*अं०* (पु०) ठहराव, एकदम रुक जाना। ~**स्टेशन** (पु०) ठहराऊ स्टेशन

हाव–*सं०* (पु०) *साहि०* शृंगार के क्षेत्र में नायिका द्वारा की जानेवाली आकर्षक तथा मोहक क्रियाएँ। ~**भाव** (पु०) 1 नाज़ नख़रा, चोचलापन 2 आकर्षक और कोमल चेष्टाएँ

हावका–(पु०) 1 किसी की तरक्की देखकर या अपनी भारी क्षति के स्मरण होने पर ली जानेवाली ठंडी साँस, दीर्घ निश्वास, गहरी या ठंडी साँस 2 प्रबल इच्छा या कामना

हावला बावला–(वि०) पागल, विक्षिप्त

हाविज़र–*अं०* (स्त्री०) = हविज़र

हावी–*अ०* (वि०) 1 दबा रखनेवाला 2 घेरनेवाला 3 कुशल, दक्ष, प्रवीण

हाशिया–*अ०* (पु०) 1 किनारा (जैसे-किताब या कापी का हाशिया) 2 कपड़ों में टाँकी जानेवाली गोट या मगजी 3 हाशिये पर लिखित टिप्पणी, फुटनोट, टीका की टीका। ~**आराई** *+ फ़ा०* (स्त्री०) हाशिया चढ़ाना; ~**नशीन** *+ फ़ा०* (पु०) आस पास बैठनेवाले, मुसाहब; ~**चढ़ाना** 1 गोट टाँकना 2 टीका लिखना 3 अपनी ओर से कुछ जोड़ना, नमक मिर्च लगाना

हास–*सं०* (पु०) 1 हँसी 2 प्रसन्नता, ख़ुशी। ~**परिहास** (पु०) हँसी मज़ाक; ~**विलास** (पु०) मौज मस्ती

हासक–*सं०* (पु०) 1 हँसानेवाला व्यक्ति 2 विदूषक, भाँड़

हासिल–I *अ०* (वि०) प्राप्त, लब्ध II (पु०) *ग०* 1 जोड़ में संख्या का अंश 2 गणित की क्रिया का फल 3 लाभ 4 निचोड़, नतीजा, परिणाम

हास्पिटल–*अं०* (पु०) अस्पताल, चिकित्सालय

हास्य–I *सं०* (वि०) 1 हास संबंधी 2 उपहास के योग्य II (पु०) 1 हँसी 2 *साहि०* शृंगार रस का स्थायी भाव 3 दिल्लगी, मज़ाक 4 उपेक्षा तथा निंदा से युक्त हँसी, उपहास। ~**कर** (वि०) 1 हँसानेवाला 2 हास्यास्पद; ~**पात्र** (पु०) जिस व्यक्ति का मज़ाक उड़ाया जाए; ~**प्रिय** (वि०) मौजी, मज़ाकिया; ~**प्रियता** (स्त्री०) हास्य प्रिय होने का भाव; ~**मूलक** (वि०) = हास्यमय; ~**रस** (पु०) *साहि०* एक रस जिसका स्थायी भाव हास्य है; ~**रसात्मक** (वि०) हास्य रस संबंधी; ~**रसिक** (पु०) हास्य प्रिय, विनोदी; ~**रहित** (वि०) दे० हास्यहीन; ~**रूपक** (पु०) हँसी पैदा करनेवाली नाट्य रचना; ~**विनोद** (पु०) हँसी मज़ाक; ~**हीन** (वि०) 1 जो हँसता न हो 2 जो हास्य रस से रहित हो, बिना हास्य रस का

हास्यमय–*सं०* (वि०) हँसी से भरा हुआ

हास्यास्पद–*सं०* (पु०) 1 हँसी का विषय 2 उपहास का विषय

हास्योत्पादक–*सं०* (वि०) हास्यकर

हाहंत–*सं०* (अ०) शोक सूचक उद्गार

हाहा–I (पु०) ज़ोर से हँसने का शब्द। ~**कार** *+ सं०* (पु०) 1 घबराहट की चिल्लाहट 2 कुहराम; ~**ठीठी**, ~**हीही** (स्त्री०), ~**हूहू** (पु०) विनोद क्रीड़ा, हँसी ठट्ठा

हाहा–II (अ०) आश्चर्य, शोक आदि का सूचक एक शब्द

हाही–(स्त्री०) 1 व्यग्रता 2 उत्कट लोभ या इच्छा। ~**पड़ना** अत्यंत व्यग्र होना

हाहूबेर–(पु०) जंगली बेर

हिंकरना–(अ० क्रि०) घोड़ों का हिनहिनाना

हिंकार–*सं०* (पु०) 1 गौ के रँभाने का शब्द 2 चीते या शेर आदि की गरज

हिंगाष्टकचूर्ण–*सं०* (पु०) सोंठ, पीपल, काली मिर्च, अजमोदा, सफ़ेद जीरा, स्याह जीरा, हींग और सेंधा नमक के मिश्रण से बना चूर्ण

हिंगु–*सं०* (पु०) = हींग

हिंगुल–*सं०* (पु०) ईंगुर, सिंगरफ

हिंगोट–(पु०) मँझोल आकार का एक झाड़दार कँटीला जंगली पेड़

हिंग्वाष्टकचूर्ण–*सं०* (पु०) दे० हिंगाष्टकचूर्ण

हिंडन–*सं०* (पु०) घूमना या चलना फिरना

हिंडोरा, हिंडोल, हिंडोला–(पु०) 1 झूला 2 पालना 3 चरखी (जैसे-हिंडोला में बैठने के चार आसन होते हैं)

हिंद–*फ़ा०* (पु०) भारतवर्ष, हिंदोस्तान

हिंद यूरोपी–*फ़ा० + अं० + हिं०* (वि०) जिसके माता पिता में से एक भारतीय और यूरोपीय हो

हिंदवी–*फ़ा०* (स्त्री०) हिंदुस्तान की भाषा

हिंदी–I *फ़ा०* (वि०) भारतीय II (पु०) हिंद का निवासी, भारतवासी III (स्त्री०) हिंद या हिंदुस्तान की भाषा, भारतवर्ष की राष्ट्रभाषा (जैसे-हिंदी का सम्मान करना हम सबका नैतिक कर्तव्य है)। ~**भाषी** *+ सं०* (वि०) हिंदी बोलनेवाला (जैसे-हिंदीभाषी प्रदेश) ~**की चिंदी निकालना** 1 कुतर्क 2 व्यर्थ का दोष निकालना

हिंदीतर–*फ़ा० + सं०* (वि०) हिंदी से भिन्न। ~**भाषी** (वि०) हिंदी से भिन्न भाषा बोलनेवाला

हिंदुआनी–*फ़ा० + हिं०* (स्त्री०) हिंदू स्त्री

हिंदुई–*फ़ा०* (स्त्री०) = हिंदवी

हिंदुत्व–*फ़ा० + सं०* (पु०) 1 हिंदू होने की अवस्था 2 हिंदू का

आचार विचार और व्यवहार। ~**वादी** (वि०) हिंदूपन का समर्थक

हिंदुस्तान–*फ़ा०* (पु०) 1 भारतवर्ष, भारत 2 हमारे देश का उत्तरीय और मध्य भाग

हिंदुस्तानी–I *फ़ा०* (वि०) 1 हिंदुस्तान संबंधी 2 भारतीय (जैसे-हिंदुस्तानी भाषा) II (पु०) भारतवासी III (स्त्री०) हिंदुस्तान की भाषा

हिंदुस्थान–*फ़ा० + सं०* (पु०) = हिंदुस्तान

हिंदू–*फ़ा०* (पु०) भारतवर्ष में बसनेवाली आर्य जाति के वंशज, भारतीय आर्य धर्म का अनुयायी। ~**पन** *+ हिं०* (पु०) हिंदू होने की अवस्था

हिंदेशियन–*फ़ा० + अं०* (वि०) हिंद और एशिया के मेल से बना

हिंदोरना–(स० क्रि०) घँघोलना

हिंदोल–*सं०* (पु०) = हिंडोला

हिंदोलक–*सं०* (पु०) छोटा हिंडोल, पालना

हिंव–*बो०* (पु०) बरफ, हिम

हिवार–*बो०* (पु०) हिम, बर्फ

हिंसक–*सं०* (वि०) 1 हिंसा करनेवाला, हत्यारा 2 कष्ट पहुँचानेवाला, पीड़ित करनेवाला 3 अन्य पशु या जीवों की हत्या करनेवाला (जैसे-हिंसक पशु)

हिंसन–*सं०* (पु०) 1 जान से मारना 2 पीड़ित करना 3 अनिष्ट या हानि करना

हिंसा–*सं०* (स्त्री०) 1 हत्या 2 अनिष्ट या हानि। ~**कर्म** (पु०) 1 मारने या सताने का काम 2 हानि पहुँचाने का काम; ~**चार** (पु०) दे० हिंसा कर्म; ~**मूलक** (वि०) हिंसात्मक, हिंसा का; ~**वाद** (पु०) ये मत कि सफलता के लिए मरना मारना आवश्यक है; ~**वृत्ति** (स्त्री०) हिंसा कर्म

हिंसात्मक–*सं०* (वि०) हिंसा संबंधी, हिंसा का

हिंसालु–*सं०* (वि०) हिंसा करनेवाला, हिंसक

हिंस्र–*सं०* (वि०) 1 हिंसा करनेवाला, हिंसक (जैसे-हिंस्र पशु) 2 हत्या करनेवाला। ~**पशु** (पु०) हिंसक जंतु, खूँखार जानवर

हिंस्रक–*सं०* (पु०) हिंस्र पशु, खूँखार जानवर

हिकमत–*अ०* (स्त्री०) 1 अच्छी और बढ़िया तरकीब, उत्तम युक्ति 2 तत्त्व ज्ञान। ~**अमली** (स्त्री०) 1 नीति, राजनीति 2 चतुराई 3 जोड़ तोड़,चाल

हिकमती–*अ० + फ़ा०* (वि०) 1 कार्य पटु 2 चालाक, होशियार

हिकायत–*अ०* (स्त्री०) 1 कहानी, कथा 2 बात

हिक़ारत–*अ०* (स्त्री०) घृणा, नफ़रत

हिक्का–*सं०* (स्त्री०) = हिचकी

हिचक–(स्त्री०) 1 हिचकने की क्रिया, हिचकिचाहट 2 मन में होनेवाला आगा पीछा, रुकावट

हिचकिचाना–(अ० क्रि०) मन का आगा पीछा करना

हिचकिचाहट–(स्त्री०) = हिचक

हिचकी–(स्त्री०) ज़ोर ज़ोर से साँस लेना। ~**बँध जाना,** ~**लगना** ज्यादा रोने से साँस रुकना; **हिचकियाँ लगना** 1 प्राणांत के समय रुक रुककर हिचकी आना 2 मरणासन्न होना; ~**लेना** रोते समय रुक रुककर साँस का निकलना

हिचकोला–(पु०) = हचकोला

हिचर मिचर–(स्त्री०) 1 टालमटोल 2 हिचक

हिजड़ा–(पु०) 1 ऐसा व्यक्ति जिसमें प्राकृतिक रूप से स्त्री और पुरुष दोनों के कुछ कुछ लक्षण पाए जाएँ, यूनक 2 नपुंसक

हिजरत–*अ०* (स्त्री०) 1 संकट के समय जन्म भूमि त्यागना, देश त्याग 2 हिजरी सन् का प्रारंभ

हिजरी–*अ०* (वि०) हजरत मुहम्मद के मक्का से मदीना चले जाने की घटना से संबंधित

हिजाब–*अ०* (पु०) 1 आड़, ओट, परदा 2 लज्जा, शर्म

हिज्जे–*अ०* (पु०) 1 वर्ण या अक्षर 2 शब्द के वर्णों का किया जानेवाला अलग अलग और क्रमिक उच्चारण

हिज्र–*अ०* (पु०) वियोग, जुदाई, विछोह

हिडिंब–*सं०* (पु०) भीम के हाथों मारा गया एक प्रसिद्ध राक्षस

हित–*सं०* (पु०) 1 भलाई, उपकार 2 कल्याण, मंगल 3 लाभ, फ़ायदा 4 सद्भाव, प्रेम। ~**कर** (वि०) = हितकारी; ~**कर्ता** (पु०) हित करनेवाला व्यक्ति; ~**कामना** (स्त्री०) 1 भलाई चाहना 2 हित की इच्छा करना; ~**कारक** (वि०) = हितकारी; ~**कारिणी** (वि०) = हितकारी; ~**कारिता** (स्त्री०) हितकारी होने का भाव; ~**कारी** (वि०) 1 कल्याण करनेवाला 2 भलाई करनेवाला; ~**चिंतक** (पु०) 1 भला चाहनेवाला व्यक्ति 2 शुभ चिंतक, ख़ैरख़ाह; ~**चिंतन** (पु०) 1 भला चाहना 2 कल्याण कामना, ख़ैरख़ाही; ~**चिंतिका** (स्त्री०) भला चाहनेवाली; ~**वाद** (पु०) हित के विचार से कहा गया कथन, हित वचन; ~**वादी** I (वि०) हितवाद संबंधी II (पु०) हितवाद का अनुयायी; ~**संघर्ष** (पु०) स्वार्थों की टक्कर; ~**साधक** (पु०) = हित कर्ता; ~**साधन** (पु०) स्वार्थ सिद्ध करना

हिताई–*सं० + हिं०* (स्त्री०) 1 नाता, रिश्ता, संबंध 2 संबंधी का घर या परिवार

हिताकांक्षी–*सं०* (पु०) = हित चिंतक

हिताधिकारी–*सं०* (पु०) लाभभोगी, हितग्राही

हितार्थ–*सं०* (क्रि० वि०) भले के लिए

हितार्थी–*सं०* (वि०) हित की कामना रखनेवाला

हिताहित–*सं०* (पु०) 1 भलाई और बुराई 2 उपकार और अपकार

हितू–*सं० + हिं०* (पु०) 1 हितैषी, ख़ैरख़ाह 2 निकट का संबंधी 3 सुहृद, स्नेही

हितेच्छा–*सं०* (स्त्री०) = हितैषिता

हितेच्छु–*सं०* (वि०) = हितैषी

हितेच्छुक–*सं०* (त्रि०) कल्याण कामना करनेवाला, ख़ैरख़ाह, शुभचिंतक

हितैषिता–*सं०* (स्त्री०) हितैषी होने का भाव

हितैषी–I *सं०* (त्रि०) कल्याण मनानेवाला II (पु०) मित्र, दोस्त

हितैष्णा–*सं०* (स्त्री०) मंगल कामना, शुभ कामना

हितोक्ति–*सं०* (स्त्री०) हित की बात, मंगल कथन, शुभ वचन

हितोपदेश–*सं०* (पु०) 1 अच्छा उपदेश, अच्छी नसीहत, नेक सलाह 2 नीतिशास्त्र संबंधी एक प्रसिद्ध ग्रंथ (जैसे-हितोपदेश की व्याख्या)

हिदायत–*अ०* (स्त्री०) 1 रास्ता दिखाना 2 अनुदेश, इंस्ट्रक्शन।

~**नामा** + *फ़ा०* (पु०) हिदायत, आदेशों आदि की पुस्तक
हिनकना–(अ० क्रि०) घोड़े का हिनहिनाना, हींसना
हिनवाना–(पु०) तरबूज
हिनहिनाना–(अ० क्रि०) घोड़े का हिन हिन शब्द करना, हींसना
हिनहिनाहट–(स्त्री०) हिनहिनाने का भाव
हिना–*अ०* (स्त्री०) मेंहदी
हिन्दी–*फ़ा०* (वि०) हिंदी। ~**भाषी** + *सं०* (वि०) = हिंदीतर
हिन्दीतर–*फ़ा० + सं०* (वि०) = हिंदीतर
हिन्दुत्व–*फ़ा० + सं०* (पु०) = हिंदुत्व
हिन्दुस्तानी–*फ़ा०* (वि०) = हिंदुस्तानी
हिन्दू–*फ़ा०* (पु०) = हिंदू
हिप्नोटाइज़–*अं०* (स० क्रि०) सम्मोहित करना
हिप्नोटिक–*अं०* (वि०) निद्राजनक
हिप्नोटिज़्म–*अं०* (पु०) सम्मोहन विद्या
हिप्पोपोटामस–*अं०* (पु०) दरियाई घोड़ा
हिफ़ाज़त–*अ०* (स्त्री०) देखभाल, रक्षा
हिफ़ाज़ती–*अ० + फ़ा०* (वि०) हिफ़ाज़त संबंधी
हिफ़्ज़–*अ०* (पु०) याद
हिब्बा–I *अ०* (पु०) 1 अन्नादि का कण, दाना 2 पदार्थ आदि का अत्यंत छोटा अंश या खंड
हिब्बा–II *अ०* (पु०) दान, बख़्शिश। ~**नामा** + *फ़ा०* (पु०) दानपत्र
हिम–I *सं०* (पु०) 1 बर्फ़, पाला, तुषार 2 जाड़े की ऋतु, शीतकाल II (वि०) ठंडा, शीतल। ~**उपल** (पु०) ओला, पत्थर; ~**ऋतु** (स्त्री०) जाड़े का मौसम, हेमंत ऋतु; ~**कण** (पु०) 1 बर्फ़ के कण 2 ओस की बूँदें; ~**कर** (वि०) ठंडा करनेवाला; ~**काल** (पु०) = हिमयुग; ~**खंड** (पु०) बर्फ़ का टुकड़ा; ~**झंझावात** (पु०) बर्फ़ीला तूफ़ान; ~**दंश** (पु०) बर्फ़ से अंग गलना; ~**नद** (पु०) हिमानी, ग्लेशियर; ~**पात** (पु०) 1 पाले का पड़ना 2 ओले का गिरना; ~**भंजक** (वि०) (यंत्र) बर्फ़ को तोड़नेवाला; ~**मंडित** (वि०) बर्फ़ से ढका हुआ, हिमाच्छन्न; ~**मनुष्य,** ~**मानव** (पु०) हिमालय की बर्फ़ीली चोटियों पर बड़े-बड़े पदचिह्नोंवाला एक अज्ञात तथा रहस्यमय भीषण जंतु, येती, स्नोमैन; ~**यान** (पु०) बर्फ़ पर चलनेवाली (बिना पहिए की) गाड़ी; ~**रेखा** (स्त्री०) पहाड़ की ऊँचाई की वह सीमा जहाँ हमेशा बर्फ़ ही जमी रहती है, स्नो लाइन; ~**वर्षा** (स्त्री०) = हिमपात; ~**विगलन** (पु०) बर्फ़ का गलना; ~**वृष्टि** (स्त्री०) = हिमपात; ~**शीतल** (वि०) 1 अत्यधिक ठंडा 2 जमा देनेवाला (शीत); ~**शुभ्र** (वि०) बर्फ़ की तरह सफ़ेद; ~**शैल** (पु०) = हिम पर्वत; ~**स्खलन** (पु०) बर्फ़ का खिसकना
हिममय–*सं०* (वि०) हिमयुक्त
हिमवत्, हिमवान्–I *सं०* (वि०) बर्फ़वाला, बर्फ़ीला II (पु०) हिमालय
हिमांक–*सं०* (पु०) कपूर
हिमांशु–*सं०* (पु०) चंद्रमा
हिमाक़त–*अ०* (स्त्री०) 1 अहमक होने की अवस्था 2 बेवकूफ़ी, मूर्खता
हिमाघात–*सं०* (पु०) दे० हिमदंश
हिमाच्छन्न–*सं०* (वि०) बर्फ़ से ढका, तुषारावृत्त
हिमाच्छादित–*सं०* (वि०) बर्फ़ से आवृत्त
हिमाद्रि–*सं०* (पु०) हिमालय
हिमानी–*सं०* (स्त्री०) 1 बर्फ़ का ढेर 2 बर्फ़ की विशाल राशि
हिमाम दस्ता–*फ़ा०* (पु०) लोहे का खरल और बट्टा
हिमायत–*अ०* (स्त्री०) तरफ़दारी, पक्षपात
हिमायती–*अ० + फ़ा०* (वि०) 1 तरफ़दारी करनेवाला, पक्षपाती 2 प्रेरणाजनक तथा पक्षपातपूर्ण
हिमालय–*सं०* (पु०) भारत की उत्तरी सीमा पर स्थित एक विशाल पर्वतमाला (जैसे-हिमालय की सबसे ऊँची चोटी एवरेस्ट है)
हिमीकर–I *सं०* (वि०) हिम की तरह ठंडा करनेवाला II (पु०) प्रशीतक
हिमीकरण–*सं०* (पु०) बर्फ़ का रूप देना
हिमीभूत–*सं०* (वि०) बर्फ़ के रूप में आया हुआ, बर्फ़ बना हुआ
हिम्मत–*अ०* (स्त्री०) 1 साहस 2 वीरता, बहादुरी 3 पौरुष, पराक्रम। ~**पड़ना** साहस होना; ~**हारना** साहस छोड़ना; ~**से काम लेना** बहादुरी से काम करना
हिम्मतवर–*फ़ा०* (वि०) हिम्मती, साहसी
हिम्मती–*अ० + फ़ा०* (वि०) 1 हिम्मतवाला, साहसी 2 पराक्रमी, बहादुर 3 पराक्रमी
हिय–(पु०) 1 मन, हृदय 2 साहस, हिम्मत। ~**हारना** साहस छोड़ देना
हियरा–(पु०) = हिया
हियाँ–(अ०) *बो०* यहाँ
हिया–(पु०) 1 हृदय, मन 2 वक्षस्थल, छाती। ~**फटना** शोकातिरेक का अनुभव होना; ~**भर आना** शोकातुर होना; ~**भर लेना** 1 शोकातिरेक से लंबी साँस लेना 2 शोक की अभिव्यक्ति करना; ~**शीतल होना** सुख शांति का अनुभव करना, मन शांत होना; **हिये का अंधा** अज्ञान, मूर्ख; **हिये पर पत्थर धरना** सब्र कर लेना; **हिये पर लोन सा लगना** अत्यंत पीड़ा होना; **हिये लगना** गले से लगना, आलिंगन करना
हियाव–(पु०) = हिम्मत
हिरकना–*अ० क्रि० बो०* 1 धीरे-धीरे परचना 2 सटना, चिपकना 3 बहुत पास आना
हिरण्य–*सं०* (पु०) सुवर्ण। ~**गर्भ** (पु०) 1 प्राणात्मा 2 सूक्ष्म शरीर
हिरन–(पु०) हरिन नाम का सींगवाला एक चौपाया, हरिन पशु, मृग (स्त्री० हिरनी)
हिरनौटा–(पु०) हिरन का बच्चा, मृग शावक
हिरफ़त–*अ०* (स्त्री०) 1 व्यवसाय, पेशा 2 कारीगरी, दस्तकारी 3 हुनर, गुण। ~**बाज़** + *फ़ा०* (वि०) चालबाज़, धूर्त
हिरमज़ी, हिरमिज़ी–I *फ़ा०* (स्त्री०) एक तरह की लाल मिट्टी II (वि०) लाल मिट्टी के रंग का
हिरवा–*बो०* (पु०) = हीरा
हिरस–*अ० बो०* (स्त्री०) = हिर्स
हिरावल–*तु०* (पु०) = हरावल

हिरास–*फ़ा०* (स्त्री०) 1 खेद, दुःख 2 भय, त्रास 3 निराशा, नाउम्मीदी

हिरासत–*अ०* (स्त्री०) 1 नज़रबंदी 2 अभिरक्षा, कस्टडी 3 पहरा, निगरानी

हिरासती–*अ० + फ़ा०* (वि०) 1 हिरासत संबंधी 2 हिरासत में रखा गया

हिरासाँ–*फ़ा०* (वि०) 1 निराशा, नाउम्मीद 2 उदासीन या खिन्न

हिर्फ़त–*अ०* (स्त्री०) = हिरफ़त

हिर्स–*अ०* (स्त्री०) निम्न स्तर की वासना या लालच। ~**करना** लालच करना; ~**दिलाना** लालच देना

हिर्सा हिर्सी–*अ० + हिं० + अ० + हिं०* (अ०) देखा देखी

हिर्सी–*अ० + फ़ा०* (वि०) अत्यंत लालची। ~**टट्टू** हिर्स करनेवाला व्यक्ति

हिलकना–I (अ० क्रि०) *बो०* 1 हिचकियाँ लेना 2 सिसकना 3 सिकुड़ना

हिलकना–II (अ० क्रि०) = हिलगना

हिलकी–*बो०* (स्त्री०) 1 हिचकी 2 सिसकी

हिलकोर–(पु०) = हिलकोरा

हिलकोरना–(स० क्रि०) 1 हिलकौर या लहरें उत्पन्न करना 2 शांत जल को क्षुब्ध करना (जैसे-तालाब आदि हिलकोरना)

हिलकोरा–(पु०) तरंग, लहर

हिलग–(स्त्री०) 1 मेलजोल 2 प्रेम

हिलगना–(अ० क्रि०) 1 परचना 2 मेलजोल होना 3 सटना, चिपटना 4 पास आना 5 अटकना, फँसना

हिलगाना–(स० क्रि०) 1 परचाना 2 मेल जोल कायम रखना या करना 3 फँसाना, उलझाना 4 पास लाना

हिलना–I (अ० क्रि०) 1 चलायमान होना 2 कंपित होना 3 लहराना 4 झूमना 5 दृढ़ न रहना 6 चंचल होना, डिगना। ~**डोलना** (अ० क्रि०) हिलना और डोलना, थोड़ा इधर उधर होना

हिलना–II (अ० क्रि०) हेल मेल में आना, परचना, हिलगना। ~**मिलना** (अ० क्रि०) मेल जोल रखना

हिलाना–I (स० क्रि०) 1 हिलने में प्रवृत्त करना 2 खिसकाना या हटाना 3 कँपाना

हिलाना–II (स० क्रि०) परचाना

हिलामिला–(वि०) परिचित और अनुरक्त

हिलाल–*अ०* (पु०) 1 नया चाँद 2 नया और आखिरी चाँद 3 पगड़ी की उठी हई ऐंठन

हिलुड़ना–(अ० क्रि०) *बो०* 1 लहरों से युक्त होना 2 हिलना

हिलोर–(स्त्री०) = हिलकोरा

हिलोरना–(स० क्रि०) 1 इधर उधर हिलाना, लहराना 2 जल्दी जल्दी समेटना

हिलोरा–(पु०) बड़ी तथा ऊँची लहर

हिलोल–(पु०) = हिलकोरा

हिल्ला–(वि०) कीचड़, गंदा

हिल्लोल–*सं०* (पु०) = हिलकोरा

हिल्लोलन–*सं०* (पु०) 1 लहराना 2 काँपना 3 झूलना 4 हिलना

हिल्लोलित–*सं०* (वि०) तरंगित, लहराता हुआ

हिवँ–*बो०* (पु०) बर्फ़, पाला

हिवंचल–(पु०) हिम, पाला

हिवाँर–(वि०) हिम की तरह

हिस–*अ०* (पु०) 1 अनुभव, ज्ञान 2 चेतना

हिसका–(पु०) 1 ईर्ष्या, डाह 2 प्रतिस्पर्धा, होड़

हिसाब–*अ०* (पु०) 1 गणित 2 आय व्यय आदि का लिखा जानेवाला ब्योरा या विवरण, लेखा, एकाउंट 3 गणित से संबंधित प्रश्न (जैसे-मेरे दो हिसाब सही थे) 4 दर, भाव (जैसे-कपड़े किस हिसाब से खरीदे गए) 5 महत्त्व, मूल्य आदि का विचार (जैसे-आपके हिसाब से तो यह खरा उतरेगा) 6 निश्चित नियम या व्यवस्था (जैसे-आपके आने जाने का कोई हिसाब समझ में नहीं आता) 7 अच्छे बुरे की स्थिति का ध्यान (जैसे-वह बड़े हिसाब से रहता है)। ~**किताब** (पु०) 1 आय व्यय आदि का विवरण 2 व्यापारिक लेन देन का व्यवहार 3 ढंग, प्रकार 4 बही खाता; ~**चोर** *+ हिं०* (पु०) हिसाब किताब में गड़बड़ी कर रक़म दबा लेनेवाला व्यक्ति; ~**दाँ** *+ फ़ा०* (पु०) = हिसाबिया; ~**दानी** *+ फ़ा० + हिं०* (स्त्री०) लेखा जोखा जानना; ~**बही** *+हिं०* (स्त्री०) आय व्यय संबंधी पंजी; ~**करना** लेन देन चुकता करना; ~**देना** हिसाब समझाना; ~**न होना** बेहिसाब होना, गिनती न होना; ~**बैठना** 1 उपाय निकल आना 2 मेल मिलना; ~**साफ़ करना** हिसाब चुकता करना; ~**से** 1 अंदाज से, किफ़ायत से (जैसे-हिसाब से ख़र्च करना) 2 हिसाब के मुताबिक़; ~**से चलना** 1 नाप तौलकर काम करना 2 किफ़ायत से खर्च करना

हिसाबिया–*अ० + हिं०* (पु०) 1 हिसाब का अच्छा ज्ञाता 2 आगा पीछा सोचकर काम करनेवाला व्यक्ति

हिसाबी–*अ०* (वि०) 1 हिसाब संबंधी 2 समझ बूझकर काम करनेवाला 3 चतुर, चालाक

हिसार–*अ०* (पु०) 1 किले आदि की चहारदीवारी या परकोटा 2 अहाता, घेरा

हिसालू–(पु०) एक तरह का छोटा पौधा या बेल

हिसिषा–*बो०* (स्त्री०) 1 प्रतियोगिता, होड़ 2 समानता, तुल्यता

हिस्टीरिया–*अं०* (पु०) 1 एक स्नायविक रोग 2 अपतंत्रक, उन्माद 3 मूर्छा रोग

हिस्ट्री–*अं०* (स्त्री०) इतिहास

हिस्सा–*अ०* (पु०) 1 भाग, अंश 2 बाँट 3 विभाग 4 साझा 5 अंग (जैसे-शरीर का कोई हिस्सा)। ~**बखरा** *+ हिं०* (पु०) अंश, भाग; ~**बांट** *+ हिं०* (स्त्री०) हिस्से का बंटवारा

हिस्सेदार–*अ० + फ़ा०* (पु०) 1 अंशधारी, शेयर होल्डर 2 कार्य में योगदान करनेवालों में प्रत्येक (जैसे-चोरी के माल में सभी हिस्सेदार थे)

हिस्सेधारी–*अ० + फ़ा०* (स्त्री०) हिस्सेदार होने की अवस्था

हि हि–(स्त्री०) = हीं हीं

हिहिनाना–(अ० क्रि०) = हिनहिनाना

हींग–(स्त्री०) 1 एक तरह का आप से आप होनेवाला छोटा पौधा 2 इस पौधे का निर्यास

हींछना–(स० क्रि०) *बो०* इच्छा करना, चाहना

हींछा–*बो०* (स्त्री०) इच्छा

हींस–(स्त्री०) घोड़े के हिनहिनाने की क्रिया, हिनहिनाहट
हींसना–(अ० क्रि०) हिनहिनाना
हीं हीं–(स्त्री०) तुच्छतापूर्वक हँसने का शब्द
ही–(अ०) केवल, मात्र
हीक–(स्त्री०) 1 हिचकी 2 अप्रिय सड़ी हुई तथा तीव्र गंध
हीचना–(अ० क्रि०) आगा पीछा करना
हीज–*बो०* (वि०) 1 आलसी 2 सुस्त
हीजड़ा–(पु०) = हिजड़ा
हीट–*अं०* (स्त्री०) 1 ऊष्मा, गर्मी 2 खेलों में प्रारंभिक दौड़। ~**प्रूफ़** (पु०) ऊष्मा-सह; ~**बूस्टर** (पु०) ऊष्मा वर्धक यंत्र; ~**वेव** (पु०) ऊष्मा-तरंग
हीठना–(अ० क्रि०) 1 पास जाना 2 पैठना, घुसना
हीत–(वि०) हित करनेवाला, शुभचिंतक, हितैषी
हीन–*सं०* (वि०) 1 खराब या घटकर 2 तुच्छ और नगण्य 3 खाली (जैसे-जलहीन, बलहीन, धनहीन) 4 निम्न कोटि का, इन्फ़ीरियर 5 कम, थोड़ा या हलका। ~**कुल** (वि०) बुरे कुल का; ~**ग्रंथि** (स्त्री०) अपने आपको हीन समझने की वृत्ति; ~**ता** (स्त्री०) 1 हीन होने का भाव 2 अभाव 3 तुच्छता, ओछापन 4 नीचता, बुराई; ~**बल** (वि०) कमज़ोर, निर्बल, बलहीन; ~**बुद्धि** (वि०) 1 ख़राब बुद्धिवाला, दुर्बुद्धि 2 मूर्ख, बुद्धिरहित; ~**भाव** (पु०), ~**भावना** (स्त्री०) हीनता ग्रंथि; ~**मति** (वि०) = हीन बुद्धि; ~**यान** (पु०) बौद्ध धर्म की वैराग्य तथा मोक्ष संबंधी एक प्रसिद्ध प्रारंभिक शाखा या संप्रदाय; ~**योनि** (वि०) 1 चरित्रभ्रष्ट या कुलटा स्त्री से उत्पन्न 2 नीच कुल में उत्पन्न; ~**रस** (पु०) *साहि०* रस विरोधी भाव के प्रसंग की नियोजना से उत्पन्न काव्य दोष; ~**वाद** (पु०) 1 व्यर्थ का तर्क, फ़जूल की बहस 2 कमज़ोर दलील 3 दोषी प्रमाण; ~**वादी** I (वि०) हीनवाद संबंधी II (पु०) हीनवाद का समर्थक; ~**वृत्ति** (स्त्री०) हीनता ग्रंथि
हीनकभावना–*सं०* (स्त्री०) = हीनता ग्रंथि
हीनकमनोग्रंथि–*सं०* (स्त्री०) = हीनता ग्रंथि
हीनत्व–*सं०* (पु०) = हीनता
हीनहयात–I *अ०* (पु०) जीवनकाल II (अ०) जीवनकाल तक
हीनांग–*सं०* (वि०) 1 अंग या अंगों से रहित, नष्टप्राय अंगवाला 2 अधूरा
हीनार्थ–*सं०* (वि०) 1 निष्फल 2 बिना लाभ का 3 अनुचित या बुरा अर्थवाला
हीनावस्था–*सं०* (स्त्री०) गिरी हुई हालत
हीनित–*सं०* (वि०) वंचित
हीनोक्ति–*सं०* (स्त्री०) मान प्रतिष्ठा को बहुत घटाकर प्रस्तुत की गई उक्ति
हीमोग्लोबिन–*अं०* (पु०) = हेमोग्लोबिन
हीर–I *सं०* (पु०) एक रत्न हीरा
हीर–II (पु०) एक पंजाबी प्रेमगीत
हीरक–*सं०* (पु०) हीरा नामक रत्न। ~**जयंती** (स्त्री०) 1 साठवें वर्ष का उत्सव 2 साठवाँ वार्षिकोत्सव, डायमंड जुबिली
हीरा–(पु०) 1 एक रत्न या बहुमूल्य पत्थर 2 बहुत अच्छा आदमी, नर रत्न 3 सर्वोत्तम वस्तु। ~**कसीस** (पु०) लोहे में गंधक के कारण रासायनिक योग उत्पन्न विकार; ~**मन** (पु०) लोक कथा में वर्णित तोते की एक कल्पित जाति
हीरो–*अं०* (पु०) नायक
हीरोइन–*अं०* (स्त्री०) नायिका
हील–*बो०* (पु०) 1 कीचड़ 2 पनाले का कीचड़
हीला–*अ०* (पु०) 1 बहाना 2 छल, धोखा 3 काम 4 वसीला, निमित्त 5 रोज़गार। ~**हवाला** (पु०) टालमटोल या बहानेबाज़ी की बातें; ~**हवाली** (स्त्री०) = हीलाहवाला
हीलियम–*अं०* (पु०) एक गंधरहित हलकी गैस
हीही–(स्त्री०) तुच्छतापूर्वक हँसना
हुं–(अ०) 1 एक सकारात्मक शब्द, हाँ 2 स्वीकृति सूचक शब्द, हूँ
हुंकरना–(अ० क्रि०) = हुंकारना
हुंकार–*सं०* (पु०) 1 ललकारने का शब्द 2 उग्र और ज़ोर का शब्द 3 ज़ोर से डाँटने डपटने का शब्द
हुंकारना–(अ० क्रि०) 1 ललकारना 2 डाँटने डपटने के लिए ज़ोर का शब्द करना 3 ज़ोर से चिल्लाना
हुंकारी–(स्त्री०) स्वीकृति सूचक शब्द, हामी। ~**भरना** 1 स्वीकृति देना 2 कहानी आदि सुनते समय हूँ-हूँ करना
हुंकृति–*सं०* (स्त्री०) हुंकार
हुंड–(पु०) 1 मेढ़ा, मेष 2 बाघ, व्याघ्र
हुंडा–I (पु०) आग के दहकने का शब्द
हुंडा–II (पु०) वर पक्ष से कन्या के पिता को मिला धन
हुँडार–(पु०) भेड़िया
हुंडावन–(स्त्री०) 1 हुंडी लिखते समय दस्तूरी के रूप में काटी गई रकम 2 हुंडी लिखने की दर
हुंडियावा–*बो०* (पु०) = हुंडावन
हुंडी–(स्त्री०) 1 आपस में लेन देन के समय लिखकर दिया जानेवाला महाजनी चेक 2 निश्चित समय के अंदर ब्याज सहित किस्तों में रुपया अदा करने से संबंधित एक ऋण विधि 3 अपना प्राप्य धन पाने के लिए किसी के नाम लिखा गया एक पत्र जिसमें निर्धारित या निश्चित रकम अमुक को देने के लिए अंकित रहता है, ड्राफ़्ट, बिल ऑफ़ एक्सचेंज। ~**बही** (स्त्री०) हुंडियों के नकल की पुस्तक
हुंबा–*बो०* (पु०) समुद्र की चढ़ती लहर, ज्वार
हुआँ–I (पु०) गीदड़ों के बोलने का शब्द
हुआँ–II (क्रि० वि०) वहाँ
हुआ–(वि०) 'होना' क्रिया का भूत कृदंत रूप (जैसे-खेल ख़त्म हुआ)
हुआना–(अ० क्रि०) गीदड़ों का हुआँ हुआँ करना
हुक–I *अं०* (पु०) अंकुश के आकार की बड़ी कील
हुक–II (स्त्री०) कमर आदि में अचानक किसी नस के झटका खाने से उत्पन्न एक तरह का दर्द
हुकना–(अ० क्रि०) 1 भूल जाना 2 निशाने का चूकना
हुकम–*अ०* (पु०) = हुक्म
हुकारना–(अ० क्रि०) = हुंकारना
हुकुम–*अ० बो०* (पु०) = हुक्म
हुकुर पुकुर–(स्त्री०) 1 दिल की धड़कन 2 बेचैनी, विकलता, घबराहट

हुकूमत–*अ०* (स्त्री०) 1 शासन, राज्य 2 अधिकार, प्रभुत्व। ~**चलाना** अधिकारिक रूप से आज्ञा देना; ~**जताना** रोब दिखाना, प्रभुत्व दिखाना

हुक्क़ा–*अ०* (पु०) तंबाकू पीने का दो नलीवाला एक उपकरण। ~**पानी** + *हिं०* (पु०) अपनी जाति या बिरादरी में खान पान का व्यवहार; ~**ताजा करना** हुक़्क़े का पानी बदलना; ~**पानी बंद करना** पारस्परिक सामाजिक व्यवहार छोड़ना; ~**भरना** हुक्क़ा पीने के लिए तैयार करना

हुक्म–*अ०* (पु०) 1 अधिकारिक आदेश, आज्ञा 2 फ़ैसला 3 विधि विधान (जैसे-शासन का हुक्म) 4 ताश का काले रंग के पान का पत्ता। ~**उदूली** (स्त्री०) आज्ञा का उल्लंघन; ~**नामा** + *फ़ा०* (पु०) राजकीय आज्ञापत्र; ~**बरदार** I + *फ़ा०* (पु०) आज्ञानुसार काम करनेवाला व्यक्ति या नौकर II (वि०) आज्ञानुसार काम करनेवाला, सेवक; ~**बरदारी** + *फ़ा०* (स्त्री०) 1 आज्ञापालन 2 सेवा; ~**राँ** + *फ़ा०*, ~**रान** + *फ़ा०* (वि०) हुक्म चलानेवाला; ~**रानी** + *फ़ा०* (स्त्री०) हुकूमत होना; ~**की तामील** आज्ञापालन; ~**चलना** हुकूमत होना; ~**चलाना** हुकूमत करना; ~**बजा लाना** आज्ञा पालन करना; ~**में होना** 1 आज्ञाधीन होना 2 अधिकार में होना; ~**लगाना** फैसला करना

हुक्मी–*अ० + फ़ा०* (वि०) 1 खता न करनेवाला 2 आज्ञानुसार काम करनेवाला 3 निश्चित रूप से अपना प्रभाव दिखानेवाला

हुजर–*अ०* (पु०) एक तरह के पाश्चात्य घुड़सवार सैनिक

हुजरा–*अ०* (पु०) 1 कोठरी 2 उपासना करने का कमरा

हुजूम–*अ०* (पु०) लोगों का जमावड़ा, भीड़भाड़

हुज़ूर–*अ०* (पु०) 1 हाकिम का दरबार या इजलास 2 हाजिर होना, सामने आना 3 सम्मान्य जन का संबोधन, श्रीमान्, ज़नाबआली

हुज़ूरी–I *अ० + फ़ा०* (वि०) हुजूर का, हुजूर संबंधी II (स्त्री०) सामीप्य, समीपता III (पु०) 1 ख़ास नौकर 2 दरबारी

हुज्जत–*अ०* (स्त्री०) 1 तर्क वितर्क और कहा सुनी 2 ज़बानी झगड़ा 3 व्यर्थ के प्रश्न तथा उन पर उठाई गई आपत्तियाँ ~**तकरार** (स्त्री०) लड़ाई झगड़ा, टंटा

हुज्जती–*अ० + फ़ा०* (वि०) 1 हुज्जत करनेवाला 2 झगड़ालू

हुड–*अं०* (पु०) 1 मोटर आदि की कमानीदार छाजन 2 सिर का ढक्कन (बरसाती कोट आदि का)

हुड़कन–(स्त्री०) वियोग का दुःख

हुड़कना–(अ० क्रि०) वियोग में दुःखी होना, तरसना

हुड़का–(पु०) = हुड़कन

हुड़काना–(स० क्रि०) 1 तड़फाना, दुःख देना 2 तरसाना

हुड़दंग–(पु०) उछल कूद और उपद्रव

हुड़दंगा–(पु०) = हुड़दंग

हुड़दंगी–(स्त्री०) हुड़दंग मचानेवाला

हुडुक्क–*सं०* (पु०) एक तरह का छोटा ढोल

हुड्डु–(वि०) 1 बेशऊर 2 मूढ़

हुत–I *सं०* (वि०) 1 आहुति के रूप में दिया हुआ 2 पूर्ण समर्पण किया गया II (पु०) हवन की वस्तु

हुतात्मा–*सं०* (पु०) अच्छे कार्य में स्वयं को बलि देनेवाला शहीद

हुदहुद–*अ०* (पु०) कठफोड़ा पक्षी

हुदहुदी–(स्त्री०) भय, डर

हुदारना–(स० क्रि०) *बो०* रस्से पर कोई वस्तु लटकाना या फैलाना

हुन–(पु०) सोने का सिक्का, स्वर्णमुद्रा

हुनना–(स० क्रि०) 1 आग में डालना 2 आहुति देना

हुनर–*फ़ा०* (पु०) 1 कला, कारीगरी 2 गुण, योग्यता, कौशल 3 चालाकी, चतुराई। ~**मंद** (वि०) कलाकुशल, निपुण; ~**मंदी** (स्त्री०) कलाकुशलता, निपुणता

हुनरा–*फ़ा० + हिं०* (पु०) कलंदर बंदर

हुब्ब–*अ०* (स्त्री०) 1 प्रेम, अनुराग 2 भक्ति और श्रद्धा 3 उत्साह, उमंग

हुमकना–(अ० क्रि०) 1 उछलना कूदना 2 पूरी ताक़त

हुमसना–(अ० क्रि०) उमंग में आना, उल्लासित होना

हुमसाना–(स० क्रि०) 1 उमंग में लाना 2 उकसाना

हुमेल–*अ०* (स्त्री०) = हमेल

हुरदंग–*बो०* (पु०) = हुड़दंग

हुरदंगा–*बो०* (पु०) = हुड़दंगा

हुरमत–*अ०* (स्त्री०) इज़्ज़त, मान, आबरू

हुर्र–(वि०) देखते देखते अदृश्य हो जानेवाला

हुर्रा–*अं०* (पु०) एक तरह की हर्षध्वनि

हुल–*सं०* (पु०) दोधारी बड़ी छुरी

हुलकना–(अ० क्रि०) वमन करना

हुलकी–(स्त्री०) 1 वमन, उल्टी 2 हैजा नाम का एक रोग

हुलसना–(अ० क्रि०) 1 अत्यंत प्रसन्न होना 2 उभरना, उमड़ना

हुलसाना–(स० क्रि०) उल्लसित करना

हुलसी–(स्त्री०) = हुलास I

हुलहुला–*बो०* (पु०) 1 अद्‌भुत बात 2 उत्पात, उपद्रव 3 झूठा आरोप 4 उत्साह, उमंग

हुला–(पु०) लाठी का अगला तथा नुकीला छोर या नोक

हुलाल–(स्त्री०) लहर, तरंग

हुलास–I (पु०) 1 उल्लास, उमंग 2 उत्साह

हुलास–II (स्त्री०) सुँघनी। ~**दानी** +*फ़ा०* + *हिं* (स्त्री०) सुँघनीदानी, सुंघनी रखने का डिब्बा

हुलिया–*अ०* (पु०) मुखाकृति और उसका रंग रूप, चेहरे की बनावट; ~**नामा** +*फ़ा०* (पु०) रूप रंग का विवरण पत्र ~**बिगड़ना** बुरी हालत होना; ~**बिगाड़ देना**, ~**बिगाड़ना** हालत खराब कर देना

हुलैया–(स्त्री०) डूबने के पहले नाव का डगमगाना

हुल्लड़–(पु०) 1 शोरगुल, कोलाहल 2 उपद्रव 3 दंगा, फ़साद। ~**बाज़ी** + *फ़ा०* (स्त्री०), ~**हपाड़ा** (पु०) शोर गुल

हुश्–(अ०) उपेक्षा, तुच्छता आदि का सूचक एक निषेधात्मक शब्द, अनुचित बात कहने से रोकने के लिए प्रयुक्त शब्द (जैसे-हुश्, ऐसा क्यों बक रहे हो)

हुश्कारना–(स० क्रि०) हुश हुश शब्द करके कुत्ते को काटने के लिए उत्तेजित करना

हुस्न–*अ०* (पु०) 1 सौंदर्य, सुंदरता, शोभा 2 उत्कर्ष सूचक गुण या बात 3 सुंदरता बढ़ानेवाली विशेष बात (जैसे-हुस्न काफ़िया)। ~**परस्त** + *फ़ा०* (वि०) सौंदर्योपासक;

~**परस्ती** + *फ़ा०* (स्त्री०) सौंदर्योपासना; ~**पसंद** + *फ़ा०* (वि०) सौंदर्यप्रेमी; ~**फ़रोश** (स्त्री०) तवायफ, वेश्या; ~**शिनास** + *फ़ा०* (वि०) हुस्नपसंद

हुस्ना–*अ०* (स्त्री०) हसीन औरत

हुस्नोइश्क–*अ०* (पु०) 1 नायक और नायिका 2 सौंदर्य और प्रेम

हुस्नोदमक–*अ०* + *फ़ा०* (स्त्री०) सौंदर्य और कांति

हूँ–I (क्रि० वि०) 1 प्रश्न के उत्तर में स्वीकृति सूचक शब्द 2 अनुमोदन, समर्थन या स्वीकृति का सूचक शब्द 3 बात सुनते समय अपनी सावधानता या सजगता को सूचित करने का शब्द II (अ० क्रि०) वर्तमान कालिक क्रिया 'है' का उत्तमपुरुष एक वचन रूप (जैसे-मैं हूँ) III (सर्व०) हौ, मैं

हूँकना–(अ० क्रि०) 1 गाय का हुड़कना 2 सिसक सिसककर रोना

हूँठ–(वि०) साढ़े तीन गुना

हूँठा–(पु०) साढ़े तीन का पहाड़ा

हूँड़–*बो०* (स्त्री०) सिंचाई आदि खेती के कामों में किसानों की आपस की सहायता

हूँस–(स्त्री०) 1 कटूक्ति करते रहने की क्रिया 2 ईर्ष्या, डाह, कुढ़न 3 बुरी नज़र या प्रभाव

हूँसना–(अ० क्रि०) 1 बुरा भला कहना 2 कोसना 3 डाह करना, ईर्ष्या करना, जलना

हूँ हाँ–(स्त्री०) हुँकारी

हू–I *सं०* (अ०) पुरानी हिंदी में अतिरेक सूचक शब्द, भी (जैसे-तुमहू, हमहू) II (पु०) 1 गीदड़ के बोलने का शब्द 2 हवा के ज़ोर से चलने से उत्पन्न शब्द

हूक–(स्त्री०) 1 पीड़ा, शूल, कसक 2 मानसिक पीड़ा 3 खटका, आशंका

हूकना–(अ० क्रि०) 1 शूल उठना 2 कसकना, सालना 3 आशंका होना

हूटिंग–*अं०* (स्त्री०) 1 चिल्लाहट 2 चिल्लाकर भगाना

हूठना–(अ० क्रि०) *बो०* 1 हटना, टलना 2 घूमना, मुड़ना

हूठा–(पु०) अँगूठा दिखाने की अशिष्ट मुद्रा, ठेंगा। ~**देना** अँगूठा दिखाना

हूड़–(वि०) 1 उजड्ड, गँवार 2 अनाड़ी, मूर्ख 3 जिद्दी, हठी

हूण–(पु०) 1 एक प्राचीन असभ्य और क्रूर मंगोल जाति 2 बहुत बड़ा उजड्ड और क्रूर व्यक्ति

हूत–*सं०* (वि०) बुलाया हुआ, आमंत्रित

हूदना–(स० क्रि०) *बो०* तोड़ना फोड़ना

हूनना–(स० क्रि०) *बो०* 1 आग में डालना 2 आग पर रखकर भूनना

हू बहू–*अ०* + *फ़ा०* + *अ०* (वि०) 1 जैसा रहा हो ठीक वैसा ही 2 बिलकुल पहले के समान, पूर्ववत्

हूर–*अ०* (स्त्री०) स्वर्ग की अप्सरा

हूरना–I (स० क्रि०) 1 ज़ोर से धक्का देना 2 ज़ोर से धँसाना II (स० क्रि०) मुक्कों से मारना III (स० क्रि०) बहुत अधिक खाना

हूरा–I (पु०) लाठी आदि का छोर

हूरा–II *बो०* (पु०) घूँसा, मुक्का। ~**हूरी** *बो०* (स्त्री०) आपस में ढकेलते हुए मारना

हूराहूरी–*सं०* (स्त्री०) दिवाली के तीसरे दिन होनेवाला एक उत्सव

हूल– (स्त्री०) 1 जोर से धँसाने की क्रिया 2 शूल, हूक 3 कोलाहल, हल्ला धूम 4 हर्ष ध्वनि 5 ललकार 6 आनंद, खुशी। ~**फूल** (स्त्री०) आनंद, प्रसन्नता

हूलना–(स० क्रि०) 1 गोदना, गड़ाना 2 शूल उत्पन्न करना

हूला–(पु०) = हूल

हूश–(वि०) अशिष्ट और असभ्य, उजड्ड

हूह–(स्त्री०) हुंकार

हू हू–(पु०) अग्नि के जलने का शब्द

हृच्छूल–*सं०* (पु०) *चि०* छाती के नीचेवाले भाग में एक तरह होनेवाला भीषण दर्द

हृतंत्री–*सं०* (स्त्री०) हृदय रूपी तंत्री या वीणा

हृत–*सं०* (वि०) 1 पहुँचाया हुआ 2 छीना हुआ 3 चुराया हुआ 4 रहित या वंचित किया हुआ (जैसे-हृत बंधु, हृत मानस)। ~**प्रतिदान** (पु०) सौंप देना, पुनः अर्पित करना; ~**प्रत्यर्पण** (पु०) संपत्ति आदि का पुनः वापस करना; ~**मन,** ~**मानस** (वि०) बेसुध, संज्ञाहीन; ~**सर्वस्व** (वि०) जिसका सर्वनाश कर दिया गया हो; ~**सर्वस्वा** (वि०) जिसका सर्वस्व हरण किया गया हो, जिसका सर्वस्व छीन लिया गया हो

हृताधिकार–*सं०* (वि०) अधिकार वंचित, पदच्युत

हृति–*सं०* (स्त्री०) 1 हरण करना 2 नाश

हृत्कंप–*सं०* (पु०) दिल की धड़कन

हृत्कंपन–*सं०* (पु०) दिल का धड़कना

हृत्तल–*सं०* (पु०) हृदय

हृत्ताप–*सं०* (पु०) हृदय का दुःख

हृत्पिंड–*सं०* (पु०) हृदय का कोश या थैली, हृदय

हृत्पीड़ा–*सं०* (स्त्री०) मन की वेदना

हृत्पेशी–*सं०* (स्त्री०) = हृदय पेशी

हृत्प्रिय–*सं०* (वि०) हृदय को प्रिय लगनेवाला

हृत्स्पंद लेख–*सं०* (पु०) = हृदय स्पंदन चित्र

हृत्स्पंद लेखी–*सं०* (पु०) कार्डियोग्राम

हृद्–*सं०* (पु०) हृदय, दिल

हृदयंगम–*सं०* (वि०) 1 मर्मस्पर्शी 2 हृदयगत 3 अच्छी तरह समझ में आया हुआ

हृदय–*सं०* (पु०) 1 वक्ष के अंदर बाँई ओर स्थित मांस का रक्त कोश, दिल 2 छाती, सीना (जैसे-माँ ने शिशु को हृदय से चिपका लिया) 3 मन, अंतःकरण 4 आत्मा 5 भीतरी रहस्य 6 अत्यंत प्यारा व्यक्ति। ~**क्षोभ** (पु०) मन की अशांति; ~**गत** (वि०) 1 हृदय में स्थित 2 आंतरिक; ~**गति** (स्त्री०) दिल की धड़कन; ~**ग्रह** (पु०) कलेजे की ऐंठन; ~**ग्राहक** (वि०) दिल को विश्वास करानेवाला; ~**ग्राही** (वि०) 1 रुचिकर 2 अभीष्ट 3 मनोहर 4 सुंदर 5 मनोरंजक; ~**ग्राह्य** (वि०) = हृदय ग्राही; ~**चित्र** (पु०) *चि०* कार्डियोग्राम पर लिया गया चित्र; ~**चोर** (पु०) हृदय की चोरी करनेवाला व्यक्ति; ~**ज्ञ** (वि०) 1 दिल की बात समझनेवाला 2 रहस्य जाननेवाला; ~**दलन** (पु०) हृदय पीड़ा; ~**दाह** (पु०) दिल की जलन; ~**देश** (पु०) हृदय का क्षेत्र; ~**दौर्बल्य** (पु०) *चि०* दिल की कमज़ोरी, दिल का कमज़ोर होना, कायरता भीरुता; ~**द्रावक** (वि०) दिल को

पिघला देनेवाला; ~**पट** (पु०) हृदय रूपी पट; ~**पिंड** (पु०) दिल; ~**पीड़ा** (स्त्री०) दिल का दर्द; ~**पूर्वक** (क्रि० वि०) मन से; ~**प्रतिरोपण** (पु०) कृत्रिम या दूसरे का हृदय स्थापित करना; ~**प्रमाथी** (वि०) 1 मन को क्षुब्ध करनेवाला 2 मन को मुग्ध करनेवाला; ~**मंथन** (पु०) हृदय को आलोड़ित करना; ~**वल्लभ** (पु०) प्राणप्रिय व्यक्ति, प्रियतम; ~**विज्ञान** (पु०) हृदय संबंधी रोगादि विषयों की जानकारी प्राप्त करनेवाला शास्त्र; ~**विदारी** (पु०) हृदय को विदीर्ण करनेवाला 2 अत्यंत दुःख देनेवाला 3 मन में अत्यधिक करुणा उत्पन्न करनेवाला; ~**वृत्ति** (स्त्री०) मन की प्रवृत्ति; ~**वेधक,** ~**वेधी** (वि०) 1 हृदय को वेधनेवाला 2 मन को व्यथित करनेवाला 3 मन को अप्रिय लगनेवाला; ~**व्यथा** (स्त्री०) मन का दुःख; ~**व्याधि** (स्त्री०) = हृद्रोग; ~**शून्य** (वि०) 1 अरसिक 2 क्रूर, निष्ठुर; ~**शूल** (पु०) हृदय में होनेवाली पीड़ा ~**संघट्ट** (पु०) हृदयातिपात, हार्ट फ़ेल्योर; ~**स्थ** (वि०) 1 हृदय में स्थित 2 शरीरस्थ (कीटाणु); ~**स्थल** (पु०), ~**स्थली** (स्त्री०), ~**स्थान** (पु०) वक्षः स्थल; ~**स्पर्शी** (वि०) 1 दिल को छूनेवाला 2 दिल पर असर करनेवाला 3 मन में करुण भाव उत्पन्न कर उसे द्रवित करनेवाला; ~**हारी** (वि०) मनोहर, मन मोहक; ~**हीन** (वि०) 1 निष्ठुर 2 अरसिक; ~**उमड़ना,** ~**भर आना** प्रेम, करुणा आदि के कारण चित्त का द्रवित होना; ~**विदीर्ण होना** 1 करुणा आदि के कारण अत्यंत कष्ट होना 2 असह्य वेदना होना; ~**से लगाना** 1 आलिंगन करना 2 आत्मीय और प्रिय बनाना

हृदयवान्–*सं०* (वि०) 1 सहृदय 2 दिलदार 3 रसिक 4 भावुक, दयालु

हृदयाकाश–*सं०* (पु०) हृदयरूपी आकाश, संपूर्ण हृदय

हृदयातिपात–*सं०* (पु०) हृदय की धड़कन का बंद हो जाना

हृदयालु–*सं०* (वि०) 1 सहृदय 2 भावुक

हृदयावरण–*सं०* (पु०) हृदय को चारों ओर घेरे रहनेवाली झिल्ली

हृदयावसाद–*सं०* (पु०) *चि०* मृत्यु के पूर्व मनुष्य की समस्त शक्तियों के क्षीण होने तथा मनुष्य के अचेत और निश्चेष्ट हो जाने की स्थिति

हृदयावसादक–*सं०* (वि०) *चि०* हृदय को निश्चेष्ट करनेवाला

हृदयावेग–*सं०* (पु०) = हृदय आवेग

हृदयिक–*सं०* (वि०) = हृदयवान्

हृदयी–*सं०* (वि०) = हृदयवान्

हृदयेश–*सं०* (पु०) = हृदयेश्वर

हृदयेशा–*सं०* (स्त्री०) = हृदयेश्वरी

हृदयेश्वर–*सं०* (पु०) 1 प्रेमपात्र, प्रियतम 2 स्त्री का पति

हृदयेश्वरी–*सं०* (स्त्री०) 1 प्रियतमा 2 पत्नी

हृदयोद्गार–*सं०* (पु०) मनोभाव, कामना इच्छा

हृदयोन्मादी–*सं०* (वि०) 1 हृदय को उन्मत्त करनेवाला 2 मन को मोहित करनेवाला

हृद्गत–*सं०* (वि०) 1 हृदय में होनेवाला, हृदय का, आंतरिक (जैसे-हृद्गत भाव) 2 मन में बैठा हुआ 3 प्रिय, प्यारा

हृद्ग्रह–*सं०* (पु०) = हृदय ग्रह

हृद्दौर्बल्य–*सं०* (पु०) = हृदय दौर्बल्य

हृद्य–*सं०* (वि०) 1 हृदय संबंधी, हृदय का 2 हृदय को अच्छा लगनेवाला, मनोहर या सुंदर 3 हृदय से उत्पन्न

हृद्रोग–*सं०* (पु०) हृदय में होनेवाला कोई रोग, हृदय की कोई बीमारी

हृद्रोध–*सं०* (पु०) = हृदयातिपात

हृद्वर्णना–*सं०* (स्त्री०) = हृदय चित्रण

हृद्यावर्णनायंत्र–*सं०* (पु०) = हृदस्पंद लेखी

हृद्व्यया–*सं०* (स्त्री०) = हृदय पीड़ा

हृल्लास–*सं०* (पु०) बार-बार वमन की इच्छा होना, मिचली, मितली

हृषि–*सं०* (स्त्री०) 1 हर्ष, आनंद 2 आभा, चमक

हृषिकेश–*सं०* (पु०) इंद्रियों का स्वामी

हृष्ट–*सं०* (वि०) प्रसन्न, हर्षित। ~**चित्त** (वि०) प्रसन्न मनवाला; ~**तुष्ट** (वि०) प्रसन्न और संतुष्ट; ~**पुष्ट** (वि०) तगड़ा, हट्टा-कट्टा

हृष्टि–*सं०* (स्त्री०) प्रसन्नता, खुशी

हेंगा–(पु०) खेत में पाटा चलाना

हें हें–(पु०) 1 धीरे-धीरे हँसने की ध्वनि 2 गिड़गिड़ाने से निकला शब्द

हे–*सं०* (अ०) संबोधन सूचक अव्यय (जैसे-हे राम)

हेकड़–(वि०) 1 उग्र और प्रचंड 2 अक्खड़ और उद्दंड 3 हट्टा-कट्टा, मोटा ताजा

हेकड़ी–(स्त्री०) 1 हेकड़ होने का भाव 2 अक्खड़पन मिश्रित उद्दंडता 3 जबरदस्ती, बल प्रयोग

हेच–*फ़ा०* (वि०) 1 तुच्छ 2 निःसार

हेचदाँ–*फ़ा०* (वि०) मूर्ख

हेठ–I (वि०) 1 नीचा, नीच 2 हीन 3 कम II (पु०) 1 बाधा, विघ्न 2 नुकसान, हानि 3 आघात, चोट

हेठा–(वि०) 1 नीचा 2 तुच्छ या हेय। ~**पन** (पु०) 1 नीचता 2 क्षुद्रता

हेठी–(स्त्री०) 1 मान हानि 2 अपमान, बेइज़्ज़ती

हेड–I *सं०* (पु०) उपेक्षा, अवमानना

हेड–II *अं०* (पु०) 1 प्रधान व्यक्ति 2 सिर। ~**आफ़िस** (पु०) प्रधान कार्यालय, मुख्यालय; ~**कांस्टेबुल** (पु०) प्रधान पुलिस सिपाही; ~**क्लर्क** (पु०) प्रधान लिपिक; ~**क्वार्टर** (पु०) सरकार या अधिकारी का प्रधान स्थान, मुख्यालय; ~**मास्टर** (पु०) प्रधानाध्यापक; ~**मास्टरनी** + *हिं०* (स्त्री०) महिला प्रधानाध्यापक; ~**लाइन** (स्त्री०) शीर्षक

हेडा–*बो०* (पु०) मांस, गोश्त

हेडिंग–*अं०* (पु०) शीर्षक

हेड़ी–(स्त्री०) 1 बेचने के लिए बाज़ार में लाया गया पशु दल 2 झुंड, समूह

हेति–*सं०* (स्त्री०) 1 अस्त्र 2 आघात 3 आग की लपट 4 सूर्यकिरण

हेतु–*सं०* (पु०) 1 कारण 2 लक्ष्य, मकसद 3 अभिप्राय, उद्देश्य 4 एकमात्र कारण, मूलकारण 5 *साहि०* कारण के साथ कार्य का भी संपन्न हो जाने का उल्लेख करने से संबंधित एक अर्थालंकार 6 तर्कशास्त्र। ~**दुष्ट** (वि०) जिसकी बात तर्कसंगत न हो; ~**युक्त** (वि०) = हेतुमान्; ~**रूपक**

(पु०) रूपक अलंकार का एक भेद जो हेतुयुक्त होता है; ~**वचन** (पु०) तर्कयुक्त बात; ~**वाद** (पु०) 1 विवाद हेतु की व्याख्या या उल्लेख 2 नास्तिकता से भरा कुतर्क 3 व्यर्थ की बहस, निष्फल वाद विवाद या कहा सुनी; ~**वादी** (वि०) 1 तार्किकी, दलील करनेवाला 2 नास्तिक; ~**विज्ञान** (पु०) हेतुकी; ~**विद्या** स्त्री० तर्क शास्त्र; ~**शास्त्र** (पु०) 1 ऐसा विज्ञान जिसमें स्मृतियों आदि का विरोध हो 2 तर्क शास्त्र; ~**शून्य** (वि०) हेतुरहित, निराधार; ~**हेतुमद्भाव** (पु०) कार्य कारण भाव, कार्य कारण संबंध; ~**हेतुमद्भूतकाल** (पु०) *व्या०* भूत काल का एक भेद जिसमें कारण रूप क्रिया का अभाव होने पर कार्य रूप क्रिया का न होना दिखलाया जाए

हेतुकी–*सं०* (स्त्री०) ऐसा शास्त्र जिसमें रोगों के निदान या पहचान का विवेचन प्राप्त होता है, निदान शास्त्र

हेतुमान्–I *सं०* (वि०) 1 जो सकारण हो 2 तर्कयुक्त 3 साधार, हेतुमूलक II (पु०) हेतु के फलस्वरूप होनेवाला कार्य

हेतूपक्षेप *सं०*, **हेतूपन्यास**–(पु०) 1 तर्क उपस्थित करना 2 कारण बताना

हेतूत्प्रेक्षा–*सं०* (स्त्री०) अर्थालंकार में उत्प्रेक्षा का एक भेद जिसमें वस्तु का वास्तविक हेतु न होने पर उसे उस वस्तु का हेतु मानकर उत्प्रेक्षा करते हैं

हेत्वाभास–*सं०* (पु०) हेतु सा आभासित होनेवाला कारण, असद् अवास्तविक हेतु के रहने पर भी वास्तविक हेतु का आभास होना, फ़ैलेसी

हेबियस कार्पस–*अं०* (पु०) बंदी प्रत्यक्षीकरण

हेमंत–*सं०* (पु०) शीत काल, जाड़े का मौसम

हेमंती–*सं०* (स्त्री०) हेमंत ऋतु

हेम–*सं०* (पु०) 1 हिम, पाला 2 स्वर्ण, सोना। ~**कांति** I (स्त्री०) 1 बन हलदी 2 आँबा हलदी II (वि०) सोने की सी चमकवाला; ~**गिरि**, ~**पर्वत** (पु०) सुमेरु पर्वत

हेमक–*सं०* (पु०) सोने का टुकड़ा, स्वर्णखंड

हेमा–*सं०* (स्त्री०) 1 सुंदर स्त्री 2 पृथ्वी

हेमाद्रि–*सं०* (पु०) सुमेरु पर्वत

हेमाभ–*सं०* (वि०) सोने जैसी चमकवाला

हेमीस्फ़ियर–*अं०* (पु०) गोलार्द्ध

हेम्य–*सं०* (वि०) 1 सोने का 2 सुनहला

हेय–*सं०* (वि०) घृणित और तुच्छ

हेरना–(स० क्रि०) *बो०* 1 तलाश करना, ढूँढ़ना 2 ढूँढ़ने के लिए इधर उधर देखना 3 ताकना, देखना 4 जाँचना, परखना। ~**फेरना** (स० क्रि०) 1 इधर उधर करना, हेर फेर करना 2 अदला बदली करना, विनिमय करना

हेर-फेर–(पु०) 1 घुमाव, चक्कर 2 चक्कर में डालनेवाली पेचीली बात 3 चालबाज़ी, दाँव पेंच 4 अंतर, फ़र्क 5 रद्दोबदल

हेरवा–*बो०* (पु०) तलाश, खोज

हेरा फेरी–(स्त्री०) इधर का उधर या उधर का इधर करना, हेर फेर

हेरियाना–(स० क्रि०) जहाज़ के अगले पालों की रस्सियाँ तानकर बाँधना

हेल–I (पु०) 1 कीचड़ 2 गोबर आदि का ढेर 3 ढेर

हेल–II (पु०) 1 अवज्ञा, उपेक्षा 2 घृणा, नफ़रत

हेलनवाद–*सं०* (पु०) यूनान की सभ्यता और जीवन दृष्टि

हेलना–I (अ० क्रि०) 1 क्रीड़ा करना 2 हँसी ठट्ठा करना 3 तुच्छ या हेय समझना 4 तिरस्कार करना 5 उपेक्षा करना

हेलना–II (अ० क्रि०) *बो०* 1 प्रवेश करना, पैठना (जैसे-घर में हेलना) 2 तैरना

हेलनीय–*सं०* (वि०) उपेक्षा या तिरस्कार करने योग्य

हेलमेल–(पु०) 1 हिलने मिलने का भाव 2 घनिष्ठ और आत्मीय संबंध स्थापित करना 3 परिचय बढ़ने पर होनेवाला संग साथ

हेलया–*सं०* (अ०) 1 खिलवाड़ के रूप में 2 अत्यंत सहज रूप में

हेला–I *सं०* (स्त्री०) 1 तिरस्कार, अवज्ञा 2 अपमान 3 प्रेमपूर्ण क्रीड़ा 4 *साहि०* नायिका की शृंगारिक भावनाओं को व्यक्त करनेवाली सभी चेष्टाएँ 5 *साहि०* आँखें या भौहें नचाकर प्रिय से मिलने की इच्छा को धृष्टता पूर्वक तथा स्पष्ट रूप से व्यक्त करने का नायिका का एक हाव भाव II अत्यंत सहज रूप में

हेला–III (पु०) 1 पुकार, हाँक 2 धावा, चढ़ाई

हेला–IV (पु०) धक्का, रेला

हेला–V खेप, बारी

हेला–VI (पु०) भंगी, मेहतर

हेलाकाप्टर–*अं०* (पु०) = हेलिकाप्टर

हेलाल–*अ०* (पु०) = हिलाल

हेलीकाप्टर–*अं०* (पु०) एक छोटा विमान जिसका पंख ऊपर होता है

हेली–(स्त्री०) सखी, सहेली

हेलिन–(स्त्री०) हेला जाति की स्त्री, मेहतरानी

हेलीकाप्टर–*अं०* (पु०) = हेलिकाप्टर

हेलीमेली–I (पु०) संगी साथी II (वि०) जिससे आपसदारी का संग साथ हो

हेलमेट–*अं०* (पु०) शिरस्त्राण टोप

हेसनेस–*फ़ा०* (पु०) दुविधा की स्थिति

हैं–I (अ०) हिंदी की 'होना' के वर्तमान कालिक कृदंत 'है' का विकारी बहुवचन रूप II (अ०) 1 आश्चर्य, असम्मति आदि का सूचक एक अव्यय (जैसे-हैं! यह क्या हो गया) 2 अस्वीकृति, निषेधसूचक शब्द

हैंकड़ी–(स्त्री०) = हेकड़ी

हैंगर–I *अं०* (पु०) कपड़े लटकाने का फ्रेम

हैंगर–II *अं०* (पु०) विमानशाला, विमानाश्रय

हैंगुल–*सं०* (वि०) ईंगुर का

हैंड कंपोज़िंग–*अं०* (स्त्री०) हाथ से टाइप बैठाना

हैंड ग्रेनेड–*अं०* (पु०) हथगोला

हैंडपंप–*अं०* (पु०) हाथ से चलाया जानेवाला नल

हैंडबाल–*अं०* (पु०) खेल में गेंद का हाथ से छू जाना

हैंडबिल–*अं०* (पु०) परचा, इश्तहार

हैंडबुक–*अं०* (स्त्री०) गुटका

हैंडबैग–*अं०* (पु०) दस्ती थैला

हैंडल–*अं०* (पु०) = हैंडिल

हैंडलिस्ट–*अं०* (स्त्री०) दस्ती सूची

हैंडलूम–*अं०* (पु०) हथकरघा

हैंडिकैप–*अं०* (पु०) असुविधा, अड़चन

हैंडिल–*अं०* (पु०) दस्ता, हत्था
हैकड़–(वि०) = हेकड़
हैकल–(स्त्री०) चौकोर या पान के से दानों की गले में पहनने की एक तरह की माला, हुमेल
हैज़ा–*अ०* (पु०) एक संक्रामक रोग, कालरा, विसूचिका
हैट–*अं०* (पु०) टोप
हैटट्रिक–*अं०* (पु०) 1 एक ओवर में लगातार तीन विकेट लेना 2 लगातार तीन गोल करना
हैड–*अं०* (पु०) 1 प्रधान अधिकारी या व्यक्ति 2 सिर। ~**आफ़िस** (पु०) = प्रधान कार्यालय; ~**कांस्टबिल** (पु०) = प्रधान सिपाही; ~**कलर्क** (पु०) = प्रधान लिपिक; ~**क्वार्टर** (पु०) = प्रधान कार्यालय; ~**मास्टर** (पु०) = प्रधान अध्यापक
हैडिंग–*अं०* (वि०) = हेडिंग, शीर्षक
हैतुक–I *सं०* (वि०) 1 उद्देश्य से किया जानेवाला 2 अवलंबित या आश्रित II (पु०) 1 तार्किक 2 कुतर्की 3 नास्तिक 4 मीमांसा दर्शन का अनुयायी या समर्थक
हैदर–*अ०* (पु०) शेर
हैफ़–*अ०* (क्रि० वि०) अफ़सोस, हाय
हैबत–*अ०* (स्त्री०) 1 भय, त्रास 2 आतंक। ~**नाक** *+ फ़ा०* (वि०) भयानक, डरावना
हैमंत, हैमंतिक–I *सं०* (वि०) 1 हेमंत संबंधी 2 हेमंत ऋतु में उत्पन्न होनेवाला II (पु०) हेमंत ऋतु
हैम–I *सं०* (वि०) = हेम्य
हैम–II *सं०* (वि०) 1 हिम संबंधी, हिम का 2 हेमंत ऋतु से संबंधित
हैमर–*अं०* (पु०) हथौड़ा
हैमवत–I *सं०* (वि०) 1 हिमालय का, हिमालय संबंधी 2 हिमालय पर रहने या होनेवाला II (पु०) हिमालय का निवासी
हैमवतिक–*सं०* (वि०) हिमालय पर्वत पर निवास करनेवाला
हैमाटाइट–*अं०* (पु०) = हेमाटाइट
हैरण्यिक–*सं०* (पु०) सुनार, स्वर्णकार
हैरत–*अ०* (स्त्री०) आश्चर्य, अचरज। ~**अंगेज़** *+ फ़ा०* (वि०) विस्मयजनक; ~**ज़दा** *+ फ़ा०* (वि०) चकित, भौचक्का
हैरान–*अ०* (वि०) 1 चकित 2 हतबुद्धि, भौचक्का 3 परेशान
हैरानी–*अ० + फ़ा०* (स्त्री०) 1 परेशानी 2 विस्मय 3 हैरान होने का भाव
हैरिंग–*अं०* (पु०) हिलसा मछली
हैलीकाप्टर–*अं०* (पु०) = हैलिकाप्टर
हैलो–*अं०* (अ०) शुभकामना सूचक संबोधन
हैवान–*अ०* (पु०) 1 पशु, जानवर 2 अत्यंत उजड्ड या गंवार आदमी
हैवानियत–*अ०* (स्त्री०) 1 हैवान होने का भाव, पशुत्व 2 पशुओं का सा क्रूर आचरण
हैवानी–*अं०* (वि०) पशु संबंधी 2 पशुओं का सा
हैस बैस–*अ०* (स्त्री०) 1 लड़ाई झगड़ा 2 व्यर्थ का तर्क वितर्क या विवाद
हैसियत–*अ०* (स्त्री०) 1 रंग ढंग, तौर तरीका 2 शक्ति या सामर्थ्यसूचक योग्यता 3 सामाजिक मान मर्यादा, इज़्ज़त, प्रतिष्ठा 4 आर्थिक, सामाजिक आदि दृष्टियों से योग्यता सूचक स्थिति
है है–(अ०) हाय, अफ़सोस
होंकरना–(अ० क्रि०) = हुंकारना
होंठ–(पु०) मुँह के बाहर का ऊपर या नीचे का भाग, ओष्ठ। ~**काटना**, ~**चबाना** क्रोध, शोक आदि के आवेश में दाँतों से होंठ को काटना; ~**चाटना** 1 अधिक खाने की इच्छा करना 2 स्वाद याद आना; ~**चिपकाना** मनचाही वस्तु का नाम सुनते ही उसे प्रप्त करने की प्रबल इच्छा होना; ~**चूसना** अधर पान करना; ~**मिलाना** चुंबन करना; ~**सी लेना** मौन हो जाना; ~**हिलाना** 1 बोलना 2 धीरे से कुछ कहना; **होठों छठी का दूध याद आना** बहुत बड़ी मुसीबत में पड़ना
होंठल–(वि०) बड़े और मोटे होंठवाला
होंठी–*बो०* (स्त्री०) किनारा, कोर
हो–I (अ० क्रि०) 1 'होना' का संभावना सूचक रूप (अन्य पुरुष, एक वचन का) 2 ब्रज भाषा में 'होना' का सामान्य भूत 'था' II (अ०) जोर से पुकारने का संबोधन सूचक शब्द
होज़ियरी, होज़्यरी–*अं०* (स्त्री०) बुनाई के कपड़े
होटल–*अं०* (पु०) आधुनिक ढंग का विश्राम स्थान
होड़–(स्त्री०) 1 शर्त बाज़ी 2 प्रतिस्पर्द्धा 3 जिद्द, हठ
होड़ा–*सं०* (पु०) 1 चोर 2 लुटेरा 3 डाकू
होड़ाहोड़ी–(स्त्री०) 1 एक दूसरे से आगे बढ़ जाने का प्रयत्न, प्रतिस्पर्धा 2 बाज़ी, शर्त
होत–*बो०* (स्त्री०) 1 होने की अवस्था, अस्तित्व 2 संपन्नता 3 समाई, सामर्थ्य
होतब–(पु०) भावी, होनहार
होतव्यता–*सं०* (स्त्री०) भवितव्यता, होनी
होता–*सं०* (पु०) 1 यज्ञ में आहुति देनेवाला 2 यज्ञ करानेवाला, पुरोहित
होता सोता–(वि०) निकट का संबंधी
होते सोते–(अ०) वर्तमान रहते हुए
होत्र–*सं०* (पु०) 1 हवि 2 होम 3 हवन की सामग्री
होत्रक–*सं०* (पु०) होता का सहायक
होत्री–*सं०* (पु०) = होता
होत्रीय–*सं०* (वि०) होता से संबंधित, होता का
होनहार–(वि०) 1 अच्छे लक्षणोंवाला, उदीयमान 2 भावी, होनी
होना–(अ० क्रि०) 1 एक बहुत प्रचलित और प्रसिद्ध क्रिया जिसका 'करना' क्रिया के अकर्मक रूप में व्यवहार होता है 2 अस्तित्व में आना (जैसे-दिन के बाद रात होना) 3 क्रिया व्यापार का समाप्ति पर आना (जैसे-पुस्तक का छपकर प्रकाशित होना) 4 वास्तविक रूप सामने आना (जैसे-पराधीन देश का स्वतंत्र होना, परस्पर मारपीट होना) 5 नियमित रूप में जारी रहना (जैसे -पानी बरसता है, हवा चलती है) 6 विद्यमान रहना (जैसे-मेरे पास अनेक साहित्यिक किताबें हैं, 'मेरे लिए उनका होना और न होना दोनों बराबर है) 7 दिखाई देना, सामने आना (जैसे-घर में बच्चों का जन्म होना, फ़सल पककर तैयार होना) 8 अवस्था, रूप आदि में परिवर्तन होना (जैसे-लड़का तो अब जवान हो चला है) 9 परिणाम

निकलना (जैसे-दवा से रोगी को लाभ होना) 10 विशेष दशा आना या पहुँचना (जैसे-स्त्री का गर्भवती होना, हिंदू का मुसलमान होना)। ~**होवाना** (अ० क्रि०) कुछ घटित होना; **जो हुआ सो हुआ** 1 बीते हुए की चिंता करने की आवश्यकता नहीं 2 अशुभ या अनुचित कार्य को पुनः कदापि न करना; **तो क्या हुआ** जाने दो कोई परवाह नहीं; **हो आना** 1 कहीं जाकर लौट आना 2 मुलाक़ात करने जाना; **होकर** समीप से, पास से; **होकर रहना** अवश्य घटित होना; **हो गुज़रना** 1 घटना का घटित होना 2 समाप्त होना; **हो चलना** समाप्ति के निकट आना; **हो चुकना** 1 समाप्त हो जाना 2 मर जाना 3 हद हो जाना; **हो चुका** 1 असंभव 2 कभी नहीं होगा 3 नहीं हो सकता; **हो जाना** 1 काम बन जाना 2 मिलकर चले जाना 3 मर जाना 4 मारपीट हो जाना 5 किसी लायक हो जाना 6 भूत प्रेत का प्रभाव पड़ जाना; **हो न हो** कौन जाने; **(किसी का) होना** किसी का प्रिय, प्रेमी या विश्वासपात्र होना; **(लाखों में एक) होना** अत्यंत उच्च कोटि का होना; **होने का** होनेवाला (जैसे-यह काम मुझसे नहीं होने का); **होने लगना** कार्य का आरंभ होना; **हो पड़ना** 1 अकस्मात् कुछ घटित हो जाना 2 अचानक झगड़ा तकरार हो जाना; **(किसी का) हो रहना** किसी का प्रेमी हो जाना; **हो सो हो** चाहे जो कुछ हो

होनी–(स्त्री०) 1 होनहार 2 भवितव्यता

होम–*सं०* (पु०) हवन। ~**कर्म**, ~**कल्प** (पु०) यज्ञ संबंधी कर्तव्य या विधियाँ; ~**कुंड** (पु०) हवन करने के लिए बना कुंड; ~**करते हाथ जलना** उपकार करते अपकार होना; ~**कर देना**, ~**करना** 1 बलिदान करना 2 जलाकर नष्ट करना, बर्बाद करना

होमक–*सं०* (पु०) = होता

होम ग्राउंड–*अं०* (पु०) अपने देश में खेल का मैदान

होमना–(स० क्रि०) 1 हवन करना 2 परित्याग करना 3 बर्बाद करना

होमियोपैथ–*अं०* (पु०) होमियोपैथी का डॉक्टर

होमियोपैथी–*अं०* (स्त्री०) रोग के लक्षणों के अनुरूप दवा देने की चिकित्सा विधि

होमीय–*सं०* (वि०) = होम्य

होम्य–*सं०* (वि०) 1 होम संबंधी, होम का 2 होम किया हुआ

होरसा–(पु०) पत्थर का चौका

होरहा–(पु०) 1 चने का छोटा पौधा, होरा 2 चने का ताजा दाना 3 चने का ताजा और भुना हुआ दाना

होरा–(पु०) घंटा

होरिल–*बो०* (पु०) 1 नवजात शिशु 2 शिशु

होरी–I *बो०* (स्त्री०) होली

होरी–II *बो०* (स्त्री०) एक तरह की बड़ी नाव

होलक–*सं०* (पु०) होरा, होरहा

होलड़–(पु०) नवजात शिशु

होलडाल–*अं०* (पु०) = होल्डाल

होलसेल–*अं०* (पु०) थोक। ~**स्टाकिस्ट** (पु०) थोक संग्रहक

होला–I (पु०) होली का त्योहार

होला–II (पु०) 1 आग में भूनी गई चने, मटर आदि की फलियाँ 2 चने, मटर आदि के भूने फलियों से निकले दाने

होलाष्टक–*सं०* (पु०) होली के शुरू के आठ दिन

होलिका–*सं०* (स्त्री०) 1 होली का त्योहार 2 होली में जलाई जानेवाली लकड़ियों का ढेर। ~**दहन** (पु०) होली जलाना ~**दाह** (पु०) होली जलाना

होलिकोत्सव–*सं०* (पु०) होली का त्योहार

होलिहार–(पु०) हुड़दंग मचाकर होली खेलनेवाला

होली–(स्त्री०) 1 फाल्गुन की पूर्णिमा में होनेवाला हिंदुओं का एक प्रसिद्ध त्योहार 2 होली की एक रात पहले जलाया जानेवाला लकड़ियों का ढेर (जैसे-होली जलाई गई) 3 इस त्योहार पर गाया जानेवाला गीत 4 व्यर्थ में किया जानेवाला व्यय (जैसे-बातों बात में हज़ारों रुपए की होली हो गई) 5 अनावश्यक या अनिष्टकारक वस्तुओं को सार्वजनिक रूप से जलाना (जैसे-विलायती सामानों की होली)। ~**का भडुआ** बेढंगा और भद्दा पुतला; ~**खेलना** हास परिहास से होली का त्योहार मनाना **होला**– (पु०) भुने या उबले चने

होल्डर–*अं०* (पु०) 1 लकड़ी आदि का बना एक अंग्रेज़ी कलम 2 बिजली का बल्ब लटकाने का एक उपकरण

होल्डाल–*अं०* (पु०) यात्रा के समय बिस्तर रखने का एक लंबा थैला, बिस्तर बंद

होश–*फ़ा०* (पु०) 1 चेतना, सुधबुध 2 स्मरण 3 अक़्ल, बुद्धि, समझ 4 संज्ञा, चेतना। ~**मंद** (वि०) बुद्धिमान, समझदार; ~**मंदी** (स्त्री०) बुद्धिमानी, समझदारी; ~**हवास** +*अ०* (पु०) सुधबुध; ~**आना** 1 समझ आना, अक़्ल आना आपे में आना 3 याद आना, ख़्याल आना; ~**उड़ जाना**, ~**उड़ना**, ~**उड़ा** 1 बदहोश हो जाना, घबड़ा जाना 2 आश्चर्य चकित हो जाना 3 अक़्ल खोना; ~**काफ़ूर होना** दे० होश उड़ जाना; ~**जाता रहना**, ~**जाना** दे० होश उड़ जाना; ~**ठिकाने रहना** होश हवास दुरुस्त रहना; ~**ठिकाने होना** अक़्ल ठीक होना; ~**दिलाना** याद कराना; ~**न रहना** 1 ख़बर न रहना 2 बेहोश हो जाना; ~**न होना** होश हवास दुरुस्त न रहना; ~**में आना** 1 ज्ञान प्राप्त करना 2 तमीज़ सीखना, व्यवहार सीखना 3 आपे में आना; ~**रखना** बुद्धिमान् होना; ~**सँभालना** 1 सयाना होना, बड़ा होना 2 आचार व्यवहार सीखना; ~**से बाहर होना** चेतनाहीन होना; ~**हवा होना**, ~**हिरन होना** दे० होश उड़ जाना; ~**होना** 1 अक़्ल होना 2 होश हवास दुरुस्त होना 3 सयाना होना

होशियार–*फ़ा०* (वि०) 1 सावधान, ख़बरदार 2 अक़्लमंद, बुद्धिमान् 3 कुशल, दक्ष

होशियारी–*फ़ा०* (स्त्री०) 1 सावधानी 2 चालाकी 3 बुद्धिमानी 4 दक्षता, प्रवीणता

होस्टल–*अं०* (पु०) छात्रावास

होस्टेस–*अं०* (स्त्री०) परिचारिका

हो हल्ला–(पु०) शोरगुल, भगदड़

हो हो–(अ०) पशुओं को हड़काने का शब्द

हौंकना–(अ० क्रि०) 1 हुंकार करना, गरजना 2 हाँफना 3 पंखे आदि से हवा करना

हौआ–(पु०) 1 असाधारण और डरावनी वस्तु 2 एक कल्पित वस्तु, भकाँऊ 3 हौवा

हौका–(पु०) हाय

हौज़–*अ०* (पु०) 1 कुंड 2 चहबच्चा 3 नाँद
हौज़ा–*अ०* (पु०) हाथी का हौदा
हौत्रिक–*सं०* (वि०) होता के कार्य से संबंधित
हौद–*अ०* (पु०) = हौज़
हौदा–I *अ०* (पु०) = हौज़ा
हौदा–II *अ०* (पु०) = हौज़
हौदी–*अ०+हिं* (स्त्री०) छोटा हौज़
हौरा–*बो०* (पु०) = हो हल्ला
हौल–*अ०* (पु०) डर, भय। ~**दिल** *+फ़ा०* (वि०) 1 डरा हुआ 2 व्यग्र, व्याकुल; ~**दिला** *+ फ़ा० +हिं०* (वि०) डरपोक; ~**नाक** *+फ़ा०* (वि०) भयंकर, खौफनाक
हौल खौल, हौलजौल–*फ़ा०+हिं०* (स्त्री०) 1 जल्दी, शीघ्रता 2 हड़बड़ी
हौला जौली–*फ़ा०+हिं०* (स्त्री०) 1 जल्दी 2 हड़बड़ी
हौली–(स्त्री०) कलवरिया, मदिरालय
हौलू–*अ०+हिं० बो०* (वि०) हौलदिला
हौले हौले–(क्रि० वि०) 1 धीरे, आहिस्ता 2 मंद गति से
हौवा–I (पु०) = हौआ
हौवा–II *अ०* (स्त्री०) 1 आदम की पत्नी (इसलाम) 2 ईसाई यहूदी धर्म के अनुसार मानव जाति की माता (ईव)
हौस–*अ०* (स्त्री०) 1 उत्कंठा, प्रबल इच्छा 2 मन की तरंग या तरंग 3 हवस, हौसला। ~**निकालना** अरमान पूरा करना।
हौसला–*अ०* (पु०) 1 साहस, हिम्मत, उत्साह 2 सामर्थ्य 3 लालसा। ~**अफ़ज़ा** *+फ़ा०* (वि०) धीरज बढ़ानेवाला; ~**मंद** *+फ़ा०* (वि०) हौसलेवाला, उत्साही; ~**निकालना** अरमान पूरा करना, हवस निकालना; ~**पस्त होना** जोश ठंडा पड़ना, हिम्मत छूट जाना
ह्यूमस–*अं०* (पु०) खाद मिट्टी
ह्रद–*सं०* (पु०) 1 गहरा जलाशय 2 गहरी झील
ह्रदिनी–*सं०* (स्त्री०) नदी, सरिता
ह्रसित–*सं०* (वि०) संक्षिप्त किया हुआ
ह्रस्व–I *सं०* (वि०) छोटा, लघु 2 (स्वर) जो खींचकर न बोला जाता हो **II** (पु०) *व्या०* स्वरों के दो भेदों में से एक (जैसे-अ, इ, उ और ऋ)। ~**कपाल** (पु०) छोटी खोपड़ी; ~**ता** (स्त्री०) ह्रस्व होने का भाव; ~**मात्रिक** (पु०) छोटी इकाई
ह्रस्वीकरण–*सं०* (पु०) छोटा बनाना
ह्रस्वीभूत–*सं०* (वि०) छोटा किया हुआ
ह्रास–*सं०* (पु०) 1 क्षय, क्षीणता 2 अभाव, कमी। ~**कालीन** (वि०) क्षति या गिरावट के समय का
ह्रासन–*सं०* (पु०) क्षीण करना
ह्रासनीय–*सं०* (वि०) ह्रास के योग्य
ह्रासोन्मुख–*सं०* (वि०) घटती की ओर बढ़ता हुआ
ह्री–*सं०* (स्त्री०) लज्जा, शर्म
ह्रीत–*सं०* (वि०) लज्जित, शर्माया
ह्लाद–*सं०* (पु०) प्रसन्नता, आनंद
ह्लादक–*सं०* (वि०) प्रसन्न करनेवाला
ह्लादन–*सं०* (पु०) प्रसन्न करना
ह्लादित–*सं०* (वि०) प्रसन्न
ह्लादिनी–I *सं०* (स्त्री०) प्रसन्न करनेवाली स्त्री **II** (वि०) प्रसन्न करनेवाली
ह्लादी–*सं०* (वि०) प्रसन्न करनेवाला
ह्वाइट पेपर–*अं०* (पु०) सरकारी रिपोर्ट
ह्विस्की–*अं०* (स्त्री०) विलायती शराब
ह्वील–*अं०* (स्त्री०) चक्र, चक्का
ह्वेल–*अं०* (स्त्री०) एक प्रसिद्ध समुद्री स्तनपायी जीव

परिशिष्ट-1

हिन्दी में अंग्रेज़ी से आगत शब्द

यहां अंग्रेज़ी के उन शब्दों की सूची दी जा रही है जो अब हिन्दी की भी सम्पत्ति हैं। इस सूची में अंग्रेज़ी शब्दों का उच्चारण वही दिया गया है जो आमतौर पर प्रचलित है। कुछ शब्दों का उच्चारण और उनकी वर्तनी अभी पूर्णतया निश्चित नहीं हो पायी। ऐसे शब्दों की वर्तनी दो प्रकार से भी देनी पड़ी है।

अ

अंकल–uncle चाचा, ताया (ताऊ), मामा, फूफा, कोई आदरणीय व्यक्ति
अंडर–under नीचे, अधीन, अवर, कम, न्यून
अंडर ग्राउंड–underground भूमिगत, अंतर्भौम
अंडरग्रेजुएट–undergraduate पूर्वस्नातक
अंडरलाइन–underline रेखांकित करना
अंडरवियर–underwear अंतरीय, अन्तर्वस्त्र
अकाउंट–account लेखा, हिसाब
अकाउंट बुक–account-book लेखा-बही
अकाउंटेंट–accountant लेखापाल, लेखाकार
अकाडमी–academy अकादमी, विद्यापीठ
अक्तूबर–October अंग्रेजी साल का दसवाँ महीना
अगस्त–August अंग्रेजी साल का आठवाँ महीना
अजेंडा–agenda कार्यसूची
अटार्नी–attorney न्यायवादी
अटेंड–attend उपस्थित होना, शामिल होना
अटेन्शन–attention ध्यान, सावधान!
अटेस्ट–attest अनुप्रमाणित करना, साक्ष्यांकन करना, सत्यापित करना
अटैक–attack आक्रमण
अटैच्ड–attached संलग्न
अथारिटि–authority प्राधिकार, प्राधिकरण, सत्ता
अनफ़ेयर–unfair अनुचित
अनाउंसर–announcer उद्घोषक
अनार्की–anarchy अराजकता
अप–up ऊपर, ऊपरी
अप टू डेट–up to date आधुनिक, अद्यतन
अपट्रेन–up train ऊपरी सतह को जानेवाली गाड़ी
अपर–upper ऊपरी
अपसेट–upset परेशान, विकल, अस्त-व्यस्त
अपील–appeal प्रार्थना, पुनर्विचार
अपेंडिसाइटिस–appendicitis आंत्रशोथ
अपोज़िट–opposite प्रतिपक्ष, प्रतिमुख, विपरीत
अपोज़िशन–opposition विपक्ष, विरोधी दल
अप्रेंटिस–apprentice शिक्षु, नौसिखुआ
अप्रेंटिसशिप–apprenticeship शिक्षुता, नौसिखुआपन
अप्रोच–approach पहुँच, अभिगम
अप्लाई–apply लगाना, प्रार्थना पत्र देना
अप्लीकेशन–application प्रार्थना-पत्र
अप्वाइंट–appoint लगाना, नियुक्त करना
अप्वाइंटमेंट–appointment नियुक्ति
अफ़सर–officer अधिकारी
अमेंडमेंट–amendment संशोधन
अमोनिया–ammonia एक रंगहीन तेज़ गैस
अम्पायर–umpire मध्यस्थ
अरजेंट–urgent अत्यावश्यक
अरदली–orderly चपरासी
अरारोट–arrowroot एक अमरीकी पौधे का पौष्टिक आटा, तीखुर
अरिथमेटिक–arithmetic अंकगणित
अरिस्टोक्रैट–aristocrat अभिजात
अरेस्ट–arrest गिरफ़्तार करना, पकड़ना
अर्दली–orderly दे० अरदली
अलकोहल–alcohol मद्यसार
अलजेबरा–algebra बीज़गणित

अलाउंस–allowance भत्ता
अलाट–allot आवंटित
अलाटमेंट–allotment आवंटन
अलार्म–alarm खतरे की घंटी, चेतावनी
अल्टीमेटम–ultimatum अंतिम चेतावनी
अल्ट्रावायलेट–ultraviolet पराबैंगनी
अल्बम–album चित्राधार, चित्रसंग्रह
अल्युमीनियम–aluminium अलमूनिअम
अल्सर–ulcer व्रण, नासूर
अवायड–avoid दूर रहना, बचना, टालना
अवार्ड–award अधिनिर्णय, पुरस्कार
असिस्टेंट–assistant सहायक
असेंबली–assembly सभा, विधान सभा
असेस्मेंट–assessment (कर) निर्धारण
अस्थमा–asthma दमा
अस्पताल–hospital चिकित्सालय

आ

आंट, आंटी–aunt, auntie चाची, ताई, बुआ, मौसी, आदरणीय महिला
आइ० ए० एस०–I. A. S. भारतीय प्रशासनिक सेवा **(Indian Administrative Service)**
आइटम–item मद, विषय
आइडियल–ideal आदर्श
आइडियालॉजी–ideology विचारधारा
आइडेंटिटी–identity पहचान
आइडेंटिटीकार्ड–identity card पहचान पत्र
आइसक्रीम–ice-cream मलाईबरफ़
आइसबर्ग–iceberg हिमशैल
आइसबैग–icebag बर्फ़वाली थैली
आउंस–ounce ढाई तोला (वज़न)
आउट–out बाहर निकालना, मात करना, हटाना
आउट आफ़ डेट–out-of-date प्रयोग बाहर, अप्रचलित
आउट-डोर–outdoor बहिरंग
आउटपुट–output उत्पादन, प्रतिफल
आउटपोस्ट–outpost सीमा चौकी
आउटफिट–outfit सज्जा, उपकरण
आउटले–outlay परिव्यय, प्रारूप
आक्युपेशन–occupation पेशा, व्यवसाय, धंधा
आक्शन–auction नीलाम
आक्सीजन–oxygen प्राणवायु
आटोग्राफ–autograph स्वाक्षर
आटोमैटिक–automatic स्वचालित
आटोरिक्शा–autorickshaw मोटररिक्शा
ऑडिटर–auditor लेखापरीक्षक
आनरेरी मजिस्ट्रेट–honorary magistrate अवैतनिक दण्डाधिकारी
आपटीशियन–optician दृष्टि विज्ञानी, चश्मेवाला
आपरेट–operate चलाना, प्रचालन करना
आपरेटर–operator प्रचालक
आपरेटस–apparatus उपकरण
आपरेशन–operation चीर-फाड़
आपरेशन थियेटर–operation theatre शल्यशाला
आपेरा–opera गीतनाट्य, नृत्य
आप्ट–opt चुनना, वरण करना
आप्शन–option विकल्प, चुनाव
आफ़–off बुझाना, समाप्त
आफ़ डे–off day खाली दिन, अवकाश
आफ़र–offer अर्पण करना, पेशकश करना; भेंट, प्रस्ताव, पेशकश
आफ़िशियल–official सरकारी, आधिकारिक
आफ़िशियेटिंग–officiating स्थानापन्न
आफ़िस–office कार्यालय, दफ़्तर
आफ़िसर–officer अधिकारी
आफ़सेट–offset प्रतिचित्रित मुद्रण
आफ़्टर नून–afternoon अपराह्न, बाद दोपहर
आबज़र्व–observe पर्यवेक्षण करना, ध्यान से देखना
आबज़र्वर–observer पर्यवेक्षक
आबजेक्शन–objection आपत्ति, एतराज
आबलीगेशन–obligation एहसान, आभार
आमलेट–omelet, omelette अंडे का चीला
आयरन–iron लोहा, इस्तरी, प्रेस
आयल पेंटिंग–oil painting तैल-चित्र
आर्केस्ट्रा–orchestra वाद्यवृंद
आर्गन–organ मुँह का बाजा
आर्गनाइज़–organize संगठित करना
आर्गनाइज़ेशन–organization संगठन
आर्ट–art कला
आर्ट गैलरी–art gallery कलावीथी
आर्ट पेपर–art paper विशेष किस्म का बढ़िया काग़ज़
आर्टिकल–article लेख
आर्टिलरी–artillery तोपखाना
आर्टिस्ट–artist कलाकार
आर्डर–order आज्ञा, आदेश
आर्डिनेंस–ordinance अध्यादेश
ऑर्थोपीड्क्स–orthopedics विकलांग विद्या
आर्मचेयर–armchair बाँहवाली कुर्सी
आर्मी–army सेना, फ़ौज
आर्मडफ़ोर्स–armed force सशस्त्र बल
आलराइट–alright बहुत अच्छा, सब ठीक

इ

इंकपॉट–ink-pot दवात
इंक्रीमेंट–increment वेतनवृद्धि
इंग्लिश -English अंग्रेज़ी
इंच–inch ढाई सेंटीमीटर की नाप
इंचार्ज–incharge प्रभारी
इंची टेप–inch-tape इंचों के निशानवाला फीता
इंजन–engine इंजन
इंजनियर–engineer अभियंता
इंटर–inter, intermediate माध्यमिक
इंटरवल–interval मध्यावकाश, मध्यांतर, मध्यांतराल
इंटरव्यू–interview साक्षात्कार
इंस्पेक्टर–inspector निरीक्षक
इकनामिक्स–economics अर्थशास्त्र
इगज़ैमिनेशन–examination परीक्षा
इटैलिक–italic तिरछा (टाइप)
इनकम टैक्स–income tax आयकर
इनविटेशन–invitation निमंत्रण, आमंत्रण
इनामिल–enamel तामचीनी, लेप
इनिशियल–initial आदि; आद्याक्षर
इन्कम–income आय, आमदनी
इनक्वायरी–enquiry, inquiry पूछ-ताछ
इन्टरेस्ट–interest दिलचस्पी, रुचि; ब्याज
इन्डैक्स–index अनुक्रमणिका
इन्फैन्ट्री–infantry पैदल सेना
इन्फ्लुएन्ज़ा–influenza प्रतिश्याय, फ़्लू
इन्फ़्लुएन्स–influence प्रभाव
इन्वायस–invoice बीजक
इन्शोरेंस–insurance बीमा
इन्साइक्लोपीडिया–encyclopedia विश्वकोष
इन्स्टीट्यूट–institute संस्थान
इन्स्टीट्यूशन–institution संस्था
इन्सट्रक्शन–instruction अनुदेश, हिदायत
इमर्जेंसी–emergency आपात्काल, आपातस्थिति
इम्पार्टेंट–important आवश्यक, महत्वपूर्ण
इम्पोर्ट–import आयात
इलास्टिक–elastic लचीला; लचीली पट्टी
इलैक्ट्रिक–electric विद्युत, बिजली का
इलैक्ट्रिसिटी–electricity बिजली, विद्युत
इलैक्ट्रीशियन–electrician बिजली मिस्त्री
इल्लीगल–illegal अवैध
इशू–issue संतान; विचारवस्तु, वाद विषय
इस्टेट–estate जागीर, सम्पदा

ई

ईज़ी–easy आसान, सरल
ईज़ीचेयर–easy chair आरामकुर्सी
ईथर–ether उड़न स्पिरिट
ईयर फ़ोन–earphone आकर्णक यंत्र

उ

उब्लाइज–oblige आभारी करना, एहसान करना

ए

एअर कन्डीशंड–air-conditioned वातानुकूलित
एअर कन्डीशनिंग–air-conditioning वातानुकूलन
एअर फ़ोर्स–airforce वायुसेना
एअर मेल–air mail हवाईडाक
एअर लाइन्स –airlines विमान सेवा
एअरोड्रम–aerodrome विमानक्षेत्र, हवाई अड्डा
एअरोप्लेन–aeroplane हवाई जहाज़, वायुयान
एकड़–acre 4840 वर्गगज़ का क्षेत्रफल
एकामोडेशन–accommodation जगह, स्थान; आवास
एक्टर–actor अभिनेता
एक्टिंग–acting अभिनय; कार्यकारी
एक्ट्रेस–actress अभिनेत्री
एक्रोबैट–acrobat कलाबाज़
एक्सकर्शन–excursion सैर; भ्रमण
एक्सचेंज–exchange विनिमय
एक्सपर्ट–expert विशेषज्ञ; प्रवीण
एक्सपीरियंस–experience अनुभव
एक्सपोर्ट–export निर्यात
एक्सप्रेस–express द्रुतगामी, तेज़
एक्सरसाइज़–exercise अभ्यास, व्यायाम
एक्सरे–X-ray क्ष-किरण
एक्सल–axle धुरा
एक्साइज़–excise आबकारी, उत्पादन-शुल्क

एक्सीडेंट–accident दुर्घटना
एटसेटरा–etcetra आदि, इत्यादि
एग्ज़ास्ट फ़ैन–exhaust fan निर्वातक पंखा
एग्ज़ीक्यूटिव–executive कार्यकारी, कार्यकारिणी; कार्यपालिका
एग्ज़ीक्यूटिव कौंसिल–executive council कार्यकारिणी परिषद्
एग्रीकल्चर–agriculture कृषि, खेती-बाड़ी
एजंट–agent अभिकर्त्ता
एजंसी–agency अभिकरण
एटम–atom परमाणु
एटमस्फ़िअर–atmosphere वातावरण
एटलस–atlas मानचित्रावली
एट होम–at-home प्रीतिभोज
एटीकेट–etiquette शिष्टाचार
एड–aid सहायता
एडवरटिज़मेंट–advertisement विज्ञापन
एडवांस–advance पेशगी; अग्रिम; आगे बढ़ना, अग्रिम देना
एडवोकेट–advocate अधिवक्ता
एडीटर–editor संपादक
एनाउंस–announce घोषित करना, एलान करना
एनाउंसमेंट–announcement घोषणा, एलान
एनाटमी–anatomy शरीर रचना विज्ञान; चीरफाड़
एनीमा–enema वस्तिकरण, वस्तिप्रक्षालन
एन्ट्री–entry इंदराज, प्रविष्टि; प्रवेशद्वार
एन्ट्रेंस–entrance प्रवेश; प्रवेशद्वार
एप्रन–apron पेटबंद, उपरिवस्त्र
एप्लीकेशन–application प्रार्थना-पत्र
एप्वाइंटमेंट–appointment नियुक्ति
एफ़िडेविट–affidavit शपथ-पत्र, हलफ़नामा
एम–aim ध्येय, लक्ष्य
एम्बुलेंस–ambulance रोगीगाड़ी
एम्बेसी–embassy दूतावास
एम्बैसेडर–ambassador राजदूत
एयरक्राफ़्ट–aircraft विमान, वायुयान
एयरगन–air-gun हवाई बंदूक
एयररेड–air-raid हवाई हमला
एरिअर–arrear बकाया
एरिअल–aerial विद्युतग्राहक
एरिया–area क्षेत्रफल
एरोप्लेन–aeroplane वायुयान
एलबम–album चित्राधार, चित्रसंग्रह
एलाटमेंट–allotment आवंटन
एलार्म–alarm खतरे की घंटी
एलोपैथी–allopathy विषम चिकित्सा
एवार्ड–award पुरस्कार
एसिड–acid अम्ल, तेज़ाब
एसोसिएशन–association समाज, साहचर्य
एस्कीमो–eskimo टुंड्रावासी, एक जाति
एस्केलेटर–escalator चलती सीढ़ी
एस्टिमेट–estimate अनुमान, अंदाजा
एस्ट्रानामी–astronomy गणित ज्योतिष
एस्परीन–aspirin सिरदर्द की एक दवा

ऐ

ऐक्ज़ीक्यूटिव–executive कार्यकारी
ऐक्ज़ीक्यूशन–execution प्राणदंड
ऐक्ट–act अधिनियम
ऐक्नॉलिज–acknowledge कबूलना, मान लेना
ऐक्नॉलिजमेंट–acknowledgement पावती
ऐक्शन–action कार्रवाई
ऐक्सटेंशन–extension बढ़ाना, विस्तार
ऐक्सट्रा–extra फालतू, अतिरिक्त
ऐक्सट्रीमिस्ट–extremist उग्रवादी, अतिवादी
ऐक्सपेरिमेंट–experiment प्रयोग
ऐक्सपोर्ट–export निर्यात
ऐक्सप्रेस–express तीव्रगामी, आशुग
ऐक्सप्लाइट–exploit शोषण करना, स्वार्थ साधना
ऐक्सेंट–accent बलाघात (बोलने का)
ऐग्री–agree सहमत होना
ऐग्रीमेंट–agreement अनुबंध, करार; सहमति
ऐजंडा–agenda कार्यसूची
ऐजीटेशन–agitation आंदोलन; विक्षोभ
ऐजूकेशन–education शिक्षा
ऐटम–atom अणु, परमाणु
ऐटम बम–atom bomb परमाणु बम
ऐटेंडेंट–attendant परिचर
ऐडजर्न–adjourn स्थगित करना, काम रोकना
ऐडजर्नमेंट–adjournment स्थगन
ऐडजस्ट–adjust समंजन करना
ऐडजस्टमेंट–adjustment समायोजन
ऐडमिनिस्ट्रेटर–administrator प्रशासक
ऐडमिनिस्ट्रेशन–administration प्रशासन
ऐडमिरल–admiral नौसेनाध्यक्ष
ऐडमिशन–admission दाखला, प्रवेश
ऐडमिशन फार्म–admission form प्रवेश-पत्र
ऐडमिशन फ़ी–admission fee प्रवेश-शुल्क
ऐडवरटाइज़–advertise विज्ञापन देना
ऐडवरटाइज़मेंट–advertisement विज्ञापन, इश्तहार
ऐडवांस–advance अग्रिम, पेशगी
ऐडवेंचर–adventure साहस; साहसिक कार्य
ऐडवोकेट–advocate अधिवक्ता

ऐडवोकेट जनरल–advocate general महाधिवक्ता
ऐड हाक–ad hoc तदर्थ
ऐडिशनल–additional अतिरिक्त
ऐड्रेस–address पता; अभिभाषण
ऐप्रूवल–approval अनुमोदन
ऐप्रोच–approach पहुँच, उपगमन; प्रवेश
ऐप्लीकेशन–application प्रार्थना-पत्र, अर्ज़ी
ऐबनार्मल–abnormal अपसामान्य
ऐबसर्ड–absurd निरर्थक
ऐबसेंट–absent अनुपस्थित, गैरहाज़िर
ऐवरेज–average औसत, माध्य, साधारण
ऐश ट्रे–ashtray राखदानी
ऐसेट–asset परिसंपत्ति
ऐसोसिएशन–association समाज, संघ

ओ

ओथ–oath शपथ, सौगंध, कसम
ओनर–owner स्वामी, मालिक
ओपन–open खुला, प्रकट
ओपिनियन–opinion राय, मत
ओ० पी० डी०–O.P.D. बाह्य रोगी विभाग **(out door patients department)**
ओबलाइज–oblige आभारी करना, एहसान करना
ओरिजिनल–original मूल, प्रारंभिक
ओलंपिक–Olympic हर चार साल बाद खेली जानेवाली विश्व क्रीड़ाएँ
ओवर–over अतिरिक्त, ऊपर, पार, अधिक, बाहरी, समाप्त
ओवर-एज–overage अधिकायु
ओवरकोट–overcoat कोट के ऊपर का कोट
ओवरटाइम–overtime अतिसमय, अतिकाल
ओवरड्यू–overdue अत्यावधिक, अतिप्राप्य
ओवरड्राफ्ट–overdraft अत्याहरण
ओवर राइट–overwrite लिखे के ऊपर लिखना
ओवर रूल–over rule रद्द करना, अस्वीकार करना
ओवरलुक–overlook उपेक्षा करना
ओवर वर्क–over work अतिश्रम (करना)
ओवर सिअर–overseer सर्वेक्षण निरीक्षक
ओवर हाल–overhaul जीर्णोद्धार (करना)
ओविन–oven चूल्हा, भट्ठी

क

कंकरीट–concrete गिट्टी सीमेंट का मसाला
कज़र्वेटिव–conservative अनुदार, रूढ़िवादी
कंटिन्जेंसी–contingency अतिआकस्मिकता, विशेष स्थिति
कंट्रोल–control नियंत्रण, काबू
कंडक्टर–conductor संचालक, परिचालक
कंडीशन–condition हालात, दशा; शर्त, प्रतिबंध
कंडेम–condemn निंदा करना; दोषी ठहराना
कंपनी–company साथ, संगति; टोली, समवाय
कंपलसरी–compulsory अनिवार्य, बाध्य
कंपीटीशन–competition स्पर्द्धा, प्रतियोगिता
कंपेनसेशन–compensation क्षतिपूर्ति, मुआवज़ा
कंपोज़–compose टाइप जोड़ना
कंपोजीटर–compositor अक्षर योजक
कंपोज़ीशन–composition रचना
कंप्यूटर–computer संगणक
कंप्रोमाइज़–compromise समझौता
कट–cut काट
कटपीस–cut piece कटा टुकड़ा
कटलेट–cutlet तले हुए कतले
कटिंग–cutting कतरन; कटाई
कनवीनर–convener संयोजक
कनवीनिअंस–convenience सुविधा
कनवेअंस–conveyance वाहन, सवारी
कनस्तर–canister टीन, पीपा
कनेक्शन–connection संबंध, मेल, जोड़
कन्टूनमेंट–cantonment छावनी
कन्वोकेशन–convocation दीक्षान्त समारोह
कन्सेशन–concession रिआयत, छूट
कप–cup प्याला
कप्तान–captain नायक
कफ़–cuff कलाईबंध
कमांड–command आदेश, समादेश; नियंत्रण, शासन; अधिकार; कमान
कमांडर–commander सेनापति
कमान–दे० command कमांड
कमिश्नर–commissioner आयुक्त
कमीशन–commission आढ़त, बट्टा; आयोग
कमेंटरी–commentary टीका-टिप्पणी
कमेटी–committee समिति
कमोड–commode वह पात्र जिसमें मल-मूत्र त्यागा जाता है
कम्पास-compass दिग्सूचक, कुतुबनुमा
कम्पाउन्ड–compound प्रागंण, अहाता
कम्पाउन्डर–compounder दवासाज़

कम्पार्टमेंट–compartment रेलडिब्बा
कम्पोज़िंग–composing अक्षर योजन
कम्प्यूटर–computer संगणक
कम्यूनिटी–community समुदाय
कम्यूनिज़्म–communism साम्यवाद
कम्यूनिस्ट–communist साम्यवादी
करंट–current विद्युतधारा; जलधारा
करेंट–current चालू, प्रचलित
करेस्पान्डेंस–correspondence पत्रव्यवहार, पत्राचार
करैक्टर–character आचरण, चालचलन
कर्नल–colonel कर्नैल
कर्फ़्यू–curfew घरबंदी
कलर–colour रंग
कलेंडर–calendar पंचांग, तिथि पत्र
कलेक्टर–collector समाहर्ता, जिलाधीश,एकत्रित करनेवाला
कल्चर–culture संस्कृति
कवर–cover आवरण
कस्टम–custom प्रथा, रीति-रिवाज, रूढ़ि; सीमाशुल्क
कस्टमर–customer ग्राहक, गाहक
कस्टर्ड–custard फिरनी, लपसी
कांक्रीट–concrete गिट्टी और सीमेंट का मसाला
कांग्रेस–congress सम्मेलन
काउंटर–counter पटल
काउंसिल–council परिषद्
काउंसिलर–councillor पार्षद
काउच–couch सोफ़ा
काग–cork डाट
कॉट–cot खाट, खटोला
कॉटिज–cottage कुटीर, झोंपड़ी
काडर–cadre संवर्ग, संगठन
कान्ग्रेचुलेशन–congratulation बधाई, मुबारकबाद
कान्ट्रैक्ट–contract संविदा, ठेका
कान्ट्रैक्टर–contractor संविदाकार, ठेकेदार
कान्फ़ीडेन्शल–confidential गोपनीय
कान्फरेंस–conference सम्मेलन
कान्वेंशन–convention रीति, परिपाटी
कान्वोकेशन–convocation दीक्षांत समारोह
कान्सर्ट–concert संगीत गोष्ठी
कान्सेशन–concession छूट, रियायत
कान्स्टीटयुअंसी–constituency निर्वाचन क्षेत्र
कान्स्टीटयूशन–constitution संविधान
कान्स्टेबल–constable पुलिस का सिपाही
कापर–copper ताँबा
कापी–copy प्रतिलिपि, नकल; अभ्यास पुस्तिका
कापीराइट–copyright स्वत्वाधिकार
कामरेड–comrade साथी
कामा–comma अल्पविराम
कामिक–comic हास्यकर; चित्रकथा
काम्प्लैक्स–complex ग्रंथि, मनोग्रंथि
कार–car मोटरगाड़ी
कारतूस–cartridge छर्रे या गोली का खोल
कारपोरेशन–corporation निगम
कारीडोर–corridor गलियारा
कार्क–cork डाट
कार्टिज–cartage गाड़ी भाड़ा, ढुलाई
कार्टून–cartoon व्यंग्यचित्र
कार्टूनिस्ट–cartoonist व्यंग्यचित्रकार
कार्ड–card पत्र
कार्डबोर्ड–cardboard दफ़्ती, गत्ता
कार्डराय–corduroy उभरीधारियोंवाला एक कपड़ा
कार्डिगन–cardigan ऊनी जाकेट
कार्निस, कानस–cornice कँगनी
काल–call बुलावा, पुकार
कालम–column स्तंभ
कालर–collar गरदनी, कालर
कालरा–cholera हैज़ा, विसूचिका
कालेज–college महाविद्यालय
कालोनी–colony बस्ती; उपनिवेश
काशन–caution सावधानी
कॉस्ट–cost लागत, मूल्य
कास्ट–caste जाति
कास्टर आयल–castor oil रेंडी का तेल
कास्टिंग मशीन–casting machine ढलाई मशीन
कास्टिंग वोट–casting vote निर्णायक मत
किंडरगार्टन–kindergarten बालवाड़ी
किक–kick ठोकर
किचिन–kitchen रसोई घर
किट–kit सामान का थैला
किडनी–kidney गुरदा, वृक्क
किडनैप–kidnap अपहरण करना
किडनैपिंग–kidnapping अपहरण
किरासन–kerosene मिट्टी का तेल
किलोग्राम–kilogram 1000 ग्राम की तौल
किलोमीटर–kilometre 1000 मीटर की दूरी
किलोलीटर–kilolitre 1000 लीटर की माप
किलोवाट–kilowatt 1000 वाट (विद्युत शक्ति)
की बोर्ड–key board कुंजी पटल
कुक–cook रसोइया
कुकर–cooker भापवाली देगची
कुनैन–quinine कुनीन (एक कड़वी औषधि)
कूपन–coupon छपी हुई पर्ची जिससे कोई सुविधा, सूचना या लाभ प्राप्त हो
कूलर–cooler शीतक
केक–cake मीठी नरम डबल रोटी
केतली–kettle देगची

केबल–cable समुद्री तार
केबिन–cabin कोठरी, दबूचा
केमिकल–chemical रासायनिक पदार्थ, रसायन
केमिस्ट–chemist रसायनी, औषध-विक्रेता
केमिस्ट्री–chemistry रसायनशास्त्र
केस–case मुकदमा, वाद; घटना
कैंट–cant, cantonment छावनी
कैंडीडेट–candidate अभ्यर्थी, उम्मीदवार
कैंप–camp शिविर, पड़ाव
कैक्टस–cactus नागफनी, सेहुड़
कैच–catch पकड़, लोक
कैटारैक्ट–cataract मोतियाबिंद
कैडिट–cadet सैन्यछात्र, छात्रसैनिक
कैनवस–canvas किरमिच (कपड़ा)
कैनवैसिंग–canvassing पक्ष-प्रचार
कैन्टीन–canteen जलपान-गृह
कैन्सर–cancer कर्कट रोग
कैन्सल–cancel रद्द करना, निरस्त करना
कैप–cap टोपी
कैपस्यूल–capsule संपुटिका
कैपिटल–capital पूँजी; राजधानी
कैप्टन–captain कप्तान, सरदार
कैफीटेरिया–cafeteria काफी हाउस
कैबिनट–cabinet मंत्रिमंडल; आलमारी
कैमरा–camera फोटो लेने का उपकरण
कैम्पस–campus परिसर, अहाता
कैरट–carat सोने की परख की एक इकाई
कैरम बोर्ड–carrom board फ़लक और गोटियों का खेल
कैरियर–carrier जीवनवृत्त, जीवन
कैश–cash नकद, नकदी, रोकड़
कैशियर–cashier खज़ांची, रोकड़िया
कैसिट–cassette फ़िल्म रील की डिबिया
को-आपरेट–co-operate सहयोग देना
को-आपरेटिव–co-operative सहकारी
कोकीन–cocaine कोका का सत
कोच–coach गाड़ी की बोगी
कोचवान–coachman गाड़ीवान
कोचिंग–coaching अनुशिक्षण
कोट–coat झिगोला
कोटा–quota नियतांश
कोटेशन–quotation उद्धरण, अवतरण; भाव, दर
कोड–code संहिता; संकेत
कोन–cone शंकु
कोर–corps दल, सेना का भाग
कोरम–quorum गणपूर्ति
कोर्ट–court न्यायालय
कोर्टफ़ीस–court fees न्यायालय शुल्क
कोर्ट मार्शल–court martial सैनिक न्यायालय, फ़ौजी अदालत
कोर्स–course पाठ्य क्रम
कोलतार–coaltar तारकोल, डामल
कोल्ड–cold ठंडा, शीतल
कोल्डक्रीम–cold-cream शीतल मुखलेप
क्यू–queue पंक्ति, कतार
क्राइटेरियन–criterion मापदण्ड, निकष, कसौटी
क्राइसिस–crisis संकट, संक्रांति
क्राकरी–crockery चीनी मिट्टी के बर्तन
क्रिकेट–cricket गेंद-बल्ले का खेल
क्रिमनल–criminal अपराधी; फ़ौजदारी
क्रिश्चियन –Christian ईसाई
क्रिसमस–christmas बड़े दिन का त्यौहार
क्रीज़–crease सिलवट
क्रीम–cream मलाई
क्रीमरोल–creamroll मलाईबेलन
क्रेज़–craze उन्माद, सनक, पागलपन
क्रेट–crate खानेदार पेटी
क्रेडिट–credit साख, उधार
क्रेन–crane उत्थापक यंत्र
क्रेप–crepe सिलवटदार एक बढ़िया कपड़ा
क्रौस–cross गुणनचिह्न; काटा
क्लब–club सभा
क्लर्क–clerk लिपिक
क्लाइंट–client मुअक्किल
क्लाइमेट–climate जलवायु
क्लॉक–clock दीवार घड़ी
क्लास–class श्रेणी, वर्ग; कक्षा
क्लिप–clip केश चिमटी
क्लीनर–cleaner वाहन प्रशासक, संवाहक
क्लीनिक–clinic उपचार गृह
क्लोक–cloak चोगा
क्लोकरूम–cloak room सामानघर
क्वाटर–quarter कमरा
क्वानटिटी–quantity मात्रा, परिमाण
क्वालिटी–quality गुणवत्ता
क्वालिफ़िकेशन–qualification योग्यता, अर्हता
क्विंटल–quintal 100 किलोग्राम की तौल
क्विक–quick तेज़, द्रुतगामी; फुर्तीला; शीघ्र, तत्काल
क्विज–quiz प्रश्नोत्तरी, पूछताछ
क्वीन–queen रानी, साम्राज्ञी
क्वेश्चन–question प्रश्न, सवाल

ग

गज़ट–gazette राजपत्र
गज़टेड–gazetted राजपत्रित
गजेटियर–gazetteer भूवृत्त, स्थान विवरणिका
गटर–gutter गंदी नाली
गन–gun तोप; बंदूक
गर्डर–girder गाडर
गवर्नमेन्ट–government सरकार, शासन
गवर्नर–governor राज्यपाल
गवर्नर जनरल–governor general महाराज्यपाल
गाइड–guide दिग्दर्शक, दिग्दर्शिका
गाइडेंस–guidance मार्गदर्शन, निर्देशन
गीसर–geyser उष्णोत्स, गरम पानी का स्रोत या झरना
गाउट–gout संधिवात, गठिया
गाउन–gown चोगा, लबादा
गागल–goggles धूप का चश्मा
गाज़–gauze जाली
गारंटी–guarantee प्रत्याभूति, आश्वासन
गार्ड–guard रखवाला, आरक्षीदल
गार्डन–garden बाग, उद्यान
गॉल्फ़–golf चौगान (खेल)
गिटार–guitar सितार की तरह का एक बाजा
गिफ़्ट–gift उपहार, भेंट, सौगात
गियर–gear गाड़ी की शक्ति बढ़ाने-घटाने का एक यंत्र, योक्त्र
गुडलक–goodluck सौभाग्य
गेज–gauge माप, नाप, पैमाना
गेट–gate फाटक
गेटकीपर–gate keeper द्वारपाल, दरबान
गेटिस–garters मोजाबंद
गेम–game खेल
गेस्ट–guest मेहमान, अतिथि
गेस्ट हाउस–guest house अतिथि गृह
गैंग–gang जत्था, दल, गिरोह
गैप–gap रिक्त स्थान
गैरेज–garage गराज
गैलन–gallon छह बोतल भर की एक नाप
गैलरी–gallery वीथिका
गैवर्डीन–gabardine, gaberdine ट्विल जैसा एक मोटा कपड़ा
गैस–gas बात, गैस
गोडाउन–godown गोदाम, भंडार
गोरिला–gorilla एक तरह का बंदर
गोल–goal लक्ष्य
ग्रांट–grant अनुदान; सहायता
ग्राउंड–ground मैदान; आधार
ग्राफ़–graph लेखाचित्र
ग्रामर–grammar व्याकरण
ग्रामोफ़ोन–gramophone भोंपू-बाजा
ग्रास–gross ग्रुस = 12 दर्ज़न
ग्रिप–grip पकड़
ग्रीटिंग–greeting शुभकामना, बधाई
ग्रीस–grease चर्बी
ग्रुप–group समूह, वर्ग
ग्रे–grey सलेटी रंग
ग्रेजुएट–graduate स्नातक
ग्रेड–grade श्रेणी, दरजा, कोटि
ग्रेस–grace अनुग्रह, कृपा; रियायत
ग्रैचुइटी–gratuity उपदान, आनुतोषिक
ग्लास–glass गिलास
ग्लिसरीन–glycerine अल्कोहलदार-तेल
ग्लूकोस–glucose द्राक्षाशर्करा
ग्लोब–globe भूमिगोल

च

चर्च–church गिरजाघर
चांस–chance मौका, अवसर; संयोग, आकस्मिकता
चांसलर–chancellor कुलाधिपति
चाक–chalk खड़िया मिट्टी
चाकलेट–chocolate कोको से बनी मिठाई
चार्ज–charge प्रभार; आवेश; दाम; आरोप; कार्यभार
चार्जशीट–charge sheet आरोप-पत्र
चार्ट–chart सारणी; नक्शा
चिमनी–chimney धुआँकश
चीज़–cheese पनीर
चीटिंग–cheating धोखाधड़ी
चीफ़–chief मुख्य, प्रमुख
चीफ़जस्टिस–chief justice मुख्य न्यायाधीश
चीफ़ मिनिस्टर–chief minister मुख्य मंत्री
चेंज–change फुटकर; परिवर्तन
चेक–cheque धनादेश, हुण्डी, देयक
चेक–check रोक; पड़ताल
चेन–chain जंजीर; बेड़ी
चेयरमैन–chairman सभाध्यक्ष
चेस–chess शतरंज
चैम्पियन–champion सर्वजेता, खिलाड़ी
चैलेंज़–challenge चुनौती, ललकार

ज

जंकशन–junction रेलवे जंक्शन; संधि, जोड़, संगम
जग–jug लोटा
जज–judge न्यायाधीश; निर्णायक
जजमेंट–judgement, judgment निर्णय, फ़ैसला
जनरल–general जनरैल
जनरेटर–generator जनित्र
जनवरी–January ईसवी साल का पहला महीना
जन्टलमैन–gentleman शौकीन आदमी; भला आदमी
जम्पर–jumper अंगिया, औरतों की कुर्ती
जरमन सिलवर–German silver नकली चाँदी
जरसी–jersey ऊनी बंडी, फतुही
जर्नल–journal पत्रिका
जर्नलिस्ट–journalist पत्रकार
जर्म–germ कीटाणु
जस्टिस–justice इन्साफ़, न्याय; न्यायाधीश
जस्टीफ़िकेशन–justification औचित्य
जाकेट–jacket सदरी
ज्यॉग्राफी-geography भूगोल
जॉब–job काम, कार्य; नौकरी
जार–jar कलश, मर्तबान
जार्जेट–georgette एक रेशमी कपड़ा
ज़िंक–zinc जस्ता
जिऑलजी–geology भौमिकी, भूविज्ञान
जिन्जर–ginger अदरक, सोंठ
ज़िप–zip सरकबँधनी
जिराफ़–giraffe लंबी गरदनवाला एक अफ्रीकी जानवर
जीप–jeep एक तरह की मोटर गाड़ी
ज़ीरो–zero शून्य
जुडीशल–judicial न्यायिक
जुलाई–July अंग्रेजी साल का सातवाँ महीना
जून–June अंग्रेजी साल का छठा महीना
जूनियर–junior कनिष्ठ, अवर
जूरी–jury न्यायसभ्य
जूस–juice रस
जेट–jet जेट वायुयान
जेटी–jetty पक्का घाट
जेनरेटर–generator जनित्र
जेनरेशन–generation पीढ़ी
जेनरेशन गैप–generation gap पीढ़ियों का अंतर
जेन्ट्स–gents पुरुष
ज़ेबरा–zebra धारीदार घोड़े जैसा जानवर
जेल–jail कारा, कारागार
जेलर–jailer, jailor कारागारपाल
जेली–jelly मुरब्बे जैसा एक पाग
जैकिट–jacket सदरी
जैम–jam मुरब्बा
जोक–joke मजाक़, मसखरी
जोकर–joker मसखरा, विदूषक
ज़ोन–zone क्षेत्र, मंडल; कटिबंध
ज्यामेट्री–geometry रेखागणित
ज्वाइंट–joint जोड़, संधि; संयुक्ति
ज्वाइन–join जोड़ना; साथ होना; सेवारंभ करना
ज्वेलर–jeweller सर्राफ़

ट

टन–ton, tonne 100 कुंटल
टनल–tunnel सुरंग
टफ़–tough कड़ा, कठिन; पक्का, सख़्त, मजबूत
टब–tub नाँद
टबलेट–tablet टिकिया
टर्न–turn बारी; मुड़ना, घूमना
टर्म–term अवधि, मियाद; सम; पदावधि; शर्त
टर्मिनस–terminus सिरा; सिरे पर का स्टेशन
टर्मिनल–terminal सीमा; अंतिम स्टेशन
टांसिल–tonsil गलांकुर
टाइट–tight कसा हुआ; दृढ़, मजबूत
टाइटिल–title शीर्षक; उपाधि, पदवी
टाइप–type टंकण; किस्म, प्रकार
टाइपराइटर–typewriter टंकण-यंत्र
टाइपिस्ट–typist टंकक
टाइफ़ाइड–typhoid मियादी बुखार
टाइम–time समय, वक़्त
टाइमकीपर–time keeper समयपाल
टाइम टेबल–time table समय-सारिणी
टाइम पीस–time piece अलार्म घड़ी
टाइल–tile खपरा, खपरैल
टाइलेट–toilette प्रसाधन, शौच या स्नानघर
टाई–tie कंठबंध
टाउन–town उपनगर, कस्बा
टाउन एरिया–town area उपनगर क्षेत्र
टॉनिक–tonic बलवर्धक औषध
टान्सिल्स–tonsils, tonsillitis गलशोथ, गलांकुर
टॉप–top शिखर चोटी, शीर्ष
टाप्स–tops (कानों का) बुल्ला
टाफ़ी–toffee एक तरह की टिकिया मिठाई

टायर–tyre पहिये पर चढ़ाया जानेवाला रबर का खोल या चक्र
टार–tar कोलतार, तारकोल
टारगेट–target लक्ष्य, निशाना
टारपीडो–torpedo पनडुब्बी
टार्च–torch मशाल; चोरबत्ती
टावर–tower मीनार, स्तंभ
टावल–towel तौलिया
टास–toss पाँसा
टास्क–task काम, कार्य, नियतकार्य
टिंचर–tincture घोल
टिंबर–timber इमारती लकड़ी
टिकट–ticket आज्ञापत्र, प्रवेशपत्र
टिन–tin डब्बा; कनस्तर
टिप–tip इनाम, बख़्शीश
टिपटाप–tiptop उत्कृष्ट, बढ़िया; बना-ठना
टिफ़िन–tiffin अल्पाहार
टिश्यू–tissue ऊतक
टी–tea चाय
टीचर–teacher अध्यापक, शिक्षक
टीपाट–teapot चायदानी
टी पार्टी–tea-party चाय (पान) पार्टी
टी० बी०–tuberculosis क्षयरोग, यक्ष्मा, तपेदिक
टीम–team टोली
टी० वी०–television दूरदर्शन
टी सेट–tea-set पूरे चाय पात्र
टी स्टाल–tea-stall चाय की गुमटी
टुइल–twill टूल का कपड़ा
टूथपाउडर–tooth-powder दंत-मंजन
टूथपेस्ट–tooth-paste दंत लेप
टूर–tour पर्यटन, दौरा
टूरिस्ट–tourist पर्यटक, घुमक्कड़
टूर्नामेंट–tournament खेल-प्रतियोगिता
टूल–tool उपकरण, औजार
टेंट–tent तम्बू, खेमा
टेंडर–tender निविदा
टेकनीकलर–technicolour अतिरंजित, चटकीला
टेकनॉलजी–technology शिल्प विज्ञान, तकनीक
टेकनिकल–technical तकनीकी, प्राविधिक
टेकनीक–technique तकनीक, प्रविधि, प्रक्रिया
टेकनीशियन–technician यंत्रविद्, शिल्पी, तकनीशियन
टेक्सटाइल–textile कपड़ा; वस्त्र
टेक्स्ट–text मूलपाठ
टेक्स्टबुक–text-book पाठ्य पुस्तक
टेनिस–tennis रैकिट और गेंद का एक खेल
टेनेन्ट–tenant किरायेदार
टेन्शन–tension तनाव, व्यग्रता, बेचैनी
टेप–tape फीता
टेपरिकार्डर–tape-recorder फीता अभिलेखित्र
टेबुल–table मेज; सारणी
टेबुलेटर–tabulator सारणीकार
टेबुलेशन–tabulation सारणीकरण
टेब्लो–tableau सजीवचित्र, झाँकी
टेम्परामेंट–temperament मिज़ाज
टेम्पो–tempo तिपहिया मोटरगाड़ी
टेम्प्रेरी–temporary अस्थायी, कच्चा
टेरारिस्ट–terrorist आंतकवादी, उग्रवादी
टेरीकाट–terrycot कृत्रिम रेशमी सूत
टेरीलीन–terrylene कृत्रिम रेशमी कपड़ा
टेरीवूल–terrywool कृत्रिम रेशमी ऊन
टेलर–tailor दर्जी
टेलिकास्ट–telecast दूरदर्शन द्वारा प्रसारण करना
टेलिकाम्युनिकेशन–telecommunication दूर संचार
टेलिग्राफ़–telegraph तारलेख
टेलिग्राम–telegram तार
टेलिफ़ोन–telephone दूरभाष
टेलिविजन–television दूरदर्शन
टेलिस्कोप–telescope दूरदर्शक, दूरबीन
टेलेक्स–telex सीधे संदेश लेनेदेने की टेलीफ़ोन पद्धति
टेस्ट–test परीक्षण, जाँच
टेस्ट ट्यूब–test tube परखनली
टेस्टीमोनियल–testimonial प्रमाणलेख, शंसा-पत्र
टैंक–tank तालाब, कुंड; फौजी तोप, टैंक
टैक्ट–tact व्यवहार कौशल, कार्य कौशल, चातुरी, शऊर
टैक्स–tax कर
टैक्सी–taxi भाड़े की मोटरकार
टैग–tag लटकन; धज्जी; टंगनी; जोड़ना, बाँधना
टैडपोल–tadpole मेढक का मछलीरूप बच्चा, बेंगची
टैप–tap टोंटी, नलका
टैब्लेट–tablet टिकिया
टैलकम–talcum मृदु, श्वेत मैगीनीशियम सिलीकेट
टैली–tally मिलान
टोकेन–token चिह्न; संकेत; प्रतीक; निशानी
टोटल–total जोड़, योग; कुल, समग्र
टोन–tone स्वर; स्वरशैली, लहजा
टोमैटो–tomato टमाटर
टोल–toll कर, महसूल; मार्गकर; राहदानी
टोस्ट–toast डबल रोटी का सिंका हुआ टुकड़ा
टोस्टर–toaster टोस्ट सेंकने का उपकरण
ट्यूटर–tutor अनुशिक्षक, निजी शिक्षक
ट्यून–tune धुन, राग, लय
ट्यूब–tube नली

ट्यूबवेल–tubewell नलकूप
ट्यूशन–tuition अनुशिक्षण
ट्यूशन फ़ी–tuition fee शिक्षण शुल्क, शिक्षा शुल्क
ट्रंक–trunk बक्सा, संदूक
ट्रंक काल–trunk-call शहर के बाहर का टेलीफ़ोन संदेश
ट्रक–truck भारवाहन
ट्रम्प–trump तुरुप
ट्रस्ट–trust न्यास
ट्रस्टी–trustee न्यासी
ट्रांजिस्टर–transistor एक छोटा रेडियो सैट
ट्रांसपोर्ट–transport परिवहन; वाहन
ट्रांसफ़र–transfer स्थानांतरण, बदली, तबादला
ट्राइबुनल–tribunal न्यायाधिकरण, अधिकरण
ट्राइसिकिल–tricycle तिपहिया, बचकानी साइकिल
ट्राई–try प्रयास, प्रयत्न, कोशिश; परीक्षा
ट्रान्सफ़ार्मर–transformer परिणामित्र, एक प्रकार की विद्युत को दूसरी प्रकार की विद्युत में बदलने का यंत्र
ट्रान्सलेटर–translator अनुवादक
ट्रान्सलेशन–translation अनुवाद
ट्राफी–trophy विजयोपहार
ट्रायल–trial परीक्षण, जाँच; मुकदमा
ट्राली–trolley, trolly ठेला
ट्रिक–trick चाल, चालाकी
ट्रिप–trip खेप, चक्कर; यात्रा, सैर; आमोद-प्रमोद
ट्रिप्लीकेट–triplicate तेहरा; तीन प्रति
ट्रीटमेंट–treatment उपचार, इलाज
ट्रे–tray तश्तरी
ट्रेजडी–tragedy त्रासदी, दुखांतकी
ट्रेजरी–treasury कोषागार, ख़ज़ाना
ट्रेडमार्क–trademark व्यापारचिन्ह, छाप
ट्रेड यूनियन–trade union श्रमिक संघ, मजदूर संघ
ट्रेन–train रेलगाड़ी
ट्रेनिंग–training प्रशिक्षण
ट्रेनी–trainee प्रशिक्षार्थी
ट्रेलर–trailer फ़िल्म की झलकियाँ; अनुमान, अनुवाहन
ट्रेसपास–trespass अतिक्रमण, उल्लंघन
ट्रैक्ट–tract गुटका, पुस्तिका
ट्रैक्टर –tractor क्षेत्रकर्षक
ट्रैफ़िक–traffic यातायात
ट्वीड–tweed एक मोटा ऊनी कपड़ा

ड

डबल–double दोहरा
डम्मी–dummy नकली, दिखावटी; मौन, मूक, कठपुतली
डल–dull मंद (रंग या बुद्धि)
डस्टर–duster झड़न
डांस–dance नृत्य, नाच
डाइग्राम–diagram आरेख, रेखालेख
डाइट–diet भोजन, आहार
डाइनामाइट–dynamite अभिस्फ़ोट
डाइनिंगटेबुल–dining-table खाने की मेज
डाइरेक्ट–direct सीधा; प्रत्यक्ष
डाइरेक्टर–director संचालक, निदेशक, निर्देशक
डाइरेक्टरी–directory निदेशिका, निदर्शनी
डाइरेक्टोरेट–directorate निदेशालय
डाई–die साँचा, ठप्पा
डाउरी–dowry दहेज, दायजा
डाकुमेंट–document प्रलेख, दस्तावेज
डाकुमेंटरी–documentary लेख्य, प्रलेखी, दस्तावेजी
डाक्टर–doctor चिकित्सक
डायग्राम–diagram आकृति, नक्शा
डायनमो–dynamo विद्युत् उत्पादक यंत्र
डायबिटीज–diabetes मधुमेह
डायरिया–diarrhoea अतिसार, दस्त
डायरी–diary दैनंदिनी
डायल–dial अंकपट (घड़ी का)
डार्लिंग–darling प्रिय, प्रिये
डिक्टेटर–dictator अधिनायक, तानाशाह
डिक्टेटरशिप–dictatorship अधिनायकवाद; अधिनायकतंत्र, तानाशाही
डिक्टेशन–dictation श्रुतलेख, इमला
डिक्री–decree डिगरी, आज्ञप्ति
डिक्शनरी–dictionary शब्दकोश
डिग्री–degree उपाधि; कोटि, श्रेणी; अंश
डिज़ाइन–design अभिकल्प, परिरूप; परिकल्पना
डिटेल–detail विस्तृत विवरण, ब्यौरा, तफ़सील
डिटो–ditto वही, तथैव, तदैव, यथोपरि
डिनर–dinner रात्रि भोजन
डिपाज़िट–deposit जमा, निक्षेप; जमा करना
डिपार्टमेंट–department विभाग, महकमा
डिपो–depot आगार, भंडार
डिप्टी–deputy उप-सहायक
डिप्लोमा–diploma उपाधिपत्र, सनद
डिप्लोमा होल्डर–diploma holder डिप्लोमाधारी
डिप्लोमेसी–diplomacy कूटनीति; व्यवहार कौशल
डिफ़ेन्स–defence रक्षा, सुरक्षा
डिबार–debar वर्जन, रोक
डिबेट–debate वाद-विवाद
डिमांड–demand माँग; दावा
डिमाई–demy 11 × 18 इंच आकार का एक कागज
डिमांस्ट्रेशन–demonstration प्रदर्शन
डिमार्केशन–demarcation सीमांकन, हदबंदी
डिलवरी–delivery सुपुर्दगी; अदायगी; वितरण; प्रसव, प्रसूति

डिवाइड–divide विभक्त करना, विभाजन करना
डिविज़न–division भाग; मंडल
डिविडैंड–dividend लाभांश
डिश–dish प्लेट, रकाबी; भोजन, पकवान
डिसमिस–dismiss सेवामुक्त, बरख़ास्त
डिसिप्लिन–discipline अनुशासन
डिसेन्ट्री–dysentry पेचिश, आमातिसार
डिस्क–disc चकरी, गोल तश्तरी
डिस्कस–discuss बहस (कहना)
डिस्काउंट–discount मितीकाटा, बट्टा, छूट
डिस्टर्ब–disturb विघ्न, बाधा; विक्षोभ, शांतिभंग
डिस्पेंसरी–dispensary औषधालय
डिस्पैच–dispatch प्रेषण; खानगी
डिस्पोज़ल–disposal निपटान, समापन
डिस्प्लेस्ड–displaced विस्थापित
डिस्सर्टेशन–dissertation लघु शोधप्रबंध
डीज़ल–diesel मिट्टी का कच्चा तेल
डीड–deed कार्य; विलेख
डीलिंग–dealing व्यवहार, लेन-देन
डुप्लीकेट–duplicate दोहरा; अनुलिपि; द्वितीयक
डेक–deck (जहाज की) छत
डेट–date तिथि, दिनांक, तारीख़
डेटा–data आधार, सामग्री, आँकड़े
डेन्टिस्ट–dentist दन्तचिकित्सक, दंदानसाज़
डेपुटेशन–deputation प्रतिनिधिमंडल; प्रतिनियुक्ति, प्रतिनियोजन
डेफ़िसिट–deficit अभाव, कमी; घाटा
डेबिट–debit नामे (डालना)
डेमोक्रेसी–democracy लोकतंत्र, जनतंत्र
डेरी–dairy दुग्धशाला, गोशाला
डेरीफ़ार्म–dairy-farm दुग्धशाला, पशुशाला
डेलीगेट–delegate प्रतिनिधि
डेलीगेशन–delegation प्रतिनिधि मंडल, शिष्टमंडल
डेल्टा–delta मुहाना
डेस्क–desk मेज
डैडी–daddy पिता
डैम–dam बाँध
डोज़–dose ख़ुराक
ड्यू–due देय, दातव्य; प्राप्य, पावना
ड्यूटी–duty कर्त्तव्य, फ़र्ज़, कार्य; कर, महसूल
ड्राअर–drawer दराज़
ड्राइंग–drawing रेखाचित्र; आरेखन
ड्राइंग-रूम –drawing-room बैठक
ड्राइवर–driver चालक
ड्राफ़्ट–draft प्रारूप, मसौदा, आलेख
ड्रामा–drama नाटक, रूपक
ड्रिंक–drink पेय; मदिरा, शराब
ड्रेस–dress पोशाक, परिधान
ड्रेसिंग–dressing मरहम पट्टी

त

तारकोल–tarcoal कोलतार, डामर, अलकतरा
तारपीडो–torpedo जलयान पेंदी भेदक अस्त्र
तिरपाल–tarpaulin कैनवस का साया

थ

थरमस–thermos तापरक्षक, बोतल
थर्ड–third तृतीय, तीसरा
थर्मामीटर–thermometer तापमापी
थियेटर–theatre रंगशाला, नाट्यशाला
थीम–theme कथावस्तु
थीसिस–thesis शोध प्रबंध
थैंक्स–thanks धन्यवाद, शुक्रिया
थ्योरी–theory सिद्धान्त, वाद,मत
थ्रिल–thrill रोमांच, पुलक
थ्रू–through सीधा; द्वारा, होकर

द

दिसम्बर–December अंग्रेजी साल का बारहवाँ और अंतिम महीना

न

नंबर–number संख्या; अंक
नट–nut ढिबरी
नट-बोल्ट–nut-bolt ढिबरी और बोल्ट
नन–nun ईसाई संन्यासिनी
नर्वस–nervous व्यग्र, विकल, अधीर, हताश
नर्स–nurse उपचारिका; आया, धात्री
नर्सरी–nursery शिशु शिक्षालय; संवर्धनशाला; पौधशाला
नाइट्रोजन–nitrogen नत्रजन
नाइलोन–nylon एक कृत्रिम रेशमी कपड़ा
नाज़ी–nazi नात्सी
नॉट–knot गाँठ

नानवेजीटेरियन–**non-vegetarian** मांसाहारी, आमिषभोजी
नानसेन्स–**nonsense** अनाप-शनाप, अंड-बंड, मूर्खतापूर्ण

नानस्टाप–**nonstop** अविराम, निरंतर
नामिनी–**nominee** नामित, मनोनीत व्यक्ति, नामज़द आदमी
नामिनेटिड–**nominated** मनोनीत, नामज़द
नामिनेशन–**nomination** मनोनयन, नामज़दगी
नार्थ–**north** उत्तर (दिशा)
नार्मल–**normal** सामान्य, साधारण; प्रकृत, सहज
नावल–**novel** उपन्यास
नावल्टी–**novelty** नवीनता; अनूठापन, विलक्षणता
निकर–**knickers** विलायती जाँघिया
निकल–**nickel** रूपा, गिलट
निपल–**nipple** चूसनी, चूची
निब–**nib** लिखसुई, चोंच (कलम की)
निमोनिया–**pneumonia** फुफ़्फ़ुसदाह, फुफ्फुसशोथ
नीग्रो–**negro** हब्शी
नेकलेस–**necklace** कंठहार, हार, कंठा
नेक्स्ट–**next** अगला, आगामी, निकटतम, पास का; दूसरा
नेगेटिव–**negative** ऋणात्मक; प्रतिचित्र
नेचर–**nature** प्रकृति, निसर्ग, कुदरत; स्वभाव
नेट–**net** जाल, पाश; शुद्ध, खालिस
नेपोटिज़्म–**nepotism** भाई-भतीजावाद
नेफ़्यू–**nephew** भतीजा; भांजा
नेलपालिश–**nail polish** नखरंजक
नेवी–**navy** नौसेना, जलसेना
नेशन–**nation** राष्ट्र, जाति
नैपकिन–**napkin** छोटा रूमाल
नैवीगेटर–**navigator** नौचालक
नैशनल–**national** राष्ट्रीय, देशव्यापी; कौमी, जातीय
नैशनलाइजेशन–**nationalization** राष्ट्रीयकरण
नैशनलिस्ट–**nationalist** राष्ट्रवादी
नो-कान्फ़िडेन्स–**no-confidence** अविश्वास
नोट–**note** टिप्पणी, विवरण; कागजी मुद्रा; लिखना
नोटबुक–**notebook** टिप्पण पुस्तिका, अभ्यास पुस्तिका
नोटरी–**notary** लेख्य प्रमाणक
नोटिस–**notice** सूचना, अधिसूचना; सूचनापत्र
न्यू–**new** नया, नव, नूतन, नवीन
न्यूक्लियर–**nuclear** नाभिक, नाभिकीय, केन्द्रक
न्यूज़–**news** समाचार, ख़बर, संवाद
न्यूज़पेपर–**newspaper** समाचार-पत्र, अख़बार
न्यूट्रल–**neutral** उदासीन, तटस्थ, निष्क्रिय
न्यूट्रान–**neutron** क्लीवाणु
न्यूरालजी–**neurology** तंत्रिका विज्ञान
न्यूसेंस–**nuisance** उत्पात, ख़ुराफ़ात, ऊधम

प

पंचर–**puncture** छेद, चोभ
पटेटोचाप्स–**potato-chops** आलूचाप
पतलून–**pantaloon** पैंट
पब्लिक–**public** जन, जनता, आवाम; सार्वजनिक
पब्लिसिटी–**publicity** प्रचार; विज्ञापन
पम्प–**pump** नल; हवा भरने का नला
पम्प शू–**pump shoe** गुर्गाबी, मुंडा जूता
परफ़ार्मेंस–**performance** अभिनय: प्रस्तुति, प्रदर्शन
परमिट–**permit** आज्ञा-पत्र, अनुज्ञा-पत्र
परेड–**parade** सैनिक जुलूस; कवायद
पर्टिकुलर्स–**particulars** ब्यौरा, विवरण, तफ़सील
पर्मानेन्ट–**permanent** स्थायी, पक्का
पर्मिशन–**permission** अनुमति, आज्ञा, इज़ाजत
पर्स–**purse** बटुआ, धनथैली
पर्सनल–**personal** व्यक्तिगत, निजी
पर्सनैलिटी–**personality** व्यक्तित्व
पलटन–**platoon** सैन्य टुकड़ी
पाइप–**pipe** नल, नलिका
पाइलट–**pilot** वायुयान चालक, हवाबाज़
पाउडर–**powder** चूर्ण, बुकनी
पाउन्ड–**pound** एक विलायती सिक्का; लगभग 400 ग्राम की एक तौल
पाकेट–**pocket** ज़ेब, खीसा
पाकेटमनी–**pocket money** ज़ेब ख़र्च
पाज़–**pause** विराम, रुकावट; यति
पाज़िटिव–**positive** धनात्मक, सकारात्मक; फोटो प्रिंट
पाट–**pot** बर्तन, भांड
पापलीन–**poplin** एक टिकाऊ ऐंठनदार कपड़ा
पाम–**palm** ताड़
पायरिया–**pyorrhea** दंतपूय
पायलट–**pilot** विमानचालक, हवाबाज़
पारिज–**porridge** दलिया
पार्ट–**part** हिस्सा, अंश; अंग; भूमिका
पार्ट टाइम–**part time** अंशकालिक
पार्टनर–**partner** हिस्सेदार, भागीदार
पार्टी–**party** गुट, दल
पार्टीशन–**partition** विभाजन, पृथक्करण, बँटवारा, अलगाव
पार्डन–**pardon** क्षमा, माफ़ी
पार्लियामेंट–**parliament** संसद
पार्सल–**parcel** बंडल, पुलिंदा
पालिटिक्स–**politics** राजनीति
पालिश–**polish** चमकी
पालिसी–**policy** नीति; बीमापत्र
पावर–**power** शक्ति; बिजली
पास–**pass** दर्रा, घाटी; प्रवेशपत्र; उत्तीर्ण; गुजरना

पासपोर्ट–passport पार-पत्र
पासबुक–pass-book लेखा-पुस्तिका
पिंक–pink गुलाबी; गुलाबी रंग
पिकनिक–picnic वनविहार
पिकिटिंग–picketing धरना
पिक्चर–picture चित्र, तस्वीर; सिनेमा
पिच–pitch सुर, स्वर, तारत्व
पिटीशन पेटीशन–petition याचिका
पिन–pin योजक सुई, आलपीन
पिन्ट–pint आधपाव की माप
पियानो–piano एक अंग्रेजी तरह का हारमोनियम
पिस्टन–piston छड़ (इंजन का)
पिस्टल–pistol पिस्तौल
पीउन–peon चपरासी
पीनल–penal दंडविषयक
पीनलकोड–penal code दंड संहिता
पीरियड–period अवधि, मियाद, कालावधि; घंटा
पीस–piece टुकड़ा
पुलिस–police आरक्षी, आरक्षक
पुलोवर–pullover एक तरह का स्वेटर
पुल्टिस–poultice प्रलेप
पेंट–paint रोगन (करना)
पेंटर–painter रंगसाज़
पेंटिंग–painting चित्र; रंगसाज़ी
पेंडिंग–pending लंबित, अनिर्णीत
पेंडुलम–pendulum लोलक
पेंशन–pension निवृत्तिवेतन, निवृत्तिका
पेंसिल–pencil सिक्केवाली कलम
पे–pay वेतन, तनख्वाह, पगार, भुगतान करना, अदा करना
पेज–Page पृष्ठ. सफा
पेट–pet पालतू , घरेलू ; प्रेमपात्र, दुलारा; पशु
पेटीकोट–petticoat साया
पेटेंट–patent एकस्व
पेट्रोल–petrol एक खनिज़ तेल
पेडल–pedal पायदान, पदयंत्र
पेन–pen लेखनी, कलम
पेनल्टी–penalty दंड, शास्ति, सजा; अर्थदंड, जुर्माना
पेन्स–pence शिलिंग का बारहवाँ हिस्सा
पेन्सलीन–penicillin शुल्व औषध
पेपर–paper कागज; अख़बार; प्रश्न पत्र
पेपर कवर–paper cover पत्रावरण
पेपरमिंट–peppermint पुदीने का सत्त
पेपरवेट–paper weight पत्रभार
पेमेंट–payment भुगतान, अदायगी
पेवमेंट–pavement सड़क की पटरी
पेशेंट–patient रोगी, मरीज़
पेस्ट–paste लेई, लेप; चिपकाना
पेस्ट्री–pastry मिष्ठान
पैंट–pant पतलून
पैक–pack पोटली, गठरी; गड्डी; गठरी बाँधना, बाँधना
पैकिंग–packing वेष्ठन, बेठन; सामान बाँधना
पैकेट–packet पुलिंदा
पैक्ट–pact समझौता
पैटर्न–pattern नमूना, बानगी; ढाँचा; प्रतिकृति, प्रतिमूर्ति
पैट्रन–patron संरक्षक
पैट्रोमैक्स–petromax गैसलैंप
पैट्रोल–patrol पतरौल, गश्त
पेट्रोल–petrol ज्वलनशील द्रव
पैड–pad गद्दी, उपधान, तह
पैडल–pedal पायदान
पैनल–panel नामसूची, नामिका, नामचा
पैनिक–panic आतंक, दहशत, भगदड़
पैनोरमा–panorama दृश्यपटल; चित्रावली
पैन्ट्री–pantry भाण्डागार
पैम्फ़लेट–pamphlet इश्तहार
पैराग्राफ़–paragraph अनुच्छेद, परिच्छेद
पैराफर्नेलिया–paraphernalia साज-सामान, उपकरण
पैराफ्रेज़–paraphrase पदान्वय
पैरालल–parallel समानांतर, समांतर; समरूप
पैरालाइज–paralyse स्तंभित करना, ठप करना
पैरालिटिक–paralytic अर्द्धांग रोगी
पैरालिसिस–paralysis लकवा, पक्षाघात, अंगघात
पैराशूट–parachute हवाई छतरी
पैरासाइट–parasite परजीवी, पराश्रित, पराश्रयी
पैरेंट–parent माता-पिता
पैरोडी–parody विडंबन; नकल, विद्रूप (कविता)
पैसिव–passive निष्क्रिय, अकर्मण्य
पैसेंजर–passenger यात्री
पोजीशन–position स्थिति; स्तर; श्रेणी, कोटि, दर्जा; प्रतिष्ठा; पद; स्थान
पोटाश–potash एक सफ़ेद क्षार
पोप–pope पादरी
पोमेड–pomade एक सुगंधित अंगलेप
पोर्क–pork सुअर का मांस
पोर्च–porch ड्योढ़ी, दालान
पोर्टफोलियो–portfolio संविभाग
पोर्ट्रेट–portrait रूपचित्र
पोर्टिको–portico ड्योढ़ी, ओसारा
पोर्शन–portion भाग, हिस्सा, अंश
पोल–pole खंभा
पोल–pole मतदान
पोलिंग–polling मतदान
पोलिंग स्टेशन–polling station मतदान केन्द्र
पोलिटिक्स–politics राजनीति
पोलिस–police आरक्षी, पुलिस
पोलो–polo चौगान
पोस्ट–post पद; नौकरी; चौकी
पोस्ट आफ़िस–post office पत्रालय, डाकख़ाना
पोस्ट कार्ड–post card कार्ड पत्र
पोस्टपोन–postpone स्थगित, विलंबन

पोस्टमार्टम–postmortem शव परीक्षा
पोस्टमास्टर–postmaster डाकपाल पत्रपाल
पोस्टमैन–postman पत्रवाहक, पत्रवितरक, डाकिया
पोस्टर–poster इश्तहार
पोस्टल आर्डर–postal order धनादेय
प्योर–pure शुद्ध, ख़ालिस, निरा; पवित्र
प्राइज़–prize पुरस्कार, इनाम
प्राइमरी–primary प्राथमिक
प्राइवेट–private निजी, व्यक्तिगत
प्राइस–price मूल्य, कीमत
प्राइस इंडेक्स–price index मूल्य सूचकांक
प्राइसलिस्ट–price list मूल्य सूची
प्राक्टर–proctor अनुशासक
प्रापर्टी–property भू-संपत्ति, जायदाद
प्रोपोगैंडा–propaganda प्रचार
प्राफ़िट–profit लाभ, नफ़ा
प्राबलेम–problem समस्या
प्रामिसरीनोट–promissory note वचन पत्र
प्राम्प्ट–prompt शीघ्र, सत्वर; आशुकारी
प्रिंसिपल–principal प्राचार्य, प्रधानाचार्य
प्रिन्ट–print छाप; छापना
प्रिन्टर–printer मुद्रक
प्रिन्टिंग–printing छपाई, मुद्रण
प्रीफ़र–prefer अधिक चाहना, वरीयता देना, बेहतर समझना
प्रूफ़–proof प्रमाण, सबूत; शोध्य पत्र
प्रूफ़रीडर–proof-reader प्रमाण, सबूत; शोध्य पत्र संशोधक
प्रेज़ीडेंट–president सभापति; राष्ट्रपति
प्रेस–press छापाखाना, मुद्रणालय
प्रेसकिरप्शन–prescription नुस्खा, पुरजा, परची
प्रेशर–pressure दबाव; दाब; प्रभाव; कार्यभार
प्रेसफ़ोटोग्राफ़र–press photographer अख़बारी छविकार
प्रेसीडेंट–president राष्ट्रपति; सभापति; अध्यक्ष
प्रेस्टीज़–prestige प्रतिष्ठा
प्रैक्टीकल–practical प्रायोगिक; व्यावहारिक
प्रैक्टिस–practice अभ्यास; दस्तूर, रिवाज
प्रैम–pram बच्चागाड़ी
प्रोग्राम–programme कार्यक्रम
प्रोग्रेस–progress प्रगति
प्रोग्रेसिव–progressive प्रगतिशील
प्रोटेस्ट–protest विरोध, प्रतिवाद (करना)
प्रोटोकोल–protocol नयाचार, उपसंधि
प्रोड्यूसर–producer निर्माता
प्रोनोट–pronote रुक्का
प्रोप्राइटर–proprietor मालिक
प्रोफ़ार्मा–proforma प्रपत्र
प्रोफ़ेसर–professor आचार्य
प्रोबेशन–probation परिवीक्षा, परख
प्रोमोशन–promotion पदोन्नति, तरक्की
प्रोविज़न–provision उपबंध; व्यवस्था; शर्त
प्रोसीडिंगस–proceedings कार्यवाही
प्रोसेशन–procession शोभायात्रा, जुलूस
प्रोसीजर–procedure प्रक्रिया, कार्य विधि
प्लग–plug बिजली की ठेपी
प्लम–plum आलूचा, आलूबुखारा
प्लांट–plant संयंत्र
प्लाट–plot भूखंड; षड्यंत्र, दुष्चक्र; कथानक, कथावस्तु
प्लाटून–platoon पलटन
प्लान–plan योजना, परियोजना; रूपरेखा, खाका
प्लानिंग–planning आयोजन, नियोजन, योजना
प्लास–pliers संड़सी, संसी
प्लास्टर–plaster पलस्तर
प्लास्टिक–plastic एक लचकदार पदार्थ, लचद्रव्य
प्लास्तर–plaster पलस्तर, लेप
प्ले–play नाटक; खेल
प्लेग–plague महामारी, ताऊन; छुआछूत की बीमारी
प्लेट–plate रकाबी, नश्तरी
प्लेटफ़ार्म–platform मंच; गाड़ी ठहराने का चबूतरा
प्लेटिनम–platinum एक भारी कीमती धातु
प्लेन–plain चौरस मैदान, सपाट भूमि
प्लेन–plane विमान
प्लेबिसाइट–plebiscite जनमत-संग्रह
प्वाइंट–point बिंदु, नोंक; विषय, प्रसंग; प्रश्न, सवाल

फ

फ़ंकशन–function समारोह, जलसा; कार्य, प्रकार्य
फ़ंड–fund निधि, कोष
फ़र–fur पशुलोम
फ़रनीचर–furniture मेज, कुर्सी आदि सामान
फ़रमा–form एक बार में छपनेवाला टाइप का मैटर
फ़रवरी–February अंग्रेजी साल का दूसरा महीना
फ़र्म–firm कंपनी
फ़र्लांग–furlong 220 गज़ की लंबाई
फ़र्स्ट–first प्रथम, पहला
फ़र्स्ट एड–first-aid प्राथमिक चिकित्सा
फ़र्स्ट क्लास–first class प्रथम श्रेणी
फ़लालैन–flannel एक नरम रोएँदार कपड़ा
फ़ाइन–fine जुर्माना, दण्ड; अच्छा, बढ़िया
फ़ाइनल–final अंतिम
फ़ाइबर–fibre तंतु, रेशा
फ़ाइल–file संचिका

फ़ाउन्टेनपेन–fountain pen स्रोतलेखनी
फ़ाउन्ड्री–foundry ढलाई का कारख़ाना
फ़ाउल–foul नियम विरुद्ध खेल
फ़ादर–father पिता; पादरी
फ़ादर-इन-ला–father-in-law श्‍वसुर
फ़ायर–fire दागना, आग
फ़ायर ब्रिगेड–fire brigade अग्नि शमन
फ़ारवर्ड–forward आगे
फ़ारेन–foreign विदेश
फ़ार्म–form रूप, आकार; प्रपत्र
फ़ार्मूला–formula सूत्र, नुस्ख़ा
फ़ार्मेलिटी–formality औपचारिकता
फ़ार्मेसी–pharmacy औषधालय
फ़ाल–fall प्रपात; साड़ी के नीचे की पट्टी
फ़ासिज़्म–fascism फासीवाद
फ़िक्स–fix स्थिर, अचल
फ़िजिक्स–physics भौतिकी
फ़िट–fit उपयुक्त, ठीक, अनुरूप
फ़िटर–fitter मिस्त्री, संधाता
फ़िनिश–finish समाप्त (करना)
फ़िनैल–phenyl एक कीट नाशक दवा
फ़िलासफ़र–philosopher दार्शनिक, तत्वज्ञ
फ़िलासफ़ी–philosophy दर्शनशास्त्र
फ़िल्टर–filter छन्ना,
फ़िल्टर पेपर–filter paper छन्नक पत्र
फ़िल्म–film चलचित्र; फ़ोटो की झिल्ली
फ़ीमेल–female स्त्री, मादा, ज़नाना
फ़ील–feel अनुभव करना, महसूस करना
फ़ील्ड–field क्षेत्र, मैदान
फ़ीवर–fever ताप, ज्वर, बुख़ार
फ़ीस–fees शुल्क, मेहनताना, पारिश्रमिक
फ़ुट–foot 12 इंच की लंबाई
फ़ुटपाथ–foot-path पगडंडी, पदमार्ग
फ़ुटबाल–football पाद कंदुक क्रीड़ा
फ़ुटबोर्ड–foot-board पायदान
फ़ुलस्केप–foolscap काग़ज़ की नाप जो 13-1/2 × 17 इंच होती है
फ़ेअर–fare भाड़ा, किराया
फ़ेअर–fair मेला; गौरवर्ण
फ़ैमिली–family परिवार, घराना, कुटुम्ब
फ़ेयरवेल–farewell विदाई
फ़ेल–fail असफ़ल, अनुत्तीर्ण
फ़ेलो–fellow शिक्षावृत्ति भोगी
फ़ेवर–favour अनुकंपा, अनुग्रह, कृपा; पक्षपात
फ़ेस्टिवल–festival त्यौहार, पर्व
फ़ैकल्टी–faculty संकाय, विभाग
फ़ैक्टर–factor घटक; कारक; कारण
फ़ैक्टरी–factory कारख़ाना
फ़ैन–fan पंखा
फ़ैन्सी–fancy सजावटी, आकर्षक
फ़ैरेनहाइट–fahrenheit तापमान की एक इकाई
फ़ैशन–fashion भूषाचार; लोकाचार; प्रचलन
फ़ैसिलिटी–facility सुविधा
फ़ोकस–focus नाभि; किरण केन्द्र; प्रकाशपुंज
फ़ोटो–photo फोटो, चित्र, छवि
फ़ोटोस्टेट–photostat फोटो द्वारा प्रतिलिपि लेने की युक्ति
फ़ोन–phone दूरभाष
फ़ोनोग्राम–phonogram ग्रामोफ़ोन
फ़ोरमैन–foreman वरिष्ठ संधाता, बड़ा मिस्त्री
फ़ोर्जरी–forgery कूट रचना; जालसाजी
फ़ोर्ट–fort गढ़, किला
फ़ोल्डर–folder तहाया जानेवाला इश्तहार, पुटक
फ़्यूज–fuse संगलक
फ़्रन्टियर–frontier सरहद, सीमान्त
फ़्राई–fry तलना
फ़्राक–frock बच्चों का झग्गा
फ़्राड–fraud छल, धोखा, कपट
फ़्रिज–fridge, frig प्रशीतक
फ़्री–free निःशुल्क, मुफ़्त; स्वतंत्र, मुक्त
फ़्री व्हील–free wheel मुक्तचक्र
फ़्रूट–fruit फल
फ़्रेम–frame चौखट, चौखटा
फ़्रेश–fresh नया, ताजा, नूतन
फ़्लड–flood बाढ़, सैलाब
फ़्लर्ट–flirt छिनाल
फ़्लाइट–flight उड़ान
फ़्लाइट लेफ़्टिनेंट–flight lieutenant वायुसेना का एक अफ़सर
फ़्लू–flu प्रतिश्याय, इन्फ़्लुएंजा
फ़्लैट–flat दो तीन कमरों का मकान

ब

बंडल–bundle पुलिंदा
बक अप–buckup शाबाश
बकरम–buckram कालर आदि में तह देने का एक कड़ा कपड़ा
बकल–buckle बकसुआ
बजट–budget आय-व्यय लेखा, आय-व्ययक
बटन–button बुताम, बटन
बटन-होल–button-hole काज
बटर–butter मक्खन
बटालियन–battalion पलटन
बन–bun डबल रोटी का बंद
बम–bomb बारूदगोला, बमगोला

बरामडा–veranda, verandah बरामदा
बर्थ–berth शायिका, शयनिका
बर्थडे–birthday जन्म दिन
बर्नर–burner ज्वालक, दाहक; लैंप का कल्ला
बल्ब–bulb दीपलट्टू
बस–bus सवारी मोटर गाड़ी
बस स्टॉप–bus stop बस रुकने की जगह
बाइआलजी–biology जीव विज्ञान
बाइसिकल–bicycle दुपहिया गाड़ी, साइकिल
बाउन्ड्री–boundary सीमा
बाक्स–box बक्सा, संदूक
बाटनी–botany वनस्पति विज्ञान
बाडिस–bodice अंगिया
बाडी–body कलेवर
बाडीगार्ड–bodyguard अंगरक्षक
बाथ–bath स्नान, नहान
बाथरूम–bathroom स्नानागार, स्नानगृह; पेशाबघर
बानेट–bonnet ढक्कन (मोटर आदि का)
बान्ड–bond बंधपत्र, इकरारनामा
बाबा-सूट–baba suit बच्चों का सूट
बाब्ड कट–bobbed cut कटे (बाल)
बाम–balm पीड़ाहर लेप
बाय–buoy बोया, प्लव, तैरते रखना
बायकाट–boycott बहिष्कार
बायलर–boiler वाष्पित्र
बार–bar रोध, रुकावट; वकील लोग; शराबघर
बारली–barley जौ
बार्डर–border सीमा; हाशिया; किनारा
बाल–ball गेंद
बालकनी–balcony बारजा, छज्जा
बास–boss मालिक
बास्केटबाल–basket ball टोकरी में गेंद डालने का एक खेल
बिगल–bugle बिगुल बाजा
बिज़नेस–business कारोबार, कामधंधा, व्यापार
बिज़नेस मैन–business man व्यापारी
बिज़ी–busy व्यस्त, कार्यरत
बिल–bill विधेयक; बीजक
बिल्डिंग–building भवन, इमारत
बिशप–bishop लाट पादरी
बिस्कुट–biscuit मठरी जैसा एक पकवान
बीट–beat ताल, गश्त
बीम–beam शहतीर, धरन, कड़ी
बुक–book पुस्तक, किताब
बुक पोस्ट–book-post पुस्तक डाक
बुक सेलर–book seller पुस्तक विक्रेता
बुक स्टाल–book stall किताब की दुकान
बुकिंग आफ़िस–booking office टिकट घर
बुकिंग क्लर्क–booking clerk टिकट बाबू
बुचर–butcher कसाई, कसाब
बुलडोज़र–bulldozer भूमि खोदकर मिट्टी किनारे लगानेवाली मशीन
बुलेटिन–bulletin विज्ञप्ति
बुशर्ट–bush-shirt खुले आगे वाली कमीज़
बूट–boot जूता
बूथ–booth कक्ष, कोष्ठ
बूथ कैप्चरिंग–booth capturing चुनाव केन्द्र पर कबज़ा करना, कक्षारोहण, कक्ष-अधिग्रहण
बेंच–bench लंबी सीट; न्यायपीठ
बेकन–bacon सुअर का सूखा मांस
बेड–bed बिस्तर, बिछौना
बेडरूम–bedroom शयनकक्ष
बेडिंग–bedding बिस्तरा
बेन्ड–bend मोड़
बेबी–baby शिशु, बच्चा
बेल–bail प्रतिभूति, जमानत
बेल–bell घंटी
बेलिफ़–bailiff कुर्क अमीन
बेल्ट–belt पेटी
बेसबाल–baseball क्रिकेट जैसा एक खेल
बेसिन–basin प्रक्षालन पात्र, तसला
बैंक–bank बैंक, अधिकोष
बैंकर–banker महाजन
बैंजो–banjo एक गिटार की तरह का बाजा
बैंड–band पट्टी, फ़ीता, धारी; टोली, मंडली; बैंड बाज़ा
बैक ग्राउंड–background पृष्ठभूमि, पीठिका
बैकवर्ड–backward पिछड़ा हुआ; पिछड़ी जाति
बैकेलाइट–bakelite प्लास्टिक जैसा एक पदार्थ
बैग–bag थैला, झोला
बैच–batch टोली, जत्था, दल; ग्रुप
बैज–badge बिल्ला
बैट–bat बल्ला
बैट्री–battery तोपखाना; (टार्च का) मसाला
बैडमिंटन–badminton चिड़िया और रैकेट का खेल
बैन–ban प्रतिबंध, रोक, पाबन्दी
बैरा–bearer होटल का नौकर
बैरिस्टर–barrister विलायत पास वकील
बैरेक्स–barracks बारक
बैलट–ballot मतपत्र, मतपर्ची
बैलट बाक्स–ballot box मतपेटी
बैलून–balloon गुब्बारा
बैलेंस–balance संतुलन, सामंजस्य; शेष, बाकी
बोगी–bogie शकट, डब्बा
बोट–boat तरणी, नाव
बोटिंग–boating नौका विहार
बोतल–bottle शीशी
बोनस–bonus लाभांश

बोर–bore उबाना
बोरिंग–boring गड़ाई, भूभेदन; उबाऊ
बोर्ड–board परिषद्, मंडल; फलक
बोर्डिंग हाउस–boarding house छात्रावास
बोल्ट–bolt सिटकनी
ब्यूरो–bureau कार्यालय, केन्द्र
ब्रश–brush कूची, तूलिका
ब्रांड–brand छाप
ब्रांडी–brandy अंग्रेजी-शराब
ब्राडकास्ट–broadcast प्रसारण
ब्रिगेडियर–brigadier सेनादलपति
ब्रिज–bridge पुल, सेतु; ताश की बाज़ी का एक खेल
ब्रीफ़केस–briefcase कागज-पत्र रखने का बक्सा
ब्रुश–brush दे० ब्रश
ब्रेक–brake रोक
ब्रेकफ़ास्ट–breakfast नाश्ता, कलेवा
ब्रेड–bread डबल रोटी
ब्रेन–brain मस्तिष्क
ब्रेन ड्रेन–brain drain प्रतिभाप्रवास
ब्रेनवाशिंग–brain washing बलात मत परिवर्तन, मतारोपण
ब्रेसलेट–bracelet कंगन
ब्रैकेट–bracket कोष्ठक, बंधनी
ब्रोशर–brochure विवरणिका
ब्लंट–blunt मुँहफ़ट
ब्लड प्रेशर–blood pressure रक्तचाप
ब्लफ़–bluff झाँसा, धुप्पल
ब्लाउज–blouse जम्फर
ब्लाक–block खंड, प्रखंड; भवन समूह; ढाँचा
ब्लेज़र–blazer एक हल्का कोट
ब्लेड–blade पत्ती; फ़लक
ब्लैंक–blank कोरा, सादा; खाली
ब्लैक–black काला, कृष्ण
ब्लैक आउट–black-out निर्दीपन, अंधेरा करना
ब्लैक बोर्ड–blackboard श्याम पट
ब्लैक-मार्केट–blackmarket चोर बाज़ार, काला बाजार
ब्लैक लिस्ट–black list काली सूची
ब्वाइल–boil उबालना, खौलाना

म

मई–May अंग्रेजी साल का पाँचवाँ महीना
मकैनिक–mechanic मिस्त्री; यांत्रिक
मग–mug बड़े प्याले जैसा एक बर्तन
मजिस्ट्रेट–magistrate दंडाधिकारी
मटन–mutton भेड़ का मांस
मडगार्ड–mudguard पंकरक्षक, कीचड़ से रक्षा करनेवाला आवरण
मनोपाली–monopoly एकाधिकार
मनीआर्डर–money order धनादेश
मनीबैग–money bag बटुआ, धन थैली
मफ़लर–muffler गुलूबंद
ममी–mummy परिरक्षित शव
मम्प्स–mumps कनपेड़ा, गलसुआ
मम्मी–mummy माँ, माता
मर्चेन्ट–merchant व्यापारी, सौदागर, दुकानदार
मर्करी–mercury पारा, पारद; बुध
मर्डर–murder हत्या, खून, वध
मलेरिया–malaria शीतज्वर, जूड़ीताप, फ़सली बुख़ार
मशीन–machine यंत्र, कल
मशीनगन–machine-gun कलतोप
मशीनरी–machinery यंत्रसमूह, यंत्रावली; संगठन
माइंड–mind दिमाग, मस्तिष्क
माइक–mike ध्वनिग्राहक
माइका–mica अभ्रक, अबरक
माइक्रोफ़ोन–microphone माइक, ध्वनिग्राहक
माइक्रोवेव–microwave सूक्ष्म तरंग
माइनर–minor छोटा, लघु; गौण, अप्रधान; अवयस्क, नाबालिग़
माइनारिटी–minority अल्पमत; अल्प संख्यक वर्ग
माइल–mile मील (की दूरी)
माचिस–matches दियासलाई
माडर्न–modern आधुनिक, अर्वाचीन
माडेल–model नमूना, प्रतिमान
मानसून–monsoon बरसाती हवा, बरसात
मानीटर–monitor कक्षानायक, छात्रनायक
माब–mob भीड़, जनसमूह
मारकीन–marocain एक प्रकार का कोरा कपड़ा, अमरीकी कपड़ा
मारगेज–mortgage गिरवी, बंधक, रेहन
मार्क–mark अंक, नंबर
मार्का–mark छाप
मार्केट–market हाट, बाजार, मंडी
मार्च–March अंग्रेजी साल का तीसरा महीना
मार्च–march प्रयाण, अभियान
मार्जिन–margin हाशिया, उपान्त, पार्श्व, गुंजाइश
मार्शल–marshal सेनाध्यक्ष
मार्शल ला–martial law सैनिक कानून, फ़ौजी कानून
मास–mass जनसमूह

मासमिडिया–mass media जनसंचार, जन सम्पर्क के साधन
मास्टर–master स्वामी, मालिक, शिक्षक, अध्यापक, गुरू; विशेषज्ञ, उस्ताद, प्रवीण
मिक्चर–mixture घोल
मिडवाइफ–midwife धायी, दायी, धाय
मिडिल–middle मध्य; माध्यमिक
मिथ–myth पुराणकथा
मिनट, मिनिट–minute क्षण, पल
मिनि–mini छोटा, ह्रस्व, लघु
मिनिट्स–minutes कार्यवृत्त, कार्यवाही का विवरण
मिनिबस–minibus छोटीबस
मिनिमम–minimum लघुतम, न्यूनतम
मिनिस्कर्ट–miniskirt छोटा लहँगा, छोटा घाघरा
मिनिस्टर–minister मंत्री
मिल–mill चक्की, कारखाना
मिलिट्री–military सैना, फ़ौज; सामरिक, समर-सैनिक, सैन्य, सेना-, फ़ौजी
मिलीमीटर–millimetre मीटर का हजारवाँ भाग
मिशन–mission जीवन लक्ष्य; शिष्ट मंडल
मिशनरी–missionary धर्म प्रचारक
मिस–miss सुश्री, कुमारी; चूकना, खो देना
मिसाइल–missile प्रक्षेपास्त्र
मिसेज–mrs. श्रीमती
मिस्टर–mister श्री, श्रीमान्; महोदय
मीजल्स–measles खसरा, रोमान्तिका
मीट–meat मांस, गोश्त
मीटर–metre मापी, मापक; सौ सेन्टीमीटर का माप
मीटिंग–meeting बैठक, गोष्ठी, सभा; मुलाकात, भेंट
मीट्रिक सिस्टम–metric system दशमलव प्रणाली
मीडियम–medium माध्यम; मध्यम, मँझला, बीच का
मीनिंग–meaning अर्थ, अभिप्राय, तात्पर्य
मीनू–menu व्यंजन सूची, व्यंजनी
मील–mile 1760 गज की दूरी
मूड–mood मनोदशा, चित्तवृत्ति, मिज़ाज
मूवी–movie चलचित्र
मेंटल–mental मानसिक, दिमागी
मेंटल–mentle (गैस का) बताशा
मेक-अप–make-up बनाव-सिंगार, रूप सज्जा
मेकैनिक–mechanic यंत्रविद्, मिस्त्री
मेजर–major बड़ा, वयस्क; कप्तान से ऊपर का सैनिक अधिकारी
मेजारिटी–majority बहुमत, बहुसंख्यक
मेट–mate साथी, सखा; मजदूरों का सरदार
मेट्रन–matron अधीक्षिक, अध्यक्षा
मेडिसन–medicine दवा, औषध; चिकित्साशास्त्र,
मेथड–method तरीका, रीति, ढंग
मेन–main मुख्य प्रमुख; मुख्य लाइन, परिचय
मेनिया–mania सनक, झक
मेन्सेज–menses रजोधर्म, आर्तव, रजोदर्शन
मेमो–memo ज्ञापक, ज्ञायपत्र
मेमोरियल–memorial स्मारक
मेमोरैंडम–memorandum ज्ञापन, स्मरण पत्र
मेमबर–member सदस्य
मेयर–mayor नगर प्रमुख, महापौर, निगमाध्यक्ष
मेरिट–merit योग्यता; गुण, खूबी
मेल–mail डाक; डाकगाड़ी
मेल–male नर, पुरूष
मेस–mess लंगर, भंडारा
मेसेज–message संदेश, संदेशा
मैक्सीमम–maximum अधिकतम, उच्चतम
मैगजीन–magazine पत्रिका; (बंदूक आदि की) पेटी
मैगनेट–magnet चुम्बक
मैच–match दियासलाई, माचिस; जोड़, बराबरी; जोड़ा, वर या वधू
मैच–match खेल का मुकाबला
मैजिक–magic जादू, जादूटोना, अभिचार, इंद्रजाल
मैटर–matter तत्व, सामग्री
मैटरनिटी–maternity मातृत्व
मैटरनिटी हास्पिटल–maternity hospital मातृ केन्द्र, प्रसूति केन्द्र
मैटीरियल–material सामग्री, वस्तु, कच्चामाल
मैट्रिक–matric दसवीं पास
मैट्रीमोनियल–matrimonial वैवाहिक; वैवाहिक विज्ञापन
मैडम–madam भद्रे, महोदया
मैडल–medal पदक, तमगा
मैथ–math गणित
मैनपावर–manpower जनशक्ति
मैनिफेस्टो–manifesto घोषणा पत्र
मैनुअल–manual नियमपुस्तिका
मैनेजमेंट–management प्रबंध, व्यवस्था
मैनेजर–manager प्रबंधक
मैप–map मानचित्र, नक्शा
मैरिज–marriage ब्याह, विवाह, शादी
मोटर–motor मोटरगाड़ी;
मोटरकार–motorcar मोटरगाड़ी
मोटर साइकल–motorcycle फटफटिया
मोशन–motion प्रस्ताव; गति; शौच
म्यूनिसपिलिटि–municipality नगरपालिका
म्यूजिक–music संगीत
म्यूजियम–museum संग्रहालय, अजायबघर

य

यंग–young नवयुवक, नौजवान
यार्ड–yard गज़; प्रांगण
यूज़–use उपयोग, प्रयोग, इस्तेमाल, व्यवहार; लाभ
यूटिलिटि–utility उययोगिता, उपयोगी, लाभ
यूटोपिया–utopia मनोराज्य, आदर्श, लोक
यूथ–youth यौवन, तरुणाई, जवानी; युवक
यूनिट–unit इकाई, एकक
यूनिफ़ार्म–uniform वर्दी, परिच्छद
यूनियन–union संघ, एकता
यूनिवर्सिटी–university विश्वविद्यालय
यूरिनल–urinal मूत्रालय, पेशाबखाना
यूरेनियम–uranium एक कीमती धातु

र

रंगरूट (रिक्रूट)–recruit भरती होंने वाला
रजिस्टर–register पंजी, पंजिका
रजिस्टर्ड–registered पंजीकृत
रजिस्ट्रार–registrar पंजीयक; कुलसचिव
रजिस्ट्री–registry पंजीकृत
रजिस्ट्रेशन–registration पंजीयन, पंजीकरण
रन–run दौड़
रपट–report रिपोर्ट
रफ़–rough कच्चालेख; खुरदरा
रबड़–rubber एक प्रकार के पेड़ के दूध से जमा पदार्थ
रम–rum अंग्रेजी शराब
रश–rush भीड़, रेल-पेल; हड़बड़ी
रसभरी–raspberry बेर जैसा एक फल
रस्क–rusk बिस्कुट जैसा एकपदार्थ
रस्टीकेट–rusticate निकाल देना
रस्टीकेशन–rustication निष्कासन
रांग–wrong गलत, नियमविरूद्ध
रा–raw कच्चा
राइट–right ठीक, सही, उचित; अधिकार
राइटिस्ट–rightist दक्षिणपंथी
राइफ़ल–rifle एक तरह की बंदूक
राकेट–rocket अग्निबाण
राड–rod छड़
राडार–radar सर्वदर्शी यंत्र
रायट–riot दंगा, फ़साद
रायल्टी–royalty अधिकार शुल्क
राशन–ration खाने का सामान, रसद
रिंग–ring घेरा; अँगूठी, छल्ला
रिकमेन्ड–recommend सिफ़ारिश करना, संस्तुति करना
रिकमन्डेशन–recommendation सिफ़ारिश, संस्तुति
रिकार्ड–record कीर्तिमान; अभिलेख
रिक्वेस्ट–request निवेदन, प्रार्थना
रिज़र्व–reserve आरक्षित
रिजर्वेशन–reservation आरक्षण
रिजल्ट–result परिणाम, परीक्षाफल
रिज़ाइन–resign त्यागपत्र देना
रिजिग्नेशन–resignation त्याग-पत्र, इस्तीफ़ा
रिजेक्ट–reject अस्वीकार करना
रिज़ोल्यूशन–resolution प्रस्ताव
रिटायर–retire अवकाश प्राप्त
रिटायरमेन्ट–retirement सेवानिवृत्ति, पदावकाश
रिटेल–retail खुदरा, परचून
रिन्यू–renew नया करना
रिपट–rivet कीलक
रिपेयर–repair मरम्मत
रिपोर्ट–report सूचना, प्रतिवेदन
रिपोर्टर–reporter संवाददाता, प्रतिवेदक
रिप्रिंट–reprint पुनर्मुद्रण
रिप्लाई–reply उत्तर, जवाब
रिफ़ंड–refund लौटाना, प्रतिदाय, प्रत्यर्पण, वापसी
रिफ़ार्म–reform सुधार
रिफ़्यूज़–refuse इन्कार
रिफ़्यूजी–refugee शरणार्थी
रिफ्रेश–refresh ताजा करना
रिफ्रेशमेंट–refreshment जलपान, अल्पाहार
रिबन–ribbon फ़ीता, पट्टी
रिबेट–rebate छूट, बट्टा
रिम–rim नेमि, हाल; घेरा
रिमांड–remand वापसी, पुनरर्पण
रिमाइन्ड–remind याद दिलाना
रिमाइन्डर–reminder स्मरण पत्र, अनुस्मारक
रिलीज़–release विमोचन
रिलीफ़–relief राहत
रिलीव–relieve राहत देना, भारमुक्त करना
रिले–relay पुनः प्रसारण
रिलेशन–relation संबंध, रिश्ता, नाता; संबंधी, रिश्तेदार
रिवर्स–reverse उल्टा
रिवाल्वर–revolver तमंचा
रिविज़न–revision दुहराव
रिवोल्यूशन–revolution क्रांति
रिव्यू–review पुनरीक्षण, पुनर्विवेचन
रिसर्च–research खोज, अनुसंधान, शोध
रिसीट–receipt रसीद, प्राप्ति

रिसीवर–receiver ग्राही, पानेवाला, लेनेवाला; आदाता; अभिग्राहित्र
रिसेप्शन–reception स्वागत-सत्कार
रिस्क–risk जोखिम, खतरा
रिस्टवाच–wristwatch कलाई घड़ी
रिहर्सल–rehearsal पूर्वाभ्यास
रीज़न–reason तर्क; कारण; युक्ति
रीजेंट–regent प्रतिशासक
रीडर–reader पाठक, वाचक; रीडर; पाठ्य-पुस्तक
रील–reel फिरकी
रीसेस–recess अवकाश, मध्यावकाश
रूज़–rouge सुर्खी
रूट–route मार्ग
रूटीन–routine नित्यचर्या
रूम–room कक्ष, कमरा
रूल–rule नियम
रूलर–ruler रेखनी, रूला
रेंज–range दूरी; सीध; मार; वनखंड, वनराजि
रेंडियर–reindeer ध्रुवीय बारहसिंगा
रेकग्नाइज़्ड–recognized मान्यता-प्राप्त
रेकर्ड–record अभिलेख
रेगुलर–regular व्यवस्थित, नियमित
रेग्युलेटर–regulator समायोजित
रेज़र–razor उस्तरा
रेजीमेन्ट–regiment फ़ौज की टुकड़ी
रेट–rate दर
रेड–raid छापा, धावा
रेडटेप–red tape लाल फीता
रेडटेपिज़्म–redtapism लालफीता-शाही
रेडियम–radium एक चमकदार कीमती धातु
रेडियो–radio आकाशवाणी
रेडी–ready तैयार
रेडीमेड–readymade बना-बनाया; सिलेसिलाए कपड़े
रेन्ट–rent किराया
रेप–rape बलात्कार, सतीत्वहरण, शीलभंग
रेफ़री–referee निर्णायक (खेल)
रिफ्रीजिरेटर–refrigerator प्रशीतक, फ्रिज
रेल–rail रेलपटरी, रेलगाड़ी
रेलवे–railway रेलमार्ग, रेलविभाग
रेवेन्यू–revenue राजस्व, लागत
रेवेन्यूस्टाम्प–revenue stamp रसीदी टिकट
रेस–race दौड़; नस्ल, जाति
रेसकोर्स–race course घुड़दौड़-मैदान
रेस्ट–rest आराम, विश्राम
रेस्टहाउस–rest-house विश्राम-गृह
रेस्टोरेन्ट–restaurant भोजनालय, आहारगृह
रैंक–rank श्रेणी, क्रम, दर्जा; पद
रैक–rack बिना दरवाज़े की अलमारी
रैकेट–racket तिकड़म, धोखाधड़ी, ठग-व्यापार
रैकेट–racket टैनिस खेलने का बल्ला
रैली–rally जमघट
रोटरी क्लब–rotary club अंतर्राष्ट्रीय जन सेवक समाज
रोटरी मशीन–rotary machine घूर्णीकल, घूर्णन यंत्र
रोड–road सड़क, मार्ग
रोबट–robot यंत्रमानव
रोमांस–romance रोमांच, प्रेमाख्यान
रोल–role भूमिका
रोल–roll नामावली
रोल नंबर–roll number अनुक्रमांक
रोलर–roller बेलन

ल

लंकलाट–longcloth लट्ठा
लंग–lung फ़ेफड़ा, फुफ्फुस
लंच–lunch दोपहर का खाना
लंपसम–lumpsum एकमुश्त, एक राशि
लक्ज़री–luxury ऐय्याशी, विलास
लगेज–luggage सामान, असबाब
लव–love प्रेम, प्यार, प्रीति, अनुराग; बराबर का खेल
लांड्री–laundry धुलाईघर
ला–law कानून, विधि; नियम
लाइट–light रोशनी, प्रकाश; बत्ती
लाइन–line पंक्ति, कतार; रेखा, लकीर
लाइनर–liner एक तरह का जहाज़
लाइफ़–life जीवन, जिंदगी
लाइफ़मेम्बर–life-member आजीवन सदस्य
लाइब्रेरी–library पुस्तकालय
लाइसेन्स–licence अनुज्ञापत्र
लाइसेन्स होल्डर–licence-holder अनुज्ञयी, अनुज्ञाधारी
लाउडस्पीकर–loudspeaker ध्वनि विस्तारक उपकरण
लाउन्ज–lounge विश्रामकक्ष, बैठक
लाक–lock ताला
लाक-आउट–lock-out तालाबन्दी
लाकर–locker संदूक
लाकेट–locket लटकन, ढोलना
लागबुक–log-book कार्यपंजी
लाज–lodge वास
लाजिंग–lodging वासगृह
लाजिक–logic तर्क; तर्कशास्त्र
लार्ड–lord बड़ा साहब

लाट–lot भाग्यपत्र, गुट्टी; ढेर
लाटरी–lottery भाग्यपत्र, भाग्यपरखनी
लान–lawn फुलवाड़ी के साथ का मैदान, दूर्वाक्षेत्र, शाद्वलभूमि
लाबी–lobby प्रचार कक्ष, दीर्घा
लारी–lorry भारवाहक गाड़ी
लार्ड–lord स्वामी, अधिपति
लालटेन–lantern हरीकेन लैंप
लावा–lava ज्वालामुखी से निकलने वाला पदार्थ
लास–loss क्षति, हानि, नुकसान
लास्ट–last गत, पिछला, अंतिम
लिंक–link कड़ी; संबंध
लिंक लैंगवेज़–link language संपर्क भाषा
लिंटर–linter सीधा डाट
लिटर–litre किलो के बराबर की द्रव माप
लिटरेचर–literature साहित्य
लिनन–linen सन का बना एक बढ़िया कपड़ा
लिपस्टिक–lipstick ओष्ठ रंजक बत्ती, ओंठलाली
लिफ़्ट–lift उत्थापक
लिमिट–limit सीमा, हद; प्रतिबंध
लिमिटेड–limited सीमित
लिवर–liver यकृत, ज़िगर
लिस्ट–list सूची
लीक–leak चूना, रिसना, टपकना; भेद खुलना, प्रकट होना
लीग–league संघ
लीज़–lease पट्टा, इजारा
लीड–lead आगे चलना
लीडर–leader नेता, अगुआ, सरगना
लीव–leave छुट्टी, अवकाश
लीवर–lever उत्तोलक
लीस– दे० लीज़
लूडो–ludo गोटियों का एक खेल
लूप–loop घुंडी, फंदा; छल्ला
लेंस–lens वीक्षकाच
ले-आउट–lay-out नक्शा, प्लान
ले-आफ–lay-off छँटनी; मंदी
लेक–lake झील
लेक्चर–lecture व्याख्यान
लेक्चरार–lecturer व्याख्याता
लेजर–ledger बही खाता
लेट–late विलंब, विलंब से
लेटर–letter पत्र, चिट्ठी, खत
लेटर पैड–letter pad पत्राली
लेटर बाक्स–letter box पत्र-पेटिका
लेट्रिन–latrine शौचालय, संडास
लेडी–lady महिला
लेडी डाक्टर–lady doctor महिला चिकित्सक
लेन–lane गली
लेफ़्ट–left बायाँ, वाम
लेफ़्टिनेंट–lieutenant फ़ौजी अफ़सर का पद नाम
लेफ़्टिस्ट–leftist वामपंथी
लेबर–labour परिश्रम, श्रमिक, मजदूर
लेबल–label नामपत्र, परची
लेबोरेटरी–laboratory प्रयोगशाला
लेमन–lemon नींबू
लेमनेड–lemonade नींबू शर्बत
लेवी–levy महसूल, कराधान, उद्ग्रहण
लेवल–level समतल; स्तर; समतलमापी
लेस–lace किनारी; फीता
लैनटर्न–lantern लालटेन
लैन्डलार्ड–landlord मकान मालिक
लैप्स–lapse व्ययगत होना, बीत जाना; चूक जाना
लैम्प–lamp दीप
लोकल–local स्थानीय
लोको–loco प्रचल इंजन
लोकोशेड–loco-shed प्रचल इंजन को ठहराने का स्थान
लोन–loan ऋण, उधार
लोफ़र–loafer आवारागर्द
लोशन–lotion दवा का घोल

व

वन्समोर–once-more एक बार फिर, फिर से, पुनः
वरान्डा–verandah बरामदा
वर्कशाप–workshop कार्यशाला
वाइफ़–wife पत्नी
वाइरस–virus विषाणु
वाइल–voile एक बढ़िया सूती कपड़ा
वाइवा–viva मौखिक परीक्षा, मौखिकी
वाइस चान्सलर–vice-chancellor उप-कुलपति
वाइस प्रेसीडेन्ट–vice-president उपराष्ट्रपति; उपाध्यक्ष
वाइसराय–viceroy सम्राट का प्रतिनिधि शासक
वाच–watch घड़ी
वाचमैन–watchman चौकीदार
वाट–watt बिजली के खपत की इकाई
वाटर–water पानी
वाटर-प्रूफ़–water-proof जल सह
वाटरमार्क–watermark जलांक
वायरलेस–wireless बेतार का तार
वायलिन–violin सारंगी जैसा एक हल्का बाजा
वाया–via से होकर, बरास्ता

वारंट–warrant आज्ञापत्र, अधिपत्र, समादेश, परवाना
वार–war युद्ध, जंग, लड़ाई
वार्ड–ward रोगीकक्ष; बन्दीकक्ष; आश्रित बालक
वार्डेन–warden रक्षक, अध्यक्ष
वार्निंग–warning चेतावनी
वार्निश–varnish रोगन
वालंटियर –volunteer स्वयंसेवक
वालीबाल–volleyball जाल के ऊपर से बड़ा गेंद फेंकने का एक खेल
वाल्व–valve पुटक, कपाट
वाशबेसिन–wash basin धोवन-पात्र, प्रक्षालिनी
वास्कट–waistcoat फतुही
विकेट–wicket क्रिकेट का डंडा
विकेट-कीपर–wicket-keeper विकेट रक्षक
विक्टोरिया–victoria बग्घी
विग–wig बालों की टोपी
विजिट–visit मुलाकात, भेंट; परीक्षक
विटामिन–vitamin पौष्टिक तत्व
विडियो–video चित्रदर्शी
विडो–widow विधवा
वी० आई० पी०–V.I.P. अति विशिष्ट व्यक्ति
– (Very Important Person)
विज़न–vision दृष्टि
वीज़ा–visa प्रवेशपत्र
वीटो–veto निषेधाधिकार
वेजिटेरियन–vegetarian शाकाहारी
वेट–weight भार, वजन, तौल
वेट–wait प्रतीक्षा, इंतजार
वेटर–waiter बैरा
वेनू–venue मिलनस्थान; घटना स्थल
वेलफ़ेअर–welfare कल्याण, हित
वेस्ट–vest बनियान
वेस्ट–waste नष्ट, बर्बाद
वेकैंसी–vacancy रिक्त स्थान, खाली जगह
वैक्सीनेशन–vaccination टीका
वैगन–waggon, wagon माल-डिब्बा
वैन–van गाड़ी, यान
वैराइटी–variety विविधता, वैविध्य, अनेक रूपता
वैराइटी प्रोग्राम–variety programme रंगारंग कार्यक्रम
वैलिड–valid मान्य, वैध, प्रामाणिक
वैल्यू–value मूल्य
वैल्यूएशन–valuation मूल्यांकन
वैसलिन–vaseline पेट्रोलियम का एक लेप
वोट–vote मत, मतदान
वोटर–voter मतदाता
वोटिंग–voting मतदाता
वोल्ट–volt विद्युत बल की इकाई
वोल्टेज–voltage वोल्ट में मापा गया विद्युत बल
व्यू–view दृश्य
व्हाइट-वाश–whitewash सफ़ेदी, चूना
व्हिसिल–whistle सीटी (बजाना)

श

शटर–shutter लपटद्वार, मुड़वाँ कपाट
शटल–shuttle भरनी; निकटगामी रेलगाड़ी
शर्ट–shirt कमीज़
शर्टिंग–shirting कमीज़ का कपड़ा
शाक–shock सदमा, धक्का
शाक-प्रूफ़–shock-proof झटका सह
शाट–shot मार, निशाना (मारना)
शाफ़्ट– shaft लोहे का मोटा छड़, छुरा
शार्क– shark हाँगर (मछली)
शार्टकट–short-cut सरलमार्ग
शिफ़्ट– shift स्थानांतरण; पाली, पारी
शीट–sheet चादर; ताव
शू–shoe जूता
शूगर–sugar चीनी
शूट–shoot गोली मारना
शूटिंग–shooting फ़ोटो लेना, गोली मारना
शेड–shade लैंप का परावर्तक ढक्कन
शेड–shed टीन आदि का छप्पर, सायबान
शेड्यूल–schedule अनुसूची
शेड्यूल कास्ट्स–schedule castes अनुसूचित जातियाँ
शेड्यूल ट्राइब्ज़–schedule tribes अनुसूचित जनजातियाँ
शेप–shape रूप, आकार
शेयर–share हिस्सा, अंश, भाग, साझा
शेयर-होल्डर–shareholder अंशधारी
शेव–shave हजामत बनाना, दाढ़ी बनाना
शैम्पू–shampoo केश निखार, केशमार्जक
शो–show प्रदर्शन, दिखाना

स

संतरी–sentry पहरेदार
सनडे–Sunday रविवार
सनस्ट्रेक–sun stroke धूप की मार, आतप आघात
सपर–supper रात का भोजन

सपोर्ट–support सहारा, अवलंब, बल, टेक, आश्रय
सप्लाई–supply आपूर्ति
सप्लाई अफ़सर–supply officer आपूर्ति अधिकारी
सब-इन्सपेक्टर–sub-inspector उपनिरीक्षक, दरोगा
सब-कमेटी–sub-committee उपसमिति
सब-डिवीजन–sub-division उपमंडल
सब-रजिस्ट्रार–sub-registrar उपनिबंधक, उपपंजीयक
सबर्ब–suburbs उपनगर
समन–summons आह्वान-पत्र, तलबनामा
सर–sir श्री, श्रीमान, जनाब
सरकस–circus कौतुकागार के खेल
सरचार्ज–surcharge अधिशुल्क, अधिकर, अधिभार
सरप्लस–surplus अतिरिक्त, फालतू
सर्कल–circle अंचल, इलाका; वृत्त
सर्किट हाउस–circuit house परिसदन
सर्च–search खोज़, तलाशी
सर्चलाइट–search light खोजदीप्ति
सर्ज–surge एक प्रकार का गर्म कपड़ा
सर्जन–surgeon शल्य चिकित्सक
सर्जरी–surgery शल्य चिकित्सा
सर्जेन्ट–sergeant तीन फ़ीताधारी सेना या पुलिस का सिपाही
सर्टिफिकेट–certificate प्रमाण-पत्र, सनद
सर्विस–service सेवा, नौकरी
सर्वे–survey सर्वेक्षण
सर्वेन्ट–servant नौकर, चाकर
सलाद–salad एक पत्तीदार सब्जी; प्याज, टमाटर, खीरा आदि
साइंस–science विज्ञान
साइकालजी–psychology मनोविज्ञान
साइकिल–cycle दुपहियागाड़ी, बाइसिकल
साइज–size माप, परिमाण
साइट–site स्थल, स्थान
साइड–side भुजा; पार्श्व, बगल; तरफ, ओर; पक्ष
साइन–sign संकेत, लक्षण, हस्ताक्षर
साइनडाई–sine-die अनिश्चित काल के लिए
साइनबोर्ड–sign board सूचना-पट्ट; नामपट्ट
साइनाइड– cyanide एक जहरीला द्रव, गैस
साकेट–socket कोटर, गर्तिका
साटन–satin एक रेशमी कपड़ा
सायरन–siren भोंपू
सारजन्ट–sergeant दे० सर्जेन्ट
सारी–sorry दुखी; खेद है
साल्व–solve हल करना, समाधान निकालना
सास–sauce चटनी
सिगंल–single एकल, अकेला
सिंडीकेट–syndicate अभिषद्
सिक्योरिटी–security सुरक्षा; प्रतिभू, जमानत
सिगनल–signal संकेत
सिगार–cigar बड़ा सिगरेट
सितम्बर–September अंग्रेजी साल का नौवाँ महीना
सिनेमा–cinema चलचित्र
सिफ़लिस–syphilis गरमी, उपदंश, आतशक, फिरंग
सिमेट्री–cemetry कब्रिस्तान, समाधिक्षेत्र
सिमेट्री–symmetry सममिति
सिमेन्ट–cement जुड़ाई के काम आनेवाला मसाला
सिरिन्ज–syringe पिचकारी
सिलवर–silver चाँदी
सिलिन्डर–cylinder बेलन; पीपा
सिलेक्ट कमेटी–select committee प्रवर समिति
सिलेक्शन–selection चुनाव, चयन
सिलेक्शन कमेटी–selection committee चयन समिति
सिल्क–silk रेशम
सिविल–civil असैनिक; दीवानी
सिविल वार–civil war ग्रहयुद्ध, खानाजंगी
सिविल सर्विस–civil service नागरिक सेवा, असैनिक सेवा
सिविलियन–civilian असैनिक
सिस्टर–sister नर्स; बहिन; ईसाई भिक्षुणी
सीक्रेट–secret भेद, रहस्य
सीज़न–season ऋतु, मौसम
सीज़ फायर–ceasefire युद्ध-विराम, अस्त्र-विराम
सीट–seat आसन, गद्दी, स्थान
सीन–scene दृश्य
सीनियर–senior वरिष्ठ, ज्येष्ठ
सीमेंट–cement जुड़ाई का मसाला
सीरप–syrup शर्बत
सीरिअस–serious गंभीर
सीरियल–serial धारावाहिक
सील–seal मुहर; सील (मछली)
सीलिंग–ceiling भीतरी छत
सीलिंग फ़ैन–ceiling fan छतपंखा
सीसा–seesaw झूमा-झूमी, उत्तोलन फ़लक
सुइसाइड–suicide आत्महत्या; आत्मघात
सुपर पावर–superpower महाशक्ति
सुपरफ़ाइन–super-fine अति महीन
सुपरमार्केट–supermarket सस्ता बाजार
सुपरवाइज़–supervise पर्यवेक्षण करना
सुपरवाइज़र–supervisor पर्यवेक्षक
सुपरिन्टेन्डेन्ट–superintendent अधीक्षक
सुपीरियर–superior वरिष्ठ, श्रेष्ठ

सुप्रीम कोर्ट–supreme court सर्वोच्च न्यायालय, उच्चतम न्यायालय
सूट–suit कपड़ों का जोड़ा; अनुकूल होना, माफ़िक आना
सूटकेस–suitcase बक्सा
सूप–soup रसा, तरी, शोरबा, झोल
सेंट–scent सुगंध, महक, खुशबू
सेंटर–centre केन्द्र
सेंसर–censor रोक, प्रतिबंध, नियंत्रण
सेकन्ड–second दूसरा, द्वितीय; मिनट का साठवाँ भाग
सेक्टर–sector क्षेत्र, अंचल, खंड
सेक्रीन–saccharine कोलतार की चीनी
सेक्रेटरी–secretary सचिव
सेक्रेटेरियट–secretariat सचिवालय
सेक्स–sex यौन; लिंग; कामवासना
सेक्सन–section अनुभाग; वर्ग
सेट–set एक मेल की चीज़ों का समूह; बैठाना, जड़ना
सेटल–settle फ़ैसला करना, तय करना
सेटलमेन्ट–settlement व्यवस्था, बन्दोबस्त; समझौता; निर्णय, निपटारा
सेन्टर–centre केन्द्र
सेन्टीग्रेड–centigrade शतांशिक, शतिक
सेन्टीमीटर–centimeter मीटर का सौवां हिस्सा
सेफ़–safe सुरक्षित; तिजोरी
सेफ़्टी–sefety सुरक्षा, कुशलता
सेफ़्टीपिन–sefety pin बकसुआ
सेफ़्टीरेज़र–sefety razor उस्तरा जिसमें ब्लेड को सुरक्षित स्थान में जमाया जाता है
सेमीकोलन–semi-colon अर्धविराम
सेमीनार–seminar संगोष्ठी
सेमी फ़ाइनल–semi-final उपान्त्य
सेमेस्टर–semester सत्र
सेरेमनी–ceremony समारोह, संस्कार, अनुष्ठान
सेल–cell कोष्ठ, कक्ष, प्रकोष्ठ
सेल–sale बिक्री, विक्रय
सेल्स टैक्स–sales-tax बिक्रीकर
सेल्समैन–salesman बिक्री प्रतिनिधि
सेविंग–saving बचत
सेशन–session सत्र
सैंक्शन–sanction शास्ति, अनुशासित; अनुमोदन
सैंडल–sandal चप्पल
सैंडविच–sandwich पनीर मक्खन वाले डबल रोटी के दोहरे टुकड़े
सैंडो–sandow बिना बाँह की बनियान
सैंपल–sample नमूना, प्रतिदर्श
सैक्रिफ़ाइस–sacrifice त्याग, बलिदान
सैटिसफ़ाइ–satisfy संतुष्ट करना
सैटिस्फ़ैक्शन–satisfaction संतुष्टि, संतोष
सैटेलाइट–satellite उपग्रह
सैबोटाज़–sabotage तोड़-फोड़, अंतर्ध्वंस
सैलरी–salary वेतन, तनख्वाह
सैलून–saloon नाई की दुकान
सैल्यूट–salute प्रणाम, नमस्कार, सलाम
सोडा–soda एक क्षारीय पदार्थ
सोडावाटर–soda-water गैसवाला सोडापानी
सोप–soap साबुन
सोप केस–soap case साबुनदानी
सोफ़ा–sofa गद्‌देदार बेंच
सोल–sole तला, तलवा
सोलो–solo एकल वादन या गायन
सोल्यूशन–solution हल; घोल
सोविनीर–souvenir स्मारक चिह्न, स्मारिका
सोशलिज़्म–socialism समाजवाद
सोशलिस्ट–socialist समाजवादी
सोसाइटी–society समाज, सभा
स्कर्ट–skirt घाघरा, लँहगा
स्काउट–scout बालचर
स्कार्फ़–scarf दुपट्टा
स्कालर–scholar विद्वान
स्कालर शिप–scholarship छात्रवृत्ति, वजीफ़ा; विद्वत्ता
स्कीम–scheme रूपरेखा, योजना
स्कूटर–scooter एक हल्की मोटर साइकिल
स्कूल–school पाठशाला, विद्यालय
स्केच–sketch रेखांकन; रूपरेखा ढाँचा, नक्शा
स्केट–skate बर्फ़ पर दौड़ते समय पैरों में पहनने का ढाँचा
स्केल–scale पलड़ा, तराजू, तुला; मापक्रम, मान पैमाना; वेतनमान
स्कैंडल–scandal कलंक, बुराई, अपयश
स्कोप–scope कार्यक्षेत्र, क्षेत्र; विषय; अवसर; गुंजाइश
स्कोर–score प्राप्तांक, कुल संख्या
स्क्रिप्ट–script लिपि लिखावट, आलेख
स्क्रीन–screen पर्दा, यवनिका; चित्रपट
स्क्रू–screw पेंचदार, कील, पेच
स्क्रूटिनी–scrutiny संवीक्षा, छानबीन
स्क्रैच–scratch खरोंच
स्क्वेयर–square वर्ग, चौक
स्क्वैश–squash रस
स्टडी–study अध्ययन
स्टफ़–stuff माल
स्टाइल–style शैली, ढंग
स्टाक–stock माल; भंडार
स्टाप–stop ठहराव (की जगह)
स्टाफ़–staff कर्मचारी वर्ग
स्टाम्प–stamp छाप, मुद्रा, मोहर; टिंकट
स्टार्च–starch माँड़ी

स्टार्ट–**start** शुरू करना; चलाना, चालू करना; प्रस्थान करना
स्टाल–**stall** गुमटी
स्टिक–**stick** छड़ी
स्टिक–**stick** जमना, चिपकना
स्टिच–**stitch** तुरपन
स्टीम–**steam** भाप
स्टीमर–**steamer** भापनौका
स्टील–**steel** इस्पात
स्टुडियो–**studio** शिल्पकक्ष
स्टुडेन्ट–**student** विद्यार्थी
स्टूल–**stool** ऊँची चौकी; पाखाना
स्टेज–**stage** मंच; मंजिल, पड़ाव; स्थिति, अवस्था
स्टेट–**state** राज्य; शासन, सरकार
स्टेटमेंट–**statement** वक्तव्य, कथन, बयान
स्टेटस–**status** हैसियत
स्टेटस क्वो–**status quo** यथास्थिति
स्टेडियम–**stadium** क्रीड़ा स्थल
स्टेबल–**stable** अ स्तबल,
स्टेशन–**station** स्थान; ठिकाना; चौकी; अड्डा; केन्द्र
स्टेशनरी–**stationery** लेखन-सामग्री
स्टैटिक्स–**statics** स्थैतिकी
स्टैटिस्टिक्स–**statistics** सांख्यकी; आँकड़े
स्टैन्ड–**stand** अड्डा
स्टैन्डर्ड–**standard** मान, मानक
स्टैन्डिंग कमिटी–**standing committee** स्थायी समिति
स्टैम्प–**stamp** दे० स्टाम्प; टिकट; मोहर
स्टोर–**store** भंडार
स्ट्राइक–**strike** हड़ताल
स्ट्राइकर–**striker** आघातक
स्ट्रिप–**strip** पलता, पट्टी
स्ट्रेचर–**stretcher** रोगी को उठाकर ले जानेवाली खटिया
स्ट्रेन–**strain** ज़ोर, बल
स्ट्रेस–**stress** बल
स्ट्रेप–**strap** तसमा
स्ट्रोक–**stroke** आघात, थपथपी, चोट
स्नाब–**snob** दंभी, अभिमानी
स्नैप–**snap** आशुचित्र, तुरत फ़ोटो
स्पंज–**sponge** पानी सोख
स्पिरिट–**spirit** भावना; मद्यसार
स्पीकर–**speaker** वक्ता; समाध्यक्ष
स्पीच–**speech** भाषण
स्पीड–**speed** चाल, गति, रफ़्तार
स्पूल–**spool** फिरकी, चरखी
स्पेशल–**special** विशेष, विशिष्ट, खास
स्पोर्ट–**sport** खेल-कूद
स्प्रिंग–**spring** कमानी; वसंत; झरना, सोता
स्प्रे–**spray** छिड़कना, छिड़काव; फुआर
स्मगलर–**smuggler** तस्कर
स्मार्ट–**smart** चुस्त, फुर्तीला; तेज, तीव्र; तीक्ष्ण;बनाठना
स्मोक–**smoke** धुआँ, धूम्रपान करना
स्मोकिंग–**smoking** बीड़ी सिगरेट पीना, धूम्रपान
स्योरटी–**surety** ज़मानत
स्लंप–**slump** मंदी
स्लम–**slum** गंदी बस्ती
स्लाइस–**slice** फाँक, कतला
स्लिंग–**sling** गलपट्टी; ढेलवाँस
स्लिप–**slip** परची, फिसलना
स्लिम–**slim** पतला, छरहरा
स्लीपर–**slipper** चट्टी
स्लीपर–**sleeper** शायिका
स्लीपिंग सूट–**sleeping suit** शयन-वस्त्र
स्लेट–**slate** लेखन-पट्ट
स्लैक्स–**slacks** तन जानेवाला ढीला पायजामा
स्लैब–**slab** पटिया, पट्टटी; सीमेंट की छत
स्लोगन–**slogan** नारा, प्रचार
स्विच–**switch** खटका, बटन
स्वेटर–**sweater** बुनाई वाली ज़ाकिट

ह

हनीमून–**honeymoon** मधुरात्रि, मधुमास, आनंदमास
हब–**hub** नाभि, केन्द्र
हरीकेन–**hurricane (lamp)** लालटेन
हर्निया–**hernia** आंत उतरने का रोग
हसबैन्ड–**husband** पति
हायर सेकेन्डरी –**higher secondary** उच्चतर माध्यमिक
हाइड्रोजन–**hydrogen** उद्जन
हाइड्रोसील–**hydrocele** जलमुष्क, अण्डोशोद्वृद्धि, अण्डवृद्धि
हाइफ़न–**hyphen** योजक चिन्ह
हाई–**high** ऊँचा, उच्च, उत्तुंग
हाई कमान–**high command** उच्चाधिकारी
हाई कमिश्नर–**high commissioner** उच्चायुक्त
हाई कोर्ट–**high court** उच्च न्यायालय
हाई स्कूल–**high school** पूर्वमाध्यमिक
हाउस-टैक्स–**house-tax** गृहकर
हाकी–**hockey** हाकी खेल
हाटलाइन–**hotline** तात्कालिक संचार-संपर्क व्यवस्था

हाफ़–half अर्ध, आधा
हाफ़्टोन–halftone बिन्दुचित्र
हाबी–hobby शगल, शौक
हारमोनियम–harmonium हारमोनियम बाजा
हार्ट–heart हृदय, दिल
हार्ट-अटैक–heart attack दिल का दौरा
हार्ट फेल–heart fail हृदयावसाद
हार्ड–hard कड़ा, कठिन, कठोर, सख्त
हार्ड कैश–hardcash नकदी
हार्न–horn भोंपू
हार्स पावर–horsepower अश्वशक्ति
हाल–hall बड़ा कमरा
हास्पिटल–hospital चिकित्सालय, औषधालय
हिंट–hint संकेत, इंगित, इशारा
हिट–hit मार, प्रहार, चोट; ठोकर
हिप-हिप-हुर्रे–hip-hip-hurray जय जय
हिस्टीरिया–hysteria कामोन्माद
हिस्ट्री–history इतिहास
हीट–heat गर्मी, ऊष्मा; ऊष्णता; आरंभिक खेलें
हीटर–heater गरम-चूल्हा
हीट-स्ट्रोक–heatstroke तापाघात
हीरो--hero नायक
हीरोइन–heroine नायिका
हील–heel एड़ी
हुक–hook अंकुड़ा, काँटा
हूट–hoot सीटी बजाकर निंदित करना, लुलुआना
हेअर ड्रेसिंग–hair-dressing केश प्रसाधन
हेक्टेअर–hectare दस हजार वर्ग मीटर की नाप
हेज–hedge झाड़ी
हेड–head मुख्य, प्रधान; अध्यक्ष; सिर
हेड कलर्क–head clerk वरिष्ठ लिपिक
हेड क्वार्टर–head quarter मुख्यालय
हेड मास्टर–headmaster प्रधानाध्यापक
हेडलाइन–headline सुर्खियाँ
हेडिंग–heading शीर्षक
हेलमेट–helmet टोप, शिरस्त्राण
हेलीकाप्टर–helicopter उदग्ररोही
हैल्प–help सहायता, मदद, सहारा
हैंडबिल–handbill हथपरची
हैंड बैग–handbag हाथ का झोला
हैंडल–handle हत्था, मूठ
हैंडलूम–handloom हथकरघा
हैट–hat टोप
हैबियस कार्पस–habeas corpus बंदी-प्रत्यक्षीकरण
हैम–ham पुट्ठा, (सुअर का सुखाया मांस)
होटल–hotel विश्रान्तिगृह
होमगार्ड–home-guard गृह रक्षक
होल्डर–holder धारी, धारक; धारित्र
होल्डाल–hold-all बिस्तर बंद
होस्टल–hostel छात्रावास
होस्टेस–hostess परिचारिका, सत्कारिणि
ह्वाइट पेपर–whitepaper श्वेत-पत्र

परिशिष्ट - 2

उपसर्ग

उपसर्ग वे कहलाते हैं जिनका स्वरूप नहीं बदलता। ऐसे शब्द अव्यय भी कहलाते हैं - परन्तु उपसर्ग ऐसे अव्यय शब्द हैं जो किसी शब्द के आरंभ में लगकर उस शब्द का अर्थ ही बदल देते हैं। उपसर्ग शब्द संस्कृत का है। उनसे हिन्दी में वैज्ञानिक और आधुनिक शब्द बनाने में सहायता मिली है, पर उर्दू आदि अन्य भाषाओं में भी उपसर्ग हैं। यहां हमने जो सूची दी है उसमें संस्कृत के अतिरिक्त अन्य भाषाओं के उपसर्ग भी दिये गये हैं - जिनका अनेक शब्दों के निर्माण में योग है। संस्कृत व्याकरण के अनुरूप अर्थ के साथ साथ प्रायः व्याकरण की दृष्टि से शब्द के स्वरूप में भी कुछ परिवर्तन हो जाता है।

अंतः—*भीतर*— अंतःकरण, अंतःकोण, अंतःपुर अंतःप्रवाह, अंतःप्रांतीय, अंतःप्रेरण, अंतःराष्ट्रीय, अंतर्कथा, अंतर्गत, अंतर्जातीय, अंतर्ज्ञान, अंतर्देशीय, अंतर्द्वंद्व, अंतर्धान, अंतर्नाद, अंतर्निहित, अंतर्बोध, अंतर्मुखी, अंतर्यामी, अंतर्वर्ती, अंतश्चित्त, अंतस्तल।

अ—*नहीं, निषेध*— अकथ, अकथनीय, अकरणीय, अकराल, अकरुण, अकर्तव्य, अकर्मक, अकर्मण्य, अकलंकित, अकल्पित, अकल्मष, अकल्याण, अकाज, अकाट्य, अकाम, अकारण, अकारथ, अकार्य, अकाल, अकालिक, अकिंचन, अगम, अगाध, अगोचर, अघटनीय, अचिर, अचूक, अजन्मा, अज्ञान, अटल, अडिग, अडोल, अतल, अतुलनीय, अदीन, अदृष्ट, अद्वैत, अधर्म, अनाथ, अनादि, अपवित्र, अपूर्ण, अबल, अबोध, अभय, अभिन्न, अमर, अयुक्ति।

अति—*बहुत, परे*— अतिकथन, अतिकाय, अतिक्रमण, अतिगंध, अतिगत, अतिचार, अतिच्छादन, अतिदंतुर, अतिदर्शी, अतिदिष्ट, अतिनिर्वात, अतिपातक, अतिपावन, अतिप्रजन, अतिप्रभंजन, अतिबल, अतिभार, अतिभोग, अतिभोजन, अतिमर्त्य, अतिमात्र, अतिमित, अतिमूत्र, अतियोग, अतिरंजन, अतिरंजित, अतिरूप, अतिरेक, अतिलंबन, अतिवात, अतिवाद, अतिवादी, अतिविष, अतिवृष्टि; अतिशम, अतिशयोक्ति, अतिशीतन, अतिशेष, अतिसंधान, अतिसर्पण, अतिसामान्य, अतिस्थूल, अत्यंत, अत्याग्नि, अत्यधिक, अत्यम्ल, अत्यर्थ, अत्याकार, अत्याचार, अत्यानंद, अत्युक्ति, अत्युग्र, अत्युत्तम, अत्युत्पादन।

अधः—*अधो. अधस् आदि नीचे*— अधःपतन, अधःशयन, अधश्चर, अधस्त्तव, अधस्थ,

अधोगति, अधोगमन, अधोभूमि, अधोमंडल, अधोमुख, अधोरेखा, अधोलिखित, अधोलोक, अधोवस्त्र।

अध–(हिं०) – *आधा*– अधकचरा, अधकपारी, अधखिला, अधखुला, अधजला, अधपका, अधमरा।

अधि–*ऊपर, अधिक*– अधिकर, अधिकर्मी, अधिकारी, अधिक्षिप्त, अधिग्रहण, अधिचरण, अधिदेय, अधिनायक, अधिपति, अधिपुरुष, अधिप्रज, अधिभार, अधिभोजन, अधिमूल्य, अधिरक्षी, अधिराज, अधिरूप, अधिरूपण, अधिरोहण, अधिलाभ, अधिवचन, अधिवृद्धि, अधिशिक्षक, अधिशुल्क, अधिसंख्य, अधिस्वर, अध्यक्ष, अध्यारोप, अध्यारोपण।

अन–(हिं०) – *नहीं* –अनखिला, अनन्य, अनपढ़, अनमना, अनमोल, अनर्गल अनर्थ, अनल्प, अनहोनी, अनार्य, अनावश्यक, अनुपम।

अनु–*पीछे*– अनुकंपा, अनुकथन, अनुकरण, अनुकल्प, अनुकांक्षा, अनुकृति, अनुक्रम, अनुक्रमणिका, अनुगणन, अनुगमन, अनुगामी, अनुगायन, अनुचर, अनुचिंतन, अनुज, अनुजात, अनुताप, अनुदान, अनुदिन, अनुधावन, अनुनाद, अनुनायक, अनुनायिका, अनुनासिक, अनुपथ, अनुपदी, अनुपान, अनुपालन, अनुपूरक, अनुप्रयोग, अनुप्राणित, अनुप्रास, अनुबंध, अनुबल, अनुभाव, अनुभाषण, अनुभूति, अनुमृता, अनुयाचक, अनुयान, अनुयायी, अनुयुग, अनुरस, अनुरूप, अनुलग्नक, अनुलाप, अनुलिखित, अनुलिपि, अनुलेपन, अनुवक्ता, अनुवचन, अनुवर्तन, अनुवाचन, अनुवेश, अनुव्रजन, अनुशीलन, अनुशोधन, अनुश्रुत, अनुसंधान, अनुसरण, अनुसूची।

अप–(1) – *बुरा*– अपकर्ता, अपकर्म, अपकार, अपकीर्ति, अपकृति, अपक्रम, अपगति, अपगुण, अपथात, अपचार, अपचाल, अपचेता, अपध्यान, अपनाम, अपभाषण, अपमान, अपमार्ग, अपयोग, अपराध, अपरूप, अपलोक, अपवाद, अपव्यय, अपशकुन, अपशब्द, अपसंचय, अपहरण, अपहास

(2) –*अलग, दूर परे* –अपकर्षण, अपकृष्ट, अपकेंद्री, अपक्षेपण, अपघन, अपनयन, अपनीत, अपनोद, अपभ्रष्ट, अपसारण, अपसृत।

अभि–(1) –*सामने* –अभिकथन, अभिकर्त्ता, अभिक्रमण, अभिगमन, अभिघात, अभिघाती, अभिज्ञान, अभिज्ञापन, अभिदर्शन, अभिदान, अभिद्रोह, अभिनंदन, अभिनय, अभिनिर्णय, अभिनेता, अभिमत, अभियान, अभियोग, अभिरक्षक, अभिलेख, अभिवचन, अभिव्यक्त, अभिसार।

(2) –*अधिकता*– अभिकांक्षा, अभिग्रहण, अभिजात, अभिताप, अभिदान, अभिपीड़न, अभिपुष्ट, अभिपोषण, अभिमंडन, अभिमर्दन, अभिमान, अभियाचना, अभिरमण, अभिरूप, अभिलंब, अभिलाप, अभिलाषा, अभिलीन, अभिवंदनीय, अभिवर्धन, अभिशाप, अभिसिक्त।

अव–(1) –*अनुचित, बुरा*– अवक्रम, अवक्रोश, अवगीत, अवगुण, अवग्रह, अवग्रहण,

अवघोषक, अवज्ञाता, अवदशा, अवदीर्ण, अवमंता, अवमर्दन, अवमान, अवरोध, अवलिप्त, अवलीला अववदन, अवशोषण, अवसन्न, अवहास।

(2) *—नीचे—* अवकृष्ट, अवक्रमण, अवक्षेपण, अवगमन, अवगाहन, अवच्छेदन, अवतरण, अवतार, अवनत, अवनमन, अवपात, अवयान, अवरोह, अवरोहण।

(3) *— अभाव, कमी —* अवकरण, अवकेश, अवचेतन, अवमूल्यन, अवरोचक, अवसिंचन।

आ – *तक, इधर –* आकंपन, आकर्षण, आकलन, आकांक्षा, आकुंचन, आक्रंदन, आक्रमण, आक्रांत, आगंतुक, आगणन, आगत, आगमन, आघात, आघूर्णन, आजन्म, आजीव, आज्ञप्ति, आतृप्त, आदर्शन, आदाता, आदान, आपात, आपूर्ति, आबाल, आभार, आभूषित, आभोग, आमंत्रण, आमीलन, आमोद, आयात, आयोजन, आरक्षण, आरूढ़, आरोहण, आलोड़न, आवर्तन, आशंका, आस्वादन, आहत।

उत् – (1) *– ऊपर उठा हुआ –* उच्चारण, उच्छलन, उच्छृंखल, उच्छवास, उज्जीवन, उत्कंठ, उत्कर्ष, उत्क्रमण, उत्क्षेपण, उत्तुंग, उत्तोलक, उत्थान, उत्पतन, उत्पात, उत्प्रेक्षण, उत्सर्पी, उत्सेक, उद्गार, उद्दंड, उद्दीपन, उद्धार, उद्बोधन, उद्भव, उद्भेदन, उन्नति, उन्नयन, उन्नायक, उन्माद।

(2) *—अधिक, प्रबल—* उज्ज्वल, उत्तेजना, उत्पादन, उत्पीड़न, उत्साहन, उत्सुक, उद्घोषणा, उद्दीप्त, उद्भट, उद्भासन, उद्भ्रम।

उन–(हिं०)*– एक कम–* उन्नीस, उन्तीस, उन्तालीस, उन्चास, उन्सठ, उनहत्तर, उन्यासी।

उप–(1) *—छोटा—* उपकथा, उपखंड, उपग्रह, उपद्वीप, उपधारा, उपनगर, उपनदी, उपनायक, उपनिबंधक, उपबंध, उपभाषा, उपभेद, उपमंडल, उपमंत्री, उपरूप, उपलक्षण, उपवन, उपवाक्य, उपविभाग, उपशाखा, उपशिक्षक, उपशीर्षक, उपसंपादक, उपसंस्कार, उपसमिति, उपांग, उपाख्यान, उपाध्यक्ष, उपायुक्त, उपाश्रय, उपास्य, उपाहार।

(2) *—पास, निकट—* उपकूल, उपक्रमण, उपगमन, उपचरण, उपचार, उपनिषद्, उपन्यास, उपपन्न, उपभोग, उपयोग, उपवसन, उपसरण, उपस्थित, उपहरण, उपांत, उपागत।

(3) *—विस्तार—* उपकरण, उपकार, उपदेश, उपनिवेश, उपलब्ध, उपवर्णन, उपसंहार, उपसर्ग, उपस्तरण, उपहार।

औ–(हिं०)–दे० संस्कृत 'अव'।

क, कु–*बुरा–* कपूत, कुकर्म, कुख्यात, कुगति, कुचक्र, कुचाल, कुचेष्टा, कुजात, कुठाँव, कुढंगा, कुतर्क, कुदृष्टि, कुपात्र, कुपुत्र, कुपोषण, कुप्रबंध, कुफल, कुबुद्धि, कुमंत्रणा, कुमार्ग, कुसमय।

कम–(उर्दू) *—हीन, थोड़ा—* कमअक्ल, कमखर्च, कमज़ोर, कमनसीब, कमबख़्त, कमसमझ।

ग़ैर – (उर्दू) *– विपरीत, नहीं –* ग़ैरआबाद, ग़ैरज़रूरी, ग़ैरजिम्मेदार, ग़ैरमनकूला, ग़ैरमामूली, ग़ैरमुनासिब, ग़ैरमुमकिन, ग़ैरमुल्की, ग़ैरवाजिब, ग़ैरसरकारी, ग़ैरहाजिर।

चिर–देर *तक का*– चिरंजीव, चिरकाल, चिरकुमार, चिरजीवी, चिरनिद्रा, चिरनूतन, चिरपरिचित, चिरप्रतीक्षित, चिरयुवा, चिररोगी, चिरविस्मृत, चिरस्थायी, चिरायु।

तत्–(तद्, तन्, आदि)– *वही, उसी*– तत्काल, तत्कालीन, तत्पर, तत्पश्चात, तत्पुरुष, तत्सम, तदाकार, तदुपरांत, तद्भव, तद्रूप, तद्वत, तन्मय।

दुः – (दुर्, दुस् आदि) – (1) – *कठिन* – दुःशोधनीय, दुःसठ, दुःसाध्य, दुर्गम, दुर्गाध, दुर्गाह्य, दुर्ग्रह, दुर्जेय, दुर्ज्ञेय, दुर्दम, दुदति, दुर्निग्रह, दुर्निरीक्ष, दुर्निवार्य, दुर्बोध, दुर्भक्ष्य, दुर्भर, दुर्भिक्ष, दुर्भेद्य, दुर्मिल, दुर्योध, दुर्लंध्य, दुर्लक्ष्य, दुर्लभ, दुर्वह, दुर्वेद, दुश्चिंत्य, दुश्चिकित्स्य, दुष्कर, दुस्सह।

(2) –*बुरा*– दुःस्वप्न, दुःस्वभाव, दुर्गंध, दुर्गति, दुर्गुण, दुर्घटना, दुर्जन, दुर्दशा, दुर्दिन, दुर्दैव, दुर्नीति, दुर्बल, दुर्बुद्धि, दुर्भाग्य, दुर्भाव, दुर्मति, दुर्वचन, दुर्वासना, दुर्विनीत, दुर्व्यवस्था, दुर्व्यवहार, दुर्व्यसन, दुश्चरित्र, दुश्चलन, दुश्चेष्टा, दुष्कर्म, दुष्कीर्ति, दुष्कृति, दुस्संग, दुस्साहस।

ना – (उर्दू) – *नहीं* – नाकदर, नाकाबिल, नाकाम, नाकामयाब, नाख़ुश, नागवार, नाचीज, नाजायज, नापसन्द, नापाक, नापायदार, नापास, नाबालिग, नामंजूर, नामर्द, नामाकूल, नामालूम, नाममुआफ़िक, नामुनासिब, नामुमकिन, नामुराद, नामेहरबान, नारसा, नालायक, नावाकिफ़, नावाजिब, नाशाद, नासमझ।

निः–(निर्, निस् आदि) – *बिना, बाहर,*– निरंकुश, निरंजन, निरंतर, निरक्षर, निरनुरोध, निरल, निरर्थक, निरवधि, निरस्त, निरस्त्र, निर्गुण, निर्जल, निर्जीव, निर्दय, निर्दलीय, निर्दोष, निर्धन, निर्बल, निर्बुद्धि, निर्बोध, निर्भय, निर्भ्रम, निर्मम, निर्मल, निर्मूल, निर्मोक, निर्मोही, निर्लज्ज, निर्लिप्त, निर्लेप, निर्विकल्प, निर्विकार, निर्विरोध, निर्विवाद, निर्वेद, निश्चय, निश्चल, निश्चेतन, निश्छल, निष्कंटक, निष्कपट, निष्कर्म, निष्कलंक, निष्काम, निष्कासन, निष्क्रिय, निष्पंद, निष्पक्ष, निष्प्रयोजन, निष्फल, निस्तारण, निस्संतान, निस्संदेह, निस्सार, निस्सीम।

नि–(1) –*अच्छी तरह, अधिक*– निकाय, निखार, निझरना, निढाल, नितंब, नितल, निदर्शन, निदेश, निबंध, निबद्ध, निभृत, निमग्न, नियंत्रण, नियुक्ति, नियोग, नियोजन, निरूपण, निवारण।

(2) –*बिना*– निकम्मा, निकृष्ट, निखट्टू, निगोड़ा, निग्रह, निछत्र, निछोही, निजूठा, निठल्ला, निडर, निपूता।

पर–*दूसरा*– परजात, परजीवी, परतंत्र, परदारा, परदेश, परपीड़क, परपुरुष, परराष्ट्र, परलोक, परवंचक, परवश, परस्त्री, परोपकार, परोपजीवी।

परा – (1) – *परे, दूरतक* – पराकाष्ठा, पराक्रम, पराङ्मुख।
(2) – *विपरीतता* – पराजय, पराभव, परावर्तन।

परि–*चारों ओर, पूरा*– परिकथा, परिकलन, परिकल्पना, परिक्रमा, परिगणित, परिचय, परिचर, परिचारिका, परिज्ञान, परिधान, परिपक्व, परिपथ, परिभाषा, परिभ्रमण, परिमंडल, परिमाण,

परिमाप, परिमार्जन, परियोजना, परिरक्षण, परिवर्तन, परिवर्धन, परिवहन, परिवेश, परिषद्, परिष्कार, परिसर, परिस्थिति, पर्यवेक्षक, पर्याप्त, पर्यावरण।

पुनः–(पुनर्, पुनश् आदि)–फिर–पुनःकल्पन, पुनःसंस्कार, पुनरपि, पुनरागमन, पुनरारंभ, पुनरावर्तन, पुनरावृत्ति, पुनरीक्षण, पुनरुक्त, पुनरुत्थान, पुनरुद्धार, पुनर्जन्म, पुनर्जागरण, पुनर्परीक्षण, पुनर्मुद्रण, पुनर्वास, पुनर्विवाह, पुनश्च।

पूर्व–*पहला, पहले का*–पूर्वकर्म, पूर्वकालिक, पूर्वकालीन, पूर्वज, पूर्वजन्म, पूर्वतिथि, पूर्वनिरूपित, पूर्वपक्ष, पूर्वपद, पूर्वानुमान, पूर्वानुराग, पूर्वाभ्यास, पूर्वोक्त, पूर्वोपाय।

प्र–*आगे, अधिक*–प्रकंपन, प्रकरण, प्रकर्षण, प्रकल्पित, प्रकांड, प्रक्रम, प्रक्रिया, प्रखंड, प्रखर, प्रख्यात, प्रगति, प्रगाढ़, प्रचंड, प्रचलन, प्रचार, प्रजनन, प्रज्वलित, प्रताप, प्रतारणा, प्रदर्शन, प्रदान, प्रदूषण, प्रदेश, प्रपत्र, प्रपात, प्रफुल्ल, प्रबंध, प्रबल, प्रबुद्ध, प्रभाव, प्रमाण, प्रमाद, प्रमुख, प्रमुदित, प्रमोद, प्रयत्न, प्रयास, प्रयोग, प्रलय, प्रलाप, प्रलोभन, प्रवक्ता, प्रवचन, प्रवर्तक, प्रवास, प्रसिद्ध, प्रारब्ध, प्रेरणा।

प्रति–(1) –*हर एक*–प्रतिदिन, प्रतिपुरुष, प्रतिमाह, प्रतिवर्ष, प्रतिव्यक्ति, प्रतिशत, प्रतिसप्ताह, प्रत्येक।

(2) –*विपरीत, बदले में*–प्रतिकार, प्रतिकूल, प्रतिकृति, प्रतिक्रिया, प्रतिगमन, प्रतिघात, प्रतिदान, प्रतिध्वनि, प्रतिनिधि, प्रतिपक्ष, प्रतिपालन, प्रतिपुरुष, प्रतिफल, प्रतिबंध, प्रतिबिंब, प्रतिमान, प्रतिमुख, प्रतिमुद्रण, प्रतिमूर्ति, प्रतियोगिता, प्रतिरक्षा, प्रतिरूप, प्रतिरोध, प्रतिलिपि, प्रतिलोम, प्रतिविष, प्रत्यक्ष, प्रत्यर्पण, प्रत्याक्रमण, प्रत्यागत, प्रत्यालोचन, प्रत्यावर्तन, प्रत्याशा, प्रत्याशी, प्रत्याहार, प्रत्युपकार।

बद–(उर्दू) –*ख़राब, बुरा*–बदअमनी, बदअमली, बदकार, बदकिस्मत, बदचलन, बदज़ात, बदतमीज, बददुआ, बदनसीब, बदनाम, बदनीयत, बदबू, बदमाश, बदरंग, बदशक्ल, बदसूरत, बदहज़मी, बदहवास, बदहाल।

बहु–*बहुत, अनेक*–बहुगुण, बहुज्ञ, बहुदर्शी, बहुपतित्व, बहुपत्नीत्व, बहुप्रज, बहुभाषी, बहुमत, बहुमूत्र, बहुमूल्य, बहुरंगा, बहुरूपिया, बहुवचन, बहुविवाह, बहुश्रुत, बहुसंख्यक।

बिला–(उर्दू) –*बिना, बगैर*–बेइंतिहा, बेइज़्ज़ती, बेईमान, बेउसूल, बेकसूर, बेकाम, बेकायदा, बेकार, बेखटके, बेख़बर, बेखुदी,बेग़म, बेगरज़, बेचारा, बेचैन, बेजान, बेजोड़, बेडौल, बेढंगा, बेढब, बेतरतीब, बेतहाशा, बेतुका, बेदर्द, बेदाग़, बेपरदा, बेपरदगी, बेफ़िक्र, बेबस, बेबुनियाद,बेमन, बेमेल, बेमौत, बेरहम, बेरुखी, बेरोजगारी, बेलगाम, बेलाग, बेवकूफ़, बेवजह, बेवफ़ा, बेशक, बेशरम, बेशुमार, बेसमझ, बेसुध, बेहद, बेहया, बेहोश।

ला–(उर्दू)–*बिना*–लाइलाज, लाचार, लाजवाब, लापता, लापरवाह, लामकान, लावल्द, लावारिस।

वि–(1) –*विपरीतता, अलगाव*–विकर्ण, विकर्म, विकल, विकार, विकृत, विक्रय, विग्रह, विघटन, विचलन, वितर्क, विधर्मी, विपक्ष, विपरीत, विप्रयोग, विप्रलंभ, विफल, विमत,

विमल, विमार्ग, विमुख, वियोग, विराग, विलग विलोम, विवर्ण, विसंगति, विवश, विस्मृति विवाद।

(2) विशेष, विक्षत, विक्षोभ, विख्यात, विचार, विचित्र, विच्छिन्न, विज्ञप्ति, विज्ञान, विज्ञापन, विदूषण, विद्वेष, विनम्र, विनष्ट, विनाश, विनीति, विलुप्त, विभाग, विभाजन, विभिन्न, विभूषित, विभेद, विभ्रम, विमूढ़, विमोचन, विरोध, विलुप्त, विश्रुत, व्याख्यान, व्याकुल, व्युत्पन्न।

स–(1) *–साथ–* सकर्मक, सकाम,सकुशल, सक्रिय, सक्षम, सगुण, सगोत्र, सचेत, सजल, सजातीय, सजीव, सतर्क, सतह, सदेह, सदोष, सधर्म, सनाथ, सपंक, सपक्ष, सपत्नी, सपरिवार, सप्रमाण, सफल, सबल, सशस्त्र, सश्रम, सानंद।

(2) सकुल, सपूत, सरूप।

सत्–(सद्, सन् आदि) *–अच्छा–* सच्चरित्र, सज्जन, सत्कर्म, सत्पात्र, सत्संग, सदर्थ, सदाचार, सदात्मा, सदानंद, सदाशय, सदुपदेश, सद्गति, सद्गुण, सद्गुरु, सद्भाव, सद्भावना, सन्मार्ग।

सम्–(1) *–अच्छी तरह–* संकर्षण, संकल्प, संकीर्ण, संकोच, संक्रमण, संक्षालन, संक्षिप्त, संगीत, संगोपन, संग्राहक, संघर्षण, संचालन, संज्ञापन, संताप, संतुलन, संतोष, सम्प्रेषण, सम्बोधन, सम्मान, सम्मोहन, संयम, समादर, समाधान, समायोजन, समारंभ, समालिंगन, समालोचना, समीक्षा, समुत्थान।

(2) *–इकट्ठा–* संकर, संकलन, संगम, संगायन, संगोष्ठी, संचय, संचार, संस्थान, समागम, समारोह, समास, सम्मेलन।

सह–*साथ–* सहअपराधी, सहकर्मी, सहकारी, सहगान, सहचर, सहजात, सहधर्मी, सहपाठी, सहभागी, सहभोज, सहमति, सहयोग, सहवर्ती, सहवास, सहानुभूति, सहोदर, साहचर्य।

सु–*अच्छा–* सुकर्म, सुकाल, सुकृत, सुगंध, सुगठित, सुगति, सुगम, सुघड़, सुचारु, सुचालक, सुजन, सुदर्शन, सुनयन, सुनीत, सुपुत्र, सुफल, सुबोध, सुभाष, सुमुखी, सुयश, सुयोग, सुरक्षा, सुलभ, सुविधा, सुशील, सुसंगति, सुसंस्कृत, स्वच्छ।

स्व–(1)– *अपना–* स्वकर्म, स्वजन, स्वतंत्र, स्वदेश, स्वधर्म, स्वभाव, स्वराज्य, स्वरूप, स्वशासन, स्वाक्षर।

(2) *–अपने आप, स्वयं–* स्वचालित, स्वदत्त, स्वपाचित, स्वरक्षित, स्वशासित, स्वावलंबन, स्वेच्छा।

हर–(उर्दू)– *एक-एक, प्रत्येक–* हर आदमी, हर एक, हर काम, हर कोई, हर घड़ी, हरतरह, हरदिन, हरफ़न मौला, हरसमय, हर हालत में।

परिशिष्ट - 3

प्रत्यय

निम्नलिखित सूचियों में संस्कृत प्रत्ययों के आगे भाषा का संकेत नहीं किया गया है। हिन्दी प्रत्ययों के आगे हिं० और उर्दू प्रत्ययों के आगे उर्दू संकेत कर दिया गया है। इन प्रत्ययों से क्या शब्द भेद व्युत्पन्न होता है उसका संकेत वि० *—विशेषण बनानेवाला,* सं० *—संज्ञा—,* कर्तृ० *—कर्तृवाचक संज्ञा बनानेवाला—,* भाव० *—भाववाचक संज्ञा बनानेवाला—,* लघुता० *—लघुतावाचक संज्ञा बनानेवाला—,* स्त्री० *—स्त्रीलिंग बनानेवाला—* प्रत्यय समझना चाहिए। देखा गया है कि हिन्दी के कुछ प्रत्यय ऐसे हैं जो बहुत उत्पादक नहीं हैं, उनके उदाहरण थोड़े मिलते हैं। संस्कृत में ऐसे प्रत्यय अपेक्षया कम हैं।

अ—*भाव०*— (क्रुध् से) क्रोध, (जि से) जय, (पठ से) पाठ, (बुध् से) बोध, (भी से) भय, (वद् से) वाद, (विद् से) वेद।

अ—*क्रि० से कर्तृ०*— (चर् से) चर, (चुर् से) चोर, (रम् से) राम, (सृप् से) सर्प।

अ-· *—भाव०*— (कुशल से) कौशल, (गुरु से) गौरव, (लघु से) लाघव, (युवन् से) यौवन, (शिशु से) शैशव।

अ—(हिं०) *क्रि० से भाव०*—आड़, काट, खेल, गान, चमक, चाल, चीरफाड़, जाँच, दमक, देखभाल, पहचान, पहुँच, बाढ़, बोल, मार, लूट, लेख।

अक—*क्रि० से कर्तृ०*— (अधीक्ष् से) अधीक्षक, (अध्याप् से) अध्यापक, (आलुच् से) आलोचक, (कृ से) कारक, (गी से) गायक, (चल् से) चालक, (दृश से) दर्शक, (धृ से) धारक, (निंद् से) निंदक, (निरीक्ष् से) निरीक्षक, (पठ् से) पाठक (परीक्ष से) परीक्षक, (लिख् से) लेखक, (वह् से) वाहक, (शिक्ष् से) शिक्षक, (संपाद् से) संपादक, (सर्वेक्ष् से) सर्वेक्षक।

अक—*क्रि० से वि०*— (आकृष् से) आकर्षक, (द्युत् से) द्योतक, (परिचय् से) परिचायक, (बुध् से) बोधक, (रुच् से) रोचक।

अक्कड़—(हिं०) *क्रि० से कर्तृ०*—कुदक्कड़, पियक्कड़, बुझक्कड़, भुलक्कड़।

अन—*भाव०*— (अनुसृ से) अनुसरण, (अभिसृ से) अभिसरण, (आसु से) आसवन, (कृ से) करण, (कृष् से) कर्षण, (खन् से) खनन, (गम् से) गमन, (ग्रह् से) ग्रहण, (चल् से) चलन, (तृ से) तरण, (दम् स) दमन, (धृ से) धारण, (पठ् से) पठन, (पाठ् से)

पाठन, (पाल् से) पालन, (बंध् से) बंधन, (भू से) भवन, (मिल् से) मिलन, (मृ से) मरण, (रम् से) रमण, (श्रु से) श्रवण, (स्खल् से) स्खलन, (हृ से) हरण।

अन–*क्रि० से कर्तृ०*– (नंद् से) नंदन, (निकन्द् से) निकन्दन, (पौ से) पावन, (मोह् से) मोहन, (रम् से) रणम, (साध् से) साधन।

अन–(हिं०) *क्रि० से भाव०*– (ऐंठना से) ऐंठन, (कुढ़ना से) कुढ़न, (खाना-पीना से) खान-पान, (गलना से) गलन, (चलना से) चलन, (चुभना से) चुभन, (जलना से) जलन, (लगना से) लगन, (लेना-देना से) लेन-देन, (सूजना से) सूजन।

अना–*भाव०*– (घट् से) घटना, (धृ से) धारणा, (प्रे से) प्रेरण, (भर्त्स से) भर्त्सना, (भू से) भावना, (रच् से) रचना, (विद् से) वेदना, (सूच् से) सूचना।

अनीय–*क्रि० से वि०*– (उल्लिख् से) उल्लेखनीय, (कृ से) करणीय, (दृश् से) दर्शनीय, (धृ से) धारणीय, (निंद् से) निंदनीय, (पठ् से) पठनीय, (पा से) पानीय, (पूज से) पूजनीय, (मृ से) मरणीय, (रक्षा से) रक्षणीय, (विचर् से) विचारणीय, (शुच् से) शोचनीय, (श्रु से) श्रवणीय, (संचल् से) संचालनीय, (स्पृह से) स्पृहणीय, (स्मृ से) स्मरणीय।

अन्त–(हिं०) *क्रि० से भाव०*– (गढ़ना से) गढ़ंत, (पढ़ना से) पढ़ंत, (भिड़ना से) भिड़ंत, (रटना से) रटंत, (लड़ना से) लड़ंत।

आ–*भाव०*– (इच्छ् से) इच्छा, (कथ् से) कथा, (क्षम् से) क्षमा, (चिन्त् से) चिन्ता, (पूज् से) पूजा, (मूर्च्छ् से) मूर्छा, (शिक्ष् से) शिक्षा, (सेव् से) सेवा, (हिंस से) हिंसा।

आ–(हिं०) *सं० से भाव०*–खटका, चूरा, झोंका, धड़का, बोझा।

आ–*पु० से स्त्री०*– (अज से) अजा, (प्रिय से) प्रिया, (बाल से) बाला, (वृद्ध से) वृद्धा, (सुशील से) सुशीला।

आ–(हिं०) *वि०*–कटा, गलासड़ा, ठंडा, पड़ा, प्यारा, प्यासा, फटा, भूखा, मरा, सूखा।

आ–(हिं०) *क्रि० से भाव०*– (घेरना से) घेरा, (छापना से) छापा, (जोड़ना से) जोड़ा, (झगड़ना से) झगड़ा, (झटकना से) झटका, (फेरना से) फेरा, (रगड़ना से) रगड़ा, (सूखना से) सूखा।

आइन–(हिं०) *पु० से स्त्री०*–चौधराइन, नाइन, पंडिताइन, बबुआइन, ललाइन, सुकुलाइन।

आई–(हिं०) *वि० से भाव०*– (चिकना से) चिकनाई, (ढीठ से) ढिठाई, (ढीला से) ढिलाई, (पंडित से) पंडिताई, (भला से) भलाई, (लाल से) ललाई, (सीधा से) सिधाई।

आई–(हिं०) *क्रि० से भाव०*– (उतरना से) उतराई, (खोदन से) खुदाई, (चढ़ना से) चढ़ाई, (जोतना से) जुताई, (ढालना से) ढलाई, (ढोना से) ढुलाई, (धोना से) धुलाई, (पढ़ना से) पढ़ाई, (बनवाना से) बनवाई, (रँगना से) रँगाई, (रोना से) रुलाई, (लड़ना से) लड़ाई, (सिलना से) सिलाई, (सुनवाना से) सुनवाई, (हँसना से) हँसाई।

आऊ–(हिं०) *क्रि० से वि०*– (अगुआना से) अगाऊ, (उड़ाना से) उड़ाऊ, (उपजाना से) उपजाऊ, (कामचलाना से) कामचलाऊ, (कमाना से) कमाऊ, (खाना से) खाऊ, (टिकना से) टिकाऊ, (दिखाना से) दिखाऊ, (बिकना से) बिकाऊ।

आक, आकू–(हिं०) *क्रि० से कर्तृ०*–उड़ाक (उड़ाकू), तैराक (तैराकू), लड़ाक (लड़ाकू)

आन–(हिं०) *वि० से भाव०*– (ऊँचा से) ऊँचान, (चौड़ा से) चौड़ान, (नीचा से) निचान, (लंबा से) लंबान।

आना–(हिं) *–स्थान–* अहिराना, कम्हारना, कोइराना, राजपूताना।

आन–(हिं०) *क्रि० से भाव०*–उड़ान, चालान, ढलान, मिलान, रुझान, लगान।

आना–(उर्दू) *वि०*–अमीराना, ज़नाना, मर्दाना, रोज़ाना, सालाना।

आनी–*पु० से स्त्री०*– (इंद्र से) इंद्राणी, (भव से) भवानी, (रुद्र से) रुद्राणी, (शिव से) शिवानी।

आना–(हिं०) *पु० से स्त्री०*– (जेठ से) जेठानी, (देवर से) देवरानी, (नौकर से) नौकरानी, (मेहतर से) मेहतरानी।

आपा–(हिं०) *वि० से भाव०*– (बूढ़ा से) बुढ़ापा, (मोटा से) मोटापा, (राँड़ से) रँड़ापा।

आर–(हिं०) *सं० से कर्तृ०*–कुम्हार, चमार, लोहार, सुनार।

आलु–*क्रि० से वि०*– (कृप् से) कृपालु, (शि से) शयालु

आलू–(हिं०) *सं० से वि०*–झगड़ालू, लजालू, शरमालू।

आव– *I हिं० क्रि० से भाव०*–अटकाव, कसाव, घुमाव, छलावा, छिड़काव, छिपाव, जमाव, झुकाव, टकराव, डरावा, दुराव, पछतावा, पड़ाव, फैलाव, बचाव, बदलाव, बहकावा, बहाव, बुलावा, सुझाव।

आवट–(हिं०) *क्रि० से भाव०*–थकावट, दिखावट, रुकावट, लिखावट, सजावट।

आवना–(हिं०) *सं० से वि०*–डरावना, भयावना, लुभावना, सुहावना।

आस–(हिं०) *इच्छार्थक*–निंदास, प्यास, बुलास, मुतास, हगास।

आस–(हिं०) *विं० से भाव०*–खटास, मिठास।

आहट–(हिं०) *वि० से भाव०*–कड़ुवाहट, चिकनाहट।

आहट–(हिं०) *क्रि से भाव०*–उकताहट, खुजलाहट, गुर्राहट, घबराहट, चिल्लाहट, बिलबिलाहट, बौखलाहट, सरसराहट।

इ–*भाव०*– (कृष् से) कृषि, (रुच् से) रुचि।

इक–*सं० से वि०*– (अक्षर से) आक्षरिक, (इतिहास से) ऐतिहासिक, (उद्योग से) औद्योगिक, (जीव से) जैविक, (दर्शन से) दार्शनिक, (दिन से) दैनिक, (पक्ष से) पाक्षिक, (पशु से) पाशविक, (पुराण से) पौराणिक, (प्रकृति से) प्राकृतिक, (प्रदेश से) प्रादेशिक, (बुद्धि से) बौद्धिक, (भूगोल से) भौगोलिक, (भूत से) भौतिक, (मानस् से) मानसिक, (मुख से) मौखिक, (मूल से) मौलिक, (योग से) यौगिक, (रसायन से) रासायनिक, (रेखा से) रैखिक, (वेद से) वैदिक, (शिक्षा से) शैक्षिक, (समय से) सामयिक, (साहस से) साहसिक, (साहित्य से) साहित्यिक।

इका–*पु० (-अक) से स्त्री०*–(अध्यापक से) अध्यापिका, (नायक से) नायिका, (बालक से) बालिका, (याचक से) याचिका, (लेखक से) लेखिका, (संचालक से) संचालिका, (संपादक से) संपादिका।

इत–*सं० से वि०*– (अंक से) अंकित, (अंकुर से) अंकुरित, (अपच से) अपचित, (आनंद से) आनंदित, (खण्ड से) खण्डित, (तरंग से) तरंगित, (पुष्प से) पुष्पित, (फल से) फलित।

इन- *हिन्दी में ई) क्रि० से कर्तृ०*— (काम् से) कामी, (त्यज् से) त्यागी, (दृश से) दर्शी, (युज् से) योगी, (लुभ् से) लोभी, (संन्यस् से) संन्यासी, (स्पृश से) स्पर्शी।

इन-*(हिन्दी में ई) सं० से कर्तृ०*— (अभिमान से) अभिमानी, (अभिलाष से) अभिलाषी, (दंत से) दंती, (दुःख से) दुखी, (भोग से) भोगी, (शास्त्र से) शास्त्री, (सुख से) सुखी।

इन—(हिं०) *पुं० से स्त्री०*—अहिरिन, चमारिन, जुलाहिन, धोबिन. पुजारिन, भिखारिन, लुहारिन।

इम—*सं० से वि०*— (अंत से) अंतिम, (अंतर) अंतरिम, (स्वर्ण से) स्वर्णिम।

इमा—*भाव०*— (अरुण से) अरुणिमा, (काल से) कालिमा, (गुरु से) गरिमा, (नील से) नीलिमा, (महान से) महिमा, (रक्त से) रक्तिमा, (हरित से) हरीतिमा।

इय—*सं० से वि०*— (क्षत्री से) क्षत्रिय, (जाति से) जातीय, (देश से) देशीय, (भारत से) भारतीय, (राष्ट्र से) राष्ट्रीय, (लेखक से) लेखकीय, (संपादक से) संपादकीय, (स्मरण से) स्मरणीय।

इयल—(हिं०) *वि०*—अड़ियल, दढ़ियल, मरियल, सड़ियल।

इया—(हिं) *क्रि० से कृर्त०*— (जड़ना से) जड़िया, (धुनना से) धुनिया, (नाचना से) नचइया।

इया—(हिं०) *सं० से कृर्त०*— (ढोलक से) ढोलकिया, (रसोई से) रसोइया, (लख से) लखिया।

इया—(हिं०) *पुं० से स्त्री०*— (कुत्ता से) कुतिया, (चिड़ा से) चिड़िया, (चूहा से) चुहिया, (बंदर से) बंदरिया, (बछवा से) बछिया, (बेटा से) बिटिया।

इया—(हिं०) *लघुता०*—अँबिया, कुतिया, खटिया, गठरिया, चुटिया, चुहिया, डलिया, डिबिया, फुड़िया, लुटिया।

इल—*सं० से वि०*— (जटा से) जटिल, (धूम से) धूमिल, (पंक से) पंकिल, (फेन से) फेनिल, (सर्प० से) सर्पिल, (स्वप्न से) स्वप्निल।

इष्ठ—*वि० से वि०*— (वरु से) वरिष्ठ, (कनीयस् से) कनिष्ठ, (गुरु से) गरिष्ठ, (पापी से) पापिष्ठ, (बली से) बलिष्ठ, (श्रेयस् से) श्रेष्ठ, (स्वादु से) स्वादिष्ठ।

ई—(हिं०) *क्रि० से भाव०*— (घुड़कना से) घुड़की, (चटकना से) चुटकी, (झपकना से) झपकी, (थपकना से) थपकी, (धमकाना से) धमकी, (धुकधुकाना से) धुकधुकी, (बोलना से) बोली, (सिसकना से) सिसकी, (हँसना से) हँसी।

ई—(हिं०) *सं० से भाव०*— (किसान से) किसानी, (खेत से) खेती, (गुण्डा से) गुण्डई, (चोर से) चोरी, (डाका से) डकैती, (महाजन से) महाजनी, (मेहमान से) मेहमानी।

ई—*पु० से स्त्री०*— (कवयिता से) कवयित्री, (किशोर से) किशोरी, (नर से) नारी, (पुत्र से) पुत्री, (ब्राह्मण से) ब्राह्मणी, (युवक से) युवती, (स्वामिन् से) स्वामिनी।

ई—(हिं०) *पु० से स्त्री०*— (काका से) काकी, (गीदड़ से) गीदड़ी, (घोड़ा से) घोड़ी, (चींटा से) चींटी, (दादा से) दादी, (नाना से) नानी, (बकरा से) बकरी, (बेटा से) बेटी, (मामा से) मामी, (मौसा से) मौसी, (लड़का से) लड़की, (हिरन से) हिरनी।

ई—*लघुता०*— (गगरा से) गगरी, (गट्ठर से) गठरी, (गोला से) गोली, (घंटा से) घंटी, (घाट से) घाटी, (चिमटा से) चिमटी, (छुरा से) छुरी, (झोला से) झोली, (टोकरा से) टोकरी, (टोप से) टोपी, (डोरा से) डोरी. (नाला से) नाली, (प्याला से) प्याली, (हथौडा से) हथौड़ी।

ई–(उर्दू) *सं० से वि०*– (आसमान से) आसमानी, (काग़ज़ से) काग़ज़ी, (किताब से) किताबी, (खून से) खूनी, (गुलाब से) गुलाबी, (पंजाब से) पंजाबी, (फ़ौज से) फ़ौजी, (बादाम से) बादामी, (माल से) माली (हालत), (रेशम से) रेशमी, (हवा से) हवाई।

ई–(उर्दू) *वि० से भाव०*– (अफ़सर से) अफ़सरी, (ख़राब से) ख़राबी, (खुश से) खुशी, (गरम से) गरमी, (दोस्त से) दोस्ती, (नरम से) नरमी, (नेक से) नेकी, (बद से) बदी, (बेहतर से) बेहतरी, (सफ़ेद से) सफ़ेदी, (सर्द से) सर्दी।

ई–*भाषा*–अंग्रेजी, असमी, पंजाबी, बंगाली, रूसी, हिन्दी।

ईन–*सं० से वि०*– (कुल से) कुलीन, (ग्राम से) ग्रामीण, (प्राची से) प्राचीन।

ईला–(हिं०) *सं० से वि०*– (ख़र्च से) ख़र्चीला, (छवि से) छबीला, (जहर से) जहरीला, (नोंक से) नुकीला, (पानी से) पनीला, (रंग से) रंगीला, (रस से) रसीला, (साज से) सजीला, (सुर से) सुरीला।

उवा–*लघुता०*– (आँख से) अँखुआ, (बाबू से) बबुआ, (लाल से) ललुआ।

एरा–(हिं०) *सं० से कर्तृ०*–कमेरा, लुटेरा, सपेरा।

ऐल ा-*(हिं०)सं० से वि०*–अकेला, खपरैला, (ा), दँतैल, दुकेला, दुधैल, बघेला, सौतेला।

ओर (ा)–(हिं०) *क्रि० से कर्तृ०*–चटोरा, भगोड़ा, हँसोड़ा।

ओला–(हिं०) *लघुता०*–खटोला, गढ़ोला, मँझोला, सँपोला।

औती–(हिं०) *क्रि० से भाव०*–चढ़ौती, बुढ़ौती, मनौती।

क–(हिं०) *सं० से भाव०*–कसक, ठंडक, धमक, महक।

कर–*वि०*–अहितकर, कल्याणकर, लाभकर, सुखकर, स्वास्थ्यकर, हानिकर, हितकर।

कार–*भाव०*–अंगीकार, बलात्कार, स्वीकार

कार–(उर्दू) *वि०*–अहलकार, आबकार, जानकार, पच्चीकार, पेशकार।

कारी–*वि०*–कल्याणकारी, कार्यकारी, परिवर्तनकारी, परोपकारी, प्रभावकारी, हितकारी।

ख़ाना–(उर्दू) *सं०*–आतशख़ाना, कसाईख़ाना, कूड़ाख़ाना, गाड़ीदाना,हमामख़ाना, जेलख़ाना, डाकख़ाना, तोपख़ाना, दवाख़ाना, पाख़ाना, पेशाबख़ाना, मुसाफ़िरख़ाना, मवेशीख़ाना, यतीमख़ाना, हमामख़ाना।

ख़ोर–(उर्दू) *वि०*–आदमख़ोर, घूसख़ोर, चुगलख़ोर, मुफ़्तख़ोर, रिश्वतख़ोर, हरामख़ोर, हलालख़ोर।

ग़र–(उर्दू) *सं० कलईग़र, ज़रग़र, जादूग़र, बाजीग़र, राहग़र, सितमग़र, सौदाग़र।*

***गिरी**–(उर्दू)*–सं० गुंडागिरी, चमचागिरी, दादागिरी, नेतागिरी।

गी–(उर्दू) *सं०*–दिल्लगी, बंदगी, सादगी।

ज–*वि० उत्पन्न*–अंहुज, अंत्यज, अग्रज, अनुज, जलज, पंकज, पिण्डज, मलयज, स्वेदज।

ज़नी–(उर्दू) *भाव०*–आगज़नी, आतशज़नी, रहज़नी।

ठ–*वि०*–कर्मठ, जरठ।

ड़ा, ड़ी–(हिं०) *लघुता०*–अँतड़ी, चमड़ी, टँगड़ी, दुखड़ा, पंखुड़ी, पलंगड़ी, बछड़ा, बछड़ी।

त–*क्रि० से वि०*– (कथ् से) कथित, (कृ से) कृत, (गम् से) गत, (च्यु से) च्युत, (तृप से) तृप्त, (नश् से) नष्ट, (पूर से) पूर्ण, (मृ से) मृत, (लग् से) लग्न, (विद् से) विदित, (संभृ से) संभृत, (सुप् से) सुप्त, (हा से) हत।

तः–*वि० से क्रि० वि०*– (अंश से) अंशतः, अनिवार्यतः, प्रथमतः, मूलतः, विशेषतः, साधारणतः, सामान्यतः, स्वतः।

तम–*वि० से वि०*– (उच्च से) उच्चतम, (कठिन से) कठिनतम, (कठोर से) कठोरतम, (गुरु से) गुरुतम, (दृढ़ से) दृढ़तम, (निम्न से) निम्नतम, (मृदु से) मृदुतम, (लघु से) लघुतम, (बृहत से) बृहत्तम, (श्रेष्ठ से) श्रेष्ठतम।

तया–*वि० से क्रि० वि०*– (विशेष से) विशेषतया, (साधारण से)साधारणतया,(सामान्य से) सामान्यतया।

तर–*वि० से वि०*– (उच्च से) उच्चतर, (कठिन से) कठिनतर, (गुरु से) गुरुतर, (दृढ़ से) दृढ़तर, (निम्न से) निम्नतर, (मृदु से) मृदुतर, (लघु से) लघुतर, (वृहत् से) वृहत्तर, (श्रेष्ठ से) श्रेष्ठतर।

तव्य–*क्रि० से वि०*– (कृ से) कर्तव्य, (क्षम् से) क्षमतव्य, (गम् से) गन्तव्य, (ज्ञा से) ज्ञातव्य, (दा से) दातव्य, (दृश, से) द्रष्टव्य, (प्राप् से) प्राप्तव्य, (वच् से) वक्तव्य।

ता–*वि० से भाव०*– (अग्र से) अग्रता, (आत्मीय से) आत्मीयता, (आधुनिक से) आधुनिकता, (आवश्यक से) आवश्यकता, (कटु से) कटुता, (क्रूर से) क्रूरता, (गंभीर से) गंभीरता, (गुरु से) गुरुता, (चपल से) चपलता, (तीक्ष्ण से) तीक्ष्णता, (धीर से) धीरता, (मधुर से) मधुरता (मम् से) ममता (मूर्ख से) मूर्खता, (मृदु से) मृदुता, (लघु से) लघुता, (विषम से) विषमता, (वीर से) वीरता, (व्याकुल से) व्याकुलता, (समान से) समानता, (सहृदय से) सहृदयता।

ता–*सं० से भाव०*– (दानव से) दानवता, (पशु से) पशुता, (मनुष्य से) मनुष्यता, (मानव से) मानवता, (मित्र से) मित्रता, (शत्रु से) शत्रुता।

ति–*भाव०*– (कृ से) कृति, (ख्या से) ख्याति, (धृ से) धृति, (भृ से) भृति, (वृध् से) वृद्धि, (वृष् से) वृष्टि, (श्रु से) श्रुति, (सृज् से) सृष्टि, (स्तु से) स्तुति।

ती–(हिं०) *भाव०*–गिनती, घटती, चुकती, फुरती,बढ़ती।

तृ-*(हिन्दी में ता, स्त्री त्री) क्रि० से कर्तृ०*– (कृ से) कर्ता, कर्त्री, (दा से) दाता, दात्री, (धा से) धाता, धात्री, (नी से) नेता, नेत्री, (पा से) पिता, पितृ, (भृ से) भर्ता, भर्त्री (मा से) माता, मातृ।

त्र–*वि० से क्रि० वि०*–अन्यत्र, एकत्र, सर्वत्र।

त्व–*सं० या वि० से भाव०*– (अमर से) अमरत्व, (एक से) एकत्व, (कृति से) कृतित्व, (गुरु से) गुरुत्व, (द्वि से) द्वित्व, (नारी से) नारीत्व, (पशु से) पशुत्व, (पुरुष से) पुरुषत्व, (प्रभु से) प्रभुत्व, (बंधु से) बंधुत्व, (ब्राह्मण से) ब्राह्मणत्व, (मनुष्य से) मनुष्यत्व, (महा से) महत्व, (स्त्री से) स्त्रीत्व।

था–*वि० से क्रि० वि*–अन्यथा, तथा, यथा, सर्वथा।

द–*देनेवाला*–जलद, दुःखद, धनद, लाभप्रद, सुखद।

दान, दानी–*उर्दू सं० से सं०*–आतशदान, इत्रदान, कलमदान, गुलाबदान, चायदानी, चूहेदानी, पानदान, फूलदान, मच्छरदानी।

दार–(उर्दू) *सं० से वि०*–असरदार, इज़्ज़तदार, ओहदेदार, ख़बरदार, चमकदार, चिल्लीदार, धारदार, फलदार, मालदार, समझदार।

दार—(उर्दू) *सं०*—कामदार, किरायादार, खरीददार, चौकीदार, जमींदार, ठेकेदार, नातेदार, पहरेदार, भागीदार, रिश्तेदार, सरदार, हिस्सेदार।

धा—*वि० से क्रि० वि०*—(त्रि से) त्रिधा, (द्वि से) द्विधा, (नव से) नवधा, (बहु से) बहुधा।

न—*भाव०*—(दा से) दान, (प्रश् से) प्रश्न, (यत् से) यत्न, (स्वप् से) स्वप्न।

नाक—(उर्दू) *वि०*—ख़तरनाक, खौफ़नाक, दर्दनाक।

नी—(हिं०) *क्रि० से भाव०*—कटनी, करनी, छँटनी, भरनी, मरनी।

नी—(हिं०) *पुं० से स्त्री०*—ऊँटनी, बाघनी, मोरनी, रीछनी, शेरनी।

पन—(हिं०) *सं० या वि० से भाव०*—अपनापन, कमीनापन, कालापन, गँवारपन, छुटपन, नीलापन, परायापन, पीलापन, बचपन, बड़प्पन, बालापन, भद्दापन, भेंगापन, भोलापन, लड़कपन, सीधापन।

पूर्वक—*सं० से क्रि० वि०*—आनंदपूर्वक, कुशलपूर्वक, दयापूर्वक, दृढ़तापूर्वक, न्यायपूर्वक, प्रसन्नतापूर्वक, विधिपूर्वक, सहृदयतापूर्वक, सुखपूर्वक, सुविधापूर्वक।

बंद—(उर्दू) *सं० से वि०*—कमरबंद, डिब्बाबंद, बिस्तरबंद, मोर्चाबंद, मोहरबंद, हथियारबंद।

बाज़—(उर्दू) *वि०*—अंटीबाज़, अड़ंगेबाज, चालबाज़, दगाबाज़, धोखेबाज़, पतंगबाज़, रंडीबाज़, लौंडेबाज़।

बाज़ी—(उर्दू) *सं०*—अड़ंगेबाज़ी, आतशबाज़ी, कबूतरबाज़ी, चालबाज़ी, चुहलबाज़ी, दगाबाज़ी, धोखेबाज़ी, पतंगबाज़ी, रंडीबाज़ी, लौंडियाबाज़ी।

मंद—(उर्दू) *सं० से वि०*—अक्लमंद, एहसानमंद, गर्ज़मंद, ज़रुरतमंद।

मय—*सं० से वि०*—अग्निमय, आभामय, करुणामय, गरिमामय, जलमय, ज्योतिर्मय, दयामय, मधुमय, शान्तिमय, सुखमय।

मान—*सं० से वि०*—(आयुष् से) आयुष्मान, (बुद्धि से) बुद्धिमान, (शक्ति से) शक्तिमान, (श्री से) श्रीमान।

य—*सं० से वि०*—(ओष्ठ से) ओष्ठ्य, (ग्राम से) ग्राम्य, (दन्त से) दन्त्य, (न्याय से) न्याय्य, (पद से) पद्य।

य—*क्रि० से वि०*—(कृ से) कार्य, (क्षम् से) क्षम्य, (खाद् से) खाद्य, (दा से) देय, (दृश से) दृश्य, (निंद् से) निंद्य, (पा से) पेय, (पूज् से) पूज्य, (प्राप् से) प्राप्य, (युज् से) योग्य, (श्रु से) श्रव्य।

य—*वि० से भाव०*—(चंचल से) चांचल्य, (चोर से) चौर्य, (धीर से) धैर्य, (पंडित से) पांडित्य, (विधवा से) वैधव्य, (शूर से) शौर्य, (सदृश् से) सादृश्य, (सामर्थ से) सामर्थ्य, (सुन्दर से) सौन्दर्य, (स्वस्थ से) स्वास्थ्य।

या—*भाव०*—(कृ से) क्रिया, (चर् से) चर्या, (तपस् से) तपस्या, (विद् से) विद्या, (शी से) शय्या।

वत्—*सं० से क्रि० वि०*—आत्मवत्, पितृवत्, पुत्रवत्, मातृवत, मित्रवत्, शत्रुवत्।

वान्—*सं० वि०*—गुणवान्, धनवान्, रूपवान्, विद्यावान्, शीलवान्।

वान—(उर्दू) *सं० से सं०*—इक्कावान, कोचवान, गाड़ीवान, पीलवान, हाथीवान।

वार—(उर्दू) *वि० क्रि० वि०*—उम्मीदवार, क्रमवार, घंटेवार, तारीख़वार, नंबरवार, भाषावार, सिलसिलेवार।

वाला–(हिं०) *क्रि० से कर्तृ०*–आनेवाला, गानेवाला, जानेवाला, देनेवाला, धोनेवाला, बोलनेवाला, लेनेवाला।

वाला–(हिं०) *सं० से कर्तृ०*–इक्केवाला, खोंचेवाला, गाड़ीवाला, जूतेवाला, टोपीवाला, दूधवाला, पालकीवाला, फेरीवाला, सब्ज़ीवाला।

वी–*सं० से वि०*– (तपस् से) तपस्वी, (तेजस् से) तेजस्वी, (माया से) मायावी, (मेधा से) मेधावी।

शः–*सं० से क्रि० वि०*–अक्षरशः, कोटिशः, क्रमशः, बहुशः, शतशः, शब्दशः

सा–*भाव०*– (ज्ञ से) जिज्ञासा, (पा से) पिपासा, (मन् से) मीमांसा।

साज़–(उर्दू) *सं० से सं०*–आईनासाज़, घड़ीसाज़, रंगसाज़।

परिशिष्ट - 4

नाप, माप और तौल की सारणियाँ

लंबाई और दूरी की नाप

12 इंच	=	1 फ़ुट
3 फ़ुट	=	1 गज़
$5\frac{1}{2}$ गज़	=	1 पोल (डाँड़)
40 पोल	=	1 फर्लांग
8 फ़र्लांग	=	1 मील
1760 गज़	=	1 मील
3 मील	=	1 लीग

---

3 जौ	=	1 इंच
3 इंच	=	1 गदोरी
6 गदोरी	=	1 हाथ
9 इंच	=	1 बालिश्त (बित्ता)
5 फ़ुट	=	1 डग (कदम)
6 फ़ुट	=	1 फ़ैदम, थाह (पुरसा, समुद्र की गहराई नापने के लिए)

7.92 इंच	=	1 कड़ी
25 कड़ी	=	1 पोल (डाँड़)
100 कड़ी	=	1 ज़रीब
66 फ़ुट	=	1 ज़रीब
10 ज़रीब	=	1 फ़र्लांग

समुद्री नाप

6 फ़ुट	=	1 फ़ैदम, थाह
15 फ़ुट	=	1 ज़रीब
100 फ़ैदम (थाह)	=	1 समुद्री तार की लंबाई
10 समुद्री तार की लंबाई	=	1 समुद्री मील
3 समुद्री मील	=	1 लीग
60 समुद्री मील	=	1 अंश

भूमि या वर्ग नाप

144 वर्ग इंच	=	1 वर्ग फ़ुट
9 वर्ग फ़ुट	=	1 वर्ग गज़
$30\frac{1}{4}$ वर्ग गज़	=	1 वर्ग पोल/राड
4 राड/पोड या 4840 वर्ग गज़	=	1 एकड़
640 एकड़	=	1 वर्ग मील

---

1. **टिप्पणी** —हाथ घोड़ों की नाप के लिए, फ़ैदम या थाह पानी और खान की गहराई नापने के लिए, कड़ी और ज़रीब भू सर्वेक्षण के लिए प्रयुक्त होते हैं।

2. **टिप्पणी** — 1 समुद्री मील = लगभग 2026 गज़

लंबाई (दूरी) की भारतीय नाप

72 बिन्दु	= 1 इंच
9 इंच	= 1 बित्ता
2 बित्ता	= 1 हाथ
2 हाथ	= 1 गज़

4 अंगुल	= 1 गिरह
$2\frac{1}{4}$ इंच	= 1 गिरह
16 गिरह	= 1 गज़
3 गज़	= 1 गठा
10 गठा	= 1 ज़रीब

भारतीय भूमि नाप (उत्तर प्रदेश)

99 इंच	= 1 लाठा
5 लाठा × 4 लाठा	= 1 बिस्वा
$1361\frac{1}{4}$ वर्ग फ़ुट	= 1 बिस्वा
20 बिस्वा	= 1 बीघा
3025 वर्ग गज़	= 1 बीघा
8 बीघा	= 5 एकड़

पंजाब

3 हाथ	= 1 करम
9 वर्ग करम	= 1 मरला
20 मरला	= 1 कनाल
4 कनाल	= 1 बीघा
1620 वर्ग गज़	= 1 बीघा
2 बीघा	= 1 घुमॉव

(महाराष्ट्र)

$39\frac{1}{4}$ वर्ग हाथ	= 1 काठी
20 काठी	= 1 पाण्ड
20 पाण्ड	= 1 बीघा
3925 वर्ग गज़	= 1 बीघा
6 बीघा	= 1 रुके
20 रुके	= 1 चहर

(बंगाल)

1 वर्ग हाथ	= 1 गण्डा
20 गण्डा	= 1 छटाँक
16 छटाँक	= 1 काठा
10 × 8 गज़	= 1 काठा
20 काठा	= 1 बीघा
1600 वर्ग गज़	= 1 बीघा
121 बीघा	= 40 एकड़

(दक्षिण भारत)

2400 वर्ग फुट	= 1 ग्राउन्ड (मनाई)
24 ग्राउन्ड	= 1 काणी
6400 वर्ग गज़	= 1 काणी
484 काणी	= 1 वर्ग मील

घन या ठोस की माप

1728 घन इंच	= 1 घन फ़ुट
27 घन फ़ुट	= 1 घन गज़

धारिता की माप

4 गिल	= 1 पिन्ट
2 पिन्ट	= 1 क्वार्ट
4 क्वार्ट	= 1 गैलन
2 गैलन	= 1 पेक
4 पेक	= 1 बुशल
8 बुशल	= 1 क्वार्टर
2 क्वार्ट	= 1 पाटल
2 बुशल	= 1 स्ट्राइक
36 बुशल	= 1 काल्ड्रन
5 क्वार्टर	= 1 लोड

द्रव की माप

1 मिनिम (बूँद)	= 0.0045 घन इंच
60 बूँद	= 1 ड्राम
8 ड्राम	= 1 आउन्स
20 आउन्स	= 1 पिन्ट
8 पिन्ट	= 1 गैलन
$31\frac{1}{2}$ गैलन	= 1 बैरल

1 टी स्पूनफुल (चम्मच)	= 1 ड्राम
1 डेजर्ट टी स्पूनफुल (मझला चम्मच)	= 2 ड्राम
1 टेबुल टी स्पूनफुल (बड़ा चम्मच)	= 4 ड्राम
1 टी कप फुल (चाय प्याला)	= 3 आउंस

कपड़ों की नाप

$2\frac{1}{4}$ इंच	= 1 नेल
4 नेल	= 1 क्वार्टर
4 क्वार्टर	= 1 गज़

काग़ज़ का आकार (इंच में)

क्राउन	= 15 × 20
क्राउन डबल	= 20 × 30
क्राउन क्वाड	= 30 × 40
डिमाई	= $17\frac{1}{2} \times 22\frac{1}{2}$
डिमाई डबल	= $22\frac{1}{2} \times 35$
डिमाई क्वाड	= 35 × 45
फ़ुल स्केप	= $13\frac{1}{2} \times 17$
फ़ुलस्केप डबल	= 17 × 27
फ़ुलस्केप क्वाड	= 27 × 34
इम्पीरिअल	= 22 × 30
मीडियम	= 18 × 23
मीडियम डबल	= 23 × 36
पोस्ट	= $15\frac{1}{2} \times 19\frac{1}{4}$
पोस्ट लार्ज	= $16\frac{1}{2} \times 21$
रायल	= 20 × 25
रायल डबल	= 25 × 40
रायल क्वाड	= 40 × 50
सुपर रायल	= $20\frac{1}{2} \times 27\frac{1}{2}$
सुपर रायल डबल	= $27\frac{1}{2} \times 41$

पुस्तकों का आकार

एफ़ ओ, एक पेजी, इकतहा, दो पन्ने, फ़ोर टु०, चौपेजी, दुतहा, चार पन्ने, एट बो०, अठपेजी, तिनतहा, आठ पन्ने ट्वेल्व एम ओ०, बारह पेजी, बारह परत में मुड़ा सिक्सटीन एम ओ०, सोलहपेजी, चौपरता, सोलह पन्ने

समय परिमाण (भारतीय)

60 अनुपल	= 1 विपल
60 विपल	= 1 पल
60 पल	= 1 दण्ड
60 दण्ड	= 1 दिन
24 घड़ी	= 1 दिन
8 पहर	= 1 दिन
7 दिन	= 1 सप्ताह
30 दिन	= 1 माह
12 माह	= 1 वर्ष

(अंतर्राष्ट्रीय)

60 सेकन्ड	= 1 मिनट
60 मिनट	= 1 घंटा
24 घंटे	= 1 दिन
7 दिन	= 1 सप्ताह
4 सप्ताह	= 1 माह
13 चांद्रमास	= 1 वर्ष
12 मास	= 1 वर्ष
365 दिन	= 1 वर्ष
366 दिन	= 1 लौंध वर्ष
365 दिन, 5 घंटे, 48 मिनट	= 1 सौर वर्ष
100 वर्ष	= 1 शताब्दी

मुद्रा (अंग्रेजी)

4 फ़ारदिंग	= 1 पेनी
12 पेन्स	= 1 शिलिंग
20 शिलिंग	= 1 पाउन्ड
21 शिलिंग	= 1 गिन्नी
2 शिलिंग	= 1 फ़्लोरिन
5 शिलिंग	= 1 क्राउन

(भारतीय)

100 पैसे	= 1 रुपया

विद्युत-मापन

वोल्ट, विद्युत वाहक बल (e.m.f.) की इकाई जो एक बैटरी सेल के लगभग 92.6% के बराबर होती है।

ओम, विद्युत प्रतिरोध की इकाई जो 100 से० मी० × 1 मि० मि० गलनांक पर पारद रेखा द्वारा विद्युत धारा के प्रवाह से उत्पन्न होती है।

मेग ओम, दस लाख ओम

एम्पिअर, एक ओम द्वारा संचालित एक वोल्ट की धारा

कूलम, प्रति सेकंड प्रवाहित होनेवाली एक एम्पिअर की मात्रा

माइक्रोफैराडे, एक वोल्ट दाब पर .0000001 कूलम की धारिता

वाट, विद्युत शक्ति की इकाई जो परिपथ में प्राप्त शक्ति के बराबर होती है जिसमें एक एक वोल्ट के विभवान्तर वाली एक एम्पिअर की धारा प्रवाहित हो. 746 वाट = 1 अश्वशक्ति **किलोवाट** = 1000 वाट

तापमान

सेल्सिअस (सेन्टीग्रेड), इसमें 0° हिमांक 100° वाष्पांक होता है।

फ़ारेनहाइट इसमें 32° हिमांक, 212° वाष्पांक होता है

टिप्पणी — सेन्टीग्रेड को फ़ारेनहाइट में बदलने के लिए 9 से गुणा करके गुणनफल को 5 से भाग देकर 32 जोड़ दें; जैसे — 60°C = 60 × 9 (540) ÷ 5 (108) + 32 = 140°F। फ़ारेनहाइट के सेन्टीग्रेड में बदलने के लिए 32 घटाकर 5 से गुणा करें और गुणनफल को 9 से भाग दे दें; जैसे — 133°F = 133 − 32 (101) × 5 (505) ÷ 9 = 56°C।

संख्या

12 इकाई	= 1 दर्जन
12 दर्जन	= ग्रुस
20 इकाई	= 1 कोड़ी
5 कोड़ी या 100 इकाई	= 1 शतक (सैकड़ा)

1, 2, 3, 4, 5, ... अरबी संख्याएँ हैं जो अब अंतर्राष्ट्रीय संख्याएँ कहलाती हैं।

१, २, ३, ४, ५, ... देवनागरी संख्याएँ हैं।

1, 2, 3, 4, 5, ... अंकों में लिखी संख्याएँ हैं।

एक, दो, तीन, चार, ... शब्दों में लिखी संख्याएँ हैं।

चालू-तौल

(बहुमूल्य धातुओं और पत्थरों को छोड़ कर अन्य सभी विक्रेय वस्तुओं की तौल में प्रयुक्त)

16 ड्राम	= 1 आउंस
16 आउंस	= 1 पौंड
14 पौंड	= 1 स्टोन
28 पौंड	= 1 क्वार्टर
4 क्वार्टर (112 पौंड)	= 1 हन्डरवेट
20 हन्डरवेट	= 1 टन

बहुमूल्य पत्थरों के लिए 1 औंस = 480 ग्रेन जो दाशमिक कैरट से विभाजित होकर प्राप्त होता है। दाशम्कि कैरट औंस का $\frac{1}{150}$ वाँ भाग होता है। कैरट का अर्थ है $\frac{1}{24}$ भाग। इस प्रकार 18 कैरट सोना शुद्ध सोने का $\frac{18}{24}$ भाग होता है।

औषधियों की तौल

20 ग्रेन	= 1 स्क्रुपल
3 स्क्रुपल	= 1 दिरहम
8 दिरहम	= 1 औंस
12 औंस	= 1 पौंड
20 औंस	= 1 पिन्ट

भारतीय तौल
(अब अप्रचलित)

8 खसखस	= 1 चावल
8 चावल	= 1 रत्ती
6 रत्ती	= 1 आना
8 रत्ती	= 1 माशा
12 माशा या 6 आना	= 1 तोला
5 तोला	= 1 छटाँक
16 छटाँक	= 1 सेर
4 छटाँक	= 1 पाव
4 पाव	= 1 सेर
5 सेर	= 1 पंसेरी
8 पंसेरी	= 1 मन
1 मन	= $82\frac{2}{7}$ पौंड

टिप्पणी — भारत में अब प्रचलित माप-तौल के लिए दाशमिक प्रणाली देखिए।

दाशमिक प्रणाली

माप-तौल के लिए यह दाशमिक प्रणाली भारत सहित अनेक देशों में प्रचलित है। इस प्रणाली में लंबाई की मूल इकाई मीटर, तौल की इकाई ग्राम, धारिता की इकाई लीटर, क्षेत्रफल की इकाई एअर और आयतन (जैसे-लकड़ी) की मूल इकाई स्टेअर है। उपर्युक्त इकाइयों में निम्नलिखित उपसर्ग लगाकर छोटी या बड़ी इकाइयाँ बना ली जाती हैं:— किलो 1000, हेक्टो 100, डेका 10, डेसी 0.1, सेन्टी 0.01, मिली 0.001। प्रायः इनमें टेरा (दस शंख, 10^{18}), गीगा (एक अरब, 10^{9}), मेगा (दस लाख) भी जोड़े जाते हैं।

लंबाई (दूरी) की नाप

10 मिलीमीटर	= 1 सेन्टीमीटर
10 सेन्टीमीटर	= 1 डेसीमीटर
10 डेसीमीटर	= 1 मीटर
10 मीटर	= 1 डेकामीटर
10 डेकामीटर	= 1 हेक्टोमीटर
10 हेक्टोमीटर	= 1 किलोमीटर
10 किलोमीटर	= 1 मिरियामीटर
10 मिरिया मीटर	= 1 मेगामीटर
100 सेन्टीमीटर	= 1 मीटर
1000 मीटर	= 1 किलोमीटर

तौल

10	मिलीग्राम	= 1 सेन्टीग्राम
10	सेन्टीग्राम	= 1 डेसीग्राम
10	डेसीग्राम	= 1 ग्राम
10	ग्राम	= 1 डेकाग्राम
10	डेकाग्राम	= 1 हेक्टोग्राम
10	हेक्टोग्राम	= 1 किलोग्राम
1000	ग्राम	= 1 किलोग्राम
10	किलोग्राम	= 1 मिरियाग्राम
10	मिरियाग्राम	= 1 क्विंटल
10	क्विंटल	= 1 टन या मिलियन
1000	किलोग्राम	= 1 मीट्रिक टन

धरातल की माप

100 वर्ग मिलीमीटर	= 1 वर्ग सेन्टीमीटर
100 वर्ग सेन्टीमीटर	= 1 वर्ग डेसीमीटर
100 वर्ग डेसीमीटर	= 1 वर्ग मीटर
100 वर्ग मीटर	= 1 वर्ग डेकामीटर
100 वर्ग डेकामीटर	= 1 वर्ग हेक्टोमीटर
100 वर्ग हेक्टोमीटर	= 1 वर्ग किलोमीटर
100 वर्ग किलोमीटर	= 1 वर्ग मिरियामीटर

धारिता की माप

10 मिलीलीटर	= 1 सेन्टीलीटर
10 सेन्टीलीटर	= 1 डेसीलीटर
10 डेसीलीटर	= 1 लीटर
10 लीटर	= 1 डेकालीटर
10 डेकालीटर	= 1 हेक्टोलीटर
10 हेक्टोलीटर	= 1 किलोलीटर

भू-मापन

10 सेन्टीएअर	=	1 डेसीएअर
10 डेसीएअर	=	1 एअर
10 एअर	=	1 डेकाएअर
10 डेकाएअर	=	1 हेक्टेअर

घन-माप

1000 घन मिलीमीटर	=	1 घन सेन्टीमीटर
1000 घन सेन्टीमीटर	=	1 घन डेकामीटर
1000 घन डेकामीटर	=	1 घन मीटर
10 डेसी स्टेअर	=	1 घन मीटर
	=	1 स्टेअर
10 स्टेअर	=	1 डेका स्टेअर

टिप्पणी — इमारती लकड़ी की नाप में स्टेअर का प्रयोग किया जाता है।

परिवर्तन तालिकाएँ
लंबाई (दूरी)

1 मिलीमीटर	=	0.0394 इंच
1 सेन्टीमीटर	=	0.3937 इंच
1 मीटर	=	39.3708 इंच
1 किलोमीटर	=	1092. 96 गज़
	=	$\frac{5}{8}$ (लगभग) मील

उलटे

1 इंच	=	25.4 मिलीमीटर
1 फ़ुट	=	0.3048 मीटर
1 गज़	=	0.9144 मीटर
1 मीटर	=	0.0093 किलोमीटर

1 सेन्टीलीटर	=	0.07 गिल
1 लीटर	=	1.76 पिन्ट
1 हेक्टोलीटर	=	2.75 बुशल
1 किलोलीटर	=	3.44 क्वार्टर

उलटे

1 गिल	=	1.42 सेन्टीलीटर
1 पिन्ट	=	0.57 लीटर
1 गैलन	=	4.546 लीटर
1 बुशल	=	36.37 लीटर
1 क्वार्टर	=	0.29 किलोलीटर

वर्ग-माप

1 वर्ग सेन्टीमीटर	=	0.155 वर्ग इंच
1 वर्ग मीटर	=	1.196 वर्ग गज़
1 एअर	=	119.6 वर्ग गज़
1 हेक्टेअर	=	2.471 एकड़

उलटे

1 वर्ग इंच	=	6.45 वर्ग सेन्टीमीटर
1 वर्ग फ़ुट	=	9.29 वर्ग डेसीमीटर
1 वर्ग गज़	=	0.84 वर्ग मीटर
1 एकड़	=	0.405 हेक्टेअर
1 वर्ग मील	=	259 हेक्टेअर

तौल

1 मिलीग्राम	=	0.015 ग्रेन
1 सेन्टीग्राम	=	0.154 ग्रेन
1 ग्राम	=	15.432 ग्रेन
1 किलोग्राम	=	2.204 पौंड
1 क्विंटल	=	1.968 हंडरवेट

उलटे

1 ग्रेन	=	0.0648 ग्राम
1 औंस	=	28.35 ग्राम
1 पौंड	=	0.454 किलोग्राम
1 हंडरवेट	=	50.8 किलोग्राम
1 टन	=	1016 किलोग्राम

घनमाप		उलटे	
1 घन सेन्टीमीटर	= 0.06 घन इंच	1 घन इंच	= 16.387 घन सेन्टीमीटर
1 घन मीटर	= 1.31 घन गज़	1 घन फुट	= 0.03 घन मीटर
		1 घन गज़	= 0.76 घन मीटर

परिशिष्ट - 5

समान प्रतीत होने वाले शब्द

समान प्रतीत होने वाले शब्दों के अनेक रूप हैं। इनमें से एक रूप वह है जिसमें दो शब्द सामान्यतः एक जैसे लगते हैं परन्तु उन शब्दों के अर्थ समान नहीं होते। इनका प्रयोग (असावधानी के कारण) एक-दूसरे के स्थान पर कर दिया जाता है। वस्तुतः ये दोनों शब्द अलग-अलग हैं। इस वर्ग के कुछ शब्द-युग्म नीचे दिए जा रहे हैं।

अगर–अगरु

'अगर' विदेशी शब्द है, इसका प्रयोग 'यदि' के स्थान पर होता है। 'अगरु' सुगन्धित वृक्ष की लकड़ी का नाम है, इसका उपयोग पूजा में सुगंधि के लिए होता है। व्यापारी-लोग प्रायः 'अगरु' को 'अगर' भी बोलते और लिखते हैं, यथा 'अगर-बत्ती'।

अनल–अनिल

'अनल' अग्नि को कहते हैं। यथा दाव+अनल=दावानल, जठर+अनल=जठरानल।

'अनिल' वायु को कहते हैं। यथा मलय+अनिल=मलयानिल।

अन्तर–अन्तर्

'अन्तर' शब्द का प्रयोग 'भिन्नता' अथवा 'दूरी' के लिए होता है। 'पुस्तक के प्रथम तथा द्वितीय संस्करणों में बहुत अन्तर है', 'दिल्ली से कलकत्ते का अन्तर...'।

'अन्तर्' भी तत्सम है। यथा 'अन्तर्गत', 'अन्तर्जातीय', 'अन्तर्देशीय' आदि।

'अन्तर्' का प्रयोग 'अन्तः' के रूप में भी होता है, यथा 'अन्तःकरण'।

अनुकरण–अनुसरण

'अनुकरण' अथवा 'अनुकृति' शब्द का अर्थ 'नकल' है। यह नकल किसी दूसरे व्यक्ति के व्यवहार की होती है, उससे प्रभावित होने पर।

अनु+करण=अनुकरण।

अनु+सरण=अनुसरण, आँख बन्द करके किसी के पीछे चलना।

अनुकरण में पहले हम प्रभावित होते हैं, फिर उसका-सा व्यवहार करते हैं। 'अनुसरण' में सोचना-समझना प्रभावित होना नहीं होता।

अनुकूल–अनुरूप

'अनुकूल' शब्द का विलोम 'प्रतिकूल' है। प्रायः अनुकूल व्यवहार मानसिकता पर निर्भर है। 'अनुकूल' को मित्र तथा 'प्रतिकूल' को शत्रु (इसीलिए) समझा जाता है।

अनु+रूप=अनुरूप शब्द का व्यवहार ऐच्छिक तथा बाह्य होता है।

अभिन्न–विभिन्न

दोनों शब्द तत्सम हैं। दोनों ही विशेषण हैं। दोनों का उद्गम 'भिद्' से है। अ+भिन्न=अभिन्न। वि+भिन्न=विभिन्न। इन शब्दों के अर्थ विपरीत हैं। 'अभिन्न' अर्थात भेद-भाव रहित, यथा 'अभिन्न मित्र', 'अभिन्न सम्बन्ध' आदि। 'विभिन्न' शब्द का अर्थ 'भिन्न-भिन्न प्रकार के' है।

यथा 'विभिन्न जन्म', 'विभिन्न रीतियाँ', 'विभिन्न स्थान' आदि।

अभिव्यक्ति–अविभक्ति

'अभिव्यक्ति' शब्द संज्ञा है। इसका प्रयोग 'प्रकट करने' के अर्थ में होता है। रोष, प्रेम अथवा सज्जनता को व्यक्त किया जाता है, परंतु व्यक्ति-निरपेक्ष व्यक्तिकरण 'अभिव्यक्ति' कहलाता है, यथा 'रस की अभिव्यक्ति', 'भाव की अभिव्यक्ति' आदि।

'अविभक्ति' शब्द के दो अर्थ हैं–(1) विभक्ति (=कारक-चिह्न) का अभाव, (2) विभाग हीनता (=विभाजन-हीनता)। विभक्ति (कारक-चिह्न) हीन शब्द को 'अव्यय' कहते हैं। 'विभाग-हीन' के अर्थ में इस शब्द का प्रयोग प्रायः विशेषण बनकर ('अविभक्त' रूप में) होता है, यथा 'नारी समाज अविभक्त (=एकमत अथवा अनडिवाडेड) है।'

अवधि–अवधी

'अवधि' अर्थात् 'सीमा', यथा कालावधि, शासनावधि' आदि।

अवध क्षेत्र की बोली का नाम 'अवधी' है। 'रामचरित-मानस' की भाषा अवधि-हिंदी है। इस ग्रंथ के अंतिम कांड में 'अवधि' शब्द का प्रयोग भी मिलता है।–'रहा एक दिन अवधि कर, अति आरत पुर-लोग।'

अस्त्र–शस्त्र

'अस्त्र' शत्रु पर फेंककर चलाया जाता है, यथा बाण अथवा प्रक्षेपणास्त्र अणुबंब आदि।

'शस्त्र' को हाथ में पकड़कर चलाते हैं, यथा तलवार, गदा आदि।

अंक–अंग

'अंक' शब्द के अर्थ संख्या, गोद आदि हैं। अंकगणित, अंकशायिनी, नाटक के अंक आदि।

'अंग' शब्द का प्रयोग अवयव के लिए होता है। अंग-प्रत्यंग, साष्टांग प्रणाम, राजनीति के अंग आदि।

प्राचीनकाल में 'अंग', 'बंग', 'कलिंग' आदि राज्यों के नाम थे, दुर्योधन ने राज्य देकर कर्ण को अंग-नरेश बना दिया था।

आकार–आगार

'आकार' अथवा 'आकृति' शरीर को कहते हैं। ईश्वर निर्+आकार=निराकार है। कालिदास ने रघुवंशियों के विषय में लिखा है–

'आकार सदृशःप्रज्ञः' (रघुवंशम्)।

'आगार' शब्द का अर्थ भंडार अथवा गोदाम है। शस्त्र+आगार=शस्त्रागार।

आय–आयु

'आय' का संबंध प्राप्ति (=आमदनी) से है। 'आय-कर', 'आय-व्यय' आदि।

'आयु' का अर्थ उम्र है। 'अल्पायु', 'दीर्घायु', 'आयुष्मान्' आदि।

आशय–आश्रय

'आशय' शब्द के दो अर्थ हैं–(1) हृदय, (2) तात्पर्य अथवा अभिप्राय। **'महाशय'** शब्द।

'अपने कथन का **आशय** स्पष्ट कीजिए।'

'आश्रय' शब्द का प्रयोग स्थान, घर अथवा शरण के लिए होता है।

'आश्रयदाता', 'आश्रयहीन' आदि।

'किसी **महाशय** ने बालक को **आश्रय** देकर उसको कृतार्थ कर दिया।'

आदि–आदी

'आदि' अर्थात् प्रारंभ। 'नहिं तव **आदि**, मध्य, अवसाना'–(राम-चरितमानस)।

'आदी' विदेशी शब्द है, 'आदत' के मूल में भी यही है। 'वह देर से सोने का **आदी** है।'

इति–ईति

'इति' शब्द का प्रयोग अंत, समाप्ति, ऐसा आदि अर्थों में होता है।

'इतिशुभम्', 'इत्यादि', 'इतिहास' आदि शब्द।

'ईति' शब्द 'दैवी आपदा' के लिए आता है। प्रायः 'ईति-भीति' शब्द साथ-साथ आते हैं।

'ईति' दैवी भय के लिए, तथा 'भीति' सांसारिक भय के लिए। शास्त्र में छह ईतियां गिनाई गई हैं, उनमें अतिवृष्टि तथा अनावृष्टि (=सूखा) भो सम्मिलित हैं।

इष्ट–घनिष्ठ

जो मन को अच्छा लगता है उसको 'इष्ट' कहते हैं। 'इष्टदेव', 'इष्टमित्र', 'अभीष्ट' आदि।

'घनिष्ठ' से शब्द 'घनिष्ठता' बनता है, जो निकटता का मापक है।

'इष्ट' का अंतिम अक्षर 'ट' है, और 'घनिष्ठ' का 'ठ'।

उक्त–युक्त

'उक्त' शब्द का अर्थ 'कहा हुआ' है। यथा+उक्त=यथोक्त, निम्न+उक्त=निम्नोक्त।

उपरि+उक्त=उपर्युक्त को 'उपरोक्त' लिखना अशुद्ध है।

'योग' शब्द से 'युक्त' शब्द बनता है। 'प्र+योग=प्रयोग से प्रयुक्त, सं+योग=संयोग से संयुक्त, उप+योग=उपयोग से उपयुक्त आदि।

'आयुक्त' (कमिश्नर) आधुनिक पारिभाषिक शब्द है।

उत्तरी–उत्तरीय

'उत्तर' से विशेषण 'उत्तरी' बनता है। यथा 'उत्तरी ध्रुव'।

'उत्तरीय' भी तत्सम है। यह संज्ञा शब्द है। चादर के समान वस्त्र को उत्तरीय कहते हैं। यह सब वस्त्रों के ऊपर धारण किया जाता है।

'उत्तरी' शब्द क्रिया का अंग है और स्त्रीलिंग है। 'कनक-खंभ तें ऊतरी, उरग-सुता दरसाइ'।

उगल–निगल

गले में अटकी हुई वस्तु को बाहर निकाल देना उसको 'उगलना' है। 'निगलने' में वस्तु को गले से नीचे पेट में कर लिया जाता है। 'जीती मक्खी निगलना मुहावरा है। उगलने को 'कै करना' भी कहते हैं। 'उगलना' क्रिया का प्रयोग लक्षणा से भी होता है।

उद्देश–उद्देश्य

दोनों ही तत्सम शब्द हैं। 'उद्देश' शब्द का अर्थ 'दृष्टि में रखना' अथवा 'लक्ष्य में रखना' है। जो उद्देश के योग्य है उसको 'उद्देश्य' कहते हैं। इसको इष्ट अथवा लक्ष्य कह सकते हैं। प्रायः 'उद्देश' ही 'उद्देश्य' बन जाया करता है। व्याकरण-शास्त्र में 'उद्देश्य' और 'विधेय' शब्द प्रयुक्त किए जाते हैं।

उपयुक्त–उपर्युक्त

दोनों ही तत्सम शब्द हैं और दोनों ही विशेषण हैं।

'उपयुक्त' शब्द का प्रयोग उचित अथवा अनुकूल के अर्थ में होता है।

उपरि+उक्त=उपर्युक्त अथवा 'ऊपर कहा हुआ'। इस शब्द को 'उपरोक्त' भी लिख दिया जाता है, जो अशुद्ध है।

करुण–करुणा

'करुण' रस का नाम है, इसका स्थाई भाव शोक है। विशेषण के रूप में इसका प्रयोग होता है–'करुण दृश्य।'

'करुणा' शब्द का अर्थ 'दया' है। 'करुणा-सागर', 'करुणा निधि' ईश्वर के विशेषण हैं।

कर्त्ता–करता

करने वाले का नाम 'कर्त्ता' है, अंग्रेजी में 'सब्जेक्ट' कहते हैं। भगवान् का नाम 'कर्त्तार' है। क्योंकि वह जगत् की रचना करता है।

'कर्त्ता' का क्रिया-रूप 'करता' है। तीनों पुरुषों में एक वचन में 'करता' रूप बनता है–'मैं करता हूँ।' 'तू करता है', 'वह कहता है।' 'करता' का बहुवचन 'करते' होता है।

कल–कलि

'कल' शब्द के चार अर्थ प्रसिद्ध हैं–(i) मशीन, (ii) चैन, (iii) कलरव, (iv) बीता हुआ अथवा आने वाला दिन।

'कलि' चार युगों में से अंतिम का नाम है। पूर्व तीन हैं–सतयुग, त्रेता युग, द्वापर युग। कलियुग का प्रारंभ ईसा से 3100 वर्ष पूर्व हुआ था।

करण–कर्ण

'करण' शब्द के दो अर्थ हैं–(i) कारक का नाम, (ii) करना। करण कारक का चिह्न 'से' है, संस्कृत में इसको तृतीया विभक्ति कहते हैं। 'करना' अर्थ में 'करण' शब्द समास में लक्षित होता है, 'बाजीकरण', 'वशीकरण' आदि शब्द बनते हैं।

'वशीकरण एक मन्त्र है, परिहरु वचन कठोर'–तुलसीदास।

'कर्ण' शब्द का अर्थ 'कान' है। 'दीर्घकर्ण', 'कुम्भकर्ण' आदि शब्द बनते हैं। दानवीर कर्ण के अनुकरण पर 'जयकर्ण', 'मणिकर्ण' (मणि कर्णिका) आदि नाम से रखे जाते हैं।

कृति–कृती

'कृति' अर्थात् कर्म अथवा रचना। 'कामायनी प्रसादजी की सर्वप्रमुख कृति है।'

'कृती' शब्द का प्रयोग 'सुकृती' (=स्वनामधन्य) के स्थान पर होता है–'प्रसाद जी छायावाद-युग के कृती साहित्यकार थे।'

संस्कृत भाषा में 'कृती' शब्द 'कृतिन्' से बनता है। 'जयन्ति ते सुकृतिनः रससिद्धाः कवीश्वराः।' 'कृतिन्' तथा 'कृति' में भ्रम नहीं होना चाहिए।

कवित्व–कवित्त

कवि शब्द से भाववाचक संज्ञा 'कवित्व' बनती है।

'कवित्त' हिन्दी के एक छन्द का नाम है, इसमें अक्षरों की गिनती होती है, मात्राओं की नहीं। ब्रजभाषा तथा अवधी में 'कवित्व' को 'कवित्त' भी लिखा गया है :

निज कवित्त केहि लाग न नीका।

कवित्त–विवेक एक नहिं मोरे। (रामचरितमानस)

काव्य-कविता

दोनों शब्द तत्सम हैं। दोनों समानार्थक भी हैं। दोनों 'कवि' शब्द से भाववाचक संज्ञाएं हैं। 'काव्य' शब्द पुराना है और 'कविता' शब्द अपेक्षाकृत नया।

पद्यमयी रचना को 'कविता' कहते हैं। गद्यमयी रचना 'कविता' नहीं है, 'काव्य' तो वह है ही। इसी आधार पर यह उक्ति प्रसिद्ध हो गई है कि 'गद्यं कवीनां निकषं वदन्ति।' 'कविता' में बाह्य पक्ष प्रधान होता है, और 'काव्य' में आंतरिक पक्ष। दूसरा अंतर यह है कि 'कविता' शब्द छोटी रचना के लिए भी प्रयुक्त होता है, परन्तु ''काव्य' शब्द नहीं।

कृपालु–दयालु

दोनों तत्सम शब्द हैं तथा दोनों ही विशेषण हैं।

'दया' सामान्य व्यक्ति पर की जाती है, परन्तु 'कृपा' विशेष व्यक्ति पर। हमारे मित्र हम पर 'कृपा' करते हैं, जबकि दीन-दुखियों पर 'दया' दिखलाई जाती है।

'भये प्रकट कृपाला दीन दयाला कौसल्या-हितकारी' (रामचरित मानस)।

कीड़ा–क्रीड़ा

'कीड़ा' शब्द 'कीट' तत्सम शब्द का भाषा-रूप है। प्रायः 'कीड़ा-मकोड़ा' शब्द साथ-साथ आते हैं। 'क्रीड़ा' स्वयं तत्सम शब्द है, इसका प्रयोग खेल अथवा विनोद के अर्थ में होता है। 'जल-क्रीड़ा', 'कन्दुक-क्रीड़ा', 'द्यूत-क्रीड़ा' आदि शब्द।

कुमार–कुम्हार

'कुमार' शब्द के दो अर्थ हैं–(1) शिव-पार्वती का पुत्र कार्त्तिकेय। (2) अविवाहित युवक। कार्त्तिकेय के जन्म को लेकर कालिदास ने 'कुमार सम्भवम्' महाकाव्य लिखा।

'कुम्हार' शब्द 'कुम्भकार' का भाषा-रूप है। अर्थ है 'कुम्भ का निर्माण करने वाला।' यह शब्द जाति-विशेष का वाचक बन गया है।

केश–केस

सामान्यतः बालों के लिए और विशेषतः सिर के बालों के लिए 'केश' शब्द का प्रयोग होता है। ब्रजभाषा में 'केश' का 'केस' बन जाता है।

'केशव केसन अस करी, जस अरिहू न करांइ'–केशवदास।

'केस' अंग्रेजी शब्द भी है, जो 'कारक', 'स्थिति', 'अभियोग' आदि अर्थों में प्रयुक्त होता है।

कोन–कौन

'कोण' शब्द का भाषा-रूप 'कोन' है।'त्रिकोण' से 'तिकोना' शब्द भाषा में बनता है। 'तिनोका पार्क', 'तिकोना प्लॉट' आदि शब्द।

'कौन' शब्द अन्य पुरुषवाची सर्वनाम है। 'कौन-कौन से फूल खिले हैं, उन्हें गिनाने लगा समीर'–(पंचवटी)।

'कौन' को 'कोन' बोलना अथव लिखना अशुद्ध हैं।

खाई–खायी

'खाई' अर्थात् गहरा गड्ढा। खाई गढ़ के चारों ओर सुरक्षा के निमित्त बनाई जाती है, इसमें पानी भर दिया जाता है, इसलिए 'खाई' गहरी नहर के समान है।

'खायी' शब्द 'खाया' क्रिया का स्त्रीलिंग रूप है। 'तुमने कल खीर खायी थी।'

खाद–खाद्य

'खाद' पौधों का पुष्टिकारक भोजन है अंग्रेजी में 'मेन्योर' बोलते हैं।

'खाद्य' अर्थात् 'खाने के योग्य' अथवा 'खाने के लिए।' खाद्य शब्द विशेषण है; 'खाद्य पदार्थ', 'खाद्य सामग्री' आदि।

'खाद' संज्ञा है, परन्तु 'खाद्य' विशेषण है। 'खाद्य' वनस्पति-जगत् का भोजन है, 'खाद्य' मानव-जगत् में प्रचलित है।

खोआ–खोया

दूध को औटा-औटाकर 'खोआ' बनाया जाता है, इसको 'मावा' तथा 'छेना' भी कहते हैं।

'खोया' शब्द 'खोना' क्रिया का भूतकालीन रूप है, स्त्रीलिंग में 'खोयी' शब्द बनता है। 'खोयो गयो नेह-नग उनपै, प्रीति कोथरी गई पुरानी'–सूरदास।

गिरि–गिरी

'गिरि' अर्थात् पर्वत्। 'हिमगिरि', 'गिरि-राज', 'गिरीश', 'गिरिधर' आदि।

'मेरे गिरि-वर मेरे विशाल'–दिनकर।

'गिरी' शब्द के दो अर्थ हैं–(1) (नारियल की) मींग, (2) 'गिरना' क्रिया का भूतकालीन स्त्रीलिंग रूप। 'पुस्तक यहाँ गिरी थी।'

गीत–गीति

गेय रचना का नाम 'गीत' है। 'संगीत', 'लोक-गीत' आदि शब्द।

'गीत-अगीत कौन सुन्दर है?'–दिनकर।

'गीति' छन्द विशेष का नाम है। 'गीति-काव्य', 'गीति-रूपक', 'गीति-नाट्य' आदि शब्दों में (समास बनाते हुए) 'गीति' शब्द का प्रयोग होता है।

गूँथना–गूँदना

फूलों को गूँथकर माला बनाई जाती है।

आटे को गूँदकर रोटी बनाते हैं।

गृह–ग्रह

'गृह' अर्थात् घर। 'गृहस्थ', 'गृहलक्ष्मी', 'गृह कलह' आदि शब्द।

'ग्रह' शब्द का अर्थ 'पकड़ना' है। 'पाणि-ग्रहण', 'सूर्य-ग्रहण', 'दुराग्रह' (दुर्+आ=ग्रह) आदि शब्द बनते हैं।

'ग्रह-नक्षत्र' शब्द में 'ग्रह' शब्द है, 'गृह' नहीं।

गौण–गौड़

'गुण' शब्द से विशेषण 'गौण' बनता है। इसका अर्थ 'अ-प्रधान' है।

यथा 'गौणी लक्षणा', 'गौण कर्म', 'गौण व्यक्ति' आदि।

पूर्व देशों का नाम 'गौड़ देश' है। गौड़ शब्द से विशेषण 'गौड़ीय' बनता है। यथा 'गौड़ीय वृत्ति (अथवा 'गौड़ी वृत्ति), 'गौड़ीय भक्ति' आदि।

ब्राह्मणों के एक गोत्र का नाम 'गौड़ ब्राह्मण' है। गुजरात में (इसी अनुकरण पर) पुरोहित को 'गौरजी' कहा जाता है।

'गोरा' तथा 'गौरी' शब्द इनसे भिन्न हैं। और 'पार्वती' के वाचक हैं। रंग के अनुसार पर्वत-पुत्री के दो रूप हैं–(1) गौरी (=गोरे रंग वाली, हिमालय की पुत्री), (2) काली (=काले रंगवाली, विन्ध्याचल की पुत्री)

तत्सम शब्द 'गोरी' भाषा में 'गोरी' बन जाता है।

ग्रन्थी–ग्रन्थि

बड़े आकार की पुस्तक को 'ग्रन्थ' कहते हैं। सिक्खों के धर्म-ग्रन्थ का नाम 'गुरु-ग्रन्थ साहब' है। जो व्यक्ति उस ग्रन्थ की भाषा को समझता और व्यावसायिक रूप में पढ़ता है उसको 'ग्रन्थी' कहा जाता है।

'ग्रन्थि' का भाषा रूप 'गाँठ' है। 'गाँठ का खोलना' साक्षात् रहस्य का उद्घाटन करना है। इसका प्रयोग लक्षणा से भी होता है–

'छिद्यते हृदय-ग्रन्थिः, मिद्यन्ते सर्वसंशयाः।'

गड़ी–घड़ी

'इस स्थान पर सम्पत्ति गड़ी हुई है।'

'आपकी घड़ी में छह बजे हैं।'

'गढ़' (=किला) के छोटे रूप को 'गढ़ी' कहते हैं।

'गड़ी' और 'गढ़ी' में अन्तर है, एक में 'ड़' है, दूसरे में 'ढ़'।

ग्राम्य–ग्रामीण

दोनों शब्द तत्सम तथा विशेषण हैं।

'ग्राम्य' शब्द का प्रयोग अंग्रेजी के 'रस्टिक' (=गंवार) के अर्थ में होता है। 'ग्रामीण' शब्द अंग्रेजी के 'रूरल' (=ग्राम-संबंधी) के अर्थ में आता है। यथा 'ग्रामीण विकास-केंद्र' 'ग्रामीण समिति'

आदि।

कवियों ने 'ग्राम्य' शब्द का प्रयोग 'ग्राम-संबंधी' अर्थ में भी किया है :

'अहा ग्राम्य जीवन भी क्या है?'—मैथिलीशरण गुप्त।

घुस—घूस

'घुस' शब्द 'घुसना' क्रिया का अंग है। 'घुस-पैठ' शब्द इसी से बना है।

'घूस' शब्द के दो अर्थ हैं—(i) एक प्रकार का चूहा, (ii) रिश्वत (=अवैध कार्य कराने के लिए दिया गया धन)। दोनों अर्थों में यह संज्ञा शब्द है।

घरनी—धरिनी

'गृहिणी' का भाषा-रूप 'घरनी' है। 'बिन घरनी घर भूत का डेरा।'

'धरिनी' का तत्सम रूप 'धरिणी' है। शेष नाग का नाम 'धरिणी-धर' है।'

'वन्दे मातरम्' में धरिणीम्' शब्द का प्रयोग हुआ है।

चतुर—चतुर्

'चतुर' शब्द का अर्थ सावधान है, इसमें मानसिक सावधानी प्रमुख है। 'चतुर्' शब्द 'चार' का मूल रूप है। 'चतुरानन', 'चतुर्भुज', 'चतुर्वेदी' आदि शब्द।

चरम—चर्म

'चरम्' तत्सम शब्द है। इसमें 'म' हल् नहीं है, पूरा है। 'चरम लक्ष्य', 'चरम सीमा' आदि में 'चरम' विश्लेषण है।

'चर्म' भी तत्सम शब्द है। यह संज्ञा है। चर्म—चम्म—चाम (जैसे कर्म—कम्म—काम)।

'चाम' अथवा 'चमड़ा' भाषा-रूप हैं। यह 'स्किन' का समानांतर है, 'फ्लैश' का नहीं।

'चर्म-रोग', 'चर्म-कार', 'चर्म-व्यवसाय' आदि शब्द।

चरित—चरित्र

'चरित' शब्द का अर्थ 'आचरित' है। 'जीवन-चरित', 'रामचरित' आदि।

चरित का सार 'चरित्र' है। 'चरित्र-हीन', 'चरित्र-हनन' आदि शब्द।

अंग्रेजी में चरित को 'कन्डक्ट' तथा चरित्र को 'करेक्टर' कहते हैं।

'चरित' (अथवा कन्डक्ट) आचार-विशेष का नम है, जबकि चरित्र (अथवा करेक्टर) मनुष्य का स्वभाव है।

चेतना—चेतनता

दोनों तत्सम संज्ञाएं हैं। दोनों का उद्गम समान है।

'चेतना' का प्रयोग 'प्रबोध' के अर्थ में होता है। 'सामाजिक चेतना', 'राजनीतिक चेतना' आदि।

'चेतनता' अथवा 'चैतन्य' शब्द 'होश' के अर्थ में आता है। 'अचेत' का अर्थ 'बेहोश' है।

चैतन्य महाप्रभु को आत्म-तत्व की चेतनता थी।

'चेतनता' संज्ञा है, 'चेतन' विशेषण है। 'चेतन' का विलोम 'अचेत' है।

चौपई—चौपाई

दोनों मात्रिक छन्द हैं। दोनों में चार-चार चरण होते हैं।

'चौपई' के प्रत्येक चरण में पन्द्रह मात्राएं होती हैं, और 'चौपाई' के प्रत्येक चरण में सोलह।

हिंदी-साहित्य में प्रायः चौपाई का प्रयोग हुआ है।

चौपाई के आधे भाग (दो चरणों) को अर्द्धाली कहते हैं।

छात्र—क्षात्र

विद्यार्थी का नाम 'छात्र' है। 'छात्रावास', 'छात्रवृत्ति' आदि शब्द।

'क्षात्र' शब्द क्षत्री से विशेषण है। क्षत्री, क्षत्रिय, क्षत्राणी शब्द बनते हैं।

कालिदास के अनुसार 'क्षतात किल त्रायते इति क्षात्रः'
पंजाब में क्षत्री से 'खत्री' शब्द बन गया है।

जरा–ज़रा

'जरा' तत्सम संज्ञा का अर्थ 'वृद्धावस्था' है।
'ज़रा' विदेशी विशेषण का अर्थ 'तनिक' अथवा 'अत्यल्प' है।

जाति–जाती

'जाति' तत्सम शब्द का अर्थ 'वर्ग' है। 'मानव-जाति', 'पत्रकार-जाति', 'लेखक-जाति' आदि।
'जाती' जाना क्रिया का स्त्रीलिंग रूप है। 'जाती है' एक वचन का रूप है, और 'जाती हैं' बहुवचन का रूप। बहुवचन में 'जातियां' इस अर्थ में नहीं बनता।

जाली–ज़ाली

'जाल', 'जाला', 'जाली' तीनों शब्दों का उद्गम एक ही है। 'जाली' छोटी होती है।
'कपड़े की जाली', 'लोहे की जाली' आदि।
'ज़ाली' विदेशी शब्द है, अर्थ 'झूठा' अथवा बनावटी' है। 'उसने ज़ाली हस्ताक्षर बना लिए हैं', 'उसके सारे प्रमाण-पत्र ज़ाली हैं।'

जीवन–जीवनी

जन्म से मरण तक की स्थिति का नाम 'जीवन' है। 'हानि-लाभ, जीवन-मरण, जस-अपजस विधि हाथ'—तुलसीदास।
'जीवन-गाथा अथवा जीवन-चरित 'जीवनी' है। अंग्रेजी में इसको 'बायोग्राफी' कहते हैं।
जीवन-प्रदान करने वाली वस्तु का नाम 'संजीवनी' है। हनुमानजी अचेत लक्ष्मण के लिए 'संजीवनी वटी' लाए थे। कालिदास के ग्रन्थों को अमरता प्रदान करने के लिए मल्लिनाथ ने उन पर 'संजीवनी टीका' लिखी है।

दिन–दीन

'दिन' शब्द प्रसिद्ध है।
'दीन' अर्थात् 'दरिद्र' है। भगवान् को 'दीनबन्धु' तथा 'दीनानाथ' कहते हैं। 'दीन-मलीन' तथा 'दीन-दुःखी' शब्द प्रायः साथ-साथ आते हैं।
'दीन' विदेशी शब्द भी है, जिसका अर्थ सम्प्रदाय है। 'अकबर ने दीन इलाही मत का प्रचार किया था।'

दिया–दीया

'दिया' देना क्रिया का भूतकालीन रूप है।
'दीया' अर्थात् 'दीपक'। श्लेष के चमत्कार के लिए भाषा-कवियों ने 'दीया' शब्द का प्रयोग दोनों अर्थों में किया है—
'एक दिया तें दस गुन लहा'—(पद्मावत)।

दीप–द्वीप

'दीप' अथवा 'दीपक' शब्द प्रसिद्ध है। 'राम-नाम मणि दीप धरु, जीह-देहरी द्वार'—तुलसीदास।
'द्वीप' स्थल के उस भाग को कहते हैं जो चारों ओर पानी से घिरा हुआ हो। 'सप्तद्वीप', 'द्वीप समूह' आदि।

देव–दैव

'देव' शब्द के दो प्रयोग हैं—(1) देव-जाति, (2) आदरार्थ प्रयोग 'भूदेव', 'गुरु-देव' आदि।
'दैव' शब्द का अर्थ भाग्य है। 'दैव-दैव आलसी पुकारा'—(रामचरितमानस)।
'देवी' तथा 'दैवी' में अंतर है। 'देवी' संज्ञा है, 'दैवी' विशेषण है—'दैवी आपदाएं।'

धन्य–धान्य

'धन्य' शब्द का अर्थ कृतकृत्य है। 'धनि-धनि जनम धनि तोर' विद्यापति।

'धान्य' का अर्थ 'अन्न' है। 'राम-राज्य में प्रजा धन-धान्य से सुखी थी'।

निकष–निष्कर्ष

'निकष' शब्द का अर्थ 'कसौटी' है।

'निष्कर्ष' शब्द 'सार', 'तात्पर्य', तथा 'अभिप्राय' के अर्थ में आता है।

निदेशक–निर्देशक

'निदेशक' शब्द डाइरेक्टर के अर्थ में बनाया गया है।

निर्देश देनेवाले को 'निर्देशक' कहते हैं, यह शब्द सुपरवाइजर के स्थान पर आता है।

नीति–नेति

आचार-संहिता का नाम नीति है। एथिक्स को नीतिशास्त्र कहते हैं। 'नीतिशतक', 'चाणक्य नीति', 'विदुर नीति' आदि पुस्तकें प्रसिद्ध हैं। 'राजनीति', 'कूटनीति', 'समाजनीति' आदि शब्द।

'नेति' शब्द दर्शनशास्त्र तथा उपनिषद् से आया है। ब्रह्म की कोई इयत्ता (सीमा) नहीं है, उसके विषय में 'इदं' (यह) तथा इत्थं (ऐसा) भी नहीं कहा जा सकता–इस बात को उपनिषद् नेति (न+इति) शब्द द्वारा व्यक्त करते हैं। 'नेति-नेति इनके उपदेसा'–कबीर।

योग की प्रक्रिया में 'नेति-धोती' का उपयोग है।

दही को मथने के लिए जिस रई का प्रयोग होता है वह भी 'नेति' के द्वारा ही घूमती है। योग तथा मंथन-प्रक्रिया में 'नेति' शब्द पतली और लम्बी रस्सी के लिए आता है।

निर्माण–निर्वाण

'निर्माण' तत्सम संज्ञा शब्द का अर्थ स्थूल अथवा सूक्ष्म 'रचना' है।

'निर्वाण' का शाब्दिक अर्थ है 'दीपक का बुझ जाना'। बौद्ध दर्शन का यह शब्द 'मोक्ष' अथवा 'मुक्ति' का पर्याय है। यह भी तत्सम संज्ञा शब्द है।

नृत्य–नृत्त

नृत्य भाव-प्रधान होता है; नृत्त में अंगों का विक्षेप-मात्र है।

नृत्य में कला की विशेषता है, नृत्य का बाह्य अनुकरण नृत्त है।

परुष-पुरुष

'परुष' शब्द मधुर का विलोम है। अर्थ है कठोर।

'पुरुष' शब्द के अलग-अलग अर्थ 'प्रकृति-पुरुष' तथा 'स्त्री-पुरुष' में स्पष्ट है।

सूफियों के अतिरिक्त सब प्रेमी-लोग भगवान् को पुरुष तथा जीव को उसकी पत्नी मानते हैं।

परिणाम–परिमाण

'परिणाम' अथवा 'परिणति' का अर्थ अंत अथवा फल है। 'परीक्षा-परिणाम', 'अपव्यय का परिणाम' आदि।

परि+मान=परिमाण मात्रा अथवा माप को कहते हैं।

परीक्षक–निरीक्षक

परीक्षा लेने अथवा करनेवाले का नाम 'परीक्षक' है।

'निरीक्षक' केवल निरीक्षण करता है, वह न तो पास-फेल की घोषणा कर सकता है और न श्रेणी-विभाजन (फर्स्ट क्लास आदि) कर पाता है। 'निरीक्षक' इंस्पेक्टर का समानांतर है।

पद–पद्य

'पद' शब्द के अनेक अर्थ हैं; चरण, गेय रचना, वाचक शब्द आदि।

'पद-कमल धोइ चढाउ नाव, न नाथ उतराई चहौं'–तुलसीदास।

सूरदास के पद। 'सुप्तिङन्तं पदम्।'

साहित्य के दो रूप हैं—गद्य तथा पद्य। छन्दोबद्ध रचना को 'पद्य' कहते हैं।

परीक्षा–समीक्षा

'परीक्षा' शब्द का अर्थ टैस्ट है। 'परीक्षा गुरु' उपन्यास। 'रे मन आज परीक्षा तेरी' (यशोधरा)।

'समीक्षा' गुण-दोष विवेचन को कहते हैं। यह समीक्षा व्यक्ति, पुस्तक, व्यवहार आदि सबकी हो सकती है। दो देशों के प्रतिनिधि साथ बैठकर आपसी संबंधों की समीक्षा करते हैं।

पिया–पीया

'प्रिय' का भाषा-रूप 'पिया' है, गीत में इसका 'पिया' रूप भी बन जाता है। 'पीया-पीया' रटते मैं तो हो गई री बांवरिया।'

'पीया' क्रियारूप है 'क्या तुमने दूध पीया है?'

परदेस–प्रदेश

दूसरे स्थान को 'पर-देस' कहते हैं। मुम्बई-निवासी के लिए नागपुर परदेश है, तथा नागपुर निवासी के लिए मुम्बई परदेश है।

'प्रदेश' राज्य का वाचक बन गया है। 'मध्यप्रदेश', 'राजस्थान प्रदेश', 'उड़ीसा प्रदेश' आदि।

प्रणाम–प्रमाण

'प्रणाम' शब्द का अर्थ 'सादर नमस्कार' है। 'प्र+नम'=प्र+नाम=प्रणाम।

'प्रमाण' शब्द 'साक्ष्य' के स्थान पर आता है, यथा 'प्रमाण-पत्र।' 'बुधि अनुमान, प्रमाण स्रुति, नीठित्रिये ठहराइ'—बिहारीलाल।

प्रतिमा–प्रियतमा

'प्रतिमा' अर्थात् मूर्त। 'तस्य प्रतिमा नास्ति।'

'प्रियतम' का स्त्रीलिंग 'प्रियतमा' बनता है।

प्रेमिका–प्रिया

'प्रेमिका' प्रेम करती है। यह शब्द 'प्रेमी' का स्त्रीलिंग रूप है।

'प्रिया' को प्रेम किया जाता है, उसको 'प्रेयसी' भी कह देते हैं।

प्रथम–प्राथमिक

क्रम में पहले रहने वाल 'प्रथम' है।

'प्राथमिक' प्रथम (=अविकसित) स्थिति अथवा दशा का द्योतक है।

'प्राथमिक विद्यालय', 'प्राथमिक चिकित्सालय' आदि। प्राइमरी तथा प्रिमिटिव शब्दों के अनुवाद अलग नहीं हैं।

प्रणय–परिणय

प्रेम अथवा प्रीति का नाम 'प्रणय' है। 'परिणय' विवाह को कहते हैं।

'उनके प्रणय की परिणति परिणय में हो गई।'

'परिणति' अर्थात् परिणाम। 'प्रणति'—'प्र+नति अर्थात् विनय।

पूस–फूस

'पूस' अथवा 'पौष' बारह में से एक मास का नाम है।

'फूस' प्रयोग 'सूखे तिनकों' के लिए होता है। प्रायः 'घास-फूस' शब्द एक साथ आते हैं।

पैठ–पैंठ

'पैठ' का अर्थ 'प्रवेश' है। 'घुस-पैठ' शब्दों का प्रयोग साथ-साथ होता है।

सप्ताह के एक निश्चित दिन लगने वाले बाजार को 'पैंठ' कहते हैं।

इस मेले में दैनिक आवश्यकता की वस्तुएं बेचने के लिए व्यापारी लोग आते हैं। 'ऊधो, ब्रज में पैंठ करी'–सूरदास।

'पैठ' तथा 'पैंठ' में प्रायः भ्रम हो जाता है।

पूछ–पूंछ

'पूछना' क्रिया से 'पूछ' संज्ञा बनती है। इनक्वारी का अनुवाद 'पूछताछ' किया गया है।

'पूंछ' का तत्सम रूप 'पक्षमूल' है। 'पूंछ पशु-पक्षियों के ही होती है, मानवों के नहीं।

'पूंछ के समान साथ लगे फिरना' प्रयोग भी मिलता है।

परदेस–विदेश

पर+देश=परदेश अर्थात् दूसरा (अपरिचित) स्थान। परदेस एक ही नगर का दूसरा भाग भी हो सकता है।

'विदेश' शब्द 'स्वदेश' का विलोम है। इन शब्दों से 'विदेशी' तथा 'स्वदेशी' विशेषण बनते हैं।

बली–वल्ली

'बली' अर्थात् बलशाली। 'जय बजरंग बली।'

सुग्रीव के भाई का नाम 'बाली' था।

'वल्लि', 'वल्लरि', 'वल्लरी' तत्सम शब्द हैं। लता के अर्थ में तीनों का प्रयोग होता है।

'ये वल्ली विहरत वृन्दावन अरुझीं स्याम-तमालनहिं'–सूरदास।

बन्द–बन्ध

'आज विद्यालय बन्द है।'

'खुल गए छन्द के बन्ध'।

'बन्ध' तथा 'बन्धन' समानार्थक हैं, इनसे विलोम शब्द 'मुक्ति' बनता है।

बात–वात

'बात' शब्द 'वार्त्ता' तत्सम शब्द का भाषा-रूप है। 'बातचीत' शब्दों का प्रयोग साथ-साथ होता है। 'घटना' (ट्रू स्टोरी) के लिए भी 'बात' शब्द आता है। 'ऐसी कहो बात, जिससे कटे रात।'

'वात' तत्सम शब्द वायु का पर्याय है। वात+आवरण=वातावरण, वात+अनुकूलित=वातानुकूलित। चिकित्सा शास्त्र के अनुसार वात (=वायु), पित्त (=गर्मी), कफ (=ठंडक) का संतुलन ही स्वास्थ्य है, इनमें से किसी की मात्रा कम अथवा अधिक होने से 'विकार' उत्पन्न होता है और मनुष्य अस्वस्थ हो जाता है।

ब्रह्म–ब्रह्मा

वेदान्त अथवा उपनिषद् के अनुसार 'ब्रह्म' विचार-बिन्दु (कन्सेप्ट) है, व्यक्ति नहीं है, उस पर स्त्रीत्व तथा पुरुषत्व का आरोप नहीं हो सकता। इसी कारण 'ब्रह्मः' अथवा 'ब्रह्मम्' लिखना अशुद्ध है–केवल 'ब्रह्म' लिखना चाहिए। 'सर्वं खलु इदं ब्रह्म।'

'ब्रह्मा' तीन में से एक देव का नाम है। जगत् की सृष्टि ब्रह्मा करते हैं, विष्णु सृष्टि का पालन करते हैं और महेश (रुद्र रूप में) इस सृष्टि का अन्त में विनाश करते हैं। बाण कवि के अनुसार 'सर्ग-स्थिति नाश' अथवा 'जन्म-स्थिति-प्रलय' क्रमशः इन देवों के कार्य हैं।

बहुमुखी–बहिर्मुखी

बहु+मुखी=बहुमुखी अर्थात् अनेक प्रकार की (उन्नति)।

बहिर्+मुखी=बहिर्मुखी, अन्तर्मुखी का विलोम शब्द है। मनोविज्ञान के अनुसार व्यक्तियों के दो वर्ग हैं–अन्तर्मुखी (इनट्रोवर्ट) तथा बहिर्मुखी (एक्सट्रोवर्ट)। अन्तर्मुखी व्यक्ति अपने विषय में अधिक सोचते हैं। (भावुक अथवा सेंसिटिव), बहिर्मुखी व्यक्ति दुनियादारी में कुशल होते हैं। (प्रैक्टिकल)।

भवन–भुवन

दोनों तत्सम शब्द हैं तथा संज्ञा-शब्द हैं।

'भवन' अर्थात् घर। 'संसद-भवन', 'राष्ट्रपति भवन' आदि शब्द।

'भुवन' शब्द लोक का पर्याय है। 'त्रिभुवन' आदि।

भागवत–भगवद्गीता

'भागवत' पुराण का नाम है। 'भागवत' में 'त्' हल् नहीं है, इसको हलन्त नहीं लिखना चाहिए।

'भगवद् गीता' अथवा 'गीता' महाभारत का अंश है। इस गीता में भगवान् श्रीकृष्ण ने धनुर्धर अर्जुन को निष्काम कर्म करने का उपदेश दिया है।

आदर के कारण इन रचनाओं को 'श्रीमद् भागवत पुराण' तथा 'श्रीमद् भगवद् गीता' कहा जाता है।

मिल–मील

'मिलना' क्रिया-शब्द से 'मिलन', 'मिल जाना' आदि शब्द बनते हैं। अंग्रेजी शब्द 'मिल' का प्रयोग 'कपड़ा मिल', 'जूट मिल' आदि में मिलता है।

'मील' शब्द के दो अर्थ हैं–(1) 'माइल' (अंग्रेजी) अर्थात् 'आधे कोस की दूरी'।

(2) 'भोजन' के अर्थ में अंग्रेजी शब्द। 'मॉर्निंग मील' आदि।

मंदर–मंदिर

'मंदर' पर्वत-विशेष का नाम है। मंदर+अचल=मंदराचल।

'मंदिर' शब्द का अर्थ 'घर' है। 'विद्या-मंदिर', 'आर्य समाज मंदिर' आदि। 'देव-गृह' के रूप में 'मंदिर' शब्द का प्रयोग सामान्य है। 'शीतलादेवी मंदिर', 'जैन मंदिर' आदि।

मस्तक–मस्तिष्क

'मस्तक' शब्द का अर्थ 'माथा' है। 'नत मस्तक', 'आपाद मस्तक' आदि शब्द।

'मस्तिष्क' शब्द का प्रयोग दिमाग अथवा माइंड के अर्थ में होता है।

'उसके मस्तिष्क में विकार आ गया है'। मेन्टल हॉस्पीटल को 'मस्तिष्क रोग चिकित्सालय' कहते हैं।

महिषी–महर्षि

'महिषी' शब्द के दो अर्थ हैं–(1) राजमहिषी अर्थात् पटरानी (जो राजा के साथ गद्दी पर बैठती है), (2) भैंस (दे. महिषासुर राक्षस की कथा)।

महा+ऋषि=महर्षि अर्थात् ऋषि-वर्य अथवा ऋषि-श्रेष्ठ।

मूल–मूल्य

'मूल' शब्द का प्रयोग विशेषण तथा संज्ञा के रूप में होता है। 'मूल धन', 'मूल मन्त्र' आदि में यह शब्द विशेषण बनकर आया है। संज्ञा शब्द 'मूल' के दो प्रयोग प्रसिद्ध हैं–(1) 'मूल नक्षत्रों' (सत्ताईस नक्षत्रों में से उन्नीसमा) (2) 'कन्द-मूल-फल'। 'मूलन ही की जहाँ अधोगति केसव गाइय'–(रामचन्द्रिका)।

'मूल्य' लागत या कीमत को कहते हैं। 'क्रय-मूल्य', 'विक्रय-मूल्य' आदि।

योग–योग्य

'योग' शब्द के अनेक अर्थ हैं–योगविद्या, जोड़, मिलना आदि। 'योग+फल=योगफल में 'योग' शब्द को अर्थ 'जोड़' है। सं+योग=संयोग, वि+योग=वियोग शब्दों में 'योग' शब्द 'मिलने' के अर्थ में आया है।

किसी कार्य को सुचारू रूप से करने की क्षमता 'योग्यता' कही जाती है। जिसमें योग्यता है वह व्यक्ति 'योग्य' है। कर्म की योग्यता उसके 'उचित' होने में है।

'योग्य' को 'योज्ञ' नहीं लिखा जा सकता।

राग–रोग

'राग' शब्द प्रसिद्ध है।

'रोग' शारीरिक विकार का नाम है। अ+रोग=अरोग से 'आरोग्य' शब्द बनता है जो स्वास्थ्य का पर्याय है।

राज–राज़

'राज' तत्सम शब्द है। इसका अर्थ 'शोभा', 'राज्त' तथा 'विराजना' में प्रकट है। 'राजा' में भी यही शब्द है, यद्यपि कालिदास के अनुसार 'राजा प्रकृति-रंजनात्'=प्रजा को सुख देने के कारण शासक को राजा कहते हैं। समास होने पर 'राज' शब्द पहले जुड़ता है (यथा 'राज-रोग', 'राजमन्त्री' आदि में) तथा पीछे भी मिलता है (यथा 'कविराज', 'योगीराज', 'युवराज' आदि शब्दों में)। 'राजा' शब्द का 'राजा' रह जाता है।

'राज़' विदेशी शब्द का अर्थ 'रहस्य' है। 'राज़ की बात', 'इसमें क्या राज़ है?' आदि।

राजसभा–राज्यसभा

राजा की सभा को 'राजसभा' कहते हैं। समास होने पर 'राजा' का 'राज' बन जाता है। 'राजमार्ग', 'राजनिवास', 'पंडितराज', आदि शब्द।

'राज्यसभा' पारिभाषिक शब्द है। इसका प्रयोग केंद्रीय सरकार के 'अपर हाउस' के लिए होता है।

रिक्त–रिक्थ

'रिक्त' शब्द का भाषा-रूप 'रीता' (=खाली) है। 'रक्त' और 'रिक्त' अलग-अलग शब्द हैं।

'रिक्थ' पारिभाषिक शब्द है। उत्तराधिकार में प्राप्त संपत्ति को 'रिक्थ' कहते हैं।

लक्ष–लक्ष्य

'लक्ष' तत्सम शब्द का भाषा-रूप 'लाख' बनता है। 'लक्षाधिपति' को 'लखपति' कहते हैं।

'लक्ष्य' शब्द का मूल अर्थ 'निशाना' है। इस शब्द का प्रयोग, लक्षणा से, उद्देश्य के अर्थ में भी होता है। 'होता यदि राजस्व मात्र ही, लक्ष्य हमारे जीवन का'–(पंचवटी)।

लाभ–लोभ

लागत कम और प्राप्ति अधिक होने से 'लाभ' होता है। यह व्यापार शास्त्र का शब्द है।

'हानि-लाभ जीवन-मरण, जस-अपजस विधि हाथ'–(रामचरित मानस।)

लाभ की अधिकाधिक कामना 'लोभ' का कारण है। 'अति लोभाभिभूतस्य, चक्रं भ्रमति मस्तके'–(पंचतंत्र)।

वक्र–वृक

'वक्र' अर्थात् 'तिरछा' (सीधा नहीं)। 'वक्र दृष्टि', 'वक्रोक्ति' आदि।

'वृक' शब्द भेड़िया पशु का वाचक है। पांडुपुत्र भीम का एक नाम 'वृकोदर' भी था।

वन–बन

'वन' अर्थात् 'कानन'। यथा 'वनवास', 'वनलता' आदि।

'बन' क्रिया का अंग है। इसके तीन प्रयोग हैं–(1) वह राजा बन गया, (2) इससे क्या बनेगा? (3) तुम क्यों बनते हो? 'बनी-ठनी' नायिका का एक प्रसिद्ध रूप है।

व्रत–वृत्त

'व्रत' शब्द का अर्थ तप अथवा नियम है। 'पतिव्रता', 'व्रतकथा', 'व्रतभंग' आदि शब्द।

'वृत्त' शब्द का प्रयोग वृतान्त, कथा, छन्द, चरित आदि अर्थों में होता है। 'वृत्त रत्नाकार', 'कवि-वृत्त-संग्रह' आदि शब्द। 'राम तुम्हारा वृत्त स्वयं ही काव्य है–(साकेत)।

वारांगना–वीरांगना

वार+अंगना=वारांगना अर्थात् वेश्या। यहाँ 'वार' शब्द 'नियत समय' के अर्थ में आया है।
वीर+अंगना=वीरांगना अर्थात् वीर स्त्री।
वर+अंगना=वारांगना अर्थात् श्रेष्ठ स्त्री।
'अंगना' शब्द का अर्थ 'युवती' है।

वाद–वाद्य

'वाद' शब्द का अर्थ बातचीत, तर्क अथवा सिद्धांत है। 'वादे वादे जायते तत्वबोध।'
'वाद-विवाद', 'अद्वैतवाद', 'छायावाद', 'राष्ट्रवाद', आदि शब्द।
'वाद्य' शब्द विशेषण है। सितार आदि को 'वाद्य-यंत्र कहते हैं।
संगीत के दो भेद हैं–स्वर-संगीत (वोकल म्यूजिक) तथा वाद्य-संगीत (इन्स्ट्रूमेंटल म्यूजिक)।

वीर–बीर

'वीर' शब्द का अर्थ साहसी है। 'धर्मवीर', 'दानवीर, 'रणवीर', 'कर्मवीर' आदि शब्द।
'बीर' भाषा का शब्द है, 'भाई' के स्थान पर इसका प्रयोग होता है।
लोक-गीतों में बालिकाएँ अपने भाई को 'बीर' अथवा 'बीरन' कहती हैं। पंजाब में 'भाई जी' को बीरजी' कहा जाता है।

विवरण–विवर्ण

'विवरण' शब्द का प्रयोग व्याख्या, वर्णन, विस्तार तथा ब्यौरे के अर्थ में होता है। इस शब्द में सभी अक्षर अलग-अलग हैं (कोई भी संयुक्त नहीं है), और सभी अक्षर ह्रस्व हैं। 'रण', 'वरण', 'विवरण'–सभी के अलग-अलग अर्थ भी हैं।
'वि+वर्ण=विवर्ण अर्थात् रंगहीन अथवा फीका। 'उसका मुख विवर्ण हो गया।'

विस्तर–विस्तार

दोनों शब्द तत्सम हैं। 'विस्तर' का अर्थ 'विस्तार-प्राप्त' अथवा 'फैला हुआ' है।
'विस्तर' भाषा का शब्द भी है, अर्थ है 'बिछौना'। 'बिस्तर बिछाइए।'
'विस्तार' संज्ञा शब्द है, इसका प्रयोग 'फैलाव' के अर्थ में होता है।

भाँति–भ्रांति

'भांति' भाषा का शब्द है। इसका प्रयोग 'प्रकार' तथा 'वर्ग' के लिए होता है। 'दायजो विदेहराज भाँति-भाँति को दियो'–(राम चन्द्रिका)।
'भ्रान्ति' शब्द का अर्थ 'भ्रम' है। सन्देह में निश्चय नहीं होता, परन्तु भ्रम अथवा भ्रान्ति में गलत निश्चय हो जाता है। 'बीज दाड़िम का समझकर भ्रान्ति से'–(साकेत)।

भावी–भाभी

'भवितव्य' अथवा 'भावी' विशेषण है। भविष्य में होने वाला 'भावी' है। 'कहेउ विप्र भावी प्रबल'–(रामचरितमानस)।
भाई की पत्नी को 'भाभी' कहते हैं। 'तनिक देर ठहरो, मैं देखूँ तुम देवर-भाभी की ओर'–(पंचवटी)

भोग–भोज

'भोग' शब्द का अर्थ 'तृप्ति' है। इन्द्रियों की सन्तुष्टि भी 'भोग' है। लक्षणों से 'फल का भोग' भी होता है। देवता को 'भोग लगाया' जाता है।
'भोज' शब्द 'दावत' के अर्थ में आता है। 'भोजन' प्रतिदिन होता है, परन्तु 'भोज' का आयोजन विशेष अवसर पर होता है। 'सहभोज', 'रात्रिभोज' आदि शब्द।

मज्जा–मंजा

'मज्जा' अर्थात् रक्त अथवा 'बोन-मैरो।' 'मज्जा-गत लज्जा तज करके, तिस पर करे स्वयं

प्रस्ताव'—(पंचवटी)।

'मंजा' पंजाबी बोली में पलंग को कहते हैं। 'पतंग' के धागे का भी नाम 'मंजा' है।

मातृ–मात्र

'मातृ' अर्थात् माता। 'मातृभूमि', 'मातृवर्ग', 'मातृशक्ति', आदि शब्द। 'मातृ' मूल शब्द ही 'माता' बन जाता है, जैसे 'भ्रातृ' से 'भ्राता' अथवा 'पितृ' से 'पिता'। समास में 'मातृ' आदि के आदि में रहने पर रूप-परिवर्तन नहीं होता।

'मात्र' अर्थात् 'केवल'। 'गरल-मात्र', 'सेवन-मात्र' आदि। दो बातों पर ध्यान देना चाहिए—

(1) 'केवल' और 'मात्र' शब्दों में से केवल एक का ही प्रयोग होता है, 'केवल मात्र' प्रयोग अशुद्ध है।

(2) 'केवल शब्द के पहले आता है, और 'मात्र शब्द के पीछे। या तो 'केवल गरल' लिखेंगे, या 'गरल मात्र'। 'केवल गरल मात्र' लिखना अशुद्ध है।

'मात्रा' शब्द अलग है, और 'माप' का द्योतक है।

मास–मांस

चैत्र, वैशाख, ज्येष्ठ आदि बारह मास हैं। मास के अनुसार विरही अथवा विरहिणी के वियोग-जन्य भाव जिस शैली में चित्रित किए जाते हैं, उस शैली का नाम 'बारहमासा' है।

'मांस' आमिष अथवा गोश्त का नाम है। 'मांसपेशी', 'मांसाहारी', 'मांस-विक्रेता आदि।

मंजी–मँजी

'मंजी' शब्द 'खटिया' के स्थान पर आता है। 'खाट' का लघुरूप 'खटोला' है, परन्तु पंजाबी बोली में 'मंजा' का लघुरूप 'मंजी' कहलाता है।

'मँजी' शब्द विशेषण है। अर्थ है—राख से रगड़कर साफ की गई वस्तु। 'माँजना' क्रिया है। लाक्षणिक प्रयोग प्रसिद्ध हैं—'मँजी हुई भाषा', 'मँजी हुई शैली', 'मँजा हुआ व्यक्ति' आदि।

वेद–वैद्य

'वेद' शब्द ज्ञान अर्थवाली 'विद्' धातु से बनता है। विद्+वान्=विद्वान्।

'वैद्य' अर्थात् चिकित्सक। बंगाल और पंजाब में, 'वैद्य' गोत्र होता है, बंगाल में 'वैद्द' कहते हैं और पंजाब में 'वैद'। भाषा में 'वैद्य' शब्द 'वैद्द', 'वैद', अथवा 'वेद' बन जाता है। 'वेद न वेदन जानहिं, करक करेजे मांहि'—कबीर।

वेश्या–वैश्या

'वेश्या' कुलटा अथवा वारयोषित् है, वह शरीर के व्यवसाय से जीविका कमाती है।

'वैश्य' स्त्री को 'वैश्या' कहते हैं, जैसे आचार्या, क्षत्रिया, शूद्रा आदि।

व्याज–ब्याज

'व्याज' शब्द छल, कपट और कौशल के अर्थ में प्रयुक्त होता है।

'व्याज-स्तुति', 'व्याज निन्दा', 'निर्व्याज भाव' आदि शब्द।

'ब्याज' शब्द महाजनी भाषा से आया है। जो मूल धन उधार दिया जाता है उस पर प्राप्य अतिरिक्त (वार्षिक) राशि को 'ब्याज' कहते हैं। ब्याज दो प्रकार की होती है—

साधारण तथा चक्रवृद्धि (कंपाउंड इन्टरेस्ट)

'मूल से ब्याज अधिक प्यारा होता है'—प्रसिद्ध लोकोक्ति है।

शाला–साला

गृह अथवा स्थान को 'शाला' कहते हैं। 'पाठशाला', 'प्रयोगशाला', 'व्यायामशाला' आदि।

पाणिनि का ग्राम 'शालातुर' था, उनको 'शालातुरीय' कहा जाता है।

पत्नी का भाई 'श्यालक' अथवा 'श्याल' है। 'श्याल' का भाष-रूप 'साला' है।

'सारा' शब्द सम्पूर्ण के स्थान पर आता है, इस शब्द का 'साला' शब्द से कोई सम्बन्ध नहीं है।

शिखर–शेखर

'शिख' (यथा 'नखशिख'), 'शिखा' (=चोटी), 'शिखर' (=पर्वत की चोटी) शब्दों का उद्‌गम समान है। अभिधा से इस शब्द का प्रयोग 'शिरोरुह' (=सिर के बाल) के लिए होता है, लक्षणा से पर्वत-शिखर भी हो सकता है।

'शेखर' अर्थात् शिरोभूषण, किरीट अथवा मुकुट। 'चन्द्रशेखर' (=शिव)।

'किस सेखर सतचन्द्र'—बिहारीलाल।

शोध–सौध

अनुसंधान अथवा शोध 'रिसर्च' का नाम है। 'शोध-छात्र', 'शोधप्रबंध', 'शोध-कक्ष' आदि।

'सुधा' शब्द के दो अर्थ हैं—अमृत तथा सफेदी (चूना)। जो भवन सफेदी के कारण चमचमाता है उसको 'सौध' कहा जाता है।

श्रम–परिश्रम

'श्रम' शारीरिक होता है। मजदूरों का नाम 'श्रमिक' है।

परि+श्रम=परिश्रम अर्थात् शारीरिक तथा मानसिक सब प्रकार का श्रम।

'परीक्षा में सफलता प्राप्त करने के लिए उसने बहुत परिश्रम किया था।'

शंका–आशंका

'शंका' अर्थात् जिज्ञासा तथा आपत्ति। शंका का समाधान हो जाता है।

'आशंका' का प्रयोग सन्देह के अर्थ में होता है। 'उसकी सफलता में मुझको आशंका है।'

सम्मति–सन्मति

'सम्मति' शब्द का अर्थ 'सहमति' है। सम्+मति=सम्मति (संज्ञा), विशेषण 'सम्मत' है।

सद्+मति=सन्+मति=सन्मति अर्थात् उचित विचार-शक्ति।

संपन्न–समापन

'संपन्न' शब्द का प्रयोग समाप्ति का द्योतक है।

'समापन' समाप्ति से पूर्व का अंतिम समारोह है।

'आज समापन-समारोह भी ठीक प्रकार से संलग्न हो गया।'

सृजन–सर्जन

'सृष्टि' की प्रक्रिया को सृजन कहते हैं।

'सृर्जन' अंग्रेजी शब्द चिकित्सा-शास्त्र से आया है। संस्कृत और हिन्दी में 'सर्जन' शब्द नहीं 'बनता', 'सृजन' ही बनता है।

'सर्जक कलाकार' तो शुद्ध है, परन्तु 'सर्जन' नहीं।

संगठित–संघटित

संगठन शब्द से विशेषण 'संगठित' है।

घटना से घटित और घटित से संघटित।

'संगठित होकर प्रयत्न करने से कार्यक्रम संघटित होते हैं।'

'गठित' और 'घटित' में 'ग' और 'घ' का अन्तर तो है ही, 'ट' और 'ठ' का भी है। 'ग' के साथ 'ठ' आया है और 'घ' के साथ 'ट'।

संस्कृत–संस्कृति

'संस्कृत' भाषा-विशेष का नाम है। इसके दो रूप हैं—(1) वैदिक संस्कृत, (2) लौकिक संस्कृत।

'संस्कृति' कलचर को कहते हैं। यह विचार-भाव समूह की छाया मानी जाती है।

सहकारी–सहयोगी

सह+कारी=सहकारी अर्थात् को-ऑपरेटिव। जिसमें सभी सदस्यों के कर्त्तव्य तथा अधिकार समान हों।

सह+योगी=सहयोगी। मुख्य व्यक्ति कार्य करता है जो लोग उनके कार्य में योग देते हैं, वे सब 'सहयोगी' हैं। सहयोगी+असिस्टेंट।

'सहकारी' तथा 'सहयोगी' दोनों शब्द विशेषण हैं।

समर–स्मर

'समर' तत्सम शब्द का अर्थ 'युद्ध' है। 'शूर समर करनी करहिं, कहि न जनावहिं आपु'–(रामचरितमानस)

'स्मर' अर्थात् कामदेव। स्मृति का सामान्य नाम 'स्मरण' है, परन्तु कामोद्दीपक स्मृति का उदय 'स्मर' के कारण होता है।

'स्मर' तथा स्मरण' का अन्तर ध्यान में रखना चाहिए।

अंग्रेजी शब्द 'समर' नितान्त भिन्न है।

सभ्यता–संस्कृति

जो व्यक्ति सभा में उचित आचरण करना जानता है, वह 'सभ्य' है–सभ्यः सभायां साधुः। भाववाचक संज्ञा 'सभ्यता' बनती है। 'सभ्यता' में आचरण अथवा व्यवहार पर बल दिया जाता है।

'संस्कृति' (पैत्रिक, पारिवारिक आदि) संस्कारों का प्रतिबिम्ब है, इसलिए वह सूक्ष्म होती है और विचार-भाव-समूह को प्रभावित करती है।

'सभ्यता' वेष-भूषा, व्यवहार, आचरण को रूप प्रदान करती है, 'संस्कृति' विचार-भाव को।

'सभ्यता' समाज के अनुसार बदलती रहती है, 'संस्कृति' अपेक्षाकृत अधिक स्थाई है।

सम्मिलन–सम्मेलन

'मिलन' केवल कुछ व्यक्तियों के साथ होता है। सम्+मिलन=सम्मिलन में अनेक व्यक्तियों से एक साथ मिलने का अवसर प्राप्त होता है।

सं+मेलन=सम्मेलन उस व्यवस्था का नाम है जो अनेक व्यक्तियों का एक साथ मिलाने के लिए की जाती है। 'कवि-सम्मेलन', 'कार्य-कर्त्ता-सम्मेलन', 'साहित्य-सम्मेलन' आदि शब्द।

समिधा–सुमेधा

'समिध्', 'समिधा' तथा 'समिधि' यज्ञार्थ ईंधन–(लकड़ी) के नाम हैं।

सु+मेधा=सुमेधा सद्बुद्धि अथवा धारणा-शक्ति को कहते हैं।

'ॐ या मेधां देवगणाः पितरश्चोपसते...'।

साधन–साधना

'साधन' अर्थात् 'मीन्स' अथवा ऐसे उपाय जो किसी ध्येय को प्राप्त करने के लिए अपनाए जाते हैं।

'साधना' का सम्बन्ध नियम, तप अथवा अनुशासन से है।

'साधनों की साधना से साध्य प्राप्त होते हैं।'

'साध' शब्द इच्छा व अभिलाषा के लिए आता है। 'रह गई मन में इतनी साध।'

श्रमण–श्रवण

'श्रमण' शब्द का अर्थ जैन अथवा बौद्ध साधु है।

'श्रमण' अथवा 'श्रवणकुमार' राम-कथा में एक पितृ-भक्त (=माता-पिता का भक्त) युवक का नाम है। वह अपने अन्धे माता-पिता को बहँगी में बैठाकर तोर्थ-यात्रा करा रहा था।

सुगन्ध–सौगन्ध

सु+गन्ध=सुगन्ध दुर्+गन्ध=दुर्गन्ध। सुगन्ध-युक्त वस्तु को 'सुगन्धित' कहते हैं। विशेषण सुगन्धित है। सुगन्ध बेचनेवाले व्यक्ति को गन्धी कहते हैं, 'गाँधी' शब्द इसी 'गांधी' से बना है।

'सौगन्ध' अथवा 'सौगन्द' का अर्थ 'शपथ' अथवा 'कसम' है।

साहसी–साहसिक

'साहसी' अच्छे अर्थ में आता है, 'साहसिक' बुरे अर्थ में। साहस दोनों करते हैं, परन्तु साहसी व्यक्ति का साहस सत्कर्म के निमित्त होता है और 'साहसिक' का साहस चोर, डाकू, लुटेरे, पाइरेट आदि का साहस है।

सुराज्य–स्वराज्य

सु+राज्य=सुराज्य अर्थात् सुन्दर, न्यायपूर्ण शासन-व्यवस्था।

स्व+राज्य=स्वराज्य अर्थात् अपना शासन–जनतन्त्र अथवा लोकतन्त्र।

'अंग्रेजों के भारत छोड़ने पर जनता को स्वराज्य तो मिल गया परन्तु सुराज्य नहीं मिल पाया।'

सो–सौ

'सो' शब्द के तीन प्रयोग हैं–(1) समान ('तुम्-सो को उदार जग माँही'–विनयपत्रिका), (2) सोना क्रिया (सोजा राजकुमारी सोजा'), (3) वह (सः=सो) (सो काफिर बेपीर'–कबीर)।

'सौ' शब्द 'शत' का भाषा-रूप है। यथा 'तीन-सौ', 'चार-सौ' आदि।

'सो' में एक मात्रा होती है, और 'सौ' में दो।

सम्मान्य–सामान्य

सम्मान के योग्य व्यक्ति को 'सम्मान्य' कहते हैं, इसका अर्थ 'आदरणीय' है।

'सामान्य' का अर्थ इससे विपरीत है। यह 'कौमन' का अनुवाद है। सामान्य गुण=कौमन क्वालिटी।

'साधारण' तथा 'सामान्य' का अन्तर स्पष्ट होना चाहिए।

स्कन्द–स्कन्ध

शिव-पार्वती के पुत्र कार्त्तिकेय अथवा षडानन का नाम 'स्कन्द' है। इनके नेतृत्व में देव-सेना ने तारकासुर का वध किया था।

'स्कन्ध' भी तत्सम शब्द है। इसका भाषा-रूप 'कन्धा' है। 'स्कन्ध' शब्द के तीन और अर्थ प्रसिद्ध हैं–(1) पेड़ का तना, (2) ग्रन्थ का भाग, (इति श्री भागवतपुराणे प्रथम स्कन्धे द्वितीयः अध्यायः समाप्तः), (3) बौद्ध दर्शन का पारिभाषिक शब्द (पाँच स्कन्ध होते हैं, जिनमें 'वेदना' भी एक है)।

छावनी का नाम 'स्कन्धावार' है।

हालत–हालात

दोनों ही विदेशी शब्द हैं।

'हालत' शब्द एकवचन तथा स्त्रीलिंग की संज्ञा है। अर्थ है–'दशा' अथवा 'स्थिति'।

'हाल' पुल्लिंग शब्द से बहुवचन 'हालात' बनता है। अर्थ है–'लक्षण' तथा 'स्थिति'।

'हाल' से विलोम शब्द 'बे-हाल' बनता है।

'हालात' शब्द एकवचन में कभी नहीं आता।

ह्रद–हृद्

सु+हृद=सुहृद अथवा सुन्दर (=स्नेहमय) हृदय युक्त व्यक्ति। ह्रद=गहरा जलाशय अथवा ताल।

(1) 'हृद्' शब्द 'ऋ' है 'र' नहीं है, जबकि 'ह्रद' में 'र' है 'ऋ' नहीं है।

(2) 'हृद' में 'द्' हल् है, 'ह्रद' शब्द में 'द' हलन्त नहीं है।

परिशिष्ट-6

लोकोक्तियां

लोकोक्तियों के प्रयोग से भाषा का सौन्दर्य निरखता है और भाव अधिक स्पष्ट होता है। नीचे कुछ प्रचलित मुहावरे दिए हैं—

1. **अंधा बाँटे रेबड़ी, अपनों को ही दे।**

अंधा = विवेकहीन व्यक्ति। रेबड़ी = मिठाई, पुरस्कार।

विवेकहीन व्यक्ति के हाथ में जब पुरस्कृत करने का अवसर आता है, तब वह अपने सगे-सम्बन्धियों, इष्ट-मित्रों के प्रति पक्षपात करता है (योग्यता का ध्यान नहीं रखता)।

अंधा व्यक्ति (गुण को) नहीं देख सकता, (स्पर्श आदि के द्वारा) वह केवल अपने व्यक्तियों को पहिचानता है।

2. **अंधी पीसे, कुत्ता खाए।**

विवेकहीन व्यक्ति (अंधा) अपने परिश्रम का कोई लाभ नहीं उठा पाता। उसके कठिन श्रम का लाभ तुच्छ व्यक्ति उठाते हैं।

अंधी स्त्री चक्की चलाकर आटा बनाती है, उसको वह कुत्ता दिखलाई नहीं पड़ता जो उसके पीसे हुए आटे को खाता जाता है।

3. **अंधेर नगरी, चौपट राजा।**

चौपट्ट = जिसके चारों ओर के पट्ट (= किवाड़) असुरक्षित हों। राजा = राज्य, राज्य-व्यवस्था।

जिस व्यवस्था में न्याय का अभाव (= अंधेर) हो, वहाँ सारी शासन-व्यवस्था ठप्प हो जाती है, किसी भी प्रकार की सुरक्षा नहीं रहती।

4. **अकेला चना भाड़ नहीं फोड़ सकता।**

चना = अकेला व्यक्ति। भाड़ = कष्टकर व्यवस्था। फोड़ = तोड़-फोड़ = नष्ट।

जब चने को तपते हुए भाड़ में झौंका जाता है तो वह (मानो क्रोध से उत्तप्त होकर) इधर-उधर भागता हैं, परन्तु अन्त में निश्चेष्ट होकर उसी बालू में भुन जाता है।

अत्यन्त तेजस्वी होते हुए भी कोई अकेला व्यक्ति अत्याचारपूर्ण व्यवस्था को नष्ट नहीं कर पाता।

5. **अधजल गगरी छलकति जाय।**

अधजल = जो पूरी भरी न हो। छलकर्ती = द्रव का (गति के कारण) बाहर निकलना।

जो घड़ा पूरा भरा नहीं होता, उसको ले जाते हुए गति के कारण, उसमें से पानी बाहर छलकता जाता है।

जो व्यक्ति ज्ञानवान नहीं होता वह अपने तुच्छ ज्ञान का प्रदर्शन अवश्य करता है। भर्तृहरि ने ऐसे व्यक्ति को 'ज्ञान-लव-दुर्विदग्ध' बतलाया है।

लव = कण। दुर्विदग्ध = जो अपनी तुच्छ चतुराई का दिखावा करे।

6. **अपना हाथ, जगन्नाथ**

जो व्यक्ति अपने हाथों से सदा सब प्रकार का काम कर सकता है उसे हाथ पर हाथ रखकर ईश्वर (=जगन्नाथ) के भरोसे रहने की आवश्यकता नहीं है। उसके अपने हाथ ही स्वयं (सहायता देने वाले) ईश्वर हैं।

7. **अपनी-अपनी डफली, अपना-अपना राग।**

डफली = गीत गाने का सहारा, एक साज।

संघः शक्तिः कलौ युगे। संगठन में शक्ति है। अकेला चना भाड़ नहीं फोड़ सकता।

दुःख में ही नहीं, सुख में भी सबके साथ मिलकर व्यवहार करना चाहिए।

लोग अपनी अलग पहिचान बनाना चाहते हैं, वे किसी के साथ समझौता नहीं करते, और सबसे अलग पड़ जाते हैं। उनके दुःख-सुख में कोई अन्य व्यक्ति भागीदार नहीं बनता।

8. **अब पछिताये होत क्या, जब चिड़िया चुग गई खेत।**

यदि समय पर सावधानी नहीं बरती तो पीछे पश्चात्ताप से कोई बात नहीं बनती। पश्चात्ताप से व्यक्ति निष्क्रिय बन जाता है। इसलिए पश्चात्ताप को त्यागकर उद्यम करना चाहिए और सावधानी रखनी चाहिए।

9. **अरहर की टटिया, गुजराती ताला।**

अरहर की टटिया = घास-फूस की बनी हुई काम चलाऊ झोंपड़ी (टटिया या टट्टी)।

गुजराती ताला = ताला प्रसिद्ध और मजबूत ताला।

घर के भीतर सुरक्षित रखने की कोई सामग्री नहीं, परन्तु सुरक्षा का पूरा-पूरा ध्यान।

10. **आँख के अंधे, नाम नयनसुख।**

गुण के प्रतिकूल नाम का होना। 'यथा नाम, तथा गुण' के विपरीत।

इसी प्रकार की दूसरी उक्ति है—'जन्म के दुःखिया, नाम चैन-सुख'।

11. **आगे कुआ, पीछे खाई।**

कभी-कभी व्यक्ति ऐसी परिस्थिति में फंस जाता है कि वह न तो आगे बढ़ सकता है और न पीछे हट सकता है।

सर्प जब चूहा समझकर छछूंदर को मुंह में दबा बैठता है, तो उसको भी यही दुविधा होती है। यदि उसको निगले तो सर्प अंधा हो जाता है, और यदि छोड़ दे तो वह कोढ़ी हो जाता है। गोस्वामी तुलसीदास के अनुसार—'भई गति सांप-छछूंदर केरी।'

12. **आगे नाथ न पीछे पगहा।**

पशु को नियन्त्रण में रखने के लिए या तो उसकी नाक में होकर नाथ बाँधी जाती है या फिर किसी पगहा (= रस्सी) को गर्दन में बाँधा जाता है। गदहा इन दोनों प्रकार के नियन्त्रणों से मुक्त है, इसलिए वह इच्छानुसार नाचने लगता है।

जिस व्यक्ति को अपने माता-पिता, पत्नी-परिवार को देख रेख नहीं करनी है वह समाज के अनुशासन में नहीं रह पाता। वह गदहे के समान (विवेकहीन तथा साहसिक) कार्य कर सकता है।

13. **आधी छोड़ पूरी को धावै, आधी मिले न पूरी।**

कबीर ने लिखा है—'देखि पराई चूपड़ी, मत ललचायै जीव'।

शास्त्र के अनुसार—'अति लोभो न कर्त्तव्य'।

धावै = पीछे दौड़ना।

जो कुछ प्राप्त है उसको सन्तोषपूर्वक ग्रहण करना चाहिए। और—अधिक के लिए प्रयत्न करने वाला व्यक्ति जो प्राप्त है उसका भी भोग नहीं करता। सदा नीचे की ओर देखकर सन्तोष करना चाहिए, ऊपर की ओर देखकर अधिक लोभ करना उचित नहीं है।

14. **आम के आम, गुठलियों के दाम।**

सामान्य व्यक्ति के समान संसार की वस्तुओं का उपभोग करना तथा अधिक चतुराई से अवशिष्ट वस्तु का भी कुछ उपयोग करना चाहिए।

गुठली को सामान्य व्यक्ति फेंक देता है, परन्तु चतुर व्यक्ति उसका भी लाभ उठा लेते हैं।

15. **आम से काम, पेड़ गिनने से क्या काम?**

साधन की उपेक्षा करके साध्य (फल) का आनन्द लेना उचित है। दार्शनिक ऊहापोह में पड़कर जीवन-सौन्दर्य के प्रति उदासीनता ठीक नहीं है।

आम के रस का आनन्द लेना चाहिए, न कि इस विचार में पड़कर रस को भूल जाना चाहिए कि आम किस वाटिका के हैं, उस वाटिका में कितने पेड़ हैं आदि।

16. **आये थे हरि-भजन को, ओटन लगे कपास।**

कपास ओटना = चरखा में डालकर, कपास से बनौला (= कपास का बीज) अलग करना। 'चर्खी' संसार के धंधे का प्रतीक है।

मनुष्य का शरीर भगवान् की भक्ति करने के लिए मिला है, संसार के धंधे के लिए नहीं। इसी प्रकार मुख्य उद्देश्य को भूलकर व्यक्ति का दूसरे कार्यों में लग जाना। जैसे विद्यार्थी को सिनेमा की लत लग जाना।

17. **उतने पैर पसारिए, जितनी लंबी सौरि।**

सौरि = रजाई या चादर।

पैर पसारना = फैलाव या प्रदर्शन करना।

साधन के अनुरूप ही कार्य करना चाहिए। ऋण लेकर अथवा किसी से वस्तु मांगकर अपनी शान जमाना उचित नहीं है। फैलाव उतना ही करना चाहिए जितने की अपने पास गुंजायश हो।

18. **उल्टा, चोर कोतवाल को डाटे।**

सामान्यतः कोतवाल चोर को पकड़कर पीटता है। परन्तु यदि चोरी को किसी बड़े अधिकारी का सहारा हो तो वह चोरी करते हुए भी पकड़ने वाले कोतवाल को फटकार देता है।

19. **ऊंची दुकान, फीका पकवान।**

ऊंची = सुन्दर, आकर्षक। पकवान = पक्वान्न, पकाई गई मिठाई आदि।

दूर से आकर्षक, परन्तु गुण में न्यून। 'नाम बड़े, दर्शन थोड़े।'

जो व्यक्ति अति प्रसिद्ध हो परन्तु गुण में अति सामान्य हो।

20. **ऊंट के मुख में जीरा।**

जीरा = अत्यन्त छोटे आकार का मसाला।

ऊंट जैसे बृहद् आकार के पशु का जीरे जैसा सामान्य पदार्थ क्या हित कर सकता है?

उच्च स्तर के व्यक्ति को सामान्य उपहार प्रदान करना।

21. **ऊधो का लेना न माधो का देना।**

ऊधो = उद्धव। माधो = माधव, कृष्ण।

सम्बन्ध या आपसदारी लेन-देन (= व्यवहार) पर निर्भर है, जो किसी के लेन-देन में नहीं है वह सब झंझटों से दूर है। दो व्यक्तियों के बीच में कोई सम्बन्ध नहीं।

22. **एक अनार सौ बीमार।**

वस्तु एक परन्तु उसको पाने को उत्सुक व्यक्ति अनेक।

अनार का रस सुपाच्य एवं पुष्टिकारक होता है। किन्तु यदि अनेक रोगियों को अनार की आवश्यकता हो और अनार केवल एक ही हो, तो कैसे काम चलेगा? समाज के अनेक व्यक्ति यदि प्रत्येक कार्य एक अकेले व्यक्ति पर डाल देंगे तो वह अकेला किस प्रकार सबको सन्तुष्ट कर सकता है?

23. **एक और एक ग्यारह।**

एक के अंक के पास दूसरा एक का अंक लिख देने पर ग्यारह की संख्या बन जाती है। इसी प्रकार अकेला व्यक्ति जो नहीं कर पाता वह दूसरे व्यक्ति के साथ रहने से कर लेता है। अकेला व्यक्ति प्रभावहीन है परन्तु साथी के मिलने पर दोनों में उत्साह आ जाता है। संगठन में शक्ति है। संघः शक्तिः कलौ युगे।

24. **एक तो करेला, दूसरे नीम-चढ़ा।**

करेला स्वयं कडुवा होता है, नीम भी स्वभावतः कडुवा होता है। यदि करेले का नीम के वृक्ष पर पोषण हुआ हो तो वह दो गुना कडुवा हो सकता है। इसी प्रकार जो व्यक्ति स्वभाव का कठोर है उसको यदि किसी दुष्ट व्यक्ति का आश्रय और भरोसा मिल जाए तो वह और अधिक कठोर हो जाता है।

25. **एक पंथ, दो काज।**

पंथ = पथ, मार्ग। काज = कार्य।

ऐसे मार्ग पर चलना जिससे एक-से-अधिक कार्य सिद्ध हो सकें।

ग्वालिनी दही बेचने के लिए गोकुल से निकली, मार्ग में उसका मिलना अपने प्रिय श्रीकृष्ण के साथ भी हो गया। 'गो-रस बेचन, हरि-मिलन, एक पंथ द्वै काज'।

26. **एक मियान में दो तलवारें।**

मियान = तलवार रखने का खोल (= केस)।

मियान में एक तलवार रखने का ही स्थान होता है। उसी प्रकार दो प्रतियोगी एक साथ नहीं रह सकते। एक पुरुष की एक ही प्रिया (अथवा पत्नी) घर में रह सकती है, अन्य के लिए स्थान नहीं होता।

'तलवार' शब्द का प्रयोग प्रतियोगी (सामान्यतः 'नारी') के लिए किया गया है।

27. **एक हाथ से ताली बजाना।**

ताली बजने से जो शब्द होता है वह यहां पर झगड़े अथवा कोलाहल का सूचक है।

झगड़ा तभी होता है जबकि दोनों व्यक्ति (अथवा दल) झगड़ालू हों। यदि दो में से एक व्यक्ति शान्त रहेगा तो आपस में कहा-सुनी नहीं हो सकती। इसी प्रकार जब दोनों व्यक्तियों में (चरित्र अथवा स्वभाव का) दोष होगा, तभी उन दोनों में मन-मुटाव अथवा मतभेद रहेगा।

28. **ओखली में सिर दिया तो मूसलों से क्या डर?**

ओखली = पत्थर की कूँड़ी जिसमें धान आदि कूटे जाते हैं।

मूसल = धनकुटा, धान कूटने का उपकरण।

जब कोई व्यक्ति किसी भयंकर स्थिति में प्रवेश करने का निश्चय कर लेता है तो वह उस स्थिति के जोखिम के लिए भी तैयार होता है।

29. **ओछे के प्रीति, बालू की भीति।**

बालू से बनाई हुई भित्ति (= दीवार) स्थिर नहीं रहती, सदा गिराऊ बनी रहती है।

उसी प्रकार अनुत्तम (= ओछे) व्यक्ति का प्रेम स्थिर नहीं रहता।

30. **ओस चाटने से प्यास नहीं बुझती।**

प्यास केवल पानी पीने से शान्त होती है। ओस देखने में तो सुन्दर होती है, परन्तु एकत्र होकर भी वह पानी नहीं बनती, और इसीलिए प्यास को शान्त नहीं कर पाती।

यदि किसी व्यक्ति को आत्मीयता की आशा है तो दूसरे का शिष्टाचार उसे सन्तोष नहीं दे पाता। आशा के अनुरूप व्यवहार न मिलना।

31. **कंगाली में आटा गीला।**

आटा गीला होने पर उसमें सूखा आटा और मिला लिया जाता है। परन्तु कंगाल (धनहीन) व्यक्ति के पास और आटा तो होता नहीं, वह सिर पर हाथ रखकर बैठ जाता है।

बुरे दिन जब आते हैं तब सब काम बिगड़ते चले जाते हैं।

32. **कभी नाव गाड़ी पर कभी गाड़ी नाव पर।**

सड़क को पार करते समय नौका को गाड़ी पर रख दिया जाता है। परन्तु जब नदी को पार करना होता है तो गाड़ी नौका पर रख दी जाती है। सामाजिक जीवन के लिए एक ही स्थिर नियम नहीं है। जैसी परिस्थिति हो वैसा ही आचरण करना चाहिए।

33. **कम खाना और गम खाना।**

गम खाना = शान्त रहना, उत्तेजित न होना।

स्वास्थ्य दो प्रकार का होता है—शारीरिक तथा मानसिक।

शारीरिक स्वास्थ्य को स्थिर रखने के लिए भोजन की मात्रा पर संयम रखना चाहिए, मानसिक स्वास्थ्य का मार्ग मन पर संयम रखना है।

34. **कहने से धोबी गधे पर नहीं बैठता।**

दैनिक जीवन में व्यक्ति जिस कार्य को करता रहता है, उसी कार्य को वह दूसरे के कहने से नहीं करता—वह सचेत होकर उसके विपरीत आचरण करता है।

35. **कहां राजा भोग, कहां गंगू तेली?**

'समान-शील-व्यसनेषु मैत्री।' मित्रता का व्यवहार उन्हीं लोगों में चल सकता है जिनकी परिस्थिति समान हो, व्यवसाय समान हो, रुचि समान हो। पिछली परिस्थिति का वर्तमान मित्रता में कुछ योग नहीं होता। राजा भोज संस्कृत तथा सांस्कृतिक रुचि के लिए जगत् में प्रसिद्ध हैं, किसी सामान्य तेली से, जान-पहिचान होने पर भी, उनकी मित्रता नहीं हो सकती।

36. **कहीं की ईंट, कहीं का रोड़ा; भानुमती ने कुनबा जोड़ा।**

भानुमती = विक्रमादित्य की रानी जो इन्द्रजाल (= जादू) के लिए प्रसिद्ध है।

रोड़ा = रोड़ी या ईंट के छोटे टुकड़े। कुनबा = परिवार, इष्ट-मित्र आदि।

भानुमती का पिटारा = ऐसी पिटारी जिसमें सब-कुछ मिल जाता है।

जिस प्रकार रानी भानुमती ईंट और रोड़ों से (इन्द्रजाल के कारण) भांति-भांति की वस्तुएं बना लेती थी उसी प्रकार चतुर व्यक्ति इधर-उधर से वस्तुएं एकत्र करके अपना काम निकाल लेता है।

37. **काठ की हांडी बार-बार नहीं चढ़ती।**

हांडी = दाल, खिचड़ी आदि पकाने का बर्तन। चढ़ती = अग्नि पर चढ़ाना।

जो हांडी काठ की बनी हुई है वह आग पर चढ़ाने पर स्वयं जल जाएगी, दूसरी बार के प्रयोग के लिए वह बची नहीं रहेगी।

धोखा एक बार तो चल जाता है, परन्तु बार-बार नहीं दिया जा सकता।

38. **का वर्षा जब कृषी सुखानी।**

कृषि के सूख जाने के पश्चात् वर्षा का आना व्यर्थ है, उससे कृषि को लाभ तो होता ही नहीं, कीचड़ और बाढ़ की आशंका भी बनी रहती हैं। अवसर बीत जाने के पश्चात् सहायता प्राप्त होना अथवा प्रयत्न करना निरर्थक है।

'अब पछिताये होत क्या, जब चिड़ियां चुग गई खेत।'

39. **काला अक्षर भैंस बराबर।**

जिस व्यक्ति को अक्षर ज्ञान नहीं होता उसके लिए अक्षर की बनावट तथा भैंस के चित्र

में कोई अन्तर नहीं है। दोनों का रंग काला होता है। भैंस के रूप-रंग को तो वह पहिचानता है, परन्तु अक्षर के रूप को नहीं जानता।

40. **कै हंसा मोती चुगै, कै भूखा मर जाय।**

हंस का प्रण है कि वह मोती खायेगा, यदि मोती नहीं मिलते तो वह भूखा ही रहता है।

प्रण करने वाला व्यक्ति भी समझौता नहीं करता, वह घटिया वस्तु को कभी स्वीकार नहीं करता।

41. **कोऊ नृप होय, हमें न हानी!**

राम-कथा में मन्थरा कहती है कि युवराज श्रीराम बनें या भरत बनें, उनकी माताओं को तो अन्तर आता है परन्तु घर के कर्मचारियों को नहीं।

अधिकारियों के उत्थान-पतन से सामान्य जनता को कोई प्रयोजन नहीं है।

42. **कोयला होइ न ऊजरौ, नौ मन साबुन खाय।**

ऊजरौ = उज्ज्वल। नौ मन = अपार, अनन्त (मन, पुरानी तोल का मापक, चालीस सेर के बराबर)

व्यक्ति का स्वभाव कभी नहीं बदलता। कोयले को आप साबुन से मल-मलकर धोइए फिर भी वह सफेद (= उज्ज्वल) नहीं निकलेगा।

43. **कोयले की दलाली में हाथ काले।**

दलाली = क्रय-विक्रय कराने का व्यवसाय।

लेना-देना कुछ भी न हो, तब भी बुरी संगति में रहने से व्यक्ति के ऊपर बुराई अवश्य आती है।

44. **खग जाने खग की ही भाषा।**

खग = पक्षी।

विशेश व्यवसाय में रहने वाला व्यक्ति ही उस व्यवसाय के नियम, मान्यताएं तथा व्यवहार को जान सकता है। सज्जन लोग सज्जनता को समझते है, ठग ठगी को, तथा व्यापारी व्यापार के नियमों को।

45. **खोदा पहाड़, निकली चुहिया।**

परिश्रम बहुत अधिक, परन्तु उपलब्धि अत्यन्त सामान्य।

शोर बहुत, परन्तु काम कुछ भी नहीं।

46. **गंगा गये गंगादास, जमुना गये जमुनादास।**

एक ही व्यक्ति अवसर के अनुसार अपने को बदलता रहता है। वह कभी गंगादास बन जाता है और कभी जमुनादास; उसका अपना कोई व्यक्तित्व नहीं है।

47. **गरीब की लुगाई, सबकी भौजाई।**

लुगाई = पत्नी (लोग-लुगाई)। भौजाई = भाभी, ठिठोली की पात्र।

जो मनुष्य गरीब है उसकी पत्नी के साथ सब लोग हंसी-मजाक करते और अपना मनोरंजन करते रहते हैं।

48. **गेहूं के साथ घून भी पिस जाता है।**

लोग गेहूं को पीसते हैं, परन्तु गेहूं के साथ चिपटा हुआ घुन भी साथ में पिस जाता है।

संगति का दोष सबको भोगना पड़ता है।

49. **घमंडी का सिर नीचा।**

जो व्यक्ति घमंड करता है उसको कभी-न-कभी सिर झुकाकर नीचे देखना पड़ता है।

50. **घर का जोगी जोगड़ा, आन गाँव का सिद्ध।**

जोगड़ा = योगी के लिए उपेक्षा के कारण प्रयुक्त शब्द, जोगी के वेष में सामान्य व्यक्ति।

आन गाम = अन्य ग्राम, दूर देश।

जिस व्यक्ति को हम जानते हैं उसके गुण का मूल्यांकन नहीं कर पाते। उसी समान अपरिचित अथवा कम परिचित व्यक्ति को आदर देते हैं परन्तु उसको नहीं।

51. **घर का भेदी लंका ढहावे।**

विभीषण श्रीराम का भक्त था, रावण उसका अनादर करता था। उसने हनुमान आदि को लंका का प्रत्येक भेद बतला दिया। जिससे लंका जैसा दृढ़ गढ़ भी टूट गया।

यदि घर का व्यक्ति ही शत्रु से मिल जावे तो सुरक्षा की सम्भावना नहीं रहती।

52. **घोड़ा घास से यारी करेगा, तो खायगा क्या?**

जिन लोगों से मेहनत के पैसे लेकर मनुष्य अपना काम चलाता है, उन लोगों से मित्रता निभाने पर उसकी वह आय भी नहीं होती।

मित्रता के नाते यदि घोड़ा घास नहीं खाता तो वह भूखा रहेगा, उसके जीवन का आधार तो घास ही है।

53. **चलती का नाम गाड़ी।**

यदि गाड़ी ठीक-ठाक चल रही है तो लोग उसका उपयोग करते हैं। यदि वह चलती नहीं है और उसका उपयोग नहीं हो सकता, तब उसको 'कूड़ा' समझा जाता है। यदि व्यक्ति सफल है, उसका काम ठीक प्रकार से चल रहा है, तो समाज उसका आदर करता है। यदि उसका काम रुक जाता है तो लोग उसकी आलोचना और निन्दा करने लगते हैं।

54. **चार दिनों की चांदनी, फिर अंधेरी राति।**

चांदनी = प्रत्येक मास में, चन्द्र की गति के अनुसार, दो पक्ष होते हैं—शुक्ल पक्ष तथा कृष्ण पक्ष। शुक्ल पक्ष को 'चांदनी रात्रि' कहा जाता है, और कृष्ण पक्ष 'अंधेरी रात्रि' कहलाता है।

जो लोग उचित-अनुचित मार्गों से धन कमकर आंख बन्द करके व्यय करते हैं, वे लोग कुछ दिनों तक तो उत्सव मनाते हैं, राग-रंग रचते हैं। ऐसा धन कुछ दिनों के पश्चात् नष्ट हो जाता है, तब वे दुःख में डूब जाते हैं।

55. **चोर की दाढ़ी में तिनका।**

चोर को ग्लानि होती है और वह अपने को सन्देह की दृष्टि से देखता रहता है, चोरी की चर्चा में रुचि लेता है और अपने को बचाने का प्रयत्न करता रहता है। वह उस 'तिनके' को पोंछने का प्रयत्न करता है।

56. **चोर-चोर मौसेरे भाई।**

मौसेरे = मौसी (माता की बहिन) के पेट से उत्पन्न।

जो स्वयं पापी होता है वह सदा दूसरे पापी का समर्थन तथा रक्षा करता है, मानो वह उसका अपना सगा-सम्बन्धी हो। दूसरे के पाप के समर्थन में उसके अपने पाप का समर्थन भी छिपा रहता है।

57. **छोटा मुंह, बड़ी बात।**

जो कुछ अपने अधिकार में नहीं है उसके विषय में वचन देना।

अपने पद अथवा हैसियत से बढ़ा-चढ़ाकर बात करना।

58. **जंगल में मोर नाचा, किसने देखा?**

उल्लास-विलास का सुख इस बात में है कि परिचित व्यक्ति उसको देखते रहें। विदेश अथवा अपरिचित लोगों के बीच ठाट-बाट का कोई अर्थ नहीं है।

59. **जल में रहकर मगर से बैर।**

जहां काम करना है, रहना है, वहां के अधिकारी से मेल-जोल रखना चाहिए। अधिकारी से

शत्रुता अथवा उदासीनता कष्ट कर है।

60. **जस दूल्हा, तस बनी बराता।**

दुल्हा = वर। बारात = वर-यात्रा में सम्मिलित व्यक्ति।

प्रमुख व्यक्ति जिस स्तर का है साथी भी उसी स्तर के एकत्र हो जाते हैं। साथियों से प्रमुख व्यक्ति का, और प्रमुख व्यक्ति से साथियों का अनुमान लग सकता है।

61. **जाके पैर न फटी बिबाई, वह क्या जाने पीर पराई।**

बिबाई = पैर के चमड़े का फटना तो अत्यन्त कष्टकर होता है।

जो स्वयं भुक्तभोगी है वही दूसरे के कष्ट का अनुमान लगा सकता है। कष्ट विचार का विषय नहीं, अनुभव तथा अनुभूति का विषय है।

62. **जाको राखे सांइया, मारि सकै नहिं कोय।**

साईं = स्वामी, ईश्वर जो जगत् का स्वामी है।

भगवान् जिसकी रक्षा करता है उसका कोई भी कुछ बिगाड़ नहीं सकता।

63. **जान बची और लाखों पाये।**

स्वयं बचकर खतरे से बाहर पहुंच जाना, लाखों रुपयों की कमाई से बढ़कर है।

64. **जितना गुड़ डालोगे उतना ही मीठा होगा।**

जो कार्य जितनी अधिक रुचि से किया जाता है उसका परिणाम उतना ही मधुर लगता है।

65. **जिसकी लाठी, उसकी भैंस।**

जिसके पास शक्ति है वह सब वस्तुओं पर अपना अधिकार कर लेता है।

भैंस को हांकने के लिए लाठी की आवश्यकता होती है। यदि भैंस के स्वामित्व के विषय में विवाद हो तो उसका निर्णय (हांकने वाली) लाठी को देखकर किया जाता है।

66. **जिस पत्तल में खाना उसी में छेद करना।**

जिसके सहारे जीविका चलती हो उसी के दोष निकालना और इसी को हानि पहुंचाना (शत्रु से मिलकर उसी की जड़ खोदना)।

67. **जैसा देश वैसा वेष।**

वातावरण एवं परिस्थिति के अनुरूप जीवन-शैली अपनाना।

68. **जैसे कन्ता घर रहे, वैसे रहे विदेश।**

कन्ता = पति, स्वामी।

यदि व्यक्ति परिवार के सुख-दुख में रुचि नहीं लेता तो उसका घर रहना भी विदेश में रहने के समान है। इसी प्रकार यदि अधिकारी व्यवस्था का अवलोकन नहीं करता, श्रेष्ठ कार्य-कर्त्ताओं को पुरस्कृत नहीं करता, उदासीन व्यक्ति को दण्ड नहीं देता, तो उस अधिकारी की उपेक्षा होने लगती है।

69. **जो गरजते हैं, वे बरसते नहीं।**

जो बादल गरजते हैं वे वर्षा नहीं करते। जो लागे तुरन्त गरम हो जाते हैं, वे किसी को हानि नहीं पहुंचा सकते—उनका असन्तोष गरमी दिखाकर शान्त हो जाता है।

70. **जो बोले सो कुंडी खोले।**

जो व्यक्ति किसी कार्य में रुचि दिखाने लगता है उस कार्य का सारा भार उसके ऊपर आ जाता है।

71. **जो बिंध गया सो मोती।**

हार में किसी भी वस्तु को गूंथ दीजिए, वही वस्तु मोती के समान चमकने लगती है।

जो व्यक्ति विशेष सभा में प्रवेश पा लेता है उसमें कोई-न-कोई गुण या चमक निकल ही

आती है।

72. **डूबते को तिनके का सहारा।**

निराश व्यक्ति सामान्य वचन से भी चेत सकता है। हताश व्यक्ति सामान्य-से-सामान्य व्यक्ति का सहारा खोजता है।

73. **तीन लोक से मथुरा न्यारी।**

न्यारी = अलग, विचित्र।

गोकुल, नन्द ग्राम, बरसाना आदि में जो हो रहा है वह तो लोक-लीला है। परन्तु मथुरा में होनेवाली घटनाएं युग में परिवर्तन करनेवाली हैं। संसार में विचित्र घटनाओं का घटित होना।

74. **तुरत दान, महा कल्याण।**

दान करते हुए मन में हिचक नहीं होनी चाहिए, तुरन्त दान से सबका कल्याण होता है—दाता का भी कल्याण और जिसको दिया जा रहा है उसका भी कल्याण।

75. **थोथा चना, बाजे घना।**

जिस व्यक्ति में कोई सार (गुण) होता है वह अपना विज्ञापन स्वयं नहीं करता, परन्तु जो थोथा। (= सारहीन) है वह अपने को बढ़-चढ़कर दिखाता है। अपना बाजा आप बजानेवाले व्यक्ति में कोई सार नहीं होता।

76. **दीपक तले अंधेरा।**

जो दीपक दूसरे को प्रकाश दिखलाता है उससे यह आशा की जाती है कि वह स्वयं भी प्रकाश में रहता होगा, परन्तु उसके नीचे अंधकार होता है। जो लोग दूसरों को उपदेश देते हैं प्रायः उस उपदेश पर वे स्वयं आचरण नहीं करते।

77. **दीवारों के भी कान होते हैं।**

रहस्य का कथन किसी के सामने न करे। मुख से निकलते ही शब्द आकाश में व्याप्त हो जाता है और उसका पता किसी-न-किसी को अवश्य लग जाता है। मनुष्य ही नहीं, निर्जन स्थान भी रहस्य का प्रसार कर देते हैं।

78. **दुविधा में दोऊ गये, माया मिली न राम।**

जो व्यक्ति द्विविधा में पड़ा रहता है उसको एक भी वस्तु नहीं मिलती। सिद्धि का मूल मन्त्र एकनिष्ठता है।

79. **दूध का जला छाछ को फूंक-फूंक कर पीता है।**

छाछ = मट्ठा, मक्खन निकालने के पश्चात् भी बची हुई लस्सी।

कटु अनुभव के पश्चात् व्यक्ति अधिक सावधान हो जाता है, और उसकी सावधानी प्रायः चरम सीमा तक पहुंच जाती है।

80. **दूध का दूध, पानी का पानी।**

नीर-क्षीर-विवेक अर्थात् हंस के समान दूध तथा पानी को अलग कर देना/न्याय, जिसमें सत्य को असत्य से अलग करके समझना।

81. **दूर के ढोल सुहावने।**

जो संगीत पास में होता है वह कोलाहल लगता है, परन्तु जो संगीत दूर से सुनाई पड़ता है वह मधुर लगता है—वह कान नहीं फोड़ता। जिस व्यक्ति से निकट का कोई सम्बन्ध नहीं है उसका व्यवहार मधुर लगता है।

82. **देर है, पर अंधेर नहीं है।**

प्रत्येक व्यक्ति को अपने कर्म का फल देर-सबेर अवश्य मिल जाता है। केवल विश्वास होना चाहिए, ईश्वरीय न्याय सुनिश्चित है।

83. **धोबी का कुत्ता, घर का न घाट का।**

घाट = धोबी-घाट, जहां धोबी कपड़े धोता है।

धोबी का आधा जीवन घाट पर बीतता है; उसका कुत्ता कभी उसके साथ घर में रहता है, कभी उसके साथ घाट पर जाता है। जिन लोगों के दो स्थान होते हैं वे एक स्थान पर भी नहीं जमते। 'द्विविधा में दोनों गये, माया मिली न राम।'

84. **न रहेगा बांस, न बजेगी बांसुरी।**

वंशी बांस की बनी होती है। वंशी की मोहकता से चिढ़कर गोपियों ने सोचा कि सभी बांसों को नष्ट कर दिया जाय, जिससे वंशी की सम्भावना ही नष्ट हो जाय।

मूल कारण को नष्ट करने पर उससे उत्पन्न कार्य अपने आप नष्ट हो जाता है।

85. **न तीन में, न तेरह में।**

जिसका स्थान न तो विशेष व्यक्तियों में हो और न सामान्य व्यक्तियों में हो।

अत्यन्त उपेक्षित व्यक्ति, जिसकी कहीं भी पूछ न हो।

तीन = त्रिदेव। तेरह = त्रिदेव तथा विष्णु के दस अवतार (मिलाकर)।

86. **न सावन सूखे, न भादों हरे।**

सावन = श्रावण मास। भादों = भाद्रपद मास।

जो व्यक्ति सदा समान (प्रायः रुग्ण अथवा अस्वस्थ) रहता है, जिसके ऊपर जलवायु का भी प्रभाव नहीं पड़ता।

87. **नदी-नाव संयोग।**

संसार के सारे सम्बन्ध नदी-नाव संयोग पर निर्भर हैं। नदी पार करते हुए नाव में बैठकर जो परिचय होता है वह उसी यात्रा तक रहता है, उसके पश्चात् यात्री लोग एक-दूसरे को पहिचानते भी नहीं।

88. **नाच न जाने, आंगन टेढ़ा।**

जो व्यक्ति कुशल कलाकार नहीं है वह अपनी असफलता को उपकरणों के सिर मढ़ता है, अपनी कमी को नहीं देखता।

89. **नाम बड़े, दर्शन थोड़े।**

ऊंची दुकान, फीका पकवान। नाम तो प्रसिद्ध है परन्तु व्यवहार से केवल निराशा होती है।

90. **नौ दिन चले, अढ़ाई कोस।**

अढ़ाई = ढ़ाई = दो और आधा। कोस = दूरी का माप जो दो मील के बराबर होता है।

खोदा पहाड़ निकली चुहिया। निरन्तर परिश्रम परन्तु ठोस परिणाम नहीं।

91. **पहिले आत्मा, फिर महात्मा।**

घर में दीपक जलाकर ही तब मंदिर में जलाते हैं।

मनुष्य प्रथम स्वार्थ को देखता है, फिर परमार्थ का विचार करता है।

92. **पाप का घड़ा भरकर ही फूटता है।**

पाप का फल तुरन्त नहीं मिलता। पापी और अधिक पाप करता जाता है।

एक दिन उसके पाप दिखाई पड़ने लगते हैं। तब उसका नाश हो जाता है।

93. **पांचों अंगुलियां बराबर नहीं होतीं।**

मनुष्यों में योग्यता, क्षमता, स्वभाव आदि का अन्तर अवश्य रहता है। यह अन्तर सगे भाइयों अथवा सगी बहिनों में भी पाया जाता है।

इसलिए एक व्यक्ति को देखकर दूसरे के विषय में अनुमान करना उचित नहीं है।

94. **फिसल पड़े तो हर गंगा।**

भले ही मन में श्रद्धा न हो परन्तु असावधानी के कारण भी मंदिर आदि में पहुंचने पर वहां की मर्यादा का पालन अवश्य करना चाहिए।

'हर गंगा' = गंगा स्नान करते समय के बोल।

95. **बंदर क्या जाने अदरक का स्वाद।**

सामान्य व्यक्ति विशेष गुण को नहीं पहिचानता। जो स्वभाव से ही अकुशल है वह कला की गहराई (= स्वाद) से परिचित नहीं होता।

96. **बद अच्छा, बदनाम बुरा।**

जो व्यक्ति बुरे काम करता है और उनको छिपा लेता है वह उस व्यक्ति की अपेक्षा अधिक सुखी है जो बुरे काम तो नहीं करता परन्तु समाज में बदनाम है।

97. **बहता पानी निर्मला।**

जो पानी अचल रहता है उसमें कीचड़ और कीड़े हो जाते हैं, परन्तु जो पानी बहता रहता है उसमें स्वच्छता रहती है। जो व्यक्ति निरन्तर विचार करता रहता है उसमें उदारता होती है, कट्टरता नहीं पाई जाती।

98. **बिना मांगे मोती मिलें, मांगे मिले न भीख।**

यदि मनुष्य किसी के सामने हाथ पसारता है तो कोई भी उसको कुछ नहीं देता। इसके विपरीत यदि मनुष्य कुछ भी नहीं चाहता तो उसको महान् समझकर लोग उसके चरणों में सर्वस्व अर्पित कर देते हैं।

99. **बिन घरनी, घर भूत का डेरा।**

घरनी = घरवाली। भूत का डेरा = भूत-प्रेत का निवास, गंदा-फूटा, उपेक्षित।

'भार्या गृह गृहस्थस्य'। जिस घर में कोई घरवाली नहीं होती, उस घर की सदा उपेक्षा होती रहती है।

100. **बिल्ली के भाग्य से छींका टूटा।**

अप्रत्याशित सुविधा का प्राप्त होना।

छींके पर रखा हुआ दूध-दही बिल्ली की पहुंच से बाहर था। भाग्यवश छींका अपने आप टूट गया जिससे बिल्ली ने पेट भरकर खाया।

101. **बैठे से बेगार भली।**

बेगार = वेतन के बिना काम करना। पगार (प + गार) के बिना काम करना बे-गार है।

घर बेकार बैठने से तो अच्छा यह है कि मनुष्य वेतन के बिना ही काम करता रहे। इससे अनुभव तथा अभ्यास रहता है और मन में दुश्चिन्ता नहीं आती।

102. **भागते भूत की लंगोटी ही भली।**

लंगोटी = लंगोट, कच्छा।

जो कार्य अपने हाथ से निकला जा रहा है उसके नाम पर जो कुछ प्राप्त हो जावे वही पर्याप्त है।

103. **भई गति सांप-छछूंदर केरी।**

आगे कुआं, पीछे खाई। ऐसी परिस्थिति में फंस जाना जिससे न तो निकलते बने और न सुलझते बने।

104. **भूखे भजन न होय गोपाला।**

पहिले आत्मा फिर परमात्मा। पहिले घर में दीपक जलाकर फिर मंदिर में जलाया जाता है। जब तक पेट नहीं भरा है तब तक भगवान् का भजन भी नहीं हो सकता।

105. **मन चंगा तो कठौती में गंगा।**

चंगा = स्वस्थ, शान्त। कठौती = काठ का वह पात्र जिसमें भरकर पानी रसोई में काम आता है।

यदि मन में शान्ति है तो तीर्थ-मंदिर जाने की क्या आवश्यकता है?

106. **मरता क्या न करता?**

कभी-कभी परिस्थिति-वश मनुष्य को दुस्साहस करना पड़ता है।

107. **मान न मान, मैं तेरा मेहमान।**

निमन्त्रण तथा स्वागत के बिना ही किसी का अतिथि बन जाना।

108. **मार के आगे भूत भागता है।**

मार = शारीरिक यातना।

यदि मनुष्य को शारीरिक यातना का भय हो तो उसके मन पर छाया हुआ भूत-भय अपने आप विलीन हो जाता है।

109. **मानो तो देव, नहीं तो पत्थर**

संस्कार के समस्त प्रतीक भावना पर निर्भर हैं। यदि कोई व्यक्ति प्रतिमा को देवता मानता है तो वह देवता है। अन्यथा वह पत्थर तो है ही।

110. **मीठा-मीठा गप-गप, कडुआ-कडुआ थू-थू।**

जो कुछ मधुर लगता है उसको लोग तुरन्त अपना लेते हैं, और जो रुचिकर नहीं लगता उसको वे तुरन्त ही अस्वीकार कर देते हैं।

गप-गप = निगल जाना।

111. **मुंह में राम, बगल में ईंट।**

बगल = कांख, जहां पर कोई वस्तु दबा ली जाती है।

अधिकतर लोग मुख से अच्छी बातें कहते रहते हैं, परन्तु अवसर पाते ही छिपी हुई ईंट मार देते हैं।

112. **मूल से ब्याज प्यारा होता है**

मूल = मूलधन। ब्याज = मूलधन को उधार देकर उस पर आने वाली राशि।

महाजन मूल के लिए चिन्ता नहीं करता, उसका बल ब्याज उगाहने पर है।

इसी प्रकार अपनी संतान की अपेक्षा संतान की संतान अधिक प्रिय लगती है।

113. **रस्सी जल गई, ऐंठ न छूटी।**

स्वभाव नहीं बदलता। रस्सी जलकर राख हो जाती है फिर भी उस राख में उसकी ऐंठन बनी रहती है।

114. **रहिमन विपदा हू भली, जो थोड़े दिन होय।**

रहिमन = रहीम कवि का कथन है।

थोड़े दिन की विपत्ति भी स्वागत के योग्य है। क्योंकि मित्र, शत्रु और उदासीन की पहिचान विपत्ति-काल में ही होती है।

115. **राम मिलाई जोड़ी, एक अंधा, एक कोढ़ी।**

भाग्य अथवा संयोग जैसे में तैसे को मिला देता है। यदि पति में कोई दोष है तो पत्नी में दूसरा दोष होता है। यही बात दो मित्रों के विषय में जाननी चाहिए।

116. **लातों के भूत बातों से नहीं मानते।**

दुष्ट व्यक्ति भय अथवा त्रास से ही बात मानते हैं, समझाने-बुझाने से नहीं। तामसिक व्यक्ति में विवेक नहीं होता, वह भय से ही मानता है, विवेकपूर्वक नहीं।

117. **लिखत सुधाकर, लिखिगा राहू।**

सुधाकर = चन्द्र, जो अति मनमोहक होता है। राहू = जो ग्रह चन्द्र को निगल जाता है।

सभी लोग स्वभावतः अच्छे कार्य का प्रयत्न करते हैं, परन्तु अनेक बार उसकी असावधानी अथवा भाग्य से परिणाम विपरीत निकलता है। सुधाकर का चित्र बनाने बैठे थे, परन्तु चित्र वस्तुतः बन गया राहू का। लिखत = चित्रित करते हुए।

118. **लोहे को लोहा ही काटता है।**

विष को विष ही जलाता है। पाप का घड़ा भरने पर दुष्ट का नाश उसी के अस्त्र-शस्त्र से होता है। कुकर्म ही पापी का नाश करते हैं।

119. **बिना मरे स्वर्ग नहीं मिलता।**

मरे = मृत्यु को प्राप्त हुए, कठोर परिश्रम करके। स्वर्ग = सुख तथा सुख के साधन।

सुख का अर्जन परिश्रम से होता है। कठोर श्रम के बिना सुख के साधन प्राप्त नहीं होते।

120. **विधि का लिखा को मेटनहारा।**

भाग्य में जो लिखा हुआ है उसको कोई भी मिटा नहीं सकता।

121. **सब धान बाईस पसेरी।**

बाईस पसेरी = एक रुपये के बाईस पसेरी धान मिलना।

धान = प्रत्येक खाद्यान्न विशेष अन्न, जिसमें चावल निकलता है।

गुण की उपेक्षा करके प्रत्येक वस्तु को एक-जैसा समझना।

122. **सस्ता रोवे बार-बार, महंगा रोवे एक बार।**

जो व्यक्ति वस्तु को सस्ते मूल्य पर मोल लेता है वह उसका जब-जब प्रयोग करता है तब-तब खीझता जाता है, क्योंकि उसमें अनेक दोष होते हैं। इसके विपरीत अधिक दाम देने वाला व्यक्ति एक बार तो दुःखी होता है परन्तु जब-जब उसका प्रयोग करता है तब-तब सुख का अनुभव करता है।

123. **सहज पके सो मीठा होय।**

फल दो प्रकार से पकता है–पेड़ पर तथा पाल में रखकर।

जो मिठास सहज पके हुए फल में होती है वह पाल में पके हुए फल में नहीं होती।

जो कार्य दौड़-धूप के बिना ही हो जाता है। उसमें एक विशेष प्रकार का आनन्द आता है।

124. **सांप भी मर जाय और लाठी भी न टूटे।**

सांप को मारने के लिए जिस लाठी का प्रयोग किया जाता है उसके टूटने की आशंका भी रहती है। इसलिए चतुर मनुष्य लाठी का प्रयोग सम्हालकर करता है।

शत्रु के नाश के लिए जो साधन अपनाए जाएं उनको गुप्त रहना चाहिए, शत्रु और अशत्रु–किसी को भी उन साधनों का ज्ञान नहीं होना चाहिए।

125. **सांप तो चला गया, अब लकीर पीटने से क्या लाभ?**

लकीर = सर्प के जाने से बनी हुई रेखा।

जय भय टल गया और किसी को हानि नहीं हुई तो फिर उन पर बौद्धिक विवाद व्यर्थ है।

सांप को मारना तो ठीक था परन्तु उसके जाने के पश्चात् उसकी लकीर को पीटने में कोई बात नहीं बनती।

126. **सइयां भये कोतवाल, अब डर काहे का?**

सइयाँ=स्वामी, पति, आश्रयदाता। कोतवाल=नगर में शांति रखने वाला पुलिस अफसर।

जिसको किसी शक्तिशाली का आश्रय प्राप्त वह किसी से भी नहीं डरता और अपनी इच्छानुसार उलटे-सीधे काम करता रहता है।

127. सुनिए सबकी, करिए मन की।

मनुष्य को चाहिए कि वह अनेक विषयों में सबकी राय जान ले और फिर अन्तिम निर्णय स्वयं करें। क्योंकि 'मुण्डे मुण्डे मतिः भिन्ना'।

128. सिर मुड़ाते ही ओले पड़े।

दुर्भाग्य अवसर की ताक में रहता है। जैसे ही अभागे व्यक्ति ने अपना सिर मुड़ाया वैसे ही ओले बरसकर उसके सिर को घायल करने लगे।

129. सीधी अगुली से घी नहीं निकलता।

अनुनय-विनय सज्जनों के प्रति तो ठीक है, परंतु दुष्टों से काम निकालने का मार्ग धमकी है। टेढ़े मनुष्य से सब डरते हैं और उसका कार्य तुरंत कर देते हैं।

130. सूरज पश्चिम में निकला।

आज यह असंभावित घटना कैसे हुई? किसी कम आने-जाने वाले व्यक्ति का किसी के घर अकस्मात् पहुँच जाना भी असंभावित घटना है।

131. सौ सुनार की, एक लोहार की।

सुनार भी खट-खट करता है और लोहार भी। सुनार की थाप मृदुल होती है और लोहार की कठोर? सुनार की सौ थापें लोहार की एक थाप के बराबर है।

जो व्यक्ति कला में व्यस्त रहता है उसका प्रहार प्रभावशाली नहीं होता, परंतु बलशाली का एक प्रहार भी शत्रु का ध्वंस कर सकता है। सुनार=स्वर्णकार, स्वर्ण के आभूषण बनाने वाला।

132. हंसा थे सो उड़ि गए, काग भऐ दीवान।

हंस=पारखी, विज्ञ। काग=मूर्ख लोग। दीवान=अधिकारी।

जिस देश में विवेकी व्यक्ति नहीं रहते वहाँ कोलाहल करनेवाले बुद्धिहीन व्यक्ति ही प्रमुख बन जाते हैं।

133. हाकिम की अगाड़ी और घोड़े की पिछाड़ी।

जो व्यक्ति सामने होता है उसी को अधिकारी लोग काम बताते हैं, उसी पर खींझ निकालते हैं, इसीलिए हाकिम के सामने कभी नहीं रहना चाहिए।

घोड़ा अपनी लात का प्रहार पीछे खड़े हुए व्यक्ति पर ही करता है, इसलिए घोड़े के पीछे रहना या चलना ठीक नहीं है।

134. हाथ कंगन को आरसी क्या?

आरसी=हाथ का सामान्य आभूषण जिसमें दर्पण जड़ा होता है।

जो स्त्री हाथ में कंगन पहिने हुए हैं उसके लिए आरसी का कोई महत्त्व नहीं है।

विशेष उपलब्धि के पश्चात् सामान्य स्वीकृति का कोई अर्थ नहीं रह जाता।

135. हाथी के दाँत, खाने के और, दिखाने के और।

हाथी के जो दाँत बाहर दिखलाई पड़ते हैं उनका उपयोग वह खाने में नहीं करता।

इसी प्रकार जिन गुणों का मनुष्य प्रदर्शन करता है, वे गुण उसके जीवन में नहीं मिलते। पर-उपदेश कुशल बहुतेरे।

ऊँची दुकान, फीका पकवान।

136. हर्रा लगे न फिटकरी, रंग चोख ही आवे।

हरद अथवा फिटकरी की सहायता से कपड़े पर रंग खिलता है।

चोखा=खिला हुआ, आकर्षक।

किसी-किसी व्यक्ति को न तो प्रयत्न-परिश्रम करना पड़ता है और न धन व्यय करना होता है, फिर भी उसका काम सुघड़ता से संपन्न हो जाता है।

परिशिष्ट-7

मुहावरे

1. **अंगुली उठाना।**

किसी अपराध अथवा दुर्व्यवहार के लिए किसी विशेष व्यक्ति की ओर संकेत करना। अंगुली संदेह के आधार पर भी उठाई जाती है।

2. **अंगूठा दिखाना।**

जिसका आसरा हो वह समय पर सहायता न करे। अंगूठा दिखाने में उदासीनता तो है ही, चिढ़ाने का भाव भी छिपा रहता है।

3. **अंगूर खट्टे होना।**

बहुत प्रयत्न करने पर भी वस्तु को प्राप्त न कर सकना और इसीलिए उसके दोषों को मानकर मन को संतोष देना।

4. **अंधों में काना राजा।**

जो व्यक्ति अपने आस-पास के व्यक्तियों से कुछ अच्छा (=कम दोषयुक्त) होता है वही उनका नेता बन जाता है।

5. **अपना उल्लू सीधा करना।**

अपना उल्लू=अपना गलत काम। सीधा करना=सिद्ध करना।
दूसरे को धोखा देकर अथवा चिकनी-चुपड़ी बातें करके, अपना गलत काम भी करवा लेना।

6. **अपना-सा मुँह लेकर रह जाना।**

अपमान होता देखकर सबके सामने अपने भाव को छिपा लेना।
इसमें दो भाव हैं—अपना अपमान (जो दूसरे की हाथ की बात है) तथा अपनी प्रतिक्रिया।

7. **अपना ही राग अलापना।**

अलापना=अनेक ऊँचे-नीचे स्वरों में गाना।
दूसरे की बात समझे बिना (सम्बद्ध-असम्बद्ध) अपनी बात ही कहते जाना।

8. **अपनी खिचड़ी अलग पकाना।**

अन्य लोगों के साथ विचार किए बिना अपने विचारों की अपनी अलग योजना बनाना।

9. **अपने पैरों पर आप कुल्हाड़ी मारना।**

अपनी मूर्खता के कारण अपने को स्वयं क्षति पहुँचाना। अपना रहस्य बतलाकर अथवा अपना बयान देकर अपने हाथ काट लेना।

10. **आँखें चार होना।**

मिलना अथवा भेंट होना। एक-दूसरे को देखना। (दो आंखें देखने वाले की और दो दर्शनीय की)।

11. **आँखें चुराना।**

सामने न पड़ना। संकोच, ग्लानि अथवा अपराध-भावना के कारण दूसरे की दृष्टि से बचने

का प्रयत्न करना।

12. **आँखें दिखाना।**

डराना या धमकाना।

13. **आँखों में धूलि झोंकना।**

दूसरे व्यक्ति के देखते-देखते उसको धोखा देकर कोई छल करना। धूलि झोंकने पर दूसरा व्यक्ति आँखें मलता है और थोड़े समय के लिए उसे दिखलाई नहीं पड़ता।

14. **आड़े हाथों लेना।**

कसकर खबर लेना। सीधे हाथों से स्वागत होता है, परंतु आड़े हाथों से किसी व्यक्ति पर संदेह करके उसकी तहकीकात की जाती है।

15. **आग में घी डालना।**

गर्मी को और अधिक उत्तेजित करना। मत भेद शांत करने के स्थान पर उद्दीप्त करना।

16. **आटा-दाल का भाव मालूम होना।**

कठिनाई में स्वयं पड़कर उसकी गंभीरता से परिचित होना। जो लोग अपने भोजन का स्वयं प्रबंध करते हैं, उनको चढ़ते हुए मूल्यों से भी परिचित होना पड़ता है।

17. **आपे से बाहर होना।**

आपा=अपना व्यक्तित्व, अपनी परिस्थिति आदि।

क्रोध आदि तामसिक भावना के कारण देश-काल का ध्यान न रखकर आग-बबूला होना।

18. **ईंट का जवाब पत्थर से देना।**

यदि कोई ईंट मारे तो उसकी प्रतिक्रिया में उसके ऊपर पत्थर बरसाना।

दूसरे के कठोर व्यवहार का बदला अधिक कठोरता से देना।

19. **एक ही थैली के चट्टे-बट्टे।**

एक ही स्वभाव के व्यक्ति।

थैली=पृष्ठभूमि। चट्टे बट्टे=खेल के लिए निकाली गई गोटें।

20. **कफन सिर पर बाँधना।**

जौहर करना अथवा अपने बलिदान के लिए तैयार होकर निकलना।

धर्म, कर्त्तव्य, देश-हित आदि किसी भी सत्कर्म के लिए शहीद होने के लिए प्रस्तुत होकर संघर्ष करना।

21. **कमर कसना।**

कवच पहिनकर तैयार होना। प्रतिज्ञा के पालन के लिए निरंतर श्रम करना।

22. **कमर टूटना।**

साहस खोकर बैठ जाना। धैर्य खो देना और निराश होना।

23. **कलई खुलना।**

वास्तविक स्थिति का प्रकट होना।

कलई—किसी दोष को ढकने के लिए की गई सफेदी। बर्तन पर भी होती है और दीवरों पर भी।

24. **कलेजे पर साँप लोटना।**

अत्यंत भयभीत रहना। अशुभ की आशंका से सदा पीड़ित रहना।

25. **कसर निकालना।**

कसर=कमी, घाटा, वैर।

अपना व्यक्ति, भोलेपन के कारण, जिस न्याय से वंचित रह गया था, उसकी कमी को

निकालकर भरपूर बदला लेना।

26. **काँटे बोना।**

बोना=बीज बोने का परिणाम कुछ समय पश्चात् ही ज्ञात होता है।

अपने कार्यकाल में ऐसी परिस्थिति उत्पन्न कर जाना जो भविष्य में कार्य करने वाले को कचोटती रहे।

'जो तोको **काँटा बुवै,** ताहि बोइ तू फूल'—कबीर।

27. **काँटा होना।**

किसी रोग अथवा सोच के कारण काँटे के समान पतला-दुबला बन जाना।

28. **काँटों में घसीटना।**

किसी व्यक्ति को बलात् काँटों (मत-भेद अथवा बुराई अथवा कष्ट) में लाकर डाल देना।

29. **काजल की कोठरी में जाना।**

अत्यंत बदनाम अथवा दोषपूर्ण स्थान अथवा पद पर पहुँच जाना।

''**काजल की कोठरी** में कैसो हू सयानो जाय,
एक लीक काजल की लागिह है पै लागिहै।''

30. **कान का कच्चा होना।**

स्वयं परीक्षा किए बिना दूसरे की बात सुनकर उस पर विश्वास कर लेना।

'कान का पतला' भी इसी अर्थ में आता है—

'**खरी पातली कान की,** निपट बहाऊ बानि'—बिहारी।

31. **कान काटना।**

अच्छाई अथवा बुराई में माने हुए व्यक्ति से बढ़कर निकलना।

प्रायः बुराई में—''वह अपने पिता के पिता के भी कान काटता है।''

32. **कान भरना।**

दूसरे के कानों को किसी की शिकायत से भर देना।

एकांत मिलते ही किसी के विरुद्ध इतनी अधिक बातें बतलाना और बतलाते रहना कि दूसरा व्यक्ति विश्वास कर ले।

33. **दूसरे के कंधे पर रखकर बंदूक चलाना।**

किसी और के नाम से अपनी बात कहना। किसी के विरोध में कुछ कहना परंतु इस चतुराई के साथ मानो किसी और को उद्धृत कर रहे हों।

34. **कुएँ में डाल देना।**

''नेकी कर, **कुएं में डाल**'। किसी ऐसे स्थान पर रख देना कि समाज को पता ही न चले।

इसका प्रयोग अभिधा से भी होता है—उसने अपने शत्रु को नारकर कुए में डाल दिया।

35. **कोढ़ में खाज होना।**

एक असाधारण कष्ट के रहते हुए दूसरी कठिनाई का आगमन होना।

36. **कोल्हू का बैल होना।**

बिना सोचे-समझे, स्वार्थ की चिंता के बिना निरंतर परिश्रम करते जाना।

37. **खाक छानना।**

मारे-मारे फिरना। संसार भर के प्रयत्न करने पर भी काम-धंधे का न होना।

38. **खिचड़ी पकाना।**

किसी षड्यंत्र की तैयारी करना। गुप्त अथवा रहस्यमय बातें अपने विश्वस्त लोगों के साथ करना। वास्तविक 'खिचड़ी न पकाने' में कोई चमत्कार नहीं है।

39. **खून चूसना।**

किसी को बहुत तंग करना। किसी से कसकर काम लेना।

40. **खेल बिगड़ना।**

जो योजना सोच रक्खी हो उसका असफल हो जाना।

41. **गले मढ़ना।**

मढ़ना=स्थाई रूप से साथ जोड़ देना।

जो दायित्व अपनी इच्छा से ग्रहण किया जाता है कि वह **'गले पड़'** जाता है, परंतु जो अपनी इच्छा से स्वीकार नहीं किया गया वह किसी अन्य ने **'गले मढ़'** दिया है।

42. **गाँठ पड़ना।**

संबंध में सहजता के स्थान पर उलझन का आ जाना।

परति गांठ दुरजन-लिए, दई नई यह रीति'—बिहारी।

वेदांत के अनुसार ज्ञानी के हृदय की 'गांठ खुल जाती है, और उसके समस्त संशय नष्ट हो जाते हैं—'छिद्यते हृदय-ग्रंथिः, भिद्यंते सर्वसंशयाः।'

43. **गाढ़े दिनों का आना।**

दुर्दिन अथवा कष्ट के समय का आगमन।

ऐसे दुष्काल के लिए जो धन-संचय किया जाता है उसको 'गाढ़े दिन की (के लिए) कमाई' कहते हैं।

44. **गाल बजाना।**

अपनी संपत्ति अथवा विद्वत्ता की स्वयं अत्युक्तिपूर्ण प्रशंसा करना।

'पंडित सोई जो **गाल बजावा**'—तुलसी।

45. **गुड़ गोबर करना।**

गुड़ का गोबर बना देना।

आनंदप्रद स्थिति को (अपनी मूर्खता के कारण) एकदम अग्राह्य बना देना।

46. **गुल खिलाना।**

गुल=फूल। पत्तों में छिपकर अकस्मात् प्रकट होने वाला फूल।

छिपकर के कोई अप्रत्याशित कार्य करते जाना।

47. **घाट-घाट का पानी पीना।**

घाट=नदी के किनारे पर पानी भरने अथवा स्नान करने का स्थान।

भिन्न-भिन्न परिस्थितियों, व्यवसायों, नगरों में रहकर जीवन बिताना।

48. **घाव पर नमक छिड़कना।**

किसी भी दुःखमय परिस्थिति को अपनी बातों से और दुस्सह बनाना।

49. **घूँघट का पट खोलना।**

घूँघट=परदा, दुलहिन के मुख को ढँकने वाला कपड़ा।

रहस्य का उद्घाटन करना। छिपी हुई बात को प्रकट करना।

'घूँघट का पट खोल री, तुझे पिया मिलेंगे'—कबीर।

50. **घोड़े बेचकर सोना।**

निश्चिंत होकर गहरी नींद में सोना।

'जिसको देखो वही बटोही **घोड़े बेच—बेच सोया'**—गुरुभक्त-सिंह (नूरजहां)।

51. **चल बसना।**

संसार को छोड़कर सदा के लिए जाना। मृत्यु को प्राप्त हो जाना।

52. चाँदी का जूता मारना।

सबके सामने अधिकारी के सम्मुख दस गुने पैसे देकर अपना काम करवाना।

रिश्वत छिपकर ली जाती है, परंतु जूता सबके देखते हुए मारा जाता है।

53. चिकना घड़ा होना।

जिस प्रकार चिकने घड़े पर पानी नहीं ठहरता। इसी प्रकार निर्लज्ज व्यक्ति के ऊपर कहने-सुनने, समझाने का कोई प्रभाव नहीं पड़ता।

54. चूना लगाना।

धोखे में रखकर व्यक्ति को ठग लेना।

55. चौकड़ी भूल जाना।

हिरन उमंग में आकर चौकड़ी भरता है। जो व्यक्ति (हिरन के समान) जाल में फँस जाता है वह सदा चिंतित रहता है और चौकड़ी भरना भूल जाता है।

56. छक्के छुड़ाना।

छक्का=पासे का छह बिंदियों वाला वह तल जिसके चित्त पड़ने से मनुष्य जुए में पराजित हो जाता है। दूसरे व्यक्ति को परेशान कर देना, साहसहीन कर देना।

57. छठी का दूध याद आना।

छठी=जन्म का छठमा दिन। उस दिन से माता शिशु का पालन-पोषण प्रारंभ कर देती है। बड़ा होकर जब मनुष्य बल का प्रयोग करता है तो छठी से लेकर तब तक की सारी शक्ति का उपयोग करता है—उसे छठी तक का दूध याद आ जाता है।

58. छत्तीस का संबंध होना।

तीन और छह से दो संख्याएं बनती हैं—छत्तीस तथा तिरेसठ। छत्तीस (देवनागरी लिपि में) लिखते हुए अंक एक-दूसरे के प्रति पीठ किए रहते हैं, परंतु तिरेसठ लिखते समय वे एक-दूसरे के सम्मुख रहते हैं।

'जग ते रहु **छत्तीस ह्वै,** रामचरन छह-तीन'—तुलसी।

59. छाती पर मूँग दलना।

किसी व्यक्ति को आशंका से सदा पीड़ित रखना, निरंतर कष्ट का अनुभव करना।

60. छीछालेदर करना।

मिट्टी पलीद करना। सबके सामने किसी व्यक्ति का घोर अपमान करना।

61. जान से हाथ धोना।

अपने प्राण त्याग देना। अपना बलिदान कर देना।

62. झख मारना।

झख=मछली। मछली पकड़ने वाले पानी में जाल डालकर मछली के फँसने की प्रतीक्षा करते रहते हैं। दिन भर खाली बैठकर नौकरी अथवा व्यवस्था का प्रयत्न करना।

63. टपक पड़ना।

चू पड़ना। एकदम (बूँद के टपकने के समान) कहीं से आकर प्रकट हो जाना।

64. टस से मस न होना।

बहुत प्रयत्न करने पर भी अपना स्थान नहीं छोड़ना। प्रायः भारी चीज के लिए आता है, व्यक्ति भी अपनी धारणा में टस से मस नहीं होता।

65. टेढ़ी खीर होना।

जो कार्य आनंदप्रद (खीर के समान) हो, परंतु साथ ही अत्यंत कठिन(=टेढ़ा) हो।

66. **तलवे चाटना।**
पैर के तलवे सहलाना (अपनी जीभ से) बेहद ख़ुशामद करना।

67. **तारे गिनना**
चिंता अथवा व्याकुलता के कारण नींद न आना।
'जब सारी दुनिया सोती है, हम तारे गिनते रहते हैं।'

68. **तारे तोड़ लाना।**
आकाश के तारे तोड़ कर लाना। अति कठिन अथवा असम्भव कार्य कर दिखाना।

69. **तिल रखने का भी स्थान न होना।**
उपस्थिति व्यक्तियों से स्थान का खचाखच भर जाना।

70. **तीन-तेरह करना।**
तितर-बितर कर देना। इधर-उधर फैला देना। 'तीन' में कसावट है, 'तेरह' में अव्यवस्था है।

71. **तीन-पाँच करना।**
असली बात को टालने के लिए इधर-उधर की बातें बनाना।

72. **थूककर चाटना।**
प्रथम एक बात कहकर (=थूककर) फिर उसको अस्वीकार करना (=चाटना)। जो बात अपने मुख से कही है, उसी को नकारना।

73. **दाँत काटी रोटी होना।**
अनन्य स्नेह होना मानो दोनों एक ही रोटी को अपने-अपने दाँतों से काट कर खाते हैं।

74. **दांत खट्टे करना।**
पराजित कर देना। जब दाँत खट्टे हो जाते हैं तो वे काटने आदि में असमर्थ होते हैं।

75. **दांत निपोरना।**
खुशामद करना। कृत्रिम हंसी का प्रयत्न करना। झूठे हर्ष का प्रदर्शन।

76. **दिन-रात एक करना।**
दिन और रात का अंतर किए बिना परिश्रम करना।

77. **दुम दबाकर भाग जाना।**
चुप-चाप भगा जाना/कुत्ता आदि पशु पराजित होकर, कोलाहल किए बिना, अपनी पूँछ दबाकर भाग जाते हैं।

78. **दुम हिलाना।**
पालतू कुत्ते के समान अपने आश्रयदाता के सामने अपनी पूँछ हिलाकर प्यार दिखलाना और मनुहार करना।

79. **दोनों हाथों में लड्डू होना।**
दोनों ही विकल्पों में अपना लाभ। इस हाथ में भी लड्डू और उस हाथ में भी लड्डू।

80. **धोखे की टट्टी होना।**
टट्टी=टटिया जो पक्षियों को धोखे में फँसाने के लिए बनाई जाती है।
ऐसा आकर्षण जो बनावटी तथा अस्थाई हो।

81. **धूप में बाल सफेद होना।**
बाल दो प्रकार से श्वेत होते हैं—अनुभव से तथा धूप से। जिन लोगों का जीवन का अनुभव नहीं होता उनके बाल धूप में सफेद हुए माने जाते हैं।

82. **नाक कटना।**
समाज में सम्मान का अभाव होना। किसी कुकर्म के कारण समाज के बीच मुख दिखाने के

योग्य न रह जाना।

83. नाक पर मक्खी न बैठने देना।

किसी कमी को स्वीकार नहीं करना। छोटी-छोटी बातों का भी करारा उत्तर देना।

84. नाक रगड़ना।

दूसरे के सामने अपने को तुच्छ बनाना।

'सिर झुकाकर नाक रगड़ता हूँ उस बनाने वाले के सामने—'

(रानी केतकी की कहानी)।

85. नानी मर जाना।

भयभीत होने के कारण सिट्टी-पिट्टी गुम हो जाना।

86. निन्यानवे का फेर होना।

लोभ की सीमा पर पहुँच जाना।

जिसके पास निन्यानवे रुपए एकत्र हो जाते हैं वह उनमें एक रुपया जोड़कर पूरे सौ रुपए करना चाहता है। और इसी फेर (=चिंता) में लगा रहता है।

87. नौ-दो ग्यारह होना।

दुम दबाकर भाग जाना। मनुष्य भी दुम दबाकर भाग सकता है।

88. पगड़ी उछालना।

भरी सभा में अपमान करना मानो सिर पर धारण की जाने वाली पगड़ी को फुटबॉल बनाकर लात मार रहे हो।

89. पट्टी पढ़ाना।

कान के कच्चे व्यक्ति को उलटी-सीधी बातें बतलाना (सिखाना)

90. पत्ता कट जाना।

ताश के खेल में पत्ता कट जाने के समान किसी व्यक्ति का अस्तित्व ही समाप्त कर देना।

91. पत्थर की लकीर होना।

दृढ़ प्रतिज्ञा जो कभी बदल नहीं सकती। वचन जो अटल रहता है।

92. पत्थर पसीजना।

पसीजना=द्रवित होना।

पत्थर जो अत्यंत जड़ पदार्थ है उसका भी (करुण दृश्य को देखकर) द्रवित हो जाना/कठोर व्यक्ति का द्रवित होकर दया करना।

93. पलक बिछाना।

पलक-पाँवड़े बिदाना। स्वागत के निमित्त वस्त्र के पाँवड़े बिछाने के स्थान पर पलक बिछाना। आँखें फैलाकर प्रतीक्षा करना।

94. पसीने की कमाई होना।

परिश्रम से कमाया हुआ धन।

95. पाँचों अंगुलियाँ घी में होना।

पूरी तरह से सुख में डूबा हुआ व्यक्ति।

96. पानी-पानी होना।

अत्यंत लज्जित होना।

97. पानी फेरना।

लिखे हुए पर पानी फेरना। योजना को मिटाना अथवा नष्ट कर देना।

98. पानी में आग लगाना।
जहाँ पर शांति है वहाँ उत्तेजना उत्पन्न कर देना।
'यदि नाम जमीला है मेरा, **पानी में आग लगा दूँगी'**– (नूरजहाँ)।

99. पिंड छूटना।
पिंड=शरीर, जब तक शरीर है तब तक का दायित्व।
जीवन भर के दायित्व से छुटकारा मिल जाना।

100. पीठ दिखाना।
शत्रु को पीठ दिखाकर रण-भूमि से पराजित होकर लौटना।

101. पीठ ठोकना।
पीठ थपथपाना/शाबाशी देना।

102. किसी को जीविका से वंचित कर देना।
पेट=जीविका। लात मारना=नष्ट कर देना।

103. पेट में चूहे कूदना।
भूख के कारण पेट के भीतर उछल-कूद होना।

104. पैर उखड़ जाना।
पराजय का विश्वास हो जाने पर शत्रु के सामने से भाग निकलना।

105. पैर भारी होना।
गर्भवती होना। गर्भगत शिशु के भार के कारण पैर ठीक नहीं पड़ता।

106. पौ बारह होना।
चैन अथवा ठाठ अथवा आनंद होना।

107. प्राणों के लाले पड़ना।
प्राण संकट में होना। प्राणों को बचाना भी कठिन होना।

108. फूँक-फूँककर पैर रखना।
आगे बढ़ते हुए अति सावधानी बरतना।

109. बगलें झाँकना।
दायित्व की स्थिति आने पर आँखें चुराना, इधर-उधर देखना।

110. बहती गंगा में हाथ धोना।
अवसर का लाभ उठाकर अपना हित करना। 'बहती नदी में पैर धो लेना' भी इसी अर्थ में आता है–''बहती नदी पाँव पखरि लै री'–ठाकुर।

111. बाँए हाथ का खेल होना।
इतना सरल काम कि जिसको करने के लिए दाँए हाथ को लगाने की भी आवश्यकता नहीं है। खेल=खेल-खेल में संपन्न होने वाला कार्य।

112. बाल की खाल निकालना।
बाल में खाल नहीं होती, फिर भी उसके लिए प्रयत्न करना।
सामान्य बात में भी रहस्य की खोज करना।

113. बाल बाँका न कर सकना।
बहुत प्रयत्न करने पर भी हानि पहुँचाने में अक्षम।
'बाल न बाँका कर सके, जो जग वैरी होय'–कबीर।

114. बाल-बाल बचना।
बाल भर की दूरी के कारण दुर्घटना से बच जाना। भाग्य के कारण चक्कर से बच जाना।

115. बिना पेंदी का लोटा होना।

पेंदी=तला। जिस लोटे में पेंदी नहीं होती वह इधर-उधर लुढ़क जाता है। इसी प्रकार सिद्धांत-हीन मनुश्य कभी एक के पक्ष में हो ाता है, कभी दूसरे के पक्ष में कहने लगता है।

116. भैंस के आगे बीन बजाना।

हिरण बीणा की मधुरता को समझता है और उस पर मुग्ध होकर अपने प्राण गँवा देता है। परंतु भैंस बीणा के संगीत को नहीं समझती, उससे दूर भागती है।

संस्कार-हीन व्यक्ति के सामने अपनी कला का प्रदर्शन निराशाजनक है।

117. मक्खी-मारना।

निठल्ले बैठना। 'झख मारने' में प्रतीक्षा होती है और उपलब्धि प्रायः नहीं होती।

'मक्खी मारने' में न तो प्रतीक्षा है और न कभी उपलब्धि।

118. मिट्टी पलीद करना।

नितांत व्यर्थ सिद्ध कर देना। किसी व्यक्ति के महत्त्व को समाप्त कर देना।

119. मीन-मेख निकालना।

मीन=मीन राशि, मेख=मेष राशि। राशि-गणना में मीन, मेष, वृषभ आदि बारह हैं। व्यक्ति जब किसी कार्य में बाधा डालना चाहता है तो वह उसमें राशि-दोष बतला देता है। राशि-दोष से संदेह उत्पन्न हो जाता है और कार्य संपन्न नहीं होता।

120. मेंढ़की को जुकाम होना।

पानी में भीगने से जुकाम हो जाता है। मेंढको निरंतर पानी में ही रहती है, उसे जुकाम होना अत्यंत आश्चर्य का विषय है।

जिस व्यक्ति को जिस प्रकार का जीवन बिताने का अभ्यास है उस जीवन को कष्ट बताना नितांत असत्य है।

121. रंग जमाना।

रंग=आनंद अथवा रस। जमाना=बहुत देर तक रहने वाली स्थिति।

अपनी कला के प्रदर्शन से आनंद की लहर उत्पन्न करना।

122. रफू चक्कर होना।

एकदम गायब हो जाना। 'दुम दबाकर भागने' में पराजय की भावना है, परन्तु 'रफू चक्कर होने' में कर्त्तव्य की अवहेलना है।

123. लंबे हाथ मारना।

किसी असाधारण उपलब्धि को प्राप्त कर लेना।

124. लकीर का फकीर होना!

लकीर=परंपरा अथवा कर्त्तव्य। फकीर=साधु अथवा साधक। कर्त्तव्य-भावना से परंपरा का भक्त।

125. लुटिया डुबा देना।

जिस लोटे से पानी निकालकर सबकी प्यास बुझाई जाती है उसके डूब जाने पर सारा समाज प्यासा रहेगा। सारे मार्ग अवरुद्ध कर देना।

126. लोहे के चने चबाना।

लोहे के चने नहीं होते। उनको चबाना तो नितांत असंभव है। अत्यंत असंभव (कठिन) कार्य को अपने ऊपर ले लेना।

127. सफेद झूठ बोलना।

सफेद=स्पष्ट, किसी रूप-रंग में लपेटे बिना ही।

जो झूठ सब पर प्रकट हो उसको निस्संकोच भाव से बोल देना।

128. सबको एक लाठी से हाँकना।

हाँकना=पशुओं को भय देकर चलाना।

सब लोगों के प्रति एक-सा ही दुर्व्यवहार करना।

129. सिर पर पैर रखकर भागना।

सोचे-समझे देखे-विचारे बिना ही एकदम भाग जाना।

130. हाथ धोकर पीछे पड़ना।

मान न मान, मैं तेरा मेहमान।

दावत पाने के लिए हठी व्यक्ति यदि सभी तैयारी कर लेता है तो पिंड छुड़ाने के लिए उसको भोजन कराना ही पड़ता है।